PONS

# Schülerwörterbuch

## Spanisch - Deutsch
## Deutsch - Spanisch

vollständige Neubearbeitung 2003



Ernst Klett Sprachen
Barcelona · Budapest · London · Posen · Sofia · Stuttgart

**PONS Schülerwörterbuch Spanisch-Deutsch**

**Bearbeitet von:** Eckhard Böhle, Nely Milagros Iglesias Iglesias,
Yolanda Madarnás Aceña, Yolanda Mateos Ortega, Rainer Zohsel

Unter Mitwirkung und Leitung der Verlagsredaktion PONS

Entwickelt auf der Basis des Kompaktwörterbuchs für alle Fälle Spanisch

**Illustrationen:** Terry McKenna, Anthony Morris
**Landkarten:** Klett-Perthes, Justus Perthes Verlag, Gotha

Warenzeichen
Wörter, die unseres Wissens eingetragene Warenzeichen darstellen, sind als solche gekennzeichnet. Es ist jedoch zu beachten, dass weder das Vorhandensein noch das Fehlen derartiger Kennzeichnungen die Rechtslage hinsichtlich eingetragener Warenzeichen berührt.

1. Auflage 2003 – Nachdruck 2003 (1,03)



Internet: www.pons.de
E-Mail: info@pons.de

**Projektleitung und Redaktion:** Ursula Martini
Sprachdatenverarbeitung: Andreas Lang, conTEXT AG
für Informatik und Kommunikation, Zürich
Einbandgestaltung: Ira Häußler, Stuttgart
Logoentwurf: Erwin Poell, Heidelberg
Satz und Datentechnik: Dörr und Schiller GmbH, Stuttgart
Druck: Clausen und Bosse, Leck
Printed in Germany
ISBN 3-12-517482-1

# Inhaltsverzeichnis



# Índice

**Infokästen *Land und Leute* im spanisch-deutschen Wörterbuchteil**
**Los recuadros *Land und Leute* en la parte español-alemana del diccionario**

paella
pampa
Panamá
parador
Paraguay
Patagonia
penalti
Península Iberica
Perú
peseta
pincho
pipa
Plaza Mayor
PNV
porrón
PP
Presidente del Gobierno
provincia
PSOE
Puerto Rico
pulpería
pulpo
PYME
quechua
quena
R.A.E.
Reconquista
RENFE
República Dominicana
Día de Reyes
Ribeiro
Rioja
ristra
romería
rúbrica
salpicón
El Salvador
Sanfermines
sangría
sardana
sefardí
selectividad
Senado de los Diputados
seseo
sevillana
sidra
sol y sombra
surazo
Talgo
tapa
Telefonica
queso de tetilla
torero
toro
tortilla
tuna
turrón
UGT
Universidad de Salamanca
Uruguay
uva
Venezuela
vosear
yeísmo
zambomba

**Infokästen *Grammatik* im spanisch-deutschen Wörterbuchteil**

**Los recuadros *Grammatik* en la parte español-alemana del diccionario**

a
el agua
bien – bueno
bueno – buen
consigo
de
gente
grande – gran
haber (hay)
kilo
litro
mal – malo
medio
millón
muy – mucho
no
o – u
para – por
primero – primer
ropa
san
ser – estar
el tema
tercero – tercer
y – e

**Infokästen *Land und Leute* im deutsch-spanischen Wörterbuchteil**

**Los recuadros *Land und Leute* en la parte alemán-española del diccionario**

Abendessen
Abitur
Adventskalender
Adventskranz
Älpler-Magrone
Aprilscherz
Autobahn
BahnCard
Berliner Filmfestspiele
Bescherung
Biergarten
Bioladen
Bratwurst
Brezel
Bundeskanzler
Bundesland
Bundespräsident
Bundesrat
Bundestag
Tag der deutschen Einheit
Eisheilige
Eiskaffee
Erziehungsgeld
Fachhochschule
Fachwerkhaus
Fastnacht
Fleischkäse
Fräulein
Gartenzwerg
Gastarbeiter
Gesamtschule
GEZ
Glühwein
grüner Punkt
Gymnasium
Hansestadt
Hauptschule
hitzefrei
Kaffeefahrt
Kaiserschmarren
Kanton
Kartoffelpuffer
Kehrwoche
Kindergarten
Kindergeld
Kirchensteuer
Knödel
krankenversichert
Landtag
Lebkuchen
Lizentiat
Magister
Maultaschen
Mineralwasser

**Infokästen *Grammatik* im deutsch-spanischen Wörterbuchteil**

**Los recuadros *Grammatik* en la parte alemán-española del diccionario**

## Hinweise zur Benutzung des Wörterbuchs

### 1. Schriftarten

| | |
|---|---|
| **Fettdruck** | für Stichwörter und direkte Verweise auf ein anderes Stichwort |
| **Halbfettdruck** | für Anwendungsbeispiele, Redewendungen und Ziffern |
| Grundschrift | für die Übersetzungen |
| *Kursivschrift* | für grammatische Angaben wie Wortart, und Genus, für Erklärungen und Definitionen, Markierungen, Synonyme und andere Zusätze |

## Indicaciones para el uso del diccionario

### 1. Tipos de letra

| | |
|---|---|
| **negrita** | para entradas y remisiones a otra entrada |
| **semi-negrita** | para ejemplos de uso, modismos y cifras |
| redonda | para las traducciones |
| *cursiva* | para indicaciones gramaticales como la categoría y el género, para aclaraciones y definiciones, marcas, sinónimos y otras acotaciones |

**vierzehn** ['fɪrtseːn] *adj inv* catorce; **in ~ Tagen** en quince días; *s. a.* **acht**[1]

**cuarto**[1] ['kwarto] *m* **1.** (*habitación*) Zimmer *nt;* ~ **de aseo** Toilette *f;* ~ **de baño** Badezimmer *nt;* ~ **de estar** Wohnzimmer *nt;* ~ **trastero** Rumpelkammer *f* **2.** *(pl)* (*fam: dinero*) Knete *f;* **tener cuatro ~s** jede Mark umdrehen müssen **3.** (*de un caballo*): **~s delanteros/traseros** Vor(der)-/Hinterhand *f*

### 2. Satzzeichen und Symbole

, trennt gleichwertige, alphabetisch aufeinander folgende Stichwortvarianten

trennt die maskuline und feminine Form eines Wortes

trennt gleichwertige Übersetzungen

; steht zwischen nicht synonymen Übersetzungen; der Unterschied wird durch Gebrauchsangaben oder Bedeutungsdifferenzierungen in Klammern erläutert

: vor einer Wendung zeigt der Doppelpunkt an, dass das Stichwort mit dieser Bedeutung in der Regel nur in der folgenden Wendung gebraucht wird

### 2. Signos de puntuación y símbolos

, separa variantes equivalentes y alfabéticamente consecutivas de una entrada

separa la forma masculina y femenina de una palabra

separa traducciones equivalentes

; se encuentra entre dos traducciones no sinónimas; la diferencia entre ellas se aclara mediante indicaciones de uso o contornos semánticos entre paréntesis

: delante de un modismo, los dos puntos indican que por lo general la palabra sólo se utiliza con este significado en el modismo que sigue

/ zeigt analoge Strukturen an
steht zwischen mehreren Präpositionen oder Kasusangaben

~ ersetzt in Anwendungsbeispielen und Redewendungen das vorhergehende Stichwort, bei Stichwörtern mit geklammerter Endung das Wort bis zur Klammer

Ändert sich die Groß- bzw. Kleinschreibung, steht vor der Tilde der entsprechende Groß- bzw. Kleinbuchstabe

- ersetzt einen Teil des Stichworts, in spitzen Klammern auch das vollständige Stichwort

– unterscheidet in Anwendungsbeispielen zwischen zwei Sprechern

= steht bei der Zusammenziehung zweier Wörter

≈ steht bei einer ungefähren Entsprechung aufgrund kultureller Unterschiede

( ) in runden Klammern stehen Elemente, durch deren Weglassen sich die Bedeutung nicht ändert

< > in spitzen Klammern stehen grammatische und morphologische Angaben

[ ] in eckigen Klammern stehen
– phonetische Angaben
– in Verbindung mit *o* synonyme Elemente zu einem Teil eines Mehrwortterminus oder einer Wendung

® kennzeichnet eingetragene Warenzeichen

/ indica estructuras análogas
se encuentra entre varias preposiciones o indicaciones de caso

~ sustituye la entrada en los ejemplos de uso y modismos. En las entradas con un final entre paréntesis sustituye la palabra hasta el paréntesis

Si varía el uso de mayúsculas/minúsculas, la 'Tilde' va precedida de la respectiva letra mayúscula/minúscula

- sustituye una parte de la entrada, entre paréntesis angulares, también toda la entrada

– en los ejemplos de uso hace distinción entre dos interlocutores

= indica la contracción de dos palabras

≈ indica una equivalencia aproximada debida a diferencias culturales

( ) los paréntesis indican elementos cuya supresión no altera el significado

< > entre paréntesis angulares se encuentran las indicaciones gramaticales y morfológicas

[ ] los corchetes indican:
– las transcripciones fonéticas
– con *o*, sinónimos de una parte de un término formado por varias palabras o de un modismo

® designa una marca registrada

## 3. Stichwortanordnung – Makrostruktur

Alle Stichwörter sind **alphabetisch angeordnet**. Wortzwischenräume bei mehrgliedrigen Stichwörtern bleiben dabei unberücksichtigt.

Die deutschen Umlaute ***ä, ö, ü*** werden wie die entsprechenden nicht umgelauteten Vokale behandelt, **ß** wie *ss*. Bei Wörtern mit ansonsten gleicher Schreibung folgt das Wort mit Umlaut dem ohne Umlaut, das Wort mit *ß* dem mit *ss*.

## 3. Orden de las entradas – Macroestructura

Todas las entradas están **ordenadas alfabéticamente**. Los espacios entre los componentes de las entradas pluriverbales no se tienen en cuenta en la ordenación alfabética.
Las vocales con 'Umlaut' ***ä, ö, ü*** se tratan igual que las mismas vocales sin 'Umlaut', la ***ß*** se trata como *ss*. En las palabras con la misma grafía, la palabra con 'Umlaut' sigue a la que no lo lleva, la palabra con ß a la escrita con ss.

Die spanischen ***ch*** und ***ll*** werden nach der neuen Sprachregelung in Spanien wie Doppelbuchstaben behandelt. Das ***ñ*** wird hinter *nz* eingeordnet.

Unterscheiden sich zwei Wörter nur durch einen **Akzent**, steht die Form ohne Akzent vor der mit Akzent.

Unterscheiden sich zwei Wörter nur durch **Groß- oder Kleinschreibung**, folgt das Großgeschriebene dem Kleingeschriebenen.

Unterscheiden sich zwei Wörter nur durch einen **Bindestrich** oder einen **Wortzwischenraum**, folgt die Zusammenschreibung der getrennten bzw. der Schreibung mit Bindestrich.

Zwei **orthographische Varianten** eines Wortes, die alphabetisch unmittelbar aufeinander folgen, werden in einem Eintrag aufgeführt und durch ein Komma getrennt. Folgen die Wörter alphabetisch nicht unmittelbar aufeinander, wird jedes als eigenes Stichwort behandelt. Es erfolgt in der Regel ein Verweis zu der ausführlich dargestellten Variante.

In **Klammern** stehende Buchstaben in einem Stichwort unterliegen ebenfalls der Alphabetisierung. So findet man z. B. *Kleb(e)streifen* vor *Klebstoff* und *auto(e)stop* vor *autoevaluación*.

In Klammern stehende Endungen werden bei der Alphabetisierung ignoriert.

**Bindestriche, Wortzwischenräume oder Punkte** innerhalb eines Wortes bzw. einer Abkürzung werden bei der Alphabetisierung ignoriert.

Bei Personenbezeichnungen ist die **feminine Form** in der Regel bei der maskulinen abgehandelt und an alphabetischer Stelle noch einmal als eigenes Stichwort mit Verweis aufgenommen, wenn sie alphabetisch nicht unmittelbar neben der maskulinen Form stehen würde.

Los dígrafos españoles ***ch*** y la ***ll*** se consideran, siguiendo la nueva normativa en España, dos letras. La ***ñ*** sigue en el orden a *nz*.

Si dos palabras se diferencian por un **acento**, la forma no acentuada precede a la acentuada.

Si dos palabras se diferencian por escribirse con **mayúscula o con minúscula**, la palabra con mayúscula seguirá a la escrita con minúscula.

Si dos palabras se diferencian por escribirse con o sin **guión** o con un **espacio intermedio**, la forma sin espacio ni guión seguirá a la escrita con espacio y a la que lleva guión.

Se incluyen en un mismo artículo dos **variantes ortográficas** alfabéticamente consecutivas de una palabra, separándose ambas mediante una coma. Si las palabras no son alfabéticamente consecutivas, se trata cada una de ellas como una entrada propia. Generalmente se remite a la variante más ampliamente desarrollada.

Las letras **entre paréntesis** en una entrada están igualmente sujetas al orden alfabético. Así, por ejemplo, *Kleb(e)streifen* precede a *Klebstoff* y *auto(e)stop* a *autoevaluación*.

Las terminaciones entre paréntesis no afectan al orden alfabético.

**Los guiones, los espacios entre las palabras o los puntos** dentro de una palabra o una abreviatura no afectan al orden alfabético.

En los nombres de persona, la **forma femenina** viene tratada generalmente en la forma masculina y se incluye también como entrada propia con una remisión, si no sigue inmediatamente a la forma masculina en el orden alfabético.

**Mehrgliedrige Stichwörter** wie *ad absurdum* oder *jet lag* stehen an ihrer Stelle im Alphabet. **Feste Syntagmen** und **mehrgliedrige Ausdrücke** wie *wieder Land sehen* oder *echar las campanas al vuelo* sowie spanische **Komposita** wie *botella de oxígeno* sind im Allgemeinen unter dem ersten wichtigen bedeutungstragenden Element der Phraseologie des entsprechenden Stichworts eingeordnet.

Las **entradas pluriverbales** como *ad absurdum* o *jet lag* se encuentran en el lugar que les corresponde en el orden alfabético. Las **locuciones** y las **expresiones pluriverbales** como *wieder Land sehen* o *echar las campanas al vuelo*, así como los **compuestos** en el español como *botella de oxígeno* se incluyen por lo general bajo el primer elemento con significado léxico dentro de la entrada que les corresponde.

Ausführliche Anwendungsbeispiele von **Monaten**, **Wochentagen** und **Zahlen** sind exemplarisch bei *marzo*, *lunes* und *ocho*, *ochenta* usw. dargestellt, worauf in den entsprechenden analogen Einträgen verwiesen wird.

Un mayor número de ejemplos relativos a **meses**, **días de la semana** y **números** se encuentran desarrollados sistemáticamente en *marzo, lunes* y *ocho, ochenta* etc., a los cuales se remite en los correspondientes artículos análogos.

Im deutschen Teil werden **Adverbien**, die von der Form her mit dem Adjektiv identisch sind, nicht explizit aufgeführt. In diesem Fall sollte der Wörterbuchbenutzer auf die Übersetzung des Adjektivs zurückgreifen und aus dieser das spanische Adverb mit *-mente* bilden. Wird das Adverb im Spanischen anders gebildet, so wird dies in einer Wendung oder durch die explizite Behandlung des Adverbs mit einer römischen Ziffer angegeben. Entspricht die Form des Adverbs nicht der des Adjektivs, so wird es als eigener Eintrag aufgeführt.

En la parte alemana, los **adverbios** cuya forma es idéntica a la del adjetivo no tienen entrada propia. El usuario de este diccionario deberá consultar la traducción del adjetivo y formar, a partir de este, el adverbio con *-mente*. Si el adverbio en español se forma de otra manera se incluye en un modismo o se trata explícitamente mediante una cifra romana. Si la forma del adverbio no coincide con la del adjetivo tiene entrada propia.

Im spanischen Teil sind regelmäßig gebildete **Adverbien auf *-mente*** oft nicht als eigenes Stichwort aufgeführt. Wo der Wörterbuchbenutzer ein solches Wort nicht als selbständigen Eintrag findet, sollte er auf die beim jeweiligen Adjektiv angegebene Übersetzung zurückgreifen.

A menudo, en la parte española, los **adverbios terminados en *-mente*** no tienen entrada propia. Si el usuario de este diccionario no encontrase tal voz como entrada, debería consultar la traducción dada en el adjetivo.

**Unregelmäßige Formen** werden in der Regel mit einem Verweis auf ihre Grundform aufgeführt. Das betrifft die Steigerungsformen der Adjektive und Adverbien und unregelmäßige Verbformen. Im Deutschen sind es außerdem noch unregelmäßige Pluralformen der Substantive.

Las **formas irregulares** se incluyen por lo general como entradas con una remisión a la forma de grado positivo o de infinitivo, según el caso. Tal es el caso de las formas de gradación de los adjetivos y adverbios y los verbos irregulares. En la parte alemana se incluyen además las formas irregulares del plural de los sustantivos.

**aß** [aːs] *3. imp von* **essen**
**Atlanten** *pl von* **Atlas**

**fue** [fwe] **1.** *3. pret de* **ir** **2.** *3. pret de* **ser**

**Kurzwörter, Abkürzungen, Eigennamen** und **geographische Bezeichnungen** sind an alphabetischer Stelle als Stichwörter im Wörterverzeichnis zu finden.

Las **siglas**, las **abreviaturas**, los **nombres propios** y los **topónimos** se encuentran como entradas en el lugar correspondiente en el orden alfabético.

**Homographen**, die sich durch eine andere Flexion auszeichnen, oder Substantive mit unterschiedlichem Genus werden durch hochgestellte arabische Ziffern unterschieden.

Los **homógrafos** que se caracterizan por presentar una flexión diferente o los sustantivos con distinto género se diferencian con una cifra arábiga volada.

> **Ordner**[1] *m* <-s, -> (*Akten~*) archivador *m*
> **Ordner(in)**[2] *m(f)* <-s, -; -nen> persona *f* del servicio de orden

## 4. Aufbau der Wörterbuchartikel – Mikrostruktur

## 4. Estructura del artículo – Microestructura

Die einzelnen Artikel können durch **Zahlen** weiter untergliedert sein.

Los diversos artículos pueden estar subdivididos mediante **números**.

Dabei kennzeichnen **römische Ziffern** verschiedene grammatische Kategorien und unterschiedliche Konstruktionsmöglichkeiten eines Verbs (*vt, vi, vr, vunpers* im deutschen, *vimpers* im spanischen Teil).

Las **cifras romanas** indican las distintas categorías gramaticales y las diversas posibilidades de construcción de un verbo (*vt, vi, vr, vunpers* en la parte alemana, *vimpers* en la española).

> **unangemeldet** **I.** *adj* no anunciado **II.** *adv* sin previo aviso
>
> **dañar** [da'ɲar] **I.** *vi* schaden **II.** *vt* beschädigen; (*reputación*) schädigen; ~ **la imagen** dem Image schaden **III.** *vr:* ~**se** beschädigt werden; (*fruta, cosecha*) verderben

**Arabische Ziffern** kennzeichnen verschiedene Bedeutungen des Stichworts.

Las **cifras arábigas** señalan las distintas acepciones de una entrada.

> **schrecklich** *adj* **1.** (*furchtbar*) horrible **2.** (*fam: groß, sehr*) tremendo, enorme
>
> **regadera** [rreɣa'ðera] *f* **1.** (*recipiente*) Gießkanne *f* **2.** (*reguera*) Bewässerungsgraben *m* **3.** (*loc*): **estar como una ~** (*fam*) spinnen

Der semantischen Beschreibung folgt die phraseologische. Hier sind die für die Kategorie relevanten **Anwendungsbeispiele, Redewendungen, Sprichwörter und mehrgliedrigen Ausdrücke** aufgeführt. In der Regel sind sie unter dem als erstes wichtiges bedeutungstragendes Element fungierenden Stichwort eingeordnet, im Zweifelsfall sollte der Benutzer aber auch unter den anderen möglichen Suchwörtern nachschlagen. Redewendungen und Sprichwörter, die keiner Grundbedeutung des Stichworts zuzuordnen sind, werden im deutschen Teil mit dem Zusatz *Wend*, im spanischen mit dem Zusatz *loc* unter einer gesonderten römischen Ziffer aufgeführt.

Dentro de cada categoría gramatical, a la descripción semántica sigue la fraseológica, que incluye **los ejemplos de uso, las frases hechas, refranes y expresiones pluriverbales**. Normalmente están ordenados bajo el primer elemento con significado léxico; en caso de duda, el usuario debe consultar también los otros posibles elementos. Las frases hechas y los refranes que no se pueden incluir dentro de ninguna de las acepciones de la entrada se incluyen en la parte alemana con la acotación *Wend* y en la parte española con la acotación *loc* bajo una cifra romana aparte.

## 5. Erklärende Zusätze – Kommentierungen

Sowohl in der Ausgangs- als auch in der Zielsprache können erklärende Zusätze Bedeutung und Anwendung eines Wortes näher bestimmen:

- **in Klammern stehende Zusätze** für Synonyme und Definitionen, für typische Subjekte und Objekte und andere Erklärungen
- **Fachgebietsangaben**, besonders wenn verschiedene Bedeutungen unterschieden werden
- **Angaben zur regionalen Verbreitung** zur Markierung aller Wörter, Bedeutungen und Wendungen, die einem regionalen Gebrauch unterliegen
- **Stilangaben** zur Markierung aller Wörter, Bedeutungen und Wendungen, die keiner neutralen Stilebene angehören: *geh, formal, fam, sl, vulg* im deutschen Teil und *elev, formal, fam, argot, vulg* im spanischen Teil
- **rhetorische Angaben**, wenn eine besondere Sprechhaltung markiert wird: *fig, iron, abw* im deutschen Teil und *fig, irón, pey* im spanischen Teil

Die vollständige Liste der Markierungen ist dem Abkürzungsverzeichnis zu entnehmen.

## 5. Acotaciones aclaratorias – Comentarios

Tanto en la lengua de partida como en la lengua meta, las acotaciones aclaratorias pueden definir con más exactitud el significado y el uso de una palabra:

- **acotaciones entre paréntesis** para sinónimos y definiciones, para sujetos y complementos típicos y para otras aclaraciones
- **indicaciones de especialidad**, sobre todo cuando se diferencian distintos significados
- **indicaciones de uso regional** para marcar todas las palabras, significados y modismos sujetos a uso regional
- **indicaciones de estilo** para marcar todas las palabras, los significados y giros que no pertenecen a un estilo neutral: *geh, formal, fam, sl, vulg* en la parte alemana y *elev, formal, fam, argot, vulg* en la parte española
- **indicaciones retóricas** para marcar una determinada actitud del hablante: *fig, iron, abw* en la parte alemana y *fig, irón, pey* en la parte española

La relación completa de las marcas se encuentra en la lista de abreviaturas.

## 6. Morphologische Angaben

### Substantive

Alle Substantive sind mit einer **Genusangabe** versehen. Die Bezeichnung des grammatischen Geschlechts als *m* (Maskulinum), *f* (Femininum) und im Deutschen auch als *nt* (Neutrum) bzw. deren Kombinationen kennzeichnet ein Wort als Substantiv.
Unmittelbar nach dem deutschen Substantivstichwort werden in spitzen Klammern die **Flexionsendungen** angegeben. Dies gilt allerdings nicht für Komposita, dessen Flexionsendungen auf ein Basiswort zurückgeführt werden können. Bei femininen Substantiven wird hier der Plural Nominativ aufgeführt, bei Substantiven anderen Geschlechts die Genitivform Singular und die Pluralform Nominativ. Bei geographischen Angaben sowie bei Stichwörtern ohne Pluralform wird nur der Genitiv aufgeführt.

## 6. Indicaciones morfológicas

### Sustantivos

Todos los sustantivos llevan una **indicación de género**. La denominación del género gramatical como *m* (masculino), *f* (femenino) y, en alemán, también como *nt* (neutro), así como la combinación de los mismos, indica que la palabra es un sustantivo.
Inmediatamente detrás del sustantivo alemán se indican las **desinencias flexivas** entre paréntesis angulares. No es válido para palabras compuestas cuyas desinencias flexivas son derivadas de la forma básica de la entrada. En los sustantivos femeninos se indica el nominativo plural; en los sustantivos con otro género, la forma del genitivo singular y la del nominativo plural. En los topónimos y en las entradas sin plural sólo se indica el genitivo.

**Hase** ['haːzə] *m* <-n, -n>
**Nuance** *f* <-n>
**Staat** [ʃtaːt] *m* <-(e)s, -en>
**Globus** ['gloːbʊs] *m* <-(ses), -se *o* Globen>

Ein Bindestrich ( – ) ohne Endung bedeutet, dass die betreffende Form mit der im Nominativ gegebenen Grundform identisch ist.

Un guión ( – ) sin desinencia significa que la forma respectiva es idéntica a la forma del nominativo.

**Glücksbringer** *m* <-s, ->
**Gockel** ['gɔkəl] *m* <-s, ->

Bei Substantiven, bei denen sowohl die maskuline als auch die feminine Form angegeben wird, wird zuerst die Genitivform Singular und die Pluralform der Maskulinform, dann, durch ein Semikolon getrennt, die Pluralform der Femininform angegeben.

En los sustantivos en los que se indica tanto la forma masculina como la femenina se da primero la forma de genitivo singular y la forma del plural del masculino y luego, separada por un punto y coma, la forma del plural del femenino.

**Lehrer(in)** *m(f)* <-s, -; -nen>

Substantive oder einzelne Bedeutungen eines Substantivs mit der Angabe *pl* werden nur im Plural gebraucht.

Substantive, die im Plural ihre Form nicht verändern, werden mit *inv* markiert. Substantive, die nur im Singular verwendet werden, erhalten ein *ohne pl* im deutschen Teil und ein *sin pl* im spanischen Teil. Bei geographischen Bezeichnungen wird auf diese Angabe verzichtet.

Los sustantivos o algunos significados de un sustantivo con la indicación *pl* se usan sólo en plural.

Los sustantivos que no modifican su forma en plural se indican con *inv*; los que sólo se emplean en singular se señalan con *ohne pl* en la parte alemana y con *sin pl* en la parte española. En los topónimos se prescinde de esta indicación.

Für alle Substantive, die ein natürliches Geschlecht haben und Personen bezeichnen, wird die **feminine neben der maskulinen Form** angegeben.

En todos los sustantivos que tienen un género natural y designan personas se indica **la forma femenina al lado de la masculina**.

**Sieger(in)** *m(f)* <-s, -; -nen>
**Bauer**[2] ['baʊɐ] *m*, **Bäuerin** *f* <-n *o* -s, -; -nen>
**Orthopäde, -in** *m, f* <-n, -n; -nen>
**Schuldige(r)** *mf* <-n, -n; -n>
**duque(sa)** ['duke, du'kesa] *m(f)*
**campeón, -ona** [kampe'on, -ona] *m, f*
**ministro, -a** [mi'nistro, -a] *m, f*
**asistente** [asis'tente] *mf*

In der Regel sind beide Formen unter der **maskulinen Form** abgehandelt. Wo die **feminine Form** in der alphabetischen Reihenfolge nicht unmittelbar neben der maskulinen stehen würde, wird sie zusätzlich als eigenes Stichwort mit einem Verweis auf die maskuline Form angegeben.

Normalmente ambas formas son tratadas dentro de la **forma masculina**. Si la **forma femenina** no sigue inmediatamente a la masculina en el orden alfabético, se incluye adicionalmente como entrada propia con remisión a la forma masculina.

Bei Substantiven, die mit bestimmten **Präpositionen** verbunden werden, ist die zugehörige präpositionale Ergänzung und ihre Entsprechung nach der Übersetzung angegeben.

En los sustantivos que rigen una determinada **preposición** se indica el correspondiente complemento preposicional y su equivalencia tras la traducción.

**Bange** *f ohne pl* (*reg*) temor *m* (*vor* a), miedo *m* (*vor* de/a)
**carencia** [ka'reṇθja] *f* **1.** (*falta*) Fehlen *nt* (*de* von +*dat*) **2.** (*t.* ECON, MED: *escasez*) Mangel *m* (*de* an +*dat*)

## Adjektive und Adverbien

## Adjetivos y adverbios

Adjektive sind in ihrer **unflektierten Form** angegeben.

Los adjetivos se indican en su **grado positivo**.

Besitzt das deutsche Adjektiv keine unflektierte Form, wird es nach dem Muster *erste(r, s)* dargestellt.

Si el adjetivo alemán no tiene una forma no declinada, éste será representado siguiendo el modelo *erste(r, s)*.

Besitzt das spanische Adjektiv eine weibliche Form, so wird die entsprechende Endung angehängt.

Si el adjetivo español tiene forma de femenino, se añade a la palabra la terminación correspondiente.

**Unveränderliche Adjektive** werden mit *inv* gekennzeichnet.

Los **adjetivos invariables** se señalan con *inv*.

**beiderlei** ['baɪdɐlaɪ, '-'-] *adj inv* de los dos, de ambos; ~ **Geschlechts** de ambos sexos
**cazavirus** [kaθa'βirus] *adj inv* (INFOR) Antiviren-; **programa** ~ Antivirenprogramm *nt*

**Unregelmäßige Steigerungsformen** und solche mit morphologischen Besonderheiten im Deutschen wie z.B. Umlautung des Stammvokals werden in spitzen Klammern angegeben. Die erste der Formen bezeichnet dabei den Komparativ, die zweite den Superlativ.

**Las formas de gradación irregulares** y las que presentan singularidades morfológicas como p.ej. el cambio de 'Umlaut' de la vocal radical en el alemán se indican entre paréntesis angulares. La primera forma señala el grado comparativo, la segunda, el superlativo.

**grob** [gro:p] *adj* <gröber, am gröbsten>

**grande** ['gran̩de] **I.** *adj* <más grande *o* mayor, grandísimo>

Bei Adjektiven, die mit bestimmten **Präpositionen** verbunden werden, ist die zugehörige präpositionale Ergänzung und ihre Entsprechung nach der Übersetzung angegeben.

En los adjetivos que rigen determinadas preposiciones se indica el correspondiente complemento preposicional y su equivalente tras la traducción.

**gierig** *adj* ávido (*nach* de)

**resistente** [rresis'ten̩te] **I.** *adj* widerstandsfähig (*a* gegen +*akk*); ...

**Adverbien** werden in der Regel nicht als eigenes Stichwort aufgeführt, wenn sie im Deutschen der normalen Adjektivform entsprechen und die spanische Übersetzung regelmäßig mit *-mente* gebildet wird, bzw. wenn sie im Spanischen regelmäßig mit der Endung *-mente* gebildet werden und die deutsche Übersetzung der normalen Adjektivform entspricht.

Los **adverbios** no tienen por lo general entrada propia si en alemán coinciden con la forma del adjetivo y la traducción española se forma con la terminación *-mente*, ni si en español se forman con *-mente* y la traducción alemana corresponde a la forma normal del adjetivo.

Deutsche Adverbien, die äußerlich nicht dem Adjektiv entsprechen, werden als eigenes Stichwort aufgeführt. Adverbien, deren Übersetzung nicht der Adjektivform und der Endung *-mente* entspricht, werden explizit in Wendungen oder mit einer römischen Ziffer abgehandelt.

Los adverbios alemanes cuya forma es diferente a la del adjetivo tienen entrada propia. Los adverbios cuya traducción no corresponde a la forma del adjetivo con la terminación *-mente* se tratan explícitamente en modismos o con una cifra romana propia.

Spanische Adverbien, die nicht mit *-mente* gebildet werden, sowie solche auf *-mente*, die Besonderheiten bei der Übersetzung aufweisen, werden als eigene Stichwörter aufgeführt.

Los adverbios españoles que no terminan en *-mente* y los que terminando en *-mente* presentan alguna particularidad en la traducción se incluyen como entradas propias.

**hoch** [ho:x] <höher, am höchsten> **I.** *adj*

**deprisa** [de'prisa] *adv* schnell; ~ **y corriendo** so schnell wie möglich

## Verben

Die grammatischen Angaben *vt*, *vi*, *vr* und *vunpers* bzw. *vimpers* kennzeichnen ein Stichwort als Verb. Ist die reflexive Form nicht schon als Stichwort aufgenommen, folgt diese auf die Angabe *vr*. Wird ein Verb in mehreren dieser Konstruktionsmöglichkeiten gebraucht, ist der Eintrag in der Regel mit römischen Ziffern untergliedert.

## Verbos

Las indicaciones gramaticales *vt*, *vi*, *vr* y *vunpers* igual que *vimpers* indican que la entrada es un verbo. Si la forma reflexiva no se incluye como una entrada, ésta sigue a la indicación *vr*. Si un verbo tiene varias posibilidades de construcción, el artículo se subdivide mediante cifras romanas.

**baden** ['ba:dən] **I.** *vi* **1.** (*schwimmen*) bañarse **2.** (*ein Bad nehmen*) tomar un baño **II.** *vt* (*waschen*) bañar

**relevar** [rrele'βar] **I.** *vt* **1.** (*acentuar*) hervorheben **2.** (*liberar*) befreien; ~ **de un juramiento** von einem Eid entbinden; ~ **a alguien de sus deudas** jdm seine Schulden erlassen; ~ **a alguien de sus culpas** jdm seine Sünden vergeben **3.** (JUR: *destituir*) entheben; ~ **a alguien de un cargo** jdn eines Amtes entheben **4.** (*reemplazar*) ersetzen; (MIL, DEP) ablösen **II.** *vr*: ~**se** sich abwechseln

Wird ein Verb in mehreren dieser Konstruktionsmöglichkeiten gebraucht, ohne dass sich die Übersetzung ändert, können diese auch zusammenstehen.

Si un verbo se usa en varias de estas posibilidades sin que afecte a la traducción, éstas pueden también indicarse juntas.

**beratschlagen*** [-'---] *vi*, *vt* aconsejar

**bromear** [brome'ar] *vi*, *vr*: ~**se** spaßen

Unmittelbar auf das Stichwort folgen in spitzen Klammern die Angaben zu **unregelmäßigen Verbformen**.

Es werden **im Deutschen** die 3. Person Singular Präsens und Imperfekt und das Partizip Perfekt angegeben.

Inmediatamente después de la entrada siguen las indicaciones de las **formas verbales irregulares** entre paréntesis angulares.

En la **parte alemana** se indican la 3ª persona del singular del presente y del imperfecto así como el participio pasado.

**lesen** ['le:zən] <liest, las, gelesen>

Ein abtrennbares Präfix wird durch | gekennzeichnet.

Verben, deren Partizipform ohne *ge-* gebildet wird, werden mit einem * direkt hinter dem Stichwort gekennzeichnet.

Un prefijo separable se señala mediante |.

Los verbos cuyo participio se forma sin *ge-* se señalan con un * directamente detrás de la entrada.

**ab|gewinnen***
**studieren***

Die Angabe der Stammformen fehlt bei zusammengesetzten und präfigierten Verben, die in ihrer einfachen Form als selbständiger Eintrag erscheinen. Sie werden mit *irr* gekennzeichnet; ihre Stammformen sind beim Simplex angegeben.

No se da la indicación de las bases de las que derivan los verbos compuestos y prefijados cuya forma simple aparece como entrada propia. Se señalan con *irr* y las bases de las que derivan se indican en las formas no compuestas.

> **vor|lesen** *irr*

Eine Liste der häufigsten unregelmäßigen Verben sowie Konjugationstabellen befinden sich im Anhang des Wörterbuchs.

En el apéndice de este diccionario se encuentra una lista de los verbos irregulares alemanes más utilizados. La tabla de la conjugación y la morfología alemana de los verbos también se encuentran allí.

Alle deutschen Verben, die die **zusammengesetzten Zeiten** nicht ausschließlich mit *haben* bilden, haben nach der Wortartangabe den Zusatz *sein* bzw. *haben o sein*. Gelegentlich ist die Bildung mit *haben* oder *sein* mit einem Unterschied in der Konstruktionsweise oder der Bedeutung verbunden. In diesem Fall steht die Angabe jeweils nach der entsprechenden Einteilung im Eintrag. Fehlt die Angabe, so erfolgt die Bildung mit *haben*. Reflexive Verben bilden die zusammengesetzten Zeiten regelmäßig mit *haben*; deshalb wird hier auf die Angabe verzichtet.

En todos los verbos alemanes que no forman los **tiempos compuestos** únicamente con *haben*, aparece después de la categoría gramatical la acotación *sein* o bien *haben o sein*. A veces la formación con *haben* o *sein* lleva consigo una diferencia de construcción o de significado. En este caso, la indicación se encuentra después de la subdivisión correspondiente en el artículo. Si no hay indicación, el verbo se construye con *haben*. Los verbos reflexivos forman los tiempos compuestos de forma regular con *haben*, por lo que se prescinde de su indicación.

> **laufen** ['laʊfən] <läuft, lief, gelaufen> **I.** *vi sein* … **II.** *vt* **1.** *sein* (*Strecke*) recorrer; **Ski/Rollschuh/Schlittschuh ~** esquiar/patinar/patinar sobre hielo; … **2.** *haben:* **ich habe mir Blasen ge~** tengo ampollas de tanto andar …

Das **Reflexivpronomen** *sich* steht ohne Bezeichnungen im Akkusativ; im Dativ wird es als *dat* gekennzeichnet.

El **pronombre reflexivo** *sich* está en acusativo si no se indica lo contrario; si está en dativo se señala con *dat*.

Es werden **im Spanischen** Vokalveränderungen, Betonungsverschiebungen sowie orthographische Abweichungen angegeben.

En la **parte española** se indican los cambios vocálicos, los desplazamientos en la acentuación y los cambios ortográficos.

> **merendar** [meren̩'dar] <e→ie>
> **fotografiar** [fotoɣrafi'ar/fotoɣra'fjar] <*1. pres:* fotografío>
> **adelgazar** [aðelɣa'θar] <z→c>

Bei den übrigen unregelmäßigen Verben, die in keine der vorherigen Kategorien fallen, wird auf eine im Anhang alphabetisch geordnete Verbtabelle verwiesen. Insofern das entsprechende Verb in dieser Tabelle aufgeführt ist, wird es mit *irr* gekennzeichnet. Andernfalls erfolgt zusätzlich die Nennung ei-

Para los verbos irregulares restantes, que no se encuentran dentro de ninguna de las categorías anteriores, se remite a la lista alfabética de verbos que se encuentra en el apéndice. Siempre que el verbo esté incluido en esta lista se indica con *irr*. En caso contrario, se remite a un verbo de la lista de conjuga-

nes in der Tabelle erfassten, analog konjugierten Verbs. Bei zusammengesetzten Verben ist dies meist das Simplex.

ción análoga. En los verbos compuestos, éste es la mayoría de las veces la forma simple.

**andar** [an̩'dar] *irr*
**desandar** [desan̩'dar] *irr como andar*

Die **Präpositionen**, mit denen Verben verbunden sein können, werden mit ihrer Entsprechung nach der Übersetzung dann angegeben, wenn der Gebrauch beider Sprachen voneinander abweicht. Nach der deutschen Präposition wird der **Kasus** angegeben. Der regelmäßige Gebrauch der Präposition *a* im Spanischen vor Personen wird als bekannt vorausgesetzt und in der Regel nicht aufgeführt. Die Präpositionen werden auch dann nicht hinter der Übersetzung angegeben, wenn eine Wendung, die den Gebrauch des Verbs zeigt, folgt.

Las **preposiciones** regidas por los verbos se indican junto a su equivalente después de la traducción si el uso en ambas lenguas es diferente. Tras la preposición alemana se indica el **caso**. El uso regular de la preposición *a* en español delante de personas se da por sabido y, por lo general, no se indica. Las preposiciones no se indican después de la traducción si sigue un modismo que indica el uso del verbo.

**nach|denken** *irr vi* reflexionar (*über* sobre), pensar (*über* en); **darüber darf man gar nicht** ~ no se debería pensar en esto; **scharf** ~ pensar con todas las fuerzas

**rimar** [rri'mar] **I.** *vi* **1.** (*versificar*) reimen **2.** (*tener rima*) sich reimen (*con* auf +*akk*) **II.** *vt* reimen (*con* auf +*akk*, *con* mit +*dat*)

### Präpositionen

Ist eine Präposition ein Stichwort, wird im Deutschen der von ihr regierte Kasus angegeben.

### Preposiciones

Si la entrada es una preposición, en la parte alemana se indica el caso que rige.

**angesichts** *präp* +*gen* (*geh*) **1.** (*beim Anblick*) ante, al ver ...

Bei Präpositionen wie *an, auf, hinter, in, neben, über, unter, vor* und *zwischen*, die den Dativ oder den Akkusativ regieren, werden beide Kasus angegeben.

En las preposiciones como *an, auf, hinter, in, neben, über, unter, vor* y *zwischen* que rigen dativo o acusativo se indican ambos casos.

**an** [an] **I.** *präp* +*dat* **1.** (*nahe bei*) en, junto a; ... **II.** *präp* +*akk* **1.** (*in Richtung auf*) a, contra; ...

## 7. Deutsche Rechtschreibung

Dieses Wörterbuch folgt der im Juli 1996 in Wien unterzeichneten Neuregelung der deutschen Rechtschreibung.

## 7. Norma ortográfica

Este diccionario sigue la reforma de la ortografía alemana ratificada en Viena en julio de 1996.

## Abkürzungen — Abreviaturas

| | | | |
|---|---|---|---|
| *a.* | auch | también | |
| *Abk.* | Abkürzung | abreviatura | *abr* |
| *abw* | abwertend | peyorativo | |
| *adj* | Adjektiv | adjetivo | *adj* |
| ADMIN | Verwaltung | administración | ADMIN |
| *adv* | Adverb | adverbio | *adv* |
| AERO | Luftfahrt | aeronáutica | AERO |
| AGR | Landwirtschaft | agricultura | AGR |
| *akk* | Akkusativ | acusativo | *akk* |
| *Akr.* | Akronym | acrónimo | |
| *Am* | Lateinamerikanismus | americanismo | *Am* |
| | Zentralamerika | América Central | *AmC* |
| | Südamerika | América del Sur | *AmS* |
| ANAT | Anatomie | anatomía | ANAT |
| *And* | Anden | zona andina | *And* |
| *Ant* | Antillen | Antillas | *Ant* |
| ARCHIT | Architektur | arquitectura | |
| *Arg* | Argentinien | República Argentina | *Arg* |
| | Slang | argot | *argot* |
| | Architektur | arquitectura | ARQUIT |
| *art* | Artikel | artículo | *art* |
| *art best* | bestimmter Artikel | artículo determinado | *art det* |
| | Kunst(geschichte) | (historia del) arte | ARTE |
| *art unbest* | unbestimmter Artikel | artículo indeterminado | *art indet* |
| ASTR | Astrologie, Astronomie | astrología, astronomía | ASTR |
| | Vergrößerungsform | aumentativo | *aum* |
| AUTO | Auto und Verkehr | automóvil y tráfico | AUTO |
| *aux* | Hilfsverb | verbo auxiliar | *aux* |
| BERGB | Bergbau | minería | |
| BIOL | Biologie | biología | BIOL |
| *Bol* | Bolivien | Bolivia | *Bol* |
| BOT | Botanik | botánica | BOT |
| CHEM | Chemie | química | |
| *Chil* | Chile | Chile | *Chil* |
| | Film | cinematografía | CINE |
| *Col* | Kolumbien | Colombia | *Col* |
| COM | Handel | comercio | COM |
| | Komparativ | comparativo | *compar* |
| | Konjunktion | conjunción | *conj* |
| *CRi* | Costa Rica | Costa Rica | *CRi* |
| *CSur* | Cono Sur (Argentinien, Chile, Paraguay, Uruguay) | Cono Sur (República Argentina, Chile, Paraguay, Uruguay) | *CSur* |
| *Cuba* | Cuba | Cuba | *Cuba* |
| *dat* | Dativ | dativo | *dat* |
| *DomR* | Dominikanische Republik | República Dominicana | |

| | | | |
|---|---|---|---|
| | Sport | deporte | DEP |
| | Verkleinerungsform | diminutivo | *dim* |
| | Ökologie | ecología | ECOL |
| | Wirtschaft | economía | ECON |
| *Ecua* | Ecuador | Ecuador | *Ecua* |
| | Vereinigte Staaten von Amerika | Estados Unidos | EE.UU. |
| EISENB | Eisenbahn | ferrocarril | |
| ELEK | Elektrotechnik | electrotecnia | ELEC |
| | gehoben, literarisch | elevado, literario | *elev* |
| *ElSal* | El Salvador | El Salvador | *ElSal* |
| | Schulwesen | enseñanza | ENS |
| *etw* | etwas | algo | |
| EU | Europäische Union | Unión Europea | |
| *f* | Femininum | femenino | *f* |
| *fam* | umgangssprachlich | familiar | *fam* |
| | Eisenbahn | ferrocarril | FERRO |
| *fig* | übertragen, figurativ | sentido figurado | *fig* |
| FILM | Film | cinematografía | |
| *Fili* | Philippinen | Filipinas | *Fili* |
| | Philosophie | filosofía | FILOS |
| FIN | Finanzen, Börse | finanzas, bolsa | FIN |
| | Physik | física | FÍS |
| *formal* | geschriebene Sprache, Verwaltungssprache | lenguaje escrito/ administrativo | *formal* |
| FOTO | Fotografie | fotografía | FOTO |
| GASTR | Gastronomie | gastronomía | GASTR |
| *geh* | gehoben, literarisch | elevado, literario | |
| *gen* | Genitiv | genitivo | *gen* |
| GEO | Geographie, Geologie | geografía, geología | GEO |
| *ger* | Gerundium | gerundio | *ger* |
| *Guat* | Guatemala | Guatemala | *Guat* |
| *Guay* | Guayana | Guayana | *Guay* |
| *GuinEc* | Guinea Ecuatorial | Guinea Ecuatorial | *GuinEc* |
| HIST | Geschichte | historia | HIST |
| *Hond* | Honduras | Honduras | *Hond* |
| *imp* | Imperfekt | imperfecto | *imp* |
| | Indikativ | indicativo | *ind* |
| *inf* | Infinitiv | infinitivo | *inf* |
| INFOR | Informatik | informática, ordenadores | INFOR |
| *interj* | Interjektion | interjección | *interj* |
| *inv* | invariabel, unveränderlich | invariable | *inv* |
| *iron* | ironisch | irónico | *irón* |
| *irr* | unregelmäßig | irregular | *irr* |
| *jd* | jemand | alguien (nominativo) | |
| *jdm* | jemandem | alguien (dativo) | |
| *jdn* | jemanden | alguien (acusativo) | |
| *jds* | jemandes | alguien (genitivo) | |

| | | | |
|---|---|---|---|
| JUR | Jura/Recht | jurisdicción/derecho | JUR |
| *kompar* | Komparativ | comparativo | |
| *konj* | Konjunktion | conjunción | |
| KUNST | Kunst(geschichte) | (historia del) arte | |
| LING | Linguistik, Grammatik | lingüística, gramática | LING |
| LIT | Literatur(wissenschaft) | (ciencia de la) literatura | LIT |
| | Wendung | locución | *loc* |
| *m* | Maskulinum | masculino | *m* |
| MATH | Mathematik | matemáticas | MAT |
| MED | Medizin | medicina | MED |
| METEO | Meteorologie | meteorología | METEO |
| *Mex* | Mexico | México, Méjico | *Méx* |
| *mf* | Maskulinum und Femininum | masculino y femenino | *mf* |
| MIL | Militär | fuerzas armadas | MIL |
| | Bergbau | minería | MIN |
| MUS | Musik | música | MÚS |
| NAUT | Nautik, Seefahrt | náutica, navegación | NÁUT |
| *Nic* | Nicaragua | Nicaragua | *Nic* |
| *nom* | Nominativ | nominativo | *nom* |
| *nordd* | norddeutsch | Alemania del Norte | |
| *nt* | Neutrum | neutro | *nt* |
| *o* | oder | o | |
| ÖKOL | Ökologie | ecología | |
| *ostd* | ostdeutsch | Alemania del Este | |
| *Österr* | Österreich | Austria | |
| *Pan* | Panama | Panamá | *Pan* |
| *Par* | Paraguay | Paraguay | *Par* |
| *part* | Partikel | partícula | |
| *Perú* | Peru | Perú | *Perú* |
| | abwertend | peyorativo | *pey* |
| PHILOS | Philosophie | filosofía | |
| PHYS | Physik | física | |
| *pl* | Plural | plural | *pl* |
| POL | Politik | política | POL |
| *pp* | Partizip Perfekt | participio pasado | *pp* |
| | Publizistik, Presse | prensa, periodismo | PREN |
| *präp* | Präposition | preposición | *prep* |
| *präs* | Präsens | presente | *pres* |
| | 'Pretérito' | pretérito indefinido | *pret* |
| *PRico* | Puerto Rico | Puerto Rico | *PRico* |
| *pron dem* | Demonstrativpronomen | pronombre demostrativo | *pron dem* |
| *pron indef* | Indefinitpronomen | pronombre indefinido | *pron indef* |
| *pron inter* | Interrogativpronomen | pronombre interrogativo | *pron inter* |
| *pron pers* | Personalpronomen | pronombre personal | *pron pers* |
| *pron poss* | Possessivpronomen | pronombre posesivo | *pron pos* |
| *pron refl* | Reflexivpronomen | pronombre reflexivo | *pron refl* |

| | | | |
|---|---|---|---|
| *pron rel* | Relativpronomen | pronombre relativo | *pron rel* |
| *prov* | Sprichwort | proverbio | *prov* |
| PSYCH | Psychologie | psicología | PSICO |
| PUBL | Publizistik, Presse | prensa, periodismo | |
| | Chemie | química | QUÍM |
| ® | eingetragenes Warenzeichen | marca registrada | ® |
| RADIO | Rundfunk | radio | RADIO |
| | Dominikanische Republik | República Dominicana | *RDom* |
| *reg* | regional | regional | *reg* |
| REL | Religion | religión | REL |
| *RíoPl* | Río de la Plata | Río de la Plata | *RíoPl* |
| *s.* | siehe | véase | |
| SCH | Schulwesen | enseñanza | |
| *Schweiz* | Schweiz | Suiza | |
| *sg* | Singular | singular | *sg* |
| *sl* | Slang | argot | |
| SOZIOL | Soziologie | sociología | SOCIOL |
| SPORT | Sport | deporte | |
| *subj* | 'Subjuntivo' | subjuntivo | *subj* |
| *südd* | süddeutsch | Alemania del Sur | |
| *superl* | Superlativ | superlativo | *superl* |
| | auch | también | *t.* |
| | Stierkampfkunst | tauromaquia | TAUR |
| | Theater | teatro | TEAT |
| TECH | Technik | técnica | TÉC |
| TEL | Telekommunikation | telecomunicación | TEL |
| THEAT | Theater | teatro | |
| | Typografie | tipografía | TIPO |
| TV | Fernsehen | televisión | TV |
| TYPO | Typografie | tipografía | |
| *Ud.* | Sie (Singular) | Usted | *Ud.* |
| *Uds.* | Sie (Plural) | Ustedes | *Uds.* |
| | Europäische Union | Unión Europea | UE |
| UNIV | Universität | universidad | UNIV |
| *Urug* | Uruguay | Uruguay | *Urug* |
| | siehe | véase | *v.* |
| *Ven* | Venezuela | Venezuela | *Ven* |
| *vi* | intransitives Verb | verbo intransitivo | *vi* |
| | unpersönliches Verb | verbo impersonal | *vimpers* |
| *vr* | reflexives Verb | verbo reflexivo | *vr* |
| *vt* | transitives Verb | verbo transitivo | *vt* |
| *vulg* | vulgär | vulgar | *vulg* |
| *vunpers* | unpersönliches Verb | verbo impersonal | |
| *Wend* | Wendung | locución | |
| WIRTSCH | Wirtschaft | economía | |
| ZOOL | Zoologie | zoología | ZOOL |

# Aa

**A, a** [a] *f* A, a *nt;* ~ **de Antonio** A wie Anton

**a** [a] *prep* ❶ (*dirección*) zu +*dat;* **ir ~ Barcelona/Suiza** nach Barcelona/in die Schweiz fahren; **llegar ~ Madrid** in Madrid ankommen; **ir ~ casa de alguien** zu jdm gehen; **ir ~ la escuela** in die Schule gehen; **voy ~l cine/~l servicio** ich gehe ins Kino/aufs Klo; **aún tengo que ir ~ Correos/~l banco** ich muss noch zur Post/zur Bank ❷ (*posición*) an +*dat;* **estar sentado ~ la mesa** am Tisch sitzen; **~ la mesa** (*comiendo*) bei Tisch; **esperar ~ la puerta de la casa** an der Haustür warten; **~ la derecha** rechts; **~l sur** (**de**) südlich (von); **~l sol** in der Sonne ❸ (*distancia*): **~ 10 kilómetros de aquí** 10 Kilometer von hier (entfernt) ❹ (*tiempo*) um +*akk;* (*hasta*) bis; **~ las tres** um drei (Uhr); **~ mediodía** mittags; **~ los veinte años** mit zwanzig Jahren; **~l poco rato** kurz danach; **¿~ cuántos estamos?** den Wievielten haben wir heute? ❺ (*modo*): **~ pie** zu Fuß; **~ mano** mit der Hand; **~ oscuras** im Dunkeln; **~ la española** nach spanischer Art ❻ (*precio*): **¿~ cómo está?** wie teuer ist das?; **~ 2 euros el kilo** 2 Euro das Kilo ❼ (*complemento* (*in*)*directo*): **he visto ~ tu hermano** ich habe deinen Bruder gesehen; **dio su fortuna ~ los pobres** er vermachte sein Vermögen den Armen ❽ (*con infinitivo*) zu; **empezó ~ correr** er/sie fing an zu laufen ❾ (*complemento de verbo*): **oler ~ gas** nach Gas riechen; **jugar ~ los dados** Würfel spielen ❿ (*loc*): **el partido terminó dos ~ dos** das Spiel endete zwei zu zwei; **¡~ que llueve mañana!** wetten, dass es morgen regnet!; **~ Pedro le gusta mucho nadar, ¿~ que sí, Pedro?** Pedro schwimmt sehr gerne; nicht wahr, Pedro?

> **? Grammatik**
>
> **a** wird in Kombination mit dem maskulinen bestimmten Artikel ‚el' zu ‚al': *Mañana voy al teatro con algunos amigos. – Morgen gehe ich mit ein paar Freunden ins Theater. Segovia está al norte de Madrid. –Segovia liegt nördlich von Madrid.*

**AA.EE.** [a'suntos este'rjores] *abr de* **Asuntos Exteriores: Ministerio de ~** Außenministerium *nt*

**abacería** [aβaθe'ria] *f* Lebensmittelgeschäft *nt*

**ábaco** ['aβako] *m* Abakus *m*

**abad**(**esa**) [a'βa^ð, aβa'ðesa] *m(f)* Abt *m,* Äbtissin *f*

**abadía** [aβa'ðia] *f* Abtei *f*

**abajo** [a'βaxo] **I.** *adv* ❶ (*movimiento*) hinunter; **calle ~** die Straße hinunter; **cuesta ~** bergab; **de arriba ~** von oben nach unten ❷ (*estado*) unten; **boca ~** auf dem Bauch; **hacia ~** nach unten; **el ~ firmante** der Unterzeichnete; **de veinte para ~** unter zwanzig; **véase más ~** siehe unten **II.** *interj:* **¡~ el dictador!** nieder mit dem Diktator!

**abalanzarse** [aβalan'θarse] <z→c> *vr* sich stürzen (*sobre/contra* auf +*akk*); **~ a la ventana** zum Fenster stürzen

**abalizar** [aβali'θar] <z→c> *vt* markieren (*mit Baken, Tonnen, Schildern u.Ä.*)

**abalorio** [aβa'lorjo] *m* Glasperle *f;* **llenarse de ~s** sich mit wertlosem Zeug behängen

**abanderado, -a** [aβande'raðo, -a] *m, f* ❶ (*en actos públicos*) Fahnenträger(in) *m(f)* ❷ (*pionero*) Vorkämpfer(in) *m(f)*

**abanderar** [aβande'rar] *vt* ❶ (*adornar*) mit Fahnen schmücken ❷ (NÁUT) das Flaggenrecht verleihen +*dat;* **un barco abanderado en Panamá** ein unter panamaischer Flagge fahrendes Schiff ❸ (*guiar*) leiten

**abandonado, -a** [aβando'naðo, -a] *adj ser* (*descuidado*) nachlässig; (*desaseado*) schlampig

**abandonar** [aβando'nar] **I.** *vi* (DEP) aufgeben **II.** *vt* ❶ (*dejar*) verlassen; (*desamparar*) im Stich lassen; (*niño*) aussetzen; **niño abandonado** Findelkind *nt;* **le ~on sus fuerzas** seine Kräfte verließen ihn; **estar abandonado a sí mismo** sich *dat* selbst überlassen sein ❷ (*renunciar*) aufgeben ❸ (*interrumpir*) unterbrechen **III.** *vr:* **~se** ❶ (*entregarse*) sich hingeben (*a* +*dat*) ❷ (*ir desaliñado*) sich gehen lassen

**abandono** [aβan'dono] *m* ❶ (*abandonamiento*) Verlassen *nt;* (*de un niño*) Aussetzung *f;* **~ de servicio** Quittieren des Dienstes; **~ de la víctima** Fahrerflucht *f* ❷ (*renuncia*) Verzicht *m;* (*de una empresa, idea*) Aufgabe *f* ❸ (*descuido*) Vernachlässigung *f;* **en un momento de ~** in einem schwachen Augenblick

**abanicar** [aβani'kar] <c→qu> **I.** *vt* zufächeln +*dat* **II.** *vr:* **~se** sich *dat* (Luft) zufächeln

**abanico** [aβa'niko] *m* Fächer *m;* **en** (**forma

**de**) ~ fächerförmig; **un ~ de posibilidades** eine Fülle von Möglichkeiten

**abaratamiento** [aβarata'mjen̩to] *m* (*de bienes*) Verbilligung *f;* (*de los precios*) Herabsetzung *f;* ~ **de la vida** Sinken der Lebenshaltungskosten

**abaratar** [aβara'tar] **I.** *vt* (*bienes*) verbilligen; (*precios*) herabsetzen; ~ **costes** Kosten senken **II.** *vr:* ~**se** billiger werden

**abarca** [a'βarka] *f* Sandale *f*

**abarcar** [aβar'kar] <c→qu> *vt* ❶ (*comprender*) umfassen; ~ **con la vista** überschauen; ~ **muchas cosas a la vez** alle Hände voll zu tun haben; **quien mucho abarca poco aprieta** (*prov*) wer viel beginnt, zu nichts es bringt ❷ (*contener*) enthalten

**abarquillado, -a** [aβarki'ʎaðo, -a] *adj* gebogen

**abarquillarse** [aβarki'ʎarse] *vr* (*papel*) sich wellen; (*madera*) sich werfen

**abarrancar** [aβarraŋ'kar] <c→qu> **I.** *vt* ❶ (GEO) Schluchten bilden (in +*dat*); (*lluvia*) auswaschen ❷ (*persona*) in eine schwierige Lage bringen **II.** *vi, vr:* ~**se** ❶ (*coche*) stecken bleiben; (*barco*) stranden ❷ (*persona*) in Schwierigkeiten kommen

**abarrotar** [aβarro'tar] *vt* überfüllen (*de* mit +*dat*)

**abastecedor(a)** [aβasteθe'ðor(a)] *m(f)* Lieferant(in) *m(f)*

**abastecer** [aβaste'θer] *irr como crecer* **I.** *vt* (*proveer*) versorgen (*de/con* mit +*dat*); (COM) beliefern (*de/con* mit +*dat*) **II.** *vr:* ~**se** sich versorgen (*de/con* mit +*dat*)

**abastecimiento** [aβasteθi'mjen̩to] *m* ❶ (*provisión*) Versorgung *f* (*de/con* mit +*dat*); ~ **de aguas** Trinkwasserversorgung *f* ❷ (COM) Lieferung *f* (*de/con* von +*dat*)

**abasto** [a'βasto] *m* ❶ (*abastecimiento*) Versorgung *f* ❷ (*provisiones*) Vorrat *m* ❸ (*abundancia*) Fülle *f;* **dar** ~ ausreichen

**abatible** [aβa'tiβle] *adj:* **asiento** ~ Liegesitz *m*

**abatido, -a** [aβa'tiðo, -a] *adj* ❶ (*desanimado*) niedergeschlagen ❷ (*mercancía*) minderwertig

**abatimiento** [aβati'mjen̩to] *m* ❶ (*derribo*) Niederreißen *nt* ❷ (*desmontaje*) Abbau *m* ❸ (*desánimo*) Niedergeschlagenheit *f* ❹ (*humillación*) Erniedrigung *f*

**abatir** [aβa'tir] **I.** *vt* ❶ (*muro, casa*) niederreißen; (*árbol*) umstürzen; (*velas*) einholen; (*avión*) abschießen; ~ **el respaldo** die Rückenlehne herunterklappen ❷ (*desmontar*) abbauen ❸ (*humillar*) demütigen ❹ (*debilitar*) entkräften **II.** *vr:* ~**se** ❶ (*precipitarse*) sich stürzen (*sobre* auf +*akk*) ❷ (*ceder*) nachgeben ❸ (*desanimarse*) den Mut verlieren

**abdicación** [aβðika'θjon] *f* Abdankung *f;* ~ **al trono** Thronverzicht *m*

**abdicar** [aβði'kar] <c→qu> *vt* ❶ (*monarca*) abdanken; **la reina abdicó la corona en su hija** die Königin dankte zugunsten ihrer Tochter ab; ~ **la presidencia** den Vorsitz abgeben ❷ (*ideales*) aufgeben

**abdomen** [aβ'ðomen] *m* ❶ (ANAT) Unterleib *m* ❷ (ZOOL) Hinterleib *m*

**abdominal** [aβðomi'nal] **I.** *adj* Bauch- **II.** *m* (DEP) Bauchmuskelübung *f*

**abducción** [aβðuᵞ'θjon] *f* ❶ (MED) Abduktion *f* ❷ (JUR) Entführung *f* ❸ (*por extraterrestres*) Entführung *f* durch Außerirdische

**abductor** [aβðuk'tor] *m* (ANAT) Abduktor *m*

**abecé** [aβe'θe] *m* Abc *nt;* **el ~ de la matemática** die Grundlagen der Mathematik; **no saber el ~** (*fig*) keinen (blassen) Schimmer haben; **ser el ~ de algo** das A und O einer Sache sein

**abecedario** [aβeθe'ðarjo] *m* Alphabet *nt*

**abedul** [aβe'ðul] *m* (BOT) Birke *f;* (*madera*) Birkenholz *nt*

**abeja** [a'βexa] *f* Biene *f;* ~ **maes(tr)a** Bienenkönigin *f;* ~ **neutra** Arbeitsbiene *f;* **ser como una ~** bienenfleißig sein; **estar como ~ en flor** glücklich und zufrieden sein

**abejón** [aβe'xon] *m* Drohne *f*

**abejorro** [aβe'xorro] *m* ❶ (*insecto*) Hummel *f* ❷ (*escarabajo*) Maikäfer *m* ❸ (*fam: persona*) Nervensäge *f*

**aberración** [aβerra'θjon] *f* ❶ (*desviación*) Abweichung *f;* ~ **mental** Sinnesstörung *f* ❷ (*en la conducta*) Verirrung *f* ❸ (*disparate*) Unsinn *m* ❹ (*Am: error*) Irrtum *m*

**aberrante** [aβe'rran̩te] *adj* ❶ (*anormal*) abwegig ❷ (*disparatado*) unsinnig

**Aberri Eguna** [a'βerri e'ɣuna] *m Tag des Baskenlandes*

**abertura** [aβer'tura] *f* ❶ (*acción*) Öffnen *nt* ❷ (*hueco*) Öffnung *f* ❸ (*franqueza*) Aufgeschlossenheit *f*

**abertzale** [aβer'tʃale] **I.** *adj* (POL): **las fuerzas ~s** die baskisch-nationalistischen Separatisten **II.** *mf* (POL) baskisch-nationalistischer Separatist *m,* baskisch-nationalistische Separatistin *f*

**abetal** [aβe'tal] *m* Tannenhain *m*

**abeto** [a'βeto] *m* Tanne *f;* ~ **rojo** Fichte *f*

**abiertamente** [aβjerta'men̩te] *adv* ❶ (*francamente*) offen ❷ (*patentemente*) deutlich

**abierto**[1] [a'βjerto] *m* (DEP): ~ **de tenis** Tennis Open *ntpl*

**abierto**, **-a**[2] [a'βjerto, -a] **I.** *pp de* **abrir** **II.** *adj* offen; ~ **a nuevas ideas** offen für neue Ideen; **en campo** ~ auf freiem Feld; **un libro** ~ ein aufgeschlagenes Buch

**abigarrado**, **-a** [aβiɣa'rraðo, -a] *adj* bunt

**abisinio**, **-a** [aβi'sinjo, -a] **I.** *adj* (HIST) abessinisch **II.** *m, f* (HIST) Abessinier(in) *m(f)*

**abismado**, **-a** [aβis'maðo, -a] *adj* geistesabwesend

**abismal** [aβis'mal] *adj* (*enorme*) gewaltig; (*odio*) abgrundtief

**abismar** [aβis'mar] **I.** *vt* ❶ (*sumir*) in einen Abgrund stürzen; ~ **a alguien en la desesperación** jdn zur Verzweiflung bringen ❷ (*confundir*) verwirren **II.** *vr:* ~**se** ❶ (*hundirse*) versinken ❷ (*Am: asombrarse*) staunen

**abismo** [a'βismo] *m* ❶ (GEO) Abgrund *m* ❷ (*infierno*) Hölle *f* ❸ (*diferencia*) Kluft *f;* **entre tus opiniones y las mías hay un** ~ unsere Ansichten sind grundverschieden

**abjurar** [aβxu'rar] *vi, vt* abschwören (*de* +*dat*)

**ablandar** [aβlaṇ'dar] **I.** *vi* nachlassen **II.** *vt* ❶ (*poner blando*) weich machen; (*suelo*) aufweichen ❷ (*calmar*) besänftigen ❸ (*hacer ceder*) erweichen **III.** *vr:* ~**se** ❶ (*dejarse calmar*) sich besänftigen lassen ❷ (*convencerse*) sich erweichen lassen

**ablución** [aβlu'θjon] *f* (*islámica, judaica*) (rituelle) Waschung *f;* (*católica*) Ablution *f*

**ablusado**, **-a** [aβlu'saðo, -a] *adj* blusenartig

**abnegación** [aβneɣa'θjon] *f* Selbstlosigkeit *f;* **con** ~ selbstlos

**abnegado**, **-a** [aβne'ɣaðo, -a] *adj* selbstlos

**abnegarse** [aβne'ɣarse] *irr como fregar vr* sich aufopfern (*por/en favor de* für +*akk*)

**abobado**, **-a** [aβo'βaðo, -a] *adj* dumm

**abobar** [aβo'βar] **I.** *vt* ❶ (*atontar*) verdummen ❷ (*fascinar*) faszinieren **II.** *vr:* ~**se** ❶ (*atontarse*) verdummen ❷ (*quedarse fascinado*) fasziniert sein

**abocado**, **-a** [aβo'kaðo, -a] *adj* (*vino*) süffig; ~ **al fracaso** zum Scheitern verurteilt

**abocar** [aβo'kar] <c→qu> **I.** *vt* (*líquido*) umfüllen **II.** *vr:* ~**se** sich einsetzen (*a* für +*akk*)

**abocetar** [aβoθe'tar] *vt* skizzieren

**abochornante** [aβotʃor'naṇte] *adj* ❶ (*comportamiento*) beschämend ❷ (*tiempo*) schwül

**abochornar** [aβotʃor'nar] **I.** *vt* ❶ (*calor*) erdrücken; **este calor me abochorna** diese Hitze macht mir zu schaffen; **estoy abochornado** mir ist heiß ❷ (*avergonzar*) beschämen **II.** *vr:* ~**se** ❶ (*avergonzarse*) sich schämen (*de/por* für +*akk*) ❷ (*plantas*) verdorren

**abofetear** [aβofete'ar] *vt* ohrfeigen

**abogacía** [aβoɣa'θia] *f* Anwaltsberuf *m;* **ejercer la** ~ als Anwalt tätig sein

**abogado**, **-a** [aβo'ɣaðo, -a] *m, f* ❶ (*profesión*) (Rechts)anwalt, -wältin *m, f;* ~ **defensor** (Straf)verteidiger *m;* ~ **divorcista** Scheidungsanwalt *m;* ~ **de oficio** Pflichtverteidiger *m* ❷ (*defensor*) Fürsprecher(in) *m(f);* **ser un** ~ **de las causas perdidas** (*fig*) sich für aussichtslose Dinge einsetzen

**abogar** [aβo'ɣar] <g→gu> *vi* (*apoyar*) sich einsetzen (*por/en favor de* für +*akk*)

**abolengo** [aβo'leŋgo] *m* Abstammung *f;* **de rancio** ~ aus altem Adel

**abolición** [aβoli'θjon] *f* Abschaffung *f*

**abolicionismo** [aβoliθjo'nismo] *m sin pl* (HIST, POL) Abolitionismus *m*

**abolir** [aβo'lir] *irr vt* abschaffen

**abollado**, **-a** [aβo'ʎaðo, -a] *adj* (*desanimado*) mutlos

**abolladura** [aβoʎa'ðura] *f* Beule *f*

**abollar** [aβo'ʎar] *vt* verbeulen

**abolsarse** [aβol'sarse] *vr* (*tela*) sich bauschen; (*deformarse*) sich ausbeulen; (*pared*) sich wölben

**abombar** [aβom'bar] **I.** *vt* wölben **II.** *vr:* ~**se** ❶ (*abultarse*) sich wölben ❷ (*Am: alimentos*) verderben

**abominable** [aβomi'naβle] *adj* abscheulich

**abominación** [aβomina'θjon] *f* Abscheu *m o f*

**abominar** [aβomi'nar] *vt* ❶ (*aborrecer*) verabscheuen ❷ (*renegar*) verfluchen

**abonable** [aβo'naβle] *adj* ❶ (*cantidad*) zahlbar ❷ (*letra de cambio*) fällig

**abonado**, **-a** [aβo'naðo, -a] *m, f* (*a revistas/espectáculos*) Abonnent(in) *m(f);* (*a electricidad/gas*) Abnehmer(in) *m(f);* (*al teléfono*) Fernsprechteilnehmer(in) *m(f)*

**abonar** [aβo'nar] **I.** *vt* ❶ (*garantizar*) bürgen (für +*akk*) ❷ (*pagar*) bezahlen; ~ **en cuenta** gutschreiben; **para** ~ **en cuenta** nur zur Verrechnung ❸ (*terreno*) düngen ❹ (PREN) abonnieren; ~ **a alguien a una revista** (*convencer*) jdn als Abonnenten für eine Zeitschrift werben; (*como regalo*) für jdn eine Zeitschrift abonnieren **II.** *vr:* ~**se** abonnieren (*a* +*akk*); ~**se a la temporada de ópera** ein Abonnement für die Oper nehmen

**abono** [a'βono] *m* ❶ (TEAT, PREN) Abonnement *nt* ❷ (*para transporte público*) Zeitkarte *f;* ~ **mensual** Monatskarte *f;* **sacar un** ~ eine Dauerkarte kaufen ❸ (*pago*) Bezahlung *f;* ~ **en cuenta** Gutschrift *f* ❹ (*fertilizante*) Dünger *m;* ~ **químico**

Kunstdünger *m* ⑤ (*de la tierra*) Düngung *f*

**abordable** [aβor'ðaβle] *adj* ① (*persona*) zugänglich ② (*tema*) offen; **no** ~ tabu

**abordaje** [aβor'ðaxe] *m* Entern *nt;* **tomar al** ~ entern

**abordar** [aβor'ðar] **I.** *vt* ① (*chocar*) rammen ② (*persona*) ansprechen ③ (*tema*) anschneiden; (*problema*) angehen **II.** *vi* (NÁUT) anlegen

**aborigen** [aβo'rixen] **I.** *adj* eingeboren **II.** *mf* Ureinwohner(in) *m(f)*

**aborrascarse** [aβorras'karse] <c→qu> *vr* (METEO) stürmisch werden

**aborrecer** [aβorre'θer] *irr como crecer vt* ① (*sentir aversión*) verabscheuen; ~ **a alguien de muerte** jdn auf den Tod nicht ausstehen können ② (*exasperar*) auf die Nerven gehen +*dat* ③ (*aburrir*) langweilen

**aborrecible** [aβorre'θiβle] *adj* abscheulich; (*persona*) unausstehlich

**aborrecimiento** [aβorreθi'mjen̩to] *m* ① (*aversión*) Abscheu *m o f* ② (*antipatía*) Abneigung *f*

**abortar** [aβor'tar] **I.** *vi* ① (*provocado*) abtreiben ② (*espontáneo*) eine Fehlgeburt haben ③ (*fracasar*) scheitern **II.** *vt* (*hacer fracasar*) vereiteln

**aborto** [a'βorto] *m* ① (*provocado*) Abtreibung *f* ② (*espontáneo*) Fehlgeburt *f*

**abota(r)gado, -a** [aβota(r)'ɣaðo, -a] *adj* aufgedunsen

**abota(r)garse** [aβota(r)'ɣarse] <g→gu> *vr* anschwellen

**abotonar** [aβoto'nar] *vt* zuknöpfen

**abovedado, -a** [aβoβe'ðaðo, -a] *adj* gewölbt

**abovedar** [aβoβe'ðar] *vt* ① (*formar*) wölben ② (*cubrir*) überwölben

**abra** ['aβra] *f* ① (*bahía pequeña*) Bucht *f* ② (*Am: desmonte*) Lichtung *f*

**abrasador(a)** [aβrasa'ðor(a)] *adj* (*calor*) sengend

**abrasar** [aβra'sar] **I.** *vi* (*sol*) brennen; (*comida*) heiß sein **II.** *vt* ① (*quemar*) verbrennen; (*ácidos*) verätzen; **¡cuidado!, este café abrasa la lengua** pass auf, sonst verbrennst du dir an dem Kaffee die Zunge ② (*plantas*) ausdörren ③ (*dolor*) brennen (in +*dat*); (*estómago*) reizen; **la sed me abrasa (la garganta)** ich sterbe vor Durst ④ (*odio*) verzehren **III.** *vr:* ~**se** ① (*quemarse*) sich verbrennen ② (*morirse, t. fig*) vergehen (*de/en* vor +*dat*)

**abrasión** [aβra'sjon] *f* ① (GEO) Abtragung *f* ② (MED) Abschürfung *f* ③ (TÉC) Verschleiß *m*

**abrasivo**¹ [aβra'siβo] *m* Schleifmittel *nt*

**abrasivo, -a**² [aβra'siβo, -a] *adj* Scheuer-; **líquido** ~ flüssiges Scheuermittel

**abrazadera** [aβraθa'ðera] *f* ① (TIPO) eckige Klammer *f* ② (TÉC) Zwinge *f*

**abrazar** [aβra'θar] <z→c> **I.** *vt* ① (*persona*) umarmen ② (*contener*) enthalten; (*abarcar*) umfassen ③ (*doctrina, partido*) sich anschließen +*dat;* (*religión*) annehmen **II.** *vr:* ~**se** sich umarmen

**abrazo** [a'βraθo] *m* Umarmung *f;* **dar un** ~ **a alguien** jdn umarmen; **un (fuerte)** ~ (*en cartas*) liebe Grüße

**abrebotellas** [aβreβo'teʎas] *m inv* Flaschenöffner *m*

**abrecartas** [aβre'kartas] *m inv* Brieföffner *m*

**abrelatas** [aβre'latas] *m inv* Dosenöffner *m*

**abrevadero** [aβreβa'ðero] *m* Tränke *f*

**abrevar** [aβre'βar] *vt* (*ganado*) tränken

**abreviación** [aβreβja'θjon] *f* ① (*abreviatura*) Abkürzung *f* ② (LING) Kurzform *f* ③ (*de un texto*) Kurzfassung *f*

**abreviado, -a** [aβre'βjaðo, -a] *adj* verkürzt; (*corto*) kurz

**abreviar** [aβre'βjar] *vt* verkürzen; (*palabras*) abkürzen; (*texto*) kürzen

**abreviatura** [aβreβja'tura] *f* Abkürzung *f*

**abridor** [aβri'ðor] *m* Öffner *m*

**abrigadero** [aβriɣa'ðero] *m* windgeschützter Ort *m*

**abrigado, -a** [aβri'ɣaðo, -a] *adj* (*con ropa*): **estar** [*o* **ir**] ~ warm angezogen sein

**abrigar** [aβri'ɣar] <g→gu> **I.** *vt* ① (*proteger: del viento/frío*) schützen (*contra/de* gegen +*akk, contra/de* vor +*dat*) ② (*cubrir*) zudecken ③ (*tener*) haben; ~ **esperanzas** Hoffnungen hegen; ~ **proyectos** Pläne schmieden **II.** *vr:* ~**se** sich warm anziehen

**abrigo** [a'βriɣo] *m* ① (*prenda*) Mantel *m;* ~ **de pieles** Pelzmantel *m* ② (*refugio*) Obdach *nt;* **al** ~ **de** unter dem Schutz +*gen* ③ (*loc*): **ropa de** ~ warme Kleidung; **traje de poco** ~ dünner Anzug; **ser de** ~ (*fig*) es in sich *dat* haben

**abril** [a'βril] *m* April *m;* **tener trece** ~**es** (*fam*) dreizehn Lenze zählen; *v. t.* **marzo**

**abrillantar** [aβriʎan̩'tar] *vt* ① (*piedras preciosas*) schleifen ② (*hacer brillar*) polieren

**abrir** [a'βrir] *irr* **I.** *vt* ① (*algo cerrado*) öffnen; (*paraguas*) aufspannen; (*libro*) aufschlagen; (*piernas*) spreizen; (*grifo*) aufdrehen; (*con la llave*) aufschließen; (*luz*) anmachen; (*silla plegable*) aufklappen; ~ **una calle al tráfico** eine Straße für den Verkehr freigeben; ~ **de par en par** sperrangelweit öffnen; **a medio** ~ (*puerta*) angelehnt; ~ **a golpes** aufschlagen; ~ **camino a alguien** jdm den Weg bahnen;

~ **paso** Platz machen; ~ **la cabeza a alguien** jdm den Schädel einschlagen; ~ **el apetito** den Appetit anregen; ~ **la curiosidad** die Neugier wecken ❷ (*canal, túnel*) bauen; (*agujero*) graben ❸ (*perspectivas*) eröffnen; (*mercado*) erschließen ❹ (*comenzar, inaugurar*) eröffnen; (*curso*) anfangen (mit +*dat*) ❺ (*ir en cabeza*) anführen **II.** *vi* ❶ (*tiempo*) sich aufklären ❷ (*loc*): **en un ~ y cerrar de ojos** im Nu **III.** *vr:* **~se** ❶ (*puerta, herida*) sich öffnen; **la ventana se abre al patio** das Fenster geht zum Hof ❷ (*confiar*) sich anvertrauen +*dat* ❸ (*perspectivas*) sich eröffnen ❹ (*argot: irse*) abhauen

**abrochar** [aβro'ʧar] *vt* (*con broches*) zuhaken; (*con hebillas*) zuschnallen; (*con botones*) zuknöpfen; **abróchense los cinturones** (**de seguridad**) legen Sie die Sicherheitsgurte an

**abrogar** [aβro'ɣar] <g→gu> *vt* (JUR) außer Kraft setzen

**abroncar** [aβroŋ'kar] <c→qu> *vt* (*fam*) ❶ (*echar una bronca*) herunterputzen ❷ (*abuchear*) auspfeifen

**abrumador(a)** [aβruma'ðor(a)] *adj* ❶ (*agobiador*) bedrückend ❷ (*apabullante*) überwältigend

**abrumar** [aβru'mar] *vt* ❶ (*agobiar*) bedrücken ❷ (*de trabajo, elogios*) erdrücken (*de/con* mit +*dat*)

**abrupto, -a** [a'βrupto, -a] *adj* ❶ (*camino, abismo*) steil ❷ (*carácter*) schroff

**absceso** [a$^{β}$s'θeso] *m* Abszess *m*

**abscisa** [aβs'θisa] *f* (MAT) Abszisse *f*

**absentismo** [aβsen̩'tismo] *m* Abwesenheit *f;* ~ **laboral** Fehlen *nt* (am Arbeitsplatz)

**ábside** ['aβsiðe] *m* (ARQUIT) Apsis *f*

**absolución** [aβsolu'θjon] *f* ❶ (JUR) Freispruch *m;* ~ **por falta de pruebas** Freispruch mangels Beweisen ❷ (REL) Absolution *f;* **dar la ~ a alguien** jdm die Absolution erteilen

**absolutamente** [aβsoluta'men̩te] *adv* absolut; (*completamente*) völlig; (*negación, prohibición*) strikt; **está ~ de acuerdo con nosotros** er/sie stimmt uns völlig zu; **es ~ posible** es ist durchaus möglich; ~ **nada** überhaupt nichts

**absolutismo** [aβsolu'tismo] *m sin pl* (POL) Absolutismus *m*

**absoluto, -a** [aβso'luto, -a] *adj* (*t.* FÍS) absolut; (*completo*) völlig; (*prohibición*) strikt; **en ~** keineswegs; **nada en ~** gar nichts

**absolver** [aβsol'βer] *irr como volver vt* ❶ (JUR) freisprechen ❷ (REL) lossprechen

**absorbente** [aβsor'βen̩te] *adj* ❶ (*esponja, trapo*) saugfähig ❷ (*película, libro*) fesselnd; (*trabajo*) zeitraubend; **eres una persona muy ~** du nimmst einen völlig in Anspruch

**absorber** [aβsor'βer] *vt* ❶ (*tierra, esponja, aspiradora*) aufsaugen ❷ (FÍS) absorbieren ❸ (*ocupar*) in Anspruch nehmen; (*cautivar*) fesseln; ~ **la atención de alguien** jds Aufmerksamkeit beanspruchen ❹ (*incorporar*) eingliedern; (*empresa*) aufkaufen

**absorción** [aβsor'θjon] *f* ❶ (*de líquidos*) Aufsaugen *nt* ❷ (FÍS) Absorption *f* ❸ (ECON) Übernahme *f*

**absorto, -a** [aβ'sorto, -a] *adj* ❶ (*pasmado*) verblüfft ❷ (*entregado*) versunken (*en* in +*akk*)

**abstemio, -a** [a$^{β}$s'temjo, -a] **I.** *adj* abstinent **II.** *m, f* Antialkoholiker(in) *m(f)*

**abstención** [a$^{β}$sten̩'θjon] *f* Enthaltung *f;* (POL) Stimmenthaltung *f*

**abstencionismo** [aβsten̩θjo'nismo] *m* (POL) Stimmenthaltung *f*

**abstenerse** [a$^{β}$ste'nerse] *irr como tener vr* (*t.* POL) sich enthalten; ~ **de algo** auf etw verzichten; ~ **de votar** sich der Stimme enthalten; ~ **del tabaco** auf das Rauchen verzichten; **rogamos que se abstengan de realizar visitas** wir bitten Sie, von einem Besuch abzusehen

**abstinencia** [a$^{β}$sti'nen̩θja] *f* Enthaltsamkeit *f;* (*de alcohol*) Abstinenz *f;* ~ **de consumo** Konsumverzicht *m*

**abstinente** [a$^{β}$sti'nen̩te] *adj* enthaltsam; (*de alcohol*) abstinent

**abstracción** [a$^{β}$stra$^{ɣ}$'θjon] *f* Abstraktion *f*

**abstracto, -a** [a$^{β}$s'trakto, -a] *adj* abstrakt; **en ~** abstrakt betrachtet

**abstraer** [a$^{β}$stra'er] *irr como traer* **I.** *vt* abstrahieren **II.** *vr:* **~se en algo** sich in etw vertiefen; **~se de algo** auf etw verzichten; **consigue ~se de los gritos en la calle** er/sie lässt sich von den Schreien auf der Straße nicht ablenken

**abstraído, -a** [a$^{β}$stra'iðo, -a] *adj* in Gedanken versunken; **estar ~ en algo** in etw versunken sein

**abstruso, -a** [a$^{β}$s'truso, -a] *adj* verworren

**absurdidad** [aβsurði'ða$^{ð}$] *f* Absurdität *f,* Widersinn *m*

**absurdo**¹ [aβ'surðo] *m* Absurdität *f;* **reducir algo al ~** etw ad absurdum führen

**absurdo, -a**² [aβ'surðo, -a] *adj* absurd

**abubilla** [aβu'βiʎa] *f* Wiedehopf *m*

**abuchear** [aβuʧe'ar] *vt* ausbuhen; (*silbando*) auspfeifen

**abucheo** [aβu'ʧeo] *m* Buhrufe *mpl;* (*silbidos*) Pfeifkonzert *nt*

**abuelo, -a** [a'βwelo, -a] *m, f* Großvater, -mutter *m, f;* **los ~s** die Großeltern; **éra-**

**mos pocos y parió la abuela** (*fam*) der/die hatte uns gerade noch gefehlt

**abulense** [aβu'lense] **I.** *adj* aus Ávila **II.** *mf* Bewohner(in) *m(f)* von Ávila

**abulia** [a'βulja] *f* Willensschwäche *f*

**abúlico, -a** [a'βuliko, -a] *adj* willensschwach

**abultado, -a** [aβu̟l'taðo, -a] *adj* groß; (*labios*) dick

**abultamiento** [aβu̟lta'mjen̪to] *m* ① (*bulto*) Beule *f* ② (*hinchazón*) (An)schwellung *f*

**abultar** [aβu̟l'tar] **I.** *vi* viel Raum einnehmen **II.** *vt* ① (*aumentar*) vergrößern ② (*exagerar*) aufbauschen

**abundancia** [aβun̪'dan̪θja] *f* (*cantidad*) Fülle *f;* (*de bienes*) Überangebot *nt;* **vivir en la** ~ im Überfluss leben; **nadar en la** ~ im Geld schwimmen; **en** ~ in Hülle und Fülle

**abundante** [aβun̪'dan̪te] *adj* reichlich; ~ **en algo** reich an etw *dat*

**abundar** [aβun̪'dar] *vi* reichlich vorhanden sein; ~ **en algo** reich an etw *dat* sein

**aburguesarse** [aβurɣe'sarse] *vr* verbürgerlichen

**aburrido, -a** [aβu'rriðo, -a] *adj* ① *ser* (*pesado*) langweilig ② *estar* (*harto*) überdrüssig (*de +gen*); **estar ~ de algo** etw satt haben; **tus chistes me tienen** ~ ich kann deine Witze nicht mehr hören

**aburrimiento** [aβurri'mjen̪to] *m* ① (*tedio*) Langeweile *f* ② (*fastidio*) Überdruss *m*

**aburrir** [aβu'rrir] **I.** *vt* ① (*hastiar*) langweilen ② (*fastidiar*) auf die Nerven gehen *+dat* **II.** *vr:* **~se** sich langweilen (*con* bei *+dat*); **~se de algo** etw satt bekommen; **~se como una ostra** (*fam*) sich zu Tode langweilen

**abusar** [aβu'sar] *vi* ① (*usar indebidamente*) missbrauchen (*de +akk*) ② (*aprovecharse*) ausnutzen (*de +akk*); ~ **de una mujer** eine Frau vergewaltigen; ~ **de su salud** sich überanstrengen

**abusivo, -a** [aβu'siβo, -a] *adj* missbräuchlich; (*precios*) überhöht

**abuso** [a'βuso] *m* Missbrauch *m;* ~ **de autoridad** Amtsmissbrauch *m;* ~ **deshonesto** Unzucht *f;* **este precio es un** ~ dieser Preis ist unverschämt hoch

**abusón, -ona** [aβu'son, -ona] **I.** *adj* (*fam*) schmarotzerhaft **II.** *m, f* (*fam*) Schmarotzer(in) *m(f)*

**abyección** [aβɟeʸ'θjon] *f* ① (*bajeza*) Niederträchtigkeit *f* ② (*deshonra*) Schande *f*

**abyecto, -a** [aβ'ɟekto, -a] *adj* ① (*bajo*) niederträchtig ② (*deshonroso*) schändlich

**a.C.** ['an̪tes ðe 'kristo] *abr de* **antes de Cristo** v. Chr.

**acá** [a'ka] *adv* hier; **para** ~ hierher; **¡ven ~!** komm her!; ~ **y allá** mal hier, mal dort

**acabado¹** [aka'βaðo] *m* (TÉC) Finish *nt*

**acabado, -a²** [aka'βaðo, -a] *adj* ① (*completo*) fertig ② (*salud*) kraftlos ③ (*sin posibilidades*) erledigt

**acabar** [aka'βar] **I.** *vi* ① (*terminar*) enden (*en* auf *+akk, en* mit *+dat*); ~ **bien/mal** gut/schlecht ausgehen; ~ **en punta** spitz zulaufen ② (*una acción*): **ella acaba de llegar** sie ist gerade angekommen; **el libro acaba de publicarse** das Buch ist soeben erschienen ③ (*destruir, agotar*): ~ **con algo** etw zunichte machen; ~ **con alguien** jdn fertigmachen; **este niño ~á conmigo** dieses Kind macht mich noch völlig fertig; **este hombre acaba con la paciencia de un santo** dieser Mensch bringt den stärksten Geduldsfaden zum Reißen ④ (*finalmente*): **~ás por comprenderlo** du wirst es schließlich einsehen; **~ás por volverme loco** du machst mich noch verrückt **II.** *vt* ① (*terminar*) beenden ② (*consumir*) aufbrauchen; ~ **todas las galletas** alle Kekse aufessen **III.** *vr:* **~se** enden; **la mantequilla se ha acabado** die Butter ist alle; **todo se acabó** alles ist vorbei; **¡se acabó!** und damit basta!

**acabóse** [aka'βose] *m* (*fam*): **¡esto es el ~!** das ist (doch) das Letzte!

**acacia** [a'kaθja] *f* Akazie *f*

**academia** [aka'ðemja] *f* ① (*corporación*) Akademie *f* ② (*colegio*) (Privat)schule *f;* ~ **militar** Militärakademie *f;* ~ **de noche** Abendschule *f*

**i Land & Leute**

Je nach Schreibweise kann **academia** Unterschiedliches bedeuten. Mit kleinem Anfangsbuchstaben steht es für Privatschulen bzw. Lehrinstitute. Man kann z.B. bei einer *academia de baile* Tanzkurse nehmen oder bei einer *academia de idiomas* Sprachen lernen. Dagegen bezeichnet **Academia** (mit großem Anfangsbuchstaben) eine gelehrte Vereinigung zur Pflege der Wissenschaften und Künste: *Real Academia Española – Spanische Sprachakademie.* Die Mitglieder einer Akademie werden *académicos* genannt.

**académico, -a** [aka'ðemiko, -a] *adj* akademisch

**acaecer** [akae'θer] *irr como crecer vi* sich ereignen
**acaecimiento** [akaeθi'mjen̩to] *m* Ereignis *nt*
**acallar** [aka'ʎar] *vt* ❶ (*hacer callar*) zum Schweigen bringen ❷ (*apaciguar*) beschwichtigen; (*conciencia*) beruhigen; (*hambre*) stillen
**acalorado, -a** [akalo'raðo, -a] *adj* hitzig
**acaloramiento** [akalora'mjen̩to] *m* ❶ (*de calor*) Erhitzen *nt* ❷ (*de pasión*) Eifer *m*
**acalorar** [akalo'rar] **I.** *vt* ❶ (*dar calor*) ins Schwitzen bringen ❷ (*enfadar*) aufregen **II.** *vr:* ~**se** ❶ (*sofocarse*): **se acaloró al correr** ihm/ihr wurde beim Laufen warm ❷ (*apasionarse*) sich ereifern (*con* über +*akk*) ❸ (*enfadarse*) in Wut geraten (*por* wegen +*gen/dat*); **se acalora por nada** er/sie regt sich wegen Nichtigkeiten auf
**acampada** [akam'paða] *f* Zelten *nt*
**acampar** [akam'par] *vi* campen; (*tropa*) lagern
**acanalado, -a** [akana'laðo, -a] *adj* ❶ (*forma*) mit Rillen versehen ❷ (TÉC) ausgekehlt
**acanalar** [akana'lar] *vt* ❶ (*hacer canales*) furchen ❷ (TÉC) auskehlen
**acanallar** [akana'ʎar] **I.** *vt* verderben **II.** *vr:* ~**se** verwahrlosen
**acantilado**[1] [akan̩ti'laðo] *m* Steilküste *f*
**acantilado, -a**[2] [akan̩ti'laðo, -a] *adj* steil
**acaparamiento** [akapara'mjen̩to] *m* Hamsterkauf *m*
**acaparar** [akapa'rar] *vt* ❶ (*objetos*) hamstern ❷ (*apoderarse*) (für sich) beanspruchen; ~ **todas las miradas** alle Blicke auf sich ziehen
**acaramelar** [akarame'lar] **I.** *vt* mit Karamell überziehen **II.** *vr:* ~**se** zuckersüß sein; (*novios*) turteln
**acariciar** [akari'θjar] *vt* ❶ (*persona, animal*) streicheln ❷ (*idea, plan*) hegen
**acarrear** [akarre'ar] *vt* ❶ (*transportar*) transportieren ❷ (*ocasionar*) verursachen
**acarreo** [aka'rreo] *m* ❶ (*transporte*) Transport *m* ❷ (*importe*) Frachtgebühr *f*
**acarroñarse** [akarro'ɲarse] *vr* den Mut verlieren
**acartonado, -a** [akarto'naðo, -a] *adj* ❶ (*persona*) hager ❷ (*cutis*) gegerbt
**acartonarse** [akarto'narse] *vr* ❶ (*tela*) steif werden ❷ (*persona*) abmagern ❸ (*cutis*) austrocknen
**acaso** [a'kaso] **I.** *m* Zufall *m;* **el ~ hizo que...** +*subj* der Zufall wollte es, dass ... **II.** *adv* vielleicht; **¿está ~ enfermo?** ist er etwa krank?; **por si ~** (*en caso de*) falls; (*en todo caso*) vorsichtshalber
**acatamiento** [akata'mjen̩to] *m* ❶ (*respeto*) Ehrfurcht *f* ❷ (*de las leyes*) Befolgung *f*
**acatar** [aka'tar] *vt* ❶ (*respetar*) achten ❷ (*obedecer*) befolgen ❸ (*Col, Guat, PRico: caer en cuenta*) begreifen
**acatarrarse** [akata'rrarse] *vr* sich erkälten
**acaudalado, -a** [akau̯ða'laðo, -a] *adj* wohlhabend
**acaudalar** [akau̯ða'lar] *vt* erwerben
**acaudillar** [akau̯ði'ʎar] *vt* anführen
**acceder** [aʸθe'ðer] *vi* ❶ (*consentir*) einwilligen (*a* in +*akk*); ~ **a una petición** einer Bitte entsprechen ❷ (*tener acceso*) Zugang haben (*a* zu +*dat*) ❸ (*ascender*) aufsteigen; ~ **a la presidencia** den Vorsitz übernehmen; ~ **a un cargo** ein Amt antreten; ~ **al trono** den Thron besteigen
**accesible** [aʸθe'siβle] *adj* ❶ (*persona, lugar*) zugänglich ❷ (*precios*) erschwinglich ❸ (*explicación*) verständlich
**accésit** [aʸ'θesiᵗ] *m inv* Trostpreis *m*
**acceso** [aʸ'θeso] *m* ❶ (*a pie*) Zugang *m* (*a* zu +*dat*); (*en vehículo*) Zufahrt *f* (*a* zu +*dat*); **de fácil ~** leicht zugänglich; **libre ~** freier Zutritt ❷ (*ataque*) Anfall *m* ❸ (INFOR) Zugriff *m* ❹ (*unión sexual*): ~ **carnal** Beischlaf *m*
**accesorio**[1] [aʸθe'sorjo] *m* ❶ (*de vestidos*) Accessoire *nt* ❷ (*utensilio*) Utensil *nt* ❸ *pl* (*de máquinas*) Zubehör *nt*
**accesorio, -a**[2] [aʸθe'sorjo, -a] *adj* nebensächlich
**accidentado, -a** [aʸθiðen̩'taðo, -a] **I.** *adj* ❶ (*terreno*) holp(e)rig ❷ (*difícil*) schwierig **II.** *m, f* Verunglückte(r) *mf*
**accidental** [aʸθiðen̩'tal] *adj* ❶ (*no esencial*) nebensächlich ❷ (*casual*) zufällig ❸ (*loc*): **director ~** amtierender Direktor *m*
**accidentarse** [aʸθiðen̩'tarse] *vr* verunglücken
**accidente** [aʸθi'ðen̩te] *m* ❶ (*suceso desgraciado*) Unfall *m;* ~ **en cadena** Massenkarambolage *f;* ~ **de circulación** Verkehrsunfall *m;* **sufrir un ~** einen Unfall haben; **por ~** zufällig ❷ (MED) Ohnmachtsanfall *m* ❸ (*desnivel*) Unebenheit *f;* ~**s geográficos** Relief *nt*
**acción** [aʸ'θjon] *f* ❶ (*acto, t.* LIT) Handlung *f;* (POL) Aktion *f;* **¡~!** (CINE) Aufnahme!; **un hombre de ~** ein Mann der Tat; **entrar en ~** eingreifen; **poner en ~** in Betrieb setzen ❷ (*influencia*) (Ein)wirkung *f;* ~ **recíproca** Wechselwirkung *f;* **de rápida ~** rasch wirkend; **de ~ retardada** (*bomba*) mit Zeitzünder ❸ (MIL) Gefecht *nt* ❹ (FIN) Aktie *f;* ~ **común** Stammaktie *f;* ~ **prefe-**

**rente** Vorzugsaktie *f* ❺ (JUR) Klage *f;* ~ **por daños y perjuicios** Schadenersatzklage *f;* ~ **popular** Nebenklage *f*

**accionamiento** [aʸθjona'mjen̪to] *m* (TÉC) Betätigung *f*

**accionar** [aʸθjo'nar] **I.** *vi* gestikulieren **II.** *vt* (TÉC) betätigen; ~ **un cohete** einen Feuerwerkskörper zünden

**accionariado** [aʸθjona'rjaðo] *m* (FIN) Aktionäre *mpl*

**accionista** [aʸθjo'nista] *mf* Aktionär(in) *m(f)*

**acebo** [a'θeβo] *m* Stechpalme *f*

**acechanza** [aθe'ʧan̪θa] *f* Belauerung *f;* (*de la policía*) Überwachung *f*

**acechar** [aθe'ʧar] *vt* belauern

**acecho** [a'θeʧo] *m* Lauern *nt;* **estar al** ~ auf der Lauer liegen; **ponerse al** ~ sich auf die Lauer legen

**acecinar** [aθeθi'nar] **I.** *vt* (*salar*) pökeln; (*secar*) dörren; (*ahumar*) räuchern **II.** *vr:* ~**se** abmagern

**aceitar** [aθei̯'tar] *vt* ❶ (*motor, gozne*) ölen ❷ (*ensalada*) mit Öl anmachen; (*pan*) mit Öl bestreichen

**aceite** [a'θei̯te] *m* Öl *nt;* ~ **bruto** Rohöl *nt;* ~ **comestible** Speiseöl *nt;* ~ **esencial** ätherisches Öl; ~ **lubrificante** Schmieröl *nt;* ~ **de oliva** Olivenöl *nt;* ~ **usado** Altöl *nt;* **echar** ~ **al fuego** (*t. fig*) Öl ins Feuer gießen

**aceitera** [aθei̯'tera] *f* ❶ (*recipiente*) Ölkanne *f* ❷ *pl* (*vinagreras*) Menage *f*

**aceitoso, -a** [aθei̯'toso, -a] *adj* ölig

**aceituna** [aθei̯'tuna] *f* Olive *f;* **llegar a las** ~**s** zu spät zum Essen kommen

**aceitunado, -a** [aθei̯tu'naðo, -a] *adj* oliv(grün)

**aceituno** [aθei̯'tuno] *m* Olivenbaum *m*

**aceleración** [aθelera'θjon] *f* Beschleunigung *f*

**acelerador** [aθelera'ðor] *m* ❶ (AUTO) Gaspedal *nt;* **pisar el** ~ Gas geben ❷ (FÍS): ~ **de partículas** Teilchenbeschleuniger *m*

**acelerar** [aθele'rar] **I.** *vi* beschleunigen; (AUTO) Gas geben; **¡no aceleres tanto!** gib nicht so viel Gas! **II.** *vt* beschleunigen; ~ **el paso** schneller gehen

**acelerón** [aθele'ron] *m* (AUTO) plötzliches Beschleunigen *nt;* **dar acelerones al motor** den Motor aufheulen lassen

**acelga** [a'θelɣa] *f* Mangold *m*

**acémila** [a'θemila] *f* ❶ (*animal*) Lastesel *m* ❷ (*pey: persona*) Esel *m*

**acento** [a'θen̪to] *m* ❶ (*prosódico*) Betonung *f;* **el** ~ **cae en la primera sílaba** die Betonung liegt auf der ersten Silbe ❷ (*pronunciación, signo*) Akzent *m;* **hablar alemán sin** ~ akzentfrei Deutsch sprechen; **esta palabra se escribe sin** ~ dieses Wort schreibt man ohne Akzent ❸ (*entonación*) Tonfall *m* ❹ (*énfasis*) Nachdruck *m;* **poner especial** ~ **en algo** Nachdruck auf etw legen

**acentuación** [aθen̪twa'θjon] *f* (*prosódica*) Betonung *f;* (*ortográfica*) Akzentsetzung *f*

**acentuado, -a** [aθen̪tu'aðo, -a] *adj* ❶ (*al pronunciar*) betont; (*al escribir*) mit Akzent; **no** ~ unbetont; (*sin tilde*) ohne Akzent ❷ (*marcado*) ausgeprägt

**acentuar** [aθen̪tu'ar] <*1. pres:* acentúo> **I.** *vt* ❶ (*al pronunciar*) betonen; (*al escribir*) einen Akzent setzen (auf +*akk*) ❷ (*resaltar*) hervorheben ❸ (*aumentar*) verschärfen **II.** *vr:* ~**se** (*Am: una enfermedad*) sich verschlimmern

**aceña** [a'θeɲa] *f* Wassermühle *f*

**acepción** [aθeβ'θjon] *f* Bedeutung *f*

**aceptable** [aθep'taβle] *adj* annehmbar

**aceptación** [aθepta'θjon] *f* ❶ (*aprobación*) Zustimmung *f;* **tener** ~ Beifall finden ❷ (COM, JUR) Annahme *f*

**aceptado** [aθep'taðo] *interj* (*Am: vale*) einverstanden

**aceptar** [aθep'tar] *vt* ❶ (*recibir*) annehmen ❷ (*aprobar, conformarse*) akzeptieren; ~ **un compromiso** eine Einladung annehmen; **no** ~ **excusas** keine Entschuldigung gelten lassen

**acequia** [a'θekja] *f* ❶ (*canal de riego*) Bewässerungsgraben *m* ❷ (*Méx: albañal*) Abwasserkanal *m*

**acera** [a'θera] *f* Bürgersteig *m;* **ser de la** ~ **de enfrente** (*fam*) vom anderen Ufer sein

**acerado, -a** [aθe'raðo, -a] *adj* ❶ (*de acero*) stählern ❷ (*mordaz*) bissig

**acerbo, -a** [a'θerβo, -a] *adj* ❶ (*gusto*) herb ❷ (*despiadado*) bitter; (*crítica, tono*) hart

**acerca** [a'θerka] *prep:* ~ **de** (*sobre*) über +*akk;* (*en relación a*) in Bezug auf +*akk*

**acercamiento** [aθerka'mjen̪to] *m* Annäherung *f* (*a* an +*akk*)

**acercar** [aθer'kar] <c→qu> **I.** *vt* ❶ (*poner más cerca*) näher bringen (*a* +*dat*); **acerca la silla a la mesa** rück den Stuhl an den Tisch ❷ (*traer*) (her)bringen; (*dar*) geben ❸ (*fam: llevar*) bringen (*a* zu +*dat*) **II.** *vr:* ~**se** ❶ (*aproximarse*) sich nähern (*a* +*dat*) ❷ (*ir*) vorbeischauen (*a* bei +*dat*); ~**se a la tienda a por patatas** Kartoffeln kaufen gehen

**acería** [aθe'ria] *f* Stahlwerk *nt*

**acerico** [aθe'riko] *m* Nadelkissen *nt*

**acero** [a'θero] *m* Stahl *m;* **tener nervios de** ~ Nerven wie Drahtseile haben

**acérrimo, -a** [a'θerrimo, -a] **I.** *superl de*

**acre** **II.** *adj* (*defensor*) hartnäckig; (*enemigo*) erbittert; (*partidario*) begeistert

**acertado, -a** [aθer'taðo, -a] *adj* ❶ (*correcto*) richtig ❷ (*atinado*) treffend ❸ (*conveniente*) ratsam

**acertante** [aθer'tan̩te] *mf* Gewinner(in) *m(f)*

**acertar** [aθer'tar] <e→ie> **I.** *vi* ❶ (*dar*) treffen; ~ **al blanco** ins Schwarze treffen ❷ (*hacer con acierto*) das Richtige tun; **acertaste en protestar** es war richtig von dir zu protestieren ❸ (*por casualidad*): ~ **a hacer algo** zufällig etw tun ❹ (*conseguir*): **no acerté a encontrar la respuesta** es gelang mir nicht die Lösung zu finden ❺ (*encontrar*) finden (*con* +*akk*) **II.** *vt* ❶ (*dar en el blanco*) treffen ❷ (*encontrar*) finden ❸ (*adivinar*) erraten

**acertijo** [aθer'tixo] *m* Rätsel *nt*

**acervo** [a'θerβo] *m* Vermögen *nt;* ~ **cultural** Kulturgut *nt*

**acético, -a** [a'θetiko, -a] *adj* Essig-

**acetona** [aθe'tona] *f* Aceton *nt*

**achabacanar** [atʃaβaka'nar] **I.** *vt* ❶ (*persona*) verrohen ❷ (*cosa*) verderben **II.** *vr:* ~**se** ❶ (*persona*) verrohen ❷ (*cosa*) verderben ❸ (*lenguaje*) vulgär werden

**achacar** [atʃa'kar] <c→qu> *vt* zuschreiben (*a* +*dat*)

**achacoso, -a** [atʃa'koso, -a] *adj* anfällig; **estar** ~ kränkeln

**achantar** [atʃan̩'tar] **I.** *vt* (*fam*) einschüchtern **II.** *vr:* ~**se** (*fam*) sich einschüchtern lassen; (*no atreverse*) kalte Füße bekommen

**achaparrado, -a** [atʃapa'rraðo, -a] *adj* ❶ (*persona*) untersetzt ❷ (*objeto*) niedrig (und breit)

**achaque** [a'tʃake] *m* ❶ (*dolencia*) Beschwerde *f* ❷ (*excusa*) Vorwand *m*

**achatado, -a** [atʃa'taðo, -a] *adj* platt; **nariz achatada** Stumpfnase *f;* (*como un boxeador*) Boxernase *f*

**achatar** [atʃa'tar] **I.** *vt* abflachen; ~ **la nariz a alguien** jdm die Nase brechen **II.** *vr:* ~**se** flacher werden

**achicado, -a** [atʃi'kaðo, -a] *adj* ❶ (*aniñado*) kindisch ❷ (*intimidado*) eingeschüchtert

**achicar** [atʃi'kar] <c→qu> **I.** *vt* ❶ (*empequeñecer*) verkleinern ❷ (*intimidar*) einschüchtern ❸ (*agua*) auspumpen **II.** *vr:* ~**se** ❶ (*empequeñecerse*) kleiner werden; (*ropa*) einlaufen ❷ (*acoquinarse*) sich einschüchtern lassen; (*no atreverse*) zurückschrecken; (*ceder*) klein beigeben ❸ (*Am: humillarse*) sich erniedrigen (*ante* vor +*dat*)

**achicharradero** [atʃitʃarra'ðero] *m* heißer Ort *m*

**achicharrar** [atʃitʃa'rrar] **I.** *vt* ❶ (*calor*) verbrennen; (*comida*) anbrennen lassen; **estoy achicharrado** ich komme vor Hitze um ❷ (*atosigar*) zusetzen +*dat* **II.** *vr:* ~**se** ❶ (*comida*) anbrennen ❷ (*persona*) vor Hitze umkommen; (*planta*) (vor Hitze) eingehen

**achicoria** [atʃi'korja] *f* Zichorie *f*

**achinado, -a** [atʃi'naðo, -a] *adj* ❶ (*rasgos*) chinesenhaft; (*usos*) wie in China; **ojos** ~**s** Schlitzaugen *ntpl* ❷ (*CSur: aplebeyado*) pöbelhaft

**achira** [a'tʃira] *f* (*AmS*) Pfeilkraut *nt*

**achís** [a'tʃis] *interj* hatschi

**achispado, -a** [atʃis'paðo, -a] *adj* beschwipst

**achispar** [atʃis'par] **I.** *vt* leicht betrunken machen **II.** *vr:* ~**se** sich *dat* einen Schwips antrinken *fam*

**acholado, -a** [atʃo'laðo, -a] *adj* (*CSur*) ❶ (*mestizo*) dunkelhäutig ❷ (*acobardado*) eingeschüchtert

**acholar** [atʃo'lar] **I.** *vt* (*Chil, Perú*) ❶ (*avergonzar*) beschämen ❷ (*amilanar*) einschüchtern **II.** *vr:* ~**se** (*Arg, Chil, Perú: acobardarse*) verzagen

**achuchado, -a** [atʃu'tʃaðo, -a] *adj* (*fam*) ❶ (*duro*) schwierig ❷ (*de dinero*) blank ❸ (*débil*) angeschlagen

**achuchar** [atʃu'tʃar] *vt* ❶ (*fam: persona*) aufhetzen (*contra* gegen +*akk*); (*perro*) hetzen (*contra* auf +*akk*) ❷ (*fam: estrujar*) zerdrücken ❸ (*atosigar*) drängen ❹ (*fam: acariciar*) liebkosen; (*abrazar*) (zärtlich) an sich drücken; (*manosear*) betatschen

**achuchón** [atʃu'tʃon] *m* (*fam*) ❶ (*empujón*) Stoß *m* ❷ (*abrazo*) heftige Umarmung *f* ❸ (*achaque*) (leichtes) Unwohlsein *nt;* (*súbito*) Anfall *m*

**achucutado, -a** [atʃuku'taðo, -a] *adj* (*Am: abatido*) niedergeschlagen; (*Col: triste*) traurig

**achularse** [atʃu'larse] *vr* prahlerisch werden

**achumarse** [atʃu'marse] *vr* (*Am*) sich betrinken

**achurar** [atʃu'rar] *vt* (*CSur*) ❶ (*res*) ausweiden ❷ (*persona*) kaltblütig erstechen

**achuras** [a'tʃuras] *fpl* (*CSur, Bol*) Innereien *fpl*

**aciago, -a** [a'θjaɣo, -a] *adj* unheilvoll; **un día** ~ ein Unglückstag

**acíbar** [a'θiβar] *m* ❶ (BOT) Aloe *f* ❷ (*amargura*) Bitternis *f*

**acicalado, -a** [aθika'laðo, -a] *adj* herausgeputzt

**acicalarse** [aθika'larse] *vr* sich herausputzen

**acicate** [aθi'kate] *m* ❶ (*espuela*) Sporn *m* ❷ (*estímulo*) Ansporn *m*

**acidez** [aθi'ðeθ] *f* ❶ (*cualidad*) Säure *f* ❷ (*cantidad*) Säuregehalt *m;* ~ **de estómago** Sodbrennen *nt*

**ácido**[1] ['aθiðo] *m* ❶ (QUÍM) Säure *f;* ~ **cianhídrico** Blausäure *f;* ~ **clorhídrico** Salzsäure *f;* ~**s grasos insaturados** ungesättigte Fettsäuren ❷ (*fam: droga*) Acid *nt*

**ácido, -a**[2] ['aθiðo, -a] *adj* ❶ (*agrio*) sauer ❷ (*mordaz*) bissig

**acídulo, -a** [a'θiðulo, -a] *adj* säuerlich

**acierto** [a'θjerto] *m* ❶ (*en el tiro*) Treffsicherheit *f* ❷ (*éxito*) Treffer *m;* (*en la lotería*) Richtige(r) *m fam;* **el casarte ha sido un** ~ mit deiner Ehe hast du einen guten Griff getan ❸ (*habilidad*) Geschick *nt;* **hacer algo con** ~ sich bei etw *dat* geschickt anstellen

**aclamación** [aklama'θjon] *f* ❶ (*aplauso*) Beifall(s)ruf *m* ❷ (POL): **por** ~ per Akklamation

**aclamar** [akla'mar] *vt* ❶ (*vitorear*) zujubeln +*dat* ❷ (POL) durch Zuruf wählen

**aclaración** [aklara'θjon] *f* ❶ (*clarificación*) Aufhellung *f* ❷ (*explicación*) Erklärung *f* ❸ (*de un crimen/un secreto*) Aufklärung *f*

**aclarado** [akla'raðo] *m* (Aus)spülen *nt;* **la lavadora está en la fase de** ~ die Waschmaschine ist gerade im Spülgang

**aclarar** [akla'rar] **I.** *vt* ❶ (*hacer más claro*) aufhellen; ~ **el bosque** den Wald lichten; ~ **la voz** sich räuspern ❷ (*un líquido*) verdünnen ❸ (*la ropa*) spülen ❹ (*explicar*) erklären ❺ (*crimen, secreto*) aufklären **II.** *vr:* ~**se** ❶ (*problema, cuestión*) sich aufklären ❷ (*fam: entender*) klarkommen; **no te aclaras contigo mismo** du weißt auch nicht, was du willst **III.** *vimpers:* **está aclarando** es heitert auf

**aclaratorio, -a** [aklara'torjo, -a] *adj* (er)klärend

**aclimatación** [aklimata'θjon] *f* Akklimatisierung *f*

**aclimatar** [aklima'tar] **I.** *vt* gewöhnen (*a* an +*akk*); (*en un lugar*) eingewöhnen (*en* in +*dat*) **II.** *vr:* ~**se** sich gewöhnen (*a* an +*akk*); (*en un lugar*) sich eingewöhnen (*en* in +*dat*)

**acne** ['aɣne] *m o f sin pl* (MED) Akne *f*

**acné** [aɣ'ne] *m o f sin pl* Akne *f*

**acobardado, -a** [akoβar'ðaðo, -a] *adj* verzagt

**acobardar** [akoβar'ðar] **I.** *vt* Angst einjagen +*dat;* (*con palabras*) einschüchtern; **le acobarda el fuego** er hat Angst vor Feuer **II.** *vr:* ~**se** ❶ (*desanimarse*) den Mut verlieren (*ante/frente a* angesichts +*gen*) ❷ (*intimidarse*) sich einschüchtern lassen; **se acobarda de sí misma** sie bekommt vor sich *dat* selbst Angst

**acogedor(a)** [akoxe'ðor(a)] *adj* freundlich

**acoger** [ako'xer] <g→j> **I.** *vt* aufnehmen; (*recibir*) empfangen **II.** *vr:* ~**se** ❶ (*refugiarse*) sich flüchten (*en* in +*akk*) ❷ (*ampararse*) Schutz suchen (*a* bei +*dat*) ❸ (*basarse*) sich berufen (*a* auf +*akk*); (*como pretexto*) vorschieben (*a* +*akk*)

**acogida** [ako'xiða] *f* Aufnahme *f;* (*recibimiento*) Empfang *m;* **encontrar una buena** ~ Zustimmung finden; **el cantante tuvo una buena** ~ der Sänger wurde mit Beifall empfangen; **el proyecto no tuvo una buena** ~ das Projekt fand keinen Beifall

**acogotar** [akoɣo'tar] *vt* ❶ (*oprimir*) unterwerfen ❷ (*intimidar*) einschüchtern ❸ (*derribar*) am Genick packen und zu Boden werfen

**acojonado, -a** [akoxo'naðo, -a] *adj* (*vulg*) ❶ (*asustado*) verängstigt; (*acobardado*) feige; **ahora está** ~ jetzt bekommt er kalte Füße *fam* ❷ (*impresionado*) beeindruckt; (*asombrado*) (völlig) baff *fam*

**acojonante** [akoxo'nante] *adj* (*vulg*) ❶ (*fantástico*) geil *fam* ❷ (*impresionante*) tierisch *fam*

**acojonar** [akoxo'nar] **I.** *vt* (*vulg*) ❶ (*asustar*) Angst einjagen +*dat;* (*intimidar*) einschüchtern ❷ (*impresionar*) beeindrucken; (*asombrar*) verblüffen **II.** *vr:* ~**se** (*vulg*) ❶ (*asustarse*) Schiss kriegen *fam;* (*acobardarse*) sich einschüchtern lassen; **no** ~**se** sich nicht ins Bockshorn jagen lassen *fam* ❷ (*alucinar*) beeindruckt sein; (*asombrarse*) (völlig) baff sein

**acolchado** [akol'ʧaðo] *m* Polster *nt*

**acolchar** [akol'ʧar] *vt* polstern

**acólito** [a'kolito] *m* ❶ (*monaguillo*) Ministrant *m* ❷ (*pey: seguidor*) Getreue(r) *m*

**acometer** [akome'ter] **I.** *vi* angreifen **II.** *vt* ❶ (*embestir*) angreifen ❷ (*emprender*) in Angriff nehmen ❸ (*ataque de tos, fiebre*) befallen; (*risa*) überkommen; (*sueño*) überfallen

**acometida** [akome'tiða] *f* ❶ (*embestida*) Angriff *m* ❷ (*acceso*) Anfall *m* ❸ (TÉC) Anschluss *m*

**acometimiento** [akometi'mjento] *m* (TÉC) Rohrmündung *f*

**acomodado, -a** [akomo'ðaðo, -a] *adj* ❶ (*cómodo*) bequem ❷ (*rico*) wohlhabend; **tiene una vida acomodada** es fehlt ihm/ihr an nichts ❸ (*apropiado*) passend ❹ (*precio*) moderat

**acomodador(a)** [akomoða'ðor(a)] *m(f)*

(TEAT, CINE) Platzanweiser(in) *m(f)*

**acomodamiento** [akomoða'mjento] *m* ❶ (*adaptación*) Anpassung *f* ❷ (*convenio*) Abmachung *f*

**acomodar** [akomo'ðar] **I.** *vt* ❶ (*adaptar*) anpassen (*a* +*dat*, *a* an +*akk*) ❷ (*colocar*) (auf)stellen ❸ (*albergar*) unterbringen ❹ (*proporcionar empleo*) einstellen (*de* als +*akk*) ❺ (*conciliar*) versöhnen; (*doctrinas*) in Einklang bringen **II.** *vi:* **si te acomoda** wenn es dir passt **III.** *vr:* **~se** ❶ (*adaptarse*) sich anpassen (*a* an +*akk*, *a* +*dat*); **~se con todo** mit allem zurechtkommen ❷ (*ponerse cómodo*) es sich *dat* bequem machen

**acomodaticio, -a** [akomoða'tiθjo, -a] *adj* ❶ (*adaptable*) anpassungsfähig ❷ (*pey: oportunista*) opportunistisch

**acomodo** [ako'moðo] *m* ❶ (*adaptación*) Anpassung *f* (*a* an +*akk*) ❷ (*alojamiento*) Unterkunft *f* ❸ (*ocupación*) Anstellung *f*; **buscar ~** eine Stelle suchen ❹ (*Am: soborno*) Bestechung *f*

**acompañado, -a** [akompa'ɲaðo, -a] *adj* ❶ (*concurrido*) belebt ❷ (*personas*) in Begleitung (*por* +*gen*); **bien/mal ~** in guter/schlechter Begleitung; **iba acompañada por su padre** sie war in Begleitung ihres Vaters

**acompañamiento** [akompaɲa'mjento] *m* ❶ (*t.* MÚS) Begleitung *f* ❷ (*cortejo*) Gefolge *nt* ❸ (TEAT) Komparserie *f* ❹ (*de comidas*) Beilage *f*

**acompañante** [akompa'ɲante] *mf* Begleiter(in) *m(f)*; (*en el coche*) Beifahrer(in) *m(f)*

**acompañar** [akompa'ɲar] *vt* ❶ (*t.* MÚS) begleiten; **~ a alguien a casa/en un viaje** jdn nach Hause/auf einer Reise begleiten; **~ a alguien de compras** mit jdm einkaufen (gehen); **~ a alguien con la guitarra/al piano** jdn auf der Gitarre/auf dem Klavier begleiten; **~ el pollo con arroz y verduras** Reis und Gemüse als Beilage zum Hühnchen reichen; **te acompaño en el sentimiento** herzliches Beileid ❷ (*hacer compañía*) Gesellschaft leisten +*dat* ❸ (*adjuntar*) beilegen ❹ (*ir incluido*): **el informe acompaña a la carta** der Bericht liegt dem Brief bei

**acompasado, -a** [akompa'saðo, -a] *adj* ❶ (MÚS) rhythmisch ❷ (*pausado*) ruhig

**acompasar** [akompa'sar] *vt* ❶ (MÚS) rhythmisch gestalten ❷ (*adaptar*) anpassen (*a*/*con* +*dat*)

**acomplejado, -a** [akomple'xaðo, -a] *adj* voller Komplexe

**acomplejamiento** [akomplexa'mjento] *m* Komplexbeladenheit *f*

**acomplejar** [akomple'xar] **I.** *vt* Komplexe verursachen +*dat* **II.** *vr:* **~se** Komplexe bekommen

**acondicionado, -a** [akondiθjo'naðo, -a] *adj:* **bien/mal ~** in gutem/schlechtem Zustand; **la habitación tiene aire ~** das Zimmer hat eine Klimaanlage

**acondicionador** [akondiθjona'ðor] *m* ❶ (*de aire*) Klimaanlage *f* ❷ (*para el pelo*) (Pflege)spülung *f*

**acondicionamiento** [akondiθjona'mjento] *m* ❶ (*preparación*) Herrichtung *f*; (*transformación*) Umwandlung *f*; **el ~ de un piso en oficina** die Umwandlung einer Wohnung in ein Büro ❷ (*equipo*) Ausstattung *f*

**acondicionar** [akondiθjo'nar] *vt* ❶ (*preparar*) herrichten; (*transformar*) umwandeln ❷ (*equipar*) ausstatten ❸ (*climatizar*) klimatisieren

**acongojante** [akoŋgo'xante] *adj* bedrückend; **la situación de los niños sin techo es ~** die Situation der Straßenkinder ist bedrückend

**acongojar** [akoŋgo'xar] *vt* bekümmern

**aconsejable** [akonse'xaβle] *adj* ratsam

**aconsejado, -a** [akonse'xaðo, -a] *adj* (*prudente*) klug

**aconsejar** [akonse'xar] *vt* beraten; **~ algo a alguien** jdm etw raten; **esto aconseja prudencia** hier ist Vorsicht geboten

**acontecer** [akonte'θer] *irr como crecer vi* sich ereignen

**acontecimiento** [akonteθi'mjento] *m* Ereignis *nt*

**acopiar** [ako'pjar] *vt* ansammeln

**acopio** [ako'pjo] *m* ❶ (*de comida, bienes*) Vorrat *m*; **hacer ~ de algo** einen Vorrat an etw *dat* anlegen; **hacer ~ de paciencia** sich mit Geduld wappnen; **hacer ~ de valor** all seinen Mut zusammennehmen ❷ (*compra*) Aufkauf *m*

**acoplado** [ako'plaðo] *m* (*RíoPl*) Anhänger *m*

**acoplamiento** [akopla'mjento] *m* ❶ (*de máquinas, vagones*) Kupp(e)lung *f* ❷ (ELEC) Schaltung *f*

**acoplar** [ako'plar] **I.** *vt* ❶ (*ajustar*) anpassen (*a* an +*akk*); (*juntar*) zusammenfügen ❷ (*piezas, remolque*) koppeln ❸ (ELEC) schalten ❹ (*adaptar*) anpassen (*a* an +*akk*, *a* +*dat*) **II.** *vr:* **~se** sich anpassen (*a* an +*akk*, *a* +*dat*)

**acoquinar** [akoki'nar] **I.** *vt* einschüchtern **II.** *vr:* **~se** sich einschüchtern lassen

**acorazado** [akora'θaðo] *m* (MIL) Panzerkreuzer *m*

**acorazar** [akoraˈθar] <z→c> **I.** *vt* panzern; **cámara acorazada** Panzerschrank *m* **II.** *vr:* ~**se** sich wappnen

**acorazonado, -a** [akoraθoˈnaðo, -a] *adj* herzförmig

**acordar** [akorˈðar] <o→ue> **I.** *vt* ① (*convenir*) vereinbaren ② (*decidir*) beschließen ③ (MÚS) stimmen **II.** *vr:* ~**se** sich erinnern (*de* an +*akk*); **si mal no me acuerdo** wenn ich mich recht erinnere; **¡acuérdate de decírselo!** denk daran, es ihm/ihr zu sagen!

**acorde** [aˈkorðe] **I.** *adj* ① (*conforme*) übereinstimmend; ~ **con alguien** in Übereinstimmung mit jdm; **estar** ~ **con alguien** mit jdm übereinstimmen; ~ **con el medio ambiente** umweltgerecht ② (MÚS) harmonisch **II.** *m* (MÚS) Akkord *m;* ~ **mayor/menor** Dur-/Mollakkord *m;* **a los** ~**s de un vals** zu den Klängen eines Walzers

**acordeón** [akorðeˈon] *m* Akkordeon *nt*

**acordonado, -a** [akorðoˈnaðo, -a] *adj* ① (*con cordones*) mit Schnürung; **botines** ~**s** Schnürstiefel *mpl;* **suéter** ~ Schnürpulli *m* ② (*con forma de cordón*) schnurförmig ③ (*lugar*) abgesperrt; **después del atentado la zona estaba acordonada** nach dem Attentat war das Gebiet abgesperrt

**acordonar** [akorðoˈnar] *vt* ① (*botas*) schnüren ② (*un sitio*) absperren

**acorralamiento** [akorralaˈmjen̩to] *m* ① (*del ganado*) Einpferchen *nt* ② (*cerco*) Einkreisung *f*

**acorralar** [akorraˈlar] *vt* ① (*ganado*) einpferchen ② (*cercar*) einkreisen ③ (*intimidar*) einschüchtern; (*con preguntas*) in die Enge treiben

**acortamiento** [akortaˈmjen̩to] *m* Abkürzung *f*

**acortar** [akorˈtar] **I.** *vt* kürzen; (*camino*) abkürzen; (*duración*) verkürzen; (*distancia*) verringern; ~ **un pantalón unos centímetros** eine Hose (um) ein paar Zentimeter kürzen **II.** *vr:* ~**se** kürzer werden

**acosar** [akoˈsar] *vt* ① (*perseguir*) hetzen ② (*asediar*) bedrängen; ~ **a alguien a preguntas** jdn mit Fragen bombardieren

**acoso** [aˈkoso] *m* Verfolgung *f*

**acostado, -a** [akosˈtaðo, -a] *adj* liegend; **estar** ~ im Bett sein

**acostar** [akosˈtar] <o→ue> **I.** *vt* ins Bett bringen **II.** *vr:* ~**se** ① (*descansar*) sich hinlegen; (*ir a la cama*) ins Bett gehen; **estar acostado** im Bett sein; ~**se con alguien** mit jdm schlafen ② (*AmC, Méx: dar a luz*) entbinden

**acostumbrado, -a** [akostumˈbraðo, -a] *adj* gewohnt; **mal** ~ verwöhnt

**acostumbrar** [akostumˈbrar] **I.** *vi:* ~ **a hacer algo** gewöhnlich etw tun; **como se acostumbra a decir** wie man zu sagen pflegt **II.** *vt:* ~ **a alguien a hacer algo** jdn daran gewöhnen etw zu tun **III.** *vr:* ~**se** ① (*soler*) sich *dat* angewöhnen (*a* +*akk*) ② (*no extrañar*) sich gewöhnen (*a* an +*akk*)

**acotación** [akotaˈθjon] *f* ① (*nota*) Randbemerkung *f* ② (TEAT) Bühnenanweisung *f* ③ (*cota*) Höhenangabe *f*

**acotamiento** [akotaˈmjen̩to] *m* Abgrenzung *f*

**acotar** [akoˈtar] *vt* ① (*delimitar*) abgrenzen; **terreno acotado** Privatbesitz *m* ② (*un plano*) die Höhenangaben eintragen (in +*akk*) ③ (*un texto*) mit Randbemerkungen versehen

**ácrata** [ˈakrata] **I.** *adj* ① (*anárquico*) anarchisch ② (*anarquista*) anarchistisch **II.** *mf* Anarchist(in) *m(f)*

**acre** [ˈakre] *adj* <acérrimo> ① (*áspero*) herb ② (*ácido*) ätzend ③ (*mordaz*) bissig; (*tono*) scharf

**acrecentar** [akreθen̩ˈtar] <e→ie> *vt*, **acrecer** [akreˈθer] *irr como crecer vt* vermehren

**acreditación** [akreðitaˈθjon] *f* Ausweis *m;* ~ **de periodista** Presseausweis *m*

**acreditado, -a** [akreðiˈtaðo, -a] *adj* (*reputado*) angesehen

**acreditar** [akreðiˈtar] **I.** *vt* ① (*atestiguar*) bestätigen ② (*autorizar*) autorisieren ③ (*diplomático*) akkreditieren (*en/ante* bei +*dat*); ~ **como embajador** zum Botschafter ernennen ④ (*dar reputación*) Ansehen verleihen +*dat* ⑤ (FIN) gutschreiben **II.** *vr:* ~**se** ① (*adquirir reputación*) Ansehen erwerben ② (*dar crédito de uno mismo*) sich bewähren

**acreedor(a)** [akre(e)ˈðor(a)] **I.** *adj* würdig (*a* +*gen*) **II.** *m(f)* (FIN) Gläubiger(in) *m(f)*

**acribillar** [akriβiˈʎar] *vt* ① (*abrir agujeros*) durchlöchern; **acribillado a balazos** von Kugeln durchsiebt ② (*importunar*) bedrängen; ~ **a alguien a preguntas** jdn mit Fragen überhäufen

**acrílico, -a** [aˈkriliko, -a] *adj* Akryl-; **fibra acrílica** Acryl *nt*

**acrimonia** [akriˈmonja] *f* Schärfe *f*

**acristalar** [akristaˈlar] *vt* verglasen

**acritud** [akriˈtuᵈ] *f* ① (*acrimonia*) Schärfe *f;* **contestar con** ~ unwirsch antworten ② (*de un dolor*) Heftigkeit *f*

**acrobacia** [akroˈβaθja] *f* Akrobatik *f;* ~ **aérea** Kunstflug *m*

**acróbata** [aˈkroβata] *mf* Akrobat(in) *m(f)*

**acrobático, -a** [akro'βatiko, -a] *adj* akrobatisch
**acrónimo** [a'kronimo] *m* Akronym *nt*
**acrópolis** [a'kropolis] *f inv* Akropolis *f*
**acta** ['akta] *f* ① (*de una reunión*) Protokoll *nt;* **levantar ~ de algo** etw protokollieren; **hacer constar en ~** zu Protokoll geben ② (*certificado*) Urkunde *f* ③ (JUR) Akte *f;* **~ de acusación** Anklageschrift *f;* **A~ Única Europea** Einheitliche Europäische Akte
**actitud** [akti'tu$^{\eth}$] *f* ① (*corporal*) Haltung *f;* **~ de ataque** Drohgebärde *f;* **~ de extrema cautela en cuanto a algo** äußerste Zurückhaltung bei etw *dat* ② (*disposición*) Einstellung *f;* **adoptar una ~ reservada** eine reservierte Haltung einnehmen ③ (*comportamiento*) Verhalten *nt;* **adoptar una ~ incomprensible** ein unverständliches Verhalten an den Tag legen
**activación** [aktiβa'θjon] *f* ① (*intensificación*) Belebung *f* ② (QUÍM, FÍS) Aktivierung *f*
**activamente** [aktiβa'mente] *adv* tatkräftig
**activar** [akti'βar] *vt* ① (*avivar*) beleben ② (*acelerar*) beschleunigen; **~ la digestión** die Verdauung fördern ③ (QUÍM, FÍS, INFOR) aktivieren; **~ una bomba** eine Bombe zünden
**actividad** [aktiβi'ða$^{\eth}$] *f* ① (*general*) Tätigkeit *f;* (*ocupación*) Beschäftigung *f;* **~ profesional** Beruf *m;* **las ~es artísticas de una ciudad** das Kulturprogramm einer Stadt; **en ~** tätig; **volcán en ~** aktiver Vulkan; **entrar en ~** tätig werden ② (*diligencia*) Geschäftigkeit *f* ③ (QUÍM) Aktivität *f*
**activo**[1] [ak'tiβo] *m* (FIN) Aktiva *ntpl;* **~ circulante** Umlaufvermögen *nt;* **~ fijo** Anlagevermögen *nt*
**activo, -a**[2] [ak'tiβo, -a] *adj* aktiv; (*sustancia, medicamento*) wirksam
**acto** ['akto] *m* ① (*acción*) Handlung *f;* **~ de cortesía** Gefälligkeit *f;* **~ jurídico** (*válido*) Rechtshandlung *f;* (*negocio*) Rechtsgeschäft *nt;* **~ penal** Straftat *f;* **~ sexual** Geschlechtsakt *m;* **~ de violencia** Gewalttat *f;* **~ de voluntad** Willenserklärung *f;* **cometer ~s de gamberrismo** randalieren; **hacer ~ de presencia** anwesend sein; **~ seguido...** gleich darauf ...; **en el ~** auf der Stelle ② (*ceremonia*) Festakt *m;* **~ conmemorativo** Gedenkfeier *f;* **~ estatal** Staatsakt *m;* **~ necrológico** Trauerfeier *f* ③ (TEAT) Akt *m*
**actor(a)**[1] [ak'tor(a)] *m(f)* (JUR) Kläger(in) *m(f)*
**actor**[2] [ak'tor, ak'triθ] *m,* **actriz** *f* (TEAT, CINE) Schauspieler(in) *m(f);* **~ de cine** Filmschauspieler *m;* **primer ~** Hauptdarsteller *m*
**actuación** [aktwa'θjon] *f* ① (*conducta*) Handeln *nt;* **la ~ de la policía** das Vorgehen der Polizei ② (*actividad*) Tätigkeit *f;* (*desempeño de un cargo*) Amtstätigkeit *f* ③ (TEAT, MÚS) Auftritt *m;* **~ en directo** Liveauftritt *m* ④ *pl* (JUR) Prozessakten *fpl*
**actual** [aktu'al] *adj* ① (*de ahora*) aktuell ② (FILOS) wirklich
**actualidad** [aktwali'ða$^{\eth}$] *f* ① (*presente*) Gegenwart *f;* **en la ~** heutzutage ② (*cualidad*) Aktualität *f;* **de ~** aktuell; **estar de ~** modern sein
**actualización** [aktwaliθa'θjon] *f* Aktualisierung *f;* **~ de archivos** (INFOR) Dateiaktualisierung *f*
**actualizar** [aktwali'θar] <z→c> *vt* aktualisieren
**actualmente** [aktwal'mente] *adv* zur Zeit, augenblicklich
**actuar** [aktu'ar] <*1. pres:* actúo> *vi* ① (*obrar, hacer*) handeln ② (*tener efecto*) wirken (*sobre* auf +*akk*) ③ (TEAT) auftreten; **~ en directo** live auftreten; **~ de Don Juan** den Don Juan spielen; **ella no actúa en esta función** sie spielt in dieser Aufführung nicht mit ④ (JUR) auftreten (*de/como* als +*nom*); **~ contra alguien** gegen jdn vorgehen
**acuarela** [akwa'rela] *f* Aquarell *nt*
**acuario** [a'kwarjo] *m* Aquarium *nt*
**Acuario** [a'kwarjo] *m* (ASTR) Wassermann *m*
**acuartelamiento** [akwartela'mjento] *m* Einquartierung *f*
**acuartelar** [akwarte'lar] *vt* ① (MIL) einquartieren ② (*dividir*) vierteln
**acuático, -a** [a'kwatiko, -a] *adj* Wasser-; **parque ~** Freizeitbad *nt*
**acuchillar** [akutʃi'ʎar] *vt* ① (*herir*) niederstechen; (*matar*) erstechen ② (*parqué*) abziehen; (*muebles*) glatt schleifen
**acuciado, -a** [aku'θjaðo, -a] *adj* ① (*apremiado*) unter Zeitdruck stehend ② (*incitado, instigado*) angestachelt
**acuciante** [aku'θjante] *adj* dringend
**acuciar** [aku'θjar] *vt* ① (*dar prisa*) drängen ② (*incitar*) anspornen
**acuclillarse** [akukli'ʎarse] *vr* in die Hocke gehen
**acudir** [aku'ðir] *vi* ① (*ir*) sich einfinden (*a* in +*dat, a* bei +*dat*); **~ a una cita** zu einem Rendezvous gehen; **~ al trabajo/a la puerta** zur Arbeit/an die Tür gehen; **~ a las urnas** wählen gehen; **~ a la memoria de alguien** jdm einfallen ② (*corriendo*) herbeieilen; **~ en socorro (de alguien)** (jdm) zu Hilfe eilen ③ (*enfermedad*) befallen ④ (*desgracias*) heimsuchen; **las des-**

**gracias la acuden** sie wird vom Unglück heimgesucht ⑤ (*recurrir*) sich wenden (*a* an +*akk*)

**acueducto** [akwe'ðukto] *m* Aquädukt *m o nt*

**acuerdo** [a'kwerðo] *m* ① (*convenio*) Vereinbarung *f;* **llegar a un ~** sich einigen ② (*político*) Abkommen *nt;* **A~ Económico y Social** Sozialpakt *m;* **A~ General sobre Aranceles y Comercio** Allgemeines Zoll- und Handelsabkommen; **A~ Monetario Europeo** Europäisches Währungsabkommen ③ (*decisión*) Beschluss *m;* **tomar un ~** einen Beschluss fassen ④ (*conformidad*) Übereinstimmung *f;* **de ~** einverstanden; **de común ~** in gegenseitigem Einverständnis; **de ~ con** gemäß +*dat;* **estar de ~ con alguien** mit jdm einer Meinung sein; **ponerse de ~** sich einigen; **sin ponerse de ~** ohne eine Einigung zu erzielen

**acuífero**[1] [a'kwifero] *m* (GEO) Grundwasservorkommen *nt*

**acuífero, -a**[2] [a'kwifero, -a] *adj* wasserführend

**acular** [aku'lar] *vt* (AUTO) rückwärts einparken

**acullá** [aku'ʎa] *adv* (*elev*) ① (*lugar*) dort ② (*dirección*) dorthin

**acumulación** [akumula'θjon] *f* ① (*amontonamiento*) Anhäufung *f* ② (*de cosas reunidas*) Ansammlung *f*

**acumulador** [akumula'ðor] *m* (ELEC) Akku(mulator) *m*

**acumular** [akumu'lar] *vt* ① (*reunir*) ansammeln; (*amontonar*) anhäufen ② (ELEC) speichern

**acumulativo, -a** [akumula'tiβo, -a] *adj* kumulativ; **intereses ~s** (FIN) anfallende Zinsen

**acunar** [aku'nar] *vt* wiegen

**acuñación** [akuɲa'θjon] *f* Prägung *f;* **~ de moneda** Münzprägung *f*

**acuñar** [aku'ɲar] *vt* ① (*monedas, palabras*) prägen ② (TÉC) verkeilen

**acuoso, -a** [aku'oso, -a] *adj* wäss(e)rig; (*fruta*) saftig

**acupuntor(a)** [akupuṇ'tor(a)] *m(f)* Akupunkteur(in) *m(f)*

**acupuntura** [akupuṇ'tura] *f* Akupunktur *f*

**acurrucarse** [akurru'karse] <c→qu> *vr* sich kauern; (*a causa del frío*) sich zusammenkauern; **~ en un sillón** sich in einen Sessel kuscheln

**acusación** [akusa'θjon] *f* ① (*inculpación*) Beschuldigung *f;* **~ de corrupción** Korruptionsvorwurf *m* ② (JUR: *en juicio*) Anklage *f;* (*escrito*) Anklageschrift *f;* **~ constitucional** Verfassungsbeschwerde *f;* **~ particular** Nebenklage *f*

**acusado, -a** [aku'saðo, -a] **I.** *adj* ① (*claro, evidente*) klar ② (*marcado*) ausgeprägt **II.** *m, f* (JUR) Angeklagte(r) *mf*

**acusador(a)** [akusa'ðor(a)] *m(f)* (JUR) Ankläger(in) *m(f)*

**acusar** [aku'sar] *vt* ① (*culpar*) beschuldigen; **le acusan de asesinato** er wird des Mordes beschuldigt ② (*en juicio*) anklagen ③ (*en la escuela*) verpetzen ④ (*traslucir*) verraten; (*indicar*) anzeigen; (TÉC) registrieren ⑤ (ECON) bestätigen; **~ recibo de algo** den Empfang von etw bestätigen; **~ recibo de un pedido** einen Auftrag bestätigen

**acusativo** [akusa'tiβo] *m* (LING) Akkusativ *m*

**acusatorio, -a** [akusa'torjo, -a] *adj* Anklage-; (*mirada, tono*) anklägerisch

**acuse** [a'kuse] *m:* **~ de recibo** Empfangsbestätigung *f*

**acústica** [a'kustika] *f* Akustik *f*

**acústico, -a** [a'kustiko, -a] *adj* akustisch

**adagio** [a'ðaxjo] *m* ① (*proverbio*) Spruch *m* ② (MÚS) Adagio *nt*

**adalid** [aða'li$^{ð}$] *m* ① (*caudillo*) Anführer *m* ② (*precursor*) Vorkämpfer *m*

**adán** [a'ðan] *m* schlampiger Mensch *m;* **vas hecho un ~** du siehst sehr heruntergekommen aus

**adaptabilidad** [aðaptaβili'ða$^{ð}$] *f* Anpassungsfähigkeit *f* (*a* an +*akk*)

**adaptable** [aðap'taβle] *adj* anpassungsfähig

**adaptación** [aðapta'θjon] *f* ① (*acomodación*) Anpassung *f* (*a* an +*akk*) ② (LIT, MÚS, TEAT) Bearbeitung *f;* **la ~ de una obra de teatro al cine** die Verfilmung eines Theaterstückes

**adaptador** [aðapta'ðor] *m* (TÉC) Adapter *m*

**adaptar** [aðap'tar] **I.** *vt* ① (*acomodar*) anpassen (*a* an +*akk, a* +*dat*); **adaptado bien al grupo** gut in die Gruppe integriert ② (*edificio*) umbauen; **~ un piso para oficina** eine Wohnung zum Büro umbauen ③ (*ajustar*) einpassen; **~ algo a algo** etw auf etw abstimmen ④ (LIT, MÚS, TEAT, CINE) bearbeiten (*a* für +*akk*); **~ una novela a la pantalla** einen Roman verfilmen **II.** *vr:* **~se** sich anpassen (*a* +*dat, a* an +*akk*); (*a un grupo*) sich einfügen (*a* in +*akk*); **se han adaptado muy bien el uno al otro** sie sind sehr gut aufeinander eingespielt

**adarme** [a'ðarme] *m:* **un ~ de** ein bisschen; **un ~ de pan** eine Krume Brot; **no tener un ~ de sentido común** kein bisschen

gesunden Menschenverstand haben
**adecentar** [aðeθen̪'tar] **I.** *vt* herrichten **II.** *vr:* ~**se** sich zurechtmachen
**adecuación** [aðekwa'θjon] *f* ① (*conveniencia*) Angemessenheit *f* ② (*adaptación*) Anpassung *f;* ~ **al perfil del puesto** Erfüllen des Anforderungsprofils
**adecuado, -a** [aðe'kwaðo, -a] *adj* (*conveniente*) angemessen; (*apto*) geeignet; (*palabras*) passend; **la decoración de tu casa es muy adecuada** die Ausstattung deiner Wohnung ist sehr zweckmäßig
**adecuar** [aðe'kwar] **I.** *vt* anpassen (*a* an +*akk*) **II.** *vr:* ~**se** sich anpassen (*a* an +*akk*)
**adefesio** [aðe'fesjo] *m* ① (*prenda*) Fummel *m fam* ② (*persona*) Vogelscheuche *f;* **estar hecho un** ~ wie eine Vogelscheuche aussehen
**a. de (J)C.** ['an̪tes ðe (xesu)'kristo] *abr de* **antes de (Jesu)cristo** v. Chr.
**adelantado, -a** [aðelan̪'taðo, -a] *adj* ① (*precoz*) frühreif ② (*avanzado*) fortgeschritten; **estar muy** ~ weit fortgeschritten sein ③ (*loc*): **por** ~ im Voraus
**adelantamiento** [aðelan̪ta'mjen̪to] *m* ① (*avance*) Vorrücken *nt;* (*progreso*) Fortschritt *m* ② (*del coche*) Überholen *nt;* **realizar un** ~ überholen
**adelantar** [aðelan̪'tar] **I.** *vi* ① (*reloj*) vorgehen ② (*progresar*) vorwärts kommen; **no adelanto nada en sueco** ich mache keine Fortschritte im Schwedischen ③ (*coche*) überholen **II.** *vt* ① (*avanzar*) vorrücken; ~ **unos pasos** ein paar Schritte vorgehen ② (*coche, persona*) überholen ③ (*reloj*) vorstellen ④ (*viaje, partida*) vorverlegen ⑤ (*idea*) vorwegnehmen ⑥ (*paga*) vorstrecken ⑦ (*obtener ventaja*) gewinnen; **¿qué adelantas con esto?** was bringt dir das? **III.** *vr:* ~**se** ① (*avanzarse*) vorangehen ② (*llegar antes*) früher eintreffen ③ (*aventajar*) zuvorkommen; **te has adelantado a mis deseos** du bist meinen Wünschen zuvorgekommen ④ (*reloj*) vorgehen
**adelante** [aðe'lan̪te] *adv* vor(wärts); **¡~!** herein!; **de hoy en** ~ von heute an; **llevar un plan** ~ einen Plan in die Tat umsetzen; **sacar una familia** ~ eine Familie durchbringen; **seguir** ~ weitergehen; **véase más** ~ siehe unten
**adelanto** [aðe'lan̪to] *m* ① (*progreso*) Fortschritt *m;* ~**s técnicos** technische Neuerungen ② (*anticipo*) Vorschuss *m*
**adelgazamiento** [aðelɣaθa'mjen̪to] *m* Abnehmen *nt*
**adelgazante** [aðelɣa'θan̪te] **I.** *adj* Abmagerungs- **II.** *m* Schlankheitsmittel *nt*
**adelgazar** [aðelɣa'θar] <z→c> **I.** *vi, vr:* ~**se** abnehmen **II.** *vt* ① (*cosas*) dünner machen ② (*peso*) abnehmen
**ademán** [aðe'man] *m* ① (*gesto*) Gebärde *f;* **hacer** ~ **de salir** sich anschicken zu gehen ② (*actitud*) Haltung *f;* **en** ~ **de** bereit zu
**además** [aðe'mas] *adv* außerdem, ferner
**adenda** [a'ðen̪da] *f* Nachtrag *m*
**adentrarse** [aðen̪'trarse] *vr* ① (*entrar*) hineingehen (*en* in +*akk*); (*penetrar*) eindringen (*en* in +*akk*) ② (*en un tema*) sich vertiefen (*en* in +*akk*)
**adentro** [a'ðen̪tro] *adv* ① (*lugar*) darin ② (*lugar y movimiento*) hinein; **mar** ~ seewärts; **tierra** ~ landeinwärts; **el grito le salió de muy** ~ sein/ihr Schrei kam aus tiefster Seele
**adentros** [a'ðen̪tros] *mpl* Innere(s) *nt;* **para sus** ~ innerlich; **guardar algo para sus** ~ etw für sich behalten
**adepto, -a** [a'ðepto, -a] *m, f* ① (*afiliado*) Mitglied *nt* ② (*partidario*) Anhänger(in) *m(f)*
**aderezar** [aðere'θar] <z→c> *vt* ① (*preparar*) herrichten ② (*guisar*) zubereiten ③ (*condimentar*) würzen; (*ensalada*) anmachen
**aderezo** [aðe'reθo] *m* ① (*de un guiso*) Zubereitung *f* ② (*condimentación*) Würzen *nt;* (*de una ensalada*) Anmachen *nt* ③ (*condimento*) Gewürz *nt;* (*para ensalada*) Dressing *nt* ④ (*joyas*) Schmuckgarnitur *f*
**adeudar** [aðeu̯'ðar] **I.** *vt* ① (*deber*) schulden ② (*cargar*) belasten; ~ **una cantidad en cuenta** ein Konto mit einem Betrag belasten **II.** *vr:* ~**se** sich verschulden; ~**se mucho** sich hoch verschulden
**adherencia** [aðe'ren̪θja] *f* ① (*cohesión*) Haftung *f;* (AUTO) Bodenhaftung *f* ② (*conexión*) Verbindung *f*
**adherente** [aðe'ren̪te] *adj* anhaftend
**adherir** [aðe'rir] *irr como sentir* **I.** *vt* (*sello*) (auf)kleben (*a* auf +*akk*); (*cartel, póster*) (an)kleben (*a* an +*akk*) **II.** *vr:* ~**se** ① (*pegarse*) haften (*a* an +*dat, a* auf +*dat*) ② (*a una opinión*) zustimmen (*a* +*dat*) ③ (*a un partido*) beitreten (*a* +*dat*)
**adhesión** [aðe'sjon] *f* ① (*adherencia*) Haftung *f* ② (*a una opinión*) Zustimmung *f* (*a* zu +*dat*); (*apoyo*) Unterstützung *f* (*a* +*gen*) ③ (*a una asociación*) Beitritt *m* (*a* zu +*dat*)
**adhesivo[1]** [aðe'siβo] *m* ① (*sustancia*) Klebstoff *m;* ~ **multiuso** Alleskleber *m* ② (*pegatina*) Aufkleber *m*
**adhesivo, -a[2]** [aðe'siβo, -a] *adj* Klebe-
**adicción** [aðiɣ'θjon] *f* Sucht *f;* ~ **a las dro-**

**gas** Drogenabhängigkeit *f*

**adición** [aði'θjon] *f* ❶ (*añadidura*) Zusatz *m* (*a* zu +*dat*) ❷ (MAT) Addition *f*

**adicional** [aðiθjo'nal] *adj* zusätzlich

**adicionar** [aðiθjo'nar] *vt* hinzufügen (*a* zu +*dat*)

**adicto, -a** [a'ðikto, -a] **I.** *adj* ❶ (*leal*) ergeben ❷ (*que tiene adicción*) süchtig; ~ **a las drogas** drogensüchtig; ~ **a la televisión** (*fam*) fernsehsüchtig **II.** *m, f* ❶ (*dependiente*) Süchtige(r) *mf* ❷ (*CSur: adherente*) Anhänger(in) *m(f)* (*a* +*gen*); (*partidario*) Befürworter(in) *m(f)* (*a* +*gen*)

**adiestrar** [aðjes'trar] *vt* ❶ (*personas*) schulen (*en* in +*dat*, *para* für +*akk*) ❷ (*animales*) abrichten (*para* zu +*dat*); (*para el circo*) dressieren

**adinerado, -a** [aðine'raðo, -a] *adj* vermögend

**adiós** [a'ðjos] **I.** *interj* ❶ (*despedida*) auf Wiedersehen ❷ (*sorpresa*) ach (Gott) **II.** *m* Abschied *m;* **decir ~ a alguien** von jdm Abschied nehmen

**adiposidad** [aðiposi'ða$^{ð}$] *f* Fettleibigkeit *f*

**adiposo, -a** [aði'poso, -a] *adj* fetthaltig; **tejido** ~ Fettgewebe *nt*

**aditamento** [aðita'mento] *m* ❶ (*añadidura*) Zusatz *m* ❷ (*complemento*) Ergänzung *f*

**aditivo**[1] [aði'tiβo] *m* Zusatzstoff *m*

**aditivo, -a**[2] [aði'tiβo, -a] *adj* Zusatz-

**adivinanza** [aðiβi'nanθa] *f* Rätsel *nt*

**adivinar** [aðiβi'nar] *vt* ❶ (*el futuro*) wahrsagen ❷ (*conjeturar*) raten; (*acertar*) erraten; **¡adivina cuántos años tengo!** rat mal, wie alt ich bin! ❸ (*vislumbrar*) erahnen

**adivino, -a** [aði'βino, -a] *m, f* Wahrsager(in) *m(f)*

**adjetivar** [aðxeti'βar] *vt* (LING) adjektivieren

**adjetivo** [aðxe'tiβo] *m* Adjektiv *nt;* ~ **numeral** Zahladjektiv *nt*

**adjudicación** [aðxuðika'θjon] *f* ❶ (*de un premio*) Verleihung *f;* (*de un pedido/una beca*) Vergabe *f* ❷ (*en una subasta*) Zuschlag *m*

**adjudicar** [aðxuði'kar] <c→qu> **I.** *vt* ❶ (*premio*) verleihen; (*encargo, beca*) vergeben ❷ (*en una subasta*) zuschlagen **II.** *vr:* ~**se** ❶ (*apropiarse*) sich *dat* aneignen ❷ (*victoria, premio*) erringen

**adjuntar** [aðxun'tar] *vt* beilegen

**adjunto, -a** [að'xunto, -a] *adj* ❶ (*junto*) beiliegend ❷ (*auxiliar*) stellvertretend; **profesora adjunta** (UNIV) ≈Assistentin *f*

**administración** [aðministra'θjon] *f* ❶ (*dirección, organización*) Verwaltung *f;* ~ **de una cuenta** Kontoführung *f;* ~ **de fincas** Haus- und Grundstücksverwaltung *f;* ~ **municipal** Stadtverwaltung *f* ❷ (*órgano*) Behörde *f;* **la ~ de correos** die Post; **la ~ española** die spanischen Behörden ❸ (*de medicamentos*) Verabreichung *f;* (*de sacramentos*) Spenden *nt* ❹ (*Arg: gobierno*) Regierung *f*

**administrador(a)** [aðministra'ðor(a)] *m(f)* Verwalter(in) *m(f);* (*gerente*) Geschäftsführer(in) *m(f);* ~ **de la masa** Konkursverwalter *m*

**administrar** [aðminis'trar] *vt* ❶ (*dirigir, cuidar*) verwalten; ~ **justicia** Recht sprechen ❷ (*racionar*) einteilen; (*suministrar*) verteilen ❸ (*medicamentos*) verabreichen; (*sacramentos*) spenden

**administrativo, -a** [aðministra'tiβo, -a] **I.** *adj* Verwaltungs- **II.** *m, f* Verwaltungsangestellte(r) *mf*

**admirable** [aðmi'raβle] *adj* bewundernswert

**admiración** [aðmira'θjon] *f* ❶ (*respeto, adoración*) Bewunderung *f* ❷ (*asombro*) Verwunderung *f* ❸ (*signo*) Ausrufezeichen *nt;* (*frase*) Ausrufesatz *m*

**admirado, -a** [aðmi'raðo, -a] *adj* erstaunt; **me quedé admirada de tus conocimientos** ich war erstaunt über deine Kenntnisse

**admirador(a)** [aðmira'ðor(a)] *m(f)* Bewunderer, -in *m, f*

**admirar** [aðmi'rar] **I.** *vt* ❶ (*adorar, apreciar*) bewundern ❷ (*asombrar*) verwundern **II.** *vr:* ~**se** sich wundern (*de* über +*akk*)

**admirativo, -a** [aðmira'tiβo, -a] *adj* bewundernd; **una mirada admirativa** ein bewundernder Blick

**admisible** [aðmi'siβle] *adj* zulässig

**admisión** [aðmi'sjon] *f* ❶ (*en una asociación*) Aufnahme *f* (*en* in +*akk*); (UNIV) Zulassung *f* (*en* zu +*dat*) ❷ (TÉC) Zufuhr *f*

**admitir** [aðmi'tir] *vt* ❶ (*en una asociación*) aufnehmen (*en* in +*akk*); (UNIV) zulassen (*en* zu +*dat*) ❷ (*aceptar*) annehmen; (*aprobar*) billigen; ~ **los métodos de alguien** jds Methoden billigen ❸ (*reconocer*) zugeben ❹ (*permitir*) zulassen; ~ **una queja** (JUR) einer Klage stattgeben; **el asunto no admite dilación** die Sache duldet keinen Aufschub; **es cosa admitida que...** es ist allgemein anerkannt, dass ... ❺ (*tener capacidad*) fassen

**admonición** [aðmoni'θjon] *f* Ermahnung *f;* (ADMIN) Verwarnung *f*

**ADN** [aðe'ene] *m abr de* **ácido desoxirribonucleico** DNS *f*

**adobar** [aðo'βar] *vt* ❶ (*con salsa*) marinieren; (*con sal*) pökeln ② (*piel*) gerben ③ (*fam: amañar*) deichseln

**adobe** [a'ðoβe] *m* Luftziegel *m*

**adobo** [a'ðoβo] *m* ① (*salsa*) Marinade *f* ② (*con salsa*) Marinieren *nt;* (*con sal*) Pökeln *nt* ③ (*de pieles*) Gerben *nt*

**adocenado, -a** [aðoθe'naðo, -a] *adj* mittelmäßig

**adocenarse** [aðoθe'narse] *vr* mittelmäßig werden

**adoctrinamiento** [aðoktrina'mjen̩to] *m* Indoktrinierung *f*

**adoctrinar** [aðoktri'nar] *vt* indoktrinieren; ~ **a alguien sobre algo** jdm etw beibringen

**adolecer** [aðole'θer] *irr como crecer vi* ① (*ponerse enfermo*) erkranken (*de* an +*dat*); (*padecer*) leiden (*de* an +*dat*); **este chico adolece de ser aburrido** dieser Junge ist einfach nur langweilig ② (*carecer*) nicht haben (*de* +*akk*)

**adolescencia** [aðoles'θen̩θja] *f* Jugend *f*

**adolescente** [aðoles'θen̩te] **I.** *adj* halbwüchsig **II.** *mf* Jugendliche(r) *mf*

**adonde** [a'ðon̩de] *adv* (*relativo*) wohin; **el pueblo ~ iremos es muy bonito** das Dorf, in das wir fahren werden, ist sehr schön

**adónde** [a'ðon̩de] *adv* (*interrogativo*) wohin

**adondequiera** [aðon̩de'kjera] *adv:* ~ **que** +*subj* (*estado*) wo auch immer; (*dirección*) wohin auch immer

**adopción** [aðoβ'θjon] *f* ① (*de niños*) Adoption *f* ② (*de nacionalidad/religión*) Annahme *f* ③ (*de medidas*) Ergreifen *nt* ④ (*de actitudes*) Einnehmen *nt*

**adoptar** [aðop'tar] *vt* ① (*niño*) adoptieren ② (*nacionalidad, costumbre, religión*) annehmen ③ (*medida*) ergreifen; (*acuerdo, resolución*) fassen ④ (*actitud*) einnehmen

**adoptivo, -a** [aðop'tiβo, -a] *adj* ① (*personas*) Adoptiv- ② (*cosas*) Wahl-

**adoquín** [aðo'kin] *m* ① (*piedra*) Pflasterstein *m* ② (*fam: persona*) Tölpel *m*

**adoquinado** [aðoki'naðo] *m* (*suelo*) Pflaster *nt*

**adoquinar** [aðoki'nar] *vt* pflastern

**adorable** [aðo'raβle] *adj* entzückend

**adoración** [aðora'θjon] *f* (*t.* REL) Verehrung *f*

**adorar** [aðo'rar] *vt* anbeten; (*idolatrar*) vergöttern

**adormecer** [aðorme'θer] *irr como crecer* **I.** *vt* ① (*personas*) einschläfern ② (*dolor*) stillen **II.** *vr:* ~**se** einschlafen

**adormecido, -a** [aðorme'θiðo, -a] *adj,*

**adormilado, -a** [aðormi'laðo, -a] *adj* (*cansado*) schläfrig

**adormidera** [aðormi'ðera] *f* (BOT) Schlafmohn *m*

**adormilarse** [aðormi'larse] *vr* einnicken

**adornar** [aðor'nar] **I.** *vt* schmücken (*con/de* mit +*dat*); (*con ornamentos*) verzieren (*con/de* mit +*dat*) **II.** *vr:* ~**se** sich schmücken (*con* mit +*dat*)

**adorno** [a'ðorno] *m* Schmuck *m;* (*ornamento*) Verzierung *f;* **árbol de ~** Zierbaum *m;* **la lámpara sólo está de ~** die Lampe dient nur zur Zierde; **estar de ~** (*fig*) fehl am Platz(e) sein

**adosado, -a** [aðo'saðo, -a] *adj:* **casa adosada** Reihenhaus *nt*

**adosar** [aðo'sar] *vt* ① (*apoyar*) anlehnen (*a* an +*akk*) ② (ARQUIT) anbauen (*a* an +*akk*) ③ (*Am: adjuntar*) beilegen

**adquirir** [aðki'rir] *irr vt* ① (*conseguir*) erlangen; ~ **un hábito** eine Gewohnheit annehmen ② (*comprar*) erwerben

**adquisición** [aðkisi'θjon] *f* Erwerb *m;* (*de una empresa*) Übernahme *f;* ~ **de lenguas** Spracherwerb *m;* **este coche es una buena ~** mit diesem Auto haben wir einen guten Kauf gemacht

**adquisidor(a)** [aðkisi'ðor(a)] *m(f)* (ECON) Erwerber(in) *m(f)*

**adquisitivo, -a** [aðkisi'tiβo, -a] *adj* Kauf-; **poder ~** Kaufkraft *f*

**adrede** [a'ðreðe] *adv* absichtlich

**adrenalina** [aðrena'lina] *f* Adrenalin *nt*

**adriático, -a** [a'ðrjatiko, -a] *adj:* **costa adriática** Adriaküste *f;* **mar A~** Adria *f*

**Adriático** [a'ðrjatiko] *m* Adria *f*

**adscribir** [a^ðskri'βir] *irr como escribir vt* ① (*atribuir*) zuschreiben ② (*destinar*) zuteilen

**aduana** [a'ðwana] *f* ① (*tasa*) Zoll *m;* **declaración de ~s** Zollerklärung *f;* **despacho de ~** Zollabfertigung *f;* **sin ~** zollfrei ② (*oficina*) Zollamt *nt;* **pase por la ~, por favor** gehen Sie bitte durch den Zoll ③ (*juego*) Würfelspiel *nt*

**aduanero, -a** [aðwa'nero, -a] **I.** *adj* Zoll-; **exento de derechos ~s** zollfrei; **sujeto a derechos ~s** zollpflichtig **II.** *m, f* Zollbeamte(r) *mf,* -beamtin *f*

**aducir** [aðu'θir] *irr como traducir vt* (*razón, motivo*) anführen; (*prueba*) beibringen

**adueñarse** [aðwe'ɲarse] *vr* sich bemächtigen (*de* +*gen*); ~ **del poder** die Macht an sich reißen; **el pánico se adueñó de él** Panik ergriff ihn

**adulación** [aðula'θjon] *f* Schmeichelei *f*

**adulador(a)** [aðula'ðor(a)] **I.** *adj* schmeichlerisch **II.** *m(f)* Schmeichler(in) *m(f)*

**adular** [aðu'lar] *vt* schmeicheln +*dat*
**adulteración** [aðul̩tera'θjon] *f* Verfälschung *f;* (*de bebidas*) Panschen *nt;* ~ **de moneda** (FIN) Münzverschlechterung *f*
**adulterador(a)** [aðul̩tera'ðor(a)] *m(f)* Fälscher(in) *m(f);* (*de bebidas*) Panscher(in) *m(f)*
**adulterar** [aðul̩te'rar] *vt* verfälschen; (*bebidas*) panschen
**adulterio** [aðul̩'terjo] *m* Ehebruch *m*
**adúltero, -a** [a'ðul̩tero, -a] **I.** *adj* ehebrecherisch **II.** *m, f* Ehebrecher(in) *m(f)*
**adultez** [aðul̩'teθ] *f* Erwachsenenalter *nt*
**adulto, -a** [a'ðul̩to, -a] **I.** *adj* ❶ (*persona*) erwachsen; (*animal*) ausgewachsen ❷ (*desarrollado*) entwickelt **II.** *m, f* Erwachsene(r) *mf*
**adusto, -a** [a'ðusto, -a] *adj* ❶ (*persona*) spröde ❷ (*paisaje*) rau ❸ (*región, casa*) finster ❹ (*clima*) heiß
**advenedizo, -a** [aðβene'ðiθo, -a] **I.** *adj* fremd **II.** *m, f* ❶ (*forastero*) Fremde(r) *mf* ❷ (*pey: arribista*) Emporkömmling *m*
**advenimiento** [aðβeni'mjen̩to] *m* Ankunft *f;* (*de un monarca*) Thronbesteigung *f;* **esperar algo como el santo** ~ voller Ungeduld auf etw warten
**adverbial** [aðβer'βjal] *adj* adverbial
**adverbio** [að'βerβjo] *m* Adverb *nt;* ~ **de modo/de lugar/de tiempo** Modal-/Lokal-/Temporaladverb *nt*
**adversario, -a** [aðβer'sarjo, -a] *m, f* Gegner(in) *m(f)*
**adversativo, -a** [aðβersa'tiβo, -a] *adj* (LING) adversativ
**adversidad** [aðβersi'ðaᵈ] *f* ❶ (*contrariedad*) Widrigkeit *f* ❷ (*desgracia*) Unglück *nt*
**adverso, -a** [að'βerso, -a] *adj* widrig; (*enemigo*) feindlich; (*clima*) ungünstig
**advertencia** [aðβer'ten̩θja] *f* ❶ (*amonestación*) Warnung *f* ❷ (*indicación*) Hinweis *m*
**advertido, -a** [aðβer'tiðo, -a] *adj* (*experto*) erfahren; **estar** ~ **del peligro** sich *dat* der Gefahr bewusst sein
**advertir** [aðβer'tir] *irr como sentir vt* ❶ (*reparar*) bemerken; **advirtió mis intenciones** er/sie erriet meine Absichten ❷ (*indicar*) hinweisen (auf +*akk*); (*llamar la atención*) aufmerksam machen (auf +*akk*) ❸ (*amenazar*) warnen (*de* vor +*dat*); (*aconsejar*) raten
**adviento** [að'βjen̩to] *m* Advent *m*
**Adviento** [að'βjen̩to] *m* Advent *m*
**adyacencia** [aðɟa'θen̩θja] *f* (*RíoPl: proximidad*) Nähe *f;* **en las** ~**s** in der Umgebung
**adyacente** [aðɟa'θen̩te] *adj* angrenzend
**aéreo, -a** [a'ereo, -a] *adj* ❶ (*del aire*) Luft-; **base aérea** (MIL) Luftstützpunkt *m;* **compañía aérea** Fluggesellschaft *f;* **por vía aérea** per Luftpost ❷ (*ligero*) leicht
**aeróbic** [ae'roβiᵏ] *m* Aerobic *nt*
**aerobús** [aero'βus] *m* Airbus *m*
**aerodeslizador** [aeroðesliθa'ðor] *m* Luftkissenfahrzeug *nt*
**aerodinámica** [aeroði'namika] *f* Aerodynamik *f*
**aerodinámico, -a** [aeroði'namiko, -a] *adj* aerodynamisch; (*vehículo*) stromlinienförmig
**aeródromo** [ae'roðromo] *m* Flugplatz *m*
**aeroespacial** [aeroespa'θjal] *adj* Luft- und Raumfahrt-
**aerofaro** [aero'faro] *m* Leuchtfeuer *nt*
**aerolínea** [aero'linea] *f* Fluggesellschaft *f*
**aerolito** [aero'lito] *m* Meteorit *m*
**aeromodelismo** [aeromoðe'lismo] *m sin pl* Modellflugzeugbau *m*
**aeromoza** [aero'moθa] *f* (*Méx, AmS: azafata*) Stewardess *f*
**aeronauta** [aero'nau̯ta] *mf* Pilot(in) *m(f)*
**aeronáutica** [aero'nau̯tika] *f* Luftfahrt *f*
**aeronáutico, -a** [aero'nau̯tiko, -a] *adj* Luftfahrt-; **ingeniero** ~ Luftfahrtingenieur *m*
**aeronave** [aero'naβe] *f* Luftfahrzeug *nt;* ~ **espacial** Raumschiff *nt*
**aeroplano** [aero'plano] *m* Flugzeug *nt*
**aeropuerto** [aero'pwerto] *m* Flughafen *m*
**aerosol** [aero'sol] *m* ❶ (*suspensión*) Aerosol *nt* ❷ (*espray*) Spray *m o nt* ❸ (*recipiente*) Spraydose *f*
**aerostática** [aeros'tatika] *f* (FÍS) Aerostatik *f*
**aerotrén** [aero'tren] *m* Aerotrain *m,* (Magnet)schwebebahn *f*
**afabilidad** [afaβili'ðaᵈ] *f* Umgänglichkeit *f*
**afable** [a'faβle] *adj* umgänglich (*con/para con* gegenüber +*dat*)
**afamado, -a** [afa'maðo, -a] *adj* berühmt
**afamar** [afa'mar] *vt* berühmt machen
**afán** [a'fan] *m* ❶ (*ahínco*) Eifer *m;* (*ambición*) Streben *nt* (*de* nach +*dat*); ~ **de lucro** Gewinnstreben *nt;* **con** ~ eifrig; **poner mucho** ~ **en algo** etw mit viel Eifer machen ❷ (*anhelo*) Sehnsucht *f* (*de* nach +*dat*); ~ **de notoriedad** Geltungsbedürfnis *nt*
**afanar** [afa'nar] **I.** *vi* schwer arbeiten **II.** *vt* (*fam*) klauen **III.** *vr:* ~**se** (*esforzarse*) sich abmühen; (*atarearse*) sich abplagen
**afanoso, -a** [afa'noso, -a] *adj* ❶ (*trabajoso*) mühsam ❷ (*persona*) strebsam
**afeamiento** [afea'mjen̩to] *m* ❶ (*desfiguración*) Verunstaltung *f* ❷ (*censura*) Tadel *m*
**afear** [afe'ar] *vt* ❶ (*desfigurar*) verunstalten ❷ (*censurar*) tadeln

**afección** [afeʸ'θjon] *f* ❶ (MED) Leiden *nt* ❷ (*inclinación*) Zuneigung *f*

**afeccionarse** [afeʸθjo'narse] *vr* (*Chil, RíoPl*) mögen (*de* +*akk*)

**afectación** [afekta'θjon] *f* Affektiertheit *f*; **comportarse con** ~ sich affektiert benehmen

**afectado, -a** [afek'taðo, -a] *adj* (*amanerado*) affektiert

**afectar** [afek'tar] **I.** *vt* ❶ (*aparentar*) vortäuschen ❷ (*atañer*) betreffen ❸ (*dañar*) schädigen; (MED) angreifen ❹ (*impresionar*) nahe gehen +*dat* ❺ (*Am: destinar dinero*) bestimmen (*a* für +*akk*); (*girar*) überweisen (*a* an +*akk*) **II.** *vr:* ~**se** (*Am*) sich anstecken

**afectísimo, -a** [afek'tisimo, -a] *adj:* **suyo** ~ hochachtungsvoll

**afectividad** [afektiβi'ðaᵈ] *f* ❶ (*emoción*) Gemütsbewegung *f* ❷ (*cariño*) Zärtlichkeit *f* ❸ (PSICO) Affektivität *f*

**afectivo, -a** [afek'tiβo, -a] *adj* ❶ (*de afecto*) Gemüts- ❷ (*sensible*) sensibel ❸ (*cariñoso*) liebevoll

**afecto**[1] [a'fekto] *m* ❶ (*pasión*) Gemütsbewegung *f* ❷ (*cariño*) Zuneigung *f* (*a* für +*akk*)

**afecto, -a**[2] [a'fekto, -a] *adj* ❶ (*inclinado*) zugetan (*a* +*dat*) ❷ (*agregado*) zugeteilt (*a* +*dat*) ❸ (*sujeto*): **estar** ~ **al pago de impuestos** der Steuerpflicht unterliegen ❹ (*afectado*): **estar** ~ **de algo** von etw *dat* betroffen sein

**afectuosidad** [afektwosi'ðaᵈ] *f* ❶ (*cariño*) Zärtlichkeit *f* ❷ (*cordialidad*) Herzlichkeit *f*

**afectuoso, -a** [afektu'oso, -a] *adj* ❶ (*cariñoso*) liebevoll ❷ (*cordial*) herzlich; **afectuosamente** mit freundlichen Grüßen

**afeitada** [afei̯'taða] *f* (*Arg*), **afeitado** [afei̯'taðo] *m* Rasur *f*; **afeitado húmedo** Nassrasur *f*

**afeitadora** [afei̯ta'ðora] *f* Rasierapparat *m*

**afeitar** [afei̯'tar] **I.** *vt* (*persona*) rasieren; **máquina de** ~ Rasierapparat *m* **II.** *vr:* ~**se** sich rasieren

**afeite** [a'fei̯te] *m* ❶ (*cosmético*) Kosmetikum *nt* ❷ (*adorno*) Schmuck *m*

**afelpado, -a** [afel'paðo, -a] *adj* plüschig; **sillón** ~ Plüschsessel *m*

**afelpar** [afel'par] *vt* mit Plüsch beziehen

**afeminación** [afemina'θjon] *f* Verweiblichung *f*

**afeminado**[1] [afemi'naðo] *m* (*como una mujer*) femininer Mann *m;* (*blando*) Weichling *m*

**afeminado, -a**[2] [afemi'naðo, -a] *adj* feminin; (*pey*) weibisch

**afeminar** [afemi'nar] *vt, vr:* ~**se** (*hacer(se) afeminado*) verweiblichen; (*blando*) verweichlichen

**aferrar** [afe'rrar] **I.** *vt* fest halten **II.** *vr:* ~**se** ❶ (*agarrarse*) sich fest halten (*a* an +*dat*) ❷ (*obstinarse*) hartnäckig bestehen (*a* auf +*dat*)

**afgani** [af'ɣani] *m* (FIN) Afghani *m*

**afgano, -a** [af'ɣano, -a] **I.** *adj* afghanisch **II.** *m, f* Afghane, -in *m, f*

**afianzamiento** [afjan̪θa'mjen̪to] *m* ❶ (*sujeción*) Befestigung *f* ❷ (*aseguramiento*) Sicherung *f* ❸ (*firmeza*) Bestärkung *f* ❹ (JUR) Bürgschaft *f*

**afianzar** [afjan̪'θar] <z→c> **I.** *vt* ❶ (*sujetar*) befestigen; (*con clavos*) annageln; (*con puntales*) abstützen; (*con tornillos*) anschrauben ❷ (*dar firmeza*) bestärken (*en* in +*dat*); (*asegurar*) absichern **II.** *vr:* ~**se** ❶ (*apoyarse*) sich stützen (*en* auf +*akk*) ❷ (*afirmarse*) sich behaupten

**afiche** [a'fiʧe] *m* (*CSur*) Plakat *nt*

**afición** [afi'θjon] *f* ❶ (*inclinación*) Vorliebe *f*; **cobrar** [*o* **tomar**] **una** ~ **por** [*o* **a**] **algo** eine Vorliebe für etw entwickeln; **tener** [*o* **sentir**] **una** ~ **hacia** [*o* **a**] **algo** eine Vorliebe für etw haben ❷ (*pasatiempo*) Steckenpferd *nt;* **de** ~ Hobby-; **hacer algo por** ~ etw als Hobby betreiben ❸ (*afecto*) Zuneigung *f* ❹ (*hinchada*) Anhängerschaft *f*

**aficionado, -a** [afiθjo'naðo, -a] **I.** *adj* ❶ (*no profesional*) Hobby- ❷ (*que siente afición*): **ser** ~ **a la arquitectura** sich für Architektur begeistern; **ser** ~ **a tocar la flauta** ein begeisterter Flötenspieler sein **II.** *m, f* ❶ (*amante*) Liebhaber(in) *m(f);* (DEP) Fan *m;* ~ **a la ópera** Opernliebhaber *m* ❷ (*no profesional*) Amateur(in) *m(f)*

**aficionar** [afiθjo'nar] **I.** *vt:* ~ **a alguien a algo** bei jdm besonderes Interesse für etw wecken **II.** *vr:* ~**se a algo** (*acostumbrarse*) sich *dat* etw angewöhnen; (*prendarse*) etw gerne tun; ~**se a alguien** jdn lieb gewinnen

**afilado, -a** [afi'laðo, -a] *adj* ❶ (*nariz*) spitz; (*dedos*) dünn; (*cara*) schmal; **tener uñas afiladas** (*fam fig*) gerne mal was mitgehen lassen ❷ (*mordaz*) bissig; **lengua afilada** (*fig*) spitze Zunge

**afilador** [afila'ðor] *m* (*instrumento*) Schleifmaschine *f*; ~ **de acero** Wetzstahl *m*

**afilalápices** [afila'lapiθes] *m inv* Bleistiftspitzer *m*

**afilar** [afi'lar] **I.** *vt* ❶ (*cuchillo*) schärfen; (*lápiz*) (an)spitzen ❷ (*sentidos*) schärfen

A

II. *vr:* ~**se** ① (*sentido*) sich schärfen ② (*adelgazarse*) schmaler werden

**afiliación** [afilja'θjon] *f* ① (*acto*) Beitritt *m* (*a* zu +*dat*) ② (*pertenencia*) Mitgliedschaft *f;* ~ **política** Parteimitgliedschaft *f*

**afiliado, -a** [afi'ljaðo, -a] **I.** *adj* angeschlossen (*a* +*dat*) **II.** *m, f* Mitglied *nt;* ~ **a un sindicato** Gewerkschaftsmitglied *nt*

**afiliar** [afi'ljar] **I.** *vt* (*incorporar*) aufnehmen (*a* in +*akk*) **II.** *vr:* ~**se** beitreten (*a* +*dat*)

**afín** [a'fin] *adj* verwandt

**afinado** [afi'naðo] *m* ① (*pulimiento*) Verfeinerung *f* ② (*de metales*) Läuterung *f* ③ (MÚS) Stimmen *nt*

**afinar** [afi'nar] **I.** *vi* (*cantando*) richtig singen; (*tocando*) richtig spielen **II.** *vt* ① (*hacer más fino*) verfeinern; (*perfeccionar*) den letzten Schliff geben +*dat;* ~ **la puntería** sich einschießen ② (*lápiz*) (an)spitzen ③ (*metales*) läutern ④ (MÚS) stimmen

**afincar** [afiŋ'kar] <c→qu> **I.** *vi* Grundbesitz erwerben **II.** *vr:* ~**se** sich niederlassen (*en* in +*dat*)

**afinidad** [afini'ða^ð] *f* ① (*semejanza*) Ähnlichkeit *f;* ~ **de caracteres** Wesensverwandtschaft *f* ② (*por parentesco*) Verschwägerung *f;* **son parientes por** ~ sie sind verschwägert

**afirmación** [afirma'θjon] *f* ① (*confirmación*) Bestätigung *f;* (*de preguntas*) Bejahung *f;* **contestar algo con afirmaciones** etw bejahen ② (*aseveración*) Behauptung *f*

**afirmar** [afir'mar] **I.** *vt* ① (*decir sí*) bejahen; (*dar por cierto*) bestätigen; ~ **con la cabeza** zustimmend nicken ② (*aseverar*) behaupten ③ (*asentar*) befestigen **II.** *vr:* ~**se** ① (*confirmarse*) sich bestätigen ② (*ratificarse*) bestätigen (*en* +*akk*)

**afirmativamente** [afirmatiβa'meṇte] *adv* bejahend; **responder** ~ ja sagen; **responder** ~ **a algo** etw bejahen

**afirmativo, -a** [afirma'tiβo, -a] *adj* bejahend; **en caso** ~ gegebenenfalls; **respuesta afirmativa** positive Antwort

**aflicción** [afliʏ'θjon] *f* Kummer *m* (*por* über +*akk*); **dar** ~ **a alguien** jdm Kummer bereiten

**aflictivo, -a** [aflik'tiβo, -a] *adj,* **afligente** [afli'xeṇte] *adj* (*Am*) betrüblich

**afligido, -a** [afli'xiðo, -a] *adj* betrübt (*con/por/de* über +*akk*)

**afligir** [afli'xir] <g→j> **I.** *vt* ① (*atormentar*) quälen ② (*apenar*) betrüben **II.** *vr:* ~**se** betrübt sein (*con/por/de* über +*akk*)

**aflojamiento** [afloxa'mjeṇto] *m* ① (*distensión*) Lockern *nt* ② (*debilitación*) Nachlassen *nt*

**aflojar** [aflo'xar] **I.** *vi* nachlassen **II.** *vt* ① (*cuerda, nudo*) lockern ② (*fam: dinero*) herausrücken ③ (*velocidad*) drosseln; ~ **el paso** langsamer gehen; **un tira y afloja** ein Tauziehen **III.** *vr:* ~**se** sich lockern

**afloración** [aflora'θjon] *f:* ~ **de plusvalías** (FIN) Aktivierung stiller Reserven

**aflorar** [aflo'rar] *vi* ① (*salir a la superficie*) zutage treten; (*agua subterránea*) austreten ② (*apuntar*) sich abzeichnen

**afluencia** [a'flweṇθja] *f* ① (*gente*) Andrang *m;* ~ **de votantes** Wahlbeteiligung *f* ② (*abundancia*) Fülle *f*

**afluente** [a'flweṇte] *m* Nebenfluss *m*

**afluir** [aflu'ir] *irr como huir vi* ① (*río, calle*) münden (*a* in +*akk*) ② (*gente*) herbeiströmen; ~ **a un concierto/a un congreso/a Madrid** in ein Konzert/zu einem Kongress/nach Madrid strömen

**afonía** [afo'nia] *f* Heiserkeit *f;* **tener** ~ heiser sein

**afónico, -a** [a'foniko, -a] *adj* heiser

**aforamiento** [afora'mjeṇto] *m* (JUR) Verleihung *f* von Sonderrechten

**aforar** [afo'rar] *vt* ① (*cantidad*) (ab)messen ② (*mercancía*) taxieren ③ (*instrumentos de medida*) eichen

**aforismo** [afo'rismo] *m* Aphorismus *m*

**aforo** [a'foro] *m* ① (*de una cantidad*) Messung *f* ② (*en un estadio/teatro*) Kapazität *f;* **la sala tiene un** ~ **de 300 personas** der Saal fasst 300 Personen ③ (TÉC) Eichung *f*

**afortunado, -a** [afortu'naðo, -a] *adj* glücklich; **¡qué afortunada eres!** hast du ein Glück!

**afrenta** [a'freṇta] *f* ① (*vergüenza*) Schande *f* ② (*ofensa*) Beleidigung *f;* **hacer** ~ **a alguien** jdn beleidigen

**afrentar** [afreṇ'tar] **I.** *vt* beleidigen **II.** *vr:* ~**se** sich schämen (*de/por* für +*akk*)

**afrentoso, -a** [afreṇ'toso, -a] *adj* ① (*ofensivo*) beleidigend ② (*vergonzoso*) beschämend

**África** ['afrika] *f* Afrika *nt*

**africano, -a** [afri'kano, -a] **I.** *adj* afrikanisch **II.** *m, f* Afrikaner(in) *m(f)*

**afrikaans** ['afrikans] *m* Afrikaans *nt*

**afro** *adj inv* afrikanisch; **música** ~ afrikanische Musik; **peinado** ~ Afrolook *m*

**afrodisiaco** [afroði'sjako] *m,* **afrodisíaco** [afroði'siako] *m* Aphrodisiakum *nt*

**afrontar** [afroṇ'tar] *vt* ① (*enfrentar*) einander gegenüberstellen ② (*hacer frente*) die Stirn bieten +*dat;* ~ **un problema** ein Problem in Angriff nehmen

**afrutado, -a** [afru'taðo, -a] *adj* fruchtig

**afuera** [a'fwera] *adv* ① (*estado*) draußen; **la parte de** ~ der äußere Teil ② (*movimiento*) hinaus; **¡~!** (*fam*) raus!

**afueras** [a'fweras] *fpl* Umgebung *f*; ~ **de la ciudad** Stadtrand *m*

**agachar** [aɣa'ʧar] **I.** *vt* beugen **II.** *vr:* ~**se** ① (*encogerse*) sich bücken ② (*Am: ceder*) nachgeben

**agalla** [a'ɣaʎa] *f* (*de un pez*) Kieme *f*; **tener ~s** (*fig*) Mut haben

**ágape** ['aɣape] *m* ① (REL) Agape *f* ② (*banquete*) Festmahl *nt*

**agarrada** [aɣa'rraða] *f* (*fam*) Krach *m*; **tener una** ~ Krach haben

**agarradera** [aɣarra'ðera] *f* (*Am*), **agarradero** [aɣarra'ðero] *m* ① (*asidero*) Griff *m* ② (*enchufe*) Beziehung *f* ③ (*excusa*) Vorwand *m*

**agarrado, -a** [aɣa'rraðo, -a] *adj* geizig

**agarrador** [aɣarra'ðor] *m* Griff *m*; (*para cosas calientes*) Topflappen *m*

**agarrar** [aɣa'rrar] **I.** *vi* ① (*echar raíces*) Wurzeln schlagen ② (*comida*) anbrennen ③ (*coche*) haften ④ (*loc*): **agarró y salió** (*fam*) er/sie ging plötzlich hinaus **II.** *vt* ① (*asir*) packen (*de/por* an +*dat*); (*tomar*) nehmen ② (*delincuente, oportunidad*) ergreifen ③ (*enfermedad, rabieta*) bekommen; ~ **una borrachera** sich *dat* einen Rausch antrinken; ~ **una pulmonía** sich *dat* eine Lungenentzündung zuziehen **III.** *vr:* ~**se** ① (*asirse*) sich fest halten (*a* an +*dat*); **¡agárrate! que te voy a contar qué me pasó ayer** (*fam*) halt dich fest, ich erzähl dir, was mir gestern passiert ist! ② (*reñir*) sich zanken ③ (*comida*) anbrennen (*a* an +*dat*) ④ (*fam: tomar como pretexto*) zum Vorwand nehmen; ~**se al retraso del tren para justificarse** sich mit der Verspätung des Zuges entschuldigen ⑤ (*Am: coger*) ergreifen; (*frutas*) pflücken

**agarrón** [aɣa'rron] *m* kräftiger Ruck *m*

**agarrotado, -a** [aɣarro'taðo, -a] *adj* steif

**agarrotar** [aɣarro'tar] **I.** *vt* ① (*atar*) fest zusammenbinden ② (*entumecer*) lähmen ③ (*oprimir*) unterdrücken **II.** *vr:* ~**se** ① (*entumecerse*) steif werden ② (*por el miedo*) erstarren ③ (TÉC) sich festfressen

**agasajado, -a** [aɣasa'xaðo, -a] *m, f* ① (*obsequiado*) Beschenkte(r) *mf* ② (*huésped de honor*) Ehrengast *m*

**agasajar** [aɣasa'xar] *vt* ① (*recibir*) liebenswürdig empfangen ② (*con comida*) fürstlich bewirten; **el embajador fue agasajado con un banquete** zu Ehren des Botschafters wurde ein Bankett gegeben ③ (*con regalos*) reichlich beschenken

**agasajo** [aɣa'saxo] *m* ① (*recibimiento*) liebenswürdiger Empfang *m* ② (*con comida*) Bewirtung *f* ③ (*regalo*) Geschenk *nt*

**agave** [a'ɣaβe] *f* Agave *f*

**agazaparse** [aɣaθa'parse] *vr* ① (*fam: agacharse*) sich ducken ② (*esconderse*) sich verstecken

**agcha** ['aɣʧa] *m* (*Col: cabello*) Haar *nt*; (*cabello en desorden*) zerzaustes Haar *nt*

**agencia** [a'xen̩θja] *f* ① (*empresa*) Agentur *f*; ~ **de colocaciones** Stellenvermittlungsbüro *nt*; ~ **inmobiliaria** Immobilienbüro *nt*; ~ **de noticias** Nachrichtenagentur *f*; ~ **de publicidad** Werbeagentur *f*; ~ **de transportes** Spedition *f*; **A~ Tributaria** Finanzamt *nt*; ~ **de viajes** Reisebüro *nt* ② (*sucursal*) Zweigstelle *f*

**agenciar** [axen̩'θjar] **I.** *vt* beschaffen **II.** *vr:* ~**se** sich *dat* beschaffen; **agenciárselas** sich *dat* zu helfen wissen; **agénciatelas como puedas** sieh zu, wie du zurechtkommst

**agenda** [a'xen̩da] *f* ① (*calendario*) Terminkalender *m*; ~ **de bolsillo** Taschenkalender *m*; **tener una ~ apretada** einen vollen Terminkalender haben ② (*cuaderno*) Notizbuch *nt* ③ (*orden del día*) Tagesordnung *f*

**agente¹** [a'xen̩te] *m* ① (*cosa*) wirkende Kraft *f* ② (MED) Erreger *m*

**agente²** [a'xen̩te] *mf* ① (*representante*) Vertreter(in) *m(f)*; (*de un artista/escritor*) Agent(in) *m(f)*; (*corredor*) Makler(in) *m(f)*; ~ **autorizado** Vertragshändler *m*; ~ **de bolsa** Börsenmakler *m*; ~ **exclusivo** Alleinvertreter *m*; ~ **de la propiedad inmobiliaria** Immobilienmakler *m*; ~ **de transportes** Spediteur *m* ② (*funcionario*): ~ **de aduanas** Zollbeamte(r) *mf*, -beamtin *f*; ~ **judicial** Gerichtsvollzieher(in) *m(f)*; ~ **de policía** Polizist(in) *m(f)* ③ (*espía*) Agent(in) *m(f)*

**agigantado, -a** [axiɣan̩'taðo, -a] *adj* riesig; **a pasos ~s** mit Riesenschritten

**ágil** ['axil] *adj* ① (*de movimiento*) flink ② (*mental*) (geistig) agil ③ (*hábil*) geschickt; (*estilo*) flüssig

**agilidad** [axili'ðaᵈ] *f* ① (*física*) Flinkheit *f*; ~ **de dedos** Fingerfertigkeit *f* ② (*mental*) (geistige) Agilität *f* ③ (*habilidad*) Geschick *nt*

**agilización** [axiliθa'θjon] *f* ① (*aceleración*) Beschleunigung *f* ② (*simplificación*) Vereinfachung *f*

**agilizar** [axili'θar] <z→c> *vt* ① (*facilitar*) erleichtern ② (*dar rapidez*) beschleunigen ③ (*simplificar*) vereinfachen ④ (*hacer ágil*): ~ **el cuerpo** sich fit halten

**agiotaje** [axjo'taxe] *m* Börsenspekulation *f*

**agitación** [axita'θjon] *f* ① (*movimiento*) heftige Bewegung *f;* (*de un líquido*) Schütteln *nt* ② (*excitación*) Aufregung *f;* (*intranquilidad, t.* POL) Unruhe *f*

**agitado, -a** [axi'taðo, -a] *adj* (*vida*) hektisch

**agitar** [axi'tar] **I.** *vt* ① (*mover*) hin und her bewegen; (*bandera, pañuelo*) schwenken; (*botella*) schütteln; **agítese antes de usarlo** vor Gebrauch schütteln ② (*intranquilizar*) in Unruhe versetzen; (*excitar*) aufregen ③ (*sublevar*) aufhetzen **II.** *vr:* ~**se** ① (*moverse*) sich hin und her bewegen; (*con el cuerpo*) zappeln; (*bandera*) flattern; (*mar, día*) stürmisch werden ② (*excitarse*) sich aufregen; (*preocuparse*) sich beunruhigen

**aglomeración** [aɣlomera'θjon] *f* Anhäufung *f;* ~ **de gente** Menschenauflauf *m;* ~ **urbana** Ballungsgebiet *nt*

**aglomerado** [aɣlome'raðo] *m* ① (TÉC) Pressmasse *f;* (*de madera*) Pressholz *nt;* ~ **de carbón** Brikett *nt* ② (*en la construcción*) Fertigteil *nt*

**aglomerar** [aɣlome'rar] **I.** *vt* (*reunir*) sammeln; (*amontonar*) anhäufen **II.** *vr:* ~**se** sich ansammeln

**aglutinante** [aɣluti'nante] **I.** *adj* ① (TÉC) Binde-; **sustancia** ~ Bindemittel *nt* ② (LING) agglutinierend; **lengua** ~ agglutinierende Sprache **II.** *m* (TÉC) Bindemittel *nt*

**aglutinar** [aɣluti'nar] *vt* ① (*pegar*) binden ② (*unir*) verbinden; (*fig*) in Einklang bringen

**agnosticismo** [aɣnosti'θismo] *m sin pl* (FILOS) Agnostizismus *m*

**agobiado, -a** [aɣo'βjaðo, -a] *adj* ① (*espalda*) gebeugt; **estoy** ~ **de deudas** ich bin hoch verschuldet ② (*cansado*) erschöpft; ~ **por los años** altersschwach

**agobiante** [aɣo'βjante] *adj* ① (*trabajo*) mühsam ② (*silencio*) bedrückend ③ (*persona*) aufdringlich ④ (*calor*) drückend

**agobiar** [aɣo'βjar] **I.** *vt* ① (*abrumar*) bedrücken; **¡no me agobies!** lass mich in Ruhe!; ~ **a alguien con alabanzas** jdn mit Lobreden in Verlegenheit bringen ② (*de trabajo*) überhäufen (*de* mit +*dat*) ③ (*encorvar*) biegen; (*el cuerpo*) nach vorne beugen **II.** *vr:* ~**se** ① (*encorvarse*) sich bücken ② (*sentirse confundido*) verlegen werden ③ (*atarearse*) sich überarbeiten ④ (*angustiarse*) deprimiert sein (*con/por* wegen +*gen/dat*)

**agobio** [a'ɣoβjo] *m* ① (*encorvamiento*) Beugen *nt* ② (*carga*) Last *f;* (*pena*) Mühsal *f* ③ (*de trabajo*) Überlastung *f;* (*cansancio*) Erschöpfung *f* ④ (*angustia*) Niedergeschlagenheit *f*

**agolpamiento** [aɣolpa'mjento] *m* Andrang *m*

**agolparse** [aɣol'parse] *vr* ① (*personas*) zusammenlaufen ② (*líquido*) strömen; **se agolparon las lágrimas en sus ojos** die Tränen stiegen ihm/ihr in die Augen ③ (*sucesos, pensamientos*) sich überstürzen

**agonía** [aɣo'nia] *f* ① (*del moribundo*) Todeskampf *m;* **acompañante en la** ~ Sterbebegleiter *m* ② (*angustia*) Kummer *m* ③ (*de una civilización*) Untergang *m*

**agónico, -a** [a'ɣoniko, -a] *adj:* **período** ~ Todesstunde *f;* **estar** ~ im Sterben liegen

**agonizar** [aɣoni'θar] <z→c> **I.** *vi* ① (*morir*) im Sterben liegen ② (*terminar*) dem Ende zugehen **II.** *vt* bedrängen; **¡no me agonices con tantas preguntas!** löchere mich nicht mit so vielen Fragen!

**agorero, -a** [aɣo'rero, -a] **I.** *adj* Unheil verkündend **II.** *m, f* Schwarzseher(in) *m(f)*

**agostar** [a'ɣostar] **I.** *vt* ① (*plantas*) ausdörren ② (*malograr*) zunichte machen **II.** *vr:* ~**se** zerstört werden

**agosto** [a'ɣosto] *m* ① (*mes*) August *m; v. t.* **marzo** ② (*recolección*) Erntezeit *f;* **hacer su** ~ sein Schäfchen ins Trockene bringen

**agotado, -a** [aɣo'taðo, -a] *adj* (*libro*) vergriffen

**agotador(a)** [aɣota'ðor(a)] *adj* anstrengend; **hace un calor** ~ die Hitze macht einem zu schaffen

**agotamiento** [aɣota'mjento] *m* Erschöpfung *f*

**agotar** [aɣo'tar] **I.** *vt* ① (*existencias*) aufbrauchen ② (*mercancía*) ausverkaufen ③ (*paciencia, tema, posibilidad*) erschöpfen ④ (*cansar*) erschöpfen **II.** *vr:* ~**se** ① (*mercancía*) ausgehen; **esta edición se agotó enseguida** diese Ausgabe war sofort vergriffen ② (*pilas*) leer werden ③ (*fuerzas, tema*) sich erschöpfen; (*conversación*) versiegen ④ (*cansarse*) sich verausgaben

**agraciado, -a** [aɣra'θjaðo, -a] *adj* ① (*gracioso*) anmutig ② (*bien parecido*) gut aussehend ③ (*afortunado*) begünstigt (*por* von +*dat*); **salir** ~ **en la lotería** in der Lotterie gewinnen

**agraciar** [aɣra'θjar] *vt* ① (*vestido, adorno*) gut stehen +*dat;* **este traje le agracia la figura** in diesem Anzug hat er/sie eine gute Figur ② (*conceder*) auszeichnen; **fue agraciado con un premio** er gewann einen Preis

**agradable** [aɣra'ðaβle] *adj* ① (*ameno*) angenehm; (*lugar*) gemütlich; ~ **al pala-**

**dar** wohlschmeckend; **es ~ a la vista** das ist ein schöner Anblick ② (*persona*) freundlich (*con/para con* zu +*dat*)

**agradar** [aɣra'ðar] *vi* gefallen +*dat;* **me agrada oír música** ich höre gern Musik; **me agrada esta gente** ich finde diese Leute nett; **quieres ~ a todos** du willst es allen recht machen

**agradecer** [aɣraðe'θer] *irr como crecer vt* danken (für +*akk*); **te agradezco la invitación** ich danke dir für die Einladung; **les agradezco que me lo hayan dicho** ich danke Ihnen, dass Sie es mir gesagt haben; **le ~ía mucho si...** +*subj* ich wäre Ihnen sehr dankbar, wenn ...; **no sabes ~ mi trabajo** du weißt meine Arbeit nicht zu schätzen; **el campo ha agradecido la lluvia** der Regen hat den Feldern gut getan

**agradecido, -a** [aɣraðe'θiðo, -a] *adj* ① (*que agradece*) dankbar (*por* für +*akk*); **le estaría muy ~ que me contestara lo antes posible** ich wäre Ihnen sehr dankbar, wenn Sie mir so schnell wie möglich antworten würden; **le estoy sumamente ~** ich bin Ihnen unendlich dankbar; **le quedamos muy ~s** wir sind Ihnen sehr dankbar ② (*que compensa*) lohnend

**agradecimiento** [aɣraðeθi'mjeṇto] *m* Dank *m* (*por* für +*akk*)

**agrado** [a'ɣraðo] *m* ① (*afabilidad*) Freundlichkeit *f;* **tratar a alguien con ~** jdn freundlich behandeln ② (*complacencia*) Wohlgefallen *nt;* **decidir según su ~** nach Belieben entscheiden; **he recibido con ~ su carta** ich habe mich über ihren Brief sehr gefreut; **esto no es de mi ~** das gefällt mir nicht

**agrandar** [aɣraṇ'dar] **I.** *vt* vergrößern; **~ la importancia de algo** etw *dat* zu viel Bedeutung beimessen **II.** *vr:* **~se** sich vergrößern

**agrario, -a** [a'ɣrarjo, -a] *adj* landwirtschaftlich; **crédito ~** Agrarkredit *m;* **población agraria** Landbevölkerung *f*

**agravamiento** [aɣraβa'mjeṇto] *m* ① (MED) Verschlimmerung *f* ② (*recrudecimiento*) Verschärfung *f*

**agravante** [aɣra'βaṇte] **I.** *adj* erschwerend **II.** *m o f* erschwerender Umstand *m*

**agravar** [aɣra'βar] *vt, vr:* **~se** ① (*enfermedad*) (sich) verschlimmern ② (*situación*) (sich) verschärfen

**agravatorio, -a** [aɣraβa'torjo, -a] *adj* ① (JUR) Mahn-; **despacho ~** Mahnschreiben *nt* ② (*que agrava*) erschwerend

**agraviar** [aɣra'βjar] **I.** *vt* ① (*ofender*) beleidigen ② (JUR) schädigen **II.** *vr:* **~se** beleidigt sein (*por* wegen +*gen/dat*)

**agravio** [a'ɣraβjo] *m* ① (*ofensa*) Beleidigung *f* ② (JUR) Beeinträchtigung *f;* **~ material** materieller Schaden; **sufrir ~s** Unrecht erleiden

**agraz** [a'ɣraθ] *m* ① (*uva*) unreife Traube *f;* **en ~** unreif ② (*zumo*) Agrest *m* ③ (*amargura*) Verdruss *m*

**agredir** [aɣre'ðir] *vt* angreifen; **~ a alguien de palabra** jdn beschimpfen

**agregación** [aɣreɣa'θjon] *f* Hinzufügung *f* (*a* zu +*dat*); **~ de un municipio** Eingemeindung *f*

**agregado[1]** [aɣre'ɣaðo] *m* ① (*conglomerado*) Mischung *f* ② (*aditamento*) Zusatz *m* (*a* zu +*dat*)

**agregado, -a[2]** [aɣre'ɣaðo, -a] *m, f* ① (*diplomático*) Attaché *m;* **~ comercial** Handelsattaché *m;* **~ militar** Militärattaché *m* ② (*adjunto*) Gehilfe, -in *m, f* ③ (UNIV) außerordentlicher Professor *m,* außerordentliche Professorin *f*

**agregar** [aɣre'ɣar] <g→gu> **I.** *vt* ① (*añadir*) hinzufügen (*a* +*dat*) ② (*destinar*) zuteilen (*a* +*dat*) **II.** *vr:* **~se** sich anschließen; **~se a alguien** sich jdm anschließen

**agremiar** [aɣre'mjar] *vt, vr:* **~se** (sich) (in einem Verband) zusammenschließen

**agresión** [aɣre'sjon] *f* Angriff *m*

**agresividad** [aɣresiβi'ðað] *f* Aggressivität *f*

**agresivo, -a** [aɣre'siβo, -a] *adj* aggressiv

**agresor[1]** [aɣre'sor] *m* (POL) Aggressor *m*

**agresor(a)[2]** [aɣre'sor(a)] *adj* Angreifer(in) *m(f)*

**agreste** [a'ɣreste] *adj* ① (*campestre*) ländlich ② (*terreno*) holp(e)rig ③ (*vegetación*) wild ④ (*persona*) grob

**agriar** [a'ɣrjar] **I.** *vt* ① (*alimentos*) säuern ② (*persona*) verbittern **II.** *vr:* **~se** ① (*alimentos*) sauer werden ② (*persona*) verbittert werden

**agrícola** [a'ɣrikola] *adj* landwirtschaftlich; **cooperativa ~** Agrargenossenschaft *f*

**agricultor(a)** [aɣrikuḷ'tor(a)] *m(f)* ① (*labrador*) Bauer *m,* Bäuerin *f* ② (*empresario*) Landwirt(in) *m(f)*

**agricultura** [aɣrikuḷ'tura] *f* Landwirtschaft *f;* **~ biodinámica** biodynamische Landwirtschaft

**agridulce** [aɣri'ðuḷθe] *adj* süß-sauer

**agrietar** [aɣrje'tar] **I.** *vt* rissig machen **II.** *vr:* **~se** rissig werden; (*tela, pared*) brüchig werden; (*piel, labios*) aufspringen

**agrimensor(a)** [aɣrimen'sor(a)] *m(f)* Vermessungsingenieur(in) *m(f)*

**agrimensura** [aɣrimen'sura] *f* Landvermessung *f*

**agrio, -a** ['aɣrjo, -a] *adj* ① (*sabor*) sauer ② (*crítica*) herb ③ (*carácter*) mürrisch

**agrisado**, **-a** [ayri'saðo, -a] *adj* gräulich
**agro** ['ayro] *m* Acker *m*
**agronomía** [ayrono'mia] *f* Agronomie *f*
**agrónomo**, **-a** [a'yronomo, -a] *m, f* Diplomlandwirt(in) *m(f)*
**agropecuario**, **-a** [ayrope'kwarjo, -a] *adj* Agrar-
**agroturismo** [ayrotu'rismo] *m* Ferien *pl* auf dem Bauernhof
**agrupación** [ayrupa'θjon] *f* ❶ (*agrupamiento*) Gruppierung *f* ❷ (*conjunto*) Gruppe *f;* ~ **de municipios** Gemeindeverband *m* ❸ (*asociación*) Verein *m;* ~ **de productores** (ECON) Erzeugergemeinschaft *f* ❹ (MIL) Verband *m*
**agrupamiento** [ayrupa'mjento] *m* Zusammenstellung *f*
**agrupar** [ayru'par] **I.** *vt* gruppieren; ~ **algo por temas** etw nach Themen zusammenstellen **II.** *vr:* ~**se** sich gruppieren
**agua** ['aywa] *f* ❶ (*líquido*) Wasser *nt;* ~ **de Colonia** Kölnischwasser *nt;* ~ **dentífrica** Mundwasser *nt;* ~**s depuradas** Klärwasser *nt;* ~ **con gas** kohlensäurehaltiges Wasser; ~ **del grifo** Leitungswasser *nt;* ~ **de nieve** Schmelzwasser *nt;* ~ **potable** Trinkwasser *nt;* ~**s residuales** Abwässer *ntpl;* **¡hombre al ~!** Mann über Bord!; **rompió ~s** ihre Fruchtblase ist geplatzt; **hacer ~** (*buque*) lecken; (*negocio*) den Bach runtergehen *fam;* **claro como el ~** sonnenklar; **como ~ de mayo** wie ein Geschenk des Himmels; **es ~ pasada** das ist Schnee von gestern; **estar entre dos ~s** zwischen zwei Stühlen sitzen; **estoy con el ~ hasta el cuello** das Wasser steht mir bis zum Hals; **no hallar ~ en el mar** sich dumm anstellen; **llevar el ~ a su molino** nur an sich selbst denken; **quedar en ~ de borrajas** ins Wasser fallen *fam;* **sacar ~ a las piedras** aus nichts Geld machen; ~ **pasada no mueve molino** (*prov*) was vorbei ist, ist vorbei ❷ (*lluvia*) Regen *m;* ~ **nieve** Schneeregen *m;* **esta noche ha caído mucha ~** heute Nacht hat es viel geregnet ❸ *pl* (*mar, río*) Gewässer *nt;* ~**s interiores** Binnengewässer *nt;* ~**s jurisdiccionales** Hoheitsgewässer *nt;* ~**s abajo/arriba** stromabwärts/-aufwärts ❹ *pl* (*orina*) Wasser *nt;* ~**s menores** Urin *m;* **hacer ~s** Wasser lassen ❺ *pl* (*manantial*) Quelle *f;* ~**s termales** Thermalbad *nt;* **tomar las ~s** eine Badekur machen

**? Grammatik**

Bei Wörtern, die wie **agua** mit einem betonten ‚a‘ oder ‚ha‘ beginnen, wird im Singular der maskuline Artikel verwendet, selbst wenn es sich dabei um feminine Wörter handelt: *el agua sucia – das schmutzige Wasser, las aguas del mar Mediterráneo – die Gewässer des Mittelmeers.* Weitere Beispiele sind: *el águila – der Adler, el ala – der Flügel, el alma – die Seele, el ama – die Herrin, el área – die Fläche, das Gebiet, el arte – die Kunst, el aula – der Hörsaal, el hacha – die Axt, el hada – die Fee, el hambre – der Hunger.*

**aguacate** [aywa'kate] *m* Avocado *f*
**aguacero** [aywa'θero] *m* Platzregen *m;* **cayó un ~** es ging ein Wolkenbruch nieder
**aguachento**, **-a** [aywa'ʧento, -a] *adj* (*Am*) *v.* **aguado**
**aguachirle** [aywa'ʧirle] *f* (*pey*) Spülwasser *nt*
**aguacil** [aywa'θil] *m* (*CSur:* ZOOL) Libelle *f*
**aguada** [a'ywaða] *f* ❶ (*lugar*) Wasserstelle *f* ❷ (*provisión*) Wasservorrat *m*
**aguado**, **-a** [a'ywaðo, -a] *adj* verwässert; (*fruta*) wäss(e)rig
**aguafiestas** [aywa'fjestas] *mf inv* Spielverderber(in) *m(f)*
**aguafuerte** [aywa'fwerte] *m* Radierung *f;* **grabar al ~** radieren
**aguamarina** [aywama'rina] *f* Aquamarin *m*
**aguamiel** [aywa'mjel] *f* ❶ (*bebida*) Honigwasser *nt* ❷ (*Am: jugo del maguey*) *süßer Saft der Agave*
**aguanieve** [aywa'njeβe] *f* Schneeregen *m*
**aguanoso**, **-a** [aywa'noso, -a] *adj* (*fruta*) wäss(e)rig; (*suelo*) durchweicht
**aguantable** [aywan'taβle] *adj* erträglich
**aguantaderas** [aywanta'ðeras] *fpl* Geduld *f;* **tener buenas/malas ~** viel/wenig Geduld haben
**aguantar** [aywan'tar] **I.** *vt* ❶ (*sostener*) halten; (*sujetar*) fest halten ❷ (*soportar*) ertragen; (*tolerar*) hinnehmen; **no aguanto más** mir reicht's; **no poder ~ a alguien** jdn nicht ausstehen können; **esta película no se aguanta** dieser Film ist unerträglich; ~ **la mirada de alguien** jds Blick standhalten ❸ (*durar*) halten; **este abrigo ~á mucho** dieser Mantel wird lange halten ❹ (*contener*) zurückhalten; ~ **la risa** sich *dat* das Lachen verkneifen **II.** *vr:* ~**se** ❶ (*contenerse*) sich beherrschen ❷ (*soportar*) es aushalten; (*tener paciencia*) Geduld haben ❸ (*conformarse*) sich zufrieden geben ❹ (*sosten-

*erse*) sich halten; ~**se de pie** sich aufrecht halten

**aguante** [a'ɣwan̩te] *m* ① (*paciencia*) Geduld *f* ② (*tolerancia*) Duldsamkeit *f;* **tener mucho** ~ ein dickes Fell haben *fam* ③ (*resistencia*) Ausdauer *f*

**aguar** [a'ɣwar] <gu→gü> **I.** *vt* ① (*mezclar con agua*) verwässern ② (*frustrar*) verderben **II.** *vr:* ~**se** ① (*llenarse de agua*) sich mit Wasser füllen; **no pude evitar que se me ~an los ojos** ich konnte nicht verhindern, dass mir Tränen in die Augen traten; **nuestras vacaciones se ~on** unsere Ferien waren total verregnet ② (*estropearse*) ins Wasser fallen *fam*

**aguardar** [aɣwar'ðar] **I.** *vt* warten; ~ **unos días** einige Tage warten; ~ **algo/a alguien** auf etw/jdn warten **II.** *vr:* ~**se** (ab)warten

**aguardentoso, -a** [aɣwarðen̩'toso, -a] *adj* Schnaps-; **voz aguardentosa** Säuferstimme *f*

**aguardiente** [aɣwar'ðjen̩te] *m* Schnaps *m*

**i Land & Leute**

Würde man **aguardiente** wortwörtlich ins Deutsche übertragen, so hieße die Übersetzung „Feuerwasser". Das lässt problemlos erkennen, dass es sich dabei um einen hochprozentigen Schnaps handelt.

**aguarrás** [aɣwa'rras] *m* Terpentin *nt*

**aguatinta** [aɣwa'tin̩ta] *f* (ARTE) Aquatinta *f*

**agudeza** [aɣu'ðeθa] *f* ① (*del cuchillo, de la crítica*) Schärfe *f;* ~ **visual** Sehschärfe *f* ② (*perspicacia*) Scharfsinn *m* ③ (*ingenio*) Witz *m*

**agudización** [aɣuðiθa'θjon] *f* Verschärfung *f*

**agudizar** [aɣuði'θar] <z→c> **I.** *vt* ① (*hacer agudo*) schärfen ② (*agravar*) verschärfen **II.** *vr:* ~**se** (*situación*) sich verschärfen; (*enfermedad*) sich verschlimmern

**agudo, -a** [a'ɣuðo, -a] *adj* ① (*afilado*) spitz ② (*sagaz*) scharfsinnig; **vista aguda** scharfer Blick ③ (*ingenioso*) geistreich; (*mordaz*) spitz ④ (*intenso: dolor*) stechend; (*enfermedad*) akut; (*olor*) scharf ⑤ (*sonido*) hoch ⑥ (*grave*) schwer ⑦ (LING) endbetont

**agüero** [a'ɣwero] *m* Vorbedeutung *f;* **de mal** ~ Unheil verkündend; **ser de buen** ~ Glück bringen

**aguerrido, -a** [aɣe'rriðo, -a] *adj* (*fuerte*) abgehärtet

**aguijar** [aɣi'xar] *vt* ① (*animales*) antreiben ② (*estimular*) anspornen; ~ **el paso** den Schritt beschleunigen

**aguijón** [aɣi'xon] *m* ① (*punta*) Stachelspitze *f* ② (ZOOL, BOT) Stachel *m* ③ (*estímulo*) Ansporn *m*

**aguijonazo** [aɣixo'naθo] *m* (Stachel)stich *m*

**aguijonear** [aɣixone'ar] *vt* ① (*animales*) antreiben ② (*estimular*) anspornen ③ (*inquietar*) beunruhigen

**águila** ['aɣila] *f* ① (*animal*) Adler *m;* ~ **real** Steinadler *m* ② (*persona*) Ass *nt;* **ser un ~ para los negocios** ein erstklassiger Geschäftsmann/eine erstklassige Geschäftsfrau sein

**aguileño, -a** [aɣi'leɲo, -a] *adj* Adler-; **rostro** ~ kantiges Gesicht

**aguilucho** [aɣi'luʧo] *m* (ZOOL) Jungadler *m*

**aguinaldo** [aɣi'nal̩do] *m* ≈Weihnachtsgeld *nt*

**i Land & Leute**

Zu Weihnachten bedankt man sich bei bestimmten Leuten, z.B. dem Briefträger, dem Hausmeister, dem Zeitungsausträger und den Müllmännern, mit einem kleinen Geldgeschenk, dem **aguinaldo**, für deren treue Dienste. Diese Sitte wird jedoch immer seltener gepflegt.

**agüitado, -a** [aɣwi'taðo, -a] *adj* (*Méx*) traurig

**aguja** [a'ɣuxa] *f* ① (*general*) Nadel *f;* ~ **de gancho** Häkelnadel *f;* ~ **de punto** Stricknadel *f;* **buscar una ~ en un pajar** eine Stecknadel im Heuhaufen suchen ② (*de una jeringa*) Kanüle *f* ③ (*del reloj*) Zeiger *m;* (*de otros instrumentos de medición*) Nadel *f* ④ (NÁUT): ~ (**de marear**) Kreiselkompass *m* ⑤ (FERRO) Weiche *f* ⑥ (*de una torre*) (Turm)spitze *f;* ~ **de la iglesia** Kirchturmspitze *f;* **las torres de esa catedral terminan en ~s** die Türme dieser Kathedrale laufen spitz zu ⑦ (BOT) Nadel *f* ⑧ (GASTR): **carne de** ~ Vorderrippenstück *nt*

**agujereado, -a** [aɣuxere'aðo, -a] *adj* (*perforado*) löcherig

**agujerear** [aɣuxere'ar] *vt* lochen; (*con taladro*) durchbohren; (*hacer muchos agujeros*) durchlöchern

**agujero** [aɣu'xero] *m* Loch *nt;* ~ (**en la capa**) **de ozono** Ozonloch *nt;* **tapar un** ~ ein Loch stopfen

**agujetas** [aɣu'xetas] *fpl* Muskelkater *m*

**agusanarse** [aɣusaˈnarse] *vr* wurmstichig werden

**aguzado**, **-a** [aɣuˈθaðo, -a] *adj* ❶ (*puntiagudo*) spitz ❷ (*sagaz*) scharfsinnig

**aguzar** [aɣuˈθar] <z→c> *vt* ❶ (*afilar*) wetzen ❷ (*sacar punta*) spitzen ❸ (*avivar*): ~ **la atención** die Aufmerksamkeit erhöhen; ~ **los sentidos** die Sinne schärfen; ~ **la vista** scharf hinsehen

**aherrumbrarse** [aerrumˈbrarse] *vr* rosten

**ahí** [aˈi] **I.** *adv* ❶ (*lugar*) dort; **llámame de** ~ ruf mich von dort aus an; **me voy por** ~ ich gehe kurz spazieren ❷ (*loc*): **por** ~, **por** ~ ungefähr; **¡**~ **es nada!** nicht schlecht! **II.** *conj:* **de** ~ **que** +*ind/subj* deshalb

**ahijado**, **-a** [aiˈxaðo, -a] *m, f* ❶ (*hijo adoptivo*) Adoptivkind *nt* ❷ (*del padrino*) Patenkind *nt*

**ahijar** [aiˈxar] *irr como airar vt, vr:* ~**se** adoptieren

**ahínco** [aˈiŋko] *m* ❶ (*afán*) Eifer *m* ❷ (*empeño*) Nachdruck *m* ❸ (*insistencia*) Beharrlichkeit *f*

**ahíto**, **-a** [aˈito, -a] *adj* (*harto*) satt

**ahogado**, **-a** [aoˈɣaðo, -a] *adj* ❶ (*estrecho*) eng; (*sin ventilación*) stickig ❷ (*loc*): **estar** ~ **de trabajo** mit Arbeit überhäuft sein

**ahogamiento** [aoɣaˈmjeṇto] *m* ❶ (*morir en el agua*) Ertrinken *nt;* (*para matar*) Ertränken *nt* ❷ (*por asfixia*) Ersticken *nt*

**ahogar** [aoˈɣar] <g→gu> **I.** *vt* ❶ (*en el agua*) ertränken ❷ (*estrangular*) erwürgen ❸ (*asfixiar*) ersticken ❹ (*angustiar*) bedrücken **II.** *vr:* ~**se** ❶ (*en el agua*) ertrinken; ~**se en un vaso de agua** (*fig*) wegen jeder Kleinigkeit den Mut verlieren ❷ (*asfixiarse*) ersticken; ~**se de calor** vor Hitze umkommen ❸ (*motor*) absaufen *fam*

**ahogo** [aˈoɣo] *m* ❶ (*sofocación*) Atemnot *f* ❷ (*asfixia*) Erstickung *f* ❸ (*angustia*) Beklemmung *f* ❹ (*apuro*) Bedrängnis *f;* ~**s económicos** finanzielle Schwierigkeiten

**ahondamiento** [aoṇdaˈmjeṇto] *m* Vertiefung *f*

**ahondar** [aoṇˈdar] **I.** *vi* ❶ (*raíces*) treiben (*en* in +*akk*) ❷ (*tema, cuestión*) sich intensiv beschäftigen (*en* mit +*dat*) **II.** *vt* ❶ (*profundizar*) vertiefen ❷ (*introducir*) tief hineinstecken **III.** *vr:* ~**se** sich vertiefen (*en* in +*akk*)

**ahora** [aˈora] *adv* jetzt; (*dentro de un momento*) gleich; ~ **bien** allerdings; **de** ~ **en adelante** von nun an; **hasta** ~ bisher; **por** ~ einstweilen; ~ **ríe**, ~ **llora** bald lacht er/sie, bald weint er/sie; **¡**~ **(lo entiendo)!** jetzt begreife ich es!; **¡**~ **sí que hemos tenido suerte!** da haben wir aber Glück gehabt!; ~ **mismo vengo** ich komme gleich; **acaba de salir** ~ **mismo** er/sie ist gerade weggegangen; **¡ven** ~ **mismo!** komm sofort!; **¿y** ~ **qué?** was nun?

**ahorcado**, **-a** [aorˈkaðo, -a] *m, f* Erhängte(r) *mf;* (*en la horca*) Gehenkte(r) *mf*

**ahorcamiento** [aorkaˈmjeṇto] *m* Erhängen *nt*

**ahorcar** [aorˈkar] <c→qu> **I.** *vt* erhängen; ~ **los libros** das Studium an den Nagel hängen **II.** *vr:* ~**se** sich erhängen (*en/de* an +*dat*)

**ahorrador(a)** [aorraˈðor(a)] **I.** *adj* sparsam **II.** *m(f)* Sparer(in) *m(f)*

**ahorrar** [aoˈrrar] **I.** *vt* sparen; (*economizar*) einsparen; ~ **fuerzas** seine Kräfte schonen; ~ **esfuerzos a alguien** jdm die Mühe ersparen; **ahórrame explicaciones** verschone mich mit Erklärungen **II.** *vr:* ~**se** (*evitar*) sich *dat* (er)sparen

**ahorrativo**, **-a** [aorraˈtiβo, -a] *adj* sparsam

**ahorro** [aˈorro] *m* ❶ (*acción*) Sparen *nt* ❷ (*cantidad*) Ersparte(s) *nt*

**ahuchar** [auˈʧar] *vt* (*ahorrar*) sparen

**ahuecado** [aweˈkaðo] *m* ❶ (*acción*) Aushöhlen *nt* ❷ (*técnica*) Cloisonné *nt*

**ahuecar** [aweˈkar] <c→qu> **I.** *vt* ❶ (*vaciar*) aushöhlen ❷ (*tierra*) (auf)lockern; (*colchón*) aufschütteln **II.** *vr:* ~**se** ❶ (*aves*) sich aufplustern ❷ (*envanecerse*) sich aufblähen ❸ (*papel pintado*) Blasen ziehen

**ahumado**, **-a** [auˈmaðo, -a] *adj* ❶ (*color*) rauchfarben; (*cristal*) getönt ❷ (*fam: borracho*) beschwipst

**ahumar** [auˈmar/au̯ˈmar] **I.** *vi* rauchen **II.** *vt* ❶ (GASTR) räuchern ❷ (*llenar de humo*) verrauchen; (*una colmena*) ausräuchern **III.** *vr:* ~**se** ❶ (*ennegrecerse*) vom Rauch schwarz werden ❷ (*un guiso*) Rauchgeschmack annehmen ❸ (*fam: emborracharse*) sich *dat* einen Schwips antrinken

**ahuyentar** [au̯ɟeṇˈtar] *vt* ❶ (*espantar*) verscheuchen ❷ (*asustar*) abschrecken

**ai** [ai̯] *m* (*Arg, Par*) Faultier *nt*

**airado**, **-a** [ai̯ˈraðo, -a] *adj* zornig

**airar** [ai̯ˈrar] *irr* **I.** *vt* erzürnen **II.** *vr:* ~**se** zornig werden

**airbag** [ˈerβaˠ] *m* Airbag *m*

**aire** [ˈai̯re] *m* ❶ (*atmósfera*) Luft *f;* ~ **acondicionado** Klimaanlage *f;* **Ejército del A**~ Luftwaffe *f;* **al** ~ **libre** unter freiem Himmel; **echar una moneda al** ~ eine Münze werfen; **tomar el** ~ Luft schnappen; **dejar una pregunta en el** ~ eine Frage offen lassen; **cambiar de** ~**s** umziehen; **¡**~**!** verschwinde! ❷ (*viento*) Wind *m;* **corriente de** ~ Luftzug *m;* **corre** ~ es zieht; **hoy hace** ~ heute ist es windig ❸ (*aspecto*) Aussehen *nt;* **no me gusta el** ~ **de este hombre** irgendetwas an diesem Mann gefällt mir nicht; **tener** ~ **de despistado** ziemlich zerstreut aussehen; **darse** ~**s de grandeza** großtun; **darse** ~**s de intelectual** den Intellektuellen spielen; **¡tiene unos** ~**s!** der/die macht immer ein Getue! ❹ (*garbo*) Anmut *f* ❺ (MÚS) Tempo *nt* ❻ (*Arg, Par: cuello*) steifer Hals *m*

**aireación** [ai̯rea'θjon] *f* (Be)lüftung *f*

**aireado, -a** [ai̯re'aðo, -a] *adj* (*lugar*) belüftet

**airear** [ai̯re'ar] **I.** *vt* lüften **II.** *vr:* ~**se** ❶ (*ventilarse*) an die (frische) Luft gehen ❷ (*coger aire*) im Zug sitzen; (*resfriarse*) sich erkälten

**airón** [ai̯'ron] *m* ❶ (ZOOL) Fischreiher *m* ❷ (*penacho, adorno*) Federbusch *m*

**airoso, -a** [ai̯'roso, -a] *adj* anmutig; **salir** ~ **de algo** bei etw *dat* gut abschneiden

**aislacionismo** [ai̯slaθjo'nismo] *m sin pl* (POL) Isolationismus *m*

**aislado, -a** [ai̯s'laðo, -a] *adj* (*individual*) einzeln

**aislador**[1] [ai̯sla'ðor] *m* Isolator *m*

**aislador(a)**[2] [ai̯sla'ðor(a)] *adj* isolierend

**aislamiento** [ai̯sla'mjen̪to] *m* ❶ (*apartamiento, t.* TÉC) Isolation *f;* ~ **acústico** Schalldämmung *f* ❷ (*retiro*) Abgeschiedenheit *f*

**aislante** [ai̯s'lan̪te] **I.** *adj* isolierend; **cinta** ~ Isolierband *nt* **II.** *m* Isolator *m*

**aislar** [ai̯s'lar] **I.** *vt* isolieren; **aislado contra el ruido** schalldicht **II.** *vr:* ~**se** sich isolieren

**aizkolari** [ai̯θko'lari] *m Sportler einer baskischen Sportart, bei der Holzstämme mit Äxten gespalten werden*

**ajá** [a'xa] *interj* aha

**ajado, -a** [a'xaðo, -a] *adj* (*persona*) verbraucht; (*cara*) faltig

**ajamonarse** [axamo'narse] *vr* (*fam pey*) mollig werden

**ajar** [a'xar] *vt* ❶ (*cosa*) abnutzen ❷ (*persona*) altern lassen

**ajardinado, -a** [axarði'naðo, -a] *adj* begrünt

**ajardinar** [axarði'nar] *vt* ❶ (*hacer un jardín*) einen Garten anlegen (in +*dat*) ❷ (*una ciudad*) Grünzonen anlegen (in +*dat*)

**ajedrecista** [axeðre'θista] *mf* Schachspieler(in) *m(f)*

**ajedrez** [axe'ðreθ] *m sin pl* ❶ (DEP) Schach *nt* ❷ (*tablero y figuras*) Schachspiel *nt*

**ajenjo** [a'xeŋxo] *m* Wermut *m*

**ajeno, -a** [a'xeno, -a] *adj* ❶ (*de otro*) fremd; **la felicidad ajena** das Glück anderer ❷ *ser* (*impropio*) untypisch; **esto es** ~ **a su carácter** das ist nicht typisch für ihn/sie ❸ *estar* (*ignorante*) unwissend; **estar** ~ **a** [*o* **de**] **algo** von etw *dat* nichts wissen; **vivía** ~ **a todo lo que pasaba en el mundo** er führte ein abgeschiedenes Leben ❹ (*carente, exento*): ~ **a** [*o* **de**] ohne; ~ **de piedad** unbarmherzig; ~ **de preocupaciones** sorglos; **él es** ~ **a todo eso** er hat damit nichts zu tun

**ajetrear** [axetre'ar] **I.** *vt* schinden **II.** *vr:* ~**se** sich abmühen; (*darse prisa*) sich abhetzen

**ajetreo** [axe'treo] *m* (*de personas*) Hetzerei *f;* (*en un sitio*) geschäftiges Treiben *nt*

**ají** [a'xi] *m* (*AmS, Ant*) ❶ (*arbusto*) Pfefferstrauch *m* ❷ (*pimentón*) Paprika *m;* (*de las Indias*) Cayennepfeffer *m*

**ajilimoje** [axili'moxe] *m*, **ajilimójili** [axili'moxili] *m* (GASTR) pikante Knoblauchtunke *f;* **con todos sus** ~**s** mit allem Drum und Dran

**ajillo** [a'xiʎo] *m* (GASTR): **al** ~ mit gehacktem Knoblauch und Petersilie gebraten

**ajipa** [a'xipa] *f* (*And*) Topinambur *m o f*

**ajo** ['axo] *m* ❶ (BOT) Knoblauch *m;* (*diente*) Knoblauchzehe *f* ❷ (*taco*) Fluch *m;* **andar** (**metido**) **en el** ~, **estar en el** ~ seine Hände (mit) im Spiel haben; **andar tieso como un** ~ die Nase hoch tragen

**ajorca** [a'xorka] *f* Armreif *m*

**ajuar** [a'xwar] *m* ❶ (*de la novia*) Aussteuer *f* ❷ (*de una casa*) Ausstattung *f*

**ajumarse** [axu'marse] *vr* (*fam: ligeramente*) sich *dat* einen Schwips antrinken; (*mucho*) sich betrinken

**ajuntarse** [axun̪'tarse] *vr* (*fam*) in wilder Ehe leben

**ajustable** [axus'taβle] *adj* verstellbar

**ajustado, -a** [axus'taðo, -a] *adj* ❶ (*ropa*) eng (anliegend) ❷ (*adecuado*) angemessen

**ajustar** [axus'tar] **I.** *vi* genau passen **II.** *vt* ❶ (*adaptar*) anpassen (*a* an +*akk*); ~ **un vestido** ein Kleid enger machen; ~ **una correa** einen Riemen umschnallen ❷ (TÉC) einstellen; (*balanza*) justieren ❸ (*una pieza dentro de otra*) einpassen (*a* in +*akk*) ❹ (*acordar*) vereinbaren; ~ **cuentas** abrechnen; ~ **las cuentas a alguien** (*fig*) jdm die Rechnung präsentieren **III.** *vr:* ~**se** ❶ (*ponerse de acuerdo*) übereinkommen ❷ (*adaptarse*) sich anpassen (*a* an +*akk*); **no** ~**se al tema** vom Thema abschweifen; ~**se a la verdad** sich an die Wahrheit halten

**ajuste** [a'xuste] *m* ❶ (*adaptación*) Anpassung *f* (*a* an +*akk*); ~ **financiero** Finanzausgleich *m* ❷ (*graduación*) Einstellung *f;* ~ **de brillo** Helligkeitseinstellung *f* ❸ (*encaje*) Passung *f* ❹ (*acuerdo*) Vereinbarung *f;* ~ **de cuentas** Abrechnung *f*

**ajusticiamiento** [axustiθja'mjento] *m* Hinrichtung *f*

**ajusticiar** [axusti'θjar] *vt* hinrichten

**al** [al] = **a** + **el** *v.* **a**

**ala** ['ala] *f* Flügel *m;* ~ **de la hélice** Propellerblatt *nt;* ~ **de la mesa** Tischklappe *f;* ~ **del sombrero** Hutkrempe *f;* ~ **del tejado** Vordach *nt;* **ahuecar el** ~ sich auf die Socken machen; **cortar las** ~**s a alguien** jdm die Flügel stutzen; **estar tocado del** ~ (*fam*) einen Dachschaden haben; **dar** ~**s a alguien** jdn beflügeln; **le faltan** ~**s para triunfar** ihm/ihr fehlt der Mut um Erfolg zu haben; **tener demasiadas** ~**s** sich *dat* zu viel herausnehmen

**Alá** [a'la] *m* Allah *m*

**alabanza** [ala'βanθa] *f* Lob *nt;* **deshacerse en** ~**s para con alguien** jdn in den Himmel heben; **hacer una** ~ **de alguien** ein Loblied auf jdn singen

**alabar** [ala'βar] **I.** *vt* loben (*por* für +*akk*); **alabado sea el Señor** gepriesen sei der Herr **II.** *vr:* ~**se** prahlen (*de* mit +*dat*)

**alabastro** [ala'βastro] *m* Alabaster *m*

**alabear** [alaβe'ar] **I.** *vt* krümmen **II.** *vr:* ~**se** sich krümmen; (*madera*) sich verziehen

**alacena** [ala'θena] *f* Speiseschrank *m*

**alacrán** [ala'kran] *m* ❶ (ZOOL) Skorpion *m;* **ser un** ~ (*fig*) eine spitze Zunge haben ❷ (*gancho*) Öse *f*

**alado, -a** [a'laðo, -a] *adj* ❶ (*con alas*) beflügelt ❷ (*ligero*) flink

**alambicado, -a** [alambi'kaðo, -a] *adj* ❶ (*sutil*) ausgeklügelt ❷ (*rebuscado*) gekünstelt

**alambicar** [alambi'kar] <c→qu> *vt* ❶ (*destilar*) destillieren ❷ (*una expresión*) nuancieren; (*el lenguaje*) ausfeilen; **diálogos alambicados** geschliffene Dialoge

**alambique** [alam'bike] *m* Destillierkolben *m*

**alambrada** [alam'braða] *f* (*valla*) (Draht)zaun *m;* (*con espinas*) Stacheldrahtzaun *m;* (*red*) Drahtgitter *nt;* ~ **eléctrica** Elektrozaun *m*

**alambrado** [alam'braðo] *m* (*red*) Drahtgitter *nt;* (*valla*) Drahtzaun *m*

**alambrar** [alam'brar] *vt* mit Draht einzäunen

**alambre** [a'lambre] *m* Draht *m;* ~ **de espinas** Stacheldraht *m*

**alambrera** [alam'brera] *f* ❶ (*de ventana*) Fliegengitter *nt* ❷ (*de brasero/chimenea*) Ofenschirm *m* ❸ (*de alimentos*) Glocke *f*

**alambrista** [alam'brista] *mf* Seiltänzer(in) *m(f)*

**alameda** [ala'meða] *f* ❶ (*lugar*) Pappelwald *m* ❷ (*paseo*) Allee *f;* (*de álamos*) Pappelallee *f*

**álamo** ['alamo] *m* ❶ (BOT) Pappel *f;* ~ **temblón** Zitterpappel *f* ❷ (*madera*) Pappelholz *nt*

**alarde** [a'larðe] *m* Prahlerei *f;* **hacer** ~ **de algo** (*presumir*) mit etw *dat* angeben; (*ostentar*) etw zur Schau tragen

**alardear** [alarðe'ar] *vi:* ~ **de algo** (*presumir*) mit etw *dat* angeben; (*ostentar*) etw zur Schau tragen

**alargado, -a** [alar'ɣaðo, -a] *adj* länglich

**alargador** [alarɣa'ðor] *m* Verlängerungsstück *nt;* (*cable*) Verlängerungsschnur *f*

**alargar** [alar'ɣar] <g→gu> **I.** *vt* ❶ (*la extensión*) verlängern; ~ **la pierna** das Bein ausstrecken; ~ **el cuello** den Hals recken; ~ **la mano** die Hand hinhalten ❷ (*la duración*) ausdehnen ❸ (*retardar, diferir*) verzögern ❹ (*el dinero*) gut einteilen **II.** *vr:* ~**se** ❶ (*en la extensión*) länger werden; **no te alargues** fass dich kurz; ~**se en cumplidos** Süßholz raspeln; **alárgate hasta la gasolinera a por tabaco** lauf zur Tankstelle und hol Zigaretten ❷ (*retardarse*) sich verzögern

**alarido** [ala'riðo] *m* Geschrei *nt*

**alarma** [a'larma] *f* ❶ (*general*) Alarm *m;* ~ **por ozono** Ozonalarm *m;* **falsa** ~ blinder Alarm; **dar la** ~ Alarm geben; **ha saltado la** ~ **del banco** der Alarm der Bank wurde ausgelöst ❷ (*susto*) Schrecken *m;* (*inquietud*) Unruhe *f;* ~ **social** Unruhe in der Bevölkerung

**alarmante** [alar'mante] *adj* alarmierend; **noticia** ~ Schreckensbotschaft *f*

**alarmar** [alar'mar] **I.** *vt* ❶ (*dar la alarma*) alarmieren ❷ (*inquietar*) beunruhigen; (*asustar*) erschrecken; **noticia alarmante** Schreckensnachricht *f* **II.** *vr:* ~**se** (*inquietarse*) unruhig werden; (*asustarse*) sich erschrecken

**alarmista** [alar'mista] *mf* Schwarzseher(in) *m(f)*

**alavés, -esa** [ala'βes, -esa] **I.** *adj* aus Álava **II.** *m, f* Einwohner(in) *m(f)* von Álava

**alazán, -ana** [ala'θan, -ana] *adj* zimtfarben; (*caballo*) rotbraun

**alba** ['alβa] *f* Morgendämmerung *f;* **al rayar** [*o* **romper**] **el** ~ bei Tagesanbruch

**albacea** [alβa'θea] *mf* Testamentsvollstrecker(in) *m(f)*

**albaceteño, -a** [alβaθe'teɲo, -a] **I.** *adj* aus Albacete **II.** *m, f* Einwohner(in) *m(f)* von

Albacete
**albahaca** [al'βaka/alβa'aka] *f* Basilikum *nt*
**albanés**, **-esa** [alβa'nes, -esa] **I.** *adj* albanisch **II.** *m, f* Albaner(in) *m(f)*
**Albania** [al'βanja] *f* Albanien *nt*
**albañal** [alβa'ɲal] *m* ❶ (*conducto*) Kloake *f* ❷ (*lugar*) Saustall *m fam*
**albañil** [alβa'ɲil] *mf* Maurer(in) *m(f)*
**albañilería** [alβaɲile'ria] *f* Maurerhandwerk *nt;* **obra de** ~ Maurerarbeit *f*
**albarán** [alβa'ran] *m* Lieferschein *m*
**albarca** [al'βarka] *f* Sandale *f*
**albarda** [al'βarða] *f* Packsattel *m;* ~ **sobre** ~ Redundanz *f;* **esto es un burro con dos** ~**s** (*fig*) das ist doppelt gemoppelt
**albaricoque** [alβari'koke] *m* Aprikose *f*
**albaricoquero** [alβariko'kero] *m* Aprikosenbaum *m*
**albatros** [al'βatros] *m inv* Albatros *m*
**albedrío** [alβe'ðrio] *m* Willkür *f;* **libre** ~ freier Wille; **a** [*o* **según**] **mi** ~ nach meinem Belieben
**alberca** [al'βerka] *f* Wasserbecken *nt*
**albergar** [alβer'ɣar] <g→gu> **I.** *vt* beherbergen **II.** *vr:* ~**se** absteigen
**albergue** [al'βerɣe] *m* (*refugio*) Obdach *nt;* (*fonda*) Herberge *f;* ~ **juvenil** Jugendherberge *f;* ~ **de montaña** Berghütte *f*
**albino**, **-a** [al'βino, -a] **I.** *adj* albinotisch **II.** *m, f* Albino *m*
**albóndiga** [al'βon̪diɣa] *f* (*de carne*) Fleischkloß *m;* (*de pescado*) Fischkloß *m*
**albor** [al'βor] *m* ❶ (*luz*) Dämmerlicht *nt* ❷ (*blancor*) Weiße *f* ❸ (*comienzo*) Beginn *m*
**alborada** [alβo'raða] *f* ❶ (*alba*) Morgendämmerung *f* ❷ (*canción*) Morgenlied *nt* ❸ (MIL) Weckruf *m*
**alborear** [alβore'ar] *vi* ❶ (*por la mañana*) dämmern; **al** ~ **el día** bei Tagesanbruch ❷ (*acontecimiento*) sich ankündigen
**albornoz** [alβor'noθ] *m* (*de baño*) Bademantel *m*
**alborotado**, **-a** [alβoro'taðo, -a] *adj* ❶ (*excitado*) aufgeregt ❷ (*irreflexivo*) unüberlegt
**alborotar** [alβoro'tar] **I.** *vi* lärmen; (*niños*) toben **II.** *vt* ❶ (*excitar*) erregen ❷ (*desordenar*) durcheinander bringen ❸ (*sublevar*) aufrühren **III.** *vr:* ~**se** ❶ (*excitarse*) sich aufregen ❷ (*sublevarse*) sich erheben
**alboroto** [alβo'roto] *m* ❶ (*vocerío*) Stimmengewirr *nt;* (*ruido*) Krach *m* ❷ (*bulla*) Krawall *m;* (*disturbio*) Tumult *m* ❸ (*inquietud, zozobra*) Aufregung *f*
**alborozado**, **-a** [alβoro'θaðo, -a] *adj* vergnügt
**alborozar** [alβoro'θar] <z→c> **I.** *vt* sehr erfreuen; **veros me alboroza** es freut mich sehr euch zu sehen **II.** *vr:* ~**se** jubeln
**alborozo** [alβo'roθo] *m* Freude *f*
**albricias** [al'βriθjas] *fpl* (*fam*): **¡~!** super!
**albufera** [alβu'fera] *f* Lagune *f*
**álbum** ['alβun] *m* <álbum(e)s> Album *nt;* ~ **infantil** Bilderbuch *nt*
**albumen** [al'βumen] *m* (BIOL) Albumen *nt*
**albur** [al'βur] *m* ❶ (ZOOL) Weißfisch *m* ❷ (*Méx: juego de palabras*) Wortspiel *nt* ❸ (*loc*): **al** ~ aufs Geratewohl; **correr un** ~ ein Risiko eingehen
**alcachofa** [alka'ʧofa] *f* ❶ (BOT) Artischocke *f* ❷ (*de ducha/regadera*) Brause *f*
**alcachofera** [alkaʧo'fera] *f* Artischocke *f*
**alcahuete**, **-a** [alka'wete, -a] *m, f* ❶ (*trotaconventos*) Kuppler(in) *m(f)* ❷ (*encubridor*) Hehler(in) *m(f)* ❸ (*chismoso*) Klatschmaul *nt fam*
**alcahuetear** [alkawete'ar] *vi* ❶ (*servir, hacer de alcahuete*) kuppeln; **¿por qué consientes que él alcahuetee entre ti y ese muchacho?** warum lässt du es zu, dass er dich mit diesem Typen verkuppelt? ❷ (*chismorrear*) klatschen *fam*
**alcalde**(**sa**) [al'kal̪de, alkal̪'desa] *m(f)* Bürgermeister(in) *m(f);* (*de una ciudad grande*) Oberbürgermeister(in) *m(f)*
**alcaldía** [alkal̪'dia] *f* Bürgermeisteramt *nt*
**álcali** ['alkali] *m* (QUÍM) Alkali *nt*
**alcalino**, **-a** [alka'lino, -a] *adj* (QUÍM) alkalisch
**alcance** [al'kan̪θe] *m* ❶ (*distancia*) Reichweite *f;* **misil de corto** ~ Kurzstreckenrakete *f;* **de** ~ **limitado** von geringer Reichweite; **al** ~ **de la mano** in Reichweite; **al** ~ **de todos los bolsillos** für jedermann erschwinglich; **tener la victoria a su** ~ dem Sieg sehr nah sein ❷ (*importancia*) Tragweite *f;* **de mucho/poco** ~ bedeutend/unbedeutend ❸ (*déficit*) Fehlbetrag *m* ❹ (*loc*): **ser persona de pocos** ~**s** ein einfältiger Mensch sein; **la noticia de último** ~ die neueste Meldung; **dar** ~ **a alguien** jdn einholen
**alcancía** [alkan̪'θia] *f* Sparbüchse *f*
**alcanfor** [alkaɱ'for] *m* Kampfer *m*
**alcantarilla** [alkan̪ta'riʎa] *f* ❶ (*canal*) Abwasserkanal *m* ❷ (*sumidero*) Gully *m o nt*
**alcantarillado** [alkan̪tari'ʎaðo] *m* Kanalisationssystem *nt*
**alcantarillar** [alkan̪tari'ʎar] *vt* kanalisieren
**alcanzable** [alkan̪'θaβle] *adj* möglich
**alcanzar** [alkan̪'θar] <z→c> **I.** *vi* reichen (*a/hasta* bis (zu) +*dat, para* für +*akk*); **este cañón alcanza 10 kilómetros** dieses Geschütz hat eine Reichweite von 10 km;

A

**el dinero no alcanza para pagar la comida** das Geld reicht nicht für das Essen aus; **no alcanzo a todo el trabajo** ich komme mit der Arbeit nicht nach **II.** *vt* ① (*dar alcance*) einholen; **el ladrón fue alcanzado** der Dieb wurde gefasst; **ve tirando, ya te ~é** geh vor, ich komme nach ② (*llegar*) erreichen; ~ **un acuerdo** ein Abkommen schließen; **el disparo le alcanzó en la pierna** der Schuss traf ihn ins Bein; ~ **fama** berühmt werden; **mis padres ~on la guerra civil** meine Eltern haben den Bürgerkrieg miterlebt ③ (*entender*) verstehen **III.** *vr:* **~se**: **no se me alcanza qué intentas con ello** ich verstehe nicht, was du damit beabsichtigst

**alcaparra** [alka'parra] *f* (*planta*) Kapernstrauch *m;* (*fruto*) Kaper *f*

**alcatraz** [alka'traθ] *m* ① (ZOOL) Basstölpel *m* ② (BOT) Aronstab *m*

**alcaucil** [alkau̯'θil] *m* ① (*alcachofa*) Artischocke *f* ② (*Arg: trotaconventos*) Kuppler(in) *m(f)*

**alcázar** [al'kaθar] *m* Festung *f*

**alce** ['aḷθe] *m* Elch *m*

**alcista** [aḷ'θista] **I.** *adj:* **mercado ~ de la bolsa** Haussebörse *f;* **movimiento ~ de los precios** Preisauftrieb *m* **II.** *mf* Haussier *m*

**alcoba** [al'koβa] *f* Schlafzimmer *nt*

**alcohol** [al'kol/alko'ol] *m* Alkohol *m;* ~ **de quemar** Brennspiritus *m;* **bebida sin ~** alkoholfreies Getränk; **no tomo ~** ich trinke keinen Alkohol; **estar bajo los efectos del ~** unter Alkohol(einfluss) stehen

**alcoholemia** [alko(o)'lemja] *f* Blutalkohol *m;* **prueba de ~** Alkoholtest *m*

**alcohólico, -a** [al'koliko/alko'oliko, -a] **I.** *adj* ① (*con/del alcohol*) alkoholisch ② *v.* **alcoholizado II.** *m, f* Alkoholiker(in) *m(f)*

**alcoholímetro** [alko(o)'limetro] *m* Alkoholmesser *m*

**alcoholismo** [alko(o)'lismo] *m sin pl* Alkoholismus *m*

**alcoholizado, -a** [alko(o)li'θaðo, -a] *adj* alkoholabhängig

**alcoholizar** [alko(o)li'θar] <z→c> **I.** *vt* alkoholisieren **II.** *vr:* **~se** zum Alkoholiker werden

**Alcorán** [alko'ran] *m* Koran *m*

**alcornoque** [alkor'noke] *m* ① (BOT) Korkeiche *f* ② (*persona*): (**pedazo de**) ~ Dummkopf *m*

**alcotán** [alko'tan] *m* Baumfalke *m*

**alcotana** [alko'tana] *f* Maurerhammer *m*

**alcurnia** [al'kurnja] *f* Abstammung *f;* **de ~** von Adel

**alcuza** [al'kuθa] *f* (Speise)ölkanne *f*

**aldaba** [aḷ'daβa] *f* ① (*picaporte*) Türklopfer *m* ② (*para ventanas*) Fensterriegel *m;* (*para puertas*) Türriegel *m* ③ (*loc*): **tener buenas ~s** (*fam*) gute Beziehungen haben

**aldea** [aḷ'dea] *f* Dorf *nt*

**aldeano, -a** [aḷde'ano, -a] **I.** *adj* ① (*de la aldea*) dörflich ② (*ignorante*) ungeschliffen **II.** *m, f* ① (*de la aldea*) Dorfbewohner(in) *m(f)* ② (*inculto*) ungehobelter Mensch *m*

**aldehído** [aḷde'iðo] *m* (QUÍM) Aldehyd *m*

**ale** ['ale] *interj* auf

**aleación** [alea'θjon] *f* Legierung *f;* ~ **ligera** Aluminiumlegierung *f*

**alear** [ale'ar] *vt* legieren; **ir aleando** (*fig*) auf dem Weg der Besserung sein

**aleatorio, -a** [alea'torjo, -a] *adj* zufällig

**aleccionador(a)** [aleʸθjona'ðor(a)] *adj* lehrreich

**aleccionamiento** [aleʸθjona'mjeṇto] *m* Unterweisung *f*

**aleccionar** [aleʸθjo'nar] *vt* unterweisen; **esto te ~á para no volver a hacer lo mismo** das wird dich lehren nicht noch einmal das Gleiche zu tun

**aledaño, -a** [ale'ðaɲo, -a] *adj* angrenzend

**aledaños** [ale'ðaɲos] *mpl* Umgebung *f*

**alegación** [aleɣa'θjon] *f* ① (JUR: *declaración*) Behauptung *f;* (*escrito*) Beweisschrift *f;* ~ **de culpabilidad** Schuldigsprechung *f* ② *pl* (*objeciones*) Einwände *mpl*

**alegar** [ale'ɣar] <g→gu> **I.** *vt* vorbringen; (*pruebas*) beibringen; ~ **dolor de cabeza** Kopfschmerzen vorschützen **II.** *vi* (*Am: discutir*) streiten

**alegato** [ale'ɣato] *m* ① (*escrito*) Schriftsatz *m;* (*oral*) Plädoyer *nt* ② (*Am: disputa*) Auseinandersetzung *f*

**alegoría** [aleɣo'ria] *f* Allegorie *f*

**alegórico, -a** [ale'ɣoriko, -a] *adj* allegorisch

**alegrar** [ale'ɣrar] **I.** *vt* ① (*a personas*) erfreuen ② (*cosas*) beleben **II.** *vr:* **~se** ① (*sentir alegría*) sich freuen (*de/con* über +*akk*); **me alegro de verle de nuevo** ich freue mich (darauf) Sie wiederzusehen; **nos alegramos de que haya aceptado la invitación** wir freuen uns, dass Sie die Einladung angenommen haben; **me alegro** (**por ti**) das freut mich (für dich) ② (*beber*) sich *dat* einen Schwips antrinken *fam*

**alegre** [a'leɣre] *adj* ① (*contento*) fröhlich; (*divertido*) lustig; (*color*) lebhaft; (*habitación*) freundlich; **un espíritu/una cara ~** ein heiteres Gemüt/Gesicht; **estoy ~ de que...** +*subj* ich freue mich, dass ...; **estar**

**más ~ que unas pascuas** sich freuen wie ein Schneekönig ② (*frívolo*) leichtfertig; ~ **de cascos** leichtsinnig; **llevar una vida ~** einen lockeren Lebenswandel führen ③ (*fam: achispado*) angeheitert; **estar ~** einen Schwips haben

**alegría** [ale'ɣria] *f* ① (*gozo*) Freude *f*, Heiterkeit *f*; (*buen humor*) Fröhlichkeit *f*; **llevarse una gran ~** sich sehr freuen ② (BOT) Sesam *m*

**alegrón**[1] [ale'ɣron] *m* (*fam*) Riesenfreude *f*; **con esta noticia me has dado un ~** mit dieser Nachricht hast du mir eine riesige Freude bereitet; **con esta noticia me he llevado un ~** über diese Nachricht habe ich mich sehr gefreut

**alegrón, -ona**[2] [ale'ɣron, -ona] *adj* (*Arg*) beschwipst

**alejamiento** [alexa'mjeṇto] *m* Entfernung *f*; (*fig*) Distanz *f*

**alejar** [ale'xar] **I.** *vt* ① (*distanciar*) entfernen (*de* von +*dat*) ② (*ahuyentar*) vertreiben (*de* aus +*dat*); **aleja estos pensamientos de tu cabeza** denk nicht länger darüber nach **II.** *vr:* ~**se** sich entfernen (*de* von +*dat*); (*retirarse*) sich zurückziehen (*de* von +*dat*); **todos se alejan de él** alle gehen ihm aus dem Weg

**alelado, -a** [ale'laðo, -a] *adj* blöd

**alelar** [ale'lar] *vt, vr:* ~**se** verblöden

**aleluya** [ale'luɟa] **I.** *interj* halleluja **II.** *m o f* (REL) Halleluja *nt*; **estar de ~** jubeln

**alemán**[1] [ale'man] *m* (*lengua*) Deutsch(e) *nt*; **alto ~** Hochdeutsch *nt*; **decir algo en ~** etw auf Deutsch sagen

**alemán, -ana**[2] [ale'man, -ana] **I.** *adj* deutsch **II.** *m, f* Deutsche(r) *mf*

**Alemania** [ale'manja] *f* Deutschland *nt*; **República Federal de ~** Bundesrepublik *f* Deutschland

**alentado, -a** [aleṇ'taðo, -a] *adj* (*valiente*) mutig

**alentador(a)** [aleṇta'ðor(a)] *adj* ermutigend

**alentar** [aleṇ'tar] <e→ie> **I.** *vi* ① (*respirar*) atmen ② (*estar vivo*) am Leben sein **II.** *vt* ermutigen **III.** *vr:* ~**se** ① (*animarse*) Mut fassen ② (*Hond, Méx: restablecerse*) sich erholen

**alerce** [a'lerθe] *m* Lärche *f*

**alergia** [a'lerxia] *f* Allergie *f* (*a* gegen +*akk*); ~ **alimentaria** Lebensmittelallergie *f*; ~ **al polen** Heuschnupfen *m*; **esto me da ~** dagegen bin ich allergisch

**alérgico, -a** [a'lerxiko, -a] *adj* allergisch (*a* gegen +*akk*); **es ~ a estos temas** (*fam*) auf diese Themen reagiert er allergisch

**alergólogo, -a** [aler'ɣoloɣo, -a] *m, f* Allergologe, -in *m, f*

**alero** [a'lero] *m* ① (ARQUIT) Vordach *nt* ② (AUTO) Kotflügel *m* ③ (DEP) Außenstürmer(in) *m(f)*

**alerón** [ale'ron] *m* ① (AERO) Querruder *nt* ② (AUTO) Spoiler *m*; ~ **delantero/trasero** Front-/Heckspoiler *m*

**alerta** [a'lerta] **I.** *adj* wachsam; **estar ~ de algo** etw aufmerksam verfolgen **II.** *f* Alarm *m*; **dar la ~** Alarm schlagen; **poner en ~ a alguien** jdn in Alarmzustand versetzen **III.** *interj* Vorsicht

**alertar** [aler'tar] *vt* warnen

**aleta** [a'leta] *f* ① (ZOOL, NÁUT) Flosse *f*; (*de un buzo*) Schwimmflosse *f* ② (ANAT) Nasenflügel *m* ③ (AUTO) Kotflügel *m*

**aletargado, -a** [aletar'ɣaðo, -a] *adj* schläfrig

**aletargar** [aletar'ɣar] <g→gu> **I.** *vt* einschläfern **II.** *vr:* ~**se** schläfrig werden

**aletear** [alete'ar] *vi* ① (*ave*) mit den Flügeln schlagen ② (*pez*) zappeln ③ (*fam: cobrar fuerza*) zu Kräften kommen

**aleteo** [ale'teo] *m* ① (*de un ave*) Flügelschlag *m* ② (*de un pez*) Zappeln *nt*

**alevín** [ale'βin] *m* ① (*pez*) Fischbrut *f* ② (*principiante*) Neuling *m*

**alevosía** [aleβo'sia] *f* Hinterlist *f*; **con ~** hinterlistig

**alevoso, -a** [ale'βoso, -a] *adj* hinterlistig

**alfa** ['alfa] *f* Alpha *nt*; ~ **y omega** (*fig*) Anfang und Ende

**alfabético, -a** [alfa'βetiko, -a] *adj* alphabetisch; **estar por orden ~** alphabetisch geordnet sein

**alfabetización** [alfaβetiθa'θjon] *f* Alphabetisierung *f*

**alfabetizar** [alfaβeti'θar] <z→c> *vt* alphabetisieren

**alfabeto** [alfa'βeto] *m* Alphabet *nt*

**alfalfa** [al'falfa] *f* Luzerne *f*

**alfaque** [al'fake] *m* Sandbank *f*

**alfar** [al'far] *m* Töpferei *f*

**alfarería** [alfare'ria] *f* ① (*obrador*) Töpferei *f* ② (*oficio*) Töpferhandwerk *nt*

**alfarero, -a** [alfa'rero, -a] *m, f* Töpfer(in) *m(f)*

**alféizar** [al'feḭθar] *m* (ARQUIT) ① (*reborde de una puerta*) (Tür)laibung *f*; (*de una ventana*) (Fenster)laibung *f* ② (*saliente de una ventana*) Fensterbrüstung *f*

**alfeñique** [alfe'ɲike] *m* (*persona*) Schwächling *m*

**alférez** [al'fereθ] *m* (MIL) Leutnant *m*

**alfil** [al'fil] *m* (*en ajedrez*) Läufer *m*

**alfiler** [alfi'ler] *m* ① (*aguja*) Stecknadel *f*; **no caber un ~** (*fig*) voll gestopft sein ② (*broche*) Anstecknadel *f*; ~ **de corbata**

Krawattennadel *f;* ~ **de gancho** (*Arg*) Sicherheitsnadel *f;* **ir de veinticinco ~es** geschniegelt und gebügelt sein ❸ (*pinza*) Wäscheklammer *f;* **llevo la lección prendida con ~es** (*fig*) ich habe mich auf die Prüfung schlecht vorbereitet

**alfiletero** [alfile'tero] *m* Nadelbüchse *f*

**alfombra** [al'fombra] *f* Teppich *m;* ~ **persa** Perserteppich *m*

**alfombrado** [alfom'braðo] *m* (*Am: alfombra*) Teppichboden *m*

**alfombrar** [alfom'brar] *vt* mit Teppich auslegen

**alfombrilla** [alfom'briʎa] *f* ❶ (*estera*) Fußmatte *f;* ~ **de baño** Badematte *f* ❷ (MED) Röteln *pl* ❸ (INFOR) Mousepad *nt*

**alforja** [al'forxa] *f* Tasche *f;* (*de caballería*) Satteltasche *f;* **sacar los pies de las ~s** (*fig*) aus sich *dat* herausgehen

**alga** ['alɣa] *f* Alge *f*

**algarabía** [alɣara'βia] *f* ❶ (*gritería*) Geschrei *nt* ❷ (*lengua*) Kauderwelsch *nt;* (*escritura*) unleserliche Schrift *f* ❸ (BOT) Besenheide *f*

**algarada** [alɣa'raða] *f* Krawall *m*

**algarroba** [alɣa'rroβa] *f* ❶ (BOT) Futterwicke *f* ❷ (*fruto del algarrobo*) Johannisbrot *nt*

**algarrobo** [alɣa'rroβo] *m* Johannisbrotbaum *m*

**algazara** [alɣa'θara] *f* Geschrei *nt;* (*de alegría*) Freudengeschrei *nt*

**álgebra** ['alxeβra] *f* (MAT) Algebra *f*

**algidez** [alxi'ðeθ] *f* (MED) starkes Kältegefühl *nt;* **la ~ en el pie me impide andar** mein Fuß ist so eiskalt, dass ich nicht laufen kann

**álgido, -a** ['alxiðo, -a] *adj* ❶ (*muy frío*) eisig; **fiebre álgida** (MED) Schüttelfrost *m* ❷ (*culminante*): **el período ~ del Barroco** die Blütezeit des Barocks; **la crisis está en su momento más ~** die Krise hat ihren Höhepunkt erreicht

**algo** ['alɣo] **I.** *pron indef* etwas; ~ **es** ~ besser das als nichts; **¿quieres ~?** möchtest du (et)was?; **¿apostamos ~?** wollen wir wetten?; **esta película es ~ aparte** dieser Film ist ein Meisterstück; **me suena de ~** das kommt mir irgendwie bekannt vor; **se cree ~** er/sie macht sich wichtig; **por ~ lo habrá dicho** er/sie wird es aus gutem Grund gesagt haben **II.** *adv* ein bisschen; **aún falta ~ hasta llegar** bis dahin fehlt noch ein Stückchen; **~ así como** ungefähr

**algodón** [alɣo'ðon] *m* ❶ (*planta, tejido*) Baumwolle *f;* **una camisa de ~** ein Baumwollhemd ❷ (*cosmético*) Watte *f;* ~ **hidrófilo** Verbandswatte *f;* **criado entre algodones** (*fig*) verhätschelt ❸ (*dulce*) Zuckerwatte *f*

**algodonal** [alɣoðo'nal] *m* Baumwollfeld *nt*

**algodonero, -a** [alɣoðo'nero, -a] **I.** *adj* Baumwoll- **II.** *m, f* ❶ (*comerciante*) Baumwollhändler(in) *m(f)* ❷ (*cultivador*) Baumwollpflanzer(in) *m(f)*

**algoritmo** [alɣo'riðmo] *m* (MAT) Algorithmus *m*

**alguacil** [alɣwa'θil] *m* ❶ (JUR) Gerichtsbote *m* ❷ (ADMIN) Gemeindediener *m* ❸ (*garfio*) Brecheisen *nt*

**alguien** ['alɣjen] *pron indef* jemand; **¿hay ~ aquí?** ist da jemand?; ~ **me lo ha contado** irgendjemand hat es mir erzählt; **se cree ~** er/sie spielt sich auf

**algún** [al'ɣun] *adj v.* **alguno**[1]

**alguno, -a**[1] [al'ɣuno, -a] *adj* <algún> ❶ (*antepuesto: indef*) irgendein; **¿alguna pregunta?** irgendwelche Fragen?; **de alguna manera** irgendwie; **en algún sitio** irgendwo; **alguna vez** gelegentlich; **algún día** eines Tages ❷ (*postpuesto: ninguno*) kein(e); **en sitio ~** nirgendwo; **persona alguna** niemand

**alguno, -a**[2] [al'ɣuno, -a] *pron indef* jemand; **~s de los presentes** einige der Anwesenden; **~s ya se han ido** manche sind schon gegangen; **¿tienes caramelos? – sí, me quedan ~s** hast du Bonbons? – ja, ich habe noch welche übrig; **los niños han vuelto a hacer alguna de las suyas** die Kinder haben schon wieder etwas angestellt

**alhaja** [a'laxa] *f* ❶ (*de piedras preciosas*) Juwel *nt;* (*de bisutería*) Modeschmuck *m* ❷ (*objeto de valor*) Prachtstück *nt;* **¡esta chica es una ~!** dieses Mädchen ist ein Juwel!; **¡menuda ~, este niño!** dieser Junge ist ja ein sauberes Früchtchen!

**alharaca** [ala'raka] *f* Getue *nt*

**alhelí** [ale'li] *m* <alhelíes> Levkoje *f*

**alheña** [a'leɲa] *f* ❶ (BOT) Liguster *m* ❷ (*polvo*) Henna *f o nt*

**aliado, -a** [ali'aðo, -a] **I.** *adj* verbündet; (POL) alliiert **II.** *m, f* Verbündete(r) *mf;* **los ~s** (POL) die Alliierten

**alianza** [ali'an̩θa] *f* ❶ (*pacto*) Bündnis *nt;* ~ **Atlántica** Atlantikpakt *m* ❷ (*anillo*) Ehering *m*

**aliar** [ali'ar] <*1. pres:* alío> **I.** *vt* verbinden **II.** *vr:* **~se** sich verbünden

**alias** ['aljas] **I.** *adv* alias **II.** *m inv* Spitzname *m*

**alicaído, -a** [alika'iðo, -a] *adj* matt; (*deprimido*) deprimiert

**alicantino, -a** [alikan̩'tino, -a] *adj* aus Alicante

**alicatar** [alika'tar] *vt* kacheln

**alicates** [ali'kates] *mpl* Greifzange *f*; ~ **universales** Kombizange *f*

**aliciente** [ali'θjente] *m* Anreiz *m*

**alícuota** [a'likwota] *adj* ❶ (MAT) aliquot ❷ (*proporcional*) proportional

**alienar** [alje'nar] **I.** *vt* veräußern **II.** *vr*: ~**se** ❶ (*distanciarse*) sich entfremden (*de* +*dat*) ❷ (PSICO) geistesgestört werden

**alienígena** [alje'nixena] *m* außerirdisches Wesen *nt*

**aliento** [a'ljento] *m* ❶ (*respiración*) Atem *m*; **mal** ~ Mundgeruch *m*; **sin** ~ außer Atem; **cobrar** ~ wieder zu Atem kommen; **esto me quita el** ~ das verschlägt mir den Atem; **tomar** ~ Atem holen ❷ (*vaho*) Hauch *m* ❸ (*ánimo*) Mut *m*; **dar** ~ **a alguien** jdm Mut einflößen

**aligátor** [ali'ɣator] *m* Alligator *m*

**aligeramiento** [alixera'mjento] *m* ❶ (*de cargas*) Verminderung *f* ❷ (*alivio*) Erleichterung *f* ❸ (*aceleramiento*) Beschleunigung *f*

**aligerar** [alixe'rar] **I.** *vi* sich beeilen **II.** *vt* ❶ (*cargas*) erleichtern ❷ (*aliviar*) lindern ❸ (*acelerar*) beschleunigen; ~ **el paso** schneller gehen

**alimaña** [ali'maɲa] *f* ❶ (*animal*) Raubzeug *nt* ❷ (*persona*) Schurke, -in *m, f*

**alimentación** [alimenta'θjon] *f* ❶ (*nutrición*) Ernährung *f*; (*aprovisionamiento*) Verpflegung *f*; **industria de la** ~ Nahrungsmittelindustrie *f* ❷ (*de animales*) Fütterung *f* ❸ (*de un horno/una caldera*) Beschicken *nt*; (*de una máquina*) Zufuhr *f* (*con* von +*dat*); ~ **de energía** Energiezufuhr *f*; ~ **de papel** (INFOR) Papierzuführung *f*

**alimentador**[1] [alimenta'ðor] *m* (TÉC) Zuleitung *f*; (ELEC) Speisekabel *nt*; ~ **de hojas sueltas** (INFOR) Einzelblatteinzug *m*

**alimentador(a)**[2] [alimenta'ðor(a)] *adj* (TÉC) Zufuhr-; **tubo** ~ Zuleitung *f*

**alimentar** [alimen'tar] **I.** *vi* nahrhaft sein **II.** *vt* ❶ (*nutrir*) ernähren; (*aprovisionar*) verpflegen; ~ **el odio** den Hass schüren ❷ (*animales*) füttern ❸ (*horno, caldera*) beschicken; (*máquina*) speisen; ~ **la máquina con energía** der Maschine Energie zuführen ❹ (INFOR): ~ **un ordenador con datos** Daten in einen Computer eingeben **III.** *vr*: ~**se** sich ernähren (*de* von +*dat*)

**alimentario, -a** [alimen'tarjo, -a] *adj* Ernährungs-; **industria alimentaria** Nahrungsmittelindustrie *f*

**alimenticio, -a** [alimen'tiθjo, -a] *adj* ❶ (*nutritivo*) nahrhaft ❷ (*alimentario*) Nahrungs-; **industria alimenticia** Nahrungsmittelindustrie *f*; **pensión alimenticia** Unterhalt *m*; **productos** ~**s** Nahrungsmittel *ntpl*

**alimento** [ali'mento] *m* ❶ (*sustancia*) Nahrung *f*; **los** ~**s** die Nahrungsmittel; ~ **básico** Grundnahrungsmittel *nt*; ~**s congelados** Tiefkühlkost *f* ❷ (*alimentación*) Ernährung *f*; **de mucho/poco** ~ sehr/wenig nahrhaft ❸ *pl* (*asistencia financiera*) Alimente *pl*

**alimón** [ali'mon] *m*: **al** ~ zusammen

**alindar** [alin'dar] **I.** *vi* angrenzen (*con* an +*akk*); **nuestras fincas alindan** unsere Landgüter grenzen aneinander **II.** *vt* abgrenzen

**alineación** [alinea'θjon] *f*, **alineamiento** [alinea'mjento] *m* ❶ (*general*) Ausrichtung *f* (*con* auf +*akk*); **no** ~ (POL) Blockfreiheit *f* ❷ (DEP) Mannschaftsaufstellung *f*

**alinear** [aline'ar] **I.** *vt* ❶ (*poner en línea*) (in Reih und Glied) aufstellen ❷ (DEP) in die Mannschaft aufnehmen; (*para un partido*) aufstellen ❸ (POL): **país no alineado** blockfreies Land **II.** *vr*: ~**se** ❶ (*ponerse en fila*) sich (in Reih und Glied) aufstellen; (*estar en fila*) in einer Reihe stehen ❷ (POL) sich anschließen (*con* +*dat*); (*orientarse*) sich orientieren (*con* an +*dat*)

**aliñar** [ali'ɲar] *vt* ❶ (*condimentar*) würzen; (*ensalada*) anmachen ❷ (*preparar*) zubereiten

**aliño** [a'liɲo] *m* ❶ (*acción*) Zubereitung *f* ❷ (*condimento*) Gewürz *nt*; (*para ensalada*) Dressing *nt*

**alioli** [ali'oli] *m* Knoblauchölsoße *f*

**i Land & Leute**

**Alioli** wird eine majonäseähnliche Soße aus zerstoßenem Knoblauch (katalanisch ‚all') und Öl (katalanisch ‚oli') genannt, wobei es sich natürlich immer um Olivenöl handelt. In ganz Spanien wird **alioli** gern zu gegrilltem Fleisch oder zu Tintenfisch gegessen.

**alisar** [ali'sar] *vt* ❶ (*una superficie*) glätten; (*un terreno*) einebnen ❷ (*el pelo*) auskämmen

**alisio** [a'lisjo] *adj*: **vientos** ~**s** Passatwinde *mpl*

**aliso** [a'liso] *m* ❶ (BOT) Erle *f* ❷ (*madera*) Erlenholz *nt*

**alistado, -a** [alis'taðo, -a] *adj* (*rayado*) gestreift

**alistamiento** [alista'mjento] *m* ❶ (*inscrip-*

*ción*) Einschreibung *f* ② (*lista*) Auflistung *f* ③ (MIL) Musterung *f;* (*en la marina*) Anheuerung *f*

**alistar** [alis'tar] **I.** *vt* ① (*inscribir*) einschreiben ② (*enumerar*) auflisten ③ (MIL) mustern; (*enrolar*) anwerben; (*en la marina*) anheuern **II.** *vr:* **~se** ① (*inscribirse*) sich einschreiben ② (MIL) sich (freiwillig) melden; (*en la marina*) anheuern

**aliteración** [alitera'θjon] *f* Alliteration *f*

**aliviadero** [aliβja'ðero] *m* Überlauf *m*

**aliviar** [ali'βjar] **I.** *vi* den Schritt beschleunigen **II.** *vt* ① (*carga*) leichter machen; **tienes que ~ la maleta** du musst das Gewicht des Koffers reduzieren ② (*persona*) entlasten; (*de una preocupación*) erleichtern ③ (*dolor, pena*) mildern; **~ un bloqueo económico** eine Wirtschaftsblockade lockern **III.** *vr:* **~se** ① (*dolor, pena*) nachlassen ② (*de una enfermedad*) sich erholen

**alivio** [a'liβjo] *m* ① (*aligeramiento*) Erleichterung *f* ② (*de una enfermedad*) Erholung *f;* (*mejoría*) Besserung *f* ③ (*loc*): **vestir de ~** Trauer tragen; **he pescado un catarro de ~** (*fam*) ich habe mich schwer erkältet; **sus amigos son de ~** (*fam*) seine/ihre Freunde sind bösartig

**aljaba** [al'xaβa] *f* Köcher *m*

**aljibe** [al'xiβe] *m* ① (*cisterna*) Zisterne *f* ② (*tanque*) Wassertank *m* ③ (*barco*) Tanker *m*

**allá** [a'ʎa] *adv* ① (*lugar*) dort; **el más ~** (REL) das Jenseits ② (*dirección*) dorthin; **¿cuánto se tarda de aquí ~?** wie lange braucht man bis dorthin?; **ponte más ~** stelle dich weiter weg ③ (*tiempo*) damals; **~ por el año 64** um das Jahr 64 herum; **~ en tiempos de Maricastaña** anno dazumal ④ (*loc*): **¡~ tú!** (*fam*) das ist deine Sache!

**allanamiento** [aʎana'mjen̩to] *m* ① (*de un terreno*) (Ein)ebnen *nt* ② (*de dificultades*) Behebung *f* ③ (JUR): **~ de morada** Hausfriedensbruch *m*

**allanar** [aʎa'nar] **I.** *vt* ① (*terreno, camino*) ebnen ② (*construcción*) niederreißen ③ (*dificultades*) beheben ④ (JUR): **~ una casa** Hausfriedensbruch begehen **II.** *vr:* **~se** sich fügen (*a +dat*); **no se allana nunca** er/sie gibt nie nach; **~se a las órdenes** die Anordnungen befolgen

**allegado**, **-a** [aʎe'ɣaðo, -a] **I.** *adj* nahe stehend **II.** *m, f* Verwandte(r) *mf*

**allegar** [aʎe'ɣar] <g→gu> *vt* (*recursos*) aufbringen; (*pruebas, datos*) sammeln

**allende** [a'ʎen̩de] *adv* jenseits; **~ las montañas** jenseits der Berge; **~ de ser guapa, es agradable** sie ist nicht nur hübsch, sondern auch noch nett

**allí** [a'ʎi] *adv* ① (*lugar*) dort; **~ cerca, por ~** dort in der Nähe; **¡~ viene!** da kommt er/sie! ② (*dirección*) dorthin; **hasta ~** bis dahin

**alma** ['alma] *f* ① (*espíritu, persona*) Seele *f;* **~ de cántaro** Einfaltspinsel *m;* **un ~ de Dios** eine Seele von Mensch; **~ en pena** armer Mensch; **¡~ mía!** mein Liebling!; **agradecer con el ~** von Herzen danken; **no tener ~** herzlos sein; **me arranca el ~** das zerreißt mir das Herz; **me llega al ~** das geht mir sehr nahe; **lo siento en el ~** ich bedauere es von ganzem Herzen; **fue el ~ de la fiesta** er/sie brachte die Fete in Schwung; **se le cayó el ~ a los pies** (*fam*) er/sie warf die Flinte ins Korn; **como ~ que lleva el diablo** (*fam*) wie ein geölter Blitz; **estar con el ~ en un hilo** (*fam*) (wie) auf (glühenden) Kohlen sitzen ② (*ánimo*) Gemüt *nt* ③ (TÉC) Kern *m*

**almacén** [alma'θen] *m* ① (*depósito*) Lager *nt;* **~ de diapositivas** Diamagazin *nt;* **~ al por mayor** Großhandlung *f;* **franco en ~** ab Lager; **tener en ~** auf Lager haben ② (*tienda*): **grandes almacenes** Kaufhaus *nt*

**almacenable** [almaθe'naβle] *adj* lagerfähig

**almacenaje** [almaθe'naxe] *m,* **almacenamiento** [almaθena'mjen̩to] *m* ① (*de mercancías*) (Ein)lagerung *f* ② (INFOR) Speicherung *f* ③ (*tasa*) Lagergebühr *f*

**almacenar** [almaθe'nar] *vt* ① (*mercancías*) (ein)lagern ② (INFOR) speichern; **~ en disco duro** auf der Festplatte (ab)speichern

**almacenero**, **-a** [almaθe'nero, -a] *m, f* (*CSur: dueño*) Lebensmittelhändler(in) *m(f)*

**almacenista** [almaθe'nista] *mf* Großhändler(in) *m(f)*

**almadreña** [alma'ðreɲa] *f* Holzschuh *m*

**almanaque** [alma'nake] *m* Almanach *m*

**almeja** [al'mexa] *f* Venusmuschel *f*

**almena** [al'mena] *f* Zinne *f*

**almendra** [al'men̩dra] *f* ① (*fruta*) Mandel *f;* **~s garapiñadas** gebrannte Mandeln ② (*semilla*) Mandelkern *m* ③ (*fam: guijarro*) Kieselstein *m*

**almendrado**[1] [almen̩'draðo] *m* (*AmC:* GASTR) Mandelsauce *f*

**almendrado**, **-a**[2] [almen̩'draðo, -a] *adj* mandelförmig; **ojos ~s** Mandelaugen *ntpl*

**almendral** [almen̩'dral] *m* Mandelbaumpflanzung *f*

**almendro** [al'men̩dro] *m* Mandelbaum *m*

A

**almeriense** [alme'rjense] *adj* aus Almería
**almiar** [al'mjar] *m* Heuhaufen *m*
**almíbar** [al'miβar] *m* Sirup *m;* **melocotón en** ~ Pfirsichkompott *nt*
**almibarado, -a** [almiβa'raðo, -a] *adj* (*persona*) schleimig; (*mirada, sonrisa*) süßlich
**almibarar** [almiβa'rar] *vt* in Sirup einlegen; ~ **a alguien** jdm schmeicheln
**almidón** [almi'ðon] *m* Stärke *f;* (*para telas*) Wäschestärke *f;* (*alimento*) Stärkemehl *nt;* (*cola*) Leim *m*
**almidonado, -a** [almiðo'naðo, -a] *adj* (*acicalado*) geschniegelt
**almidonar** [almiðo'nar] *vt* stärken
**alminar** [almi'nar] *m* Minarett *nt*
**almirantazgo** [almiraṇ'taθγo] *m* ❶ (*grado*) Admiralsrang *m* ❷ (*tribunal*) Admiralität *f*
**almirante** [almi'raṇte] *m* Admiral *m*
**almirez** [almi'reθ] *m* Mörser *m*
**almizcle** [al'miθkle] *m* Moschus *m*
**almizclero** [almiθ'klero] *m* Moschustier *nt*
**almohada** [almo'aða] *f* ❶ (*cojín*) Kissen *nt;* (*de la cama*) Kopfkissen *nt;* **consultar algo con la** ~ (*fam*) etw überschlafen ❷ (*funda*) Kopfkissenbezug *m*
**almohadilla** [almoa'ðiʎa] *f* (*cojín*) Kissen *nt;* (*acerico*) Nadelkissen *nt;* ~ **de tinta** Stempelkissen *nt*
**almohadillado**[1] [almoaði'ʎaðo] *m* ❶ (*con forma de almohadilla*) Kissen *nt* ❷ (ARQUIT: *sillar*) Bossenquader *m;* (*sillería*) Bossage *f*
**almohadillado, -a**[2] [almoaði'ʎaðo, -a] *adj* gepolstert
**almohadón** [almoa'ðon] *m* Kissen *nt;* (*del sofá*) Sofakissen *nt*
**almoneda** [almo'neða] *f* ❶ (*subasta*) Versteigerung *f* ❷ (*saldo*) Ausverkauf *m*
**almorranas** [almo'rranas] *fpl* Hämorrhoiden *fpl*
**almorzar** [almor'θar] *irr como forzar vi, vt* ❶ (*a mediodía*) zu Mittag essen ❷ (*reg: desayunar*) frühstücken
**almuerzo** [al'mwerθo] *m* ❶ (*al mediodía*) Mittagessen *nt;* ~**-coloquio** Arbeitsessen *nt;* ~ **de negocios** Geschäftsessen *nt;* **¿qué hay de ~?** was gibt es zum Mittagessen? ❷ (*reg: desayuno*) Frühstück *nt*
**alocado, -a** [alo'kaðo, -a] *adj* ❶ (*loco*) verrückt ❷ (*imprudente*) leichtfertig ❸ (*revoltoso*) ausgelassen
**alocarse** [alo'karse] <c→qu> *vr* (*volverse loco*) verrückt werden; (*atolondrarse*) überschnappen
**alocución** [aloku'θjon] *f* Ansprache *f*
**alojamiento** [aloxa'mjeṇto] *m* ❶ (*lugar*) Unterkunft *f* ❷ (*acción*) Unterbringung *f;* (MIL) Einquartierung *f*
**alojar** [alo'xar] **I.** *vt* ❶ (*albergar*) beherbergen ❷ (*procurar alojamiento*) unterbringen; (*tropa*) einquartieren ❸ (*cosa*) hineinstecken (*en* in *+akk*) **II.** *vr:* ~**se** ❶ (*hospedarse*) unterkommen; (*en un hotel*) absteigen; (MIL) sich einquartieren ❷ (*meterse*) stecken (*en* in *+dat*)
**alondra** [a'loṇdra] *f* Lerche *f*
**alopatía** [alopa'tia] *f* Allopathie *f*
**alopecia** [alo'peθja] *f sin pl* Haarausfall *m*
**alpaca** [al'paka] *f* ❶ (*tela, t.* ZOOL) Alpaka *nt* ❷ (*aleación*) Neusilber *nt*
**alpargata** [alpar'γata] *f* ≈Espadrille *f;* **no tener ni para ~s** (*fig*) ein armer Schlucker sein
**alpargatería** [alparγate'ria] *f* ❶ (*obrador*) (Leinen)schuhwerkstatt *f* ❷ (*zapatería*) (Leinen)schuhgeschäft *nt*
**Alpes** ['alpes] *mpl* Alpen *pl*
**alpinismo** [alpi'nismo] *m sin pl* Bergsteigen *nt*
**alpinista** [alpi'nista] *mf* Bergsteiger(in) *m(f)*
**alpino, -a** [al'pino, -a] *adj* Alpen-; **refugio** ~ Alpenhütte *f*
**alpiste** [al'piste] *m* ❶ (BOT) Kanariengras *nt* ❷ (*para pájaros*) Vogelfutter *nt* ❸ (*loc, fam*): **no tener para** ~ bettelarm sein; **le gusta mucho el** ~ er/sie ist ein Schluckspecht
**alquería** [al'keria] *f* Aussiedlerhof *m*
**alquilar** [alki'lar] **I.** *vt* ❶ (*dejar*) vermieten ❷ (*tomar en alquiler*) mieten **II.** *vr:* ~**se** (*destinado a ser alquilado*) zu vermieten sein; **se alquila** zu vermieten
**alquiler** [alki'ler] *m* ❶ (*acción*) Mieten *nt;* (*de parte del dueño*) Vermieten *nt;* ~ **de coches** Autoverleih *m;* ~ **con opción de compra** Leasing *nt* ❷ (*precio*) Miete *f*
**alquimia** [al'kimja] *f* Alchimie *f*
**alquimista** [alki'mista] *mf* Alchimist(in) *m(f)*
**alquitrán** [alki'tran] *m* Teer *m*
**alquitranar** [alkitra'nar] *vt* teeren
**alrededor** [alrreðe'ðor] *adv* ❶ (*local*) ringsherum; ~ **de la plaza** rings um den Platz; **un viaje ~ de la tierra** eine Reise rund um die Welt ❷ (*aproximadamente*): ~ **de** um
**alrededores** [alrreðe'ðores] *mpl* Umgebung *f*
**Alsacia** [al'saθja] *f* Elsass *nt;* ~**-Lorena** Elsass-Lothringen *nt*
**alsaciano, -a** [alsa'θjano, -a] **I.** *adj* elsässisch **II.** *m, f* Elsässer(in) *m(f)*
**alta** ['aḷta] *f* ❶ (*documento*) Entlassungsschein *m;* **dar el** ~ gesundschreiben; **dar de ~ del hospital** aus dem Krankenhaus

entlassen ❷ (*inscripción*) Anmeldung *f;* (*ingreso*) Beitritt *m;* **darse de ~ en (el registro de) una ciudad** sich beim Einwohnermeldeamt anmelden; **darse de ~ en una asociación** einem Verein beitreten; **dar de ~ a alguien en un partido** jdn als Mitglied in eine Partei aufnehmen

**altamente** [aḷta'meṇte] *adv* äußerst; **~ contaminado** hochgradig verseucht; **~ cualificado** hoch qualifiziert

**altanería** [aḷtane'ria] *f* Überheblichkeit *f*

**altanero, -a** [aḷta'nero, -a] *adj* überheblich

**altar** [al'tar] *m* Altar *m;* **~ mayor** Hochaltar *m;* **poner a alguien en los ~es** (*fig*) jdn über den grünen Klee loben; **quedarse para adornar ~es** (*fig*) als alte Jungfer enden; **tener a alguien en los ~es** (*fig*) jdm größte Hochachtung entgegenbringen

**altavoz** [aḷta'βoθ] *m* Lautsprecher *m*

**alterabilidad** [aḷteraβili'ðaᵈ] *f* ❶ (*variabilidad*) Veränderlichkeit *f;* (*de alimentos*) Verderblichkeit *f* ❷ (*irritabilidad*) Erregbarkeit *f*

**alterable** [aḷte'raβle] *adj* ❶ (*plan*) (ver)änderbar ❷ (*alimento*) verderblich ❸ (*irritable*) erregbar

**alteración** [aḷtera'θjon] *f* ❶ (*de planes*) (Ver)änderung *f;* (FIN) Schwankung *f;* **~ del horario** Fahrplanänderung *f* ❷ (*perturbación*) Störung *f* ❸ (*turbación*) Unruhe *f* ❹ (*irritación*) Erregung *f* ❺ (*altercado*) Auseinandersetzung *f* ❻ (*adulteración*) Verfälschung *f*

**alterado, -a** [aḷte'raðo, -a] *adj* (*aturdido*) durcheinander; (*demudado*) verstört

**alterar** [aḷte'rar] **I.** *vt* ❶ (*cambiar*) ändern ❷ (*perturbar*) stören ❸ (*turbar*) in Unruhe versetzen; (*irritar*) aufregen ❹ (*adulterar*) verfälschen ❺ (*alimentos*) verderben **II.** *vr:* **~se** ❶ (*cambiar*) sich ändern ❷ (*aturdirse*) sich beunruhigen (*por* wegen +*gen/dat*); (*irritarse*) sich aufregen (*por* über +*akk*) ❸ (*alimentos*) verderben; (*leche*) sauer werden

**altercado** [aḷter'kaðo] *m* Auseinandersetzung *f*

**altercar** [aḷter'kar] <c→qu> *vi* streiten

**alternar** [aḷter'nar] **I.** *vi* ❶ (*turnarse*) sich abwechseln (*en* bei +*dat*); **los veranos cálidos han alternado con los lluviosos** heiße und regnerische Sommer haben sich abgewechselt; **~ en el volante** sich beim Fahren abwechseln ❷ (*tratar*): **~ con alguien** mit jdm verkehren; **es persona que alterna** er/sie verkehrt mit der Creme der Gesellschaft ❸ (*en un club nocturno*) animieren **II.** *vt* abwechseln; **~ el trabajo con la diversión** abwechselnd arbeiten und frei haben **III.** *vr:* **~se** sich abwechseln (*en* bei +*dat*)

**alternativa** [aḷterna'tiβa] *f* ❶ (*opción*) Alternative *f;* **poner en la ~** vor die Alternative stellen; **no le queda otra ~ que...** er/sie hat keine andere Wahl als ... ❷ (TAUR) Zulassung *f* als Matador; **dar la ~ a alguien para algo** (*fig*) jdn für reif genug für etw halten

**alternativamente** [aḷternatiβa'meṇte] *adv* abwechselnd

**alternativo, -a** [aḷterna'tiβo, -a] *adj* ❶ (*opcional*) alternativ ❷ (*con alternación*) wechselnd

**alterne** [al'terne] *m:* **chica de ~** Animierdame *f;* **bar de ~** Animierlokal *nt*

**alterno, -a** [al'terno, -a] *adj* wechselnd; **cultivo ~** (AGR) Wechselwirtschaft *f;* **en días ~s** jeden zweiten Tag

**alteza** [al'teθa] *f* ❶ (*tratamiento*) Hoheit *f;* **Su A~ Real** Ihre Königliche Hoheit ❷ (*calidad*) Erhabenheit *f*

**altibajos** [aḷti'βaxos] *mpl* ❶ (*de un terreno*) Unebenheiten *fpl* ❷ (*cambios*) Auf und Ab *nt;* **es una persona con muchos ~ en su estado de ánimo** seine/ihre Stimmung ändert sich ständig

**altillo** [al'tiʎo] *m* ❶ (*piso*) Zwischengeschoss *nt* ❷ (*desván*) Mansarde *f*

**altiplanicie** [aḷtipla'niθje] *f,* **altiplano** [aḷti'plano] *m* Hochebene *f*

**Altísimo** [al'tisimo] *m:* **el ~** Gott *m*

**altisonante** [aḷtiso'naṇte] *adj* hochtrabend

**altitud** [aḷti'tuᵈ] *f* Höhe *f;* **a una ~ de 1500 metros** in 1500 Meter Höhe; **Madrid está a una ~ de 640 metros sobre el nivel del mar** Madrid liegt 640 Meter über dem Meeresspiegel

**altivez** [aḷti'βeθ] *f* Überheblichkeit *f*

**altivo, -a** [al'tiβo, -a] *adj* (*soberbio*) überheblich

**alto¹** ['aḷto] **I.** *interj* halt; **¡~ el fuego!** Feuer einstellen! **II.** *m* ❶ (*descanso*) Pause *f;* **~ el fuego** Waffenstillstand *m;* **dar el ~** zum Anhalten auffordern ❷ (*altura*) Höhe *f;* **medir 8 metros de ~** 8 Meter hoch sein ❸ (*collado*) Anhöhe *f* ❹ *pl* (*piso alto*) Obergeschoss *nt* **III.** *adv* ❶ (*en voz alta*) laut ❷ (*en un lugar elevado*) hoch; **ponlo en lo más ~** stell es ganz nach oben; **de ~ abajo** von oben nach unten ❸ (*loc*): **pasar un saludo por ~** eine Begrüßung übersehen; **pasar una pregunta por ~** eine Frage übergehen; **por todo lo ~** prächtig

**alto, -a²** ['aḷto, -a] *adj* ❶ (*en general*) hoch; **~s cargos** Führungskräfte *fpl;* **un ~ cargo** eine hohe Stellung; **notas altas** (MÚS) hohe Töne; **de alta calidad** von erstklassiger

Qualität; ~s **funcionarios** hohe Beamte; **tener un ~ concepto de alguien** eine hohe Meinung von jdm haben ② (*ser viviente*) groß ③ (*en la parte superior*) obere(r, s); **clase alta** Oberschicht *f* ④ (GEO: *territorio*) Hoch-; (*río*) Ober-; **la alta montaña** das Hochgebirge; **el ~ Rin** der Oberrhein; **el ~ Tajo** der Oberlauf des Tajos ⑤ (*idioma, época*) Hoch-; **la alta Edad Media** das hohe Mittelalter ⑥ (*tiempo*) spät; **a altas horas de la noche** spätabends ⑦ (*río*) Hochwasser führend; (*mar*) aufgewühlt; **el río está ~** der Fluss ist gestiegen ⑧ (*sonido*) laut; **hablar en voz alta** laut sprechen

**altoparlante** [al̪topar'lan̪te] *m* (*Am*) Lautsprecher *m*

**altozano** [al̪to'θano] *m* Anhöhe *f*

**altramuz** [al̪tra'muθ] *m* Lupine *f*

**altruismo** [al̪tru'ismo] *m sin pl* Selbstlosigkeit *f*

**altruista** [al̪tru'ista] **I.** *adj* selbstlos **II.** *mf* Altruist(in) *m(f)*

**altura** [al̪'tura] *f* ① (*altitud, de un sonido*) Höhe *f*; **de gran ~** hoch; **de poca ~** niedrig; **a gran ~** in großer Höhe; **una montaña de 2000 metros de ~** ein 2000 Meter hoher Berg; **el avión pierde ~** das Flugzeug verliert an Höhe; **estar a la ~ de Valencia** auf der Höhe von Valencia liegen; **estar a la ~ de las circunstancias** der Situation gewachsen sein; **estar a la ~ del betún** (*fam*) ein schlechtes Bild abgeben; **a estas ~s** zu diesem Zeitpunkt ② (*estatura*) Größe *f* ③ (*excelencia*) Erhabenheit *f* ④ *pl* (*cielo*) Himmel *m*

**alubia** [a'luβja] *f* Bohne *f*

**alucinación** [aluθina'θjon] *f* Halluzination *f*

**alucinado, -a** [aluθi'naðo, -a] *adj* (*fam: asombrado*): **miraba ~ a la chica** er starrte wie gebannt auf das Mädchen; **me quedé ~ al leerlo en el periódico** ich war ganz platt, als ich es in der Zeitung las

**alucinante** [aluθi'nan̪te] *adj* (*fam: fantástico*) klasse; (*increíble*) unglaublich

**alucinar** [aluθi'nar] **I.** *vi* (*fam*) ① (*hablando*) halluzinieren; **¡tú alucinas!** (*fig*) red doch kein Unsinn! ② (*quedar fascinado*) verblüfft sein; **aluciné con sus conocimientos de chino** ich war baff über seine/ihre Chinesischkenntnisse **II.** *vt* (*fam*) ① (*deslumbrar*) blenden; (*cautivar*) fesseln ② (*entusiasmar*) begeistern

**alucinógeno**[1] [aluθi'noxeno] *m* (MED) Halluzinogen *nt*

**alucinógeno, -a**[2] [aluθi'noxeno, -a] *adj* halluzinogen

**alud** [a'lu$^{d}$] *m* Lawine *f*; **un ~ de gente** eine große Menschenmenge

**aludir** [alu'ðir] *vi* (*referirse*) anspielen (*a* auf +*akk*); (*mencionar*) erwähnen (*a* +*akk*); **darse por aludido** sich betroffen fühlen; **no darse por aludido** sich *dat* nichts anmerken lassen

**alumbrado** [alum'braðo] *m* Beleuchtung *f*; **~ público** Straßenbeleuchtung *f*

**alumbramiento** [alumbra'mjen̪to] *m* ① (*iluminación*) Beleuchtung *f* ② (*parto*) Entbindung *f*

**alumbrar** [alum'brar] **I.** *vi* ① (*iluminar*) leuchten; **la lámpara alumbra poco** die Lampe gibt wenig Licht ② (*parir*) entbinden **II.** *vt* ① (*iluminar*) beleuchten; (*a alguien*) anleuchten ② (*parir*) zur Welt bringen **III.** *vr*: **~se** (*fam*) sich beschwipsen

**aluminio** [alu'minjo] *m* Aluminium *nt*

**alumnado** [alum'naðo] *m* (*de escuela*) Schülerschaft *f*; (*de universidad*) Studentenschaft *f*

**alumno, -a** [a'lumno, -a] *m, f* (*de escuela*) Schüler(in) *m(f)*; (*de universidad*) Student(in) *m(f)*

**alunizaje** [aluni'θaxe] *m* Mondlandung *f*

**alunizar** [aluni'θar] <z→c> *vi* auf dem Mond landen

**alusión** [alu'sjon] *f* ① (*insinuación*) Anspielung *f* (*a* auf +*akk*); **hacer una ~ a algo** etw andeuten ② (*mención*) Erwähnung *f* (*a* +*gen*)

**alusivo, -a** [alu'siβo, -a] *adj* anspielend (*a* auf +*akk*); **dijo una frase alusiva a la situación** er/sie sagte kurz etwas über die Lage

**aluvión** [alu'βjon] *m* ① (*inundación*) Überschwemmung *f* ② (*sedimento*) Ablagerung *f*; **tierra de ~** Schwemmland *nt* ③ (*cantidad*) Schwall *m*

**álveo** ['alβeo] *m* Flussbett *nt*

**alveolar** [alβeo'lar] *adj* ① (*forma*) wabenförmig ② (LING) alveolar

**alveolo** [alβe'olo] *m*, **alvéolo** [al'βeolo] *m* ① (ANAT) Alveole *f*; **~ pulmonar** Lungenbläschen *nt* ② (*del panal*) Bienenzelle *f*

**alza** ['al̪θa] *f* ① (*elevación*) Anstieg *m*; **~ abusiva de los precios** Preiswucher *m*; **ir** [*o* **estar**] **en ~** (*precios*) steigen; (*persona*) an Ansehen gewinnen ② (*de un zapato*) Leistenaufschlag *m* ③ (*de un arma*) Visier *nt*

**alzacristales** [al̪θakris'tales] *m inv* Fensterheber *m*

**alzada** [al̪'θaða] *f* ① (*de un caballo*) Stockmaß *nt* ② (JUR) Einspruch *m*

**alzado**[1] [al̪'θaðo] *m* (ARQUIT) Aufriss *m*

**alzado, -a**[2] [al̪'θaðo, -a] *adj* ① (*fijado*) pauschal ② (*sublevado*) aufständisch ③ (*Am: montaraz*) wild; (*en celo*) brünstig

**alzamiento** [al̩θa'mjen̩o] *m* Aufstand *m*

**alzar** [al̩'θar] <z→c> **I.** *vt* ① (*levantar*) heben; (*precio*) erhöhen; (*puño, voz*) erheben; ~ **pelo** (*AmC, Méx*) Angst haben ② (*poner vertical*) aufrichten ③ (*sostener*) hochhalten ④ (*quitar*) abnehmen; (*colcha, mantel*) abziehen; (*mesa*) abräumen; (*sello*) entfernen; (*campamento*) abbrechen ⑤ (*construir*) errichten ⑥ (AGR: *cosecha*) einbringen; (*tierra*) ackern ⑦ (*loc*): ~ **el vuelo** (*pájaro*) losfliegen; (*persona*) das Elternhaus verlassen **II.** *vr:* ~**se** ① (*levantarse, destacar*) sich erheben; **allí se alza la universidad** dort ragt das Universitätsgebäude empor ② (JUR) Einspruch erheben ③ (*Am: animales*) verwildern ④ (*Am: sublevarse*) sich auflehnen ⑤ (*Am: robar*) stehlen; ~**se con la pasta** (*fam*) mit der Kohle durchbrennen

**alzheimer** [al'θei̯mer/al'sai̯mer] *m sin pl* (MED) Alzheimerkrankheit *f*

**ama** ['ama] *f* (*dueña*) Herrin *f;* (*propietaria*) Besitzerin *f;* ~ **de casa** Hausfrau *f;* ~ **de cría** Amme *f;* ~ **de llaves** Haushälterin *f*

**amabilidad** [amaβili'ðaᵈ] *f* Freundlichkeit *f;* **tuvo la ~ de avisarme** er/sie war so freundlich mir Bescheid zu sagen; **le agradezco su ~** das ist sehr freundlich von Ihnen

**amable** [a'maβle] *adj* freundlich, liebenswürdig; **ser ~** (**para**) **con alguien** freundlich zu jdm sein; **¿sería Ud. tan ~ de explicármelo?** wären Sie so freundlich es mir zu erklären?

**amadrinar** [amaðri'nar] *vt* Patin sein (von +*dat*)

**amaestramiento** [amaestra'mjen̩o] *m* ① (*de animales*) Abrichten *nt* ② (*de personas*) Training *nt;* ~ **en el manejo de ordenadores** Unterweisung im Umgang mit Computern

**amaestrar** [amaes'trar] *vt* ① (*animales*) abrichten; (*caballos*) zureiten; (*para el circo*) dressieren ② (*pey: niños*) dressieren ③ (*instruir*) unterweisen (*en* in +*dat*)

**amagar** [ama'ɣar] <g→gu> **I.** *vi* ① (*amenazar*) drohen; **estaba amagando la guerra cuando...** der Krieg stand bevor, als ... ② (*enfermedad*) sich andeuten **II.** *vt* ① (*indicar*) Anstalten machen; **amagó un golpe** er/sie machte Anstalten zuzuschlagen ② (*amenazar*) drohen; ~ **a alguien con algo** jdm mit etw *dat* drohen

**amago** [a'maɣo] *m* ① (*amenaza*) Drohung *f* ② (*indicio*) Anzeichen *nt* (*de* für +*akk*) ③ (DEP) Finte *f*

**amainar** [amai̯'nar] **I.** *vi* nachlassen **II.** *vt* (NÁUT) einholen

**amalgama** [amal'ɣama] *f* ① (QUÍM) Amalgam *nt* ② (*mezcla*) Gemisch *nt*

**amalgamar** [amalɣa'mar] **I.** *vt* ① (TÉC) amalgamieren ② (*mezclar*) vermengen **II.** *vr:* ~**se** sich vermengen

**amamantar** [amaman̩'tar] *vt* (*bebé*) stillen; (*cachorro*) säugen

**amancebamiento** [aman̩θeβa'mjen̩o] *m* wilde Ehe *f*

**amancebarse** [aman̩θe'βarse] *vr* in wilder Ehe leben

**amanecer** [amane'θer] **I.** *vimpers* dämmern; **está amaneciendo** es dämmert **II.** *vi irr como crecer* aufwachen **III.** *m* Tagesanbruch *m;* **al ~** bei Tagesanbruch

**amanecida** [amane'θiða] *f* (*Am*) Tagesanbruch *m*

**amanerado, -a** [amane'raðo, -a] *adj* ① (*persona*) geziert ② (*estilo*) gekünstelt

**amaneramiento** [amanera'mjen̩o] *m* ① (*afectación*) Geziertheit *f* ② (*de un estilo*) Manieriertheit *f*

**amanerarse** [amane'rarse] *vr* (*persona*) sich zieren

**amansar** [aman'sar] **I.** *vt* ① (*animal*) zähmen ② (*persona*) bändigen; (*sosegar*) besänftigen **II.** *vr:* ~**se** zahm werden

**amante** [a'man̩te] **I.** *adj:* **soy poco ~ de hablar en público** ich spreche nicht gerne vor Publikum **II.** *mf* ① (*querido*) Liebhaber(in) *m(f)* ② *pl* (*pareja*) Liebespaar *nt* ③ (*aficionado*) Liebhaber(in) *m(f);* **un ~ de la naturaleza** ein Naturfreund

**amanuense** [ama'nwense] *mf* ① (*secretario*) Sekretär(in) *m(f)* ② (*copista*) Schreiber(in) *m(f)*

**amañar** [ama'ɲar] **I.** *vt* ① (*plan, asunto*) deichseln *fam;* ~ **una solución** eine Notlösung finden ② (*resultado, documento*) fälschen **II.** *vr:* ~**se con alguien** mit jdm gut auskommen; **amañárselas** (**para todo**) sich (bei allem) geschickt anstellen

**amaño** [a'maɲo] *m* Geschick *nt;* **con ~** geschickt

**amapola** [ama'pola] *f* Klatschmohn *m;* **ponerse como una ~** knallrot werden

**amar** [a'mar] *vt* lieben

**amaraje** [ama'raxe] *m* Wasserung *f;* **efectuar el ~** wassern

**amarar** [ama'rar] *vi* wassern (*en* auf +*dat*)

**amargado, -a** [amar'ɣaðo, -a] **I.** *adj* verbittert **II.** *m, f* verbitterter Mensch *m*

**amargar** [amar'ɣar] <g→gu> **I.** *vt* verbittern; ~ **la vida a alguien** jdm das Leben schwer machen **II.** *vi* bitter schmecken; **la**

A

**verdad amarga** die Wahrheit tut weh **III.** *vr:* ~**se** verbittert werden

**amargo, -a** [a'maryo, -a] *adj* bitter

**amargor** [amar'ɣor] *m,* **amargura** [amar'ɣura] *f* ❶ (*sabor*) bitterer Geschmack *m* ❷ (*sentimiento*) Verbitterung *f;* (*aflicción*) Betrübnis *f;* **llorar con ~** bitterlich weinen

**amariconarse** [amariko'narse] *vr* (*vulg*) tuntig werden

**amarillear** [amariʎe'ar] *vi* vergilben

**amarillecer** [amariʎe'θer] *irr como crecer vi* vergilben

**amarillento, -a** [amari'ʎen̪to, -a] *adj* gelblich; (*fotografía, papel*) vergilbt

**amarillismo** [amari'ʎismo] *m sin pl* Sensationsmache *f*

**amarillo, -a** [ama'riʎo, -a] *adj* ❶ (*color*) gelb ❷ (*pálido*) blass

**amarra** [a'marra] *f* ❶ (NÁUT) Tau *nt* ❷ *pl* (*apoyo*) Beziehungen *fpl*

**amarradero** [amarra'ðero] *m* ❶ (*poste*) Pfosten *m* ❷ (*argolla*) Metallring *m* ❸ (NÁUT) Anlegeplatz *m*

**amarrado, -a** [ama'rraðo, -a] *adj* ❶ (*Arg, Par, PRico, Urug: tacaño*) geizig; (*innoble*) gemein ❷ (*loc*): **estar** [*o* **ir**] ~ (*haber empollado*) gepaukt haben; (*tener enchufe*) gute Beziehungen haben

**amarrar** [ama'rrar] **I.** *vt* ❶ (*atar*) festbinden (*a* an +*dat*); **tener a alguien muy amarrado** (*fig*) jdm wenig Freiraum lassen ❷ (NÁUT) vertäuen ❸ (*fam: empollar*) büffeln **II.** *vr:* ~**se** (*Am*) heiraten

**amartelarse** [amarte'larse] *vr* ❶ (*enamorarse*) sich bis über beide Ohren verlieben (*de* in +*akk*) ❷ (*ponerse cariñoso*) turteln

**amartillar** [amarti'ʎar] *vt* ❶ (*arma*) spannen ❷ (*fam: negocio*) absichern

**amartizaje** [amarti'θaxe] *m* Marslandung *f*

**amasadora** [amasa'ðora] *f* Knetmaschine *f*

**amasandería** [amasan̪de'ria] *f* (*AmS*) Bäckerei *f*

**amasar** [ama'sar] *vt* ❶ (*masa*) kneten ❷ (*fortuna*) anhäufen ❸ (*pey: tramar*) anzetteln

**amasijo** [ama'sixo] *m* ❶ (*para hacer pan*) (Knet)teig *m* ❷ (*acción de amasar*) Kneten *nt* ❸ (*argamasa*) Mörtel *m* ❹ (*fam: mezcla*) Kuddelmuddel *m o nt* ❺ (*fam: intriga*) Machenschaft *f*

**amateur** [ama'ter] **I.** *adj* Amateur- **II.** *mf* <amateurs> Amateur(in) *m(f)*

**amateurismo** [amate'rismo] *m sin pl* Amateursport *m*

**amatista** [ama'tista] *f* Amethyst *m*

**amatorio, -a** [ama'torjo, -a] *adj* Liebes-

**amazacotado, -a** [amaθako'taðo, -a] *adj* ❶ (*colchón*) hart ❷ (*recargado*) überladen; **un informe ~ de datos** ein mit Daten voll gepackter Bericht; **estuvimos ~s en el tranvía** wir standen dicht gedrängt in der Straßenbahn

**amazona** [ama'θona] *f* ❶ (*mujer*) Amazone *f* ❷ (*traje*) Reitkostüm *nt*

**Amazonas** [ama'θonas] *m* Amazonas *m*

**ambages** [am'βaxes] *mpl* Umschweife *mpl;* **¡habla sin ~!** komm auf den Punkt!

**ámbar** ['ambar] **I.** *m* Bernstein *m* **II.** *adj inv* bernsteinfarben

**Amberes** [am'beres] *f* Antwerpen *nt*

**ambición** [ambi'θjon] *f* Ehrgeiz *m;* ~ **de poder** Machthunger *m;* **sin ambiciones** anspruchslos; **mi ~ en la vida es...** mein Lebensziel ist (es) ...

**ambicionar** [ambiθjo'nar] *vt* streben (nach +*dat*); **sólo ambiciono salud** ich wünsche mir nur Gesundheit

**ambicioso, -a** [ambi'θjoso, -a] *adj* ehrgeizig

**ambidiestro, -a** [ambi'djestro, -a] **I.** *adj* beidhändig **II.** *m, f* Beidhänder(in) *m(f)*

**ambientación** [ambjen̪ta'θjon] *f* ❶ (LIT) Milieuschilderung *f* ❷ (TEAT) Bühnenbild *nt* ❸ (CINE) Szenenausstattung *f* ❹ (*adaptación*) Anpassung *f* (*a* an +*akk*)

**ambientador** [ambjen̪ta'ðor] *m* Raumspray *m o nt*

**ambiental** [ambjen̪'tal] *adj* Umwelt-; **organización ~** Umweltorganisation *f*

**ambientar** [ambjen̪'tar] **I.** *vt* ❶ (*novela*) ansiedeln; ~ **la acción de una novela en el siglo pasado** die Handlung eines Romans ins vergangene Jahrhundert verlegen; **la novela está ambientada en Lima** der Roman spielt in Lima ❷ (*fiesta*) Stimmung machen (bei +*dat*) **II.** *vr:* ~**se** ❶ (*aclimatarse*) sich eingewöhnen (*en* in +*dat*) ❷ (*en una fiesta*) in Stimmung kommen

**ambiente** [am'bjen̪te] *m* ❶ (*aire*) Luft *f* ❷ (*medio*) Milieu *nt;* **medio ~** Umwelt *f;* **nocivo para el medio ~** umweltschädlich ❸ (*social*) Kreis *m* ❹ (*atmósfera*) Atmosphäre *f,* Stimmung *f;* **dar ~** Stimmung machen; **hay ~ para este proyecto** dieses Projekt hat gute Aussichten angenommen zu werden; **el proyecto no encontró buen ~** das Projekt fand keinen Anklang; **no había ~ en la calle** es war nicht viel los auf der Straße; **el ~ en la reunión estaba caldeado** bei der Versammlung herrschte dicke Luft ❺ (*CSur: habitación*) Raum *m;* **un departamento de cuatro ~s** eine Vierzimmerwohnung

**ambigüedad** [ambiɣwe'ðað] *f* ❶ (*de doble

*significado*) Zweideutigkeit *f;* **sin ~es** eindeutig ② (*de más significados*) Mehrdeutigkeit *f*

**ambiguo, -a** [am'biɣwo, -a] *adj* ① (*de doble significado*) zweideutig ② (*de más significados*) mehrdeutig ③ (LING) doppelgeschlechtig

**ámbito** ['ambito] *m* ① (*contorno*) Umkreis *m* ② (*espacio*) Bereich *m;* **en el ~ nacional** auf nationaler Ebene

**ambivalencia** [ambiβa'len̩θja] *f* Zwiespältigkeit *f*

**ambivalente** [ambiβa'len̩te] *adj* ambivalent

**ambos, -as** ['ambos, -as] *adj* beide

**ambulancia** [ambu'lan̩θja] *f* ① (*vehículo*) Krankenwagen *m* ② (MIL) Feldlazarett *nt* ③ (FERRO): **~ de correos** Bahnpost *f*

**ambulante** [ambu'lan̩te] **I.** *adj* umherziehend; **circo ~** Wanderzirkus *m;* **vendedor ~** Hausierer *m;* **venta ~** fahrendes Gewerbe **II.** *mf:* **~ de correos** Angestellte(r) *mf* der Bahnpost

**ambulatorio**[1] [ambula'torjo] *m* Ambulanz *f*

**ambulatorio, -a**[2] [ambula'torjo, -a] *adj* ambulant

**ameba** [a'meβa] *f* Amöbe *f*

**amedrentar** [ameðren̩'tar] **I.** *vt* ① (*asustar*) einschüchtern ② (*intimidar*) Angst machen +*dat* **II.** *vr:* **~se** ① (*asustarse*) sich erschrecken ② (*intimidarse*) sich ängstigen

**amén** [a'men] **I.** *m* Amen *nt;* **decir ~ a todo** zu allem ja und amen sagen; **no decir ni ~** kein Sterbenswörtchen sagen; **en un decir ~** (*fam*) im Handumdrehen **II.** *prep:* **~ de** außer +*dat*

**amenaza** [ame'naθa] *f* ① (*intimidación*) Drohung *f;* **bajo la ~ de violencia** unter der Androhung von Gewalt ② (*peligro*) Bedrohung *f*

**amenazador(a)** [amenaθa'ðor(a)] *adj* ① (*tono*) drohend; **gesto ~** Drohgebärde *f* ② (*que anuncia peligro*) bedrohlich

**amenazante** [amena'θan̩te] *adj* drohend

**amenazar** [amena'θar] <z→c> **I.** *vt* (*intimidar*) bedrohen; **el jefe le ha amenazado con despedirle** der Chef hat ihm angedroht ihn zu entlassen; **¿me está amenazando?** soll das eine Drohung sein? **II.** *vi, vt* (*presagiar*) drohen; **amenaza tormenta** ein Gewitter droht; **está amenazando lluvia** es sieht nach Regen aus

**amenidad** [ameni'ðaᵈ] *f* ① (*entretenimiento*) Unterhaltsamkeit *f* ② (*distracción*) Vergnügen *nt*

**amenizar** [ameni'θar] <z→c> *vt* ① (*hacer agradable*) angenehm machen ② (*entretener*) (gut) unterhalten ③ (*conversación*) beleben

**ameno, -a** [a'meno, -a] *adj* ① (*agradable*) angenehm; (*paisaje*) lieblich ② (*entretenido*) unterhaltsam

**América** [a'merika] *f* Amerika *nt;* **~ Central** Mittelamerika *nt;* **~ Latina** Lateinamerika *nt;* **~ del Norte/del Sur** Nord-/Südamerika *nt;* **hacer las ~s** (*fig*) ein Vermögen machen

**i Land & Leute**

Viele Spanier wanderten im 19. und 20. Jahrhundert nach Lateinamerika aus. Die Redewendung *hacer las Américas* bezieht sich direkt darauf und heißt soviel wie in den Ländern Amerikas sein Glück machen.

**americana** [ameri'kana] *f* Sakko *m o nt*

**americanismo** [amerika'nismo] *m* (LING) Lateinamerikanismus *m*

**americanista** [amerika'nista] *mf* Amerikanist(in) *m(f)*

**americano, -a** [ameri'kano, -a] **I.** *adj* (*de América del Sur*) südamerikanisch; (*estadounidense*) amerikanisch; **el estilo de vida ~** der American way of life **II.** *m, f* (*de América del Sur*) Südamerikaner(in) *m(f);* (*estadounidense*) Amerikaner(in) *m(f)*

**amerindio, -a** [ame'rin̩djo, -a] **I.** *adj* indianisch **II.** *m, f* Indianer(in) *m(f)*

**amerizaje** [ameri'θaxe] *m* (AERO) *v.* **amaraje**

**amerizar** [ameri'θar] <z→c> *vi* wassern

**ametralladora** [ametraʎa'ðora] *f* Maschinengewehr *nt*

**ametrallar** [ametra'ʎar] *vt* (mit dem Maschinengewehr) schießen (auf +*akk*); (*matar*) (mit dem Maschinengewehr) erschießen

**amianto** [a'mjan̩to] *m* Asbest *m*

**amigable** [ami'ɣaβle] *adj* ① (*persona, relación*) freundschaftlich ② (*cosa, carácter*) freundlich; **ambiente ~ para los niños** kinderfreundliches Umfeld ③ (*ordenador, máquina*) benutzerfreundlich

**amígdala** [a'miɣðala] *f* Mandel *f*

**amigdalitis** [amiɣða'litis] *f inv* Mandelentzündung *f*

**amigo, -a** [a'miɣo, -a] **I.** *adj* ① (*que tiene la amistad*) befreundet; **es muy amiga mía** sie ist eine sehr gute Freundin von mir; **somos (muy) ~s desde la infancia** wir sind seit unserer Kindheit (sehr gut) befreundet; **¡y tan ~s!** und damit hat sich's! ② (*amistoso*) freundschaftlich ③ (*aficionado, partidario*): **ser ~ de algo** etw mögen; **soy más ~ de veranear en el campo que en la costa** ich verbringe den Sommer lieber auf dem Land als an der Küste; **soy ~ de decir las cosas claras** ich bin sehr dafür die Dinge beim Namen zu nennen; **este tipo es muy ~ de lucir** dieser Kerl glänzt gern nach außen hin **II.** *m, f* ① (*general*) Freund(in) *m(f)*; **~ de lo ajeno** Dieb *m*; **~ por correspondencia** Brieffreund *m*; **hacerse ~ de alguien** sich mit jdm anfreunden; **poner a alguien cara de pocos ~s** jdn mit verbissener Miene ansehen ② (*amante*) Geliebte(r) *mf* ③ (*adepto*) Anhänger(in) *m(f)*

**amiguete** [ami'ɣete] *m* (*fam*) Kumpel *m*

**amilanar** [amila'nar] **I.** *vt* ① (*intimidar*) einschüchtern ② (*desanimar*) entmutigen **II.** *vr:* **~se** ① (*acobardarse*) verzagen ② (*abatirse*) sich entmutigen lassen

**aminoácido** [amino'aθiðo] *m* Aminosäure *f*

**aminorar** [amino'rar] **I.** *vi* nachlassen **II.** *vt* verringern; **~ el paso** den Schritt verlangsamen

**amistad** [amis'taᵈ] *f* ① (*entre amigos*) Freundschaft *f*; **tener ~ con alguien** mit jdm befreundet sein; **trabar ~ con alguien** mit jdm Freundschaft schließen; **hacer las ~es con alguien** sich mit jdm versöhnen ② *pl* (*amigos*) Freunde *mpl*

**amistar** [amis'tar] **I.** *vi* (*Méx*) Freundschaft schließen **II.** *vr:* **~se** (*CSur*) sich anfreunden

**amistoso, -a** [amis'toso, -a] *adj* ① (*persona*) freundlich ② (*cosa*) freundschaftlich; **partido ~** Freundschaftsspiel *nt* ③ (*discusión*) friedlich; **llegar a un acuerdo ~** sich gütlich einigen

**amnesia** [am'nesja] *f sin pl* Gedächtnisverlust *m*

**amnésico, -a** [am'nesiko, -a] **I.** *adj* (MED) ① (*que padece amnesia*) Amnesie-; **pacientes ~s** Amnesiepatienten *mpl* ② (*de la amnesia*) amnestisch **II.** *m, f* (MED) an Amnesie Leidende(r) *mf*

**amnistía** [amnis'tia] *f* Amnestie *f*; **A~ Internacional** Amnesty International; **conceder ~ a alguien** jdn amnestieren

**amnistiar** [amnis'tjar] <*1. pres:* amnistío> *vt* amnestieren

**amo** ['amo] *m* ① (*de la casa*) Hausherr *m* ② (*propietario*) Besitzer *m* ③ (*patrón*) Arbeitgeber *m* ④ (*loc*): **hacerse el ~ (de la asociación)** sich *dat* (im Verein) Autorität verschaffen; **ser el ~ en algo** der Beste in etw *dat* sein; **ser el ~ del cotarro** (*fam*) das Regiment führen

**amodorramiento** [amoðorra'mjen̩to] *m* Schläfrigkeit *f*

**amodorrarse** [amoðo'rrarse] *vr* schläfrig werden

**amojonar** [amoxo'nar] *vt* abstecken

**amolar** [amo'lar] <o→ue> **I.** *vt* ① (*afilar*) schleifen ② (*fam: molestar*) nerven **II.** *vr:* **~se** (*vulg: críticas, sinsabores*) hinunterschlucken *fam*; **¡que se amuele!** zum Teufel mit ihm/ihr! *fam*

**amoldamiento** [amol̩da'mjen̩to] *m* ① (*modelado*) Formgebung *f* ② (*acomodación*) Anpassung *f* (*a* an *+akk*)

**amoldar** [amol̩'dar] **I.** *vt* ① (*ajustar al molde*) einpassen (*a* in *+akk*) ② (*moldar*) formen ③ (*acomodar*) anpassen (*a +dat*) **II.** *vr:* **~se** sich anpassen (*a +dat*)

**amonarse** [amo'narse] *vr* (*fam*) sich *dat* einen antrinken

**amonestación** [amonesta'θjon] *f* ① (*advertencia*) Ermahnung *f*; (*reprensión*) Verwarnung *f*; **tarjeta de ~** (DEP) gelbe Karte ② (*de los novios*) Aufgebot *nt*; **correr las amonestaciones** das Aufgebot verlesen

**amonestar** [amones'tar] **I.** *vt* ① (*advertir*) ermahnen; (*reprender*) verwarnen ② (*los novios*) aufbieten **II.** *vr:* **~se** das Aufgebot bestellen

**amoniaco** [amo'njako] *m*, **amoníaco** [amo'niako] *m* Ammoniak *nt*

**amontonamiento** [amon̩tona'mjen̩to] *m* ① (*de tierra, heno*) Aufhäufen *nt*; (*de periódicos, cajas*) (Auf)stapeln *nt*; (*montón*) Haufen *m* ② (*de conocimientos, dinero*) Anhäufung *f*

**amontonar** [amon̩to'nar] **I.** *vt* ① (*tierra, heno*) aufhäufen; (*periódicos, cajas*) stapeln ② (*conocimientos, dinero*) anhäufen; **los refugiados estaban amontonados en el transbordador** die Flüchtlinge waren auf der Fähre zusammengepfercht **II.** *vr:* **~se** ① (*cosas*) sich häufen ② (*personas*) sich drängen ③ (*sucesos, noticias*) sich überstürzen

**amor** [a'mor] *m* Liebe *f*; **~ al prójimo** Nächstenliebe *f*; **~ propio** Ehrgefühl *nt*; **~ a primera vista** Liebe auf den ersten Blick; **¡~ mío!** mein Liebling!; **mi gran ~ es el cine** meine große Leidenschaft ist der Film; **hacer el ~ con alguien** (*fam*) mit jdm schlafen; **hacer algo con ~** etw liebevoll machen; **con [*o* de] mil ~es** mit (dem größten) Vergnügen; **en ~ y compaña** in Frieden und Eintracht; **por ~ al arte** umsonst; **¡por ~ de Dios!** um Gottes willen!; ~ **con** ~ **se paga** (*prov*) wie man in den Wald hineinruft, so schallt es heraus

**amoral** [amo'ral] *adj* amoralisch

**amoratado, -a** [amora'taðo, -a] *adj* dunkelviolett; **un ojo** ~ ein blaues Auge; **tengo los labios** ~**s de frío** meine Lippen sind blau vor Kälte; **tengo el brazo** ~ **de la caída** ich habe von dem Sturz einen blauen Fleck am Arm

**amordazar** [amorða'θar] <z→c> *vt* knebeln; (*fig*) mundtot machen

**amorfo, -a** [a'morfo, -a] *adj* formlos

**amorío(s)** [amo'rio(s)] *m(pl)* (*pey*) Affäre *f*

**amoroso, -a** [amo'roso, -a] *adj* ① (*de amor*) Liebes- ② (*cariñoso*) liebevoll (*con/para con* zu +*dat*) ③ (*tierra, tela*) weich ④ (*tiempo*) mild

**amorrar** [amo'rrar] **I.** *vi* (*fam*) ① (*bajar la cabeza*) den Kopf hängen lassen ② (*mostrar enfado*) schmollen **II.** *vr:* ~**se** ① (*fam: enfadarse*) mürrisch werden ② (*loc*): ~**se a la botella** die Flasche an die Lippen setzen

**amortajador(a)** [amortaxa'ðor(a)] *m(f)* Leichenwäscher *m*, Leichenfrau *f*

**amortajar** [amorta'xar] *vt* (*difunto*) ankleiden

**amortiguador** [amortiɣwa'ðor] *m* (AUTO) Stoßdämpfer *m*

**amortiguar** [amorti'ɣwar] <gu→gü> *vt* dämpfen; (*golpe, caída*) auffangen; (*pena, dolor*) mildern; (*sentimiento*) abtöten; ~ **los faros** (AUTO) abblenden

**amortización** [amortiθa'θjon] *f* ① (*de una deuda*) Tilgung *f* ② (*fiscal*) Abschreibung *f*

**amortizar** [amorti'θar] <z→c> *vt* ① (*deuda*) tilgen ② (*fiscalmente*) abschreiben ③ (*inversión*) amortisieren ④ (*empleos*) abbauen

**amoscarse** [amos'karse] <c→qu> *vr*, **amostazarse** [amosta'θarse] <z→c> *vr* (*fam*) einschnappen

**amotinado, -a** [amoti'naðo, -a] **I.** *adj* aufständisch **II.** *m, f* Aufständische(r) *mf*

**amotinamiento** [amotina'mjen̩to] *m* ① (MIL) Meuterei *f* ② (*sublevación, levantamiento*) Aufstand *m*

**amotinar** [amoti'nar] **I.** *vt* aufhetzen **II.** *vr:* ~**se** sich auflehnen

**amparar** [ampa'rar] **I.** *vt* (be)schützen (*contra/de* vor +*dat*); ~ **a alguien** jdm Schutz gewähren; **la constitución ampara la libertad de religión** die Verfassung gewährleistet die Religionsfreiheit **II.** *vr:* ~**se** sich schützen (*contra/de* vor +*dat*); ~**se bajo algo** unter etw *dat* Zuflucht suchen; **se ampara en una ley antigua** er/sie beruft sich auf ein altes Gesetz; **el espía se amparó en la oscuridad para escapar** der Spion entkam im Schutz der Dunkelheit

**amparo** [am'paro] *m* ① (*protección*) Schutz *m*; **estar al** ~ **de alguien** unter jds Schutz stehen; **al** ~ **de la oscuridad** im Schutz der Dunkelheit ② (*refugio*) Zuflucht *f*

**amperio** [am'perjo] *m* Ampere *nt*

**ampliable** [amplja'βle] *adj* ① (*extensible*) ausdehnbar ② (*aumentable*) vergrößerungsfähig; (*ordenador*) erweiterbar

**ampliación** [amplja'θjon] *f* Vergrößerung *f*; (*de conocimientos*) Erweiterung *f*; (*de un número, el capital*) Erhöhung *f*; (*de un territorio*) Ausdehnung *f*; (*de un edificio/una carretera*) Ausbau *m*; (*de un sonido*) Verstärkung *f*; ~ **de RAM** (INFOR) RAM-Erweiterung *f*; ~ **del surtido** Sortimentserweiterung *f*

**ampliadora** [amplja'ðora] *f* (FOTO) Vergrößerungsapparat *m*

**ampliamente** [amplja'men̩te] *adv* ① (*cumplidamente*) reichlich ② (*extensamente*) ausführlich; **las condiciones han mejorado** ~ die Bedingungen sind jetzt weitaus besser

**ampliar** [ampli'ar] <*1. pres:* amplío> *vt* vergrößern; (*conocimientos*) erweitern; (*capital, número*) erhöhen; (*territorio*) ausdehnen; (*edificio, carretera*) ausbauen; (*sonido*) verstärken; **edición ampliada** erweiterte Ausgabe

**amplificador** [amplifika'ðor] *m* Verstärker *m*

**amplificar** [amplifi'kar] <c→qu> *vt* verstärken

**amplio, -a** ['ampljo, -a] *adj* ① (*casa*) geräumig; (*jardín, parque*) weitläufig ② (*vestido*) weit ③ (*informe*) ausführlich; (*experiencia, oferta*) umfangreich; (*poderes, influencias*) weit reichend; (*red de comunicaciones*) weit verzweigt; (*interés*) vielfältig; **una derrota amplia** eine schwere Niederlage; **amplias partes de la población** weite Teile der Bevölkerung; **en un sentido más** ~ im weiteren Sinne

**amplitud** [ampli'tuᵈ] *f* ① (*extensión*) Ausdehnung *f*; (*de conocimientos*) Umfang *m*; (*de un informe*) Ausführlichkeit *f*; ~ **de miras** (Welt)offenheit *f*; ~ **del surtido** (ECON) Sortimentsbreite *f*; **de gran** ~ weit reichend ② (*de una casa*) Geräumigkeit *f*; (*de un jardín/parque*) Weitläufigkeit *f* ③ (FÍS) Amplitude *f*

**ampolla** [am'poʎa] *f* ① (*en la piel, burbuja*) Blase *f*; **tener** ~**s en los pies** Blasen an den Füßen haben; **algo levanta** ~**s** (*fig*) etw zieht Blasen ② (*garrafa*) Karaffe *f* ③ (*para inyecciones*) Ampulle *f*

**ampuloso, -a** [ampu'loso, -a] *adj* schwülstig

**amputación** [amputa'θjon] *f* Amputation *f*

**amputar** [ampu'tar] *vt* amputieren

**amueblar** [amwe'βlar] *vt* möblieren

**amuermado, -a** [amwer'maðo, -a] *adj* (*fam*) ① *ser* todlangweilig ② *estar* (zu Tode) gelangweilt

**amuermar** [amwer'mar] **I.** *vt* (*fam*) ① (*aburrir*) anöden ② (*droga*) bedröhnen ③ (*calor*) schlaff machen **II.** *vr:* **~se** (*fam*) sich anöden

**amuleto** [amu'leto] *m* Amulett *nt*

**amurallar** [amura'ʎar] *vt* mit einer Mauer umgeben

**anabolizante** [anaβoli'θan̪te] *m* Anabolikum *nt*

**anacarado, -a** [anaka'raðo, -a] *adj* perlmutterfarben

**anacardo** [ana'karðo] *m* ① (BOT) Nierenbaum *m* ② (*fruto*) Cashewnuss *f*

**anaconda** [ana'kon̪da] *f* Anakonda *f*

**anacronismo** [anakro'nismo] *m* Anachronismus *m*

**ánade** ['anaðe] *m o f* Ente *f*

**anagrama** [ana'ɣrama] *m* Anagramm *nt*

**anal** [a'nal] *adj* anal

**anales** [a'nales] *mpl* ① (HIST) Annalen *pl* ② (*de una universidad/sociedad*) Jahrbuch *nt*

**analfabetismo** [analfaβe'tismo] *m sin pl* ① (*estado*) Analphabetismus *m* ② (*analfabetos*) Analphabetentum *nt*

**analfabeto, -a** [analfa'βeto, -a] *m, f* Analphabet(in) *m(f)*

**analgésico** [anal'xesiko] *m* Schmerzmittel *nt*

**análisis** [a'nalisis] *m inv* ① (*general*) Analyse *f;* **~ de sistemas** (INFOR) Systemanalyse *f;* **~ de la situación económica** Konjunkturanalyse *f;* **¿qué ~ haces de la situación?** wie beurteilst du die Lage? ② (MED) Untersuchung *f;* **~ del grupo sanguíneo** Blutgruppenbestimmung *f* ③ (MAT) Analysis *f*

**analista** [ana'lista] *mf* ① (*de anales*) Chronist(in) *m(f)* ② (*que analiza*) Analytiker(in) *m(f);* **~ político** politischer Beobachter; **~ de productos alimenticios** Lebensmittelchemiker(in) *m(f);* **~ de sistemas** (INFOR) Systemanalytiker(in) *m(f);* **el médico mandó las pruebas al ~** der Arzt schickte die Proben ins Labor

**analítica** [ana'litika] *f* ① (*lógica*) Analytik *f* ② (MED) klinische Untersuchung *f*

**analítico, -a** [ana'litiko, -a] *adj* analytisch

**analizar** [anali'θar] <z→c> *vt* ① (*examinar*) analysieren ② (MED) untersuchen ③ (*situación*) beurteilen; (*resultado*) auswerten

**analogía** [analo'xia] *f* Analogie *f;* **por ~ con algo** in Analogie zu etw *dat*

**análogo, -a** [a'naloɣo, -a] *adj* analog (*a* zu +*dat*)

**ananá(s)** [ana'na(s)] *m* (*Am*) Ananas *f*

**anaquel** [ana'kel] *m* (*en la pared*) Wandbrett *nt;* (*de una estantería*) Regalbrett *nt;* (*de un armario*) Schrankbrett *nt*

**anaranjado, -a** [anaraŋ'xaðo, -a] *adj* orange

**anarquía** [anar'kia] *f* Anarchie *f*

**anárquico, -a** [a'narkiko, -a] *adj* ① (*desorganizado*) anarchisch ② (*relativo al anarquismo*) anarchistisch

**anarquismo** [anar'kismo] *m sin pl* Anarchismus *m*

**anarquista** [anar'kista] **I.** *adj* anarchistisch **II.** *mf* Anarchist(in) *m(f)*

**anatema** [ana'tema] *m o f* ① (*maldición*) Verfluchung *f;* **lanzar ~s contra alguien** Verwünschungen gegen jdn ausstoßen ② (*excomunión*) Anathem(a) *nt* ③ (*condena*) Verdammung *f*

**anatematizar** [anatemati'θar] <z→c> *vt* ① (*maldecir*) verfluchen ② (*excomunicar*) aus der Kirche verbannen ③ (*condenar*) verdammen

**anatomía** [anato'mia] *f* Anatomie *f*

**anatómico, -a** [ana'tomiko, -a] *adj* ① (MED) anatomisch ② (*adaptado al cuerpo*) körpergerecht

**anca** ['aŋka] *f* ① (*de animal*) Hinterbacke *f;* **~s de rana** Froschschenkel *mpl;* **montar a las ~s** hinten aufsitzen ② (*cadera*) Hüfte *f* ③ *pl* (*fam: nalgas*) Hintern *m*

**ancestral** [an̪θes'tral] *adj* ① (*relativo a los antepasados*) Ahnen- ② (*tradicional*) überliefert; (*antiguo*) uralt

**ancho¹** ['antʃo] *m* Breite *f;* **~ de vía** (AUTO, FERRO) Spurweite *f;* **tener** [*o* **medir**] **cinco metros de ~** fünf Meter breit sein

**ancho, -a²** ['antʃo, -a] *adj* ① (*vasto*) breit; (*vestidos*) weit; **~ de espaldas** breitschult(e)rig; **a lo ~** der Breite nach; **un árbol tumbado a lo ~ de la calle** ein Baum, der quer auf der Straße liegt ② (*loc*): **se queda tan ~ cuando dice tonterías** es macht ihm nichts aus Blödsinn zu reden; **¡me quedé ~ después del examen!** nach der Prüfung war ich sehr erleichtert; **el trabajo le viene muy ~** er/sie ist dieser Arbeit nicht gewachsen; **me despaché a mis anchas con él** ich habe ihm die Wahrheit ins Gesicht gesagt; **estar**

A

**a sus anchas** ganz in seinem Element sein; **en este pueblo estoy a mis anchas** ich fühle mich in diesem Dorf wie zu Hause

**anchoa** [an'tʃoa] *f* Anschovis *f*

**anchura** [an'tʃura] *f* Breite *f;* (*de un vestido*) Weite *f*

**ancianidad** [an̪θjani'ðaᵈ] *f* Alter *nt*

**anciano, -a** [an̪'θjano, -a] **I.** *adj* alt **II.** *m, f* Alte(r) *mf*

**ancla** ['aŋkla] *f* Anker *m;* **echar ~s** vor Anker gehen; **levar ~s** den Anker lichten

**ancladero** [aŋkla'ðero] *m* Ankerplatz *m*

**anclar** [aŋ'klar] **I.** *vi* ankern; **estar anclado** vor Anker liegen **II.** *vt* verankern

**áncora** ['aŋkora] *f* Anker *m*

**ancuviña** [aŋku'βiɲa] *f* (*Chil*) ❶ (*sepelio*) Bestattung *f* ❷ (*tumba*) Grab *nt;* **cavar una ~** ein Grab ausheben

**andadas** [an̪'daðas] *fpl:* **volver a las ~** in alte Gewohnheiten verfallen

**Andalucía** [an̪dalu'θia] *f* Andalusien *nt*

**andaluz(a)** [an̪da'luθ(a)] **I.** *adj* andalusisch **II.** *m(f)* Andalusier(in) *m(f)*

**andamiaje** [an̪da'mjaxe] *m,* **andamio** [an̪'damjo] *m* (Bau)gerüst *nt*

**andanada** [an̪da'naða] *f* Breitseite *f;* **lanzar una ~ contra alguien** (*fig*) jdm den Marsch blasen; **por ~s** (*Arg*) reichlich

**andante** [an̪'dan̪te] *adj* umherziehend; **parecer un cadáver ~** wie eine wandelnde Leiche aussehen

**andanza** [an̪'dan̪θa] *f* ❶ (*peripecia*) Ereignis *nt;* (*aventura*) Abenteuer *nt* ❷ (*suerte*): **buena ~** Glück *nt;* **mala ~** Unglück *nt*

**andar** [an̪'dar] *irr* **I.** *vi* ❶ (*caminar*) (zu Fuß) gehen; **~ a caballo** reiten; **~ a gatas** auf allen Vieren gehen; (*bebés*) krabbeln; **~ con paso majestuoso** stolzieren; **~ de prisa** schnell gehen; **~ detrás de algo** hinter etw *dat* her sein; **desde la estación hay 10 minutos andando** vom Bahnhof aus sind es 10 Minuten zu Fuß; **esta niña andaba ya a los ocho meses** dieses Mädchen lief schon mit acht Monaten ❷ (*reloj*) gehen; (*coche*) fahren; (*máquina*) laufen ❸ (*tiempo*) vergehen ❹ (*estar*): **¿dónde está el periódico? – ~á por ahí** wo ist die Zeitung? – sie liegt da irgendwo herum; **~ atareado** sehr beschäftigt sein; **~ metido en un asunto** in eine Sache verwickelt sein; **~ haciendo algo** gerade dabei sein etw zu tun; **anda mucha gente buscando empleo** es gibt viele Leute, die eine Stelle suchen; **te ando llamando desde hace una hora** ich versuche dich seit einer Stunde anzurufen; **~ con gente de bien** mit den oberen Zehntausend verkehren; **los precios andan por las nubes** die Preise sind unerschwinglich; **~ mal de dinero** schlecht bei Kasse sein; **andar mal de inglés** schlecht in Englisch sein ❺ (*loc*): **~ a golpes** sich prügeln; **~ a tiros** sich beschießen; **~ a una** sich einig sein; **~ a la que salta** die Gelegenheit beim Schopf(e) packen; **~ a la greña con alguien** sich mit jdm balgen; **~ con cuidado** sich vorsehen; **no hay que ~ con bromas con él** mit ihm ist nicht zu spaßen; **~ con miramientos** rücksichtsvoll vorgehen; **~ con rodeos** Umschweife machen; **no andes en mi escritorio** wühl nicht auf meinem Schreibtisch herum; **~ en pleitos** einen Prozess führen; **~emos por los 30 grados** wir haben ungefähr 30 Grad; **~ por los 30** so um die 30 sein; **¡anda!** sag bloß!; **dime con quien andas y te diré quien eres** (*prov*) sage mir, mit wem du umgehst, und ich sage dir, wer du bist **II.** *vt:* **he andado toda la casa para encontrarte** ich habe das ganze Haus nach dir abgesucht **III.** *m* Gang *m*

**andariego, -a** [an̪da'rjeɣo, -a] **I.** *adj* wanderlustig **II.** *m, f* Wanderer, -in *m, f*

**andas** ['an̪das] *fpl* Traggestell *nt;* **llevar a alguien en ~** (*fig*) jdn in Watte packen

**andén** [an̪'den] *m* ❶ (FERRO) Bahnsteig *m* ❷ (*de muelle*) Kai *m* ❸ (*corredor*) Gang *m* ❹ (*de un puente*) Gehweg *m*

**Andes** ['an̪des] *mpl* Anden *pl*

**andinismo** [an̪di'nismo] *m sin pl* (*Am*) Bergsteigen *nt*

**andinista** [an̪di'nista] *mf* (*Am*) Bergsteiger(in) *m(f)*

**andino, -a** [an̪'dino, -a] *adj* Anden-, andin

**i Land & Leute**

**Andorra** ist ein kleiner, demokratischer Staat (nur 467 Quadratkilometer groß) mit einem parlamentarischen Fürstentum als Staatsform, der im Norden und Osten an Frankreich, im Westen und Süden an Spanien grenzt.

**andorrano, -a** [an̪do'rrano, -a] **I.** *adj* andorranisch **II.** *m, f* Andorraner(in) *m(f)*

**andrajo** [an̪'draxo] *m* Fetzen *m*

**andrajoso, -a** [an̪dra'xoso, -a] *adj* zerlumpt

**andurrial(es)** [an̪du'rrjal(es)] *m(pl)* unwegsames Gelände *nt*

**anécdota** [a'neɣðota] *f* Anekdote *f*

**anecdótico, -a** [aneɣ'ðotiko, -a] *adj* anekdotenhaft

**anegar** [ane'ɣar] <g→gu> **I.** *vt* ❶ (*inundar*) überschwemmen ❷ (*ahogar*) ertränken; ~ **una sublevación en sangre** einen Aufstand blutig niederschlagen **II.** *vr:* ~**se** überschwemmt werden; ~**se en lágrimas** in Tränen aufgelöst sein
**anejo¹** [a'nexo] *m* ❶ (*edificio*) Anbau *m* ❷ (*carta*) Anlage *f* ❸ (*libro, revista*) Beiheft *nt* ❹ (*en un libro*) Anhang *m* ❺ (*pueblo*) Gemeindebezirk *m*
**anejo**, **-a²** [a'nexo, -a] *adj* (*a edificios*) angebaut; (*a cartas*) beiliegend
**anemia** [a'nemja] *f sin pl* Blutarmut *f*
**anémico**, **-a** [a'nemiko, -a] *adj* (MED) blutarm
**anémona** [a'nemona] *f* Anemone *f*
**anestesia** [anes'tesja] *f* Betäubung *f*
**anestesiar** [aneste'sjar] *vt* betäuben
**anestésico** [anes'tesiko] *m* Betäubungsmittel *nt*
**anestesista** [aneste'sista] *mf* Anästhesist(in) *m(f)*
**anexión** [aneˠ'sjon] *f* Annexion *f*
**anexionar** [aneˠsjo'nar] *vt* annektieren
**anexo¹** [a'neˠso] *m v.* **anejo¹**
**anexo**, **-a²** [a'neˠso, -a] *adj v.* **anejo²**
**anfibio¹** [aɱ'fiβjo] *m* ❶ (ZOOL) Amphibie *f* ❷ (*vehículo*) Amphibienfahrzeug *nt;* (*avión*) Amphibienflugzeug *nt*
**anfibio**, **-a²** [aɱ'fiβjo, -a] *adj* amphibisch; **animal** ~ amphibisches Lebewesen; **vehículo** ~ Amphibienfahrzeug *nt*
**anfiteatro** [aɱfite'atro] *m* ❶ (*local*) Amphitheater *nt* ❷ (*piso*) Rang *m*
**anfitrión**, **-ona** [aɱfi'trjon, -ona] *m, f* Gastgeber(in) *m(f)*
**ánfora** ['aɱfora] *f* ❶ (*cántaro*) Amphore *f* ❷ (*Méx: electoral*) Wahlurne *f*
**angarillas** [aŋga'riʎas] *fpl* ❶ (*andas*) Trage *f* ❷ (*vinagreras*) Menage *f*
**ángel** ['aŋxel] *m* Engel *m;* ~ **de la guarda** Schutzengel *m;* **tener mucho** ~ viel Charme haben
**angelical** [aŋxeli'kal] *adj* engelhaft; **rostro** ~ Engelsgesicht *nt*
**angina** [aŋ'xina] *f:* ~ **de pecho** Angina pectoris *f;* ~**s** Angina *f*
**anglicanismo** [aŋglika'nismo] *m sin pl* Anglikanismus *m*
**anglicismo** [aŋgli'θismo] *m* Anglizismus *m*
**angloamericano**, **-a** [aŋgloameri'kano, -a] **I.** *adj* angloamerikanisch **II.** *m, f* Angloamerikaner(in) *m(f)*
**anglófilo**, **-a** [aŋ'glofilo, -a] *adj* anglophil
**anglófono**, **-a** [aŋ'glofono, -a] *adj* anglophon
**anglosajón**, **-ona** [aŋglosa'xon, -ona] **I.** *adj* angelsächsisch **II.** *m, f* Angelsachse, -sächsin *m, f*
**angoleño**, **-a** [aŋgo'leɲo, -a] **I.** *adj* angolanisch **II.** *m, f* Angolaner(in) *m(f)*
**angosto**, **-a** [aŋ'gosto, -a] *adj* eng
**angostura** [aŋgos'tura] *f* ❶ (*estrechez*) Enge *f;* ~ **intelectual** Engstirnigkeit *f* ❷ (*paso estrecho*) Engpass *m*
**anguila** [aŋ'gila] *f* ❶ (ZOOL) Aal *m* ❷ (NÁUT) Stapel *m*
**angula** [aŋ'gula] *f* Glasaal *m*
**angular** [aŋgu'lar] **I.** *adj* Winkel- **II.** *m* ❶ (FOTO): **gran** ~ Weitwinkelobjektiv *nt* ❷ (*herramienta*) Winkeleisen *nt*
**ángulo** ['aŋgulo] *m* ❶ (MAT) Winkel *m;* ~ **recto** rechter Winkel; **en** ~ winkelförmig; ~ **de tiro** (DEP) Schusswinkel *m* ❷ (*rincón*) Ecke *f* ❸ (*arista*) Kante *f* ❹ (*de vista*) Blickwinkel *m*
**anguloso**, **-a** [aŋgu'loso, -a] *adj* ❶ (*lugar*) wink(e)lig ❷ (*cara*) kantig
**angurria** [aŋ'gurrja] *f* (*Am: fam*) ❶ (*ganas*) Gelüste *ntpl;* (*hambre*) Heißhunger *m;* (*pey: glotonería*) Gefräßigkeit *f* ❷ (*codicia*) Habgier *f*
**angustia** [aŋ'gustja] *f* ❶ (*aprieto*) Beklemmung *f* ❷ (*temor*) Angst *f;* ~ **vital** Lebensangst *f* ❸ (*aflicción*) Kummer *m;* **dar** ~ bedrücken
**angustiar** [aŋgus'tjar] **I.** *vt* ❶ (*acongojar*) beklemmen ❷ (*causar temor*) verängstigen ❸ (*afligir*) bekümmern **II.** *vr:* ~**se** ❶ (*afligirse*) beklommen sein ❷ (*atemorizarse*) sich ängstigen
**angustioso**, **-a** [aŋgus'tjoso, -a] *adj* ❶ (*lleno de angustia*) angstvoll ❷ (*inquietante*) beängstigend ❸ (*sofocante*) beklemmend
**anhelante** [ane'lante] *adj* (*ansioso*) sehnsüchtig; **estar** ~ **por algo** etw herbeisehnen
**anhelar** [ane'lar] **I.** *vi* keuchen **II.** *vt* sich sehnen (nach +*dat*)
**anhelo** [a'nelo] *m* Sehnsucht *f* (*de* nach +*dat*)
**anidar** [ani'ðar] **I.** *vi* ❶ (*hacer nido*) nisten ❷ (*morar*) wohnen **II.** *vt* aufnehmen
**anilla** [a'niʎa] *f* ❶ (*aro*) Ring *m;* (*para pájaros*) Fußring *m;* (*de puro*) Bauchbinde *f* ❷ *pl* (DEP) Ringe *mpl*
**anillo** [a'niʎo] *m* Ring *m;* ~ **de boda** Ehering *m;* ~ **(de crecimiento)** (BOT) Jahresring *m;* **a alguien no se le caen los** ~**s** (*fig*) jdm fällt kein Zacken aus der Krone; **este vestido te viene como** ~ **al dedo** dieses Kleid passt dir wie angegossen; **esta solución me viene como** ~ **al dedo** diese Lösung kommt mir wir gerufen
**ánima** ['anima] *f* (*alma*) Seele *f;* **a las** ~**s**

abends

**animación** [anima'θjon] *f* ❶ (*acción de animarse*) Belebung *f;* **dar** ~ beleben ❷ (*viveza*) Lebhaftigkeit *f* ❸ (*actividad*) Betrieb *m;* **había mucha** ~ **en la calle** die Straße war sehr belebt ❹ (CINE, INFOR) Animation *f*

**animado, -a** [ani'maðo, -a] *adj* ❶ (*persona*) fröhlich; **no estar muy** ~ nicht besonders bei Laune sein ❷ (*lugar*) belebt ❸ (*actividad*) lebhaft ❹ (*concurrido*) stark besucht ❺ (*tener ganas*): **estar** ~ **a hacer algo** Lust haben etw zu tun; **no estar muy** ~ keine rechte Lust haben ❻ (INFOR): ~ **por ordenador** computeranimiert

**animador(a)** [anima'ðor(a)] **I.** *adj* ermutigend **II.** *m(f)* ❶ (*artista*) Alleinunterhalter(in) *m(f)* ❷ (*de turistas*) Animateur(in) *m(f)* ❸ (*presentador*) Moderator(in) *m(f)*

**animadversión** [animaðβer'sjon] *f* Abneigung *f;* **sentir** ~ **por alguien** eine Abneigung gegen jdn haben

**animal** [ani'mal] **I.** *adj* ❶ (*relativo a los animales*) tierisch; **comportamiento** ~ Tierverhalten *nt* ❷ (*grosero*) roh; **el aspecto** ~ **del hombre** das Tier im Menschen **II.** *m* ❶ (ZOOL) Tier *nt;* ~ **es de caza** Wild *nt;* ~ **de compañía** Haustier *nt;* ~ **de presa** Raubtier *nt;* **comer como un** ~ (*fam*) wie ein Scheunendrescher essen ❷ (*pey: persona ignorante*) Primitivling *m;* (*bruta*) Rohling *m*

**animalada** [anima'laða] *f* (*fam*) ❶ (*disparate*) Unsinn *m* ❷ (*barbaridad*) Barbarei *f;* **¡qué** ~**!** Wahnsinn! ❸ (*cantidad*) Unmenge *f*

**animar** [ani'mar] **I.** *vt* ❶ (*infundir vida*) beleben; (*dar ánimo*) animieren; (*algo aburrido*) in Schwung bringen ❷ (*alentar*) ermutigen ❸ (*persona triste*) aufmuntern ❹ (*habitación*) aufheitern; (*economía*) ankurbeln **II.** *vr:* ~**se** ❶ (*cobrar vida*) sich beleben ❷ (*atreverse*) Mut fassen ❸ (*decidirse*) sich entschließen; **¡por fin te has animado a escribir** (**una carta**)! endlich hast du dich zu einem Brief durchgerungen!; **¿te animas?** machst du mit? ❹ (*alegrarse*) in Stimmung kommen

**anímico, -a** [a'nimiko, -a] *adj* seelisch

**ánimo** ['animo] *m* ❶ (*espíritu*) Gemüt *nt;* **no estoy con** ~**s de...** ich bin nicht in der Verfassung zu ... ❷ (*energía*) Kraft *f;* (*valor*) Mut *m;* **¡**~**!** Kopf hoch!; **cobrar** ~ Mut fassen; **dar** ~ Mut einflößen ❸ (*intención*) Absicht *f* (*de* zu +*dat*); **con** ~ **de...** in der Absicht zu ...; **sin** ~ **de lucro** gemeinnützig; **sin** ~ **de ofender a nadie** ohne jemandem zu nahe treten zu wollen

**animosidad** [animosi'ðaᵈ] *f* (*animadversión*) Abneigung *f*

**animoso, -a** [ani'moso, -a] *adj* (*valeroso*) mutig

**aniñado, -a** [ani'ɲaðo, -a] *adj* kindlich; (*pey*) kindisch

**aniquilar** [aniki'lar] **I.** *vt* ❶ (*destruir*) vernichten; ~ **todas las esperanzas** alle Hoffnungen zunichte machen ❷ (*salud*) ruinieren ❸ (*desanimar*) fertig machen **II.** *vr:* ~**se** ❶ (*desaparecer*) vernichtet werden ❷ (*deteriorarse*) zerstört werden

**anís** [a'nis] <anises> *m* Anis *m*

**aniversario** [aniβer'sarjo] *m* Jahrestag *m;* ~ **de bodas** Hochzeitstag *m;* ~ **de muerte** Todestag *m*

**ano** ['ano] *m* (ANAT) After *m;* ~ **artificial** künstlicher Darmausgang

**anoche** [a'notʃe] *adv* (*al atardecer*) gestern Abend; (*entrada la noche*) gestern Nacht; **antes de** ~ vorgestern Abend; ~ **no pude dormir** letzte Nacht konnte ich nicht schlafen

**anochecer** [anotʃe'θer] **I.** *vimpers irr como crecer:* **anochece** es wird dunkel **II.** *vi irr como crecer:* **anochecimos en Burgos** bei Einbruch der Dunkelheit waren wir in Burgos **III.** *m* Abenddämmerung *f;* **al** ~ bei Einbruch der Dunkelheit

**anodino, -a** [ano'ðino, -a] *adj* ❶ (*cosa*) nichts sagend ❷ (*persona*) fade ❸ (MED) schmerzstillend

**ánodo** ['anoðo] *m* Anode *f*

**anomalía** [anoma'lia] *f* Anomalie *f;* **¿has observado alguna** ~ **en mi actitud?** hast du an meinem Verhalten etwas Ungewöhnliches bemerkt?

**anómalo, -a** [a'nomalo, -a] *adj* abnorm

**anonadar** [anona'ðar] **I.** *vt* ❶ (*aniquilar*) vernichten ❷ (*pasmar*) verblüffen; (*maravillar*) überwältigen; **la noticia me dejó anonadado** ich war über die Nachricht verblüfft ❸ (*descorazonar*) entmutigen **II.** *vr:* ~**se** ❶ (*aniquilarse*) vernichtet werden ❷ (*descorazonarse*) entmutigt werden

**anonimato** [anoni'mato] *m* Anonymität *f;* **mantener el** ~ die Anonymität wahren

**anónimo**[1] [a'nonimo] *m* ❶ (*autor*) Anonymus *m* ❷ (*escrito*) anonymer Brief *m* ❸ (*anonimato*) Anonymität *f;* **guardar el** ~ die Anonymität wahren

**anónimo, -a**[2] [a'nonimo, -a] *adj* anonym; (*datos*) anonymisiert; **sociedad anónima** (ECON) Aktiengesellschaft *f*

**anorak** [ano'raᵏ] <anoraks> *m* Anorak *m*

**anorexia** *f sin pl* (MED) Appetitlosigkeit *f,* Anorexie *f*

**anormal** [anor'mal] *adj* (*no normal*) anormal; ~ (**físico**) körperlich zurückgeblieben; ~ (**síquico**) geistig zurückgeblieben

**anotación** [anota'θjon] *f* ① (*acción de anotar*) Aufschreiben *nt;* (*en un registro*) Eintragung *f* ② (*nota*) Notiz *f* ③ (FIN) Buchung *f;* ~ **de intereses** Zinsgutschrift *f*

**anotar** [ano'tar] *vt* (*apuntar*) notieren; (*en un registro*) eintragen

**anquilosar** [aŋkilo'sar] **I.** *vt* versteifen **II.** *vr:* ~**se** ① (*las articulaciones*) steif werden ② (*paralizarse*) stocken ③ (*mentalmente*) verknöchern

**ánsar** ['ansar] *m* Gans *f*

**ansia** ['ansja] *f* ① (*angustia*) Angst *f* ② (*intranquilidad*) Unruhe *f* ③ (*afán*) Sehnsucht *f* (*de* nach +*dat*); ~ **de poder** Machthunger *m* ④ (*náusea*) Übelkeit *f*

**ansiar** [an'sjar] <*1. pres:* ansío> *vt* sich sehnen (nach +*dat*); **el momento ansiado** der ersehnte Augenblick; **lograr la tan ansiada copa** den heiß ersehnten Pokal gewinnen; ~ **el regreso de alguien** sehnsüchtig auf jds Rückkehr warten; ~ **el fin de la guerra** das Ende des Krieges herbeisehnen

**ansiedad** [ansje'ðað] *f* Angst *f*

**ansiosamente** [ansjosa'mente] *adv:* **esperamos** ~ **su visita** wir können Ihren Besuch kaum erwarten; **la esperaba** ~ **en la estación** er/sie wartete sehnsüchtig am Bahnhof auf sie

**ansioso, -a** [an'sjoso, -a] *adj* ① (*intranquilo*) beunruhigt ② (*anheloso*) sehnsuchtsvoll ③ (*impaciente*) ungeduldig; (*deseoso*) begierig ④ (*codicioso*) gierig

**antagónico, -a** [anta'ɣoniko, -a] *adj* ① (*opuesto*) gegensätzlich ② (*rival*) gegnerisch

**antagonismo** [antaɣo'nismo] *m* (*oposición*) Gegensatz *m;* (*rivalidad*) Gegnerschaft *f*

**antagonista** [antaɣo'nista] *mf* Gegner(in) *m(f)*

**antaño** [an'taɲo] *adv* früher

**antártico, -a** [an'tartiko, -a] *adj* antarktisch; **polo** ~ Südpol *m;* **Océano Glacial A**~ Südpolarmeer *nt*

**Antártida** [an'tartiða] *f* Antarktis *f*

**ante** ['ante] **I.** *m* ① (ZOOL) Elch *m* ② (*piel*) Wildleder *nt* **II.** *prep* ① (*posición*) vor +*dat* ② (*con movimiento*) vor +*akk* ③ (*en vista de*) angesichts +*gen* ④ (*en comparación con*) neben +*dat*

**anteanoche** [antea'notʃe] *adv* vorgestern Abend

**anteayer** [antea'ɟer] *adv* vorgestern

**antebrazo** [ante'βraθo] *m* (ANAT) Unterarm *m*

**antecámara** [ante'kamara] *f* Vorzimmer *nt*

**antecedente** [anteθe'ðente] **I.** *adj* vorhergehende(r, s) **II.** *m* ① (LING) Bezugswort *nt* ② *pl* (*circunstancias*) Vorgeschichte *f;* (*de una persona*) Vorleben *nt;* ~**s penales** Vorstrafe *f;* **estar en** ~**s** (**de algo**) (über etw) im Bilde sein; **poner a alguien en** ~**s** (**de algo**) jdn (über etw) ins Bild setzen

**anteceder** [anteθe'ðer] *vt v.* **preceder**

**antecesor(a)** [anteθe'sor(a)] *m(f)* ① (*en un cargo*) Vorgänger(in) *m(f)* ② (*antepasado*) Vorfahr(e), -in *m, f*

**antedicho, -a** [ante'ðitʃo, -a] *adj* oben genannt

**antediluviano, -a** [anteðilu'βjano, -a] *adj* vorsintflutlich

**antelación** [antela'θjon] *f:* **con** ~ im Voraus; **con la debida** ~ rechtzeitig

**antemano** [ante'mano] *adv:* **de** ~ im Voraus; **calcular de** ~ vorausberechnen

**antena** [an'tena] *f* ① (*de telecomunicaciones*) Antenne *f;* ~ **colectiva** Gemeinschaftsantenne *f;* ~ **interior** Zimmerantenne *f;* **estar en** ~ senden; **el programa lleva un año en** ~ das Programm wird seit einem Jahr ausgestrahlt ② (NÁUT) Rah(e) *f* ③ (ZOOL) Fühler *m;* **estar con las** ~**s puestas** (*irón*) die Ohren spitzen

**anteojeras** [anteo'xeras] *fpl* Scheuklappen *fpl*

**anteojo** [ante'oxo] *m* ① (*catalejo*) Fernrohr *nt* ② *pl* (*gemelos*) Opernglas *nt;* (*prismáticos*) Fernglas *nt;* (*lentes*) Brille *f*

**antepasado, -a** [antepa'saðo, -a] *m, f* Vorfahr(e), -in *m, f*

**antepecho** [ante'petʃo] *m* ① (*barandilla*) Geländer *nt* ② (*pretil*) Brüstung *f*

**antepenúltimo, -a** [antepe'nultimo, -a] *adj* vorvorletzte(r, s)

**anteponer** [antepo'ner] *irr como poner* **I.** *vt* ① (*poner delante*): ~ **algo a algo** etw vor etw stellen ② (*dar preferencia*) den Vorrang geben +*dat* (*a* vor +*dat*) **II.** *vr:* ~**se** ① (*ponerse delante*): ~**se a alguien** sich vor jdn stellen ② (*tener preferencia*) den Vorrang haben (*a* vor +*dat*)

**anteproyecto** [antepro'ɟekto] *m* Vorentwurf *m*

**anterior** [ante'rjor] **I.** *adj* vorige(r, s); **la noche** ~ **había llovido** in der Nacht zuvor hatte es geregnet; **en la página** ~ auf der vorhergehenden Seite; **el presidente** ~ der vorige Präsident **II.** *prep:* ~ **a** vor +*dat*

**anterioridad** [anterjori'ðað] **I.** *f* Vorzeitigkeit *f* **II.** *prep:* **con** ~ **a** vor +*dat*

**anteriormente** [anterjor'mente] *adv* vorher; (*antiguamente*) früher

**antes** ['an̪tes] **I.** *adv* ① (*de tiempo*) vorher; (*hace un rato*) vorhin; (*antiguamente*) früher; (*primero*) zuerst; **poco** ~ kurz vorher; **piénsate** ~ **lo que dices** überlege dir vorher, was du sagst; **ahora como** ~ nach wie vor; ~ **con** ~, **cuanto** ~ so schnell wie möglich; ~ **de nada** zuerst; ~ **que nada** vor allem; **los cardenales van** ~ **que los obispos** die Kardinäle kommen vor den Bischöfen ② (*comparativo*) lieber **II.** *prep:* ~ **de** vor +*dat* **III.** *conj* ① (*temporal*) bevor; ~ (**de**) **que llegues** bevor du kommst ② (*adversativo*) sondern; **no estoy satisfecho con el examen,** ~ **bien decepcionado** ich bin nicht zufrieden mit der Prüfung, um nicht zu sagen enttäuscht **IV.** *adj:* **ya habíamos visto a esta chica el día** ~ wir hatten dieses Mädchen schon am Tag zuvor gesehen

**antesala** [an̪te'sala] *f* Vorzimmer *nt;* **hacer** ~ im Vorzimmer warten

**antiaéreo, -a** [an̪tja'ereo, -a] *adj* (MIL) Flugabwehr-

**antialcohólico, -a** [an̪tjal'koliko, -a/an̪tjalko'oliko, -a] **I.** *adj* antialkoholisch **II.** *m, f* Antialkoholiker(in) *m(f)*

**antialérgico¹** [an̪tja'lerxiko] *m* (MED) Antiallergikum *nt;* **antialérgico, -a²** [an̪tja'lerxiko, -a] *adj* allergiehemmend; **antiatómico, -a** [an̪tja'tomiko, -a] *adj:* **refugio** ~ Atombunker *m;* **antibalas** [an̪ti'βalas] *adj inv* kugelsicher; **antibelicista** [an̪tiβeli'θista] *mf* Kriegsgegner(in) *m(f)*

**antibiótico** [an̪ti'βjotiko] *m* Antibiotikum *nt*

**antibloqueo** [an̪tiβlo'keo] *m:* **sistema** ~ **de frenos** Antiblockiersystem *nt*

**anticapitalista** [an̪tikapita'lista] *adj* antikapitalistisch

**anticaspa** [an̪ti'kaspa] *adj inv* Antischuppen-; **champú** ~ Schuppenshampoo *nt*

**anticiclón** [an̪tiθi'klon] *m* Hoch(druckgebiet) *nt*

**anticipación** [an̪tiθipa'θjon] *f* ① (*de una fecha*) Vorverlegung *f* ② (*de un suceso*) Vorwegnahme *f* ③ (*a la acción de otro*) Vorgriff *m* (*de* auf +*akk*) ④ (*llegada adelantada*) Verfrühung *f* ⑤ (*loc*): **con** ~ (*pago*) im Voraus

**anticipadamente** [an̪tiθipaða'men̪te] *adv* im Voraus; **jubilar** ~ **a alguien** jdn vorzeitig in den Ruhestand versetzen

**anticipado, -a** [an̪tiθi'paðo, -a] *adj* (*elecciones*) vorgezogen; **pagar por** ~ im Voraus (be)zahlen

**anticipar** [an̪tiθi'par] **I.** *vt* ① (*fecha*) vorverlegen ② (*suceso*) vorwegnehmen; **no anticipemos los acontecimientos** lassen wir die Ereignisse auf uns zukommen ③ (*dinero*) vorstrecken; ~ **una paga sobre el sueldo** einen Vorschuss auf das Gehalt geben **II.** *vr:* ~**se a alguien** jdm zuvorkommen; **el verano se ha anticipado este año** der Sommer hat früh angefangen; **los invitados se han anticipado** die Gäste haben sich verfrüht

**anticipo** [an̪ti'θipo] *m* ① (*del sueldo*) Vorschuss *m;* ~ **sobre el sueldo** Gehaltsvorschuss *m* ② (*de un pago*) Anzahlung *f*

**anticlericalismo** [an̪tiklerika'lismo] *m sin pl* Antiklerikalismus *m*

**anticomunitario, -a** [an̪tikomuni'tarjo, -a] *adj* EU-feindlich

**anticonceptivo¹** [an̪tikon̪θep'tiβo] *m* Verhütungsmittel *nt*

**anticonceptivo, -a²** [an̪tikon̪θep'tiβo, -a] *adj* empfängnisverhütend; **píldora anticonceptiva** Antibabypille *f*

**anticongelante** [an̪tikoŋxe'lan̪te] *m* Frostschutzmittel *nt;* **anticonstitucional** [an̪tikoⁿstituθjo'nal] *adj* verfassungswidrig; **anticontaminante** [an̪tikon̪tami'nan̪te] *adj* umweltfreundlich

**anticorrosivo** [an̪tikorro'siβo] *m* Rostschutzmittel *nt*

**anticuado, -a** [an̪ti'kwaðo, -a] *adj* ① (*método, ideas*) veraltet, antiquiert ② (*vestido, estilo, costumbre*) altmodisch

**anticuario, -a** [an̪ti'kwarjo, -a] *m, f* (*vendedor*) Antiquitätenhändler(in) *m(f)*

**anticuarse** [an̪ti'kwarse] *vr* ① (*método, ideas*) veralten ② (*vestido, estilo, costumbre*) aus der Mode kommen

**anticuerpo** [an̪ti'kwerpo] *m* Antikörper *m*

**antidemocrático, -a** [an̪tiðemo'kratiko, -a] *adj* antidemokratisch; **antideportivo, -a** [an̪tiðepor'tiβo, -a] *adj* unsportlich; **antiderrapante** [an̪tiðerra'pan̪te] *adj* schleudersicher; **antideslizante** [an̪tiðesli'θan̪te] *adj* rutschfest; **antidopaje** [an̪tiðo'paxe] *adj inv,* **antidoping** [an̪ti'ðopin] *adj inv:* **control** ~ Dopingkontrolle *f*

**antídoto** [an'tiðoto] *m* ① (MED) Gegengift *nt* ② (*para evitar errores*) Gegenmittel *nt*

**antieconómico, -a** [an̪tjeko'nomiko, -a] *adj* unwirtschaftlich; **antiestético, -a** [an̪tjes'tetiko, -a] *adj* unästhetisch

**antifaz** [an̪ti'faθ] *m* Augenmaske *f*

**antifeminista** [an̪tifemi'nista] **I.** *adj* antifeministisch **II.** *mf* Antifeminist(in) *m(f);* **antifranquista** [an̪tifraŋ'kista] *adj* gegen Franco gerichtet

**antigás** [an̪ti'ɣas] *adj inv:* **máscara** ~ Gasmaske *f*

**antigripal** [an̪tiɣri'pal] *adj:* **remedio** ~

Grippemittel *nt*

**antigualla** [an̩ti'ɣwaʎa] *f* (*pey*) ① (*objeto*) (alter) Plunder *m* ② (*costumbre, estilo*) alter Zopf *m*

**antiguamente** [an̩tiɣwa'men̩te] *adv* früher

**antigubernamental** [an̩tiɣuβernamen̩'tal] *adj* regierungsfeindlich

**antigüedad** [an̩tiɣwe'ða$^{ð}$] *f* ① (*edad antigua*) Altertum *nt;* **la ~ clásica** die Antike ② (*objeto*) Antiquität *f* ③ (*edad*) Alter *nt;* **tener una ~ de 100 años** 100 Jahre alt sein ④ (*en una empresa*) Betriebszugehörigkeit *f;* **tengo 5 años de ~** (**en el trabajo**) ich bin seit 5 Jahren in diesem Betrieb

**antiguo, -a** [an̩'tiɣwo, -a] *adj* <antiquísimo> ① (*de muchos años*) alt; (*relación*) langjährig ② (*anticuado*) überholt; (*muy anticuado*) altertümlich; **a la antigua** nach alter Art; **está chapado a la antigua** er ist altmodisch ③ (*de la antigüedad*) antik ④ (*anterior*) ehemalig ⑤ (*en un cargo*): **es el más ~ en esta empresa** er ist der Dienstälteste in dieser Firma

**antihéroe** [an̩ti'eroe] *m* Antiheld *m;* **antihigiénico, -a** [an̩ti(i)'xjeniko, -a] *adj* unhygienisch; **antiimperialismo** [an̩ti(i)mperja'lismo] *m* (POL) Antiimperialismus *m;* **antiincendios** [an̩ti(i)n̩'θen̩djos] *adj inv* feuerfest; **antiinflacionista** [an̩ti(i)ɱflaθjo'nista] *adj* antiinflationär; **lucha ~** Inflationsbekämpfung *f;* **antiinflamable** [an̩ti(i)ɱfla'maβle] *adj* nicht entflammbar; **antiinflamatorio, -a** [an̩ti(i)ɱflama'torjo, -a] *adj* entzündungshemmend

**antílope** [an̩'tilope] *m* Antilope *f*

**antimanchas** [an̩ti'mantʃas] *adj inv* Schmutz abweisend

**antimilitarista** [an̩timilita'rista] **I.** *adj* antimilitaristisch **II.** *mf* Antimilitarist(in) *m(f)*

**antinatural** [an̩tinatu'ral] *adj* unnatürlich

**antinomia** [an̩ti'nomja] *f* Widerspruch *m*

**antinuclear** [an̩tinukle'ar] *adj* Anti-Atom(kraft)-; **manifestación ~** Anti-Atomkraft-Demonstration *f*

**antiparras** [an̩ti'parras] *fpl* (*fam*) Brille *f*

**antipatía** [an̩tipa'tia] *f* Abneigung *f* (*a/contra/hacia* gegen +*akk*)

**antipático, -a** [an̩ti'patiko, -a] *adj* unsympathisch

**antipatriotismo** [an̩tipatrjo'tismo] *m sin pl* Antipatriotismus *m*

**antípodas** [an̩'tipoðas] *mpl* (GEO) Antipoden *mpl*

**antipopular** [an̩tipopu'lar] *adj* volksfeindlich

**antiprogresista** [an̩tiproɣre'sista] **I.** *adj* fortschrittsfeindlich; (*reaccionario*) reaktionär; (*atrasado*) rückständig **II.** *mf* Fortschrittsfeind(in) *m(f);* (*reaccionario*) Reaktionär(in) *m(f)*

**antiquísimo, -a** [an̩ti'kisimo, -a] *adj superl de* **antiguo**

**antirreglamentario, -a** [an̩tirreɣlamen̩'tarjo, -a] *adj* regelwidrig; **entrada antirreglamentaria** (DEP) Foul *nt*

**antirrevolucionario, -a** [an̩tirreβoluθjo'narjo, -a] **I.** *adj* (POL) konterrevolutionär **II.** *m, f* (POL) Konterrevolutionär(in) *m(f);* **antirrobo** [an̩ti'rroβo] *m* Diebstahlschutz *m*

**antisemita** [an̩tise'mita] **I.** *adj* antisemitisch **II.** *mf* Antisemit(in) *m(f)*

**antisemitismo** [an̩tisemi'tismo] *m sin pl* Antisemitismus *m*

**antiséptico, -a** [an̩ti'septiko, -a] *adj* antiseptisch; **antisísmico, -a** [an̩ti'sismiko, -a] *adj* erdbebensicher; **antisocial** [an̩tiso'θjal] *adj* unsozial; **antitabaco** [an̩tita'βako] *adj inv:* **campaña ~** Antiraucherkampagne *f;* **antiterrorista** [an̩titerro'rista] *adj* Antiterror-; **lucha ~** Kampf gegen den Terrorismus

**antítesis** [an̩'titesis] *f inv* ① (LIT, FILOS) Antithese *f* ② (*contrario*) Gegenteil *nt*

**antitético, -a** [an̩ti'tetiko, -a] *adj* gegensätzlich

**antivirus** [an̩ti'βirus] *m inv* Antivirus *nt*

**antojadizo, -a** [an̩toxa'ðiθo, -a] *adj* launenhaft

**antojarse** [an̩to'xarse] *vimpers* ① (*encapricharse*): **se le antojó comprarse un coche nuevo** er/sie wollte unbedingt ein neues Auto kaufen; **se me antojó un helado** ich bekam Lust auf ein Eis; **hace siempre lo que se le antoja** er/sie macht immer, wozu er/sie Lust hat ② (*tener la sensación*): **se me antoja que no vas a venir** ich habe das Gefühl, dass du nicht kommen wirst; **se me antoja que va a nevar** ich glaube, es wird bald schneien

**antojo** [an̩'toxo] *m* ① (*capricho*) Laune *f;* **a mi ~** wie es mir gefällt ② (*de una embarazada*) Gelüst(e) *nt;* **tener ~s** (*ganas*) Gelüste haben; (*CSur: estar embarazada*) schwanger sein ③ (*mancha*) Muttermal *nt* ④ (*Méx: apetito*) Appetit *m*

**antología** [an̩tolo'xia] *f* Anthologie *f;* **de ~** (*memorable*) hervorragend

**antológico, -a** [an̩to'loxiko, -a] *adj* ① (*relativo a la antología*) anthologisch ② (*extraordinario*) hervorragend

**antónimo** [an̩'tonimo] *m* (LING) Antonym *nt*

**antonomasia** [an̩tono'masja] *f:* **por ~**

schlechthin

**antorcha** [aṇ'tortʃa] *f* Fackel *f*

**antro** ['aṇtro] *m* ❶ (*caverna*) Höhle *f* ❷ (*pey: local*) Spelunke *f;* **un ~ de corrupción** eine Lasterhöhle

**antropófago**, **-a** [aṇtro'pofaɣo, -a] *m, f* Kannibale, -in *m, f*

**antropología** [aṇtropolo'xia] *f* Anthropologie *f*

**antropólogo**, **-a** [aṇtro'poloɣo, -a] *m, f* Anthropologe, -in *m, f*

**antroponimia** [aṇtropo'nimja] *f* Namenkunde *f*

**anual** [anu'al] *adj* ❶ (*que dura un año*) Jahres- ❷ (*que sucede cada año*) jährlich; **informe ~** Jahresbericht *m* ❸ (*planta*) einjährig

**anualidad** [anwali'ða^ð] *f* Jahresrate *f;* **~ de(l) seguro** Versicherungsjahr *nt*

**anualmente** [anwal'meṇte] *adv* jährlich

**anuario** [anu'arjo] *m* Jahrbuch *nt*

**anubarrado**, **-a** [anuβa'rraðo, -a] *adj* bewölkt

**anublar** [anu'βlar] **I.** *vt* ❶ (*ocultar*) verdecken; **las nubes anublan el sol** die Wolken verdecken die Sonne ❷ (*empañar*) trüben; **~ la alegría** die Freude trüben **II.** *vr:* **~se** ❶ (*el cielo*) sich bewölken ❷ (*planta*) welken

**anudar** [anu'ðar] **I.** *vt* ❶ (*hacer un nudo*) (ver)knoten ❷ (*juntar*) verknüpfen (*a* mit +*dat*) **II.** *vr:* **~se** sich verknoten; (*la voz*) versagen

**anulación** [anula'θjon] *f* ❶ (*de una ley*) Aufhebung *f* ❷ (*de una sentencia/un matrimonio*) Annullierung *f* ❸ (*de un contrato*) Auflösung *f;* (*de un pedido*) Stornierung *f;* (*de una subscripción*) Kündigung *f* ❹ (*de una decisión/un permiso*) Widerruf *m*

**anular** [anu'lar] **I.** *vt* ❶ (*ley*) aufheben ❷ (*sentencia, matrimonio*) annullieren ❸ (*contrato*) auflösen; (*pedido*) stornieren; (*subscripción*) kündigen ❹ (*decisión, permiso*) widerrufen ❺ (*cita*) absagen ❻ (*tren, autobús*) streichen ❼ (DEP: *gol*) nicht anerkennen ❽ (*persona*) unterjochen **II.** *vr:* **~se** sich erniedrigen **III.** *adj* ❶ (*relativo al anillo*) Ring- ❷ (*de forma de anillo*) ringförmig

**anunciación** [anuṇθja'θjon] *f* Verkündigung *f*

**anunciante** [anuṇ'θjaṇte] *mf* Inserent(in) *m(f)*

**anunciar** [anuṇ'θjar] **I.** *vt* ❶ (*dar noticia de algo*) bekannt geben; (*de antemano*) ankündigen; (*por teléfono/radio*) durchsagen; **acaban de ~ la llegada del vuelo** die Ankunft des Fluges ist soeben gemeldet worden ❷ (*dar publicidad*) werben (für +*akk*) ❸ (*concurso, oposiciones*) ausschreiben ❹ (*un visitante*) melden ❺ (*presagiar*) vorhersagen **II.** *vr:* **~se** ❶ (*hacerse publicidad*) werben ❷ (*el verano*) sich ankündigen

**anuncio** [a'nuṇθjo] *m* ❶ (*de una noticia*) Bekanntgabe *f;* (*de antemano*) Ankündigung *f* ❷ (*en el cine/la TV*) (Werbe)spot *m;* (*en un periódico*) Anzeige *f;* **~ por palabras** Kleinanzeigen *fpl* ❸ (*en internet*): **~ en internet** Werbebanner *nt*

**anverso** [am'berso] *m* Vorderseite *f*

**anzuelo** [aṇ'θwelo] *m* ❶ (*para pescar*) Angelhaken *m;* **echar el ~** den Köder auswerfen; **morder el ~** anbeißen ❷ (*fam: aliciente*) Köder *m;* **picar en** [*o* **tragar**] **el ~** anbeißen; **echar el ~ a alguien** jdn ködern

**añadidura** [aɲaði'ðura] *f* Zusatz *m* (*a* zu +*dat*); (*en una compra*) Zugabe *f* (*a* zu +*dat*); **por ~** außerdem

**añadir** [aɲa'ðir] *vt* ❶ (*agregar*) hinzufügen (*a* +*dat*); **a esto hay que ~ que...** hinzu kommt, dass ... ❷ (*alargar*) verlängern; **~ dos centímetros a las mangas** die Ärmel um zwei Zentimeter verlängern

**añagaza** [aɲa'ɣaθa] *f* ❶ (*para aves*) Lockvogel *m* ❷ (*ardid*) List *f*

**añejo**, **-a** [a'ɲexo, -a] *adj* alt; (*vino*) gealtert

**añicos** [a'ɲikos] *mpl* Scherben *fpl;* **hacer algo ~** etw zertrümmern; **estoy hecho ~** (*fam*) ich bin fix und fertig

**añil** [a'ɲil] *m* ❶ (BOT) Indigopflanze *f* ❷ (*color*) Indigoblau *nt*

**año** ['aɲo] *m* Jahr *nt;* **~ bisiesto** Schaltjahr *nt;* **~ civil** Kalenderjahr *nt;* **~ luz** Lichtjahr *nt;* **~ natural** Kalenderjahr *nt;* **~ nuevo** Neujahr *nt;* **la víspera de ~ nuevo** der Silvesterabend; **~ de publicación** Erscheinungsjahr *nt;* **~ de servicio** Dienstjahr *nt;* **los ~s 60** die 60er Jahre; **por los ~s 60** in den 60er-Jahren; **en el ~ 1960** (im Jahre) 1960; **el ~ de la pera** anno dazumal; **cumplir ~s** Geburtstag haben; **cumplir 60 ~s** 60 Jahre alt werden; **¿cuántos ~s tienes?** wie alt bist du?; **Juan le saca cinco ~s a Pepe** Juan ist fünf Jahre älter als Pepe; **un hombre entrado en ~s** ein älterer Mann; **a mis ~s** in meinem Alter; **necesitar ~s** ewig brauchen; **los ~s no pasan en balde** die Zeit geht nicht spurlos vorbei; **los ~s corren que vuelan** die Jahre fliegen nur so dahin; **por él no pasan los ~s** er sieht für sein Alter jung aus; **quitarse ~s** sich jünger machen; **estar de buen ~** (*saludable*) gut ausse-

A

hen; (*gordo*) dick sein

**i Land & Leute**

Der Namens- und Gedenktag des Heiligen Jakobus wird als Höhepunkt mit den *Fiestas del Apóstol Santiago* in ganz Spanien, vor allem aber in *Galicia* – Galicien, am 25. Juli gefeiert. Er ist der Schutzpatron der spanischen Kirche. Fällt der 25. Juli auf Sonntag, wird das ganze Jahr zum **Año Jacobeo** erklärt. Die Hauptstadt Galiciens, *Santiago de Compostela* verdankt diesem Heiligen ihren Namen. In der Kathedrale Santiagos, erbaut im 11. und 12. Jahrhundert, also romanischen Stils, befindet sich auch sein Grabmal. *Santiago de Compostela* ist weltweit einer der wichtigsten Wallfahrts- bzw. Pilgerorte der römisch-katholischen Kirche.

**añoranza** [aɲo'ran̪θa] *f* Sehnsucht *f;* (*morriña*) Heimweh *nt*

**añorar** [aɲo'rar] *vt* sich sehnen (nach +*dat*); (*tener morriña*) Heimweh haben (*de* nach +*dat*); ~ **los viejos tiempos** den alten Zeiten nachtrauern

**añoso, -a** [a'ɲoso, -a] *adj* sehr alt

**aojar** [ao'xar] *vt* (*hechizar*) verhexen

**aorta** [a'orta] *f* Hauptschlagader *f*

**aovado, -a** [ao'βaðo, -a] *adj* oval

**aovar** [ao'βar] *vi* Eier legen

**aovillarse** [aoβi'ʎarse] *vr* sich zusammenkauern

**apabullante** [apaβu'ʎan̪te] *adj* überwältigend

**apabullar** [apaβu'ʎar] *vt* ❶ (*achicar*) einschüchtern; (*confundir*) verwirren; (*abatir*) am Boden zerstören; **me quedé apabullado cuando oí la noticia** ich war einfach platt, als ich die Nachricht hörte ❷ (*humillar*) demütigen

**apacentar** [apaθen̪'tar] <e→ie> **I.** *vt* ❶ (*ganado*) auf die Weide treiben ❷ (*pasiones, deseos*) schüren **II.** *vr:* ~**se** weiden

**apacible** [apa'θiβle] *adj* ❶ (*persona*) sanftmütig ❷ (*temperamento*) ruhig ❸ (*tiempo, viento*) mild

**apaciguar** [apaθi'ɣwar] <gu→gü> **I.** *vt* ❶ (*aplacar*) besänftigen ❷ (*calmar*) beruhigen; (*dolor*) mildern **II.** *vr:* ~**se** sich beruhigen

**apadrinar** [apaðri'nar] *vt* ❶ (*en un bautizo*) Pate stehen (bei +*dat*); (*en una boda*) Trauzeuge sein (bei +*dat*) ❷ (*proteger*) protegieren ❸ (*patrocinar*) die Schirmherrschaft übernehmen (über +*akk*)

**apagado, -a** [apa'ɣaðo, -a] *adj* ❶ (*volcán*) erloschen ❷ (*sonido*) gedämpft ❸ (*persona*) niedergeschlagen ❹ (*color*) trüb

**apagar** [apa'ɣar] <g→gu> **I.** *vt* ❶ (*luz, cigarrillo*) ausmachen ❷ (*fuego, cal*) löschen; ~ **el fuego con una manta** das Feuer mit einer Decke ersticken ❸ (*sed, hambre*) stillen ❹ (*protesta, disturbio*) ersticken ❺ (*televisor, radio*) ausmachen ❻ (*vela*) ausblasen ❼ (*color, bríos*) dämpfen ❽ (*loc*): **¡apaga y vámonos!** jetzt reicht's aber!; **hoy está apagado** heute ist er nicht in Form **II.** *vr:* ~**se** ❶ (*fuego, pipa, luz*) ausgehen ❷ (*sonido*) abklingen ❸ (*color*) verblassen

**apagón** [apa'ɣon] *m* Stromausfall *m*

**apaisado, -a** [apai̯'saðo, -a] *adj* im Querformat

**apalabrar** [apala'βrar] *vt* verabreden

**apalancamiento** [apalaŋka'mjen̪to] *m* Heben *nt* mit einer Brechstange; (ECON: *en una empresa*) Verhältnis *nt* von Eigenkapital zu Fremdkapital

**apalancar** [apalaŋ'kar] <c→qu> **I.** *vt* mit einer Brechstange hochheben **II.** *vr:* ~**se** (*fam*) herumlungern

**apalear** [apale'ar] *vt* ❶ (AGR) worfeln ❷ (*dinero*) scheffeln ❸ (*a alguien*) verprügeln ❹ (*una alfombra*) ausklopfen ❺ (*un árbol*) schlagen (gegen +*akk*); ~ **un manzano** Äpfel vom Baum abschlagen

**apalizar** [apali'θar] <z→c> *vt* verprügeln; **el equipo fue apalizado** (*fig*) die Mannschaft erlitt eine vernichtende Niederlage

**apañado, -a** [apa'ɲaðo, -a] *adj* ❶ (*hábil*) geschickt ❷ (*adecuado*) geeignet ❸ (*fam: equivocado*): **estás ~ si crees que te voy a ayudar** wenn du glaubst, dass ich dir helfe, bist du schief gewickelt; **aquí está ~** hier hat er nichts zu lachen

**apañar** [apa'ɲar] **I.** *vt* ❶ (*remendar*) flicken ❷ (*loc*): **¡ya te ~é yo!** dir werde ich helfen! **II.** *vr:* ~**se** ❶ (*darse maña*) sich geschickt anstellen ❷ (*arreglárselas*) zurechtkommen; **no sé cómo te las apañas** ich weiß nicht, wie du das machst; **¡apáñatelas como puedas!** sieh selbst zu, wie du zurechtkommst!

**apaño** [a'paɲo] *m* ❶ (*acción de apañar*) Flicken *nt* ❷ (*remiendo*) Flickarbeit *f* ❸ (*chanchullo*) Schiebung *f* ❹ (*amorío*) Verhältnis *nt* ❺ (*loc*): **encontrar un ~** eine Notlösung finden

**aparador** [apara'ðor] *m* ❶ (*mueble*) Anrichte *f* ❷ (*escaparate*) Schaufenster *nt*

❸ (*taller*) Werkstatt *f*

**aparato** [apa'rato] *m* ❶ (*utensilio, t.* DEP) Gerät *nt;* ~ **indicador** Zähler *m;* ~ **de precisión** Feinmessinstrument *nt;* ~ **de televisión** Fernsehgerät *nt;* ~ **para la ventilación** Lüftung *f;* **gimnasia de ~s** Geräteturnen *nt* ❷ (TEL) Apparat *m;* **ponerse al ~** ans Telefon gehen; **el señor X está al ~** Herr X ist am Apparat ❸ (*avión*) Maschine *f* ❹ (*vendaje*) Verband *m* ❺ (ANAT): ~ **digestivo** Verdauungsapparat *m* ❻ (*pompa*) Prunk *m* ❼ (POL: *de un partido*) Apparat *m*

**aparatosidad** [aparatosi'ðaᵈ] *f* ❶ (*ostentación*) Prunk *m* ❷ (*desmesura*) Maßlosigkeit *f*

**aparatoso, -a** [apara'toso, -a] *adj* ❶ (*ostentoso*) prunkvoll ❷ (*desmedido*) maßlos; **un accidente ~** ein spektakulärer Unfall

**aparcamiento** [aparka'mjen̪to] *m* ❶ (*acción*) Parken *nt* ❷ (*lugar*) Parkplatz *m*

**aparcar** [apar'kar] <c→qu> *vt* ❶ (*coche*) parken ❷ (*decisión*) vertagen

**aparcero, -a** [apar'θero, -a] *m, f* Teilpächter(in) *m(f)*

**apareamiento** [aparea'mjen̪to] *m* Paarung *f*

**aparear** [apare'ar] **I.** *vt* ❶ (*animales*) paaren ❷ (*formar un par*) paarweise anordnen; ~ **personas** Paare bilden **II.** *vr:* ~**se** ❶ (*animales*) sich paaren ❷ (*formar un par*) ein Paar bilden

**aparecer** [apare'θer] *irr como crecer* **I.** *vi* erscheinen; (*algo inesperado*) auftauchen; ~ **ante la opinión pública** in der Öffentlichkeit auftreten; **han aparecido casos de difteria** es gab einige Diphtheriefälle **II.** *vr:* ~**se** erscheinen

**aparejado, -a** [apare'xaðo, -a] *adj* (*adecuado*) geeignet; **llevar** [*o* **traer**] ~ mit sich bringen

**aparejador(a)** [aparexa'ðor(a)] *m(f)* Bauführer(in) *m(f)*

**aparejar** [apare'xar] *vt* ❶ (*una caballería*) anschirren ❷ (*un barco*) auftakeln ❸ (*imprimar*) grundieren

**aparejo** [apa'rexo] *m* ❶ (*arnés*) Pferdegeschirr *nt* ❷ (*poleas*) Flaschenzug *m* ❸ (*jarcia*) Takelage *f* ❹ (*imprimación*) Grundierung *f* ❺ (*construcción*) Verband *m* ❻ *pl* (*utensilios*) Ausrüstung *f*

**aparentar** [aparen̪'tar] *vt* vorgeben; **trata de ~ que es rico** er tut so als sei er reich; ~ **estar enfermo** sich krank stellen; **no aparentas la edad que tienes** du siehst jünger aus als du bist

**aparente** [apa'ren̪te] *adj* ❶ (*que parece y no es*) scheinbar ❷ (*perceptible a la vista*) sichtbar ❸ (*adecuado*) passend ❹ (*de buen aspecto*) reizvoll

**aparentemente** [aparen̪te'men̪te] *adv* anscheinend

**aparición** [apari'θjon] *f* ❶ (*acción*) Erscheinen *nt;* (*de algo inesperado*) Auftauchen *nt;* (TEAT) Auftritt *m* ❷ (*visión*) Erscheinung *f*

**apariencia** [apa'rjen̪θja] *f* ❶ (*aspecto*) Aussehen *nt* ❷ (*signos*) (An)schein *m;* **en ~** dem Anschein nach; **guardar las ~s** den Schein wahren; **las ~s engañan** (*prov*) der Schein trügt

**apartado¹** [apar'taðo] *m* ❶ (*cuarto*) Hinterzimmer *nt* ❷ (*párrafo*) Absatz *m* ❸ (*loc*): ~ **de Correos** Postfach *nt*

**apartado, -a²** [apar'taðo, -a] *adj* ❶ (*lugar*) abgelegen ❷ (*persona*) ungesellig

**apartamento** [aparta'men̪to] *m* Wohnung *f,* Appartement *nt*

**apartamiento** [aparta'mjen̪to] *m* ❶ (*separación*) Trennung *f* ❷ (*apartamento*) Wohnung *f*

**apartar** [apar'tar] **I.** *vt* ❶ (*separar*) trennen ❷ (*poner a un lado*) beiseite legen; ~ **a alguien para decirle algo** jdn zur Seite nehmen um ihm etw zu sagen; ~ **el plato** den Teller wegschieben; **¡aparta la mano del taladro!** komm mit deiner Hand nicht an den Bohrer! ❸ (*de un cargo*) entfernen (*de* aus +*dat*) ❹ (*de un propósito*) abbringen ❺ (*la vista*) abwenden ❻ (*la atención*) ablenken **II.** *vr:* ~**se** ❶ (*separarse*) sich trennen ❷ (*de un camino*) abweichen; **¡apártate!** geh aus dem Weg! ❸ (*del tema*) abschweifen

**aparte** [a'parte] **I.** *adv* (*en otro sitio*) beiseite; **por correo ~** mit getrennter Post; **he sumado los euros y, ~, los dólares** ich habe die Euro und die Dollar getrennt addiert; **esta cuestión debe tratarse ~** auf diese Frage muss gesondert eingegangen werden **II.** *prep* ❶ (*separado*): **él estaba ~ del grupo** er war abseits der Gruppe ❷ (*además de*): ~ **de** abgesehen von +*dat;* **esta sopa ~ de mala está fría** diese Suppe schmeckt nicht nur schlecht, sie ist auch noch kalt; ~ **de esto, perdí las llaves** außerdem verlor ich noch die Schlüssel **III.** *m* (*de un escrito*) Absatz *m;* **punto y ~** Punkt und neuer Absatz **IV.** *adj inv* ❶ (*singular*) einzigartig ❷ (*separado*) separat; **en un plato ~** auf einem extra Teller

**apartheid** [apar'xei̯ᵈ] *m sin pl* Apartheid *f*

**apartidismo** [aparti'ðismo] *m sin pl* Parteilosigkeit *f*

**apasionado, -a** [apasjo'naðo, -a] **I.** *adj*

❶ (*con pasión*) leidenschaftlich ❷ (*entusiasta*) begeistert ❸ (*temperamento*) lebhaft **II.** *m, f* Anhänger(in) *m(f)*

**apasionamiento** [apasjona'mjen̩to] *m* ❶ (*entusiasmo*) Begeisterung *f* ❷ (*vehemencia*) Leidenschaftlichkeit *f*; **con ~** mit Leib und Seele

**apasionante** [apasjo'nan̩te] *adj* (*libro, película*) spannend; (*música*) mitreißend; (*sensación*) überwältigend

**apasionar** [apasjo'nar] **I.** *vt* begeistern **II.** *vr:* **~se** ❶ (*entusiasmarse*) sich begeistern (*por* für +*akk*) ❷ (*enamorarse*) sich leidenschaftlich verlieben (*en* in +*akk*)

**apatía** [apa'tia] *f* Teilnahmslosigkeit *f*

**apático, -a** [a'patiko, -a] *adj* apathisch

**apátrida** [a'patriða] *adj* staatenlos

**apeadero** [apea'ðero] *m* ❶ (*poyo*) Trittstein *m* ❷ (FERRO) Haltepunkt *m* ❸ (*en un camino*) Haltebucht *f*

**apear** [ape'ar] **I.** *vt* ❶ (*árbol*) fällen ❷ (*disuadir*) abbringen (*de* von +*dat*) **II.** *vr:* **~se** (*de un vehículo*) aussteigen (*de* aus +*dat*); (*de un caballo*) absitzen (*de* von +*dat*)

**apechugar** [apeʧu'ɣar] <g→gu> *vi* sich abfinden; **~ con las consecuencias** die Konsequenzen tragen; **~ con una tarea complicada** sich eine schwere Arbeit aufladen

**apedazar** [apeða'θar] <z→c> *vt* flicken

**apedrear** [apeðre'ar] **I.** *vimpers* hageln **II.** *vt* mit Steinen bewerfen; (*lapidar*) steinigen **III.** *vr:* **~se** (*cosecha*) verhageln

**apegado, -a** [ape'ɣaðo, -a] *adj:* **estar ~ a alguien** an jdm hängen

**apegarse** [ape'ɣarse] <g→gu> *vr* lieb gewinnen (*a* +*akk*)

**apego** [a'peɣo] *m* Zuneigung *f* (*a* zu +*dat*); **tener un gran ~ a algo** etw sehr mögen

**apelación** [apela'θjon] *f* ❶ (JUR: *recurso*) Berufung *f* ❷ (*invocación*) Appell *m* (*a* an +*akk*) ❸ (*loc*): **ésto no tiene ~** da ist nichts zu machen; **este resultado no tiene ~** an diesem Ergebnis gibt es nichts zu rütteln

**apelar** [ape'lar] *vi* ❶ (*invocar*) appellieren (*a* an +*akk*); (*referirse*) sich berufen (*a* auf +*akk*) ❷ (*recurrir: a alguien*) sich wenden (*a* an +*akk*); (*a algo*) greifen (*a* zu +*dat*); **~ a todos los medios** kein Mittel unversucht lassen ❸ (JUR: *recurrir*) Berufung einlegen (*de* gegen +*akk*); **la sentencia ha sido apelada** gegen das Urteil wurde Berufung eingelegt

**apelativo** [apela'tiβo] *m* ❶ (*apellido*) Nachname *m* ❷ (*sobrenombre*) Beiname *m*; **~ cariñoso** Kosename *m* ❸ (LING) Gattungsname *m*

**apellidar** [apeʎi'ðar] **I.** *vt* nennen **II.** *vr:* **~se** (mit Familiennamen) heißen; **se apellida Martínez** sein/ihr Nachname ist Martínez

**apellido** [ape'ʎiðo] *m* Familienname *m*, Nachname *m*; **~ de soltera** Mädchenname *m*; **primer ~** Familienname des Vaters; **por el ~ no caigo** der Name sagt mir nichts

**i Land & Leute**

Jeder Spanier hat zwei **apellidos**: jeweils den ersten vom Vater und von der Mutter. Wenn beispielsweise Frau Iglesias Vieira und Herr González Blanco Eltern werden, so heißt ihr Kind nach Wahl der Eltern González Iglesias oder Iglesias González mit Nachnamen.

**apelmazado, -a** [apelma'θaðo, -a] *adj* ❶ (*cojín, colchón*) hart ❷ (*nieve*) pappig ❸ (*harina*) klumpig ❹ (*escritura*) schwer lesbar

**apelmazar** [apelma'θar] <z→c> **I.** *vt* zusammenpressen **II.** *vr:* **~se** ❶ (*colchón, cojín*) hart werden ❷ (*nieve*) verharschen ❸ (*harina*) verklumpen ❹ (*lana, pelo*) verfilzen

**apelotonar** [apeloto'nar] **I.** *vt* ❶ (*cosas*) zusammenballen ❷ (*personas*) zusammenpferchen **II.** *vr:* **~se** ❶ (*formarse grumos*) verklumpen ❷ (*personas*) sich zusammendrängen; **~se en la entrada** sich am Eingang drängen ❸ (*loc*): **en esta calle se apelotonan los coches** auf dieser Straße knäu(e)lt sich der Verkehr

**apenar** [ape'nar] **I.** *vt* bekümmern **II.** *vr:* **~se** ❶ (*afligirse*) sich grämen (*por* über +*akk*) ❷ (*Am: sentir vergüenza*) sich schämen (*por* für +*akk*, wegen +*gen/dat*)

**apenas** [a'penas] **I.** *adv* ❶ (*casi no*) kaum; **~ había nadie** es war kaum jemand da ❷ (*tan sólo*) erst; (*escasamente*) knapp; **~ hace un mes que estudio alemán** ich lerne erst seit einem Monat Deutsch; **~ hace una hora** vor knapp einer Stunde; **tengo ~ 10 euros en el bolsillo** ich habe gerade mal 10 Euro in der Tasche; **~ llegué a tiempo** ich kam gerade noch rechtzeitig an **II.** *conj* (*tan pronto como*) kaum; **~ salí a la calle, se puso a llover** ich war kaum auf der Straße, als es anfing zu regnen; **~ llegó, se tomó una ducha** er/sie kam und nahm sofort eine Dusche

**apéndice** [a'pen̩diθe] *m* ❶ (*de un libro*)

Anhang *m;* (*tomo separado*) Ergänzungsband *m* ❷ (*complemento*) Anhängsel *nt* ❸ (ANAT): ~ **vermiforme** Appendix *m*

**apendicitis** [apen̪di'θitis] *f inv* Blinddarmentzündung *f*

**apercibimiento** [aperθiβi'mjen̪to] *m* ❶ (*advertencia*) Warnung *f* ❷ (*amonestación*) Verwarnung *f*

**apercibir** [aperθi'βir] **I.** *vt* ❶ (*avisar*) aufmerksam machen (*de* auf +*akk*); (*advertir*) warnen (*de* vor +*dat*) ❷ (*amonestar*) tadeln (*por* wegen +*gen/dat, por* für +*akk*); (JUR) verwarnen; **le han apercibido con el despido** sie haben ihm mit seiner Entlassung gedroht **II.** *vr:* ~**se** ❶ (*prepararse*) sich vorbereiten (*a/para* auf +*akk*) ❷ (*percatarse*) sich *dat* bewusst werden (*de* +*gen*); **me he apercibido de lo importante que es el examen** mir ist die Wichtigkeit der Prüfung klar geworden

**aperitivo** [aperi'tiβo] *m* ❶ (*bebida*) Aperitif *m;* **¡y ésto es tan sólo el ~!** (*fig*) und das ist nur der Anfang! ❷ (*comida*) Appetithappen *m*

**aperos** [a'peros] *mpl* (*utensilios*) Ackergeräte *ntpl*

**apertura** [aper'tura] *f* Öffnen *nt;* (*reunión, teatro, cuenta, testamento, en ajedrez*) Eröffnung *f;* ~ **de un crédito** Krediteinräumung *f*

**apesadumbrar** [apesaðum'brar] **I.** *vt* bekümmern **II.** *vr:* ~**se** sich grämen (*por* über +*akk*)

**apestar** [apes'tar] **I.** *vi* ❶ (*oler mal*) stinken (*a* nach +*dat*) ❷ (*estar lleno*) wimmeln (*de* von +*dat*) **II.** *vt* ❶ (*fam: fastidiar*) nerven ❷ (*llenar*) überschwemmen; **el mercado está apestado de gente** der Markt wimmelt nur so von Menschen **III.** *vr:* ~**se** (*Am: contagiarse*) sich anstecken

**apestoso, -a** [apes'toso, -a] *adj* ❶ (*que apesta*) stinkend ❷ (*fastidioso*) lästig

**apetecer** [apete'θer] *irr como crecer vi* ❶ (*tener ganas de*) Lust haben (*de* auf +*akk*); **¿qué te apetece?** was möchtest du?; **¿un viaje? – sí, me apetece la idea** eine Reise? – ja, ich habe Lust dazu; **me apetece un helado** ich habe Lust auf ein Eis ❷ (*gustar*): **una copa de vino siempre apetece** ein Glas Wein schmeckt immer; **este libro me apetece más** dieses Buch sagt mir mehr zu

**apetecible** [apete'θiβle] *adj* wünschenswert; (*objetivo*) erstrebenswert

**apetencia** [ape'ten̪θja] *f* ❶ (*apetito*) Appetit *m* ❷ (*deseo*) Verlangen *nt* (*de* nach +*dat*)

**apetito** [ape'tito] *m* ❶ (*de comida*) Appetit *m* (*de* auf +*akk*); **abrir el ~** Appetit machen ❷ (*deseo*) Verlangen *nt* (*de* nach +*dat*); ~ **sexual** Fleischeslust *f*

**apetitoso, -a** [apeti'toso, -a] *adj* ❶ (*que despierta el apetito*) appetitlich ❷ (*sabroso*) köstlich ❸ (*deseable*) wünschenswert

**API** ['api] *m abr de* **Agente de la Propiedad Inmobiliaria** Makler(in) *m(f)*

**apiadar** [apja'ðar] **I.** *vt* Mitleid erregen; **su mala suerte apiada a sus vecinos** sein Unglück erregt das Mitleid der Nachbarn **II.** *vr:* ~**se** bemitleiden (*de* +*akk*); **¡Dios, apiádate de nosotros!** Herr, erbarme dich unser!

**ápice** ['apiθe] *m* ❶ (*punta*) Spitze *f* ❷ (*cúspide*) Gipfel *m* ❸ (*nada*): **no ceder un ~** keinen Zollbreit nachgeben; **no entender un ~** nicht das Geringste verstehen

**apicultor(a)** [apikul̪'tor(a)] *m(f)* Imker(in) *m(f)*

**apicultura** [apikul̪'tura] *f* Bienenzucht *f*

**apilamiento** [apila'mjen̪to] *m* (*de tierra, melones*) Aufhäufen *nt;* (*de periódicos*) (Auf)stapelung *f;* (*de madera*) Aufschichtung *f*

**apilar** [api'lar] **I.** *vt* aufhäufen; (*periódicos*) (auf)stapeln; (*madera*) (auf)schichten; (*cajas*) (auf)türmen **II.** *vr:* ~**se** sich stapeln

**apiñamiento** [apiɲa'mjen̪to] *m* Gedränge *nt*

**apiñar** [api'ɲar] **I.** *vt* ❶ (*cosas*) aufeinander stapeln; **apiñó las cosas en el maletero y partieron** er/sie stopfte die Sachen in den Kofferraum und sie fuhren los ❷ (*personas*) zusammendrängen; (*animales*) zusammenpferchen **II.** *vr:* ~**se** sich drängen

**apio** ['apjo] *m* Sellerie *m o f*

**apisonadora** [apisona'ðora] *f* Straßenwalze *f*

**apisonar** [apiso'nar] *vt* walzen

**aplacamiento** [aplaka'mjen̪to] *m* ❶ (*de otra persona*) Besänftigung *f* ❷ (*del dolor*) Milderung *f* ❸ (*del hambre, la sed*) Stillen *nt* ❹ (*de uno mismo*) Beruhigung *f*

**aplacar** [apla'kar] <c→qu> **I.** *vt* ❶ (*persona*) besänftigen ❷ (*dolor*) lindern ❸ (*hambre, sed*) stillen **II.** *vr:* ~**se** sich beruhigen

**aplanamiento** [aplana'mjen̪to] *m* ❶ (*allanamiento*) Einebnen *nt* ❷ (*desánimo*) Entmutigung *f*

**aplanar** [apla'nar] **I.** *vt* ❶ (*allanar*) ebnen ❷ (*aplastar*) zerdrücken ❸ (*desanimar*) entmutigen **II.** *vr:* ~**se** den Mut verlieren

**aplastamiento** [aplasta'mjen̪to] *m* (*t.* MED: *acción*) Zerquetschen *nt;* (*resultado*)

Quetschung *f*

**aplastante** [aplas'tan̪te] *adj* überwältigend; (*derrota*) vernichtend; (*lógica, prueba*) zwingend

**aplastar** [aplas'tar] *vt* ① (*chafar*) zerquetschen; **el desprendimiento de piedras aplastó a dos personas** der Steinschlag erschlug zwei Menschen ② (*con la mano*) zerdrücken; ~ **un cigarrillo** eine Zigarette ausdrücken ③ (*con el pie*) zertreten ④ (*derrotar*) (vernichtend) schlagen ⑤ (*abatir*) entmutigen

**aplatanarse** [aplata'narse] *vr* (*entregarse a la indolencia*) sich gehen lassen

**aplaudir** [aplau̯'ðir] **I.** *vi* applaudieren; **el publico rompió a** ~ das Publikum fing an zu klatschen **II.** *vt* ① (*palmear*) applaudieren +*dat* ② (*aprobar*) begrüßen; (*alabar*) loben

**aplauso** [a'plau̯so] *m* Applaus *m;* **salva de ~s** Beifallssturm *m;* **digno de** ~ (*fig*) lobenswert

**aplazable** [apla'θaβle] *adj* (*fecha prevista*) verschiebbar; (*plazo*) aufschiebbar; (*pago*) stundbar

**aplazamiento** [aplaθa'mjen̪to] *m* ① (*fecha*) Verlegung *f* (*a/hasta* auf +*akk*) ② (*viaje, partido*) Verschiebung *f* (*a/hasta* auf +*akk*); (*conferencia, negociación*) Vertagung *f* (*a/hasta* auf +*akk*) ③ (*decisión*) Aufschub *m* (*a/hasta* bis zu +*dat*)

**aplazar** [apla'θar] <z→c> *vt* ① (*fecha*) verlegen ② (*viaje, partido*) verschieben (*a/hasta* auf +*akk*); (*conferencia, negociación*) vertagen (*a/hasta* auf +*akk*); ~ **el viaje una semana** die Reise um eine Woche verschieben; **la reunión se aplaza hasta nueva orden** die Sitzung wird bis auf weiteres vertagt ③ (*decisión*) aufschieben ④ (*Am: suspender*) durchfallen lassen

**aplicable** [apli'kaβle] *adj* anwendbar (*a* auf +*akk*); **ser** ~ Anwendung finden

**aplicación** [aplika'θjon] *f* ① (*pintura, crema*) Auftragen *nt* ② (*venda*) Anlegen *nt* ③ (*teoría, método*) Anwendung *f;* **las múltiples aplicaciones del plástico** die vielen Verwendungsmöglichkeiten von Kunststoffen ④ (*conocimientos, habilidades*) Verwendung *f* ⑤ (*en el estudio*) Fleiß *m* ⑥ (*adorno*) Applikation *f* ⑦ (*Am: petición*) Bitte *f;* (*formal*) Antrag *m*

**aplicado, -a** [apli'kaðo, -a] *adj* (*trabajador*) fleißig

**aplicar** [apli'kar] <c→qu> **I.** *vt* ① (*pintura, crema*) auftragen (*a* auf +*akk*); ~ **dando un ligero masaje** leicht einmassieren; **aplicado con regularidad...** bei regelmäßiger Anwendung ... ② (*venda*) anlegen ③ (*teoría, método*) anwenden (*a* auf +*akk*) ④ (*conocimientos, habilidades*) verwenden (*a* für +*akk*); ~ **una máquina para un trabajo** eine Maschine für eine Tätigkeit einsetzen ⑤ (JUR): ~ **una sanción** eine Geldstrafe auferlegen; **la ley no se puede ~ en este caso** das Gesetz ist auf diesen Fall nicht anwendbar ⑥ (*loc*): ~ **el freno** die Bremse ziehen; ~ **un lazo a un vestido** eine Schleife an ein Kleid annähen; ~ **un tipo de interés** einen Zinssatz in Anwendung bringen; ~ **el oído a la puerta** an der Tür horchen **II.** *vr:* **~se** ① (*esforzarse*) sich bemühen; **~se al estudio** sich dem Studium intensiv widmen ② (*emplearse*) Anwendung finden

**aplique** [a'plike] *m* ① (*lámpara*) Wandleuchte *f* ② (TEAT) Requisit *nt*

**aplomar** [aplo'mar] **I.** *vt* ① (*comprobar la verticalidad*) loten ② (*construir verticalmente*) nach dem Lot ausrichten **II.** *vr:* **~se** an Selbstsicherheit gewinnen

**aplomo** [a'plomo] *m* (*seguridad*) Selbstsicherheit *f;* **perder el** ~ die Fassung verlieren

**apocado, -a** [apo'kaðo, -a] *adj* verzagt

**apocalíptico, -a** [apoka'liptiko, -a] *adj* apokalyptisch

**apocamiento** [apoka'mjen̪to] *m* Verzagtheit *f*

**apocar** [apo'kar] <c→qu> **I.** *vt* einschüchtern **II.** *vr:* **~se** verzagen

**apodar** [apo'ðar] **I.** *vt* (*dar un sobrenombre*) einen Beinamen geben +*dat;* (*un apodo*) einen Spitznamen geben +*dat* **II.** *vr:* **~se...** (*tener el sobrenombre*) den Beinamen ... haben; (*el apodo*) den Spitznamen ... haben

**apoderado, -a** [apoðe'raðo, -a] *m, f* Bevollmächtige(r) *mf;* (COM) Prokurist(in) *m(f)*

**apoderar** [apoðe'rar] **I.** *vt* bevollmächtigen **II.** *vr:* **~se** sich bemächtigen (*de* +*gen*); **el espía se apoderó del maletín** der Spion brachte den Aktenkoffer an sich; **~se de los clientes de la competencia** die Kunden der Konkurrenz abwerben; **~se del liderato** die Führung übernehmen

**apodo** [a'poðo] *m* Spitzname *m*

**apogeo** [apo'xeo] *m* (*cumbre*) Gipfel *m;* **estar en el ~ de su carrera** auf dem Höhepunkt seiner Laufbahn stehen; **el ~ del Barroco** die Blütezeit des Barocks

**apolillado, -a** [apoli'ʎaðo, -a] *adj* ① (*de polilla*) mottenzerfressen ② (*anticuado*) altmodisch

**apolillar** [apoli'ʎar] **I.** *vt* zerfressen **II.** *vr:* **~se** von Motten zerfressen werden

**apolillo** [apo'liʎo] *m* (*Arg*) Schlaf *m*

**apolítico**, **-a** [apo'litiko, -a] *adj* unpolitisch
**apología** [apolo'xia] *f* Verteidigung *f*
**apoltronarse** [apol̪tro'narse] *vr* ❶ (*empezarse*) träge werden ❷ (*repantigarse*) es sich *dat* bequem machen
**apoplejía** [apople'xia] *f* Schlaganfall *m*
**apopléjico**, **-a** [apo'plexiko, -a] *adj* (MED) apoplektisch
**apoquinar** [apoki'nar] *vt* (*fam*) blechen; **apoquina lo que me debes** gib mir die Kohle, die du mir (noch) schuldest
**aporrear** [aporre'ar] **I.** *vt* ❶ (*dar golpes*) heftig schlagen; ~ **el piano/la máquina de escribir** auf dem Klavier/auf der Schreibmaschine hämmern; ~ **la puerta** gegen die Tür hämmern ❷ (*molestar*) belästigen; **esta música me aporrea los oídos** (*por estar muy alta*) bei dieser Musik platzt einem ja das Trommelfell; (*por ser mala*) diese Musik ist nicht zum Aushalten ❸ (*moscas*) verscheuchen **II.** *vr:* ~**se** sich prügeln
**aportación** [aporta'θjon] *f* ❶ (*contribución*) Beitrag *m* (*a/para* zu +*dat*); **hacer una ~ a un trabajo** einen Beitrag zu einer Arbeit leisten ❷ (*donación*) Spende *f* (*a/para* für +*akk*) ❸ (ECON: *capital*) Einlage *f*; ~ **dineraria** Bareinlage *f*; ~ **en especie** Sacheinlage *f*
**aportar** [apor'tar] **I.** *vt* ❶ (*traer*) (mit)bringen; ~ **al matrimonio** in die Ehe einbringen ❷ (*contribuir*) beitragen (*a* zu +*dat*); **he aportado algo a la fiesta** ich habe einen Beitrag zum Fest geleistet ❸ (*argumento, propuesta*) vorbringen ❹ (*información*) liefern; (*evidencia, testigos*) beibringen ❺ (*pruebas*) erbringen ❻ (*capital*) einbringen ❼ (*loc*): **no aporta nada ir a esa conferencia** es bringt nichts diese Konferenz zu besuchen **II.** *vi* ❶ (*llegar a puerto*) einlaufen ❷ (*recalar*) auftauchen; **hace tiempo que no aporta por aquí** er/sie hat sich schon lange nicht mehr hier sehen lassen
**aporte** [a'porte] *m* ❶ (*contribución*) Beitrag *m* (*a/para* zu +*dat*) ❷ (*donación*) Spende *f* (*a/para* für +*akk*) ❸ (ECON: *capital*) Einlage *f* ❹ (GEO) Ablagerung *f*; ~ **de un río** Flussablagerung *f*
**aposentar** [aposen̪'tar] **I.** *vt* (*albergar*) beherbergen; (*procurar alojamiento*) unterbringen **II.** *vr:* ~**se** unterkommen; (MIL) sich einquartieren
**aposento** [apo'sen̪to] *m* ❶ (*hospedaje*) Unterkunft *f*; **nos dieron ~** sie nahmen uns bei sich *dat* auf ❷ (*cuarto*) Zimmer *nt*
**aposición** [aposi'θjon] *f* Apposition *f*
**apósito** [a'posito] *m* (*vendaje*) Wundverband *m*; (*adhesivo*) Heftpflaster *nt*
**aposta** [a'posta] *adv* absichtlich
**apostante** [apos'tan̪te] *mf* Wettteilnehmer(in) *m(f)*; (*jugador*) Spieler(in) *m(f)*; ~**s de las quinielas** Totospieler *mpl*
**apostar** [apos'tar] <o→ue> **I.** *vi* setzen (*por* auf +*akk*); ~**las a** [*o* **con**] **alguien** gegen jdn antreten **II.** *vt, vr:* ~**se** ❶ (*hacer una apuesta*) wetten (um +*akk*); **¿qué/cuánto apostamos?** worum/um wie viel wetten wir?; **¿qué te apuestas a que no lo hace?** wetten, dass er/sie es nicht tut?; **apuesto cualquier cosa a que...** ich gehe jede Wette ein, dass ...; ~ **doble contra sencillo que...** zwei zu eins wetten, dass ...; **puedes ~ la cabeza que...** du kannst Gift darauf nehmen, dass ... ❷ (*poner*) (sich) aufstellen
**apóstata** [a'postata] *mf* Abtrünnige(r) *mf*
**apostatar** [aposta'tar] *vi* sich lossagen; ~ **de la fe cristiana** vom christlichen Glauben abfallen
**a posteriori** [a poste'rjori] *adv* nachträglich
**apostilla** [apos'tiʎa] *f* Randbemerkung *f*
**apóstol** [a'postol] *m* Apostel *m*; **Hechos de los A~es** Apostelgeschichte *f*; **ser un buen ~** (*fig*) mit allen Wassern gewaschen sein
**apostólico**, **-a** [apos'toliko, -a] *adj* apostolisch; **la Santa Sede Apostólica** der Apostolische Stuhl
**apostrofar** [apostro'far] *vt* ❶ (*insultar*) beleidigen ❷ (LING) apostrophieren
**apóstrofe** [a'postrofe] *m o f* (*insulto*) Beleidigung *f*
**apóstrofo** [a'postrofo] *m* (LING) Apostroph *m*
**apostura** [apos'tura] *f* gutes Aussehen *nt*
**apoteósico**, **-a** [apote'osiko, -a] *adj* enorm; **éxito ~** Riesenerfolg *m*
**apoteosis** [apote'osis] *f inv* ❶ (*de un héroe*) Vergöttlichung *f* ❷ (*de un espectáculo*) Höhepunkt *m*
**apoyabrazos** [apoɟa'βraθos] *m inv* Armlehne *f*
**apoyacabezas** [apoɟaka'βeθas] *m inv* Kopfstütze *f*
**apoyar** [apo'ɟar] **I.** *vt* ❶ (*colocar sobre*) stützen (*en* auf +*akk*); (*contra*) lehnen (*en* an +*akk*) ❷ (*fundar*) stützen (*en* auf +*akk*); ~ (**con pruebas**) belegen ❸ (*confirmar*) bestätigen ❹ (*patrocinar*) unterstützen; (*ayudar*) beistehen +*dat*; ~ **una moción/un ascenso** einen Antrag/eine Beförderung befürworten; ~ **una reforma** für eine Reform eintreten **II.** *vi* (ARQUIT) ruhen (*sobre* auf +*dat*) **III.** *vr:* ~**se** ❶ (*descansar sobre*) sich stützen (*en* auf +*akk*);

(*contra*) sich lehnen (*en/contra* gegen +*akk*); ~**se con los brazos** sich mit den Armen aufstützen; ~**se con la mano** sich mit der Hand abstützen ❷ (*fundarse*) beruhen (*en* auf +*dat*)

**apoyo** [a'poɟo] *m* ❶ (*sostén*) Halt *m;* (*soporte*) Stütze *f* ❷ (*respaldo*) Unterstützung *f;* (*ayuda*) Hilfe *f;* **prestar ~ a un plan** einen Plan unterstützen; **tener un ~ en alguien** von jdm unterstützt werden; **cuenta con mi ~** du kannst dich auf mich verlassen; **en ~ de** zur Unterstützung +*gen*

**apreciable** [apre'θjaβle] *adj* ❶ (*observable*) wahrnehmbar; **~ al oído** hörbar ❷ (*considerable*) beträchtlich ❸ (*digno de estima*) schätzenswert

**apreciación** [apreθja'θjon] *f* ❶ (*de una moneda*) Bewertung *f* ❷ (*de una casa*) Schätzung *f* ❸ (*del tamaño*) Abschätzung *f* ❹ (*juicio*) Einschätzung *f* ❺ (*captación*) Wahrnehmung *f*

**apreciado, -a** [apre'θjaðo, -a] *adj* (*en cartas*): **~s Sres:** sehr geehrte Herren,

**apreciar** [apre'θjar] *vt* ❶ (*estimar*) schätzen; **aprecio los perros** ich mag Hunde gern; **si aprecias tu vida, ¡desaparece de aquí!** wenn dir dein Leben lieb ist, dann verschwinde von hier!; **aprecio la libertad** ich lege auf meine Freiheit großen Wert ❷ (*una moneda*) bewerten ❸ (*una casa*) schätzen ❹ (*tamaño, distancia*) abschätzen ❺ (*captar*) wahrnehmen; **de lejos no se aprecia ningún sonido** von weitem kann man nichts hören; **este cronómetro aprecia centésimas de un segundo** dieser Chronometer gibt Hundertstelsekunden an; **el médico apreció una contusión en el pecho** der Arzt stellte eine Prellung in der Brust fest ❻ (*valorar*) einschätzen

**aprecio** [a'preθjo] *m* ❶ (*afecto*) Zuneigung *f;* **te tengo un gran ~** ich mag dich sehr ❷ (*estima*) Wertschätzung *f;* **gran ~** Hochachtung *f;* **tengo un gran ~ por este político** ich schätze diesen Politiker sehr ❸ (FIN) Schätzung *f*

**aprehender** [apre(e)n̩'der] *vt* ❶ (*coger*) fassen; (*botín, contrabando*) beschlagnahmen ❷ (*percibir*) wahrnehmen; (*comprender*) begreifen

**aprehensión** [apre(e)n'sjon] *f* ❶ (*acción de coger*) Ergreifung *f;* (*del botín*) Beschlagnahmung *f* ❷ (*percepción*) Wahrnehmung *f;* (*comprensión*) Begreifen *nt*

**aprehensivo, -a** [apre(e)n'siβo, -a] *adj* wahrnehmungsfähig

**apremiante** [apre'mjan̩te] *adj* dringend

**apremiar** [apre'mjar] **I.** *vt* ❶ (*acuciar*) (be)drängen ❷ (*compeler*) zwingen (*a/para* zu +*dat*) **II.** *vi* (*urgir*) eilen; **el tiempo apremia** die Zeit drängt

**apremio** [a'premjo] *m* ❶ (*situación apremiante*) Dringlichkeit *f;* **por ~ de tiempo** aus Zeitnot ❷ (*coacción*) Zwang *m* ❸ (JUR) Mahnung *f*

**aprender** [apren̩'der] *vt* lernen; **fácil de ~** leicht erlernbar; **~ a leer** lesen lernen; **~ de la historia** aus der Geschichte lernen; **~ de memoria** auswendig lernen; **estoy aprendiendo a conducir** ich lerne gerade Auto fahren; **¿dónde has aprendido estos malos modales?** wo hast du dir diese schlechten Manieren angewöhnt?; **siempre se aprende algo nuevo** man lernt nie aus

**aprendiz(a)** [apren̩'diθ(a)] *m(f)* Lehrling *m;* **entrar de ~** in die Lehre gehen; **trabajar de ~** in der Lehre sein; **ser ~ de mucho, maestro de nada** ein Hansdampf in allen Gassen sein

**aprendizaje** [apren̩di'θaxe] *m* ❶ (*acción de aprender*) (Er)lernen *nt;* **~ en línea** Online-Lernen *nt* ❷ (*formación profesional*) Lehre *f;* **contrato de ~** Lehr(lings)vertrag *m;* **puesto de ~** Lehrstelle *f;* **tiempo de ~** Lehrzeit *f;* **terminar el ~** auslernen

**aprensión** [apren'sjon] *f* ❶ (*recelo*) Bedenken *ntpl;* **me da ~ decírtelo** ich traue mich nicht es dir zu sagen ❷ (*asco*) Ekel *m;* **he cogido ~ a la leche** ich finde Milch ek(e)lig; **me da ~ beber de este vaso** es ekelt mich aus diesem Glas zu trinken ❸ (*temor*) Befürchtung *f;* (*impresión*) Gefühl *nt;* **tener la ~ de que...** (*temer*) befürchten, dass ...; (*creer*) das Gefühl haben, dass ... ❹ (*figuración*) Einbildung *f;* **son aprensiones suyas** er/sie bildet sich *dat* das nur ein

**aprensivo, -a** [apren'siβo, -a] *adj* überängstlich

**apresamiento** [apresa'mjen̩to] *m* ❶ (*de un delincuente*) Verhaftung *f* ❷ (*de una nave*) Kapern *nt*

**apresar** [apre'sar] *vt* ❶ (*hacer presa*) packen ❷ (*delincuente*) verhaften ❸ (*nave*) kapern

**aprestar** [apres'tar] **I.** *vt* ❶ (*preparar*) vorbereiten; (*habitación*) herrichten ❷ (*telas*) appretieren **II.** *vr:* ~**se** sich vorbereiten (*para* auf/für +*akk*)

**apresurado, -a** [apresu'raðo, -a] *adj* ❶ (*con prisa*) eilig; **con paso ~** eiligen Schrittes ❷ (*con excesiva prisa*) übereilt

**apresuramiento** [apresura'mjen̩to] *m* ❶ (*rapidez*) Schnelligkeit *f* ❷ (*acción*)

Beschleunigung *f*

**apresurar** [apresu'rar] **I.** *vt* ① (*dar prisa*) drängen ② (*acelerar*) beschleunigen; ~ **el paso** das Tempo beschleunigen; ~ **la salida del viaje** übereilt abreisen **II.** *vr:* ~**se** sich beeilen; **¡no te apresures!** lass dir nur Zeit!

**apretado, -a** [apre'taðo, -a] *adj* ① (*oprimido*) dicht ② (*tapón, tornillo*) fest sitzend; (*vestido*) eng; (*cinta, cuerda*) straff ③ (*personas*) dicht gedrängt ④ (*loc*): **un caso** ~ ein heikler Fall; **verse** [*o* **estar**] **muy** ~ in großer Bedrängnis sein; **estar** ~ **de dinero** schlecht bei Kasse sein; **estar** ~ **de tiempo** keine Zeit haben

**apretar** [apre'tar] <e→ie> **I.** *vi* ① (*calor*) drückender werden; (*dolor*) schlimmer werden; (*lluvia*) heftiger werden ② (*vestido*) eng sitzen; **la americana me aprieta por detrás** die Jacke spannt am Rücken ③ (*deudas, problemas*) schwer lasten (*a* auf +*dat*) ④ (*loc*): **tenemos que** ~ **si queremos aprobar** wenn wir durchkommen wollen, müssen wir uns mehr Mühe geben; **si aprietas un poco puedes ganar el partido** wenn du noch ein bisschen an Tempo zulegst, kannst du das Spiel gewinnen; **este profesor aprieta mucho en los exámenes** dieser Lehrer stellt sehr schwierige Prüfungen **II.** *vt* ① (*hacer presión*) drücken; ~ **un botón/el timbre** auf einen Knopf/die Klingel drücken; ~ **algo contra el pecho** etw an die Brust drücken; ~ **el tubo de la pasta de dientes** die Zahnpastatube ausdrücken; ~ **el acelerador** das Gaspedal durchtreten; ~ **la ropa en la maleta** die Kleider in den Koffer stopfen ② (*acosar*) bedrängen ③ (*loc*): ~ **las cuerdas de la guitarra** die Gitarrensaiten spannen; ~ **los dientes** die Zähne zusammenbeißen; ~ **filas** zusammenrücken; ~ **la goma del pantalón** das Gummiband der Hose straffen; ~ **las letras** enger schreiben; ~ **las manos** die Hände zusammenpressen; ~ **el paso** den Schritt beschleunigen; ~ **el puño** die Faust ballen; ~ **un nudo/un tornillo** einen Knoten/eine Schraube fester anziehen **III.** *vr:* ~**se** ① (*estrecharse*) enger werden ② (*agolparse*) sich drängen ③ (*ceñirse*): ~**se el cinturón** den Gürtel enger schnallen

**apretón** [apre'ton] *m* ① (*presión*) Druck *m* ② (*sprint*) Spurt *m* ③ (*aprieto*) Bedrängnis *f* ④ (*apretura*) Gedränge *nt*

**apretujar** [apretu'xar] **I.** *vt* (*fam*) zerknautschen **II.** *vr:* ~**se** drängeln

**apretura** [apre'tura] *f* ① (*de gente*) Gedränge *nt* ② (*escasez*) Not *f* ③ (*aprieto*) Bedrängnis *f*

**aprieto** [a'prjeto] *m* Bedrängnis *f;* ~ **económico** finanzieller Engpass; **estar en un** ~ in der Klemme sein; **poner en un** ~ **con una pregunta** mit einer Frage in Verlegenheit bringen; **sacar a alguien de un** ~ jdm aus der Klemme helfen

**a priori** [a pri'ori] *adv* von vorn(e)herein

**apriorismo** [aprjo'rismo] *m sin pl* (FILOS) Apriorismus *m*

**aprisa** [a'prisa] *adv* schnell

**aprisionar** [aprisjo'nar] *vt* ① (*poner en prisión*) einsperren ② (*sujetar con cadenas*) in Ketten legen ③ (*atar*) festbinden ④ (*inmovilizar*) festhalten; (*pillar*) einklemmen; **quedarse aprisionado en el barro** im Lehm festsitzen

**aprobación** [aproβa'θjon] *f* (*de una decisión*) Billigung *f;* (*de un proyecto*) Genehmigung *f;* (*de una moción*) Annahme *f;* (*de una ley*) Verabschiedung *f;* **murmullo de** ~ beifälliges Gemurmel; **encontrar la** ~ **de alguien** jds Zustimmung finden

**aprobado** [apro'βaðo] *m* (ENS): **he sacado un** ~ **en mates** ich habe die Matheprüfung bestanden

**aprobar** [apro'βar] <o→ue> **I.** *vt* ① (*decisión, propuesta*) billigen, gutheißen; (*proyecto*) genehmigen; (*moción*) annehmen; (*ley*) verabschieden; ~ **las condiciones** mit den Bedingungen einverstanden sein; **la censura no aprobaba muchas películas** die Zensur gab viele Filme nicht frei; **la solicitud fue aprobada** der Antrag wurde genehmigt ② (*examen*) bestehen ③ (*a un alumno*) bestehen lassen **II.** *vi* (ENS) bestehen

**apropiación** [apropja'θjon] *f* ① (*adaptación*) Anpassung *f* ② (*aplicación adecuada*) angemessene Verwendung *f* ③ (*apoderamiento*) Aneignung *f;* ~ **indebida** Unterschlagung *f*

**apropiado, -a** [apro'pjaðo, -a] *adj* ① (*adecuado*) geeignet (*a/para* für +*akk*) ② (*oportuno*) angebracht; (*precio*) angemessen

**apropiar** [apro'pjar] **I.** *vt* ① (*adaptar*) anpassen (*a* +*dat*) ② (*Am: premio*) verleihen; (*encargo, beca*) vergeben **II.** *vr:* ~**se** sich *dat* aneignen (*de* +*akk*)

**aprovechable** [aproβe'ʧaβle] *adj* (*material*) brauchbar; (*residuos*) verwertbar

**aprovechado, -a** [aproβe'ʧaðo, -a] *adj* ① (*alumno*) strebsam ② (*trabajador*) tüchtig ③ (*calculador*) berechnend

**aprovechamiento** [aproβeʧa'mjen̩to] *m* Nutzung *f;* (*de una idea/residuos*) Verwertung *f;* ~ **del espacio** Platzausnutzung *f;* ~ **del tiempo libre** Freizeitgestaltung *f*

**aprovechar** [aproβe'ʧar] **I.** *vi* ❶ (*valer*) von Nutzen sein ❷ (*sentar bien*) gut bekommen; **¡que aproveche!** guten Appetit! ❸ (*progresar*): **mi hijo no aprovecha en los estudios** mein Sohn kommt mit dem Studium nicht voran **II.** *vt* nutzen; (*abusar*) ausnutzen; ~ **una idea** einen Einfall verwerten; ~ **un invento** sich *dat* eine Erfindung zunutze machen; ~ **el máximo de algo** den größtmöglichen Nutzen aus etw *dat* ziehen **III.** *vr:* ~**se** ❶ (*sacar provecho*) profitieren (*de* von +*dat*); **ellos hacen el trabajo sucio y luego los otros se aprovechan** sie machen die schmutzige Arbeit und die anderen profitieren dann davon ❷ (*abusar*) ausnutzen (*de* +*akk*); (*explotar*) ausbeuten (*de* +*akk*); ~**se de una mujer** eine Frau missbrauchen

**aprovisionamiento** [aproβisjona'mjen̪to] *m* Versorgung *f*

**aprovisionar** [aproβisjo'nar] *vt* versorgen (*de/con* mit +*dat*)

**aproximación** [aproˠsima'θjon] *f* ❶ (*acercamiento*) Annäherung *f* (*a* an +*akk*) ❷ (*en una lotería*) Trostpreis *m*

**aproximado, -a** [aproˠsi'maðo, -a] *adj* ungefähr

**aproximar** [aproˠsi'mar] **I.** *vt* heranrücken; **aproxima la silla a la mesa** rück den Stuhl an den Tisch (heran); ~ **opiniones** Meinungen einander annähern **II.** *vr:* ~**se** näher kommen; (*a un punto*) sich nähern (*a* +*dat*); ~**se con la silla a la ventana** mit dem Stuhl näher an das Fenster rücken; ~**se a los 50** auf die 50 zugehen; **se aproxima a la realidad** das kommt der Wirklichkeit sehr nahe; **se aproxima agosto** der August naht; **las tropas se aproximan** die Truppen rücken näher

**aproximativo, -a** [aproˠsima'tiβo, -a] *adj* approximativ; **valor** ~ Annäherungswert *m*

**aptitud** [apti'tuᵈ] *f* Eignung *f* (*para* für +*akk*, *para* zu +*dat*); ~ **para el servicio militar** Wehrdiensttauglichkeit *f;* **tener** ~**es físicas para la natación** für den Schwimmsport alle körperlichen Voraussetzungen mitbringen

**apto, -a** ['apto, -a] *adj* geeignet (*para* für +*akk*, *para* zu +*dat*); ~ **para el servicio militar** wehrdiensttauglich; **la película no es apta para menores** der Film ist nicht jugendfrei

**apuesta** [a'pwesta] *f* ❶ (*juego*) Wette *f;* **corredor de** ~**s** Buchmacher *m* ❷ (*cantidad*) Einsatz *m*

**apuesto, -a** [a'pwesto, -a] *adj* gut aussehend

**apuntador(a)** [apun̪ta'ðor(a)] *m(f)* (TEAT) Souffleur *m,* Souffleuse *f;* **en esta película no se salva ni el** ~ in diesem Film bleibt keiner verschont

**apuntalamiento** [apun̪tala'mjen̪to] *m* (ARQUIT) (Ab)stützen *nt*

**apuntalar** [apun̪ta'lar] *vt* abstützen

**apuntar** [apun̪'tar] **I.** *vi* sich zeigen; (*día*) anbrechen; (*barba, trigo*) sprießen; (*estación*) beginnen; **apunta la primavera** es wird Frühling; **la recuperación económica empieza a** ~ es deutet sich eine Wiederbelebung der Wirtschaft an **II.** *vt* ❶ (*con un arma*) zielen (*a* auf +*akk*); **¡apunten!** legt an! ❷ (*con el dedo*) zeigen (*a* auf +*akk*) ❸ (*anotar*) notieren ❹ (*inscribir*) anmelden (*en* in +*dat*); (*en una lista*) eintragen (*en* in +*akk*) ❺ (*naipes*) setzen (*a* auf +*akk*) ❻ (*tela*) (an)heften ❼ (*dictar*) vorsagen; (TEAT) soufflieren ❽ (*insinuar*) andeuten; ~ **algo y no dar** etw versprechen und nicht halten ❾ (*indicar*) hinweisen (*a* auf +*akk*); ~ **a que...** darauf hinweisen, dass ...; **todo apunta en esta dirección** alles weist in diese Richtung **III.** *vr:* ~**se** ❶ (*inscribirse*) sich anmelden (*a* zu +*dat*); (*en una lista*) sich eintragen (*en* in +*akk*); (*a un club*) beitreten (*a* +*dat*) ❷ (*el vino*) einen Stich bekommen ❸ (*éxito, tanto*) verbuchen ❹ (*victoria*) erringen ❺ (*fam: emborracharse*) sich *dat* einen ansäuseln

**apunte** [a'pun̪te] *m* ❶ (*escrito*) Notiz *f;* **tomar** ~**s** mitschreiben; **¿me dejas los** ~**s de mates?** kannst du mir die Matheunterlagen leihen? ❷ (*bosquejo*) Skizze *f* ❸ (FIN) Buchung *f*

**apuñalar** [apuɲa'lar] *vt* erstechen

**apuradamente** [apuraða'men̪te] *adv* ❶ (*exactamente*) genau ❷ (*con dificultad*) mit Mühe

**apurado, -a** [apu'raðo, -a] *adj* ❶ (*agotado*) erschöpft; ~ **de dinero** knapp bei Kasse ❷ (*con esmero*) sorgfältig ❸ (*dificultoso*) schwierig; **verse** ~ in der Klemme sitzen ❹ (*Am: apresurado*) eilig; **estar** ~ es eilig haben; **hacer un trabajo a las apuradas** eine Arbeit stümperhaft ausführen

**apurar** [apu'rar] **I.** *vt* ❶ (*investigación*) genau untersuchen ❷ (*vaso*) austrinken; (*plato*) leer essen ❸ (*paciencia, reservas*) erschöpfen; ~ **todos los medios** nichts unversucht lassen ❹ (*angustiar*) quälen; (*atosigar*) plagen; **¡no me apures, mi paciencia tiene un límite!** treib es nicht

A

auf die Spitze, meine Geduld hat bald ein Ende!; **ya vendrás cuando te apure el hambre** du wirst schon kommen, wenn du hungrig bist ⑤ (*con alabanzas*) verlegen machen; **me apura decirle que no tengo dinero** es ist mir peinlich ihm/ihr zu sagen, dass ich kein Geld habe ⑥ (*Am: dar prisa*) drängen **II.** *vr:* **~se** ① (*preocuparse*) sich *dat* Sorgen machen; **¡no te apures por eso!** mach dir deswegen keine Sorgen! ② (*Am: darse prisa*) sich beeilen; **¡no te apures!** es eilt nicht!

**apuro** [a'puro] *m* ① (*aprieto*) Bedrängnis *f;* (*dificultad*) Schwierigkeit *f;* **estar en un ~** in der Patsche sitzen; **sacar a alguien de un ~** jdm aus der Patsche helfen; **poner en ~** in Verlegenheit bringen ② (*estrechez*) finanzielle Notlage *f;* **sufrir grandes ~s** große Not leiden ③ (*vergüenza*) Scham *f;* **me da ~ pedirle el dinero** es ist mir peinlich ihn/sie um das Geld zu bitten ④ (*Am: prisa*) Eile *f*

**aquárium** [a'kwariun] <aquáriums> *m* Aquarium *nt*

**aquejar** [ake'xar] *vt* ① (*afligir*) bekümmern ② (*enfermedad*) quälen; **le aqueja una enfermedad grave** er/sie leidet an einer schweren Krankheit

**aquel**[1] [a'kel] *m:* **tener un ~** das gewisse Etwas haben

**aquel, -ella**[2] [a'kel, -eʎa] **I.** *adj* <aquellos, -as> diese(r, s); (*que vemos allí*) der/die/das dort; **aquella casa es nuestra** das Haus dort gehört uns; **¿qué fue del hombre ~?** was ist aus diesem Mann geworden?; **¿estabais de acuerdo en ~ punto?** wart ihr euch in dem Punkt einig?; **en aquellos tiempos** zu jener Zeit **II.** *pron dem v.* **aquél, aquélla, aquello**

**aquél, aquélla, aquello** [a'kel, a'keʎa, a'keʎo] *pron dem* <aquéllos, -as> diese(r, s); (*que vemos allí*) der/die/das dort; **~ me gusta, éste no** der dort gefällt mir, dieser hier nicht; **¿qué es aquello?** was ist das (dort)?; **como decía ~** wie jener sagte; **sólo pueden participar aquéllos que sepan inglés** nur diejenigen, die Englisch können, dürfen daran teilnehmen; **esta teoría se diferencia de aquélla** diese Theorie unterscheidet sich von jener; **~ que colabore recibirá un premio** jeder, der mitmacht, bekommt eine Belohnung; **oye, ¿qué hay de aquello?** und, wie steht's damit?

**aquella(s)** [a'keʎa(s)] *adj o pron dem v.* **aquel**[2]

**aquélla(s)** [a'keʎa(s)] *pron dem v.* **aquél**

**aquello(s)** [a'keʎo(s)] *adj o pron dem v.* **aquel**[2]

**aquí** [a'ki] *adv* ① (*de lugar*) hier; (*con movimiento*) hierher; (**por**) **~ cerca** hier in der Nähe; **~ dentro** darin; **éste de ~** der hier; **¡ah, ~ estás!** da bist du ja!; **andar de ~ para allá** hin und her laufen; **mira ~ dentro** schau hier rein; **de ~ hasta allí hay 10 minutos a pie** bis dahin sind es 10 Minuten zu Fuß; **mejor ir por ~** besser hier entlang ② (*de tiempo*): **de ~ en adelante** von nun an; **de ~ a una semana** heute in einer Woche; **hasta ~** bis jetzt

**aquietar** [akje'tar] **I.** *vt* ① (*apaciguar*) beruhigen ② (*aliviar*) lindern **II.** *vr:* **~se** sich beruhigen; **~se con una explicación** sich mit einer Erklärung zufrieden geben

**Aquisgrán** [akis'ɣran] *m* Aachen *nt*

**ara**[1] ['ara] *f* ① (*altar*) Altar *m* ② (*loc*): **acogerse a las ~s de alguien** bei jdm Zuflucht suchen; **en ~s de la paz** um des Friedens willen; **dar la vida en ~s de una idea** das Leben für eine Idee opfern

**ara**[2] ['ara] *m* (*Am*) Papagei *m*

**árabe** ['araβe] **I.** *adj* arabisch **II.** *mf* Araber(in) *m(f)*

**Arabia** [a'raβja] *f* Arabien *nt;* **~ Saudita** Saudiarabien *nt*

**arábigo, -a** [a'raβiɣo, -a] *adj* arabisch

**arácnidos** [a'raɣniðos] *mpl* (ZOOL) Spinnentiere *ntpl*

**arado** [a'raðo] *m* Pflug *m*

**Aragón** [ara'ɣon] *m* Aragonien *nt*

**aragonés, -esa** [araɣo'nes, -esa] **I.** *adj* aragonisch **II.** *m, f* Aragonier(in) *m(f)*

**arancel** [araṇ'θel] *m* Tarif *m*

**arancelario, -a** [araṇθe'larjo, -a] *adj* Zoll-

**arándano** [a'raṇdano] *m* Heidelbeere *f*

**araña** [a'raɲa] *f* ① (ZOOL) Spinne *f;* **tela de ~** Spinnennetz *nt* ② (*candelabro*) Kronleuchter *m*

**arañar** [ara'ɲar] **I.** *vt* ① (*rasguñar*) kratzen; (*dañar*) zerkratzen; **el gato está arañando el sillón** die Katze kratzt am Sessel ② (*fam: reunir*) zusammenkratzen; **con un poco de suerte ~é un aprobado** mit ein bisschen Glück komme ich bei der Prüfung durch ③ (*loc*): **~ la guitarra** Gitarre spielen **II.** *vi* kratzen **III.** *vr:* **~se** sich *dat* zerkratzen

**arañazo** [ara'ɲaθo] *m* Kratzer *m;* **dar un ~ a alguien** jdn kratzen; **defenderse a ~ limpio** sich hartnäckig verteidigen

**arar** [a'rar] *vt* pflügen

**arbitraje** [arβi'traxe] *m* ① (*juicio*) Schiedsspruch *m* ② (*de una disputa*) Schlichtung *f*

**arbitral** [arβi'tral] *adj* schiedsrichterlich; **jurisdicción ~** Schiedsgerichtbarkeit *f*

**arbitrar** [arβi'trar] **I.** *vt* ① (*disputa*) schlich-

A

ten ❷ (*medios, recursos*) aufbringen ❸ (DEP) pfeifen **II.** *vi* (JUR) einen Schiedsspruch fällen

**arbitrariedad** [arβitrarje'ðað] *f* ❶ (*cualidad*) Willkür *f* ❷ (*acción*) Willkürmaßnahme *f*

**arbitrario, -a** [arβi'trarjo, -a] *adj* ❶ (*inconsistente*) beliebig ❷ (*voluble*) willkürlich

**arbitrio** [ar'βitrjo] *m* ❶ (*decisión de un juez*) Schiedsspruch *m* ❷ (*voluntad*) Ermessen *nt;* **estar al ~ de alguien** in jds Ermessen liegen; **dejar al ~ de alguien** in jds Ermessen stellen ❸ (*salida*) Ausweg *m* ❹ *pl* (*impuesto*): **~s municipales** Gemeindesteuer *f*

**árbitro, -a** ['arβitro, -a] *m, f* ❶ (*mediador*) Schlichter(in) *m(f)* ❷ (JUR, DEP) Schiedsrichter(in) *m(f);* (*boxeo*) Ringrichter(in) *m(f);* (*judo, wrestling*) Kampfrichter(in) *m(f)*

**árbol** ['arβol] *m* ❶ (BOT) Baum *m;* **~ de Navidad** Weihnachtsbaum *m;* **los ~es no le dejan ver el bosque** er/sie sieht den Wald vor lauter Bäumen nicht; **del ~ caído todos hacen leña** (*prov*) wenn der Baum fällt, bricht jedermann Holz ❷ (TÉC: *eje*) Welle *f* ❸ (NÁUT) Mast *m* ❹ (*loc*): **~ de la ciencia** Baum der Erkenntnis; **~ genealógico** Stammbaum *m*

**arbolado** [arβo'laðo] *m,* **arboleda** [arβo'leða] *f* Baumgruppe *f*

**arbóreo, -a** [ar'βoreo, -a] *adj* ❶ (*relativo al árbol*) Baum-; **masa arbórea** Baumbestand *m* ❷ (*parecido*) baumähnlich

**arboricultura** [arβorikul̩'tura] *f* Baumzucht *f*

**arbusto** [ar'busto] *m* Strauch *m*

**arca** ['arka] *f* Truhe *f;* (*para dinero*) Tresor *m;* **~ de la alianza** (REL) Bundeslade *f;* **las ~s del estado** die Staatskasse; **~ de Noé** Arche Noah; **~ del pan** (*fam*) Bauch *m;* **ser un ~ cerrada** (*fig*) sehr verschlossen sein

**arcada** [ar'kaða] *f* ❶ (ARQUIT) Arkade *f* ❷ (*basca*) Brechreiz *m*

**arcaico, -a** [ar'kai̯ko, -a] *adj* (*anticuado*) veraltet

**arcaísmo** [arka'ismo] *m* (LING, ARTE) Archaismus *m*

**arcángel** [ar'kaŋxel] *m* Erzengel *m*

**arcano**[1] [ar'kano] *m* Geheimnis *nt*

**arcano, -a**[2] [ar'kano, -a] *adj* geheim

**arce** ['arθe] *m* Ahorn *m*

**arcén** [ar'θen] *m* Rand *m;* (*de carretera*) Randstreifen *m*

**archiconocido, -a** [artʃikono'θiðo, -a] *adj* (*fam*) überall bekannt

**archimillonario, -a** [artʃimiʎo'narjo, -a] *m, f* Multimillionär(in) *m(f)*

**archipiélago** [artʃi'pjelaɣo] *m* Archipel *m;* **el ~ canario** die Kanarischen Inseln

**archisabido, -a** [artʃisa'βiðo, -a] *adj* (*fam*) äußerst bekannt; **esto está ya ~** wir können es schon nicht mehr hören

**archivador** [artʃiβa'ðor] *m* ❶ (*mueble*) Aktenschrank *m* ❷ (*carpeta*) (Akten)ordner *m;* **~ de correspondencia** Briefordner *m*

**archivar** [artʃi'βar] *vt* (*documentos*) ablegen; (*en una carpeta*) abheften; (INFOR) speichern; (*un asunto*) zu den Akten legen

**archivero, -a** [artʃi'βero, -a] *m, f* ❶ (*de archivo histórico*) Archivar(in) *m(f)* ❷ (*de oficina*) Angestellte(r) *mf* in der Registratur

**archivo** [ar'tʃiβo] *m* ❶ (*documentos, lugar*) Archiv *nt;* **~ fotográfico** Bildarchiv *nt;* **constar en los ~s** aktenkundig sein ❷ (INFOR) Datei *f;* **~ de comando** Befehlsdatei *f* ❸ (*Col: oficina*) Büro *nt*

**arcilla** [ar'θiʎa] *f* Ton *m*

**arcilloso, -a** [arθi'ʎoso, -a] *adj* ❶ (*con arcilla*) tonhaltig ❷ (*parecido*) tonartig

**arco** ['arko] *m* ❶ (*arma, t.* ARQUIT, ELEC) Bogen *m;* **~ de medio punto** Rundbogen *m;* **~ parlamentario** Parteienspektrum *nt;* **~ voltaico** Lichtbogen *m* ❷ (MAT) Kreisbogen *m* ❸ (MÚS) (Geigen)bogen *m* ❹ (*de una cuba*) Fassreif(en) *m* ❺ (METEO): **~ iris** Regenbogen *m* ❻ (TÉC): **~ segueta** Laubsäge *f*

**arcón** [ar'kon] *m* große Truhe *f*

**arder** [ar'ðer] *vi* brennen; **~ con fuerza** lodern; **~ sin llama** glimmen; **~ por los cuatro costados** lichterloh brennen; **~ de fiebre** ganz heiß sein; **~ de amor/pasíon** von Liebe/Leidenschaft entbrannt sein; **~ de odio** von Hass erfüllt sein; **~ de rabia** vor Wut rasen; **ardo en deseos de conocerte** ich brenne darauf, dich kennen zu lernen; **Valencia arde en fiestas** in Valencia herrscht festlicher Trubel; **el país arde en guerra** der Krieg wütet im Land; **la sesión parlamentaria está que arde** auf dieser Parlamentssitzung geht es heiß her; **estoy que ardo** (*enfadado*) ich bin wütend

**ardid** [ar'ðið] *m* List *f*

**ardiente** [ar'ðjen̩te] *adj* ❶ (*sed*) brennend ❷ (*pasión, deseo, fiebre*) glühend ❸ (*persona*) leidenschaftlich ❹ (*rosa*) feuerrot

**ardilla** [ar'ðiʎa] *f* Eichhörnchen *nt*

**ardor** [ar'ðor] *m* Hitze *f;* **~ de estómago** Sodbrennen; **el ~ de su mirada** die Glut seines/ihres Blickes; **en el ~ del combate** in der Hitze des Gefechts

**ardoroso**, **-a** [arðo'roso, -a] *adj* ① (*caliente*) heiß; (*calor*) sengend ② (*apasionado*) leidenschaftlich; (*agitado*) hitzig

**arduo**, **-a** ['arðwo, -a] *adj* mühsam; (*vida*) mühselig

**área** ['area] *f* ① (*superficie, extensión*) Fläche *f* ② (*terreno*) Gelände *nt;* ~ **de descanso** (AUTO) Rastplatz *m* ③ (*zona*) Gebiet *nt;* ~ **de castigo** (DEP) Strafraum *m;* ~ **metropolitana** Großstadtgebiet *nt;* ~ **de no fumar** Nichtraucherzone *f* ④ (*ámbito*) Bereich *m* ⑤ (*100 metros²*) Ar *m o nt*

**arena** [a'rena] *f* ① (*material*) Sand *m;* ~**s movedizas** Treibsand *m;* **edificar sobre** ~ (*fig*) auf Sand bauen; **sembrar en** ~ (*fig*) Holz in den Wald tragen ② (*lugar*) Arena *f*

**arenal** [are'nal] *m* Sandfläche *f*

**arenga** [a'reŋga] *f* ① (*discurso*) Ansprache *f* ② (*fam: discurso tedioso*) Tirade *f*

**arengar** [areŋ'gar] <g→gu> *vt* durch eine Rede mitreißen

**arenoso**, **-a** [are'noso, -a] *adj* ① (*con arena*) sandig ② (*parecido*) sandartig

**arenque** [a'reŋke] *m* Hering *m*

**arete** [a'rete] *m* Ohrring *m*

**argamasa** [arɣa'masa] *f* Mörtel *m*

**Argel** [ar'xel] *m* Algier *nt*

**Argelia** [ar'xelja] *f* Algerien *nt*

**argelino**, **-a** [arxe'lino, -a] **I.** *adj* algerisch **II.** *m, f* Algerier(in) *m(f)*

**Argentina** [arxeṇ'tina] *f* Argentinien *nt*

**i Land & Leute**

**Argentina** (offiziell: *República Argentina*) liegt im südlichen Teil Südamerikas. Nach Brasilien ist es das zweitgrößte Land dieses Kontinents. Die Hauptstadt **Argentiniens** heißt Buenos Aires. Offizielle Landessprache ist Spanisch. Die Währungseinheit ist der *peso argentino.*

**argentino**, **-a** [arxeṇ'tino, -a] **I.** *adj* argentinisch **II.** *m, f* Argentinier(in) *m(f)*

**argolla** [ar'ɣoʎa] *f* Ring *m*

**argot** [ar'ɣo^t] <argots> *m* Jargon *m*

**argucia** [ar'ɣuθja] *f* Spitzfindigkeit *f*

**argüir** [arɣu'ir] *irr como huir* **I.** *vt* ① (*deducir*) schließen (*de* aus *+dat*) ② (*probar*) erkennen lassen ③ (*echar en cara*) vorwerfen ④ (*alegar*) anführen (*como* als *+akk*) **II.** *vi* argumentieren

**argumentación** [arɣumeṇta'θjon] *f* Argumentation *f*

**argumental** [arɣumeṇ'tal] *adj* Argumentations-; **la trama** ~ die Handlung

**argumentar** [arɣumeṇ'tar] **I.** *vt* ① (*deducir*) schließen ② (*defender*) begründen **II.** *vi* argumentieren

**argumentativo**, **-a** [arɣumeṇta'tiβo, -a] *adj* argumentativ

**argumento** [arɣu'meṇto] *m* ① (*razonamiento*) Argument *nt;* **los** ~**s en pro y en contra de una teoría** die Argumente für und gegen eine Theorie ② (LIT, CINE, TEAT) Handlung *f* ③ (*Am: discusión*) Diskussion *f* ④ (*Am: alegato*) Auseinandersetzung *f*

**aria** ['arja] *f* Arie *f*

**aridez** [ari'ðeθ] *f* Trockenheit *f*

**árido**, **-a** ['ariðo, -a] *adj* trocken; (*terreno*) karg

**Aries** ['arjes] *m* Widder *m*

**ariete** [a'rjete] *m* (DEP) Mittelstürmer(in) *m(f)*

**ario**, **-a** ['arjo, -a] **I.** *adj* arisch **II.** *m, f* Arier(in) *m(f)*

**arisco**, **-a** [a'risko, -a] *adj* widerspenstig

**arista** [a'rista] *f* ① (*de los cereales*) Granne *f* ② (*borde*) Kante *f* ③ (ARQUIT: *línea*) Grat *m* ④ (MAT) Schnittlinie *f*

**aristocracia** [aristo'kraθja] *f* Aristokratie *f*

**aristócrata** [aris'tokrata] *mf* Aristokrat(in) *m(f)*

**aristocrático**, **-a** [aristo'kratiko, -a] *adj* aristokratisch

**aristocratizar** [aristokrati'θar] <z→c> **I.** *vt* adeln; **lo** ~ **on esos amigos tan finos** es adelte ihn, diese vornehmen Freunde zu haben **II.** *vr:* ~**se** geadelt werden

**aritmética** [ari^ð'metika] *f* Arithmetik *f*

**aritmético**, **-a** [ari^ð'metiko, -a] *adj* arithmetisch

**arlequín** [arle'kin] *m* ① (*de la comedia*) Harlekin *m* ② (*ridículo*) Hanswurst *m*

**arma** ['arma] *f* ① (*instrumento*) Waffe *f;* ~ **blanca** Stichwaffe *f;* ~ **de fuego** Schusswaffe *f;* ~ **homicida** Tatwaffe *f;* ~ **de reglamento** Dienstwaffe *f;* **¡apunten** ~**s!** legt an!; **¡descansen** ~**s!** Gewehr ab!; **llegar a las** ~**s** handgreiflich werden; **pasar por las** ~**s** standrechtlich erschießen; **rendir las** ~**s** die Waffen niederlegen; **tomar las** ~**s** zu den Waffen greifen ② (*sección del ejército*) Truppengattung *f* ③ *pl* (*blasón*) Wappen *nt* ④ *pl* (*fuerzas armadas*) Streitkräfte *fpl* ⑤ (*loc*): **un hombre de** ~**s tomar** ein streitbarer Mann; **mi novio es de** ~**s tomar** mein Freund lässt sich *dat* nichts gefallen

**armada** [ar'maða] *f* ① (*fuerzas navales*) Kriegsmarine *f* ② (*escuadra*) Kriegsflotte *f;* (HIST) Armada *f*

**armadillo** [arma'ðiʎo] *m* Gürteltier *nt*

**armado, -a** [ar'maðo, -a] *adj* ① (*provisto de*) ausgestattet (*de* mit +*dat*) ② (*loc*): **hormigón** ~ armierter Beton

**armador(a)** [arma'ðor(a)] *m(f)* Reeder(in) *m(f)*

**armadura** [arma'ðura] *f* ① (*de caballero*) (Ritter)rüstung *f* ② (*de un objeto*) Gestell *nt* ③ (*de una casa*) (Grund)gerippe *nt;* (*de un tejado*) Dachstuhl *m* ④ (*de máquinas*) Armatur *f*

**armamentismo** [armamen̪'tismo] *m* Aufrüstung *f*

**armamentista** [armamen̪'tista] *adj* Rüstungs-; **carrera** ~ Wettrüsten *nt*

**armamento** [arma'men̪to] *m* ① (*de una persona*) Bewaffnung *f;* (*de un país*) Aufrüstung *f* ② (*armas, equipo*) Ausrüstung *f*

**armar** [ar'mar] **I.** *vt* ① (*proveer de armas*) bewaffnen ② (*embarcación*) ausrüsten ③ (*cama*) aufstellen; (*tienda de campaña*) aufschlagen ④ (*fam: jaleo, pelea*) anzetteln; ~**la** (*fig*) Krach schlagen ⑤ (*loc*): ~ **caballero** zum Ritter schlagen **II.** *vr:* ~**se** ① (*con armas*) sich bewaffnen ② (*de paciencia/valor*) sich wappnen (*de* mit +*dat*) ③ (*loc*): **se va a** ~ **la gorda** (*fam*) es wird einen Riesenkrach geben

**armario** [ar'marjo] *m* Schrank *m;* ~ **empotrado** Einbauschrank *m;* ~ **ropero** Kleiderschrank *m*

**armatoste** [arma'toste] *m* Trödel *m*

**armazón** [arma'θon] *m o f* ① (*armadura*) Gestell *nt* ② (*esqueleto*) Skelett *nt*

**Armenia** [ar'menja] *f* Armenien *nt*

**armenio, -a** [ar'menjo, -a] **I.** *adj* armenisch **II.** *m, f* Armenier(in) *m(f)*

**armería** [arme'ria] *f* ① (*tienda*) Waffenladen *m* ② (*museo*) Waffenmuseum *nt* ③ (*arte*) Waffenschmiedekunst *f*

**armero** [ar'mero] *m* ① (*fabricante*) Waffenhersteller *m* ② (*vendedor*) Waffenhändler *m*

**armiño** [ar'miɲo] *m* ① (ZOOL) Hermelin *nt* ② (*piel*) Hermelinpelz *m*

**armisticio** [armis'tiθjo] *m* Waffenstillstand *m*

**armonía** [armo'nia] *f* ① (*consonancia*) Harmonie *f* ② (*relación armoniosa*) Eintracht *f;* **falta de** ~ Missstimmung *f;* **su comportamiento no estuvo en** ~ **con la solemnidad del acto** sein/ihr Benehmen entsprach nicht der Feierlichkeit des Aktes

**armónica** [ar'monika] *f* Mundharmonika *f*

**armónico, -a** [ar'moniko, -a] *adj* harmonisch

**armonio** [ar'monjo] *m* Harmonium *nt*

**armonioso, -a** [armo'njoso, -a] *adj* harmonisch; (*sonido, lengua*) wohlklingend

**armonización** [armoniθa'θjon] *f* Harmonisierung *f;* ~ **fiscal** (FIN) Steuerharmonisierung *f*

**armonizar** [armoni'θar] <z→c> **I.** *vi* harmonieren; **estos dos objetos armonizan** diese zwei Gegenstände passen zusammen **II.** *vt* harmonisieren; ~ **colores** Farben aufeinander abstimmen; ~ **ideas** Ideen miteinander in Einklang bringen

**árnica** ['arnika] *f* Arnika *f;* (*tintura*) Arnikatinktur *f;* **pedir** ~ (*fig*) das Handtuch werfen

**aro** ['aro] *m* ① (*argolla*) Ring *m;* **le haré pasar por el** ~ (*fig*) ich werde ihn schon dazu bringen; **ahora tienes que pasar por el** ~ (*fig*) nun musst du es durchstehen ② (BOT) Aron(s)stab *m* ③ (*CSur, PRico: arete*) Ohrring *m*

**aroma** [a'roma] *m* (*olor*) Duft *m;* (*sabor*) Aroma *nt*

**aromático, -a** [aro'matiko, -a] *adj* (*fragante*) duftend

**aromatizar** [aromati'θar] <z→c> *vt* ① (*dar aroma*) aromatisieren ② (GASTR) würzen

**arpa** ['arpa] *f* Harfe *f*

**arpillera** [arpi'ʎera] *f* Sackleinen *nt*

**arpón** [ar'pon] *m* (*de pesca*) Harpune *f*

**arqueado, -a** [arke'aðo, -a] *adj* krumm

**arquear** [arke'ar] **I.** *vt* ① (*doblar*) biegen; (*espalda*) krümmen; **el gato arqueó su lomo** die Katze machte einen Buckel ② (*cejas*) hochziehen ③ (*techo*) wölben **II.** *vr:* ~**se** sich biegen

**arqueo** [ar'keo] *m* (*curvatura*) Krümmung *f;* (*de un techo*) Wölbung *f*

**arqueología** [arkeolo'xia] *f* Archäologie *f*

**arqueológico, -a** *adj* archäologisch

**arqueólogo, -a** [arke'oloɣo, -a] *m, f* Archäologe, -in *m, f*

**arquero, -a** [ar'kero, -a] *m, f* ① (*con arco*) Bogenschütze, -in *m, f* ② (*portero*) Torwart, -frau *m, f*

**arquetipo** [arke'tipo] *m* Archetypus *m*

**arquitecto, -a** [arki'tekto, -a] *m, f* Architekt(in) *m(f);* ~ **interiorista** Innenarchitekt *m*

**arquitectónico, -a** [arkitek'toniko, -a] *adj* architektonisch

**arquitectura** [arkitek'tura] *f* Architektur *f*

**arrabal** [arra'βal] *m* Vorstadt *f*

**arrabalero, -a** [arraβa'lero, -a] **I.** *adj* ① (*de un arrabal*) vorstädtisch ② (*grosero*) ungehobelt **II.** *m, f* ① (*habitante*) Vorstädter(in) *m(f)* ② (*grosero*) Rohling *m*

**arracimarse** [arraθi'marse] *vr* sich drängen

**arraigar** [arrai̯'ɣar] <g→gu> **I.** *vi, vr:* ~**se** (*echar raíces*) Wurzeln schlagen **II.** *vi* (*costumbre*) zur festen Gewohnheit werden (*en* bei +*dat*)

**arraigo** [a'rrai̯ɣo] *m* Verwurzelung *f;* **tener ~** (*influencia*) einflussreich sein

**arramblar** [arram'blar] **I.** *vi* (*apoderarse*) an sich reißen (*con* +*akk*) **II.** *vt* ❶ (*río*) Sand anspülen (an +*akk*) ❷ (*arrastrar*) mit sich *dat* reißen **III.** *vr:* **~se** versanden

**arrancada** [arraŋ'kaða] *f* ❶ (*de una máquina*) Starten *nt* ❷ (DEP) Reißen *nt*

**arrancar** [arraŋ'kar] <c→qu> **I.** *vi* ❶ (*vehículo*) starten ❷ (*embestir*) angreifen ❸ (*iniciar*) anfangen; **~ a correr** zu laufen anfangen ❹ (*provenir*) ausgehen (*de* von +*dat*); (*comenzar*) beginnen (*de* in +*dat*) **II.** *vt* ❶ (*plantas*) (her)ausreißen; **el viento arrancó el árbol** der Wind entwurzelte den Baum ❷ (*pegatina, póster*) abreißen ❸ (*quitar con violencia*) entreißen; **le ~on el arma** sie entrissen ihm/ihr die Waffe; **el ladrón le arrancó el bolso de la mano** der Dieb riss ihr die Handtasche aus der Hand; **la granada le arrancó un brazo** die Granate zerfetzte ihm/ihr einen Arm; **la corriente arrancó el puente** die Strömung riss die Brücke fort ❹ (*muela*) ziehen ❺ (AUTO) anlassen ❻ (*loc*): **~ aplausos** Beifall auslösen; **~ una promesa a alguien** jdm ein Versprechen abringen; **~ un secreto** ein Geheimnis entlocken; **~ una victoria** einen Sieg erzwingen

**arranque** [a'rraŋke] *m* ❶ (*energía*) Energie *f;* (*decisión*) Initiative *f;* **tomar ~** Anlauf nehmen ❷ (*comienzo*) Beginn *m;* **punto de ~** Ausgangspunkt *m* ❸ (*arrebato*) Anwandlung *f;* **no tengas esos ~s** reagier nicht so heftig ❹ (AUTO) Anlassen *nt;* **dispositivo de ~** (**automático**) (elektrischer) Anlasser *m* ❺ (INFOR) Start *m*

**arrasar** [arra'sar] **I.** *vt* ❶ (*allanar*) einebnen ❷ (*edificios*) dem Erdboden gleichmachen; (*región*) verwüsten ❸ (*vaso*) bis zum Rand füllen **II.** *vi* (*cielo*) aufklaren **III.** *vr:* **~se** ❶ (*cielo*) aufklaren ❷ (*loc*): **se le ~on los ojos de lágrimas** er/sie zerfloss in Tränen

**arrastrado**, **-a** [arras'traðo, -a] *adj:* **una vida arrastrada** ein Hundeleben

**arrastrar** [arras'trar] **I.** *vt* ❶ (*tirar*) ziehen (*de* aus +*dat*); (*algo pesado*) schleifen; (*remolcar*) schleppen; **~on la caja montaña arriba** sie zogen die Kiste den Berg hinauf; **el agua arrastra las piedras** das Wasser reißt die Steine mit; **el viento arrastra las hojas** der Wind fegt die Blätter weg; **~ a alguien a hacer algo** jdn dazu verleiten etw zu tun; **le pude ~ al cine** ich konnte ihn mit ins Kino schleifen ❷ (*acarrear*) nach sich *dat* ziehen; **eso le arrastró dolores de cabeza** das verursachte ihm/ihr Kopfschmerzen ❸ (*arrebatar*) mitreißen **II.** *vi* (*cartas*) einen Trumpf ausspielen **III.** *vr:* **~se** kriechen

**arrastre** [a'rrastre] *m* (*de algo pesado*) Schleifen *nt;* (*remolque*) Fortschleppen *nt;* (GEO) Transport *m;* **estar para el ~** (*fam: cosa*) kaputt sein; (*persona*) völlig erledigt sein

**arre** ['arre] *interj* hü

**arrear** [arre'ar] **I.** *vt* ❶ (*ganado*) antreiben ❷ (*golpe*) versetzen; (*bofetada*) verpassen **II.** *vi* sich beeilen; **¡arrea!** (*rápido*) Tempo!; (*atiza*) Donnerwetter!

**arrebañaduras** [arreβaɲa'ðuras] *fpl* Speisereste *mpl*

**arrebañar** [arreβa'ɲar] *vt* ❶ (*un plato*) leer essen ❷ (*objetos*) zusammenraffen

**arrebatadamente** [arreβataða'mente] *adv* ❶ (*precipitadamente*) überstürzt ❷ (*violentamente*) heftig ❸ (*loc*): **hablar ~** (*apasionadamente*) voller Leidenschaft sprechen; (*rápidamente*) hastig sprechen

**arrebatado**, **-a** [arreβa'taðo, -a] *adj* ❶ (*alocado*) hastig ❷ (*irreflexivo*) unüberlegt ❸ (*impetuoso*) ungestüm ❹ (*irritado*) unbeherrscht; **con un rostro ~** rot vor Zorn

**arrebatador(a)** [arreβata'ðor(a)] *adj* bezaubernd

**arrebatar** [arreβatar] **I.** *vt* ❶ (*arrancar*) entreißen; **el viento le arrebató el sombrero** der Wind riss seinen Hut fort; **fue arrebatado por la corriente** die Strömung trieb ihn ab; **~ la vida a alguien** jdn umbringen; **~ la victoria** den Sieg erringen ❷ (*extasiar*) bezaubern ❸ (*conmover*) mitreißen **II.** *vr:* **~se** (*enfurecerse*) wütend werden (*por* auf/über +*akk*)

**arrebato** [arre'βato] *m* ❶ (*arranque*) Anfall *m;* **~ de cólera** Zornausbruch *m* ❷ (*éxtasis*) Ekstase *f*

**arrechucho** [arre'ʧuʧo] *m* (*fam*) ❶ (*de mal humor*) Rappel *m* ❷ (*de salud*) Unpässlichkeit *f*

**arreciar** [arre'θjar] *vi* ❶ (METEO) stärker werden ❷ (*críticas*) schärfer werden

**arrecife** [arre'θife] *m* Riff *nt*

**arredrar** [arre'ðrar] **I.** *vt* ❶ (*retraer*) zurückschrecken lassen ❷ (*asustar*) erschrecken **II.** *vr:* **~se** ❶ (*echarse atrás*) zurückschrecken (*ante* vor +*dat*); **~se ante alguien** vor jdm zurückweichen ❷ (*asustarse*) den Mut verlieren; **sin ~se** beherzt

**arreglado**, **-a** [arre'ɣlaðo, -a] *adj* ❶ (*ordenado*) ordentlich ❷ (*cuidado*) gepflegt

❸ (*moderado*) mäßig; (*precio*) erschwinglich ❹ (*loc*): **¡estamos ~s!** jetzt sitzen wir ganz schön in der Tinte!

**arreglar** [arreˈɣlar] **I.** *vt* ❶ (*ordenar*) in Ordnung bringen; ~ **la habitación para los invitados** das Zimmer für die Gäste herrichten; ~ **la (desordenada) habitación** das Zimmer aufräumen ❷ (*acicalar*): ~ **una mesa con flores** einen Tisch mit Blumen schmücken; ~ **a los niños para salir** die Kinder zum Weggehen fertigmachen; **¡ya te ~é yo!** (*fig*) wenn ich dich erwische! ❸ (*acordar*) vereinbaren; ~ **las cuentas con alguien** mit jdm abrechnen ❹ (*reparar*) reparieren; (*ropa, zapatos*) flicken; **esta sopa te ~á el estómago** diese Suppe wird deinem Magen gut tun ❺ (*aliñar*) anmachen; (*condimentar*) würzen ❻ (MÚS) arrangieren ❼ (*loc*): **estás arreglado si crees que te ayudaré** wenn du glaubst, dass ich dir helfe, irrst du dich **II.** *vr:* ~**se** ❶ (*vestirse, peinarse*) sich zurechtmachen ❷ (*componérsela*): **no sé cómo te las arreglas** ich weiß nicht, wie du das machst; **¿cómo te has arreglado para convencerle?** wie hast du es geschafft ihn zu überreden? ❸ (*ponerse de acuerdo*) sich einigen ❹ (*avenirse*) auskommen ❺ (*loc*): **el día se está arreglando** der Himmel klärt sich auf

**arreglo** [aˈrreɣlo] *m* ❶ (*ajuste*) Regelung *f;* **con ~ a lo convenido** gemäß der Vereinbarung; **obré con ~ a las normas** ich habe mich an die Regeln gehalten ❷ (*reparación*) Reparatur *f;* (*mejora*) Verbesserung *f;* **no tienes ~** bei dir ist Hopfen und Malz verloren *fam;* **este trabajo ya no tiene ~** diese Arbeit ist völlig verpfuscht ❸ (*de una habitación*) Einrichtung *f* ❹ (*acuerdo*) Vereinbarung *f* ❺ (*amoroso*) Liebschaft *f* ❻ (MÚS) Arrangement *nt*

**arrellanarse** [arreʎaˈnarse] *vr* es sich *dat* bequem machen

**arremangar** [arremaŋˈgar] <g→gu> *vt, vr:* ~**se** hochkrempeln; ~**se la camisa** (sich *dat*) die Hemdsärmel hochkrempeln

**arremetedor(a)** [arremeteˈðor(a)] *adj* angriffslustig

**arremeter** [arremeˈter] *vi* ❶ (*atacar*) anstürmen ❷ (*despotricar*) wettern

**arremetida** [arremeˈtiða] *f* Ansturm *m*

**arremolinarse** [arremoliˈnarse] *vr* ❶ (*hojas, polvo*) aufgewirbelt werden ❷ (*agua*) strudeln ❸ (*gente*) sich zusammendrängen

**arrendador(a)** [arrendaˈðor(a)] *m(f)* Vermieter(in) *m(f);* (*de un terreno/negocio*) Verpächter(in) *m(f)*

**arrendamiento** [arrendaˈmjento] *m* ❶ (*arriendo*) Miete *f;* (*de un terreno/negocio*) Pacht *f;* ~ **financiero** Leasingvertrag *m;* ~ **rústico** Landpacht *f* ❷ (*contrato*) Mietvertrag *m;* (*de un terreno/negocio*) Pachtvertrag *m* ❸ (*precio*) Miete *f;* (*de un terreno/negocio*) Pachtzins *m*

**arrendar** [arrenˈdar] <e→ie> *vt* ❶ (*ceder*) vermieten; (*terreno, negocio*) verpachten ❷ (*tomar*) mieten; (*terreno, negocio*) pachten

**arrendatario, -a** [arrendaˈtarjo, -a] *m, f* Mieter(in) *m(f);* (*de un terreno/negocio*) Pächter(in) *m(f)*

**arreos** [aˈrreos] *mpl* (*de las caballerías*) Geschirr *nt*

**arrepentido, -a** [arrepenˈtiðo, -a] *adj* reuevoll

**arrepentimiento** [arrepentiˈmjento] *m* Reue *f*

**arrepentirse** [arrepenˈtirse] *irr como sentir vr* (*lamentar*) Reue empfinden; ~ **de algo** etw bereuen

**arrestado, -a** [arresˈtaðo, -a] *adj* kühn

**arrestar** [arresˈtar] **I.** *vt* festnehmen **II.** *vr:* ~**se** sich heranwagen (*a* an +*akk*)

**arresto** [aˈrresto] *m* ❶ (*detención*) Festnahme *f* ❷ (*reclusión*) Arrest *m;* ~ **domiciliario** Hausarrest *m* ❸ (*arrojo*) Verwegenheit *f;* **tener ~s** Mut haben

**arriar** [arriˈar] <*1. pres:* arrío> **I.** *vt* ❶ (*bandera*) einholen ❷ (*cabo, cadena*) lockern ❸ (*inundar*) überschwemmen **II.** *vr:* ~**se** überschwemmt werden

**arriate** [arriˈate] *m* ❶ (*bancal*) Blumenbeet *nt* ❷ (*camino*) Weg *m*

**arriba** [aˈrriβa] *adv* ❶ (*posición*) oben; **más ~** weiter oben; **de ~ abajo** von oben nach unten; **caerse por las escaleras de ~ abajo** die Treppe hinunterstürzen; **leer un libro de ~ abajo** ein Buch vom Anfang bis zum Ende lesen; **ensuciarse de ~ abajo** sich von Kopf bis Fuß beschmutzen; **lo ~ mencionado** das Obenerwähnte; **¡manos ~!** Hände hoch!; **los que están ~ (de la sociedad)** die oberen Zehntausend; **los que están ~ (de una empresa)** die Führungsspitze; **la habitación de ~** (*de encima*) das Zimmer darüber; **el piso de ~** (*el último*) das oberste Stockwerk ❷ (*más de*): **tener de 60 años para ~** über 60 Jahre alt sein; **precios de 50 euros para ~** Preise ab 50 Euro (aufwärts) ❸ (*con movimiento*): **río ~** flussaufwärts; **¡~!** auf! ❹ (*CSur*): **de ~** (*gratis*) kostenlos; (*sin merecerlo*) grundlos

**arribar** [arriˈβar] *vi* (*barco*) einlaufen

**arribismo** [arriˈβismo] *m* Karrierismus *m*

**arribista** [arri'βista] *mf* Emporkömmling *m*
**arriendo** [a'rrjeṇdo] *m v.* **arrendamiento**
**arriesgado**, **-a** [arrjes'ɣaðo, -a] *adj* ❶ (*peligroso*) riskant ❷ (*atrevido*) tollkühn
**arriesgar** [arrjes'ɣar] <g→gu> **I.** *vt* ❶ (*vida, reputación*) aufs Spiel setzen ❷ (*en el juego*) setzen ❸ (*hipótesis, afirmación*) wagen **II.** *vr:* **~se** sich einer Gefahr aussetzen
**arrimar** [arri'mar] **I.** *vt* ❶ (*acercar*) heranrücken (*a* an +*akk*) ❷ (*apoyar*) anlehnen (*a* an +*akk*) ❸ (*golpe*) versetzen; (*bofetada*) verpassen ❹ (*loc*): **~ el ascua a su sardina** die Gelegenheit nutzen; **~ el hombro** zupacken; **~ los libros** das Studium abbrechen **II.** *vr:* **~se** ❶ (*acercarse*) näher treten; **~se a algo** näher an etw herangehen; **~se al poder** sich von Regierungskreisen protegieren lassen; **~se al sol que más calienta** sein Fähnchen nach dem Wind drehen ❷ (*apoyarse*) sich anlehnen (*a* an +*akk*); **el niño se arrimó a su madre** das Kind schmiegte sich an seine Mutter ❸ (*Am: amancebarse*) in wilder Ehe leben
**arrinconado**, **-a** [arriŋko'naðo, -a] *adj* ❶ (*apartado*) abgelegen ❷ (*desatendido*) vernachlässigt ❸ (*olvidado*) vergessen
**arrinconar** [arriŋko'nar] **I.** *vt* ❶ (*un objeto*) in die Ecke stellen ❷ (*dinero*) beiseite legen ❸ (*acosar*) in die Enge treiben ❹ (*de un cargo*) aus dem Verkehr ziehen ❺ (*rehuir a alguien*) links liegen lassen **II.** *vr:* **~se** sich zurückziehen
**arriscado**, **-a** [arris'kaðo, -a] *adj* ❶ (*arriesgado*) riskant ❷ (*escabroso*) felsig ❸ (*atrevido*) kühn
**arritmia** [a'rriðmja] *f* (*t.* MED) A(r)rhythmie *f*
**arroba** [a'rroβa] *f* ❶ (*medida de peso*) *Gewichtseinheit zwischen 11 und 12 Kilo* ❷ (*medida de capacidad*) *Hohlmaß für Öl, um die 13 Liter;* **tener dinero por ~s** einen Haufen Geld haben, in Geld schwimmen ❸ (INFOR) Klammeraffe *m,* at
**arrobamiento** [arroβa'mjeṇto] *m* Verzückung *f*
**arrobar** [arro'βar] **I.** *vt* entzücken **II.** *vr:* **~se** entzückt sein
**arrocero**, **-a** [arro'θero, -a] **I.** *adj* Reis- **II.** *m, f* Reisbauer, -bäuerin *m, f*
**arrodillarse** [arroði'ʎarse] *vr* (sich) niederknien
**arrogancia** [arro'ɣaṇθja] *f* Arroganz *f*
**arrogante** [arro'ɣaṇte] *adj* ❶ (*altivo*) arrogant ❷ (*apuesto*) stattlich
**arrogarse** [arro'ɣarse] <g→gu> *vr* sich *dat* anmaßen; **~ la facultad de juzgar a los demás** sich *dat* anmaßen über andere zu urteilen
**arrojadizo**, **-a** [arroxa'ðiθo, -a] *adj* Wurf-; **arma arrojadiza** Wurfwaffe *f*
**arrojado**, **-a** [arro'xaðo, -a] *adj* verwegen
**arrojar** [arro'xar] **I.** *vt* ❶ (*lanzar*) werfen; **el caballo arrojó al jinete** das Pferd warf den Reiter ab ❷ (*emitir*) ausstoßen; **la chimenea arroja humo** der Schornstein raucht; **~ un mal olor** schlecht riechen ❸ (*expulsar*) vertreiben ❹ (*vomitar*) erbrechen ❺ (*un resultado*) ergeben; **~ beneficios** Gewinne abwerfen; **~ fallos** Fehler aufweisen; **mi cuenta arroja un saldo de 100 euros** mein Konto weist einen Saldo von 100 Euro auf **II.** *vr:* **~se** sich stürzen; **~se al agua** ins Wasser springen
**arrojo** [a'rroxo] *m* Verwegenheit *f*
**arrollador(a)** [arroʎa'ðor(a)] *adj* ❶ (*fuerza*) umwerfend; (*mayoría*) überwältigend ❷ (*persona*) hinreißend
**arrollar** [arro'ʎar] *vt* ❶ (*enrollar*) aufwickeln ❷ (*atropellar*) überfahren ❸ (*derrotar*) (vernichtend) schlagen ❹ (*las leyes*) missachten
**arropar** [arro'par] **I.** *vt* zudecken **II.** *vr:* **~se** ❶ (*en la cama*) sich zudecken ❷ (*abrigarse*) sich warm anziehen; **¡arrópate bien!** zieh dich warm an!; **¡arrópate con eso!** (*fam fig*) das kannst du dir an den Hut stecken!
**arrostrar** [arros'trar] *vt* die Stirn bieten +*dat*
**arroyo** [a'rroɟo] *m* ❶ (*río pequeño*) Bach *m;* **~s de sangre/lágrimas** Ströme von Blut/Tränen ❷ (*cuneta*) Rinnstein *m;* **plantar a alguien en el ~** (*fig*) jdn vor die Tür setzen; **salir del ~** (*fig*) aus der Gosse herauskommen
**arroz** [a'rroθ] *m* Reis *m;* **~ con leche** Milchreis *m;* **habrá ~ y gallo muerto** (*fig*) es wird hoch hergehen
**arrozal** [arro'θal] *m* Reisfeld *nt*
**arruga** [a'rruɣa] *f* Falte *f;* **~ en la frente** Stirnfalte *f;* **este vestido hace ~s** dieses Kleid knittert
**arrugado**, **-a** [arru'ɣaðo, -a] *adj* ❶ (*vestido, papel*) zerknittert ❷ (*piel*) runz(e)lig
**arrugar** [arru'ɣar] <g→gu> **I.** *vt* ❶ (*papel, vestido*) zerknittern ❷ (*loc*): **~ la frente** die Stirn runzeln; **~ la nariz** die Nase rümpfen **II.** *vr:* **~se** ❶ (*papel, vestido*) knittern ❷ (*piel*) faltig werden ❸ (*achicarse*) den Mut verlieren
**arruinar** [arrwi'nar] **I.** *vt* ❶ (*causar ruina*) ruinieren ❷ (*destruir*) zerstören ❸ (*fiesta, vacaciones*) verderben; (*plan*) zunichte

machen **II.** *vr:* **~se** ❶ (*quedarse en la ruina*) sich ruinieren ❷ (*malograrse*) sich *dat* verderben

**arrullar** [arru'ʎar] **I.** *vt* (*a un niño*) in den Schlaf wiegen **II.** *vi* (ZOOL) gurren **III.** *vr:* **~se** turteln

**arrullo** [a'rruʎo] *m* ❶ (ZOOL) Gurren *nt* ❷ (*para niños*) Schlaflied *nt*

**arrumbar** [arrum'bar] *vt* ❶ (*una cosa*) ausrangieren ❷ (*a alguien*) aus dem Weg gehen +*dat*

**arsenal** [arse'nal] *m* ❶ (*de municiones*) (Waffen)arsenal *nt* ❷ (NÁUT) Werft *f*

**arsénico** [ar'seniko] *m* Arsen *nt*

**arte** ['arte] *m o f* ❶ (*pintura, escultura, facultad*) Kunst *f;* ~ **culinario** Kochkunst *f;* ~ **narrativo** Erzählkunst *f;* **las ~s plásticas** die bildenden Künste; **el séptimo ~** die Filmkunst; **escuela de ~s y oficios** Gewerbeschule *f* ❷ (*habilidad*) Geschick *nt* ❸ (*maña*) Trick *m;* **como por ~ de magia** wie durch Hexerei; **conseguir algo por malas ~s** sich *dat* etw erschleichen; **desplegó todas sus ~s para convencerlo** er/sie ließ alle seine/ihre Künste spielen um ihn zu überzeugen; **no tener ~ ni parte en algo** mit etw *dat* nichts zu tun haben

**artefacto** [arte'fakto] *m* (*aparato*) Apparat *m;* (*mecanismo*) Vorrichtung *f;* ~ **explosivo** Sprengkörper *m*

**artemisa** [arte'misa] *f* Beifuß *m*

**arteria** [ar'terja] *f* ❶ (ANAT) Arterie *f* ❷ (*de tráfico*) Verkehrsader *f*

**arterial** [arte'rjal] *adj* arteriell

**arterio(e)sclerosis** [arterjo(e)skle'rosis] *f inv* Arteriosklerose *f*

**artesa** [ar'tesa] *f* Backtrog *m*

**artesanal** [artesa'nal] *adj* handwerklich

**artesanía** [artesa'nia] *f* ❶ (*arte*) Handwerkskunst *f* ❷ (*obra*) Kunsthandwerk *nt;* **jarrón de ~** in Handarbeit hergestellte Vase

**artesano, -a** [arte'sano, -a] *m, f* Handwerker(in) *m(f)*

**artesonado** [arteso'naðo] *m* Kassettendecke *f*

**ártico, -a** ['artiko, -a] *adj* arktisch; **polo ~** Nordpol *m*

**articulación** [artikula'θjon] *f* ❶ (TÉC, ANAT) Gelenk *nt* ❷ (LING) Artikulation *f*

**articulado, -a** [artiku'laðo, -a] *adj* ❶ (*con articulación*) gelenkig; **muñeco ~** Gelenkpuppe *f* ❷ (*lenguaje*) artikuliert

**articular** [artiku'lar] **I.** *vt* ❶ (*unir*) miteinander verbinden ❷ (LING) artikulieren **II.** *adj* Gelenk-

**articulista** [artiku'lista] *mf* Artikelschreiber(in) *m(f)*

**artículo** [ar'tikulo] *m* ❶ (*mercancía*) (Verkaufs)artikel *m;* ~ **invendible** Ladenhüter *m;* ~ **en oferta** Sonderangebot *nt;* **~s de primera necesidad** Güter des täglichen Bedarfs ❷ (PREN) (Zeitungs)artikel *m* ❸ (JUR, LING) Artikel *m* ❹ (*en un diccionario*) Eintrag *m*

**artífice** [ar'tifiθe] *mf* ❶ (*autor*) Urheber(in) *m(f)* ❷ (*artista*) Künstler(in) *m(f)*

**artificial** [artifi'θjal] *adj* ❶ (*no natural*) künstlich; **seda ~** Kunstseide *f* ❷ (*falso*) gekünstelt

**artificiero** [artifi'θjero] *m* (*pirotécnico*) Feuerwerker *m;* **los ~s de la policía** das Sprengkommando der Polizei

**artificio** [arti'fiθjo] *m* ❶ (*mecanismo*) Vorrichtung *f;* (*aparato*) Apparat *m* ❷ (*habilidad*) Geschick *nt;* (*truco*) Kniff *m;* **un ~ técnico** ein technischer Kunstgriff

**artificioso, -a** [artifi'θjoso, -a] *adj* gekünstelt, unecht

**artillería** [artiʎe'ria] *f* (MIL) Artillerie *f;* **una ~ de medidas** (*fig*) eine ganze Batterie (von) Maßnahmen

**artillero** [arti'ʎero] *m* Artillerist *m*

**artilugio** [arti'luxjo] *m* ❶ (*pey: artificio*) Ding *nt* ❷ (*ardid*) List *f*

**artimaña** [arti'maɲa] *f* List *f*

**artista** [ar'tista] *mf* ❶ (ARTE) Künstler(in) *m(f)* ❷ (*de circo*) Artist(in) *m(f)* ❸ (TEAT) Schauspieler(in) *m(f)* ❹ (*loc*): **es un ~ en su especialidad** er ist ein Meister seines Fachs

**artístico, -a** [ar'tistiko, -a] *adj* ❶ (*del arte*) künstlerisch ❷ (*del circo*) artistisch ❸ (*hecho con arte*) kunstvoll

**artritis** [ar'tritis] *f inv* Arthritis *f*

**artrosis** [ar'trosis] *f inv* Arthrose *f*

**arzobispado** [arθoβis'paðo] *m* ❶ (*diócesis*) Erzbistum *nt* ❷ (*edificio*) Sitz *m* des Erzbischofs

**arzobispo** [arθo'βispo] *m* Erzbischof *m*

**as** [as] *m* Ass *nt*

**asa** ['asa] *f* Henkel *m;* (*de maleta*) Griff *m*

**asado** [a'saðo] *m* Braten *m*

**asador** [asa'ðor] *m* ❶ (*pincho*) Bratspieß *m* ❷ (*parrilla*) Grill *m*

**asadura** [asa'ðura] *f* (*de una res*) Eingeweide *ntpl*

**asaetear** [asaete'ar] *vt* (*mortificar*) belästigen; ~ **con** [*o* **a**] **preguntas** mit Fragen überhäufen

**asalariado, -a** [asala'rjaðo, -a] *m, f* (ECON) Lohnempfänger(in) *m(f)*

**asalariar** [asala'rjar] *vt* Lohn zahlen (*a* +*dat*); (*servicio público*) besolden; **todavía no le han asalariado** sie haben ihm noch keinen Lohn gezahlt

**asaltante** [asaḷ'taṇte] **I.** *adj* angreifend **II.** *mf* Angreifer(in) *m(f)*

**asaltar** [asaḷ'tar] *vt* ① (*fortaleza, ciudad*) stürmen ② (*a una persona: robar*) überfallen; (*atacar*) angreifen; ~ **con preguntas** mit Fragen bestürmen ③ (*pensamiento*) überkommen; **me asaltó el pánico** ich geriet in Panik

**asalto** [a'saḷto] *m* ① (*a una fortaleza/ciudad*) Sturm(angriff) *m* (*a* auf +*akk*); **tomar por** ~ in einem Handstreich einnehmen ② (*a un banco/alguien*) Überfall *m* (*a* auf +*akk*) ③ (DEP: *boxeo*) Runde *f;* (*esgrima*) Durchgang *m*

**asamblea** [asam'blea] *f* Versammlung *f;* ~ **general** Hauptversammlung *f;* ~ **plenaria** Vollversammlung *f;* ~ **de trabajadores** Betriebsversammlung *f*

**asar** [a'sar] **I.** *vt* ① (GASTR) braten; **cochinillo asado** Spanferkel *nt;* ~ **a fuego lento** schmoren; ~ **a la parrilla** grillen ② (*con preguntas*) löchern **II.** *vr:* ~**se**: **en esta casa se asa uno vivo** (*fam*) in diesem Haus kommt man um vor Hitze

**asbesto** [as'βesto] *m* Asbest *m*

**ascendencia** [asθeṇ'deṇθja] *f* ① (*antepasados*) Vorfahren *mpl* ② (*procedencia*) Herkunft *f*

**ascendente** [asθeṇ'deṇte] **I.** *adj* aufsteigend; **en orden** ~ in aufsteigender Reihenfolge **II.** *m* (ASTR) Aszendent *m*

**ascender** [asθeṇ'der] <e→ie> *vi* ① (*subir*) steigen; (*cuesta*) ansteigen; (DEP) aufsteigen; **el equipo ascendió a primera** die Mannschaft stieg in die erste Liga auf ② (*de empleo*) aufsteigen (*a* zu +*dat*) ③ (COM: *cantidad, cuenta*) sich belaufen (*a* auf +*akk*)

**ascendiente**[1] [asθeṇ'djeṇte] *m* (*influencia*) Einfluss *m*

**ascendiente**[2] [asθeṇ'djeṇte] *mf* Vorfahr(e), -in *m, f*

**ascensión** [asθen'sjon] *f* ① (*a una montaña*) Aufstieg *m* ② (*de Cristo*) Himmelfahrt *f;* **el día de la A~** der Himmelfahrtstag ③ (*del rey*) Thronbesteigung *f*

**ascenso** [as'θenso] *m* ① (*subida*) Anstieg *m;* (DEP) Aufstieg *m;* **el** ~ **a primera** der Aufstieg in die erste Liga ② (*promoción*) Beförderung *f*

**ascensor** [asθen'sor] *m* Aufzug *m;* **tomar el** ~ mit dem Aufzug fahren

**ascético, -a** [as'θetiko, -a] *adj* asketisch

**ascetismo** [asθe'tismo] *m sin pl* ① (*modo de vida*) Askese *f* ② (*doctrina*) Aszetik *f*

**asco** ['asko] *m* ① (*de algo*) Ekel *m* (*de* vor +*dat*); **este olor me da** ~ bei diesem Geruch wird mir übel; **las espinacas me dan** ~ ich kann Spinat nicht ausstehen ② (*de alguien*) Abscheu *m o f* (*de* vor +*dat*); **este hombre me da** ~ dieser Mann stößt mich ab ③ (*loc, fam*): **¡qué** ~ **de gente!** diese Leute sind unerträglich!; **estoy hecho un** ~ ich bin dreckig; **estoy muerto de** ~ ich langweile mich zu Tode

**ascua** ['askwa] *f* Glut *f;* **estar limpio como un** ~ blitzsauber sein; **estar sobre** ~**s** (wie) auf glühenden Kohlen sitzen; **pasar algo sobre** ~**s** etw oberflächlich abhandeln; **tener a alguien en** ~**s** jdn zappeln lassen

**aseado, -a** [ase'aðo, -a] *adj* ① (*limpio*) sauber; (*arreglado*) ordentlich ② (*cuidadoso*) sorgfältig

**asear** [ase'ar] **I.** *vt* sauber machen **II.** *vr:* ~**se** sich zurechtmachen

**asechanza** [ase'ʧaṇθa] *f* ① (*trampa*) Falle *f* ② *pl* (*intrigas*) Intrigen *fpl*

**asediar** [ase'djar] *vt* ① (*ciudad*) belagern ② (*con preguntas*) bestürmen; (*con peticiones*) plagen

**asedio** [a'sedjo] *m* Belagerung *f*

**asegurado, -a** [aseɣu'raðo, -a] *m, f* Versicherungsnehmer(in) *m(f)*

**asegurador(a)** [aseɣura'ðor(a)] *m(f)* Versicherungsgeber(in) *m(f)*

**aseguramiento** [aseɣura'mjeṇto] *m* ① (*de la paz, del puesto de trabajo*) Sicherung *f;* ~ **de datos** Datensicherung *f* ② (*afirmación*) Versicherung *f*

**asegurar** [aseɣu'rar] **I.** *vt* ① (*fijar*) festmachen; ~ **un nudo** einen Knoten festziehen; ~ **una puerta** eine Tür zumachen; (*con llave*) eine Tür zuschließen; ~ **una puerta con una cadena** eine Tür mit einer Kette sichern ② (*afirmar*) versichern; (*prometer*) versprechen; (*garantizar*) zusichern; **tienes la vida asegurada** deine Zukunft ist gesichert ③ (*concertar un seguro*) versichern **II.** *vr:* ~**se** ① (*contra un peligro*) sich absichern ② (*comprobar*) nachsehen; (*cerciorarse*) sich vergewissern ③ (*hacerse un seguro*) sich versichern

**asemejarse** [aseme'xarse] *vr* ähneln (*a* +*dat*)

**asentaderas** [aseṇta'ðeras] *fpl* (*fam*) Hintern *m;* **tener buenas** ~ Sitzfleisch haben

**asentado, -a** [aseṇ'taðo, -a] *adj* ① (*juicioso*) vernünftig ② (*estable*) fest

**asentar** [aseṇ'tar] <e→ie> **I.** *vt* ① (*poner*) hinstellen; (*campamento*) aufschlagen; ~ **los cimientos** das Fundament legen; **la lluvia ha asentado el polvo** durch den Regen hat sich der Staub gelegt ② (*sentar*) setzen (*en* auf +*akk*); ~ **en el trono** auf den Thron erheben ❸ (*población*) gründen ❹ (*alisar*) glätten ❺ (*afirmar*) behaupten ❻ (*pedido*) (ver)buchen **II.** *vi* (*vestido*) gut stehen **III.** *vr:* ~**se** ❶ (*en un sitio*) sich niederlassen ❷ (*polvo, líquidos*) sich setzen

**asentimiento** [asenti'mjento] *m* Zustimmung *f* (*a* zu +*dat*)

**asentir** [asen'tir] *irr como sentir vi* ❶ (*aprobar*) zustimmen (*a* +*dat*); ~ **con la cabeza** nicken ❷ (*consentir*) einwilligen (*a* in +*akk*)

**aseo** [a'seo] *m* ❶ (*acción*) Saubermachen *nt* ❷ (*estado*) Sauberkeit *f;* ~ **personal** Körperpflege *f;* (**cuarto de**) ~ Badezimmer *nt*

**aséptico**, **-a** [a'septiko, -a] *adj* keimfrei

**asequible** [ase'kiβle] *adj* ❶ (*alcanzable*) erreichbar ❷ (*precio*) erschwinglich; **no** ~ unerschwinglich; **esta casa no es** ~ **para nosotros** wir können uns dieses Haus nicht leisten ❸ (*persona*) zugänglich

**aserción** [aser'θjon] *f* Behauptung *f*

**aserradero** [aserra'ðero] *m* Sägewerk *nt*

**aserradora** [aserra'ðora] *f* Sägemaschine *f*

**aserrar** [ase'rrar] <e→ie> *vt* sägen

**aserto** [a'serto] *m* Behauptung *f*

**asesinar** [asesi'nar] *vt* ermorden

**asesinato** [asesi'nato] *m* Mord *m* (*de* an +*dat*); **robo con** ~ Raubmord *m*

**asesino**, **-a** [ase'sino, -a] **I.** *adj* Mörder-; (*fig*) mörderisch **II.** *m, f* Mörder(in) *m(f);* ~ (**a sueldo**) Killer *m*

**asesor(a)** [ase'sor(a)] **I.** *adj* beratend **II.** *m(f)* ❶ (*consejero*) Berater(in) *m(f);* ~ **legal** Rechtsberater *m* ❷ (JUR) Beisitzer(in) *m(f)*

**asesorar** [aseso'rar] **I.** *vt* beraten **II.** *vr:* ~**se** sich beraten (*de* über +*akk*)

**asesoría** [aseso'ria] *f* ❶ (*oficio*) Beratung *f* ❷ (*oficina*) Beratungsstelle *f*

**asestar** [ases'tar] *vt* ❶ (*apuntar*) richten (*a* auf +*akk*) ❷ (*propinar*) versetzen; ~ **un tiro a alguien** einen Schuss auf jdn abgeben

**aseveración** [aseβera'θjon] *f* Behauptung *f*

**aseverar** [aseβe'rar] *vt* (*afirmar*) behaupten; (*asegurar*) versichern; (*con energía*) beteuern

**asexual** [ase^y'swal] *adj* asexuell

**asfaltado** [asfal'taðo] *m* ❶ (*acción*) Asphaltieren *nt* ❷ (*Am: capa*) Asphaltdecke *f*

**asfaltar** [asfal'tar] *vt* asphaltieren

**asfalto** [as'falto] *m* Asphalt *m*

**asfixia** [as'fi^ysja] *f* Ersticken *nt*

**asfixiante** [asfi^y'sjante] *adj* erstickend; **una atmósfera** ~ stickige Luft; **hace un calor** ~ es ist erstickend heiß

**asfixiar** [asfi^y'sjar] *vt, vr:* ~**se** ersticken; ~ **de cuajo** im Keim ersticken

**así** [a'si] **I.** *adv* ❶ (*de modo*) so; ~ ~ einigermaßen; ~ **que** ~, ~ **o asá** so oder so; ~ **y todo** trotz allem; ¿~ **qué?** und nun?; ~, **¿lo haces o no?** also, machst du es oder nicht?; ¡~ **es!** ja, genau!; **¡ah,** ~ **es!** ach, so ist das!; **soy** ~ so bin ich nun einmal; **no puedes decir esto** ~ **como** ~ du kannst das nicht ohne weiteres sagen; **no puedes tomar esta decisión** ~ **como** ~ du musst dir diese Entscheidung genau überlegen ❷ (*expresión de deseo*): ¡~ **revientes!** hoffentlich krepierst du! ❸ (*de extrañeza*): ¿~ **me dejas?** du verlässt mich wirklich? ❹ (*de cantidad*): ~ **de grande** so groß ❺ (*elev: temporal*): ~ **que se fueron, lavamos los platos** kaum waren sie gegangen, spülten wir das Geschirr **II.** *conj* ❶ (*concesiva*): ~ **lo ahorques no dará su brazo a torcer** da kannst du dich auf den Kopf stellen, er wird nicht nachgeben ❷ (*consecutiva*): **empezó a llover y** ~ **nos quedamos en casa** es fing an zu regnen und so blieben wir zu Hause; **sólo hay una plaza libre,** ~ (**es**) **que decídete pronto** es ist nur noch ein Platz frei, entscheide dich also bald; **te esperaré en la calle;** ~ **pues, no te retrases** ich warte auf der Straße auf dich, komm also nicht zu spät ❸ (*comparativa*): ~ **el uno como el otro** sowohl der eine als auch der andere; ~ **en la tierra como en el cielo** wie im Himmel, so auf Erden **III.** *adj* solch; **un sueldo** ~ solch ein Gehalt; **una cosa** ~ etwas Derartiges

**Asia** ['asja] *f* Asien *nt;* ~ **menor** Kleinasien *nt*

**asiático**, **-a** [a'sjatiko, -a] **I.** *adj* asiatisch; **lujo** ~ orientalische Pracht **II.** *m, f* Asiat(in) *m(f)*

**asidero** [asi'ðero] *m* ❶ (*agarradero*) Griff *m* ❷ (*pretexto*) Vorwand *m* ❸ (*influencia*) gute Beziehungen *fpl*

**asiduidad** [asiðwi'ða^ð] *f* ❶ (*frecuencia*) Häufigkeit *f* ❷ (*regularidad*) Regelmäßigkeit *f* ❸ (*perseverancia*) Beständigkeit *f*

**asiduo**, **-a** [a'siðwo, -a] *adj* ❶ (*frecuente*) häufig ❷ (*regular*) regelmäßig; **un** ~ **cliente de este local** ein Stammgast dieses Lokals ❸ (*perseverante*) ausdauernd

**asiento** [a'sjento] *m* ❶ (*sitio*) Sitz *m;* ~ **lanzable** Schleudersitz *m;* **un culo de mal** ~ ein unruhiger Geist; **calentar el** ~ (*ocupar un cargo*) lange denselben Posten bekleiden; (*vaguear*) faulenzen; **tomar** ~ Platz nehmen ❷ (*localidad*) Sitzplatz *m* ❸ (*de una vasija/botella*) Boden *m*

❹ (*poso*) (Boden)satz *m* ❺ (*en una cuenta*) (Ver)buchung *f;* ~ **de cierre** Jahresabschlussbuchung *f*

**asignación** [asiɣna'θjon] *f* ❶ (*de un trabajo*) Zuweisung *f* (*a* zu +*dat*); ~ **de recursos** Mittelzuweisung *f* ❷ (*de una fecha/un sueldo*) Festsetzung *f* ❸ (INFOR) Zuordnung *f* (*a* zu +*dat*); ~ **de una tecla** Tastenbelegung *f;* ~ **al teclado** Tastaturbelegung *f*

**asignar** [asiɣ'nar] *vt* ❶ (*destinar, conceder*) zuweisen ❷ (*fijar*) festsetzen

**asignatura** [asiɣna'tura] *f* (ENS) Fach *nt;* ~ **pendiente** noch zu bestehendes Fach

**asilado, -a** [asi'laðo, -a] *m, f* ❶ (POL) Asylant(in) *m(f)* ❷ (*anciano*) Heiminsasse, -in *m, f*

**asilar** [asi'lar] **I.** *vt* ❶ (POL) Asyl gewähren +*dat* ❷ (*albergar en un asilo*) in ein Heim einweisen **II.** *vr:* ~**se** Asyl suchen

**asilo** [a'silo] *m* ❶ (POL) Asyl *nt* ❷ (*de ancianos*) Altenheim *nt* ❸ (*de huérfanos*) Waisenhaus *nt* ❹ (*refugio*) Zuflucht *f*

**asimetría** [asime'tria] *f* Asymmetrie *f*

**asimétrico, -a** [asi'metriko, -a] *adj* asymmetrisch

**asimilación** [asimila'θjon] *f* ❶ (*nivelación*) Gleichstellung *f* (*a* mit +*dat*) ❷ (BOT, LING) Assimilation *f*

**asimilar** [asimi'lar] *vt* ❶ (*igualar*) gleichstellen (*a* mit +*dat*) ❷ (*conocimientos*) aufnehmen ❸ (BIOL) assimilieren

**asimismo** [asi'mismo] *adv* auch

**asir** [a'sir] *irr* **I.** *vt* (*sujetar*) fassen; (*con fuerza*) packen **II.** *vi* (*plantas*) Wurzeln schlagen **III.** *vr:* ~**se** sich fest halten (*a* an +*dat*)

**asistencia** [asis'ten̩θja] *f* ❶ (*ayuda*) Hilfe *f;* ~ **financiera** Beihilfe *f;* ~ **letrada** (JUR) juristischer Beistand; ~ **médica** ärztliche Betreuung; ~ **social** Sozialarbeit *f* ❷ (*presencia*) Anwesenheit *f;* **sin la** ~ **del presidente** in Abwesenheit des Präsidenten ❸ (*participación*) Teilnahme *f* (*a* an +*dat*) ❹ (*concurrencia*) Teilnehmerzahl *f;* (*participantes*) Teilnehmer *mpl*

**asistencial** [asisten̩'θjal] *adj* (*sanitaria*) Pflege-; (*social*) Fürsorge-; **servicios** ~**es** Pflegedienste *mpl*

**asistenta** [asis'ten̩ta] *f* (*para todo*) Haushaltshilfe *f;* (*para limpiar*) Putzfrau *f*

**asistente** [asis'ten̩te] *mf* ❶ (*auxiliar*) Assistent(in) *m(f);* ~ **social** Sozialarbeiter(in) *m(f)* ❷ (*participante*) Teilnehmer(in) *m(f)*

**asistido, -a** [asis'tiðo, -a] *adj:* ~ **por ordenador** computergestützt; **dirección asistida** Servolenkung *f;* **fecundación/respiración asistida** künstliche Befruchtung/Beatmung

**asistir** [asis'tir] **I.** *vi* teilnehmen (*a* an +*dat*) **II.** *vt* helfen +*dat;* **fue asistido de un tirón** er wurde wegen einer Muskelzerrung ärztlich behandelt; ~ **a un enfermo** einen Kranken pflegen; **esta señora se dedica a** ~ diese Frau arbeitet als Haushaltshilfe; **¡que Dios nos asista!** Gott steh uns bei!

**asma** ['asma] *m sin pl* Asthma *nt*

**asmático, -a** [as'matiko, -a] **I.** *adj* asthmatisch **II.** *m, f* Asthmatiker(in) *m(f)*

**asno** ['asno] *m* Esel *m;* **apearse de su** ~ (*fig*) seinen Irrtum einsehen; **no ver siete sobre un** ~ (*fig*) die Hand vor den Augen nicht sehen

**asociación** [asoθja'θjon] *f* ❶ (*acción*) Vereinigung *f* ❷ (*mental*) Assoziation *f;* ~ **de ideas** Gedankenassoziation *f;* **siempre pienso en él en** ~ **con...** ich denke immer in Zusammenhang mit ... an ihn ❸ (*organización*) Verband *m;* **A**~ **Europea de Libre Cambio** Europäische Freihandelszone; **A**~ **de Padres de Alumnos** Elternausschuss *m;* ~ **de vecinos** ≈Bürgerinitiative *f*

**asociacionismo** [asoθjaθjo'nismo] *m sin pl* ❶ (SOCIOL) Vereinsbewegung *f* ❷ (FILOS, PSICO) Assoziationspsychologie *f*

**asociado, -a** [aso'θjaðo, -a] *m, f* ❶ (*de una asociación*) Mitglied *nt* ❷ (COM: *de una empresa*) Gesellschafter(in) *m(f)*

**asocial** [aso'θjal] *adj* asozial

**asociar** [aso'θjar] **I.** *vt* ❶ (*juntar*) vereinen (*a* zu +*dat*); (POL) assoziieren (*a/con* mit +*dat*) ❷ (*mental*) assoziieren; **la asocio con alguien** ich bringe sie mit jdm in Zusammenhang ❸ (*a un negocio*) zum Gesellschafter machen **II.** *vr:* ~**se** sich zusammenschließen; ~**se con alguien** (*hacer compañía*) sich zu jdm gesellen

**asolamiento** [asola'mjen̩to] *m* Verwüstung *f*

**asolar** [aso'lar] <o→ue> *vt* (*destruir*) verwüsten

**asolear** [asole'ar] **I.** *vt* der Sonne aussetzen **II.** *vr:* ~**se** ❶ (*acalorarse*) sich erhitzen ❷ (*ponerse moreno*) sich sonnen

**asomar** [aso'mar] **I.** *vt* ❶ (*mostrar*) zeigen ❷ (*parte del cuerpo*) hinausstrecken; ~ **la cabeza por la ventana** den Kopf zum Fenster hinausstrecken **II.** *vi* (*aparecer*) auftauchen; (*fig*) sich abzeichnen; **asoma el día** der Tag bricht an **III.** *vr:* ~**se** ❶ (*mostrarse*) sich zeigen; ~**se al balcón** auf dem Balkon erscheinen ❷ (*una parte del cuerpo*) hinausgestreckt werden

**asombrar** [asom'brar] **I.** *vt* ❶ (*pasmar*) in

Erstaunen versetzen ❷ (*sombrear*) beschatten **II.** *vr:* ~**se** sich wundern (*de* über +*akk*)

**asombro** [a'sombro] *m* Staunen *nt;* **poner cara de** ~ ein erstauntes Gesicht machen; **no salir de su** ~ aus dem Staunen nicht herauskommen

**asombroso, -a** [asom'broso, -a] *adj* erstaunlich; (*increíble*) unglaublich

**asomo** [a'somo] *m* Spur *f;* **hay ~s de recuperación económica** es gibt Anzeichen für eine Wiederbelebung der Wirtschaft; **no pienso en ello ni por** ~ ich denke nicht im Entferntesten daran; **¿tienes miedo? – ni por** ~ hast du Angst? – keine Spur; **sin el menor ~ de...** ohne die leiseste Spur von ...

**asonancia** [aso'nan̥θja] *f* Assonanz *f*

**aspa** ['aspa] *f* ❶ (*figura*) Kreuz *nt;* **marcar con un** ~ ankreuzen ❷ (*de molino*) Flügel *m*

**aspamento** [aspa'men̥to] *m* (*Arg*), **aspaviento** [aspa'βjen̥to] *m* übertriebene Gefühlsäußerung *f*

**aspecto** *m* ❶ (*apariencia*) Erscheinung *f;* (*de una persona*) Aussehen *nt,* Erscheinungsbild *nt* ❷ (*punto de vista*) Gesichtspunkt *m*

**aspereza** [aspe'reθa] *f* ❶ (*superficie*) Rauheit *f* ❷ (*terreno*) Unebenheit *f* ❸ (*trato*) Barschheit *f;* **nos trató con mucha** ~ er/sie war sehr barsch zu uns

**áspero, -a** ['aspero, -a] *adj* ❶ (*superficie*) rau ❷ (*terreno*) holp(e)rig ❸ (*sabor*) bitter ❹ (*persona*) barsch ❺ (*lenguaje*) derb

**aspersión** [asper'sjon] *f* (Be)sprengung *f;* **riego por** ~ Beregnung *f*

**aspersor** [asper'sor] *m* (Rasen)sprenger *m*

**aspiración** [aspira'θjon] *f* ❶ (*inspiración*) Einatmen *nt* ❷ (*pretensión*) Streben *nt* (*a* nach +*dat*); (*deseo*) Wunsch *m* (*a* nach +*dat*); **tener grandes aspiraciones** hoch hinauswollen ❸ (TÉC) Saugen *nt* ❹ (LING) Aspiration *f*

**aspiradora** [aspira'ðora] *f* Staubsauger *m*

**aspirante** [aspi'ran̥te] *mf* Anwärter(in) *m(f)* (*a/para* auf +*akk*)

**aspirar** [aspi'rar] *vt* ❶ (*inspirar*) einatmen; **salir a** ~ **aire fresco** rausgehen um frische Luft zu schnappen ❷ (*aspirador*) saugen ❸ (LING) behauchen ❹ (*pretender*) streben (*a* nach +*dat*); ~ **a mucho en la vida** im Leben hoch hinauswollen

**aspirina**® [aspi'rina] *f* Aspirin® *nt*

**asquear** [aske'ar] **I.** *vt* ❶ (*dar asco*) anwidern ❷ (*fastidiar*) anöden *fam* **II.** *vi* Ekel empfinden

**asquerosidad** [askerosi'ðaᵈ] *f* Schweinerei *f*

**asqueroso, -a** [aske'roso, -a] *adj* ❶ (*repugnante*) ekelhaft ❷ (*ordinario*) ordinär

**asta** ['asta] *f* ❶ (*de lanza*) Schaft *m;* (*de martillo/pincel*) Stiel *m;* (*de bandera*) Fahnenstange *f;* **a media** ~ auf halbmast ❷ (*cuerno*) Horn *nt;* **dejar a alguien en las ~s del toro** (*fig*) jdn im Stich lassen; **verse en las ~s del toro** (*fig*) sich in großer Gefahr befinden

**asténico, -a** [as'teniko, -a] **I.** *adj* kraftlos **II.** *m, f* (MED) Astheniker(in) *m(f)*

**asterisco** [aste'risko] *m* Sternchen *nt*

**asteroide** [aste'roi̯ðe] **I.** *adj* sternförmig **II.** *m* Asteroid *m*

**astigmatismo** [astiɣma'tismo] *m sin pl* (MED) Astigmatismus *m*

**astil** [as'til] *m* ❶ (*mango*) Stiel *m* ❷ (*de la balanza*) Waagebalken *m*

**astilla** [as'tiʎa] *f* ❶ (*esquirla*) Splitter *m;* **clavarse una** ~ sich *dat* einen Splitter einreißen; **de tal palo tal** ~ (*prov*) der Apfel fällt nicht weit vom Stamm ❷ (*para fuego*) (Holz)span *m;* **sacar ~s de algo** (*fig fam*) aus etw *dat* Nutzen ziehen

**astillar** [asti'ʎar] **I.** *vt* (*partir*) spalten **II.** *vr:* ~**se** ❶ (*hacerse astillas*) zersplittern ❷ (*rajarse*) sich spalten

**astillero** [asti'ʎero] *m* (Schiffs)werft *f*

**astringir** [astriŋ'xir] <g→j> *vt* zusammenziehen

**astro** ['astro] *m* Stern *m;* ~ **de la pantalla** Filmstar *m*

**astrología** [astrolo'xia] *f* Astrologie *f*

**astrológico, -a** [astro'loxiko, -a] *adj* astrologisch

**astrólogo, -a** [as'troloɣo, -a] *m, f* Astrologe, -in *m, f*

**astronauta** [astro'nau̯ta] *mf* Astronaut(in) *m(f)*

**astronáutica** [astro'nau̯tika] *f* Raumfahrt *f*

**astronave** [astro'naβe] *f* Raumschiff *nt*

**astronomía** [astrono'mia] *f* Astronomie *f*

**astronómico, -a** [astro'nomiko, -a] *adj* astronomisch

**astrónomo, -a** [as'tronomo, -a] *m, f* Astronom(in) *m(f)*

**astucia** [as'tuθja] *f* ❶ (*sagacidad*) Schläue *f* ❷ (*ardid*) Trick *m*

**asturiano, -a** [astu'rjano, -a] **I.** *adj* asturisch **II.** *m, f* Asturier(in) *m(f)*

**Asturias** [as'turjas] *f* Asturien *nt;* **el Príncipe de** ~ der spanische Kronprinz

**astuto, -a** [as'tuto, -a] *adj* schlau

**asueto** [a'sweto] *m* (*descanso*) Pause *f;* (*vacaciones*) Urlaub *m;* (**día de**) ~ (ENS) schulfreier Tag; **un rato de** ~ eine kurze Pause

**asumir** [asu'mir] *vt* ❶ (*hacerse cargo*) übernehmen; (*una carga/deuda*) sich *dat* aufbürden ❷ (*alcanzar*) erreichen; **la catástrofe está asumiendo proporciones espantosas** die Katastrophe nimmt erschreckende Ausmaße an ❸ (*Am: suponer*) annehmen

**asunción** [asun̩'θjon] *f* Übernahme *f*

**Asunción** *f* (REL) Mariä Himmelfahrt *f*

**asunto** [a'sun̩to] *m* ❶ (*cuestión*) Angelegenheit *f;* **y ~ despachado** und damit ist die Sache erledigt ❷ (*negocio*) Geschäft *nt;* **tener ~s en el extranjero** im Ausland Geschäfte betreiben; **el ministro está envuelto en un ~ sucio** der Minister ist in eine dunkle Affäre verwickelt ❸ (LIT: *tema*) Thema *nt;* (*argumento*) Handlung *f* ❹ (ARTE) Motiv *nt* ❺ (*lío amoroso*) (Liebes)affäre *f* ❻ (POL): **Ministerio de A~s Exteriores** Auswärtiges Amt *nt;* **Ministro de A~s Exteriores** Außenminister *m*

**asustadizo, -a** [asusta'ðiθo, -a] *adj* schreckhaft

**asustar** [asus'tar] **I.** *vt* ❶ (*sobresaltar*) erschrecken; (*atemorizar*) Angst machen *+dat;* **la responsabilidad no me asusta** die Verantwortung schreckt mich nicht ❷ (*de un propósito*) abschrecken ❸ (*ahuyentar*) verscheuchen ❹ (*escandalizar*) Anstoß erregen (bei *+dat*) **II.** *vr:* **~se** ❶ (*sobresaltarse*) sich erschrecken (*por/de/con* über *+akk*); (*tener miedo*) Angst bekommen; **no te asustes** (hab) keine Angst ❷ (*de un propósito*) sich abschrecken lassen ❸ (*escandalizarse*) Anstoß nehmen (*de* an *+dat*)

**atacante** [ata'kan̩te] *mf* Angreifer(in) *m(f);* (DEP) Stürmer(in) *m(f)*

**atacar** [ata'kar] <c→qu> **I.** *vt* ❶ (*embestir, criticar, t.* QUÍM) angreifen; **~ por la espalda** hinterrücks angreifen ❷ (*sueño*) überkommen ❸ (*tema*) in Angriff nehmen ❹ (*recalcar*) stopfen **II.** *vi* (DEP) angreifen; **~ por las bandas** von der Flanke her angreifen

**atadijo** [ata'ðixo] *m,* **atado** [a'taðo] *m* Bündel *nt*

**atadura** [ata'ðura] *f* ❶ (*acción*) Binden *nt* ❷ (*cosa para atar*) Fessel *f*

**atajar** [ata'xar] **I.** *vi* den Weg abkürzen; **por este camino atajamos mucho** dieser Weg kürzt die Strecke erheblich ab **II.** *vt* ❶ (*agua*) eindämmen; **~ un mal de raíz** ein Übel an der Wurzel bekämpfen ❷ (*a un orador*) unterbrechen ❸ (*cortar el paso*) den Weg versperren *+dat* ❹ (*detener*) aufhalten

**atajo** [a'taxo] *m* (*camino*) Abkürzung *f;* **echar por el ~** (*fam*) den schnellsten Weg nehmen

**atalaya** [ata'laɟa] *f* ❶ (*torre*) Wach(t)turm *m* ❷ (*lugar elevado*) Aussichtspunkt *m*

**atañer** [ata'ɲer] <*3. pret:* atañó> *vimpers* angehen; **eso no te atañe** das geht dich nichts an; **por lo que atañe a tu empleo** was deine Stelle angeht

**ataque** [a'take] *m* ❶ (*embestida, crítica*) Angriff *m;* **~ por sorpresa** Überraschungsangriff *m* ❷ (DEP: *delantera*) Sturm *m* ❸ (MED: *acceso*) Anfall *m;* **~ al** [*o* **de**] **corazón** Herzinfarkt *m;* **~ de piedra** Nierenkolik *f*

**atar** [a'tar] *vt* ❶ (*sujetar*) festbinden (*a* an *+dat*); (*juntar*) zusammenbinden; (*a un cautivo*) fesseln; **~ las manos a la espalda** die Hände hinter dem Rücken zusammenbinden; **~ al perro** den Hund an die Leine legen; **~ corto a alguien** jdn kurzhalten; **estar atado de pies y manos** an Händen und Füßen gefesselt sein ❷ (*cerrar*) zubinden; (*un paquete*) verschnüren ❸ (*comprometer*): **esta profesión ata mucho** dieser Beruf beansprucht einen sehr ❹ (*loc*): **no ata ni desata** (*hablar sin concierto*) er/sie redet dummes Zeug; (*no resolver nada*) ihm/ihr gelingt nichts; **dejar algo atado y bien atado** etw unter Dach und Fach bringen; **está de ~** er/sie ist total verrückt

**atarazana** [atara'θana] *f* Werft *f*

**atardecer** [atarðe'θer] **I.** *vimpers irr como crecer:* **atardece** es wird dunkel **II.** *m* (Abend)dämmerung *f;* **al ~** bei Einbruch der Dunkelheit

**atareado, -a** [atare'aðo, -a] *adj* beschäftigt; **andar muy ~** sehr beschäftigt sein

**atarear** [atare'ar] **I.** *vt* beschäftigen **II.** *vr:* **~se** ❶ (*trabajar mucho*) hart arbeiten ❷ (*afanarse*) sich abmühen

**atascadero** [ataska'ðero] *m* Morast *m*

**atascamiento** [ataska'mjen̩to] *m v.* **atasco**

**atascar** [atas'kar] <c→qu> **I.** *vt* ❶ (*cañería*) verstopfen ❷ (*rueda, proceso*) blockieren **II.** *vr:* **~se** ❶ (*cañería*) verstopfen; **el desagüe se ha atascado** der Ausguss ist verstopft ❷ (*coche*) stecken bleiben ❸ (*mecanismo*) blockieren ❹ (*en un discurso*) stocken; **se le atascó la palabra** er/sie bekam das Wort nicht heraus ❺ (*negociaciones*) sich festfahren

**atasco** [a'tasko] *m* ❶ (*de una cañería*) Verstopfung *f;* **~ de papel** (INFOR) Papierstau *m* ❷ (*de un mecanismo*) Blockierung *f* ❸ (*traba*) Hindernis *nt* ❹ (*de tráfico*) (Verkehrs)stau *m*

**ataúd** [ata'uᵈ] *m* Sarg *m*

**ataviar** [ataβi'ar] <*1. pres:* (me) atavío> *vt, vr:* ~**se** (*arreglar*) (sich) herausputzen; (*adornar*) (sich) schmücken

**atávico, -a** [a'taβiko, -a] *adj* atavistisch

**atavío** [ata'βio] *m* (*adorno*) Schmuck *m;* (*atuendo*) Aufmachung *f*

**ateísmo** [ate'ismo] *m inv* Atheismus *m*

**atemorizar** [atemori'θar] <z→c> **I.** *vt* ängstigen **II.** *vr:* ~**se** sich ängstigen

**atemperar** [atempe'rar] **I.** *vt* ❶ (*cólera*) mäßigen ❷ (*temperatura*) temperieren ❸ (*acomodar*) anpassen (*a* an +*akk*) **II.** *vr:* ~**se** sich anpassen (*a* an +*akk*)

**Atenas** [a'tenas] *f* Athen *nt*

**atención** [aten̩'θjon] *f* ❶ (*vigilancia*) Aufmerksamkeit *f;* ~ **médica** ärztliche Betreuung; **falta de** ~ Unaufmerksamkeit *f;* **digno de** ~ beachtenswert; **en** ~ **a este hecho** in Anbetracht dieser Tatsache; **¡~, por favor!** Achtung, Achtung!; **el profesor me llamó la** ~ der Lehrer tadelte mich; **los coches no me llaman la** ~ ich mache mir nichts aus Autos; **estamos llamando la** ~ wir fallen auf; **llamar la** ~ **de alguien sobre** [*o* **a**] **algo** jdn auf etw aufmerksam machen; **mantener la** ~ **de alguien** jds Aufmerksamkeit fesseln; **prestar** ~ beachten; (*escuchar*) zuhören ❷ (*cartas*): **a la** ~ **de...** zu Händen von ... ❸ *pl* (*cortesías*) Aufmerksamkeiten *fpl* ❹ *pl* (*obligaciones*) Verpflichtungen *fpl*

**atender** [aten̩'der] <e→ie> **I.** *vt* ❶ (*prestar atención*) beachten; (*escuchar*) zuhören +*dat* ❷ (*tener en cuenta*) berücksichtigen ❸ (*seguir*) befolgen; (*deseo, petición*) nachkommen +*dat;* ~ **una solicitud** einem Antrag stattgeben; **atendiendo a las circunstancias actuales** unter den derzeitigen Umständen ❹ (*cuidar*) sich kümmern (*a* um +*akk*) ❺ (*tratar*) behandeln ❻ (*despachar*) bedienen; **¿le atienden?** werden Sie schon bedient? ❼ (*llamada*) entgegennehmen **II.** *vi* ❶ (*perro*): ~ **por...** auf den Namen ... hören ❷ (*tener en cuenta*) beachten (*a* +*akk*); (*concentrarse*) sich konzentrieren (*a* auf +*akk*); (*escuchar*) zuhören (*a* +*dat*)

**atenerse** [ate'nerse] *irr como tener vr* sich halten (*a* an +*akk*); ~ **a lo seguro** auf Nummer Sicher gehen; **me atengo a lo que dije antes** ich bleibe bei meiner Meinung; **saber a qué** ~ mit sich *dat* selbst im Reinen sein; **si no lo haces, atente a las consecuencias** wenn du es nicht tust, musst du die Folgen tragen; **yo vivo atenido a mi sueldo** ich bin auf mein Gehalt angewiesen

**atentado** [aten̩'taðo] *m* Attentat *nt* (*contra* auf +*akk*); ~ **terrorista** Terroranschlag *m;* **el autor de un** ~ der Attentäter; **ser víctima de un** ~ einem Attentat zum Opfer fallen; **esta ley es un** ~ **contra la libertad de expresión** dieses Gesetz verstößt gegen die Meinungsfreiheit

**atentamente** [aten̩ta'men̩te] *adv* (*final de carta*): (**muy**) ~ mit freundlichen Grüßen

**atentar** [aten̩'tar] *vi* ❶ (*cometer atentado*) ein Attentat verüben (*contra* auf +*akk*) ❷ (*infringir*) verstoßen

**atento, -a** [a'ten̩to, -a] *adj* aufmerksam; **estar** ~ **a la conversación** dem Gespräch aufmerksam folgen; **es muy** ~ **de su parte** das ist sehr aufmerksam von Ihnen; **estuvo muy** ~ **con nosotros** er hat sich sehr um uns gekümmert; **es muy** ~ **con las mujeres** er ist Frauen gegenüber sehr galant

**atenuación** [atenwa'θjon] *f* Abschwächung *f;* (*del dolor, t.* JUR) Milderung *f*

**atenuante** [atenu'an̩te] **I.** *adj* (JUR) (straf)mildernd **II.** *m* ❶ (JUR) mildernder Umstand *m* ❷ (*Am: perdón*) Entschuldigung *f*

**atenuar** [atenu'ar] <*1. pres:* (me) atenúo> **I.** *vt* abschwächen; (*dolor, t.* JUR) mildern **II.** *vr:* ~**se** schwächer werden; (*dolor, t.* JUR) sich mildern

**ateo, -a** [a'teo, -a] **I.** *adj* atheistisch **II.** *m, f* Atheist(in) *m(f)*

**aterciopelado, -a** [aterθjope'laðo, -a] *adj* ❶ (*tela*) samtartig ❷ (*voz*) samtig

**aterirse** [ate'rirse] *irr como abolir vr* erstarren; **quedarse aterido** starr vor Kälte sein

**aterrador(a)** [aterra'ðor(a)] *adj* schreckenerregend; **noticias** ~**as** Schreckensnachrichten *fpl*

**aterrar** [ate'rrar] **I.** *vt* (*atemorizar*) Angst machen +*dat;* (*sobresaltar*) erschrecken **II.** *vr:* ~**se** (*sobresaltarse*) (sich) erschrecken; (*tener miedo*) Angst bekommen

**aterrizaje** [aterri'θaxe] *f* Landung *f;* ~ **con daños** (**para el avión**) Bruchlandung *f;* ~ **forzoso** Notlandung *f;* ~ **movido/suave** harte/glatte Landung

**aterrizar** [aterri'θar] <z→c> *vi* landen

**aterrorizar** [aterrori'θar] <z→c> **I.** *vt* ❶ (POL, MIL) terrorisieren ❷ (*causar terror*) Angst einjagen +*dat;* **me aterroriza volar** ich habe schreckliche Angst vor dem Fliegen **II.** *vr:* ~**se** (*tener miedo*) Angst bekommen; (*sobresaltarse*) sich erschrecken

**atesoramiento** [atesora'mjen̩to] *m* (ECON) Horten *nt*

**atesorar** [ateso'rar] *vt* ❶ (*tesoros*) ansammeln; **este museo atesora pinturas de**

**gran valor** dieses Museum hat eine Sammlung wertvoller Gemälde ❷ (ECON) horten ❸ (*virtudes*) in sich *dat* vereinigen

**atestado** [ates'taðo] *m:* ~ (**policial**) (Polizei)protokoll *nt*

**atestar** [ates'tar] *vt* ❶ (JUR) bezeugen ❷ (*llenar*) bis oben hin füllen (*de* mit +*dat*); **el maletero está atestado** der Kofferraum ist bis oben hin voll; **el palacio de deportes estaba atestado de gente** die Sporthalle war brechend voll

**atestiguar** [atesti'ɣwar] <gu→gü> *vt* bezeugen

**atiborrar** [atiβo'rrar] *vt, vr:* ~**se** (sich) voll stopfen (*de* mit +*dat*)

**ático** ['atiko] *m* Dachwohnung *f;* (*de lujo*) Penthouse *nt*

**atildado**, **-a** [atiḷ'daðo, -a] *adj* gepflegt

**atildar** [atiḷ'dar] *vt, vr:* ~**se** (sich) zurechtmachen

**atinado**, **-a** [ati'naðo, -a] *adj* richtig

**atinar** [ati'nar] **I.** *vi* ❶ (*a tiento*) ertasten (*con* +*akk*) ❷ (*encontrar*) (durch Zufall) finden (*con* +*akk*) ❸ (*acertar*) erraten (*con* +*akk*); **no atiné con la respuesta** die Antwort fiel mir nicht ein ❹ (*al disparar*) ins Schwarze treffen **II.** *vt* finden

**atípico**, **-a** [a'tipiko, -a] *adj* untypisch

**atisbar** [atis'βar] **I.** *vt* erspähen **II.** *vr:* ~**se** sich abzeichnen

**atisbo** [a'tisβo] *m* Anzeichen *nt;* **un** ~ **de esperanza** ein Fünkchen Hoffnung; **en Marte hay** ~**s de vida** es gibt Lebenszeichen auf dem Mars

**atizador** [atiθa'ðor] *m* Schürhaken *m*

**atizar** [ati'θar] <z→c> **I.** *vt* ❶ (*fuego, pasión*) schüren ❷ (*bofetada*) verpassen ❸ (*loc*): **¡atiza!** Donnerwetter! **II.** *vr:* ~**se un trago** einen Schluck nehmen

**atlántico**, **-a** [að'lantiko, -a] *adj* atlantisch; **el Océano A**~ der Atlantische Ozean

**Atlántico** [að'lantiko] *m* Atlantik *m*

**atlas** ['aðlas] *m inv* Atlas *m*

**atleta** [að'leta] *mf* (Leicht)athlet(in) *m(f)*

**atlético**, **-a** [að'letiko, -a] *adj* athletisch

**atletismo** [aðle'tismo] *m sin pl* Leichtathletik *f*

**atmósfera** [að'mosfera] *f* Atmosphäre *f;* ~ **viciada** verbrauchte Luft

**atmosférico**, **-a** [aðmos'feriko, -a] *adj* atmosphärisch; **presión atmosférica** Luftdruck *m*

**atolladero** [atoʎa'ðero] *m* ❶ (*atascadero*) Morast *m* ❷ (*apuro*) Verlegenheit *f;* **estar en un** ~ in der Patsche sitzen; **sacar a alguien de un** ~ jdm aus der Patsche helfen

**atollar** [ato'ʎar] *vi, vr:* ~**se** stecken bleiben

**i Land & Leute**

**atolli** (auch: **atol** oder **atole**) ist ein mexikanisches Getränk, das warm getrunken wird. Es wird mit Maismehl und Milch bzw. Wasser zubereitet.

**atolón** [ato'lon] *m* Atoll *nt*

**atolondrado**, **-a** [atoloṇ'draðo, -a] *adj* (*insensato*) töricht; (*tonto*) dumm

**atolondramiento** [atoloṇdra'mjeṇto] *m* ❶ (*de los sentidos*) Benommenheit *f* ❷ (*por una desgracia*) Bestürzung *f* ❸ (*irreflexión*) Gedankenlosigkeit *f*

**atolondrar** [atoloṇ'drar] **I.** *vt* ❶ (*un golpe*) betäuben ❷ (*una desgracia*) bestürzen **II.** *vr:* ~**se** ❶ (*los sentidos*) benommen sein ❷ (*por una desgracia*) bestürzt sein ❸ (*pasmarse*) verblüfft sein

**atómico**, **-a** [a'tomiko, -a] *adj* atomar; **refugio** ~ Atombunker *m*

**atomismo** [ato'mismo] *m sin pl* (FILOS) Atomismus *m*

**atomizador** [atomiθa'ðor] *m* Zerstäuber *m*

**átomo** ['atomo] *m* Atom *nt*

**atónito**, **-a** [a'tonito, -a] *adj* verblüfft

**átono**, **-a** ['atono, -a] *adj* unbetont

**atontado**, **-a** [atoṇ'taðo, -a] *adj* ❶ (*tonto*) dumm ❷ (*distraído*) zerstreut; **estaba** ~ **y no te he entendido** ich war nicht bei der Sache und habe dich nicht verstanden

**atontamiento** [atoṇta'mjeṇto] *m* ❶ (*aturdimiento*) Betäubung *f* ❷ (*pasmo*) Verblüffung *f* ❸ (*entontecimiento*) Verdummung *f*

**atontar** [atoṇ'tar] **I.** *vt* ❶ (*aturdir*) betäuben ❷ (*pasmar*) verblüffen ❸ (*entontecer*) verdummen **II.** *vr:* ~**se** ❶ (*pasmarse*) verblüfft sein ❷ (*entontecer*) verdummen

**atorar** [ato'rar] **I.** *vt* verstopfen **II.** *vr:* ~**se** ❶ (*atascarse*) verstopfen ❷ (*al hablar*) stocken

**atormentador**(**a**) [atormeṇta'ðor(a)] **I.** *adj* quälend **II.** *m(f)* Peiniger(in) *m(f)*

**atormentar** [atormeṇ'tar] **I.** *vt* ❶ (*torturar*) foltern ❷ (*molestar*) plagen; (*mortificar*) quälen **II.** *vr:* ~**se** sich (ab)quälen

**atornillador** [atorniʎa'ðor] *m* Schraubenzieher *m*

**atornillar** [atorni'ʎar] *vt* (*sujetar*) festschrauben; (*fijar*) anschrauben; (*juntar*) zusammenschrauben; ~ **en la pared** an die Wand schrauben; ~ **la tapa del frasco** den Deckel auf das Glas schrauben; ~ **fuertemente** die Schraube fest anziehen

**atorrante** [ato'rraṇte] *mf* (*CSur: fam*) Penner(in) *m(f)*

**atosigamiento** [atosiɣa'mjen̪to] *m* Drängen *nt*

**atosigar** [atosi'ɣar] <g→gu> **I.** *vt* ❶ (*apremiar*) drängen ❷ (*importunar*) belästigen ❸ (*inquietar*) sehr beschäftigen **II.** *vr:* **~se** ❶ (*apresurarse*) sich abhetzen; **no te atosigues** immer mit der Ruhe ❷ (*inquietarse*) beunruhigt sein

**atóxico, -a** [a'toʸsiko, -a] *adj* atoxisch

**atracadero** [atraka'ðero] *m* Pier *m o f*

**atracador(a)** [atraka'ðor(a)] *m(f)* Straßenräuber(in) *m(f)*

**atracar** [atra'kar] <c→qu> **I.** *vi* (NÁUT) anlegen **II.** *vt* ❶ (NÁUT) festmachen ❷ (*asaltar*) überfallen ❸ (*fam: de comida*) voll stopfen (*de* mit +*dat*) **III.** *vr:* **~se** (*fam*) sich voll stopfen (*de* mit +*dat*)

**atracción** [atraʸ'θjon] *f* ❶ (*atractivo, t.* FÍS) Anziehungskraft *f;* **~ universal** Schwerkraft *f* ❷ (*circense*) Attraktion *f* ❸ *pl* (*diversiones*) Vergnügungen *fpl;* **parque de atracciones** Vergnügungspark *m*

**atraco** [a'trako] *m* (Raub)überfall *m* (*a* auf +*akk*); **~ a un banco** Banküberfall *m;* **~ a mano armada** bewaffneter Überfall

**atracón** [atra'kon] *m* (*fam*) Schlemmerei *f;* **darse un ~ de dulces** unheimlich viele Süßigkeiten essen; **darse un ~ de televisión** bis zum Überdruss fernsehen

**atractivo**[1] [atrak'tiβo] *m* Anziehungskraft *f*

**atractivo, -a**[2] [atrak'tiβo, -a] *adj* attraktiv; (*tarea*) reizvoll

**atraer** [atra'er] *irr como traer* **I.** *vt* (*cautivar, t.* FÍS) anziehen; (*ganarse*) für sich gewinnen; (*atención*) auf sich ziehen; **~ a los inversores** die Investoren anlocken; **~ a alguien a su bando** jdn auf seine Seite ziehen; **el cebo atrae a los peces** der Köder lockt die Fische an; **sentirse atraído hacia alguien** sich zu jdm hingezogen fühlen **II.** *vr* (*ganarse*) für sich gewinnen; **~se las simpatías de alguien** jds Zuneigung gewinnen; **~se las iras del público** sich *dat* den Zorn des Publikums zuziehen

**atragantamiento** [atraɣan̪ta'mjen̪to] *m* Verschlucken *nt*

**atragantar** [atraɣan̪'tar] **I.** *vr:* **~se** ❶ (*al comer*) sich verschlucken (*con* an +*dat*); **me he atragantado con una espina** mir ist eine Gräte im Hals stecken geblieben ❷ (*al hablar: atascarse*) stecken bleiben; (*trabucarse*) sich versprechen ❸ (*loc*): **este profesor se me ha atragantado** ich mag diesen Lehrer nicht **II.** *vt* mühsam hinunterschlucken

**atrancar** [atraŋ'kar] <c→qu> **I.** *vt* verriegeln **II.** *vr:* **~se** ❶ (*tubo*) verstopfen ❷ (*un coche, al hablar*) stecken bleiben ❸ (*encerrarse*) sich einschließen

**atrapar** [atra'par] *vt* fangen; (*ladrón*) fassen; (*animal escapado*) einfangen; **el portero atrapó la pelota** der Torwart hielt den Ball; **~ una novia** (*fam*) sich *dat* eine Frau angeln; **~ un empleo** eine Stelle kriegen; **~on al ladrón en plena faena** der Dieb wurde auf frischer Tat ertappt

**atrás** [a'tras] *adv* ❶ (*hacia detrás*) nach hinten; **¡~!** zurück(treten)!; **contar ~** rückwärts zählen; **dar un paso ~** einen Schritt zurücktreten; **ir marcha ~ (con el coche)** rückwärts fahren; **quedar ~** zurückfallen; **volver ~** umkehren; **volverse ~** umkehren; (*fig*) einen Rückzieher machen ❷ (*detrás*) hinten; **rueda de ~** Hinterrad *nt;* **dejar ~ a los perseguidores** die Verfolger hinter sich *dat* lassen; **quedarse ~** zurückbleiben; **sentarse ~** hinten sitzen ❸ (*de tiempo*): **años ~** vor Jahren; **la amistad venía de ~** sie waren schon jahrelang befreundet ❹ (*loc*): **echarse ~ de un acuerdo** von einer Vereinbarung zurücktreten; **volver la vista ~** in die Vergangenheit zurückblicken

**atrasado, -a** [atra'saðo, -a] *adj* ❶ (*en el estudio/desarrollo*) zurückgeblieben; (*país*) unterentwickelt; **viven 20 años ~s** sie liegen in ihrer Entwicklung 20 Jahre zurück ❷ (*pago*) rückständig ❸ (*tarde*) spät; **llegué ~ a la reunión** ich kam zu spät zur Sitzung ❹ (*loc*): **el reloj va ~** die Uhr geht nach

**atrasar** [atra'sar] **I.** *vt* ❶ (*aplazar*) verschieben; **la historia atrasa unos años esta batalla** die Geschichte siedelt diese Schlacht einige Jahre früher an ❷ (*reloj*) zurückstellen ❸ (*progreso*) hemmen **II.** *vr:* **~se** ❶ (*quedarse atrás*) zurückbleiben ❷ (*retrasarse*) sich verspäten; **el tren se ha atrasado** der Zug hatte Verspätung; **~se en los plazos** mit den Raten in Rückstand geraten

**atraso** [a'traso] *m* ❶ (*en una carrera*) Zeitrückstand *m* ❷ (*de un tren*) Verspätung *f* ❸ (*de un país*) Rückständigkeit *f* ❹ (FIN) Rückstand *m*

**atravesado, -a** [atraβe'saðo, -a] *adj* ❶ (*cruzado*) schräg; **un coche ~ en la calle** ein quer auf der Straße stehendes Auto ❷ (*bizco*) schielend ❸ (*persona*) böse ❹ (*animal*) gekreuzt

**atravesar** [atraβe'sar] <e→ie> **I.** *vt* ❶ (*persona*): **~ la calle/la frontera** die Straße/die Grenze überqueren; **~ la sala/la ciudad** den Saal/die Stadt durchqueren; **~ un río nadando** einen Fluss durchschwimmen; **hemos atravesado Alemania** (**con el coche**) wir sind quer durch Deutschland gefahren; ~ **un momento difícil** eine schwere Zeit durchmachen ② (*cuerpo*): ~ **algo con una aguja** etw mit einer Nadel durchstechen; ~ **algo taladrando** etw durchbohren; **la bala le atravesó el corazón** die Kugel hat ihm/ihr das Herz durchbohrt; **el avión atraviesa las nubes** das Flugzeug durchstößt die Wolken; **la lluvia atravesó el abrigo** der Regen drang durch den Mantel; **una cicatriz le atraviesa el pecho** eine Narbe verläuft quer über seine/ihre Brust ③ (*poner de través*) quer legen; ~ **un coche en medio de la calle** ein Auto quer über die Straße stellen **II.** *vr:* ~**se** ① (*ponerse entremedio*): **no te atravieses en mi camino** komm mir nicht in die Quere; **se me ha atravesado una miga en la garganta** mir ist ein Stückchen Brot im Hals stecken geblieben; **cuando estoy nervioso se me atraviesan las palabras** wenn ich aufgeregt bin, bekomme ich kein Wort mehr heraus ② (*en una conversación*) sich einmischen (*en* in +*akk*) ③ (*no soportar*): **se me atraviesa ese tipo** ich ertrage diesen Typ nicht

**atrayente** [atra'ɟeṇte] *adj* attraktiv

**atreverse** [atre'βerse] *vr* ① (*osar*) sich trauen; ~ **a hacer algo** sich trauen etw zu tun; ~ **a afrontar un problema** sich an ein Problem heranwagen ② (*insolentarse*) sich *dat* erlauben; **¿cómo te atreves a hablarme así?** wie kannst du dir nur erlauben in so einem Ton mit mir zu sprechen?; **no me atrevería a decir nada malo de él** ich werde mich hüten etwas Schlechtes über ihn zu sagen; **¡no te atreverás!** du wirst dich hüten!

**atrevido, -a** [atre'βiðo, -a] *adj* ① (*audaz*) kühn ② (*insolente*) frech; (*vestido*) gewagt ③ (*arriesgado*) riskant

**atrevimiento** [atreβi'mjeṇto] *m* ① (*audacia*) Kühnheit *f* ② (*descaro*) Frechheit *f*

**atribución** [atriβu'θjon] *f* ① (*de un hecho*) Zuschreibung *f* ② (*competencia*) Befugnis *f*; **atribuciones de un empleado** Amtsbefugnisse *fpl*; **tiene atribuciones mías para llevar las negociaciones** ich habe ihn/sie ermächtigt die Verhandlungen zu führen

**atribuible** [atriβu'iβle] *adj:* **ser ~ a alguien** jdm zuzuschreiben sein

**atribuir** [atriβu'ir] *irr como huir* **I.** *vt* ① (*hechos, cualidades*) zuschreiben; ~ **la culpa de algo a alguien** jdm die Schuld an etw *dat* zuschreiben; ~ **a alguien grandes facultades** jdm große Fähigkeiten nachsagen; **atribuye el accidente a un defecto de los frenos** er/sie führt den Unfall auf einen Defekt der Bremsen zurück ② (*funciones*) übertragen **II.** *vr:* ~**se** ① (*hechos, cualidades*) sich *dat* zuschreiben ② (*facultades*): ~**se todo el poder** die Macht völlig übernehmen

**atribular** [atriβu'lar] **I.** *vt* ① (*apesadumbrar*) betrüben ② (*atormentar*) quälen **II.** *vr:* ~**se** ① (*apenarse*) sich grämen (*en/con/por* über +*akk*, *en/con/por* wegen +*gen/dat*) ② (*atormentarse*) sich quälen (*en/con/por* mit +*dat*)

**atributo** [atri'βuto] *m* ① (*propiedad*) Eigenschaft *f* ② (*emblema, t.* LING) Attribut *nt*

**atril** [a'tril] *m* ① (MÚS) Notenständer *m* ② (*de mesa*) Lesepult *nt*

**atrincheramiento** [atrinʧera'mjeṇto] *m* Verschanzung *f*

**atrincherar** [atrinʧe'rar] *vt, vr:* ~**se** (sich) verschanzen

**atrio** ['atrjo] *m* Atrium *nt*

**atrocidad** [atroθi'ðað] *f* ① (*cosa atroz*) Scheußlichkeit *f* ② (*crimen*) Gräueltat *f* ③ (*disparate*) Unsinn *m*; **¡no digas ~es!** red doch keinen Unsinn!; **este artículo está lleno de ~es** in diesem Artikel stehen die unglaublichsten Dinge ④ (*gran cantidad*): **tener una ~ de dinero** in Geld schwimmen

**atrofia** [a'trofja] *f* (MED) Atrophie *f*; ~ **muscular** Muskelschwund *m*

**atrofiar** [atro'fjar] **I.** *vt* schwinden lassen **II.** *vr:* ~**se** verkümmern; (MED) atrophieren; **no dejes que tu talento se atrofie** du darfst dein Talent nicht verkümmern lassen

**atronador(a)** [atrona'ðor(a)] *adj* ohrenbetäubend; (*aplauso*) donnernd

**atronar** [atro'nar] <o→ue> **I.** *vt* (*ruido a una persona*) betäuben; **me atruena con sus gritos** seine/ihre Schreie dröhnen mir im Kopf **II.** *vr:* ~**se** völlig benommen sein

**atropellado, -a** [atrope'ʎaðo, -a] *adj* ① (*precipitado*) überstürzt; **voy muy ~ de tiempo** ich habe keine Zeit ② (*persona*) heruntergekommen

**atropellar** [atrope'ʎar] **I.** *vt* ① (*vehículo*) überfahren; **por poco me atropellan** beinahe wäre ich überfahren worden ② (*empujar*) anrempeln; (*derribar*) umrennen ③ (*agraviar*) beleidigen ④ (*leyes*) missachten; ~ **la lengua** die Sprache vergewaltigen ⑤ (*un trabajo*) hastig erledigen **II.** *vi:* ~ **por todo** sich über alles hinwegsetzen **III.** *vr:* ~**se** sich überstürzen

**atropello** [atro'peʎo] *m* ① (*colisión*)

Zusammenstoß *m;* (*accidente*) Verkehrsunfall *m* ❷ (*empujón*) Schubs *m;* (*derribo*) Umrennen *nt* ❸ (*insulto*) Beleidigung *f* ❹ (*injusticia*) Ungerechtigkeit *f;* **¡esto es un ~!** das ist ein Unding! ❺ (*prisa*) Überstürzung *f;* **tomar una decisión sin prisas ni ~s** eine Entscheidung nicht überstürzen

**atroz** [a'troθ] *adj* ❶ (*horroroso*) grässlich ❷ (*cruel*) grausam ❸ (*inhumano*) unmenschlich ❹ (*muy grande*) riesig

**atuendo** [a'twen̪do] *m* (*atavío*) Aufmachung *f*

**atufar** [atu'far] **I.** *vt* ❶ (*marear*) benebeln ❷ (*enfadar*) ärgern **II.** *vr:* **~se** ❶ (*marearse*) benommen sein ❷ (*enfadarse*) sich ärgern

**atún** [a'tun] *m* Thunfisch *m*

**aturdido, -a** [atur'ðiðo, -a] *adj* ❶ (*irreflexivo*) gedankenlos ❷ (*pasmado*) verblüfft

**aturdidor(a)** [aturði'ðor(a)] *adj* betäubend

**aturdimiento** [aturði'mjen̪to] *m* ❶ (*por un golpe*) Betäubung *f* ❷ (*por una mala noticia*) Bestürzung *f* ❸ (*irreflexión*) Gedankenlosigkeit *f*

**aturdir** [atur'ðir] **I.** *vt* ❶ (*los sentidos*) betäuben ❷ (*una mala noticia*) bestürzen ❸ (*pasmar*) verblüffen **II.** *vr:* **~se** ❶ (*los sentidos*) benommen sein ❷ (*por una desgracia*) bestürzt sein ❸ (*pasmarse*) verblüfft sein

**atur(r)ullar** [atur(r)u'ʎar] **I.** *vt* verwirren **II.** *vr:* **~se** verwirrt sein

**atusar** [atu'sar] **I.** *vt* ❶ (*el peinado*) richten ❷ (*el pelo*) nachschneiden; (*la barba*) stutzen **II.** *vr:* **~se** sich herausputzen

**audacia** [au̯'ðaθja] *f* Kühnheit *f*

**audaz** [au̯'ðaθ] *adj* kühn

**audible** [au̯'ðiβle] *adj* hörbar

**audición** [au̯ði'θjon] *f* ❶ (*acción*) Hören *nt* ❷ (*facultad*) Gehör *nt* ❸ (*concierto*) Konzert *nt;* (*lectura*) Lesung *f* ❹ (TEAT) Vorsprechen *nt;* (*músico*) Vorspielen *nt;* (*cantante*) Vorsingen *nt;* **pasar una ~** (*actor*) vorsprechen; (*instrumentista*) vorspielen; (*cantante*) vorsingen

**audiencia** [au̯'ðjen̪θja] *f* ❶ (TEL, RADIO) Zuhörerschaft *f;* **nivel de ~** Einschaltquote *f* ❷ (POL) Audienz *f* ❸ (JUR: *sesión*) Anhörung *f;* (*sala*) Gerichtssaal *m;* (*tribunal*) Gerichtshof *m*

**audífono** [au̯'ðifono] *m* ❶ (*para sordos*) Hörgerät *nt* ❷ (*Am: auricular*) (Telefon)hörer *m*

**audio** ['au̯ðjo] *adj inv* Audio-; **materiales ~** Tonmaterial *nt*

**audiovisual** [au̯ðjoβi'swal] *adj* audiovisuell

**auditivo**[1] [au̯ði'tiβo] *m* (TEL) Hörmuschel *f*

**auditivo, -a**[2] [au̯ði'tiβo, -a] *adj* (ANAT) Gehör-

**auditor(a)** [au̯ði'tor(a)] *m(f)* (ECON, FIN) Wirtschaftsprüfer(in) *m(f)*

**auditoría** [au̯ðito'ria] *f* ❶ (*de la contabilidad*) Wirtschaftsprüfung *f;* **~ de cuentas** Rechnungsprüfung *f;* **~ externa** Außenprüfung *f;* **~ financiera** Kassenprüfung *f;* **~ fiscal** Steuerprüfung *f* ❷ (*despacho*) Wirtschaftsprüfungsbüro *nt;* (*sociedad*) Wirtschaftsprüfungsgesellschaft *f*

**auditorio** [au̯ði'torjo] *m* ❶ (*público*) Zuhörerschaft *f* ❷ (*sala*) (Konzert)saal *m*

**auge** ['au̯xe] *m* ❶ (*cumbre*) Höhepunkt *m;* (*de una época*) Blütezeit *f;* **en el ~ de su belleza** in der Blüte seiner/ihrer Schönheit ❷ (*mejora*) Aufschwung *m*

**augurar** [au̯ɣu'rar] *vt* voraussagen

**augurio** [au̯'ɣurjo] *m* Vorzeichen *nt*

**aula** ['au̯la] *f* ❶ (*de escuela*) Klassenzimmer *nt* ❷ (*de universidad*) Hörsaal *m;* **~ magna** Audimax *nt*

**aullar** [au̯'ʎar] *irr vi* (*animal*) heulen

**aullido** [au̯'ʎiðo] *m* Heulen *nt*

**aumentable** [au̯men̪'taβle] *adj* ❶ (*de tamaño*) ausbaufähig ❷ (*de cantidad*) steigerungsfähig

**aumentar** [au̯men̪'tar] **I.** *vi* ❶ (*en intensidad*) zunehmen; (*miedo*) größer werden; (*temperatura*) steigen; (*aplausos*) anschwellen; (*resistencia*) wachsen; **~ de volumen** umfangreicher werden; **~ de velocidad** schneller werden ❷ (*en cantidad*) zunehmen (um +*akk*); (*precios, número*) steigen (um +*akk*); **~ de altura** höher werden; **~ de peso** an Gewicht zunehmen; **los disturbios aumentan** die Unruhen weiten sich aus ❸ (*en extensión*) vergrößern; **~ mucho** stark vergrößern **II.** *vt* ❶ (*intensidad*) steigern; (*esfuerzos*) verstärken ❷ (*subir*) steigern; (*multiplicar*) vermehren; (*precios*) erhöhen ❸ (*de extensión*) vergrößern; **~ el poder/el dominio** die Macht/die Herrschaft ausweiten **III.** *vr:* **~se** ❶ (*en cantidad*) erhöht werden ❷ (*en extensión*) größer werden

**aumentativo** [amen̪ta'tiβo] *m* (LING) Augmentativ *nt*

**aumento** [au̯'men̪to] *m* ❶ (*en la intensidad*) Zunahme *f;* (*de los esfuerzos*) Verstärkung *f;* (*de las disputas*) Eskalation *f;* **ir en ~** ständig zunehmen ❷ (*en la cantidad*) Zunahme *f* (*de* um +*akk*); (*de población*) Zuwachs *m* (*de* um +*akk*); (*de precio, suma*) Erhöhung *f* (*de* um +*akk*); (*de valor, ventas*) Steigerung *f* (*de* um +*akk*); (*en los negocios*) Erweiterung *f;* (*de la temperatura*) Anstieg *m* (*de* um +*akk*)

❸ (*en la extensión*) Vergrößerung *f*

**aun** [au̯n] **I.** *adv* ❶ (*hasta*) sogar ❷ (*loc*): ~ **así** (aber) trotzdem; **ni** ~ nicht einmal **II.** *conj:* ~ **cuando** selbst wenn; ~ **no comprando nada, no me llega el dinero** selbst wenn ich nichts kaufe, reicht das Geld nicht aus

**aún** [a'un] *adv* ❶ (*todavía*) (immer) noch; ~ **no** noch nicht ❷ (*con comparativo*) noch

**aunar** [au̯'nar] *irr como aullar* **I.** *vt* ❶ (*unir*) vereinen; ~ **esfuerzos** gemeinsame Anstrengungen machen ❷ (*unificar*) vereinigen ❸ (*armonizar*) in Übereinstimmung bringen **II.** *vr:* ~**se** sich zusammentun

**aunque** ['au̯ŋke] *conj* ❶ (*concesiva: a pesar de que, incluso si*) auch wenn; ~ **es viejo, aún puede trabajar** obwohl er alt ist, kann er immer noch arbeiten; **la casa,** ~ **pequeña, está bien** wenn das Haus auch klein ist, ist es doch schön; **tengo que conseguirte** ~ **me cueste la vida** ich muss dich haben, auch wenn es mich das Leben kostet; ~ **parezca extraño** so seltsam es auch scheinen mag; **tengo que regalarle algo** ~ **sea un boli** ich muss ihm/ihr unbedingt etwas schenken, und wenn es nur ein Kuli ist ❷ (*adversativa*) aber

**aúpa** [a'upa] *interj* auf, hoch; **ser de** ~ gefährlich sein

**au pair** [o'per] *mf* Aupairmädchen *nt,* Aupairboy *m;* **puesto de** ~ Aupairstelle *f*

**aupar** [au̯'par] *irr como aullar vt* ❶ (*a un niño*) hochheben ❷ (*ayudar a subir*) hinaufhelfen +*dat;* ~ **a alguien a la presidencia** jdm zum Amt des Präsidenten verhelfen

**aura** ['au̯ra] *f* (*atmósfera*) Aura *f;* **tiene una** ~ **misteriosa** eine geheimnisvolle Aura umgibt ihn/sie; **exhalar una** ~ **de tranquilidad** Ruhe ausstrahlen

**áureo, -a** ['au̯reo, -a] *adj* golden

**aureola** [au̯re'ola] *f* (*de alguien*) Heiligenschein *m*

**aurícula** [au̯'rikula] *f* ❶ (ANAT: *del corazón*) Vorhof *m* ❷ (ANAT: *de la oreja*) Ohrmuschel *f* ❸ (*planta*) Aurikel *f*

**auricular** [au̯riku'lar] **I.** *adj* (*de la oreja*) Ohren-; **testigo** ~ Ohrenzeuge *m;* **dedo** ~ kleiner Finger **II.** *m* ❶ (TEL) (Telefon)hörer *m;* **coger/colgar el** ~ den Hörer abnehmen/auflegen ❷ (*de música*) Kopfhörer *m*

**aurora** [au̯'rora] *f* ❶ (*alba*) Morgenröte *f* ❷ (*principios*) Anfänge *mpl*

**auscultación** [au̯skul̦ta'θjon] *f* (MED) Abhorchen *nt*

**auscultar** [au̯skul̦'tar] *vt* ❶ (MED) abhorchen ❷ (*sondear*) ausloten

**ausencia** [au̯'sen̦θja] *f* ❶ (*estado de ausente*) Abwesenheit *f;* **brillar por su** ~ durch Abwesenheit glänzen; **hacer a alguien buenas** ~**s** gut über jdn reden; **tener buenas** ~**s** einen guten Ruf haben; **en** ~ **del gato bailan los ratones** (*prov*) wenn die Katze aus dem Haus ist, tanzen die Mäuse (auf dem Tisch) ❷ (*falta*) Mangel *m* (*de* an +*dat*); ~ **de interés** mangelndes Interesse; **en** ~ **de algo mejor** in Ermangelung eines Besseren ❸ (PSICO) (Geistes)abwesenheit *f*

**ausentarse** [au̯sen̦'tarse] *vr* (*irse*) weggehen; ~ **de la ciudad** die Stadt verlassen

**ausente** [au̯'sen̦te] *adj* ❶ (*no presente*) abwesend; **estar** ~ nicht da sein; **estar** ~ **del trabajo** am Arbeitsplatz fehlen ❷ (*distraído*) (geistes)abwesend

**auspiciar** [au̯spi'θjar] *vt* ❶ (*presagiar*) voraussagen ❷ (*patrocinar*) die Schirmherrschaft übernehmen (über +*akk*)

**auspicio** [au̯s'piθjo] *m* ❶ (*protección*) Schirmherrschaft *f;* **bajo los** ~**s del presidente** unter der Schirmherrschaft des Präsidenten ❷ *pl* (*presagio*) Vorzeichen *nt*

**austeridad** [au̯steri'ðaᵈ] *f* ❶ (*de las costumbres*) Strenge *f* ❷ (*del modo de vida*) Enthaltsamkeit *f* ❸ (*de un lugar*) Kargheit *f* ❹ (*de un estilo*) Einfachheit *f*

**austero, -a** [au̯s'tero, -a] *adj* ❶ (*costumbre*) streng ❷ (*modo de vida*) enthaltsam ❸ (*lugar*) karg ❹ (*estilo*) einfach

**austral** [au̯s'tral] *adj* südlich, Süd-

**Australia** [au̯s'tralja] *f* Australien *nt*

**australiano, -a** [au̯stra'ljano, -a] **I.** *adj* australisch **II.** *m, f* Australier(in) *m(f)*

**Austria** ['au̯strja] *f* Österreich *nt*

**austriaco, -a** [au̯s'trjako, -a], **austríaco, -a** [au̯s'triako, -a] **I.** *adj* österreichisch **II.** *m, f* Österreicher(in) *m(f)*

**autarquía** [au̯tar'kia] *f* Autarkie *f*

**autárquico, -a** [au̯'tarkiko, -a] *adj* (*t.* POL) autark

**autenticar** [au̯ten̦ti'kar] <c→qu> *vt* (*legitimar*) beglaubigen

**autenticidad** [au̯ten̦tiθi'ðaᵈ] *f* Echtheit *f;* **sobre la** ~ **de tus palabras tengo mis dudas** ich bezweifle den Wahrheitsgehalt deiner Worte; **no creo en la** ~ **de esta información** ich glaube nicht, dass es sich hier um eine zuverlässige Information handelt

**auténtico, -a** [au̯'ten̦tiko, -a] *adj* ❶ (*verdadero*) echt; **un** ~ **fracaso** ein glatter Fehlschlag; **hacía un calor** ~ es war wirklich warm; **es un** ~ **maestro en su especialidad** er ist ein wahrer Meister in seinem Fach ❷ (*palabra*) glaubwürdig ❸ (*informa-

*ción*) zuverlässig; (*datos*) verbürgt

**autista** [au̯'tista] **I.** *adj* autistisch **II.** *mf* Autist(in) *m(f)*

**auto** ['au̯to] *m* ① (*resolución*) Beschluss *m* ② *pl* (*actas*) (Prozess)akten *fpl;* **constar en ~s** aktenkundig sein; **estar en ~s** (*fig*) im Bilde sein; **poner en ~s** (*fig*) ins Bild setzen ③ (AUTO) Auto *nt*

**autoadhesivo**, **-a** [au̯toaðe'siβo, -a] *adj* selbstklebend; **papel ~** Selbstklebefolie *f*

**autoaprendizaje** [au̯toapren̪di'θaxe] *m* Selbststudium *nt*

**autobiografía** [au̯toβjoɣra'fia] *f* Autobiografie *f;* **autobiográfico**, **-a** [au̯toβjo'ɣrafiko, -a] *adj* autobiografisch

**autobús** [au̯to'βus] *m* (Auto)bus *m,* Omnibus *m*

**autocar** [au̯to'kar] <autocares> *m* (Reise)bus *m*

**autocarril** [au̯toka'rril] *m* (*Bol, Chil, Nic: autovía*) Schnellstraße *f*

**autochoque** [au̯to'ʧoke] *m* (Auto)skooter *m*

**autocine** [au̯to'θine] *m* Autokino *nt*

**autocompasión** [au̯tokompa'sjon] *f* Selbstmitleid *nt*

**autocomplacencia** [au̯tokompla'θen̪θja] *f* Selbstgefälligkeit *f*

**autoconfianza** [au̯tokoɱ'fjan̪θa] *f* Selbstvertrauen *nt*

**autocontrolarse** [au̯tokon̪tro'larse] *vr* sich beherrschen

**autocrítico**, **-a** [au̯to'kritiko, -a] *adj* selbstkritisch

**autóctono**, **-a** [au̯'toktono, -a] *adj* einheimisch

**autodefensa** [au̯toðe'fensa] *f* Selbstverteidigung *f*

**autodeterminación** [au̯toðetermina'θjon] *f* Selbstbestimmung *f;* **derecho de ~** Selbstbestimmungsrecht *nt*

**autodidacto**, **-a** [au̯toði'ðakto, -a] **I.** *adj* autodidaktisch **II.** *m, f* Autodidakt(in) *m(f)*

**autodisciplina** [au̯toðisθi'plina] *f* Selbstdisziplin *f*

**autodominio** [au̯toðo'minjo] *m* Selbstbeherrschung *f*

**autódromo** [au̯'toðromo] *m* Autodrom *nt*

**autoescuela** [au̯toes'kwela] *f* Fahrschule *f*

**autoestima** [au̯toes'tima] *f* Selbstwertgefühl *nt*

**autoestop** [au̯toes'top] *m:* **viajar en** [*o* **hacer**] **~** per Anhalter fahren [*o* trampen]

**autoestopista** [au̯toesto'pista] *mf* Anhalter(in) *m(f)*

**autofinanciación** [au̯tofinan̪θja'θjon] *f* Eigenfinanzierung *f;* **autogestión** [au̯toxes'tjon] *f* Selbstverwaltung *f;* **autogobierno** [au̯toɣo'βjerno] *m* Selbstverwaltung *f*

**autogol** [au̯to'ɣol] *m* (DEP) Eigentor *nt*

**autógrafo** [au̯'toɣrafo] *m* (*firma*) Autogramm *nt*

**autointoxicación** [au̯toin̪toˠsika'θjon] *f* (MED) Autointoxikation *f*

**autolavado** [au̯tola'βaðo] *m* Selbstreinigung *f;* **túnel de ~** (AUTO) Waschstraße *f*

**autómata** [au̯'tomata] *m* ① (*aparato*) Automat *m* ② (*robot*) Roboter *m* ③ (*pey: persona*) Marionette *f*

**automático**[1] [au̯to'matiko] *m* Druckknopf *m*

**automático**, **-a**[2] [au̯to'matiko, -a] *adj* automatisch; **caja de cambios automática** (AUTO) Automatikgetriebe *nt;* **dispositivo ~** Automatik *f;* **fusil ~** Selbstladegewehr *nt;* **la puerta se cierra de modo ~** die Tür schnappt ins Schloss; (*en un metro*) die Tür schließt selbsttätig; **su despido fue ~ después** er/sie wurde fristlos entlassen

**automatismo** [au̯toma'tismo] *m* Automatismus *m*

**automatización** [au̯tomatiθa'θjon] *f* Automatisierung *f*

**automatizar** [au̯tomati'θar] <z→c> *vt* automatisieren

**automotivarse** [au̯tomoti'βarse] *vr* sich selbst motivieren

**automóvil** [au̯to'moβil] *m* Auto *nt;* **~ de carreras** Rennwagen *m;* **~ eléctrico** Elektroauto *nt;* **~ todo terreno** Geländefahrzeug *nt;* **Salón del A~** Automobilmesse *f*

**automovilismo** [au̯tomoβi'lismo] *m* (DEP) Rennsport *m*

**automovilista** [au̯tomoβi'lista] *mf* Autofahrer(in) *m(f)*

**automovilístico**, **-a** [au̯tomoβi'listiko, -a] *adj* Auto-; **parque ~** Fuhrpark *m*

**autonomía** [au̯tono'mia] *f* ① (POL) Autonomie *f;* **~ colectiva** Tarifautonomie *f;* **~ municipal** kommunale Selbstverwaltung ② (*de una persona*) Unabhängigkeit *f;* **en esta empresa no tengo ~ para tomar decisiones** in dieser Firma kann ich keine eigenen Entscheidungen treffen ③ (*territorio*) autonome Region *f*

**autonómico**, **-a** [au̯to'nomiko, -a] *adj* autonom(isch); **proceso ~** Autonomieprozess *m;* **política autonómica** Regionalpolitik *f;* **elecciones autonómicas** Wahlen in den autonomen Regionen

**autónomo**, **-a** [au̯'tonomo, -a] *adj* ① (POL) autonom; **la comunidad autónoma de Galicia** die autonome Region Galicien ② (*trabajador*) selb(st)ständig; **trabajar de**

~ selb(st)ständig arbeiten; **¿cuánto pagas de ~s?** wie viel zahlst du für deine private Krankenversicherung?

**autopiloto** [au̯topi'loto] *m* (AERO) Autopilot *m*

**autopista** [au̯to'pista] *f* Autobahn *f;* ~ **de datos** Datenautobahn *f;* ~ **de la información** Dateninfobahn *f;* ~ **de peaje** gebührenpflichtige Autobahn

**autoproclamarse** [au̯toprokla'marse] *vr* sich selbst ernennen (zu +*dat*)

**autoprogramable** [au̯toproɣra'maβle] *adj* selbstprogrammierbar

**autopropulsión** [au̯topropul'sjon] *f* (TÉC) Eigenantrieb *m*

**autopsia** [au̯'toβsja] *f* (MED) Autopsie *f*

**autor(a)** [au̯'tor(a)] *m(f)* ❶ (LIT) Autor(in) *m(f);* (MÚS) Komponist(in) *m(f);* **derechos de** ~ Urheberrechte *ntpl;* **una novela de ~ desconocido** ein Roman eines unbekannten Verfassers ❷ (*de un acto*) Urheber(in) *m(f);* (*de una conspiración*) Anstifter(in) *m(f);* (*de un crimen*) Täter(in) *m(f);* **el ~ del atentado** der Attentäter ❸ (*de un invento*) Erfinder(in) *m(f);* (*de un descubrimiento*) Entdecker(in) *m(f)*

**autoridad** [au̯tori'ðaᵈ] *f* ❶ (*poder*) Macht *f;* (*de alguien*) Autorität *f;* ~ **del estado** Staatsgewalt *f;* ~ **judicial** richterliche Gewalt; ~ **de los padres** elterliche Autorität; **estar bajo la ~ de alguien** jdm unterstehen; **¡aquí soy yo la ~!** hier bestimme ich! ❷ (*institución estatal*) Behörde *f* ❸ (*pl*) (*policía*) Polizei *f;* **desacato a la ~** Widerstand gegen die Staatsgewalt ❹ (*experto*) Autorität *f*

**autoritario, -a** [au̯tori'tarjo, -a] *adj* autoritär

**autoritarismo** [au̯torita'rismo] *m sin pl* Autoritarismus *m*

**autorización** [au̯toriθa'θjon] *f* ❶ (*permiso*) Erlaubnis *f* (*para* zu +*dat*); ~ **para vender alcohol** Schankkonzession *f* ❷ (*facultad*) Ermächtigung *f* (*para* zu +*dat*) ❸ (*derecho*) Berechtigung *f* (*para* zu +*dat*) ❹ (*de un documento*) Beglaubigung *f;* (*de una firma*) Bestätigung *f*

**autorizado, -a** [au̯tori'θaðo, -a] *adj* ❶ (*facultado*) befugt; **persona no autorizada** Unbefugte(r) *m;* ~ **para firmar** zeichnungsberechtigt ❷ (*competente*) kompetent; **de fuentes autorizadas** aus sicherer Quelle ❸ (*oficial*) offiziell

**autorizar** [au̯tori'θar] <z→c> *vt* ❶ (*consentir*) genehmigen; **mi jefe me ha autorizado para ausentarme** mein Chef hat mir freigegeben ❷ (*facultar*) ermächtigen (*a/para* zu +*dat*) ❸ (*dar derecho*) berechtigen (*a/para* zu +*dat*); **que sea mi jefe no le autoriza para insultarme** auch wenn Sie mein Chef sind, haben Sie kein Recht mich zu beschimpfen; **este hecho nos autoriza a pensar que...** diese Tatsache berechtigt uns zu der Annahme, dass ... ❹ (*documentos*) beglaubigen

**autorregularse** [au̯torreɣu'larse] *vr* sich selbst regulieren

**autorretrato** [au̯torre'trato] *m* Selbstbildnis *nt;* **autoservicio** [au̯toser'βiθjo] *m* Selbstbedienung *f*

**autostop** [au̯tos'top] *m:* **hacer** ~ trampen

**autostopista** [au̯tosto'pista] *mf* Anhalter(in) *m(f)*

**autosuficiencia** [au̯tosufi'θjen̩θja] *f* ❶ (*condición*) Selbstgenügsamkeit *f;* ~ **económica** (ECON) wirtschaftliche Selbstversorgung ❷ (*presunción*) Selbstgefälligkeit *f*

**autosuficiente** [au̯tosufi'θjen̩te] *adj* ❶ (*condición*) selbstgenügsam ❷ (*presuncioso*) selbstgefällig

**autovía** [au̯to'βia] *f* (*carretera*) Schnellstraße *f*

**auxiliar¹** [au̯ˠsi'ljar] *m* (LING) Hilfsverb *nt*

**auxiliar²** [au̯ˠsi'ljar] **I.** *adj* Hilfs-; **profesor ~** (UNIV) Assistent *m;* (*en la escuela*) Aushilfslehrer *m* **II.** *mf* Assistent(in) *m(f);* ~ **administrativo** Beamter im unteren Dienst; ~ **de cátedra** (*en Alemania*) wissenschaftliche Hilfskraft; ~ **de clínica** Krankenpfleger *m,* Krankenschwester *f;* ~ **técnico sanitario** medizinisch-technischer Assistent *m;* ~ **de vuelo** Steward *m,* Stewardess *f* **III.** *vt* ❶ (*dar auxilio*) helfen +*dat* ❷ (REL) versehen

**auxilio** [au̯ˠ'siljo] *m* Hilfe *f;* ~**s espirituales** (REL) Sterbesakramente *ntpl;* **primeros ~s** erste Hilfe; **pedir ~** um Hilfe rufen; **pedir ~ a alguien** jdn zu Hilfe rufen

**aval** [a'βal] *m* (COM, JUR) Wechselbürgschaft *f;* ~ **bancario** Bankbürgschaft *f*

**avalador(a)** [aβala'ðor(a)] **I.** *adj* avalierend **II.** *m(f)* (Wechsel)bürge, -in *m, f*

**avalancha** [aβa'lanʧa] *f* Lawine *f*

**avalar** [aβa'lar] *vt* ❶ (COM) eine (Wechsel)bürgschaft leisten (für +*akk*); ~ **una deuda** eine Bürgschaft für eine Schuld leisten ❷ (*a alguien*) bürgen (*a* für +*akk*)

**avance** [a'βan̩θe] *m* ❶ (*movimiento*) Vorrücken *nt;* (MIL) Vormarsch *m;* ~ **de los precios** Preissteigerung *f* ❷ (*anticipo*) Vorschuss *m* ❸ (*progreso*) Fortschritt *m* ❹ (*avanzo*) Bilanz *f* ❺ (*presupuesto*) (Kosten)voranschlag *m* ❻ (CINE, TV) Vorschau *f* (*de* auf +*akk*); ~ **informativo** Nachrichtenüberblick *m*

**avanzado**, **-a** [aβaṇ'θaðo, -a] *adj* ① (*estado, nivel, edad*) fortgeschritten ② (*método*) fortschrittlich ③ (*modelo*) weiterentwickelt

**avanzar** [aβaṇ'θar] <z→c> **I.** *vi* ① (*seguir adelante*) weitergehen; (MIL) vorrücken; (*lava*) sich vorwärtsbewegen; ~ **por una calle** eine Straße entlanggehen; ~ **hacia alguien** auf jdn zugehen; **a medida que el tiempo avanzaba** mit der Zeit ② (*progresar*) vorankommen; **no ~ nada** keine Fortschritte machen; **esta tendencia está avanzando** dieser Trend ist auf dem Vormasch **II.** *vt* ① (*mover hacia adelante*) vorrücken; ~ **un pie** einen Fuß vorsetzen ② (*sueldo*) vorschießen ③ (*propuesta*) vorbringen

**avaricia** [aβa'riθja] *f* ① (*codicia*) Habgier *f* ② (*tacañería*) Geiz *m*

**avaricioso**, **-a** [aβari'θjoso, -a] *adj*, **avariento**, **-a** [aβa'rjeṇto, -a] *adj* ① (*codicioso*) habgierig ② (*tacaño*) geizig

**avaro**, **-a** [a'βaro, -a] **I.** *adj* geizig; **ser muy ~ de algo** mit etw *dat* geizen **II.** *m, f* Geizhals *m*

**avasallar** [aβasa'ʎar] **I.** *vt* ① (*subyugar*) unterwerfen ② (*atropellar*) überrollen **II.** *vr:* ~**se** sich unterwerfen

**avatares** [aβa'tares] *mpl:* **los ~es de la vida** die Wechselfälle des Lebens; **los ~es de la suerte** die Launenhaftigkeit des Glücks

**ave** ['aβe] *f* Vogel *m;* ~**s de corral** Geflügel *nt;* ~ **de paso** Zugvogel *m*

**AVE** ['aβe] *m abr de* **Alta Velocidad Española** ≈ICE *m*

**avecinarse** [aβeθi'narse] *vr* bevorstehen; (*tormenta*) aufziehen

**avellana** [aβe'ʎana] *f* Haselnuss *f*

**avellano** [aβe'ʎano] *m* Hasel(nuss)strauch *m*

**avemaría** [aβema'ria] *f* ① (*oración*) Ave-Maria *nt* ② (*loc*): **al ~** bei Einbruch der Nacht; **en un ~** im Handumdrehen; **saberse algo como el ~** etw wie am Schnürchen können

**avena** [a'βena] *f* Hafer *m*

**avenencia** [aβe'neṇθja] *f* ① (*acuerdo*) Übereinkunft *f* ② (*armonía*) Eintracht *f;* **en buena ~** in Eintracht ③ (JUR) Vergleich *m*

**avenida** [aβe'niða] *f* ① (*de un río*) Hochwasser *nt* ② (*calle*) Allee *f* ③ (*de gente o cosas*) Zustrom *m*

**avenido**, **-a** [aβe'niðo, -a] *adj:* **dos personas bien avenidas** zwei gut befreundete Menschen; **una pareja mal avenida** ein unglückliches Paar

**avenir** [aβe'nir] *irr como venir* **I.** *vt* versöhnen **II.** *vr:* ~**se** ① (*entenderse*) sich verstehen ② (*ponerse de acuerdo*) sich einigen (*en* über +*akk*) ③ (*conformarse*) einverstanden sein; **no ~se a...** nicht damit einverstanden sein zu ... ④ (*armonizar*) miteinander in Einklang stehen ⑤ (*prestarse a*) sich bereit erklären; ~**se a dialogar** sich zu Gesprächen bereit erklären

**aventajado**, **-a** [aβeṇta'xaðo, -a] *adj* (*alumno*) hervorragend; **de estatura aventajada** hochgewachsen

**aventajar** [aβeṇta'xar] *vt* ① (*ser mejor*) übertreffen (*en* an +*dat*) ② (*en una carrera*) überholen; ~ **a todos** alle hinter sich *dat* lassen ③ (*anteponer*) bevorzugen

**aventar** [aβeṇ'tar] <e→ie> **I.** *vt* ① (*echar aire a algo*) belüften ② (*dispersar el viento*) fortwehen ③ (*el grano*) worfeln **II.** *vr:* ~**se** ① (*fam: pirárselas*) abhauen ② (*las velas*) sich blähen

**aventura** [aβeṇ'tura] *f* ① (*extraordinaria*) Abenteuer *nt;* **espíritu de ~** Abenteuerlust *f* ② (*arriesgada*) Wagnis *nt* ③ (*amorosa*) (Liebes)affäre *f*

**aventurado**, **-a** [aβeṇtu'raðo, -a] *adj* gewagt

**aventurar** [aβeṇtu'rar] **I.** *vt* ① (*arriesgar*) riskieren ② (*algo atrevido*) wagen **II.** *vr:* ~**se** sich wagen; **perdieron dinero al ~se en el mundo editorial** sie verloren Geld bei dem Versuch ins Verlagswesen einzusteigen

**aventurero**, **-a** [aβeṇtu'rero, -a] **I.** *adj* abenteuerlich; (*fig*) gewagt; **espíritu ~** Abenteuerlust *f* **II.** *m, f* Abenteurer(in) *m(f)*

**avergonzado**, **-a** [aβerɣoṇ'θaðo, -a] *adj* (*sonrisa*) verschämt; **sentirse ~** sich schämen

**avergonzar** [aβerɣoṇ'θar] *irr* **I.** *vt* beschämen **II.** *vr:* ~**se** sich schämen (*de/por* wegen +*gen/dat*)

**avería** [aβe'ria] *f* ① (AUTO) Panne *f* ② (*de una mercadería*) Schaden *m* ③ (TÉC) Störung *f* ④ (NÁUT) Havarie *f;* ~ **gruesa/simple** schwere/leichte Havarie

**averiar** [aβeri'ar] <*1. pres:* averío> **I.** *vt* beschädigen **II.** *vr:* ~**se** ① (AUTO) eine Panne haben ② (TÉC) gestört sein ③ (NÁUT) havarieren

**averiguable** [aβeri'ɣwaβle] *adj* ermittelbar

**averiguación** [aβeriɣwa'θjon] *f* ① (*haciendo pesquisas*) Ermittlung *f* ② (*discurriendo*) Erforschung *f* ③ (*al dar con*) Ausfindigmachen *nt*

**averiguar** [aβeri'ɣwar] <gu→gü> *vt* ① (*inquiriendo*) ermitteln ② (*discurriendo*) erforschen ③ (*dar con*) ausfindig machen;

**averigua a qué hora sale el tren** sieh nach, um wie viel Uhr der Zug abfährt

**aversión** [aβer'sjon] *f* Abneigung *f* (*a* gegen +*akk*)

**avestruz** [aβes'truθ] *m* Strauß *m*

**avezado, -a** [aβe'θaðo, -a] *adj* erfahren; ~ **en los negocios** geschäftstüchtig

**avezar** [aβe'θar] <z→c> **I.** *vt* gewöhnen (*a* an +*akk*); ~ **a los niños** den Kindern gute Manieren angewöhnen **II.** *vr:* ~**se** sich gewöhnen (*a* an +*akk*)

**aviación** [aβja'θjon] *f* ① (AERO) Luftfahrt *f;* **compañía de** ~ Fluggesellschaft *f* ② (MIL) Luftwaffe *f*

**aviador(a)** [aβja'ðor(a)] *m(f)* (AERO, MIL) Flieger(in) *m(f)*

**aviar** [aβi'ar] <*1. pres:* avío> **I.** *vt* ① (*habitación*) herrichten; (*maleta*) packen; (*comida*) zubereiten; (*mesa*) decken ② (*dar*) versehen (*de* mit +*dat*) ③ (*apresurar*) sich beeilen; **diles que vayan aviando** sag ihnen, sie sollen sich beeilen ④ (*AmS: prestar*) (aus)leihen ⑤ (*loc*): **estar aviado** (*en un apuro*) in der Klemme sitzen **II.** *vr:* ~**se** ① (*arreglarse*) sich zurechtmachen ② (*espabilarse*) auskommen

**avícola** [a'βikola] *adj* Geflügel-

**avicultor(a)** [aβikul̩'tor(a)] *m(f)* Geflügelzüchter(in) *m(f)*

**avicultura** [aβikul̩'tura] *f* Geflügelzucht *f*

**avidez** [aβi'ðeθ] *f* ① (*ansia*) Gier *f* (*de* nach +*dat*) ② (*codicia*) Habgier *f*

**ávido, -a** ['aβiðo, -a] *adj* ① (*ansioso*) gierig (*de* nach +*dat*) ② (*codicioso*) habgierig

**avieso, -a** [a'βjeso, -a] *adj* ① (*objeto*) krumm ② (*persona*) boshaft

**avilés, -esa** [aβi'les, -esa] **I.** *adj* aus Ávila **II.** *m, f* Einwohner(in) *m(f)* von Ávila

**avinagrado, -a** [aβina'ɣraðo, -a] *adj* missmutig

**avinagrarse** [aβina'ɣrarse] *vr* ① (*vino*) sauer werden ② (*persona*) missmutig werden

**avío** [a'βio] *m* ① (*apresto*) Vorbereitung *f;* (*de una habitación*) Herrichten *nt* ② (*provisión*) Proviant *m* ③ (*AmS: de dinero*) Darlehen *nt;* (*de utensilios*) Ausleihen *nt* ④ *pl* (*utensilios*): ~**s de coser** Nähzeug *nt;* ~**s de escribir** Schreibwaren *fpl* ⑤ (*loc*): **¡al ~!** an die Arbeit!

**avión** [aβi'on] *m* ① (AERO) Flugzeug *nt;* **por** ~ (*correos*) per Luftpost; **ir en ~ a Mallorca** nach Mallorca fliegen ② (ZOOL) Mauersegler *m*

**avioneta** [aβjo'neta] *f* Sportflugzeug *nt*

**avisado, -a** [aβi'saðo, -a] *adj* ① (*prudente*) umsichtig ② (*sagaz*) schlau; **mal** ~ unklug

**avisador¹** [aβisa'ðor] *m:* ~ **de movimientos** Bewegungsmelder *m*

**avisador(a)²** [aβisa'ðor(a)] **I.** *adj* avisierend **II.** *m(f)* Bote, -in *m, f;* **trabajar de** ~ Botengänge machen

**avisar** [aβi'sar] *vt* ① (*dar noticia*) benachrichtigen; **avísame cuando estés de vuelta** sag mir Bescheid, wenn du wieder da bist; **avisó que venía a cenar** er/sie kündigte sich zum Abendessen an; **llegar sin** ~ unangemeldet kommen ② (*advertir*) aufmerksam machen (*de* auf +*akk*) ③ (*poner sobre aviso*) warnen ④ (*llamar*) rufen

**aviso** [a'βiso] *m* ① (*notificación*) Benachrichtigung *f;* (*en una cartelera*) Anschlag *m;* (*por el altavoz*) Durchsage *f;* ~ **de llegada** (COM) Empfangsbestätigung *f;* ~ **de salida** (FERRO) Abfahrtssignal *nt;* ~ **de siniestro** Schadensmeldung *f;* **hasta nuevo** ~ bis auf Widerruf; **sin previo** ~ unangemeldet ② (*advertencia*) Warnung *f;* ~ **de bomba** Bombendrohung *f;* **estar sobre** ~ auf der Hut sein; **poner sobre** ~ warnen; **servir a alguien de** ~ jdm eine Lehre sein ③ (*consejo*) Rat *m* ④ (*prudencia*) Umsicht *f* ⑤ (*Am: en el periódico*) Anzeige *f;* (*en otros medios*) Werbung *f*

**avispa** [a'βispa] *f* Wespe *f*

**avispado, -a** [aβis'paðo, -a] *adj* aufgeweckt

**avispero** [aβis'pero] *m* ① (*nido*) Wespennest *nt;* **meterse en un** ~ (*fig*) in ein Wespennest stechen ② (*avispas*) Wespenschwarm *m*

**avispón** [aβis'pon] *m* Hornisse *f*

**avistar** [aβis'tar] *vt* sichten

**avituallamiento** [aβitwaʎa'mjen̩to] *m* Versorgung *f;* **zona de** ~ (DEP) Versorgungsstation *f*

**avituallar** [aβitwa'ʎar] *vt* versorgen

**avivar** [aβi'βar] *vt* (*dar viveza*) beleben; (*fuego, pasión*) schüren; (*color*) aufhellen; (*luz*) verstärken; (*sentidos*) schärfen; ~ **el paso** den Schritt beschleunigen

**avizor** [aβi'θor] *adj:* **estar ojo** ~ auf der Hut sein

**avizorar** [aβiθo'rar] *vt* belauern

**avutarda** [aβu'tarða] *f* (ZOOL) Trappe *f*

**axila** [aˠ'sila] *f* ① (ANAT) Achsel(höhle) *f* ② (BOT) Achsel *f*

**axilar** [aˠsi'lar] *adj* (ANAT, BOT) axillar

**axioma** [aˠ'sjoma] *m* Axiom *nt*

**ay** [ai̯] *interj* ① (*de dolor*) autsch ② (*de pena*) ach ③ (*de miedo*) oh, mein Gott ④ (*de sorpresa*) oh; **¡~, qué divertido!** ach, wie lustig! ⑤ (*de amenaza*) wehe; **¡~, si vienes tarde!** wehe dir, wenn du zu spät kommst!; **¡~ del que...!** +*subj* wehe dem, der ...!

A

**ayatollah** [aɟato'la] *m* Ajatollah *m*
**ayer** [a'ɟer] *adv* gestern; ~ **(por la) noche** gestern Abend; ~ **hace una semana** gestern vor einer Woche; **de** ~ **acá** in kurzer Zeit; **¡parece que fue ~!** mir ist, als ob es erst gestern gewesen wäre!; **no he nacido** ~ ich bin nicht von gestern
**ayo, -a** ['aɟo, -a] *m, f* (*tutor*) Hauslehrer(in) *m(f)*
**ayote** [a'ɟote] *m* (*AmC, Méx*), **ayotli** [a'ɟoᵈli] *m* (*AmC*) Kürbis *m*
**ayuda¹** [a'ɟuða] *f* ❶ (*auxilio*) Hilfe *f;* **perro de** ~ Wachhund *m;* **con** ~ **de su amigo** mit (der) Hilfe seines/ihres Freundes; **eso no me sirve de ninguna** ~ das nützt mir nichts ❷ (*lavativa*) Einlauf *m*
**ayuda²** [a'ɟuða] *m* Gehilfe *m*
**ayudante** [aɟu'ðan̩te] *mf* ❶ (*que ayuda*) Helfer(in) *m(f)* ❷ (*cargo*) Assistent(in) *m(f);* (*en una escuela*) Hilfslehrer(in) *m(f)*
**ayudar** [aɟu'ðar] **I.** *vt* ❶ (*socorrer*) helfen *+dat;* ~ **a alguien en el trabajo** jdm bei der Arbeit helfen; ~ **a alguien a levantarse** jdm aufhelfen; ~ **a alguien a salir del coche** jdm aus dem Auto helfen; ~ **a pasar la calle** über die Straße helfen; ~ **a misa** ministrieren; **¡Dios me ayude!** so wahr mir Gott helfe!; **¿le puedo** ~ **en algo?** kann ich Ihnen behilflich sein?; ~ **a conseguir un trabajo** zu einer Stellung verhelfen ❷ (*temporalmente*) aushelfen *+dat* ❸ (*contribuir*) beitragen (*a* zu *+dat*) **II.** *vr:* ~**se** ❶ (*mutuamente*) einander helfen ❷ (*valerse de*) sich bedienen
**ayunar** [aɟu'nar] *vi* fasten
**ayunas** [a'ɟunas] *adv:* **en** ~ nüchtern; **siempre está en** ~ (*fig*) er/sie kapiert nie etwas
**ayuno¹** [a'ɟuno] *m* Fasten *nt*
**ayuno, -a²** [a'ɟuno, -a] *adj* nüchtern; **estar** ~ **de experiencia** keine Erfahrung haben; **estoy** ~ **de lo que aquí se dice** ich habe keine Ahnung, worum es hier geht
**ayuntamiento** [aɟun̩ta'mjen̩to] *m* ❶ (*corporación*) Gemeinderat *m;* (*de una ciudad*) Stadtrat *m* ❷ (*edificio*) Rathaus *nt*
**azabache** [aθa'βatʃe] *m* Jet(t) *m o nt;* **ojos de** ~ pechschwarze Augen
**azada** [a'θaða] *f* Hacke *f*
**azadón** [aθa'ðon] *m* (große) Hacke *f*
**azafata** [aθa'fata] *f* ❶ (AERO) Stewardess *f;* ~ **de congresos** (Messe)hostess *f* ❷ (*Chil: bandeja*) Tablett *nt*
**azafato** [aθa'fato] *m* (*fam*) Steward *m*
**azafrán** [aθa'fran] *m* ❶ (*condimento*) Safran *m* ❷ (*color*) Safrangelb *nt*
**azahar** [a'θar/aθa'ar] *m* Orangenblüte *f*
**azalea** [aθa'lea] *f* Azalee *f*
**azar** [a'θar] *m* ❶ (*casualidad*) Zufall *m;* **juegos de** ~ Glücksspiele *ntpl;* **al** ~ aufs Geratewohl; **por** ~ zufällig ❷ (*imprevisto*) Missgeschick *nt;* **los** ~**es de la vida** die Wechselfälle des Lebens
**azarar** [aθa'rar] **I.** *vt* beschämen **II.** *vr:* ~**se** ❶ (*avergonzarse*) sich schämen ❷ (*ruborizarse*) erröten ❸ (*turbarse*) unruhig werden
**azaroso, -a** [aθa'roso, -a] *adj* ❶ (*proyecto*) gefährlich; **una vida azarosa** ein Leben mit viele Höhen und Tiefen ❷ (*persona*) vom Pech verfolgt
**Azerbaiyán** [aθerβa'ɟan] *m* Aserbaidschan *nt*
**aznarismo** [aθna'rismo] *m* Regierungspolitik *f* von José María Aznar
**azogar** [aθo'ɣar] <g→gu> **I.** *vt* ❶ (*cubrir con azogue*) mit Quecksilber überziehen; (*espejo*) versilbern ❷ (*la cal*) löschen **II.** *vr:* ~**se** ❶ (*intoxicarse*) sich *dat* eine Quecksilbervergiftung zuziehen ❷ (*turbarse*) unruhig [*o* zappelig] werden
**azogue** [a'θoɣe] *m* (QUÍM) Quecksilber *nt;* **tener** ~ **en el cuerpo** (*fig*) keine Minute ruhig sitzen können; **ser uno como el** ~ ein unruhiger Geist sein; **temblar como** ~ zittern wie Espenlaub
**azor** [a'θor] *m* Hühnerhabicht *m*
**azoramiento** [aθora'mjen̩to] *m* ❶ (*nerviosismo*) Aufregung *f;* (*ante un acto público*) Lampenfieber *nt* ❷ (*turbación*) Verwirrung *f*
**azorar** [aθo'rar] **I.** *vt* ❶ (*poner nervioso*) in Aufregung versetzen ❷ (*turbar*) verwirren **II.** *vr:* ~**se** ❶ (*alterarse*) unruhig werden; (*ante un acto público*) Lampenfieber bekommen ❷ (*turbarse*) verwirrt sein
**Azores** [a'θores] *fpl* Azoren *pl*
**azotaina** [aθo'tai̯na] *f* Tracht *f* Prügel; **dar una** ~ übers Knie legen
**azotamiento** [aθota'mjen̩to] *m* ❶ (*paliza*) Tracht *f* Prügel ❷ (*de un prisionero*) Auspeitschen *nt*
**azotar** [aθo'tar] *vt* ❶ (*con un látigo*) auspeitschen; (*con nudos*) geißeln; (*con la mano*) verprügeln; **el viento me azota (en) la cara** der Wind peitscht mir ins Gesicht ❷ (*producir daños*) verwüsten; **una epidemia azota la región** eine Seuche wütet in der Region
**azote** [a'θote] *m* ❶ (*látigo*) Peitsche *f;* (*con nudos*) Geißel *f* ❷ (*golpe*) Peitschenhieb *m;* (*golpe en las nalgas*) Klaps *m* auf den Po ❸ (*plaga*) Geißel *f*
**azotea** [aθo'tea] *f* Dachterrasse *f;* **estar mal de la** ~ (*fam*) einen Dachschaden haben

**azteca** [aθ'teka] **I.** *adj* aztekisch **II.** *mf* Azteke, -in *m, f*

**i Land & Leute**

Der Indianerstamm der **aztecas** errichtete zwischen dem 14. und dem 16. Jahrhundert im südlichen und zentralen Teil Mexikos ein großes mächtiges Reich, das 1521 von den Spaniern erobert wurde. Die Sprache der **aztecas** heißt *náhuatl*.

**azúcar** [a'θukar] *m* Zucker *m;* ~ **de cortadillo** Kandiszucker *m;* ~ **en polvo** Puderzucker *m;* **tener el** ~ **muy alto** (MED) einen sehr hohen Blutzuckerspiegel haben
**azucarado**, **-a** [aθuka'raðo, -a] *adj* gezuckert
**azucarar** [aθuka'rar] **I.** *vt* zuckern **II.** *vr:* ~**se** (*cristalizarse*) kristallisieren
**azucarera** [aθuka'rera] *f* ❶ (*recipiente*) Zuckerdose *f* ❷ (*fábrica*) Zuckerfabrik *f*
**azucarero** [aθuka'rero] *m* (*recipiente*) Zuckerdose *f*
**azucarillo** [aθuka'riʎo] *m* ❶ (*golosina*) Schaumzuckerstange *f* ❷ (*terrón*) Würfelzucker *m*
**azucena** [aθu'θena] *f* Lilie *f*
**azud** [a'θu$^{d}$] *m* ❶ (*aceña*) Wassermühle *f* ❷ (*presa*) Flussdamm *m*
**azufrar** [aθu'frar] *vt* schwefeln
**azufre** [a'θufre] *m* Schwefel *m*
**azul** [a'θul] *adj* blau; ~ **celeste** himmelblau; ~ **verdoso** blaugrün
**azulado**, **-a** [aθu'laðo, -a] *adj* bläulich
**azulejo** [aθu'lexo] *m* ❶ (*para pared*) Kachel *f;* (*para suelos*) Fliese *f* ❷ (*carraca*) Blauracke *f* ❸ (*aciano*) Kornblume *f*
**azulete** [aθu'lete] *m* Waschblau *nt*
**azulgrana** [aθul'ɣrana] *adj* blau-rot; **el equipo** ~ (DEP) der F.C. Barcelona
**azumbrado**, **-a** [aθum'braðo, -a] *adj* (*fam*) beschwipst
**azuzar** [aθu'θar] <z→c> *vt* aufhetzen

# B b

**B**, **b** [be] *f* B, b *nt;* ~ **de Barcelona** B wie Berta
**baba** ['baβa] *f* ❶ (*de la boca*) Geifer *m* ❷ (*del caracol*) Schleim *m*
**babear** [baβe'ar] *vi* geifern
**babel** [ba'βel] *m o f* ❶ (*desorden*) Durcheinander *nt* ❷ (*sitio*) Tollhaus *nt*
**babero** [ba'βero] *m* Lätzchen *nt*
**Babia** ['baβja] *f:* **estar en** ~ geistesabwesend sein
**bable** ['baβle] *m asturischer Dialekt*

**i Land & Leute**

Der Dialekt, der in *Asturias* gesprochen wird, heißt **bable**. Wie alle Dialekte und Sprachen auf der *Península Ibérica – Iberischen Halbinsel*, mit Ausnahme des Baskischen, gehört auch der **bable** zur romanischen Sprachfamilie.

**babor** [ba'βor] *m* (NÁUT) Backbord *nt;* **a** ~ backbord(s)
**babosa** [ba'βosa] *f* ❶ (ZOOL) Nacktschnecke *f* ❷ (*Am: tontería*) Blödsinn *m*
**babosear** [baβose'ar] **I.** *vt* begeifern **II.** *vi* (*fam*) faseln
**baboso**, **-a** [ba'βoso, -a] **I.** *adj* ❶ (*lleno de baba*) voller Sabber ❷ (*zalamero*) schleimig ❸ (*Am: tonto*) dämlich **II.** *m, f* ❶ (*joven*) Grünschnabel *m* ❷ (*zalamero*) Schleimer(in) *m(f)*
**babucha** [ba'βutʃa] *f* Pantoffel *m*
**baby** ['bei̯βi] *mf* Baby *nt*
**baca** ['baka] *f* ❶ (*portaequipajes*) (Dach)gepäckträger *m* ❷ (*cubierta*) (Wagen)plane *f* ❸ (*fruto*) Beere *f* (des Lorbeerbaums)
**bacalao** [baka'lao] *m* ❶ (*pez, pescado*) Kabeljau *m;* (*salado*) Stockfisch *m;* **cortar el** ~ (*fig*) den Ton angeben ❷ (MÚS: *argot*) Techno *m*
**bacán** [ba'kan] *m* (*Am: rico*) reicher Mann *m*
**bacanal** [baka'nal] *f* (Trink)gelage *nt;* (*orgía*) Orgie *f*
**bachata** [ba'tʃata] *f* (*Am*) Party *f*
**bachatear** [batʃate'ar] *vi* (*Am*) eine Zechtour machen
**bache** ['batʃe] *m* ❶ (*en la calle*) Schlagloch *nt* ❷ (AERO) Luftloch *nt* ❸ (*en la producción*) Rückgang *m;* (*para precios*) Senkung *f* ❹ (*psíquico*) Tief *nt*
**bacheado**, **-a** [batʃe'aðo, -a] *adj* holp(e)rig
**bachear** [batʃe'ar] *vt* Schlaglöcher einebnen
**bacheo** [ba'tʃeo] *m* Einebnung *f* (von Schlaglöchern)
**bachiller** [batʃi'ʎer] *mf* Abiturient(in) *m(f);* **título de** ~ Abiturzeugnis *nt*
**bachillerato** [batʃiʎe'rato] *m* Abitur *nt*

B

**i Land & Leute**

Der **bachillerato** entspricht ungefähr der deutschen Oberstufe bzw. Sekundarstufe II des Gymnasiums. Seit der letzten Schulreform sind die Schulfächer, je nach Aufgabenbereich, in vier große Gruppen unterteilt: *Arte – Kunst*, *Ciencias de la Naturaleza y de la Salud – Naturwissenschaften und Gesundheitswesen*, *Humanidades y Ciencias Sociales – Geistes- und Sozialwissenschaften* und *Tecnología – Technologie*, von denen jeder Schüler und jede Schülerin eine auswählen muss.

**bacía** [ba'θia] *f* ❶ (*recipiente*) Behälter *m* ❷ (*para animales*) (Fress)napf *m*

**bacilo** [ba'θilo] *m* Bazillus *m*

**backup** [ba'kaᵖ] *m* <backups> (INFOR) Backup *nt*

**bacon** ['beikon] *m sin pl* (GASTR) (geräucherter) Speck *m*

**bacteria** [bak'terja] *f* Bakterie *f*

**bactericida** [bakteri'θiða] **I.** *adj* keimtötend **II.** *m* keimtötendes Mittel *nt*

**bacteriológico, -a** [bakterjo'loxiko, -a] *adj* bakteriologisch

**bacteriólogo, -a** [bakte'rjoloγo, -a] *m, f* Bakteriologe, -in *m, f*

**báculo** ['bakulo] *m* ❶ (*bastón*) (Spazier)stock *m* ❷ (*del obispo*) Bischofsstab *m* ❸ (*apoyo*) Stütze *f*

**badajo** [ba'ðaxo] *m* ❶ (*de campana*) Klöppel *m* ❷ (*fam: persona*) Schwätzer(in) *m(f)*

**badajocense** [baðaxo'θense] **I.** *adj* aus Badajoz **II.** *mf* Einwohner(in) *m(f)* von Badajoz

**badana** [ba'ðana] *f* gegerbtes Schafleder *nt;* **zurrar la ~ a alguien** (*fam*) jdn verprügeln

**badén** [ba'ðen] *m* ❶ (*desnivel*) Unebenheit *f* ❷ (*en carreteras*) Querrinne *f*

**Baden-Wurtemberg** ['baðem 'burtemberʸ] *m* Baden-Württemberg *nt*

**badil** [ba'ðil] *m* Feuerschaufel *f*

**bádminton** ['baðminton] *m* (DEP) Badminton *nt*

**bafle** ['bafle] *m* Lautsprecher *m*

**bagaje** [ba'γaxe] *m* (MIL) Marschgepäck *nt;* **~ intelectual** (*fig*) Wissen *nt*

**bagatela** [baγa'tela] *f* Kleinigkeit *f*

**bah** [ba] *interj* ❶ (*incredulidad*) ach was! ❷ (*desprecio*) bah! ❸ (*conformidad*) na gut!

**bahía** [ba'ia] *f* (Meeres)bucht *f*

**bailable** [bai'laβle] **I.** *adj* tanzbar; **música ~** Tanzmusik *f* **II.** *m* Tanz *m*

**bailador(a)** [baila'ðor(a)] **I.** *adj* tanzlustig **II.** *m(f)* Tänzer(in) *m(f)*

**bailar** [bai'lar] **I.** *vi* ❶ (*danzar*) tanzen; **le tocó ~ con la más fea** (*fig*) er zog den Kürzeren ❷ (*caballo*) tänzeln ❸ (*objetos*) wackeln; (*peonza*) sich drehen; (TÉC) Spiel haben; **hacer ~ una peonza** einen Kreisel drehen **II.** *vt* tanzen

**bailarín, -ina** [baila'rin, -ina] **I.** *adj* Tanz- **II.** *m, f* Tänzer(in) *m(f);* (*de ballet*) Balletttänzer(in) *m(f)*

**baile** ['baile] *m* ❶ (*acto*) Tanzen *nt* ❷ (*danza*) Tanz *m* ❸ (*fiesta*) Tanzfest *nt;* (*de etiqueta*) Ball *m* ❹ (MED): **tener el ~ de San Vito** zappelig sein

**bailongo** [bai'loŋgo] *m* (*argot*) Tanzparty *f*

**bailotear** [bailote'ar] *vi* ❶ (*argot: bailar*) schwofen ❷ (*brincar*) herumhüpfen

**baja** ['baxa] *f* ❶ (*disminución*) Rückgang *m;* (*de precio*) Senkung *f;* (*de valor, de temperatura*) Sinken *nt* ❷ (*cese de trabajo: temporal*) Beurlaubung *f;* (*definitivo*) Entlassung *f;* **~ por maternidad** Erziehungsurlaub *m;* **darse de ~** (*temporalmente*) sich beurlauben lassen; (*por enfermedad*) sich krankmelden; (*definitivamente*) kündigen; **estar de ~** (**por enfermedad**) krankgeschrieben sein ❸ (*en una asociación*) Abmeldung *f;* **dar de ~** aus einer Liste streichen ❹ (*documento*) Kündigungsschreiben *nt;* (*del médico*) Krankschreibung *f* ❺ (MIL) Verlust *m* ❻ (FIN) Baisse *f*

**bajada** [ba'xaða] *f* ❶ (*descenso*) Abstieg *m;* **~ de tipos** (ECON) Zinssenkung *f;* **~ de bandera** Grundpreis im Taxi ❷ (*camino*) (hinunterführender) Weg *m* ❸ (*pendiente*) Gefälle *nt*

**bajamar** [baxa'mar] *f* Ebbe *f*

**bajar** [ba'xar] **I.** *vi* ❶ (*ir hacia abajo*) hinuntergehen; (*venir hacia abajo*) herunterkommen; **~ en ascensor** im Aufzug hinunterfahren ❷ (*desmontar*) (ab)steigen (*de* von +*dat*); (*del coche*) (aus)steigen (*de* aus +*dat*) ❸ (*las aguas*) abfließen ❹ (*disminuir*) abnehmen; (*temperatura*) sinken; (*hinchazón*) abschwellen; **ha bajado la luz** der Strompreis ist gefallen ❺ (*adelgazar*) abnehmen **II.** *vt* ❶ (*transportar*) herunterbringen; (*coger*) herunterholen; **~ las persianas** die Rollläden herunterlassen ❷ (*escaleras*) heruntergehen ❸ (*precios*) senken ❹ (*voz*) senken; (*radio*) leise(r) stellen ❺ (*ojos*) niederschlagen **III.** *vr:* **~se** ❶ (*desmontarse*) (ab)steigen (*de* von +*dat*); (*del coche*) (aus)steigen (*de* aus +*dat*) ② (*inclinarse*) sich bücken

**bajeza** [ba'xeθa] *f* ① (*humildad*) Niedrigkeit *f* ② (*carácter*) Niedertracht *f* ③ (*acción humillante*) Erniedrigung *f*; (*acción vil*) Gemeinheit *f*

**bajista** [ba'xista] **I.** *adj* (FIN) Baisse-; **tendencia** ~ Abwärtstrend *m* **II.** *mf* ① (MÚS) Bassist(in) *m(f)* ② (FIN) Baissier *m*

**bajo**[1] ['baxo] **I.** *m* ① (*instrumento*) Bass *m* ② (*persona*) Bassist *m* ③ *pl* (*piso*) Erdgeschoss *nt* ④ *pl* (*banco de arena*) Sandbank *f* ⑤ *pl* (*parte inferior*) unterer Teil *m*; (*de una prenda*) Saum *m* **II.** *adv* ① (*posición*) niedrig ② (*voz*) leise **III.** *prep* ① (*colocar debajo*) unter +*akk* ② (*por debajo de*) unter +*dat*; ~ **llave** unter Verschluss; ~ **la lluvia** im Regen; ~ **fianza** gegen Kaution; ~ **la condición de que** +*subj* unter der Bedingung, dass ...

**bajo, -a**[2] ['baxo, -a] <más bajo *o* inferior, bajísimo> *adj* ① *estar* (*en lugar inferior*) tief (liegend) ② *ser* (*de temperatura*) niedrig; (*de estatura*) klein(gewachsen); **baja tensión** (ELEC) Niederspannung *f*; **con la cabeza baja/los ojos ~s** mit hängendem Kopf/gesenktem Blick; **tener la moral baja** niedergeschlagen sein ③ (*voz*) leise; (MÚS) tief ④ (*color*) matt ⑤ (*metal*) unedel ⑥ (*comportamiento*) niederträchtig ⑦ (*clase social*) untere ⑧ (*calidad*) gering ⑨ (GEO): **Baja Sajonia** Niedersachsen *nt*

**bajón** [ba'xon] *m* ① (*descenso*) (rapider) Rückgang *m*; (*de precios*) Preissturz *m*; (FIN) Kurssturz *m* ② (*de la salud*) Verschlechterung *f* ③ (MÚS) Fagott *nt*

**bajorrelieve** [baxorre'ljeβe] *m* (ARTE) Basrelief *nt*

**bakalao** [baka'lao] *m* (MÚS: *argot*) Techno *m*

**bala** ['bala] *f* ① (*proyectil*) (Gewehr)kugel *f*; **como una** ~ blitzschnell ② (*fardo*) Ballen *m*

**balacear** [balaθe'ar] *vt* (*Am*) schießen (auf +*akk*)

**balada** [ba'laða] *f* Ballade *f*

**baladí** [bala'ði] *adj* nichtig, belanglos

**baladronada** [balaðro'naða] *f* Prahlerei *f*

**balalaica** [bala'laika] *f* (MÚS) Balalaika *f*

**balance** [ba'lanθe] *m* ① (*vaivén*) Schwanken *nt*; (*en la danza*) Wiegen *nt*; (NÁUT) Schlingern *nt* ② (COM: *resultado*) Bilanz *f*; **hacer un** ~ eine Bilanz aufstellen ③ (*comparación*) Gegenüberstellung *f*; **hacer (el)** ~ Bilanz ziehen ④ (*vacilación*) Unentschlossenheit *f*

**balancear** [balanθe'ar] **I.** *vt* ① (*mecer*) schaukeln; (*acunar*) wiegen ② (*equilibrar*) ins Gleichgewicht bringen **II.** *vr:* ~**se** ① (*columpiarse*) schaukeln ② (NÁUT) schlingern

**balanceo** [balan'θeo] *m* ① (*vaivén*) Schwanken *nt*; (NÁUT) Schlingern *nt* ② (*vacilación*) Unentschlossenheit *f*

**balancín** [balan'θin] *m* ① (*de los equilibristas*) Balancierstange *f* ② (*columpio*) Wippe *f* ③ (*silla*) Schaukelstuhl *m*; (*para varias personas*) Hollywoodschaukel *f* ④ (*yugo*) Joch *nt*

**balandra** [ba'landra] *f* Kutter *m*

**balandrista** [balan'drista] *mf* Schiffer(in) *m(f)*

**balandro** [ba'landro] *m* Jolle *f*

**balanza** [ba'lanθa] *f* ① (*pesa*) Waage *f*; **inclinar el fiel de la** ~ (*fig*) den Ausschlag geben ② (COM) Bilanz *f*; ~ **de pagos** Zahlungsbilanz *f*

**Balanza** [ba'lanθa] *f* (ASTR) Waage *f*

**balar** [ba'lar] *vi* (*oveja*) blöken; (*cabra*) meckern; (*ciervo*) röhren

**balaustrada** [balaus'traða] *f* Brüstung *f*

**balazo** [ba'laθo] *m* ① (*tiro*) Schuss *m* ② (*herida*) Einschuss *m*

**balbucear** [balβuθe'ar] *vi, vt v.* **balbucir**

**balbuceo** [balβu'θeo] *m* Gestammel *nt*; (*de niños*) Lallen *nt*

**balbuciente** [balβu'θjente] *adj* stammelnd; (*niño*) lallend

**balbucir** [balβu'θir] *vi, vt* stammeln; (*niño*) lallen

**Balcanes** [bal'kanes] *mpl* Balkan *m*

**balcánico, -a** [bal'kaniko, -a] *adj* balkanisch; **país** ~ Balkanland *nt*

**balcón** [bal'kon] *m* ① (*de casas*) Balkon *m* ② (*mirador*) Aussichtspunkt *m*

**balconada** [balko'naða] *f* Balkonreihe *f*; (*balcón corrido*) Galerie *f*

**balconaje** [balko'naxe] *m* Balkonreihe *f*

**balda** ['balda] *f* Regalbrett *nt*

**baldado, -a** [bal'daðo, -a] *adj* ① (*extremidades*) gelähmt ② (*muy cansado*) erschöpft

**baldaquín** [balda'kin] *m* Baldachin *m*

**baldar** [bal'dar] **I.** *vt* ① (*paralizar*) lähmen; (*lisiar*) zum Krüppel machen ② (*perjudicar*) schaden +*dat* **II.** *vi* (*naipes*) trumpfen

**balde** ['balde] *m* ① (*cubo*) Kübel *m* ② (*loc*): **obtener algo de** ~ etw umsonst bekommen

**baldear** [balde'ar] *vt* (NÁUT) reinigen

**baldío**[1] [bal'dio] *m* Brache *f*

**baldío, -a**[2] [bal'dio, -a] *adj* ① (*terreno*) brach ② (*inútil*) zwecklos; (*en balde*) vergeblich

**baldón** [bal'don] *m* (*acción*) Beleidigung *f*;

(*situación*) Schande *f*

**baldosa** [bal̦'dosa] *f* Fliese *f*

**baldosín** [bal̦do'sin] *m* Kachel *f*

**balear** [bale'ar] **I.** *vt* (*Am: disparar*) schießen (auf *+akk*); (*herir*) anschießen; (*matar*) erschießen **II.** *vr:* **~se** (*Am*) ❶ (*disparar*) aufeinander schießen ❷ (*disputar*) sich herumstreiten **III.** *adj* balearisch **IV.** *mf* Baleare, -in *m, f*

**Baleares** [bale'ares] *fpl:* **las islas ~** die Balearen

**balero** [ba'lero] *m* (*Am: juego*) Boccia *nt*

**balido** [ba'liðo] *m* (*oveja*) Blöken *nt;* (*la cabra*) Meckern *nt;* (*ciervo*) Röhren *nt*

**balín** [ba'lin] *m* ❶ (*bala*) kleinkalibriges Geschoss *nt* ❷ (*bolita de plomo*) Schrotkugel *f*

**balística** [ba'listika] *f sin pl* Ballistik *f*

**balístico, -a** [ba'listiko, -a] *adj* ballistisch

**baliza** [ba'liθa] *f* Bake *f;* (NÁUT) Boje *f;* (AERO) Leuchtfeuer *nt;* (FERRO) Lichtsignal *nt;* (AUTO) Warnsignal *nt*

**balizaje** [bali'θaxe] *m* Hafengebühr *f*

**balizar** [bali'θar] <z→c> *vt* ❶ (*con boyas*) mit Bojen markieren ❷ (*iluminar*) befeuern

**ball** [bal] *f* (*Am*) ❶ (DEP: *balón*) Ball *m* ❷ (*proyectil*) Kugel *f*

**ballena** [ba'ʎena] *f* Wal *m*

**ballenero** [baʎe'nero] *m* ❶ (*barco*) Walfangschiff *nt* ❷ (*pescador*) Walfänger *m*

**ballesta** [ba'ʎesta] *f* ❶ (TÉC) Blattfeder *f* ❷ (HIST) Armbrust *f*

**ballet** [ba'le] <ballets> *m* Ballett *nt*

**balneario** [balne'arjo] *m* ❶ (*baños*) Heilbad *nt* ❷ (*estación*) Kurort *m*

**balompié** [balom'pje] *m* Fußball *m*

**balón** [ba'lon] *m* ❶ (DEP) Ball *m* ❷ (*recipiente para gases*) Ballon *m* ❸ (*botella esférica*) Ballon *m* ❹ (NÁUT) Spinnaker *m* ❺ (*en los tebeos*) Sprechblase *f*

**baloncestista** [balon̦θes'tista] *mf* Basketballspieler(in) *m(f)*

**baloncesto** [balon̦'θesto] *m* Basketball *m*

**balonmano** [balo$^{n}$'mano/balo$^{m}$'mano] *m* Handball *m*

**balonvolea** [balombo'lea] *m* Volleyball *m*

**balsa** ['balsa] *f* ❶ (*charca*) Tümpel *m;* (*estanque*) Wasserbecken *nt* ❷ (NÁUT: *barca*) Fähre *f;* (*plataforma*) Floß *nt;* **~ neumática** Schlauchboot *nt*

**balsámico, -a** [bal'samiko, -a] *adj* balsamisch

**bálsamo** ['balsamo] *m* Balsam *m*

**báltico, -a** ['bal̦tiko, -a] **I.** *adj* baltisch; **el mar ~** die Ostsee; **los países ~s** das Baltikum **II.** *m, f* Balte, -in *m, f*

**baluarte** [ba'lwarte] *m* Schutzwall *m;* **un ~ de la libertad** ein Bollwerk der Freiheit

**bamba** ['bamba] *f* ❶ (*acierto casual*) Zufallstreffer *m* ❷ (*pastel*) ≈Windbeutel *m* ❸ (*reg: columpio*) Schaukel *f* ❹ (*baile*) lateinamerikanischer Tanzrhythmus

**bambalina** [bamba'lina] *f* (TEAT) Soffitte *f;* **entre ~s** hinter den Kulissen

**bambolear** [bambole'ar] **I.** *vt* schwingen **II.** *vr:* **~se** schaukeln; (*desde arriba*) (herab)baumeln

**bamboleo** [bambo'leo] *m* Schaukeln *nt;* (*desde arriba*) (Herab)baumeln *nt*

**bambolla** [bam'boʎa] *f* Pomp *m*

**bambú** [bam'bu] *m* Bambus *m;* (*caña*) Bambusrohr *nt*

**banal** [ba'nal] *adj* banal

**banalidad** [banali'ða$^{d}$] *f* Banalität *f*

**banalizar** [banali'θar] <z→c> *vt* banalisieren

**banana** [ba'nana] *f* (*Am*) Banane *f*

**bananero, -a** [bana'nero, -a] *adj* Bananen-

**banano** [ba'nano] *m* Bananenstaude *f*

**banasta** [ba'nasta] *f* (großer) Weidenkorb *m*

**banasto** [ba'nasto] *m* (großer runder) Weidenkorb *m*

**banca** ['baŋka] *f* ❶ (*en el mercado*) Verkaufstisch *m* ❷ (*asiento*) Schemel *m* ❸ (FIN) Bankwesen *nt;* **~ electrónica** Electronic Banking *nt* ❹ (*en juegos de azar*) Bank *f* ❺ (*AmS: influencia*) Beziehungen *fpl*

**bancal** [baŋ'kal] *m* (*en un jardín*) Beet *nt;* (*en una pendiente*) Terrasse *f*

**bancario, -a** [baŋ'karjo, -a] *adj* Bank-; **cuenta bancaria** Bankkonto *nt*

**bancarrota** [baŋka'rrota] *f* Bankrott *m*

**banco** ['baŋko] *m* ❶ (*asiento*) (Sitz)bank *f* ❷ (TÉC) Werkbank *f;* **~ de pruebas** Prüfstand *m;* (*fig*) Bewährungsprobe *f* ❸ (FIN) Bank *f;* **~ en casa** Homebanking *nt;* **B~ Central Europeo** Europäische Zentralbank; **~ emisor** Notenbank *f;* **B~ Europeo de Inversiones** Europäische Investitionsbank; **B~ Mundial** Weltbank *f* ❹ (GEO) Schicht *f* ❺ (*de peces*) Schwarm *m* ❻ (*loc*): **~ de datos** (INFOR) Datenbank *f;* **~ de sangre** Blutbank *f*

**banda** ['ban̦da] *f* ❶ (*cinta*) Band *nt;* (*franja*) Streifen *m* ❷ (GEO: *de montaña*) (Hang)seite *f;* (*de río*) Ufer *nt* ❸ (*pandilla*) Bande *f;* **~ terrorista** Terrororganisation *f* ❹ (*de música*) (Musik)kapelle *f;* (*de música moderna*) Band *f* ❺ (FIN): **~ de fluctuación** Bandbreite *f* ❻ (*billar*) Bande *f* ❼ (*como insignia*) Schärpe *f* ❽ (*loc*): **~ de frecuencia** (RADIO) Frequenzskala *f;* **~ sonora** (CINE) Soundtrack *m;* **estar fuera**

de ~ (DEP) im Aus sein

**bandada** [baṇ'daða] *f* ❶ (*de peces*) Schwarm *m* ❷ (*de personas*) (große) Menge *f*

**bandazo** [baṇ'daθo] *m* ❶ (NÁUT) starke Schlingerbewegung *f*; **dar ~s** (*fam*) taumeln ❷ (*cambio*) plötzlicher Umschwung *m*

**bandear** [baṇde'ar] **I.** *vt* ❶ (*AmC: perseguir a alguien*) verfolgen; (*herir de gravedad*) schwer verletzen ❷ (*Arg, Par, Urug: taladrar*) durchbohren ❸ (*Arg, Par, Urug: un río*) überqueren **II.** *vr:* **~se** ❶ (*mecerse*) schaukeln ❷ (*en la vida*) sich durchschlagen

**bandeja** [baṇ'dexa] *f* ❶ (*para servir*) Tablett *nt*; **pasar la ~** (Geldspenden) sammeln ❷ (*en la maleta*) Fach *nt*; (*en muebles*) Schubfach *nt*

**bandera** [baṇ'dera] *f* (*de una nación*) Fahne *f*; (*en un barco*) Flagge *f*; **~ azul** Blaue Fahne (*Kennzeichen für Strandqualität*); **estar hasta la ~** zum Brechen voll sein

**banderazo** [baṇde'raθo] *m* (DEP) (Flaggen)zeichen *nt*

**banderilla** [baṇde'riʎa] *f* (TAUR) Banderilla *f*; **poner** [*o* **clavar**] **~s a alguien** (*fig*) jdn reizen

**banderín** [baṇde'rin] *m* ❶ (*bandera*) Banner *nt*; (*triangular*) Wimpel *m*; (DEP) Fähnchen *nt* ❷ (*persona*) Bannerträger *m*

**banderola** [baṇde'rola] *f* ❶ (*como señal*) Wimpel *m* ❷ (MIL) Stander *m* ❸ (*CSur: ventana*) Oberlicht *nt*

**bandido, -a** [baṇ'diðo, -a] **I.** *adj* ruchlos **II.** *m, f* ❶ (*criminal*) Verbrecher(in) *m(f)* ❷ (*persona pilla*) Gauner(in) *m(f)*

**bando** ['baṇdo] *m* ❶ (*edicto*) Erlass *m* ❷ (*proclama*) Bekanntmachung *f* ❸ (*partido*) Partei *f* ❹ (*de peces*) Schwarm *m*

**bandolera** [baṇdo'lera] *f* ❶ (*correa*) Schulterriemen *m* ❷ (*mujer*) Gangsterbraut *f*

**bandolerismo** [baṇdole'rismo] *m sin pl* Gangstertum *nt*

**bandolero** [baṇdo'lero] *m* (Straßen)räuber *m*

**bandolina** [baṇdo'lina] *f* (MÚS) Mandoline *f*

**bandurria** [baṇ'durrja] *f* (MÚS) *zwölfseitiges Zupfinstrument*

**bangladesí** [baŋglaðe'si] **I.** *adj* bangalisch **II.** *mf* Bangale, -in *m, f*

**banjo** ['baŋxo/'bandʒo] *m* (MÚS) Banjo *nt*

**banking** ['baŋkiŋ] *m sin pl* Banking *nt*; **~ electrónico** elektronisches Banking

**banquero, -a** [baŋ'kero, -a] *m, f* ❶ (FIN) Bankier *m* ❷ (*en juegos de azar*) Bankhalter(in) *m(f)*

**banqueta** [baŋ'keta] *f* ❶ (*taburete*) Hocker *m*; (*para los pies*) Fußschemel *m* ❷ (*AmC: acera*) Gehsteig *m*

**banquete** [baŋ'kete] *m* Festessen *nt*

**banquetear** [baŋkete'ar] **I.** *vi* schlemmen **II.** *vt* festlich bewirten

**banquillo** [baŋ'kiʎo] *m* ❶ (*banco pequeño*) Bänkchen *nt*; (*para los pies*) Fußbank *f*; (*de los acusados*) Anklagebank *f* ❷ (DEP) Reservebank *f*

**bañadera** [baɲa'ðera] *f* (*Am*) Badewanne *f*

**bañador** [baɲa'ðor] *m* (*de mujer*) Badeanzug *m*; (*de hombre*) Badehose *f*

**bañar** [ba'ɲar] **I.** *vt* ❶ (*lavar*) baden ❷ (*sumergir*) eintauchen ❸ (*río*) fließen (durch +*akk*); (*mar*) angrenzen (an +*akk*) ❹ (*recubrir*) überziehen (*con/en* mit +*dat*); **bañado en sudor** schweißgebadet ❺ (*iluminar*) scheinen (auf +*akk*) **II.** *vr:* **~se** ❶ (*lavarse*) (sich) baden ❷ (*en el mar*) baden

**bañera** [ba'ɲera] *f* Badewanne *f*

**bañero, -a** [ba'ɲero, -a] *m, f* Bademeister(in) *m(f)*

**bañista** [ba'ɲista] *mf* ❶ (*en una playa*) Badende(r) *mf* ❷ (*en un balneario*) Badegast *m*

**baño** ['baɲo] *m* ❶ (*acto*) Bad *nt*; **~ de fijación** (FOTO) Fixierbad *nt*; **~ (de) María** (GASTR) Wasserbad *nt*; **~ de sangre** Blutbad *nt* ❷ (*cuarto*) Bad(ezimmer) *nt*; **ir al ~** auf die Toilette gehen ❸ (*capa de pintura*) Anstrich *m*; (*de chocolate*) Überzug *m* ❹ *pl* (*balneario*) Heilbad *nt*; **~s termales** Thermalbad *nt*; **ir a los ~s** eine (Bade)kur machen

**baptismo** [bap'tismo] *m* (REL) Baptismus *m*

**baptista** [bap'tista] *mf* (REL) Baptist(in) *m(f)*

**baptisterio** [baptis'terjo] *m* ❶ (*pila bautismal*) Taufbecken *nt* ❷ (*lugar*) Taufkapelle *f*

**baqueta** [ba'keta] *f* ❶ (*vara*) Gerte *f*; (*de los picadores*) Reitgerte *f*; **tratar a alguien a la ~** jdn hart anfassen ❷ (MIL) Ladestock *m* ❸ (ARQUIT) Zierleiste *f* ❹ *pl* (*de tambor*) Trommelstöcke *mpl*

**baquetazo** [bake'taθo] *m* (Stock)schlag *m*

**baquetear** [bakete'ar] *vt* plagen

**bar** [bar] *m* ❶ (*café*) (Steh)café *nt*; (*tasca*) Kneipe *f* ❷ (FÍS) Bar *nt*

**bara(h)únda** [bara'uṇda] *f* ❶ (*gran confusión*) Tumult *m*; **se armó una ~** ein Tumult erhob sich ❷ (*mucho ruido*) Krach *m*

**baraja** [ba'raxa] *f* Kartenspiel *nt*; **una ~ de posibilidades** verschiedene Möglichkeiten

**barajar** [bara'xar] *vt* ❶ (*los naipes*)

mischen ② *(mezclar)* durcheinander bringen ③ *(varias posibilidades)* in Betracht ziehen; **se barajan varios nombres** einige Namen sind im Gespräch ④ *(caballo)* zügeln ⑤ *(Am: detener)* verhindern

**baranda** [ba'ran̪da] *f* ① *(de balcón)* Geländer *nt* ② *(de billar)* Bande *f*

**barandilla** [baran̪'diʎa] *f* ① *(de balcón)* Geländer *nt* ② *(pasamanos)* Handlauf *m*

**baratija** [bara'tixa] *f (de poco valor)* wertlose Sache *f; (de poco precio)* Billigware *f;* **~s** Ramsch *m abw*

**baratillo** [bara'tiʎo] *m* ① *(tienda)* Trödelladen *m* ② *(puesto)* Sonderangebotstisch *m* ③ *(artículo)* Billigware *f*

**barato¹** [ba'rato] **I.** *m* ① *(venta)* Ausverkauf *m* ② *(artículos)* Trödelware *f* **II.** *adv* billig

**barato, -a²** [ba'rato, -a] *adj* billig

**barba** ['barβa] *f* ① *(mentón)* Kinn *nt* ② *(pelos)* Bart *m;* **dejarse ~** sich *dat* einen Bart wachsen lassen; **por ~** pro Nase ③ *(de espiga)* Granne *f* ④ *pl (de peces)* Barte *f* ⑤ *pl (de papel)* ungleichmäßiger Rand *m* ⑥ *pl* (TÉC) Grat *m*

**barbacoa** [barβa'koa] *f* ① *(parrilla)* (Brat)rost *m* ② *(carne)* Grillfleisch *nt* ③ *(fiesta)* Grillparty *f*

**barbado** [bar'βaðo] *m* ① *(plantón)* Setzling *m* ② *(hijuelo)* Spross *m*

**barbar** [bar'βar] *vi* ① *(hombres)* einen Bart bekommen ② *(plantas)* Wurzeln treiben

**barbaridad** [barβari'ðaᵈ] *f* ① *(crueldad)* Grausamkeit *f,* Barbarei *f;* **¡qué ~!** wie schrecklich! ② *(temeridad)* Wahnsinn *m* ③ *(disparate)* Unsinn *m* ④ *(fam: cantidad)* (Riesen)menge *f*

**barbarie** [bar'βarje] *f* Barbarei *f*

**barbarismo** [barβa'rismo] *m* (LING) Barbarismus *m*

**bárbaro, -a** ['barβaro, -a] **I.** *adj* ① *(cruel)* grausam ② *(fam: estupendo)* großartig, toll ③ (HIST) barbarisch **II.** *m, f* ① *(grosero)* brutaler Mensch *m* ② (HIST) Barbar(in) *m(f)*

**barbear** [barβe'ar] *vt* ① *(afeitar)* rasieren ② *(alcanzar)* (mit dem Kinn) erreichen ③ *(AmC: adular)* schmeicheln +*dat* ④ *(AmC: acariciar)* streicheln

**barbecho** [bar'βetʃo] *m* Brachfeld *nt;* **estar en ~** brachliegen

**barbería** [barβe'ria] *f* Herrensalon *m*

**barbero** [bar'βero] *m* Herrenfriseur *m*

**barbilampiño, -a** [barβilam'piɲo, -a] **I.** *adj* bartlos **II.** *m, f* Grünschnabel *m*

**barbilla** [bar'βiʎa] *f* ① *(mentón)* Kinn *nt* ② *(barba)* Kinnbart *m*

**barbitúrico** [barβi'turiko] *m* Barbiturat *nt*

**barbo** ['barβo] *m* (ZOOL) Barbe *f*

**barbudo, -a** [bar'βuðo, -a] *adj* bärtig

**barca** ['barka] *f* ① *(embarcación)* Kahn *m,* Boot *nt;* **dar un paseo en ~** eine Bootsfahrt machen ② *pl (columpio)* Schiffschaukel *f*

**barcaza** [bar'kaθa] *f* Leichter *m*

**barcelonés, -esa** [barθelo'nes, -esa] **I.** *adj* aus Barcelona **II.** *m, f* Einwohner(in) *m(f)* von Barcelona

**barcelonista** [barθelo'nista] *mf* Anhänger(in) *m(f)* des F.C. Barcelona

**barchilón, -ona** [bartʃi'lon, -ona] *m, f (Am: curandero)* Quacksalber(in) *m(f)*

**barco** ['barko] *m* Schiff *nt;* **~ cisterna** Tanker *m;* **~ deportivo** Sportboot *nt*

**baremo** [ba'remo] *m* ① *(tabla de cuentas)* Rechentafel *f* ② *(cuaderno)* Rechnungsbuch *nt* ③ *(de tarifas)* Tariftabelle *f* ④ *(escala de valores)* Kriterienkatalog *m*

**bargueño** [bar'ɣeɲo] *m* kleine Kommode *f*

**bario** ['barjo] *m* (QUÍM) Barium *nt*

**barítono** [ba'ritono] *m* (MÚS) Bariton *m*

**barlovento** [barlo'βen̪to] *m* (NÁUT) Windseite *f;* **ganar el ~** *(fig)* jdn in den Schatten stellen

**barman** ['barman] *m* <bármanes> Barkeeper *m*

**barniz** [bar'niθ] *m* ① *(laca)* Lack *m; (para madera)* Firnis *m* ② *(para loza)* Glasur *f* ③ *(afeite)* Schminke *f*

**barnizado** [barni'θaðo] *m (efecto)* Lackierung *f; (acción)* Lackieren *nt*

**barnizar** [barni'θar] <z→c> *vt* ① *(pintar)* lackieren; *(madera)* firnissen ② *(loza)* glasieren

**barométrico, -a** [baro'metriko, -a] *adj* (METEO) barometrisch; **altura barométrica** Barometerstand *m*

**barómetro** [ba'rometro] *m* Barometer *nt*

**barón, -onesa** [ba'ron, baro'nesa] *m, f* ① *(título)* Baron(in) *m(f)* ② *(en una asociación)* Boss *m*

**barquero, -a** [bar'kero, -a] *m, f (en un bote)* Ruderer, -in *m, f; (en una barca de pasaje)* Fährmann, -frau *m, f*

**barquilla** [bar'kiʎa] *f* ① *(barca)* kleiner Kahn *m* ② *(de un globo)* Gondel *f* ③ (NÁUT) Log *nt* ④ *(AmC: galleta)* (Eis)waffel *f*

**barquillo** [bar'kiʎo] *m* (Eis)waffel *f*

**barra** ['barra] *f* ① *(pieza larga)* Stange *f;* **~s asimétricas** (DEP) Stufenbarren *m;* **~ de ejercicios** (DEP) Schwebebalken *m;* **~ de labios** Lippenstift *m* ② *(de pan)* Baguette *f o nt; (de chocolate)* Tafel *f* ③ *(en un bar)* Theke *f;* **~ americana** intimes Nachtlokal ④ *(raya)* Querstreifen *m; (signo gráfico)*

Schrägstrich *m;* (MÚS) Taktstrich *m* ❺ (*de metales nobles*) Barren *m* ❻ (*barrera*) Schranke *f* ❼ (*palanca*) Hebebaum *m* ❽ (*bajío estrecho*) Sandbank *f* ❾ (INFOR): ~ **de comandos** Befehlsleiste *f;* ~ **de desplazamiento** Schiebeleiste *f,* Bildlaufleiste *f;* ~ **de inversa** Backslash *m* ❿ (*Am: de abogados*) Anwaltskammer *f* ⓫ (*AmS: público*) Auditorium *nt*

**barrabasada** [barraβa'saða] *f* Streich *m*

**barraca** [ba'rraka] *f* ❶ (*vivienda provisional*) Baracke *f* ❷ (*chabola*) Hütte *f* ❸ (*reg: vivienda rústica*) (mit Schilfrohr gedecktes) Bauernhaus *nt* ❹ (*Am:* MIL) Kaserne *f* ❺ (*Am: almacén*) Lager *nt* ❻ (*barracón*) Bude *f*

**barracón** [barra'kon] *m* Baracke *f;* (*en la feria*) (Jahrmarkts)bude *f*

**barracuda** [barra'kuða] *f* (ZOOL) Barrakuda *m*

**barranco** [ba'rraŋko] *m* ❶ (*precipicio*) Abgrund *m;* (*despeñadero*) Schlucht *f* ❷ (*cauce*) Bachbett *nt* ❸ (*dificultad*) Schwierigkeit *f*

**barraquismo** [barra'kismo] *m* *Existenz von Armenvierteln*

**barredera** [barre'ðera] *f* (Straßen)kehrmaschine *f*

**barredor(a)** [barre'ðor(a)] *m(f)* Straßenkehrer(in) *m(f)*

**barreminas** [barre'minas] *m inv* (MIL) Minensuchboot *nt*

**barrena** [ba'rrena] *f* ❶ (*taladrador*) Bohrer *m* ❷ (AERO) Trudeln *nt*

**barrenar** [barre'nar] *vt* ❶ (*perforar*) (durch)bohren ❷ (*planes*) durchkreuzen; (*leyes*) missachten

**barrendero**, **-a** [barren̪'dero, -a] *m, f* Straßenkehrer(in) *m(f)*

**barreno** [ba'rreno] *m* ❶ (*barrena grande*) Bohrhammer *m* ❷ (*perforación*) Bohrloch *nt;* (*lleno de pólvora*) Sprengloch *nt* ❸ (*obsesión*) Zwangsvorstellung *f*

**barreño** [ba'rreɲo] *m* Waschtrog *m*

**barrer** [ba'rrer] *vt* ❶ (*habitación*) kehren; ~ **para dentro** auf seinen eigenen Vorteil bedacht sein ❷ (*luz de un foco*) (hinweg)gleiten (über +*akk*) ❸ (*un obstáculo*) beseitigen ❹ (*fam: derrotar*) haushoch schlagen

**barrera** [ba'rrera] *f* ❶ (*barra*) Schranke *f;* (*en la frontera*) Schlagbaum *m;* ~ **lingüística** Sprachbarriere *f;* ~ **del sonido** Schallmauer *f* ❷ (*valla*) Absperrung *f* ❸ (DEP) Mauer *f* ❹ (TAUR) erste Sitzreihe *f*

**bar-restaurante** [ba(r)-rrestau̯'ran̪te] *m* <bares-restaurante> (Speise)gaststätte *f*

**barriada** [ba'rrjaða] *f* ❶ (*barrio*) (Stadt)viertel *nt* ❷ (*Am: barrio pobre*) Elendsviertel *nt*

**barrica** [ba'rrika] *f* kleines Fass *nt*

**barricada** [barri'kaða] *f* Barrikade *f*

**barriga** [ba'rriɣa] *f* ❶ (*vientre*) Bauch *m;* **rascarse la** ~ faulenzen ❷ (*de una vasija*) Wölbung *f* ❸ (*de una pared*) Ausbuchtung *f*

**barrigón¹** [barri'ɣon] *m* dicker Bauch *m*

**barrigón**, **-ona²** [barri'ɣon, -ona] **I.** *adj* dickbäuchig **II.** *m, f* Dicke(r) *mf*

**barrigudo**, **-a** [barri'ɣuðo, -a] *adj o m, f v.* **barrigón²**

**barril** [ba'rril] *m* ❶ (*cuba*) Fass *nt;* **cerveza de** ~ Fassbier *nt* ❷ (*unidad de medida*) Barrel *nt* ❸ (*Am: cometa*) Drachen *m*

**barrila** [ba'rrila] *f* (*reg*) bauchiger Krug *m*

**barrilete** [barri'lete] *m* ❶ (*barril pequeño*) Fässchen *nt* ❷ (*que usan los carpinteros*) Zwinge *f* ❸ (*en un revolver*) Trommel *f* ❹ (*Am: cometa*) Drachen *m*

**barrio** ['barrjo] *m* ❶ (*zona de una ciudad*) (Stadt)viertel *nt;* ~ **chino** Rotlichtviertel *nt;* ~ **comercial** Einkaufsviertel *nt;* **irse al otro** ~ (*fam fig*) abkratzen ❷ (*arrabal*) Vorstadt *f*

**i Land & Leute**

Mit **barrio** bezeichnet man in der Regel ein Stadtviertel in einer großen Stadt. Ein sehr bekanntes Beispiel für ein **barrio** ist das Altstadtviertel **Barrio Gótico** in Barcelona mit seinem alten Festungswall und der berühmten Kathedrale.

**barriobajero**, **-a** [barrjoβa'xero, -a] *adj* ❶ (*de un barrio bajo*) aus einem Arbeiterviertel; (*en un barrio bajo*) in einem Arbeiterviertel ❷ (*común*) gewöhnlich ❸ (*vulgar*) vulgär

**barrizal** [barri'θal] *m* Sumpf *m*

**barro** ['barro] *m* ❶ (*lodo*) Schlamm *m* ❷ (*arcilla*) (Töpfer)ton *m;* **de** ~ irden ❸ (*granito*) Pickel *m*

**barroco** [ba'rroko] *m sin pl* Barock *m o nt*

**barrote** [ba'rrote] *m* ❶ (*barra*) (Eisen)stange *f;* **entre** ~**s** (*fam*) hinter Gittern ❷ (*para reforzar*) Querlatte *f*

**barruntar(se)** [barrun̪'tar(se)] *vt, vr* ahnen

**barrunto** [ba'rrun̪to] *m* ❶ (*conjetura*) (Vor)ahnung *f;* (*sospecha*) Verdacht *m* ❷ (*indicio*) (An)zeichen *nt*

**bartola** [bar'tola] *f* (*fam*): **tumbarse a la** ~ sich auf die faule Haut legen; **tomarse algo a la** ~ etw auf die leichte Schulter

nehmen
**bártulos** ['bartulos] *mpl* (Sieben)sachen *fpl*
**barullo** [ba'ruʎo] *m* (*fam*) ❶ (*ruido*) Krach *m* ❷ (*desorden*) Durcheinander *nt;* (*ruidoso*) Tumult *m*
**basa** ['basa] *f* ❶ (*de una columna*) Sockel *m* ❷ (*base*) Basis *f*
**basalto** [ba'sal̩to] *m* Basalt *m*
**basamento** [basa'men̩to] *m* (*de una columna*) Sockel *m;* (*de una casa*) Fundament *nt*
**basar** [ba'sar] **I.** *vt* ❶ (*asentar*) aufstellen (*sobre* auf +*dat*) ❷ (*fundar*) stützen (*sobre/en* auf +*dat*) **II.** *vr:* ~**se** (*teoría*) basieren (*en* auf +*dat*); (*persona*) sich stützen (*en* auf +*akk*)
**basca** ['baska] *f* ❶ (MED: *espasmo*) Übelkeit *f;* **tener ~s** Brechreiz haben ❷ (*fam: arrebato*) Wutanfall *m* ❸ (*en animales*) Tollwut *f* ❹ (*fam: gentío*) Haufen *m*
**báscula** ['baskula] *f* ❶ (*para medir pesos*) (Schnell)waage *f* ❷ (*en una fortificación*) Hebebaum *m*
**bascular** [basku'lar] *vi* ❶ (*inclinarse*) kippen ❷ (*oscilar*) schwingen
**base** ['base] *f* ❶ (*lo fundamental*) Grundlage *f;* ~ **de datos** (INFOR) Datenbank *f;* **a ~ de bien** (*fam*) sehr gut; **elaborado a ~ de algo** mit etw *dat* hergestellt; **partir de la ~ de que ..** davon ausgehen, dass ... ❷ (ARQUIT) Unterbau *m* ❸ (POL) Basis *f* ❹ (MAT) Grundzahl *f;* (*superficie*) Grundfläche *f;* (*línea*) Grundlinie *f* ❺ (MIL) Stützpunkt *m* ❻ (QUÍM) Base *f* ❼ (DEP: *béisbol*) Mal *nt*
**básico, -a** ['basiko, -a] *adj* ❶ (*fundamental*) grundlegend ❷ (QUÍM) basisch
**Basilea** [basi'lea] *f* Basel *nt*
**basílica** [ba'silika] *f* Basilika *f*
**basilisco** [basi'lisko] *m* (*Am:* ZOOL) Leguan *m*
**basket** ['basket] *m sin pl* Basketball *m;* **básquet(bol)** ['basket(βol)] *m sin pl* Basketball *m*
**basta** ['basta] *f* ❶ (*hilván*) Heftstich *m;* (*línea*) Heftnaht *f* ❷ (*Am: bastilla*) Saum *m*
**bastante** [bas'tan̩te] **I.** *adj* genügend (*para* für +*akk,* um zu +*inf*); **tengo ~ frío** mir ist ziemlich kalt **II.** *adv* (*suficientemente*) genug; (*considerablemente*) ziemlich; **con esto tengo ~** das genügt mir
**bastar** [bas'tar] **I.** *vi* genügen; **¡basta!** genug! **II.** *vr:* ~**se** (**uno**) **sólo** alleine zurechtkommen
**bastardía** [bastar'ðia] *f* ❶ (*degeneración*) Entartung *f* ❷ (*bajeza*) Gemeinheit *f*
**bastardilla** [bastar'ðiʎa] *f* (TIPO) Kursivschrift *f*
**bastardo, -a** [bas'tarðo, -a] **I.** *adj* ❶ (*hijo*) unehelich ❷ (BOT) hybrid ❸ (*vil*) schändlich **II.** *m, f* Bastard *m*
**bastedad** [baste'ðað] *f* Grobheit *f*
**bastidor** [basti'ðor] *m* ❶ (TÉC) Gestell *nt;* (*de coche*) Fahrgestell *nt* ❷ (*de puerta*) Türrahmen *m;* (*de ventana*) Fensterrahmen *m* ❸ (TEAT) Kulisse *f;* **entre ~es** hinter den Kulissen
**bastilla** [bas'tiʎa] *f* Saum *m*
**bastimento** [basti'men̩to] *m* ❶ (*provisión*) Proviant *m* ❷ (*embarcación*) Schiff *nt*
**bastión** [bas'tjon] *m* Bollwerk *nt*
**basto, -a** ['basto, -a] *adj* ❶ (*grosero*) grob; (*vulgar*) vulgär ❷ (*superficie*) rau ❸ (*mal hecho*) minderwertig
**bastón** [bas'ton] *m* ❶ (*para andar*) Spazierstock *m;* (*para esquiar*) Skistock *m* ❷ (*de mando*) Stab *m;* **empuñar el ~** das Kommando übernehmen
**bastonazo** [basto'naθo] *m* Stockschlag *m*
**bastoncillo** [baston̩'θiʎo] *m dim de* **bastón** Stäbchen *nt;* ~**s de algodón** Wattestäbchen *ntpl*
**bastonear** [bastone'ar] *vt* prügeln
**bastos** ['bastos] *mpl spanische Spielkartenfarbe;* **as de ~** ≈Kreuzass *nt;* **pintar ~** (*fam fig*) in Schwierigkeiten stecken
**basura** [ba'sura] *f* ❶ (*desperdicios*) Abfall *m;* ~ **del hogar** Hausmüll *m;* **echar algo a la ~** etw wegwerfen ❷ (*lo despreciable*) Schund *m*
**basural** [basu'ral] *m* (*Am*) Mülldeponie *f*
**basurero[1]** [basu'rero] *m* ❶ (*vertedero*) Mülldeponie *f* ❷ (*recipiente*) Mülleimer *m*
**basurero, -a[2]** [basu'rero, -a] *m, f* Müllwerker(in) *m(f)*
**bata** ['bata] *f* ❶ (*albornoz*) Morgenrock *m* ❷ (*guardapolvos*) Kittel *m* ❸ (*vestido*) Kleid *nt*
**batacazo** [bata'kaθo] *m* ❶ (*golpe*) Bums *m fam* ❷ (*caída*) Sturz *m;* **se pegó un ~** (*fam*) er/sie ist auf die Nase gefallen ❸ (*CSur: golpe de suerte*) Glückstreffer *m*
**bataclán** [bata'klan] *m* (*Am*) Stripteasevorführung *f*
**batahola** [bata'ola] *f* (*fam*) Spektakel *m*
**batalla** [ba'taʎa] *f* ❶ (MIL: *episodio bélico*) Schlacht *f;* (*combate*) Gefecht *nt;* ~ **campal** Feldschlacht *f;* (*fig*) heftige Auseinandersetzung ❷ (*lucha interior*) Kampf *m* ❸ (AUTO) Achsabstand *m*
**batallar** [bata'ʎar] *vi* ❶ (*con armas*) kämpfen ❷ (*disputar*) streiten
**batallita** [bata'ʎita] *f* Anekdote *f*
**batallón** [bata'ʎon] *m* ❶ (MIL) Bataillon *nt* ❷ (*fam: grupo*) Horde *f*
**batán** [ba'tan] *m* ❶ (*máquina*) Walke *f*

② (*Am: piedra lisa*) Mühlstein *m* ③ (*Chil: tintorería*) Färberei *f*

**batanear** [batane'ar] *vt* schlagen

**batata** [ba'tata] **I.** *adj* (*CSur: tímido*) kleinmütig **II.** *f* ① (*planta*) Batate *f* ② (*tubérculo*) Süßkartoffel *f* ③ (*CSur: susto*) Schreck(en) *m* ④ (*CSur: vergüenza*) Scham *f* ⑤ (*Am*): ~ **de la pierna** Wade *f*

**bate** ['bate] *m* (DEP) Schlagholz *nt;* ~ **de béisbol** Baseballschläger *m*

**bateador(a)** [batea'ðor(a)] *m(f)* (DEP) Schläger(in) *m(f)*

**batear** [bate'ar] *vt* (DEP) (mit dem Schlagholz) schlagen

**batería[1]** [bate'ria] *f* ① (*t.* TÉC) Batterie *f;* ~ **de cocina** (Koch)topf-Set *nt;* ~ **solar** Solarzelle *f;* **aparcar en** ~ quer parken ② (TEAT) Rampenlicht *nt* ③ (MÚS) Schlagzeug *nt*

**batería[2]** [bate'ria] *mf,* **baterista** [bate'rista] *mf* Schlagzeuger(in) *m(f)*

**batiborrillo** [batiβo'riʎo] *m* ① (*mezcla*) Mischmasch *m* ② (*desorden*) Durcheinander *nt*

**batida** [ba'tiða] *f* ① (*de los cazadores*) Treibjagd *f* ② (*de la policía*) Razzia *f* ③ (*Am: paliza*) Prügel *mpl,* Schläge *mpl*

**batido** [ba'tiðo] *m* ① (*bebida*) Mixgetränk *nt;* ~ **de fresa** Erdbeershake *m* ② (*masa*) Teig *m* ③ (*de huevos*) geschlagene Eier *ntpl;* (*de claras*) Eischnee *m*

**batidor** [bati'ðor] *m* ① (*instrumento*) Schneebesen *m* ② (*en la caza*) Treiber *m* ③ (*explorador*) Späher *m* ④ (*peine*) großzinkiger Kamm *m* ⑤ (*Arg: soplón*) Verräter(in) *m(f)*

**batidora** [bati'ðora] *f* Mixer *m*

**batiente** [ba'tjente] **I.** *adj* schlagend **II.** *m* ① (*de ventanas*) Leiste *f;* (*de puertas*) (Tür)pfosten *m* ② (*hoja de puerta*) (Tür)flügel *m;* (*hoja de ventana*) (Fenster)flügel *m* ③ (MÚS) Dämpfer *m* ④ (*roca*) Klippe *f;* (*dique*) Wellenbrecher *m*

**batín** [ba'tin] *m* Morgenrock *m* (*für Männer*)

**batir** [ba'tir] **I.** *vt* ① (*golpear*) schlagen; ~ **palmas** (Beifall) klatschen ② (*viento*) stürmen (gegen +*akk*); (*olas*) branden (an/gegen +*akk*); (*lluvia*) prasseln (auf/an/gegen +*akk*) ③ (*metal*) schmieden ④ (*moneda*) prägen ⑤ (*casa*) niederreißen ⑥ (*toldo*) abbauen ⑦ (*privilegio*) abschaffen ⑧ (*enemigo*) schlagen; ~ **un récord** einen Rekord brechen ⑨ (MIL) unter Feuer nehmen ⑩ (*un terreno*) erkunden; (*en busca de algo/alguien*) durchkämmen ⑪ (*CSur: denunciar*) denunzieren ⑫ (*Am: aclarar*) ausspülen **II.** *vr:* ~**se** ① (*combatir*) kämpfen ② (*en duelo*) sich schlagen

**batiscafo** [batis'kafo] *m* Bathyskaph *m*

**batista** [ba'tista] *f* Batist *m*

**batracio** [ba'traθjo] *m* Froschlurch *m*

**baturrillo** [batu'rriʎo] *m* Mischmasch *m*

**baturro, -a** [ba'turro, -a] **I.** *adj* ① (*testarudo*) dickköpfig ② (*aragonés*) aragonisch **II.** *m, f* ① (*aragonés*) aragonischer Bauer *m,* aragonische Bäuerin *f* ② (*persona tosca*) ungehobelte Person *f*

**batuta** [ba'tuta] *f* (MÚS) Taktstock *m;* **llevar la** ~ (*fam fig*) den Ton angeben

**baúl** [ba'ul] *m* ① (*mueble*) Truhe *f;* ~ **de viaje** Schrankkoffer *m* ② (*Am: portamaletas*) Kofferraum *m* ③ (*fam: vientre*) Wanst *m*

**bautismal** [bau̯tis'mal] *adj* Tauf-; **pila** ~ Taufbecken *nt*

**bautismo** [bau̯'tismo] *m* Taufe *f;* ~ **de sangre** Märtyrertod *m*

**bautista** [bau̯'tista] *mf* Baptist(in) *m(f);* **San Juan B~** Johannes der Täufer

**bautizar** [bau̯ti'θar] <z→c> *vt* ① (REL) taufen ② (*fam: mojar*) bespritzen ③ (*fam: leche*) verwässern; ~ **el vino** Wein panschen

**bautizo** [bau̯'tiθo] *m* Taufe *f;* (*ceremonia*) Taufakt *m;* (*fiesta*) Tauffeier *f*

**bauxita** [bau̯$^{ɣ}$'sita] *f* Bauxit *m*

**bávaro, -a** ['baβaro, -a] **I.** *adj* bay(e)risch **II.** *m, f* Bayer(in) *m(f)*

**Baviera** [ba'βjera] *f* Bayern *nt*

**baya** ['baɟa] *f* (BOT) Beere *f*

**bayeta** [ba'ɟeta] *f* ① (*tela de lana*) grober Flanell *m* ② (*para fregar*) Scheuerlappen *m*

**bayoneta** [baɟo'neta] *f* Bajonett *nt*

**baza** ['baθa] *f* ① (*naipes*) Stich *m;* **meter** ~ (*fam*) sich einmischen (*en* in +*akk*) ② (*provecho*) Nutzen *m;* **sacar** ~ **de algo** seinen Vorteil aus etw *dat* ziehen

**bazar** [ba'θar] *m* ① (*mercado*) Basar *m* ② (*gran almacén*) Warenhaus *nt*

**bazo** ['baθo] *m* (ANAT) Milz *f*

**bazofia** [ba'θofja] *f* ① (*restos de comida*) Speisereste *mpl* ② (*comida*) Fraß *m fam pey* ③ (*cosa*) Schund *m*

**bazuca** [ba'θuka] *f* Bazooka *f*

**be** [be] **I.** *interj* mäh! **II.** *f* B *nt*

**beata** [be'ata] *f* ① (REL) Laienschwester *f* ② (*pey: mujer devota*) Betschwester *f* ③ (HIST: *fam: moneda*) Pesete *f*

**beatería** [beate'ria] *f* ① (*devoción exagerada*) Frömmelei *f* ② (*devoción falsa*) Scheinheiligkeit *f*

**beatificación** [beatifika'θjon] *f* Seligsprechung *f*

**beatificar** [beatifi'kar] <c→qu> *vt* selig sprechen

**beatitud** [beati'tu$^{ð}$] *f* (Glück)seligkeit *f*

**beato**, **-a** [be'ato, -a] **I.** *adj* ① (*elev: feliz*) glücklich ② (*beatificado*) selig ③ (*piadoso*) fromm **II.** *m, f* ① (*persona beatificada*) Selige(r) *mf* ② (*exageradamente devota*) Frömmler(in) *m(f)*
**bebe**, **-a** ['beβe, -a] *m, f* (*Am*) Baby *nt*
**bebé** [be'βe] *m* Baby *nt*
**bebedero** [beβe'dero] *m* ① (*para animales*) Tränke *f;* (*para animales domésticos*) Trinkschale *f* ② (*de jarro*) Schnabel *m*
**bebedizo** [beβe'ðiθo] *m* (*medicinal*) Heiltrunk *m;* (*enamoradizo*) Liebestrank *m*
**bebedor**(**a**) [beβe'ðor(a)] **I.** *adj* trinkfreudig **II.** *m(f)* Trinker(in) *m(f)*
**bebé-probeta** [be'βe-pro'βeta] *m* <bebés-probeta> Retortenbaby *nt*
**beber** [be'βer] **I.** *vi, vt* ① (*líquido*) trinken; ~ **de la botella** aus der Flasche trinken ② (*información*) begierig aufnehmen **II.** *vr:* ~**se** trinken; (*completamente*) austrinken; **bebérselo todo** ganz austrinken
**bebible** [be'βiβle] *adj* trinkbar
**bebida** [be'βiða] *f* ① (*lo que se bebe*) Getränk *nt;* ~ **energética** Energiedrink *m* ② (*el beber alcohol*) Trinken *nt;* (*como vicio*) Trunksucht *f;* **darse a la** ~ dem Alkohol verfallen
**bebido**, **-a** [be'βiðo, -a] *adj* angetrunken
**beca** ['beka] *f* ① (*de estudios*) Stipendium *nt;* **conceder una** ~ **a alguien** jdm ein Stipendium gewähren ② (*de capa*) Kapuze *f*
**becada** [be'kaða] *f* (ZOOL) Waldschnepfe *f*
**becado**, **-a** [be'kaðo, -a] *m, f v.* **becario**
**becar** [be'kar] <c→qu> *vt* ein Stipendium gewähren +*dat*
**becario**, **-a** [be'karjo, -a] *m, f* Stipendiat(in) *m(f)*
**becerrillo** [beθe'rriʎo] *m* Kalb(s)leder *nt*
**becerro**[1] [be'θerro] *m* Kalb(s)leder *nt*
**becerro**, **-a**[2] [be'θerro, -a] *m, f* Kalb *nt;* **el** ~ **de oro** das Goldene Kalb
**bechamel** [betʃa'mel] *f* Béchamelsoße *f*
**bedel**(**a**) [be'ðel(a)] *m(f)* Hausmeister(in) *m(f)*
**beduino**, **-a** [be'ðwino, -a] **I.** *adj* beduinisch **II.** *m, f* Beduine, -in *m, f*
**befa** ['befa] *f* Spott *m*
**befar** [be'far] **I.** *vt* (*elev*) verspotten; **befan despiadadamente a los ancianos** sie verspotten die Alten erbarmungslos **II.** *vr:* ~**se** (*elev*) sich lustig machen (*de* über +*akk*)
**befo**[1] ['befo] *m* Unterlippe *f*
**befo**, **-a**[2] ['befo, -a] *adj* ① (*belfo*) dicklippig ② (*zambo*) krummbeinig
**begonia** [be'ɣonja] *f* (BOT) Begonie *f*
**beicon** ['bei̯kon] *m sin pl* Schinkenspeck *m*
**beige** [bei̯s] *adj*, **beis** [bei̯s] *adj v.* **beige**
**béisbol** ['beisβol] *m sin pl* (DEP) Baseball *m*
**bejuco** [be'xuko] *m* Liane *f*
**Belcebú** [beḷθe'βu] *m* Beelzebub *m*
**beldad** [beḷ'da$^{ð}$] *f* (*elev*) Schönheit *f*
**belduque** [beḷ'duke] *m* (*Am*) Dolch *m*
**belén** [be'len] *m* ① (*nacimiento*) (Weihnachts)krippe *f* ② (*fam: confusión*) Durcheinander *nt*

**i Land & Leute**

Typisch für die spanische Weihnachtsfeier ist es einen **belén** aufzubauen mit figürlichen Nachbildungen der *Virgen María – Jungfrau Maria* und des *San José – heiligen Joseph* mit dem *Niño Jesús – Jesuskind* in der Krippe, umgeben von den Hirten und ihren Tieren, den Engeln, den Heiligen Drei Königen und dem Weihnachtsstern.

**Belén** [be'len] *m* Bethlehem *nt*
**belfo** ['belfo] *m* ① (*de animales*) Unterlippe *f;* (*de perros*) Lefze *f* ② (*de personas*) dicke Unterlippe *f*
**belga** ['belɣa] **I.** *adj* belgisch **II.** *mf* Belgier(in) *m(f)*
**Bélgica** ['belxika] *f* Belgien *nt*
**Belgrado** [bel'ɣraðo] *m* Belgrad *nt*
**belicismo** [beli'θismo] *m* kriegerische Gesinnung *f*
**belicista** [beli'θista] **I.** *adj* kriegshetzerisch **II.** *mf* Kriegstreiber(in) *m(f)*
**bélico**, **-a** ['beliko, -a] *adj* kriegerisch
**belicosidad** [belikosi'ða$^{ð}$] *f* Kampflust *f*
**belicoso**, **-a** [beli'koso, -a] *adj* (*población*) kriegerisch; (*persona*) kampflustig
**beligerancia** [belixe'raṇθja] *f* Kriegszustand *m*
**beligerante** [belixe'raṇte] **I.** *adj* Krieg führend; **actitud** ~ aggressive Haltung **II.** *mf* Kriegführende(r) *mf*
**bellaco**, **-a** [be'ʎako, -a] **I.** *adj* gemein **II.** *m, f* Schurke, -in *m, f*
**bellaquear** [beʎake'ar] *vi* ① (*persona*) gaunern ② (*Am: caballo*) sich bäumen
**bellaquería** [beʎake'ria] *f* ① (*acción*) Gaunerei *f* ② (*cualidad*) Gemeinheit *f*
**belleza** [be'ʎeθa] *f* Schönheit *f*
**bello**, **-a** ['beʎo, -a] *adj* schön; (*de forma*) wohlgeformt
**bellota** [be'ʎota] *f* ① (*fruto*) Eichel *f* ② (*capullo*) Nelkenknospe *f*
**bellotero**, **-a** [beʎo'tero, -a] *m, f* Eichelsammler(in) *m(f)*
**bemba** ['bemba] *f* (*Am: pey*) dicklippiger Mund *m*

**bembo**, **-a** ['bembo, -a] *adj* (*Am*) dumm
**bemol** [be'mol] **I.** *adj* (MÚS) vermindert **II.** *m* (MÚS) Erniedrigungszeichen *nt*
**benceno** [beṇ'θeno] *m* (QUÍM) Benzol *nt*
**bencina** [beṇ'θina] *f* Benzin *nt*
**bendecir** [beṇde'θir] *irr como decir vt* ① (*sacerdote*) segnen; ~ **la mesa** das Tischgebet sprechen ② (*alabar*) loben ③ (*consagrar*) weihen ④ (*una cosa*) absegnen
**bendición** [beṇdi'θjon] *f* ① (*acto*) (Ein)segnung *f*; (*palabras*) Segensspruch *m* ② (*efecto*) Segen *m* ③ (*cosa magnífica*) Wohltat *f* ④ *pl* (*casamiento*) kirchliche Trauung *f*
**bendito**, **-a** [beṇ'dito, -a] **I.** *adj* ① (REL) gesegnet; (*agua*) geweiht; (*santo*) heilig; **¡~ sea!** (*fam*) verflixt noch mal! ② (*dichoso*) (glück)selig ③ (*simple*) einfältig **II.** *m, f* (gutmütiger) Trottel *m*
**benedictino**, **-a** [beneðik'tino, -a] **I.** *adj* (REL) Benediktiner- **II.** *m, f* (REL) Benediktiner(in) *m(f)*
**benefactor(a)** [benefak'tor(a)] **I.** *adj* wohltätig **II.** *m(f)* Wohltäter(in) *m(f)*
**beneficencia** [benefi'θeṇθja] *f* ① (*organización*) Wohlfahrtspflege *f* ② (*virtud*) Wohltätigkeit *f*
**beneficiado**, **-a** [benefi'θjaðo, -a] **I.** *adj* begünstigt **II.** *m, f* Begünstigte(r) *mf*
**beneficiar** [benefi'θjar] **I.** *vt* ① (*favorecer*) zustatten kommen +*dat*, nützen +*dat* ② (*tierra*) bebauen ③ (*mina*) abbauen ④ (*mineral*) aufbereiten ⑤ (*Am: animal*) (für den Verkauf) schlachten **II.** *vr:* ~**se** ① (*sacar provecho*) Nutzen ziehen (*de/con* aus +*dat*) ② (*pey: enriquecerse*) sich bereichern (*de/con* an +*dat*)
**beneficiario**, **-a** [benefi'θjarjo, -a] *m, f* Nutznießer(in) *m(f)*; (*de una letra de crédito*) Begünstigte(r) *mf*; ~ **de la pensión** Rentenbezieher *m*
**beneficio** [bene'fiθjo] *m* ① (*bien*) Wohltat *f* ② (*provecho*) Nutzen *m*; **a ~ de** zugunsten +*gen* ③ (FIN) Gewinn *m* ④ (*cargo eclesiástico*) Pfründe *f* ⑤ (*espectáculo*) Benefizveranstaltung *f* ⑥ (*Am: matanza*) Schlachten *nt*
**beneficioso**, **-a** [benefi'θjoso, -a] *adj* ① (*favorable*) vorteilhaft ② (*útil*) nützlich ③ (*productivo*) einträglich
**benéfico**, **-a** [be'nefiko, -a] *adj* ① (*que hace bien*) wohltuend ② (*caritativo*) wohltätig
**beneplácito** [bene'plaθito] *m* ① (*permiso*) Genehmigung *f* ② (*consentimiento*) Zustimmung *f*
**benevolencia** [beneβo'leṇθja] *f* Wohlwollen *nt*; **con ~** wohlwollend
**benévolo**, **-a** [be'neβolo, -a] *adj* ① (*favorable*) wohlgesinnt ② (*clemente*) nachsichtig
**bengala** [beŋ'gala] *f* Leuchtrakete *f*; (*pequeña*) Wunderkerze *f*
**benignidad** [beniɣni'ðaᵈ] *f* ① (*de una persona*) Güte *f* ② (*del clima*) Milde *f*
**benigno**, **-a** [be'niɣno, -a] *adj* ① (*persona*) gütig (*con* zu +*dat*) ② (*clima*) mild ③ (MED) gutartig
**benjamín**[1] [beŋxa'min] *m* Pikkolo *m*
**benjamín**, **-ina**[2] [beŋxa'min, -ina] *m, f* ① (*hijo menor*) Benjamin *m* ② (*de un grupo*) Jüngste(r) *mf*
**beodez** [beo'ðeθ] *f* Trunkenheit *f*
**beodo**, **-a** [be'oðo, -a] **I.** *adj* betrunken **II.** *m, f* Trinker(in) *m(f)*
**berberecho** [berβe'retʃo] *m* Herzmuschel *f*
**berbiquí** [berβi'ki] *m* Drillbohrer *m*
**bereber** [bere'βer], **beréber** [be'reβer] **I.** *adj* berberisch **II.** *mf* Berber(in) *m(f)*
**berebere** [bere'βere] *adj* berberisch
**berenjena** [bereŋ'xena] *f* (BOT) Aubergine *f*
**berenjenal** [bereŋxe'nal] *m* Auberginenfeld *nt*; **meterse en un ~** (*fig*) sich in die Nesseln setzen
**bergante** [ber'ɣaṇte] *m* Gauner *m*
**bergantín** [berɣaṇ'tin] *m* (NÁUT) Brigg *f*
**berilio** [be'riljo] *m* (QUÍM) Beryllium *nt*
**Berlín** [ber'lin] *m* Berlin *nt*
**berlina** [ber'lina] *f* ① (*vehículo*) Limousine *f* ② (*Am: pastel*) Berliner *m*
**berlinés**, **-esa** [berli'nes, -esa] **I.** *adj* berlinerisch, Berliner **II.** *m, f* Berliner(in) *m(f)*
**bermejo**, **-a** [ber'mexo, -a] *adj* scharlachrot; (*de cabello*) rotblond; (*de animales*) rotbraun
**bermellón** [berme'ʎon] *m* Zinnober *m*
**bermudas** [ber'muðas] *mpl* Bermudashorts *pl*
**Berna** ['berna] *f* Bern *nt*
**berrear** [berre'ar] *vi* ① (*animal*) brüllen; (*oveja*) blöken ② (*llorar*) plärren ③ (*fam: cantar desentonadamente*) grölen ④ (*chillar*) kreischen
**berrido** [be'rriðo] *m* ① (*de animales*) Brüllen *nt*; (*de ovejas*) Blöken *nt* ② (*lloro*) Plärren *nt* ③ (*fam: canto desentonado*) Grölen *nt* ④ (*chillido*) Kreischen *nt*
**berrinche** [be'rrintʃe] *m* (*fam*) ① (*llorera*) Geplärre *nt* ② (*enfado*) Wutanfall *m*
**berrinchudo**, **-a** [berrin'tʃuðo, -a] *adj* (*Am*) jähzornig
**berro** ['berro] *m* (BOT) (Brunnen)kresse *f*
**berza** ['berθa] *f* Kohl *m*
**berzal** [ber'θal] *m* Kohlfeld *nt*
**berzas** ['berθas] *mf inv* (*fam*) Flasche *f*; **eres una ~** du bist eine Vollidiotin

**berzotas** [ber'θotas] *mf inv* (*fam*) Niete *f*
**besamel(a)** [besa'mel(a)] *f* Béchamelsoße *f*
**besar** [be'sar] **I.** *vt* ❶ (*personas*) küssen ❷ (*fam: objetos*) berühren **II.** *vr:* ~**se** ❶ (*personas*) sich küssen ❷ (*tocarse dos objetos*) sich berühren; (*chocar*) aneinander stoßen
**beso** ['beso] *m* ❶ (*entre personas*) Kuss *m* ❷ (*entre objetos*) Zusammenstoß *m*
**bestia**[1] ['bestja] *f* ❶ (ZOOL) Tier *nt* ❷ (*animal salvaje*) Bestie *f*
**bestia**[2] ['bestja] **I.** *adj* brutal **II.** *mf* ❶ (*persona bruta*) Rohling *m;* (*grosera*) Rüpel *m* ❷ (*ignorante*) Dummkopf *m*
**bestial** [bes'tjal] *adj* ❶ (*propio de una bestia*) viehisch ❷ (*muy brutal*) bestialisch ❸ (*fam: muy intensivo*) tierisch; (*muy grande*) riesengroß; (*muy bueno*) (wahnsinnig) toll
**bestialidad** [bestjali'ða$^{\text{ð}}$] *f* ❶ (*cualidad*) Bestialität *f* ❷ (*crueldad*) Gräueltat *f* ❸ (*fam: gran cantidad*) Unmenge *f*
**best seller** [be(s)'seler] *m inv,* **bestséller** [bes'seler] *m inv* Bestseller *m*
**besucón, -ona** [besu'kon, -ona] *adj* (*fam*) verschmust
**besugo** [be'suɣo] *m* ❶ (ZOOL) Brasse *f* ❷ (*fam: persona*) Schwachkopf *m*
**besuquear** [besuke'ar] *vt* (ab)küssen
**besuqueo** [besu'keo] *m* Knutscherei *f fam*
**beta** ['beta] *f* Beta *nt;* **la** ~ **griega** der griechische Buchstabe Beta
**betarraga** [beta'rraɣa] *f* (*Am*) rote Beete *f*
**betún** [be'tun] *m* ❶ (QUÍM) Bitumen *nt* ❷ (*para el calzado*) Schuhcreme *f;* **negro como el** ~ pechschwarz
**bezo** ['beθo] *m* ❶ (*labio abultado*) dicke Lippe *f* ❷ (*de una herida*) wildes Gewebe *nt*
**bianual** [bianu'al] *adj* halbjährlich
**biatlón** [bia$^{\text{ð}}$'lon] *m* (DEP) Biathlon *nt*
**biberón** [biβe'ron] *m* (Saug)flasche *f*
**Biblia** ['biβlja] *f* Bibel *f*
**bíblico, -a** ['biβliko, -a] *adj* biblisch
**bibliobús** [biβljo'bus] *m* Bücherbus *m*
**bibliófilo, -a** [bi'βljofilo, -a] *m, f* Bücherliebhaber(in) *m(f)*
**bibliografía** [biβljoɣra'fia] *f* Bibliografie *f*
**bibliográfico, -a** [biβljo'ɣrafiko, -a] *adj* bibliografisch
**bibliógrafo, -a** [bi'βljoɣrafo, -a] *m, f* Bibliograf(in) *m(f)*
**biblioteca** [biβljo'teka] *f* ❶ (*local*) Bücherei *f;* ~ **de consulta** Präsenzbibliothek *f* ❷ (*mueble*) Bücherschrank *m* ❸ (*estantería*) Bücherregal *nt*
**bibliotecario, -a** [biβljote'karjo, -a] *m, f* Bibliothekar(in) *m(f)*
**bibliotecología** [biβljotekolo'xia] *f* Bibliothekskunde *f*
**bicameral** [bikame'ral] *adj* (POL) Zweikammer(n)-
**bicampeón, -ona** [bikampe'on, -ona] *m, f* zweifacher Champion *m*
**bicarbonatado, -a** [bikarβona'taðo, -a] *adj* (QUÍM) Bikarbonat-
**bicarbonato** [bikarβo'nato] *m* (QUÍM) Bikarbonat *nt;* ~ **sódico** Natron *nt*
**bicéfalo, -a** [bi'θefalo, -a] *adj* doppelköpfig
**bicentenario** [biθeṇte'narjo] *m* zweihundertster Jahrestag *m*
**bíceps** ['biθeβs] *m inv* (ANAT) Bizeps *m*
**bicha** ['bitʃa] *f* ❶ (*fam: serpiente*) Schlange *f* ❷ (*figura*) Fabeltier *nt*
**bicharraco** [bitʃa'rrako] *m* ❶ (*pey: bicho*) Vieh(zeug) *nt* ❷ (*persona*) Scheusal *nt*
**bicho** ['bitʃo] *m* ❶ (*animal*) (kleines) Tier *nt* ❷ (TAUR) (Kampf)stier *m* ❸ (*persona*) Kerl *m;* ~ **raro** komischer Kauz; **mal** ~ Aas *nt* ❹ (*vulg: pene*) Schwanz *m fam* ❺ *pl* (*insectos*) Ungeziefer *nt*
**bici** ['biθi] *f* (*fam*) *abr de* **bicicleta** Rad *nt*
**bicicleta** [biθi'kleta] *f* Fahrrad *nt;* ~ **de carreras** Rennrad *nt;* ~ **estática** Hometrainer *m;* ~ **de montaña** Mountainbike *nt*
**bicicross** [biθi'kros] *m sin pl* Mountainbiking *nt*
**bicoca** [bi'koka] *f* ❶ (*fam: pequeñez*) Lappalie *f* ❷ (*fam: ganga*) Schnäppchen *nt* ❸ (*Am: de eclesiásticos*) (Scheitel)käppchen *nt*
**bicolor** [biko'lor] *adj* zweifarbig
**bidé** [bi'ðe] *m* <bidés>, **bidet** [bi'ðe] *m* <bidets> Bidet *nt*
**bidireccional** [biðire$^{\text{ɣ}}$θjo'nal] *adj* (INFOR) bidirektional
**bidón** [bi'ðon] *m* Kanister *m*
**biela** [bi'ela] *f* ❶ (TÉC) Pleuelstange *f* ❷ (*de la bicicleta*) Tretkurbel *f*
**bielda** ['bjeḷda] *f* (AGR) ❶ (*bieldo*) Strohgabel *f* ❷ (*acción de bieldar*) Worfeln *nt*
**bieldo** ['bjeḷdo] *m* (*en forma de tenedor*) Heugabel *f;* (*en forma de rastrillo*) Rechen *m*
**Bielorrusia** [bjelo'rrusja] *f* Weißrussland *nt*
**bielorruso, -a** [bjelo'rruso, -a] **I.** *adj* weißrussisch **II.** *m, f* Weißrusse, -in *m, f*
**bien** ['bjen] **I.** *m* ❶ (*bienestar*) Wohl *nt* ❷ (*bondad moral*) Gute(s) *nt* ❸ (*provecho*) Nutzen *m* ❹ (ECON) Gut *nt* ❺ *pl* (*posesiones*) Güter *ntpl;* (*riqueza*) Vermögen *nt;* ~**es inmuebles** Immobilien *fpl;* ~**es de la tierra** landwirtschaftliche Erzeugnisse **II.** *adv* ❶ (*de modo conveniente*) gut; (*correctamente*) richtig; **ahora** ~ also; **y** ~ nun; ~ **mirado** eigent-

B

lich; **estar ~ de salud** gesund sein; **estar (a) ~ con alguien** mit jdm auf gutem Fuß stehen; **hacer algo ~** etw richtig machen; **hacer ~ en...** *+inf* gut daran tun zu ... *+inf;* **¡pórtate ~!** benimm dich!; **tener a ~... ** *+inf* es für richtig halten zu ... *+inf;* **te está ~** das geschieht dir recht ❷ (*con gusto*) wohl; (*agradable*) schön ❸ (*seguramente*) sicher ❹ (*muy*) sehr; (*bastante*) recht; **es ~ fácil** es ist ganz einfach ❺ (*asentimiento*) einverstanden; **¡está ~!** in Ordnung! ❻ (*loc*): **~ es verdad que...** es ist wohl wahr, dass ...; **~ que mal** jedenfalls **III.** *adj* vornehm **IV.** *conj* ❶ (*aunque*): **~ que** obschon; **si ~** obwohl ❷ (*o... o*): **~... ~...** entweder ... oder ... ❸ (*apenas*): **no ~... (cuando...)** kaum ... (als ...) **V.** *interj* prima!

**? Grammatik**

**bien** ist ein Adverb, das ein Verb näher bestimmt: *Mi tío cocina muy bien. – Mein Onkel kocht sehr gut.* **bueno** ist ein Adjektiv, das ein Substantiv näher bestimmt: *Él tiene siempre buenas ideas. – Er hat immer gute Ideen.*

**bienal** [bie'nal] **I.** *adj* (*durante dos años*) zweijährig; (*cada dos años*) zweijährlich **II.** *f* Biennale *f*

**bienaventurado, -a** [bjenaβeṇtu'raðo, -a] **I.** *adj* ❶ (*afortunado*) (über)glücklich ❷ (REL) selig ❸ (*inocente*) einfältig **II.** *m, f* ❶ (REL) Selige(r) *mf* ❷ (*inocente*) Einfaltspinsel *m*

**bienaventuranza** [bjenaβeṇtu'raṇθa] *f* ❶ (REL: *gloria*) Seligkeit *f* ❷ (*fortuna*) Glück *nt* ❸ *pl* (REL: *las ocho*) Seligpreisung *f*

**bienestar** [bjenes'tar] *m* ❶ (*estado*) Wohlbefinden *nt* ❷ (*sentimiento*) Wohlgefühl *nt* ❸ (*riqueza*) Wohlstand *m;* **estado del ~** Wohlfahrtsstaat *m*

**bienhablado, -a** [bjena'βlaðo, -a] *adj* redegewandt

**bienhechor(a)** [bjene'ʧor(a)] **I.** *adj* wohltätig **II.** *m(f)* Wohltäter(in) *m(f)*

**bienintencionado, -a** [bjeniṇteṇθjo'naðo, -a] *adj* gut gemeint

**bienio** [bi'enjo] *m* Biennium *nt*

**bienpensante** [bjempen'saṇte] **I.** *adj* strenggläubig **II.** *mf* strenggläubiger Mensch *m*

**bienquerer** [bjeŋke'rer] *irr como querer* **I.** *vt irr* mögen **II.** *m* ❶ (*afecto*) Zuneigung *f* ❷ (*buena voluntad*) Wohlwollen *nt*

**bienquistar** [bjeŋkis'tar] **I.** *vt* beliebt machen (*con* bei *+dat*) **II.** *vr:* **~se** (*hacer amistad*) sich anfreunden (*con* mit *+dat*); (*congraciar*) sich beliebt machen (*con* bei *+dat*)

**bienquisto, -a** [bjeŋ'kisto, -a] *adj* beliebt (*de/por* bei *+dat*)

**bienvenida** [bjembe'niða] *f* ❶ (*llegada*) glückliche Ankunft *f* ❷ (*saludo*) Willkommen *nt;* **dar la ~ a alguien** jdn willkommen heißen

**bienvenido, -a** [bjembe'niðo, -a] **I.** *interj* willkommen!; **¡~ a España/a casa!** willkommen in Spanien/zu Hause! **II.** *adj* willkommen

**bife** ['bife] *m* (*Am*) ❶ (*carne*) Steak *nt* ❷ (*sopapo*) Ohrfeige *f*

**bifocal** [bifo'kal] *adj* bifokal

**bifurcación** [bifurka'θjon] *f* (*de una carretera*) Abzweigung *f;* (*de un camino*) Gab(e)lung *f*

**bifurcado, -a** [bifur'kaðo, -a] *adj* gabelförmig

**bifurcarse** [bifur'karse] <c→qu> *vr* sich gabeln

**bigamia** [bi'ɣamja] *f* Doppelehe *f*

**bígamo, -a** ['biɣamo, -a] **I.** *adj* in Doppelehe lebend **II.** *m, f* Bigamist(in) *m(f)*

**bigote** [bi'ɣote] *m* ❶ (*de hombre*) Schnurrbart *m;* **estar de ~(s)** (*fam*) toll sein ❷ *pl* (ZOOL) Schnurrhaare *ntpl* ❸ (*Am: croqueta*) Krokette *f*

**bigotudo, -a** [biɣo'tuðo, -a] *adj* schnauzbärtig

**bigudí** [biɣu'ði] *m* Lockenwickler *m*

**bikini** [bi'kini] *m* Bikini *m*

**bilateral** [bilate'ral] *adj* bilateral

**biliar** [bi'ljar] *adj* Gallen-

**bilingüe** [bi'liŋgwe] **I.** *adj* zweisprachig **II.** *mf* zweisprachige Person *f*

**bilingüismo** [biliŋ'gwismo] *m sin pl* Zweisprachigkeit *f*

**bilis** ['bilis] *f inv* ❶ (ANAT) Galle *f* ❷ (*cólera*) Wut *f*

**billa** ['biʎa] *f* (*billar*) *Treiben einer Kugel nach Karambolage in ein Loch*

**billar** [bi'ʎar] *m* ❶ (*juego*) Billard(spiel) *nt;* **~ americano** Pool(billard) *nt* ❷ (*mesa*) Billardtisch *m*

**billetaje** [biʎe'taxe] *m* Kartenkontingent *nt*

**billete** [bi'ʎete] *m* ❶ (*pasaje*) Fahrschein *m;* **~ de ida y vuelta** Rückfahrkarte *f;* **sacar un ~** eine Fahrkarte lösen ❷ (*entrada*) Eintrittskarte *f* ❸ (FIN) (Geld)schein *m* ❹ (*en una rifa*) (Lotterie)los *nt;* **~ premiado** Treffer *m;* **~ no premiado** Niete *f* ❺ (*mensaje breve*) kurze Mitteilung *f*

**billetera** [biʎe'tera] *f*, **billetero** [biʎe'tero] *m* Brieftasche *f*

**billón** [bi'ʎon] *m* Billion *f*

**billonario**, **-a** [biʎo'narjo, -a] *m, f* Billionär(in) *m(f)*

**bimba** ['bimba] *f* ① (*fam: sombrero*) Zylinder(hut) *m* ② (*Am: embriaguez*) Rausch *m*

**bimembre** [bi'membre] *adj* zweigliedrig

**bimensual** [bimen'swal] *adj* zweimal im Monat stattfindend

**bimestral** [bimes'tral] *adj* (*duración*) zweimonatig; (*repetición*) zweimonatlich

**bimestre** [bi'mestre] **I.** *adj* (*duración*) zweimonatig; (*repetición*) zweimonatlich **II.** *m* ① (*período*) Zeitraum *m* von zwei Monaten ② (*pago*) zweimonatliche Zahlung *f*

**bimotor** [bimo'tor] **I.** *adj* zweimotorig **II.** *m* zweimotoriges Flugzeug *nt*

**binar** [bi'nar] *vt* zum zweiten Male tun

**binario**, **-a** [bi'narjo, -a] *adj* binär; **compás** ~ (MÚS) Zweivierteltakt *m*

**bingo** ['biŋgo] *m* Bingo *nt*

**binocular** [binoku'lar] *adj* binokular

**binoculares** [binoku'lares] *mpl* Fernglas *nt*

**binóculo** [bi'nokulo] *m* Kneifer *m*

**binomio** [bi'nomjo] *m* (MAT) Binom *nt*

**bioactivo**, **-a** [bioak'tiβo, -a] *adj* bioaktiv

**bioagricultura** [bioaɣrikul̩'tura] *f* (AGR) biologische Landwirtschaft *f*

**biobasura** [bioβa'sura] *f* (ECOL) Biomüll *m*

**biodegradable** [bioðeɣra'ðaβle] *adj* biologisch abbaubar

**biodegradar** [bioðeɣra'ðar] *vt* (BIOL) biologisch abbauen

**biodiversidad** [bioðiβersi'ða$^{ð}$] *f* Artenvielfalt *f*; **Tratado de B~** Artenschutzabkommen *nt*

**bioenergía** [bioener'xia] *f* Bioenergie *f*

**biofísica** [bio'fisika] *f* Biophysik *f*

**biogenética** [bioxe'netika] *f* Biogenetik *f*

**biografía** [bjoɣra'fia] *f* Biografie *f*

**biografiar** [bjoɣrafi'ar] <*1. pres:* biografío> *vt* die Biografie schreiben (*a* von +*dat*)

**biográfico**, **-a** [bjo'ɣrafiko, -a] *adj* biografisch

**biógrafo**[1] [bi'oɣrafo] *m* (*Am*) Kino *nt*

**biógrafo**, **-a**[2] [bi'oɣrafo, -a] *m, f* Biograf(in) *m(f)*

**biología** [biolo'xia] *f* Biologie *f*

**biológico**, **-a** [bio'loxiko, -a] *adj* biologisch; **guerra biológica** biologische Kriegsführung

**biólogo**, **-a** [bi'oloɣo, -a] *m, f* Biologe, -in *m, f*

**biomasa** [bio'masa] *f* (BIOL) Biomasse *f*

**biombo** [bi'ombo] *m* spanische Wand *f*

**biomecánica** [biome'kanika] *f* Biomechanik *f*

**biopsia** [bi'oβsja] *f* (MED) Biopsie *f*

**bioquímica** [bio'kimika] *f* Biochemie *f*

**biorritmo** [bio'rriðmo] *m* Biorhythmus *m*

**biosfera** [bios'fera] *f* Biosphäre *f*

**biosíntesis** [bio'sin̩tesis] *f inv* Biosynthese *f*

**biosistema** [biosis'tema] *m* Biosystem *nt*

**biotecnología** [bioteknolo'xia] *f* Biotechnologie *f*

**biótopo** [bi'otopo] *m* Biotop *m o nt*

**bipartidismo** [biparti'ðismo] *m* (POL) Zweiparteiensystem *nt*

**bípedo**, **-a** ['bipeðo, -a] **I.** *adj* zweibeinig **II.** *m, f* Zweifüßer *m*

**biplano** [bi'plano] *m* Doppeldecker *m*

**biplaza** [bi'plaθa] **I.** *adj* zweisitzig **II.** *m* Zweisitzer *m*

**bipolaridad** [bipolari'ða$^{ð}$] *f* (FÍS) Bipolarität *f*

**bipolarización** [bipolariθa'θjon] *f* (POL) Bipolarisierung *f*

**biquini** [bi'kini] *m* Bikini *m*

**birlar** [bir'lar] *vt* (*fam*) ① (*hurtar*) wegschnappen; **Carlos le birló la novia** Carlos hat ihm die Freundin ausgespannt ② (*derribar*) niederschlagen

**birmano**, **-a** [bir'mano, -a] **I.** *adj* birmanisch **II.** *m, f* Birmane, -in *m, f*

**birome** [bi'rome] *f* (*Arg*) Kugelschreiber *m*

**birra** ['birra] *f* (*argot*) Bier *nt*

**birrete** [bi'rrete] *m* ① (*de clérigos*) Birett *nt* ② (*de catedráticos, jueces*) Barett *nt*

**birria** ['birrja] *f* ① (*persona*) Vogelscheuche *f* ② (*objeto*) Plunder *m* ③ (*obra*) Schund *m*

**biruje** [bi'ruxe] *m* (*Am*), **biruji** [bi'ruxi] *m* eisiger Wind *m*

**bis** [bis] **I.** *interj* noch einmal! **II.** *m* (MÚS) Wiederholung *f* **III.** *adv* ① (MÚS) da capo ② (*añadido a un número*) a; **7 ~** 7a

**bisabuelo**, **-a** [bisa'βwelo, -a] *m, f* Urgroßvater, -mutter *m, f*

**bisagra** [bi'saɣra] *f* ① (*charnela*) Scharnier *nt* ② (*quicio*) Türangel *f*

**bisar** [bi'sar] *vt* (MÚS) wiederholen

**bisbis(e)ar** [bisβise'ar/bisβi'sar] *vt* (*fam*) ① (*musitar*) murmeln ② (*cuchichear*) flüstern

**biscote** [bis'kote] *m* Zwieback *m*

**biscuit** [bis'kwit] <biscuits> *m* ① (GASTR: *bizcocho*) Biskuit *nt o m* ② (*porcelana*) Biskuitporzellan *nt*

**bisección** [bise$^{ɣ}$'θjon] *f* (MAT) Halbierung *f*

**bisel** [bi'sel] *m* Abschrägung *f*

**biselar** [bise'lar] *vt* abschrägen

**bisexual** [bise$^{ɣ}$'swal] *adj* ① (*persona*) bisexuell ② (BIOL) doppelgeschlechtig

**bisexualidad** [bise$^{ɣ}$swali'ða$^{ð}$] *f sin pl* ① (*de

*una persona*) Bisexualität *f* ❷ (BIOL) Doppelgeschlechtigkeit *f*
**bisiesto** [bi'sjesto] *adj:* **año** ~ Schaltjahr *nt*
**bisílabo**, **-a** [bi'silaβo, -a] *adj* zweisilbig
**bismuto** [bis'muto] *m* (QUÍM) Wismut *nt*
**bisnieto**, **-a** [bis'njeto, -a] *m, f* Urenkel(in) *m(f)*
**bisonte** [bi'son̪te] *m* (*americano*) Bison *m;* (*europeo*) Wisent *m*
**bisoñé** [biso'ɲe] *m* Toupet *nt*
**bisoño**, **-a** [bi'soɲo, -a] **I.** *adj* ❶ (*inexperto*) unerfahren ❷ (*nuevo*) neu **II.** *m, f* (*novato*) Neuling *m*
**bisté** [bis'te] *m* <bistés>, **bistec** [bis'te] *m* <bistecs> (Beef)steak *nt*
**bisturí** [bistu'ri] *m* Skalpell *nt*
**bisutería** [bisute'ria] *f* ❶ (*joyas*) Modeschmuck *m* ❷ (*tienda*) Geschäft *nt* für Modeschmuck ❸ (*industria*) Modeschmuckindustrie *f*
**bit** [bi$^{t}$] *m* <bits> (INFOR) Bit *nt;* ~ **de parada** Stoppbit *nt*
**bitácora** [bi'takora] *f* (NÁUT) Kompasshaus *nt;* **cuaderno de** ~ Logbuch *nt*
**bitio** ['bitjo] *m* (INFOR) Bit *nt*
**bizarría** [biθa'rria] *f* ❶ (*valentía*) Tapferkeit *f;* (*valor*) Mut *m* ❷ (*gallardía*) Stattlichkeit *f* ❸ (*generosidad*) Großzügigkeit *f*
**bizarro**, **-a** [bi'θarro, -a] *adj* ❶ (*valiente*) tapfer; (*valeroso*) mutig ❷ (*apuesto*) stattlich ❸ (*generoso*) großzügig ❹ (*extravagante*) bizarr
**bizco**, **-a** ['biθko, -a] *adj* schielend
**bizcocho** [biθ'kotʃo] **I.** *adj* (*Méx*) feige **II.** *m* ❶ (*biscote*) Zwieback *m* ❷ (*biscuit*) Biskuit *m o nt* ❸ (*Am: torta*) (Rühr)kuchen *m* ❹ (*porcelana*) Biskuitporzellan *nt*
**Bizkaia** [biθ'kaɟa] *f* Biskaya *f*
**biznieto**, **-a** [biθ'njeto, -a] *m, f* Urenkel(in) *m(f)*
**bizquear** [biθke'ar] *vi* schielen
**bizquera** [biθ'kera] *f* (*Am*) Schielen *nt*
**bla-bla-bla** [blaβla'βla] *m* leeres Gerede *nt*
**blanca** ['blaŋka] *f* ❶ (MÚS) halbe Note *f* ❷ (*pieza de dominó*) Null *f* ❸ (*loc*): **estar sin** ~ (*fam*) kein Geld haben
**Blancanieves** [blaŋka'njeβes] *f* Schneewittchen *nt*
**blanco**[1] ['blaŋko] *m* ❶ (*color*) Weiß *nt;* **película en** ~ **y negro** Schwarzweißfilm *m* ❷ (*de animal*) Blesse *f* ❸ (*espacio en un escrito*) leerer Zwischenraum *m;* **cheque en** ~ (ECON) Blankoscheck *m;* **tener la mente en** ~ ein Blackout haben ❹ (*diana*) Zielscheibe *f;* **dar en el** ~ ins Schwarze treffen ❺ (*loc*): **pasar la noche en** ~ eine schlaflose Nacht verbringen
**blanco**, **-a**[2] ['blaŋko, -a] **I.** *adj* ❶ (*de tal color*) weiß ❷ (*cerveza*) hell ❸ (*tez*) bleich **II.** *m, f* (*persona*) Weiße(r) *mf*
**blancura** [blaŋ'kura] *f* Weiße *f*
**blandear** [blan̪de'ar] **I.** *vt* umstimmen **II.** *vi, vr:* ~**se** nachgeben
**blandengue** [blan̪'deŋge] *adj* (*pey*) weichlich
**blandir** [blan̪'dir] **I.** *vt* schwingen **II.** *vi, vr:* ~**se** schwanken
**blando**, **-a** ['blan̪do, -a] *adj* ❶ (*objeto*) weich ❷ (*carácter: suave*) nachsichtig; (*pey: blandengue*) weichlich; (*cobarde*) feige; ~ **de corazón** weichherzig ❸ (*constitución*) schwach ❹ (*clima*) mild ❺ (*lluvia, tono*) sanft ❻ (*luz*) weich ❼ (ECON): **créditos** ~**s** günstige Kredite
**blanducho**, **-a** [blan̪'dutʃo, -a] *adj* (*fam*) weichlich
**blandura** [blan̪'dura] *f* ❶ (*de una cosa*) Weichheit *f* ❷ (*del carácter: suavidad*) Sanftheit *f;* (*blandenguería*) Weichlichkeit *f* ❸ (*lisonja*) Schmeichelei *f* ❹ (*del aire*) Tauwetter *nt* ❺ (*emplasto*) Zugpflaster *nt*
**blanquear** [blaŋke'ar] **I.** *vi* ❶ (*volverse blanco*) weiß werden ❷ (*perder el color*) verblassen; (*el pelo*) ergrauen ❸ (*presentarse blanco*) weiß(lich) schimmern **II.** *vt* ❶ (*poner blanco*) weißen ❷ (*pared*) tünchen ❸ (*dinero*) waschen ❹ (*tejido*) bleichen ❺ (*metal*) blank putzen
**blanquecino**, **-a** [blaŋke'θino, -a] *adj* weißlich
**blanqueo** [blaŋ'keo] *m* ❶ (*el poner blanco*) Weißen *nt* ❷ (*de una pared*) Tünchen *nt* ❸ (*de tejido*) Bleichen *nt;* ~ **de dinero** Geldwäsche *f*
**blanquiazul** [blaŋkja'θul] **I.** *adj* blauweiß **II.** *m* Blauweiß *nt*
**blasfemar** [blasfe'mar] *vi* ❶ (REL) lästern ❷ (*maldecir*) fluchen (*de* auf/über +*akk*)
**blasfemia** [blas'femja] *f* ❶ (REL) Gotteslästerung *f* ❷ (*injuria*) Lästerung *f* ❸ (*taco*) Fluch *m*
**blasfemo**, **-a** [blas'femo, -a] **I.** *adj* gotteslästerlich **II.** *m, f* Gotteslästerer, -in *m, f*
**blasón** [bla'son] *m* ❶ (*escudo de armas*) Wappen(schild) *nt* ❷ (*figura*) Wappenbild *nt* ❸ (*honor*) Ehre *f;* (*gloria*) Ruhm *m* ❹ *pl* (*abolengo*) adlige Herkunft *f*
**blasonar** [blaso'nar] **I.** *vt* ein Wappen entwerfen **II.** *vi* prahlen (*de* mit +*dat*)
**blázer** ['blei̯ser] *m* Blazer *m*
**bledo** ['bleðo] *m* ❶ (BOT) Amaranth *m* ❷ (*loc*): (**no**) **me importa un** ~ das ist mir völlig schnuppe *fam*
**blindado** [blin̪'daðo] *m* (MIL) Panzer(wagen) *m*
**blindaje** [blin̪'daxe] *m* Panzer *m*

B

**blindar** [bliṇ'dar] *vt* panzern

**bloc** [blo^k] *m* <blocs> ① (*cuaderno*) (Schreib)block *m* ② (*calendario*) Kalenderblock *m*

**blocar** [blo'kar] <c→qu> *vt v.* **bloquear**

**blofear** [blofe'ar] *vi* (*Am*) ① (*engañar*) bluffen ② (*exagerar*) aufschneiden

**blonda** ['bloṇda] *f* Seidenspitze *f*

**bloque** ['bloke] *m* ① (*de cosas*) Block *m;* ~ **de viviendas** Wohnblock *m* ② (*de madera*) (Holz)klotz *m*

**bloquear** [bloke'ar] **I.** *vt* ① (*cortar el paso*) (ver)sperren ② (*aislar*) einschließen ③ (TÉC) blockieren ④ (MIL: *asediar*) belagern ⑤ (FIN) sperren ⑥ (DEP) (ab)blocken ⑦ (*obstaculizar*) aufhalten ⑧ (*interrumpir*) unterbrechen **II.** *vr:* ~**se** ① (*una cosa*) blockieren ② (*una persona*) sich sperren

**bloqueo** [blo'keo] *m* ① (*de un paso*) Sperre *f;* ~ **comercial** (COM) Handelsembargo *nt* ② (*aislamiento*) Abgeschlossenheit *f* ③ (TÉC: *de un mecanismo*) Blockierung *f;* ~ **de teclado** Tastatursperre *f* ④ (MIL) Blockade *f* ⑤ (DEP) (Ab)blocken *nt* ⑥ (*de un proceso: estancamiento*) Stockung *f;* (*interrupción*) Unterbrechung *f* ⑦ (*mental*) Sperrung *f*

**blues** [blus] *m inv* Blues *m*

**bluff** ['bluf] *m* <bluffs> ① (*finta*) Bluff *m* ② (*Am: fanfarronería*) Prahlerei *f;* (*chulería*) Aufschneiderei *f*

**blusa** ['blusa] *f* ① (*de mujer*) Bluse *f* ② (*bata*) Kittel *m*

**blusón** [blu'son] *m* Kittel *m*

**boa** ['boa] *f* Boa *f*

**boato** [bo'ato] *m* Prunk *m*

**bobada** [bo'βaða] *f* Dummheit *f;* **decir** ~**s** albernes Zeug reden

**bobalicón, -ona** [boβali'kon, -ona] **I.** *adj* ① (*tonto*) dumm ② (*simple*) einfältig **II.** *m, f* ① (*tonto*) Dummkopf *m* ② (*simplón*) Einfaltspinsel *m*

**bobear** [boβe'ar] *vi* ① (*hacer bobadas*) herumalbern ② (*decir bobadas*) dummes Zeug reden

**bobina** [bo'βina] *f* ① (*t.* ELEC) Rolle *f* ② (FOTO) Filmspule *f* ③ (CINE) Filmrolle *f*

**bobinar** [boβi'nar] *vt* aufspulen, aufwickeln

**bobo, -a** ['boβo, -a] **I.** *adj* ① (*tonto*) albern ② (*simple*) einfältig **II.** *m, f* ① (*tonto*) Dummkopf *m* ② (*simplón*) Einfaltspinsel *m*

**boca** ['boka] *f* ① (ANAT) Mund *m;* (*de animal*) Maul *nt;* ~ **a** ~ Mund-zu-Mund-Beatmung *f;* ~ **abajo** bäuchlings; ~ **arriba** rücklings; **andar de** ~ **en** ~ in aller Munde sein; **partirle la** ~ **a alguien** (*vulg*) jdm die Visage polieren *fam;* **quedarse con la** ~ **abierta** mit offenem Mund dastehen ② (*abertura*) Öffnung *f;* ~ **de metro** Eingang zur Metrostation ③ (*agujero*) Loch *nt* ④ (*de cañón*) Mündung *f* ⑤ (*de río*) (Fluss)mündung *f* ⑥ (*de volcán*) Schlund *m* ⑦ (*de vino*) Blume *f* ⑧ (TÉC: *de herramienta*) Maul *nt* ⑨ (ZOOL: *de crustáceo*) Schere *f* ⑩ (MÚS) Mundstück *nt* ⑪ (INFOR) Schnittstelle *f*

**boca a boca** [boka(a)'βoka] *m sin pl* Mund-zu-Mund-Beatmung *f;* **le hicieron el** ~ er/sie wurde Mund-zu-Mund beatmet

**bocacalle** [boka'kaʎe] *f* ① (*entrada de una calle*) Straßeneinmündung *f* ② (*calle secundaria*) Seitenstraße *f*

**bocadillo** [boka'ðiʎo] *m* ① (*sandwich*) belegtes Brötchen *nt* ② (*refrigerio*) Imbiss *m*

**bocadito** [boka'ðito] *m* (*Cuba: cigarrillo*) (mit einem Tabakblatt gedrehte) Zigarette *f*

**bocado** [bo'kaðo] *m* ① (*mordisco*) Bissen *m;* ~ **de Adán** Adamsapfel *m* ② (*freno*) Zaum *m*

**bocajarro** [boka'xarro] *adv:* **a** ~ (*tiro*) aus nächster Nähe; **decir algo a** ~ etw geradeheraus sagen

**bocamanga** [boka'maŋga] *f* ① (*abertura*) Ärmelloch *nt* ② (*puño*) Ärmelaufschlag *m*

**bocana** [bo'kana] *f* ① (*entrada*) schmale Hafeneinfahrt *f* ② (*Am: desembocadura*) Flussmündung *f*

**bocanada** [boka'naða] *f* ① (*de comida*) Mund *m* voll; (*de bebida*) Schluck *m;* **echar** ~**s** (*fig*) prahlen ② (*de humo*) Rauchwolke *f*

**bocata** [bo'kata] *m* (*fam*) *v.* **bocadillo**

**bocatero, -a** [boka'tero, -a] *m, f* (*Am*), **bocaza(s)** [bo'kaθa(s)] *mf inv* Großmaul *nt,* Angeber(in) *m(f)*

**bocera** [bo'θera] *f* ① (*restos de comida*) Speiserand *m* um den Mund; (*restos de bebida*) Trinkrand *m* um den Mund ② (*pupa*) Griebe *f*

**boceras** [bo'θeras] *mf inv* Schwätzer(in) *m(f)*

**boceto** [bo'θeto] *m* Skizze *f*

**bocha** ['boʧa] *f* ① (*bola*) Bocciakugel *f* ② (*Am: fam: cabeza*) Birne *f*

**bochar** [bo'ʧar] *vt* (*fam*) ① (*Am: rechazar*) eine Abfuhr erteilen +*dat* ② (*Arg: fracasar*) durchfallen lassen

**boche** ['boʧe] *m* ① (*hoyo*) Mulde *f* ② (*Arg: alemán*) Deutsche(r) *m* ③ (*CSur: fam: bronca*) Ärger *m* ④ (*Am: fam: repulsa*) Abfuhr *f*

**bochinche** [bo'ʧinʧe] *m* ① (*tumulto*) Tumult *m;* (*alboroto*) Aufruhr *m* ② (*Am:*

*chisme*) Klatsch *m*

**bochorno** [bo'ʧorno] *m* ① (METEO) Schwüle *f* ② (*sofocación*) (Hitze)wallung *f* ③ (*vergüenza*) Scham *f*; **me da ~ que esté mirando** es ist mir peinlich, dass er/sie zuschaut

**bochornoso, -a** [boʧor'noso, -a] *adj* ① (METEO) schwül ② (*vergonzoso*) beschämend

**bocina** [bo'θina] *f* ① (*caracola*) Muschel *f* ② (MÚS) Horn *nt* ③ (*megáfono*) Megaphon *nt* ④ (*de gramófono*) Schalltrichter *m* ⑤ (AUTO) Hupe *f*; **tocar la ~** hupen

**bocinar** [boθi'nar] *vi* ① (*por el cuerno*) ins Horn stoßen ② (*por el megáfono*) ins Megaphon sprechen ③ (AUTO) hupen

**bocinazo** [boθi'naθo] *m* ① (*de cuerno*) Hornsignal *nt* ② (AUTO) Hupsignal *nt*

**bocio** ['boθjo] *m* Kropf *m*

**boda** ['boða] *f* (*ceremonia*) Hochzeit *f*; (*fiesta*) Hochzeitsfest *nt*; **noche de ~s** Hochzeitsnacht *f*

**bodega** [bo'ðeɣa] *f* ① (*depósito de vino*) Weinkeller *m*; (*establecimiento*) (Wein)kellerei *f*; (*tienda*) Weinhandlung *f*; (*taberna*) Weinschänke *f* ② (*despensa*) Vorratskammer *f* ③ (NÁUT: *en un puerto*) Lagerschuppen *m*; (*en un buque*) Frachtraum *m*

**bodegón** [boðe'ɣon] *m* ① (*taberna*) (Wein)schänke *f* ② (*casa de comidas*) einfaches Speiselokal *nt* ③ (ARTE) Stillleben *nt*

**bodeguero, -a** [boðe'ɣero, -a] *m, f* ① (*en una bodega*) Kellermeister(in) *m(f)* ② (*Am: en una abacería*) Lebensmittelhändler(in) *m(f)*

**bodrio** ['boðrjo] *m* ① (*comida mala*) (Schlangen)fraß *m abw* ② (*cosa de mala calidad*) Schund *m* ③ (*confusión*) Durcheinander *nt*

**body** ['boði] *m* <bodies> Body(suit) *m*

**BOE** ['boe] *m abr de* **Boletín Oficial del Estado** ≈Bundesgesetzblatt *nt*

**bóer** ['boer] **I.** *adj* burisch **II.** *mf* Bure, -in *m, f*

**bofe** ['bofe] *m* Lunge *f*; **echar los ~s** (**por algo**) sich (für etw) abrackern

**bofetada** [bofe'taða] *f* Ohrfeige *f*; **dar una ~ a alguien** jdn ohrfeigen

**bofetón** [bofe'ton] *m* kräftige Ohrfeige *f*

**bofia** ['bofja] *f* (*vulg*) Polente *f fam*, Bullen *mpl fam*

**boga** ['boɣa] *f* ① (NÁUT) Rudern *nt* ② (*moda*) Mode *f*; **esta canción está en ~** dieses Lied ist in

**bogador(a)** [boɣa'ðor(a)] *m(f)* Ruderer, -in *m, f*

**bogar** [bo'ɣar] <g→gu> *vi* ① (*remar*) rudern ② (*navegar*) segeln

**bogavante** [boɣa'βan̩te] *m* (ZOOL) Hummer *m*

**bogotano, -a** [boɣo'tano, -a] **I.** *adj* aus Bogotá **II.** *m, f* Einwohner(in) *m(f)* von Bogotá

**bohemia** [bo'emja] *f* Boheme *f*

**Bohemia** [bo'emja] *f* Böhmen *nt*

**bohemio, -a** [bo'emjo, -a] **I.** *adj* ① (GEO) böhmisch ② (*gitano*) zigeunerhaft **II.** *m, f* ① (GEO) Böhme, -in *m, f* ② (*gitano*) Zigeuner(in) *m(f)* ③ (*artista*) Bohemien *m*

**boicot** [boi̯'ko(t)] <boicots> *m* Boykott *m*

**boicotear** [boi̯kote'ar] *vt* boykottieren

**boicoteo** [boi̯ko'teo] *m* Boykott *m*

**boina** ['boi̯na] *f* Baskenmütze *f*

**boite** [bwa(t)] *f* Nachtlokal *m*

**boj** [box] *m* (BOT) Buchs(baum) *m*

**bol** [bol] *m* ① (*tazón*) Schale *f* ② (*red de pesca*) Schleppnetz *nt*; (*lance de red*) Fischzug *m* ③ (*bolo*) Kegel *m*

**bola** ['bola] *f* ① (*cuerpo esférico*) Kugel *f*; **~ del mundo** Erdkugel *f*; **~ de nieve** Schneeball *m* ② (*canica*) Murmel *f*; **jugar a las ~s** klickern ③ (*en los naipes*) Schlemm *m* ④ (*fam: mentira*) Lüge *f*; (*rumor*) Gerücht *nt* ⑤ *pl* (*vulg: testículos*) Eier *ntpl fam* ⑥ (*loc*): **en ~s** (*fam*) nackt; **no dar pie con ~** überhaupt nicht zurechtkommen

**bolada** [bo'laða] *f* ① (*en los bolos*) (Kugel)wurf *m*; (*en el billar*) Stoß *m* ② (*Am: suerte*) Glücksfall *m*

**bolado** [bo'laðo] *m* (*Am: asunto*) Angelegenheit *f*

**bolchevique** [bolʧe'βike] **I.** *adj* (POL) bolschewistisch **II.** *mf* (POL) Bolschewist(in) *m(f)*

**bolchevismo** [bolʧe'βismo] *m sin pl* (POL) Bolschewismus *m*

**boleadoras** [bolea'ðoras] *fpl* (*AmS*) Bola *f*

**bolear** [bole'ar] **I.** *vi* ① (*en el billar*) zum Spaß spielen ② (*contar mentiras*) flunkern **II.** *vt* ① (*la pelota*) schleudern ② (*CSur: cazar*) (mit einer Bola) jagen; (*atrapar*) (ein)fangen ③ (*alumno*) durchfallen lassen

**bolera** [bo'lera] *f* Kegelbahn *f*

**bolero** [bo'lero] *m* (*t.* MÚS) Bolero *m*

**boleta** [bo'leta] *f* ① (*entrada*) Eintrittskarte *f* ② (*pase*) Passierschein *m* ③ (*libranza*) Bezugsschein *m* ④ (MIL) Quartierschein *m* ⑤ (*Am: documento*) Urkunde *f* ⑥ (*Am: para votar*) Stimmzettel *m*

**boletería** [bolete'ria] *f* (*Am*) Schalter *m*; (*de venta anticipada*) Kartenvorverkaufsstelle *f*; (*al comenzar*) Abendkasse *f*

**boletero, -a** [bole'tero, -a] *m, f* (*Am*) Kartenverkäufer(in) *m(f)*

**boletín** [bole'tin] *m* ① (*publicación*) Bulletin *nt;* ~ **informativo** Mitteilungsblatt *nt* ② (*informe*) Bericht *m;* ~ **de noticias** Nachrichten *fpl* ③ (*cédula*) Schein *m*

**boleto** [bo'leto] *m* ① (*Am: entrada*) Eintrittskarte *f* ② (*Am: billete*) Fahrschein *m* ③ (*de quiniela*) Totoschein *m* ④ (*Arg: mentira*) Lüge *f*

**boli** ['boli] *m* (*fam*) *abr de* **bolígrafo** Kuli *m*

**boliche** [bo'liʧe] *m* ① (*bola*) kleine Bocciakugel *f* ② (*juego de bochas*) Boccia(spiel) *nt;* (*de bolos*) Kegelspiel *nt* ③ (*bolera*) Kegelbahn *f* ④ (*Am: establecimiento*) Kramerladen *m* mit Ausschank

**bólido** ['boliðo] *m* ① (ASTR) Bolid *m* ② (*coche de carreras*) Rennwagen *m*

**bolígrafo** [bo'liɣrafo] *m* Kugelschreiber *m*

**bolillo** [bo'liʎo] *m* ① (*para hacer encajes*) Klöppel *m;* **trabajar al** ~ klöppeln ② (*Am: de tambor*) Trommelstock *m* ③ (*Am: panecillo*) kleines Weißbrot *nt*

**bolívar** [bo'liβar] *m* Bolivar *m*

**Bolivia** [bo'liβja] *f* Bolivien *nt*

**i Land & Leute**

**Bolivia** ist das fünftgrößte Land Südamerikas. La Paz ist die Hauptstadt und gleichzeitig die größte Stadt des Landes. Die offiziellen Landessprachen in Bolivien sind neben Spanisch auch *quechua* und *aimara* (auch: *aimará*). Die Währungseinheit ist der *boliviano*.

**boliviano**[1] [boli'βjano] *m* Boliviano *m*

**boliviano, -a**[2] [boli'βjano, -a] **I.** *adj* bolivianisch **II.** *m, f* Bolivianer(in) *m(f)*

**bollería** [boʎe'ria] *f* Feinbäckerei *f*

**bollo** ['boʎo] *m* ① (*panecillo*) Brötchen *nt;* (*pastelillo*) Hefegebäck *nt* ② (*abolladura*) Ausbeulung *f;* (*chichón*) Beule *f* ③ (*adorno*) Noppe *f* ④ (*confusión*) Durcheinander *nt;* **tener un** ~ **mental** (*fam*) ein Chaos im Kopf haben ⑤ (*Am: puñetazo*) Faustschlag *m* ⑥ (*loc*): **no está el horno para** ~**s** das ist nicht der (geeignete) Moment dafür

**bolo** ['bolo] *m* ① (DEP) Kegel *m* ② (*en los naipes*) Schlemm *m* ③ (*píldora*) große Pille *f* ④ (*tonto*) Dummkopf *m* ⑤ (TEAT: *compañía*) Wandertruppe *f;* (*papel*) stumme Rolle *f* ⑥ *pl* (*juego*) Kegeln *nt*

**bolsa** ['bolsa] *f* ① (*saco*) Beutel *m;* ~ **de agua caliente** Wärmflasche *f;* ~ **de basura** Abfalltüte *f* ② (*monedero*) Geldbeutel *m* ③ (*bolso*) (Trage)tasche *f;* ~ **de plástico** Plastiktüte *f;* ~ **portatrajes** Kleidersack *m* ④ (*pliegue en la ropa*) Falte *f* ⑤ (*caudal*) Vermögen *nt;* ~ **de estudios** Stipendium *nt* ⑥ (FIN) Börse *f;* ~ **de trabajo** Stellenvermittlung *f* ⑦ (*Am: bolsillo*) Tasche *f;* ~ **negra** Schwarzmarkt *m* ⑧ *pl* (ANAT) Hodensack *m*

**bolsillo** [bol'siʎo] *m* ① (*en una prenda de vestir*) Tasche *f;* **edición de** ~ Taschenausgabe *f* ② (*monedero*) Geldbeutel *m;* **rascarse el** ~ (tief) in die Tasche greifen ③ (*dinero*) Geld *nt*

**bolsista** [bol'sista] *mf* ① (FIN) Börsenspekulant(in) *m(f)* ② (*AmC: carterista*) Taschendieb(in) *m(f)*

**bolso** ['bolso] *m* ① (*bolsa pequeña*) Tasche *f* ② (*en una vela*) Ausbauchung *f*

**bomba** ['bomba] *f* ① (*t.* MIL) Bombe *f;* ~ **de mano** Handgranate *f;* ~ **de relojería** Zeitbombe *f* ② (TÉC) Pumpe *f;* ~ **de gasolina** Benzinpumpe *f;* ~ **neumática** Druckluftpumpe *f;* **dar a la** ~ pumpen ③ (*de lámpara*) (Glas)ballon *m* ④ (INFOR): ~**s lógicas** Computerviren *mpl* ⑤ (*Am: bola*) Kugel *f* ⑥ (*Am: pompa*) Seifenblase *f* ⑦ (*Am: borrachera*) Rausch *m* ⑧ (*súper*): **éxito** ~ Bombenerfolg *m;* **a prueba de** ~**s** (*fig*) bombensicher; **está** ~ (*una mujer*) sie sieht bombig aus; (*comida*) das schmeckt super

**bombacha** [bom'baʧa] *f* (*CSur: ropa interior*) Unterhose *f*

**bombacho** [bom'baʧo] *adj:* **pantalón** ~ Pumphose *f*

**bombardear** [bombarðe'ar] *vt* ① (MIL) bombardieren ② (*abrumar*) überhäufen ③ (FÍS) beschießen

**bombardeo** [bombar'ðeo] *m* ① (MIL) Bombardierung *f;* ~ **aéreo** Luftangriff *m* ② (FÍS) Beschuss *m*

**bombardero** [bombar'ðero] *m* ① (*avión*) Bomber *m* ② (*soldado*) Artillerist *m*

**bombazo** [bom'baθo] *m* ① (*explosión*) Bombenexplosion *f* ② (*fam: sensación*) Knüller *m*

**bombear** [bombe'ar] **I.** *vt* ① (MIL) bombardieren ② (*un líquido*) pumpen ③ (*un balón*) hochschießen ④ (*elogiar*) in den Himmel heben ⑤ (*CSur: explorar*) auskundschaften **II.** *vr:* ~**se** ① (*persona*) sich aufspielen ② (*objeto*) sich wölben

**bombeo** [bom'beo] *m* ① (*de líquidos*) Pumpen *nt* ② (*convexidad*) Wölbung *f*

**bombero** [bom'bero] *m* ① (*oficio*) Feuerwehrmann *m* ② *pl* (*cuerpo*) Feuerwehr *f*

**bombilla** [bom'biʎa] *f* ① (ELEC) Glühbirne *f* ② (*AmS: caña*) Trinkhalm *m*

**bombín** [bom'bin] *m* ① (*sombrero*) Melone *f* ② (*bomba de aire*) Luftpumpe *f*

**bombo** ['bombo] *m* ① (MÚS: *tambor grande*) große Trommel *f;* (*timbal*) (Kessel)pauke *f;* **tengo la cabeza hecha un ~** mir dröhnt der Kopf ② (*en un sorteo*) (Los)trommel *f* ③ (*elogio*) überschwängliches Lob *nt;* **dar mucho ~ a algo** viel Aufheben(s) von etw *dat* machen

**bombón** [bom'bon] *m* Praline *f;* **es un ~** (*fig*) sie ist Zucker

**bombona** [bom'bona] *f* ① (*vasija*) Korbflasche *f* ② (*de gas*) Gasflasche *f*

**bombonera** [bombo'nera] *f* ① (*caja de bombones*) Pralinenpackung *f* ② (*vivienda*) kleine hübsche Wohnung *f*

**bombonería** [bombone'ria] *f* Konfiserie *f*

**bómper** ['bomper] *m* (*Am: parachoques*) Stoßstange *f*

**bonachón, -ona** [bona'ʧon, -ona] *adj* ① (*buenazo*) gutmütig ② (*crédulo*) leichtgläubig ③ (*cándido*) einfältig

**bonaerense** [bonae'rense] **I.** *adj* aus Buenos Aires **II.** *mf* Einwohner(in) *m(f)* von Buenos Aires

**bonanza** [bo'naṇθa] *f* ① (NÁUT) Windstille *f* ② (MIN) reiche Erzader *f* ③ (*prosperidad*) Wohlstand *m*

**bondad** [boṇ'da$^{ð}$] *f* ① (*cualidad de bueno*) Güte *f* ② (*amabilidad*) Freundlichkeit *f;* **tenga la ~ de seguirme** seien Sie so freundlich und folgen Sie mir

**bondadoso, -a** [boṇda'ðoso, -a] *adj* gütig

**bonete** [bo'nete] *m* ① (*gorro*) Birett *nt* ② (ZOOL) Netzmagen *m*

**bonetería** [bonete'ria] *f* (*Am: mercería*) Kurzwarenhandlung *f*

**bóngalo** ['boŋgalo] *m* (*Am*) Bungalow *m*

**bongo** ['boŋgo] *m* (*Am: canoa*) Kanu *nt;* (*balsa*) (Schlepp)kahn *m*

**bongó** [boŋ'go] <bongoes> *m* Bongotrommel *f*

**boniato** [bo'njato] *m* Süßkartoffel *f*

**bonificación** [bonifika'θjon] *f* ① (*abono*) Gutschrift *f* ② (*gratificación*) Vergütung *f* ③ (*rebaja*) Rabatt *m*

**bonificar** [bonifi'kar] <c→qu> *vt* ① (*abonar*) gutschreiben ② (*gratificar*) vergüten

**bonito**[1] [bo'nito] **I.** *m* (ZOOL) Bonito *m* **II.** *adv* (*Am*) gut

**bonito, -a**[2] [bo'nito, -a] *adj* hübsch, schön

**bonitura** [boni'tura] *f* (*Am*) Schönheit *f*

**bono** ['bono] *m* ① (*vale*) Gutschein *m;* **~ de disfrute** Genussschein *m* ② (COM) Schuldverschreibung *f*

**bonobús** [bono'βus] *m* Fahrscheinheft *nt* für den Bus

**i Land & Leute**

Mit **bonobús**, **bonometro** und **bonotrén** – Mehrfahrtenkarte für Bus, U-Bahn bzw. Zug ist es weit billiger mit den öffentlichen Verkehrsmitteln zu fahren als mit einem Einzelfahrschein. Die Mehrfahrtenkarten werden erst im jeweiligen Fahrzeug entwertet.

**bonoloto** [bono'loto] *f* Dauerlos *nt* der Lotterie

**bonometro** [bono'metro] *m* Mehrfahrtenkarte *f* (für die U-Bahn)

**bonsai** [bon'sai̯] *m* <bonsais> Bonsai *m*

**bonzo** ['boṇθo] *m* (REL) Bonze *m*

**boñiga** [bo'ɲiɣa] *f* Mist *m*

**boqueada** [boke'aða] *f* Öffnen *nt* des Mundes; **dar las ~s** in den letzten Zügen liegen

**boquear** [boke'ar] **I.** *vi* ① (*abrir la boca*) den Mund öffnen ② (*estar muriéndose*) im Sterben liegen ③ (*estar acabándose*) zu Ende gehen **II.** *vt* (*palabras*) hervorbringen

**boquera** [bo'kera] *f* ① (*en un canal de riego*) Öffnung *f* für den Wasserablauf ② (*en un pajar*) Luke *f* ③ (*en los labios*) Griebe *f*

**boqueras** [bo'keras] *mf inv* Schwätzer(in) *m(f)*

**boquerón** [boke'ron] *m* ① (*abertura grande*) weite Öffnung *f* ② (ZOOL) *Art Sardelle*

**i Land & Leute**

Der **boquerón** ist eine Art Sardelle, die man fast in allen spanischen Kneipen als *pincho* bestellen kann. Meistens werden sie paniert und frittiert – **boquerones fritos** – oder mariniert – **boquerones en vinagre** – serviert.

**boquete** [bo'kete] *m* (*abertura estrecha*) enge Öffnung *f;* (*en una pared*) Durchbruch *m*

**boquiabierto, -a** [bokja'βjerto, -a] *adj* ① (*con la boca abierta*) mit offenem Mund ② (*admirado*) verblüfft; **dejar a alguien ~** jdn verblüffen

**boquilla** [bo'kiʎa] *f* ① (MÚS) Mundstück *nt* ② (*de cigarrillos*) Zigarettenspitze *f;* (*de pipa*) Mundstück *nt;* **~ de filtro** Filter *m* ③ (*de un bolso*) Verschluss *m* ④ (*de una lámpara*) Fassung *f* ⑤ (TÉC) Düse *f* ⑥ (*loc*): **decir algo de ~** etw unverbindlich sagen

**borboll(e)ar** [borβoʎe'ar/borβo'ʎar] *vi* sprudeln

**borbollón** [borβo'ʎon] *m* Sprudeln *nt*

**Borbón** [bor'βon] *m* (HIST) Bourbon *m*
**borbónico**, **-a** [bor'βoniko, -a] *adj* bourbonisch
**borbotar** [borβo'tar] *vi v.* **borboll(e)ar**
**borbotón** [borβo'ton] *m* Sprudeln *nt*
**borda** ['borða] *f* ❶ (NÁUT: *borde del costado*) Reling *f;* **motor fuera (de)** ~ Außenbordmotor *m;* **echar algo por la** ~ (*t. fig*) etw über Bord werfen ❷ (NÁUT: *vela mayor*) Großsegel *nt* ❸ (*choza*) (Berg)hütte *f*
**bordada** [bor'ðaða] *f* (NÁUT) Schlag *m;* **dar ~s** (*un barco*) kreuzen; (*una persona*) auf und ab gehen
**bordado**[1] [bor'ðaðo] *m* Stickarbeit *f*
**bordado**, **-a**[2] [bor'ðaðo, -a] *adj* ❶ (*adornado*) bestickt; (*motivo*) gestickt ❷ (*perfecto*) hervorragend
**bordador(a)** [borða'ðor(a)] *m(f)* Sticker(in) *m(f)*
**bordar** [bor'ðar] *vt* ❶ (*adornar*) besticken; (*un motivo*) sticken ❷ (*ejecutar con primor*) hervorragend ausführen
**borde** ['borðe] **I.** *adj* ❶ (*planta*) wild ❷ (*hijo*) unehelich ❸ (*fam: torpe*) dumm **II.** *m* ❶ (*de camino*) Rand *m;* (*de mesa*) Kante *f* ❷ (*de río*) Ufer *nt* ❸ (*de vestido*) Saum *m;* (*como adorno*) Borte *f* ❹ (*de sombrero*) Krempe *f*
**bordear** [borðe'ar] **I.** *vt* ❶ (*ir por el borde*) entlanggehen; (*en coche*) entlangfahren ❷ (*hallarse en el borde*) sich entlangziehen (an +*dat*) ❸ (*aproximarse a un estado*) sich nähern +*dat;* **su comportamiento bordea la locura** sein/ihr Benehmen grenzt an Wahnsinn **II.** *vi* (NÁUT) kreuzen
**bordillo** [bor'ðiʎo] *m* Bordstein *m*
**bordo** ['borðo] *m* ❶ (NÁUT) Bord *m;* **ir a** ~ sich einschiffen ❷ (*Am: presa*) (Stau)wehr *nt*
**bordón** [bor'ðon] *m* ❶ (*bastón*) Pilgerstab *m* ❷ (*estribillo*) Kehrreim *m;* (*muletilla*) stereotype Redensart *f* ❸ (MÚS: *cuerda*) Basssaite *f;* (*de tripa*) Darmsaite *f* ❹ (TIPO) Leiche *f*
**boreal** [bore'al] *adj* nördlich; **hemisferio** ~ Nordhalbkugel *f*
**bóreas** ['boreas] *m inv* (METEO) Boreas *m*
**borgoña** [bor'ɣoɲa] *m* Burgunder(wein) *m*
**borla** ['borla] *f* ❶ (*adorno*) Quaste *f;* **tomar la** ~ (*fam fig*) seinen Doktor machen ❷ (*para empolvarse*) Puderquaste *f*
**borne** ['borne] *m* (ELEC) Klemme *f*
**bornear** [borne'ar] **I.** *vt* (*dar vuelta*) (um)drehen; (*torcer*) biegen; (*ladear*) zur Seite neigen **II.** *vi* (NÁUT) schwojen **III.** *vr:* **~se** sich verziehen
**boro** ['boro] *m* (QUÍM) Bor *nt*
**borona** [bo'rona] *f* (*Am*) Brotkrümel *m*
**borra** ['borra] *f* ❶ (*relleno*) Polsterfüllung *f* ❷ (*pelusa*) Flusen *fpl* ❸ (*sedimento*) Bodensatz *m* ❹ (*palabras sin sustancia*) leeres Gerede *nt*
**borrachera** [borra'ʧera] *f* ❶ (*ebriedad*) Rausch *m;* **agarrar una** ~ sich betrinken ❷ (*banquete*) (Trink)gelage *nt* ❸ (*exaltación*) Rausch *m* ❹ (*disparate*) großer Unsinn *m*
**borrachín**, **-ina** [borra'ʧin, -ina] *m, f* Trunkenbold *m*
**borracho**, **-a** [bo'rraʧo, -a] **I.** *adj* ❶ *ser* (*alcohólico*) trunksüchtig; **es un** ~ er ist ein Trinker ❷ *estar* (*ebrio*) betrunken; **está ~ como una cuba** (*fam*) er ist sternhagelvoll ❸ (*exaltado*) trunken (*de* von +*dat,* vor +*dat*) ❹ (*color*) violett ❺ (*pastel*) in Likör getränkt **II.** *m, f* ❶ (*alcohólico*) Trinker(in) *m(f)* ❷ (*ebrio*) Betrunkene(r) *mf*
**borrador** [borra'ðor] *m* ❶ (*primer escrito*) Konzept *nt* ❷ (*cuaderno*) Schmierheft *nt* ❸ (*para la pizarra: trapo*) Tafellappen *m;* (*esponja*) Tafelschwamm *m*
**borradura** [borra'ðura] *f* Streichung *f*
**borrajear** [borraxe'ar] *vi, vt* kritzeln
**borrar** [bo'rrar] **I.** *vt* ❶ (*con goma de borrar*) ausradieren; (*con esponja*) auswischen ❷ (*tachar*) (durch)streichen ❸ (INFOR) löschen ❹ (*huellas*) beseitigen ❺ (*difuminar*) verwischen **II.** *vr:* **~se** ❶ (*volverse no identificable*) sich verwischen ❷ (*retirarse*) austreten (*de* aus +*dat*)
**borrasca** [bo'rraska] *f* ❶ (*temporal*) Gewitter *nt;* (*tempestad*) Sturm *m;* (METEO) Sturmtief *nt* ❷ (*peligro*) Gefahr *f;* (*riesgo*) Risiko *nt;* (*contratiempo*) Rückschlag *m* ❸ (*orgía*) Orgie *f*
**borrascoso**, **-a** [borras'koso, -a] *adj* ❶ (METEO) stürmisch ❷ (*desenfrenado*) liederlich
**borrego**, **-a** [bo'rreɣo, -a] *m, f* ❶ (*cordero*) (ein- bis zweijähriges) Lamm *nt* ❷ (*persona*) Schafskopf *m abw* ❸ (*Am: pajarota*) Ente *f*
**borregos** [bo'rreɣos] *mpl* ❶ (*nubes*) Schäfchenwolken *fpl* ❷ (*olas*) schäumende Wellen *fpl*
**borreguil** [borre'ɣil] *adj* sanft(mütig)
**borrico**[1] [bo'rriko] *m* Sägebock *m*
**borrico**, **-a**[2] [bo'rriko, -a] *m, f* Esel(in) *m(f)*
**borrón** [bo'rron] *m* ❶ (*mancha*) Klecks *m* ❷ (*defecto*) Schandfleck *m* ❸ (*borrador*) Entwurf *m;* (*de un cuadro*) Skizze *f* ❹ (*loc*): ~ **y cuenta nueva** Schwamm drüber

**borronear** [borrone'ar] *vt* (*borrajear*) (hin)kritzeln; (*papel*) bekritzeln

**borroso, -a** [bo'rroso, -a] *adj* ❶ (*escrito, dibujo*) verschwommen; **escritura borrosa** unleserliche Schrift ❷ (*foto*) unscharf ❸ (*líquido*) trübe

**boscaje** [bos'kaxe] *m* ❶ (*bosque denso*) Dickicht *nt* ❷ (*pintura*) Landschaft *f*

**boscoso, -a** [bos'koso, -a] *adj* bewaldet

**Bósforo** ['bosforo] *m* Bosporus *m*

**Bosnia** ['bosnja] *f* Bosnien *nt*

**Bosnia-Herzegovina** ['bosnja (x)erθeɣo'βina] *f* Bosnien-Herzegowina *nt*

**bosnio, -a** ['bosnjo, -a] **I.** *adj* bosnisch **II.** *m, f* Bosnier(in) *m(f)*

**bosque** ['boske] *m* ❶ (*lugar*) Wald *m;* ~ **frondoso/de coníferas** Laub-/Nadelwald *m;* ~ **pluvial** Regenwald *m* ❷ (*barba*) dichter (Voll)bart *m*

**bosquecillo** [boske'θiʎo] *m* Wäldchen *nt*

**bosquejar** [boske'xar] *vt* skizzieren

**bosquejo** [bos'kexo] *m* Skizze *f*

**bosquimano, -a** [boski'mano, -a] **I.** *adj* Buschmann-; **una tribu bosquimana** ein Stamm aus dem Volk der Buschmänner **II.** *m, f* Buschmann *m*

**bosta** ['bosta] *f* ❶ (*vacuna*) Kuhfladen *m* ❷ (*CSur: caballar*) Pferdeapfel *m*

**bostezar** [boste'θar] <z→c> *vi* gähnen

**bostezo** [bos'teθo] *m* Gähnen *nt*

**bota** ['bota] **I.** *adj* (*Méx*) ❶ (*torpe*) unbeholfen ❷ (*borracho*) betrunken **II.** *f* ❶ (*calzado*) Stiefel *m;* **estar con las ~s puestas** (*fig*) abfahrtbereit sein; **ponerse las ~s** (*fig fam*) das große Geld machen ❷ (*especie de botella*) *lederne Weinflasche* ❸ (*cuba*) (Wein)fass *nt*

> **i Land & Leute**
>
> Bei der **bota de vino** handelt es sich um ein ledernes Gefäß mit einer ganz engen Öffnung, aus dem Rotwein auf eine ganz besondere Art getrunken wird: Man hebt die flexible **bota** mit beiden Händen in die Höhe, und lässt so den Wein in den Mund fließen.

**botador(a)** [bota'ðor(a)] *adj* (*Am: derrochador*) verschwenderisch

**botadura** [bota'ðura] *f* Stapellauf *m*

**botánica** [bo'tanika] *f sin pl* Botanik *f*

**botánico, -a** [bo'taniko, -a] **I.** *adj* botanisch **II.** *m, f* Botaniker(in) *m(f)*

**botar** [bo'tar] **I.** *vi* ❶ (*pelota*) aufprallen ❷ (*persona*) hüpfen; **está que bota** er/sie tobt vor Wut ❸ (*caballo*) tänzeln **II.** *vt* ❶ (*lanzar*) werfen; (*la pelota contra el suelo*) prellen ❷ (NÁUT: *barco*) vom Stapel lassen; (*el timón*) herumwerfen ❸ (*Am: tirar*) wegwerfen ❹ (*Am: expulsar*) entlassen; **le ~on del colegio** er/sie ist von der Schule geflogen ❺ (*Am: derrochar*) verschwenden ❻ (*Am: extraviar*) verlieren **III.** *vr:* **~se** (*caballo*) sich aufbäumen

**botarate** [bota'rate] *m* ❶ (*hombre alborotado*) unbesonnener Mensch *m* ❷ (*Am: derrochador*) Verschwender *m*

**botavara** [bota'βara] *f* (NÁUT) Giekbaum *m*

**bote** ['bote] *m* ❶ (*golpe*) Stoß *m* ❷ (*salto*) Sprung *m;* **pegar un ~** mit einem Satz aufspringen ❸ (*de pelota*) Aufprall *m;* **la pelota dio cuatro ~s** der Ball ist viermal aufgeprallt ❹ (*vasija*) Dose *f;* **~ de cuestación** Sammelbüchse *f;* **chupar del ~** (*fam*) absahnen; **tener a alguien en el ~** (*fam*) jdn in der Tasche haben ❺ (*en la lotería*) Jackpot *m* ❻ (*en los bares*) Trinkgeldkasse *f* ❼ (NÁUT) Boot *nt;* **~ salvavidas** Rettungsboot *nt* ❽ (*loc*): **a ~ pronto** (*adj*) plötzlich; (*adv*) sofort; **darse el ~** abhauen; **el cine estaba de ~ en ~** das Kino war brechend voll

**botella** [bo'teʎa] *f* Flasche *f;* **~ de cerveza** Flasche Bier; **cerveza de ~** Flaschenbier *nt*

**botellazo** [bote'ʎaθo] *m* Schlag *m* mit einer Flasche

**botellero** [bote'ʎero] *m* ❶ (*fabricante*) Flaschenfabrikant *m* ❷ (*estantería*) Flaschengestell *nt*

**botellín** [bote'ʎin] *m* Fläschchen *nt*

**botepronto** [bote'pronto] *m* (DEP) Volley *m*

**botica** [bo'tika] *f* ❶ (*farmacia*) Apotheke *f* ❷ (*tienda*) Kurzwarengeschäft *nt*

**boticario, -a** [boti'karjo, -a] *m, f* Apotheker(in) *m(f)*

**botija** [bo'tixa] *f* ❶ (*vasija*) (Ton)krug *m* ❷ (*fam: persona gorda*) Dickwanst *m* ❸ (*Am: tesoro*) vergrabener Schatz *m*

**botijo** [bo'tixo] *m* ❶ (*vasija*) (Wasser)krug *m* ❷ (*tren*) Bummelzug *m*

**botín** [bo'tin] *m* ❶ (*calzado*) Schnürstiefel *m* ❷ (MIL) (Kriegs)beute *f*

**botina** [bo'tina] *f* Halbstiefel *m*

**botiquín** [boti'kin] *m* ❶ (*en casa*) Hausapotheke *f;* (*para el viaje*) Reiseapotheke *f* ❷ (*de emergencia*) Verband(s)kasten *m*

**botón** [bo'ton] *m* ❶ (*en vestidos*) Knopf *m* ❷ (ELEC) (Druck)knopf *m;* **~ de muestra** (*fig*) Beispiel *nt;* **~ de opciones** (INFOR) Optionsschalter *m* ❸ (*en instrumentos de viento*) Klappe *f* ❹ (BIOL: *brote*) Knopf *m;* (*capullo*) Knospe *f;* **~ de oro** Butterblume *f* ❺ (*CSur: pey: policía*) Bulle *m fam*

**botonadura** [botona'ðura] *f* Knopfreihe *f*

**botones** [bo'tones] *m inv* ❶ (*en un hotel*) Page *m* ❷ (*pey: recadero*) Laufbursche *m*
**boutique** [bu'tiᵏ] *f* Boutique *f*
**bóveda** ['boβeða] *f* ❶ (ARQUIT) Gewölbe *nt;* ~ **celeste** Himmelsgewölbe *nt* ❷ (*cripta*) Krypta *f* ❸ (*forma abombada*) Wölbung *f*
**bovedilla** [boβe'ðiʎa] *f* ❶ (*bóveda pequeña*) kleines Gewölbe *nt* ❷ (NÁUT: *parte de la fachada de popa*) Gilling *f*
**bóvido, -a** ['boβiðo, -a] *adj* (ZOOL) Horntier-
**bovino, -a** [bo'βino, -a] *adj* Rind(er)-; **locura bovina** Rinderwahnsinn *m*
**bovinos** [bo'βinos] *mpl* (ZOOL) Rinder *ntpl*
**box** [boʸs] *m* ❶ (*para caballos*) Box *f* ❷ (*Am: boxeo*) Boxkampf *m* ❸ (*AmC: postal*) Postfach *nt*
**boxeador(a)** [boʸsea'ðor(a)] *m(f)* Boxer(in) *m(f)*
**boxear** [boʸse'ar] *vi* boxen
**boxeo** [boʸ'seo] *m* Boxkampf *m*
**boxístico, -a** [boʸ'sistiko, -a] *adj* boxerisch
**boya** ['boɟa] *f* (NÁUT) Boje *f;* (*en una red*) Schwimmer *m*
**boyante** [bo'ɟaṇte] *adj* ❶ (*flotante*) schwimmend; (*barco*) mit geringem Tiefgang ❷ (*próspero*) erfolgreich; **el negocio va** ~ das Geschäft floriert ❸ (*toro*) (leicht) lenkbar
**boy scout** ['boi̯ es'kauᵗ] <boy scouts> *mf* Pfadfinder(in) *m(f)*
**bozal** [bo'θal] *m* ❶ (*de perro*) Maulkorb *m* ❷ (*Am: cabestro*) Halfter *m o nt;* (*cuerda*) Halfterriemen *m*
**bozo** ['boθo] *m* ❶ (*labios*) Lippen *fpl* ❷ (*vello*) Flaum(bart) *m* ❸ (*cabestro*) Halfter *m o nt;* (*cuerda*) Halfterriemen *m*
**bracear** [braθe'ar] *vi* ❶ (*mover los brazos*) mit den Armen um sich schlagen ❷ (*nadar*) kraulen ❸ (*esforzarse*) sich bemühen ❹ (*forcejear*) sich wehren ❺ (NÁUT) brassen
**bracero** [bra'θero] *m* ❶ (*jornalero*) Tagelöhner *m* ❷ (*peón*) Hilfsarbeiter *m*
**bracista** [bra'θista] *mf* (DEP) Brustschwimmer(in) *m(f)*
**braga** ['braɣa] *f* ❶ (*de bebé*) Windel *f* ❷ (*cuerda*) Hebeseil *nt* ❸ *pl* (*de mujer*) Schlüpfer *m* ❹ *pl* (*de hombre*) Kniehose *f;* **dejar a alguien en ~s** (*fig fam*) jdn ausnehmen; **estar en ~s** (*fig fam*) völlig pleite sein
**bragado, -a** [bra'ɣaðo, -a] *adj* ❶ (*malintencionado*) tückisch ❷ (*decidido*) entschlossen
**bragapañal** [braɣapa'ɲal] *m* Windelhöschen *nt*
**bragazas** [bra'ɣaθas] *m inv* Pantoffelheld *m*
**braguero** [bra'ɣero] *m* (MED) Bruchband *nt*
**bragueta** [bra'ɣeta] *f* Hosenschlitz *m*
**braguetazo** [braɣe'taθo] *m* Geldheirat *f;* **dar el** ~ eine gute Partie machen
**brahmán** [bra'man] *m* (REL) Brahmane *m*
**braille** ['brai̯le] *m* Brailleschrift *f*
**brainstorming** [brei̯ⁿs'tormiŋ] *m sin pl* Brainstorming *nt*
**bramante** [bra'maṇte] *m* Bindfaden *m*
**bramar** [bra'mar] *vi* ❶ (*animal*) brüllen; (*ciervo*) röhren ❷ (*persona*) rasen; **está que brama** er/sie tobt vor Wut ❸ (*viento*) heulen ❹ (*oleaje*) tosen
**bramido** [bra'miðo] *m* ❶ (*animales*) Gebrüll *nt,* Brüllen *nt;* (*ciervos*) Röhren *nt* ❷ (*persona*) Wüten *nt,* Toben *nt* ❸ (*viento*) Heulen *nt* ❹ (*oleaje*) Tosen *nt*
**Brandeburgo** [braṇde'βurɣo] *m* Brandenburg *nt*
**brandy** ['braṇdi] *m* Weinbrand *m*
**branquia** ['braŋkja] *f* Kieme *f*
**branquial** [braŋ'kjal] *adj* Kiemen-
**braquial** [bra'kjal] *adj* (ANAT) brachial
**brasa** ['brasa] *f* (*de leña*) (Holz)glut *f;* (*de carbón*) (Kohlen)glut *f;* **a la** ~ gegrillt
**brasero** [bra'sero] *m* ❶ (*como calefacción*) Kohlenbecken *nt* ❷ (*Am: fuego*) Feuerstelle *f;* (*hogar*) (Küchen)herd *m*
**Brasil** [bra'sil] *m:* (**el**) ~ Brasilien *nt*
**brasileño, -a** [brasi'leɲo, -a] **I.** *adj* brasilianisch **II.** *m, f* Brasilianer(in) *m(f)*
**bravata** [bra'βata] *f* ❶ (*amenaza*) leere Drohung *f* ❷ (*bravuconada*) Angeberei *f*
**bravío¹** [bra'βio] *m* Wildheit *f*
**bravío, -a²** [bra'βio, -a] *adj* ❶ (*animal: salvaje*) wild; (*sin domar*) ungezähmt ❷ (*planta*) wild (wachsend) ❸ (*persona: indómita*) ungestüm; (*rústica*) grob
**bravo¹** ['braβo] **I.** *interj* bravo! **II.** *m* Bravo *nt*
**bravo, -a²** ['braβo, -a] *adj* ❶ (*valiente*) tapfer; (*valeroso*) mutig ❷ (*bueno*) großartig ❸ (*salvaje: animal*) wild; (*persona*) wütend; (*mar*) stürmisch; (*terreno*) unwegsam ❹ (*áspero*) grob ❺ (*fanfarrón*) prahlerisch ❻ (*Am: picante*) scharf
**bravosidad** [braβosi'ðaᵈ] *f* ❶ (*valentía*) Mut *m* ❷ (*arrogancia*) Überheblichkeit *f*
**bravucón, -ona** [braβu'kon, -ona] **I.** *adj* prahlerisch **II.** *m, f* Prahlhans *m*
**bravuconada** [braβuko'naða] *f* Prahlerei *f*
**bravura** [bra'βura] *f* ❶ (*de los animales*) Wildheit *f* ❷ (*de las personas*) Tapferkeit *f* ❸ (*pey: bravata*) Prahlerei *f*
**braza** ['braθa] *f* ❶ (NÁUT: *unidad de longitud*) ≈Faden *m* (*1,80 m*); (*cabo*) Brasse *f* ❷ (DEP) Brustschwimmen *nt*
**brazada** [bra'θaða] *f* ❶ (*movimiento de los brazos*) Armbewegung *f;* (*al nadar*) Zug *m*

B

❷ (*cantidad*) Armvoll *m*

**brazalete** [braθa'lete] *m* ❶ (*pulsera*) Armband *nt* ❷ (*banda*) Armbinde *f*

**brazo** ['braθo] *m* ❶ (ANAT) Arm *m*; ~ **derecho** (*fig*) rechte Hand; ~ **de gitano** (*fig: pastel*) Biskuitrolle *f*; **cruzarse de ~s** (*fig*) die Hände in den Schoß legen; **dar el ~ a torcer** klein beigeben; **ir cogidos del ~** Arm in Arm laufen ❷ (*de una silla*) Armlehne *f* ❸ (GEO: *del río*) (Fluss)arm *m*; (*del mar*) (Meeres)arm *m* ❹ (ZOOL) Vorderbein *nt* ❺ (BIOL) Zweig *m* ❻ (*poder*) Gewalt *f* ❼ *pl* (*jornaleros*) Arbeiter *mpl* ❽ *pl* (*protectores*) Beschützer *mpl*

**brea** ['brea] *f* ❶ (*alquitrán*) Teer *m* ❷ (*pez*) Pech *nt*

**breakdance** ['breik'ðans] *m sin pl* Breakdance *m*

**brear** [bre'ar] *vt* ❶ (*maltratar*) plagen; ~ **a alguien a golpes** jdn verprügeln ❷ (*burlarse*) sich lustig machen (*a* über +*akk*)

**brebaje** [bre'βaxe] *m* ❶ (*bebida*) Gesöff *nt* ❷ (*medicina*) Mixtur *f*

**brecha** ['bretʃa] *f* ❶ (MIL) Bresche *f* ❷ (*abertura*) Öffnung *f*; (*en una pared*) Mauerdurchbruch *m* ❸ (*impresión*) Eindruck *m* ❹ (*herida en la cabeza*) klaffende Wunde *f* ❺ (GEO) Breccie *f* ❻ (*loc*): **estar en la ~** (sehr) engagiert sein

**brécol(es)** ['brekol(es)] *m(pl)* Brokkoli *pl*

**brega** ['breɣa] *f* ❶ (*riña*) Streit *m* ❷ (*lucha*) Kampf *m* ❸ (*trabajo duro*) Rackerei *f* ❹ (*burla*) Streich *m*

**bregar** [bre'ɣar] <g→gu> **I.** *vi* ❶ (*reñir*) sich streiten (*con* mit +*dat*) ❷ (*luchar*) kämpfen (*con* gegen +*akk*) ❸ (*trabajar duro*) sich abrackern **II.** *vt* einrühren

**breque** ['breke] *m* (FERRO) ❶ (*Am: freno*) Bremse *f*; **apretar el ~** (*fig*) sich bemühen ❷ (*Am: vagón*) Gepäckwagen *m*

**bresca** ['breska] *f* Honigwabe *f*

**Bretaña** [bre'taɲa] *f* Bretagne *f*; **Gran ~** Großbritannien *nt*

**brete** ['brete] *m* Klemme *f*; **estar en un ~** in der Patsche sitzen; **poner a alguien en un ~** jdn in eine schwierige Lage bringen

**bretón**, **-ona** [bre'ton, -ona] **I.** *adj* bretonisch **II.** *m, f* Bretone, -in *m, f*

**breva** ['breβa] *f* ❶ (*higo*) (frühe) Feige *f* ❷ (*cigarro*) flache Zigarre *f*; (*Am: tabaco*) Kautabak *m* ❸ (*ganga*) Glücksfall *m*; **no caerá esa ~** daraus wird nichts werden

**breve** ['breβe] **I.** *adj* ❶ (*de duración*) kurz; **en ~** in Kürze ❷ (*de extensión*) knapp; **ser ~** sich kurz fassen **II.** *m* (PREN) Kurzmeldung *f*

**brevedad** [breβe'ðaᵈ] *f* ❶ (*corta duración*) Kürze *f*; **a la mayor ~ posible** baldmöglichst ❷ (*corta extensión*) Knappheit *f*

**breviario** [bre'βjarjo] *m* ❶ (*libro de rezos*) Brevier *nt* ❷ (*compendio*) Abriss *m*

**brezo** ['breθo] *m* (BOT) Heidekraut *nt*

**bribón**, **-ona** [bri'βon, -ona] **I.** *adj* ❶ (*vago*) faul ❷ (*pícaro*) verschlagen **II.** *m, f* ❶ (*bellaco*) Schurke, -in *m, f* ❷ (*pícaro*) Gauner(in) *m(f)* ❸ (*niño*) Strolch *m*

**bribonada** [briβo'naða] *f* Gaunerei *f*

**bribonzuelo**, **-a** [briβon̪'θwelo, -a] *adj o m, f* (*fam*) *dim de* **bribón**

**bricolaje** [briko'laxe] *m* Basteln *nt*

**brida** [bri'ða] *f* ❶ (*de la caballería*) Zaum *m* ❷ (*del sombrero*) Kinnband *nt* ❸ (TÉC: *reborde*) Flansch *m*; (*arandela*) Schelle *f* ❹ *pl* (MED) Verwachsung *f*

**bridge** [britʃ] *m* Bridge *nt*

**brigada¹** [bri'ɣaða] *m* (MIL) ≈Feldwebel *m*

**brigada²** [bri'ɣaða] *f* ❶ (MIL) Brigade *f* ❷ (*de obreros*) Kolonne *f* ❸ (*de policía*) Einheit *f*

**brillante** [bri'ʎan̪te] *m* Brillant *m*

**brillantez** [briʎan̪'teθ] *f* ❶ (*de un objeto*) Glanz *m* ❷ (*de un acto*) Brillanz *f*

**brillantina** [briʎan̪'tina] *f* (Haar)pomade *f*

**brillar** [bri'ʎar] *vi* funkeln, glänzen; ~ **por su ausencia** (*irón*) durch Abwesenheit glänzen

**brillo** ['briʎo] *m* ❶ (*reflejo de luz*) Glanz *m*; **dar ~ a algo** etw (auf Hochglanz) polieren ❷ (*gloria*) Ruhm *m* ❸ (*excelencia*) Vortrefflichkeit *f*

**brincar** [briŋ'kar] <c→qu> *vi* ❶ (*saltar*) hüpfen; (*hacia arriba*) hochschnellen ❷ (*pasar de un tema a otro*) übergehen (*a* zu +*dat*) ❸ (*alterarse*) außer sich *dat* sein; ~ **de alegría/de rabia** außer sich *dat* vor Freude/vor Wut sein

**brinco** ['briŋko] *m* Sprung *m*; **dar ~s** springen; **de un ~** mit einem Satz

**brindar** [brin̪'dar] **I.** *vi* (*levantar la copa*) anstoßen; ~ **por alguien** auf jdn anstoßen **II.** *vt* ❶ (*ofrecer*) (an)bieten, darbieten ❷ (TAUR) widmen **III.** *vr:* ~**se** sich anbieten

**brindis** ['brin̪dis] *m inv* ❶ (*el levantar los vasos*) Zutrinken *nt* ❷ (*frase con que se brinda*) Trinkspruch *m*; **echar un ~** einen Toast ausbringen

**brío** ['brio] *m* ❶ (*energía*) Energie *f* ❷ (*pujanza*) Schwung *m* ❸ (*garbo*) Anmut *f*

**brioso**, **-a** [bri'oso, -a] *adj* ❶ (*con energía*) energisch ❷ (*con pujanza*) schwungvoll ❸ (*con garbo*) anmutig

**briqueta** [bri'keta] *f* Brikett *nt*

**brisa** ['brisa] *f* Brise *f*

**británico**, **-a** [bri'taniko, -a] **I.** *adj* britisch **II.** *m, f* Brite, -in *m, f*

**brit-pop** ['britpop] *m* (MÚS) Britpop *m*

**brizna** ['briθna] *f* ❶ (*hebra*) Fädchen *nt* ❷ (BOT) Faser *f;* (*de judías*) Faden *m* ❸ (*porción diminuta*) Krume *f;* **no tiene ni una ~ de humor** er/sie hat kein bisschen Humor ❹ (*Am: llovizna*) Sprühregen *m*
**broca** ['broka] *f* (TÉC) (Drill)bohrer *m*
**brocado** [bro'kaðo] *m* Brokat *m*
**brocal** [bro'kal] *m* (Brunnen)rand *m*
**brocha** ['brotʃa] *f* ❶ (*pincel grueso*) (Maler)pinsel *m;* **pintor de ~ gorda** Maler *m* ❷ (*de afeitar*) Rasierpinsel *m* ❸ (*fam: mal pintor*) Pins(e)ler *m*
**brochazo** [bro'tʃaθo] *m* (grober) Pinselstrich *m*
**broche** ['brotʃe] *m* ❶ (*en la ropa*) Druckknopf *m;* (*de adorno*) Anstecknadel *f;* **~ de oro** (*fig*) krönender Abschluss ❷ (*Am: sujetapapeles*) Büroklammer *f* ❸ *pl* (*Am: gemelos*) Manschettenknöpfe *mpl*
**brocheta** [bro'tʃeta] *f* (Brat)spieß *m*
**broker** ['broker] *m* (FIN) Broker *m*
**broma** ['broma] *f* (*gracia*) Scherz *m;* (*tontería*) Unfug *m;* **~s aparte...** Spaß beiseite ...; **no estoy para ~s** ich bin nicht zum Scherzen aufgelegt
**bromatología** [bromatolo'xia] *f* (MED) Bromatologie *f*
**bromear** [brome'ar] *vi, vr:* **~se** spaßen
**bromista** [bro'mista] **I.** *adj* witzig **II.** *mf* Spaßvogel *m*
**bromo** ['bromo] *m* (QUÍM) Brom *nt*
**bromuro** [bro'muro] *m* (QUÍM) Bromid *nt*
**bronca** ['broŋka] *f* ❶ (*riña*) Streit *m;* **se armó una ~ tremenda** es gab einen Riesenkrach ❷ (*reprimenda*) Zurechtweisung *f* ❸ (*tumulto*) Krawall *m* ❹ (*Am: enfado*) Ärger *m;* **me da ~** das macht mich ärgerlich
**bronce** ['bron̦θe] *m* Bronze *f*
**bronceado**[1] [bron̦θe'aðo] *m* ❶ (*de un objeto*) Bronzieren *nt* ❷ (*de la piel: efecto*) (Sonnen)bräune *f;* (*acción*) Bräunen *nt*
**bronceado, -a**[2] [bron̦θe'aðo, -a] *adj* ❶ (*objeto*) bronzefarbig ❷ (*piel*) (sonnen)gebräunt
**bronceador** [bron̦θea'ðor] *m* Sonnenschutzmittel *nt*
**broncear** [bron̦θe'ar] **I.** *vt* ❶ (*un objeto*) bronzieren ❷ (*la piel*) bräunen **II.** *vr:* **~se** sich bräunen
**bronco, -a** ['broŋko, -a] *adj* ❶ (*voz*) heiser ❷ (*metal: tosco*) roh; (*quebradizo*) spröde, brüchig ❸ (*genio*) schroff ❹ (*Am: caballo*) wild
**bronconeumonía** [broŋkoneu̯mo'nia] *f* (MED) Bronchopneumonie *f*
**bronquedad** [broŋke'ðað] *f* ❶ (*de la voz*) Heiserkeit *f* ❷ (*tosquedad de metales*) Ungeschliffenheit *f;* (*delicadez*) Brüchigkeit *f* ❸ (*del genio*) Schroffheit *f*
**bronquial** [broŋ'kjal] *adj* (ANAT, MED) bronchial
**bronquio** ['broŋkjo] *m* (ANAT) Bronchie *f*
**bronquítico, -a** [broŋ'kitiko, -a] *m, f* (MED) Bronchitiker(in) *m(f)*
**bronquitis** [broŋ'kitis] *f inv* (MED) Bronchitis *f*
**brontosaurio** [bron̦to'sau̯rjo] *m* (ZOOL) Brontosaurus *m*
**broquel** [bro'kel] *m* ❶ (*escudo*) Schild *nt* ❷ (*amparo*) Schutz *m*
**broqueta** [bro'keta] *f* (Brat)spieß *m*
**brotar** [bro'tar] **I.** *vi* ❶ (BOT) knospen; (*árbol*) ausschlagen; (*semilla*) aufkeimen ❷ (*agua*) (hervor)quellen (*de* aus +*dat*) ❸ (*enfermedad*) sich zeigen **II.** *vt* hervorbringen
**brote** ['brote] *m* ❶ (BOT) Knospe *f* ❷ (*comienzo*) Aufkeimen *nt* ❸ (*erupción*) Ausbruch *m*
**browser** ['brou̯ser] *m* (INFOR) Browser *m*
**broza** ['broθa] *f* ❶ (*hojas*) dürres Laub *nt;* (*ramas*) Reisig *nt* ❷ (*arbustos*) Dickicht *nt* ❸ (*palabras inútiles*) leeres Gerede *nt* ❹ (*bruza*) Bürste *f*
**bruces** ['bruθes] *adv:* **caer de ~** auf die Nase fallen; **darse de ~ con alguien** (*chocar*) mit jdm zusammenstoßen; (*hallar casualmente*) auf jdn stoßen
**bruja** ['bruxa] *f* ❶ (*hechizera*) Hexe *f* ❷ (*lechuza*) Eule *f*
**Brujas** ['bruxas] *f* Brügge *nt*
**brujería** [bruxe'ria] *f* Hexerei *f*
**brujo** ['bruxo] *m* ❶ (*hechizero*) Hexenmeister *m* ❷ (*Am: médico*) Medizinmann *m*
**brújula** ['bruxula] *f* ❶ (*compás*) Kompass *m;* (*aguja*) Magnetnadel *f;* **perder la ~** (*t. fig*) die Orientierung verlieren ❷ (*mira*) Visier *nt*
**bruma** ['bruma] *f* leichter Nebel *m*
**brumoso, -a** [bru'moso, -a] *adj* neblig
**bruñido** [bru'ɲiðo] *m* ❶ (*acto*) Polieren *nt* ❷ (*brillo*) Politur *f*
**bruñir** [bru'ɲir] <*3. pret:* bruñó> *vt* ❶ (*sacar brillo*) polieren ❷ (*fig fam: maquillar*) schminken ❸ (*Am: molestar*) belästigen
**brusco, -a** ['brusko, -a] *adj* ❶ (*repentino*) plötzlich; **un ~ aumento** ein sprunghafter Anstieg ❷ (*áspero*) schroff
**Bruselas** [bru'selas] *fpl* Brüssel *nt*
**brusquedad** [bruske'ðað] *f* ❶ (*de un suceso*) Unvermitteltheit *f* ❷ (*de un comportamiento*) Schroffheit *f;* **con ~** schroff

**brutal** [bru'tal] *adj* ❶ (*violento*) brutal ❷ (*desconsiderado*) schonungslos ❸ (*fam: enorme*) ungeheuerlich ❹ (*fam: estupendo*) toll

**brutalidad** [brutali'ða$^{d}$] *f* ❶ (*calidad*) Brutalität *f* ❷ (*acción violenta*) Gewalttat *f;* (*cruel*) Ungeheuerlichkeit *f* ❸ (*cantidad excesiva*) Übermaß *nt* ❹ (*estupidez*) Dummheit *f*

**bruto**[1] ['bruto] *adj* ❶ (*tosco*) roh; **diamante en** ~ Rohdiamant *m* ❷ (*peso*) brutto

**bruto, -a**[2] ['bruto, -a] **I.** *adj* ❶ (*brutal*) brutal ❷ (*rudo*) grob ❸ (*estúpido*) dumm **II.** *m, f* ❶ (*persona brutal*) Rohling *m* ❷ (*idiota*) Dummkopf *m*

**bucal** [bu'kal] *adj* Mund-; **por vía** ~ oral

**bucanero** [buka'nero] *m* Seeräuber *m*

**búcaro** ['bukaro] *m* (*jarra*) Wasserkrug *m;* (*florero*) (Blumen)vase *f*

**buceador(a)** [buθea'ðor(a)] *m(f)* (Sport)taucher(in) *m(f)*

**bucear** [buθe'ar] *vi* ❶ (*nadar*) tauchen ❷ (*investigar*) forschen (*en* in +*dat*)

**buceo** [bu'θeo] *m* (Sport)tauchen *nt*

**buchada** [bu'ʧaða] *f* (*de comida*) Mund *m* voll; (*de bebida*) Schluck *m*

**buche** ['buʧe] *m* ❶ (*en las aves*) Kropf *m* ❷ (*fam: estómago*) Magen *m* ❸ (*bocanada*) Schluck *m* ❹ (*pliegue en la ropa*) Falte *f* ❺ (*lo más íntimo*) Herz *nt;* **guardar algo en el** ~ mit etw *dat* hinter dem Berg halten

**bucle** ['bukle] *m* ❶ (*rizo de cabello*) (Ringel)locke *f* ❷ (*onda, t.* INFOR) Schleife *f*

**bucólico, -a** [bu'koliko, -a] *adj* Hirten-; (LIT) bukolisch

**buda** ['buða] *m* Buddha *m*

**budín** [bu'ðin] *m* (GASTR) Pudding *m*

**budismo** [bu'ðismo] *m sin pl* Buddhismus *m*

**budista** [bu'ðista] **I.** *adj* buddhistisch **II.** *mf* Buddhist(in) *m(f)*

**buen** [bwen] *adj v.* **bueno**[2]

**buenamente** [bwena'men̩te] *adv* ❶ (*fácilmente*) mühelos ❷ (*voluntariamente*) freiwillig

**buenaventura** [bwenaβen̩'tura] *f* ❶ (*suerte*) Glück *nt* ❷ (*adivinación*) Wahrsagung *f;* **echar la** ~ **a alguien** jdm die Zukunft voraussagen

**buenazo, -a** [bwe'naθo, -a] **I.** *adj* herzensgut **II.** *m, f* herzensguter Mensch *m*

**bueno**[1] ['bweno] *interj* na gut!

**bueno, -a**[2] ['bweno, -a] *adj* <mejor *o* más bueno, el mejor *o* bonísimo *o* buenísimo> (*delante de un substantivo masculino: buen*) ❶ (*calidad*) gut; (*tiempo*) schön; (*constitución*) kräftig; (*decisión*) richtig; ~**s días** guten Morgen; **buenas** (**tardes/noches**) guten Tag/Abend; **buen viaje** gute Reise; **hace** ~ es ist schönes Wetter; **dar algo por** ~ etw gutheißen; **estar de buenas** gut aufgelegt sein; **lo que tiene de** ~ **es que...** das Gute daran ist, dass ...; **por las buenas o por las malas** wohl oder übel ❷ (*apropiado*) geeignet ❸ (*fácil*) leicht; **el libro es** ~ **de leer** das Buch liest sich gut ❹ (*honesto*) anständig; (*bondadoso*) gütig; (*niño*) lieb; **es buena gente** das sind anständige Leute ❺ (*sano*) gesund ❻ (*fam: atractivo*) attraktiv; **está buenísima** sie sieht klasse aus ❼ (*bastante*) beträchtlich ❽ (*bonito*) schön; **¡buena la has hecho!** (*fig*) da hast du etwas Schönes angerichtet!; **¡estaría** ~**!** (*fig*) das wäre noch schöner!

> **? Grammatik**
>
> Vor einem maskulinen Substantiv im Singular wird nicht **bueno**, sondern stattdessen **buen** verwendet: *Hoy hace buen tiempo. – Heute ist schönes Wetter.*

**buey** [bwei̯] *m* ❶ (ZOOL) Ochse *m* ❷ (*AmC: cornudo*) betrogener Ehemann *m*

**búfalo** ['bufalo] *m* Büffel *m*

**bufanda** [bu'fan̩da] *f* Schal *m*

**bufar** [bu'far] *vi* ❶ (*resoplar*) schnauben; (*gato*) fauchen; **está que bufa** er/sie ist außer sich *dat* ❷ (*Am: oler mal*) stinken

**bufé** [bu'fe] *m* ❶ (*comida*) (kaltes) Büfett *nt* ❷ (*mesa*) Büfett *nt* ❸ (*local*) Bahnhofsrestaurant *nt*

**bufet** [bu'fe] *m* (*Am*) ❶ (*aparador*) Büfett *nt* ❷ (*cena fría*) kaltes Büfett *nt* ❸ (*restaurante*) Hotelrestaurant *nt*

**bufete** [bu'fete] *m* ❶ (*escritorio*) Schreibtisch *m* ❷ (*de abogado*) (Rechts)anwaltskanzlei *f;* **abrir** ~ sich als Anwalt niederlassen ❸ (*clientela*) Klientel *f* ❹ (*aparador*) Büfett *nt*

**bufido** [bu'fiðo] *m* ❶ (*resoplido, t. fig*) (Wut)schnauben *nt* ❷ (*exabrupto*) Rüffel *m*

**bufón, -ona** [bu'fon, -ona] **I.** *adj* närrisch **II.** *m, f* ❶ (*bromista*) Spaßmacher(in) *m(f)* ❷ (TEAT) Narr *m*

**bufonada** [bufo'naða] *f* ❶ (*burla*) Narrheit *f* ❷ (TEAT) Posse *f*

**bufonesco, -a** [bufo'nesko, -a] *adj* buffonesk

**buganvilla** [buɣam'biʎa] *f* (BOT) Bougainvillea *f*

**buhardilla** [bwar'ðiʎa] *f* ❶ (*ventana*) Dachluke *f* ❷ (*desván*) Dachboden *m* ❸ (*vivienda*) Mansarde *f*

**búho** ['buo] *m* ❶ (ZOOL) Uhu *m* ❷ (*persona*) mürrischer Mensch *m* ❸ (*línea de autobús*) Nachtbus *m*

**buhonería** [buone'ria] *f* Hausierhandel *m*

**buhonero** [buo'nero] *m* Hausierer *m*

**buitre** ['bwitre] *m* (*t. fam: persona*) (Aas)geier *m*

**buitrear** [bwitre'ar] *vi* ❶ (*Am: cazar*) (Geier) jagen ❷ (*CSur: vomitar*) erbrechen

**bujía** [bu'xia] *f* ❶ (*vela*) (Wachs)kerze *f* ❷ (*candelero*) Leuchter *m* ❸ (AUTO) Zündkerze *f* ❹ (FÍS) Candela *f*

**bula** ['bula] *f* (päpstliche) Bulle *f*

**bulbo** ['bulβo] *m* (BOT) (Blumen)zwiebel *f*, Knolle *f*

**bulevar** [bule'βar] *m* Boulevard *m*

**Bulgaria** [bul'ɣarja] *f* Bulgarien *nt*

**búlgaro, -a** ['bulɣaro, -a] **I.** *adj* bulgarisch **II.** *m, f* Bulgare, -in *m, f*

**bulimia** [bu'limja] *f sin pl* (MED) Bulimie *f*

**bulla** ['buʎa] *f* ❶ (*ruido*) Krach *m* ❷ (*aglomeración*) Gedränge *nt;* (*confusión*) Tumult *m* ❸ (*Am: pelea*) Schlägerei *f*

**bullabesa** [buʎa'βesa] *f* (GASTR) Bouillabaisse *f*

**bullanguero, -a** [buʎaŋ'gero, -a] **I.** *adj* aufrührerisch **II.** *m, f* Unruhestifter(in) *m(f)*

**bulldozer** [bul̩'ðoθer] *m*, **bulldózer** [bul̩'ðoθer] *m* Bulldozer *m*

**bullicio** [bu'ʎiθjo] *m* ❶ (*ruido*) Lärm *m* ❷ (*sedición*) Aufstand *m* ❸ (*tumulto*) Tumult *m*

**bullicioso, -a** [buʎiθjoso, -a] *adj* laut

**bullir** [bu'ʎir] <*3. pret:* bulló> **I.** *vi* ❶ (*hervir*) kochen; (*borbotar*) sprudeln; ~**le a alguien la sangre (en las venas)** (*fig*) voller Tatendrang sein ❷ (*agitarse*) sich tummeln; (*moverse*) sich regen ❸ (*pulular*) wimmeln **II.** *vt* bewegen **III.** *vr:* ~**se** sich bewegen

**bulo** ['bulo] *m* Gerücht *nt*

**bulto** ['bul̩to] *m* ❶ (*tamaño*) Umfang *m;* **de** ~ sperrig ❷ (*importancia*) Bedeutung *f;* (*esencia*) Kern *m;* **un error de** ~ ein bedeutender Fehler ❸ (*cuerpo indistinguible*) undeutliche Gestalt *f* ❹ (*fardo*) Bündel *nt* ❺ (*paquete*) Gepäckstück *nt* ❻ (MED) Geschwulst *f* ❼ (*loc*): **a** ~ ungefähr; **escurrir el** ~ (*fam*) sich verdrücken

**bumerán** [bume'ran] *m*, **bumerang** [bume'ran] *m* Bumerang *m;* **efecto** ~ Bumerangeffekt *m*

**bungaló** [buŋga'lo] *m*, **bungalow** [buŋga'lo] *m* Bungalow *m*

**búnker** ['bunker] *m* (MIL) Bunker *m*

**buñuelo** [bu'ɲwelo] *m* ❶ (*pastel*) ≈Krapfen *m;* ~ **de viento** Windbeutel *m* ❷ (*chapuza*) Pfuscharbeit *f*

**BUP** [bup] *m abr de* **Bachillerato Unificado Polivalente** ≈(gymnasiale) Oberstufe *f*

**buque** ['buke] *m* ❶ (*barco*) Schiff *nt;* ~ **de pasajeros** Passagierdampfer *m* ❷ (*casco*) Schiffsrumpf *m* ❸ (*cabida*) Fassungsvermögen *nt*

**buqué** [bu'ke] *m* Bukett *nt*

**buque-cisterna** ['buke-θis'terna] *m* <buques-cisterna> Tanker *m*

**burbuja** [bur'βuxa] *f* (Luft)blase *f*

**burbujear** [burβuxe'ar] *vi* sprudeln

**burbujeo** [burβu'xeo] *m* Sprudeln *nt*

**burdel** [bur'ðel] *m* Bordell *nt*

**Burdeos** [bur'ðeos] *m* Bordeaux *nt*

**burdo, -a** ['burðo, -a] *adj* (*tosco*) grob; (*excusa*) plump

**bureo** [bu'reo] *m* Vergnügen *nt;* **ir de** ~ einen draufmachen *fam*

**burgalés, -esa** [burɣa'les, -esa] **I.** *adj* aus Burgos **II.** *m, f* Einwohner(in) *m(f)* von Burgos

**burgo** ['burɣo] *m* ❶ (*aldea*) Weiler *m* ❷ (HIST: *castillo*) Burg *f*

**burgomaestre** [burɣoma'estre] *m* Bürgermeister(in) *m(f)*

**burgués, -esa** [bur'ɣes, -esa] **I.** *adj* ❶ (*de la clase media*) bürgerlich ❷ (*pey: mediocre*) spießerhaft **II.** *m, f* ❶ (*ciudadano*) Bürger(in) *m(f)* ❷ (*persona mediocre*) Spießer(in) *m(f)*

**burguesía** [burɣe'sia] *f* Bürgertum *nt*

**buril** [bu'ril] *m* Grabstichel *m*

**burla** ['burla] *f* ❶ (*mofa*) Spott *m;* **hacer** ~ **de alguien** sich über jdn lustig machen ❷ (*broma*) Scherz *m;* ~**s aparte** Spaß beiseite ❸ (*engaño*) (übler) Streich *m*

**burlador(a)** [burla'ðor(a)] **I.** *adj* spöttisch **II.** *m(f)* ❶ (*mofador*) Spötter(in) *m(f)* ❷ (*bromista*) Spaßmacher(in) *m(f)* ❸ (*seductor*) Verführer(in) *m(f)*

**burlar** [bur'lar] **I.** *vt* ❶ (*mofarse*) verspotten ❷ (*engañar*) täuschen ❸ (*frustrar*) zunichte machen ❹ (*eludir*) umgehen; (*orden*) missachten; (*bloqueo*) brechen ❺ (*seducir*) verführen **II.** *vr:* ~**se** Spaß machen

**burlesco, -a** [bur'lesko, -a] *adj* ❶ (*jocoso*) spaßig ❷ (LIT) possenhaft

**burlete** [bur'lete] *m* (*de la ventana*) Fensterabdichtung *f;* (*de la puerta*) Türabdichtung *f*

**burlón, -ona** [bur'lon, -ona] **I.** *adj* spöttisch **II.** *m, f* ❶ (*mofador*) Spötter(in) *m(f)*

❷ *(guasón)* Witzbold *m*

**buró** [bu'ro] *m* ❶ *(escritorio)* Schreibtisch *m* ❷ *(Am: mesa de noche)* Nachttisch *m*

**burocracia** [buro'kraθja] *f* Bürokratie *f*

**burócrata** [bu'rokrata] *mf* Bürokrat(in) *m(f)*

**burocrático, -a** [buro'kratiko, -a] *adj* bürokratisch

**burocratismo** [burokra'tismo] *m sin pl* Bürokratismus *m*

**burocratización** [burokratiθa'θjon] *f* Bürokratisierung *f*

**burocratizar** [burokrati'θar] <z→c> *vt* bürokratisieren

**burrada** [bu'rraða] *f* ❶ *(manada)* Eselherde *f* ❷ *(fam: disparate)* Unsinn *m;* **decir ~s** dummes Zeug reden ❸ *(fam: cantidad grande)* Unmenge *f*

**burro[1]** ['burro] *m* ❶ *(armazón)* (Säge)bock *m* ❷ *(AmC: escalera)* Zimmerleiter *f* ❸ *(AmC: columpio)* Schaukel *f*

**burro, -a[2]** ['burro, -a] **I.** *adj* ❶ *(tonto)* dumm ❷ *(obstinado)* stur **II.** *m, f* ❶ (ZOOL) Esel(in) *m(f);* ~ **de carga** *(t. fig)* Packesel *m* ❷ *(persona tonta)* Trottel *m;* ~ **cargado de letras** Fachidiot *m* ❸ *(persona obstinada)* Starrkopf *m* ❹ *(persona trabajadora)* Arbeitstier *nt* ❺ *(loc)*: **apearse del ~** nachgeben; **no ver tres en un ~** stockblind sein

**bursátil** [bur'satil] *adj* Börsen-; **información ~** Börsenbericht *m*

**bus** [bus] *m* *(t.* INFOR) Bus *m*

**busca** ['buska] *f* Suche *f;* **en ~ de alguien** auf der Suche nach jdm

**buscabullas** [buska'βuʎas] **I.** *adj* Unruhe stiftend **II.** *mf inv* Unruhestifer(in) *m(f)*

**buscador[1]** [buska'ðor] *m* (INFOR) Suchmaschine *f*

**buscador(a)[2]** [buska'ðor(a)] **I.** *adj* Such-, suchend **II.** *m(f)* Sucher(in) *m(f);* **los ~es de oro** die Goldsucher

**buscapié** [buska'pje] *m* Bemerkung *f*

**buscapleitos** [buska'plei̯tos] *mf inv* *(Am)* Unruhestifter(in) *m(f)*

**buscar** [bus'kar] <c→qu> *vi, vt* suchen; **enviar a alguien a ~ algo** jdn nach etw *dat* schicken; **ir a ~** (ab)holen; **él se la ha buscado** er hat es nicht anders gewollt

**buscatesoros** [buskate'soros] *mf inv* Schatzsucher(in) *m(f)*

**buscavidas** [buska'βiðas] *mf inv* ❶ *(curioso)* Schnüffler(in) *m(f)* ❷ *(diligente)* Lebenskünstler(in) *m(f)*

**buscona** [bus'kona] *f* Hure *f*

**busilis** [bu'silis] *m inv* Haken *m;* **dar en el ~** den Nagel auf den Kopf treffen

**búsqueda** ['buskeða] *f* *(t.* INFOR) Suche *f*

**busto** ['busto] *m* ❶ *(escultura)* Büste *f* ❷ *(cuadro)* Porträt *nt* ❸ (ANAT) Oberkörper *m*

**butaca** [bu'taka] *f* ❶ *(silla)* Lehnstuhl *m* ❷ *(de cine, de teatro)* Parkettsitz *m*

**butacón** [buta'kon] *m* Armsessel *m*

**butano** [bu'tano] **I.** *adj* orange(n) **II.** *m* ❶ (QUÍM) Butan(gas) *nt* ❷ *(color)* Orange *nt*

**butifarra** [buti'farra] *f* ❶ *(embutido)* *katalanische Presswurst* ❷ *(salchicha)* Bratwurst *f* ❸ *(Am: media)* zu weiter Strumpf *m*

**i Land & Leute**

Die **butifarra** ist eine Presswurst aus Schweinefleisch. Sie ist traditionell in *Cataluña*, im Raum um *Valencia* und auf den *Baleares* verbreitet.

**butrón** [bu'tron] *m* *(fam)* Einbruch *m*

**buzo** ['buθo] *m* ❶ *(buceador)* Taucher *m* ❷ *(mono)* Overall *m*

**buzón** [bu'θon] *m* ❶ *(de correos)* Briefkasten *m;* ~ **(electrónico)** (INFOR) Mailbox *f* ❷ *(canal)* Abzugskanal *m* ❸ *(tapón)* Stöpsel *m*

**buzoneo** [buθo'neo] *m* Briefkastenwerbung *f*

**byte** [bai̯t] *m* (INFOR) Byte *nt;* ~ **de control** Prüfbyte *nt*

# Cc

**C, c** [θe] *f* C, c *nt;* ~ **de Carmen** C wie Cäsar

**C/** ['kaʎe] *abr de* **calle** Str.

**cabal** [ka'βal] **I.** *adj* ❶ *(completo)* vollständig ❷ *(persona)* redlich **II.** *m:* **no estar en sus ~es** nicht alle Tassen im Schrank haben *fam*

**cábala** ['kaβala] *f* ❶ (REL) Kabbala *f* ❷ *(intriga)* Intrige *f* ❸ *pl* *(suposición)* Mutmaßungen *fpl*

**cabalgada** [kaβal'ɣaða] *f* ❶ *(jornada a caballo)* (Tages)ausritt *m;* **después de la ~ me dolían los huesos** nach dem Tag im Sattel taten mir alle Knochen weh ❷ (HIST, MIL) Reitertrupp *m*

**cabalgadura** [kaβalɣa'ðura] *f* *(de montura)* Reittier *nt;* *(de carga)* Lasttier *nt*

**cabalgar** [kaβal'ɣar] <g→gu> **I.** *vi* reiten **II.** *vt* ① (*a caballo*) reiten ② (*el macho a la hembra*) bespringen

**cabalgata** [kaβal'ɣata] *f* Umzug *m*

**cabalístico**, **-a** [kaβa'listiko, -a] *adj* ① (*incomprensible*) unverständlich ② (*misterioso*) geheimnisvoll

**caballa** [ka'βaʎa] *f* Makrele *f*

**caballar** [kaβa'ʎar] *adj* Pferde-; **cría** ~ Pferdezucht *f*

**caballeresco**, **-a** [kaβaʎe'resko, -a] *adj* ① (HIST) Ritter- ② (*galante*) ritterlich

**caballería** [kaβaʎe'ria] *f* ① (*montura*) Reittier *nt* ② (MIL) Kavallerie *f*

**caballeriza** [kaβaʎe'riθa] *f* Reitstall *m*

**caballero** [kaβa'ʎero] *m* ① (*señor*) Herr *m* ② (*galán*) Gentleman *m* ③ (HIST) Ritter *m*

**caballerosidad** [kaβaʎerosi'ðaᵈ] *f* ① (*galantería*) Höflichkeit *f* ② (*generosidad*) Großmut *f*

**caballeroso**, **-a** [kaβaʎe'roso, -a] *adj* ① (*galante*) höflich ② (*generoso*) großmütig

**caballete** [kaβa'ʎete] *m* ① (*de mesa*) Bock *m* ② (*de cuadro*) Staffelei *f*

**caballito** [kaβa'ʎito] *m* ① (ZOOL): ~ **de mar** Seepferdchen *nt* ② *pl* (*en una feria*) Karussell *nt*

**caballo** [ka'βaʎo] *m* ① (*animal*) Pferd *nt*; **a** ~ zu Pferde; **ir a** ~ reiten; ~ **de batalla** (*fig*) Kernpunkt *m* ② (*ajedrez*) Springer *m* ③ (DEP): ~ (**de saltos**) (Sprung)pferd *nt* ④ (*naipes*) ≈Dame *f* ⑤ (*argot: heroína*) Heroin *nt*

**cabaña** [ka'βaɲa] *f* ① (*choza*) Hütte *f* ② (AGR) Viehbestand *m*

**cabaré** [kaβa're] *m*, **cabaret** [kaβa're] *m* <cabarets> Kabarett *nt*

**cabecear** [kaβeθe'ar] **I.** *vi* ① (*mover la cabeza*) den Kopf schütteln ② (*dormitar*) einnicken **II.** *vt* (DEP) köpfen

**cabecera** [kaβe'θera] *f* ① (*de una cama*) Kopfende *nt* ② (*de la mesa*) Stirnseite *f*; (*plaza de honor*) Ehrenplatz *m*; **médico de** ~ Hausarzt *m* ③ (*del periódico*) Zeitungskopf *m*

**cabecilla** [kaβe'θiʎa] *mf* Anführer(in) *m(f)*

**cabellera** [kaβe'ʎera] *f* ① (*de la cabeza*) Haare *ntpl*; (*abundante*) Mähne *f* ② (ASTR) Schweif *m*

**cabello** [ka'βeʎo] *m* Haar(e) *nt(pl)*; **se le pusieron los** ~**s de punta** ihm/ihr standen die Haare zu Berge; **traído por los** ~**s** an den Haaren herbeigezogen

**caber** [ka'βer] *irr vi* ① (*tener espacio*) (hinein)passen (*en* in +*akk*); **no** ~ **en sí de...** außer sich *dat* sein vor ...; **no me cabe en la cabeza** ich kann es nicht fassen; **esta falda no me cabe** dieser Rock passt mir nicht ② (*pasar*) durchgehen (*por* durch +*akk*) ③ (*loc*): **cabe la posibilidad de que...** +*subj* es besteht die Möglichkeit, dass ...; **no cabe duda** (**de que...**) es steht außer Zweifel(, dass ...)

**cabestrillo** [kaβes'triʎo] *m* Schlinge *f*

**cabeza**[1] [ka'βeθa] *f* ① (*t.* ANAT, TÉC) Kopf *m*; ~ **de ajo** Knoblauchknolle *f*; ~ **atómica** Atomsprengkopf *m*; ~ **de lectura** [*o* **lectora**] (INFOR) Lesekopf *m*; ~ **de partido** Bezirkshauptstadt *f*; ~ **abajo** auf dem Kopf (stehend); ~ **arriba** aufrecht; **de** ~ kopfüber; **por** ~ pro Kopf; **abrirse la** ~ sich *dat* den Kopf einschlagen; **asentir con la** ~ nicken; **negar con la** ~ den Kopf schütteln; **se me va la** ~ mir wird schwindelig; **de la** ~ **a los pies** von Kopf bis Fuß; **estar mal de la** ~ (*fam*) einen Vogel haben; **jugarse la** ~ Kopf und Kragen riskieren; **métetelo en la** ~ schreib's dir hinter die Ohren; **algo se le pasa a alguien por la** ~ jdm geht etw durch den Kopf; **quitarse algo de la** ~ sich *dat* etw aus dem Kopf schlagen; **sentar** (**la**) ~ sich in geordnete Bahnen begeben; **tener buena/mala** ~ ein gutes/schlechtes Gedächtnis haben; **tener la** ~ **dura** dickköpfig sein; **traer de** ~ Kummer machen; **levantar** ~ sein Tief überwinden; **este chico tiene** ~ dieser Junge ist ein kluger Kopf; **tener** ~ **para los negocios** geschäftstüchtig sein ② (*extremo*) Spitze *f*; **ir en** ~ (DEP) führen ③ (AGR: *res*) Stück *nt*

**cabeza**[2] [ka'βeθa] *m* (An)führer *m*; ~ **de familia** Familienoberhaupt *nt*; ~ **rapada** Skinhead *m*

**cabezada** [kaβe'θaða] *f* Schlag *m* (auf den Kopf); **dar** [*o* **echar**] **una** ~ (*fam*) ein Nickerchen machen

**cabezal** [kaβe'θal] *m* ① (*almohada*) Kopfkissen *nt* ② (TÉC) Kopf *m*; ~ **de escritura** (INFOR) Schreibkopf *m*; ~ **de grabación** (INFOR) Druckkopf *m*

**cabezazo** [kaβe'θaθo] *m* ① (*golpe*) Schlag *m* (auf den Kopf); **darse un** ~ sich *dat* den Kopf anstoßen ② (DEP) Kopfball *m*

**cabezón**, **-ona** [kaβe'θon, -ona] **I.** *adj* ① (*de cabeza grande*) großköpfig ② (*fam: obstinado*) dickköpfig **II.** *m, f* Dickkopf *m*

**cabezonería** [kaβeθone'ria] *f* (*fam*) Dickköpfigkeit *f*

**cabezudo**[1] [kaβe'θuðo] *m Figur bei Festumzügen mit einem riesigem Pappkopf*

**cabezudo**, **-a**[2] [kaβe'θuðo, -a] *adj v.* **cabezón**

**cabida** [ka'βiða] *f* Fassungsvermögen *nt*

**cabildo** [ka'βildo] *m* ① (*ayuntamiento*) Gemeinderat *m*; (*en las Islas Canarias*)

Inselrat *m* ② (*en la Iglesia Católica*) Domkapitel *nt* ③ (*cofradía*) Zunft *f*

**cabina** [ka'βina] *f* Kabine *f;* (*en la playa*) Umkleidekabine *f;* ~ **de control** (TÉC) Regieraum *m;* ~ **del piloto** Cockpit *nt;* ~ **de proyección** Filmvorführraum *m;* ~ **de teléfonos** Telefonzelle *f*

**cabizbajo, -a** [kaβiθ'βaxo, -a] *adj* mit gesenktem Kopf; (*triste*) niedergeschlagen

**cable** ['kaβle] *m* ① (ELEC) Kabel *nt;* **se le cruzaron los ~s** (*fam*) er/sie ist durchgedreht; **echar un ~ a alguien** (*fam*) jdm aus der Klemme helfen ② (*telegrama*) Telegramm *nt*

**cableado** [kaβle'aðo] *m* Verkabelung *f*

**cablegrafiar** [kaβleɣrafi'ar] <*1. pres:* cablegrafío> *vt* telegrafieren

**cabo** ['kaβo] *m* ① (*extremo*) Ende *nt;* **al fin y al ~** letzten Endes; **de ~ a rabo** von A bis Z; **llevar a ~** vollbringen; **no dejar ningún ~ suelto** keinen Punkt außer Acht lassen ② (GEO) Kap *nt;* **Ciudad del C~** Kapstadt *nt* ③ (MIL) Gefreite(r) *m* ④ (NÁUT) Seil *nt* ⑤ (*loc*): **al ~ de** nach +*dat*

**cabotaje** [kaβo'taxe] *m* ① (NÁUT) Küstenschifffahrt *f* ② (JUR) Kabotage *f*

**cabra** ['kaβra] *f* Ziege *f;* ~ **montés** Steinbock *m;* **estar como una ~** (*fam*) spinnen

> **i Land & Leute**
>
> Eine der bekanntesten Käsesorten Nordspaniens ist der asturische **Cabrales**. Es handelt sich dabei um einen trockenen, in Höhlen mit Blauschimmelkulturen gereiften Käse mit sehr scharfem, würzigem Geschmack.

**cabrear** [kaβre'ar] **I.** *vt* (*fam*) wütend machen; **estar cabreado** stinksauer sein **II.** *vr:* **~se** (*fam*) wütend sein

**cabreo** [ka'βreo] *m* (*fam*) Wut *f;* **¡qué ~!** so ein Ärger!

**cabrero, -a** [ka'βrero, -a] *m, f* Ziegenhirt(in) *m(f)*

**cabrestante** [kaβres'tante] *m* ① (TÉC) Winde *f* ② (NÁUT) Spill *nt*

**cabriola** [ka'βrjola] *f* Kapriole *f;* **hacer ~s** herumspringen

**cabriolar** [kaβrjo'lar] *vi* (*danzando*) Luftsprünge machen; (*con contorsión*) Pirouetten springen; (*caballo*) Bocksprünge vollführen

**cabritillo, -a** [kaβri'tiʎo, -a] *m, f* Zicklein *nt*

**cabrito, -a** [ka'βrito, -a] *m, f* ① (*animal*) Zicklein *nt* ② (*vulg pey: persona*) Arschloch *nt*

**cabrón**[1] [ka'βron] *m* ① (*animal*) Ziegenbock *m* ② (*vulg pey: cornudo*) Hahnrei *m*

**cabrón, -ona**[2] [ka'βron, -ona] *m, f* (*vulg pey*) Arschloch *nt*

**cabronada** [kaβro'naða] *f* (*vulg pey*) Sauerei *f fam*

**cabronazo** [kaβro'naθo] *m* (*vulg pey*) Riesenarschloch *nt*

**caca** ['kaka] *f* (*fam*) ① (*excremento*) Kot *m;* (*lenguaje infantil*) Aa *nt* ② (*chapuza*) Mist *m,* Kacke *f*

**cacahuete** [kaka'wete] *m* Erdnuss *f*

**cacao** [ka'kao] *m* ① (*planta*) Kakao *m* ② (*fam: jaleo*) Radau *m;* **pedir ~** (*Am*) sich ergeben

**cacarear** [kakare'ar] **I.** *vi* ① (*gallinas*) gackern ② (*fam: presumir*) aufschneiden **II.** *vt* (*fam*) ① (*presumir*) angeben (mit +*dat*) ② (*pregonar*) ausposaunen

**cacareo** [kaka'reo] *m* (*gallina*) Gackern *nt;* (*gallo*) Krähen *nt;* **el ~ del gallo me despertó** vom Krähen des Hahns wurde ich wach

**cacatúa** [kaka'tua] *f* ① (ZOOL) Kakadu *m* ② (*fam: mujer*) Vogelscheuche *f*

**cacería** [kaθe'ria] *f* ① (*partida*) Jagd *f* ② (*piezas*) Jagdbeute *f*

**cacerola** [kaθe'rola] *f* (flacher) Kochtopf *m*

**cacha** ['katʃa] *f* Ummantelung *f* (*eines Schaftes*)

**cachalote** [katʃa'lote] *m* (ZOOL) Pottwal *m*

**cachar** [ka'tʃar] *vt* ① (*AmC, Col, Chil: cornear*) auf die Hörner nehmen ② (*Arg, Nic, Urug: asir*) (an)fassen ③ (*AmC: hurtar*) stehlen ④ (*Arg, Chil: agarrar*) erwischen ⑤ (*Am: al vuelo*) auffangen

**cacharrería** [katʃarre'ria] *f* ① (*tienda*) Töpferladen *m;* **como un elefante en una ~** wie ein Elefant im Porzellanladen ② (*trastos*) Krempel *m fam;* **vete con tu ~ a otra parte** scher dich mit deinem Krempel woandershin *fam*

**cacharro** [ka'tʃarro] *m* ① (*recipiente*) Topf *m* ② (*fam pey: aparato*) Schrott *m* ③ (*fam pey: trasto*) Kram *m;* **¡quita ese ~ de ahí!** nimm das Zeug da weg!

**cachas**[1] ['katʃas] **I.** *adj inv* ① (*fam: fuerte*) kräftig ② (*vulg: sexy*) scharf *fam* **II.** *fpl* (*fam*) Hintern *m*

**cachas**[2] ['katʃas] *mf inv* (*fam: hombre*) Muskelpaket *nt;* (*mujer*) muskulöse Frau *f*

**cachaza** [ka'tʃaθa] *f* ① (*sosiego*) Gelassenheit *f* ② (*flema*) Phlegma *nt*

**cachazudo, -a** [katʃa'θuðo, -a] *adj* ① (*sosegado*) gelassen ② (*flemático*) phlegmatisch

**cachear** [katʃe'ar] *vt* durchsuchen

**cachemir** [katʃe'mir] *m* ① (*tejido*) Kaschmir

*m* ❷ (*estampado*) Paisley(muster) *nt*

**cacheo** [ka'tʃeo] *m* Leibesvisitation *f*

**cachete** [ka'tʃete] *m* ❶ (*golpe*) Klaps *m* ❷ (*carrillo*) Pausbacke *f*

**cachimba** [ka'tʃimba] *f* (*Am*) ❶ (*pipa*) Pfeife *f* ❷ (*cartucho*) Patronenhülse *f*

**cachiporra** [katʃi'porra] *f* Knüppel *m*

**cachivaches** [katʃi'βatʃes] *mpl* Plunder *m*

**cacho** ['katʃo] *m* ❶ (*fam: pedazo*) Brocken *m;* (*de cristal*) Scherbe *f* ❷ (*Arg, Col, Méx, Perú: cuerno*) Horn *nt*

**cachondear** [katʃoṇde'ar] **I.** *vi* (*vulg*) knutschen *fam* **II.** *vt* (*vulg*) aufgeilen *fam* **III.** *vr:* ~**se** (*vulg*) verarschen (*de* +*akk*)

**cachondeo** [katʃoṇ'deo] *m* ❶ (*fam: broma*) Ulk *m;* (*juerga*) Heidenspaß *m;* **tomar algo a** ~ etw auf die leichte Schulter nehmen; **esto es un** ~ hier geht es zu wie im Affenkäfig ❷ (*vulg: burla*) Spott *m*

**cachondo, -a** [ka'tʃoṇdo, -a] **I.** *adj* ❶ (*vulg: sexual*) geil *fam;* **poner a alguien** ~ jdn aufgeilen *fam* ❷ (*fam: gracioso*) witzig ❸ (*perra*) läufig **II.** *m, f* ❶ (*vulg: juerguista*) Lebemann *m,* Lebedame *f* ❷ (*fam: gracioso*) Witzbold *m;* **es un** ~ er ist immer zu Späßen aufgelegt

**cachorro, -a** [ka'tʃorro, -a] **I.** *adj* (*Am*) verächtlich **II.** *m, f* Junge(s) *nt;* (*de perro, lobo*) Welpe *m*

**cacicada** [kaθi'kaða] *f* Machtmissbrauch *m*

**cacique** [ka'θike] *m* ❶ (*jefe indio*) Kazike *m* ❷ (*tirano*) Dorftyrann *m*

**caciquismo** [kaθi'kismo] *m* (*pey*) Bonzokratie *f*

**caco** ['kako] *m* (*argot*) Langfinger *m*

**cacofonía** [kakofo'nia] *f* ❶ (*disonancia*) Missklang *m* ❷ (LING) Kakophonie *f*

**cacto** ['kakto] *m* Kaktus *m;* **cactus** ['kaktus] *m inv* Kaktus *m*

**cada** ['kaða] *adj* jede(r, s); ~ **uno/una** jeder/jede; **libros a 10 euros** ~ **uno** Bücher à 10 Euro (das Stück); ~ **hora** stündlich; ~ **día** täglich; (*fig*) immer wieder; ~ **vez más/peor** immer mehr/schlimmer; ~ **vez que...** immer wenn ...; **¿~ cuánto?** wie oft?

**cadalso** [ka'ðalso] *m* ❶ (*tarima*) Podest *nt* ❷ (*patíbulo*) Schafott *nt*

**cadáver** [ka'ðaβer] *m* (*de personas*) Leiche *f;* (*de animales*) Kadaver *m*

**cadavérico, -a** [kaða'βeriko, -a] *adj* ❶ (*muerto*) Leichen- ❷ (*pálido*) leichenblass

**cadena** [ka'ðena] *f* ❶ (*objeto, t. fig*) Kette *f;* ~ **alimentaria** (BIOL) Nahrungskette *f;* ~ (**antideslizante**) (AUTO) Schneekette *f;* ~ **hotelera** Hotelkette *f;* ~ **humana** Menschenkette *f;* ~ **perpetua** (JUR) lebenslängliche Gefängnisstrafe; **trabajo en** ~ Fließbandarbeit *f;* **atar un perro con** ~ einen Hund an die Kette legen ❷ (*sucesión*) Serie *f;* **choque en** ~ Massenkarambolage *f;* **reacción en** ~ Kettenreaktion *f* ❸ (GEO) Bergkette *f* ❹ (RADIO, TV) (gemeinsames) Programm *nt;* ~ **de sonido** Stereoanlage *f* ❺ (*impedimento*) Fesseln *fpl*

**cadencia** [ka'ðeṇθja] *f* ❶ (*ritmo*) Rhythmus *m* ❷ (LING, MÚS) Kadenz *f*

**cadencioso, -a** [kaðeṇ'θjoso, -a] *adj* ❶ (*acompasado*) rhythmisch ❷ (*movimiento, voz*) harmonisch

**cadera** [ka'ðera] *f* Hüfte *f*

**cadete** [ka'ðete] *m* (MIL) Kadett *m*

**cadmio** ['kaðmjo] *m* (QUÍM) Kadmium *nt*

**caducar** [kaðu'kar] <c→qu> *vi* ❶ (*documento*) ungültig werden; **este pasaporte está caducado** dieser Pass ist abgelaufen ❷ (*producto*) verfallen; **la leche está caducada** das Haltbarkeitsdatum der Milch ist abgelaufen

**caducidad** [kaðuθi'ða[ð]] *f* ❶ (*de un documento*) Gültigkeit *f;* **fecha de** ~ Gültigkeitsdauer *f* ❷ (*de productos*) Haltbarkeit *f;* **fecha de** ~ Haltbarkeitsdatum *nt*

**caduco, -a** [ka'ðuko, -a] *adj* ❶ (*personas*) altersschwach ❷ (*perecedero*) vergänglich ❸ (*árbol*) Laub abwerfend

**caer** [ka'er] *irr* **I.** *vi* ❶ (*objeto, persona*) (herunter)fallen, (hin)fallen; (*fecha, precio*) fallen (*en* auf +*akk*); ~ **al suelo** auf den Boden fallen; ~ (**en**) **redondo** (*fam*) umkippen; ~ **en cama** [*o* **enfermo**] krank werden; ~ **en la bebida** dem Alkohol verfallen; ~ **en la cuenta** begreifen; ~ **en manos de alguien** in jds Hände geraten; ~ **en saco roto** auf taube Ohren stoßen; **dejarse** ~ (*fam: abandonarse*) sich fallen lassen; (*presentarse*) sich sehen lassen; **tu amigo me cae bien/mal** ich kann deinen Freund gut leiden/nicht leiden ❷ (*presidente*) stürzen ❸ (*comida*) bekommen ❹ (*vestidos*) stehen ❺ (*fam: encontrarse*) liegen; **¿por dónde cae Jerez?** wo liegt Jerez? ❻ (*atacar*) überfallen (*sobre* +*akk*) ❼ (*empezar*) beginnen; **estar al** ~ (*fam*) kurz bevorstehen **II.** *vr:* ~**se** ❶ (*desplomarse*) stürzen; (*un avión*) abstürzen; (*pelo, dientes*) ausfallen; (*casa*) verfallen; ~**se de culo** auf den Hintern fallen; **se me ha caído el pañuelo** mir ist mein Taschentuch heruntergefallen; ~**se de sueño** todmüde sein ❷ (*loc*): **se le cae la cara de vergüenza** er/sie schämt sich zu Tode; **no tener dónde** ~**se muerto** (*fam*) arm wie eine Kirchenmaus sein

**café** [ka'fe] *m* ❶ (*bebida*) Kaffee *m;* ~ **con**

**leche** Milchkaffee *m;* ~ **solo** Espresso *m;* **tomar un** ~ einen Kaffee trinken ② (*local*) Café *nt* ③ (*planta*) Kaffeestrauch *m;* (*semilla*) Kaffeebohne *f*

**i Land & Leute**

Der Espresso oder kleine schwarze Kaffee wird in Spanien als **café solo** bezeichnet. Kaffee mit wenig Milch heißt *cortado*, mit viel Milch **café con leche**. Ein **café americano** entspricht in etwa dem deutschen Kaffee. Im Sommer trinken viele Spanier gern den durstlöschenden **café con hielo**, einen Espresso mit Eiswürfeln.

**café-concierto** [ka'fe kon̪'θjerto] *m* <cafés-concierto> Musikcafé *nt*

**cafeína** [kafe'ina] *f* Koffein *nt*

**cafetal** [kafe'tal] *m* Kaffeeplantage *f*

**cafetera** [kafe'tera] *f* Kaffeekanne *f;* ~ **eléctrica** Kaffeemaschine *f*

**cafetería** [kafete'ria] *f* ① (*local*) Café *nt;* (*autoservicio*) Cafeteria *f* ② (*tienda*) Kaffeegeschäft *nt*

**cafetero, -a** [kafe'tero, -a] *adj* Kaffee-; **es muy cafetera** (*fam*) sie ist eine richtige Kaffeetante

**cafeto** [ka'feto] *m* Kaffeepflanze *f*

**cafre** ['kafre] *mf* Barbar(in) *m(f)*

**cagar** [ka'ɣar] <g→gu> **I.** *vi* (*vulg*) scheißen **II.** *vt* (*vulg*) versauen *fam;* **¡ya la hemos cagado!** jetzt ist alles im Arsch **III.** *vr:* ~**se** (*vulg: de miedo*) Schiss haben *fam;* **¡me cago en diez!** verdammt noch mal! *fam*

**cagón, -ona** [ka'ɣon, -ona] *m, f* (*fam*) Schisser(in) *m(f)*

**cagueta** [ka'ɣeta] *mf* (*fam*) Angsthase *m*

**caída** [ka'iða] *f* ① (*bajada brusca*) Fall *m*, Sturz *m;* (*de aviones*) Absturz *m;* ~ **del cabello** Haarausfall *m;* ~ **de gobierno** Regierungssturz *m;* ~ **del sistema** (INFOR) Systemabsturz *m;* **la** ~ **del muro de Berlín** der Fall der Berliner Mauer; **esta calle tiene mucha** ~ diese Straße ist sehr steil; **las cortinas tienen una bonita** ~ die Vorhänge fallen schön ② (*de agua*) Wasserfall *m* ③ (FIN) Kursverfall *m* ④ (*ocurrencia*) Einfall *m* ⑤ (*de un imperio, del sol*) Untergang *m*

**caído, -a** [ka'iðo, -a] **I.** *adj* (*flojo*) schlaff; (*abatido*) niedergeschlagen **II.** *m, f* Gestürzte(r) *mf;* (*en la guerra*) Gefallene(r) *mf*

**caigo** ['kai̯ɣo] *1. pres de* **caer**

**caimán** [kai̯'man] *m* (ZOOL) Kaiman *m*

**Cairo** ['kai̯ro] *m:* **El** ~ Kairo *nt*

**caja** ['kaxa] *f* ① (*recipiente*) Kasten *m;* (*de madera*) (Holz)kiste *f;* (*de cartón: pequeña*) (Papp)schachtel *f;* (*grande*) Karton *m;* (*de lata*) Dose *f;* ~ **fuerte** Tresor *m;* ~ **de herramientas** Werkzeugkasten *m;* (INFOR) Toolbox *f;* ~ **de música** Spieldose *f;* ~ **negra** (AERO) Flugschreiber *m* ② (*carcasa*) Gehäuse *nt;* ~ **de cambios** (AUTO) Getriebe *nt;* ~ **torácica** (ANAT) Brustkorb *m* ③ (FIN) Kasse *f;* **C~** (**Postal**) **de Ahorros** (Post)sparkasse *f*

**cajero, -a** [ka'xero, -a] *m, f* Kassierer(in) *m(f);* ~ **automático** Geldautomat *m*

**cajetilla** [kaxe'tiʎa] *f* (*caja pequeña*) Schachtel *f;* (*de cigarrillos*) (Zigaretten)schachtel *f*

**cajón** [ka'xon] *m* (*caja grande*) (großer) Kasten *m*, (große) Kiste *f;* (*deslizante*) Schublade *f;* ~ **de salida** (DEP) Startbox *f;* **eso es de** ~ (*fam*) das versteht sich von selbst

**cake** [kei̯$^k$] *m* (*Am*) Kuchen *m*

**cal** [kal] *f* Kalk *m;* **cerrar a** ~ **y canto** fest verschließen

**cala** ['kala] *f* ① (*bahía*) Bucht *f* ② (NÁUT) Kielboden *m* ③ (*en el terreno*) Probebohrung *f*

**calabacín** [kalaβa'θin] *m* Zucchini *f*

**calabaza** [kala'βaθa] *f* ① (BOT) Kürbis *m* ② (*pey: persona*) Trottel *m* ③ (*loc, fam*): **dar** ~**s a alguien** (*un suspenso*) jdm einen Sechser geben; (*una negativa*) jdm einen Korb geben

**calabobos** [kala'βoβos] *m inv* (*fam*) Nieselregen *m*

**calabozo** [kala'βoθo] *m* ① (*mazmorra*) Kerker *m* ② (*celda*) Gefängniszelle *f*

**calada** [ka'laða] *f* (*fam*) Zug *m;* **¿me das una** ~**?** lässt du mich mal ziehen?

**caladero** [kala'ðero] *m* Fanggrund *m*

**calado** [ka'laðo] *m* ① (*bordado*) Hohlsaum *m* ② (NÁUT) Tiefgang *m*

**calafatear** [kalafate'ar] *vt* ① (NÁUT) kalfatern ② (TÉC) abdichten

**calamar** [kala'mar] *m* Tintenfisch *m*

**calambrazo** [kalam'braθo] *m* Stromschlag *m*

**calambre** [ka'lambre] *m* ① (*muscular*) (Muskel)krampf *m;* ~ **de estómago** Magenkrampf *m* ② (*eléctrico*) Stromschlag *m*

**calamidad** [kalami'ða$^d$] *f* ① (*catástrofe*) Katastrophe *f;* (*desastre*) Unglück *nt* ② (*miseria*) Not *f* ③ (*fam: persona*) Niete *f*

**calamitoso, -a** [kalami'toso, -a] *adj* (*persona*) jämmerlich; (*situación*) schrecklich

**cálamo** ['kalamo] *m* (*elev*) (Schreib)feder *f*

**calandria** [ka'lan̪drja] *f* ❶ (ZOOL) Heidelerche *f* ❷ (*máquina*) Kalander *m;* (*para ropa*) Mangel *f*

**calaña** [ka'laɲa] *f:* **ser de mala ~** bösartig sein

**calar** [ka'lar] **I.** *vi* ❶ (*líquido*) durchdringen ❷ (*material*) durchlässig sein ❸ (NÁUT) Tiefgang haben **II.** *vt* ❶ (*líquido*) durchnässen; **el chaparrón me ha calado la chaqueta** der Regen ist durch meine Jacke gedrungen ❷ (*con un objeto*) durchbohren ❸ (*afectar*) nahe gehen (*a* +*dat*) ❹ (*una prenda*) mit Hohlsaum besticken ❺ (*cortar*) anschneiden ❻ (*fam: desenmascarar*) durchschauen ❼ (*motor*) abwürgen *fam* **III.** *vr:* **~se** ❶ (*mojarse*) nass werden ❷ (*motor*) absaufen *fam* ❸ (*gorra*) aufsetzen

**calavera** [kala'βera] *f* Totenkopf *m*

**calcado** [kal'kaðo] *m* (Durch)pausen *nt*

**calcáneo** [kal'kaneo] *m* (ANAT) Fersenbein *nt*

**calcañar** [kalka'ɲar] *m* (ANAT) Ferse *f*

**calcar** [kal'kar] <c→qu> *vt* ❶ (*dibujar*) abpausen ❷ (*imitar*) nachahmen; **es calcado a su padre** er ist seinem Vater wie aus dem Gesicht geschnitten

**calcáreo, -a** [kal'kareo, -a] *adj* kalkig

**calceta** [kal̪'θeta] *f* Strickarbeit *f*

**calcetín** [kal̪θe'tin] *m* Socke *f*

**cálcico, -a** ['kal̪θiko, -a] *adj* (QUÍM) Kalzium-; **el aporte ~ de la leche** der Kalziumanteil der Milch

**calcificación** [kal̪θifika'θjon] *f* Verkalkung *f*

**calcificar** [kal̪θifi'kar] <c→qu> **I.** *vt* verkalken lassen **II.** *vr:* **~se** verkalken

**calcinación** [kal̪θina'θjon] *f* ❶ (*carbonización*) Verbrennung *f;* **quedar deshecho por ~** verbrennen ❷ (QUÍM) Kalzination *f*

**calcinar** [kal̪θi'nar] **I.** *vt* ❶ (*carbonizar*) verbrennen ❷ (QUÍM) kalzinieren **II.** *vr:* **~se** verbrennen

**calcio** ['kal̪θjo] *m* Kalzium *nt*

**calco** ['kalko] *m* ❶ (*de dibujos*) Durchschlag *m* ❷ (*imitación*) Abklatsch *m abw* ❸ (LING) Lehnwort *nt*

**calcografiar** [kalkoɣrafi'ar] <*1. pres:* calcografío> *vt* (TIPO) in Kupfer stechen

**calcomanía** [kalkoma'nia] *f* Abziehbild *nt*

**calculable** [kalku'laβle] *adj* (*t.* MAT) berechenbar; **ser ~** zu berechnen sein

**calculador(a)** [kalkula'ðor(a)] *adj* berechnend

**calculadora** [kalkula'ðora] *f* Rechenmaschine *f;* **~ de bolsillo** Taschenrechner *m*

**calcular** [kalku'lar] **I.** *vi* rechnen **II.** *vt* ❶ (*computar*) berechnen; (*de antemano*) kalkulieren ❷ (*aproximadamente*) (ab)schätzen; **calculo que llegaré sobre las diez** ich schätze, dass ich gegen zehn Uhr ankommen werde

**cálculo** ['kalkulo] *m* ❶ (*matemático*) Rechnen *nt;* **~ diferencial** Differenzialrechnung *f;* **~ mental** Kopfrechnen *nt;* **~ de probabilidades** Wahrscheinlichkeitsrechnung *f* ❷ (*cómputo*) Berechnung *f;* **hacer un ~ de algo** etw berechnen ❸ (*t.* ECON) Kalkulation *f* ❹ (*suposición*) (Ein)schätzung *f* ❺ (MED) Stein *m*

**caldear** [kal̪de'ar] **I.** *vt* ❶ (*calentar*) erwärmen; (*con estufa*) beheizen ❷ (*acalorar*) anheizen **II.** *vr:* **~se** ❶ (*calentarse*) sich aufwärmen ❷ (*acalorarse*) sich erhitzen

**caldera** [kal̪'dera] *f* (*t.* TÉC) Kessel *m*

**calderilla** [kal̪de'riʎa] *f* Kleingeld *nt*

**caldero** [kal̪'dero] *m* (kleiner) Kessel *m*

**caldo** ['kal̪do] *m* ❶ (GASTR) Brühe *f* ❷ (*vino*) Wein *m* ❸ (BIOL): **~ de cultivo** Nährflüssigkeit *f;* (*fig*) Nährboden *m* (*de/para* für +*akk*)

**calefacción** [kalefaʸ'θjon] *f* Heizung *f*

**calefactor** [kalefak'tor] *m* ❶ (*aparato*) Heizlüfter *m* ❷ (*persona*) Heizungsmonteur *m*

**caleidoscópico, -a** [kalei̯ðos'kopiko, -a] *adj* (FÍS) kaleidoskopisch

**caleidoscopio** [kalei̯ðos'kopjo] *m* Kaleidoskop *nt*

**calendario** [kalen̪'darjo] *m* Kalender *m;* **~ de taco** Abreißkalender *m;* **~ de trabajo** Terminkalender *m*

**calentador** [kalen̪ta'ðor] *m* Heizgerät *nt;* (*para la cama*) Wärmflasche *f*

**calentamiento** [kalen̪ta'mjen̪to] *m* ❶ (*caldeamiento*) Erwärmen *nt,* Erhitzen *nt* ❷ (DEP) Aufwärmen *nt*

**calentar** [kalen̪'tar] <e→ie> **I.** *vi* (*dar calor*) wärmen **II.** *vt* ❶ (*caldear*) (er)wärmen, erhitzen; (*con calefacción*) heizen; **~ agua** Wasser heiß machen; **~ al rojo vivo** bis zur Glut erhitzen ❷ (*enfadar*) aufregen; (*excitar*) erregen ❸ (*vulg: sexualmente*) aufgeilen *fam* ❹ (*fam: pegar*) versohlen **III.** *vr:* **~se** ❶ (*caldearse*) sich (er)wärmen ❷ (*enfadarse*) sich aufregen ❸ (DEP) sich warm machen

**calentorro, -a** [kalen̪'torro, -a] *adj* (*vulg*) geil

**calentura** [kalen̪'tura] *f* ❶ (*fiebre*) Fieber *nt* ❷ (*en los labios*) Fieberbläschen *nt*

**calenturiento, -a** [kalen̪tu'rjen̪to, -a] *adj* ❶ (*febril*) fiebrig ❷ (*exaltado*) lebhaft

**calibrado** [kali'βraðo] *m* Kalibrierung *f*

**calibrador** [kaliβra'ðor] *m* (TÉC) Kalibermaß *nt;* **~ exterior** Tastzirkel *m;* **~ interior** Lochzirkel *m*

**calibrar** [kali'βrar] *vt* ① (*medir*) messen; (TÉC) kalibrieren ② (*calcular*) abschätzen

**calibre** [ka'liβre] *m* ① (*diámetro*) Kaliber *nt;* **eso es una mentira de** ~ (*fam*) das ist eine ungeheure Lüge ② (*instrumento*) Kalibermaß *nt*

**calidad** [kali'ðaᵈ] *f* ① (*clase*) Qualität *f;* **de alta** ~ hochwertig; **de primera** ~ erstklassig ② (*característica*) Eigenschaft *f;* (*naturaleza*) Beschaffenheit *f;* **en** ~ **de** als ③ (*prestigio*) Bedeutung *f*

**calidez** [kali'ðeθ] *f* ① (*cálido*) Wärme *f;* (*fig: de espíritu*) Warmherzigkeit *f* ② (MED) erhöhte Temperatur *f*

**cálido, -a** ['kaliðo, -a] *adj* warm

**caliente** [ka'ljeṇte] *adj* ① (*cálido*) warm; (*ardiente*) heiß ② (*acalorado*) hitzig; **poner(se)** ~ (*vulg*) (sich) aufgeilen *fam*

**califa** [ka'lifa] *m* Kalif *m*

**calificable** [kalifi'kaβle] *adj* bestimmbar; **un acto** ~ **como traición** eine Tat, die als Verrat bezeichnet werden muss

**calificación** [kalifika'θjon] *f* ① (*denominación*) Bezeichnung *f;* (*evaluación*) Beurteilung *f* ② (*cualificación*) Qualifizierung *f;* ~ **profesional** berufliche Qualifikation ③ (*nota*) Note *f*

**calificado, -a** [kalifi'kaðo, -a] *adj* ① (*cualificado, t.* JUR) qualifiziert ② (*reconocido*) angesehen

**calificar** [kalifi'kar] <c→qu> *vt* ① (*definir*) bezeichnen (*de* als +*akk*); (*evaluar*) beurteilen ② (*atribuir una cualidad*) kennzeichnen (*de* als +*akk*) ③ (ENS) benoten

**calificativo** [kalifika'tiβo] *m* Bezeichnung *f*

**California** [kali'fornja] *f* Kalifornien *nt*

**caligrafía** [kaliɣra'fia] *f* Kalligraphie *f*

**caligrafiar** [kaliɣrafi'ar] <*1.pres:* caligrafío> *vt* (TIPO) in Schönschrift abfassen

**calima** [ka'lima] *f v.* **calina**

**calina** [ka'lina] *f* ① (*neblina*) Dunst *m* ② (*polución*) Smog *m*

**cáliz** ['kaliθ] *m* ① (REL) Kelch *m* ② (BOT) Blumenkelch *m*

**caliza** [ka'liθa] *f* Kalkstein *m*

**calizo, -a** [ka'liθo, -a] *adj* kalkhaltig

**callado, -a** [ka'ʎaðo, -a] *adj* ① *estar* (*sin hablar*) schweigend; (*silencioso*) still ② *ser* (*reservado*) schweigsam

**callar** [ka'ʎar] **I.** *vi, vr:* ~**se** schweigen (*de/por* vor/aus +*dat*); (*enmudecer*) verstummen (*de/por* vor/aus +*dat*); **¡cállate de una vez!** halt endlich den Mund! **II.** *vt* ① (*un asunto*) verschweigen; (*un secreto*) bewahren ② (*hacer* ~) zum Schweigen bringen

**calle** ['kaʎe] *f* Straße *f;* (*arbolada*) Allee *f;* (*en la autopista*) Fahrbahn *f;* (DEP) Bahn *f;* ~ **comercial** Einkaufsstraße *f;* ~ **de dirección única** Einbahnstraße *f;* ~ **peatonal** Fußgängerzone *f;* **traje de** ~ Straßenanzug *m;* ~ **arriba/abajo** straßauf/straßab; **quedarse en la** ~ (*fig fam*) auf der Straße sitzen; **hacer la** ~ (*fam*) auf den Strich gehen

**callejear** [kaʎexe'ar] *vi* herumbummeln

**callejero** [kaʎe'xero] *m* Straßenverzeichnis *nt*

**callejón** [kaʎe'xon] *m* Gasse *f;* ~ **sin salida** Sackgasse *f*

**callejuela** [kaʎe'xwela] *f* Gässchen *nt*

**callista** [ka'ʎista] *mf* Fußpfleger(in) *m(f)*

**callo** ['kaʎo] *m* ① (*callosidad*) Hornhaut *f,* Schwiele *f;* (*ojo de gallo*) Hühnerauge *nt;* **dar el** ~ (*fam*) schuften ② *pl* (GASTR) Kaldaunen *fpl*

**callosidad** [kaʎosi'ðaᵈ] *f* Hornhaut *f*

**calma** ['kalma] *f* ① (*tranquilidad*) Ruhe *f;* (*silencio*) Stille *f;* ~ **chicha** (NÁUT) Flaute *f* ② (*serenidad*) Gelassenheit *f;* **¡(con)** ~**!** immer mit der Ruhe! ③ (*fam: indolencia*) Trägheit *f*

**calmante** [kal'maṇte] **I.** *adj* (*que tranquiliza*) beruhigend; (*para dolores*) schmerzstillend **II.** *m* (*tranquilizante*) Beruhigungsmittel *nt;* (*analgésico*) Schmerzmittel *nt*

**calmar** [kal'mar] **I.** *vi* (*viento*) abflauen **II.** *vt* ① (*tranquilizar*) beruhigen ② (*dolor, hambre*) stillen **III.** *vr:* ~**se** ① (*tranquilizarse*) sich beruhigen ② (*dolor*) nachlassen

**calmoso, -a** [kal'moso, -a] *adj* ① (*tranquilo*) ruhig ② (*fam: indolente*) träge

**caló** [ka'lo] *m* Zigeunersprache *f*

**calor** [ka'lor] *m* ① (*de un cuerpo*) Wärme *f* ② (*clima*) Hitze *f;* ~ **sofocante** Schwüle *f;* **hace mucho** ~ es ist sehr heiß ③ (*entusiasmo*) Eifer *m* ④ (*afecto*) Wärme *f*

**caloría** [kalo'ria] *f* (*t.* FÍS) Kalorie *f;* **bajo en** ~**s** kalorienarm

**calórico, -a** [ka'loriko, -a] *adj* (FÍS) kalorisch

**calorífico, -a** [kalo'rifiko, -a] *adj* (*que distribuye calor*) Wärme abgebend; (*que produce calor*) Wärme erzeugend; **poder** ~ Heizkraft *f*

**calumnia** [ka'lumnja] *f* Verleumdung *f*

**calumniar** [kalum'njar] *vt* verleumden

**calumnioso, -a** [kalum'njoso, -a] *adj* verleumderisch

**caluroso, -a** [kalu'roso, -a] *adj* (*caliente*) heiß; (*cálido*) warm; **un recibimiento** ~ ein herzlicher Empfang

**calva** ['kalβa] *f* ① (*en la cabeza*) Glatze *f* ② (*en un tejido*) kahle Stelle *f*

**calvario** [kal'βarjo] *m* (REL) Kreuzweg *m;* **pasar un** ~ großes Leid erfahren

**calvero** [kal'βero] *m* Lichtung *f*

**calvicie** [kal'βiθje] *f* Kahlköpfigkeit *f*

**calvo, -a** ['kalβo, -a] **I.** *adj* ❶ (*en la cabeza*) kahlköpfig; **estar ~** eine Glatze haben ❷ (*tejido*) abgewetzt ❸ (*sin vegetación*) kahl **II.** *m, f* Kahlkopf *m fam*

**calza** ['kal̥θa] *f* ❶ (*media*) Strumpf *m* ❷ (*cuña*) (Stütz)keil *m*

**calzada** [kal̥'θaða] *f* ❶ (*carretera*) (gepflasterte) Straße *f* ❷ (*carril*) Fahrbahn *f*

**calzado** [kal̥'θaðo] *m* Schuhwerk *nt,* Schuhe *mpl*

**calzador** [kal̥θa'ðor] *m* Schuhlöffel *m*

**calzar** [kal̥'θar] <z→c> **I.** *vt* ❶ (*poner zapatos*) anziehen; (*esquís*) anschnallen ❷ (*llevar puesto*) tragen ❸ (*poner una cuña*) verkeilen **II.** *vr:* **~se** (*zapatos*) (sich *dat*) anziehen; (*esquís*) sich *dat* anschnallen

**calzón** [kal̥'θon] *m* (*Am: pantalón*) Hose *f*

**calzonazos** [kal̥θo'naθos] *m inv* (*pey*) ❶ (*débil*) Schwächling *m* ❷ (*marido*) Pantoffelheld *m*

**calzoncillo(s)** [kal̥θon̥'θiʎo(s)] *m(pl)* Herrenunterhose *f*

**calzones** [kal̥'θones] *mpl* (*Am*) Hose *f;* **~ de baño** Badehose *f*

**cama** ['kama] *f* ❶ (*mueble*) Bett *nt;* **~ elástica** Trampolin *nt;* **caer en ~** krank werden ❷ (*de animales*) Lager *nt*

**camada** [ka'maða] *f* ❶ (*de animales*) Wurf *m* ❷ (*pey: cuadrilla*) Haufen *m,* Bande *f*

**camafeo** [kama'feo] *m* Kamee *f*

**camaleón** [kamale'on] *m* (*t. fig*) Chamäleon *nt*

**cámara**[1] ['kamara] *f* ❶ (FOTO) Kamera *f;* **~ fotográfica** [*o* **de fotos**] Fotoapparat *m;* **~ de vídeo** Videokamera *f;* **a ~ lenta** in Zeitlupe ❷ (*consejo*) Kammer *f;* **C~ Alta** (POL) Oberhaus *nt;* **C~ Baja** (POL) Abgeordnetenhaus *nt* ❸ (*receptáculo*) Kammer *f;* **~ frigorífica** Kühlhaus *nt* ❹ (*en un arma*) Patronenkammer *f*

**cámara**[2] ['kamara] *mf* (CINE) Kameramann, -frau *m, f*

**camarada** [kama'raða] *mf* ❶ (*compañero*) Freund(in) *m(f);* **me voy al cine con mis ~s** ich gehe mit meinen Kumpels ins Kino ❷ (POL) Parteifreund(in) *m(f);* (*de socialistas*) Genosse, -in *m, f*

**camaradería** [kamaraðe'ria] *f* Kameradschaft *f*

**camarero, -a** [kama'rero, -a] *m, f* ❶ (*en restaurantes*) Kellner(in) *m(f),* Bedienung *f;* **¡~!** Herr Ober! ❷ (*en la barra*) Barman, -dame *m, f* ❸ (*de habitación*) Zimmerkellner(in) *m(f)* ❹ (*en un barco*) Steward *m,* Stewardess *f*

**camarilla** [kama'riʎa] *f* (*t.* POL: *pey*) Clique *f*

**camarón** [kama'ron] *m* Garnele *f*

**camarote** [kama'rote] *m* Kabine *f*

**camastro** [ka'mastro] *m* Pritsche *f*

**cambalache** [kamba'latʃe] *m* Schacher *m abw*

**cambalachear** [kambalatʃe'ar] *vt* (*fam*) eintauschen

**cambiable** [kam'bjaβle] *adj* ❶ (COM) umtauschbar ❷ (*intercambiable*) austauschbar

**cambiador** [kambja'ðor] *m* (*Chil*) Weichensteller(in) *m(f)*

**cambiante** [kam'bjan̥te] *adj* ❶ (*irisado*) schillernd ❷ (*inestable*) wechselhaft ❸ (*pey: veleidoso*) launisch

**cambiar** [kam'bjar] **I.** *vi* ❶ (*transformarse*) sich (ver)ändern ❷ (*con 'de': alterar*) ändern; **~ de casa** umziehen; **~ de coche** sich *dat* ein neues Auto kaufen; **~ de marcha** (AUTO) schalten **II.** *vt* ❶ (*trocar*) auswechseln, austauschen; (*algo comprado*) umtauschen; **~ dinero** Geld wechseln; **~ unas palabras con alguien** mit jdm ein paar Worte wechseln; **quisiera ~ este jersey por una camiseta** ich möchte diesen Pullover gegen ein T-Shirt umtauschen ❷ (*variar*) (ver)ändern; **~ algo de lugar** etw umstellen **III.** *vr* ❶ (*transformarse*) sich verwandeln (*en* in +*akk*) ❷ (*de ropa*) sich umziehen; (*de casa*) umziehen; **~se a otra ciudad** in eine andere Stadt ziehen

**cambiazo** [kam'βjaθo] *m* (*fam*): **dar el ~ a alguien** jdn übers Ohr hauen

**cambio** ['kambjo] *m* ❶ (*alteración*) (Ver)änderung *f;* **~ climático** Witterungsänderung *f;* (*globalmente*) Klimaveränderung *f;* **~ de domicilio** Wohnungswechsel *m;* **hay un ~ en el horario** der Zeitplan ändert sich; **en ~** dagegen, stattdessen; **a las primeras de ~** bei der ersten Gelegenheit ❷ (*sustitución*) Auswechs(e)lung *f,* Austausch *m;* **~ de aceite** (AUTO) Ölwechsel *m* ❸ (*transformación, intercambio*) Wandel *m;* **~ de tendencia** Trendwende *f;* **~ de impresiones** Meinungsaustausch *m;* **Libre ~** (COM) Freihandel *m;* **a ~ de algo** für etw ❹ (*en un comercio*) Umtausch *m* ❺ (FIN) (Wechsel)kurs *m;* **~ de divisa** [*o* **de moneda**] Geldwechsel *m;* **al ~ del día** zum Tageskurs ❻ (*suelto*) Kleingeld *nt;* **¿tiene ~ de 50 euros?** können Sie 50 Euro wechseln? ❼ (TÉC) Schaltung *f;* **~ de marchas** Gangschaltung *f* ❽ (DEP) Auswechs(e)lung *f*

**cambista** [kam'bista] *mf* ❶ (*que cambia dinero*) Geldwechsler(in) *m(f)* ❷ (*en la banca*) Devisenhändler(in) *m(f)*

**Camboya** [kam'boɟa] *f* Kambodscha *nt*

**camelar** [kame'lar] *vt* (*fam*) ① (*engañar*) beschwatzen ② (*seducir*) verführen
**camelia** [ka'melja] *f* Kamelie *f*
**camello, -a** [ka'meʎo, -a] *m, f* ① (ZOOL) Kamel *nt;* (*hembra*) Kamelstute *f* ② (*argot: persona*) Pusher(in) *m(f)*
**camelo** [ka'melo] *m* (*fam*) ① (*adulación*) Schmeichelei *f* ② (*timo*) Gaunerei *f*
**cameraman** [kame'raman] *mf* (CINE) Kameramann, -frau *m, f*
**camerino** [kame'rino] *m* (TEAT) Künstlergarderobe *f*
**Camerún** [kame'run] *m* Kamerun *nt*
**camilla** [ka'miʎa] *f* ① (*angarillas*) Krankenbahre *f* ② (*cama de hospital*) Krankenbett *nt*
**camillero, -a** [kami'ʎero, -a] *m, f* Sanitäter(in) *m(f)*
**caminante** [kami'nan̩te] *mf* Wanderer, -in *m, f*
**caminar** [kami'nar] **I.** *vi* ① (*ir*) gehen; (*a pie*) zu Fuß gehen ② (*río*) strömen ③ (*astro*) seine Bahn ziehen ④ (*Am: funcionar*) gehen **II.** *vt* zurücklegen
**caminata** [kami'nata] *f* (beschwerlicher) langer Fußmarsch *m*
**camino** [ka'mino] *m* ① (*senda*) Weg *m;* (*más estrecho*) Pfad *m;* (*calle*) Straße *f;* **C~ de Santiago** Jakobsweg *m;* **a medio ~** halbwegs; **de ~ a Magdeburgo** auf dem Weg nach Magdeburg; **abrirse ~** sich *dat* Raum schaffen; **ponerse en ~** sich auf den Weg machen; **ir por buen/mal ~** (*fig*) auf dem rechten/falschen Weg sein ② (*distancia*) Strecke *f;* **está a dos horas de ~** es sind zwei Wegstunden von hier ③ (*manera*) Art und Weise *f* ④ (INFOR) Pfad *m*

**i Land & Leute**

**Santiago de Compostela**, die Hauptstadt von Galicien, ist seit dem 9. Jahrhundert ein wichtiger Pilgerort der römisch-katholischen Kirche. Der *Camino de Santiago*, der nach **Santiago de Compostela** führt, wird jährlich von Tausenden von Pilgern aus aller Welt zurückgelegt.

**camión** [ka'mjon] *m* ① (AUTO) Laster *m,* Lkw *m;* **~ de la basura** Müllwagen *m;* **~ volquete** Kipplaster *m* ② (*Méx: autobús*) Bus *m*
**camionero, -a** [kamjo'nero, -a] *m, f* Lastwagenfahrer(in) *m(f),* Lkw-Fahrer(in) *m(f)*
**camioneta** [kamjo'neta] *f* ① (*furgoneta*) Kleinlaster *m;* **~ de reparto** Lieferwagen *m* ② (*Am: autobús*) Bus *m*
**camión-grúa** [ka'mjon 'ɣrua] *m* <camiones-grúa> Kranwagen *m*
**camisa** [ka'misa] *f* ① (*prenda*) (Ober)hemd *nt;* **~ de fuerza** Zwangsjacke *f;* **cambiar de ~** (*fig*) den Mantel nach dem Wind hängen; **no me llegaba la ~ al cuerpo** (*fam*) ich machte mir vor Angst fast in die Hosen ② (*funda*) Hülle *f* ③ (*de reptil*) abgestreifte Haut *f*
**camisería** [kamise'ria] *f* ① (*tienda*) Hemdengeschäft *nt* ② (*taller*) Hemdenfabrik *f*
**camiseta** [kami'seta] *f* ① (*exterior*) T-Shirt *nt* ② (*interior*) Unterhemd *nt* ③ (DEP) Trikot *nt*
**camisón** [kami'son] *m* Nachthemd *nt*
**camomila** [kamo'mila] *f* Kamille *f*
**camorra** [ka'morra] *f* ① (*fam pey: escándalo*) Krakeel *m;* **buscar ~** Streit anfangen ② (*mafia napolitana*) Kamorra *f*
**camote** [ka'mote] *m* (*Am*) ① (*batata*) Süßkartoffel *f* ② (*molestia*) Nervtöter *m* ③ (*amante*) Geliebte(r) *mf*
**campamento** [kampa'men̩to] *m* Lager *nt;* **~ de veraneo** Ferienlager *nt*
**campana** [kam'pana] *f* Glocke *f;* **~ extractora de humos** Dunstabzugshaube *f;* **el coche dio tres vueltas de ~** das Auto überschlug sich dreimal; **echar las ~s a vuelo** (*fam*) etw feierlich (und frühzeitig) verkünden
**campanada** [kampa'naða] *f* Glockenschlag *m;* **dar la ~** (*fig*) den Vogel abschießen *fam*
**campanario** [kampa'narjo] *m* Glockenturm *m*
**campanilla** [kampa'niʎa] *f* ① (*campana pequeña*) Glöckchen *nt;* (*de la puerta*) Klingel *f* ② (ANAT) Zäpfchen *nt* ③ (BOT) Glockenblume *f*
**campante** [kam'pan̩te] *adj* (*fam*) ① (*satisfecho*) zufrieden ② (*tranquilo*) ungerührt; **quedarse tan ~** sich nicht erschüttern lassen
**campanudo, -a** [kampa'nuðo, -a] *adj* ① (*acampanado*) glockenförmig ② (*pey: pomposo*) schwülstig
**campaña** [kam'paɲa] *f* ① (*campo*) Land *nt;* **tienda de ~** Zelt *nt* ② (MIL) Feldzug *m;* (POL, AGR) Kampagne *f;* **~ de acoso y derribo** Schmutzkampagne *f;* **~ antitabaco** Antiraucherkampagne *f;* **~ electoral** Wahlkampf *m* ③ (COM, FIN) Wirtschaftsjahr *nt*
**campar** [kam'par] *vi* lagern
**campear** [kampe'ar] *vi* ① (*Am: ir de acampada*) zelten ② (*fam: arreglárselas*): **ir campeando** sich (gerade so) durchschlagen ③ (*sobresalir*) vorherrschen
**campechano, -a** [kampe'tʃano, -a] *adj*

❶ (*llano*) leutselig ❷ (*cordial*) freundlich
**campeón, -ona** [kampe'on, -ona] *m, f* ❶ (*vencedor*) Sieger(in) *m(f)*; (DEP) Meister(in) *m(f)* ❷ (*defensor*) Vorkämpfer(in) *m(f)*
**campeonato** [kampeo'nato] *m* Meisterschaft *f*; **de** ~ (*fam*) mordsmäßig
**campesinado** [kampesi'naðo] *m* ❶ (*conjunto*) Bauern *mpl* ❷ (*estamento*) Bauernstand *m*
**campesino, -a** [kampe'sino, -a] **I.** *adj* ❶ (*del campo*) ländlich ❷ (*de la gente del campo*) bäuerlich **II.** *m, f* ❶ (*que trabaja*) Bauer *m,* Bäuerin *f* ❷ (*que vive*) Landbewohner(in) *m(f)*; **los ~s** die Landbevölkerung
**campestre** [kam'pestre] *adj* Land-; **vida** ~ Landleben *nt*
**camping** ['kampiŋ] *m* ❶ (*campamento*) Campingplatz *m* ❷ (*acampada*) Zelten *nt*; **hacer** ~ zelten
**campiña** [kam'piɲa] *f* (*campo*) Feld *nt*; (*de cultivo*) Ackerland *nt*
**campo** ['kampo] *m* ❶ (*opuesto a ciudad*) Land *nt*; (*de cultivo*) Acker *m,* Feld *nt*; **gente del** ~ Landbevölkerung *f*; **ir al** ~ ins Grüne fahren; **tener** ~ **libre** (*fig*) freie Bahn haben ❷ (*terreno*) Feld *nt,* Platz *m*; (DEP) (Sport)platz *m* ❸ (*t.* POL, MIL: *campamento*) Lager *nt,* Camp *nt*; ~ **de concentración** (HIST) Konzentrationslager *nt*; ~ **de trabajo** (Jugend)workcamp *nt* ❹ (MIL: *terreno*) Feld *nt*; ~ **de tiro** Schießplatz *m* ❺ (FÍS, INFOR) Feld *nt*; ~ **visual** Sichtfeld *nt*; ~ **para entradas** (INFOR) Eingabefeld *nt*; ~ **de opción** (INFOR) Optionsfeld *nt* ❻ (*área del saber*) Gebiet *nt*; ~ **de actuación** Tätigkeitsfeld *nt*
**camposanto** [kampo'saṇto] *m* Friedhof *m*
**campus** ['kampus] *m inv* Campus *m*
**camuflaje** [kamu'flaxe] *m* Tarnung *f*
**camuflar** [kamu'flar] *vt* tarnen; (*fig*) verbergen
**cana** ['kana] *f* graues Haar *nt*; **echar una** ~ **al aire** (*fig*) sich *dat* eine Eskapade leisten
**Canadá** [kana'ða] *m*: (**el**) ~ Kanada *nt*
**canadiense I.** *adj* kanadisch **II.** *mf* Kanadier(in) *m(f)*
**canal** [ka'nal] *m o f* ❶ (*cauce artificial*) Kanal *m* ❷ (GEO: *paso natural*) Meerenge *f*; **el C~ de la Mancha** der Ärmelkanal; **el C~ de Panamá** der Panamakanal ❸ (*canalón*) Dachrinne *f* ❹ (TV) Sender *m*; ~ **de televisión** Fernsehsender *m* ❺ (TEL, ANAT) Kanal *m*
**canalización** [kanaliθa'θjon] *f* ❶ (*de un río*) Kanalisierung *f* ❷ (*alcantarillado*) Kanalisation *f*; (*infraestructura*) Kanalsystem *nt*
**canalizar** [kanali'θar] <z→c> *vt* ❶ (*un río*) kanalisieren ❷ (*encauzar*) gezielt lenken
**canalla** [ka'naʎa] *mf* (*pey*) Schurke, -in *m, f*
**canallada** [kana'ʎaða] *f* Gemeinheit *f*
**canallesco, -a** [kana'ʎesko, -a] *adj* schurkisch
**canalón** [kana'lon] *m* Dachrinne *f*
**canapé** [kana'pe] *m* Kanapee *nt*
**Canarias** [ka'narjas] *fpl*: **las Islas** ~ die Kanaren, die Kanarischen Inseln
**canario**[1] [ka'narjo] *m* Kanarienvogel *m*
**canario, -a**[2] [ka'narjo, -a] **I.** *adj* kanarisch **II.** *m, f* (*de Canarias*) Kanarier(in) *m(f)*
**canasta** [ka'nasta] *f* ❶ (*cesto*) Henkelkorb *m* ❷ (DEP) Korb *m*
**canastilla** [kanas'tiʎa] *f* ❶ (*cestita*) Körbchen *nt*; ~ **para cubiertos** Besteckkorb *m* ❷ (*del bebé*) Babyausstattung *f* ❸ (*en una freidora*) Frittierkorb *m*
**cancán** [kaŋ'kan] *m* ❶ (MÚS) Cancan *m* ❷ (*enagua*) Cancanunterrock *m*
**cancel** [kaṇ'θel] *m* ❶ (*en la puerta*) Windfang *m* ❷ (*mampara*) Wandschirm *m*
**cancelación** [kaṇθela'θjon] *f* ❶ (*anulación*) Streichung *f*; (*de una cita*) Absage *f* ❷ (FIN: *de una cuenta*) Löschung *f*; (*de una deuda*) Tilgung *f*; (*de un cheque*) Sperrung *f*; ~ **de un pedido** Stornierung eines Auftrags
**cancelar** [kaṇθe'lar] *vt* ❶ (*anular*) streichen; ~ **una cita** eine Verabredung absagen ❷ (*rescindir*) aufheben ❸ (FIN: *una cuenta*) löschen; (*una deuda*) tilgen; (*un cheque*) sperren
**cáncer** ['kaṇθer] *m* ❶ (MED, ASTR) Krebs *m* ❷ (*vicio*) Hauptübel *nt*
**cancerígeno, -a** [kaṇθe'rixeno, -a] *adj* Krebs erzeugend; (MED) kanzerogen
**canceroso, -a** [kaṇθe'roso, -a] *adj* krebs(art)ig; (MED) kanzerös; **tumor** ~ Krebsgeschwulst *f*
**cancha** ['kantʃa] *f* ❶ (*de deporte*) Sportplatz *m* ❷ (*Am: hipódromo*) Pferderennbahn *f* ❸ (*Am: de un río*) breites Flussbett *nt* ❹ (*Am: espacio*) Platz *m,* Raum *m*
**canciller** [kaṇθi'ʎer] *mf* ❶ (*Jefe de Gobierno* (*Federal*)) (Bundes)kanzler(in) *m(f)* ❷ (HIST: *en el Imperio Alemán*) Reichskanzler *m* ❸ (*en el Cuerpo Diplomático*) Kanzler(in) *m(f)* ❹ (*Am: de Asuntos Exteriores*) Außenminister(in) *m(f)*
**cancillería** [kaṇθiʎe'ria] *f* ❶ (*Jefatura del Gobierno* (*Federal*)) (Bundes)kanzleramt *nt* ❷ (*oficina*) Kanzlei *f* ❸ (*Am: Asuntos Exteriores*) Außenministerium *nt*
**canción** [kaṇ'θjon] *f* ❶ (*canto*) Lied *nt*; ~ **de moda** Schlager *m*; ~ **popular** Volkslied

*nt;* (**es**) **siempre la misma** ~ es ist immer das alte Lied ❷ (LIT, MÚS) Kanzone *f*

**cancionero** [kan̪θjo'nero] *m* ❶ (MÚS) Liederbuch *nt* ❷ (LIT) Liederhandschrift *f*

**candado** [kan̪'daðo] *m* Vorhängeschloss *nt*

**candela** [kan̪'dela] *f* Kerze *f*

**candelabro** [kan̪de'laβro] *m* Kerzenleuchter *m*

**candelero** [kan̪de'lero] *m* Kerzenständer *m;* **estar en el** ~ (*fig*) hoch im Kurs stehen

**candente** [kan̪'den̪te] *adj* ❶ (*al rojo*) glühend ❷ (*palpitante*) brennend

**candidato, -a** [kan̪di'ðato, -a] *m, f* ❶ (*aspirante*) Bewerber(in) *m(f)* ❷ (POL) Kandidat(in) *m(f);* ~ **al título** (DEP) Titelanwärter *m*

**candidatura** [kan̪diða'tura] *f* ❶ (*presentación*) Bewerbung *f;* (POL) Kandidatur *f* ❷ (*lista*) Kandidatenliste *f* ❸ (*papeleta*) Stimmzettel *m*

**candidez** [kan̪di'ðeθ] *f v.* **candor**

**cándido, -a** ['kan̪diðo, -a] *adj v.* **candoroso**

**candil** [kan̪'dil] *m* ❶ (*lámpara*) Öllampe *f* ❷ (*Am: candelabro*) Kerzenleuchter *m*

**candileja** [kan̪di'lexa] *f* Rampenlicht *nt;* **se crió entre ~s** er/sie ist im Rampenlicht aufgewachsen

**candor** [kan̪'dor] *m* ❶ (*inocencia*) Unschuld *f* ❷ (*ingenuidad*) Naivität *f;* (*simplicidad*) Einfalt *f*

**candoroso, -a** [kan̪do'roso, -a] *adj* ❶ (*inocente*) unschuldig ❷ (*ingenuo*) naiv; (*simple*) einfältig

**caneca** [ka'neka] *f* ❶ (*licorera*) Likörflasche *f* (*aus glasierter Keramik*) ❷ (*Col: basurero*) Mülleimer *m* ❸ (*Am: barril*) Fass *nt;* (*balde*) Eimer *m*

**canela** [ka'nela] *f* ❶ (*especia*) Zimt *m;* **¡esto es ~ fina!** (*fig*) das ist das Feinste vom Feinen! ❷ (*color*) Zimtfarbe *f*

**canelón** [kane'lon] *m* ❶ (*desagüe*) Dachrinne *f* ❷ *pl* (GASTR) Cannelloni *pl* ❸ (*carámbano*) Eiszapfen *m* ❹ (*charretera*) Raupe *f*

**canesú** [kane'su] *m* ❶ (*en una prenda*) Koller *nt* ❷ (*AmS: escote*) Halsausschnitt *m*

**cangilón** [kaŋxi'lon] *f* ❶ (*cántaro*) großer Krug *m* ❷ (*noria, draga*) Schöpfeimer *m;* (*rueda de molino*) Schaufelkammer *f*

**cangrejo** [kaŋ'grexo] *m* (*crustáceo*) Krebs *m;* ~ **de mar** Krabbe *f;* ~ **de río** Flusskrebs *m*

**canguelo** [kaŋ'gelo] *m* (*fam*) Heidenangst *f*

**canguro**[1] [kaŋ'guro] *m* (ZOOL) Känguru *nt*

**canguro**[2] [kaŋ'guro] *mf* (*fam: persona*) Babysitter(in) *m(f)*

**caníbal** [ka'niβal] **I.** *adj* kannibalisch **II.** *mf* Kannibale, -in *m, f*

**canibalismo** [kaniβa'lismo] *m* ❶ (*antropofagia*) Kannibalismus *m* ❷ (*salvajismo*) Grausamkeit *f*

**canica** [ka'nika] *f* Murmel *f*

**caniche** [ka'nitʃe] *m* Pudel *m*

**canícula** [ka'nikula] *f* ❶ (*período*) Hundstage *mpl* ❷ (ASTR) Sirius *m*

**canicular** [kaniku'lar] *adj* hochsommerlich; **las ~es** die Hundstage

**canijo, -a** [ka'nixo, -a] *adj* ❶ (*pey: endeble*) kümmerlich; (*pequeñajo*) mick(e)rig ❷ (*Am: malvado*) bösartig

**canilla** [ka'niʎa] *f* ❶ (ANAT: *hueso alargado*) Röhrenknochen *m;* (*tibia*) Schienbein *nt* ❷ (TÉC: *carrete*) Spule *f*

**canillera** [kani'ʎera] *f* (*Am*) ❶ (*espinillera*) Schienbeinschutz *m* ❷ (*temblor*) Schlottern *nt*

**canino** [ka'nino] *m* ❶ (*humano*) Eckzahn *m* ❷ (*de animales*) Fang(zahn) *m*

**canje** ['kaŋxe] *m* ❶ (*intercambio*) Austausch *m* ❷ (*de un vale*) Einlösen *nt*

**canjeable** [kaŋxe'aβle] *adj* umtauschbar (*por* gegen +*akk*)

**canjear** [kaŋxe'ar] *vt* ❶ (*intercambiar*) austauschen ❷ (*cambiar*) einlösen

**cannabis** ['kanaβis] *m sin pl* Cannabis *m*

**cano, -a** ['kano, -a] *adj v.* **canoso**

**canoa** [ka'noa] *f* ❶ (*bote a remo*) Kanu *nt;* (*tronco*) Einbaum *m;* (DEP: *piragua*) Kajak *m o nt;* (*canadiense*) Kanadier *m* ❷ (*a motor*) Motorboot *nt* ❸ (*Am: artesa*) Trog *m*

**canódromo** [ka'noðromo] *m* Hunderennbahn *f*

**canon** ['kanon] *m* ❶ (*precepto*) Gesetz *nt;* (REL) Kanon *m* ❷ (ARTE, LIT: *modelo*) Kanon *m* ❸ *pl* (*reglas*) Vorschriften *fpl*

**canónico, -a** [ka'noniko, -a] *adj* kanonisch

**canónigo** [ka'noniɣo] *m* (REL) Kanoniker *m*

**canonizar** [kanoni'θar] <z→c> *vt* (REL) heilig sprechen

**canoso, -a** [ka'noso, -a] *adj* grauhaarig

**cansado, -a** [kan'saðo, -a] *adj* ❶ *estar* (*fatigado*) müde ❷ *estar* (*harto*) überdrüssig (*de* +*gen*) ❸ *ser* (*fatigoso*) ermüdend; **un viaje** ~ eine anstrengende Reise ❹ *ser* (*aburrido*) langweilig ❺ *ser* (*molesto*) lästig ❻ (*Am*): **a las cansadas** sehr spät, nach langem Warten

**cansancio** [kan'san̪θjo] *m* ❶ (*fatiga*) Müdigkeit *f;* (*agotamiento*) Ermüdung *f;* **estoy muerto de** ~ ich bin todmüde ❷ (*hastío*) Überdruss *m*

**cansar** [kan'sar] **I.** *vi* ❶ (*fatigar*) anstrengend sein ❷ (*hastiar*) langweilig werden **II.** *vt* ❶ (*fatigar*) müde machen ❷ (*hastiar*) langweilen **III.** *vr:* ~**se** ❶ (*fatigarse*) müde werden ❷ (*hartarse*): ~**se de algo** etw *gen* überdrüssig werden

**cansino**, **-a** [kan'sino, -a] *adj* ❶ (*cansado*) kraftlos ❷ (*lento*) langsam ❸ (*desganado*) lustlos

**Cantabria** [kan̪'taβrja] *f* Kantabrien *nt*

**cantábrico**, **-a** [kan̪'taβriko, -a] *adj* kantabrisch; **el Mar C~** das Kantabrische Meer

**cántabro**, **-a** ['kan̪taβro, -a] **I.** *adj* kantabrisch **II.** *m, f* Kantabrer(in) *m(f)*

**cantada** [kan̪'taða] *f* (MÚS) Kantate *f*

**cantamañanas** [kan̪tama'ɲanas] *mf inv* (*fam*) Luftikus *m*

**cantante** [kan̪'tan̪te] **I.** *adj* singend; **llevar la voz ~** (*fig*) die erste Geige spielen **II.** *mf* Sänger(in) *m(f)*

**cantaor**(**a**) [kan̪ta'or(a)] *m(f)* Flamencosänger(in) *m(f)*

**cantar** [kan̪'tar] **I.** *vi, vt* ❶ (*personas, pájaros*) singen; (*gallo*) krähen; (*grillo*) zirpen; (*ranas*) quaken; **en menos que canta un gallo** (*fam*) im Nu ❷ (*alabar*) (an)preisen ❸ (*argot: confesar*) singen ❹ (*en el juego*) ansagen ❺ (*fam: oler mal*) stinken **II.** *m* Lied *nt;* (*copla popular*) Volkslied *nt*

**cántaro** ['kan̪taro] *m* (Henkel)krug *m;* **está lloviendo a ~s** es gießt in Strömen

**cantata** [kan̪'tata] *f* ❶ (MÚS) Kantate *f* ❷ (*fam pey*) Leier *f*

**cantautor**(**a**) [kan̪tau̯'tor(a)] *m(f)* Liedermacher(in) *m(f)*

**cante** ['kan̪te] *m* ❶ (*general*) Volkslied *nt;* **dar el ~** (*denunciar*) singen *fam;* (*llamar la atención*) hervorstechen; **dio el ~ con el color de su vestido** die Farbe ihres Kleides sprang ins Auge ❷ (*andaluz*) Flamenco *m*

**cantera** [kan̪'tera] *f* ❶ (*pedrera*) Steinbruch *m* ❷ (*t.* DEP: *cuna*) Kaderschmiede *f*

**cantero** [kan̪'tero] *m* ❶ (*picapedrero*) Steinmetz *m* ❷ (*Am: sembradío*) Beet *nt*

**cántico** ['kan̪tiko] *m* (REL) Lobgesang *m*

**cantidad** [kan̪ti'ðað] **I.** *f* ❶ (*porción*) Menge *f;* (*número*) Anzahl *f;* **una gran ~ de** eine Vielzahl von; **¿qué ~ necesitas?** wie viel brauchst du? ❷ (*suma de dinero*) Betrag *m* **II.** *adv* (*fam*) sehr viel

**cantimplora** [kan̪tim'plora] *f* ❶ (*botella de campaña*) Feldflasche *f* ❷ (*sifón*) Weinheber *m*

**cantina** [kan̪'tina] *f* ❶ (*en estaciones, cuarteles*) Kantine *f* ❷ (*bodega*) Weinkeller *m*

**cantinela** [kan̪ti'nela] *f* (*pey*) Leier *f;* **siempre la misma ~** immer die alte Leier

**canto** ['kan̪to] *m* ❶ (*cantar*) Singen *nt;* (*canción*) Gesang *m;* **~ gregoriano** Gregorianischer Gesang; **~ de los pájaros** Vogelgesang *m;* **estudia ~** er/sie studiert Gesang ❷ (*alabanza*) Lobgesang *m* ❸ (LIT) Gesang *m* ❹ (*arista*) Kante *f;* (*esquina*) Ecke *f* ❺ (*borde*) Rand *m;* (*de un vestido*) Saum *m* ❻ (*en un cuchillo*) Rücken *m;* (*en un libro*) Schnitt *m;* **poner de ~** hochkant stellen ❼ (*grosor*) Dicke *f* ❽ (*guijarro*) Kiesel(stein) *m*

**cantón** [kan̪'ton] *m* ❶ (*esquina*) Ecke *f* ❷ (ADMIN, POL) Kanton *m* ❸ (MIL) Quartier *nt*

**cantonalismo** [kan̪tona'lismo] *m* (POL) ❶ (*sistema*) Kantonalsystem *nt* ❷ (*debilitamiento*) *radikaler Föderalismus, der zur Zersetzung eines Staates führt*

**cantonera** [kan̪to'nera] *f* Kantenschutz *m;* (*de metal*) Eckbeschlag *m;* (*en una culata*) Kolbenbeschlag *m*

**cantor**(**a**) [kan̪'tor(a)] **I.** *adj* ❶ (*canoro*) Sing- ❷ (*cantarín*) sangesfroh; **los canarios son muy ~es** Kanarienvögel singen viel **II.** *m(f)* (*elev*) Sänger(in) *m(f)*

**cantoral** [kan̪to'ral] *m* (REL) Chorbuch *nt*

**canturrear** [kan̪turre'ar] *vi, vt* trällern

**canutas** [ka'nutas] *adj* (*fam*): **pasarlas ~** allerhand durchmachen

**canuto** [ka'nuto] *m* ❶ (*tubo*) Röhre *f* ❷ (*argot: porro*) Joint *m*

**caña** ['kaɲa] *f* ❶ (AGR, BOT) Rohr *nt;* (*tallo de cereal*) Halm *m;* (*junco*) Schilf *nt;* **~ de azúcar** Zuckerrohr *nt* ❷ (ANAT: *de la pierna*) Schienbein *nt;* (*tuétano*) Mark *nt* ❸ (*de pescar*) Angel(rute) *f* ❹ (*de un arma, una columna*) Schaft *m* ❺ (*en el calzado*) Beinling *m* ❻ (*de cerveza*) Glas *nt* gezapftes Bier

**cañada** [ka'ɲaða] *f* ❶ (*barranco*) Hohlweg *m* ❷ (AGR: *camino de ganado*) Weideweg *m*

**cañamazo** [kaɲa'maθo] *m* ❶ (*arpillera*) Sackleinen *nt* ❷ (*para bordar*) Stramin *m*

**cáñamo** ['kaɲamo] *m* ❶ (*planta*) Hanf *m* ❷ (*tejido*) Hanfgarn *nt;* **de ~** hanfen, hänfen

**cañería** [kaɲe'ria] *f* Rohrleitung *f;* **~ del agua** Wasserleitung *f*

**cañizal** [kaɲi'θal] *m*, **cañizar** [kaɲi'θar] *m* Röhricht *nt*

**caño** ['kaɲo] *m* ❶ (*tubo*) Röhre *f;* (*de la fuente*) Ausflussrohr *nt;* (*chorro*) Wasserstrahl *m* ❷ (*desagüe*) Abflussrohr *nt*

**cañón** [ka'ɲon] *m* ❶ (*tubo*) Rohr *nt;* **~ de escopeta** Gewehrlauf *m;* **de dos cañones** doppelläufig ❷ (MIL) Kanone *f;* (*artillería*) Geschütz *nt;* **~ de nieve** Schneekanone *f;* **carne de ~** Kanonenfutter *nt* ❸ (*de la barba*) Stoppel *f* ❹ (*de una pluma*) Federkiel *m* ❺ (GEO) Cañon *m;* **el C~ del Colorado** der Grand Canyon

**cañonazo** [kaɲo'naθo] *m* ❶ (*disparo*) Kanonenschuss *m* ❷ (*fam: en el fútbol*) Bombenschuss *m* ❸ (*estruendo*) Kanonenschlag *m* ❹ (*daños*) Einschussloch *nt*

**cañonera** [kaɲo'nera] *f* ❶ (*en una fortificación*) Schießscharte *f;* (*en un barco*) Geschützpforte *f* ❷ (*Am: pistolera*) Halfter *f o nt*

**cañonero** [kaɲo'nero] *m* (MIL, NÁUT) Kanonier *m*

**caoba** [ka'oβa] **I.** *adj:* (**color**) ~ mahagonibraun **II.** *f* ❶ (*madera*) Mahagoni(holz) *nt* ❷ (*árbol*) Mahagonibaum *m*

**caos** ['kaos] *m inv* Chaos *nt*

**caótico**, **-a** [ka'otiko, -a] *adj* chaotisch

**capa** ['kapa] *f* ❶ (*prenda*) Cape *nt,* Umhang *m;* **defender a ~ y espada** aufs Äußerste verteidigen; **andar** [*o* **estar de**] **~ caída** heruntergekommen sein ❷ (TAUR) Capa *f* ❸ (*cobertura*) Auflage *f;* (*recubrimiento*) Belag *m;* (*baño*) Überzug *m;* **~ aislante** Isolierschicht *f;* **~ de nieve** Schneedecke *f* ❹ (*estrato*) Schicht *f;* **~ de ozono** Ozonschicht *f* ❺ (GEO, MIN) Flöz *nt*

**capacho** [ka'patʃo] *m* Tragekorb *m*

**capacidad** [kapaθi'ðaᵈ] *f* ❶ (*cabida*) Fassungsvermögen *nt* ❷ (FÍS: *potencia*) Leistung(sfähigkeit) *f* ❸ (*aptitud*) Fähigkeit *f* (*para* zu +*dat*); **~ adquisitiva** Kaufkraft *f;* **~ negociadora** Verhandlungsgeschick *nt;* **~ de persuasión** Überredungskunst *f* ❹ (JUR) Berechtigung *f* ❺ (*Am: persona dotada*) Kapazität *f*

**capacitación** [kapaθita'θjon] *f* (*capacidad*) Befähigung *f;* (*formación*) Qualifikation *f;* (JUR: *habilitación*) Berechtigung *f*

**capacitado**, **-a** [kapaθi'taðo, -a] *adj* befähigt (*para* zu +*dat*), qualifiziert (*para* für +*akk*)

**capacitar** [kapaθi'tar] **I.** *vt* ❶ (*formar*) schulen; (*preparar*) befähigen (*para* zu +*dat*) ❷ (*Am:* JUR: *habilitar*) bevollmächtigen **II.** *vr:* **~se** den Befähigungsnachweis erbringen (*para* für +*akk*)

**capar** [ka'par] *vt* ❶ (*fam: un pollo*) kappen; (*animal o persona*) kastrieren ❷ (*limitar*) einschränken

**caparazón** [kapara'θon] *m* ❶ (*de una tortuga*) Panzer *m;* (*de insectos*) Deckflügel *mpl* ❷ (*protección*) Schutz *m;* (*capa*) (Schutz)schicht *f* ❸ (*de un ave*) Gerippe *nt*

**capataz** [kapa'taθ] *m* Vorarbeiter *m*

**capaz** [ka'paθ] *adj* ❶ (*con cabida*) geräumig ❷ (*apto*) befähigt ❸ (*en condiciones*) fähig ❹ (*Am: tal vez*) vielleicht

**capazo** [ka'paθo] *m* ❶ (*espuerta*) (geflochtener) Tragekorb *m* ❷ (*de bebé*) Babytragetasche *f*

**capciosidad** [kaβθjosi'ðaᵈ] *f* Tücke *f*

**capcioso**, **-a** [kaβ'θjoso, -a] *adj* (*engañoso*) tückisch; (*insidioso*) verfänglich

**capea** *f Amateurstierkampf mit jungen Rindern, die am Leben gelassen werden*

**i Land & Leute**

Bei der **capea** handelt es sich um einen nicht-professionellen Stierkampf. Die Stiere – in den meisten Fällen ganz junge Tiere – werden dabei nicht getötet, sondern zum Vergnügen von Jung und Alt mit roten *capas* – *Tüchern* gereizt.

**capear** [kape'ar] *vt* ❶ (TAUR) mit der Capa reizen ❷ (*entretener*) hinhalten ❸ (*esquivar*) meiden

**capellán** [kape'ʎan] *m* ❶ (*con capellanía*) Kaplan *m* ❷ (*clérigo*) Geistliche(r) *m*

**Caperucita** (**Roja**) [kaperu'θita ('rroxa)] *f* Rotkäppchen *nt;* **no me cuentes el cuento de ~** (*fig*) erzähl mir keine Märchen

**caperuza** [kape'ruθa] *f* Kappe *f;* (*protección*) Haube *f*

**capicúa** [kapi'kua] *m* ❶ (*número*) symmetrische Zahl *f* ❷ (*palabra*) Palindrom *nt*

**capilar** [kapi'lar] **I.** *adj* ❶ (*del cabello*) Haar-; **tratamiento ~** Haarpflegesystem *nt* ❷ (*fino*) haarfein; **vasos ~es** Kapillargefäße *ntpl* **II.** *m* Kapillare *f*

**capilla** [ka'piʎa] *f* (REL) Kapelle *f;* **~ ardiente** Aufbahrung *f*

**capirotazo** [kapiro'taθo] *m* Kopfnuss *f*

**capital¹** [kapi'tal] **I.** *adj* wesentlich, Haupt-; **letra ~** (*Am*) Großbuchstabe *m;* **pena ~** Todesstrafe *f;* **de ~ importancia** von höchster Wichtigkeit **II.** *m* (ECON, FIN) Kapital *nt;* **~ fijo** festliegendes Kapital; **~ a plazo** Termingeld *nt;* **bienes de ~** Kapitalvermögen *nt*

**capital²** [kapi'tal] *f* (*ciudad*) Hauptstadt *f;* (*gran ciudad*) Großstadt *f*

**capitalismo** [kapita'lismo] *m* Kapitalismus *m*

**capitalista** [kapita'lista] **I.** *adj* kapitalistisch **II.** *mf* Kapitalist(in) *m(f);* (ECON, FIN: *financiero*) Geldgeber(in) *m(f),* Finanzier *m*

**capitalización** [kapitaliθa'θjon] *f* (ECON, FIN) Kapitalisierung *f;* **~ bursátil** Börsenkapitalisierung *f*

**capitalizar** [kapitali'θar] <z→c> *vt* ❶ (ECON, FIN) kapitalisieren ❷ (*copar*) an sich reißen

**capitán** [kapi'tan] *m* ❶ (MIL) Hauptmann

*m;* ~ **general** Oberbefehlshaber *m* ❷ (NÁUT) Kapitän *m,* Kommandant *m;* (AERO) Flugkapitän *m* ❸ (DEP) Mannschaftskapitän *m* ❹ (*de una banda*) Anführer *m*

**capitanear** [kapitane'ar] *vt* ❶ (MIL) befehligen ❷ (*dirigir*) anführen

**capitanía** [kapita'nia] *f* ❶ (MIL) Kapitänsgrad *m;* ~ **general** Generalkapitanat *nt* ❷ (*liderazgo*) Führerschaft *f*

**capitel** [kapi'tel] *m* (ARQUIT) ❶ (*en una columna*) Kapitell *nt* ❷ (*chapitel*) Turmspitze *f*

**capitolio** [kapi'toljo] *m* ❶ (HIST) Kapitol *nt* ❷ (*edificio*) Parlamentsgebäude *nt;* (*consistorio*) Rathaus *nt*

**capitulación** [kapitula'θjon] *f* ❶ (MIL) Kapitulation *f* ❷ (*acuerdo*) Vereinbarung *f*

**capitular** [kapitu'lar] **I.** *adj* (REL) Kapitel- **II.** *vi* ❶ (*acordar*) eine Vereinbarung treffen ❷ (*rendirse*) kapitulieren **III.** *m* ❶ (REL) Kapitular *m* ❷ (ADMIN, POL) Stadtrat *m*

**capítulo** [ka'pitulo] *m* (*t.* REL) Kapitel *nt*

**capo** ['kapo] *m* (*jefe mafioso*) Pate *m*

**capó** [ka'po] *m* Motorhaube *f*

**capón** [ka'pon] **I.** *adj* kastriert **II.** *m* ❶ (*pollo*) Kapaun *m* ❷ (*coscorrón*) Kopfnuss *f*

**caporal** [kapo'ral] *m* ❶ (MIL) Korporal *m,* Gefreite(r) *m* ❷ (*jefe*) Anführer *m* ❸ (AGR) Viehaufseher *m*

**capot** [ka'po] *m* Motorhaube *f*

**capota** [ka'pota] *f* (AUTO) Verdeck *nt*

**capotar** [kapo'tar] *vi* (*coche*) sich überschlagen; (*avión*) abstürzen

**capote** [ka'pote] *m* ❶ (*abrigo sin mangas*) Cape *nt;* ~ **de monte** (*Am*) Poncho *m* ❷ (TAUR) große Capa *f;* **echar un** ~ **a alguien** (*fig*) jdm einen Rettungsanker zuwerfen

**capricho** [ka'pritʃo] *m* ❶ (*antojo*) Laune *f;* **a** ~ nach Belieben; **darse un** ~ sich *dat* etwas gönnen ❷ (*adorno*) Zierrat *m;* (*pey*) Schnickschnack *m* ❸ (MÚS) Capriccio *nt*

**caprichoso, -a** [kapri'tʃoso, -a] *adj* ❶ (*antojadizo*) eigensinnig ❷ (*pey: inconstante*) launenhaft ❸ (*pey: arbitrario*) willkürlich

**Capricornio** [kapri'kornjo] *m* (ASTR) Steinbock *m*

**cápsula** ['kaβsula] *f* ❶ (*receptáculo, t.* ANAT) Kapsel *f;* ~ **espacial** (AERO) Raumkapsel *f* ❷ (BOT: *membrana*) Hülse *f* ❸ (*tapón*) Kronenkorken *m*

**captación** [kapta'θjon] *f* ❶ (*obtención*) Gewinnung *f* ❷ (*registro*) Erfassung *f;* ~ **de datos** (INFOR) Datenerfassung *f* ❸ (*atracción*) Erschleichung *f*

**captar** [kap'tar] **I.** *vt* ❶ (*recoger*) sammeln; (*aprovechar*) nutzbar machen; (*capital*) aufbringen ❷ (*percibir*) wahrnehmen ❸ (TEL) empfangen ❹ (CINE, FOTO) einfangen ❺ (INFOR) erfassen ❻ (*comprender*) begreifen **II.** *vr:* ~**se** gewinnen; (*pey*) erschmeicheln

**captura** [kap'tura] *f* ❶ (*apresamiento*) Ergreifung *f* ❷ (*detención*) Festnahme *f* ❸ (NÁUT) Aufbringen *nt* ❹ (*piezas cobradas*) Fang *m*

**capturar** [kaptu'rar] *vt* ❶ (*apresar*) ergreifen ❷ (*detener*) festnehmen ❸ (NÁUT) aufbringen ❹ (*cazar, pescar*) fangen

**capucha** [ka'putʃa] *f* ❶ *v.* **capuchón** ❷ (TIPO) Zirkumflex *m*

**capuchino**[1] [kapu'tʃino] *m* (*café*) Cappuccino *m*

**capuchino, -a**[2] [kapu'tʃino, -a] **I.** *adj* Kapuziner- **II.** *m, f* Kapuziner(mönch) *m,* Kapuzinerin *f*

**capuchón** [kapu'tʃon] *m* ❶ (*para la cabeza*) Kapuze *f* ❷ (*tapa*) (Verschluss)kappe *f*

**capullo** [ka'puʎo] *m* ❶ (BOT: *de flor*) Knospe *f* ❷ (ZOOL) Kokon *m;* **hacer el** ~ sich einspinnen; **salir del** ~ ausschlüpfen ❸ (*fam: prepucio*) Vorhaut *f* ❹ (*vulg: canalla*) Arschloch *nt*

**caqui** ['kaki] **I.** *adj* kakifarben **II.** *m* ❶ (*color*) Kaki *nt* ❷ (*tela*) Kaki *m* ❸ (BOT) Kakifrucht *f*

**cara** ['kara] **I.** *f* ❶ (*rostro*) Gesicht *nt;* ~ **a** ~ von Angesicht zu Angesicht; **a** ~ **descubierta** unverhüllt; (**no**) **dar la** ~ (nicht) zu etwas stehen; **echar en** ~ vorwerfen; **hacer** [*o* **plantar**] ~ die Stirn bieten; **partir** [*o* **romper**] **la** ~ **a alguien** (*fam*) jdm die Fresse polieren ❷ (*expresión*) Miene *f;* ~ **de póker** Pokerface *nt;* **una** ~ **larga** ein langes Gesicht; **una** ~ **de pocos amigos** (*fam*) ein unfreundliches Gesicht; **salvar la** ~ den Schein wahren ❸ (*aspecto*) Aussehen *nt;* **tener buena/mala** ~ (*fam*) gut/schlecht aussehen ❹ (*lado*) Seite *f;* (*de una moneda*) Kopf *m* ❺ (*fam: osadía*) Stirn *f;* **¡qué** ~**!** was für eine Frechheit!; **tener mucha** ~ unverschämt sein **II.** *prep* (*en dirección a*): (**de**) ~ **a** gegenüber; **de** ~ **al futuro** in Hinblick auf die Zukunft **III.** *conj:* **de** ~ **a** +*inf* um... zu +*inf*

**carabela** [kara'βela] *f* (NÁUT) Karavelle *f*

**carabina** [kara'βina] *f* ❶ (*fusil*) Karabiner *m* ❷ (*fam: acompañanta*) Anstandsdame *f*

**carabinero** [karaβi'nero] *m* Karabiniere *m*

**caracol** [kara'kol] *m* ❶ (ZOOL) Schnecke *f* ❷ (*concha*) Schneckenhaus *nt* ❸ (ANAT) Schnecke *f* ❹ (*de pelo*) Löckchen *nt*

**caracola** [kara'kola] *f* Meeresschnecke *f*

**carácter** [ka'rakter] <caracteres> *m* ❶ (*personalidad*) Charakter *m,* Wesen *nt*

2 (*temperamento fuerte*) Charakterstärke *f*; (**no**) **tiene** ~ er/sie zeigt (keinen) Charakter; **sin** ~ charakterlos 3 (*índole*) Art *f*; **con** ~ **de** als 4 (BIOL) Merkmal *nt* 5 (TIPO) Buchstabe *m* 6 (INFOR) Zeichen *nt*; ~ **de separación** Trennzeichen *nt* 7 (*Am: personaje*) Rolle *f*

**característica** [karakte'ristika] *f* 1 (*atributo*) Merkmal *nt* 2 (*peculiaridad*) Eigenart *f* 3 (*cualidad*) Eigenschaft *f*

**característico**, **-a** [karakte'ristiko, -a] **I.** *adj* charakteristisch; **rasgo** ~ Merkmal *nt* **II.** *m, f* (CINE, TEAT) Charakterdarsteller(in) *m(f)*

**caracterización** [karakteriθa'θjon] *f* 1 (*acción*) Charakterisierung *f* 2 (*descripción*) Charakterbild *nt* 3 (TEAT) Darstellung *f*

**caracterizar** [karakteri'θar] <z→c> **I.** *vt* 1 (*marcar*) charakterisieren 2 (*describir*) schildern (*como* als +*akk*) 3 (TEAT) darstellen **II.** *vr:* ~**se** 1 (*destacar*) sich auszeichnen (*por* durch +*akk*) 2 (CINE, TEAT) eine Rolle überzeugend spielen

**caracterológico**, **-a** [karaktero'loxiko, -a] *adj* (PSICO) charakterologisch; **cambio** ~ Wesensänderung *f*

**caradura** [kara'ðura] *mf* (*fam*) unverschämter Mensch *m*

**carajillo** [kara'xiʎo] *m Kaffee mit einem Schuss Kognak oder Schnaps*

**caramba** [ka'ramba] *interj* (*fam*): ¡(**qué**) ~! (*enfado*) verdammt noch mal!; (*extrañeza*) herrje!; (*admiración*) Donnerwetter!

**carámbano** [ka'rambano] *m* Eiszapfen *m*

**carambola** [karam'bola] *f* 1 (*fam: trampa*) Schwindel *m* 2 (*en el billar*) Karambole *f*; **de** [*o* **por**] ~ (*fam*) mit etwas Glück 3 (BOT) Sternfrucht *f*

**caramelizar** [karameli'θar] <z→c> **I.** *vi* (GASTR: *el azúcar*) karamellieren **II.** *vt* (GASTR: *recubrir*) karamellisieren; ~ **el fondo de un molde** eine Form mit Karamellzucker ausgießen

**caramelo** [kara'melo] *m* 1 (*azúcar quemado*) Karamell(zucker) *m*; (**de**) **color** ~ karamellfarben 2 (*golosina*) Bonbon *m o nt*

**carantoña** [karaṇ'toɲa] *f* (*zalamería*) Schmuserei *f*; **hacer** ~**s** schmusen

**caraqueño**, **-a** [kara'keɲo, -a] **I.** *adj* aus Caracas **II.** *m, f* Einwohner(in) *m(f)* von Caracas

**carátula** [ka'ratula] *f* 1 (*careta*) Maske *f* 2 (*pey: farándula*) Schauspielervolk *nt* 3 (*portada*) Titelblatt *nt*; (*de un disco*) Plattencover *nt*

**caravana** [kara'βana] *f* 1 (*recua*) Karawane *f* 2 (*embotellamiento*) Stau *m* 3 (*vehículo*) Wohnmobil *nt*; (*remolque*) Wohnwagen *m*

**carbón** [kar'βon] *m* Kohle *f*; ~ **de leña** [*o* **vegetal**] Holzkohle *f*; **dibujo al** ~ (ARTE) Kohlezeichnung *f*; **papel** ~ Kohlepapier *nt*

**carbonatado**, **-a** [karβona'taðo, -a] *adj* kohlensäurehaltig; **agua carbonatada** Mineralwasser mit Kohlensäure

**carbonato** [karβo'nato] *m* (QUÍM) Karbonat *nt*

**carboncillo** [karβoṇ'θiʎo] *m* Kohlestift *m*; **dibujo al** ~ Kohlezeichnung *f*

**carbonera** [karβo'nera] *f* 1 (*horno*) Kohlenmeiler *m* 2 (*almacén*) Kohlenkeller *m*

**carbonero**, **-a** [karβo'nero, -a] **I.** *adj* Kohlen- **II.** *m, f* 1 (*productor*) Köhler(in) *m(f)* 2 (*vendedor*) Kohlenhändler(in) *m(f)*

**carbonizar** [karβoni'θar] <z→c> **I.** *vt* 1 (*abrasar*) verkohlen 2 (QUÍM) karbonisieren **II.** *vr:* ~**se** verbrennen

**carbono** [kar'βono] *m* (QUÍM) Kohlenstoff *m*; **dióxido de** ~ Kohlendioxyd *nt*

**carbunco** [kar'βuŋko] *m* (MED) Karbunkel *m*

**carburación** [karβura'θjon] *f* 1 (AUTO) Zerstäubung *f* 2 (QUÍM) Aufkohlung *f*

**carburador** [karβura'ðor] *m* (TÉC) Vergaser *m*

**carburante** [karβu'raṇte] *m* (QUÍM, TÉC) Kraftstoff *m*, Treibstoff *m*

**carburar** [karβu'rar] **I.** *vt* (QUÍM, TÉC) karburieren **II.** *vi* (*fam: funcionar*) gehen

**carburo** [kar'βuro] *m* (QUÍM) Karbid *nt*

**carcajada** [karka'xaða] *f* Gelächter *nt*; **reírse a** ~**s** lauthals lachen; **soltar una** ~ laut auflachen

**carcajear** [karkaxe'ar] *vi, vr:* ~**se** 1 (*reírse a carcajadas*) lauthals lachen 2 (*fam: no respetar*) pfeifen (*de* auf +*akk*)

**carcamal** [karka'mal] *m* (*fam pey*) alter Knacker *m*; **está hecho un** ~ er ist ein Wrack

**carcasa** [kar'kasa] *f* (TÉC) Gehäuse *nt*

**cárcel** ['karθel] *f* Gefängnis *nt*; ~ **de régimen abierto** offene Haft; **tres años de** ~ drei Jahre Gefängnis; **estar en la** ~ im Gefängnis sitzen; **ir a parar a la** ~ ins Gefängnis kommen

**carcelero**, **-a** [karθe'lero, -a] *m, f* Gefängniswärter(in) *m(f)*

**carcinoma** [karθi'noma] *m* (MED) Karzinom *nt*

**carcoma** [kar'koma] *f* 1 (ZOOL) Holzwurm *m* 2 (*polvillo*) Holzmehl *nt* 3 (*destrucción lenta*) Zermürbung *f*

**carcomer** [karko'mer] **I.** *vt* 1 (*corroer*) zerfressen 2 (*minar*) untergraben **II.** *vr:* ~**se**

zerfallen
**cardador**[1] [karða'ðor] *m* (ZOOL) Schnurfüßer *m*
**cardador(a)**[2] [karða'ðor(a)] *m(f)* (*oficio*) Wollkämmer(in) *m(f)*
**cardamomo** *m* Kardamom *m o nt*
**cardar** [kar'ðar] *vt* ❶ (*proceso textil*) karden ❷ (*el pelo*) toupieren
**cardenal** [karðe'nal] *m* ❶ (REL, ZOOL) Kardinal *m* ❷ (*hematoma*) blauer Fleck *m*
**cardenalicio, -a** [karðena'liθjo, -a] *adj* Kardinals-; **capelo** ~ Kardinalshut *m*
**cardenillo** [karðe'niʎo] *m* (QUÍM) Grünspan *m*
**cardiaco, -a** [kar'ðjako, -a] *adj*, **cardíaco, -a** [kar'ðiako, -a] *adj* Herz-; (MED) Kardio-; **ataque** ~ Herzanfall *m;* **paro** ~ Herzstillstand *m*
**cardinal** [karði'nal] *adj* Haupt-; **los cuatro puntos ~es** die vier Himmelsrichtungen; **número** ~ (LING) Kardinalzahl *f*
**cardiocirujano, -a** [karðjoθiru'xano, -a] *m, f* (MED) Herzchirurg(in) *m(f)*
**cardiología** [karðjolo'xia] *f* (MED) Kardiologie *f*
**cardiólogo, -a** [kar'ðjoloɣo, -a] *m, f* (MED) Herzspezialist(in) *m(f),* Kardiologe, -in *m, f*
**cardiovascular** [karðjoβasku'lar] *adj* (MED) kardiovaskulär
**cardo** ['karðo] *m* ❶ (*silvestre*) Distel *f* ❷ (*verdura*) Kardone *f* ❸ (*fam pey: desabrido*) kratzbürstige Person *f*
**carear** [kare'ar] **I.** *vt* ❶ (JUR: *confrontar*) gegenüberstellen ❷ (*cotejar*) gegeneinander halten **II.** *vr:* **~se** (*enfrentarse*) sich auseinander setzen; (JUR) konfrontiert werden
**carecer** [kare'θer] *irr como crecer vi* nicht haben (*de* +*akk*); **carece de importancia/de sentido** es ist belanglos/sinnlos; **tu afirmación carece de lógica** deine Behauptung entbehrt jeder Logik
**carenado** [kare'naðo] *m* (AUTO, TÉC) stromlinienförmige Karosserie *f*
**carencia** [ka'renθja] *f* ❶ (*falta*) Fehlen *nt* (*de* von +*dat*) ❷ (*t.* ECON, MED: *escasez*) Mangel *m* (*de* an +*dat*)
**carente** [ka'rente] *adj* frei (*de* von +*dat*), ohne (*de* +*akk*); ~ **de escrúpulos** skrupellos; ~ **de interés** uninteressant
**careo** [ka'reo] *m* (*t.* JUR) Konfrontation *f*
**carestía** [kares'tia] *f sin pl* ❶ (*escasez*) Mangel *m* (*de* an +*dat*); (*necesidad*) Not *f* ❷ (ECON: *encarecimiento*) Teuerung *f;* **la ~ de la vida** der Anstieg der Lebenshaltungskosten
**careta** [ka'reta] *f* Maske *f;* **quitar la ~ a alguien** jdm die Maske vom Gesicht reißen; (*fig*) jdn entlarven
**carga** ['karɣa] *f* ❶ (*llenado*) Beladung *f;* **permitida ~ y descarga** Be- und Entladen gestattet ❷ (*cargamento*) (Trag)last *f;* (*flete*) Fracht *f;* **animal de ~** Lasttier *nt;* **buque de ~** Frachter *m* ❸ (*obligación*) Verpflichtung *f;* **ser una ~ para alguien** jdm zur Last fallen ❹ (FOTO, MIL: *cargador*) Magazin *nt;* (*munición*) Ladung *f;* **~ explosiva** Sprengladung *f* ❺ (DEP, MIL: *ataque*): **~ policial** Eingreifen der Polizei; **¡a la ~!** (MIL) Attacke! ❻ (FIN) Belastung *f;* **~ fiscal** [*o* **impositiva**] Steuerlast *f*
**cargado, -a** [kar'ɣaðo, -a] *adj* ❶ (*con cargamento*) beladen; (*lleno*) voll (*con/de* mit +*dat*); **~ de problemas** problembeladen ❷ (FÍS, TÉC) geladen; **la batería está cargada** die Batterie ist geladen ❸ (*pesado*) drückend; **aire ~** schlechte Luft; **un ambiente ~** (*fig*) eine geladene Stimmung ❹ (*fuerte*) kräftig; **un café muy ~** ein sehr starker Kaffee ❺ (*fam: borracho*) blau, besoffen
**cargador** [karɣa'ðor] *m* ❶ (*oficio*) (Ver)lader *m* ❷ (*en un arma*) Magazin *nt*
**cargamento** [karɣa'mento] *m* Ladung *f,* Fracht *f*
**cargante** [kar'ɣante] *adj* (*importuno*) aufdringlich; (*pesado*) lästig
**cargar** [kar'ɣar] <g→gu> **I.** *vi* ❶ (*llevar*) tragen (*con* +*akk*) ❷ (MIL: *atacar*) angreifen (*contra/sobre* +*akk*) ❸ (*reposar*) lasten (*en/sobre* auf +*dat*); (ARQUIT) ruhen (*en/sobre* auf +*dat*); **~ en cuenta** (FIN) das Konto belasten **II.** *vt* ❶ (*para el transporte*) (be)laden; (MIL: *arma*) laden; **~ las tintas** (*fig*) zu dick auftragen ❷ (*achacar*) belasten; **~ a alguien con las culpas** jdm die Schuld in die Schuhe schieben ❸ (FIN: *en una cuenta*) mit einem Betrag belasten ❹ (*fam: irritar*) reizen; **este tipo me carga** dieser Typ geht mir auf die Nerven ❺ (*argot: suspender*): **a Paco le han cargado las mates** Paco ist in Mathe durchgefallen ❻ (INFOR) hochladen ❼ (*Am: llevar*) tragen; **¿cargas dinero?** hast du Geld dabei? **III.** *vr:* **~se** ❶ (*llenarse*) sich füllen (*con/de* mit +*dat*) ❷ (*fam: romper*) kaputtmachen; **¡te la vas a ~!** (*fig*) das wird dir noch Leid tun! ❸ (*fam: matar*) umbringen
**cargo** ['karɣo] *m* ❶ (FIN: *cantidad debida*) Soll *nt;* **~ a cuenta** Lastschrift *f;* **con ~ a nosotros** auf unsere Kosten ❷ (*reproche*) Vorwurf *m;* **~ de conciencia** Gewissensbisse *mpl* ❸ (*puesto*) Amt *nt,* Posten *m;* **desempeñar un ~** ein Amt innehaben ❹ (*responsabilidad*) Verantwortung *f;*

C

(*deber*) Verpflichtung *f;* **estoy a ~ de las correcciones** ich bin für die Korrektur zuständig

**carguero** [kar'ɣero] *m* (NÁUT) Frachter *m;* (*de contenedores*) Containerschiff *nt*

**cariacontecido, -a** [kariakon̩te'θiðo, -a] *adj* mit einem betrübten Gesicht

**cariar** [kari'ar/ka'rjar] <*1. pres:* carío> **I.** *vt* (MED) Karies verursachen (an +*dat*) **II.** *vr:* **~se** (MED) von Karies befallen werden

**caribe** [ka'riβe] **I.** *adj* ① (*Am: caribeño*) karibisch ② (*Am: antropófago*) kannibalisch ③ (*Am: cruel*) grausam ④ (*Ant: furioso*) zornig **II.** *m* ① (*indígena*) Karibe *m* ② (*Am: cruel*) grausamer Mensch *m*

**Caribe** [ka'riβe] *m:* **el** (**Mar**) ~ die Karibik, das Karibische Meer

**caribeño, -a** [kari'βeɲo, -a] **I.** *adj* karibisch **II.** *m, f* Einwohner(in) *m(f)* der Karibik

**caricatura** [karika'tura] *f* (*dibujo*) Karikatur *f*

**caricaturista** [karikatu'rista] *mf* Karikaturist(in) *m(f)*

**caricaturizar** [karikaturi'θar] <z→c> *vt* karikieren

**caricia** [ka'riθja] *f* Liebkosung *f;* **hacer ~s a alguien** jdn streicheln

**caridad** [kari'ðaᵈ] *f* (*amor al prójimo*) Nächstenliebe *f;* (*generosidad*) Wohltätigkeit *f;* (*limosna*) Almosen *nt;* **hacer obras de ~** Wohltätigkeit üben; **¡una limosna, por ~!** eine milde Gabe!

**caries** ['karjes] *f inv* (MED) Karies *f*

**carillón** [kari'ʎon] *m* (*t.* MÚS) Glockenspiel *nt*

**Carintia** [ka'rin̩tja] *f* Kärnten *nt*

**cariño** [ka'riɲo] *m* ① (*afecto*) Zuneigung *f;* (*amor*) Liebe *f;* **hacer algo con ~** etw liebevoll machen; **sentir ~ por alguien** jdn lieb haben ② (*persona querida*): **¡~** (**mío**)! (mein) Liebling! ③ (*mimo*) Liebkosung *f;* **hacer ~s** (*fam*) liebkosen

**cariñoso, -a** [kari'ɲoso, -a] *adj* liebevoll (*con* zu +*dat*), zärtlich (*con* zu +*dat*)

**carioca** [ka'rjoka] **I.** *adj* aus Rio de Janeiro; (*brasileño*) brasilianisch **II.** *mf* Einwohner(in) *m(f)* von Rio de Janeiro

**carisma** [ka'risma] *m* (*t.* REL) Charisma *nt*

**carismático, -a** [karis'matiko, -a] *adj* charismatisch; **un político ~** ein charismatischer Politiker

**caritativo, -a** [karita'tiβo, -a] *adj* karitativ, wohltätig

**cariz** [ka'riθ] *m* ① (*aspecto*) Eindruck *m;* (*situación*) Lage *f;* **esto toma buen ~** das sieht rosig aus ② (METEO) Wetterlage *f*

**Carlomagno** [karlo'maɣno] *m* (HIST) Karl der Große

**carmesí** [karme'si] *adj* karmesinrot, karminrot

**carmín** [kar'min] **I.** *adj* karminrot **II.** *m* ① (*color*) Karmin(rot) *nt* ② (*tinte*) Karmin *nt* ③ (*pintalabios*): (**barra de**) ~ Lippenstift *m*

**carnada** [kar'naða] *f* Köder *m* (*aus Fisch oder Fleisch*)

**carnal** [kar'nal] *adj* ① (REL) fleischlich; **trato ~** Beischlaf *m* ② (*consanguíneo*) leiblich; **somos primos ~es** wir sind Cousins ersten Grades

**carnaval** [karna'βal] *m* Karneval *m,* Fasching *m*

**carnavalesco, -a** [karnaβa'lesko, -a] *adj* Karnevals-; **ambiente ~** Karnevalsstimmung *f*

**carnaza** [kar'naθa] *f* Köder *m*

**carne** ['karne] *f* ① (*del cuerpo*) Fleisch *nt;* **~ de gallina** Gänsehaut *f;* **de ~ y hueso** (*auténtico*) leibhaftig; (*humano*) menschlich; **echar ~s** Fett ansetzen; **ser uña y ~** ein Herz und eine Seele sein; **los placeres de la ~** die fleischlichen Wonnen ② (*alimento*) Fleisch *nt;* (*plato*) Fleischgericht *nt;* **~ asada** Braten *m;* **~ de cerdo/vacuna** Schweine-/Rindfleisch *nt;* **~ picada** Hackfleisch *nt* ③ (*pulpa*) Fruchtfleisch *nt*

**carné** [kar'ne] *m* <carnés> Ausweis *m;* **~ de estudiante/de identidad** Studenten-/Personalausweis *m;* **~ de conducir, ~ de manejo** (*Am*) Führerschein *m*

**carnero** [kar'nero] *m* ① (ZOOL) Widder *m* ② (*CSur: débil*) Schwächling *m;* (*desertor de huelga*) Streikbrecher *m*

**carnet** [kar'ne] *m* <carnets> *v.* **carné**

**carnicería** [karniθe'ria] *f* ① (*tienda*) Metzgerei *f,* Fleischerei *f* ② (*masacre*) Blutbad *nt,* Gemetzel *nt*

**carnicero, -a** [karni'θero, -a] **I.** *adj* ① (*carnívoro*) Fleisch fressend ② (*sanguinario*) blutrünstig **II.** *m, f* ① (*oficio*) Fleischer(in) *m(f),* Metzger(in) *m(f)* ② (*pey: cirujano*) Metzger(in) *m(f)* ③ (*pey: persona brutal*) Schinder(in) *m(f)*

**cárnico, -a** ['karniko, -a] *adj* Fleisch-; **industria cárnica** Fleischindustrie *f;* **productos ~s** Fleischwaren *fpl*

**carnívoro, -a** [kar'niβoro, -a] *adj* Fleisch fressend; **animal ~** Fleischfresser *m*

**carnosidad** [karnosi'ðaᵈ] *f* ① (*gordura*) Fettpolster *nt* ② (MED) überschießendes Granulationsgewebe *nt*

**carnoso, -a** [kar'noso, -a] *adj* fleischig

**caro¹** ['karo] *adv* teuer; **esto nos costará ~** (*fig*) das wird uns teuer zu stehen kommen

**caro, -a²** ['karo, -a] *adj* ① (*costoso*) teuer

❷ (*elev: querido*) lieb, teuer

**carótida** [ka'rotiða] *f* (ANAT) Halsschlagader *f*

**carozo** [ka'roθo] *m* (*Am*) Stein *m*, Kern *m*

**carpa** ['karpa] *f* ❶ (ZOOL) Karpfen *m* ❷ (*entoldado gigante*) Zelt *nt*; ~ **del circo** Zirkuszelt *nt* ❸ (*Am: tienda de campaña*) Zelt *nt* ❹ (*Am: puesto de mercado*) Marktstand *m*

**Cárpatos** ['karpatos] *mpl*: **los** (**Montes**) ~ die Karpaten

**carpeta** [kar'peta] *f* ❶ (*portafolios*) (Schreib)mappe *f*; ~ **de anillas** Ringbuch *nt* ❷ (*de un disco*) Plattencover *nt* ❸ (*cubierta*) Decke *f*

**carpetovetónico, -a** [karpetoβe'toniko, -a] *adj* (*elev*) *das erzkatholische und -konservative Spanien betreffend*

**carpintería** [karpiṇte'ria] *f* Tischlerei *f*, Schreinerei *f*

**carpintero, -a** [karpiṇ'tero, -a] *m, f* Tischler(in) *m(f)*, Schreiner(in) *m(f)*; ~ **de obra** Zimmermann *m*; **pájaro** ~ Specht *m*

**carpir** [kar'pir] *vt* (*Am*) jäten

**carpo** ['karpo] *m* (ANAT) Handwurzel *f*

**carraca** [ka'rraka] *f* ❶ (*pey: objeto*) Schrott *m*; (*vehículo*) Klappermühle *f fam* ❷ (*carcamal*) Wrack *nt* ❸ (*matraca*) Knarre *f* ❹ (ZOOL) Blauracke *f*

**carraspear** [karraspe'ar] *vi* hüsteln, sich räuspern

**carrera** [ka'rrera] *f* ❶ (*movimiento*) Laufen *nt* ❷ (*recorrido*) Lauf *m*; (*de un astro*) Bahn *f* ❸ (DEP: *competición*) (Wett)rennen *nt*; ~ **de armamento** (**nuclear**) (atomares) Wettrüsten *nt*; ~ **de relevos** Staffellauf *m*; **coche de** ~**s** Rennwagen *m* ❹ (*profesión*) Karriere *f*, Laufbahn *f*; ~ **profesional** beruflicher Werdegang ❺ (*estudios superiores*) Studium *nt*; **persona de** ~ Akademiker(in) *m(f)*; **hacer una** ~ studieren ❻ (*calle*) Straße *f*; (*Am: avenida*) Allee *f*; **hacer la** ~ (*fam*) auf den Strich gehen ❼ (*en un tejido*) Laufmasche *f*

**carrerilla** [karre'riʎa] *f*: **de** ~ (*fam*) (inund) auswendig

**carrerista** [karre'rista] *mf* ❶ (DEP: *aficionado*) Liebhaber(in) *m(f)* von Pferderennen; (*corredor*) Rennreiter(in) *m(f)* ❷ (*apostador*) Wetter(in) *m(f)*

**carreta** [ka'rreta] *f* Karre *f*, Karren *m*

**carretada** [karre'taða] *f* ❶ (*carga*) Fuhre *f* ❷ (*cantidad*) Fuder *nt*; **a** ~**s** massenweise

**carrete** [ka'rrete] *m* (*t.* FOTO, TÉC: *bobina*) Rolle *f*, Spule *f*; ~ **de película** Filmrolle *f*

**carretera** [karre'tera] *f* (Land)straße *f*, (Schnell)straße *f*; ~ **de circunvalación/de salida** Ring-/Ausfallstraße *f*

**carretilla** [karre'tiʎa] *f* Schubkarre *f*

**carril** [ka'rril] *m* ❶ (*en la carretera*) Spur *f*; ~ **de adelantamiento/lento** Überhol-/Kriechspur *f* ❷ (*raíl*) Schiene *f*; (*t.* TÉC: *riel*) Führungsschiene *f*

**carril-bicicleta** [ka'rril βiθi'kleta] *m* <carriles-bicicleta> (Fahr)radweg *m*

**carril-bus** [ka'rril βus] *m* <carriles-bus> Busspur *f*

**carrillo** [ka'rriʎo] *m* (*fam*) Backe *f*

**carrilludo, -a** [karri'ʎuðo, -a] *adj* pausbäckig

**carro** ['karro] *m* ❶ (*vehículo*) Fuhrwerk *nt*; (*armazón*) Fahrgestell *nt*; (*carreta*) Karren *m*; ~ **acorazado** [*o* **blindado**] Panzer *m*; **el C~ Mayor/Menor** (ASTR) der Große/Kleine Wagen; **¡para el ~!** (*fam*) mach mal halblang! ❷ (*Am: coche*) Wagen *m* ❸ (FOTO) Magazin *nt*

**carrocería** [karroθe'ria] *f* (TÉC) Karosserie *f*

**carromato** [karro'mato] *m* Karren *m*; (*entoldado*) Planwagen *m*; (*roulotte*) Wohnwagen *m*; (*pey: coche*) (alte) Karre *f*

**carroña** [ka'rroɲa] *f* Aas *nt*

**carroza** [ka'rroθa] *f* Karosse *f*, Staatskutsche *f*

**carruaje** [ka'rrwaxe] *m* Fuhrwerk *nt*; (*de caballos*) Kutsche *f*

**carrusel** [karru'sel] *m* ❶ (*tiovivo*) Karussell *nt* ❷ (*ecuestre*) Kavalkade *f*

**carsharing** ['karʃɛrɪŋ] *m* Carsharing *nt*

**carta** ['karta] *f* ❶ (*misiva*) Brief *m*; (*escrito*) Schreiben *nt*; ~ **certificada** Einschreibebrief *m*; ~**s al director** Leserbriefe *mpl*; ~ **de porte** (**aéreo**) (Luft)frachtbrief *m*; ~ **de presentación** [*o* **de recomendación**] Empfehlungsschreiben *nt*; **echar una** ~ einen Brief einwerfen ❷ (*t.* JUR: *documento*) Urkunde *f*; ~ **credencial** Akkreditiv *nt*; **C~ Magna** Grundgesetz *nt*; **tomar** ~**s en un asunto** sich in eine Angelegenheit einschalten ❸ (*naipes*) Spielkarte *f*; **jugar a las** ~**s** Karten spielen; **echar las** ~**s a alguien** jdm wahrsagen ❹ (GEO: *mapa*) Karte *f*; ~ **astral** (ASTR) Horoskop *nt* ❺ (*menú*) Speisekarte *f* ❻ (TV): ~ **de ajuste** Testbild *nt*

**cartabón** [karta'βon] *m* Winkelmaß *nt*

**cartapacio** [karta'paθjo] *m* ❶ (*cuaderno*) Notizbuch *nt* ❷ (*carpeta*) Schulmappe *f* ❸ (*en una mesa*) Schreibtischunterlage *f*

**cartear** [karte'ar] **I.** *vi* (*juego*) niedrige Karten ausspielen **II.** *vr*: ~**se** sich *dat* (Briefe) schreiben; **nos carteamos con frecuencia** wir schreiben uns oft

**cartearse** [karte'arse] *vr* sich *dat* schreiben

**cartel** [kar'tel] *m* Plakat *nt*; (*aviso*) Anschlag

m; (*rótulo*) Schild *nt;* **prohibido fijar ~es** Plakate anbringen verboten; **tener buen ~** einen guten Ruf haben

**cártel** ['kartel] *m* (ECON) Kartell *nt*

**cartelera** [karte'lera] *f* ① (*armazón*) Kinoplakatwand *f;* (*columna*) Litfasssäule *f* ② (*en el periódico*) Veranstaltungsprogramm *nt;* **estar en ~** aufgeführt werden

**carteo** [kar'teo] *m* ① (*correspondencia*) Briefwechsel *m* ② (*en el juego*) Ausspielen *nt* niedriger Karten

**cárter** ['karter] *m* (TÉC) Gehäuse *nt*

**cartera** [kar'tera] *f* (*de bolsillo*) Brieftasche *f;* (*de mano*) (Damen)handtasche *f;* (*de herramientas*) Satteltasche *f;* (*portafolios*) Aktentasche *f;* (*escolar*) Schultasche *f;* (*mochila*) Schulranzen *m;* **ministro sin ~** (POL) Minister ohne Ressort; **~ de valores** (FIN) Anlagepapiere *ntpl,* Portfolio *nt;* **~ de pedidos** (ECON) Auftragsbestand *m*

**cartería** [karte'ria] *f* ① (*oficio*) Arbeit *f* als Briefträger ② (*oficina*) Post(hilfs)stelle *f;* **pregunta en ~** frag in der Poststelle nach

**carterista** [karte'rista] *mf* Taschendieb(in) *m(f)*

**cartero, -a** [kar'tero, -a] *m, f* Briefträger(in) *m(f),* Postbote, -in *m, f;* (*repartidor*) Zusteller(in) *m(f)*

**cartilaginoso, -a** [kartilaxi'noso, -a] *adj* knorpel(art)ig; **tejido ~** Knorpelgewebe *nt*

**cartílago** [kar'tilaγo] *m* Knorpel *m*

**cartilla** [kar'tiʎa] *f* ① (*catón*) (ABC-)Fibel *f* ② (*cuaderno*) Notizbuch *nt;* **~ de ahorros** Sparbuch *nt;* **~ sanitaria** Krankenversicherungskarte *f* ③ (*tratado*) Handbuch *nt* ④ (*Am: carnet*) Ausweis *m*

**cartografía** [kartoγra'fia] *f* Kartographie *f*

**cartógrafo, -a** [kar'toγrafo, -a] *m, f* Kartograph(in) *m(f)*

**cartón** [kar'ton] *m* ① (*material*) Pappe *f;* **caja de ~** Karton *m* ② (*envase*) Packung *f;* **~ de leche** Milchtüte *f;* **un ~ de tabaco** eine Stange Zigaretten ③ (ARTE) Karton *m* ④ (*Am: en periódicos*) Cartoon *m o nt*

**cartonaje** [karto'naxe] *m* Kartonage *f*

**cartuchera** [kartu'ʧera] *f* (*canana*) Patronengurt *m;* (*bolsa*) Patronentasche *f*

**cartucho** [kar'tuʧo] *m* ① (*carga*) Patrone *f;* (MIL: *de artillería*) Kartusche *f;* **~ de tinta** Tintenpatrone *f;* **~ de fogueo** Platzpatrone *f* ② (*envoltura: en forma de cucurucho*) Tüte *f;* (*en forma de tubo*) Rolle *f*

**cartuja** [kar'tuxa] *f* Kartause *f*

**cartulina** [kartu'lina] *f* (feine) Pappe *f;* **~ amarilla** (DEP) gelbe Karte

**casa** ['kasa] *f* ① (*edificio*) Haus *nt;* **~ adosada** Reihenhaus *nt;* **~ de campo** Landhaus *nt;* **~ de citas** Bordell *nt;* **venta de ~ en ~** Haus-zu-Haus-Verkauf *m;* **echar** [*o* **tirar**] **la ~ por la ventana** (*fam*) das Geld zum Fenster hinauswerfen; (*festejar*) auf den Putz hauen ② (*vivienda*) Wohnung *f* ③ (*hogar*) Zuhause *nt;* **a ~** nach Haus(e); **¿vienes a mi ~?** kommst du zu mir?; **vengo de ~** ich komme von zu Haus(e); **en ~** zu Haus(e); **estoy en ~ de Paco** ich bin bei Paco; **¿cuándo sales de ~?** wann musst du aus dem Haus?; **llevar la ~** den Haushalt führen; **no parar en ~** immer unterwegs sein; **todo queda en ~** es bleibt alles in der Familie ④ (ECON: *empresa*) Firma *f;* **~ discográfica** Schallplattenfirma *f;* **~ editorial** Verlagshaus *nt* ⑤ (*estirpe*): **~ real** Dynastie *f,* Haus *nt* ⑥ (*en un juego*) Haus *nt*

**casaca** [ka'saka] *f* (*de hombre*) Gehrock *m;* (*de mujer*) Kasack *m*

**casal** [ka'sal] *m* ① (AGR) Landhaus *nt;* (*de labranza*) Bauernhaus *nt* ② (*casa solariega*) Stammsitz *m* ③ (*AmS: pareja*) Pärchen *nt;* **un ~ de águilas** ein Adlerpärchen

**casamiento** [kasa'mjen̩to] *m* ① (*matrimonio*) Ehe *f* ② (*boda*) Trauung *f*

**casar** [ka'sar] **I.** *vi* ① (*elev: casarse*) sich verehelichen ② (*combinar*) zusammenpassen **II.** *vt* ① (*unir en matrimonio*) verheiraten; **estar** [*o* **ser**] **casado** verheiratet sein; **los recién casados** das frisch vermählte Paar ② (*combinar*) kombinieren; (*piezas*) zusammenfügen ③ (JUR: *anular*) aufheben **III.** *vr:* **~se** heiraten (*con* +*akk*); **~se en** [*o* **por**] **la Iglesia** kirchlich heiraten; **~se por lo civil** standesamtlich heiraten

**cascabel** [kaska'βel] *m* Schelle *f;* **serpiente de ~** Klapperschlange *f*

**cascada** [kas'kaða] *f* Wasserfall *m;* (*artificial*) Kaskade *f*

**cascado, -a** [kas'kaðo, -a] *adj* ① (*roto*) zerbrochen; (*fam: estropeado*) kaputt ② (*decrépito*) hinfällig ③ (*voz*) brüchig

**cascajo** [kas'kaxo] *m* ① (*pedazo*) Scherbe *f* ② (*persona*) Wrack *nt;* (*cosa*) Plunder *m;* **~s** Schrott *m* ③ (*gravilla*) Schotter *m*

**cascanueces** [kaska'nweθes] *m inv* Nussknacker *m*

**cascar** [kas'kar] <c→qu> **I.** *vi* ① (*fam: charlar*) schwatzen ② (*vulg: morir*) verrecken *fam* **II.** *vt* ① (*romper*) zerschlagen; **~ un huevo** ein Ei aufschlagen; **~ una nuez** eine Nuss knacken ② (*fam: pegar*) (ver)hauen **III.** *vr:* **~se** ① (*romperse*) zerbrechen; (*estropearse*) kaputtgehen ② (*fam: envejecer*) alt und grau werden

**cáscara** ['kaskara] *f* Schale *f;* **~ de huevo/de limón** Eier-/Zitronenschale *f;* **¡~s!** (*fig* *fam*) Manometer!

**cascarón** [kaska'ron] *m* ❶ (*de huevo*) leere Eierschale *f* ❷ (NÁUT) Nussschale *f*

**cascarrabias** [kaska'rraβjas] *mf inv* (*fam*) Meckerfritze *m*, Meckertante *f*

**casco** ['kasko] *m* ❶ (*para la cabeza*) Helm *m*; **los ~s azules** die Blauhelme ❷ (*fam: cabeza*) Rübe *f*; **ligero de ~s** leichtsinnig; **calentarse los ~s** sich *dat* das Hirn zermartern ❸ (*pezuña*) Huf *m* ❹ (*de un avión/barco*) Rumpf *m* ❺ (*cascote*) Bauschutt *m* ❻ (*botella*) Leergut *nt* ❼ (*centro ciudad*) Stadtmitte *f*; **~ antiguo** Altstadt *f* ❽ (TÉC: *cuerpo*) Körper *m*; **~ de presión** Druckkörper *m* ❾ *pl* (*auriculares*) Kopfhörer *m*

**cascote** [kas'kote] *m* Schuttbrocken *m*; **~s** Schutt *m*

**caseína** [kase'ina] *f* (QUÍM) Kasein *nt*

**caserío** [kase'rio] *m* ❶ (*granja*) Aussiedlerhof *m* ❷ (*aldea*) Weiler *m*

**casero, -a** [ka'sero, -a] **I.** *adj* ❶ (*hecho en casa*) hausgemacht; **cocina casera** Hausmannsküche *f*; **remedio ~** Hausmittel *nt* ❷ (*hogareño*) häuslich **II.** *m, f* ❶ (*propietario*) Hausbesitzer(in) *m(f)* ❷ (*administrador*) (Haus)verwalter(in) *m(f)*

**caserón** [kase'ron] *m* großes (verwahrlostes) Haus *nt*

**caseta** [ka'seta] *f* ❶ (*barraca*) Häuschen *nt*; (*de feria*) Jahrmarktsbude *f*; (*de muestras*) Messestand *m*; **~ del perro** Hundehütte *f*; **~ de tiro** Schießbude *f* ❷ (*cabina*) Kabine *f*

**casete**[1] [ka'sete] *m* (*aparato*) Kassettenrecorder *m*; (*pletina*) Kassettendeck *nt*

**casete**[2] [ka'sete] *m o f* (*cinta*) Kassette *f*; **~ de vídeo** Videokassette *f*

**casi** ['kasi] *adv* fast, beinahe; **~ ~** so gut wie

**casilla** [ka'siʎa] *f* ❶ (*caseta*) Häuschen *nt*; **sacar a alguien de sus ~s** (*fig*) jdn aus dem Häuschen bringen ❷ (*en la cuadrícula*) Kästchen *nt* ❸ (*en un tablero*) Feld *nt* ❹ (*en un casillero*) Fach *nt*

**casillero** [kasi'ʎero] *m* Fächerregal *nt*

**casino** [ka'sino] *m* ❶ (*casa de juego*) (Spiel)kasino *nt* ❷ (*club*) Klub *m*

**caso** ['kaso] *m* ❶ (*hecho*) (Vor)fall *m*; (*circunstancia*) Umstand *m*; (JUR) Rechtsfall *m*; **~ aislado** Einzelfall *m*; **~ de fuerza mayor** höhere Gewalt; **¡eres un ~!** (*fam*) du bist mir einer/eine!; **yo, en tu ~...** ich an deiner Stelle ...; **en ~ de...** +*inf* falls ...; **dado** [*o* **llegado**] **el ~** gegebenenfalls; **dado el ~ de que...** +*subj* vorausgesetzt, dass ...; **en ~ contrario** ansonsten; **en cualquier ~** auf jeden Fall; **en ningún ~** auf keinen Fall; **en último ~** notfalls; **en tal ~** in diesem Fall; **en todo ~** allenfalls ❷ (*atención*) Aufmerksamkeit *f*; **hacer ~ a alguien** (*considerar*) jdn beachten; (*obedecer*) auf jdn hören; (*creer*) jdm glauben ❸ (LING: *flexión*) Kasus *m*, Fall *m*

**casorio** [ka'sorjo] *m* (*fam pey*) Heiratstrara *nt*

**caspa** ['kaspa] *f* (Kopf)schuppen *fpl*

**Caspio** ['kaspjo] *m*: (**el**) **Mar ~** das Kaspische Meer

**cáspita** ['kaspita] *interj* (*admiración*) Donnerwetter; (*extrañeza*) herrje

**casposo, -a** [kas'poso, -a] *adj* schuppig

**casquete** [kas'kete] *m* ❶ (*casco*) Helm *m* ❷ (*gorrilla*) Kappe *f*; **~ polar** Polarzone *f*

**casquillo** [kas'kiʎo] *m* (TÉC) Zwinge *f*; **~ de bala** Patronenhülse *f*; **~ de bombilla** Sockel *m*

**casquivano, -a** [kaski'βano, -a] *adj* (*fam*) leichtfertig

**cassette**[1] [ka'sete] *m v.* **casete**[1]

**cassette**[2] [ka'sete] *m o f v.* **casete**[2]

**casta** ['kasta] *f* ❶ (*raza*) Rasse *f*; **de ~ le viene al galgo** (*fig*) das liegt in der Familie ❷ (*linaje*) Geschlecht *nt* ❸ (*clase social*) Kaste *f*

**castaña** [kas'taɲa] *f* ❶ (*fruto*) Kastanie *f*, Marone *f*; **~s asadas** heiße Maronen ❷ (*fam: golpe*) Bums *m*; **darse una ~ contra algo** gegen etw knallen ❸ (*fam: bofetada*) Ohrfeige *f*; (*puñetazo*) (Faust)hieb *m* ❹ (*fam: borrachera*) Rausch *m* ❺ (*fam: rápido*): **a toda ~** volle Pulle

**castañal** [kasta'ɲal] *m*, **castañar** [kasta'ɲar] *m* Kastanienwald *m*

**castañazo** [kasta'ɲaθo] *m* (*fam*) Bums *m*; **darse** [*o* **pegarse**] **un ~ con algo** gegen etw knallen

**castañetear** [kastaɲete'ar] *vi* ❶ (*chasquear*) (mit den Fingern) schnalzen; **me castañeteaban los dientes de frío** mir klapperten vor Kälte die Zähne ❷ (*tocar las castañuelas*) mit den Kastagnetten klappern

**castaño**[1] [kas'taɲo] *m* Kastanienbaum *m*

**castaño, -a**[2] [kas'taɲo, -a] *adj* kastanienbraun; (*pelo*) brünett

**castañuela** [kasta'ɲwela] *f* Kastagnette *f*

**i Land & Leute**

Die **castañuelas** – *Kastagnetten* sind ein aus zwei harten, ausgehöhlten Schälchen bestehendes Musikinstrument, das aus der spanischen Musiktradition einfach nicht wegzudenken ist. Durch das Gegeneinanderschlagen der

Finger mit den **castañuelas** wird ein rhythmisches Klappern erzeugt. Der Name ist von der spanischen Bezeichnung für *Kastanie – castaña* abgeleitet.

**castellanismo** [kasteʎa'nismo] *m* ❶ (LING: *modo de hablar*) kastilische Spracheigentümlichkeit *f* ❷ (LING: *vocablo, expresión*) *aus dem Kastilischen übernommener Ausdruck* ❸ (*apego a lo castellano*) kastilischer Nationalstolz *m*

**castellanizar** [kasteʎani'θar] <z→c> *vt* hispanisieren

**castellano¹** [kaste'ʎano] *m* (LING: *español*) Spanisch(e) *nt;* (*variedad*) kastilische Mundart *f*

**castellano, -a²** [kaste'ʎano, -a] **I.** *adj* kastilisch; **la lengua castellana** die spanische Sprache **II.** *m, f* Kastilier(in) *m(f)*

**castellanohablante** [kasteʎanoa'βlante] *adj* Spanisch sprechend, spanischsprachig

**casticismo** [kasti'θismo] *m* ❶ (*tipismo*) Urwüchsigkeit *f;* (*autenticidad*) Authentizität *f* ❷ (*purismo*) Purismus *m*

**castidad** [kasti'ðaᵈ] *f* Keuschheit *f;* **cinturón de** ~ Keuschheitsgürtel *m*

**castigador(a)** [kastiɣa'ðor(a)] *adj* verführerisch

**castigar** [kasti'ɣar] <g→gu> **I.** *vt* ❶ (*punir*) (be)strafen (*por* für +*akk*); **¡castigado sin postre!** zur Strafe bekommst du keinen Nachtisch! ❷ (*físicamente*) züchtigen; (*dañar*) zurichten ❸ (*seducir*) verführen **II.** *vr:* ~**se** sich kasteien

**castigo** [kas'tiɣo] *m* ❶ (*punición*) Bestrafung *f,* Strafe *f* ❷ (*aflicción*) Heimsuchung *f*

**Castilla** [kas'tiʎa] *f* Kastilien *nt*

**Castilla-La Mancha** [kas'tiʎa la 'mantʃa] *f* Südkastilien *nt*

**Castilla-León** [kas'tiʎa le'on] *f* Nordkastilien *nt*

**castillo** [kas'tiʎo] *m* ❶ (*fortaleza*) Burg *f;* (*palacio*) Schloss *nt;* ~ **de arena** Sandburg *f;* ~ **de naipes** Kartenhaus *nt;* **hacer** ~**s en el aire** Luftschlösser bauen ❷ (NÁUT) Kastell *nt*

**casting** ['kastiŋ] <castings> *m* (CINE, TEAT, TV) Casting *nt*

**castizo, -a** [kas'tiθo, -a] *adj* ❶ (*típico*) volkstümlich ❷ (*auténtico*) authentisch

**casto, -a** ['kasto, -a] *adj* keusch

**castor** [kas'tor] *m* Biber *m*

**castración** [kastra'θjon] *f* (AGR, MED) Kastration *f;* (*hombre*) Entmannung *f*

**castrado, -a** [kas'traðo, -a] *adj* kastriert; **gato** ~ kastrierter Kater

**castrar** [kas'trar] *vt* (*t.* AGR, MED) kastrieren; (*hombre*) entmannen

**castrense** [kas'trense] *adj* soldatisch; **médico** ~ Militärarzt *m*

**casual** [ka'swal] *adj* zufällig; **por un** ~ (*fam*) zufällig(erweise)

**casualidad** [kaswali'ðaᵈ] *f* Zufall *m;* **de** [*o* **por**] ~ zufällig(erweise); **¡qué** ~**!** so ein Zufall!; **da la** ~ **que conozco a tu mujer** zufällig kenne ich deine Frau

**casualmente** [kaswal'mente] *adv* ❶ (*por casualidad*) durch Zufall ❷ (*precisamente*) genau; ~ **por eso** eben deshalb

**casulla** [ka'suʎa] *f* ❶ (REL) Kasel *f* ❷ (*prenda femenina*) Chasuble *nt*

**cata** ['kata] *f* Kosten *nt,* Probieren *nt;* ~ **de vinos** Weinprobe *f*

**catabolismo** [kataβo'lismo] *m* (BIOL, MED) Katabolismus *m*

**cataclismo** [kata'klismo] *m* ❶ (GEO) Kataklysmus *m* ❷ (*desastre*) Katastrophe *f* ❸ (*alteración*) Umsturz *m*

**catacumbas** [kata'kumbas] *fpl* Katakomben *fpl*

**catador(a)** [kata'ðor(a)] *m(f)* ❶ (*que cata*) Weinprüfer(in) *m(f)* ❷ (*conocedor*) (Wein)kenner(in) *m(f)*

**catadura** [kata'ðura] *f* ❶ (*cata*) Kosten *nt,* Probieren *nt* ❷ (*expresión*) Gesichtsausdruck *m;* (*aspecto*) Aussehen *nt;* **sujeto de mala** ~ finsterer Typ

**catafalco** [kata'falko] *m* Katafalk *m*

**catalán¹** [kata'lan] *m* (*lengua*) Katalanisch(e) *nt*

**catalán, -ana²** [kata'lan, -ana] **I.** *adj* katalanisch **II.** *m, f* Katalane, -in *m, f*

**catalanismo** [katala'nismo] *m* ❶ (POL) *katalanischer Nationalismus* ❷ (LING) Katalanismus *m*

**catalanizar** [katalani'θar] <z→c> *vt* katalanisieren

**catalejo** [kata'lexo] *m* Fernrohr *nt*

**catalepsia** [kata'leβsja] *f* (MED) Katalepsie *f*

**catalizador** [kataliθa'ðor] *m* (*t.* QUÍM, TÉC) Katalysator *m*

**catalizar** [katali'θar] <z→c> *vt* (QUÍM) katalysieren

**catalogable** [katalo'ɣaβle] *adj* ❶ (*registrable*) katalogisierbar ❷ (*clasificable*) einstufbar

**catalogación** [kataloɣa'θjon] *f* ❶ (*registración*) Katalogisierung *f* ❷ (*clasificación*) Einstufung *f*

**catalogar** [katalo'ɣar] <g→gu> *vt* ❶ (*registrar*) katalogisieren ❷ (*clasificar*) einordnen; ~ **a alguien de algo** jdn als etw einstufen

**catálogo** [ka'taloɣo] *m* Katalog *m;* ~ **de**

**materias/por autores** Schlagwort-/Verfasserverzeichnis *nt;* **casa de ventas por ~** Versandhaus *nt;* **en ~** lieferbar

**Cataluña** [kata'luɲa] *f* Katalonien *nt*

**catamarán** [katama'ran] *m* (DEP) Katamaran *m*

**cataplasma** [kata'plasma] *f* ❶ (MED) Kataplasma *nt,* Wickel *m* ❷ (*fam: pesado*) Nervensäge *f*

**catapulta** [kata'pulta] *f* (*t.* AERO, TÉC) Katapult *m o nt*

**catapultar** [katapul'tar] *vt* katapultieren

**catar** [ka'tar] *vt* ❶ (*probar*) kosten, probieren ❷ (*experimentar*) erleben

**catarata** [kata'rata] *f* ❶ (*salto de agua*) Wasserfall *m;* **las ~s del Niágara** die Niagarafälle ❷ (MED) grauer Star *m*

**catarro** [ka'tarro] *m* (*enfriamiento*) Erkältung *f;* (MED) Katarrh *m;* **~ de nariz** Schnupfen *m*

**catarsis** [ka'tarsis] *f inv* ❶ (LIT, PSICO) Katharsis *f* ❷ (MED) Entschlackung *f*

**catastro** [ka'tastro] *m* Kataster *m o nt;* **oficina del ~** Katasteramt *nt*

**catástrofe** [ka'tastrofe] *f* Katastrophe *f;* (*accidente*) Unglück *nt;* **~ ambiental** Umweltkatastrophe

**catastrófico, -a** [katas'trofiko, -a] *adj* katastrophal; **zona catastrófica** Katastrophengebiet *nt*

**catastrofismo** [katastro'fismo] *m* Schwarzmalerei *f*

**catastrofista** [katastro'fista] *adj* schwarzmalerisch

**catatónico, -a** [kata'toniko, -a] **I.** *adj* (MED) katatonisch **II.** *m, f* (MED) Katatoniker(in) *m(f);* **un hospital especializado en ~s** ein Spezialkrankenhaus für Katatoniker

**catchup** ['ketʃup] *m* <catchups> Ketschup *m o nt*

**cate** ['kate] *m* (*fam*) ❶ (*bofetada*) Backpfeife *f* ❷ (*suspenso*): **me han dado dos ~s** sie haben mich zweimal durchfallen lassen

**catear** [kate'ar] *vt* (*fam: suspender*) durchfallen lassen

**catecismo** [kate'θismo] *m* (REL) Katechismus *m*

**cátedra** ['kateðra] *f* ❶ (ENS: *púlpito*) Katheder *m o nt* ❷ (ENS: *docencia*) Lehrstuhl *m,* Professur *f;* **sentar ~** neue Richtlinien setzen; (*irón*) schulmeisterlich reden

**catedral** [kate'ðral] *f* Kathedrale *f;* **como una ~** (*fig*) riesig; (*alto*) haushoch

**catedrático, -a** [kate'ðratiko, -a] *m, f* (ENS) Professor(in) *m(f);* **~ de instituto** Studienrat *m*

**categoría** [kateɣo'ria] *f* ❶ (*clase, t.* FILOS) Kategorie *f,* Gruppe *f;* **~ fiscal** Steuerklasse *f* ❷ (*calidad*) Qualität *f;* **de primera ~** erstklassig ❸ (*rango*) (Dienst)rang *m;* **dar ~** Prestige geben; **tener poca/mucha ~** unbedeutend/bedeutend sein

**categórico, -a** [kate'ɣoriko, -a] *adj* (*t.* FILOS) kategorisch; **un sí/no ~** ein kategorisches Ja/Nein

**categorizar** [kateɣori'θar] <z→c> *vt* kategorisieren

**catenaria** [kate'narja] **I.** *adj* (MAT): **curva ~** Kettenlinie *f* **II.** *f* (ELEC, FERRO) Fahrdraht *m;* (*sistema*) Oberleitung *f*

**catequesis** [kate'kesis] *f inv* ❶ (REL) Katechese *f* ❷ (*clase*) Religionsunterricht *m*

**catering** ['kateriŋ] *m sin pl* Catering *nt;* **servicio de ~** Catering-Service *m*

**caterva** [ka'terβa] *f* (*pey*) Masse *f;* (*de personas*) Bande *f*

**catéter** [ka'teter] *m* (MED) Katheter *m*

**cateto** [ka'teto] *m* (MAT) Kathete *f*

**catódico, -a** [ka'toðiko, -a] *adj* (ELEC, FÍS) kathodisch; **rayos ~s** Kathodenstrahlen *mpl*

**cátodo** ['katoðo] *m* (ELEC, FÍS) Kathode *f*

**catolicismo** [katoli'θismo] *m* (REL) Katholizismus *m*

**católico, -a** [ka'toliko, -a] **I.** *adj* (römisch-)katholisch **II.** *m, f* Katholik(in) *m(f)*

**i Land & Leute**

Der Ehrentitel **Reyes Católicos** wurde Fernando und Isabel von Papst Alexander VI. verliehen. Während ihrer Herrschaft wurden die Mauren von der Iberischen Halbinsel vertrieben und *Cristóbal Colón* entdeckte Amerika.

**catolizar** [katoli'θar] <z→c> *vt* (REL) katholisieren

**catón** [ka'ton] *m* Lesefibel *f*

**catorce** [ka'torθe] **I.** *adj inv* vierzehn **II.** *m* Vierzehn *f;* **el ~ de marzo** der vierzehnte März; *v. t.* **ocho**

**catorceavo, -a** [katorθe'aβo, -a], **catorzavo, -a** [kator'θaβo, -a] **I.** *adj* vierzehntel **II.** *m, f* Vierzehntel *nt; v. t.* **octavo**

**catre** ['katre] *m* (*t. pey*) Pritsche *f;* (*de campaña*) Feldbett *nt;* (*fam: cama*) Falle *f*

**caucásico, -a** [kau̯'kasiko, -a] *adj* ❶ (GEO) kaukasisch ❷ (*raza*) arisch

**Cáucaso** ['kau̯kaso] *m:* **el ~** der Kaukasus

**cauce** ['kau̯θe] *m* ❶ (GEO: *lecho*) Flussbett *nt* ❷ (*acequia*) Wassergraben *m* ❸ (*camino*) Bahn *f;* **~ jurídico** [*o* **legal**] (JUR)

Rechtsweg *m;* ~ **reglamentario** Dienstweg *m*

**caucho** ['kau̯ʧo] *m* (BOT) Kautschuk *m;* **árbol del** ~ Kautschukbaum *m*

**caución** [kau̯'θjon] *f* ❶ (*cautela*) Vorsicht *f* ❷ (JUR) Bürgschaft *f*

**caudal** [kau̯'ðal] **I.** *adj* Schwanz- **II.** *m* ❶ (*de agua*) Wassermenge *f;* (*de una fuente*) Ergiebigkeit *f* ❷ (*dinero*) Vermögen *nt;* **caja de** ~ **es** Tresor *m* ❸ (*abundancia*) Fülle *f;* **un** ~ **de conocimientos** ein umfangreiches Wissen

**caudaloso, -a** [kau̯ða'loso, -a] *adj* ❶ (*río*) wasserreich ❷ (*rico*) reich ❸ (*cantidad*) reichlich

**caudillo** [kau̯'ðiʎo] *m* (MIL, POL) (An)führer *m*

**i Land & Leute**

**El Caudillo** war Francos Beiname während seiner Diktatur (1939-1975). *Francisco Franco Bahamonte* führte wieder die Monarchie ein, indem er 1969 den damaligen Prinzen *Juan Carlos* zu seinem Nachfolger ernannte.

**causa** ['kau̯sa] *f* ❶ (*origen*) Ursache *f;* (*motivo*) Grund *m;* ~ **del despido** Entlassungsgrund *m* ❷ (*ideal, t.* POL) Ideal *nt;* **morir por la** ~ für seine Überzeugung sterben ❸ (JUR) Rechtssache *f;* (*asunto*) Angelegenheit *f;* **entender en una** ~ einen Fall bearbeiten; **instruir una** ~ ein Verfahren leiten ❹ (*loc*): **a** [*o* **por**] ~ **de** wegen +*gen/dat*

**causal** [kau̯'sal] *adj* (LING) kausal; **oración** ~ Bedingungssatz *m*

**causalidad** [kau̯sali'ða$^{\eth}$] *f sin pl* (*t.* FILOS) Kausalität *f*

**causante** [kau̯'sante] **I.** *adj* verursachend **II.** *mf* Urheber(in) *m(f);* (*culpable*) Verursacher(in) *m(f)*

**causar** [kau̯'sar] *vt* verursachen; ~ **alegría** Freude machen; ~ **daño** Schaden anrichten; ~ **efecto** wirken; ~ **problemas** Probleme bereiten; ~ **risa** zum Lachen bringen; ~ **trabajo** Arbeit machen

**cáustica** ['kau̯stika] *f* (FÍS) Brennfläche *f*

**causticidad** [kau̯stiθi'ða$^{\eth}$] *f* ❶ (QUÍM) ätzende Wirkung *f* ❷ (*mordacidad*) Bissigkeit *f*

**cáustico, -a** ['kau̯stiko, -a] *adj* ❶ (QUÍM) kaustisch, ätzend ❷ (*mordaz*) bissig

**cautela** [kau̯'tela] *f* ❶ (*precaución*) Vorsicht *f;* (*cuidado*) Behutsamkeit *f;* (*reserva*) Vorbehalt *m* ❷ (*malicia*) Arglist *f*

**cautelar** [kau̯te'lar] *adj* (JUR): **medida** ~ Vorsichtsmaßnahme *f*

**cauteloso, -a** [kau̯te'loso, -a] *adj* ❶ (*prudente*) vorsichtig; (*cuidadoso*) behutsam; (*desconfiado*) misstrauisch ❷ (*malicioso*) arglistig

**cauterización** [kau̯teriθa'θjon] *f* (MED) Kauterisation *f*

**cauterizar** [kau̯teri'θar] <z→c> *vt* (MED) kauterisieren

**cautivador(a)** [kau̯tiβa'ðor(a)] *adj* ❶ (*fascinante*) fesselnd ❷ (*seductor*) verführerisch

**cautivar** [kau̯ti'βar] *vt* ❶ (*apresar*) gefangen nehmen ❷ (*fascinar*) bannen ❸ (*seducir*) verführen

**cautiverio** [kau̯ti'βerjo] *m*, **cautividad** [kau̯tiβi'ða$^{\eth}$] *f* Gefangenschaft *f*

**cautivo, -a** [kau̯'tiβo, -a] **I.** *adj* gefangen **II.** *m, f* Gefangene(r) *mf*

**cauto, -a** ['kau̯to, -a] *adj* ❶ (*prudente*) vorsichtig; (*cuidadoso*) behutsam ❷ (*malicioso*) arglistig

**cava** ['kaβa] *m* (spanischer) Sekt *m*

**i Land & Leute**

**Cava** wird der spanische Sekt genannt. Dieser qualitativ hervorragende Schaumwein wird in Sektkellereien im Nordosten Spaniens hergestellt.

**cavar** [ka'βar] *vi, vt* graben

**caverna** [ka'βerna] *f* ❶ (*cueva*) Höhle *f;* (*gruta*) Grotte *f;* **los hombres de las** ~**s** die Höhlenmenschen ❷ (MED) Kaverne *f*

**cavernícola** [kaβer'nikola] *mf* ❶ (*troglodita*) Höhlenbewohner(in) *m(f)* ❷ (*fam: retrógrado*) Reaktionär(in) *m(f)*

**cavernidad** [kaβerni'ða$^{\eth}$] *f* Hohlraum *m*

**cavernoso, -a** [kaβer'noso, -a] *adj* ❶ (GEO) höhlenreich ❷ (MED) kavernös; **tos cavernosa** röchelnder Husten

**caviar** [ka'βjar] *m sin pl* Kaviar *m*

**cavidad** [ka'βiða$^{\eth}$] *f* ❶ (*oquedad*) Hohlraum *m,* Aushöhlung *f* ❷ (MED) Höhle *f*

**cavilación** [kaβila'θjon] *f* Grübelei *f*

**cavilar** [kaβi'lar] *vt* (nach)grübeln (über +*akk*)

**caviloso, -a** [kaβi'loso, -a] *adj* argwöhnisch

**cayado** [ka'ɟaðo] *m* ❶ (*del pastor*) Hirtenstab *m* ❷ (*del prelado*) Stab *m*

**caza**[1] ['kaθa] *f* ❶ (*montería*) Jagd *f;* **ir de** [*o* **a la**] ~ auf die Jagd gehen ❷ (*animales*) Wild *nt;* ~ **mayor** Hochwild *nt;* **carne de** ~ Wildbret *nt*

**caza²** ['kaθa] *m* (MIL) Jagdflugzeug *nt*

**cazabombardero** [kaθaβombar'ðero] *m* (MIL) Jagdbomber *m*

**cazador(a)** [kaθa'ðor(a)] **I.** *adj* Jagd- **II.** *m(f)* (*persona*) Jäger(in) *m(f)*; ~ **furtivo** Wilderer *m*

**cazadora** [kaθa'ðora] *f* (Wind)jacke *f*; (*de piloto*) Bomberjacke *f*; ~ **de piel** Lederjacke *f*

**cazadotes** [kaθa'ðotes] *m inv* Mitgiftjäger *m*

**cazafortunas** [kaθafor'tunas] *mf inv* (*hombre*) Mitgiftjäger *m*; (*mujer*) *Frau, die einen reichen Ehemann sucht*

**cazar** [ka'θar] <z→c> *vt* ① (*atrapar*) jagen; (*perseguir*) verfolgen; (*con una trampa*) fangen; (*matar*) erlegen ② (*conseguir*) einen guten Fang machen (mit +*dat*) ③ (*probar la culpabilidad*) schnappen *fam*; (*sorprender*) ertappen; (*capturar*) fassen ④ (*fam: engañar*) hereinlegen ⑤ (*apercibirse rápidamente*) mitbekommen

**cazarrecompensas** [kaθarrekom'pensas] *mf inv* Kopfgeldjäger(in) *m(f)*; **cazatalentos** [kaθata'len̩tos] *mf inv* (ECON) Headhunter *m*; **cazavirus** [kaθa'βirus] *adj inv* (INFOR) Antiviren-; **programa** ~ Antivirenprogramm *nt*

**cazo** ['kaθo] *m* ① (*puchero*) Topf *m* (mit Stiel) ② (*cucharón*) Schöpflöffel *m* ③ (*argot: chulo*) Zuhälter *m*

**cazoleta** [kaθo'leta] *f* ① (*cacerola pequeña*) kleiner Topf *m* ② (*de pipa*) Pfeifenkopf *m* ③ (*en la pistola de pintar*) Farbbehälter *m* ④ (*del pedernal*) Pfanne *f* ⑤ (*de un cañón de avancarga*) Zündloch *nt*

**cazuela** [ka'θwela] *f* Kasserolle *f*

**cazurro, -a** [ka'θurro, -a] **I.** *adj* ① (*hosco*) mürrisch ② (*taciturno*) schweigsam; (*cerrado*) (nach außen hin) verschlossen ③ (*torpe*) schwerfällig **II.** *m, f* ① (*hosco*) Griesgram *m* ② (*taciturno*) wortkarger Mensch *m* ③ (*astuto*) verschlossener Mensch *m*

**c.c.** ['kwen̩ta korrjen̩te], **C.C.** ['kwen̩ta korrjen̩te], **c/c** ['kwen̩ta korrjen̩te] *f* (COM) *abr de* **cuenta corriente** Kontokorrent *nt*

**i Land & Leute**

**CC.OO.** (*Comisiones Obreras*) ist der Name des kommunistischen Gewerkschaftsverbandes Spaniens. Ausgangspunkt dieser Gewerkschaft waren die Streikaktionen der *mineros – Bergarbeiter* in den sechziger Jahren in *Asturias*. Seit 1977 sind die *Comisiones Obreras* ein gesetzlich anerkannter *sindicato – Gewerkschaft.*

**C.D.** [θe'ðe] *m* ① (POL) *abr de* **Cuerpo Diplomático** CD *nt* ② (POL: *partido*) *abr de* **Centro Democrático** Demokratische Zentrumspartei *f* ③ (DEP) *abr de* **Club Deportivo** SC *m*, SV *m*

**cd-rom** [θeðe'rrom] <cd-roms> *m* (INFOR) *abr de* **Compact Disk - Read Only Memory** CD-ROM *f*

**CE¹** [θe'e] *f* (HIST) *abr de* **Comunidad Europea** EG *f*

**CE²** [θe'e] *m abr de* **Consejo de Europa** Europarat *m*

**ceba** ['θeβa] *f* ① (*engorde*) Mast *f* ② (*alimento*) Mastfutter *nt* ③ (*de un horno*) Feuerung *f*

**cebada** [θe'βaða] *f* (BOT) Gerste *f*

**cebar** [θe'βar] **I.** *vt* ① (*engordar*) mästen ② (*horno*) heizen; (*encender*) anzünden ③ (*un arma*) mit Zündmasse versehen ④ (*el anzuelo, una trampa*) mit einem Köder versehen ⑤ (*máquina*) starten; (*cohete*) zünden ⑥ (*esperanza*) nähren; (*cólera*) schüren **II.** *vr*: ~**se** ① (*entregarse*) völlig aufgehen (*en* in +*dat*) ② (*ira*) auslassen (*en* an +*dat*); **se cebó en él** er/sie ließ seine/ihre ganze Wut an ihm aus ③ (*ensangrentarse*) sich weiden (*con* an +*dat*)

**cebo** ['θeβo] *m* ① (*alimento*) Mastfutter *nt* ② (*de un anzuelo*) Köder *m* ③ (*en un arma*) Zündstoff *m* ④ (*en un horno*) Brennstoff *m* ⑤ (*algo atractivo*) Lockmittel *nt*; (*fig*) Lockvogel *m* ⑥ (*pábulo*) Nährboden *m*; (*comienzo*) Anlass *m*; (*alimento*) Anreiz *m*

**cebolla** [θe'βoʎa] *f* ① (BOT: *comestible*) (Gemüse)zwiebel *f* ② (BOT: *bulbo*) Blumenzwiebel *f* ③ (*argot: cabeza*) Birne *f*, Rübe *f*

**cebollar** [θeβo'ʎar] *m* Zwiebelfeld *nt*

**cebolleta** [θeβo'ʎeta] *f* ① (BOT: *cebolla tierna*) Frühlingszwiebel *f*; (*cebollino*) Lauchzwiebel *f* ② (BOT: *tallo fino, muy aromático*) Schnittlauch *m* ③ (*vulg: pene*) Schwanz *m fam*

**cebra** ['θebra] *f* (ZOOL) Zebra *nt*; **paso de** ~ (AUTO) Zebrastreifen *m*

**cebú** [θe'βu] *m* (ZOOL) Zebu *m o nt*

**ceceo** [θe'θeo] *m* (*defecto*) Lispeln *nt*

**i Land & Leute**

In bestimmten Regionen, z. B. in manchen Gegenden Andalusiens, wird das spanische ‚s' als ‚c' ausgesprochen: 'θopa statt 'sopa. Dieses sprachliche Phänomen wird **ceceo** genannt.

**cedazo** [θe'ðaθo] *m* ❶ (*para cribar*) Sieb *nt* ❷ (*para pescar*) großes Fischfangnetz *nt*

**ceder** [θe'ðer] **I.** *vi* ❶ (*renunciar*) verzichten (*de* auf +*akk*); (*de una pretensión*) abrücken (*de* von +*dat*) ❷ (*disminuir*) abnehmen; **cedió la fiebre** das Fieber ging zurück; **cedió la lluvia** der Regen ließ nach ❸ (*capitular*) nachgeben (*a/ante/en* +*dat*) ❹ (*aceptar*) nachkommen (*a/ante/en* +*dat*) ❺ (*cuerda, rama*) nachgeben; (*edificio, puente*) einstürzen **II.** *vt* ❶ (*dar*) abgeben (*a* an +*akk*) ❷ (*transferir*) abtreten, überlassen ❸ (DEP: *balón*) passen ❹ (AUTO): **"ceda el paso"** „Vorfahrt gewähren"

**cedilla** [θe'ðiʎa] *f* Cedille *f*

**cedro** ['θeðro] *m* (BOT) Zeder *f*

**cédula** ['θeðula] *f* Urkunde *f*, Dokument *nt*; ~ **de ahorro** Sparbrief *m*; ~ **de cambio** Wechsel *m*; ~ **de citación** Vorladung *f*; ~ **personal** Personalausweis *m*; ~ **real** königliche Verfügung

**CEE** [θee'e] *f* (HIST) *abr de* **Comunidad Económica Europea** EWG *f*

**cefalea** [θefa'lea] *f* (MED) einseitige Kephalgie *f*

**cefalópodo** [θefa'lopoðo] *m* (ZOOL) Zephalopode *m*

**céfiro** ['θefiro] *m* Zephir *m*

**cegar** [θe'ɣar] *irr como fregar* **I.** *vi* erblinden **II.** *vt* ❶ (*quitar la vista*) blenden; **le ciega la ira** er/sie ist blind vor Wut ❷ (*alucinar*) verblüffen ❸ (*ventana*) zumauern; (*con clavos*) zunageln; (*pozo*) zuschütten **III.** *vr*: ~**se** ❶ (*ofuscarse*) blind sein (*de/por* vor +*dat*), geblendet sein (*de/por* von +*dat*); ~**se de ira** blind vor Wut sein ❷ (*tubo*) (sich) verstopfen

**cegato**, **-a** [θe'ɣato, -a] *adj* (*fam*) blind wie ein Maulwurf

**ceguera** [θe'ɣera] *f* ❶ (*invidencia*) Blindheit *f* ❷ (*de la razón*) Verblendung *f*

**CEI** ['θei̯] *f* (POL) *abr de* **Comunidad de Estados Independientes** GUS *f*

**Ceilán** [θei̯'lan] *m* Ceylon *nt*

**ceja** ['θexa] *f* ❶ (*entrecejo*) (Augen)braue *f*; **fruncir las** ~**s** die Augenbrauen zusammenziehen; **tener a alguien entre** ~ **y** ~ (*fam*) jdn nicht leiden können ❷ (*borde*) vorstehender Rand *m* ❸ (MÚS: *instrumento de cuerda*) Sattel *m*; (*instrumento de teclado*) Drucksteg *m* ❹ (MÚS: *para elevar el tono*) Kapodaster *m*

**cejar** [θe'xar] *vi* ❶ (*en discusiones*) nachgeben ❷ (*cesar*) aufgeben (*en* +*akk*); **sin** ~ unaufhörlich

**cejijunto**, **-a** [θexi'xun̪to, -a] *adj* ❶ (*fisonomía*) mit eng beieinander liegenden Augenbrauen ❷ (*adusto*) mürrisch

**cejudo**, **-a** [θe'xuðo, -a] *adj* mit buschigen Augenbrauen

**celada** [θe'laða] *f* ❶ (*yelmo*) Helm *m* ❷ (*emboscada*) Hinterhalt *m* ❸ (*encerrona*) Hinterlist *f*

**celador(a)** [θela'ðor(a)] *m(f)* Aufseher(in) *m(f)*; (*de aparcamientos*) Parkwächter(in) *m(f)*; (*de cárcel*) Gefängniswärter(in) *m(f)*; (*de escuela*) Aufsichtführende(r) *mf*

**celaje** [θe'laxe] *m* ❶ (METEO) ≈Schleierwolken *fpl* ❷ (*Am: fantasma*) Geist *m*

**celar** [θe'lar] *vt* ❶ (*encubrir*) verbergen ❷ (*vigilar*) überwachen

**celda** ['θel̪da] *f* ❶ (*pequeño espacio*) Zelle *f*; (*en convento, colegio*) Klosterzelle *f*; (*en prisión*) Gefängniszelle *f*; ~ **de castigo** Einzelhaftzelle *f* ❷ (*de colmena*) Bienenzelle *f*

**celdilla** [θel̪'diʎa] *f* ❶ (*de colmena*) Bienenzelle *f* ❷ (ARQUIT) Nische *f* ❸ (BOT) Samenkapsel *f*

**celebérrimo**, **-a** [θele'βerrimo, -a] *adj superl de* **célebre**

**celebración** [θeleβra'θjon] *f* ❶ (*acto*) Feiern *nt*; **la** ~ **de una misa** die Abhaltung eines Gottesdienstes ❷ (*festividad*) Feier *f* ❸ (*aplausos*) Beifall *m* ❹ (*organización*) Durchführung *f*

**celebrar** [θele'βrar] **I.** *vt* ❶ (*mérito, acontecimiento*) feiern ❷ (*aplaudir*) applaudieren +*dat* ❸ (*llegada*) willkommen heißen ❹ (*ventajas*) preisen ❺ (*un chiste*) sehr witzig finden ❻ (*reuniones, audiencia*) abhalten; ~ **una subasta** eine Versteigerung durchführen ❼ (*alegrarse*) sich freuen (über +*akk*) ❽ (*tratado*) abschließen **II.** *vi* (REL) Gottesdienst abhalten **III.** *vr*: ~**se** ❶ (*fiesta*) gefeiert werden ❷ (*reunión, partido*) stattfinden

**célebre** ['θeleβre] <celebérrimo> *adj* ❶ (*famoso*) berühmt (*por* für +*akk*); (*popular*) gefeiert ❷ (*fam: gracioso*) lustig

**celebridad** [θeleβri'ðaᵈ] *f* ❶ (*alguien ilustre*) Berühmtheit *f* ❷ (*renombre*) Ruhm *m* ❸ (*festejo*) Feierlichkeit *f*

**celeridad** [θeleri'ðaᵈ] *f* Schnelligkeit *f*

**celeste** [θe'leste] *adj* ❶ (*célico*) Himmels-; **cuerpos** ~**s** Himmelskörper *mpl* ❷ (*color*) himmelblau

**celestial** [θeles'tjal] *adj* ❶ (*del cielo, delicioso*) himmlisch ❷ (*irón fam: tonto*) dumm, einfältig

**celibato** [θeli'βato] *m* ❶ (REL) Zölibat *m o nt* ❷ (*soltería*) Singledasein *nt* ❸ (*fam: solterón*) Junggeselle *m*

**célibe** ['θeliβe] **I.** *adj* ❶ (REL) zölibatär ❷ (*soltero*) ledig **II.** *mf* Junggeselle, -in *m, f*

**celo** ['θelo] *m* ❶ (*afán*) Eifer *m* ❷ *pl* (*por amor*) Eifersucht *f;* **tener ~s** eifersüchtig sein ❸ *pl* (*sospecha*) Misstrauen *nt* ❹ *pl* (*envidia*) Neid *m* ❺ (*animales*) Brunstzeit *f;* **estar en ~** (*caza*) brünstig sein; (*perra*) läufig sein; (*gata*) rollig sein ❻ (*autoadhesivo*) Tesafilm® *m*

**celofán®** [θelo'fan] *m* ❶ (*para envolver*) Cellophan® *nt* ❷ (*autoadhesivo*) Klebeband *nt*

**celosía** [θelo'sia] *f* ❶ (*rejilla*) Gitter *nt* ❷ (*contraventanas*) Fensterladen *m;* (*persianas*) Rollladen *m*

**celoso, -a** [θe'loso, -a] *adj* ❶ (*con fervor*) eifrig (*en* bei *+dat*) ❷ (*con celos*) eifersüchtig (*de* auf *+akk*) ❸ (*con envidia*) neidisch (*de* auf *+akk*) ❹ (*con dudas*) misstrauisch ❺ (*exigente*) bedacht (*de* auf *+akk*)

**celta** ['θeḷta] **I.** *adj* keltisch **II.** *mf* Kelte, -in *m, f*

**i Land & Leute**

Eines der ersten Völker, die noch vor den Römern die Iberische Halbinsel bevölkerten, waren die **celtas**. Zusammen mit einem anderen Volk, den *iberos*, bildeten sie ein neues, vermischtes Volk, das der sogenannten *celtíberos*.

**céltico, -a** ['θeḷtiko, -a] *adj* keltisch

**célula** ['θelula] *f* (BIOL, POL) Zelle *f;* **~ fotoeléctrica** Fotozelle *f*

**celular** [θelu'lar] *adj* ❶ (BIOL) Zell-, zellulär ❷ (*cárcel*): **prisión ~** Einzelhaft *f;* **coche ~** Polizeitransporter *m*

**celulítico, -a** [θelu'litiko, -a] *adj* (MED) Zellulitis-; **problema ~** Zellulitisproblem *nt*

**celulitis** [θelu'litis] *f inv* (MED) Zellulitis *f*

**celulosa** [θelu'losa] *f* (QUÍM) Zellulose *f*

**cementación** [θemeṇta'θjon] *f* (TÉC) Zementierung *f*

**cementar** [θemeṇ'tar] *vt* (TÉC) zementieren

**cementerio** [θemeṇ'terjo] *m* ❶ (*camposanto*) Friedhof *m;* **~ de coches** Autofriedhof *m* ❷ (*depósito*) Endlagerstätte *f;* **~ nuclear** Endlager für atomare Abfälle

**cemento** [θe'meṇto] *m* ❶ (ARQUIT) Zement *m;* **~ armado** Stahlbeton *m* ❷ (ANAT) Zement *nt*

**cena** ['θena] *f* Abendessen *nt;* **la Ultima C~** das heilige Abendmahl

**cenáculo** [θe'nakulo] *m* ❶ (*tertulia*) Stammtisch *m;* (*reunión*) Treffen *nt* ❷ (*de literatura*) Literaturzirkel *m* ❸ (*camarilla*) Clique *f* ❹ (*lugar*) Treffpunkt *m*

**cenador** [θena'ðor] *m* ❶ (*comedor*) Speisesaal *m* ❷ (*en el jardín*) Gartenlaube *f*

**cenagal** [θena'ɣal] *m* ❶ (*con cieno*) Morast *m* ❷ (*fam: problema*) Patsche *f,* Klemme *f;* **estar en un ~** in der Patsche sitzen

**cenagoso, -a** [θena'ɣoso, -a] *adj* schlammig, morastig

**cenar** [θe'nar] *vi, vt* zu Abend essen; **hoy hemos cenado lentejas** heute gab es Linsen zum Abendessen

**cencerrear** [θeṇθerre'ar] *vi* ❶ (*con cencerros*) läuten ❷ (*tocar mal*) völlig falsch spielen ❸ (*bisagras*) quietschen ❹ (*traquetear*) klappern; (*golpetear*) schlagen; (*estruendo*) Krach machen

**cencerro** [θeṇ'θerro] *m* (*de res*) Kuhglocke *f;* **estar como un ~** (*fam*) völlig übergeschnappt sein

**cenefa** [θe'nefa] *f* ❶ (*adorno*) Borte *f;* (*encaje de bolillos*) Klöppelspitze *f* ❷ (*de techos, muros*) Stuckverzierung *f*

**cenia** ['θenja] *f* Schöpfrad *nt*

**cenicero** [θeni'θero] *m* Aschenbecher *m*

**cenicienta** [θeni'θjeṇta] *f,* **Cenicienta** [θeni'θjeṇta] *f* Aschenbrödel *nt,* Aschenputtel *nt*

**ceniciento, -a** [θeni'θjeṇto, -a] *adj* aschfarben

**cenit** [θe'nit] *m* ❶ (ASTR) Zenit *m* ❷ (*apogeo*) Höhepunkt *m*

**cenital** [θeni'tal] *adj* Zenit-

**ceniza** [θe'niθa] *f* ❶ (*residuo de algo quemado*) Asche *f;* **Miércoles de ~** Aschermittwoch *m;* **reducir algo a ~s** etw in Schutt und Asche legen ❷ *pl* (*restos*) Überreste *mpl*

**cenizo** [θe'niθo] *m* ❶ (BOT) Gänsefuß *m* ❷ (*que trae mala suerte*) Unglücksbringer *m*

**cenobio** [θe'noβjo] *m* (REL) Kloster *nt*

**censar** [θen'sar] **I.** *vi* eine Volkszählung durchführen **II.** *vt* zählen, erfassen

**censo** ['θenso] *m* ❶ (*de habitantes*) Volkszählung *f;* (*estadística*) statistische Erhebung *f;* **~ electoral** (POL) Wählerliste *f* ❷ (FIN: *gravamen*) Pachtzins *m*

**censor(a)** [θen'sor(a)] *m(f)* Zensor(in) *m(f)*

**censura** [θen'sura] *f* ❶ (*crítica*) Zensur *f;* **~ cinematográfica** Filmzensur *f;* **someter a la ~** zensieren ❷ (*entidad*) Zensurbehörde *f* ❸ (FIN) Prüfung *f;* **~ de cuentas** Buchprüfung *f* ❹ (POL): **moción de** ~ Misstrauensantrag *m* ❺ (*vituperación*) Kritik *f*

**censurable** [θensu'raβle] *adj* (*reprobable*) tadelnswert

**censurar** [θensu'rar] *vt* ❶ (*juzgar*) zensieren; **~on todas las escenas violentas** alle Gewaltszenen wurden herausgeschnitten ❷ (*vituperar*) kritisieren

**centauro** [θen̪'tau̯ro] *m* Zentaur *m*

**centavo**[1] [θen̪'taβo] *m* ❶ (*centésima parte*) Hundertstel *nt* ❷ (*céntimo*) ≈Pfennig *m* ❸ (*AmC, CSur:* FIN: *moneda*) Centavo *m*

**centavo, -a**[2] [θen̪'taβo, -a] *adj* hundertstel; *v. t.* **octavo**

**centella** [θen̪'teʎa] *f* ❶ (*rayo*) Blitz *m* ❷ (*chispa*) Funke *m* ❸ (*destello*) Funkeln *nt*

**centelleante** [θen̪teʎe'an̪te] *adj* (*brillante*) sprühend; **con una mirada** ~ mit strahlendem Blick

**centell(e)ar** [θen̪teʎe'ar/θen̪te'ʎar] *vi* ❶ (*relámpago*) blitzen ❷ (*fuego*) Funken sprühen ❸ (*estrella*) funkeln ❹ (*ojos, gema*) glänzen

**centelleo** [θen̪te'ʎeo] *m* ❶ (*del relámpago*) Blitzen *nt* ❷ (*de las llamas*) Funkensprühen *nt* ❸ (*de las estrellas*) Funkeln *nt* ❹ (*de los ojos, de una gema*) Glänzen *nt*

**centena** [θen̪'tena] *f* Hundert *nt*

**centenar** [θen̪te'nar] *m* ❶ (*cien*) Hundert *nt* ❷ (*centenario*) Jahrhundert *nt* ❸ (AGR) Roggenfeld *nt*

**centenario**[1] [θen̪te'narjo] *m* (*conmemoración*) hundertster Jahrestag *m;* (*festividad*) Jahrhundertfeier *f*

**centenario, -a**[2] [θen̪te'narjo, -a] **I.** *adj* hundertjährig **II.** *m, f* Hundertjährige(r) *mf*

**centeno** [θen̪'teno] *m* (BOT) Roggen *m*

**centésima** [θen̪'tesima] *adj o f v.* **centésimo**[2]

**centésimo**[1] [θen̪'tesimo] *m* (*Chil, Pan, Urug:* FIN: *moneda*) Centésimo *m*

**centésimo, -a**[2] [θen̪'tesimo, -a] **I.** *adj* (*parte*) hundertstel; (*numeración*) hundertste(r, s); **la centésima parte de...** ein Hundertstel von ... **II.** *m, f* Hundertstel *nt; v. t.* **octogésimo**

**centígrado** [θen̪'tiɣraðo] *m* Zentigrad *nt,* hundertstel Grad *nt;* **grado** ~ Celsiusgrad *nt*

**centigramo** [θen̪ti'ɣramo] *m* Zentigramm *nt*

**centilitro** [θen̪ti'litro] *m* Zentiliter *m*

**centímetro** [θen̪'timetro] *m* Zentimeter *m o nt*

**céntimo**[1] ['θen̪timo] *m* ❶ (*centésima parte*) Hundertstel *nt* ❷ (FIN, HIST: *moneda*) hundertstel Peseta *f;* (*CRi, Par, Ven*) Céntimo *m;* **estar sin un** ~ kein Geld haben ❸ (FIN, UE) Cent *m;* **C~ de euro** Eurocent *m*

**céntimo, -a**[2] ['θen̪timo, -a] *adj* hundertstel

**centinela** [θen̪ti'nela] *mf* ❶ (*de museo, banco*) Wächter(in) *m(f)* ❷ (MIL) Wach(t)posten *m*

**centollo, -a** [θen̪'toʎo, -a] *m, f* (ZOOL) Meerspinne *f*

**centrado, -a** [θen̪'traðo, -a] *adj* ❶ (*en el centro*) zentriert, mittig ❷ (*forma de ser*) ausgeglichen

**central** [θen̪'tral] **I.** *adj* ❶ (*en el centro*) Zentral-, Mittel-; **Europa C~** Mitteleuropa *nt* ❷ (*esencial*) zentral, wesentlich ❸ (*principal*) Zentral-, Haupt-; **comité** ~ Zentralkomitee *nt;* **estación** ~ Hauptbahnhof *m* **II.** *f* ❶ (*oficina*) Zentrale *f,* Hauptstelle *f;* ~ **de Correos** Hauptpost *f;* ~ **telefónica** (TEL) Fern(sprech)amt *nt;* (*de una empresa*) Telefonzentrale *f* ❷ (TÉC) Werk *nt,* Anlage *f;* ~ **depuradora** Kläranlage *f;* ~ **eléctrica** Elektrizitätswerk *nt;* ~ **hidroeléctrica** Wasserkraftwerk *nt;* ~ **nuclear** Kernkraftwerk *nt;* ~ **térmica** Wärmekraftwerk *nt*

**centralismo** [θen̪tra'lismo] *m* (POL) Zentralismus *m*

**centralista** [θen̪tra'lista] **I.** *adj* (POL) zentralistisch **II.** *mf* ❶ (POL) Zentralist(in) *m(f)* ❷ (*AmC, Ant: del ingenio azucarero*) Zuckerfabrikant(in) *m(f)*

**centralita** [θen̪tra'lita] *f* (TEL) Telefonzentrale *f*

**centralización** [θen̪traliθa'θjon] *f* Zentralisierung *f*

**centralizar** [θen̪trali'θar] <z→c> *vt* zentralisieren

**centrar** [θen̪'trar] **I.** *vt* ❶ (TÉC: *colocar*) zentrieren ❷ (*aunar esfuerzos*) konzentrieren (*en* auf +*akk*) ❸ (*interés, atención*) bündeln ❹ (*lo esencial*) in den Mittelpunkt stellen **II.** *vi, vt* (DEP: *fútbol*) flanken **III.** *vr:* **~se** ❶ (*basarse*) beruhen (*en* auf +*dat*) ❷ (*familiarizarse*) sich einleben (*en* in +*dat*); (*en un trabajo*) sich einarbeiten (*en* in +*akk*) ❸ (*interés, atención, miradas*) sich richten (*en* auf +*akk*)

**céntrico, -a** ['θen̪triko, -a] *adj* im Mittelpunkt (liegend); (TÉC) zentrisch; **punto** ~ Mittelpunkt *m;* **piso** ~ zentral gelegene Wohnung

**centrifugación** [θen̪trifuɣa'θjon] *f* Schleudern *nt;* **programa de** ~ Schleuderprogramm *nt*

**centrifugador(a)** [θen̪trifuɣa'ðor(a)] *adj* Schleuder-; **hormigón** ~ Schleuderbeton

*m*

**centrifugadora** [θeṇtrifuɣa'ðora] *f* Schleuder *f*, Zentrifuge *f*

**centrifugar** [θeṇtrifu'ɣar] <g→gu> *vt* schleudern, zentrifugieren

**centrífugo**, **-a** [θeṇ'trifuɣo, -a] *adj* Schleuder-, Zentrifugal-; **fuerza centrífuga** Schleuderkraft *f*

**centrismo** [θeṇ'trismo] *m* (POL) Zentrismus *m*

**centrista** [θeṇ'trista] **I.** *adj* (POL) Zentrums-; **partido** ~ Zentrumspartei *f* **II.** *mf* (POL) Zentrumspolitiker(in) *m(f)*

**centro** ['θeṇtro] *m* ❶ (*el medio, t.* POL) Zentrum *nt*, Mitte *f*; (*de la ciudad*) Stadtzentrum *nt*; ~ **comercial** Handelszentrum *nt*; (*tiendas*) Einkaufszentrum *nt*; ~ **comercial virtual** virtuelles Einkaufszentrum; ~ **de gravedad** Schwerpunkt *m*; ~ **industrial** Industriezentrum *nt* ❷ (*institución*) Zentrum *nt*; ~ **de computación** (INFOR) Rechenzentrum *nt*; ~ **de enseñanza** Ausbildungsstätte *f* ❸ (DEP) Mitte *f* ❹ (ANAT): ~ **nervioso** Nervenzentrum *nt*

**centroafricano**, **-a** [θeṇtroafri'kano, -a] **I.** *adj* zentralafrikanisch **II.** *m, f* Zentralafrikaner(in) *m(f)*

**Centroamérica** [θeṇtroa'merika] *f* Mittelamerika *nt*

**centroamericano**, **-a** [θeṇtroameri'kano, -a] **I.** *adj* mittelamerikanisch **II.** *m, f* Mittelamerikaner(in) *m(f)*

**centrocampista** [θeṇtrokam'pista] *mf* (DEP) Mittelfeldspieler(in) *m(f)*

**Centroeuropa** [θeṇtroeu̯'ropa] *f* Mitteleuropa *nt*

**centroeuropeo**, **-a** [θeṇtroeu̯ro'peo, -a] **I.** *adj* mitteleuropäisch **II.** *m, f* Mitteleuropäer(in) *m(f)*

**centuplicado**, **-a** [θeṇtupli'kaðo, -a] *adj* verhundertfacht

**centuplicar** [θeṇtupli'kar] <c→qu> *vt* verhundertfachen

**céntuplo** ['θeṇtuplo] *m* Hundertfache(s) *nt*

**centuria** [θeṇ'turja] *f* Jahrhundert *nt*

**centurión** [θeṇtu'rjon] *m* (HIST) Zenturio *m*

**cenutrio** [θe'nutrjo] *m* (*argot*) Depp *m*

**ceñido**, **-a** [θe'ɲiðo, -a] *adj* ❶ (*vestido*) eng (anliegend) ❷ (*forma de expresión*) spärlich ❸ (*ahorrador*) sparsam

**ceñidor** [θeɲi'ðor] *m* ❶ (*faja*) Mieder *nt* ❷ (*cinturón*) Gürtel *m*; (*fajín*) Schärpe *f*

**ceñir** [θe'ɲir] *irr* **I.** *vt* ❶ (*rodear*) umgeben; (MIL) einkreisen ❷ (*ponerse*) anlegen; (*cinturón*) umschnallen ❸ (*costura*) enger nähen; (*acortar*) kürzen ❹ (*abreviar*) kürzen **II.** *vr:* ~**se** ❶ (*ajustarse*) sich beschränken (*a* auf +*akk*); (*al hablar*) sich kurz fassen; ~**se al presupuesto** sich strikt auf das Budget beschränken ❷ (*vestido*) eng anliegen (*a* um +*akk*) ❸ (*ponerse*) anlegen; **se ciñó el cinturón** er/sie schnallte sich *dat* den Gürtel um

**ceño** ['θeɲo] *m* Stirnrunzeln *nt*; **fruncir** [*o* **arrugar**] **el** ~, **mirar con** ~ (*disgustado*) die Stirn runzeln; (*enojado*) finster dreinschauen

**ceñudo**, **-a** [θe'ɲuðo, -a] *adj* ❶ (*mirada*) grimmig, finster ❷ (*persona: disgustada*) stirnrunzelnd

**CEOE** [θeeo'e] *f abr de* **Confederación Española de Organizaciones Empresariales** *Dachverband der spanischen Wirtschaftsverbände*

**cepa** ['θepa] *f* ❶ (BOT: *tronco*) Strunk *m*; (*en la vid*) (Wein)stock *m* ❷ (*origen*) Stamm *m*, Familie *f*; **de pura** ~ waschecht

**cepillar** [θepi'ʎar] **I.** *vt* ❶ (*cabello, traje*) bürsten ❷ (TÉC: *madera*) hobeln ❸ (*argot: robar*) klauen ❹ (*Am: argot: adular*) kriechen (*a* vor +*dat*) ❺ (*argot: ganar*) abzocken **II.** *vr:* ~**se** ❶ (*argot: robar*) mitgehen lassen ❷ (*fam: devorar*) verschlingen ❸ (*fam: gastarse dinero*) verschleudern ❹ (*argot: con pistola*) umlegen; (*con cuchillo*) abstechen ❺ (*vulg: seducir*) vernaschen *fam*; ~**se a una chica** ein Mädchen flachlegen *fam*

**cepillo** [θe'piʎo] *m* ❶ (*para el cabello*) (Haar)bürste *f*; (*para un traje*) (Kleider)bürste *f*; (*de limpiar*) Schrubber *m*; ~ **de barrer** Kehrbesen *m*; ~ **de dientes** Zahnbürste *f*; **pasar el** ~ kehren ❷ (TÉC: *para madera*) Hobel *m* ❸ (*en misa*) Klingelbeutel *m*

**cepo** ['θepo] *m* ❶ (*caza*) Fangeisen *nt*; (*emboscada*) Falle *f*; **caer en el** ~ in die Falle gehen ❷ (*grilletes*) Fußschellen *fpl* ❸ (AUTO) (Park)kralle *f*

**ceporro**, **-a** [θe'porro, -a] **I.** *adj* ❶ (*ignorante*) einfältig, dumm ❷ (*torpe*) ungeschickt ❸ (*tosco*) grob **II.** *m, f* ❶ (*ignorante*) Dummkopf *m* ❷ (*tosco*) Grobian *m*

**cera** ['θera] *f* Wachs *nt*; (*de vela*) (Kerzen)wachs *nt*; ~ **de los oídos** Ohrenschmalz *nt*; ~ **para suelos** Bohnerwachs *nt*; **museo de** ~ Wachsfigurenkabinett *nt*; **blanco como la** ~ kreidebleich

**cerámica** [θe'ramika] *f* Keramik *f*; (*industria*) Keramikindustrie *f*

**cerámico**, **-a** [θe'ramiko, -a] *adj* keramisch

**ceramista** [θera'mista] *mf* Keramiker(in) *m(f)*

**cerbatana** [θerβa'tana] *f* Blasrohr *nt*

**cerca** ['θerka] **I.** *adv* ❶ (*en el espacio*) nah(e); **aquí** ~ hier in der Nähe; **mirar de**

~ aus der Nähe betrachten ② (*en el tiempo*) bald **II.** *prep* ① (*lugar*): ~ **de** nahe bei +*dat*, in der Nähe von +*dat* ② (*cantidad*) fast, annähernd **III.** *f* Umzäunung *f*, Zaun *m*

**cercado** [θer'kaðo] *m* ① (*valla*) Umzäunung *f*, Zaun *m* ② (*recinto*) umzäuntes Grundstück *nt*

**cercanía** [θerka'nia] *f* ① (*proximidad*) Nähe *f*; (*vecindad*) Nachbarschaft *f* ② *pl* (*alrededores*) Umgebung *f*

**cercano**, **-a** [θer'kano, -a] *adj* nahe

**cercar** [θer'kar] <c→qu> *vt* ① (*vallar*) einzäunen; (*rodear*) umgeben ② (*rodear*) umringen, einkreisen ③ (MIL: *sitiar*) belagern; (*rodear*) umzingeln

**cercenar** [θerθe'nar] *vt* ① (*a cercén*) völlig abschneiden ② (MED: *miembro*) amputieren ③ (*sueldo*) kürzen

**cerciorar** [θerθjo'rar] **I.** *vt* überzeugen (*de* von +*dat*) **II.** *vr*: ~**se** sich *dat* Gewissheit verschaffen (*de* über +*akk*)

**cerco** ['θerko] *m* ① (*círculo*) Kreis *m*; (*anillo*) Ring *m*; (*borde*) Rand *m* ② (*valla*) Zaun *m*, Umzäunung *f* ③ (*de barril*) Fassreifen *m* ④ (ASTR, METEO) Hof *m* ⑤ (MIL) Belagerung *f*

**cerda** ['θerða] *f* ① (ZOOL) Sau *f* ② (*pelo*) Borste *f*; (*de cerdo*) Schweinsborsten *fpl*

**cerdada** [θer'ðaða] *f* (*fam pey*) Schweinerei *f*

**Cerdeña** [θer'ðeɲa] *f* Sardinien *nt*

**cerdo**, **-a** ['θerðo, -a] **I.** *adj* (*sucio*) schweinisch, schmutzig **II.** *m, f* ① (ZOOL) Schwein *nt*; (*hembra*) Sau *f*; **carne de** ~ Schweinefleisch *nt* ② (*insulto*) (Dreck)schwein *nt*, (Dreck)sau *f*

**cereal** [θere'al] *adj* Getreide-

**cereales** [θere'ales] *mpl* Getreide *nt*

**cerebelo** [θere'βelo] *m* (ANAT) Kleinhirn *nt*

**cerebral** [θere'βral] *adj* (ANAT) Gehirn-; **irrigación** ~ Gehirndurchblutung *f*

**cerebro** [θe'reβro] *m* ① (ANAT: *en su totalidad*) (Ge)hirn *nt*; (*parte mayor*) Großhirn *nt* ② (*inteligencia*) Intelligenz *f*, Verstand *m*

**ceremonia** [θere'monja] *f* ① (*acto*) Zeremonie *f*; (*celebración*) Feierlichkeiten *fpl*; (*misa*) Gottesdienst *m* ② (*cortesía*) Förmlichkeit *f*; **sin** ~**s** ohne viel Aufhebens

**ceremonial** [θeremo'njal] **I.** *adj* feierlich **II.** *m* ① (*ritual*) Zeremoniell *nt* ② (*fórmulas*) Höflichkeitsformen *fpl*

**ceremonioso**, **-a** [θeremo'njoso, -a] *adj* ① (*solemne*) feierlich; (*formal*) förmlich ② (*persona*) steif

**cereza** [θe'reθa] *f* Kirsche *f*

**cerezal** [θere'θal] *m* Kirschgarten *m*

**cerezo** [θe'reθo] *m* ① (*árbol*) Kirschbaum *m* ② (*madera*) Kirschholz *nt*

**cerilla** [θe'riʎa] *f* ① (*fósforo*) Streichholz *nt* ② (*vela*) sehr dünne Wachskerze *f* ③ (*de oídos*) Ohrenschmalz *nt*

**cerillero** [θeri'ʎero] *m* (*Am: cajita*) Streichholzschachtel *f*

**cerner** [θer'ner] <e→ie> **I.** *vt* ① (*cribar*) sieben ② (*observar*) beobachten **II.** *vr*: ~**se** schweben (*sobre* über +*dat*)

**cernícalo** [θer'nikalo] *m* ① (ZOOL) Turmfalke *m* ② (*persona*) Grobian *m*

**cernir** [θer'nir] *irr vt* ① (*cribar*) sieben ② (*observar*) beobachten; (*cielo, horizonte*) absuchen

**cero** ['θero] *m* ① (MAT) Null *f* ② (*punto inicial*) Nullpunkt *m*; **ocho grados bajo/sobre** ~ acht Grad unter/über Null; **partir de** ~ bei Null anfangen ③ (*valor*) Niete *f* ④ (*argot: coche policía*) Polizeiauto *nt*

**cerrado**, **-a** [θe'rraðo, -a] *adj* ① *estar* (*no abierto*) geschlossen; (*con llave*) abgeschlossen; **la puerta está cerrada** die Tür ist zu; **a puerta cerrada** hinter verschlossenen Türen; **aquí huele a** ~ hier muffelt es ② *estar* (METEO: *cielo*) (wolken)bedeckt ③ *ser* (*actitud*) verschlossen ④ *ser* (*espeso*) geschlossen, dicht; (*denso*) undurchdringlich; **noche cerrada** schwarze Nacht ⑤ *ser* (*característico*) typisch; (*acento*) stark, breit ⑥ (LING: *fonética*) geschlossen ⑦ *ser* (*curva*) scharf, eng ⑧ *ser* (*dentro*) eingeschlossen (*de* von +*dat*) ⑨ *ser* (*tosco*) ungeschliffen; ~ **de mollera** (*fam*) begriffsstutzig

**cerradura** [θerra'ðura] *f* ① (*dispositivo*) Schloss *nt*; ~ **antirrobo** Lenkradschloss *nt* ② (*acción*) Schließen *nt*; (*con llave*) Abschließen *nt*

**cerrajería** [θerraxe'ria] *f* ① (*taller*) Schlosserei *f* ② (*oficio*) Schlosserhandwerk *nt*

**cerrajero**, **-a** [θerra'xero, -a] *m, f* Schlosser(in) *m(f)*

**cerramiento** [θerra'mjen̩to] *m* ① (*acción*) Schließung *f* ② (*alrededor*) Umschließung *f*

**cerrar** [θe'rrar] <e→ie> **I.** *vt* ① (*paraguas, ojos*) schließen; (*pegar*) zukleben; ~ **los oídos** die Ohren verschließen; ~ **el pico** (*fam*) den Schnabel halten; ~ **archivo** (INFOR) Datei schließen ② (*con llave*) abschließen ③ (*carretera, puerto*) sperren; ~ **el paso a alguien** jdm den Weg versperren ④ (*agujero, brecha*) abdecken; (*agua*) abdrehen ⑤ (*terreno*) einschließen; (*con un cerco*) einzäunen ⑥ (*establecimiento*) schließen ⑦ (*actividad, ciclo, negociación*) abschließen **II.** *vi* ① (*puerta, ven-*

*tana*) schließen ② (*atacar*) angreifen (*contra* +*akk*) ③ (*acabar*) enden **III.** *vr:* ~**se** ① (*puerta*): **la puerta se cerró sola** die Türe ist von allein zugefallen ② (*herida*) verheilen ③ (*obstinarse*) sich versteifen (*en* auf +*akk*) ④ (*el cielo*) sich zuziehen ⑤ (*ser intransigente*) sich verschließen (*a* gegenüber +*dat*) ⑥ (*agruparse*) sich (zusammen)schließen (*en torno a* um +*akk*)

**cerrazón** [θerra'θon] *f* ① (*torpeza*) Begriffsstutzigkeit *f* ② (*obstinación*) Eigensinn *m* ③ (METEO: *nubes*) dichtes Wolkenband *nt*

**cerril** [θe'rril] *adj* ① (*terreno*) uneben ② (*obstinado*) eigensinnig ③ (*torpe*) begriffsstutzig ④ (*tosco*) ungeschliffen, grob ⑤ (*caballerías*) wild, ungezähmt

**cerrilidad** [θerrili'ða$^{d}$] *f sin pl* ① (*obstinación*) Dickköpfigkeit *f* ② (*sin docilidad*) Wildheit *f*

**cerrilismo** [θerri'lismo] *m* ① (*tosquedad*) Ungeschliffenheit *f*, Grobheit *f* ② (*obstinación*) Eigensinnigkeit *f*

**cerro** ['θerro] *m* ① (ZOOL: *cuello*) Tiernacken *m;* (*espinazo*) Tierrücken *m* ② (*alto*) Anhöhe *f;* (*colina*) Hügel *m;* (*peñasco*) felsige Erhebung *f;* **irse por los ~s de Úbeda** (*fam*) vom Thema abkommen; (*decir tonterías*) eine Menge Unsinn reden

**cerrojazo** [θerro'xaθo] *m:* **echar ~ a algo** etw unverzüglich schließen; (*fig*) etw *dat* einen Riegel vorschieben

**cerrojo** [θe'rroxo] *m* Riegel *m;* **echar el ~ a la puerta** die Tür verriegeln

**certamen** [θer'tamen] *m* ① (*competición*) Wettbewerb *m* ② (*exposición*) Ausstellung *f* ③ (*feria*) Messe *f*

**certero, -a** [θer'tero, -a] *adj* ① (*acertado*) zutreffend ② (*diestro en tirar*) treffsicher ③ (*informado*) gut informiert

**certeza** [θer'teθa] *f* Gewissheit *f*

**certidumbre** [θerti'ðumbre] *f* Gewissheit *f*, Sicherheit *f*

**certificación** [θertifika'θjon] *f* ① (*acción, documento*) Bescheinigung *f* ② (JUR: *atestación*) Beglaubigung *f*

**certificado**[1] [θertifi'kaðo] *m* Bescheinigung *f*, Zertifikat *nt;* ~ **de aptitud** Befähigungsnachweis *m;* ~ **de asistencia** Teilnahmebescheinigung *f;* ~ **escolar** Schulzeugnis *nt;* ~ **médico** ärztliches Attest

**certificado, -a**[2] [θertifi'kaðo, -a] *adj* ① (JUR) beglaubigt ② (*correos*) per Einschreiben; **carta certificada** Einschreibebrief *m*

**certificar** [θertifi'kar] <c→qu> *vt* ① (*afirmar*) bescheinigen ② (JUR: *autenticar*) beglaubigen ③ (*correos*) per Einschreiben verschicken

**certísimo, -a** [θer'tisimo, -a] *adj superl de* **cierto**

**cerumen** [θe'rumen] *m* Ohrenschmalz *nt*

**cervato** [θer'βato] *m* Hirschkalb *nt*

**cervecería** [θerβeθe'ria] *f* ① (*fábrica*) Brauerei *f* ② (*bar*) Kneipe *f*

**cervecero**[1] [θerβe'θero] *m* Braumeister *m*

**cervecero, -a**[2] [θerβe'θero, -a] *adj* Bier-, Brauerei-

**cerveza** [θer'βeθa] *f* Bier *nt;* ~ **de barril** Fassbier *nt;* ~ **negra** dunkles Bier; ~ **sin** alkoholfreies Bier

**cervical** [θerβi'kal] *adj* (ANAT) Nacken-, Genick-

**cervicular** [θerβiku'lar] *adj* (ANAT: *cervical*) zervikal

**cervino, -a** [θer'βino, -a] *adj* (ZOOL) Hirsch-

**Cervino** [θer'βino] *m:* **Monte ~** Matterhorn *nt*

**cerviz** [θer'βiθ] *f* (ANAT) Nacken *m*, Genick *nt*

**cesación** [θesa'θjon] *f*, **cesamiento** [θesa'mjento] *m* ① (*que termina*) Beendigung *f* ② (*interrupción*) Unterbrechung *f;* ~ **del fuego** Waffenstillstand *m*

**cesante** [θe'sante] **I.** *adj* ① (*suspendido*) suspendiert ② (*parado*) arbeitslos **II.** *mf* Beamte(r) *mf* im Wartestand, Beamtin *f* im Wartestand

**cesantía** [θesan'tia] *f* ① (*situación*) Wartestand *m;* (*paro*) Arbeitslosigkeit *f* ② (*suspensión*) Suspendierung *f* ③ (*paga*) Wartegeld *nt*

**cesar** [θe'sar] **I.** *vi* ① (*parar*) enden, aufhören; **sin ~** unaufhörlich ② (*en una profesión*) (aus)scheiden (*en* aus +*dat*) **II.** *vt* ① (*pagos*) einstellen ② (*despedir*) entlassen; (*funcionario*) des Amtes entheben

**cesárea** [θe'sarea] *f* Kaiserschnitt *m*

**cese** ['θese] *m* ① (*que termina*) Beendigung *f;* (*interrupción*) Unterbrechung *f;* ~ **de pagos** Zahlungseinstellung *f* ② (*de obrero*) Kündigung *f;* (*de funcionario*) Suspendierung *f;* ~ **en el cargo** Ausscheiden aus dem Amt ③ (JUR: *proceso*) Einstellung *f*

**cesio** ['θesjo] *m* (QUÍM) Cäsium *nt*

**cesión** [θe'sjon] *f* ① (*entrega*) Abtretung *f* ② (JUR) Zession *f*

**césped** ['θespe$^{d}$] *m* Rasen *m;* **"prohibido pisar el ~"** „Rasen betreten verboten"

**cesta** ['θesta] *f* Korb *m*

**cestería** [θeste'ria] *f* ① (*tienda*) Korbwarengeschäft *nt* ② (*artesanía*) Korbflechtkunst *f* ③ (*artículos*) Korbwaren *fpl*

**cestero, -a** [θes'tero, -a] *m, f* ① (*que fabrica*) Korbflechter(in) *m(f)* ② (*que vende*) Korbhändler(in) *m(f)*

C

**cestillo** [θes'tiʎo] *m* ① (*cesto*) Körbchen *nt* ② (ZOOL): ~ **del polen** Pollenkörbchen *nt*

**cesto** ['θesto] *m* (großer) Korb *m;* (DEP) (Basketball)korb *m;* ~ **de los papeles** Papierkorb *m*

**cesura** [θe'sura] *f* Einschnitt *m,* Zäsur *f*

**ceta** ['θeta] *f* Z *nt*

**cetáceo** [θe'taθeo] *m* (ZOOL) Meeressäugetier *nt*

**cetrería** [θetre'ria] *f* ① (*amaestramiento*) Falknerei *f* ② (*caza*) Falkenjagd *f* ③ (*cría*) Falkenzucht *f*

**cetrero**, **-a** [θe'trero, -a] *m, f* (*caza*) Falkner(in) *m(f)*

**cetrino**, **-a** [θe'trino, -a] *adj* ① (*amarillento, verdoso*) gelblich grün ② (*melancólico*) schwermütig

**cetro** ['θetro] *m* ① (*vara*) Zepter *nt;* **empuñar el** ~ den Thron besteigen ② (*supremacía*) Herrschaft *f* ③ (DEP) Meistertitel *m;* **ostentar el** ~ den Meistertitel innehaben

**ceutí** [θeu̯'ti] **I.** *adj* aus Ceuta **II.** *mf* Einwohner(in) *m(f)* von Ceuta

**cf.** [kom'parese] *abr de* **compárese** vgl.

**CFC** [θe(e)fe'θe] *m* (QUÍM, ECOL) FCKW *nt;* **sin** ~ FCKW-frei

**chabacanería** [ʧaβakane'ria] *f* Vulgarität *f*

**chabacano**, **-a** [ʧaβa'kano, -a] *adj* vulgär, unanständig

**chabola** [ʧa'βola] *f* ① (*casucha*) Baracke *f,* Slumhütte *f* ② *pl* (*barrio*) Elendsviertel *nt,* Slums *mpl*

**chabolismo** [ʧaβo'lismo] *m* Verslumung *f*

**chabolista** [ʧaβo'lista] *mf* Slumbewohner(in) *m(f)*

**chacal** [ʧa'kal] *m* (ZOOL) Schakal *m*

**chácara** ['ʧakara] *f* (*Am*) ① (*granja*) Landgut *nt* ② (MED) Geschwür *nt*

**chacarero**, **-a** [ʧaka'rero, -a] *m, f* (*Am*) Bauer *m,* Bäuerin *f;* (*dueño*) Landbesitzer(in) *m(f);* (*trabajador*) Feldarbeiter(in) *m(f)*

**chacha** ['ʧaʧa] *f* (*fam: niñera*) Kindermädchen *nt;* (*criada*) Dienstmädchen *nt;* (*de limpieza*) Putzfrau *f*

**cháchara** ['ʧaʧara] *f* (*fam: charla*) Schwatz *m;* **andar** [*o* **estar**] **de** ~ ein Schwätzchen halten

**chacharear** [ʧaʧare'ar] *vi* (*fam*) schwatzen

**chacho**, **-a** ['ʧaʧo, -a] *m, f* (*fam: muchacho, muchacha*) Kleine(r) *mf;* (*en lenguaje infantil*) großer Bruder *m,* große Schwester *f*

**chacolotear** [ʧakolote'ar] *vi* klappern

**chacota** [ʧa'kota] *f* ① (*jolgorio*) Ausgelassenheit *f* ② (*broma*) Spaß *m,* Scherz *m;* **echar** [*o* **tomar**] **algo a** ~ etw nicht ernst nehmen

**chacotearse** [ʧakote'arse] *vr:* ~ **de algo/alguien** sich über etw/jdn lustig machen

**chacra** ['ʧakra] *f* (*Am: granja*) kleine Farm *f;* (*finca*) kleines (Land)gut *nt*

**Chad** [ʧa^ð] *m* Tschad *m*

**chafar** [ʧa'far] **I.** *vt* ① (*aplastar*) platt drücken; (*arrugar*) zerknittern; (*deshacer*) zerquetschen ② (*desmoralizar*) erschüttern ③ (*confundir*) verwirren; **quedar(se) chafado** sprachlos sein ④ (*estropear*) zunichte machen; **le** ~**on sus proyectos** sie haben seine/ihre Pläne über den Haufen geworfen **II.** *vr:* ~**se** (*aplastarse*) platt gedrückt werden; (*deshacerse*) zerquetscht werden; (*arrugarse*) (zer)knittern

**chafarrinada** [ʧafarri'naða] *f* Klecks *m*

**chafarrinón** [ʧafarri'non] *m* ① (*mancha*) Klecks *m* ② (*cuadro*) Kleckserei *f*

**chaflán** [ʧa'flan] *m* ① (*bisel*) Schrägkante *f* ② (*plano*) Schräge *f* ③ (*en una calle*) Straßenecke *f;* (*en un edificio*) Hausecke *f*

**chal** [ʧal] *m* ① (*pañoleta*) Schal *m;* (*pañuelo*) Halstuch *nt* ② (*mantón*) (Schulter)tuch *nt*

**chalado**, **-a** [ʧa'laðo, -a] **I.** *adj* (*fam*) verrückt; **estar** ~ **por alguien** verrückt nach jdm sein **II.** *m, f* (*fam*) Spinner(in) *m(f)*

**chaladura** [ʧala'ðura] *f* (*fam*) ① (*locura*) verrückter Einfall *m* ② (*enamoramiento*) Vernarrtheit *f*

**chalán**, **-ana** [ʧa'lan, -ana] **I.** *adj* gerissen **II.** *m, f* ① (*tratante*) (Pferde)händler(in) *m(f)* ② (*timador*) Betrüger(in) *m(f)* ③ (*Am: picador*) Zureiter(in) *m(f)*

**chalanear** [ʧalane'ar] **I.** *vi* ① (*traficar*) handeln ② (*regatear*) schachern **II.** *vt* (*Am: un caballo*) zureiten; (*adiestrar*) dressieren

**chalanería** [ʧalane'ria] *f* (*fam pey: engaño*) Rosstäuschertrick *m*

**chalar** [ʧa'lar] **I.** *vt* (*fam*) verrückt machen **II.** *vr:* ~**se** (*fam*) verrückt werden; ~**se por alguien** sich in jdn verknallen

**chalé** [ʧa'le] *m* (*casa unifamiliar*) Einfamilienhaus *nt;* (*de campo*) Landhaus *nt;* (*villa*) Villa *f*

**chaleco** [ʧa'leko] *m* Weste *f;* ~ **salvavidas** Schwimmweste *f*

**chalet** [ʧa'le] *m* <chalets> *v.* **chalé**

**chalupa** [ʧa'lupa] *f* Schaluppe *f*

**chamaco**, **-a** [ʧa'mako, -a] *m, f* (*Méx*) ① (*muchacho*) Junge *m;* (*muchacha*) Mädchen *nt* ② (*novio*) Freund(in) *m(f)*

**chamán** [ʧa'man] *m* Schamane *m*

**chamaril(l)ero**, **-a** [ʧamari'lero, -a/ʧamari'ʎero, -a] *m, f* ① (*que vende objetos viejos*) Trödler(in) *m(f)* ② (*tahúr*) Falschspieler(in) *m(f)*

**chambelán** [ʧambe'lan] *m* Kammerherr *m*

**chambergo** [ʧam'berɣo] *m* ❶ (HIST) *breitkrempiger Hut mit Federschmuck* ❷ (*sombrero*) (Schlapp)hut *m*

**chambón, -ona** [ʧam'bon, -ona] *adj* (*fam*) ❶ (*afortunado*) glücklich ❷ (*descuidado*) schlampig

**chambra** ['ʧambra] *f* ❶ (*bata*) Hausjacke *f* ❷ (*fam: blusa*) Bluse *f*

**chamiza** [ʧa'miθa] *f* ❶ (*planta*) Schilfgras *nt* ❷ (*leña*) Reisig(holz) *nt*

**chamizo** [ʧa'miθo] *m* ❶ (*árbol*) versengter Baum *m;* (*leño*) verkohltes Holzscheit *nt* ❷ (*choza*) Hütte *f* (*mit Schilfdach*) ❸ (*pey: vivienda*) Loch *nt*

**champán** [ʧam'pan] *m,* **champaña** [ʧam'paɲa] *m* Champagner *m*

**Champaña** [ʧam'paɲa] *f* Champagne *f*

**champiñón** [ʧam'piɲon] *m* Champignon *m*

**champú** [ʧam'pu] *m* Shampoo *nt;* ~ **anticaspa** Anti-Schuppen-Shampoo *nt*

**chamullar** [ʧamu'ʎar] *vi* (*fam: hablar*) schwatzen; (*desbarrar*) quasseln

**chamuscado, -a** [ʧamus'kaðo, -a] *adj* ❶ (*quemado*) angesengt ❷ (*fam: receloso*) argwöhnisch ❸ (*fam: amoscado*) eingeschnappt

**chamuscar** [ʧamus'kar] <c→qu> **I.** *vt* (*quemar*) ansengen; (*aves*) absengen **II.** *vr:* ~**se** ❶ (*quemarse*) ansengen ❷ (*fam: ponerse receloso*) argwöhnisch werden ❸ (*fam: amoscarse*) einschnappen

**chamusquina** [ʧamus'kina] *f* ❶ (*quemadura*) Ansengen *nt;* (*de aves*) Absengen *nt;* **esto huele a** ~ (*sospechoso*) das sieht verdächtig aus; (*peligroso*) das wird zu brenzlig ❷ (*fam: riña*) Streit *m;* (*pelea*) Rauferei *f*

**chanada** [ʧa'naða] *f* ❶ (*engaño*) Schwindel *m,* Betrug *m* ❷ (*chasco*) Streich *m*

**chancear** [ʧaṇθe'ar] **I.** *vi* scherzen, spaßen **II.** *vr:* ~**se** sich lustig machen (*de* über +*akk*)

**chancero, -a** [ʧaṇ'θero, -a] *adj* scherzhaft, spaßig

**chanchería** [ʧanʧe'ria] *f* (*Am*) Metzgerei *f* (für Schweinefleisch)

**chancho**[1] ['ʧanʧo] *m* (*Am*) Schwein *nt*

**chancho, -a**[2] ['ʧanʧo, -a] *adj* (*Am*) ❶ (*marrano*) schmutzig ❷ (*desaseado*) liederlich

**chanchullero, -a** [ʧanʧu'ʎero, -a] **I.** *adj* (*fam*) falsch; **no seas** ~ versuche nicht, mich reinzulegen **II.** *m, f* (*fam*) Gauner(in) *m(f)*

**chanchullo** [ʧan'ʧuʎo] *m* (*fam*) ❶ (*trampa*) Schwindel *m,* Betrug *m* ❷ (*manejo*) Machenschaft *f*

**chancla** ['ʧaŋkla] *f* ❶ (*zapato viejo*) ausgetretener (Haus)schuh *m* ❷ (*zapatilla*) Pantoffel *m*

**chancleta** [ʧaŋ'kleta] *f* ❶ (*chinela*) Schlappen *m fam* ❷ (*Am: bebé*) Baby *nt* ❸ (*fam pey: persona inepta*) Tölpel *m* ❹ (*Am: pey: mujer*) Frauenzimmer *nt*

**chanclo** ['ʧaŋklo] *m* ❶ (*zueco*) Holzschuh *m* ❷ (*zapato de goma*) Überschuh *m*

**chándal** ['ʧaṇdal] *m* <chándals> Jogginganzug *m*

**changar** [ʧaŋ'ɣar] <g→gu> *vt* (*romper*) zerbrechen; (*descomponer*) zerlegen; (*destrozar*) zerstückeln

**chanquete** [ʧaŋ'kete] *m* Weißfisch *m*

**chantaje** [ʧaṇ'taxe] *m* Erpressung *f*

**chantajear** [ʧaṇtaxe'ar] *vt* erpressen

**chantajista** [ʧaṇta'xista] *mf* Erpresser(in) *m(f)*

**chanza** ['ʧaṇθa] *f* Scherz *m,* Spaß *m;* **estar de** ~ scherzen

**chapa** ['ʧapa] *f* ❶ (*metal*) Blech *nt* ❷ (*lámina*) Platte *f;* (*de madera*) Furnier *nt* ❸ (*tapón*) Kron(en)korken *m* ❹ (*carmín*) Rouge *nt;* (*chapeta*) Wangenröte *f* ❺ (*placa*) Dienstmarke *f* ❻ (*Am: cerradura*) (Tür)schloss *nt* ❼ *pl* (*juego*) ≈Münzspiel *nt*

**chapado, -a** [ʧa'paðo, -a] *adj v.* **chapeado**[2]

**chapalear** [ʧapale'ar] *vi* ❶ (*persona*) planschen ❷ (*agua*) plätschern ❸ (*objetos*) klappern

**chapar** [ʧa'par] *vt* ❶ (*con un metal*) plattieren; (*con un metal precioso*) dublieren; (*con oro*) vergolden; (*con madera*) furnieren; (*con baldosines*) belegen (*con/de* mit +*dat*) ❷ (*comentario*) entgegenschleudern

**chaparra** [ʧa'parra] *f* Kermeseiche *f*

**chaparral** [ʧapa'rral] *m* (Kermes)eichenwald *m*

**chaparro**[1] [ʧa'parro] *m* Eichenstrauch *m*

**chaparro, -a**[2] [ʧa'parro, -a] **I.** *adj* (*fam*) pumm(e)lig **II.** *m, f* (*fam*) Pummelchen *nt*

**chaparrón** [ʧapa'rron] *m* ❶ (*lluvia fuerte*) Regenguss *m;* (*chubasco*) Platzregen *m* ❷ (*fam: cantidad grande*) Unmenge *f*

**chapeado**[1] [ʧape'aðo] *m* ❶ (*de metal*) Plattierung *f;* ~ **de oro** Dublee(gold) *nt* ❷ (*de madera*) Furnier *nt* ❸ (*de baldosines*) Belag *m*

**chapeado, -a**[2] [ʧape'aðo, -a] *adj* ❶ (*de metal*) plattiert; (*de un metal precioso*) dubliert; (*de oro*) vergoldet ❷ (*de madera*) furniert ❸ (*de baldosines*) belegt ❹ (*loc*): ~ **a la antigua** altmodisch

**chapear** [ʧape'ar] **I.** *vt* ❶ (*con un metal*) plattieren; (*con oro*) vergolden; (*con *madera*) furnieren; (*con baldosines*) belegen (*con/de* mit +*dat*) ❷ (*Am: la tierra*) jäten **II.** *vi* (*chacolotear*) klappern

**chapero** [ʧa'pero] *m* (*argot*) ❶ (*homosexual*) Schwule(r) *m* ❷ (*prostituto*) Stricher *m*, Strichjunge *m*

**chapista** [ʧa'pista] *mf* ❶ (*planchista*) Blechschmied(in) *m(f)* ❷ (*de carrocería*) Karosseriebauer(in) *m(f)*

**chapistería** [ʧapiste'ria] *f* ❶ (*planchistería*) Blechschmiede *f* ❷ (*de carrocería*) Karosseriewerkstatt *f*

**chapitel** [ʧapi'tel] *m* (ARQUIT: *de una torre*) (Turm)helm *m*; (*de una columna*) Kapitell *nt*

**chapó** [ʧa'po] **I.** *interj*: **¡~!** Hut ab! **II.** *m Billardspiel mit in der Regel vier Mitspielern*

**chapotear** [ʧapote'ar] **I.** *vi* (*persona*) planschen; (*agua*) plätschern **II.** *vt* anfeuchten

**chapoteo** [ʧapo'teo] *m* ❶ (*chapaleo*) Planschen *nt*; (*del agua*) Plätschern *nt* ❷ (*humidificación*) Anfeuchten *nt*

**chapucear** [ʧapuθe'ar] **I.** *vt* ❶ (*hacer mal y rápido*) stümperhaft erledigen ❷ (*engañar*) betrügen **II.** *vi* (*trabajar mal y rápido*) stümpern

**chapucería** [ʧapuθe'ria] *f* (*fam*) ❶ (*trabajo mal rematado*) Pfuscharbeit *f* ❷ (*imperfección*) Mangel *m*; **el trabajo está lleno de ~s** die Arbeit ist sehr mangelhaft ausgeführt

**chapucero, -a** [ʧapu'θero, -a] **I.** *adj* ❶ (*mal y rápido*) pfuscherhaft *fam*; (*sin saber*) stümperhaft ❷ (*embustero*) lügnerisch **II.** *m, f* ❶ (*chambón*) Pfuscher(in) *m(f) fam* ❷ (*embustero*) Lügner(in) *m(f)*

**chapurr(e)ar** [ʧapurre'ar/ʧapu'rrar] *vt* ❶ (*idioma*) radebrechen ❷ (*fam: bebidas*) mischen

**chapuza** [ʧa'puθa] *f* ❶ (*chapucería*) Pfusch *m fam* ❷ (*trabajo*) Gelegenheitsarbeit *f*

**chapuzar** [ʧapu'θar] <z→c> **I.** *vt* unter Wasser drücken, untertauchen **II.** *vi, vr*: **~se** kurz ins Wasser springen

**chapuzón** [ʧapu'θon] *m* Sprung *m* ins Wasser; **darse un ~** kurz schwimmen gehen

**chaqué** [ʧa'ke] *m* Cut(away) *m*

**chaqueta** [ʧa'keta] *f* (*cazadora*) Jacke *f*; (*americana*) Jackett *nt*; **cambiar de** [*o* **la**] **~** (*fig*) umschwenken

**chaquetear** [ʧakete'ar] *vi* ❶ (*cambiar de ideas*) umschwenken ❷ (*huir*) fliehen; (*acobardarse*) kneifen

**chaquetero, -a** [ʧake'tero, -a] **I.** *adj* wetterwendisch **II.** *m, f* wetterwendischer Mensch *m*

**chaquetilla** [ʧake'tiʎa] *f* Bolero *m*

**chaquetón** [ʧake'ton] *m* Winterjacke *f*; (*cazadora*) (Wind)jacke *f*; (*de loden*) Joppe *f*

**charada** [ʧa'raða] *f* Scharade *f*

**charanga** [ʧa'raŋga] *f* ❶ (*banda*) (kleine) Musikkapelle *f* ❷ (*Am: baile*) Tänzchen *nt*

**charca** ['ʧarka] *f* Tümpel *m*

**charco** ['ʧarko] *m* Pfütze *f*, Lache *f*

**charcutería** [ʧarkute'ria] *f* ❶ (*productos*) Wurstwaren *fpl* ❷ (*tienda*) Metzgerei *f*

**charla** ['ʧarla] *f* ❶ (*conversación*) Plauderei *f*; (*en internet*) Chat *m*; **sala de ~** Chatroom *m*; **estar de ~** plaudern ❷ (*conferencia*) (unförmlicher) Vortrag *m*

**charlar** [ʧar'lar] *vi* ❶ (*conversar*) plaudern ❷ (*parlotear*) schwatzen

**charlatán, -ana** [ʧarla'tan, -ana] **I.** *adj* ❶ (*hablador*) schwatzhaft ❷ (*chismoso*) klatschhaft ❸ (*embaucador*) schwindlerisch **II.** *m, f* ❶ (*hablador*) Schwätzer(in) *m(f)* ❷ (*chismoso*) Klatschmaul *nt* ❸ (*vendedor*) Marktschreier(in) *m(f)* ❹ (*curandero*) Quacksalber(in) *m(f)*

**charlatanear** [ʧarlatane'ar] *vi* (*hablar mucho*) schwatzen

**charlatanería** [ʧarlatane'ria] *f* ❶ (*locuacidad*) Schwatzhaftigkeit *f* ❷ (*palabrería*) leeres Gerede *nt* ❸ (*curanderismo*) Quacksalberei *f*

**charlestón** [ʧarles'ton] *m* (*baile*) Charleston *m*

**charlotada** [ʧarlo'taða] *f* ❶ (TAUR) *komischer Stierkampf mit Clowns* ❷ (*actuación*) komisches Schauspiel *nt*

**charnego, -a** [ʧar'neɣo, -a] *m, f* (*pey*) *in Katalonien, Einwanderer aus südlichen spanischen Regionen*

**charnela** [ʧar'nela] *f* (*bisagra*) Scharnier *nt*; (*gozne*) (Tür)angel *f*

**charol** [ʧa'rol] *m* ❶ (*barniz*) Lack *m* ❷ (*cuero*) Lackleder *nt* ❸ (*Am: bandeja*) Tablett *nt*

**charrán** [ʧa'rran] *m* Gauner *m*, Schelm *m*

**charretera** [ʧarre'tera] *f* ❶ (*insignia*) Epaulette *f* ❷ (*liga*) Strumpfband *nt*

**charro, -a** ['ʧarro, -a] **I.** *adj* ❶ (*salmantino*) aus Salamanca ❷ (*pey: rústico*) bäu(e)risch, plump; (*habla*) ungeschliffen ❸ (*de mal gusto*) geschmacklos; (*chillón*) grell, schrill **II.** *m, f* ❶ (*campesino*) Bauer *m*/Bäuerin *f* aus Salamanca ❷ (*pey: tosco*) Bauer(ntölpel) *m*

**chárter** ['ʧarter] *adj inv* Charter-; **vuelo ~** Charterflug *m*

**chasca** ['ʧaska] *f* ❶ (*ramaje*) Reisig *nt* ❷ (*Am: pelo*) wirres Haar *nt*

**chascar** [ʧas'kar] <c→qu> **I.** *vi* ❶ (*con la lengua*) schnalzen; (*con el látigo*) knallen ❷ (*madera*) knarren; (*fuego*) knistern **II.** *vt* (*comida*) verschlingen

**chascarrillo** [ʧaska'rriʎo] *m* Anekdote *f*

**chasco¹** ['ʧasko] *m* ❶ (*burla*) Streich *m* ❷ (*decepción*) Enttäuschung *f;* (*fracaso*) Reinfall *m fam*

**chasco, -a²** ['ʧasko, -a] *adj* (*Am*) zott(e)lig, wirr

**chasis** ['ʧasis] *m inv* ❶ (AUTO) Fahrgestell *nt* ❷ (ELEC) Rahmen *m* ❸ (FOTO) Kassette *f*

**chasquear** [ʧaske'ar] **I.** *vt* ❶ (*burlar*) einen Streich spielen +*dat* ❷ (*decepcionar*) enttäuschen ❸ (*faltar*) im Stich lassen **II.** *vi* ❶ (*con la lengua*) schnalzen; (*con el látigo*) knallen ❷ (*madera*) knarren; (*fuego*) knistern

**chasquido** [ʧas'kiðo] *m* ❶ (*de lengua*) Schnalzen *nt;* (*de látigo*) Knallen *nt* ❷ (*de la madera*) Knarren *nt*

**chatarra** [ʧa'tarra] *f* ❶ (*escoria*) Schlacke *f* ❷ (*metal viejo*) Alteisen *nt*

**chatarrería** [ʧatarre'ria] *f* Schrotthandel *m*

**chatarrero, -a** [ʧata'rrero, -a] *m, f* Schrotthändler(in) *m(f)*

**chateo** [ʧa'teo] *m* (*fam*) Tavernenbummel *m;* **irse por los bares de** ~ einen Zug durch die Weinlokale machen

**chato, -a** ['ʧato, -a] **I.** *adj* ❶ (*nariz*) platt; (*redondeada*) stumpf ❷ (*persona*) plattnasig, stumpfnasig ❸ (*objeto*) flach; (*aplastado*) platt **II.** *m, f* (*fam: tratamiento cariñoso*) Kleiner *m,* Kleine *f,* Kleines *nt*

**chauvinista** [ʧoβi'nista] **I.** *adj* chauvinistisch **II.** *mf* Chauvinist(in) *m(f)*

**chaval(a)** [ʧa'βal(a)] *m(f)* ❶ (*chico*) Junge *m,* Bursche *m;* (*chica*) Mädchen *nt;* (*joven*) junger Mann *m,* junge Frau *f* ❷ (*fam: novio*) Freund(in) *m(f)*

**chavalín, -ina** [ʧaβa'lin, -ina] *m, f* kleiner Junge *m,* kleines Mädchen *nt*

**chaveta** [ʧa'βeta] *f* ❶ (*remache*) Splint *m* ❷ (*pasador*) Bolzen *m,* Zapfen *m;* **estar mal de la** ~ (*fam*) nicht (ganz) richtig im Kopf sein

**checo, -a** ['ʧeko, -a] **I.** *adj* tschechisch; **República Checa** Tschechische Republik **II.** *m, f* Tscheche, -in *m, f*

**checo(e)slovaco, -a** [ʧeko(e)slo'βako, -a] **I.** *adj* tschechoslowakisch **II.** *m, f* Tschechoslowake, -in *m, f*

**chef** [ʧef] <chefs> *m* Küchenchef *m*

**cheli** ['ʧeli] *m Madrider Argot*

**i Land & Leute**

Der authentische Madrider Argot heißt **cheli** und ist eine saloppe Umgangssprache, die besonders Jugendliche sehr gern verwenden.

**chelín** [ʧe'lin] *m* (*moneda*) Schilling *m*

**chelista** [ʧe'lista] *mf* Cellist(in) *m(f)*

**chelo** ['ʧelo] *m* Cello *nt*

**chepa** ['ʧepa] *f* (*fam*) Buckel *m,* Höcker *m*

**cheposo, -a** [ʧe'poso, -a] **I.** *adj* buck(e)lig **II.** *m, f* (*fam pey*) Buck(e)lige(r) *mf*

**cheque** ['ʧeke] *m* Scheck *m;* ~ **bancario** Bankscheck *m;* ~ **en blanco** Blankoscheck *m;* ~ **cruzado** Verrechnungsscheck *m;* ~ **sin fondo** ungedeckter Scheck; ~ **de viaje** Reisescheck *m;* **cobrar un** ~ einen Scheck einlösen; **librar** [*o* **extender**] **un** ~ einen Scheck ausstellen

**chequear** [ʧeke'ar] **I.** *vt* (*Am: la salud*) untersuchen; (*un documento*) prüfen; (*un mecanismo*) überprüfen **II.** *vr:* ~**se** sich untersuchen lassen

**chequeo** [ʧe'keo] *m* (*de la salud*) Check-up *m o nt;* (*de un mecanismo*) Inspektion *f*

**chequera** [ʧe'kera] *f* (*Am*) Scheckheft *nt*

**Chequia** ['ʧekja] *f* Tschechien *nt*

**i Land & Leute**

**chibcha** *f*: Bis zur spanischen Eroberung im 16. Jahrhundert, lebten die **chibcha** – auch **muisca** genannt – im heutigen Nordkolumbien. Sie waren, genauso wie die *incas*, ein sehr hochentwickeltes indianisches Volk.

**chic** [ʧik] **I.** *adj inv* (*guapo*) schick, flott; (*elegante*) elegant **II.** *m sin pl* Schick *m,* Eleganz *f*

**chica** ['ʧika] **I.** *adj* ❶ (*pequeña*) klein ❷ (*joven*) jung **II.** *f* ❶ (*niña*) Mädchen *nt* ❷ (*joven*) junge Frau *f;* (*tratamiento cariñoso*) Kleine *f fam* ❸ (*criada*) Dienstmädchen *nt*

**i Land & Leute**

**Chicano**(**-a**) bezeichnet eine(n) Einwohner(in) der USA mit mexikanischen Vorfahren. Zuerst hatte das Wort **chicano** einen negativen, rassistischen Beigeschmack; heutzutage aber wird diese Bezeichnung als kulturelles Identitätszeichen von den US-Amerikanern mexikanischer Abstammung verwendet.

**chicarrón, -ona** [ʧika'rron, -ona] **I.** *adj* kräftig **II.** *m, f* kräftiger Junge *m,* kräftiges Mädchen *nt*

**chicha** ['ʧiʧa] **I.** *f* (*fam: carne*) Fleisch *nt;* **tener pocas** ~**s** (*delgado*) dürr sein; (*sin *fuerzas*) schwächlich sein; **no ser ni ~ ni limonada** (*fig*) weder Fisch noch Fleisch sein **II.** *adj:* **calma ~** völlige Windstille *f*

**chicharra** [ʧi'ʧarra] *f* ❶ (ZOOL) Zikade *f* ❷ (*juguete*) Schnarre *f* ❸ (ELEC) Summer *m* ❹ (TÉC) Ratsche *f*

**chicharrón** [ʧiʧa'rron] *m* ❶ (*gorrón*) Griebe *f* ❷ (*carne*) *zu stark geröstetes Fleisch* ❸ (*fam: persona*) stark sonnengebräunter Mensch *m* ❹ (GASTR) *knusprig gebratene Schweineschwarten*

**chichi** ['ʧiʧi] *adj* (*AmC: fácil*) leicht; **no fue muy ~** es war nicht gerade einfach

**chichón** [ʧi'ʧon] *m* Beule *f*

**chicle** ['ʧikle] *m* Kaugummi *m o nt*

**chiclé** [ʧi'kle] *m* (TÉC) Vergaserdrüse *f*

**chico**[1] ['ʧiko] *m* ❶ (*niño*) Junge *m* ❷ (*joven*) junger Mann *m;* (*tratamiento cariñoso*) Kleiner *m fam* ❸ (*para los recados*) Laufbursche *m*

**chico, -a**[2] ['ʧiko, -a] *adj* ❶ (*pequeño*) klein ❷ (*joven*) jung

**chiflado, -a** [ʧi'flaðo, -a] **I.** *adj* (*fam*) übergeschnappt; **estar ~ por alguien** verrückt nach jdm sein **II.** *m, f* (*fam*) Spinner(in) *m(f)*

**chifladura** [ʧifla'ðura] *f* ❶ (*locura*) Verrücktheit *f;* (*empeño*) Versessenheit *f* ❷ (*antojo*) Spinnerei *f fam*

**chiflar** [ʧi'flar] **I.** *vt* (*fam: gustar*) gefallen +*dat;* **me chiflan las aceitunas** ich esse für mein Leben gerne Oliven **II.** *vr:* **~se** (*fam*) ❶ (*pirrarse*) versessen sein (*por* auf +*akk*) ❷ (*volverse loco*) verrückt werden

**chihuahua** [ʧi'wawa] *m* Chihuahua *m*

**chiíta** [ʧi'ita] **I.** *adj* schiitisch **II.** *mf* Schiit(in) *m(f)*

**chilaba** [ʧi'laβa] *f* Dschellaba *f*

**chile** ['ʧile] *m* (BOT) Chili *m;* (*especia*) Cayennepfeffer *m*

**Chile** ['ʧile] *m* Chile *nt*

**i Land & Leute**

Die Hauptstadt **Chiles** (offiziell: *República de Chile*) ist *Santiago* (*de Chile*). Das Land erstreckt sich von Norden nach Süden über mehr als 4000 Kilometer, wobei seine durchschnittliche Breite aber nur 180 Kilometer beträgt. Die offizielle Landessprache ist Spanisch. Die Währungseinheit **Chiles** ist der *peso chileno.*

**chileno, -a** [ʧi'leno, -a] **I.** *adj* chilenisch **II.** *m, f* Chilene, -in *m, f*

**chillar** [ʧi'ʎar] *vi* ❶ (*persona*) kreischen, schreien; **¡no me chilles!** schrei mich nicht an! ❷ (*animal salvaje*) heulen; (*ave*) kreischen ❸ (*frenos, puerta*) quietschen ❹ (*colores*) grell sein ❺ (*Am: sollozar*) schluchzen

**chillido** [ʧi'ʎiðo] *m* ❶ (*de persona*) Kreischen *nt* ❷ (*de animal salvaje*) Heulen *nt;* (*de ave*) Kreischen *nt* ❸ (*de frenos, puerta*) Quietschen *nt* ❹ (*Am: sollozo*) Schluchzen *nt*

**chillón, -ona** [ʧi'ʎon, -ona] **I.** *adj* ❶ (*persona*) kreischend, schreiend ❷ (*voz*) schrill ❸ (*color*) grell **II.** *m, f* Schreihals *m fam*

**chimenea** [ʧime'nea] *f* ❶ (*de un edificio*) Schornstein *m* ❷ (*hogar*) Kamin *m;* (*tiro*) Rauchfang *m* ❸ (*t.* GEO) Schlot *m*

**chimpancé** [ʧimpaṇ'θe] *mf* Schimpanse, -in *m, f*

**china** ['ʧina] *f* ❶ (*piedra*) Kieselstein *m;* **le ha tocado la ~** (*fig*) er/sie hat Pech gehabt ❷ (*traba*) Hindernis *nt* ❸ (*Am: india*) junge indianische Frau *f;* (*mestiza*) Mestizin *f* ❹ (*Am: amante*) Geliebte *f*

**China** ['ʧina] *f:* (**la**) **~** China *nt*

**chinchar** [ʧin'ʧar] **I.** *vt* ❶ (*fam: molestar*) belästigen, stören; (*fastidiar*) nerven ❷ (*argot: matar*) umlegen **II.** *vr:* **~se** (*fam*) sich ärgern; **¡chínchate!** das hast du davon!

**chinche**[1] ['ʧinʧe] *m o f* ❶ (ZOOL) Wanze *f* ❷ (*chincheta*) Reißzwecke *f*

**chinche**[2] ['ʧinʧe] *mf* (*fam*) Nervensäge *f*

**chincheta** [ʧin'ʧeta] *f* Reißzwecke *f*

**chinchilla** [ʧin'ʧiʎa] *f* (ZOOL) Chinchilla *f;* (*piel*) Chinchilla *nt*

**chinchín** [ʧin'ʧin] *interj* prost

**chinchorrería** [ʧinʧorre'ria] *f* ❶ (*impertinencia*) Zudringlichkeit *f* ❷ (*habladuría*) Klatsch *m*

**chinela** [ʧi'nela] *f* Hausschuh *m*

**chingado, -a** [ʧiŋ'gaðo, -a] *adj* (*fam*) ❶ (*borracho*) besoffen ❷ (*Am: frustrado*) misslungen ❸ (*Am: estropeado*) kaputt

**chingar** [ʧiŋ'gar] <g→gu> **I.** *vt* ❶ (*fam: bebidas alcohólicas*) saufen ❷ (*fam: molestar*) auf die Nerven gehen +*dat* ❸ (*vulg: joder*) ficken **II.** *vr:* **~se** (*fam*) ❶ (*emborracharse*) sich besaufen ❷ (*Am: fam: frustrarse*) in die Hose gehen ❸ (*Am: fallar*) versagen

**chino**[1] ['ʧino] *m* (*Am: indio*) junger indianischer Mann *m;* (*mestizo*) Mestize *m;* **engañar a alguien como a un ~** (*fam*) jdn gewaltig übers Ohr hauen

**chino, -a**[2] ['ʧino, -a] **I.** *adj* chinesisch **II.** *m, f* Chinese, -in *m, f*

**chip** [ʧip] *m* (INFOR) Chip *m*

**chipirón** [ʧipi'ron] *m* kleiner Tintenfisch *m*

**Chipre** ['ʧipre] *f* Zypern *nt*

**chipriota** [ʧi'prjota] **I.** *adj* zypriotisch, zyprisch **II.** *mf* Zypriot(in) *m(f)*, Zypr(i)er(in) *m(f)*

**chiquillada** [ʧiki'ʎaða] *f* ① (*broma*) Kinderei *f* ② (*travesura*) Kinderstreich *m*

**chiquillería** [ʧikiʎe'ria] *f* Kinderschar *f*

**chiquillo, -a** [ʧi'kiʎo, -a] **I.** *adj* klein **II.** *m, f* (*niño*) (kleines) Kind *nt;* (*chico*) (kleiner) Junge *m;* (*chica*) (kleines) Mädchen *nt*

**chiquito, -a** [ʧi'kito, -a] **I.** *adj* winzig **II.** *m, f* kleines Kind *nt;* **no andarse con chiquitas** (*actuar sin miramiento*) den Stier bei den Hörnern packen; (*consecuentemente*) Nägel mit Köpfen machen

**chirigota** [ʧiri'ɣota] *f* Jux *m,* Scherz *m*

**chirimbolo** [ʧirim'bolo] *m* (*fam*) ① (*chisme*) Ding *nt* ② *pl* Kram *m,* Zeug *nt*

**chirimoya** [ʧiri'moɟa] *f* Rahmapfel *m,* Cherimoya *f*

**chiringuito** [ʧiriŋ'gito] *m* Imbiss(stand) *m*

**i Land & Leute**

Mit **chiringuito** wird eine einfache Bar oder ein Imbissstand bezeichnet. So spricht man zum Beispiel von einem **chiringuito de la playa** (am Strand) oder vom **chiringuito del río** (an einem Fluss). An einem **chiringuito** gibt es normalerweise Getränke, Eis, kalte und schnell zubereitete warme Mahlzeiten, wie z. B. Paella, gegrilltes Fleisch oder gegrillten Fisch.

**chiripa** [ʧi'ripa] *f* ① (*fam: suerte*) Glück *nt;* (*casualidad favorable*) glücklicher Zufall *m* ② (*en el juego*) Zufallstreffer *m*

**chirla** ['ʧirla] *f* (kleine) Venusmuschel *f*

**chirle** ['ʧirle] *adj* ① (*soso*) fad(e) ② (*fam: sin interés*) unbedeutend; (*sin substancia*) gehaltlos

**chirlo** ['ʧirlo] *m* ① (*herida*) Schnittwunde *f* (im Gesicht) ② (*cicatriz*) Schmarre *f fam*

**chirona** [ʧi'rona] *f* (*fam*) Kittchen *nt,* Knast *m*

**chirriar** [ʧirri'ar] <*1. pres:* chirrío> *vi* ① (*al freír*) zischen ② (*metal*) quietschen; (*madera*) knarren ③ (*pájaros*) zwitschern

**chirrido** [ʧi'rriðo] *m* ① (*al freír*) Zischen *nt* ② (*del metal*) Quietschen *nt;* (*de la madera*) Knarren *nt* ③ (*de los pájaros*) Zwitschern *nt*

**chis** *interj:* **¡~!** (*para llamar*) st!; (*para hacer callar*) pst!

**chisme** ['ʧisme] *m* ① (*habladuría*) Klatsch *m fam,* Gerede *nt;* **andar** [*o* **ir**] **con ~s** tratschen *fam* ② (*objeto*) Ding *nt;* **recoge esos ~s** räum diesen Kram weg

**chismorrear** [ʧismorre'ar] *vi* tratschen *fam*

**chismorreo** [ʧismo'rreo] *m* Geklatsche *nt fam*

**chismoso, -a** [ʧis'moso, -a] **I.** *adj* klatschhaft **II.** *m, f* Klatschmaul *nt fam*

**chispa** ['ʧispa] *f* ① (*t.* ELEC) Funke(n) *m;* **echar ~s** Funken sprühen; (*fig*) fuchsteufelswild sein ② (*rasgo de ingenio*) Geistesblitz *m;* (*ingenio*) Geist *m,* Esprit *m;* (*gracia*) Witz *m;* **ser una ~** sehr aufgeweckt sein ③ (*gota*) (Regen)tropfen *m* ④ (*fam: borrachera*) Schwips *m* ⑤ (*una pizca*): **una ~ de...** ein bisschen ...

**chispazo** [ʧis'paθo] *m* ① (*t.* ELEC) Funke(n) *m;* (*descarga*) Funkenentladung *f* ② (*chisme*) Klatsch *m fam,* Gerede *nt*

**chispear** [ʧispe'ar] **I.** *vi* ① (*centellear*) Funken sprühen ② (*brillar*) funkeln **II.** *vimpers* (*lloviznar*) nieseln

**chisporrotear** [ʧisporrote'ar] *vi* (*despedir chispas*) Funken sprühen; (*el fuego*) prasseln

**chisporroteo** [ʧisporro'teo] *m* (*centelleo*) Sprühen *nt* (von Funken); (*del fuego*) Prasseln *nt;* (*del aceite*) Spritzen *nt*

**chistar** [ʧis'tar] *vi* mucksen *fam;* **no ~** keinen Ton sagen

**chiste** ['ʧiste] *m* ① (*cuento*) Witz *m;* (*broma*) Scherz *m;* **~ verde** unanständiger Witz; **no tiene ~ la cosa** das ist gar nicht witzig ② (*gracia*) Pointe *f*

**chistera** [ʧis'tera] *f* ① (*cesta*) (Fisch)korb *m* ② (*fam: sombrero*) Zylinder *m*

**chistoso, -a** [ʧis'toso, -a] **I.** *adj* witzig, spaßig **II.** *m, f* Witzbold *m fam*

**chita** ['ʧita] *f* (ANAT) Sprungbein *nt;* **a la ~ callando** (*fig*) im Geheimen

**chitón** [ʧi'ton] *interj:* **¡~!** pst!, still!

**chivar** [ʧi'βar] **I.** *vt* ① (*fastidiar*) ärgern; (*molestar*) belästigen ② (*engañar*) betrügen **II.** *vr:* **~se** (*fam*) ① (*hablar*) petzen ② (*Am: enojarse*) sich ärgern

**chivatazo** [ʧiβa'taθo] *m* (*fam*) Tipp *m,* Wink *m;* **dar el ~** petzen

**chivato, -a** [ʧi'βato, -a] *m, f* (*fam*) Petze *f*

**chivo, -a** ['ʧiβo, -a] *m, f* Zicklein *nt;* **~ expiatorio** Sündenbock *m*

**chocante** [ʧo'kan̪te] *adj* ① (*raro*) merkwürdig; (*sorprendente*) verwunderlich ② (*escandaloso*) anstößig ③ (*Am: fastidioso*) ärgerlich; (*repugnante*) abstoßend

**chocar** [ʧo'kar] <c→qu> **I.** *vi* ① (*vehículos*) kollidieren; (*dar*) aufprallen (*contra* auf +*akk*); (*coches*) auffahren (*contra* auf +*akk*) ② (*proyectil*) knallen (*contra* gegen +*akk*) ③ (*encontrarse*) stoßen (*con* auf

+*akk*); (*personas*) zusammenstoßen; (*discutir*) aneinander geraten; **chocó con su jefe** er/sie hat sich mit seinem/ihrem Chef angelegt **II.** *vt* ❶ (*entrechocar*) aneinander stoßen; ~ **las copas** anstoßen; **¡chócala!** (*fam*) schlag ein! ❷ (*sorprender*) erstaunen ❸ (*perturbar*) erschüttern; (*escandalizar*) schockieren ❹ (*Am: repugnar*) abstoßen; **me chocan sus opiniones** ich finde seine/ihre Ansichten unmöglich

**chocarrería** [ʧokarre'ria] *f* ❶ (*chiste*) derber Witz *m;* (*dicho*) derber Spruch *m* ❷ (*acción*) Derbheit *f*

**chocarrero, -a** [ʧoka'rrero, -a] *adj* derb

**chochear** [ʧoʧe'ar] *vi* ❶ (*por vejez*) senil werden; (*fam: atontar*) vertrotteln ❷ (*sentir cariño*) vernarrt sein

**chochez** [ʧo'ʧeθ] *f* ❶ (*senilidad*) Senilität *f* ❷ (*fam: tontería*) Trott(e)ligkeit *f*

**chocho, -a** ['ʧoʧo, -a] *adj* ❶ (*senil*) senil; (*fam: lelo*) trott(e)lig ❷ (*chiflado*) vernarrt

**chocolate** [ʧoko'late] *m* ❶ (*para comer, beber*) Schokolade *f* ❷ (*argot: hachís*) Shit *m o nt*

**chocolatera** [ʧokola'tera] *f* ❶ (*vasija*) Schokoladenkanne *f* ❷ (*fam: vehículo*) Klapperkiste *f*

**chocolatería** [ʧokolate'ria] *f* ❶ (*fábrica*) Schokoladenfabrik *f* ❷ (*establecimiento*) ≈Café *nt*

**chocolatina** [ʧokola'tina] *f* Schokoladenriegel *m*

**chofer** [ʧo'fer] *m,* **chófer** ['ʧofer] *m* (*de un automóvil*) Fahrer *m;* (*personal*) Chauffeur *m;* (*de un camión*) (Kraft)fahrer *m*

**chollo** ['ʧoʎo] *m* (*fam*) ❶ (*suerte*) Glück *nt,* Glücksfall *m* ❷ (*ganga*) Schnäppchen *nt*

**cholo, -a** ['ʧolo, -a] *m, f* (*Am*) ❶ (*indio*) *in die kreolische Gesellschaft integrierte(r) Indianer(in)* ❷ (*mestizo*) Mestize, -in *m, f*

**chopera** [ʧo'pera] *f* Pappelhain *m*

**chopo** ['ʧopo] *m* (BOT) Pappel *f*

**choque** ['ʧoke] *m* ❶ (*golpe*) Stoß *m* ❷ (*impacto*) Aufprall *m* ❸ (*colisión*) Kollision *f;* ~ **de frente** Frontalzusammenstoß *m* ❹ (*encuentro*) Zusammenstoß *m;* (*disputa*) Streit *m,* Reiberei *f* ❺ (*susto, t.* MED) Schock *m*

**choricear** [ʧoriθe'ar] *vt* (*fam*) mitgehen lassen

**chorizar** [ʧori'θar] <z→c> *vt* (*vulg*) *v.* **choricear**

**chorizo¹** [ʧo'riθo] *m* ❶ (*embutido*) luftgetrocknete Paprikawurst *f* ❷ (*contrapeso*) Balancierstange *f*

**i Land & Leute**

Der **chorizo** ist eine luftgetrocknete Paprikawurst aus gepökeltem Schweinefleisch. Das Paprikagewürz verleiht dem **chorizo** seine charakteristische rote Farbe. Diese Wurst schmeckt in jeder Region ein bisschen anders: mal ganz scharf, mal etwas milder.

**chorizo, -a²** [ʧo'riθo, -a] *m, f* (*fam*) ❶ (*ladrón*) Dieb(in) *m(f);* (*carterista*) Taschendieb(in) *m(f)* ❷ (*idiota*) Idiot(in) *m(f)*

**chorlito** [ʧor'lito] *m* (ZOOL) Regenpfeifer *m;* **cabeza de** ~ (*fig*) Wirrkopf *m*

**chorrada** [ʧo'rraða] *f* ❶ (*chorrillo*) extra Schuss *m* ❷ (*fam: tontería*) Unfug *m* ❸ (*fam: cosa superflua*) unnützes Zeug *nt*

**chorreado, -a** [ʧorre'aðo, -a] *adj* ❶ (*ganado vacuno*) mit dunklen Querstreifen ❷ (*Am: sucio*) befleckt

**chorrear** [ʧorre'ar] *vi* ❶ (*fluir*) rinnen ❷ (*gotear*) tropfen ❸ (*concurrir lentamente*) tröpfchenweise eintreffen

**chorrillo** [ʧo'rriʎo] *m* (*de agua*) (dünner) Strahl *m;* (*de un ingrediente*) (kleiner) Schuss *m*

**chorro** ['ʧorro] *m* ❶ (*hilo*) Strahl *m;* (*porción*) Guss *m;* (*de un ingrediente*) Schuss *m* ❷ (*torrente*) Strom *m;* (*montón*) Schwall *m;* **beber a ~s** in großen Zügen trinken; **llover a ~s** in Strömen regnen

**chota¹** ['ʧota] *f v.* **choto**

**chota²** ['ʧota] *mf* (*fam*) ❶ (*soplón*) Petze *f* ❷ (*parásito*) Schmarotzer(in) *m(f)* ❸ (*pelotillero*) Kriecher(in) *m(f)*

**chotear** [ʧote'ar] **I.** *vi* ausgelassen sein **II.** *vr:* **~se** (*fam*) spotten (*de* über +*akk*)

**choteo** [ʧo'teo] *m* ❶ (*diversión*) Spaß *m,* Vergnügen *nt* ❷ (*burla*) Spott *m*

**choto, -a** ['ʧoto, -a] *m, f* ❶ (*cría de la cabra*) Zicklein *nt* ❷ (*de la vaca*) Kalb *nt*

**chovinista** [ʧoβi'nista] *adj o mf v.* **chauvinista**

**choza** ['ʧoθa] *f,* **chozo** ['ʧoθo] *m* ❶ (*cabaña*) Hütte *f* ❷ (*vivienda*) Bruchbude *f*

**chubasco** [ʧu'βasko] *m* ❶ (*aguacero*) Regenschauer *m;* (*chaparrón*) Platzregen *m* ❷ (*contratiempo*) schwierige Phase *f;* (*revés*) Rückschlag *m*

**chubasquero** [ʧuβas'kero] *m* Regenmantel *m*

**chuchería** [ʧuʧe'ria] *f* ❶ (*bocado*) Leckerei *f;* (*dulce*) Süßigkeit *f* ❷ (*menudencia*) Kleinigkeit *f*

**chucho** ['ʧuʧo] *m* ❶ (*fam: perro*) Köter *m* ❷ (*Am: escalofrío*) Schüttelfrost *m;* (*fie-*

*bre*) Wechselfieber *nt*

**chuchurrido, -a** [ʧuʧu'rriðo, -a] *adj* (*fam: estropeado*) ramponiert; (*ropa*) abgetragen

**chucrú** [ʧu'kru] *m*, **chucrut** [ʧu'kru] *m*, **chucruta** [ʧu'kruta] *f sin pl* Sauerkraut *nt*

**chueco, -a** ['ʧweko, -a] *adj* (*Am*) ① (*pies*) krummbeinig ② (*fam: torcido*) krumm

**chufa** ['ʧufa] *f* (BOT) Erdmandel *f*

**chufla** ['ʧufla] *f* Witz *m*, Scherz *m*

**chulada** [ʧu'laða] *f* ① (*insolencia*) Frechheit *f* ② (*fam: cosa estupenda*) tolle Sache *f*

**chulear** [ʧule'ar] **I.** *vi, vr:* **~se** (*jactarse*) angeben **II.** *vr:* **~se** sich lustig machen (*de* über +*akk*)

**chulería** [ʧule'ria] *f* ① (*jactancia*) Angeberei *f* ② (*frescura*) Dreistigkeit *f*

**chulesco, -a** [ʧu'lesko, -a] *adj* (*pey*) großspurig

**chuleta** [ʧu'leta] **I.** *f* ① (*costilla*) Kotelett *nt* ② (*remiendo*) Flicken *m* ③ (*fam: apunte*) Spickzettel *m* ④ (*fam: bofetada*) Ohrfeige *f* **II.** *adj* (*fam*) frech, unverschämt; **ponerse ~** frech werden

**chuletón** [ʧule'ton] *m* (T-Bone-)Steak *nt*

**chulo**[1] ['ʧulo] *m* ① (*gandul*) Tunichtgut *m;* (*mal educado*) Flegel *m* ② (*argot: proxeneta*) Zuhälter *m* ③ (*dandi*) Dandy *m*

**chulo, -a**[2] ['ʧulo, -a] **I.** *adj* ① (*jactancioso*) angeberisch; (*presumido*) eingebildet ② (*fresco*) frech, unverschämt; **ponerse ~** frech werden ③ (*fam: elegante*) schick, flott; (*lindo*) hübsch **II.** *m, f* ① (*fanfarrón*) Angeber(in) *m(f)* ② (*exagerador*) Aufschneider(in) *m(f)*

**chumbera** [ʧum'bera] *f* (BOT) Feigenkaktus *m*

**chumbo** ['ʧumbo] *m* (*fruto*) Kaktusfeige *f*

**chuminada** [ʧumi'naða] *f* (*fam*) ① (*bobada*) Blödsinn *m* ② (*objeto sin valor*) wertloses Ding *nt*

**chunga** ['ʧuŋga] *f* (*fam*) Scherz *m*, Spaß *m;* **estar de ~** scherzen

**chungo, -a** ['ʧuŋgo, -a] *adj* (*fam*) ① (*malo*) schlecht, mies; (*comida*) verdorben ② (*persona: rara*) komisch; (*enfermiza*) angeschlagen

**chungón, -ona** [ʧuŋ'gon, -ona] **I.** *adj* spaßig **II.** *m, f* Witzbold *m fam*

**chunguearse** [ʧuŋge'arse] *vr* (*bromear*) scherzen; (*embromar*) sich necken

**chupa** ['ʧupa] *f* ① (HIST) Rock *m;* **poner a alguien como ~ de dómine** (*fam*) jdn heruntermachen ② (*chaqueta*) Jacke *f;* (*chaleco*) Weste *f* ③ (*AmC: borrachera*) Rausch *m*

**chupa-chups®** [ʧupa'ʧuβs] *m inv* Lolli *m*

**chupada** [ʧu'paða] *f* Zug *m*

**chupado, -a** [ʧu'paðo, -a] *adj* ① (*flaco*) mager; (*consumido*) ausgemergelt ② (*vestido*) eng (anliegend) ③ (*fam: fácil*) kinderleicht ④ (*Am: borracho*) betrunken

**chupar** [ʧu'par] **I.** *vt* ① (*extraer*) aussaugen; (*aspirar*) einsaugen; (*absorber*) aufsaugen ② (*caramelo*) lutschen; (*helado*) schlecken ③ (*cigarrillo*) ziehen (an +*dat*) ④ (*salud*) zehren (an +*dat*); (*debilitar*) schwächen **II.** *vi* ① (*fam: mamar*) (an der Mutterbrust) trinken ② (*aprovecharse*) schmarotzen; **~ del bote** auf Kosten anderer leben ③ (*Am: fam: beber*) trinken, saufen *abw;* (*fumar*) qualmen **III.** *vr:* **~se** ① (*secarse*) abmagern ② (*fam: permanecer*) absitzen ③ (*loc, fam*): **~se los dedos** (*fig*) sich *dat* die Finger lecken

**chupatintas** [ʧupa'tintas] *m inv* (*pey*) ① (*escritor*) Schreiberling *m* ② (*oficinista*) Bürohengst *m*

**chupete** [ʧu'pete] *m* ① (*del bebé*) Schnuller *m;* (*del biberón*) Sauger *m* ② (*Am: pirulí*) Lolli *m*

**chupetear** [ʧupete'ar] *vi, vt* lutschen

**chupetón** [ʧupe'ton] *m* ① (*chupada*) kräftiger Zug *m* ② (*fam: marca de un beso*) Knutschfleck *m*

**chupi** ['ʧupi] **I.** *adj* (*fam*) prima **II.** *adv:* **pasarlo ~** (*fam*) sich prima amüsieren

**chupinazo** [ʧupi'naθo] *m* (*t.* DEP) gezielter Schuss *m*

**chupito** [ʧu'pito] *m* (*de vino, licor*) Schlückchen *nt*

**chupón, -ona** [ʧu'pon, -ona] **I.** *adj* ① (*chupador*) saugend ② (*parásito*) schmarotzerisch **II.** *m, f* Schmarotzer(in) *m(f)*

**chupóptero, -a** [ʧu'poptero, -a] *m, f* (*fam*) Ausbeuter(in) *m(f)*

**churrasco** [ʧu'rrasko] *m* ① (*barbacoa*) Barbecue *nt* ② (*carne*) gegrilltes Fleisch *nt*

**churrería** [ʧurre'ria] *f Stand, an dem „churros“ gemacht und verkauft werden*

**churrete** [ʧu'rrete] *m* Fleck *m*

**churretón** [ʧurre'ton] *m aum de* **churrete**

**churro**[1] ['ʧurro] *m* ① (*fritura*) *frittiertes Spritzgebäck;* **¡vete a freír ~s!** geh hin, wo der Pfeffer wächst! ② (*chapuza*) Murks *m* ③ (*suerte*) Glück *nt*

**i Land & Leute**

Beim **churro** handelt es sich um frittiertes Spritzgebäck. Ein typisch spanisches Frühstück ist *chocolate* (*heiße Schokolade*) *con churros.* **Churros** bekommt man entweder in einer *churrería*, in einer *cafetería* oder man kauft sie *en un puesto de churros* (an einer Bude auf der Straße).

**churro, -a²** ['tʃurro, -a] *adj* ① (*lana*) grob ② (*cordero*) einjährig
**churumbel** [tʃurum'bel] *m* (*voz gitana*) Kind *nt*
**chusco¹** ['tʃusko] *m* ① (*mendrugo*) Stück *nt* trockenes Brot ② (*pan de munición*) Kommissbrot *nt*
**chusco, -a²** ['tʃusko, -a] **I.** *adj* drollig **II.** *m, f* Witzbold *m fam*
**chusma** ['tʃusma] *f* ① (*gentuza*) Pöbel *m* ② (*muchedumbre*) Menschenmasse *f*
**chut** [tʃut] <chut(e)s> *m* (DEP: *fútbol*) Schuss *m*
**chutar** [tʃu'tar] **I.** *vt* schießen; **esto va que chuta** (*fam*) das klappt wie geschmiert **II.** *vr:* **~se** (*argot*) sich *dat* einen Schuss setzen
**chute** ['tʃute] *m* (*argot*) Schuss *m*
**chuzo** ['tʃuθo] *m* Spieß *m;* **caen ~s** (*fig: lluvia*) es regnet wie wild; (*nieve*) es schneit wie wild
**Cía** ['θia] *abr de* **compañía** Co.
**cianuro** [θja'nuro] *m* (QUÍM) Zyanid *nt*
**ciática** [θi'atika] *f* (MED) Ischias *m o nt o f*
**ciático, -a** [θi'atiko, -a] *adj* (ANAT): **nervio ~** Ischiasnerv *m*
**ciberbar** [θiβer'βar] *m,* **cibercafé** [θiβerka'fe] *m* (INFOR) Internetcafé *nt*
**ciberespacio** [θiβeres'paθjo] *m* (INFOR) Cyberspace *m*
**cibernauta** [θiβer'nau̯ta] *mf* (INFOR) Netsurfer(in) *m(f)*
**cibernética** [θiβer'netika] *f* (ELEC, MED) Kybernetik *f*
**cibernético, -a** [θiβer'netiko, -a] **I.** *adj* (ELEC, MED) kybernetisch **II.** *m, f* (ELEC, MED) Kybernetiker(in) *m(f)*
**ciberpirado** [θiβerpi'raðo] *m* (INFOR) Netzpirat *m*
**cicatear** [θikate'ar] *vi* (*fam*) knausern
**cicatería** [θikate'ria] *f* Knaus(e)rigkeit *f*
**cicatero, -a** [θika'tero, -a] **I.** *adj* knaus(e)rig *fam* **II.** *m, f* Knauser *m fam*
**cicatriz** [θika'triθ] *f* Narbe *f;* (*en el ánimo*) Spur *f*
**cicatrización** [θikatriθa'θjon] *f* Vernarbung *f*
**cicatrizar** [θikatri'θar] <z→c> **I.** *vi, vr:* **~se** vernarben **II.** *vt* heilen lassen
**ciclamen** [θi'klamen] *m* (BOT) Alpenveilchen *nt*
**cíclico, -a** ['θikliko, -a] *adj* zyklisch
**ciclismo** [θi'klismo] *m* (DEP) Radsport *m*
**ciclista** [θi'klista] **I.** *adj* Rad- **II.** *mf* Radfahrer(in) *m(f);* (DEP) Radsportler(in) *m(f)*
**ciclo** ['θiklo] *m* ① (*período, t.* ECON) Zyklus *m;* **~ económico** Wirtschaftszyklus *m* ② (LIT) Sage *f;* **~ del rey Arturo** Artussage *f;* **ciclo-cross** [θiklo'kros] *m sin pl* (DEP) Querfeldeinrennen *nt*
**ciclomotor** [θiklomo'tor] *m* Moped *nt*
**ciclón** [θi'klon] *m* ① (METEO: *huracán*) Zyklon *m,* Wirbelsturm *m;* (*borrasca*) Bö(e) *f* ② (TÉC) Zyklon® *m*
**ciclope** [θi'klope] *m,* **cíclope** ['θiklope] *m* Zyklop *m*
**ciclópeo, -a** [θi'klopeo, -a] *adj* zyklopisch
**ciclostil(o)** [θiklos'til(o)] *m* Vervielfältigungsgerät *nt*
**cicloturismo** [θiklotu'rismo] *m* Fahrradtourismus *m*
**cicuta** [θi'kuta] *f* (BOT) Schierling *m*
**cidra** ['θiðra] *f* Zitronatzitrone *f;* **~ confitada** Zitronat *nt*
**ciego, -a** ['θjeɣo, -a] **I.** *adj* ① (*privado de la vista*) blind; **quedarse ~** erblinden ② (*taponado*) verstopft **II.** *m, f* Blinde(r) *mf* **III.** *adv:* **a ciegas** blindlings; **obrar a ciegas** unüberlegt handeln
**cielo** ['θjelo] **I.** *m* ① (*atmósfera*) Himmel *m;* **a ~ raso** unter freiem Himmel; **reino de los ~s** Himmelreich *nt;* **como caído del ~** wie gerufen! ② (*apelativo cariñoso*) Schatz *m* **II.** *interj:* **¡~s!** (ach) du lieber Himmel!
**ciempiés** [θjem'pjes] *m inv* (ZOOL) Tausendfüß(l)er *m*
**cien** [θjen] *adj inv* hundert; **al ~ por ~** hundertprozentig; *v. t.* **ochocientos**
**ciénaga** ['θjenaɣa] *f* Morast *m*
**ciencia** ['θjen̩θja] *f* ① (*saber*) Wissen *nt;* **a** [*o* **de**] **~ cierta** mit Sicherheit ② (*disciplina*) Wissenschaft *f;* **~s físicas** Physik *f;* **~s políticas** Politikwissenschaft *f;* **~s** (**naturales**) Naturwissenschaften *fpl*
**ciencia-ficción** ['θjen̩θja-fiᵞ'θjon] *f sin pl* Sciencefiction *f*
**cieno** ['θjeno] *m* Schlick *m*
**científico, -a** [θjen̩'tifiko, -a] **I.** *adj* wissenschaftlich **II.** *m, f* Wissenschaftler(in) *m(f)*
**ciento** ['θjen̩to] **I.** *adj* <cien> *inv* hundert; *v. t.* **ochenta II.** *m:* **~s de huevos** Hunderte von Eiern; **el cinco por ~** fünf Prozent
**cierne** ['θjerne] *m* ① (BOT: *tiempo de fecundación*) Bestäubung *f;* **estar en ~(s)** blühen; (*fig*) noch in den Kinderschuhen stecken ② *v.* **cierna**
**cierre** ['θjerre] *m* ① (*conclusión, t.* ECON, FIN) Schließen *nt;* (*clausura*) Schließung *f;* (PREN) Redaktionsschluss *m;* **~ del ejercicio** Jahresabschluss *m;* **~ patronal** Aus-

sperrung *f* ❷ (*dispositivo*) Verschluss *m;* ~ **centralizado** (AUTO) Zentralverriegelung *f*
**ciertamente** [θjerta'mente] *adv* gewiss, sicherlich
**cierto**[1] ['θjerto] *adv* gewiss; **por** ~ übrigens
**cierto, -a**[2] ['θjerto, -a] *adj* <certísimo> ❶ (*verdadero*) wahr; (*seguro*) sicher; **una información cierta** eine richtige Information; **estar en lo** ~ Recht haben; **lo** ~ **es que...** ehrlich gesagt ... ❷ (*alguno*) gewiss; ~ **día** eines Tages
**ciervo, -a** ['θjerβo, -a] *m, f* Hirsch *m,* Hirschkuh *f*
**cierzo** ['θjerθo] *m* Nordwind *m*
**cifra** ['θifra] *f* ❶ (*guarismo*) Ziffer *f;* ~ **de negocios** (ECON) Umsatz *m;* ~ **de ventas** (ECON) Absatz *m* ❷ (*clave*) Kode *m;* **en** ~ verschlüsselt ❸ (*monograma*) Monogramm *nt* ❹ (*resumen*) Inbegriff *m* (*de* +*gen*)
**cifrar** [θi'frar] **I.** *vt* ❶ (*codificar*) verschlüsseln ❷ (*calcular*) berechnen ❸ (*resumir*) setzen (*en* auf +*akk*) **II.** *vr:* ~**se** sich belaufen (*en* auf +*akk*)
**cigala** [θi'ɣala] *f* (ZOOL) Kronenhummer *m*
**cigarra** [θi'ɣarra] *f* ❶ (ZOOL) Zikade *f* ❷ (*bolsa*) Geldbeutel *m*
**cigarrera** [θiɣa'rrera] *f* ❶ (*vendedora*) Zigarrenverkäuferin *f* ❷ (*que elabora*) Zigarrendreherin *f* ❸ (*caja*) Zigarrenkiste *f* ❹ (*petaca*) Zigarrenetui *nt*
**cigarrero, -a** [θiɣa'rrero, -a] *m, f* (COM: *productor*) Zigarrenmacher(in) *m(f);* (*vendedor*) Zigarrenhändler(in) *m(f)*
**cigarrillo** [θiɣa'rriʎo] *m* Zigarette *f*
**cigarro** [θi'ɣarro] *m* Zigarre *f*
**cigüeña** [θi'ɣweɲa] *f* ❶ (*ave*) Storch *m* ❷ (*manivela*) Kurbel *f*
**cigüeñal** [θiɣwe'ɲal] *m* (AUTO) Kurbelwelle *f*
**cilindrada** [θilin'draða] *f* (AUTO) Hubraum *m*
**cilíndrico, -a** [θi'lindriko, -a] *adj* zylindrisch
**cilindro** [θi'lindro] *m* Zylinder *m;* (*en un reloj*) Trommel *f*
**cima** ['θima] *f* ❶ (*cumbre*) Spitze *f;* ~ **del árbol** (Baum)wipfel *m;* ~ **del monte** (Berg)gipfel *m* ❷ (*cúspide*) Höhepunkt *m*
**cimarrón, -ona** [θima'rron, -ona] *adj* (*Am: animal salvaje*) wild (lebend); (*planta salvaje*) wild (wachsend); (*animales domésticos*) verwildert
**címbalo** ['θimbalo] *m* (MÚS) Zimbel *f*
**cimbo(r)rio** [θim'bo(r)rjo] *m* (ARQUIT) Kuppelgewölbe *nt*
**cimbrar** [θim'brar], **cimbrear** [θimbre'ar] **I.** *vt* ❶ (*agitar*) schwingen ❷ (*golpear*) schlagen ❸ (*doblar*) biegen **II.** *vr:* ~**se** ❶ (*agitarse*) schwingen ❷ (*doblarse*) sich biegen
**cimbreo** [θim'breo] *m* ❶ (*agitación*) Schwingung *f* ❷ (*golpe*) Schlag *m*
**cimentación** [θimenta'θjon] *f* ❶ (*fundamento*) Fundamentierung *f* ❷ (*edificación*) Gründung *f*
**cimentar** [θimen'tar] <e→ie> *vt* ❶ (*fundar*) gründen ❷ (*fundamentar*) fundamentieren ❸ (*afinar oro*) läutern ❹ (*consolidar*) begründen
**cimiento** [θi'mjento] *m* Fundament *nt*
**cimitarra** [θimi'tarra] *f* Krummsäbel *m*
**cinabrio** [θi'naβrjo] *m* Zinnober *m*
**cinc** [θiŋ] *m* Zink *nt*
**cincel** [θin'θel] *m* Meißel *m*
**cincelador(a)** [θinθela'ðor(a)] *m(f)* (*metal*) Ziseleur(in) *m(f)*
**cincelar** [θinθe'lar] *vt* ziselieren
**cincha** ['θintʃa] *f* Sattelgurt *m*
**cinchar** [θin'tʃar] *vt* gurten
**cinco** ['θiŋko] **I.** *adj inv* fünf; **estar sin** ~ blank sein **II.** *m* Fünf *f; v. t.* **ocho**
**cincuenta** [θiŋ'kwenta] *adj inv* fünfzig; *v. t.* **ochenta**
**cincuentavo**[1] [θiŋkwen'taβo] *m* Fünfzigstel *nt; v. t.* **octavo**
**cincuentavo, -a**[2] [θiŋkwen'taβo, -a] *adj* fünfzigstel; *v. t.* **octavo**
**cincuentena** [θiŋkwen'tena] *f Einheit aus fünfzig Teilen;* **una** ~ **de personas** (etwa) fünfzig Personen
**cincuentenario** [θiŋkwente'narjo] *m* fünfzigster Jahrestag *m*
**cincuentón, -ona** [θiŋkwen'ton, -ona] **I.** *adj* in den Fünfzigern **II.** *m, f* Fünfzigjährige(r) *mf*
**cine** ['θine] *m* ❶ (*sala*) Kino *nt;* ~ **de barrio** Vorstadtkino *nt* ❷ (*séptimo arte*) Film *m,* Filmkunst *f;* ~ **mudo** Stummfilm *m*
**cineasta** [θine'asta] *mf* Cineast(in) *m(f);*
**cineclub** [θine'kluᵝ] *m* <cineclubs> Filmklub *m*
**cinéfilo, -a** [θi'nefilo, -a] *m, f* Kinoliebhaber(in) *m(f)*
**cinegética** [θine'xetika] *f* Jagdkunst *f*
**cinema** [θi'nema] *m* ❶ (*cine*) Kino *nt* ❷ (*cinemática*) Kinematik *f*
**cinemascope**® [θinemas'kope] *m* Cinemascope® *nt*
**cinemateca** [θinema'teka] *f* Filmarchiv *nt*
**cinemática** [θine'matika] *f* Kinematik *f*
**cinematografía** [θinematoɣra'fia] *f* Filmkunst *f*
**cinematografiar** [θinematoɣrafi'ar] <*1. pres:* cinematografío> *vt* (CINE) filmen
**cinematográfico, -a** [θinemato'ɣrafiko, -a]

C

*adj* filmisch

**cinematógrafo** [θinema'toɣrafo] *m* ❶ (*proyector*) Kinematograph *m* ❷ (*cine*) Lichtspieltheater *nt*

**cinético, -a** [θi'netiko, -a] *adj* (ARTE, FÍS) kinetisch

**cingalés, -esa** [θiŋga'les, -esa] **I.** *adj* ceylonesisch **II.** *m, f* Ceylonese, -in *m, f*

**cíngaro, -a** ['θiŋgaro, -a] **I.** *adj* zigeunerisch **II.** *m, f* Zigeuner(in) *m(f)*

**cínico, -a** ['θiniko, -a] **I.** *adj* ❶ (*desvergonzado*) zynisch ❷ (FILOS) kynisch **II.** *m, f* ❶ (*desvergonzado*) Zyniker(in) *m(f)* ❷ (FILOS) Kyniker(in) *m(f)*

**cinismo** [θi'nismo] *m* ❶ (*desvergüenza*) Zynismus *m* ❷ (FILOS) Kynismus *m*

**cinta** ['θiṇta] *f* ❶ (*tira*) Band *nt;* ~ **adhesiva** Klebeband *nt;* ~ **aislante** Isolierband *nt;* ~ **métrica** Messband *nt;* ~ **del pelo** Haarband *nt;* ~ **de vídeo** Videoband *nt* ❷ (*hilera de baldosas*) Abschlussleiste *f* (*aus Kacheln*) ❸ (*red de pesca*) Thunfischnetz *nt* ❹ (*planta*) Grünlilie *f*

**cintilar** [θiṇti'lar] *vi* glänzen

**cinto** ['θiṇto] *m* ❶ (*cinturón*) Gürtel *m* ❷ (*cintura*) Taille *f*

**cintura** [θiṇ'tura] *f* Taille *f;* ~ **de avispa** Wespentaille *f*

**cinturón** [θiṇtu'ron] *m* ❶ (*ceñidor*) Gürtel *m;* ~ **salvavidas** Rettungsring *m;* **apretarse el** ~ (*fig*) den Gürtel enger schnallen ❷ (*correa*) Gurt *m;* **ponerse el** ~ sich anschnallen ❸ (ASTR) Ring *m* ❹ (*carretera*) Ringstraße *f*

**ciprés** [θi'pres] *m* ❶ (*árbol*) Zypresse *f* ❷ (*madera*) Zypressenholz *nt*

**circense** [θir'θense] *adj* Zirkus-

**circo** ['θirko] *m* ❶ (*arena*) Zirkus *m;* ~ **ambulante** Wanderzirkus *m* ❷ (GEO) Senke *f*

**circuir** [θirku'ir] *irr como huir vt* umgeben

**circuito** [θirku'ito] *m* ❶ (*perímetro*) Umkreis *m* ❷ (*trayecto de carrera*) Rennstrecke *f* ❸ (*recorrido*) Rundfahrt *f* ❹ (ELEC) Stromkreis *m;* ~ **integrado** integrierter Schaltkreis; **corto** ~ Kurzschluss *m*

**circulación** [θirkula'θjon] *f* ❶ (*ciclo*) Kreislauf *m;* ~ **sanguínea** Blutkreislauf *m* ❷ (*tránsito*) Verkehr *m* ❸ (ECON) Umlauf *m;* ~ **paralela (de las monedas)** (UE) Parallelumlauf *m;* **retirar de la** ~ aus dem Verkehr ziehen

**circular** [θirku'lar] **I.** *adj* kreisförmig **II.** *vi* ❶ (*recorrer*) zirkulieren ❷ (*personas*) hin und her gehen; **¡circulen!** (bitte) weitergehen! ❸ (*vehículos*) hin und her fahren **III.** *f* Rundschreiben *nt*

**circulatorio, -a** [θirkula'torjo, -a] *adj* (MED) Kreislauf-

**círculo** ['θirkulo] *m* Kreis *m;* ~ **de amistades** Freundeskreis *m;* ~ **vicioso** Teufelskreis *m*

**circuncidar** [θirkuṇθi'ðar] *vt* beschneiden

**circuncisión** [θirkuṇθi'sjon] *f* Beschneidung *f*

**circunciso**[1] [θirkuṇ'θiso] *m* ❶ (*circuncidado*) Beschnittene(r) *m* ❷ (*judío*) Jude *m*

**circunciso, -a**[2] [θirkuṇ'θiso, -a] **I.** *pp de* **circuncidar** **II.** *adj* beschnitten

**circundante** [θirkuṇ'daṇte] *adj* umgebend; **mundo** ~ Umgebung *f*

**circundar** [θirkuṇ'dar] *vt* umgeben

**circunferencia** [θirkuɱfe'reṇθja] *f* (MAT) ❶ (*círculo*) Kreis *m* ❷ (*contorno*) Umfang *m*

**circunlocución** [θirkunloku'θjon] *f* Umschreibung *f*

**circunloquio** [θirkun'lokjo] *m* Umschweife *mpl*

**circunnavegar** [θirkunnaβe'ɣar] <g→gu> *vt* umsegeln

**circunscribir** [θirku$^n$skri'βir] *irr como escribir* **I.** *vt* ❶ (*concretar*) beschränken (*a* auf +*akk*) ❷ (MAT) umschreiben **II.** *vr:* ~**se** sich beschränken (*a* auf +*akk*)

**circunscripción** [θirku$^n$skriβ'θjon] *f* ❶ (*concreción*) Einschränkung *f* ❷ (MAT) Umschreibung *f* ❸ (*distrito*) Bezirk *m*

**circunscrito, -a** [θirku$^n$s'krito, -a] *pp de* **circunscribir**

**circunspección** [θirkun$^n$spe$^ɣ$'θjon] *f* Umsicht *f*

**circunspecto, -a** [θirku$^n$s'pekto, -a] *adj* umsichtig

**circunstancia** [θirku$^n$s'taṇθja] *f* Umstand *m;* **en estas** ~**s** unter diesen Umständen

**circunstancial** [θirku$^n$staṇ'θjal] *adj* umstandsbedingt

**circunvalación** [θirkumbala'θjon] *f* ❶ (*acción de circunvalar*) Umgehung *f;* **carretera de** ~ Umgehungsstraße *f* ❷ (MIL) Umwallung *f*

**circunvalar** [θirkumba'lar] *vt* umgehen

**cirílico, -a** [θi'riliko, -a] *adj* kyrillisch

**cirineo, -a** [θiri'neo, -a] **I.** *adj* aus Kyrene **II.** *m, f* Helfer(in) *m(f)*, Samariter(in) *m(f)*

**cirio** ['θirjo] *m* ❶ (*vela*) (lange, dicke) Wachskerze *f* ❷ (*fam: jaleo*) Durcheinander *nt*

**cirro** ['θirro] *m* ❶ (MED) Knoten *m* ❷ (METEO) Zirruswolke *f*

**cirrosis** [θi'rrosis] *f inv* (MED) Zirrhose *f*

**cirrótico, -a** [θi'rrotiko, -a] *adj* (MED) zirrhotisch

**ciruela** [θi'rwela] *f* Pflaume *f*

**ciruelo** [θi'rwelo] *m* ❶ (*pruno*) Pflaumenbaum *m* ❷ (*fam: tonto*) Dummkopf *m*

**cirugía** [θiru'xia] *f* (MED) Chirurgie *f*

**cirujano, -a** [θiru'xano, -a] *m, f* (MED) Chirurg(in) *m(f)*

**ciscar** [θis'kar] <c→qu> **I.** *vt* (*fam*) besudeln **II.** *vr:* ~**se** (*fam*) sein großes Geschäft machen

**cisco** ['θisko] *m* ❶ (*carbón*) (Kohlen)grus *m;* **estar hecho un** ~ (*fam*) fix und fertig sein ❷ (*jaleo*) Krach *m*

**Cisjordania** [θisxor'ðanja] *f* Westjordanland *nt*

**cisma** ['θisma] *m* ❶ (REL) Schisma *nt* ❷ (*desacuerdo*) Zwist *m*

**cisne** ['θisne] *m* Schwan *m*

**cister** [θis'ter] *m*, **císter** ['θister] *m* (REL) Zisterzienserorden *m*

**cisterna** [θis'terna] **I.** *adj* Tank-; **barco** ~ Tanker *m* **II.** *f* ❶ (*aljibe*) Zisterne *f* ❷ (*de un retrete*) Spülkasten *m*

**cisura** [θi'sura] *f* ❶ (*fisura*) Riss *m* ❷ (*cicatriz*) Narbe *f* ❸ (*incisión*) Einstich *m*

**cita** ['θita] *f* ❶ (*convocatoria*) Termin *m* ❷ (*encuentro*) Verabredung *f;* ~ **anual** jährliches Treffen; ~ **a ciegas** Blind date; **tener una** ~ **con alguien** mit jdm verabredet sein ❸ (*mención*) Zitat *nt*

**citación** [θita'θjon] *f* ❶ (JUR) Vorladung *f* ❷ (*el mencionar*) Zitieren *nt*

**citar** [θi'tar] **I.** *vt* ❶ (*convocar*) zu einem Termin einladen ❷ (*mencionar*) zitieren ❸ (JUR) (vor)laden **II.** *vr:* ~**se** sich verabreden

**cítara** ['θitara] *f* (MÚS) Zither *f*

**citología** [θitolo'xia] *f* (BIOL, MED) Zytologie *f*

**cítrico, -a** ['θitriko, -a] *adj* Zitrus-; **aceite** ~ Zitrusöl *nt*

**cítricos** ['θitrikos] *mpl* ❶ (*frutas*) Zitrusfrüchte *fpl* ❷ (*plantas*) Zitruspflanzen *fpl*

**ciudad** [θju'ða$^{ð}$] *f* Stadt *f;* ~ **hermanada** Partnerstadt *f;* ~ **industrial** Industriestadt *f;* ~ **de origen** Heimatstadt *f;* ~ **universitaria** Campus *m*

**ciudadanía** [θjuðaða'nia] *f* ❶ (*nacionalidad*) Staatsangehörigkeit *f* ❷ (*conjunto de ciudadanos*) Bürgerschaft *f* ❸ (*civismo*) Bürgersinn *m*

**ciudadano, -a** [θjuða'ðano, -a] **I.** *adj* ❶ (*de la ciudad*) städtisch ❷ (*del ciudadano*) bürgerlich **II.** *m, f* ❶ (*residente*) Städter(in) *m(f)* ❷ (*súbdito*) Staatsbürger(in) *m(f);* (*referente a una ciudad*) Bürger(in) *m(f)*

**ciudadela** [θjuða'ðela] *f* Zitadelle *f*

**ciudad-estado** [θju'ðað-es'taðo] <ciudades-estado> *f* Stadtstaat *m*

**ciudadrealeño, -a** [θjuða$^{ð}$rrea'leɲo, -a] **I.** *adj* aus Ciudad Real **II.** *m, f* Einwohner(in) *m(f)* von Ciudad Real

**cívico, -a** ['θiβiko, -a] *adj* ❶ (*de la ciudad*) städtisch ❷ (*del ciudadano*) bürgerlich ❸ (*del civismo*) zivilisiert

**civil** [θi'βil] **I.** *adj* ❶ (*cívico*) bürgerlich, zivil; **derecho** ~ Zivilrecht *nt;* **guerra** ~ Bürgerkrieg *m* ❷ (*correcto*) zivilisiert, gesittet **II.** *mf* ❶ (*fam: guardia* ~) Angehörige(r) *mf* der Guardia civil ❷ (*paisano*) Zivilist(in) *m(f)*

**civilidad** [θiβili'ða$^{ð}$] *f* ❶ (*civismo*) Bürgersinn *m* ❷ (*amabilidad*) Zuvorkommenheit *f*

**civilización** [θiβiliθa'θjon] *f* ❶ (*progreso*) Zivilisation *f* ❷ (*cultura*) Kultur *f*

**civilizar** [θiβili'θar] <z→c> *vt* zivilisieren

**civismo** [θi'βismo] *m* ❶ (*espíritu cívico*) Bürgersinn *m* ❷ (*cortesía*) Höflichkeit *f*

**cizalla** [θi'θaʎa] *f* ❶ (*recorte*) Verschnittblech *nt* ❷ *pl* (*tijeras*) Blechschere *f*

**cizallar** [θiθa'ʎar] *vt* schneiden

**cizaña** [θi'θaɲa] *f* ❶ (BOT) Taumellolch *m* ❷ (*adversidad*) Widrigkeit *f* ❸ (*enemistad*) Zwietracht *f*

**cizañar** [θiθa'ɲar] *vt* Zwietracht säen (zwischen +*dat*)

**cizañero, -a** [θiθa'ɲero, -a] **I.** *adj* intrigant **II.** *m, f* ❶ (*intrigante*) Unruhestifter(in) *m(f)* ❷ (*pendenciero*) streitsüchtige Person *f*

**clamar** [kla'mar] **I.** *vi* flehen **II.** *vt* fordern

**clamor** [kla'mor] *m* ❶ (*lamento*) Jammern *nt* ❷ (*clamoreo*) Geschrei *nt* ❸ (*toque de campana*) Totengeläut(e) *nt*

**clamoroso, -a** [klamo'roso, -a] *adj* ❶ (*acompañado de clamor*): **triunfo** ~ Triumphgeschrei *nt* ❷ (*sensacional*) grandios

**clan** [klan] *m* Clan *m*

**clandestinidad** [klaṇdestini'ða$^{ð}$] *f* ❶ (*secreto*) Heimlichkeit *f* ❷ (POL) Untergrund *m*

**clandestino, -a** [klaṇdes'tino, -a] *adj* ❶ (*secreto*) heimlich; **reunión clandestina** geheimes Treffen ❷ (*ilegal*): **movimiento** ~ Untergrundbewegung *f*

**claqué** [kla'ke] *f* Stepp(tanz) *m*

**claqueta** [kla'keta] *f* (CINE) Klappe *f*

**clara** ['klara] *f* ❶ (*del huevo*) Eiweiß *nt* ❷ (*bebida*) Radler *m südd,* Alsterwasser *nt nordd*

**claraboya** [klara'βoɟa] *f* (*en el techo*) (Dach)luke *f;* (*en la pared*) Oberlicht *nt*

**claramente** [klara'meṇte] *adv* deutlich

**clarear** [klare'ar] **I.** *vi* ❶ (*amanecer*) hell werden; **al** ~ **el día** bei Tagesanbruch ❷ (*despejarse*) aufklaren ❸ (*concretarse*) deutlich werden **II.** *vt* aufhellen **III.** *vr:* **~se** ❶ (*gastarse*) fadenscheinig werden ❷ (*transparentarse*) durchsichtig werden ❸ (*descubrirse*) sich verraten

**clarete** [kla'rete] *m* Rosé(wein) *m*

**claridad** [klari'ða$^{ð}$] *f* ❶ (*luminosidad*) Helligkeit *f* ❷ (*lucidez*) Klarheit *f* ❸ (*claror*) fernes Leuchten *nt* ❹ (*loc*): **decir cuatro ~es a alguien** jdm gehörig die Meinung sagen

**clarificación** [klarifika'θjon] *f* ❶ (*iluminación*) Erhellung *f* ❷ (*aclaración*) Klärung *f*

**clarificador(a)** [klarifika'ðor(a)] *adj* klärend

**clarificar** [klarifi'kar] <c→qu> *vt* ❶ (*iluminar*) erhellen ❷ (*aclarar*) klären

**clarín** [kla'rin] *m* ❶ (*instrumento*) Bügelhorn *nt* ❷ (*músico*) Bügelhornbläser *m*

**clarinete** [klari'nete] *m* ❶ (*instrumento*) Klarinette *f* ❷ (*músico*) Klarinettist *m*

**clarinetista** [klarine'tista] *mf* Klarinettist(in) *m(f)*

**clarividencia** [klariβi'ðen̩θja] *f* ❶ (*perspicacia*) Hellsichtigkeit *f* ❷ (*instinto*) Gespür *nt* ❸ (*percepción*) hellseherische Fähigkeit *f*

**clarividente** [klariβi'ðen̩te] **I.** *adj* ❶ (*perspicaz*) hellsichtig ❷ (*que percibe*) hellseherisch **II.** *mf* ❶ (*adivino*) hellsichtige Person *f* ❷ (*persona que percibe*) Hellseher(in) *m(f)*

**claro**[1] ['klaro] **I.** *interj* (na) klar!, natürlich!; **¡~ que no!** natürlich nicht! **II.** *m* ❶ (*hueco*) Lücke *f* ❷ (*calvero*) Lichtung *f* ❸ (*calva*) kahle Stelle *f* **III.** *adv* deutlich

**claro, -a**[2] ['klaro, -a] *adj* ❶ (*iluminado*) hell; **azul ~** hellblau ❷ (*ilustre*) berühmt ❸ (*evidente*) klar; **poner** [*o* **sacar**] **en ~** klarstellen ❹ (*fino*) dünn ❺ (*franco*) offen, freimütig

**claror** [kla'ror] *m* Leuchten *nt*

**claroscuro** [klaros'kuro] *m* ❶ (ARTE, FOTO) Helldunkel *nt* ❷ (*indecisión*) Unschlüssigkeit *f*

**clase** ['klase] *f* ❶ (*tipo*) Sorte *f*, Art *f*; **sin ninguna ~ de...** ohne jede Art von ...; **trabajos de toda ~** Arbeiten jeder Art ❷ (BIOL) Klasse *f* ❸ (*grupo social*) (Gesellschafts)schicht *f*; **~ alta** Oberschicht *f*; **~ media** Mittelschicht *f* ❹ (ENS: *grupo de alumnos*) Klasse *f*; (*curso*) Unterricht *m*; **dar ~** unterrichten ❺ (*categoría*) Klasse *f*; **~ turista** Touristenklasse *f*

**clasicismo** [klasi'θismo] *m* ❶ (ARTE, LIT) Klassik *f* ❷ (ARQUIT: *neoclasicismo*) Klassizismus *m*

**clásico, -a** ['klasiko, -a] **I.** *adj* klassisch **II.** *m, f* Klassiker(in) *m(f)*

**clasificable** [klasifi'kaβle] *adj* klassifizierbar

**clasificación** [klasifika'θjon] *f* ❶ (*ordenación*) Sortierung *f*; **~ en grupos** Einteilung in Gruppen ❷ (BIOL) Klassifikation *f*

**clasificador** [klasifika'ðor] *m* ❶ (*archivador*) Aktenschrank *m* ❷ (*separación*) Register *nt* ❸ (*carpeta*) Ordner *m*

**clasificar** [klasifi'kar] <c→qu> **I.** *vt* ❶ (*ordenar*) sortieren (*por* nach *+dat*) ❷ (BIOL) klassifizieren (*por* nach *+dat*) **II.** *vr:* **~se** sich qualifizieren

**clasificatorio, -a** [klasifika'torjo, -a] *adj* ❶ (*ordenar*) sortierend ❷ (BIOL) klassifizierend

**clasismo** [kla'sismo] *m* Standesdünkel *m abw*

**clasista** [kla'sista] **I.** *adj* ❶ (*peculiar de una clase*) schicht(en)spezifisch ❷ (*consciente de su clase*) klassenbewusst **II.** *mf* Anhänger(in) *m(f)* der Klassengesellschaft

**claudicación** [klau̯ðika'θjon] *f* ❶ (*falta*) Weichwerden *nt* ❷ (*cesión*) Nachgeben *nt*

**claudicar** [klau̯ði'kar] <c→qu> *vi* ❶ (*fallar*) weich werden ❷ (*ceder*) nachgeben

**claustro** ['klau̯stro] *m* ❶ (*galería*) Kreuzgang *m* ❷ (*conjunto de profesores*) Lehrkörper *m* ❸ (*reunión de profesores*) Lehrerversammlung *f* ❹ (*convento*) Kloster *nt*

**claustrofobia** [klau̯stro'foβja] *f* (PSICO) Klaustrophobie *f*

**claustrofóbico, -a** [klau̯stro'foβiko, -a] *adj* (PSICO) klaustrophobisch

**cláusula** ['klau̯sula] *f* ❶ (JUR) Klausel *f* ❷ (LING) Satz *m*

**clausura** [klau̯'sura] *f* ❶ (*cierre*) Schließung *f*; **sesión de ~** Schlusssitzung *f* ❷ (*en un convento*) Klausur *f*

**clausurar** [klau̯su'rar] *vt* schließen

**clava** ['klaβa] *f* Keule *f*

**clavado, -a** [kla'βaðo, -a] *adj* ❶ (*semejante*) sehr ähnlich ❷ (*exacto*) genau ❸ (*confuso*) verblüfft

**clavar** [kla'βar] **I.** *vt* ❶ (*hincar*) einschlagen ❷ (*enclavar*) annageln ❸ (*fijarse*) fixieren; **tener la vista clavada en algo** den Blick starr auf etw richten ❹ (*fam: engañar*) ausnehmen ❺ (*acertar*) treffen ❻ (*engastar*) (ein)fassen ❼ (*fam: dar*) verpassen ❽ (*fam: cobrar*) abknöpfen **II.** *vr:* **~se una astilla en el dedo** sich *dat* einen Span in den Finger treiben

**clave** ['klaβe] **I.** *adj inv* Schlüssel- **II.** *f* ❶ (ARQUIT) Schlussstein *m* ❷ (*código*) Kode *m*; **~ de acceso** Passwort *nt*; **en ~** codiert ❸ (*secreto*) Schlüssel *m* (*de +gen*) ❹ (MÚS) (Noten)schlüssel *m*

**clavel** [kla'βel] *m* (BOT) Nelke *f*

**clavetear** [klaβete'ar] *vt* ❶ (*guarnecer*)

beschlagen ❷ (*terminar*) abschließen ❸ (*clavar clavos*) vernageln

**clavicémbalo** [klaβi'θembalo] *m* (Cla-vi)cembalo *nt*

**clavicordio** [klaβi'korðjo] *m* Klavichord *nt*

**clavícula** [kla'βikula] *f* (ANAT) Schlüsselbein *nt*

**clavicular** [klaβiku'lar] *adj* (ANAT) Schlüsselbein-; **fractura** ~ Schlüsselbeinbruch *m*

**clavija** [kla'βixa] *f* ❶ (TÉC) Stift *m* ❷ (MÚS: *de guitarra*) Wirbel *m* ❸ (*enchufe*) Stecker *m* ❹ (*loc*): **apretar las ~s a alguien** mit jdm ein ernstes Wörtchen reden

**clavo** ['klaβo] *m* ❶ (*punta*) Nagel *m*; **dar en el** ~ den Nagel auf den Knopf treffen ❷ (*especia*) (Gewürz)nelke *f* ❸ (*callo*) Hühnerauge *nt* ❹ (*jaqueca*) Migräne *f*

**claxon** ['klaʏson] *m* Hupe *f*

**clemencia** [kle'men̩θja] *f* Milde *f*, Nachsicht *f*

**clemente** [kle'men̩te] *adj* mild, nachsichtig

**clementina** [klemen̩'tina] *f* Klementine *f*

**cleptomanía** [kleptoma'nia] *f* (PSICO) Kleptomanie *f*

**cleptómano, -a** [klep'tomano, -a] **I.** *adj* (PSICO) kleptomanisch **II.** *m, f* (PSICO) Kleptomane, -in *m, f*

**clerical** [kleri'kal] *adj* geistlich

**clericalismo** [klerika'lismo] *m* (POL) Klerikalismus *m*

**clérigo** ['kleriɣo] *m* Geistliche(r) *m*; (*sólo iglesia católica*) Kleriker *m*

**clero** ['klero] *m* Geistlichkeit *f*; (*sólo iglesia católica*) Klerus *m*

**clic** [klik] *m* Klicken *nt*

**cliché** [kli'tʃe] *m* ❶ (*lugar común, t.* TIPO) Klischee *nt* ❷ (FOTO) Negativ *nt*

**cliente, -a** ['kljen̩te, -a] *m, f* Kunde, -in *m, f*; (*de un abogado*) Mandant(in) *m(f)*; ~ **fijo** Stammkunde *m*

**clientela** [kljen̩'tela] *f* Kundschaft *f*; (*de un abogado*) Klientel *f*

**clientelismo** [kljen̩te'lismo] *m* ❶ (*amparo*) Protektion *f* ❷ (POL) Filzokratie *f*

**clima** ['klima] *m* ❶ (*atmósfera*) Klima *nt* ❷ (GEO) Breitengrad *m*

**climático, -a** [kli'matiko, -a] *adj* klimatisch

**climatización** [klimatiθa'θjon] *f* Klimatisierung *f*

**climatizador** [klimatiθa'ðor] *m* Klimaanlage *f*

**climatizar** [klimati'θar] <z→c> *vt* klimatisieren

**climatología** [klimatolo'xia] *f* Klimatologie *f*

**climatológico, -a** [klimato'loxiko, -a] *adj* klimatologisch

**clímax** ['klimaʏs] *m inv* Klimax *f*

**clínica** ['klinika] *f* Klinik *f*

**clínico** ['kliniko] *m* Krankenhaus *nt*

**clip** [klip] *m* ❶ (*sujetapapeles*) Büroklammer *f* ❷ (*pinza*) Klipp *m* ❸ (TV) (Video)clip *m*

**clítoris** ['klitoris] *m inv* (ANAT) Klitoris *f*

**cloaca** [klo'aka] *f* (*t.* ZOOL) Kloake *f*

**clon** [klon] *m* ❶ (BIOL) Klon *m* ❷ (*payaso*) Clown *m*

**clonación** [klona'θjon] *f* (BIOL) Klonierung *f*

**clonar** [klo'nar] *vt* (BIOL) klonen, klonieren

**clónico, -a** ['kloniko, -a] *adj* (BIOL) geklont

**cloquear** [kloke'ar] *vi* glucken

**cloración** [klora'θjon] *f* (QUÍM) Chlorierung *f*

**clorar** [klo'rar] *vt* (QUÍM) ❶ (*una síntesis*) chlorieren ❷ (*una piscina*) chloren

**clorato** [klo'rato] *m* (QUÍM) Chlorat *nt*

**cloro** ['kloro] *m* (QUÍM) Chlor *nt*

**clorofila** [kloro'filja] *f* (BOT, QUÍM) Chlorophyll *nt*, Blattgrün *nt*

**cloroformo** [kloro'formo] *m* (QUÍM) Chloroform *nt*

**cloruro** [klo'ruro] *m* (QUÍM) Chlorid *nt*

**club** [kluᵝ] <clubs *o* clubes> *m* Klub *m*; ~ **de alterne** Animierlokal *nt*; ~ **deportivo** Sportverein *m*

**clueca** ['klweka] *f* (ZOOL) Bruthenne *f*, Glucke *f*

**cm** [θen̩'timetro] *abr de* **centímetro** cm

**coacción** [koaʏ'θjon] *f* (*coerción*) Zwang *m*; (JUR) Nötigung *f*

**coaccionar** [koaʏθjo'nar] *vt* (*coercer*) zwingen; (JUR) nötigen

**coagulable** [koaɣu'laβle] *adj* gerinnungsfähig

**coagulación** [koaɣula'θjon] *f* ❶ (*sangre*) Gerinnung *f* ❷ (QUÍM) Koagulation *f*

**coagular** [koaɣu'lar] **I.** *vt* (MED, QUÍM) koagulieren, gerinnen lassen **II.** *vr*: ~**se** (MED) koagulieren, gerinnen

**coágulo** [ko'aɣulo] *m* (MED) Gerinnsel *nt*

**coalición** [koali'θjon] *f* Koalition *f*

**coaligarse** [koali'ɣarse] <g→gu> *vr* sich verbünden

**coartada** [koar'taða] *f* Alibi *nt*

**coartar** [koar'tar] *vt* ❶ (*libertad*) einschränken ❷ (*persona*) einengen

**coautor(a)** [koau̯'tor(a)] *m(f)* ❶ (*de una acción*) Miturheber(in) *m(f)*; (*de un libro*) Mitverfasser(in) *m(f)* ❷ (JUR) Mittäter(in) *m(f)*

**coautoría** [koau̯to'ria] *f* ❶ (*de un libro, de una acción*) Miturheberschaft *f* ❷ (JUR) Mittäterschaft *f*

**coba** ['koβa] *f* Schmeichelei *f*; **darle ~ a alguien** jdm Honig um den Bart schmieren *fam*

**cobalto** [ko'βal̩to] *m* (QUÍM) Kobalt *nt*

**cobarde** [ko'βarðe] **I.** *adj* feige **II.** *m* Feigling *m*

**cobardía** [koβar'ðia] *f* Feigheit *f*

**cobaya** [ko'βaɟa] *m o f* Meerschweinchen *nt*

**cobertizo** [koβer'tiθo] *m* ❶ (*tejado*) Vordach *nt* ❷ (*cabaña*) Schuppen *m*

**cobertor** [koβer'tor] *m* Bettdecke *f*

**cobertura** [koβer'tura] *f* ❶ (*cobertor*) Decke *f;* (*que cubre*) Bedeckung *f;* (*que protege*) Abdeckung *f* ❷ (COM: *acción*) Deckung *f*

**cobijar** [ko'βixar] **I.** *vt* ❶ (*cubrir*) bedecken, zudecken ❷ (*proteger*) (be)schützen ❸ (*acoger*) Unterschlupf bieten +*dat* ❹ (*albergar*) beherbergen **II.** *vr:* ~**se** (*protegerse*) Unterschlupf finden (*bajo* unter +*dat*); (*bajo un tejado*) sich unterstellen (*bajo* unter +*dat*); (*de algún peligro*) in Deckung gehen (*de* vor +*dat*)

**cobijo** [ko'βixo] *m* (*protección concreta*) Deckung *f;* (*amparo*) Unterschlupf *m*

**cobra** ['koβra] *f* (ZOOL) Kobra *f*

**cobrador(a)** [koβra'ðor(a)] *m(f)* ❶ (COM: *que cobra*) Kassierer(in) *m(f)* ❷ (*de tranvía*) Schaffner(in) *m(f)*

**cobrar** [ko'βrar] **I.** *vt* ❶ (*recibir*) erhalten; (*suma*) kassieren; (*cheque*) einlösen; (*sueldo*) verdienen; **¿me cobra, por favor?** zahlen, bitte! ❷ (*exigir*) verlangen, berechnen; (*intereses*) erheben; (*deudas*) eintreiben ❸ (*conseguir*): ~ **ánimos** Kraft schöpfen; ~ **fama** zu Ruhm gelangen ❹ (*cuerda*) einholen **II.** *vi* ❶ (*sueldo*) Zahltag haben ❷ (*fam: paliza*) Prügel beziehen; **¡que vas a ~!** du fängst dir gleich eine! **III.** *vr:* ~**se** abkassieren; (*fig*) fordern

**cobre** ['koβre] *m* ❶ (QUÍM) Kupfer *nt* ❷ *pl* (MÚS) Blechmusik *f* ❸ (*Am: moneda*) Kupfermünze *f*

**cobrizo, -a** [ko'βriθo, -a] *adj* kupferfarben

**cobro** ['koβro] *m* ❶ (*como fuente financiera*) Einnahme *f* ❷ (*acto de cobrar*) (Ein)kassieren *nt,* Berechnung *f* ❸ (FIN: *impuestos*) Erhebung *f;* (*pago*) Zahlung *f;* (*por el banco*) Einziehung *f;* ~ **por adelantado** Vorauszahlung *f;* ~ **pendiente** ausstehende Zahlung; **a ~ revertido** zu Lasten des Empfängers ❹ *pl* (COM) Außenstände *mpl*

**coca** ['koka] *f* ❶ (BOT) Kokastrauch *m* ❷ (*droga*) Kokain *nt* ❸ (*de pelo*) Haarknoten *m* ❹ (*fam: cabeza*) Rübe *f*

**i Land & Leute**

In einigen Regionen Spaniens werden an Festtagen süße fladenförmige Kuchen, die **cocas** angeboten, z.B. in *Cataluña* als **coca de San Juan** in der Johannisnacht. Auf Mallorca gibt es auch pikante **cocas** mit Zwiebeln und Tomaten, die in Aussehen und Geschmack an italienische Pizza erinnern.

**coca-cola**® [koka'kola] *f* Coca-Cola® *f o nt*

**cocaína** [koka'ina] *f* Kokain *nt*

**cocainómano, -a** [kokai̯'nomano, -a] *m, f* Kokainsüchtige(r) *mf*

**cocción** [koʸ'θjon] *f* ❶ (*acto*) Kochen *nt* ❷ (*duración*) Kochzeit *f;* (*en el horno*) Backzeit *f*

**cóccix** ['koʸθiʸs] *m inv* (ANAT) Steißbein *nt*

**cocear** [koθe'ar] *vi* ❶ (*dar coces*) ausschlagen ❷ (*repugnar*) sich sträuben

**cocer** [ko'θer] *irr* **I.** *vt* ❶ (*cocinar*) kochen; (*hervir*) sieden; (*al horno*) backen ❷ (*cerveza*) brauen; (*ropa*) kochen; (*cerámica*) brennen **II.** *vi* ❶ (*hervir*) kochen ❷ (*fermentar*) (ver)gären **III.** *vr:* ~**se** ❶ (*cocinarse*) gekocht werden ❷ (*tramarse*) sich zusammenbrauen ❸ (*sufrir*) unsäglich leiden ❹ (*fam: pasar calor*) vor Hitze eingehen

**cochambre** [ko'ʧambre] *f* (*fam*) Dreck *m;* **caer en la ~** in der Gosse landen

**cochambroso, -a** [koʧam'broso, -a] *adj* (*fam: sucio*) dreckig; (*asqueroso*) eklig; (*maloliente*) stinkig

**cochazo** [ko'ʧaθo] *m* (*fam*) Wahnsinnsauto *nt*

**coche** ['koʧe] *m* ❶ (*automóvil*) Auto *nt;* ~ **de bomberos** Feuerwehrwagen *m;* ~ **de carreras** (DEP) Rennwagen *m;* ~ **de línea** Linienbus *m;* **ir en ~** fahren ❷ (FERRO) Wagon *m;* ~ **de equipajes** Gepäckwagen *m* ❸ (*de caballos*) Kutsche *f*

**coche-bomba** ['koʧe-'βomba] <coches-bomba> *m* Autobombe *f*

**coche-cama** ['koʧe-'kama] <coches-cama> *m* (FERRO) Schlafwagen *m*

**cochecito** [koʧe'θito] *m* Kinderwagen *m*

**coche-litera** ['koʧe-li'tera] <coches-litera> *m* (FERRO) Liegewagen *m*

**coche-patrulla** ['koʧe-pa'truʎa] <coches-patrulla> *m* Streifenwagen *m*

**cochera** [ko'ʧera] *f* Garage *f;* ~ **de tranvías** (*almacén*) Straßenbahndepot *nt*

**coche-restaurante** ['koʧe-restau̯'ran̦te] <coches-restaurante> *m* (FERRO) Speisewagen *m*

**cochero** [ko'ʧero] *m* Kutscher *m*

**coche-vivienda** ['koʧe-βi'βjen̦da] <coches-vivienda> *m* Wohnwagen *m,* Wohnmobil *nt*

**cochinada** [kotʃi'naða] *f*, **cochinería** [kotʃine'ria] *f* (*fam*) Schweinerei *f*

**cochinilla** [kotʃi'niʎa] *f* ❶ (ZOOL: *insecto*) Koschenille(schildlaus) *f* ❷ (ZOOL: *crustáceo*) Kellerassel *f*

**cochinillo** [kotʃi'niʎo] *m* Ferkel *nt*

**cochino**, **-a** [ko'tʃino, -a] **I.** *adj* (*fam*) schweinisch **II.** *m, f* ❶ (ZOOL: *macho*) Schwein *nt;* (*hembra*) Sau *f* ❷ (*fam: guarro*) (Dreck)schwein *nt*

**cocido** [ko'θiðo] *m* Kichererbseneintopf *m*

**cociente** [ko'θjen̩te] *m* (MAT) Quotient *m*

**cocina** [ko'θina] *f* ❶ (*habitación*) Küche *f* ❷ (*aparato*) Herd *m* ❸ (*arte*) Kochkunst *f;* **la ~ alemana** die deutsche Küche; **libro de ~** Kochbuch *nt*

**cocinar** [koθi'nar] **I.** *vt* (*guisar*) kochen; (*aderezar*) zubereiten **II.** *vi* ❶ (*guisar*) kochen ❷ (*fam: inmiscuirse*) sich in fremde Angelegenheiten mischen

**cocinero**, **-a** [koθi'nero, -a] *m, f* Koch *m,* Köchin *f*

**cocinilla** [koθi'niʎa] *f* (*portátil*) Campingkocher *m;* (*de gas*) Gaskocher *m*

**cocker** ['koker] <cockers> **I.** *adj* (ZOOL) Cocker(spaniel)- **II.** *m* (ZOOL) Cockerspaniel *m*

**coco** ['koko] *m* ❶ (BOT: *fruto*) Kokosnuss *f* ❷ (BOT: *árbol*) Kokospalme *f* ❸ (*fam: cabeza*) Birne *f,* Schädel *m;* (*cerebro*) Hirn *nt;* **comerse el ~** sich *dat* den Kopf zerbrechen ❹ (*fam: ogro*) schwarzer Mann *m* ❺ (ZOOL: *larva*) Kokon *m* ❻ (BIOL: *bacteria*) Kokke *f*

**cocodrilo** [koko'ðrilo] *m* (ZOOL) Krokodil *nt*

**cocotero** [koko'tero] *m* Kokospalme *f*

**coctel** [kok'tel] <coctels> *m,* **cóctel** ['koktel] <cócteles> *m* Cocktail *m*

**coctelera** [kokte'lera] *f* Cocktailbecher *m*

**coctelería** [koktele'ria] *f* Cocktailbar *f*

**codazo** [ko'ðaθo] *m* Ellbogenstoß *m*

**codear** [koðe'ar] **I.** *vi* mit den Ellbogen stoßen **II.** *vr:* **~se** verkehren

**codera** [ko'ðera] *f* ❶ (MED) Ellbogenkrätze *f* ❷ (*en la ropa*) ausgebeulter Ellbogen *m* ❸ (*refuerzo*) Ellbogenflicken *m*

**códice** ['koðiθe] *m* Handschrift *f,* Kodex *m*

**codicia** [ko'ðiθja] *f* ❶ (*de algo material*) Habgier *f* ❷ (*de algo inmaterial*) Begierde *f,* Gier *f* (*de* nach +*dat*)

**codiciar** [koði'θjar] *vt* begehren

**codicilo** [koði'θilo] *m* (JUR) Kodizill *nt*

**codicioso**, **-a** [koði'θjoso, -a] *adj* habgierig

**codificación** [koðifika'θjon] *f* ❶ (JUR) Kodifizierung *f* ❷ (*con señales*) Kodierung *f;* (*t.* INFOR) Verschlüsselung *f*

**codificador** [koðifika'ðor] *m* (INFOR) Kodierer *m;* **~-decodificador** Coder-Decoder *m;* **~ (en) numérico** Digitalisierer *m*

**codificar** [koðifi'kar] <c→qu> *vt* ❶ (JUR) kodifizieren ❷ (*con señales*) kodieren; (*t.* INFOR) verschlüsseln

**código** ['koðiɣo] *m* ❶ (JUR) Kodex *m,* Gesetzbuch *nt;* **~ de circulación** Straßenverkehrsordnung *f;* **C~ Civil** Bürgerliches Gesetzbuch ❷ (*de señales*) Kode *m;* **~ de barras** Balkenkode *m;* **mensaje en ~** verschlüsselte Botschaft ❸ (*t.* ECON, FIN) Zahl *f,* Ziffer *f;* **~ bancario** Bankleitzahl *f;* **~ postal** Postleitzahl *f*

**codillo** [ko'ðiʎo] *m* ❶ (ZOOL) Ellbogen *m* ❷ (*de un árbol*) (Ast)stumpf *m* ❸ (TÉC: *doblez*) Bugstück *nt,* Knie *nt* ❹ (GASTR) Eisbein *nt*

**codirector**(**a**) [koðirek'tor(a)] *m(f)* Mitleiter(in) *m(f)*

**codo** ['koðo] *m* ❶ (ANAT) Ell(en)bogen *m;* **~ de tenis** Tennisarm *m;* **empinar el ~** (*fam*) einen heben; **trabajar ~ a ~** Schulter an Schulter arbeiten; **hablar por los ~s** (*fam*) reden wie ein Wasserfall ❷ (TÉC: *doblez*) Knie *nt,* Bugstück *nt* ❸ (*de camino*) (Weg)biegung *f*

**codorniz** [koðor'niθ] *f* (ZOOL) Wachtel *f*

**coeducación** [koeðuka'θjon] *f* Unterricht *m* in gemischten Klassen

**coeficiente** [koefi'θjen̩te] *m* (MAT) Koeffizient *m*

**coercer** [koer'θer] <c→z> *vt* ❶ (*obligar*) zwingen (*a* zu +*dat*); (JUR) nötigen (*a* zu +*dat*) ❷ (*cohibir*) abhalten (*de* von +*dat*) ❸ (*coartar*) einschränken

**coerción** [koer'θjon] *f* Zwang *m;* (JUR) Nötigung *f*

**coercitivo**, **-a** [koerθi'tiβo, -a] *adj* Zwangs-

**coetáneo**, **-a** [koe'taneo, -a] **I.** *adj* ❶ (*de la misma edad*) gleichaltrig ❷ (*contemporáneo*) zeitgenössisch **II.** *m, f* ❶ (*de la misma edad*) Gleichaltrige(r) *mf* ❷ (*contemporáneo*) Zeitgenosse, -in *m, f*

**coexistencia** [koeʸsis'ten̩θja] *f* Koexistenz *f*

**coexistente** [koeʸsis'ten̩te] *adj* koexistent

**coexistir** [koeʸsis'tir] *vi* koexistieren

**cofia** ['kofja] *f* Haube *f*

**cofinanciación** [kofinan̩θja'θjon] *f* (FIN) Mitfinanzierung *f*

**cofradía** [kofra'ðia] *f* ❶ (*hermandad*) Laienbruderschaft *f* ❷ (*gremio*) Zunft *f* ❸ (*asociación*) Verein *m*

**cofre** ['kofre] *m* ❶ (*caja*) Truhe *f;* (*maleta*) Koffer *m* ❷ (*de joyas*) Schmuckkästchen *nt*

**cofundador**(**a**) [kofun̩da'ðor(a)] *m(f)* Mitbegründer(in) *m(f)*

**cogedero** [koxe'ðero] *m* (*mango*) Stiel *m*

**cogedor** [koxe'ðor] *m* Kehrichtschaufel *f*

**coger** [ko'xer] <g→j> **I.** *vt* ❶ (*agarrar*) festhalten (*de/por* an +*dat*), fassen (*de/por* an +*dat*); (*objeto caído*) aufheben; ~ **las al vuelo** es sofort kapieren *fam;* **le cogió del brazo** er/sie hielt ihn am Arm fest; **le cogió en brazos** er/sie nahm ihn auf den Arm ❷ (*tocar*) in die Hände nehmen ❸ (*quitar*) wegnehmen; (*en la aduana*) abnehmen, finden ❹ (*atrapar*) (auf)fangen; (*personas*) fassen; (*apresar*) festnehmen ❺ (*flores*) pflücken; (*cosecha*) ernten ❻ (AUTO: *atropellar*) überfahren, anfahren ❼ (*trabajo*) annehmen ❽ (*vicio, enfermedad*) bekommen; ~ **frío** sich erkälten; ~ **le cariño a alguien** jdn lieb gewinnen; ~ **el hábito de fumar** mit dem Rauchen anfangen; **ha cogido una gripe** er/sie hat sich *dat* eine Grippe zugezogen ❾ (*una noticia*) aufnehmen ❿ (*sorprender*) antreffen, vorfinden ⓫ (*adquirir*) nehmen; (*obtener*) besorgen; **¿vas a ~ el piso?** hast du dich für die Wohnung entschieden? ⓬ (RADIO) empfangen ⓭ (*tomar*) nehmen; ~ **el tren/autobús** den Zug/Bus nehmen ⓮ (*Am: vulg: copular*) ficken **II.** *vi* ❶ (*planta*) Wurzeln schlagen ❷ (*tener sitio*) Platz haben ❸ (*Am: vulg: copular*) ficken (*con* +*akk*) **III.** *vr* (*pillarse*): ~ **se algo** sich *dat* etw einklemmen

**cogestión** [koxes'tjon] *f* Mitbestimmung *f*

**cogida** [ko'xiða] *f* ❶ (TAUR) Stierkampfunfall *m* ❷ (*de frutas*) Ernte *f*

**cognición** [koɣni'θjon] *f* (*t.* PSICO: *percepción*) Wahrnehmung *f;* (FILOS) Erkenntnis *f*

**cognitivo, -a** [koɣni'tiβo, -a] *adj* (PSICO) kognitiv

**cogollo** [ko'ɣoʎo] *m* ❶ (*de col, lechuga*) Herz *nt;* (*de árbol*) Baumkrone *f* ❷ (*brote*) Knospe *f* ❸ (*algo selecto*) Elite *f* ❹ (*núcleo*) Innere(s) *nt*

**cogorza** [ko'ɣorθa] *f* (*argot*) Suff *m*

**cogote** [ko'ɣote] *m* ❶ (*de la cabeza*) Hinterkopf *m* ❷ (*nuca*) Nacken *m;* **estar hasta el ~** (*fam*) die Nase voll haben

**cogotudo** [koɣo'tuðo] *m* (*Am*) Emporkömmling *m*

**cohabitación** [koaβita'θjon] *f* ❶ (*convivencia*) Zusammenleben *nt;* (JUR: *en el matrimonio*) eheliches Zusammenleben *nt* ❷ (*acto sexual*) Beischlaf *m*

**cohabitar** [koaβi'tar] *vi* ❶ (*convivir*) zusammenleben ❷ (JUR: *en el matrimonio*) ehelich zusammenleben ❸ (*pey: amancebarse*) in wilder Ehe leben

**cohecho** [ko'etʃo] *m* Bestechung *f,* Korruption *f*

**coherencia** [koe'reṇθja] *f* Zusammenhang *m*

**coherente** [koe'reṇte] *adj* (in sich) logisch, zusammenhängend, kohärent *geh*

**cohesión** [koe'sjon] *f* ❶ (*unión*) Zusammenhalt *m* ❷ (FÍS) Kohäsion *f*

**cohesionador(a)** [koesjona'ðor(a)] *adj* verbindend

**cohesionar** [koesjo'nar] *vt* zusammenhalten

**cohete** [ko'ete] *m* ❶ (*explosivo*) Feuerwerkskörper *m* ❷ (*misil*) Rakete *f*

**cohibición** [koi̯βi'θjon] *f* ❶ (*intimidación*) Einschüchterung *f* ❷ (*prohibición*) Einschränkung *f*

**cohibido, -a** [koi̯'βiðo, -a] *adj* (*intimidado*) eingeschüchtert; (*tímido, incómodo*) verschüchtert; (*inhibido*) gehemmt

**cohibir** [koi̯'βir] *irr como prohibir* **I.** *vt* (*intimidar*) einschüchtern; (*incomodar*) hemmen; (*refrenar*) befangen machen **II.** *vr:* ~ **se** den Mut verlieren

**COI** [koi̯] *m abr de* **Comité Olímpico Internacional** IOK *nt*

**coincidencia** [koi̯ṇθi'ðeṇθja] *f* ❶ (*simultaneidad*) Überschneidung *f,* Zusammenfallen *nt;* **¡qué ~!** was für ein Zufall! ❷ (*acuerdo*) Absprache *f* ❸ (*concordancia*) Übereinstimmung *f* ❹ (*encuentro*) Zusammentreffen *nt*

**coincidente** [koi̯ṇθi'ðeṇte] *adj* ❶ (*simultáneo*) zusammenfallend ❷ (*concordante*) übereinstimmend ❸ (*en el mismo lugar*) zusammentreffend

**coincidir** [koi̯ṇθi'ðir] *vi* ❶ (*sucesos*) zusammenfallen ❷ (*toparse*) zusammentreffen; ~ **con alguien** jdn zufällig treffen ❸ (*concordar*) sich decken, übereinstimmen; ~ **con alguien** mit jdm einer Meinung sein

**coito** ['koi̯to] *m* Koitus *m,* Beischlaf *m*

**cojear** [koxe'ar] *vi* (*persona*) humpeln, hinken; (*animal*) lahmen; (*mueble*) wackeln

**cojera** [ko'xera] *f* Humpeln *nt,* Hinken *nt*

**cojín** [ko'xin] *m* Kissen *nt*

**cojinete** [koxi'nete] *m* (TÉC) Lager *nt*

**cojo, -a** ['koxo, -a] **I.** *adj* ❶ (*persona*) hinkend; (*animal*) lahm; **a la pata coja** auf einem Bein ❷ (*mueble*) wack(e)lig **II.** *m, f* Hinkende(r) *mf*

**cojón** [ko'xon] *m* (*vulg*) ❶ *pl* (*testículos*) Eier *ntpl fam* ❷ *pl* (*interjecciones*): **¡cojones!** Mist! *fam;* **es una música de cojones** das ist eine geile Musik *fam*

**cojonudo, -a** *adj* (*argot*) Super-, Wahnsinns-; **un tío ~** (*estupendo*) ein Mordskerl; (*atractivo*) ein geiler Typ

**cojudo, -a** [ko'xuðo, -a] *adj* (*Am: tonto*) dumm

**col** [kol] *m* (BOT) Kohl *m;* ~ **es de Bruselas**

Rosenkohl *m*

**cola** ['kola] *f* ❶ (ANAT: *rabo*) Schwanz *m;* (*de caballo*) Schweif *m;* (*de conejo*) Blume *f* ❷ (*de vestido*) Schleppe *f;* **llevar la ~** die Schleppe tragen ❸ (*al esperar*) Schlange *f;* **hacer ~** Schlange stehen; **ponerse a la ~** sich (hinten) anstellen ❹ (*de un cometa*) Schweif *m* ❺ (*pegamento*) Leim *m* ❻ (*vulg: pene*) Schwanz *m fam* ❼ (*Am: argot*): **pedir ~** trampen

**colaboración** [kolaβora'θjon] *f* Zusammenarbeit *f,* Mitwirkung *f*

**colaboracionismo** [kolaβoraθjo'nismo] *m* (POL) Kollaboration *f*

**colaboracionista** [kolaβoraθjo'nista] **I.** *adj* (POL) kollaborierend **II.** *mf* (POL) Kollaborateur(in) *m(f)*

**colaborador(a)** [kolaβora'ðor(a)] **I.** *adj* ❶ (*cooperativo*) zusammenarbeitend, mitwirkend ❷ (POL) kollaborierend **II.** *m(f)* Mitarbeiter(in) *m(f)*

**colaborar** [kolaβo'rar] *vi* ❶ (*cooperar*) zusammenarbeiten (*con* mit +*dat*), mitwirken (*en* an +*dat*) ❷ (POL) kollaborieren (*con* mit +*dat*)

**colación** [kola'θjon] *f* ❶ (JUR: *mención*) urkundliche Erwähnung *f;* (*de bienes*) Vergleich *m* ❷ (*pey: mencionar*): **sacar a ~** zur Sprache bringen ❸ (*comida*) leichte (Zwischen)mahlzeit *f,* Snack *m*

**colada** [ko'laða] *f* ❶ (*de ropa*) Wäsche *f* ❷ (*blanquear con lejía*) (Weiß)waschen *nt* ❸ (QUÍM) Lauge *f* ❹ (*montaña*) Engpass *m*

**coladero** [kola'ðero] *m* ❶ (*pasador*) Sieb *nt* ❷ (*camino*) schmaler Weg *m*

**colado, -a** [ko'laðo, -a] *adj* (*fam: enamorado*) verknallt (*por* in +*akk*)

**colador** [kola'ðor] *m* Sieb *nt*

**colapsar** [kolap'sar] **I.** *vt* (*tráfico*) zum Erliegen bringen **II.** *vi, vr:* **~se** ❶ (*tráfico*) zum Erliegen kommen ❷ (MED) kollabieren

**colapso** [ko'lapso] *m* ❶ (MED) Kollaps *m* ❷ (*destrucción*) Zusammenbruch *m;* (*paralización*) Stillstand *m*

**colar** [ko'lar] <o→ue> **I.** *vt* ❶ (*filtrar*) filtern ❷ (*metal*) abstechen ❸ (*ropa: blanquear*) bleichen; (*en remojo*) einweichen ❹ (*fam: en la aduana*) (durch)schmuggeln **II.** *vi* ❶ (*penetrar: líquido*) durchsickern; (*aire*) streichen (*por* durch +*akk*) ❷ (*fam: información*) glaubwürdig sein **III.** *vr:* **~se** ❶ (*fam: entrar*) sich durchschleichen; (*una moneda*) durchfallen ❷ (*en una cola*) sich vordrängeln ❸ (*fam: equivocarse*) falsch liegen; **¡te colaste!** völlig daneben!

**colateral** [kolate'ral] *adj* seitlich; **línea ~** Seitenlinie *f*

**colcha** ['koltʃa] *f* Tagesdecke *f*

**colchón** [kol'tʃon] *m* Matratze *f;* **~ de agua** Wasserbett *nt*

**colchonería** [koltʃone'ria] *f* Matratzengeschäft *nt*

**colchoneta** [koltʃo'neta] *f* ❶ (*colchón neumático*) Luftmatratze *f;* (*colchón isotermo*) Isomatte *f* ❷ (DEP: *gimnasia*) Matte *f*

**colear** [kole'ar] *vi* ❶ (*la cola*) (mit dem Schwanz) wedeln ❷ (*durar*) andauern; (*tener efecto*) noch wirken

**colección** [koleᵞ'θjon] *f* ❶ (*recopilación*) Sammlung *f* ❷ (*de moda*) Kollektion *f* ❸ (*fam: cantidad*) Menge *f*

**coleccionar** [koleᵞθjo'nar] *vt* sammeln

**coleccionismo** [koleᵞθjo'nismo] *m* Sammlerleidenschaft *f*

**coleccionista** [koleᵞθjo'nista] *mf* Sammler(in) *m(f)*

**colecta** [ko'lekta] *f* ❶ (REL: *en misa*) Kollekte *f* ❷ (*recaudación*) Sammeln *nt* (für wohltätige Zwecke)

**colectar** [kolek'tar] *vt* ❶ (*reunir*) sammeln ❷ (LIT: *recopilar*) zusammenstellen

**colectividad** [kolektiβi'ðaᵈ] *f* Kollektivität *f*

**colectivismo** [kolekti'βismo] *m* Kollektivismus *m*

**colectivización** *f* Kollektivierung *f*

**colectivizar** [kolektiβi'θar] <z→c> *vt* kollektivieren

**colectivo¹** [kolek'tiβo] *m* (POL) Kollektiv *nt*

**colectivo, -a²** [kolek'tiβo, -a] *adj* ❶ (*todos juntos*) kollektiv; **acción colectiva** gemeinsame Aktion ❷ (*global*) umfassend

**colector** [kolek'tor] *m* ❶ (ELEC) Kollektor *m* ❷ (*canalización*) Abzugskanal *m*

**colega** [ko'leɣa] *mf* ❶ (*compañero*) Kollege, -in *m, f* ❷ (*homólogo*) Amtskollege, -in *m, f* ❸ (*argot: amigo*) Kumpel *m*

**colegiado, -a** [kole'xjaðo, -a] **I.** *adj* in einer Berufskammer organisiert **II.** *m, f* ❶ (*miembro*) Angehörige(r) *mf* einer Berufskammer ❷ (DEP: *árbitro*) Schiedsrichter(in) *m(f)*

**colegial(a)** [kole'xjal(a)] **I.** *adj* ❶ (*de un colegio*) Schul-, Schüler- ❷ (*inexperto*) unerfahren **II.** *m(f)* ❶ (*alumno*) Schüler(in) *m(f)* ❷ (*inexperto*) Grünschnabel *m*

**colegiarse** [kole'xjarse] *vr* ❶ (*afiliarse*) einer Berufskammer beitreten ❷ (*organizarse*) sich in einer Berufskammer zusammenschließen

**colegio** [ko'lexjo] *m* ❶ (ENS) Schule *f;* **ir al ~** zur Schule gehen ❷ (*Am: universidad*) Hochschule *f;* **~ mayor** Studentenwohn-

C

heim *nt* ❸ (*corporación*) Berufsgenossenschaft *f;* (*conjunto*) Kollegium *nt;* ~ **de abogados** Anwaltskammer *f*

**colegir** [kole'xir] *irr como elegir vt* ❶ (*juntar*) zusammenbringen, zusammenlegen ❷ (*deducir*) schließen (*de/por* aus +*dat*)

**cólera¹** ['kolera] *m* (MED) Cholera *f*

**cólera²** ['kolera] *f* ❶ (ANAT) Galle *f* ❷ (*ira*) Jähzorn *m;* **acceso de** ~ Wutanfall *m*

**colérico, -a** [ko'leriko, -a] **I.** *adj* ❶ (*de temperamento*) cholerisch, jähzornig ❷ (*furioso*) zornig, wütend **II.** *m, f* Choleriker(in) *m(f)*

**colesterol** [koleste'rol] *m* (MED, QUÍM) Cholesterin *nt*

**coleta** [ko'leta] *f* (*peinado*) Pferdeschwanz *m;* **gente de** ~ (TAUR) Stierkämpfer *mpl;* **cortarse la** ~ (TAUR) den Stierkampfberuf aufgeben; (*fig*) alles aufgeben

**coletilla** [kole'tiʎa] *f* ❶ (*peinado*) Zöpfchen *nt;* (TAUR) Stierkämpferzöpfchen *nt* ❷ (*de un escrito*) Postskriptum *nt* ❸ (*palabra*) Floskel *f*

**colgado, -a** [kol'ɣaðo, -a] *adj* ❶ (*cuadro*) aufgehängt; (*cuerda*) gespannt; (*persona*) erhängt ❷ (*suspendido*) nicht bestanden

**colgador** [kolɣa'ðor] *m* (*en general*) Aufhängevorrichtung *f;* (*gancho*) Haken *m;* (*percha*) Bügel *m*

**colgajo** [kol'ɣaxo] *m* ❶ (*pey: trapo*) Fetzen *m* ❷ (*de frutas*) Traube *f* ❸ (MED: *herida*) Lappen *m;* ~ **de piel** Hautlappen *m*

**colgante** [kol'ɣan̪te] **I.** *adj* Hänge-; **puente** ~ (*entre dos lados*) Hängebrücke *f;* (*de castillo*) Zugbrücke *f* **II.** *m* ❶ (ARQUIT) Feston *nt* ❷ (*joya*) Anhänger *m*

**colgar** [kol'ɣar] *irr* **I.** *vt* ❶ (*pender*) hängen (*de/en* an +*akk*); (*decorar*) behängen (*de* mit +*dat*); (*ahorcar*) erhängen (*de* an +*dat*); ~ **el teléfono** den (Telefon)hörer auflegen ❷ (*dejar*) aufgeben; ~ **los libros** das Studium aufgeben ❸ (ENS: *fam: suspender*) durchfallen lassen ❹ (*atribuir*) anhängen **II.** *vi* ❶ (*pender*) hängen (*de/en* an/von +*dat*); (*de arriba para abajo*) herunterhängen (*de* von +*dat*); (*lengua del perro*) heraushängen ❷ (TEL: *auricular*) auflegen **III.** *vr:* ~**se** sich erhängen (*de/en* an +*dat*)

**colibrí** [koli'βri] *m* (ZOOL) Kolibri *m*

**cólico** ['koliko] *m* (MED) Kolik *f*

**coliflor** [koli'flor] *f* Blumenkohl *m*

**coligado, -a** [koli'ɣaðo, -a] **I.** *adj* (*unido*) verbunden; (*aliado*) verbündet **II.** *m, f* Verbündete(r) *mf*

**coligarse** [koli'ɣarse] <g→gu> *vr* sich verbünden

**colilla** [ko'liʎa] *f* Zigarettenkippe *f*

**colina** [ko'lina] *f* Hügel *m*

**colindante** [kolin̪'dan̪te] **I.** *adj* angrenzend **II.** *mf* (JUR) Grundstücksnachbar(in) *m(f)*

**colindar** [kolin̪'dar] *vi* grenzen (*con* an +*akk*)

**colirio** [ko'lirjo] *m* Augentropfen *mpl*

**coliseo** [koli'seo] *m* Kolliseum *nt*

**colisión** [koli'sjon] *f* Zusammenstoß *m,* Kollision *f*

**colisionar** [kolisjo'nar] *vi* zusammenstoßen (*con/contra* mit +*dat*), kollidieren (*con/contra* mit +*dat*)

**colista** [ko'lista] *mf* (*irón*) *Person, die Schlange steht*

**collado** [ko'ʎaðo] *m* ❶ (*colina*) Hügel *m* ❷ (*puerto*) (Gebirgs)pass *m*

**collage** [ko'laʃ] *m* (ARTE) Collage *f*

**collar** [ko'ʎar] *m* ❶ (*adorno*) Halskette *f;* (*de joyas o perlas*) Kollier *nt;* ~ **de perro** Hundehalsband *nt* ❷ (*insignia*) Ordenskette *f* ❸ (TÉC: *aro*) Ring *m*

**collarín** [koʎa'rin] *m* Kollar *nt;* (MED) Halskrause *f*

**colmado¹** [kol'maðo] *m* Lebensmittelgeschäft *nt*

**colmado, -a²** [kol'maðo, -a] *adj* (*lleno*) voll (*de* mit +*dat*); (*repleto*) randvoll; **un año** ~ **de felicidad** ein glückliches Jahr

**colmar** [kol'mar] **I.** *vt* ❶ (*vaso*) bis zum Rand füllen (*de* mit +*dat*) ❷ (*alabanzas*) überschütten (*de* mit +*dat*) ❸ (*esperanzas*) erfüllen **II.** *vr:* ~**se** in Erfüllung gehen

**colmena** [kol'mena] *f* (ZOOL) Bienenstock *m*

**colmenar** [kolme'nar] *m* Bienenstand *m*

**colmenero, -a** [kolme'nero, -a] *m, f* Imker(in) *m(f)*

**colmillo** [kol'miʎo] *m* Eckzahn *m;* (*de elefante*) Stoßzahn *m;* (*de perro*) Fangzahn *m;* **enseñar los** ~**s** (*fig*) die Zähne zeigen

**colmo** ['kolmo] *m* ❶ (*repleto*) Übermaß *nt,* Fülle *f* ❷ (*lo máximo*) Gipfel *m;* **para** ~ obendrein; **¡esto es el** ~**!** das ist (doch) der Gipfel!

**colocación** [koloka'θjon] *f* ❶ (*empleo*) (An)stellung *f* ❷ (*disposición*) Anordnung *f,* Aufstellung *f* ❸ (COM: *inversión*) Anlage *f,* Placement *nt* ❹ (DEP: *posición*) (Spieler)aufstellung *f*

**colocado, -a** [kolo'kaðo, -a] *adj* (*argot: bebido*) blau; (*drogado*) high

**colocar** [kolo'kar] <c→qu> **I.** *vt* ❶ (*emplazar*) stellen; (*según un orden*) (an)ordnen; (*poner*) legen; (*cuadro, cartel*) anbringen ❷ (DEP: *balón, flecha*) schießen ❸ (COM: *invertir*) anlegen, plazieren; (*mercancías*) absetzen, verkaufen ❹ (*empleo*) anstellen ❺ (*casar*) unter die Haube bringen *fam* ❻ (*argot: encarcelar*) einbuchten **II.** *vr:*

~**se** ❶ (*empleo*) eine Anstellung finden ❷ (*sombrero, gafas*) sich *dat* aufsetzen ❸ (*posicionarse*) sich hinstellen; (*sentarse*) Platz nehmen ❹ (*argot: alcohol*) sich betrinken; (*drogas*) Drogen nehmen; (*heroína*) sich *dat* einen Schuss setzen

**colocón** [kolo'kon] *m* (*argot*) Rausch *m*

**colofón** [kolo'fon] *m* ❶ (*libro*) Schlussbemerkungen *fpl* ❷ (*fin*) Abschluss *m;* **para** ~ zum Schluss

**Colombia** [ko'lombja] *f* Kolumbien *nt*

**i Land & Leute**

**Colombia** (offiziell: *República de Colombia*) liegt im Nordwesten Südamerikas, zwischen der Karibik und dem Pazifik. Die Hauptstadt (*Santa Fe de*) *Bogotá* ist gleichzeitig die größte Stadt des Landes. Die offizielle Landessprache Kolumbiens ist Spanisch. Die Währungseinheit ist der *peso*.

**colombiano, -a** [kolom'bjano, -a] **I.** *adj* kolumbianisch **II.** *m, f* Kolumbianer(in) *m(f)*

**colombicultura** [kolombikul̩'tura] *f* Taubenzucht *f*

**colombino, -a** [kolom'bino, -a] *adj* kolumbisch

**colombofilia** [kolombo'filja] *f* (Brief)taubenzucht *f*

**colon** ['kolon] *m* (ANAT) Grimmdarm *m*

**Colón** [ko'lon] *m* ❶ (*Cristóbal*) Kolumbus *m* ❷ (*moneda*) Colón *m*

**i Land & Leute**

Der italienische Seefahrer **Cristóbal Colón** (1451–1506) sollte, im Auftrag der *Reyes Católicos*, einen kürzeren Seeweg nach Asien finden. Stattdessen entdeckte er (Mittel)Amerika für die spanische Krone. Insgesamt unternahm er vier Reisen in die so genannte Neue Welt.

**colonia** [ko'lonja] *f* ❶ (BIOL, POL: *aglomeración*) Kolonie *f* ❷ *pl* (*para niños*) Ferienkolonie *f* ❸ (*barrio*) Stadtviertel *nt* ❹ (*perfume*) Kölnischwasser *nt*

**Colonia** [ko'lonja] *f* Köln *nt;* **agua de** ~ Kölnischwasser *nt*

**colonial** *adj* Kolonial-; **productos** ~**es** Kolonialwaren *fpl*

**colonialismo** [kolonja'lismo] *m* Kolonialismus *m*

**colonialista** [kolonja'lista] **I.** *adj* kolonialistisch **II.** *mf* Kolonialist(in) *m(f)*

**colonización** [koloniθa'θjon] *f* ❶ (POL: *conquista*) Kolonisierung *f* ❷ (*población*) Besied(e)lung *f*

**colonizador(a)** [koloniθa'ðor(a)] **I.** *adj* kolonisierend **II.** *m(f)* ❶ (*conquistador*) Kolonist(in) *m(f)* ❷ (*poblador*) Siedler(in) *m(f)*

**colonizar** [koloni'θar] <z→c> *vt* ❶ (*conquistar*) kolonisieren ❷ (*poblar*) besiedeln

**colono, -a** [ko'lono, -a] *m, f* ❶ (POL: *conquistador*) Kolonist(in) *m(f)* ❷ (*poblador*) Siedler(in) *m(f)* ❸ (AGR: *labrador*) Pachtbauer, -bäuerin *m, f*

**coloquial** [kolo'kjal] *adj* (LING) umgangssprachlich

**coloquio** [ko'lokjo] *m* ❶ (*conversación*) Gespräch *nt;* (*científico*) Kolloquium *nt* ❷ (*congreso*) Kongress *m,* Konferenz *f*

**color** [ko'lor] *m* ❶ (*en general*) Farbe *f;* **película en** ~ Farbfilm *m;* **un hombre de** ~ ein Farbiger; **un vestido de** ~**es** ein buntes Kleid; **huevos de** ~ (*Am*) braune Eier; **nuestros** ~**es** (DEP) unsere Mannschaft; **mudar de** ~ (*palidecer*) erblassen; (*ruborizarse*) erröten; **verlo todo** ~ **de rosa** alles durch die rosarote Brille sehen ❷ *pl* (ARTE: *conjunto*) Farbgestaltung *f* ❸ (*sustancia*) Farbe *f* ❹ (POL: *ideología*) politische Überzeugung *f*

**coloración** [kolora'θjon] *f* ❶ (*acto*) Färben *nt* ❷ (*resultado, carácter*) Färbung *f*

**colorado, -a** [kolo'raðo, -a] *adj* ❶ (*coloreado*) farbig, bunt ❷ (*rojo*) rot; **ponerse** ~ erröten

**colorante** [kolo'ran̩te] **I.** *adj* färbend **II.** *m* Farbstoff *m*

**colorar** [kolo'rar] *vt* färben, kolorieren

**coloreado, -a** [kolore'aðo, -a] *adj* farbig

**colorear** [kolore'ar] **I.** *vt* ❶ (*dar color*) färben; (*pintar*) anmalen ❷ (*al relatar*) beschönigen **II.** *vi* ❶ (*frutos*) Farbe bekommen ❷ (*tirar a rojo*) ins Rötliche (über)gehen

**colorete** [kolo'rete] *m* Rouge *nt*

**colorido** [kolo'riðo] *m* ❶ (*conjunto*) Färbung *f* ❷ (*tipismo*) (Lokal)kolorit *nt*

**colorismo** [kolo'rismo] *m sin pl* ❶ (ARTE) Kolorismus *m* ❷ (LIT) überladener Stil *m*

**colosal** [kolo'sal] *adj* (*t. fam*) kolossal

**coloso** [ko'loso] *m* ❶ (*estatua*) Koloss *m* ❷ (*persona*) außergewöhnlicher Mensch *m;* (*en un campo*) Größe *f*

**columbrar** [kolum'brar] *vt* ❶ (*divisar*) ausmachen ❷ (*solución*) erahnen

**columna** [ko'lumna] *f* ❶ (*pilar*) Säule *f* ❷ (*montón*) Stapel *m* ❸ (*periódico*)

Kolumne *f*, (Druck)spalte *f* ❹ (MIL: *formación*) Kolonne *f* ❺ (ANAT): ~ **vertebral** Wirbelsäule *f* ❻ (*fig: apoyo*) Rückgrat *nt*, Stütze *f*

**columnista** [kolum'nista] *mf* Kolumnist(in) *m(f)*

**columpiar** [kolum'pjar] **I.** *vt* ❶ (*balancear*) schaukeln ❷ (*mecer*) wiegen **II.** *vr:* ~**se** schaukeln

**columpio** [ko'lumpjo] *m* ❶ (*para niños*) Schaukel *f* ❷ (*Am: mecedora*) Schaukelstuhl *m*

**colza** ['ko̦lθa] *f* (BOT) Raps *m*

**coma¹** ['koma] *m* (MED) Koma *nt*

**coma²** ['koma] *f* (LING) Komma *nt*

**comadre** [ko'maðre] *f* ❶ (*fam: comadrona*) Hebamme *f* ❷ (*madrina*) Taufpatin *f* ❸ (*fam: vecina*) (befreundete) Nachbarin *f* ❹ (*fam: amiga íntima*) Busenfreundin *f* ❺ (*fam: alcahueta*) Klatschbase *f* ❻ (*fam: celestina*) Kupplerin *f*

**comadrear** [komaðre'ar] *vi* (*fam*) klatschen, lästern

**comadreja** [koma'ðrexa] *f* (ZOOL) Wiesel *nt*

**comadrona** [koma'ðrona] *f* Hebamme *f*

**comanche** [ko'mantʃe] *mf* Komantsche *mf*

**comandancia** [koman̦'dan̦θja] *f* ❶ (*mando*) Befehlsgewalt *f*, Kommando *nt* ❷ (*grado, cuartel*) Kommandantur *f* ❸ (MIL, NÁUT: *zona*) Marineprovinz *f*

**comandante** [koman̦'dan̦te] *m* ❶ (MIL) Befehlshaber *m*, Kommandeur *m;* (*grado*) Kommandant *m*, Oberst *m* ❷ (NÁUT) Kommandant *m*, (Schiffs)kapitän *m* ❸ (AERO) (Flug)kapitän *m*

**comandar** [koman̦'dar] *vi, vt* kommandieren

**comando** [ko'man̦do] *m* ❶ (MIL) Kommando *nt* ❷ (INFOR) Befehl *m;* ~ **de arranque** Startbefehl *m*

**comarca** [ko'marka] *f* (*zona*) Gegend *f;* (*región*) Gebiet *nt;* (ADMIN) (Land)kreis *m*

**comarcal** [komar'kal] *adj* Kreis-; **carretera** ~ Kreisstraße *f*

**comba** ['komba] *f* ❶ (*curvatura*) Verbiegung *f;* (*de madera*) Verziehen *nt;* (*de una cuerda*) Durchhängen *nt* ❷ (*cuerda*) Hüpfseil *nt;* (*juego*) Seilhüpfen *nt;* **saltar a la** ~ seilhüpfen

**combar** [kom'bar] **I.** *vt* verbiegen; (*madera*) verziehen **II.** *vr:* ~**se** sich biegen; (*madera*) sich verziehen; (*cuerda*) durchhängen

**combate** [kom'bate] *m* ❶ (*lucha*) Kampf *m*, Gefecht *nt;* (*batalla*) Schlacht *f;* ~ **naval** Seeschlacht *f* ❷ (DEP: *competición*) Wettkampf *m;* (*partido*) Match *nt;* ~ **de boxeo** Boxkampf *m;* **fuera de** ~ kampfunfähig

**combatiente** [komba'tjen̦te] **I.** *adj* ❶ (*contendiente*) kämpfend, Kampf- ❷ (*combativo*) kämpferisch **II.** *mf* Kämpfer(in) *m(f)*

**combatir** [komba'tir] **I.** *vi* kämpfen **II.** *vt* ❶ (*luchar*) bekämpfen ❷ (*rebatir*) anfechten

**combatividad** [kombatiβi'ðaᵈ] *f* kämpferische Art *f;* (*agresividad*) Kampfeslust *f;* (MIL) Schlagkraft *f*

**combativo, -a** [komba'tiβo, -a] *adj* ❶ (*inclinado al combate*) kämpferisch; (*agresivo*) kampflustig ❷ (*t.* MIL: *relativo al combate*) Kampf(es)-

**combinable** [kombi'naβle] *adj* kombinierbar

**combinación** [kombina'θjon] *f* ❶ (*composición*) Zusammenstellung *f;* (*t.* MAT) Kombination *f;* ~ **ganadora** Gewinnerkombination *f* ❷ (QUÍM) Verbindung *f* ❸ (*de transportes*) Verbindung *f* ❹ (*lencería*) Unterrock *m* ❺ (*fam: truco*) Trick *m*

**combinado** [kombi'naðo] *m* ❶ (*cóctel*) Cocktail *m* ❷ (*ropa*) Kombination *f* ❸ (ECON) Industriekombinat *nt*

**combinar** [kombi'nar] **I.** *vi* ❶ (*armonizar*) passen (*con* zu +*dat*) ❷ (DEP) kombinieren **II.** *vt* ❶ (*componer*) zusammenstellen, kombinieren ❷ (*unir*) zusammenfügen, verbinden; ~ **ideas** Gedanken verknüpfen ❸ (*coordinar*) abstimmen (*con* auf +*akk*) ❹ (MAT) kombinieren **III.** *vr:* ~**se** sich verbinden; (*pey: compincharse*) paktieren

**combustibilidad** [kombustiβili'ðaᵈ] *f* (FÍS, QUÍM) (Ver)brennbarkeit *f*

**combustible** [kombus'tiβle] **I.** *adj* (FÍS, QUÍM) (ver)brennbar; (*inflamable*) (leicht) entzündbar **II.** *m* ❶ (FÍS, QUÍM) Brennstoff *m* ❷ (*carburante*) Kraftstoff *m*

**combustión** [kombus'tjon] *f* (FÍS, QUÍM) Abbrennen *nt*, Verbrennung *f;* (*con llama*) Verfeuerung *f*

**comecocos** [kome'kokos] *m inv* ❶ (*fam: obsesión*) Kopfnuss *f* ❷ (INFOR: *juego*) Jump-And-Run-Spiel *nt*

**comedero** [kome'ðero] *m* Futtertrog *m;* (*en línea*) Futterrinne *f;* (*pesebre*) Futterkrippe *f;* (*exterior*) Futterstelle *f*

**comedia** [ko'meðja] *f* ❶ (TEAT: *obra*) Schauspiel *nt;* (*divertida*) Lustspiel *nt* ❷ (CINE) Komödie *f* ❸ (*fam: farsa*) Komödie *f*, Theater *nt;* **hacer** ~ schauspielern

**comediante, -a** [kome'ðjan̦te, -a] *m, f* ❶ (CINE, TEAT) Schauspieler(in) *m(f)* ❷ (*farsante*) Komödiant(in) *m(f)*

**comedido, -a** [kome'ðiðo, -a] *adj* ❶ (*moderado*) gemäßigt (*en* in +*dat*); (*contenido*) zurückhaltend (*en* mit +*dat*) ❷ (*modesto*) bescheiden ❸ (*Am: servicial*) hilfsbereit

**comedimiento** [komeði'mjento] *m* ❶ (*moderación*) Mäßigkeit *f;* (*contenimiento*) Zurückhaltung *f* ❷ (*modestia*) Bescheidenheit *f* ❸ (*cortesía*) Höflichkeit *f* ❹ (*Am: disposición*) Hilfsbereitschaft *f*

**comediógrafo, -a** [kome'ðjoɣrafo, -a] *m, f* Bühnenautor(in) *m(f)*

**comedirse** [kome'ðirse] *irr como pedir vr* ❶ (*moderarse*) sich mäßigen; (*contenerse*) sich zurückhalten (*en* mit +*dat*) ❷ (*Am: ofrecerse*) sich bereit erklären (*a* zu)

**comedor** [kome'ðor] *m* ❶ (*sala*) Esszimmer *nt;* (*salón*) Speiseraum *m;* (*público*) Speisesaal *m;* (*en una empresa*) Kantine *f;* ~ **universitario** Mensa *f* ❷ (*mobiliario*) Essgruppe *f*

**comensal** [komen'sal] *mf* ❶ (*invitado*) (Tisch)gast *m* ❷ (*vecino de mesa*) Tischnachbar(in) *m(f)*

**comentador(a)** [komenta'ðor(a)] *m(f)* ❶ (*comentarista*) Kommentator(in) *m(f)* ❷ (*chismoso*) Klatschmaul *nt fam*

**comentar** [komen'tar] *vt* ❶ (*hablar sobre algo*) besprechen; (*hacer comentarios*) kommentieren; (*explicar*) erläutern; (*analizar*) auslegen ❷ (*una obra: criticar*) rezensieren, besprechen; (*interpretar*) analysieren, interpretieren; (*incluir notas*) kommentieren ❸ (*pey: cotillear*) klatschen (über +*akk*) *fam* ❹ (*fam: contar*) erzählen

**comentario** [komen'tarjo] *m* ❶ (*general*) Kommentar *m;* (*aclaración*) Erläuterung *f;* (*observación*) Bemerkung *f;* (*explicación*) Erklärung *f;* (*nota*) Anmerkung *f;* (*análisis*) Auslegung *f* ❷ *pl* (*murmuraciones*) Geklatsche *nt fam,* Gerede *nt*

**comentarista** [komenta'rista] *mf* (RADIO, TV) Kommentator(in) *m(f)*

**comenzar** [komen'θar] *irr como empezar* **I.** *vi* anfangen (*con/por* mit +*dat*); ~ **a** +*inf* anfangen zu +*inf;* **para** ~ als Erstes **II.** *vt* ❶ (*iniciar*) anfangen ❷ (*alimentos*) anschneiden; (*envases*) anbrechen

**comer** [ko'mer] **I.** *vi* ❶ (*alimentarse*) essen; (*animales*) fressen; **dar de** ~ **a un animal** ein Tier füttern; ~ **caliente** eine warme Mahlzeit haben ❷ (*almorzar*) zu Mittag essen; **antes/después de** ~ vor/nach dem (Mittag)essen **II.** *vt* ❶ (*ingerir*) essen; (*animales*) fressen ❷ (*fig: consumir*) nagen (an +*dat*) ❸ (*corroer*) zerfressen ❹ (*colores*) ausbleichen ❺ (*dilapidar*) verprassen ❻ (*en juegos*) wegnehmen; (*parchís*) hinausschmeißen **III.** *vr:* ~**se** ❶ (*ingerir*) (auf)essen; ~**se a alguien a besos** jdn abküssen; **está para comérsela** sie ist zum Anbeißen ❷ (*corroer*) zerfressen ❸ (*colores*) ausbleichen ❹ (*saltarse*) überspringen; (*palabras*) auslassen; (*al pronunciar*) verschlucken

**comercial¹** [komer'θjal] *m* (*Am: anuncio*) Werbespot *m*

**comercial²** [komer'θjal] **I.** *adj* Handels-, gewerblich; **calle** ~ Geschäftsstraße *f;* **centro** ~ Einkaufszentrum *nt* **II.** *mf* (*profesión*) Außendienstmitarbeiter(in) *m(f),* Handelsvertreter(in) *m(f)*

**comercializable** [komerθjali'θaβle] *adj* (COM) marktfähig

**comercialización** [komerθjaliθa'θjon] *f* Vermarktung *f,* Kommerzialisierung *f;* (*puesta en circulación*) Inverkehrbringen *nt*

**comercializar** [komerθjali'θar] <z→c> *vt* vermarkten, kommerzialisieren

**comerciante, -a** [komer'θjante, -a] *m, f* Händler(in) *m(f);* (*negociante*) Geschäftsmann, -frau *m, f;* (*perito*) Kaufmann, -frau *m, f*

**comerciar** [komer'θjar] *vi* handeln (*con* mit +*dat*)

**comercio** [ko'merθjo] *m* ❶ (*actividad*) Handel *m;* (*venta*) Gewerbe *nt;* ~ **ambulante** Straßenverkauf *m;* ~ **exterior** Außenhandel *m;* ~ **al por mayor** Großhandel *m* ❷ (*tienda*) Laden *m,* Geschäft *nt* ❸ (*relaciones*) Verkehr *m,* Umgang *m*

**comestible** [komes'tiβle] *adj* essbar

**comestibles** [komes'tiβles] *mpl* Lebensmittel *ntpl;* **tienda de** ~ Lebensmittelgeschäft *nt*

**cometa¹** [ko'meta] *m* (ASTR) Komet *m*

**cometa²** [ko'meta] *f* (*juguete*) Drachen *m*

**cometer** [kome'ter] *vt* ❶ (*t.* JUR) begehen; (*perpetrar*) verüben ❷ (COM) in Kommission geben

**cometido** [kome'tiðo] *m* (*encargo*) Auftrag *m;* (*tarea*) Aufgabe *f;* (*obligación*) Pflicht *f*

**comezón** [kome'θon] *f* ❶ (*picor*) Juckreiz *m* ❷ (*desasosiego*) Unruhe *f;* (*malestar*) Unbehagen *nt*

**cómic** ['komik] *m* <cómics> Comic *m*

**comicidad** [komiθi'ðað] *f* Komik *f*

**comicios** [ko'miθjos] *mpl* ❶ (HIST) Komitien *pl* ❷ (*elecciones*) Wahlen *fpl*

**cómico, -a** ['komiko, -a] **I.** *adj* (*relativo a la comedia*) komisch; (*divertido*) witzig, komisch **II.** *m, f* (CINE, TEAT) Komiker(in) *m(f)*

**comida** [ko'miða] *f* ❶ (*alimento*) Essen *nt,* Nahrung *f;* (*comestibles*) Lebensmittel *ntpl;* (*plato*) Speise *f;* (*cocina*) Küche *f;* ~ **de** [*o* **para**] **animales** Tierfutter *nt;* ~ **casera** Hausmannskost *f;* ~ **francesa** französische Küche; ~ **rápida** Fastfood *nt*

❷ (*horario*) Mahlzeit *f;* ~ **principal** Hauptmahlzeit *f* ❸ (*almuerzo*) Mittagessen *nt;* ~ **de negocios** Geschäftsessen *nt*

**comidilla** [komi'ðiʎa] *f* (*fam fig*) Stadtgespräch *nt*

**comienzo** [ko'mjen̯θo] *m* (*principio*) Anfang *m,* Beginn *m;* **al** ~ am Anfang; **a** ~**s de mes** Anfang des Monats

**comilona** [komi'lona] *f* (*fam*) Fressorgie *f*

**comino** [ko'mino] *m* Kümmel *m;* **no valer un** ~ keinen Deut wert sein

**comisaría** [komisa'ria] *f* ❶ (*cargo*) Kommissariat *nt* ❷ (*edificio*) (Polizei)wache *f;* ~ **de policía** Polizeirevier *nt*

**comisario, -a** [komi'sarjo, -a] *m, f* ❶ (*delegado*) Beauftragte(r) *mf;* (*representante*) Vertreter(in) *m(f)* ❷ (*de policía, t.* UE) Kommissar(in) *m(f)*

**comisión** [komi'sjon] *f* ❶ (*cometido*) Auftrag *m* ❷ (*delegación*) Kommission *f;* (*junta*) Ausschuss *m;* (*comité*) Komitee *nt;* **C~ Europea** (UE) Europäische Kommission; ~ **parlamentaria** Parlamentsausschuss *m;* ~ **permanente** Ständiger Rat ❸ (COM) Provision *f;* **a** ~ auf Provision(sbasis) ❹ (ADMIN): ~ **de servicios** Abordnung *f*

**comisionado, -a** [komisjo'naðo, -a] *m, f* ❶ (COM: *comisionista*) Kommissionär(in) *m(f)* ❷ (*encargado*) Beauftragte(r) *mf;* (*apoderado*) Bevollmächtigte(r) *mf* ❸ (*Am: comisario*) Kommissar(in) *m(f)*

**comisionar** [komisjo'nar] *vt* (*t.* FIN, JUR: *encargar*) beauftragen; (*apoderar*) bevollmächtigen

**comisionista** [komisjo'nista] *mf* (*t.* COM) Kommissionär(in) *m(f);* (*agente*) Agent(in) *m(f);* (*representante*) Vertreter(in) *m(f);* ~ **de transportes** Spediteur(in) *m(f)*

**comisura** [komi'sura] *f* (ANAT: *del cráneo*) Kommissur *f;* ~ **de los labios** Mundwinkel *m*

**comité** [komi'te] *m* Komitee *nt;* (*junta*) Ausschuss *m;* ~ **central** Zentralkomitee *nt;* **el** ~ **directivo del Banco Central Europeo** das Direktorium der Europäischen Zentralbank; ~ **de empresa** Betriebsrat *m*

**comitiva** [komi'tiβa] *f* Gefolge *nt;* ~ **fúnebre** Leichenzug *m*

**como** ['komo] **I.** *adv* ❶ (*del modo que*) wie; **hazlo** ~ **quieras** mach es, wie du willst; ~ **quien** [*o* **aquel que**] **dice** sozusagen; **blanco** ~ **la nieve** weiß wie Schnee ❷ (*comparativo*) wie; **es tan alto** ~ **su hermano** er ist so groß wie sein Bruder ❸ (*aproximadamente*) ungefähr; **hace** ~ **un año** etwa vor einem Jahr ❹ (*y también*) sowie, wie auch ❺ (*en calidad de*) als; **trabaja** ~ **camarero** er arbeitet als Kellner **II.** *conj* ❶ (*causal*) da; ~ **no tengo tiempo, no voy** da ich keine Zeit habe, gehe ich nicht; **lo sé,** ~ **que lo vi** ich weiß es, weil ich es gesehen habe ❷ (*condicional*) wenn, falls ❸ (*con 'si' +subj o con 'que'*) als ob, als wenn ❹ (*completiva*) dass ❺ (*final*): ~ **para** um zu ❻ (*temporal*) sobald

**cómo** ['komo] **I.** *adv* ❶ (*modal, exclamativo*) wie; **¿~ estás?** wie geht's dir?; **¿~ (dice)?** wie bitte?; **según y** ~ je nachdem ❷ (*por qué*) wieso; **¿~ (no)?** wieso (nicht)?; **¡~ no!** aber klar! **II.** *m:* **el** ~ das Wie

**cómoda** ['komoða] *f* Kommode *f*

**comodidad** [komoði'ða^ð] *f* ❶ (*confort*) Bequemlichkeit *f;* (*ambiente acogedor*) Gemütlichkeit *f;* (*bienestar*) Wohlstand *m* ❷ (*conveniencia*) Nutzen *m;* (*beneficio*) Vorteil *m*

**comodín** [komo'ðin] *m* ❶ (*en juegos*) Joker *m* ❷ (*palabra*) Allerweltswort *nt* ❸ (INFOR) Platzhalterzeichen *nt* ❹ (*pretexto*) Ausflucht *f*

**cómodo, -a** ['komoðo, -a] *adj* ❶ *ser* (*cosa*) bequem; (*agradable*) behaglich; (*acogedor*) gemütlich; (*fácil*) leicht ❷ *ser* (*persona*) bequem; (*perezoso*) faul ❸ *estar* (*a gusto*) bequem; **¡ponte ~!** mach's dir bequem!

**comoquiera** [komo'kjera] **I.** *adv* irgendwie, wie auch immer **II.** *conj* ❶ (*causal*): ~ **que** da ... ja ❷ (*concesiva*): ~ **que** auch wenn; ~ **que sea** wie es auch sein mag

**compact (disc)** ['kompak (ðis^k)] *m* CD *f*

**compacto**[1] [kom'pakto] *m* ❶ (*disco*) CD *f* ❷ (*reproductor*) CD-Player *m* ❸ (*equipo*) Kompaktanlage *f*

**compacto, -a**[2] [kom'pakto, -a] *adj* ❶ (*textura*) kompakt; (*denso*) dicht; (*firme*) fest ❷ (*tamaño*) kompakt; **disco** ~ CD *f* ❸ (*escritura*) eng; (*multitud*) dicht

**compadecer** [kompaðe'θer] *irr como crecer* **I.** *vt* bemitleiden, bedauern **II.** *vr:* ~**se** (*sentir*) Mitleid haben (*de* mit *+dat*); (*actuar*) sich erbarmen (*de +gen*)

**compadre** [kom'paðre] *m* ❶ (*padrino*) Pate *m* ❷ (*amigo*) Freund *m;* (*compañero*) Kumpel *m*

**compadrear** [kompaðre'ar] *vi* ❶ (*de compadraje*) Kumpanei machen ❷ (*CSur: presumir*) großtun

**compadreo** [kompa'ðreo] *m* (*pey*) Kumpanei *f*

**compaginable** [kompaxi'naβle] *adj* kompatibel; **esa afirmación no es** ~ **con la**

**anterior** diese Behauptung passt nicht zur vor(her)igen

**compaginación** [kompaxina'θjon] *f* ❶ (*paginación*) Seitenumbruch *m* ❷ (CINE) Filmrollenwechsel *m* ❸ (*compatibilización*) Vereinbaren *nt*

**compaginar** [kompaxi'nar] **I.** *vt* ❶ (*paginar*) paginieren; (*separar*) (Seiten) umbrechen ❷ (*combinar*) vereinbaren, kombinieren; (*armonizar*) harmonisieren **II.** *vr:* **~se** ❶ (*combinar*) zusammenpassen ❷ (*armonizar*) in Einklang stehen

**compañera** [kompa'ɲera] *f v.* **compañero**

**compañerismo** [kompaɲe'rismo] *m* Kollegialität *f;* (*camaradería*) Kameradschaftssinn *m*

**compañero, -a** [kompa'ɲero, -a] *m, f* ❶ (*persona*) Gefährte, -in *m, f;* (*amigo*) Freund(in) *m(f);* (*pareja*) Lebensgefährte, -in *m, f;* (*camarada*) Kamerad(in) *m(f);* (POL) Genosse, -in *m, f;* (*acompañante*) Begleiter(in) *m(f);* (*colaborador*) Mitarbeiter(in) *m(f);* ~ **de clase** Schulkamerad *m;* (UNIV) Kommilitone *m;* ~ **de piso** Mitbewohner *m;* ~ **de trabajo** Arbeitskollege *m* ❷ (*cosa*) Gegenstück *nt*

**compañía** [kompa'ɲia] *f* ❶ (*acompañamiento*) Gesellschaft *f;* **animal de** ~ Haustier *nt;* **hacer ~ a alguien** jdm Gesellschaft leisten ❷ (*acompañante*) Begleitung *f* ❸ (TEAT) Ensemble *nt,* Truppe *f* ❹ (COM) Gesellschaft *f;* ~ **aérea** Fluggesellschaft *f* ❺ (MIL) Kompanie *f* ❻ (REL) Orden *m*

**comparación** [kompara'θjon] *f* ❶ (*contraste*) Vergleich *m;* **en ~ con algo** im Vergleich zu etw *dat* ❷ (*cotejo*) Gegenüberstellung *f* ❸ (LING) Steigerung *f*

**comparado, -a** [kompa'raðo, -a] *adj* ❶ (*en comparación*) im Vergleich (*con* zu +*dat*) ❷ (*comparativo*) vergleichend; **gramática comparada** vergleichende Grammatik; **lingüística comparada** Komparativistik *f*

**comparar** [kompa'rar] **I.** *vt* vergleichen (*a/con* mit +*dat*); (*equiparar*) gleichstellen (*a/con* +*dat*); (*cotejar*) gegenüberstellen (*a/con* +*dat*) **II.** *vr:* **~se** sich vergleichen (*a/con* mit +*dat*); (*equipararse*) sich gleichstellen (*a/con* +*dat*)

**comparativo** [kompara'tiβo] *m* (LING) Komparativ *m*

**comparecencia** [kompare'θeṇθja] *f* (*t.* JUR) Erscheinen *nt;* (*como testigo/experto*) Auftreten *nt;* **no** ~ Nichterscheinen *nt*

**comparecer** [kompare'θer] *irr como crecer vi* (*t.* JUR) erscheinen; (*como testigo*) auftreten

**comparsa** [kom'parsa] *mf* (*t. fig*) Statist(in) *m(f)*

**compartimentar** [kompartimeṇ'tar] *vt* aufteilen

**compartim(i)ento** [komparti'm(j)eṇto] *m* Abteilung *f;* (*casilla*) Fach *nt;* (FERRO) Abteil *nt;* (AERO) Raum *m*

**compartir** [kompar'tir] *vt* ❶ (*tener en común*) teilen ❷ (*repartirse*) verteilen (*entre* unter +*dat*)

**compás** [kom'pas] *m* ❶ (*en dibujo*) Zirkel *m* ❷ (AERO, NÁUT: *brújula*) Kompass *m* ❸ (*ritmo*) Rhythmus *m;* (MÚS) Takt *m*

**compasión** [kompa'sjon] *f* Mitleid *nt* (*de* mit +*dat*); **sin** ~ erbarmungslos

**compasivo, -a** [kompa'siβo, -a] *adj* teilnahmsvoll

**compatibilidad** [kompatiβili'ðad] *f* (*t.* INFOR, MED) Kompatibilität *f;* (TÉC) Vereinbarkeit *f;* (LING) Kombinierbarkeit *f*

**compatibilización** [kompatiβiliθa'θjon] *f* Vereinbaren *nt*

**compatibilizar** [kompatiβili'θar] <z→c> *vt* vereinbaren

**compatible** [kompa'tiβle] *adj* zusammenpassend; (*t.* INFOR, MED) kompatibel; (ADMIN, TÉC) vereinbar; (LING) kombinierbar

**compatriota** [kompa'trjota] *mf* Landsmann, -männin *m, f*

**compeler** [kompe'ler] *vt* nötigen (*a* zu +*dat*)

**compendiar** [kompeṇ'djar] *vt* ❶ (*resumir*) zusammenfassen ❷ (*representar*) ausdrücken

**compendio** [kom'peṇdjo] *m* ❶ (*resumen*) Zusammenfassung *f;* (*manual*) Abriss *m* ❷ (*epítome*) Inbegriff *m* (*de* +*gen*)

**compenetración** [kompenetra'θjon] *f* Seelengemeinschaft *f;* (*fusión*) Verschmelzung *f*

**compenetrarse** [kompene'trarse] *vr* ❶ (QUÍM: *fusionarse*) diffundieren ❷ (*identificarse*) sich identifizieren; (*fundirse*) eins werden

**compensación** [kompensa'θjon] *f* (JUR, MED) Kompensation *f;* (*equilibrio*) Ausgleich *m;* (*neutralización*) Aufhebung *f;* (*indemnización*) Entschädigung *f;* (*restitución*) Ersatz *m;* ~ **de los cambios** Währungsausgleich *m;* ~ **por despido** Abfindung *f;* ~ **financiera** Finanzausgleich *m*

**compensar** [kompen'sar] *vt* (JUR, MED) kompensieren; (*equilibrar*) ausgleichen (*con* durch +*akk*); (*neutralizar*) aufheben; (COM: *indemnizar*) entschädigen (*de* für +*akk*); (*restituir*) ersetzen

**compensatorio, -a** [kompensa'torjo, -a] *adj* ausgleichend; **gravamen** ~ (UE) Ausgleichsabgabe *f*

C

**competencia** [kompe'ten̪θja] *f* ❶ (*t.* COM, ECON: *competición*) Wettbewerb *m;* (DEP) Wettstreit *m;* (*rivalidad*) Konkurrenz *f;* ~ **desleal** unlauterer Wettbewerb ❷ (*aptitud*) Fähigkeit *f,* Tauglichkeit *f;* (*t.* LING) Kompetenz *f;* (*especialidad*) Sachkenntnis *f* ❸ (*responsabilidad*) Zuständigkeit *f;* (*obligaciones*) Aufgabenbereich *m;* (*t.* ADMIN) Ressort *nt;* (*atribución*) Befugnis *f;* **esto** (**no**) **es de mi** ~ dafür bin ich (nicht) zuständig

**competente** [kompe'ten̪te] *adj* ❶ (*capaz*) fähig; (*apto*) tauglich; (*t.* LING) kompetent; (*versado*) sachkundig; (*dotado*) begabt (*para* für +*akk*); (*normativo*) maßgebend ❷ (*correspondiente*) zuständig (*en* für +*akk*); (*autorizado*) befugt (*en* zu +*dat*)

**competer** [kompe'ter] *vi* (*t.* JUR: *corresponder*) obliegen +*dat*

**competición** [kompeti'θjon] *f* (*t.* DEP) Wettbewerb *m,* Wettkampf *m*

**competidor(a)** [kompeti'ðor(a)] **I.** *adj* mitbewerbend, kompetitiv **II.** *m(f)* (*t.* ECON) Konkurrent(in) *m(f),* Wettbewerber(in) *m(f)*

**competir** [kompe'tir] *irr como pedir vi* ❶ (*enfrentarse*) konkurrieren (*por* um +*akk*) ❷ (*igualarse*) konkurrieren können (*en* in +*dat*)

**competitividad** [kompetitiβi'ðaᵈ] *f* Konkurrenzfähigkeit *f,* Wettbewerbsfähigkeit *f;* (*espíritu*) Wettbewerbsgeist *m*

**competitivo, -a** [kompeti'tiβo, -a] *adj* konkurrenzfähig; (*dirigido*) konkurrenzorientiert; **espíritu** ~ Wettbewerbsgeist *m*

**compilador** [kompila'ðor] *m* (INFOR) Compiler *m*

**compilar** [kompi'lar] *vt* (*t.* INFOR) kompilieren

**compincharse** [kompin'ʧarse] *vr* (*fam pey*) gemeinsame Sache machen

**compinche** [kom'pinʧe] *mf* (*fam pey*) Kumpan(in) *m(f)*

**complacencia** [kompla'θen̪θja] *f* ❶ (*agrado*) (Wohl)gefallen *nt;* (*satisfacción*) Befriedigung *f;* (*placer*) Vergnügen *nt* ❷ (*atención*) Gefälligkeit *f* ❸ (*indulgencia*) Nachsicht *f*

**complacer** [kompla'θer] *irr como crecer* **I.** *vt* ❶ (*gustar*) gefallen +*dat* ❷ (*agradar*) freuen ❸ (*hacer un favor*) eine Gefälligkeit erweisen +*dat;* (*satisfacer*) zufrieden stellen; ~ **a alguien** jdm (gegenüber) gefällig sein; ~ **una petición** eine Bitte erfüllen **II.** *vr:* ~**se** ❶ (*gustar*) Gefallen finden (*en/de* an +*dat*) ❷ (*alegrarse*) sich freuen

**complaciente** [kompla'θjen̪te] *adj* (*servicial*) gefällig; (*atento*) aufmerksam (*para/con* gegenüber +*dat*)

**complejidad** [komplexi'ðaᵈ] *f* ❶ (*multifacetismo*) Vielschichtigkeit *f,* Komplexität *f* ❷ (*complicación*) Kompliziertheit *f;* (*dificultad*) Schwierigkeit *f*

**complejo¹** [kom'plexo] *m* ❶ (*t.* QUÍM: *compuesto*) Komplex *m,* Verbindung *f;* (*todo*) Gesamtheit *f* ❷ (*t.* ECON, TÉC: *instalación*) Komplex *m,* Anlage *f;* ~ **deportivo** Sportzentrum *nt;* ~ **hotelero** Hotelkomplex *m;* ~ **turístico** touristische Anlage ❸ (PSICO) Komplex *m;* ~ **de culpabilidad** Schuldkomplex *m;* ~ **de superioridad** übersteigertes Selbstbewusstsein

**complejo, -a²** [kom'plexo, -a] *adj* ❶ (*multifacético*) vielschichtig; (*t.* MAT) komplex ❷ (*complicado*) kompliziert; (*difícil*) schwierig

**complementar** [komplemen̪'tar] **I.** *vt* komplementieren, ergänzen; (*completar*) vervollständigen **II.** *vr:* ~**se** sich ergänzen

**complementario, -a** [komplemen̪'tarjo, -a] *adj* ergänzend; (*t.* LING) komplementär; **cláusula complementaria** Ergänzungsklausel *f;* **color** ~ Komplementärfarbe *f*

**complemento** [komple'men̪to] *m* ❶ (*parte*) Komplement *nt,* Ergänzung *f* ❷ (*culminación*) Vollendung *f* ❸ (*ampliación*) Erweiterung *f* ❹ (*paga*) Zulage *f;* (*recargo*) Zuschlag *m* ❺ (*accesorio*) Accessoire *nt* ❻ (LING) Objekt *nt*

**completamente** [kompleta'men̪te] *adv* gänzlich, komplett *fam*

**completar** [komple'tar] **I.** *vt* ❶ (*añadir*) ergänzen, vervollständigen ❷ (*perfeccionar*) vervollkommnen **II.** *vr:* ~**se** sich ergänzen

**completo, -a** [kom'pleto, -a] *adj* (*íntegro*) vollständig, komplett; (*perfecto*) vollkommen, vollendet; (*total*) total; (*lleno*) voll; (*hotel*) komplett; (*cine, espectáculo*) ausverkauft; **pensión completa** Vollpension *f;* **la obra completa de Lorca** Lorcas gesammelte Werke

**complexión** [komple^ɣ'sjon] *f* ❶ (*constitución*) Körperbau *m,* Statur *f;* (MED) Konstitution *f* ❷ (*Am: tez*) Teint *m*

**complicación** [komplika'θjon] *f* ❶ (*t.* MED: *problema*) Komplikation *f,* Schwierigkeit *f* ❷ (*complejidad*) Kompliziertheit *f* ❸ (*confusión*) Verwirrung *f;* (*enredo*) Verwicklung *f*

**complicado, -a** [kompli'kaðo, -a] *adj* ❶ (*difícil de entender*) kompliziert ❷ (*complejo*) vielschichtig ❸ (*persona*) schwierig

**complicar** [kompli'kar] <c→qu> **I.** *vt* ❶ (*dificultar*) erschweren, komplizieren ❷ (*implicar*) verwickeln (*en* in +*akk*)

**II.** *vr:* **~se** ❶ (*dificultarse*) kompliziert werden; (*agravarse*) sich verschlimmern ❷ (*embrollarse*) sich verstricken (*con/en* in +*akk*)

**cómplice** ['kompliθe] *mf* (*t.* JUR) Komplize, -in *m, f* (*de/en* bei +*dat*); **hacerse ~ de alguien/algo** jdm/bei etw *dat* Beihilfe leisten

**complicidad** [kompliθi'ðaᵈ] *f* (JUR) Beihilfe *f*

**compló** [kom'plo] *m* <complós>, **complot** [kom'ploᵗ] *m* <complots> Komplott *nt*

**componenda** [kompo'neṇda] *f* (*acuerdo*) Absprache *f;* (*pey: arreglo*) Machenschaft *f*

**componente** [kompo'neṇte] *m* ❶ (*t.* TÉC) Bestandteil *m;* (MAT, QUÍM) Komponente *f;* (*elemento*) Element *nt;* **~s lógicos** (INFOR) Software *f* ❷ (*miembro*) Mitglied *nt*

**componer** [kompo'ner] *irr como poner* **I.** *vt* ❶ (*formar*) zusammensetzen; (*ordenar*) ordnen; (*organizar*) einrichten ❷ (*constituir*) bilden ❸ (*redactar*) verfassen; (MÚS) komponieren ❹ (TIPO) (ab)setzen ❺ (*realizar*) anfertigen ❻ (*recomponer*) zusammenfügen; (*reconstruir*) wieder aufbauen ❼ (*corregir*) berichtigen ❽ (*asear*) zurechtmachen ❾ (*Am: castrar*) kastrieren ❿ (*Am: curar*) einrenken **II.** *vr:* **~se** ❶ (*constituirse*) bestehen (*de* aus +*dat*) ❷ (*arreglarse*) sich zurechtmachen ❸ (*Am: mejorarse*) sich bessern

**comportamiento** [komporta'mjeṇto] *m* Benehmen *nt,* Betragen *nt;* (*t.* PSICO, TÉC) Verhalten *nt*

**comportar** [kompor'tar] **I.** *vt* miteinschließen; **esto (no) comporta que** +*subj* das bedeutet (nicht), dass ... **II.** *vr:* **~se** sich benehmen, sich verhalten

**composición** [komposi'θjon] *f* ❶ (LIT) Komposition *f;* (*obra*) Werk *nt;* (*arte*) Kompositionslehre *f;* (*redacción*) Aufsatz *m* ❷ (*realización*) Anfertigung *f* ❸ (*t.* QUÍM) Verbindung *f* ❹ (TIPO) Satz *m;* **taller de ~** Setzerei *f*

**compositor(a)** [komposi'tor(a)] *m(f)* (MÚS) Komponist(in) *m(f)*

**compost** [kom'posᵗ] *m sin pl* (ECOL) Kompost *m*

**compostación** [komposta'θjon] *f,* **compostaje** [kompos'taxe] *m* (ECOL) ❶ (*proceso*) Kompostierung *f* ❷ (*vertedero*) Kompostanlage *f*

**compostura** [kompos'tura] *f* ❶ (*realización*) Anfertigung *f* ❷ (*corrección*) Berichtigung *f* ❸ (*aspecto*) Adrettheit *f* ❹ (*comedimiento*) Mäßigkeit *f;* (*decencia*) Anstand *m*

**compota** [kom'pota] *f* Kompott *nt*

**compra** ['kompra] *f* Kauf *m;* **~s** Einkäufe *mpl;* **~ en línea** Onlineshopping *nt;* **ir a la ~** einkaufen gehen; **ir de ~s** einen Einkaufsbummel machen

**comprador(a)** [kompra'ðor(a)] *m(f)* Käufer(in) *m(f);* (*cliente*) Kunde, -in *m, f;* (*comerciante*) Abnehmer(in) *m(f)*

**comprar** [kom'prar] **I.** *vt* ❶ (*adquirir*) (ein)kaufen; **~ al contado/a plazos** bar/auf Raten kaufen ❷ (*corromper*) bestechen, kaufen *fam* **II.** *vr:* **~se** sich *dat* kaufen

**compraventa** [kompra'βeṇta] *f* ❶ (*t.* JUR: *acción*) Kauf *m;* **~ con aplazamiento de pago** Kaufgeschäft mit Zahlungsaufschub ❷ (*negocio*) An- und Verkauf *m;* (*tienda*) Gebrauchtwarenladen *m;* (*almoneda*) Trödlerladen *m*

**comprender** [kompreṇ'der] *vt* ❶ (*contener*) enthalten, beinhalten; (*abarcar*) umfassen; (*incluir*) einschließen; (*componerse*) bestehen (aus +*dat*) ❷ (*entender*) verstehen, begreifen; (*concebir*) auffassen; (*admitir*) einsehen; **hacerse ~** sich verständigen; **~ mal** missverstehen

**comprensible** [kompren'siβle] *adj* verständlich

**comprensión** [kompren'sjon] *f* ❶ (*inclusión*) Umfassung *f* ❷ (*capacidad*) Verständnis *nt;* (*entendimiento*) Auffassungsvermögen *nt;* (*conocimiento*) Erkenntnis *f*

**comprensivo, -a** [kompren'siβo, -a] *adj* ❶ (*inclusivo*) einschließend ❷ (*benévolo*) verständnisvoll ❸ (*razonable*) einsichtig

**compresa** [kom'presa] *f* ❶ (*apósito, t.* MED) Kompresse *f* ❷ (*higiénica*) Damenbinde *f*

**compresión** [kompre'sjon] *f* ❶ (*t.* FÍS, MED) Kompression *f;* (*de gases*) Verdichtung *f* ❷ (INFOR) Komprimierung *f*

**compresor** [kompre'sor] *m* (FÍS, TÉC) Kompressor *m;* (*de gases*) Verdichter *m;* **~ de aire** Luftpresser *m*

**comprimible** [kompri'miβle] *adj* (FÍS) komprimierbar

**comprimido** [kompri'miðo] *m* Tablette *f*

**comprimir** [kompri'mir] **I.** *vt* ❶ (*t.* FÍS, TÉC) komprimieren; (*gas*) verdichten ❷ (*reprimir*) verdrängen, unterdrücken **II.** *vr:* **~se** sich beherrschen

**comprobable** [kompro'βaβle] *adj* nachprüfbar; (*constatable*) feststellbar

**comprobación** [komproβa'θjon] *f* ❶ (*control*) Kontrolle *f;* (*al azar*) Stichprobe *f* ❷ (*verificación*) Nachweis *m;* (*constatación*) Feststellung *f;* (*confirmación*) Bestätigung *f;* (*prueba*) Beweis *m*

**comprobante** [kompro'βaṇte] **I.** *adj* (*justi-*

*ficante*) beweisend; (*de control*) Kontroll- **II.** *m* Beleg(schein) *m;* (*justificante*) Bescheinigung *f;* (*prueba*) Nachweis *m;* ~ **de compra** Kassenbeleg *m*

**comprobar** [kompro'βar] <o→ue> *vt* ❶ (*controlar*) kontrollieren ❷ (*verificar*) nachweisen; (*confirmar*) bestätigen; (*justificar*) belegen; (*constatar*) feststellen; (*probar*) beweisen

**comprobatorio, -a** [komproβa'torjo, -a] *adj* (JUR) beweiskräftig

**comprometedor(a)** [kompromete'ðor(a)] *adj* kompromittierend; (*comprometido*) heikel; (JUR) belastend

**comprometer** [komprome'ter] **I.** *vt* ❶ (*implicar*) hineinziehen (*en* in +*akk*); (*complicar*) verwickeln (*en* in +*akk*) ❷ (*exponer*) kompromittieren; (*avergonzar*) bloßstellen ❸ (*arriesgar*) gefährden ❹ (*obligar*) verpflichten ❺ (COM) vergeben, verkaufen **II.** *vr:* ~**se** ❶ (*implicarse*) sich involvieren; (*complicarse*) sich verwickeln (*en* in +*akk*) ❷ (*exponerse*) sich kompromittieren; (*ponerse en vergüenza*) sich bloßstellen ❸ (*obligarse*) sich verpflichten (*a* zu +*dat*, *con* gegenüber +*dat*); (*vincularse*) sich engagieren; ~**se (en matrimonio)** sich verloben

**comprometido, -a** [komprome'tiðo, -a] *adj* ❶ (*expuesto*) riskant; (*delicado*) heikel ❷ (SOCIOL) (politisch) engagiert

**compromiso** [kompro'miso] *m* ❶ (*vinculación*) Verbindlichkeit *f;* (*obligación*) Verpflichtung *f;* **visita de** ~ Anstandsbesuch *m;* **sin** ~ unverbindlich; **(soltero y) sin** ~ ungebunden ❷ (*promesa*) Versprechen *nt;* (*vínculo*) Bindung *f;* ~ **matrimonial** Verlobung *f* ❸ (*acuerdo*) Vereinbarung *f;* ~ **verbal** mündliche Vereinbarung ❹ (*aprieto*) heikle Lage *f* ❺ (*cita*) Verabredung *f* ❻ (*implicación*) Engagement *nt*

**compuerta** [kom'pwerta] *f* Schütz *nt;* (*corredera*) Schieber *m*

**compuesto** [kom'pwesto] *m* ❶ (*t.* QUÍM: *composición*) Verbindung *f* ❷ (LING) Kompositum *nt*

**compulsa** [kom'pulsa] *f* (JUR) Beglaubigung *f*

**compulsar** [kompul'sar] *vt* ❶ (JUR) beglaubigen ❷ (*cotejar*) vergleichen

**compulsión** [kompul'sjon] *f* Zwang *m;* (JUR) Nötigung *f*

**compulsivo, -a** [kompul'siβo, -a] *adj* zwingend

**compungido, -a** [kompuŋ'xiðo, -a] *adj* ❶ (*contrito*) zerknirscht ❷ (*triste*) bedrückt

**compungir** [kompuŋ'xir] <g→j> **I.** *vt* mit Reue erfüllen **II.** *vr:* ~**se** (*sentir arrepentimiento*) zerknirscht werden

**computación** [komputa'θjon] *f* ❶ (*cálculo*) Berechnung *f;* (*aproximada*) Überschlag *m* ❷ (*consideración*) Anrechnung *f*

**computador(a)**[1] [komputa'ðor(a)] *adj* Computer-

**computador**[2] [komputa'ðor] *m* (*Am*), **computadora** [komputa'ðora] *f* (*Am*) Computer *m*

**computar** [kompu'tar] *vt* ❶ (*calcular*) berechnen; (*aproximado*) überschlagen ❷ (*considerar*) anrechnen

**computerización** [komputeriθa'θjon] *f* Computerisierung *f*

**computerizado, -a** [komputeri'θaðo, -a] *adj* computerisiert

**computerizar** [komputeri'θar] <z→c> *vt* computerisieren

**cómputo** ['komputo] *m* Berechnung *f;* (*aproximado*) Überschlag *m;* ~ **de votos** Stimmenauszählung *f*

**comulgar** [komul'ɣar] <g→gu> *vi* ❶ (REL) zur Kommunion gehen ❷ (*estar de acuerdo*) übereinstimmen

**común** [ko'mun] **I.** *adj* ❶ (*conjunto*) gemeinsam (*a* mit +*dat*); (*de la comunidad*) gemeinschaftlich; ~ **acuerdo** gegenseitiges Einvernehmen; **de** ~ **acuerdo** nach gegenseitiger Übereinkunft; **tener algo/no tener nada en** ~ **con alguien** mit jdm etw/nichts gemeinsam haben ❷ (*normal*) gewöhnlich; (*abundante*) häufig (vorkommend); (*corriente*) geläufig; (*habitual*) üblich; (*cotidiano*) alltäglich; **sentido** ~ gesunder Menschenverstand; **fuera de lo** ~ außergewöhnlich; **poco** ~ ungewöhnlich **II.** *m* (POL): **los Comunes** die Abgeordneten; (*parlamento*) das Unterhaus

**comuna** [ko'muna] *f* ❶ (HIST) Kommune *f* ❷ (*Am: municipio*) Gemeinde *f* ❸ (*piso compartido*) Wohngemeinschaft *f;* (*en los sesenta*) Kommune *f*

**comunal** [komu'nal] *adj* (ADMIN, POL) Gemeinde-, Kommunal-; **elecciones** ~**es** Kommunalwahlen *fpl*

**comunicación** [komunika'θjon] *f* ❶ (*t.* TÉC, TEL) Kommunikation *f;* (*entendimiento*) Verständigung *f;* (*trato*) Umgang *m;* **ponerse en** ~ **con alguien** sich mit jdm in Verbindung setzen ❷ (*comunicado*) Mitteilung *f;* (*ponencia*) Vortrag *m* ❸ (*conexión*) Anschluss *m;* ~ **telefónica** Telefongespräch *nt* ❹ (*transmisión*) Übermittlung *f* ❺ (*de transporte*) Verkehrsverbindung *f;* (*tráfico*) Verkehrsnetz *nt* ❻ *pl* (*sistema*) Verbindungen *fpl;* (TEL) Fernmeldewesen *nt*

**comunicado** [komuni'kaðo] *m* Mitteilung *f;* (ADMIN, POL) Kommuniqué *nt*

**comunicador(a)** [komunika'ðor(a)] *adj* ❶ (*comunicante*) mitteilend; (*t.* FÍS) kommunizierend ❷ (*carismático*) ansprechend

**comunicar** [komuni'kar] <c→qu> **I.** *vi* ❶ (*estar unido*) kommunizieren; (*estar en contacto*) in Verbindung stehen; (*calles*) zusammenlaufen ❷ (*conectar*) durchkommen (*con* zu +*dat*) ❸ (*teléfono*) besetzt sein **II.** *vt* ❶ (*informar*) mitteilen; (*dar a conocer*) bekannt machen; (*anunciar*) verkünden ❷ (*transmitir*) übermitteln ❸ (*unir*) verbinden; (*contactar*) in Verbindung setzen ❹ (*al teléfono*) verbinden **III.** *vr:* ~**se** ❶ (*entenderse*) kommunizieren; (*hacerse entender*) sich verständigen ❷ (*relacionarse*) verkehren ❸ (*traspasarse*) sich übertragen (*a* auf +*akk*)

**comunicativo, -a** [komunika'tiβo, -a] *adj* (*t.* LING) kommunikativ; (*extrovertido*) mitteilsam; (*hablador*) gesprächig

**comunidad** [komuni'ðaᵈ] *f* ❶ (*similtud*) Gemeinsamkeit *f* ❷ (*generalidad*) Allgemeinheit *f* ❸ (*colectividad*) Gemeinschaft *f;* **C~** (**Económica**) **Europea** Europäische (Wirtschafts)gemeinschaft; ~ **religiosa** (*convento*) Klostergemeinschaft *f;* (*confesión*) Glaubensgemeinschaft *f;* (*evangélica*) Kommunität *f;* ~ **de vecinos** Hausgemeinschaft *f* ❹ (*municipio*) Gemeinde *f;* (*asociación*) Gemeindeverband *m;* ~ **autónoma** autonome Region

**i Land & Leute**

> **CC.AA.** (*Comunidades Autónomas*): Spanien ist nicht in Bundesländer wie Deutschland und Österreich oder in Kantone wie die Schweiz, sondern, seit 1978, in 17 *Comunidades Autónomas* oder *Autonomías* unterteilt.

**comunión** [komu'njon] *f* ❶ (*similtud*) Gemeinsamkeit *f* ❷ (*colectividad*) Gemeinschaft *f* ❸ (REL: *Eucaristía*) Kommunion *f;* **hacer la** (**Primera**) **C~** die Erstkommunion empfangen

**comunismo** [komu'nismo] *m* (POL) Kommunismus *m*

**comunista** [komu'nista] **I.** *adj* (POL) kommunistisch **II.** *mf* (POL) Kommunist(in) *m(f)*

**comunitario, -a** [komuni'tarjo, -a] *adj* ❶ (*colectivo*) Gemeinschafts- ❷ (*municipal*) Gemeinde- ❸ (UE) EU-; (*Comunidad Europea*) EG-

**con** [kon] **I.** *prep* ❶ (*compañía*) mit +*dat;* (*relación*) (zusammen) mit +*dat;* **¿vienes ~ nosotros?** kommst du mit (uns)?; **vivo ~ mis padres/mi novia** ich wohne bei meinen Eltern/mit meiner Freundin zusammen ❷ (*instrumento, modo*) mit +*dat,* durch +*akk;* **estar ~ la gripe** Grippe haben; **con el tiempo...** mit der Zeit ... ❸ (MAT) Komma; **3 ~ 5** 3 Komma 5 ❹ (*actitud*): (**para**) ~ zu +*dat,* gegenüber +*dat;* **es agradable ~ nosotros** er/sie ist freundlich zu uns ❺ (*circunstancia*) bei +*dat;* ~ **este tiempo...** bei diesem Wetter ... ❻ (*a pesar de*) trotz +*dat;* ~ **todo** trotz allem **II.** *conj* ❶ (*condicional*): ~ +*inf* wenn ...; ~ **que** +*subj* wenn ...; ~ **que llames es suficiente** es reicht, wenn du anrufst; ~ **sólo que** +*subj* wenn ... nur ... ❷ (*concesiva*) obwohl

**conato** [ko'nato] *m* ❶ (*intento*) (gescheiterter) Versuch *m* ❷ (*propensión*) Neigung *f* ❸ (*empeño*) Bestreben *nt*

**concatenación** [koŋkatena'θjon] *f* Verkettung *f*

**concatenar** [koŋkate'nar] *vt, vr:* ~**se** (sich) verketten

**concavidad** [koŋkaβi'ðaᵈ] *f* Wölbung *f;* (FÍS) Konkavität *f*

**cóncavo, -a** ['koŋkaβo, -a] *adj* nach innen gewölbt; (FÍS) konkav

**concebible** [koṇθe'βiβle] *adj* ❶ (*comprensible*) begreifbar ❷ (*imaginable*) denkbar

**concebir** [koṇθe'βir] *irr como pedir* **I.** *vi* schwanger werden; (*animales*) trächtig werden **II.** *vt* ❶ (*engendrar*) empfangen ❷ (*imaginar*) begreifen ❸ (*diseñar*) entwerfen; (*planear*) planen; ~ **esperanzas** sich *dat* Hoffnungen machen

**conceder** [koṇθe'ðer] **I.** *vt* ❶ (*otorgar*) verleihen; (*asignar*) gewähren; (*aprobar*) genehmigen; ~ **la palabra** das Wort erteilen; ~ **un premio** einen Preis verleihen ❷ (*admitir*) zugeben **II.** *vr:* ~**se** sich *dat* gönnen

**concejal(a)** [koṇθe'xal(a)] *m(f)* Stadtrat, -rätin *m, f*

**concejo** [koṇ'θexo] *m* Stadtrat *m*

**concelebrar** [koṇθele'βrar] *vt* (REL) konzelebrieren; **misa concelebrada** Konzelebration *f*

**concentración** [koṇθeṇtra'θjon] *f* (*t.* MIL) Konzentration *f;* (*acumulación*) Zusammenballung *f;* (*manifestación*) Zusammenschluss *m;* (ADMIN) Zentralisierung *f;* **campo de ~** Konzentrationslager *nt*

**concentrado** [koṇθeṇ'traðo] *m* (*extracto*) Konzentrat *nt;* ~ **de tomate** Tomatenmark *nt*

**concentrar** [koṇθeṇ'trar] **I.** *vt* ❶ (*t.* MIL) konzentrieren; (*acumular*) zusammenballen; (*agrupar*) gruppieren; (ADMIN) zentralisieren ❷ (*centrar*) konzentrieren; (*dirigir*) lenken **II.** *vr:* ~**se** ❶ (*reunirse*) zusammenkommen; (*agruparse*) sich zusammenschließen ❷ (*centrarse*) sich konzentrieren (*en* auf +*akk*)

**concepción** [koṇθeβ'θjon] *f* ❶ (*embarazo*) Empfängnis *f* ❷ (*idea*) Konzeption *f* ❸ (*mentalidad*) Anschauung *f;* (*interpretación*) Auffassung *f*

**concepto** [koṇ'θepto] *m* ❶ (*noción*) Begriff *m;* (*plan*) Konzept *nt* ❷ (*opinión*) Auffassung *f;* (*imagen*) Image *nt* ❸ (*loc*): **bajo** [*o* **por**] **ningún** ~ unter keinen Umständen; **en** ~ **de** als +*nom;* (COM) für +*akk*

**conceptual** [koṇθeptu'al] *adj* begrifflich, konzeptuell; **arte** ~ Konzeptkunst *f*

**conceptualizar** [koṇθeptwali'θar] <z→c> *vt* konzeptualisieren

**concerniente** [koṇθer'njeṇte] *adj* betreffend (*a* +*akk*), bezüglich (*a* +*gen*); **en lo** ~ **a algo/alguien...** was etw/jdn angeht ...

**concernir** [koṇθer'nir] *irr como cernir vi* ❶ (*afectar*) betreffen; **en** [*o* **por**] **lo que concierne a alguien...** was jdn betrifft ... ❷ (*corresponder*) zustehen +*dat*

**concertación** [koṇθerta'θjon] *f* (ECON, POL) Vereinbarung *f;* ~ **social** Solidarpakt *m*

**concertar** [koṇθer'tar] <e→ie> **I.** *vi* passen (*con* zu +*dat*) **II.** *vt* ❶ (*ordenar*) ordnen; (*arreglar*) regeln ❷ (MÚS: *afinar*) stimmen (*con* nach +*dat*) ❸ (*armonizar*) in Einklang bringen ❹ (*acordar*) vereinbaren; (*concretar*) absprechen **III.** *vr:* ~**se** ❶ (*ponerse de acuerdo*) sich einigen ❷ (*pey: compincharse*) paktieren

**concertista** [koṇθer'tista] *mf* (MÚS) Konzertspieler(in) *m(f)*

**concesión** [koṇθe'sjon] *f* ❶ (*acción*) Erteilung *f* ❷ (*efecto*) Genehmigung *f;* (COM, JUR) Konzession *f;* (*licencia*) Lizenz *f* ❸ (*de una beca*) Gewährung *f;* (*de un premio*) Verleihung *f* ❹ (*consentimiento*) Zugeständnis *nt*

**concesionario, -a** [koṇθesjo'narjo, -a] *m, f* (COM, JUR) Konzessionär(in) *m(f);* (*de una licencia*) Lizenznehmer(in) *m(f)*

**concha** ['koṇʧa] *f* ❶ (*del molusco*) Muschel(schale) *f;* (*caparazón*) Schale *f;* (*de tortuga*) Schildkrötenpanzer *m;* ~ **del caracol** Schneckenhaus *nt* ❷ (TEAT) Souffleurmuschel *f* ❸ (*Am: descaro*) Frechheit *f* ❹ (*Am: vulg: vulva*) Muschi *f fam,* Möse *f fam*

**conchabar** [koṇʧa'βar] **I.** *vt* ❶ (*mezclar*) panschen ❷ (*Am: contratar*) einstellen **II.** *vr:* ~**se** (*fam*) paktieren; **estar conchabado con alguien** mit jdm unter einer Decke stecken

**conciencia** [koṇ'θjeṇθja] *f* ❶ (*conocimiento*) Erkenntnis *f* ❷ (*consciencia*) Bewusstsein *nt;* **a** ~ gewissenhaft; (*conscientemente*) bewusst; **tomar** ~ **de algo** sich *dat* etw *gen* bewusst werden ❸ (*moral*) Gewissen *nt;* (*rectitud*) Redlichkeit *f;* (*cuestión*) Gewissensfrage *f;* **libertad de** ~ Gewissensfreiheit *f;* (**sin**) **cargo de** ~ (ohne) schlechtes Gewissen; **me remuerde la** ~ ich habe Gewissensbisse

**concienciación** [koṇθjeṇθja'θjon] *f* Bewusstmachung *f;* (ECOL, POL) Sensibilisierung *f*

**concienciar** [koṇθjeṇ'θjar] **I.** *vt* ❶ (*persuadir*) überzeugen (*de* von +*dat*) ❷ (*sensibilizar*) sensibilisieren (*de* für +*akk*) **II.** *vr:* ~**se** ❶ (*convencerse*) sich überzeugen (*de* von +*dat*) ❷ (*sensibilizarse*) sensibilisiert werden (*de* für +*akk*)

**concienzudo, -a** [koṇθjeṇ'θuðo, -a] *adj* gewissenhaft

**concierto** [koṇ'θjerto] *m* ❶ (*disposición*) Ordnung *f* ❷ (*armonía*) Einklang *m* ❸ (*t.* ECON: *acuerdo*) Vereinbarung *f* ❹ (MÚS) Konzert *nt*

**conciliación** [koṇθilja'θjon] *f* Konziliation *f;* (*reconciliación*) Versöhnung *f;* (*de opiniones*) Einigung *f;* (JUR) Schiedsverfahren *nt;* ~ **laboral** Schlichtung *f*

**conciliador(a)** [koṇθilja'ðor(a)] *adj* versöhnlich; (*amable*) verbindlich; (*pacífico*) friedlich

**conciliar** [koṇθi'ljar] **I.** *vt* (*reconciliar*) versöhnen; (*armonizar*) in Einklang bringen; ~ **el sueño** einschlafen **II.** *vr:* ~**se** ❶ (*reconciliarse*) sich versöhnen ❷ (*granjearse*) sich *dat* zuziehen

**concilio** [koṇ'θiljo] *m* ❶ (*reunión*) Versammlung *f* ❷ (REL) Konzil *nt*

**concisión** [koṇθi'sjon] *f* Gedrängtheit *f;* (*brevedad*) Kürze *f;* (*sobriedad*) Knappheit *f*

**conciso, -a** [koṇ'θiso, -a] *adj* (*breve*) kurz (gefasst); (*sobrio*) knapp

**concitar** [koṇθi'tar] **I.** *vt* aufwiegeln **II.** *vr:* ~**se** sich *dat* zuziehen

**conciudadano, -a** [koṇθjuða'ðano, -a] *m, f* Mitbürger(in) *m(f)*

**conclave** [koŋ'klaβe] *m,* **cónclave** ['koŋklaβe] *m* ❶ (REL) Konklave *nt* ❷ (*reunión*) Versammlung *f*

**concluir** [koŋklu'ir] *irr como huir* **I.** *vi* enden; **¡asunto concluido!** erledigt! **II.** *vt* ❶ (*terminar*) zu Ende bringen; (*negocio*) (ab)schließen ② (*deducir*) schließen (*de* aus +*dat*) **III.** *vr:* ~**se** zu Ende gehen

**conclusión** [koŋklu'sjon] *f* ① (*final*) (Ab)schluss *m;* **en** ~ (*en suma*) kurz und gut; (*por último*) letztendlich ② (*deducción*) (Schluss)folgerung *f;* **llegar a la ~ de que...** zu dem Schluss kommen, dass ...

**concluyente** [koŋklu'ɟeṇte] *adj* (*definitivo*) endgültig; (*determinante*) entscheidend; (*convincente*) überzeugend

**concomitante** [koŋkomi'taṇte] *adj* Begleit-; **efecto** ~ Begleiterscheinung *f*

**concordancia** [koŋkor'ðaṇθja] *f* ① (*correspondencia*) Übereinstimmung *f* ② (LING) Kongruenz *f*

**concordar** [koŋkor'ðar] <o→ue> **I.** *vi* ① (*coincidir*) übereinstimmen ② (LING) kongruieren **II.** *vt* ① (*armonizar*) in Einklang bringen ② (LING) in Kongruenz setzen (*con* zu +*dat*)

**concordia** [koŋ'korðja] *f* Eintracht *f*

**concreción** [koŋkre'θjon] *f* ① (*precisión*) Konkretisierung *f* ② (*acumulación*) Ablagerung *f* ③ (*limitación*) Beschränkung *f*

**concretar** [koŋkre'tar] **I.** *vt* ① (*precisar*) konkretisieren ② (*combinar*) zusammensetzen ③ (*limitar*) beschränken (*a* auf +*akk*) **II.** *vr:* ~**se** sich beschränken (*a* auf +*akk*)

**concretizar** [koŋkreti'θar] <z→c> *vt* konkretisieren

**concreto, -a** [koŋ'kreto, -a] *adj* konkret; **en ~** konkret

**concubina** [koŋku'βina] *f* Lebensgefährtin *f*

**concubinato** [koŋkuβi'nato] *m* eheähnliche Lebensgemeinschaft *f*

**conculcar** [koŋkul'kar] <c→qu> *vt* ① (*hollar*) mit Füßen treten ② (*infringir*) verletzen

**concupiscencia** [koŋkupis'θeṇθja] *f* (REL) Begehrlichkeit *f*

**concurrencia** [koŋku'rreṇθja] *f* ① (*coincidencia*) Zusammentreffen *nt* ② (*asistencia*) Beteiligung *f* ③ (*público*) Publikum *nt* ④ (*ayuda*) Unterstützung *f* ⑤ (*competencia*) Konkurrenz *f*

**concurrido, -a** [koŋku'rriðo, -a] *adj* gut besucht

**concurrir** [koŋku'rrir] *vi* ① (*coincidir en el lugar*) zusammenkommen; (*en el tiempo*) zusammenfallen ② (*concursar*) konkurrieren (*por* um +*akk*) ③ (*participar*) teilnehmen (*en* an +*dat*) ④ (*presenciar*) beiwohnen (*en* +*dat*)

**concursante** [koŋkur'saṇte] *mf* ① (*aspirante*) Bewerber(in) *m(f)* ② (*participante*) (Wettbewerbs)teilnehmer(in) *m(f)*

**concursar** [koŋkur'sar] **I.** *vt, vi* ① (*competir*) (an einem Wettbewerb) teilnehmen ② (*concurrir*) sich bewerben **II.** *vt* (JUR) Konkurs eröffnen (*a* gegen +*akk*)

**concurso** [koŋ'kurso] *m* ① (*coincidencia*) Zusammentreffen *nt* ② (*oposición*) Ausschreibung *f* ③ (*torneo*) Wettbewerb *m;* (DEP) Wettkampf *m* ④ (*ayuda*) Unterstützung *f* ⑤ (*asistencia de público*) Teilnahme *f* ⑥ (JUR) Konkurs *m*

**condado** [koṇ'daðo] *m* ① (*título*) Grafentitel *m* ② (*territorio*) Grafschaft *f*

**conde(sa)** ['koṇde, koṇ'desa] *m(f)* Graf *m,* Gräfin *f*

**condecoración** [koṇdekora'θjon] *f* ① (*distinción*) Auszeichnung *f* ② (*galardón*) Orden *m*

**condecorar** [koṇdeko'rar] *vt* auszeichnen

**condena** [koṇ'dena] *f* Verurteilung *f;* **cumplir una ~** eine Strafe verbüßen

**condenado, -a** [koṇde'naðo, -a] **I.** *adj* (*fam*) verflixt, verdammt **II.** *m, f* ① (*reo*) Veurteilte(r) *mf* ② (REL) Verdammte(r) *mf* ③ (*fam: endemoniado*) verflixter Kerl *m,* verflixtes Weib *nt* ④ (*fam: niño*) Racker *m*

**condenar** [koṇde'nar] **I.** *vt* ① (*sentenciar, reprobar*) verurteilen (*a* zu +*dat*) ② (REL) verdammen ③ (*tapiar*) zumauern **II.** *vr:* ~**se** ① (REL) verdammt werden ② (*acusarse*) sich schuldig bekennen

**condensación** [koṇdensa'θjon] *f* Kondensierung *f*

**condensador** [koṇdensa'ðor] *m* (ELEC) Kondensator *m*

**condensar** [koṇden'sar] **I.** *vt* ① (*espesar*) kondensieren ② (*abreviar*) kürzen (*en* auf +*akk*) **II.** *vr:* ~**se** (sich) verdichten; (FÍS) komprimieren

**condesa** [koṇ'desa] *f v.* **conde**

**condescendencia** [koṇdesθeṇ'deṇθja] *f* ① (*dignación*) Entgegenkommen *nt;* (*irón*) Herablassung *f* ② (*transigencia*) Nachgiebigkeit *f* (*con* gegenüber +*dat*)

**condescender** [koṇdesθeṇ'der] <e→ie> *vi* ① (*avenirse*) nachgeben (*con* +*dat*) ② (*rebajarse*) entgegenkommend sein; (*irón*) sich herablassen

**condescendiente** [koṇdesθeṇ'djeṇte] *adj* ① (*benévolo*) nachgiebig ② (*complaciente*) entgegenkommend ③ (*arrogante*) herablassend

**condición** [koṇdi'θjon] *f* ① (*índole de una cosa*) Beschaffenheit *f* ② (*genio*) Naturell *nt* ③ (*estado*) Verfassung *f,* Zustand *m* ④ (*situación*) Situation *f* (*de* als +*nom*) ⑤ (*clase*) Stand *m* ⑥ (*requisito*) Bedingung *f;* ~ **de entrada** Eintrittsbedingung *f;* **a ~ de que...** +*subj* unter der Bedingung, dass ...; **sin condiciones** bedingungslos

**condicional** [koṇdiθjo'nal] **I.** *adj* ❶ (*sujeto a condiciones*) bedingt; **libertad** ~ (JUR) Freilassung auf Bewährung ❷ (LING) konditional **II.** *m* (LING) Konditional(is) *m*

**condicionante** [koṇdiθjo'naṇte] *adj* bedingend

**condicionar** [koṇdiθjo'nar] *vt* ❶ (*supeditar*) abhängig machen (*a* von +*dat*) ❷ (*acondicionar*) konditionieren

**condimentación** [koṇdimeṇta'θjon] *f* Würzen *nt*

**condimentar** [koṇdimeṇ'tar] *vt* würzen

**condimento** [koṇdi'meṇto] *m* Gewürz *nt*

**condolencia** [koṇdo'leṇθja] *f* Beileid *nt*

**condolerse** [koṇdo'lerse] <o→ue> *vr* Mitleid haben (*de* mit +*dat*)

**condón** [koṇ'don] *m* Kondom *m o nt*

**condonación** [koṇdona'θjon] *f* Erlass *m*

**condonar** [koṇdo'nar] *vt* erlassen

**cóndor** ['koṇdor] *m* (ZOOL) Kondor *m*

**conducción** [koṇduᵞ'θjon] *f* ❶ (*transporte*) Beförderung *f* ❷ (*conducto, administración*) Leitung *f*

**conducir** [koṇdu'θir] *irr como traducir* **I.** *vt* ❶ (*llevar*) bringen; (*transportar*) befördern ❷ (*guiar*) führen ❸ (*arrastrar*) leiten ❹ (*pilotar*) fahren, steuern ❺ (*mandar*) leiten, führen **II.** *vi* ❶ (*dirigir*) führen (*a* zu +*dat*) ❷ (*pilotar*) fahren **III.** *vr:* ~**se** sich benehmen

**conducta** [koṇ'dukta] *f* ❶ (*comportamiento*) Benehmen *nt;* (*de un prisionero*) Führung *f* ❷ (*mando*) Führung *f*

**conductismo** [koṇduk'tismo] *m* (PSICO) Behaviorismus *m*

**conducto** [koṇ'dukto] *m* ❶ (*tubo*) Leitung *f* ❷ (MED) Kanal *m;* ~ **auditivo** Gehörgang *m* ❸ (*mediación*) Weg *m*

**conductor**[1] [koṇduk'tor] *m* (FÍS) Leiter *m*

**conductor(a)**[2] [koṇduk'tor(a)] **I.** *adj* leitend; **hilo** ~ Leitungsdraht *m* **II.** *m(f)* ❶ (*jefe*) Leiter(in) *m(f)* ❷ (*chófer*) Fahrer(in) *m(f);* ~ **suicida** Falschfahrer *m*

**conectar** [konek'tar] **I.** *vt* ❶ (*enlazar*) verbinden ❷ (*enchufar*) anschließen **II.** *vi* Kontakt aufnehmen

**conectividad** [konektiβi'ðaᵈ] *f* (INFOR) ❶ (*posibilidad*) Anschlussfähigkeit *f* ❷ (*de redes*) Vernetzung *f;* **tener** ~ vernetzt sein

**conector** [konek'tor] *m* (INFOR) Stecker *m;* ~ **múltiple** Mehrfachstecker *m*

**conejera** [kone'xera] *f* ❶ (*madriguera*) Kaninchenbau *m* ❷ (*t. fig: cueva*) Höhle *f*

**conejo** [ko'nexo] *m* (ZOOL) Kaninchen *nt;* ~ **de Indias** Meerschweinchen *nt;* (*fig*) Versuchskaninchen *nt*

**conexión** [koneᵞ'sjon] *f* ❶ (*enlace*) Verbindung *f* ❷ (*del teléfono*) Anschluss *m* ❸ *pl* (*amistades*) Beziehungen *fpl*

**confabulación** [koŋfaβula'θjon] *f* Verschwörung *f*

**confabularse** [koŋfaβu'larse] *vr* sich verschwören

**confección** [koŋfeᵞ'θjon] *f* Anfertigung *f;* (*de vestidos*) Konfektion *f*

**confeccionar** [koŋfeᵞθjo'nar] *vt* anfertigen; (*plan*) aufstellen

**confederación** [koŋfeðera'θjon] *f* Bündnis *nt;* (*entre Estados*) Konföderation *f*

**confederado, -a** [koŋfeðe'raðo, -a] *m, f* Verbündete(r) *mf;* (*Estado*) Konföderierte(r) *mf*

**confederar** [koŋfeðe'rar] **I.** *vt* zusammenschließen **II.** *vr:* ~**se** sich verbünden

**conferencia** [koŋfe'reṇθja] *f* ❶ (*charla*) Vortrag *m* ❷ (*encuentro*) Konferenz *f;* ~ **cumbre** Gipfeltreffen *nt;* ~ **de prensa** Pressekonferenz *f* ❸ (*plática*) Besprechung *f* ❹ (*llamada telefónica*) Ferngespräch *nt*

**conferenciante** [koŋfereṇ'θjaṇte] *mf* Redner(in) *m(f)*

**conferenciar** [koŋfereṇ'θjar] *vi* verhandeln

**conferir** [koŋfe'rir] *irr como sentir vt* ❶ (*otorgar*) verleihen; (*derechos*) zugestehen ❷ (*transferir*) übermitteln

**confesar** [koŋfe'sar] <e→ie> **I.** *vt* ❶ (*admitir*) gestehen ❷ (*manifestar algo oculto*) preisgeben ❸ (REL: *declarar*) beichten; (*oír*) die Beichte abnehmen **II.** *vr:* ~**se** die Beichte ablegen; ~**se culpable** sich (für) schuldig bekennen

**confesión** [koŋfe'sjon] *f* ❶ (*declaración*) Geständnis *nt* ❷ (*sacramento*) Beichte *f* ❸ (*credo religioso*) Konfession *f*

**confesional** [koŋfesjo'nal] *adj* konfessionell

**confesionalidad** [koŋfesjonali'ðaᵈ] *f* Konfession(szugehörigkeit) *f*

**confes(i)onario** [koŋfes(j)o'narjo] *m* Beichtstuhl *m*

**confesor** [koŋfe'sor] *m* Beichtvater *m*

**confeti** [koŋ'feti] *m* Konfetti *nt*

**confiable** [koŋfi'aβle] *adj* (*fiable*) vertrauenswürdig; (*cumplido*) zuverlässig

**confiado, -a** [koŋfi'aðo, -a] *adj* ❶ *ser* (*crédulo*) vertrauensselig ❷ *estar* (*presumido*) zuversichtlich; (*de sí mismo*) selbstgefällig

**confianza** [koŋfi'aṇθa] *f* ❶ (*crédito*) Vertrauen *nt;* **amiga de** ~ enge Freundin ❷ (*esperanza*) Zuversicht *f* ❸ (*presunción*) Selbstgefälligkeit *f* ❹ (*familiaridad*) Vertrautheit *f* ❺ *pl* (*familiaridad excesiva*) Freiheiten *fpl*

**confiar** [koŋfi'ar] <*1. pres:* confío> **I.** *vi* vertrauen (*en* +*dat*) **II.** *vt* anvertrauen

**III.** *vr:* ~**se** ❶ (*entregarse*) sich verlassen (*a* auf +*akk*) ❷ (*sincerarse*) sich anvertrauen (*a* +*dat*)

**confidencia** [koɱfi'ðen̪θja] *f* ❶ (*secreto*) vertrauliche Mitteilung *f* ❷ (*revelación*) Enthüllung *f*

**confidencial** [koɱfiðen̪'θjal] *adj* vertraulich

**confidencialidad** *f* Vertraulichkeit *f*

**confidente** [koɱfi'ðen̪te] **I.** *adj* zuverlässig **II.** *mf* ❶ (*cómplice*) Vertraute(r) *mf* ❷ (*espía*) Informant(in) *m(f)*

**configuración** [koɱfiɣura'θjon] *f* ❶ (*formación*) Gestaltung *f* ❷ (*forma*) Gestalt *f* ❸ (INFOR) Konfiguration *f*

**configurar** [koɱfiɣu'rar] **I.** *vt* ❶ (*formar*) gestalten ❷ (INFOR) konfigurieren **II.** *vr:* ~**se** sich herausbilden

**confín** [koɱ'fin] **I.** *adj* angrenzend **II.** *m* ❶ (*frontera*) Grenze *f* ❷ (*final*) Ende *nt*

**confinar** [koɱfi'nar] **I.** *vi* (an)grenzen (*con* an +*akk*) **II.** *vt* verbannen

**confirmación** [koɱfirma'θjon] *f* ❶ (*ratificación*) Bestätigung *f* ❷ (REL: *iglesia católica*) Firmung *f;* (*protestante*) Konfirmation *f*

**confirmar** [koɱfir'mar] **I.** *vt* ❶ (*corroborar, t.* ECON, INFOR) bestätigen ❷ (*fortalecer*) bekräftigen ❸ (REL: *iglesia católica*) firmen; (*protestante*) konfirmieren **II.** *vr:* ~**se** sich bestätigen

**confirmativo, -a** [koɱfirma'tiβo, -a] *adj* bestätigend

**confiscación** [koɱfiska'θjon] *f* Beschlagnahmung *f*

**confiscar** [koɱfis'kar] <c→qu> *vt* beschlagnahmen

**confitar** [koɱfi'tar] *vt* ❶ (*azucarar*) zuckern; (*almibarar*) kandieren ❷ (*engolosinar*) falsche Hoffnungen machen +*dat*

**confite** [koɱ'fite] *m* Konfekt *nt*

**confitería** [koɱfite'ria] *f* Süßwarengeschäft *nt*

**confitura** [koɱfi'tura] *f* Konfitüre *f*

**conflagración** [koɱflaɣra'θjon] *f* ❶ (*incendio*) Brand *m* ❷ (*hostilidades*) Konflikt *m;* (*guerra*) Krieg *m*

**conflictividad** [koɱfliktiβi'ðaᵈ] *f* Brisanz *f*

**conflictivo, -a** *adj* konfliktgeladen, brisant

**conflicto** [koɱ'flikto] *m* Konflikt *m*

**confluencia** [koɱflu'en̪θja] *f* Zusammenfluss *m*

**confluir** [koɱflu'ir] *irr como huir vi* zusammenfließen

**conformación** [koɱforma'θjon] *f* Gestaltung *f*

**conformar** [koɱfor'mar] **I.** *vt* ❶ (*formar*) formen ❷ (*ajustar*) anpassen (*a* an +*akk*) ❸ (*contentar*) zufrieden stellen **II.** *vi* übereinstimmen (*con* mit +*dat*) **III.** *vr:* ~**se** ❶ (*ajustarse*) sich anpassen (*a* an +*akk*) ❷ (*contentarse*) sich zufrieden geben

**conforme** [koɱ'forme] **I.** *adj* (*adecuado*) angemessen; **estar ~ con algo** mit etw *dat* übereinstimmen **II.** *adv* ❶ (*como*) (so) wie ❷ (*según*) gemäß (*a* +*dat*)

**conformidad** [koɱformi'ðaᵈ] *f* ❶ (*afinidad*) Übereinstimmung *f* ❷ (*aprobación*) Genehmigung *f* ❸ (*paciencia*) Gelassenheit *f*

**conformismo** [koɱfor'mismo] *m* Konformismus *m*

**conformista** [koɱfor'mista] **I.** *adj* konformistisch **II.** *mf* Konformist(in) *m(f)*

**confort** [koɱ'forᵗ] *m sin pl* Komfort *m*

**confortable** [koɱfor'taβle] *adj* ❶ (*confortante*) aufmunternd ❷ (*cómodo*) komfortabel

**confortar** [koɱfor'tar] **I.** *vt* ❶ (*vivificar*) stärken ❷ (*alentar*) aufmuntern; (*consolar*) trösten **II.** *vr:* ~**se** ❶ (*reanimarse*) (wieder) zu Kräften kommen ❷ (*consolarse*) Trost finden; (*animarse*) Mut fassen

**confraternizar** [koɱfraterni'θar] <z→c> *vi* sich verbrüdern

**confrontación** [koɱfron̪ta'θjon] *f* ❶ (*comparación*) Vergleich *m* ❷ (*careo*) Gegenüberstellung *f* ❸ (*enfrentamiento*) Konfrontation *f*

**confrontar** [koɱfron̪'tar] **I.** *vt* ❶ (*comparar*) vergleichen ❷ (*carear*) gegenüberstellen (*con* +*dat*) **II.** *vr:* ~**se** (sich *dat*) gegenüberstehen

**confucionismo** [koɱfuθjo'nismo] *m* (FILOS) Konfuzianismus *m*

**confundir** [koɱfun̪'dir] **I.** *vt* ❶ (*trastocar*) verwechseln ❷ (*mezclar*) durcheinander bringen ❸ (*embrollar*) verwirren **II.** *vr:* ~**se** ❶ (*unirse*) sich unter die Menschenmenge mischen ❷ (*embrollarse*) sich täuschen (*de* in +*dat*)

**confusión** [koɱfu'sjon] *f* ❶ (*trastoque*) Verwechslung *f* ❷ (*embrollo*) Verwirrung *f*

**confuso, -a** [koɱ'fuso, -a] *adj* konfus, verworren

**congelación** [koŋxela'θjon] *f* ❶ (*solidificación*) Gefrieren *nt* ❷ (*conservación*) Einfrieren *nt;* ~ **salarial** Einfrieren der Gehälter ❸ (*heladura*) Erfrierung *f*

**congelador** [koŋxela'ðor] *m* ❶ (*electrodoméstico*) Gefrierschrank *m* ❷ (*compartimento en la nevera*) Gefrierfach *nt*

**congelados** [koŋxe'laðos] *mpl* (COM) Tiefkühlkost *f*

**congelamiento** [koŋxela'mjen̪to] *m* *v.* **congelación**

**congelar** [koŋxe'lar] **I.** *vt* ① (*solidificar*) gefrieren (lassen) ② (*t.* ECON: *conservar*) einfrieren ③ (*helar*) erfrieren **II.** *vr:* ~**se** ① (*solidificarse*) gefrieren ② (*helarse*) erfrieren

**congeniar** [koŋxe'njar] *vi* harmonieren

**congénito, -a** [koŋ'xenito, -a] *adj* angeboren

**congestión** [koŋxes'tjon] *f* ① (MED) Hyperämie *f* ② (*aglomeración*) Stauung *f*

**congestionado, -a** [koŋxestjo'naðo, -a] *adj* (*rostro*) hochrot

**congestionar** [koŋxestjo'nar] **I.** *vt* ① (MED) Blutandrang verursachen (in +*dat*) ② (*aglomerar*) verstopfen **II.** *vr:* ~**se** ① (MED) Blutandrang haben ② (*aglomerarse*) sich stauen

**conglomerado** *m* (*t.* GEO) Konglomerat *nt*

**conglomerar** [koŋglome'rar] **I.** *vt* binden **II.** *vr:* ~**se** sich verbinden

**Congo** ['koŋgo] *m* Kongo *m*

**congoja** [koŋ'goxa] *f* ① (*pena*) Schmerz *m* ② (*desconsuelo*) Mutlosigkeit *f*

**congoleño, -a** [koŋgo'leɲo, -a], **congolés, -esa** [koŋgo'les, -esa] **I.** *adj* kongolesisch **II.** *m, f* Kongolese, -in *m, f*

**congraciar** [koŋgra'θjar] **I.** *vt* beliebt machen (*con* bei +*dat*) **II.** *vr:* ~**se** die Gunst erlangen (*con* +*gen*)

**congratulación** [koŋgratula'θjon] *f* Gratulation *f*

**congratular** [koŋgratu'lar] **I.** *vt* beglückwünschen **II.** *vr:* ~**se** sich freuen (*de/por* über +*akk*)

**congregación** [koŋgreɣa'θjon] *f* ① (*reunión*) Versammlung *f* ② (REL) Kongregation *f*

**congregar** [koŋgre'ɣar] <g→gu> *vt, vr:* ~**se** (sich) versammeln

**congresista** [koŋgre'sista] *mf* Kongressteilnehmer(in) *m(f)*

**congreso** [koŋ'greso] *m* ① (*conferencia*) Kongress *m* ② (POL) Abgeordnetenhaus *nt;* **C~ de los Diputados** Abgeordnetenhaus *nt*

**i Land & Leute**

**Congreso de los Diputados:** so wird das Abgeordnetenhaus des spanischen Parlaments genannt, das sich aus 350 Abgeordneten zusammensetzt.

**congrio** ['koŋgrjo] *m* (ZOOL) Meeraal *m*

**congruencia** [koŋ'grweṇθja] *f* ① (*coherencia*) Übereinstimmung *f* ② (MAT) Kongruenz *f*

**cónico, -a** ['koniko, -a] *adj* konisch, kegelförmig

**conífera** [ko'nifera] *f* (BOT) Nadelbaum *m;* ~**s** Nadelhölzer *ntpl*

**conjetura** [koŋxe'tura] *f* Mutmaßung *f*

**conjeturar** [koŋxetu'rar] *vt* mutmaßen

**conjugación** [koŋxuɣa'θjon] *f* ① (*combinación*) Vereinigung *f* ② (BIOL, LING) Konjugation *f*

**conjugar** [koŋxu'ɣar] <g→gu> *vt* ① (*armonizar*) in Einklang bringen ② (LING) konjugieren

**conjunción** [koŋxuṇ'θjon] *f* ① (*unión*) Verbindung *f* ② (ASTR, LING) Konjunktion *f*

**conjuntamente** [koŋxuṇta'meṇte] *adv* zusammen

**conjuntar** [koŋxuṇ'tar] **I.** *vi* zusammenpassen **II.** *vt* (aufeinander) abstimmen **III.** *vr:* ~**se** zusammenkommen

**conjuntivitis** [koŋxuṇti'βitis] *f inv* (MED) Bindehautentzündung *f*

**conjunto** [koŋ'xuṇto] *m* ① (*unido*) Einheit *f,* Komplex *m* ② (*totalidad*) Gesamtheit *f;* **en ~** insgesamt ③ (*en representaciones artísticas*) Ensemble *nt* ④ (*prenda de vestir*) Ensemble *nt* ⑤ (MAT) Menge *f;* ~ **vacío** Leermenge *f*

**conjura** [koŋ'xura] *f,* **conjuración** [koŋxura'θjon] *f* Verschwörung *f*

**conjurar** [koŋxu'rar] **I.** *vi* konspirieren **II.** *vt* ① (*invocar*) beschwören ② (*alejar*) bannen **III.** *vr:* ~**se** sich verschwören

**conllevar** [konʎe'βar] *vt* ① (*soportar*) ertragen ② (*implicar*) mit sich *dat* bringen

**conmemorable** [ko$^{n}$memo'raβle/ko$^{m}$memo'raβle] *adj* denkwürdig; (*inolvidable*) unvergesslich

**conmemoración** [ko$^{n}$memora'θjon/ko$^{m}$memora'θjon] *f* Gedenken *nt;* **en ~ de alguien** zum Gedenken an jdn

**conmemorar** [ko$^{n}$memo'rar/ko$^{m}$memo'rar] *vt* gedenken +*gen*

**conmemorativo, -a** [ko$^{n}$memora'tiβo, -a/ko$^{m}$memora'tiβo, -a] *adj* Gedenk-, Gedächtnis-

**conmensurable** [ko$^{n}$mensu'raβle/ko$^{m}$mensu'raβle] *adj* ① (*medible*) messbar ② (MAT) kommensurabel

**conmigo** [ko$^{n}$'miɣo/ko$^{m}$'miɣo] *pron pers* mit mir, bei mir

**conminar** [ko$^{n}$mi'nar/ko$^{m}$mi'nar] *vt* ① (*amenazar*) bedrohen ② (JUR) auffordern

**conminatorio, -a** [ko$^{n}$mina'torjo, -a/ko$^{m}$mina'torjo, -a] *adj* Droh-; **carta conminatoria** Drohbrief *m*

**conmiseración** [ko$^{n}$misera'θjon/ko$^{m}$misera'θjon] *f* Mitleid *nt*

**conmoción** [ko$^{n}$mo'θjon/ko$^{m}$mo'θjon] *f*

Erschütterung *f*

**conmocionar** [ko$^n$moθjo'nar/ko$^m$moθjo'nar] **I.** *vt* erschüttern **II.** *vr:* ~**se** erschüttert sein

**conmovedor(a)** [ko$^n$moβe'ðor(a)/ko$^m$moβe'ðor(a)] *adj* ❶ (*conmocionando*) erschütternd ❷ (*sentimental*) rührend

**conmover** [ko$^n$mo'βer/ko$^m$mo'βer] <o→ue> **I.** *vt* ❶ (*emocionar*) bewegen; (*conmocionar*) erschüttern; (*enternecer*) rühren ❷ (*sacudir*) erschüttern **II.** *vr:* ~**se** ❶ (*emocionarse*) ergriffen sein; (*enternecerse*) gerührt sein; (*conmocionarse*) erschüttert sein ❷ (*sacudirse*) erschüttert werden

**conmutable** [ko$^n$mu'taβle/ko$^m$mu'taβle] *adj* ❶ (*permutable*) austauschbar ❷ (ELEC) (um)schaltbar

**conmutación** [ko$^n$muta'θjon/ko$^m$muta'θjon] *f* ❶ (*permuta*) Tausch *m* ❷ (LING) Kommutation *f*

**conmutador** [ko$^n$muta'ðor/ko$^m$muta'ðor] *m* (ELEC) Schalter *m*

**conmutar** [ko$^n$mu'tar/ko$^m$mu'tar] *vt* ❶ (*cambiar*) tauschen; (*una pena*) umwandeln (*por* in +*akk*) ❷ (ELEC) umschalten ❸ (*convalidar*) anrechnen

**conmutativo, -a** [ko$^n$muta'tiβo, -a/ko$^m$muta'tiβo, -a] *adj* (MAT) kommutativ

**connatural** [konnatu'ral] *adj* angeboren

**connaturalizar** [konnaturali'θar] <z→c> *vt, vr:* ~**se** (sich) gewöhnen (*con* an +*akk*)

**connivencia** [konni'βeṇθja] *f* ❶ (*t.* JUR: *tolerancia*) Nachsichtigkeit *f* ❷ (*confabulación*) Verschwörung *f*

**connotación** [konnota'θjon] *f* (LING) Konnotation *f*

**connotar** [konno'tar] *vt* (LING) implizieren

**cono** ['kono] *m* Kegel *m*

**i Land & Leute**

**Cono Sur** wird der wirtschaftliche Zusammenschluss folgender vier Länder im südlichsten Teil Lateinamerikas genannt: *Argentina, Chile, Paraguay* und *Uruguay.*

**conocedor(a)** [konoθe'ðor(a)] **I.** *adj* kundig (*de* +*gen*) **II.** *m(f)* Kenner(in) *m(f)*

**conocer** [kono'θer] *irr como crecer* **I.** *vt* ❶ (*saber, tener trato*) kennen; ~ **de vista** vom Sehen kennen; **dar a** ~ bekannt geben ❷ (*reconocer*) erkennen (*por/en* an +*dat*) ❸ (*descubrir*) kennen lernen **II.** *vi* sich auskennen (*de* mit +*dat*) **III.** *vr:* ~**se** ❶ (*tener trato*) sich kennen ❷ (*identificar*) sich wieder erkennen

**conocido, -a** [kono'θiðo, -a] **I.** *adj* bekannt **II.** *m, f* Bekannte(r) *mf*

**conocimiento** [konoθi'mjeṇto] *m* ❶ (*entendimiento*) Kenntnis *f* ❷ (*inteligencia*) Vernunft *f* ❸ (*consciencia*) Bewusstsein *nt* ❹ *pl* (*nociones*) Kenntnisse *fpl*

**conque** ['koŋke] *conj* (*fam*) also

**conquense** [koŋ'kense] **I.** *adj* aus Cuenca **II.** *mf* Einwohner(in) *m(f)* von Cuenca

**conquista** [koŋ'kista] *f* Eroberung *f*

**conquistador(a)** [koŋkista'ðor(a)] **I.** *adj* Eroberungs- **II.** *m(f)* Eroberer, -in *m, f;* ~**es** (**de América**) Konquistadoren *mpl*

**i Land & Leute**

Mit dem Begriff **los conquistadores** bezeichnet man die spanischen und portugiesischen Eroberer Süd- und Mittelamerikas im 15. und 16. Jahrhundert. Wichtige spanische **conquistadores** sind u. a.: Hernán Cortés, Sebastián Elcano und Vázquez de Coronado.

**conquistar** [koŋkis'tar] *vt* erobern

**consabido, -a** [konsa'βiðo, -a] *adj* wohlbekannt

**consagración** [konsaɣra'θjon] *f* ❶ (*bendición*) Weihe *f;* (*de la hostia*) Konsekration *f* ❷ (*dedicación*) Aufopferung *f* ❸ (*adquisición de fama*) Auszeichnung *f*

**consagrar** [konsa'ɣrar] **I.** *vt* ❶ (*bendecir*) weihen; (*la hostia*) konsekrieren ❷ (*dedicar*) widmen; (*sacrificadamente*) opfern **II.** *vr:* ~**se** ❶ (*dedicarse*) sich verschreiben (*a* +*dat*) ❷ (*acreditarse*) sich auszeichnen

**consanguíneo, -a** [konsaŋ'gineo, -a] **I.** *adj* blutsverwandt **II.** *m, f* Blutsverwandte(r) *mf*

**consciencia** [ko$^n$s'θjeṇθja] *f* Bewusstsein *nt*

**consciente** [ko$^n$s'θjeṇte] *adj* bewusst (*de* +*gen*); **estar** ~ bei Bewusstsein sein; **ser** ~ (*meticuloso*) gewissenhaft sein; (*responsable*) vernünftig sein

**consecución** [konseku'θjon] *f* Erreichung *f,* Erlangung *f*

**consecuencia** [konse'kweṇθja] *f* ❶ (*efecto*) Auswirkung *f,* Folge *f;* **a** ~ **de** infolge +*gen* ❷ (*coherencia*) Konsequenz *f*

**consecuente** [konse'kweṇte] *adj* konsequent

**consecuentemente** [konsekweṇte'meṇte] *adv* folglich

**consecutivo, -a** [konseku'tiβo, -a] *adj*

❶ (*seguido*) aufeinander folgend ❷ (LING) konsekutiv

**conseguido, -a** [konse'ɣiðo, -a] *adj* gelungen

**conseguir** [konse'ɣir] *irr como seguir vt* ❶ (*obtener*) erreichen, erlangen ❷ (*tener éxito*) gelingen

**consejero, -a** [konse'xero, -a] *m, f* ❶ (*guía*) Berater(in) *m(f)* ❷ (*miembro de un consejo*) Rat *m*, Rätin *f*; ~ **de embajada** Botschaftsrat *m* ❸ (*de una autonomía*) Minister(in) *m(f)*

**consejo** [kon'sexo] *m* ❶ (*recomendación*) Rat(schlag) *m* ❷ (*organismo*) Rat *m*; **C~ ECOFIN** ECOFIN-Rat *m*; **C~ Europeo** Europäischer Rat; **C~ de Ministros** Ministerrat *m* ❸ (*reunión*) Ratsversammlung *f*

**consenso** [kon'senso] *m* Konsens *m*

**consensuar** [konsensu'ar] <*1. pres:* consensúo> *vt* beschließen

**consentido, -a** [konsen̪'tiðo, -a] *adj* ❶ (*mimado*) verwöhnt ❷ (*tolerante*) (zu) nachsichtig

**consentimiento** [konsen̪ti'mjen̪to] *m* Zustimmung *f* (*para* zu +*dat*)

**consentir** [konsen̪'tir] *irr como sentir* **I.** *vi* ❶ (*admitir*) zulassen; (*tolerar*) dulden ❷ (*ceder*) nachgeben **II.** *vt* ❶ (*autorizar*) genehmigen; (*tolerar*) dulden ❷ (*mimar*) verwöhnen ❸ (*aguantar*) zulassen

**conserje** [kon'serxe] *mf* Hausmeister(in) *m(f)*

**conserjería** [konserxe'ria] *f* ❶ (*cargo*) Hausmeisterposten *m* ❷ (*oficina*) Hausmeisterloge *f*

**conserva** [kon'serβa] *f* ❶ (*enlatado*) Konserve *f* ❷ (*conservación*) Konservierung *f*

**conservación** [konserβa'θjon] *f* ❶ (*mantenimiento*) Erhaltung *f* ❷ (*guarda*) (Auf)bewahrung *f* ❸ (*conserva*) Konservierung *f*

**conservador(a)** [konserβa'ðor(a)] **I.** *adj* ❶ (*conservante*) erhaltend ❷ (*t.* POL: *tradicionalista*) konservativ **II.** *m(f)* ❶ (*guardador*) Konservator(in) *m(f)* ❷ (POL) Konservative(r) *mf*

**conservante** [konser'βan̪te] *m* Konservierungsmittel *nt*

**conservar** [konser'βar] **I.** *vt* ❶ (*mantener*) erhalten ❷ (*guardar*) (auf)bewahren; (*con esmero*) schonen ❸ (*hacer conservas*) konservieren ❹ (*continuar la práctica*) beibehalten **II.** *vr:* ~**se** erhalten bleiben; (*mantenerse*) sich halten

**conservatorio** [konserβa'torjo] *m* Konservatorium *nt*

**conservero, -a** **I.** *adj* Konserven-; **industria conservera** Konservenindustrie *f* **II.** *m, f* Konservenfabrikant(in) *m(f)*

**considerable** [konsiðe'raβle] *adj* beachtlich

**consideración** [konsiðera'θjon] *f* ❶ (*reflexión*) Erwägung *f*, Überlegung *f*; **en ~ a** angesichts +*gen* ❷ (*respeto*) Respekt *m*; **falta de ~** Respektlosigkeit *f* ❸ (*opinión*) Ansehen *nt*

**considerado, -a** [konsiðe'raðo, -a] *adj* ❶ (*tener en cuenta*) berücksichtigt ❷ (*apreciado*) angesehen ❸ (*atento*) rücksichtsvoll

**considerar** [konsiðe'rar] **I.** *vt* ❶ (*reflexionar*) überdenken ❷ (*juzgar*) halten (für +*akk*) ❸ (*apreciar*) respektieren **II.** *vr:* ~**se** sich halten (für +*akk*)

**consigna** [kon'siɣna] *f* ❶ (MIL) Losung *f* ❷ (POL) Weisung *f* ❸ (*depósito de equipajes*) Gepäckaufbewahrung *f*

**consignar** [konsiɣ'nar] *vt* ❶ (*asignar*) anweisen ❷ (*protocolar*) (schriftlich) niederlegen ❸ (*poner en depósito*) zur Aufbewahrung geben ❹ (COM) konsignieren

**consignatario, -a** [konsiɣna'tarjo, -a] *m, f* ❶ (*destinatario*) Empfänger(in) *m(f)* ❷ (*depositario*) Verwahrer(in) *m(f)* ❸ (ECON) Schiffsagent(in) *m(f)*

**consigo** [kon'siɣo] *pron pers* mit sich *dat*, bei sich *dat*

> **? Grammatik**
>
> **consigo** – *bei sich, mit sich: Jaime lleva siempre un bolígrafo consigo. – Jaime hat immer einen Kugelschreiber bei sich/dabei. Él habla a menudo consigo mismo. – Er spricht oft mit sich selbst.*
>
> **consigo** ist außerdem die erste Person Singular des Verbs *conseguir – erreichen, erlangen: Siempre consigo lo que me propongo. – Ich erreiche immer, was ich mir vornehme.*

**consiguiente** [konsi'ɣjen̪te] *adj* dementsprechend; **por ~** folglich

**consistencia** [konsis'ten̪θja] *f* Konsistenz *f*

**consistente** [konsis'ten̪te] *adj* konsistent

**consistir** [konsis'tir] *vi* ❶ (*componerse*) bestehen (*en* aus +*dat*) ❷ (*ser*) bestehen (*en* in +*dat*) ❸ (*radicar*) beruhen (*en* auf +*dat*)

**consistorio** [konsis'torjo] *m* ❶ (REL) Konsistorium *nt* ❷ (*reg:* ADMIN) Gemeinderat *m*

**consola** [kon'sola] *f* ❶ (*mesa*) Konsole *f* ❷ (ELEC) Schalttafel *f*

**consolación** [konsola'θjon] *f* Trost *m*

**consolador**[1] [konsola'ðor] *m* (*argot*) Vibrator *m*

**consolador(a)**[2] [konsola'ðor(a)] *adj* tröstlich

**consolar** [konso'lar] <o→ue> *vt, vr:* **~se** (sich) trösten

**consolidación** [konsoliða'θjon] *f* ❶ (*intensificación*) Festigung *f;* (*t.* ECON) Konsolidierung *f* ❷ (*robustecimiento*) Verstärkung *f*

**consolidar** [konsoli'ðar] **I.** *vt* ❶ (*intensificar*) festigen; (*t.* ECON) konsolidieren ❷ (*robustecer*) verstärken **II.** *vr:* **~se** sich festigen

**consomé** [konso'me] *m* Consommé *f o nt*

**consonancia** [konso'nanθja] *f* ❶ (*rima*) (End)reim *m* ❷ (*armonía*) Gleichklang *m,* Harmonie *f;* **en ~ con** in Einklang mit

**consonante** [konso'nante] **I.** *adj* ❶ (*que rima*) (sich) reimend ❷ (*armonioso*) übereinstimmend **II.** *f* (LING) Konsonant *m*

**consorcio** [kon'sorθjo] *m* ❶ (*participación conjunta*) Gemeinschaft *f* ❷ (ECON) Konsortium *nt*

**consorte** [kon'sorte] *mf* ❶ (*partícipe*) Partner(in) *m(f)* ❷ (*cónyuge*) Ehegatte, -in *m, f* ❸ (JUR) Komplize, -in *m, f* ❹ (*pey argot: compinche*) Konsorte, -in *m, f*

**conspicuo, -a** [ko$^{n}$s'pikwo, -a] *adj* ❶ (*ilustre*) namhaft, berühmt ❷ (*obvio*) augenfällig

**conspiración** [ko$^{n}$spira'θjon] *f* Verschwörung *f*

**conspirador(a)** *m(f)* Verschwörer(in) *m(f)*

**conspirar** [ko$^{n}$spi'rar] *vi* ❶ (*conjurar*) sich verschwören ❷ (*intrigar*) intrigieren ❸ (*contribuir*) beitragen (*a* zu +*dat*)

**constancia** [ko$^{n}$s'tanθja] *f* ❶ (*firmeza*) Beständigkeit *f,* Konstanz *f* ❷ (*perseverancia*) Ausdauer *f,* Beharrlichkeit *f* ❸ (*certeza*) Gewissheit *f* ❹ (*noticia*) Vermerk *m;* **dejar ~ de algo** etw vermerken

**constante** [ko$^{n}$s'tante] *adj* konstant (*en* in +*dat*)

**Constanza** [ko$^{n}$s'tanθa] *f* Konstanz *nt;* **Lago de ~** Bodensee *m*

**constar** [ko$^{n}$s'tar] *vi* ❶ (*ser cierto*) feststehen ❷ (*figurar*) aufgeführt sein; **hacer ~ algo** etw bekunden ❸ (*componerse*) bestehen (*de* aus +*dat*)

**constatación** [ko$^{n}$stata'θjon] *f* Bestätigung *f*

**constatar** [ko$^{n}$sta'tar] *vt* bestätigen

**constelación** [ko$^{n}$stela'θjon] *f* ❶ (*conjunto de estrellas*) Sternbild *nt* ❷ (ASTR) Konstellation *f*

**consternación** [ko$^{n}$sterna'θjon] *f* Bestürzung *f*

**consternar** [ko$^{n}$ster'nar] **I.** *vt* bestürzen **II.** *vr:* **~se** bestürzt sein

**constipado** [ko$^{n}$sti'paðo] *m* Erkältung *f;* **~ nasal** Schnupfen *m*

**constipar** [ko$^{n}$sti'par] **I.** *vt* verstopfen **II.** *vr:* **~se** sich erkälten

**constitución** [ko$^{n}$stitu'θjon] *f* ❶ (*formación*) Bildung *f* ❷ (*establecimiento*) Gründung *f* ❸ (*designación*) Einsetzung *f* ❹ (*composición*) Zusammensetzung *f* ❺ (*complexión*) Konstitution *f* ❻ (JUR, POL) Verfassung *f*

**i Land & Leute**

Drei Jahre nach dem Tode Francos, am 6. Dezember 1978, wurde eine neue demokratische Verfassung vom spanischen Parlament verabschiedet. An diesem Feiertag, dem **Día de la Constitución**, feiert man also nicht wie in anderen Ländern den Nikolaustag, sondern dass Spanien ein demokratischer Staat ist.

**constitucional** [ko$^{n}$stituθjo'nal] *adj* (JUR, POL) konstitutionell, Verfassungs-

**constitucionalismo** [ko$^{n}$stituθjona'lismo] *m sin pl* ❶ (JUR, POL) Konstitutionalismus *m* ❷ (POL: *régimen*) Verfassungsordnung *f*

**constituir** [ko$^{n}$stitu'ir] *irr como huir* **I.** *vt* ❶ (*formar*) bilden ❷ (*ser*) darstellen ❸ (*establecer*) gründen ❹ (*designar*) einsetzen (*en* als +*akk*) **II.** *vr:* **~se** auftreten (*en/por* als +*nom*)

**constitutivo, -a** [ko$^{n}$stitu'tiβo, -a] *adj* wesentlich

**constreñimiento** [ko$^{n}$streɲi'mjento] *m* Zwang *m*

**constreñir** [ko$^{n}$stre'ɲir] *irr como ceñir vt* ❶ (*obligar*) zwingen (*a* zu +*dat*) ❷ (MED) zusammenschnüren ❸ (*cohibir*) hemmen

**constricción** [ko$^{n}$striʏ'θjon] *f* ❶ (*obligación*) Zwang *m* ❷ (MED) Konstriktion *f* ❸ (*cohibición*) Hemmung *f*

**construcción** [ko$^{n}$struʏ'θjon] *f* ❶ (*acción*) Bau *m;* (*arte*) Baukunst *f* ❷ (*edificio*) Gebäude *nt;* **~ aneja** Anbau *m* ❸ (LING: *estructura*) Satzbau *m;* (*palabras*) Konstruktion *f*

**constructivismo** [ko$^{n}$strukti'βismo] *m sin pl* (ARTE, MÚS) Konstruktivismus *m*

**constructivo, -a** [ko$^{n}$struk'tiβo, -a] *adj* konstruktiv

**constructor(a)** [ko$^{n}$struk'tor(a)] *m(f)* Bauunternehmer(in) *m(f);* **~ de carreteras** Straßenbauer *m*

**construir** [ko$^{n}$stru'ir] *irr como huir vt* ❶ (*casa*) bauen; (*erigir*) errichten; (*produ-*

*cir*) herstellen ② (LING) bilden

**consu(b)stancial** [konsu(β)stan̪'θjal] *adj* ① (*connatural*) eigen; **la inteligencia es ~ al hombre** die Intelligenz ist dem Menschen eigen ② (REL) wesensgleich

**consuelo** [kon'swelo] *m* Trost *m;* (*alivio*) Erleichterung *f*

**cónsul** ['konsul] *mf* (POL) Konsul(in) *m(f)*

**consulado** [konsu'laðo] *m* Konsulat *nt*

**consulta** [kon'sul̪ta] *f* ① (*de un médico*) Praxis *f;* **hora de ~** Sprechstunde *f* ② (*asesoramiento*) Beratung *f;* **~ popular** (POL) Volksbefragung *f*

**consultar** [konsul̪'tar] *vt* ① (*aconsejarse*) um Rat fragen ② (*libro*) nachschlagen (in +*dat*)

**consulting** [kon'sul̪tiŋ] *m* <consultings> (*t.* ECON) Consulting *nt*

**consultor(a)** [konsul̪'tor(a)] **I.** *adj* beratend; **empresa ~a** Consultingfirma *f* **II.** *m(f)* Berater(in) *m(f);* (*experto*) Gutachter(in) *m(f)*

**consultoría** [konsul̪to'ria] *f* Beratungsstelle *f;* (*empresa*) Consultingfirma *f*

**consultorio** [konsul̪'torjo] *m* ① (*establecimiento*) Beratungsstelle *f;* (*de un médico*) (Arzt)praxis *f* ② (*en la radio*) Fragestunde *f*

**consumación** [konsuma'θjon] *f sin pl* Vollendung *f*

**consumar** [konsu'mar] *vt* vollenden; **~ el matrimonio** (JUR) die Ehe vollziehen

**consumición** [konsumi'θjon] *f* ① (*bar*) Verzehr *m* ② (*agotamiento*) Verbrauch *m*

**consumidor(a)** [konsumi'ðor(a)] *m(f)* Verbraucher(in) *m(f);* (*cliente*) Gast *m;* **~ final** Endverbraucher *m*

**consumir** [konsu'mir] **I.** *vt* ① (*gastar*) verbrauchen ② (*acabar*) aufbrauchen ③ (*comer*) verzehren ④ (*destruir*) vernichten ⑤ (*afligir*) quälen **II.** *vr:* **~se** ① (*persona*) sich quälen ② (*gastarse*) ausgehen

**consumista** [konsu'mista] *mf* nur auf Konsum ausgerichteter Mensch *m*

**consumo** [kon'sumo] *m* Verbrauch *m;* **bienes de ~** Konsumgüter *ntpl;* **sociedad de ~** Konsumgesellschaft *f*

**consustancial** [konsustan̪'θjal] *adj* ① (*connatural*) eigen ② (REL) wesensgleich

**contabilidad** [kon̪taβili'ða(d)] *f* Buchhaltung *f;* **~ por partida doble** doppelte Buchführung; **~ plurimonetaria** Währungsbuchhaltung *f*

**contabilización** [kon̪taβiliθa'θjon] *f* Buchführung *f*

**contabilizar** [kon̪taβili'θar] <z→c> *vt* buchen

**contable** [kon̪'taβle] **I.** *adj* ① (*que se puede contar*) zählbar ② (FIN) buchungstechnisch **II.** *mf* Buchhalter(in) *m(f)*

**contactar** [kon̪tak'tar] *vi, vt* Kontakt aufnehmen (*con/a* mit +*dat*)

**contacto** [kon̪'takto] *m* ① (*tacto*) Berührung *f* ② (*relación*) Verbindung *f,* Kontakt *m* ③ (ELEC) Kontakt *m* ④ (*persona*) Kontaktperson *f* ⑤ (FOTO) Positiv *nt*

**contado** [kon̪'taðo] *m:* **al ~** bar

**contador** [kon̪ta'ðor] *m* ① (*del agua, de la luz*) Zähler *m* ② (*contable*) Buchhalter *m*

**contados, -as** [kon̪'taðos, -as] *adj* (*raro*) selten; **tiene los días ~** seine/ihre Tage sind gezählt

**contagiar** [kon̪ta'xjar] **I.** *vt* anstecken (*con/por* durch +*akk*) **II.** *vr:* **~se** sich anstecken (*de* mit +*dat, con/por* durch +*akk*)

**contagio** [kon̪'taxjo] *m* Ansteckung *f;* (*transmisión*) Übertragung *f*

**contagioso, -a** [kon̪ta'xjoso, -a] *adj* ansteckend

**container** [kon̪'tei̯ner] <containers> *m* (*contenedor*) Container *m*

**contaminación** [kon̪tamina'θjon] *f* Verseuchung *f;* **~ acústica** Lärmbelästigung *f;* **~ ambiental** Umweltverschmutzung *f;* **~ radiactiva** radioaktive Verseuchung

**contaminante** [kon̪tami'nan̪te] **I.** *adj* umweltverschmutzend **II.** *m* Schadstoff *m*

**contaminar** [kon̪tami'nar] **I.** *vt* ① (*infestar*) verseuchen ② (*contagiar*) anstecken ③ (*pervertir*) verderben **II.** *vr:* **~se** ① (*infectarse*) verseucht werden ② (*contagiarse*) sich anstecken ③ (*corromperse*) verderben; (*costumbres*) verfallen

**contar** [kon̪'tar] <o→ue> **I.** *vi* ① (*hacer cuentas, valer*) zählen; **eso no cuenta** das zählt nicht ② (*con 'con': confiar*) zählen (*con* auf +*akk*); **puedes ~ conmigo** du kannst dich auf mich verlassen ③ (*con 'con': tener en cuenta*) rechnen (*con* mit +*dat*) **II.** *vt* ① (*numerar, incluir*) zählen ② (*calcular*) berechnen ③ (*narrar*) erzählen; **¿qué cuentas?** (*saludo*) hallo, was gibt's Neues? ④ (*tener*) haben **III.** *vr:* **~se** (sich) zählen (*entre* zu +*dat*)

**contemplación** [kon̪templa'θjon] *f* ① (*observación*) Betrachtung *f* ② (REL) Kontemplation *f,* Versenkung *f* ③ *pl* (*miramientos*) Rücksicht *f*

**contemplar** [kon̪tem'plar] *vt* ① (*mirar*) betrachten ② (*considerar*) berücksichtigen ③ (*complacer*) zuvorkommend behandeln ④ (REL) meditieren (über +*akk*)

**contemplativo, -a** [kon̪templa'tiβo, -a] *adj* ① (*meditativo, inactivo*) beschaulich ② (*complaciente*) rücksichtsvoll

**contemporáneo, -a** [kon̪tempo'raneo, -a] **I.** *adj* zeitgenössisch **II.** *m, f* Zeitgenosse,

-in *m, f*

**contemporizador(a)** [kon̪temporiθa'ðor(a)] **I.** *adj* (*transigente*) nachgiebig; (*amoldado*) angepasst; (*capaz de amoldarse*) anpassungsfähig **II.** *m(f)* Anpasser(in) *m(f) abw*

**contemporizar** [kon̪tempori'θar] <z→c> *vi* (*amoldarse*) sich anpassen (*con +dat*); (*transigir*) sich fügen (*con +dat*)

**contención** [kon̪ten̪'θjon] *f* Mäßigung *f*

**contencioso, -a** [kon̪ten̪'θjoso, -a] *adj* streitsüchtig; **recurso ~ administrativo** (JUR) Verwaltungsstreitverfahren *nt*

**contender** [kon̪ten̪'der] <e→ie> *vi* (*luchar*) kämpfen (*por* um *+akk*); (*discutir*) streiten (*sobre* über *+akk*)

**contendiente** [kon̪ten̪'djen̪te] *mf* Gegner(in) *m(f)*

**contenedor** [kon̪tene'ðor] *m* Container *m*

**contener** [kon̪te'ner] *irr como tener* **I.** *vt* ① (*encerrar*) enthalten; **¿qué contiene esta caja?** was ist in dieser Schachtel? ② (*refrenar*) zurückhalten; (*sentimientos*) unterdrücken; (*respiración*) anhalten **II.** *vr:* **~se** sich beherrschen

**contenido** [kon̪te'niðo] *m* ① (*incluido, significado*) Inhalt *m* ② (*concentración*) Gehalt *m*

**contentar** [kon̪ten̪'tar] **I.** *vt* zufrieden stellen **II.** *vr:* **~se** sich begnügen

**contento, -a** [kon̪'ten̪to, -a] *adj* ① (*alegre*) froh, fröhlich ② (*satisfecho*) zufrieden

**contestación** [kon̪testa'θjon] *f* ① (*respuesta*) Antwort *f* ② (*protesta*) Protest *m*

**contestador** [kon̪testa'ðor] *m* Anrufbeantworter *m*

**contestar** [kon̪tes'tar] **I.** *vi* (*responder*) antworten **II.** *vt* ① (*responder*) antworten (*a* auf *+akk*) ② (*replicar*) widersprechen (*a +dat*)

**contestatario, -a** [kon̪testa'tarjo, -a] *m, f* Protestler(in) *m(f)*

**contestón, -ona** [kon̪tes'ton, -ona] *m, f* (*fam*) Besserwisser(in) *m(f)*

**contexto** [kon̪'testo] *m* Zusammenhang *m*, Kontext *m*

**contienda** [kon̪'tjen̪da] *f* ① (*disputa*) Streit *m* ② (*batalla*) Kampf *m*

**contigo** [kon̪'tiɣo] *pron pers* mit dir, bei dir; **me siento ~** ich setze mich zu dir

**contigüidad** [kon̪tiɣwi'ða$^{ð}$] *f* Angrenzung *f*, Angrenzen *nt*

**contiguo, -a** [kon̪'tiɣwo, -a] *adj* nebeneinander liegend

**continencia** [kon̪ti'nen̪θja] *f* (*moderación*) Mäßigkeit *f*; (*castidad*) Keuschheit *f*

**continental** [kon̪tinen̪'tal] *adj* kontinental

**continente** [kon̪ti'nen̪te] *m* ① (GEO) Kontinent *m* ② (*aspecto*) Haltung *f*; (*compostura*) Auftreten *nt* ③ (*cosa*) Behälter *m*

**contingencia** [kon̪tiŋ'xen̪θja] *f* ① (*eventualidad*) Möglichkeit *f* ② (FILOS) Kontingenz *f* ③ (*riesgo*) Gefahr *f*

**contingentar** [kon̪tiŋxen̪'tar] *vt* (*t.* ECON) kontingentieren, zuteilen

**contingente** [kon̪tiŋ'xen̪te] **I.** *adj* möglich; (FILOS) kontingent **II.** *m* (ECON, MIL) Kontingent *nt*

**continuación** [kon̪tinwa'θjon] *f* (*acción*) Fortsetzung *f*; (*efecto*) Fortdauer *f*; **a ~** (*después*) anschließend; (*en un escrito*) im Folgenden; (*al lado*) daneben

**continuar** [kon̪tinu'ar/kon̪ti'nwar] <*1. pres:* continúo> **I.** *vi* ① (*perdurar*) fortdauern; **continúa lloviendo** es regnet immer noch; **~á** Fortsetzung folgt ② (*seguir*) fortfahren, weitermachen ③ (*no detenerse*) weitergehen ④ (*seguir estando*) (immer noch) sein ⑤ (*prolongarse*) sich fortsetzen **II.** *vt* fortsetzen, weiterführen

**continuidad** [kon̪tinwi'ða$^{ð}$] *f* Kontinuität *f*, Fortdauer *f*

**continuismo** [kon̪ti'nwismo] *m sin pl* (POL) Kontinuität *f* einer Partei

**continuo, -a** [kon̪'tinwo, -a] *adj* ständig; (*ininterrumpido*) ununterbrochen; (*persistente*) anhaltend

**contonearse** [kon̪tone'arse] *vr* sich in den Hüften wiegen

**contorno** [kon̪'torno] *m* ① (*de una figura*) Kontur *f*, Umriss *m* ② (*de la cintura*) Hüftumfang *m* ③ *(pl)* (*territorio*) Umgebung *f*

**contorsión** [kon̪tor'sjon] *f* Verdrehung *f*

**contorsionista** [kon̪torsjo'nista] *mf* Schlangenmensch *m*

**contra¹** ['kon̪tra] **I.** *prep* ① (*posición, dirección*) gegen *+akk*, an *+akk*; (*enfrente*) gegenüber *+dat* ② (*oposición, contrariedad*) gegen *+akk*; **yo he votado en ~** ich habe dagegen gestimmt; **tener algo en ~** etwas dagegen haben **II.** *m:* **los pros y los ~s** das Pro und Kontra

**contra²** ['kon̪tra] *f* ① (*dificultad*) Problem *nt*; (*obstáculo*) Hindernis *nt* ② (*oposición*) Widerstand *m*; **llevar la ~ a alguien** jdm widersprechen ③ (*guerilla*) Contras *pl*

**contraatacar** [kon̪tra(a)ta'kar] <c→qu> *vi, vt* seinerseits angreifen

**contraataque** [kon̪tra(a)'take] *m* (MIL) Gegenangriff *m*

**contrabajista** [kon̪traβa'xista] *mf* Kontrabassspieler(in) *m(f)*

**contrabajo** [kon̪tra'βaxo] *m* ① (*instrumento*) Kontrabass *m* ② (*músico*) Kontrabassist(in) *m(f)*

**contrabandista** [kon̪traβan̪'dista] *mf*

Schmuggler(in) *m(f)*

**contrabando** [kontra'βando] *m sin pl* ❶ (*comercio*) Schmuggel *m;* **pasar algo de ~** etw durchschmuggeln ❷ (*mercancía*) Schmuggelware *f*

**contracción** [kontraᵞ'θjon] *f* ❶ *(pl)* (MED) Wehen *fpl* ❷ (LING) Kontraktion *f* ❸ (FIN) Rückgang *m*

**contraceptivo**[1] [kontraθep'tiβo] *m* (MED: *formal*) (Empfängnis)verhütungsmittel *nt*

**contraceptivo, -a**[2] [kontraθep'tiβo, -a] *adj* (MED: *formal*) empfängnisverhütend

**contracorriente** [kontrako'rrjente] *f sin pl* (*agua*) Gegenströmung *f;* (*electricidad*) Gegenstrom *m*

**contractual** [kontraktu'al] *adj* vertraglich

**contractura** [kontrak'tura] *f* ❶ (MED) Kontraktur *f,* (Muskel)versteifung *f* ❷ (ARQUIT) Verjüngung *f*

**contracultura** [kontrakul'tura] *f sin pl* Gegenkultur *f*

**contracultural** [kontrakultu'ral] *adj* zur Gegenkultur gehörig

**contradecir** [kontrađe'θir] *irr como decir* **I.** *vt* widersprechen *+dat* **II.** *vr:* **~se** sich *dat* widersprechen

**contradicción** [kontrađiᵞ'θjon] *f* Widerspruch *m*

**contradictorio, -a** [kontrađik'torjo, -a] *adj* widersprüchlich

**contraer** [kontra'er] *irr como traer* **I.** *vt* ❶ (*encoger*) zusammenziehen ❷ (*adquirir: deudas*) machen; (*compromisos*) eingehen; (*enfermedad*) bekommen ❸ (*limitar*) beschränken (*a* auf *+akk*) **II.** *vr:* **~se** ❶ (*encogerse*) sich zusammenziehen ❷ (*limitarse*) sich beschränken (*a* auf *+akk*)

**contraespionaje** [kontraespjo'naxe] *m* ❶ (*servicio de defensa*) Spionageabwehr *f* ❷ (*actividad*) Gegenspionage *f*

**contrafuerte** [kontra'fwerte] *m* ❶ (ARQUIT) Strebepfeiler *m* ❷ (*zapato*) Hinterkappe *f* ❸ (GEO) Gebirgsausläufer *m*

**contrahecho, -a** [kontra'etʃo, -a] *adj* ❶ (*falsificado*) gefälscht ❷ (*deforme*) verwachsen; (*persona*) bucklig

**contraindicación** [kontraindika'θjon] *f* (MED) Gegenanzeige *f*

**contraindicar** [kontraindi'kar] <c→qu> *vt* (MED) abraten (von *+dat*)

**contraluz** [kontra'luθ] *m o f* Gegenlicht *nt;* (FOTO) Gegenlichtaufnahme *f*

**contramanifestación** [kontramanifesta'θjon] *f* Gegendemonstration *f*

**contramedida** [kontrame'điđa] *f* Gegenmaßnahme *f*

**contraofensiva** [kontraofen'siβa] *f* Gegenoffensive *f*

**contraoferta** [kontrao'ferta] *f* Gegenangebot *nt*

**contraorden** [kontra'orđen] *f* Gegenbefehl *m*

**contrapartida** [kontrapar'tiđa] *f* ❶ (*compensación*) Gegenleistung *f* ❷ (*contabilidad*) Gegenposten *m*

**contrapelo** [kontra'pelo]: **a ~** (*t. fig*) gegen den Strich

**contrapesar** [kontrape'sar] *vt* aufwiegen

**contrapeso** [kontra'peso] *m* Gegengewicht *nt*

**contraponer** [kontrapo'ner] *irr como poner* **I.** *vt* ❶ (*comparar*) gegenüberstellen ❷ (*oponer*) entgegenstellen **II.** *vr:* **~se** sich widersetzen

**contraportada** [kontrapor'tađa] *f* letzte Seite *f*

**contraposición** [kontraposi'θjon] *f* Gegenüberstellung *f;* **en ~ a algo** im Gegensatz zu etw *dat*

**contraprestación** [kontrapresta'θjon] *f* Gegenleistung *f*

**contraproducente** [kontraprođu'θente] *adj* kontraproduktiv; **sería ~** das würde das Gegenteil bewirken

**contrapropuesta** [kontrapro'pwesta] *f* Gegenvorschlag *m*

**contraproyecto** [kontrapro'ɟekto] *m* (*de una obra*) Gegenentwurf *m;* (*plan*) Gegenplan *m*

**contrapunto** [kontra'punto] *m* (MÚS) Kontrapunkt *m*

**contrariar** [kontrari'ar] <*1. pres:* contrarío> *vt* ❶ (*oponerse*) behindern; (*plan*) durchkreuzen ❷ (*disgustar*) ärgern

**contrariedad** [kontrarje'đa$^{đ}$] *f* ❶ (*inconveniente*) Zwischenfall *m* ❷ (*decepción*) Ärger *m*

**contrario, -a** [kon'trarjo, -a] **I.** *adj* (*opuesto*) entgegengesetzt (*a +dat*); (*perjudicial*) schädlich; **al ~** (ganz) im Gegenteil; **en caso ~** andernfalls; **de lo ~** andernfalls; **llevar la contraria a alguien** jdm widersprechen **II.** *m, f* Gegner(in) *m(f)*

**contrarreforma** [kontrarre'forma] *f sin pl* (HIST) Gegenreformation *f*

**contrarreloj** [kontrarre'lox] *f* (DEP) Wettrennen *nt* auf Zeit; (*ciclista*) Zeitfahren *nt*

**contrarréplica** [kontra'rreplika] *f* (JUR) Duplik *f*

**contrarrestar** [kontrarres'tar] **I.** *vt* ❶ (*resistir*) aufhalten ❷ (*neutralizar*) entgegenwirken *+dat* **II.** *vi* (DEP) zurückschlagen

**contrasentido** [kontrasen'tiđo] *m* ❶ (*contradicción*) Widerspruch *m* ❷ (*disparate*) Unsinn *m*

**contraseña** [kon̪tra'seɲa] *f* ❶ (*santo y seña*) Losungswort *nt* ❷ (*marca*) (Gegen)zeichen *nt*

**contrastar** **I.** *vi* im Gegensatz stehen (*con* zu +*dat*) **II.** *vt* (*comprobar*) prüfen; (*peso*) eichen

**contraste** [kon̪'traste] *m* ❶ (*t.* FOTO: *oposición*) Kontrast *m* ❷ (MED) Kontrastmittel *nt* ❸ (*persona*) Eichbeamte(r) *mf*, -beamtin *f*; (*oficina*) Eichamt *nt* ❹ (*señal*) Stempel *m*

**contratación** [kon̪trata'θjon] *f* Vertragsabschluss *m*; (*personal*) Einstellung *f*; ~ **bursátil** (FIN) Börsenhandel *m*

**contratar** [kon̪tra'tar] *vt* ❶ (*trabajador*) einstellen; (*artista*) engagieren ❷ (*encargar*) beauftragen

**contratiempo** [kon̪tra'tjempo] *m* Zwischenfall *m*; **¡qué ~!** wie unangenehm!

**contratista** [kon̪tra'tista] *mf* Unternehmer(in) *m(f)*

**contrato** [kon̪'trato] *m* Vertrag *m*; ~ **de alquiler** Mietvertrag *m*; ~ **colectivo** Tarifvertrag *m*

**contravención** [kon̪traβen̪'θjon] *f* (JUR) Verstoß *m* (*de* gegen +*akk*)

**contravenir** [kon̪traβe'nir] *irr como venir vt, vi* verstoßen (*de* gegen +*akk*)

**contraventana** [kon̪traβen̪'tana] *f* Fensterladen *m*

**contravidriera** [kon̪traβi'ðrjera] *f* Doppelfenster *nt*

**contrayente** [kon̪tra'ɟen̪te] **I.** *adj* (*que contrae*) vertragschließend; (*matrimonio*) eheschließend **II.** *mf* Vertragschließende(r) *mf*; (*de un matrimonio*) Eheschließende(r) *mf*; ~**s** Vertragspartner *mpl*; (*de un matrimonio*) Brautleute *pl*

**contribución** [kon̪triβu'θjon] *f* ❶ (*aportación*) Beitrag *m*; **aportar una ~ a algo** einen Beitrag zu etw *dat* leisten ❷ (*impuesto*) Steuer *f*, Abgabe *f*; ~ **municipal** Gemeindesteuer *f*

**contribuir** [kon̪triβu'ir] *irr como huir* **I.** *vi* ❶ (*ayudar*) beitragen (*a* zu +*dat*) ❷ (*tributar*) Steuern zahlen **II.** *vt* (*aportar*) beitragen (*a* zu +*dat*); (*pagar*) (be)zahlen

**contributivo**, **-a** [kon̪triβu'tiβo, -a] *adj* Steuer-

**contribuyente** [kon̪triβu'ɟen̪te] *mf* Steuerzahler(in) *m(f)*

**contrición** [kon̪tri'θjon] *f sin pl* (REL) Reue *f*, Bußfertigkeit *f*; **acto de ~** Bußformel *f*

**contrincante** [kon̪triŋ'kan̪te] *mf* Gegner(in) *m(f)*, Widersacher(in) *m(f)*

**contrito**, **-a** [kon̪'trito, -a] *adj* reumütig, zerknirscht

**control** [kon̪'trol] *m* Kontrolle *f*, Überwachung *f*; (*inspección*) Aufsicht *f*; (ELEC) Steuerung *f*; ~ **aduanero** Zollkontrolle *f*; ~ **al azar** Stichprobe *f*; ~ **a distancia** (TÉC) Fernsteuerung *f*; **torre de ~** (AERO) Kontrollturm *m*

**controlador**[1] [kon̪trola'ðor] *m* (INFOR) Treiber *m*; ~ **de la impresora** Druckertreiber *m*

**controlador(a)**[2] [kon̪trola'ðor(a)] *m(f)* Prüfer(in) *m(f)*; ~ **de vuelo** [*o* **de tráfico aéreo**] Fluglotse *m*

**controlar** [kon̪tro'lar] **I.** *vt* überwachen, überprüfen **II.** *vr:* ~**se** sich beherrschen

**controversia** [kon̪tro'βersja] *f* Kontroverse *f*

**controvertido**, **-a** [kon̪troβer'tiðo, -a] *adj* umstritten

**controvertir** [kon̪troβer'tir] *irr como sentir* **I.** *vi, vt* streiten (über +*akk*) **II.** *vt* (*dudar*) bestreiten

**contumacia** [kon̪tu'maθja] *f sin pl* ❶ (*porfía*) Halsstarrigkeit *f* ❷ (JUR) Nichterscheinen *nt* (vor Gericht)

**contumaz** [kon̪tu'maθ] *adj* halsstarrig

**contundencia** [kon̪tun̪'den̪θja] *f sin pl* Schlagkraft *f*

**contundente** [kon̪tun̪'den̪te] *adj* überzeugend; **prueba ~** schlagender Beweis

**conturbación** [kon̪turβa'θjon] *f sin pl* innere Unruhe *f*

**conturbar** [kon̪tur'βar] **I.** *vt* (*intranquilizar*) beunruhigen; (*turbar*) verwirren; (*ánimo*) bestürzen **II.** *vr:* ~**se** (*asustarse*) erschrecken; (*turbarse*) verwirrt sein; (*ánimo*) bestürzt sein

**contusión** [kon̪tu'sjon] *f* (MED) Quetschung *f*

**contusionar** [kon̪tusjo'nar] *vt* quetschen

**conurbación** [konurβa'θjon] *f* Ballungsgebiet *nt*

**convalecencia** [kombale'θen̪θja] *f* Genesung *f*

**convalecer** [kombale'θer] *irr como crecer vi* sich erholen (*de* von +*dat*)

**convaleciente** [kombale'θjen̪te] *mf* Rekonvaleszent(in) *m(f)*

**convalidación** [kombaliða'θjon] *f* ❶ (*de un título*) Anerkennung *f* ❷ (*confirmación*) Bestätigung *f*

**convalidar** [kombali'ðar] *vt* ❶ (*título*) anerkennen ❷ (*confirmar*) bestätigen

**convencedor(a)** [kombeṇθe'ðor(a)] *adj* überzeugend

**convencer** [komben̪'θer] <c→z> **I.** *vt* ❶ (*persuadir*) überzeugen (*de* von +*dat*) ❷ (*satisfacer*) zufrieden stellen; **no me convence ese piso** diese Wohnung gefällt mir nicht **II.** *vr:* ~**se** sich überzeugen (*de* von +*dat*)

**convencido, -a** [kombe n̪'θiðo, -a] *adj* überzeugt

**convencimiento** [kombe n̪θi'mje n̪t̪o] *m sin pl* Überzeugung *f;* **tengo el ~ de que...** ich bin davon überzeugt, dass ...

**convención** [kombe n̪'θjon] *f* ① (*acuerdo*) Vertrag *m,* Abkommen *nt;* **la C~ de Ginebra** die Genfer Konvention ② (*Am: de un partido*) Parteitag *m* ③ (*norma*) Konvention *f* ④ (*asamblea*) gesetzgebende Versammlung *f*

**convencional** [kombe n̪θjo'nal] *adj* ① (*acostumbrado*) herkömmlich, konventionell; **armas ~es** konventionelle Waffen ② (*no espontáneo*) förmlich ③ (*acordado*) (vertraglich) vereinbart

**convencionalismo** [kombe n̪θjona'lismo] *m sin pl* (HIST) Konventionalismus *m*

**conveniencia** [kombe'nje n̪θja] *f* ① (*provecho*) Zweckmäßigkeit *f;* **matrimonio de ~** Vernunftehe *f* ② (*acuerdo*) Konvention *f* ③ (*oportunidad*) Angemessenheit *f* ④ (*decencia*) Schicklichkeit *f*

**conveniente** [kombe'nje n̪t̪e] *adj* ① (*adecuado*) angemessen ② (*provechoso*) zweckmäßig; (*útil*) nützlich ③ (*decente*) schicklich

**convenientemente** [kombenje n̪t̪e'me n̪t̪e] *adv* ordentlich

**convenio** [kom'benjo] *m* Abkommen *nt;* **~ colectivo** Tarifvertrag *m*

**convenir** [kombe'nir] *irr como venir* **I.** *vi, vt* ① (*acordar*) vereinbaren (*en* +*akk*) ② (*concluir*) sich *dat* einig werden (über +*akk*) ③ (*ser oportuno*) angebracht sein; (*ser bueno*) gut sein (*a* für +*akk*) ④ (*asentir*) zugeben ⑤ (*corresponder*) zustehen +*dat* **II.** *vr:* **~se** sich einigen (*en* über +*akk*)

**convento** [kom'be n̪t̪o] *m* Kloster *nt*

**convergencia** [komber'xe n̪θja] *f* ① (*coincidencia*) Übereinstimmung *f;* **criterios de ~** Konvergenzkriterien *ntpl;* **fase de ~** Konvergenzphase *f;* **política de ~** Konvergenzpolitik *f;* **programa de ~** Konvergenzprogramm *nt* ② (MAT, ECON) Konvergenz *f* ③ (*líneas*) Zusammenlaufen *nt*

**convergente** [komber'xe n̪t̪e] *adj* ① (MAT) konvergent ② (*línea*) konvergent; **lente ~** Sammellinse *f* ③ (*opiniones*) übereinstimmend

**converger** [komber'xer] <g→j> *vi,* **convergir** [komber'xir] <g→j> *vi* ① (*línea*) zusammenlaufen ② (*estar dirigido*) abzielen (auf +*akk*) ③ (*ayudar*) beitragen (*a* zu +*dat*) ④ (*coincidir*) übereinstimmen

**conversación** [kombersa'θjon] *f* Gespräch *nt;* **~ telefónica** Telefongespräch *nt;* **la ~ versa sobre...** das Gespräch dreht sich um ...

**conversacional** [kombersaθjo'nal] *adj* ① (*relativo a la conversación*) Unterhaltungs- ② (*coloquial*) umgangssprachlich

**conversador(a)** [kombersa'ðor(a)] *m(f)* Plauderer, -in *m, f*

**conversar** [kømber'sar] *vi* sich unterhalten

**conversión** [komber'sjon] *f* ① (*transformación*) Verwandlung *f* ② (FÍS) Konversion *f;* (INFOR) Konvertierung *f;* **~ de datos** (INFOR) Datenkonvertierung *f* ③ (REL) Bekehrung *f* ④ (MAT) Umrechnung *f;* **tabla de ~** Umrechnungstabelle *f* ⑤ (COM, FIN) Umwandlung *f*

**converso, -a** [kom'berso, -a] *m, f* (REL) Konvertit *m*

**convertible** [komber'tiβle] **I.** *adj* konvertierbar **II.** *m* Kabrio(lett) *nt*

**convertir** [komber'tir] *irr como sentir* **I.** *vt* ① (*transformar*) verwandeln (*en* in +*akk*); **~ en dinero** zu Geld machen ② (REL) bekehren (*a* zu +*dat*) ③ (COM) umwandeln ④ (TÉC) überführen **II.** *vr:* **~se** ① (*transformarse*) sich verwandeln (*en* in +*akk*); (*deseo*) sich verwirklichen ② (REL) sich bekehren (*a* zu +*dat*)

**convexidad** [kombe$^{y}$si'ða$^{ð}$] *f sin pl* ① (*calidad*) Konvexität *f* ② (*parte*) Krümmung *f*

**convexo, -a** [kom'be$^{y}$so, -a] *adj* konvex; **lente convexa** Konvexlinse *f*

**convicción** [kombi$^{y}$'θjon] *f* Überzeugung *f*

**convicto, -a** [kom'bi$^{k}$to, -a] *adj* (JUR) überführt; **~ y confeso** überführt und geständig

**convidado, -a** [kombi'ðaðo, -a] *m, f* Gast *m*

**convidar** [kombi'ðar] **I.** *vt* einladen (*a* zu +*dat*) **II.** *vr:* **~se** ① (*invitarse*) sich einladen ② (*ofrecerse*) sich erbieten (*a* zu +*dat*)

**convincente** [kombi n̪'θe n̪t̪e] *adj* überzeugend; (*argumento, prueba*) stichhaltig

**convite** [kom'bite] *m* ① (*invitación*) Einladung *f* (*a* zu +*dat*) ② (*banquete*) Festmahl *nt*

**convivencia** [kombi'βe n̪θja] *f* Zusammenleben *nt*

**convivir** [kombi'βir] *vi* zusammenleben

**convocar** [kombo'kar] <c→qu> *vt* ① (*citar para algo*) aufrufen; (*reunir*) zusammenrufen; (MIL) einberufen; **me ~on al examen** ich wurde zur Prüfung geladen ② (*concurso*) ausschreiben ③ (*reunión*) einberufen; **~ elecciones** Wahlen einberufen

**convocatoria** [komboka'torja] *f* ① (*citación*) Aufruf *m;* (MIL) Einberufung *f* ② (*do-

*cumento*) Einladung *f;* (MIL) Einberufungsbefehl *m* ❸ (*de un concurso*) Ausschreibung *f* ❹ (*de una conferencia*) Einberufung *f*

**convoy** [kom'boi̯] *m* ❶ (*t.* MIL: *conjunto de vehículos o buques*) Konvoi *m* ❷ (*escolta*) Geleit *nt;* (MIL) Eskorte *f* ❸ (*fam: vinagreras*) Menage *f*

**convulsión** [kombul'sjon] *f* ❶ (MED) Konvulsion *f* ❷ (*t.* POL) Unruhe *f* ❸ (*t.* GEO) Erschütterung *f*

**convulsionar** [kombulsjo'nar] *vt* ❶ (MED) Konvulsionen verursachen ❷ (*t.* GEO, POL) erschüttern

**convulsivo, -a** [kombul'siβo, -a] *adj* krampfartig; **tos convulsiva** Krampfhusten *m*

**convulso, -a** [kom'bulso, -a] *adj* ❶ (MED) zuckend ❷ (*agitado*) zitternd; ~ **de rabia** bebend vor Wut

**conyugal** [koɲɟu'ɣal] *adj* ehelich, Ehe-

**cónyuge** ['koɲɟuxe] *mf* Ehemann, -frau *m, f;* **los ~s** die Eheleute

**coña** ['koɲa] *f* (*vulg*) ❶ (*broma*) Verarschung *f;* **tomar a ~** nicht ernst nehmen ❷ (*lata*) Schweinerei *f fam;* **eres la ~** du bist unmöglich *fam*

**coñá** [ko'ɲa] *m,* **coñac** [ko'ɲa^k] *m* <coñacs> Kognak *m,* Weinbrand *m*

**coñazo** [ko'ɲaθo] *m* (*vulg*) ❶ (*persona*) Nervensäge *f fam* ❷ (*cosa*) Sauerei *f fam;* **¡esto es un ~!** das ist ein Hammer! *fam*

**coño** ['koɲo] **I.** *interj* verdammt!, Scheiße! **II.** *m* (*vulg*) Fotze *f;* **vive en el quinto ~** er/sie wohnt am Arsch der Welt *fam;* **¿qué ~ te importa?** das geht dich einen feuchten Dreck an! *fam* **III.** *adj* (*Chil*) geizig

**cooperación** [ko(o)pera'θjon] *f* ❶ (*en común*) Zusammenarbeit *f;* (*t.* ECON, POL) Kooperation *f* ❷ (*participación*) Mitarbeit *f*

**cooperador(a)** [ko(o)pera'ðor(a)] *m(f)* Mitarbeiter(in) *m(f)*

**cooperante** [ko(o)pe'rante] *mf* Entwicklungshelfer(in) *m(f)*

**cooperar** [ko(o)pe'rar] *vi* ❶ (*juntamente*) zusammenarbeiten; (*t.* POL, ECON) kooperieren ❷ (*participar*) mitarbeiten (*en* bei *+dat*); (*ayudar*) mithelfen (*en* bei *+dat*)

**cooperativa** [ko(o)pera'tiβa] *f* Genossenschaft *f*

**cooperativismo** [ko(o)perati'βismo] *m* ❶ (*régimen cooperativo*) Genossenschaftswesen *nt* ❷ (*movimiento*) Genossenschaftsbewegung *f*

**cooperativista** [ko(o)perati'βista] *mf* Genossenschaftler(in) *m(f)*

**cooperativo, -a** [ko(o)pera'tiβo, -a] *adj* ❶ (*que coopera*) kooperativ; (*que colabora*) mitwirkend ❷ (*institución*) genossenschaftlich

**coordenada** [ko(o)rðe'naða] *f* (MAT) Koordinate *f*

**coordinación** [ko(o)rðina'θjon] *f* ❶ (*organización*) Koordination *f* ❷ (LING) Nebenordnung *f*

**coordinado, -a** [ko(o)rði'naðo, -a] *adj* ❶ (*organizado*) koordiniert ❷ (LING) nebengeordnet

**coordinador(a)** [ko(o)rðina'ðor(a)] **I.** *adj* koordinierend **II.** *m(f)* Koordinator(in) *m(f)*

**coordinar** [ko(o)rði'nar] *vt* ❶ (*organizar*) koordinieren ❷ (*armonizar*) aufeinander abstimmen

**copa** ['kopa] *f* ❶ (*vaso*) (Stiel)glas *nt;* **una ~ de vino** ein Glas Wein; **una ~ para el vino** ein Weinglas; **ir de ~s** etwas trinken gehen; **tener una ~ de más** beschwipst sein *fam* ❷ (*de árbol*) (Baum)krone *f* ❸ (*de sujetador*) Körbchen *nt* ❹ (*de sombrero*) Kopf *m;* **sombrero de ~** Zylinder(hut) *m* ❺ (DEP: *trofeo*) Pokal *m;* (*competición*) Pokalwettbewerb *m,* Cup *m*

**copar** [ko'par] *vt* ❶ (MIL: *rodear*) einkesseln; (*cortar la retirada*) den Rückzug abschneiden *+dat* ❷ (*acorralar*) in die Enge treiben; **estar copado** festsitzen; (*negociaciones*) festgefahren sein ❸ (*votos*) für sich gewinnen; (*premios*) gewinnen; ~ **la banca** (*en un juego*) die Bank sprengen

**copartícipe** [kopar'tiθipe] *mf* (*codueño*) Mitinhaber(in) *m(f);* (*socio*) Mitteilhaber(in) *m(f)*

**copatrocinar** [kopatroθi'nar] *vt* mitunterstützen

**copear** [kope'ar] *vi* ❶ (*fam: beber*) bechern ❷ (*vender*) (glasweise) ausschenken

**cópec** ['kopek] *m* <copecks>, **copeca** [ko'peka] *f* Kopeke *f*

**Copenhague** [kope'naɣe] *m* Kopenhagen *nt*

**copete** [ko'pete] *m* ❶ (*de persona*) (Haar)tolle *f* ❷ (*de ave*) Haube *f;* (*de caballo*) Schopf *m* ❸ (*altanería*) Hochmut *m* ❹ (*linaje*) Rang *m;* **ser de alto ~** von hohem Rang sein

**copia** ['kopja] *f* ❶ (*de un escrito*) Kopie *f;* (*al carbón*) Durchschlag *m;* ~ **certificada** beglaubigte Kopie; ~ **en limpio** Reinschrift *f;* ~ **de seguridad** (INFOR) Sicherheitskopie *f* ❷ (ARTE: *imagen*) Abbild *nt;* (*réplica*) Kopie *f* ❸ (FOTO) Abzug *m* ❹ (CINE) Kopie *f* ❺ (TIPO) Exemplar *nt*

**copiadora** [kopja'ðora] *f* Kopiergerät *nt*

**copiar** [ko'pjar] *vt* ❶ (*un escrito*) abschreiben; (*a máquina*) abtippen ② (ARTE: *representar*) abmalen; (*imitar*) kopieren ③ (*un comportamiento*) nachahmen

**copichuela** [kopi'ʧwela] *f* (*fam*) Gläschen *nt* (Bier, Wein, Schnaps o.ä.)

**copiloto, -a** [kopi'loto, -a] *m, f* (AERO) Kopilot(in) *m(f)*; (AUTO) Beifahrer(in) *m(f)*

**copión, -ona** [ko'pjon, -ona] *m, f* (*pey*) Nachmacher(in) *m(f)*

**copioso, -a** [ko'pjoso, -a] *adj* (*exuberante*) üppig; (*abundante*) reichlich

**copista** [ko'pista] *mf* Kopist(in) *m(f)*

**copistería** [kopiste'ria] *f* Copyshop *m*

**copo** ['kopo] *m* Flocke *f*; (*de pelo*) Büschel *nt*; ~ **de nieve** Schneeflocke *f*

**copón** [ko'pon] *m* (REL) Kelch *m*; **del** ~ (*fam*) gewaltig

**copresidente, -a** [kopresi'ðen̩te, -a] *m, f* Mitvorsitzende(r) *mf*

**coprocesador** [koproθesa'ðor] *m* (INFOR) Co-Prozessor *m*

**coproducción** [koproðuʸ'θjon] *f* (CINE) Gemeinschaftsproduktion *f*

**coproducir** [koproðu'θir] *irr como traducir* *vt* (CINE) in Gemeinschaftsarbeit produzieren

**coproductor(a)** [koproðuk'tor(a)] *m(f)* (CINE) Koproduzent(in) *m(f)*

**copropiedad** [kopropje'ðaᵈ] *f* Miteigentum *nt*

**copropietario, -a** [kopropje'tarjo, -a] *m, f* Miteigentümer(in) *m(f)*

**coprotagonista** [koprotaɣo'nista] **I.** *adj* (CINE, TEAT) der zweiten Hauptrolle; **el actor** ~ **era japonés** der zweite Hauptdarsteller war Japaner **II.** *mf* (CINE, TEAT) zweiter Hauptdarsteller *m*, zweite Hauptdarstellerin *f*

**cópula** ['kopula] *f* ① (*unión*) Verbindung *f*; (BIOL) Paarung *f* ② (*coito*) Begattung *f*, Kopulation *f* ③ (LING) Satzband *nt*, Kopula *f* ④ (ARQUIT) Kuppel *f*

**copulación** [kopula'θjon] *f* Kopulation *f*

**copular** [kopu'lar] **I.** *vt* ① (*unir*) verbinden ② (BIOL) paaren **II.** *vi, vr*: ~**se** sich paaren

**coque** ['koke] *m* Koks *m*

**coqueta** [ko'keta] *f* ① (*chica*) kokettes Mädchen *nt*; (*mujer*) kokette Frau *f* ② (*mueble*) Frisierkommode *f*

**coquetear** [kokete'ar] *vi* ① (*flirtear*) kokettieren ② (*considerar*) liebäugeln

**coqueteo** [koke'teo] *m* Flirten *nt*

**coquetería** [kokete'ria] *f* Koketterie *f*

**coqueto, -a** [ko'keto, -a] *adj* ① (*que coquetea*) kokett ② (*encantador*) reizend ③ (*vanidoso*) eitel ④ (*objeto*) hübsch

**coraje** [ko'raxe] *m* ① (*valor*) Mut *m*, Courage *f*; **tener** ~ mutig sein ② (*ira*) Wut *f*, Zorn *m*; **dar** ~ wütend machen

**coral¹** [ko'ral] **I.** *adj* ① (*color*) korallen(rot) ② (MÚS: *del coro*) Chor-; **música** ~ Chormusik *f* **II.** *m* ① (ZOOL) Koralle *f* ② (*materia*) Koralle *f* ③ (MÚS) Choral *m*

**coral²** [ko'ral] *f* (MÚS) Chor *m*

**coralino, -a** [kora'lino, -a] *adj* korallen

**Corán** [ko'ran] *m* (REL) Koran *m*

**coraza** [ko'raθa] *f* ① (MIL: *armadura*) Brustharnisch *m*; (*blindaje*) Panzerplatte *f* ② (ZOOL) Panzer *m* ③ (*protección*) Schutz *m*

**corazón** [kora'θon] *m* ① (ANAT) Herz *nt*; **blando de** ~ weichherzig; **duro de** ~ hartherzig; **de todo** ~ von ganzem Herzen; **con el** ~ **en la mano** aufrichtig; **hacer algo de** ~ etw von Herzen gern tun; **tener un** ~ **de oro** herzensgut sein; **no tener** ~ herzlos sein ② (*centro*) Zentrum *nt*, Mittelpunkt *m* ③ (*interior*) Innere(s) *nt*, Kern *m*; (*de la fruta*) Herz *nt* ④ (*coraje*) Mut *m*; **hacer de tripas** ~ sich *dat* ein Herz fassen ⑤ (*apelativo cariñoso*) Liebling *m*; ~ (**mío**) mein Herz, (mein) Schatz

**corazonada** [koraθo'naða] *f* ① (*presentimiento*) Ahnung *f* ② (*impulso*) plötzlicher Impuls *m*; (*arrebato*) plötzliche Anwandlung *m* ③ (*acto*) schneller Entschluss *m*

**corbata** [kor'βata] *f* ① (*chalina*) Krawatte *f* ② (MIL) Fahnenschleife *f*

**corbatín** [korβa'tin] *m* Fliege *f*

**corbeta** [kor'βeta] *f* (MIL) Korvette *f*

**Córcega** ['korθeɣa] *f* Korsika *nt*

**corcel** [kor'θel] *m* (LIT) Ross *nt*

**corchea** [kor'ʧea] *f* (MÚS) Achtelnote *f*

**corchete** [kor'ʧete] *m* ① (*broche*) Haken *m* und Öse; (*pieza*) Haken *m* ② (TIPO) eckige Klammer *f* ③ (*pey: alguacil*) Häscher *m*

**corcho** ['korʧo] **I.** *m* ① (*material*) Kork *m* ② (*tapón*) Korken *m* ③ (*en la pesca*) Schwimmer *m* **II.** *interj*: ¡~! Donnerwetter!

**córcholis** ['korʧolis] *interj*: ¡~! Donnerwetter!

**corcovado, -a** [korko'βaðo, -a] **I.** *adj* buck(e)lig **II.** *m, f* Bucklige(r) *mf*

**corcovar** [korko'βar] *vt* krümmen

**corcovear** [korkoβe'ar] *vi* (*caballo*) bocken; (*gato*) buckeln

**cordaje** [kor'ðaxe] *m* ① (*de un instrumento*) Besaitung *f*; (*de una raqueta*) Bespannung *f* ② (*de una embarcación*) Takelwerk *nt*

**cordel** [kor'ðel] *m* ① (*cuerda delgada*) Schnur *f* ② (*cañada*) Trift *f*

**corderillo** [korðe'riʎo] *m* (*piel*) Lammfell *nt*

**cordero**[1] [kor'ðero] *m* ❶ (*carne*) Lammfleisch *nt* ❷ (*piel*) Lammfell *nt*

**cordero, -a**[2] [kor'ðero, -a] *m, f* Lamm *nt;* ~ **asado** Lammbraten *m;* **C~ de Dios** Lamm Gottes; **manso como un** ~ lammfromm

**cordial** [kor'ðjal] **I.** *adj* ❶ (*persona*) herzlich ❷ (MED) (herz)stärkend **II.** *m* Herztonikum *nt*

**cordialidad** [korðjali'ðaᵈ] *f* Herzlichkeit *f*

**cordillera** [korði'ʎera] *f* Gebirgskette *f*

**córdoba** ['korðoβa] *m* (*Nic: moneda*) Córdoba *m*

**Córdoba** ['korðoβa] *f* Córdoba *nt*

**cordobés, -esa** [korðo'βes, -esa] **I.** *adj* aus Córdoba **II.** *m, f* Einwohner(in) *m(f)* von Córdoba

**cordón** [kor'ðon] *m* ❶ (*cordel*) Kordel *f;* (*del uniforme*) Litze *f;* (*de zapatos*) Schnürsenkel *m;* ~ **umbilical** (ANAT) Nabelschnur *f* ❷ (ELEC, NÁUT) Kabel *nt* ❸ (MIL) Kordon *m*

**cordura** [kor'ðura] *f* (*razón*) Vernunft *f;* (*juicio*) Verstand *m;* (*prudencia*) Umsicht *f*

**Corea** [ko'rea] *f* Korea *nt*

**coreano, -a** [kore'ano, -a] **I.** *adj* koreanisch **II.** *m, f* Koreaner(in) *m(f)*

**corear** [kore'ar] *vt* ❶ (*acompañar*) (mit) einstimmen (in +*akk*); (*cantando*) mitsingen ❷ (*asentir*) (begeistert) zustimmen +*dat*

**coreografía** [koreoɣra'fia] *f* Choreographie *f*

**coreográfico, -a** [koreo'ɣrafiko, -a] *adj* choreographisch

**coreógrafo, -a** [kore'oɣrafo, -a] *m, f* Choreograph(in) *m(f)*

**coriáceo, -a** [ko'rjaθeo, -a] *adj* ledern, lederartig

**corintio, -a** [ko'rintjo, -a] **I.** *adj* korinthisch **II.** *m, f* Korinther(in) *m(f)*

**corinto** [ko'rinto] **I.** *adj inv* rosinfarben **II.** *m* Korinthe *f*

**corista** [ko'rista] *mf* Chorsänger(in) *m(f)*

**cornada** [kor'naða] *f* (*golpe*) Stoß *m* mit den Hörnern

**i Land & Leute**

Mit **cornada** bezeichnet man im Stierkampf den Stoß mit den Stierhörnern und vor allem die Verletzung, die dieser Stoß zur Folge hat. Die Redewendung *no morirás/morirá en cornada de burro* hat, im Gegensatz dazu, einen humoristischen Beigeschmack und bedeutet, dass die betreffende Person ein Feigling ist.

**cornamenta** [korna'menta] *f* ❶ (*de animales*) Gehörn *nt* ❷ (*del marido*) Hörner *ntpl*

**córnea** ['kornea] *f* Hornhaut *f*

**cornear** [korne'ar] *vt* mit den Hörnern stoßen

**corneja** [kor'nexa] *f* Krähe *f*

**córner** ['korner] *m* (DEP) Eckball *m*

**corneta**[1] [kor'neta] *f* ❶ (MÚS: *instrumento*) Horn *nt;* (*en el ejército*) Signalhorn *nt;* **hacer algo a toque de** ~ (*fig*) etw auf Befehl tun ❷ (MÚS: *música*) Hornistin *f* ❸ (*de los sordos*) Hörrohr *nt*

**corneta**[2] [kor'neta] *m* ❶ (MÚS: *músico*) Hornist *m* ❷ (MIL) Fähnrich *m,* Kornett *m*

**cornisa** [kor'nisa] *f* (Kranz)gesims *nt*

**cornucopia** [kornu'kopja] *f* ❶ (*cuerno*) Füllhorn *nt* ❷ (*espejo*) Spiegel *m* (mit Leuchtern)

**cornudo, -a** [kor'nuðo, -a] **I.** *adj* gehörnt; **marido** ~ Hahnrei *m* **II.** *m, f* Gehörnte(r) *mf*

**coro** ['koro] *m* (ARQUIT, MÚS) Chor *m;* **a** ~ einstimmig; **hacer** ~ **a alguien/algo** jdm/etw *dat* zustimmen

**corola** [ko'rola] *f* (BOT) Korolla *f*

**corolario** [koro'larjo] *m* Korollar(ium) *nt*

**corona** [ko'rona] *f* ❶ (*adorno, t.* POL) Krone *f;* ~ **de espinas** Dornenkrone *f* ❷ (*de flores*) Kranz *m* ❸ (*de eclesiásticos*) Tonsur *f* ❹ (*de santos*) Heiligenschein *m* ❺ (*de los dientes*) (Zahn)krone *f* ❻ (ASTR) Korona *f*

**coronación** [korona'θjon] *f* ❶ (*de un rey, de una acción*) Krönung *f* ❷ (ARQUIT) Bekrönung *f*

**coronamiento** [korona'mjento] *m* ❶ (*de una acción u obra*) (krönender) Abschluss *m* ❷ (ARQUIT) Bekrönung *f*

**coronar** [koro'nar] *vt* ❶ (*una persona*) krönen; (*con flores*) bekränzen ❷ (*una obra*) den krönenden Abschluss bilden +*gen;* (*perfeccionarla*) krönen; **para ~lo...** um der Sache die Krone aufzusetzen, ... ❸ (ARQUIT) bekrönen

**coronaria** [koro'narja] *f* (TÉC) Sekundenrad *nt*

**coronario, -a** [koro'narjo, -a] *adj* ❶ (*de forma de corona*) kranzförmig ❷ (MED) koronar

**coronel(a)** [koro'nel(a)] *m(f)* Oberst *m,* Frau Oberst *f*

**coronilla** [koro'niʎa] *f* (Haar)wirbel *m;* **estar hasta la ~ de algo** (*fam*) von etw *dat* die Nase voll haben

**corpiño** [kor'piɲo] *m* Mieder *nt*

**corporación** [korpora'θjon] *f* ❶ (*comunidad*) Körperschaft *f;* ~ **de estudiantes** Studentenverbindung *f* ❷ (*de una profe-*

*sión*) Innung *f;* (HIST) Zunft *f,* Gilde *f* ❸ (*cooperativa*) Genossenschaft *f*

**corporal** [korpo'ral] *adj* körperlich

**corporativismo** [korporati'βismo] *m* Körperschaftswesen *nt*

**corporativo**, **-a** [korpora'tiβo, -a] *adj* korporativ

**corporeizar** [korpore̯i'θar] <z→c> **I.** *vt* Gestalt verleihen +*dat;* ~ **un proyecto** ein Vorhaben (in die Tat) umsetzen **II.** *vr:* ~**se** Gestalt annehmen

**corpóreo**, **-a** [kor'poreo, -a] *adj* ❶ (*material*) körperhaft ❷ (*corporal*) körperlich

**corpulencia** [korpu'len̪θja] *f* ❶ (*de alguien*) Beleibtheit *f,* Korpulenz *f* ❷ (*de algo*) Wuchtigkeit *f*

**corpulento**, **-a** [korpu'len̪to, -a] *adj* ❶ (*persona*) beleibt, korpulent ❷ (*cosa*) wuchtig

**corpus** ['korpus] *m sin pl* (LING) Korpus *m*

**Corpus** ['korpus] *m sin pl* (REL) Fronleichnam *m*

**corpúsculo** [kor'puskulo] *m* ❶ (FÍS) Teilchen *nt* ❷ (BIOL) Körperchen *nt*

**corral** [ko'rral] *m* ❶ (*cercado*) Gehege *nt;* (*redil*) Pferch *m;* (*para la pesca*) Fischzaun *m;* (*para gallinas*) Hühnerhof *m* ❷ (HIST, TEAT) (Innen)hof *m* ❸ (*lugar sucio*) Saustall *m fig* ❹ (*para niños*) Laufstall *m*

**correa** [ko'rrea] *f* ❶ (*tira*) Lederriemen *m* ❷ (*cinturón*) (Leder)gürtel *m* ❸ (TÉC) Riemen *m;* ~ **de transmisión** Treibriemen *m* ❹ (*afilador*) Streichriemen *m* ❺ (*elasticidad*) Biegsamkeit *f* ❻ (*loc, fam*): **tener** ~ zäh sein

**correaje** [korre'axe] *m* (*t.* TÉC) Riemenwerk *nt*

**corrección** [korreʸ'θjon] *f* ❶ (*t.* TIPO) Korrektur *f;* (*de ruta*) Kurskorrektur *f* ❷ (*represión*) Zurechtweisung *f* ❸ (*cualidad*) Korrektheit *f;* (*comportamiento*) korrektes Verhalten *nt*

**correccional** [korreʸθjo'nal] *m* Erziehungsanstalt *f*

**correctivo** [korrek'tiβo] *m* (*sanción*) Korrektiv *nt;* (*como compensación*) Ausgleich *m;* (*como atenuación*) Milderung *f*

**correcto**, **-a** [ko'rrekto, -a] *adj* ❶ (*justo*) richtig, korrekt ❷ (*comedido*) korrekt; (*impecable*) tadellos ❸ (*sin errores*) fehlerfrei ❹ (*apropiado*) angemessen

**corrector(a)** [korrek'tor(a)] **I.** *adj* korrigierend **II.** *m(f)* (TIPO) Korrektor(in) *m(f)*

**corredera** [korre'ðera] *f* ❶ (TÉC) Schieber *m;* (*carro*) Schlitten *m;* **puerta de** ~ Schiebetür *f* ❷ (*pista*) (Pferde)rennbahn *f* ❸ (*cucaracha*) Küchenschabe *f* ❹ (*fam: alcahueta*) Kupplerin *f*

**corredizo**, **-a** [korre'ðiθo, -a] *adj:* **nudo** ~ Schlinge *f;* **ventana corrediza** Schiebefenster *nt*

**corredor**[1] [korre'ðor] *m* ❶ (*pasillo*) Flur *m,* Gang *m* ❷ (*galería*) Galerie *f*

**corredor(a)**[2] [korre'ðor(a)] *m(f)* ❶ (DEP: *a pie*) Läufer(in) *m(f);* (*en coche*) Rennfahrer(in) *m(f);* ~ **de fondo** Langstreckenläufer *m* ❷ (COM) Makler(in) *m(f);* ~ **de fincas** Grundstücksmakler *m*

**correduría** [korreðu'ria] *f* ❶ (*oficio*) Maklergeschäft *nt;* (*oficina*) Maklerbüro *nt* ❷ (*comisión*) Maklergebühr *f* ❸ (*intervención*) Vermittlungsagentur *f*

**corregible** [korre'xiβle] *adj* verbesserungsfähig

**corregir** [korre'xir] *irr como elegir* **I.** *vt* ❶ (*t.* TIPO) korrigieren ❷ (*sacar de dudas*) richtig stellen ❸ (*moderar*) zügeln ❹ (*reprender*) zurechtweisen **II.** *vr:* ~**se** ❶ (*mejorarse*) sich bessern ❷ (*moderarse*) sich zügeln

**correlación** [korrela'θjon] *f* Wechselbeziehung *f*

**correlacionar** [korrelaθjo'nar] **I.** *vi* in Wechselbeziehung stehen (*con* mit/zu +*dat*) **II.** *vt* in Wechselbeziehung setzen (*con* mit/zu +*dat*)

**correlativo**, **-a** [korrela'tiβo, -a] *adj* ❶ (*correspondiente*) wechselseitig ❷ (*de sucesión inmediata*) fortlaufend

**correligionario**, **-a** [korrelixjo'narjo, -a] *m, f* ❶ (REL) Glaubensgenosse, -in *m, f* ❷ (POL) Gesinnungsgenosse, -in *m, f*

**correo** [ko'rreo] *m* ❶ (*persona*) Kurier *m* ❷ (*correspondencia*) Post *f;* ~ **aéreo** Luftpost *f;* ~ **urgente** Eilzustellung *f* ❸ (*servicio*) Post *f,* Postdienst *m;* **a vuelta de** ~ postwendend ❹ (*buzón*) Briefkasten *m;* **echar al** ~ in den Briefkasten werfen ❺ (*coche*) Postauto *nt;* (*avión*) Postflugzeug *nt;* (*barco*) Postschiff *nt;* (*tren*) Postzug *m*

**Correos** [ko'rreos] *mpl* Postamt *nt;* **ir a** ~ zur Post gehen

**correoso**, **-a** [korre'oso, -a] *adj* ❶ (*elástico*) biegsam ❷ (*comida*) zäh ❸ (*persona*) ausdauernd

**correr** [ko'rrer] **I.** *vi* ❶ (*caminar*) rennen, laufen; **echarse a** ~ (*partir*) losrennen; (*escaparse*) davonlaufen; **salir corriendo** hinauslaufen ❷ (*apresurarse*) eilen; **a todo** ~ in aller Eile ❸ (*conducir*) schnell fahren ❹ (*tiempo*) vergehen; **el mes que corre** der laufende Monat; **en los tiempos que corremos...** in unserer heutigen Zeit ... ❺ (*líquido*) fließen, strömen ❻ (*viento*) wehen ❼ (*camino*) verlaufen ❽ (*moneda*) in [*o* im] Umlauf sein ❾ (*ru-

*mor*) umgehen ⑩ (*loc*): **eso corre de** [*o* **por**] **mi cuenta** (*gastos*) das geht auf meine Rechnung; (*un asunto*) dafür bin ich zuständig **II.** *vt* ① (*un mueble*) verrücken; (*una cortina*) zuziehen; (*un cerrojo*) vorschieben ② (*un nudo*) lösen ③ (*un lugar*) bereisen; ~ **mundo** in der Welt herumkommen ④ (MIL) einfallen (in +*akk*) ⑤ (*un caballo*) (aus)reiten ⑥ (*la caza*) hetzen, jagen ⑦ (*avergonzar*) beschämen ⑧ (*confundir*) in Verlegenheit bringen ⑨ (*loc*): ~**la** (*fam*) einen draufmachen; ~ **la misma suerte** das gleiche Schicksal erleiden; **corre prisa** es eilt; **dejar** ~ **algo** (*fig*) etw laufen lassen **III.** *vr:* ~**se** ① (*moverse*) (zur Seite) rücken ② (*excederse*) sich übernehmen ③ (*exagerar*) übertreiben ④ (*avergonzarse*) sich schämen ⑤ (*argot: eyacular*) kommen ⑥ (*colores*) verlaufen

**correría** [korre'ria] *f* ① (MIL) Raubzug *m* ② *pl* (*recorridos*) Streifzüge *mpl*

**correspondencia** [korrespon̩'den̩θja] *f* ① (*correo*) Post *f*, Korrespondenz *f*; (*de cartas*) Briefwechsel *m*; **curso por** ~ Fernkurs(us) *m*; **estar en** ~ **con alguien** mit jdm in Briefwechsel stehen; **llevar la** ~ die Korrespondenz führen ② (*equivalente*) Entsprechung *f* ③ (*conformidad*) Übereinstimmung *f* ④ (*entre habitaciones*) Verbindung *f*; (*entre medios de transporte*) Anschluss *m*

**corresponder** [korrespon̩'der] **I.** *vi* ① (*equivaler*) entsprechen (*a* +*dat*) ② (*armonizar*) passen (*a* zu +*dat*) ③ (*convenir*) übereinstimmen (*con* mit +*dat*) ④ (*contestar*) erwidern (*a* +*akk*) ⑤ (*pertenecer*) gehören (*a* zu +*dat*) ⑥ (*incumbir*) zustehen +*dat*; **no me corresponde criticarlo** ich habe kein Recht ihn zu kritisieren ⑦ (*comunicar*) verbunden sein (*con* mit +*dat*); (*medios de transporte*) Anschluss haben (*con* an +*akk*) **II.** *vr:* ~**se** ① (*ser equivalente*) sich entsprechen; (*armonizar*) zueinander passen; (*convenir*) übereinstimmen ② (*comunicarse*) miteinander verbunden sein ③ (*escribirse*) in Briefwechsel stehen

**correspondiente** [korrespon̩'djen̩te] *adj* ① (*oportuno*) entsprechend ② (*apropiado*) passend (*a* zu +*dat*) ③ (*respectivo*) jeweilig ④ (*que escribe*) korrespondierend

**corresponsabilidad** [korresponsaβili'ðað] *f* Mitverantwortlichkeit *f*

**corresponsabilizar** [korresponsaβili'θar] <z→c> **I.** *vt* mitverantwortlich machen **II.** *vr:* ~**se** Mitverantwortung übernehmen

**corresponsable** [korrespon'saβle] *adj* mitverantwortlich

**corresponsal** [korrespon'sal] *mf* (PREN) Korrespondent(in) *m(f)*

**corresponsalía** [korresponsa'lia] *f* (PREN) Berichterstattung *f*

**corretaje** [korre'taxe] *m* ① (*negocio*) Maklergeschäft *nt* ② (*comisión*) Maklergebühr *f*

**corretear** [korrete'ar] *vi* ① (*vagar*) umherlaufen ② (*niños*) herumtollen

**corrida** [ko'rriða] *f* ① (TAUR) Stierkampf *m*, Corrida *f* ② (*carrera*) Sprint *m*; **en una** ~ ganz schnell; **decir algo de** ~ (*de memoria*) etw fließend aufsagen; (*de forma rápida*) etw herunterrasseln ③ (*de un líquido*) Rinnen *nt* ④ (*vulg: orgasmo*) Orgasmus *m*

**corrido**, **-a** [ko'rriðo, -a] *adj* ① (*movido*) verschoben ② (*t.* ARQUIT: *sin interrupción*) durchgehend ③ (*cantidad: larga*) reichlich; (*generosa*) großzügig; **un quilo** ~ ein gutes Kilo ④ *estar* (*avergonzado*) beschämt; (*confuso*) verlegen ⑤ *ser* (*astuto*) erfahren

**corriente** [ko'rrjen̩te] **I.** *adj* ① (*fluente*) fließend; **no hay agua** ~ es gibt kein fließend Wasser ② (*actual*) laufend; (*moneda*) kursierend; **estar al** ~ (**en algo**) (mit etw *dat*) auf dem Laufenden sein; **ponerse al** ~ sich (über das Neueste) informieren; **poner a alguien al** ~ **de algo** jdn über etw unterrichten ③ (*ordinario*) gewöhnlich; **un día** ~ ein Tag wie jeder andere ④ (*normal*) üblich, normal ⑤ (*presente*) gegenwärtig, aktuell **II.** *f* ① (*de agua, electricidad*) Strom *m*; (*de viento, agua*) Strömung *f*; ~ **de aire** Luftzug *m*; ~ **alterna** Wechselstrom *m*; **hace** ~ es zieht; **ir contra la** ~ gegen den Strom schwimmen; **seguir** [*o* **llevar**] **la** ~ **a alguien** jdm nach dem Mund reden ② (ARTE, LIT: *tendencia*) Strömung *f*

**corrimiento** [korri'mjen̩to] *m* ① (*movimiento*) Verschiebung *f* ② (GEO) Rutsch *m*; ~ **de tierras** Erdrutsch *m* ③ (*vergüenza*) Scham *f*; (*timidez*) Verlegenheit *f*

**corro** ['korro] *m* ① (*círculo*) Kreis *m*, Zirkel *m*; (*peña*) Runde *f*; **hacer** ~ (*rodear*) einen Kreis bilden; (*apartar*) Platz machen ② (AGR) kleine Parzelle *f* ③ (*juego*) Ringelreigen *m*

**corroboración** [korroβora'θjon] *f* ① (*confirmación*) Bekräftigung *f* ② (*fortalecimiento*) Stärkung *f*

**corroborar** [korroβo'rar] *vt* ① (*confirmar*) bekräftigen ② (*fortalecer*) stärken

**corroer** [korro'er] *irr como roer* **I.** *vt* ① (*un material*) zersetzen; (*por ácido*) korrodieren ❷ (*una persona*) nagen (an +*dat*) **II.** *vr:* **~se** ❶ (*material*) korrodieren ❷ (*persona*) sich vor Gram verzehren

**corromper** [korrom'per] **I.** *vt* ❶ (*descomponer*) verderben; (*un texto*) verfälschen ❷ (*sobornar*) bestechen ❸ (*enviciar*) verführen; (*pervertir*) verderben ❹ (*fam: enojar*) auf die Nerven gehen +*dat* **II.** *vi* stinken **III.** *vr:* **~se** ❶ (*descomponerse*) verderben; (*alimentos*) verfaulen; (*cadáver*) verwesen ❷ (*degenerar*) (sittlich) verkommen

**corrompido, -a** [korrom'pido, -a] *adj* ❶ (*descompuesto*) verdorben; (*aguas*) faulig; (*cadáver*) verwest ❷ (*degenerado*) (sittlich) verkommen ❸ (LIT) korrumpiert

**corrosión** [korro'sjon] *f* ❶ (*de metal, t.* GEO) Korrosion *f* ❷ (QUÍM, TÉC) Ätzung *f*

**corrosivo, -a** [korro'siβo, -a] *adj* ❶ (*sustancia*) korrosiv ❷ (*estilo*) beißend

**corrupción** [koruβ'θjon] *f* ❶ (*descomposición*) Zersetzung *f;* (*de alimentos*) Fäulnis *f* ❷ (*de la moral*) (Sitten)verfall *m;* (*efecto*) Verdorbenheit *f* ❸ (*soborno*) Korruption *f* ❹ (*seducción*) Verführung *f* ❺ (*de un texto*) Verfälschung *f*

**corrupto, -a** [ko'rrupto, -a] *adj* ❶ (*degenerado*) korrupt ❷ (*inmoral*) (sittlich) verkommen

**corruptor(a)** [korrup'tor(a)] **I.** *adj* verderblich **II.** *m(f)* Verführer(in) *m(f)*

**corsario** [kor'sarjo] *m* (HIST) Korsar *m*

**corsé** [kor'se] *m* Korsett *nt*

**corsetería** [korsete'ria] *f* ❶ (*fábrica*) Miederwarenfabrik *f* ❷ (*tienda*) Miederwarengeschäft *nt* ❸ (*prendas interiores*) Miederwaren *fpl*

**corso, -a** ['korso, -a] **I.** *adj* korsisch **II.** *m, f* Korse, -in *m, f*

**cortacésped** [korta'θespe^ð] *m* Rasenmäher *m*

**cortacircuitos** [kortaθir'kwitos] *m inv* (ELEC) Sicherung *f*

**cortada** [kor'taða] *f* ❶ (*rebanada*) Scheibe *f* ❷ (*Am: herida*) Schnittwunde *f*

**cortado¹** [kor'taðo] *m* (GASTR) Kaffee *m* mit wenig Milch

**cortado, -a²** [kor'taðo, -a] *adj* ❶ (*leche: mala*) sauer; (*cuajada*) geronnen ❷ (*estilo*) knapp ❸ (*persona: tímida*) verlegen; (*avergonzada*) verschämt

**cortafuegos** [korta'fweɣos] *m inv* ❶ (AGR) Feuerschneise *f* ❷ (ARQUIT) Brandmauer *f*

**cortante** [kor'tan̪te] **I.** *adj* schneidend; **un viento ~** ein schneidender Wind **II.** *m* Hackmesser *nt*

**cortapisa** [korta'pisa] *f* ❶ (*restricción*) Einschränkung *f;* **poner ~s** einschränken ❷ (*obstáculo*) Hindernis *nt;* (*dificultad*) Schwierigkeit *f;* **hablar sin ~s** ungehemmt reden; **poner ~s a alguien** jdm Schwierigkeiten machen ❸ (*gracia*) Witz *m*

**cortaplumas** [korta'plumas] *m inv* Federmesser *nt*

**cortar** [kor'tar] **I.** *vt* ❶ (*tajar*) schneiden; (*por el medio*) durchschneiden; (*en pedazos*) zerschneiden; (*quitar*) abschneiden; (*un traje*) zuschneiden; (*una rama*) absägen; (*un árbol*) fällen; (*un arbusto*) beschneiden; (*la carne*) zerlegen; (*leña*) hacken; (*el césped*) mähen; (INFOR) ausschneiden; **~ al rape** kahl scheren ❷ (DEP: *la pelota*) (an)schneiden ❸ (*una bebida*) verdünnen ❹ (*una película*) kürzen ❺ (*cartas*) abheben ❻ (*el agua*) abstellen; (*la corriente*) abschalten ❼ (*una carretera*) sperren ❽ (*la comunicación*) unterbrechen; **~ la línea** das Telefon abstellen **II.** *vi* ❶ (*tajar*) schneiden ❷ (*romper*) brechen; **cortó con su novio** sie hat mit ihrem Freund Schluss gemacht **III.** *vr:* **~se** ❶ (*t.* MAT) sich schneiden ❷ (*turbarse*) verlegen werden; **no se cortó ni un pelo** (*fam fig*) es war ihr/ihm kein bisschen peinlich ❸ (*leche*) sauer werden; (*cuajarse*) gerinnen ❹ (*piel*) rissig werden ❺ (*luz*) ausfallen; (TEL) unterbrochen werden

**cortaúñas** [korta'uɲas] *m inv* Nagelzwicker *m*

**corte¹** ['korte] *m* ❶ (*herida*) Schnittwunde *f* ❷ (*tajo*) (Ein)schnitt *m* ❸ (*filo*) Schneide *f* ❹ (*de un traje*) (Zu)schnitt *m;* **hacer a alguien un ~ de mangas** (*fig vulg*) jdm den Stinkefinger zeigen *fam* ❺ (*de pelo*) (Haar)schnitt *m* ❻ (ARQUIT) Aufriss *m* ❼ (ELEC) Abschaltung *f;* **~ de corriente** Stromsperre *f;* (*sin querer*) Stromausfall *m*

**corte²** ['korte] *f* ❶ (*residencia*) Hof *m* ❷ (*séquito*) Gefolge *nt*

**i Land & Leute**

Die **Cortes Generales**, d. h. das spanische Parlament, setzt sich seit 1977 aus zwei Kammern, dem *congreso de los diputados – Abgeordnetenhaus* und dem *senado – Senat*, zusammen. Die 350 Abgeordneten und 255 Senatoren werden jeweils auf vier Jahre gewählt.

**cortedad** [korte'ða^ð] *f* ❶ (*pequeñez*) Kürze *f;* (*escasez*) Knappheit *f* ❷ (*timidez*)

Befangenheit *f* ❸ (*de poco entendimiento*) Beschränktheit *f*

**cortejar** [korte'xar] *vt* den Hof machen +*dat*

**cortejo** [kor'texo] *m* ❶ (*halago*) Umwerben *nt* ❷ (*séquito*) Gefolge *nt* ❸ (*desfile*) Fest(um)zug *m;* ~ **fúnebre** Leichenzug *m* ❹ (*secuela*) Folge(erscheinung) *f*

**Cortes** ['kortes] *fpl* (POL) spanisches Parlament *nt*

**cortés** [kor'tes] *adj* höflich, zuvorkommend

**cortesano**[1] [korte'sano] *m* Höfling *m*

**cortesano, -a**[2] [korte'sano, -a] *adj* ❶ (*palaciego*) höfisch ❷ (*cortés*) höflich

**cortesía** [korte'sia] *f* ❶ (*cortesanía*) Höflichkeit *f,* Zuvorkommenheit *f;* (*gentileza*) Freundlichkeit *f;* **fórmula de** ~ Höflichkeitsfloskel *f* ❷ (*merced*) Gunstbezeigung *f;* (*en una carta*) Grußformel *f*

**corteza** [kor'teθa] *f* ❶ (*de un tronco, del queso*) Rinde *f;* (*de una fruta*) Schale *f;* (*del pan*) Kruste *f;* ~ **terrestre** (GEO) Erdkruste *f* ❷ (*exterioridad*) Äußere(s) *nt;* (*rusticidad*) raue Schale *f*

**cortijo** [kor'tixo] *m* (*finca*) Landgut *nt;* (*casa*) Landhaus *nt*

**cortina** [kor'tina] *f* Vorhang *m;* ~ **de humo** (MIL) Rauchwand *f;* **correr/descorrer la** ~ den Vorhang zuziehen/aufziehen

**cortisona** [korti'sona] *f* (MED) Kortison *nt*

**corto, -a** ['korto, -a] *adj* ❶ (*pequeño*) kurz; ~ **de oído** schwerhörig; ~ **de vista** kurzsichtig; **se ha casado de** ~ sie hat in einem kurzen Kleid geheiratet; **a la corta o a la larga...** über kurz oder lang ... ❷ (*breve*) kurz, knapp ❸ (*de poco entendimiento*) beschränkt ❹ (*tímido*) schüchtern

**cortocircuito** [kortoθirku'ito] *m* (ELEC) Kurzschluss *m*

**cortometraje** [kortome'traxe] *m* (CINE) Kurzfilm *m*

**coruñés, -esa** [koru'ɲes, -esa] **I.** *adj* aus La Coruña **II.** *m, f* Einwohner(in) *m(f)* von La Coruña

**corva** ['korβa] *f* (ANAT) Kniekehle *f*

**corvo**[1] ['korβo] *m* (*gancho*) Haken *m*

**corvo, -a**[2] ['korβo, -a] *adj* (*curvo*) krumm; (*arqueado*) gebogen

**corzo, -a** ['korθo, -a] *m, f* Rehbock *m,* Rehgeiß *f*

**cosa** ['kosa] *f* ❶ (*objeto material*) Sache *f,* Gegenstand *m;* **la trata como una** ~ er behandelt sie wie einen Gegenstand ❷ (*objeto inmaterial, asunto*) Angelegenheit *f,* Sache *f;* **eso es otra** ~ das ist etwas anderes; **eso es** ~ **tuya/mía** das ist deine/meine Sache; **¿sabes una** ~**?** weißt du was?; **no me queda otra** ~ **que...** mir bleibt keine andere Möglichkeit, als ...; **ser una** ~ **nunca vista** einzigartig sein; **no valer gran** ~ nicht viel taugen ❸ (*circunstancia*) Sache *f,* Ding *nt fam;* **tal como están las** ~**s...** so wie die Dinge stehen ...; **como si tal** ~ als ob nichts geschehen wäre ❹ (*ocurrencia*) Einfall *m;* **esas son** ~**s de Inés** das ist typisch Inés ❺ *pl* (*pertenencias*) Sachen *fpl*

**cosaco** [ko'sako] *m* Kosak *m*

**coscorrón** [kosko'rron] *m* ❶ (*golpe*) Schlag *m* (auf den Kopf) ❷ (*contratiempo*) Rückschlag *m*

**cosecha** [ko'setʃa] *f* ❶ (AGR) Ernte *f;* (*conjunto de frutos*) (Ernte)ertrag *m;* **de** ~ **propia** aus eigenem Anbau ❷ (*temporada*) Erntezeit *f*

**cosechadora** [kosetʃa'ðora] *f* Mähdrescher *m*

**cosechar** [kose'tʃar] *vi, vt* ernten

**cosechero, -a** [kose'tʃero, -a] *m, f* ❶ (*trabajador*) Erntearbeiter(in) *m(f);* (*de algodón*) Pflücker(in) *m(f)* ❷ (*propietario*) Landwirt(in) *m(f);* (*de vino*) Winzer(in) *m(f)*

**coseno** [ko'seno] *m* (MAT) Kosinus *m*

**coser** [ko'ser] **I.** *vt* ❶ (*un vestido*) nähen; (*un botón*) annähen; (*un roto*) zunähen; (*una costura*) zusammennähen; ~ **a alguien a balazos** jdn mit Kugeln durchlöchern ❷ (*papeles*) (zusammen)heften **II.** *vi* nähen; **esto es** ~ **y cantar** das ist kinderleicht **III.** *vr:* ~**se con** [*o* **contra**] **alguien** sich an jdn anschmiegen

**cosido** [ko'siðo] *m* ❶ (*objeto*) Näharbeit *f* ❷ (*costura*) Naht *f* ❸ (*acción*) Nähen *nt*

**cosmética** [kos'metika] *f* Schönheitspflege *f,* Kosmetik *f*

**cosmético, -a** [kos'metiko, -a] *adj* kosmetisch; **producto** ~ Kosmetikum *nt*

**cósmico, -a** ['kosmiko, -a] *adj* kosmisch

**cosmódromo** [kos'moðromo] *m* (AERO) (Weltraum)raketenstartplatz *m*

**cosmografía** [kosmoɣra'fia] *f* (ASTR) Kosmographie *f*

**cosmología** [kosmolo'xia] *f* (ASTR) Kosmologie *f*

**cosmonauta** [kosmo'nau̯ta] *mf* Astronaut(in) *m(f),* Kosmonaut(in) *m(f)*

**cosmonaútica** [kosmo'nau̯tika] *f* (AERO) Kosmonautik *f*

**cosmonave** [kosmo'naβe] *f* Raumschiff *nt*

**cosmopolita** [kosmopo'lita] **I.** *adj* kosmopolitisch **II.** *mf* Kosmopolit(in) *m(f)*

**cosmos** ['kosmos] *m sin pl* Kosmos *m*

**coso** ['koso] *m* ❶ (*plaza*) Festplatz *m* ❷ (*reg: calle principal*) Hauptstraße *f*

❸ (TAUR: *elev*) Arena *f;* ~ **taurino** Stierkampfarena *f*

**cosquillas** [kos'kiʎas] *fpl:* **hacer** ~ kitzeln; **tener** ~ kitz(e)lig sein; **buscar las** ~ **a alguien** (*fig*) jdn provozieren

**cosquillear** [koskiʎe'ar] *vt* ❶ (*hacer cosquillas*) kitzeln ❷ (*atraer*) reizen

**cosquilleo** [koski'ʎeo] *m* Kitzeln *nt*

**cosquilloso, -a** [koski'ʎoso, -a] *adj* ❶ (*que siente cosquillas*) kitz(e)lig ❷ (*susceptible*) (leicht) reizbar

**costa** ['kosta] *f* ❶ (GEO) Küste *f;* **C~ Azul** Côte d'Azur *f;* **C~ de Marfil** Elfenbeinküste *f* ❷ (FIN) Kosten *pl;* **a toda** ~ um jeden Preis ❸ *pl* (JUR) Gerichtskosten *pl*

**i Land & Leute**

**Costa del Sol** ist der Name einer Küste im Süden Spaniens, die von Tarifa im Westen bis Almería im Osten reicht. Die vier Provinzen Cádiz, Málaga, Granada und Almería liegen an dieser Küste. Am bekanntesten ist die Küste bei Málaga (speziell Marbella und Fuengirola), an der Spaniens prominente Persönlichkeiten gerne Urlaub machen.

**costado** [kos'taðo] *m* (*lado*) Seite *f;* (MIL) Flanke *f;* (*de un buque*) Längsseite *f;* **entrar de** ~ seitwärts hereinkommen

**costal** [kos'tal] **I.** *adj* (ANAT) Rippen- **II.** *m* Sack *m;* **eso es harina de otro** ~ (*fig*) das ist etwas völlig anderes

**costalazo** [kosta'laθo] *m:* **pegarse un** ~ der Länge nach hinfallen

**costar** [kos'tar] <o→ue> *vi, vt* ❶ (*valer*) kosten; ~ **caro** teuer sein; **esto te va a** ~ **caro** das wird dich teuer zu stehen kommen; **cueste lo que cueste** koste es, was es wolle ❷ (*resultar difícil*) schwer fallen

**i Land & Leute**

**Costa Rica** liegt in Zentralamerika und grenzt an Nicaragua und Panama, an die Karibik und an den Pazifik. Die Hauptstadt **Costa Ricas** heißt *San José.* Spanisch ist die offizielle Landessprache. Die Währungseinheit ist der *colón.*

**costarricense** [kostarri'θense], **costarriqueño, -a** [kostarri'keɲo, -a] **I.** *adj* costaricanisch **II.** *m, f* Costaricaner(in) *m(f)*

**coste** ['koste] *m* (*costo*) Kosten *pl;* (*precio*) Preis *m;* (*importe*) Betrag *m;* **~s de las operaciones financieras y de las garantías de cambio** Transaktions- und Kurssicherungskosten *pl;* ~ **de producción** Produktionskosten *pl;* ~ **salarial** Lohnkosten *pl;* **~s de saneamiento** Sanierungskosten *pl;* **~s de los tipos de cambio** Umrechnungsgebühren *fpl;* ~ **total** Gesamtkosten *pl;* ~ **de la vida** Lebenshaltungskosten *pl*

**costear** [koste'ar] **I.** *vt* ❶ (*pagar*) finanzieren ❷ (NÁUT) an der Küste +*gen* entlangfahren; (*bordear*) umschiffen **II.** *vr:* **~se** die Kosten decken

**costeño, -a** [kos'teɲo, -a] **I.** *adj* Küsten- **II.** *m, f* Küstenbewohner(in) *m(f)*

**costero, -a** [kos'tero, -a] *adj* Küsten-

**costilla** [kos'tiʎa] *f* ❶ (*t.* ANAT, ARQUIT) Rippe *f* ❷ (GASTR) Rippchen *nt* ❸ (*irón: mujer*) bessere Hälfte *f*

**costillar** [kosti'ʎar] *m* ❶ (*costillas*) Rippen *fpl* ❷ (*fam: tórax*) Brustkasten *m*

**costo** ['kosto] *m* ❶ (*coste*) Kosten *pl* ❷ (*Am: esfuerzo*) Mühe *f*

**costoso, -a** [kos'toso, -a] *adj* ❶ (*en dinero*) kostspielig, teuer ❷ (*en esfuerzo*) mühsam

**costra** ['kostra] *f* ❶ (*corteza*) Kruste *f,* Rinde *f* ❷ (MED) Schorf *m*

**costumbre** [kos'tumbre] *f* ❶ (*hábito*) (An)gewohnheit *f;* **de** ~ **se levanta bastante tarde** (für) gewöhnlich steht er/sie ziemlich spät auf; **como de** ~ wie gewöhnlich ❷ (*tradición*) Sitte *f,* Brauch *m* ❸ *pl* (*conjunto de tradiciones*) Sitten und Gebräuche *pl*

**costumbrismo** [kostum'brismo] *m* (LIT) Costumbrismo *m* (*literarische Strömung im ausgehenden 19. Jahrhundert, die die Sitten und Gebräuche der spanischen Gesellschaft schildert*)

**costura** [kos'tura] *f* ❶ (*t.* MED) Naht *f* ❷ (*confección*) Nähen *nt;* **alta** ~ Haute Couture *f* ❸ (*ropa*) Näharbeit *f* ❹ (*de un barco*) Fuge *f*

**costurera** [kostu'rera] *f* (*modista*) Schneiderin *f;* (*zurcidora*) Näherin *f*

**costurero** [kostu'rero] *m* ❶ (*mesita*) Nähtisch *m;* (*caja*) Nähkasten *m* ❷ (*modista*) Schneider *m*

**cota** ['kota] *f* ❶ (*armadura*) Kettenhemd *nt* ❷ (*t.* GEO: *altura*) Höhe *f*

**cotarro** [ko'tarro] *m* ❶ (HIST: *albergue*) Herberge *f;* **alborotar el** ~ (*fam*) Unruhe stiften; **dirigir el** ~ (*fam*) den Ton angeben ❷ (*ladera*) (Ab)hang *m*

**cotejar** [kote'xar] *vt* (*comparar*) vergleichen; (*confrontar*) gegenüberstellen

**cotejo** [ko'texo] *m* (*comparación*) Vergleich

*m;* (*confrontación*) Gegenüberstellung *f*

**coterráneo, -a** [kote'rraneo, -a] *adj* aus derselben Gegend (stammend)

**cotidian(e)idad** [kotiðjanei̯'ðaᵈ/kotiðjani'ðaᵈ] *f* Alltäglichkeit *f*

**cotidiano, -a** [koti'ðjano, -a] *adj* ❶ (*corriente*) alltäglich ❷ (*diario*) täglich

**cotilla** [ko'tiʎa] *mf* (*fam pey*) Klatschmaul *nt*

**cotillear** [kotiʎe'ar] *vi* (*fam pey*) klatschen, tratschen

**cotilleo** [koti'ʎeo] *m* (*fam pey*) Klatsch *m*

**cotillo, -a** [ko'tiʎo, -a] *adj* klatschhaft

**cotizable** [koti'θaβle] *adj* (COM) notierbar; ~ **en bolsa** börsenfähig

**cotización** [kotiθa'θjon] *f* ❶ (COM, FIN) Kurs *m,* Notierung *f* ❷ (*pago de una cuota*) Beitragszahlung *f*

**cotizar** [koti'θar] <z→c> **I.** *vt* ❶ (COM, FIN) notieren (*a* mit +*dat*) ❷ (*estimar*) schätzen **II.** *vi* (*pagar*) Beiträge zahlen **III.** *vr:* ~**se** ❶ (COM, FIN) notiert werden ❷ (*ser popular*) hoch im Kurs stehen

**coto** ['koto] *m* ❶ (*vedado*) eingefriedetes Grundstück *nt;* ~ **de caza** Jagdrevier *nt* ❷ (*mojón*) Grenzstein *m* ❸ (*límite*) Grenze *f* ❹ (*tasa*) Gebühr *f*

**cotorra** [ko'torra] *f* ❶ (*papagayo*) Sittich *m* ❷ (*urraca*) Elster *f* ❸ (*fam: persona habladora*) Quasselstrippe *f* ❹ (*fam pey: chivato*) Petze *f*

**cotorrear** [kotorre'ar] *vi* (*fam*) schwatzen, schnattern

**COU** [kou̯] *m abr de* **Curso de Orientación Universitaria** *einjähriger Vorbereitungskurs auf das Universitätsstudium*

> **i Land & Leute**
>
> **COU** (*Curso de Orientación Universitaria*), das 12. Schuljahr im spanischen Schulsystem, entspricht ungefähr der 13. Schulklasse in Deutschland. In diesem letzten Unterrichtsjahr im *instituto – Gymnasium* bereitet man sich speziell auf die *Selectividad* vor, die Eignungsprüfung für die Aufnahme an einer spanischen Universität.

**covacha** [ko'βatʃa] *f* ❶ (*cueva*) kleine Höhle *f* ❷ (*vivienda*) Loch *nt abw*

**coxal** [koʸ'sal] *adj* (ANAT) Hüft-; **hueso** ~ Hüftbein *nt*

**coxis** ['koʸsis] *m inv* (ANAT) Steißbein *nt*

**coyote** [ko'ɟote] *m* Kojote *m*

**coyuntura** [koɟun̪'tura] *f* ❶ (ANAT) Knochengelenk *nt* ❷ (*oportunidad*) Gelegenheit *f* ❸ (*circunstancias*) Umstände *mpl* ❹ (ECON) Konjunktur *f*

**coyuntural** [koɟun̪tu'ral] *adj* (ECON) konjunkturell

**coz** [koθ] *f* ❶ (*patada*) Ausschlagen *nt;* (*golpe*) Hufschlag *m;* (*de personas*) Fußtritt *m;* **dar coces** ausschlagen ❷ (*culatada*) Rückstoß *m* ❸ (*retroceso*) Wasserstau *m* ❹ (*grosería*) Grobheit *f*

**CP** [θe'pe] *m* ❶ (JUR) *abr de* **Código Penal** *spanisches Strafgesetzbuch* ❷ (*de una población*) *abr de* **Código Postal** PLZ *f* ❸ (FIN) *abr de* **Caja Postal** Postbank *f*

**crack** [kraᵏ] *m* ❶ (ECON) Crash *m* ❷ (*droga*) Crack *m*

**cracker** ['kraker] <crackers> *mf* (INFOR) Hacker *m*

**craneal** [krane'al] *adj* (ANAT) Schädel-; **cavidad** ~ Schädelhöhle *f*

**cráneo** ['kraneo] *m* (ANAT) Schädel *m*

**crápula¹** ['krapula] *m* Wüstling *m*

**crápula²** ['krapula] *f* ❶ (*embriaguez*) Trunkenheit *f* ❷ (*libertinaje*) Lotterleben *nt*

**craso, -a** ['kraso, -a] *adj* ❶ (*gordo*) fettleibig ❷ (*burdo*) gravierend

**cráter** ['krater] *m* Krater *m*

**creación** [krea'θjon] *f* ❶ (REL, ARTE) Schöpfung *f* ❷ (*elaboración*) Schaffung *f;* ~ **de empleo** (ECON, POL) Arbeitsplatzbeschaffungsmaßnahme *f* ❸ (*en la moda*) Kreation *f* ❹ (*de una institución*) Einrichtung *f*

**creador(a)** [krea'ðor(a)] **I.** *adj* schöpferisch; **Dios** ~ Gott, der Schöpfer **II.** *m(f)* Schöpfer(in) *m(f)*

**crear** [kre'ar] **I.** *vt* ❶ (*hacer*) erschaffen ❷ (*fundar*) schaffen, einrichten ❸ (*representar*) darstellen ❹ (INFOR) erstellen; ~ **archivo** Datei erstellen **II.** *vr:* ~**se** sich *dat* schaffen

**creatividad** [kreatiβi'ðaᵈ] *f* Kreativität *f*

**creativo, -a** [krea'tiβo, -a] *adj* kreativ

**crecepelo** [kreθe'pelo] *m* Haarwuchsmittel *nt*

**crecer** [kre'θer] *irr* **I.** *vi* (*aumentar*) wachsen; (*relativo a la luna*) zunehmen; (*relativo al agua*) steigen **II.** *vr:* ~**se** über sich selbst hinauswachsen

**creces** ['kreθes] *fpl* ❶ (*aumento*) Wachstum *nt* ❷ (*exceso*) Übermaß *nt;* **con** ~ reichlich

**crecida** [kre'θiða] *f* ❶ (*riada*) Hochwasser *nt* ❷ (*crecimiento*) (rasches) Wachstum *nt*

**crecimiento** [kreθi'mjen̪to] *m* (*t.* ECON) Wachstum *nt;* (*moneda*) Kursanstieg *m*

**credencial** [kreðen̪'θjal] **I.** *adj* beglaubigend **II.** *f* Ernennungsurkunde *f*

**credibilidad** [kreðiβili'ðaᵈ] *f* Glaubwürdigkeit *f*

C

**crediticio, -a** [kreðiˈtiθjo, -a] *adj* (FIN) Kredit-; **política crediticia** Kreditpolitik *f*

**crédito** [ˈkreðito] *m* ❶ (FIN: *préstamo*) Kredit *m;* ~ **puente** Überbrückungskredit *m;* **dar a** ~ leihen; **pedir un** ~ einen Kredit aufnehmen ❷ (*fama*) Renommee *nt* ❸ (*confianza*) Glaube *m,* Vertrauen *nt;* **dar** ~ **a algo/alguien** etw *dat*/jdm Glauben schenken

**credo** [ˈkreðo] *m* ❶ (*creencias*) Glaube *m* ❷ (*oración, dogma*) Glaubensbekenntnis *nt*

**credulidad** [kreðuliˈðaᵈ] *f* Leichtgläubigkeit *f*

**crédulo, -a** [ˈkreðulo, -a] *adj* leichtgläubig

**creencia** [kreˈen̩θja] *f* Glaube *m*

**creer** [kreˈer] *irr como leer* **I.** *vi* (*ser creyente*) glauben, gläubig sein **II.** *vt* ❶ (*dar por cierto*) glauben (*en* an +*akk*); ~ **en Dios** an Gott glauben ❷ (*pensar*) glauben, denken; **¡ya lo creo!** das will ich wohl meinen!; **¡quién iba a** ~**lo!** wer hätte das für möglich gehalten!; **no te creo capaz de hacer eso** ich denke nicht, dass du dazu fähig bist ❸ (*dar crédito*) glauben +*dat;* **no te creo** ich glaube dir nicht; **hacer** ~ **algo a alguien** jdm etw weismachen **III.** *vr:* ~**se** ❶ (*tener por probable*) glauben ❷ (*considerarse*) sich halten (für +*akk*); **¡qué te has creído!** was fällt dir ein!

**creíble** [kreˈiβle] *adj* glaubhaft

**creído, -a** [kreˈiðo, -a] *adj* ❶ *ser* (*fam: vanidoso*) eingebildet ❷ *estar* (*seguro*) überzeugt

**crema** [ˈkrema] **I.** *adj* cremefarben **II.** *f* ❶ (*nata*) Sahne *f* ❷ (*natillas, pasta*) Creme *f;* **la** ~ **y la nata** die Crème de la Crème ❸ (*producto cosmético*) Creme *f;* ~ **antiarrugas** Antifaltencreme *f* ❹ (LING) Trema *nt*

**cremación** [kremaˈθjon] *f* ❶ (*incineración*) Einäscherung *f* ❷ (*combustión de desechos*) Verbrennung *f*

**cremallera** [kremaˈʎera] *f* ❶ (TÉC: *barra*) Zahnstange *f;* **tren de** ~ Zahnradbahn *f* ❷ (*cierre*) Reißverschluss *m*

**crematístico, -a** [kremaˈtistiko, -a] *adj* wirtschaftlich

**crematorio**¹ [kremaˈtorjo] *m* Krematorium *nt*

**crematorio, -a**² [kremaˈtorjo, -a] *adj:* **horno** ~ Verbrennungsofen *m*

**cremosidad** [kremosiˈðaᵈ] *f* Cremigkeit *f*

**cremoso, -a** [kreˈmoso, -a] *adj* cremig

**crencha** [ˈkrentʃa] *f* Scheitel *m*

**crep**¹ [krepᵖ] *m* ❶ (*suela*) Kreppgummi *m o nt* ❷ (*tela*) Krepp *m;* ~ **satén** Seidenkrepp *m*

**crep**² [krepᵖ] *f* (GASTR) Krepp *f*

**crepe** [ˈkrepe] *f* Krepp *f*

**crepé** [kreˈpe] *m* ❶ (*suela*) Kreppgummi *m o nt* ❷ (*postizo*) Haarteil *nt* ❸ (*tejido*) Krepp *m*

**crepería** [krepeˈria] *f* Krepperie *f*

**crepitación** [krepitaˈθjon] *f* ❶ (*crujido*) Knistern *nt* ❷ (MED) Krepitation *f;* (*de los huesos*) Knirschen *nt;* (*en el pulmón*) Rasseln *nt*

**crepitante** [krepiˈtan̩te] *adj* knisternd

**crepitar** [krepiˈtar] *vi* knistern

**crepuscular** [krepuskuˈlar] *adj* dämm(e)rig

**crepúsculo** [kreˈpuskulo] *m* Dämmerung *f;* ~ **matutino** Morgendämmerung *f*

**cresa** [ˈkresa] *f* ❶ (*huevos*) (Insekten)eier *ntpl* ❷ (*gusano*) Made *f*

**creso** [ˈkreso] *m* Krösus *m*

**crespo, -a** [ˈkrespo, -a] *adj* ❶ (*rizado*) kraus ❷ (*irritado*) gereizt ❸ (*estilo*) verschnörkelt

**crespón** [kresˈpon] *m* ❶ (*gasa*) Flor *m* ❷ (*gasa de luto*) Trauerflor *m*

**cresta** [ˈkresta] *f* ❶ (*carnosidad*) Kamm *m;* (*del gallo*) (Hahnen)kamm *m* ❷ (*plumas*) Schopf *m* ❸ (*cabello*) Hahnenkamm *m fam* ❹ (*de una ola*) (Wellen)kamm *m;* **estar en la** ~ **de la ola** (*fig*) auf dem Gipfel angelangt sein ❺ (*de una montaña*) Kamm *m*

**creta** [ˈkreta] *f* Kreide *f*

**Creta** [ˈkreta] *f* Kreta *nt*

**cretense** [kreˈtense] **I.** *adj* kretisch **II.** *mf* Kreter(in) *m(f)*

**cretinismo** [kretiˈnismo] *m* (MED) Kretinismus *m*

**cretino, -a** [kreˈtino, -a] *m, f* (MED: *t. fig*) Kretin *m*

**cretona** [kreˈtona] *f* Cretonne *m o f*

**creyente** [kreˈɟen̩te] **I.** *adj* gläubig **II.** *mf* Gläubige(r) *mf*

**cría** [ˈkria] *f* ❶ (*el criar*) Zucht *f* ❷ (*recién nacido*) Säugling *m* ❸ (*cachorro*) Junge(s) *nt* ❹ (*camada*) Wurf *m* ❺ (*insecto, reptil, pájaro*) Brut *f*

**criada** [kriˈaða] *f v.* **criado**

**criadero**¹ [kriaˈðero] *m* ❶ (*plantel*) Baumschule *f* ❷ (*vivero*) Zuchtstätte *f* ❸ (MIN) Vorkommen *nt*

**criadero, -a**² [kriaˈðero, -a] *adj* fruchtbar

**criado, -a** [kriˈaðo, -a] *m, f* Diener *m,* Dienstmädchen *nt*

**criador**¹ [kriaˈðor] *m* (*Dios*) Schöpfer *m*

**criador(a)**² [kriaˈðor(a)] *m(f)* ❶ (*de animales*) Züchter(in) *m(f)* ❷ (*de vinos*) Winzer(in) *m(f)*

**crianza** [kriˈan̩θa] *f* ❶ (*lactancia*) Aufzucht

*f;* (*personas*) Stillzeit *f* ② (*educación*) Erziehung *f*

**criar** [kri'ar] <*1. pres:* crío> **I.** *vt* ① (*alimentar*) ernähren; (*mamíferos*) säugen ② (*reproducir y cuidar*) züchten ③ (*ser propicio*) anziehen ④ (*educar*) aufziehen, großziehen ⑤ (*crear*) erschaffen ⑥ (*fundar*) gründen ⑦ (*referente al vino*) anbauen **II.** *vi* Junge bekommen **III.** *vr:* **~se** aufwachsen

**criatura** [kria'tura] *f* ① (*ser*) Geschöpf *nt* ② (*niño*) Säugling *m* ③ (*feto*) Fötus *m* ④ (*hechura*) Kreatur *f*

**criba** ['kriβa] *f* ① (*tamiz*) Sieb *nt* ② (AGR) Dreschflegel *m;* (*mecánica*) Dreschmaschine *f* ③ (MIN) Setzmaschine *f*

**cribar** [kri'βar] *vt* ① (*colar*) (aus)sieben ② (AGR) dreschen

**cric** [kri$^{k}$] *m* Winde *f;* (AUTO) Wagenheber *m*

**Crimea** [kri'mea] *f* Krim *f*

**crimen** ['krimen] *m* Verbrechen *nt*

**criminal** [krimi'nal] **I.** *adj* ① (*delincuente*) kriminell ② (*policía*) Kriminal- **II.** *mf* Kriminelle(r) *mf*

**criminalidad** [kriminali'ða$^{ð}$] *f* Kriminalität *f*

**criminalista** [krimina'lista] *mf* Kriminalist(in) *m(f)*

**criminar** [krimi'nar] *vt* ① (*imputar*) beschuldigen ② (*fig: reprochar*) kritisieren; **me criminó que siempre llegara tarde** er/sie warf mir vor, dass ich immer zu spät kam

**criminología** [kriminolo'xia] *f* Kriminologie *f*

**criminólogo, -a** [krimi'noloɣo] *m, f* (JUR) Kriminologe, -in *m, f*

**crin** [krin] *f* ① (*cerda*) Mähne *f* ② (*filamento*) Seegras *nt*

**crío, -a** ['krio, -a] *m, f* Kleinkind *nt*

**criollo, -a** [kri'oʎo, -a] **I.** *adj* kreolisch **II.** *m, f* Kreole, -in *m, f*

**cripta** ['kripta] *f* Krypta *f*

**críptico, -a** ['kriptiko, -a] *adj* kryptisch

**criptografía** [kriptoɣra'fia] *f* Geheimschrift *f*

**criptógrafo** [krip'toɣrafo] *m* Kryptograph *m*

**criptograma** [kripto'ɣrama] *m* Kryptogramm *nt*

**criptón** [krip'ton] *m* (QUÍM) Krypton *nt*

**criquet** ['kriket] *m* (DEP) Kricket *nt*

**crisálida** [kri'saliða] *f* (ZOOL) Puppe *f*

**crisantemo** [krisan̦'temo] *m* Chrysantheme *f*

**crisis** ['krisis] *f inv* (*t.* ECON) Krise *f;* ~ **nerviosa** Nervenzusammenbruch *m*

**crisma**[1] ['krisma] *m* (REL) Chrisma *nt*

**crisma**[2] ['krisma] *f* (*fam: cabeza*) Rübe *f*

**crisol** [kri'sol] *m* ① (*craza*) Schmelztiegel *m* ② (*prueba*) Prüfstein *m*

**crispación** [krispa'θjon] *f* ① (*contracción*) Verkrampfung *f* ② (*irritación*) Gereiztheit *f*

**crispar** [kris'par] **I.** *vt* ① (*contraer*) verkrampfen ② (*exasperar*) reizen **II.** *vr:* **~se** ① (*contraerse*) sich verkrampfen ② (*exasperarse*) gereizt werden

**cristal** [kris'tal] *m* ① (*cuerpo*) Kristall *m* ② (*vidrio*) Glas *nt* ③ (*espejo*) Spiegel *m* ④ (*elev: agua*) Wasser *nt*

**cristalera** [krista'lera] *f* ① (*aparador*) Vitrine *f* ② (*puerta*) Glastür *f*

**cristalería** [kristale'ria] *f* ① (*empresa*) Glashütte *f* ② (*objetos*) Kristall *nt*

**cristalero, -a** [krista'lero, -a] *m, f* ① (*colocador*) Glaser(in) *m(f)* ② (*limpiador*) Fensterputzer(in) *m(f)*

**cristalino**[1] [krista'lino] *m* (MED) Linse *f*

**cristalino, -a**[2] [krista'lino, -a] *adj* ① (*de cristal*) kristallin ② (*transparente*) kristallklar

**cristalización** [kristaliθa'θjon] *f* Kristallisation *f*

**cristalizar** [kristali'θar] <z→c> **I.** *vi, vr:* **~se** ① (*sustancia*) kristallisieren ② (*ideas, sentimientos*) sich (heraus)kristallisieren **II.** *vt* kristallisieren lassen

**cristiandad** [kristjan̦'da$^{ð}$] *f* ① (*fieles*) Christenheit *f* ② (*países*) christliche Länder *ntpl*

**cristianismo** [kristja'nismo] *m* Christentum *nt*

**cristianización** [kristjaniθa'θjon] *f* Christianisierung *f*

**cristianizar** [kristjani'θar] <z→c> *vt* christianisieren

**cristiano**[1] [kris'tjano] *m* (*fam*) ① (*persona*) Mensch *m* ② (*castellano*) Spanisch *nt;* **hablar en** ~ (*fig*) Klartext reden

**cristiano, -a**[2] [kris'tjano, -a] **I.** *adj* christlich **II.** *m, f* (*fiel*) Christ(in) *m(f)*

**cristianodemócrata** [kristjanoðe'mokrata] **I.** *adj* (POL) christlich-demokratisch **II.** *mf* (POL) Christdemokrat(in) *m(f)*

**cristo** ['kristo] *m* ① (*crucifijo*) Kruzifix *nt* ② (*loc, fam*): **todo** ~ jeder

**Cristo** ['kristo] *m* (Jesus) Christus *m;* **donde ~ perdió el gorro** am Ende der Welt

**criterio** [kri'terjo] *m* ① (*norma*) Kriterium *nt;* ~ **de búsqueda** (INFOR) Suchkriterium *nt* ② (*discernimiento*) Urteilsvermögen *nt* ③ (*opinión*) Meinung *f*

**crítica** ['kritika] *f* Kritik *f*

**criticable** [kriti'kaβle] *adj* kritisierbar

**criticar** [kriti'kar] <c→qu> **I.** *vt* kritisieren **II.** *vi* lästern

**crítico, -a** ['kritiko, -a] **I.** *adj* (*t.* FÍS, MED) kri-

tisch **II.** *m, f* Kritiker(in) *m(f)*
**criticón, -ona** [kriti'kon, -ona] *m, f* Nörgler(in) *m(f)*
**Croacia** [kro'aθja] *f* Kroatien *nt*
**croar** [kro'ar] *vi* quaken
**croata** [kro'ata] **I.** *adj* kroatisch **II.** *mf* Kroate, -in *m, f*
**croché** [kro'tʃe] *m* ❶ (*ganchillo*) Häkelarbeit *f;* **hacer ~** häkeln ❷ (DEP) Haken *m*
**croco** ['kroko] *m* Safran *m*
**croissantería** [krusan̩te'ria] *f* (COM) Croissant-Laden *m*
**crol** [krol] *m* (DEP) Kraul(schwimmen) *nt*
**cromado** [kro'maðo] *m* Verchromung *f*
**cromar** [kro'mar] *vt* verchromen
**cromatismo** [kroma'tismo] *m* (FÍS, MÚS) Chromatik *f*
**cromo** ['kromo] *m* (QUÍM) Chrom *nt*
**cromosfera** [kromos'fera] *f* Chromosphäre *f*
**cromosoma** [kromo'soma] *m* (BIOL) Chromosom *nt*
**cromosómico, -a** [kromo'somiko, -a] *adj* (BIOL) chromosomal; **anomalía cromosómica** Chromosomenanomalie *f*
**crónica** ['kronika] *f* ❶ (*anales*) Chronik *f* ❷ (*artículo*) Reportage *f*
**crónico, -a** ['kroniko, -a] *adj* (*t.* MED) chronisch
**cronista** [kro'nista] *mf* ❶ (*historiador*) Chronist(in) *m(f)* ❷ (*periodista*) Berichterstatter(in) *m(f)*
**crono** ['krono] *m* (DEP) ❶ (*tiempo*) (gestoppte) Zeit *f;* **~ personal** persönliche Bestzeit ❷ (*cronómetro*) Stoppuhr *f*
**cronografía** [kronoɣra'fia] *f* Chronographie *f*
**cronógrafo¹** [kro'noɣrafo] *m* (TÉC) Chronograph *m*
**cronógrafo, -a²** [kro'noɣrafo, -a] *m, f* Chronologe, -in *m, f*
**cronología** [kronolo'xia] *f* Chronologie *f*
**cronológico, -a** [krono'loxiko, -a] *adj* chronologisch
**cronometrador(a)** [kronometra'ðor(a)] *m(f)* (DEP) Zeitnehmer(in) *m(f)*
**cronometraje** [kronome'traxe] *m* (DEP) Zeitnahme *f*
**cronometrar** [kronome'trar] *vt* (DEP) stoppen; **~ el tiempo** die Zeit stoppen
**cronómetro** [kro'nometro] *m* Chronometer *nt;* (DEP) Stoppuhr *f*
**croquet** ['kroket] *m* Krocket *nt*
**croqueta** [kro'keta] *f* Krokette *f*
**croquis** ['krokis] *m inv* Skizze *f,* Kroki *nt*
**cross** [kros] *m inv* (DEP: *atletismo*) Querfeldeinrennen *nt*
**crótalo** ['krotalo] *m* ❶ (ZOOL) Klapperschlange *f* ❷ (*instrumento*) Klapper *f*
**cruasán** [krwa'san] *m* Croissant *nt*
**cruce** ['kruθe] *m* ❶ (*acción*) Kreuzen *nt* ❷ (*intersección*) Schnittpunkt *m* ❸ (*mezcla, de caminos, t.* BIOL) Kreuzung *f;* **~ de peatones** Fußgängerüberweg *m* ❹ (*interferencia*) Überlagerung *f,* Interferenz *f;* **~ de datos** (ECON, INFOR) Datenabgleich *m* ❺ (LING) Wortkreuzung *f*
**cruceiro** [kru'θei̯ro] *m* Cruzeiro *m*
**crucero** [kru'θero] *m* ❶ (ARQUIT) Vierung *f* ❷ (*cruciferario*) Kreuzträger *m* ❸ (NÁUT: *buque*) Kreuzer *m* ❹ (*viaje*) Kreuzfahrt *f*
**cruceta** [kru'θeta] *f* ❶ (*de líneas*) Gitter *nt* ❷ (*en la labor*) Kreuzstich *m*
**crucial** [kru'θjal] *adj* ❶ (*en forma de cruz*) kreuzförmig ❷ (*decisivo*) entscheidend
**crucificado** [kruθifi'kaðo] *m:* **el ~** der Gekreuzigte
**crucificar** [kruθifi'kar] <c→qu> *vt* ❶ (*aspar*) kreuzigen ❷ (*atormentar*) quälen
**crucifijo** [kruθi'fixo] *m* Kruzifix *nt*
**crucifixión** [kruθifiᵞ'sjon] *f* Kreuzigung *f*
**cruciforme** [kruθi'forme] *adj* kreuzförmig
**crucigrama** [kruθi'ɣrama] *m* Kreuzworträtsel *nt*
**crudelísimo, -a** [kruðe'lisimo, -a] *adj superl irr de* **cruel**
**crudeza** [kru'ðeθa] *f* ❶ (*rigor*) Strenge *f,* Härte *f* ❷ (*rudeza*) Grobheit *f* ❸ (*crueldad*) Brutalität *f* ❹ *pl* (*alimentos*) schwer verdauliche Speisen *fpl*
**crudo¹** ['kruðo] *m* Rohöl *nt*
**crudo, -a²** ['kruðo, -a] *adj* ❶ (*sin cocer, natural*) roh ❷ (*aplicado al tiempo*) streng, rau ❸ (*blanco-amarillento*) rohweiß ❹ (*despiadado*) brutal; **en ~** unerbittlich ❺ (*de difícil digestión*) schwer verdaulich
**cruel** [cru'el] *adj* <crudelísimo> grausam (*con* zu +*dat,* gegen +*akk*)
**crueldad** [kruel'ðaᵈ] *f* Grausamkeit *f* (*con* gegenüber +*dat*)
**cruento, -a** [kru'en̩to, -a] *adj* blutig
**crujía** [kru'xia] *f* (ARQUIT) Spannweite *f*
**crujido** [kru'xiðo] *m* Knistern *nt;* (*de dientes*) Knirschen *nt*
**crujiente** [kru'xjen̩te] *adj* knisternd; (*dientes*) knirschend; (*pan*) knusprig
**crujir** [kru'xir] *vi* knistern; (*dientes*) knirschen
**crup** [kruᵖ] *m* (MED) Krupp *m*
**crupier** [kru'pjer] *m* Croupier *m*
**crustáceo** [krus'taθeo] *m* (ZOOL) Krebstier *nt*
**cruz** [kruθ] *f* ❶ (*aspa, crucifijo*) Kreuz *nt;* **~ gamada** Hakenkreuz *nt;* **C~ Roja** Rotes

Kreuz ❷ (*de una moneda o medalla*) Rückseite *f,* Revers *m;* **¿cara o ~?** Kopf oder Zahl? ❸ (*de un árbol*) Kronenansatz *m* ❹ (*de un animal*) Widerrist *m* ❺ (ASTR) Kreuz *nt* ❻ (*suplicio*) Kreuz *nt,* Last *f;* **llevar una ~** eine schwere Last zu tragen haben

**cruzada** [kru'θaða] *f* Kreuzzug *m*

**cruzado¹** [kru'θaðo] *m* Kreuzfahrer *m*

**cruzado, -a²** [kru'θaðo, -a] *adj* ❶ (BIOL): **animal ~** Bastard *m* ❷ (*ropa*) Wickel-; **chaqueta cruzada** Zweireiher *m*

**cruzamiento** [kruθa'mjen̩to] *m* ❶ (*condecoración*) Dekorierung *f* ❷ (BIOL) Kreuzung *f*

**cruzar** [kru'θar] <z→c> **I.** *vt* ❶ (*atravesar*) kreuzen; (*de un lado al otro*) überqueren; **~ los brazos** die Arme verschränken; **~ las piernas** die Beine übereinander schlagen; **~ algo con una raya** etw durchstreichen ❷ (BIOL) kreuzen ❸ (*condecorar*) dekorieren **II.** *vi* ❶ (*t.* NÁUT: *pasar*) kreuzen ❷ (*juntarse*) zusammenpassen **III.** *vr:* **~se** ❶ (*atravesarse*) sich kreuzen ❷ (*encontrarse*) begegnen (*con +dat*); **~se con alguien** jds Weg kreuzen ❸ (MAT) sich kreuzen

**cta.cte.** ['kwen̩ta ko'rrjen̩te] *f* (FIN) *abr de* **cuenta corriente** Girokonto *nt*

**CTNE** [θete(e)ne'e] *f abr de* **Compañía Telefónica Nacional de España** *frühere Bezeichnung für die spanische Telefongesellschaft*

**cu** [ku] *f* Q *nt*

**cuaderna** [kwa'ðerna] *f* ❶ (*en el juego de tablas*) Doppelpasch *m* ❷ (*en un buque*) Spant *nt*

**cuadernillo** [kwaðer'niʎo] *m* (TIPO) Lage *f* (*à 5 Bogen Papier*)

**cuaderno** [kwa'ðerno] *m* Heft *nt;* **~ de bitácora** (NÁUT) Logbuch *nt*

**cuadra** ['kwaðra] *f* ❶ (*establo*) Stall *m;* (*de caballos*) (Pferde)stall *m* ❷ (*conjunto de caballos*) (Renn)stall *m* ❸ (*lugar sucio*) Saustall *m fam* ❹ (*sala*) großer Raum *m;* (*para dormir*) Schlafsaal *m* ❺ (*Am: manzana de casas*) Häuserblock *m* ❻ (*cuarto de milla*) Viertelmeile *f*

**cuadradillo** [kwaðra'ðiʎo] *m* ❶ (*regla*) Vierkantlineal *nt* ❷ (*pieza de tela*) Zwickel *m* ❸ (*barra*) kleiner Vierkant *m*

**cuadrado¹** [kwa'ðraðo] *m* ❶ (*t.* ASTR) Quadrat *nt;* **elevar al ~** ins Quadrat erheben ❷ (*regla*) Vierkantlineal *nt* ❸ (*trozo de tela*) Zwickel *m* ❹ (*barra*) Vierkant *m*

**cuadrado, -a²** [kwa'ðraðo, -a] *adj* ❶ (*rectangular*) quadratisch; **metro ~** Quadratmeter *m;* **tener la cabeza cuadrada** ein Dickschädel sein *fam* ❷ (*macizo*) klobig ❸ (*corpulento*) beleibt, korpulent

**cuadragenario, -a** [kwaðraxe'narjo, -a] **I.** *adj* in den Vierzigern **II.** *m, f* Vierziger(in) *m(f)*

**cuadragesimal** [kwaðraxesi'mal] *adj* Fasten-; **voto ~** Fastengelübde *nt*

**cuadragésimo¹** [kwaðra'xesimo] *m* Vierzigstel *nt; v. t.* **octavo**

**cuadragésimo, -a²** [kwaðra'xesimo, -a] *adj* (*parte*) vierzigstel; (*numeración*) vierzigste(r, s); **la cuadragésima parte de** ein Vierzigstel von; *v. t.* **octavo**

**cuadrangular** [kwaðraŋgu'lar] *adj* viereckig

**cuadrángulo** [kwa'ðraŋgulo] *m* Viereck *nt*

**cuadrante** [kwa'ðran̩te] *m* ❶ (ASTR, MAT) Quadrant *m* ❷ (*reloj de sol*) Sonnenuhr *f* ❸ (RADIO) Einstellskala *f*

**cuadrar** [kwa'ðrar] **I.** *vi* ❶ (*ajustarse, convenir*) passen (*con* zu *+dat*) ❷ (*coincidir*) ausgeglichen sein **II.** *vt* ❶ (*dar figura de cuadro*) quadratisch machen; (*en carpintería*) (ab)vieren ❷ (ARTE, MAT) quadrieren ❸ (*una cuenta*) ausgleichen **III.** *vr:* **~se** ❶ (MIL) strammstehen ❷ (*pararse un caballo*) auf allen Vieren stehen bleiben ❸ (*fam: plantarse*) sich auf die Hinterbeine stellen

**cuadratura** [kwaðra'tura] *f* (ASTR, MAT) Quadratur *f*

**cuádriceps** ['kwaðriθeᵝs] *adj inv* (ANAT: *músculo*) vierköpfig

**cuadrícula** [kwa'ðrikula] *f* Karierung *f;* **papel de ~** kariertes Papier

**cuadriculado, -a** [kwaðriku'laðo, -a] *adj* ❶ (*con cuadrícula*) kariert; **papel ~** kariertes Papier ❷ (*fig pey*) kleinkariert

**cuadricular** [kwaðriku'lar] **I.** *adj* kariert **II.** *vt* karieren

**cuadriga** [kwa'ðriɣa] *f* Viergespann *nt;* (*en la antigua Roma*) Quadriga *f*

**cuadrilátero** [kwaðri'latero] *m* ❶ (*polígono*) Viereck *nt* ❷ (DEP) (Box)ring *m*

**cuadrilla** [kwa'ðriʎa] *f* ❶ (*brigada*) Kolonne *f* ❷ (*de amigos*) Clique *f* ❸ (*pey: de maleantes*) Rotte *f,* Bande *f*

**cuadriplicar** [kwaðripli'kar] <c→qu> *vt* vervierfachen

**cuadro** ['kwaðro] *m* ❶ (*rectángulo*) Rechteck *nt;* **a ~s** kariert ❷ (*pintura*) Gemälde *nt* ❸ (*marco*) Rahmen *m* ❹ (*bancal*) Beet *nt* ❺ (*escena*) Szene *f* ❻ (*descripción*) Schilderung *f* ❼ (*gráfico*) Grafik *f;* **~ sinóptico** Übersicht *f* ❽ (*conjunto de mandos, t.* MIL) Stab *m* ❾ (TÉC) Schalttafel *f* ❿ (TEAT) Szene *f*

**cuadrúpedo** [kwa'ðrupeðo] *m* Vierbeiner *m*

**cuádruple** ['kwaðruple] **I.** *adj* vierfach; **parto** ~ Vierlingsgeburt *f* **II.** *m* Vierfache(s) *nt; v. t.* **óctuplo**

**cuadruplicar** [kwaðrupli'kar] <c→qu> *vt, vr:* ~**se** (sich) vervierfachen

**cuádruplo**[1] ['kwaðruplo] *m* Vierfache(s) *nt; v. t.* **óctuplo**

**cuádruplo, -a**[2] ['kwaðruplo, -a] *adj* vierfach; *v. t.* **óctuplo**

**cuajada** [kwa'xaða] *f* Quark *m*

**cuajar** [kwa'xar] **I.** *vi* ❶ (*espesarse*) gerinnen; (*la nieve*) liegen bleiben ❷ (*fam: realizarse*) klappen **II.** *vt* ❶ (*solidificar*) eindicken ❷ (*cubrir*) überhäufen **III.** *vr:* ~**se** ❶ (*coagularse*) gerinnen ❷ (*llenarse*) sich füllen (*de* mit +*dat*) ❸ (*solidificarse*) eindicken **IV.** *m* (ZOOL) Labmagen *m*

**cuajo** ['kwaxo] *m* ❶ (*sustancia*) Lab *nt* ❷ (*solidificación*) Eindickung *f* ❸ (ZOOL) Labmagen *m* ❹ (*loc, fam*): **de** ~ vollständig

**cual** [kwal] *pron rel* ❶ (*relativo explicativo*): **el/la** ~ der/die, welcher/welche; **lo** ~ was; **los/las** ~**es** die, welche; **cada** ~ jede(r) (Einzelne) ❷ (*relativo correlativo*): **hazlo tal** ~ **te lo digo** mach es so, wie ich es dir sage; **tal o** ~ der/die/das eine oder andere; **sea** ~ **sea su intención** was er/sie auch immer vorhat

**cuál** [kwal] **I.** *pron inter* welche(r, s); **¿~ es el tuyo?** welches ist deins? **II.** *adj* (*Am*) welche(r, s) **III.** *pron indef* ❶ (*distributivo*): ~ **más** ~ **menos** der eine mehr, der andere weniger ❷ (*ponderativo*): **tengo tres hermanas a** ~ **más bella** ich habe drei Schwestern, eine hübscher als die andere

**cualesquier(a)** [kwales'kjera] *pron indef pl de* **cualquiera**

**cualidad** [kwali'ðaᵈ] *f* Eigenschaft *f,* Qualität *f*

**cualificación** [kwalifika'θjon] *f* ❶ (*clasificación*) Klassifikation *f* ❷ (*calificación*) Qualifikation *f*

**cualificado, -a** [kwalifi'kaðo, -a] *adj* ❶ (*apto*) befähigt ❷ (*especialista*) qualifiziert

**cualificar** [kwalifi'kar] <c→qu> *vt* qualifizieren

**cualitativo, -a** [kwalita'tiβo, -a] *adj* qualitativ

**cualquier** [kwal'kjer] *pron indef v.* **cualquiera**

**cualquiera** [kwal'kjera] **I.** *pron indef* (*delante de un substantivo: cualquier*) irgendein(e, er, s); **en un lugar** ~ irgendwo; **a cualquier hora** jederzeit; **cualquier cosa** irgendwas; **de cualquier modo** irgendwie; (*de todas maneras*) jedenfalls; **¡~ lo puede hacer!** das kann doch jeder! **II.** *mf:* **ser una** ~ (*pey*) eine Hure sein

**cuan** [kwan] *adv* so; **cayó** ~ **largo era** er fiel der Länge nach hin

**cuando** ['kwan̪do] *conj* ❶ (*presente*) wenn; **de** ~ **en** ~ ab und zu ❷ (*pasado: con imperfecto*) wenn; (*con indefinido*) als; ~ (**era**) **niño viví en Madrid** als Kind habe ich in Madrid gelebt ❸ (*futuro; +subj*) sobald; ~ **quiera** jederzeit ❹ (*relativo*): **el lunes es** ~ **no trabajo** montags arbeite ich nicht ❺ (*condicional*) wenn, falls; ~ **más** [*o* **mucho**] höchstens; ~ **menos** mindestens ❻ (*aunque*): **aun** ~ auch wenn

**cuándo** ['kwan̪do] *adv* wann; **¡~ vas a reconocerlo!** du solltest es endlich einsehen!

**cuantía** [kwan̪'tia] *f* ❶ (*suma*) Ausmaß *nt,* Umfang *m* ❷ (*valía*) Bedeutung *f*

**cuántica** ['kwan̪tika] *f* (FÍS) Quantentheorie *f*

**cuantificable** [kwan̪tifi'kaβle] *adj* zahlenmäßig erfassbar

**cuantificación** [kwan̪tifika'θjon] *f* zahlenmäßige Erfassung *f,* Quantifizierung *f*

**cuantificar** [kwan̪tifi'kar] <c→qu> *vt* ❶ (*expresar numéricamente*) in Zahlen beschreiben, quantifizieren ❷ (FÍS) quanteln

**cuantioso, -a** [kwan̪'tjoso, -a] *adj* reichlich

**cuantitativo, -a** [kwan̪tita'tiβo, -a] *adj* quantitativ

**cuanto**[1] ['kwan̪to] **I.** *adv:* ~**... tanto...** je ..., desto ...; ~ **antes** möglichst bald; ~ **más que...** umso mehr, als ... **II.** *prep* (*por lo que se refiere a*): **en** ~ **a** bezüglich +*gen* **III.** *conj* ❶ (*temporal*): **en** ~ (**que**) +(*subj*) sobald ❷ (*puesto que*): **por** ~ **que** da **IV.** *m* (FÍS) Quant *nt*

**cuanto, -a**[2] ['kwan̪to, -a] **I.** *pron rel* ❶ (*neutro*) alles, was ...; **tanto...** ~ so viel ... wie; **dije** (**todo**) ~ **sé** ich habe alles gesagt, was ich weiß ❷ *pl* alle, die ...; **la más hermosa de cuantas conozco** die Hübscheste von allen, die ich kenne **II.** *pron indef:* **unos** ~**s/unas cuantas** einige, ein paar

**cuánto**[1] ['kwan̪to] *adv* ❶ (*interrogativo*) wie viel; **¿a ~?** wie teuer?; **¿~ me quieres?** wie sehr liebst du mich? ❷ (*exclamativo*) wie sehr; **¡~ llueve!** wie stark es regnet!

**cuánto, -a**[2] ['kwan̪to, -a] **I.** *adj* wie viel; ¿~

tiempo? wie lange?; **¿cuántas veces?** wie oft? **II.** *pron inter* wie viel; **¿~ hay de aquí a Veracruz?** wie weit ist es von hier bis nach Veracruz?

**cuáquero**, **-a** ['kwakero, -a] **I.** *adj* (REL) quäkerisch **II.** *m, f* (REL) Quäker(in) *m(f)*

**cuarenta** [kwa'reṇta] **I.** *adj inv* vierzig **II.** *m* Vierzig *f;* **cantar las ~s a alguien** jdm den Kopf waschen *fig; v. t.* **ochenta**

**cuarentavo**[1] [kwareṇ'taβo] *m* Vierzigstel *nt; v. t.* **octavo**

**cuarentavo**, **-a**[2] [kwareṇ'taβo, -a] *adj* vierzigstel; *v. t.* **octavo**

**cuarentena** [kwareṇ'tena] *f* ❶ (*cuarenta unidades*) *Einheit aus vierzig Teilen;* **una ~ de veces** etwa vierzigmal ❷ (*aislamiento*) Quarantäne *f*

**cuarentón**, **-ona** [kwareṇ'ton, -ona] **I.** *adj* in den Vierzigern **II.** *m, f* Vierziger(in) *m(f)*

**cuaresma** [kwa'resma] *f* (REL) Fastenzeit *f*

**cuarta** ['kwarta] *f* ❶ (*cuarta parte*) Viertel *nt* ❷ (*medida*) Spanne *f* ❸ (MÚS) Quarte *f*

**cuartear** [kwarte'ar] **I.** *vt* ❶ (*dividir en cuartos*) vierteln ❷ (*zigzaguear*) im Zickzack entlangfahren **II.** *vr:* **~se** rissig werden

**cuartel** [kwar'tel] *m* ❶ (*cuarta parte*) Viertel *nt* ❷ (MIL: *acuartelamiento*) Quartier *nt;* **~ general** Hauptquartier *nt* ❸ (MIL: *edificio*) Kaserne *f* ❹ (*perdón*) Schonung *f*

**cuartelero**, **-a** [kwarte'lero, -a] *adj* ❶ (*referente al cuartel*) Kasernen- ❷ (*grosero*) unflätig

**cuartelillo** [kwarte'liʎo] *m* Revier *nt*

**cuarteo** [kwar'teo] *m* ❶ (*división*) Viertelung *f* ❷ (*grieta*) Riss *m*

**cuarteto** [kwar'teto] *m* (MÚS) Quartett *nt*

**cuartilla** [kwar'tiʎa] *f* Quartblatt *nt,* kleines Blatt *nt*

**cuarto**[1] ['kwarto] *m* ❶ (*habitación*) Zimmer *nt;* **~ de aseo** Toilette *f;* **~ de baño** Badezimmer *nt;* **~ de estar** Wohnzimmer *nt;* **~ trastero** Rumpelkammer *f* ❷ *(pl)* (*fam: dinero*) Knete *f;* **tener cuatro ~s** jede Mark umdrehen müssen ❸ (*de un caballo*): **~s delanteros/traseros** Vor(der)-/Hinterhand *f*

**cuarto**, **-a**[2] ['kwarto, -a] **I.** *adj* (*parte*) viertel; (*numeración*) vierte(r, s) **II.** *m, f* Viertel *nt;* **~ creciente/menguante** erstes/letztes (Mond)viertel; **~ de final** (DEP) Viertelfinale *nt;* **~ de hora** Viertelstunde *f;* **es la una y/menos ~** es ist Viertel nach/vor eins; *v. t.* **octavo**

**cuartucho** [kwar'tutʃo] *m* (*pey*) Loch *nt*

**cuarzo** ['kwarθo] *m* Quarz *m*

**cuaternario**[1] [kwater'narjo] *m* (GEO) Quartär *nt*

**cuaternario**, **-a**[2] [kwater'narjo, -a] *adj* ❶ (*de cuatro piezas*) vierteilig ❷ (*de cuatro cifras*) vierstellig ❸ (GEO) quartär

**cuatrero**, **-a** [kwa'trero, -a] *m, f* Viehdieb(in) *m(f)*

**cuatrienal** [kwatrje'nal] *adj* ❶ (*repetición*) vierjährlich ❷ (*duración*) vierjährig

**cuatrienio** [kwatri'enjo] *m* Zeitraum *m* von vier Jahren

**cuatrillizo**, **-a** [kwatri'ʎiθo, -a] *m, f* Vierling *m*

**cuatrimestre** [kwatri'mestre] *m* Zeitraum *m* von vier Monaten

**cuatrimotor** [kwatrimo'tor] *adj* viermotorig

**cuatro** ['kwatro] *adj inv* vier; *v. t.* **ocho**

**cuatrocentista** [kwatroθeṇ'tista] **I.** *adj* (ARTE) des 15. Jahrhunderts **II.** *mf* (ARTE) Künstler(in) *m(f)* des 15. Jahrhunderts

**cuatrocientos**, **-as** [kwatro'θjeṇtos, -as] *adj* vierhundert; *v. t.* **ochocientos**

**cuatrojos** [kwa'troxos] *mf inv* (*argot*) Brillenschlange *f*

**cuba** ['kuβa] *f* Kübel *m;* **estar como una ~** (*fam: borracho*) sternhagelvoll sein

**Cuba** ['kuβa] *f* Kuba *nt*

**i Land & Leute**

**Cuba** (offiziell: *República de Cuba*) ist die größte der Westindischen Inseln. Die Hauptstadt und zugleich größte Stadt Kubas ist *La Habana.* Die offizielle Landessprache ist Spanisch. Die Währungseinheit ist der *peso cubano.*

**cubalibre** [kuβa'liβre] *m* Cubalibre *m*

**cubano**, **-a** [ku'βano, -a] **I.** *adj* kubanisch **II.** *m, f* Kubaner(in) *m(f)*

**cubata** [ku'βata] *m* (*fam*) Cubalibre *m*

**cubertería** [kuβerte'ria] *f* Besteck *nt*

**cubeta** [ku'βeta] *f* ❶ (*cubo*) Eimer *m* ❷ (FOTO) Wanne *f,* Schale *f* ❸ (*de un termómetro*) Kolben *m*

**cubicación** [kuβika'θjon] *f* (MAT) ❶ (*elevación al cubo*) Kubatur *f* ❷ (*del volumen*) Volumenberechnung *f*

**cubicar** [kuβi'kar] <c→qu> *vt* (MAT) ❶ (*multiplicar*) kubieren, in die dritte Potenz erheben ❷ (*medir el volumen*) das Volumen berechnen *+gen*

**cúbico**, **-a** ['kuβiko, -a] *adj* ❶ (*de forma de cubo*) würfelförmig, kubisch ❷ (MAT) kubisch; **metro ~** Kubikmeter *m*

**cubículo** [ku'βikulo] *m* Kammer *f*

**cubierta** [ku'βjerta] *f* ❶ (*cobertura*) Abdeckung *f;* (*de un libro*) Einband *m;* (*de una* *rueda*) Mantel *m;* ~ **de cama** Bettdecke *f* ❷ (NÁUT) (Schiffs)deck *nt* ❸ (ARQUIT) Dach *nt* ❹ (*pretexto*) Deckmantel *m*

**cubierto**[1] [ku'βjerto] *m* ❶ (*servicio de mesa, t.* GASTR) Gedeck *nt;* **poner un** ~ ein Gedeck auflegen ❷ (*cubertería*) Besteck *nt* ❸ (*techumbre*) (Schutz)dach *nt;* **ponerse a** ~ sich unterstellen

**cubierto, -a**[2] [ku'βjerto, -a] **I.** *pp de* **cubrir** **II.** *adj* ❶ (*tiempo*) bedeckt, bewölkt ❷ (FIN): **cheque** ~ gedeckter Scheck *m*

**cubil** [ku'βil] *m* ❶ (*refugio*) Schlupfwinkel *m* ❷ (*cauce*) (Fluss)bett *nt*

**cubilete** [kuβi'lete] *m* ❶ (*molde*) Backform *f* ❷ (*en juegos*) Würfelbecher *m* ❸ (GASTR) Pastete *f*

**cubismo** [ku'βismo] *m* (ARTE) Kubismus *m*

**cubista** [ku'βista] **I.** *adj* (ARTE) kubistisch **II.** *mf* (ARTE) Kubist(in) *m(f)*

**cubitera** [kuβi'tera] *f* Eiswürfelschale *f*

**cubito** [ku'βito] *m* Eiswürfel *m*

**cúbito** ['kuβito] *m* (ANAT) Elle *f*

**cubo** ['kuβo] *m* ❶ (*recipiente*) Eimer *m* ❷ (*de una rueda*) Nabe *f* ❸ (*hexaedro*) Würfel *m* ❹ (MAT) Kubikzahl *f*

**cubrecama** [kuβre'kama] *m* Tagesdecke *f*

**cubrimiento** [kuβri'mjen̩to] *m* Abdeckung *f*

**cubrir** [ku'βrir] *irr como abrir* **I.** *vt* ❶ (*tapar*) bedecken (*con/de* mit +*dat*), abdecken (*con/de* mit +*dat*) ❷ (*ocultar*) verdecken ❸ (*recorrer*) zurücklegen ❹ (*techar un edificio*) mit einem Dach versehen; (*un espacio*) überdachen ❺ (DEP, MIL) decken; **¡cubridme!** gebt mir Deckung! ❻ (*rellenar*) (auf)füllen ❼ (*llenar*) überschütten (*de* mit +*dat*) ❽ (*gastos*) decken ❾ (*vacante*) besetzen ❿ (*deuda*) begleichen ⓫ (ZOOL) decken ⓬ (*proteger*) bewahren (*de* vor +*dat*) ⓭ (PREN) berichten (über +*akk*) **II.** *vr:* ~**se** ❶ (*revestirse, llenarse*) sich bedecken ❷ (*ponerse el sombrero*) seinen Hut aufsetzen ❸ (*el cielo*) sich bedecken, sich bewölken ❹ (MIL) in Deckung gehen ❺ (*protegerse*) sich schützen (*contra* vor +*dat*)

**cuca** ['kuka] *f* ❶ (*chufa*) Erdmandel *f* ❷ (*oruga*) Raupe *f* ❸ (*fam: jugadora*) Spielsüchtige *f* ❹ (*vulg: pene*) Schwanz *m fam* ❺ *pl* (*fam: dinero*) Piepen *pl*

**cucar** [ku'kar] <c→qu> *vt* zuzwinkern +*dat*

**cucaracha** [kuka'ratʃa] *f* Kakerlak *m*

**cuchara** [ku'tʃara] *f* Löffel *m;* ~ **de palo** Holzlöffel *m;* ~ **sopera** Suppenlöffel *m;* **meter (su)** ~ (*entrometerse*) seinen Senf dazugeben *fam*

**cucharada** [kutʃa'raða] *f* (*porción*) Löffel *m;* **una** ~ **grande/pequeña** ein Esslöffel/Teelöffel (voll); **una** ~ **de azúcar** ein Löffel (voll) Zucker; **sólo ha comido dos** ~**s** er/sie hat nur zwei Löffel (voll) gegessen; **a** ~**s** (ess)löffelweise; **meter su** ~ (*fig*) seinen Senf dazugeben *fam*

**cucharilla** [kutʃa'riʎa] *f* Teelöffel *m*

**cucharón** [kutʃa'ron] *m* Schöpflöffel *m*

**cuché** [ku'tʃe] *adj inv* (TIPO): **papel** ~ Kunstdruckpapier *nt*

**cuchichear** [kutʃitʃe'ar] *vi* tuscheln, flüstern

**cuchicheo** [kutʃi'tʃeo] *m* Getuschel *nt,* Geflüster *nt*

**cuchilla** [ku'tʃiʎa] *f* ❶ (*de afeitar*) Rasierklinge *f* ❷ (*cuchillo grande*) (breites) Messer *nt;* ~ **de picar** Hackmesser *nt*

**cuchillada** [kutʃi'ʎaða] *f* ❶ (*navajazo*) Messerstich *m;* (*corte*) Schnitt *m* ❷ (*herida*) Stichwunde *f;* **andar a** ~**s con alguien** (*fig*) (mit) jdm spinnefeind sein

**cuchillazo** [kutʃi'ʎaθo] *m v.* **cuchillada**

**cuchillería** [kutʃiʎe'ria] *f* ❶ (*fábrica*) Messerfabrik *f* ❷ (*tienda*) Messergeschäft *nt*

**cuchillero** [kutʃi'ʎero] *m* ❶ (*persona*) Messerschmied *m* ❷ (*abrazadera*) Klammer *f*

**cuchillo** [ku'tʃiʎo] *m* ❶ (*para cortar*) Messer *nt;* ~ **de bolsillo** Taschenmesser *nt;* ~ **de cocina** Küchenmesser *nt;* ~ **de monte** Hirschfänger *m;* **pasar a** ~ niedermetzeln ❷ (*de la ropa*) Zwickel *m* ❸ (ARQUIT) Stützbalken *m*

**cuchitril** [kutʃi'tril] *m* ❶ (*pocilga*) Schweinestall *m* ❷ (*habitación, vivienda*) Loch *nt abw*

**cuchufleta** [kutʃu'fleta] *f* Neckerei *f,* Scherz *m*

**cuclillas** [ku'kliʎas] *fpl:* **estar en** ~ in der Hocke sitzen

**cuclillo** [ku'kliʎo] *m* Kuckuck *m*

**cuco**[1] ['kuko] *m* ❶ (ZOOL) Kuckuck *m* ❷ (*canto*) Kuckucksruf *m*

**cuco, -a**[2] ['kuko, -a] *adj* ❶ (*astuto*) gerissen, schlau ❷ (*bonito*) hübsch, niedlich

**cucurucho** [kuku'rutʃo] *m* ❶ (*de papel*) Papiertüte *f* ❷ (*de helado*) (Eis)hörnchen *nt* ❸ (*Am: para dibujos*) Zeichnungsrolle *f* ❹ (*gorro cónico*) spitze Mütze *f;* (*de procesión*) Büßermütze *f*

**cuello** ['kweʎo] *m* ❶ (ANAT) Hals *m;* ~ **uterino** Gebärmutterhals *m;* **alargar el** ~ den Hals recken; **está con el agua al** ~ ihm/ihr steht das Wasser bis zum Hals ❷ (*de una prenda*) Kragen *m* ❸ (*de un recipiente*) Hals *m;* ~ **de botella** Flaschenhals *m;* (*Am: fig*) Engpass *m*

**cuenca** ['kweŋka] *f* ❶ (GEO) Becken *nt;* ~ **del río** Flussbecken *nt* ❷ (*región*) (Fluss)gebiet *nt;* **la** ~ **(carbonífera) del**

**Ruhr** das Ruhrgebiet ❸ (*recipiente*) Holznapf *m* ❹ (*de los ojos*) Augenhöhle *f*

**cuenco** ['kweŋko] *m* ❶ (*vasija*) Napf *m* ❷ (*concavidad*) Höhlung *f;* **el ~ de la mano** die hohle Hand

**cuenta** ['kwen̪ta] *f* ❶ (*cálculo*) (Be)rechnung *f;* (*calculación final*) Abrechnung *f;* **~ atrás** Countdown *m;* **~s atrasadas** Außenstände *mpl;* **rendición de ~s** Rechnungslegung *f;* **Tribunal de C~s** Rechnungshof *m;* **~ de la vieja** Abzählen an den Fingern; **por ~ del Estado** auf Staatskosten; **pagar la ~** die Rechnung begleichen; **poner en ~** in Rechnung stellen; **por ~ propia** auf eigene Rechnung; **establecerse por su ~** sich selb(st)ständig machen; **a ~ de alguien** auf jds Rechnung; (*fig*) auf jds Verantwortung; **echar ~s** überlegen; **dar ~ de algo** über etw Bericht erstatten; **ajustar las ~s a alguien** mit jdm abrechnen; **tener en ~** bedenken; **tomar en ~** berücksichtigen; **darse ~ de algo** etw (be)merken; **caer en la ~** plötzlich merken; **hablar más de la ~** zu viel reden; **a fin de ~s** letztendlich; **en resumidas ~s** kurz und gut; **perder la ~** den Faden verlieren; **estar fuera de ~** (*una mujer*) die neun Monate der Schwangerschaft überschritten haben ❷ (*en el banco*) Konto *nt;* **~ corriente** [*o* **de giros**] Girokonto *nt;* **~ de crédito** Kreditkonto *nt;* **~ de usuario** Benutzerkonto *nt,* Account *m;* **abonar en ~** gutschreiben; **abrir una ~** ein Konto eröffnen; **girar a una ~** auf ein Konto überweisen ❸ (*de un collar*) Perle *f;* **~s de vidrio** Glasperlen *fpl* ❹ (*de hilo*) (Faden)dichte *f*

**cuentagotas** [kwen̪ta'ɣotas] *m inv* Pipette *f;* **con** [*o* **a**] **~** (*fig*) spärlich

**cuentakilómetros** [kwen̪taki'lometros] *m inv* Kilometerzähler *m*

**cuentapasos** [kwen̪ta'pasos] *m inv* Schrittzähler *m*

**cuentarrevoluciones** [kwen̪tarreβolu'θjones] *m inv* Drehzahlmesser *m*

**cuentista** [kwen̪'tista] *mf* ❶ (*chismoso*) Klatschmaul *nt fam* ❷ (*fanfarrón*) Angeber(in) *m(f);* (*chiflado*) Spinner(in) *m(f) fam* ❸ (*narrador*) (Geschichten)erzähler(in) *m(f);* (LIT) Verfasser(in) *m(f)* von Kurzgeschichten

**cuento** ['kwen̪to] *m* ❶ (LIT: *historieta*) (Kurz)geschichte *f,* Erzählung *f;* **~ chino** Lüge *f;* **~ de hadas** Märchen *nt;* **~ de nunca acabar** endlose Geschichte; **~ popular** Volksmärchen *nt;* **libro de ~s** Märchenbuch *nt;* **tener mucho ~** (*presumir*) angeben; (*exagerar*) übertreiben; **dejarse de ~s** zur Sache kommen; **eso no viene a ~** das hat damit nichts zu tun ❷ (ARQUIT, TÉC) Strebe *f,* Stütze *f* ❸ (*del ave*) Flügelgelenk *nt*

**cuerda** ['kwerða] *f* ❶ (*cordel*) Strick *m,* Leine *f;* **~ floja** Seiltänzerdraht *m;* **~ metálica** Draht *m;* **~ métrica** Messband *nt;* **andar en la ~ floja** einen Eiertanz aufführen *fam;* **ser de la misma ~** (*fig*) aus dem gleichen Holz geschnitzt sein ❷ (*del reloj*) (Aufzug)feder *f;* **dar ~ al reloj** die Uhr aufziehen; **dar ~ a alguien** jdn animieren ❸ (ANAT, MAT) Sehne *f;* **~s vocales** Stimmbänder *ntpl* ❹ (*de instrumentos*) Saite *f;* **~ metálica** Stahlsaite *f;* **~ de tripa** Darmsaite *f;* **juego de ~s** Saitenbezug *m;* **apretar las ~s** (*fig*) strengere Saiten aufziehen

**cuerdo, -a** ['kwerðo, -a] *adj* ❶ (*inteligente*) klug; **estar ~** bei vollem Verstand sein ❷ (*razonable*) vernünftig

**cuerno** ['kwerno] *m* ❶ (MÚS, ZOOL) Horn *nt;* **~ de la abundancia** Füllhorn *nt* ❷ (*loc, fam*): **ponerle a alguien los ~s** jdm Hörner aufsetzen; **¡y un ~!** ich pfeife darauf!; **irse al ~** in die Hose(n) gehen; (*plan*) den Bach runtergehen; **¡que se vaya al ~!** der Teufel soll ihn/sie holen!

**cuero** ['kwero] *m* ❶ (*piel*) Leder *nt;* **~ cabelludo** Kopfhaut *f;* **~ curtido** gegerbtes Leder; **estar en ~s** splitternackt sein; **dejar a alguien en ~s** jdn bis aufs Hemd ausziehen ❷ (*recipiente*) (Wein)schlauch *m*

**cuerpazo** [kwer'paθo] *m* (*fam*) Traumfigur *f*

**cuerpo** ['kwerpo] *m* ❶ (*del hombre o del animal*) Körper *m,* Leib *m;* (*sólo el tronco*) Rumpf *m;* (*de una mujer*) Figur *f;* (*cadáver*) Leiche *f;* **a ~ descubierto** ohne Waffenschutz; **una foto de ~ entero** eine Ganzaufnahme; **luchar ~ a ~** Mann gegen Mann kämpfen; **dar con el ~ en tierra** hinfallen; **tomar ~** Gestalt annehmen; **estar de ~ presente** aufgebahrt sein; **hacer de(l) ~** seine Notdurft verrichten; **haz lo que te pida el ~** tu das, worauf du Lust hast ❷ (*objeto, t.* MAT) Körper *m;* **~ celeste** Himmelskörper *m;* **~ extraño** Fremdkörper *m* ❸ (*corporación*) Körperschaft *f,* Korps *nt;* **~ de bomberos** Feuerwehr; **~ diplomático** diplomatisches Korps; **~ docente** Lehrkörper *m* ❹ (*grosor*) Stärke *f;* **~ de letra** (TIPO) Schriftgröße *f;* **tener poco ~** dünn sein; (*líquido*) dünnflüssig sein ❺ (*colección*) Sammlung *f* ❻ (*parte principal*) Hauptteil *m,* Kernstück *nt;* (*de iglesia*) Hauptschiff *nt* ❼ (ADMIN: *de una carta*) Textfeld *nt*

**cuervo** ['kwerβo] *m* Rabe *m*

**cuesta** ['kwesta] *f* Abhang *m;* ~ **abajo/arriba** bergab/bergauf; **un camino en** ~ ein ansteigender Weg; **llevar a alguien/algo a** ~**s** jdn/etw auf dem Rücken tragen; **la** ~ **de enero** die leeren Kassen nach den Weihnachtsfeiertagen

**cuestación** [kwesta'θjon] *f* Kollekte *f,* Sammlung *f*

**cuestión** [kwes'tjon] *f* Frage *f,* Problem *nt;* ~ **de confianza** Vertrauensfrage *f;* ~ **de gustos** Geschmackssache *f;* ~ **secundaria** Nebensache *f;* **es** ~ **de intentarlo** man muss es einfach nur versuchen; **es** ~ **de tiempo nada más** es ist nur eine Frage der Zeit; **ahí está la** ~ hier liegt der Hase im Pfeffer *fam;* **eso es otra** ~ das ist etwas ganz anderes; **la** ~ **es pasarlo bien** (die) Hauptsache (ist), man amüsiert sich

**cuestionable** [kwestjo'naβle] *adj* fraglich, zweifelhaft

**cuestionar** [kwestjo'nar] *vt* diskutieren, erörtern

**cuestionario** [kwestjo'narjo] *m* Fragebogen *m*

**cueva** ['kweβa] *f* Höhle *f;* (*sótano*) Keller *m;* ~ **de ladrones** (*fig*) Räuberhöhle *f*

**cuévano** ['kweβano] *m* Tragkorb *m,* Kiepe *f* *reg*

**cuidado** [kwi'ðaðo] *m* ❶ (*esmero y precaución*) Sorgfalt *f,* Vorsicht *f;* **¡**~**!** Achtung!, Vorsicht!; **¡**~ **con el escalón!** Vorsicht Stufe!; **¡anda con** ~**!** sei vorsichtig!; **ser de** ~ gefährlich sein; **eso me tiene sin** ~ das lässt mich kalt ❷ (*asistencia*) Pflege *f;* (*de maquinarias*) Wartung *f;* ~ **médico** medizinische Betreuung; ~ **preventivo** Vorbeugung *f;* **salir de** ~ (*mejorar*) außer Lebensgefahr sein; (*dar a luz*) gebären

**cuidador** [kwiða'ðor] *m* (*Arg*) Krankenpfleger *m*

**cuidadoso, -a** [kwiða'ðoso, -a] *adj* ❶ (*diligente*) sorgfältig ❷ (*preocupado*) fürsorglich

**cuidar** [kwi'ðar] **I.** *vi* aufpassen (*de* auf +*akk*) **II.** *vt* pflegen, betreuen; ~ **a los niños** die Kinder betreuen; ~ **la casa** den Haushalt besorgen **III.** *vr:* ~**se** ❶ (*de un peligro*) sich hüten (*de* vor +*dat*) ❷ (*preocuparse*) sich kümmern (*de* um +*akk*) ❸ (*no esforzarse*) sich schonen; (*por su salud*) auf seine Gesundheit achten; (*por su aspecto*) sich pflegen; (*darse buena vida*) es sich *dat* gut gehen lassen; **¡cuídate!** pass auf dich auf!

**cuita** ['kwita] *f* Kummer *m,* Sorgen *fpl*

**cuitado, -a** [kwi'taðo, -a] *adj* bekümmert, betrübt

**culata** [ku'lata] *f* ❶ (*del fusil*) Gewehrkolben *m* ❷ (*del caballo*) Kruppe *f*

**culatazo** [kula'taθo] *m* ❶ (*a una persona*) Schlag *m* mit dem Gewehrkolben ❷ (*del arma*) Rückstoß *m*

**culebra** [ku'leβra] *f* (ZOOL) Schlange *f*

**culebrón** [kule'βron] *m* ❶ *aum de* **culebra** ❷ (*hombre cazurro*) gerissener Kerl *m* ❸ (*mujer intrigante*) hinterhältiges Weib *nt* ❹ (TV) Seifenoper *f*

**i Land & Leute**

**Culebrón** werden die überaus beliebten Seifenopern, also unendlich lange Fernsehspielserien genannt, in denen es meist um Familientragödien geht. In Spanien sind die lateinamerikanischen **culebrones** die beliebtesten.

**culera** [ku'lera] *f* ❶ (*en los pañales*) Kotfleck *m* ❷ (*de los pantalones*) Hosenboden *m* ❸ (*parche*) Flicken *m*

**culinario, -a** [kuli'narjo, -a] *adj* kulinarisch

**culminación** [kulmina'θjon] *f* ❶ (*lo máximo*) Höhepunkt *m* ❷ (ASTR) Kulminationspunkt *m*

**culminante** [kulmi'nan̪te] *adj* überragend; **punto** ~ Höhepunkt *m*

**culminar** [kulmi'nar] *vi* den Höhepunkt erreichen

**culo** ['kulo] *m* ❶ (*trasero*) Gesäß *nt,* Hintern *m fam;* **caer de** ~ auf den Hintern fallen; **lamer el** ~ **a alguien** (*vulg*) jdm in den Arsch kriechen; **ser** ~ **de mal asiento** (*fam*) kein Sitzfleisch haben; **¡vete a tomar por el** ~**!** (*vulg*) scher dich zum Teufel! *fam* ❷ (*de vaso o botella*) Boden *m*

**culombio** [ku'lombjo] *m* (ELEC) Coulomb *nt*

**culote** [ku'lote] *m* ❶ (MIL) Patronenboden *m* ❷ (DEP: *pantalón corto*) Radlerhose *f*

**culpa** ['kulpa] *f* Schuld *f;* **echar la** ~ **a alguien** die Schuld auf jdn schieben; **tener la** ~ **de algo** Schuld an etw *dat* haben; **y ¿qué** ~ **tengo yo?** was kann ich denn dafür?

**culpabilidad** [kulpaβili'ða^ð] *f* Schuld *f;* **sentimiento de** ~ Schuldgefühl *nt*

**culpabilizar** [kulpaβili'θar] <z→c> *vt* beschuldigen

**culpable** [kul'paβle] **I.** *adj* schuldig; **declarar** ~ für schuldig erklären; **ser** ~ **de algo** an etw *dat* Schuld haben **II.** *mf* Schuldige(r) *mf*

**culpar** [kul'par] **I.** *vt* beschuldigen (*de/por* +*gen*) **II.** *vr:* ~**se** sich schuldig fühlen (*de* wegen +*gen/dat*)

**cultismo** [kul̪'tismo] *m* (*palabra culta*) gehobener Ausdruck *m*
**cultivable** [kul̪ti'βaβle] *adj* anbaufähig
**cultivado, -a** [kul̪ti'βaðo, -a] *adj* (*culto y refinado*) kultiviert
**cultivador(a)** [kul̪tiβa'ðor(a)] *m(f)* ① (*persona*) Landwirt(in) *m(f)*; ~ **de vino** Winzer *m* ② (*instrumento*) Grubber *m*, Kultivator *m*
**cultivar** [kul̪ti'βar] **I.** *vt* ① (AGR) anbauen; ~ **la tierra** das Land bestellen ② (*bacterias*) züchten ③ (*conservar*) kultivieren, pflegen **II.** *vr:* ~**se** sich bilden
**cultivo** [kul̪'tiβo] *m* ① (AGR) Anbau *m*; ~ **de regadío** Bewässerungskultur *f*; ~ **del suelo** Bodenbearbeitung *f* ② (*de bacterias*) Kultur *f*, Züchtung *f* ③ (*de animales*) Zucht *f* ④ (*de la amistad*) Pflege *f*
**culto**[1] ['kul̪to] *m* ① (*veneración*) Kult *m*; ~ **de la personalidad** Personenkult *m* ② (REL) Kult(us) *m*; ~ **divino** Gottesdienst *m*
**culto, -a**[2] ['kul̪to, -a] *adj* gebildet, kultiviert
**cultura** [kul̪'tura] *f* Kultur *f*; ~ **ambiental** Umweltpflege *f*; ~ **general** Allgemeinbildung *f*
**cultural** [kul̪tu'ral] *adj* kulturell, Kultur-
**culturismo** [kul̪tu'rismo] *m* Bodybuilding *nt*
**culturista** [kul̪tu'rista] *mf* Bodybuilder(in) *m(f)*
**culturización** [kul̪turiθa'θjon] *f* Zivilisierung *f*
**culturizar** [kul̪turi'θar] <z→c> *vt* zivilisieren
**cumbre** ['kumbre] *f* ① (*cima*) Gipfel *m* ② (*reunión*) Gipfeltreffen *nt*; ~ **ministerial** Ministertreffen *nt* ③ (*culminación*) Höhepunkt *m*
**cumpleaños** [kumple'aɲos] *m inv* Geburtstag *m*
**cumplidero, -a** [kumpli'ðero, -a] *adj* ① (*que sirve*) zweckdienlich ② (*plazos*) ablaufend
**cumplido**[1] [kum'pliðo] *m* Höflichkeitsbezeugung *f*; **visita de** ~ Höflichkeitsbesuch *m*; **hacer algo por** ~ etw tun, weil es sich gehört
**cumplido, -a**[2] [kum'pliðo, -a] *adj* ① (*acabado*) erledigt; **¡misión cumplida!** Auftrag erfüllt! ② (*abundante*) weit ③ (*cortés*) höflich ④ (*un soldado*) ausgedient
**cumplidor(a)** [kumpli'ðor(a)] **I.** *adj* pflichtbewusst **II.** *m(f)* pflichtbewusster Mensch *m*
**cumplimentar** [kumplimen̪'tar] *vt* ① (*felicitar*) beglückwünschen ② (*visita de cumplido*) seine Aufwartung machen (+*dat*) ③ (*una orden*) ausführen ④ (*un impuesto*) ausfüllen
**cumplimiento** [kumpli'mjen̪to] *m* ① (*observación*) Erfüllung *f*; ~ **de un deber** Pflichterfüllung *f*; **no** ~ Nichterfüllung *f* ② (*cumplido*) Höflichkeitsbezeugung *f*
**cumplir** [kum'plir] **I.** *vi* ① (*hacer su deber*) pflichtbewusst sein; ~ **con su deber/su promesa** seine Pflicht/sein Versprechen erfüllen; **hacer algo sólo por** ~ etw nur der Form halber tun; ~**é por ti** ich werde für dich eintreten ② (*soldado*) seinen Militärdienst beenden ③ (*plazo*) ablaufen **II.** *vt* ① (*una orden*) ausführen ② (*un encargo*) erledigen ③ (*una promesa, condición*) erfüllen ④ (*un plazo*) einhalten ⑤ (*el servicio militar*) ableisten ⑥ (*una prestación*) erbringen ⑦ (*una pena*) verbüßen ⑧ (*las leyes*) befolgen ⑨ (*años*): **en mayo cumplo treinta años** im Mai werde ich dreißig (Jahre alt) **III.** *vr:* ~**se** in Erfüllung gehen
**cumular** [kumu'lar] *vt v.* **acumular**
**cumulativo, -a** [kumula'tiβo, -a] *adj* kumulativ
**cúmulo** ['kumulo] *m* ① (*amontonamiento*) Haufen *m*, Menge *f* ② (METEO) Kumuluswolke *f*
**cuna** ['kuna] *f* ① (*camita, t. fig*) Wiege *f*; **canción de** ~ Wiegenlied *nt* ② (NÁUT) Schlitten *m*
**cundir** [kun̪'dir] *vi* ① (*mancha, epidemia*) sich ausbreiten ② (*un rumor*) rumgehen ③ (*una noticia*) sich verbreiten ④ (*un trabajo*) vorangehen ⑤ (*dar mucho de sí*) (sehr) ergiebig sein; (*el arroz*) (auf)quellen; **esta comida cunde mucho** dieses Essen ist sehr nahrhaft
**cuneta** [ku'neta] *f* Straßengraben *m*
**cuña** ['kuɲa] *f* ① (*traba*) Keil *m* ② (*fig: enchufe*) (gute) Beziehungen *fpl*
**cuñado, -a** [ku'ɲaðo, -a] *m, f* Schwager *m*, Schwägerin *f*
**cuño** ['kuɲo] *m* ① (*troquel*) Prägestempel *m*, Münzstempel *m* ② (*impresión, señal*) Prägung *f*; (*fig*) Gepräge *nt*; **de nuevo** ~ (ganz) neu
**cuota** ['kwota] *f* ① (*porción*) Quote *f*, Anteil *m*; (*de una deuda*) Tilgungsrate *f*; ~ **de crecimiento** Zuwachsrate *f*; ~ **de mercado** Marktanteil *m* ② (*contribución*) Beitrag *m*, Gebühr *f*; ~ **escolar** Schulgeld *nt*; ~ **de socio** Mitgliedsbeitrag *m*
**cupé** [ku'pe] *m* Coupé *nt*
**cupido** [ku'piðo] *m* ① (*de la mitología romana*) Cupido *m* ② (*fig: mujeriego*) Frauenheld *m*
**cupo** ['kupo] **I.** *3. pret de* **caber** **II.** *m* (ECON) Kontingent *nt*; ~ **de importación/**

exportación Einfuhr-/Ausfuhrkontingent *nt*

**cupón** [ku'pon] *m* Kupon *m,* Abschnitt *m;* (*de lotería*) Lotterieanteilschein *m;* ~ **de descuento** Rabattmarke *f*

**cupón-respuesta** [ku'pon-res'pwesta] *m* <cupones-respuesta> Antwortschein *m*

**cuprífero, -a** [ku'prifero, -a] *adj* kupferhaltig

**cúpula** ['kupula] *f* ❶ (*media esfera*) Kuppel *f* ❷ (*máximos dirigentes*) Spitze *f;* ~ **administrativa** Verwaltungspyramide *f;* ~ **dirigente** Führungsspitze *f* ❸ (BOT) Becher *m* ❹ (NÁUT) Geschützturm *m*

**cura¹** ['kura] *m* Pfarrer *m,* Priester *m*

**cura²** ['kura] *f* ❶ (*curación*) Heilung *f* ❷ (*tratamiento*) Kur *f,* Behandlung *f;* ~ **para adelgazar** Abmagerungskur *f;* ~ **de almas** Seelsorge *f;* ~ **de deshabituación** Entziehungskur *f;* ~ **de desintoxicación** Entgiftungskur *f,* Entziehungskur *f;* **primera** ~ erste Hilfe

**curable** [ku'raβle] *adj* heilbar

**curación** [kura'θjon] *f* Heilung *f*

**curado, -a** [ku'raðo, -a] *adj* ❶ (*sanado*) geheilt; **estar** ~ **de espantos** abgebrüht sein *fam* ❷ (*endurecido*) gehärtet ❸ (*salado*) gepökelt; (*ahumado*) geräuchert; **jamón** ~ luftgetrockneter Schinken ❹ (*Am: borracho*) betrunken

**curador(a)** [kura'ðor(a)] **I.** *adj* heilend **II.** *m(f)* ❶ (*sanador*) (Kranken)pfleger(in) *m(f)* ❷ (*tutor*) Pfleger(in) *m(f);* ~ **ad bona** Vermögenspfleger *m* ❸ (*de carne*) Fleischverarbeiter(in) *m(f);* (*de pescado*) Fischverarbeiter(in) *m(f)*

**curanderismo** [kurande'rismo] *m* Kurpfuscherei *f*

**curandero, -a** [kuran'dero, -a] *m, f* ❶ (*mago*) Medizinmann *m* ❷ (*charlatán*) Kurpfuscher(in) *m(f)*

**curar** [ku'rar] **I.** *vi* genesen **II.** *vt* ❶ (*a un enfermo: tratar*) behandeln; (*sanar*) heilen ❷ (*ahumar*) räuchern; (*salar*) pökeln ❸ (*pieles*) gerben ❹ (*madera*) trocknen lassen ❺ (*plástico*) aushärten ❻ (*hilos y lienzos*) bleichen **III.** *vr:* ~**se** genesen; ~**se en salud** vorbeugen

**curare** [ku'rare] *m* Kurare *nt*

**curativo, -a** [kura'tiβo, -a] *adj* heilend

**curda** ['kurða] *f* (*fam*) Rausch *m,* Schwips *m;* **agarrar una** ~ sich *dat* einen antrinken

**curdo, -a** ['kurðo, -a] **I.** *adj* kurdisch **II.** *m, f* Kurde, -in *m, f*

**curia** ['kurja] *f* ❶ (REL) Kurie *f* ❷ (*tribunal*) Gerichtshof *m*

**curiosear** [kurjose'ar] *vi* (neugierig) herumschnüffeln

**curiosidad** [kurjosi'ðaᵈ] *f* ❶ (*indiscreción*) Neugier(de) *f;* **despertar la** ~ die Neugier wecken ❷ (*cosas poco corrientes*) Kuriosität *f* ❸ (*pulcritud*) Sauberkeit *f*

**curioso, -a** [ku'rjoso, -a] **I.** *adj* ❶ (*indiscreto*) neugierig; **estar** ~ **por saber algo** auf etw gespannt sein ❷ (*interesante*) kurios, sonderbar; **¡qué** ~**!** wie merkwürdig! ❸ (*aseado*) reinlich **II.** *m, f* ❶ (*indiscreto*) neugieriger Mensch *m* ❷ (*Am: curandero*) Kurpfuscher(in) *m(f)*

**currante** [ku'rrante] *mf* (*fam*) Arbeiter(in) *m(f)*

**currar** [ku'rrar] *vi* (*fam*), **currelar** [kurre'lar] *vi* (*fam*) arbeiten, schaffen

**curre** ['kurre] *m* (*fam: trabajo*) Maloche *f;* **tengo mucho** ~ ich hab viel um die Ohren

**curricular** [kurriku'lar] *adj* (UNIV) den Studienplan betreffend; (ENS) den Lehrplan betreffend; **cambios** ~**es** Änderungen im Studien-/Lehrplan

**currículo** [ku'rrikulo] *m* ❶ (UNIV) Studienplan *m;* (ENS) Lehrplan *m* ❷ (*currículum*) Lebenslauf *m*

**curriculum (vitae)** [ku'rrikulun ('bite)] *m,* **currículum (vitae)** [ku'rrikulun ('bite)] *m* Lebenslauf *m*

**curro** ['kurro] *m* (*fam*) Arbeit *f*

**currutaco, -a** [kurru'tako, -a] **I.** *adj* (*fam*) übertrieben modisch, affig *abw* **II.** *m, f* (Mode)geck *m,* Modepuppe *f*

**curry** ['kurri] *m* Curry *nt*

**cursar** [kur'sar] *vt* ❶ (*frecuentar*) häufig aufsuchen ❷ (*una orden*) erteilen; (*un telegrama*) aufgeben; (*una solicitud*) weiterleiten; (*un mensaje*) durchgeben ❸ (*cursos*) belegen; (*carrera*) studieren

**cursi** ['kursi] **I.** *adj* (*fam*) ❶ (*una persona*) affektiert, affig ❷ (*una cosa*) kitschig **II.** *mf* (*fam*) affektierte Person *f*

**cursilada** [kursi'laða] *f* (*fam*), **cursilería** [kursile'ria] *f* (*fam*) ❶ (*acción cursi*) Getue *nt* ❷ (*calidad de cursi*) Kitsch *m*

**cursillista** [kursi'ʎista] *mf* Kursteilnehmer(in) *m(f)*

**cursillo** [kur'siʎo] *m* Kurzlehrgang *m;* ~ **de socorrismo** Erste-Hilfe-Kurs *m*

**cursiva** [kur'siβa] *f* Kursivschrift *f*

**cursivo, -a** [kur'siβo, -a] *adj* kursiv

**curso** ['kurso] *m* ❶ (*transcurso*) (Ver)lauf *m,* Ablauf *m;* ~ **de agua** Wasserlauf *m;* **estar en** ~ in Bearbeitung sein; **en el** ~ **del año** im Laufe des Jahres; **tomar un** ~ **favorable** einen günstigen Verlauf nehmen; **dar** ~ **a una solicitud** ein Gesuch weiterleiten ❷ (FIN: *circulación*) Umlauf *m;* **estar en** ~ im Umlauf sein ❸ (FIN: *cambio*) Kurs *m;* ~ **del cambio** Wechselkurs *m* ④ (*de enseñanza*) Kurs(us) *m,* Lehrgang *m;* ~ **acelerado** Schnellkurs *m;* ~ **escolar** Schuljahr *nt;* **asistir a un** ~ an einem Lehrgang teilnehmen; **dar un** ~ einen Kurs abhalten; **perder el** ~ nicht versetzt werden; **aprobar/suspender un** ~ die Abschlussprüfung bestehen/nicht bestehen

**cursor** [kur'sor] *m* ① (TÉC) Läufer *m* ② (INFOR) Cursor *m*

**curtido**[1] [kur'tiðo] *m* ① (*cuero*) Leder *nt* ② (*cutis*) gegerbte Haut *f*

**curtido, -a**[2] [kur'tiðo, -a] *adj* ① (*una persona*) abgehärtet ② (*pieles*) gegerbt

**curtidor(a)** [kurti'ðor(a)] *m(f)* Gerber(in) *m(f)*

**curtiduría** [kurtiðu'ria] *f* Gerberei *f*

**curtiembre** [kur'tjembre] *f* (*Am: taller*) Gerberei *f;* (*acción*) Gerben *nt*

**curtir** [kur'tir] **I.** *vt* ① (*tratar pieles*) gerben ② (*tostar el cutis*) bräunen ③ (*acostumbrar a la vida dura*) abhärten **II.** *vr:* ~**se** ① (*ponerse moreno*) braun werden ② (*acostumbrarse a la vida dura*) sich abhärten

**curva** ['kurβa] *f* Kurve *f;* ~ **de calle** Straßenbiegung *f;* ~ **de natalidad** Geburtenkurve *f;* **en** ~ gebogen

**curvar** [kur'βar] *vt, vr:* ~**se** (sich) biegen, (sich) krümmen

**curvatura** [kurβa'tura] *f* Krümmung *f,* Biegung *f*

**curvilíneo, -a** [kurβi'lineo, -a] *adj* bogenförmig

**curvo, -a** ['kurβo, -a] *adj* krumm, gebogen

**cuscurro** [kus'kurro] *m* Brotkruste *f*

**cuscús** [kus'kus] *m inv* Kuskus *m*

**cúspide** ['kuspiðe] *f* Spitze *f,* Gipfel *m;* (*fig*) Höhepunkt *m*

**custodia** [kus'toðja] *f* ① (*guarda*) Verwahrung *f;* **bajo** ~ in Gewahrsam; **tener en** ~ verwahren; **estar bajo la** ~ **de alguien** unter jds Obhut stehen ② (*ostensorio*) Monstranz *f*

**custodiado, -a** [kusto'ðjaðo, -a] *m, f* Schützling *m*

**custodiar** [kusto'ðjar] *vt* ① (*una cosa*) verwahren ② (*una persona*) beaufsichtigen

**custodio, -a** [kus'toðjo, -a] *m, f* ① (*guardián*) Wächter(in) *m(f)* ② (*protector*) Pfleger(in) *m(f)*

**cutáneo, -a** [ku'taneo, -a] *adj* Haut-; **reacción cutánea** Hautreaktion *f*

**cúter** ['kuter] <cúter(e)s> *m* ① (*cuchilla*) Papiermesser *nt* ② (NÁUT) Kutter *m;* ~ **pesquero** Fischkutter *m*

**cutis** ['kutis] *m inv* (Gesichts)haut *f*

**cutre** ['kutre] **I.** *adj* geizig, knaus(e)rig; **ropa** ~ billige Kleidung **II.** *mf* Geizhals *m*

**cutrería** [kutre'ria] *f,* **cutrez** [ku'treθ] *f* Geiz *m*

**cuyo, -a** ['kuɟo, -a] *pron rel* dessen, deren; **por cuya causa** weshalb

# Dd

**D, d** [de] *f* D, d *nt;* ~ **de Dolores** D wie Dora

**D.** [don] *abr de* **Don** Hr.

**Dª** ['doɲa] *abr de* **Doña** Fr.

**dacha** ['datʃa] *f* Datscha *f*

**dactilar** [dakti'lar] *adj:* **huellas** ~**es** Fingerabdrücke *mpl*

**dactilografía** [daktiloɣra'fia] *f* Maschinenschreiben *nt*

**dadaísmo** [daða'ismo] *m* (ARTE, LIT) Dadaismus *m*

**dádiva** ['daðiβa] *f* Gabe *f;* (*regalo*) Geschenk *nt*

**dadivosidad** [daðiβosi'ðaᵈ] *f* Freigebigkeit *f*

**dadivoso, -a** [daði'βoso, -a] *adj* freigebig

**dado**[1] ['daðo] *m* ① (*cubo*) Würfel *m;* **tirar el** ~ würfeln ② *pl* (*juego*) Würfelspiel *nt;* **jugar a los** ~**s** würfeln; **jugarse una cerveza a los** ~**s** um ein Bier würfeln

**dado**[2] ['daðo] *conj* ① (*ya que*): ~ **que llueve...** da es (ja) regnet ... ② (*supuesto que*): ~ **que sea demasiado difícil...** wenn es zu schwierig ist ...

**dado, -a**[3] ['daðo, -a] *adj* ① (*supuesto*) gegeben; **dada la coyuntura actual...** angesichts der aktuellen Konjunkturlage ...; **en el caso** ~ gegebenenfalls ② (*determinado*) bestimmt ③ (*loc*): **ser** ~ **a algo** zu etw *dat* neigen; **no ser** ~ (*Méx*) mutig sein

**dador** [da'ðor] *m* (COM) Aussteller *m;* ~ **del crédito** (FIN) Darlehensgeber *m*

**daga** ['daɣa] *f* Dolch *m;* (*PRico: machete*) Machete *f*

**dalai-lama** [da'lai̯-'lama] *m* Dalai-Lama *m*

**dalia** ['dalja] *f* Dahlie *f*

**Dalmacia** [dal'maθja] *f* Dalmatien *nt*

**dálmata** ['dalmata] *m* (ZOOL) Dalmatiner *m*

**daltónico, -a** [dal̪'toniko, -a] *adj* farbenblind

**daltonismo** [dal̪to'nismo] *m* Farbenblindheit *f*

**dama** ['dama] *f* Dame *f;* ~ **de honor** (*de la reina*) Hofdame *f;* (*de la novia*) Brautjungfer *f;* **primera** ~ (POL) First Lady *f;* (**juego de**) ~**s** Damespiel *nt*

**damasco** [da'masko] *m* ❶ (*tejido*) Damast *m* ❷ (*Am: fruta*) Aprikose *f*

**damero** [da'mero] *m* Dame(spiel)brett *nt*

**damnificación** [damnifika'θjon] *f* Schädigung *f*

**damnificado, -a** [damnifi'kaðo, -a] **I.** *adj* geschädigt; (*en la guerra*) kriegsbeschädigt **II.** *m, f* Geschädigte(r) *mf;* (*de guerra*) Kriegsbeschädigte(r) *mf;* **los** ~**s por el huracán** die Orkangeschädigten

**damnificar** [damnifi'kar] <c→qu> *vt* schädigen

**dandi** ['dan̦di] <dandis> *m* Dandy *m*

**danés¹** [da'nes] *m* (ZOOL): **gran** ~ (dänische) Dogge *f*

**danés, -esa²** [da'nes, -esa] **I.** *adj* dänisch **II.** *m, f* Däne, -in *m, f*

**danone®** [da'none] *m* (*fam*) Danone® *m,* (Danone®-)Joghurt *m o nt*

**danta** ['dan̦ta] *f* (*Ven*) Tapir *m*

**dantesco, -a** [dan̦'tesko, -a] *adj* ❶ (*de Dante*) dantisch ❷ (*espantoso*) dantesk

**Danubio** [da'nuβjo] *m* Donau *f*

**danza** ['dan̦θa] *f* (*acción*) Tanzen *nt;* (*baile*) Tanz *m;* **en** ~ (*fam fig*) in Aktion

**danzar** [dan̦'θar] <z→c> **I.** *vi* ❶ (*bailar, girar*) tanzen; (*moverse*) herumtanzen ❷ (*entremeterse*) sich einmischen **II.** *vt* tanzen

**danzarín, -ina** [dan̦θa'rin, -ina] *m, f* Tänzer(in) *m(f)*

**dañar** [da'ɲar] **I.** *vi* schaden **II.** *vt* beschädigen; (*reputación*) schädigen; ~ **la imagen** dem Image schaden **III.** *vr:* ~**se** beschädigt werden; (*fruta, cosecha*) verderben

**dañero, -a** [da'ɲero, -a] *adj* (*Ven: embaucador*) betrügerisch

**dañino, -a** [da'ɲino, -a] *adj* schädlich

**daño** ['daɲo] *m* ❶ (*perjuicio*) Schaden *m;* ~**s ecológicos** Umweltschäden *mpl;* ~ **material** Sachschaden *m;* ~**s y perjuicios** (JUR) Schadensersatz *m* ❷ (*dolor*) Verletzung *f;* **hacer** ~ **a alguien** jdm wehtun; **hacerse** ~ sich verletzen; **no hace** ~ es tut nicht weh

**dar** [dar] *irr* **I.** *vt* ❶ (*en general*) geben; (*regalar*) schenken; (*repartir*) austeilen; (*una patada*) versetzen; **dale la llave a Juan** gib Juan den Schlüssel; ~ **un abrazo a alguien** jdn umarmen; **¿a quién le toca** ~ (**las cartas**)? wer gibt?; ~ **forma a algo** etw *dat* Gestalt verleihen; ~ **permiso** die Erlaubnis erteilen; ~ **importancia** Bedeutung beimessen ❷ (*producir*): **la vaca da leche** die Kuh gibt Milch; **este árbol da naranjas** dieser Baum trägt Orangen ❸ (*celebrar*) veranstalten; ~ **clases** Unterricht geben; ~ **una conferencia** einen Vortrag halten; ~ **una fiesta** eine Party geben ❹ (*causar*): ~ **gusto** Freude machen; **me das pena** du tust mir leid; ~ **miedo** Angst machen ❺ (*presentar*): ~ **una película** einen Film zeigen; **¿dónde dan la película?** wo läuft der Film?; **¿qué dan en la ópera?** was wird in der Oper aufgeführt? ❻ (*expresar*): ~ **las buenas noches** eine gute Nacht wünschen; ~ **la enhorabuena/el pésame** Glückwünsche/sein Beileid aussprechen; ~ **recuerdos** Grüße ausrichten ❼ (*comunicar*) überbringen ❽ (*hacer*): ~ **un paseo** einen Spaziergang machen; **no** ~ **golpe** (*fam*) keinen Schlag tun ❾ (*encender*): ~ **el agua** den Wasserhahn aufdrehen; ~ **la luz** das Licht anmachen ❿ (*sonar*): **el reloj ha dado las dos** die Uhr hat zwei geschlagen ⓫ (*aplicar*) auftragen ⓬ (+ *'de'*): ~ **de alta** gesundschreiben; ~ **de baja** (*doctor*) krankschreiben; (*persona*) abmelden ⓭ (+ *'a'*): ~ **a conocer algo** etw bekannt geben; ~ **a enten̦der algo a alguien** jdm etw zu verstehen geben ⓮ (*loc, fam*): **me has dado el día** du hast mir den Tag vermasselt; **está dale que dale con el mismo tema** er/sie kommt immer wieder mit der alten Leier **II.** *vi* ❶ (+ *'a'*): **el balcón da a la calle/al norte** der Balkon liegt zur Straße (hin)/nach Norden; **la ventana da al patio** das Fenster geht auf den Hof ❷ (+ *'con'*): ~ **con alguien en la calle** jdn auf der Straße treffen; ~ **con la solución** auf die Lösung kommen ❸ (+ *'contra'*) stoßen (*contra* an/gegen +*akk*); **la piedra ha dado contra el cristal** der Stein ist gegen die Scheibe geflogen ❹ (*caer*): ~ **de espaldas/de narices en el suelo** rückwärts/vornüber auf den Boden fallen; ~ **en la trampa** in die Falle gehen ❺ (*acertar*): ~ **en el blanco** [*o* **en la diana**] (*fig*) ins Schwarze treffen; ~ **en el clavo** (*fig*) den Nagel auf den Kopf treffen ❻ (+ *'para'*): **esta tela da para dos vestidos** dieser Stoff reicht für zwei Kleider; ~ **para vivir** zum Leben reichen ❼ (+ *'por'* + *adjetivo*): ~ **por inocente** für unschuldig halten; ~ **por muerto** für tot erklären; ~ **por concluido** als abgeschlossen betrachten; ~ **el libro por leído** das Buch als gelesen voraussetzen ❽ (+ *'por'* + *verbo*): **le ha dado por dejarse el pelo largo** nun will er/sie unbedingt das Haar lang tragen ❾ (+ *'que'* + *verbo*): ~ **que decir** Anlass zu Gerede geben; ~ **que hablar** von sich *dat* reden machen; ~ **que hacer** Arbeit

# El automóvil / Das Auto

| | | | | | |
|---|---|---|---|---|---|
| 1 | el espejo retrovisor exterior | der Außenspiegel | 12 | el cinturón de seguridad | der Sicherheitsgurt |
| 2 | la antena | die Antenne | 13 | la puerta, la portezuela | die Tür |
| 3 | el espejo retrovisor (interior) | der Rückspiegel | 14 | la matrícula, la patente (*Am*) | das Nummernschild |
| 4 | el parabrisas | die Windschutzscheibe | 15 | el tubo de escape | das Auspuffrohr |
| 5 | el capó | die Motorhaube | 16 | el maletero, el baúl (*Am*) | der Kofferraum |
| 6 | el guardabarros, el tapabarros (*Am*) | der Kotflügel | 17 | la luz trasera | das Rücklicht |
| 7 | el volante, el manubrio (*Am*) | das Lenkrad | 18 | el intermitente | das Blinklicht |
| 8 | el freno de mano | die Handbremse | 19 | el parachoques trasero | die hintere Stoßstange |
| 9 | el cambio de marchas, los cambios | der Schaltknüppel | 20 | el neumático | der Reifen |
| 10 | el asiento del conductor | der Fahrersitz | 21 | la llanta | die Felge |
| 11 | el reposacabezas, el apoyacabeza (*Am*) | die Kopfstütze | | | |

| | | |
|---|---|---|
| 1 | el sillín, el asiento | der Sattel |
| 2 | el manillar, el manubrio (*Am*) | die Lenkstange |
| 3 | el timbre | die Klingel |
| 4 | el cambio de marchas, los cambios | die Gangschaltung, der Schalthebel |
| 5 | el freno | die Bremse |
| 6 | la barra | die Querstange |
| 7 | la luz delantera | das Vorderlicht |
| 8 | el neumático | der Reifen |
| 9 | la válvula | das Ventil |
| 10 | el cambio de piñón | die Kettenschaltung |
| 11 | la cadena | die Fahrradkette |
| 12 | el pedal | das Pedal |
| 13 | la horquilla | die Gabel |
| 14 | el radio | die Speiche |

machen; ~ **que pensar** zu denken geben ⑩ (*loc*): (**me**) **da igual** das ist (mir) egal; **¡qué más da!** (*fam*) was soll's!; **no me da la gana** (*fam*) ich habe keine Lust; ~ **de sí** (*jersey*) weiter werden **III.** *vr:* ~**se** ① (*suceder*) vorkommen ② (*frutos*) gedeihen ③ (+ *'a': consagrarse*) sich widmen +*dat;* (*entregarse*) verfallen +*dat;* ~**se a la bebida** dem Alkohol verfallen ④ (+ *'contra'*) sich stoßen (*contra* an +*dat*) ⑤ (+ *'por' + adjetivo: creerse*) sich halten (*por* für +*akk*); ~**se por aludido** sich angesprochen fühlen; ~**se por vencido** sich geschlagen geben; **no se dieron por enterados** sie taten, als ob sie von nichts wüssten ⑥ (+ *'a' + verbo*): ~**se a conocer** (*persona*) sich zu erkennen geben; (*noticia*) bekannt werden; ~**se a entender** sich verständlich machen ⑦ (+ *'de'*): ~**se de baja/alta** sich krankschreiben/gesundschreiben lassen; ~**se de alta en Hacienda** sich als Steuerpflichtiger anmelden ⑧ (+ *sustantivo*): ~**se un baño** ein Bad nehmen; ~**se cuenta de algo** etw merken; ~**se prisa** sich beeilen; ~**se un susto** sich erschrecken ⑨ (*loc*): **dárselas de valiente** (*fam*) sich als Held aufspielen; ~**se corte** (*CSur*) sich aufspielen; ~**se pronto** (*CRi, RDom*) sich beeilen; ~**se vuelta** (*Arg, Par*) die Partei wechseln

**dardo** ['darðo] *m* (*arma*) Speer *m;* (*del juego*) (Wurf)pfeil *m;* **jugar a los** ~**s** (eine Partie) Darts spielen

**dársena** ['darsena] *f* (*t.* NÁUT: *fondeadero*) Hafenbecken *nt;* (*dique*) Dock *nt*

**datar** [da'tar] **I.** *vi* stammen (*de* aus +*dat*) **II.** *vt* datieren

**dátil** ['datil] *m* Dattel *f*

**datilera** [dati'lera] **I.** *adj* Dattel- **II.** *f* (BOT) Dattelpalme *f*

**dativo** [da'tiβo] *m* Dativ *m*

**dato** ['dato] *m* ① (*circunstancia*) Angabe *f;* ~**s personales** Personalien *pl* ② (*cantidad*) Zahl *f* ③ (*fecha*) Datum *nt* ④ *pl* (INFOR) Daten *pl;* ~**s de entrada/de salida** Eingabe-/Ausgabedaten *pl;* ~**s fijos** Stammdaten *pl;* **elaborar** ~**s** Daten bearbeiten

**dcha.** [de'retʃa] *abr de* **derecha** re.

**d. de J.C.** [des'pwes ðe xesu'kristo] *abr de* **después de Jesucristo** n. Chr.

**de** [de] *prep* ① (*posesión*): **el reloj** ~ **mi padre** die Uhr meines Vaters; **los hijos** ~ **Ana** Anas Kinder ② (*origen*) von +*dat,* aus +*dat;* **ser** ~ **Italia/**~ **Lisboa/**~ **las Islas Canarias** aus Italien/aus Lissabon/von den Kanarischen Inseln kommen; ~ **Málaga a Valencia** von Málaga nach Valencia; **el avión procedente** ~ **Lima** das Flugzeug aus Lima; **un libro** ~ **Goytisolo** ein Buch von Goytisolo; ~ **ti a mí** unter uns ③ (*material*) aus +*dat;* ~ **oro** golden ④ (*cualidad*) mit +*dat;* **un hombre** ~ **buen corazón** ein Mensch mit einem guten Herzen ⑤ (*temporal*) von +*dat* ⑥ (*finalidad*): **máquina** ~ **escribir** Schreibmaschine *f;* **hora** ~ **comer** Essenszeit *f* ⑦ (*causa*) vor +*dat* ⑧ (*partitivo*): **dos platos** ~ **sopa** zwei Teller Suppe; **un kilo** ~ **tomates** ein Kilo Tomaten; **un vaso** ~ **agua** ein Glas Wasser ⑨ (+ *nombre propio*): **la ciudad** ~ **Cuzco** die Stadt Cuzco; **el tonto** ~ **Luis lo ha roto** Luis, der Trottel, hat es kaputtgemacht; **pobre** ~ **mí** ich Arme(r) ⑩ (*loc*): ~ **niño** als Kind; **más** ~ **50 euros** mehr als 50 Euro; ~ **no** (*Am*) ansonsten

**? Grammatik**

**de** wird in Kombination mit dem maskulinen bestimmten Artikel ‚el' zu ‚del': *Matilde vuelve normalmente pronto del trabajo. – Matilde kehrt normalerweise direkt von der Arbeit zurück nach Hause. Él es el hijo del alcalde. – Er ist der Sohn des Bürgermeisters.*

**deambular** [deambu'lar] *vi* herumstreifen

**deán** [de'an] *m* (REL) Dekan *m*

**debacle** [de'βakle] *f* Debakel *nt*

**debajo** [de'βaxo] **I.** *adv* unten **II.** *prep:* ~ **de** (*local*) unter +*dat;* (*con movimiento*) unter +*akk;* **pasar por** ~ **del puente** unter der Brücke hindurchfahren; **tumbarse** ~ **del coche** sich unter das Auto legen

**debate** [de'βate] *m* Debatte *f*

**debatir** [deβa'tir] **I.** *vt* erörtern **II.** *vr:* ~**se** ankämpfen; ~**se entre la vida y la muerte** mit dem Tode ringen

**debe** ['deβe] *m* Soll *nt*

**deber** [de'βer] **I.** *vi* (*suposición*): **debe de llegar dentro de poco** er/sie muss demnächst ankommen; **deben de ser las nueve** es muss neun Uhr sein **II.** *vt* ① (*estar obligado*) müssen; **no** ~**ías haberlo dicho** du hättest es nicht sagen sollen ② (*tener que dar*) schulden **III.** *vr:* ~**se** ① (*tener por causa*) zurückzuführen sein (*a* auf +*akk*); (*agradeciendo algo*) zu verdanken sein (*a* +*dat*) ② (*estar obligado*) sich verpflichten +*dat;* **se debe a su profesión** sein/ihr Beruf ist sein/ihr ein und alles **IV.** *m* ① (*obligación*) Pflicht *f;* ~

D

**de conciencia** moralische Verpflichtung ② *pl* (*tareas*) Hausaufgaben *fpl;* **tener muchos ~es** viel aufhaben; **dar muchos ~es** viel aufgeben

**debido**[1] [de'βiðo] *prep:* ~ **a** wegen *+gen/dat*

**debido, -a**[2] [de'βiðo, -a] *adj* (*conveniente*) angemessen; (*necesario*) nötig; **como es ~** wie es sich gehört

**débil** ['deβil] *adj* schwach

**debilidad** [deβili'ða(d)] *f* Schwäche *f* (*por* für *+akk*)

**debilitamiento** [deβilita'mjen̦to] *m* Schwächung *f*

**debilitar** [deβili'tar] *vt* schwächen

**debilucho, -a** [deβi'lutʃo, -a] *adj* kränkelnd

**debitar** [deβi'tar] *vt* (*Am*) ① (*anotar*) im Soll buchen ② (*adeudar*) schulden

**débito** ['deβito] *m* Schuld *f;* (*debe*) Soll *nt;* **~ conyugal** eheliche Pflicht

**debut** [de'βu(t)] <debuts> *m* Debüt *nt;* **hacer su ~** sein Debüt geben

**debutante** [deβu'tan̦te] *mf* Debütant(in) *m(f)*

**debutar** [deβu'tar] *vi* debütieren (*como* als *+nom*)

**década** ['dekaða] *f* Jahrzehnt *nt;* **la ~ de los 40** die 40er-Jahre

**decadencia** [deka'ðen̦θja] *f* ① (*decaimiento*) Dekadenz *f* ② (*de una época*) Niedergang *m*

**decadente** [deka'ðen̦te] *adj* dekadent

**decadentismo** [dekaðen̦'tismo] *m* ① (*periodo*) Zeitalter *nt* der Dekadenz ② (LIT) Dekadenz-Dichtung *f*

**decaer** [deka'er] *irr como caer vi* nachlassen; **~ en fuerza** an Kraft verlieren; **el ánimo decae** der Mut schwindet; **decae de ánimo** er/sie verliert den Mut

**decágono**[1] [de'kaɣono] *m* (MAT) Zehneck *nt*

**decágono, -a**[2] [de'kaɣono, -a] *adj* zehneckig

**decaído, -a** [deka'iðo, -a] *adj* ① (*abatido*) niedergeschlagen ② (*débil*) kraftlos

**decaimiento** [dekai'mjen̦to] *m* ① (*afligimiento*) Niedergeschlagenheit *f* ② (*debilidad*) Kraftlosigkeit *f*

**decálogo** [de'kaloɣo] *m* (REL) Zehn Gebote *ntpl*

**decámetro** [de'kametro] *m* Dekameter *m o nt*

**decano, -a** [de'kano, -a] *m, f* (UNIV) Dekan(in) *m(f)*

**decantar** [dekan̦'tar] **I.** *vt* abgießen **II.** *vr:* **~se** sich (nach reiflicher Überlegung) entscheiden (*por* für *+akk*); **se decantó por el liberalismo** er/sie wandte sich dem Liberalismus zu

**decapar** [deka'par] *vt* (QUÍM) dekapieren

**decapitación** [dekapita'θjon] *f* Enthauptung *f*

**decapitar** [dekapi'tar] *vt* enthaupten

**decatlón** [dekað'lon] *m* Zehnkampf *m*

**decena** [de'θena] *f* zehn Stück *ntpl;* **~s** (MAT) Zehner *mpl;* **~s de miles** Zehntausende *pl;* **una ~ de huevos** zehn Eier

**decenal** [deθe'nal] *adj* ① (*cada diez años*) zehnjährlich ② (*de una duración de diez años*) zehnjährig

**decencia** [de'θen̦θja] *f* Anstand *m*

**decenio** [de'θenjo] *m* Jahrzehnt *nt*

**decente** [de'θen̦te] *adj* anständig

**decepción** [deθeβ'θjon] *f* Enttäuschung *f;* **llevarse una ~** enttäuscht werden

**decepcionante** [deθeβθjo'nan̦te] *adj* enttäuschend

**decepcionar** [deθeβθjo'nar] *vt* enttäuschen

**deceso** [de'θeso] *m* Tod *m*

**decibel(io)** [deθi'βel(jo)] *m* Dezibel *nt*

**decididamente** [deθiðiða'men̦te] *adv* ① (*resueltamente*) entschieden ② (*definitivamente*) definitiv

**decidido, -a** [deθi'ðiðo, -a] *adj* energisch

**decidir** [deθi'ðir] **I.** *vi* entscheiden (*sobre* über *+akk*) **II.** *vt* ① (*determinar*) entscheiden ② (*acordar*) beschließen ③ (*mover a*) veranlassen **III.** *vr:* **~se** sich entscheiden (*por* für *+akk, en contra de* gegen *+akk*)

**décima** ['deθima] *f* Zehntel *nt;* **tener ~s** erhöhte Temperatur haben

**decimal** [deθi'mal] *adj* dezimal; **número ~** Dezimalzahl *f*

**decímetro** [de'θimetro] *m* Dezimeter *m o nt*

**décimo, -a** ['deθimo, -a] **I.** *adj* (*parte*) zehntel; (*numeración*) zehnte(r, s) **II.** *m, f* ① (*parte*) Zehntel *nt* ② (*de lotería*) Zehntellos *nt; v. t.* **octavo**

**decimonono, -a** [deθimo'nono, -a], **decimonoveno, -a** [deθimono'βeno, -a] *adj* (*parte*) neunzehntel; (*numeración*) neunzehnte(r, s); *v. t.* **octavo**

**decimotercero, -a** [deθimoter'θero, -a], **decimotercio, -a** [deθimo'terθjo, -a] *adj* (*parte*) dreizehntel; (*numeración*) dreizehnte(r, s); *v. t.* **octavo**

**decir** [de'θir] *irr* **I.** *vi* ① (*expresar*) sagen (*de* über *+akk*); **~ que sí** ja sagen; **diga, dígame** (TEL) ja, hallo?; **es** [*o* **quiere**] **~** das heißt; **¡no me digas!** (*fam*) was du nicht sagst!; **~ por ~** (nur so) daherreden; **por ~lo así** sozusagen; **el qué dirán** was die Leute sagen; **¡quién lo diría!** wer hätte das gedacht!; **y que lo digas** du sagst es;

**dicen de él que es un buen profesor** man sagt, er sei ein guter Lehrer; ~ **a alguien cuántas son cinco** (*fam*) jdm gehörig die Meinung sagen ❷ (*contener*) besagen; **la regla dice lo siguiente: ...** die Regel lautet wie folgt: ... ❸ (*armonizar*) passen (*con* zu +*dat*) **II.** *vt* ❶ (*expresar*) sagen; (*comunicar*) mitteilen; ~ **algo para sí** etw vor sich hin sagen; **¡no digas tonterías!** (*fam*) red keinen Blödsinn!; **dicho y hecho** gesagt, getan; **lo dicho, dicho, ¡lo ~!** es bleibt dabei!; **como se ha dicho** wie gesagt ❷ (*mostrar*) zeigen; **su cara dice alegría** aus seinem/ihrem Gesicht spricht Freude ❸ (*loc*): **no es muy guapa, que digamos** sie ist nicht gerade hübsch **III.** *vr:* ~**se** sagen; **¿cómo se dice en alemán?** wie sagt man das auf Deutsch?; **¿cómo se dice "ropa" en alemán?** was heißt „ropa" auf Deutsch? **IV.** *m* Redensart *f;* **es un ~** wie man so sagt

**i Land & Leute**

In deutschsprachigen Ländern ist es üblich, „Hallo!" zu sagen oder den Vornamen und/oder Nachnamen am Telefon zu nennen, wenn man angerufen wird. In Spanien sagen Privatpersonen meist *„¡Diga!"* bzw. *„¡Dígame!"* (Imperativformen von **decir**).

**decisión** [deθi'sjon] *f* ❶ (*resolución*) Entscheidung *f;* (*acuerdo*) Beschluss *m;* **tomar una ~** eine Entscheidung treffen; (*acordar*) einen Beschluss fassen ❷ (*firmeza*) Entschlossenheit *f;* **tener ~** entschlossen sein

**decisivo, -a** [deθi'siβo, -a] *adj* entscheidend

**decisorio, -a** [deθi'sorjo, -a] *adj* bestimmend; (*comisión*) mit Entscheidungsbefugnis

**declamar** [dekla'mar] *vt* vortragen

**declaración** [deklara'θjon] *f* Erklärung *f;* (*de impuestos*) Steuererklärung *f;* (JUR) Aussage *f;* ~ **final** Schlusskommuniqué *nt;* ~ **de la renta** Einkommensteuererklärung *f;* ~ **de valor** Wertangabe *f;* **hacer declaraciones** Erklärungen abgeben; **prestar ~** aussagen; **tomar ~ a alguien** jdn vernehmen

**declarar** [dekla'rar] **I.** *vi* ❶ (*testigo*) aussagen ❷ (*a la prensa*) eine Erklärung abgeben **II.** *vt* ❶ (*manifestar*) erklären; ~ **abierta la reunión** die Versammlung eröffnen; ~ **a alguien culpable** jdn für schuldig erklären ❷ (*ingresos*) deklarieren; (*a aduanas*) verzollen **III.** *vr:* ~**se** ❶ (*aparecer*) ausbrechen ❷ (*manifestarse*) sich erklären; (*amor*) eine Liebeserklärung machen +*dat;* ~**se en huelga** streiken; ~**se inocente** sich für unschuldig erklären; ~**se en quiebra** Konkurs anmelden

**declinación** [deklina'θjon] *f* ❶ (*disminución*) Sinken *nt* ❷ (LING) Deklination *f*

**declinar** [dekli'nar] **I.** *vi* ❶ (*disminuir*) nachlassen ❷ (*extinguirse*) zu Ende gehen **II.** *vt* ❶ (*rechazar*) ablehnen; (*invitación*) ausschlagen ❷ (LING) deklinieren

**declive** [de'kliβe] *m* ❶ (*del terreno*) Gefälle *nt;* **en ~** (*terreno*) abschüssig; (*tejado*) geneigt; **en fuerte ~** steil abfallend ❷ (*decadencia*) Niedergang *m;* **en ~** im Niedergang begriffen

**decolaje** [deko'laxe] *m* (*Am*) Start *m*

**decolar** [deko'lar] *vi* (*Am*) starten

**decolorar** [dekolo'rar] *vt* ❶ (QUÍM) entfärben ❷ (*el sol*) ausbleichen

**decomisar** [dekomi'sar] *vt* beschlagnahmen

**decomiso** [deko'miso] *m* ❶ (*objeto*) beschlagnahmtes Gut *nt* ❷ (*acción*) Beschlagnahme *f*

**decoración** [dekora'θjon] *f* ❶ (*adorno*) Dekoration *f* ❷ (*con muebles*) Einrichtung *f* ❸ (TEAT) Bühnenbild *nt*

**decorado** [deko'raðo] *m* (TEAT) Bühnenbild *nt*

**decorador(a)** [dekora'ðor(a)] *m(f)* Dekorateur(in) *m(f);* (TEAT) Bühnenbildner(in) *m(f);* ~ **de interiores** Raumausstatter *m*

**decorar** [deko'rar] *vt* ❶ (*adornar*) dekorieren, schmücken; (*un pastel*) verzieren ❷ (*con muebles*) einrichten; ~ **con moqueta** mit Teppichboden auslegen

**decorativo, -a** [dekora'tiβo, -a] *adj* dekorativ

**decoro** [de'koro] *m* ❶ (*dignidad*) Würde *f;* **con ~** würdevoll; **vivir con ~** standesgemäß leben ❷ (*respeto*) Respekt; **guardar el ~** die Form wahren ❸ (*pudor*) Anstand *m;* **con ~** anständig

**decoroso, -a** [deko'roso, -a] *adj* anständig

**decrecer** [dekre'θer] *irr como crecer vi* abnehmen; (*nivel, fiebre*) fallen; ~ **en intensidad** an Stärke verlieren

**decreciente** [dekre'θjente] *adj* abnehmend

**decrépito, -a** [de'krepito, -a] *adj* ❶ (*persona*) altersschwach ❷ (*cosa*) heruntergekommen ❸ (*sociedad*) dekadent

**decrepitud** [dekrepi'tuᵈ] *f* ❶ (*de personas*) Altersschwäche *f* ❷ (*de cosas, culturas*) Verfall *m*

**decretar** [dekre'tar] *vt* verfügen

D

**decreto** [de'kreto] *m* Verfügung *f;* ~ **gubernamental** Regierungserlass *m*
**decreto-ley** [de'kreto-lei̯] *m* <decretos-ley> Gesetzesverordnung *f;* ~ **europeo** EU-Verordnung *f*
**decúbito** [de'kuβito] *m* Lage *f;* ~ **prono/supino** Bauch-/Rückenlage *f*
**dedal** [de'ðal] *m* Fingerhut *m*
**dédalo** ['deðalo] *m* ① (*laberinto*) Labyrinth *nt* ② (*lío*) Wirrwarr *m*
**dedear** [deðe'ar] *vt* (*Méx*) befingern
**dedicación** [deðika'θjon] *f* ① (*dedicatoria*) Widmung *f* ② (*consagración*) Weihung *f* ③ (*entrega*) Hingabe *f;* ~ **plena** (*trabajo*) Ganztagsbeschäftigung *f*
**dedicar** [deði'kar] <c→qu> **I.** *vt* ① (*destinar*) widmen ② (*consagrar*) weihen **II.** *vr:* ~**se** sich widmen (*a* +*dat*); (*profesionalmente*) tätig sein (*a* in +*dat*); ~**se a la enseñanza** als Lehrer tätig sein; **¿a qué se dedica Ud.?** was machen Sie beruflich?
**dedicatoria** [deðika'torja] *f* Widmung *f*
**dedicatorio**, **-a** [deðika'torjo, -a] *adj* Widmungs-
**dedillo** [deði'ʎo] *m* (*fam*): **saberse algo al** ~ etw aus dem Effeff können
**dedo** ['deðo] *m* (*de mano*) Finger *m;* (*de pie*) Zeh *m;* ~ **del corazón** Mittelfinger *m;* ~ **gordo** großer Zeh; ~ **índice** Zeigefinger *m;* ~ **meñique** kleiner Finger; ~ **pulgar** Daumen *m;* **chuparse el** ~ am Daumen lutschen; (*fig fam*) blauäugig sein; **la comida está para chuparse los** ~**s** (*fam*) das Essen ist köstlich; **pillarse los** ~**s** (*fig*) sich *dat* die Finger verbrennen; **estar a dos** ~**s de algo** einen Fingerbreit von etw *dat* entfernt sein; **ir a** ~ (*fam*) trampen; **estar haciendo** ~ **en la autopista** per Anhalter auf der Autobahn unterwegs sein; **nombrar a** ~ willkürlich nominieren; **señalar a alguien con el** ~ mit dem Finger auf jdn zeigen; **con esa pregunta me has puesto el** ~ **en la llaga** mit dieser Frage hast du meine wunde Stelle getroffen; **no tener dos** ~**s de frente** (*fam*) schwer von Begriff sein
**deducción** [deðuʸ'θjon] *f* ① (*derivación*) Folgerung *f* ② (ECON) Abzug *m;* (*fiscal*) Abschreibung *f;* ~ **estándar** Pausch(al)betrag *m;* ~ **por hijo** Kinderfreibetrag *m*
**deducir** [deðu'θir] *irr como traducir vt* ① (*derivar*) folgern (*de* aus +*dat*) ② (*descontar*) abziehen; (*de impuestos*) absetzen
**defecación** [defeka'θjon] *f* Stuhlgang *m*
**defecar** [defe'kar] <c→qu> *vi* Stuhlgang haben
**defecto** [de'fekto] *m* ① (*carencia*) Mangel *m;* **en** ~ **de** in Ermangelung +*gen;* **en su** ~ bei Fehlen ② (*falta*) Fehler *m;* ~ **físico** Gebrechen *nt;* ~ **genético** Erbschaden *m*
**defectuoso**, **-a** [defektu'oso, -a] *adj* fehlerhaft
**defender** [defen̩'der] <e→ie> **I.** *vt* ① (*contra ataques, t.* JUR) verteidigen (*de/contra* vor +*dat*) ② (*proteger*) (be)schützen (*de/contra* vor +*dat*) ③ (*ideas*) eintreten (für +*akk*) **II.** *vr:* ~**se** ① (*contra ataques*) sich verteidigen ② (*arreglárselo*) zurechtkommen; **¿hablas francés? – me defiendo** sprichst du Französisch? – ich kann mich verständigen
**defendible** [defen̩'diβle] *adj* vertretbar
**defenestrar** [defenes'trar] *vt* ① (*tirar por la ventana*) aus dem Fenster stürzen ② (*de un cargo*) absetzen; (*de un partido*) ausschließen
**defensa¹** [de'fensa] *f* ① (*contra ataques, t.* JUR, DEP) Verteidigung *f;* **en legítima** ~ (JUR) in Notwehr; **acudir en** ~ **de alguien** jdm zu Hilfe eilen ② (*protección*) Schutz *m* ③ (*fortificación*) Verteidigungsanlage *f* ④ (BIOL) Abwehrkräfte *fpl;* **tener** ~**s** immun sein ⑤ (*Méx: paragolpes*) Stoßstange *f*
**defensa²** [de'fensa] *mf* (DEP) Verteidiger(in) *m(f)*
**defensiva** [defen'siβa] *f* Defensive *f;* **a la** ~ in der Defensive
**defensivo**, **-a** [defen'siβo, -a] *adj* defensiv
**defensor(a)** [defen'sor(a)] **I.** *adj* verteidigend **II.** *m(f)* Verteidiger(in) *m(f);* (*de ideas*) Verfechter(in) *m(f);* ~ **de la naturaleza** Naturschützer *m*
**deferencia** [defe'ren̩θja] *f* (*consideración*) Rücksicht *f;* (*cortesía*) Höflichkeit *f;* **por** ~ **a algo** aus Rücksicht auf etw; **tener la** ~ **de...** +*inf* so höflich sein und ...
**deferente** [defe'ren̩te] *adj* zuvorkommend
**deferir** [defe'rir] *irr como sentir vi* nachgeben
**deficiencia** [defi'θjen̩θja] *f* Mangel *m*
**deficiente** [defi'θjen̩te] **I.** *adj* mangelhaft **II.** *mf:* ~ **mental** geistig Behinderte(r) *mf*
**déficit** ['defiθit] *m inv* ① (FIN) Defizit *nt* ② (*escasez*) Mangel *m* (*de* an +*dat*)
**deficitario**, **-a** [defiθi'tarjo, -a] *adj* defizitär
**definición** [defini'θjon] *f* ① (*aclaración*) Definition *f;* (*descripción*) Beschreibung *f* ② (TV) Auflösung *f*
**definido**, **-a** [defi'niðo, -a] *adj* ① (*claro*) deutlich ② (LING) bestimmt
**definir** [defi'nir] **I.** *vt* definieren **II.** *vr:* ~**se** sich entscheiden
**definitivo**, **-a** [defini'tiβo, -a] *adj* ① (*irrevocable*) endgültig; **en definitiva** letzten

Endes ❷ (*decisivo*) ausschlaggebend

**definitorio**, **-a** [defini'torjo, -a] *adj* entscheidend

**deflagración** [deflaɣra'θjon] *f* Verpuffung *f*

**deforestación** [deforesta'θjon] *f* (*acción*) Rodung *f;* (*efecto*) Entwaldung *f*

**deformación** [deforma'θjon] *f* ❶ (*alteración*) Verformung *f* ❷ (*desfiguración*) Entstellung *f*

**deformar** [defor'mar] **I.** *vt* ❶ (*alterar*) verformen; (*imágenes*) verzerren ❷ (*desfigurar*) entstellen **II.** *vr:* ~**se** sich verformen; (*jersey*) aus der Form geraten

**deforme** [de'forme] *adj* verzerrt

**deformidad** [deformi'ða$^{ð}$] *f* (MED) Missbildung *f*

**defraudación** [defrau̯ða'θjon] *f* ❶ (*fraude*) Betrug *m;* (*malversación*) Unterschlagung *f;* ~ **fiscal** Steuerhinterziehung *f* ❷ (*decepción*) Enttäuschung *f*

**defraudar** [defrau̯'ðar] *vt* ❶ (*estafar*) betrügen; (*dinero*) unterschlagen; ~ **a Hacienda** Steuern hinterziehen ❷ (*decepcionar*) enttäuschen

**defunción** [defuṇ'θjon] *f* Todesfall *m*

**degeneración** [dexenera'θjon] *f* Verfall *m*

**degenerar** [dexene'rar] *vi* degenerieren; ~ **en** sich entwickeln zu +*dat*

**deglutir** [deɣlu'tir] *vt* schlucken

**degolladero** [deɣoʎa'ðero] *m* ❶ (*cuello*) Nacken *m* ❷ (*matadero*) Schlachthof *m* ❸ (*cadalso*) Schafott *nt*

**degollar** [deɣo'ʎar] <o→ue> *vt* ❶ (*decapitar*) enthaupten ❷ (*fam: malograr*) verhunzen

**degradación** [deɣraða'θjon] *f* ❶ (*humillación*) Demütigung *f* ❷ (*en el cargo*) Degradierung *f* ❸ (*deterioro*) Verschlechterung *f;* ~ **del medio ambiente** Verschlechterung der Umweltbedingungen ❹ (*en pintura*): ~ **de color** Farbabstufung *f*

**degradante** [deɣra'ðaṇte] *adj* erniedrigend

**degradar** [deɣra'ðar] *vt* ❶ (*en el cargo*) degradieren ❷ (*calidad*) verschlechtern; ~ **el medio ambiente** die Umwelt verpesten ❸ (*humillar*) demütigen

**degüello** [de'ɣweʎo] *m* Enthauptung *f;* **tirar a alguien a** ~ (*fig fam*) jdn mit allen Mitteln fertig machen

**degustación** [deɣusta'θjon] *f* Kosten *nt;* ~ **de vinos** Weinprobe *f*

**degustar** [deɣus'tar] *vt* kosten

**dehesa** [de'esa] *f* Weide *f*

**deidad** [dei̯'ða$^{ð}$] *f* (*dios*) Gottheit *f*

**deificar** [deifi'kar] <c→qu> *vt* ❶ (*divinizar*) vergöttlichen ❷ (*ensalzar*) vergöttern

**dejadez** [dexa'ðeθ] *f* Nachlässigkeit *f*

**dejado**, **-a** [de'xaðo, -a] *adj* ❶ *estar* (*abatido*) niedergeschlagen ❷ *ser* (*descuidado*) nachlässig

**dejar** [de'xar] **I.** *vi:* ~ **de** +*inf* aufhören zu +*inf;* **no** ~ **de** +*inf* (*no olvidar*) nicht vergessen zu +*inf;* **¡no deje de venir!** Sie müssen unbedingt kommen! **II.** *vt* ❶ (*en general*) lassen; ~ **el libro sobre la mesa** das Buch auf den Tisch legen; **¡déjalo ya!** hör auf damit!; ~ **acabado** zum Abschluss bringen; ~ **caer** fallen lassen; ~ **claro** klarstellen; ~ **constancia** protokollieren; ~ **a deber** anschreiben lassen; ~ **en libertad** freilassen; ~ **algo para mañana** etw auf morgen verschieben; ~ **en paz** in Ruhe lassen; ~ **mucho que desear** viel zu wünschen übrig lassen; ~ **sin lavar** nicht waschen; ~ **triste** traurig stimmen ❷ (*abandonar*) verlassen; ~ **la carrera** das Studium abbrechen ❸ (*ganancia*) einbringen ❹ (*permitir: algo*) zulassen; **no me dejan salir** sie lassen mich nicht ausgehen ❺ (*entregar*) überlassen; (*prestar*) leihen; (*en herencia*) hinterlassen; ~ **un recado** eine Nachricht hinterlassen; ~ **algo en manos de alguien** jdm etw überlassen; **dejo el asunto en tus manos** ich vertraue dir die Angelegenheit an **III.** *vr:* ~**se** ❶ (*descuidarse*) sich gehen lassen ❷ (*olvidar*) vergessen ❸ (*no hacer*): **¡déjate de tonterías!** hör auf mit dem Blödsinn! ❹ (*loc*): ~**se caer** sich fallen lassen; ~**se querer** sich hofieren lassen

**deje** ['dexe] *m* Akzent *m;* **se te nota un** ~ **catalán** du hast einen katalanischen Akzent

**dejo** ['dexo] *m* ❶ (*entonación*) Tonfall *m;* (*acento*) Akzent *m* ❷ (*regusto, t. fig*) Nachgeschmack *m*

**del** [del] = **de** + **el** *v.* **de**

**delación** [dela'θjon] *f* Anzeige *f*

**delantal** [delaṇ'tal] *m* Schürze *f*

**delante** [de'laṇte] **I.** *adv* ❶ (*ante, en la parte delantera*) vorn(e); **de** ~ von vorn; **abierto por** ~ vorne offen ❷ (*enfrente*) davor **II.** *prep:* ~ **de** (*local*) vor +*dat;* (*movimiento*) vor +*akk;* (*en presencia de*) in Gegenwart von +*dat;* ~ **mío** [*o* **de mí**] in meiner Gegenwart

**delantera** [delaṇ'tera] *f* ❶ (*parte anterior*) Vorderteil *nt* ❷ (*primera fila*) Vorderreihe *f* ❸ (*distancia*) Vorsprung *m;* **coger la** ~ **a alguien** jdm zuvorkommen; **llevar la** ~ **a alguien** einen Vorsprung vor jdm haben ❹ (DEP) Angriff *m*

**delantero**[1] [delaṇ'tero] *m* ❶ (*parte anterior*) Vorderteil *nt* ❷ (DEP) Stürmer(in) *m(f);* ~ **centro** Mittelstürmer(in) *m(f)*

**delantero, -a²** [delaṇ'tero, -a] *adj* vordere(r, s)

**delatador(a)** [delata'ðor(a)] *adj* verräterisch

**delatar** [dela'tar] **I.** *vt* ❶ (*denunciar*) anzeigen ❷ (*manifestar*) verraten **II.** *vr:* **~se** sich verraten (*con* durch +*akk*)

**delegación** [deleɣa'θjon] *f* ❶ (*atribución*) Auftrag *m;* **~ de poderes** Übertragung von Befugnissen; **actuar por ~ de alguien** in jds Auftrag handeln ❷ (*comisión*) Delegation *f* ❸ (*oficina*) Amt *nt;* (*filial*) Zweigstelle *f;* **D~ de Hacienda** Finanzamt *nt* ❹ (*Méx: comisaría*) Polizeirevier *nt;* (*ayuntamiento*) Stadthaus *nt*

**delegado, -a** [dele'ɣaðo, -a] *m, f* Delegierte(r) *mf;* **~ gubernamental** Regierungsvertreter *m*

**delegar** [dele'ɣar] <g→gu> *vt* ❶ (*encargar*) delegieren (*en* an +*akk*); **~ algo en alguien** jdn mit etw *dat* beauftragen ❷ (*transferir*) übertragen

**deleitar** [delei̯'tar] **I.** *vt* ergötzen **II.** *vr:* **~se** sich ergötzen (*con/en* an +*dat*)

**deleite** [de'lei̯te] *m* Wonne *f;* **con ~** genüsslich

**deletrear** [deletre'ar] *vt* buchstabieren

**deletreo** [dele'treo] *m* Buchstabieren *nt*

**deleznable** [deleθ'naβle] *adj* ❶ (*frágil*) brüchig ❷ (*inconsistente*) vergänglich

**delfín** [del'fin] *m* (ZOOL) Delphin *m*

**delgadez** [delɣa'ðeθ] *f* Dünnheit *f,* Dünne *f*

**delgado, -a** [del'ɣaðo, -a] *adj* dünn; (*esbelto*) schlank

**deliberación** [deliβera'θjon] *f* Beratschlagung *f*

**deliberado, -a** [deliβe'raðo, -a] *adj* ❶ (*tratado*) (wohl) überlegt ❷ (*intencionado*) absichtlich

**deliberar** [deliβe'rar] *vi, vt* abwägen; (*discutir*) beratschlagen (*sobre/acerca de* über +*akk*)

**delicadeza** [delika'ðeθa] *f* ❶ (*finura*) Feinfühligkeit *f;* **con ~** feinfühlig ❷ (*debilidad*) Empfindlichkeit *f* ❸ (*miramiento*) Zuvorkommenheit *f;* **tener la ~ de...** so zuvorkommend sein und ...

**delicado, -a** [deli'kaðo, -a] *adj* ❶ (*fino, frágil*) zart ❷ (*exquisito*) köstlich ❸ (*atento*) feinfühlig ❹ (*enfermizo*) anfällig; **ser ~ de salud** eine schwache Gesundheit haben ❺ (*asunto*) heikel ❻ (*exigente*) anspruchsvoll

**delicia** [de'liθja] *f* Wonne *f*

**delicioso, -a** [deli'θjoso, -a] *adj* ❶ (*persona*) reizend ❷ (*cosa*) wunderbar; (*comida*) köstlich

**delictivo, -a** [delik'tiβo, -a] *adj* kriminell; **acto ~** Straftat *f*

**delimitar** [delimi'tar] *vt* abgrenzen

**delincuencia** [deliŋ'kweṇθja] *f* Kriminalität *f*

**delincuente** [deliŋ'kweṇte] **I.** *adj* straffällig **II.** *mf* Straftäter(in) *m(f);* **~ reincidente** Wiederholungstäter(in) *m(f)*

**delineante** [deline'aṇte] *mf* technischer Zeichner *m,* technische Zeichnerin *f*

**delinear** [deline'ar] *vt* skizzieren

**delinquir** [deliŋ'kir] <qu→c> *vi* straffällig werden

**delirar** [deli'rar] *vi* ❶ (*desvariar*) fantasieren ❷ (*disparatar*) Unsinn reden

**delirio** [de'lirjo] *m* ❶ (*enfermedad*) Delirium *nt* ❷ (*ilusión*) Wahnvorstellung *f;* **~ de grandezas** Größenwahn(sinn) *m*

**delito** [de'lito] *m* Delikt *nt;* **~ contra los derechos humanos** Menschenrechtsverletzung *f;* **~ de guerra** Kriegsverbrechen *nt;* **cuerpo del ~** Beweisstück *nt*

**delta** ['del̪ta] *m* ❶ (GEO) Delta *nt* ❷ (DEP): **ala ~** Drachenfliegen *nt*

**deltoides** [del̪'toi̯ðes] **I.** *adj inv* ❶ (*forma*) deltaförmig ❷ (ANAT) Delta- **II.** *m inv* (ANAT) Deltamuskel *m*

**demacrarse** [dema'krarse] *vr* abmagern

**demagogia** [dema'ɣoxja] *f* Demagogie *f*

**demanda** [de'maṇda] *f* ❶ (*petición*) Forderung *f;* **~ de empleo** Stellengesuch *nt;* **~ de extradicción** (JUR) Auslieferungsgesuch *nt;* **en ~ de algo** auf der Suche nach etw *dat* ❷ (COM) Nachfrage *f* (*de* nach +*dat*); **~ adicional** Mehrbedarf *m;* **~ agregada** Gesamtnachfrage *f;* **~ energética** Energiebedarf *m;* **algo tiene mucha ~** es besteht eine große Nachfrage nach etw *dat* ❸ (JUR) Klage *f;* **presentar una ~ contra alguien** Klage gegen jdn erheben

**demandado, -a** [demaṇ'daðo, -a] **I.** *adj* (*solicitado*) begehrt **II.** *m, f* (JUR) Beklagte(r) *mf*

**demandante** [demaṇ'daṇte] **I.** *adj* antragstellend; (JUR) klagend **II.** *mf* Antragsteller(in) *m(f);* (JUR) Kläger(in) *m(f)*

**demandar** [demaṇ'dar] *vt* ❶ (*pedir*) fordern; (*solicitar*) beantragen ❷ (JUR) verklagen (*por* wegen +*gen/dat*)

**demarcación** [demarka'θjon] *f* ❶ (*delimitación*) Abgrenzung *f;* **línea de ~** Demarkationslinie *f* ❷ (*terreno*) Bezirk *m*

**demarcar** [demar'kar] <c→qu> *vt* (neu) ausmessen

**demás** [de'mas] **I.** *adj* übrige(r, s); **los/las ~** die Übrigen; **... y ~...** (*y otros*) ... und weitere ...; **y ~** (*etcétera*) und so weiter; **por lo ~** ansonsten **II.** *adv:* **por ~** vergebens; **está por ~ que...** es ist überflüssig zu ...

**demasía** [dema'sia] *f* ① (*exceso*) Übermaß *nt;* **en** ~ im Übermaß ② (*insolencia*) Dreistigkeit *f*

**demasiado**[1] [dema'sjaðo] *adv* (+ *adj*) (all)zu; (+ *verbo*) zu viel

**demasiado, -a**[2] [dema'sjaðo, -a] *adj* zu viel; **hace** ~ **calor** es ist zu heiß

**demencia** [de'meṇθja] *f* Schwachsinn *m*

**demencial** [demeṇ'θjal] *adj,* **demente** [de'meṇte] *adj* schwachsinnig

**demérito** [de'merito] *m* ① (*falta de mérito*) Unwürdigkeit *f* ② (*perjuicio*) Nachteil *m;* **obrar en** ~ **de alguien** jdm zum Nachteil gereichen

**democracia** [demo'kraθja] *f* Demokratie *f*

**demócrata** [de'mokrata] **I.** *adj* demokratisch **II.** *mf* Demokrat(in) *m(f)*

**democratacristiano, -a** [demokratakris'tjano, -a] **I.** *adj* christlich-demokratisch **II.** *m, f* Christdemokrat(in) *m(f)*

**democrático, -a** [demo'kratiko, -a] *adj* demokratisch

**democratización** *f* Demokratisierung *f*

**democratizador(a)** [demokratiθa'ðor(a)] *adj* Demokratisierungs-; **proceso** ~ Demokratisierungsprozess *m*

**democratizar** [demokrati'θar] <z→c> **I.** *vt* demokratisieren **II.** *vr:* ~**se** demokratisch werden

**demografía** [demoɣra'fia] *f* Demografie *f*

**demográfico, -a** [demo'ɣrafiko, -a] *adj* demografisch; **explosión demográfica** Bevölkerungsexplosion *f*

**demoledor(a)** [demole'ðor(a)] *adj* (*ataque*) heftig; (*argumento*) vernichtend

**demoler** [demo'ler] <o→ue> *vt* (*edificio*) abreißen; (*fig*) zunichte machen

**demoníaco, -a** [demo'niako, -a] **I.** *adj* ① (*satánico*) dämonisch ② (*endemoniado*) besessen **II.** *m, f* Besessene(r) *mf*

**demonio** [de'monjo] *m* (*espíritu*) Dämon *m;* (*diablo*) Teufel *m;* **¡**~**(s)!** zum Teufel!; ~ **de mujer** Teufelsweib *nt;* **como un** ~ wie der Teufel; **de mil** ~**s** ungeheuer; (*carácter*) äußerst schwierig; **ponerse como un** ~ fuchsteufelswild werden; **saber a** ~**s** scheußlich schmecken; **ser el mismísimo** ~ der leibhaftige Teufel sein; **tener el** ~ **en el cuerpo** den Teufel im Leib haben; **tentar al** ~ den Teufel an die Wand malen; **¡véte al** ~**!** scher dich zum Teufel!

**demora** [de'mora] *f* Verspätung *f;* (*en el pago/la entrega*) Verzug *m*

**demorar** [demo'rar] **I.** *vt* hinauszögern **II.** *vr:* ~**se** ① (*detenerse*) sich aufhalten ② (*retrasarse*) sich verspäten

**demostrable** [demos'traβle] *adj* beweisbar

**demostración** [demostra'θjon] *f* ① (*prueba*) Beweis *m* ② (*argumentación*) Beweisführung *f* ③ (*explicación*) Darlegung *f* ④ (*exteriorización*) Bekundung *f* ⑤ (*exhibición*) Vorführung *f*

**demostrar** [demos'trar] <o→ue> *vt* ① (*probar*) beweisen ② (*mostrar*) zeigen ③ (*explicar*) darlegen ④ (*expresar*) bekunden ⑤ (*exhibir*) demonstrieren

**demostrativo, -a** [demostra'tiβo, -a] *adj* ① (*probatorio*) Beweis-; **documento** ~ **del pago** Zahlungsbeleg *m* ② (LING) demonstrativ; **pronombre** ~ Demonstrativpronomen *nt*

**demudado, -a** [demu'ðaðo, -a] *adj* (*pálido*) blass

**demudar** [demu'ðar] **I.** *vt* ① (*variar*) verändern; **la mala noticia le demudó el rostro** aufgrund der schlechten Nachricht verdüsterte sich seine/ihre Miene ② (*desfigurar*) verzerren **II.** *vr:* ~**se** ① (*de color*): **se demudó al ver el cadáver** beim Anblick der Leiche wurde er/sie ganz blass im Gesicht ② (*desfigurarse*) das Gesicht verziehen

**denegación** [deneɣa'θjon] *f* Verweigerung *f;* ~ **de auxilio** (JUR) unterlassene Hilfeleistung

**denegar** [dene'ɣar] *irr como fregar vt* ablehnen; ~ **un derecho a alguien** jdm ein Recht absprechen

**denigrar** [deni'ɣrar] *vt* ① (*humillar*) erniedrigen ② (*calumniar*) in Verruf bringen ③ (*injuriar*) beleidigen

**denominación** [denomina'θjon] *f* ① (*nombre*) Benennung *f,* Bezeichnung *f* ② (COM) Nennwert *m,* Stückelung *f* von Wertpapieren

**denominador** [denomina'ðor] *m* (MAT) Nenner *m;* **reducir a un común** ~ (*t. fig*) auf einen gemeinsamen Nenner bringen

**denominar** [denomi'nar] **I.** *vt* (*llamar*) nennen; ~ **la escuela en homenaje a su fundadora** die Schule nach ihrer Gründerin benennen **II.** *vr:* ~**se** sich nennen

**denotación** [denota'θjon] *f* ① (*nombre*) Bezeichnung *f* ② (LING) Denotation *f*

**denotar** [deno'tar] *vt* (*significar*) bedeuten

**densidad** [densi'ða$^{ð}$] *f* Dichte *f*

**denso, -a** ['denso, -a] *adj* ① (*compacto*) dicht ② (*espeso*) dick ③ (*pesado*) schwer

**dentado, -a** [deṇ'taðo, -a] *adj* gezähnt; (BOT) gezackt; **rueda dentada** (TÉC) Zahnrad *nt*

**dentadura** [deṇta'ðura] *f* Gebiss *nt*

**dental** [deṇ'tal] *adj* ① (MED) Zahn- ② (LING) dental

**dentellada** [deṇte'ʎaða] *f* ① (*mordisco*)

Biss *m;* **a ~s** mit den Zähnen; **comer a ~s** gierig essen; **matar a ~s** (*fiera*) reißen; **pelearse a ~s** einander beißen ② (*herida*) Bisswunde *f*

**dentición** [deṇti'θjon] *f* ① (*aparición*) Zahndurchbruch *m;* (*de los primeros dientes*) Zahnen *nt* ② (*dientes*) Gebiss *nt*

**dentífrico**[1] [deṇ'tifriko] *m* Zahncreme *f*

**dentífrico, -a**[2] [deṇ'tifriko, -a] *adj:* **agua dentífrica** Mundwasser *nt;* **pasta dentífrica** Zahncreme *f*

**dentista** [deṇ'tista] **I.** *adj* zahnärztlich **II.** *mf* Zahnarzt, -ärztin *m, f*

**dentro** ['deṇtro] **I.** *adv* (dr)innen; **a ~** innen; **desde ~** von innen heraus; (*fig*) von Herzen; **por ~** innen; (*fig*) im Herzen **II.** *prep* ① **~ de** (*local*) in +*dat;* **~ de lo posible** im Rahmen des Möglichen ② **~ de** (*con movimiento*) in +*akk;* **mirar ~ de la habitación** ins Zimmer reinschauen ③ **~ de** (*temporal*) in +*dat;* **~ de poco** bald

**denuncia** [de'nuṇθja] *f* ① (*acusación*) (Straf)anzeige *f;* **~ obligatoria** Anzeigepflicht *f;* **hacer una ~** Anzeige erstatten (*ante* bei +*dat, por* wegen +*gen/dat*); **hacer una ~ por falta de pago** eine Klage auf Zahlung erheben ② (*de una injusticia*) Anklage *f;* **ser una ~ de algo** etw anklagen ③ (*tratado*) Kündigung *f*

**denunciación** [denuṇθja'θjon] *f* Denunziation *f abw*

**denunciante** [denuṇ'θjaṇte] **I.** *adj* (JUR): **parte ~** Kläger *m* **II.** *mf* ① (*que presenta una denuncia*) Anzeigeerstatter(in) *m(f)* ② (*que delata*) Denunziant(in) *m(f) abw*

**denunciar** [denuṇ'θjar] *vt* ① (*acusar*) anzeigen (*por* wegen +*gen/dat, ante* bei +*dat*) ② (*delatar*) denunzieren ③ (*hacer público*) an die Öffentlichkeit bringen ④ (*indicar*) erkennen lassen ⑤ (*tratado*) kündigen

**deontología** [deoṇtolo'xia] *f* Pflichtenlehre *f*

**Dep.** [departa'meṇto] *abr de* **departamento** Abt.

**deparar** [depa'rar] *vt* bescheren; **nunca se sabe lo que a uno le ~á el destino** man weiß nie, was einen erwartet

**departamental** [departameṇ'tal] *adj* Abteilungs-; **jefe ~** Abteilungsleiter *m*

**departamento** [departa'meṇto] *m* ① (*de un establecimiento*) Abteilung *f;* **~ de contabilidad** Buchhaltung *f* ② (*de un objeto*) Fach *nt* ③ (*ministerio*) Ministerium *nt* ④ (*distrito*) Bezirk *m* ⑤ (UNIV) Fachbereich *m* ⑥ (FERRO) Abteil *nt* ⑦ (*Am: apartamento*) Wohnung *f*

**departir** [depar'tir] *vi* plaudern (*acerca de/de/sobre* über +*akk*)

**depauperar** [depau̯pe'rar] **I.** *vt* ① (*empobrecer*) arm machen ② (MED) entkräften **II.** *vr:* **~se** ① (*empobrecerse*) verarmen ② (MED) entkräften

**dependencia** [depeṇ'deṇθja] *f* ① (*sujeción*) Abhängigkeit *f;* **vivir en ~ de alguien** von jdm abhängig sein ② (*sucursal*) Niederlassung *f* ③ (*empleados*) Belegschaft *f* ④ (*sección*) Abteilung *f* ⑤ *pl* (*habitaciones*) Räumlichkeiten *fpl*

**depender** [depeṇ'der] *vi* abhängig sein (*de* von +*dat*); **eso depende de Ud.** das liegt an Ihnen; **¡depende!** es kommt darauf an!

**dependiente**[1] [depeṇ'djeṇte] *adj* abhängig (*de* von +*dat*)

**dependiente, -a**[2] [depeṇ'djeṇte, -a] *m, f* Angestellte(r) *mf;* (*de una tienda*) Verkäufer(in) *m(f)*

**depilación** [depila'θjon] *f* Enthaarung *f*

**depiladora** [depila'ðora] *f* Epiliergerät *nt*

**depilar** [depi'lar] *vt, vr:* **~se** (sich) enthaaren; **~se las cejas** sich *dat* die Augenbrauen zupfen

**depilatorio**[1] [depila'torjo] *m* Enthaarungsmittel *nt*

**depilatorio, -a**[2] [depila'torjo, -a] *adj* Enthaarungs-

**deplorable** [deplo'raβle] *adj* bedauerlich; **espectáculo ~** jämmerliche Vorstellung

**deplorar** [deplo'rar] *vt* (zutiefst) bedauern

**deponer** [depo'ner] *irr como poner* **I.** *vt* ① (*destituir*) absetzen; **~ de un cargo** eines Amtes entheben ② (*deshacerse de*) ablegen; **~ las armas** die Waffen niederlegen **II.** *vi* (JUR) aussagen

**deportación** [deporta'θjon] *f* Deportation *f*

**deportar** [depor'tar] *vt* deportieren

**deporte** [de'porte] *m* Sport *m;* **~ de (alta) competición** (Hoch)leistungssport *m;* **~ hípico** Reitsport *m;* **~s de invierno** Wintersportarten *fpl;* **hacer ~** Sport treiben

**deportista** [depor'tista] **I.** *adj* sportlich **II.** *mf* Sportler(in) *m(f);* **~ aficionado** Amateur(sportler) *m;* **~ profesional** Profi(sportler) *m*

**deportividad** [deportiβi'ðaᵈ] *f* (DEP) Sportlichkeit *f*

**deportivo**[1] [depor'tiβo] *m* ① (*club*) Sportverein *m* ② (*automóvil*) Sportwagen *m*

**deportivo, -a**[2] [depor'tiβo, -a] *adj* sportlich; **noticias deportivas** Sportnachrichten *fpl*

**depositar** [deposi'tar] **I.** *vt* deponieren; (FIN) einlegen; (*cadáver*) aufbahren; **~ su confianza en alguien** sein Vertrauen in jdn setzen **II.** *vr:* **~se** sich absetzen

**depositario, -a** [deposi'tarjo, -a] *m, f* ❶ (*de valores*) Depositar(in) *m(f)*, Verwahrer(in) *m(f)*; ~ **judicial** Sequester *m* ❷ (*de sentimientos*) Vertraute(r) *mf*

**depósito** [de'posito] *m* ❶ (*el guardar*) Aufbewahrung *f*; **en** ~ in Verwahrung ❷ (*el poner al cuidado*) Deponieren *nt* ❸ (*lugar*) Depot *nt*; ~ **de equipajes** (FERRO) Gepäckaufbewahrung *f* ❹ (*recipiente*) Tank *m*; ~ **de un arma de fuego** Magazin *nt* ❺ (FIN: *acción*) Einlegen *nt*; (*dinero*) Einlage *f* ❻ (*sedimento*) Ablagerung *f* ❼ (*morgue*): ~ **de cadáveres** Leichenhaus *nt*; ~ **judicial** Leichenschauhaus *nt*

**depravar** [depra'βar] **I.** *vt* verderben **II.** *vr:* ~**se** verkommen

**depre** ['depre] *f* (*fam*): **estar con la** ~ down sein

**depreciación** [depreθja'θjon] *f* (*desvalorización*) Wertminderung *f*; ~ **monetaria** Geldentwertung *f*

**depreciar** [depre'θjar] **I.** *vt* (*desvalorizar*) den Wert mindern +*gen*; (*moneda*) abwerten **II.** *vr:* ~**se** an Wert verlieren

**depredación** [depreða'θjon] *f* (*saqueo*) Plünderung *f*

**depredador(a)** [depreða'ðor(a)] **I.** *adj* ❶ (*saqueador*) plündernd ❷ (ZOOL) räuberisch **II.** *m(f)* ❶ (*saqueador*) Plünderer, -in *m, f* ❷ (*malversador*) Veruntreuer(in) *m(f)*

**depredar** [depre'ðar] *vt* (*saquear*) plündern

**depresión** [depre'sjon] *f* ❶ (*tristeza*) Depression *f* ❷ (GEO) Senke *f* ❸ (ECON) Depression *f*; ~ **cíclica** Konjunktureinbruch *m*; ~ **económica** Wirtschaftskrise *f* ❹ (METEO) Tief(druckgebiet) *nt*

**depresivo, -a** [depre'siβo, -a] *adj* ❶ (*que deprime*) deprimierend ❷ (*propenso a*) depressiv

**deprimente** [depri'mente] *adj* deprimierend

**deprimir** [depri'mir] **I.** *vt* (*abatir*) deprimieren **II.** *vr:* ~**se** (*abatirse*) Depressionen bekommen

**deprisa** [de'prisa] *adv* schnell; ~ **y corriendo** so schnell wie möglich

**depuración** [depura'θjon] *f* Reinigung *f*; (POL) Säuberung *f*

**depurado, -a** [depu'raðo, -a] *adj* (*estilo*) gewählt

**depuradora** [depura'ðora] *f* ❶ (*estación*) Kläranlage *f* ❷ (*piscina*) Umwälzanlage *f*

**depurar** [depu'rar] *vt* reinigen; (POL) säubern; ~ **el estilo** an der Ausdrucksweise feilen

**derecha** [de'retʃa] *f* ❶ (*diestra*) rechte Hand *f* ❷ (*lado*) rechte Seite *f*; **doblar a la** ~ (nach) rechts abbiegen; **tengo a mi madre a la** ~ meine Mutter steht rechts von mir; **rebasar por la** ~ von rechts überholen ❸ (POL) Rechte *f*; **de** ~(**s**) rechtsorientiert

**derechamente** [deretʃa'mente] *adv* ❶ (*directamente*) geradewegs ❷ (*correctamente*) aufrecht

**derechista** [dere'tʃista] **I.** *adj* (POL) rechtsorientiert **II.** *mf* (POL) Rechte(r) *mf*

**derecho¹** [de'retʃo] **I.** *adv* direkt **II.** *m* ❶ (*legitimidad*) Recht *nt* (*a* auf +*akk*); ~ **de asociación** Vereinigungsfreiheit *f*; ~ **de libertad de conciencia y culto** Gewissens- und Religionsfreiheit *f*; ~**s de pago de indemnización** Schaden(s)ersatzansprüche *mpl*; ~ **de propiedad intelectual** Urheberrecht *nt*; ~ **de sufragio** Stimmrecht *nt*; **con** ~ **a** berechtigt zu +*dat*; **de pleno** ~ mit vollem Recht; **miembro de pleno** ~ vollberechtigtes Mitglied; **estar en su** (**perfecto**) ~ (voll) im Recht sein; **hacer uso de un** ~ ein Recht in Anspruch nehmen; **tener** ~ **a** berechtigt sein zu +*dat*; **¡no hay** ~**!** (*fam*) das gibt es nicht!; ~ **al pataleo** (*fam*) Recht auf Widerrede ❷ (*jurisprudencia*) Recht *nt*; (*ciencia*) Rechtswissenschaft *f*; ~ **criminal** Strafrecht *nt*; ~ **político** Staatsrecht *nt*; **estudiar** ~ Jura studieren; **conforme a** ~ rechtmäßig; **de** ~ von Rechts wegen; **por** ~ **propio** kraft seines Amtes ❸ (*de un papel/una tela*) rechte Seite *f* ❹ *pl* (*impuestos*) Gebühren *fpl*; ~**s antidumping** Antidumpingzölle *mpl*; ~**s de exportación** Ausfuhrzölle *mpl*; **libre de** ~**s** gebührenfrei; **sujeto a** ~**s** gebührenpflichtig ❺ *pl* (*honorarios*) Honorar *nt*; ~**s de mediación** Vermittlungsprovision *f*

**derecho, -a²** [de'retʃo, -a] *adj* ❶ (*diestro*) rechte(r, s) ❷ (*recto*) gerade ❸ (*erguido*) aufrecht; **ponerse** ~ sich aufrichten ❹ (*justo*) aufrecht; **a derechas** wie es sich gehört ❺ (*directo*) direkt

**derivación** [deriβa'θjon] *f* ❶ (*t.* LING, MAT: *deducción*) Ableitung *f*; ~ **a tierra** (ELEC) Erdung *f* ❷ (FERRO) Nebenbahn *f* ❸ (*de agua*) Zuleitung *f*

**derivada** [deri'βaða] *f* (MAT) Differenzialquotient *m*

**derivado** [deri'βaðo] *m* Derivat *nt*

**derivar** [deri'βar] **I.** *vi* ❶ (*proceder*) hervorgehen (*de* aus +*dat*) ❷ (*tornar*) sich umwandeln (*hacia* zu +*dat*) ❸ (NÁUT) abdriften **II.** *vt* ❶ (*t.* MAT, LING: *deducir*) ableiten ❷ (*desviar*) umleiten; ~ **una conversación hacia otro tema** ein Gespräch auf ein anderes Thema lenken ❸ (ELEC)

D

abzweigen **III.** *vr:* ~**se** sich ableiten (*de* aus +*dat*)

**dermatología** [dermatolo'xia] *f* (MED) Dermatologie *f*

**dermatólogo, -a** [derma'toloɣo, -a] *m, f* Hautarzt, -ärztin *m, f*

**dérmico, -a** ['dermiko, -a] *adj* Haut-

**derogación** [deroɣa'θjon] *f* ① (*de una ley*) Aufhebung *f* ② (*disminución*) Minderung *f*

**derogar** [dero'ɣar] <g→gu> *vt* ① (*una ley*) aufheben ② (*destruir*) zerstören ③ (*reformar*) reformieren

**derramamiento** [derrama'mjen̩to] *m* Ausschütten *nt;* (*involuntario*) Verschütten *nt;* (*de sangre/lágrimas*) Vergießen *nt*

**derramar** [derra'mar] **I.** *vt* ① (*verter*) ausschütten; (*sin querer*) verschütten; (*lágrimas/sangre*) vergießen ② (*repartir*): ~ **un gasto** eine Abgabe umlegen **II.** *vr:* ~**se** ① (*esparcirse: líquidos*) auslaufen; (*otros*) rieseln ② (*desaguar*) münden (*en* in +*akk*) ③ (*diseminarse*) sich ausbreiten

**derrame** [de'rrame] *m* ① *v.* **derramamiento** ② (*desbordamiento*) Überlaufen *nt* ③ (MED) Erguss *m;* ~ **cerebral** Gehirnschlag *m*

**derrapar** [derra'par] *vi* ins Schleudern geraten

**derrape** [de'rrape] *m* Schleudern *nt*

**derredor** [derre'ðor] *m* Umkreis *m;* **en** ~ ringsherum; **en** ~ **de la mesa** rings um den Tisch herum

**derrengado, -a** [derreŋ'gaðo, -a] *adj* ① (*deslomado*) verrenkt ② (*torcido*) krumm ③ (*exhausto*) zerschlagen

**derretir** [derre'tir] *irr como pedir* **I.** *vt* ① (*deshacer*) schmelzen ② (*derrochar*) verschleudern **II.** *vr:* ~**se** ① (*deshacerse*) schmelzen ② (*fam: consumirse*): ~**se de calor** vor Hitze vergehen; ~**se de gusto** sich pudelwohl fühlen; **estar derretido** (**de amor**) **por alguien** bis über beide Ohren in jdn verliebt sein

**derribar** [derri'βar] *vt* ① (*edificio*) niederreißen; (*puerta*) einschlagen; (*árbol*) fällen ② (*jinete*) abwerfen; (*boxeador*) niederwerfen ③ (*del cargo/poder*) stürzen; (*humillar*) demütigen

**derribo** [de'rriβo] *m* ① (*caída provocada*) Umwerfen *nt;* (*de un avión*) Abschuss *m;* (*de un futbolista*) Foul *nt* ② (*demolición*) Abriss *m* ③ (*escombro*) Abbruchmaterial *nt*

**derrocar** [derro'kar] <c→qu> *vt* ① (*despeñar*) herabstürzen ② (*destituir*) stürzen

**derrochador(a)** [derroʧa'ðor(a)] **I.** *adj* verschwenderisch **II.** *m(f)* Verschwender(in) *m(f)*

**derrochar** [derro'ʧar] *vt* ① (*despilfarrar*) verschwenden ② (*fam: tener en abundancia*) strotzen (vor +*dat*)

**derroche** [de'rroʧe] *m* Verschwendung *f*

**derrota** [de'rrota] *f* ① (*fracaso*) Niederlage *f* ② (NÁUT) Kurs *m* ③ (*senda*) Pfad *m*

**derrotado, -a** [derro'taðo, -a] *adj* ① (*harapiento*) zerlumpt ② (*deprimido*) deprimiert

**derrotar** [derro'tar] **I.** *vt* ① (*vencer*) schlagen ② (*desmoralizar*) zugrunde richten **II.** *vr:* ~**se** (NÁUT) vom Kurs abkommen

**derrotero** [derro'tero] *m* (*rumbo*) Kurs *m;* **ir por nuevos** ~**s** (*fig*) neue Wege beschreiten

**derrotista** [derro'tista] **I.** *adj* defätistisch **II.** *mf* Defätist(in) *m(f)*

**derruir** [derru'ir] *irr como huir vt* ① (*derribar*) niederreißen ② (*destruir*) zerstören

**derrumbamiento** [derrumba'mjen̩to] *m* (ARQUIT) Einsturz *m;* (*fig*) Zusammenbruch *m*

**derrumbar** [derrum'bar] **I.** *vt* ① (*despeñar*) herabstürzen ② (*derruir*) niederreißen ③ (*moralmente*) deprimieren **II.** *vr:* ~**se** (*edificio*) einstürzen; (*esperanzas*) sich zerschlagen

**desabastecido, -a** [desaβaste'θiðo, -a] *adj* unterversorgt

**desaborido, -a** [desaβo'riðo, -a] **I.** *adj* fade **II.** *m, f* Langweiler(in) *m(f)*

**desabotonar** [desaβoto'nar] *vt, vr:* ~**se** aufknöpfen

**desabrido, -a** [desa'βriðo, -a] *adj* ① (*comida*) fade ② (*tiempo*) ungemütlich ③ (*persona*) unwirsch

**desabrigado, -a** [desaβri'ɣaðo, -a] *adj* ungeschützt; **estar** ~ (*persona*) zu leicht gekleidet sein

**desabrochar** [desaβro'ʧar] *vt, vr:* ~**se** (*botones*) aufknöpfen; (*cordones*) aufschnüren; (*ganchos*) aufhaken; (*hebillas*) aufschnallen

**desacatar** [desaka'tar] *vt* missachten

**desacato** [desa'kato] *m* Missachtung *f* (*a* +*gen*)

**desacelerar** [desaθele'rar] *vt* verlangsamen

**desacertado, -a** [desaθer'taðo, -a] *adj* verfehlt

**desacierto** [desa'θjerto] *m* (*falta*) Fehler *m;* (*equivocación*) Irrtum *m*

**desaconsejable** [desakonse'xaβle] *adj* nicht empfehlenswert

**desaconsejar** [desakonse'xar] *vt* abraten (von +*dat*); ~ **algo a alguien** jdm von etw *dat* abraten

**desacorde** [desa'korðe] *adj* ① (MÚS) verstimmt ❷ (*alguien*): **estar ~ con algo/alguien** etw *dat*/jdm nicht zustimmen

**desacostumbrado, -a** [desakostum'braðo, -a] *adj* (*fuera de la rutina*) ungewohnt; (*no común*) ungewöhnlich

**desacostumbrar** [desakostum'brar] **I.** *vt* abgewöhnen; **~ a alguien de algo** jdm etw abgewöhnen **II.** *vr:* **~se** sich *dat* abgewöhnen (*a/de* +*akk*)

**desacreditar** [desakreði'tar] **I.** *vt* in Verruf bringen **II.** *vr:* **~se** in Verruf kommen

**desactivar** [desakti'βar] *vt* (*explosivos*) entschärfen

**desacuerdo** [desa'kwerðo] *m* ❶ (*discrepancia*) Unstimmigkeit *f*; **estar en ~** nicht übereinstimmen ❷ (*error*) Fehler *m*

**desafiador(a)** [desafja'ðor(a)] **I.** *adj* herausfordernd **II.** *m(f)* Herausforderer, -in *m, f*

**desafiante** [desafi'an̦te] *adj* herausfordernd

**desafiar** [desafi'ar] <*1. pres:* desafío> **I.** *vt* (*retar*) herausfordern (*a* zu +*dat*); (*hacer frente*) trotzen (*a* +*dat*); **te desafío a que no lo intentas** ich wette mit dir, dass du es nicht wagst **II.** *vr:* **~se** sich (gegenseitig) herausfordern (*a* zu +*dat*)

**desafinado, -a** [desafi'naðo, -a] *adj* (*tono*) falsch

**desafinar** [desafi'nar] *vi* (MÚS: *al cantar*) falsch singen; (*al tocar*) falsch spielen; (*instrumento*) verstimmt sein

**desafío** [desa'fio] *m* (*reto, prueba*) Herausforderung *f*; (*duelo*) Duell *nt*

**desaforado, -a** [desafo'raðo, -a] *adj* (*fuera de la ley*) gesetzwidrig; (*desmedido*) maßlos

**desafortunado, -a** [desafortu'naðo, -a] *adj* unglücklich

**desafuero** [desa'fwero] *m* Übergriff *m*

**desagradable** [desaɣra'ðaβle] *adj* ❶ (*no agradable*) unangenehm (*a* für +*akk*); **ser ~ al tacto** sich unangenehm anfühlen ❷ (*repulsivo*) widerlich (*a* für +*akk*); **ser ~ al gusto** ekelhaft schmecken

**desagradar** [desaɣra'ðar] *vi* missfallen +*dat*

**desagradecido, -a** [desaɣraðe'θiðo, -a] *adj* undankbar

**desagrado** [desa'ɣraðo] *m* Missfallen *nt*

**desagraviar** [desaɣra'βjar] **I.** *vt* ❶ (*excusarse*) sich entschuldigen (*a* bei +*dat*) ❷ (*compensar*) entschädigen **II.** *vr:* **~se** sich schadlos halten (*de* an +*dat*)

**desaguar** [desa'ɣwar] <gu→gü> **I.** *vi* ❶ (*desembocar*) münden (*en* in +*akk*) ❷ (*verterse*) abfließen **II.** *vt* (*desecar*) entwässern; **~ el sótano** den Keller auspumpen **III.** *vr:* **~se** (*verterse*) abfließen

**desagüe** [de'saɣwe] *m* Abfluss *m*

**desaguisado**[1] [desaɣi'saðo] *m* ❶ (*agravio*) Beleidigung *f* ❷ (*fam: lío*) Durcheinander *nt*

**desaguisado, -a**[2] [desaɣi'saðo, -a] *adj* (*contra la ley*) gesetzwidrig; (*la razón*) unvernünftig

**desahogado, -a** [desao'ɣaðo, -a] *adj* ❶ (*lugar*) geräumig; (*prenda*) weit ❷ (*adinerado*) auskömmlich ❸ (*descarado*) unverschämt

**desahogar** [desao'ɣar] <g→gu> **I.** *vt* Erleichterung verschaffen +*dat* **II.** *vr:* **~se** ❶ (*desfogarse*) sich *dat* Erleichterung verschaffen ❷ (*confiarse*): **~se con alguien** sich bei jdm aussprechen; **~se de un disgusto con alguien** seinen Ärger bei jdm loswerden ❸ (*recuperarse*) sich erholen

**desahogo** [desa'oɣo] *m* ❶ (*alivio*) Erleichterung *f* ❷ (*reposo*) Erholung *f* ❸ (*holgura económica*) Auskommen *nt* ❹ (*descaro*) Dreistigkeit *f*

**desahuciado, -a** [desau̯'θjaðo, -a] *adj* (*enfermo*) unheilbar krank

**desahuciar** [desau̯'θjar] **I.** *vt* ❶ (*quitar la esperanza*) entmutigen ❷ (*enfermo*) aufgeben ❸ (*inquilino*) kündigen +*dat* **II.** *vr:* **~se** verzweifeln

**desahucio** [de'sau̯θjo] *m* (JUR) Zwangsräumung *f*

**desairado, -a** [desai̯'raðo, -a] *adj* ❶ (*humillado*) gekränkt ❷ (*desgarbado*) linkisch ❸ (*ropa*) schlecht sitzend

**desairar** [desai̯'rar] *irr como airar vt* ❶ (*humillar*) kränken ❷ (*desestimar*) gering schätzen ❸ (*rechazar*) verschmähen

**desaire** [de'sai̯re] *m* ❶ (*humillación*) Kränkung *f* ❷ (*desprecio*) Geringschätzung *f* ❸ (*desatención*) Unhöflichkeit *f*

**desajustar** [desaxus'tar] **I.** *vt* ❶ (*desordenar*) in Unordnung bringen; (*máquina*) verstellen ❷ (*aflojar*) lösen **II.** *vr:* **~se** ❶ (*desavenir*) sich distanzieren ❷ (*aflojarse*) sich lösen

**desajuste** [desa'xuste] *m* ❶ (*desorden*) Unordnung *f* ❷ (*desconcierto*) Diskrepanz *f* ❸ (*de aparatos*) Fehleinstellung *f*

**desalentador(a)** [desalen̦ta'ðor(a)] *adj* entmutigend

**desalentar** [desalen̦'tar] <e→ie> **I.** *vt* (*desesperanzar*) entmutigen **II.** *vr:* **~se** den Mut verlieren

**desaliento** [desa'ljen̦to] *m* (*falta de valor*) Mutlosigkeit *f*; (*de fuerzas*) Schwäche *f*

**desalinizadora** [desaliniθa'ðora] *f* Entsalzungsanlage *f*

**desaliñado, -a** [desali'ɲaðo, -a] *adj* ungepflegt

**desalmado**, **-a** [desal'maðo, -a] **I.** *adj* barbarisch **II.** *m, f* Barbar(in) *m(f)*

**desalojar** [desalo'xar] **I.** *vi* ausziehen **II.** *vt* (*abandonar: casa*) räumen; (*puesto*) verlassen

**desalquilado**, **-a** [desalki'laðo, -a] *adj* unvermietet

**desalquilar** [desalki'lar] **I.** *vt* (*dejar libre*) aufgeben **II.** *vr:* ~**se** frei werden

**desamor** [desa'mor] *m* ❶ (*falta de amor*) Lieblosigkeit *f* ❷ (*aborrecimiento*) Abneigung *f*

**desamparado**, **-a** [desampa'raðo, -a] *adj* (*persona*) schutzlos; (*vagabundo*) obdachlos; (*lugar*) ungeschützt; (*casa*) verlassen

**desamparar** [desampa'rar] *vt* (*dejar*) verlassen; (*posesiones*) aufgeben; (*desasistir*) im Stich lassen

**desamparo** [desam'paro] *m* ❶ (*falta de protección*) Schutzlosigkeit *f* ❷ (*abandono*) Verlassen *nt*

**desamueblado**, **-a** [desamwe'βlaðo, -a] *adj* unmöbliert

**desamueblar** [desamwe'βlar] *vt* ausräumen

**desandar** [desaṇ'dar] *irr como andar vt* wieder zurückgehen; ~ **lo andado** (*fig*) wieder von vorne beginnen; **no se puede** ~ **lo andado** (*prov*) was geschehen ist, kann man nicht mehr ungeschehen machen

**desangelado**, **-a** [desaŋxe'laðo, -a] *adj* (*persona*) langweilig; (*habitación*) kahl

**desangrar** [desaŋ'grar] **I.** *vt* ❶ (*animales*) ausbluten lassen ❷ (*pantanos*) trockenlegen ❸ (*arruinar*) ausbeuten **II.** *vr:* ~**se** verbluten

**desanimado**, **-a** [desani'maðo, -a] *adj* ❶ (*persona*) mutlos ❷ (*lugar*) wenig besucht

**desanimar** [desani'mar] **I.** *vt* entmutigen **II.** *vr:* ~**se** den Mut verlieren

**desánimo** [de'sanimo] *m* Mutlosigkeit *f*

**desanudar** [desanu'ðar] *vt* (*nudo*) aufknoten

**desapacible** [desapa'θiβle] *adj* (*persona*) unfreundlich; (*sonidos*) unangenehm; (*tiempo*) ungemütlich

**desaparecer** [desapare'θer] *irr como crecer vi* verschwinden

**desaparecido**, **-a** [desapare'θiðo, -a] **I.** *adj* (*perdido*) vermisst **II.** *m, f* (*perdido*) Vermisste(r) *mf*

**desaparición** [desapari'θjon] *f* (*el perderse*) Verschwinden *nt*

**desapego** [desa'peɣo] *m* Abneigung *f* (*hacia* gegen +*akk*)

**desapercibido**, **-a** [desaperθi'βiðo, -a] *adj* ❶ (*inadvertido*) unbemerkt; **pasar** ~ nicht auffallen ❷ (*desprevenido*) unvorbereitet; **coger** ~ völlig unvorbereitet treffen

**desaplicado**, **-a** [desapli'kaðo, -a] *adj* faul

**desaprensivo**, **-a** [desapren'siβo, -a] *adj* rücksichtslos

**desaprobar** [desapro'βar] <o→ue> *vt* missbilligen

**desaprovechado**, **-a** [desaproβe'ʧaðo, -a] *adj* (*infructuoso*) vergeblich; (*malogrado*) gescheitert

**desaprovechar** [desaproβe'ʧar] *vt* sich *dat* entgehen lassen

**desarbolado**, **-a** [desarβo'laðo, -a] *adj* ❶ (*sin árboles, estéril*) kahl ❷ (*destartalado*) defekt ❸ (*nervioso*) hektisch

**desarmar** [desar'mar] **I.** *vi* (POL) abrüsten **II.** *vt* ❶ (*dejar sin armas/argumentos*) entwaffnen ❷ (*desmontar*) zerlegen

**desarme** [de'sarme] *m* (POL) Abrüstung *f*

**desarraigar** [desarrai̯'ɣar] <g→gu> *vt* ❶ (*árbol, persona*) entwurzeln ❷ (*costumbre, creencia*) ausrotten

**desarraigo** [desa'rrai̯ɣo] *m* ❶ (*de árbol, de persona*) Entwurzelung *f* ❷ (*de una pasión, una creencia*) Ausrottung *f*

**desarreglado**, **-a** [desarre'ɣlaðo, -a] *adj* (*sin orden*) unordentlich; (*sin regularidad*) unstet

**desarreglar** [desarre'ɣlar] *vt* ❶ (*desordenar*) durcheinander bringen ❷ (*perturbar*) stören

**desarreglo** [desarre'ɣlo] *m* ❶ (*desorden*) Unordnung *f* ❷ (*desperfecto, molestia*) Störung *f;* (*coche*) Panne *f*

**desarrollar** [desarro'ʎar] **I.** *vt* ❶ (*aumentar*) entfalten, entwickeln; ~ **relaciones comerciales** Handelsbeziehungen ausbauen ❷ (*tratar en detalle*) darlegen ❸ (*desenrollar*) entrollen **II.** *vr:* ~**se** ❶ (*progresar*) sich entwickeln ❷ (*tener lugar*) sich abspielen

**desarrollo** [desa'rroʎo] *m* ❶ (*de un rollo*) Entrollen *nt* ❷ (*progreso*) Entwicklung *f;* (*crecimiento*) Wachstum *nt;* ~ **profesional** berufliches Fortkommen; **ayuda al** ~ Entwicklungshilfe *f;* **país en vías de** ~ Entwicklungsland *nt* ❸ (*proceso*) Ablauf *m*

**desarrugar** [desarru'ɣar] <g→gu> *vt* glätten

**desarticulación** [desartikula'θjon] *f* ❶ (*desencajadura*) Zerlegung *f;* (MED) Ausrenken *nt* ❷ (*desorganización*) Auflösen *nt;* ~ **de un comando paramilitar** Aushebung eines paramilitärischen Kommandos

**desarticular** [desartiku'lar] **I.** *vt* ❶ (*piezas*)

zerlegen ② (*articulación*) ausrenken ③ (*grupo*) auflösen; (*banda*) zerschlagen **II.** *vr:* **~se** ① (*piezas*) auseinander gehen ② (*articulación*) sich *dat* ausrenken ③ (*grupo*) sich auflösen

**desaseado, -a** [desase'aðo, -a] *adj* ungepflegt

**desasir** [desa'sir] *irr como asir* **I.** *vt* loslassen **II.** *vr:* **~se** ① (*desprenderse*) sich lösen ② (*desacostumbrarse*) aufgeben (*de* +*akk*)

**desasosegar** [desasose'ɣar] *irr como fregar* **I.** *vt* beunruhigen **II.** *vr:* **~se** unruhig werden

**desasosiego** [desaso'sjeɣo] *m* Unruhe *f*

**desastrado, -a** [desas'traðo, -a] *adj* ① (*infortunado*) unglücklich ② (*desaliñado*) ungepflegt; (*harapiento*) zerlumpt

**desastre** [de'sastre] *m* Katastrophe *f;* **ser un ~** (*fam: alguien*) völlig chaotisch sein

**desastroso, -a** [desas'troso, -a] *adj* katastrophal

**desatado, -a** [desa'taðo, -a] *adj* ① (*desligado*) ungebunden ② (*desenfrenado*) entfesselt; **estar ~** wild sein

**desatar** [desa'tar] **I.** *vt* ① (*soltar*) losbinden; (*nudos*) lösen; (*paquete, zapatos*) aufschnüren; **~ la lengua a alguien** jdn zum Sprechen bringen ② (*causar*) entfesseln **II.** *vr:* **~se** ① (*soltarse*) sich losbinden; (*nudo*) aufgehen ② (*desligarse*) sich lösen ③ (*desencadenarse*) sich entfesseln ④ (*loc*): **~se en improperios** sich in Schmähungen ergehen

**desatascar** [desatas'kar] <c→qu> *vt* ① (*desobstruir*) frei machen ② (*sacar del atascadero*) aus dem Schlamm ziehen; **~ a alguien** jdm aus der Bedrängnis helfen ③ (*activar*) ankurbeln

**desatención** [desaten̪'θjon] *f* ① (*distracción*) Unaufmerksamkeit *f* ② (*descortesía*) Unhöflichkeit *f*

**desatender** [desaten̪'der] <e→ie> *vt* (*desoír*) außer Acht lassen; (*abandonar*) vernächlässigen

**desatento, -a** [desa'ten̪to, -a] *adj* ① (*distraído*) unaufmerksam; (*negligente*) nachlässig ② (*descortés*) unhöflich (*con* zu +*dat*)

**desatinado, -a** [desati'naðo, -a] *adj* ① (*desacertado*) ungeschickt ② (*irreflexivo*) unbesonnen

**desatinar** [desati'nar] *vi* (*conducta*) Unsinn machen; (*palabras*) Unsinn reden

**desatino** [desa'tino] *m* ① (*error*) Fehler *m;* (*torpeza*) Ungeschick *nt* ② (*tontería*) Unsinn *m*

**desatornillador** [desatorniʎa'ðor] *m* (*Am*) Schraubenzieher *m*

**desatornillar** [desatorni'ʎar] *vt* abschrauben; **~ un tornillo** eine Schraube lösen

**desatracar** [desatra'kar] <c→qu> *vi* (NÁUT) ablegen

**desatrancar** [desatraŋ'kar] <c→qu> *vt* ① (*puerta*) entriegeln ② (*desatascar*) eine Verstopfung beseitigen (in +*dat*)

**desautorizado, -a** [desau̯tori'θaðo, -a] *adj* unbefugt

**desautorizar** [desau̯tori'θar] <z→c> *vt* (*inhabilitar*) die Befugnis aberkennen +*dat*

**desavenencia** [desaβe'nen̪θja] *f* ① (*desacuerdo*) Uneinigkeit *f* ② (*discordia*) Streitigkeit *f*

**desavenir** [desaβe'nir] *irr como venir* **I.** *vt* entzweien **II.** *vr:* **~se** sich zerstreiten

**desaventajado, -a** [desaβen̪ta'xaðo, -a] *adj* ① (*poco ventajoso*) nachteilig ② (*inferior*) unzureichend

**desayunar** [desaɟu'nar] *vi, vt* frühstücken; **~ fuerte** gut frühstücken

**desayuno** [desa'ɟuno] *m* Frühstück *nt*

**desazón** [desa'θon] *f* ① (*desasosiego*) Unbehagen *nt* ② (*malestar*) Unwohlsein *nt* ③ (*picor*) Juckreiz *m*

**desazonar** [desaθo'nar] **I.** *vt* (*enfadar*) verstimmen; (*inquietar*) beunruhigen **II.** *vr:* **~se** sich unbehaglich fühlen

**desbancar** [desβaŋ'kar] <c→qu> *vt* verdrängen

**desbarajuste** [desβara'xuste] *m* Durcheinander *nt;* **¡esto es un ~ total!** hier geht alles drunter und drüber!

**desbaratar** [desβara'tar] **I.** *vt* ① (*desunir*) auseinander bringen; (*dispersar*) auseinander treiben; (*desmontar*) auseinander nehmen ② (*arruinar*) vereiteln **II.** *vr:* **~se** ① (*separarse*) auseinander gehen ② (*estropearse*) kaputtgehen ③ (*fracasar*) danebengehen

**desbloquear** [desβloke'ar] *vt* freilegen; (FIN) freigeben; (POL) die Blockade aufheben +*gen*

**desbocar** [desβo'kar] <c→qu> **I.** *vt* ① (*cacharro*) am Rand beschädigen ② (*enloquecer*) rasend machen **II.** *vr:* **~se** (*enloquecer*) ausrasten; (*caballo*) durchgehen

**desbordamiento** [desβorða'mjen̪to] *m* Überflutung *f;* (INFOR) Overflow *m;* (*fig*) Ausbruch *m*

**desbordante** [desβor'ðan̪te] *adj* (*alegría*) überschäumend; **~ de alegría** überaus froh

**desbordar** [desβor'ðar] **I.** *vi, vr:* **~se** (*líquido*) überlaufen; (*río*) über die Ufer treten; (*vicio*) aus dem Ruder laufen; **~ de alegría** vor Freude ganz aus dem Häuschen sein; **~ de emoción** ganz gerührt sein; **su alegría/entusiasmo se desbordó** er/sie war vor Freude/Begeisterung ganz aus dem Häuschen **II.** *vt* (*exceder*) überschreiten; **esto desborda mi paciencia** gleich verliere ich die Geduld

**desbravar** [desβra'βar] *vt* (*domar*) zähmen; (*dominar*) bändigen; (*caballo*) zureiten

**descabalgar** [deskaβal'ɣar] <g→gu> *vi* absitzen

**descabellado, -a** [deskaβe'ʎaðo, -a] *adj* wahnwitzig

**descabellar** [deskaβe'ʎar] *vt* ❶ (*desgreñar*) zerzausen ❷ (TAUR) mit einem Genickstoß töten

**descabezado, -a** [deskaβe'θaðo, -a] *adj* hirnlos

**descabezar** [deskaβe'θar] <z→c> *vt* ❶ (*decapitar*) enthaupten ❷ (*podar*) kappen ❸ (*loc*): ~ **un sueñecito** ein Nickerchen machen

**descafeinado, -a** [deskafei̯'naðo, -a] *adj* koffeinfrei

**descalabrar** [deskala'βrar] **I.** *vt* (*en la cabeza*) am Kopf verletzen; (*dañar*) schaden +*dat;* **salir descalabrado** (*fig*) schlecht davonkommen **II.** *vr:* ~**se** (*en la cabeza*) sich am Kopf verletzen; (*fig*) schlecht davonkommen

**descalabro** [deska'laβro] *m* Schaden *m;* (*revés*) Reinfall *m;* **sufrir un** ~ (*derrota*) eine Schlappe einstecken

**descalcificación** [deskal̦θifika'θjon] *f* (MED, QUÍM) Entkalkung *f;* (*de agua*) Enthärtung *f*

**descalcificar** [deskal̦θifi'kar] <c→qu> *vt* entkalken

**descalificación** [deskalifika'θjon] *f* ❶ (*desacreditación*) Diskreditierung *f* ❷ (*eliminación*) Disqualifikation *f*

**descalificar** [deskalifi'kar] <c→qu> *vt* ❶ (*desacreditar*) diskreditieren ❷ (*eliminar*) disqualifizieren

**descalzar** [deskal̦'θar] <z→c> **I.** *vt* (*a alguien*) die Schuhe ausziehen +*dat* **II.** *vr:* ~**se** (*alguien*) (sich *dat*) die Schuhe ausziehen

**descalzo, -a** [des'kal̦θo, -a] *adj* barfuß; (*fig*) bettelarm

**descambiar** [deskam'bjar] *vt* (*fam*) umtauschen

**descaminar** [deskami'nar] **I.** *vt* irreführen; **ir descaminado** (*fig*) sich irren **II.** *vr:* ~**se** ❶ (*perderse*) sich verirren ❷ (*descarriarse*) auf Abwege geraten

**descampado** [deskam'paðo] *m* offenes Feld *nt;* **en** ~ auf freiem Feld

**descansado, -a** [deskan'saðo, -a] *adj* ❶ *estar* (*bien dormido*) ausgeschlafen ❷ *ser* (*cómodo*) bequem

**descansar** [deskan'sar] **I.** *vi* ❶ (*reposar*) sich ausruhen; (*recuperarse*) sich erholen; (*en una marcha*) rasten; (*dormir*) schlafen; **¡que descanses!** schlaf gut!; **¡que Ud. descanse!** angenehme Ruhe!; **descanse en paz** (*difunto*) er/sie ruhe in Frieden ❷ (*apoyar*) ruhen (*en/sobre* auf +*dat*) ❸ (*confiar*) sich verlassen (*en* auf +*akk*) **II.** *vt* ❶ (*apoyar*) stützen (*en/sobre* auf +*akk*) ❷ (*aliviar*) entlasten **III.** *vr:* ~**se** (*confiarse*) sein Herz ausschütten (*en* bei +*dat*)

**descansillo** [deskan'siʎo] *m* Treppenabsatz *m*

**descanso** [des'kanso] *m* ❶ (*reposo*) Ausruhen *nt;* (*recuperación*) Erholung *f;* (*tranquilidad*) Ruhe *f;* **día de** ~ Ruhetag *m* ❷ (*pausa*) Pause *f;* (*alto*) Rast *f;* (DEP) Halbzeit *f;* **sin** ~ ununterbrochen ❸ (*alivio*) Erleichterung *f* ❹ (*apoyo*) Stütze *f* ❺ (*descansillo*) Treppenabsatz *m*

**descapitalizar** [deskapitali'θar] <z→c> *vt* ❶ (ECON, FIN) unterkapitalisieren ❷ (SOCIOL) Kulturgut verlieren

**descapotable** [deskapo'taβle] **I.** *adj:* **coche** ~ Kabrio(lett) *nt* **II.** *m* Kabrio(lett) *nt*

**descarado, -a** [deska'raðo, -a] *adj* ❶ (*desvergonzado*) dreist ❷ (*evidente*) unverhüllt

**descararse** [deska'rarse] *vr* (*insolentarse*) frech werden (*con* zu +*dat*)

**descarga** [des'karɣa] *f* ❶ (*de mercancías*) Abladen *nt;* (NÁUT) Löschung *f* ❷ (*disparos*) Salve *f;* **recibir una** ~ **de golpes** eine Tracht Prügel bekommen ❸ (ELEC, FÍS) Entladung *f;* ~ **eléctrica** (*calambre*) elektrischer Schlag ❹ (*t.* FIN: *alivio*) Entlastung *f*

**descargar** [deskar'ɣar] <g→gu> **I.** *vi* ❶ (*desembocar*) auslaufen (*en* in +*akk*); (*río*) münden (*en* in +*akk*) ❷ (*tormenta*) sich entladen **II.** *vt* ❶ (*carga*) abladen; (NÁUT) löschen; ~ **el vientre** seine Notdurft verrichten ❷ (ELEC, FÍS) entladen; (*corriente*) ableiten ❸ (*disparar*) abfeuern; ~ **un golpe sobre...** einen Schlag versetzen ... +*dat* ❹ (*desahogar*) auslassen; ~ **su mal genio en** [*o* **sobre**] **alguien** seine schlechte Laune an jdm auslassen ❺ (*aliviar*) erleichtern; (FIN) entlasten ❻ (JUR: *absolver*) freisprechen; (*librar*) entlasten ❼ (INFOR) herunterladen **III.** *vr:* ~**se** ❶ (*vaciarse*) sich leeren; (ELEC, FÍS) sich entladen ❷ (*librarse*) sich entledigen (*de* +*gen*) ❸ (*desahogarse*) sich abreagieren; (*con movimiento*) sich austoben

**descargo** [des'karɣo] *m* ❶ (*descarga*) Entladen *nt* ② (FIN) Gutschrift *f* ③ (*liberación*) Entlastung *f* ④ (*justificación*) Rechtfertigung *f*; **en mi ~** zu meiner Verteidigung ⑤ (*absolución*) Freisprechung *f*; **testigo de ~** Entlastungszeuge *m*

**descargue** [des'karɣe] *m* Entladen *nt*

**descarnado, -a** [deskar'naðo, -a] *adj* ① (*sin carne*) fleischlos; (*huesudo*) knochig; (*flaco*) abgemagert ② (*acre*) gnadenlos

**descaro** [des'karo] *m* Frechheit *f*

**descarriar** [deskarri'ar] <*1. pres:* descarrío> **I.** *vt* ① (*dispersar*) versprengen ② (*descaminar*) irreführen **II.** *vr:* **~se** ① (*perderse*) sich verirren ② (*descaminarse*) auf Abwege geraten

**descarrilamiento** [deskarrila'mjento] *m* Entgleisung *f*

**descarrilar** [deskarri'lar] *vi* entgleisen

**descartar** [deskar'tar] **I.** *vt* ausschließen **II.** *vr:* **~se** (*naipes*) Karten abwerfen

**descascarar** [deskaska'rar] **I.** *vt* (*pelar*) schälen; (*nuez*) knacken **II.** *vr:* **~se** (sich) (ab)schälen

**descendencia** [desθen'denθja] *f* Nachkommenschaft *f*; **tener ~** Nachwuchs bekommen

**descendente** [desθen'dente] *adj* (*en caída*) fallend; (*en disminución*) rückläufig

**descender** [desθen'der] <e→ie> **I.** *vi* ① (*ir abajo*) hinuntergehen; (*a un valle/una mina*) hinuntersteigen ② (*disminuir*) zurückgehen ③ (*proceder*) abstammen (*de* von +*dat*) **II.** *vt* ① (*coger*) herunternehmen ② (*una escalera*) herabsteigen

**descendiente** [desθen'djente] *mf* Nachkomme *m*

**descenso** [des'θenso] *m* ① (*bajada*) Abstieg *m*; **carrera de ~** (DEP) Abfahrtslauf *m* ② (*cuesta*) Abhang *m*; (*pendiente*) Gefälle *nt* ③ (*disminución*) Rückgang *m*; (*caída*) Abfall *m*

**descentralizar** [desθentrali'θar] <z→c> *vt* dezentralisieren

**descerrajar** [desθerra'xar] *vt* ① (*puerta*) aufbrechen ② (*tiro*) abfeuern (*a* auf +*akk*)

**descifrar** [desθi'frar] *vt* entziffern; (*código*) dechiffrieren

**desclasificar** [desklasifi'kar] <c→qu> *vt* (ADMIN: *hacer público*) verlautbaren

**descocado, -a** [desko'kaðo, -a] *adj* (*descarado*) frech; (*indecente*) schamlos

**descoco** [des'koko] *m* (*descaro*) Frechheit *f*; (*indecencia*) Schamlosigkeit *f*

**descodificador** [deskoðifika'ðor] *m* Decoder *m*

**descodificar** [deskoðifi'kar] <c→qu> *vt* (ELEC, RADIO, TV) decodieren

**descojonante** [deskoxo'nante] *adj* (*argot*) zum Schieflachen

**descojonarse** [deskoxo'narse] *vr* (*argot: reír*) sich schieflachen (*de* über +*akk*)

**descolgar** [deskol'ɣar] *irr como colgar* **I.** *vt* ① (*quitar*) abhängen; **andar descolgado** (*fig*) rumhängen ② (*teléfono*) abnehmen ③ (*bajar*) herunterlassen **II.** *vr:* **~se** ① (*bajar*) sich herunterlassen ② (*aparecer*) sich ab und zu blicken lassen ③ (*dejar caer*) herausplatzen

**descollar** [desko'ʎar] <o→ue> *vi* hervorragen (*entre/sobre* unter +*dat*, *por* durch +*akk*); **Goya descolló en la pintura de su tiempo** Goya war ein hervorragender Maler seiner Zeit

**descolorar** [deskolo'rar], **descolorir** [deskolo'rir] **I.** *vt* ausbleichen; (QUÍM) entfärben; **estar descolorido** (*lavado*) ausgewaschen sein **II.** *vr:* **~se** ausbleichen

**descomedido, -a** [deskome'ðiðo, -a] *adj* ① (*excesivo*) übermäßig ② (*insolente*) ungehörig

**descomedirse** [deskome'ðirse] *irr como pedir vr* sich ungehörig aufführen

**descompensar** [deskompen'sar] **I.** *vt* aus dem Gleichgewicht bringen; **estar descompensado** unausgeglichen sein **II.** *vr:* **~se** aus dem Gleichgewicht geraten

**descomponer** [deskompo'ner] *irr como poner* **I.** *vt* ① (*desordenar*) in Unordnung bringen ② (*separar*) zerlegen ③ (*descomponer, t.* QUÍM) zersetzen ④ (*enfurecer*) außer sich *dat* bringen **II.** *vr:* **~se** ① (*desmembrarse*) zerfallen ② (*corromperse*) verwesen ③ (*enfermar*) Durchfall bekommen ④ (*encolerizarse*) außer sich *dat/akk* geraten

**descomposición** [deskomposi'θjon] *f* ① (*separación*) Zerfall *m*; (QUÍM) Zersetzung *f*; (*corrupción*) Verwesung *f* ② (*diarrea*): **~ (de vientre)** Durchfall *m*

**descompostura** [deskompos'tura] *f* ① (*desarreglo*) Ungepflegtheit *f* ② (*descomedimiento*) Ungehörigkeit *f*

**descompuesto, -a** [deskom'pwesto, -a] **I.** *pp de* **descomponer** **II.** *adj* ① (*desordenado*) unordentlich ② (*podrido*) verfault ③ (*alterado*) verzerrt; **ponerse ~ de rabia** vor Wut außer sich *dat/akk* geraten ④ (*enfermo*) an Durchfall leidend

**descomunal** [deskomu'nal] *adj* ungeheuerlich

**desconcentrar** [deskonθen'trar] **I.** *vt* ① (ECON) entflechten ② (*distraer*) aus dem Konzept bringen **II.** *vr:* **~se** aus dem Konzept kommen

**desconcertar** [deskonθer'tar] <e→ie> *vt*

D

❶ (*desbaratar*) durcheinander bringen; (*planes*) vereiteln ❷ (*pasmar*) verblüffen

**desconchado** [deskon'ʧaðo] *m* abgebröckelte Stelle *f*

**desconcierto** [deskon̩'θjerto] *m* ❶ (*desarreglo*) Unordnung *f* ❷ (*desorientación*) Unsicherheit *f*

**desconectar** [deskonek'tar] **I.** *vi, vt* abschalten; (*radio, tele*) ausschalten **II.** *vi* (*fam*) abschalten

**desconexión** [deskoneʸ'sjon] *f* (ELEC, RADIO) Ausschalten *nt*

**desconfiado, -a** [deskoɱfi'aðo, -a] *adj* misstrauisch

**desconfianza** [deskoɱfi'an̩θa] *f* Misstrauen *nt*

**desconfiar** [deskoɱfi'ar] <*1. pres:* desconfío> *vi* misstrauen (*de* +*dat*); **desconfío de conseguirlo** ich bezweifle, dass es mir gelingt

**descongelar** [deskoŋxe'lar] **I.** *vt* auftauen; (*el frigorífico*) abtauen; (FIN) freigeben; ~ **los salarios** den Lohnstopp aufheben **II.** *vr:* ~**se** auftauen

**descongestionar** [deskoŋxestjo'nar] *vt* entlasten; (MED) entstauen

**desconocer** [deskono'θer] *irr como crecer vt* ❶ (*ignorar*) nicht wissen; (*subestimar*) verkennen ❷ (*no conocer*) nicht kennen; (*no reconocer*) nicht wieder erkennen ❸ (*negar*) verleugnen; ~ **la paternidad** die Vaterschaft leugnen

**desconocido, -a** [deskono'θiðo, -a] **I.** *adj* unbekannt; (*correos*) Empfänger unbekannt; **estar** ~ (*cambiado*) nicht mehr zu erkennen sein **II.** *m, f* Unbekannte(r) *mf;* **un completo** ~ ein wildfremder Mensch

**desconocimiento** [deskonoθi'mjen̩to] *m* Unkenntnis *f;* (*ignorancia*) Unwissenheit *f;* **por** ~ **de los hechos** in Verkennung der Tatsachen

**desconsiderado, -a** [deskonsiðe'raðo, -a] *adj* rücksichtslos

**desconsolado, -a** [deskonso'laðo, -a] *adj* trostlos; (*inconsolable*) untröstlich

**desconsolar** [deskonso'lar] <o→ue> **I.** *vt* betrüben **II.** *vr:* ~**se** sich trostlos fühlen

**desconsuelo** [deskon'swelo] *m* Trostlosigkeit *f;* **daba** ~ **verlo** es/er sah trostlos aus

**descontado, -a** [deskon̩'taðo, -a] *adj* ❶ (*descartado*) ausgeschlossen ❷ (*seguro*): **por** ~ selbstverständlich; **dar algo por** ~ etw für selbstverständlich halten

**descontaminar** [deskon̩tami'nar] *vt* (ECOL) dekontaminieren

**descontar** [deskon̩'tar] <o→ue> *vt* ❶ (*restar*) abziehen (*de* von +*dat*) ❷ (*letras*) diskontieren ❸ (*descartar*) ausschließen; **descontando que...** +*subj* ungeachtet dessen, dass ...

**descontento**[1] [deskon̩'ten̩to] *m* Unzufriedenheit *f*

**descontento, -a**[2] [deskon̩'ten̩to, -a] *adj* unzufrieden

**descontrol** [deskon̩'trol] *m* Mangel *m* an Kontrolle; (*desbarajuste*) Durcheinander *nt;* **esto es un** ~ hier geht alles drunter und drüber

**descontrolarse** [deskon̩tro'larse] *vr* (*máquina*) außer Kontrolle geraten; (*persona*) außer sich *dat/akk* geraten

**descoordinación** [desko(o)rðina'θjon] *f* Mangel *m* an Koordinierung

**descorazonamiento** [deskoraθona'mjen̩to] *m* Entmutigung *f;* (*desaliento*) Verzagtheit *f;* (*desánimo*) Mutlosigkeit *f*

**descorazonar** [deskoraθo'nar] **I.** *vt* entmutigen **II.** *vr:* ~**se** verzagen

**descorchador** [deskorʧa'ðor] *m* Korkenzieher *m*

**descorchar** [deskor'ʧar] *vt* (*botella*) entkorken

**descorrer** [desko'rrer] **I.** *vt* zurückziehen; (*cortinas*) aufziehen; (*cerrojo*) zurückschieben **II.** *vr:* ~**se** sich von selbst öffnen

**descortés** [deskor'tes] *adj* unhöflich

**descortesía** [deskorte'sia] *f* Unhöflichkeit *f*

**descoser** [desko'ser] **I.** *vt* (*costura*) auftrennen; **tengo la manga descosida** mein Ärmel hat sich gelöst **II.** *vr:* ~**se** (*costura*) aufgehen; **se me ha descosido un botón** mein Knopf ist ab

**descosido, -a** [desko'siðo, -a] *adj:* **como un** ~ (*loco*) wie ein Wilder; **hablar como un** ~ alles ausplappern

**descoyuntar** [deskoɟun̩'tar] *vt* ❶ (*dislocar*) verrenken; **estar descoyuntado** (*fig*) fix und fertig sein ❷ (*falsear*) verdrehen

**descrédito** [des'kreðito] *m* Verruf *m;* **caer en** ~ in Verruf geraten

**descreído, -a** [deskre'iðo, -a] *adj* ungläubig

**descremar** [deskre'mar] *vt* entrahmen

**describir** [deskri'βir] *irr como escribir vt* beschreiben; (*presentar*) darstellen; (*hechos*) schildern

**descripción** [deskriβ'θjon] *f* Beschreibung *f;* (*presentación*) Darstellung *f;* (*de hechos*) Schilderung *f*

**descriptivo, -a** [deskrip'tiβo, -a] *adj* beschreibend

**descuajaringar** [deskwaxariŋ'gar] <g→gu> **I.** *vt* kaputtmachen **II.** *vr:* ~**se** (*fam: cansarse*) schlappmachen; ~ **de risa** sich schieflachen

**descuartizar** [deskwarti'θar] <z→c> *vt* zerlegen; (*en cuatro*) vierteln

**descubierto**[1] [deskuˈβjerto] *m* ❶ (*lugar*): **al** ~ unter freiem Himmel; (MIN) über Tage ❷ (*bancario*) Kontoüberziehung *f;* **al** ~ (*cuenta*) überzogen; (*cheque*) ungedeckt; **en** ~ im Rückstand; **quedarse en** ~ sein Konto überziehen ❸ (*en evidencia*): **poner al** ~ an den Tag bringen; **quedar al** ~ entlarvt werden

**descubierto, -a**[2] [deskuˈβjerto, -a] **I.** *pp de* **descubrir II.** *adj* unbedeckt; (*sin techo*) unüberdacht; (*cielo*) heiter; (*cabeza*) barhäuptig; (*paisaje*) unbewaldet; **a pecho** ~ unbewaffnet; (*fig*) waghalsig

**descubridor(a)** [deskuβriˈðor(a)] *m(f)* Entdecker(in) *m(f)*

**descubrimiento** [deskuβriˈmjen̪to] *m* Entdeckung *f;* (*revelación*) Enthüllung *f*

**descubrir** [deskuˈβrir] *irr como abrir* **I.** *vt* ❶ (*destapar*) enthüllen ❷ (*encontrar*) entdecken ❸ (*averiguar*) herausfinden ❹ (*inventar*) erfinden ❺ (*revelar*) enthüllen ❻ (*desenmascarar*) entlarven **II.** *vr:* **~se** ❶ (*saludo*) den Hut ziehen ❷ (*traicionarse*) sich bloßstellen ❸ (*desenmascararse*) sich entlarven (*como* als *+akk*) ❹ (*salir a la luz*) an den Tag kommen

**descuento** [desˈkwen̪to] *m* ❶ (*deducción*) Abzug *m* ❷ (*rebaja*) Ermäßigung *f;* (COM) Rabatt *m;* (*por pago al contado*) Skonto *m o nt;* ~ **por cantidad** Mengenrabatt *m;* ~ **al por mayor** Großhandelsrabatt *m* ❸ (*de letras: acción*) Diskontierung *f;* (*cantidad*) Diskont *m*

**descuidado, -a** [deskwiˈðaðo, -a] *adj* ❶ *ser* (*falto de atención*) unachtsam; (*de cuidado*) nachlässig; (*imprudente*) fahrlässig; (*desaseado*) schlampig; (*desaliñado*) liederlich ❷ *estar* (*abandonado*) vernachlässigt; (*desprevenido*) unvorbereitet; **aspecto** ~ ungepflegtes Äußeres; **coger** ~ überrumpeln

**descuidar** [deskwiˈðar] **I.** *vi:* **¡descuida!** lass das nur meine Sorge sein! **II.** *vt* ❶ (*desatender*) vernachlässigen ❷ (*ignorar*) unbeachtet lassen **III.** *vr:* **~se** ❶ (*abandonarse*) sich vernachlässigen ❷ (*distraerse*) nicht aufpassen

**descuidero, -a** [deskwiˈðero, -a] *m, f* Gelegenheitsdieb(in) *m(f)*

**descuido** [desˈkwiðo] *m* ❶ (*falta de atención*) Unachtsamkeit *f;* (*de cuidado*) Nachlässigkeit *f;* (*imprudencia*) Fahrlässigkeit *f* ❷ (*error*) Fehler *m;* (*sin querer*) Versehen; **por** ~ aus Versehen

**desde** [ˈdesðe] **I.** *prep* ❶ (*temporal: pasado*) seit *+dat;* (*a partir de*) ab *+dat;* ~**...** **hasta...** von ... bis ...; ~ **ahora** (**en adelante**) von nun an; **¿~ cuándo?** seit wann?; **¿~ cuándo vives aquí?** wie lange wohnst du schon hier?; ~ **entonces** seitdem; ~ **hace un mes** seit einem Monat; ~ **hace poco/mucho** seit kurzem/langem; ~ **hoy/mañana** ab heute/morgen; ~ **el principio** von Anfang an; ~ **ya** ab sofort ❷ (*local*) von *+dat;* **te llamo** ~ **una cabina** ich rufe von einer Telefonzelle (aus) an **II.** *adv:* ~ **luego** (*por supuesto*) selbstverständlich; **¿vienes con nosotros? – ¡~ luego!** kommst du mit uns? – aber klar!; **hace un tiempo horroroso – ¡~ luego!** das ist aber ein Sauwetter – allerdings! **III.** *conj:* ~ **que** seit(dem)

**desdecir** [desðeˈθir] *irr como decir* **I.** *vi* nicht entsprechen (*de +dat*); ~ **de los suyos** aus der Art schlagen **II.** *vr:* **~se de algo** etw zurücknehmen; **~se de una promesa** ein Versprechen nicht halten

**desdén** [desˈðen] *m* Verachtung *f*

**desdentado, -a** [desðen̪ˈtaðo, -a] *adj* zahnlos

**desdeñable** [desðeˈɲaβle] *adj* verachtenswert; **nada** ~ nicht zu verachten

**desdeñar** [desðeˈɲar] *vt* ❶ (*despreciar*) verachten ❷ (*rechazar*) verschmähen

**desdeñoso, -a** [desðeˈɲoso, -a] *adj* verächtlich; (*soberbio*) hochmütig

**desdibujado, -a** [desðiβuˈxaðo, -a] *adj* verschwommen

**desdibujar** [desðiβuˈxar] **I.** *vt* verschwimmen lassen **II.** *vr:* **~se** verschwimmen

**desdicha** [desˈðitʃa] *f* ❶ (*desgracia*) Unglück *nt;* (*suceso*) Un(glücks)fall *m* ❷ (*miseria*) Elend *nt*

**desdichado, -a** [desðiˈtʃaðo, -a] *adj* unglücklich; **es un** ~ er ist ein armer Teufel

**desdoblar** [desðoˈβlar] **I.** *vt* ❶ (*desplegar*) auseinander falten; (*extender*) ausbreiten; (*fig*) entfalten ❷ (*dividir*) spalten **II.** *vr:* **~se** ❶ (*abrirse*) sich auseinander falten; (*fig*) sich entfalten ❷ (*dividirse*) sich spalten

**desdoro** [desˈðoro] *m* Schande *f*

**deseable** [deseˈaβle] *adj* wünschenswert; (*sexualmente*) begehrenswert

**desear** [deseˈar] *vt* wünschen; (*sexualmente*) begehren; **hacerse** ~ auf sich warten lassen; **¿desea algo más?** haben Sie noch einen Wunsch?; **dejar mucho que** ~ viel zu wünschen übrig lassen

**desecar** [deseˈkar] <c→qu> **I.** *vt* austrocknen; (*aire*) entfeuchten; (*pantano*) trockenlegen; (*alimentos*) dörren **II.** *vr:* **~se** austrocknen

**desechable** [deseˈtʃaβle] *adj* ❶ (*de un solo uso*) Einweg-; **guantes ~s** Einmalhand-

D

schuhe *mpl* ❷ (*despreciable*) verachtenswert; **nada** ~ gar nicht zu verachten

**desechar** [dese'ʧar] *vt* ❶ (*tirar*) wegwerfen; (*ropa*) ablegen ❷ (*descartar*) ausschließen; (*desestimar*) ablehnen ❸ (*desdeñar*) verschmähen ❹ (*loc, fam*): ~ **el cerrojo** [*o* **la llave**] aufschließen

**desecho(s)** [de'seʧo(s)] *m(pl)* (*restos*) Ausschuss *m;* (*residuos*) Abfall *m;* (*basura*) Müll *m;* ~**s tóxicos** Giftmüll *m;* **de** ~ ausgemustert; **el** ~ **de la sociedad** (*fig*) der Abschaum der Gesellschaft

**desembalar** [desemba'lar] *vt* auspacken

**desembarazado, -a** [desembara'θaðo, -a] *adj* ❶ (*expedito*) frei ❷ (*desenvuelto*) ungezwungen

**desembarazar** [desembara'θar] <z→c> **I.** *vt* ❶ (*desocupar*) räumen ❷ (*despejar*) frei machen; (*librar*) befreien **II.** *vr:* ~**se** sich befreien **III.** *vi* (*Chil: dar a luz*) entbinden

**desembarazo** [desemba'raθo] *m* ❶ (*despejo*) Räumung *f* ❷ (*desenvoltura*) Ungezwungenheit *f*

**desembarcadero** [desembarka'ðero] *m* Landungsplatz *m;* (*puente*) Anlegesteg *m*

**desembarcar** [desemβar'kar] <c→qu> **I.** *vi* landen; (*la escalera*) enden **II.** *vt* (*transportar*) ausschiffen; (*descargar*) ausladen

**desembarco** [desem'barko] *m* (*arribada*) Landung *f*

**desembargar** [desembar'ɣar] <g→gu> *vt* freigeben

**desembarque** [desem'barke] *m* ❶ (*arribada*) Landung *f* ❷ (*descarga*) Ausladung *f*

**desembarrancar** [desembarraŋ'kar] <c→qu> *vt* flottmachen

**desembocadura** [desemboka'ðura] *f* (*de un río*) (Ein)mündung *f;* (*desagüe*) Auslauf *m*

**desembocar** [desembo'kar] <c→qu> *vi* ❶ (*río*) (ein)münden (*en* in +*akk*) ❷ (*situación*) führen (*en* zu +*dat*)

**desembolsar** [desembol'sar] *vt* ❶ (*sacar*) aus der Tasche nehmen ❷ (*pagar*) zahlen; (*gastar*) ausgeben

**desembolso** [desem'bolso] *m* (*pago*) Zahlung *f;* (*gasto*) Ausgabe *f*

**desembozar** [desembo'θar] <z→c> **I.** *vt* ❶ (*descubrir*) enthüllen ❷ (*desatrancar*) eine Verstopfung beseitigen (in +*dat*) **II.** *vr:* ~**se** ❶ (*descubrirse*) sich enthüllen ❷ (*desatrancarse*) frei werden

**desembragar** [desembra'ɣar] <g→gu> *vi, vt* (AUTO) auskuppeln

**desembrague** [desem'braɣe] *m* Auslösung *f;* (TÉC) Ausrückung *f;* (AUTO) Auskupp(e)lung *f*

**desembrollar** [desembro'ʎar] *vt* (*fam*) entwirren; (*fig*) klären

**desembuchar** [desembu'ʧar] *vi, vt* (*fam: confesar*) auspacken; **¡desembucha de una vez!** nun schieß schon los!

**desempacar** [desempa'kar] <c→qu> *vt* auspacken

**desempacho** [desem'paʧo] *m* (*desenvoltura*) Ungeniertheit *f*

**desempapelar** [desempape'lar] *vt:* ~ **una habitación** in einem Zimmer die Tapete von der Wand entfernen

**desempaquetar** [desempake'tar] *vt* auspacken

**desemparejar** [desempare'xar] **I.** *vt* auseinander bringen; **me desemparejé los calcetines** ich habe einen der zwei Socken verloren **II.** *vr:* ~**se** getrennt werden

**desempatar** [desempa'tar] *vi, vt* (DEP) stechen; (*votación*) durch Stichwahl entscheiden

**desempate** [desem'pate] *m* (DEP) Stichkampf *m;* (*votación*) Stichwahl *f*

**desempeñar** [desempe'ɲar] *vt* ❶ (*préstamo*) einlösen ❷ (*cargo*) ausüben; (*trabajo*) ausführen; ~ **un papel** eine Rolle spielen

**desempeño** [desem'peɲo] *m* ❶ (*de un préstamo*) Einlösung *f* ❷ (*ejercicio*) Ausübung *f;* (*realización*) Ausführung *f*

**desempleado, -a** [desemple'aðo, -a] **I.** *adj* arbeitslos **II.** *m, f* Arbeitslose(r) *mf*

**desempleo** [desem'pleo] *m* Arbeitslosigkeit *f*

**desempolvar** [desempol'βar] *vt* ❶ (*limpiar*) abstauben ❷ (*lo olvidado*) auffrischen

**desencadenante** [deseŋkaðe'nan̩te] **I.** *adj* auslösend **II.** *m* Auslöser *m*

**desencadenar** [deseŋkaðe'nar] **I.** *vt* ❶ (*soltar*) losketten ❷ (*provocar*) auslösen **II.** *vr:* ~**se** ausbrechen

**desencajar** [deseŋka'xar] **I.** *vt* (*sacar*) lösen; (MED) verrenken; (*cara*) verzerren **II.** *vr:* ~**se** (*salirse*) ausrasten; (MED) sich *dat* verrenken

**desencantar** [deseŋkan̩'tar] **I.** *vt* ❶ (*desembrujar*) entzaubern ❷ (*desilusionar*) ernüchtern; (*decepcionar*) enttäuschen **II.** *vr:* ~**se** enttäuscht sein

**desencanto** [deseŋ'kan̩to] *m* (*decepcion*) Enttäuschung *f;* (*desilusión*) Ernüchterung *f*

**desencerrar** [desen̟θe'rrar] <e→ie> *vt* ❶ (*persona, animal*) herauslassen ❷ (*problema*) lösen; (*secreto*) lüften

**desenchufar** [desenʧu'far] *vt* den Stecker herausziehen (von +*dat*)

**desencoger** [deseŋko'xer] <g→j> **I.** *vt* ❶ (*extender*) ausbreiten ❷ (*estirar*) ausstrecken **II.** *vr:* ~**se** ❶ (*extenderse*) sich ausbreiten ❷ (*estirarse*) sich ausstrecken ❸ (*desempacharse*) jede Scheu ablegen

**desencolarse** [deseŋko'larse] *vr* aus dem Leim gehen

**desencuadernar** [deseŋkwaðer'nar] **I.** *vt* (*libro*) vom Einband lösen **II.** *vr:* ~**se** auseinander fallen; (*fig*) zusammenbrechen

**desenfadado, -a** [deseɱfa'ðaðo, -a] *adj* ungezwungen; (*relajado*) locker

**desenfadar** [deseɱfa'ðar] **I.** *vt* besänftigen **II.** *vr:* ~**se** sich besänftigen

**desenfado** [deseɱ'faðo] *m* Ungezwungenheit *f*

**desenfocado, -a** [deseɱfo'kaðo, -a] *adj* (FOTO) unscharf

**desenfocar** [deseɱfo'kar] <c→qu> *vt* ❶ (FOTO) nicht scharf stellen; **esta foto está desenfocada** dieses Foto ist unscharf ❷ (*fig: tema*) aus einem falschen Blickwinkel betrachten

**desenfrenado, -a** [deseɱfre'naðo, -a] *adj* ungezügelt

**desenfreno** [deseɱ'freno] *m* Zügellosigkeit *f*

**desenganchar** [deseŋgan'ʧar] **I.** *vt* (*gancho*) loshaken; (*soltar*) losmachen; (*caballos*) abspannen; (FERRO) abkoppeln **II.** *vr:* ~**se** (*argot: de la droga*) clean werden

**desengañado, -a** [deseŋga'ɲaðo, -a] *adj* desillusioniert

**desengañar** [deseŋga'ɲar] **I.** *vt* (*desilusionar*) die Illusion nehmen +*dat;* (*abrir los ojos*) die Augen öffnen +*dat* **II.** *vr:* ~**se** (*decepcionarse*) enttäuscht sein; **pronto te ~ás** (*verás claro*) dir werden bald die Augen aufgehen

**desengaño** [deseŋ'gaɲo] *m* Enttäuschung *f;* **sufrir un ~ amoroso** sich unglücklich verlieben

**desengrasado** [deseŋgra'saðo] *m* Entfettung *f*

**desengrasar** [deseŋgra'sar] *vt* entfetten

**desenlace** [desen'laθe] *m* Ende *nt;* **la película tiene un ~ feliz** der Film hat ein Happyend

**desenlazar** [desenla'θar] <z→c> **I.** *vt* ❶ (*desatar*) losbinden ❷ (*resolver*) lösen **II.** *vr:* ~**se** (*resolverse*) sich lösen; (TEAT) ausgehen

**desenmarañar** [deseⁿmara'ɲar/deseᵐmara'ɲar] *vt* ❶ (*desenredar*) entzausen ❷ (*desentrañar*) herausbekommen

**desenmascarar** [deseⁿmaska'rar/deseᵐmaska'rar] **I.** *vt* demaskieren; (*fig*) bloßstellen **II.** *vr:* ~**se** sich demaskieren; (*fig*) sich entpuppen (*como* als +*nom*)

**desenredar** [desenrre'ðar] **I.** *vt* (*t. fig*) entwirren; (*pelo*) durchkämmen **II.** *vr:* ~**se** (*fam: librarse*) heil herauskommen (*de* aus +*dat*)

**desenredo** [desen'rreðo] *m* ❶ (*acción de desenredar*) Entwirren *nt* ❷ (LIT, CINE: *desenlace*) Ausgang *m*

**desenrollar** [desenrro'ʎar] **I.** *vt* ausrollen; (*desenvolver*) auswickeln **II.** *vr:* ~**se** sich auseinander rollen

**desenroscar** [desenrros'kar] <c→qu> *vt* ❶ (*desenrollar*) ausrollen ❷ (*sacar de la rosca*) abschrauben; (*abrir*) aufschrauben

**desentenderse** [deseṇteṇ'derse] <e→ie> *vr* ❶ (*fingir ignorancia*) sich unwissend stellen; **hacerse el desentendido** so tun, als wüsste man von nichts ❷ (*despreocuparse*) sich nicht (mehr) kümmern (*de* um +*akk*); ~ **de un problema** von einem Problem nichts mehr wissen wollen

**desenterrar** [deseṇte'rrar] <e→ie> *vt* ausgraben; (*encontrar*) ausfindig machen; ~ **viejos recuerdos** alte Erinnerungen auffrischen

**desentonar** [deseṇto'nar] *vi* ❶ (*cantar*) falsch singen; (*tocar*) falsch spielen ❷ (*no combinar*) nicht passen (*con* zu +*dat*); **con esa ropa desentonas en la fiesta** in diesem Aufzug bist du auf dem Fest fehl am Platz

**desentorpecer** [deseṇtorpe'θer] *irr como crecer vt* ❶ (*desembarazar*) frei machen ❷ (*desentumecer*) recken ❸ (*afinar*) Schliff beibringen +*dat*

**desentrañar** [deseṇtra'ɲar] *vt* (*descubrir*) ergründen

**desentumecer** [deseṇtume'θer] *irr como crecer vt* recken

**desenvoltura** [desembol̪'tura] *f* Ungezwungenheit *f;* (*descaro*) Frechheit *f*

**desenvolver** [desembol'βer] *irr como volver* **I.** *vt* ❶ (*desempaquetar*) auspacken ❷ (*desenrollar*) ausrollen; (*desdoblar*) entfalten ❸ (*descubrir*) enthüllen ❹ (*desarrollar*) entwickeln **II.** *vr:* ~**se** ❶ (*desarrollarse*) sich entwickeln ❷ (*manejarse*) zurechtkommen

**desenvuelto, -a** [desem'bwel̪to, -a] **I.** *pp de* **desenvolver** **II.** *adj* (*resuelto*) ungezwungen; (*descarado*) frech

**deseo** [de'seo] *m* Wunsch *m;* (*necesidad*) Verlangen *nt;* (*ansia*) Begehren *nt;* (*sexual*) Lust *f;* (*impulso*) Drang *m;* ~ **imperioso** dringender Wunsch; ~**s de venganza** Rachsucht *f;* **tengo grandes ~s**

D

**de que vengan** ich wünsche mir sehr, dass sie kommen

**deseoso, -a** [dese'oso, -a] *adj:* **estar ~ de hacer algo** (*ansioso*) begierig darauf sein, etw zu tun; **estoy ~ de conocerle** ich würde Sie gerne einmal kennen lernen

**desequilibrado, -a** [desekili'βraðo, -a] *adj* unausgeglichen; (*trastornado*) geistig gestört

**desequilibrar** [desekili'βrar] **I.** *vt* ❶ (*descompensar*) aus dem Gleichgewicht bringen ❷ (*trastornar*) verstören **II.** *vr:* **~se** ❶ (*descompensarse*) aus dem Gleichgewicht geraten ❷ (*psíquicamente*) verstört sein

**desequilibrio** [deseki'liβrjo] *m* ❶ (*falta de equilibrio*) Ungleichgewicht *nt;* (*descompensación*) Unausgewogenheit *f;* (*desproporción*) Missverhältnis *nt* ❷ (*trastorno*) Verstörung *f;* **~ mental** Geistesstörung *f*

**deserción** [deser'θjon] *f* (MIL) Desertion *f;* (*fig*) Abtrünnigkeit *f*

**desertar** [deser'tar] *vi* (MIL) desertieren (*de* von +*dat*); (*pasarse al enemigo*) zum Feind überlaufen; (*fig*) abtrünnig werden

**desértico, -a** [de'sertiko, -a] *adj* Wüsten-

**desertización** [desertiθa'θjon] *f* Versteppung *f;* (GEO) Desertifikation *f*

**desertor(a)** [deser'tor(a)] *m(f)* (MIL) Deserteur(in) *m(f);* (*traidor*) Überläufer(in) *m(f);* (*fig*) Abtrünnige(r) *mf*

**desescombrar** [deseskom'brar] *vt* von Schutt säubern

**desesperación** [desespera'θjon] *f* ❶ (*desmoralización*) Verzweiflung *f;* **con ~** verzweifelt; **caer en la ~** verzweifeln ❷ (*enojo*) Wut *f* ❸ (*que desespera*) Ärgernis *nt;* **ser una ~** zum Verzweifeln sein; **tu manera de trabajar es mi ~** deine Arbeitsweise treibt mich zur Verzweiflung

**desesperado, -a** [desespe'raðo, -a] *adj* ❶ (*desmoralizado*) verzweifelt; (*situación*) hoffnungslos; **correr como un ~** auf Teufel komm raus laufen; **gritar como un ~** wie verrückt brüllen; **hacer algo a la desesperada** etw als letzten Ausweg versuchen ❷ (*enojado*) wütend

**desesperante** [desespe'rante] *adj* ❶ (*sin esperanza*) hoffnungslos; **resulta ~...** es ist ein hoffnungsloses Unterfangen zu ...; **eres ~** du bist ein hoffnungsloser Fall ❷ (*exasperante*) nervenaufreibend; **tu comportamiento es ~** dein Verhalten treibt mich zur Verzweiflung

**desesperanzar** [desesperan'θar] <z→c> **I.** *vt* (*quitar la esperanza*) die Hoffnung nehmen (*a* +*dat*) **II.** *vi, vr:* **~se** verzweifeln (*de* an +*dat*); **no (te) desesperances de encontrarlos** gib die Hoffnung, sie noch zu finden, nicht auf

**desesperar** [desespe'rar] **I.** *vt* ❶ (*quitar la esperanza*) die Hoffnung nehmen +*dat* ❷ (*exasperar*) zur Verzweiflung treiben **II.** *vi* verzweifeln (*de* an +*dat*); **no desesperes de que sigan vivos** verlier nicht die Hoffnung, dass sie noch am Leben sind **III.** *vr:* **~se** ❶ (*perder la esperanza*) verzweifeln (*de* an +*dat*); **¡no te desesperes!** Kopf hoch!; **no te desesperes de volver a verlos** gib die Hoffnung auf ein Wiedersehen nicht auf ❷ (*lamentarse*) bereuen (*por* zu +*inf*) ❸ (*despecharse*) den Lebensmut verlieren

**desespero** [deses'pero] *m v.* **desesperación**

**desestabilizar** [desestaβili'θar] <z→c> *vt* destabilisieren

**desestimable** [desesti'maβle] *adj* minderwertig; (*persona*) verachtenswert; (*cosa*) geringwertig

**desestimar** [desesti'mar] *vt* ❶ (*despreciar*) gering schätzen; **~ a alguien** eine geringe Meinung von jdm haben ❷ (*rechazar*) ablehnen; **~ una demanda/una reclamación** eine Klage/eine Beschwerde abweisen

**desfachatez** [desfatʃa'teθ] *f* Frechheit *f*

**desfalcar** [desfal'kar] <c→qu> *vt* (*dinero*) unterschlagen

**desfalco** [des'falko] *m* Unterschlagung *f*

**desfallecer** [desfaʎe'θer] *irr como crecer* **I.** *vi* (*debilitarse*) ermüden; (*colapsar*) zusammenbrechen (*de* vor +*dat*); (*desmayarse*) in Ohnmacht fallen; (*perder el ánimo*) aufgeben; **sin ~** unermüdlich; **después de diez kilómetros empezó a ~** nach zehn Kilometern ließen seine/ihre Kräfte nach **II.** *vt* ❶ (*debilitar*) schwächen ❷ (*desanimar*) entmutigen

**desfallecido, -a** [desfaʎe'θiðo, -a] *adj* schwach

**desfallecimiento** [desfaʎeθi'mjento] *m* (*debilidad*) Schwäche *f;* (*desmayo*) Ohnmacht *f;* (*colapso*) Zusammenbruch *m;* (*de ánimo*) Mutlosigkeit *f;* **~ (de las fuerzas)** Kräfteschwund *m;* **poco antes de llegar a la meta le sobrevino el ~** kurz vor dem Ziel ließen seine/ihre Kräfte nach

**desfasado, -a** [desfa'saðo, -a] *adj* ❶ (*anticuado: persona*) altmodisch; (*cosa*) veraltet; **estar ~** nicht auf dem neuesten Stand sein ❷ (TÉC) gestört

**desfasar** [desfa'sar] **I.** *vt* (ELEC) in der Phase verschieben **II.** *vr:* **~se** ❶ (ELEC) eine Phasenverschiebung aufweisen ❷ (*no adaptarse*) sich nicht anpassen (*a* an +*akk, a*

+*dat*); (*retrasarse*) den Anschluss verlieren; (*ser anticuado*) nicht auf dem neuesten Stand sein; (*persona*) nicht mit der Zeit gehen

**desfase** [des'fase] *m* (*diferencia*) Unterschied *m;* ~ **con la realidad** Abweichung von der Realität

**desfavorable** [desfaβo'raβle] *adj* (*perjudicial*) nachteilig; (*negativo*) ungünstig; (*opinión*) abfällig

**desfavorecer** [desfaβore'θer] *irr como crecer vt* ① (*sentar mal*): **este color te desfavorece** diese Farbe steht dir nicht; **este clima me desfavorece** dieses Klima tut mir nicht gut ② (*perjudicar*) benachteiligen ③ (*oponerse*) ablehnen

**desfiguración** [desfiɣura'θjon] *f* ① (*afeamiento*) Verunstaltung *f;* (*de las facciones*) Entstellung *f;* (*del cuerpo*) Verstümmelung *f* ② (*deformación*) Verformung *f;* (*de una imagen*) Verzerrung *f;* (*de un texto*) Verstümmelung *f;* (*de la realidad*) falsche Darstellung *f* ③ (*disfraz*) Tarnung *f;* (*traje*) Verkleidung *f*

**desfigurar** [desfiɣu'rar] *vt* ① (*afear*) verunstalten; (*las facciones*) entstellen; (*el cuerpo*) verstümmeln; (*el tipo*) ruinieren ② (*deformar*) verformen; (*una imagen, un sonido*) verzerrt wiedergeben; (*un texto*) verstümmeln; (*la realidad*) verdrehen ③ (*disfrazar*) verkleiden; (*hacer irreconocible*) unkenntlich machen ④ (*ocultar*) verbergen

**desfiladero** [desfila'ðero] *m* (GEO) Schlucht *f*

**desfilar** [desfi'lar] *vi* ① (*marchar en fila*) vorbeiziehen; (MIL) vorbeimarschieren; (*ante un personaje importante*) defilieren ② (*salir*) herauskommen

**desfile** [des'file] *m* ① (*acción*) Vorbeiziehen *nt;* (*de tropas*) Vorbeimarschieren *nt;* (*parada*) (Militär)parade *f;* (*de modelos*) Modenschau *f;* (POL) Marsch *m;* (*en una fiesta*) Umzug *m* ② (*personas*) Zug *m,* Kolonne *f;* **participar en el** ~ im Zug mitmarschieren

**desflorar** [desflo'rar] *vt* ① (*a una mujer*) entjungfern ② (*estropear*) ruinieren; (*gastar*) abnutzen ③ (*tratar*) kurz abhandeln; (*tema*) streifen

**desfogar** [desfo'ɣar] <g→gu> **I.** *vt* ① (*un fuego*) schüren ② (*un sentimiento*) freien Lauf lassen +*dat;* ~ **su ira** seinem Ärger Luft machen; ~ **su mal humor en** [*o* **con**] **alguien** seine schlechte Laune an jdm ablassen **II.** *vi* (*tormenta*) losbrechen **III.** *vr:* ~**se** sich *dat* Luft machen *fam;* ~**se en** [*o* **con**] **alguien** (*irritación*) seine Wut an jdm auslassen; (*frustración*) sich bei jdm ausweinen

**desforestación** [desforesta'θjon] *f* Rodung *f;* (*con herramientas*) Abholzung *f;* (*con fuego*) Brandrodung *f*

**desforestar** [desfores'tar] *vt* roden; (*quemando*) brandroden

**desgajar** [desɣa'xar] **I.** *vt* ① (*arrancar*) abreißen; (*romper*) abbrechen; (*ramas*) abknicken; ~ **una página de un libro** eine Seite aus einem Buch herausreißen ② (*separar*) trennen ③ (*despedezar*) zerschlagen **II.** *vr:* ~**se** (*desprenderse*) sich lösen; (*romperse*) abbrechen; (*rama*) abknicken

**desgana** [des'ɣana] *f* (*fam*) ① (*inapetencia*) Appetitlosigkeit *f;* **comer con** ~ sich zum Essen zwingen ② (*falta de interés*) Unlust *f;* **con** ~ widerwillig

**desganarse** [desɣa'narse] *vr* ① (*perder el apetito*) den Appetit verlieren ② (*cansarse*) überdrüssig werden (*de* +*gen*), die Lust verlieren (*de* auf +*akk*); **me he desganado de ir a las discotecas** ich habe keine Lust mehr auf Diskos

**desgañitarse** [desɣaɲi'tarse] *vr* (*gritar*) sich *dat* die Kehle aus dem Hals schreien; (*enronquecerse*) sich heiser schreien

**desgarbado, -a** [desɣar'βaðo, -a] *adj* ① (*sin garbo*) ungelenk ② (*larguirucho*) schlacksig

**desgarrador(a)** [desɣarra'ðor(a)] *adj* herzzerreißend

**desgarrar** [desɣa'rrar] **I.** *vt* zerreißen; (*en muchos pedazos*) zerfetzen; ~ **un paquete** ein Paket aufreißen; **estas imágenes desgarran el corazón** das sind herzzerreißende Bilder; **esto me desgarra el corazón** das bricht mir das Herz **II.** *vr:* ~**se** (*romperse*) zerreißen; **se me desgarra el corazón al pensar que no voy a verte nunca más** der Gedanke, dich nie wieder zu sehen, bricht mir das Herz

**desgarro** [des'ɣarro] *m* ① (*rotura*) Riss *m* ② (*descaro*) Unverschämtheit *f;* **contestar con** ~ eine freche Antwort geben ③ (*fanfarronada*) Prahlerei *f* ④ (*Am: esputo*) Auswurf *m*

**desgastar** [desɣas'tar] **I.** *vt* ① (*estropear*) abnutzen; (*tela*) abwetzen; (*zapatos*) ablaufen; **ese pantalón está desgastado por las rodillas** diese Hose ist an den Knien durchgescheuert ② (*consumir*) aufbrauchen; (*comida*) aufessen ③ (*cansar*) auslaugen **II.** *vr:* ~**se** ① (*consumirse*) sich abnutzen; (*tela*) verschleißen; (*color*) verblassen ② (*acabarse*) ausgehen; (*mercancía*) auslaufen ③ (*debilitarse*) abbauen

**desgaste** [des'ɣaste] *m* ❶ (*fricción*) Abnutzung *f* ❷ (*consumo*) Verbrauch *m*

**desglosar** [desɣlo'sar] *vt* (*una hoja*) herausnehmen; (*una cuestión*) getrennt behandeln; ~ **los gastos** die Kosten (einzeln) aufschlüsseln

**desglose** [des'ɣlose] *m* ❶ (*de una página*) Entnahme *f;* ~ **de documentos** (JUR) Herausnahme von Urkunden aus den Akten ❷ (*de los gastos*) Aufschlüsselung *f,* (Einzel)aufstellung *f;* (*de un tema*) (Unter)gliederung *f* ❸ (*quitar la glosa*) Entfernen *nt* von Anmerkungen

**desgobernar** [desɣoβer'nar] <e→ie> *vt* ❶ (*un país*) schlecht regieren; (*una institución*) schlecht verwalten; ~ **un asunto** eine Angelegenheit nicht in den Griff bekommen ❷ (*los huesos*) ausrenken ❸ (*perturbar*) stören

**desgobierno** [desɣo'βjerno] *m* ❶ (*de un país/una institución*) Misswirtschaft *f* ❷ (*desorden*) Chaos *nt*

**desgracia** [des'ɣraθja] *f* ❶ (*suerte adversa*) Pech *nt;* **por** ~ leider; **este año estoy de** ~ dieses Jahr läuft bei mir alles schief; **llevar una temporada de** ~**s** in letzter Zeit kein Glück haben; **tuve la** ~ **de perder todo mi dinero en el bingo** zu meinem Pech habe ich mein ganzes Geld beim Bingo verspielt; **tiene la** ~ **de ser sordo** er ist leider taub ❷ (*acontecimiento*) Unglück *nt;* **en el accidente no hubo** ~**s personales** bei dem Unfall kam niemand ums Leben; **he tenido la** ~ **de...** mir ist das große Unglück widerfahren zu ...; **es una** ~ **que ...** +*subj* es ist schrecklich, dass ...; **eres una verdadera** ~ dir gelingt einfach gar nichts ❸ (*pérdida de gracia*): **caer en** ~ in Ungnade fallen

**desgraciadamente** [desɣraθjaða'mente] *adv* leider

**desgraciado, -a** [desɣra'θjaðo, -a] **I.** *adj* ❶ (*sin suerte*) glücklos; **ser** ~ (*tener mala suerte*) Pech haben; (*no llegar a nada*) es zu nichts bringen; ~ **en el juego, afortunado en amores** (*prov*) Pech im Spiel, Glück in der Liebe ❷ (*infeliz*) unglücklich ❸ (*que implica desgracia*) tragisch; **fue una intervención desgraciada** das Eingreifen richtete nur Schaden an ❹ (*pobre*) arm(selig) **II.** *m, f* ❶ (*sin suerte*) Pechvogel *m* ❷ (*infeliz*): **es un** ~ ihm hat das Schicksal übel mitgespielt ❸ (*pobre*) armer Schlucker *m* ❹ (*persona sin valor*) Nichtsnutz *m* ❺ (*pey: miserable*) Schuft *m*

**desgraciar** [desɣra'θjar] **I.** *vt* ❶ (*estropear*) ruinieren ❷ (*disgustar*) verärgern **II.** *vr:* ~**se** (*malograrse*) missglücken

**desgranar** [desɣra'nar] *vt* ❶ (*maíz*) entkörnen; (*habas*) aushülsen; (*trigo*) dreschen; ~ (**las cuentas de**) **un rosario** einen Rosenkranz abbeten ❷ (*repetir*): ~ **insultos** einen Sturm von Beleidigungen ablassen; ~ **mentiras** Lügen vom Stapel lassen; ~ **palabrotas** mit Schimpfwörtern um sich werfen

**desgravable** [desɣra'βaβle] *adj* abzugsfähig

**desgravación** [desɣra'βaθjon] *f* ❶ (*reducción de un impuesto*) Steuererleichterung *f;* (*de un arancel*) Zollminderung *f* ❷ (*abolición de un impuesto*) Steuerbefreiung *f;* (*de un arancel*) Zollfreiheit *f* ❸ (*de un gasto*) Abzug *m;* ~ **sobre bienes de capital** Anlagenabschreibung *f;* ~ **por cargas familiares** Kinderfreibetrag *m*

**desgravar** [desɣra'βar] *vt* ❶ (*suprimir un impuesto*) von der Steuer befreien; (*un derecho arancelario*) von den Zollgebühren befreien ❷ (*reducir*): ~ **el tabaco** (*bajar el impuesto*) die Tabaksteuer senken; (*el arancel*) keine Zollgebühren auf Tabakwaren erheben ❸ (*deducir*) (von der Steuer) abziehen

**desgreñado, -a** [desɣre'ɲaðo, -a] *adj* zerzaust

**desguace** [des'ɣwaθe] *m* (*para chatarra*) Verschrottung *f;* (*parcial*) Ausschlachten *nt;* **estar para el** ~ (*fam: cosa*) schrottreif sein; (*persona*) abgewrackt sein

**desguazar** [desɣwa'θar] <z→c> *vt* ❶ (*desmontar*) auseinander nehmen ❷ (*reducir a chatarra*) verschrotten; (*un buque*) abwracken; (*quitar las partes útiles*) ausschlachten

**deshabitado, -a** [desaβi'taðo, -a] *adj* (*edificio*) unbewohnt; **ciudad deshabitada** Geisterstadt *f;* **una región muy deshabitada** ein nur spärlich besiedeltes Gebiet

**deshabitar** [desaβi'tar] *vt* ❶ (*un edificio*) räumen; ~ **un piso** aus einer Wohnung ausziehen ❷ (*despoblar*) entvölkern

**deshabituar** [desaβitu'ar] <*1. pres:* deshabitúo> **I.** *vt* entwöhnen; ~ **a alguien de algo** jdm etw abgewöhnen **II.** *vr:* ~**se** sich *dat* abgewöhnen (*de* +*akk*); ~**se de una droga** einen (Drogen)entzug machen; **quiero** ~**me de fumar** ich will mir das Rauchen abgewöhnen

**deshacer** [desa'θer] *irr como hacer* **I.** *vt* ❶ (*un paquete*) auspacken; (*una costura*) auftrennen; (*un nudo*) aufmachen; (*la cama*) zerwühlen; (*un aparato*) zerlegen; (*una maleta*) wieder auspacken; ~ **los puntos** das Gestrickte wieder auftrennen; **no intentes** ~ **lo hecho** versuch nicht das

Geschehene ungeschehen zu machen; ~ **un error** einen Fehler wieder gutmachen; **ser el que hace y deshace** (*fig*) die erste Geige spielen ❷ (*romper*) kaputtmachen; (*en pedazos*) zerbröckeln; (*cortar*) zerhacken; (*una res*) zerlegen; (*una tela*) in Stücke reißen; (*a golpes*) zerschlagen ❸ (*arruinar*) ruinieren; (*plan*) zunichte machen ❹ (*disolver*) auflösen; (*hielo*) schmelzen (lassen); (*contrato, negocio*) rückgängig machen; ~ **una casa** (*fig*) einen Haushalt auflösen ❺ (MIL) in die Flucht schlagen **II.** *vr:* ~**se** ❶ (*descomponerse*) sich auflösen; (*hielo*) schmelzen; (*desaparecer*) sich in Luft auflösen; **se me ha deshecho el helado** das Eis ist mir weggeschmolzen; **se deshace en cumplidos** er/sie überschüttet mich mit Komplimenten; ~**se de impacienca** vor lauter Ungeduld vergehen; ~**se en lágrimas** in Tränen zerfließen; ~**se en llanto** in Gejammer ausbrechen; ~**se de nervios** übernervös sein; ~**se por algo** (ganz) verrückt nach etw *dat* sein; **se deshace por complacernos** er/sie tut alles, um uns zufrieden zu stellen; ~**se a trabajar** wie besessen arbeiten; ~**se empollando** wie verrückt büffeln ❷ (*romperse*) kaputtgehen; (*costura, nudo*) aufgehen; (*pastel*) zerbröckeln; (*silla*) aus dem Leim gehen ❸ (*desprenderse*) sich entledigen (*de* +*gen*); (*vender*) verkaufen (*de* +*akk*); ~**se de alguien** sich *dat* jdn vom Hals schaffen; (*asesinar*) jdn umbringen; (*despedir*) jdn entlassen

**desharrapado, -a** [desarra'paðo, -a] *adj* schäbig

**deshecho, -a** [de'setʃo, -a] **I.** *pp de* **deshacer** **II.** *adj* ❶ (*deprimido*) am Boden zerstört; **dejar a alguien** ~ jdn fertig machen *fam* ❷ (*cansado*) erschöpft; **estar** ~ völlig erledigt sein ❸ (*tormenta*) heftig; (*lluvia*) strömend

**deshelar** [dese'lar] <e→ie> **I.** *vt* (*hielo*) schmelzen (lassen); (*una nevera*) abtauen **II.** *vr:* ~**se** (*nieve*) schmelzen; (*nevera*) abtauen

**desheredar** [desere'ðar] *vt* enterben

**deshidratación** [desiðrata'θjon] *f* ❶ (*extracción de agua*) Wasserentzug *m;* (*de alimentos*) Trocknung *f;* **este medicamento produce** ~ dieses Medikament entzieht dem Körper Wasser ❷ (QUÍM) Dehydrierung *f* ❸ (MED) Dehydration *f*

**deshidratar** [desiðra'tar] **I.** *vt* ❶ (*quitar agua*) Wasser entziehen +*dat;* (*suelo, cuerpo*) entwässern ❷ (*secar*) austrocknen; (*alimentos*) trocknen; (*tierra*) ausdörren **II.** *vr:* ~**se** austrocknen; (*tierra*) ausdörren; (*cuerpo*) Flüssigkeit verlieren

**deshielo** [des'ɟelo] *m* ❶ (*el deshelar*) Schmelzen *nt;* (*de la nevera*) Abtauen *nt* ❷ (*clima, t.* POL) Tauwetter *nt*

**deshilachado, -a** [desila'tʃaðo, -a] *adj* ❶ (*ropa*) fadenscheinig ❷ (*persona*) zerlumpt

**deshilachar** [desila'tʃar] *vt, vr:* ~**se** ausfransen

**deshilvanado, -a** [desilβa'naðo, -a] *adj* (*discurso*) wirr

**deshinchar** [desin'tʃar] **I.** *vt* ❶ (*sacar el aire*) die Luft herauslassen (aus +*dat*) ❷ (*una inflamación*) zum Abschwellen bringen ❸ (*cólera*) ablassen **II.** *vr:* ~**se** ❶ (*perder aire*) Luft verlieren; **se me ha deshinchado la rueda de la bici** mein Fahrradreifen ist platt ❷ (*una inflamación*) abschwellen ❸ (*fam: deponer la vanidad*) von seinem hohen Ross herunterkommen

**deshojado, -a** [deso'xaðo, -a] *adj* ❶ (*árbol*) kahl ❷ (*libro*) zerfleddert

**deshojar** [deso'xar] **I.** *vt* ❶ (BOT) entblättern; (*un árbol*) entlauben; ~ **una flor** die Blütenblätter abzupfen ❷ (*un libro*) die Blätter herausreißen (aus +*dat*); (*un calendario*) die (Kalender)blätter abreißen **II.** *vr:* ~**se** ❶ (BOT) die Blätter verlieren ❷ (*un libro*) aus dem Leim gehen

**deshollinador** [desoʎina'ðor] *m* ❶ (*persona*) Schornsteinfeger *m,* Kaminkehrer *m* ❷ (*instrumento para deshollinar*) Kaminkehrbesen *m* ❸ (*escoba*) Stielbesen *m*

**deshollinar** [desoʎi'nar] *vt* ❶ (*la chimenea*) fegen ❷ (*limpiar*) putzen ❸ (*curiosear*) herumschnüffeln (in +*dat*)

**deshonestidad** [desonesti'ðað] *f* ❶ (*carácter inmoral*) Unanständigkeit *f* ❷ (*carácter tramposo*) Unehrlichkeit *f* ❸ (*acto licencioso*) Unzucht *f* ❹ (*fraude*) Betrug *m*

**deshonesto, -a** [deso'nesto, -a] *adj* ❶ (*inmoral*) unsittlich ❷ (*tramposo*) unehrlich

**deshonor** [deso'nor] *m* (*afrenta*) Schande *f*

**deshonra** [des'onrra] *f* (*afrenta*) Schande *f;* **tener algo a** ~ (*como insulto*) etw als Kränkung empfinden; (*como humillante*) etw als Demütigung empfinden; **ser una** ~ **para la empresa** (*desacreditar*) das Ansehen der Firma ruinieren

**deshonrar** [deson'rrar] *vt* entehren; (*ofender*) kränken; (*humillar*) demütigen; ~ **a alguien** (*desacreditar*) jds Ansehen ruinieren

**deshonroso, -a** [deson'rroso, -a] *adj* ❶ (*que causa deshonra*) schändlich ❷ (*poco honroso*) unehrenhaft

**deshora** [de'sora] *f* Unzeit *f;* **hablar a** ~(**s**)

dazwischenreden; **venir a ~(s)** (*en un momento inconveniente*) ungelegen kommen; (*demasiado tarde*) zu spät kommen; **dormir a ~s** zu den unmöglichsten Zeiten schlafen

**deshuesado, -a** [deswe'saðo, -a] *adj* ❶ (*fruta*) entsteint ❷ (*carne*) ohne Knochen

**deshumanizar** [desumani'θar] <z→c> *vt* entmenschlichen

**deshumedecer** [desumeðe'θer] *irr como crecer vt* entfeuchten

**desidia** [de'siðja] *f* ❶ (*descuido*) Schlampigkeit *f;* **me molesta tu ~ en el trabajo** mich stört deine schlampige Arbeitsweise ❷ (*pereza*) Faulheit *f*

**desierto[1]** [de'sjerto] *m* ❶ (GEO) Wüste *f* ❷ (*lugar despoblado*) Einöde *f;* **esto es predicar en el ~** das bringt nichts

**desierto, -a[2]** [de'sjerto, -a] *adj* ❶ (*sin gente*) (menschen)leer; (*zona*) unbesiedelt ❷ (*como un desierto*) öde ❸ (*sin participantes*): **una subasta desierta** eine Auktion ohne Bieter; **el premio fue declarado ~** der Preis wurde nicht vergeben; **dar por ~ un concurso** einen Wettbewerb mangels Teilnehmer absagen

**designación** [desiɣna'θjon] *f* ❶ (*nombramiento*) Ernennung *f;* **~ de candidatos** Aufstellung von Kandidaten (zur Wahl) ❷ (*nombre*) Bezeichnung *f;* **~ del contenido** Inhaltsangabe *f*

**designar** [desiɣ'nar] *vt* ❶ (*dar un nombre*) bezeichnen (*por* als *+akk*); **~ a alguien con un apodo** jdm einen Spitznamen geben ❷ (*destinar*) bestimmen; (*elegir*) wählen; (*fecha*) festsetzen; (*nombrar*) ernennen (*para* zu *+dat*); **~ un abogado** einen Anwalt benennen; **~ un candidato** einen Kandidaten aufstellen; **~ un representante** einen Vertreter bestellen

**designio** [de'siɣnjo] *m* (*plan*) Plan *m;* (*propósito*) Absicht *f;* (*deseo*) Wunsch *m;* **su ~ es convertirse en multimilionario** er will es zum Multimillionär bringen

**desigual** [desi'ɣwal] *adj* ❶ (*distinto*) ungleich; **ser muy ~** völlig verschieden sein ❷ (*injusto*) unfair ❸ (*irregular*) uneben; (*carretera*) holp(e)rig ❹ (*inconstante*) wechselhaft

**desigualar** [desiɣwa'lar] **I.** *vt* ❶ (*hacer desigual*) ungleich machen; **~ a alguien** jdn benachteiligen ❷ (*hacer irregular*) uneben machen **II.** *vr:* **~se** ❶ (*desemejarse*) auseinander driften ❷ (*sobresalir*) herausragen

**desigualdad** [desiɣwal'daᵈ] *f* ❶ (*diferencia*) Verschiedenheit *f* ❷ (*injusticia*) Ungerechtigkeit *f* ❸ (*irregularidad*) Unebenheit *f* ❹ (*del carácter*) Unausgeglichenheit *f;* (*del tiempo*) Wechselhaftigkeit *f*

**desilusión** [desilu'sjon] *f* ❶ (*desengaño*) Enttäuschung *f;* **sufrir una ~** enttäuscht werden ❷ (*desencanto*) Ernüchterung *f*

**desilusionante** [desilusjo'nante] *adj* (*que desencanta*) ernüchternd

**desilusionar** [desilusjo'nar] **I.** *vt* ❶ (*quitar la ilusión*) die Illusionen rauben *+dat* ❷ (*decepcionar*) enttäuschen **II.** *vr:* **~se** ❶ (*perder la ilusión*) seine Illusionen verlieren; (*ver claro*) die Wahrheit erkennen ❷ (*decepcionarse*) enttäuscht sein

**desincentivar** [desinθenti'βar] *vt* entmutigen

**desinencia** [desi'nenθja] *f* Endung *f;* **~ nominal** Substantivendung *f*

**desinfección** [desiɱfeᵞ'θjon] *f* Desinfizierung *f*

**desinfectante** [desiɱfek'tante] *m* Desinfektionsmittel *nt*

**desinfectar** [desiɱfek'tar] *vt* desinfizieren

**desinflación** [desiɱfla'θjon] *f* (ECON) Deflation *f*

**desinflado, -a** [desiɱ'flaðo, -a] *adj* (*rueda*) platt

**desinflar** [desiɱ'flar] **I.** *vt* (*sacar el aire*) die Luft herauslassen (aus *+dat*) **II.** *vr:* **~se** (*perder aire*) die Luft verlieren; **se me ha desinflado la rueda de atrás** mein Hinterreifen ist platt

**desinformación** [desiɱforma'θjon] *f* Desinformation *f*

**desinformar** [desiɱfor'mar] *vt* falsch informieren

**desinhibir** [desini'βir] **I.** *vt* ❶ (*a una persona*) enthemmen ❷ (*un órgano*) von einer Blockierung befreien **II.** *vr:* **~se** ❶ (*un órgano*) seine Funktion wieder aufnehmen; (MED) spontan reagieren ❷ (*persona*) seine Hemmungen verlieren

**desintegración** [desinteɣra'θjon] *f* Auflösung *f;* (*de un territorio*) Teilung *f;* (*de una ruina*) Zerfall *m;* (*de un grupo*) Trennung *f;* (*debido al clima*) Verwitterung *f;* (FÍS) Spaltung *f;* (QUÍM) Zersetzung *f*

**desintegrar** [desinte'ɣrar] **I.** *vt* auflösen; (*una piedra*) zerbröckeln; (*un grupo*) auflösen; (*un país*) teilen; (FÍS) spalten; (QUÍM) zersetzen **II.** *vr:* **~se** zerfallen; (*edificio*) einstürzen; (*muro*) zerbröckeln; (*grupo*) sich auflösen; (*partido*) sich spalten; (FÍS) sich spalten; (QUÍM) sich auflösen

**desinterés** [desinte'res] *m* ❶ (*indiferencia*) Gleichgültigkeit *f;* **sentir ~ por algo** an etw *dat* kein Interesse haben ❷ (*altruismo*) Selbstlosigkeit *f;* (*generosidad*)

Freigebigkeit *f;* **hacer algo con** ~ etw ohne Eigennutz tun

**desinteresado**, **-a** [desiṇtere'saðo, -a] *adj* ① (*indiferente*) desinteressiert; (*en un conflicto*) unparteiisch ② (*altruista*) uneigennützig; (*generoso*) freigebig

**desinteresar** [desiṇtere'sar] **I.** *vt* nicht interessieren **II.** *vr:* ~**se** ① (*no tener interés*) kein Interesse haben (*de* an +*dat*); (*inhibirse*) sich heraushalten (*de* aus +*dat*); **se desinteresa de tus problemas** deine Probleme sind ihm/ihr egal ② (*perder el interés*) das Interesse verlieren (*de* an +*dat*)

**desintoxicación** [desiṇtoʸsika'θjon] *f* Entgiftung *f;* (*de una droga*) Entziehung *f*

**desintoxicar** [desiṇtoʸsi'kar] <c→qu> **I.** *vt* entgiften; (*de una droga*) von einer Sucht heilen **II.** *vr:* ~**se** seinen Körper entgiften; (*de una droga*) sich einer Entziehung unterziehen

**desistir** [desis'tir] *vi* ① (*de un proyecto*) aufgeben (*de* +*akk*); **no** ~**é de convencerte** ich werde weiterhin versuchen dich zu überzeugen; **no hay manera de hacerles** ~ **de su propósito** sie sind durch nichts von ihrem Vorhaben abzubringen ② (*de un derecho*) verzichten (*de* auf +*akk*); (*de un cargo/contrato*) zurücktreten (*de* von +*dat*); (*una demanda/petición*) zurücknehmen (*de* +*akk*)

**deslavazado**, **-a** [deslaβa'θaðo, -a] *adj* ① (*lacio*) schlaff; **este traje te queda** ~ dieser Anzug sitzt nicht ② (*incoherente*) zusammenhanglos ③ (*insulso*) fade

**desleal** [desle'al] *adj* (*infiel*) untreu; (*traidor*) verräterisch; **competencia** ~ unlauterer Wettbewerb; **publicidad** ~ irreführende Werbung; **ser** ~ **a su patria** sein Land verraten; **ser** ~ **con su partido** sich seiner Partei gegenüber illoyal verhalten; **has sido** ~ **a tu familia** du hast das Vertrauen deiner Familie missbraucht; **ten cuidado con lo que le cuentes, es una persona muy** ~ achte darauf, was du ihm/ihr erzählst, denn man kann ihm/ihr nicht vertrauen; **ser** ~ **con** [*o* **a**] **alguien** (*injusto*) sich jdm gegenüber unfair benehmen

**deslealtad** [deslea̯l'taᵈ] *f* (*infidelidad*) Untreue *f;* (*injusticia*) unfaires Verhalten *nt;* (POL) Illoyalität *f* (*con* gegenüber +*dat*)

**deslegitimar** [deslexiti'mar] *vt* die Legitimation entziehen +*dat*

**desleír** [desle'ir] *irr como reír* **I.** *vt* (*disolver*) auflösen **II.** *vr:* ~**se** sich auflösen; **esta sustancia no se deslíe en agua** diese Substanz ist nicht wasserlöslich

**deslenguado**, **-a** [desleŋ'gwaðo, -a] *adj* ① (*chismoso*) klatschhaft; **ser** ~ eine böse Zunge haben; **¡no seas** ~**!** hör auf zu lästern! ② (*desvergonzado*) vulgär; **ser** ~ ein schmutziges Mundwerk haben

**desliar** [desli'ar] <*1. pres:* deslío> **I.** *vt* aufmachen **II.** *vr:* ~**se** aufgehen

**desligar** [desli'ɣar] <g→gu> **I.** *vt* ① (*un nudo*) aufmachen; (*un enredo*) entwirren; (*una persona*) losbinden ② (*un asunto*) aufklären ③ (*separar*) trennen; ~ **intereses particulares de los de la empresa** persönliche und Firmeninteressen auseinander halten ④ (*de un compromiso*) entbinden **II.** *vr:* ~**se** ① (*un nudo*) aufgehen; (*persona*) sich losmachen; (*un enredo*) sich auflösen ② (*un asunto*) sich (von selbst) aufklären ③ (*de un compromiso*) sich entziehen (*de* +*gen*); **no poder** ~**se de algo** um etw nicht herumkommen

**deslindar** [desliṇ'dar] *vt* ① (*un lugar*) abgrenzen; ~ **una finca** die Grundstücksgrenze festsetzen; ~ **dos provincias** die Grenze zwischen zwei Provinzen festlegen ② (*determinar*) (klar) umreißen; ~ **dos temas** zwei Themen voneinander abgrenzen

**desliz** [des'liθ] *m* ① (*error*) Ausrutscher *m;* (*indiscreción*) Entgleisung *f* ② (*adulterio*) Seitensprung *m*

**deslizamiento** [desliθa'mjeṇto] *m* (Aus)rutschen *nt;* ~ **de tierra** Erdrutsch *m*

**deslizante** [desli'θaṇte] *adj* ① (*que hace deslizar*) rutschig ② (*que se desliza*) Gleit-

**deslizar** [desli'θar] <z→c> **I.** *vt* ① (*pasar*): ~ **la mano sobre algo** mit der Hand über etw streichen; ~ **un sobre por debajo de una puerta** einen Umschlag unter einer Tür durchschieben ② (*incluir con disimulo*) hineingleiten lassen; (*en una conversación*) einfließen lassen **II.** *vi* (dahin)gleiten (*sobre/por* über +*akk*) **III.** *vr:* ~**se** ① (*resbalar*) (dahin)gleiten (*sobre* über +*akk*); (*por accidente*) ausrutschen (*por* auf +*dat*); (AUTO) ins Schleudern geraten; ~**se por un tobogán** eine Rutschbahn hinunterrutschen; **las lágrimas se deslizaban por sus mejillas** die Tränen liefen ihm/ihr die Wangen hinunter; **con la tormenta se han deslizado algunas tejas** durch das Gewitter haben sich einige Ziegel gelöst ② (*escaparse*) verschwinden; **el ladrón se deslizó entre los clientes** der Dieb mischte sich unter die Kunden ③ (*el tiempo*) verstreichen; **la noche se deslizó sin problemas** die Nacht verlief problemlos ④ (*cometer un errror*) einen Ausrutscher begehen; (*una* *indiscreción*) entgleisen

**deslomar** [deslo'mar] **I.** *vt* ❶ (*dañar*): ~ **a alguien** jdm das Kreuz brechen ❷ (*agotar*) schaffen **II.** *vr:* ~**se** ❶ (*dañarse*) sich *dat* den Rücken ruinieren ❷ (*trabajar*) sich abrackern

**deslucido, -a** [deslu'θiðo, -a] *adj* ❶ (*ropa*) schäbig ❷ (*actuación*) farblos ❸ (*sin gracia*) unscheinbar

**deslucimiento** [desluθi'mjen̪to] *m* ❶ (*de un metal*) Glanzlosigkeit *f;* (*de un color*) Blässe *f;* (*de una prenda*) Schäbigkeit *f* ❷ (*de una actuación*) Mittelmäßigkeit *f;* **la lluvia fue la causa del ~ del desfile** der Regen nahm der Parade ihren Glanz ❸ (*de una persona*) Unscheinbarkeit *f*

**deslucir** [deslu'θir] *irr como lucir* **I.** *vt* ❶ (*estropear*) ruinieren; **la lluvia deslució la procesión** wegen des Regens fiel die Prozession ins Wasser ❷ (*quitar el lustre*) abnutzen; (*una prenda*) abtragen; (*un tejido*) verschleißen; (*colores*) ausbleichen; (*metal*) stumpf werden lassen ❸ (*desacreditar*) in Verruf bringen **II.** *vr:* ~**se** ❶ (*perder el lustre*) sich abnutzen; (*perder el brillo*) stumpf werden; (*colores*) verblassen; (*metal*) anlaufen ❷ (*desacreditarse*) in Verruf geraten

**deslumbrador(a)** [deslumbra'ðor(a)] *adj,* **deslumbrante** [deslum'bran̪te] *adj* (*impresionante*) überwältigend; (*mujer*) atemberaubend

**deslumbramiento** [deslumbra'mjen̪to] *m* ❶ (*ofuscamiento*) Blendung *f;* **producir ~ a alguien** jdn blenden ❷ (*pasmo*): **no puedes imaginarte mi ~** du kannst dir gar nicht vorstellen, wie hingerissen ich war ❸ (*engaño*) Täuschung *f*

**deslumbrar** [deslum'brar] *vt* blenden

**deslustrar** [deslus'trar] *vt* ❶ (*quitar el brillo*) den Glanz nehmen +*dat* ❷ (*gastar*) abnutzen; (*una prenda*) abtragen; (*un tejido*) verschleißen; (*colores*) ausbleichen ❸ (*estropear*) ruinieren ❹ (*un vidrio*) mattieren ❺ (*desacreditar*) in Verruf bringen

**desmadejado, -a** [desmaðe'xaðo, -a] *adj* kraftlos

**desmadrado, -a** [desma'ðraðo, -a] *adj* (*desenfrenado*) hemmungslos

**desmadrarse** [desma'ðrarse] *vr* (*fam: desenfrenarse*) aus der Rolle fallen; (*alocarse*) ausflippen; **¡no te desmadres!** jetzt krieg dich bitte wieder ein!; **se desmadró en insultos hacia el árbitro** er/sie verlor die Fassung und beschimpfte den Schiedsrichter

**desmadre** [des'maðre] *m* ❶ (*comportamiento*) ungehöriges Benehmen *nt;* **la policía acabó con el ~ entre los fans** die Polizei wies die Fans in ihre Schranken ❷ (*caos*) Chaos *nt;* **tus fiestas acaban siendo un ~** deine Feste arten immer aus

**desmán** [des'man] *m* ❶ (*salvajada*) Ausschreitung *f;* **cometer desmanes contra alguien** sich gegen jdn vergehen ❷ (*exceso*) Ausschweifung *f;* **debido a sus desmanes con la bebida** weil er/sie unmäßig viel trinkt ❸ (*desgracia*) Unglück *nt;* **he sufrido muchos desmanes** mir ist viel Leid widerfahren

**desmandado, -a** [desman̪'daðo, -a] *adj* ❶ (*rebelde*) aufsässig; (*caballo*) scheu ❷ (*violento*) gewaltsam ❸ (*desmadrado*) hemmungslos

**desmandarse** [desman̪'darse] *vr* ❶ (*rebelarse*) rebellieren; (*un caballo*) durchgehen ❷ (*insolentarse*) aus der Rolle fallen; (*insultar*) ausfallend werden; (*cometer actos violentos*) gewalttätig werden ❸ (*apartarse*) sich trennen; ~ **del rebaño** von der Herde abkommen

**desmantelamiento** [desman̪tela'mjen̪to] *m* ❶ (*destrucción*) Zerstörung *f;* (*de muros*) Abriss *m* ❷ (*desarme*) Zerlegung *f;* (*de una construcción*) Abbau *m;* ~ **arancelario** (*fig*) Zollabbau *m* ❸ (*de una casa*) Räumung *f;* (*de una fábrica*) Demontage *f;* (*de una vivienda*) Auflösung *f;* ~ **de una tienda** Geschäftsauflösung *f* ❹ (NÁUT: *quitar el árbol*) Abtakeln *nt;* (*desguace*) Abwracken *nt*

**desmantelar** [desman̪te'lar] *vt* ❶ (*derribar*) niederreißen; (*un edificio*) abreißen ❷ (*desmontar*) zerlegen; (*bomba*) entschärfen; (*escenario*) abbauen ❸ (*abandonar*) räumen; (*liquidar*) auflösen ❹ (*desarbolar*) abtakeln

**desmañado, -a** [desma'ɲaðo, -a] **I.** *adj* ungeschickt; **es muy ~ para trabajos manuales** er hat kein Talent für handwerkliche Arbeiten **II.** *m, f* (*torpe*) Tölpel *m;* (*chapucero*) Stümper *m;* **ser un ~** zwei linke Hände haben

**desmaquillador**[1] [desmakiʎa'ðor] *m* Make-up-Entferner *m*

**desmaquillador(a)**[2] [desmakiʎa'ðor(a)] *adj:* **leche ~a** Reinigungsmilch *f*

**desmaquillante** [desmaki'ʎan̪te] *adj:* **loción ~** Make-up-Entferner *m*

**desmaquillar** [desmaki'ʎar] *vt, vr:* ~**se** (sich) abschminken

**desmarcar** [desmar'kar] <c→qu> **I.** *vt* von Markierungen befreien **II.** *vr:* ~**se** ❶ (DEP) sich freilaufen ❷ (*escaparse*) sich absetzen ❸ (*no simpatizar*) sich distanzieren (*de* von +*dat*)

**desmayado, -a** [desma'ɟaðo, -a] *adj* ❶ (*sin conocimiento*) ohnmächtig ❷ (*sin fuerza*) schwach; (*color*) blass

**desmayar** [desma'ɟar] **I.** *vi* (*desanimarse*) den Mut verlieren *fam* **II.** *vr:* ~**se** (*desvanecerse*) in Ohnmacht fallen; **se desmayó en mis brazos** er/sie sank ohnmächtig in meine Arme

**desmayo** [des'maɟo] *m* ❶ (*desvanecimiento*) Ohnmacht *f* ❷ (*desánimo*) Mutlosigkeit *f* ❸ (*debilidad*) Schwäche *f*

**desmedido, -a** [desme'ðiðo, -a] *adj* maßlos; **tener un apetito** ~ übermäßig viel essen; **afición desmedida por la bebida** krankhafter Hang zum Alkohol

**desmedirse** [desme'ðirse] *irr como pedir vr* ❶ (*excederse*) das gesunde Maß überschreiten; ~ **en la bebida** exzessiv trinken ❷ (*insolentarse*) aus der Rolle fallen; (*insultar*) ausfallend werden

**desmedrado, -a** [desme'ðraðo, -a] *adj* (*flaco, débil*) abgezehrt

**desmejoramiento** [desmexora'mjen̪to] *m* ❶ (*acción de estropear*) Beschädigung *f;* (*efecto*) Schaden *m;* (*desgaste*) Verschleiß *m;* **sufrir un** ~ Schaden nehmen ❷ (*de un enfermo*) Verfall *m*

**desmejorar** [desmexo'rar] **I.** *vt* (*estropear*) beschädigen; (*gastar*) verschleißen **II.** *vi* abbauen; **con la gripe has desmejorado mucho** die Grippe hat dir sehr zugesetzt **III.** *vr:* ~**se** ❶ (*estropearse*) kaputtgehen; (*gastarse*) verschleißen ❷ (*perder la salud*) abbauen

**desmelenado, -a** [desmele'naðo, -a] *adj* (*despeinado*) ungekämmt

**desmembrar** [desmem'brar] <e→ie> **I.** *vt* ❶ (*desunir*) (zer)teilen; (*una institución*) spalten; (*un cuerpo*) zerlegen; **la bomba le desmembró la mano** die Bombe zerfetzte ihm/ihr die Hand ❷ (*escindir*) abspalten **II.** *vr:* ~**se** ❶ (*desunirse*) sich auflösen ❷ (*escindirse*) sich abspalten

**desmemoriado, -a** [desmemo'rjaðo, -a] **I.** *adj* ❶ (*olvidadizo*) vegesslich; **es muy** ~ er hat ein Gedächtnis wie ein Sieb ❷ (*que ha perdido la memoria*) unter Gedächtnisschwund leidend ❸ (JUR) unzurechnungsfähig **II.** *m, f* ❶ (*descabezado*) vergesslicher Mensch *m* ❷ (*que ha perdido la memoria*) unter Gedächtnisschwund leidender Mensch *m* ❸ (JUR) unzurechnungsfähige Person *f*

**desmentir** [desmen̪'tir] *irr como sentir* **I.** *vt* ❶ (*negar*) abstreiten; (*una noticia*) dementieren; ~ **a alguien** (*contradecir*) jdm widersprechen; (*decir que miente*) jdn als Lügner darstellen; **el artículo desmiente la historia** der Artikel behauptet, die Geschichte sei nicht wahr; **el ministro desmintió la noticia sobre su dimisión** der Minister dementierte die Meldung über seinen Rücktritt ❷ (*demostrar que es falso*) widerlegen; ~ **una sospecha** einen Verdacht zerstreuen; **las pruebas desmienten tus palabras** die Beweise strafen deine Worte Lügen; **el abogado logró** ~ **los indicios** es gelang dem Anwalt, die Indizien zu entkräften ❸ (*disimular*) verbergen ❹ (*desdecir*) widersprechen +*dat;* **con su comportamiento desmiente a su familia** man sollte nicht meinen, dass er/sie aus dieser Familie stammt; **este vino desmiente su marca** dieser Wein ist schlechter, als es die Marke vermuten lässt **II.** *vi* abweichen

**desmenuzable** [desmenu'θaβle] *adj* mürbe

**desmenuzar** [desmenu'θar] <z→c> **I.** *vt* ❶ (*deshacer*) zerkleinern; (*con un cuchillo*) zerstückeln; (*con los dedos*) zerbröckeln; (*raspar*) reiben; (*molir*) zermahlen; (*papel*) zerreißen; (*pan*) zerkrümeln ❷ (*analizar*) auseinander nehmen **II.** *vr:* ~**se** bröckeln

**desmerecedor(a)** [desmereθe'ðor(a)] *adj* unwürdig

**desmerecer** [desmere'θer] *irr como crecer* **I.** *vt* (*no merecer*) nicht verdienen; **desmereces mi amor** du bist meiner Liebe nicht würdig **II.** *vi* ❶ (*decaer*) sich verschlechtern; (*belleza*) verblühen ❷ (*ser inferior*) schlechter sein (*de* als +*nom*); ~ **en talento de alguien** nicht so talentiert wie jd sein; **tu último libro no desmerece de los anteriores** dein letztes Buch ist genauso gut wie die vorangehenden; **desmereces de tu familia** du fällst innerhalb deiner Familie negativ aus dem Rahmen

**desmesura** [desme'sura] *f* ❶ (*falta de mesura*) Unmäßigkeit *f,* Maßlosigkeit *f* ❷ (*descomedimiento*) Unverschämtheit *f*

**desmesurado, -a** [desmesu'raðo, -a] *adj* ❶ (*enorme*) riesig ❷ (*excesivo*) maßlos; (*ambición*) krankhaft; (*pretensiones*) überzogen; **beber de una forma desmesurada** übermäßig (viel) trinken ❸ (*desvergonzado*) frech; (*descortés*) unhöflich; (*ofensivo*) ausfallend

**desmesurarse** [desmesu'rarse] *vr* aus der Rolle fallen; (*atreverse*) unverschämt werden; (*insultar*) ausfallend werden

**desmigajar** [desmiɣa'xar] **I.** *vt* zerbröckeln; (*pan*) zerkrümeln **II.** *vr:* ~**se** (zer)bröckeln; (*pan*) (zer)krümeln

**desmilitarización** [desmilitariθa'θjon] *f* Entmilitarisierung *f*

**desmilitarizar** [desmilitari'θar] <z→c> *vt* entmilitarisieren

**desmirriado, -a** [desmi'rrjaðo, -a] *adj* (*flaco*) abgezehrt; (*raquítico*) schmächtig

**desmitificación** [desmitifika'θjon] *f* Entmythisierung *f*

**desmochar** [desmo'ʧar] *vt* ① (*depuntar*) stutzen; (*plantas*) zurückschneiden ② (*mutilar*) verstümmeln

**desmontable** [desmon̪'taβle] *adj* (*que se puede quitar*) abnehmbar; (*sacar*) herausnehmbar; (*deshacer*) zerlegbar; (*doblar*) zusammenklappbar

**desmontaje** [desmon̪'taxe] *m* ① (*de un arma*) Sicherung *f* ② (*de un mecanismo*) Zerlegung *f* ③ (*de una pieza*) Ausbau *m* ④ (*de una estructura*) Abbau *m*; (*de un edificio*) Abriss *m*; ~ **social** Sozialabbau *m*

**desmontar** [desmon̪'tar] **I.** *vt* ① (*un mecanismo*) auseinander bauen ② (*una pieza: quitar*) abmontieren; (*sacar*) ausbauen ③ (*una estructura*) abbauen; (*un edificio*) abreißen ④ (*un bosque*) abholzen ⑤ (*un terreno*) (ein)ebnen ⑥ (*un montón de tierra*) abtragen ⑦ (*una pistola*) sichern ⑧ (*de un caballo/una moto*) herunterstoßen **II.** *vi* (*de un caballo*) vom Pferd (ab)steigen; (*de una moto*) vom Motorrad (ab)steigen **III.** *vr:* ~**se** (*bajarse*) absteigen

**desmonte** [des'mon̪te] *m* ① (*de un terreno*) Planierung *f* ② (*de un bosque*) Rodung *f* ③ (*escombros*) Schutt *m* ④ *pl* (AGR) Lichtung *f*

**desmoralización** [desmoraliθa'θjon] *f* ① (*desánimo*) Entmutigung *f* ② (*de las costumbres*) Untergrabung *f* der Moral, Untergrabung *f* von Sitte und Ordnung; (*efecto*) Sittenlosigkeit *f*, Zuchtlosigkeit *f*

**desmoralizador(a)** [desmoraliθa'ðor(a)] *adj* ① (*que desanima*) entmutigend ② (*que corrompe*) verderblich

**desmoralizar** [desmorali'θar] <z→c> **I.** *vt* ① (*desanimar*) entmutigen; **la crítica la ha desmoralizado mucho** die Kritik hat an ihrem Selbstvertrauen genagt ② (*corromper*) verderben **II.** *vr:* ~**se** ① (*desanimarse*) den Mut verlieren; (*perder la confianza*) an Selbstvertrauen verlieren; **las tropas se iban desmoralizando** die Moral der Truppe sank ② (*corromperse*) sittlich verfallen

**desmoronamiento** [desmorona'mjen̪to] *m* ① (*arruinamiento*) Zerfall *m*; (*de un edificio*) Einsturz *m* ② (*disminución*) Schwinden *nt*; (*de un sentimiento*) Abflauen *nt*; (*de un imperio*) Untergang *m*; (*de una ideología*) Scheitern *nt*; **la crisis económica produjo el ~ de mi fortuna** die Wirtschaftskrise kostete mich mein gesamtes Vermögen

**desmoronar** [desmoro'nar] **I.** *vt* (*deshacer*) zerbröckeln; (*edificio*) abreißen; (GEO) abtragen **II.** *vr:* ~**se** ① (*deshacerse*) zerfallen; (*un edificio*) einstürzen; (*un muro*) bröckeln; (QUÍM) sich zersetzen ② (*disminuir*) schwinden; (*sentimiento*) abflauen; (*imperio*) untergehen; (*ideología*) scheitern ③ (*persona*) am Boden zerstört sein

**desmotivar** [desmoti'βar] **I.** *vt* demotivieren; **has conseguido ~me con tu pesimismo** durch deinen Pessimismus ist mir die Lust vergangen **II.** *vr:* ~**se** das Interesse verlieren

**desmovilizar** [desmoβili'θar] <z→c> **I.** *vt* (aus dem Kriegsdienst) entlassen **II.** *vi* demobilisieren

**desnatado, -a** [desna'taðo, -a] *adj* ① (*leche*) entrahmt; **leche desnatada** Magermilch *f*, fettarme Milch ② (*metal*) frei von Schlacke

**desnatar** [desna'tar] *vt* (*la leche*) entrahmen

**desnaturalizado, -a** [desnaturali'θaðo, -a] *adj* (*animal*) entartet; (*alimentos*) ungenießbar; (*hijo*) missraten; **madre desnaturalizada** Rabenmutter *f*

**desnaturalizar** [desnaturali'θar] <z→c> **I.** *vt* ① (*expatriar*) ausbürgern ② (*desvirtuar*) denaturieren; (*aspecto*) entstellen; (*carácter*) verderben; ~ **la competencia** den Wettbewerb verfälschen **II.** *vr:* ~**se** (*expatriarse*) seine Ausbürgerung beantragen

**desnivel** [desni'βel] *m* ① (*diferencia de altura*) Gefälle *nt*; (*pendiente*) Steigung *f* ② (*desequilibrio*) Ungleichgewicht *nt*; (*disparidad*) Unterschied *m*; ~ **cultural** Kulturgefälle *nt* ③ (*altibajo*) Unebenheit *f*

**desnivelado, -a** [desniβe'laðo, -a] *adj* ① (*terreno*) uneben ② (*torcido*) schräg ③ (*desequilibrado*) nicht im Gleichgewicht befindlich; (*fig*) unausgeglichen

**desnivelar** [desniβe'lar] **I.** *vt* ① (*un terreno*) uneben machen ② (*desequilibrar*) aus dem Gleichgewicht bringen; (*balanza*) manipulieren **II.** *vr:* ~**se** ① (*torcerse*) schief sein; (*calle*) abfallen ② (*perder el equilibrio*) aus dem Gleichgewicht geraten

**desnucar** [desnu'kar] <c→qu> **I.** *vt* ① (*herir*): ~ **a alguien de un golpe** jdm einen Schlag ins Genick versetzen ② (*matar*) das Genick brechen +*dat*; ~ **una gallina** einem Huhn den Hals umdrehen; ~ **el conejo de un golpe en el cogote** den

Hasen durch einen Schlag ins Genick töten **II.** *vr:* ~**se** (*matarse*) sich *dat* das Genick brechen

**desnuclearizar** [desnukleari'θar] <z→c> *vt* ① (*eliminar las armas nucleares: un lugar*) zur atomwaffenfreien Zone erklären; (*un ejército*) atomar abrüsten ② (*eliminar las centrales nucleares*): **la oposición quiere ~ el país** die Opposition fordert den Ausstieg aus der Atomenergie

**desnudar** [desnu'ðar] **I.** *vt* ① (*desvestir*) ausziehen ② (*descubrir*) entblößen **II.** *vr:* ~**se** (*desvestirse*) sich ausziehen

**desnudez** [desnu'ðeθ] *f* Nacktheit *f;* (*fig*) Kahlheit *f*

**desnudo**[1] [des'nuðo] *m* (ARTE) Akt *m*

**desnudo, -a**[2] [des'nuðo, -a] *adj* ① (*desvestido*) nackt ② (*con poca ropa*) halb nackt ③ (*despojado*) bloß; (*pared, paisaje*) kahl; (*suelo*) blank ④ (*pobre*) mittellos; **este mes me he quedado ~** (*fam*) diesen Monat bin ich völlig blank ⑤ (*claro*) offensichtlich; **al ~** offen; **decir a alguien la verdad desnuda** jdm die nackte Wahrheit sagen ⑥ (*desprovisto*): ~ **de** ohne

**desnutrición** [desnutri'θjon] *f* Unterernährung *f*

**desobedecer** [desoβeðe'θer] *irr como crecer* **I.** *vi* nicht gehorchen; (MIL, POL) den Gehorsam verweigern **II.** *vt* (*una orden*) nicht befolgen; (*a una autoridad*) nicht gehorchen +*dat;* (MIL, POL) den Gehorsam verweigern +*dat*

**desobediencia** [desoβe'ðjen̩θja] *f* Ungehorsam *m;* (MIL, POL) Gehorsamsverweigerung *f*

**desobediente** [desoβe'ðjen̩te] *adj* ungehorsam; (POL, MIL) rebellisch

**desocupación** [desokupa'θjon] *f* ① (*desembarazo*) Räumung *f;* (*evacuación*) Evakuierung *f;* (*de un paso*) Freigabe *f* ② (*paro*) Arbeitslosigkeit *f* ③ (*ociosidad*) Untätigkeit *f*

**desocupado, -a** [desoku'paðo, -a] **I.** *adj* ① (*parado*) arbeitslos ② (*vacío*) leer; (*vivienda*) leer stehend; (*paso, plaza*) frei; (*ocioso*) unbeschäftigt; **estoy ~** ich habe nichts zu tun **II.** *m, f* Arbeitslose(r) *mf*

**desocupar** [desoku'par] **I.** *vt* ① (*desembarazar*) frei machen; (*carretera*) räumen; (*evacuar*) evakuieren; ~ **una vivienda** aus einer Wohnung ausziehen ② (*vaciar*) leeren **II.** *vr:* ~**se** ① (*de una ocupación*) freihaben; **cuando pueda ~me** wenn ich mich freimachen kann ② (*quedarse vacante*) frei werden **III.** *vi* (*Am: parir*) gebären

**desodorante** [desoðo'ran̩te] **I.** *adj* (*para el hogar*) geruchtilgend; (*para el cuerpo*) de(s)odorierend; **espray ~** (*para el cuerpo*) Deospray *nt;* (*para el hogar*) Raumspray *nt* **II.** *m* (*para el cuerpo*) Deo *nt*

**desoír** [deso'ir] *irr como oír vt* nicht hören (auf +*akk*)

**desolación** [desola'θjon] *f* ① (*devastación*) Verwüstung *f* ② (*desconsuelo*) Verzweiflung *f*

**desolado, -a** [deso'laðo, -a] *adj* ① (*desierto*) trostlos ② (*desconsolado*) verzweifelt

**desolador(a)** [desola'ðor(a)] *adj* ① (*trágico*) erschütternd ② (*asolador*) verheerend

**desolar** [deso'lar] <o→ue> **I.** *vt* ① (*destruir*) verwüsten ② (*afligir*) erschüttern **II.** *vr:* ~**se** erschüttert sein

**desolladero** [desoʎa'ðero] *m* Schlachthof *m*

**desollar** [deso'ʎar] <o→ue> *vt* ① (*quitar la piel*) abhäuten; ~ **a alguien vivo** (*fig*) jdm das Fell über die Ohren ziehen ② (*causar daño económico*) ausnehmen; (*engañar*) prellen ③ (*maltratar*) schikanieren ④ (*criticar*) verreißen; ~ **a alguien** kein gutes Haar an jdm lassen *fam*

**desoprimir** [desopri'mir] *vt* von der Unterdrückung befreien

**desorbitado, -a** [desorβi'taðo, -a] *adj* ① (*ojos*) weit aufgerissen ② (*exagerado*) übertrieben; (*desmedido*) maßlos

**desorbitante** [desorβi'tan̩te] *adj* exorbitant; **precios ~s** Wucherpreise *mpl*

**desorbitar** [desorβi'tar] **I.** *vt* (*exagerar*) übertreiben; (*dar demasiada importancia*) überbewerten **II.** *vr:* ~**se** (*asunto*) außer Kontrolle geraten; **se le ~on los ojos** (*fig*) ihm/ihr fielen die Augen aus dem Kopf

**desorden** [de'sorðen] *m* ① (*desarreglo*) Unordnung *f;* (*confusión*) Verwirrung *f;* ~ **público** Störung der öffentlichen Ordnung; **el piso está en ~** die Wohnung ist nicht aufgeräumt ② (*exceso*) Ausschweifung *f* ③ *pl* (*alboroto*) Unruhen *fpl* ④ (MED) Störung *f*

**desordenado, -a** [desorðe'naðo, -a] *adj* ① (*desorganizado*) unordentlich; (*persona*) schlampig; (*cosa*) ungeordnet; (*vida*) ungeregelt ② (*excesivo*) ausschweifend

**desordenar** [desorðe'nar] *vt* (*turbar*) durcheinander bringen; (*pelo*) zerzausen

**desorganización** [desorɣaniθa'θjon] *f* Unordnung *f,* Chaos *nt;* **en esta empresa llevan una ~ increíble** in dieser Firma herrscht ein unglaubliches Chaos

**desorganizar** [desorɣani'θar] <z→c> **I.** *vt* desorganisieren; (*planes*) zunichte machen **II.** *vr:* ~**se** ❶ (*persona*) den Überblick verlieren ❷ (*organización*) in Unordnung geraten

**desorientación** [desorjeṇta'θjon] *f* ❶ (*extravío*) Irreführung *f* ❷ (*confusión*) Verwirrung *f* ❸ (*falta de orientación*) Orientierungslosigkeit *f*

**desorientar** [desorjeṇ'tar] **I.** *vt* ❶ (*extraviar*) irreführen ❷ (*confundir*) verwirren **II.** *vr:* ~**se** ❶ (*extraviarse*) sich verirren ❷ (*confundirse*) verwirrt sein

**desovar** [deso'βar] *vi* laichen

**desoxidar** [desoᵞsi'ðar] **I.** *vt* ❶ (*quitar el oxígeno*) desoxidieren ❷ (*quitar el óxido*) entrosten ❸ (*fig: un conocimiento*) aufbessern; **quiero ~ mi español** ich möchte mein Spanisch aufbessern **II.** *vr:* ~**se** Sauerstoff freigeben

**desoxigenar** [desoᵞsixe'nar] **I.** *vt* (QUÍM) desoxydieren (+*dat*) **II.** *vr:* ~**se** (QUÍM) Sauerstoff freigeben

**despabilado, -a** [despaβi'laðo, -a] *adj* ❶ (*listo*) aufgeweckt ❷ (*despierto*) wach

**despabilar** [despaβi'lar] **I.** *vt* ❶ (*despertar*) munter machen ❷ (*avivar*) aufrütteln; **en la mili ya lo ~án** beim Militär werden sie ihm schon zeigen, wo es langgeht *fam;* **es muy perezosa, pero en el colegio ya la ~án** sie ist sehr faul, aber in der Schule werden sie ihr schon Dampf machen *fam* ❸ (*acabar deprisa*) schnell erledigen; (*fortuna*) durchbringen; (*comida*) verdrücken *fam* ❹ (*robar*) stehlen ❺ (*matar*) erledigen **II.** *vi* ❶ (*darse prisa*) sich beeilen ❷ (*avivarse*): **si quieres empezar a trabajar por tu cuenta, tienes que ~** wenn du dich selb(st)ständig machen willst, musst du noch einiges lernen **III.** *vr:* ~**se** ❶ (*sacudir el sueño*) munter werden; (*la pereza*) sich aufrappeln *fam* ❷ (*darse prisa*) sich beeilen ❸ (*avivarse*): **se ha despabilado desde que va al colegio** seit er/sie zur Schule geht, ist er/sie viel aufgeweckter ❹ (*Am: marcharse*) abhauen

**despachante** [despa'ʧaṇte] *mf* (*RíoPl:* COM) Verkäufer(in) *m(f)*

**despachar** [despa'ʧar] **I.** *vt* ❶ (*enviar*) abschicken; (*mensajero*) entsenden ❷ (*concluir*) erledigen; (*buque*) abfertigen ❸ (*resolver*) regeln; (*discutir*) besprechen; **~ con alguien** mit jdm eine Besprechung haben ❹ (*atender*) bedienen ❺ (*vender*) verkaufen ❻ (*matar*) erledigen ❼ (*comer*) verdrücken *fam;* (*beber*) hinunterkippen *fam* ❽ (*despedir*) hinauswerfen **II.** *vi* ❶ (*acabar*) fertig werden ❷ (*atender*) bedienen; **por las tardes no despachan en esta tienda** am Nachmittag ist dieser Laden geschlossen **III.** *vr:* ~**se** ❶ (*darse prisa*) sich beeilen ❷ (*desahogarse*) sich *dat* Luft machen; **~se a (su) gusto con alguien** (*decir lo que uno piensa*) jdm seine Meinung sagen; (*lo que uno siente*) jdm sagen, was man auf dem Herzen hat ❸ (*desembarazarse*) sich entledigen (*de* +*gen*)

**despacho** [des'paʧo] *m* ❶ (*de un pedido*) Ausführung *f;* (*de la correspondencia*) Erledigung *f;* (*de un buque/equipajes*) Abfertigung *f* ❷ (*envío*) Versand *m* ❸ (*de un asunto*) Regelung *f;* (*entrevista*) Besprechung *f* ❹ (*de clientes*) Bedienung *f* ❺ (*venta*) Verkauf *m;* **géneros sin ~** unverkäufliche Güter; **no tener buen ~** ein Ladenhüter sein; **tener buen ~** sich gut verkaufen ❻ (*despido*) Entlassung *f* ❼ (*oficina*) Büro *nt;* (*en casa*) Arbeitszimmer *nt;* **~ de abogado** Anwaltskanzlei *f;* **~ de aduana** Zollamt *nt;* **~ de patentes** Patentbüro *nt;* **mesa de ~** Schreibtisch *m;* **sólo tenemos ~ por las mañanas** wir haben nur morgens geöffnet ❽ (*muebles*) Büroeinrichtung *f;* **comprarse un ~ nuevo** sein Büro neu einrichten ❾ (*taquilla*) Schalter *m;* (*tienda*) Laden *m;* **~ de billetes** (FERRO) Fahrkartenschalter *m;* (TEAT) Theaterkasse *f;* (CINE) Kinokasse *f;* **~ de localidades** Vorverkaufsstelle *f* ❿ (*parte*) Mitteilung *f;* (*telegrama*) Telegramm *nt;* (*entre gobiernos*) Kommuniqué *nt;* **~ judicial** richterliche Verfügung

**despachurrar** [despaʧu'rrar] **I.** *vt* ❶ (*aplastar*) zerquetschen; (*reventar*) zerschlagen ❷ (*embrollar*) falsch erzählen; **despachurras todos los chistes** du kannst keine Witze erzählen ❸ (*apabullar*): **me dejó despachurrado** ich war sprachlos; **lo despachurró con sus argumentos** er konnte seinen/ihren Argumenten nichts entgegensetzen **II.** *vr:* ~**se** kaputtgehen; (*fruta*) matschig werden

**despacio** [des'paθjo] **I.** *adv* ❶ (*lentamente*) langsam; **por allí viene caminando ~** da hinten kommt er/sie gemächlichen Schrittes daher; **en esta oficina las cosas van ~** in diesem Büro dauert alles etwas länger ❷ (*calladamente*) leise ❸ (*por tiempo dilatado*) lange **II.** *interj* immer mit der Ruhe

**despampanante** [despampa'naṇte] *adj* fantastisch; (*mujer*) atemberaubend

**desparejado, -a** [despare'xaðo, -a] *adj* ❶ (*sin pareja*) einzeln; **este calcetín está**

~ zu dieser Socke fehlt das Gegenstück ❷ (*dispar*) ungleich; **estos calcetines están ~s** diese Socken passen nicht zusammen

**desparejar** [despare'xar] **I.** *vt* trennen; ~ **los calcetines** ein Paar Socken voneinander trennen **II.** *vr:* ~**se** getrennt werden; **estos calcetines se han desparejado** zu diesen Socken fehlt jeweils das Gegenstück

**desparpajo** [despar'paxo] *m* ❶ (*desenvoltura*) Ungezwungenheit *f;* (*en el hablar*) Redegewandtheit *f;* **con ~** ungezwungen ❷ (*habilidad*) Souveränität *f;* **con ~** souverän ❸ (*frescura*) Frechheit *f;* **con ~** frech ❹ (*Am: desorden*) Chaos *nt*

**desparramado, -a** [desparra'maðo, -a] *adj* ❶ (*extendido*) ausgedehnt; (*ancho*) weit ❷ (*abierto*) (weit) offen

**desparramar** [desparra'mar] **I.** *vt* ❶ (*dispersar*) verteilen; ~ **los juguetes sobre el suelo** das Spielzeug über den ganzen Boden verteilen; ~ **su atención** sich verzetteln ❷ (*un líquido*) verschütten ❸ (*malgastar*) verschwenden ❹ (*una noticia*) verbreiten ❺ (*Arg: diluir*) verdünnen **II.** *vr:* ~**se** ❶ (*dispersarse*) sich verteilen; **el rebaño se desparramó por el campo** die Herde war über das Feld zerstreut; **al pasar el coche los pájaros se ~on** als der Wagen vorbeifuhr, stoben die Vögel auseinander ❷ (*un líquido*) fließen ❸ (*divertirse*) sich wild amüsieren ❹ (*dispersar su atención*) sich verzetteln

**despatarrado, -a** [despata'rraðo, -a] *adj* ❶ (*espatarrado*) breitbeinig ❷ (*pasmado*) verblüfft ❸ (*asustado*) angsterfüllt

**despatarrar** [despata'rrar] **I.** *vt* ❶ (*asombrar*) verblüffen ❷ (*asustar*) erschrecken **II.** *vr:* ~**se** ❶ (*espatarrarse*) die Beine spreizen; **se despatarró sobre la cama** er/sie fiel aufs Bett und streckte alle viere von sich *dat* ❷ (*pasmarse*) völlig verdutzt sein ❸ (*caerse*) auf den Hintern fallen; ~**se de risa** sich kaputtlachen ❹ (*argot: una mujer*) die Beine breit machen

**despavorido, -a** [despaβo'riðo, -a] *adj* entsetzt

**despechar** [despe'ʧar] **I.** *vt* (*indignar*) ärgern **II.** *vr:* ~**se** sich ärgern (*contra* über +*akk*); ~**se contra alguien** auf jdn wütend sein

**despecho** [des'peʧo] *m* ❶ (*animosidad*) Zorn *m* ❷ (*desesperación*) Verzweiflung *f* ❸ (*loc*): **a ~ de** trotz +*gen*

**despectivo, -a** [despek'tiβo, -a] *adj* ❶ (*despreciativo*) verächtlich; (*desdeñoso*) herablassend; (*tono*) abfällig; **tratar de manera despectiva** von oben herab behandeln ❷ (LING) pejorativ

**despedazar** [despeða'θar] <z→c> **I.** *vt* (*romper*) kaputtmachen; (*en mil pedazos*) zertrümmern; (*con un cuchillo*) zerstückeln; (*con una tijera*) zerschneiden; (*con las manos*) zerbröckeln; (*pan*) zerkrümeln; (*el corazón*) brechen; **la bomba le despedazó la mano** die Bombe zerfetzte ihm/ihr die Hand **II.** *vr:* ~**se** kaputtgehen; (*en mil pedazos*) zerschellen; (*pan*) zerkrümeln; (*muro*) bröckeln; (*cristal*) zersplittern; (*globo*) zerplatzen; **se me despedazó el alma cuando vi tanta miseria** (*fig*) beim Anblick von so viel Leid zerriss es mir das Herz

**despedida** [despe'ðiða] *f* ❶ (*separación*) Abschied *m* ❷ (*acto oficial*) Verabschiedung *f;* (*fiesta*) Abschiedsfeier *f;* ~ **de soltero** Polterabend *m;* **cena de ~** Abschiedsessen *nt;* **mañana le dan la ~ en el palacio** morgen wird er/sie (offiziell) im Palast verabschiedet ❸ (*en una carta*) Schlussformel *f*

**despedir** [despe'ðir] *irr como pedir* **I.** *vt* ❶ (*decir adiós*) verabschieden; ~ **un testigo** (*fig*) einen Zeugen entlassen; ~ **a alguien con una fiesta** jdm zu Ehren ein Abschiedsfest geben; **salió a ~me a mi coche** er/sie begleitete mich bis zu meinem Auto; **vinieron a ~me al aeropuerto** sie brachten mich zum Flughafen ❷ (*echar*) hinauswerfen; (*de un empleo*) entlassen ❸ (*difundir*) verbreiten; (*emitir*) ausstoßen; (*un olor*) verströmen; **el volcán despide fuego** der Vulkan speit Feuer ❹ (*lanzar*) schleudern; (*flecha*) abschießen ❺ (*apartar de sí*) loswerden **II.** *vr:* ~**se** ❶ (*decir adiós*) sich verabschieden; ~**se a la francesa** ohne ein Abschiedswort weggehen ❷ (*dejar un empleo*) kündigen; ~**se de un trabajo** eine Stelle aufgeben ❸ (*de obtener/conseguir algo*): **despídete de ese dinero** das Geld siehst du nie wieder; **despídete este mes de salir por las noches** diesen Monat darfst du abends nicht mehr ausgehen; ~**se de ir de viaje** seine Reisepläne aufgeben

**despegado, -a** [despe'ɣaðo, -a] *adj* ❶ (*poco cariñoso*) kühl ❷ (*áspero*) unfreundlich

**despegar** [despe'ɣar] <g→gu> **I.** *vt* abmachen; ~ **dos hojas** zwei Blätter voneinander lösen; **obedecer sin ~ los labios** wortlos gehorchen; **estar sin ~ los labios** kein Wort sagen **II.** *vi* starten; **la economía no despega** die Wirtschaft kommt nicht in Gang **III.** *vr:* ~**se** ❶ (*desprenderse*) sich (ab)lösen; (*deshacerse*) ausei-

D

nander fallen ❷ (*perder el afecto*) sich abwenden

**despego** [des'peɣo] *m* ❶ (*falta de cariño*) Kühle *f* ❷ (*falta de afecto*) Abneigung *f* (*por* gegen *+akk*); **sentir ~ por alguien** jdn nicht mögen ❸ (*falta de interés*) Gleichgültigkeit *f*

**despegue** [des'peɣe] *m* ❶ (AERO) Start *m* ❷ (ECON) wirtschaftlicher Aufschwung *m*

**despeinado, -a** [despe i̯'naðo, -a] *adj* ungekämmt

**despeinar** [despe i̯'nar] **I.** *vt* das Haar zerzausen *+dat* **II.** *vr:* **me despeiné** meine Frisur geriet in Unordnung

**despejado, -a** [despe'xaðo, -a] *adj* ❶ (*sin nubes*) wolkenlos ❷ (*sin obstáculos*) frei ❸ (*ancho*) breit; (*habitación*) groß ❹ (*listo*) aufgeweckt ❺ (*despierto*) munter; (*cabeza*) klar

**despejar** [despe'xar] **I.** *vt* ❶ (*un lugar*) frei machen; (*mesa*) abräumen; (*sala*) räumen; ~ **la calle de nieve** den Schnee von der Straße räumen ❷ (*una situación*) klären; (*un misterio*) aufklären ❸ (*una persona*) munter machen; **el aire fresco despejó mi mente** durch die frische Luft bekam ich wieder einen klaren Kopf ❹ (DEP) abwehren; ~ **el tiro a córner** den Ball ins Toraus kicken **II.** *vr:* **~se** ❶ (*cielo, misterio*) sich aufklären; **parece que se va a ~ el día** es sieht so aus, als ob sich das Wetter heute noch bessert ❷ (*despabilarse*) munter werden; (*mentalmente*) einen klaren Kopf bekommen ❸ (*adquirir desenvoltura*) seine Befangenheit ablegen ❹ (*un enfermo*): **se ha despejado un poco** sein/ihr Fieber ist leicht gesunken

**despeje** [des'pexe] *m* (*en fútbol*) Abwehrschuss *m;* (*hockey*) Befreiungsschlag *m*

**despejo** [des'pexo] *m* ❶ (*de un lugar*) Räumung *f* ❷ (*en el trato*) Ungezwungenheit *f;* **el ~ que muestras con tus superiores** deine ungezwungene Art, mit deinen Vorgesetzten umzugehen ❸ (*entendimiento*) klarer Verstand *m*

**despellejar** [despeʎe'xar] **I.** *vt* ❶ (*desollar*) häuten ❷ (*fam: maldecir*) kein gutes Haar lassen (*a* an *+dat*) ❸ (*fam: desvalijar*) das Hemd über den Kopf ziehen *+dat* **II.** *vr:* **~se** sich häuten

**despelotarse** [despelo'tarse] *vr* (*fam*) ❶ (*desnudarse*) sich ausziehen ❷ (*de risa*) sich totlachen

**despeluzar** [despelu'θar] <z→c> *vt, vr v.* **despeluznar**

**despeluznante** [despeluθ'nan̩te] *adj* haarsträubend

**despeluznar** [despeluθ'nar] **I.** *vt* ❶ (*pelo*) zerzausen ❷ (*causar miedo*) die Haare zu Berge stehen lassen *+dat* ❸ (*Cuba: desplumar*) ausrauben **II.** *vr:* **se despeluz(n)ó (del miedo que tenía)** ihm/ihr sträubten sich (vor Angst) die Haare

**despenalizar** [despenali'θar] <z→c> *vt* legalisieren; ~ **el aborto** die Abtreibung legalisieren

**despensa** [des'pensa] *f* ❶ (*fresquera*) Speisekammer *f* ❷ (*provisiones*) Vorrat *m* ❸ (*comestibles*) Nahrungsmittel *ntpl* ❹ (*Arg: almacén*) Lager *nt*

**despeñadero**[1] [despeɲa'ðero] *m* ❶ (GEO) Abgrund *m* ❷ (*riesgo*) Wagnis *nt;* **meterse en un ~** sich in ein gefährliches Unterfangen stürzen

**despeñadero, -a**[2] [despeɲa'ðero, -a] *adj* abschüssig

**despeñar** [despe'ɲar] **I.** *vt* herabstürzen; **~ a alguien por un precipicio** jdn in den Abgrund stürzen **II.** *vr:* **~se** (ab)stürzen; **el motorista se despeñó por el talud** der Motorradfahrer stürzte die Rampe herab; **~se a un vicio** einem Laster völlig verfallen

**desperdiciar** [desperði'θjar] *vt* verschwenden; (*ocasión*) verpassen

**desperdicio** [desper'ðiθjo] *m* ❶ (*residuo*) Abfall *m;* **~s biológicos** Biomüll *m* ❷ (*malbaratamiento*) Verschwendung *f;* **no tener ~** sehr nützlich sein

**desperdigado, -a** [desperði'ɣaðo, -a] *adj* zerstreut

**desperdigar** [desperði'ɣar] <g→gu> *vt, vr:* **~se** (sich) zerstreuen

**desperezarse** [despere'θarse] <z→c> *vr* sich recken

**desperfecto** [desper'fekto] *m* ❶ (*deterioro*) Schaden *m* ❷ (*defecto*) Fehler *m;* **esta máquina tiene un pequeño ~** diese Maschine ist leicht defekt

**despertador** [desperta'ðor] *m* (*reloj*) Wecker *m*

**despertar** [desper'tar] <e→ie> **I.** *vt* wecken **II.** *vr:* **~se** aufwachen **III.** *m* Erwachen *nt*

**despiadado, -a** [despja'ðaðo, -a] *adj* (*inhumano*) unbarmherzig; (*cruel*) erbarmungslos

**despido** [des'piðo] *m* (*descontratación*) Kündigung *f;* **~ colectivo** Massenentlassung *f*

**despierto, -a** [des'pjerto, -a] *adj* ❶ (*insomne*) wach ❷ (*listo*) aufgeweckt; **mente despierta** reger Verstand

**despilfarrador(a)** [despilfarra'ðor(a)] **I.** *adj* verschwenderisch **II.** *m(f)* Verschwender(in) *m(f)*

**despilfarrar** [despilfa'rrar] *vt* verschwenden

**despilfarro** [despil'farro] *m* (*derroche*) Verschwendung *f*

**despintar** [despiṇ'tar] **I.** *vt* ❶ (*colores*) auswaschen ❷ (*la realidad*) verzerren ❸ (*Col, Chil, PRico: apartar la mirada*) den Blick abwenden (von +*dat*); (*perder de vista*) aus den Augen verlieren **II.** *vr:* ~**se** ❶ (*borrarse*) verblassen; ~**se con el sol** in der Sonne verblassen ❷ (*fam: de la memoria*): **este asunto no se me despinta** diese Sache geht mir nicht aus dem Kopf

**despiojar** [despjo'xar] *vt* entlausen

**despistado, -a** [despis'taðo, -a] **I.** *adj* zerstreut **II.** *m, f:* **eres un** ~ wo hast du nur deine Gedanken?

**despistar** [despis'tar] **I.** *vt* irreführen **II.** *vr:* ~**se** ❶ (*perderse*) sich verirren ❷ (*desconcertarse*) durcheinander kommen

**despiste** [des'piste] *m* Verwirrung *f;* **un** ~ **lo tiene cualquiera** das kann jedem mal passieren

**desplantar** [desplaṇ'tar] **I.** *vt* ❶ (*planta*) verpflanzen ❷ (*desplomar*) aus dem Lot bringen **II.** *vr:* ~**se** (*desplomarse*) aus dem Lot geraten

**desplante** [des'plaṇte] *m* Frechheit *f*

**desplazado, -a** [despla'θaðo, -a] *adj* deplatziert

**desplazamiento** [desplaθa'mjeṇto] *m* ❶ (*traslado*) Umzug *m* ❷ (*remoción*) Verschiebung *f*

**desplazar** [despla'θar] <z→c> *vt* ❶ (*muebles*) verschieben; (*enfermos*) verlagern ❷ (*suplantar*) aus dem Amt verdrängen

**desplegable** [desple'ɣaβle] *adj* (*silla*) aufklappbar; (*cartón*) auseinanderfaltbar; **silla** ~ Klappstuhl *m*

**desplegar** [desple'ɣar] *irr como fregar vt* ❶ (*abrir*) öffnen; (*desdoblar*) auseinander falten ❷ (MIL) ausschwärmen lassen ❸ (*desarrollar*) entfalten; ~ **toda su fantasía** seine ganze Fantasie einsetzen

**despliegue** [des'pljeɣe] *m* Entfaltung *f;* (MIL) Aufmarsch *m*

**desplomarse** [desplo'marse] *vr* ❶ (*casa*) einstürzen ❷ (*persona*) zusammenbrechen ❸ (*desviarse*) aus dem Lot geraten

**desplumar** [desplu'mar] *vt* ❶ (*plumas*) rupfen ❷ (*robar*) ausrauben; ~ **a alguien jugando a las cartas** jdn beim Kartenspiel ausnehmen *fam*

**despoblación** [despoβla'θjon] *f* Entvölkerung *f*

**despoblado**[1] [despo'βlaðo] *m* (*yermo*) Einöde *f*

**despoblado, -a**[2] [despo'βlaðo, -a] *adj* unbewohnt

**despoblar** [despo'βlar] <o→ue> *vt* (*de habitantes*) entvölkern; (*un bosque*) abholzen; **el huracán despobló la zona de árboles** der Orkan riss alle Bäume in dem Gebiet mit sich

**despojar** [despo'xar] **I.** *vt* wegnehmen; **la** ~**on de todo** sie haben ihr alles weggenommen; ~ **de un derecho a alguien** jdm ein Recht entziehen **II.** *vr:* ~**se** ❶ (*desistir*) verzichten (*de* auf +*akk*) ❷ (*quitar*) ablegen (*de* +*akk*); (*ropa*) ausziehen (*de* +*akk*)

**despojo** [des'poxo] *m* ❶ (*presa*) Beute *f;* ~ **del mar** Strandgut *nt* ❷ *pl* (*restos*) Überreste *mpl;* (*del matadero*) Schlachtabfall *m;* (*escombros*) Bauschutt *m;* (*mortales*) sterbliche Überreste *mpl*

**despolitizar** [despoliti'θar] <z→c> *vt* entpolitisieren

**desportillar** [desporti'ʎar] *vt* den Rand ausbrechen +*gen*

**desposado, -a** [despo'saðo, -a] *adj* (*recién casado*) frisch verheiratet

**desposar** [despo'sar] **I.** *vt* trauen **II.** *vr:* ~**se** heiraten (*con* +*akk*)

**desposeer** [despose'er] *irr como leer* **I.** *vt* ❶ (*expropiar*) enteignen ❷ (*no reconocer*) aberkennen; **la desposeyeron de sus derechos** ihre Rechte wurden ihr aberkannt ❸ (*destituir*): ~ **de su cargo** absetzen ❹ (*fam: desplumar*): ~ **a alguien de algo** jdm etw wegnehmen **II.** *vr:* ~**se** ❶ (*renunciar*) verzichten (*de* auf +*akk*) ❷ (*desapropiarse*) aufgeben (*de* +*akk*)

**desposorio(s)** [despo'sorjo(s)] *m(pl)* ❶ (*esponsales*) Eheversprechen *nt* ❷ (*matrimonio*) Heirat *f*

**déspota** ['despota] *mf* Despot(in) *m(f)*

**despótico, -a** [des'potiko, -a] *adj* tyrannisch

**despotismo** [despo'tismo] *m* ❶ (*sistema*) Despotismus *m,* Gewaltherrschaft *f* ❷ (*tiranía*) Despotie *f*

**despotricar** [despotri'kar] <c→qu> *vi* (*fam*) ❶ (*chochear*) quasseln ❷ (*maldecir*) herziehen (über +*akk*)

**despreciable** [despre'θjaβle] *adj* verwerflich

**despreciar** [despre'θjar] **I.** *vt* ❶ (*menospreciar*) verachten ❷ (*rechazar*) verschmähen; (*oferta*) ausschlagen **II.** *vr:* ~**se** sich herabwürdigen; **no** ~**se de hacer cualquier trabajo** sich *dat* für keine Arbeit zu schade sein

**despreciativo, -a** [despreθja'tiβo, -a] *adj* verächtlich

**desprecio** [des'preθjo] *m* Verachtung *f*

**desprender** [despreṇ'der] **I.** *vt* ❶ (*soltar*) abmachen (*de* von +*dat*) ❷ (*deducir*) schließen (*de* aus +*dat*); **de su aviso desprendemos que...** ihrer Nachricht entnehmen wir, dass ... **II.** *vr:* ~**se** ❶ (*soltarse*) sich lösen ❷ (*deshacerse*) weggeben (*de* +*akk*); (*desembarazarse*) loswerden (*de* +*akk*); ~**se de cualquier duda** jegliche Zweifel ablegen ❸ (*deducirse*): **de tu comportamiento se desprende que...** aus deinem Verhalten lässt sich schließen, dass ...

**desprendido, -a** [despreṇ'diðo, -a] *adj* (*generoso*) großzügig

**desprendimiento** [despreṇdi'mjeṇto] *m* ❶ (*separación*) (Los)lösung *f;* ~ **de tierras** Erdrutsch *m* ❷ (*generosidad*) Großzügigkeit *f*

**despreocupación** [despreokupa'θjon] *f* ❶ (*indiferencia*) Unbekümmertheit *f* ❷ (*insensatez*) Unvernunft *f*

**despreocupado, -a** [despreoku'paðo, -a] *adj* ❶ (*descuidado*) leichtsinnig ❷ (*ingenuo*) unbefangen

**despreocuparse** [despreoku'parse] *vr* ❶ (*tranquilizarse*) sich entspannen ❷ (*desatender*) vernachlässigen (*de* +*akk*)

**desprestigiar** [despresti'xjar] **I.** *vt* herabwürdigen **II.** *vr:* ~**se** ❶ (*rebajarse*) sich erniedrigen ❷ (*perder reputación*) sein Ansehen verlieren

**desprestigio** [despres'tixjo] *m* Verlust *m* des Ansehens

**desprevenido, -a** [despreβe'niðo, -a] *adj* unvorbereitet; **coger** ~ überrumpeln

**desproporción** [despropor'θjon] *f* Missverhältnis *nt*

**desproporcionado, -a** [desproporθjo'naðo, -a] *adj* unverhältnismäßig

**desproporcionar** [desproporθjo'nar] *vt* ungleich machen

**despropósito** [despro'posito] *m* Unsinn *m;* **sólo dices** ~**s** du redest nur Unsinn

**desproveer** [desproβe'er] *irr como proveer vt* nicht versorgen (*de* mit +*dat*)

**desprovisto, -a** [despro'βisto, -a] *adj:* ~ **de** ohne +*akk;* **el estadio está** ~ **de las normas de seguridad necesarias** der Sicherheitsstandard des Stadions ist nicht ausreichend

**después** [des'pwes] **I.** *adv* ❶ (*tiempo*) nachher; ~ **de todo** (*concesivo*) trotz allem; ~ **de la cena** nach dem Essen; **una hora** ~ eine Stunde später ❷ (*espacio*): ~ **de** hinter +*dat* **II.** *conj:* ~ (**de**) **que** nachdem

**despuntar** [despuṇ'tar] **I.** *vt* (*gastar la punta*) abstumpfen; (*quitarla*) die Spitze abbrechen +*gen* **II.** *vi* ❶ (*brotar*) knospen ❷ (*amanecer*) anbrechen; **al** ~ **la aurora** bei Tagesanbruch ❸ (*distinguirse*) sich hervortun; **despunta en inglés** in Englisch ist er/sie besonders gut **III.** *vr:* ~**se** (*gastarse*) stumpf werden

**desquiciado, -a** [deski'θjaðo, -a] *adj* (*fam: familia*) zerrüttet

**desquiciar** [deski'θjar] **I.** *vt* ❶ (*desencajar*) aus den Angeln heben ❷ (*alterar*) erschüttern **II.** *vr:* ~**se** den Halt verlieren

**desquitar** [deski'tar] *vt, vr:* ~**se** ❶ (*resarcir*) wiedergewinnen; ~**se de una pérdida** einen Verlust wieder gutmachen ❷ (*desagraviar*) sich schadlos halten (*de* an +*dat*)

**desquite** [des'kite] *m* (*satisfacción*) Genugtuung *f;* (*venganza*) Vergeltung *f;* **tomar**(**se**) **el** ~ sich rächen

**desregulación** [desrreɣula'θjon] *f* Regellosigkeit *f*

**desrielar** [desrrje'lar] *vi* (*Am*) entgleisen

**destacable** [desta'kaβle] *adj* erwähnenswert

**destacado, -a** [desta'kaðo, -a] *adj* herausragend

**destacamento** [destaka'meṇto] *m* (*policía*) Polizeieinheit *f*

**destacar** [desta'kar] <c→qu> **I.** *vi* hervorstechen; ~ **en el deporte** im Sport ein Ass sein **II.** *vt* (*realzar*) hervorheben **III.** *vr:* ~**se** (*descollar*) sich abheben (*de/entre* von +*dat*)

**destajo** [des'taxo] *m* Akkordarbeit *f;* **trabajar a** ~ im Akkord arbeiten; (*fam fig*) arbeiten wie ein Pferd; **hablar a** ~ (*fam*) reden wie ein Wasserfall; **a** ~ (*Arg, Chil: a ojo*) aufs Geratewohl

**destapar** [desta'par] **I.** *vt* ❶ (*abrir*) aufmachen; ~ **la olla** den Deckel vom Topf nehmen ❷ (*desabrigar*) aufdecken ❸ (*secretos*) enthüllen **II.** *vr:* ~**se** ❶ (*perder la tapa*) aufgehen ❷ (*desabrigarse*) sich aufdecken ❸ (*fam: desnudarse*) sich ausziehen ❹ (*descubrirse*) sich bloßstellen ❺ (*desahogarse*) sich aussprechen (*con* bei +*dat*)

**destaponar** [destapo'nar] *vt* ❶ (*botellas*) entkorken ❷ (*Perú: abrir*) öffnen

**destartalado, -a** [destarta'laðo, -a] *adj* verwahrlost

**destellar** [deste'ʎar] *vi* funkeln

**destello** [des'teʎo] *m* ❶ (*rayo*) Strahl *m* ❷ (*reflejo*) Abglanz *m* ❸ (*resplandor*) Schimmer *m* ❹ (*indicio*) Anflug *m*

**destemplado, -a** [destem'plaðo, -a] *adj* ❶ (*sonido*) verstimmt ❷ (*voz*) rau ❸ (*tiempo*) unfreundlich ❹ (*persona*)

unpässlich
**destemplanza** [destem'plaṇθa] *f* ❶ (*inmoderación*) Unmäßigkeit *f;* **con** ~ unmäßig ❷ (*tiempo*) Unbeständigkeit *f* ❸ (*malestar*) Unpässlichkeit *f*
**destemplar** [destem'plar] **I.** *vt* ❶ (*sonido*) verstimmen ❷ (*perturbar*) stören **II.** *vr:* ~**se** ❶ (*alterarse*) heftig werden ❷ (*indisponerse*) unpässlich werden
**desteñido, -a** [deste'ɲiðo, -a] *adj* verwaschen
**desteñir** [deste'ɲir] *irr como ceñir* **I.** *vi* abfärben **II.** *vt* ❶ (*descolorar*) ausbleichen; (QUÍM) entfärben ❷ (*manchar*) verfärben **III.** *vr:* ~**se** verblassen
**desternillarse** [desterni'ʎarse] *vr:* ~ **de risa** sich totlachen
**desterrar** [deste'rrar] <e→ie> *vt* ❶ (*exiliar*) verbannen; ~ **del país** des Landes verweisen ❷ (*alejar*) vertreiben
**destetar** [deste'tar] *vt* abstillen
**destiempo** [des'tjempo] *m:* **a** ~ ungelegen
**destierro** [des'tjerro] *m* ❶ (*pena*) Verbannung *f* ❷ (*lugar*) Exil *nt* ❸ (*lugar muy alejado*) abgelegener Ort *m*
**destilación** [destila'θjon] *f* Destillation *f*
**destilar** [desti'lar] **I.** *vi* tröpfeln **II.** *vt* ❶ (*alambicar*) destillieren ❷ (*filtrar*) filtrieren ❸ (*soltar*) absondern; **la herida destila sangre** die Wunde blutet ❹ (*sentimiento*) offenbaren; **la crítica destila mala leche** die Kritik steckt voller Bosheiten
**destilería** [destile'ria] *f* Brennerei *f*
**destinar** [desti'nar] *vt* ❶ (*dedicar*) bestimmen (*a* für +*akk*); (*asignar*) zuweisen +*dat* ❷ (*enviar*) versetzen ❸ (*designar*) ernennen; ~ **para Ministro de Defensa** zum Verteidigungsminister ernennen
**destinatario, -a** [destina'tarjo, -a] *m, f* Empfänger(in) *m(f)*
**destino** [des'tino] *m* ❶ (*hado*) Schicksal *nt;* **tuvo un** ~ **muy triste** ihm/ihr war ein schweres Los beschieden ❷ (*empleo*) Anstellung *f;* **pedir un importante** ~ **en el gobierno** sich um einen wichtigen Regierungsposten bewerben ❸ (*destinación*) Bestimmungsort *m;* **estación de** ~ Endstation *f;* **puerto de** ~ Bestimmungshafen *m;* **el barco sale con** ~ **a México** das Schiff fährt nach Mexiko ❹ (*finalidad*) Zweck *m*
**destitución** [destitu'θjon] *f* Entlassung *f;* ~ **del cargo** Amtsenthebung *f*
**destituido, -a** [destitu'iðo, -a] *adj* ❶ (*despedido*) abgesetzt ❷ (*falto de*) frei von +*dat;* ~ **de fundamento** grundlos; **una tarea destituida de importancia** eine bedeutungslose Aufgabe
**destituir** [destitu'ir] *irr como huir vt* ❶ (*despedir*) entlassen; ~ **al jefe de gobierno** den Regierungschef absetzen ❷ (*elev: privar*): ~ **a alguien de algo** jdm etw entziehen
**destornillado, -a** [destorni'ʎaðo, -a] *adj* (*fig*) kopflos
**destornillador** [destorniʎa'ðor] *m* Schraubenzieher *m*
**destornillar** [destorni'ʎar] *vt* abschrauben
**destrabar** [destra'βar] **I.** *vt* losbinden **II.** *vr:* ~**se** sich losmachen
**destral** [des'tral] *m* Handbeil *nt*
**destreza** [des'treθa] *f* Geschicklichkeit *f;* ~ **manual** Handfertigkeit *f;* **con** ~ geschickt
**destripador(a)** [destripa'ðor(a)] *m(f)* (*fig*) Mörder(in) *m(f);* **Jack el** ~ Jack the Ripper
**destripar** [destri'par] *vt* ❶ (*despanzurrar*) ausnehmen ❷ (*despachurrar, t. fig*) zerquetschen ❸ (*estropear*) vermasseln
**destrísimo, -a** [des'trisimo, -a] *adj superl de* **diestro**
**destronar** [destro'nar] *vt* entthronen
**destrozar** [destro'θar] <z→c> *vt* ❶ (*despedazar*) zerstören; (*libro*) zerreißen; (*ropa*) abtragen; ~ **un vehículo** (*conduciendo*) zu Schrott fahren ❷ (*moralmente*) zerstören; **estar destrozado** am Boden zerstört sein ❸ (*fam: físicamente*) schaffen; **el viaje me ha destrozado** von der langen Reise bin ich völlig gerädert; **he trabajado todo el día y estoy destrozado** ich habe den ganzen Tag geschuftet und bin fix und fertig ❹ (*planes*) zunichte machen ❺ (*enemigo, cosecha*) vernichten
**destrozo** [des'troθo] *m* (*daño*) Schaden *m*
**destrozón, -ona** [destro'θon, -ona] *adj o m, f* (*fam*): **este niño es un** ~ dieses Kind macht alles kaputt
**destrucción** [destruᵞ'θjon] *f* Zerstörung *f*
**destructivo, -a** [destruk'tiβo, -a] *adj* destruktiv
**destructor**[1] [destruk'tor] *m* (MIL) Zerstörer *m*
**destructor(a)**[2] [destruk'tor(a)] *m(f)* Zerstörer(in) *m(f)*
**destruible** [destru'iβle] *adj* zerstörbar
**destruir** [destru'ir] *irr como huir vt* ❶ (*destrozar*) zerstören, vernichten ❷ (*física o moralmente*) zugrunde richten ❸ (*aniquilar*) zunichte machen ❹ (*malbaratar*) herunterwirtschaften
**desubicado, -a** [desuβi'kaðo, -a] *adj* (*Am*) desorientiert; (*fig*) zerstreut
**desuncir** [desuṇ'θir] <c→z> *vt* abspannen
**desunión** [desu'njon] *f* ❶ (*separación*) Trennung *f* ❷ (*discordia*) Uneinigkeit *f*

D

**desunir** [desu'nir] *vt, vr:* ~**se** ① (*separar*) (sich) trennen ② (*enemistar*) (sich) entzweien

**desusado, -a** [desu'saðo, -a] *adj* ungebräuchlich

**desuso** [de'suso] *m:* **caer en** ~ aus dem Gebrauch kommen

**desvaído, -a** [desβa'iðo, -a] *adj* ① (*colores*) verwaschen ② (*persona*) schlaksig; **es una mujer desvaída** sie ist eine richtige Bohnenstange *fam*

**desvaírse** [desβa'irse] *irr como embaír vr* ausbleichen

**desvalido, -a** [desβa'liðo, -a] *adj* schutzlos

**desvalijamiento** [desβalixa'mjen̪to] *m* Ausplünderung *f*

**desvalijar** [desβali'xar] *vt* ausrauben

**desvalimiento** [desβali'mjen̪to] *m* Schutzlosigkeit *f*

**desvalorar** [desβalo'rar] *vt v.* **desvalorizar**

**desvalorización** [desβaloriθa'θjon] *f* Abwertung *f;* ~ **monetaria** Geldentwertung *f*

**desvalorizar** [desβalori'θar] <z→c> *vt* abwerten

**desván** [des'βan] *m* Dachboden *m*

**desvanecer** [desβane'θer] *irr como crecer* **I.** *vt* ① (*color*) verwischen ② (*dudas*) beseitigen; ~ **las sospechas de alguien** den Verdacht von jdm ablenken **II.** *vr:* ~**se** ① (*desaparecer*) verschwinden; (*alcohol*) verdunsten; (*colores*) verschwimmen; (*esperanzas*) zerrinnen; (*enojo*) verrauchen; **el entusiasmo se desvaneció rápidamente** die Begeisterung war schnell wieder verflogen ② (*desmayarse*) ohnmächtig werden

**desvanecido, -a** [desβane'θiðo, -a] *adj* ① (*desmayado*) bewusstlos ② (*vanidoso*) selbstgefällig

**desvanecimiento** [desβaneθi'mjen̪to] *m* ① (*desaparición*) Verschwinden *nt* ② (*mareo*) Schwindel *m;* **tener un** ~ ohnmächtig werden

**desvariado, -a** [desβari'aðo, -a] *adj* ① (*incoherente*) unvernünftig ② (AGR) ins Holz geschossen (*Zweige*)

**desvariar** [desβari'ar] <*1. pres:* desvarío> *vi* fantasieren

**desvarío** [desβa'rio] *m* ① (*locura*) Wahnsinn *m;* **los** ~**s de una imaginación enfermiza** die Fantastereien eines verwirrten Geistes ② (*delirio*) Fieberwahn *m* ③ (*monstruosidad*) Ungeheuerlichkeit *f*

**desvelar** [desβe'lar] **I.** *vt* ① (*sueño*) wach halten ② (*revelar*) offenbaren **II.** *vr:* ~**se** (*esmerarse*) sich einsetzen (*por* für +*akk*); (*trabajar*) sich abmühen (*por* für +*akk*)

**desvelo** [des'βelo] *m* ① (*insomnio*) Schlaflosigkeit *f* ② (*despabilamiento*) Munterkeit *f* ③ (*pl*) (*celo*) Eifer *m* ④ (*pl*) (*atención*) Sorge *f*

**desvencijado, -a** [desβen̪θi'xaðo, -a] *adj* wack(e)lig

**desvencijar** [desβen̪θi'xar] **I.** *vt* auseinander nehmen **II.** *vr:* ~**se** auseinander fallen

**desventaja** [desβen̪'taxa] *f* Nachteil *m*

**desventajoso, -a** [desβen̪ta'xoso, -a] *adj* nachteilig; (*condiciones*) ungünstig; **apariencia desventajosa** unvorteilhaftes Auftreten

**desventura** [desβen̪'tura] *f* Unglück *nt*

**desventurado, -a** [desβen̪tu'raðo, -a] *adj* unglücklich; **es una familia desventurada** die Familie wird vom Pech verfolgt

**desvergonzado, -a** [desβeryon̪'θaðo, -a] *adj* schamlos

**desvergonzarse** [desβeryon̪'θarse] *irr como avergonzar vr* unverschämt werden; ~ **con alguien** jdm gegenüber unverschämt werden

**desvergüenza** [desβer'ɣwen̪θa] *f* Unverschämtheit *f*

**desvestir** [desβes'tir] *irr como pedir vt, vr:* ~**se** (sich) ausziehen

**desviación** [desβja'θjon] *f* ① (*torcedura*) Abweichung *f;* ~ **de la columna vertebral** Rückgratverkrümmung *f;* ~ **jurídica** Rechtsfehler *m* ② (*del tráfico*) Umleitung *f* ③ (*aberración*) Verirrung *f*

**desviado, -a** [desβi'aðo, -a] *adj* (*diferente*) abweichend

**desviar** [desβi'ar] <*1. pres:* desvío> **I.** *vt* (*del camino*) umleiten; (*de un propósito*) abbringen; (*dinero*) abzweigen; ~ **una cuestión** einer Frage ausweichen **II.** *vr:* ~**se** ① (*del camino/tema*) abkommen; (*de una idea/intención*) Abstand nehmen; **la brigada se desvió hacia la izquierda** die Kolonne schwenkte nach links ab ② (*extraviarse*) abhanden kommen

**desvincular** [desβiŋku'lar] **I.** *vt* befreien **II.** *vr:* ~**se** sich lösen

**desvío** [des'βio] *m* ① (*desviación*) Abweichung *f* ② (*carretera*) Umgehungsstraße *f;* (*temporal*) Umleitung *f* ③ (*despego*) Abneigung *f*

**desvirtuar** [desβirtu'ar] <*1. pres:* desvirtúo> *vt* (*argumento/prueba*) entkräften; (*rumor*) widerlegen; ~ **la competencia** den Wettbewerb verfälschen

**desvivirse** [desβi'βirse] *vr* ① (*chiflarse*) ganz versessen sein (*por* auf +*akk*); **el hombre se desvive por esta mujer** der Mann ist unsterblich in diese Frau verliebt ② (*afanarse*): ~ **con** [*o* **por**] **alguien** alles für jdn tun; **se desvivió por conseguir este documento** nach diesem Dokument hat er/sie sich *dat* die Beine abgelaufen

**detallado, -a** [deta'ʎaðo, -a] *adj* ausführlich

**detallar** [deta'ʎar] *vt* ❶ (*pormenorizar*) einzeln aufführen ❷ (COM) im Einzelhandel verkaufen

**detalle** [de'taʎe] *m* ❶ (*pormenor*) Detail *nt;* **en** [*o* **al**] ~ ausführlich; **venta al** ~ Einzelverkauf *m;* **entrar en ~s** ins Detail gehen ❷ (*finura*) Aufmerksamkeit *f;* **has tenido un ~ regalándome las flores** es war sehr aufmerksam von dir, mir die Blumen zu schenken

**detallista** [deta'ʎista] **I.** *adj* genau; (*pey*) kleinlich **II.** *mf* ❶ (*minucioso*) Pedant(in) *m(f)* ❷ (COM) Einzelhändler(in) *m(f)*

**detectable** [detek'taβle] *adj* erkennbar

**detectar** [detek'tar] *vt* entdecken

**detective** [detek'tiβe] *mf* Detektiv(in) *m(f)*

**detectivesco, -a** [detekti'βesko, -a] *adj* detektivisch; **sagacidad detectivesca** detektivischer Scharfsinn

**detector** [detek'tor] *m* Detektor *m;* ~ **de humo** Rauchgasanzeiger *m*

**detención** [deteṇ'θjon] *f* ❶ (*parada*) Anhalten *nt;* (*de la correspondencia*) Zurückhalten *nt;* ~ **del crecimiento** Wachstumshemmung *f* ❷ (*encarcelamiento*) Festnahme *f;* ~ **ilegal** Freiheitsberaubung *f;* ~ **preventiva** Untersuchungshaft *f* ❸ (*dilación*) Verzögerung *f;* **sin** ~ unverzüglich ❹ (*prolijidad*) Ausführlichkeit *f;* **describir con** ~ in allen Einzelheiten beschreiben; **ha corregido el examen con** ~ er/sie hat die Klausur mit großer Sorgfalt korrigiert

**detener** [dete'ner] *irr como tener* **I.** *vt* ❶ (*parar*) anhalten; (*correspondencia*) zurückhalten; ~ **los progresos de una enfermedad** das Fortschreiten einer Krankheit aufhalten ❷ (*encarcelar*) festnehmen ❸ (*retener*): ~ (**en su poder**) einbehalten **II.** *vr:* **~se** ❶ (*pararse*) innehalten ❷ (*entretenerse*) sich aufhalten (*en* mit +*dat*)

**detenido, -a** [dete'niðo, -a] **I.** *adj* ❶ (*minucioso*) eingehend ❷ (*apocado*) schüchtern ❸ (*escaso*) karg ❹ (*arrestado*) verhaftet **II.** *m, f* Häftling *m*

**detenimiento** [deteni'mjeṇto] *m* ❶ (*minuciosidad*) Ausführlichkeit *f;* **con** ~ ausführlich ❷ (*tardanza*) Verzögerung *f;* **con** ~ umständlich ❸ (*encarcelamiento*) Verhaftung *f*

**detentar** [deteṇ'tar] *vt* unrechtmäßig besitzen

**detergente** [deter'xeṇte] **I.** *adj* reinigend **II.** *m* Reinigungsmittel *nt;* ~ **para lavar la ropa** Waschpulver *nt;* ~ **lavavajillas** Spülmittel *nt*

**deteriorar** [deterjo'rar] **I.** *vt* (*empeorar*) verschlechtern; (*romper*) beschädigen; (*gastar*) abnutzen **II.** *vr:* **~se** ❶ (*empeorarse*) sich verschlechtern ❷ (*estropearse*) verderben; **mercancía deteriorada** schadhafte Ware

**deterioro** [dete'rjoro] *m* ❶ (*desmejora*) Verschlechterung *f;* ~ **de calidad** Qualitätsminderung *f* ❷ (*daño*) Schaden *m;* **sin** ~ unbeschädigt; ~ **debido al amacenamiento** Lagerschaden *m* ❸ (*desgaste*) Verschleiß *m* ❹ (*echarse a perder*) Verderben *nt;* **sujeto a** ~ verderblich; **de fácil** ~ leicht verderblich

**determinable** [determi'naβle] *adj* bestimmbar

**determinación** [determina'θjon] *f* ❶ (*fijación*) Bestimmung *f;* ~ **de los daños** Schadensfestsetzung *f;* ~ **de objetivos** Zielsetzung *f* ❷ (*decisión*) Entschluss *m;* **tomar una** ~ eine Entscheidung treffen ❸ (*audacia*) Bestimmtheit *f*

**determinado, -a** [determi'naðo, -a] *adj* ❶ (*cierto, t.* LING) bestimmt ❷ (*atrevido*) entschlossen

**determinante** [determi'naṇte] **I.** *adj* entscheidend; **palabra** ~ (LING) Bestimmungswort *nt* **II.** *m* Bestimmungsgröße *f;* (MAT) Determinante *f*

**determinar** [determi'nar] **I.** *vt* ❶ (*fijar*) bestimmen; (*plazo*) festlegen ❷ (*decidir*) beschließen; ~ **un pleito** einen Prozess entscheiden ❸ (*causar*) verursachen ❹ (*motivar*): ~ **a alguien a hacer algo** jdn zu etw *dat* bewegen **II.** *vr:* **~se por algo** sich für etw entscheiden; **~se a...** beschließen zu ...

**determinismo** [determi'nismo] *m* (FILOS) Determinismus *m*

**detestable** [detes'taβle] *adj* abscheulich

**detestar** [detes'tar] *vt* ❶ (*abominar*) verabscheuen; (*odiar*) hassen ❷ (*maldecir*) verwünschen

**detonación** [detona'θjon] *f* Detonation *f*

**detonador** [detona'ðor] *m* Zündkapsel *f*

**detonante** [deto'naṇte] *adj* ❶ (*explosivo*) explosiv ❷ (*Am: que molesta*) störend

**detonar** [deto'nar] **I.** *vi* explodieren **II.** *vt* zünden

**detractor(a)** [detrak'tor(a)] **I.** *adj* verleumderisch **II.** *m(f)* Verleumder(in) *m(f)*

**detrás** [de'tras] **I.** *adv* ❶ (*local*) hinten; **allí** ~ dahinter; **entrar por** ~ hinten(he)rum hereinkommen; **me asaltaron por** ~ sie haben mich hinterrücks angegriffen ❷ (*en el orden*): **el que está ~** der Hintermann; **primero estás tu y ~ van mis amigos** (*fig*) du bist für mich am wichtigsten und dann erst kommen meine Freunde **II.** *prep* ❶ (*local: tras*): **~ de** hinter +*dat;* (*con movimiento*) hinter +*akk;* **~ de la carta** auf der Rückseite des Briefes; **quedar ~ de los otros** hinter den anderen zurückbleiben; **ir ~ de alguien** jdm folgen; **hablar mal** (**por**) **~ de alguien** hinter jds Rücken schlecht über jdn reden ❷ (*en el orden*): **uno ~ de otro** einer nach dem anderen

**detrimento** [detri'mento] *m* ❶ (*daño*) Schaden *m;* **causar gran ~ a alguien** jdm großen Schaden zufügen; **~ de la salud** Beeinträchtigung der Gesundheit ❷ (*perjuicio*) Nachteil *m;* **en ~ de alguien** zu jds Schaden; **en ~ de la salud** auf Kosten der Gesundheit

**deuda** ['deu̯ða] *f* ❶ (*débito*) Schuld *f;* **~ activa** Geldforderung *f;* **~ contraída** Verschuldung *f;* **~ del Estado** Staatsverschuldung *f;* **~ externa** Auslandsschuld *f;* **~ interna** Inlandsschuld *f;* **~ pública** Verschuldung der öffentlichen Hand; **~ a pagar** fällige Schuld; **~ pendiente** ausstehende Schuld; **~ vencida** überfällige Schuld; **cargado de ~s** überschuldet; **contraer ~s** Schulden machen; **sin ~s** schuldenfrei ❷ (*moral*) moralische Verpflichtung *f;* **estar en ~ con alguien** in jds Schuld stehen; **lo prometido es ~** was man verspricht, muss man auch halten ❸ (*pecado*): **y perdónanos nuestras ~s...** und vergib uns unsere Schuld ...

**deudor**(**a**) [deu̯'ðor(a)] **I.** *adj* schuldnerisch; **saldo ~** Sollsaldo *m* **II.** *m(f)* Schuldner(in) *m(f);* **~ alimentario** Unterhaltspflichtige(r) *m;* **~ solidario** Mitschuldner *m*

**devaluación** [deβalwa'θjon] *f* Abwertung *f*

**devaluar** [deβalu'ar] <*1. pres:* devalúo> *vt* abwerten

**devanar** [deβa'nar] **I.** *vt* aufwickeln; (*en un carrete*) aufspulen **II.** *vr:* **~se** ❶ (*Cuba: reírse mucho*) sich vor Lachen krümmen ❷ (*loc*): **~se los sesos** sich *dat* den Kopf zerbrechen

**devaneo** [deβa'neo] *m* ❶ (*locura*) Hirngespinst *nt* ❷ (*distracción*) unnützer Zeitvertreib *m* ❸ (*amorío*) Liebelei *f*

**devastación** [deβasta'θjon] *f* Verwüstung *f*

**devastar** [deβas'tar] *vt* verwüsten

**devengar** [deβeŋ'gar] <g→gu> *vt* ❶ (*salario*) beziehen ❷ (*intereses*) abwerfen

**devenir** [deβe'nir] *irr como venir vi* ❶ (*acaecer*) geschehen ❷ (*convertirse*) werden (*en* zu +*dat*)

**devoción** [deβo'θjon] *f* ❶ (*religión*) Frömmigkeit *f;* **fingir ~** frömmeln; **no tener a alguien como santo de su ~** jdm nicht grün sein ❷ (*oración*) Gebet *nt* ❸ (*respeto*) Ehrfurcht *f;* **rezar con ~** andächtig beten ❹ (*obediencia*) Ergebenheit *f;* **estar a la ~ de alguien** jdm völlig ergeben sein ❺ (*fervor*) Hingabe *f;* **amar con ~** abgöttisch lieben; **hacer con ~** mit Hingabe tun; **tener ~ a un santo** einen Heiligen verehren ❻ (*afición*) Zuneigung *f*

**devocionario** [deβoθjo'narjo] *m* Gebetbuch *nt*

**devolución** [deβolu'θjon] *f* Rückgabe *f;* (FIN) Erstattung *f;* **~ a origen** Rücksendung *f*

**devolutivo**, **-a** [deβolu'tiβo, -a] *adj* (JUR) rückerstattend

**devolver** [deβol'βer] *irr como volver* **I.** *vt* zurückgeben; (*fig*) wiedergeben; **~ bien por mal** Böses mit Gutem vergelten; **~ la comida** sich übergeben; **~ un favor** eine Gefälligkeit erwidern; **~ la visita** einen Gegenbesuch machen; **devuélvase al remitente** (*en cartas*) zurück an Absender; **esta máquina no devuelve cambio** dieser Automat gibt kein Wechselgeld heraus; **~ la pelota al defensa** den Ball zum Verteidiger zurückschießen **II.** *vr:* **~se** (*Am: volver*) zurückkehren; **~se a casa** nach Hause zurückgehen

**devorador**(**a**) [deβora'ðor(a)] *adj:* **hambre ~a** Heißhunger *m*

**devorar** [deβo'rar] *vt* verschlingen; **~ la comida** das Essen hinunterschlingen; **la enfermedad devoró sus fuerzas** die Krankheit hat ihm seine/ihr ihre Kraft genommen; **me devora la impaciencia** ich vergehe vor Ungeduld

**devoto**, **-a** [de'βoto, -a] **I.** *adj* ❶ (*religioso*) gläubig ❷ (*adicto*) ergeben; **~ admirador de los Beatles** leidenschaftlicher Anhänger der Beatles **II.** *m, f* ❶ (*creyente*) Gläubige(r) *mf* ❷ (*admirador*) Anhänger(in) *m(f)*

**deyección** [deɟeʸ'θjon] *f* ❶ (*volcán*) Auswurf *m* ❷ (*defecación*) Stuhlgang *m* ❸ *pl* (*heces*) Kot *m*

**día** ['dia] *m* Tag *m;* **~ anual** Kalendertag *m;* **~ de año nuevo** Neujahrstag *m;* **~ de baja** Ausfalltag *m;* **~ de cumpleaños** Geburtstag *m;* **~ de descanso** Ruhetag *m;* **~ de los difuntos** Allerseelentag *m;* **~ festivo** Feiertag *m;* **~ hábil** [*o* **laborable**] Werktag *m;* **el ~ D** der Tag X; **el ~ del juicio final** das Jüngste Gericht; **~ lectivo**

Unterrichtstag *m;* ~ **de Reyes** Dreikönigstag *m;* ~ **del santo** Namenstag *m;* **cambio del** ~ Tageskurs *m;* **a** ~**s** unregelmäßig; **al abrir el** ~ bei Tagesanbruch; **al caer el** ~ am späten Nachmittag; **al otro** ~ am nächsten Tag; **antes del** ~ vor Tagesanbruch; **¡buenos** ~**s!** guten Tag!; (*por la mañana*) guten Morgen!; **cualquier** ~ irgendwann; **de** ~ tagsüber; **del** ~ aktuell; **de** ~**s** nicht mehr neu; **de** ~ **para** ~ Tag für Tag; **de** ~ **en** ~ von Tag zu Tag; **de hoy en ocho** ~**s** heute in acht Tagen; **de un** ~ **a otro** von einem Tag auf den anderen; **una diferencia como del** ~ **a la noche** ein Unterschied wie Tag und Nacht; ~ **a** ~ tagtäglich; ~ **por** [*o* **tras**] ~ tagaus, tagein; ~ **por medio** (*Am*) einen um den anderen Tag; ~ **y noche** fortwährend; **durante** ~**s enteros** tagelang; **el** ~ **de hoy** heute; **el** ~ **de mañana** in der Zukunft; **el** ~ **menos pensado** eines schönen Tages; **el** ~ **que...** als ...; **el otro** ~ neulich; **en** ~**s de Dios** noch nie; **en su** ~ zum rechten Zeitpunkt; **¡no en mis** ~**s!** nie und nimmer!; **entrado en** ~**s** in die Jahre gekommen; **¡hasta otro** ~**!** bis bald!; **hoy** (**en**) ~ heutzutage; **un buen** ~ eines schönen Tages; **un** ~ **de estos** in den nächsten Tagen; **un** ~ **u otro** irgendwann einmal; **un** ~ **y otro** ~ immer wieder; **todo el santo** ~ den lieben langen Tag; **alcanzar a alguien en** ~**s** jdn überleben; **cerrarse el** ~ Abend werden; **dar a alguien el** ~ jdm den Tag verderben; **estar al** ~ auf dem Laufenden sein; **hay más** ~**s que longanizas** (*fam*) die Zeit läuft doch nicht weg; **hace buen** ~ heute ist schönes Wetter; **no pasar los** ~**s por alguien** die Jahre gehen an jdm vorüber; **un** ~ **es un** ~ einmal ist keinmal; **mañana será otro** ~ morgen ist auch noch ein Tag; **tener** ~**s** (*viejo*) betagt sein; (*de mal humor*) launisch sein; **tiene los** ~**s contados** seine/ihre Tage sind gezählt; **vivir al** ~ nur für den Tag leben

**i Land & Leute**

Was man in Spanien als **Día de Todos los Santos** – *Allerheiligen* kennt, wird in den meisten spanischsprachigen Ländern Süd- und Mittelamerikas **Día de los Muertos** genannt. Möglicherweise ist dies auf indianische Sitten und Bräuche, die sich im Laufe der Jahrhunderte mit dem christlichen Glauben vermischt haben, zurückzuführen. So werden den *muertos* – *Toten* in Mexiko am **Día de los Muertos** Lebensmittel auf die Gräber gelegt.

**diabetes** [dja'βetes] *f inv* Diabetes *m*

**diabético, -a** [dja'βetiko, -a] **I.** *adj* zuckerkrank **II.** *m, f* Diabetiker(in) *m(f)*

**diablo** [di'aβlo] *m* (*demonio*) Teufel *m;* **¡**~**s!** Donnerwetter!; **anda el** ~ **suelto** (*fam*) der Teufel ist los; **aquí anda el** ~ hier geht es nicht mit rechten Dingen zu; **aquí hay mucho** ~ (*fam*) hier hat der Teufel seine Hand im Spiel; **¿cómo** ~**s...?** wie zum Teufel ...?; **¡con mil** ~**s!** Teufel noch (ein)mal!; **dar al** ~ (*fam*) zum Teufel schicken; **dar de comer al** ~ (*fam*) lästern; **darse al** ~ (*fam*) sich grün und blau ärgern; **de mil** ~**s** verteufelt; **donde el** ~ **perdió el poncho** (*Am*) wo sich die Füchse gute Nacht sagen; **duele como el** ~ das tut höllisch weh; **llevarse el** ~ zum Teufel gehen; **¡qué** ~**s!** zum Teufel!; **¿qué** ~**s pasa aquí?** was zum Teufel ist hier los?; **tener el** ~ **en el cuerpo** den Teufel im Leib haben; **¡vete al** ~**!** scher dich zum Teufel!; **ser un** ~ **de hombre** ein Teufelskerl sein

**diablura** [dja'βlura] *f* böser Streich *m*

**diabólico, -a** [dja'βoliko, -a] *adj* ❶ (*maligno*) teuflisch ❷ (*complicado*) vertrackt

**diábolo** [di'aβolo] *m* Diabolo(spiel) *nt*

**diácono** [di'akono] *m* (REL) Diakon *m*

**diadema** [dja'ðema] *f* Diadem *nt*

**diafanidad** [djafani'ða[ð]] *f* Durchsichtigkeit *f*

**diáfano, -a** [di'afano, -a] *adj* ❶ (*transparente*) durchsichtig ❷ (*translúcido*) durchscheinend ❸ (*claro*) klar; **un argumento** ~ ein einleuchtendes Argument

**diafragma** [dja'fraɣma] *m* ❶ (ANAT) Zwerchfell *nt* ❷ (FOTO) Blende *f* ❸ (*membrana*) Membran(e) *f* ❹ (*preservativo*) Diaphragma *nt*

**diagnosis** [djaɣ'nosis] *f inv* Diagnose *f*

**diagnosticar** [djaɣnosti'kar] <c→qu> *vt* diagnostizieren

**diagnóstico** [djaɣ'nostiko] *m* ❶ (*diagnosis*) Diagnose *f;* ~ **precoz** Früherkennung *f* ❷ (*análisis*) Analyse *f*

**diagonal** [djaɣo'nal] **I.** *adj* diagonal; **en** ~ übereck **II.** *f* Diagonale *f*

**diagrama** [dja'ɣrama] *m* Diagramm *nt,* Schaubild *nt;* ~ **de bloques** Blockdiagramm *nt;* ~ **esquemático** Schema *nt;* ~ **de puntos** Streudiagramm *nt*

**dial** [di'al] *m* ❶ (*indicador*) Anzeige *f* ❷ (AUTO): ~ **de velocidad** Geschwindigkeitsmesser *m* ❸ (*del teléfono*) Wähl-

D

scheibe *f*

**dialectal** [djalek'tal] *adj* dialektal

**dialectalismo** [djalekta'lismo] *m* Dialektausdruck *m*

**dialéctica** [dja'lektika] *f* Dialektik *f*

**dialéctico, -a** [dja'lektiko, -a] **I.** *adj* (FILOS) dialektisch **II.** *m, f* (*t.* FILOS) Dialektiker(in) *m(f)*

**dialecto** [dja'lekto] *m* Dialekt *m*

**diálisis** [di'alisis] *f inv* Dialyse *f*

**dialogador(a)** [djaloɣa'ðor(a)] **I.** *adj* gesprächsbereit **II.** *m(f)* Gesprächsteilnehmer(in) *m(f)*

**dialogante** [djalo'ɣan̪te] *adj* dialogisch

**dialogar** [djalo'ɣar] <g→gu> *vi* miteinander sprechen; **escrito en forma dialogada** in Dialogform geschrieben

**diálogo** [di'aloɣo] *m* ❶ (*conversación*) Gespräch *nt* ❷ (LIT) Dialog *m*

**diamante** [dja'man̪te] *m* Diamant *m*; **bodas de ~** diamantene Hochzeit; **~ brillante** Brillant *m*; **~ (en) bruto** ungeschliffener Diamant

**diamantino, -a** [djaman̪'tino, -a] *adj* ❶ (*como el diamante*) diamanten ❷ (*persona*) unbeugsam ❸ (*cosas*) steinhart

**diametralmente** [djametral'men̪te] *adv* diametral; **~ opuesto** genau entgegengesetzt

**diámetro** [di'ametro] *m* Durchmesser *m*

**diana** [di'ana] *f* ❶ (MIL) Weckruf *m*; **a toque de ~** (*fig*) sehr diszipliniert ❷ (*del blanco*) Zentrum *nt*; **hacer ~** ins Schwarze treffen

**diantre** [di'an̪tre] *m* (*fam*) Teufel *m*

**diapasón** [djapa'son] *m* (MÚS) Stimmgabel *f*; **~ normal** Kammerton *m*; **bajar o subir el ~** (*fam fig*) leiser oder lauter sprechen

**diapositiva** [djaposi'tiβa] *f* Dia *nt*

**diario**[1] [di'arjo] *m* ❶ (*periódico*) Tageszeitung *f*; **~ de avisos** Anzeigenblatt *nt* ❷ (*dietario*) Journal *nt*; **~ de navegación** Logbuch *nt* ❸ (*memorias*) Tagebuch *nt* ❹ (*gastos*) Tagesaufwand *m*

**diario, -a**[2] [di'arjo, -a] *adj* täglich; **a ~** (all)täglich; **uniforme de ~** Dienstuniform *f*

**diarrea** [dja'rrea] *f* Durchfall *m*

**diáspora** [di'aspora] *f* Diaspora *f*

**diástole** [di'astole] *f* (MED) Diastole *f*

**dibujante** [diβu'xan̪te] *mf* Zeichner(in) *m(f)*; **~ proyectista** Entwurfszeichner(in) *m(f)*

**dibujar** [diβu'xar] **I.** *vt* ❶ (*trazar*) zeichnen; **~ copiando** abzeichnen; **~ según modelo** nach Vorlage zeichnen; **~ a pulso** freihändig zeichnen; **~ a lápiz** mit dem Bleistift zeichnen ❷ (*describir*) schildern **II.** *vr*: **~se** sich abzeichnen

**dibujo** [di'βuxo] *m* ❶ (*acción*) Zeichnen *nt* ❷ (*resultado*) Zeichnung *f*; **~ acotado** Maßzeichnung *f*; **~s animados** Zeichentrickfilm *m*; **meterse en ~s** (*fig*) sich in die Nesseln setzen ❸ (*muestra*) Muster *nt*; **con ~s** gemustert

**dicción** [diᵞ'θjon] *f* ❶ (*declamación*) Vortrag *m* ❷ (*pronunciación*) Aussprache *f*; (*estilo*) Ausdrucksweise *f*

**diccionario** [diᵞθjo'narjo] *m* ❶ (*de consulta*) Lexikon *nt*; **~ de artes y ciencias** Reallexikon; **~ enciclopédico** Enzyklopädie *f* ❷ (*de vocabulario*) Wörterbuch *nt*; **~ de alemán-español** deutsch-spanisches Wörterbuch

**dicha** ['diʧa] *f* (*suerte*) Glück *nt*; **~ conyugal** Eheglück *nt*; **por ~** zum Glück

**dicharachero, -a** [diʧara'ʧero, -a] **I.** *adj* spaßhaft **II.** *m, f* Spaßmacher(in) *m(f)*

**dicho**[1] ['diʧo] *m* ❶ (*ocurrencia*) Einfall *m* ❷ (*refrán*) Sprichwort *nt* ❸ *pl* (*al casarse*) Jawort *nt*; **tomarse los ~s** sich verloben ❹ (*loc*): **del ~ al hecho hay mucho trecho** (*prov*) Versprechen und Halten ist zweierlei

**dicho, -a**[2] ['diʧo, -a] **I.** *pp de* **decir** **II.** *adj*: **dicha gente** besagte Leute

**dichoso, -a** [di'ʧoso, -a] *adj* ❶ (*feliz*) glücklich (*de* über +*akk*) ❷ (*maldito*) verdammt

**diciembre** [di'θjembre] *m* Dezember *m*; *v. t.* **marzo**

**dicotomía** [dikoto'mia] *f* ❶ (BOT, FILOS) Dichotomie *f* ❷ (*práctica entre médicos*) *Art Provisionszahlung eines Arztes an einen anderen, der einen Patienten zu ihm überwiesen hat*

**dictado** [dik'taðo] *m* ❶ (*escuela*) Diktat *nt* ❷ (*fig: inspiración*) Eingebung *f*; **seguir los ~s de la conciencia** der Stimme des Gewissens folgen

**dictador(a)** [dikta'ðor(a)] *m(f)* Diktator(in) *m(f)*

**dictadura** [dikta'ðura] *f* Diktatur *f*

**dictáfono** [dik'tafono] *m* Diktiergerät *nt*

**dictamen** [dik'tamen] *m* ❶ (*peritaje*) Gutachten *nt*; **~ facultativo** ärztliches Gutachten; **~ en juicio** gerichtliches Gutachten; **dar ~** ein Gutachten abgeben ❷ (*informe*) Stellungnahme *f* ❸ (*opinión*) Meinung *f*; **tomar ~ de alguien** von jdm einen Rat(schlag) annehmen ❹ (JUR): **~ judicial** Gerichtsurteil *nt*

**dictaminar** [diktami'nar] *vi* ein Gutachten abgeben (*sobre* über +*akk*)

**dictar** [dik'tar] *vt* ❶ (*un dictado*) diktieren ❷ (*una sentencia*) verkünden ❸ (*una ley*) erlassen ❹ (*un discurso*) halten ❺ (*Am:*

*clases*) (ab)halten ❻ (*fig: sugerir*) eingeben

**dictatorial** [diktato'rjal] *adj* diktatorisch

**didáctica** [di'ðaktika] *f* Didaktik *f*

**didáctico, -a** [di'ðaktiko, -a] *adj* didaktisch; **material** ~ Lehrmaterial *nt*

**diecinueve** [djeθi'nweβe] *adj inv* neunzehn; *v. t.* **ocho**

**dieciocho** [djeθi'otʃo] *adj inv* achtzehn; *v. t.* **ocho**

**dieciséis** [djeθi'sei̯s] *adj inv* sechzehn; *v. t.* **ocho**

**dieciseisavo, -a** [djeθisei̯'saβo, -a] **I.** *adj* sechzehnte(r, s) **II.** *m, f* Sechzehntel *nt; v. t.* **octavo**

**diecisiete** [djeθi'sjete] *adj inv* siebzehn; *v. t.* **ocho**

**diecisieteavo, -a** [djeθisjete'aβo, -a] **I.** *adj* siebzehnte(r, s) **II.** *m, f* Siebzehntel *nt; v. t.* **octavo**

**diente** ['djen̪te] *m* ❶ (*muela*) Zahn *m;* ~ **canino** Eckzahn *m;* ~**s de embustero** (*fam*) weit auseinander stehende Zähne; ~ **incisivo** Schneidezahn *m;* ~ **de leche** Milchzahn *m;* ~ **molar** Backenzahn *m;* **armado hasta los** ~**s** bis an die Zähne bewaffnet; **dar** ~ **con** ~ (*de frío*) vor Kälte mit den Zähnen klappern; (*de miedo*) vor Angst mit den Zähnen klappern; **decir algo entre** ~**s** etw zwischen den Zähnen murmeln; **pelar un** ~ (*Am: fam*) kokett lächeln; **tener buen** ~ (*fig*) ein guter Esser sein ❷ (TÉC) Zacke *f;* ~ **de horquilla** Gabelzinke *f;* ~ **de sierra** Zahn einer Säge; **de dos** ~**s** zweizackig ❸ (BOT): ~ **de ajo** Knoblauchzehe *f;* ~ **de león** Löwenzahn *m*

**diéresis** ['djeresis] *f inv* (LING) Diärese *f*

**diesel** ['djesel] *m* Diesel *m*

**diestro**[1] ['djestro] *m* (*torero*) Stierkämpfer *m*

**diestro, -a**[2] ['djestro, -a] <destrísimo *o* diestrísimo> *adj* ❶ (*a la derecha*) rechte(r, s); **a** ~ **y siniestro** (*fig*) kreuz und quer ❷ (*hábil*) geschickt ❸ (*astuto*) schlau ❹ (*que usa la mano derecha*) rechtshändig

**dieta** [di'eta] *f* ❶ (*para adelgazar*) Diät *f;* ~ **absoluta** Hungerkur *f;* **estar a** ~ Diät halten; **poner alguien a** ~ jdn auf Diät setzen ❷ (*alimentación*): ~ **alimenticia** Ernährungsweise *f;* ~ **básica** Grundnahrung *f* ❸ (*parlamento*) Parlament *nt;* ~ **confederal** Bundesversammlung *f;* **D**~ **Federal** Bundestag *m;* **D**~ **Regional** Landtag *m* ❹ *pl* (*retribución*) Spesen *pl;* (*de diputados*) Diäten *pl*

**dietario** [dje'tarjo] *m* ❶ (*agenda*) Haushaltsbuch *nt* ❷ (HIST) *Chronik der Chronisten von Aragón*

**dietética** [dje'tetika] *f* Ernährungswissenschaft *f*

**dietético, -a** [dje'tetiko, -a] *adj* diätetisch; **régimen** ~ Diätkur *f*

**diez** [djeθ] **I.** *adj inv* zehn; *v. t.* **ocho** **II.** *m* (*número*) Zehn *f*

**diezmar** [djeθ'mar] *vt* (*aniquilar*) dezimieren

**difamación** [difama'θjon] *f* Verleumdung *f*

**difamar** [difa'mar] *vt* diffamieren

**difamatorio, -a** [difama'torjo, -a] *adj* verleumderisch

**diferencia** [dife'ren̪θja] *f* ❶ (*desigualdad*) Unterschied *m;* ~ **de los tipos de interés** Zinsgefälle *nt;* **a** ~ **de algo** im Unterschied zu etw *dat* ❷ (*desacuerdo*) Meinungsverschiedenheit *f;* **arreglar (las)** ~**s** einen Streit schlichten ❸ (MAT) Differenz *f;* ~ **de caja** Kassendefizit *nt*

**diferenciación** [diferen̪θja'θjon] *f* ❶ (*distinción*) Differenzierung *f;* ~ **de los precios** Preisstaffelung *f* ❷ (MAT) Differenziation *f*

**diferenciador** [diferen̪θja'ðor] *m* (INFOR) Differenziergerät *nt;* ~ **de frecuencia** Frequenzdiskriminator *m*

**diferencial**[1] [diferen̪'θjal] **I.** *adj* ❶ (*variable*) unterscheidend ❷ (MAT) Differenzial- **II.** *f* (MAT) Differenzial *nt*

**diferencial**[2] [diferen̪'θjal] *m* (AUTO) Differenzial(getriebe) *nt*

**diferenciar** [diferen̪'θjar] **I.** *vi* verschiedener Meinung sein **II.** *vt* ❶ (*distinguir*) unterscheiden ❷ (MAT) ableiten **III.** *vr:* ~**se** sich unterscheiden (*de* von +*dat*)

**diferente** [dife'ren̪te] **I.** *adj* verschieden; ~**s calidades** unterschiedliche Qualitäten; ~**s veces** mehrere Male; **España es** ~ Spanien ist anders **II.** *adv* anders; **piensa muy** ~ er/sie denkt ganz anders

**diferir** [dife'rir] *irr como sentir* **I.** *vi* verschieden sein; ~ **de algo** sich von etw *dat* unterscheiden **II.** *vt* aufschieben; ~ **el pago** die Zahlung stunden

**difícil** [di'fiθil] *adj* (*duro*) schwer; (*complicado*) schwierig; ~ **de explicar** schwer zu erklären; **de** ~ **acceso** schwer zugänglich

**difícilmente** [difiθil'men̪te] *adv* kaum; **un material** ~ **soluble** ein schwer lösliches Material

**dificultad** [difikul̪'taᵈ] *f* Schwierigkeit *f;* **estar en** ~**es** in Schwierigkeiten stecken; **expresarse con** ~ sich schwer ausdrücken können; **herir en la** ~ den schwierigen Punkt treffen; **poner** ~**es a alguien** jdm Schwierigkeiten machen; **ahí está la**

~ hier liegt das Problem

**dificultar** [difikul̪'tar] *vt* erschweren; ~ **la circulación** den Verkehr behindern

**dificultoso, -a** [difikul̪'toso, -a] *adj* schwierig; (*laborioso*) mühsam

**difteria** [dif'terja] *f* Diphtherie *f*

**difuminado** [difumi'naðo] *m* (*de colores*) Verwischen *nt* der Farben

**difuminar** [difumi'nar] *vt* (*dibujo*) verwischen

**difundir** [difun̪'dir] **I.** *vt* verbreiten; (*líquidos*) ausschütten; ~ **por la radio** im Rundfunk senden **II.** *vr:* ~**se** sich verbreiten; **la niebla se difundió por todo el valle** der Nebel hüllte das ganze Tal ein; **la novedad se ha difundido por toda la vecindad** die Neuigkeit hat sich in der ganzen Nachbarschaft herumgesprochen

**difunto, -a** [di'fun̪to, -a] **I.** *adj* verstorben **II.** *m, f* Verstorbene(r) *mf;* **día de** ~**s** Allerseelentag *m;* **misa de** ~**s** Totenmesse *f*

**difusión** [difu'sjon] *f* ① (*expansión, divulgación*) Verbreitung *f;* (TV, RADIO) Sendung *f;* ~ **de productos** Erzeugnisvertrieb *m* ② (*prolijidad*) Weitschweifigkeit *f*

**difuso, -a** [di'fuso, -a] *adj* ① (*extendido*) weitläufig ② (*vago*) unklar; (*luz*) diffus ③ (*prolijo*) weitschweifig

**difusor** [difu'sor] *m* ① (*de perfume*) Zerstäuber *m* ② (*en fábricas de azúcar*) Diffuseur *m* ③ (FÍS) Diffusor *m*

**digerir** [dixe'rir] *irr como sentir vt* ① (*la comida*) verdauen ② (*a una persona*) ertragen; (*noticia, libro*) verdauen *fam*

**digestión** [dixes'tjon] *f* (*de alimentos*) Verdauung *f;* **tener mala** ~ eine schlechte Verdauung haben

**digestivo, -a** [dixes'tiβo, -a] *adj* ① (ANAT): **aparato** ~ Verdauungsapparat *m* ② (*que ayuda*) verdauungsfördernd

**digital** [dixi'tal] **I.** *adj* ① (*dactilar*) Finger- ② (INFOR, TÉC) digital; **ingreso** ~ Digitaleingabe *f;* **ordenador** ~ Digitalrechner *m* **II.** *m* (BOT) Fingerhut *m*

**digitalización** [dixitaliθa'θjon] *f* (INFOR) Digitalisierung *f*

**digitalizar** [dixitali'θar] <z→c> *vt* digitalisieren

**dígito** ['dixito] **I.** *adj* einstellig **II.** *m* (MAT) einstellige Zahl *f;* (INFOR) Ziffer *f;* ~ **de verificación** Prüfziffer *f*

**dignarse** [diɣ'narse] *vr* sich herablassen ((*de*) zu +*inf*); **se dignaron invitarnos a su fiesta** (*irón*) sie hatten die Güte, uns zu ihrem Fest einzuladen

**dignatario, -a** [diɣna'tarjo, -a] *m, f* Würdenträger(in) *m(f)*

**dignidad** [diɣni'ðaᵈ] *f* ① (*respeto*) Würde *f;* **con** ~ würdevoll ② (*decencia*) Anstand *m* ③ (*cargo*) Ehrenamt *nt*

**dignificar** [diɣnifi'kar] <c→qu> *vt* mit Würden ausstatten

**digno, -a** ['diɣno, -a] *adj* ① (*merecedor*) würdig; ~ **de compasión** bemitleidenswert; ~ **de confianza** vertrauenswürdig; ~ **de fe** glaubwürdig; ~ **de mención** erwähnenswert; ~ **de ver** sehenswert ② (*adecuado*) angemessen ③ (*noble*) anständig ④ (*con gravedad*) würdevoll

**digresión** [diɣre'sjon] *f* (*del tema*) Abschweifung *f*

**dije** ['dixe] *m* (*colgante*) Anhänger *m;* **ser un** ~ (*fig fam*) ein Juwel sein

**dilación** [dila'θjon] *f* (*aplazamiento*) Aufschub *m;* (*retraso*) Verzögerung *f;* **sin** ~ unverzüglich

**dilapidación** [dilapiða'θjon] *f* Verschwendung *f*

**dilapidar** [dilapi'ðar] *vt* verschwenden; ~ **una fortuna** ein Vermögen verschleudern

**dilatación** [dilata'θjon] *f* ① (*ampliación*) Ausdehnung *f;* (MED) Erweiterung *f;* ~ **del mercado** (COM) Markterweiterung *f* ② (*desahogo*) Erleichterung *f*

**dilatado, -a** [dila'taðo, -a] *adj* (*número*) groß

**dilatar** [dila'tar] **I.** *vt* ① (*extender*) ausdehnen; (MED) erweitern ② (*aplazar*) verschieben; ~ **la reunión** die Besprechung vertagen ③ (*retrasar*) hinauszögern ④ (*prolongar*) verlängern **II.** *vr:* ~**se** ① (*extenderse*) sich ausdehnen ② (*Am: demorar*) sich aufhalten

**dilatorio, -a** [dila'torjo, -a] *adj* (JUR) aufschiebend

**dilema** [di'lema] *m* Dilemma *nt;* **encontrarse en un** ~ in der Zwickmühle sitzen *fam*

**diletante** [dile'tan̪te] **I.** *adj* dilettantisch **II.** *mf* Dilettant(in) *m(f);* (*aficionado*) Amateur(in) *m(f);* (*chapucero*) Stümper(in) *m(f) abw*

**diligencia** [dili'xen̪θja] *f* ① (*esmero*) Sorgfalt *f* ② (*agilidad*) Schnelligkeit *f* ③ (*trámite*) Erledigung *f;* ~**s policiales** polizeiliche Ermittlungen; **evacuar una** ~ ein Geschäft erledigen; **hacer** ~**s** Schritte unternehmen ④ (*asunto administrativo*) Amtshandlung *f;* ~ **judicial/policial** gerichtliche/polizeiliche Maßnahme; ~**s preparatorias** Ermittlungsverfahren *nt;* ~**s de prueba** Beweisaufnahme *f* ⑤ (*nota oficial*) Verfügung *f;* ~ **de notificación** Benachrichtigung *f*

**diligenciar** [dilixen̪'θjar] *vt* ① (*resolver*) erledigen ② (JUR: *en el proceso*) verfügen

❸ (*documentación*) ausstellen

**diligente** [dili'xente] *adj* ❶ (*cuidadoso*) sorgfältig ❷ (*aplicado*) fleißig ❸ (*ágil*) flink

**dilucidar** [diluθi'ðar] *vt* aufklären

**dilución** [dilu'θjon] *f* ❶ (*de líquidos/colores*) Verdünnung *f* ❷ (*de sólidos*) Auflösung *f*

**diluir** [dilu'ir] *irr como huir* **I.** *vt* ❶ (*líquidos, colores*) verdünnen; **sin ~** unverdünnt ❷ (*sólidos*) auflösen; **dejar ~ en la boca** im Munde zergehen lassen **II.** *vr:* **~se** sich auflösen

**diluviar** [dilu'βjar] *vimpers* in Strömen regnen

**diluvio** [di'luβjo] *m* ❶ (*lluvia*) Sintflut *f* ❷ (*fam: abundancia*) Flut *f;* **~ de balas** Kugelhagel *m*

**dimanar** [dima'nar] *vi* entspringen (*de* +*dat*); **tu éxito dimana de tu constancia** dein Erfolg ist auf deine Stetigkeit zurückzuführen

**dimensión** [dimen'sjon] *f* ❶ (*extensión*) Dimension *f;* **de dos dimensiones** zweidimensional ❷ (*tamaño*) Größe *f;* (*medida*) Maß *nt;* (*fig*) Ausmaß *nt;* **un macizo montañoso de grandes dimensiones** ein Bergmassiv von gewaltigen Ausmaßen; **un escándalo de grandes dimensiones** ein Skandal größten Ausmaßes; **este asunto está alcanzando dimensiones inesperadas** diese Angelegenheit nimmt ungeahnte Dimensionen an

**dimes** ['dimes] *mpl:* **~ y diretes** (*fam*) Wortgefecht *nt;* **andar en ~ y diretes** hadern

**diminutivo**[1] [diminu'tiβo] *m* (LING) Diminutiv *nt*

**diminutivo, -a**[2] [diminu'tiβo, -a] *adj* verkleinernd; **lente diminutiva** Verkleinerungsglas *nt*

**diminuto, -a** [dimi'nuto, -a] *adj* winzig

**dimisión** [dimi'sjon] *f* Rücktritt *m;* **presentar la ~** zurücktreten

**dimitir** [dimi'tir] *vt, vi* zurücktreten; **~ de un cargo** ein Amt niederlegen; **dimitió de presidente del club** er gab sein Amt als Präsident des Vereins auf

**Dinamarca** [dina'marka] *f* Dänemark *nt*

**dinamarqués, -esa** [dinamar'kes, -esa] **I.** *adj* dänisch **II.** *m, f* Däne, -in *m, f*

**dinámica** [di'namika] *f* Dynamik *f*

**dinámico, -a** [di'namiko, -a] *adj* dynamisch

**dinamismo** [dina'mismo] *m* (*energía*) Schwung *m*

**dinamita** [dina'mita] *f* Dynamit *nt*

**dinamitar** [dinami'tar] *vt* sprengen

**dinamización** [dinamiθa'θjon] *f sin pl* ❶ (*dinamizar*) Antreiben *nt;* **~ de las relaciones comerciales** die Beschleunigung der Handelsbeziehungen ❷ (MED) Dynamisierung *f*

**dinamizar** [dinami'θar] <z→c> *vt* vorantreiben

**dinamo** [di'namo] *f,* **dínamo** ['dinamo] *f* Dynamo *m;* (AUTO) Lichtmaschine *f*

**dinamómetro** [dina'mometro] *m* (FÍS) Dynamometer *nt*

**dinar** [di'nar] *m* (ECON) Dinar *m*

**dinastía** [dinas'tia] *f* Dynastie *f*

**dineral** [dine'ral] *m* Unsumme *f;* **costar un ~** (*fam*) ein Heidengeld kosten

**dinero** [di'nero] *m* Geld *nt;* **~ blanco** Silbergeld *nt;* **~ en caja** Kassenbestand *m;* **~ electrónico** Cybercash *nt,* elektronisches Geld, E-Cash *nt;* **~ metálico** [*o* **contante y sonante**] Bargeld *nt;* **~ de rescate** Lösegeld *nt;* **~ en reserva** Notgroschen *m;* **~ suelto** Kleingeld *nt;* **hacer ~** das große Geld machen; **pagar en ~** bar bezahlen; **estar mal de ~** schlecht bei Kasse sein; **ser alguien de ~** wohlhabend sein

**dinosaurio** [dino'saurjo] *m* Dinosaurier *m*

**dintel** [din'tel] *m* (*de ventana*) Fenstersturz *m;* (*de puerta*) Türsturz *m*

**diñar** [di'ɲar] *vt* (*fam*) geben; **~la** (*fam*) ins Gras beißen

**dio** [djo] *3. pret de* **dar**

**diócesis** [di'oθesis] *f inv* Diözese *f*

**diodo** [di'oðo] *m* Diode *f*

**dionisíaco, -a** [djoni'siako, -a] *adj* dionysisch

**dioptría** [djop'tria] *f* Dioptrie *f*

**dios(a)** [djos, 'djosa] *m(f)* Gott *m,* Göttin *f*

**Dios** [djos] *m* Gott *m;* **~ Hombre** Jesus Christus; **~ mediante** mit Gottes Hilfe; **¡~ mío!** oh, mein Gott!; **¡~ nos coja confesados!** Gott steh uns bei!; **¡~ sabe!** wer weiß?; **~ sabe que estuve ahí** selbstverständlich war ich da; **¡~ nos libre!** Gott behüte!; **~ te bendiga** vergelt's Gott!; **¡a ~!** auf Wiedersehen!; **¡alabado sea ~!** gottlob!; **a la buena de ~** aufs Geratewohl; **armar la de ~ es Cristo** (*fam*) einen Mordsradau machen; **así ~ me asista** (JUR) so wahr mir Gott helfe; **¡ay ~!** oh Gott!; **como ~ manda** wie es sich gehört; **costar ~ y ayuda** alle Kraft kosten; **~ dirá** das liegt in Gottes Hand; **~ lo llamó** Gott hat ihn zu sich geholt; **¡por ~!** um Gottes willen!; **que sea lo que ~ quiera** wie's kommt, so kommt's; **¡santo ~!** Gott im Himmel!; **si ~ quiere** so Gott will; **todo ~** Gott und die Welt; **¡válgame ~!** Gott steh mir bei!; **¡vaya por ~!** es ist nicht zu fassen!; **venga ~ y lo vea** das ist himmelschreiend; **¡vive ~!** so wahr Gott lebt!; **vivir como** ~ leben wie Gott in Frankreich; ~ **los cría y ellos se juntan** (*prov fam*) Gleich und Gleich gesellt sich gern

**dióxido** [di'oᵞsiðo] *m* Dioxid *nt*

**dioxina** [djoᵞ'sina] *f* Dioxin *nt*

**diploma** [di'ploma] *m* Diplom *nt;* ~ **de asistencia** Teilnahmebescheinigung *f;* ~ **de bachiller(ato)** Abiturzeugnis *nt;* ~ **de capitán** Kapitänspatent *nt;* ~ **de maestría** Meisterbrief *m;* ~ **de reconocimiento** Prüfungszeugnis *nt;* ~ **universitario** Hochschuldiplom *nt*

**diplomacia** [diplo'maθja] *f* ❶ (*política, tacto*) Diplomatie *f* ❷ (*cuerpo*) diplomatisches Korps *nt* ❸ (*carrera*) Diplomatenlaufbahn *f*

**diplomado, -a** [diplo'maðo, -a] *adj* diplomiert; **traductora diplomada** Diplomübersetzerin *f*

**diplomar** [diplo'mar] **I.** *vt* (*Arg*) einen akademischen Grad verleihen (*a +dat*) **II.** *vr:* ~**se** einen akademischen Grad erlangen [*o* erhalten]

**diplomático, -a** [diplo'matiko, -a] **I.** *adj* diplomatisch **II.** *m, f* Diplomat(in) *m(f)*

**diplomatura** [diploma'tura] *f* Diplomierung *f*

**díptico** ['diptiko] *m* (ARTE) Diptychon *nt*

**diptongo** [dip'toŋgo] *m* Diphthong *m*

**diputación** [diputa'θjon] *f* ❶ (*delegación*) Abordnung *f;* ~ **permanente de Cortes** Parlamentspräsidium *nt;* ~ **provincial** Provinzialrat *m* ❷ (*personas*) Abgeordnetenversammlung *f* ❸ (*cargo*) Abgeordnetenmandat *nt* ❹ (*Méx: edificio*) Rathaus *nt*

**diputado, -a** [dipu'taðo, -a] *m, f* Abgeordnete(r) *mf;* ~ **en** [*o* **a**] **Cortes** Abgeordneter der Cortes; ~ **independiente** Fraktionslose(r) *m*

**dique** ['dike] *m* ❶ (*rompeolas*) Deich *m;* ~ **de abrigo** Schutzdamm *m* ❷ (NÁUT) Dock *nt;* ~ **flotante** Schwimmdock *nt* ❸ (*freno*) Sperre *f;* **poner un** ~ **a algo** etw *dat* einen Riegel vorschieben

**dirección** [direᵞ'θjon] *f* ❶ (*rumbo*) Richtung *f;* ~ **de la circulación** Verkehrslauf *m;* ~ **de marcha** Fahrtrichtung *f;* ~ **visual** Blickrichtung *f;* **en** ~ **longitudinal** längs laufend; **en** ~ **opuesta** in umgekehrter Richtung; **el viento soplaba en** ~ **oeste** der Wind blies gen Westen; **salir con** ~ **a España** nach Spanien reisen ❷ (*mando*) Direktion *f;* ~ **central** Zentralverwaltung *f;* ~ **comercial** Geschäftsführung *f;* ~ **del Estado** Staatsführung *f;* **alta** ~ Management *nt* ❸ (*guía*) Leitung *f;* ~ (**artística**) (TEAT) Regie *f;* ~ **de personal** Personalführung *f;* **bajo la** ~ **de** unter der Leitung von ❹ (*señas, t.* INFOR) Adresse *f;* ~ **comercial** Geschäftsadresse *f;* ~ **codificada** Chiffreanschrift *f;* ~ **de correo electrónico** E-Mail-Adresse *f;* ~ **de Internet** Internetadresse *f* ❺ (*conducción*) Lenkung *f;* ~ **delantera** (AUTO) Frontlenkung *f;* ~ **a la derecha** (AUTO) Rechtslenkung *f;* ~ **a distancia** Fernsteuerung *f*

**direccionamiento** [direᵞθjona'mjento] *m* (INFOR) Adressierung *f;* ~ **de base** Basisadressierung *f;* ~ **diferido** indirekte Adressierung; ~ **inherente** indizierte Adressierung

**directa** [di'rekta] *f* (AUTO) höchster Gang *m;* **poner la** ~ (*fam fig*) Vollgas geben

**directiva** [direk'tiβa] *f* ❶ (*dirección*) Vorstand *m* ❷ (*instrucción*) Richtlinie *f*

**directivo, -a** [direk'tiβo, -a] **I.** *adj* leitend; **junta directiva** Vorstand *m* **II.** *m, f* ❶ (*ejecutivo*) leitender Angestellter *m,* leitende Angestellte *f;* (*manager*) Manager(in) *m(f)* ❷ (*de la junta directiva*) Vorstandsmitglied *nt*

**directo**¹ [di'rekto] *m* ❶ (FERRO) durchgehender Zug *m* ❷ (DEP) Gerade *f*

**directo, -a**² [di'rekto, -a] *adj* ❶ (*recto*) gerade ❷ (*inmediato, franco*) direkt, unmittelbar; **transmisión en** ~ Direktübertragung *f;* **un tren** ~ ein durchgehender Zug

**director(a)** [direk'tor(a)] **I.** *adj* leitend **II.** *m(f)* Leiter(in) *m(f);* (*jefe*) Direktor(in) *m(f);* ~ **administrativo** geschäftsführender Direktor; ~ **de departamento** Abteilungsleiter *m;* ~ (**de escena**) (CINE, TEAT) Regisseur *m;* ~ (**de escuela**) Rektor *m;* ~ **de fábrica** Werksleiter *m;* ~ **general** Generaldirektor *m;* ~ **de la obra** Bauleiter *m;* ~ **de orquesta** Dirigent *m;* ~ **de sucursal** Filialleiter *m;* ~ **técnico** technischer Leiter; ~ **de la tesis** Doktorvater *m*

**directorio** [direk'torjo] *m* ❶ (*junta*) Direktorium *nt* ❷ (*manual*) Anleitung *f* ❸ (*agenda*) Adressbuch *nt* ❹ (INFOR) Verzeichnis *nt;* ~ **raíz** Stammverzeichnis *nt*

**directriz** [direk'triθ] *f* ❶ (*orientación*) Richtlinie *f* ❷ (MAT) Leitlinie *f*

**dirigente** [diri'xente] *mf* Führer(in) *m(f);* **los** ~**s** die führenden Persönlichkeiten; **preparar a los** ~**s** Führungskräfte heranbilden

**dirigible** [diri'xiβle] **I.** *adj* lenkbar **II.** *m* (*globo*) Luftschiff *nt*

**dirigido, -a** [diri'xiðo] *adj* (*sistemas*) ferngesteuert

**dirigir** [diri'xir] <g→j> **I.** *vt* ❶ (*un coche*) fahren; (NÁUT, INFOR) steuern ❷ (*el tráfico*) regeln ❸ (*un envío, palabras*) richten (*a* an +*akk*) ❹ (*la vista*) richten (*hacia* auf +*akk*); ~ **todas sus atenciones a algo** (*fig*) seine ganze Aufmerksamkeit auf etw richten ❺ (*una nación*) regieren; (*empresa, debate*) leiten; (*finca*) bewirtschaften; (*orquesta*) dirigieren; ~ **una casa** einen Haushalt führen ❻ (*por un camino*) führen ❼ (CINE, TEAT, TV) Regie führen (bei +*dat*); **una película dirigida por...** Regie führte ... ❽ (*loc*): ~ **el tiro a algo** auf etw zielen **II.** *vr:* ~**se** ❶ (*a un lugar*) sich begeben (*a/hacia* nach +*dat*) ❷ (*a una persona*) sich wenden (*a* an +*akk*)

**dirigismo** [diri'xismo] *m* (POL) Dirigismus *m;* ~ **económico** Wirtschaftslenkung *f*

**dirimir** [diri'mir] *vt* ❶ (*contrato, matrimonio*) aufheben ❷ (*asunto*) entscheiden; (*disputa*) beilegen; ~ **los empates** bei Stimmengleichheit entscheiden

**discapacidad** [diskapaθi'ðaᵈ] *f* (Körper)behinderung *f;* ~ **mental** geistige Behinderung

**discapacitado**, **-a** [diskapaθi'taðo, -a] **I.** *adj* (körper)behindert **II.** *m, f* (Körper)behinderte(r) *mf;* ~ **mental** geistig Behinderter

**discernimiento** [disθerni'mjeṇto] *m* ❶ (*acción de distinguir*) Unterscheidung *f;* (*capacidad de distinguir*) Unterscheidungsvermögen *nt* ❷ (*juicio*) Urteilsvermögen *nt;* **obrar sin** ~ unüberlegt handeln

**discernir** [disθer'nir] *irr como cernir vt* (*diferenciar*) unterscheiden; ~ **entre lo bueno y lo malo** das Gute vom Bösen unterscheiden können

**disciplina** [disθi'plina] *f* Disziplin *f*

**disciplinado**, **-a** [disθipli'naðo, -a] *adj* diszipliniert

**disciplinar** [disθipli'nar] *vt* ❶ (*someter*) disziplinieren ❷ (*enseñar*) unterrichten

**disciplinario**, **-a** [disθipli'narjo, -a] *adj* disziplinarisch; **sanción disciplinaria** Ordnungsstrafe *f*

**discípulo**, **-a** [dis'θipulo, -a] *m, f* ❶ (*alumno*) Schüler(in) *m(f)* ❷ (*seguidor*) Anhänger(in) *m(f)*

**disc-jockey** [dis'ɟokei̯] <dis yoqueis> *mf* Diskjockey *m*

**disco** ['disko] *m* ❶ (*lámina circular*) Scheibe *f;* (*en el teléfono*) Wählscheibe *f;* ~ **de freno** Bremsscheibe *f;* ~ **de horario** Parkscheibe *f;* ~ **de señales** (FERRO) Signalscheibe *f* ❷ (MÚS) Schallplatte *f;* ~ **de larga duración** Langspielplatte *f;* **siempre pones el mismo** ~ (*fam*) immer dieselbe Leier!; **¡cambia el** ~ **ya!** (*fam*) leg mal eine andere Platte auf! ❸ (DEP) Diskus *m* ❹ (*semáforo*) Verkehrsampel *f* ❺ (INFOR) Platte *f;* ~ **duro** Festplatte *f*

**discográfica** [disko'ɣrafika] *f* Plattenfirma *f*

**discográfico**, **-a** [disko'ɣrafiko, -a] *adj* (Schall)platten-

**díscolo**, **-a** ['diskolo, -a] *adj* widerspenstig

**disconforme** [diskoɱ'forme] *adj* ❶ (*persona*) nicht einverstanden ❷ (*cosa*) nicht passend

**disconformidad** [diskoɱformi'ðaᵈ] *f* ❶ (*con algo*) Ablehnung *f* (*con* +*gen*); **se te nota tu** ~ **con la decisión** man merkt, dass du mit der Entscheidung nicht einverstanden bist ❷ (*entre personas*) Uneinigkeit *f* ❸ (*de cosas*) Ungleichheit *f*

**discontinuidad** [diskoṇtinwi'ðaᵈ] *f* ❶ (*inconstancia*) Unstetigkeit *f* ❷ (*interrupción*) Unterbrechung *f*

**discontinuo**, **-a** [diskoṇ'tinwo, -a] *adj* ❶ (*inconstante*) unstetig ❷ (*interrumpido*) unzusammenhängend

**discordancia** [diskor'ðaṇθja] *f* ❶ (*disconformidad*) Uneinigkeit *f;* **hubo** ~**s a la hora de elegir un representante** man war sich *dat* über die Ernennung eines Vertreters nicht einig ❷ (MÚS) Missklang *m*

**discordante** [diskor'ðaṇte] *adj* ❶ (*opinión*) abweichend ❷ (MÚS) misstönend

**discordar** [diskor'ðar] <o→ue> *vi* ❶ (*cosas*) nicht zusammenpassen ❷ (*personas*) nicht übereinstimmen (*de* mit +*dat*) ❸ (*instrumento*) verstimmt sein

**discorde** [dis'korðe] *adj* ❶ (*persona*) nicht einverstanden ❷ (MÚS) verstimmt

**discordia** [dis'korðja] *f* Zwietracht *f*

**discoteca** [disko'teka] *f* ❶ (*local*) Diskothek *f* ❷ (*discos*) Schallplattensammlung *f*

**discotequero**, **-a** [diskote'kero, -a] *adj* Disko- *fam;* **es un chico muy** ~ er ist ein begeisterter Diskogänger

**discreción** [diskre'θjon] *f* Diskretion *f;* **a** ~ nach Belieben; **bajo** ~ vertraulich; **con** ~ umsichtig; **entregarse a** ~ (MIL) sich auf Gnade und Ungnade ergeben

**discrecional** [diskreθjo'nal] *adj* beliebig; **cuestión** ~ Ermessensfrage *f;* **parada** ~ Bedarfshaltestelle *f*

**discrecionalidad** [diskreθjonali'ðaᵈ] *f sin pl* Ermessensspielraum *m*

**discrepancia** [diskre'paṇθja] *f* ❶ (*entre cosas*) Diskrepanz *f* ❷ (*entre personas*) Unstimmigkeit *f*

**discrepante** [diskre'paṇte] *adj* nicht übereinstimmend

**discrepar** [diskre'par] *vi* ❶ (*diferenciarse*) abweichen ❷ (*disentir*) anderer Meinung sein (*de* als +*nom*); **discrepo de lo que**

**Ud. piensa sobre eso** ich stimme Ihrer Meinung darüber nicht zu

**discreto, -a** [dis'kreto, -a] *adj* diskret

**discriminación** [diskrimina'θjon] *f* ① (*diferenciación*) Unterscheidung *f;* **de difícil ~** schwer feststellbar ② (*perjuicio*) Diskriminierung *f*

**discriminar** [diskrimi'nar] *vt* ① (*cosas*) unterscheiden ② (*personas*) diskriminieren

**discriminatorio, -a** [diskrimina'torjo, -a] *adj* diskriminierend

**disculpa** [dis'kulpa] *f* ① (*perdón*) Entschuldigung *f;* **admitir una ~** eine Entschuldigung gelten lassen; **pedir ~s** sich entschuldigen; **eso no tiene ~** das ist unverzeihlich ② (*pretexto*) Ausrede *f;* **¡qué ~ más tonta!** so eine faule Ausrede!; **¡no valen ~s!** keine Ausreden!

**disculpable** [diskul'paβle] *adj* verzeihlich

**disculpar** [diskul'par] **I.** *vt* ① (*perdonar*) verzeihen; **discúlpala de su falta** verzeih ihr ihren Fehler; **discúlpame por no haberte escrito** entschuldige, dass ich dir nicht geschrieben habe ② (*justificar*) entschuldigen; **tu inexperiencia no disculpa ese comportamiento** deine Unerfahrenheit ist keine Entschuldigung für dieses Verhalten **II.** *vr:* **~se** sich entschuldigen; **~se con alguien por algo** sich bei jdm wegen etw *gen/dat* entschuldigen

**discurrir** [disku'rrir] **I.** *vi* ① (*pensar*) nachgrübeln (*sobre* über +*akk*) ② (*andar*) umherlaufen; **los niños discurrían por la feria** die Kinder liefen über den Rummelplatz ③ (*río*) fließen ④ (*transcurrir*) verlaufen; (*tiempo*) verstreichen **II.** *vt* sich *dat* ausdenken; **~ poco** nicht ganz hell im Kopf sein

**discurso** [dis'kurso] *m* ① (*arenga*) Rede *f;* **~ de clausura** Schlussrede *f;* **~ de recepción** Begrüßungsansprache *f;* **~ solemne** Festansprache *f;* **pronunciar un ~** eine Rede halten ② (*plática*) Gespräch *nt* ③ (*disertación escrita*) Abhandlung *f;* (*oral*) Vortrag *m* ④ (*raciocinio*) Urteilsfähigkeit *f* ⑤ (*transcurso*) (Ver)lauf *m*

**discusión** [disku'sjon] *f* ① (*debate*) Diskussion *f;* **~ del presupuesto** (POL) Haushaltsdebatte *f;* **~ pública** Podiumsdiskussion *f* ② (*riña*) Auseinandersetzung *f;* **entablar una ~** sich auf eine Diskussion einlassen; **sin ~** ohne Zweifel

**discutible** [disku'tiβle] *adj* ① (*disputable*) erwägenswert ② (*dudoso*) zweifelhaft

**discutido, -a** [disku'tiðo, -a] *adj* umstritten

**discutir** [disku'tir] **I.** *vi, vt* ① (*hablar*) diskutieren; **~ un asunto** eine Frage erörtern; **~ algo punto por punto** etw durchsprechen; **~ un plan a fondo** einen Plan eingehend besprechen; **~ el recorte del presupuesto** die Kürzung des Etats debattieren; **~ sobre el precio** über den Preis verhandeln ② (*pelear*) (sich) streiten (*de* über +*akk*) **II.** *vt* (*contradecir*): **siempre me discutes lo que digo** du stellst immer alles, was ich sage, in Frage

**disecar** [dise'kar] <c→qu> *vt* ① (ANAT) sezieren ② (*preparar un animal muerto*) ausstopfen ③ (*secar una planta*) trocknen

**disección** [diseʏ'θjon] *f* (ANAT) Sezieren *nt*

**diseminado, -a** [disemi'naðo, -a] *adj* verstreut

**diseminar** [disemi'nar] **I.** *vt* ① (*semillas*) verstreuen ② (*noticias*) verbreiten **II.** *vr:* **~se** sich verbreiten

**disensión** [disen'sjon] *f* ① (*desavenencia*) Meinungsverschiedenheit *f* ② (*riña*) Streitigkeit *f*

**disentería** [diseṇte'ria] *f* (MED) Ruhr *f*

**disentimiento** [diseṇti'mjeṇto] *m* Meinungsverschiedenheit *f*

**disentir** [diseṇ'tir] *irr como sentir vi* anderer Meinung sein (*de* als +*nom*); **disiento de tu opinión** ich bin nicht deiner Meinung; **en religión disentimos profundamente** was die Religion angeht, gehen unsere Meinungen grundsätzlich auseinander

**diseñador(a)** [diseɲa'ðor(a)] *m(f)* ① (*dibujante*) Zeichner(in) *m(f)* ② (*decorador*) Designer(in) *m(f)*

**diseñar** [dise'ɲar] *vt* ① (*dibujar*) zeichnen; (*delinear*) skizzieren ② (*proyectar*) entwerfen

**diseño** [di'seɲo] *m* ① (*dibujo*) Zeichnung *f;* (*boceto*) Skizze *f;* (*esbozo*) Entwurf *m;* **~ de construcción** Grundriss *m;* **~ de página** (*t.* INFOR) Seitenaufbau *m* ② (*forma*) Design *nt;* **~ ergonómico** ergonomische Form ③ (*en tejidos*) Muster *nt* ④ (*descripción*) Umreißen *nt*

**disertación** [diserta'θjon] *f* (*escrita*) (wissenschaftliche) Abhandlung *f;* (*oral*) Vortrag *m*

**disertar** [diser'tar] *vi* (*por escrito*) abhandeln (*sobre* +*akk*); (*oralmente*) einen Vortrag halten (*sobre* über +*akk*)

**disfraz** [dis'fraθ] *m* ① (*máscara*) Verkleidung *f;* (*para la cara*) Maske *f;* (MIL) Tarnung *f* ② (*disimulación*) Verstellung *f;* **presentarse sin ~** sein wahres Gesicht zeigen

**disfrazar** [disfra'θar] <z→c> **I.** *vt* ① (*enmascarar*) verkleiden; (*la cara*) maskieren; (MIL) tarnen ② (*escándalo*) verschleiern;

(*voz*) verstellen; (*sentimiento*) verbergen; ~ **su embarazo** seine Verlegenheit überspielen; ~ **su tristeza con una sonrisa** seine Trauer hinter einem Lächeln verbergen **II.** *vr:* ~**se** (*enmascararse*) sich verkleiden (*de* als +*nom*)

**disfrutar** [disfru'tar] *vi, vt* ❶ (*gozar*) genießen (*de* +*akk*); ~ **de excelente salud** sich bester Gesundheit erfreuen; ~ **de licencia** Urlaub haben ❷ (*poseer*) haben (*de* +*akk*); **esta coche disfruta de muchas comodidades** dieses Auto hat viel Komfort ❸ (*utilizar*) nutzen ((*de*) +*akk*); (*sacar provecho*) Nutzen ziehen ((*de*) aus +*dat*)

**disfrute** [dis'frute] *m* ❶ (*goce*) Genuss *m* ❷ (*aprovechamiento*) Nutzung *f*

**disfunción** [disfuṇ'θjon] *f* (*t.* MED) Funktionsstörung *f;* (MED) Dysfunktion *f*

**disgregación** [disɣreɣa'θjon] *f* (*de materia: el disgregar*) Auflösen *nt;* (*el disgregarse*) Zerfall *m;* (QUÍM) Zersetzung *f;* (FÍS) Spaltung *f;* (GEO, METEO) Verwitterung *f*

**disgregar** [disɣre'ɣar] <g→gu> **I.** *vt* ❶ (*materia*) auflösen; (QUÍM) zersetzen; (FÍS) spalten ❷ (*gente*) zerstreuen **II.** *vr:* ~**se** ❶ (*gente*): **el público se disgregó al terminar el espectáculo** das Publikum zerstreute sich nach der Vorstellung in alle Richtungen ❷ (*materia*) zerfallen; (QUÍM) sich auflösen; (FÍS) sich spalten

**disgustado, -a** [disɣus'taðo, -a] *adj* ❶ (*apenado*) bekümmert ❷ (*enfadado*) verärgert

**disgustar** [disɣus'tar] **I.** *vt* ❶ (*desagradar*) missfallen +*dat;* (*comida*) anekeln ❷ (*enfadar*) erzürnen; (*ofender*) zu nahe treten +*dat* **II.** *vr:* ~**se** ❶ (*enfadarse*) sich ärgern (*por/de* über +*akk*) ❷ (*ofenderse*): **se ha disgustado por tus comentarios** deine Äußerungen haben ihn/sie verletzt ❸ (*reñir*) aneinander geraten

**disgusto** [dis'ɣusto] *m* ❶ (*desagrado*) Missfallen *nt;* (*repugnancia*) Ekel *m;* **estar a** ~ sich unbehaglich fühlen ❷ (*aflicción*) Kummer *m;* (*molestia*) Unannehmlichkeit *f;* (*enfado*) Ärger *m;* **dar un** ~ **a alguien** (*afligir*) jdm Kummer machen; (*causar molestias*) jdm Unannehmlichkeiten bereiten ❸ (*pelea*) Streit *m*

**disidencia** [disi'ðeṇθja] *f* (*desavenencia*) Uneinigkeit *f*

**disidente** [disi'ðeṇte] **I.** *adj* anders denkend **II.** *mf* Dissident(in) *m(f)*

**disimulación** [disimula'θjon] *f* ❶ (*fingimiento*) Verstellung *f* ❷ (*simulación*) Vortäuschung *f* ❸ (*ocultación*) Verheimlichung *f* ❹ (*tolerancia*) Nachsicht *f*

**disimulado, -a** [disimu'laðo, -a] **I.** *adj* ❶ (*fingido*) vorgespiegelt ❷ (*encubierto*) unauffällig ❸ (*engañoso*) verlogen; (*hipócrita*) heuchlerisch **II.** *m, f* ❶ (*hipócrita*) Heuchler(in) *m(f)* ❷ (*loc*): **hacerse el** ~ sich dumm stellen

**disimular** [disimu'lar] **I.** *vi* ❶ (*aparentar*) sich verstellen ❷ (*ocultar*) sich *dat* nichts anmerken lassen ❸ (*tolerar*) nachsichtig sein **II.** *vt* ❶ (*ocultar*) verbergen; ~ **el miedo** sich *dat* die Angst nicht anmerken lassen; **no** ~ **algo** keinen Hehl aus etw *dat* machen; **la falda disimulaba su barriga** der Rock ließ sie schlanker aussehen ❷ (*paliar*) beschönigen ❸ (*tolerar*) dulden; ~ **algo a alguien** jdm etw nachsehen

**disimulo** [disi'mulo] *m* ❶ (*fingimiento*) Verstellung *f;* (*engaño*) Verschleierung *f;* **con** ~ unauffällig ❷ (*tolerancia*) Nachsicht *f*

**disipación** [disipa'θjon] *f* ❶ (*desvanecimiento*) Auflösung *f;* (*volatilización*) Verflüchtigung *f;* (*fig*) Zerstreuung *f* ❷ (*libertinaje*) Zügellosigkeit *f* ❸ (*derroche*) Verschwendung *f*

**disipado, -a** [disi'paðo, -a] *adj* ❶ (*libertino*) zügellos ❷ (*que derrocha*) verschwenderisch

**disipador(a)** [disipa'ðor(a)] **I.** *adj* verschwenderisch **II.** *m(f)* Verschwender(in) *m(f)*

**disipar** [disi'par] **I.** *vt* ❶ (*nubes, nieblas*) auflösen; (*dudas*) beseitigen; **el sol disipa las nieblas** die Sonne vertreibt den Nebel; ~ **el cansancio** die Müdigkeit verscheuchen ❷ (*derrochar*) vergeuden **II.** *vr:* ~**se** sich auflösen; (*dudas*) verschwinden; ~**se en humo** verrauchen

**dislate** [dis'late] *m* Unsinn *m*

**dislexia** [dis'leʸsja] *f* Legasthenie *f*

**disléxico, -a** [dis'leʸsiko, -a] **I.** *adj* legasthenisch **II.** *m, f* Legastheniker(in) *m(f)*

**dislocación** [disloka'θjon] *f* ❶ (*desplazamiento*) Verlagerung *f;* (GEO) Verschiebung *f* ❷ (MED) Verrenkung *f* ❸ (*desfiguración*) Verzerrung *f*

**dislocar** [dislo'kar] <c→qu> **I.** *vt* ❶ (*desplazar*) verlagern ❷ (MED) verrenken ❸ (*desfigurar*) verzerren **II.** *vr:* ~**se** ❶ (*deshacerse*) auseinander gehen ❷ (*desarticularse*) sich *dat* verrenken

**disminución** [disminu'θjon] *f* Verringerung *f;* ~ **de los gastos** Kostensenkung *f;* ~ **de la natalidad** Geburtenrückgang *m;* ~ **de la pena** (JUR) Strafmilderung *f;* ~ **de peso** Gewichtabnahme *f;* ~ **de los precios** Preissenkung *f;* ~ **de la presión** (TÉC) Druckabfall *m;* ~ **de la producción** Produktionsrückgang *m;* ~ **de riesgo** Risikominderung *f;* ~ **de tamaño** Verkleinerung *f;* ~ **de la tensión** Entspannung *f;* ~ **del valor** Wertminderung *f;* ~ **de las ventas** Absatzrückgang *m*

**disminuido, -a** [disminu'iðo, -a] **I.** *adj* ❶ (*fig: achicado*) eingeschüchtert ❷ (*discapacitado*) behindert **II.** *m, f* Behinderte(r) *mf;* ~ **físico** Körperbehinderte(r) *m*

**disminuir** [disminu'ir] *irr como huir* **I.** *vi* (*en intensidad*) nachlassen; (*número*) zurückgehen; (*existencias*) abnehmen; ~ **de tamaño** kleiner werden **II.** *vt* verringern; (*precio, sueldo*) senken; (*velocidad*) drosseln; ~ **de tamaño** verkleinern; ~ **en duración** zeitlich verkürzen; ~ **la ganancia** den Gewinn schmälern

**disociación** [disoθja'θjon] *f* (*separación*) Trennung *f;* (*disgregación*) Auflösung *f*

**disociar** [diso'θjar] **I.** *vt* (*disgregar*) auflösen; (*separar*) trennen **II.** *vr:* ~**se** sich auflösen

**disoluble** [diso'luβle] *adj* löslich

**disolución** [disolu'θjon] *f* ❶ (*dilución*) Auflösung *f;* (*de la familia*) Zerrüttung *f;* (*de las costumbres*) Sittenverfall *m;* ~ **de contrato** Vertragsaufhebung *f* ❷ (QUÍM) Lösung *f*

**disoluto, -a** [diso'luto, -a] **I.** *adj* zügellos **II.** *m, f* Wüstling *m*

**disolvente** [disol'βen̩te] *m* (QUÍM) Lösungsmittel *nt*

**disolver** [disol'βer] *irr como volver vt, vr:* ~**se** (sich) auflösen

**disonancia** [diso'nan̩θja] *f* ❶ (MÚS) Dissonanz *f* ❷ (*desproporción*) Missverhältnis *nt* ❸ (*discordancia*) Unstimmigkeit *f*

**dispar** [dis'par] *adj* ungleich

**disparado, -a** [dispa'raðo, -a] *adj:* **salir** ~ sich blitzschnell davonmachen

**disparador** [dispara'ðor] *m* ❶ (*de un arma*) Abzug *m* ❷ (FOTO) Auslöser *m;* ~ **automático** Selbstauslöser *m*

**disparar** [dispa'rar] **I.** *vt* ❶ (*un tiro, flechas*) abschießen; (*un proyectil*) abfeuern; ~ **un tiro/flechas a** [*o* **contra**] **alguien** auf jdn schießen; ~ **una piedra contra alguien** jdn mit einem Stein bewerfen ❷ (*el arma*) abdrücken **II.** *vi* ❶ (*tirar*): ~ **contra alguien** auf jdn schießen ❷ (*Am: caballo*) durchgehen ❸ (*un arma*) losgehen; **esta pistola no dispara bien** diese Pistole schießt nicht gut **III.** *vr:* ~**se** ❶ (*arma*) losgehen ❷ (*salir corriendo*) losrennen; (*caballo*) durchgehen ❸ (*desbocarse*) ausrasten

**disparatado, -a** [dispara'taðo, -a] *adj* ❶ (*absurdo*) unsinnig ❷ (*fam: desmesurado*) ungeheuer

**disparatar** [dispara'tar] *vi* (*hablar*) Unsinn reden; (*obrar*) unüberlegt handeln

**disparate** [dispa'rate] *m* ❶ (*insensatez*) Unsinn *m* ❷ (*loc, fam*): **me gusta un** ~ er/sie gefällt mir wahnsinnig gut; **costar un** ~ ein Vermögen kosten

**disparidad** [dispari'ða^ð] *f* Unterschiedlichkeit *f;* ~ **de precios** (ECON) Preisgefälle *nt*

**disparo** [dis'paro] *m* ❶ (*el disparar*) Abschuss *m* ❷ (*tiro*) Schuss *m;* ~ **al aire** Warnschuss *m;* ~ **de partida** Startschuss *m*

**dispendio** [dis'pen̩djo] *m* Verschwendung *f*

**dispensa** [dis'pensa] *f* (*excepción*) Befreiung *f;* (REL) Dispens *f;* ~ **de edad** (JUR) Ehemündigkeitserklärung *f*

**dispensable** [dispen'saβle] *adj* erlässlich

**dispensador** [dispensa'ðor] *m*, **dispensadora** [dispensa'ðora] *f* (*aparato*) Spender *m*

**dispensar** [dispen'sar] *vt* ❶ (*otorgar*) erteilen; ~ **cuidados a alguien** jdn gut pflegen; ~ **favores/atención a alguien** jdm seine Gunst/Beachtung schenken; ~ **ovaciones/elogios a alguien** jdm Beifall/Lob spenden; **le** ~**on un tratamiento privilegiado** ihm/ihr wurde eine bevorzugte Behandlung zuteil ❷ (*librar*) befreien (*de* von +*dat*); (*de molestias*) verschonen (*de* mit +*dat*); ~ **a alguien de su cargo** jdn von seinem Amt entbinden; ~ **a alguien del servicio militar** jdn vom Wehrdienst freistellen; **me** ~**on del castigo** mir wurde die Strafe erlassen ❸ (*excusar*) entschuldigen; **dispénseme que le interrumpa** verzeihen Sie bitte, wenn ich störe

**dispensario** [dispen'sarjo] *m* Ambulanz *f;* ~ **sanitario** Sanitätsstelle *f*

**dispepsia** [dis'peβsja] *f* Verdauungsstörung *f*

**dispersar** [disper'sar] **I.** *vt* zerstreuen; (*personas, animales*) auseinander treiben; (MIL) zersprengen; (*una manifestación*) auflösen; (FÍS) streuen; ~ **sus energías** seine Kräfte verzetteln **II.** *vr:* ~**se** (*semillas*) verwehen; (*personas, animales*) auseinander laufen; (MIL) sich zersplittern

**dispersión** [disper'sjon] *f* Zerstreuung *f;* (FÍS) Streuung *f;* ~ **de la luz** Lichtstreuung *f;* ~ **de la nubosidad** Bewölkungsauflockerung *f;* **pintura de** ~ Dispersionsfarbe *f;* **la** ~ **de las tropas** die Zersprengung der Truppen; **la** ~ **de los manifestantes** das Auseinandertreiben der Demonstranten

**disperso, -a** [dis'perso, -a] *adj* zerstreut; (MIL) versprengt

**displicencia** [displi'θen̩θja] *f* ❶ (*desagrado*) Unfreundlichkeit *f;* **tratar con** ~ unfreundlich behandeln ❷ (*desaliento*)

Missmut *m*

**displicente** [displi'θen̩te] *adj* unfreundlich

**disponer** [dispo'ner] *irr como poner* **I.** *vi* verfügen (*de* über +*akk*); **puedes ~ de mí cuando quieras** ich stehe dir jederzeit zur Verfügung **II.** *vt* ① (*colocar*) anordnen; **~ las sillas en círculo** die Stühle im Kreis aufstellen ② (*preparar*) vorbereiten; (*la mesa*) decken; **~ las camas para los huéspedes** die Betten für die Gäste richten ③ (*determinar*) verfügen; **~ en testamento** testamentarisch verfügen **III.** *vr:* **~se** ① (*colocarse*) sich aufstellen ② (*prepararse*) sich vorbereiten (*a/para* zu +*inf*); **me disponía a escribir la carta cuando...** ich war im Begriff den Brief zu schreiben, als ...

**disponibilidad** [disponiβili'ðaᵈ] *f* ① (*disposición*) Verfügbarkeit *f* ② *pl* (*dinero*) finanzielle Mittel *ntpl;* **nuestras ~es no nos permitirán nunca comprar una casa** aufgrund unserer finanziellen Möglichkeiten werden wir uns nie ein Haus kaufen können

**disponible** [dispo'niβle] *adj* verfügbar

**disposición** [disposi'θjon] *f* ① (*colocación*) Anordnung *f;* **~ del espacio** Raumaufteilung *f* ② (*de ánimo/salud*) Verfassung *f* ③ (*para algún fin*) Bereitschaft *f;* **~ de servicio** Betriebsbereitschaft *f;* **estar en ~ de hacer algo** bereit sein etw zu tun ④ (*disponibilidad*) Verfügung *f;* **de libre ~** zur freien Verfügung; **estoy a tu ~** ich stehe dir zur Verfügung; **poner a ~** zur Verfügung stellen ⑤ (*talento*) Veranlagung *f;* **tener ~ para la música** musikalisch begabt sein ⑥ (*resolución*) Bestimmung *f;* **~ legal** gesetzliche Vorschrift; **última ~** letzter Wille; **tomar las disposiciones precisas** die notwendigen Vorkehrungen treffen

**dispositivo** [disposi'tiβo] *m* Vorrichtung *f;* **~ de alarma** Alarmanlage *f;* **~ antirrobo** Diebstahlsicherung *f;* **~ de cambio de velocidades** (AUTO) Gangschaltung *f;* **~ sensitivo** (TÉC) Tastgerät *nt;* **~ de televisión** Videoüberwachungssystem *nt;* **~ de visualización** (INFOR) Datensichtgerät *nt*

**dispuesto, -a** [dis'pwesto, -a] **I.** *pp de* **disponer** **II.** *adj* ① (*preparado*) bereit; **~ para el uso** gebrauchsfertig; **estar ~ a trabajar/a negociar** arbeitswillig/verhandlungsbereit sein; **estar ~ para salir** bereit zum Ausgehen sein; **estar ~ para salir de viaje** reisefertig sein ② (*habilidoso*) geschickt ③ (*de buen cuerpo*) gut gebaut ④ (*de ánimo/salud*): **estar bien/mal ~** (*ánimo*) gut/schlecht aufgelegt sein; (*de salud*) in guter/schlechter Verfassung sein

**disputa** [dis'puta] *f* (*pelea*) Streit *m;* (*conversación*) Streitgespräch *nt;* **~ legal** Rechtsstreit *m;* **sin ~** unbestreitbar

**disputable** [dispu'taβle] *adj* strittig

**disputado, -a** [dispu'taðo, -a] *adj* umstritten

**disputar** [dispu'tar] **I.** *vi* streiten (*de/sobre* über +*akk*) **II.** *vt* ① (*controvertir*) streitig machen ② (*competir*) kämpfen (*por* um +*akk*); **~ una carrera** ein Rennen austragen **III.** *vr:* **~se** sich streiten (um +*akk*); **todos se disputan la foto** alle reißen sich um das Foto

**disquete** [dis'kete] *m* Diskette *f;* **~ de arranque** Startdiskette *f;* **~ de destino** Zieldiskette *f;* **~ para instalación** Installationsdiskette *f*

**disquetera** [diske'tera] *f* Diskettenlaufwerk *nt*

**disquisición** [diskisi'θjon] *f* Studie *f*

**distancia** [dis'tan̩θja] *f* Entfernung *f;* (*fig*) Distanz *f;* **~ focal** (FÍS) Brennweite *f;* **~ entre ruedas** (AUTO) Radspur *f;* **~ de seguridad** Sicherheitsabstand *m;* **~ visual** Sichtweite *f;* **a ~** (*lejos*) in der Ferne; (*desde lejos*) aus der Ferne; **cubrir ~s** Entfernungen zurücklegen; **guardar las ~s** (*fig*) Distanz wahren; **tener a alguien a ~** sich *dat* jdn vom Leibe halten

**distanciado, -a** [distan̩'θjaðo, -a] *adj* entfernt; (*fig*) distanziert; **están ~s** (*fig*) sie sind nicht mehr befreundet

**distanciamiento** [distan̩θja'mjen̩to] *m* (*fig*) Distanzierung *f*

**distanciar** [distan̩'θjar] **I.** *vt* voneinander entfernen **II.** *vr:* **~se** ① (*de una persona*) sich distanzieren ② (*de un lugar*) sich entfernen

**distante** [dis'tan̩te] *adj* ① (*lugar*) entfernt ② (*persona*) distanziert

**distar** [dis'tar] *vi* entfernt sein; **disto mucho de creerlo** ich bin weit davon entfernt, es zu glauben

**distender** [disten̩'der] <e→ie> *vt* ① (*estirar*) dehnen ② (*aflojar*) lockern; (*fig*) entspannen

**distensión** [disten'sjon] *f* Dehnung *f;* (MED) Zerrung *f;* (POL, TÉC) Entspannung *f*

**distinción** [distin̩'θjon] *f* ① (*diferenciación*) Unterscheidung *f;* **a ~ de algo** im Unterschied zu etw *dat;* **no hacer ~** keinen Unterschied machen ② (*claridad*) Deutlichkeit *f* ③ (*honor*) Auszeichnung *f* ④ (*elegancia*) Vornehmheit *f;* (*educación*) Anstand *m*

**distinguible** [distiŋ'giβle] *adj* ① (*diferenciable*) unterscheidbar ② (*visible*) erkennbar

D

**distinguido, -a** [distiŋ'giðo, -a] *adj* ① (*ilustre*) angesehen ② (*elegante*) distinguiert ③ (*en cartas*) sehr geehrte(r); ~ **amigo: ...** hochverehrter Freund, ...

**distinguir** [distiŋ'gir] <gu→g> **I.** *vt* ① (*diferenciar*) unterscheiden; **no ~ lo blanco de lo negro** (*fam*) sehr beschränkt sein ② (*señalar*) kennzeichnen ③ (*divisar*) erkennen ④ (*condecorar*) auszeichnen; (*tratar mejor*) bevorzugt behandeln; **~ a alguien con su confianza** jdn durch sein Vertrauen ehren **II.** *vr:* **~se** ① (*poder ser visto*) deutlich werden ② (*ser diferente*) sich hervortun

**distintivo¹** [distiṇ'tiβo] *m* Merkmal *nt*

**distintivo, -a²** [distiṇ'tiβo, -a] *adj:* **característica distintiva** Unterscheidungsmerkmal *nt*

**distinto, -a** [dis'tiṇto, -a] *adj* ① (*diferente*) unterschiedlich; **es ~ a** [*o* **de**] **los demás** er ist anders als die anderen; **operaciones distintas a la actividad de la empresa** betriebsfremde Aktivitäten ② (*nítido*) klar

**distorsión** [distor'sjon] *f* ① (MED) Verstauchung *f* ② (FÍS) Verzerrung *f* ③ (*falseamiento*) Verfälschung *f;* **distorsiones de competencia** Wettbewerbsverzerrungen *fpl*

**distorsionar** [distorsjo'nar] **I.** *vt* ① (*falsear*) verfälschen ② (FÍS) verzerren **II.** *vr:* **~se** (MED) sich *dat* verstauchen

**distracción** [distraᵞ'θjon] *f* ① (*entretenimiento*) Ablenkung *f* ② (*falta de atención*) Unaufmerksamkeit *f* ③ (JUR): **~ de fondos** Unterschlagung *f*

**distraer** [distra'er] **I.** *vt* ① (*desviar*) ablenken; **el paseo distrae** ein Spaziergang bringt einen auf andere Gedanken ② (*entretener*) unterhalten ③ (*fam: dinero*) unterschlagen **II.** *vr:* **~se** ① (*entretenerse*) sich ablenken; **el niño se distrae sólo** das Kind beschäftigt sich alleine ② (*no atender*) unaufmerksam sein

**distraído, -a** [distra'iðo, -a] **I.** *adj* ① (*desatento*) unaufmerksam ② (*entretenido*) unterhaltsam ③ (*Chil, Méx: mal vestido*) zerlumpt **II.** *m, f:* **hacerse el ~** sich dumm stellen

**distribución** [distriβu'θjon] *f* ① (*repartición*) Verteilung *f;* (*disposición*) Einteilung *f;* (*de correo*) Zustellung *f;* **~ de agua** Wasserversorgung *f;* **~ de equipajes** Gepäckausgabe *f;* **~ del espacio** Raumaufteilung *f;* **~ de funciones** Zuständigkeitsverteilung *f;* **~ de información** Informationsverbreitung *f* ② (COM) Vertrieb *m;* **~ exclusiva** Alleinvertrieb *m;* **~ mayorista** Großhandelsvertrieb *m* ③ (FIN) Ausschüttung *f;* **~ de beneficios** Gewinnausschüttung *f* ④ (CINE) Filmverleih *m* ⑤ (TÉC) Steuerung *f;* **armario de ~** (ELEC) Schaltschrank *m*

**distribuidor¹** [distriβwi'ðor] *m* ① (TÉC) Verteiler *m;* **~ automático** Warenautomat *m;* **~ automático de billetes** Fahrkartenautomat *m* ② (COM) Lieferfirma *f*

**distribuidor(a)²** [distriβwi'ðor(a)] *m(f)* ① (COM) Vertreter(in) *m(f);* **~ exclusivo** Alleinvertreter *m;* **~ industrial** Industriekaufmann *m;* **~ oficial** Vertragshändler *m* ② (CINE) Filmverleiher(in) *m(f)*

**distribuir** [distriβu'ir] *irr como huir* **I.** *vt* ① (*repartir*) verteilen; (*disponer*) einteilen; (*información*) verbreiten; (*una tarea*) zuweisen; (*el correo*) zustellen; (*comida*) ausgeben (*a* an *+akk*) ② (COM) vertreiben ③ (FIN) ausschütten **II.** *vr:* **~se** sich verteilen

**distributivo, -a** [distriβu'tiβo, -a] *adj* verteilend; **justicia distributiva** (*fig*) ausgleichende Gerechtigkeit

**distrito** [dis'trito] *m* Bezirk *m;* **~ electoral** Wahlkreis *m;* **~ industrial** Industriegebiet *nt;* **~ judicial** Gerichtsbezirk *m;* **~ de policía** Polizeirevier *nt*

**distrofia** [dis'trofja] *f* (MED) Dystrophie *f*

**disturbio** [dis'turβjo] *m* Unruhe *f*

**disuadir** [diswa'ðir] *vt* umstimmen; **~ a alguien de algo** jdn von etw *dat* abbringen

**disuasión** [diswa'sjon] *f* Überredung *f;* (POL, MIL) Abschreckung *f*

**disuasivo, -a** [diswa'siβo, -a] *adj* Überredungs-; (POL, MIL) Abschreckungs-; **poder ~** Überredungskunst *f*

**dis yoqueis** [dis'ɟokei̯s] *pl de* **disc-jockey**

**disyunción** [disɟuṇ'θjon] *f* ① (*separación*) Trennung *f* ② (*decisión*) Option *f* ③ (FILOS) Disjunktion *f*

**disyuntiva** [disɟuṇ'tiβa] *f* Alternative *f*

**disyuntivo, -a** [disɟuṇ'tiβo, -a] *adj* trennend; **conjunción disyuntiva** (LING) disjunktive Konjunktion

**DIU** ['diu] *f* (MED) *abr de* **Dispositivo Intra-Uterino** Intrauterinpessar *nt,* IUP

**diurético, -a** [dju'retiko, -a] *adj* harntreibend

**diurno, -a** [di'urno, -a] *adj* täglich; **trabajo ~** Tagesarbeit *f;* **luz diurna artificial** künstliches Tageslicht

**diva** ['diβa] *f* Diva *f*

**divagación** [diβaɣa'θjon] *f* ① (*desviación*) Abschweifung *f* ② *pl* (*sin concierto*) unzusammenhängendes Gerede *nt*

**divagar** [diβa'ɣar] <g→gu> *vi* ① (*desviarse*) abschweifen ② (*hablar sin concierto*) unzusammenhängendes Zeug reden

**diván** [di'βan] *m* Diwan *m*
**divergencia** [diβer'xeṇθja] *f* Abweichung *f;* (MAT) Divergenz *f*
**divergente** [diβer'xeṇte] *adj* entgegengesetzt; (MAT) divergent; **opiniones ~s** abweichende Meinungen
**divergir** [diβer'xir] <g→j> *vi* (*t.* MAT) divergieren; (*opiniones*) voneinander abweichen; (*personas*) verschiedener Meinung sein
**diversidad** [diβersi'ðaᵈ] *f* Vielfalt *f*
**diversificación** [diβersifika'θjon] *f* ❶ (*variedad*) Vielfalt *f* ❷ (ECON) Diversifikation *f*
**diversificar** [diβersifi'kar] <c→qu> **I.** *vt* verschiedenartig gestalten; (ECON) diversifizieren; **~ su horizonte** seinen Horizont erweitern **II.** *vr:* **~se** sich verschiedenartig gestalten
**diversión** [diβer'sjon] *f* ❶ (*entretenimiento*) Vergnügen *nt* ❷ (*pasatiempo*) Zeitvertreib *m* ❸ (MIL) Ablenkungsmanöver *nt*
**diverso, -a** [di'βerso, -a] *adj* ❶ (*distinto*) unterschiedlich; (*desemejante*) unähnlich ❷ (*variado*) vielseitig ❸ *pl* (*varios*) verschiedene; (*muchos*) mehrere
**divertido, -a** [diβer'tiðo, -a] *adj* ❶ (*alegre*) lustig ❷ (*Am: achispado*) angeheitert
**divertir** [diβer'tir] *irr como sentir* **I.** *vt* ❶ (*entretener*) unterhalten; **sus bromas me divierten** seine/ihre Scherze erheitern mich ❷ (*apartar*) ablenken **II.** *vr:* **~se** ❶ (*alegrarse*) sich amüsieren (*en* über +*akk*); **¡que te diviertas!** viel Spaß! ❷ (*distraerse*) sich ablenken
**dividendo** [diβi'ðeṇdo] *m* ❶ (MAT) Dividend *m* ❷ (ECON) Dividende *f;* **arrojar ~s** Dividenden ausschütten
**dividir** [diβi'ðir] **I.** *vt* ❶ (*partir*) teilen (*en* in +*akk*); **~ por la mitad** halbieren ❷ (*distribuir*) aufteilen (*entre* unter +*dat*) ❸ (*separar*) trennen; (*sembrando discordia*) entzweien ❹ (*agrupar*) einteilen (*en* in +*akk*) ❺ (MAT) dividieren (*entre/por* durch +*akk*) **II.** *vr:* **~se** ❶ (*partirse*) sich teilen ❷ (*agruparse*) unterteilt sein (*en* in +*akk*) ❸ (*enemistarse*) sich entzweien
**divieso** [di'βjeso] *m* Furunkel *m o nt*
**divinidad** [diβini'ðaᵈ] *f* ❶ (*ser divino*) Göttlichkeit *f* ❷ (*deidad*) Gottheit *f* ❸ (*fam: preciosidad*) Prachtstück *nt;* **esta mujer es una ~** diese Frau ist göttlich
**divinizar** [diβini'θar] <z→c> *vt* ❶ (*deificar*) vergöttlichen ❷ (*santificar*) heiligen ❸ (*glorificar*) verherrlichen
**divino, -a** [di'βino, -a] *adj* göttlich
**divisa** [di'βisa] *f* ❶ (*insignia*) Abzeichen *nt* ❷ (*mote*) Devise *f* ❸ (*en el escudo*) Wappenspruch *m* ❹ *pl* (*moneda*) Devisen *fpl*
**divisar** [diβi'sar] *vt* (*percibir*) ausmachen; **divisé a lo lejos un vehículo** ich konnte in der Ferne ein Fahrzeug ausmachen
**divisible** [diβi'siβle] *adj* teilbar; **ser ~ por dos** durch zwei teilbar sein
**división** [diβi'sjon] *f* ❶ (MAT) Division *f* ❷ (*partición*) Teilung *f* ❸ (*separación*) Trennung *f* ❹ (*parte*) Teil *m* ❺ (MIL) Division *f* ❻ (*desavenencia*) Uneinigkeit *f* ❼ (*de un discurso*) Gliederung *f* ❽ (LING) Trennungsstrich *m*
**divisor** [diβi'sor] *m* (MAT) Teiler *m;* **máximo común ~** größter gemeinsamer Teiler
**divisoria** [diβi'sorja] *f* Trennungslinie *f;* (GEO) Wasserscheide *f*
**divisorio, -a** [diβi'sorjo, -a] *adj* Trennungs-; **línea divisoria de las aguas** Wasserscheide *f*
**divorciado, -a** [diβor'θjaðo, -a] **I.** *adj* geschieden **II.** *m, f* Geschiedene(r) *mf*
**divorciar** [diβor'θjar] **I.** *vt* scheiden **II.** *vr:* **~se** sich scheiden lassen
**divorcio** [di'βorθjo] *m* ❶ (*separación*) (Ehe)scheidung *f* ❷ (*discrepancia*) Diskrepanz *f;* **~ de opiniones** Meinungsverschiedenheiten *fpl* ❸ (*Col: cárcel de mujeres*) Frauengefängnis *nt*
**divulgación** [diβulɣa'θjon] *f* Verbreitung *f;* (*publicación*) Bekanntmachung *f;* **libro de ~** populärwissenschaftliches Buch
**divulgar** [diβul'ɣar] <g→gu> **I.** *vt* (*propagar*) verbreiten; (*dar a conocer*) bekannt geben; (*popularizar*) der breiten Masse zugänglich machen **II.** *vr:* **~se** (*propagarse*) sich verbreiten; (*conocerse*) bekannt werden
**Dn.** [don] *abr de* **don** ≈Hr.
**DNA** [de(e)ne'a] *m* (BIOL, QUÍM) *abr de* **Desoxyribo Nucleic Acid** DNS *f*
**DNI** [de(e)ne'i] *m abr de* **Documento Nacional de Identidad** Personalausweis *m*
**Dña.** ['doɲa] *abr de* **doña** ≈Fr.
**do** [do] <does> *m* C *nt;* **~ bemol** Ces *nt;* **~ de pecho** hohes C; **~ sostenido** Cis *nt*
**dobladillo** [doβla'ðiʎo] *m* (*pliegue*) Saum *m*
**doblador(a)** [doβla'ðor(a)] *m(f)* (CINE) Synchronsprecher(in) *m(f)*
**doblaje** [do'βlaxe] *m* (CINE) Synchronisation *f*
**doblar** [do'βlar] **I.** *vt* ❶ (*arquear*) biegen ❷ (*plegar*) falten; **no ~** nicht knicken ❸ (*duplicar*) verdoppeln; **mi madre me dobla en edad** meine Mutter ist doppelt so alt wie ich ❹ (*una película*) synchronisieren ❺ (*rodear*) umfahren; **~ la esquina**

D

um die Ecke biegen ⑥ (*convencer*) umstimmen **II.** *vi* ① (*torcer*) abbiegen (*a* nach +*dat*) ② (*campana*) läuten ③ (*hacer dos papeles*) eine Doppelrolle spielen **III.** *vr:* **~se** ① (*inclinarse*) sich biegen ② (*ceder*) sich beugen

**doble¹** ['doβle] *m* ① (*duplo*) Doppelte(s) *nt* ② (*pliegue*) Saum *m* ③ (*toque de campanas*) Totengeläut *nt* ④ (*tenis*): (**partido de**) **~s** Doppel *nt*

**doble²** ['doβle] *f* Pasch *m*

**doble³** ['doβle] **I.** *adj inv* ① (*duplo*) doppelt; **~ clic** Doppelklick *m;* **contabilidad por partida ~** doppelte Buchführung ② (*robusto*) robust ③ (*hipócrita*) falsch; **Pedro es muy ~** Pedro kann man nicht (über den Weg) trauen **II.** *mf* Doppelgänger(in) *m(f);* (CINE) Double *nt*

**doblegar** [doβle'ɣar] <g→gu> **I.** *vt* ① (*torcer*) biegen ② (*persuadir*) umstimmen **II.** *vr:* **~se** ① (*torcerse*) sich biegen ② (*someterse*) sich beugen; **se doblegó a mis súplicas** er/sie gab meinem Bitten nach

**doblez¹** [do'βleθ] *m* (*pliegue*) Falte *f*

**doblez²** [do'βleθ] *m o f* (*hipocresía*) Falschheit *f*

**doce** ['doθe] **I.** *adj inv* zwölf **II.** *m* Zwölf *f; v. t.* **ocho**

**doceavo, -a** [doθe'aβo, -a] *adj* zwölftel; *v. t.* **octavo**

**docena** [do'θena] *f* Dutzend *nt;* **una ~ de huevos** ein Dutzend Eier

**docencia** [do'θen̪θja] *f* Unterrichten *nt;* **dedicarse a la ~** unterrichten

**doceno, -a** [do'θeno, -a] *adj* zwölfte(r, s); *v. t.* **octavo**

**docente** [do'θen̪te] **I.** *adj* Lehr- **II.** *mf* Lehrer(in) *m(f);* (UNIV) Dozent(in) *m(f)*

**dócil** ['doθil] *adj* ① (*inteligente*) gelehrig ② (*sumiso*) fügsam ③ (*manso*) zahm ④ (*metal*) geschmeidig

**docilidad** [doθili'ðaᵈ] *f* ① (*inteligencia*) Gelehrigkeit *f* ② (*sumisión*) Fügsamkeit *f* ③ (*mansedumbre*) Zahmheit *f* ④ (*del metal*) Geschmeidigkeit *f*

**docto, -a** ['dokto, -a] *adj* gelehrt; **~ en leyes** rechtsgelehrt

**doctor(a)** [dok'tor(a)] *m(f)* Doktor(in) *m(f)*

**doctorado** [dokto'raðo] *m* ① (*grado*) Doktorwürde *f* ② (*estudios*): **curso de ~** ≈Doktorandenkolloquium *nt*

**doctoral** [dokto'ral] *adj* (UNIV) Doktor-; **tesis ~** Doktorarbeit *f*

**doctorando, -a** [dokto'ran̪do, -a] *m, f* Doktorand(in) *m(f)*

**doctorar** [dokto'rar] *vt, vr:* **~se** promovieren; **~se en historia** in Geschichte promovieren

**doctrina** [dok'trina] *f* ① (*teoría*) Doktrin *f* ② (*sabiduría*) Wissen *nt* ③ (*catecismo*) Religion *f*

**doctrinal** [doktri'nal] *adj* doktrinell

**documentación** [dokumen̪ta'θjon] *f* ① (*estudio*) Dokumentation *f* ② (*documentos*) Unterlagen *fpl;* **~ del coche** Kraftfahrzeugpapiere *ntpl*

**documentado, -a** [dokumen̪'taðo, -a] *adj* ① (*identificado*) ausgewiesen ② (*informado*) gut unterrichtet

**documental** [dokumen̪'tal] **I.** *adj* dokumentarisch **II.** *m* Dokumentarfilm *m*

**documentar** [dokumen̪'tar] **I.** *vt* ① (*probar*) dokumentieren ② (*instruir*) unterrichten **II.** *vr:* **~se** sich unterrichten

**documento** [doku'men̪to] *m* Dokument *nt;* **~s de envío** Versandpapiere *ntpl;* **D~ Nacional de Identidad** Personalausweis *m*

**dodecafonía** [doðekafo'nia] *f* (MÚS) Zwölftonmusik *f*

**dodotis®** [do'ðotis] *m inv* Pampers® *f*

**dogal** [do'ɣal] *m* Strick *m;* **estoy con el ~ al cuello** (*fig*) mir steht das Wasser bis zum Hals

**dogma** ['doɣma] *m* Dogma *nt*

**dogmático, -a** [doɣ'matiko, -a] *adj* dogmatisch

**dogmatismo** [doɣma'tismo] *m* ① (*dogma*) Dogma *nt* ② (*intolerancia*) Dogmatismus *m*

**dogmatizar** [doɣmati'θar] <z→c> *vi, vt* dogmatisieren

**dogo** ['doɣo] *m* Dogge *f*

**dólar** ['dolar] *m* Dollar *m*

**dolencia** [do'len̪θja] *f* Leiden *nt;* **~ respiratoria** Atemwegserkrankung *f*

**doler** [do'ler] <o→ue> **I.** *vi* schmerzen; **me duele la cabeza** ich habe Kopfschmerzen **II.** *vr:* **~se** ① (*quejarse*) klagen (*de* über +*akk*) ② (*arrepentirse*) bereuen (*de* +*akk*)

**dolido, -a** [do'liðo, -a] *adj* gekränkt; **estoy ~ por tus palabras** deine Worte haben mich gekränkt

**doliente** [do'ljen̪te] *adj* ① (*enfermo*) krank ② (*afligido*) trauernd

**dolmen** ['dolmen] *m* Dolmen *m*

**dolo** ['dolo] *m* ① (*engaño*) Täuschung *f* ② (JUR) Vorsatz *m*

**dolor** [do'lor] *m* Schmerz *m;* **~ de cabeza** Kopfschmerzen *mpl;* **estar con ~es** in den Wehen liegen; **tengo ~ de barriga** mir tut der Bauch weh

**dolorido, -a** [dolo'riðo, -a] *adj* ① (*dañado*) schmerzend; **tener la rodilla dolorida** Schmerzen im Knie haben ② (*apenado*) traurig

**doloroso, -a** [dolo'roso, -a] *adj* ❶ (*lastimador*) schmerzhaft ❷ (*lamentable*) traurig

**doloso, -a** [do'loso, -a] *adj* (JUR) vorsätzlich

**doma** ['doma] *f* Bändigung *f*

**domable** [do'maβle] *adj* (*animal*) zähmbar

**domador(a)** [doma'ðor(a)] *m(f)* (*de circo*) Dompteur, -euse *m, f*

**domar** [do'mar] *vt*, **domeñar** [dome'ɲar] *vt* bändigen

**domesticado, -a** [domesti'kaðo, -a] *adj:* **animal ~** Haustier *nt*

**domesticar** [domesti'kar] <c→qu> *vt* ❶ (*animales*) domestizieren ❷ (*personas*) bändigen

**doméstico, -a** [do'mestiko, -a] **I.** *adj* Haus- **II.** *m, f* Diener(in) *m(f)*

**domiciliación** [domiθilja'θjon] *f* (*orden permanente*) Dauerauftrag *m;* (*de recibos*) Abbuchungsverfahren; (*de una letra de cambio*) Domizilierung *f*

**domiciliar** [domiθi'ljar] **I.** *vt* ❶ (*dar domicilio*) unterbringen ❷ (*un recibo*) abbuchen lassen; **~ el alquiler** einen Dauerauftrag für die Miete einrichten; **~ la nómina** das Gehalt monatlich auf ein Gehaltskonto überweisen lassen **II.** *vr:* **~se** ansässig werden (*en* in +*dat*)

**domiciliario, -a** [domiθi'ljarjo, -a] *adj* Haus-

**domicilio** [domi'θiljo] *m* (*de alguien*) Wohnsitz *m;* (*una empresa*) Sitz *m;* **~ social** Sitz einer Gesellschaft; **franco ~** frei Haus

**dominación** [domina'θjon] *f* ❶ (*el dominar*) Beherrschung *f* ❷ (*poder*) Herrschaft *f*

**dominante** [domi'nan̩te] *adj* (*persona, t.* BIOL) dominant

**dominar** [domi'nar] **I.** *vi* ❶ (*imperar*) herrschen ❷ (*sobresalir*) emporragen (*sobre* über +*akk*) ❸ (*predominar*) vorherrschen; **dominante en el mercado** marktführend **II.** *vt* ❶ (*conocer*) beherrschen ❷ (*reprimir*) bezwingen; **~ el odio** den Hass unterdrücken ❸ (*sobresalir*) überragen ❹ (*divisar*) überblicken **III.** *vr:* **~se** sich beherrschen

**domingo** [do'miŋgo] *m* Sonntag *m;* **~ de Cuasimodo** Weißer Sonntag; **~ de Ramos** Palmsonntag *m;* **hacer ~** sich *dat* einen freien Tag nehmen; *v. t.* **lunes**

**dominguero, -a** [domiŋ'gero, -a] **I.** *adj* Sonntags- **II.** *m, f* (*pey*) Sonntagsfahrer(in) *m(f)*

**dominical** [domini'kal] **I.** *adj* Sonntags-; **descanso ~** Sonntagsruhe *f;* **oración ~** Vaterunser *nt* **II.** *m* (PREN) Sonntagsbeilage *f*

**dominicano, -a** [domini'kano, -a] **I.** *adj* dominikanisch **II.** *m, f* Dominikaner(in) *m(f)*

**dominio** [do'minjo] *m* ❶ (*dominación*) Beherrschung *f;* **~ de sí mismo** Selbstbeherrschung *f* ❷ (*poder*) Herrschaft *f* ❸ (*territorio*) Gebiet *nt* ❹ (*campo*) Bereich *m* ❺ (*posesión*) Eigentum *nt;* **ser del ~ público** (*fig*) allgemein bekannt sein

**dominó** [domi'no] <dominós> *m* (*juego*) Domino(spiel) *nt*

**don**[1] [don] *m* Gabe *f;* **tener ~ de gentes** gut mit Menschen umgehen können

**don**[2] [don, 'doɲa] *m*, **doña** *f* Don *m*, Doña *f*

**i Land & Leute**

Sehr höfliche, respektvolle Anredeformen im Spanischen sind **don** und **doña**. Nach **don** oder **doña** kommt immer der jeweilige Vorname oder der Vorname mit dem ersten (oder sogar beiden) Nachnamen (aber nie nur der Nachname!), z. B. *doña Juana, don Miguel de Unamuno, Dª Cristina García Vidal.*

**donación** [dona'θjon] *f* Spende *f;* (JUR) Schenkung *f*

**donador(a)** [dona'ðor(a)] *m(f)* Spender(in) *m(f)*

**donaire** [do'nai̯re] *m* ❶ (*gracia*) Anmut *f* ❷ (*chiste*) Witz *m*

**donante** [do'nan̩te] *mf* Spender(in) *m(f)*

**donar** [do'nar] *vt* spenden

**donativo** [dona'tiβo] *m* Spende *f*

**doncella** [don̩'θeʎa] *f* ❶ (*criada*) Zofe *f* ❷ (*elev: muchacha*) Mädchen *nt*

**donde** ['don̩de] *adv* wo; **a** [*o* **hacia**] **~** wohin; **de ~** woher; **en ~** wo; **la calle ~ vivo** die Straße, in der ich wohne; **estuve ~ Luisa** ich war bei Luisa

**dónde** ['don̩de] *pron inter o pron rel* wo; **¿a** [*o* **hacia**] **~?** wohin?; **¿de ~?** woher?; **¿en ~?** wo?; **¿~ se habrá enterado?** woher weiß er/sie das wohl?

**dondequiera** [don̩de'kjera] *adv* ❶ (*en cualquier parte*) irgendwo ❷ (*donde*): **~ que estés** wo immer du (auch) sein magst

**donoso, -a** [do'noso, -a] *adj* ❶ (*garboso*) anmutig ❷ (*chistoso*): **¡donosa humorada!** (*irón*) schöner Scherz!

**Donostia** [do'nostja] *f baskischer Name für die Stadt San Sebastián*

**donostiarra** [donos'tjarra] **I.** *adj* aus San

Sebastián **II.** *mf* Einwohner(in) *m(f)* von San Sebastián
**donosura** [dono'sura] *f* ① (*garbo*) Anmut *f* ② (*gracia*) Witz *m*
**donut** ['donu$^{t}$] *m* <donuts> Doughnut *m*
**doña** ['doɲa] *f v.* **don**
**dopaje** [do'paxe] *m v.* **doping**
**dopar** [do'par] *vt, vr:* ~**se** (DEP) dopen
**doping** ['dopiŋ] *m sin pl* Doping *nt*
**dorada** [do'raða] *f* (*pez*) Goldbrasse *f*
**dorado, -a** [do'raðo, -a] *adj* golden
**dorar** [do'rar] **I.** *vt* ① (*sobredorar*) vergolden ② (*tostar*) anbräunen ③ (*suavizar*) beschönigen **II.** *vr:* ~**se** braun werden
**dórico, -a** ['doriko, -a] *adj* dorisch
**dormidera** [dormi'ðera] *f* (*adormidera*) (Schlaf)mohn *m;* **tener buenas** ~**s** (*fam*) einen guten Schlaf haben
**dormilón, -ona** [dormi'lon, -ona] *m, f* (*fam*) Schlafmütze *f*
**dormir** [dor'mir] *irr* **I.** *vi* ① (*descansar*) schlafen; ~ **a pierna suelta** wie ein Murmeltier schlafen; ~ **de un tirón** durchschlafen; ~ **sobre algo** (*fig*) etw überschlafen; **quedarse dormido** einschlafen ② (*pernoctar*) übernachten; ~ **en casa de alguien** bei jdm übernachten ③ (*reposar*) ruhen ④ (*descuidarse*) unaufmerksam sein **II.** *vt* (*a un niño*) zum (Ein)schlafen bringen; (*a un paciente*) betäuben; ~ **la borrachera** seinen Rausch ausschlafen; ~ **la siesta** eine Siesta machen; **¡no hay quien duerma a este niño!** das Kind will einfach nicht einschlafen!; **esta monotonía me duerme** diese Eintönigkeit schläfert mich ein **III.** *vr:* ~**se** ① (*adormecerse*) einschlafen; **se me ha dormido el brazo** mein Arm ist eingeschlafen ② (*descuidarse*) unaufmerksam sein; ~**se en los laureles** sich auf seinen Lorbeeren ausruhen
**dormitar** [dormi'tar] *vi* dösen *fam*
**dormitorio** [dormi'torjo] *m* (*habitación*) Schlafzimmer *nt;* (*muebles*) Schlafzimmermöbel *pl*
**dorsal** [dor'sal] **I.** *adj* (ANAT) Rücken-; **espina** ~ Rückgrat *nt* **II.** *m* (DEP) Startnummer *f*
**dorso** ['dorso] *m* ① (ANAT) Rücken *m;* ~ **de la mano** Handrücken *m* ② (*reverso*) Rückseite *f*
**dos** [dos] **I.** *adj inv* zwei; ~ **puntos** Doppelpunkt *m;* **cada** ~ **por tres** ständig; **de** ~ **en** ~ paarweise; **en un** ~ **por tres** im Nu; **están a** ~ (DEP) es steht zwei zu zwei **II.** *m* Zwei *f; v. t.* **ocho**
**doscientos, -as** [dos'θjen̪tos, -as] *adj* zweihundert; *v. t.* **ochocientos**
**dosel** [do'sel] *m* (*baldaquín*) Baldachin *m;* **cama con** ~ Himmelbett *nt*
**dosificación** [dosifika'θjon] *f* Dosierung *f*
**dosificar** [dosifi'kar] <c→qu> *vt* dosieren
**dosis** ['dosis] *f inv* Dosis *f;* **una buena** ~ **de paciencia** eine ganze Menge Geduld
**dotación** [dota'θjon] *f* ① (*dote*) Aussteuerung *f* ② (*donación*) Stiftung *f* ③ (*financiación*) Finanzierung *f* ④ (*equipamiento*) Ausstattung *f* ⑤ (*personal: de un buque*) Mannschaft *f;* (*de una fábrica*) Belegschaft *f;* (*de una oficina*) Personal *nt*
**dotado, -a** [do'taðo, -a] *adj* (*con talento*) begabt
**dotar** [do'tar] *vt* ① (*constituir dote*) aussteuern ② (*equipar*) ausstatten (*de/con* mit +*dat*) ③ (*señalar bienes*) stiften ④ (*financiar*) finanzieren ⑤ (*con sueldo*) dotieren
**dote**[1] ['dote] *f* (*aptitud*) Begabung *f;* ~ **de mando** Führungsgeschick *nt*
**dote**[2] ['dote] *m o f* (*ajuar*) Mitgift *f*
**doy** [doi̯] *1. pres de* **dar**
**Dr(a).** [dok'tor(a)] *abr de* **doctor(a)** Dr.
**draga** ['draɣa] *f* Nassbagger *m*
**dragaminas** [draɣa'minas] *m inv* Minensuchboot *nt*
**dragar** [dra'ɣar] <g→gu> *vt* ausbaggern
**dragón** [dra'ɣon] *m* ① (*monstruo*) Drache *m* ② (*reptil*) Flugdrache *m;* ~ **marino** (*pez*) Drachenfisch *m*
**drama** ['drama] *m* Drama *nt*
**dramático, -a** [dra'matiko, -a] *adj* dramatisch; **autor** ~ Dramatiker *m*
**dramatismo** [drama'tismo] *m* Dramatik *f*
**dramatización** [dramatiθa'θjon] *f* Dramatisierung *f*
**dramatizar** [dramati'θar] <z→c> *vt* dramatisieren
**dramaturgia** [drama'turxja] *f* Dramaturgie *f*
**dramaturgo, -a** [drama'turɣo, -a] *m, f* Dramatiker(in) *m(f)*
**dramón** [dra'mon] *m* (*fam*) Schnulze *f*
**drapear** [drape'ar] *vt* drapieren
**drástico, -a** ['drastiko, -a] *adj* drastisch
**drenaje** [dre'naxe] *m* Dränage *f*
**drenar** [dre'nar] *vt* dränieren
**Dresde** ['dresðe] *m* Dresden *nt*
**driblar** [dri'βlar] *vi, vt* dribbeln; ~ **a un contrario** einen Gegenspieler umspielen
**dril** [dril] *m* (*tela*) Drill(ich) *m*
**drive** ['drai̯f] *m* ① (DEP) Drive *m* ② (INFOR) Laufwerk *nt;* ~ **de disco CD-ROM** CD-ROM-Laufwerk *nt*
**droga** ['droɣa] *f* Droge *f;* ~ **sintética** synthetische Droge
**drogadicción** [droɣaði$^{\gamma}$'θjon] *f* Drogenab-

hängigkeit *f*

**drogadicto, -a** [droɣa'ðikto, -a] **I.** *adj* drogenabhängig **II.** *m, f* Drogenabhängige(r) *mf*

**drogado, -a** [dro'ɣaðo, -a] *adj:* **estar ~** unter Drogen stehen

**drogar** [dro'ɣar] <g→gu> **I.** *vt* Drogen verabreichen +*dat* **II.** *vr:* **~se** Drogen nehmen

**drogodelincuencia** [droɣoðeliŋ'kweṇθja] *f* Beschaffungskriminalität *f*

**drogodependiente** [droɣoðepeṇ'djeṇte] *adj o mf v.* **drogadicto**

**droguería** [droɣe'ria] *f* Drogerie *f*

**droguero, -a** [dro'ɣero, -a] *m, f* Drogist(in) *m(f)*

**dromedario** [drome'ðarjo] *m* Dromedar *nt*

**druida** ['drwiða] *m* Druide *m*

**drupa** ['drupa] *f* Steinfrucht *f*

**dual** [du'al] **I.** *adj* dual; **sistema ~** Dualsystem *nt* **II.** *m* (LING) Dual(is) *m*

**dualidad** [dwali'ðað] *f* ❶ (*duplicidad*) Dualität *f* ❷ (QUÍM) Dimorphie *f*

**dubitativo, -a** [duβita'tiβo, -a] *adj* dubitativ

**dublinés, -esa** [duβli'nes, -esa] **I.** *adj* aus Dublin **II.** *m, f* Einwohner(in) *m(f)* von Dublin

**ducado** [du'kaðo] *m* (*territorio*) Herzogtum *nt*

**ducal** [du'kal] *adj* herzoglich

**ducha** ['duʧa] *f* ❶ (*para ducharse*) Dusche *f;* **recibir una ~ de agua fría** (*fig*) eine kalte Dusche bekommen ❷ (MED) Guss *m*

**duchar** [du'ʧar] **I.** *vt* duschen **II.** *vr:* **~se** (sich) duschen

**ducho, -a** ['duʧo, -a] *adj* bewandert (*en* in +*dat*)

**dúctil** ['duktil] *adj* ❶ (*condescendiente*) fügsam ❷ (*dilatable*) dehnbar; (*flexible*) geschmeidig

**duda** ['duða] *f* ❶ (*indecisión*) Unschlüssigkeit *f* ❷ (*incredulidad*) Zweifel *m;* **salir de ~s** Gewissheit erlangen; **sin ~ (alguna)** zweifellos; **no cabe la menor ~** es besteht nicht der geringste Zweifel; **poner algo en ~** etw in Zweifel ziehen

**dudable** [du'ðaβle] *adj* zweifelhaft

**dudar** [du'ðar] **I.** *vi* ❶ (*desconfiar*) zweifeln (*de* an +*dat*) ❷ (*vacilar*) (sich *dat*) unschlüssig sein **II.** *vt* bezweifeln

**dudosamente** [duðosa'meṇte] *adv* kaum

**dudoso, -a** [du'ðoso, -a] *adj* ❶ (*inseguro*) zweifelhaft ❷ (*indeciso*) unschlüssig

**duelo** ['dwelo] *m* ❶ (*desafío*) Duell *nt;* **retar a ~** zum Duell (heraus)fordern ❷ (*pesar*) Trauer *f* ❸ (*funerales*) Trauerfeier *f* ❹ (*cortejo*) Trauerzug *m*

**duende** ['dweṇde] *m* ❶ (*fantasma*) Kobold *m* ❷ (*loc*): **tener ~** das gewisse Etwas haben

**dueño, -a** ['dweɲo, -a] *m, f* ❶ (*propietario*) Besitzer(in) *m(f);* (*amo*) Herr(in) *m(f);* **hacerse ~ de algo** (*apropiarse*) sich etw *gen* bemächtigen; (*dominar*) etw *gen* Herr werden; **ser ~ de sí mismo** (*empresario*) sein eigener Herr sein; **no ser ~ de sí misma** (*dominarse*) nicht mehr Herr seiner Sinne sein; **poner a alguien como no digan dueñas** (*fam*) über jdn herziehen ❷ (*de familia*) Familienoberhaupt *nt*

**duermevela** [dwerme'βela] *m o f* (*sueño ligero*) Halbschlaf *m;* (*sueño agitado*) unruhiger Schlaf *m*

**dulce** ['dul̩θe] **I.** *adj* ❶ (*referente al sabor*) süß ❷ (*suave*) sanft ❸ (*agradable*) angenehm ❹ (*metal*) weich **II.** *m* ❶ (*postre*) Süßspeise *f* ❷ (*almíbar*) Gelee *nt* ❸ (*golosina*) Süßigkeit *f;* **a nadie le amarga un ~** (*fam*) warum sollte man die Gelegenheit ungenutzt lassen?

**dulcificar** [dul̩θifi'kar] <c→qu> *vt* ❶ (*azucarar*) süßen ❷ (*suavizar*) mildern; (*hacer más grato*) versüßen

**dulzón, -ona** [dul̩'θon, -ona] *adj* ❶ (*dulzarrón*) übersüß ❷ (*sentimental*) schmalzig

**dulzor** [dul̩'θor] *m,* **dulzura** [dul̩'θura] *f* ❶ (*sabor*) Süße *f* ❷ (*suavidad*) Sanftheit *f* ❸ (*bondad*) Wärme *f*

**duna** ['duna] *f* Düne *f*

**dúo** ['duo] *m* Duo *nt;* **cantar a ~** im Duett singen

**duodécimo, -a** [duo'ðeθimo, -a] **I.** *adj* (*parte*) zwölftel; (*numeración*) zwölfte(r, s) **II.** *m, f* Zwölftel *nt; v. t.* **octavo**

**duodenal** [dwoðe'nal] *adj* (MED): **úlcera ~** Zwölffingerdarmgeschwür *nt*

**duodeno** [dwo'ðeno] *m* (ANAT) Zwölffingerdarm *m*

**dúplex** ['dupleys] *m* (ARQUIT) Maison(n)ette *f*

**duplicación** [duplika'θjon] *f* Verdopp(e)lung *f*

**duplicado** [dupli'kaðo] *m* Duplikat *nt;* **por ~** in doppelter Ausfertigung

**duplicar** [dupli'kar] <c→qu> *vt, vr:* **~se** (sich) verdoppeln

**duplicidad** [dupliθi'ðað] *f* (*falsedad*) Doppelzüngigkeit *f*

**duplo**[1] ['duplo] *m* Doppelte(s) *nt*

**duplo, -a**[2] ['duplo, -a] *adj* doppelt; *v. t.* **óctuplo**

**duque(sa)** ['duke, du'kesa] *m(f)* Herzog(in) *m(f)*

**durabilidad** [duraβili'ðað] *f* Dauerhaftigkeit *f;* (*de materiales*) Haltbarkeit *f*

**durable** [du'raβle] *adj* dauerhaft; (*producto*) haltbar

D

**duración** [dura'θjon] *f* Dauer *f*; (*de un préstamo*) Laufzeit *f*

**duradero, -a** [dura'ðero, -a] *adj* dauerhaft; (*producto*) haltbar

**durante** [du'ran̩te] *prep* während *+gen;* **hablar ~ una hora** eine Stunde lang sprechen

**durar** [du'rar] *vi* ① (*extenderse*) andauern; **~ todo el día** den ganzen Tag dauern ② (*permanecer*) sich halten ③ (*resistir*) halten

**durazno** [du'raθno] *m* (*Am*) Pfirsich *m*

**Durero** [du'rero] (*pintor alemán*) Dürer

**dureza** [du'reθa] *f* ① (*rigidez*) Härte *f*; **~ de vientre** Verstopfung *f* ② (*callosidad*) Verhärtung *f*

**durmiente** [dur'mjen̩te] **I.** *adj* schlafend **II.** *mf* Schlafende(r) *mf;* **la Bella D~** Dornröschen *nt*

**duro**[1] ['duro] **I.** *m* (HIST) Fünfpesetenstück *nt* **II.** *adv* hart; **¡dale ~!** (*fam*) schlag (kräftig) zu!; (*a personas*) gib's ihm/ihr!

**duro, -a**[2] ['duro, -a] *adj* hart; **~ de corazón** hartherzig; **a duras penas** mit Müh und Not; **estoy contigo a las duras y las maduras** ich gehe mit dir durch dick und dünn

**DVD** [deuβe'ðe] *m* (INFOR) *abr de* **videodisco digital** DVD *f*

# Ee

**E, e** [e] *f* E, e *nt;* **~ de Enrique** E wie Emil

**e** [e] *conj* (*ante '(h)i'*) und

**E** ['este] *abr de* **Este** O

**ea** ['ea] *interj* (*animando*) los

**ebanista** [eβa'nista] *mf* Möbeltischler(in) *m(f)*

**ebanistería** [eβaniste'ria] *f* Möbeltischlerei *f*

**ébano** ['eβano] *m* ① (BOT) Ebenholzgewächs *nt* ② (*madera*) Ebenholz *nt*

**ebrio, -a** ['eβrjo, -a] *adj* (*elev*) ① (*borracho*) betrunken ② (*extasiado*) trunken (*de* vor *+dat*); (*ciego*) blind (*de* vor *+dat*)

**ebullición** [eβuʎi'θjon] *f* ① (*de líquidos*) Sieden *nt* ② (*agitación*) Aufruhr *m*

**eccema** [eʸ'θema] *m* Ekzem *nt*

**echado, -a** [e'ʧaðo, -a] *adj* ① (*postrado*) liegend; **estar ~** liegen ② (*Nic, CRi: indolente*) träge ③ (*loc*): **~ para adelante** mutig

**echar** [e'ʧar] **I.** *vt* ① (*tirar*) werfen; (*carta*) einwerfen; **~ a la basura/al suelo** in den Müll/auf den Boden werfen; **la suerte está echada** die Würfel sind gefallen ② (*verter*) eingießen (*en* in *+akk*) ③ (*fam: aparecer*) bekommen; **~ los dientes** zahnen ④ (*expulsar*) hinauswerfen (*de* aus *+dat*); (*despedir*) entlassen ⑤ (*emitir*) ausstoßen; **~ humo** rauchen ⑥ (*tumbar*) legen ⑦ (*proyectar*) zeigen; (TEAT) aufführen; **en el cine echan 'Rocky IV'** im Kino läuft ‚Rocky IV' ⑧ (*calcular*): **te echo 30 años** ich schätze dich auf 30 ⑨ (*tiempo, esfuerzo*): **eché dos horas en acabar** ich brauchte zwei Stunden, um fertig zu werden ⑩ (*loc*): **~ abajo** (*destruir*) abreißen; (*rechazar*) ablehnen; **~ un brindis** einen Trinkspruch ausbringen; **~ algo en cara a alguien** jdm etw vorwerfen; **~ chispas** (*fam*) vor Wut schäumen; **~ cuentas** rechnen; **~ la culpa a alguien** die Schuld auf jdn schieben; **~ un discurso** eine Rede halten; **~ en falta** vermissen; **~ gasolina** tanken; **~las** (*Chil: ~ a correr*) davonlaufen; **~le** (*Perú: emborracharse*) sich (ständig) betrinken; **~ leña al fuego** (*fig*) Öl ins Feuer gießen; **~ una mano a alguien** (*fam*) jdm zur Hand gehen; **~ de menos** vermissen; **~ una ojeada a alguien** einen Blick auf jdn werfen; **~ a perder** verderben; **~ pestes** (*fam*) fluchen; **~ a pique** versenken; **~ raíces** Wurzeln schlagen; **~ a suertes** losen; **~ por tierra** (*fig*) zunichte machen; **~ un trago** (*fam*) einen Schluck trinken **II.** *vi* ① (*lanzar*) werfen ② (*verter*) einschenken ③ (*empezar*) anfangen (*a* zu); **~ a correr** loslaufen **III.** *vr:* **~se** ① (*postrarse*) sich hinlegen; **me eché en la cama** ich legte mich ins Bett ② (*lanzarse*) sich stürzen (*sobre* auf *+akk*); **~se a los pies de alguien** sich jdm zu Füßen werfen ③ (*empezar*) anfangen (*a* zu); **~se a llorar** in Tränen ausbrechen ④ (*fam: iniciar una relación*): **~se un novio** sich *dat* einen Freund zulegen ⑤ (*loc*): **~se a perder** verderben

**eclecticismo** [eklekti'θismo] *m* (*t.* FILOS) Eklektizismus *m*

**eclesiástico**[1] [ekle'sjastiko] *m* Geistliche(r) *m*

**eclesiástico, -a**[2] [ekle'sjastiko, -a] *adj* kirchlich

**eclipsar** [ekliβ'sar] **I.** *vt* ① (ASTR) verfinstern ② (*oscurecer*) in den Schatten stellen **II.** *vr:* **~se** ① (*desaparecer*) verschwinden ② (*decaer*) schwinden

**eclipse** [e'kliβse] *m:* **~ solar** Sonnenfinsternis *f*

**eclosión** [eklo'sjon] *f* ❶ (BOT) Aufblühen *nt* ❷ (ZOOL) Ausschlüpfen *nt* ❸ (*brote, manifestación*) Ausbruch *m;* (*aparición*) Auftauchen *nt*

**eco** ['eko] *m* ❶ (*de sonidos, t. fig*) Echo *nt;* **hacer** ~ (*fig*) Aufsehen erregen; **tener** ~ (*fig*) Anklang finden ❷ (*repercusión*) Nachklang *m*

**ecogestión** [ekoxes'tjon] *f* Ökobewirtschaftung *f*

**ecografía** [ekoɣra'fia] *f* ❶ (*técnica*) Ultraschall *m* ❷ (*imagen*) Ultraschallbild *nt*

**ecología** [ekolo'xia] *f* Ökologie *f*

**ecológico, -a** [eko'loxiko, -a] *adj* ökologisch; **daños** ~**s** Umweltschäden *mpl;* **producción ecológica** (AGR) biologischer Anbau

**ecologismo** [ekolo'xismo] *m sin pl* Umweltschutz *m*

**ecologista** [ekolo'xista] **I.** *adj* Umweltschutz- **II.** *mf* Umweltschützer(in) *m(f)*

**economato** [ekono'mato] *m* Konsumgenossenschaft *f;* ~ **de la empresa** betriebseigener Laden

**economía** [ekono'mia] *f* ❶ (*situación, sistema*) Wirtschaft *f;* ~ **de desechos** Entsorgungswirtschaft *f;* ~ **mundial** Weltwirtschaft *f;* ~ **sumergida** Schattenwirtschaft *f* ❷ (*ciencia*) Wirtschaftswissenschaft *f;* ~ **de la empresa** Betriebswirtschaft *f;* ~ **política** Volkswirtschaft(slehre) *f* ❸ (*ahorro*) Sparsamkeit *f* ❹ (*cosa ahorrada*) Ersparnis *f;* **hacer** ~**s** sparen

**económico, -a** [eko'nomiko, -a] *adj* ❶ (ECON) wirtschaftlich; **año** ~ Geschäftsjahr *nt;* **estudiar ciencias económicas** Wirtschaftswissenschaften studieren ❷ (*barato*) preiswert ❸ (*ahorrador*) sparsam

**economista** [ekono'mista] *mf* Wirtschaftswissenschaftler(in) *m(f)*

**economizar** [ekonomi'θar] <z→c> *vi, vt* sparen; **no** ~ **esfuerzos** keine Mühe scheuen; ~ **esfuerzos** seine Kräfte schonen

**ecosistema** [ekosis'tema] *m* Ökosystem *nt;* **ecotasa** [eko'tasa] *f* Ökosteuer *f;* **ecotest** [eko'tes^t] *m* Umweltverträglichkeitsprüfung *f,* Ökotest *m;* **ecoturismo** [ekotu'rismo] *m* (ECOL) Ökotourismus *m*

**ecu** ['eku] *m* Ecu *m o f*

**ecuación** [ekwa'θjon] *f* Gleichung *f*

**ecuador** [ekwa'ðor] *m* Äquator *m*

**Ecuador** [ekwa'ðor] *m* Ecuador *nt*

**i Land & Leute**

**Ecuador** liegt im nordwestlichen Teil Südamerikas. Im Norden grenzt es an Kolumbien, im Osten und im Süden an Peru, im Westen an den Pazifik. Die Hauptstadt heißt *Quito.* Die offizielle Landessprache ist Spanisch. Die Währungseinheit *Ecuadors* ist der US-Dollar.

**ecualizador** [ekwaliθa'ðor] *m* (TÉC) Equalizer *m*

**ecuánime** [e'kwanime] *adj* ❶ (*justo*) gerecht; (*imparcial*) unparteiisch ❷ (*sereno*) gelassen

**ecuanimidad** [ekwanimi'ða^ð] *f* ❶ (*imparcialidad*) Unparteilichkeit *f* ❷ (*calma*) Gelassenheit *f*

**ecuatorial** [ekwato'rjal] *adj* äquatorial

**ecuatoriano, -a** [ekwato'rjano, -a] **I.** *adj* ecuadorianisch **II.** *m, f* Ecuadorianer(in) *m(f)*

**ecuménico, -a** [eku'meniko, -a] *adj* ökumenisch

**ecumenismo** [ekume'nismo] *m sin pl* (*doctrina*) Ökumenismus *m;* (*movimiento*) Ökumene *f*

**eczema** [e^ɣ'θema] *m* Ekzem *nt*

**edad** [e'ða^ð] *f* ❶ (*años*) Alter *nt;* ~ **para jubilarse** Pensionsalter *nt;* ~ **del pavo** Flegeljahre *ntpl;* **mayor de** ~ volljährig; **menor de** ~ minderjährig; **a la** ~ **de...** im Alter von ... +*dat;* **¿qué** ~ **tiene?** wie alt sind Sie?; **de mi** ~ in meinem Alter ❷ (*época*) Zeitalter *nt;* ~ **media** Mittelalter *nt;* ~ **de piedra** Steinzeit *f*

**edema** [e'ðema] *m* Ödem *nt*

**edén** [e'ðen] *m* Paradies *nt*

**edición** [eði'θjon] *f* ❶ (*impresión*) Ausgabe *f;* ~ **de bolsillo** Taschenausgabe *f* ❷ (*conjunto de ejemplares*) Auflage *f*

**edicto** [e'ðikto] *m* ❶ (*decreto*) Erlass *m* ❷ (JUR) Aufgebot *nt*

**edificable** [edifi'kaβle] *adj* bebaubar

**edificación** [eðifika'θjon] *f* (*construcción*) Bau *m*

**edificante** [eðifi'kante] *adj* erbaulich

**edificar** [eðifi'kar] <c→qu> *vt* ❶ (*construcción*) bauen ❷ (*moral*) erbauen

**edificio** [eði'fiθjo] *m* Gebäude *nt*

**edil** [e'ðil] *m* (*elev*) Ratsherr *m*

**editar** [eði'tar] *vt* herausgeben

**editor**[1] [eði'tor] *m* (INFOR) Editor *m*

**editor(a)**[2] [eði'tor(a)] *m(f)* Herausgeber(in) *m(f)*

**editorial**[1] [eðito'rjal] **I.** *adj* verlegerisch; **casa** ~ Verlagshaus *nt;* **éxito** ~ Bestseller *m* **II.** *f* Verlag *m*

**editorial**[2] [eðito'rjal] *m* Leitartikel *m*

**editorialista** [eðitorja'lista] *mf* Leitartikler(in) *m(f)*

E

**Edo.** [es'taðo] (*Méx, Ven*) *abr de* **Estado** Staat *m*

**edredón** [eðre'ðon] *m* Federbett *nt*

**educación** [eðuka'θjon] *f* ❶ (*enseñanza*) Ausbildung *f;* (*de crianzas*) Erziehung *f;* ~ **de adultos** Erwachsenenbildung *f;* ~ **ambiental** Umwelterziehung *f;* ~ **física** (ENS) Sportunterricht *m;* **E~ General Básica** Grund- und Hauptschulwesen *nt* (*in Spanien*); ~ **preescolar** Vorschulerziehung *f;* ~ **vil** Verkehrserziehung *f;* **Ministerio de E~ y Ciencia** Kultusministerium *nt* ❷ (*comportamiento*) Erziehung *f;* **el niño no tiene** ~ das Kind ist unerzogen ❸ (*conocimientos*) Bildung *f*

**i Land & Leute**

Die **Educación Infantil** dauert bis zum 6. Lebensjahr und entspricht ungefähr der Kinderkrippe, dem Kindergarten und der Vorschule und besteht aus zwei Stufen oder *ciclos* (1. Stufe: bis zum 3. Lebensjahr; 2. Stufe: vom 3. bis zum 6. Lebensjahr).

**educado, -a** [eðu'kaðo, -a] *adj* ❶ (*culto*) gebildet ❷ (*comportamiento*): **bien** ~ wohlerzogen; **mal** ~ unerzogen

**i Land & Leute**

Die **Educación Primaria** durchlaufen Kinder im Alter zwischen 6 und 12 Jahren. Sie entspricht weitgehend der deutschen Grundschule und ist in drei Stufen zu je zwei Schuljahren untergliedert.

**educar** [edu'kar] <c→qu> *vt* ❶ (*dar instrucción*) ausbilden ❷ (*dirigir*) erziehen; **los padres educan a los hijos** die Eltern erziehen ihre Kinder ❸ (*facultades*) schulen; **debes** ~ **tu oído** du musst dein Gehör schulen

**educativo, -a** [eðuka'tiβo, -a] *adj* (*instructivo*) Bildungs-; (*pedagógico*) Erziehungs-

**edulcoración** [eðulkora'θjon] *f* Süßen *nt*

**edulcorante** [eðulko'rante] *m* Süßstoff *m*

**edulcorar** [eðulko'rar] *vt* süßen

**edutenimiento** [eðuteni'mjento] *m* Edutainment *nt*

**EE.UU.** [es'taðos u'niðos] *mpl abr de* **Estados Unidos** USA *pl*

**efe** ['efe] *f* (*letra*) F, f *nt*

**efectismo** [efek'tismo] *m* Effekthascherei *f*

**efectividad** [efektiβi'ðað] *f* ❶ (*efecto*) Wirksamkeit *f* ❷ (*autenticidad*) Wirklichkeit *f* ❸ (*empleo*) feste Anstellung *f*

**efectivo**[1] [efek'tiβo] *m* (*dinero*) Bargeld *nt;* ~ **electrónico** Electronic Cash *nt;* **en** ~ bar

**efectivo, -a**[2] [efek'tiβo, -a] *adj* ❶ (*que hace efecto*) wirksam ❷ (*auténtico*) wirklich; **un éxito** ~ ein echter Erfolg; **hacer** ~ in die Tat umsetzen; (*cheque*) einlösen ❸ (*no interino*) fest angestellt

**efecto** [e'fekto] *m* ❶ (*consecuencia*) Wirkung *f;* (*resultado*) Ergebnis *nt;* ~ **boomerang** Bumerangeffekt *m;* ~ **invernadero** Treibhauseffekt *m;* **hacer** ~ wirken; **hacer buen** ~ (*impresión*) einen guten Eindruck machen; **tener** ~ stattfinden; **llevar a** ~ zustande bringen; **en** ~ tatsächlich; **con** ~**s retroactivos** rückwirkend ❷ (COM) Wertpapier *nt* ❸ (*loc*): **para los** ~**s** praktisch

**efectuar** [efektu'ar] <*1. pres:* efectúo> **I.** *vt* durchführen; (*viaje*) unternehmen; ~ **una compra** einen Kauf tätigen; ~ **una llamada** anrufen **II.** *vr:* ~**se** (*tener lugar*) stattfinden; (*realizarse*) verwirklicht werden

**efeméride** [efe'meriðe] *f* ❶ (*conmemoración*) Jahrestag *m* ❷ *pl* (ASTR) Ephemeriden *pl* ❸ *pl* (*libro*) Tagebuch *nt*

**efervescente** [eferβes'θente] *adj* (*líquido*) brodelnd; **pastilla** ~ Brausetablette *f*

**eficacia** [efi'kaθja] *f* ❶ (*resultado positivo*) Wirksamkeit *f;* ~ **económica** Wirtschaftlichkeit *f;* **con** ~ erfolgreich; **sin** ~ erfolglos ❷ (TÉC) Leistung *f*

**eficaz** [efi'kaθ] *adj* ❶ (*eficiente*) wirksam; (TÉC) leistungsfähig ❷ (*persona*) tatkräftig

**eficiencia** [efi'θjenθja] *f* ❶ (*eficacia*) Wirksamkeit *f;* (TÉC) Leistungsfähigkeit *f* ❷ (*persona*) Tüchtigkeit *f*

**eficiente** [efi'θjente] *adj* wirksam; (TÉC) leistungsfähig; (*persona*) tüchtig

**efímero, -a** [e'fimero, -a] *adj* kurzlebig

**efluir** [eflu'ir] *irr como huir vi* ausfließen

**efusión** [efu'sjon] *f* ❶ (*cordialidad*) Herzlichkeit *f;* **con gran** ~ herzlich ❷ (*derramamiento*) Vergießen *nt*

**efusividad** [efusiβi'ðað] *f* Herzlichkeit *f;* **su** ~ **no era auténtica** seine/ihre Herzlichkeit war nicht ehrlich gemeint

**efusivo, -a** [efu'siβo, -a] *adj* herzlich

**EGB** [exe'βe] *f abr de* **Educación General Básica** (spanisches) Grundschulwesen *nt*

**Egeo** [e'xeo] *m* Ägäis *f;* **el mar** ~ das Ägäische Meer

**egipcio, -a** [e'xiβθjo, -a] **I.** *adj* ägyptisch **II.** *m, f* Ägypter(in) *m(f)*

**Egipto** [e'xipto] *m* Ägypten *nt*
**ego** ['eɣo] *m* (PSICO) Ich *nt*
**egocéntrico, -a** [eɣo'θeṇtriko, -a] *adj* egozentrisch
**egocentrismo** [eɣoθeṇ'trismo] *m sin pl* Egozentrik *f*
**egoísmo** [eɣo'ismo] *m sin pl* Egoismus *m*
**egoísta** [eɣo'ista] **I.** *adj* egoistisch **II.** *mf* Egoist(in) *m(f)*
**egolatría** [eɣola'tria] *f sin pl* Selbstverherrlichung *f*
**eh** [e] *interj* ❶ (*advertencia*) he; **no vuelvas a hacerlo, ¿~?** tu das bloß nicht noch mal! ❷ (*susto, incomprensión*): **¿~?** wie?, was?
**ej.** [e'xemplo] *abr de* **ejemplo** Bsp.; **p.~** z.B.
**eje** ['exe] *m* ❶ (TÉC, MAT) Achse *f*; **~ anterior** Vorderachse *f* ❷ (*centro*): **~ de la conversación** Hauptgesprächsthema *nt*; **ser el ~ de atención** im Mittelpunkt stehen
**ejecución** [exeku'θjon] *f* ❶ (*realización*) Ausführung *f*; (*de proyectos*) Durchführung *f*; **~ de un pedido** Auftragserledigung *f*; **~ de la sentencia** (JUR) Urteilsvollstreckung *f*; **poner en ~** ausführen ❷ (*sentencia de muerte*) Hinrichtung *f*
**ejecutar** [exeku'tar] *vt* ausführen
**ejecutiva** [exeku'tiβa] *f* Führungsgremium *nt*; **la ~ del partido** die Parteispitze
**ejecutivo, -a** [exeku'tiβo, -a] **I.** *adj* ❶ (*que decide*) ausübend; **poder ~** (POL) Exekutive *f* ❷ (JUR) vollstreckbar ❸ (*urgente*) dringend **II.** *m, f* (*en cargo directivo*) Führungskraft *f*; (*empleado*) leitender Angestellter *m*, leitende Angestellte *f*; **~ de marketing** Marketingmanager *m*
**ejemplar** [exem'plar] **I.** *adj* ❶ (*ejemplo*) vorbildlich ❷ (*escarmiento*) exemplarisch **II.** *m* Exemplar *nt*; **~ de muestra** Probeexemplar *nt*
**ejemplarizar** [exemplari'θar] <z→c> *vi* (*Am*) ein Beispiel geben
**ejemplificación** [exemplifika'θjon] *f sin pl* Exemplifikation *f*
**ejemplificar** [exemplifi'kar] <c→qu> *vt* mit Beispielen belegen
**ejemplo** [e'xemplo] *m* Beispiel *nt*; **dar buen ~** mit gutem Beispiel vorangehen; **poner por ~** als Beispiel anführen; **por ~** zum Beispiel; **predicar con el ~** mit gutem Beispiel vorangehen; **tomar por ~** zum Beispiel nehmen
**ejercer** [exer'θer] <c→z> **I.** *vt* ausüben; (*derechos*) geltend machen **II.** *vi* arbeiten; **~ de profesor** als Lehrer arbeiten; **~ de médico** praktizieren
**ejercicio** [exer'θiθjo] *m* ❶ (*de una profesión*) Ausübung *f*; **en ~** ausübend ❷ (DEP) Übung *f*; (*entrenamiento*) Training *nt*; **el médico me recomendó hacer ~** der Arzt empfahl mir mich mehr zu bewegen; **tener falta de ~** nicht genug Bewegung haben ❸ (ENS: *para practicar*) Übung *f*; (*prueba*) Aufgabe *f* ❹ (MIL): **~ de las armas** Waffendienst *m*; **~ de combate** Gefechtsübung *f* ❺ (ECON): **~ contable** Rechnungsjahr *nt*; **~ económico** Geschäftsjahr *nt*
**ejercitar** [exerθi'tar] **I.** *vt* ❶ (*profesión*) ausüben; (*actividad*) (be)treiben; **~ la cirurgía** als Chirurg tätig sein ❷ (*desarrollar*) trainieren **II.** *vr*: **~se** sich üben (*en* in +*dat*); **~se en natación** schwimmen lernen
**ejército** [e'xerθito] *m* (MIL: *tropas*) Heer *nt*; (*fuerzas armadas*) Armee *f*; **~ del aire** Luftwaffe *f*; **~ profesional** Berufsarmee *f*
**el, la, lo** [el, la, lo] <los, las> *art det* der, die, das; **el perro/puente/niño** der Hund/die Brücke/das Kind; **la mujer/mesa/chica** die Frau/der Tisch/das Mädchen; **lo bueno** das Gute; **el Canadá** Kanada *nt*; **la China/India** China *nt*/Indien *nt*; **los amigos/las amigas** die Freunde/die Freundinnen; **¡la de gente que vino!** die Leute kamen in Massen!; **lo antes posible** schnellstmöglich; **lo más pronto posible** so bald wie möglich; **hazlo lo mejor que puedas** mach es so gut wie du kannst
**él** [el] *pron pers 3. sg m* ❶ (*sujeto*) er ❷ (*tras preposición: acusativo*) ihn; (*dativo*) ihm; **el libro es de ~** (*suyo*) das Buch ist seins
**elaboración** [elaβora'θjon] *f* ❶ (*fabricación*) Herstellung *f*; (*tratamiento*) Verarbeitung *f* ❷ (*de comidas*) Zubereitung *f*; **de ~ casera** hausgemacht ❸ (*de una idea*) Ausarbeitung *f*; (*de una obra*) Bearbeitung *f*
**elaborador(a)** [elaβora'ðor(a)] *adj* verarbeitend
**elaborar** [elaβo'rar] *vt* ❶ (*fabricar*) herstellen; (*trabajar*) verarbeiten ❷ (*una idea*) ausarbeiten; (*una obra*) bearbeiten
**elasticidad** [elastiθi'ða$^{d}$] *f* Dehnbarkeit *f*; **~ de la demanda/de la oferta/de los precios** Nachfrage-/Angebots-/Preiselastizität *f*
**elástico**[1] [e'lastiko] *m* (*goma*) Gummiband *nt*; (*de calcetín*) Bündchen *nt*
**elástico, -a**[2] [e'lastiko, -a] *adj* elastisch; (*concepto*) dehnbar
**Elba** ['elβa] *m* ❶ (*río*): **el ~** die Elbe ❷ (*isla*) Elba *nt*
**ele** ['ele] *f* L, l *nt*
**elección** [ele$^{\gamma}$'θjon] *f* (*selección, t.* POL)

Wahl *f;* (*alternativa*) Auswahl *f;* **elecciones legislativas** Parlamentswahlen *fpl;* ~ **de la profesión** Berufswahl *f;* **lo dejo a su** ~ ich überlasse Ihnen die Wahl

**electo**, **-a** [e'lekto, -a] *adj* gewählt

**elector(a)** [elek'tor(a)] **I.** *adj* wahlberechtigt **II.** *m(f)* Wähler(in) *m(f)*

**electorado** [elekto'raðo] *m* Wählerschaft *f*

**electoral** [elekto'ral] *adj* (*relativo a elecciones*) Wahl-; (*a electores*) Wähler-; **colegio** ~ Wahllokal *nt*

**electoralismo** [elektora'lismo] *m* (POL) Wahlpropaganda *f*

**electricidad** [elektriθi'ðað] *f* Elektrizität *f*

**electricista** [elektri'θista] **I.** *adj* Elektro- **II.** *mf* Elektriker(in) *m(f)*

**eléctrico**, **-a** [e'lektriko, -a] *adj* elektrisch; **máquina eléctrica** Elektrogerät *nt*

**electrificar** [ele$^{k}$trifi'kar] <c→qu> *vt* elektrifizieren

**electrización** [ele$^{k}$triθa'θjon] *f sin pl* (FÍS, ELEC) Elektrisierung *f*

**electrizante** [ele$^{k}$tri'θante] *adj* elektrisierend; **pronunció un discurso** ~ er/sie hat mit seiner/ihrer Rede alle elektrisiert

**electrizar** [elektri'θar] <z→c> *vt* elektrisieren; (*fig*) begeistern

**electrocardiograma** [ele$^{k}$trokarðjo'ɣrama] *m* (MED) Elektrokardiogramm *nt*

**electrocutar** [ele$^{k}$troku'tar] **I.** *vt* durch elektrischen Strom hinrichten; (*en la silla eléctrica*) auf dem elektrischen Stuhl töten **II.** *vr:* ~**se** durch elektrischen Strom sterben; (*en la silla eléctrica*) durch den elektrischen Stuhl sterben

**electrodo** [elek'troðo] *m* Elektrode *f;* ~ **negativo** Kathode *f;* ~ **positivo** Anode *f*

**electrodoméstico** [elektroðo'mestiko] *m* Haushaltsgerät *nt*

**electroencefalografía** [ele$^{k}$troenθefaloɣra'fia] *f* (MED) Elektroenzephalographie *f*

**electrólisis** [ele$^{k}$'trolisis] *f inv* Elektrolyse *f*

**electrólito** [ele$^{k}$'trolito] *m* (QUÍM) Elektrolyt *m*

**electrón** [elek'tron] *m* Elektron *nt*

**electrónica** [elek'tronika] *f* Elektronik *f*

**electrónico**, **-a** [elek'troniko, -a] *adj* elektronisch; **microscopio** ~ Elektronenmikroskop *nt;* **movimiento** ~ **de pagos** elektronischer Zahlungsverkehr

**electroshock** [ele$^{k}$tro'ʃo$^{k}$] *m* <electroshocks> (MED) Elektroschock *m*

**electrostática** [ele$^{k}$tros'tatika] *f sin pl* (FÍS) Elektrostatik *f*

**electrostático**, **-a** [ele$^{k}$tros'tatiko, -a] *adj* (FÍS) elektrostatisch

**electrotecnia** [elektro'teɣnja] *f* Elektrotechnik *f*

**electrotécnico**, **-a** [elektro'teɣniko, -a] *adj* elektrotechnisch

**elefante**, **-a** [ele'fante, -a] *m, f* (ZOOL) Elefant *m,* Elefantenkuh *f;* ~ **marino** Walross *nt;* **ver** ~**s volando** (*fig*) weiße Mäuse sehen

**elegancia** [ele'ɣanθja] *f* ① (*distinción*) Eleganz *f* ② (*buen gusto*) Geschmack *m*

**elegante** [ele'ɣante] *adj* elegant; (*noble*) vornehm; (*con buen gusto*) geschmackvoll

**elegir** [ele'xir] *irr vi, vt* wählen (*de/entre* zwischen +*dat*); (INFOR) auswählen; **a** ~ nach Wahl

**elemental** [elemen'tal] *adj* elementar; **conocimientos** ~**es** Grundkenntnisse

**elemento** [ele'mento] *m* ① (*componente, persona*) Element *nt;* ~ **base** Grundbestandteil *m;* **tener** ~**s de juicio** urteilsfähig sein ② *pl* (*fuerzas naturales*) Naturgewalten *fpl* ③ *pl* (*nociones fundamentales*): ~**s de matemáticas** Grundkenntnisse der Mathematik ④ *pl* (*medios*) Mittel *ntpl*

**elenco** [e'leŋko] *m* ① (*catálogo*) Verzeichnis *nt* ② (TEAT) Besetzung *f* ③ (*Am: personal*) Personal *nt* ④ (*Chil, Perú: equipo*) Mannschaft *f*

**elepé** [ele'pe] *m* Langspielplatte *f*

**elevación** [eleβa'θjon] *f* ① (*subida*) Erhöhung *f* ② (GEO) Anhöhe *f*

**elevado**, **-a** [ele'βaðo, -a] *adj* (*alto*) hoch; (*nivel, estilo*) gehoben

**elevador** [eleβa'ðor] *m* (*AmC: ascensor*) Aufzug *m;* (*Arg: para cargas*) Lastenaufzug *m*

**elevalunas** [eleβa'lunas] *m inv* Fensterheber *m*

**elevar** [ele'βar] **I.** *vt* ① (*subir*) erhöhen; ~ **al trono** auf den Thron erheben ② (MAT): ~ **a una potencia** potenzieren; **tres elevado a cuatro** drei hoch vier ③ (*enviar*) einreichen (*a* bei +*dat*); ~ **una protesta** protestieren **II.** *vr:* ~**se** ① (*tener altura*) eine Höhe haben (*a* von +*dat*) ② (*tener precio*) betragen (*a* +*akk*); (*cotización*) steigen (*a* auf +*akk*) ③ (*hallarse*) emporragen

**eliminación** [elimina'θjon] *f* ① (*supresión*) Beseitigung *f;* (*de errores*) Behebung *f;* (*de aranceles*) Abschaffung *f* ② (MED) Ausscheidung *f* ③ (DEP: *ser eliminado*) Ausscheiden *nt*

**eliminar** [elimi'nar] *vt* ① (*suprimir, matar*) beseitigen; (*fallos*) beheben; ~ **a la competencia** die Konkurrenz verdrängen ② (MED) ausscheiden ③ (DEP) besiegen; **fueron eliminados en la cuarta prueba** sie schieden in der vierten Runde aus

**eliminatoria** [elimina'torja] *f* (*competi-*

*ción*) Ausscheidungskampf *m;* (*vuelta*) Vorrunde *f*

**elipse** [e'liβse] *f* Ellipse *f*

**elipsis** [e'liβsis] *f inv* Ellipse *f*

**elíptico, -a** [e'liptiko, -a] *adj* elliptisch

**elite** [e'lite] *f*, **élite** ['elite] *f* Elite *f*

**elitista** [eli'tista] *adj* elitär

**elixir** [eliɣ'sir] *m* Elixier *nt*

**ella** ['eʎa] *pron pers 3. sg f* ❶ (*sujeto*) sie ❷ (*tras preposición: acusativo*) sie; (*dativo*) ihr; **el abrigo es de ~** (*suyo*) der Mantel ist ihrer

**ellas** ['eʎas] *pron pers 3. pl f* ❶ (*sujeto*) sie *pl* ❷ (*tras preposición: acusativo*) sie; (*dativo*) ihnen; **el coche es de ~** (*suyo*) das Auto gehört ihnen

**ello** ['eʎo] *pron pers 3. sg nt* ❶ (*sujeto*) das ❷ (*tras preposición*): **para ~** dafür; **por ~** darum; **estar en ~** schon dabei sein; **¡a ~!** nur zu!

**ellos** ['eʎos] *pron pers 3. pl m* ❶ (*sujeto*) sie *pl* ❷ (*tras preposición: acusativo*) sie; (*dativo*) ihnen; **estos niños son de ~** (*suyos*) das sind ihre Kinder

**elocuencia** [elo'kweṇθja] *f* Beredsamkeit *f;* **con ~** beredt

**elocuente** [elo'kweṇte] *adj* ❶ (*hablando*) beredt ❷ (*claro*) viel sagend; **las pruebas son ~s** die Beweise sprechen für sich

**elogiar** [elo'xjar] *vt* loben

**elogio** [e'loxjo] *m* Lob *nt;* **hacer ~s** loben; **recibir ~s** Lob ernten

**elogioso, -a** [elo'xjoso, -a] *adj* lobend; **palabras elogiosas** lobende Worte

**elote** [e'lote] *m* (*AmC*) Maiskolben *m*

**elucubración** [elukuβra'θjon] *f* (sinnlose) Überlegung *f*

**eludir** [elu'ðir] *vt* ❶ (*evitar*) umgehen; (*preguntas*) ausweichen +*dat;* **~ su responsabilidad** sich seiner Verantwortung entziehen ❷ (*declinar*) ablehnen

**e-mail** [i'mei̯l] *m abr de* **electronic mail** E-Mail *f*

**emanar** [ema'nar] **I.** *vi* ❶ (*escaparse*) ausströmen (*de* aus +*dat*); (*líquido*) ausfließen (*de* aus +*dat*) ❷ (*tener su origen*) hervorgehen (*de* aus +*dat*) **II.** *vt* ausstrahlen

**emancipación** [emaṇθipa'θjon] *f* Emanzipation *f*

**emancipar** [emaṇθi'par] **I.** *vt* (*liberar*) befreien; (*feminismo*) emanzipieren **II.** *vr:* **~se** sich emanzipieren

**embadurnamiento** [embaðurna'mjeṇto] *m* Ausschmieren *nt*

**embadurnar** [embaður'nar] **I.** *vt* ❶ (*manchar*) beschmieren (*con/de* mit +*dat*) ❷ (*pintar*) schmieren **II.** *vr:* **~se** sich beschmieren (*de/con* mit +*dat*)

**embajada** [emba'xaða] *f* Botschaft *f*

**embajador(a)** [embaxa'ðor(a)] *m(f)* (*diplomático*) Botschafter(in) *m(f)*

**embalaje** [emba'laxe] *m* Verpackung *f*

**embalar** [emba'lar] **I.** *vt* (*empaquetar*) verpacken **II.** *vr:* **~se** (*correr*) lossausen

**embaldosar** [embaḷdo'sar] *vt* fliesen

**embalsamar** [embalsa'mar] *vt* ❶ (*cadáveres*) einbalsamieren ❷ (*perfumar*) parfümieren

**embalsar** [embal'sar] *vt* stauen

**embalse** [em'balse] *m* ❶ (*acción*) Stauen *nt* ❷ (*pantano*) Stausee *m* ❸ (*Arg: presa*) Talsperre *f*

**embarazada** [embara'θaða] **I.** *adj* (*encinta*) schwanger; **estar ~ de seis meses** im sechsten Monat schwanger sein **II.** *f* Schwangere *f*

**embarazado, -a** [embara'θaðo, -a] *adj* (*cohibido*) verlegen

**embarazar** [embara'θar] <z→c> *vt* ❶ (*estorbar*) behindern ❷ (*cohibir*) in Verlegenheit bringen ❸ (*dejar encinta*) schwängern

**embarazo** [emba'raθo] *m* ❶ (*gravidez*) Schwangerschaft *f;* **interrupción del ~** Schwangerschaftsabbruch *m* ❷ (*cohibición*) Verlegenheit *f;* **causar ~ a alguien** jdn in Verlegenheit bringen ❸ (*impedimento*) Hindernis *nt*

**embarazoso, -a** [embara'θoso, -a] *adj* ❶ (*molesto*) hinderlich ❷ (*desagradable*) peinlich

**embarcación** [embarka'θjon] *f* Schiff *nt*

**embarcadero** [embarka'ðero] *m* Landungsbrücke *f*

**embarcar** [embar'kar] <c→qu> **I.** *vi* an Bord gehen **II.** *vt* ❶ (*en barco*) einschiffen ❷ (*en un asunto*) verwickeln (*en* in +*akk*) **III.** *vr:* **~se** ❶ (*en barco*) an Bord gehen ❷ (*en un asunto*) sich einlassen (*en* auf +*akk*)

**embargar** [embar'ɣar] <g→gu> *vt* ❶ (*retener*) beschlagnahmen ❷ (*absorber*) gefangen nehmen ❸ (*molestar*) behindern

**embargo** [em'barɣo] **I.** *m* ❶ (*retención*) Embargo *nt* ❷ (*confiscación*) Beschlagnahmung *f* **II.** *conj:* **sin ~** trotzdem

**embarque** [em'barke] *m* ❶ (*de material*) Einschiffung *f* ❷ (*de personas*) An-Bord-Gehen *nt;* **tarjeta de ~** Bordkarte *f*

**embarrancar** [embarraŋ'kar] <c→qu> **I.** *vi* stecken bleiben; (*barcos*) stranden **II.** *vr:* **~se** stecken bleiben

**embarullar** [embaru'ʎar] **I.** *vt* (*fam*) durcheinander bringen **II.** *vr:* **~se** (*fam*) durcheinander geraten

**embate** [em'bate] *m* ❶ (*del mar*) Brandung *f* ❷ (*golpe*) Schlag *m*

**embaucador(a)** [embau̯ka'ðor(a)] **I.** *adj* betrügerisch **II.** *m(f)* Betrüger(in) *m(f)*

**embaucamiento** [embau̯ka'mjen̪to] *m* Betrug *m*

**embaucar** [embau̯'kar] <c→qu> *vt* betrügen

**embeber** [embe'βer] **I.** *vi* einlaufen **II.** *vt* ❶ (*absorber*) aufsaugen ❷ (*empapar*) tränken (*de* mit +*dat*) ❸ (*contener*) enthalten **III.** *vr:* ~**se** ❶ (*empaparse*) sich voll saugen (*de* mit +*dat*) ❷ (*enfrascarse*) sich vertiefen (*en* in +*akk*)

**embelesar** [embele'sar] **I.** *vi, vt* begeistern; **tu voz (me) embelesa** du hast eine entzückende Stimme **II.** *vr:* ~**se** sich begeistern (*de/con* für +*akk*)

**embeleso** [embe'leso] *m* Begeisterung *f*

**embellecedor**[1] [embeʎeθe'ðor] *m* Schmuck *m;* (*en los coches*) Zierkappe *f*

**embellecedor(a)**[2] [embeʎeθe'ðor(a)] *adj* verschönernd

**embellecer** [embeʎe'θer] *irr como crecer vt* ❶ (*hacer más bonito*) verschönern ❷ (*idealizar*) idealisieren

**embestida** [embes'tiða] *f* Angriff *m*

**embestir** [embes'tir] *irr como pedir* **I.** *vi* schlagen **II.** *vt* ❶ (*atacar*) angreifen ❷ (*fam: pidiendo*) anbetteln

**emblandecer** [emblan̪de'θer] *irr como crecer* **I.** *vi* (*viento, frío*) nachlassen **II.** *vt* ❶ (*poner blando*) weich machen; (*suelo*) aufweichen ❷ (*calmar*) besänftigen ❸ (*hacer ceder*) erweichen

**emblanquecer** [emblaŋke'θer] *irr como crecer* **I.** *vt* weiß machen **II.** *vr:* ~**se** weiß werden

**emblema** [em'blema] *m* Emblem *nt*

**emblemático, -a** [emble'matiko, -a] *adj* sinnbildlich; **producto** ~ Vorzeigeprodukt *nt*

**embobar** [embo'βar] **I.** *vt* (*asombrar*) verblüffen; (*fascinar*) faszinieren **II.** *vr:* ~**se** (*de asombro*) erstaunt sein (*con/en* über +*akk*); (*de fascinación*) fasziniert sein (*con/en* von +*dat*)

**embocadura** [emboka'ðura] *f* ❶ (*entrada*) Einfahrt *f;* (*de un río*) Mündung *f* ❷ (*de los caballos, t.* MÚS) Mundstück *nt*

**embocar** [embo'kar] <c→qu> *vt* (*enfilar*) (hin)einfahren (in +*akk*); **el barco emboca el puerto** das Schiff fährt in den Hafen ein

**embolia** [em'bolja] *f* Embolie *f;* ~ **cerebral** Gehirnschlag *m*

**émbolo** ['embolo] *m* (TÉC) Kolben *m*

**embolsar** [embol'sar] *vt* ❶ (*meter*) einpacken ❷ (*dinero*) verdienen

**emboquillado** [emboki'ʎaðo] *m* Filterzigarette *f*

**emborrachamiento** [emborratʃa'mjen̪to] *m* (Be)trunkenheit *f*

**emborrachar** [emborra'tʃar] **I.** *vt* ❶ (*a alguien*) betrunken machen ❷ (GASTR) Alkohol zugeben +*dat* **II.** *vr:* ~**se** ❶ (*beber*) sich betrinken (*con/de* mit +*dat*) ❷ (*los colores*) ineinander laufen

**emborrascarse** [emborras'karse] <c→qu> *vr* ❶ (METEO) stürmisch werden ❷ (*negocio*) scheitern

**emborronar** [emborro'nar] *vt* ❶ (*de tachaduras*) verschmieren ❷ (*escribir*) hinkritzeln

**emboscada** [embos'kaða] *f* Hinterhalt *m;* **tender una ~ a alguien** jdm eine Falle stellen

**emboscarse** [embos'karse] <c→qu> *vr* (*para atacar*) im Hinterhalt lauern

**embotamiento** [embota'mjen̪to] *m* ❶ (*herramienta*) Stumpfwerden *nt* ❷ (*persona*) Abstumpfen *nt*

**embotar** [embo'tar] **I.** *vt* ❶ (*herramienta*) stumpf machen ❷ (*tabaco*) in eine (Tabak)dose füllen ❸ (*sentidos*) benebeln; **este olor me embota** dieser Geruch benebelt mich (völlig) **II.** *vr:* ~**se** ❶ (*herramienta*) stumpf werden ❷ (*aturdirse*) benommen werden ❸ (*gracia, desenvoltura*) nachlassen ❹ (*fam: las botas*) die Stiefel anziehen

**embotellado, -a** [embote'ʎaðo, -a] *adj* (*bebida*) abgefüllt; **vino** ~ Flaschenwein *m*

**embotelladora** [emboteʎa'ðora] *f* (Ab)füllmaschine *f;* ~ **circular** Rundfüller *m*

**embotellamiento** [emboteʎa'mjen̪to] *m* ❶ (*de vino*) Flaschenabfüllung *f* ❷ (*de tráfico*) Stau *m*

**embotellar** [embote'ʎar] **I.** *vt* ❶ (*líquido*) (in Flaschen) abfüllen ❷ (*tráfico*) lahm legen ❸ (*fam: lección*) pauken **II.** *vr:* ~**se** ❶ (*fam: lección*) pauken ❷ (*tráfico*) sich stauen

**embozar** [embo'θar] <z→c> **I.** *vt* ❶ (*rostro*) vermummen ❷ (*hecho*) vertuschen **II.** *vr:* ~**se** (*rostro*) sich vermummen

**embragar** [embra'ɣar] <g→gu> **I.** *vi* (AUTO) kuppeln **II.** *vt* (AUTO) einkuppeln

**embrague** [em'braɣe] *m* Kupplung *f*

**embravecido, -a** [embraβe'θiðo, -a] *adj* ❶ (*animal*) aggressiv ❷ (*viento*) stürmisch; (*mar*) aufgewühlt

**embriagador(a)** [embrjaɣa'ðor(a)] *adj* berauschend; **aroma** ~ betörendes Aroma

**embriagar** [embrja'ɣar] <g→gu> **I.** *vi, vt* ❶ (*emborrachar*) betrunken machen ❷ (*enajenar*) berauschen; **este perfume**

embriaga das ist ein betörendes Parfum **II.** *vr:* **~se** (*emborracharse*) sich betrinken

**embriaguez** [embrja'ɣeθ] *f* ① (*borrachera*) (Be)trunkenheit *f;* **en estado de ~** in betrunkenem Zustand ② (*enajenación*) Rausch *m*

**embrión** [embri'on] *m* (BIOL) Embryo *m*

**embrional** [embrjo'nal] *adj* embryonal

**embrionario, -a** [embrjo'narjo, -a] *adj* embryonal

**embrollar** [embro'ʎar] **I.** *vt* ① (*liar*) verwirren; **embrollas todo lo que tocas** du bringst alles durcheinander; **lo embrollas más de lo necesario** du machst die Sache komplizierter als nötig ② (*Chil, Urug: engañar*) betrügen **II.** *vr:* **~se** sich verwirren; **~se en un negocio** in ein Geschäft verwickelt werden

**embrollo** [em'broʎo] *m* ① (*lío*) Durcheinander *nt;* (*de hilos*) Gewirr *nt;* **meterse en un ~** sich in eine verzwickte Lage bringen ② (*embuste*) Lüge *f;* **no me vengas con ~s** sag mir die Wahrheit ③ (*chanchullo*) Intrige *f;* **este negocio seguro que es un ~** an diesem Geschäft ist mit Sicherheit etwas faul

**embromado, -a** [embro'maðo, -a] *adj* (*Am: fam*) ① (*difícil*) schwierig ② (*molesto*) lästig

**embromar** [embro'mar] *vt* ① (*gastar una broma*) hochnehmen; (*cariñosamente*) necken ② (*engatusar*) beschwatzen ③ (*Am: fastidiar*) ärgern

**embrujado, -a** [embru'xaðo, -a] *adj* Geister-; **castillo ~** Spukschloss *nt*

**embrujar** [embru'xar] *vt* ① (*haciendo brujería*) verhexen ② (*embelesar*) verzaubern

**embrutecer** [embrute'θer] *irr como crecer* **I.** *vt* ① (*volverse bruto*) verrohen lassen ② (*entontecer*) verdummen lassen **II.** *vr:* **~se** ① (*volverse bruto*) verrohen ② (*volverse insensible*) gefühllos werden

**embuchado** [embu'ʧaðo] *m* ① (GASTR) ≈Wurst *f* ② (*para ocultar*) Ablenkungsmanöver *nt* ③ (POL) Wahlbetrug *m*

**embudo** [em'buðo] *m* ① (*aparato*) Trichter *m;* **en forma de ~** trichterförmig; **aplicar la ley del ~** mit zweierlei Maß messen ② (*trampa*) Schwindel *m*

**embuste** [em'buste] *m* ① (*mentira*) Lüge *f* ② (*estafa*) Betrug *m*

**embustero, -a** [embus'tero, -a] **I.** *adj* verlogen; **¡qué tío más ~!** der lügt ja wie gedruckt! **II.** *m, f* ① (*mentiroso*) Lügner(in) *m(f)* ② (*estafador*) Betrüger(in) *m(f)*

**embute** [em'bute] *m* (*Méx: fam: soborno*) Bestechung *f*

**embutido** [embu'tiðo] *m* (GASTR) Wurst *f;* **~s** Wurstwaren *fpl*

**embutir** [embu'tir] **I.** *vt* ① (*cosas*) (hinein)stopfen (*en* in +*akk*); (*personas*) hineinzwängen (*en* in +*akk*); **~ lana en un cojín** ein Kissen mit Wolle füllen; **íbamos embutidos en el tranvía** wir waren in der Straßenbahn zusammengepfercht ② (*el embutido*) füllen **II.** *vr:* **~se** (*de comida*) sich voll stopfen (*de* mit +*dat*)

**eme** ['eme] *f* M, m *nt;* **mandar a alguien a la ~** (*fam: mierda*) jdn zum Teufel schicken

**emergencia** [emer'xen̩θja] *f* ① (*acción*) Auftauchen *nt* ② (*suceso*) Notfall *m;* **estado de ~** Notstand *m;* **plan de ~** Notstandsplan *m;* **declarar el estado de ~ en una zona** eine Zone zum Notstandsgebiet erklären

**emergente** [emer'xen̩te] *adj:* **país ~** Schwellenland *nt*

**emerger** [emer'xer] <g→j> *vi* ① (*del agua*) auftauchen (*de* aus +*dat*) ② (*de la superficie*) hervorragen (*de* aus +*dat*); **mi jefe emergió de la nada** mein Chef hat sich von ganz unten emporgearbeitet

**emeritense** [emeri'tense] **I.** *adj* aus Mérida **II.** *mf* Einwohner(in) *m(f)* von Mérida

**emigración** [emiɣra'θjon] *f* Auswanderung *f* (*a* nach +*dat,* in +*akk*), Emigration *f* (*a* nach +*dat,* in +*akk*)

**emigrado, -a** [emi'ɣraðo, -a] *m, f,* **emigrante** [emi'ɣran̩te] *mf* Auswanderer, -in *m, f,* Emigrant(in) *m(f)*

**emigrar** [emi'ɣrar] *vi* auswandern

**emigratorio, -a** [emiɣra'torjo, -a] *adj* Auswanderungs-

**eminencia** [emi'nen̩θja] *f* ① (GEO) Anhöhe *f* ② (*título*) Eminenz *f* ③ (*talento*) Meister *m* (*en* +*gen*); **ser una ~ en su campo** ein Meister auf seinem Gebiet sein; **ser una ~ en literatura contemporánea** ein Experte für zeitgenössische Literatur sein

**eminente** [emi'nen̩te] *adj* ① (*elevado*) hoch (gelegen) ② (*sobresaliente*) herausragend

**emir** [e'mir] *m* Emir *m*

**emirato** [emi'rato] *m* Emirat *nt;* **E~s Árabes Unidos** Vereinigte Arabische Emirate

**emisario, -a** [emi'sarjo, -a] *m, f* Abgesandte(r) *mf;* **~ para la recepción** Empfangsbote *m*

**emisión** [emi'sjon] *f* ① (TV, RADIO: *difusión*) Ausstrahlung *f;* (*en directo*) Übertragung *f;* (*programa*) Sendung *f* ② (*de luz*) Ausstrahlung *f;* (*de radiación/calor*) Abgabe *f* ③ (FIN) Ausgabe *f* ④ (*de contaminantes*) Ausstoß *m;* **emisiones contaminantes**

E

Schadstoffemissionen *fpl*

**emisor(a)** [emi'sor(a)] *adj* ① (TV, RADIO) Sende- ② (FIN): **banco** ~ Notenbank *f*

**emisora** [emi'sora] *f* Sender *m;* ~ **clandestina** Piratensender *m;* ~ **de radio** Rundfunksender *m;* ~ **de televisión** Fernsehsender *m*

**emitir** [emi'tir] *vt* (TV, RADIO) senden; (*en directo*) übertragen; (*luz, calor, olor*) ausstrahlen; (*radiación*) abgeben; (*humo, grito*) ausstoßen; (*dictamen*) abgeben; (FIN) ausgeben

**emoción** [emo'θjon] *f* ① (*sentimiento*) Gefühlsregung *f;* (*conmoción*) Rührung *f;* **lleno de emociones** emotionsgeladen; **palabras llenas de** ~ sehr bewegte Worte; **sin** ~ emotionslos; **sentir una honda** ~ tief bewegt sein; **hacer llorar de ~ a alguien** jdn zu Tränen rühren; **dar rienda suelta a sus emociones** seinen Gefühlen freien Lauf lassen ② (*turbación*) Aufregung *f*

**emocional** [emoθjo'nal] *adj* emotional

**emocionante** [emoθjo'nante] *adj* ① (*conmovedor*) rührend, bewegend ② (*excitante*) spannend

**emocionar** [emoθjo'nar] **I.** *vt* bewegen; **este libro no me emociona** dieses Buch lässt mich kalt; **los espectadores estaban emocionados** die Zuschauer waren ergriffen; **tus palabras me ~on** deine Worte gingen mir zu Herzen; **sólo la idea ya lo emocionaba** der Gedanke allein versetzte ihn in freudige Erregung **II.** *vr:* **~se** ① (*conmoverse*) gerührt sein ② (*turbarse*) sich aufregen; (*alegrarse*) freudig erregt sein

**emolumentos** [emolu'mentos] *mpl* Einkünfte *fpl;* (*de un libro*) Tantiemen *fpl;* (*honorarios*) Honorar *nt*

**emoticón** [emoti'kon] *m* Emoticon *nt*

**emotividad** [emotiβi'ðað] *f* (erhöhte) Erregbarkeit *f*

**emotivo, -a** [emo'tiβo, -a] *adj* emotional; (*atmósfera*) emotionsgeladen; (*escena*) rührend

**empacar** [empa'kar] <c→qu> **I.** *vi* packen **II.** *vt* (ein)packen

**empachado, -a** [empa'tʃaðo, -a] *adj:* **estoy** ~ (*indigestado*) ich habe mir den Magen verdorben; (*harto*) ich habe zu viel gegessen

**empachar** [empa'tʃar] **I.** *vt* ① (*indigestar*) nicht bekommen +*dat* ② (*turbar*) verlegen machen; **para decirlo no me empacha que estés delante** deine Anwesenheit hindert mich nicht daran, es zu sagen **II.** *vr:* **~se** ① (*indigestarse*) sich *dat* den Magen verderben; (*comer demasiado*) sich *dat* den Magen voll schlagen ② (*turbarse*) in Verlegenheit geraten; **no ~se de expresar sus sentimientos** sich nicht schämen seine Gefühle zu offenbaren

**empacho** [em'patʃo] *m* ① (*indigestión*) Magenverstimmung *f;* **tengo un ~ de dulces** ich habe mir den Magen mit Süßigkeiten verdorben; **tengo un ~ de televisión** ich habe das Fernsehen satt ② (*turbación*) Verlegenheit *f;* **no tengo ~ en...** es macht mir nichts aus zu ...

**empadronamiento** [empaðrona'mjento] *m* Eintragung *f* in das Einwohnerregister; (*en Alemania*) Meldung *f* beim Einwohnermeldeamt; **oficina de** ~ Einwohnermeldeamt *nt*

**empadronar** [empaðro'nar] **I.** *vt* (ins Einwohnerregister) eintragen; (*en Alemania*) anmelden **II.** *vr:* **~se** sich ins Einwohnerregister eintragen; (*en Alemania*) sich anmelden

**empalagar** [empala'ɣar] <g→gu> **I.** *vt, vi* ① (*alimento*) zu süß sein +*dat* ② (*persona*) lästig sein +*dat;* **tanta cortesía me empalaga** so viel Höflichkeit ist mir zuwider; **esta película empalaga** dieser Film ist zu sentimental **II.** *vr:* **~se** ① (*empacharse*) sich *dat* den Magen verderben ② (*hastiarse*) überdrüssig werden (*de/con* +*gen*); **me empalago de oírlo contar chistes** ich kann seine Witze nicht mehr hören

**empalago** [empa'laɣo] *m* ① (*dulzonería*) Süßlichkeit *f* ② (*pesadez*) Aufdringlichkeit *f* ③ (*hastío*) Überdruss *m* ④ (*empacho*) Magenverstimmung *f* ⑤ (*loc*): **hablar con** ~ gekünstelt reden

**empalagoso, -a** [empala'ɣoso, -a] *adj* ① (*alimento*) süßlich ② (*persona*) lästig ③ (*película*) sentimental

**empalidecer** [empaliðe'θer] *irr como crecer vi* ① (*persona*) erbleichen; (*color*) blass werden ② (*un hecho*) verblassen

**empalizada** [empali'θaða] *f* ① (*valla*) (Garten)zaun *m* ② (*de fortificación*) Palisade *f;* ~ **de nieve** Schneezaun *m*

**empalmar** [empal'mar] **I.** *vi* ① (*dos trenes*) Anschluss haben (*con* an +*akk*) ② (*dos caminos*) sich kreuzen; (*dos ríos*) zusammenfließen; **esta carretera empalma con la nacional** über diese Landstraße kommt man zur Bundesstraße **II.** *vt* (*maderos, tubos*) aneinander fügen; (*teléfono*) anschließen; ~ **a puerta** (DEP) direkt aufs Tor schießen

**empalme** [em'palme] *m* ① (*acción: de maderos/tubos*) Verbindung *f;* (*del telé-*

*fono*) Anschluss *m* ❷ (*punto: de maderos/tubos*) Verbindungsstelle *f;* (*del teléfono*) Anschlussstelle *f;* **estación de ~** (FERRO) Umsteigebahnhof *m*

**empanada** [empa'naða] *f* ❶ (GASTR) Pastete *f* ❷ (*timo*) Betrug *m*

**i Land & Leute**

Die **empanada** ist eine gefüllte Teigpastete. Die bekannteste in Spanien ist die *empanada gallega.* Der Teig kann aus Blätterteig, Weißbrotteig oder anderen Teigmassen (mit Wein und Schweineschmalz) bestehen. Die Füllung der **empanada** kann sehr vielfältig sein: Fleisch, Fisch oder auch Meeresfrüchte, wie zum Beispiel die **empanada de berberechos** (Herzmuscheln) oder die **empanada de bacalao** (Kabeljau). Eine interessante Variante ist der *hornazo* aus Salamanca, der mit Schinken, gewürzter Schweinelende, Wurst und gekochten Eiern gefüllt wird.

**empanadilla** [empana'ðiʎa] *f* Pastete *f*

**empanar** [empa'nar] *vt* ❶ (*rellenar*) füllen ❷ (*rebozar*) panieren

**empantanar** [empan̩ta'nar] **I.** *vt* ❶ (*un terreno*) überschwemmen ❷ (*un proyecto*) hemmen **II.** *vr:* **~se** ❶ (*terreno*) versumpfen ❷ (*proyecto*) ins Stocken geraten

**empañar** [empa'ɲar] **I.** *vt* ❶ (*ventana*) beschlagen; (*metal*) matt machen; **las lágrimas le empañan los ojos** Tränen verschleiern ihm/ihr die Augen ❷ (*nombre*) beflecken; (*hazaña*) den Glanz nehmen *+dat* ❸ (*niño*) wickeln **II.** *vr:* **~se** (*ventana*) anlaufen; (*metal*) anlaufen; (*ojos*) sich trüben; (*voz*) belegt klingen

**empañarse** [empa'ɲarse] *vr* (*ventana*) beschlagen; (*metal*) anlaufen

**empapar** [empa'par] **I.** *vt* ❶ (*humedecer*) eintauchen (*en* in *+akk*) ❷ (*absorber*) aufsaugen ❸ (*mojar*) durchnässen; **la lluvia ha empapado el suelo** der Regen hat den Boden aufgeweicht; **el vendaje está empapado de sangre** der Verband ist von Blut durchtränkt **II.** *vr:* **~se** ❶ (*mojarse*) (völlig) nass werden ❷ (*un tema*) in sich aufsaugen

**empapelado** [empape'laðo] *m* ❶ (*acción*) Tapezieren *nt* ❷ (*papel*) Tapete *f*

**empapelar** [empape'lar] **I.** *vi, vt* (*las paredes*) tapezieren **II.** *vt* ❶ (*objeto*) verpacken ❷ (*fam: encausar*) anklagen

**empaque** [em'pake] *m* ❶ (*el empaquetar*) Verpacken *nt* ❷ (*semblante*) Aussehen *nt;* (*del rostro*) Gesichtsausdruck *m;* **su ~ era grave** er/sie machte ein ernstes Gesicht ❸ (*gravedad*) Würde *f;* **andaba con gran ~** er/sie ging gemessenen Schrittes ❹ (*Am: desfachatez*) Unverschämtheit *f*

**empaquetador(a)** [empaketa'ðor(a)] *m(f)* Packer(in) *m(f)*

**empaquetar** [empake'tar] *vt* ❶ (*objetos*) verpacken ❷ (*personas*) zusammenpferchen (*en* in *+dat*) ❸ (MIL) bestrafen

**emparedado** [empare'ðaðo] *m* Sandwich *m o nt*

**emparedar** [empare'ðar] **I.** *vt* einmauern **II.** *vr:* **~se** ❶ (*encerrarse*) sich einsperren ❷ (*aislarse*) sich (von der Außenwelt) zurückziehen

**emparejamiento** [emparexa'mjen̩to] *m* ❶ (*acción*) Paarung *f* ❷ (*pareja*) Paar *nt*

**emparejar** [empare'xar] **I.** *vi* ❶ (*ponerse al lado*): **~ con alguien** jdn einholen ❷ (*ponerse al nivel*) gleichziehen **II.** *vt* ❶ (*juntar*) (miteinander) paaren; **ya estoy emparejado** ich habe bereits einen Partner; **me quieren ~ con ella** sie wollen mich mit ihr verkuppeln ❷ (*nivelar*) auf dieselbe Höhe bringen ❸ (*ventana*) anlehnen **III.** *vr:* **~se** (*formar pareja*) ein Paar bilden; (*parejas*) Paare bilden; **en el siguiente partido quedé emparejado con Juan** in der folgenden Runde spielte ich mit Juan zusammen

**emparentado, -a** [emparen̩'taðo, -a] *adj* (*familia*) angeheiratet; (*persona*) verschwägert; **está bien ~** er hat in eine vermögende Familie eingeheiratet

**emparentar** [emparen̩'tar] <e→ie> *vi:* **~ con una familia** in eine Familie einheiraten

**empastador(a)** [empasta'ðor(a)] *m(f)* (*Am*) Buchbinder(in) *m(f)*

**empastar** [empas'tar] *vt* ❶ (*rellenar*) füllen; (*cubrir*) bestreichen; **~ un diente** einen Zahn mit einer Füllung versehen; **~ la cara con crema** (sich *dat*) das Gesicht (dick) eincremen ❷ (*libro*) kartonieren

**empaste** [em'paste] *m* ❶ (*relleno*) Füllen *nt;* (*cubrir*) Bestreichen *nt* ❷ (MED) (Zahn)füllung *f;* **tengo dos muelas con ~** ich habe zwei plombierte Backenzähne

**empatar** [empa'tar] **I.** *vi* ❶ (DEP) unentschieden ausgehen; **~ a uno** eins zu eins unentschieden spielen; **cuando iban empatando uno a uno...** beim Gleichstand von eins zu eins ...; **estar empatados a puntos en la clasificación** auf demselben Tabellenplatz sein ❷ (POL) Stimmengleichheit erreichen **II.** *vt* ❶ (*Am: cuerdas*) miteinander verbinden; ~ **mentiras** Lügen vom Stapel lassen ❷ (*CRi: amarrar*) festmachen ❸ (*Ven: importunar*) belästigen

**empate** [em'pate] *m* ❶ (DEP) Unentschieden *nt;* **gol del** ~ Ausgleichstreffer *m* ❷ (POL) Stimmengleichheit *f*

**empatía** [empa'tia] *f* Empathie *f*

**empecinamiento** [empeθina'mjento] *m* Sturheit *f*

**empecinarse** [empeθi'narse] *vr* stur beharren (*en* auf +*dat*)

**empedernido, -a** [empeðer'niðo, -a] *adj* ❶ (*insensible*) herzlos ❷ (*incorregible*) unverbesserlich; **bebedor** ~ Gewohnheitstrinker *m;* **solterón** ~ eingefleischter Junggeselle

**empedrar** [empe'ðrar] <e→ie> *vt* ❶ (*pavimentar*) (be)pflastern ❷ (*plagar*) reichlich versehen (*de* mit +*dat*); ~ **un libro con citas** ein Buch mit Zitaten spicken

**empeine** [em'pei̯ne] *m* ❶ (ANAT: *del pie*) Spann *m,* Rist *m* ❷ (ANAT: *del vientre*) Unterleib *m* ❸ (*de la bota*) Blatt *nt* ❹ (MED) Eiterflechte *f*

**empellón** [empe'ʎon] *m* Stoß *m;* **pasar a través de la multitud a empellones** sich durch die Menge boxen

**empeñado, -a** [empe'ɲaðo, -a] *adj* ❶ (*obstinado*) hartnäckig; **lo vi** ~ **en invitarme** er bestand hartnäckig darauf, mich einzuladen ❷ (*discusión*) hitzig

**empeñar** [empe'ɲar] **I.** *vt* (*objetos*) verpfänden; ~ **la palabra** sein Wort geben **II.** *vr:* ~**se** ❶ (*insistir*) (hartnäckig) bestehen (*en* auf +*dat*); **se empeña en hablar contigo** er/sie will unbedingt mit dir sprechen; **no te empeñes** hör auf zu drängen; **si te empeñas en beber este vino asqueroso...** wenn du unbedingt diesen ekelhaften Wein trinken willst ... ❷ (*endeudarse*) sich verschulden ❸ (*mediar*) sich einsetzen (*por* für +*akk*)

**empeño** [em'peɲo] *m* ❶ (*de objetos*) Verpfändung *f;* **casa de** ~**s** Pfandhaus *nt* ❷ (*compromiso*) Verpflichtung *f* ❸ (*afán*) Eifer *m;* **con** ~ beharrlich; **tengo** ~ **por** [*o* **en**] **sacar la mejor nota** ich strebe danach, die beste Note zu erhalten; **pondré** ~ **en...** ich werde alles daransetzen zu ...

**empeoramiento** [empeora'mjento] *m* Verschlechterung *f;* ~ **de la coyuntura** Konjunkturverschlechterung *f*

**empeorar** [empeo'rar] **I.** *vt* verschlechtern; **con tus palabras lo has acabado de** ~ mit deinen Worten hast du es nur noch schlimmer gemacht **II.** *vi, vr:* ~**se** sich verschlechtern

**empequeñecer** [empekeɲe'θer] *irr como crecer vt* ❶ (*disminuir*) verkleinern ❷ (*quitar importancia*) herabsetzen

**emperador** [empera'ðor] *m* ❶ (POL) Kaiser *m* ❷ (ZOOL) Schwertfisch *m*

**emperatriz** [empera'triθ] *f* Kaiserin *f*

**emperifollar** [emperifo'ʎar] *vt, vr:* ~**se** (*fam*) sich herausputzen

**emperrarse** [empe'rrarse] *vr* (*fam: obstinarse*) (hartnäckig) bestehen (*en* auf +*dat*)

**empezar** [empe'θar] *irr vi, vt* beginnen; (*botella*) anbrechen; (*pastel*) anschneiden; **empezó de la nada** er/sie hat sich von ganz unten hochgearbeitet; **¡no empieces!** fang nicht schon wieder damit an!; **para** ~ **me leeré el periódico** zunächst einmal werde ich die Zeitung lesen; **para** ~ **no tengo dinero y, además, no tengo ganas** erstens habe ich kein Geld und zweitens keine Lust

**empinado, -a** [empi'naðo, -a] *adj* ❶ (*edificio*) hoch ❷ (*pendiente*) steil

**empinar** [empi'nar] **I.** *vt* ❶ (*poner vertical*) aufstellen ❷ (*alzar*) hochheben; ~ **una botella** eine Flasche (zum Trinken) ansetzen; ~ **la cabeza** den Kopf heben; ~ **el codo** (*fig fam*) saufen **II.** *vr:* ~**se** ❶ (*persona*) sich auf die Fußspitzen stellen; (*animal*) sich auf die Hinterbeine stellen ❷ (*un edificio*) (empor)ragen

**empipada** [empi'paða] *f* (*Am*) Schlemmerei *f;* **darse una** ~ **de chocolate** Unmengen von Schokolade essen

**empiparse** [empi'parse] *vr* (*Am*) sich satt essen

**empírico, -a** [em'piriko, -a] *adj* empirisch

**empirismo** [empi'rismo] *m sin pl* ❶ (*científico*) Empirie *f* ❷ (FILOS) Empirismus *m*

**emplaste** [em'plaste] *m* Gips *m*

**emplasto** [em'plasto] *m* Pflaster *nt*

**emplazamiento** [emplaθa'mjento] *m* ❶ (JUR) Vorladung *f* ❷ (*lugar*) Platz *m;* (*situación*) Lage *f;* (*de una empresa*) Standort *m* ❸ (MIL) Stellung *f*

**emplazar** [empla'θar] <z→c> *vt* ❶ (*citar*) zitieren; (JUR) vorladen; **le emplazo para darme una respuesta mañana** ich fordere Sie hiermit auf mir morgen eine Antwort zu geben ❷ (*situar*) platzieren; (MIL) stationieren; **este monumento no está bien emplazado aquí** dieses Denkmal ist hier fehl am Platz

**empleado, -a** [emple'aðo, -a] *m, f* Angestellte(r) *mf;* **empleada de hogar** Hausangestellte *f;* ~ **de oficina** Sachbearbeiter *m;* ~ **de ventanilla** Schalterbeamte(r) *m;* **los**

**~s de una empresa** die Belegschaft einer Firma

**empleador(a)** [emplea'ðor(a)] *m(f)* (*Am*) Arbeitgeber(in) *m(f)*

**emplear** [emple'ar] **I.** *vt* (1) (*colocar*) einstellen; (*ocupar*) beschäftigen; **en estos momentos no estoy empleado** zur Zeit habe ich keine Anstellung (2) (*usar*) benutzen; (*fuerza, tiempo*) aufwenden; (*medio, técnica, método, conocimientos*) anwenden; (*razón*) walten lassen; **¡podrías ~ mejor el tiempo!** du könntest mit deiner Zeit etwas Besseres anfangen!; **¡ya te está bien empleado!** das geschieht dir (ganz) recht!; **dar algo por bien empleado** etw nicht bereuen (3) (*dinero*) ausgeben (*en* für +*akk*); **he empleado todo el dinero en la casa** ich habe das ganze Geld in das Haus gesteckt **II.** *vr:* **~se** (1) (*colocarse*) eine Anstellung finden (*como/de* als +*nom*) (2) (*usarse*) benutzt werden (3) (*esforzarse*): **~se a fondo** sein Bestes tun

**empleo** [em'pleo] *m* (1) (*trabajo*) Stelle *f;* (*ocupación*) Beschäftigung *f;* **pleno ~** Vollbeschäftigung *f;* **no tener ~** arbeitslos sein; **crear ~** neue Arbeitsplätze schaffen (2) (*uso*) Benutzung *f;* (*de fuerza, tiempo*) Aufwendung *f;* (*de medio/técnica/método/conocimientos*) Anwendung *f;* **modo de ~** Gebrauchsanweisung *f;* **el ~ de materias primas y energía** der Einsatz von Rohstoffen und Energie

**empobrecedor(a)** [empoβreθe'ðor(a)] *adj:* **algo es** [*o* **resulta**] **~ para alguien** etw macht jdn arm

**empobrecer** [empoβre'θer] *irr como crecer* **I.** *vt* arm machen; **la edad empobrece los reflejos** mit dem Alter werden die Reflexe schlechter **II.** *vi, vr:* **~se** verarmen; **este terreno se ha empobrecido** dieser Acker ist ausgelaugt

**empobrecimiento** [empoβreθi'mjen̩to] *m* (1) (*depauperación*) Verarmung *f* (2) (*empeoramiento*) Verschlechterung *f*

**empollar** [empo'ʎar] **I.** *vi* (1) (*fam: estudiante*) büffeln (2) (*Am: ampollar*) Blasen bilden **II.** *vt* (1) (*ave*) ausbrüten (2) (*fam: lección*) pauken; **estar empollado de algo** etw aus dem Effeff können

**empollón, -ona** [empo'ʎon, -ona] *m, f* (*fam*) Streber(in) *m(f)*

**empolvar** [empol'βar] **I.** *vt* (ein)pudern **II.** *vr:* **~se** (1) (*el rostro*) sich pudern (2) (*un objeto*) verstauben; **la mesa se ha empolvado** der Tisch ist ganz staubig

**emponzoñar** [empon̩θo'ɲar] *vt* vergiften

**emporio** [em'porjo] *m* (1) (*ciudad*) Handelsstadt *f;* (*centro comercial*) (Handels)zentrum *nt* (2) (*centro cultural*) Hochburg *f* (3) (*AmC: almacén*) Kaufhaus *nt*

**emporrarse** [empo'rrarse] *vr* (*argot*) kiffen

**empotrado, -a** [empo'traðo, -a] *adj:* **muebles ~s** Einbaumöbel *ntpl*

**empotrar** [empo'trar] *vt* einbauen (*en* in +*akk*); (*en una pared*) einmauern (*en* in +*akk*)

**emprendedor(a)** [empren̩de'ðor(a)] *adj* unternehmungslustig

**emprender** [empren̩'der] *vt* (1) (*trabajo*) in Angriff nehmen; (*negocio*) gründen; **~ la marcha** sich auf den Weg machen; **~ la vuelta** den Rückweg antreten; **~ el vuelo** abfliegen; **al anochecer la emprendimos hacia el refugio** (*fam*) als es dunkel wurde, kehrten wir in die Berghütte zurück (2) (*loc, fam*): **~la con alguien** es mit jdm aufnehmen; **~la a bofetadas con alguien** eine Prügelei mit jdm anfangen; **~la a insultos con alguien** jdn mit Beschimpfungen bombardieren

**empresa** [em'presa] *f* (1) (*operación*) Unternehmen *nt* (2) (*iniciativa*) Initiative *f* (3) (ECON) Betrieb *m;* (*compañía*) Unternehmen *nt,* Firma *f;* **~ de mensajería y paquetería** Kurier- und Paketdienst *m;* **mediana ~** mittelständischer Betrieb; **pequeña ~** Kleinbetrieb *m*

**empresariado** [empresa'rjaðo] *m* Unternehmertum *nt*

**empresarial** [empresa'rjal] *adj* (1) (*del empresario*) unternehmerisch (2) (*de la empresa*) Betriebs-; (*compañía*) Unternehmens-

**empresario, -a** [empre'sarjo, -a] *m, f* (1) (ECON) Unternehmer(in) *m(f);* (*patrón*) Arbeitgeber(in) *m(f);* **pequeño ~** Kleinunternehmer *m* (2) (TEAT) Intendant(in) *m(f)*

**empréstito** [em'prestito] *m* Anleihe *f;* **~ público** Staatsanleihe *f*

**empujar** [empu'xar] *vi, vt* (1) (*dar empujón*) schieben; (*con violencia*) stoßen; (*multitud*) drängeln; (*puerta*) drücken; **me empujó hacia atrás** er/sie stieß mich zurück; **me empujó contra la pared** er/sie drückte mich gegen die Wand (2) (*empleado*) entlassen (3) (*instar*) drängen; **su familia le empuja a que se case** seine Familie drängt ihn zur Heirat (4) (*intrigar*) intrigieren; **ha empujado mucho para conseguir el puesto** er/sie hat einige Intrigen gesponnen, um sich *dat* den Posten zu sichern

**empuje** [em'puxe] *m* (1) (*acción*) Stoß *m* (2) (FÍS) Schub *m;* **~ ascensional** Auftrieb *m* (3) (*energía*) Schwung *m;* (*resolución*) Durchsetzungsvermögen *nt;* **persona de**

E

~ Draufgänger(in) *m(f)*; **no tienes el ~ suficiente para llevar la empresa** du hast nicht den nötigen Schwung, um die Firma zu leiten

**empujón** [empu'xon] *m* ❶ *(empellón)* Stoß *m*; **dar un ~ a alguien** jdn stoßen; **entrar en un local a empujones** sich in ein Lokal (hinein)drängen; **la carretera se está construyendo a empujones** die Straßenbauarbeiten werden ständig unterbrochen ❷ *(impulso)* Ruck *m*; **si no le damos un ~ al trabajo no lo acabaremos** wenn wir jetzt nicht Druck machen, werden wir mit der Arbeit nie fertig

**empuñadura** [empuɲa'ðura] *f* *(puño)* Griff *m*; *(de un bastón)* Knauf *m*

**empuñar** [empu'ɲar] *vt* ❶ *(tomar)* ergreifen; *(asir)* fest halten; **~ las armas** zu den Waffen greifen ❷ *(un puesto)* erreichen ❸ *(Chil: la mano)* ballen

**emú** [e'mu] *m* Emu *m*

**emulación** [emula'θjon] *f* ❶ *(imitación)* Nacheiferung *f* ❷ *(competencia)* Wetteifer *m*

**emular** [emu'lar] *vt* ❶ *(imitar)* nacheifern *+dat* ❷ *(competir)* wetteifern (mit *+dat*)

**émulo, -a** ['emulo, -a] *m, f* ❶ *(imitador)* Nachahmer(in) *m(f)* ❷ *(oponente)* Rivale, -in *m, f*

**emulsión** [emul'sjon] *f* Emulsion *f*

**emulsionar** [emulsjo'nar] *vt* emulgieren

**en** [en] *prep* ❶ *(lugar)* in *+dat*, auf *+dat*, an *+dat*; *(con movimiento)* in *+akk*, auf *+akk*, an *+akk*; **el libro está ~ el cajón** das Buch ist in der Schublade; **pon el libro ~ el cajón** leg das Buch in die Schublade; **he dejado las llaves ~ la mesa** ich habe die Schlüssel auf dem Tisch liegen lassen; **coloca el florero ~ la mesa** stell die Blumenvase auf den Tisch; **~ la pared hay un cuadro** an der Wand hängt ein Bild; **pon el póster ~ la pared** kleb das Poster an die Wand; **estar ~ el campo/~ la ciudad/~ una isla** auf dem Lande/in der Stadt/auf einer Insel sein; **~ Alemania/~ Turquía/~ Irak** in Deutschland/in der Türkei/im Irak; **vacaciones ~ el mar** Urlaub an der See; **jugar ~ la calle** auf der Straße spielen; **vivo ~ la calle Mozart** ich wohne in der Mozartstraße; **estoy ~ casa** ich bin zu Hause; **estoy ~ casa de mis padres** ich bin bei meinen Eltern; **trabajo ~ una empresa japonesa** ich arbeite bei einer japanischen Firma ❷ *(tiempo)* in *+dat*; **~ el año 2000** im Jahre 2000; **~ el año 1995 Kobe sufrió un terremoto** Kobe wurde (im Jahre) 1995 von einem Erdbeben heimgesucht; **~ otra ocasión** bei einer anderen Gelegenheit; **~ aquellos tiempos** damals; **~ un mes/dos años** innerhalb eines Monats/von zwei Jahren; **lo terminaré ~ un momento** ich mache es gleich fertig; **~ todo el día** den ganzen Tag ❸ *(modo, estado)*: **~ venta** zu verkaufen; **~ flor** in Blüte; **~ construcción** im Bau (befindlich); **~ vida** am Leben; **~ absoluto** auf (gar) keinen Fall; **~ voz alta** laut; **decir algo ~ español** etw auf Spanisch sagen; **de tres ~ tres** jeweils zu dritt; **de dos ~ dos** paarweise; **pagar ~ euros** in Euro bezahlen ❹ *(medio)*: **papá viene ~ tren/coche** Papa kommt mit dem Zug/Auto; **he venido ~ avión** ich bin geflogen; **lo reconocí ~ la voz** ich erkannte ihn an der Stimme ❺ *(ocupación)*: **doctor ~ filosofía** Doktor der Philosophie; **trabajo ~ ingeniería genética** ich arbeite als Genetiker(in); **estar ~ la policía** bei der Polizei sein; **estar ~ la mili** beim Militär sein; **trabajar ~ Correos/~ una fábrica** bei der Post/in einer Fabrik arbeiten ❻ *(con verbo)*: **pienso ~ ti** ich denke an dich; **no confío ~ él** ich vertraue ihm nicht; **ingresar ~ un partido** in eine Partei eintreten; **ganar ~ importancia** an Bedeutung gewinnen ❼ *(cantidades)*: **aumentar la producción ~ un 5%** die Produktion um 5 % steigern; **me he equivocado sólo ~ 2 euros** ich habe mich nur um 2 Euro verrechnet ❽ (ECON): **~ fábrica** ab Werk; **franco ~ almacén** ab Lager

**enagua(s)** [e'naɣwa(s)] *f(pl)* Unterrock *m*

**enajenación** [enaxena'θjon] *f* ❶ *(de una propiedad)* Veräußerung *f* ❷ *(de la mente)* Verwirrung *f*; **~ mental** Geistesgestörtheit *f* ❸ *(embeleso)* Verzückung *f* ❹ *(distracción)* Zerstreutheit *f* ❺ *(entre personas)* Entfremdung *f*

**enajenar** [enaxe'nar] **I.** *vt* ❶ *(una posesión)* veräußern ❷ *(enloquecer)* verrückt machen ❸ *(turbar)* entzücken; *(fascinar)* faszinieren ❹ *(de alguien)* entfremden; **su carácter lo enajena de mucha gente** sein Charakter macht ihn vielen Leuten unsympathisch **II.** *vr:* **~se** ❶ *(de una posesión)* veräußern (*de* *+akk*) ❷ *(enloquecer)* verrückt werden ❸ *(de alguien)* sich entfremden

**enaltecer** [enal̥te'θer] *irr como crecer vt* ❶ *(ensalzar)* loben ❷ *(dignificar)* Würde verleihen *+dat*

**enamoradizo, -a** [enamora'ðiθo, -a] *adj* leicht entflammbar; **es un joven ~** er fängt leicht Feuer

**enamorado, -a** [enamo'raðo, -a] **I.** *adj* verliebt (*de* in *+akk*); **estuvimos un tiempo**

~**s** wir waren einige Zeit ein Paar **II.** *m, f:* **día de los** ~**s** Valentinstag *m*

**enamorar** [enamo'rar] **I.** *vt* ❶ (*conquistar*) verliebt machen; **mi profesora me ha enamorado** ich habe mich in meine Lehrerin verliebt ❷ (*cortejar*) den Hof machen +*dat* **II.** *vr:* ~**se** ❶ (*de alguien*) sich verlieben (*de* in +*akk*) ❷ (*de una cosa*) angetan sein (*de* von +*dat*)

**enanito, -a** [ena'nito, -a] *m, f:* **Blancanieves y los siete** ~**s** Schneewittchen und die sieben Zwerge

**enano, -a** [e'nano, -a] **I.** *adj* Zwerg-; (*persona*) zwerg(en)haft; (MED) zwergwüchsig **II.** *m, f* ❶ (*liliputiense*) Liliputaner(in) *m(f)* ❷ (*de un cuento*) Zwerg(in) *m(f)* ❸ (*fam: criatura*) Kleine(r) *mf* ❹ (*pey: granuja*) elender Wicht *m* ❺ (*loc*): **disfrutar como un** ~ sich köstlich amüsieren

**enarbolar** [enarβo'lar] *vt* (*bandera*) hissen; (*cartel*) hoch halten; (*espada*) schwingen

**enardecer** [enarđe'θer] *irr como crecer* **I.** *vt* ❶ (*pasiones*) entfachen; **el vino los enardeció** der Wein brachte sie in Stimmung; ~ **los ánimos** die Gemüter erregen ❷ (*enfervorizar*) begeistern ❸ (*sexualmente*) erregen **II.** *vr:* ~**se** ❶ (*pasiones*) sich entflammen ❷ (*entusiasmarse*) sich begeistern (*por* für +*akk*) ❸ (MED: *inflamarse*) sich entzünden ❹ (*sexualmente*) erregt werden

**encabalgar** [eŋkaβal'ɣar] <g→gu> **I.** *vi* ❶ (*montar*) reiten ❷ (*apoyar*) anlehnen **II.** *vt* ❶ (*proveer de caballos*) mit Pferden versehen ❷ (LIT) ein Enjambement machen (bei/in +*dat*)

**encabezado** [eŋkaβe'θađo] *m* (*Guat, Méx: titular*) Überschrift *f*

**encabezamiento** [eŋkaβeθa'mjen̩to] *m* ❶ (*de un escrito/libro*) Kopf *m;* (*de un artículo*) Überschrift *f* ❷ (*de una carta: parte superior*) Briefkopf *m;* (*tratamiento*) Anrede *f;* (*primeras líneas*) Einleitung *f* ❸ (INFOR, TIPO) Kopfzeile *f*

**encabezar** [eŋkaβe'θar] <z→c> *vt* ❶ (*lista, grupo*) anführen; (*institución*) leiten ❷ (*un escrito*) einleiten; (*un artículo*) überschreiben; ~ **un libro con una cita** einem Buch ein Zitat voranstellen ❸ (*una carta: la parte superior*) den Briefkopf schreiben +*gen;* (*el tratamiento*) die Anrede schreiben +*gen;* (*las primeras líneas*) einleiten

**encabritarse** [eŋkaβri'tarse] *vr* ❶ (*animal*) sich aufbäumen ❷ (*persona*) wütend sein

**encabronarse** [eŋkaβro'narse] *vr* wütend werden (*con* über +*akk*)

**encadenación** [eŋkađena'θjon] *f* ❶ (*acción*) Anketten *nt* (*a* an +*akk/dat*) ❷ (*a un trabajo*) Bindung *f* (*a* an +*akk*) ❸ (*de hechos*) Verkettung *f*

**encadenar** [eŋkađe'nar] **I.** *vt* ❶ (*bicicleta, persona*) anketten (*a* an +*akk/dat*); (*un perro t.*) an die Kette legen ❷ (*hechos, t.* INFOR) verketten; (*razonamientos*) miteinander verknüpfen ❸ (*a un trabajo, lugar*) binden (*a* an +*akk*); **los recuerdos la encadenan a esta casa** die Erinnerungen binden sie an dieses Haus **II.** *vr:* ~**se** ❶ (*con cadenas*) sich anketten (*a* an +*akk/dat*) ❷ (*hechos*) sich verketten ❸ (*a un trabajo, lugar*) sich binden (*a* an +*akk*)

**encajar** [eŋka'xar] **I.** *vi* ❶ (*ajustar, t.* TÉC) passen; (*cerradura*) einrasten; **la puerta encaja mal** die Tür klemmt; **esta puerta no encaja con este marco** diese Tür passt nicht in diesen Rahmen ❷ (*datos, hechos*) passen (*con* zu +*dat*); **las dos declaraciones encajan** die zwei Aussagen stimmen überein; **¡ves como todo encaja!** sieh mal, wie alles zusammenpasst!; **este chiste no encaja aquí** dieser Witz ist hier fehl am Platz **II.** *vt* ❶ (*ajustar, t.* TÉC) einpassen (*en* in +*akk*); ~ **dos piezas** zwei Stücke ineinander fügen; ~ **la ventana en el marco** das Fenster in den Fensterrahmen einsetzen; ~ **el sombrero en la cabeza** den Hut aufsetzen; ~ **la funda en la máquina** den Überzug über die Maschine stülpen ❷ (*fam: disparo*) abgeben; (*golpe*) versetzen ❸ (*fam: aceptar*) annehmen; **no** ~ **la muerte de alguien** jds Tod nicht verkraften; **no sabes** ~ **una broma** du verstehst keinen Spaß ❹ (DEP: *golpe*) abbekommen; (*gol*) kassieren ❺ (*fam: soltar*) vom Stapel lassen; ~ **una reprimenda a alguien** jdm die Leviten lesen; **me encajó todas sus vacaciones** ich musste die Schilderung seines/ihres gesamten Urlaubes über mich ergehen lassen ❻ (*fam: endilgar*) andrehen; ~ **una tarea a alguien** jdm eine Aufgabe aufbrummen ❼ (*insertar*) einfügen; **tenemos que** ~ **esta historia en la edición de mañana** wir müssen diese Geschichte in der Ausgabe von morgen unterbringen **III.** *vr:* ~**se** ❶ (*empotrarse*) stecken bleiben (*en* in +*dat*) ❷ (*fam: ponerse*) sich *dat* anziehen ❸ (*atascarse*) klemmen; (*acción*) sich verklemmen

**encaje** [eŋ'kaxe] *m* ❶ (*acción*) Einpassung *f* (*en* in +*akk*) ❷ (*tejido*) Spitze *f*

**encajonamiento** [eŋkaxona'mjen̩to] *m* ❶ (*en cajones*) Einpacken *nt* (*in Kartons/Kisten*) ❷ (*a la fuerza*) Hineinzwängen *nt* ❸ (*de un muro*) Abstützung *f*

E

**encajonar** [eŋkaxo'nar] **I.** *vt* (1) (*en cajones*) (ein)packen (2) (*a la fuerza*) (hinein)zwängen; (*personas*) zusammenpferchen; **estábamos encajonados en el ascensor** wir standen zusammengepfercht im Aufzug **II.** *vr:* ~**se** (1) (*apretarse*) sich hineinzwängen (*en* in +*akk*) (2) (*un río*) eine Enge bilden

**encalar** [eŋka'lar] *vt* tünchen

**encallar** [eŋka'ʎar] *vi* (1) (*barco*) stranden (2) (*asunto*) nicht vorankommen; (*negociaciones*) sich festfahren

**encallecer** [eŋkaʎe'θer] *irr como crecer* **I.** *vi, vr:* ~**se** (*piel*) verhornen **II.** *vr:* ~**se** (*persona*) abstumpfen

**encalmarse** [eŋkal'marse] *vr* abflauen

**encaminar** [eŋkami'nar] **I.** *vt* (1) (*orientar*) auf den richtigen Weg bringen (*a* nach/zu +*dat*); **¿me puede ~ al pueblo más próximo, por favor?** können Sie mir bitte erklären, wie ich zum nächsten Dorf komme? (2) (*dirigir*) lenken (*hacia* auf +*akk*); **~ sus pasos hacia el pueblo** sich auf den Weg ins Dorf machen; **~ la mirada/la conversación hacia un punto** den Blick/das Gespräch auf einen Punkt lenken; **~ los esfuerzos hacia una meta** die Bemühungen auf ein Ziel richten; **medidas encaminadas a reducir el paro** Maßnahmen zur Senkung der Arbeitslosigkeit; **~ los negocios** die Geschäfte in Gang bringen **II.** *vr:* ~**se** sich aufmachen (*a/hacia* nach/zu +*dat*); **~se a la meta** direkt aufs Ziel zugehen

**encamotarse** [eŋkamo'tarse] *vr* (*Am*) sich verlieben (*en* in +*akk*)

**encandilar** [eŋkaṇdi'lar] **I.** *vt* (*deslumbrar*) blenden; **tu belleza lo encandiló** er war von deiner Schönheit geblendet; **escuchar encandilado** gebannt zuhören **II.** *vr:* ~**se** (1) (*Am: asustarse*) Angst haben (2) (*PRico: enfadarse*) sich ärgern

**encanecer** [eŋkane'θer] *irr como crecer vi, vr:* ~**se** (1) (*pelo*) ergrauen; **pelo encanecido** graumeliertes Haar (2) (*persona*) alt werden

**encantado, -a** [eŋkaṇ'taðo, -a] *adj* (1) (*satisfecho*) (hoch)erfreut (*de/con* über +*akk*); **¡~ de conocerle!** sehr angenehm!; **estoy ~ con mi nuevo trabajo** ich bin mit meiner neuen Arbeit sehr zufrieden; **estoy ~ de la vida** ich fühle mich sehr wohl (2) (*distraído*) geistesabwesend

**encantador(a)** [eŋkaṇta'ðor(a)] **I.** *adj* (1) (*persona*) reizend; (*bebé*) goldig (2) (*fiesta, lugar*) zauberhaft (3) (*música*) bezaubernd **II.** *m(f)* Zauberer, -in *m, f;* **~ de serpientes** Schlangenbeschwörer *m*

**encantamiento** [eŋkaṇta'mjeṇto] *m* Verzauberung *f;* **lo hizo como por arte de ~** er/sie tat es wie durch Zauberei

**encantar** [eŋkaṇ'tar] *vt* (1) (*hechizar*) verzaubern; (*serpientes*) beschwören (2) (*gustar*) gefallen +*dat;* **me encanta viajar** ich reise sehr gern; **me encantan los dulces** ich esse unheimlich gern Süßes; **me encanta que te preocupes por mí** es freut mich sehr, dass du dich um mich kümmerst (3) (*cautivar*) begeistern; (*fascinar*) faszinieren

**encanto** [eŋ'kaṇto] *m* (1) (*hechizo*) Zauber *m;* **romper el ~** den Zauber brechen (2) (*atractivo*) Reiz *m;* **¡es un ~ de niño!** das ist ein goldiges Kind!

**encañado** [eŋka'ɲaðo] *m* (1) (*tubos*) Rohrleitung *f* (2) (*cañas*) Rohrgestell *nt*

**encañonar** [eŋkaɲo'nar] **I.** *vt* (1) (*agua*) durch Rohre leiten (2) (*arma*) zielen (auf +*akk, con* mit +*dat*); **la encañonó con su pistola** er/sie richtete seine/ihre Pistole auf sie (3) (*cartones, prendas*) fälteln (4) (*seda*) spulen **II.** *vi* Federn ansetzen

**encapotar** [eŋkapo'tar] **I.** *vt* (*con el capote*) einen Umhang umhängen +*dat* **II.** *vr:* ~**se** (1) (*capote*) sich *dat* einen Umhang umhängen (2) (*cielo*) sich bedecken (3) (*persona*) ein düsteres Gesicht machen

**encapricharse** [eŋkapri'ʧarse] *vr* (1) (*con una cosa*) unbedingt wollen (*con* +*akk*) (2) (*con una persona*) sich vernarren (*con* in +*akk*); **te has encaprichado con ella** sie hat es dir angetan

**encapuchado, -a** [eŋkapu'ʧaðo, -a] *adj* (*atracador*) maskiert

**encaramar** [eŋkara'mar] **I.** *vt* (1) (*alzar*) hochheben; **~ a alguien a la fama mundial** jdn weltberühmt machen (2) (*alabar*) loben **II.** *vr:* ~**se** (1) (*subir*): **~se a un árbol** (auf) einen Baum hinaufklettern; **~se a una escalera** eine Leiter hochklettern (2) (*de categoría*) sich hocharbeiten; **~se a lo más alto de la empresa** sich in der Firma ganz nach oben arbeiten

**encarar** [eŋka'rar] **I.** *vt* (1) (*persona, cosa*) (einander) gegenüberstellen (2) (*riesgo*) ins Auge sehen +*dat* (3) (*fusil*) richten (*a* auf +*akk*) **II.** *vr:* ~**se** (1) (*dos personas*) einander gegenüberstehen (2) (*a una dificultad*) ins Auge sehen (*a/con* +*dat*) (3) (*fam: a un superior*) die Stirn bieten (*a* +*dat*)

**encarcelación** [eŋkarθela'θjon] *f* Inhaftierung *f*

**encarcelar** [eŋkarθe'lar] *vt* inhaftieren; **estar encarcelado** sich in Haft befinden

**encarecer** [eŋkare'θer] *irr como crecer vt* (1) (COM) verteuern (2) (*alabar*) loben

③ (*subrayar*) hervorheben; **encareció la necesidad de aprender idiomas** er/sie unterstrich immer wieder, wie wichtig es ist, Sprachen zu lernen ④ (*insistir*) eindringlich bitten; **me encareció que no dejara de visitarla** sie bat mich eindringlich sie zu besuchen

**encarecidamente** [eŋkareθiða'men̩te] *adv* eindringlich; **le ruego ~...** ich bitte Sie inständig ...

**encarecimiento** [eŋkareθi'mjen̩to] *m* ① (COM) Verteuerung *f* ② (*acentuación*) Betonung *f* ③ (*insistencia*): **con ~** eindringlich

**encargado, -a** [eŋkar'ɣaðo, -a] **I.** *adj* beauftragt (*de* mit +*dat*) **II.** *m, f* Beauftragte(r) *mf;* (*oficial*) Sachbearbeiter(in) *m(f);* (*de un taller*) Werkmeister(in) *m(f);* **~ de curso** Lehrbeauftragte(r) *m;* **~ de obras** Polier *m;* **~ de prensa** Pressesprecher *m*

**encargar** [eŋkar'ɣar] <g→gu> **I.** *vt* ① (*encomendar*) anvertrauen; (*cargo*) übertragen; **lo ~on del departamento de ventas** ihm wurde die Leitung der Verkaufsabteilung übertragen; **encargó a su hijo a una vecina** er/sie vertraute das Kind der Obhut einer Nachbarin an ② (*recomendar*) empfehlen; **le encargué que fuera discreta** ich riet ihr zur Diskretion ③ (*pedir*) bestellen ④ (*trabajo*) in Auftrag geben; **me han encargado que ocupe la presidencia** man hat mich beauftragt den Vorsitz zu führen **II.** *vr:* **~se** sich kümmern (*de* um +*akk*); **tengo que ~me aún de un par de cosas** ich muss noch ein paar Sachen erledigen

**encargo** [eŋ'karɣo] *m* ① (*pedido*) Bestellung *f;* **~ por anticipado** Vorbestellung *f;* **~ por catálogo** Katalogbestellung *f;* **hacer un nuevo ~** nachbestellen ② (*trabajo*) Auftrag *m;* **traje de ~** Maßanzug *m;* **de ~** im Auftrag; **por ~ de...** im Auftrag von ...; **hacer ~s** Besorgungen machen; **tener ~ de hacer algo** den Auftrag haben, etw zu tun; **este vestido te viene como hecho de ~** dieses Kleid sitzt wie angegossen

**encariñado, -a** [eŋkari'ɲaðo, -a] *adj:* **estar ~ con algo** etw (gern) mögen; **estar ~ con alguien** jdn gern haben

**encariñar** [eŋkari'ɲar] **I.** *vt:* **~ a alguien** jds Zuneigung wecken **II.** *vr:* **~se** ① (*con algo*) (gern) mögen (*con* +*akk*) ② (*con alguien*) gern haben (*con* +*akk*); **me he encariñado con el pequeño** ich habe den Kleinen lieb gewonnen; **el hijo se ha encariñado con su madre** das Kind hängt sehr an seiner Mutter

**encarnación** [eŋkarna'θjon] *f* ① (REL) Inkarnation *f* ② (*personificación*) Verkörperung *f;* **la ~ del horror** der Inbegriff des Schreckens

**encarnado, -a** [eŋkar'naðo, -a] *adj* ① (*color carne*) fleischfarben; (*rojo*) rot ② (*persona*) leibhaftig; **era Alejandro Magno ~** er war Alexander der Große in Person

**encarnar** [eŋkar'nar] **I.** *vi* (REL) zu Fleisch werden **II.** *vt* (*representar*) verkörpern

**encarnizado, -a** [eŋkarni'θaðo, -a] *adj* ① (*herida*) entzündet; (*ojo*) blutunterlaufen ② (*lucha*) blutig

**encarnizamiento** [eŋkarniθa'mjen̩to] *m* Grausamkeit *f;* (*de la lucha*) Heftigkeit *f*

**encarnizar** [eŋkarni'θar] <z→c> **I.** *vt* (*perro*) scharf machen; (*persona*) aufhetzen **II.** *vr:* **~se** ① (*perro*) sich verbeißen (*con* in +*akk/dat*) ② (*recrudecerse*) grausam werden; (*en un combate*) verbissen kämpfen ③ (*ensañarse*) seine Wut auslassen (*con/en* an +*dat*)

**encarrilar** [eŋkarri'lar] *vt* ① (FERRO) aufgleisen; **ir encarrilado** auf Gleisen laufen ② (*dirigir*) auf den rechten Weg bringen; (*de nuevo*) wieder ins (rechte) Gleis bringen

**encartar** [eŋkar'tar] *vt* (JUR) in Abwesenheit verurteilen

**encarte** [eŋ'karte] *m* Werbebeilage *f*

**encartonar** [eŋkarto'nar] *vt* ① (*empaquetar*) in Pappe verpacken ② (*encuadernar*) kartonieren

**encasillado** [eŋkasi'ʎaðo] *m* (*de un crucigrama*) Kästchen *ntpl*

**encasillamiento** [eŋkasiʎa'mjen̩to] *m* ① (*encasillado*) Kästchen *ntpl* ② (*colocación en casillas*) Verteilung *f* in einzelne Fächer ③ (*pey: clasificación*) Abstempeln *nt*

**encasillar** [eŋkasi'ʎar] **I.** *vt* ① (*meter en casillas*) in Fächer verteilen ② (*clasificar*) einordnen (*en* in +*akk*) **II.** *vr:* **~se** sich festlegen (*en* auf +*akk*)

**encasquetar** [eŋkaske'tar] **I.** *vt* ① (*sombrero*) aufstülpen ② (*golpe*) versetzen ③ (*una idea*) einreden ④ (*endilgar*) aufbürden; **me encasquetó un rollo tremendo** er/sie traktierte mich mit seinem/ihrem fürchterlichen Geschwätz **II.** *vr:* **~se** (*sombrero*) sich *dat* aufstülpen; **se te ha encasquetado esa idea** du hast dir diese Idee in den Kopf gesetzt

**encasquillar** [eŋkaski'ʎar] **I.** *vt* ① (TÉC) einbuchsen ② (*Am: herrar*) beschlagen **II.** *vr:* **~se** ① (*atascarse*) klemmen; (*arma*) Ladehemmungen haben ② (*irón: al hablar*) einen Kloß im Hals haben

**encausar** [eŋkau̯'sar] *vt* (JUR) belangen;

(*acusar*) verklagen

**encauzar** [eŋkau̯'θar] <z→c> *vt* (*corriente*) eindämmen; (*debate*) lenken; ~ **su vida** sein Leben neu ordnen

**encéfalo** [en̪'θefalo] *m* Gehirn *nt*

**encefalograma** [en̪θefalo'ɣrama] *m* (MED) Enzephalogramm *nt*

**encenagarse** [en̪θena'ɣarse] <g→gu> *vr* ❶ (*con barro*) verschlammen ❷ (*pervertirse*) versumpfen

**encendedor** [en̪θen̪de'ðor] *m* Anzünder *m;* (*mechero*) Feuerzeug *nt*

**encender** [en̪θen̪'der] <e→ie> **I.** *vi* zünden **II.** *vt* ❶ (*llama*) anzünden; ~ **un conflicto** einen Konflikt heraufbeschwören ❷ (*conectar*) anmachen ❸ (*pasiones*) entflammen ❹ (AUTO, TÉC) zünden **III.** *vr:* ~**se** ❶ (*desencadenarse*) aufflammen ❷ (*inflamarse*) sich entzünden ❸ (*ruborizarse*) erröten

**encendido**[1] [en̪θen̪'diðo] *m* (AUTO, TÉC) Zündung *f;* ~ **automático** Selbstzündung *f;* ~ **defectuoso** Fehlzündung *f*

**encendido, -a**[2] [en̪θen̪'diðo, -a] *adj* ❶ (*conectado*) angeschaltet; **la luz está encendida** das Licht ist an ❷ (*ardiente*) brennend; (*apasionado*) inbrünstig ❸ (*rojo*) feuerrot

**encerado** [en̪θe'raðo] *m* ❶ (*tratamiento con cera*) Wachsen *nt;* (*abrillantado*) Bohnern *nt* ❷ (*pizarra*) Wandtafel *f* ❸ (NÁUT) Persenning *f*

**encerar** [en̪θe'rar] *vt* wachsen; (*lustrar*) bohnern

**encerrar** [en̪θe'rrar] <e→ie> **I.** *vt* ❶ (*depositar, recluir*) einschließen (*en* in +*akk/dat*); (*aprisionar*) einsperren (*en* in +*dat*); ~ **entre paréntesis** einklammern ❷ (*contener*) enthalten; **la oferta encerraba una trampa** hinter dem Angebot verbarg sich eine Falle **II.** *vr:* ~**se** (*fig*) sich zurückziehen (*en* in +*akk*)

**encerrona** [en̪θe'rrona] *f* Falle *f;* **preparar una ~ a alguien** jdm eine Falle stellen

**encestar** [en̪θes'tar] *vi* einen Korb werfen

**enceste** [en̪'θeste] *m* (DEP) Korb *m*

**encharcar** [entʃar'kar] <c→qu> **I.** *vt* Pfützen hinterlassen (auf +*dat*) **II.** *vr:* ~**se** ❶ (*empantanarse*) zum See werden ❷ (MED): **tener los pulmones encharcados** Wasser in der Lunge haben

**enchastrar** [entʃas'trar] *vt* (*CSur*) beschmutzen

**enchilada** [entʃi'laða] *f* (*AmC*) Enchilada *f*

**enchilado, -a** [entʃi'laðo, -a] *adj* (*Méx*) ❶ (*bermejo*) blutrot ❷ (*colérico*) cholerisch; (*rabioso*) zornig

**enchilar** [entʃi'lar] **I.** *vt* (*AmC*) ❶ (GASTR) mit Chili würzen ❷ (*molestar*) belästigen ❸ (*decepcionar*) enttäuschen **II.** *vr:* ~**se** (*AmC: enfurecerse*) wütend werden

**enchinar** [entʃi'nar] **I.** *vt* (*Méx: enrizar*) locken **II.** *vr:* ~**se** (*Méx*) ❶ (*ponerse carne de gallina*) eine Gänsehaut bekommen ❷ (*acobardarse*) den Mut verlieren

**enchinchar** [entʃin'tʃar] **I.** *vt* ❶ (*Guat, RDom: incomodar*) belästigen ❷ (*Méx: hacer perder el tiempo*) hinhalten **II.** *vr:* ~**se** ❶ (*Arg: malhumorarse*) schlechte Laune bekommen; **¿estás enchinchado?** welche Laus ist dir denn über die Leber gelaufen? ❷ (*Guat, Méx, Perú, PRico: llenarse de chinches*) verwanzen

**enchironar** [entʃiro'nar] *vt* (*argot*) einlochen

**enchivarse** [entʃi'βarse] *vr* (*Col, Ecua*) wütend werden

**enchufado, -a** [entʃu'faðo, -a] **I.** *adj* (*fam*): **está bien** ~ er hat gute Beziehungen **II.** *m, f* (*fam*) Günstling *m*

**enchufar** [en'tʃufar] *vt* ❶ (ELEC) einstecken ❷ (TÉC: *conectar*) anschließen; (*empalmar*) verbinden ❸ (*acoplar*) ineinander stecken ❹ (*fam: persona*) ein Pöstchen verschaffen (*a* +*dat*)

**enchufe** [en'tʃufe] *m* ❶ (*clavija*) Stecker *m* ❷ (*toma*) Steckdose *f* ❸ (*conexión*) Anschluss *m;* (*manguito*) Buchse *f* ❹ (INFOR) Plug-In *m* ❺ (*fam pey*): **tener** ~ Beziehungen haben

**enchufismo** [entʃu'fismo] *m* Günstlingswirtschaft *f*

**enchutar** [entʃu'tar] *vt* (*AmC*) ❶ (*embutir*) füllen (*de* mit +*dat*) ❷ (*introducir*) einführen

**encía** [en̪'θia] *f* Zahnfleisch *nt*

**encíclica** [en̪'θiklika] *f* (REL) Enzyklika *f*

**enciclopedia** [en̪θiklo'peðja] *f* Lexikon *nt;* (*de todo el saber*) Enzyklopädie *f;* ~ **en varios volúmenes** mehrbändiges Lexikon; **ser una ~ viviente** ein wandelndes Lexikon sein

**enciclopédico, -a** [en̪θiklo'peðiko, -a] *adj* enzyklopädisch; **diccionario** ~ Sachwörterbuch *nt;* **tener conocimientos** ~**s** ein wandelndes Lexikon sein

**encierro** [en̪'θjerro] *m* ❶ (*reclusión*) Einsperren *nt;* (*prisión*) Haft *f;* (*aislamiento*) Zurückgezogenheit *f;* (*como protesta*) Sitzblockade *f* ❷ (*lugar*) Gefängnis *nt;* (*cercado*) Gehege *nt*

**i Land & Leute**

**Encierro**, ein Begriff aus der *tauromaquia – Stierkampfkunst*, bezeichnet genau genommen folgende zwei Vorgänge: die Stiere werden in die Arenastallungen eingetrieben und anschließend in den *toril – Stierzwinger* eingesperrt. Für viele ist das die eigentliche *fiesta – Volksfest/Nationalfest.*

**encima** [eṇ'θima] **I.** *adv* ❶ (*arriba*) obendrauf; **llevar** [*o* **tener**] ~ (*consigo*) dabei haben; **tener** ~ (*molestia*) auf dem Hals(e) haben; **ya tenemos bastante** ~ (*fig*) wir haben schon genug Sorgen; **quitarse de** ~ (*librarse*) loswerden; **quitar a alguien un peso de** ~ (*fig*) jdm einen Stein vom Herzen nehmen; **se me ha quitado un peso de** ~ (*fig*) mir ist ein Stein vom Herzen gefallen; **echarse** ~ **de alguien** (*fig*) jdn überfallen; **se nos echa el tiempo** ~ die Zeit rennt uns davon ❷ (*además*) obendrein; **te di el dinero y** ~ **una botella de vino** ich gab dir das Geld und dazu noch eine Flasche Wein ❸ (*superficialmente*): **por** ~ oberflächlich **II.** *prep* ❶ (*local: sobre*): (**por**) ~ **de** (*sin contacto*) über +*dat;* **el libro está** ~ **de la mesa** das Buch liegt auf dem Tisch; **viven** ~ **de nosotros** sie wohnen über uns; **estar** ~ **de alguien** (*fig*) ein Auge auf jdn haben ❷ (*con movimiento*): (**por**) ~ **de** (*sin contacto*) über +*akk;* **pon esto** ~ **de la cama** leg das auf das Bett; **cuelga la lámpara** ~ **de la mesa** häng die Lampe über den Tisch; **¡por** ~ **de mí!** (*fig*) nur über meine Leiche!; **ése pasa por** ~ **de todo** (*fig*) der geht über Leichen ❸ (*más alto*): **el rascacielos está por** ~ **de la catedral** dieser Wolkenkratzer ist höher als die Kathedrale ❹ (*en contra de*): **por** ~ **de alguien** gegen jds Willen

**encimera** [eṇθi'mera] *f* Arbeitsfläche *f*

**encina** [eṇ'θina] *f* (*árbol*) Steineiche *f*

**encinta** [eṇ'θiṇta] *adj* schwanger; **dejar** ~ schwängern

**encintar** [eṇθiṇ'tar] *vt* ❶ (*engalanar con cintas*) mit Bändern schmücken ❷ (*bordillo*) mit einem Bordstein versehen

**enclaustrar** [eŋklau̯s'trar] **I.** *vt* in ein Kloster einschließen; (*aislar*) absondern **II.** *vr:* ~**se** ins Kloster gehen; (*aislarse*) sich absondern

**enclave** [eŋ'klaβe] *m* Enklave *f*

**enclenque** [eŋ'kleŋke] *adj* mick(e)rig

**encocorar** [eŋkoko'rar] **I.** *vt* (*fam*) auf die Palme bringen **II.** *vr:* ~**se** (*fam*) auf die Palme gehen

**encofrar** [eŋko'frar] *vt* (ver)schalen

**encoger** [eŋko'xer] <g→j> **I.** *vi* (*tejido*) einlaufen; (*madera*) schrumpfen **II.** *vt* ❶ (*contraer*) zurückziehen ❷ (*reducir*) verkürzen ❸ (*desalentar*) einschüchtern; **verlo así me encoge el ánimo** mir sinkt der Mut, wenn ich ihn so sehe **III.** *vr:* ~**se** ❶ (*contraerse*) sich zusammenziehen; (*persona*) zusammenzucken; ~**se de hombros** die [*o* mit den] Achseln zucken ❷ (*reducirse*) schrumpfen ❸ (*acobardarse*) verzagen

**encolar** [eŋko'lar] *vt* leimen

**encolerizar** [eŋkoleri'θar] <z→c> **I.** *vt* erzürnen **II.** *vr:* ~**se** in Zorn geraten

**encomendar** [eŋkomeṇ'dar] <e→ie> **I.** *vt* (*recomendar*) empfehlen; (*confiar*) anvertrauen; (*traspasar*) übergeben; ~ **algo a alguien** (*comisionar*) jdn mit etw *dat* beauftragen **II.** *vr:* ~**se** sich anvertrauen; **sin** ~**se ni a Dios ni al diablo** Hals über Kopf

**encomiable** [eŋko'mjaβle] *adj* lobenswert

**encomiar** [eŋko'mjar] *vt* loben; (*irón*) ein Loblied singen (auf +*akk*)

**encomienda** [eŋko'mjeṇda] *f* ❶ (*encargo*) Auftrag *m* ❷ (*encomio*) Lob *nt* ❸ (*recomendación*) Empfehlung *f* ❹ (*Am: postal*) Postpaket *nt*

**encomio** [eŋ'komjo] *m* Lob *nt;* (*irón*) Lobrede *f;* **digno de** ~ lobenswert

**enconar** [eŋko'nar] **I.** *vt* ❶ (*inflamar*) entzünden ❷ (*agravar*) verschlimmern; (*agudizar*) verschärfen; (*espolear*) anstacheln ❸ (*exasperar*) reizen **II.** *vr:* ~**se** ❶ (*inflamarse*) sich entzünden ❷ (*agravarse*) sich verschlimmern; (*agudizarse*) sich verschärfen ❸ (*ensañarse*) seine Wut auslassen (*con* an +*dat*)

**encono** [eŋ'kono] *m* ❶ (*inflamación*) Entzündung *f* ❷ (*rencor*) Groll *m*

**encontradizo, -a** [eŋkoṇtra'ðiθo, -a] *adj:* **hacerse el** ~ jdm scheinbar zufällig über den Weg laufen

**encontrado, -a** [eŋkoṇ'traðo, -a] *adj* (*opuesto*) entgegengesetzt; **opiniones encontradas** gegensätzliche Meinungen

**encontrar** [eŋkoṇ'trar] <o→ue> **I.** *vt* ❶ (*hallar*) finden ❷ (*coincidir con*) treffen ❸ (*considerar*) finden; (*notar*) merken **II.** *vr:* ~**se** ❶ (*estar*) sich befinden; (*sentirse*) sich fühlen ❷ (*citarse*) sich treffen (*con* mit +*dat*) ❸ (*coincidir*) treffen (*con* +*akk*), begegnen (*con* +*dat*) ❹ (*loc*): ~**se con algo** etw vorfinden; **me encontré con que el coche se había estropeado** ich fand mein Auto kaputt vor; ~**se con un problema** auf ein Problem stoßen; ~**se con una sorpresa desagradable** eine böse Überraschung erleben; **no sé lo que me** ~**é cuando llegue** ich weiß nicht, was mich bei meiner Ankunft erwartet; ~**se todo hecho** (*fam fig*) sich ins gemachte Bett legen

**encontronazo** [eŋkon̪tro'naθo] *m* (*fam*) Zusammenstoß *m;* **darse un** ~ sich anrempeln; **tener un** ~ **con alguien** mit jdm zusammenstoßen; (*enfrentamiento*) einen Zusammenstoß mit jdm haben

**encoñarse** [eŋko'ɲarse] *vr* (*vulg*) in den Arsch kriechen (*con +dat*); (*enamorarse*) sich total verknallen (*con* in *+akk*) *fam*

**encorsetar** [eŋkorse'tar] **I.** *vt* ❶ (*poner corsé*) ein Korsett anlegen (*+dat*) ❷ (*constreñir*) einschränken **II.** *vr:* ~**se** sich (ein)schnüren

**encorvado, -a** [eŋkor'βaðo, -a] *adj* krumm; **un hombrecillo** ~ ein buckliges Männlein

**encorvar** [eŋkor'βar] **I.** *vt* (*cosa*) biegen; (*cuerpo*) beugen **II.** *vr:* ~**se** (*cosa*) sich krümmen; (*persona*) sich bücken

**encrespar** [eŋkres'par] **I.** *vt* ❶ (*rizar*) kräuseln; **el viento encrespó las aguas** der Wind kräuselte die Wasseroberfläche ❷ (*erizar*) sträuben ❸ (*irritar*) reizen; (*excitar*) aufrühren **II.** *vr:* ~**se** ❶ (*rizarse*) sich kräuseln ❷ (*erizarse*) sich sträuben ❸ (*irritarse*) sich aufregen

**encriptación** [eŋkripta'θjon] *f* Chiffrierung *f;* ~ **de datos** (INFOR) Datenchiffrierung *f*

**encrucijada** [eŋkruθi'xaða] *f* (*cruce*) Kreuzung *f;* **estar en una** ~ (*fig*) am Scheideweg stehen

**encuadernable** [eŋkwaðer'naβle] *adj* einbindfähig; **fascículos** ~**s** Loseblattsammlung *f*

**encuadernación** [eŋkwaðerna'θjon] *f* ❶ (*encuadernado*) (Buch)binden *nt* ❷ (*cubierta*) Einband *m;* ~ **en rústica** Pappeinband *m;* ~ **en tela** Leineneinband *m* ❸ (*taller*) Buchbinderei *f*

**encuadernador(a)** [eŋkwaðerna'ðor(a)] *m(f)* Buchbinder(in) *m(f)*

**encuadernar** [eŋkwaðer'nar] *vt* binden; **encuadernado en cartoné** kartoniert; **sin** ~ nicht gebunden

**encuadrar** [eŋkwa'ðrar] *vt* ❶ (*enmarcar*) einrahmen ❷ (CINE, FOTO, TV) einstellen

**encubierto, -a** [eŋku'βjerto, -a] **I.** *pp de* **encubrir II.** *adj:* **tus palabras son una acusación encubierta** hinter deinen Worten verbirgt sich eine Anklage

**encubrir** [eŋku'βrir] *irr como abrir vt* ❶ (*cubrir*) bedecken ❷ (*ocultar*) verbergen; (*silenciar*) verheimlichen; (*un escándalo*) verschleiern; (*un delito*) decken

**encuentro** [eŋ'kwen̪tro] *m* Begegnung *f;* (*previsto*) Zusammenkunft *f;* (*cita, reunión*) Treffen *nt;* (*encontronazo*) Zusammenstoß *m;* (MIL) Gefecht *nt;* ~ **amistoso** (DEP) Freundschaftsspiel *nt;* **ir al** ~ **de alguien** jdn abpassen

**encuerado, -a** [eŋkwe'raðo, -a] *adj* (*Cuba, Méx*) ❶ (*desharrapado*) zerlumpt ❷ (*semidesnudo*) halb nackt

**encuerar** [eŋkwe'rar] *vt, vr:* ~**se** (*Am*) (sich) ausziehen

**encuerista** [eŋkwe'rista] *mf* (*Am*) Stripper(in) *m(f)*

**encuesta** [eŋ'kwesta] *f* ❶ (*sondeo*) Umfrage *f;* ~ **estadística** statistische Erhebung; ~ **por muestreo** Stichprobenerhebung *f;* **hacer una** ~ eine Umfrage durchführen ❷ (*investigación*) Nachforschung *f;* ~ **judicial** gerichtliche Untersuchung

**encuestador(a)** [eŋkwesta'ðor(a)] *m(f)* Befrager(in) *m(f);* (*entrevistador*) Interviewer(in) *m(f)*

**encuestar** [eŋkwes'tar] **I.** *vi* eine Umfrage erstellen **II.** *vt* befragen; (*entrevistar*) interviewen

**encularse** [eŋku'larse] *vr* (*Arg: fam*) ❶ (*ofenderse*) sich beleidigt fühlen (*por* wegen *+gen/dat*) ❷ (*enojarse*) wütend werden

**encumbramiento** [eŋkumbra'mjen̪to] *m* ❶ (*elevación*) Erhebung *f* ❷ (*en la sociedad*) Aufstieg *m* ❸ (*envanecimiento*) Überheblichkeit *f* ❹ (*superioridad*) Erhabenheit *f*

**encumbrar** [eŋkum'brar] **I.** *vt* ❶ (*levantar*) emporheben ❷ (*socialmente*) aufsteigen lassen; ~ **a alguien a la fama** jdm Ruhm einbringen ❸ (*exaltar*) erheben **II.** *vr:* ~**se** ❶ (*elevarse*) emporragen ❷ (*engrandecerse*) aufsteigen ❸ (*envanecerse*) überheblich werden

**ende** ['en̪de] *adv:* **por** ~ folglich

**endeble** [en̪'deβle] *adj* ❶ (*débil*) schwach; (*enfermizo*) schwächlich ❷ (*inconsistente*) haltlos

**endémico, -a** [en̪'demiko, -a] *adj* ❶ (MED) endemisch ❷ (*continuo*) immer wiederkehrend

**endemoniado, -a** [en̪demo'njaðo, -a] *adj* ❶ (*poseso*) vom Teufel besessen ❷ (*malo*) teuflisch ❸ (*fam: difícil, tremendo*) verteufelt; **tienes un genio** ~ du hast einen verdammt schwierigen Charakter; **tengo un hambre endemoniada** ich habe einen teuflischen Hunger ❹ (*fam: travieso*) unartig; **¡~s chiquillos!** Satansbrut!

**endenantes** [en̪de'nan̪tes] *adv* (*Am: fam*) früher

**enderezar** [en̪dere'θar] <z→c> *vt* ❶ (*poner derecho*) gerade biegen ❷ (*poner vertical*) aufrichten

**endeudamiento** [en̪deu̯ða'mjen̪to] *m*

(ECON, FIN) Verschuldung *f;* (COM) Passiva *ntpl;* ~ **excesivo, exceso de** ~ Überschuldung *f*

**endeudarse** [eṇdeu̯'ðarse] *vr* sich verschulden

**endiablado, -a** [eṇdja'βlaðo, -a] *adj v.* **endemoniado**

**endibia** [eṇ'diβja] *f* Chicorée *m o f*

**endilgar** [eṇdil'ɣar] <g→gu> *vt* (*fam*) ① (*encaminar*) einfädeln ② (*una tarea*) hinpfuschen ③ (*cargar*) aufhalsen; (*culpa*) in die Schuhe schieben

**endivia** [eṇ'diβja] *f v.* **endibia**

**endocrinólogo, -a** [eṇdokri'noloɣo, -a] *m, f* (MED) Endokrinologe, -in *m, f*

**endomingarse** [eṇdomiŋ'garse] <g→gu> *vr* sich in Schale werfen *fam;* **todos los paseantes iban endomingados** die Spaziergänger waren alle sonntäglich gekleidet

**endosar** [eṇdo'sar] *vt* ① (FIN) indossieren; (*traspasar*) übertragen; ~ **una letra** einen Wechsel girieren ② (*fam: endilgar*) aufhalsen

**endoscopia** [eṇdos'kopja] *f* (MED) Endoskopie *f*

**endoso** [eṇ'doso] *m* Indossament *nt;* ~ **de una letra** Wechselindossament *nt;* **sin** ~ nicht übertragbar

**endovenoso, -a** [eṇdoβe'noso, -a] *adj* intravenös; **por vía endovenosa** intravenös

**endrina** [eṇ'drina] *f* Schlehe *f*

**endrino**[1] [eṇ'drino] *m* Schlehdorn *m*

**endrino, -a**[2] [eṇ'drino, -a] *adj* blauschwarz

**endrogarse** [eṇdro'ɣarse] <g→gu> *vr* ① (*Am: drogarse*) Drogen nehmen ② (*Méx, Perú: endeudarse*) Schulden machen (*con* bei +*dat*)

**endulzar** [eṇduḷ'θar] <z→c> *vt* ① (*poner dulce*) süßen ② (*suavizar*) versüßen

**endurecer** [eṇdure'θer] *irr como crecer* **I.** *vt* ① (*poner duro*) hart werden lassen; (TÉC) härten; (ANAT) verhärten ② (*hacer resistente*) abhärten (*con/en/por* durch +*akk*) ③ (*extremar*) verschärfen **II.** *vr:* ~**se** ① (*ponerse duro*) hart werden; (*sentimientos*) hartherzig werden ② (*hacerse resistente*) sich abhärten (*con/en/por* durch +*akk*) ③ (*agudizarse*) sich verschärfen

**endurecimiento** [eṇdureθi'mjeṇto] *m* ① (*dureza*) Härte *f* ② (*proceso*) Verhärtung *f;* ~ **de las arterias** Arterienverkalkung *f* ③ (*resistencia*) Abhärtung *f* ④ (*agudizamiento*) Verschärfung *f*

**ene** ['ene] **I.** *adj inv* zig; (MAT) n; ~ **veces** zigmal; (MAT) n-mal **II.** *f* (*letra*) N, n *nt*

**enea** *f* (BOT) Rohrkolben *m*

**enebrina** [ene'βrina] *f* Wacholderbeere *f*

**enebro** [e'neβro] *m* Wacholder *m*

**eneldo** [e'neḷdo] *m* Dill *m*

**enema** [e'nema] *m* (*lavado*) Einlauf *m;* **poner un** ~ **a alguien** jdm einen Einlauf machen

**enemigo, -a** [ene'miɣo, -a] <enemicísimo> **I.** *adj* feindlich; (*hostil*) feindselig; **país** ~ Feindesland *nt* **II.** *m, f* Feind(in) *m(f);* (*contrario*) Gegner(in) *m(f);* ~ **acérrimo** Erzfeind *m;* ~**s mortales** Todfeinde *mpl;* **ser** ~ **de algo** gegen etw sein

**enemistad** [enemis'taᵈ] *f* Feindschaft *f;* (*hostilidad*) Feindseligkeit *f*

**enemistar** [enemis'tar] *vt, vr:* ~**se** (sich) verfeinden

**energético, -a** [ener'xetiko, -a] *adj* energetisch; **fuentes energéticas** Energiequellen *fpl*

**energía** [ener'xia] *f* (*t.* FÍS) Energie *f;* (*fuerza*) Kraft *f;* ~ **nuclear** Kernkraft *f;* **con** ~ (*fig*) (tat)kräftig; **con toda su** ~ mit aller Kraft; **sin** ~ (*fig*) kraftlos; **la glucosa da** ~ Traubenzucker spendet Energie; **emplear todas las** ~**s en algo** alle Kraft auf etw verwenden

**enérgico, -a** [e'nerxiko, -a] *adj* ① (*fuerte*) energisch ② (*decidido*) entschlossen ③ (*estricto*) streng; **ponerse** ~ **con alguien** jdm gegenüber strengere Saiten aufziehen ④ (*efectivo*) wirksam

**energúmeno, -a** [ener'ɣumeno, -a] *m, f* (*fam*) Besessene(r) *mf;* **se puso a gritar como un** ~ er fing an wie verrückt zu schreien

**enero** [e'nero] *m* Januar *m; v. t.* **marzo**

**enervante** [ener'βaṇte] *adj* (*fam: irritante*) nervtötend

**enervar** [ener'βar] **I.** *vt* ① (*debilitar*) entnerven ② (*fam: poner nervioso*) nervös machen **II.** *vr:* ~**se** ① (*debilitarse*) entnervt sein ② (*fam: ponerse nervioso*) nervös werden

**enésimo, -a** [e'nesimo, -a] *adj* ① (MAT) n-te ② (*loc, fam*): **por enésima vez** zum zigsten Mal

**enfadar** [eɱfa'ðar] **I.** *vt* ① (*irritar*) ärgern; **estar enfadado con alguien** jdm böse sein ② (*Am: aburrir*) langweilen **II.** *vr:* ~**se** ① (*irritarse*) sich ärgern (*con* über +*akk*); ~**se con alguien** auf jdn böse werden ② (*Am: aburrirse*) sich langweilen

**enfado** [eɱ'faðo] *m* (*enojo, molestia*) Ärger

**énfasis** ['eɱfasis] *m o f inv* Eindringlichkeit *f;* (*insistencia*) Nachdruck *m;* **poner** ~ **en algo** Nachdruck auf etw legen

**enfático, -a** [eɱ'fatiko, -a] *adj* eindringlich;

(*insistente*) nachdrücklich

**enfatizar** [eɱfati'θar] <z→c> **I.** *vi* Nachdruck legen (*en* auf +*akk*) **II.** *vt* betonen

**enfermar** [eɱfer'mar] **I.** *vi, vr:* ~**se** erkranken (*de* an +*dat*) **II.** *vt* krank machen

**enfermedad** [eɱferme'ðað] *f* Krankheit *f;* (*dolencia*) Leiden *nt;* (*afección*) Erkrankung *f;* ~ **del hígado** Leberleiden *nt;* **ausencia por** ~ krankheitsbedingte Abwesenheit; **costar una** ~ (*fig*) graue Haare kosten

**enfermera** [eɱfer'mera] *f* Krankenschwester *f;* (*en una consulta*) Arzthelferin *f*

**enfermería** [eɱferme'ria] *f* ① (*sala con camas*) Krankensaal *m;* (*en guerra*) Lazarett *nt* ② (*primeros auxilios*) Krankenstation *f*

**enfermero** [eɱfer'mero] *m* Krankenpfleger *m;* (*camillero*) Sanitäter *m*

**enfermizo, -a** [eɱfer'miθo, -a] *adj* ① (*de mala salud*) kränklich ② (*morboso*) krankhaft

**enfermo, -a** [eɱ'fermo, -a] **I.** *adj* krank; ~ **del corazón** herzkrank; ~ **de gravedad** schwer krank; **caer** ~ erkranken (*de* an +*dat*); **ponerse** ~ krank werden; **esta situación me pone** ~ diese Situation macht mich ganz krank **II.** *m, f* Kranke(r) *mf;* (*paciente*) Patient(in) *m(f)*

**enfervorizar** [eɱferβori'θar] <z→c> *vt, vr:* ~**se** (sich) begeistern

**enfilar** [eɱfi'lar] **I.** *vi* sich begeben (*hacia* nach +*dat*) **II.** *vt* ① (*poner en fila*) aneinander reihen ② (*enhebrar*) einfädeln; (*cuentas*) aufreihen; (*atravesar*) aufspießen ③ (*llegar*) gelangen (auf +*akk*); (*en vehículo*) einfahren (in +*akk*); **enfilamos la carretera** wir fuhren auf die Schnellstraße

**enflaquecer** [eɱflake'θer] *irr como crecer* **I.** *vi, vr:* ~**se** abmagern **II.** *vt* abmagern lassen

**enfocar** [eɱfo'kar] <c→qu> *vt* ① (*ajustar*) einstellen ② (*en el visor*) anvisieren ③ (*iluminar*) anleuchten ④ (*una cuestión*) beleuchten; (*concebir*) konzipieren; **no enfocas bien el problema** dieses Problem betrachtest du vom falschen Standpunkt aus

**enfoque** [eɱ'foke] *m* (*punto de vista*) Standpunkt *m;* (*planteamiento*) Fragestellung *f;* (*concepción*) Konzept *nt*

**enfrascar** [eɱfras'kar] <c→qu> **I.** *vt* in eine Flasche füllen **II.** *vr:* ~**se en la lectura** sich in die Lektüre vertiefen

**enfrentamiento** [eɱfren̪ta'mjen̪to] *m* Konfrontation *f;* (*encontronazo*) Zusammenstoß *m;* (*pelea*) Streit *m;* **se registraron ~s callejeros** es kam zu Straßenschlachten

**enfrentar** [eɱfren̪'tar] **I.** *vt* ① (*encarar*) gegenüberstellen +*dat;* (*confrontar*) konfrontieren (*con* mit +*dat*) ② (*hacer frente*) sich stellen +*dat;* ~ **los hechos** den Tatsachen ins Auge blicken ③ (*enemistar*) entzweien **II.** *vr:* ~**se** ① (*encararse*) sich gegenüberstehen ② (*afrontar*) zusammenstoßen; (*pelearse*) sich *dat* eine Schlacht liefern; **los manifestantes se ~on con la policía** es kam zu Zusammenstößen zwischen Demonstranten und der Polizei ③ (*confrontar*) sich auseinander setzen ④ (*oponerse*) die Stirn bieten +*dat;* **estar enfrentado a alguien** mit jdm überworfen sein

**enfrente** [eɱ'fren̪te] **I.** *adv* ① (*en el lado opuesto*) gegenüber; **allí** ~ dort drüben; **la casa de** ~ das Haus gegenüber ② (*en contra*) entgegen; **tendrás a tu familia** ~ deine Familie wird sich dir entgegenstellen **II.** *prep* (*local: frente a*): ~ **de** gegenüber +*dat/gen;* ~ **mío** [*o* **de mí**] mir gegenüber; ~ **del teatro** gegenüber des Theaters; **vivo** ~ **del parque** ich wohne gegenüber vom Park; **ponerse** ~ **de alguien** (*fig*) sich jdm entgegenstellen

**enfriamiento** [eɱfrja'mjen̪to] *m* ① (*pérdida de temperatura*) Abkühlung *f;* ~ **económico** Konjunkturtief *nt* ② (*resfriado*) Erkältung *f;* **pillar un** ~ (*fam*) sich erkälten

**enfriar** [eɱfri'ar] <*1. pres:* enfrío> **I.** *vi* kühlen **II.** *vt* abkühlen; (*con agua*) abschrecken **III.** *vr:* ~**se** ① (*perder calor*) kalt werden ② (*refrescar, apaciguarse*) abkühlen ③ (*acatarrarse*) sich erkälten

**enfundar** [eɱfun̪'dar] **I.** *vt* in ein Futteral stecken **II.** *vr:* ~**se** sich (ein)hüllen (*en* in +*akk*)

**enfurecer** [eɱfure'θer] *irr como crecer* **I.** *vt* wütend machen **II.** *vr:* ~**se** ① (*encolerizarse*) wütend werden (*con/contra* auf +*akk*) ② (*mar*) tosen

**enfurruñarse** [eɱfurru'ɲarse] *vr* mürrisch werden (*por* wegen +*gen/dat*); **estar enfurruñado** mürrisch sein

**engajado, -a** [eŋga'xaðo, -a] *adj* (*Col*) lockig

**engalanar** [eŋgala'nar] **I.** *vt* (*decorar*) verzieren; (*adornar*) schmücken **II.** *vr:* ~**se** sich herausputzen; (*adornarse*) sich schmücken

**enganchar** [eŋgan'ʧar] **I.** *vt* ① (*sujetar*) festhaken; (*remolque*) einhängen; (*caballerías*) anspannen (*de* an +*akk*) ② (*prender*) verhaken; (TAUR) auf die Hörner nehmen 3 (*fam: atrapar*) sich *dat* schnappen; (*convencer*) bequatschen 4 (MIL) anwerben 5 (FERRO, TÉC) koppeln **II.** *vr:* ~**se** 1 (*sujetarse*) sich festhaken (*de* an +*dat*) 2 (*prenderse*) hängen bleiben (*de/con* an +*dat*) 3 (*enredarse*) sich verheddern (*en* in +*dat*); ~**se en una pelea** in Streit geraten 4 (MIL) sich anwerben lassen 5 (*argot: drogarse*) drogensüchtig werden; **estar enganchado** an der Nadel hängen

**enganche** [en'gantʃe] *m* 1 (*gancho*) Haken *m* 2 (*sujeción*) Kupplung *f* 3 (MIL) Anwerbung *f*

**engañabobos** [eŋgaɲa'βoβos] *mf inv* (*fam: timador*) Bauernfänger(in) *m(f)*

**engañar** [eŋga'ɲar] **I.** *vi* trügen; **las apariencias engañan** der Schein trügt **II.** *vt* (*desorientar*) täuschen; (*mentir, estafar, ser infiel*) betrügen; (*burlarse, t. sentimiento*) überlisten; ~ **el hambre** einen Happen essen **III.** *vr:* ~**se** 1 (*equivocarse*) sich täuschen 2 (*hacerse ilusiones*) sich *dat* Illusionen machen; **¡no te engañes con esta oferta!** mach dir nichts vor, prüf das Angebot erst!

**engañifa** [eŋga'ɲifa] *f* (*fam*), **engañifla** [eŋga'ɲifla] *f* (*Chil*) Gaunerei *f*

**engaño** [eŋ'gaɲo] *m* 1 (*mentira*) Betrug *m* 2 (*truco*) List *f* 3 (*error*) Irrtum *m* 4 (*ilusión*) Täuschung *f*

**engañoso, -a** [eŋga'ɲoso, -a] *adj* 1 (*persona*) betrügerisch 2 (*algo: falaz*) trügerisch; (*equívoco*) täuschend; **publicidad engañosa** irreführende Werbung

**engarce** [eŋ'garθe] *m* 1 (*engarzado*) Einfassen *nt* 2 (*montura*) Fassung *f*

**engarzar** [eŋgar'θar] <z→c> **I.** *vt* 1 (*trabar*) verketten 2 (*montar*) einfassen **II.** *vr:* ~**se** (*Am*) sich verwickeln (*en* in +*akk*)

**engastar** [eŋgas'tar] *vt* einfassen (*en* in +*akk*)

**engaste** [eŋ'gaste] *m* 1 (*engastado*) Einfassen *nt* 2 (*montura*) Fassung *f*

**engatusamiento** [eŋgatusa'mjen̪to] *m* Umgarnen *nt*

**engatusar** [eŋgatu'sar] *vt* bezirzen

**engendramiento** [eŋxen̪dra'mjen̪to] *m* Zeugung *f;* (*t. fig: desencadenamiento*) Entstehung *f*

**engendrar** [eŋxen̪'drar] *vt* 1 (*concebir*) zeugen 2 (*causar*) erzeugen; **la pobreza engendra violencia** Armut führt zu Gewalt

**engendro** [eŋ'xen̪dro] *m* 1 (*feto*) Leibesfrucht *f* 2 (*aborto*) Missgeburt *f* 3 (*persona fea*) Kreatur *f* 4 (*idea*) Auswuchs *m*

**englobar** [eŋglo'βar] *vt* 1 (*incluir*) umfassen 2 (*reunir*) einbeziehen (*en* in +*akk*) 3 (*resumir*) zusammenfassen

**engolillarse** [eŋgoli'ʎarse] *vr* 1 (*Cuba: contraer deudas*) Schulden machen (*con* bei +*dat*) 2 (*Perú: encolerizarse*) wütend werden

**engolosinar** [eŋgolosi'nar] **I.** *vt* (*atraer*) locken; (*engatusar*) ködern **II.** *vr:* ~**se** Geschmack finden (*con* an +*dat*); (*encariñarse*) lieb gewinnen (*con* +*akk*)

**engomar** [eŋgo'mar] *vt* 1 (*cubrir*) gummieren 2 (*cabello*) festigen

**engordar** [eŋgor'ðar] **I.** *vi* 1 (*ponerse gordo*) dick werden 2 (*poner gordo*) dick machen 3 (*fam: enriquecerse*) Geld anhäufen **II.** *vt* (AGR) mästen

**engorro** [eŋ'gorro] *m* 1 (*impedimento*) Hindernis *nt* 2 (*molestia*) Belästigung *f*

**engorroso, -a** [eŋgo'rroso, -a] *adj* 1 (*dificultoso*) hinderlich; (*complicado*) umständlich 2 (*molesto*) lästig

**engranaje** [eŋgra'naxe] *m* 1 (*encaje*) Verzahnung *f* 2 (*mecanismo*) Räderwerk *nt* 3 (*sistema*) Getriebe *nt*

**engranar** [eŋgra'nar] **I.** *vi* ineinander greifen **II.** *vt* 1 (*endentar*) verzahnen 2 (*enlazar*) verbinden

**engrandecer** [eŋgran̪de'θer] *irr como crecer vt* 1 (*aumentar*) vergrößern; (*acrecentar*) vermehren; (*elevar*) steigern 2 (*exagerar*) übertreiben 3 (*enaltecer*) verherrlichen

**engrasar** [eŋgra'sar] *vt* 1 (*con grasa*) einfetten; (*enaceitar*) einölen; (AUTO, TÉC: *lubricar*) schmieren 2 (*manchar*) voll schmieren

**engrase** [eŋ'grase] *m* 1 (*engrasado*) Einfetten *nt;* (AUTO, TÉC) Schmierung *f* 2 (*grasa*) Fett *nt;* (*lubricante*) Schmiermittel *nt*

**engreído, -a** [eŋgre'iðo, -a] *adj* 1 (*envanecido*) eingebildet 2 (*Am: mimado*) verwöhnt

**engreír** [eŋgre'ir] *irr como reír* **I.** *vt* 1 (*envanecer*) eingebildet machen 2 (*Am: mimar*) verhätscheln **II.** *vr:* ~**se** 1 (*envanecerse*) eingebildet werden; (*presumir*) angeben 2 (*Am: hacerse mimado*) verhätschelt werden

**engrifarse** [eŋgri'farse] *vr* 1 (*Col: volverse altivo*) hochnäsig werden 2 (*Méx: irritarse*) böse werden (*con* auf +*akk*); (*malhumorarse*) schlechte Laune bekommen

**engrosar** [eŋgro'sar] <o→ue> **I.** *vi, vr:* ~**se** 1 (*engordar*) zunehmen 2 (*aumentar*) wachsen **II.** *vt* 1 (*engordar*) dick machen 2 (*aumentar*) vergrößern; (*multiplicar*) vermehren

**engrudo** [eŋ'gruðo] *m* Kleister *m*

E

**engualichar** [eŋgwali'ʧar] *vt* (*Arg*) ❶ (*endemoniar*) verhexen ❷ (*al amante*) bezirzen

**enguandos** [eŋ'gwaṇdos] *mpl* (*Col*) ❶ (*superfluos*) Kram *m* ❷ (*evasivas*) Vorwand *m*

**enguandujar** [eŋgwaṇdu'xar] *vt* (*Col: adornar*) schmücken; (*recargar*) überladen

**enguaracarse** [eŋgwara'karse] <c→qu> *vr* (*AmC*) sich verstecken

**enguatar** [eŋgwa'tar] *vt* wattieren

**engubiar** [eŋgu'βjar] *vt* (*Urug*) besiegen

**engullir** [eŋgu'ʎir] <*3. pret:* engulló> **I.** *vi* ❶ (*atropelladamente*) schlingen ❷ (*pey: comer*) fressen **II.** *vt* (*tragar*) hinunterschlucken; (*atropelladamente*) verschlingen

**enharinar** [enari'nar] *vt* (*rebozar*) in Mehl wenden; (*espolvorear*) mit Mehl bestreuen

**enhebrar** [ene'βrar] *vt* (*hilo y aguja*) einfädeln; (*cuentas*) auffädeln

**enhiesto, -a** [e'njesto, -a] *adj* ❶ (*derecho*) gerade; (*erguido*) aufrecht ❷ (*alto*) hoch ragend

**enhorabuena** [enora'βwena] *f* Glückwunsch *m;* **dar la ~ a alguien** jdm gratulieren; **estar de ~** sich *dat* gratulieren können; **¡~!** herzlichen Glückwunsch!

**enigma** [e'niɣma] *m* Rätsel *nt;* **descifrar/plantear un ~** ein Rätsel lösen/aufgeben

**enigmático, -a** [eniɣ'matiko, -a] *adj* rätselhaft; (*misterioso*) geheimnisvoll

**enjabonado** [eŋxaβo'naðo] *m* Einseifen *nt*

**enjabonar** [eŋxaβo'nar] *vt* ❶ (*al lavar*) einseifen ❷ (*fam: dar coba*) um den Bart gehen (*a* +*dat*) ❸ (*regañar*) rüffeln

**enjaezar** [eŋxae'θar] <z→c> *vt* anschirren; (*enganchar*) anspannen

**enjalbegar** [eŋxalβe'ɣar] <g→gu> *vt* weißen

**enjambre** [eŋ'xambre] *m* ❶ (*de abejas*) (Bienen)schwarm *m* ❷ (*muchedumbre*) Menschenmenge *f*

**enjardinar** [eŋxarði'nar] *vt* ❶ (*hacer un jardín*) einen Garten anlegen (auf +*dat*) ❷ (*poner plantas*) begrünen

**enjaular** [eŋxau̯'lar] *vt* (*encerrar*) einsperren; (*en una jaula*) in einen Käfig sperren

**enjetarse** [eŋxe'tarse] *vr* (*Arg, Méx*) ❶ (*enojarse*) zornig werden ❷ (*ofenderse*) beleidigt sein

**enjoyar** [eŋxo'ɟar] **I.** *vt* Juwelen anlegen (*a* +*dat*) **II.** *vr:* **~se** sich mit Juwelen schmücken; **iban todas enjoyadas** sie waren mit Juwelen bedeckt

**enjuagar** [eŋxwa'ɣar] <g→gu> *vt* ausspülen; (*aclarar*) abspülen

**enjuague** [eŋ'xwaɣe] *m* ❶ (*t.* TÉC) Spülung *f* ❷ (*manejo*) List *f*

**enjugamanos** [eŋxuɣa'manos] *m inv* (*Am*) Handtuch *nt*

**enjugar** [eŋxu'ɣar] <g→gu> **I.** *vt* ❶ (*secar*) abtrocknen; (*limpiar*) abwischen ❷ (*una deuda*) erlassen **II.** *vr:* **~se** ❶ (*secarse*) sich abtrocknen ❷ (*adelgazar*) abmagern

**enjuiciamiento** [eŋxwiθja'mjeṇto] *m* ❶ (*juicio*) Beurteilung *f* ❷ (JUR: *proceso*) Prozess *m;* (*instrucción*) Einleitung *f* eines Gerichtsverfahrens; **~ criminal** Strafprozess *m*

**enjuiciar** [eŋxwi'θjar] *vt* ❶ (*juzgar*) beurteilen; (*censurar*) verurteilen ❷ (*procesar*) den Prozess machen +*dat;* (*sentenciar*) das Urteil fällen (über +*akk*)

**enjutarse** [eŋxu'tarse] *vr* (*Guat, Ven*) ❶ (*enflaquecerse*) abmagern ❷ (*achicarse*) sich verkleinern; (*encogerse*) zusammenschrumpfen

**enjuto, -a** [eŋ'xuto, -a] *adj* dürr; **~ de carnes** knochendürr *fam*

**enlace** [en'laθe] *m* ❶ (*conexión*) Verbindung *f;* (*empalme*) Verknüpfung *f;* (*unión*) Bindung *f;* (*t.* ELEC, FERRO) Anschluss *m;* **~ ferroviario** Bahnanschluss *m* ❷ (*entrelazado*) Verflechtung *f* ❸ (*boda*) Vermählung *f* ❹ (*contacto*) Verbindungsmann, -frau *m, f;* **~ policial** V-Mann *m*

**enladrillar** [enlaðri'ʎar] *vt* mit Backsteinen pflastern

**enlatar** [enla'tar] *vt* eindosen; **programa enlatado** (TV) Programm aus der Konserve

**enlazar** [enla'θar] <z→c> **I.** *vi* (*transporte*) Anschluss haben (*con* an +*akk*) **II.** *vt* ❶ (*atar*) verbinden; (*unir*) verknüpfen; (*entrelazar*) verflechten ❷ (*empalmar*) anknüpfen (*con* an +*akk*); (ELEC, TÉC) anschließen (*con* an +*akk*) **III.** *vr:* **~se** (*desposarse*) sich vermählen

**enloquecer** [enloke'θer] *irr como crecer* **I.** *vi, vr:* **~se** verrückt werden; **~ de dolor** vor Schmerzen verrückt werden; **~ de rabia** vor Wut außer sich *dat/akk* geraten; **~ por alguien** nach jdm verrückt sein **II.** *vt* in den Wahnsinn treiben; **me enloquecen los pasteles** ich bin verrückt auf Kuchen

**enloquecimiento** [enlokeθi'mjeṇto] *m* Wahnsinn *m;* (*proceso*) Irrewerden *nt*

**enlozado** [enlo'θaðo] *m* (*Am*) Emaillierung *f*

**enlozar** [enlo'θar] <z→c> *vt* (*Am*) emaillieren

**enlucido** [enlu'θiðo] *m* (Ver)putz *m*

**enlucir** [enlu'θir] *irr como lucir vt* ❶ (*con yeso*) verputzen ❷ (*lustrar*) bohnern

**enlutar** [enlu'tar] **I.** *vt* ❶ (*en el vestir*) Trauer anlegen +*dat;* **mujeres enlutadas** Frauen in Trauerkleidern ❷ (*ensombrecer*) verdüstern; (*entristecer*) betrüben **II.** *vr:* ~**se** Trauer anlegen

**enmarañar** [e$^{n}$mara'ɲar/e$^{m}$mara'ɲar] **I.** *vt* ❶ (*enredar*) zersausen ❷ (*confundir*) verwirren; (*complicar*) verwickeln **II.** *vr:* ~**se** ❶ (*enredarse*) sich zersausen ❷ (*confundirse*) sich verwirren; (*complicarse*) sich verwickeln

**enmarcar** [e$^{n}$mar'kar/e$^{m}$mar'kar] <c→qu> *vt* einrahmen; (*ribetear*) umranden

**enmascarar** [e$^{n}$maska'rar/e$^{m}$maska'rar] **I.** *vt* ❶ (*poner máscara*) maskieren; (*disfrazar*) verkleiden ❷ (*ocultar*) verschleiern; (*encubrir*) tarnen **II.** *vr:* ~**se** ❶ (*con una máscara*) sich maskieren; (*disfrazarse*) sich verkleiden ❷ (*encubrirse*) sich tarnen

**enmendar** [e$^{n}$meṇ'dar/e$^{m}$meṇ'dar] <e→ie> **I.** *vt* ❶ (*corregir*) verbessern; (*rectificar*) berichtigen; (**querer**) ~ **la plana a alguien** jdn übertreffen (wollen) ❷ (*modificar*) abändern; (*una ley*) novellieren **II.** *vr:* ~**se** sich bessern

**enmienda** [e$^{n}$'mjeṇda/e$^{m}$'mjeṇda] *f* ❶ (*corrección*) Verbesserung *f;* (*rectificación*) Berichtigung *f;* **no tener** ~ (*fig*) ein hoffnungsloser Fall sein ❷ (*modificación*) (Ab)änderung *f;* (*de una ley*) Novellierung *f*

**enmohecer** [e$^{n}$moe'θer/e$^{m}$moe'θer] *irr como crecer vi, vr:* ~**se** ❶ (*cubrirse de moho*) verschimmeln; (*pudrirse*) vermodern ❷ (*caer en desuso*) veralten

**enmoquetar** [e$^{n}$moke'tar/e$^{m}$moke'tar] **I.** *vi* Teppichboden verlegen **II.** *vt* mit Teppichboden auslegen; **suelo enmoquetado** Teppichboden *m*

**enmudecer** [e$^{n}$muðe'θer/e$^{m}$muðe'θer] *irr como crecer* **I.** *vi* ❶ (*perder el habla*) verstummen; ~ **de miedo** sprachlos vor Angst sein ❷ (*callar*) schweigen **II.** *vt* verstummen lassen

**enmudecimiento** [e$^{n}$muðeθi'mjeṇto/e$^{m}$muðeθi'mjeṇto] *m* Verstummen *nt*

**ennegrecer** [enneɣre'θer] *irr como crecer* **I.** *vt* ❶ (*poner negro*) schwärzen ❷ (*oscurecer*) verfinstern; (*ensombrecer*) überschatten **II.** *vr:* ~**se** ❶ (*ponerse negro*) schwarz werden ❷ (*oscurecerse*) sich verfinstern; (*ensombrecer*) sich verdüstern

**ennegrecimiento** [enneɣreθi'mjeṇto] *m* Schwärzung *f;* (*ensombrecimiento*) Verdüsterung *f*

**ennoblecer** [ennoβle'θer] *irr como crecer vt* ❶ (*conceder el título*) adeln ❷ (*mejorar*) veredeln; (*refinar*) verfeinern ❸ (*enaltecer*) verherrlichen

**enojadizo, -a** [enoxa'ðiθo, -a] *adj* reizbar

**enojar** [eno'xar] **I.** *vt* ärgern **II.** *vr:* ~**se** sich ärgern (*con* über +*akk*); **estar enojado** böse sein

**enojo** [e'noxo] *m* Ärger *m;* **con** ~ unwillig

**enojoso, -a** [eno'xoso, -a] *adj* ❶ (*enfadoso*) ärgerlich ❷ (*molesto*) unangenehm ❸ (*complicado*) umständlich; (*trabajoso*) mühsam

**enólogo, -a** [e'noloɣo, -a] *m, f* Önologe, -in *m, f;* (*conocedor*) Weinkenner(in) *m(f)*

**enorgullecer** [enorɣuʎe'θer] *irr como crecer* **I.** *vt* mit Stolz erfüllen **II.** *vr:* ~**se** stolz sein (*de* auf +*akk*)

**enorgullecimiento** [enorɣuʎeθi'mjeṇto] *m* Stolz *m*

**enorme** [e'norme] *adj* enorm; (*gigantesco*) gewaltig; (*desmedido, extraordinario*) ungeheuer

**enormidad** [enormi'ða$^{d}$] *f* ❶ (*tamaño*) enorme Größe *f;* (*fig*) ungeheueres Ausmaß *nt* ❷ (*cantidad*) Unmenge *f;* **una** ~ **de dinero** eine Unmenge Geld

**enquistarse** [eŋkis'tarse] *vr* ❶ (MED) sich abkapseln ❷ (*fosilizarse*) erstarren

**enrabiar** [enrra'βjar] **I.** *vt* wütend machen **II.** *vr:* ~**se** wütend werden

**enrabietarse** [enrraβje'tarse] *vr* (*fam*) bocken

**enraizado, -a** [enrrai̯'θaðo, -a] *adj* verwurzelt; **una costumbre muy enraizada** eine fest verwurzelte Sitte

**enraizar** [enrrai̯'θar] *irr vi* Wurzeln schlagen

**enrastrojarse** [enrrastro'xarse] *vr* (*Am*) verwildern

**enredadera** [enrreða'ðera] *f* Schlingpflanze *f;* ~ **de campanillas** Winde *f*

**enredar** [enrre'ðar] **I.** *vi* (*niño*) Unfug treiben; **¡no andes enredando con las cerillas!** spiel nicht mit den Streichhölzern herum! **II.** *vt* ❶ (*liar*) verwickeln; (*confundir*) durcheinander bringen ❷ (*enemistar*) aufhetzen **III.** *vr:* ~**se** ❶ (*cuerda, asunto*) sich verwickeln ❷ (*planta*) hinaufklettern (*por/a* an +*dat*) ❸ (*fam: amancebarse*) anbändeln

**enredo** [en'rreðo] *m* ❶ (*de alambres*) Wirrwarr *m* ❷ (*mentira*) Lüge *f* ❸ (*asunto*) Affäre *f* ❹ (*intriga*) Intrige *f* ❺ (*amorío*) Techtelmechtel *nt* ❻ *pl* (*fam: trastos*) Kram *m*

**enrejado** [enrre'xaðo] *m* (*de hierro*) Gitter *ntpl;* (*de caña*) Geflecht *nt*

**enrejar** [enrre'xar] *vt* (*ventana*) vergittern;

(*huerta*) einzäunen

**enrevesado, -a** [enreβe'saðo, -a] *adj* (*intrincado*) verwickelt; (*difícil*) verzwickt

**enriquecedor(a)** [enrrikeθe'ðor(a)] *adj* bereichernd; **fue una experiencia muy ~a** es war eine sehr positive Erfahrung

**enriquecer** [enrrike'θer] *irr como crecer* **I.** *vt* ❶ (*hacer rico*) reich machen ❷ (*engrandecer*) bereichern ❸ (*metal, tierra*) anreichern (*con/de* mit +*dat*) ❹ (*adornar*) verzieren **II.** *vr:* **~se** reich werden; **~se (a costa ajena)** sich (auf fremde Kosten) bereichern

**enriquecimiento** [enrrikeθi'mjen̩to] *m* ❶ (*fortuna, ennoblecimiento*) Bereicherung *f;* **~ injusto** (JUR) ungerechtfertigte Bereicherung ❷ (*de uranio*) Anreicherung *f*

**enrocar** [enrro'kar] <c→qu> **I.** *vi, vt* (*ajedrez*) rochieren; **~ el rey** rochieren **II.** *vr:* **~se** am Felsen hängenbleiben

**enrojecer** [enrroxe'θer] *irr como crecer* **I.** *vi* erröten; **~ de ira** rot vor Wut werden **II.** *vt* (*cielo*) rot färben **III.** *vr:* **~se** (*persona*) erröten; (*cielo*) sich rot färben

**enrojecimiento** [enrroxeθi'mjen̩to] *m* (*efecto*) Röte *f;* (*acción*) Erröten *nt*

**enrolar** [enrro'lar] *vt* ❶ (NÁUT) anheuern ❷ (MIL) einberufen

**enrollado, -a** [enrro-] *adj* (*argot*) voll dabei; **es una profesora muy enrollada** die Lehrerin ist voll stark

**enrollar** [enrro'ʎar] **I.** *vt* (*cartel*) zusammenrollen; (*cuerda*) aufrollen **II.** *vr:* **~se** (*explicando*) ausschweifen; **~se como una persiana** reden wie ein Buch

**enronquecer** [enrroŋke'θer] *irr como crecer* **I.** *vt* heiser machen **II.** *vi, vr:* **~se** heiser werden

**enroscar** [enrros'kar] <c→qu> **I.** *vt* ❶ (*enrollar*) zusammenrollen; **~ el hilo en el palo** den Faden um den Stock wickeln ❷ (*tornillo*) einschrauben **II.** *vr:* **~se** sich zusammenrollen; **la serpiente se enroscó a la rama** die Schlange wand sich um den Ast

**enrostrar** [enrros'trar] *vt* (*Am*) vorwerfen

**enrular** [enrru'lar] *vt* (*CSur*) locken

**ensaimada** [ensai̯'maða] *f Blätterteiggebäck aus Mallorca*

**i Land & Leute**

Jeder, der Mallorca besucht, bringt **ensaimadas** mit, zumindest jeder spanische Tourist. Bei der **ensaimada** handelt es sich um ein spiralförmiges Blätterteiggebäck, das mit süßem *cabello de ángel*, einer Art Kürbisgelee, gefüllt sein kann.

**ensalada** [ensa'laða] *f* Salat *m;* **~ de frutas** Obstsalat *m*

**ensaladera** [ensala'ðera] *f* Salatschüssel *f*

**ensaladilla** [ensala'ðiʎa] *f* (*dulces*) gemischtes Konfekt *nt*

**i Land & Leute**

**Ensaladilla rusa**: Man nehme: Pellkartoffeln, gekochtes Gemüse (Möhren, grüne Bohnen, Erbsen), Oliven und gekochte Eier. All diese Zutaten werden kleingeschnitten (ähnlich dem deutschen Kartoffelsalat), dann wird Thunfisch hinzugefügt und das Ganze mit Majonäse und etwas Essig angemacht.

**ensalmo** [en'salmo] *m* (*conjuro*) Beschwörung *f;* **desaparecer (como) por ~** wie weggezaubert sein

**ensalzar** [ensal̩'θar] <z→c> **I.** *vt* preisen **II.** *vr:* **~se** sich rühmen

**ensamblar** [ensam'blar] *vt* zusammenfügen

**ensanchar** [ensan'ʧar] *vt* erweitern; (*hacer más ancho*) verbreitern; (*vestido*) weiter machen

**ensanche** [en'sanʧe] *m* ❶ (*ampliación*) Erweiterung *f;* (*de anchura*) Verbreiterung *f* ❷ (*ciudad*) neues Stadtviertel *nt;* **zona de ~** Neubaugebiet *nt*

**ensangrentar** [ensaŋgren̩'tar] <e→ie> *vt* mit Blut beflecken

**ensartar** [ensar'tar] *vt* ❶ (*perlas*) auffädeln ❷ (*pinchar*) aufspießen

**ensayar** [ensa'ɟar] **I.** *vt* ❶ (*probar*) versuchen; (*examinar*) prüfen ❷ (TEAT) proben **II.** *vr:* **~se** sich üben (*en* in +*dat*)

**ensayista** [ensa'ɟista] *mf* Essayist(in) *m(f)*

**ensayo** [en'saɟo] *m* ❶ (TEAT) Probe *f* ❷ (LIT) Essay *m o nt* ❸ (*prueba*) Test *m;* (*experimento*) Experiment *nt;* **tubo de ~** Reagenzglas *nt*

**enseguida** [ense'ɣiða] *adv* sofort

**ensenada** [ense'naða] *f* ❶ (*mar*) Bucht *f* ❷ (*Arg: corral*) Stall *m*

**enseña** [en'seɲa] *f* Fahne *f;* (*estandarte*) Banner *nt*

**enseñante** [ense'ɲan̩te] *mf* Lehrer(in) *m(f)*

**enseñanza** [ense'ɲan̩θa] *f* ❶ (*sistema*) Bildungswesen *nt;* **~ primaria** Volksschulwesen *nt;* **~ privada** Privatschulwesen *nt;* ~

**pública** öffentliches Schulwesen; ~ **secundaria** Sekundarschulwesen *nt;* ~ **superior** Hochschulwesen *nt* ❷ (*clase*) Unterricht *m;* ~ **a distancia** Fernstudium *nt;* **libertad de** ~ Lehrfreiheit *f;* **método de** ~ Unterrichtsmethode *f;* **dedicarse a la** ~ in der Lehre tätig sein ❸ (*lección*) Lehre *f;* **de lo ocurrido en el pasado no has sacado ninguna** ~ du hast aus der Vergangenheit keine Lehren gezogen

**i Land & Leute**

Die **ESO** (*Enseñanza Secundaria Obligatoria*) entspricht ungefähr der deutschen Mittelstufe oder Sekundarstufe I – für Schüler und Schülerinnen im Alter von 12 bis 16 Jahren – und unterliegt der allgemeinen Schulpflicht. Die **ESO** ist in zwei Stufen von jeweils zwei Jahren untergliedert. Nach dieser letzten schulpflichtigen Stufe kann man sich für eine der folgenden zwei Möglichkeiten entscheiden: entweder für die *Formación Profesional Específica de Grado Medio*, was in gewisser Weise einer Berufsschule entspricht, oder für den *bachillerato*, was mit der deutschen Oberstufe bzw. Sekundarstufe II vergleichbar ist.

**enseñar** [ense'ɲar] *vt* ❶ (*instruir*) lehren; (*dar clases*) unterrichten; (*explicar*) erklären; **él me enseñó la poca química que sé** er hat mir das wenige an Chemie beigebracht, das ich weiß; **ella me enseñó a tocar la flauta** sie hat mich Flöte spielen gelehrt; **hay que ~ con el ejemplo** man muss mit gutem Beispiel vorangehen; **¡la vida te ~á!** das Leben wird dich zur Räson bringen!; **¡ya te ~é yo a obedecer!** ich werde dich schon Gehorsam lehren! ❷ (*mostrar*) zeigen; **te enseñé a hacer las camas** ich habe dir gezeigt, wie man die Betten macht; ~ **el camino a alguien** jdm den Weg zeigen ❸ (*dejar ver*) zeigen; (*presentar*) vorzeigen; (*exhibir*) vorführen

**enseñoramiento** [enseɲora'mjen̪to] *m* Bemächtigung *f*

**enseñorearse** [enseɲore'arse] *vr* sich bemächtigen (*de* +*gen*)

**enseres** [en'seres] *mpl* Sachen *fpl;* (*útiles*) Gerät *nt;* (*mobiliario*) Einrichtung *f*

**ensillar** [ensi'ʎar] *vt* satteln

**ensimismamiento** [ensimisma'mjen̪to] *m* Nachdenklichkeit *f*

**ensimismarse** [ensimis'marse] *vr* ❶ (*absorberse*) in Gedanken versunken sein; ~ **en recuerdos/una lectura** in Erinnerungen/in eine Lektüre versunken sein ❷ (*Col, Chil: engreírse*) eingebildet werden

**ensoberbecerse** [ensoβerβe'θerse] *irr como crecer vr* (*persona*) hochmütig werden (*de* durch +*akk*)

**ensombrecer** [ensombre'θer] *irr como crecer* **I.** *vt* (*oscurecer*) verdüstern; (*ofuscar*) überschatten **II.** *vr:* ~**se** ❶ (*entristecerse*) traurig werden ❷ (*oscurecerse*) sich verdüstern

**ensoñar** [enso'ɲar] <o→ue> *vt* träumen; (*entusiasmarse*) schwärmen (für +*akk*)

**ensopar** [enso'par] **I.** *vt* (*AmS: empapar*) einweichen **II.** *vr:* ~**se** (*AmS*) (klatsch)nass werden

**ensordecedor(a)** [ensorðeθe'ðor(a)] *adj* ohrenbetäubend

**ensordecer** [ensorðe'θer] *irr como crecer* **I.** *vi* (*quedarse sordo*) taub werden **II.** *vt* (*ruido*) betäuben

**ensordecimiento** [ensorðeθi'mjen̪to] *m sin pl* Taubheit *f*

**ensortijado, -a** [ensorti'xaðo, -a] *adj* kraus

**ensortijar** [ensorti'xar] *vt* (*pelo*) kräuseln

**ensuciamiento** [ensuθja'mjen̪to] *m* Beschmutzung *f*

**ensuciar** [ensu'θjar] **I.** *vt* beschmutzen (*con/de* mit +*dat*) **II.** *vr:* ~**se** ❶ (*mancharse*) sich schmutzig machen; ~**se de algo** sich mit etw *dat* beschmutzen ❷ (*fam: excremento*) (sich *dat*) in die Hosen machen

**ensueño** [en'sweɲo] *m* Traum; **de** ~ traumhaft

**entablar** [en̪ta'βlar] *vt* ❶ (*conversación*) anfangen; (*negociaciones*) aufnehmen; (*amistad*) (an)knüpfen; (*juicio*) einleiten; ~ **relaciones comerciales** Geschäftsbeziehungen aufnehmen ❷ (*suelo*) dielen ❸ (*ajedrez*) aufstellen

**entablillar** [en̪taβli'ʎar] *vt* schienen

**entallado, -a** [en̪ta'ʎaðo, -a] *adj* tailliert

**entallar** [en̪ta'ʎar] **I.** *vt* (*vestido*) auf Taille arbeiten **II.** *vi, vr:* ~**se** in der Taille anliegen; **la chaqueta entalla bien** die Jacke sitzt in der Taille gut

**entarimado** [en̪tari'maðo] *m* Parkett *nt*

**ente** ['en̪te] *m* ❶ (FILOS) Wesen *nt* ❷ (*autoridad*) Behörde *f;* **el E~ Público** das öffentliche Fernsehen

**enteco, -a** [en̪'teko, -a] *adj* kränklich

**entendederas** [en̪ten̪de'ðeras] *fpl* (*fam*) Grips *m;* **es muy corto de** ~ er ist schwer von Begriff

E

**entender** [eṇteṇ'der] <e→ie> **I.** *vi* ① (*saber*) verstehen ② (*ocuparse con*) sich befassen (*en* mit +*dat*) **II.** *vt* ① (*comprender*) verstehen; **lo entendieron mal** sie haben es missverstanden; **si entiendo bien Ud. quiere decir que...** wenn ich Sie recht verstehe, wollen Sie sagen, dass ...; **¿qué entiende Ud. por acuerdo?** was verstehen Sie unter Abmachung?; **ellos ya se harán ~** sie werden sich schon verständlich machen; **no entiende una broma** er/sie versteht keinen Spaß; **le dio a ~ a su novia que...** er gab seiner Freundin zu verstehen, dass ... ② (*creer*) glauben; **yo entiendo que sería mejor si...** +*subj* ich glaube, es wäre besser, wenn ...; **yo no lo entiendo así** ich bin (da) anderer Meinung; **tengo entendido que...** (*según creo*) soweit ich weiß, ...; (*según he oído*) ich habe gehört, dass ... **III.** *vr:* **~se** ① (*llevarse*) sich verstehen ② (*ponerse de acuerdo*) sich verständigen; **para el precio entiéndete con mi socio** über den Preis musst du mit meinem Partner verhandeln ③ (*fam: liarse*) ein Verhältnis haben ④ (*fam: desenvolverse*) zurechtkommen; **no me entiendo con este lío de cables** bei diesem Kabelwirrwarr steige ich nicht durch; **¡que se las entienda!** das ist seine/ihre Sache! ⑤ (*loc*): **¡yo me entiendo!** ich weiß (schon), was ich sage!; **pero ¿cómo se entiende?** (*fam*) aber was soll das heißen?; **eso se entiende por sí mismo** das versteht sich von selbst **IV.** *m* Meinung *f;* **a mi ~** meiner Meinung nach

**entendido, -a** [eṇteṇ'diðo, -a] **I.** *adj* ① (*listo*) klug; (*experto*) bewandert (*en* in +*dat*); **no se dio por ~** er stellte sich dumm ② (*loc*): **bien ~ que...** vorausgesetzt, dass ...; **queda ~ que...** es ist selbstverständlich, dass ...; **queda ~ que te acompaño a casa** selbstverständlich begleite ich dich nach Hause **II.** *m, f* Kenner(in) *m(f);* (*experto*) Sachverständige(r) *mf;* **es un gran ~ en informática** er versteht viel von Informatik; **hacerse el ~** den Klugen spielen

**entendimiento** [eṇteṇdi'mjeṇto] *m sin pl* ① (*razón*) Verstand *m;* (*facilidad de comprensión*) Auffassungsgabe *f;* **obrar con ~** überlegt handeln; **un hombre de mucho ~** ein sehr intelligenter Mann ② (*acuerdo*) Verständigung *f*

**enterado, -a** [eṇte'raðo, -a] *adj* (*iniciado*) eingeweiht (*de* in +*akk*); (*conocedor*) vertraut (*de* mit +*dat*); **yo ya estaba ~ del incidente** ich wusste schon von dem Zwischenfall; **no se dio por ~** er stellte sich dumm

**enteramente** [eṇtera'meṇte] *adv* völlig

**enterar** [eṇte'rar] **I.** *vt* ① (*informar*) informieren (*de* über +*akk*) ② (*Col, Méx, CRi:* COM) (ein)zahlen **II.** *vr:* **~se** (*saber de algo*) erfahren; **me enteré de la explosión por la radio** ich habe aus dem Radio von der Explosion erfahren; **no me enteré de nada hasta que me lo dijeron** ich bekam nichts (davon) mit, bis sie es mir sagten; **pasa las hojas sin ~se de lo que lee** er/sie blättert herum, ohne zu verstehen, was er/sie gerade liest; **¡para que se entere!** (*fam*) damit Sie das endlich kapieren!

**entereza** [eṇte'reθa] *f sin pl* (*determinación*) Beharrlichkeit *f;* (*aplomo*) Sicherheit *f;* (*integridad*) Standhaftigkeit *f;* **a la muerte de su madre demostraron mucha ~** sie waren sehr tapfer, als ihre Mutter starb

**enternecer** [eterne'θer] *irr como crecer* **I.** *vt* (*conmover*) rühren; (*hacer ceder*) erweichen **II.** *vr:* **~se** (*conmoverse*) gerührt sein; (*ceder*) weich werden

**entero, -a** [eṇ'tero, -a] *adj* ① (*completo, t.* MAT) ganz; **por ~** völlig; **se pasa días ~s sin decir ni una palabra** er/sie kann tagelang schweigen; **el espejo salió ~ de aquí** der Spiegel wurde unversehrt von hier mitgenommen; **la comisión entera se declaró a favor** die Kommission sprach sich geschlossen dafür aus; **el juego de café no está ~** das Kaffeeservice ist nicht vollständig ② (*persona íntegra*) redlich

**enterrador(a)** [eṇterra'ðor(a)] *m(f)* (*sepulturero*) Totengräber(in) *m(f)*

**enterramiento** [eṇterra'mjeṇto] *m* ① (*entierro*) Begräbnis *nt* ② (*sepultura*) Grab *nt;* (*sepulcro*) Grabstätte *f;* **se han descubierto unos ~s prehistóricos** man hat prähistorische Grabstätten gefunden

**enterrar** [eṇte'rrar] <e→ie> **I.** *vt* ① (*a un muerto*) begraben; **¡ésa nos ~á a todos!** (*fam fig*) sie wird uns alle überleben! ② (*un objeto*) vergraben; (*no muy profundo*) verscharren ③ (*ilusiones, esperanzas*) begraben **II.** *vr:* **~se** (*recluirse*) sich vergraben

**entibiar** [eṇti'βjar] **I.** *vt* (*líquido*) lau machen; (*fig*) abkühlen **II.** *vr:* **~se** (*líquido*) lau werden; (*fig*) sich abkühlen

**entidad** [eṇti'ðaᵈ] *f* ① (FILOS) Wesen *nt* ② (*asociación*) Vereinigung *f;* **~ aseguradora** Versicherungsgesellschaft *f;* **~ crediticia** Kreditbank *f;* **~ jurídica** Körperschaft *f*

**entierro** [eṇ'tjerro] *m* ❶ (*ceremonia*) Beerdigung *f;* **¡no pongas esa cara de ~!** mach doch nicht so eine Trauermiene! ❷ (*comitiva*) Leichenzug *m*

**entintar** [eṇtiṇ'tar] *vt* (*manchar*) mit Tinte beschmieren; (*teñir*) färben; (TIPO) einfärben

**entoldar** [eṇtoḷ'dar] *vt* mit einem Sonnendach versehen

**entonación** [eṇtona'θjon] *f* (LING) Intonation *f*

**entonar** [eṇto'nar] **I.** *vi* ❶ (*canción*) den Ton halten ❷ (*armonizar*) passen (*con* zu +*dat*); **los colores de las cortinas no entonan con los de la pared** die Farben der Vorhänge beißen sich mit denen der Wand **II.** *vt* ❶ (*canción*) anstimmen ❷ (*fortalecer*) stärken

**entonces** [eṇ'toṇθes] *adv* ❶ (*temporal*) damals; **desde ~** seitdem; **hasta ~** bis dahin; **en** [*o* **por**] **aquel ~** damals ❷ (*modal*) dann; **¿y ~ qué pasó?** na, und was geschah dann?; **¿pues ~ por qué te extraña si no vienen?** ja, dann brauchst du dich nicht zu wundern, wenn sie nicht kommen!; **¡~!** also das will ich meinen!; **si lo amas ¿~ por qué no se lo dices?** wenn du ihn liebst, warum sagst du es ihm dann nicht?

**entontecer** [eṇtoṇte'θer] *irr como crecer* **I.** *vi, vr:* **~se** verblöden **II.** *vt* verdummen

**entornar** [eṇtor'nar] *vt* (*puerta*) anlehnen

**entorno** [eṇ'torno] *m* Umgebung *f;* (*medio ambiente*) Umwelt *f;* (*mundillo*) Milieu *nt;* (*condiciones*) Rahmenbedingungen *fpl*

**entorpecer** [eṇtorpe'θer] *irr como crecer vt* ❶ (*movimiento*) lähmen; **el frío me entorpecía los dedos** die Kälte ließ meine Finger erstarren ❷ (*dificultar*) behindern; (*retrasar*) verzögern ❸ (*sentidos*) betäuben

**entorpecimiento** [eṇtorpeθi'mjeṇto] *m sin pl* ❶ (*torpeza*) Zerfahrenheit *f* ❷ (*obstáculo*) Hindernis *nt*

**entrada** [eṇ'traða] *f* ❶ (*puerta*) Eingang *m;* (*para coche*) Einfahrt *f;* **~ a la autopista** Autobahnauffahrt *f;* **~ trasera** Hintereingang *m* ❷ (*traspaso*) Eintritt *m;* (MIL) Einmarsch *m;* **se prohibe la ~** Zutritt verboten!; **los deportistas hicieron su ~ en la ciudad** die Sportler liefen in die Stadt ein ❸ (*comienzo*) Beginn *m;* (*en un cargo*) Antritt *m;* **~ en funciones** Amtsantritt *m;* **~ en vigor** Inkrafttreten *nt* ❹ (*cine, teatro*) Eintrittskarte *f;* **~ gratuita** Freikarte *f;* **~ libre** Eintritt frei ❺ (*público*) Zuschauer *mpl;* (*hospital*) Zugänge *mpl;* **en el estreno hubo una gran ~** bei der Uraufführung war viel Publikum anwesend ❻ (GASTR) Vorspeise *f* ❼ *pl* (*pelo*) Geheimratsecken *fpl* ❽ (MÚS) Einsatz *m;* **dar la ~** den Einsatz geben ❾ (*en diccionario*) Eintrag *m* ❿ (*depósito*) Anzahlung *f;* **ya hemos dado la ~ para el piso** wir haben schon die erste Rate für die Wohnung bezahlt ⓫ (COM) Eingang *m;* **~ de pedidos** Auftragseingang *m* ⓬ (FIN): **~s y salidas** Einnahmen und Ausgaben ⓭ (INFOR) Eingabe *f* ⓮ (*loc*): **de ~** auf den ersten Blick; **así de ~ tu idea no me pareció mal** zunächst schien mir deine Idee gar nicht schlecht

**entrado, -a** [eṇ'traðo, -a] *adj:* **un señor ~ en años** ein älterer Herr; **llegamos entrada la noche** wir kamen erst in der Nacht an; **hasta muy ~ el siglo XVII** bis spät ins XVII. Jahrhundert hinein

**entrador(a)** [eṇtra'ðor(a)] *adj* ❶ (*AmS: animoso*) tapfer; (*atrevido*) mutig ❷ (*Arg: simpático*) nett ❸ (*Am: enamoradizo*) schwärmerisch ❹ (*Chil: entremetido*) zudringlich ❺ (*Guat, Nic: compañero*) kameradschaftlich

**entramado** [eṇtra'maðo] *m* ❶ (INFOR) Verflechtung *f* ❷ (ARQUIT) Fachwerk *nt;* **~ del tejado** Dachstuhl *m* ❸ (*relaciones*) Verflechtung *f*

**entrampar** [eṇtram'par] **I.** *vt* ❶ (*animal*) in eine Falle locken ❷ (*engañar*) betrügen ❸ (*fam: embrollar*) komplizieren ❹ (*fam: deudas*) mit Schulden belasten **II.** *vr:* **~se** Schulden machen

**entrante** [eṇ'traṇte] *adj* (*próximo*) kommend; **a primeros del mes ~** Anfang nächsten Monats

**entraña** [eṇ'traɲa] *f* ❶ *pl* (*órganos*) Eingeweide *ntpl;* **echar las ~s** (*fam*) sich übergeben; **¡hijo de mis ~s!** (*fam*) mein Herzblatt!; **por mis hijos doy las ~s** (*fam*) für meine Kinder würde ich alles hergeben ❷ (*lo esencial*) Kern *m* ❸ *pl* (*carácter*) Charakter *m;* **de buenas ~s** gutherzig ❹ *pl* (*interior*) Innerste(s) *nt;* **las ~s de la tierra** das Erdinnere

**entrañable** [eṇtra'ɲaβle] *adj* innig

**entrañar** [eṇtra'ɲar] *vt* mit sich bringen; **~ graves peligros** große Risiken in sich bergen

**entrar** [eṇ'trar] **I.** *vi* ❶ (*pasar*) hineingehen (*a/en* in +*akk*); (*vehículo*) hineinfahren (*a/en* in +*akk*); (*barco*) einlaufen (*a/en* in +*akk*); (MIL) einmarschieren (*en* in +*akk*); **~ por la ventana** durch das Fenster einsteigen; **el tren entra en la estación** der Zug fährt in den Bahnhof ein; **¡entre!** herein!; **me entró por un oído y me**

E

**salió por otro** das ist mir zum einen Ohr hineingegangen und zum anderen wieder hinaus ② *(caber)* hineinpassen; ~ **en el armario** in den Schrank passen; **el corcho no entra en la botella** der Korken geht nicht in die Flasche; **por fin he hecho ~ el tapón** endlich habe ich den Stöpsel hineinbekommen ③ *(zapato, ropa)* passen; **no me entra el anillo** der Ring passt mir nicht ④ *(con autorización)* Zutritt haben *(en* zu *+dat)* ⑤ (INFOR) (sich) einloggen ⑥ *(empezar)* beginnen; **el verano entra el 21 de junio** der Sommer beginnt am 21. Juni; ~ **en relaciones con alguien** Beziehungen zu jdm aufnehmen; **después entré a trabajar en una casa más rica** dann begann ich in einem reicheren Haushalt zu arbeiten; **cuando entró de alcalde...** als er als Bürgermeister antrat, ... ⑦ *(penetrar)* hineingehen; **el clavo entró en la pared** der Nagel ging in die Wand; **¡no me entra en la cabeza cómo pudiste hacer eso!** ich begreife nicht, wie du so etwas tun konntest! ⑧ *(como miembro)* eintreten *(en* in *+akk)*; ~ **en la Academia de Ciencias** in die Akademie der Wissenschaften aufgenommen werden ⑨ *(formar parte)*: **en un kilo entran tres panochas** auf ein Kilo kommen drei Maiskolben; **eso no entraba en mis cálculos** damit habe ich nicht gerechnet; **en esta receta no entran huevos** bei diesem Rezept sind keine Eier vorgesehen ⑩ (MÚS) einsetzen ⑪ *(loc)*: **no ~ en detalles** nicht auf Einzelheiten eingehen; ~ **en calor** warm werden; **me entró la tentación** es überkam mich die Versuchung; **me entró un mareo** mir wurde schwindlig; **me entró el sueño** ich wurde müde; **me entró el hambre** ich bekam Hunger; **esperemos que no te entre la gripe** hoffentlich bekommst du keine Grippe; **le ha entrado la costumbre de...** er/sie hat es sich *dat* zur Gewohnheit gemacht zu ...; **las matemáticas no me entran** *(fam)* Mathematik begreife ich einfach nicht; **su hermano no me entra** *(fam)* ich kann seinen/ihren Bruder nicht leiden; **a él no sabes como ~le** man weiß nicht, wie man an ihn rankommen kann; **yo en eso no entro** [*o* **ni entro ni salgo**] *(fam)* damit habe ich nichts zu schaffen **II.** *vt* hineinbringen *(en* in *+akk)*; *(vehículo)* hineinfahren *(en* in *+akk)*; ~ **el coche en el garaje** das Auto in die Garage (hinein)fahren

**entre** ['eṇtre] *prep* ① *(local, temporal)* zwischen *+dat;* **salir de ~ las ramas** aus den Zweigen hervorkommen; **pasar por ~ las mesas** zwischen den Tischen durchgehen; ~ **semana** unter der Woche; **ven ~ las cinco y las seis** komm zwischen fünf und sechs; ~ **tanto** inzwischen; **le cuento ~ mis amigos** ich zähle ihn zu meinen Freunden; **un ejemplo ~ muchos** ein Beispiel unter vielen; **el peor ~ todos** der Schlimmste von allen; **llegaron veinte ~ hombres y mujeres** es kamen zwanzig, teils Männer, teils Frauen; **se la llevaron ~ cuatro hombres** sie trugen sie zu viert heraus; **lo hablaremos ~ nosotros** wir werden unter uns darüber sprechen; ~ **el taxi y la entrada me quedé sin dinero** das Taxi und die Eintrittskarte raubten mir mein ganzes Geld; **lo dije ~ mí** ich sagte es für mich ② *(con movimiento)* zwischen *+akk;* **¡guárdalo ~ los libros!** leg es zwischen die Bücher!; **me senté ~ los dos** ich setzte mich zwischen die beiden ③ (MAT) durch *+akk*

**entreabierto, -a** [eṇtrea'βjerto, -a] *adj* halb offen

**entreabrir** [eṇtrea'βrir] *irr como abrir vt* halb öffnen

**entreacto** [eṇtre'akto] *m (intermedio)* Pause *f*

**entrecano, -a** [eṇtre'kano, -a] *adj* graumeliert

**entrecejo** [eṇtre'θexo] *m (ceño)* Stirnrunzeln *nt;* **fruncir el ~** die Stirn runzeln

**entrechocar** [eṇtretʃo'kar] <c→qu> *vi, vr:* **~se** aneinander stoßen

**entrecomillar** [eṇtrekomi'ʎar] *vt* in Anführungszeichen setzen

**entrecortado, -a** [eṇtrekor'taðo, -a] *adj (respiración)* stoßweise; *(voz)* stockend; **con la voz entrecortada por los sollozos** mit von Tränen erstickter Stimme

**entrecortar** [eṇtrekor'tar] *vt* unterbrechen

**entrecot** [entre'kot] *m* <entrecots> (GASTR) Entrecote *nt*

**entrecruzar** [eṇtrekru'θar] <z→c> **I.** *vt* kreuzen; *(cintas)* flechten **II.** *vr:* **~se** sich kreuzen

**entredicho** [eṇtre'ðitʃo] *m* ① *(prohibición)* Verbot *nt* ② *(loc)*: **poner algo en ~** etw in Zweifel ziehen; **poner en ~ la veracidad** die Glaubwürdigkeit in Frage stellen

**entrega** [eṇ'treɣa] *f* ① *(dedicación)* Engagement *nt* ② *(fascículo)* Lieferung *f;* **novela por ~s** Fortsetzungsroman *m* ③ *(de documentos)* Übergabe *f; (ceremonia)* Überreichung *f;* ~ **de premios** Preisverleihung *f;* ~ **de títulos** (UNIV) Diplomverleihung *f;* **hacer ~ de algo** etw überreichen ④ (COM) Lieferung *f;* ~ **a domicilio**

Lieferung frei Haus; **talón de** ~ Lieferschein *m;* **pagadero a la** ~ zahlbar bei Lieferung ⑤ (MIL) Übergabe *f;* (*de prisioneros*) Auslieferung *f*

**entregar** [en̩tre'ɣar] <g→gu> **I.** *vt* abgeben (*a* bei +*dat*); (COM) abliefern (*a* bei +*dat*); (*dar, t. piso, t.* MIL) übergeben; (*carta*) aushändigen; (*en ceremonia*) überreichen; (*premio*) verleihen; (*prisioneros*) ausliefern; ~**la** (*fam fig*) ins Gras beißen **II.** *vr:* ~**se** ① (*desvivirse*) sich widmen (*a* +*dat*); ~**se a la bebida** anfangen zu trinken ② (*delincuente*) sich stellen ③ (MIL) sich ergeben ④ (*sexo*) sich hingeben

**entrelazar** [en̩trela'θar] <z→c> *vt, vr:* ~**se** (sich) verflechten

**entremedias** [en̩tre'meðjas] *adv* ① (*local*) dazwischen; ~ **de...** zwischen ... +*dat* ② (*temporal*) währenddessen

**entremés** [en̩tre'mes] *m* (GASTR) Vorspeise *f*

**entremeterse** [en̩treme'θerse] *vr* sich einmischen (*en* in +*akk*)

**entremetido, -a** [en̩treme'tiðo, -a] **I.** *adj* naseweis **II.** *m, f* Naseweis *m*

**entremezclar** [en̩tremeθ'klar] *vt* vermischen

**entrenador(a)** [en̩trena'ðor(a)] *m(f)* (DEP) Trainer(in) *m(f)*

**entrenamiento** [en̩trena'mjen̩to] *m* ① (DEP) Training *nt* ② (*práctica*) Übung *f*

**entrenar** [en̩tre'nar] **I.** *vt* trainieren; (*perro*) abrichten **II.** *vr:* ~**se** trainieren

**entrepierna** [en̩tre'pjerna] *f* ① (*muslo*) Innenseite *f* des Oberschenkels; **esto se me pasa por la** ~ (*vulg*) das geht mir am Arsch vorbei ② (*del pantalón*) (Hosen)zwickel *m* ③ (*Chil: de baño*) Badehose *f*

**entreplanta** [en̩tre'plan̩ta] *f* Zwischenstock *m*

**entresacar** [en̩tresa'kar] <c→qu> *vt* ① (*escoger*) heraussuchen (*de* aus +*dat*); (*elegir*) auswählen (*de* aus +*dat*) ② (*pelo*) ausdünnen

**entresijo** [en̩tre'sixo] *m* ① (ANAT) Gekröse *nt* ② *pl* (*cosas escondidas*) Geheimnisse *ntpl*

**entresuelo** [en̩tre'swelo] *m* Zwischengeschoss *nt*

**entretanto** [en̩tre'tan̩to] *adv* inzwischen

**entretecho** [en̩tre'tetʃo] *m* (*CSur: desván*) Dachboden *m*

**entretejer** [en̩trete'xer] *vt* ① (*meter*) einweben; (*fig*) einflechten ② (*entrelazar*) verflechten

**entretela** [en̩tre'tela] *f* Zwischenfutter *nt*

**entretener** [en̩trete'ner] *irr como tener* **I.** *vt* ① (*detener*) aufhalten ② (*apartar la atención*) ablenken ③ (*divertir*) unterhalten; **sabe como** ~ **a los niños** er/sie kann Kinder gut bei Laune halten ④ (*asunto*) hinauszögern; ~ **a alguien con excusas** jdn mit Ausreden vertrösten **II.** *vr:* ~**se** ① (*pasar el rato*) sich *dat* die Zeit vertreiben; ~**se con revistas** sich *dat* die Zeit mit Zeitschriftenlesen vertreiben ② (*tardar*) aufgehalten werden; **¡no te entretengas!** beeil dich! ③ (*apartar la atención*) sich ablenken lassen (*con* von +*dat*)

**entretenido, -a** [en̩trete'niðo, -a] *adj* unterhaltsam

**entretenimiento** [en̩treteni'mjen̩to] *m* ① (*diversión*) Unterhaltung *f;* (*pasatiempo*) Zeitvertreib *m;* **en el bosque hay mucho** ~ **para los niños** im Wald gibt es viele interessante Dinge für die Kinder ② (*conservación*) Erhaltung *f*

**entretiempo** [en̩tre'tjempo] *m sin pl* Übergangszeit *f*

**entrever** [en̩tre'βer] *irr como ver vt* ① (*objeto*) undeutlich sehen ② (*sospechar*) ahnen; (*intenciones*) durchschauen

**entrevista** [en̩tre'βista] *f* ① (PREN) Interview *nt;* **hacer una** ~ **a alguien** jdn interviewen ② (*reunión*) Besprechung *f;* ~ **de trabajo** Vorstellungsgespräch *nt*

**entrevistador(a)** [en̩treβista'ðor(a)] *m(f)* Interviewer(in) *m(f)*

**entrevistar** [en̩treβis'tar] **I.** *vt* interviewen **II.** *vr:* ~**se** sich treffen

**entristecer** [en̩triste'θer] *irr como crecer* **I.** *vt* traurig machen **II.** *vr:* ~**se** traurig werden

**entristecimiento** [en̩tristeθi'mjen̩to] *m* Traurigkeit *f*

**entrometerse** [en̩trome'terse] *vr* sich einmischen (*en* in +*akk*)

**entrometido, -a** [en̩trome'tiðo, -a] *adj o m, f v.* **entremetido**

**entrometimiento** [en̩trometi'mjen̩to] *m* Einmischen *nt*

**entroncar** [en̩troŋ'kar] <c→qu> *vi* ① (*tener parentesco*) verwandt sein ② (*Am: tren*) Anschluss haben (*con* an +*akk*)

**entronizar** [en̩troni'θar] <z→c> **I.** *vt* auf den Thron erheben **II.** *vr:* ~**se** eingebildet werden

**entronque** [en̩'troŋke] *m* ① (*parentesco*) Verwandtschaft *f* ② (*Am: tren*) Anschluss *m*

**entrucharse** [en̩tru'tʃarse] *vr* (*Méx*) ① (*entremeterse*) sich einmischen ② (*enamorarse*) sich unsterblich verlieben

**entuerto** [en̩'twerto] *m* (*agravios*) Unrecht *nt*

**entumecerse** [en̩tume'θerse] *irr como cre-*

E

*cer vr* einschlafen

**entumecido, -a** [eṇtume'θiðo, -a] *adj* (*pierna*) taub; (*rígido*) erstarrt

**enturbiar** [eṇtur'βjar] *vt* trüben

**entusiasmar** [eṇtusjas'mar] **I.** *vt* begeistern **II.** *vr:* ~**se** sich begeistern (*con/por* für +*akk*)

**entusiasmo** [eṇtu'sjasmo] *m sin pl* Begeisterung *f*

**entusiasta** [eṇtu'sjasta] **I.** *adj* begeistert **II.** *mf:* **una ~ del ballet** eine große Anhängerin des Balletts

**entusiástico, -a** [eṇtu'sjastiko, -a] *adj* begeistert

**enumeración** [enumera'θjon] *f* Aufzählung *f*

**enumerar** [enume'rar] *vt* aufzählen; (*escrito*) aufführen

**enunciado** [enuṇ'θjaðo] *m* ❶ (*de problema*) Darlegung *f* ❷ (*texto*) Wortlaut *m* ❸ (LING) Aussage *f*

**enunciar** [enuṇ'θjar] *vt* (*explicar*) erläutern

**enunciativo, -a** [enuṇθja'tiβo, -a] *adj:* **oración enunciativa** Aussagesatz *m*

**envalentonar** [embaleṇto'nar] **I.** *vt* ermutigen **II.** *vr:* ~**se** prahlen

**envanecer** [embane'θer] *irr como crecer* **I.** *vt* stolz machen **II.** *vr:* ~**se** ❶ (*enorgullecerse*) stolz sein (*de* auf +*akk*) ❷ (*engreírse*) eingebildet werden

**envanecimiento** [embaneθi'mjeṇto] *m sin pl* Anmaßung *f;* (*orgullo*) Stolz *m*

**envarado, -a** [emba'raðo, -a] *adj* steif; (*estirado*) hochnäsig

**envarar** [emba'rar] **I.** *vt* lähmen **II.** *vr:* ~**se** ❶ (*miembro*) starr werden ❷ (*persona*) hochmütig werden

**envasar** [emba'sar] *vt* abfüllen

**envase** [em'base] *m* ❶ (*paquete*) Verpackung *f;* (*recipiente*) Behälter *m;* (*botella*) Flasche *f* ❷ *pl* (*cascos*) Leergut *nt* ❸ (*acción*) Abfüllen *nt;* ~ **al vacío** Vakuumverpackung *f*

**envejecer** [embexe'θer] *irr como crecer* **I.** *vt* alt machen **II.** *vr:* ~**se** altern

**envejecimiento** [embexeθi'mjeṇto] *m sin pl* Älterwerden *nt*

**envenenar** [embene'nar] *vt* vergiften

**envergadura** [embeɣa'ðura] *f* (*importancia*) Bedeutung *f*

**envés** [em'bes] *m* Rückseite *f*

**enviado, -a** [embi'aðo, -a] *m, f* Abgesandte(r) *mf;* ~ **especial** (PREN, TV, RADIO) Sonderberichterstatter *m*

**enviar** [embi'ar] <*1. pres:* envío> *vt* schicken; (*despachar*) absenden; (*circular*) versenden; (*telegrama*) aufgeben; ~ **(a) por algo a alguien** jdn etw holen lassen; ~ **por correo** mit der Post schicken; **la ONU ~á a un mediador** die UNO wird einen Vermittler entsenden

**envidia** [em'bidja] *f* Neid *m;* **tener ~ a alguien** jdn beneiden; **tener ~ de algo** auf etw neidisch sein; **daba ~ verlo de lo guapo que iba** er sah beneidenswert gut aus; **lo corroe la ~** er wird vom Neid zerfressen

**envidiable** [embi'djaβle] *adj* beneidenswert

**envidiar** [embi'ðjar] *vt* beneiden (*por* um +*akk*); **¡mucho tienes tú que ~le a ella!** (*irón*) du hast gar keinen Grund sie zu beneiden!

**envidioso, -a** [embi'djoso, -a] *adj* neidisch (*de* auf +*akk*)

**envilecer** [embile'θer] *irr como crecer* **I.** *vt* herabwürdigen **II.** *vr:* ~**se** verkommen; (*humillarse*) sich erniedrigen

**envío** [em'bio] *m* Sendung *f;* (*expedición*) Versand *m;* ~ **a domicilio** Lieferung frei Haus; ~ **certificado** Einschreib(e)sendung *f;* ~ **contra reembolso** Nachnahmesendung *f;* ~ **urgente** Eilsendung *f;* ~ **con valor declarado** Wertsendung *f;* **gastos de ~** Versandkosten *pl*

**envite** [em'bite] *m* ❶ (*en juegos: apuesta*) Gebot *nt* ❷ (*fig: ofrecimiento*) Angebot *nt* ❸ (*empujón*) Stoß *m;* **al primer ~** auf einmal

**enviudar** [embju'ðar] *vi* verwitwen

**envoltorio** [embol̦'torjo] *m* ❶ (*lío*) Bündel *nt* ❷ (*embalaje*) Verpackung *f*

**envoltura** [embol̦'tura] *f* (*embalaje*) Verpackung *f;* **en ~ original** originalverpackt

**envolver** [embol'βer] *irr como volver vt* ❶ (*en papel*) einwickeln (*con/en* in +*akk*); (*empaquetar*) einpacken (*en/con* in +*akk*); (*en ropa*) einhüllen (*con/en* in +*akk*); ~ **en papel de regalo** als Geschenk einpacken ❷ (*mezclar*) verwickeln

**envuelto, -a** [em'bwel̦to, -a] *pp de* **envolver**

**enyesar** [eɲɟe'sar] *vt* eingipsen

**enzarzar** [eṇθar'θar] <z→c> **I.** *vt* ❶ (*muro*) mit Dornen bedecken ❷ (*enemistar*) in einen Streit verwickeln **II.** *vr:* ~**se** ❶ (*enredarse*) im Gestrüpp hängen bleiben ❷ (*tener dificultades*) sich in Ungelegenheiten bringen; **se ~on en una pelea** sie sind aneinander geraten

**enzima** [eṇ'θima] *m o f* Enzym *nt*

**eñe** ['eɲe] *f* Ñ, ñ *nt*

**eólico, -a** [e'oliko, -a] *adj* Wind-; **central eólica** Windkraftwerk *nt*

**epa** ['epa] *interj* (*Am*) he; (*Chil*) auf

**épica** ['epika] *f sin pl* Epik *f*
**epicentro** [epi'θeṇtro] *m* Epizentrum *nt*
**épico, -a** ['epiko, -a] *adj* episch; **poema ~** Epos *nt*
**epidemia** [epi'ðemja] *f* Epidemie *f*
**epidemiología** [epiðemjolo'xia] *f sin pl* Epidemiologie *f*
**epidermis** [epi'ðermis] *f inv* (ANAT, BOT) Epidermis *f*
**epígrafe** [e'piɣrafe] *m* ❶ (*inscripción*) Inschrift *f* ❷ (*título*) Überschrift *f* ❸ (*consigna*) Motto *nt*
**epigrama** [epi'ɣrama] *m* ❶ (*en piedra*) Inschrift *f* ❷ (*poema*) Epigramm *nt*
**epilepsia** [epi'leβsja] *f* Epilepsie *f*
**epiléptico, -a** [epi'leptiko, -a] **I.** *adj* epileptisch **II.** *m, f* Epileptiker(in) *m(f)*
**epílogo** [e'piloɣo] *m* (*de libro*) Nachwort *nt*
**episcopado** [episko'paðo] *m* ❶ (*cargo*) Bischofsamt *nt* ❷ (*comunidad*) Episkopat *nt*
**episcopal** [episko'pal] *adj* bischöflich; **sede ~** Bischofssitz *m*
**episódico, -a** [epi'soðiko, -a] *adj* episodisch
**episodio** [epi'sodjo] *m* ❶ (*suceso, t.* MÚS, LIT) Episode *f* ❷ (*parte*) Teil *m*
**epistemología** [epistemolo'xia] *f sin pl* (FILOS) Epistemologie *f*
**epístola** [e'pistola] *f* ❶ (REL: *carta*) Brief *m*; **~s de San Pablo** Briefe des Apostels Paulus ❷ (*subdiácono*) Unterdiakonat *nt* ❸ (LIT) Epistel *f*
**epitafio** [epi'tafjo] *m* Grabschrift *f*
**época** ['epoka] *f* ❶ (HIST) Epoche *f*; **coches de ~** Oldtimer *mpl*; **muebles de ~** Stilmöbel *ntpl*; **trajes de ~** historische Trachten; **un invento que hizo ~** eine Epoche machende Erfindung ❷ (*tiempo*) Zeit *f*; **~ de las lluvias** Regenzeit *f*; **es la ~ más calurosa del año** das ist die wärmste Jahreszeit; **en aquella ~** damals
**epopeya** [epo'peɟa] *f* (LIT) Epos *nt*
**equidad** [eki'ðaᵈ] *f sin pl* ❶ (*justicia*) Gerechtigkeit *f* ❷ (*de precios*) Mäßigkeit *f*
**equidistancia** [ekiðis'taṇθja] *f* (MAT) Äquidistanz *f*
**equidistar** [ekiðis'tar] *vi* gleich weit entfernt sein (*de* von + *dat*)
**equilátero, -a** [eki'latero, -a] *adj* gleichseitig
**equilibrado, -a** [ekili'βraðo, -a] *adj* ausgeglichen; (*dieta, programa*) ausgewogen; (*sensato*) vernünftig
**equilibrar** [ekili'βrar] *vt, vr:* **~se** (sich) ausgleichen
**equilibrio** [eki'liβrjo] *m* ❶ (*en general*) Gleichgewicht *nt*; **mantener el ~** das Gleichgewicht halten; **alguien le hizo perder el ~** jemand brachte ihn aus dem Gleichgewicht ❷ (*contrapeso*) Gegengewicht *nt* ❸ (*armonía, mesura*) Ausgewogenheit *f* ❹ (*loc*): **hacer ~s** sich auf einer Gratwanderung befinden; **para llegar a fin de mes tengo que hacer muchos ~s** (*fam*) es wird für mich ganz schön schwierig werden, diesen Monat über die Runden zu kommen
**equilibrista** [ekili'βrista] *mf* Seiltänzer(in) *m(f)*
**equino, -a** [e'kino, -a] *adj* Pferde-
**equipaje** [eki'paxe] *m* (*maletas*) Gepäck *nt*; **entrega de ~s** Gepäckausgabe *f*; **exceso de ~** Übergepäck *nt*; **registro de ~** Zollkontrolle *f*
**equipamiento** [ekipa'mjeṇto] *m* Ausstattung *f*, Ausrüstung *f*; **~ industrial** Industrieanlagen *fpl*; **~ de serie** Serienausstattung *f*; **~ técnico** technische Anlagen
**equipar** [eki'par] *vt* ausrüsten (*con/de* mit + *dat*); (*de ropa, un lugar*) ausstatten (*con/de* mit + *dat*)
**equiparación** [ekipara'θjon] *f* Angleichung *f* (*con* an + *akk*)
**equiparar** [ekipa'rar] *vt* ❶ (*igualar*) angleichen (*con* an + *akk*) ❷ (*comparar*) vergleichen (*con* mit + *dat*)
**equipo** [e'kipo] *m* ❶ (*grupo*) Team *nt*; (*turno*) Schicht *f*; **~ gestor** Management *nt*; **~ de investigadores** Forschungsgruppe *f*; **trabajo en ~** Teamarbeit *f* ❷ (DEP) Mannschaft *f*; **~ de fútbol** Fußballmannschaft *f*; **carrera por ~s** Mannschaftsrennen *nt*; **caerse con todo el ~** (*fam fig*) völlig scheitern ❸ (*utensilios*) Ausrüstung *f*; **~ de alta fidelidad** Hi-Fi-Anlage *f*; **~ productivo** Produktionsapparat *m*; **bienes de ~** Investitionsgüter *ntpl*
**equis** ['ekis] **I.** *adj inv* x; **rayos ~** Röntgenstrahlen *mpl*; **~ euros** X Euro; **el señor ~** Herr Sowieso **II.** *f inv* ❶ (*letra*) X, x *nt*; **el proyecto de construcción tiene forma de ~** das Bauprojekt ist x-förmig angelegt ❷ (*Col: serpiente*) Giftviper *f*
**equitación** [ekita'θjon] *f sin pl* Reitsport *m*; (*montar*) Reiten *nt*; **escuela de ~** Reitschule *f*
**equitativamente** [ekitatiβa'meṇte] *adv* gerechterweise
**equitativo, -a** [ekita'tiβo, -a] *adj* gerecht; **hicieron un reparto ~ de las ganancias** der Gewinn wurde gleichmäßig aufgeteilt
**equivalencia** [ekiβa'leṇθja] *f* Gleichwertigkeit *f*; (LING, MAT) Äquivalenz *f*
**equivalente** [ekiβa'leṇte] **I.** *adj* gleichwertig (*a* mit + *dat*); (LING, MAT) äquivalent; (*sig-*

E

*nificado*) gleichbedeutend (*a* mit +*dat*); (*correspondiente*) entsprechend; **una cantidad ~ a diez dólares** eine Summe, die zehn Dollar entspricht **II.** *m* Äquivalent *nt;* **el ~ a diez días de trabajo** das Äquivalent für zehn Arbeitstage

**equivaler** [ekiβa'ler] *irr como valer vi* entsprechen (*a* +*dat*); **la negativa equivaldría a la ruptura de las negociaciones** eine Absage käme einem Abbruch der Beziehungen gleich; **lo que equivale a decir que...** was nichts anderes bedeutet, als dass ...

**equivocación** [ekiβoka'θjon] *f* Irrtum *m;* (*error*) Fehler *m;* (*malentendido*) Missverständnis *nt;* (*confusión*) Verwechslung *f;* **por ~** aus Versehen

**equivocadamente** [ekiβokaða'mente] *adv* irrtümlicherweise

**equivocar** [ekiβo'kar] <c→qu> **I.** *vt* ❶ (*confundir*) verwechseln; **equivoqué los sobres de las cartas** ich habe die Briefumschläge vertauscht ❷ (*desconcertar*) durcheinander bringen **II.** *vr:* **~se** sich irren (*de/en* in +*dat*); **~se de camino** sich verlaufen; **~se de carretera** sich verfahren; **~se al escribir** sich verschreiben; **~se al escribir (a máquina)** sich vertippen; **~se al hablar** sich versprechen; **~se al hacer una cuenta** sich verrechnen; **~se al leer** sich verlesen; **~se de número (de teléfono)** sich verwählen; **~se de tranvía** in die falsche Straßenbahn einsteigen; **~se de puerta** sich in der Tür irren

**equivoco** [eki'βoko] *m* (*Am*) Irrtum *m*

**equívoco, -a** [e'kiβoko, -a] *adj* ❶ (*con dos sentidos*) zweideutig ❷ (*dudoso*) zweifelhaft

**era¹** ['era] *f* ❶ (*período*) Zeitalter *nt;* **~ postcomunista** postkommunistische Ära; **~ terciaria** Tertiär *nt* ❷ (*para trigo*) Tenne *f*

**era²** ['era] *3. imp de* **ser**

**erario** [e'rarjo] *m* Fiskus *m;* **el ~ público** die Staatskassen

**ere** ['ere] *f* R, r *nt*

**erección** [ereʏ'θjon] *f* ❶ (*del pene*) Erektion *f* ❷ (*de monumentos*) Errichtung *f*

**erecto, -a** [e'rekto, -a] *adj* (*tieso*) steif; (*púas*) aufgestellt

**eremita** [ere'mita] *mf* Einsiedler(in) *m(f)*

**eres** ['eres] *2. pres de* **ser**

**ergonomía** [erɣono'mia] *f sin pl* Ergonomie *f*

**erguido, -a** [er'ɣiðo, -a] *adj* (*derecho*) aufrecht

**erguir** [er'ɣir] *irr* **I.** *vt* aufrichten; **~ el cuello** den Hals (lang) strecken; **con la cabeza erguida** hocherhobenen Hauptes **II.** *vr:* **~se** ❶ (*ponerse derecho*) sich aufrichten; **~se en una silla** sich gerade hinsetzen; **el perro se irguió sobre las patas traseras** der Hund stellte sich auf die Hinterpfoten ❷ (*engreírse*) eingebildet sein

**erial** [eri'al] **I.** *adj* brach(liegend) **II.** *m* Brache *f*

**erigir** [eri'xir] <g→j> **I.** *vt* ❶ (*construir*) errichten; **~ un andamio** ein Gerüst aufstellen ❷ (*fundar*) (be)gründen ❸ (*nombrar*) ernennen; **la erigieron presidente** sie wurde zur Präsidentin ernannt **II.** *vr:* **~se** (*declararse*) sich (selbst) erklären (*en* zu +*dat*); (*hacer de*) auftreten (*en* als +*nom*)

**erizado, -a** [eri'θaðo, -a] *adj* ❶ (BOT) stachelig ❷ (*pelo*) borstig

**erizar** [eri'θar] <z→c> **I.** *vt* ❶ (*el pelo*) sträuben; **el frío me erizó el vello** ich bekam vor Kälte eine Gänsehaut; **el miedo me erizó los cabellos** mir standen vor Angst die Haare zu Berge ❷ (*un asunto*) erschweren; **estar erizado de dificultades** mit Schwierigkeiten gespickt sein; **la vida está erizada de espinas** das Leben ist voller Dornen; **el camino está erizado de obstáculos** der Weg ist mit Hindernissen gepflastert **II.** *vr:* **~se** ❶ (*pelo*) sich sträuben; **mis cabellos se ~on del susto** mir standen vor Schreck die Haare zu Berge; **se me erizó el vello de tanto frío** ich bekam vor lauter Kälte eine Gänsehaut ❷ (*persona*) nervös werden

**erizo** [e'riθo] *m* ❶ (*mamífero*) Igel *m* ❷ (*pez*) Igelfisch *m* ❸ (*del castaño*) Kastanienschale *f* ❹ (*de mar*) Seeigel *m* ❺ (*fam: persona*) Brummbär *m* ❻ (*defensa*) Stacheldraht *m*

**ermita** [er'mita] *f* (*capilla*) Kapelle *f;* (*de peregrinación*) Wallfahrtskirche *f*

**ermitaño¹** [ermi'taɲo] *m* (ZOOL) Einsiedlerkrebs *m*

**ermitaño, -a²** [ermi'taɲo, -a] *m, f* ❶ (*asceta*) Einsiedler(in) *m(f)* ❷ (*persona poco sociable*) Einzelgänger(in) *m(f);* **ser un ~** sehr zurückgezogen leben

**erogación** [eroɣa'θjon] *f* ❶ (*Arg, Méx, Par: pago*) Zahlung *f* ❷ (*Ven: donativo*) Spende *f*

**erogar** [ero'ɣar] <g→gu> *vt* (*Arg: pagar*) zahlen; (*bienes*) verteilen

**erógeno, -a** [e'roxeno, -a] *adj* erogen

**erosión** [ero'sjon] *f* ❶ (*desgaste*) Abnutzung *f;* (*desaparición*) Schwinden *nt;* ~

**monetaria** Geldwertschwund *m* ❷ (GEO) Erosion *f;* (*causada por el agua*) Auswaschung *f* ❸ (*de la piel*) (Haut)abschürfung *f* ❹ (*de alguien*) Schädigung *f;* **sufrir** ~ Schaden nehmen; (*perder influencia*) an Einfluss verlieren; (*perder prestigio*) an Ansehen verlieren

**erosionar** [erosjo'nar] **I.** *vt* ❶ (*desgastar*) abnutzen ❷ (GEO) abtragen; **el agua erosiona las rocas** das Wasser wäscht die Felsen aus ❸ (*la piel*) abschürfen ❹ (*a alguien*) schädigen; **el artículo erosionó al partido** der Artikel hat dem Ruf der Partei geschadet **II.** *vr:* ~**se** Schaden nehmen; (*perder prestigio*) an Ansehen verlieren; (*perder influencia*) an Einfluss verlieren

**erótica** [e'rotika] *f* erotische Dichtung *f*

**erótico, -a** [e'rotiko, -a] *adj* erotisch

**erotismo** [ero'tismo] *m* Erotik *f*

**errabundo, -a** [erra'βun̪do, -a] *adj* umherziehend; (*sin orientación*) umherirrend; (*vagabundo*) vagabundierend

**erradicar** [erraði'kar] <c→qu> *vt* ausrotten; (*una planta*) entwurzeln; (*una institución*) abschaffen

**errar** [e'rrar] *irr* **I.** *vi* ❶ (*equivocarse*) sich irren (*en* in +*dat*); ~ **en la respuesta** eine falsche Antwort geben; ~ **en el camino** sich verlaufen; (*fig*) auf dem Holzweg sein ❷ (*andar vagando*) umherziehen (*por* in +*dat*); (*sin orientación*) umherirren (*por* in +*dat*); (*vagabundear*) vagabundieren; **ir errando por las calles** durch die Straßen irren **II.** *vt* (*no acertar*) verfehlen; ~ **el golpe** danebenschlagen; ~ **el tiro** danebenschießen; ~ **la vocación** den Beruf verfehlen **III.** *vr:* ~**se** sich irren (*en* in +*dat*)

**errata** [e'rrata] *f* Druckfehler *m*

**erre** ['erre] *f* R, r *nt;* ~ **que** ~ (*fam*) stur; **seguir** ~ **que** ~ unbeirrt weitermachen; **él está,** ~ **que** ~**, empeñado a subir a la montaña** er will auf Teufel komm raus den Berg besteigen

**erróneo, -a** [e'rroneo, -a] *adj* falsch; **decisión errónea** Fehlentscheidung *f*

**error** [e'rror] *m* ❶ (*falta*) Fehler *m;* ~ **de cálculo** Rechenfehler *m;* ~ **de operación** (INFOR) Betriebsfehler *m;* ~ **ortográfico** Rechtschreibfehler *m;* ~**es no eliminables** nicht behebbare Fehler; **cometer un** ~ einen Fehler machen; **has cometido un** ~ **muy grave** dir ist ein gravierender Fehler unterlaufen ❷ (*equivocación*) Irrtum *m;* (*descuido*) Versehen *nt;* **estar en el** [*o* **un**] ~ sich irren ❸ (FÍS, MAT: *diferencia*) Abweichung *f* ❹ (*conducta reprochable*) Verirrung *f*

**ertzaina** [er'tsaina] *mf baskische(r) Polizist(in)*

> **i Land & Leute**
>
> Mit dem Begriff **ertzaina** wird ein Polizist der *Comunidad Autónoma Euskadi/ País Vasco* bezeichnet. Es ist zwar ein rein baskisches Wort, wird aber in ganz Spanien verstanden und verwendet, wenn man sich ausschließlich auf die Polizei des Baskenlandes beziehen möchte.

**Ertzaintza** [er'ʧanʧa] *f sin pl autonome baskische Polizei*

**eructar** [eruk'tar] *vi* aufstoßen

**eructo** [e'rukto] *m* Rülpser *m fam*

**erudición** [eruði'θjon] *f* Bildung *f;* (*sabiduría*) Weisheit *f*

**erudito, -a** [eru'ðito, -a] **I.** *adj* ❶ (*persona*) gebildet; (*sabio*) weise ❷ (*obra*) wissenschaftlich; **conocimientos** ~**s** fundierte Kenntnisse **II.** *m, f* Gelehrte(r) *mf;* (*sabio*) Weise(r) *mf;* (*experto*) Experte, -in *m, f;* **es un** ~ **en filosofía** er ist eine Kapazität auf dem Gebiet der Philosophie

**erupción** [eruβ'θjon] *f* ❶ (GEO) Eruption *f;* ~ **volcánica** Vulkanausbruch *m* ❷ (MED) Ausschlag *m*

**es** [es] *3. pres de* **ser**

**esa(s)** ['esa(s)] *adj o pron dem v.* **ese, -a**

**ésa(s)** ['esa(s)] *pron dem v.* **ése**

**esbeltez** [esβel̪'teθ] *f* (*delgadez*) Schlankheit *f;* (*altura*) hoher Wuchs *m;* (*gracia*) Anmut *f;* (*elegancia*) Eleganz *f*

**esbelto, -a** [es'βel̪to, -a] *adj* (*delgado*) schlank; (*alto*) hoch gewachsen; (*grácil*) anmutig; (*elegante*) elegant; **un hombre** ~ ein stattlicher Mann

**esbirro** [es'βirro] *m* ❶ (*alguacil*) Gerichtsdiener *m* ❷ (*de las autoridades*) Ordnungshüter *m* ❸ (*fam: que comete actos violentos*) Schläger *m;* (*sicario*) Killer *m*

**esbozar** [esβo'θar] <z→c> *vt* ❶ (*dibujo*) skizzieren ❷ (*un tema*) umreißen; (*un escrito*) entwerfen; ~ **un discurso** eine Rede in Stichwörtern notieren ❸ (*una sonrisa*): **esbozó una sonrisa** ein Lächeln huschte über sein/ihr Gesicht; ~ **una sonrisa irónica** sein Gesicht zu einem spöttischen Grinsen verziehen

**esbozo** [es'βoθo] *m* ❶ (*dibujo*) Skizze *f* ❷ (*de un proyecto*) Entwurf *m*

**escabechar** [eskaβe'ʧar] *vt* ❶ (GASTR) marinieren ❷ (*fam: suspender*) durchrasseln lassen ❸ (*fam: matar*) abmurksen

**escabeche** [eska'βeʧe] *m* ❶ (*adobo*) Marinade *f;* **atún en** ~ marinierter Thunfisch; **poner en** ~ marinieren ❷ (*alimento: pescado*) marinierter Fisch *m;* ~ **de pollo** mariniertes Huhn

**escabechina** [eskaβe'ʧina] *f* ❶ (*fam: en un examen*): **en el examen hubo gran** ~ bei der Prüfung fielen reihenweise Leute durch; **hacer una** ~ viele Prüflinge durchfallen lassen ❷ (*destrozo*) Zerstörung *f;* (*carnicería*) Massaker *nt;* **hacer una** ~ Unheil anrichten

**escabel** [eska'βel] *m* (*taburete*) Schemel *m;* (*para los pies*) Fußbank *f*

**escabroso, -a** [eska'βroso, -a] *adj* ❶ (*áspero*) rau; (*terreno*) holperig; (*carácter*) schwierig ❷ (*comprometido*) heikel ❸ (*indecente*) anstößig

**escabullirse** [eskaβu'ʎirse] <*3. pret:* se escabulló> *vr* ❶ (*desaparecer*) sich wegschleichen; ~ (**por**) **entre la multitud** in der Menge untertauchen ❷ (*escurrirse*) entgleiten; **la trucha se me escabulló** (**de entre las manos**) die Forelle rutschte mir aus der Hand

**escacharrado, -a** [eskaʧa'rraðo, -a] *adj* (*plan*) gescheitert; (*proyecto, día*) misslungen

**escacharrar** [eskaʧa'rrar] **I.** *vt* ruinieren; (*romper*) kaputtmachen; (*plato*) zerbrechen; (*proyecto*) zunichte machen; **la lluvia nos escacharró la fiesta** der Regen verdarb uns das ganze Fest; **escacharró nuestros planes** er/sie machte uns einen Strich durch die Rechnung **II.** *vr:* ~**se** ruiniert sein; (*romperse*) kaputtgehen; (*plato*) zerbrechen; (*proyecto*) scheitern; (*plan*) sich zerschlagen; **nuestros planes se** ~**on por culpa de la lluvia** unsere Pläne fielen buchstäblich ins Wasser; **se me ha escacharrado la escultura** die Skulptur ist mir nicht gelungen

**escafandra** [eska'fan̪dra] *f* Taucheranzug *m;* ~ **autónoma** Tauchgerät *nt;* ~ **espacial** Raumanzug *m*

**escala** [es'kala] *f* ❶ (*serie*) Skala *f;* ~ **de colores** Farbskala *f;* ~ **de cuotas** Beitragsstaffelung *f;* ~ **de descuentos** Rabattstaffel *f;* ~ **impositiva** Steuersatz *m;* ~ **de salarios** Lohnskala *f* ❷ (*musical*) Tonleiter *f;* **hacer** ~**s** Läufe üben ❸ (*proporción*) Verhältnis *nt;* (*de un mapa*) Maßstab *m;* ~ **de reproducción** Abbildungsmaßstab *m;* **a** ~ maßstabsgerecht; **un mapa a** ~ **1:100.000** eine Karte im Maßstab (von) 1:100.000 ❹ (*de medición*) Skala *f;* ~ **de grados** Gradeinteilung *f;* ~ **milimétrica** Millimetereinteilung *f* ❺ (*medida*) Maß *nt;* **a** ~ **mundial** weltweit; **a** ~ **nacional** landesweit; **en gran** ~ in großem Umfang; **comprar en gran** ~ in großen Mengen einkaufen; **fabricación en gran** ~ Massenproduktion *f;* **ser de mayor** ~ größer sein ❻ (*parada*) Zwischenaufenthalt *m;* (AERO) Zwischenlandung *f;* ~ **forzada** (AERO) Notlandung *f;* **el avión tuvo que hacer** ~ **en París** das Flugzeug musste in Paris zwischenlanden; **hacer** ~ **en un puerto** einen Hafen anlaufen ❼ (*puerto*) Anlaufhafen *m* ❽ (*escalera*) Leiter *f;* ~ **de cuerda** Strickleiter *f*

**escalada** [eska'laða] *f* ❶ (*subida*) Aufstieg *m* (*de* auf +*akk*); (*de un muro*) Überwindung *f;* (*de una pared*) Erklimmen *nt;* ~ **libre** Freeclimbing *nt* ❷ (*alpinismo*) Bergsteigen *nt* ❸ (*de un edificio*) Einstieg *m* (*de* in +*akk*); (*violentamente*) Eindringen *nt* (*de* in +*akk*); (*robo*) Einbruch *m* (*de* in +*akk*); (MIL) Erstürmung *f* ❹ (*a una posición/cargo*) Aufstieg *m* ❺ (*aumento*) Anstieg *m;* (*de un conflicto/la violencia*) Eskalation *f*

**escalador**(**a**) [eskala'ðor(a)] **I.** *adj* Bergsteiger- **II.** *m(f)* ❶ (*alpinista*) Bergsteiger(in) *m(f)* ❷ (*ladrón*) Fassadenkletterer, -in *m, f*

**escalafón** [eskala'fon] *m* (*de cargos*) (Dienst)rangliste *f;* (*de sueldos*) Besoldungsliste *f;* **subir en el** ~ befördert werden

**escalar** [eska'lar] **I.** *vi* ❶ (*en las montañas*) bergsteigen ❷ (*socialmente/profesionalmente*) aufsteigen **II.** *vt* ❶ (*subir*) (hinauf)steigen (auf +*akk*); (*una montaña*) besteigen; (*una pared*) hochklettern; ~ **un muro** über eine Mauer klettern; **has escalado las cimas del poder** du bist auf dem Gipfel der Macht angelangt ❷ (*entrar*) (ein)steigen (in +*akk*), (hinein)klettern (in +*akk*); (*violentamente*) eindringen (in +*akk*); (*ladrón*) einbrechen (in +*akk*); (MIL) (er)stürmen; ~**on la habitación por la ventana** sie stiegen durch das Fenster ins Zimmer ❸ (*una posición*) erlangen; **escaló el cargo más alto de la empresa** er/sie arbeitete sich bis zum höchsten Posten in der Firma hoch

**escaldado, -a** [eskal̪'daðo, -a] *adj* ❶ (*escarmentado*) vorsichtig; **salir** ~ schlechte Erfahrungen gemacht haben; **gato** ~ **del agua fría huye** (*prov*) gebranntes Kind scheut das Feuer ❷ (*mujer*) schamlos

**escaldar** [eskal̪'dar] **I.** *vt* ❶ (GASTR) abbrühen ❷ (MED) verbrennen; (*con agua hirviendo*) verbrühen; (*inflamar*) entzünden **II.** *vr:* ~**se** ❶ (*persona*) sich verbrennen; (*con agua hirviendo*) sich verbrühen ❷ (*piel*) sich entzünden

**escalera** [eska'lera] *f* ❶ (*escalones*) Treppe *f;* (AERO) Gangway *f;* ~ **abajo** treppab; ~ **arriba** treppauf; ~ **de caracol** Wendeltreppe *f;* ~ **mecánica** [*o* **automática**] Rolltreppe *f;* ~ **de servicio** Hintertreppe *f* ❷ (*pasillo*) Treppenhaus *nt* ❸ (*escala*) Leiter *f;* ~ **de bomberos** Feuerwehrleiter *f;* ~ **de cuerda** Strickleiter *f;* ~ **doble** Trittleiter *f;* ~ **de incendios** Feuerleiter *f;* ~ **de mano** Leiter *f;* ~ **de tijera** Trittleiter *f;* **subir la** ~ auf die Leiter steigen

**escalerilla** [eskale'riʎa] *f* ❶ (*escalones*) kleine Treppe *f;* (AERO) Gangway *f;* **en** ~ staffelförmig ❷ (*escala*) kurze Leiter *f* ❸ (*naipes*) Sequenz *f* von drei Karten ❹ (*listones*) Gitter *nt* ❺ (*de un veterinario*) Spekulum *nt*

**escalinata** [eskali'nata] *f* Freitreppe *f*

**escalofriante** [eskalo'frjan̩te] *adj* ❶ (*pavoroso*) schaurig; **película** ~ Gruselfilm *m* ❷ (*asombroso*) haarsträubend

**escalofriar** [eskalo'frjar] **I.** *vi* frösteln **II.** *vt* schaudern lassen; **sus palabras me ~on** seine/ihre Worte ließen mich schaudern

**escalofrío** [eskalo'frio] *m* ❶ (*sensación*) Schauder *m;* **al abrir la ventana sentí ~s** beim Öffnen des Fensters überlief mich ein Schauder; **la película me produjo ~s** der Film erfüllte mich mit Schauder; **cierra la puerta, tengo ~s** mach die Tür zu, es fröstelt mich ❷ (MED) Schüttelfrost *m*

**escalón** [eska'lon] *m* Stufe *f;* (*de una escala*) (Leiter)sprosse *f;* ~ **de descansillo** Treppenabsatz *m;* ~ **lateral** Standspur *f;* **subir un** ~ (*profesionalmente*) befördert werden; **este libro es un** ~ **hacia el éxito** dieses Buch ist ein erster Schritt auf dem Weg zum Erfolg; **descender un** ~ **en la opinión pública** in der öffentlichen Meinung sinken

**escalonado**, **-a** [eskalo'naðo, -a] *adj* ❶ (*terreno*) stufenförmig ❷ (*precio*) gestaffelt; **tarifa escalonada** Staffeltarif *m*

**escalonamiento** [eskalona'mjen̩to] *m* ❶ (*de personas, cosas*) Formation *f* ❷ (*graduación*) Abstufung *f;* ~ **de los pagos** Staffelung der Zahlungen; ~ **de los precios** Preisstaffelung *f;* ~ **de presión** Druckabstufung *f* ❸ (*de un terreno*) Abstufung *f*

**escalonar** [eskalo'nar] *vt* (*situar*) formieren; ~ **puestos de vigilancia** in regelmäßigen Abständen Wachposten aufstellen

**escalopa** [eska'lopa] *f,* **escalope** [eska'lope] *m* Schnitzel *nt;* ~ **a la vienesa** Wiener Schnitzel

**escalpelo** [eskal'pelo] *m* Skalpell *nt*

**escama** [es'kama] *f* ❶ (*placa, t.* ZOOL, BOT) Schuppe *f;* ~**s de jabón** Seifenflocken *fpl;* **tener más ~s que un besugo** (*fig*) auf der Hut sein ❷ (*fam: recelo*) Misstrauen *nt;* **sentir** ~ stutzen; **sentí** ~ **de que no llamaras** dass du nicht anriefst, machte mich stutzig; **le salieron ~s** er/sie wurde misstrauisch

**escamado**, **-a** [eska'maðo, -a] *adj* ❶ (*piel, superficie*) schuppig ❷ (*fam: receloso*) misstrauisch

**escamar** [eska'mar] **I.** *vt* ❶ (*el pescado*) (ab)schuppen ❷ (*fam: inquietar*) stutzig machen **II.** *vr:* **~se** (*fam*) stutzen; **me escamé al oír la noticia** die Nachricht ließ mich stutzen; **me escamé de tu respuesta** deine Antwort machte mich stutzig

**escamocha** [eska'motʃa] *f* (*Méx: sobras*) Essensreste *mpl*

**escamoso**, **-a** [eska'moso, -a] *adj* schuppig

**escamotear** [eskamote'ar] *vt* ❶ (*ilusionista*) verschwinden lassen ❷ (*quitar*) wegnehmen; (*robar*) entwenden ❸ (*ocultar*) verbergen; (*información*) unterschlagen; ~ **la verdad** die Wahrheit verschweigen; ~ **un asunto** eine Angelegenheit unter den Tisch fallen lassen

**escampar** [eskam'par] *vimpers:* **espera hasta que escampe** warte, bis es aufhört zu regnen

**escanciar** [eskan̩'θjar] *vt* einschenken

**escandalizar** [eskan̩dali'θar] <z→c> **I.** *vi* Lärm machen **II.** *vt* ❶ (*indignar*) Anstoß erregen (bei +*dat*) ❷ (*horrorizar*) schockieren ❸ (*alborotar*) Unruhe stiften (bei +*dat,* in +*dat*); **escandalizó la discusión con sus gritos** er/sie veranstaltete bei der Diskussion ein Riesengeschrei; **ayer por la noche escandalizaste la casa con tus gritos** gestern Nacht hast du mit deinem Geschrei das ganze Haus aufgeweckt **III.** *vr:* **~se** ❶ (*indignarse*) Anstoß nehmen (*de/por* an +*dat*) ❷ (*estar horrorizado*) schockiert sein (*de/por* über +*akk*)

**escándalo** [es'kan̩dalo] *m* ❶ (*ruido*) Lärm *m;* (*gritos*) Geschrei *nt;* **armar un** [*o* **dar el**] ~ Lärm machen; **se armó un** ~ (*fam*) ein Riesenlärm brach los ❷ (*manifestación*) Tumult *m;* **se armó un** ~ es kam zu Tumulten; **dar el** ~ Aufsehen erregen ❸ (*que provoca*) Skandal *m;* ~ **público** öffentliches Ärgernis; **la piedra del** ~ der Stein des Anstoßes; **estos precios son un** ~ diese Preise sind eine Frechheit; **tu comportamiento es un** ~ du verhältst dich unmöglich; **dar un** ~ einen Skandal verursachen; **causar** ~ (*provocar indignación*) Anstoß erregen; **de** ~ skandalös

❹ (*pasmo*): **¡qué ~!** das ist ja kaum zu fassen!

**escandaloso, -a** [eskaṇda'loso, -a] *adj* ❶ (*ruidoso*) laut; (*alborotado*) turbulent ❷ (*inmoral, contra las convenciones, irritante*) skandalös; **precios ~s** Wucherpreise *mpl* ❸ (*revoltoso*) unruhig

**Escandinavia** [eskaṇdi'naβja] *f* Skandinavien *nt*

**escandinavo, -a** [eskaṇdi'naβo, -a] **I.** *adj* skandinavisch **II.** *m, f* Skandinavier(in) *m(f)*

**escanear** [eskane'ar] *vt* scannen

**escáner** [es'kaner] *m* Scanner *m;* ~ **a** [*o* **en**] **color** Farbscanner *m*

**escaño** [es'kaɲo] *m* ❶ (*banco*) Bank *f* ❷ (*acta de diputado*) Sitz *m*

**escapada** [eska'paða] *f* ❶ (*de un lugar*) Entwischen *nt;* (*de un encierro*) Flucht *f;* (*de casa*) Ausreißen *nt;* **hacer una ~** (*del trabajo*) Urlaub machen; (*de la rutina*) aus der Routine ausbrechen; (*de la vida cotidiana*) dem Alltag entfliehen ❷ (*loc*): **en una ~** in Windeseile

**escapar** [eska'par] **I.** *vi, vr:* **~se** ❶ (*de un encierro*) entkommen (*de* aus +*dat*); (*de la cárcel*) ausbrechen (*de* aus +*dat*) ❷ (*de un peligro*) entrinnen (*de* +*dat*); **logré ~** ich kam ungeschoren davon ❸ (*deprisa, ocultamente*) entwischen; **~se de casa** von zu Hause ausreißen; **el ladrón (se) escapó por la ventana** der Dieb entkam durch das Fenster ❹ (*quedar fuera del alcance*) sich entziehen; **algunas cosas se escapan al poder de la voluntad** manche Dinge kann man nicht beeinflussen; **es imposible ~ a esta ley** man kann dieses Gesetz nicht umgehen **II.** *vr:* **~se** ❶ (*agua, gas*) entweichen (*de* aus +*dat*) ❷ (*decir*) herausrutschen *fam;* **se me ha escapado que te vas a casar** ich habe aus Versehen gesagt, dass du heiratest ❸ (*soltarse*) entwischen; **se me ha escapado un punto** ich habe eine Masche verloren; **se escapó un tiro** ein Schuss löste sich ❹ (*no poder retener*): **se me ha escapado su nombre** mir ist sein/ihr Name entfallen; **se me ha escapado el negocio** das Geschäft ist mir entgangen; **se me ha escapado el autobús** ich habe den Bus verpasst; **se me ha escapado la mano** mir ist die Hand ausgerutscht; **se me ha escapado la risa** ich konnte mir das Lachen nicht verkneifen; **se me escapó un suspiro** mir entfuhr ein Seufzer ❺ (*no advertir*) entgehen; **no se te escapa ni una** dir entgeht nichts

**escaparate** [eskapa'rate] *m* ❶ (*de una tienda*) Schaufenster *nt;* **estar en el ~** (*fig*) im Rampenlicht stehen ❷ (*estantería*) Vitrine *f* ❸ (*Am: armario*) Schrank *m* ❹ (*argot: pecho*) Busen *m;* **tener mucho ~** viel Holz vor der Hütte haben

**escaparatista** [eskapara'tista] *mf* Schaufensterdekorateur(in) *m(f)*

**escapatoria** [eskapa'torja] *f* ❶ (*lugar*) Fluchtweg *m;* **no hay ~** (*fig*) es gibt kein Entrinnen ❷ (*excusa*) Ausflucht *f* ❸ (*solución*) Ausweg *m;* **es la única ~ que tienes** es bleibt dir nur dieser Ausweg; **no tener ~** sich in einer ausweglosen Lage befinden

**escape** [es'kape] *m* ❶ (*de un gas/líquido*) Leck *nt* ❷ (*solución*) Ausweg *m;* **no tenía ~** (*de una amenaza*) es gab kein Entrinnen; **no había ningún ~ a la situación** die Situation war ausweglos ❸ (AUTO) Auspuff *m;* **tubo de ~** Auspuffrohr *nt* ❹ (*loc*): **a ~** in Windeseile; **dame a ~ las tijeras** gib mir bitte ganz schnell die Schere

**escápula** [es'kapula] *f* Schulterblatt *nt*

**escaquearse** [eskake'arse] *vr* ❶ (*eludir*) umgehen (*de* +*akk*), vermeiden (*de* +*akk*); **~ de una situación comprometida** einer heiklen Situation aus dem Weg gehen ❷ (*fam: no cumplir*) sich drücken (*de* vor +*dat*)

**escarabajo** [eskara'βaxo] *m* (ZOOL) Käfer *m*

**escaramujo** [eskara'muxo] *m* Hagebutte *f*

**escaramuza** [eskara'muθa] *f* ❶ (*lucha*) Scharmützel *nt* ❷ (*discusión*) Geplänkel *nt*

**escarapelar** [eskarape'lar] **I.** *vt* ❶ (*Col, CRi, Méx: descascarar*) schälen ❷ (*Col: manosear*) befühlen; (*ajar*) zerknüllen **II.** *vr:* **~se** (*Méx, Perú*) ❶ (*atemorizarse*) sich ängstigen ❷ (*temblar*) zittern

**escarbar** [eskar'βar] **I.** *vi* ❶ (*en la tierra*) scharren (*en* in +*dat*) ❷ (*escudriñar*) herumstochern (*en* in +*dat*) **II.** *vt* ❶ (*la tierra*) aufwühlen; **~ la arena** im Sand scharren ❷ (*la lumbre*) schüren ❸ (*tocar*) herumstochern (in +*dat*) ❹ (*limpiar*) reinigen; **~ los dientes** die Zähne von Speiseresten befreien ❺ (*investigar*) erforschen **III.** *vr:* **~se** herumstochern (in +*dat*); **no te escarbes la herida** hör auf an der Wunde herumzufummeln; **~se las orejas** sich *dat* die Ohren reinigen

**escarceo** [eskar'θeo] *m* ❶ (*oleaje*) Strudel *m* ❷ *pl* (*vueltas*) Tänzeln *nt;* **el caballo dio ~s** das Pferd drehte sich im Kreis ❸ *pl* (*divagaciones*) Exkurs *m;* **~s políticos** Abstecher in die Politik; **sin ~s** ohne Umschweife

**escarcha** [es'kartʃa] *f* (Rau)reif *m*

**escarchar** [eskar'tʃar] **I.** *vt* (*frutas*) kandieren **II.** *vimpers:* **ha escarchado** es hat gereift

**escarlata** [eskar'lata] *adj* scharlachrot

**escarlatina** [eskarla'tina] *f* Scharlach *m*

**escarmentar** [eskarmeṇ'tar] <e→ie> **I.** *vi* ❶ (*desengañarse*) dazulernen; ~ **en cabeza ajena** aus dem Schaden anderer klug werden ❷ (*enmendarse*) sich bessern **II.** *vt* ❶ (*castigar*) bestrafen ❷ (*reprender*) zurechtweisen ❸ (*desengañar*) eine Lehre sein +*dat;* **quedar** [*o* **estar**] **escarmentado de algo** von etw *dat* nichts mehr wissen wollen

**escarmiento** [eskar'mjeṇto] *m* ❶ (*lección*) Lehre *f;* **me sirvió de** ~ das war mir eine Lehre ❷ (*penalización*) Bestrafung *f;* (*pena*) Strafe *f*

**escarnecer** [eskarne'θer] *irr como crecer vt* (*burlarse*) verspotten; (*ridiculizar*) zum Gespött machen

**escarnio** [es'karnjo] *m* Spott *m;* **con** ~ spöttisch

**escarola** [eska'rola] *f* (BOT) Endivie *f;* (*ensalada*) Endiviensalat *m*

**escarpado, -a** [eskar'paðo, -a] *adj* (*terreno*) steil; (*montaña*) schroff

**escarpia** [es'karpja] *m* (Wand)haken *m*

**escasamente** [eskasa'meṇte] *adv* kaum; **hace** ~ **dos horas que se han ido** sie sind vor knapp zwei Stunden gegangen

**escasear** [eskase'ar] **I.** *vi* ❶ (*faltar*) knapp sein; **escasea la leche** es mangelt an Milch ❷ (*ir a menos*) knapp werden **II.** *vt* (*dar con escasez*) knausern (mit +*dat*)

**escasez** [eska'seθ] *f* ❶ (*insuficiencia*) Knappheit *f;* **comprar con** ~ nur das Nötigste einkaufen ❷ (*falta*) Mangel *m* (*de* an +*dat*); ~ **de lluvias** spärliche Regenfälle; ~ **de viviendas** Wohnungsnot *f;* **una región con** ~ **de agua** ein wasserarmes Gebiet ❸ (*pobreza*) Armut *f;* **vivir con** ~ Mangel leiden

**escaso, -a** [es'kaso, -a] *adj* ❶ (*insuficiente*) spärlich; (*cantidad, tiempo*) knapp; ~ **de palabras** wortkarg; **quedar** ~ nicht ausreichen; **viento** ~ Flaute *f;* **andar** ~ **de dinero** knapp bei Kasse sein; **estar** ~ **de tiempo** kaum Zeit haben; **tiene escasas posibilidades de ganar** er/sie hat kaum Chancen zu gewinnen; **en dos horas escasas** in knapp zwei Stunden ❷ (*mezquino*) knausrig

**escatimar** [eskati'mar] *vt* geizen (mit +*dat*); **me escatimó parte del dinero** er/sie enthielt mir einen Teil des Geldes vor; **no** ~ **gastos/medios** keine Kosten/Mühen scheuen; ~ **el aplauso a alguien/algo** jdm/etw *dat* nicht den gebührenden Tribut zollen

**escatológico, -a** [eskato'loxiko, -a] *adj* ❶ (*relativo a los excrementos*) Fäkal-; (*expresión*) vulgär; **lenguaje** ~ Fäkalsprache *f* ❷ (PSICO, MED) skatologisch ❸ (REL) eschatologisch

**escayola** [eska'ɟola] *f* ❶ (*yeso*) Gips *m;* **¿cuándo te quitan la escayola?** wann nehmen sie dir den Gips ab? ❷ (*estuco*) Stuck(gips) *m*

**escayolar** [eskaɟo'lar] *vt* (MED) eingipsen; **llevar el brazo escayolado** den Arm in Gips haben

**escena** [es'θena] *f* ❶ (*parte del teatro*) Bühne *f;* **aparecer en** ~ auftreten; **poner en** ~ inszenieren; **puesta en** ~ Inszenierung *f;* **salir a la** ~ auftreten; **salir de la** ~ abtreten ❷ (*lugar*) Schauplatz *m;* ~ **del crimen** Tatort *m;* **desaparecer de** ~ (*marcharse*) von der Bildfläche verschwinden; (*morirse*) sterben; **poner en** ~ in Szene setzen; **salir a** ~ (*aparecer*) in Erscheinung treten; (*ante el público*) an die Öffentlichkeit treten ❸ (*parte de una obra*) Szene *f;* ~ **final** Schlussszene *f;* **cambio de** ~ Szenenwechsel *m* ❹ (*arte*) Schauspielerei *f;* **dedicarse a la** ~ zur Bühne gehen ❺ (LIT) Theater *nt* ❻ (*suceso, reproche*) Szene *f;* ~ **de celos** Eifersuchtsszene *f;* **hacer una** ~ **ridícula** sich unmöglich aufführen

**escenario** [esθe'narjo] *m* ❶ (*parte del teatro*) Bühne *f* ❷ (*lugar*) Schauplatz *m;* ~ **del crimen** Tatort *m* ❸ (*situación*) Situation *f;* (*hipotética*) Szenarium *nt*

**escénico, -a** [es'θeniko, -a] *adj* szenisch; **efectos** ~**s** Bühneneffekte *mpl;* **escuela de arte** ~ Schauspielschule *f;* **palco** ~ Bühne *f*

**escenificar** [esθenifi'kar] <c→qu> *vt* ❶ (*representar*) inszenieren ❷ (*dramatizar*) dramatisieren

**escenografía** [esθenoɣra'fia] *f* (*decoración*) Ausstattung *f;* (*pintura*) Bühnenbild *nt*

**escenográfico, -a** [esθeno'ɣrafiko, -a] *adj* (TEAT) szenisch

**escenógrafo, -a** [esθe'noɣrafo, -a] *m, f* Bühnenbildner(in) *m(f)*

**escepticismo** [esθepti'θismo] *m sin pl* (*desconfianza*) Skepsis *f*

**escéptico, -a** [es'θeptiko, -a] **I.** *adj* (*desconfiado*) skeptisch; **ser** ~ **respecto a algo** an etw *dat* Zweifel hegen **II.** *m, f* Skeptiker(in) *m(f);* **es un** ~ **de la homeopatía** er glaubt nicht an die Homöopathie

**escindir** [esθiṇ'dir] **I.** *vt* (*dividir*) teilen (*en* in +*akk*); (*partido, t.* FÍS) spalten (*en* in

E

+*akk*); (*separar*) abspalten; (*cortar*) herausschneiden **II.** *vr:* **~se** (*dividirse*) sich teilen (*en* in +*akk*); (*partido*) sich spalten (*en* in +*akk*); (*abrirse*) aufplatzen; (*separarse*) sich abspalten

**escisión** [esθi'sjon] *f* (*división*) Teilung *f;* (*de un partido, t.* FÍS) Spaltung *f;* (*separación*) Trennung *f;* (MED) Entfernung *f*

**esclarecer** [esklare'θer] *irr como crecer* **I.** *vt* ① (*iluminar*) erleuchten ② (*afamar*): **~ a alguien** jdm zu Ruhm verhelfen ③ (*explicar*) erklären; (*un crimen/misterio*) aufklären; **~ un asunto** Licht in eine Angelegenheit bringen **II.** *vimpers:* **está esclareciendo** es dämmert

**esclarecido, -a** [esklare'θiðo, -a] *adj* ① (*lugar*) hell ② (*ilustre*) herausragend; (*famoso*) berühmt

**esclarecimiento** [esklareθi'mjen̩to] *m* ① (*iluminación*) Erleuchtung *f* ② (*explicación*) Erklärung *f;* (*de un crimen*) Aufklärung *f* ③ (*fama*) Ruhm *m*

**esclavitud** [esklaβi'tu$^{ð}$] *f* ① (*sistema*) Sklaverei *f;* **someter a la ~** versklaven ② (*dependencia*) Abhängigkeit *f;* (*obediencia*) Hörigkeit *f*

**esclavización** [esklaβiθa'θjon] *f sin pl* ① (*cautivar*) Versklavung *f* ② (*dominar*) Unterjochung *f*

**esclavizar** [esklaβi'θar] <z→c> **I.** *vt* ① (*cautivar*) versklaven ② (*dominar*) unterjochen; **~ a alguien** (*hacer depender*) jdn von sich *dat* abhängig machen; **la empresa te ha esclavizado** du lebst nur für die Firma **II.** *vr:* **~se** sich unterwerfen

**esclavo, -a** [es'klaβo, -a] **I.** *adj* ① (*cautivo*) versklavt ② (*dominado*) abhängig; (*obediente*) hörig; **eres esclava de tu familia** du lebst nur für deine Familie; **ser ~ del alcohol** dem Alkohol verfallen sein **II.** *m, f* Sklave, -in *m, f;* **ser el ~ de alguien** (*obedecer*) jdm hörig sein; (*estar enamorado*) jdm verfallen sein; **ser un ~** (*fig*) hart arbeiten; **eres un ~ del alcohol** du bist dem Alkohol verfallen

**esclerosis** [eskle'rosis] *f inv* Sklerose *f;* **~ múltiple** multiple Sklerose

**esclerótica** [eskle'rotika] *f* (ANAT) Sklera *f*

**esclusa** [es'klusa] *f* ① (*recinto*) Schleuse *f;* **~ de navegación** Schiffschleuse *f* ② (*puerta*) Schleusentor *nt*

**escoba** [es'koβa] *f* ① (*para barrer*) Besen *m;* **no vender ni una ~** (*fam fig*) auf keinen grünen Zweig kommen ② (BOT) Ginster *m* ③ (*fam: mujer*) Bohnenstange *f*

**escobazo** [esko'βaθo] *m* ① (*golpe*) Besenhieb *m;* **echar a alguien a ~s** (*fam*) jdn in hohem Bogen hinauswerfen ② (*Arg, Chil: barredura*): **dar un ~ al suelo** kurz über den Boden fegen

**escobilla** [esko'βiʎa] *f* ① (*cepillo, t.* ELEC) Bürste *f* ② (*escoba*) Handfeger *m* ③ (*para limpiar el polvo*) Staubwedel *m* ④ (*brezo*) Besenheide *f* ⑤ (*cardencha*) Karde *f* ⑥ (*del limpiaparabrisas*) Wischblatt *nt*

**escocedura** [eskoθe'ðura] *f* ① (*picor*) Brennen *nt* ② (*irritación*) Entzündung *f*

**escocer** [esko'θer] *irr como cocer* **I.** *vi* ① (*picar*) brennen ② (*ofender*) kränken; (*irritar*) ärgern; **no me escuece que no me hayan invitado** es macht mir nichts aus, dass ich nicht eingeladen wurde **II.** *vr:* **~se** ① (*inflamarse*) sich entzünden ② (*dolerse*) sich gekränkt fühlen; (*enfadarse*) sich ärgern

**escocés**[1] [esko'θes] *m* ① (*lengua*) Schottisch(e) *nt* ② (*tela*) Schotten *m* ③ (*dibujo*) Schottenmuster *nt* ④ (*bebida*) Scotch *m*

**escocés, -esa**[2] [esko'θes, -esa] **I.** *adj* schottisch; **bufanda escocesa** Schal mit Schottenmuster; **cuadros escoceses** Schottenmuster *nt;* **falda escocesa** Kilt *m;* (*para mujeres*) Schottenrock *m* **II.** *m, f* Schotte, -in *m, f*

**Escocia** [es'koθja] *f* Schottland *nt*

**escoger** [esko'xer] <g→j> **I.** *vi* sich *dat* das Beste herauspicken; **no has sabido ~** du hast die falsche Wahl getroffen **II.** *vt* ① (*elegir*) (aus)wählen (*de* aus +*dat, de entre* unter +*dat*) ② (*decidirse*) wählen (*entre* zwischen +*dat*) ③ (*seleccionar*) auslesen; (*persona*) auserwählen; (*apartar*) aussortieren

**escogido, -a** [esko'xiðo, -a] *adj* ① *ser* (*selecto*) ausgewählt; (*persona*) auserwählt; **mercancías escogidas** Artikel erster Wahl ② *estar* (*elegido*) ausgesucht; **estos plátanos están ya muy ~s** bei diesen Bananen sind die besten bereits aussortiert worden

**escolar** [esko'lar] **I.** *adj* schulisch; **curso ~** Schuljahr *nt;* **en edad ~** schulpflichtig **II.** *mf* Schüler(in) *m(f)*

**escolaridad** [eskolari'ða$^{ð}$] *f* ① (*en una escuela*) Schulausbildung *m;* **libro de ~** Zeugnisheft *nt;* **la ~ es obligatoria** es besteht Schulpflicht ② (*en un centro de enseñanza*) Ausbildung(szeit) *f;* **perder la ~** von einem Kurs ausgeschlossen werden

**escolarización** [eskolariθa'θjon] *f* Einschulung *f;* **~ obligatoria** Schulpflicht *f;* **esta región tiene una tasa de ~ muy baja** in dieser Gegend besuchen nur wenige Kinder die Schule

**escolarizar** [eskolari'θar] <z→c> *vt* einschulen; **~ una región** die Möglichkeit des

Schulbesuchs in einer Gegend gewährleisten

**escolástica** [esko'lastika] *f* (FILOS) Scholastik *f*

**escolero, -a** [esko'lero, -a] *m, f* (*Perú: escolar*) Schüler(in) *m(f)*

**escoliosis** [esko'ljosis] *f inv* (MED) Skoliose *f*

**escollo** [es'koʎo] *m* (*peñasco, dificultad*) Klippe *f;* (*riesgo*) Gefahr *f;* **sortear un ~** eine Klippe umschiffen

**escolta** [es'kol̪ta] *f* ❶ (MIL) Eskorte *f;* (*real*) Leibgarde; **buque de ~** Geleitboot *nt* ❷ (*acompañamiento*) Geleit *nt;* (*acompañante*) Begleiter(in) *m(f);* **dar ~ a alguien** jdn geleiten ❸ (*guardaespaldas*) Leibwächter *f;* (*guardia*) Leibwache *f* ❹ (*guardias civiles*) Streife *f* der Guardia civil

**escoltar** [eskol̪'tar] *vt* (*acompañar*) geleiten; (MIL, POL) eskortieren

**escombro** [es'kombro] *m* ❶ *pl* (*de una obra*) (Bau)schutt *m;* (*de una ruina*) Trümmer *ntpl* ❷ (*loc*): **hacer ~** (*Arg*) Staub aufwirbeln

**esconder** [eskon̪'der] **I.** *vt* (*ocultar*) verstecken (*de* vor +*dat*); (*de las miradas*) verbergen (*de* vor +*dat*); (*tapar*) verdecken; **su comportamiento esconde alguna intención** hinter seinem/ihrem Verhalten steckt irgendeine Absicht; **el fondo del mar esconde muchas riquezas** der Meeresgrund birgt große Schätze **II.** *vr:* **~se** ❶ (*persona*) sich verstecken (*de* vor +*dat*) ❷ (*cosas*) verborgen sein

**escondidas** [eskon̪'diðas] *adv:* **a ~** heimlich; **a ~ del profesor** ohne dass der Lehrer es merkte

**escondido, -a** [eskon̪'diðo, -a] *adj* ❶ (*secreto*) geheim; **en ~** heimlich ❷ (*retirado*) abgelegen

**escondido(s)** [eskon̪'diðo(s)] *m(pl)* (*Am*) Versteckspiel *nt*

**escondite** [eskon̪'dite] *m* ❶ (*juego*) Versteckspiel *nt;* **jugar al ~** Versteck(en) spielen ❷ (*lugar*) Versteck *nt*

**escondrijo** [eskon̪'drixo] *m* Versteck *nt*

**escopeta** [esko'peta] *f* (*arma*) Gewehr *nt;* **~ de aire comprimido** Luftgewehr *nt*

**escopetazo** [eskope'taθo] *m* ❶ (*tiro*) Schuss *m* ❷ (*herida*) Schusswunde *f* ❸ (*bomba*) Überraschung(snachricht) *f;* (*golpe*) Schlag *m;* **la novedad fue un gran ~** die Neuigkeit schlug ein wie eine Bombe

**escopetear** [eskopete'ar] *vt* ❶ (*Méx: con indirectas*) sticheln ❷ (*Ven: contestar mal*) über den Mund fahren (*a* +*dat*) *fam*

**escoplo** [es'koplo] *m* Meißel *m;* (*para madera*) Beitel *m;* **~ de cantería** (Stein)meißel *m*

**escorar** [esko'rar] **I.** *vi* ❶ (*barco*) krängen ❷ (*marea*) den tiefsten Stand erreichen **II.** *vt* abstützen

**escorbuto** [eskor'βuto] *m* Skorbut *m*

**escorchar** [eskor'ʧar] *vt* (*Arg: molestar*) stören; (*enfadar*) ärgern; **¡no me escorches la paciencia!** lass mich in Ruhe!

**escoria** [es'korja] *f* ❶ (*residuo mineral*) Schlacke *f* ❷ (*hez*) Abschaum *m* ❸ (*basura*) Abfall *m*

**Escorpio** [es'korpjo] *m* (ASTR) Skorpion *m*

**escorpión** [eskor'pjon] *m* (*alacrán*) Skorpion *m*

**Escorpión** [eskor'pjon] *m* (ASTR) Skorpion *m*

**escotado**[1] [esko'taðo] *m* Ausschnitt *m*

**escotado, -a**[2] [esko'taðo, -a] *adj* ❶ (*vestido*) ausgeschnitten; **lleva un vestido muy ~** sie trägt ein (tief) dekolletiertes Kleid ❷ (*mujer*) dekolletiert; **va muy escotada** sie trägt ein tiefes Dekolletee

**escotadura** [eskota'ðura] *f* (*cortadura*) Aussparung *f;* (*en el cuello*) (Hals)ausschnitt *m*

**escotar** [esko'tar] **I.** *vt* ❶ (*cortar un escote*) mit einem Ausschnitt versehen ❷ (*ajustar*) zurechtschneiden ❸ (*pagar*) anteilig bezahlen **II.** *vi:* **~ entre todos** zusammenlegen

**escote** [es'kote] *m* ❶ (*en el cuello*) (Hals)ausschnitt *m;* **~ en pico** V-Ausschnitt *m* ❷ (*busto*) Dekolletee *nt* ❸ (*dinero*) Anteil *m;* **comprar algo a ~** für etw zusammenlegen; **pagaron la cena a ~** jeder bezahlte seinen Teil des Essens

**escotilla** [esko'tiʎa] *f* Luke *f*

**escozor** [esko'θor] *m* ❶ (*picor*) Brennen *nt* ❷ (*resentimiento*) Groll *m* ❸ (*pena*) Schmerz *m*

**escribanía** [eskriβa'nia] *f* ❶ (*juego*) Schreibtischset *nt* ❷ (*oficina*) Kanzlei *f* ❸ (*Am: notaría*) Notariat *nt*

**escribano** [eskri'βano] *m* ❶ (*notario*) Notar *m* ❷ (*secretario judicial*) Gerichtsschreiber *m* ❸ (*amanuense*) Schreibkraft *f*

**escribiente** [eskri'βjen̪te] *mf* Schreibkraft *f*

**escribir** [eskri'βir] *irr* **I.** *vi, vt* schreiben; **~ algo a mano/a máquina** etw von Hand/auf der Maschine schreiben; **escrito a mano/a máquina** hand-/maschinengeschrieben; **¿cómo se escribe tu nombre?** wie wird dein Name geschrieben? **II.** *vr:* **~se** ❶ (*comunicarse*) korrespondieren; **se escriben mucho** sie schreiben sich *dat* oft ❷ (*loc*): **no se escribe lo bella que es** ihre Schönheit lässt sich nicht in Worte fassen; **estaba escrito que acabarían casándose** ihre Heirat war vom Schicksal

E

vorbestimmt

**escrito**[1] [es'krito] *m* ❶ (*carta*) Schreiben *nt;* (*nota*) Notiz *f;* ~ **de amenazas** Drohbrief *m;* **por** ~ schriftlich ❷ (*literario/científico, t.* JUR) Schrift *f*

**escrito, -a**[2] [es'krito, -a] **I.** *pp de* **escribir** **II.** *adj* schriftlich

**escritor(a)** [eskri'tor(a)] *m(f)* (*autor*) Verfasser(in) *m(f);* (*de obras literarias*) Schriftsteller(in) *m(f)*

**escritorio** [eskri'torjo] *m* ❶ (*mesa*) Schreibtisch *m* ❷ (*oficina*) Büro *nt;* (*de un abogado/notario*) Kanzlei *f* ❸ (INFOR) Arbeitsoberfläche *f*

**escritura** [eskri'tura] *f* ❶ (*acto*) Schreiben *nt* ❷ (*signos*) Schrift *f;* ~ **fonética** Lautschrift *f* ❸ (*documento*) Schriftstück *nt;* (*documento notarial*) Urkunde *f;* ~ **de compraventa** Verkaufsurkunde *f;* ~ **de hipoteca** Hypothekenbrief *m;* ~ **de seguro** Versicherungspolice *f;* ~ **social** Gesellschaftsvertrag *m;* **mediante** ~ urkundlich ❹ (REL): **las Sagradas E~s** die Heilige Schrift

**escriturar** [eskritu'rar] *vt* notariell beurkunden

**escroto** [es'kroto] *m* Hodensack *m*

**escrúpulo** [es'krupulo] *m* ❶ (*duda*) Skrupel *m;* ~**s de conciencia** Gewissensbisse *mpl;* **ser una persona sin** ~**s** skrupellos sein ❷ (*escrupulosidad*) Gewissenhaftigkeit *f* ❸ (*aprensión*) Ekel *m;* **me da** ~ **beber de latas** ich finde es eklig, aus Dosen zu trinken

**escrupulosidad** [eskrupulosi'ðað] *f* Gewissenhaftigkeit *f*

**escrupuloso, -a** [eskrupu'loso, -a] *adj* ❶ (*meticuloso*) gewissenhaft ❷ (*honrado*) anständig ❸ (*delicado*) empfindlich ❹ (*que causa escrúpulos*) bedenklich

**escrutador(a)** [eskruta'ðor(a)] **I.** *adj* prüfend **II.** *m(f)* (*que recuenta votos*) Wahlhelfer(in) *m(f);* (*que examina los votos*) Wahlprüfer(in) *m(f)*

**escrutar** [eskru'tar] *vt* ❶ (*mirar*) mustern ❷ (*controlar*) prüfen ❸ (*recontar*) auszählen

**escrutinio** [eskru'tinjo] *m* ❶ (*examen*) Musterung *f;* (*control*) Prüfung *f* ❷ (*recuento*) Stimmenauszählung *f* ❸ (*votación*) Wahl *f*

**escuadra** [es'kwaðra] *f* ❶ (*para dibujar*) Zeichendreieck *nt;* ~ **de delineante** Reißschiene *f;* **a** ~ rechtwinklig ❷ (*de apoyo/fijación*) Winkel *m* ❸ (MIL: *de infantería*) Trupp *m;* (*de aviones*) Geschwader *nt;* (*de naves*) Flotte *f* ❹ (MIL: *cargo*) Korporal *m* ❺ (*cuadrilla*) Trupp *m*

**escuadrilla** [eskwa'ðriʎa] *f* (AERO) Staffel *f*

**escuadrón** [eskwa'ðron] *m* (MIL) Geschwader *nt*

**escualidez** [eskwali'ðeθ] *f sin pl* (*delgadez extrema*) Dürrheit *f*

**escuálido, -a** [es'kwaliðo, -a] *adj* ❶ (*flaco*) dürr; (*macilento*) abgezehrt ❷ (*sucio*) schmutzig; (*asqueroso*) widerlich

**escucha**[1] [es'kuʧa] *m* (MIL) Späher *m*

**escucha**[2] [es'kuʧa] *f* (*de conversaciones*) Abhören *nt;* ~ **telefónica** Abhören eines Telefons; **servicio de** ~ (militärischer) Abhördienst *m;* **estar a la** ~ ganz Ohr sein

**escuchar** [esku'ʧar] **I.** *vi* ❶ (*atender*) zuhören ❷ (*en secreto*) lauschen; **el que escucha su mal oye** (*prov*) der Lauscher an der Wand hört seine eigene Schand' ❸ (*obedecer*) gehorchen **II.** *vt* ❶ (*oír*) hören; (*seguir*) anhören; (*en secreto*) belauschen; ~ **un concierto** sich *dat* ein Konzert anhören; ~ **una conversación telefónica** ein Telefongespräch abhören; ~ **(la) radio** Radio hören ❷ (*prestar atención*) zuhören (*a* +*dat*); **¡escúchame bien!** pass gut auf! ❸ (*obedecer*) hören (auf +*akk*) **III.** *vr:* ~**se** sich gerne reden hören

**escudar** [esku'ðar] **I.** *vt* (*proteger*) beschützen (*de* vor +*dat*) **II.** *vr:* ~**se** ❶ (*excusarse*) sich verschanzen (*en* hinter +*dat*) ❷ (*ampararse*) sich wappnen (*con/de* mit +*dat*)

**escudería** [eskuðe'ria] *f* (DEP) Rennstall *m*

**escudilla** [esku'ðiʎa] *f* Suppenschale *f*

**escudo** [es'kuðo] *m* ❶ (*arma*) (Schutz)schild *m* ❷ (*amparo*) Schutz *m;* (*persona*) Beschützer *m* ❸ (*emblema*): ~ (**de armas**) Wappen *nt*

**escudriñar** [eskuðri'ɲar] *vt* ❶ (*examinar*) untersuchen; (*una habitación*) durchsuchen; ~ **en la intimidad de alguien** in jds Privatleben herumschnüffeln ❷ (*mirar*) absuchen; ~ **el cielo en busca de aviones** den Himmel nach Flugzeugen absuchen

**escuela** [es'kwela] *f* ❶ (*institución, edificio*) Schule *f;* (*de enseñanza primaria*) Grundschule *f;* **E~ de Bellas Artes** Kunstakademie *f;* ~ **de conducir** Fahrschule *f;* ~ **de idiomas** Sprachschule *f;* ~ **normal** pädagogische Hochschule; ~ **de párvulos** Kindergarten *m;* ~ **superior técnica** technische Hochschule; ~ **taller** Lehrwerkstatt *f* ❷ (*método de enseñanza*) Unterricht *m* ❸ (*conocimientos*) (Schul)bildung *f;* **ha tenido buena** ~ er/sie hat eine ausgezeichnete Ausbildung genossen; **la vida es la mejor** ~ das Leben ist die beste Schule

❹ (*estilo, seguidores*) Schule *f;* **la ~ holandesa/de Dürer** die flämische/dürersche Schule; **su ejemplo ha hecho ~** sein/ihr Beispiel hat Schule gemacht ❺ (*doctrina*) Lehre *f*

**escueto, -a** [es'kweto, -a] *adj* ❶ (*sin adornos*) nüchtern ❷ (*lenguaje*) sachlich; (*pey*) trocken; **explicar algo de forma escueta** etw mit knappen Worten schildern ❸ (*desembarazado*) frei

**escuincle, -a** [es'kwiŋkle, -a] *m, f* (*Méx: fam: chiquillo, -a*) Junge *m,* Mädchen *nt*

**esculcar** [eskul'kar] <c→qu> *vt* (*AmC, Col, Méx: registrar*) durchsuchen

**esculpir** [eskul'pir] *vt* ❶ (*modelar*) gestalten; ~ **a cincel** meißeln; ~ **en madera** (in Holz) schnitzen; ~ **una figura en mármol** eine Figur aus Marmor hauen ❷ (*grabar*) (ein)gravieren (*en* in *+akk*)

**escultor(a)** [eskul̩'tor(a)] *m(f)* Bildhauer(in) *m(f);* ~ **de madera** Holzschnitzer *m*

**escultórico, -a** [eskul̩'toriko, -a] *adj* bildhauerisch; **arte ~** Bildhauerkunst *f*

**escultura** [eskul̩'tura] *f* ❶ (*obra*) Skulptur *f;* ~ **de madera** Holzschnitzerei *f* ❷ (*arte*) Bildhauerkunst *f;* ~ **en madera** Holzschnitzerei *f*

**escultural** [eskul̩tu'ral] *adj* ❶ (*escultórico*) bildhauerisch; **arte ~** Bildhauerkunst *f* ❷ (*bello*) bildschön; (*cuerpo*) wohlgeformt; **esta chica tiene medidas ~es** dieses Mädchen hat Idealmaße

**escupidera** [eskupi'ðera] *f* ❶ (*para escupir*) Spucknapf *m* ❷ (*Am: orinal*) Nachttopf *m;* **pedir la ~** (*fig: acobardarse*) Angst bekommen; (*considerarse vencido*) das Handtuch werfen

**escupir** [esku'pir] **I.** *vi* ❶ (*por la boca*) spucken ❷ (*vulg: cantar*) singen *fam* **II.** *vt* ❶ (*por la boca*) ausspucken; ~ **sangre** Blut spucken ❷ (*soltar*) abgeben; ~ **al cielo** (*fam fig*) sich *dat/akk* ins eigene Fleisch schneiden; ~ **a alguien a la cara** (*fig*) jdn schwer beleidigen ❸ (*arrojar*) ausstoßen; ~ **fuego** Feuer speien; **el volcán escupe lava** der Vulkan spuckt Lava ❹ (*tratar mal*) mit Füßen treten ❺ (*vulg: decir*) ausspucken *fam;* **escupe lo que sabes** jetzt spuck schon aus, was du weißt

**escurreplatos** [eskurre'platos] *m inv* Geschirrständer *m*

**escurridizo, -a** [eskurri'ðiθo, -a] *adj* ❶ (*objeto*) schlüpfrig; (*terreno*) rutschig ❷ (*persona*) aalglatt; (*respuesta*) ausweichend; (*problema*) schwer fassbar

**escurrido, -a** [esku'rriðo, -a] *adj* ❶ (*flaco*) mager; ~ **de caderas** schmalhüftig; ~ **de pecho** flachbrüstig ❷ (*ropa*) eng ❸ (*Méx, PRico: avergonzado*) peinlich berührt

**escurridor** [eskurri'ðor] *m* ❶ (*colador*) (Abtropf)sieb *nt* ❷ (*escurreplatos*) Geschirrständer *m* ❸ (*de una lavadora*) (Wäsche)schleuder *f*

**escurrir** [esku'rrir] **I.** *vi* (*gotear*) tropfen; (*ropa, verdura*) abtropfen **II.** *vt* ❶ (*una vasija*) völlig entleeren; ~ **la (botella de) cerveza** die Bierflasche bis auf den letzten Tropfen leeren ❷ (*ropa*) auswringen; (*platos, verdura*) abtropfen lassen ❸ (*deslizar*) gleiten lassen; ~ **la mano por encima de algo** die Hand über etw gleiten lassen; **deslizó el dinero en mi bolsillo** er/sie ließ das Geld unauffällig in meine Tasche gleiten **III.** *vr:* **~se** ❶ (*resbalar*) ausrutschen ❷ (*desaparecer*) entwischen; **~se (por) entre la gente** in der Menge untertauchen ❸ (*escaparse*) entgleiten; **el pez se me escurrió de (entre) las manos** der Fisch glitt mir aus den Händen; **~se por un agujero** durch ein Loch rutschen; **las perlas se me escurren entre los dedos** die Perlen gleiten mir durch die Finger ❹ (*gotear*) tropfen; (*soltar agua*) abtropfen ❺ (*fam: dar*) sich vertun; **me he escurrido en la propina** ich habe aus Versehen zu viel Trinkgeld gegeben ❻ (*fam: decir*) sich verplappern

**esdrújulo, -a** [es'ðruxulo, -a] *adj* auf der drittletzten Silbe betont

**ese¹** ['ese] *f* S, s *nt;* **ir haciendo ~s** (*fam*) torkeln

**ese, -a²** ['ese, -a] **I.** *adj* <esos, -as> diese(r, s); (*Am*) jene(r, s); **¿~ coche es tuyo?** ist das dein Auto?; **esas sillas están en el paso** die Stühle da stehen im Weg; **el chico ~ no me cae bien** der Typ da ist mir nicht sympathisch **II.** *pron dem v.* **ése, ésa, eso**

**ése, ésa, eso** ['ese, 'esa, 'eso] *pron dem* <ésos, -as> der/die/das; **me lo ha dicho ésa** die da hat es mir erzählt; **¿por qué no vamos a otro bar? – ~ no me gusta** lass uns doch in eine andere Kneipe gehen – die da drüben gefällt mir nicht; **llegaré a eso de las doce** ich komme so gegen zwölf Uhr an; **me ofrecieron mucho dinero pero, ¡ni por ésas!** sie boten mir viel Geld, aber da war nichts zu wollen; **estaba trabajando, en eso (que) tocaron al timbre** ich war gerade am Arbeiten, da klingelte es an der Tür; **¡a ~!** haltet den Dieb!; **eso mismo te acabo de decir** genau das habe ich soeben zu dir gesagt; **aun con eso prefiero quedarme en casa** ich bleibe trotzdem lieber zu Hause; **lejos de eso** ganz im Gegenteil; **no es eso**

E

darum geht es doch gar nicht; **por eso (mismo)** (gerade) deswegen; **¿y eso?** wieso das?; **¿y eso qué?** na und?; **¡eso sí que no!** das kommt nicht in die Tüte! *fam;* *v. t.* **ese, -a**

**esencia** [e'seṇθja] *f* ① (*naturaleza*) Wesen *nt;* **se dice que el alemán es por ~ trabajador** es heißt, der Deutsche sei von Natur aus fleißig ② (*fondo*) Wesentliche(s) *nt;* **quinta ~** Quintessenz *f;* **ser de ~** wesentlich sein; **en ~** im Wesentlichen ③ (QUÍM) Essenz *f;* **~ de café** Kaffeeextrakt *m;* **~ de rosas** Rosenöl *nt* ④ (*colmo*) Inbegriff *m;* **ser la ~ de la arrogancia** die Arroganz in Person sein

**esencial** [eseṇ'θjal] *adj* ① (*sustancial*) wesentlich; **elemento ~** Hauptbestandteil *m* ② (*indispensable*) unerlässlich (*a/para* für +*akk*); **alimento ~** Grundnahrungsmittel *nt* ③ (*loc*): **aceite ~** ätherisches Öl *nt*

**esencialismo** [eseṇθja'lismo] *m sin pl* (FILOS) Essentialismus *m*

**esencialmente** [eseṇθjal'meṇte] *adv* im Wesentlichen

**esfera** [es'fera] *f* ① (MAT) Kugel *f* ② (*del reloj*) Zifferblatt *nt* ③ (*ámbito, t.* ASTR) Sphäre *f;* **~ de actividad** Wirkungskreis *m;* **~ de influencia** Einflussbereich *m* ④ (*clase*) Gesellschaftsschicht *f;* **las altas ~s de la sociedad** die besseren Kreise

**esférico**[1] [es'feriko] *m* (DEP) (Spiel)ball *m*

**esférico, -a**[2] [es'feriko, -a] *adj* ① (*redondo*) kugelförmig ② (ASTR, MAT) sphärisch

**esfinge** [es'fiŋxe] *f* ① (*animal fabuloso*) Sphinx *f;* **ser una ~** (*fig*) undurchschaubar sein ② (ZOOL) Nachtfalter *m*

**esforzado, -a** [esfor'θaðo, -a] *adj* (*valiente*) tapfer

**esforzar** [esfor'θar] *irr como forzar* **I.** *vt* ① (*forzar*) anstrengen; **~ demasiado la vista** die Augen überanstrengen ② (*dar fuerza*) verstärken; **~ la voz** die Stimme heben ③ (*dar ánimo*) ermutigen **II.** *vr:* **~se** (*moralmente*) sich bemühen (*en/por/para* zu +*inf*); (*físicamente*) sich anstrengen (*en/por/para* zu +*inf*)

**esfuerzo** [es'fwerθo] *m* ① (*acción de esforzarse*) Anstrengung *f;* **sin ~** mühelos; **hacer un ~** sich anstrengen; **me ha costado muchos ~s conseguirlo** es hat mich viel Mühe gekostet, das zu erreichen; **no lo conseguiremos si tú no haces un ~ por tu parte** ohne dein Dazutun schaffen wir es nicht ② (*económico*) (finanzielles) Opfer *nt;* **hacer un ~** sich (finanziell) einschränken ③ (*valor*) Mut *m* ④ (*vigor*) Kraft *f*

**esfumar** [esfu'mar] **I.** *vt* (*contornos*) verwischen; (*colores*) abtönen **II.** *vr:* **~se** sich auflösen; (*desaparecer*) verschwinden; (*nubes*) sich verziehen; (*contornos*) verschwimmen; (*fam: marcharse*) sich aus dem Staub machen

**esgrima** [es'ɣrima] *f* Fechten *nt;* **practicar la ~** fechten

**esgrimir** [esɣri'mir] *vt* ① (*blandir*) schwingen ② (*utilizar*) anführen

**esguince** [es'ɣiṇθe] *m* ① (MED) Verstauchung *f;* **hacerse un ~ en el tobillo** sich *dat* den Knöchel verstauchen ② (*cuarteo*) Ausweichmanöver *nt* ③ (*gesto*) abfällige Geste *f*

**eslabón** [esla'βon] *m* ① (*de una cadena*) (Ketten)glied *nt* ② (*entre acontecimientos*) Bindeglied *nt*

**eslabonar** [eslaβo'nar] **I.** *vt* ① (*encadenar*) verketten ② (*fig: relacionar*) verknüpfen **II.** *vr:* **~se** sich verketten

**eslalon** [es'lalon] *m* (DEP) Slalom *m*

**eslavo, -a** [es'laβo, -a] **I.** *adj* slawisch **II.** *m, f* Slawe, -in *m, f*

**eslip** [es'lip] <eslips> *m* Slip *m*

**eslogan** [es'loɣan] *m* Slogan *m*

**eslora** [es'lora] *f* ① (*longitud*) Schiffslänge *f* ② *pl* Schiffsbalken *mpl*

**eslovaco, -a** [eslo'βako, -a] **I.** *adj* slowakisch **II.** *m, f* Slowake, -in *m, f*

**Eslovaquia** [eslo'βakja] *f* Slowakei *f*

**Eslovenia** [eslo'βenja] *f* Slowenien *nt*

**esloveno, -a** [eslo'βeno, -a] **I.** *adj* slowenisch **II.** *m, f* Slowene, -in *m, f*

**esmaltar** [esmaḷ'tar] *vt* ① (*metal*) emaillieren; (*cerámica*) glasieren ② (*adornar de colores*) bemalen ③ (*embellecer*) schmücken

**esmalte** [es'maḷte] *m* ① (*barniz*) Schmelz *m;* (*sobre metal*) Email *nt;* (*sobre porcelana*) Glasur *f;* **~ de laca** Emaillack *m;* **sin ~** unglasiert ② (*de uñas*) Nagellack *m* ③ (*labor*) Emaillierung *f* ④ (*objeto*) Emailarbeit *f;* **pulsera con ~s** emaillierter Armreif ⑤ (*de los dientes*) Zahnschmelz *m* ⑥ (*lustre*) Glanz *m* ⑦ (*adorno*) Verzierung *f*

**esmerado, -a** [esme'raðo, -a] *adj* ① (*persona*) sorgfältig ② (*obra*) tadellos

**esmeralda** [esme'raḷda] **I.** *adj* smaragdgrün **II.** *f* Smaragd *m;* **~ oriental** Korund *m*

**esmerar** [esme'rar] **I.** *vt* polieren **II.** *vr:* **~se** ① (*obrar con esmero*) sorgfältig arbeiten; **~se en la limpieza** gründlich putzen ② (*esforzarse*) sich *dat* Mühe geben (*en* bei +*dat*); **se esmera en no cometer errores** er/sie bemüht sich Fehler zu vermeiden ③ (*lucirse*) sich hervortun; **hoy te**

**has esmerado en la comida** heute hast du dich mit dem Essen selbst übertroffen

**esmerarse** [esme'rarse] *vr* 1 (*obrar con esmero*) sorgfältig arbeiten; ~ **en la limpieza** gründlich putzen 2 (*esforzarse*) sich bemühen (*en* zu +*inf*) 3 (*lucirse*) sich hervortun; **hoy te has esmerado en la comida** heute hast du dich mit dem Essen selbst übertroffen

**esmeril** [esme'ril] *m* (*roca*) Schmirgel *m;* **papel de** ~ Schmirgelpapier *nt*

**esmerilar** [esmeri'lar] *vt* (ab)schmirgeln

**esmero** [es'mero] *m* Sorgfalt *f;* **con** ~ gewissenhaft

**esmirriado, -a** [esmi'rrjaðo, -a] *adj* (*flaco*) dürr; (*raquítico*) schmächtig

**esmoquin** [es'mokin] *m* (*traje*) Smoking *m;* (*chaqueta*) Smokingjackett *nt*

**esnifar** [esni'far] *vt* (*argot: cocaína*) schnupfen; (*pegamento, pintura*) schnüffeln

**esnob** [es'noβ] **I.** *adj* versnobt **II.** *mf* Snob *m*

**esnobismo** [esno'βismo] *m* Snobismus *m*

**eso** ['eso] *pron dem v.* **ése**

**esófago** [e'sofaɣo] *m* Speiseröhre *f*

**esos** ['esos] *adj v.* **ese, -a**

**ésos** ['esos] *pron dem v.* **ése**

**esotérico, -a** [eso'teriko, -a] *adj* esoterisch

**esoterismo** [esote'rismo] *m sin pl* Esoterik *f*

**espabilada** [espaβi'laða] *f* (*Col: parpadeo*) Lidschlag *m;* **en una** ~ auf einen Schlag

**espabilado, -a** [espaβi'laðo, -a] *adj* 1 (*listo*) aufgeweckt 2 (*despierto*) wach

**espabilar** [espaβi'lar] **I.** *vi* 1 (*darse prisa*) sich beeilen 2 (*avivarse*) dazulernen; **si quieres empezar a trabajar por tu cuenta, tienes que** ~ wenn du dich selb(st)ständig machen willst, musst du noch einiges lernen **II.** *vt* 1 (*despertar*) munter machen 2 (*avivar*) aufrütteln; **en la mili ya lo ~án** beim Bund werden sie ihm schon zeigen, wo es langgeht; **es muy perezosa, pero en el colegio ya la ~án** sie ist sehr faul, aber in der Schule werden sie ihr schon Dampf machen 3 (*acabar deprisa*) schnell erledigen; (*fortuna*) durchbringen; (*comida*) verdrücken *fam* 4 (*robar*) stehlen 5 (*matar*) erledigen **III.** *vr:* **~se** 1 (*sacudir el sueño*) munter werden; (*la pereza*) sich aufrappeln *fam;* **tómate un café para ~te** trink einen Kaffee, damit du richtig wach wirst 2 (*darse prisa*) sich beeilen 3 (*avivarse*): **se ha espabilado desde que va al colegio** seit er/sie zur Schule geht, ist er/sie viel aufgeweckter 4 (*Am: marcharse*) sich aus dem Staub machen *fam*

**espaciador** [espaθja'ðor] *m* Leertaste *f*

**espacial** [espa'θjal] *adj* räumlich; **estación** ~ Raumstation *f*

**espaciar** [espa'θjar] **I.** *vt* (*sillas*) auseinander rücken; (*alumnos*) auseinander setzen; (*letras*) sperren; ~ **las visitas** zwischen den Besuchen Zeit verstreichen lassen; ~ **los árboles** einen Zwischenraum zwischen den Bäumen lassen **II.** *vr:* **~se** (*en un discurso*) ausschweifen

**espacio** [es'paθjo] *m* 1 (*área*) Raum *m;* (*superficie*) Fläche *f;* (*trayecto*) Strecke *f;* ~ **vacío** luftleerer Raum; ~ **verde** Grünfläche *f;* ~ **vital** Lebensraum *m;* ~ **web** (INFOR) Website *f* 2 (*que ocupa un cuerpo*) Platz *m;* ~ **necesario** Platzbedarf *m* 3 (*entre objetos*) Zwischenraum *m;* (TIPO) Leerschritt *m;* (INFOR) Leerzeichen *nt;* (TÉC) Spiel *nt* 4 (*de tiempo*) Zeitraum *m;* **en el** ~ **de dos meses** innerhalb von zwei Monaten; **por** ~ **de tres horas** drei Stunden lang 5 (ASTR) Weltraum *m* 6 (*programa*) Sendung *f;* ~ **informativo** Nachrichtensendung *f*

**espaciosidad** [espaθjosi'ðað] *f* Geräumigkeit *f*

**espacioso, -a** [espa'θjoso, -a] *adj* (*lugar*) geräumig

**espada¹** [es'paða] *m* 1 (TAUR) Matador *m* 2 (ZOOL) Schwertfisch *m*

**espada²** [es'paða] *f* (*arma*) Schwert *nt;* (DEP) Degen *m;* ~ **negra** Florett *nt;* **desnudar la** ~ das Schwert zücken; **el despido era mi** ~ **de Damocles** eine mögliche Entlassung schwebte wie ein Damoklesschwert über meinem Haupt; **tu respuesta es** ~ **de dos filos** deine Antwort ist ein zweischneidiges Schwert; **estar entre la** ~ **y la pared** (*fam*) in einer Zwickmühle sein; **pintan ~s** ≈Schwert ist Trumpf

**espadachín** [espaða'tʃin] *m* 1 (*esgrimidor*) (geübter) Fechter *m* 2 (*fanfarrón*) Prahlhans *m;* (*pendenciero*) Raufbold *m*

**espadaña** [espa'ðaɲa] *f* 1 (*campanario*) Glockenturm *m* 2 (BOT) Rohrkolben *m*

**espagueti(s)** [espa'ɣeti(s)] *m(pl)* Spaghetti *pl;* **~s a la boloñesa** Spaghetti Bolognese

**espalda** [es'pa̩lda] *f* 1 (ANAT) Rücken *m;* **ancho de ~s** breitschult(e)rig; **ser cargado de ~s** einen krummen Rücken haben; **andar de ~s** rückwärts gehen; **con las manos en la** ~ mit hinter dem Rücken verschränkten Händen; **estar a ~s de alguien** hinter jdm sein; **estar de ~s a la pared** mit dem Rücken zur Wand stehen; **atacar por la** ~ hinterrücks überfallen; **coger a alguien por la** ~ (*fig*) jdm in den Rücken fallen; **doblar la** ~ (*fig*) arbeiten;

E

**volver la ~ a alguien** (*fam fig*) jdn links liegen lassen; **hablar a ~s de alguien** hinter jds Rücken reden; **me caí de ~s al oír eso** (*fam*) ich war wie vor den Kopf geschlagen, als ich das hörte; **tener las ~s muy anchas** (*fam fig*) einen breiten Buckel haben; **tener las ~s bien guardadas** (*fam*) gute Beziehungen haben; **la responsabilidad recae sobre mis ~s** die Verantwortung lastet auf meinen Schultern; **vivir de ~s a la realidad** an der Wirklichkeit vorbeileben ② (DEP) Rückenschwimmen *nt;* **100 metros ~** 100 Meter Rücken; **¿sabes nadar ~?** kannst du rückenschwimmen?; **nadar de ~s va bien para la columna** Rückenschwimmen ist gut für die Wirbelsäule ③ (*de un edificio*) Rückseite *f* ④ (*de un animal*) Rücken *m;* (*para el consumo*) Rückenstück *nt*

**espaldarazo** [espal̦da'raθo] *m* (HIST) Ritterschlag *m;* **dar el ~ a alguien** jdn als gleichberechtigt anerkennen

**espaldera** [espal̦'dera] *f* ① (*de un muro*) Spalier *nt;* **árbol a ~** (BOT) Spalierbaum *m;* **cultivar plantas en ~** Pflanzen an einem Spalier ziehen ② (DEP) Sprossenwand *f*

**espaldilla** [espal̦'diʎa] *f* ① (*de una res*) Bug *m* ② (ANAT) Schulterblatt *nt*

**espaldista** [espal̦'dista] *mf* (DEP) Rückenschwimmer(in) *m(f)*

**espanglis** [es'paŋlis] *m* Spanglish *nt*

**espantadizo, -a** [espan̪ta'ðiθo, -a] *adj* ① (*persona*) schreckhaft ② (*caballo*) scheu

**espantajo** [espan̪'taxo] *m* ① (*espantapájaros*) Vogelscheuche *f;* **tal como vas vestido pareces un ~** in diesem Aufzug siehst du wie eine Vogelscheuche aus ② (*fantoche*) Schreckgespenst *nt*

**espantamoscas** [espan̪ta'moskas] *m inv* Fliegenklatsche *f*

**espantapájaros** [espan̪ta'paxaros] *m inv* Vogelscheuche *f*

**espantar** [espan̪'tar] **I.** *vt* ① (*dar susto*) erschrecken; (*dar miedo*) Angst machen +*dat* ② (*ahuyentar a un animal*) verscheuchen; (*asustándolo*) aufscheuchen; (*caballos*) scheu machen ③ (*miedo, penas*) verjagen ④ (*asombrar*) erstaunen **II.** *vr:* **~se** ① (*personas*) sich erschrecken (*de/por* bei/vor +*dat*) ② (*animales*) scheu werden; (*caballo*) scheuen (*de/por* vor +*dat*)

**espanto** [es'pan̪to] *m* ① (*miedo*) Schrecken *m;* **¡qué ~!** wie entsetzlich!; **hace un calor de ~** es ist schrecklich heiß; **los precios son de ~** die Preise sind unerschwinglich; **estar curado de ~s** (*fam*) sich nicht so leicht erschrecken lassen ② (*terror*) panische Angst *f* ③ (*enfermedad*) Schock *m* ④ (*Am: fantasma*) Gespenst *nt*

**espantosidad** [espan̪tosi'ðaᵈ] *f* (*AmC, Col, PRico: horror*) Grauen *nt*

**espantoso, -a** [espan̪'toso, -a] *adj* ① (*horroroso*) entsetzlich ② (*feo*) hässlich ③ (*enorme*) enorm

**España** [es'paɲa] *f* Spanien *nt*

> **i Land & Leute**
>
> **España** (offiziell: **Reino de España**) ist eine konstitutionelle Monarchie mit einem Zweikammernsystem. Der König Juan Carlos I. wurde am 22.11.1975 zum Staatsoberhaupt ernannt; Thronfolger ist Kronprinz Felipe de Asturias. Die offizielle Landessprache ist Spanisch. Seit 1978 sind auch el *gallego – Galicisch*, el *catalán – Katalanisch* und el *euskera/ el vasco – Baskisch* als Nationalsprachen anerkannt.

**español¹** [espa'ɲol] *m* Spanisch(e) *nt;* **clases de ~** Spanischunterricht *m;* **aprender ~** Spanisch lernen; **traducir al ~** ins Spanische übersetzen

**español(a)²** [espa'ɲol(a)] **I.** *adj* spanisch **II.** *m(f)* Spanier(in) *m(f)*

**españolizar** [espaɲoli'θar] <z→c> **I.** *vt* hispanisieren **II.** *vr:* **~se** hispanisiert werden

**esparadrapo** [espara'ðrapo] *m* Heftpflaster *nt*

**esparcimiento** [esparθi'mjen̪to] *m* ① (*acción*) Verstreuung *f* ② (*diversión*) Zerstreuung *f*

**esparcir** [espar'θir] <c→z> **I.** *vt* ① (*cosas*) verstreuen; (*líquido*) versprengen; **el viento ha esparcido los papeles de la mesa** der Wind hat die Papiere vom Tisch geweht ② (*mancha*) größer machen ③ (*noticia*) verbreiten ④ (*distraer*): **~ el ánimo** sich zerstreuen **II.** *vr:* **~se** ① (*cosas*) verstreut werden ② (*noticias*) sich verbreiten ③ (*distraerse*) sich zerstreuen; **¿qué haces para ~te?** was machst du als Zeitvertreib?

**espárrago** [es'parrayo] *m* (BOT) Spargel *m;* **¡vete a freír ~s!** (*fam*) scher dich zum Teufel!; **ser un ~** (*fig*) eine Bohnenstange sein

**esparraguera** [esparra'ɣera] *f* (BOT) Spargel *m*

**esparrancarse** [esparraŋ'karse] <c→qu> *vr* die Beine spreizen

**espartillo** [espar'tiʎo] *m* (*Am*), **esparto** [es'parto] *m* Espartogras *nt*

**espasmo** [es'pasmo] *m* Krampf *m*

**espasmódico, -a** [espas'moðiko, -a] *adj* krampfartig

**espátula** [es'patula] *f* (TÉC) Spachtel *m;* (MED) Spatel *m*

**especia** [es'peθja] *f* Gewürz *nt*

**especial** [espe'θjal] *adj* besonders; (*adecuado*) speziell; (*raro*) seltsam; **edición/comisión/escuela ~** Sonderausgabe/-kommission/-schule *f;* **en ~** insbesondere; **¿qué has hecho hoy? – nada en ~** was hast du heute gemacht? – nichts Besonderes; **no pensaba en nada en ~** ich dachte an nichts Bestimmtes; **él es para mí alguien muy ~** er bedeutet mir sehr viel

**especialidad** [espeθjali'ðað] *f* ① (*de un restaurante/una empresa*) Spezialität *f* ② (*rama*) Spezialgebiet *nt;* (DEP) Disziplin *f*

**especialista** [espeθja'lista] *mf* ① (*experto*) Spezialist(in) *m(f)* (*en* für *+akk*) ② (*médico*) Facharzt, -ärztin *m, f* ③ (CINE) Stuntman, -woman *m, f*

**especialización** [espeθjaliθa'θjon] *f* Spezialisierung *f* (*en* auf *+akk*); **mi ~ es la física cuántica** mein Spezialgebiet ist die Quantenphysik

**especializar** [espeθjali'θar] <z→c> *vi, vr:* **~se** sich spezialisieren (*en* auf *+akk*); **personal especializado** Fachkräfte *fpl*

**especialmente** [espeθjal'mente] *adv* besonders; **lo he hecho ~ para ti** ich habe es extra für dich gemacht; **muebles ~ diseñados para minusválidos** speziell auf die Bedürfnisse von Behinderten abgestimmte Möbel

**especie** [es'peθje] *f* ① (*clase, t.* BOT, ZOOL) Art *f;* **~ amenazada de extinción** vom Aussterben bedrohte Tierart; **la ~ animal** die Tiere; **ese es una ~ de cantante** er ist sozusagen Sänger; **gente de todas las ~s** Menschen jeder Gattung; **un hombre de mala ~** ein übel gesinnter Mann; **no me gusta esta ~ de vida** ich mag diese Art (von) Leben nicht; **es de esa ~ de personas que nunca están tristes** er/sie gehört zu den Menschen, die nie traurig sind ② (*rumor*) Gerücht *nt;* **corre la ~ que...** man sagt, dass ... ③ (COM): **pagar en ~s** in Naturalien zahlen

**especificación** [espeθifika'θjon] *f* ① (*explicación*) genaue Darlegung *f* ② (*precisión*) Angabe *f;* **especificaciones técnicas** technische Daten

**especificar** [espeθifi'kar] <c→qu> *vt* ① (*explicar*) im Einzelnen darlegen; **el ministro especificó los problemas actuales de la economía** der Minister erläuterte im Einzelnen die aktuellen Wirtschaftsprobleme; **no ~ los pormenores de las negociaciones** nicht auf die Einzelheiten der Verhandlungen eingehen ② (*citar*) angeben; (*enumerar*) aufzählen

**específico, -a** [espe'θifiko, -a] *adj* spezifisch; **el significado ~ de una palabra** die eigentliche Bedeutung eines Wortes

**espécimen** [es'peθimen] *m* <especímenes> ① (*ejemplar*) Exemplar *nt;* **~ de lujo** Prachtexemplar *nt* ② (*muestra*) Probe *f*

**espectacular** [espektaku'lar] *adj* spektakulär

**espectacularidad** [espektakulari'ðað] *f* ① (*aparatosidad*) spektakulärer Charakter *m* ② (*efectismo*) Effekthascherei *f* ③ (*ostentosidad*) theatralische Art *f*

**espectáculo** [espek'takulo] *m* ① (TEAT) Schauspiel *nt;* (*de variedades*) Show *f;* **~ de circo** Zirkusvorstellung *f;* **~ deportivo** Sportereignis *nt* ② (*visión*) Anblick *m* ③ (*fam: escándalo*): **dar el** [*o* **un**] **~** eine Szene machen

**espectador(a)** [espekta'ðor(a)] *m(f)* Zuschauer(in) *m(f)*

**espectral** [espek'tral] *adj* ① (*fantasmal*) gespenstisch ② (FÍS) Spektral-

**espectro** [es'pektro] *m* ① (*fantasma*) Gespenst *nt* ② (FÍS) Spektrum *nt*

**especulación** [espekula'θjon] *f* Spekulation *f*

**especulador(a)** [espekula'ðor(a)] *m(f)* Spekulant(in) *m(f)*

**especular** [espeku'lar] *vi* ① (*conjeturar, t.* FIN) spekulieren; **~ en la Bolsa** an der Börse spekulieren ② (*meditar*) nachgrübeln

**especulativo, -a** [espekula'tiβo, -a] *adj* ① (*que especula*) spekulativ ② (*teórico*) theoretisch

**espejismo** [espe'xismo] *m* ① (*óptico*) Fata Morgana *f* ② (*de la imaginación*) Illusion *f*

**espejo** [es'pexo] *m* Spiegel *m;* **~ retrovisor** Rückspiegel *m;* **mirarse al ~** sich im Spiegel betrachten; **el cine es el ~ de la vida** das Kino spiegelt das Leben wider; **esta obra es un ~ de la sociedad actual** dieses Werk ist ein Spiegelbild der heutigen Gesellschaft

**espeleología** [espeleolo'xia] *f sin pl* Höhlenkunde *f*

**espeleólogo, -a** [espele'oloɣo, -a] *m, f* Höhlenforscher(in) *m(f)*

**espeluznante** [espeluθ'nante] *adj* haarsträubend

**espeluznar** [espeluθ'nar] **I.** *vt* ❶ (*los cabellos*) sträuben; (*por el miedo*) die Haare zu Berge stehen lassen +*dat* ❷ (*horrorizar*) entsetzen **II.** *vr:* ~**se** entsetzt sein

**espera** [es'pera] *f* ❶ (*acción*) Warten *nt;* (*estado*) Erwartung *f;* (*duración*) Wartezeit *f;* **lista de ~** Warteliste *f;* **sala de ~** Wartesaal *m;* **tuvimos dos horas de ~** wir mussten zwei Stunden lang warten; **estoy a la ~ de recibir la beca** ich erwarte jeden Moment die Zusage über das Stipendium; **en ~ de su respuesta** (*final de carta*) in Erwartung Ihrer Antwort; **en ~ de tu carta, te mando el paquete** ich schicke dir schon einmal das Paket und erwarte demnächst deinen Brief; **esta ~ me saca de quicio** diese Warterei geht mir auf die Nerven ❷ (*paciencia*) Geduld *f* ❸ (*plazo*) Aufschub *m;* **no tener ~** keinen Aufschub dulden; **sin ~** unverzüglich

**esperanto** [espe'ranto] *m* Esperanto *nt*

**esperanza** [espe'ranθa] *f* Hoffnung *f;* **~ de vida** Lebenserwartung *f;* **no tener ~s** keine Hoffnung haben; **abrigar ~s** Hoffnungen hegen; **estar en estado de buena ~** guter Hoffnung sein; **poner las ~s en algo** die Hoffnungen auf etw setzen; **tener ~s de conseguir un puesto de trabajo** Aussichten auf einen Arbeitsplatz haben; **veo el futuro con ~** ich bin sehr zuversichtlich

**esperanzador(a)** [esperanθa'ðor(a)] *adj* hoffnungsvoll

**esperanzar** [esperan'θar] <z→c> **I.** *vt* Hoffnung machen +*dat* **II.** *vr:* ~**se** sich *dat* Hoffnungen machen (*en* auf +*akk*)

**esperar** [espe'rar] **I.** *vi* ❶ (*aguardar*) warten (auf +*akk*); (*con paciencia*) abwarten; **~ al aparato** (*teléfono*) am Apparat bleiben; **hacerse de ~** auf sich warten lassen; **es de ~ que...** +*subj* es ist zu erwarten, dass ...; **esperemos y veamos cómo evolucionan las cosas** warten wir ab und sehen wir, wie es weitergeht; **¡que se espere!** er/sie soll gefälligst warten; **espera, que no lo encuentro** Augenblick, ich finde es jetzt nicht; **ganaron la copa tan esperada** sie gewannen den heiß ersehnten Pokal; **¡ay, no puedo ~ (de curiosidad)!** ich kann es kaum abwarten!; **uno sólo tiene que ~ a que las cosas lleguen** man muss die Dinge nur auf sich zukommen lassen ❷ (*confiar*) hoffen; **espero que sí** ich hoffe doch; **~ en alguien** die Hoffnung auf jdn setzen; **espero que nos veamos pronto** hoffentlich sehen wir uns bald **II.** *vt* ❶ (*aguardar*) warten (auf +*akk*); (*un bebé, recibir, pensar*) erwarten; (*con paciencia*) abwarten; **hace una hora que lo espero** ich warte seit einer Stunde auf ihn; **te espero mañana a las nueve** ich erwarte dich morgen um neun Uhr; **ya me lo esperaba** das dachte ich mir schon; **nos esperan malos tiempos** uns stehen schlimme Zeiten bevor; **espero su decisión con impaciencia** (*final de carta*) ich sehe Ihrer Entscheidung gespannt entgegen; **te espera una prueba dura** du kannst dich auf eine harte Probe gefasst machen ❷ (*confiar*) hoffen (auf +*akk*); **esperando recibir noticias tuyas...** in der Hoffnung, bald von dir zu hören ...; **espero sacar grandes ganancias de este negocio** ich erhoffe mir von diesem Geschäft große Gewinne

**esperma** [es'perma] *m* Sperma *nt*

**espermicida** [espermi'θiða] *m* Spermizid *nt*

**esperpento** [esper'pento] *m* ❶ (*persona*) groteske Figur *f* ❷ (*desatino*) Unsinn *m*

**espesar** [espe'sar] **I.** *vt* (*líquido*) eindicken; (*salsa*) binden **II.** *vr:* ~**se** (*bosque*) dichter werden; (*niebla*) sich verdichten; (*salsa*) eindicken

**espeso, -a** [es'peso, -a] *adj* ❶ (*cabello, niebla, bosque*) dicht; (*líquido*) dick(flüssig); (*muro*) dick ❷ (*persona*) schlampig ❸ (*Arg, Perú, Ven: molesto*) lästig

**espesor** [espe'sor] *m* ❶ (*grosor*) Dicke *f* ❷ (*densidad*) Dichte *f*

**espesura** [espe'sura] *f* ❶ (*del cabello/bosque*) Dichte *f;* (*de un muro*) Dicke *f;* (*de un líquido*) Dickflüssigkeit *f* ❷ (*bosque*) Dickicht *nt*

**espetar** [espe'tar] *vt* ❶ (*ave, objeto*) aufspießen ❷ (*fam: palabrota*) ausstoßen; **~ una bronca a alguien** jdn anschnauzen; **~ un sermón a alguien** jdm eine Predigt halten; **~ cuatro verdades a alguien** jdm den Kopf waschen

**espía** [es'pia] *mf* Spion(in) *m(f);* (*de la policía*) Spitzel *m;* **~ doble** Doppelagent(in) *m(f)*

**espiantar** [espjan'tar] **I.** *vi, vr:* ~**se** (*Arg, Chil: fam: alejarse*) weggehen; (*huir*) fliehen **II.** *vt* (*RíoPl: hurtar*) klauen

**espiar** [espi'ar] <*1. pres:* espío> **I.** *vi* (*hacer espionaje*) spionieren **II.** *vt* (*algo*) ausspionieren; (*a alguien*) nachspionieren +*dat;* (*para la policía*) bespitzeln

**espiga** [es'piɣa] *f* ❶ (BOT) Ähre *f;* **dibujo de ~** Fischgrätenmuster *nt* ❷ (*clavo*) Stift *m*

**espigado, -a** [espi'ɣaðo, -a] *adj* ❶ (*forma*) ährenförmig ❷ (*maduro*) reif ❸ (*árbol*) hoch; (*persona*) lang aufgeschossen

**espigarse** [espi'ɣarse] <g→gu> *vr* in die

Höhe schießen

**espigón** [espi'ɣon] *m* ❶ (*de un clavo*) Spitze *f* ❷ (*espiga*) Ähre *f* ❸ (*dique*) (Hafen)mole *f;* (*rompeolas*) Wellenbrecher *m* ❹ (*aguijón*) Stachel *m*

**espina** [es'pina] *f* ❶ (*de pescado*) Gräte *f* ❷ (BOT) Dorn *m* ❸ (*astilla*) Splitter *m* ❹ (ANAT): ~ (**dorsal**) Rückgrat *nt* ❺ (*inconveniente*) Schwierigkeit *f;* **dar mala ~** (*fam*) argwöhnisch machen ❻ (*pesar*) Kummer *m;* **sacarse una ~** (*fam: desquitarse*) sich revanchieren; (*desahogarse*) sich *dat* etwas von der Seele reden

**espinaca** [espi'naka] *f* Spinat *m*

**espinal** [espi'nal] *adj* Rückgrat-; **médula ~** Rückenmark *nt*

**espinazo** [espi'naθo] *m* (ANAT) Rückgrat *nt;* **doblar el ~** (*fig*) kein Rückgrat haben

**espinilla** [espi'niʎa] *f* ❶ (ANAT) Schienbein *nt;* **dar a alguien una patada en la ~** jdm vors Schienbein treten ❷ (MED) Mitesser *m;* **sacarse una ~** sich *dat* einen Mitesser ausdrücken

**espinillera** [espini'ʎera] *f* (DEP) Schienbeinschützer *m*

**espino** [es'pino] *m* ❶ (BOT): **~ albar** Weißdorn *m* ❷ (TÉC): **alambre de ~** Stacheldraht *m*

**espinoso, -a** [espi'noso, -a] *adj,* **espinudo, -a** [espi'nuðo, -a] *adj* (*AmC, CSur*) ❶ (*planta*) dornig; (*pescado*) grätig ❷ (*problema*) haarig

**espionaje** [espjo'naxe] *m* Spionage *f;* **~ industrial** Werk(s)spionage *f;* **servicio de ~ alemán** Bundesnachrichtendienst *m*

**Espira** [es'pira] *f* Speyer *nt*

**espiración** [espira'θjon] *f* (MED) Ausatmen *nt*

**espiral** [espi'ral] **I.** *adj* spiralförmig; **escalera ~** Wendeltreppe *f* **II.** *f* (*línea, anticonceptivo*) Spirale *f*

**espirar** [espi'rar] **I.** *vi* (*aire*) ausatmen **II.** *vt* (*olor*) verströmen

**espiritismo** [espiri'tismo] *m sin pl* Spiritismus *m;* **sesión de ~** spiritistische Sitzung

**espiritista** [espiri'tista] *adj* spiritistisch

**espíritu** [es'piritu] *m* Geist *m;* (*ánimo*) Gemüt *nt;* (*valor*) Mut *m;* **~ de compañerismo** kameradschaftlicher Geist; **~ de contradicción** Widerspruchsgeist *m;* **~ emprendedor** Unternehmungsgeist *m;* **~ de la época** Zeitgeist *m;* **~ de observación** (*don*) Beobachtungsgabe *f;* **el E~ Santo** (REL) der Heilige Geist; **~ de solidaridad** Gemeinschaftsgeist *m;* **pobre de ~** Kleingeist *m;* **exhalar el ~** den Geist aufgeben; **cobrar ~** Mut fassen; **levantar el ~ a alguien** jdn aufmuntern; **tener un ~ de rebelión** ein rebellisches Gemüt haben; **hacer algo con ~ alegre** etw voller Freude tun; **evocar los ~s** die Geister beschwören

**espiritual** [espiritu'al] *adj* ❶ (*del espíritu*) geistig; (*persona*) vergeistigt; **vida ~** Seelenleben *nt;* **mantenemos una relación puramente ~** unsere Beziehung ist rein geistiger Natur ❷ (REL) geistlich

**espiritualidad** *f* Geistigkeit *f,* Spiritualität *f geh*

**espita** [es'pita] *f* ❶ (*de una cuba*) Zapfhahn *m;* **~ del gas** Gashahn *m* ❷ (*palmo*) Spanne *f* ❸ (*fam: borracho*) Säufer(in) *m(f)*

**esplendidez** [esplen̩di'deθ] *f* ❶ (*generosidad*) Großzügigkeit *f* ❷ (*magnificencia*) Pracht *f*

**espléndido, -a** [es'plen̩diðo, -a] *adj* ❶ (*generoso*) großzügig ❷ (*aspecto*) prächtig; (*día*) herrlich; (*comida*) vorzüglich; (*ocasión, idea, resultado*) großartig

**esplendor** [esplen̩'dor] *m* Glanz *m;* (*fig*) Pracht *f*

**esplendoroso, -a** [esplen̩do'roso, -a] *adj* (*fig*) prachtvoll

**espliego** [es'pljeɣo] *m* Lavendel *m*

**esplín** [es'plin] *m* (*melancolía*) Schwermut *f*

**espolear** [espole'ar] *vt* ❶ (*al caballo*) die Sporen geben +*dat* ❷ (*a alguien*) anspornen

**espoleta** [espo'leta] *f* (*de bomba*) Zünder *m*

**espolón** [espo'lon] *m* ❶ (ZOOL: *de gallinas*) Sporn *m;* (*de caballos*) Fessel *f;* **tener más espolones que un gallo** (*fam*) sehr erfahren sein ❷ (*muro*) Damm *m;* **el ~ de Burgos** die Promenade in Burgos ❸ (NÁUT: *de galera*) Rammsporn *m* ❹ (GEO) Ausläufer *m* ❺ (ARQUIT) Widerlager *nt*

**espolvorear** [espolβore'ar] *vt* (GASTR) bestäuben

**esponja** [es'poŋxa] *f* ❶ (*para lavar, t.* ZOOL) Schwamm *m;* **~ de baño** Badeschwamm *m;* **beber como una ~** (*fam*) saufen wie ein Loch; **¡pasemos la ~!** (*fam*) Schwamm drüber! ❷ (*persona*) Schmarotzer *m*

**esponjar** [espoŋ'xar] **I.** *vt* ❶ (*la tierra*) auflockern; (*una masa*) schaumig machen ❷ (*líquido*) mit dem Schwamm abwischen; (*coche*) waschen **II.** *vr:* **~se** ❶ (*engreírse*) sich aufblähen ❷ (*de aspecto*) aufblühen

**esponjoso, -a** [espoŋ'xoso, -a] *adj* (*masa*) schaumig; (*pan*) aufgeweicht

**esponsorizar** [esponsori'θar] <z→c> *vt*

sponsern

**espontáneamente** [espon̪tanea'men̪te] *adv* ❶ (*impensadamente*) spontan ❷ (*voluntariamente*) freiwillig

**espontaneidad** [espon̪tanei̯'ðaᵈ] *f* Spontan(e)ität *f*

**espontáneo, -a** [espon̪'taneo, -a] *adj* spontan; (*saludo*) ungezwungen; **curación espontánea** Spontanheilung *f*

**espora** [es'pora] *f* Spore *f*

**esporádico, -a** [espo'raðiko, -a] *adj* sporadisch

**esportivo, -a** [espor'tiβo, -a] *adj* (*Am*) ❶ (*deportivo*) sportlich ❷ (*afectando descuido*) lässig

**esposa** [es'posa] *f v.* **esposo**

**esposar** [espo'sar] *vt* Handschellen anlegen +*dat*

**esposas** [es'posas] *fpl* (*manillas*) Handschellen *fpl;* **colocar las ~ a alguien** jdm Handschellen anlegen

**esposo, -a** [es'poso, -a] *m, f* Ehemann, -frau *m, f;* **le presento a mi esposa** ich möchte Ihnen meine Frau vorstellen; **salude a su ~ de mi parte** grüßen Sie Ihren Mann von mir; **los ~s** das Ehepaar

**espray** [es'prai̯] *m* ❶ (*líquido*) Spray *m o nt* ❷ (*envase*) Sprühdose *f*

**esprint** [es'prin̪ᵗ] *m* Sprint *m*

**esprintar** [esprin̪'tar] *vt* sprinten

**esprínter** [es'prin̪ter] *mf* Sprinter(in) *m(f)*

**espuela** [es'pwela] *f* ❶ (*de la bota*) Sporn *m* ❷ (*acicate*) Ansporn *m;* **poner las ~s a alguien** jdn anspornen

**espuerta** [es'pwerta] *f* Korb *m;* **a ~s** haufenweise

**espuma** [es'puma] *f* ❶ (*burbujas*) Schaum *m;* (*de las olas*) Gischt *m o f;* **~ de afeitar** Rasierschaum *m;* **crecer como la ~** (*fam: persona*) sehr schnell wachsen; (*cosa*) rapide steigen ❷ (*materia*) Schaumstoff *m*

**espumar** [espu'mar] **I.** *vi* ❶ (*hacer espuma*) schäumen ❷ (*aumentar*) rapide steigen **II.** *vt* den Schaum abschöpfen (von +*dat*)

**espumarajo** [espuma'raxo] *m* ❶ (*pey: espuma*) dreckiger Schaum *m* ❷ (*de la boca*) Geifer *m;* **echar ~s por la boca** (*fig*) vor Wut schäumen

**espumoso, -a** [espu'moso, -a] *adj* (*masa*) schaumig; (*líquido*) schäumend; **vino ~** Schaumwein *m*

**espurio, -a** [es'purjo, -a] *adj* ❶ (*falso*) falsch ❷ (*persona*) unehelich

**esputo** [es'puto] *m* Speichel *m;* (MED) Auswurf *m*

**esqueje** [es'kexe] *m* Steckling *m*

**esquela** [es'kela] *f* ❶ (*nota*) kurze Mitteilung *f* ❷ (*necrológica*): **~ (mortuoria)** Todesanzeige *f;* **publicar una ~** eine Todesanzeige aufgeben

**esquelético, -a** [eske'letiko, -a] *adj* ❶ (ANAT) Skelett- ❷ (*persona*) spindeldürr

**esqueleto** [eske'leto] *m* ❶ (ANAT) Skelett *nt;* **después de la operación quedé hecho un ~** nach der Operation war ich nur noch ein Skelett; **esta noche vamos a mover el ~** (*fam*) heute Abend schwingen wir das Tanzbein ❷ (*de un avión/barco*) Gerippe *nt;* (*de un edificio*) Skelett *nt* ❸ (*Col, AmC: impreso*) Formular *nt* ❹ (*Chil: de un escrito*) Entwurf *m*

**esquema** [es'kema] *m* ❶ (*gráfico*) Schema *nt;* **en ~** schematisch ❷ (*de una clase*) Konzept *nt;* **tengo que hacer el ~ del discurso** ich muss mir ein Konzept für die Rede machen

**esquemático, -a** [eske'matiko, -a] *adj* schematisch

**esquematizar** [eskemati'θar] <z→c> *vt* schematisieren

**esquí** [es'ki] *m* ❶ (*patín*) Ski *m;* **~ de fondo** Langlaufski *m* ❷ (*deporte*) Skisport *m;* **~ acuático** Wasserski *nt*

**esquiador(a)** [eskja'ðor(a)] *m(f)* Skiläufer(in) *m(f);* **~ de fondo** Langläufer *m*

**esquiar** [eski'ar] <*1. pres:* esquío> *vi* Ski laufen

**esquila** [es'kila] *f* ❶ (*cencerro*) Kuhglocke *f;* (*campanilla*) Glöckchen *nt* ❷ (*esquileo*) Schur *f*

**esquilador(a)** [eskila'ðor(a)] *m(f)* (AGR) Schafscherer(in) *m(f)*

**esquilar** [eski'lar] *vt* (*ovejas*) scheren; (*perros*) trimmen; **esta tarde iré a que me esquilen** heute Nachmittag gehe ich zum Friseur; **hoy sí que te han esquilado bien** heute hat der Friseur dich mächtig gestutzt

**esquileo** [eski'leo] *m* (*acción*) Schur *f*

**esquilmar** [eskil'mar] *vt* ❶ (*frutos*) ernten ❷ (*la tierra*) auslaugen ❸ (*explotar*) ausbeuten

**esquimal** [eski'mal] **I.** *adj* eskimoisch; **perro ~** Husky *m* **II.** *mf* Eskimo *m,* Eskimofrau *f*

**esquina** [es'kina] *f* (*de un edificio*) (Straßen)ecke *f;* (*de una mesa*) Ecke *f;* **casa que hace ~** Eckhaus *nt;* **hacer un saque de ~** (DEP) einen Eckball ausführen; **a la vuelta de la ~** um die Ecke; **doblar la ~** um die Ecke biegen

**esquinar** [eski'nar] **I.** *vi* eine Ecke bilden **II.** *vt* ❶ (*objetos*) über Eck legen ❷ (*maderos*) rechtwinklig zuschneiden **III.** *vr:* **~se** sich verfeinden

**esquinazo** [eski'naθo] *m* (*fam*) Hausecke *f;* **dar ~ a alguien** (*dejar plantado*) jdn versetzen; (*rehuir*) jdm aus dem Weg gehen

**esquirla** [es'kirla] *f* Splitter *m*

**esquirol** [eski'rol] *mf* Streikbrecher(in) *m(f)*

**esquivar** [eski'βar] **I.** *vt* ❶ (*golpe*) ausweichen *+dat* ❷ (*problema, encuentro*) vermeiden ❸ (*a alguien*) aus dem Weg gehen *+dat* **II.** *vr:* **~se** sich drücken (vor *+dat*)

**esquivo, -a** [es'kiβo, -a] *adj* ❶ (*huidizo*) scheu ❷ (*arisco*) spröde

**esquizofrenia** [eskiθo'frenja] *f* Schizophrenie *f*

**esquizofrénico, -a** [eskiθo'freniko, -a] *adj* schizophren

**esta** ['esta] *adj v.* **este, -a**

**ésta** ['esta] *pron dem v.* **éste**

**estabilidad** [estaβili'ðaᵈ] *f* Stabilität *f;* (*de un trabajo*) Dauerhaftigkeit *f;* (*de una amistad*) Beständigkeit *f;* (*del carácter*) Standhaftigkeit *f*

**estabilización** [estaβiliθa'θjon] *f* Stabilisierung *f*

**estabilizante** [estaβili'θaṇte] *adj* stabilisierend

**estabilizar** [estaβili'θar] <z→c> **I.** *vt* stabilisieren; (*trabajo*) sichern; (*amistad*) festigen **II.** *vr:* **~se** sich stabilisieren

**estable** [es'taβle] *adj* stabil; (*trabajo*) dauerhaft; (*tiempo*) beständig; (*carácter*) standhaft

**establecer** [estaβle'θer] *irr como crecer* **I.** *vi* festlegen **II.** *vt* ❶ (*fundar*) gründen; (*dictadura*) errichten; (*grupo de trabajo*) einsetzen; (*costumbre*) einführen; (*sucursal, tienda*) eröffnen; (*relaciones, contacto*) aufnehmen; (*principio, récord*) aufstellen; (*orden*) (wieder)herstellen; (*escuela*) einrichten; (*ley*) erlassen ❷ (*ordenar*) festlegen ❸ (*colocar*) aufstellen; (*campamento*) aufschlagen; (*colonos*) ansiedeln; (*conexión*) herstellen **III.** *vr:* **~se** (*instalarse*) sich niederlassen (*en* in *+dat, de* als *+nom*); (*por cuenta propia*) sich selb(st)ständig machen (*de* als *+nom*)

**establecimiento** [estaβleθi'mjeṇto] *m* ❶ (*fundación*) Gründung *f;* (*de un grupo de trabajo*) Einsatz *m;* (*de una costumbre*) Einführung *f;* (*de una sucursal*) Eröffnung *f;* (*de relaciones*) Aufnahme *f;* (*de un principio/récord*) Aufstellung *f;* (*del orden*) (Wieder)herstellung *f;* (*de una escuela*) Einrichtung *f* ❷ (*tienda*) Geschäft *nt* ❸ (*institución*) Institution *f;* (*pública*) öffentliche Einrichtung *f;* (*empresa*) Unternehmen *nt* ❹ (*de personas*) Ansiedelung *f*

**establo** [es'taβlo] *m* ❶ (*cuadra*) Stall *m;* **esta casa es un ~** (*fig*) dieses Haus ist ein Saustall *fam* ❷ (*Cuba: cochera*) Garage *f;* (*para alquilar*) Autoverleih *m*

**estaca** [es'taka] *f* (*palo*) Pfahl *m;* (*para tienda*) Zeltpflock *m;* (*garrote*) Knüppel *m*

**estacada** [esta'kaða] *f* (Pfahl)zaun *m;* **dejar a alguien en la ~** jdn im Stich lassen; **quedarse alguien en la ~** (*por un negocio*) in der Patsche sitzen; (*en una disputa*) den Kürzeren ziehen

**estacazo** [esta'kaθo] *m* ❶ (*golpe*) Stockschlag *m* ❷ (*crítica*) scharfe Kritik *f;* (*rapapolvo*) Standpauke *f;* **dar un ~ a alguien** jdm eine Standpauke halten

**estación** [esta'θjon] *f* ❶ (*del año*) Jahreszeit *f;* (*temporada*) Zeit *f;* **~ de las flores** Frühjahr *nt;* **~ de las lluvias** Regenzeit *f* ❷ (*de trenes*) Bahnhof *m;* (*parada*) Station *f;* **~ de autobuses** Busbahnhof *m;* **~ central** Hauptbahnhof *m;* **~ de destino** Bestimmungsbahnhof *m;* **~ de metro** U-Bahn-Station *f* ❸ (RADIO, TV) Sender *m* ❹ (*centro, t.* REL) Station *f;* **~ meteorológica** Wetterwarte *f;* **~ orbital** Weltraumstation *f;* **~ de servicio** Tankstelle *f*

**estacionamiento** [estaθjona'mjeṇto] *m* ❶ (*colocación*) Aufstellung *f;* (*de personas*) Postierung *f;* (MIL) Stationierung *f* ❷ (MIL: *posición*) Stellung *f* ❸ (AUTO: *acción*) Parken *nt;* (*lugar*) Parkplatz *m*

**estacionar** [estaθjo'nar] **I.** *vt* ❶ (*colocar*) aufstellen; (*personas*) postieren; (MIL) stationieren ❷ (AUTO) parken **II.** *vr:* **~se** ❶ (*alguien*) sich postieren ❷ (AUTO) parken ❸ (*parar*) stehen bleiben; **la producción se ha estacionado** die Produktion ist ins Stocken geraten

**estacionario, -a** [estaθjo'narjo, -a] *adj* stationär

**estadio** [es'taðjo] *m* ❶ (DEP) Stadion *nt* ❷ (MED) Stadium *m*

**estadista** [esta'ðista] *mf* ❶ (POL) bedeutender Politiker *m,* bedeutende Politikerin *f* ❷ (MAT) Statistiker(in) *m(f)*

**estadística** [esta'ðistika] *f* Statistik *f*

**estadístico, -a** [esta'ðistiko, -a] *adj* statistisch

**estado** [es'taðo] *m* ❶ (*condición*) Zustand *m;* (*situación*) Lage *f;* **~ de alarma** Alarmzustand *m;* **~ civil** Familienstand *m;* **~ de las cosas** (*general*) Stand der Dinge; (*de un hecho concreto*) Sachlage *f;* **~ de cuenta** Kontostand *m;* **~ de la economía** Wirtschaftslage *f;* **~ de emergencia** Notstand *m;* **~ financiero** Finanzlage *f;* **~ gaseoso** gasförmiger Zustand; **~ de guerra** Kriegszustand *m;* **~ de necesidad** (JUR) Notstand *m;* **~ de salud** Gesundheits-

E

zustand *m;* **en buen ~ de conservación** gut erhalten; **en ~ de embriaguez** in betrunkenem Zustand; **estar en ~ interesante** [*o* **de buena esperanza**] guter Hoffnung sein; **en ~ de merecer** unverheiratet ❷ (POL) Staat *m;* **~ comunitario** Mitgliedsstaat der Europäischen Union; **~ miembro** Mitgliedsstaat *m;* **~ miembro de la UEME** EWWU-Teilnehmerland *nt;* **~ providencia** Wohlfahrtsstaat *m;* **presupuestos del ~** Staatshaushalt *m* ❸ (MIL): **~ mayor** Generalstab *m* ❹ (FIN): **~ de cuentas** Kassenbericht *m;* **~ de los gastos** Ausgabenseite *f*

**Estados Unidos** [es'taðos u'niðos] *mpl* Vereinigte Staaten *mpl*

**estadounidense** [estaðouni'ðense] *mf* (US-)Amerikaner(in) *m(f)*

**estafa** [es'tafa] *f* Betrug *m*

**estafador(a)** [estafa'ðor(a)] *m(f)* Betrüger(in) *m(f)*

**estafar** [esta'far] *vt* betrügen; **la cajera me ha estafado el cambio** die Kassiererin hat mich um das Wechselgeld betrogen

**estafeta** [esta'feta] *f* (*correos*) Postamt *nt*

**estagnación** [estaɣna'θjon] *f* (*AmC*) Stagnation *f*

**estalactita** [estalak'tita] *f* Stalaktit *m*

**estalagmita** [estalaɣ'mita] *f* Stalagmit *m*

**estallar** [esta'ʎar] *vi* ❶ (*globo, neumático*) platzen; (*bomba*) explodieren; (*cristales*) zersplittern; (*látigo*) knallen; **estalló una ovación** Beifall brach los; **me estalla la cabeza** mir platzt der Schädel ❷ (*revolución, incendio*) ausbrechen; (*tormenta*) losbrechen; **al ~ la guerra** bei Kriegsausbruch ❸ (*risa, alegría*) losbrechen; **~ en llanto** in Tränen ausbrechen; **estaba enfadado y al final estalló** er war verärgert und platzte am Ende vor Wut

**estallido** [esta'ʎiðo] *m* ❶ (*ruido*) Knall *m;* (*de un globo*) Platzen *nt;* (*explosión*) Explosion *f* ❷ (*de una revolución*) Ausbruch *m;* **~ de cólera** Zornausbruch *m*

**estambre** [es'tambre] *m* ❶ (*tela*) Kammgarnstoff *m;* (*hebra*) Kammgarn *nt* ❷ (BOT) Staubgefäß *nt*

**Estambul** [estam'bul] *m* Istanbul *nt*

**estamento** [esta'mento] *m* Gesellschaftsschicht *f*

**estampa** [es'tampa] *f* ❶ (*dibujo*) Bild *nt;* **~ de la Virgen** Marienbild *nt;* **dar algo a la ~** etw in Druck geben ❷ (*huella*) Abdruck *m* ❸ (*impresión*) Eindruck *m;* (*aspecto*) Aussehen *nt;* **un caballo de magnífica ~** ein Pferd von prächtiger Gestalt; **tienes mala ~** du siehst schlecht aus; **¡maldita sea tu ~!** verflucht seist du!; **ser la viva ~ de la pobreza** die Armut in Person sein; **ser la viva ~ de su padre** (*fam*) seinem Vater wie aus dem Gesicht geschnitten sein

**estampación** [estampa'θjon] *f sin pl* Drucken *nt;* (*con relieve*) Prägung *f*

**estampado¹** [estam'paðo] *m* ❶ (*tejido*) Druck *m;* **no me gusta este ~** dieses (Stoff)muster gefällt mir nicht ❷ (*metal*) Prägung *f*

**estampado, -a²** [estam'paðo, -a] *adj* bedruckt

**estampar** [estam'par] **I.** *vt* ❶ (*en papel/tela*) drucken (*en/sobre* auf +*akk*); (*con relieve*) prägen (*en/sobre* in/auf +*akk*); **~ un dibujo en una camiseta** ein T-Shirt mit einer Zeichnung bedrucken ❷ (TÉC: *una chapa*) stanzen; (*un motivo en una chapa*) einstanzen; **~ pins** Pins ausstanzen; **se me quedó estampado en la cabeza** (*fig*) das hat sich mir eingeprägt ❸ (*huella*) hinterlassen; **~ una firma** unterzeichnen; **~ la firma al pie del documento** die Unterschrift unter ein Dokument setzen ❹ (*fam: arrojar*) knallen ❺ (*fam: dar*) verpassen; **~ una bofetada a alguien** jdm eine knallen; **~le un beso a alguien en la cara** jdm einen Kuss auf die Wange drücken **II.** *vr:* **~se** (*fam*) prallen

**estampida** [estam'piða] *f* ❶ (*huida*) überstürzte Flucht *f* ❷ (*ruido*) Knall *m*

**estampido** [estam'piðo] *m* Knall *m;* **~ del trueno** Donnerschlag *m;* **dar un ~** knallen

**estampilla** [estam'piʎa] *f* ❶ (*sello*) (Faksimile)stempel *m* ❷ (*Am: de correos*) Briefmarke *f*

**estampita** [estam'pita] *f* Heiligenbild *nt;* **me han dado el timo de la ~** (*fam*) ich bin reingelegt worden

**estancamiento** [estaŋka'mjento] *m* ❶ (*del agua*) (Auf)stauung *f* ❷ (*de una mercancía*) Monopolisierung *f* ❸ (*de los negocios*) Stagnation *f;* (*de un proceso*) Stillstand *m;* **~ coyuntural** Konjunkturstillstand *m*

**estancar** [estaŋ'kar] <c→qu> **I.** *vt* ❶ (*un río*) (auf)stauen; **aguas estancadas** Stauwasser *nt* ❷ (*mercancía*) monopolisieren ❸ (*proceso*) zum Stillstand bringen **II.** *vr:* **~se** ❶ (*río*) sich (auf)stauen ❷ (*negocio*) stagnieren; **me he estancado en los estudios** ich komme mit meinem Studium nicht weiter; **quedarse estancado** ins Stocken geraten

**estancia** [es'tanθja] *f* ❶ (*permanencia*) Aufenthalt *m;* **~ en un hospital** Krankenhausaufenthalt *m* ❷ (*habitación*) Wohnraum *m;* (*de palacio*) Gemach *nt* ❸ (*Am: hacienda*) Landgut *nt* ❹ (*Cuba, Ven:*

*quinta*) Landhaus *nt*

**estanciera** [estaṇ'θjera] *f* (*Arg: furgoneta*) Lieferwagen *m*

**estanciero, -a** [estaṇ'θjero, -a] *m, f* (*CSur, Col, Ven*) ❶ (*de ganado*) Farmer(in) *m(f)* ❷ (*de latifundios*) Großgrundbesitzer(in) *m(f)*

**estanco¹** [es'taŋko] *m* ❶ (*establecimiento*) Tabak(waren)laden *m* ❷ (*monopolio*) Monopol *nt*

**i Land & Leute**

Im **estanco** kann man nicht nur Zigaretten und Zigarren kaufen, wie in einem deutschen Tabakwarenladen oder einer österreichischen Trafik, sondern auch *Briefmarken – sellos, Zeitungen – periódicos, Zeitschriften – revistas* und offizielle Dokumente, wie zum Beispiel das Formular zur Lohnsteuererklärung. Außerdem sind **estancos** oft auch Annahmestellen für Toto und Lotto.

**estanco, -a²** [es'taŋko, -a] *adj* ❶ (NÁUT) wasserdicht ❷ (*separado*) abgeschlossen

**estándar** [es'taṇdar] **I.** *adj* Standard-; **tipo ~** Standardversion *f* **II.** *m* Standard *m*

**estandarización** [estaṇdariθa'θjon] *f* Standardisierung *f*

**estandarizar** [estaṇdari'θar] <z→c> *vt* standardisieren

**estandarte** [estaṇ'darte] *m* Standarte *f*

**estanque** [es'taŋke] *m* ❶ (*en un parque*) Teich *m* ❷ (*para el riego*) Wasserbassin *nt*

**estanquero, -a** [estaŋ'kero, -a] *m, f* Tabak(waren)händler(in) *m(f)*

**estante** [es'taṇte] *m* ❶ (*para libros*) Bücherbrett *nt;* (*para muebles*) (Einlege)boden *m;* (*en una tienda*) Ständer *m* ❷ (*mueble*) Regal *nt*

**estantería** [estaṇte'ria] *f* Regal *nt;* (*de toda la pared*) Regalwand *f*

**estañar** [esta'ɲar] *vt* (*Ven*) ❶ (*herir*) verletzen ❷ (*echar*) entlassen

**estaño** [es'taɲo] *m* Zinn *nt;* **~ para soldar** Lötzinn *nt*

**estar** [es'tar] *irr* **I.** *vi* ❶ (*hallarse*) sein; (*un objeto: derecho*) stehen; (*tumbado*) liegen; (*colgando*) hängen (*en* an +*dat*); (*durante un tiempo*) sich aufhalten; **Valencia está en la costa** Valencia liegt an der Küste; **¿está Pepe?** ist Pepe da?; **¿dónde estábamos?** wo waren wir stehen geblieben?; **como estamos aquí tú y yo** so wahr wir hier sitzen; **ya lo hago yo, para eso estoy** ich übernehme das, das ist das Mindeste, was ich tun kann; **¿está la comida?** ist das Essen fertig? ❷ (*sentirse*) sich fühlen; **¿cómo estás?** wie geht es dir?; **ya estoy mejor** es geht mir schon besser; **hoy no estoy bien** ich fühle mich heute nicht wohl ❸ (+ *adjetivo/participio*): **~ asomado al balcón** auf dem Balkon stehen; **~ cansado** müde sein; **~ sentado** sitzen; **~ ubicado** (*Am*) sich befinden; **~ viejo** alt aussehen; **el asado está rico** der Braten schmeckt gut; **está visto que...** es ist offensichtlich, dass ... ❹ (+ *bien/mal*): **~ mal de azúcar** kaum Zucker haben; **~ mal de la cabeza** spinnen; **~ mal de dinero** schlecht bei Kasse sein; **una semana de descanso te ~á bien** eine Woche Urlaub wird dir gut tun; **eso te está bien empleado** (*fam*) das geschieht dir recht; **esa blusa te está bien** diese Bluse steht dir gut; **este peinado no te está bien** diese Frisur steht dir nicht ❺ (+ *a*): **~ al caer** (*persona*) bald kommen; (*suceso*) bevorstehen; **están al caer las diez** es ist bald zehn Uhr; **~ al día** auf dem Laufenden sein; **estamos a uno de enero** heute ist der 1. Januar; **¿a qué estamos?** den Wievielten haben wir heute?; **las peras están a 2 euros el kilo** die Birnen kosten 2 Euro das Kilo; **el cuadro está ahora a 10.000 euros** das Bild ist nun auf 10.000 Euro gestiegen; **las acciones están a 8 euros** die Aktien liegen bei 8 Euro; **Sevilla está a 40 grados** in Sevilla sind es 40 Grad; **el termómetro está a diez grados** das Thermometer zeigt zehn Grad an; **están uno a uno** das Spiel steht eins zu eins; **~ a examen** kurz vor einer Prüfung stehen; **estoy a lo que decida la asamblea** ich schließe mich der Entscheidung der Versammlung an; **estoy a oscuras en este tema** ich habe keinen blassen Schimmer von diesem Thema ❻ (+ *con*): **estoy con mi novio** ich bin mit meinem Freund zusammen; **en el piso estoy con dos más** ich teile die Wohnung mit zwei Leuten; **estoy contigo en este punto** ich stimme mit dir in diesem Punkt überein ❼ (+ *de*): **~ de broma** zum Scherzen aufgelegt sein; **~ de charla** einen Schwatz halten; **~ de mal humor** schlecht gelaunt sein; **~ de parto** in den Wehen liegen; **~ de pie** stehen; **~ de suerte** Glück haben; **~ de secretario** als Sekretär arbeiten; **~ de viaje** verreist sein; **en esta reunión estoy de más** ich bin in dieser Sitzung überflüssig; **esto que has dicho estaba de más** was du gesagt hast, war überflüssig ⑧ (+ *en*): **el problema está en el dinero** das Problem ist das Geld; **yo estoy en que él no dice la verdad** ich bin überzeugt (davon), dass er lügt; **no estaba en sí cuando lo hizo** er/sie war nicht ganz bei sich *dat*, als er/sie es tat; **siempre estás en todo** dir entgeht nichts; **estoy en lo que tú dices** ich weiß, wovon du sprichst ⑨ (+ *para*): **hoy no estoy para bromas** heute bin ich nicht zu Späßen aufgelegt; ~ **para morir** im Sterben liegen; **el tren está para salir** der Zug fährt in Kürze ab ⑩ (+ *por*): **estoy por llamarle** ich bin versucht ihn anzurufen; **eso está por ver** das wird sich zeigen; **la historia de esta ciudad está por escribir** die Geschichte dieser Stadt muss noch geschrieben werden; **este partido está por la democracia** diese Partei setzt sich für die Demokratie ein ⑪ (+ *gerundio*): **¿qué estás haciendo?** was machst du da?; **estoy haciendo la comida** ich bereite gerade das Essen zu; **siempre estás mirando la tele** du siehst dauernd fern; **he estado una hora esperando el autobús** ich habe eine Stunde lang auf den Bus gewartet; **estoy escribiendo una carta** ich bin gerade dabei, einen Brief zu schreiben; **¡lo estaba viendo venir!** ich habe es kommen sehen!; **este pastel está diciendo cómeme** bei diesem Kuchen läuft mir das Wasser im Munde zusammen ⑫ (+ *que*): **estoy que no me tengo** ich bin fix und fertig; **está que trina** er/sie ist außer sich *dat* ⑬ (+ *sobre*): **estáte sobre este asunto** kümmere dich um diese Angelegenheit; **siempre tengo que ~ sobre mi hijo para que coma** ich muss immer hinter meinem Sohn her sein, damit er was isst; **ser una persona que siempre está sobre sí** (*serena*) sich immer ganz ruhig verhalten; (*impasible*) nie seine Gefühle offenbaren ⑭ (*loc*): **a las 10 en casa, ¿estamos?** du bist um 10 Uhr zu Hause, verstanden? **II.** *vr:* **~se** ① (*hallarse*) sein ② (*permanecer*) bleiben; **~se de charla** ein Schwätzchen halten; **te puedes ~ con nosotros** du kannst bei uns bleiben; **me estuve con ellos toda la tarde** ich verbrachte den ganzen Nachmittag bei ihnen; **¡estáte quieto!** (*callado*) sei ruhig!; (*quieto*) Hände weg!

**estárter** [es'tarter] *m* (AUTO) Starter *m*

**estatal** [esta'tal] *adj* staatlich

**estatalizar** [estatali'θar] <z→c> *vt* verstaatlichen

**estática** [es'tatika] *f sin pl* Statik *f*

**estático, -a** [es'tatiko, -a] *adj* statisch; (*pasmado*) sprachlos

**estatua** [es'tatwa] *f* Statue *f*

**estatuaria** [esta'twaria] *f* Bildhauerei *f*

**estatuilla** [esta'twiʎa] *f*: **este año la ~ no fue a parar a una película española** dieses Jahr bekam kein spanischer Film den Oscar

**estatura** [esta'tura] *f* Statur *f*; **¿qué ~ tienes?** wie groß bist du?; **es un hombre de ~ pequeña** er ist klein von Statur

**estatus** [es'tatus] *m* Status *m*

**estatutario, -a** [estatu'tarjo, -a] *adj* satzungsgemäß

**estatuto** [esta'tuto] *m* ① (*de una sociedad*) Satzung *f*; **~ del Banco Central** Zentralbankstatut *nt* ② (JUR, POL) Gesetz *nt*; (*de autonomía*) Verfassung *f*; **~ de los trabajadores** Betriebsverfassungsgesetz *nt*

**este**[1] ['este] *m* Osten *m*; (METEO, NÁUT) Ost *m*; **Alemania del E~** Ostdeutschland *nt*

**este, -a**[2] ['este, -a] **I.** *adj* <estos, -as> diese(r, s); **~ perro es el mío** das ist mein Hund; **esta casa es nuestra** dieses Haus gehört uns **II.** *pron dem v.* **éste, ésta, esto**

**éste, ésta, esto** ['este, 'esta, 'esto] *pron dem* <éstos, -as> der/die/das; (**a**) **éstos no los he visto nunca** die habe ich nie gesehen; **~ se cree muy importante** der hält sich für sehr wichtig; **antes yo también tenía una camisa como ésta** früher hatte ich auch so ein Hemd; (**estando**) **en esto** [*o* **en éstas**], **llamaron a la puerta** in diesem Moment klingelte es an der Tür; **¡ésta sí que es buena!** das ist ja ein Ding!; **te lo juro, por ésta**(**s**) darauf kannst du Gift nehmen; *v. t.* **este, -a**

**estela** [es'tela] *f* ① (NÁUT) Kielwasser *nt* ② (*de avión*) Kondensstreifen *m*; (*de cohete*) Rauchfahne *f* ③ (*rastro*) Spur *f*; **dejar una ~ de recuerdos** eine Reihe von Erinnerungen hinterlassen

**estelar** [este'lar] *adj* ① (ASTR) stellar; **sistema ~** Sternsystem *nt* ② (*extraordinario*): **invitado ~** Stargast *m*; **programa ~** (TV) Erfolgssendung *f*

**estelaridad** [estelari'ða$^{d}$] *f* (*Chil: popularidad*) Beliebtheit *f*; **tener una gran ~** sich größter Beliebtheit erfreuen

**estenografía** [estenoɣra'fia] *f* Stenografie *f*

**estenografiar** [estenoɣrafi'ar] <*1. pres:* estenografío> *vt* stenografieren

**estenotipia** [esteno'tipja] *f* Stenotypie *f*

**estentóreo, -a** [esten̪'toreo, -a] *adj* (*voz*) laut; (*risa*) schallend; (*acento*) ausgeprägt

**estepa** [es'tepa] *f* ① (GEO) Steppe *f* ② (BOT) Zistrose *f*

**estera** [es'tera] *f* (Fuß)matte *f*

**estercolero** [esterko'lero] *m* ① (*montón*)

Misthaufen *m* ② (*lugar*) Saustall *m abw*

**estéreo** [es'tereo] **I.** *adj* (*fam*) stereo(phon); **disco** ~ Stereoaufnahme *f* **II.** *m* ① (*estereofonía*) Stereo *nt* ② (*equipo*) Stereoanlage *f*

**estereofónico, -a** [estereo'foniko, -a] *adj* Stereo-, stereophon(isch)

**estereotipado, -a** [estereoti'paðo, -a] *adj* stereotyp

**estereotipar** [estereoti'par] *vt* ① (TIPO) stereotypieren ② (*frase*) klischeehaft darstellen

**estereotipo** [estereo'tipo] *m* Stereotyp *nt*

**estéril** [es'teril] *adj* ① (*persona, tierra*) unfruchtbar ② (MED) steril ③ (*trabajo*) nutzlos; (*esfuerzo*) fruchtlos; (*discusión*) unfruchtbar

**esterilidad** [esterili'ðaᵈ] *f* ① (*de una persona/un terreno*) Unfruchtbarkeit *f* ② (MED) Sterilität *f*

**esterilización** [esteriliθa'θjon] *f* Sterilisation *f*

**esterilizar** [esterili'θar] <z→c> *vt* sterilisieren

**esterilla** [este'riʎa] *f* ① (*estera*) kleine (Fuß)matte *f*; ~ **eléctrica** Heizdecke *f*; ~ **del wáter** Klosettumrandung *f* ② (*Ecua: rejilla*): **silla de** ~ Korbstuhl *m*

**esterlina** [ester'lina] *adj*: **libra** ~ Pfund *nt* Sterling

**esternón** [ester'non] *m* Brustbein *nt*

**estero** [es'tero] *m* ① (*Am: pantano*) Sumpf *m* ② (*Cuba: ría*) Bucht *f* ③ (*Chil, Ecua: arroyo*) Bach *m* ④ (*Ven: aguazal*) Wasserlache *f*; **estar en el** ~ in der Klemme sitzen

**esteroide** [este'roi̯ðe] *m* (QUÍM) Steroid *nt*

**estertor** [ester'tor] *m* (*respiración*) Röcheln *nt*

**esteta** [es'teta] *mf* Ästhet(in) *m(f)*

**estética** [es'tetika] *f* Ästhetik *f*

**esthéticienne** [esteti'θjen] *mf* Kosmetiker(in) *m(f)*

**esteticista** [esteti'θista] **I.** *adj* ästhetizistisch **II.** *mf* ① (*de esteticismo*) Ästhetizist(in) *m(f)* ② (*esthéticienne*) Kosmetiker(in) *m(f)*

**estético, -a** [es'tetiko, -a] *adj* ästhetisch; **no** ~ unästhetisch

**estetoscopio** [estetos'kopjo] *m* Stethoskop *nt*

**estiaje** [es'tjaxe] *m* (*nivel*) Niedrigwasser *nt*

**estibador(a)** [estiβa'ðor(a)] *m(f)* (NÁUT) Stauer(in) *m(f)*

**estibar** [esti'βar] *vt* (*cargar*) verstauen; (*distribuir*) trimmen

**estiércol** [es'tjerkol] *m* Mist *m*; **sacar el** ~ ausmisten

**estigma** [es'tiɣma] *m* Stigma *nt*; (*en el cuerpo*) Wundmal *nt*; (*de un hierro*) Brandmal *nt*

**estigmatizar** [estiɣma'tiθar] <z→c> *vt* brandmarken; (REL) stigmatisieren

**estilar** [esti'lar] **I.** *vi* die Angewohnheit haben (zu +*inf*); **estila levantarse pronto** er/sie steht gewöhnlich früh auf **II.** *vr*: ~**se** üblich sein; **ya no se estila llevar bombachos** Reiterhosen sind aus der Mode gekommen

**estilista** [esti'lista] *mf* ① (LIT) Stilist(in) *m(f)* ② (*diseño*) Stylist(in) *m(f)*

**estilístico, -a** [esti'listiko, -a] *adj* stilistisch

**estilización** [estiliθa'θjon] *f* Stilisierung *f*; (*diseño*) Styling *nt*

**estilizar** [estili'θar] <z→c> *vt* stilisieren

**estilo** [es'tilo] *m* ① (*modo, t.* ARTE, LIT) Stil *m*; ~ **de la fuente** (INFOR) Schrifttyp *m*; **al** ~ **de...** im Stil ... +*gen*; **por el** ~ so ungefähr; **¿qué, estás mal?, pues yo estoy por el** ~ so, dir geht es schlecht? mir geht es nicht besser; **algo por el** ~ etwas in der Art; **ya me habían dicho algo por el** ~ ich hatte schon so etwas (Ähnliches) gehört ② (DEP) Schwimmstil *m*; ~ **libre** Freistil *m*; ~ (**de**) **pecho** Brustschwimmen *nt* ③ (LING): ~ **directo/indirecto** direkte/indirekte Rede ④ (BOT) Griffel *m*

**estilográfica** [estilo'ɣrafika] *f* Füllfederhalter *m*

**estima** [es'tima] *f* (Hoch)achtung *f*; **tener a alguien en mucha** ~ jdn sehr hoch schätzen

**estimable** [esti'maβle] *adj* ① (*apreciable*) schätzenswert ② (*calculable*) (ab-, ein)-schätzbar

**estimación** [estima'θjon] *f* ① (*aprecio*) (Hoch)achtung *f*; ~ **propia** Selbstachtung *f* ② (*evaluación*) Schätzung *f*; ~ **de ventas** Verkaufsprognose *f*

**estimado, -a** [esti'maðo, -a] *adj* (*apreciado*) geachtet; (*en cartas*) geehrt

**estimar** [esti'mar] **I.** *vt* ① (*apreciar*) schätzen; ~ **a alguien mucho** jdn hoch schätzen; ~ **a alguien poco** jdn gering schätzen; ~ **en demasía** überschätzen ② (*valorar*) schätzen (*en* auf +*akk*); (*tasar*) überschlagen ③ (*juzgar*) halten (für +*akk*); **lo estimó oportuno** er/sie hielt es für angemessen; ~ **que...** der Meinung sein, dass ... **II.** *vr*: ~**se** ① (*apreciarse*) sich schätzen ② (*calcularse*) geschätzt werden (*en* auf +*akk*)

**estimativo, -a** [estima'tiβo, -a] *adj* geschätzt; **valor** ~ Schätzwert *m*

**estimulante** [estimu'lan̪te] *m* Stimulans *nt*

**estimular** [estimu'lar] *vt* ① (*excitar*) anregen; (*en la sexualidad*) stimulieren ② (*ani-*

*mar*) motivieren; (ECON) Anreize schaffen (für +*akk*)

**estímulo** [es'timulo] *m* ❶ (MED) Reiz *m* ❷ (*incentivo*) Motivation *f;* (ECON) Anreiz *m;* ~ **de la exportación** Exportförderung *f*

**estío** [es'tio] *m* (*elev*) Sommer *m*

**estipendio** [esti'pen̪djo] *m* Lohn *m*

**estipulación** [estipula'θjon] *f* ❶ (*convenio*) (mündliche) Vereinbarung *f* ❷ (JUR) Klausel *f*

**estipular** [estipu'lar] *vt* ❶ (*acordar*) (mündlich) vereinbaren ❷ (*fijar*) festsetzen

**estirado, -a** [esti'raðo, -a] *adj* ❶ (*adusto*) barsch; (*engreído*) eingebildet ❷ (*escaso*) knapp; (*justo*) eng ❸ (*tacaño*) knaus(e)rig

**estiramiento** [estira'mjen̪to] *m* Strecken *nt*

**estirar** [esti'rar] **I.** *vi* ziehen; **no estires más que se rompe la cuerda** hör auf zu ziehen, sonst reißt die Schnur **II.** *vt* ❶ (*alargar*) (lang) ziehen; (*suma*) strecken; (*un discurso*) in die Länge ziehen; ~ **el bolsillo** den Gürtel enger schnallen ❷ (*alisar*) glatt ziehen; ~ **la masa** den Teig ausrollen; **aún tengo que ~ la cama** ich muss das Bett noch machen ❸ (*extender*) dehnen ❹ (*tensar*) spannen ❺ (*piernas, brazos*) (aus)strecken; **voy a salir a ~ un poco las piernas** ich gehe mir mal ein bisschen die Beine vertreten; ~ **demasiado un músculo** einen Muskel überdehnen ❻ (*alambre*) ziehen **III.** *vr:* ~**se** sich strecken

**estirón** [esti'ron] *m* ❶ (*tirón*) Ruck *m* ❷ (*crecimiento*): **¡vaya ~ que ha dado el niño!** (*fam*) der Junge ist aber groß geworden!

**estirpe** [es'tirpe] *f* Abstammung *f*

**estival** [esti'βal] *adj* sommerlich

**esto** ['esto] *pron dem v.* **éste**

**estocada** [esto'kaða] *f* ❶ (*golpe*) Degenstoß *m;* (TAUR) Todesstoß *m* ❷ (*herida*) Stichverletzung *f*

**Estocolmo** [esto'kolmo] *m* Stockholm *nt*

**estofa** [es'tofa] *f* (*pey: calidad*) Art *f;* **gente de baja ~** Pack *nt*

**estofado** [esto'faðo] *m* (GASTR) Schmorfleisch *nt*

**estofar** [esto'far] *vt* ❶ (*guisar*) schmoren ❷ (*enguatar*) wattieren

**estoicismo** [estoi̯'θismo] *m sin pl* ❶ (FILOS: *escuela*) Stoa *f;* (*doctrina*) Stoizismus *m* ❷ (*impasibilidad*) Stoizismus *m,* Unerschütterlichkeit *f*

**estoico, -a** [es'toi̯ko, -a] *adj* stoisch

**estola** [es'tola] *f* Stola *f*

**estólido, -a** [es'toliðo, -a] **I.** *adj* dumm **II.** *m, f* Dummkopf *m*

**estomacal** [estoma'kal] *adj* Magen-; **trastorno ~** Magenverstimmung *f*

**estómago** [es'tomaɣo] *m* Magen *m;* **algo se le asiente a alguien en el ~** (*fam*) etw liegt jdm schwer im Magen; **lo tengo asentado en el ~** (*fig*) ich kann ihn nicht ausstehen; **se me revolvió el ~** mir wurde schlecht; **tener buen ~** (*fig*) ein dickes Fell haben

**Estonia** [es'tonja] *f* Estland *nt*

**estonio, -a** [es'tonjo, -a] **I.** *adj* estnisch **II.** *m, f* Este, -in *m, f*

**estoque** [es'toke] *m* ❶ (*espadín*) Stoßdegen *m;* **estar hecho un ~** (*fig*) spindeldürr sein ❷ (BOT) Schwertlilie *f*

**estorbar** [estor'βar] **I.** *vi* ❶ (*obstaculizar*) hinderlich sein +*dat* ❷ (*molestar*) stören **II.** *vt* ❶ (*impedir*) verhindern ❷ (*obstaculizar*) behindern ❸ (*molestar*) stören

**estorbo** [es'torβo] *m* ❶ (*molestia*) Ärgernis *nt;* **sal de casa, que sólo eres un ~** geh aus dem Haus, du stehst einem nur im Weg ❷ (*obstáculo*) Hindernis *nt* ❸ (*molestia*) Störung *f*

**estornino** [estor'nino] *m* Star *m*

**estornudar** [estornu'ðar] *vi* niesen

**estornudo** [estor'nuðo] *m* Niesen *nt*

**estos** ['estos] *adj v.* **este, -a**

**estrabismo** [estra'βismo] *m sin pl* Schielen *nt*

**estrado** [es'traðo] *m* Podium *nt;* ~ **del testigo** (JUR) Zeugenstand *m;* **citar a alguien para ~s** jdn vor Gericht laden

**estrafalario, -a** [estrafa'larjo, -a] *adj* (*fam*) ❶ (*ropa*) schlampig ❷ (*extravagante*) exzentrisch; (*ridículo*) lächerlich

**estragar** [estra'ɣar] <g→gu> *vt* ❶ (*dañar*) zerstören ❷ (*embotar*) abstumpfen; (*gusto*) verderben

**estrago** [es'traɣo] *m* Verwüstung *f;* **hacer grandes ~s en la población civil** viele Opfer unter der Zivilbevölkerung fordern

**estragón** [estra'ɣon] *m* Estragon *m*

**estramador** [estrama'ðor] *m* (*Méx: peine*) Kamm *m*

**estrambótico, -a** [estram'botiko, -a] *adj* sonderbar

**estramonio** [estra'monjo] *m* Stechapfel *m*

**estrangulación** [estraŋgula'θjon] *f* ❶ (*acción*) Erwürgen *nt;* (*efecto*) Strangulation *f;* (*ahorcado*) Erhängen *nt* ❷ (MED) Abschnürung *f;* ~ **de intestinos** Strangulation *f* ❸ (TÉC) Drosselung *f*

**estrangulador**[1] [estraŋgula'ðor] *m* (TÉC): ~ **de aire** Choke *m*

**estrangulador(a)**[2] [estraŋgula'ðor(a)] *m(f)* (*asesino*) Würger(in) *m(f)*

**estrangulamiento** [estraŋgula'mjen̪to] *m* ❶ (*de persona*) Erwürgen *nt* ❷ (*lentitud*)

Drosselung *f* ③ (*estrechamiento*) Verengung *f*

**estrangular** [estraŋgu'lar] **I.** *vt* ① (*asesinar*) erwürgen; (*ahorcar*) erhängen ② (MED) abschnüren ③ (TÉC) drosseln **II.** *vr:* ~**se** sich erhängen

**estraperlista** [estraper'lista] *mf* Schwarzhändler(in) *m(f)*

**estraperlo** [estra'perlo] *m* ① (*tráfico*) Schwarzhandel *m;* **adquirir algo de** ~ etw schwarz erstehen ② (*mercancía*) Schmuggelware *f*

**Estrasburgo** [estras'βurɣo] *m* Straßburg *nt*

**estratagema** [estrata'xema] *f* ① (MIL) Kriegslist *f* ② (*artimaña*) Trick *m*

**estratega** [estra'teɣa] *mf* Stratege, -in *m, f*

**estrategia** [estra'texja] *f* Strategie *f*

**estratégico, -a** [estra'texiko, -a] *adj* strategisch

**estratificar** [estratifi'kar] <c→qu> **I.** *vt* (GEO) stratifizieren **II.** *vr:* ~**se** (GEO) sich in Schichten (ab)lagern

**estrato** [es'trato] *m* (*t.* GEO) Schicht *f;* ~ **social** Gesellschaftsschicht *f*

**estratosfera** [estratos'fera] *f* (METEO) Stratosphäre *f*

**estrechamente** [estreʧa'men̪te] *adv* ① (*pobremente*) ärmlich; **vivimos** ~ wir kommen gerade so über die Runden ② (*íntimamente*) eng ③ (*rigurosamente*) strikt

**estrechamiento** [estreʧa'mjen̪to] *m* ① (*angostura*) Verengung *f;* (*punto estrecho*) Engpass *m;* ~ **del mercado monetario** Geldverknappung *f;* **mañana comenzarán con el** ~ **de la carretera** morgen beginnen sie mit der Verengung der Straße ② (*de gastos*) Einschränkung *f* ③ (*de amistad*) engere Verflechtung *f;* ~ **de las relaciones económicas** Intensivierung der Wirtschaftsbeziehungen ④ (*para caber*) Zusammenrücken *nt* ⑤ (*abrazo*) Umarmen *nt;* ~ **de manos** Händeschütteln *nt*

**estrechar** [estre'ʧar] **I.** *vt* ① (*angostar*) verengen; (*ropa*) enger machen ② (*abrazar*) an sich drücken; (*la mano*) schütteln ③ (*amistad*) vertiefen; **hemos estrechado nuestra relación** unsere Beziehung ist enger geworden ④ (*obligar*) nötigen **II.** *vr:* ~**se** ① (*camino*) enger werden ② (*fam: en un asiento*) näher zusammenrücken ③ (*dos personas*) sich umarmen; ~**se las manos** sich *dat* die Hände schütteln ④ (*amistad*) enger werden ⑤ (*económicamente*) sich einschränken; ~**se el cinturón** (*fam*) den Gürtel enger schnallen

**estrechez** [estre'ʧeθ] *f* ① (*espacial*) Enge *f;* ~ **de espíritu** Beschränktheit *f* ② (*rigidez*) Strenge *f* ③ (*de amistad*) Innigkeit *f* ④ (*escasez*) Knappheit *f;* (*apuro*) Engpass *m;* ~ **de dinero** Geldmangel *m* ⑤ *pl* (*económicamente*) finanzielle Probleme *ntpl*

**estrecho¹** [es'treʧo] *m* (GEO) Meerenge; ~ **de Gibraltar** Straße von Gibraltar

**estrecho, -a²** [es'treʧo, -a] *adj* ① (*angosto*) eng; **él es muy** ~ **de caderas** er ist sehr schmal um die Hüften ② (*amistad*) innig ③ (*ropa*) eng (anliegend) ④ (*con poco sitio*) dicht gedrängt ⑤ (*rígido*) strikt ⑥ (*argot: sexualmente*) verklemmt ⑦ (*loc, fam*): **hacérselas pasar estrechas a alguien** jdn in eine schwierige Lage bringen

**estregar** [estre'ɣar] *irr como fregar* **I.** *vt* ① (*frotar*) fest reiben; (*para limpiar*) schrubben ② (*cepillar*) bürsten ③ (*sacar brillo*) polieren **II.** *vr:* ~**se** sich reiben (*contra* an +*dat*)

**estrella** [es'treʎa] *f* ① (ASTR) Stern *m;* ~ **fija** Fixstern *m;* ~ **fugaz** Sternschnuppe *f;* ~ **de rabo** Komet *m;* ~ **de Venus** Abendstern *m* ② (*destino*) Glücksstern *m;* **haber nacido con buena/mala** ~ unter einem günstigen/ungünstigen Stern geboren sein; **tener buena/mala** ~ Glück/Unglück haben ③ (CINE, TEAT) Star *m;* **una nueva** ~ **del teatro** ein neuer Stern am Theaterhimmel ④ (TIPO) Sternchen *nt* ⑤ (ZOOL): ~ **de mar** Seestern *m* ⑥ (ZOOL: *en caballos*) Blesse *f* ⑦ *pl* (*loc*): **querer contar las** ~**s** nach den Sternen greifen; **poner a alguien por las** ~**s** jdn in den Himmel heben; **ver las** ~**s** (**de dolor**) (vor Schmerz) Sterne sehen

**estrellado, -a** [estre'ʎaðo, -a] *adj* ① (*esteliforme*) sternenförmig ② (*noche, cielo*) stern(en)klar; (*lleno de estrellas*) mit Sternen bedeckt; **cielo** ~ Sternenhimmel *m* ③ (*avión*) abgestürzt ④ (*loc*): **huevos** ~**s** (GASTR) Spiegeleier *ntpl*

**estrellar** [estre'ʎar] **I.** *adj* Stern(en)- **II.** *vt* (*romper*) zerbrechen; (*arrojar*) schlagen (*contra* gegen +*akk*); ~ **huevos en una sartén** Eier in eine Pfanne schlagen **III.** *vr:* ~**se** ① (*chocar*) fahren (*contra/en* gegen +*akk*); ~**se con alguien** (*fig*) mit jdm aneinander geraten ② (*avión, barco*) zerschellen (*contra/en* an +*dat*); (*globo*) zerplatzen; (*morir*) durch einen Unfall ums Leben kommen ③ (*fracasar*) scheitern (*contra/en* an +*dat*)

**estrellato** [estre'ʎato] *m* ① (*artista*) Glanzzeit *f* ② (*conjunto de artistas*) Stargruppe *f*

**estrellón** [estre'ʎon] *m* (*Méx: choque*) Aufprall *m*

E

**estremecedor(a)** [estremeθe'ðor(a)] *adj* ❶ (*emoción*) erschütternd ❷ (*horrible*) schaurig
**estremecer** [estreme'θer] *irr como crecer* **I.** *vt* ❶ (*conmover*) erschüttern ❷ (*hacer tiritar*) schau(d)ern lassen **II.** *vr:* **~se** ❶ (*por un suceso*) erschüttert sein; **se estremeció mucho al escuchar la noticia** die Nachricht erschütterte ihn/sie sehr; **se estremecieron sus creencias** sein/ihr Glaube war erschüttert ❷ (*de susto*) zusammenfahren ❸ (*temblar*) zittern (*de* vor +*dat*)
**estremecimiento** [estremeθi'mjento] *m* ❶ (*emoción*) Erschütterung *f* ❷ (*de cañonazo/terremoto*) Erbeben *nt* ❸ (*de frío/miedo*) Erschau(d)ern *nt* ❹ (*de susto*) Zusammenzucken *nt*
**estrenar** [estre'nar] **I.** *vt* ❶ (*usar*) zum ersten Mal verwenden; (*ropa*) zum ersten Mal tragen; (*edificio*) einweihen; **~ un piso** als erster Mieter eine Wohnung beziehen; **sin ~** ungebraucht; **estos guantes están sin ~** diese Handschuhe sind noch ungetragen ❷ (CINE, TEAT) uraufführen ❸ (*trabajo*) neu anfangen; **~ un cargo** ein Amt antreten **II.** *vr:* **~se** ❶ (*carrera artística*) sein Debüt geben ❷ (CINE, TEAT) Premiere haben ❸ (*trabajo*) antreten (*en* +*akk*)
**estreno** [es'treno] *m* ❶ (*uso*) erstmaliger Gebrauch *m;* (*edificio*) Einweihung *f;* **~ de piso** Erstbezug *m;* **ser de ~** ganz neu sein ❷ (*de un actor/músico*) Debüt *nt;* (*de una obra*) Premiere *f*
**estreñido, -a** [estre'ɲiðo, -a] *adj* verstopft
**estreñimiento** [estreɲi'mjento] *m* Verstopfung *f*
**estreñir** [estre'ɲir] *irr como ceñir vt* (*comida*) zu Verstopfung führen (bei +*dat*); **las judías me estriñen** von Bohnen bekomme ich Verstopfung
**estrépito** [es'trepito] *m* ❶ (*ruido*) Lärm *m;* **reírse con ~** schallend lachen ❷ (*ostentación*) Aufsehen *nt;* **con gran ~** mit großem Getöse
**estrepitoso, -a** [estrepi'toso, -a] *adj* geräuschvoll; **aplausos ~s** tosender Beifall; **risa estrepitosa** schallendes Gelächter
**estrés** [es'tres] *m* Stress *m;* **producir ~** Stress hervorrufen
**estresante** [estre'sante] *adj* stressig
**estresar** [estre'sar] *vt* stressen
**estría** [es'tria] *f* ❶ (ARQUIT) Rille *f* ❷ *pl* (*rayas*) Streifen *mpl;* **~s del embarazo** Schwangerschaftsstreifen *mpl*
**estriado, -a** [estri'aðo, -a] *adj* ❶ (ARQUIT) gerillt ❷ (*con rayas*) gestreift
**estribación** [estriβa'θjon] *f* (GEO) (Gebirgs)ausläufer *m*
**estribar** [estri'βar] *vi* sich stützen (*en* auf +*akk*); **nuestro éxito estriba en nuestra larga experiencia** unser Erfolg beruht auf unserer langen Erfahrung; **la dificultad estriba en la falta de práctica** die Schwierigkeit liegt in der mangelnden Praxis
**estribillo** [estri'βiʎo] *m* ❶ (MÚS) Refrain *m* ❷ (LIT) Kehrreim *m* ❸ (*expresión repetitiva*) Lieblingswort *nt;* (*frase*) Lieblingssatz *m;* **siempre (con) el mismo ~** (*fig*) immer die gleiche alte Leier
**estribo** [es'triβo] *m* ❶ (*de jinete*) Steigbügel *m;* **estar sobre los ~s** (*fig*) auf der Hut sein; **perder los ~s** (*fig*) die Nerven verlieren ❷ (*del coche*) Trittbrett *nt;* (*de la moto*) Fußraste *f* ❸ (*entibo*) Strebe *f* ❹ (*respaldo*) Stütze *f*
**estribor** [estri'βor] *m* (NÁUT) Steuerbord *nt*
**estricnina** [estriɣ'nina] *f* Strychnin *nt*
**estricto, -a** [es'trikto, -a] *adj* ❶ (*severo*) streng ❷ (*exacto*) strikt
**estridencia** [estri'ðenθja] *f* ❶ (*de colores*) Schrillheit *f* ❷ (*sonido*) schriller Ton *m*
**estridente** [estri'ðente] *adj* schrill
**estripazón** [estripa'θon] *m* (*AmC*) ❶ (*apretura*) Gedränge *nt* ❷ (*destrozo*) Zerstörung *f*
**estrofa** [es'trofa] *f* Strophe *f;* **canción de cuatro ~s** Lied mit vier Strophen
**estrógeno** [es'troxeno] *m* Östrogen *nt*
**estroncio** [es'tronθjo] *m sin pl* Strontium *nt*
**estropajo** [estro'paxo] *m* (*de fregar*) Topfreiniger *m;* **poner a alguien como un ~** jdn fertig machen; **servir de ~** (*fig*) die Dreckarbeit machen
**estropajoso, -a** [estropa'xoso, -a] *adj* ❶ (*seco*) trocken; (*carne*) zäh ❷ (*pelo*) struppig ❸ (*tartajoso*) stammelnd ❹ (*andrajoso*) zerlumpt
**estropear** [estrope'ar] **I.** *vt* ❶ (*deteriorar*) beschädigen ❷ (*destruir*) kaputtmachen; (*planes*) zunichte machen; (*cosecha*) zerstören; (*comida*) verderben; **con lo que dijiste, lo has estropeado todo** durch das, was du gesagt hast, hast du alles verdorben ❸ (*aspecto*) altern (lassen); **desde la muerte de su mujer está muy estropeado** seit dem Tod seiner Frau ist er stark gealtert; **está muy estropeado por la enfermedad** durch die Krankheit ist er stark angeschlagen **II.** *vr:* **~se** ❶ (*deteriorarse*) sich verschlechtern ❷ (*averiarse*) kaputtgehen; (*comida*) schlecht werden; (*planes*) scheitern

**estropicio** [estro'piθjo] *m* ❶ (*destrozo*) Schaden *m* ❷ (*alboroto*) Krach *m*

**estructura** [estruk'tura] *f* Struktur *f*; (*disposición*) Anordnung *f*; ~ **de subventanas** (INFOR) Frame *m o nt*

**estructuración** [estruktura'θjon] *f* Strukturierung *f*

**estructural** [estruktu'ral] *adj* strukturell; **problemas** ~**es** Strukturprobleme *ntpl*

**estructuralismo** [estruktura'lismo] *m sin pl* (LING) Strukturalismus *m*

**estructurar** [estruktu'rar] **I.** *vt* strukturieren; (*clasificar*) gliedern (*en* in +*akk*) **II.** *vr:* ~**se** sich gliedern (*en* in +*akk*)

**estruendo** [es'trweṇdo] *m* ❶ (*ruido*) Lärm *m* ❷ (*alboroto*) Radau *m* ❸ (*ostentación*) Aufsehen *nt*

**estruendoso**, **-a** [estrweṇ'doso, -a] *adj* geräuschvoll; (*aplauso*) tosend

**estrujar** [estru'xar] **I.** *vt* ❶ (*apretar*) pressen; (*naranja*) auspressen ❷ (*machacar*) zerquetschen; (*papel*) zerknüllen ❸ (*al saludar*) drücken **II.** *vr:* ~**se** ❶ (*entre mucha gente*) sich durchquetschen ❷ (*apretujarse*) sich zusammendrängen

**estuario** [es'twarjo] *m* Ästuar *nt*

**estucar** [estu'kar] <c→qu> *vt* ❶ (*adornar*) mit Stuck verkleiden ❷ (*una fachada*) verputzen

**estuche** [es'tuʧe] *m* Etui *nt*; (*cajita*) Kästchen *nt*; ~ **de gafas** Brillenetui *nt*; ~ **de joyas** Schmuckkästchen *nt*; ~ **de violín** Geigenkasten *m*

**estuco** [es'tuko] *m* ❶ (*ornamento*) Stuck *m* ❷ (*enyesado*) Putz *m*

**estudiado**, **-a** [estu'ðjaðo, -a] *adj* (*amanerado*) gekünstelt

**estudiante** [estu'ðjaṇte] *mf* ❶ (*de universidad*) Student(in) *m(f)*; ~ **de ciencias** Student(in) der Naturwissenschaften; ~ **de románicas** Romanistikstudent(in) *m(f)* ❷ (*de escuela*) Schüler(in) *m(f)*

**estudiantil** [estuðjaṇ'til] *adj* studentisch; **movimiento** ~ Studentenbewegung *f*

**estudiar** [estu'ðjar] *vt* ❶ (*aprender*) lernen ❷ (*analizar*) untersuchen ❸ (*obra de teatro*) einstudieren ❹ (*observar*) studieren ❺ (*reflexionar*) überdenken; **lo** ~**é** ich werde darüber nachdenken ❻ (*cursar estudios universitarios*) studieren; ~ **para médico** Medizin studieren

**estudio** [es'tuðjo] *m* ❶ (*trabajo intelectual*) Lernen *nt*; **dedicarse tres horas todos los días al** ~ täglich drei Stunden lernen ❷ (*ensayo, obra*) Studie *f*; (*informe*) Bericht *m*; (*investigación*) Untersuchung *f*; ~ **de impacto ambiental** Umweltverträglichkeitsstudie *f*; **estar en** ~ untersucht werden ❸ (MÚS) Etüde *f* ❹ (ARTE) Studie *f* ❺ (RADIO, TV) Studio *nt*; ~ **cinematográfico** Filmstudio *nt*; ~ **radiofónico** Rundfunkstudio *nt*; ~ **de registro de sonido** Aufnahmestudio *nt* ❻ (*taller*) Atelier *nt* ❼ *pl* (*carrera*) (Hochschul)studium *nt*; **cursar** ~**s** studieren; **no se me dan bien los** ~**s** das Studium fällt mir schwer; **tener** ~**s** eine akademische Ausbildung besitzen

**estudioso**, **-a** [estu'ðjoso, -a] *adj* fleißig

**estufa** [es'tufa] *f* ❶ (*calentador*) Ofen *m*; ~ **eléctrica** Heizlüfter *m* ❷ (*invernadero*) Treibhaus *nt*; **criar a alguien en** ~ (*fig*) jdn überbehüten ❸ (*en las curas*) Schwitzkasten *m*

**estulticia** [estul̦'tiθja] *f* (*elev*) Torheit *f*

**estupefacción** [estupefaᵞ'θjon] *f* ❶ (*asombro*) Verblüffung *f*; (*sorpresa*) Überraschung *f* ❷ (*espanto*) Bestürzung *f* ❸ (MED) Betäubung *f*

**estupefaciente** [estupefa'θjeṇte] *m* (MED) Betäubungsmittel *nt*; (*droga*) Rauschgift *nt*

**estupefacto**, **-a** [estupe'fakto, -a] *adj* ❶ (*atónito*) perplex ❷ (*espantado*) bestürzt

**estupendo**, **-a** [estu'peṇdo, -a] *adj* wunderbar; ¡~! super!

**estupidez** [estupi'ðeθ] *f* Dummheit *f*

**estúpido**, **-a** [es'tupiðo, -a] **I.** *adj* dumm **II.** *m, f* Dummkopf *m*

**estupor** [estu'por] *m* ❶ (MED) Benommenheit *f* ❷ (*asombro*) Verblüffung *f* ❸ (*espanto*) Bestürzung *f*

**estupro** [es'tupro] *m* Vergewaltigung *f*

**esturión** [estu'rjon] *m* Stör *m*

**esvástica** [es'βastika] *f* Hakenkreuz *nt*

**etapa** [e'tapa] *f* Etappe *f*; (*fase*) Phase *f*; (*época*) Zeit *f*; (ELEC) Stufe *f*; **por** ~**s** (*fig*) schrittweise; **quemar** ~**s** (*fig fam*) vorpreschen; **quemar** ~**s con el coche** (*fig fam*) durchbrettern; **cohete de varias** ~**s** Mehrstufenrakete *f*

**etarra** [e'tarra] **I.** *adj:* **un comando** ~ ein Kommando der ETA **II.** *mf* ETA-Angehörige(r) *mf*

**etcétera** [e(ᵈ)'θetera] et cetera

**éter** ['eter] *m* Äther *m*

**etéreo**, **-a** [e'tereo, -a] *adj* ätherisch

**eternidad** [eterni'ðaᵈ] *f* Ewigkeit *f*; **tardar una** ~ ewig dauern

**eternizar** [eterni'θar] <z→c> **I.** *vt* verewigen; (*pey: alargar*) endlos in die Länge ziehen **II.** *vr:* ~**se** sich verewigen; ~**se en algo** sich ewig lang an etw *dat* aufhalten

**eterno**, **-a** [e'terno, -a] *adj* ewig; (*discurso*) endlos

**ética** ['etika] *f* ❶ (FILOS) Ethik *f* ❷ (*moral*) Ethos *nt*; ~ **profesional** Berufsethos *nt*

❸ (*fam: decencia*) Anstand *m;* **no tener** ~ kein bisschen Anstand besitzen

**ético, -a** ['etiko, -a] *adj* ethisch

**etílico, -a** [e'tiliko, -a] *adj* ❶ (QUÍM) Äthyl- ❷ (*alcohólico*) Alkohol-; **borrachera etílica** Alkoholvergiftung *f;* **en estado** ~ in alkoholisiertem Zustand

**etilismo** [eti'lismo] *m* Alkoholismus *m;* (*intoxicación*) Alkoholvergiftung *f*

**etimología** [etimolo'xia] *f sin pl* Etymologie *f*

**etimológico, -a** [etimo'loxiko, -a] *adj* etymologisch

**etíope** [e'tiope] **I.** *adj* äthiopisch **II.** *mf* Äthiopier(in) *m(f)*

**Etiopía** [etjo'pia] *f* Äthiopien *nt*

**etiqueta** [eti'keta] *f* ❶ (*rótulo*) Etikett *nt;* ~ **del precio** Preisschild *nt* ❷ (*convenciones*) Etikette *f;* ~ **de palacio** Hofetikette *f;* ~ **de la red** (INFOR) Netikette *f;* **de** ~ (*solemne*) Gala-; (*ceremonioso*) förmlich; **función de** ~ Galavorstellung *f;* **de rigurosa** ~ Abendkleidung erwünscht; **traje de** ~ Galaanzug *m;* **ir de** ~ (*fam*) sehr elegant angezogen sein

**etiquetar** [etike'tar] *vt* etikettieren

**etnia** ['eᵈnja] *f* (*pueblo*) Volk *nt*

**étnico, -a** ['eᵈniko, -a] *adj* ethnisch

**etnografía** [eᵈnoɣra'fia] *f sin pl* Ethnographie *f*

**etnología** [eᵈnolo'xia] *f sin pl* Völkerkunde *f*

**etnólogo, -a** [eᵈ'noloɣo, -a] *m, f* Ethnologe, -in *m, f*

**E.U.** [es'taðos u'niðos], **E.U.A.** [es'taðos u'niðos] (*Am*) *abr de* **Estados Unidos** USA *pl*

**eucalipto** [eu̯ka'lipto] *m,* **eucaliptus** [eu̯ka'liptus] *m inv* (BOT) Eukalyptus *m*

**eucaristía** [eu̯karis'tia] *f* Eucharistie *f*

**eufemismo** [eu̯fe'mismo] *m* Euphemismus *m*

**euforia** [eu̯'forja] *f* Euphorie *f*

**eufórico, -a** [eu̯'foriko, -a] *adj* euphorisch

**Eurasia** [eu̯'rasja] *f* Eurasien *nt*

**euro** ['eu̯ro] *m* Euro *m;* **billetes** ~ Eurobanknoten *fpl;* **monedas** ~ Euromünzen *fpl;* **la fijación del valor del** ~ die Festsetzung des Wertes des Euro; **la introducción del** ~ die Einführung des Euro; **ley de introducción del** ~ Euro-Einführungsgesetz *nt;* **la transición al** ~ der Übergang zum Euro

**eurocámara** [eu̯ro'kamara] *f* (POL) Europaparlament *nt*

**eurocheque** [eu̯ro'tʃeke] *m* Euroscheck *m;* **eurocomisario, -a** [eu̯rokomi'sarjo, -a] *m, f* (POL) Mitglied *nt* der Europäischen Kommission; **Eurocopa** [eu̯ro'kopa] *f* (DEP) Europapokal *m;* **eurocracia** [eu̯ro'kraθja] *f* (POL) Eurokratie *f;* **eurócrata** [eu̯'rokrata] *mf* (POL) Eurokrat(in) *m(f);* **eurocrédito** [eu̯ro'kreðito] *m* Eurokredit *m;* **eurodiputado, -a** [eu̯roðipu'taðo, -a] *m, f* Europaabgeordnete(r) *mf;* **eurodivisa** [eu̯roði'βisa] *f* (FIN) Euro-Devise *f,* Eurowährung *f;* **eurodólar** [eu̯ro'ðolar] *m* (ECON) Eurodollar *m;* **euroelecciones** [eu̯roeleᵞ'θjones] *fpl* Europawahlen *fpl;* **euroescéptico, -a** [eu̯roes'θeptiko, -a] *m, f* (POL) Euroskeptiker(in) *m(f);* **euromarco** [eu̯ro'marko] *m* Euromark *f;* **euromercado** [eu̯romer'kaðo] *m* (ECON) Euromarkt *m*

**Europa** [eu̯'ropa] *f* Europa *nt;* **Copa de** ~ (DEP) Europacup *m*

**europarlamentario, -a** [eu̯roparlamen̪'tarjo, -a] *m, f* Europaparlamentarier(in) *m(f);* **europarlamento** [eu̯ropar-la'men̪to] *m* Europäisches Parlament *nt*

**europeidad** [eu̯ropei̯'ðaᵈ] *f* (*carácter*) europäisches Wesen *nt;* (*convicción*) europäische Gesinnung *f*

**europeísmo** [eu̯rope'ismo] *m sin pl* europäischer Gedanke *m*

**europeísta** [eu̯rope'ista] **I.** *adj* europafreundlich **II.** *mf* überzeugter Europäer *m,* überzeugte Europäerin *f*

**europeización** [eu̯ropei̯θa'θjon] *f* Europäisierung *f*

**europeizar** [eu̯ropei̯'θar] *irr como enraizar vt* europäisieren

**europeo, -a** [eu̯ro'peo, -a] **I.** *adj* europäisch; **Consejo E~** Europarat *m* **II.** *m, f* Europäer(in) *m(f)*

**Europol** [eu̯ro'pol] *f* Europol *f*

**euroterrorismo** [eu̯roterro'rismo] *m* Euroterrorismus *m*

**eurotúnel** [eu̯ro'tunel] *m* Eurotunnel *m*

**eurovisión** [eu̯ro'βisjon] *f* Eurovision *f*

**euscaldún, -una** [eu̯skal̪'dun, -una] *adj* baskisch

**Euskadi** [eu̯s'kaði] *m* Baskenland *nt*

**i Land & Leute**

**Euskadi** ist der baskische Name des *País Vasco – Baskenland.* Diese *Comunidad Autónoma* im Norden Spaniens besteht aus drei *provincias*: Álava (Hauptstadt: Vitoria), Guipúzcoa (Hauptstadt: San Sebastián) und Vizcaya (Hauptstadt: Bilbao). In Bilbao befindet sich das berühmte Guggenheim Museum.

**euskera** [eu̯s'kera] *adj*, **eusquera** [eu̯s'kera] *adj* baskisch

**i Land & Leute**

**Euskera** bedeutet *vasco – baskisch* im Baskischen. Seit 1978 wird die baskische Sprache als spanische Nationalsprache anerkannt. Das Baskische ist keine romanische Sprache, sein Ursprung ist immer noch nicht geklärt. Die ersten literarischen Zeugnisse des Baskischen gehen auf das 16. Jahrhundert zurück.

**eutanasia** [eu̯ta'nasja] *f* Sterbehilfe *f*

**evacuación** [eβakwa'θjon] *f* ❶ (*personas*) Evakuierung *f;* (*de edificios*) Räumung *f* ❷ (MED) Stuhlgang *m*

**evacuar** [eβa'kwar] *vt* ❶ (*ciudad, población*) evakuieren; (MIL) räumen ❷ (*diligencias, trámites*) erledigen; (*deber*) erfüllen; (*consulta*) durchführen; (*negocio, trato*) abschließen ❸ (MED) abführen; ~ **el vientre** den Darm entleeren

**evadir** [eβa'ðir] **I.** *vt* (*evitar*) vermeiden; (*preguntas*) ausweichen +*dat;* (*peligro*) entgehen +*dat;* (*enemigo*) entrinnen +*dat;* ~ **la mirada** den Blickkontakt meiden; ~ **el riesgo** der Gefahr entgehen **II.** *vr:* ~**se** entkommen (*de* aus +*dat*)

**evaluable** [eβalu'aβle] *adj* schätzbar

**evaluación** [eβalwa'θjon] *f* ❶ (*valoración*) Bewertung *f;* (*apreciación*) Schätzung *f* ❷ (ENS) Test *m*

**evaluar** [eβalu'ar] <*1. pres:* evalúo> *vt* ❶ (*valorar*) bewerten; (*apreciar*) schätzen (*en* auf +*akk*); (*analizar*) auswerten ❷ (ENS) benoten

**evangélico, -a** [eβaŋ'xeliko, -a] **I.** *adj* evangelisch **II.** *m, f* Protestant(in) *m(f)*

**evangelio** [eβaŋ'xeljo] *m* Evangelium *nt;* **el ~ según San Mateo** das Matthäusevangelium; **decir el ~** (*fig*) die reine Wahrheit sagen

**evangelizar** [eβaŋxeli'θar] <z→c> *vt* evangelisieren

**evaporación** [eβapora'θjon] *f* Verdampfung *f*

**evaporar** [eβapo'rar] **I.** *vt* ❶ (*convertir en vapor*) verdampfen lassen ❷ (*gastar*) verbrauchen **II.** *vr:* ~**se** ❶ (*convertirse en vapor*) verdampfen ❷ (*desaparecer*) verschwinden; (*fam: persona*) verduften

**evaporización** [eβaporiθa'θjon] *f sin pl* Verdampfung *f*

**evasión** [eβa'sjon] *f* Flucht *f;* ~ **de impuestos** (ECON) Steuerflucht *f;* **lectura de ~** Unterhaltungsliteratur *f;* ~ **de la realidad** Flucht vor der Wirklichkeit

**evasiva** [eβa'siβa] *f* ❶ (*rodeo*) Ausflucht *f* ❷ (*pretexto*) Vorwand *m* ❸ (*escapatoria*) Hintertürchen *nt fam*

**evasivo, -a** [eβa'siβo, -a] *adj* ausweichend; (*ambiguo*) zweideutig

**evasor(a)** [eβa'sor(a)] *m(f)* ❶ (*fugitivo*) Entkommene(r) *mf* ❷ (ECON): ~ **fiscal** [*o* **de impuestos**] Steuerflüchtling *m*

**evento** [e'βen̪to] *m* ❶ (*incidente*) Vorfall *m;* (*importante*) Ereignis *nt;* **a todo ~** auf jeden Fall; ~ **social** gesellschaftliches Ereignis ❷ (DEP) Spiel *nt*

**eventual** [eβen̪'twal] *adj* ❶ (*posible*) eventuell; (*accidental*) zufällig; (*inseguro*) unsicher; (*provisional*) vorübergehend; **trabajo ~** Zeitarbeit *f* ❷ (*adicional*) Sonder-; **ingresos ~es** Nebeneinkünfte *fpl*

**eventualidad** [eβen̪twali'ðað] *f* ❶ (*cualidad*) Möglichkeit *f* ❷ (*hecho*) unvorhergesehener Fall *m*

**eventualmente** [eβen̪twal'men̪te] *adv* eventuell; (*tal vez*) vielleicht

**evidencia** [eβi'ðen̪θja] *f* (*certidumbre*) Offensichtlichkeit *f;* **poner algo en ~** (*probar*) etw beweisen; (*hacer claro*) etw deutlich machen; **poner a alguien en ~** jdn bloßstellen

**evidenciar** [eβiðen̪'θjar] *vt* (*demostrar*) beweisen; (*patentizar*) offensichtlich machen

**evidente** [eβi'ðen̪te] *adj* offensichtlich; (*pruebas*) klar

**evidentemente** [eβiðen̪te'men̪te] *adv* offensichtlich; **¡~!** natürlich!

**evitable** [eβi'taβle] *adj* vermeidbar

**evitar** [eβi'tar] **I.** *vt* ❶ (*impedir*) vermeiden; (*prevenir*) vorbeugen +*dat;* (*molestias, disgustos*) ersparen; **pude ~ mayores estragos** ich konnte Schlimmeres verhindern ❷ (*rehuir*) ausweichen +*dat;* (*a alguien*) aus dem Weg gehen +*dat* **II.** *vr:* ~**se** ❶ (*cosas*) sich vermeiden lassen ❷ (*personas*) sich *dat* aus dem Weg gehen

**evocación** [eβoka'θjon] *f* ❶ (*de espíritus*) Anrufung *f* ❷ (*recuerdo*) Erinnerung *f* (*de* an +*akk*)

**evocar** [eβo'kar] <c→qu> *vt* ❶ (*espíritus*) anrufen ❷ (*recordar*) ins Gedächtnis zurückrufen; (*revivir*) in Erinnerungen schwelgen (an +*akk*); **estuvimos toda la tarde evocando nuestra niñez** wir schwelgten den ganzen Mittag in Kindheitserinnerungen; **tu presencia evocó en mí el recuerdo de tu madre** deine Anwesenheit rief mir deine Mutter ins

E

Gedächtnis zurück

**evolución** [eβolu'θjon] *f* 1 (*desarrollo*) Entwicklung *f;* (MED) Krankheitsverlauf *f* 2 (*cambio*) Veränderung *f;* **experimentar una** ~ eine Veränderung durchmachen 3 (BIOL) Evolution *f* 4 (MIL) Manöver *nt* 5 *pl* (*vueltas*) Drehungen *fpl*

**evolucionar** [eβoluθjo'nar] *vi* 1 (*desarrollarse*) sich (weiter)entwickeln 2 (*cambiar*) sich (ver)ändern 3 (MED) verlaufen 4 (*dar vueltas*) sich drehen 5 (MIL) manövrieren

**evolucionismo** [eβoluθjo'nismo] *m sin pl* 1 (BIOL) Evolutionstheorie *f* 2 (FILOS) Evolutionismus *m*

**ex** [eˠs] **I.** ehemalige(r); ~ **novia** Exfreundin *f* **II.** *mf* (*fam*) Ex *mf*

**exacción** [eˠsaˠ'θjon] *f* (*cobro*) Eintreibung *f;* (*imposición*) Erhebung *f;* (*de impuestos*) Steuererhebung *f*

**exacerbación** [eˠsaθerβa'θjon] *f sin pl* 1 (*sentimiento*) Reizung *f* 2 (*enfermedad*) Verschlimmerung *f*

**exacerbar** [eˠsaθer'βar] **I.** *vt* 1 (*dolor*) verschlimmern; (*crisis*) verschärfen 2 (*irritar*) wütend machen **II.** *vr:* ~**se** 1 (*dolor*) sich verschlimmern; (*crisis*) sich verschärfen 2 (*irritarse*) wütend werden

**exactitud** [eˠsakti'tuᵈ] *f* 1 (*veracidad*) Richtigkeit *f* 2 (*precisión*) Genauigkeit *f* 3 (*puntualidad*) Pünktlichkeit *f*

**exacto, -a** [eˠ'sakto, -a] *adj* 1 (*correcto*) exakt; **eso no es del todo** ~ das stimmt nicht ganz 2 (*con precisión*) genau; (*al copiar algo*) (original)getreu 3 (*puntual*) pünktlich

**exageración** [eˠsaxera'θjon] *f* Übertreibung *f*

**exagerado, -a** [eˠsaxe'raðo, -a] **I.** *adj* übertrieben; (*publicidad*) überzogen; (*precio*) überhöht; (*en los gestos*) theatralisch **II.** *m, f* Wichtigtuer(in) *m(f);* (*al contar*) Angeber(in) *m(f);* **¡eres un ~!** du übertreibst wieder einmal (maßlos)!; (*loco*) du bist ja verrückt!

**exagerar** [eˠsaxe'rar] *vi, vt* 1 (*sobrepasarse*) es übertreiben (*con/en* mit +*dat*); ~ **los precios** die Preise zu hoch ansetzen; ~ **los gestos** sich sehr theatralisch geben; **pienso que ese paso sería** ~ ich denke, dass wir mit diesem Schritt zu weit gehen würden 2 (*al relatar*) übertreiben; **¡anda, anda, no exageres tanto!** (*fam*) jetzt mach mal halblang!

**exaltación** [eˠsal̦ta'θjon] *f* 1 (*gloria*) Verherrlichung *f* 2 (*entusiasmo*) Begeisterung *f;* (*pasión*) Erregung *f;* (*excitación*) Aufregung *f*

**exaltado, -a** [eˠsal̦'taðo, -a] **I.** *adj* 1 (*sobreexcitado*) sehr aufgeregt; (*apasionado*) leidenschaftlich; (*entusiasmado*) begeistert 2 (*violento*) hitzköpfig 3 (*radical*) radikal **II.** *m, f* 1 (*nervioso*) Hitzkopf *m* 2 (POL) Extremist(in) *m(f)* 3 (*loco*) Verrückte(r) *mf*

**exaltar** [eˠsal̦'tar] **I.** *vt* 1 (*elevar*) erheben (*a* in +*akk*) 2 (*realzar*) loben; (*en exceso*) verherrlichen **II.** *vr:* ~**se** 1 (*apasionarse*) sich begeistern (*con* für +*akk*) 2 (*excitarse*) sich aufregen (*con* über +*akk*); (*obsesionarse*) sich hineinsteigern (*con* in +*akk*)

**examen** [eˠ'samen] *m* 1 (*prueba, reflexión*) Prüfung *f;* ~ **de conductor** Fahrprüfung *f;* ~ **de ingreso** Aufnahmeprüfung *f;* ~ **de selectividad** *spanische Hochschulzulassungsprüfung;* **tribunal de exámenes** Prüfungskommission *f;* **suspender un** ~ durch eine Prüfung fallen 2 (*médico*) Untersuchung *f;* **someterse a un** ~ sich einer Untersuchung unterziehen 3 (TÉC, AUTO) Inspektion *f* 4 (*estudio*) Untersuchung *f;* (*indagación*) Nachforschung *f*

**examinador(a)** [eˠsamina'ðor(a)] *m(f)* Prüfer(in) *m(f)*

**examinar** [eˠsami'nar] **I.** *vt* 1 (*en una prueba, reflexionar*) prüfen 2 (*médico*) untersuchen 3 (TÉC, AUTO) inspizieren 4 (*estudiar*) untersuchen; (*observar*) genau beobachten 5 (ADMIN, JUR) Einsicht nehmen (in +*akk*); **para** ~**lo** zur Ansicht; **al** ~**lo** bei der Durchsicht **II.** *vr:* ~**se** (*en una prueba*) geprüft werden; **mañana me examino de francés** morgen werde ich in Französisch geprüft; **volver a** ~**se** die Prüfung wiederholen

**exangüe** [eˠ'saŋgwe] *adj* 1 (*sin sangre*) blutleer; (*desangrado*) verblutet 2 (*agotado*) völlig erschöpft

**exánime** [eˠ'sanime] *adj* 1 (*inánime*) leblos 2 (*debilitado*) völlig erschöpft

**exasperación** [eˠsaspera'θjon] *f* (*ira*) Wut *f*

**exasperante** [eˠsaspe'ran̦te] *adj* verzweifelt; **es** ~ es ist zum Verzweifeln

**exasperar** [eˠsaspe'rar] **I.** *vt* wütend machen **II.** *vr:* ~**se** wütend werden

**excarcelar** [eskarθe'lar] *vt* aus der Haft entlassen

**excavación** [eskaβa'θjon] *f* (Aus)graben *nt;* (*en la arqueología*) Ausgrabung *f;* (*en la construcción*) Erdaushub *m*

**excavadora** [eskaβa'ðora] *f* Bagger *m*

**excavar** [eska'βar] *vt* graben; (*en arqueología*) ausgraben; (*en la construcción*) ausheben; (AGR) umgraben

**excedencia** [esθe'ðen̦θja] *f* (*de una cargo*)

Beurlaubung *f*

**excedente** [esθe'ðeṇte] **I.** *adj* ❶ (*sobrante*) überschüssig ❷ (*funcionario*) beurlaubt **II.** *m* Überschuss *m;* ~ **en la balanza comercial** Handelsbilanzüberschuss *m*

**exceder** [esθe'ðer] **I.** *vi* hinausgehen (*de* über +*akk*) **II.** *vt* ❶ (*aventajar: persona*) übertreffen (*en* an +*dat*); (*cosa*) überragen ❷ (*sobrepasar*) übersteigen (*en* um +*akk*) **III.** *vr:* ~**se** ❶ (*sobrepasar*) hinausgehen (*de* über +*akk*) ❷ (*pasarse*) es übertreiben; **has vuelto a** ~**te** du bist wieder einmal zu weit gegangen; **te excedes en el uso de tacos** du übertreibst es (ein bisschen) mit den Kraftausdrücken ❸ (*loc*): ~**se a sí mismo** sich selbst übertreffen

**excelencia** [esθe'leṇθja] *f* ❶ (*exquisitez*) Vorzüglichkeit *f;* **por** ~ schlechthin ❷ (*tratamiento*) Exzellenz *f*

**excelente** [esθe'leṇte] *adj* hervorragend

**excelentísimo, -a** [esθeleṇ'tisimo, -a] *adj:* ~ **Sr. D. Carlos Molina** Seine Exzellenz Herr Carlos Molina; **excelentísima Sra. Dª. Sofía Rodríguez** Ihre Exzellenz Frau Sofía Rodríguez

**excelso, -a** [es'θelso, -a] *adj* ❶ (*muy eminente*) erhaben; (*de gran categoría*) hochrangig ❷ (*excelente*) hervorragend

**excentricidad** [esθeṇtriθi'ða$^{d}$] *f* Exzentrizität *f;* **estoy harta de tus** ~**es** ich habe deine Extravaganzen langsam satt

**excéntrico, -a** [es'θeṇtriko, -a] **I.** *adj* exzentrisch **II.** *m, f* Exzentriker(in) *m(f)*

**excepción** [esθeβ'θjon] *f* Ausnahme *f;* ~ **de la regla** Abweichung von der Regel; **con** ~ **de algunos casos** von einigen Fällen abgesehen; **sin** ~ (**ninguna**) ausnahmslos; **de** ~ außergewöhnlich; **a** [*o* **con**] ~ **de...** außer ... +*dat;* **todo el mundo a** [*o* **con**] ~ **de mí** alle, mich ausgenommen; **la** ~ **confirma la regla** (*prov*) Ausnahmen bestätigen die Regel

**excepcional** [esθeβθjo'nal] *adj* außergewöhnlich

**excepto** [es'θepto] *adv* außer +*dat;* **todo el mundo** ~ **yo** alle, mich ausgenommen; ~ **algunos casos** von einigen Fällen abgesehen

**exceptuar** [esθeptu'ar] <*1. pres:* exceptúo> *vt* ausnehmen (*de* von +*dat*); ~ **de un deber** von einer Pflicht entbinden

**excesivo, -a** [esθe'siβo, -a] *adj* exzessiv; **exposición excesiva** (FOTO) Überbelichtung *f*

**exceso** [es'θeso] *m* ❶ (*demasía*) Übermaß *nt* (*de* an +*dat*); (*en los sentimientos*) Überschwänglichkeit *f;* ~**s de capacidad** Überkapazitäten *fpl;* ~ **de demanda** Nachfrageüberschuss *m;* ~ **de deudas** Überschuldung *f;* ~ **de equipaje** Übergepäck *nt;* ~ **de peso** Übergewicht *nt;* **en** ~ übermäßig ❷ (*abuso*) Maßlosigkeit *f;* ~ **de alcohol** übermäßiger Alkoholgenuss; ~ **de velocidad** Geschwindigkeitsüberschreitung *f;* **comer con** [*o* **en**] ~ zu viel essen; **solía beber hasta el** ~ er/sie trank gewöhnlich bis zum Exzess ❸ (FIN) Überschuss *m* ❹ *pl* (*libertinaje*) Exzesse *mpl;* **en su juventud cometió muchos** ~**s** in seiner Jugend hat er/sie sehr exzessiv gelebt ❺ *pl* (*desorden*) Ausschreitungen *fpl*

**excitable** [esθi'taβle] *adj* (*irritable*) reizbar; **muy** ~ aufbrausend

**excitación** [esθita'θjon] *f* ❶ (*exaltación, t. sexual*) Erregung *f* ❷ (*irritación*) Aufregung *f* ❸ (*incitación*) Anregung *f*

**excitante** [esθi'taṇte] **I.** *adj* ❶ (*emocionante*) aufregend ❷ (MED) stimulierend ❸ (*sexualmente*) erregend **II.** *m* (MED) Stimulans *nt*

**excitar** [esθi'tar] **I.** *vt* ❶ (*incitar*) anstacheln (*a* zu +*dat*); (*apetito*) anregen ❷ (*poner nervioso*) aufregen ❸ (*sexualmente*) erregen **II.** *vr:* ~**se** ❶ (*enojarse*) sich aufregen ❷ (*sexualmente*) erregt sein

**exclamación** [esklama'θjon] *f* ❶ (*frase*) Ausruf *m;* **signo de** ~ Ausrufezeichen *nt* ❷ (*grito*) Aufschrei *m;* **lanzar una** ~ **de sorpresa** überrascht aufschreien

**exclamar** [eskla'mar] *vi, vt* ❶ (*declamar*) rufen ❷ (*gritar*) schreien

**excluir** [esklu'ir] *irr como huir vt* ❶ (*expulsar, eliminar*) ausschließen (*de* aus/von +*dat*) ❷ (*rechazar*) ablehnen

**exclusión** [esklu'sjon] *f* ❶ (*eliminación*) Ausschluss *m;* **con** ~ **de la prensa** unter Ausschluss der Presse ❷ (*expulsión*) Ausscheiden *nt* ❸ (*rechazo*) Ablehnung *f*

**exclusiva** [esklu'siβa] *f* ❶ (*privilegio*) Exklusivrecht *nt* ❷ (*monopolio*) Monopol *nt* ❸ (PREN) Exklusivbericht *m*

**exclusivamente** [esklusiβa'meṇte] *adv* ausschließlich

**exclusive** [esklu'siβe] *adv* ausschließlich, exklusive; **cerrado hasta el 27 de agosto** ~ geschlossen bis einschließlich 26. August

**exclusividad** [esklusiβi'ða$^{d}$] *f* Exklusivität *f*

**exclusivo, -a** [esklu'siβo, -a] *adj* ausschließlich, exklusiv; **contrato** ~ Exklusivvertrag *m;* **modelo** ~ Sonderanfertigung *f;* **derechos de promoción y venta exclusiva en Alemania** Alleinverkaufs- und Vertriebsrechte in Deutschland

**excma.** [esθeleṇ'tisima] *adj abr de* **excelentísima: la** ~ **señora presidente...** Ihre

Exzellenz Frau Präsidentin ...

**excmo.** [esθeleṇ'tisimo] *adj abr de* **excelentísimo: el ~ señor presidente...** Seine Exzellenz Herr Präsident ...

**excombatiente** [eskomba'tjeṇte] *mf* Veteran(in) *m(f)*

**excomulgar** [eskomul'ɣar] <g→gu> *vt* (REL) exkommunizieren

**excomunión** [eskomu'njon] *f* (REL) Exkommunikation *f*

**excoriación** [eskorja'θjon] *f* Hautabschürfung *f*

**excoriar** [esko'rjar] *vt* aufscheuern

**excrecencia** [eskre'θeṇθja] *f* Wucherung *f*

**excremento** [eskre'meṇto] *m* Exkrement *nt*

**exculpar** [eskul'par] **I.** *vt* von Schuld entlasten **II.** *vr:* **~se** sich rechtfertigen

**excursión** [eskur'sjon] *f* ① (*paseo*) Ausflug *m;* **~ a pie** Wanderung *f;* **ir de ~** einen Ausflug machen; **¿adónde vais de ~?** wohin geht der Ausflug? ② (*de estudios*) Exkursion *f*

**excursionista** [eskursjo'nista] *mf* Ausflügler(in) *m(f);* (*de estudios*) Exkursionsteilnehmer(in) *m(f)*

**excusa** [es'kusa] *f* ① (*pretexto*) Ausrede *f* ② (*disculpa*) Entschuldigung *f;* **presenter sus ~s** sich entschuldigen ③ (*justificación*) Rechtfertigung *f*

**excusable** [esku'saβle] *adj* entschuldbar

**excusar** [esku'sar] **I.** *vt* ① (*justificar*) rechtfertigen ② (*disculpar*) entschuldigen ③ (*eximir*) befreien ④ (*evitar*) vermeiden ⑤ (+ *inf*): **excusas venir** es ist nicht nötig, dass du kommst **II.** *vr:* **~se** sich entschuldigen (*de* für +*akk*)

**execrable** [eɣse'kraβle] *adj* abscheulich

**exegesis** [eɣse'xesis] *f inv* Exegese *f*

**exención** [eɣseṇ'θjon] *f* Befreiung *f* (*de* von +*dat*); **~ de derechos de aduana** Zollfreiheit *f;* **~ de impuestos** Steuerbefreiung *f;* **~ del servicio militar** Freistellung vom Wehrdienst

**exento, -a** [eɣ'seṇto, -a] *adj* frei (*de* von +*dat*); **~ de aranceles** zollfrei; **~ de averías** störungsfrei; **~ de impuestos** steuerfrei; **~ de mantenimiento** wartungsfrei; **rentas exentas del impuesto** nicht steuerpflichtige Einkünfte; **estar ~ de la jurisdicción local** der örtlichen Gerichtsbarkeit entzogen sein

**exequias** [eɣ'sekjas] *fpl* Begräbnisfeierlichkeiten *fpl*

**exfoliador** [esfolja'ðor] *m* (*Chil, Méx: cuaderno*) Abreißblock *m;* (*calendario*) Abreißkalender *m*

**exfoliar** [esfo'ljar] **I.** *vt* ablösen; **la falta de humedad exfolia la piel** Feuchtigkeitsmangel führt zum Abschuppen der Haut **II.** *vr:* **~se** (*pintura*) abblättern; (*corteza*) sich ablösen

**exhalación** [eɣsala'θjon] *f* ① (*rayo*) Blitz *m;* **pasar corriendo como una ~** wie der Blitz vorbeisausen ② (*estrella*) Sternschnuppe *f*

**exhalar** [eɣsa'lar] **I.** *vt* ① (*emanar*) ausströmen ② (*suspiros, quejas*) ausstoßen **II.** *vr:* **~se por llegar a tiempo** sich bemühen rechtzeitig zu kommen

**exhaustivo, -a** [eɣsau̯s'tiβo, -a] *adj* erschöpfend

**exhausto, -a** [eɣ'sau̯sto, -a] *adj* erschöpft

**exhibición** [eɣsiβi'θjon] *f* ① (*ostentación*) Zurschaustellung *f* ② (*exposición*) Ausstellung *f* ③ (*presentación*) Vorführung *f;* **~ cinematográfica** Filmvorführung *f;* **~ deportiva** sportliche Darbietungen

**exhibicionismo** [eɣsiβiθjo'nismo] *m sin pl* Exhibitionismus *m*

**exhibicionista** [eɣsiβiθjo'nista] *mf* Exhibitionist(in) *m(f)*

**exhibidor(a)** [eɣsiβiðor(a)] *m(f)* Aussteller(in) *m(f)*

**exhibir** [eɣsi'βir] **I.** *vt* ① (*mostrar*) vorzeigen ② (*ostentar*) angeben (mit +*dat*) ③ (JUR) vorlegen **II.** *vr:* **~se** sich zur Schau stellen; **~se en público** in der Öffentlichkeit auftreten

**exhortación** [eɣsorta'θjon] *f* ① (*ruego*) eindringliche Bitte *f* ② (*amonestación*) Verwarnung *f*

**exhortar** [eɣsor'tar] *vt* ① (*rogar*) ermahnen (*a* zu +*dat*) ② (*amonestar*) verwarnen

**exhumación** [eɣsuma'θjon] *f* Exhumierung *f*

**exhumar** [eɣsu'mar] *vt* exhumieren

**exigencia** [eɣsi'xeṇθja] *f* ① (*demanda*) Forderung *f;* **tener ~s** (*fam*) Ansprüche stellen ② (*requisito*) Anforderung *f*

**exigente** [eɣsi'xeṇte] *adj* anspruchsvoll; **ser muy ~** hohe Ansprüche stellen

**exigible** [eɣsi'xiβle] *adj* (*obligación*) fällig; (JUR) einklagbar

**exigir** [eɣsi'xir] <g→j> *vt* ① (*solicitar*) fordern; **el docente exige demasiado** der Dozent stellt zu hohe Anforderungen ② (*reclamar, pedir*) verlangen; **la carta exige contestación** der Brief muss beantwortet werden

**exiguo, -a** [eɣ'siɣwo, -a] *adj* gering

**exil(i)ado, -a** [eɣsi'l(j)aðo, -a] **I.** *adj* im Exil lebend **II.** *m, f* (politischer) Flüchtling *m*

**exil(i)ar** [eɣsi'l(j)ar] **I.** *vt* ins Exil schicken **II.** *vr:* **~se** ins Exil gehen; **muchos chilenos se ~on en la RDA** viele Chilenen gin-

gen in die DDR ins Exil
**exilio** [eˠ'siljo] *m* Exil *nt*
**eximio, -a** [eˠ'simjo, -a] *adj* hervorragend
**eximir** [eˠsi'mir] **I.** *vt* befreien (*de* von +*dat*); ~ **de obligaciones** von einer Verpflichtung befreien; ~ **de responsabilidades** der Verantwortung entheben **II.** *vr:* ~**se** sich entziehen (*de* +*dat*)
**existencia** [eˠsis'ten̪θja] *f* ❶ (*vida*) Existenz *f* ❷ *pl* (COM) Vorrat *m;* **liquidación de** ~**s** Ausverkauf *m;* **renovar las** ~**s** das Lager wieder auffüllen; **en tanto haya** ~**s** solange der Vorrat reicht ❸ (*loc*): **en** ~ (COM) vorrätig
**existencial** [eˠsisten̪'θjal] *adj* existenziell
**existencialismo** [eˠsisten̪θja'lismo] *m sin pl* (FILOS) Existenzialismus *m*
**existente** [eˠsis'ten̪te] *adj* ❶ (*que existe*) vorhanden ❷ (COM) vorrätig
**existir** [eˠsis'tir] *vi* existieren; (*cosas*) vorhanden sein; **existen numerosas actividades** es gibt zahlreiche Aktivitäten; **cree que existen ovnis** er/sie glaubt, dass es Ufos gibt
**exitazo** [eˠsi'taθo] *m* (*fam*) Riesenerfolg *m*
**éxito** ['eˠsito] *m* Erfolg *m;* ~ **de taquilla** Kassenschlager *m;* ~ **de ventas** Verkaufsschlager *m;* **con** ~ erfolgreich; **sin** ~ erfolglos
**exitoso, -a** [eˠsi'toso, -a] *adj* erfolgreich
**éxodo** ['eˠsoðo] *m* Exodus *m;* ~ **rural** Landflucht *f;* ~ **urbano** Stadtflucht *f*
**exonerar** [eˠsone'rar] *vt* ❶ (*eximir*) befreien (*de* von +*dat*) ❷ (*relevar*) absetzen (*de* von +*dat*); ~ **a alguien de su cargo** jdn seines Amtes entheben
**exorbitancia** [eˠsorβi'tan̪θja] *f* ❶ (*excesividad*) Übermaß *nt* ❷ (*exageración*) Übertreibung *f*
**exorbitante** [eˠsorβi'tan̪te] *adj* ❶ (*excesivo*) übermäßig; (*precio*) überhöht ❷ (*exagerado*) übertrieben
**exorbitar** [eˠsorβi'tar] *vt* aufbauschen
**exorcismo** [eˠsor'θismo] *m* Geisterbeschwörung *f*
**exornar** [eˠsor'nar] *vt* schmücken; (LIT) ausschmücken
**exótico, -a** [eˠ'sotiko, -a] *adj* exotisch
**exotismo** [eˠso'tismo] *m* Exotik *f*
**expandir** [espan̪'dir] **I.** *vt* ❶ (*dilatar*) ausdehnen ❷ (*divulgar*) verbreiten **II.** *vr:* ~**se** ❶ (*dilatarse*) sich ausdehnen ❷ (*extenderse*) sich ausbreiten ❸ (*divulgarse*) sich verbreiten
**expansión** [espan'sjon] *f* ❶ (*dilatación*) Ausdehnung *f;* (POL) Expansion *f* ❷ (*extensión*) Ausbreitung *f* ❸ (*crecimiento*) Wachstum *nt* ❹ (*difusión*) Verbreitung *f* ❺ (*diversión*) Entspannung *f*
**expansionarse** [espansjo'narse] *vr* ❶ (*dilatarse*) sich ausdehnen ❷ (*fam: sincerarse*) sich aussprechen (*con* bei +*dat*) ❸ (*fam: divertirse*) sich amüsieren
**expansionismo** [espansjo'nismo] *m sin pl* (POL) Expansionsdrang *m*
**expansivo, -a** [espan'siβo, -a] *adj* ❶ (*dilatable*) ausdehnbar ❷ (*comunicativo*) mitteilsam
**expatriar** [espatri'ar] <*1. pres:* expatrío> **I.** *vt* ❶ (*exiliar*) des Landes verweisen ❷ (*quitar la ciudadanía*) ausbürgern **II.** *vr:* ~**se** ❶ (*exiliarse*) das Land verlassen ❷ (*renunciar a la ciudadanía*) sich ausbürgern lassen
**expectación** [espekta'θjon] *f* ❶ (*expectativa*) Erwartung *f;* **con** ~ erwartungsvoll ❷ (*interés*) Interesse *nt*
**expectante** [espek'tan̪te] *adj* (*atento*) erwartungsvoll
**expectativa** [espekta'tiβa] *f* ❶ (*expectación*) Erwartung *f;* **estar a la** ~ **de algo** etw erwarten ❷ (*perspectiva*) Aussicht *f*
**expectorante** [espekto'ran̪te] *adj* schleimlösend
**expectorar** [espekto'rar] *vt* aushusten
**expedición** [espeði'θjon] *f* ❶ (*viaje*) Expedition *f;* ~ **científica** Forschungsreise *f;* ~ **militar** Feldzug *m* ❷ (*grupo*) Expedition(sgruppe) *f* ❸ (*remesa*) Versand *m;* (**empresa de**) ~ Spedition *f;* **oficina de** ~ Versandabteilung *f*
**expedicionario, -a** [espeðiθjo'narjo, -a] **I.** *adj* Expeditions- **II.** *m, f* Expeditionsteilnehmer(in) *m(f)*
**expedientar** [espeðjen̪'tar] *vt* (JUR) ein Verfahren eröffnen (*a* gegen +*akk*); (ADMIN, MIL) ein Disziplinarverfahren einleiten (*a* gegen +*akk*)
**expediente** [espe'ðjen̪te] *m* ❶ (*asunto judicial*) Rechtssache *f;* **instruir un** ~ ein Verfahren betreiben ❷ (*sumario*) Dossier *nt* ❸ (*administrativo*) Dienstverfahren *nt* ❹ (*trámite*) Bearbeitung *f;* **cubrir el** ~ (*fam*) nur das Nötigste tun ❺ (*legajo*) Personalakte *f*
**expedir** [espe'ðir] *irr como pedir vt* ❶ (*tramitar*) erledigen; (*carta*) aufsetzen ❷ (*despachar*) versenden; ~ **por avión** per Luftfracht verschicken; ~ **por correo** verschicken; ~ **por vía marítima** verschiffen ❸ (*documentos*) ausstellen
**expeditar** [espeði'tar] *vt* ❶ (*Am: acelerar*) beschleunigen ❷ (*AmC, Méx: despachar*) schnell bearbeiten
**expedito, -a** [espe'ðito, -a] *adj* ❶ (*desembarazado*) unbehindert ❷ (*rápido*) schnell

E

**expeler** [espe'ler] *vt* (*sangre, excreto*) auswerfen; (*aire, humo*) ausstoßen

**expendedor**[1] [espen̪de'ðor] *m:* ~ **automático** Warenautomat *m;* ~ **de bebidas** Getränkeautomat *m;* ~ **de cigarrillos** Zigarettenautomat *m;* ~ **de jabón** Seifenspender *m*

**expendedor(a)**[2] [espen̪de'ðor(a)] **I.** *adj:* **máquina ~a de billetes** Fahrkartenautomat *m;* **máquina ~a de tabaco** Zigarettenautomat *m* **II.** *m(f)* Verkäufer(in) *m(f)*

**expendeduría** [espen̪deðu'ria] *f* Verkaufsstelle *f;* (*de tabaco*) Tabakladen *m*

**expendio** [es'pen̪djo] *m* (*And, Méx, Ven: estanco*) Tabakladen *m*

**expensas** [es'pensas] *fpl* Kosten *pl;* **vivir a ~ de alguien** sich von jdm aushalten lassen

**experiencia** [espe'rjen̪θja] *f* ❶ (*práctica*) Erfahrung *f;* ~ **docente** Lehrerfahrung *f;* **falta de ~ laboral** mangelnde Berufserfahrung; **tener mucha/poca ~** erfahren/unerfahren sein; **saber algo por ~ propia** etw aus eigener Erfahrung wissen ❷ (*vivencia*) Erlebnis *nt* ❸ (*experimento*) Versuch *m*

**experimentación** [esperimen̪ta'θjon] *f* Experimentieren *nt;* **en fase de ~** im Versuchsstadium

**experimentado, -a** [esperimen̪'taðo, -a] *adj* ❶ (*con experiencia*) erfahren ❷ (*comprobado*) erprobt; **no ~ en animales** (*en etiquetas*) ohne Tierversuche

**experimental** [esperimen̪'tal] *adj* experimentell

**experimentar** [esperimen̪'tar] **I.** *vi* experimentieren **II.** *vt* ❶ (*probar*) ausprobieren ❷ (*sentir*) fühlen ❸ (*sufrir*) erfahren; ~ **un alza** steigen; ~ **un aumento** an Wert gewinnen; ~ **una caída** sinken; ~ **una pérdida** einen Verlust erleiden

**experimento** [esperi'men̪to] *m* Experiment *nt*

**experto, -a** [es'perto, -a] **I.** *adj* sachkundig **II.** *m, f* ❶ (*conocedor*) Experte, -in *m, f* ❷ (*perito*) Sachverständige(r) *mf*

**expiación** [espja'θjon] *f* ❶ (*purgación*) Sühne *f* ❷ (*castigo*) Strafe *f* (*de* für +*akk*)

**expiar** [espi'ar] <*1. pres:* expío> *vt* ❶ (*purgar*) sühnen ❷ (*pena*) büßen (für +*akk*)

**expirar** [espi'rar] *vi* ❶ (*morir*) sterben; (*cultura*) untergehen ❷ (*plazo*) ablaufen; **antes de ~ el mes** vor Monatsende

**explanada** [espla'naða] *f* (*espacio*) freier Platz *m*

**explanar** [espla'nar] *vt* ❶ (*allanar*) einebnen ❷ (*explicar*) erklären

**explayar** [espla'ɟar] **I.** *vt* ausdehnen; ~ **la mirada** den Blick schweifen lassen **II.** *vr:* ~**se** ❶ (*extenderse*) sich ausdehnen ❷ (*expresarse*) sich verbreiten (*en* über +*akk*); (*confiarse*) sich aussprechen (*con* bei +*dat*) ❸ (*divertirse*) sich amüsieren

**explicable** [espli'kaβle] *adj* ❶ (*que se puede explicar*) erklärbar ❷ (*comprensible*) verständlich

**explicación** [esplika'θjon] *f* ❶ (*aclaración*) Erklärung *f;* **pedir explicaciones** eine Erklärung verlangen ❷ (*motivo*) Grund *m;* **sin dar explicaciones** ohne Begründung ❸ (*interpretación*) Auslegung *f* ❹ *pl* (*excusas*) Entschuldigung *f;* **dar explicaciones** sich entschuldigen

**explicar** [espli'kar] <c→qu> **I.** *vt* ❶ (*manifestar*) schildern ❷ (*aclarar*) erklären ❸ (*exponer*) unterrichten ❹ (*dar motivos*) begründen ❺ (*interpretar*) auslegen ❻ (*justificar*) rechtfertigen **II.** *vr:* ~**se** ❶ (*comprender*) begreifen; **no me lo explico** es ist mir unbegreiflich ❷ (*disculparse*) sich entschuldigen ❸ (*articularse*) sich ausdrücken; **¿me explico?** habe ich mich deutlich ausgedrückt?; **ella se explica muy bien** sie ist sehr redegewandt

**explícito, -a** [es'pliθito, -a] *adj* ausdrücklich

**exploración** [esplora'θjon] *f* ❶ (*investigación*) Erforschung *f* ❷ (MED) Untersuchung *f* ❸ (MIL) Aufklärung *f*

**explorador(a)** [esplora'ðor(a)] **I.** *adj* ❶ (*investigador*) Forschungs- ❷ (MIL) Aufklärungs- **II.** *m(f)* ❶ (*investigador*) Forscher(in) *m(f)* ❷ (*scout*) Pfadfinder(in) *m(f)*

**explorar** [esplo'rar] *vt* ❶ (*investigar*) erforschen ❷ (MED) untersuchen ❸ (MIL) aufklären

**explosión** [esplo'sjon] *f* ❶ (*estallido*) Explosion *f;* ~ **demográfica** Bevölkerungsexplosion *f;* **gran ~** (FÍS) Urknall *m;* **motor de ~** Verbrennungsmotor *m;* **hacer ~** explodieren ❷ (*detonación*) Detonation *f;* (*voladura*) Sprengung *f;* ~ **fallida** Fehlzündung *f* ❸ (*arrebato*) Ausbruch *m;* ~ **de carcajadas** Ausbrechen in Gelächter

**explosionar** [esplosjo'nar] **I.** *vi* explodieren **II.** *vt* zünden

**explosivo**[1] [esplo'siβo] *m* Sprengstoff *m*

**explosivo, -a**[2] [esplo'siβo, -a] *adj* explosiv; **artefacto ~** Sprengkörper *m*

**explotación** [esplota'θjon] *f* ❶ (*aprovechamiento*) Nutzung *f;* (AGR) Bebauung *f;* (MIN) Abbau *m;* ~ **abusiva** Raubbau *m;* ~ **a cielo abierto** Tagebau *m;* ~ **de la energía** Energienutzung *f;* ~ **minera** Bergbau *m* ❷ (*empresa*) Betrieb *m* ❸ (*abuso*) Ausbeutung *f*

**explotador(a)** [esplota'ðor(a)] **I.** *adj* ❶ (*empresa*) betreibend; **empresa ~a** Betreiberfirma *f* ❷ (*que abusa*) Ausbeuter- **II.** *m(f)* ❶ (*utilizador*) Nutzer(in) *m(f)*; (*empresario, artesano*) Betreiber(in) *m(f)* ❷ (*abusador*) Ausbeuter(in) *m(f)*

**explotar** [esplo'tar] **I.** *vi* ❶ (*estallar*) explodieren; ~ **en carcajadas** in Gelächter ausbrechen ❷ (*tener un arrebato*) platzen **II.** *vt* ❶ (*recursos, terreno*) nutzen; (AGR) bebauen; (MIN) abbauen; ~ **pozos petrolíferos** Ölquellen erschließen ❷ (*empresa*) betreiben ❸ (*abusar*) ausbeuten

**expoliar** [espo'ljar] *vt* ausrauben

**expolio** [es'poljo] *m* ❶ (*acción*) Plünderung *f* ❷ (*botín*) Beute *f*

**exponente** [espo'nen̩te] *m* ❶ (*ejemplo*) Beispiel *nt*; (*índice*) Ausdruck *m* ❷ (MAT) Exponent *m*

**exponer** [espo'ner] *irr como poner* **I.** *vt* ❶ (*mostrar*) darlegen ❷ (*hablar*) vortragen ❸ (*exhibir*) ausstellen ❹ (*interpretar*) auslegen ❺ (*someter*) aussetzen ❻ (*arriesgar*) riskieren ❼ (*abandonar*) aussetzen ❽ (FOTO) belichten **II.** *vr:* **~se** ❶ (*descubrirse*) sich aussetzen ❷ (*arriesgarse*) sich einem Risiko aussetzen

**exportación** [esporta'θjon] *f* Export *m*

**exportador(a)** [esporta'ðor(a)] **I.** *adj* Export- **II.** *m(f)* Exporteur(in) *m(f)*

**exportar** [espor'tar] *vt* exportieren (*a* nach +*dat*)

**exposición** [esposi'θjon] *f* ❶ (*explicación*) Beschreibung *f* ❷ (*informe*) Bericht *m* ❸ (*exhibición*) Ausstellung *f*; ~ **universal** Weltausstellung *f* ❹ (*posición*) Lage *f* ❺ (FOTO) Belichtung *f*

**expósito, -a** [es'posito, -a] **I.** *adj* Findel- **II.** *m, f* Findelkind *nt*

**expositor(a)** [esposi'tor(a)] *m(f)* ❶ (*que exhibe*) Aussteller(in) *m(f)* ❷ (*que aclara*) Referent(in) *m(f)*

**exprés** [es'pres] **I.** *adj inv* Eil-; **café ~** Espresso *m*; **olla ~** Schnellkochtopf *m* **II.** *m* Schnellzug *m*

**expresamente** [espresa'men̩te] *adv* ❶ (*literalmente*) ausdrücklich ❷ (*deliberadamente*) vorsätzlich

**expresar** [espre'sar] **I.** *vt* ❶ (*manifestar*) äußern ❷ (*decir*) aussprechen ❸ (*indicar*) zu erkennen geben **II.** *vr:* **~se** (*hacerse entender*) sich ausdrücken; (*hablar*) sich äußern

**expresión** [espre'sjon] *f* ❶ (*palabra*) Ausdruck *m*; (*locución*) Wendung *f* ❷ (*gesto*) Ausdruck *m* ❸ (*declaración*) Äußerung *f* ❹ *pl* (*saludos*) Grüße *mpl*

**expresionismo** [espresjo'nismo] *m sin pl* (ARTE) Expressionismus *m*

**expresionista** [espresjo'nista] **I.** *adj* expressionistisch **II.** *mf* Expressionist(in) *m(f)*

**expresividad** [espresiβi'ðaᵈ] *f* Ausdrucksstärke *f*

**expresivo, -a** [espre'siβo, -a] *adj* ❶ (*vivo*) lebhaft ❷ (*revelador*) ausdrucksvoll ❸ (*significativo*) bezeichnend ❹ (*afectuoso*) herzlich

**expreso¹** [es'preso] **I.** *m* ❶ (*tren*) D-Zug *m* ❷ (*correo*) Eilbote *m* **II.** *adv* absichtlich

**expreso, -a²** [es'preso, -a] *adj* ❶ (*explícito*) ausdrücklich ❷ (*claro*) deutlich ❸ (*rápido*) Eil-; **tren ~** D-Zug *m*; **enviar una carta por (correo) ~** einen Brief per Eilpost verschicken

**exprimidor** [esprimi'ðor] *m* Entsafter *m*

**exprimir** [espri'mir] *vt* ❶ (*frutas*) auspressen; ~ **a alguien para que hable** (*fig*) jdn ausquetschen ❷ (*ropa*) auswringen ❸ (*persona*) ausbeuten

**expropiación** [espropja'θjon] *f* Enteignung *f*; ~ **forzosa** Zwangsenteignung *f*

**expropiar** [espro'pjar] *vt* enteignen

**expuesto, -a** [es'pwesto, -a] **I.** *pp de* **exponer II.** *adj* ❶ (*peligroso*) gefährlich ❷ (*sin protección*) gefährdet ❸ (*sensible*) anfällig (*a* für +*akk*); ~ **a perturbaciones** störanfällig

**expugnar** [espuɣ'nar] *vt* erstürmen

**expulsar** [espul'sar] *vt* ❶ (*a alguien*) hinauswerfen (*de* aus +*dat*); (*del país*) vertreiben (*de* aus +*dat*); (*excluir*) ausstoßen (*de* aus +*dat*); ~ **a alguien de la escuela** jdn von der Schule verweisen; ~ **del campo de juego** (DEP) vom Platz stellen; ~ **de la sala** des Saales verweisen ❷ (*emitir*) ausstoßen

**expulsión** [espul'sjon] *f* ❶ (*del país*) Vertreibung *f*; ~ **del campo de juego** (DEP) Platzverweis *m*; ~ **de la escuela** Schulverweis *m* ❷ (*emisión*) Ausstoß *m*

**expurgar** [espur'ɣar] <g→gu> *vt* ❶ (*purificar*) reinigen ❷ (*censurar*) zensieren

**exquisitez** [eskisi'teθ] *f* ❶ (*refinamiento*) Erlesenheit *f*; (*de vestido*) Eleganz *f*; (*de trato*) Kultiviertheit *f*; (*de plato*) Köstlichkeit *f* ❷ (*manjar*) Delikatesse *f*

**exquisito, -a** [eski'sito, -a] *adj* exquisit

**extasiar** [esta'sjar] <*1. pres:* extasío> **I.** *vt* verzücken **II.** *vr:* **~se** in Verzückung geraten (*con* über +*akk*)

**éxtasis** ['estasis] *m inv* Ekstase *f*

**extemporáneo, -a** [estempo'raneo, -a] *adj* ❶ (*a destiempo*) unzeitgemäß; **son unas temperaturas extemporáneas para esta altura del año** diese Temperaturen sind außergewöhnlich für die Jahreszeit ② (*inoportuno*) unpassend; (*inadecuado*) unangebracht

**extender** [esteṇ'der] <e→ie> **I.** *vt* ① (*papeles*) ausbreiten (*en/sobre/por* auf +*dat*); (*pintura, betún, semillas*) verteilen (*en/sobre* auf +*dat*); ~ **la mantequilla** die Butter verstreichen ② (*desplegar*) strecken; ~ **la mano** die Hand ausstrecken ③ (*ensanchar*) ausdehnen; (*agrandar*) erweitern; ~ **la vista** in die Ferne blicken ④ (*propagar*) verbreiten (*por* in +*dat,* über +*akk*) ⑤ (*escribir*) ausstellen; (*documento*) aufsetzen **II.** *vr:* ~**se** ① (*terreno*) sich erstrecken; (*en la cama*) sich ausstrecken ② (*prolongarse*) dauern (*a/hasta* bis +*akk*) ③ (*difundirse, expresarse*) sich verbreiten (*por* über +*akk*); ~**se en discusiones interminables** sich in endlosen Diskussionen verlieren

**extendido**, **-a** [esteṇ'diðo, -a] *adj* ① (*amplio*) weit; **un parentesco muy** ~ eine weit verzweigte Verwandtschaft ② (*prolongado*) lang ③ (*conocido*) verbreitet; **estar muy** ~ weit verbreitet sein ④ (*detallado*) ausführlich

**extensible** [esten'siβle] *adj* ① (*ampliable*) ausdehnbar ② (*desplegable*) ausziehbar; **mesa** ~ Ausziehtisch *m* ③ (*elástico*) dehnbar ④ (INFOR) erweiterungsfähig

**extensión** [esten'sjon] *f* ① (*dimensión*) Ausdehnung *f;* (*longitud*) Länge *f;* **en toda la** ~ **de la palabra** im weitesten Sinne des Wortes; **por** ~ im weiteren Sinne ② (*difusión*) Verbreitung *f* ③ (*duración*) Dauer *f* ④ (*ampliación*) Erweiterung *f;* ~ **hacia el este** (POL) Osterweiterung *f;* ~ **eléctrica** Verlängerungsschnur *f* ⑤ (TEL) Nebenanschluss *m*

**extensivo**, **-a** [esten'siβo, -a] *adj* extensiv; **hacer extensiva una invitación a alguien** eine Einladung auf jdn ausdehnen; **hacer** ~**s sus saludos a alguien** jdm Grüße ausrichten

**extenso**, **-a** [es'tenso, -a] *adj* ① (*amplio*) weit ② (*dilatado*) ausführlich

**extenuación** [estenwa'θjon] *f* ① (*agotamiento*) Erschöpfung *f* ② (*debilidad*) Entkräftung *f*

**extenuar** [estenu'ar] <*1. pres:* extenúo> *vt* ① (*agotar*) erschöpfen ② (*debilitar*) entkräften ③ (*enflaquecer*) ausmergeln

**exterior** [este'rjor] **I.** *adj* ① (*de fuera*) äußere(r, s); **aspecto** ~ Äußere(s) *nt* ② (*extranjero*) ausländisch; **Ministerio de Asuntos E**~**es** Außenministerium *nt;* **relaciones** ~**es** Auslandsbeziehungen *fpl* **II.** *m* ① (*parte de afuera, apariencia*) Äußere(s) *nt* ② (*extranjero*) Ausland *nt;* **en el** ~ im Ausland

**exteriorización** [esterjoriθa'θjon] *f* Äußerung *f*

**exteriorizar** [esterjori'θar] <z→c> *vt* (*manifestar*) zeigen; (*revelar*) zum Ausdruck bringen

**exteriormente** [esterjor'meṇte] *adv* äußerlich

**exterminación** [estermina'θjon] *f* ① (*aniquilación*) Ausrottung *f* ② (*devastación*) Zerstörung *f*

**exterminar** [estermi'nar] *vt* ① (*aniquilar*) ausrotten ② (*devastar*) zerstören

**exterminio** [ester'minjo] *m* ① (*aniquilación*) Ausrottung *f* ② (*devastación*) Zerstörung *f*

**externo**, **-a** [es'terno, -a] *adj* äußerlich; **consultorios** ~**s** Ambulanz *f*

**extinción** [estiṇ'θjon] *f* ① (*apagado*) Löschen *nt;* ~ **de incendios** Brandlöschung *f* ② (ECOL) Aussterben *nt;* **en vías de** ~ vom Aussterben bedroht ③ (*de obligación/derecho*) Erlöschen *nt;* (*de contrato*) Ablauf *m*

**extinguir** [estiŋ'gir] <gu→g> **I.** *vt* ① (*apagar*) löschen ② (*finalizar*) auslöschen **II.** *vr:* ~**se** ① (*apagarse*) erlöschen ② (*finalizar*) zu Ende gehen; (ECOL) aussterben

**extinto**, **-a** [es'tiṇto, -a] **I.** *adj* ① (*apagado*) erloschen ② (*AmS, Méx: muerto*) verstorben **II.** *m, f* (*AmS, Méx*) Verstorbene(r) *mf*

**extintor** [estiṇ'tor] *m:* ~ **de incendios** Feuerlöscher *m*

**extirpación** [estirpa'θjon] *f* ① (MED) (operative) Entfernung *f;* (*de un miembro*) Amputation *f* ② (*erradicación*) Ausrottung *f* ③ (*desarraigo*) Entwurzelung *f*

**extirpar** [estir'par] *vt* ① (MED) (operativ) entfernen; (*miembro*) amputieren ② (*erradicar*) ausrotten ③ (*arrancar*) ausreißen

**extorsión** [estor'sjon] *f* ① (*chantaje*) Erpressung *f* ② (*molestia*) Umstände *mpl;* **ser una** ~ viele Umstände machen

**extorsionar** [estorsjo'nar] *vt* ① (*chantajear*) erpressen ② (*molestar*) Umstände machen +*dat*

**extorsionista** [estorsjo'nista] *mf* Erpresser(in) *m(f)*

**extra**[1] ['estra] **I.** *adj* ① (*adicional*) Extra-; **horas** ~**s** Überstunden *fpl;* **paga** ~ Lohnzulage *f* ② *inv* (*excelente*) erstklassig; **de calidad** ~ von besonderer Qualität **II.** *prep:* ~ **de** zusätzlich zu +*dat* **III.** *m* ① (*complemento*) Extra *nt;* (*en periódico, revista*) Sonderbericht *m* ② (*paga*) Lohnzulage *f*

**extra**[2] ['estra] *mf* ① (CINE, TV) Statist(in)

*m(f)* ❷ (*ayudante*) Aushilfe *f*

**extracción** [estraʸ'θjon] *f* ❶ (*sacar*) Herausziehen *nt;* (*de un diente*) Ziehen *nt;* ~ **de sangre** Blutentnahme *f* ❷ (*lotería*) Ziehung *f* ❸ (*origen*) Herkunft *f* ❹ (MIN) Förderung *f*

**extracomunitario, -a** [estrakomuni'tarjo, -a] *adj* außergemeinschaftlich; (*de la UE*) außerhalb der EU

**extraconyugal** [estrakonɟu'ɣal] *adj* außerehelich

**extractar** [estrak'tar] *vt* exzerpieren; (*resumir*) resümieren

**extracto** [es'trakto] *m* ❶ (*resumen*) Zusammenfassung *f* ❷ (*pasaje*) Auszug *m;* ~ **impreso** (INFOR) Ausdruck *m* ❸ (QUÍM) Extrakt *m o nt*

**extractor** [estrak'tor] *m:* ~ **de humo** Rauchabzug *m*

**extradición** [estraði'θjon] *f* Auslieferung *f*

**extraditar** [estraði'tar] *vt* ausliefern

**extraer** [estra'er] *irr como traer vt* ❶ (*sacar*) herausziehen; (*dientes*) ziehen; ~ **de un libro** exzerpieren ❷ (QUÍM) extrahieren ❸ (MAT) ziehen ❹ (MIN) fördern

**extraescolar** [estraesko'lar] *adj* außerschulisch; **extrajudicial** [estraxuði'θjal] *adj* außergerichtlich

**extralimitarse** [estralimi'tarse] *vr* zu weit gehen; ~ **en sus funciones** seine Befugnisse überschreiten; ~ **en sus esfuerzos** sich überanstrengen

**extramatrimonial** [estramatrimo'njal] *adj* außerehelich

**extranjería** [estraŋxe'ria] *f* ❶ (*estatus*) Ausländerstatus *m* ❷ (JUR) Ausländerrecht *nt;* **ley de** ~ Ausländergesetz *nt*

**extranjerizar** [estraŋxeri'θar] <z→c> **I.** *vt* ausländische Sitten einführen (in +*dat*); (*masivamente*) überfremden **II.** *vr:* ~**se** ❶ (*adoptar lo extranjero*) sich *dat* ausländische Sitten aneignen ❷ (*nacionalizarse en el extranjero*) sich im Ausland einbürgern

**extranjero**[1] [estraŋ'xero] *m* Ausland *nt*

**extranjero, -a**[2] [estraŋ'xero, -a] **I.** *adj* ausländisch; **lengua extranjera** Fremdsprache *f* **II.** *m, f* Ausländer(in) *m(f)*

**extrañamente** [estraɲa'men̪te] *adv* merkwürdigerweise

**extrañar** [estra'ɲar] **I.** *vt* ❶ (*desterrar*) ausweisen ❷ (*sorprender*) erstaunen; **¡no me extraña!** das habe ich mir schon gedacht! ❸ (*encontrar extraño*) ungewohnt finden ❹ (*echar de menos*) vermissen **II.** *vr:* ~**se** sich wundern (*de* über +*akk*)

**extrañeza** [estra'ɲeθa] *f* ❶ (*rareza*) Befremden *nt;* **causar** ~ befremden ❷ (*perplejidad*) Verwunderung *f*

**extraño, -a** [es'traɲo, -a] **I.** *adj* ❶ (*raro, forastero*) fremd; (*extranjero*) ausländisch ❷ (*peculiar*) sonderbar; (*extraordinario*) ungewöhnlich **II.** *m, f* (*forastero*) Fremde(r) *mf;* (*extranjero*) Ausländer(in) *m(f)*

**extraoficial** [estraofi'θjal] *adj* inoffiziell

**extraordinario**[1] [estraorði'narjo] *m* (PREN) Sonderausgabe *f*

**extraordinario, -a**[2] [estraorði'narjo, -a] *adj* ❶ (*fuera de lo normal*) außerordentlich; (*muy bueno*) hervorragend ❷ (*por añadidura*) Sonder- ❸ (*raro*) merkwürdig ❹ (*sorprendente*) überraschend

**extraparlamentario, -a** [estraparlamen̪'tarjo, -a] *adj* außerparlamentarisch

**extrapolar** [estrapo'lar] *vt* ❶ (MAT) extrapolieren ❷ (*extender*) ausweiten (*a* auf +*akk*) ❸ (*concluir*) erschließen (aus +*dat*)

**extrarradio** [estra'rraðjo] *m* Außenbezirk *m*

**extrasensorial** [estrasenso'rjal] *adj* übersinnlich; **extraterrestre** [estrate'rrestre] **I.** *adj* außerirdisch **II.** *mf* Außerirdische(r) *mf*

**extravagancia** [estraβa'ɣan̪θja] *f* ❶ (*rareza*) Extravaganz *f* ❷ (*excentricidad*) Verschrobenheit *f*

**extravagante** [estraβa'ɣan̪te] **I.** *adj* ❶ (*raro*) extravagant ❷ (*excéntrico*) verrückt **II.** *mf* Spinner(in) *m(f)*

**extraviado, -a** [estraβi'aðo, -a] *adj* ❶ (*confuso*) verwirrt ❷ (*apartado*) abgelegen

**extraviar** [estraβi'ar] <*1. pres:* extravío> **I.** *vt* ❶ (*despistar*) vom Weg abbringen ❷ (*perder*) verlieren; (*dejar*) verlegen **II.** *vr:* ~**se** ❶ (*errar el camino*) sich verirren ❷ (*perderse*) abhanden kommen; (*carta*) verloren gehen ❸ (*descarriarse*) vom rechten Weg abkommen

**extravío** [estra'βio] *m* ❶ (*desviación*) Irregehen *nt* ❷ (*pérdida*) Verlieren *nt* ❸ (*perdición*) Ausschweifung *f*

**extremado, -a** [estre'maðo, -a] *adj* ❶ (*excesivo*) extrem ❷ (*exagerado*) übertrieben

**Extremadura** [estrema'ðura] *f* Estremadura *f*

**extremar** [estre'mar] **I.** *vt:* ~ **la prudencia** äußerst vorsichtig sein; **la policía extremó las medidas de seguridad** die Polizei traf strengste Sicherheitsvorkehrungen **II.** *vr:* ~**se** sich *dat* größte Mühe geben (*en* bei +*dat*)

**extremaunción** [estremaun̪'θjon] *f* (REL) letzte Ölung *f*

**extremeño, -a** [estre'meɲo, -a] **I.** *adj* aus Estremadura **II.** *m, f* Einwohner(in) *m(f)* von Estremadura

**extremidad** [estremi'ðaᶞ] *f* ❶ (*cabo*) Ende *nt* ❷ *pl* (ANAT) Gliedmaßen *fpl*

**extremismo** [estre'mismo] *m* Extremismus *m;* ~ **derechista** Rechtsextremismus *m*

**extremista** [estre'mista] **I.** *adj* extremistisch **II.** *mf* Extremist(in) *m(f)*

**extremo**[1] [es'tremo] *m* ❶ (*cabo*) Ende *nt;* **a tal** ~ so weit; **con** [*o* **en**] ~ äußerst; **en último** ~ äußerstenfalls; **pasar de un** ~ **a otro** von einem Extrem ins andere fallen; (*tiempo*) plötzlich umschlagen; **los** ~**s se tocan** (*prov*) Gegensätze ziehen sich an ❷ (*asunto*) Punkt *m;* **en este** ~ in dieser Hinsicht ❸ (*punto límite*) Äußerste(s) *nt;* **esto llega hasta el** ~ **de...** das geht so weit, dass ... ❹ *pl* (*aspavientos*): **hacer** ~**s** viel Aufheben machen

**extremo, -a**[2] [es'tremo, -a] **I.** *adj* ❶ (*sumo*) äußerste(r, s) ❷ (*distante*) letzte(r, s); **los barrios más** ~**s** die am weitesten entfernten Viertel ❸ (*opuesto*) entgegengesetzt **II.** *m, f* (DEP) Außenstürmer(in) *m(f);* ~ **derecha** Rechtsaußen *m*

**extrínseco, -a** [es'trinseko, -a] *adj* (*externo*) äußerlich; **circunstancias extrínsecas** äußere Umstände

**extrovertido, -a** [estroβer'tiðo, -a] *adj* (PSICO) extravertiert

**exuberancia** [eˠsuβe'ran̪θja] *f* Üppigkeit *f*

**exuberante** [eˠsuβe'ran̪te] *adj* üppig

**exudar** [eˠsu'ðar] *vi, vt* (MED, QUÍM) ausschwitzen

**exultante** [eˠsul̪'tan̪te] *adj* jubelnd

**exultar** [eˠsul̪'tar] *vi* jubeln

**eyaculación** [eɟakula'θjon] *f* ❶ (*acción*) Samenerguss *m* ❷ (*sperma*) Ejakulat *nt*

**eyacular** [eɟaku'lar] *vi* ejakulieren

**i Land & Leute**

**EZLN** *m* ist das Kurzwort des *Ejército Zapatista de Liberación Nacional – Zapatistische Befreiungsarmee Mexikos.* Diesen Namen trägt eine Gruppe von *guerrilleros,* die in Chiapas gegen die mexikanische Regierung und für die Rechte der *indios* kämpft.

# Ff

**F, f** ['efe] *f* F, f *nt;* ~ **de Francia** F wie Friedrich

**fa** [fa] *m inv* (MÚS) f, F *nt;* ~ **sostenido** Fis *nt*

**fabada** [fa'βaða] *f* Bohneneintopf *m*

**i Land & Leute**

Die **fabada** ist das Nationalgericht der *asturianos – Asturier,* in Spanien bekannt als *fabada asturiana.* Es ist ein Eintopfgericht aus weißen Bohnen, *chorizo – Paprikawurst* und Schweinespeck.

**fábrica** ['faβrika] *f* ❶ (*lugar de producción*) Fabrik *f;* ~ **de cerveza** Brauerei *f;* **en** [*o* **ex**] ~ ab Werk ❷ (*de ladrillo, piedra*) Mauerwerk *nt;* **obra de** ~ gemauertes Bauwerk ❸ (*edificio*) Gebäude *nt* ❹ (*fondos de iglesias*) Kirchenmittel *ntpl* ❺ (*invención*): ~ **de embustes** Schwindelei *f;* ~ **de mentiras** Lügengespinst *nt*

**fabricación** [faβrika'θjon] *f* Herstellung *f;* ~ **en masa** Massenproduktion *f*

**fabricante** [faβri'kan̪te] *mf* ❶ (*que fabrica*) Hersteller(in) *m(f)* ❷ (*dueño*) Fabrikant(in) *m(f)*

**fabricar** [faβri'kar] <c→qu> *vt* ❶ (*producir*) herstellen; ~ **cerveza** Bier brauen ❷ (*construir*) erbauen ❸ (*inventar*) erfinden

**fabril** [fa'βril] *adj* Fabrik-; (*de la fabricación*) fabrikmäßig

**fábula** ['faβula] *f* ❶ (LIT) Fabel *f* ❷ (*fam: invención*) (Lügen)geschichte *f* ❸ (*relato mitológico*) Sage *f*

**fabulador(a)** [faβula'ðor(a)] *m(f)* ❶ (*fabulista*) Fabeldichter(in) *m(f)* ❷ (*que inventa cosas fabulosas*) Aufschneider(in) *m(f)*

**fabular** [faβu'lar] *vt* fabulieren

**fabuloso, -a** [faβu'loso, -a] *adj* ❶ (*inventado*) erdichtet; **personaje** ~ Fabelwesen *nt* ❷ (*extraordinario*) großartig

**facción** [faˠ'θjon] *f* ❶ (*banda*) aufrührerische Gruppe *f* ❷ (*de un partido*) Splittergruppe *f* ❸ *pl* (*rasgos*) (Gesichts)züge *mpl*

**faccioso, -a** [faˠ'θjoso, -a] **I.** *adj* aufrührerisch **II.** *m, f* ❶ (*rebelde*) Aufrührer(in) *m(f)* ❷ (*de un partido*) Parteigänger(in) *m(f)*

**faceta** [fa'θeta] *f* ❶ (*de poliedros*) Facette *f* ❷ (*aspecto*) Seite *f*

**facha¹** ['fatʃa] *f* Aussehen *nt,* Äußere(s) *nt;* **tener una ~ sospechosa** verdächtig aussehen; **estar hecho una ~** (*fam*) lächerlich aussehen

**facha²** ['fatʃa] **I.** *adj* (*fam pey*) rechtsradikal **II.** *mf* (*fam pey*) Rechtsradikale(r) *mf*

**fachada** [fa'tʃaða] *f* ❶ (*de un edificio*) Fassade *f* ❷ (*apariencia*) Erscheinung *f,* Äußere(s) *nt;* **su buen humor es pura ~** seine/ihre gute Laune ist reine Fassade

**fachendear** [fatʃen̪de'ar] *vi* (*fam*) protzen

**fachendoso, -a** [fatʃen̪'doso, -a] **I.** *adj* (*fam*) großtuerisch **II.** *m, f* (*fam*) Angeber(in) *m(f)*

**facial** [fa'θjal] *adj* Gesichts-

**fácil** ['faθil] *adj* ❶ (*sin dificultades*) leicht, einfach; **la ventana es ~ de abrir** das Fenster lässt sich leicht öffnen ❷ (*cómodo*) bequem ❸ (*probable*) wahrscheinlich; **es ~ que...** +*subj* es ist wahrscheinlich, dass ...; **es ~ que nieve** wahrscheinlich wird es schneien ❹ (*carácter*) nachgiebig

**facilidad** [faθili'ða$^{d}$] *f* ❶ (*sin dificultad*) Leichtigkeit *f* ❷ (*dotes*) Begabung *f;* **tener ~ para algo** für etw begabt sein; **tener ~ para los idiomas** sprachbegabt sein ❸ *pl* Erleichterungen *fpl;* **ofrecer** [*o* **dar**] **~es a alguien para algo** jdm bei etw *dat* entgegenkommen

**facilitación** [faθilita'θjon] *f sin pl* ❶ (*alivio*) Erleichterung *f;* (*posibilitación*) Ermöglichung *f* ❷ (*suministro*) Bereitstellung *f*

**facilitar** [faθili'tar] *vt* ❶ (*favorecer*) erleichtern; (*posibilitar*) ermöglichen ❷ (*suministrar*) besorgen; (*entregar*) zur Verfügung stellen

**fácilmente** [faθil'men̪te] *adv* ❶ (*sin dificultad*) mühelos ❷ (*con probabilidad*) wahrscheinlich

**facineroso, -a** [faθine'roso, -a] *m, f* ❶ (*delincuente*) Verbrecher(in) *m(f)* ❷ (*malvado*) Bösewicht *m*

**facistol** [faθis'tol] *m* (Chor)pult *nt*

**facsímil(e)** [fa$^{y}$'simil(e)] *m* ❶ (*reproducción*) Faksimile *nt* ❷ (TEL) Bildtelegrafie *f*

**factibilidad** [faktiβili'ða$^{d}$] *f* Durchführbarkeit *f*

**factible** [fak'tiβle] *adj* durchführbar, machbar

**fáctico, -a** ['faktiko, -a] *adj* faktisch

**factor** [fak'tor] *m* (*causa, t.* MAT) Faktor *m;* **~ de riesgo** Risikofaktor *m*

**factoría** [fakto'ria] *f* ❶ (*emporio*) Handelsniederlassung *f* ❷ (*fábrica*) Fabrik *f*

**factoring** ['faktoriŋ] *m* <factorings> (COM) Factoring *nt*

**factótum** [fak'totun] *m* (*fam*) Mädchen *nt* für alles

**factual** [fak'twal] *adj* faktisch

**factura** [fak'tura] *f* ❶ (*hechura*) Ausführung *f* ❷ (*cuenta*) Rechnung *f;* (*recibo*) Quittung *f;* **pasar ~** die Rechnung ausstellen; **su holgazanería le pasa ahora ~** (*fam*) das ist die Quittung für seine/ihre Faulheit

**facturación** [fakturaθjon] *f* ❶ (*elaboración de una factura*) Berechnung *f* ❷ (FERRO) Gepäckaufgabe *f*

**facturar** [faktu'rar] *vt* ❶ (*cobrar*) berechnen; **~ los gastos de transporte** die Transportkosten in Rechnung stellen ❷ (FERRO) aufgeben ❸ (AERO): **~ (el equipaje)** (das Gepäck) abfertigen, einchecken

**facultad** [fakul̪'ta$^{d}$] *f* ❶ (*atribuciones*) Befugnis *f;* **tener ~ para algo** zu etw *dat* befugt sein; **conceder ~es a alguien** (**para algo**) jdn (zu etw *dat*) bevollmächtigen ❷ (*aptitud*) Fähigkeit *f;* **recobrar sus ~es** wieder zu sich *dat* kommen ❸ (UNIV) Fakultät *f* ❹ (*profesorado*) Lehrkörper *m* ❺ *pl* (*dotes*) Talent *nt*

**facultar** [fakul̪'tar] *vt* berechtigen (*para* zu +*dat*)

**facultativo, -a** [fakul̪ta'tiβo, -a] **I.** *adj* ❶ (*potestativo*) fakultativ ❷ (UNIV) Fakultäts- ❸ (*del médico*) ärztlich **II.** *m, f* Arzt *m,* Ärztin *f*

**facundia** [fa'kun̪dja] *f* ❶ (*verbosidad*) Redseligkeit *f* ❷ (*locuacidad*) Beredsamkeit *f*

**facundo, -a** [fa'kun̪do, -a] *adj* ❶ (*verboso*) redselig ❷ (*locuaz*) redegewandt

**fado** ['faðo] *m* Fado *m*

**faena** [fa'ena] *f* ❶ (*tarea*) Arbeit *f;* **~s domésticas** Hausarbeit(en) *f(pl)* ❷ (*fam: mala pasada*) Streich *m;* **hacer una ~ a alguien** jdm einen Streich spielen

**i Land & Leute**

In der *tauromaquia,* umgangssprachlich *toreo* – *Stierkampfkunst,* bezeichnet **faena** jede einzelne Phase des eigentlichen Stierkampfs.

**faenar** [fae'nar] **I.** *vi* ❶ (*laborar*) (hart) arbeiten ❷ (*pescar*) fischen **II.** *vt* (*matar reses*) schlachten

**fagot¹** [fa'ɣo$^{t}$] *m* Fagott *nt*

**fagot²** [fa'ɣo$^{t}$] *mf* Fagottist(in) *m(f)*

**fagotista** [faɣo'tista] *mf* Fagottist(in) *m(f)*

**fain** [fai̯n] *adj* (*Am: estupendo*) prima; (*calidad*) hochwertig

**fair play** [fer plei̯] *m sin pl* (DEP) Fairplay *nt*

**faisán** [fai̯'san] *m* Fasan *m*

**faite** ['fai̯te] **I.** *adj* (*Am*) kämpferisch **II.** *m*

(*Am*) Kämpfer *m*

**faitear** [fai̯te'ar] *vi* (*Am*) sich prügeln

**faja** ['faxa] *f* ① (*para ceñir*) Korsett *nt;* (*para abrigar*) (Leib)binde *f* ② (*distintivo honorífico*) Schärpe *f* ③ (*franja*) Streifen *m* ④ (*de libros*) Bauchbinde *f*

**fajar** [fa'xar] **I.** *vt* ① (*envolver*) umwickeln; (*periódicos*) bündeln ② (*Am: golpear*) schlagen **II.** *vr:* ~**se** ① (*ponerse una faja*) sich *dat* eine Schärpe anlegen ② (*Am: pelearse*) sich schlagen **III.** *vi:* ~ **con alguien** jdn angreifen

**fajín** [fa'xin] *m* ① *dim de* **faja** ② (*de generales, funcionarios*) (Amts)schärpe *f*

**fajina** [fa'xina] *f* ① (*en la era*) Garbenhaufen *m* ② (*de leña*) Reisigbündel *nt* ③ (MIL: *haz de ramas*) Faschine *f*

**fajo** ['faxo] *m* ① (*papeles*) Bündel *nt* ② *pl* (*de bebé*) Babyausstattung *f*

**fakir** [fa'kir] *m* Fakir *m*

**falacia** [fa'laθja] *f* Betrug *m*

**falange** [fa'laŋxe] *f* ① (MIL) Truppe *f;* (HIST) Phalanx *f* ② (ANAT: *de las manos*) Fingerknochen *m;* (*de los pies*) Zehenknochen *m*

> **i Land & Leute**
>
> **Falange** war der Name der faschistischen Staatspartei Spaniens während Francos Diktatur. Die **Falange** wurde 1937 von Francisco Franco Bahamonte zur offiziellen Staatspartei erklärt.

**falangista** [falaŋ'xista] **I.** *adj* (POL) falangistisch **II.** *mf* (POL) Falangist(in) *m(f)*

**falaz** [fa'laθ] *adj* betrügerisch

**falca** ['falka] *f* Keil *m*

**falcado, -a** [fal'kaðo, -a] *adj* sichelförmig

**falcar** [fal'kar] <c→qu> *vt* (*reg*) unterkeilen

**falda** ['fal̪da] *f* ① (*vestido*) Rock *m;* ~ **pantalón** Hosenrock *m;* ~ **plisada** Plisseerock *m;* **estar pegado a las ~s de una mujer** unter dem Pantoffel einer Frau stehen; **se ha criado bajo las ~s de mamá** er/sie ist wohl behütet aufgewachsen ② (*regazo*) (Rock)schoß *m* ③ (*de una mesa camilla*) *Tischdecke für einen Tisch mit darunter liegendem Kohlenbecken* ④ (*de sombrero*) Hutkrempe *f* ⑤ (*de una montaña*) Bergabhang *m* ⑥ (GASTR) Rippenfleisch *nt* ⑦ (*loc*): **es asunto de ~s** das ist Frauensache; **le tiran mucho las ~s** er ist hinter den Frauen her

**faldero** [fal̪'dero] *m* ① (*hombre*) Schürzenjäger *m* ② (*animal*): **perro** ~ Schoßhund *m*

**faldón** [fal̪'don] *m* ① (*de una camisa*) Schoß *m* ② (*de una funda*) Volant *m* ③ (ARQUIT) Walm *m* ④ (*de la chimenea*) Kaminrahmen *m*

**falencia** [fa'len̪θja] *f* (*Am*) Konkurs *m,* Bankrott *m*

**falibilidad** [faliβili'ða$^{d}$] *f* Fehlbarkeit *f*

**falible** [fa'liβle] *adj* (*erróneo*) fehlbar; (*engañoso*) trügerisch

**fálico, -a** ['faliko, -a] *adj* phallisch

**falla** ['faʎa] *f* ① (*defecto*) Defekt *m;* (*en un sistema*) Störung *f;* (*en un arma*) Ladehemmung *f* ② (GEO) Verwerfung *f*

**fallar** [fa'ʎar] **I.** *vi* ① (JUR) ein Urteil fällen ② (*malograrse: proyecto*) misslingen; (*plan, intento*) fehlschlagen ③ (*no funcionar*) versagen; **le ~on los nervios** seine/ihre Nerven machten nicht mit; **algo le falla** etwas ist nicht in Ordnung mit ihm/ihr; **no falla nunca** (*cosa*) das funktioniert immer; (*persona*) auf ihn/sie ist Verlass ④ (*romperse*) nachgeben ⑤ (*no cumplir con su palabra*): ~ **a alguien** jdn im Stich lassen; (*en una cita*) jdn versetzen **II.** *vt* ① (JUR) fällen; ~ **la absolución** auf Freispruch erkennen; ~ **un pleito** einen Rechtsstreit beilegen ② (DEP) danebenschießen ③ (*en el juego de naipes*) einen Trumpf ausspielen

**Fallas** ['faʎas] *fpl:* **las** ~ die Fallas (*Volksfest in Valencia am Sankt-Josefs-Tag* (*19. März*))

> **i Land & Leute**
>
> Die **Fallas**, das größte valencianische Volksfest, werden am spanischen *día del padre – Vatertag* gefeiert. Die **fallas** sind Figuren aus Pappmaschee, die vor allem prominente Persönlichkeiten satirisch darstellen. In der *noche del fuego*, am 19. März, werden sie verbrannt.

**fallecer** [faʎe'θer] *irr como crecer vi* sterben

**fallecido, -a** [faʎe'θiðo, -a] **I.** *adj* verstorben **II.** *m, f* Verstorbene(r) *mf*

**fallecimiento** [faʎeθi'mjen̪to] *m* Sterben *nt*

**fallero, -a** [fa'ʎero, -a] *m, f Teilnehmer(in) am Umzug der Fallas*

**fallido, -a** [fa'ʎiðo, -a] **I.** *adj* ① (*proyecto*) misslungen; (*intento*) gescheitert ② (COM: *deuda*) uneintreibbar ③ (*en quiebra*) bankrott **II.** *m, f* Bankrotteur(in) *m(f)*

**fallo** ['faʎo] *m* ① (JUR) Urteil *nt* ② (*error*)

Fehler *m;* (*omisión*) Auslassung *f;* ~ **humano** menschliches Versagen; **el asunto solo tiene un pequeño** ~ die Sache hat nur einen kleinen Haken ③ (TÉC) Defekt *m* ④ (*en el juego de naipes*) Fehlfarbe *f* ⑤ (*fracaso*) Fehlschlag *m*

**falo** ['falo] *m* (*elev*) Phallus *m*

**falocracia** [falo'kraθja] *f* Männerherrschaft *f*

**falsario, -a** [fal'sarjo, -a] **I.** *adj* falsch **II.** *m, f* ① (*mentiroso*) Lügner(in) *m(f)* ② (*que falsifica monedas*) Falschmünzer(in) *m(f)*

**falseable** [false'aβle] *adj* fälschbar

**falseador(a)** [falsea'ðor(a)] *m(f)* (Ver)fälscher(in) *m(f)*

**falseamiento** [falsea'mjento] *m* (Ver)fälschung *f*

**falsear** [false'ar] **I.** *vi* ① (*flaquear*) nachgeben ② (MÚS) verstimmt sein **II.** *vt* ① (*adulterar al referir*) verfälschen; (*verdad*) entstellen ② (*falsificar materialmente*) fälschen

**falsedad** [false'ða$^{ð}$] *f* (*en el carácter*) Falschheit *f;* (*hipocresía*) Heuchelei *f*

**falsete** [fal'sete] *m* (MÚS) Falsett *nt;* **cantar en** ~ falsettieren

**falsificación** [falsifika'θjon] *f* (*acto*) Fälschen *nt;* (*objeto*) Fälschung *f;* ~ **de billetes** Falschgeldherstellung *f*

**falsificador(a)** [falsifika'ðor(a)] *m(f)* Fälscher(in) *m(f);* ~ **de documentos** Urkundenfälscher *m;* ~ **de moneda** Falschmünzer *m*

**falsificar** [falsifi'kar] <c→qu> *vt* fälschen; (*balance*) frisieren; ~ **la verdad** die Wahrheit verfälschen

**falso¹** ['falso] **I.** *m* (Saum)besatz *m* **II.** *adv:* **en** ~ (*falsamente*) falsch; **jurar en** ~ einen Meineid schwören; **coger a alguien en** ~ jdn bei einer Lüge ertappen; **dar un golpe en** ~ (*movimiento*) nicht treffen; **dar un paso en** ~ einen Fehltritt tun

**falso, -a²** ['falso, -a] **I.** *adj* ① (*no cierto, no auténtico*) falsch; **¡~!** das ist gelogen! ② (*no natural*) künstlich; (*pseudo*) Schein-; **llave falsa** Dietrich *m;* **puerta falsa** blinde Tür ③ (*caballería*) widerspenstig **II.** *m, f* (*mentiroso*) Lügner(in) *m(f);* (*hipócrita*) Heuchler(in) *m(f)*

**falta** ['falta] *f* ① (*carencia*) Mangel *m* (*de* an +*dat*); (*ausencia*) Abwesenheit *f;* ~ **de dinero** Geldmangel *m;* ~ **de educación** Respektlosigkeit *f;* ~ **de liquidez** Liquiditätsengpass *m;* **echar en** ~ **algo/a alguien** etw/jdn vermissen; **hacer** ~ **algo/alguien** etw/jdn brauchen; **¡ni** ~ **que hace!** das ist absolut nicht nötig! ② (*equivocación*) Fehler *m;* ~ **ortográfica** Rechtschreibfehler *m;* **sin** ~**s** fehlerlos; **sin** ~ ganz sicher, zweifellos ③ (DEP) Foul(spiel) *nt* ④ (JUR) Übertretung *f;* (*omisión censurable*) Unterlassung *f;* (*descuido castigable*) Fahrlässigkeit *f*

**faltar** [fal'tar] *vi* ① (*no estar*) fehlen (an +*dat*); (*persona*) fernbleiben; (*cosa*) nicht vorhanden sein; ~ **a clase** dem Unterricht fernbleiben; ~ **a una cita** ein Treffen versäumen; **me faltan mis llaves** ich vermisse meine Schlüssel; **nos falta dinero para...** wir haben nicht genug Geld, um ...; **no falta quien...** es gibt auch einige, die ...; **falta (por) saber si...** es ist nur noch die Frage, ob ...; **¡no** ~**ía** [*o* **faltaba**] **más!** das fehlte gerade noch!; (*respuesta a agradecimiento*) das war doch nicht der Rede wert!; (*asentir amablemente*) aber selbstverständlich!; **¡lo que faltaba!** das hat uns gerade noch gefehlt!; **por si algo faltaba...** nicht genug damit ... ② (*necesitarse*) brauchen; **me falta tiempo para hacerlo** ich habe nicht genug Zeit, um das zu machen; ~ (**por**) **hacer** noch getan werden müssen ③ (*temporal: quedar*) fehlen, dauern; **faltan cuatro días para tu cumpleaños** es sind noch vier Tage bis zu deinem Geburtstag; **falta mucho para que venga** es dauert noch lange, bis er/sie kommt; **falta poco para las doce** es ist fast zwölf Uhr; **faltan diez para las nueve** (*Am*) es ist zehn vor neun; **poco le faltó para llorar** er/sie war drauf und dran zu weinen ④ (*no cumplir*): ~ **a** verstoßen gegen +*akk;* ~ **a su palabra** wortbrüchig werden; ~ **a su mujer** seine Frau betrügen; **no** ~**é en dárselo** ich werde es ihr/ihm ganz sicher geben ⑤ (*ofender*) verletzen ⑥ (*cometer una falta*): ~ **en algo** etw falsch machen ⑦ (*elev: morir*) dahingehen

**falto, -a** ['falto, -a] *adj* (*escaso*) knapp (*de* an/mit +*dat*); (*desprovisto*) ohne (*de* +*akk*); ~ **de recursos** mittellos; **está** ~ **de cariño** ihm mangelt es an Zuneigung

**faltón, -ona** [fal'ton, -ona] *adj* (*fam*) ① (*que falta a su palabra*) wortbrüchig ② (*negligente*) unachtsam, nachlässig ③ (*Am: vago*) faul

**faltriquera** [faltri'kera] *f* Rocktasche *f;* (*a la cintura*) Gürteltasche *f*

**falúa** [fa'lua] *f* (NÁUT) Küstenschiff *nt*

**fama** ['fama] *f* ① (*gloria*) Ruhm *m;* (*celebridad*) Berühmtheit *f;* **tener** ~ berühmt sein; **dar** ~ **a algo/alguien** etw/jdn berühmt machen ② (*reputación*) Ruf *m;* **tener** ~ **de fanfarrón** als Aufschneider gelten; **ser de mala** ~ von zweifelhaftem Ruf sein

F

❸ (*rumor*) Gerücht *nt;* **corre la ~ de que...** +(*subj*) es wird gesagt, dass ...

**famélico, -a** [fa'meliko, -a] *adj* ausgehungert

**familia** [fa'milja] *f* ❶ (*pareja e hijos*) Familie *f;* (*que comparten una casa*) Haushalt *m;* ~ **numerosa** kinderreiche Familie; **cabeza de** ~ Familienoberhaupt *nt* ❷ (*parentela*) Familie *f;* **libro de** ~ Familienstammbuch *nt;* **de buena** ~ aus gutem Hause; **eso viene de** ~ das ist seit Generationen so; **en** ~ im (engsten) Familienkreis; **ser de la** ~ zur Familie gehören; **acordarse de la** ~ **de alguien** (*argot*) jds Familie verfluchen ❸ (*hijos*) Kinder *ntpl*

**i Land & Leute**

Mit **familia política** bezieht man sich auf die angeheiratete Familie. Statt *suegro – Schwiegervater* kann man auch *padre político*, statt *suegra – Schwiegermutter madre política* sagen; der Schwiegersohn heißt *yerno* oder, dementsprechend, *hijo político*, die Schwiegertochter *nuera* oder *hija política*.

**familiar** [fami'ljar] **I.** *adj* ❶ (*íntimo*) familiär; **asunto** ~ Familienangelegenheit *f;* **economía** ~ privater Haushalt ❷ (*conocido*) vertraut **II.** *mf* (*pariente*) Verwandte(r) *mf*

**familiaridad** [familjari'ðaᵈ] *f* (*confianza*) Vertraulichkeit *f;* (*trato familiar*) Vertrautheit *f*

**familiarizar** [familjari'θar] <z→c> **I.** *vt* (*acostumbrar*) vertraut machen (*con* mit +*dat*) **II.** *vr:* ~**se** sich gewöhnen (*con* an +*akk*); ~**se con un sistema nuevo** sich in ein neues System einarbeiten

**famoso, -a** [fa'moso, -a] *adj* (*conocido*) berühmt (*por* durch +*akk*); (*fam: sonado*) allseits bekannt

**fan** [fan] *mf* <fans> (*admirador*) Fan *m;* (*de fútbol*) Schlachtenbummler(in) *m(f)*

**fanal** [fa'nal] *m* ❶ (NÁUT) Signallaterne *f;* (*de barco*) Schiffslaterne *f* ❷ (*campana*) Glasglocke *f*

**fanático, -a** [fa'natiko, -a] **I.** *adj* fanatisch **II.** *m, f* ❶ (*fam: hincha*) Anhänger(in) *m(f)* (*de* von +*dat*); **es una fanática del rock** sie ist ganz wild auf Rockmusik ❷ (*pey: extremista*) Fanatiker(in) *m(f)*

**fanatismo** [fana'tismo] *m sin pl* Fanatismus *m*

**fanatizar** [fanati'θar] <z→c> *vt* aufhetzen

**fané** [fa'ne] *adj* ❶ (*arrugado*) faltig, runzelig; (*marchito*) verwelkt ❷ (*vulgar*) geschmacklos

**fanega** [fa'neɣa] *f* Fanega *f* (*je nach Region unterschiedliches Hohlmaß oder Flächenmaß*)

**fanfarria** [faɱ'farrja] *f* ❶ (*fam: jactancia*) Prahlerei *f* ❷ (MÚS) Fanfarenzug *m*

**fanfarrón, -ona** [faɱfa'rron, -ona] **I.** *adj* (*fam: chulo*) prahlerisch **II.** *m, f* (*fam: bravucón*) Prahlhans *m*

**fanfarronada** [faɱfarro'naða] *f* (*fam*) Prahlerei *f*

**fanfarronear** [faɱfarrone'ar] *vi* (*fam*) prahlen

**fanfarronería** [faɱfarrone'ria] *f* (*fam*) Prahlerei *f*

**fangal** [faŋ'gal] *m* Morast *m*

**fango** ['faŋgo] *m* ❶ (*lodo*) Schlamm *m;* **baños de** ~ (MED) Fangobäder *ntpl* ❷ (*deshonra*) Schande *f*

**fangoso, -a** [faŋ'goso, -a] *adj* schlammig

**fantasear** [fan̪tase'ar] **I.** *vi* ❶ (*soñar*) fantasieren ❷ (*presumir*) prahlen **II.** *vt* erfinden

**fantaseo** [fan̪ta'seo] *m* Fantasiererei *f*

**fantasía** [fan̪ta'sia] *f* ❶ (*imaginación*) Fantasie *f;* (*cosa imaginada*) Hirngespinst *nt;* **joyas de** ~ Modeschmuck *m;* **¡déjate de** ~**s!** hör auf zu träumen! ❷ (LIT) Fiktion *f* ❸ (MÚS) Fantasie *f*

**fantasioso, -a** [fan̪ta'sjoso, -a] **I.** *adj* ❶ (*inventado*) erfunden; **idea fantasiosa** Fantasterei *f* ❷ (*fachendoso*) großtuerisch **II.** *m, f* Träumer(in) *m(f)*

**fantasma** [fan̪'tasma] **I.** *m* ❶ (*aparición*) Gespenst *nt;* **andar como un** ~ herumirren; **aparecer como un** ~ plötzlich auftauchen ❷ (*visión*) Phantom *nt* ❸ (*fam: fanfarrón*) Angeber(in) *m(f)* **II.** *adj* Schein-; **empresa** ~ Briefkastenfirma *f*

**fantasmada** [fan̪tas'maða] *f* (*fam*) Prahlerei *f*

**fantasmagoría** [fan̪tasmaɣo'ria] *f* Trugbild *nt;* (TEAT) Phantasmagorie *f*

**fantasmagórico, -a** [fan̪tasma'ɣoriko, -a] *adj* illusionistisch; (TEAT) phantasmagorisch

**fantasmal** [fan̪tas'mal] *adj* gespenstisch, Gespenster-

**fantasmón, -ona** [fan̪tas'mon, -ona] **I.** *adj* (*fam*) wichtigtuerisch **II.** *m, f* Angeber(in) *m(f)*

**fantástico, -a** [fan̪'tastiko, -a] *adj* ❶ (*irreal*) fantastisch, unwirklich ❷ (*fam: fabuloso*) fabelhaft, toll

**fantochada** [fan̪to'ʧaða] *f* ❶ (*fantasmada*) Prahlerei *f* ❷ (*tontería*) Unsinn *m*

**fantoche** [fan̪'toʧe] *m* ❶ (*títere*) Marionette *f* ❷ (*mamarracho*) Vogelscheuche *f*

❸ (*fantasmón*) Prahlhans *m*

**FAO** ['fao] *f abr de* **Organización de las Naciones Unidas para la Agricultura y la Alimentación** FAO *f,* Welternährungsorganisation *f*

**faquir** [fa'kir] *m* Fakir *m*

**farad** [fa'raᵈ] <farads> *m* (FÍS) Farad *nt*

**faralá** [fara'la] *f* <faralaes> ❶ (*volante*) Volant *m* ❷ (*fam: oropel*) Schnickschnack *m,* Firlefanz *m*

**farallón** [fara'ʎon] *m* Klippe *f*

**farándula** [fa'ran̦dula] *f* ❶ (*farsa*) Komödiantentum *nt* ❷ (TEAT) primitive Wanderbühne *f* ❸ (*fam: palabrería*) Bauernfängerei *f*

**faraón** [fara'on] *m* Pharao *m*

**faraónico, -a** [fara'oniko, -a] *adj* pharaonisch

**fardada** [far'ðaða] *f* (*fam*) Protzerei *f*

**fardar** [far'ðar] *vi* (*fam: presumir*) protzen; (*impresionar*) Eindruck schinden

**fardo** ['farðo] *m* ❶ (*bulto*) Ballen *m;* (*de ropa*) Kleiderbündel *nt* ❷ (*fam: obeso*) Dickwanst *m*

**fardón, -ona** [far'ðon, -ona] *adj* (*fam*) ❶ (*chulo*) elegant (gekleidet), schick ❷ (*vistoso*) klasse; (*coche*) schnittig

**farero, -a** [fa'rero, -a] *m, f* Leuchtturmwärter(in) *m(f)*

**farfullar** [farfu'ʎar] *vi* (*fam*) ❶ (*balbucear*) stottern ❷ (*chapucear*) pfuschen

**farfullero, -a** [farfu'ʎero, -a] *m, f* (*fam*) ❶ (*tartamudo*) Stotterer, -in *m, f* ❷ (*chapucero*) Pfuscher(in) *m(f)*

**faria®** ['farja] *m o f* Zigarrenmarke

**farináceo, -a** [fari'naθeo, -a] *adj* mehlig, Mehl-

**faringe** [fa'riŋxe] *f* (ANAT) Rachen *m,* Schlund *m*

**faringitis** [fariŋ'xitis] *f inv* (MED) Rachenentzündung *f*

**farisaico, -a** [fari'saiko, -a] *adj* ❶ (*fariseo*) pharisäisch ❷ (*falso*) heuchlerisch

**fariseo, -a** [fari'seo, -a] *m, f* ❶ (*de la secta judía*) Pharisäer(in) *m(f)* ❷ (*hipócrita*) Heuchler(in) *m(f)*

**farmacéutico, -a** [farma'θeutiko, -a] **I.** *adj* pharmazeutisch; **industria farmacéutica** Pharmaindustrie *f;* **productos ~s** Arzneimittel *ntpl* **II.** *m, f* Apotheker(in) *m(f)*

**farmacia** [far'maθja] *f* ❶ (*tienda*) Apotheke *f;* **~ de guardia** Bereitschaftsapotheke *f* ❷ (*ciencia*) Pharmazie *f*

**fármaco** ['farmako] *m* Arzneimittel *nt*

**farmacodependencia** [farmakoðepen̦'den̦θja] *f* Medikamentenabhängigkeit *f*

**farmacología** [farmakolo'xia] *f* (MED) Pharmakologie *f*

**farmacólogo, -a** [farma'koloɣo, -a] *m, f* Pharmakologe, -in *m, f*

**farmacopea** [farmako'pea] *f* (MED) ❶ (*técnica*) Technik *f* der Arzneimittelzubereitung ❷ (*libro*) amtliches Arzneibuch *nt*

**faro** ['faro] *m* ❶ (AUTO) Scheinwerfer *m;* **~ antiniebla** Nebelscheinwerfer *m* ❷ (NÁUT) Leuchtturm *m*

**farol** [fa'rol] *m* ❶ (*lámpara*) Laterne *f;* (*de papel*) Papierlaterne *f;* **~ de calle** Straßenlaterne *f;* **hacer de ~** (*fam*) den Aufpasser/die Anstandsdame spielen ❷ (DEP) Handstand *m* ❸ (*fam: fanfarronada*) Protzerei *f;* (*patraña*) Bluff *m;* **tirarse un ~** bluffen ❹ *pl* (*Am: ojos*) Augen *ntpl;* **¡adelante con los ~es!** (*fam*) vorwärts!, nur zu!

**farola** [fa'rola] *f* Straßenlaterne *f*

**farolear** [farole'ar] *vi* (*fam*) große Töne spucken

**farolero, -a** [faro'lero, -a] **I.** *adj* (*fam*) prahlerisch **II.** *m, f* Prahlhans *m*

**farolillo** [faro'liʎo] *m* Lampion *m;* **~ rojo** (*fam*) Schlusslicht *nt*

**farra** ['farra] *f:* **estar** [*o* **ir**] **de ~** (*fam*) einen draufmachen

**fárrago** ['farraɣo] *m* Durcheinander *nt*

**farragoso, -a** [farra'ɣoso, -a] *adj* verworren

**farruco, -a** [fa'rruko, -a] **I.** *adj* kühn; **ponerse ~ con alguien** jdm die Stirn bieten **II.** *m, f* Draufgänger(in) *m(f)*

**farsa** ['farsa] *f* ❶ (TEAT: *farándula*) Komödiantentum *nt;* (*sainete*) Schwank *m* ❷ (*engaño*) Schwindel *m*

**farsante** [far'san̦te] **I.** *adj* (*fam*) schwindlerisch **II.** *mf* (*fam*) Schwindler(in) *m(f)*

**FAS** [fas] *fpl* (MIL) *abr de* **Fuerzas Armadas** Streitkräfte *fpl*

**fascículo** [fas'θikulo] *m* ❶ (*publicación*) Faszikel *m* ❷ (ANAT) (Muskel)strang *m*

**fascinación** [fasθina'θjon] *f* Faszination *f;* **sentir ~ por algo** sich für etw begeistern

**fascinador(a)** [fasθina'ðor(a)] *adj,* **fascinante** [fasθi'nan̦te] *adj* faszinierend; (*persona*) bezaubernd; (*libro*) fesselnd

**fascinar** [fasθi'nar] **I.** *vi, vt* (*encantar*) faszinieren; (*libro*) fesseln **II.** *vr:* **~se** sich begeistern lassen

**fascismo** [fas'θismo] *m sin pl* Faschismus *m*

**fascista** [fas'θista] **I.** *adj* faschistisch **II.** *mf* Faschist(in) *m(f)*

**fascistoide** [fasθis'toiðe] *adj* faschistoid

**fase** ['fase] *f* ❶ (*período*) Phase *f;* **~ transitoria** Übergangsphase *f* ❷ (*estado*) Stufe *f* ❸ (ELEC, FÍS, QUÍM) Phase *f;* **de tres ~s** dreiphasig; (*nave espacial*) dreistufig

F

**fast food** [fas fu$^{d}$] *m o f sin pl* Fastfood *nt*

**fastidiado, -a** [fasti'ðjaðo, -a] *adj* (*enfermo*) angeschlagen

**fastidiar** [fasti'ðjar] **I.** *vt* ❶ (*molestar*) stören ❷ (*causar hastío*) anekeln ❸ (*aburrir*) langweilen ❹ (*loc*): **¡no te fastidia!** soweit kommt's noch! **II.** *vr:* ~**se** (*fam*) ❶ (*enojarse*) sich ärgern (*con/de* über +*akk*); **¡fastídiate!** geschieht dir (ganz) recht!; **¡hay que ~se!** da muss man durch! ❷ (*aguantarse*) sich abfinden müssen (*con/de* mit +*dat*) ❸ (*Am: perjudicarse*) sich *dat* schaden

**fastidio** [fas'tiðjo] *m* ❶ (*disgusto*) Ärgernis *nt;* (*mala suerte*) Pech *nt* ❷ (*aburrimiento*) Langeweile *f* ❸ (*hastío*) Ekel *m*

**fastidioso, -a** [fasti'ðjoso, -a] *adj* ❶ (*molesto*) lästig ❷ (*aburrido*) langweilig ❸ (*pesado*) unerträglich; **persona fastidiosa** Nervensäge *f fam*

**fasto**[1] ['fasto] *m* ❶ (*pompa*) Pomp *m* ❷ *pl* (*anales*) Annalen *pl*

**fasto, -a**[2] ['fasto, -a] *adj* (*fecha*) günstig

**fastuosidad** [fastwosi'ða$^{d}$] *f* Pracht *f*

**fastuoso, -a** [fastu'oso, -a] *adj* (*casa, boda*) prachtvoll; (*persona*) prunksüchtig

**fatal** [fa'tal] **I.** *adj* ❶ (*inevitable*) unausweichlich; **momento** ~ entscheidender Augenblick ❷ (*desagradable*) unangenehm ❸ (*funesto*) verhängnisvoll, fatal; (*mortal*) tödlich; **mujer** ~ Femme fatale *f* ❹ (JUR) nicht aufschiebbar ❺ (*fam: muy mal*) mies **II.** *adv* (*fam*) mies; **el examen me fue** ~ die Prüfung ist schlecht gelaufen

**fatalidad** [fatali'ða$^{d}$] *f* ❶ (*desgracia*) Verhängnis *nt* ❷ (*destino*) Schicksalsfügung *f*

**fatalismo** [fata'lismo] *m sin pl* Schicksalsglaube *m*

**fatalista** [fata'lista] **I.** *adj* fatalistisch **II.** *mf* ❶ (*que sigue el fatalismo*) Fatalist(in) *m(f)* ❷ (*fam: pesimista*) Pessimist(in) *m(f)*

**fatídico, -a** [fa'tiðiko, -a] *adj* ❶ (*que predice el futuro*) wahrsagend ❷ (*fam: algo*) Unheil bringend

**fatiga** [fa'tiɣa] *f* ❶ (*cansancio*) Ermüdung *f* ❷ (*sofocos*) Atemnot *f* ❸ (TÉC) Verschleiß *m* ❹ *pl* (*sacrificios*) Mühe *f*

**fatigado, -a** [fati'ɣaðo, -a] *adj* ❶ (*agotado*) müde ❷ (*sofocado*) außer Atem ❸ (TÉC) ermüdet

**fatigador(a)** [fatiɣa'ðor(a)] *adj* anstrengend

**fatigar** [fati'ɣar] <g→gu> **I.** *vt* ❶ (*cansar*) ermüden ❷ (*molestar*) stören; (*importunar*) belästigen **II.** *vr:* ~**se** ❶ (*agotarse*) ermüden; (*ojos*) überanstrengt werden ❷ (*sacrificarse*) sich abplagen ❸ (*sofocarse*) außer Atem kommen

**fatigoso, -a** [fati'ɣoso, -a] *adj* ❶ (*trabajo*) anstrengend ❷ (*persona*) erschöpft; (*jadeante*) kurzatmig

**fatuidad** [fatwi'ða$^{d}$] *f* (*vanidad*) Eitelkeit *f;* (*inmodestia*) Überheblichkeit *f*

**fatuo, -a** ['fatwo, -a] *adj* ❶ (*presumido*) eingebildet; (*jactancioso*) prahlerisch ❷ (*necio*) albern

**fauces** ['fau̯θes] *fpl* ❶ (ZOOL) Rachen *m* ❷ (*Am: dientes*) Eckzähne *mpl*

**fauna** ['fau̯na] *f* Tierwelt *f*

**fauno** ['fau̯no] *m* Faun *m*

**fausto**[1] ['fau̯sto] *m* (*lujo*) Pracht *f;* (*ostentación*) Pomp *m*

**fausto, -a**[2] ['fau̯sto, -a] *adj* glücklich

**favela** [fa'βela] *f* (*Am*) ❶ (*casucha*) Barracke *f* ❷ *pl* (*barrio*) Slums *pl*

**favor** [fa'βor] *m* ❶ (*servicio*) Gefallen *m*, Gefälligkeit *f;* (*ayuda*) Hilfe *f;* **por** ~ bitte; **hacer un ~ a alguien** jdm einen Gefallen tun; **pedir un ~ a alguien** jdn um einen Gefallen bitten; **te lo pido por** ~ ich bitte dich inständig darum; **hagan el ~ de venir puntualmente** seien Sie bitte pünktlich ❷ (*gracia*) Begünstigung *f;* **a** [*o* **en**] **~ de alguien** zugunsten [*o* zu Gunsten] von jdm; **tener a alguien a su** ~ jdn auf seiner Seite haben; **a ~ del viento/de la corriente** mit Rückenwind/stromabwärts ❸ (*beneficio*): **voto a** ~ Jastimme *f;* **estar a ~ de algo** sich für etw aussprechen; **votar a ~ de alguien** für jdn stimmen

**favorable** [faβo'raβle] *adj* ❶ (*propicio*) günstig (*a/para* für +*akk*) ❷ (*optimista*) positiv ❸ (*benévolo*) wohlwollend

**favorecedor(a)** [faβoreθe'ðor(a)] *adj* vorteilhaft; **es un vestido muy ~ para ti** das Kleid steht dir sehr gut

**favorecer** [faβore'θer] *irr como crecer* **I.** *vt* ❶ (*beneficiar*) sich positiv auswirken (*a* auf +*akk*) ❷ (*ayudar*) unterstützen ❸ (*dar preferencia*) bevorzugen ❹ (*prendas de vestir*) gut stehen +*dat* **II.** *vr:* ~**se** Profit schlagen [*o* ziehen] (*de* aus +*dat*)

**favorecido, -a** [faβore'θiðo, -a] *adj* ❶ (*propiciado*) begünstigt (*por* durch +*akk*) ❷ (*fotografía*) gut getroffen

**favoritismo** [faβori'tismo] *m* (*nepotismo*) Vetternwirtschaft *f;* (*parcialidad*) Bevorzugung *f*

**favorito, -a** [faβo'rito, -a] **I.** *adj* Lieblings-; **plato** ~ Leibspeise *f* **II.** *m, f* ❶ (*del rey*) Günstling *m;* ~ **del público** Publikumsliebling *m;* **la favorita del rey** die Geliebte des Königs ❷ (DEP) Favorit(in) *m(f)*

**fax** [fa$^{y}$s] *m inv* Fax *nt;* **número de** ~ Faxnummer *f;* **papel para** [*o* **de**] ~ Faxpapier *nt;* **mandar un ~ a una empresa/a Suecia** ein Fax an eine Firma/nach Schweden schicken

**faxear** [faʸse'ar] *vt* faxen

**faz** [faθ] *f* ① (*elev: rostro*) Gesicht *nt* ② (*anverso*) Vorderseite *f*

**FCC** [efeθe'θe] *abr de* **fluorclorocarbonados** FCKW *nt*

**fe** [fe] *f* ① (*religión*) Glaube *m* (*en* an +*akk*); **~ en Dios** Glaube an Gott; **dar profesión de ~** das Glaubensbekenntnis sprechen ② (*confianza*) Vertrauen *nt* (*en* zu +*dat*); **digno de ~** glaubwürdig; **tener ~ en alguien** zu jdm Vertrauen haben; **dar ~ a algo/alguien** jdm/etw *dat* Glauben schenken; **dar ~ de algo** etw bestätigen; **de buena/mala ~** mit guter/böser Absicht ③ (*lealtad*) Treue *f* ④ (*certificado*) Urkunde *f;* **~ de bautismo/de matrimonio** Tauf-/Trauschein *m;* **~ de erratas** Nachtrag *m* (zur Richtigstellung von Druckfehlern)

**fealdad** [feal'daᶞ] *f* ① (*monstruosidad*) Hässlichkeit *f* ② (*indignidad*) Gemeinheit *f*

**febrero** [fe'βrero] *m* Februar *m; v. t.* **marzo**

**febril** [fe'βril] *adj* ① (*con fiebre*) fieb(e)rig; **acceso ~** Fieberanfall *m* ② (*agitado*) fieberhaft

**fecal** [fe'kal] *adj* fäkal; **sustancias ~es** Fäkalien *fpl*

**fecha** ['fetʃa] *f* ① (*data*) Datum *nt;* (*señalada*) Termin *m;* **~ de caducidad** Verfallsdatum *nt;* **~ de cierre** Schlusstermin *m;* **~ clave** Stichtag *m;* **~ de las elecciones** Wahltag *m;* **~ de nacimiento** Geburtsdatum *nt,* Geburtstag *m;* **sin ~** undatiert; **en la ~ fijada** termingerecht; **hasta la ~** bis zum heutigen Tag; **adelantar/atrasar la ~ de algo** etw vor-/zurückdatieren; **¿cuál es la ~ de hoy?** der Wievielte ist heute? ② (ECON) (Zeit *f* nach) Sicht *f;* **a 30 días ~** 30 Tage dato ③ *pl* (*época*) Zeit(en) *f(pl);* **en estas ~s** dieser Tage

**fechable** [fe'tʃaβle] *adj* datierbar

**fechado, -a** [fe'tʃaðo, -a] *adj* (*en cartas*): **~ el...** mit Datum vom ...

**fechador** [fetʃa'ðor] *m* Datumsstempel *m*

**fechar** [fe'tʃar] *vt* datieren

**fechoría** [fetʃo'ria] *f* ① (*delito*) Missetat *f* ② (*travesura*) Streich *m*

**fécula** ['fekula] *f* Stärke *f*

**fecundación** [fekuṇda'θjon] *f* Befruchtung *f*

**fecundar** [fekuṇ'dar] *vt* (BIOL) befruchten; (*fertilizar*) fruchtbar machen

**fecundidad** [fekuṇdi'ðaᶞ] *f* Fruchtbarkeit *f*

**fecundización** [fekuṇdiθa'θjon] *f* (AGR) Düngung *f*

**fecundizar** [fekuṇdi'θar] <z→c> *vt* fruchtbar machen; (*mediante abonos*) düngen

**fecundo, -a** [fe'kuṇdo, -a] *adj* ① (*prolífico*) fruchtbar ② (*tierra*) fruchtbar; (*campo*) ertragreich ③ (*creador*) produktiv

**FED** [feᶞ] *m* (UE) *abr de* **Fondo Europeo de Desarrollo** EEF *m*

**fedatario** [feða'tarjo] *m* Notar *m*

**federación** [feðera'θjon] *f* Verband *m;* (*de estados*) Föderation *f*

**federado, -a** [feðe'raðo, -a] *adj* föderativ; **estado ~** Bundesland *nt*

**federal** [feðe'ral] **I.** *adj* Bundes-; (*partidario del federalismo*) bundesstaatlich; **estado ~** Bundesstaat *m;* **república ~** Bundesrepublik *f* **II.** *mf* Föderalist(in) *m(f)*

**federalismo** [feðera'lismo] *m sin pl* Föderalismus *m*

**federalista** [feðera'lista] **I.** *adj* föderalistisch **II.** *mf* Föderalist(in) *m(f)*

**federalizar** [feðerali'θar] <z→c> **I.** *vt* föderalisieren **II.** *vr:* **~se** sich bundesstaatlich zusammenschließen

**federar** [feðe'rar] **I.** *vt* (*aliarse*) verbünden; (*federalizar*) zu einer Föderation vereinigen **II.** *vr:* **~se** (*unirse*) sich verbünden; (*federalizarse*) sich bundesstaatlich zusammenschließen

**federativo, -a** [feðera'tiβo, -a] *adj* bundesstaatlich, Bundes-

**fehaciente** [fea'θjeṇte] *adj* eindeutig; (JUR) beweiskräftig

**felación** [fela'θjon] *f* Fellatio *f*

**felicidad** [feliθi'ðaᶞ] *f* ① (*dicha*) Glück *nt;* **¡~es!** (herzlichen) Glückwunsch!; **te deseamos muchas ~es** wir wünschen dir alles Gute ② (*alegría*) Freude *f*

**felicitación** [feliθita'θjon] *f* ① (*enhorabuena*) Glückwunsch *m* ② (*tarjeta*) Glückwunschkarte *f;* (*escrito*) Glückwunschschreiben *nt*

**felicitar** [feliθi'tar] **I.** *vt* gratulieren (*a* +*dat, por* zu +*dat*) **II.** *vr:* **~se** sich *dat* gratulieren (*por* zu +*dat*); **~se de que...** +*subj* sich freuen, dass ...

**feligrés, -esa** [feli'ɣres, -esa] *m, f* Pfarrgemeindemitglied *nt*

**feligreses** [feli'ɣreses] *mpl* (Pfarr)gemeinde *f*

**felino, -a** [fe'lino, -a] *adj* (ZOOL) katzenartig

**feliz** [fe'liθ] *adj* ① (*dichoso*) glücklich; **¡~ año nuevo!** ein glückliches neues Jahr!; **¡~ Navidad!** frohe Weihnachten!; **¡~ viaje!** gute Reise! ② (*exitoso*) gelungen, erfolgreich

**felón, -ona** [fe'lon, -ona] **I.** *adj* ① (*traidor*) verräterisch ② (*infame*) gemein **II.** *m, f* ① (*traidor*) Verräter(in) *m(f)* ② (*infame*)

Schurke, -in *m, f*

**felonía** [felo'nia] *f* ① (*deslealtad*) Verrat *m* ② (*infamia*) Gemeinheit *f* ③ (*Am:* JUR) schweres Delikt *nt*

**felpa** ['felpa] *f* ① (*peluche*) Plüsch *m* ② (*fam: paliza*) Prügel *mpl* ③ (*fam: reprimenda*) Verweis *m*

**felpudo**[1] [fel'puðo] *m* Fußmatte *f*

**felpudo, -a**[2] [fel'puðo, -a] *adj* plüschartig

**femenino**[1] [feme'nino] *m* (LING) Femininum *nt*

**femenino, -a**[2] [feme'nino, -a] *adj* ① (*de sexo femenino*) weiblich; **equipo** ~ Damenmannschaft *f* ② (*afeminado*) verweichlicht ③ (LING) feminin

**feminidad** [femini'ða$^{d}$] *f* Weiblichkeit *f*

**feminismo** [femi'nismo] *m sin pl* (*doctrina*) Feminismus *m;* (*movimiento*) Frauenbewegung *f*

**feminista** [femi'nista] **I.** *adj* feministisch **II.** *mf* Feminist(in) *m(f)*

**feminización** [feminiθa'θjon] *f sin pl* ① (BIOL, LING) Feminisierung *f* ② (*sociedad*) gesellschaftliche Emanzipation *f* der Frau

**femoral** [femo'ral] *adj* (ANAT) Oberschenkel-

**fémur** ['femur] *m* (ANAT) Oberschenkelknochen *m*

**fenecer** [fene'θer] *irr como crecer vi* ① (*morirse*) sterben ② (*acabarse*) enden

**fenicio, -a** [fe'niθjo, -a] **I.** *adj* phönizisch **II.** *m, f* Phönizier(in) *m(f)*

**fénix** ['feni$^{y}$s] *m* Phönix *m*

**fenomenal** [fenome'nal] **I.** *adj* ① (*fenoménico*) Phänomen- ② (*extraordinario*) großartig; (*susto*) unglaublich ③ (*fam: tremendo*) toll **II.** *adv* (*fam*) fabelhaft

**fenómeno** [fe'nomeno] **I.** *adj inv* (*fam*) phänomenal; **¡~!** super! **II.** *m* ① (*suceso, t.* FILOS, MED) Phänomen *nt;* (*maravilla*) Wunder *nt* ② (*genio*) Genie *nt* ③ (*monstruo*) Ungeheuer *nt* **III.** *adv* toll

**fenotipo** [feno'tipo] *m* (BIOL) Phänotyp *m*

**feo**[1] ['feo] **I.** *m* (*fam*) ① (*grosería*) Gemeinheit *f;* **hacer un ~ a alguien** zu jdm gemein sein ② (*aspecto*) Hässlichkeit *f* **II.** *adv* (*fam*) schlecht; **dejar ~ a alguien** jdn blamieren

**feo, -a**[2] ['feo, -a] *adj* ① (*espantoso*) hässlich; **le tocó bailar con la más fea** (*fig*) er/sie hat den Kürzeren gezogen; **la cosa se está poniendo fea** es wird langsam brenzlig; **tener las cartas muy feas** sehr schlechte Karten haben ② (*reprobable*) gemein; **está muy ~ lo que hiciste** so etwas macht man nicht

**feracidad** [feraθi'ða$^{d}$] *f* Fruchtbarkeit *f*

**feraz** [fe'raθ] *adj* fruchtbar

**féretro** ['feretro] *m* Sarg *m*

**feria** ['ferja] *f* ① (*exposición*) Messe *f;* ~ **de muestras** Mustermesse *f* ② (*fiesta*) Fest *nt* ③ (*verbena*) Jahrmarkt *m;* **puesto de ~** Jahrmarktsbude *f*

**ferial** [fe'rjal] **I.** *adj* (*de exposición*) Messe-; **recinto ~** Messegelände *nt* **II.** *m* Messegelände *nt*

**feriante** [fe'rjaṇte] *mf* ① (*que exhibe*) Messeaussteller(in) *m(f);* (*en la verbena*) Schausteller(in) *m(f)* ② (*que compra*) Messebesucher(in) *m(f)*

**feriar** [fe'rjar] **I.** *vi* Urlaub nehmen (*en* an +*dat*) **II.** *vt* ① (*mercar*) kaufen ② (*vender*) verkaufen ③ (*permutar*) tauschen

**fermentación** [fermeṇta'θjon] *f* (Ver)gärung *f;* (*de tabaco, té*) Fermentation *f*

**fermentar** [fermeṇ'tar] **I.** *vi* ① (*vino*) (ver)gären; (*tabaco, té*) fermentieren ② (*agitarse*) gären, brodeln **II.** *vt* vergären

**fermento** [fer'meṇto] *m* ① (*sustancia*) Gärmittel *nt* ② (*origen*) Auslöser *m*

**ferocidad** [feroθi'ða$^{d}$] *f* ① (*salvajismo*) Wildheit *f* ② (*crueldad*) Grausamkeit *f*

**feroz** [fe'roθ] *adj* ① (*salvaje*) wild ② (*cruel*) grausam; (*violento*) gewalttätig ③ (*fam: muy grande*) riesig

**férreo, -a** ['ferreo, -a] *adj* ① (*de hierro*) Eisen- ② (*del ferrocarril*) Eisenbahn-; **vía férrea** Eisenbahngleis *nt* ③ (*tenaz*) eisern

**ferrería** [ferre'ria] *f* Eisenhütte *f*

**ferretería** [ferrete'ria] *f* ① (*tienda*) Eisenwarengeschäft *nt;* (*ramo de establecimientos*) Eisenwarenhandel *m* ② (*ferrería*) Eisenhütte *f*

**ferretero, -a** [ferre'tero, -a] *m, f* Eisenwarenhändler(in) *m(f)*

**férrico, -a** ['ferriko, -a] *adj* (QUÍM) eisenhaltig

**ferrocarril** [ferroka'rril] *m* ① (*vía*) Schienen *fpl* ② (*tren*) Eisenbahn *f;* ~ **de cremallera** Zahnradbahn *f;* ~ **de vía ancha** Breitspurbahn *f;* **por ~** per Bahn

**ferroviario, -a** [ferro'βjarjo, -a] **I.** *adj* Eisenbahn- **II.** *m, f* Bahnangestellte(r) *mf*

**ferruginoso, -a** [ferruxi'noso, -a] *adj* ① (*agua, mineral*) eisenhaltig ② (*color*) rotbraun

**ferry** ['ferri] *m* Fähre *f*

**fértil** ['fertil] *adj* ① (*tierra*) fruchtbar; **estar en edad ~** im gebärfähigen Alter sein ② (*rico*) reich (*en* an +*dat*)

**fertilidad** [fertili'ða$^{d}$] *f* Fruchtbarkeit *f;* (*de tierra t.*) Ergiebigkeit *f*

**fertilización** [fertiliθa'θjon] *f* (*de tierra*) Fruchtbarmachung *f;* ~ **in vitro** In-vitro-Fertilisation *f*

**fertilizante** [fertili'θante] *m* Düngemittel *nt*
**fertilizar** [fertili'θar] <z→c> *vt* fruchtbar machen; (*abonar*) düngen
**férula** ['ferula] *f* ① (*palmeta*) Zuchtrute *f* ② (*castigo*) Stockhieb *m*
**férvido, -a** ['ferβiðo, -a] *adj* (*elev*) ① (*hirviente*) kochend ② (*sentimiento*) leidenschaftlich
**ferviente** [fer'βjente] *adj* begeistert
**fervor** [fer'βor] *m* ① (*calor*) Hitze *f* ② (*celo*) Eifer *m;* **con** ~ eifrig ③ (*piedad religiosa*) Frömmigkeit *f*
**fervoroso, -a** [ferβo'roso, -a] *adj* eifrig
**festejar** [feste'xar] **I.** *vt* ① (*celebrar*) feiern ② (*galantear*): ~ **a alguien** jdm den Hof machen ③ (*Am: azotar*) verprügeln **II.** *vr:* ~**se** feiern
**festejo** [fes'texo] *m* ① (*conmemoración*) Fest *nt,* Feier *f* ② (*galanteo*) (Um)werben *nt* ③ *pl* (*actos públicos*) Feierlichkeiten *fpl*
**festín** [fes'tin] *m* ① (*celebración*) Feier *f* ② (*banquete*) Festessen *nt*
**festival** [festi'βal] *m* Festival *nt;* ~ **de cine** Filmfestspiele *ntpl*
**festividad** [festiβi'ðað] *f* ① (*conmemoración*) Feierlichkeit *f* ② (*día*) Festtag *m*
**festivo, -a** [fes'tiβo, -a] *adj* ① (*de fiesta*) Feier-, Fest-; **día** ~ Feiertag *m* ② (*humorístico*) witzig, lustig; (*persona*) scherzhaft
**festón** [fes'ton] *m* ① (*guirnalda*) Girlande *f* ② (*remate cosido*) Borte *f* (mit Kettenstichen)
**festonear** [festone'ar] *vt* ① (*bordar*) (mit Kettenstich) versäumen ② (*adornar*) mit Girlanden schmücken
**fetal** [fe'tal] *adj* fötal, Fötus-
**fetén** [fe'ten] **I.** *adj inv* (*fam*) ① (*excelente*) hervorragend ② (*auténtico*) echt **II.** *f* (*fam: verdad*) Wahrheit *f*
**fetiche** [fe'titʃe] *m* Fetisch *m*
**fetichismo** [feti'tʃismo] *m sin pl* Fetischismus *m*
**fetichista** [feti'tʃista] **I.** *adj* fetischistisch **II.** *mf* Fetischist(in) *m(f)*
**fetidez** [feti'ðeθ] *f* Gestank *m*
**fétido, -a** ['fetiðo, -a] *adj* übel riechend
**feto** ['feto] *m* ① (MED) Leibesfrucht *f* ② (*monstruo*) Missgeburt *f*
**feúcho, -a** [fe'utʃo, -a] *adj* (*fam*) hässlich
**feudal** [feu'ðal] *adj* Feudal-, Lehns-; **señor** ~ Feudalherr *m*
**feudalismo** [feuða'lismo] *m sin pl* ① (*sistema*) Feudalismus *m* ② (*época*) Feudalzeit *f*
**feudo** ['feuðo] *m* Lehn(s)gut *nt;* **este pueblo es un** ~ **de los socialistas** dieses Dorf ist ein Bollwerk der Sozialisten
**FFAA** ['fwerθas ar'maðas] *abr de* **Fuerzas Armadas** Streitkräfte *fpl*
**FFCC** [ferroka'rriles] *abr de* **ferrocarriles** Eisenbahn *f*
**fiabilidad** [fjaβili'ðað] *f* ① (*de una persona*) Zuverlässigkeit *f* ② (*de una empresa*) Seriosität *f*
**fiable** [fi'aβle] *adj* ① (*persona*) zuverlässig ② (*empresa*) seriös
**fiado, -a** [fi'aðo, -a] *adj* zuversichtlich; **comprar al** ~ auf Kredit kaufen
**fiador**[1] [fja'ðor] *m* (*de puerta*) Riegel *m;* (*de pistola*) Sicherung *f*
**fiador(a)**[2] [fja'ðor(a)] *m(f)* Bürge, -in *m, f* (*de* für +*akk*); **salir** ~ **por alguien** für jdn bürgen
**fiambre** [fi'ambre] **I.** *adj* ① (GASTR) kalt ② (*fam: noticia*) veraltet; (*discurso*) nicht aktuell **II.** *m* ① (GASTR) Wurstwaren *fpl* ② (*fam: cadáver*) Leiche *f;* **ese está** ~ der ist mausetot
**fiambrera** [fjam'βrera] *f* (*cesta*) Picknickkorb *m;* (*caja*) Frischhaltebox *f*
**fianza** [fi'anθa] *f* ① (*depósito*) Kaution *f* ② (*garantía*) Garantie *f* ③ (*fiador*) Bürge, -in *m, f*
**fiar** [fi'ar] <*1. pres:* fío> **I.** *vi* ① (*al vender*) Kredit geben; **en esa tienda no fían** in diesem Geschäft wird nicht angeschrieben ② (*confiar*) vertrauen (*en* auf +*akk*) **II.** *vt* ① (*garantizar*) bürgen (für +*akk*) ② (*dar crédito*) auf Kredit überlassen ③ (*confiar*) anvertrauen; **es de** ~ er/sie ist zuverlässig **III.** *vr:* ~**se** sich verlassen (*de* auf +*akk*); **no te fíes de lo que dice** glaub ihm/ihr kein Wort
**fiasco** ['fjasko] *m* Fiasko *nt*
**fibra** ['fiβra] *f* ① (*filamento, t.* BIOL, MED) Faser *f;* ~ **muscular** (MED) Muskelfaser *f;* ~ **de vidrio** Glasfaser *f* ② (*vigor*) Kraft *f;* **no tiene** ~ **suficiente para llevar la empresa** ihm/ihr fehlt das Zeug zur Leitung der Firma ③ *pl* (*en alimentos*) Ballaststoffe *mpl*
**fibroso, -a** [fi'βroso, -a] *adj* faserig; (MED) fibrös
**ficción** [fiʏ'θjon] *f* ① (*simulación*) Vortäuschung *f* ② (*invención*) Erfindung *f;* ~ **novelesca** Roman *m;* **ciencia** ~ Sciencefiction *f*
**ficha** ['fitʃa] *f* ① (*de ruleta*) Jeton *m;* (*de dominó*) (Spiel)stein *m* ② (*para una máquina*) Jeton *m;* (*de teléfono*) Münze *f;* (*de guardarropa*) Marke *f* ③ (*tarjeta informativa*) Karteikarte *f;* (*en el trabajo*) Stechkarte *f;* ~ **perforada** (INFOR) Lochkarte *f;* ~ **policial** Polizeiakte *f* ④ (DEP) Ablösesumme *f* ⑤ (*bribón*) Gauner *m*

**fichaje** [fi'tʃaxe] *m* (DEP) Verpflichtung *f* (eines Spielers)

**fichar** [fi'tʃar] **I.** *vi* ❶ (DEP) sich verpflichten ❷ (*en el trabajo*) stechen **II.** *vt* ❶ (*registrar*) in die Kartei aufnehmen; (*la policía*) die Personalien aufnehmen (*a* +*gen*, von +*dat*); **estar fichado** vorbestraft sein ❷ (*fam: desconfiar*) in eine (bestimmte) Schublade stecken ❸ (DEP) verpflichten ❹ (*anotar informaciones*) kartieren

**fichero** [fi'tʃero] *m* ❶ (*archivador*) Kartei *f;* (*caja*) Karteikasten *m* ❷ (INFOR) Datei *f*

**ficticio**, **-a** [fik'tiθjo, -a] *adj* (frei) erfunden

**fidedigno**, **-a** [fiðe'ðiɣno, -a] *adj* glaubwürdig

**fideicomiso** [fideiko'miso] *m* (JUR) Treuhandschaft *f*

**fidelidad** [fiðeli'ðað] *f* ❶ (*lealtad*) Treue *f* ❷ (*precisión*) Genauigkeit *f;* **alta** ~ Highfidelity *f*

**fideo** [fi'ðeo] *m* ❶ (GASTR) Suppennudel *f* ❷ (*fam: persona*) Bohnenstange *f*

**fiduciario**, **-a** [fiðuθi'ðarjo, -a] **I.** *adj* treuhänderisch **II.** *m, f* Treuhänder(in) *m(f)*

**fiebre** ['fjeβre] *f* Fieber *nt;* ~ **del heno** Heuschnupfen *m;* ~ **del juego** Spielleidenschaft *f;* ~ **del oro** Goldrausch *m;* ~ **palúdica** Malaria *f;* **tener poca** ~ erhöhte Temperatur haben

**fiel** [fjel] **I.** *adj* ❶ (*persona*) treu; **ser** ~ **a una promesa** sein Versprechen halten; **siempre me han sido** ~**es** sie haben immer zu mir gehalten ❷ (*retrato*) getreu ❸ (*memoria*) gut **II.** *m* ❶ (*seguidor*) Anhänger *m* ❷ (*de una balanza*) Zeiger *m;* **él podría inclinar el** ~ **de la balanza** er könnte das Zünglein an der Waage sein ❸ (*inspector*) Eichmeister *m* ❹ *pl* (REL) Gläubigen *mpl*

**fieltro** ['fjeltro] *m* ❶ (*paño*) Filz *m* ❷ (*sombrero*) Filzhut *m*

**fiera** ['fjera] *f* ❶ (ZOOL) Raubtier *nt* ❷ (TAUR) Stier *m* ❸ (*persona*) Bestie *f,* Unmensch *m;* **llegó hecho una** ~ (*fam*) er/sie kam außer sich *dat* vor Wut an

**fiereza** [fje'reθa] *f* ❶ (*de un animal*) Wildheit *f* ❷ (*de una persona*) Brutalität *f*

**fiero**, **-a** ['fjero, -a] *adj* ❶ (*feroz*) wild ❷ (*cruel*) brutal ❸ (*feo*) hässlich ❹ (*fuerte*) stark

**fierro** ['fjerro] *m* (*Am*) ❶ (*hierro*) Eisen *nt* ❷ (*del ganado*) Brandzeichen *nt*

**fiesta** ['fjesta] *f* ❶ (*día*) Feiertag *m;* **¡Felices F~s!** Frohe Weihnachten!; **hoy hago** ~ heute mache ich frei ❷ (*celebración*) Fest *nt;* ~ **mayor** (*de una ciudad*) Stadtfest *nt;* (*de un pueblo*) Dorffest *nt;* **aguar la** ~ **a alguien** (*fam*) jdm den Spaß verderben ❸ *pl* (*caricias*): **hacer** ~**s a alguien** jdm um den Bart gehen *fam* ❹ (*loc, fam*): **estar de** ~ gut aufgelegt sein; **acabemos la** ~ **en paz** lass/lasst uns keinen Streit anfangen

**i Land & Leute**

Mit **fiesta nacional** bezieht man sich entweder auf einen Nationalfeiertag in Spanien oder auch auf den Stierkampf und sein besonderes Ambiente. (Wahrscheinlich deshalb, weil Stierkämpfe hauptsächlich an Feiertagen stattfinden.)

**fifí** [fi'fi] *m* (*Am: señorito*) Fatzke *m fam,* Snob *m*

**fifiriche** [fifi'ritʃe] *adj* (*Am: enclenque*) schwächlich

**fig.** [fiɣura'tiβo] *abr de* **figurativo** figurativ

**figura** [fi'ɣura] *f* ❶ (*de un cuerpo, t.* ARTE, MAT, MÚS) Figur *f;* ~ **decorativa** (*persona*) Lückenbüßer *m;* **un vestido que realza la** ~ (*que adelgaza*) ein Kleid, das schlank macht; (*que modela*) ein figurbetontes Kleid ❷ (*cara*) Gesicht *nt;* (*aspecto*) Aussehen *nt* ❸ (*imagen*) Gestalt *f;* **se distinguía la** ~ **de un barco** die Umrisse eines Schiffes zeichneten sich ab ❹ (TEAT) Gestalt *f* ❺ (*personaje*) Persönlichkeit *f;* **las grandes** ~**s del deporte** die Größen des Sports ❻ (*mueca*) Grimasse *f* ❼ (*ilustración*) Abbildung *f* ❽ (*de la baraja*) *Bube, Reiter oder König in den spanischen Spielkarten*

**figuración** [fiɣura'θjon] *f* ❶ (ARTE) Figuration *f* ❷ (*imaginación*) Einbildung *f* ❸ (CINE) Statisten *mpl*

**figurado**, **-a** [fiɣu'raðo, -a] *adj* ❶ (*lenguaje*) bildlich ❷ (*uso*) figürlich; **en sentido** ~ im übertragenen Sinne

**figurante** [fiɣu'rante] *mf* Statist(in) *m(f)*

**figurar** [fiɣu'rar] **I.** *vi* ❶ (*encontrarse*) erscheinen; **no figura en la lista** er/sie steht nicht auf der Liste; **figura en el puesto número tres** er/sie rangiert auf Platz drei ❷ (*destacar*) eine wichtige Rolle spielen ❸ (*aparentar*) angeben; **le gusta un montón** ~ er/sie legt viel Wert auf sein/ihr Äußeres **II.** *vt* ❶ (*representar*) darstellen ❷ (TEAT) spielen ❸ (*simular*) vortäuschen; **figuró no haber oído el comentario** er/sie tat so, als ob er/sie den Kommentar nicht gehört hätte **III.** *vr:* ~**se** sich *dat* vorstellen; **¡figúrate!** stell dir vor!; **no vayas a** ~**te que...** bilde dir bloß nicht ein, dass ...

**figurativo**, **-a** [fiɣura'tiβo, -a] *adj* figürlich; **no** ~ abstrakt

**figurín** [fiɣu'rin] *m* ❶ (*dibujo*) Modezeichnung *f;* (*modelo*) Schaufensterpuppe *f* ❷ (*persona*) Modegeck *m*

**figurinista** [fiɣuri'nista] *mf* Modezeichner(in) *m(f);* (CINE, TEAT) Kostümbildner(in) *m(f)*

**figurón** [fiɣu'ron] *m* ❶ (*fam: fachendoso*) Angeber *m* ❷ (NÁUT): ~ **de proa** Galionsfigur *f*

**fijación** [fixa'θjon] *f* ❶ (*sujeción*) Befestigung *f;* (*con chinchetas*) Anheften *nt;* (*con cuerdas*) Anbinden *nt;* (*con cola*) Aufkleben *nt;* (*con clavos*) Annageln *nt;* (*con cadenas*) Anketten *nt;* (*con tornillos*) Anschrauben *nt* ❷ (*de precio, regla*) Festlegung *f* ❸ (*de la mirada*) Fixierung *f* ❹ (*de esquíes*) Bindung *f* ❺ (*loc*): **tener una** ~ **por alguien** eine Schwäche für jdn haben

**fijado** [fi'xaðo] *m* (FOTO) Fixierbad *nt*

**fijador** [fixa'ðor] *m* ❶ (*para el pelo*) Haarfestiger *m* ❷ (*de pintura*) Fixiermittel *nt* ❸ (FOTO) Fixierbad *nt*

**fijapelo** [fixa'pelo] *m* Haarfestiger *m*

**fijar** [fi'xar] **I.** *vt* ❶ (*sujetar*) befestigen (*a/en* an +*dat*); (*con chinchetas*) anheften; (*con cuerdas*) anbinden; (*con cola*) aufkleben; (*con clavos*) annageln; (*con cadenas*) anketten; (*con tornillos*) anschrauben; ~ **una placa en la pared** eine Tafel an der Wand anbringen; **prohibido** ~ **carteles** Plakate ankleben verboten ❷ (*la mirada*) heften (*en* auf +*akk*); ~ **la atención en algo** die Aufmerksamkeit auf etw richten ❸ (*residencia, precio*) festlegen ❹ (QUÍM) fixieren ❺ (*puerta*) einsetzen **II.** *vr:* ~**se** ❶ (*en un lugar*) sich niederlassen (*en* in +*dat*) ❷ (*atender*) aufpassen; **no se ha fijado en mi nuevo peinado** er/sie hat nicht gemerkt, dass ich eine neue Frisur habe; **ese se fija en todo** ihm entgeht nichts; **fíjate bien en lo que te digo** hör mir mal gut zu ❸ (*mirar*) anschauen; **no se fijó en mí** er/sie beachtete mich nicht

**fijeza** [fi'xeθa] *f* ❶ (*seguridad*) Sicherheit *f* ❷ (*persistencia*) Beharrlichkeit *f;* **mirar con** ~ **a alguien** jdn anstarren

**fijo**, **-a** ['fixo, -a] **I.** *adj* ❶ (*estable*) fest; **cliente** ~ Stammgast *m;* **precio** ~ Fixpreis *m* ❷ (*idea*) fix ❸ (*mirada*) starr ❹ (*trabajador*) fest angestellt **II.** *adv* sicher; **saber algo de** ~ etw mit Sicherheit wissen

**fila** ['fila] *f* ❶ (*hilera*) Reihe *f;* ~ **de coches** Autoschlange *f;* **en** ~ **india** im Gänsemarsch; **aparcar en doble** ~ in der zweiten Reihe parken; **ir en** ~ in Reih und Glied gehen; **salir de la** ~ aus der Reihe tanzen *fam* ❷ (MIL) Glied *nt;* **¡en** ~**s!** antreten!; **¡rompan** ~**s!** weg(ge)treten!; **llamar a** ~**s** zum Militärdienst einberufen ❸ (*fam: tirria*) Groll *m* ❹ (MAT) Reihe *f* ❺ *pl* (*de un partido*) Reihen *fpl*

**filamento** [fila'mento] *m* ❶ (*de un tejido*) Faden *m* ❷ (ELEC) Glühfaden *m* ❸ (BOT) Staubfaden *m*

**filamentoso**, **-a** [filamen'toso, -a] *adj* faserig

**filantropía** [filantro'pia] *f sin pl,* **filantropismo** [filantro'pismo] *m sin pl* Menschenliebe *f*

**filántropo** [fi'lantropo] *mf* Menschenfreund(in) *m(f)*

**filar** [fi'lar] *vt* (*fam: calar*) durchschauen; (*estar precavido*) voreingenommen sein (gegenüber +*dat*)

**filarmonía** [filarmo'nia] *f sin pl* (MÚS) Musikliebe *f*

**filarmónica** [filar'monika] *f* (*Méx: acordeón*) Ziehharmonika *f*

**filarmónico**, **-a** [filar'moniko, -a] *adj* philharmonisch; **orquesta filarmónica** Philharmonie *f*

**filatelia** [fila'telja] *f* Briefmarkenkunde *f*

**filatelista** [filate'lista] *mf* Briefmarkensammler(in) *m(f)*

**filete** [fi'lete] *m* ❶ (ARQUIT) Zierleiste *f* ❷ (*ribete*) Saum *m* ❸ (GASTR: *solomillo*) Lendenstück *nt;* (*lonja*) Filet *nt* ❹ (TIPO) Linie *f;* (*de adorno*) Zierlinie *f* ❺ (TÉC) Gewinde *nt*

**filetear** [filete'ar] *vt* ❶ (ARQUIT) mit Leisten verzieren ❷ (*un vestido*) (ein)säumen ❸ (GASTR) in Scheiben schneiden ❹ (TÉC) das Gewinde schneiden (von +*dat*)

**filfa** ['filfa] *f* (*fam*) ❶ (*mentira*) Lüge *f* ❷ (*engañifa*) Betrug *m*

**filiación** [filja'θjon] *f* ❶ (*origen*) Abstammung *f;* (*de ideas*) Herkunft *f* ❷ (*datos personales*) Personalien *fpl* ❸ (*en un partido*) Mitgliedschaft *f* (*en* in +*dat*)

**filial** [fi'ljal] **I.** *adj* Kindes-; **equipo** ~ (DEP) zweite Mannschaft **II.** *f* ❶ (COM) Filiale *f* ❷ (REL) Filialkirche *f*

**filibustero** [filiβus'tero] *m* (HIST) Pirat *m*

**filigrana** [fili'ɣrana] *f* ❶ (*de orfebrería*) Filigranarbeit *f* ❷ (*en un papel*) Wasserzeichen *nt*

**Filipinas** [fili'pinas] *fpl:* **las** ~ die Philippinen

**filipino**, **-a** [fili'pino, -a] **I.** *adj* philippinisch **II.** *m, f* Philippiner(in) *m(f)*

**filisteo**, **-a** [filis'teo, -a] **I.** *adj* Philister- **II.** *m, f* (HIST) Philister(in) *m(f)*

**filloas** [fi'ʎoas] *fpl* (GASTR) *dünne, mit*

*Creme gefüllte Crêpes*

**film** [film] *m* Film *m*

**filmación** [filma'θjon] *f* ❶ (*de reportaje*) Filmen *nt* ❷ (*rodaje*) Dreharbeiten *fpl* ❸ (*de novela*) Verfilmung *f*

**filmadora** [filma'ðora] *f* Filmkamera *f*

**filmar** [fil'mar] *vt* ❶ (*reportaje*) filmen ❷ (*rodar*) drehen ❸ (*novela*) verfilmen

**filme** ['filme] *m* Film *m*

**fílmico, -a** ['filmiko, -a] *adj* Film-, filmisch

**filmina** [fil'mina] *f* Dia(positiv) *nt*

**filmografía** [filmoɣra'fia] *f* Filmografie *f*

**filmoteca** [filmo'teka] *f* Filmothek *f*

**filo** ['filo] *m* ❶ (*de cuchillo*) Schneide *f*; **un arma de dos ~s** (*fig*) ein zweischneidiges Schwert ❷ (*entre dos partes*) Trennungslinie *f* ❸ (*AmC: hambre*) Hunger *m* ❹ (*loc*): **al ~ del amanecer** bei Tagesanbruch; **al ~ de la medianoche** Punkt Mitternacht

**filología** [filolo'xia] *f* Philologie *f*; **~ germánica** Germanistik *f*; **~ hispánica** Hispanistik *f*

**filólogo, -a** [fi'loloɣo, -a] *m, f* Philologe, -in *m, f*

**filón** [fi'lon] *m* ❶ (MIN) Flöz *nt* ❷ (*negocio*) Goldgrube *f*

**filoso, -a** [fi'loso, -a] *adj* (*Am: afilado*) scharf

**filosofal** [filoso'fal] *adj*: **piedra ~** Stein *m* der Weisen

**filosofar** [filoso'far] *vi* philosophieren (*de/sobre* über +*akk*)

**filosofía** [filoso'fia] *f* ❶ (*disciplina*) Philosophie *f* ❷ (*serenidad*) Gelassenheit *f*

**filosófico, -a** [filo'sofiko, -a] *adj* philosophisch

**filósofo, -a** [fi'losofo, -a] *m, f* Philosoph(in) *m(f)*

**filoxera** [filoʸ'sera] *f* (*insecto*) Reblaus *f*

**filtración** [fil̦tra'θjon] *f* ❶ (*de un líquido*) Filtern *nt*; (*de la luz*) Durchscheinen *nt* ❷ (*de información*) Durchsickern *nt*; (*de datos*) Auswahl *f*

**filtrador** [fil̦tra'ðor] *m* Filter *m o nt*

**filtrar** [fil̦'trar] **I.** *vi* ❶ (*líquido*) durchsickern (*por* durch +*akk*); (*luz*) durchscheinen (*por* durch +*akk*) ❷ (*tubería*) undicht sein **II.** *vt* ❶ (*por un filtro*) filtern ❷ (*datos*) auswählen ❸ (*noticia*) durchsickern lassen **III.** *vr*: **~se** ❶ (*líquido*) durchsickern; (*luz*) durchscheinen ❷ (*noticia*) durchsickern ❸ (*dinero*) dahinschwinden

**filtro** ['fil̦tro] *m* ❶ (*tamiz*) Filter *m o nt*; **cigarrillo con ~** Filterzigarette *f* ❷ (*poción*) Trank *m*

**filudo, -a** [fi'luðo, -a] *adj* (*Am*) messerscharf

**fimosis** [fi'mosis] *f inv* (MED) Phimose *f*

**fin** [fin] *m* ❶ (*término*) Ende *nt*; **~ de semana** Wochenende *nt*; **a ~(es) de mes** am Monatsende; **algo toca a su ~** etw geht dem Ende entgegen; **poner ~ a algo** etw *dat* ein Ende setzen; **sin ~** endlos; **al ~ y al cabo, a ~ de cuentas** letzten Endes ❷ (*propósito*) Ziel *nt*; **~es benéficos** wohltätige Zwecke; **~es deshonestos** unehrenhafte Absichten; **a ~ de que** +*subj* damit

**finado, -a** [fi'naðo, -a] *m, f* Verstorbene(r) *mf*

**final**[1] [fi'nal] **I.** *adj* ❶ (*producto, resultado*) End-; (*fase, examen*) Schluss-; (*solución*) endgültig; **el juicio ~** (REL) das Jüngste Gericht; **palabras ~es** Schlussworte *ntpl* ❷ (LING) final **II.** *m* Ende *nt*; (*de un libro*) Ausgang *m*; (MÚS) Finale *nt*; **película con ~ feliz** Film mit Happyend; **al ~ no nos lo dijo** er/sie sagte es uns letztendlich nicht

**final**[2] [fi'nal] *f* (DEP: *partido*) Finale *nt*; (*ronda*) Endrunde *f*

**finalidad** [finali'ðaᵈ] *f* Ziel *nt*; (FILOS) Finalität *f*

**finalista** [fina'lista] *mf* ❶ (*en un concurso*) Teilnehmer(in) *m(f)* der Schlussrunde; (DEP) Finalist(in) *m(f)* ❷ (FILOS) Vertreter(in) *m(f)* des Finalismus

**finalización** [finaliθa'θjon] *f* Abschluss *m*; **~ de contrato** Vertragsablauf *m*

**finalizar** [finali'θar] <z→c> **I.** *vi* abschließen; (*plazo*) ablaufen **II.** *vt* beenden, abschließen

**finalmente** [final'men̦te] *adv* endlich, schließlich

**financiación** [finan̦θja'θjon] *f* Finanzierung *f*; **~ de los partidos** Parteienfinanzierung *f*

**financiador(a)** [finan̦θja'ðor(a)] *m(f)* Geldgeber(in) *m(f)*

**financiamiento** [finan̦θja'mjen̦to] *m v.* **financiación**

**financiar** [finan̦'θjar] *vt* finanzieren

**financiera** [finan̦'θjera] *f* Finanzinstitut *nt*

**financiero, -a** [finan̦'θjero, -a] **I.** *adj* finanziell **II.** *m, f* Finanzexperte, -in *m, f*

**finanzas** [fi'nan̦θas] *fpl* Finanzen *fpl*

**finar** [fi'nar] *vi* sterben

**finca** ['fiŋka] *f* (*urbana*) Grundstück *nt*; (*rústica*) Landgut *nt*

**finés, -esa** [fi'nes, -esa] **I.** *adj* finnisch **II.** *m, f* Finne, -in *m, f*

**fineza** [fi'neθa] *f* ❶ (*delgadez*) Dünne *f* ❷ (*suavidad*) Zartheit *f* ❸ (*de calidad*) Feinheit *f* ❹ (*cumplido*) Kompliment *nt* ❺ (*regalo*) Aufmerksamkeit *f* ❻ (*primor*) Feinarbeit *f*

**fingido, -a** [fiŋ'xiðo, -a] *adj* vorgetäuscht; (*persona*) falsch

**fingidor(a)** [fiŋxi'ðor(a)] *m(f)* (*de una enfermedad*) Simulant(in) *m(f)*; (*de sentimientos*) Heuchler(in) *m(f)*

**fingimiento** [fiŋxi'mjento] *m* ❶ (*de una enfermedad*) Vortäuschung *f*; (*de un sentimiento*) Vorheucheln *nt* ❷ (*engaño*) Täuschung *f*; (*hipocresía*) Heuchelei *f*

**fingir** [fiŋ'xir] <g→j> **I.** *vi, vt* vortäuschen; (*sentimiento*) heucheln **II.** *vr*: **~se** sich ausgeben (für +*akk*)

**finiquitar** [finiki'tar] *vt* ❶ (*cuenta*) saldieren ❷ (*fam: asunto*) abschließen

**finiquito** [fini'kito] *m* Schlussabrechnung *f*

**finisecular** [finiseku'lar] *adj* der Jahrhundertwende

**finito, -a** [fi'nito, -a] *adj* begrenzt; **número ~** (MAT) endliche Zahl

**finlandés, -esa** [finlan'des, -esa] **I.** *adj* finnisch **II.** *m, f* Finne, -in *m, f*

**Finlandia** [fin'landja] *f* Finnland *nt*

**fino**[1] ['fino] *m* trockener Sherry *m*

**fino, -a**[2] ['fino, -a] *adj* ❶ (*delgado*) dünn; **lluvia fina** feiner Regen ❷ (*liso*) fein, zart ❸ (*de calidad*) fein; **oro ~** Feingold *nt*; **tener un paladar ~** ein Feinschmecker sein ❹ (*sentido*) fein; **de oído ~** hellhörig ❺ (*cortés*) höflich; **modales ~s** gute Manieren ❻ (*astuto*) schlau ❼ (*metal*) edel

**finolis** [fi'nolis] **I.** *adj inv* (*fam*) geziert **II.** *mf inv* (*fam*) arroganter Mensch *m*

**finta** ['finta] *f* (*t.* DEP) Finte *f*; **hacer una ~** fintieren

**fintar** [fin'tar] *vi* (DEP) fintieren

**finura** [fi'nura] *f* ❶ (*delgadez*) Dünne *f* ❷ (*suavidad*) Zartheit *f* ❸ (*calidad*) Feinheit *f* ❹ (*cortesía*) Höflichkeit *f* ❺ (*astucia*) Schläue *f*

**fiordo** ['fjorðo] *m* Fjord *m*

**firma** ['firma] *f* ❶ (*en documentos*) Unterschrift *f*; **~ electrónica** elektronische Unterschrift ❷ (*de un acuerdo*) Unterzeichnung *f* ❸ (*empresa*) Firma *f*

**firmamento** [firma'mento] *m* Firmament *nt*

**firmante** [fir'mante] *mf* Unterzeichner(in) *m(f)*

**firmar** [fir'mar] *vi, vt* unterschreiben; (*un acuerdo*) unterzeichnen; **~ autógrafos** Autogramme geben; **~ un cheque** einen Scheck ausstellen

**firme** ['firme] **I.** *adj* (*fijo*) fest; (*estable*) stabil; (*seguro*) sicher; (*carácter*) unerschütterlich; (*postura corporal*) stramm; (*amistad*) treu; **tierra ~** Festland *nt*; **¡~s!** (MIL) still gestanden!; **con mano ~** mit ruhiger Hand; **esta mesa no está ~** dieser Tisch wackelt; **ser ~ en sus propósitos** feste Absichten haben **II.** *m* ❶ (*de la carretera*) (Straßen)belag *m* ❷ (*de guijo*) Kiesschicht *f* **III.** *adv*: **de ~** (*fuertemente*) stark; (*sin parar*) unaufhörlich; **el calor aprieta de ~** es herrscht eine sengende Hitze

**firmeza** [fir'meθa] *f* ❶ (*solidez*) Festigkeit *f*; (*de un mueble*) Stabilität *f* ❷ (*de una creencia*) Unerschütterlichkeit *f*; **~ de carácter** Charakterstärke *f* ❸ (*perseverancia*) Beharrlichkeit *f*

**fiscal** [fis'kal] **I.** *adj* ❶ (*del fisco*) Fiskal- ❷ (*de los impuestos*) Steuer- **II.** *mf* ❶ (JUR) Staatsanwalt, -wältin *m, f*; **F~ General del Estado** Generalstaatsanwalt, -wältin *m, f* ❷ (*interventor*) Steuerbeamte(r) *mf*, Steuerbeamtin *f*

**fiscalía** [fiska'lia] *f* Staatsanwaltschaft *f*

**fiscalidad** [fiskali'ða$^{ð}$] *f* Steuergesetzgebung *f*

**fiscalización** [fiskaliθa'θjon] *f* Prüfung *f*; (*de impuestos*) Steuerprüfung *f*

**fiscalizador(a)** [fiskaliθa'ðor(a)] *m(f)* Prüfer(in) *m(f)*; (*de impuestos*) Steuerprüfer(in) *m(f)*

**fiscalizar** [fiskali'θar] <z→c> *vt* prüfen; (*lo fiscal*) steuerlich prüfen

**fisco** ['fisko] *m* Staatskasse *f*

**fisgar** [fis'ɣar] <g→gu> **I.** *vi* ❶ (*burlarse*) sich lustig machen (*de* über +*akk*) ❷ (*indagar*) (herum)schnüffeln (*en* in +*dat*) *fam*; **le encanta ~ en mis asuntos** er/sie steckt gerne die Nase in meine Angelegenheiten **II.** *vt* ❶ (*pescar*) mit der Harpune fischen ❷ (*con el olfato*) schnüffeln

**fisgón, -ona** [fis'ɣon, -ona] *m, f* (*pey*) ❶ (*que se burla*) Spötter(in) *m(f)* ❷ (*que indaga*) Schnüffler(in) *m(f)* *fam*

**fisgonear** [fisɣone'ar] *vi* (*pey*) (herum)schnüffeln (*en* in +*dat*) *fam*

**física** ['fisika] *f* Physik *f*

**físicamente** [fisika'mente] *adv* ❶ (*corporalmente*) körperlich ❷ (*verdaderamente*) wirklich

**físico**[1] ['fisiko] *m* Körperbau *m*; **tener un buen ~** eine gute Figur haben

**físico, -a**[2] ['fisiko, -a] **I.** *adj* ❶ (*del cuerpo*) physisch, körperlich; **educación física** (ENS) Sport *m* ❷ (FÍS) physikalisch **II.** *m, f* Physiker(in) *m(f)*

**fisiología** [fisjolo'xia] *f* Physiologie *f*

**fisiológico, -a** [fisjo'loxiko, -a] *adj* physiologisch

**fisiólogo, -a** [fi'sjoloɣo, -a] *m, f* Physiologe, -in *m, f*

**fisión** [fi'sjon] *f* ❶ (FÍS) Spaltung *f* ❷ (BIOL) Zellteilung *f*

**fisionar** [fisjo'nar] *vt* spalten
**fisionomía** [fisjono'mia] *f v.* **fisonomía**
**fisioterapeuta** [fisjotera'peu̯ta] *mf* Krankengymnast(in) *m(f)*
**fisioterapia** [fisjote'rapja] *f* Physiotherapie *f*
**fisonomía** [fisono'mia] *f* ❶ (*del rostro*) Gesichtsausdruck *m* ❷ (*aspecto*) Aussehen *nt*
**fisonómico, -a** [fiso'nomiko, -a] *adj* physiognomisch; **rasgos ~s** Gesichtszüge *mpl*
**fisonomista** [fisono'mista] *mf* Physiognom(in) *m(f)*; **¿eres un buen ~?** hast du ein gutes Personengedächtnis?
**fístula** ['fistula] *f* ❶ (*tubo*) Röhre *f* ❷ (MED) Fistel *f*
**fisura** [fi'sura] *f* ❶ (*grieta*) Riss *m*; (*grande*) Spalte *f* ❷ (MED: *en un hueso*) Knochenriss *m* ❸ (MED: *en el ano*) Afterschrunde *f*
**fitness** ['fitnes] *m sin pl* (DEP) Fitness *f*
**fixing** ['fiʸsiŋ] *m* <fixings> (FIN) Fixing *nt*
**flac(c)idez** [fla(ʸ)θi'ðeθ] *f* ❶ (*de las carnes*) Schlaffheit *f* ❷ (*de la piel*) Welkheit *f*
**flác(c)ido, -a** ['fla(ʸ)θiðo, -a] *adj* ❶ (*carnes*) schlaff ❷ (*piel*) welk ❸ (*vestiduras*) bauschig
**flaco**[1] ['flako] *m* Schwäche *f*
**flaco, -a**[2] ['flako, -a] *adj* ❶ (*delgado*) dünn; **los años de las vacas flacas** die mageren Jahre ❷ (*escaso*) gering; **rendimientos ~s** kümmerliche Erträge ❸ (*débil*) schwach; **punto ~** Schwachpunkt *m*
**flacucho, -a** [fla'kuʧo, -a] *adj* (*pey fam*) mager
**flagelación** [flaxela'θjon] *f* Auspeitschung *f*
**flagelar** [flaxe'lar] **I.** *vt* ❶ (*azotar*) auspeitschen; (REL) geißeln ❷ (*verbalmente*) scharf kritisieren **II.** *vr:* **~se** sich geißeln
**flagelo** [fla'xelo] *m* Geißel *f*
**flagrante** [fla'ɣran̪te] **I.** *adj* (*evidente*) offenkundig **II.** *adv:* **en ~** in flagranti
**flamante** [fla'man̪te] *adj* (*fam*) ❶ (*vistoso*) auffallend ❷ (*nuevo*) (funkel)nagelneu
**flambear** [flambe'ar] *vt* (GASTR) flambieren
**flamear** [flame'ar] **I.** *vi* ❶ (*llamear*) lodern ❷ (*bandera*) flattern **II.** *vt* ❶ (GASTR) flambieren ❷ (MED) abflammen
**flamenco**[1] [fla'meŋko] *m* ❶ (*lengua*) Flämisch(e) *nt* ❷ (ZOOL) Flamingo *m* ❸ (*cante*) Flamenco *m*
**flamenco, -a**[2] [fla'meŋko, -a] **I.** *adj* ❶ (*de Flandes*) flämisch ❷ (*andaluz*) Flamenco-; **cante ~** Flamenco *m* ❸ (*chulo*) angeberisch **II.** *m, f* Flame *m,* Flämin *f*

**i Land & Leute**

Der **flamenco**, ein sehr traditioneller Gesang und Tanz aus *Andalucía*, ist weltweit bekannt. Ausgangspunkt des **flamenco** sind drei traditionsreiche Kulturvölker: Andalusier, Mauren und Zigeuner. Gesang und Tanz (Solo- oder Paartanz) werden immer von rhythmischem Händeklatschen, Fingerschnippen, und verschiedenen Rufen begleitet.

**flamígero, -a** [fla'mixero, -a] *adj:* **estilo ~** (ARTE) Flamboyantstil *m*
**flan** [flan] *m* (GASTR) ≈Karamellpudding *m*

**i Land & Leute**

Der **flan**, insbesondere der **flan de huevo,** zählt zu den beliebtesten Süßspeisen in Spanien, dem Pudding relativ ähnlich. Die Zutaten Eier, Milch und Zucker werden vermischt und vorsichtig im *Wasserbad – al baño María* gekocht. Vor dem Servieren wird der **flan** mit karamellisiertem Zucker übergossen.

**flanco** ['flaŋko] *m* Flanke *f*
**Flandes** ['flan̪des] *m* Flandern *nt*
**flanquear** [flaŋke'ar] *vt* ❶ (*estar al lado*) flankieren ❷ (MIL: *atacar*) von der Flanke her angreifen; (*proteger*) seitlich decken
**flaquear** [flake'ar] *vi* ❶ (*fuerzas*) nachlassen; (*salud*) sich verschlechtern ❷ (*en un examen*) eine schwache Leistung zeigen ❸ (*demanda*) abflauen ❹ (*edificio*) baufällig werden
**flaqueza** [fla'keθa] *f* ❶ (*de flaco*) Magerkeit *f* ❷ (*debilidad*) Schwäche *f*
**flas** [flas] *m,* **flash** [flaʃ] *m inv* ❶ (FOTO) Blitz *m* ❷ (*noticia*) Eilmeldung *f*
**flato** ['flato] *m* ❶ (MED) Blähung *f* ❷ (*Am: melancolía*) Schwermut *f*
**flatoso, -a** [fla'toso, -a] *adj* (*Am: miedoso*) ängstlich
**flatulencia** [flatu'len̪θja] *f* (MED) Blähsucht *f*
**flauta**[1] ['flau̯ta] *f* Flöte *f*; **~ dulce** Blockflöte *f*; **~ travesera** Querflöte *f*
**flauta**[2] ['flau̯ta] *mf,* **flautista** [flau̯'tista] *mf* Flötist(in) *m(f)*
**flebitis** [fle'βitis] *f inv* (MED) Venenentzündung *f*
**flecha** ['fleʧa] *f* ❶ (*arma*) Pfeil *m*; **ser rápido como una ~** pfeilschnell sein ❷ (*sagita*) Bogenhöhe *f* ❸ (*de torre*) Turmspitze *f* ❹ (*de viga*) Durchbiegung *f*
**flechar** [fle'ʧar] **I.** *vi* den Bogen gespannt

haben **II.** *vt* ❶ (*un arco*) spannen ❷ (*fam: enamorar*) den Kopf verdrehen +*dat*

**flechazo** [fle'ʧaθo] *m* ❶ (*de flecha*) Pfeilschuss *m* ❷ (*fam: de amor*): **lo nuestro fue un** ~ bei uns war es Liebe auf den ersten Blick

**fleco** ['fleko] *m* ❶ (*adorno*) Franse *f* ❷ (*del pelo*) Pony *m* ❸ *pl* (*de vestido*) ausgefranster Rand *m*

**fleje** ['flexe] *m* Bandeisen *nt*

**flema** ['flema] *f* ❶ (*calma*) Trägheit *f* ❷ (*mucosidad*) Schleim *m*

**flemático, -a** [fle'matiko, -a] **I.** *adj* phlegmatisch **II.** *m, f* Phlegmatiker(in) *m(f)*

**flemón** [fle'mon] *m* ❶ (MED) Entzündung *f* ❷ (*dental*) Zahnfleischentzündung *f*

**flequillo** [fle'kiʎo] *m* Pony *m*

**fletador(a)** [fleta'ðor(a)] *m(f)* ❶ (*de avión*) Charterer, -in *m, f* ❷ (COM) Befrachter(in) *m(f)*

**fletamento** [fleta'mento] *m* ❶ (*de avión*) Chartern *nt* ❷ (COM: *acción*) Verfrachtung *f* ❸ (*contrato*) Frachtvertrag *m*

**fletar** [fle'tar] **I.** *vt* ❶ (*avión*) chartern ❷ (COM) verfrachten ❸ (*Am: vehículo*) verleihen ❹ (*CSur: despedir*) entlassen **II.** *vr:* ~**se** (*AmC: fastidiarse*) sich abfinden müssen (*con/de* mit +*dat*)

**flete** ['flete] *m* ❶ (*carga*) Frachtgut *nt* ❷ (COM: *tasa*) Fracht *f* ❸ (*Am: tarifa*) Mietpreis *m*

**flexibilidad** [fleˠsiβili'ðaᵈ] *f* ❶ (*de palo*) Biegsamkeit *f;* (*de músculo*) Elastizität *f* ❷ (*de una persona*) Anpassungsfähigkeit *f;* ~ **de precios** Preisflexibilität *f*

**flexibilización** [fleˠsiβiliθa'θjon] *f* Flexibilisierung *f*

**flexibilizar** [fleˠsiβili'θar] <z→c> *vt* flexibilisieren

**flexible** [fleˠ'siβle] *adj* ❶ (*palo*) biegsam; (*músculo*) elastisch ❷ (*persona*) anpassungsfähig; **horario** ~ Gleitzeit *f*

**flexión** [fleˠ'sjon] *f* ❶ (*del cuerpo*) Beugen *nt;* ~ **de tronco** Rumpfbeuge *f;* ~ **de brazos en la espaldera** Klimmzüge am Reck ❷ (LING) Flexion *f* ❸ (GEO) Flexur *f*

**flexionar** [fleˠsjo'nar] *vt* beugen

**flexo** ['fleˠso] *m* biegsame (Schreib)tischlampe *f*

**flipado, -a** [fli'paðo, -a] *adj* (*argot*) high

**flipante** [fli'pante] *adj* (*argot*) cool

**flipar** [fli'par] **I.** *vt* (*argot*) antörnen **II.** *vi, vr:* ~**se** (*argot*) ausflippen

**flirt** [flirᵗ] *m* <flirts> Flirt *m*

**flirtear** [flirte'ar] *vi* flirten

**flirteo** [flir'teo] *m* Flirt *m*

**flojear** [floxe'ar] *vi* ❶ (*disminuir*) nachlassen; (*interés*) abflauen ❷ (*en una materia*) schwach sein (*en* in +*dat*)

**flojedad** [floxe'ðaᵈ] *f* ❶ (*debilidad*) Schwäche *f* ❷ (*pereza*) Faulheit *f*

**flojera** [flo'xera] *f* (*fam*) ❶ (*debilidad*) Schwäche *f;* **coger** ~ **de piernas** weiche Knie bekommen ❷ (*pereza*) Faulheit *f*

**flojo, -a** ['floxo, -a] *adj* ❶ (*cuerda*) locker; (*nudo*) lose ❷ (*vino*) leicht; (*argumento*) schwach; (*viento*) flau; (*café*) dünn; (*luz*) matt; ~ **de carácter** charakterschwach; **estoy** ~ **en alemán** mein Deutsch ist nicht so gut; **la política me la trae floja** (*vulg*) ich kümmere mich einen Dreck um Politik ❸ (*cosecha*) mager ❹ (*demanda*) schwach ❺ (*obrero*) faul ❻ (*Am: cobarde*) feig(e)

**floppy** ['flopi] *m* (INFOR) Floppydisk *f*

**flor** [flor] *f* ❶ (BOT: *planta*) Blume *f;* (*parte de la planta*) Blüte *f;* **estar en** ~ blühen; **camisa de** ~**es** geblümtes Hemd ❷ (*lo más selecto*) Auslese *f;* **la** ~ **y la nata de la sociedad** die Crème de la Crème ❸ (*piropo*) Schmeichelei *f* ❹ (*de los metales*) Irisieren *nt* ❺ (*de las pieles*) Narbenseite *f* ❻ (*virginidad*) Jungfräulichkeit *f* ❼ (*del vino*) Kahmhaut *f* ❽ (*loc*): **pasó volando a** ~ **de tierra** es flog dicht am Boden vorbei; **tengo los nervios a** ~ **de piel** meine Nerven sind zum Zerreißen gespannt

**flora** ['flora] *f* (BOT, MED) Flora *f*

**floración** [flora'θjon] *f* ❶ (*acción*) Blühen *nt* ❷ (*tiempo*) Blüte(zeit) *f*

**florear** [flore'ar] **I.** *vi* ❶ (*la espada*) schwingen ❷ (MÚS) (auf der Gitarre) tremolieren ❸ (*Am: florecer*) blühen **II.** *vt* ❶ (*adornar*) mit Blumen schmücken ❷ (*harina*) sieben ❸ (*naipes*) falsch mischen ❹ (*piropear*) schmeicheln +*dat*

**florecer** [flore'θer] *irr como crecer* **I.** *vi* ❶ (*planta*) blühen ❷ (*industria*) florieren **II.** *vr:* ~**se** (ver)schimmeln

**floreciente** [flore'θjente] *adj* ❶ (*planta*) blühend ❷ (*industria*) florierend

**florecimiento** [floreθi'mjento] *m* ❶ (*de una planta*) Blühen *nt* ❷ (*de una industria*) Florieren *nt*

**Florencia** [flo'renθja] *f* Florenz *nt*

**florentino, -a** [floren'tino, -a] **I.** *adj* florentinisch **II.** *m, f* Florentiner(in) *m(f)*

**floreo** [flo'reo] *m* ❶ (*conversación*) Geschwätz *nt* ❷ (MÚS) Tremolo *nt*

**florero** [flo'rero] *m* ❶ (*jarrón*) (Blumen)vase *f* ❷ (*maceta*) Blumentopf *m*

**floresta** [flo'resta] *f* ❶ (*bosque*) Wald *m* ❷ (*de poemas*) Anthologie *f*

**florete** [flo'rete] *m* Florett *nt*

**floricultor(a)** [florikul'tor(a)] *m(f)* Blumenzüchter(in) *m(f)*

**floricultura** [floriku̯l'tura] *f* Blumenzucht *f*
**florido**, **-a** [flo'riðo, -a] *adj* ❶ (*con flores*) Blumen-; (*floreciente*) blühend; **árbol** ~ Baum in Blüte ❷ (*selecto*) erlesen ❸ (*lenguaje*) blumig ❹ (*vaca*) gescheckt
**florín** [flo'rin] *m* Gulden *m*
**floripondio** [flori'pon̯djo] *m* (*pey*) ❶ (*flor*) hässliche Blume *f* ❷ (*adorno*) kitschiger Schmuck *m*
**florista** [flo'rista] *mf* ❶ (*comerciante*) Blumenhändler(in) *m(f)* ❷ (*vendedor*) Blumenverkäufer(in) *m(f)* ❸ (*que hace ramos*) Florist(in) *m(f)*
**floristería** [floriste'ria] *f* Blumengeschäft *nt*
**flota** ['flota] *f* ❶ (AERO, NÁUT) Flotte *f* ❷ (*de vehículos*) Fuhrpark *m;* ~ **de camiones** Lkw-Park *m*
**flotación** [flota'θjon] *f* ❶ (*en agua: activo*) Schwimmen *nt;* (*pasivo*) Treiben *nt;* (*en aire*) Schweben *nt;* **línea de** ~ (NÁUT) Wasserlinie *f* ❷ (TÉC) Schwimmaufbereitung *f* ❸ (FIN) Floating *nt*
**flotador** [flota'ðor] *m* ❶ (TÉC: *de pesca*) Schwimmer *m* ❷ (*en barcos*) Rettungsring *m;* (*para niños*) Schwimmring *m*
**flotar** [flo'tar] *vi* ❶ (*en agua: activamente*) schwimmen; (*pasivamente*) treiben; (*en aire*) schweben; (MED) flottieren ❷ (*bandera*) flattern ❸ (FIN) floaten
**flote** ['flote] *m:* **estar a** ~ flott sein; **mantenerse a** ~ (*t. fig*) sich über Wasser halten; **sacar a** ~ **una empresa** eine Firma wieder flottmachen
**fluctuación** [fluktwa'θjon] *f* ❶ (*oscilación*) Schwankung *f* ❷ (*irresolución*) Schwanken *nt*
**fluctuante** [fluktu'an̯te] *adj* schwankend
**fluctuar** [fluktu'ar] <*1. pres:* fluctúo> *vi* schwanken; **estoy fluctuando entre comprarme un coche o no** ich weiß nicht, ob ich mir ein Auto kaufen soll oder nicht
**fluidez** [flwi'ðeθ] *f* ❶ (*de un líquido*) Flüssigkeit *f;* **hablar con** ~ **un idioma extranjero** eine Fremdsprache fließend sprechen ❷ (*de expresión*) (Rede)gewandtheit *f*
**fluido**[1] [flu'iðo] *m* ❶ (*líquido*) Flüssigkeit *f;* (QUÍM) Fluid *nt* ❷ (ELEC) Strom *m*
**fluido**, **-a**[2] [flu'iðo, -a] *adj* ❶ (*alimento*) flüssig; **es** ~ **de palabra** er ist redegewandt ❷ (*tráfico*) fließend
**fluir** [flu'ir] *irr como huir vi* ❶ (*correr*) fließen; (*brotar*) heraussprudeln ❷ (*palabras*) fließen
**flujo** ['fluxo] *m* ❶ (*de un líquido*) Fluss *m;* ~ **de datos** (*t.* INFOR) Datenfluss *m;* ~ **de palabras** Redeschwall *m* ❷ (*de la marea*) Flut *f* ❸ (MED) Absonderung *f;* ~ **de vientre** Durchfall *m*
**fluminense** [flumi'nense] **I.** *adj* aus Rio de Janeiro **II.** *mf* Einwohner(in) *m(f)* von Rio de Janeiro
**flúor** ['fluor] *m* (QUÍM) Fluor *nt*
**fluorescencia** [flwores'θen̯θja] *f* Fluoreszenz *f*
**fluorescente** [flwores'θen̯te] **I.** *adj* fluoreszierend; **tubo** ~ Leuchtstoffröhre *f* **II.** *m* Leuchtstoffröhre *f*
**fluvial** [flu'βjal] *adj* Fluss-; **puerto** ~ Binnenhafen *m*
**FM** [e'feme/efe'eme] *f abr de* **Frecuencia Modulada** UKW *f*
**FMI** [efe(e)me'i] *m abr de* **Fondo Monetario Internacional** IWF *m*
**fobia** ['foβja] *f* ❶ (MED) Phobie *f* ❷ (*aversión*) Widerwille *m* (*a/por* gegen +*akk*)
**foca** ['foka] *f* ❶ (ZOOL) Robbe *f* ❷ (*piel*) Robbenfell *nt* ❸ (*pey: gordo*) Fettsack *m*
**focal** [fo'kal] *adj* fokal; **distancia** ~ Brennweite *f*
**focalizar** [fokali'θar] <z→c> *vt* fokussieren
**foco** ['foko] *m* ❶ (FÍS, MAT) Brennpunkt *m* ❷ (*centro*) Mittelpunkt *m;* ~ **de infección** Infektionsherd *m* ❸ (*lámpara*) Scheinwerfer *m* ❹ (*Am: bombilla*) Glühbirne *f*
**fofo**, **-a** ['fofo, -a] *adj* schwabbelig; **estoy** ~ ich habe Speck angesetzt
**fogata** [fo'ɣata] *f* (*en el campo*) Lagerfeuer *nt;* (*de alegría*) Freudenfeuer *nt;* (*como baliza*) Signalfeuer *nt*
**fogón** [fo'ɣon] *m* ❶ (*de la cocina*) Herd *m* ❷ (*de máquinas de vapor*) Kessel *m;* (FERRO) Feuerbüchse *f* ❸ (*de un cañón*) Zündloch *nt* ❹ (*Am: fogata*) Lagerfeuer *nt*
**fogonazo** [foɣo'naθo] *m* ❶ (*de arma*) Mündungsfeuer *nt* ❷ (*de pólvora*) Pulverblitz *m*
**fogonero** [foɣo'nero] *m* Heizer *m*
**fogosidad** [foɣosi'ðað] *f* ❶ (*de pasión*) Feuer *nt* ❷ (*de persona*) Temperament *nt* ❸ (*de debate*) Hitze *f*
**fogoso**, **-a** [fo'ɣoso, -a] *adj* ❶ (*pasión*) feurig ❷ (*persona*) temperamentvoll ❸ (*debate*) hitzig ❹ (*caballo*) feurig
**fogueado**, **-a** [foɣe'aðo, -a] *adj* (*Am*) erfahren
**foguear** [foɣe'ar] **I.** *vt* ❶ (*un arma*) (mit einem Schuss) reinigen ❷ (MIL) ans Gefecht gewöhnen ❸ (*a penalidades*) abhärten (*a* gegen +*akk*) **II.** *vr:* ~**se** sich abhärten (*a* gegen +*akk*)
**fogueo** [fo'ɣeo] *m:* **bala de** ~ Platzpatrone *f*
**foja** ['foxa] *f* (*Am*) Seite *f;* ~ **de servicios** Personalakte *f*
**folclor**(**e**) [fol'klor(e)] *m* Folklore *f*

**folclórico, -a** [fol'kloriko, -a] **I.** *adj* folkloristisch **II.** *m, f* Flamencosänger(in) *m(f)*
**folclorista** [folklo'rista] *mf* Folklorist(in) *m(f)*
**foliación** [folja'θjon] *f* ❶ (TIPO) Foliieren *nt* ❷ (BOT: *echar hojas*) Blattbildung *f;* (*colocación*) Blattanordnung *f* ❸ (GEO) Schichtung *f*
**foliar** [fo'ljar] **I.** *adj* Blatt- **II.** *vt* (TIPO) foliieren
**folio** ['foljo] *m* ❶ (*de un libro*) Folio *nt* ❷ (*hoja de papel*) Blatt *nt*
**folk** [folᵏ] *m sin pl* (MÚS) Folkmusik *f*
**folklorismo** [folklo'rismo] *m* Folkloristik *f*
**folklorista** [folklo'rista] *mf* Folklorist(in) *m(f)*
**follador** [foʎa'ðor] *m* ❶ (*que afuella*) Balgtreter *m* ❷ (*vulg: fornicador*) Hurenbock *m*
**follaje** [fo'ʎaxe] *m* ❶ (*de árbol, bosque*) Laub(werk) *nt* ❷ (*adorno*) Laubgewinde *nt* ❸ (*en un texto*) Geschwafel *nt;* (*al hablar*) Geschwätz *nt*
**follar¹** [fo'ʎar] **I.** *vi* (*vulg*) bumsen **II.** *vt* ❶ (*vulg: coitar*) bumsen ❷ (*vulg: fastidiar*) in Rage bringen *fam* ❸ (*deshacer*) in einzelne Blätter zerlegen
**follar²** [fo'ʎar] <o→ue> **I.** *vt* ❶ (*soplar*) anfachen ❷ (*fam: suspender*) durchfallen lassen **II.** *vr:* ~**se** (*vulg*) einen fahren lassen *fam*
**folletín** [foʎe'tin] *m* Feuilleton *nt;* **novela de** ~ Schundroman *m*
**folletinesco, -a** [foʎeti'nesko, -a] *adj* feuilletonistisch
**folleto** [fo'ʎeto] *m* Broschüre *f;* ~ **publicitario** Werbeprospekt *m*
**follón¹** [fo'ʎon] *m* (*fam*) ❶ (*alboroto*) Krach *m;* **armar un** ~ ein Chaos veranstalten ❷ (*asunto enojoso*) unangenehme Sache *f*
**follón, -ona²** [fo'ʎon, -ona] *adj* ❶ (*chulo*) angeberisch ❷ (*holgazán*) nachlässig
**follonero, -a** [foʎo'nero, -a] *m, f* Radaumacher(in) *m(f)*
**fomentar** [fomen̩'tar] *vt* ❶ (*empleo*) fördern; (*economía*) ankurbeln ❷ (*discordias*) schüren
**fomento** [fo'men̩to] *m* ❶ (*del empleo*) Förderung *f;* (*de la economía*) Ankurbelung *f;* **Banco Internacional de Reconstrucción y F~** Internationale Bank für Wiederaufbau und Entwicklung, Weltbank *f* ❷ (*de discordias*) Schüren *nt*
**fonda** ['fon̩da] *f* (billige) Pension *f*
**fondeadero** [fon̩dea'ðero] *m* Ankerplatz *m*
**fondeado, -a** [fon̩de'aðo, -a] *adj* (*Am*) wohlhabend
**fondear** [fon̩de'ar] **I.** *vi* (NÁUT) vor Anker liegen **II.** *vt* ❶ (*anclar*) verankern ❷ (*sondear*) (aus)loten ❸ (*registrar*) durchsuchen; (*una cuestión*) gründlich untersuchen; ~ **un asunto** einer Sache auf den Grund gehen
**fondeo** [fon̩'deo] *m* ❶ (NÁUT) Ankern *nt;* (*sondeo*) Ausloten *nt* ❷ (*registro*) Durchsuchung *f*
**fondillos** [fon̩'diʎos] *mpl* Hosenboden *m*
**fondista** [fon̩'dista] *mf* ❶ (*de una fonda*) (Gast)wirt(in) *m(f)* ❷ (DEP) Langstreckenläufer(in) *m(f)*
**fondo** ['fon̩do] *m* ❶ (*de un cajón*) Boden *m;* (*del río*) Grund *m;* (*de un valle*) Sohle *f;* **los bajos** ~**s** die Unterwelt; **en el** ~ **de su corazón** im Grunde seines/ihres Herzens; **tratar un tema a** ~ ein Thema gründlich behandeln; **en este asunto hay mar de** ~ an dieser Sache ist etwas faul; **tocar** ~ (ECON) den Tiefstand erreichen ❷ (*de un edificio*) Tiefe *f;* **al** ~ **del pasillo** am Ende des Ganges; **mi habitación está al** ~ **de la casa** mein Zimmer liegt auf der Hinterseite des Hauses ❸ (*lo esencial*) Kern *m;* **artículo de** ~ Leitartikel *m;* **en el** ~ eigentlich; **ir al** ~ **de un asunto** einer Sache auf den Grund gehen; **hay un** ~ **de verdad en lo que dices** in deinen Worten steckt ein Körnchen Wahrheit ❹ (*índole*) Wesen *nt,* Natur *f;* **persona de buen** ~ gutherziger Mensch; **tiene un buen** ~ in ihm/ihr steckt ein guter Kern ❺ (*de un cuadro*) Hintergrund *m;* (*de una tela*) Untergrund *m* ❻ (*conjunto de cosas*) Bestände *mpl;* (*de biblioteca*) Bücherbestand *m* ❼ (DEP) Ausdauer *f;* **corredor de** ~ Langstreckenläufer *m;* **esquiador de** ~ Langläufer *m* ❽ (FIN, POL) Fonds *m;* **F~ Monetario Internacional** Internationaler Währungsfonds; **F~ Social Europeo** Europäischer Sozialfonds ❾ *pl* (*medios*) Mittel *ntpl;* ~**s públicos** Staatspapiere *ntpl;* **cheque sin** ~**s** ungedeckter Scheck ❿ (NÁUT) Tiefgang *m;* **tocar** ~ auf Grund laufen; **irse a** ~ untergehen ⓫ (*contenido*) Gehalt *m;* **su carta tiene un** ~ **amargo** sein/ihr Brief hat einen bitteren Unterton
**fondón, -ona** [fon̩'don, -ona] *adj* (*pey fam*) schwerfällig
**fonética** [fo'netika] *f* Phonetik *f*
**foniatría** [fonja'tria] *f* Phoniatrie *f*
**fonógrafo** [fo'noɣrafo] *m* (FÍS) Phonograph *m*
**fonología** [fonolo'xia] *f* (LING) Phonologie *f*
**fonoteca** [fono'teka] *f* Phonothek *f*
**fontana** [fon̩'tana] *f* (*elev*) (Spring)brunnen *m*

F

**fontanería** [foņtaneˈria] *f* ❶ (*acción*) Installation *f* ❷ (*conducto*) (Wasser)leitungen *fpl* ❸ (*establecimiento*) Klempnerei *f*
**fontanero, -a** [foņtaˈnero, -a] **I.** *adj* (*natural*) Quell-; (*artificial*) Brunnen- **II.** *m, f* Installateur(in) *m(f)*
**footing** [ˈfutiŋ] *m sin pl* Jogging *nt;* **hacer ~** joggen
**foque** [ˈfoke] *m* ❶ (NÁUT) Klüver *m* ❷ (*fam: cuello*) Vatermörder *m*
**forajido, -a** [foraˈxiðo, -a] **I.** *adj* gesetzesflüchtig **II.** *m, f* flüchtiger Verbrecher *m,* flüchtige Verbrecherin *f*
**foral** [foˈral] *adj* ❶ (*de los privilegios*) partikularrechtlich; **derecho ~** Partikularrecht *nt* ❷ (*de la jurisdicción*) gerichtlich ❸ (*de las leyes*) gesetzlich
**foráneo, -a** [foˈraneo, -a] *adj* ❶ (*de otro lugar*) fremd ❷ (*extraño*) fremdartig
**forastero, -a** [forasˈtero, -a] **I.** *adj* ❶ (*de otro lugar*) fremd; (*extranjero*) ausländisch ❷ (*extraño*) fremdartig **II.** *m, f* Fremde(r) *mf;* (*extranjero*) Ausländer(in) *m(f)*
**forcejear** [forθexeˈar] *vi* ❶ (*esforzarse*) sich anstrengen ❷ (*resistir*) sich widersetzen *+dat*
**forcejeo** [forθeˈxeo] *m* ❶ (*esfuerzo*) (Kraft)anstrengung *f* ❷ (*resistencia*) Widerstand *m*
**forense** [foˈrense] **I.** *adj* gerichtlich; **médico ~** Gerichtsmediziner *m* **II.** *mf* Gerichtsmediziner(in) *m(f)*
**forestal** [foresˈtal] *adj* forstlich, Forst-; **camino ~** Waldweg *m;* **repoblación ~** Aufforstung *f*
**forestar** [foresˈtar] *vt* aufforsten
**forfait** [forˈfai̯ᵗ] *m* (COM) Pauschale *f*
**forfaiting** [forˈfai̯tiŋ] <forfaitings> *m* (COM) Forfaitierung *f*
**forja** [ˈforxa] *f* ❶ (*fragua*) Schmiede *f;* (*de platero*) Silberschmiede *f* ❷ (*ferrería*) (Eisen)hütte *f* ❸ (*del metal*) Schmieden *nt* ❹ (*creación*) Schaffung *f* ❺ (*argamasa*) Mörtel *m*
**forjar** [forˈxar] **I.** *vt* ❶ (*metal*) schmieden ❷ (*muro*) mauern; (*revocar*) verputzen ❸ (*inventar*) schmieden ❹ (*crear*) schaffen; (*imperio*) aufbauen **II.** *vr:* **~se** ❶ (*imaginarse*) sich *dat* ausdenken ❷ (*crear*) sich aufbauen
**forma** [ˈforma] *f* ❶ (*figura*) Form *f;* **las ~s de una mujer** die weiblichen Rundungen; **en ~ de gota** tropfenförmig; **dar ~ a algo** (*formar*) etw formen; (*precisar*) etw konkretisieren ❷ (*manera*) Art (und Weise) *f;* **~ de comportamiento** Verhaltensweise *f;* **defecto de ~** (JUR) Formfehler *m;* **tiene una extraña ~ de andar** er/sie hat einen eigenartigen Gang; **de ~ libre** formlos; **en ~ escrita** schriftlich; **en (buena y) debida ~** vorschriftsmäßig; **de ~ que** so dass; **de todas ~s, ...** jedenfalls ...; **lo haré de una u otra ~** ich werde es auf jeden Fall machen; **no hay ~ de abrir la puerta** die Tür lässt sich überhaupt nicht öffnen ❸ (*comportamiento*) Form *f* ❹ (*molde*) Form *f* ❺ (DEP) Form *f*
**formación** [formaˈθjon] *f* ❶ (*creación*) (Heraus)bildung *f,* Entstehung *f;* (*de una sociedad*) Gründung *f;* **~ del balance** Bilanzaufstellung *f;* **~ de humo** Rauchentwicklung *f* ❷ (*de personas, t.* MIL) Verband *m;* **~ política** politische Gruppierung; **~ de tropas** Truppenverband *m;* **desfilar en ~ cerrada** in geschlossener Formation marschieren ❸ (*educación*) (Aus)bildung *f;* **~ de adultos** Erwachsenenbildung *f;* **~ escolar** Schulbildung *f;* **~ profesional** Berufsausbildung *f* ❹ (GEO) (Gesteins)formation *f* ❺ (*forma*) Form *f*
**formal** [forˈmal] *adj* ❶ (*relativo a la forma*) formal; **requisito ~** Formalität *f* ❷ (*serio*) seriös; (*educado*) anständig; (*cumplidor*) zuverlässig ❸ (*oficial*) formell, förmlich; **una invitación ~** eine offizielle Einladung; **tiene novio ~** sie hat einen festen Freund
**formalidad** [formaliˈðaᵈ] *f* ❶ (*seriedad*) Seriosität *f;* (*exactitud*) Zuverlässigkeit *f* ❷ (ADMIN, JUR) Formalität *f* ❸ (*norma de comportamiento*) Formalität *f*
**formalismo** [formaˈlismo] *m* Formalismus *m*
**formalizar** [formaliˈθar] <z→c> **I.** *vt* ❶ (*dar forma*) formalisieren ❷ (*solemnizar*) offiziell machen; **~ un noviazgo** (*comprometerse*) sich verloben; (*casarse*) heiraten ❸ (JUR) in die vorgeschriebene Form bringen; **~ un contrato** einen Vertrag ordnungsgemäß abschließen; **~ una solicitud** einen Antrag stellen **II.** *vr:* **~se** ❶ (*formarse*) zustande kommen ❷ (*volverse formal*) vernünftig werden ❸ (*ofenderse*) sich entrüsten
**formar** [forˈmar] **I.** *vi* ❶ (MIL) antreten ❷ (*figurar*) gehören (*en* zu *+dat*) **II.** *vt* ❶ (*dar forma*) formen ❷ (*constituir*) bilden; (MIL) formieren; **~ parte de** gehören zu *+dat* ❸ (*educar*) erziehen; (*enseñar*) (aus)bilden **III.** *vr:* **~se** ❶ (*crearse*) sich bilden; (MIL) sich formieren ❷ (*ser educado*) ausgebildet werden; **se ha formado a sí mismo** er ist Autodidakt ❸ (*desarrollarse*) sich entwickeln ❹ (*hacerse*) sich *dat* bilden; **~se una idea de algo** sich *dat* ein Bild von etw *dat* machen
**formatear** [formateˈar] *vt* (INFOR) formatie-

ren

**formateo** [forma'teo] *m* (INFOR) Formatierung *f*

**formativo, -a** [forma'tiβo, -a] *adj* ❶ (*que da forma*) gestaltend ❷ (*educativo*) erzieherisch; (*instructivo*) (Aus)bildungs- ❸ (LING) Wortbildungs-

**formato** [for'mato] *m* Format *nt;* ~ **de datos** (INFOR) Datenformat *nt;* ~ **de texto** (INFOR) Textformat *nt;* ~ **vertical** Hochformat *nt*

**formica**® [for'mika] *f sin pl* Resopal® *nt*

**formidable** [formi'ðaβle] *adj* ❶ (*fam: estupendo*) toll ❷ (*temible*) furchtbar ❸ (*enorme*) riesig

**formol**® [for'mol] *m sin pl* Formol® *nt*

**formón** [for'mon] *m* ❶ (*escoplo*) (Stech)beitel *m* ❷ (*sacabocados*) Stanze *f*

**fórmula** ['formula] *f* (*t.* MAT, QUÍM) Formel *f;* ~ **de despedida** Schlussformel *f;* **coche de ~ 1** (DEP) Formel-1-Wagen *m*

**formulación** [formula'θjon] *f* ❶ (*de una idea*) Formulierung *f;* ~ **de balances** Bilanzaufstellung *f;* ~ **de la propuesta** Antragstellung *f* ❷ (FÍS) Aufstellung *f* einer Formel

**formular** [formu'lar] **I.** *adj* formelhaft **II.** *vt* ❶ (*expresar con una fórmula*) in einer Formel ausdrücken ❷ (*manifestar*) formulieren, zum Ausdruck bringen; ~ **demanda** Klage erheben; ~ **denuncia** Anzeige erstatten ❸ (*recetar*) verschreiben

**formulario**[1] [formu'larjo] *m* ❶ (*impreso*) Formular *nt;* ~ **para giro postal** Zahlkarte *f* ❷ (*colección de fórmulas*) Formelsammlung *f;* (*de recetas*) Rezeptbuch *nt;* (*de modelos*) Mustersammlung *f*

**formulario, -a**[2] [formu'larjo, -a] *adj* ❶ (*cortés*) formell ❷ (*formular*) formelhaft

**formulismo** [formu'lismo] *m* Formalismus *m*

**fornicar** [forni'kar] <c→qu> *vi* Geschlechtsverkehr haben; (*pey*) (herum)huren; (REL) die Ehe brechen

**fornido, -a** [for'niðo, -a] *adj* stämmig

**foro** ['foro] *m* ❶ (*plaza*) Forum *nt;* ~ **romano** Forum Romanum ❷ (JUR: *lugar*) Gerichtssaal *m* ❸ (JUR: *curia*) Rechtsanwaltschaft *f* ❹ (TEAT) Kulisse *f;* **desaparecer por el** ~ unbemerkt verschwinden

**forofo, -a** [fo'rofo, -a] *m, f* Fan *m*

**forraje** [fo'rraxe] *m* ❶ (*pasto*) (Vieh)futter *nt;* (*verde*) Grünfutter *nt;* (*Am: seco*) Trockenfutter *nt* ❷ (*fam: fárrago*) Mischmasch *m*

**forrar** [fo'rrar] **I.** *vt* (*el exterior*) umhüllen (*de/con* mit +*dat*); (*el interior*) ausschlagen (*de/con* mit +*dat*); (*una prenda*) füttern (*de/con* mit +*dat*); (*una butaca*) beziehen (*de/con* mit +*dat*); (*un libro*) einbinden (*con* mit +*dat*); (*una pared*) verkleiden (*con* mit +*dat*); ~ **con algodón** wattieren **II.** *vr:* ~**se** (*fam*) ❶ (*enriquecerse*) sich *dat* eine goldene Nase verdienen ❷ (*hartarse*) sich *dat* den Bauch voll schlagen (*de* mit +*dat*)

**forro** ['forro] *m* ❶ (*exterior*) Hülle *f;* (*interior*) (Innen)verkleidung *f;* (*de una prenda*) Futter *nt;* (*de una butaca*) Bezug *m;* (*de un libro*) Einband *m;* (*de una pared*) Verkleidung *f* ❷ (NÁUT) Beplankung *f* ❸ (AUTO): ~ **de freno** Bremsbelag *m* ❹ (*loc*): **ni por el** ~ (*fam*) nicht im Geringsten

**fortachón, -ona** [forta'ʧon, -ona] *adj* (*fam*) stämmig

**fortalecedor(a)** [fortaleθe'ðor(a)] *adj* ❶ (*vigorizador*) stärkend ❷ (*que da ánimo*) ermutigend ❸ (*reforzante*) Befestigungs-

**fortalecer** [fortale'θer] *irr como crecer* **I.** *vt* ❶ (*vigorizar*) stärken ❷ (*animar*) ermutigen ❸ (*reforzar*) befestigen **II.** *vr:* ~**se** ❶ (*vigorizarse*) sich stärken ❷ (*volverse más fuerte*) stärker werden

**fortalecimiento** [fortaleθi'mjen̪to] *m* ❶ (*de una cosa*) Befestigung *f* ❷ (*del cuerpo*) Stärkung *f* ❸ (*del ánimo*) Ermutigung *f*

**fortaleza** [forta'leθa] *f* ❶ (*fuerza*) Kraft *f;* **de poca** ~ schwächlich ❷ (*virtud*) Seelenstärke *f* ❸ (*robustez*) Robustheit *f* ❹ (MIL) Festung(sanlage) *f*

**fortificación** [fortifika'θjon] *f* ❶ (*fortalecimiento*) Stärkung *f* ❷ (MIL: *acción*) Befestigung *f* ❸ (MIL: *obra*) Befestigung(sanlage) *f*

**fortificar** [fortifi'kar] <c→qu> **I.** *vt* ❶ (*fortalecer*) stärken ❷ (MIL) befestigen **II.** *vr:* ~**se** ❶ (*fortalecerse*) stärker werden ❷ (MIL) sich verschanzen

**fortín** [for'tin] *m* ❶ (*fuerte*) kleine Festung(sanlage) *f* ❷ (*defensa*) Schanze *f*

**fortísimo, -a** [for'tisimo, -a] *adj superl de* **fuerte**

**fortuito, -a** [for'twito, -a/fortu'ito, -a] *adj* zufällig

**fortuna** [for'tuna] *f* ❶ (*suerte*) Glück *nt;* **por** ~ (*afortunadamente*) zum Glück; (*por casualidad*) zufällig(erweise) ❷ (*destino*) Schicksal *nt* ❸ (*capital*) Vermögen *nt;* ~**s** Besitztümer *ntpl;* **su voz era su** ~ seine/ihre Stimme war sein/ihr Kapital

**fórum** ['forun] *m* Forum *nt*

**forúnculo** [fo'ruŋkulo] *m* (MED) Furunkel *m o nt*

**forzado**[1] [for'θaðo] *m* ❶ (*presidiario*) Sträfling *m* ② (*galeote*) Galeerensträfling *m*

**forzado, -a²** [for'θaðo, -a] *adj* ① (*artificial*) gezwungen; **trabajos ~s** Zwangsarbeit *f* ② (*ocupado*) besetzt

**forzar** [for'θar] *irr* **I.** *vt* ① (*obligar*) zwingen ② (*un acontecimiento*) erzwingen ③ (*violar*) vergewaltigen ④ (*esforzar*) überbeanspruchen; (*voz*) überanstrengen ⑤ (*obligar a entrar*) hineinzwängen; (*a abrirse*) aufbrechen **II.** *vr:* **~se** ① (*obligarse*) sich zwingen ② (*esforzarse*) sich überanstrengen

**forzoso, -a** [for'θoso, -a] *adj* zwangsläufig, zwingend; **aterrizaje ~** Notlandung *f;* **venta forzosa** Zwangsverkauf *m*

**forzudo, -a** [for'θuðo, -a] *adj* sehr stark

**fosa** ['fosa] *f* ① (*hoyo*) Grube *f;* (*alargado, t.* GEO) Graben *m;* (MIL) Festungsgraben *m* ② (*sepultura*) Grab *nt* ③ (ANAT) Höhle *f*

**fosfato** [fos'fato] *m* (QUÍM) Phosphat *nt*

**fosforecer** [fosfores'θer] *irr como crecer vi* phosphoreszieren

**fosforescencia** [fosfores'θeṇθja] *f* Phosphoreszenz *f*

**fosforescente** [fosfores'θeṇte] *adj* phosphoreszierend

**fósforo** ['fosforo] *m* ① (QUÍM) Phosphor *m* ② (*cerilla*) Streichholz *nt*

**fósil** ['fosil] **I.** *adj* ① (GEO) fossil ② (*fam: anticuado*) steinzeitlich **II.** *m* Fossil *nt*

**fosilizado, -a** [fosili'θaðo, -a] *adj* (GEO) fossil

**fosilizarse** [fosili'θarse] <z→c> *vr* ① (GEO) fossilisieren ② (*fam: persona*) verknöchern

**foso** ['foso] *m* ① (*hoyo*) Grube *f;* (*alargado*) Graben *m;* (MIL) (Festungs)graben *m* ② (MÚS, TEAT) Orchestergraben *m* ③ (*en un garaje*) Reparaturgrube *f* ④ (DEP) Sandgrube *f*

**foto** ['foto] *f* Foto *nt;* **~ (tamaño) carnet** Passfoto *nt*

**fotocomposición** [fotokomposi'θjon] *f* Fotosatz *m*

**fotocopia** [foto'kopja] *f* (Foto)kopie *f*

**fotocopiadora** [fotokopja'ðora] *f* (Foto)kopierer *m*

**fotocopiar** [fotoko'pjar] *vt* (foto)kopieren

**fotoeléctrico, -a** [fotoe'lektriko, -a] *adj* lichtelektrisch

**fotogénico, -a** [foto'xeniko, -a] *adj* ① (*motivo*) bildwirksam; (*persona*) fotogen ② (*color*) fotogen

**fotografía** [fotoɣra'fia] *f* ① (*imágen*) Foto *nt;* **~ aérea** Luftaufnahme *f;* **~ en color** Farbfoto *nt;* **~ (tamaño) carnet** Passbild *nt;* **albúm de ~s** Fotoalbum *nt* ② (*arte*) Fotografie *f*

**fotografiar** [fotoɣrafi'ar/fotoɣra'fjar] <*1. pres:* fotografío> **I.** *vi* fotografieren **II.** *vt* ① (*hacer fotos*) fotografieren ② (*describir*) detailliert beschreiben

**fotográfico, -a** [foto'ɣrafiko, -a] *adj* fotografisch, Foto-; **máquina fotográfica** Fotoapparat *m;* **papel ~** Fotopapier *nt*

**fotógrafo, -a** [fo'toɣrafo, -a] *m, f* Fotograf(in) *m(f)*

**fotograma** [foto'ɣrama] *m* ① (CINE) Standbild *nt* ② (FOTO) Fotogramm *nt*

**fotomatón** [fotoma'ton] *m* ① (*mecanismo*) Fotomaton® *nt* ② (*cabina*) Passbildautomat *m* ③ (*argot: foto*) Passbild *nt* aus dem Automaten

**fotómetro** [fo'tometro] *m* Lichtmesser *m*

**fotomodelo** [fotomo'ðelo] *mf* (Foto)modell *nt*

**fotomontaje** [fotomoṇ'taxe] *m* Fotomontage *f*

**fotonovela** [fotono'βela] *f* Fotoroman *m*

**fotoquímica** [foto'kimika] *f* (QUÍM) Fotochemie *f*

**fotoquímico, -a** [foto'kimiko, -a] *adj* (QUÍM) fotochemisch

**fotorreportaje** [fotorrepor'taxe] *m* Fotoreportage *f*

**fotosíntesis** [foto'siṇtesis] *f sin pl* (QUÍM) Fotosynthese *f*

**fotovoltaico, -a** [fotoβol'tai̯ko, -a] *adj* fotovoltaisch

**FP** [efe'pe] *f abr de* **Formación Profesional** Berufsausbildung *f*

**frac** [frak] *m* <fracs *o* fraques> Frack *m*

**fracasar** [fraka'sar] *vi* ① (*no tener éxito*) scheitern; **la película fracasó** der Film fiel (beim Publikum) durch; **~ en un examen** durch eine Prüfung fallen ② (NÁUT) zerschellen

**fracaso** [fra'kaso] *m* ① (*acción*) Scheitern *nt* ② (*fiasco*) Misserfolg *m* ③ (*desastre*) Unglück *nt*

**fracción** [fraʏ'θjon] *f* ① (*división*) (Zer)teilen *nt;* (*ruptura*) Zerbrechen *nt;* (*de una cantidad*) Aufsplitterung *f* ② (*parte*) Bruchteil *m;* (*de un objeto*) Bruchstück *nt;* (*de una organización*) Fraktion *f;* **~ parlamentaria** (Parlaments)fraktion *f* ③ (MAT) Bruchzahl *f* ④ (QUÍM) Fraktion *f*

**fraccionamiento** [fraʏθjona'mjeṇto] *m* ① (*división*) Zerteilung *f;* (*ruptura*) Zerbrechen *nt;* (*de una cantidad*) Aufsplitterung *f;* (*de una organización*) Zersplitterung *f* ② (QUÍM) Fraktionierung *f*

**fraccionar** [fraʏθjo'nar] **I.** *vt* ① (*dividir*) (zer)teilen; (*romper*) zerbrechen; (*una cantidad*) aufsplittern; (*una organización*) spalten ② (QUÍM) fraktionieren **II.** *vr:* **~se** zerbrechen; (*grupo*) sich spalten

**fraccionario**, **-a** [fraᵞθjo'narjo, -a] *adj* ❶ (MAT) Bruch-; **número** ~ Bruchzahl *f* ❷ (POL) fraktionell ❸ (*incompleto*) bruchstückhaft

**fractura** [frak'tura] *f* ❶ (*rotura*) Bruch *m;* (MED) Fraktur *f* ❷ (GEO: *falla*) Verwerfung *f*

**fracturar** [fraktu'rar] **I.** *vt* zerbrechen; (*una caja fuerte*) aufbrechen **II.** *vr:* ~**se** (zer)brechen

**fragancia** [fra'ɣaṇθja] *f* Duft *m*

**fragata** [fra'ɣata] *f* ❶ (NÁUT) Fregatte *f* ❷ (ZOOL) Fregattvogel *m*

**frágil** ['fraxil] *adj* ❶ (*objeto*) zerbrechlich ❷ (*constitución*) zart; (*anciano*) gebrechlich ❸ (*salud*) anfällig ❹ (*carácter*) schwach; **tener una memoria** ~ vergesslich sein

**fragilidad** [fraxili'ðaᵈ] *f* ❶ (*de un objeto*) Zerbrechlichkeit *f* ❷ (*de la constitución*) Zartheit *f;* (*de un anciano*) Gebrechlichkeit *f* ❸ (*de la salud*) Anfälligkeit *f* ❹ (*del carácter*) Schwäche *f*

**fragilizar** [fraxili'θar] <z→c> *vt* schwächen

**fragmentación** [fraɣmeṇta'θjon] *f* Zerlegung *f,* (Zer)teilung *f;* (*en muchos pedazos*) Zerstückelung *f;* (*de un cristal*) Zersplitterung *f*

**fragmentar** [fraɣmeṇ'tar] **I.** *vt* (*dividir*) zerlegen, (zer)teilen; (*en muchos pedazos*) zerstückeln; (*romper*) zerschlagen; (*una roca*) zerbröckeln **II.** *vr:* ~**se** (*cristal*) zersplittern; (*roca*) zerbröckeln

**fragmentario**, **-a** [fraɣmeṇ'tarjo, -a] *adj* ❶ (*compuesto*) (aus Fragmenten) zusammengesetzt ❷ (*incompleto*) bruchstückhaft

**fragmento** [fraɣ'meṇto] *m* ❶ (*parte*) (Bruch)stück *nt;* (*de un cristal*) Scherbe *f;* (*de una roca*) Brocken *m;* (*de un tejido*) Fetzen *m;* (*de un papel*) Schnipsel *m o nt* ❷ (LIT, MÚS: *parte*) Fragment *nt,* Auszug *m*

**fragor** [fra'ɣor] *m* Getöse *nt*

**fragoroso**, **-a** [fraɣo'roso, -a] *adj* dröhnend

**fragosidad** [fraɣosi'ðaᵈ] *f* ❶ (*de un monte*) Dichte *f* ❷ (*de un camino*) Unwegsamkeit *f* ❸ (*lugar*) unwegsame Gegend *f;* (*lleno de arbustos*) Dickicht *nt*

**fragoso**, **-a** [fra'ɣoso, -a] *adj* ❶ (*áspero*) unwegsam ❷ (*ruidoso*) lärmend

**fragua** ['fraɣwa] *f* Schmiede *f*

**fraguar** [fra'ɣwar] <gu→gü> **I.** *vi* ❶ (*cemento*) sich verfestigen ❷ (*idea*) sich durchsetzen **II.** *vt* (*metal*) schmieden; **¿qué estás fraguando?** was heckst du nun wieder aus?

**fraile** ['frai̯le] *m* ❶ (REL) Mönch *m* ❷ (*en un vestido*) Falte *f* ❸ (*en una chimenea*) (Rauch)abzug *m* ❹ (TIPO) blass gedruckte Stelle *f*

**frambuesa** [fram'bwesa] *f* Himbeere *f*

**frame** [freiṃ] *m* (INFOR) Frame *m o nt*

**francés**, **-esa** [fraṇ'θes, -esa] **I.** *adj* französisch; **tortilla francesa** Omelett *nt* **II.** *m, f* Franzose *m,* Französin *f*

**Francfort** ['fraɱfor⁽ᵗ⁾] *m* Frankfurt *nt;* **salchicha de F~** Frankfurter Würstchen

**Francia** ['fraṇθja] *f* Frankreich *nt*

**franciscano**, **-a** [fraṇθis'kano, -a] **I.** *adj* ❶ (REL) franziskanisch ❷ (*Am: pardo*) (grau)braun **II.** *m, f* Franziskaner(in) *m(f)*

**francmasonería** [fraⁿmasone'ria/fraᵐmasone'ria] *f* Freimaurerei *f*

**franco**[1] ['fraŋko] *m* ❶ (*moneda francesa, belga*) Franc *m;* (*suiza*) Franken *m* ❷ (*lengua*) Fränkisch(e) *nt*

**franco**, **-a**[2] ['fraŋko, -a] **I.** *adj* ❶ (*sincero*) aufrichtig ❷ (*generoso*) großzügig (*a/ (para) con/para* gegenüber +*dat*) ❸ (*libre*) frei; **puerto** ~ Freihafen *m;* ~ **a bordo** frei an Bord; ~ **de derechos** gebührenfrei; ~ **en fábrica** ab Werk ❹ (*claro*) klar ❺ (HIST) fränkisch ❻ (*francés*) französisch **II.** *m, f* Franke *m,* Fränkin *f*

**francófilo**, **-a** [fraŋ'kofilo, -a] *adj* frankophil

**francotirador** [fraŋkotira'ðor] *m* ❶ (*guerrillero*) Freischärler *m;* (*tirador emboscado*) Heckenschütze *m* ❷ (*persona aislada*) Querschläger *m fam;* **ser un** ~ quer schießen *fam*

**franela** [fra'nela] *f* ❶ (*tejido*) Flanell *m* ❷ (*Am: camiseta*) (Herren)unterhemd *nt*

**franja** ['fraŋxa] *f* ❶ (*guarnición*) Borte *f* ❷ (*tira*) Streifen *m;* **en la misma** ~ **horaria** im gleichen Zeitraum

**franquear** [fraŋke'ar] **I.** *vt* ❶ (*carta*) frankieren; **a** ~ **en destino** Porto bezahlt Empfänger ❷ (*desobstruir*) räumen ❸ (*fam: río*) überqueren; (*puerta*) durchschreiten; (*obstáculo*) überwinden ❹ (*conceder*) gewähren ❺ (*dar libertad*) freilassen **II.** *vr:* ~**se** sich anvertrauen (*con/a* +*dat*)

**franqueo** [fraŋ'keo] *m* ❶ (*sellos*) Porto *nt;* **sin** ~ unfrankiert ❷ (*acción: de una carta*) Frankieren *nt* ❸ (*de un esclavo*) Freilassung *f* ❹ (*de una salida*) Räumung *f*

**franqueza** [fraŋ'keθa] *f* ❶ (*sinceridad*) Aufrichtigkeit *f;* **admitir algo con** ~ etw unumwunden zugeben ❷ (*generosidad*) Großzügigkeit *f* ❸ (*familiaridad*) Vertrautheit *f;* **no tengo suficiente** ~ **con ella como para pedirle este favor** ich kenne sie nicht gut genug, um sie um diesen Gefallen zu bitten ❹ (*exención*) Befreiung *f*

**franquicia** [fraŋ'kiθja] *f* ❶ (*de franqueo*) Abgabenfreiheit *f;* **en** ~ abgabenfrei ❷ (ECON) Franchising *nt*

**franquiciador(a)** [fraŋkiθja'ðor(a)] **I.** *adj* (COM) Franchising- **II.** *m(f)* (COM) Franchisinggeber(in) *m(f)*

**franquismo** [fraŋ'kismo] *m sin pl* ❶ (*régimen*) Franco-Ära *f* ❷ (*movimiento*) Franquismus *m*

**franquista** [fraŋ'kista] **I.** *adj* franquistisch **II.** *mf* Anhänger(in) *m(f)* Francos

**fraques** ['frakes] *pl de* **frac**

**frasco** ['frasko] *m* ❶ (*botella*) Flasche *f;* (*de perfume*) Flakon *m o nt;* ~ **pulverizador** Zerstäuber *m* ❷ (*Am: medida*) ≈2,37 Liter

**frase** ['frase] *f* ❶ (*oración*) Satz *m* ❷ (*locución*) (Rede)wendung *f;* (*fam: refrán*) Sprichwort *nt;* (*expresión famosa*) geflügeltes Wort *nt;* ~ **hecha** Redensart *f;* ~ **proverbial** Sprichwort *nt* ❸ (*sin valor*) Phrase *f* ❹ (*estilo*) Ausdrucksweise *f* ❺ (MÚS) Phrase *f*

**fraseología** [fraseolo'xia] *f* ❶ (LING) Phraseologie *f* ❷ (*verbosidad*) Phrasendrescherei *f*

**fraternal** [frater'nal] *adj* brüderlich

**fraternidad** [fraterni'ðaᵈ] *f* Brüderlichkeit *f*

**fraternizar** [fraterni'θar] <z→c> *vi* ❶ (*unirse*) sich verbrüdern; (POL) fraternisieren ❷ (*alternar*) (freundschaftlich) verkehren

**fratricida** [fratri'θiða] *mf* Brudermörder(in) *m(f)*

**fratricidio** [fratri'θiðjo] *m* Brudermord *m*

**fraude** ['frau̯ðe] *m* (*t.* JUR) Betrug *m;* ~ **fiscal** Steuerhinterziehung *f;* **cometer** ~ betrügen

**fraudulento, -a** [frau̯ðu'len̩to, -a] *adj* (*t.* JUR) betrügerisch; **publicidad fraudulenta** irreführende Werbung

**fray** [frai̯] *m* (REL) Bruder *m*

**frazada** [fra'θaða] *f* (*Am*) Bettdecke *f;* (*de lana*) Wolldecke *f*

**frecuencia** [fre'kwen̩θja] *f* ❶ (*repetición*) Häufigkeit *f;* **con** ~ oft ❷ (FÍS) Frequenz *f*

**frecuentar** [frekwen̩'tar] *vt* ❶ (*acción*) oft wiederholen ❷ (*lugar*) regelmäßig besuchen, verkehren (in +*dat*) ❸ (*a alguien*) sich regelmäßig treffen (*a* mit +*dat*)

**frecuente** [fre'kwen̩te] *adj* ❶ (*repetido*) häufig ❷ (*usual*) üblich

**free-lance** [fri-lans] *mf* Freiberufler(in) *m(f)*

**fregadero** [freɣa'ðero] *m* Spülbecken *nt;* (*en la cocina*) Spüle *f*

**fregado[1]** [fre'ɣaðo] *m* ❶ (*limpieza*) Säuberung *f;* (*de los platos*) Spülen *nt* ❷ (*fam: enredo*) Schlamassel *m o nt* ❸ (*pey: pelea*) Streit *m*

**fregado, -a[2]** [fre'ɣaðo, -a] *adj* ❶ (*Am: descarado*) frech; (*fastidioso*) zudringlich ❷ (*Am: astuto*) gewitzt ❸ (*AmC: severo*) streng

**fregador** [freɣa'ðor] *m* ❶ (*fregadero*) Spülbecken *nt* ❷ (*estropajo*) (Spül)schwamm *m*

**fregar** [fre'ɣar] *irr vt* ❶ (*frotar*) abreiben ❷ (*limpiar: el suelo*) (nass) wischen; (*los platos*) spülen ❸ (*Am: fam: molestar*) nerven

**fregona** [fre'ɣona] *f* ❶ (*utensilio*) Wischmopp *m* ❷ (*pey: sirvienta*) Putzfrau *f* ❸ (*pey: mujer ordinaria*) Schlampe *f*

**freidora** [frei̯'ðora] *f* Fritteuse *f*

**freír** [fre'ir] *irr* **I.** *vt* ❶ (*guisar*) braten; (*en mucho aceite*) frittieren; **mandar a alguien a ~ espárragos** (*fam*) jdn zum Teufel schicken ❷ (*fam: molestar*) nerven; **me tiene frito con sus preguntas** er/sie geht mir mit seiner/ihrer Fragerei auf die Nerven ❸ (*fam: matar*) umlegen; ~ **a balazos** abknallen **II.** *vr:* ~**se** ❶ (*alimento*) braten ❷ (*fam: persona*) vor Hitze umkommen; **aquí te fríes** hier herrscht eine Affenhitze

**frejol** [fre'xol] *m,* **fréjol** ['frexol] *m* (*Perú*) *v.* **frijol**

**frenar** [fre'nar] **I.** *vt* ❶ (*hacer parar*) zum Stillstand bringen ❷ (*un impulso*) dämpfen; (*un desarollo*) hemmen; (*a una persona*) zurückhalten, bremsen **II.** *vi* (ab)bremsen; ~ **en seco** abrupt abbremsen **III.** *vr:* ~**se** sich bremsen (*en* bei +*dat*)

**frenazo** [fre'naθo] *m* ❶ (AUTO) Vollbremsung *f* ❷ (*del desarrollo*) Dämpfung *f;* **sufrir un** ~ (*fig*) stark gebremst werden

**frenesí** [frene'si] *m* ❶ (*exaltación*) Leidenschaft *f;* (*violenta*) Raserei *f* ❷ (*locura*) Wahnsinn *m;* (*delirio furioso*) Tobsucht *f*

**frenético, -a** [fre'netiko, -a] *adj* ❶ (*exaltado*) frenetisch; **aplauso** ~ stürmischer Beifall ❷ (*loco*) wahnsinnig ❸ (*furioso*) rasend

**freno** ['freno] *m* ❶ (TÉC) Bremse *f* ❷ (*para un caballo*) Trense *f* ❸ (*contención*) Zügel *m;* **tirar del ~ a alguien** jdn zügeln; **no tener** ~ nicht zu bremsen sein

**frente[1]** ['fren̩te] *f* ❶ (*parte de la cara*) Stirn *f;* **fruncir la** ~ die Stirn runzeln; **hacer ~ a alguien/a algo** jdm/etw *dat* die Stirn bieten; **no tener dos dedos de** ~ (*fam*) nichts im Kopf haben ❷ (*cara*) Gesicht *nt;* ~ **a** ~ von Angesicht zu Angesicht; **bajar la** ~ sich schämen

**frente[2]** ['fren̩te] **I.** *m* ❶ (*delantera*) Vorderseite *f;* (*de un edificio*) Front *f,* Stirnseite *f;* **de** ~ frontal ❷ (POL, METEO) Front *f;* **¡de ~!**

(MIL) Marsch! ❸ (*cabeza*) Spitze *f;* **al** ~ (*dirección*) nach vorne; (*lugar*) vorne; **de** ~ (*de cara*) von vorne; (*hacia delante*) nach vorne; (*enfrente*) gegenüber; (*sin rodeos*) direkt; **estar al ~ de algo** etw leiten; **ponerse al** ~ die Führung übernehmen ❹ (*de un escrito*) Kopf *m* **II.** *prep* ❶ ~ **a** (*enfrente de*) gegenüber *+dat;* (*delante de*) vor *+dat;* (*contra*) gegen *+akk;* (*ante*) angesichts *+gen* ❷ **en ~ de** gegenüber *+dat*

**fresa** ['fresa] **I.** *adj* erdbeerfarben **II.** *f* ❶ (BOT) Erdbeere *f* ❷ (TÉC) Fräser *m,* Fräse *f*

**fresadora** [fresa'ðora] *f* Fräsmaschine *f,* Fräse *f*

**fresal** [fre'sal] *m* Erdbeerfeld *nt*

**fresar** [fre'sar] *vt* fräsen

**frescales** [fres'kales] *mf inv* (*fam*) Frechdachs *m*

**fresco**[1] ['fresko] *m* ❶ (*frescor*) Frische *f;* (*frío moderado*) Kühle *f;* (*viento*) Brise *f;* **salir a tomar el** ~ an die frische Luft gehen; **hoy hace** ~ heute ist es kühl ❷ (ARTE) Fresko *nt* ❸ (*Am: refresco*) Erfrischung *f*

**fresco, -a**[2] ['fresko, -a] **I.** *adj* ❶ (*frío*) kühl; (*prenda*) luftig; (*cutis*) frisch, rosig; (*olor*) frisch ❷ (*reciente*) frisch; **noticia fresca** taufrische Nachricht ❸ (*descansado*) ausgeruht ❹ (*fam: desvergonzado*) frech ❺ (*impasible*) ungerührt ❻ (*equivocado*): **estar** ~ (*fam*) auf dem Holzweg sein **II.** *m, f* (*fam*) Frechdachs *m;* (*pey*) unverschämte Person *f*

**frescor** [fres'kor] *m* ❶ (*frío moderado*) Kühle *f;* (*frescura*) Frische *f* ❷ (ARTE) Fleischton *m*

**frescura** [fres'kura] *f* ❶ (*frescor*) Frische *f;* (*frío moderado*) Kühle *f* ❷ (*desvergüenza*) Unverschämtheit *f* ❸ (*desembarazo*) Ungezwungenheit *f;* **con** ~ ungehemmt

**fresno** ['fresno] *m* Esche *f*

**fresón** [fre'son] *m Erdbeerart aus Chile*

**fresquera** [fres'kera] *f* ≈Speisekammer *f*

**fresquería** [freske'ria] *f* (*Am*) Erfrischungsstand *m*

**frialdad** [frjal̩'daᵈ] *f* ❶ (*frío*) Kälte *f* ❷ (*despego*) Distanziertheit *f;* **me trató con** ~ er/sie war mir gegenüber sehr kühl ❸ (*impasibilidad*) Gleichgültigkeit *f* ❹ (*falta de sentimientos*) Gefühlskälte *f;* (*frigidez*) Frigidität *f* ❺ (*estilo*) Ausdruckslosigkeit *f;* (*del ambiente*) Kälte *f*

**fricandó** [frikan̩'do] *m* ≈Fleischeintopf *m*

**fricción** [friˠ'θjon] *f* ❶ (*resistencia*) Reibung *f* ❷ (*del cuerpo*) Abreibung *f;* (*con linimento*) Einreiben *nt* ❸ (*desavenencia*) Reibungen *fpl;* (*disputa*) Reiberei *f*

**friccionar** [friˠθjo'nar] *vt* (*en seco*) abreiben; (*con linimento*) einreiben

**friega** ['frjeɣa] *f* ❶ (*fricción*) Einreibung *f* ❷ (*Am: molestia*) Plage *f* ❸ (*fam: zurra*) Abreibung *f*

**friegaplatos** [frjeɣa'platos] *m inv* Geschirrspüler *m*

**frigidez** [frixi'ðeθ] *f* ❶ (*frialdad*) Kälte *f* ❷ (*de la mujer*) Frigidität *f*

**frígido, -a** ['frixiðo, -a] *adj* ❶ (*elev: frío*) kalt ❷ (*mujer*) frigid(e)

**frigorífico**[1] [friɣo'rifiko] *m* ❶ (*nevera*) Kühlschrank *m* ❷ (*local*) Kühlhaus *nt*

**frigorífico, -a**[2] [friɣo'rifiko, -a] *adj* Kälte erzeugend; **camión** ~ Kühlwagen *m*

**frijol** [fri'xol] *m,* **fríjol** ['frixol] *m* (*Am:* BOT) Bohne *f*

**frío**[1] ['frio] *m* Kälte *f;* **hace** ~ es ist kalt; **hace un ~ que pela** es ist eiskalt; **coger** ~ sich erkälten; **tengo** ~ mir ist kalt

**frío, -a**[2] ['frio, -a] *adj* ❶ (*no caliente*) kalt ❷ (*despegado*) frostig; (*relación*) gespannt ❸ (*falto de sentimientos*) gefühlskalt; (*frígida*) frigide ❹ (*impasible*) ungerührt ❺ (*inexpresivo*) ausdruckslos; (*ambiente*) kühl

**friolera** [frjo'lera] *f* ❶ (*cosa pequeña*) Kleinigkeit *f* ❷ (*fam: montón*) Haufen *m*

**friolero, -a** [frjo'lero, -a] *adj* kälteempfindlich

**frisar** [fri'sar] **I.** *vi* ❶ (*acercarse*) zugehen (*en* auf *+akk*) ❷ (*simpatizar*) sich gut verstehen **II.** *vt* ❶ (*tejido*) aufrauen ❷ (NÁUT) abdichten

**Frisia** ['frisja] *f* Friesland *nt*

**friso** ['friso] *m* ❶ (ARQUIT) Fries *m* ❷ (*de la pared*) Leiste *f*

**frisón, -ona** [fri'son, -ona] **I.** *adj* friesisch; (*de los Países Bajos*) friesländisch **II.** *m, f* Friese, -in *m, f;* (*de los Países Bajos*) Friesländer(in) *m(f)*

**fritanga** [fri'taŋga] *f* (*Am*) ❶ (*comida frita*) Frittüre *f* ❷ (*instrumento*) Fritteuse *f*

**frito**[1] ['frito] *m* Gebratene(s) *nt*

**frito, -a**[2] ['frito, -a] **I.** *pp de* **freír** **II.** *adj* ❶ (*comida*) gebraten ❷ (*fam: dormido*): **quedarse** ~ einnicken ❸ (*fam: muerto*) tot; **quedarse** ~ abkratzen; **dejar a alguien** ~ jdn um die Ecke bringen ❹ (*fam: harto*): **estar ~ con** die Nase voll haben von *+dat*

**frivolidad** [friβoli'ðaᵈ] *f* ❶ (*ligereza*) Leichtlebigkeit *f* ❷ (*coquetería*) Koketterie *f* ❸ (*trivialidad*) Oberflächlichkeit *f* ❹ (*sensualidad*) Frivolität *f*

**frívolo, -a** ['friβolo, -a] *adj* ❶ (*ligero*) leichtlebig ❷ (*coqueto*) kokett, eitel ❸ (*superficial*) oberflächlich ❹ (*sensual*) frivol

**fronda** ['froṇda] *f* ❶ (*hoja*) Blatt *nt* ❷ *pl* (*follaje*) Laub(werk) *nt*
**frondosidad** [froṇdosi'ðaᵈ] *f* ❶ (*de una planta*) dichte Belaubung *f;* (*de un bosque*) Dichte *f* ❷ (*follaje*) Laub(werk) *nt*
**frondoso, -a** [froṇ'doso, -a] *adj* (*planta*) blätt(e)rig; (*árbol*) dicht belaubt; (*bosque*) dicht
**frontal** [froṇ'tal] **I.** *adj* ❶ (ANAT) Stirn- ❷ (*relativo al frente*) Vorder- ❸ (*de frente*) frontal **II.** *m* ❶ (ANAT) Stirnbein *nt* ❷ (REL) Frontale *f*
**frontenis** [froṇ'tenis] *m sin pl Variante der Pelota*
**frontera** [froṇ'tera] *f* ❶ (*límite*) Grenze *f* (*entre* zwischen +*dat*); **atravesar la** ~ die Grenze überqueren ❷ (*frontispicio*) Vorderseite *f;* (*de un edificio*) Fassade *f;* (*de un libro*) Titelseite *f*
**fronterizo, -a** [froṇte'riθo, -a] *adj* ❶ (*en la frontera*) Grenz-; (*país*) angrenzend ❷ (*frontero*) gegenüberliegend
**frontis** ['froṇtis] *m inv* (*frontispicio*) Vorderseite *f;* (*de un edificio*) Fassade *f*
**frontispicio** [froṇtis'piθjo] *m* ❶ (*delantera*) Vorderseite *f;* (*de un edificio*) Fassade *f* ❷ (*de un libro*) Frontispiz *nt,* Titelseite *f* ❸ (ARQUIT) Giebel *m,* Frontispiz *nt* ❹ (*cara*) Antlitz *nt*
**frontón** [froṇ'ton] *m* ❶ (*pared*) Wand *f* (*zum Pelotaspielen*) ❷ (*pista*) (Pelota-)Spielfeld *nt;* (*edificio*) (Pelota-)Halle *f* ❸ (ARQUIT) Giebel *m,* Frontispiz *nt*

**i Land & Leute**

**Frontón** heißt die Wand zum Pelotaspielen und auch das Pelotaspiel an sich (**jugar al frontón**). In fast jedem Dorf Spaniens gibt es einen **frontón**.

**frotación** [frota'θjon] *f,* **frotadura** [frota'ðura] *f* ❶ (*acción*) Reiben *nt;* (*con cepillo*) Frottieren *nt* ❷ (*efecto*) Reibung *f*
**frotamiento** [frota'mjeṇto] *m* (*acción de frotar*) (Ab)reiben *nt;* (*con cepillo*) Frottieren *nt*
**frotar** [fro'tar] **I.** *vt* reiben; (*con cepillo*) frottieren; (*con un estropajo*) scheuern **II.** *vr:* ~**se** sich reiben (*contra* an +*dat*); ~**se con una toalla** sich mit einem Handtuch abreiben
**frotis** ['frotis] *m inv* (MED) Abstrich *m*
**fructífero, -a** [fruk'tifero, -a] *adj* fruchtbringend
**fructificación** [fruktifika'θjon] *f* ❶ (*de una planta*) Fruchtbildung *f* ❷ (*de un esfuerzo*) Nutzen *m*
**fructificar** [fruktifi'kar] <c→qu> *vi* ❶ (*planta*) Früchte tragen ❷ (*esfuerzo*) fruchten
**frugal** [fru'ɣal] *adj* ❶ (*persona*) genügsam ❷ (*comida*) frugal
**frugalidad** [fruɣali'ðaᵈ] *f* ❶ (*de persona*) Genügsamkeit *f* ❷ (*de comidas*) Frugalität *f*
**fruición** [frwi'θjon] *f* Genuss *m*
**frunce** ['fruṇθe] *m* Falte *f*
**fruncimiento** [fruṇθi'mjeṇto] *m* ❶ (*pliegue*) Falte *f* ❷ (*arrugamiento*) Zerknittern *nt* ❸ (*de los labios*) Kräuseln *nt;* (*de la frente*) Runzeln *nt;* (*del entrecejo*) Zusammenziehen *nt*
**fruncir** [fruṇ'θir] <c→z> **I.** *vt* ❶ (*tela*) fälteln ❷ (*labios*) kräuseln; (*frente*) runzeln; ~ **el entrecejo** die Augenbrauen zusammenziehen **II.** *vr:* ~**se** zerknittern
**fruslería** [frusle'ria] *f* ❶ (*baratija*) Kleinigkeit *f* ❷ (*fam: bagatela*) Belanglosigkeit *f* ❸ (*fam: tontería*) Blödsinn *m*
**frustración** [frustra'θjon] *f* ❶ (*de planes*) Zunichtemachen *nt;* (*fracaso*) Scheitern *nt;* (*de una esperanza*) Zerschlagung *f* ❷ (*desilusión*) Enttäuschung *f*
**frustrado, -a** [frus'traðo, -a] *adj* (*persona*) frustriert; (*intento*) vergeblich
**frustrar** [frus'trar] **I.** *vt* ❶ (*estropear*) zunichte machen; ~ **las esperanzas de alguien** jds Hoffnungen zerschlagen ❷ (*decepcionar*) enttäuschen **II.** *vr:* ~**se** ❶ (*plan*) scheitern ❷ (*esperanzas*) sich zerschlagen
**fruta** ['fruta] *f* Frucht *f;* (*nombre colectivo*) Obst *nt;* ~**s de Aragón** *kandierte Früchte mit Schokoladenüberzug;* ~ **del tiempo** Frischobst *nt;* ~**s tropicales** tropische Früchte; **de postre comimos** ~ zum Nachtisch gab es Obst
**frutal** [fru'tal] **I.** *adj* Obst- **II.** *m* Obstbaum *m*
**frutera** [fru'tera] *adj o f v.* **frutero²**
**Frutera** [fru'tera] *f* (*Am*) United Fruit Company *f*
**frutería** [frute'ria] *f* Obsthandlung *f*
**frutero¹** [fru'tero] *m* ❶ (*recipiente*) Obstschale *f* ❷ (ARTE) Stillleben *nt*
**frutero, -a²** [fru'tero, -a] **I.** *adj* Obst-; **es muy** ~ er isst viel und gerne Obst **II.** *m, f* Obsthändler(in) *m(f)*
**fruticultura** [frutikuḷ'tura] *f* Obstanbau *m*
**fruto** ['fruto] *m* ❶ (BOT) Frucht *f* ❷ (*hijo*) (Leibes)frucht *f* ❸ (*rendimiento*) Ertrag *m;* (*ganancia*) Gewinn *m;* (*resultado*) Produkt *nt;* (*provecho*) Nutzen *m;* (JUR) Frucht *f*
**fucsia¹** ['fuᵞsja] **I.** *adj* (*color*) pink **II.** *m*

Pink *nt*

**fucsia²** ['fuˠsja] *f* (BOT) Fuchsie *f*

**fue** [fwe] 1 *3. pret de* **ir** 2 *3. pret de* **ser**

**fuego** ['fweɣo] *m* 1 (*llamas*) Feuer *nt;* (*incendio*) Brand *m;* **~s artificiales** Feuerwerk *nt;* **a ~ lento** (GASTR) bei schwacher Hitze; (*fig*) langsam; **prender** [*o* **pegar**] **~ a algo** etw anzünden; **echar ~ por los ojos** vor Wut sprühen 2 (MIL) (Geschütz)feuer *nt;* **estar entre dos ~s** zwischen die Fronten geraten 3 (*ardor*) Hitze *f;* **en el ~ de la discusión** im Eifer des Gefechts

**fuel** [fwel] *m* Heizöl *nt*

**fuelle** ['fweʎe] *m* 1 (*instrumento*) Blasebalg *m* 2 (*de un tren*) Faltenbalg *m;* (*de una cámara*) Balgen *m* 3 (*de un vestido*) Falte *f* 4 (*de un carruaje*) Faltverdeck *nt* 5 (*fam: pulmones*) Puste *f;* (*aguante*) Ausdauer *f* 6 (*fam: soplón*) Petze *f*

**fuente** ['fwen̦te] *f* 1 (*manantial*) Quelle *f* 2 (*construcción*) Brunnen *m* 3 (*plato llano*) Platte *f;* (*plato hondo*) Schüssel *f* 4 (*origen*) Quelle *f;* **~s bien informadas** gut informierte Kreise

**fuera** ['fwera] **I.** *adv* 1 (*lugar*) draußen; **por ~** außen; **de ~** (*por la parte exterior*) von außen; (*de otro lugar*) von außerhalb; **el nuevo maestro es de ~** der neue Lehrer ist nicht von hier 2 (*dirección*) hinaus; **¡~!** raus!; **¡~ con esto!** weg damit!; **¡~ de mi vista!** geh mir bloß aus den Augen!; **salir ~** hinausgehen; **hacia ~** nach draußen; **echar a alguien ~** jdn hinauswerfen 3 (*tiempo*) außerhalb; **~ de plazo** nach Fristablauf 4 (*fam: de viaje*) weg; **me voy ~ una semana** ich verreise für eine Woche **II.** *prep* 1 (*local, t. fig*) außer +*dat;* **estar ~ de casa** außer Haus sein; **~ de serie** ausgezeichnet; **~ de juego** (DEP) Abseits *nt* 2 (*excepto*): **~ de** abgesehen von +*dat* **III.** *conj:* **~ de que...** +*subj* abgesehen davon, dass ... **IV.** *m* Buhruf *m*

**fueraborda** [fwera'βorða] *m* 1 (*motor*) Außenbordmotor *m* 2 (*embarcación*) Außenborder *m*

**fuero** ['fwero] *m* 1 (*privilegio*) Sonderrecht *nt* 2 (*jurisdicción*) Gerichtsbarkeit *f;* **~ interno** Gewissen *nt* 3 (*código*) Gesetzessammlung *f*

**fuerte** ['fwerte] **I.** *adj* <fortísimo> 1 (*resistente*) stark; (*robusto*) robust; **caja ~** Safe *m o nt;* **hacerse ~** standhaft bleiben; **ser ~ de carácter** charakterstark sein 2 (*musculoso*) kräftig; (*gordo*) korpulent 3 (*intenso*) heftig; (*sonido*) laut; (*comida*) würzig; **un vino ~** ein schwerer Wein 4 (*valiente*) tapfer 5 (*sólido*) stabil; (*duro*) hart; (*tela*) reißfest 6 (*genio*) schwierig 7 (*poderoso*) mächtig 8 (*versado*) gewandt; **estar ~ en matemáticas** sehr gut in Mathematik sein 9 (*considerable*) beträchtlich 10 (*violento*) derb; (*expresión*) grob; **palabra ~** Kraftausdruck *m* 11 (*terreno*) unwegsam 12 (LING: *vocal*) stark; (*forma*) stammbetont 13 (MIL) befestigt **II.** *m* 1 (*de una persona*) Stärke *f* 2 (MIL) Festung(sanlage) *f* 3 (MÚS) Forte *nt* 4 (*auge*) Höhepunkt *m* **III.** *adv* 1 (*en abundancia*) viel; **desayunar ~** reichhaltig frühstücken 2 (*con fuerza*) fest; (*con intensidad*) heftig 3 (*en voz alta*) laut

**fuerza** ['fwerθa] *f* 1 (*capacidad física, t.* FÍS) Kraft *f;* **~ de ánimo** Mut *m;* **~ de voluntad** Willenskraft *f;* **tiene más ~ que yo** er/sie ist stärker als ich; **sin ~s** kraftlos 2 (*capacidad de soportar*) Stärke *f;* (*eficacia*) Wirksamkeit *f* 3 (*poder*) Macht *f;* **~ de disuasión** Überzeugungskraft *f;* **~ mayor** höhere Gewalt 4 (*violencia*) Gewalt *f;* **a** [*o* **por**] **la ~** mit Gewalt; **por ~** (*por necesidad*) gezwungenermaßen; (*con violencia*) gewaltsam 5 (*intensidad*) Wucht *f* 6 (*expresividad*) Ausdruckskraft *f* 7 (*auge*) Höhepunkt *m* 8 *pl* (POL) Kräfte *fpl;* (MIL) Streitkräfte *fpl;* **~s del orden público** Polizei *f* 9 (ELEC) Strom *m* 10 (*loc*): **a ~ de** mittels +*gen;* **lo ha conseguido todo a ~ de trabajo** er/sie hat sich *dat* alles hart erarbeitet

**fuga** ['fuɣa] *f* 1 (*huida*) Flucht *f* (*de* aus +*dat*); (*de la cárcel*) Ausbruch *m* (*de* aus +*dat*); **~ de cerebros** Braindrain *m;* **darse a la ~** die Flucht ergreifen 2 (*en tubos*) Leck *nt;* (*de líquido*) Auslaufen *nt;* (*de gas*) Ausströmen *nt;* **la cañería tiene una ~** das Rohr ist undicht; **hubo una ~ de gas/petróleo** es ist Gas/Öl ausgetreten 3 (MÚS) Fuge *f* 4 (*auge*) Höhepunkt *m*

**fugacidad** [fuɣaθi'ðaᵈ] *f* Flüchtigkeit *f;* (*caducidad*) Vergänglichkeit *f*

**fugarse** [fu'ɣarse] <g→gu> *vr* fliehen (*de* aus +*dat*); (*capital*) abfließen; **~ de la cárcel** aus dem Gefängnis ausbrechen

**fugaz** [fu'ɣaθ] *adj* flüchtig; (*caduco*) vergänglich; **estrella ~** Sternschnuppe *f*

**fugitivo, -a** [fuxi'tiβo, -a] **I.** *adj* flüchtig; (*belleza*) vergänglich **II.** *m, f* Flüchtling *m;* (*de la cárcel*) Ausbrecher(in) *m(f)*

**fulana** [fu'lana] *f* (*pey*) Nutte *f*

**fulano, -a** [fu'lano, -a] *m, f* 1 (*evitando el nombre*) Herr *m* Soundso, Frau *f* Soundso 2 (*persona indeterminada*) Herr *m* X, Frau *f* X; **no me importa lo que digan ~ y mengano** es ist mir egal, was Hinz und Kunz davon halten 3 (*amante*) Geliebte(r) *mf*

**fular** [fu'lar] *m* ❶ (*tela*) Foulard *m* ❷ (*pañuelo*) Halstuch *nt*

**fulcro** ['fulkro] *m* Drehpunkt *m*

**fulero, -a** [fu'lero, -a] *adj* (*fam*) ❶ (*chapucero*): **eres muy** ~ du bist ein Pfuscher ❷ (*embustero*) falsch

**fulgor** [ful'ɣor] *m* (*resplandor*) Strahlen *nt;* (*centelleo*) Funkeln *nt;* (*de una superficie*) Glanz *m*

**fulgurante** [fulɣu'rante] *adj* ❶ (*dolor*) heftig ❷ (*rápido*) blitzartig; **carrera** ~ Blitzkarriere *f*

**fulgurar** [fulɣu'rar] *vi* (*resplandecer*) strahlen; (*centellear*) funkeln; (*espejear*) glänzen

**fullería** [fuʎe'ria] *f* ❶ (*trampa*) Betrug *m;* (*en el juego*) Schummelei *f fam;* **hacer** ~**s** mogeln ❷ (*treta*) Trick *m*

**fullero, -a** [fu'ʎero, -a] **I.** *adj* ❶ (*tramposo*) betrügerisch ❷ (*fam: astuto*) gerissen **II.** *m, f* ❶ (*tramposo*) Betrüger(in) *m(f);* (*en el juego*) Falschspieler(in) *m(f)* ❷ (*fam: astuto*) Gauner(in) *m(f)*

**fulminación** [fulmina'θjon] *f* ❶ (*de un explosivo*) Zündung *f* ❷ (*emisión*) Schleudern *nt;* (*de amenazas*) Ausstoßen *nt* ❸ (*aniquilación*) Vernichtung *f* ❹ (*de una sentencia*) Verhängung *f*

**fulminante** [fulmi'nante] **I.** *adj* ❶ (*rápido*) blitzartig; (*inesperado*) plötzlich ❷ (*explosivo*) zündend ❸ (*mirada*) hasserfüllt **II.** *m* Zündstoff *m*

**fulminar** [fulmi'nar] **I.** *vi* zünden **II.** *vt* ❶ (*arrojar*) schleudern ❷ (*dañar*) treffen; (*aniquilar*) vernichten; (*matar*) umbringen; (*enfermedad*) dahinraffen ❸ (*imponer*) anordnen; ~ **una censura** eine Zensur verhängen ❹ (*amenazar*) mit Drohungen überschütten

**fumadero** [fuma'ðero] *m* Rauchzimmer *nt;* ~ **de opio** Opiumhöhle *f*

**fumador(a)** [fuma'ðor(a)] **I.** *adj* rauchend **II.** *m(f)* Raucher(in) *m(f);* **no** ~ Nichtraucher *m*

**fumar** [fu'mar] **I.** *vi, vt* rauchen **II.** *vr:* ~**se** ❶ (*fumar*) rauchen ❷ (*fam: gastar*) verjubeln ❸ (*fam: faltar*) versäumen; ~**se la clase** den Unterricht schwänzen

**fumigación** [fumiɣa'θjon] *f* Ausräuchern *nt*

**fumigar** [fumi'ɣar] <g→gu> *vt* ausräuchern

**fumista** [fu'mista] *mf* Ofensetzer(in) *m(f)*

**funambulesco, -a** [funambu'lesko, -a] *adj* ❶ (*extravagante*) extravagant ❷ (*relativo al funámbulo*) Seiltänzer-; (*como un funámbulo*) seiltänzerisch

**funámbulo, -a** [fu'nambulo, -a] *m, f* Seiltänzer(in) *m(f)*

**función** [fuṇ'θjon] *f* ❶ (*papel, t.* BIOL, MAT) Funktion *f;* **el precio está en** ~ **de la calidad** der Preis hängt von der Qualität ab ❷ (*cargo*) Amt *nt;* (*tarea*) Tätigkeit *f;* **entrar en** ~ tätig werden; (*cargo*) ein Amt antreten; **el ministro en funciones** der stellvertretende Minister ❸ (*acto*) Veranstaltung *f;* (CINE, TEAT) Vorstellung *f*

**funcional** [fuṇθjo'nal] *adj* ❶ (*relativo a la función*) funktionell ❷ (*utilitario*) zweckmäßig

**funcionalidad** [fuṇθjonali'ðaᵈ] *f* Zweckmäßigkeit *f*

**funcionamiento** [fuṇθjona'mjeṇto] *m* ❶ (*marcha*) Funktionieren *nt;* ~ **administrativo** Verwaltungsablauf *m;* ~ **del mercado** Marktordnung *f;* **poner en** ~ in Gang setzen ❷ (*rendimiento*) Funktionsfähigkeit *f;* (*manera de funcionar*) Funktionsweise *f;* **en estado de** ~ einsatzbereit; (*máquina*) betriebsfähig

**funcionar** [fuṇθjo'nar] *vi* funktionieren; (*estar trabajando*) in Betrieb sein; **el coche no funciona bien** der Wagen läuft nicht gut; **la televisión no funciona** der Fernseher ist kaputt *fam*

**funcionariado** [fuṇθjona'rjaðo] *m* (*del Estado*) Beamtenschaft *f;* (*de una organización*) Funktionäre *mpl*

**funcionario, -a** [fuṇθjo'narjo, -a] *m, f* (*de una organización*) Funktionär(in) *m(f);* (*del Estado*) Beamte(r) *mf,* Beamtin *f*

**funda** ['fuṇda] *f* (*cubierta*) Hülle *f;* (*para gafas*) Etui *nt;* (*de libro*) Umschlag *m;* (*de almohada*) Bezug *m;* (*de butaca*) Überzug *m;* (*de máquina*) Abdeckhaube *f;* (*de revólver*) Halfter *f o nt;* ~ **nórdica** Bettbezug *m*

**fundación** [fuṇda'θjon] *f* ❶ (*creación*) Gründung *f* ❷ (*institución*) Stiftung *f* ❸ (*justificación*) Begründung *f* ❹ (*origen*) Ursprung *m* ❺ (*de una estructura*) Unterbau *m*

**fundado, -a** [fuṇ'daðo, -a] *adj* fundiert

**fundador(a)** [fuṇda'ðor(a)] **I.** *adj* Gründer-, Gründungs- **II.** *m(f)* (Be)gründer(in) *m(f)*

**fundamental** [fuṇdameṇ'tal] *adj* ❶ (MAT) Grund- ❷ (*esencial*) Haupt-; (*básico*) grundlegend; **argumento** ~ Hauptgrund *m;* **conocimientos** ~**es** Grundkenntnisse *fpl*

**fundamentalismo** [fuṇdameṇta'lismo] *m sin pl* Fundamentalismus *m*

**fundamentalista** [fuṇdameṇta'lista] **I.** *adj* fundamentalistisch **II.** *mf* Fundamentalist(in) *m(f)*

**fundamentar** [fuṇdameṇ'tar] *vt* ❶ (ARQUIT) fundamentieren ❷ (*basar*) stützen (*en* auf +*akk*) ❸ (*establecer*) begründen ❹ (*hacer firme*) festigen

**fundamento** [fuṇda'meṇto] *m* ❶ (ARQUIT) Fundament *nt* ❷ (*base*) Grundlage *f* ❸ (*motivo*) Grund *m;* **sin** ~ unbegründet ❹ (*formalidad*) Vernunft *f;* (*seriedad*) Ernsthaftigkeit *f;* **hablar sin** ~ nur Unsinn reden ❺ *pl* (*conocimientos*) (Grund)-kenntnisse *fpl*

**fundar** [fuṇ'dar] **I.** *vt* ❶ (*crear*) gründen ❷ (TÉC) stützen (*sobre/en* auf +*akk*) ❸ (*basar*) stützen (*en/sobre* auf +*akk*); (*justificar*) begründen (*en* mit +*dat*) **II.** *vr:* ~**se** ❶ (*basarse*) sich stützen (*en* auf +*akk*); (*tener su justificación*) beruhen (*en* auf +*dat*) ❷ (*asentarse*) ruhen (*en/sobre* auf +*dat*)

**fundición** [fuṇdi'θjon] *f* ❶ (*de un metal*) Schmelzen *nt* ❷ (*en una forma*) Gießen *nt* ❸ (*de ideas*) Verschmelzung *f* ❹ (*taller*) Gießerei *f* ❺ (*hierro*) Gusseisen *nt* ❻ (TIPO) Satz *m* Schriftzeichen

**fundidor** [fuṇdi'ðor] *m* Gießer *m*

**fundir** [fuṇ'dir] **I.** *vt* ❶ (*deshacer*) schmelzen ❷ (*dar forma*) gießen ❸ (*un aparato eléctrico*) durchbrennen lassen ❹ (*unir*) (miteinander) verschmelzen; (*empresas*) zusammenlegen ❺ (*Am: gastar*) verjubeln *fam* **II.** *vr:* ~**se** ❶ (*deshacerse*) (zer)schmelzen ❷ (*aparato eléctrico*) durchbrennen ❸ (*unirse*) (miteinander) verschmelzen (*en* zu +*dat*); (*empresas*) sich zusammenschließen (*en* zu +*dat*) ❹ (*Am: arruinarse*) zugrunde gehen; (*negocio*) Bankrott machen

**fúnebre** ['funeβre] *adj* ❶ (*triste*) traurig ❷ (*sombrío*) düster ❸ (*de los difuntos*) Toten-; **coche** ~ Leichenwagen *m;* **pompas** ~**s** (*ceremonia*) Begräbnis *nt;* (*empresa*) Bestattungsinstitut *nt*

**funeral** [fune'ral] **I.** *adj* Bestattungs-, Beerdigungs- **II.** *m* ❶ (*entierro*) Begräbnis *nt* ❷ *pl* (*misa*) Trauergottesdienst *m,* Trauerfeier *f*

**funeraria** [fune'rarja] *f* Bestattungsinstitut *nt*

**funerario**, **-a** [fune'rarjo, -a] *adj* Bestattungs-, Beerdigungs-

**funesto**, **-a** [fu'nesto, -a] *adj* ❶ (*aciago*) verhängnisvoll ❷ (*desgraciado*) verheerend; (*triste*) traurig ❸ (*fam: sin talento*) katastrophal

**fungible** [fuŋ'xiβle] *adj* ❶ (*gastable*) verschleißbar; (*fugaz*) vergänglich ❷ (JUR) vertretbar

**fungicida** [fuŋxi'θiða] **I.** *adj* pilztötend **II.** *m* Fungizid *nt*

**fungir** [fuŋ'xir] <g→j> *vi* ❶ (*Am: un cargo*) das Amt innehaben (*de* +*gen*) ❷ (*AmC: presumir*) angeben

**funicular** [funiku'lar] **I.** *adj* Bergbahn-; (*de cable aéreo*) Seilbahn-; **tren** ~ Bergbahn *f* **II.** *m* Bergbahn *f;* ~ **aéreo** Seilbahn *f*

**furcia** ['furθja] *f* (*pey*) Nutte *f*

**furgón** [fur'ɣon] *m* ❶ (*carro*) Wagen *m;* (*camioneta*) Transporter *m* ❷ (FERRO: *para el equipaje*) Gepäckwagen *m;* (*para mercancías*) Güterwagen *m*

**furgoneta** [furɣo'neta] *f* Kleintransporter *m*

**furia** ['furja] *f* ❶ (*ira*) Zorn *m* ❷ (*ímpetu*) Wucht *f* ❸ (*persona*) Furie *f* ❹ (*fam: energía*) Eifer *m* ❺ (*auge*) Höhepunkt *m*

**furibundo**, **-a** [furi'βuṇdo, -a] *adj* ❶ (*furioso*) zornerfüllt ❷ (*fam: entusiasta*) begeistert; (*extremado*) fanatisch

**furioso**, **-a** [fu'rjoso, -a] *adj* ❶ (*furibundo*) wütend ❷ (*loco*) tobsüchtig ❸ (*violento*) heftig; (*tempestad*) tosend ❹ (*tremendo*) enorm; (*sentimiento*) unbändig

**furor** [fu'ror] *m* ❶ (*ira*) Wut *f* ❷ (*ímpetu*) Wucht *f* ❸ (*energía*) Eifer *m* ❹ (*auge*) Höhepunkt *m;* **hacer** ~ Furore machen ❺ (*afición*) Begeisterung *f* ❻ (*locura*) Tobsuchtsanfall *m* ❼ (MED): ~ **uterino** Nymphomanie *f*

**furtivo**, **-a** [fur'tiβo, -a] *adj* heimlich; **cazador** ~ Wilderer *m*

**furúnculo** [fu'ruŋkulo] *m* (MED) Furunkel *nt o m*

**fusa** ['fusa] *f* (MÚS) Zweiunddreißigstelnote *f*

**fuselaje** [fuse'laxe] *m* (AERO) Rumpf *m*

**fusible** [fu'siβle] **I.** *adj* schmelzbar **II.** *m* Sicherung *f*

**fusil** [fu'sil] *m* Gewehr *nt*

**fusilamiento** [fusila'mjeṇto] *m* ❶ (*ejecución*) standrechtliche Erschießung *f* ❷ (*fam: de textos*) Abkupfern *nt*

**fusilar** [fusi'lar] *vt* ❶ (*ejecutar*) standrechtlich erschießen ❷ (*fam: copiar*) abkupfern

**fusilería** [fusile'ria] *f* ❶ (*fusiles*) Gewehre *ntpl* ❷ (*soldados*) Schützen *mpl* ❸ (*fuego*) Gewehrfeuer *nt*

**fusilero** [fusi'lero] *m* Schütze *m* (der Infanterie)

**fusión** [fu'sjon] *f* ❶ (*fundición*) Schmelzen *nt* ❷ (*unión, t.* ECON) Fusion *f*

**fusionar** [fusjo'nar] **I.** *vi* schmelzen **II.** *vt* ❶ (*deshacer*) schmelzen ❷ (*unir*) verschmelzen; (*empresas*) fusionieren **III.** *vr:* ~**se** (miteinander) verschmelzen; (*empresas*) fusionieren

**fusta** ['fusta] *f* ❶ (*látigo*) Peitsche *f* ❷ (*leña*)

F

Reisig *nt* ③ (*tejido*) Wollstoff *m*

**fuste** ['fuste] *m* ① (*madera*) Holz *nt* ② (*vara*) Stange *f;* (*de una lanza*) Schaft *m* ③ (ARQUIT) Säulenschaft *m* ④ (*importancia*) Bedeutung *f;* (*sustancia*) Gehalt *m;* (*de una persona*) Format *nt* ⑤ (*arzón*) Sattelbaum *m*

**fustigar** [fusti'ɣar] <g→gu> *vt* ① (*azotar*) peitschen ② (*reprender*) tadeln

**futbito** [fuð'βito] *m* (*fam*) Hallenfußball *m*

**fútbol** ['fuðβol] *m* Fußball *m*

**futbolín** [fuðβo'lin] *m* Tischfußballspiel *nt*

**futbolista** [fuðβo'lista] *mf* Fußballspieler(in) *m(f)*

**futbolístico, -a** [fuðβo'listiko, -a] *adj* fußballerisch, Fußball-

**fútbol-sala** ['fuðβol-'sala] *m sin pl* Hallenfußball *m*

**fútil** ['futil] *adj* belanglos

**futilidad** [futili'ðad] *f* Belanglosigkeit *f*

**futurible** [futu'riβle] **I.** *adj* möglich; (*acontecimiento*) eventuell (eintretend); (*persona*) in Frage kommend **II.** *mf* Anwärter(in) *m(f)*

**futurismo** [futu'rismo] *m sin pl* Futurismus *m*

**futuro**[1] [fu'turo] *m* ① (*tiempo*) Zukunft *f* ② (LING) Futur *nt* ③ (FIN): **compra de ~s** Terminkauf *m*

**futuro, -a**[2] [fu'turo, -a] **I.** *adj* (zu)künftig **II.** *m, f* (*fam*) Zukünftige(r) *mf*

**futurología** [futurolo'xia] *f* Futurologie *f*

**futurólogo, -a** [futu'roloɣo, -a] *m, f* Futurologe, -in *m, f*

# G g

**G, g** [xe] *f* G, g *nt;* ~ **de Gerona** G wie Gustav

**gabacho, -a** [ga'βatʃo, -a] *m, f* (*pey: francés*) Franzose *m,* Französin *f*

**gabán** [ga'βan] *m* Mantel *m*

**gabardina** [gaβar'ðina] *f* ① (*tela*) Gabardine *m o f* ② (*prenda*) Trenchcoat *m*

**gabarra** [ga'βarra] *f* (NÁUT: *para carga y descarga*) Frachtkahn *m;* (*más pequeña*) Leichter *m;* (*remolcada*) Schleppkahn *m*

**gabela** [ga'βela] *f* Abgabe *f*

**gabinete** [gaβi'nete] *m* ① (*estudio*) Arbeitsraum *m;* (*junto a la alcoba*) Salon *m* ② (*tocador*) Toilettentisch *m* ③ (*museo*) Kabinett *nt* ④ (*de médico*) Praxis *f* ⑤ (POL) Kabinett *nt* ⑥ (*loc*): ~ **de prensa** Pressestelle *f*

**Gabón** [ga'βon] *m* Gabun *nt*

**gabonés, -esa** [gaβo'nes, -esa] **I.** *adj* gabunisch **II.** *m, f* Gabuner(in) *m(f)*

**gacela** [ga'θela] *f* Gazelle *f;* **corre como una** ~ er/sie ist flink wie ein Wiesel

**gaceta** [ga'θeta] *f* ① (HIST: *periódico*) Zeitung *f* ② (HIST: *BOE*) *spanisches Gesetzblatt* ③ (*fam: correveidile*) Klatschmaul *nt*

**gacetilla** [gaθe'tiʎa] *f* ① (*de un periódico*) Kurznachrichtenübersicht *f* ② (*noticia*) Kurznachricht *f*

**gacetillero, -a** [gaθeti'ʎero, -a] *m, f* Journalist(in) *m(f)*

**gacha** ['gatʃa] *f* ① (*fam: barro*) Schlamm *m* ② *pl* (*comida*) Brei *m*

**gachí** [ga'tʃi] <gachíes> *f* (*fam*) Mädel *nt,* Puppe *f*

**gacho, -a** ['gatʃo, -a] *adj* (herunter)hängend; **orejas gachas** Schlappohren *ntpl;* **sombrero** ~ Schlapphut *m*

**gachó** [ga'tʃo] *m* (*fam*) Kerl *m*

**gaditano, -a** [gaði'tano, -a] **I.** *adj* aus Cádiz **II.** *m, f* Einwohner(in) *m(f)* von Cádiz

**gaélico, -a** [ga'eliko, -a] *adj* gälisch

**gafa** ['gafa] *f* ① *pl* (*anteojos*) Brille *f;* **~s de inmersión** Taucherbrille *f;* **llevar ~s** eine Brille tragen; **ponerse las ~s** die Brille aufsetzen ② (*varilla*) Brillenbügel *m* ③ (TÉC: *grapa*) Klammer *f* ④ (TÉC: *abrazadera*) Krampe *f*

**gafar** [ga'far] *vt* ① (*con grapas*) verklammern ② (*con las uñas*) sich festkrallen (an +*dat*) ③ (*fam: mala suerte*) Unglück bringen +*dat*

**gafe** ['gafe] *m* ① (*cenizo*) Unglücksbringer *m* ② (*aguafiestas*) Spielverderber *m*

**gafotas** [ga'fotas] **I.** *adj inv* (*pey*): **algunos niños miopes tienen complejo de** ~ manche kurzsichtigen Kinder haben einen Komplex, weil sie Brillenträger sind **II.** *mf inv* (*pey*) Brillenschlange *f fam pey*

**gag** [gaɣ] *m* <gags> Gag *m*

**gago, -a** ['gaɣo, -a] **I.** *adj* (*Am*) stotternd **II.** *m, f* Stotterer, -in *m, f*

**gaita** ['gai̯ta] *f* ① (MÚS: *gallega*) Dudelsack *m;* (*zamorana*) Flageolett *nt* ② (*fam: cuello*) Hals *m* ③ (*fam: lata*): **vaya ~ tener que hacer eso** das machen zu müssen ist die reinste Qual ④ (*loc*): **estar hecho una** ~ kränklich sein; **estar de** ~ (*fam*) guter Dinge sein

**i Land & Leute**

**Gaita** heißt der spanische Dudelsack, ein Blasinstrument, das vor allem im

Nordwesten Spaniens, also in *Galicia* und *Asturias*, gespielt wird. Die **gaita** wird z. B. zu populärer galicischer Tanzmusik gespielt, etwa der *muñeira* oder *jota gallega*; in diesem Fall spricht man von **gaita gallega.** Heutzutage ist die **gaita** ein auch bei jungen Musikern sehr beliebtes Musikinstrument.

**gaitero, -a** [gai̯'tero, -a] *m, f* (*de gaita gallega*) Dudelsackspieler(in) *m(f)*; (*de gaita zamorana*) Flageolettspieler(in) *m(f)*

**gaje** ['gaxe] *m* Einkommen *nt;* **los ~s del oficio** (*irón*) die Unannehmlichkeiten des Berufs

**gajo** ['gaxo] *m* ❶ (*de naranja*) Segment *nt* ❷ (*racimo*) Traube *f* ❸ (*rama*) herabgefallener Zweig *m*

**gala** ['gala] *f* ❶ (*fiesta*) Gala *f* ❷ (*garbo*) Anmut *f* ❸ (*selecto*) Beste(s) *nt* ❹ *pl* (*vestido*) Kleider *ntpl*

**galáctico, -a** [ga'laktiko, -a] *adj* (ASTR) galaktisch

**galaico, -a** [ga'lai̯ko, -a] *adj* galicisch

**galaicoportugués, -esa** [galai̯kopor-tu'ɣes, -esa] *adj* galicisch-portugiesisch

**galán** [ga'lan] *m* ❶ (*hombre*) Galan *m* ❷ (*novio*) Liebhaber *m* ❸ (TEAT: *papel*) jugendlicher Liebhaber *m*

**galante** [ga'lan̪te] *adj* ❶ (*atento*) aufmerksam ❷ (*mujer*) kokett ❸ (*historia*) pikant

**galanteador(a)** [galan̪tea'ðor(a)] *adj* umwerbend

**galantear** [galan̪te'ar] *vt* den Hof machen (*a* +*dat*)

**galantería** [galan̪te'ria] *f* ❶ (*hacia una mujer*) Höflichkeit *f* (*hacia* gegenüber +*dat*) ❷ (*amabilidad*) Aufmerksamkeit *f* (*hacia* gegenüber +*dat*) ❸ (*generosidad*) Großzügigkeit *f* (*hacia* gegenüber +*dat*)

**galápago** [ga'lapaɣo] *m* (ZOOL) Süßwasserschildkröte *f*; **tener más conchas que un ~** (*fam*) sehr gerissen sein

**galardón** [galar'ðon] *m* Preis *m*

**galardonar** [galarðo'nar] *vt* auszeichnen; **~ a alguien con un título** jdm einen Titel verleihen

**galaxia** [ga'laˠsja] *f* ❶ (*universo*) Galaxie *f* ❷ (*AmC*) Prominenz *f*

**galbana** [gal'βana] *f* (*fam*) Faulheit *f*

**galena** [ga'lena] *f* Galenit *m*

**galeno** [ga'leno] *m* (*fam*) Doktor *m*

**galeón** [gale'on] *m* Galeone *f*

**galeote** [gale'ote] *m* Galeerensträfling *m*

**galera** [ga'lera] *f* ❶ (NÁUT) Galeere *f* ❷ (ZOOL) Heuschreckenkrebs *m* ❸ (TIPO) (Setz)schiff *nt* ❹ (MAT) Divisionszeichen *nt* ❺ (*Am: cobertizo*) Schuppen *m* ❻ (*Am: sombrero*) Zylinder(hut) *m*

**galerada** [gale'raða] *f* (TIPO) Fahne *f*

**galería** [gale'ria] *f* ❶ (*corredor*) Galerie *f* ❷ (*de arte*) Kunstgalerie *f* ❸ *pl* (*grandes almacenes*) Kaufhaus *nt* ❹ *pl* (*bulevar*) Ladenpassage *f* ❺ (MIN) Stollen *m* ❻ (TEAT) Galerie *f* ❼ (*subterránea*) Tunnel *m*

**galerista** [gale'rista] *mf* Galerist(in) *m(f)*

**galés, -esa** [ga'les, -esa] **I.** *adj* walisisch **II.** *m, f* Waliser(in) *m(f)*

**Gales** ['gales] *m:* (**País de**) ~ Wales *nt*

**galgo, -a** ['galɣo, -a] *m, f* (ZOOL) Windhund, -hündin *m, f*

**Galia** ['galja] *f* Gallien *nt*

**Galicia** [ga'liθja] *f* Galicien *nt*

**galicismo** [gali'θismo] *m* Gallizismus *m*

**gálico, -a** ['galiko, -a] *adj* gallisch

**galimatías** [galima'tias] *m inv* ❶ (*lenguaje*) Kauderwelsch *nt* ❷ (*enredo*) Durcheinander *nt*

**gallardear** [gaʎarðe'ar] *vi* ❶ (*ostentar gallardía*) Mut zur Schau tragen ❷ (*presumir*) prahlen (*de* mit +*dat*)

**gallardía** [gaʎar'ðia] *f* ❶ (*apostura*) Stattlichkeit *f* ❷ (*garbo*) Anmut *f* ❸ (*valentía*) Mut *m*

**gallardo, -a** [ga'ʎarðo, -a] *adj* ❶ (*de aspecto*) stattlich ❷ (*garboso*) anmutig ❸ (*valiente*) mutig

**gallear** [gaʎe'ar] **I.** *vi* ❶ (*fanfarronear*) angeben ❷ (*alzar la voz*) brüllen ❸ (*creerse importante*) sich *dat* viel einbilden **II.** *vt* (*el gallo a la gallina*) treten

**gallego, -a** [ga'ʎeɣo, -a] **I.** *adj* galicisch **II.** *m, f* ❶ (*habitante*) Galicier(in) *m(f)* ❷ (*AmS: pey: español*) Spanier(in) *m(f)*

**galleguismo** [gaʎe'ɣismo] *m* Galicismus *m*

**galleta** [ga'ʎeta] *f* ❶ (*dulce*) Keks *m;* (*bizcocho*) Zwieback *m* ❷ (MIN) Würfelkohle *f* ❸ (*fam: bofetada*) Ohrfeige *f*

**galletero** [gaʎe'tero] *m* Keksdose *f*

**gallina** [ga'ʎina] *f* ❶ (*hembra del gallo*) Huhn *nt;* **~ clueca** Glucke *f* ❷ (*fam: cobarde*) Feigling *m* ❸ (*juego*): **jugar a la ~ ciega** Blindekuh spielen ❹ (*loc*): **se me pone la carne de ~** ich bekomme eine Gänsehaut

**gallinazo** [gaʎi'naθo] *m* Truthahngeier *m*

**gallinero** [gaʎi'nero] *m* ❶ (*corral*) Hühnerstall *m* ❷ (TEAT) Olymp *m*

**gallito** [ga'ʎito] *m:* **ser un ~** der Hahn im Korb sein; **ponerse ~** agressiv werden

**gallo** ['gaʎo] *m* ❶ (*ave*) Hahn *m;* **~ de pelea** Kampfhahn *m;* **~ silvestre** Auerhahn *m* ❷ (*pez*) Heringskönig *m* ❸ (*engreído*) Angeber *m* ❹ (MÚS): **soltar un ~** kicksen ❺ (*esputo*) Auswurf *m* ❻ (*Am:*

G

*hombre fuerte*) starker Mann *m* ❼ (*loc*): **misa de**(**l**) ~ Christmette *f;* **pata de** ~ Krähenfüße *mpl;* **peso** ~ (DEP) Bantamgewicht *nt;* **alzar el** ~ großspurig werden; **en menos que canta un** ~ im Nu; **si el dinero fuera mío, otro** ~ **nos cantara** (*fam*) wenn das Geld mir gehören würde, würde die Lage anders aussehen

**galo**, **-a** ['galo, -a] **I.** *adj* ❶ (*de la Galia*) gallisch ❷ (*francés*) französisch **II.** *m, f* ❶ (*de la Galia*) Gallier(in) *m(f)* ❷ (*francés*) Franzose *m,* Französin *f*

**galón** [ga'lon] *m* ❶ (*cinta*) Borte *f* ❷ (MIL: *distintivo*) Litze *f* ❸ (*medida inglesa*) Gallone *f*

**galopada** [galo'paða] *f* Galopprennen *nt*

**galopar** [galo'par] *vi* galoppieren

**galope** [ga'lope] *m* Galopp *m*

**galopín** [galo'pin] *m* ❶ (*golfillo*) Straßenjunge *m* ❷ (*granuja*) Gauner *m* ❸ (*granujilla*) Bengel *m*

**galorrománico**[1] [galorro'maniko] *m* (LING) Galloromanisch(e) *nt*

**galorrománico**, **-a**[2] [galorro'maniko, -a] *adj* (LING) galloromanisch

**galpón** [gal'pon] *m* (*AmS*) Schuppen *m*

**galvanismo** [galβa'nismo] *m sin pl* (FÍS) Galvanismus

**galvanización** [galβaniθa'θjon] *f* ❶ (MED) Galvanisation *f* ❷ (TÉC) Galvanisierung *f*

**galvanizar** [galβani'θar] <z→c> *vt* ❶ (TÉC) galvanisieren; (*con cinc*) verzinken ❷ (*una institución*) beleben

**gama** ['gama] *f* ❶ (MÚS) Tonleiter *f* ❷ (*escala*) Skala *f;* ~ **de ofertas** Angebotspalette *f;* **una** ~ **baja de productos** Billigprodukte *ntpl*

**gamada** [ga'maða] *adj:* **cruz** ~ Hakenkreuz *nt*

**gamba** ['gamba] *f* ❶ (ZOOL) Garnele *f* ❷ (GASTR) Krabbe *f*

**gamberrada** [gambe'rraða] *f* rowdyhafter Streich *m;* **hacer** ~**s** etwas anstellen

**gamberrear** [gamberre'ar] *vi* gaunern

**gamberro**, **-a** [gam'berro, -a] *m, f* Rowdy *m*

**gambeta** [gam'beta] *f* ❶ (*Am: distensión*) Verrenkung *f* ❷ (*Am: evasiva*) ausweichende Antwort *f;* (*fútbol*) Dribbling *nt;* **hacer** ~**s** dribbeln

**gameto** [ga'meto] *m* (BIOL) Fortpflanzungszelle *f*

**gamma** ['gam(m)a] *f* Gamma *nt*

**gammaglobulina** [gam(m)aɣloβu'lina] *f* (BIOL, QUÍM) Gammaglobulin *nt*

**gamo** ['gamo] *m* Damhirsch *m*

**gamonal** [gamo'nal] *m* (*Am: cacique*) Kazike *m*

**gamuza** [ga'muθa] *f* ❶ (*animal*) Gämse *f* ❷ (*piel*) Gämsleder *nt* ❸ (*paño*) Fensterleder *nt*

**gana** ['gana] *f* Lust *f* (*de* auf +*akk*); **tengo** ~**s de comer** ich habe Appetit; **de buena** ~ gerne; **de mala** ~ ungerne; **tengo** ~**s de irme de vacaciones** ich möchte gerne Urlaub machen; **no me da la** (**real**) ~ (*fam*) ich will einfach nicht; **son** ~**s de fastidiar** sie wollen uns ja nur das Spiel verderben!; **me quedé con las** ~**s de verle** ich musste mich leider damit abfinden, ihn nicht sehen zu können; **este es feo con** ~**s** (*fam*) der ist ja furchtbar hässlich!

**ganadería** [ganaðe'ria] *f* ❶ (*ganado*) Viehbestand *m* ❷ (*crianza*) Viehzucht *f;* ~ **biológica** artgerechte Viehhaltung ❸ (*comercio*) Viehhandel *m*

**ganadero**, **-a** [gana'ðero, -a] **I.** *adj* Vieh- **II.** *m, f* ❶ (*criador*) Viehzüchter(in) *m(f)* ❷ (*tratante*) Viehhändler(in) *m(f)*

**ganado** [ga'naðo] *m* ❶ (*reses*) Vieh *nt;* ~ **bovino** [*o* **vacuno**] Rinder *ntpl;* ~ **cabrío** Ziegen *fpl;* ~ **ovino** Schafe *ntpl;* ~ **porcino** Schweine *ntpl* ❷ (*Am:* ~ *vacuno*) Rinder *ntpl* ❸ (*fam: de personas*) Schar *f,* Horde *f*

**ganador**(**a**) [gana'ðor(a)] **I.** *adj* ❶ (*de ganar*) siegend, Sieges- ❷ (*victorioso*) siegreich **II.** *m(f)* Gewinner(in) *m(f)*

**ganancia** [ga'naṇθja] *f* ❶ (*beneficio*) Gewinn *m* ❷ (*sueldo*) Verdienst *m*

**ganancioso**, **-a** [ganaṇ'θjoso, -a] *adj* ❶ (*que da ganancia*) gewinnbringend ❷ (*beneficiado*): **salir** ~ **de algo** einen Nutzen aus etw *dat* ziehen

**ganapán** [gana'pan] *m* ❶ (*pey: peón*) Gelegenheitsarbeiter *m* ❷ (*rudo*) Grobian *m*

**ganar** [ga'nar] **I.** *vi* ❶ (*en el juego*) gewinnen ❷ (*mejorar*) gewinnen (*en* an +*dat*); ~ **en condición social** sich gesellschaftlich verbessern; **¿qué esperas** ~ **con esto?** was erhoffst du dir davon?; **con esto sólo puedes salir ganando** das kann dir nur von Nutzen sein **II.** *vt* ❶ (*trabajando*) verdienen; **con ese negocio consiguió** ~ **mucho dinero** dieses Geschäft brachte ihm/ihr viel Geld ein ❷ (*jugando*) gewinnen; (*premio*) erringen; (*a alguien*) besiegen (*a* +*akk*); **le he ganado 10 euros a los dados** ich habe ihm/ihr 10 Euro beim Würfeln abgenommen ❸ (*adquirir*) gewinnen; (*libertad*) erlangen; (*conocimientos*) erwerben; ~ **experiencia** Erfahrungen sammeln; ~ **peso** zunehmen; ~ **velocidad** schneller werden ❹ (*llegar a*) erreichen; ~ **la orilla**

ans Ufer gelangen ⑤ (*aventajar*) übertreffen (*en* an +*dat*) ⑥ (MIL: *ciudad*) erobern ⑦ (*a una persona*) für sich gewinnen **III.** *vr:* **~se** ① (*dinero*) verdienen; **~se la vida** seinen Lebensunterhalt verdienen ② (*a alguien*) für sich gewinnen ③ (*loc*): **si no me sale, me la gano** wenn mir das nicht gelingt, dann blüht mir was

**ganchillo** [gan'tʃiʎo] *m* ① (*gancho*) Häkelnadel *f* ② (*labor*) Häkelarbeit *f;* **hacer ~** häkeln

**gancho** ['gantʃo] *m* ① (*instrumento*) Haken *m* ② (DEP: *boxeo*) Haken *m;* (*baloncesto*) Hookshot *m* ③ (*de árbol*) Aststumpf *m* ④ (*algo que atrae*) Blickfang *m* ⑤ (*Am: horquilla*) Haarnadel *f* ⑥ (*garabato*) Haken *m* ⑦ (*atractivo*) Anziehungskraft *f* ⑧ (*persona*) Lockvogel *m*

**ganchudo, -a** [gan'tʃuðo, -a] *adj* hakenförmig

**gandul(a)** [gan̪'dul(a)] **I.** *adj* faul **II.** *m(f)* Faulpelz *m*

**gandulear** [gan̪dule'ar] *vi* faulenzen

**gandulería** [gan̪dule'ria] *f* Faulheit *f*

**gandulitis** [gan̪du'litis] *f sin pl* (*fam*) Faulenzerei *f*

**ganga** ['gaŋga] *f* ① (*oferta*) günstiges Angebot *nt;* **¿sólo vale 2 euros? ¡pues sí que es una ~!** das kostet nur 2 Euro? das ist ja spottbillig!; **¡menuda ~ este nuevo jefe!** mit dem neuen Chef haben wir uns ja was Schönes eingehandelt! ② (ZOOL) Flughuhn *nt* ③ (MIN) Gangstein *m*

**ganglio** ['gaŋgljo] *m* (ANAT) Ganglion *nt*

**gangosear** [gaŋgose'ar] *vi* näseln

**gangoso, -a** [gaŋ'goso, -a] **I.** *adj* näselnd **II.** *adv:* **hablar ~** näseln

**gangrena** [gaŋ'grena] *f* ① (MED) Brand *m* ② (*mal*) Hauptübel *nt*

**gangrenarse** [gaŋgre'narse] *vr* den Brand bekommen

**gángster** ['ga$^{n}$ster] *mf* Gangster(in) *m(f)*

**ganguear** [gaŋge'ar] *vi* näseln

**gangueo** [gaŋ'geo] *m* Näseln *nt*

**gansada** [gan'saða] *f* Albernheit *f,* Faxen *fpl*

**gansear** [ganse'ar] *vi* ① (*fam: vaguear*) (faul) herumlungern ② (*decir gansadas*) herumalbern

**ganso, -a** ['ganso, -a] *m, f* ① (*ave*) Gans *f;* (*macho*) Gänserich *m* ② (*perezoso*) Faulenzer(in) *m(f)* ③ (*estúpido*) Dummkopf *m;* **hacer el ~** herumalbern

**Gante** ['gan̪te] *m* Gent *nt*

**ganzúa**[1] [gan̪'θua] *f* (*llave*) Dietrich *m*

**ganzúa**[2] [gan̪'θua] *m* Einbrecher(in) *m(f)*

**gañán** [ga'ɲan] *m* ① (*mozo*) Bauernjunge *m* ② (*tosco*) Rüpel *m*

**gañido** [ga'ɲiðo] *m* (*de animal*) Heulen *nt;* (*de perro*) Jaulen *nt;* (*de aves*) Krächzen *nt;* (*de personas*) Keuchen *nt*

**gañir** [ga'ɲir] <*3. pret:* gañó> *vi* (*animal*) heulen; (*perro*) jaulen; (*las aves*) krächzen; (*personas*) schnaufen, keuchen

**gañote** [ga'ɲote] *m* Kehle *f*

**garabatear** [garaβate'ar] **I.** *vt* (*al escribir*) (hin)kritzeln **II.** *vi* ① (TÉC) (einen) Haken verwenden ② (*al escribir*) kritzeln ③ (*al hablar*) um den heißen Brei herumreden

**garabato** [gara'βato] *m* ① (*gancho*) Haken *m* ② (*al escribir*) Gekritzel *nt* ③ (*atractivo*) Anziehungskraft *f*

**garaje** [ga'raxe] *m* ① (*para coches*) Garage *f* ② (*taller*) Autowerkstatt *f*

**garambaina** [garam'bai̯na] *f* ① (*adorno*) Flitterkram *m* ② *pl* (*ademanes*) Getue *nt* ③ *pl* (*garrapatos*) Gekritzel *nt* ④ *pl* (*tonterías*) Unsinn *m*

**garante** [ga'ran̪te] **I.** *adj* garantierend **II.** *mf* Bürge, -in *m, f*

**garantía** [garan̪'tia] *f* ① (*seguridad*) Garantie *f* ② (FIN: *aval*) Bürgschaft *f;* (*caución*) Kaution *f* ③ (COM) Garantie *f;* **~s constitucionales** (POL) Grundrechte *ntpl;* **sin ~** ohne Gewähr

**garantir** [garan̪'tir] *irr como abolir vt v.* **garantizar**

**garantizador(a)** [garan̪tiθa'ðor(a)] *m(f)* Bürge, -in *m, f*

**garantizar** [garan̪ti'θar] <z→c> *vt* ① (*asegurar*) garantieren; **no está garantizado que él sea el orador** es steht noch nicht fest, ob er der Redner ist ② (JUR) gewährleisten; (*deuda*) bürgen (*por* für +*akk*)

**garañón** [gara'ɲon] *m* ① (*asno*) Eselhengst *m;* (*camello*) Kamelhengst *m* ② (*Am: caballo semental*) Zuchthengst *m*

**garapiña** [gara'piɲa] *f* ① (*galón*) Borte *f* ② (GASTR) Kandierung *f*

**i Land & Leute**

**Garapiña** (oder auch: **garrapiña**) ist ein lateinamerikanisches Erfrischungsgetränk, das mit Ananasschalen, Wasser und Milch zubereitet wird.

**garapiñar** [garapi'ɲar] *vt* kandieren

**garbancero, -a** [garβan̪'θero, -a] **I.** *adj* Kichererbsen- **II.** *m, f* Kichererbsenhändler(in) *m(f)*

**garbanzo** [gar'βan̪θo] *m* Kichererbse *f;* **ganarse los ~s** (*fam*) seinen Lebensunterhalt verdienen; **ser el ~ negro** das schwarze Schaf sein

**garbear** [garβe'ar] **I.** *vi* ① (*afectar garbo*)

prahlen ❷ (*trampear*) sich durchschlagen **II.** *vt* ❶ (*garbas*) in Garben binden ❷ (*robar*) stehlen **III.** *vr:* ~**se** spazieren gehen

**garbeo** [gar'βeo] *m* Spaziergang *m*

**garbillar** [garβi'ʎar] *vt* sieben

**garbillo** [gar'βiʎo] *m* ❶ (*criba*) Sieb *nt* ❷ (MIN) Kleinerz *nt*

**garbo** ['garβo] *m* ❶ (*elegancia*) Anmut *f;* (*de movimiento*) Grazie *f* ❷ (*brío*) Schwung *m* ❸ (*generosidad*) Großzügigkeit *f* ❹ (*de un escrito*) Charme *m*

**garboso**, **-a** [gar'βoso, -a] *adj* ❶ (*elegante*) anmutig ❷ (*brioso*) schwungvoll ❸ (*generoso*) großzügig

**garceta** [gar'θeta] *f* ❶ (*ave*) Seidenreiher *m* ❷ (*pelo*) Schläfenlocke *f*

**gardenia** [gar'ðenja] *f* Gardenie *f*

**garduña** [gar'ðuɲa] *f* Hausmarder *m*

**garete** [ga'rete] *m:* **ir**(**se**) **al** ~ (*proyecto*) scheitern; (NÁUT) treiben

**garfa** ['garfa] *f* Klaue *f*

**garfio** ['garfjo] *m* spitzer Haken *m*

**gargajear** [garɣaxe'ar] *vi* spucken

**gargajo** [gar'ɣaxo] *m* zäher Auswurf *m*

**garganta** [gar'ɣaṇta] *f* ❶ (*gaznate*) Kehle *f;* (*cuello*) Hals *m;* (*empeine*) Spann *m;* **tener buena** ~ eine gute Stimme haben; **se me hizo un nudo en la** ~ **de nervioso que estaba** die Aufregung schnürte mir die Kehle zu ❷ (*de un objeto*) Hals *m* ❸ (GEO: *quebrada*) Schlucht *f;* (*angostura*) Engpass *m* ❹ (TÉC) Seilnut *f* ❺ (ARQUIT) Schaft *m*

**gargantilla** [garɣaṇ'tiʎa] *f* ❶ (*cinta*) Halsband *nt* ❷ (*collar*) Halskette *f;* (*de perlas*) Perlenkette *f*

**gárgaras** ['garɣaras] *fpl* Gurgeln *nt;* **hacer** ~ gurgeln; **¡vete a hacer ~!** scher dich zum Teufel!

**gargarear** [garɣare'ar] *vi* (*Chil, Guat, Perú*) gurgeln

**gargarizar** [garɣari'θar] <z→c> *vi* gurgeln

**gárgola** ['garɣola] *f* (ARQUIT) Wasserspeier *m*

**garita** [ga'rita] *f* ❶ (*de centinelas*) Schilderhaus *nt* ❷ (*de portero*) Pförtnerloge *f* ❸ (FERRO) Bahnwärterhäuschen *nt* ❹ (*de fortificación*) Mauertürmchen *nt*

**garito** [ga'rito] *m* ❶ (*local*) illegale Spielhalle *f* ❷ (*ganancia*) Gewinn *m* (beim Glücksspiel)

**garlar** [gar'lar] *vi* (*fam*) schwätzen

**garlito** [gar'lito] *m* ❶ (*nasa*) Fischreuse *f* ❷ (*fam: trampa*) Falle *f*

**garlopa** [gar'lopa] *f* Langhobel *m*

**garnacha** [gar'natʃa] *f* ❶ (BOT) Garnacha *nt* ❷ (*vino*) Garnachawein *m*

**garra** ['garra] *f* ❶ (*de animal*) Kralle *f;* **caer en las ~s de alguien** in jds Fänge geraten; **la policía le echó la ~ al ladrón** die Polizei konnte den Dieb schnappen ❷ (*pey: mano*) Pfote *f* ❸ (NÁUT) Enterhaken *m* ❹ *pl* (*Am: harapos*) Fetzen *mpl* ❺ (*fam: brío*): **este equipo tiene** ~ diese Mannschaft hat Pep

**garrafa** [ga'rrafa] *f* ❶ (*de vidrio*) Karaffe *f* ❷ (*con cesto*) Korbflasche *f;* **vino de** ~ offener Wein

**garrafal** [garra'fal] *adj* riesig, ungeheuer

**garrapata** [garra'pata] *f* Zecke *f*

**garrapatear** [garrapate'ar] *vi, vt* kritzeln

**garrapiña** [garra'piɲa] *f v.* **garapiña**

**garrapiñar** [garrapi'ɲar] *vt* kandieren

**garrido**, **-a** [ga'rriðo, -a] *adj* ❶ (*gallardo*) stattlich ❷ (*galano*) elegant

**garrocha** [ga'rrotʃa] *f* Lanze *f*

**garronear** [garrone'ar] *vi* (*Arg*) schmarotzen (*a* bei +*dat*)

**garrotazo** [garro'taθo] *m* Schlag *m* mit dem Knüppel

**garrote** [ga'rrote] *m* ❶ (*palo*) Knüppel *m* ❷ (*ligadura*) Knebel *m* ❸ (*de ejecución*) Würgschraube *f*

**garrotillo** [garro'tiʎo] *m sin pl* (MED) Diphtherie *f*

**garrucha** [ga'rrutʃa] *f* Rolle *f*

**garrulería** [garrule'ria] *f* Geschwätz *nt*

**gárrulo**, **-a** ['garrulo, -a] *adj* ❶ (*pájaro*) zwitschernd ❷ (*persona*) geschwätzig, schwatzhaft ❸ (*arroyo*) murmelnd; (*viento*) flüsternd

**garúa** [ga'rua] *f* (*Am: llovizna*) Nieseln *nt*

**garuar** [ga'rwar] *vimpers* (*Am: lloviznar*) nieseln

**garza** ['garθa] *f* Reiher *m*

**garzón**, **-ona** [gar'θon, -ona] *m, f* (*Am: camarero*) Kellner(in) *m(f)*

**gas** [gas] *m* ❶ (*fluido*) Gas *nt;* ~ **natural** Erdgas *nt;* **bombona de** ~ Gasflasche *f;* **cartucho de** ~ Gaspatrone *f;* **cocina de** ~ Gasherd *m;* **agua con** ~ Sprudel *m;* **agua sin** ~ stilles Wasser ❷ (AUTO): **dar** ~ Gas geben; **ir a todo** ~ mit Vollgas fahren ❸ *pl* (*en el estómago*): ~**es** Blähungen *fpl*

**gasa** ['gasa] *f* ❶ (*tela*) Gaze *f* ❷ (*de luto*) Trauerflor *m* ❸ (MED) Verband(s)mull *m* ❹ (*pañal*) Windel *f*

**gascón**, **-ona** [gas'kon, -ona] **I.** *adj* gascognisch **II.** *m, f* Gascogner(in) *m(f)*

**gasear** [gase'ar] *vt* ❶ (*agua*) Kohlensäure zusetzen +*dat* ❷ (*algodón*) gasieren ❸ (*matar*) vergasen

**gaseiforme** [gasei̯'forme] *adj* gasförmig

**gaseoducto** [gaseo'ðukto] *m* Erdgasleitung *f*

**gaseosa** [gase'osa] *f* süßer Sprudel *m*

**i Land & Leute**

Als **gaseosa** wird ein süßer Sprudel bezeichnet, der mit Süßstoff statt mit Zucker hergestellt wird. Es ist in Spanien nicht üblich, kohlensäurehaltiges Mineralwasser zu trinken, sondern lediglich Leitungswasser. Mit **gaseosa** und rotem Tafelwein bzw. Tischwein bereitet man im Sommer gern den erfrischenden *tinto de verano* zu.

**gaseoso**, **-a** [gase'oso, -a] *adj* ❶ (*con gas*) gashaltig ❷ (*gaseiforme*) gasförmig

**gasfitería** [gasfite'ria] *f* (*Am*) Klempnerei *f*

**gasificación** [gasifika'θjon] *f* Vergasung *f*

**gasificar** [gasifi'kar] <c→qu> *vt* ❶ (TÉC: *transformar en gas*) vergasen ❷ (*un líquido*) mit Kohlensäure versetzen

**gasoducto** [gaso'ðukto] *m* Gasfernleitung *f*

**gasógeno** [ga'soxeno] *m* Gasgenerator *m*

**gasoil** [ga'soi̯l] *m*, **gas-oil** [ga'soi̯l] *m* Diesel(öl) *nt*

**gasóleo** [ga'soleo] *m* Diesel(öl) *nt*

**gasolina** [gaso'lina] *f* Benzin *nt;* ~ **con/sin plomo** verbleites/bleifreies Benzin; ~ **súper** Super(benzin) *nt;* **echar** ~ tanken

**gasolinera** [gasoli'nera] *f* ❶ (*establecimiento*) Tankstelle *f* ❷ (*lancha*) Motorboot *nt*

**gastado**, **-a** [gas'taðo, -a] *adj* ❶ (*vestido*) abgetragen; (*cuello*) abgescheuert; (*zapato*) abgelaufen; (*talón*) abgetreten; (*suelo*) ausgetreten; (*neumático*) abgefahren; (*pilas*) leer ❷ (*expresión*) abgedroschen ❸ (*persona*) verbraucht

**gastador**[1] [gasta'ðor] *m* ❶ (MIL: *zapador*) Pionier *m* ❷ (*condenado*) Zwangsarbeiter *m*

**gastador(a)**[2] [gasta'ðor(a)] **I.** *adj* verschwenderisch **II.** *m(f)* Verschwender(in) *m(f)*

**gastar** [gas'tar] **I.** *vt* ❶ (*dinero*) ausgeben ❷ (*vestido*) abtragen; (*zapato*) ablaufen; (*talón*) abtreten; (*suelo*) austreten; (*neumático*) abfahren ❸ (*tiempo*) investieren ❹ (*electricidad*) verbrauchen ❺ (*tener*): ~ **mal/buen humor** stets schlecht/gut gelaunt sein ❻ (*poseer*) haben ❼ (*loc*): ~ **pocas palabras** nicht viele Worte machen; ~ **bromas a alguien** seine Scherze mit jdm treiben **II.** *vr:* ~**se** ❶ (*dinero*) ausgeben ❷ (*vestido*) sich abnutzen ❸ (*consumirse*) verbraucht werden

**Gasteiz** [gas'teiθ] *m* Vitoria *nt*

**gasto** ['gasto] *m* ❶ (*de dinero*) Ausgabe *f;* (*en un negocio*) Kosten *pl;* (ECON, COM: *desembolso*) Ausgaben *fpl;* (*costos adicionales*) Unkosten *pl;* **dinero para ~s corrientes** Taschengeld *nt;* **~s de inscripción** Einschreibegebühren *fpl;* **~s de personal** Personalaufwand *m;* **el ~ público** die Staatsausgaben; **~s de representación** Spesen *pl* ❷ (*de fuerza*) Aufwand *m* (*de* an +*dat*); ~ **de tiempo** Zeitaufwand *m* ❸ (*consumo*) Verbrauch *m* (*de* an +*dat*) ❹ (*de una fuente*) Ergiebigkeit *f*

**gástrico**, **-a** ['gastriko, -a] *adj* Magen-

**gastritis** [gas'tritis] *f inv* (MED) Magenschleimhautentzündung *f*

**gastroenteritis** [gastroen̩te'ritis] *f inv* (MED) Magen-Darm-Entzündung *f*

**gastrointestinal** [gastroin̩testi'nal] *adj* (MED) gastrointestinal

**gastronomía** [gastrono'mia] *f sin pl* ❶ (*arte culinaria*) Gastronomie *f* ❷ (ECON) Gaststättengewerbe *nt*

**gastronómico**, **-a** [gastro'nomiko, -a] *adj* gastronomisch

**gastrónomo**, **-a** [gas'tronomo, -a] *m, f* ❶ (*que trabaja en gastronomía*) Gastronom(in) *m(f)* ❷ (*gourmet*) Feinschmecker(in) *m(f)*

**gata** ['gata] *f* ❶ (*hembra del gato*) Katze *f* ❷ (*nubecilla*) Wolken *fpl* am Berg ❸ (*madrileña*) Madriderin *f* ❹ (*loc*): **hacer la ~ muerta** (*fam*) den Bescheidenen spielen

**gatas** ['gatas]: **andar a ~** auf allen vieren gehen

**gateado**, **-a** [gate'aðo, -a] *adj* katzenhaft; **marmol ~** geaderter Marmor

**gatear** [gate'ar] **I.** *vi* ❶ (*trepar*) klettern ❷ (*ir a gatas*) krabbeln ❸ (*Am: enamorar*) hinter den Frauen her sein **II.** *vt* ❶ (*arañar*) kratzen ❷ (*fam: robar*) mausen

**gatera** [ga'tera] *f* ❶ (*de gatos*) Katzendurchschlupf *m* ❷ (NÁUT) Klüse *f* ❸ (*Am: verdulera*) Gemüsefrau *f*

**gatillo** [ga'tiʎo] *m* ❶ (*percusor*) Abzug *m;* **apretar el ~** abdrücken ❷ (*de dentista*) Zahnzange *f* ❸ (*de cuadrúpedo*) Widerrist *m* ❹ (*ratero*) Spitzbube *m*

**gato** ['gato] *m* ❶ (*félido*) Katze *f;* (*macho*) Kater *m;* **el G~ con Botas** der Gestiefelte Kater; **ser ~ viejo** ein alter Hase sein; **dar ~ por liebre a alguien** (*fam*) jdm ein X für ein U vormachen; **aquí hay ~ encerrado** (*fam*) hier ist etwas faul; **llevarse el ~ al agua** (*fam*) den Vogel abgeschossen haben; **éramos cuatro ~s en el cine** (*fam*) es waren nur ein paar Leute im Kino; **¿quién le pone el cascabel al ~?** (*fig*) wer hängt der Katze die Schelle um?; **buscarle los tres pies al ~** Haarspalterei betreiben; **andar como el perro y el ~** wie Hund und Katze sein ② (*astuto*) Gauner *m* ③ (*madrileño*) Madrider *m* ④ (TÉC: *de coche*) Wagenheber *m;* (*de carpintero*) Schraubzwinge *f* ⑤ (*para dinero*) Geldbeutel *m*

**GATT** [gat] *m abr de* **Acuerdo General sobre Aranceles y Comercio** GATT *nt*

**gatuno, -a** [ga'tuno, -a] *adj* Katzen-, katzenhaft

**gatuperio** [gatu'perjo] *m* ① (*mezcla*) Mischmasch *m* ② (*embrollo*) Intrige *f*

**gaucho¹** ['gau̯tʃo] *m* (*Am*) ① (*campesino*) Gaucho *m* ② (*jinete*) guter Reiter *m*

**gaucho, -a²** ['gau̯tʃo, -a] *adj* ① (*de gaucho*) Gaucho-, gauchohaft ② (*Am: grosero*) grob ③ (*Am: astuto*) gerissen

**i Land & Leute**

**Gauchos** werden die berittenen Viehhirten bzw. ‚Cowboys' der südamerikanischen Pampa genannt.

**gaveta** [ga'βeta] *f* ① (*de escritorio*) Schubfach *nt* ② (*de albañil*) Mörtelpfanne *f*

**gavia** ['gaβja] *f* ① (*zanja*) Entwässerungsgraben *m* ② (NÁUT: *vela*) Marssegel *nt* ③ (*gaviota*) Möwe *f*

**gavilán** [ga'βilan] *m* ① (*ave*) Sperber *m* ② (*de pluma*) Spitze *f* ③ (*de espada*) Parierstange *f* ④ (*del cardo*) Distelblüte *f*

**gavilla** [ga'βiʎa] *f* ① (*fajo*) Garbe *f* ② (*cuadrilla*) Bande *f*

**gaviota** [ga'βjota] *f* Möwe *f*

**gay** [gai̯] *m* Schwule(r) *m*

**gazapera** [gaθa'pera] *f* ① (*madriguera*) Kaninchenbau *m* ② (*de mala gente*) Schlupfwinkel *m* ③ (*riña*) Zankerei *f*

**gazapo** [ga'θapo] *m* ① (*conejo*) junges Kaninchen *nt* ② (*en un periódico*) (Zeitungs)ente *f* ③ (*fam: al hablar*) Versprecher *m*

**gazmoñería** [gaθmoɲe'ria] *f* ① (*mojigatería*) Scheinheiligkeit *f* ② (*hipocresía*) Heuchelei *f*

**gazmoño, -a** [gaθ'moɲo, -a] *adj* ① (*mojigato*) scheinheilig ② (*hipócrita*) heuchlerisch

**gaznápiro, -a** [gaθ'napiro, -a] *m, f* ① (*simple*) Einfaltspinsel *m* ② (*gamberro*) Halbstarke(r) *mf*

**gaznatada** [gaθna'taða] *f* (*Am*) Ohrfeige *f*

**gaznate** [gaθ'nate] *m* Kehle *f*

**gazpacho** [gaθ'patʃo] *m* (GASTR) Gazpacho *m*

**i Land & Leute**

Der **gazpacho** ist eine kalte Gemüsesuppe aus *tomates* – *Tomaten, pepinos* – *Gurken, pimientos* – *Paprikaschoten, aceite de oliva* – *Olivenöl* und etwas *pan* – *Brot*, die im Sommer speziell in Südspanien, in *Andalucía* und in der *Extremadura*, zubereitet wird.

**GB** [dʒiɣa'bai̯t] *m* (INFOR) *abr de* **gigabyte** GB *nt*

**Gbit** [dʒiɣa'bit] *m* (INFOR) *abr de* **gigabit** GBit *nt*

**Gbyte** [dʒiɣa'bai̯t] *m* (INFOR) *abr de* **gigabyte** GByte *nt*

**géiser** ['xei̯ser] *m* Geysir *m*

**geisha** ['gei̯sa] *f* Geisha *f*

**gel** [xel] *m* Gel *nt*

**gelatina** [xela'tina] *f* ① (*sustancia*) Gelatine *f* ② (GASTR) Sülze *f*

**gelatinizar** [xelatini'θar] <z→c> *vt* (GASTR) gelieren

**gelatinoso, -a** [xelati'noso, -a] *adj* ① (*como la gelatina*) gallertartig ② (*de gelatina*) gallertig

**gélido, -a** ['xeliðo, -a] *adj* eiskalt

**gema** ['xema] *f* ① (*piedra preciosa*) Edelstein *m;* (*entallada*) Gemme *f* ② (BOT) Knospe *f*

**gemebundo, -a** [xeme'βun̪do, -a] *adj* (*de dolor*) stöhnend; (*de pena*) seufzend

**gemelo, -a** [xe'melo, -a] **I.** *adj* Zwillings-; **hermanos ~s** Zwillinge *mpl* **II.** *m, f* (*mellizo*) Zwilling *m*

**gemelos** [xe'melos] *mpl* ① (*anteojos*) Fernglas *nt;* ~ **de teatro** Opernglas *nt* ② (ASTR) Zwillinge *mpl* ③ (*de la camisa*) Manschettenknopf *m*

**gemido** [xe'miðo] *m* ① (*de dolor*) Stöhnen *nt;* (*de pena*) Seufzer *m;* (*al llorar*) Wimmern *nt* ② (*de animal*) Heulen *nt*

**geminación** [xemina'θjon] *f* ① (*duplicación*) Verdopp(e)lung *f* ② (LING) Gemination *f*

**Géminis** ['xeminis] *m inv* (ASTR) Zwillinge *mpl*

**gemir** [xe'mir] *irr como pedir vi* ① (*de dolor*) stöhnen; (*de pena*) seufzen ② (*animal*) heulen

**gen** [xen] *m* (BIOL) Gen *nt*

**genciana** [xen̪'θjana] *f* Enzian *m*

**gendarme** [xen̪'darme] *m* Gendarm *m*

**genealogía** [xenealo'xia] *f* Genealogie *f*

**genealógico, -a** [xenea'loxiko, -a] *adj* genealogisch; **árbol ~** Stammbaum *m*

**generable** [xene'raβle] *adj* erzeugbar

**generación** [xenera'θjon] *f* ① (TÉC: *producción*) Erzeugung *f*; **instrucción de ~** (INFOR) Erzeugungsanweisung *f* ② (COM: *creación*) Schaffung *f* ③ (BIOL: *procreación*) Zeugung *f* ④ (*descendientes*) Generation *f*

**generacional** [xeneraθjo'nal] *adj* Generations-

**generador¹** [xenera'ðor] *m* (TÉC) Generator *m*

**generador(a)²** [xenera'ðor(a)] *adj* ① (TÉC) Erzeugungs-, erzeugend ② (COM) schaffend; **medidas ~as de empleo** Arbeitsbeschaffungsmaßnahmen *fpl* ③ (BIOL) Zeugungs-

**general** [xene'ral] **I.** *adj* ① (*universal*) Allgemein-, allgemein; (*huelga*) General-; (*cuartel*) Haupt-; (*impresión*) Gesamt-; **cultura ~** Allgemeinbildung *f*; **junta ~ (extraordinaria)** (außerordentliche) Hauptversammlung *f*; **regla ~** allgemein gültige Regel; **de uso ~** (*para todo uso*) für den allgemeinen Gebrauch; (*para todo el mundo*) für die Allgemeinheit; **por lo ~, en ~** im Allgemeinen; **por regla ~** in der Regel; **en ~ me siento satisfecho** im Großen und Ganzen bin ich zufrieden; **en ~ hace mejor tiempo aquí que allí** normalerweise ist das Wetter hier schöner als dort ② (*vago*) allgemein; **tengo una idea ~ del tema** ich weiß ungefähr, worum es geht **II.** *m* General *m*; **~ en jefe** Oberbefehlshaber *m*

**generalato** [xenera'lato] *m* ① (MIL) Generalswürde *f*, Generalat *nt* ② (REL) Generalat *nt*

**generalidad** [xenerali'ðaᵈ] *f* ① (*calidad general*) Allgemeinheit *f*; (*validez general*) Allgemeingültigkeit *f*; **en la ~ de los casos** in den meisten Fällen ② (*vaguedad*): **respondió con una ~** er/sie gab keine konkrete Antwort; **hablar de ~es** eine unverbindliche Unterhaltung führen ③ *pl* (*conocimientos generales*) allgemeine Kenntnisse *fpl*

**Generalitat** [xenerali'taᵗ] *f autonome Regierung Kataloniens*

**i Land & Leute**

**Generalitat** ist der Name der autonomen Regierung von *Cataluña – Katalonien*, die während der *Segunda República – Zweiten Republik*, von 1931 bis 1936, im Amt war. Während der Francodiktatur war sie verboten, 1977 wurde die **Generalitat** wieder eingesetzt.

**generalizable** [xenerali'θaβle] *adj* verallgemeinerbar

**generalización** [xeneraliθa'θjon] *f* ① (*universalización*) Verallgemeinerung *f* ② (*difusión*) allgemeine Verbreitung *f*

**generalizador(a)** [xeneraliθa'ðor(a)] *adj* verallgemeinernd

**generalizar** [xenerali'θar] <z→c> *vt* ① (*hacer general*) verallgemeinern ② (*difundir*) verbreiten

**generalmente** [xeneral'mente] *adv* ① (*en general*) im Allgemeinen ② (*ampliamente*) allgemein ③ (*habitualmente*) gewöhnlich, normalerweise

**generar** [xene'rar] *vt* ① (*producir*) erzeugen; **~ beneficios** Gewinne abwerfen ② (*provocar*) hervorrufen; **~ un clima de confianza** ein Klima des Vertrauens schaffen

**generativo, -a** [xenera'tiβo, -a] *adj* ① (TÉC) Erzeugungs-; (BIOL) Zeugungs- ② (LING) generativ

**generatriz** [xenera'triθ] *f* ① (FÍS) Stromerzeuger *m* ② (MAT) Mantellinie *f*

**genérico, -a** [xe'neriko, -a] *adj* ① (*de la especie*) Gattungs-, generisch ② (LING): **nombre ~** Gattungsname *m*

**género** ['xenero] *m* ① (BIOL) Gattung *f*; **este ~ de animales está extinguido** diese Tierart ist ausgestorben ② (*manera*) Weise *f* ③ (*clase*) Sorte *f*; **¿qué ~ de hombre es?** was für ein Mensch ist er?; **sin ningún ~ de dudas** ohne den geringsten Zweifel; **tomar todo ~ de precauciones** alle denkbaren Vorsichtsmaßnahmen ergreifen ④ (LING) Genus *nt* ⑤ (LIT) Gattung *f*; **~ épico** Epik *f*; **~ lírico** Lyrik *f* ⑥ (COM: *artículo*) Ware *f*; (*tela*) (Kleider)stoff *m*; **~ de punto** Strickware *f* ⑦ (ARTE) Genre *f*

**generosidad** [xenerosi'ðaᵈ] *f* ① (*magnanimidad*) Edelmut *m* ② (*desinterés*) Großzügigkeit *f*

**generoso, -a** [xene'roso, -a] *adj* ① (*magnánimo*) edelmütig (*con/para con* gegenüber +*dat*) ② (*desinteresado*) großzügig ③ (*abundante*) reichlich ④ (*loc*): **vino ~** Dessertwein *m*

**génesis** ['xenesis] *f inv* Entstehung *f*

**Génesis** ['xenesis] *m* Schöpfungsgeschichte *f*

**genética** [xe'netika] *f sin pl* (BIOL) Genetik *f*

**genético, -a** [xe'netiko, -a] *adj* genetisch

**genial** [xe'njal] *adj* ① (*idea*) genial ② (*gracioso*) witzig ③ (*estupendo*) toll

**genialidad** [xenjali'ðaᵈ] *f* ① (*cualidad*) Genialität *f* ② (*acción*) Geniestreich *m*

**genio** ['xenjo] *m* ① (*carácter*) Charakter *m*; **tener buen/mal ~** gutmütig/jähzornig sein; **esta chica tiene mucho** ~ dieses Mädchen hat ein aufbrausendes Wesen ❷ (*talento*) Veranlagung *f* ❸ (*aptitud*) Genie *nt* ❹ (*persona*) Genie *nt;* **el** ~ **de Cervantes** der Genius Cervantes ❺ (*empuje*) Tatkraft *f* ❻ (*de una época*) (Zeit)geist *m* ❼ (*de los cuentos*) Kobold *m;* (*ser fabuloso*) (Flaschen)geist *m* ❽ (ARTE) Genius *m*

**genista** [xe'nista] *f* Ginster *m*

**genital** [xeni'tal] *adj* Geschlechts-

**genitales** [xeni'tales] *mpl* Geschlechtsorgane *ntpl*

**genitivo** [xeni'tiβo] *m* (LING) Genitiv *m*

**genocidio** [xeno'θiðjo] *m* Völkermord *m*

**genoma** [xe'noma] *m* (BIOL) Genom *nt*

**genotipo** [xeno'tipo] *m* (BIOL) Genotypus *m*

**Génova** ['xenoβa] *f* Genua *nt*

**genovés, -esa I.** *adj* genuesisch **II.** *m, f* Genuese, -in *m, f*

**gente** ['xeṇte] *f* ❶ (*personas*) Leute *pl;* ~ **de armas** Soldaten *mpl;* **la** ~ **joven/mayor** die Jungen/Alten; ~ **menuda** Kinder *ntpl;* **a este partido le preocupa la** ~ dieser Partei geht es um die Menschen; **tienes que tratar más con la** ~ du musst mehr unter die Leute (gehen); **¿qué dirá la** ~**?** was werden die Leute (dazu) sagen?; **la** ~ **dice que...** man sagt, dass ...; **tener don de** ~**s** gut mit Menschen umgehen können ❷ (*personal*) Personal *nt* ❸ (MIL: *tropa*) Truppe *f;* (NÁUT) Besatzung *f* ❹ (*fam: parentela*) Familienangehörige(n) *mpl;* **¿qué tal tu** ~**?** wie geht's deiner Familie? ❺ (*Am: honrado*) anständiger Mensch *m*

**? Grammatik**

**gente** wird mit dem Verb im Singular verwendet: *La gente está inquieta. – Die Leute sind beunruhigt.*

**gentil** [xeṇ'til] **I.** *adj* ❶ (*pagano*) heidnisch ❷ (*apuesto*) gut aussehend; (*elegante*) anmutig ❸ (*amable*) höflich **II.** *mf* Heide, -in *m, f*

**gentileza** [xeṇti'leθa] *f* ❶ (*garbo*) Anmut *f* ❷ (*cortesía*) Höflichkeit *f;* **¿tendría Ud. la** ~ **de ayudarme?** wären Sie so nett mir zu helfen?

**gentilicio, -a** [xeṇti'liθjo, -a] *adj* (LING): **nombre** ~ Völkername *m*

**gentío** [xeṇ'tio] *m sin pl* Gedränge *nt*

**gentuza** [xeṇ'tuθa] *f* (*pey*) Pöbel *m*

**genuflexión** [xenufle^y'sjon] *f* Kniebeuge *f*

**genuino, -a** [xe'nwino, -a] *adj* (*persona*) echt; (*manuscrito*) authentisch; (*amor*) wahr; **es un caso** ~ **de histeria** das ist ein reiner Fall von Hysterie

**geocentrismo** [xeoθeṇ'trismo] *m sin pl* (ASTR) Egozentrik *f*

**geodesia** [xeo'ðesja] *f* Erdmessung *f*

**geodinámica** [xeoði'namika] *f* (GEO) Geodynamik *f*

**geografía** [xeoɣra'fia] *f sin pl* Geographie *f*

**geográfico, -a** [xeo'ɣrafiko, -a] *adj* geographisch

**geógrafo, -a** [xe'oɣrafo, -a] *m, f* Geograph(in) *m(f)*

**geología** [xeolo'xia] *f sin pl* Geologie *f*

**geológico, -a** [xeo'loxiko, -a] *adj* geologisch

**geólogo, -a** [xe'oloɣo, -a] *m, f* Geologe, -in *m, f*

**geometría** [xeome'tria] *f sin pl* Geometrie *f*

**geométrico, -a** [xeo'metriko, -a] *adj* geometrisch

**geopolítico, -a** [xeopo'litiko, -a] *adj* geopolitisch

**Georgia** [xe'orxja] *f* Georgien *nt;* (*en los Estados Unidos*) Georgia *nt*

**georgiano, -a** [xeor'xjano, -a] **I.** *adj* georgisch **II.** *m, f* Georgier(in) *m(f)*

**geosfera** [xeos'fera] *f* (GEO) Geosphäre *f*

**geranio** [xe'ranjo] *m* Geranie *f*

**gerencia** [xe'reṇθja] *f* (*de una empresa*) (Geschäfts)führung *f;* (*de un banco*) Leitung *f;* (*de un teatro*) Intendanz *f*

**gerente** [xe'reṇte] *mf* (*de una gran empresa*) Geschäftsführer(in) *m(f);* (*de una pequeña empresa*) Betriebsleiter(in) *m(f);* (*de un banco*) Leiter(in) *m(f);* (*de un departamento*) Abteilungsleiter(in) *m(f);* (*de un teatro*) Intendant(in) *m(f);* ~ **de producción** Produktionsmanager(in) *m(f)*

**geriatra** [xe'rjatra] *mf* Geriater(in) *m(f)*

**geriatría** [xeria'tria] *f sin pl* Geriatrie *f,* Altersheilkunde *f*

**geriátrico, -a** [xe'rjatriko, -a] *adj* geriatrisch; **clínica geriátrica** Altenpflegeheim *nt*

**gerifalte** [xeri'fal̩te] *m* ❶ (*halcón*) Gerfalke *m* ❷ (*persona*) wichtige Persönlichkeit *f*

**germánico, -a** [xer'maniko, -a] **I.** *adj* ❶ (*de Germania*) germanisch ❷ (*de Alemania*) deutsch **II.** *m, f* ❶ (*de Germania*) Germane, -in *m, f* ❷ (*de Alemania*) Deutsche(r) *mf*

**germanio** [xer'manjo] *m* (QUÍM) Germanium *nt*

**germanismo** [xerma'nismo] *m* Germanismus *m*

**germanista** [xerma'nista] *mf* Germanist(in) *m(f)*

**germanización** [xermaniθa'θjon] *f* Germanisierung *f*

**germanizar** [xermani'θar] <z→c> *vt* eindeutschen

**germano**, **-a** [xer'mano, -a] *adj o m, f v.* **germánico**

**germanófilo**, **-a** [xerma'nofilo, -a] *adj* germanophil, deutschfreundlich

**germanófobo**, **-a** [xerma'nofoβo, -a] *adj* germanophob, deutschfeindlich

**germanooccidental** [xermano(o)$^{\gamma}$θiðeṇ'tal] **I.** *adj* westdeutsch **II.** *mf* Westdeutsche(r) *mf*, Wessi *m abw*

**germanooriental** [xermano(o)rjeṇ'tal] **I.** *adj* ostdeutsch **II.** *mf* Ostdeutsche(r) *mf*, Ossi *m abw*

**germen** ['xermen] *m* ① (BIOL) Keim *m* ② (*origen*) Ursprung *m*

**germicida** [xermi'θiða] *f* keimtötendes Mittel *nt*

**germinación** [xermina'θjon] *f* (Auf)keimen *nt*

**germinar** [xermi'nar] *vi* ① (BOT) sprießen ② (*sospechas*) aufkeimen (*en* in +*dat*)

**gerontocracia** [xeroṇto'kraθja] *f* (POL) Gerontokratie *f*

**gerontología** [xeroṇtolo'xia] *f sin pl* Gerontologie *f*, Alternsforschung *f*

**gerundense** [xeruṇ'dense] **I.** *adj* aus Gerona **II.** *mf* Einwohner(in) *m(f)* Geronas

**gerundio** [xe'ruṇdjo] *m* (LING) Gerundium *nt*

**gesta** ['xesta] *f* Heldentat *f*

**gestación** [xesta'θjon] *f* ① (*de una persona*) Schwangerschaft *f*; (*de un animal*) Trächtigkeit *f* ② (*de un proyecto*) Reifungsprozess *m*; (*de un plan*) Ausarbeitung *f*; (*de un complot*) Anzett(e)lung *f*; **el proyecto está en ~** das Projekt ist in Planung

**gestar** [xes'tar] **I.** *vt* tragen **II.** *vr:* **~se** (*proceso*) sich entwickeln; (*plan*) ausgearbeitet werden; (*proyecto*) in Planung sein; (*complot*) angezettelt werden

**gesticulación** [xestikula'θjon] *f* Gestik *f*; (*de la cara*) Mimik *f*

**gesticulador(a)** [xestikula'ðor(a)] *adj* gestikulierend

**gesticular** [xestiku'lar] **I.** *adj* Gebärden- **II.** *vi* (*con las manos*) gestikulieren; (*con la cara*) das Gesicht verziehen

**gestión** [xes'tjon] *f* ① (*diligencia*) Schritt *m*, Formalität *f* ② (*de una empresa*) Geschäftsführung *f*; **la ~ de gobierno** die Amstführung der Regierung; **la ~ al frente de la escuela** die Schulleitung ③ (INFOR): **~ de ficheros** Dateiverwaltung *f*

**gestionar** [xestjo'nar] *vt* ① (*asunto*) in die Wege leiten ② (*negocio*) führen

**gesto** ['xesto] *m* ① (*con el cuerpo*) Geste *f*; (*con la mano*) Handbewegung *f*; (*con el rostro*) Grimasse *f* ② (*semblante*) Gesicht *nt*; **torcer el ~** eine saure Miene machen ③ (*acto*) Geste *f*; **un ~ de apoyo** ein Zeichen der Unterstützung

**gestor(a)** [xes'tor(a)] **I.** *adj* geschäftsführend **II.** *m(f)* Agent(in) *m(f)* für Verwaltungsformalitäten

**gestual** [xes'twal] *adj* Gebärden-; **lenguaje ~** Gebärdensprache *f*

**gestualidad** [xestwali'ða$^{\eth}$] *f* (*del rostro*) Gesichtsausdruck *m*; (*del cuerpo*) Gestik *f*

**getei** [xete'i] *m* (AUTO) GTI *m*

**ghanés**, **-esa** [ga'nes, -esa] **I.** *adj* ghanaisch **II.** *m, f* Ghanaer(in) *m(f)*

**GHz** [ʤiɣa'xer$^{\theta}$] (INFOR) *abr de* **gigahertz** GHz

**giba** ['xiβa] *f* ① (*chepa*) Buckel *m* ② (*bulto*) Beule *f* ③ (*molestia*) Belästigung *f*

**gibar** [xi'βar] *vt* ① (*concorvar*) krümmen ② (*fam: jorobar*) belästigen

**gibón** [xi'βon] *m* Gibbon *m*

**gibosidad** [xiβosi'ða$^{\eth}$] *f* Buckel *m*

**i Land & Leute**

**Gibraltar** bzw. **el Peñón (de Gibraltar)** befindet sich im südlichsten Teil Spaniens. Seit 1713 ist es britische Kronkolonie. Die Meerenge zwischen Europa und Afrika wird als **Estrecho de Gibraltar** – *Straße von Gibraltar* – bezeichnet. Die Einwohner **Gibraltars** werden *llanitos* genannt.

**gibraltareño**, **-a** [xiβral̪ta'reɲo, -a] **I.** *adj* gibraltarisch **II.** *m, f* Gibraltarer(in) *m(f)*

**Giga** ['ʤiɣa] *m* (INFOR) Gigabyte *nt*

**gigabyte** [ʤiɣa'bai̯t] *m* (INFOR) Gigabyte *nt*; **~s por segundo** Gigabyte pro Sekunde

**gigante** [xi'ɣaṇte] **I.** *adj* riesig **II.** *m* ① (*ser fabuloso*) Riese *m*; **un ~ con pies de barro** ein Koloss auf tönernen Füßen ② (*en fiesta popular*) Riesenfigur *f* aus Pappmaschee ③ (*persona*) Gigant *m*

**gigantesco**, **-a** [xiɣaṇ'tesko, -a] *adj* riesig

**gigantismo** [xiɣaṇ'tismo] *m sin pl* (MED) Riesenwuchs *m*

**gigoló** [ʤiɣo'lo] *m* Gigolo *m*

**gilipollada** [xilipo'ʎaða] *f* (*vulg*) ① (*acción, palabras*) Blödsinn *m fam* ② (*cosa*) Ramsch *m fam*

**gilipollas** [xili'poʎas] *mf inv* (*vulg*) Arschloch *nt*

**gilipollez** [xilipo'ʎeθ] *f* (*vulg*) Blödsinn *m fam*

**gimnasia** [xim'nasja] *f* ① (*disciplina*) Gymnastik *f* ② (DEP) Turnen *nt;* ~ **rítmica** rhythmische Sportgymnastik; **hacer** ~ turnen ③ (ENS) Sport *m* ④ (*ejercicio*) Übung *f*

**gimnasio** [xim'nasjo] *m* Turnhalle *f;* ~ (**de musculación**) Fitnesscenter *nt*

**gimnasta** [xim'nasta] *mf* Turner(in) *m(f)*

**gimnástico, -a** [xim'nastiko, -a] *adj* ① (*de la disciplina*) gymnastisch ② (*del deporte*) Turn-

**gimotear** [ximote'ar] *vi* ① (*pey: gemir*) stöhnen ② (*lloriquear*) wimmern

**gimoteo** [ximo'teo] *m* ① (*gemidos*) Gestöhn(e) *nt* ② (*lloriqueo*) Gewimmer *nt*

**ginebra** [xi'neβra] *f* Gin *m*

**Ginebra** [xi'neβra] *f* Genf *nt*

**ginebrino, -a** [xine'βrino, -a] **I.** *adj* genferisch **II.** *m, f* Genfer(in) *m(f)*

**ginecología** [xinekolo'xia] *f sin pl* Frauenheilkunde *f*

**ginecológico, -a** [xineko'loxiko, -a] *adj* gynäkologisch

**ginecólogo, -a** [xine'koloɣo, -a] *m, f* Frauenarzt, -ärztin *m, f*

**ginesta** [xi'nesta] *f* Ginster *m*

**gingival** [xiŋxi'βal] *adj* (MED) Zahnfleisch-; **inflamación** ~ Zahnfleischentzündung *f*

**gingivitis** [xiŋxi'βitis] *f inv* (MED) Zahnfleischentzündung *f*

**ginkgo** ['ʤiŋko] *m* (BOT) Ginkgo *m*

**gira** ['xira] *f* ① (*de un día*) Ausflug *m;* (*más larga*) Rundfahrt *f* ② (*de un artista*) Tournee *f*

**girado, -a** [xi'raðo, -a] *m, f* (FIN) Bezogene(r) *mf*

**giralda** [xi'ral̦da] *f* Wetterfahne *f;* (*en forma de gallo*) Wetterhahn *m*

**girar** [xi'rar] **I.** *vi* ① (*dar vueltas*) sich drehen (*alrededor de* um +*akk*) ② (*conversación*) sich drehen (*sobre/en torno a* um +*akk*) ③ (COM: *letra*) ziehen (*a cargo de* auf +*akk*); **este negocio gira mucho** dieses Geschäft macht viel Umsatz ④ (*torcer*) abbiegen; (*barco*) abdrehen **II.** *vt* ① (*dar la vuelta*) drehen; ~ **la vista** sich umsehen ② (COM: *letra*) ziehen (*a cargo de* auf +*akk*); (*dinero*) überweisen (*a* an +*akk*)

**girasol** [xira'sol] *m* Sonnenblume *f*

**giratorio, -a** [xira'torjo, -a] *adj* Dreh-

**giro** ['xiro] *m* ① (*vuelta*) Drehung *f;* **un** ~ **de volante** eine Umdrehung des Lenkrades ② (*cariz*) Wendung *f;* **tomar un** ~ **favorable/negativo** sich zum Guten/Schlechten wenden; **me preocupa el** ~ **que toma este asunto** ich bin über die Entwicklung dieser Angelegenheit beunruhigt ③ (LING: *locución*) (Rede)wendung *f* ④ (COM: *letra*) Überweisung *f;* ~ **postal** Postanweisung *f* ⑤ (COM: *de una empresa*) Umsatz *m*

**gitanada** [xita'naða] *f* ① (*acción*) Zigeunerstreich *m* ② (*engaño*) Schwindel *m* ③ (*zalamería*) Schmeichelei *f*

**gitanear** [xitane'ar] *vi* ① (*hacer el gitano*) sich wie ein Zigeuner benehmen ② (*en negocio*) betrügerisch handeln ③ (*chalanear*) schachern

**gitanería** [xitane'ria] *f* ① (*halago*) hinterlistige Schmeichelei *f* ② (*grupo*) Zigeunertruppe *f* ③ (*vida*) Zigeunerleben *nt* ④ (*acción*) Zigeunerstreich *m*

**gitanismo** [xita'nismo] *m* ① (SOCIOL) Zigeunertum *nt* ② (LING) *Wörter und Redewendungen aus der Zigeunersprache*

**gitano, -a** [xi'tano, -a] **I.** *adj* ① (*de los gitanos*) Zigeuner- ② (*galanero*) schmeichlerisch ③ (*tramposo*) schwindlerisch **II.** *m, f* ① (*calé*) Zigeuner(in) *m(f);* **va hecho un** ~ (*fig*) er sieht heruntergekommen aus ② (*estafador*) Schwindler(in) *m(f)*

**glaciación** [glaθja'θjon] *f* Vereisung *f*

**glacial** [gla'θjal] *adj* ① (*helado*) eiskalt; **zona** ~ Eiszone *f* ② (*persona*) kalt

**glaciar** [gla'θjar] *m* (GEO) Gletscher *m*

**glaciarismo** [glaθja'rismo] *m* (GEO) Gletscherlandschaft *f*

**gladiador** [glaðja'ðor] *m* Gladiator *m*

**gladiolo** [gla'ðjolo] *m*, **gladíolo** [gla'ðiolo] *m* Gladiole *f*

**glande** ['glan̦de] *m* (ANAT) Eichel *f*

**glándula** ['glan̦dula] *f* (ANAT) Drüse *f*

**glandular** [glan̦du'lar] *adj* Drüsen-

**glasé** [gla'se] *m* (Glanz)taft *m*

**glasear** [glase'ar] *vt* ① (*alimentos*) glasieren ② (*papel*) satinieren

**glaucoma** [glau̯'koma] *m* (MED) grüner Star *m*

**glicerina** [gliθe'rina] *f* (QUÍM) Glycerin *nt*

**global** [glo'βal] *adj* ① (*total*) global; **valoración** ~ Pauschalurteil *nt abw* ② (*cantidad*) Gesamt- ③ (*informe*) umfassend

**globalidad** [gloβali'ðaᵈ] *f* Gesamtheit *f*

**globalización** [gloβaliθa'θjon] *f* ① (*de un problema*) globale Betrachtung *f* ② (*generalización*) Verallgemeinerung *f*

**globalizador(a)** [gloβaliθa'ðor(a)] *adj* alles umfassend

**globalizante** [gloβali'θan̦te] *adj* verallgemeinernd

**globalizar** [gloβali'θar] <z→c> *vt* ① (*problema*) global betrachten ② (*generalizar*) (stark) verallgemeinern ③ (*cantidad*) pauschalieren

**globalmente** [gloβal'men̦te] *adv* insgesamt

**globo** ['gloβo] *m* ① (*esfera*) Kugel *f;* ~ **de**

**una lámpara** Lampenschirm *m;* ~ **ocular** Augapfel *m* ② (*Tierra*) Erdball *m* ③ (*mapa*) Globus *m* ④ (*para niños*) (Luft)ballon *m;* ~ **aerostático** (Heißluft)ballon *m* ⑤ (*fam: borrachera*) Rausch *m* ⑥ (*fam: enfado*) Rage *f* ⑦ (*fam: preservativo*) Pariser *m* ⑧ (DEP: *tenis*) Lob *m*

**globular** [gloβu'lar] *adj* ① (*de globo*) kugelförmig ② (*de glóbulo*) Blutkörperchen-

**globulina** [gloβu'lina] *f* (BIOL) Globulin *nt*

**glóbulo** ['gloβulo] *m* ① (*esfera*) Kügelchen *nt* ② (ANAT) Blutkörperchen *nt*

**gloria**[1] ['glorja] *f* ① (*fama*) Ruhm *m;* **Goya es una ~ nacional** Goya ist der Stolz Spaniens; **sin pena ni ~** sang- und klanglos ② (*paraíso*) Himmelreich *nt;* **conseguir la ~** die ewige Seligkeit erlangen; **Dios le tenga en su ~** Gott habe ihn selig; **estar en la ~** (*fam*) im siebten Himmel sein ③ (*esplendor*) Herrlichkeit *f* ④ (*gusto*) Freude *f;* **este pastel sabe a ~** dieser Kuchen schmeckt himmlisch

**gloria**[2] ['glorja] *m* (REL) Gloria *nt*

**gloriarse** [glori'arse/glo'rjarse] <*1. pres:* me glorío> *vr* ① (*presumir*) sich rühmen (*de* +*gen*) ② (*complacerse*) sich freuen (*de/en* über +*akk*)

**glorieta** [glo'rjeta] *f* ① (*cenador*) Gartenhäuschen *nt* ② (*plazoleta*) Rondell *nt* ③ (*cruce*) Kreisverkehr *m*

**glorificación** [glorifika'θjon] *f* Verherrlichung *f*

**glorificar** [glorifi'kar] <c→qu> **I.** *vt* verherrlichen **II.** *vr:* ~**se** sich rühmen (*de* +*gen*)

**glorioso, -a** [glo'rjoso, -a] *adj* ① (*famoso*) ruhmreich ② (REL) selig ③ (*estupendo*) herrlich ④ (*jactancioso*) prahlerisch

**glosa** ['glosa] *f* ① (*aclaración*) Erläuterung *f* (*a* zu +*dat*); (*anotación*) Bemerkung *f* (*a* zu +*dat*); (*comentario*) Kommentar *m* (*a* zu +*dat*) ② (LIT) Glosse *f* ③ (MÚS) freie Variation *f*

**glosar** [glo'sar] *vt* ① (*comentar*) erläutern; (LIT) glossieren ② (*tergiversar*) verdrehen

**glosario** [glo'sarjo] *m* Glossar *nt*

**glotis** ['glotis] *f sin pl* (ANAT) Glottis *f*

**glotón**[1] [glo'ton] *m* (*animal*) Vielfraß *m*

**glotón, -ona**[2] [glo'ton, -ona] **I.** *adj* gefräßig **II.** *m, f* Vielfraß *m fam*

**glotonear** [glotone'ar] *vi* gierig essen, schlingen

**glotonería** [glotone'ria] *f* Essgier *f*

**glucemia** [glu'θemja] *f* (MED) Blutzuckerspiegel *m*

**glucosa** [glu'kosa] *f* Traubenzucker *m;* (QUÍM) Glucose *f*

**gluten** ['gluten] *m* ① (*cola*) Klebstoff *m* ② (BOT) Gluten *nt*

**glúteo** ['gluteo] *m* (ANAT) Gesäßmuskel *m*

**glutinoso, -a** [gluti'noso, -a] *adj* klebrig

**gnomo** ['nomo] *m* Zwerg *m*

**gnosis** ['nosis] *f inv* (REL) Gnosis *f*

**gnosticismo** [nosti'θismo] *m sin pl* (REL) Gnostizismus *m*

**gobernabilidad** [goβernaβili'ðað] *f sin pl* Regierbarkeit *f*

**gobernable** [goβer'naβle] *adj* ① (*país*) regierbar ② (*nave*) steuerbar

**gobernación** [goβerna'θjon] *f* Regieren *nt*

**gobernador(a)** [goβerna'ðor(a)] **I.** *adj* regierend **II.** *m(f)* Gouverneur(in) *m(f);* ~ **del Banco Central** Zentralbankpräsident *m;* ~ **del Banco de España** der Präsident der spanischen Zentralbank

**gobernanta** [goβer'nanta] *f* (*Am*) ① (*niñera*) Kinderfrau *f* ② (*institutriz*) Hauslehrerin *f*

**gobernante** [goβer'nante] *mf* Regierende(r) *mf*

**gobernar** [goβer'nar] <e→ie> *vt* ① (POL: *mandar*) regieren ② (*dirigir*) leiten; (*nave*) steuern; ~ **una casa** den Haushalt führen ③ (*máquina*) bedienen ④ (*a una persona*) beherrschen

**gobierno** [go'βjerno] *m* ① (POL) Regierung *f;* ~ **absoluto** Alleinherrschaft *f;* ~ **autonómico** Regionalregierung *f;* ~ **en la sombra** Schattenkabinett *nt;* **en círculos afines al ~** in regierungsnahen Kreisen ② (*ministros*) Kabinett *nt* ③ (*del gobernador*) Gouverneursamt *nt;* (*residencia*) Gouverneurssitz *m* ④ (*dirección*) Führung *f* ⑤ (*de una nave*) Manövrierfähigkeit *f* ⑥ (*de una máquina*) Bedienung *f*

**goce** ['goθe] *m* Genuss *m*

**godo, -a** ['goðo, -a] **I.** *adj* gotisch **II.** *m, f* ① (HIST) Gote, -in *m, f* ② (*AmC: pey: español*) Spanier(in) *m(f)*

**gofre** ['gofre] *m* Waffel *f*

**gofrera** [go'frera] *f* Waffeleisen *nt*

**gol** [gol] *m* (DEP) Tor *nt;* ~ **del empate** Ausgleichstor *nt;* **meter un ~** ein Tor schießen; **meterle un ~ a alguien** (*fam*) jdn hereinlegen

**gola** ['gola] *f* ① (*garganta*) Kehle *f* ② (*gorguera*) Halskrause *f*

**golazo** [go'laθo] *m* (DEP) Traumtor *nt*

**goleador(a)** [golea'ðor(a)] *m(f)* (DEP) Torjäger(in) *m(f)*

**golear** [gole'ar] *vt* (DEP) vernichtend schlagen

**goleta** [go'leta] *f* (NÁUT) Schoner *m*

**golf** [golf] *m sin pl* (DEP) Golf *nt*

**golfa** ['golfa] *f* ① (*fam: puta*) Hure *f*

❷ *v.* golfo²

**golfear** [golfe'ar] *vi* sich herumtreiben

**golfista** [gol'fista] *mf* (DEP) Golfspieler(in) *m(f)*

**golfo¹** ['golfo] *m* (GEO) Golf *m*

**golfo, -a²** ['golfo, -a] *m, f* ❶ (*pilluelo*) Straßenkind *nt* ❷ (*vagabundo*) Strolch *m*

**gollería** [goʎe'ria] *f* Leckerbissen *m*

**gollete** [go'ʎete] *m* ❶ (ANAT: *garganta*) Kehle *f* ❷ (*de vasija*) (Flaschen)hals *m*

**golondrina** [golon̪'drina] *f* ❶ (*pájaro*) Schwalbe *f* ❷ (*reg: barca*) Motorboot *nt*

**golondrino** [golon̪'drino] *m* ❶ (*pájaro*) junge Schwalbe *f* ❷ (*vagabundo*) Landstreicher *m*

**golosina** [golo'sina] *f* ❶ (*manjar*) Leckerbissen *m* ❷ (*dulce*) Süßigkeit *f* ❸ (*deseo*) Naschsucht *f* ❹ (*cosa apetitosa*) Versuchung *f*

**golosinear** [golosine'ar] *vi* naschen

**goloso, -a** [go'loso, -a] **I.** *adj* ❶ (*de dulces*) naschhaft ❷ (*apetitoso*) appetitanregend **II.** *m, f* Leckermaul *nt*

**golpe** ['golpe] *m* ❶ (*impacto*) Schlag *m;* (*choque*) Stoß *m;* ~ **de Estado** Staatsstreich *m,* Putsch *m;* ~ **de pincel** Pinselstrich *m;* ~ **de tos** Hustenanfall *m;* **a ~ de vista** mit einem Blick; **dar un** ~ einen Schlag versetzen; **parar un** ~ einen Schlag abwehren; **cerrar la puerta de** ~ die Tür zuschlagen; **la puerta se abrió de** ~ die Tür flog auf; **me he dado un ~ en la cabeza** ich habe mir den Kopf angestoßen; **no pegar** ~ (*fam*) keinen Schlag tun ❷ (*gran cantidad*): ~ **de gente** Menschenmenge *f* ❸ (TÉC: *pestillo*) Schnappriegel *m* ❹ (*sorpresa*) Überraschung *f* ❺ (*ocurrencia*) Einfall *m* ❻ (*atraco*) Überfall *m* ❼ (*de vestido*) Besatz *m* ❽ (DEP): ~ **bajo** Tiefschlag *m;* ~ **franco** Freistoß *m* ❾ (*loc*): **de** ~ (**y porrazo**) (*al mismo tiempo*) auf einen Schlag; (*de repente*) mit einem Schlag, plötzlich; **me lo tragué de un** ~ ich schluckte es alles auf einmal

**golpear** [golpe'ar] **I.** *vi* ❶ (*dar un golpe*) schlagen ❷ (*latir*) klopfen ❸ (TÉC: *motor*) klopfen **II.** *vt* schlagen; (*en la puerta*) klopfen (an +*akk*); (*a alguien*) verprügeln **III.** *vr:* ~**se** sich schlagen; **me he golpeado la cabeza contra la pared** ich bin mit dem Kopf gegen die Wand gestoßen

**golpetazo** [golpe'taθo] *m* wuchtiger Schlag *m*

**golpetear** [golpete'ar] **I.** *vi* ❶ (*dar golpes*) hämmern ❷ (*traquetear*) klappern **II.** *vt* einhämmern (auf +*akk*)

**golpista** [gol'pista] **I.** *adj* Putsch- **II.** *mf* Putschist(in) *m(f)*

**goma** ['goma] *f* ❶ (*sustancia*) Gummi *nt o m;* ~ **elástica** Kautschuk *m* ❷ (*producto*): ~ **de borrar** Radiergummi *m;* ~ **elástica** Gummiband *nt* ❸ (*fam: preservativo*) Gummi *m o nt* ❹ (*Am: resaca*) Kater *m fam*

**goma-dos** ['goma-ðos] *f sin pl* Plastiksprengstoff *m*

**gomaespuma** [gomaes'puma] *f* Schaumgummi *m*

**gomero** [go'mero] *m* (*Am: árbol*) Kautschukbaum *m*

**gomina®** [go'mina] *f* Haarfestiger *m*

**gominola** [gomi'nola] *f* ≈Gummibärchen *nt*

**gomosidad** [gomosi'ðaᵈ] *f* ❶ (*elasticidad*) Elastizität *f* ❷ (*adherencia*) Klebrigkeit *f*

**gomoso** [go'moso] *m* Dandy *m*

**gónada** ['gonaða] *f* (MED) Keimdrüse *f*

**góndola** ['gon̪dola] *f* ❶ (*de Venecia*) Gondel *f* ❷ (*Am*) Omnibus *m*

**gondolero** [gon̪do'lero] *m* Gondoliere *m*

**gong** [goŋ] *m* <gongs>, **gongo** ['goŋgo] *m* Gong *m*

**gonorrea** [gono'rrea] *f* (MED) Gonorrhö *f*

**gordo¹** ['gorðo] *m* ❶ (*grasa*) Fett *nt* ❷ (*lotería*): **el** ~ das große Los

**gordo, -a²** ['gorðo, -a] **I.** *adj* (*persona*) dick; (*comida*) fett; (*tejido*) grob; (*suceso*) wichtig; (*salario*) üppig; **el dedo** ~ der Daumen; **una mentira gorda** eine faustdicke Lüge; **es un pez** ~ er/sie ist ein hohes Tier; **me cae** ~ ich kann ihn nicht ausstehen; **ha pasado algo muy** ~ es ist etwas Ernstes geschehen; **se armó la gorda** (*fam*) es gab einen Riesenkrach **II.** *m, f* (*fam*) Dicke(r) *mf*

**gordura** [gor'ðura] *f* (*obesidad*) Fettleibigkeit *f;* (*corpulencia*) Korpulenz *f;* (*tejido adiposo*) Fett *nt*

**gorgojo** [gor'ɣoxo] *m* ❶ (*insecto*) Kornwurm *m* ❷ (*fam: persona*) Zwerg *m*

**gorgoritear** [gorɣorite'ar] *vi* (*fam*) trillern

**gorgotear** [gorɣote'ar] *vi* ❶ (*hacer ruido*) gluckern; (*arroyo*) gurgeln ❷ (*burbujear*) brodeln

**gorgoteo** [gorɣo'teo] *m* ❶ (*ruido*) Gluckern *nt;* (*de un arroyo*) Gurgeln *nt* ❷ (*borboteo*) Brodeln *nt*

**gorguera** [gor'ɣera] *f* ❶ (*gola*) Halskrause *f* ❷ (*de la armadura*) Halsberge *f*

**gorila** [go'rila] *m* Gorilla *m*

**gorjear** [gorxe'ar] **I.** *vi* ❶ (*personas*) trillern ❷ (*pájaros*) zwitschern; (*alondra*) tirilieren **II.** *vr:* ~**se** ❶ (*niño*) glucksen ❷ (*Am: burlarse*) sich lustig machen (*de* über +*akk*)

**gorjeo** [gor'xeo] *m* ❶ (*de personas*) Trillern *nt* ❷ (*de pájaros*) Gezwitscher *nt;* (*de la alondra*) Tirili *nt*

**gorra** ['gorra] *f* ❶ (*prenda*) Mütze *f;* ~ **de visera** Schirmkappe *f* ❷ (*para niños*) Babymützchen *nt* ❸ (*loc*): **andar de ~** schmarotzen; **vivir de ~** auf fremde Kosten leben

**gorrear** [gorre'ar] *vi* (*fam*) schmarotzen; **¿te puedo ~ un cigarrillo?** kann ich von dir eine Zigarette schnorren?

**gorrero** [go'rrero] *m* (*fam*) Schmarotzer *m*

**gorrinada** [gorri'naða] *f* Schweinerei *f*

**gorrinera** [gorri'nera] *f* Schweinestall *m*

**gorrino, -a** [go'rrino, -a] *m, f* ❶ (*cochinillo*) Spanferkel *nt;* (*cerdo*) Schwein *nt;* (*cerda*) Sau *f* ❷ (*pey: persona*) Schwein *nt,* Sau *f*

**gorrión** [gorri'on] *m* ❶ (*pardal*) Sperling *m* ❷ (*AmC: colibrí*) Kolibri *m*

**gorro** ['gorro] *m* Mütze *f;* (*de uniforme*) Schiffchen *nt;* ~ **para bebés** Babymützchen *nt;* ~ **de natación** Badekappe *f;* ~ **de papel** Papiermütze *f;* **estoy hasta el ~** (*fig*) ich habe die Nase voll

**gorrón**[1] [go'rron] *m* ❶ (*piedra*) Kiesel(stein) *m* ❷ (TÉC) Zapfen *m*

**gorrón, -ona**[2] [go'rron, -ona] *m, f* ❶ (*gorrero*) Schmarotzer *m* ❷ (*AmC: egoísta*) Egoist(in) *m(f)*

**gorronear** [gorrone'ar] *vi v.* **gorrear**

**gorronería** [gorrone'ria] *f* ❶ (*de gorrero*) Schmarotzen *nt* ❷ (*avaricia*) Geiz *m*

**gota** ['gota] *f* ❶ (*de líquido*) Tropfen *m;* **café con ~s de ron** Kaffee mit einem Schuss Rum; **el agua salía ~ a ~ del grifo** das Wasser tröpfelte aus dem Hahn; **apurar el vaso hasta la última ~** das Glas bis zur Neige leeren; **la ~ que colma el vaso** der Tropfen, der das Fass zum Überlaufen bringt; **parecerse como dos ~s de agua** sich *dat* wie ein Ei dem anderen gleichen ❷ (*pizca*) kleiner Rest *m;* **no queda ni ~ de agua** es ist kein Tropfen Wasser mehr da; **no tiene ni una ~ de paciencia** er/sie hat kein bisschen Geduld ❸ (METEO): **~ fría** Kalt(luft)front *f* ❹ (MED: *enfermedad*) Gicht *f* ❺ (*gotero*) Tropf *m*

**gotear** [gote'ar] *vi* ❶ (*líquido*) tropfen; (*lentamente*) tröpfeln ❷ (*dar*) tropfenweise geben ❸ (*recibir*) tropfenweise bekommen

**goteo** [go'teo] *m* ❶ (*gotear*) Tropfen *nt* ❷ (MED) Tropf *m*

**gotera** [go'tera] *f* ❶ (*filtración*) Tropfen *nt* ❷ (*grieta*) undichte Stelle *f;* **hay una ~ en el baño** im Badezimmer regnet es durch ❸ (*mancha*) Fleck(en) *m* ❹ (*achaque*) Wehwehchen *nt;* (*más fuerte*) Gebrechen *nt* ❺ *pl* (*Am: afueras*) Stadtrand *m*

**gotero** [go'tero] *m* ❶ (MED) Tropf *m* ❷ (*Am: cuentagotas*) Tropfenzähler *m*

**gótico, -a** ['gotiko, -a] *adj* gotisch; **el barrio ~ de Barcelona** das gotische Viertel von Barcelona

**Gotinga** [go'tiŋga] *f* Göttingen *nt*

**gotoso, -a** [go'toso, -a] **I.** *adj* (MED) gichtkrank **II.** *m, f* (MED) Gichtkranke(r) *mf*

**gouda** ['gou̯ða] *m* (GASTR) Gouda(-Käse) *m*

**gozada** [go'θaða] *f* (*fam: para la vista*) Augenschmaus *m;* (*para el oído*) Ohrenschmaus *m*

**gozar** [go'θar] <z→c> **I.** *vi* ❶ (*complacerse*) Gefallen finden (an +*dat*) ❷ (*disfrutar*) sich erfreuen (*de* +*gen*); **~ de una increíble fortuna** ein unglaubliches Vermögen haben **II.** *vt* ❶ (*disfrutar*) genießen ❷ (*poseer carnalmente*): **~ a una mujer** mit einer Frau schlafen **III.** *vr:* **~se** sich erfreuen (*en* an +*dat*)

**gozne** ['goθne] *m* ❶ (*de puerta*) (Tür)angel *f* ❷ (*de una caja*) Scharnier *nt*

**gozo** ['goθo] *m* ❶ (*delicia*) Wonne *f;* (*placer*) Freude *f* ❷ (*alegría*) Freude *f;* **mi ~ en un pozo** es ist alles im Eimer ❸ (*del fuego*) Aufflackern *nt*

**gr.** ['gramo] *abr de* **gramo** g

**grabación** [graβa'θjon] *f* ❶ (*de disco*) Aufnahme *f* ❷ (TV: *de una serie*) Aufzeichnung *f* ❸ (INFOR) Speichern *nt*

**grabado** [gra'βaðo] *m* ❶ (ARTE: *acción*) Gravieren *nt;* (*en piedra*) Einmeißeln *nt;* (*en madera*) Einschnitzen *nt* ❷ (ARTE: *copia*) Stich *m;* **~ al agua fuerte** Ätzung *f;* **~ en madera** Holzschnitt *m* ❸ (*arte*) Gravierkunst *f* ❹ (*ilustración*) Abbildung *f*

**grabador**[1] [graβa'ðor] *m:* **~ de CDs** CD-Brenner *m*

**grabador(a)**[2] [graβa'ðor(a)] *m(f)* Graveur(in) *m(f)*

**grabadora** [graβa'ðora] *f* Tonbandgerät *nt*

**grabadura** [graβa'ðura] *f* ❶ (*acción*) Gravieren *nt;* (*en piedra*) Einmeißeln *nt;* (*en madera*) Einschnitzen *nt* ❷ (*efecto: en metal*) Gravur *f;* (*en madera*) Schnitzwerk *nt*

**grabar** [gra'βar] **I.** *vt* ❶ (ARTE) (ein)gravieren (*en* in +*akk*); (*en piedra*) einmeißeln; (*en madera*) einschnitzen ❷ (*disco*) aufnehmen; (*en vídeo*) aufzeichnen ❸ (INFOR) speichern ❹ (*fijar*) einprägen **II.** *vr:* **~se** sich einprägen +*dat*

**gracejo** [gra'θexo] *m* Witz *m*

**gracia** ['graθja] *f* ❶ *pl* (*agradecimiento*): **¡~s!** danke!; **¡muchas ~s!** vielen Dank!; **¡~s a Dios!** Gott sei Dank!; **te debo las ~s** ich bin dir zu Dank verpflichtet; **no me ha dado ni las ~s** er hat sich nicht einmal

G

bei mir bedankt; ~**s a tus esfuerzos lo conseguí** ich schaffte es dank deiner Bemühungen ❷ (REL) Gnade *f* ❸ (*perdón*) Begnadigung *f* ❹ (*favor*) Gunst *f* ❺ (*agrado*): **me cae en** ~ er/sie ist mir sympathisch ❻ (*garbo*) Anmut *f*; **está escrito con** ~ es ist geistreich geschrieben ❼ (*chiste*) Witz *m*; (*diversión*) Spaß *m*; **no tiene (ni) pizca de** ~ das ist gar nicht lustig; **no me hace nada de** ~ das finde ich gar nicht lustig; **si lo haces se va la** ~ wenn du es tust, geht der Reiz verloren; **este cómico tiene poca** ~ dieser Komiker ist langweilig; **la** ~ **es que...** das Witzige daran ist, dass ...; **no estoy hoy para** ~**s** ich bin heute nicht zu(m) Scherzen aufgelegt ❽ (*ocurrencia*): **hoy ha hecho otra de sus** ~**s** er/sie hat heute wieder was Schönes angerichtet

**grácil** ['graθil] *adj* grazil

**gracilidad** [graθili'ðaᵈ] *f* Grazilität *f*

**gracioso, -a** [gra'θjoso, -a] **I.** *adj* ❶ (*atractivo*) anmutig ❷ (*chistoso*) witzig; **para mí no fue nada** ~ das fand ich gar nicht lustig ❸ (*gratis*) unentgeltlich **II.** *m, f* (TEAT) Spaßvogel *m*; **algún** ~ **me ha escondido las llaves** irgendein Witzbold hat meine Schlüssel versteckt; **no te hagas el** ~ **conmigo** komm mir bloß nicht komisch

**grada** ['graða] *f* ❶ (*peldaño*) Stufe *f* ❷ (*de un estadio*) (Sitz)reihe *f* ❸ (AGR) Egge *f* ❹ (NÁUT) Helling *f* ❺ *pl* (*escalinata*) Freitreppe *f* ❻ *pl* (*Am: atrio*) Vorhalle *f*

**gradación** [graða'θjon] *f* ❶ (*escalonamiento*) Abstufung *f* ❷ (MÚS) Steigerung *f* ❸ (*retórica*) Gradation *f*

**gradería** [graðe'ria] *f*, **graderío** [graðe'rio] *m* (*t. fig*) Tribüne *f*

**grado** ['graðo] *m* ❶ (*nivel*) Grad *m* (*de* an +*dat*); ~ **de confianza** Maß an Vertrauen; **quemaduras de primer** ~ (MED) Verbrennungen ersten Grades; **en** ~ **sumo** in höchstem Grade ❷ (*parentesco*) Verwandtschaftsgrad *m* ❸ (JUR): **en primer** ~ in erster Instanz ❹ (ENS) (Schul)klasse *f*; ~ **elemental** Grundstufe *f* ❺ (*universitario*) akademischer Grad *m*; ~ **de doctor** Doktorwürde *f* ❻ (MAT) Grad *m*; ~ **centígrado** Grad Celsius ❼ (LING): ~ **comparativo** Komparativ *m* ❽ (MIL: *rango*) Rang *m* ❾ (*de alcohol*) Prozent *nt*

**graduable** [graðu'aβle] *adj* ❶ (*herramienta*) verstellbar ❷ (*temperatura*) graduierbar

**graduación** [graðwa'θjon] *f* ❶ (*regulación, t.* TÉC) Einstellung *f* ❷ (*en grados*) Gradeinteilung *f*; (*en niveles*) Abstufung *f*; (*de personas*) Einstufung *f*; (*de precios*) Staffelung *f* ❸ (*de un vino*) Alkoholgehalt *m* ❹ (MIL) Rang *m*

**graduado, -a** [graðu'aðo, -a] **I.** *adj* ❶ (*aparato*) Grad-, Stufen- ❷ (*colores*) abgestuft **II.** *m, f* ❶ (UNIV) Akademiker(in) *m(f)*; ~ **en ingeniería** Diplomingenieur *m* ❷ (ENS): ~ **escolar** (*fam*) Hauptschulabgänger *m*

**graduador** [graðwa'ðor] *m* Regler *m*

**gradual** [graðu'al] *adj* allmählich

**gradualmente** [graðwal'mente] *adv* ❶ (*en grados*) stufenweise ❷ (*progresivamente*) allmählich

**graduar** [graðu'ar] <*1. pres:* gradúo> **I.** *vt* ❶ (*regular*) einstellen ❷ (TÉC) gradieren; (*aparato*) eichen; (*líquido*) den Alkoholgehalt bestimmen +*gen*; ~ **la vista** die Brillengläser anpassen ❸ (*en niveles*) (gradweise) abstufen; (*precios*) staffeln ❹ (ENS) graduieren ❺ (MIL) einen Rang verleihen (*a* +*dat*) **II.** *vr*: ~**se**: **se graduó en económicas** er/sie machte seine/ihre Diplomprüfung in VWL

**grafema** [gra'fema] *m* (LING) Graphem *nt*

**grafía** [gra'fia] *f* Schreibweise *f*

**gráfica** ['grafika] *f* ❶ (*diagrama*) Schaubild *nt* ❷ (*curva*) Kurve *f*

**gráfico¹** [grafiko] *m* Schaubild *nt*; ~ **de tarta** Tortendiagramm *nt*; **tarjeta de** ~**s** (INFOR) Grafikkarte *f*

**gráfico, -a²** [grafiko, -a] *adj* ❶ (*de la escritura*) Schrift- ❷ (*del dibujo*) grafisch; **diccionario** ~ Bildwörterbuch *nt* ❸ (*claro*) anschaulich

**grafismo** [gra'fismo] *m* ❶ (*grafía*) Schreibweise *f* ❷ (*aspecto estético*) Grafik *f* ❸ (INFOR) grafische Darstellung *f*

**grafista** [gra'fista] *mf* Grafiker(in) *m(f)*

**grafito** [gra'fito] *m* (MIN) Graphit *m*

**grafología** [grafolo'xia] *f sin pl* Graphologie *f*

**grafológico, -a** [grafo'loxiko, -a] *adj* graphologisch

**grafólogo, -a** [gra'foloɣo, -a] *m, f* Graphologe, -in *m, f*

**gragea** [gra'xea] *f* Dragee *nt*

**grajear** [graxe'ar] *vi* ❶ (*el grajo*) krächzen ❷ (*un bebé*) glucksen

**grajilla** [gra'xiʎa] *f* Dohle *f*

**grajo** ['graxo] *m* ❶ (*ave*) Saatkrähe *f* ❷ (*charlatán*) Schwätzer *m* ❸ (*Am: sobaquina*) Schweißgeruch *m*

**gral.** [xene'ral] *adj abr de* **general** allg.

**gramática** [gra'matika] *f* (LING) Grammatik *f*; **tener mucha** ~ **parda** (*fam*) listig sein

**gramatical** [gramati'kal] *adj* grammatikalisch; **regla** ~ Grammatikregel *f*

**gramaticalización** [gramatikaliθa'θjon] *f sin pl* (LING) Grammatikalisation *f*

**gramático, -a** [gra'matiko, -a] *m, f* Grammatiker(in) *m(f)*

**gramilla** [gra'miʎa] *f* (*Am: hierba*) Gras *nt*

**gramo** ['gramo] *m* Gramm *nt*

**gramófono** [gra'mofono] *m* Grammophon *nt*

**gramola** [gra'mola] *f* ① (*gramófono*) Grammophon *nt* ② (*en un bar*) Musikbox *f*

**gran** [gran] *adj v.* **grande**

**grana** ['grana] *f* ① (*acción*) Reifen *nt* der Getreidekörner ② (*semilla*) Same(n) *m* ③ (*color*) Scharlach(rot) *nt* ④ (*tela*) Scharlach *m* ⑤ (*cochinilla*) Koschenille(laus) *f;* (*color*) Koschenille *f* ⑥ (*quermes*) Kermes *m*

**granada** [gra'naða] *f* ① (*fruto*) Granatapfel *m* ② (*proyectil*) Granate *f*

**granadilla** [grana'ðiʎa] *f* ① (*fruto*) Passionsfrucht *f* ② (*AmC: planta*) Passionsblume *f*

**granadino, -a** [grana'ðino, -a] **I.** *adj* aus Granada **II.** *m, f* Einwohner(in) *m(f)* von Granada

**granado**[1] [gra'naðo] *m* Granat(apfel)baum *m*

**granado, -a**[2] *adj* ① (*ilustre*) vornehm ② (*maduro*) reif ③ (*alto*) hoch aufgeschossen

**granar** [gra'nar] **I.** *vi* Körner entwickeln **II.** *vt* treiben

**granate** [gra'nate] **I.** *adj* granatfarben, granatrot **II.** *m* Granatstein *m*

**Gran Bretaña** [gram bre'taɲa] *f* Großbritannien *nt*

**grancanario, -a** [graŋka'narjo, -a] **I.** *adj* aus Gran Canaria **II.** *m, f* Einwohner(in) *m(f)* von Gran Canaria

**grande** ['gran̪de] **I.** *adj* <más grande *o* mayor, grandísimo> (*precediendo un substantivo singular: gran*) ① (*de tamaño*) groß; **gran ciudad** Großstadt *f;* ~ **como una montaña** riesengroß; **una habitación** ~ ein geräumiges Zimmer; **una gran suma de dinero** eine hohe Geldsumme; **una gran mentira** eine faustdicke Lüge; **vino gran cantidad de gente** es kamen sehr viele Leute; **tengo un gran interés por...** ich bin sehr interessiert an ... *+dat;* **no me preocupa gran cosa** das kümmert mich nicht besonders ② (*de edad*) alt; **Juan es más** ~ **que Pedro** Juan ist älter als Pedro ③ (*moralmente*): **un gran hombre** ein bedeutender Mann; **una gran idea** eine großartige Idee ④ (*loc*): **pasarlo en** ~ sich großartig amüsieren; **este trabajo me va** ~ ich bin dieser Arbeit nicht gewachsen; **vivir a lo** ~ auf großem Fuß leben **II.** *m* ① (*prócer*) Größe *f;* **los** ~**s de la industria** die Großindustriellen ② (*título*): **G**~ **de España** Grande *m* Spaniens

**? Grammatik**

**grande** steht nach einem Substantiv und bezeichnet die Größe von etw/jdm: *un restaurante grande – ein großes Restaurant, una fiesta grande – ein großes Fest.*

**gran** – *ansehnlich, bedeutend* steht vor einem Substantiv und hebt die Qualität von etw/jdm hervor: *un gran restaurante – ein hervorragendes Restaurant, una gran fiesta – ein großartiges Fest.*

**grandemente** [gran̪de'men̪te] *adv* (*mucho*) sehr; (*extremadamente*) äußerst

**grandeza** [gran̪'deθa] *f* ① (*vastedad*) Größe *f;* **delirio de** ~ Größenwahn *m* ② (*excelencia de cosas*) Großartigkeit *f* ③ (*de personas*) Größe *f* ④ (*de un Grande*) Würde *f*

**grandilocuencia** [gran̪dilo'kwen̪θja] *f* ① (*de estilo*) Schwülstigkeit *f* ② (*de una persona*) hochtrabende Ausdrucksweise *f*

**grandilocuente** [gran̪dilo'kwen̪te] *adj* hochtönend

**grandiosidad** [gran̪djosi'ða$^{d}$] *f* Großartigkeit *f*

**grandioso, -a** [gran̪'djoso, -a] *adj* großartig

**grandullón, -ona** [gran̪du'ʎon, -ona] *adj* hoch aufgeschossen

**granear** [grane'ar] *vt* ① (*semilla*) (aus)säen ② (*pólvora*) körnen ③ (*cuero*) aufrauen ④ (ARTE: *grabado en cobre*) granieren

**granel** [gra'nel]: **a** ~ (*sin envase*) unverpackt; (*suelto*) lose; (*líquido*) vom Fass; (*en abundancia*) haufenweise; **carga a** ~ Schüttgut *nt*

**granero** [gra'nero] *m* Scheune *f;* **Castilla es el** ~ **de España** Kastilien ist die Kornkammer Spaniens

**granítico, -a** [gra'nitiko, -a] *adj* ① (*relativo al granito*) Granit- ② (*parecido al granito*) granitartig

**granito** [gra'nito] *m* (MIN) Granit *m*

**granizada** [grani'θaða] *f* ① (*pedrisco*) Hagelschauer *m* ② (*de balas*) Kugelhagel *m*

**granizado** [grani'θaðo] *m Erfrischungsgetränk;* ~ **de café** Kaffee *m* mit Eis

**i Land & Leute**

**Granizado** bezeichnet ein Erfrischungsgetränk mit zerstoßenem Eis, mit Zitronen- (**granizado de limón**), Orangen- (**granizado de naranja**) oder Kaffeegeschmack (**granizado de café**).

**granizar** [grani'θar] <z→c> *vimpers* hageln

**granizo** [gra'niθo] *m* Hagel *m*

**granja** ['graŋxa] *f* ❶ (*finca*) Bauernhof *m;* (*en la zona anglosajona*) Farm *f* ❷ (*cafetería*) Milchbar *f*

**granjear** [graŋxe'ar] **I.** *vt* ❶ (*ganado*) handeln ❷ (*adquirir*) erwerben **II.** *vr:* ~**se** für sich gewinnen

**granjero, -a** [graŋ'xero, -a] *m, f* Landwirt(in) *m(f),* Bauer *m,* Bäuerin *f;* (*en la zona anglosajona*) Farmer(in) *m(f)*

**grano** ['grano] *m* ❶ (*de cereales*) (Samen)korn *nt;* (*de café*) Bohne *f;* ~**s** Getreide *nt;* ~ **de trigo** Weizenkorn *nt;* ~ **de uva** Weintraube *f;* **vaya al** ~ kommen Sie zur Sache; **apartar el** ~ **de la paja** die Spreu vom Weizen trennen ❷ (TÉC) Korn *nt;* **de** ~ **duro** grobkörnig; **de** ~ **fino** feinkörnig ❸ (*de piel*) Narbe *f* ❹ (MED) Pickel *m* ❺ (*loc*): **aportó su** ~ **de arena** er/sie trug sein/ihr Scherflein bei; **de un** ~ (**de arena**) **hace una montaña** aus einer Mücke macht er/sie einen Elefanten

**granoso, -a** [gra'noso, -a] *adj* körnig

**granuja**[1] [gra'nuxa] *m* ❶ (*pilluelo*) Schelm *m* ❷ (*bribón*) Gauner *m;* **el muy** ~ **me ha engañado** der Mistkerl hat mich reingelegt

**granuja**[2] [gra'nuxa] *f* ❶ (*uva*) Traubenkamm *m* ❷ (*de las frutas*) Kern *m*

**granujada** [granu'xaða] *f* ❶ (*travesura*) Streich *m* ❷ (*bribonada*) Schurkerei *f*

**granujería** [granuxe'ria] *f* ❶ (*travesura*) Streich *m* ❷ (*bribonada*) Schurkerei *f* ❸ (*de pillos*) Rasselbande *f* ❹ (*de bribones*) Gaunerbande *f*

**granujiento, -a** [granu'xjeṇto, -a] *adj* ❶ (*cara*) pickelig ❷ (*superficie*) rau

**granulación** [granula'θjon] *f* Granulation *f*

**granulado** [granu'laðo] *m* Granulat *nt*

**granulador** [granula'ðor] *m* Granulationsapparat *m*

**granular** [granu'lar] **I.** *adj* ❶ (*superficie*) körnig ❷ (*cuero*) aufgeraut **II.** *vt* granulieren

**granuloso, -a** [granu'loso, -a] *adj* körnig

**grapa** ['grapa] *f* ❶ (*para papeles*) Heftklammer *f;* (*para madera*) Krampe *f* ❷ (*licor*) Grappa *m* ❸ (*de la uva*) Kamm *m*

**grapadora** [grapa'ðora] *f* Heftmaschine *f*

**grapar** [gra'par] *vt* heften

**grasa** ['grasa] *f* ❶ (ANAT) Fett *nt;* ~ **de cerdo** Schweineschmalz *nt;* **cocinar sin** ~ fettarm kochen; **tengo mucha** ~ **en la barriga** ich habe viel Speck am Bauch; **el deporte quita la** ~ Sport lässt die Pfunde schmelzen ❷ (TÉC: *lubricante*) Schmieröl *nt* ❸ (*mugre*) Schmutz *m* ❹ (MIN): **las** ~**s** die Schlacke

**grasiento, -a** [gra'sjeṇto, -a] *adj* fettig; (*de aceite*) ölig

**graso, -a** ['graso, -a] *adj* ❶ (*grasiento*) fettig ❷ (*gordo*) dick

**gratén** [gra'ten] *m* (GASTR): **al** ~ überbacken

**gratificación** [gratifika'θjon] *f* ❶ (*recompensa*) Belohnung *f;* (*sobre objetos perdidos*) Finderlohn *m* ❷ (*del sueldo*) Sondervergütung *f;* ~ **de Navidad** Weihnachtsgeld *nt* ❸ (*propina*) Trinkgeld *nt*

**gratificante** [gratifi'kaṇte] *adj* erfreulich

**gratificar** [gratifi'kar] <c→qu> *vt* ❶ (*recompensar*) belohnen (*por* für +*akk*); **se** ~**á a quien lo encuentre** ein Finderlohn ist ausgesetzt ❷ (*en el trabajo*) eine Sondervergütung zahlen (*a* +*dat*) ❸ (*complacer*) zufrieden stellen

**gratinado** [grati'naðo] *m* (GASTR) Gratin *nt*

**gratinador** [gratina'ðor] *m* Grill *m* zum Überbacken

**gratinar** [grati'nar] *vt* (GASTR) überbacken, gratinieren

**gratis** ['gratis] *adv* kostenlos, gratis

**gratitud** [grati'tu^ð] *f* Dankbarkeit *f*

**grato, -a** ['grato, -a] *adj* ❶ (*agradable*) angenehm; ~ **al paladar** köstlich; **tu novio me ha dado una grata impresión** dein Freund hat bei mir einen sehr guten Eindruck gemacht; **tu visita me es muy grata** dein Besuch kommt mir sehr gelegen ❷ (*en una carta*): **me es** ~ **comunicarle que...** ich freue mich Ihnen mitteilen zu können, dass ...

**gratuidad** [gratwi'ða^ð] *f* ❶ (*de gratis*) Unentgeltlichkeit *f* ❷ (*arbitrariedad*) Willkürlichkeit *f* ❸ (*algo infundado*) Unbegründetheit *f*

**gratuito, -a** [gra'twito, -a] *adj* ❶ (*gratis*) kostenlos ❷ (*arbitrario*) willkürlich ❸ (*infundado*) unbegründet; **es una acusación gratuita** diese Anklage ist ungerechtfertigt; **este rumor es** ~ dieses Gerücht ist aus der Luft gegriffen; **lo que has hecho ha sido bastante** ~ was du gemacht hast, hättest du dir schenken können

**grava** ['graβa] *f* ❶ (*casquijo*) Kies *m* ❷ (*cascajo*) Schotter *m*

**gravable** [gra'βaβle] *adj* steuerpflichtig
**gravamen** [gra'βamen] *m* ❶ (*carga*) Last *f* ❷ (*de los ingresos*) Versteuerung *f;* (*del Estado*) Besteuerung *f* ❸ (UE) Abschöpfung *f*
**gravar** [gra'βar] *vt* ❶ (*cargar*) belasten ❷ (FIN) besteuern; ~ **con un impuesto** eine Steuer erheben (auf +*akk*)
**grave** ['graβe] *adj* ❶ (*objeto*) schwer ❷ (*enfermedad*) schlimm; **está** ~ er/sie ist schwer krank ❸ (*persona, situación*) ernst; **es un momento** ~ **para la industria** es ist eine kritische Zeit für die Industrie ❹ (*estilo*) streng, nüchtern ❺ (*sonido*) tief ❻ (LING): **acento** ~ Gravis *m;* **palabra** ~ auf der vorletzten Silbe betontes Wort
**gravedad** [graβe'ðaᵈ] *f* ❶ (FÍS) Schwerkraft *f;* **centro de** ~ Schwerpunkt *m* ❷ (MÚS: *de los sonidos*) Tiefe *f* ❸ (MED): **estar herido de** ~ schwer verletzt sein ❹ (*de un estilo*) Strenge *f* ❺ (*de una situación, persona*) Ernst *m*
**gravidez** [graβi'ðeθ] *f* Schwangerschaft *f*
**grávido**, **-a** ['graβiðo, -a] *adj* ❶ (*mujer*) schwanger ❷ (*elev: cargado*) (rand)voll, voll geladen
**gravilla** [gra'βiʎa] *f* Feinkies *m;* (*en la calzada*) (Roll)splitt *m*
**gravitación** [graβita'θjon] *f* (FÍS) Anziehungskraft *f;* (*de la tierra*) Schwerkraft *f*
**gravitar** [graβi'tar] *vi* ❶ (FÍS) gravitieren ❷ (*un cuerpo*) ruhen (*sobre* auf +*dat*) ❸ (*recaer*) lasten (*sobre* auf +*dat*)
**gravitatorio**, **-a** [graβita'torjo, -a] *adj* Gravitations-
**gravoso**, **-a** [gra'βoso, -a] *adj* ❶ (*pesado*) lästig; (*duro*) beschwerlich; (*libro*) schwierig ❷ (*costoso*) kostspielig
**graznar** [graθ'nar] *vi* (*cuervo*) krächzen; (*ganso*) schnattern; (*pato*) quaken
**graznido** [graθ'niðo] *m* (*cuervo*) Krächzen *nt;* (*ganso*) Schnattern *nt;* (*pato*) Quaken *nt*
**greca** ['greka] *f* ❶ (*adorno*) Mäanderband *nt* ❷ (*Am: cafetera eléctrica*) Kaffeemaschine *f*
**Grecia** ['greθja] *f* Griechenland *nt*
**grecolatino**, **-a** [grekola'tino, -a] *adj* griechisch-lateinisch
**grecorromano**, **-a** [grekorro'mano, -a] *adj* griechisch-römisch
**greda** ['greða] *f* ❶ (*arcilla*) Kreide *f* ❷ (*para desengrasar*) Bleicherde *f*
**gredal** [gre'ðal] *m* Kreidegrube *f*
**gregal** [gre'ɣal] *adj* Herden-
**gregario**, **-a** [gre'ɣarjo, -a] *adj* ❶ (*persona*) Herden- ❷ (*soldado*) gemein
**gregarismo** [greɣa'rismo] *m sin pl* Herdentrieb *m*
**gregoriano**, **-a** [greɣo'rjano, -a] *adj* gregorianisch
**greguería** [greɣe'ria] *f* Stimmengewirr *nt*
**gremial** [gre'mjal] **I.** *adj* ❶ (*de un gremio*) Innungs- ❷ (HIST) Zunft- **II.** *mf* Verbandsangehörige(r) *mf*
**gremialismo** [gremja'lismo] *m sin pl* ❶ (*mundo de*) Innungswesen *nt* ❷ (*doctrina*) Zunftgeist *m* ❸ (*tendencia*) Neigung *f* zur Verbandsbildung
**gremio** ['gremjo] *m* ❶ (*asociación*) Innung *f* ❷ (HIST) Zunft *f*
**greña** ['greɲa] *f* (*cabellos*) Haarschopf *m;* **andar a la** ~ aneinander geraten
**greñudo**, **-a** [gre'ɲuðo, -a] *adj* zerzaust
**gres** [gres] *m* ❶ (*arcilla*) (Töpfer)ton *m* ❷ (*producto*) Steingut *nt*
**gresca** ['greska] *f* ❶ (*bulla*) Krach *m* ❷ (*riña*) Zankerei *f*
**grial** [gri'al] *m* Gral *m*
**griego**, **-a** ['grjeɣo, -a] **I.** *adj* griechisch **II.** *m, f* Grieche, -in *m, f*
**grieta** ['grjeta] *f* ❶ (*en la pared*) Riss *m* ❷ (*en una taza*) Sprung *m;* (*más grande*) Spalte *f* ❸ (*en la piel*) Schrunde *f*
**grifa** ['grifa] *f* Haschisch *nt o m*
**grifo¹** ['grifo] *m* ❶ (TÉC) Hahn *m;* **agua del** ~ Leitungswasser *nt;* **me he dejado el** ~ **abierto** ich habe den Hahn nicht zugedreht ❷ (*mitología*) Greif *m* ❸ (*Perú: gasolinera*) Tankstelle *f*
**grifo**, **-a²** ['grifo, -a] *adj* kraus
**grillado**, **-a** [gri'ʎaðo, -a] *adj* (*fam: loco*) verrückt
**grillarse** [gri'ʎarse] *vr* ❶ (*tubérculo*) auskeimen ❷ (*fam: persona*) überschnappen
**grillera** [gri'ʎera] *f* ❶ (*agujero*) Grillenloch *nt* ❷ (*jaula*) Grillenkäfig *m* ❸ (*fam: lugar*): **esto es una** ~ das ist ja das reinste Irrenhaus ❹ (*de la policía*) Streifenwagen *m*
**grillete** [gri'ʎete] *m* ❶ (*cepo*) Fußfessel *f* ❷ (NÁUT) Schäkel *m*
**grillo** ['griʎo] *m* ❶ (*insecto*) Grille *f* ❷ (*tubérculo*) Keim *m* ❸ *pl* (*grilletes*) Fußfesseln *fpl*
**grima** ['grima] *f* Schauder *m;* **me da** ~ **ver cómo la maltratas** es macht mich krank zu sehen, wie du sie misshandelt
**gringada** [griŋ'gaða] *f* (*Am: fam*) ❶ (*truco sucio*) Ganoventrick *m* ❷ (*grupo de gringos*) Gruppe *f* von Gringos
**gringo¹** ['griŋgo] *m* (*fam*) Kauderwelsch *nt*
**gringo**, **-a²** ['griŋgo, -a] *m, f* (*Am: fam*) ❶ (*persona*) Gringo *m;* (*pey*) Ausländer *m* ❷ (*de EE.UU.*) Amerikaner(in) *m(f),* Yankee *m abw*
**gripa** ['gripa] *f* (*Am*) Grippe *f*

G

**gripal** [gri'pal] *adj* (MED) grippal
**griparse** [gri'parse] *vr* (TÉC) sich festfressen
**gripe** ['gripe] *f* (MED) Grippe *f*
**griposo, -a** [gri'poso, -a] **I.** *adj* (MED): **estoy** ~ ich habe die Grippe **II.** *m, f* Grippekranke(r) *mf*
**gris** [gris] **I.** *adj* ① (*color*) grau; ~ **marengo** dunkelgrau; **de ojos ~es** grauäugig ② (*persona*) fade **II.** *m* ① (*color*) Grau *nt* ② (*viento*) kalter Wind *m* ③ (HIST: *policía*) Bulle *m fam*
**grisáceo, -a** [gri'saθeo, -a] *adj*, **grisoso, -a** [gri'soso, -a] *adj* (*Am*) gräulich
**grisú** [gri'su] *m* <grisúes *o* grisús> (MIN) Grubengas *nt*
**gritar** [gri'tar] *vi, vt* ① (*dar gritos*) schreien ② (*reprender*) anschreien ③ (*en un concierto*) auspfeifen
**griterío** [grite'rio] *m* Geschrei *nt*
**grito** ['grito] *m* Schrei *m;* ~ **de protesta** Protestruf *m;* **pegar un** ~ einen Schrei ausstoßen; **me lo dijo a ~s** er/sie schrie mich an; **a** ~ **limpio** [*o* **pelado**] mit lautem Geschrei; **poner el ~ en el cielo por algo** viel Aufhebens um etw machen; **Bosnia está pidiendo a ~s ayuda internacional** Bosnien bittet inständig um internationale Hilfe
**groenlandés, -esa** [groenlaṇ'des, -esa] **I.** *adj* grönländisch **II.** *m, f* Grönländer(in) *m(f)*
**Groenlandia** [groen'laṇdja] *f* Grönland *nt*
**grogui** ['groɣi] *adj* groggy
**grosella** [gro'seʎa] *f* Johannisbeere *f*
**grosellero** [grose'ʎero] *m* (BOT) Johannisbeerstrauch *m*
**grosería** [grose'ria] *f* ① (*descortesía*) Unhöflichkeit *f* ② (*ordinariez*) Gewöhnlichkeit *f* ③ (*tosquedad*) Rohheit *f* ④ (*estupidez*) Dummheit *f* ⑤ (*observación*) vulgäre Äußerung *f;* (*palabrota*) Schimpfwort *nt*
**grosero, -a** [gro'sero, -a] *adj* ① (*descortés*) unhöflich ② (*ordinario*) gewöhnlich, ordinär ③ (*tosco*) plump
**grosor** [gro'sor] *m* Dicke *f*
**grotesco, -a** [gro'tesko, -a] *adj* grotesk
**grúa** ['grua] *f* ① (*máquina*) Kran *m* ② (*vehículo*) Abschleppwagen *m*
**gruesa** ['grwesa] *f* (*cantidad*) Gros *nt*
**grueso**[1] ['grweso] *m* ① (*espesor*) Dicke *f* ② (*parte principal*) Gros *nt* ③ (MED: *intestino*) Dickdarm *m* ④ (COM): **vender en** ~ en gros verkaufen ⑤ (TIPO) (Schrift)kegel *m*
**grueso, -a**[2] ['grweso, -a] *adj* ① (*persona*) korpulent ② (*objeto*) dick ③ (*mar*) schwer ④ (*broma*) derb ⑤ (*tela*) grob
**grulla** ['gruʎa] *f* Kranich *m*
**grumete** [gru'mete] *m* (NÁUT) Schiffsjunge *m*
**grumo** ['grumo] *m* ① (*coágulo*) Klumpen *m;* ~ **de sangre** (Blut)gerinnsel *nt* ② (*de uvas*) Bündel *nt;* (*de lechuga*) (Salat)herz *nt* ③ (*de planta*) Schössling *m;* (*en patatas*) Auge *nt*
**grumoso, -a** [gru'moso, -a] *adj* klumpig, verklumpt
**gruñido** [gru'ɲiðo] *m* ① (*del cerdo*) Grunzen *nt* ② (*del perro*) Knurren *nt* ③ (*de persona*) Murren *nt* ④ (*de puerta*) Quietschen *nt*
**gruñir** [gru'ɲir] <*3. pret:* gruñó> *vi* ① (*cerdo*) grunzen ② (*perro*) knurren ③ (*persona*) murren ④ (*puerta*) quietschen
**gruñón, -ona** [gru'ɲon, -ona] **I.** *adj* (*fam*) brummig **II.** *m, f* (*fam*) Brummbär *m;* **es un viejo** ~ er ist ein alter Brummbart
**grupa** ['grupa] *f* Kruppe *f;* **volver ~s** (MIL) kehrtmachen
**grupal** [gru'pal] *adj* Gruppen-
**grupo** ['grupo] *m* ① (*conjunto*) Gruppe *f;* ~ (**industrial**) (COM) Konzern *m;* ~ **de noticias** (INFOR) Newsgroup *f;* ~ **parlamentario** (POL) Fraktion *f;* ~ **de presión** (POL) Lobby *f;* ~ **principal** (INFOR) Hauptgruppe *f;* **trabajo en** ~ Teamarbeit *f* ② (TÉC) Aggregat *nt*
**grupúsculo** [gru'puskulo] *m* (POL) Splittergruppe *f*
**gruta** ['gruta] *f* (*artificial*) Grotte *f;* (*natural*) Höhle *f*
**guaca** ['gwaka] *f* (*Am*) ① (*tumba*) indianische Begräbnisstätte *f* ② (*tesoro*) verborgener Schatz *m* ③ (*hucha*) Spardose *f;* **hacer** ~ Geld machen
**guacal** [gwa'kal] *m* (*AmC: calabaza*) Kalebassenbaum *m*

**i Land & Leute**

**Guacal** wird in *América Central – Mittelamerika* ein aus einer Kürbisart – dem gleichnamigen **guacal** – hergestelltes Essgeschirr genannt.

**guacamayo** [gwaka'maɟo] *m* Ara *m*
**guacamol(e)** [gwaka'mol(e)] *m* (*Am:* GASTR) Avocadocreme *f*
**guachada** [gwa'ʧaða] *f* (*Am: fam: canallada*) Schurkenstreich *m*
**guachimán** [gwaʧi'man] *m* (*Am: vigilante*) Wächter *m*
**guacho, -a** ['gwaʧo, -a] *m, f* (*AmS: huérfano*) Waisenkind *nt;* (*expósito*) ausgesetztes Kind *nt*

**guadalajareño, -a** [gwaðalaxa'reɲo, -a] **I.** *adj* aus Guadalajara **II.** *m, f* Einwohner(in) *m(f)* von Guadalajara

**guadaña** [gwa'ðaɲa] *f* Sense *f*

**guadañar** [gwaða'ɲar] *vt* mit der Sense mähen

**guagua** ['gwaɣwa] *f* ❶ (*trivialidad*) Lappalie *f* ❷ (*Am: autobús*) Bus *m*

**guajiro, -a** [gwa'xiro, -a] **I.** *adj* bäurisch **II.** *m, f* (*Cuba*) weißer Bauer *m,* weiße Bäuerin *f*

**gualdo, -a** ['gwaldo, -a] *adj* goldgelb; **la bandera roja y gualda** die spanische Flagge

**guanábano** [gwa'naβano] *m* (*Am: árbol*) Stachelannone *f*

**guanaco¹** [gwa'nako] *m* (*mamífero*) Guanako *m o nt*

**guanaco, -a²** [gwa'nako, -a] **I.** *adj* (*Am: tonto*) dumm, einfältig; (*lento*) tranig *fam* **II.** *m, f* ❶ (*Am: tonto*) Einfaltspinsel *m,* Dummkopf *m* ❷ (*AmC: habitante*) Einwohner(in) *m(f)* von El Salvador

**guanche** ['gwantʃe] *m* ❶ (*persona*) *Ureinwohner der kanarischen Inseln* ❷ (HIST: *lengua*) *Sprache der Einwohner Gran Canarias*

**i Land & Leute**

Das Wort **guanche** bezeichnet sowohl die Ureinwohner der Kanarischen Inseln wie deren Sprache. Die *Islas Canarias* wurden im 15. Jahrhundert von den Spaniern erobert.

**guano** ['gwano] *m* ❶ (*excrementos*) Guano *m* ❷ (*CSur: estiércol*) Dung *m*

**guantada** [gwan̪'taða] *f* Ohrfeige *f;* **dar una ~ a alguien** jdn ohrfeigen

**guantazo** [gwan̪'taθo] *m v.* **guantada**

**guante** ['gwan̪te] *m* Handschuh *m;* **~ cibernético** [*o* **virtual**] Datenhandschuh *f;* **ir** [*o* **sentar**] **como un ~** wie angegossen sitzen; **recoger el ~** den Fehdehandschuh aufnehmen; **colgar los ~s** (*boxeador*) die Boxhandschuhe an den Nagel hängen; (*futbolista*) die Fußballschuhe an den Nagel hängen; **le echaron el ~ al ladrón** der Dieb wurde geschnappt

**guantelete** [gwan̪te'lete] *m* Panzerhandschuh *m*

**guantera** [gwan̪'tera] *f* (AUTO) Handschuhfach *nt*

**guantero, -a** [gwan̪'tero, -a] *m, f* Handschuhmacher(in) *m(f)*

**guapear** [gwape'ar] *vi* (*fam*) ❶ (*ostentar*) sein Äußeres zur Schau stellen ❷ (*fanfarronear*) prahlen (*de* mit +*dat*)

**guaperas** [gwa'peras] *m inv* (*fam*) eitler Mensch *m;* **va de ~** er spielt den wilden Mann

**guaperío** [gwape'rio] *m* Schickeria *f*

**guapeza** [gwa'peθa] *f* ❶ (*aspecto*) Schönheit *f;* (*elegancia*) Eleganz *f* ❷ (*en los vestidos*) Eitelkeit *f* ❸ (*valentonería*) Mut *m*

**guapo¹** ['gwapo] *m* ❶ (*Am: pey: pendenciero*) Raufbold *m* ❷ (*galán*) Galan *m*

**guapo, -a²** ['gwapo, -a] *adj* ❶ (*atractivo*) hübsch, gut aussehend ❷ (*en el vestir*) schick ❸ (*Am: valiente*) mutig

**guaraca** [gwa'raka] *f* (*Am: honda*) Schleuder *f;* (*látigo*) Peitsche *f*

**guaraná** [gwara'na] *f* (*Am: planta*) Guaranapflanze *f*

**guarangada** [gwaraŋ'ɣaða] *f* (*Am: grosería*) Flegelei *f*

**guaraní** [gwara'ni] **I.** *adj* Guarani- **II.** *m* Guaraní *m*

**guarapo** [gwa'rapo] *m* (*Am: jugo*) Zuckerrohrsaft *m;* (*bebida*) Zuckerrohrschnaps *m*

**guarda¹** ['gwarða] *f* ❶ (*acto*) Wache *f* ❷ (*protección*) Schutz *m* ❸ (*de un libro*) Vorsatz *m* ❹ (*de la ley*) Befolgung *f* ❺ *pl* (*de llave*) Einkerbung *f* im Schlüsselbart; (*de cerradura*) Zuhaltung *f* ❻ *pl* (*de abanico*) Stäbe *mpl*

**guarda²** ['gwarða] *mf* Wächter(in) *m(f);* **~ forestal** Förster(in) *m(f)*

**guardabarrera** [gwarðaβa'rrera] *mf* Bahnwärter(in) *m(f)*

**guardabarros** [gwarða'βarros] *m inv* Schutzblech *nt*

**guardabosque(s)** [gwarða'βoske(s)] *mf* (*inv*) Förster(in) *m(f)*

**guardacostas** [gwarða'kostas] *m inv* Boot *nt* der Küstenwache

**guardaespaldas** [gwarðaes'paldas] *mf inv* Leibwächter(in) *m(f)*

**guardagujas** [gwarða'ɣuxas] *mf inv* (FERRO) Weichensteller(in) *m(f)*

**guardameta** [gwarða'meta] *mf* (DEP) Torwart, -frau *m, f*

**guardapolvo** [gwarða'polβo] *m* Staubmantel *m*

**guardar** [gwar'ðar] **I.** *vt* ❶ (*vigilar*) bewachen; (*rebaño*) hüten ❷ (*proteger*) beschützen (*de* vor +*dat*) ❸ (*ley*) einhalten ❹ (*conservar*) (auf)bewahren; **~ en la memoria intermedia** (INFOR) zwischenspeichern; **~ un sitio** einen Platz freihalten; **~le un trozo de pastel a alguien** jdm ein Stück Kuchen aufheben; **guárdame esto que ahora vengo** heb das für mich auf, ich komme sofort ❺ (*poner*):

**¿dónde has guardado las servilletas?** wo hast du die Servietten hingetan?; ~ **el dinero en el banco** das Geld auf die Bank bringen; ~ **algo en el bolsillo** etw in die Tasche stecken ⑥ (*quedarse con*) behalten ⑦ (*ahorrar*) sparen; ~ **las fuerzas** seine Kräfte schonen ⑧ (*loc*): ~ **cama** das Bett hüten; ~ **silencio** Stillschweigen bewahren; ~ **las distancias** Distanz wahren **II.** *vr:* ~**se** ① (*conservar*) aufheben ② (*protegerse*) sich hüten (*de* vor +*dat*)

**guardarropa¹** [gwarða'rropa] *m* Garderobe *f*

**guardarropa²** [gwarða'rropa] *mf* ① (*de vestuario: mujer*) Garderobe(n)frau *f;* (*hombre*) Garderobier *m* ② (TEAT: *guardarropía*) Requisiteur(in) *m(f)*

**guardarropía** [gwarðarro'pia] *m* ① (TEAT: *accesorios*) Requisiten *ntpl;* **de** ~ Schein- ② (*cuarto*) Requisitenkammer *f*

**guardavía** [gwarða'βia] *mf* (FERRO) Bahnwärter(in) *m(f)*

**guardería** [gwarðe'ria] *f* (*hasta tres años*) Kinderkrippe *f;* (*más de tres años*) Kindergarten *m;* (*durante todo el día*) Kindertagesstätte *f*

**guardia¹** ['gwarðja] *f* ① (*vigilancia*) Wache *f;* **¿cuál es la farmacia de ~?** welche Apotheke hat Notdienst?; **estar de** ~ (*por la noche*) Nachtdienst haben; (*el fin de semana*) Wochenenddienst haben; (MIL) Wache schieben ② (DEP) Deckung *f;* **bajar la** ~ die Deckung fallen lassen; **en** ~ (*esgrima*) en garde ③ (*instituciones*): **la G~ Civil** die Guardia civil; ~ **municipal** [*o* **urbana**] Gemeindepolizei *f;* **estar en** ~ auf der Hut sein; **poner a alguien en** ~ jdn in Alarmbereitschaft versetzen

**guardia²** ['gwarðja] *mf:* ~ **civil** Beamte(r) *mf* der Guardia civil, Beamtin *f* der Guardia civil; ~ **municipal** [*o* **urbano**] Gemeindepolizist(in) *m(f);* ~ **de tráfico** Verkehrspolizist(in) *m(f)*

**guardián, -ana** [gwar'ðjan, -ana] *m, f* ① (*protector*) Hüter(in) *m(f);* **perro** ~ Wachhund *m* ② (*en el zoo*) Wärter(in) *m(f)*

**guardilla** [gwar'ðiʎa] *f* ① (*habitación*) Dachzimmer *nt* ② (*ventana*) Dachfenster *nt*

**guarecer** [gware'θer] *irr como crecer* **I.** *vt* ① (*proteger*) schützen (*de* vor +*dat*) ② (*albergar*) beherbergen; **le guarecí en mi casa** ich nahm ihn bei mir auf ③ (*curar*) heilen **II.** *vr:* ~**se** ① (*cobijarse*) sich flüchten ② (*de la lluvia*) sich unterstellen

**guarida** [gwa'riða] *f* ① (*cueva*) Höhle *f;* (*de animales*) Bau *m* ② (*refugio*) Versteck *nt*

**guarismo** [gwa'rismo] *m* (MAT) Ziffer *f*

**guarnecer** [gwarne'θer] *irr como crecer vt* ① (*adornar*) verzieren (*con/de* mit +*dat*); (GASTR) garnieren; (*vestido*) besetzen ② (MIL: *ciudad*) eine Garnison (in einer Stadt) stationieren ③ (*equipar*) ausrüsten (*con/de* mit +*dat*); (*proveer*) versehen (*con/de* mit +*dat*), ausstatten (*con/de* mit +*dat*)

**guarnición** [gwarni'θjon] *f* ① (*adorno*) Verzierung *f;* (*en vestido*) Besatz *m;* (*en joya*) (Ein)fassung *f* ② (MIL) Garnison *f* ③ (GASTR) Garnierung *f* ④ *pl* (*arreos*) Geschirr *nt*

**guarrería** [gwarre'ria] *f* Schweinerei *f*

**guarro, -a** ['gwarro, -a] **I.** *adj* ① (*cosa*) dreckig; **chiste** ~ anstößiger Witz ② (*persona*) schlampig; (*moralmente*) unanständig **II.** *m, f* Schwein *nt*

**guasa** ['gwasa] *f* ① (*burla*) Scherz *m;* **estar de** ~ zum Scherzen aufgelegt sein ② (*sosería*) Fadheit *f*

**guasanga** [gwa'saŋga] *f* (*Am: bullanga*) Remmidemmi *nt*

**guasca** ['gwaska] *f* (*Am*) Peitsche *f*

**guasearse** [gwase'arse] *vr* sich lustig machen (*de* über +*akk*)

**guasería** [gwase'ria] *f* (*Arg, Chil: grosería*) Unhöflichkeit *f*

**guaso, -a** ['gwaso, -a] *adj* (*CSur*) ① (*rústico*) bäurisch ② (*torpe*) grob, unhöflich

**guasón, -ona** [gwa'son, -ona] *m, f* Spaßvogel *m*

**guata** ['gwata] *f* ① (*algodón*) Watte *f* ② (*Am: barriga*) Bauch *m*

**i Land & Leute**

**Guatemala** (offiziell: *República de Guatemala*) liegt in Mittelamerika. Die Hauptstadt heißt auch *Guatemala.* Die offizielle Landessprache ist Spanisch. Die Währungseinheit **Guatemalas** ist der *quetzal.*

**guatemalteco, -a** [gwatemal̥'teko, -a] **I.** *adj* guatemaltekisch **II.** *m, f* Guatemalteke, -in *m, f*

**guateque** [gwa'teke] *m* (*fam*) Party *f*

**guau-guau** [gwau̯-gwau̯] <guau-guaus> *m* (*fam*) Wauwau *m*

**guay** [gwai̯] *adj* (*fam*) klasse

**guayaba** [gwa'ɟaβa] *f* ① (*fruto*) Guajave *f* ② (*Am: mentira*) Lüge *f*

**guayabo** [gwa'ɟaβo] *m* Guajavabaum *m*

**Guayana** [gwa'ɟana] *f* Guyana *nt*

**guayanés, -esa** [gwaɟa'nes, -esa] **I.** *adj*

guyanisch **II.** *m, f* Guyaner(in) *m(f)*

**gubernamental** [guβernamen̩'tal] *adj* ❶ (*relativo a*) Regierungs- ❷ (*partidario*) regierungstreu

**gubernativo, -a** [guβerna'tiβo, -a] *adj* Regierungs-; **policía gubernativa** Staatspolizei *f*

**gubia** ['guβja] *f* (TÉC) Hohlmeißel *m*

**guedeja** [ge'ðexa] *f* ❶ (*mechón de pelo*) (Haar)strähne *f;* **con esas ~s encima de la cara** mit dieser ins Gesicht hängenden Mähne ❷ (*cabellera larga*) langes Haar *nt*

**guepardo** [ge'parðo] *m* Gepard *m*

**güero, -a** ['gwero, -a] **I.** *adj* (*Am: rubio*) blond **II.** *m, f* (*Am: rubio*) Blonde(r) *mf*

**guerra** ['gerra] *f* Krieg *m;* **~ de precios/tarifas** Preis-/Tarifkampf *m;* **la Primera G~ Mundial** der Erste Weltkrieg; **ir a la ~** in den Krieg ziehen; **estar en pie de ~ con alguien** mit jdm auf Kriegsfuß stehen; **estos niños dan mucha ~** (*fam*) diese Kinder sind sehr anstrengend

**i Land & Leute**

Wenn man in Spanien von **guerra civil** spricht, dann meint man so gut wie immer die **„guerra civil española"** – den *Spanischen Bürgerkrieg* (1936-1939). Spanien spaltete sich in zwei gegnerische Parteien: *los republicanos – die Republikaner bzw. Loyalisten* und *los falangistas/nacionalistas – die Nationalisten.*

**guerreador(a)** [gerrea'ðor(a)] **I.** *adj* (*que guerrea*) Krieg führend; (*inclinado a la guerra*) angriffslustig; **es un niño muy ~** er ist ein sehr aggressiver Junge **II.** *m(f)* (*que guerrea*) Kriegführende(r) *mf;* (*inclinado a la guerra*) Angriffslustige(r) *mf*

**guerrear** [gerre'ar] *vi* ❶ (*hacer guerra*) Krieg führen ❷ (*resistir*) sich zur Wehr setzen

**guerrera** [ge'rrera] *f* Uniformjacke *f*

**guerrero, -a** [ge'rrero, -a] **I.** *adj* ❶ (*de guerra*) Kampf-, kämpferisch ❷ (*travieso*) ausgelassen ❸ (*revoltoso*) ungezogen **II.** *m, f* Krieger(in) *m(f)*

**guerrilla** [ge'rriʎa] *f* Freischar *f;* (*en Latinoamérica*) Guerilla *f*

**guerrillear** [gerriʎe'ar] *vi* einen Guerillakrieg führen

**guerrillero, -a** [gerri'ʎero, -a] *m, f* Freischärler(in) *m(f);* (*en Latinoamérica*) Guerillakämpfer(in) *m(f),* Guerillero, -a *m, f*

**gueto** ['geto] *m* Getto *nt*

**guía**[1] ['gia] *m* ❶ (MIL) Flügel *m* ❷ (*manillar*) Lenkstange *f*

**guía**[2] ['gia] *f* ❶ (*pauta*) Richtschnur *f* ❷ (*persona*) Leitbild *nt* ❸ (*manual*) Handbuch *nt;* **~ comercial** Firmenadressbuch *nt;* **~ de ferrocarriles** Kursbuch *nt;* **~ telefónica** Telefonbuch *nt;* **~ turística** Reiseführer *m* ❹ (*planta*) Leittrieb *m* ❺ (TÉC) Führungsschiene *f* ❻ (*del bigote*) Schnurrbartspitze *f* ❼ (*del abanico*) Stäbe *mpl* ❽ (*PRico: volante*) Lenkrad *nt* ❾ *pl* (*riendas*) Zügel *mpl*

**guía**[3] ['gia] *mf* (*de un grupo*) Führer(in) *m(f);* **~ turístico** Fremdenführer *m*

**guiar** [gi'ar] <*1. pres:* guío> **I.** *vt* ❶ (*a alguien*) führen ❷ (*conversación*) lenken ❸ (*planta*) hochbinden **II.** *vr:* **~se** sich richten (*por* nach +*dat*); **me guío por mi instinto** ich folge meinem Instinkt

**guija** ['gixa] *f* Kiesel(stein) *m*

**guijarro** [gi'xarro] *m* ❶ (*canto*) Kiesel(stein) *m* ❷ *pl* (*en playa*) Geröll *nt*

**guijo** ['gixo] *m* Schotter *m*

**guillarse** [gi'ʎarse] *vr* (*fam*) ❶ (*chiflarse*) überschnappen ❷ (*irse*): **guillárselas** abhauen

**guillotina** [giʎo'tina] *f* ❶ (*de ejecución*) Guillotine *f* ❷ (*para papel*) (Papier)schneidemaschine *f* ❸ (TÉC): **ventana de ~** (nach oben zu öffnendes) Schiebefenster *f*

**guillotinar** [giʎoti'nar] *vt* ❶ (*decapitar*) guillotinieren ❷ (*papel*) schneiden

**guinda** ['gin̩da] *f* ❶ (*fruta*) Sauerkirsche *f* ❷ (NÁUT: *de arboladura*) Bemastungshöhe *f* ❸ (*loc*): **y la ~ fue que...** (*fam*) und der Hammer war, dass ...

**guindilla** [gin̩'diʎa] *f* (GASTR) Paprikaschote *f;* (*pequeña*) Peperoni *f*

**guindo** ['gin̩do] *m* ❶ (*árbol*) Sauerkirschbaum *m* ❷ (*loc*): **subirse al ~** (*fam*) in die Luft gehen

**guineo** [gi'neo] *m* (*Am: banana*) Banane *f*

**guiñapo** [gi'ɲapo] *m* ❶ (*trapo*) Lumpen *m* ❷ (*andrajoso*) zerlumpter Mensch *m* ❸ (*degradado*) heruntergekommener Mensch *m* ❹ (*debilucho*) Schwächling *m*

**guiñar** [gi'ɲar] **I.** *vt* zwinkern **II.** *vi* (NÁUT) gieren

**guiño** ['giɲo] *m* (*con el ojo*) (Zu)zwinkern *nt;* **hacer un ~** zwinkern; (*en señal de algo*) zuzwinkern

**guiñol** [gi'ɲol] *m* ❶ (*teatro*) Kasper(le)theater *nt* ❷ (*títere*) Kasperpuppe *f*

**guión** [gi'on] *m* ❶ (*de una conferencia*) Konzept *nt* ❷ (CINE) Drehbuch *nt;* (TV) Skript *nt* ❸ (LING: *al fin de renglón*) Trennungsstrich *m;* (*de compuesto*) Bindestrich *m;* (*en diálogo*) Gedankenstrich *m*

G

❹ (*persona*) Führer *m* ❺ (*real*) königliche Standarte *f* ❻ (*de procesión*) Prozessionsfahne *f*

**guionista** [gjo'nista] *mf* (CINE) Drehbuchautor(in) *m(f)*; (TV) Skriptautor(in) *m(f)*

**guipar** [gi'par] *vt* (*vulg*) glotzen (*a* auf +*akk*) *fam*

**guiri** ['giri] *mf* (*pey*) ❶ (*extranjero*) Ausländer(in) *m(f)* ❷ (*guardia*) Beamte(r) *mf* der Guardia civil, Beamtin *f* der Guardia civil

**i Land & Leute**

Das Wort **guiri** stammt aus dem Baskischen und bedeutete ursprünglich Parteigänger der Königin Cristina, später einfach Liberaler. Heute werden damit vor allem junge Touristen, insbesondere amerikanische, bezeichnet. Zunächst wurde **guiri** eher als Schimpfwort gebraucht, heute gehört es zur spanischen Jugendsprache und hat keine unbedingt abfällige Bedeutung.

**guirigay** [giri'ɣai̯] *m* <guirigayes *o* guirigáis> (*fam*) ❶ (*lenguaje*) Kauderwelsch *nt* ❷ (*griterío*) Geschrei *nt* ❸ (*barullo*) Wirrwarr *m*

**guirlache** [gir'laʧe] *m* Krokant *m*

**guirnalda** [gir'nal̪da] *f* Girlande *f*

**guisa** ['gisa] *f*: **no puedes hacerlo de esta ~** du kannst es so nicht machen

**guisado** [gi'saðo] *m* Schmorbraten *m*

**guisante** [gi'san̪te] *m* Erbse *f*

**guisar** [gi'sar] **I.** *vt* ❶ (*cocinar*) kochen; (*con salsa*) schmoren ❷ (*tramar*) aushecken **II.** *vr*: **~se** sich anbahnen; **se está guisando** es köchelt vor sich hin

**guiso** ['giso] *m* ❶ (*plato*) Gericht *nt* ❷ (*en salsa*) Schmorbraten *m*

**guisote** [gi'sote] *m* (*pey*) Fraß *m*

**güisqui** ['gwi̯ski] *m* Whisky *m*

**guita** ['gita] *f* ❶ (*cuerda*) Bindfaden *m* ❷ (*fam: dinero*) Kohle *f*

**guitarra** [gi'tarra] *f* ❶ (*instrumento*) Gitarre *f* ❷ (*loc*): **venir como una ~ en un entierro** fehl am Platz(e) sein; **chafar la ~ a alguien** jdm einen Strich durch die Rechnung machen

**guitarrero**, **-a** [gita'rrero, -a] *m, f* ❶ (*fabricante*) Gitarrenhersteller(in) *m(f)* ❷ (*guitarrista*) Gitarrenspieler(in) *m(f)*; (*profesional*) Gitarrist(in) *m(f)*

**guitarrista** [gita'rrista] *mf* Gitarrenspieler(in) *m(f)*; (*profesional*) Gitarrist(in) *m(f)*

**güito** ['gwito] *m* ❶ (*fam: sombrero*) Hut *m* ❷ (*de albaricoque*) Aprikosenkern *m*

**gula** ['gula] *f* Gefräßigkeit *f*

**gulasch** [gu'laʃ] *m* Gulasch *nt o m*

**guripa** [gu'ripa] *m* (*fam*) ❶ (*soldado*) Soldat *m* ❷ (*guardia*) (Gemeinde)polizist *m* ❸ (*golfo*) Gauner *m*

**gurmet** [gur'met] *mf* Gourmet *m*

**gurrumino**[1] [gurru'mino] *m* Pantoffelheld *m*

**gurrumino**, **-a**[2] [gurru'mino, -a] *adj* ❶ (*ruin*) knauserig ❷ (*mezquino*) schäbig

**gurú** [gu'ru] *m* Guru *m*

**gusanillo** [gusa'niʎo] *m* Würmchen *nt*; **matar el ~** (*comiendo*) eine Kleinigkeit essen; (*bebiendo*) auf nüchternen Magen Schnaps trinken

**gusano** [gu'sano] *m* ❶ (*lombriz*) Wurm *m*; **~ de tierra** Regenwurm *m*; **~ de luz** Glühwürmchen *nt fam* ❷ (*oruga*) Raupe *f* ❸ (*malo*) verächtlicher Mensch *m* ❹ (*abatido*) niedergeschlagener Mensch *m*

**gusarapo** [gusa'rapo] *m* (ZOOL) Made *f*

**gustar** [gus'tar] *vi* ❶ (*agradar*) gefallen; (*actividad*) gern tun; (*persona*) gern haben; (*comida*) schmecken; **como Ud. guste** wie Sie wünschen; **¿te gusta estar aquí?** gefällt es dir hier?; **me gusta nadar** ich schwimme gern ❷ (*querer*): **~ de...** belieben zu ...; **me gustas** ich mag dich ❸ (*condicional*): **me ~ía saber...** ich wüsste gern ...

**gustativo**, **-a** [gusta'tiβo, -a] *adj* Geschmacks-

**gustazo** [gus'taθo] *m* ❶ (*placer*) Riesenspaß *m*; **tuve el ~ de darle la mano** ich hatte (endlich) das Vergnügen, ihm/ihr die Hand zu geben ❷ (*ante una desgracia*) Schadenfreude *f*

**gustillo** [gus'tiʎo] *m* Nachgeschmack *m*

**gusto** ['gusto] *m* ❶ (*sentido*) Geschmack(ssinn) *m*; **una broma de mal ~** ein geschmackloser Scherz; **no hago nada a su ~** ich kann es ihm/ihr nie recht machen; **lo ha hecho a mi ~** er/sie hat es ganz nach meinem Geschmack gemacht; **sobre ~s no hay nada escrito** über Geschmack lässt sich nicht streiten ❷ (*sabor*) Geschmack *m* (*a* nach +*dat*); **huevos al ~** Eier nach Wahl ❸ (*placer*) Vergnügen *nt*; **~s caros** teures Vergnügen; **encontrar ~ en algo** Freude an etw *dat* finden; **estar a ~** sich wohl fühlen; **tanto ~ en conocerla – el ~ es mío** sehr erfreut – ganz meinerseits; **hago lo que me viene en ~** ich mache, was ich will

**gustoso**, **-a** [gus'toso, -a] *adj* ❶ (*sabroso*) köstlich ❷ (*con gusto*): **te acompañaré ~**

ich werde dich gern begleiten ❸ (*agradable*) angenehm

**gutapercha** [guta'pertʃa] *f* Guttapercha *f o nt*

**gutural** [gutu'ral] *adj* guttural

**gym-jazz** [dʒim'dʒas] *m* (DEP) Jazzgymnastik *f*

**gymkhana** [dʒiŋ'kana] *f* Gymkhana *nt*

# Hh

**H, h** ['atʃe] *f* H, h *nt;* ~ **de Historia** H wie Heinrich

**ha** [xa] *interj* ah!, ach!; **¡~, ~!** haha(ha)!

**haba** ['aβa] *f* ❶ (BOT) Saubohne *f;* **son ~s contadas** (*es seguro*) das ist ganz sicher; (*es escaso*) das ist knapp; **en todas partes cuecen ~s** das kommt in den besten Familien vor ❷ (*de café*) (Kaffee)bohne *f* ❸ (*del caballo*) Gaumengeschwulst *f* ❹ (*del pene*) Eichel *f*

**Habana** [a'βana] *f:* **la ~** Havanna *nt*

**habanero, -a** [aβa'nero, -a] **I.** *adj* aus Havanna **II.** *m, f* Einwohner(in) *m(f)* von Havanna

**habano** [a'βano] *m* Havanna(zigarre) *f*

**haber** [a'βer] *irr* **I.** *aux* ❶ (*en tiempos compuestos*) haben, sein; **ha ido al cine** er/sie ist ins Kino gegangen; **he comprado el periódico** ich habe die Zeitung gekauft ❷ (*de obligación*) müssen; **¿qué ha de ser cierto?** das soll wahr sein? ❸ (*futuro*): **él no ha de decirlo** er wird es nicht sagen ❹ (*imperativo*): **no tengo sitio – ¡~ venido antes!** ich habe keinen Platz – du hättest früher kommen sollen! **II.** *vimpers* ❶ (*ocurrir*) geschehen; **ha habido un terremoto en Japón** in Japan hat es ein Erdbeben gegeben; **¿qué hay?** was ist los?; **¿qué hay, Pepe?** wie geht's, Pepe? ❷ (*efectuar*): **hoy no hay cine** heute gibt's keine Kinovorstellung; **ayer hubo reunión** gestern fand die Sitzung statt; **después habrá baile** später wird getanzt ❸ (*existir*) geben; **aquí no hay agua** hier gibt es kein Wasser; **a este negocio no hay nada que hacerle** mit diesem Geschäft kann man keinen Blumentopf gewinnen *fam;* **eso es todo... ¡y ya no hay más!** das ist alles ... und damit basta!; **¿hay algo entre tú y ella?** läuft etwas zwischen euch beiden?; **hay poca gente** es sind wenige Leute da; **hay quien cree que...** manche (Leute) glauben, dass ...; **¡muchas gracias! – no hay de qué** vielen Dank! – gern geschehen!; **no hay para ponerse así** es gibt keinen Grund, sich derart aufzuregen; **no hay quien me gane al ping-pong** keiner kann mich im Tischtennis schlagen ❹ (*hallarse*) sein; **hay un cuadro en la pared** an der Wand hängt ein Bild; **había un papel en el suelo** auf dem Boden lag ein Blatt Papier ❺ (*tiempo*) vor +*dat;* **había una vez...** es war einmal ... ❻ (*obligatoriedad*): **¡hay que ver cómo están los precios!** mein Gott, wie teuer alles geworden ist!; **hay que trabajar más** man muss mehr arbeiten; **no hay que olvidar que...** man darf nicht vergessen, dass ... **III.** *vt:* **compra cuantos sellos pueda ~** er/sie kauft alle erhältlichen Briefmarken **IV.** *vr:* **~se** (*comportarse*) sich benehmen; (*entenderse*) auskommen (*con* mit +*dat*); **habérselas con alguien** es mit jdm zu tun bekommen **V.** *m* ❶ (*capital*) Haben *nt* ❷ (*en cuenta corriente*) (Gut)haben *nt;* **pasaré la cantidad a tu ~** ich werde die Summe auf dein Konto überweisen ❸ *pl* (*emolumentos*) Einkünfte *fpl*

**? Grammatik**

**hay** wird sowohl für den Singular als auch für den Plural verwendet. Es kann außerdem mit dem unbestimmten Artikel, mit Zahlwörtern, ohne Artikel oder mit Wörtern wie *mucho* und *poco* verwendet werden: *Hay un libro/diez libros de español en la mesa. – Auf dem Tisch liegt ein Spanischbuch/liegen zehn Spanischbücher. Hay gente/mucha gente en la calle. – Es sind Leute/viele Leute auf der Straße.*

**habichuela** [aβi'tʃwela] *f* Bohne *f*

**hábil** ['aβil] *adj* ❶ (*diestro*) geschickt; **ser ~ para algo** für etw Geschick haben ❷ (*en el oficio*) tüchtig ❸ (*astuto*) schlau; **una respuesta ~** eine schlagfertige Antwort ❹ (JUR) fähig; **días ~es** Arbeitstage *mpl*

**habilidad** [aβili'ðaᵈ] *f* ❶ (*destreza*) Geschicklichkeit *f;* **no tengo gran ~ con las manos** ich habe zwei linke Hände ❷ (*facultad*) Können *nt;* (*para los negocios*) (Geschäfts)tüchtigkeit *f* ❸ (*astucia*) Schläue *f* ❹ (*gracia*) Anmut *f;* **se mueve con ~** er/sie bewegt sich anmutig

**habilidoso, -a** [aβili'ðoso, -a] *adj* ❶ (*dies-*

H

*tro*) geschickt ❷ (*en los negocios*) (geschäfts)tüchtig ❸ (*astuto*) schlau ❹ (*gracioso*) anmutig

**habilitación** [aβilita'θjon] *f* ❶ (JUR: *de personas*) Befähigung *f* (*para* zu +*dat*) ❷ (*de empleo*) Zahlungsbevollmächtigung *f* ❸ (*oficina*) Zahlstelle *f* ❹ (*de un espacio*) Umgestaltung *f*

**habilitar** [aβili'tar] **I.** *vt* ❶ (JUR: *a personas*) befähigen; (*documentos*) für rechtsgültig erklären ❷ (COM: *dar capital*) finanzieren ❸ (*proveer*) versorgen (*de* mit +*dat*); ~ **horas de visita** Sprechstunden festlegen ❹ (*espacio*) umgestalten **II.** *vr:* ~**se** sich versorgen (*de* mit +*dat*)

**habiloso, -a** [aβi'loso, -a] *adj* (*Am*) ❶ (*hábil*) flink ❷ (*astuto*) schlau

**habitabilidad** [aβitaβili'ðað] *f sin pl* Bewohnbarkeit *f*

**habitable** [aβi'taβle] *adj* bewohnbar

**habitación** [aβita'θjon] *f* ❶ (*cuarto*) Zimmer *nt* ❷ (*vivienda*) Wohnung *f* ❸ (*acción*) Wohnen *nt*

**habitáculo** [aβi'takulo] *m* ❶ (*vivienda*) Wohnung *f* ❷ (*espacio*) Wohnraum *m* ❸ (AUTO) Innenraum *m*

**habitante** [aβi'tante] *mf* ❶ (*en ciudad*) Einwohner(in) *m(f)* ❷ (*de una isla*) Bewohner(in) *m(f)*

**habitar** [aβi'tar] **I.** *vi* wohnen (*en* in +*dat*); **hace tiempo que habita en Alemania** er/sie lebt seit langem in Deutschland **II.** *vt* bewohnen

**hábitat** ['aβitat] *m* <hábitats> Habitat *nt*

**hábito** ['aβito] *m* ❶ (*costumbre*) (An)gewohnheit *f*; **he dejado el ~ de fumar** ich habe mir das Rauchen abgewöhnt ❷ (REL: *sotana*) Habit *m o nt*; (*orden*) Orden *m*

**habituación** [aβitwa'θjon] *f sin pl* Gewöhnung *f*

**habitual** [aβitu'al] *adj* gewöhnlich; **bebedor ~** Gewohnheitstrinker *m*; **cliente ~** Stammgast *m*; **lo dijo con su ironía ~** er/sie sagte es mit der ihm/ihr eigenen Ironie

**habituar** [aβitu'ar] <*1. pres:* habitúo> *vt, vr:* ~**se** (sich) gewöhnen (*a* an +*akk*)

**habla** ['aβla] *f* ❶ (*facultad*) Sprache *f*; **quedarse sin ~** sprachlos sein ❷ (*acto*) Sprechen *nt*; (LING) Parole *f*; **país de ~ alemana** deutschsprachiges Land; **¡Juan al ~!** Juan am Apparat! ❸ (*manera*) Sprechweise *f* ❹ (*dialecto*) Mundart *f*

**hablado, -a** [a'βlaðo, -a] *adj:* **bien ~** sprachgewandt; **ser bien/mal ~** sich gewählt/derb ausdrücken

**hablador(a)** [aβla'ðor(a)] **I.** *adj* gesprächig **II.** *m(f)* ❶ (*cotorra*) Plappermaul *nt fam* ❷ (*chismoso*) Klatschmaul *nt fam*

**habladuría** [aβlaðu'ria] *f* Gerede *nt*

**hablante** [a'βlante] *mf* Sprecher(in) *m(f)*

**hablar** [a'βlar] **I.** *vi* ❶ (*decir*) sprechen (*de/sobre* über +*akk*, von +*dat*), reden (*de/sobre* über +*akk*); ~ **a gritos** schreien; ~ **al oído** ins Ohr flüstern; **déjeme terminar de ~** lassen Sie mich ausreden; ~ **claro** zur Sache kommen; **este autor no habla de este tema** dieser Autor behandelt dieses Thema nicht; **la policía le ha hecho ~** die Polizei hat ihn zum Reden gebracht; **los números hablan por sí solos** die Zahlen sprechen für sich; **¡ni ~!** auf gar keinen Fall!, kommt nicht in Frage [*o* infrage]!; **por no ~ de...** ganz zu schweigen von ... +*dat*; **¡y no se hable más!** und damit basta! ❷ (*conversar*) reden (*de/sobre* über +*akk*); ~ **con franqueza** offen sprechen; ~ **por los codos** (*fam*) wie ein Wasserfall reden; ~ **por teléfono** telefonieren; **no he podido ~ con él** er war nicht ansprechbar ❸ (*tratamiento*) ansprechen (*de* mit +*dat*); **nos hablamos de tú/Ud.** wir duzen/siezen uns **II.** *vt* ❶ (*idioma*) sprechen ❷ (*asunto*) besprechen **III.** *vr:* ~**se** miteinander reden; **no se hablan** es herrscht Funkstille zwischen ihnen

**hablilla** [a'βliʎa] *f* Gerede *nt*

**hablista** [a'βlista] *mf* gewandter Redner *m*, gewandte Rednerin *f*

**hacedero, -a** [aθe'ðero, -a] *adj* machbar, durchführbar

**hacedor(a)** [aθe'ðor(a)] *m(f)* ❶ (*creador*) Schöpfer(in) *m(f)* ❷ (*de una hacienda*) (Landgut)verwalter(in) *m(f)*; (*Am*) (Hazienda)verwalter(in) *m(f)*

**hacendado, -a** [aθen'daðo, -a] **I.** *adj* vermögend **II.** *m, f* ❶ (*de una hacienda*) Großgrundbesitzer(in) *m(f)* ❷ (*AmS: de ganado*) Viehzüchter(in) *m(f)*

**i Land & Leute**

Ein **hacendado** – *Großgrundbesitzer* ist der Eigentümer einer *hacienda* – *Landgut*. Davon zu unterscheiden ist das (*Ministerio de*) *Hacienda* (mit großem Anfangsbuchstaben!): dabei handelt es sich um das Finanzministerium.

**hacendoso, -a** [aθen'doso, -a] *adj* tüchtig

**hacer** [a'θer] *irr* **I.** *vt* ❶ (*producir*) machen; (*vestido*) nähen; (*coche*) herstellen; **la casa está hecha de madera** das Haus ist aus Holz; **Dios hizo al hombre** Gott schuf den Menschen ❷ (*realizar*) machen, tun; (*servicio*) erweisen; (*maleta*) packen;

(*favor*) tun; (*balance*) ziehen; (*libro*) schreiben; (*disparo*) abgeben; (*solitario*) legen; **¿qué hacemos hoy?** was unternehmen wir heute?; ~ **una llamada** anrufen; **demuestra lo que sabes** ~ zeig, was in dir steckt; **hazlo por mí** tu es mir zuliebe; **a medio** ~ halb fertig; **¡Dios mío, qué has hecho!** mein Gott, was hast du da angerichtet!; **lo hecho, hecho está** was geschehen ist, ist geschehen; **puedes** ~ **lo que quieras** du kannst tun und lassen, was du willst; **¿qué haces por aquí?** was bringt dich hierher?; **¡me la has hecho!** du hast mich reingelegt! ❸ (*con el intelecto: demagogia*) betreiben; (*poema*) schreiben; (*pregunta*) stellen; (*observación*) anstellen; (*discurso*) halten ❹ (*ocasionar: sombra*) spenden; (*ruido*) machen; (*daño*) zufügen (*a* +*dat*); (*destrozos*) anrichten; **no puedes** ~**me esto** das kannst du mir nicht antun ❺ (*caber*) fassen; **esta bota hace cinco litros** in dieses Fass gehen fünf Liter ❻ (*construir*) bauen; (*monumento*) errichten ❼ (*disponer: maleta*) packen ❽ (*procurar*) schaffen; **¿puedes** ~**me sitio?** kannst du etwas zur Seite rücken? ❾ (*transformar*): ~ **pedazos algo** etw kaputtmachen; **estás hecho un hombre** du bist ja groß geworden ❿ (*habituar*) sich gewöhnen (*a* an +*akk*) ⓫ (*cortar*) schneiden (lassen); **¿quién te hace el pelo?** zu welchem Friseur gehst du? ⓬ (*conseguir*) schaffen; (*dinero*) verdienen; (*amistad*) schließen ⓭ (*llegar*): ~ **puerto** einlaufen; ~ **noche en...** übernachten in ... +*dat* ⓮ (*más sustantivo*): ~ **caja** (FIN) abrechnen; ~ **caso a alguien** jdm gehorchen; ~ **cumplidos** Umstände machen; ~ **frente a algo/alguien** etw *dat*/jdm die Stirn bieten; ~ **gimnasia** (*con aparatos*) turnen; (*en el suelo*) Gymnastik machen; ~ **uso de algo** etw gebrauchen ⓯ (*más verbo*): ~ **creer algo a alguien** jdm etw weismachen; ~ **venir a alguien** jdn zu sich *dat* rufen; **hazle pasar** bitte ihn herein; **no me hagas contarlo** erspare es mir, das erzählen zu müssen ⓰ (*limpiar*) sauber machen; ~ **los platos** das Geschirr spülen ⓱ (TEAT): ~ **una obra** ein Theaterstück aufführen; ~ **el** (**papel de**) **Fausto** den Faust spielen ⓲ (ENS: *carrera*) studieren; **¿haces francés o inglés?** lernst du Französisch oder Englisch? ⓳ (GASTR: *comida*) zubereiten; (*patatas*) kochen; (*pastel*) backen; **quiero la carne bien hecha** ich möchte das Fleisch gut durchgebraten **II.** *vi* ❶ (*convenir*) passen; **eso no hace al caso** das tut nichts zur Sache ❷ (*oficio*) arbeiten (*de* als +*nom*) ❸ (*con preposición*): **por lo que hace a Juan...** was Juan angeht, ...; **hizo como que no me vio** er/sie übersah mich (einfach) **III.** *vr:* ~**se** ❶ (*volverse*) werden; ~**se del Madrid** dem Sportverein von Real Madrid beitreten ❷ (*crecer*) wachsen ❸ (*simular*) sich verstellen; **se hace a todo** er/sie gibt sich mit allem zufrieden ❹ (*habituarse*) sich gewöhnen (*a* an +*akk*) ❺ (*cortarse*) sich *dat* schneiden lassen ❻ (*parecer*) glauben ❼ (*conseguir*) schaffen; ~**se respetar** sich *dat* Respekt verschaffen; ~**se con el poder** an die Macht gelangen ❽ (*resultar*): **se me hace muy difícil creer eso** es fällt mir sehr schwer, das zu glauben **IV.** *vimpers* ❶ (*tiempo*): **hace frío/calor** es ist kalt/warm; **hoy hace un buen día** heute haben wir schönes Wetter ❷ (*temporal*) vor +*dat;* **hace tres días** vor drei Tagen; **no hace mucho** vor kurzem; **desde hace un día** seit einem Tag

**hacha** [ˈaʧa] *f* ❶ (*herramienta*) Axt *f;* (*más pequeña*) Beil *nt;* (*de los indios*) Tomahawk *m* ❷ (*antorcha*) Fackel *f* ❸ (*vela*) große Kerze *f*

**hachazo** [aˈʧaθo] *m* Axthieb *m*

**hache** [ˈaʧe] *f* H, h *nt;* **por** ~ **o por be** aus irgendeinem Grund

**hachear** [aʧeˈar] *vt* hacken

**hachero** [aˈʧero] *m* ❶ (*candelero*) Kerzenleuchter *m* ❷ (*persona*) Holzfäller *m*

**hachís** [aˈʧis] *m* Haschisch *nt*

**hacia** [ˈaθja] *prep* ❶ (*dirección*) nach +*dat,* zu +*dat;* **el pueblo está más** ~ **el sur** das Dorf liegt weiter südlich; **el pueblo está yendo** ~ **Valencia** das Dorf liegt auf dem Weg nach Valencia; **fuimos** ~ **allí** wir gingen dorthin; **vino** ~ **mí** er/sie kam zu mir herüber ❷ (*cerca de*) gegen +*akk* ❸ (*respecto a*) gegenüber +*dat*

**hacienda** [aˈθjen̩da] *f* ❶ (*finca*) (Land)gut *nt* ❷ (*bienes*) Vermögen *nt;* **la** ~ **pública** die Staatsfinanzen; **¿pagas mucho a** ~**?** zahlst du viel Steuern?

**Hacienda** [aˈθjen̩da] *f* (FIN) Steuerbehörde *f;* **el Ministro de Economía y** ~ der Wirtschafts- und Finanzminister

**hacinamiento** [aθinaˈmjen̩to] *m* (*de haces*) Aufschichtung *f;* (*de objetos*) Anhäufung *f;* (*de personas*) Gedränge *nt*

**hacinar** [aθiˈnar] **I.** *vt* aufschichten **II.** *vr:* ~**se** (*personas*) sich drängen; (*objetos*) sich anhäufen

**hacker** [ˈxaker] *mf* (INFOR) Hacker *m*

**hada** [ˈaða] *f* Fee *f;* **cuento de** ~**s** Märchen *nt*

**hado** [ˈaðo] *m* Schicksal *nt*

H

**Haití** [ai̯'ti] *m* Haiti *nt*

**haitiano, -a** [ai̯'tjano, -a] **I.** *adj* haitianisch **II.** *m, f* Haitianer(in) *m(f)*

**hala** ['ala] *interj* ① (*sorpresa*) (ach) du meine Güte! ② (*prisa*) los!

**halagador(a)** [alaɣa'ðor(a)] *adj* ① (*que halaga*) schmeichelhaft ② (*prometedor*) viel versprechend

**halagar** [ala'ɣar] <g→gu> *vt* ① (*mostrar afecto*) umschmeicheln ② (*satisfacer*) erfreuen ③ (*adular*) schmeicheln (*a* +*dat*)

**halago** [a'laɣo] *m* ① (*acción*) Schmeicheln *nt* ② (*palabras*) Lob *nt*

**halagüeño, -a** [ala'ɣweɲo, -a] *adj* ① (*halagador*) schmeichelhaft ② (*adulador*) schmeichlerisch ③ (*prometedor*) viel versprechend

**halcón** [al'kon] *m* Falke *m*

**halconero, -a** [alko'nero, -a] *m, f* Falkner(in) *m(f)*

**hálito** ['alito] *m* ① (*aliento*) Atem *m* ② (*vapor*) Dunst *m* ③ (*elev: viento*) Windhauch *m*

**hall** [xol] *m* (Eingangs)halle *f*

**hallar** [a'ʎar] **I.** *vt* ① (*encontrar*) finden; (*sin buscar*) stoßen (auf +*akk*) ② (*inventar*) erfinden ③ (*averiguar*) herausfinden ④ (*darse cuenta*) feststellen ⑤ (*tierra*) entdecken **II.** *vr:* ~**se** ① (*sitio*) sich aufhalten ② (*estado*) sein; **no me hallo a gusto aquí** ich fühle mich hier nicht wohl; **se halló con la resistencia de su partido** er/sie stieß auf den Widerstand seiner/ihrer Partei

**hallazgo** [a'ʎaθɣo] *m* ① (*acción*) Entdeckung *f* ② (*cosa*) Fund *m* ③ (MED) Befund *m*

**halo** ['alo] *m* ① (ASTR) Halo *m* ② (FOTO) Lichthof *m* ③ (REL) Heiligenschein *m*, Aureole *f* ④ (*aureola*) Aura *f*

**halógeno** [a'loxeno] *m* (QUÍM) Halogen *nt*

**haltera** [al̯'tera] *f* (DEP) Hantel *f*

**halterofilia** [al̯tero'filja] *f* (DEP) Gewichtheben *nt*

**halterófilo, -a** [al̯te'rofilo, -a] *m, f* (DEP) Gewichtheber(in) *m(f)*

**hamaca** [a'maka] *f* ① (*cama*) Hängematte *f* ② (*tumbona*) Liegestuhl *m* ③ (*AmS: mecedora*) Schaukelstuhl *m*

**hambre** ['ambre] *f* ① (*apetito*) Hunger *m;* **huelga de** ~ Hungerstreik *m;* **matar el** ~ den Hunger stillen; **me ha entrado (el)** ~ ich habe Hunger bekommen; **morirse de** ~ verhungern; **ser más listo que el** ~ sehr gerissen sein; **a buen** ~ **no hay pan duro** (*prov*) Hunger ist der beste Koch ② (*de la población*) Hungersnot *f* ③ (*deseo*) Hunger *m* (*de* nach +*dat*); ~ **de poder** Machtgier *f*

**hambrear** [ambre'ar] *vt* (*Am*) ① (*hacer pasar hambre*) aushungern ② (*explotar*) ausbeuten

**hambriento, -a** [am'brjen̯to, -a] *adj* ① (*con hambre*) hungrig ② (*deseoso*) gierig (*de* nach +*dat*); ~ **de poder** machthungrig

**hambrón, -ona** [am'bron, -ona] *m, f* Nimmersatt *m*

**hambruna** [am'bruna] *f* (*Am*) Hungersnot *f*

**Hamburgo** [am'burɣo] *m* Hamburg *nt*

**hamburgués, -esa** [ambur'ɣes, -esa] **I.** *adj* hamburgisch **II.** *m, f* Hamburger(in) *m(f)*

**hamburguesa** [ambur'ɣesa] *f* (GASTR: *sola*) Frikadelle *f;* (*bocadillo*) Hamburger *m*

**hamburguesería** [amburɣese'ria] *f* Schnellimbiss *m*

**hampa** ['ampa] *f* ① (*gente*) Gesindel *nt* ② (*mundo*) Unterwelt *f*

**hampón** [am'pon] *m* ① (*maleante*) Verbrecher *m* ② (*valentón*) Angeber *m*

**hámster** ['xamster] *m* Hamster *m*

**handicap** ['xan̯dikaᵖ] *m* Handikap *nt*

**hangar** [aŋ'gar] *m* (AERO) Flugzeughalle *f*

**Hanovre** [(x)a'noβre] *m* Hannover *nt*

**hansa** ['(x)ansa] *f* (HIST) Hanse *f*

**hanseático, -a** [(x)anse'atiko, -a] **I.** *adj* Hanse- **II.** *m, f* Hanseat(in) *m(f)*

**haragán, -ana** [ara'ɣan, -ana] *m, f* Faulenzer(in) *m(f)*

**haraganear** [araɣane'ar] *vi* faulenzen

**haraganería** [araɣane'ria] *f* Faulenzerei *f*

**harakiri** [(x)ara'kiri] *m* Harakiri *nt*

**harapiento, -a** [ara'pjen̯to, -a] *adj* zerlumpt

**harapo** [a'rapo] *m* Lumpen *m*

**haraposo, -a** [ara'poso, -a] *adj* zerlumpt; **se presentó con un atuendo** ~ er/sie erschien in abgerissener Aufmachung

**hardware** ['xar⁽ᵈ⁾wer] *m* (INFOR) Hardware *f*

**harem** [a'ren] *m*, **harén** [a'ren] *m* Harem *m*

**harina** [a'rina] *f* ① (GASTR) Mehl *nt;* ~ **integral** Vollkornmehl *nt;* ~ **de trigo** Weizenmehl *nt* ② (*polvo*) Pulver *nt* ③ (*loc, fam*): **esto es** ~ **de otro costal** das ist etwas anderes

**harinoso, -a** [ari'noso, -a] *adj* ① (*parecido a la harina*) mehlartig ② (*con harina*) mehlig

**harmonía** [armo'nia] *f* ① (*concordancia*) Harmonie *f* ② (MÚS) Harmonielehre *f*

**harnero** [ar'nero] *m* Sieb *nt*

**harpía** [ar'pia] *f* ① (*figura mitológica*) Harpyie *f* ② (*bruja*) Hexe *f*

**hartar** [ar'tar] *irr* **I.** *vt* ① (*saciar*) sättigen (*de* mit +*dat*) ② (*fastidiar*) belästigen (*con* mit +*dat*); **me harta con sus chistes** ich habe seine/ihre Witze satt **II.** *vr:* **~se** ① (*saciarse*) sich satt essen (*de* mit +*dat*); (*en exceso*) sich voll essen (*de* mit +*dat*) ② (*cansarse*) überdrüssig werden (*de* +*gen*); **~se de reír** sich totlachen; **me he hartado del tiempo que hace en Alemania** ich habe das Wetter in Deutschland satt

**hartazgo** [ar'taθɣo] *m* Übersättigung *f;* **darse un ~ (de dulces)** sich (an Süßigkeiten) überessen; **tengo un ~ de televisión** ich habe zu viel ferngesehen

**harto, -a** ['arto, -a] **I.** *adj* ① (*repleto*) satt; (*en exceso*) übersatt ② (*sobrado*): **tengo hartas razones** ich habe genügend Gründe ③ (*loc*): **estar ~ de alguien/algo** jds/etw *gen* überdrüssig sein **II.** *adv* (*sobrado*) ausreichend; (*muy*) sehr

**hartura** [ar'tura] *f* Übersättigung *f*

**hasta** ['asta] **I.** *prep* ① (*de lugar*) bis (zu); **te llevo ~ la estación** ich fahre dich bis zum Bahnhof; **volamos ~ Madrid** wir flogen bis (nach) Madrid; **~ cierto punto** bis zu einem gewissen Grad(e) ② (*de tiempo*) bis; **~ ahora** bisher; **~ el próximo año** bis zum nächsten Jahr ③ (*en despedidas*): **¡~ luego!** bis später!; **¡~ la vista!** auf Wiedersehen!; **¡~ la próxima!** bis zum nächsten Mal! **II.** *adv* selbst **III.** *conj:* **~ cuando come lee el periódico** sogar beim Essen liest er/sie die Zeitung; **no consiguió un trabajo fijo ~ que cumplió 40 años** erst als er/sie 40 wurde, bekam er/sie eine feste Stelle

**hastiar** [asti'ar] <*1. pres:* hastío> **I.** *vt* ① (*hartar*) satt bekommen ② (*repugnar*) anekeln ③ (*aburrir*) langweilen **II.** *vr:* **~se de alguien/algo** jdn/etw satt haben

**hastío** [as'tio] *m* ① (*repugnancia*) Ekel *m* ② (*disgusto*) Überdruss *m* ③ (*tedio*) Langeweile *f*

**hatajo** [a'taxo] *m* ① (*de ganado*) kleine Herde *f* ② (*de personas*) Haufen *m*

**hato** ['ato] *m* ① (*de ropa*) Bündel *nt* ② (*de ganado*) kleine Herde *f* ③ (*montón*) Haufen *m*

**Hawai** [xa'wai̯] *m* Hawaii *nt*

**hawaiano, -a** [xawa'jano, -a] **I.** *adj* hawaiisch **II.** *m, f* Hawaiianer(in) *m(f)*

**haya** ['aɟa] *f* ① (*árbol*) Buche *f* ② (*madera*) Buchenholz *nt*

**Haya** ['aɟa] *f:* **La ~** Den Haag *nt*

**hayal** [a'ɟal] *m,* **hayedo** [a'ɟeðo] *m* Buchenwald *m*

**hayuco** [a'ɟuko] *m* Buchecker *f*

**haz** [aθ] *m* ① (*hato*) Bündel *nt* ② (FÍS) Strahl *m;* **~ luminoso** Lichtbündel *nt*

**haza** ['aθa] *f* Stück *nt* Acker(land)

**hazaña** [a'θaɲa] *f* Heldentat *f*

**hazmerreír** [aθmerre'ir] *m inv* Witzfigur *f;* **es el ~ de la gente** alle lachen ihn aus

**i Land & Leute**

**HB** ist das Kurzwort für *Herri Batasuna*, eine politische, nationalistisch orientierte Partei in *Euskadi – Baskenland*, die für die Unabhängigkeit des Baskenlandes eintritt.

**he** [e] *1. pres de* **haber**

**heavy**[1] ['xeβi] **I.** *adj* heavy; **música ~** Heavy Metal *nt* **II.** *m sin pl* Heavy-Metal-Anhänger(in) *m(f)*

**heavy**[2] ['xeβi] <heavys *o* heavies> *m* Heavy Metal *nt*

**hebilla** [e'βiʎa] *f* Schnalle *f*

**hebra** ['eβra] *f* ① (*hilo*) Faden *m* ② (*fibra*) Faser *f;* **tabaco de ~** Feinschnitt *m*

**hebreo**[1] [e'βreo] *m* ① (*lengua*) Hebräisch(e) *nt* ② (*fam: mercader*) Kaufmann *m* ③ (*fam: usurero*) Wucherer *m*

**hebreo, -a**[2] [e'βreo, -a] **I.** *adj* hebräisch **II.** *m, f* Hebräer(in) *m(f)*

**hebroso, -a** [e'βroso, -a] *adj* faserig

**hecatombe** [eka'tombe] *f* Hekatombe *f*

**hechicería** [etʃiθe'ria] *f* ① (*arte*) Hexenkunst *f* ② (*acto*) Hexerei *f* ③ (*hechizo*) Zauber *m*

**hechicero, -a** [etʃi'θero, -a] *m, f* ① (*brujo*) Zauberer, -in *m, f* ② (*de tribu*) Medizinmann, -frau *m, f*

**hechizar** [etʃi'θar] <z→c> *vt* ① (*embrujar*) verhexen ② (*encantar*) bezaubern, in seinen Bann ziehen

**hechizo** [e'tʃiθo] *m* Zauber *m;* **romper el ~** den Bann brechen

**hecho**[1] ['etʃo] *m* ① (*circunstancia*) Tatsache *f* ② (*acto*) Tat *f;* **~ delictivo** Straftat *f;* **los H~s de los Apóstoles** die Apostelgeschichte ③ (*suceso*) Ereignis *nt;* (JUR) Tatbestand *m;* **exposición de los ~s** Darstellung des Sachverhalts; **lugar de los ~s** Tatort *m;* **los ~s que causaron el incendio** die Ursache des Brandes ④ (*loc*): **de ~** (*efectivamente*) tatsächlich; (*en realidad*) eigentlich; (*por la fuerza*) de facto; **de ~ el piso es mío** die Wohnung gehört eigentlich mir

**hecho, -a**[2] ['etʃo, -a] **I.** *pp de* **hacer: a lo ~, pecho** für seine Taten muss man auch geradestehen **II.** *adj* ① (*maduro*) reif; **vino ~** abgelagerter Wein ② (*cocido*) gar; **me gusta la carne hecha** mir schmeckt das

Fleisch durchgebraten; **el pollo está demasiado** ~ das Hühnchen ist zu stark gebraten ❸ (*acabado*) fertig; **frase hecha** feste Wendung; **traje** ~ Anzug von der Stange ❹ (*adulto*) erwachsen

**hechura** [e'ʧura] *f* ❶ (*factura*) Anfertigung *f* ❷ (*de un vestido*) Schnitt *m* ❸ (*obra*) Werk *nt;* (*de Dios*) Kreatur *f;* **este caos seguro que es** ~ **tuya** dieses Durcheinander hast bestimmt du angerichtet ❹ (*del cuerpo*) Körperbau *m*

**hectárea** [ek'tarea] *f* Hektar *nt*

**hectogramo** [ekto'ɣramo] *m* Hektogramm *nt*

**hectolitro** [ekto'litro] *m* Hektoliter *m o nt*

**hectómetro** [ek'tometro] *m* Hektometer *m o nt*

**heder** [e'ðer] <e→ie> *vi* ❶ (*apestar*) stinken (*a* nach +*dat*) ❷ (*molestar*) auf die Nerven gehen +*dat*

**hediondez** [eðjon̩'deθ] *f* Gestank *m*

**hediondo, -a** [e'ðjon̩do, -a] *adj* ❶ (*fétido*) übel riechend ❷ (*repugnante*) ekelhaft ❸ (*obsceno*) unanständig

**hedonismo** [eðo'nismo] *m sin pl* Hedonismus *m*

**hedonista** [eðo'nista] **I.** *adj* hedonistisch **II.** *mf* Hedonist(in) *m(f)*

**hedor** [e'ðor] *m* Gestank *m* (*a* nach +*dat*)

**hegemonía** [xemo'nia] *f* Hegemonie *f*

**hegemónico, -a** [exe'moniko, -a] *adj* hegemonisch

**helada** [e'laða] *f* Frost *m;* **las primeras** ~**s del año** die ersten Frosteinbrüche des Jahres; **anoche cayó una** ~ heute Nacht hat es gefroren

**heladera** [ela'ðera] *f* Kühlschrank *m*

**heladería** [elaðe'ria] *f* Eiscafé *nt*

**helado**[1] [e'laðo] *m* (Speise)eis *nt,* Eiscreme *f*

**helado, -a**[2] [e'laðo, -a] *adj* ❶ (*frío*) Eis-, eisig; **el lago está** ~ der See ist zugefroren; **las cañerías están heladas** die Wasserleitung ist eingefroren ❷ (*turulato*) verblüfft; (*de miedo*) starr (*de* vor +*dat*)

**helador(a)** [ela'ðor(a)] *adj* eisig, eiskalt

**heladora** [ela'ðora] *f* Eismaschine *f*

**helar** [e'lar] <e→ie> **I.** *vt* ❶ (*congelar*) gefrieren (lassen) ❷ (*pasmar*) verblüffen **II.** *vimpers* frieren **III.** *vr:* ~**se** ❶ (*congelarse*) gefrieren; **el lago se ha helado** der See ist zugefroren ❷ (*morir*) erfrieren ❸ (*pasar frío*) frieren; ~**se de frío** vor Kälte erstarren

**helecho** [e'leʧo] *m* Farnkraut *nt*

**helénico, -a** [e'leniko, -a] *adj* ❶ (*antiguo*) hellenisch ❷ (*actual*) griechisch

**helenista** [ele'nista] *mf* Hellenist(in) *m(f)*

**hélice** ['eliθe] *f* ❶ (TÉC) Propeller *m;* (*de avión t.*) Luftschraube *f;* (*de barco*) Schiffsschraube *f* ❷ (ANAT) Helix *f* ❸ (MAT) Spirale *f*

**helicoidal** [elikoi̯'ðal] *adj* Spiral-, spiralförmig

**helicóptero** [eli'koptero] *m* Hubschrauber *m*

**helio** ['eljo] *m* (QUÍM) Helium *nt*

**heliocéntrico, -a** [eljo'θen̩triko, -a] *adj* (ASTR) heliozentrisch

**heliocentrismo** [eljoθen̩'trismo] *m sin pl* (ASTR) heliozentrisches Weltsystem *nt*

**heliosfera** [eljos'fera] *f* (ASTR) Heliosphäre *f*

**helipuerto** [eli'pwerto] *m* Heliport *m*

**helvético, -a** [el'βetiko, -a] **I.** *adj* schweizerisch **II.** *m, f* Schweizer(in) *m(f)*

**hematocrito** [emato'krito] *m* (MED) Hämatokritwert *m*

**hematoma** [ema'toma] *m* (MED) Bluterguss *m*

**hembra** ['embra] *f* ❶ (*mujer*) Frau *f* ❷ (ZOOL) Weibchen *nt* ❸ (BOT) weibliche Blüte *f* ❹ (TÉC) (Schrauben)mutter *f*

**hembraje** [em'braxe] *m* (*AmS*) ❶ (*de ganado*) Herde *f* Weibchen ❷ (*pey: de mujeres*) Gruppe *f* von Weibern

**hemeroteca** [emero'teka] *f* Zeitungsarchiv *nt*

**hemiciclo** [emi'θiklo] *m* ❶ (*semicírculo*) Halbkreis *m* ❷ (*sala*) halbkreisförmiger Saal *m* ❸ (POL: *en España*) Parlamentssaal *m*

**hemiplejia** [emi'plexja] *f,* **hemiplejía** [emiple'xia] *f* (MED) Hemiplegie *f,* halbseitige Lähmung *f*

**hemipléjico, -a** [emi'plexiko, -a] **I.** *adj* halbseitig gelähmt **II.** *m, f* Hemiplegiker(in) *m(f)*

**hemisférico, -a** [emis'feriko, -a] *adj* hemisphärisch

**hemisferio** [emis'ferjo] *m* ❶ (GEO) (Erd)halbkugel *f* ❷ (ANAT: *del cerebro*) Hemisphäre *f*

**hemodinámica** [emoði'namika] *f* (MED) Hämodynamik *f*

**hemofilia** [emo'filja] *f* (MED) Bluterkrankheit *f*

**hemoglobina** [emoɣlo'βina] *f* (BIOL) Hämoglobin *nt*

**hemorragia** [emo'rraxia] *f* (MED) starke Blutung *f*

**hemorroides** [emo'rroi̯ðes] *fpl* (MED) Hämorriden *fpl*

**hemostático** [emos'tatiko] *m* (MED) Hämostatikum *nt*

**henar** [e'nar] *m* Heufeld *nt*

**henchir** [en'ʧir] *irr como pedir* **I.** *vt* anfüllen; ~ **los pulmones de aire** tief einatmen; ~ **una maleta** einen Koffer voll stopfen **II.** *vr:* ~**se** (*hartarse de comida*) sich voll stopfen

**hender** [en̩'der] <e→ie> **I.** *vt* ❶ (*algo de madera*) spalten; (*algo de plástico*) aufschlitzen ❷ (*abrirse paso*) sich *dat* einen Weg bahnen (durch +*akk*) **II.** *vr:* ~**se** sich spalten

**hendidura** [en̩di'ðura] *f* ❶ (*raja*) Spalte *f;* (*en la pared*) Riss *m;* (*en un jarrón*) Sprung *m* ❷ (*de una guía*) Kerbe *f*

**hendija** [en̩'dixa] *f* (*Am: rendija*) Spalt *m*

**hendimiento** [en̩di'mjen̩to] *m* Spalten *nt*

**hendir** [en̩'dir] *irr como cernir vt v.* **hender**

**henequén** [ene'ken] *m* (*Am*) Agave *f*

**henil** [e'nil] *m* Heuboden *m*

**heno** ['eno] *m* Heu *nt;* **fiebre del** ~ Heuschnupfen *m*

**hepático**, **-a** [e'patiko, -a] *adj* hepatisch, Leber-; **cirrosis hepática** Leberzirrhose *f*

**hepatitis** [epa'titis] *f inv* (MED) Hepatitis *f,* Leberentzündung *f*

**hepatología** [epatolo'xia] *f* (MED) Hepatologie *f*

**heptaedro** [epta'eðro] *m* (MAT) Heptaeder *nt*

**heptágono** [ep'taɣono] *m* Siebeneck *nt*

**heptatlón** [epta$^{ð}$'lon] *m* (DEP) Siebenkampf *m*

**heráldica** [e'ral̩dika] *f sin pl* Wappenkunde *f*

**heráldico**, **-a** [e'ral̩diko, -a] *adj* heraldisch

**herbáceo**, **-a** [er'βaθeo, -a] *adj* ❶ (*de hierba*) Gras- ❷ (*de hierbas medicinales*) krautig, krautartig

**herbajar** [erβa'xar] **I.** *vi* weiden, grasen **II.** *vt* weiden lassen

**herbaje** [er'βaxe] *m* ❶ (*lugar*) Weide *f* ❷ (*comida*) Grasfutter *nt*

**herbario** [er'βarjo] *m* Pflanzensammlung *f*

**herbicida** [erβi'θiða] *m* Unkrautvertilgungsmittel *nt*

**herbívoro** [er'βiβoro] *m* Pflanzenfresser *m*

**herbolario**[1] [erβo'larjo] *m* Heilkräuterladen *m*

**herbolario**, **-a**[2] [erβo'larjo, -a] **I.** *adj* unbesonnen **II.** *m, f* Heilkräuterhändler(in) *m(f)*

**herborista** [erβo'rista] *mf* Heilkräuterhändler(in) *m(f)*

**herboristería** [erβoriste'ria] *f v.* **herbolario**[1]

**herborizar** [erβori'θar] <z→c> *vt* botanisieren

**hercio** ['erθjo] *m* (FÍS) Hertz *nt*

**hercúleo**, **-a** [er'kuleo, -a] *adj* herkulisch; (*fig*) riesenstark

**hércules** ['erkules] *m inv* (*fig*) Herkules *m*

**heredable** [ere'ðaβle] *adj* (ver)erblich

**heredad** [ere'ða$^{ð}$] *f* ❶ (*finca*) Landgut *nt* ❷ (*terreno*) Grundstück *nt*

**heredar** [ere'ðar] *vt* ❶ (*recibir*) erben; **propiedad heredada** vererbtes Eigentum; **problemas heredados del franquismo** Erblasten aus der Zeit des Franco-Regimes ❷ (*dar*) zum Erben einsetzen

**heredero**, **-a** [ere'ðero, -a] *m, f* Erbe, -in *m, f;* **el** ~ **del trono** der Thronfolger; **el príncipe** ~ der Kronprinz

**hereditario**, **-a** [ereði'tarjo, -a] *adj* ❶ (*de la herencia*) Erb- ❷ (*rasgos*) Erb-, vererbbar; **enfermedad hereditaria** Erbkrankheit *f*

**hereje** [e'rexe] *mf* (REL) Ketzer(in) *m(f)*

**herejía** [ere'xia] *f* ❶ (REL) Ketzerei *f* ❷ (*insulto*) Beleidigung *f* ❸ (*fechoría*) Streich *m* ❹ (*disparate*) Unsinn *m*

**herencia** [e'ren̩θja] *f* ❶ (JUR) Erbschaft *f* ❷ (*legado*) Erbe *nt;* **una** ~ **de la antigüedad** ein Vermächtnis der Antike

**herético**, **-a** [e'retiko, -a] *adj* ketzerisch

**herida** [e'riða] *f* ❶ (*lesión*) Wunde *f;* **tocar a alguien en la** ~ (*fig*) jds wunden Punkt treffen ❷ (*ofensa*) Beleidigung *f*

**herido**, **-a** [e'riðo, -a] **I.** *adj* ❶ (*lesionado*) verletzt (*en* an +*dat*); (MIL) verwundet (*en* an +*dat*); ~ **de gravedad** schwer verletzt; (MIL) schwer verwundet ❷ (*ofendido*) beleidigt **II.** *m, f* Verletzte(r) *mf;* (MIL) Verwundete(r) *mf;* **en el atentado no hubo** ~**s** bei dem Anschlag wurde niemand verletzt

**herir** [e'rir] *irr como sentir* **I.** *vt* ❶ (*lesionar*) verletzen (*en* an +*dat*); (MIL) verwunden (*en* an +*dat*) ❷ (*golpear*) schlagen ❸ (*flecha*) (durch die Luft) schwirren ❹ (*instrumento*) anschlagen ❺ (*sol*) bestrahlen ❻ (*ofender*) verletzen; **no quisiera** ~ **susceptibilidades** ich möchte niemandem zu nahe treten ❼ (*acertar*) treffen **II.** *vr:* ~**se** sich verletzen (*en* an +*dat*)

**hermafrodita** [ermafro'ðita] **I.** *adj* zwittrig **II.** *m* Zwitter *m*

**hermafroditismo** [ermafroði'tismo] *m sin pl* (BIOL, MED) Zwittrigkeit *f*

**hermanado**, **-a** [erma'naðo, -a] *adj* ähnlich (*con* +*dat*); **ciudad hermanada** Partnerstadt *f*

**hermanamiento** [ermana'mjen̩to] *m* ❶ (*de ciudades*) Partnerschaft *f* ❷ (*acción*) Verbrüderung *f*

**hermanar** [erma'nar] **I.** *vt* (*unir*) verbinden; **Cambridge está hermanada con Heidelberg** Cambridge ist eine Partnerstadt Heidelbergs **II.** *vr:* ~**se** sich verbrüdern

**hermanastro**, **-a** [erma'nastro, -a] *m, f* Stiefbruder, -schwester *m, f*
**hermandad** [ermaṇ'daᵈ] *f* ❶ (*parentesco*) geschwisterliche Beziehung *f* ❷ (*amistad*) innige Freundschaft *f* ❸ (*agrupación*) Innung *f;* (REL) Bruderschaft *f*
**hermano**, **-a** [er'mano, -a] *m, f* (*pariente*) Bruder *m,* Schwester *f;* ~ **de padre/de madre** Halbbruder väterlicherseits/mütterlicherseits; ~ **político** Schwager *m;* **mi ~ mayor/pequeño** mein älterer/jüngerer Bruder; **tengo tres ~s** (*sólo chicos*) ich habe drei Brüder; (*chicos y chicas*) ich habe drei Geschwister; **lenguas hermanas** verwandte Sprachen
**hermético**, **-a** [er'metiko, -a] *adj* ❶ (*objeto*) hermetisch; (*al aire*) luftdicht; (*al agua*) wasserdicht ❷ (*persona*) äußerst verschlossen ❸ (*texto*) schwer verständlich
**hermetismo** [erme'tismo] *m* Verschlossenheit *f*
**hermetizar** [ermeti'θar] <z→c> *vt* hermetisch verschließen
**hermosear** [ermose'ar] *vt* ❶ (*a una persona*) herausputzen ❷ (*a una cosa*) verschönern, schmücken
**hermoso**, **-a** [er'moso, -a] *adj* ❶ (*paisaje*) schön; (*día*) herrlich ❷ (*persona*) wunderschön ❸ (*niño*) niedlich ❹ (*salón*) prächtig ❺ (*gesto*) schön ❻ (*palabras*) nett
**hermosura** [ermo'sura] *f* Schönheit *f*
**hernia** ['ernja] *f* (MED) (Eingeweide)bruch *m*
**herniarse** [er'njarse] *vr* sich *dat* einen Bruch heben; **¡no te herniarás, no!** na ja, du wirst dir schon kein Bein (dabei) ausreißen!
**héroe** ['eroe] *m* ❶ (*personaje*) Held *m* ❷ (*mitología*) Heros *m* ❸ (TEAT) Heldendarsteller *m*
**heroicidad** [eroi̯θi'ðaᵈ] *f* ❶ (*hazaña*) Heldentat *f* ❷ (*cualidad*) Heldentum *nt*
**heroico**, **-a** [e'roi̯ko, -a] *adj* heldenhaft
**heroína** [ero'ina] *f* ❶ (*de héroe*) Heldin *f* ❷ (*droga*) Heroin *nt*
**heroinómano**, **-a** [eroi̯'nomano, -a] *m, f* Heroinsüchtige(r) *mf*
**heroísmo** [ero'ismo] *m sin pl* Heldentum *nt*
**herpes** ['erpes] *m o f inv* (MED) Herpes *m*
**herrador** [erra'ðor] *m* Hufschmied *m*
**herradura** [erra'ðura] *f* ❶ (*de caballo*) Hufeisen *nt;* **camino de ~** Reitweg *m* ❷ (ZOOL) Hufeisennase *f*
**herraje(s)** [e'rraxe(s)] *m(pl)* Eisenbeschläge *mpl*
**herramienta** [erra'mjeṇta] *f* Werkzeug *nt;* ~ **agrícola** landwirtschaftliches Gerät; **caja de (las) ~s** Werkzeugkasten *m*
**herrar** [e'rrar] <e→ie> *vt* ❶ (*caballo*) beschlagen ❷ (*a un animal*) mit Brandzeichen kennzeichnen
**herrería** [erre'ria] *f* Schmiede *f*
**herrerillo** [erre'riʎo] *m* (ZOOL) Blaumeise *f*
**herrero** [e'rrero] *m* Schmied *m*
**herrete** [e'rrete] *m* Nestelstift *m*
**herrumbre** [e'rrumbre] *f* (*orín, t. bot*) Rost *m*
**herrumbroso**, **-a** [errum'broso, -a] *adj* rostig
**hertz** [erᵈs] *m* (FÍS) Hertz *nt*
**hertzio** ['erᵈsjo] *m* (FÍS) Hertz *nt*
**hervidero** [erβi'ðero] *m* ❶ (*manantial*) heiße Quelle *f;* **un ~ de intrigas** ein Intrigenherd ❷ (*multitud*) Gewimmel *nt*
**hervido** [er'βiðo] *m* ❶ (*de los alimentos*) Kochen *nt;* (*de los líquidos*) Aufkochen *nt* ❷ (*burbujeo*) Brodeln *nt* ❸ (*AmS: cocido*) Eintopf *m*
**hervidor** [erβi'ðor] *m* ❶ (*de cocina*) Kocher *m* ❷ (TÉC) Heizrohr *nt*
**hervir** [er'βir] *irr como sentir* **I.** *vi* ❶ (*alimentos*) kochen ❷ (*burbujear*) brodeln ❸ (*desinfectar*) abkochen ❹ (*el mar*) tosen ❺ (*persona*) kochen; **hierve en cólera** er/sie kocht vor Wut; **le hierve la sangre** sein/ihr Blut gerät in Wallung ❻ (*abundar*): **esta calle hierve en rumores** diese Straße ist eine wahre Gerüchteküche **II.** *vt* (auf)kochen (lassen)
**hervor** [er'βor] *m* ❶ (*acción*) Kochen *nt;* **levantar el ~** aufkochen ❷ (*burbujeo*) Brodeln *nt* ❸ (*de la juventud*) Feuer *nt*
**Hesse** ['(x)ese] *m* Hessen *nt*
**heterodoxo**, **-a** [etero'ðoʏso, -a] *adj* heterodox
**heterogeneidad** [eteroxenei̯'ðaᵈ] *f* Heterogenität *f*
**heterogéneo**, **-a** [etero'xeneo, -a] *adj* verschiedenartig, heterogen
**heterónimo** [ete'ronimo] *m* (LING) Heteronym *nt*
**heterosexual** [eteroseʏ'swal] **I.** *adj* heterosexuell **II.** *mf* Heterosexuelle(r) *mf*
**heterosexualidad** [eteroseʏswali'ðaᵈ] *f sin pl* Heterosexualität *f*
**hexadecimal** [eʏsaðeθi'mal] *adj* hexadezimal
**hexaedro** [eʏsa'eðro] *m* (MAT) Sechsflächner *m,* Hexaeder *nt*
**hexagonal** [eʏsaɣo'nal] *adj* sechseckig, hexagonal
**hexágono** [eʏ'saɣono] *m* Sechseck *nt,* Hexagon *nt*
**hez** [eθ] *f* ❶ (*poso*) Bodensatz *m* ❷ *pl* (*escoria*) Abschaum *m* ❸ *pl* (*excremen-*

tos) Kot *m*

**hibernación** [iβerna'θjon] *f* ❶ (ZOOL) Winterschlaf *m* ❷ (MED) Hibernation *f*

**hibernal** [iβer'nal] *adj* Winter-, winterlich

**hibernar** [iβer'nar] *vi* Winterschlaf halten

**hibisco** [i'βisko] *m* Hibiskus *m*

**hibridación** [iβriða'θjon] *f* Hybridisierung *f*

**hibridismo** [iβri'ðismo] *m* (*t.* BIOL: *carácter híbrido*) Gemisch *nt*

**híbrido**¹ ['iβriðo] *m* (BIOL) Hybride *m o f*

**híbrido, -a**² ['iβriðo, -a] *adj* hybrid; **computador** ~ (INFOR) Hybridrechner *m*

**hidalgo**¹ [i'ðalɣo] *m* (HIST) Edelmann *m*

**hidalgo, -a**² [i'ðalɣo, -a] *adj* ❶ (*de los nobles*) adelig ❷ (*noble*) edel ❸ (*generoso*) großmütig

**hidra** ['iðra] *f* ❶ (*pólipo*) Süßwasserpolyp *m* ❷ (ASTR) Hydra *f*

**hidratante** [iðra'tan̩te] *adj* Feuchtigkeit spendend; **crema** ~ Feuchtigkeitscreme *f*

**hidratar** [iðra'tar] *vt* ❶ (QUÍM) hydratisieren ❷ (*piel*) mit einer Feuchtigkeitscreme behandeln

**hidrato** [i'ðrato] *m* (QUÍM) Hydrat *nt*

**hidráulica** [i'ðrau̯lika] *f* Hydraulik *f*

**hídrico, -a** ['iðriko, -a] *adj* ❶ (*relativo al agua*) Wasser- ❷ (*que contiene agua*) wasserhaltig

**hidroavión** [iðroaβi'on] *m* Wasserflugzeug *nt*

**hidrocarburo** [iðrokar'βuro] *m* (QUÍM) Kohlenwasserstoff *m*

**hidrodinámico, -a** [iðroði'namiko, -a] *adj* hydrodynamisch

**hidroeléctrico, -a** [iðroe'lektriko, -a] *adj* hydroelektrisch; **central hidroeléctrica** Wasserkraftwerk *nt*

**hidrófilo, -a** [i'ðrofilo, -a] *adj* hydrophil

**hidrofobia** [iðro'foβja] *f* ❶ (MED: *fobia al agua*) Wasserphobie *f* ❷ (*rabia*) Tollwut *f*

**hidrófobo, -a** [i'ðrofoβo, -a] *adj* ❶ (QUÍM) hydrophob ❷ (*rabioso*) tollwütig

**hidrófugo, -a** [i'ðrofuɣo, -a] *adj* feuchtigkeitsbeständig

**hidrogenar** [iðroxe'nar] *vt* (QUÍM) hydrieren

**hidrógeno** [i'ðroxeno] *m* (QUÍM) Wasserstoff *m*

**hidrografía** [iðroɣra'fia] *f sin pl* Gewässerkunde *f*, Hydrografie *f*

**hidrográfico, -a** [iðro'ɣrafiko, -a] *adj* hydrografisch

**hidrología** [iðrolo'xia] *f* (GEO) Hydrologie *f*

**hidrológico, -a** [iðro'loxiko, -a] *adj* hydrologisch

**hidromiel** [iðro'mjel] *m* Honigwasser *nt*

**hidropesía** [iðrope'sia] *f* (MED) Wassersucht *f*, Hydropsie *f*

**hidrópico, -a** [i'ðropiko, -a] *adj* ❶ (MED) wassersüchtig ❷ (*fig: insaciable*) unersättlich

**hidroplano** [iðro'plano] *m* ❶ (AERO) Wasserflugzeug *nt* ❷ (NÁUT) Gleitboot *nt*

**hidrosfera** [iðros'fera] *f* (GEO) Hydrosphäre *f*

**hidrosoluble** [iðroso'luβle] *adj* wasserlöslich

**hidrostático, -a** [iðros'tatiko, -a] *adj* hydrostatisch

**hidroterapia** [iðrote'rapja] *f* (MED) Hydrotherapie *f*

**hidróxido** [i'ðroˠsiðo] *m* (QUÍM) Hydroxid *nt*

**hiedra** ['ɟeðra] *f* Efeu *m*

**hiel** [ɟel] *f* ❶ (*bilis*) Galle *f* ❷ (*amargura*) Bitterkeit *f*; **echar la** ~ sich abrackern ❸ *pl* (*adversidades*) Probleme *ntpl*

**hielo** ['ɟelo] *m* ❶ (*del agua*) Eis *nt*; ~ **en la carretera** Glatteis *nt*; ~ **picado** zerhacktes Eis; **el barco ha quedado aprisionado en el** ~ das Schiff ist eingefroren ❷ *pl* (*helada*) Frost *m* ❸ (*frialdad*) Kälte *f* ❹ (*loc*): **me quedé de** ~ ich war wie vor den Kopf geschlagen

**hiena** ['ɟena] *f* Hyäne *f*

**hierático, -a** [ɟe'ratiko, -a] *adj* hieratisch

**hierba** ['ɟerβa] *f* ❶ (*planta*) Gras *nt* ❷ (*comestible*) Kraut *nt*; ~ **medicinal** Heilkraut *nt*; **infusión de** ~**s** Kräutertee *m*; **mala** ~ Unkraut *nt*; **haber pisado mala/buena** ~ Pech/Glück haben; **mala** ~ **nunca muere** (*prov*) Unkraut vergeht nicht ❸ (*césped*) Rasen *m*; **tenis sobre** ~ (DEP) Rasentennis *nt* ❹ (*pasto*) Weideland *nt* ❺ (*fam: droga*) Gras *nt* ❻ *pl* (*veneno*) Gifttrank *m* ❼ (*loc*): **y otras** ~**s** (*irón*) et cetera pp.

**hierbabuena** [ɟerβa'βwena] *f* Minze *f*

**hierbajo** [ɟer'βaxo] *m* Unkraut *nt*

**hierra** ['ɟerra] *f* (*Am*) Brandzeichen *nt*

**hierro** ['ɟerro] *m* ❶ (*metal, t.* DEP) Eisen *nt*; **edad del** ~ Eisenzeit *f*; **salud de** ~ eiserne Gesundheit; **voluntad de** ~ eiserner Wille; **quitar** ~ **a un asunto** eine Angelegenheit herunterspielen ❷ (*del ganado*) Brandzeichen *nt* ❸ (*para marcar*) Brandeisen *nt* ❹ (*de lanza*) Spitze *f* ❺ (*arma*) Waffe *f* ❻ (*herramienta*) Werkzeug *nt* aus Eisen ❼ *pl* (*grilletes*) Handschellen *fpl* ❽ *pl* (*cadenas*) Ketten *fpl*

**hifi** ['ifi/'xai̯fi] *adj* Hi-Fi-

**hígado** ['iɣaðo] *m* ❶ (ANAT) Leber *f* ❷ *pl* (*valor*) Mumm *m fam*

**higiene** [i'xjene] *f* Hygiene *f*; ~ **personal** Körperpflege *f*

**higiénico, -a** [i'xjeniko, -a] *adj* hygienisch; **compresa higiénica** Damenbinde *f*;

H

**papel** ~ Toilettenpapier *nt*

**higienización** [ixjeniθa'θjon] *f* Sanierung *f*

**higienizar** [ixjeni'θar] <z→c> *vt* sanieren

**higo** ['iɣo] *m* ① (*fruto*) Feige *f* ② (*cosa sin valor*): **esto me importa un** ~ das ist mir völlig egal; **esto no vale un** ~ das ist keinen Deut wert ③ (*algo arrugado*): **estar hecho un** ~ (*persona*) ganz runzelig sein; (*ropa*) zerknittert sein

**higrómetro** [i'ɣrometro] *m* Hygrometer *nt*

**higuera** [i'ɣera] *f* Feigenbaum *m;* **estar en la** ~ nichts mitbekommen

**hijastro, -a** [i'xastro, -a] *m, f* Stiefsohn, -tochter *m, f*

**hijo, -a** ['ixo, -a] *m, f* ① (*parentesco*) Sohn *m,* Tochter *f;* ~ **adoptivo** Adoptivkind *nt;* ~ **político** Schwiegersohn *m;* ~ **predilecto (de una ciudad)** Ehrenbürger *m* (einer Stadt); ~ **de puta** (*vulg*) Scheißkerl *m;* ~ **único** Einzelkind *nt;* **un** ~ **de papá** ein verwöhnter Jugendlicher; **pareja sin** ~**s** kinderloses Paar; **como cualquier** ~ **de vecino** wie jedermann; **es** ~ **de Madrid** er ist gebürtiger Madrider ② *pl* (*descendencia*) Kinder *ntpl*

**híjole** ['ixole] *interj* (*Am: fam: caramba*) Donnerwetter!

**hijuela** [i'xwela] *f* ① (*de camino*) Abzweigung *f* ② (*de herencia*) Erbteil *nt* ③ (*de una institución*) Zweigstelle *f*

**hila** ['ila] *f* ① (*acción*) Spinnen *nt* ② *pl* (*hebras*) Scharpie *f*

**hilacha** [i'latʃa] *f,* **hilacho** [i'latʃo] *m* (Tuch)faser *f*

**hilachoso, -a** [ila'tʃoso, -a] *adj* ausgefranst

**hilada** [i'laða] *f* ① (*hilera*) Reihe *f* ② (ARQUIT) Lage *f*

**hilado** [i'laðo] *m* ① (*acción*) Spinnen *nt* ② (*hilo*) Faden *m;* (*en la industria*) Gespinst *nt;* **fábrica de** ~**s** Spinnerei *f*

**hilador(a)** [ila'ðor(a)] *m(f)* Spinner(in) *m(f)*

**hiladora** [ila'ðora] *f* Spinnmaschine *f*

**hilandería** [ilande'ria] *f* ① (*arte*) Spinnen *nt* ② (*fábrica*) Spinnerei *f*

**hilandero[1]** [ilan'dero] *m* (*lugar*) Spinnerei *f*

**hilandero, -a[2]** [ilan'dero, -a] *m, f* Spinner(in) *m(f)*

**hilar** [i'lar] *vt* ① (*hilo*) (ver)spinnen; (*arañas*) weben ② (*discurrir*) (miteinander) verknüpfen; ~ **fino** Haarspalterei betreiben

**hilarante** [ila'rante] *adj* sehr lustig; **gas** ~ Lachgas *nt*

**hilaridad** [ilari'ða$^{d}$] *f* Heiterkeit *f;* **esta comedia provoca la** ~ **del público** diese Komödie bringt das Publikum zum Lachen

**hilatura** [ila'tura] *f* ① (*fábrica*) Spinnerei *f* ② (*fabricación*) (Ver)spinnen *nt*

**hilaza** [i'laθa] *f* ① (*hilo*) Faden *m* ② (*en la industria*) Gespinst *nt*

**hilera** [i'lera] *f* ① (*fila*) Reihe *f;* (*de cosas iguales*) Zeile *f;* (MIL) Glied *nt;* **colocarse en la** ~ anstehen ② (TÉC) Spinndüse *f*

**hilo** ['ilo] *m* ① (*hebra*) Faden *m;* (*para coser*) Garn *nt;* (*más resistente*) Zwirn *m;* ~ **bramante** Schnur *f;* ~ **de perlas** Perlenschnur *f;* **cortar el** ~ **de la vida a alguien** (*fig*) jdm den Lebensfaden abschneiden; **mover los** ~**s** (*fig*) die Fäden in der Hand haben; **pender de un** ~ (*fig*) an einem seidenen Faden hängen ② (*tela*) Leinen *nt* ③ (TÉC) dünner Draht *m;* ~ **conductor** Leitungsdraht *m;* **telegrafía sin** ~**s** drahtlose Telegrafie ④ (*de un discurso*) (roter) Faden *m;* **no sigo el** ~ **de la película** ich kann der Handlung des Films nicht folgen; **perder el** ~ **(de la conversación)** (bei einem Gespräch) den (roten) Faden verlieren; **recoger el** ~ **de la historia** den (roten) Faden der Geschichte wieder aufnehmen ⑤ (*de un líquido*) Rinnsal *nt*

**hilván** [il'βan] *m* ① (*costura*) Heftnaht *f* ② (*hilo*) Heftfaden *m*

**hilvanado** [ilβa'naðo] *m* Heften *nt*

**hilvanar** [ilβa'nar] *vt* ① (*vestido*) heften ② (*frases*) (miteinander) verknüpfen; **un discurso mal hilvanado** eine zusammenhang(s)lose Rede

**himen** ['imen] *m* (ANAT) Jungfernhäutchen *nt*

**himeneo** [ime'neo] *m* Hochzeit *f*

**himno** ['imno] *m* Hymne *f*

**hincapié** [iŋka'pje] *m* Aufstemmen *nt;* **hacer** ~ **en algo** Nachdruck auf etw legen

**hincar** [iŋ'kar] <c→qu> **I.** *vt* ① (*clavar*) (ein)treiben (*en* in +*akk*); (*golpeando*) (hin)einschlagen (*en* in +*akk*); ~ **el diente en la pera** (*fam*) in die Birne hineinbeißen ② (*pie*) aufstützen (*en* auf +*dat/akk*), aufstemmen (*en* auf +*dat/akk*) **II.** *vr:* ~**se de rodillas** niederknien

**hincha[1]** ['intʃa] *f* (*fam: tirria*) Groll *m*

**hincha[2]** ['intʃa] *mf* (*seguidor*) Fan *m*

**hinchable** [in'tʃaβle] *adj* aufblasbar; **colchón** ~ Luftmatratze *f;* **muñeca** ~ Gummipuppe *f*

**hinchada** [in'tʃaða] *f* Fans *mpl*

**hinchado, -a** [in'tʃaðo, -a] *adj* ① (*pie*) geschwollen; (*cara*) aufgedunsen; (*madera*) aufgequollen; (*velas*) (auf)gebläht ② (*estilo*) schwülstig ③ (*persona*) aufgeblasen

**hinchamiento** [intʃa'mjento] *m* (An)schwellung *f*

**hinchar** [in'tʃar] **I.** *vt* ① (*globo*) aufblasen; (*neumático*) aufpumpen; (*telas*) (auf)blähen; (*estómago*) (auf)blähen; ~ **la bici** das Fahrrad aufpumpen ❷ (*exagerar*) aufbauschen; **¡no lo hinches!** halt die Luft an! *fam* ❸ (*río*) anschwellen lassen ❹ (*AmS: molestar*) nerven *fam* ❺ (*loc*): ~ **de palos a alguien** (*fam*) jdn windelweich schlagen; **te voy a ~ los morros** (*vulg*) ich poliere dir noch die Fresse **II.** *vr:* ~**se** ❶ (*pierna*) anschwellen; **se me ha hinchado mucho el pie** mein Fuß ist ganz dick ❷ (*engreírse*) sich aufblasen ❸ (*de comer*) sich überessen (*de* an +*dat*) ❹ (*hacer mucho*): ~**se a mirar/a escuchar algo** sich an etw *dat* satt sehen/hören; ~**se a insultar a alguien** jdn unaufhörlich beschimpfen

**hinchazón** [intʃa'θon] *f* ❶ (*del pie*) (An)schwellung *f;* (*del río*) Anschwellen *nt;* (*de la madera*) (Auf)quellen *nt;* (*de las velas*) Blähen *nt* ❷ (*soberbia*) Aufgeblasenheit *f* ❸ (*de un estilo*) Schwülstigkeit *f*

**hindi** ['indi] *m* Hindi *nt*

**hindú** [in'du] *mf* ❶ (*indio*) Inder(in) *m(f)* ❷ (*del hinduismo*) Hindu *mf*

**hinduismo** [indu'ismo] *m sin pl* (REL) Hinduismus *m*

**hinduista** [indu'ista] **I.** *adj* (REL) hinduistisch **II.** *mf* (REL) Hindu *m*

**hinojo** [i'noxo] *m* ❶ (*planta*) Fenchel *m* ❷ (*rodilla*) Knie *nt;* **de ~s** auf Knien; **ponerse de ~s** sich hinknien

**hipar** [i'par] *vi* ❶ (*tener hipo*) Schluckauf haben ❷ (*perros*) hecheln ❸ (*fatigarse*) sich überarbeiten ❹ (*sollozar*) (auf)schluchzen ❺ (*desear*) lechzen (*por* nach +*dat*)

**hiper** ['iper] *m* (*fam*) großer Supermarkt *m*

**hiperacidez** [iperaθi'ðeθ] *f* Übersäuerung *f*

**hiperactividad** [iperaktiβi'ða$^{ð}$] *f* Überaktivität *f*

**hiperactivo, -a** [iperak'tiβo, -a] *adj* überaktiv

**hipérbola** [i'perβola] *f* (MAT) Hyperbel *f*

**hipérbole** [i'perβole] *f* (LIT) Hyperbel *f*

**hiperbólico, -a** [iper'βoliko, -a] *adj* (MAT) hyperbolisch

**hipercrítico, -a** [iper'kritiko, -a] *adj* hyperkritisch

**hiperenlace** [iperen'laθe] *m* (INFOR) Hyperlink *m*

**hiperinflación** [iperiɱfla'θjon] *f* (COM) Hyperinflation *f*

**hipermercado** [ipermer'kaðo] *m* großer Supermarkt *m*

**hipermétrope** [iper'metrope] *adj* (MED) weitsichtig

**hipermetropía** [ipermetro'pia] *f* (MED) Weitsichtigkeit *f*

**hiperonimia** [ipero'nimja] *f* (LING) Hyperonymie *f*

**hiperrealismo** [iperrea'lismo] *m sin pl* Hyperrealismus *m*

**hipersensibilidad** [ipersensiβili'ða$^{ð}$] *f sin pl* Überempfindlichkeit *f*

**hipersensible** [ipersen'siβle] *adj* überempfindlich

**hipertensión** [iperten'sjon] *f* (MED) Bluthochdruck *m*

**hipertenso, -a** [iper'tenso, -a] **I.** *adj* hypertonisch **II.** *m, f* Hypertoniker(in) *m(f);* **mi padre es ~** mein Vater hat einen zu hohen Blutdruck

**hipertexto** [iper'testo] *m* (INFOR) Hypertext *m*

**hipertrofia** [iper'trofja] *f* Hypertrophie *f*

**hipertrofiarse** [ipertro'fjarse] *vr* übermäßig wuchern

**hípica** ['ipika] *f sin pl* Pferdesport *m*

**hípico, -a** ['ipiko, -a] *adj* Pferde-; **concurso ~** Springreiten *nt*

**hipido** [i'piðo] *m* Schluchzer *m*

**hipnosis** [iβ'nosis] *f inv* Hypnose *f*

**hipnótico**[1] [iβ'notiko] *m* Schlafmittel *nt*

**hipnótico, -a**[2] [iβ'notiko, -a] *adj* hypnotisch

**hipnotismo** [iβno'tismo] *m* Hypnotik *f*

**hipnotización** [iβnotiθa'θjon] *f* Hypnotisieren *nt*

**hipnotizador(a)** [iβnotiθa'ðor(a)] *m(f)* Hypnotiseur(in) *m(f)*

**hipnotizar** [iβnoti'θar] <z→c> *vt* hypnotisieren

**hipo** ['ipo] *m* ❶ (*fisiológico*) Schluckauf *m* ❷ (*deseo*) Sehnsucht *f* (*de/por* nach +*dat*) ❸ (*tirria*) Groll *m*

**hipocalórico, -a** [ipoka'loriko, -a] *adj* kalorienarm

**hipocentro** [ipo'θentro] *m* (GEO) Erdbebenherd *m*

**hipocondría** [ipokon'drja] *f* (MED) Hypochondrie *f*

**hipocondríaco, -a** [ipokon'driako, -a] **I.** *adj* hypochondrisch **II.** *m, f* Hypochonder *m*

**hipocondrio** [ipo'kondrjo] *m* (ANAT) Hypochondrium *nt*

**hipocrático, -a** [ipo'kratiko, -a] *adj* hippokratisch

**hipocresía** [ipokre'sia] *f* ❶ (*comportamiento*) Heuchelei *f* ❷ (*modo de ser*) Scheinheiligkeit *f*

**hipócrita** [i'pokrita] **I.** *adj* ❶ (*en el comportamiento*) heuchlerisch ❷ (*en el modo de ser*) scheinheilig **II.** *mf* Heuchler(in) *m(f)*

**hipodérmico, -a** [ipo'ðermiko, -a] *adj* (MED) subkutan

**hipódromo** [i'poðromo] *m* (DEP) Pferderennbahn *f*
**hipófisis** [i'pofisis] *f inv* (ANAT) Hypophyse *f*
**hipogastrio** [ipo'ɣastrjo] *m* (ANAT) Unterleib *m*
**hipoglucemia** [ipoɣlu'θemja] *f* (MED) Hypoglykämie *f*
**hipopótamo** [ipo'potamo] *m* Nilpferd *nt*
**hipotálamo** [ipo'talamo] *m* (ANAT) Hypothalamus *m*
**hipoteca** [ipo'teka] *f* Hypothek *f*
**hipotecable** [ipote'kaβle] *adj* hypothekarisch belastbar
**hipotecar** [ipote'kar] <c→qu> *vt* mit einer Hypothek belasten; **si haces eso ~ás tu libertad** wenn du das machst, setzt du deine Freiheit aufs Spiel
**hipotecario, -a** [ipote'karjo, -a] *adj* Hypotheken-; **crédito** ~ Hypothekarkredit *m*
**hipotensión** [ipoten'sjon] *f* (MED) niedriger Blutdruck *m*
**hipotenso, -a** [ipo'tenso, -a] **I.** *adj* hypotonisch **II.** *m, f* Hypotoniker(in) *m(f)*; **mi mujer es hipotensa** meine Frau hat einen zu niedrigen Blutdruck
**hipotenusa** [ipote'nusa] *f* (MAT) Hypotenuse *f*
**hipotermia** [ipo'termja] *f* (MED) Unterkühlung *f*; **muerte por** ~ Kältetod *m*
**hipótesis** [i'potesis] *f inv* Hypothese *f*
**hipotético, -a** [ipo'tetiko, -a] *adj* hypothetisch; **es totalmente ~ que...** es ist eine reine Hypothese, dass ...
**hipotónico, -a** [ipo'toniko, -a] **I.** *adj* hypotonisch **II.** *m, f* Hypotoniker(in) *m(f)*
**hippie** ['xipi] **I.** *adj* Hippie-; **moda** ~ Hippielook *m* **II.** *mf* Hippie *m*
**hippismo** [xi'pismo] *m* (SOCIOL) Hippietum *nt*
**hippy** ['xipi] *v.* **hippie**
**hiriente** [i'rjen̩te] *adj* verletzend; **una observación** ~ eine spitze Bemerkung
**hirsuto, -a** [ir'suto, -a] *adj* ① (*pelo*) borstig, struppig ② (*planta*) stachelig ③ (*carácter*) widerborstig
**hirviente** [ir'βjen̩te] *adj* kochend
**hisopear** [isope'ar] *vt* mit dem Weih(wasser)wedel versprengen
**hisopo** [i'sopo] *m* ① (*planta*) Ysop *m* ② (*de iglesia*) Weih(wasser)wedel *m*
**hispalense** [ispa'lense] **I.** *adj* aus Sevilla **II.** *mf* Einwohner(in) *m(f)* von Sevilla
**hispánico, -a** [is'paniko, -a] *adj* ① (*de España*) spanisch ② (*de Hispania*) hispanisch; **Filología Hispánica** Hispanistik *f*
**hispanidad** [ispani'ðaᵈ] *f sin pl* ① (*calidad*) Hispanität *f* ② (*conjunto*) spanische Kultur *f*
**hispanismo** [ispa'nismo] *m* Hispanismus *m*
**hispanista** [ispa'nista] *mf* Hispanist(in) *m(f)*
**hispanización** [ispaniθa'θjon] *f sin pl* Hispanisierung *f*
**hispanizar** [ispani'θar] <z→c> *vt, vr:* **~se** (sich) hispanisieren
**hispano, -a** [is'pano, -a] **I.** *adj* ① (*español*) spanisch ② (*en EE.UU.*) Hispano-, hispanoamerikanisch **II.** *m, f* ① (*español*) Spanier(in) *m(f)* ② (*en EE.UU.*) Hispanoamerikaner(in) *m(f)*
**Hispanoamérica** [ispanoa'merika] *f* hispanoamerikanische Länder *ntpl*

**i Land & Leute**

**Hispanoamérica** ist ein Sammelbegriff für die 19 Länder Süd- und Mittelamerikas, in denen Spanisch als offizielle Landessprache gesprochen wird. Im Gegensatz dazu bezieht sich der Ausdruck *Latinoamérica* (oder auch *América Latina*) auf all jene Länder Mittel- und Südamerikas, die von den Spaniern, Portugiesen und Franzosen kolonisiert wurden.

**hispanoamericanismo** [ispanoamerika'nismo] *m sin pl* (SOCIOL) *soziale Bewegung für die kulturelle Einheit der spanischsprachigen Länder in Süd- und Mittelamerika*
**hispanoamericano, -a** [ispanoameri'kano, -a] **I.** *adj* hispanoamerikanisch **II.** *m, f* Hispanoamerikaner(in) *m(f)*
**hispanohablante** [ispanoa'βlan̩te] **I.** *adj* Spanisch sprechend; **los países ~s** die spanischsprachigen Länder **II.** *mf* spanischer Muttersprachler *m*, spanische Muttersprachlerin *f*
**histeria** [is'terja] *f* Hysterie *f*
**histérico, -a** [is'teriko, -a] **I.** *adj* hysterisch **II.** *m, f* Hysteriker(in) *m(f)*
**histerismo** [iste'rismo] *m* Hysterie *f*
**histología** [istolo'xia] *f* (MED) Histologie *f*
**historia** [is'torja] *f* Geschichte *f*; ~ **natural** Naturwissenschaft *f*; ~ **universal** Weltgeschichte *f*; **pasar a la** ~ (*ser importante*) in die Geschichte eingehen; (*no ser actual*) längst überholt sein; **cuenta la ~ completa** sag die ganze Wahrheit; **¡déjate de ~s!** komm zur Sache!; **ésa es la misma ~ de siempre** das ist das alte Lied; **¡no me vengas con ~s!** erzähl mir doch keine Märchen!; **eso sólo son ~s** das ist doch nur Klatsch

**historiador(a)** [istorja'ðor(a)] *m(f)* Historiker(in) *m(f)*
**historial** [isto'rjal] **I.** *adj* geschichtlich **II.** *m* ❶ (*antecedentes*) Vorgeschichte *f*; ~ **delictivo** Vorstrafen *fpl* ❷ (*currículo*) Lebenslauf *m*; ~ **profesional** beruflicher Werdegang; **este hecho no empañará el ~ de esta institución** dieses Ereignis wird diese Institution nicht in Verruf bringen; **él tiene un ~ intachable** er hat sich *dat* nie etwas zuschulden kommen lassen
**historiar** [isto'rjar] *vt* ❶ (*contar*) geschichtlich darstellen ❷ (ARTE) Historienbilder malen (von +*dat*) ❸ (*Am: enmarañar*) verwirren
**historicidad** [istoriθi'ðaᵈ] *f sin pl* Geschichtlichkeit *f*
**historicismo** [istori'θismo] *m* Histori(zi)smus *m*
**histórico, -a** [is'toriko, -a] *adj* geschichtlich, historisch; **un miembro ~ del partido** einer der Parteigründer
**historieta** [isto'rjeta] *f* ❶ (*anécdota*) Anekdote *f* ❷ (*con viñetas*) Bildergeschichte *f*; (*cómic*) Comic(strip) *m*
**historiografía** [istorjoɣra'fia] *f sin pl* Geschichtsschreibung *f*
**historiográfico, -a** [istorjo'ɣrafiko, -a] *adj* (HIST) historiographisch
**historiógrafo, -a** [isto'rjoɣrafo, -a] *m, f* Geschichtsschreiber(in) *m(f)*
**historiología** [istorjolo'xia] *f* (HIST) Historiologie *f*
**histrión** [is'trjon] *m* ❶ (HIST) Histrione *m* ❷ (*actor*) Schauspieler *m* ❸ (*payaso*) Clown *m*; (TEAT) Narr *m* ❹ (*efectista*) Effekthascher *m*
**histriónico, -a** [is'trjoniko, -a] *adj* theatralisch
**histrionismo** [istrjo'nismo] *m* ❶ (*teatralidad*) übertriebenes Auftreten *nt* ❷ (*efectismo*) Effekthascherei *f*
**hita** ['ita] *f* ❶ (*clavo*) kopfloser Nagel *m* ❷ (*hito*) Meilenstein *m*
**hitleriano, -a** [xiᵈle'rjano, -a] *adj* Hitler-
**hito** ['ito] *m* ❶ (*mojón*) Markstein *m* ❷ (*blanco*) Meilenstein *m*; **mirar a alguien de ~ en ~** jdn anstarren
**hit-parade** [xitpa'raðe] *m* Hitparade *f*
**hobby** ['xoβi] *m* <hobbies> Hobby *nt*
**hocicar** [oθi'kar] <c→qu> **I.** *vt* ❶ (*hozar*) (die Erde) aufwühlen ❷ (*pey: besar*) abknutschen **II.** *vi* ❶ (*caerse*) auf die Nase fallen ❷ (*fam: dificultad*) stoßen (*con* auf +*akk*) ❸ (NÁUT: *amorrar*) buglastig sein
**hocico** [o'θiko] *m* ❶ (*morro*) Schnauze *f*; (*de cerdo*) Rüssel *m* ❷ (*vulg: cara*) Visage *f* ❸ (*vulg: boca*) Fresse *f*; **caer de ~s** auf die Nase fallen *fam*; **estar de ~s** schmollen; **meter el ~ en todo** seine Nase überall hineinstecken
**hocicudo, -a** [oθi'kuðo, -a] *adj* (*Am*) ❶ (*malhumorado*) schlecht gelaunt ❷ (*disgustado*) verärgert
**hockey** ['xokei̯] *m sin pl* Hockey *nt*; ~ **sobre patines** Rollhockey *nt*
**hogar** [o'ɣar] *m* ❶ (*de cocina*) Herd *m*; (*de chimenea*) Kamin *m*; (*de fundición*) Ofenraum *m*; (*de un tren*) Feuerbüchse *f* ❷ (*casa*) Zuhause *nt*; ~ **del pensionista** Altenheim *nt*; **artículos para el ~** Haushaltsgeräte *ntpl*; **persona sin ~** Obdachlose(r) *m* ❸ (*familia*) Familie *f*
**hogareño, -a** [oɣa'reɲo, -a] *adj* häuslich
**hogaza** [o'ɣaθa] *f* Rundbrot *nt*
**hoguera** [o'ɣera] *f* ❶ (*en un campamento*) (Lager)feuer *nt*; (*de alegría*) Freudenfeuer *nt* ❷ (HIST: *ejecución*) Scheiterhaufen *m*
**hoja** ['oxa] *f* ❶ (*de una planta*) Blatt *nt*; (*pétalo*) (Blüten)blatt *nt*; **~s del bosque** Laub *nt*; **árbol sin ~s** kahler Baum; **los árboles vuelven a echar ~s** die Bäume fangen an zu sprießen ❷ (*de papel*) Blatt *nt* Papier; (*de madera*) Platte *f*; (*de metal*) Folie *f*; ~ **de lata** Blech *nt*; ~ **volante** Flugblatt *nt*; ~ **de una mesa (extensible)** ausziehbarer Teil eines Tisches; **pasar la ~** umblättern; (*fig*) einen neuen Anfang machen ❸ (*formulario*) Bogen *m*; (FERRO) Frachtschein *m*; ~ **de pedido** Bestellschein *m*; ~ **de servicios** Personalakte *f*; **tener una buena ~ de servicios** ein verdienter Arbeiter sein ❹ (*de arma*) Klinge *f*; ~ **de afeitar** Rasierklinge *f* ❺ (*de ventana*) (Fenster)flügel *m*; (*de puerta*) (Tür)flügel *m* ❻ (*loc*): **esto no tiene vuelta de ~** daran gibt es nichts zu rütteln
**hojalata** [oxa'lata] *f* Blech *nt*
**hojalatería** [oxalate'ria] *f* Klempnerei *f*
**hojalatero** [oxala'tero] *m* Klempner *m*
**hojaldra** [o'xal̦dra] *f*, **hojaldre** [o'xal̦dre] *m* Blätterteig *m*; **pastel de ~** Pastete *f*
**hojarasca** [oxa'raska] *f* ❶ (*hojas*) (dürres) Laub *nt* ❷ (*paja*) leeres Geschwätz *nt fam*
**hojear** [oxe'ar] *vt* ❶ (*leer*) überfliegen ❷ (*pasar hojas*) blättern
**hojoso, -a** [o'xoso, -a] *adj* belaubt
**hojuela** [o'xwela] *f* ❶ (*hoja*) einzelnes Blättchen *nt* ❷ (GASTR) dünne Waffel *f* ❸ (*AmC: hojaldre*) Blätterteig *m*
**hola** ['ola] *interj* hallo!
**holán** [o'lan] *m* (*AmC: lienzo*) Leinenstoff *m*
**holanda** [o'lan̦da] *f* feiner Leinenstoff *m*
**Holanda** [o'lan̦da] *f* Holland *nt*
**holandés, -esa** [olan̦des, -esa] **I.** *adj* holländ-

disch; **la escuela holandesa** (ARTE) die Niederländische Schule **II.** *m, f* Holländer(in) *m(f)*

**holding** ['xoldiŋ] *m* <holdings> (COM) Holding(gesellschaft) *f;* **el ~ de empresas fiduciarias** die Treuhandanstalt

**holgado, -a** [ol'ɣaðo, -a] *adj* ① (*vestido*) weit ② (*espacioso*) geräumig; **en este coche se va ~** dieses Auto hat innen viel Platz; **ir ~ de tiempo** genug Zeit haben

**holganza** [ol'ɣaṇθa] *f* ① (*ociosidad*) Untätigkeit *f;* (*agradable*) Ruhe(pause) *f* ② (*diversión*) Vergnügen *nt;* (*regocijo*) Belustigung *f*

**holgar** [ol'ɣar] *irr como colgar* **I.** *vi* ① (*sobrar*) überflüssig sein; **huelgan las palabras** das bedarf keiner Erklärung ② (*descansar*) Urlaub haben **II.** *vr:* **~se** ① (*alegrarse*) sich freuen (*de/con* über +*akk*) ② (*divertirse*) sich amüsieren (*de* über +*akk*)

**holgazán, -ana** [olɣa'θan, -ana] *m, f* Faulenzer(in) *m(f)*

**holgazanear** [olɣaθane'ar] *vi* faulenzen

**holgazanería** [olɣaθane'ria] *f* Faulenzerei *f*

**holgorio** [ol'ɣorjo] *m* lärmendes Vergnügen *nt*

**holgura** [ol'ɣura] *f* ① (*de vestido*) Weite *f* ② (TÉC) Spiel *nt* ③ (*bienestar*): **vivir con ~** in guten Verhältnissen leben

**holladura** [oʎa'ðura] *f* ① (*acción*) Betreten *nt* ② (*huella*) Fußabdruck *m*

**hollar** [o'ʎar] <o→ue> *vt* ① (*pisar*) betreten ② (*despreciar*) missachten

**hollejo** [o'ʎexo] *m* Schale *f*

**hollín** [o'ʎin] *m* Ruß *m*

**holocausto** [olo'kau̯sto] *m* ① (*genocidio*) Holocaust *m* ② (REL) Brandopfer *nt*

**holografía** [oloɣra'fia] *f* Holografie *f*

**holográfico, -a** [olo'ɣrafiko, -a] *adj* (FOTO) holographisch

**hológrafo, -a** [o'loɣrafo, -a] *adj* holografisch

**holograma** [olo'ɣrama] *m* Hologramm *nt*

**hombracho** [om'bratʃo] *m*, **hombrachón** [ombra'tʃon] *m* kräftiger Mann *m*

**hombrada** [om'braða] *f* Heldentat *f*

**hombradía** [ombra'ðia] *f v.* **hombría**

**hombre** ['ombre] **I.** *m* ① (*varón*) Mann *m;* **el ~ de la calle** (*fig*) der Mann auf der Straße; **~ de confianza** Vertrauensmann *m;* **~ de estado** Staatsmann *m;* **~ de negocios** Geschäftsmann *m;* **~ de paja** (*fig*) Strohmann *m;* **el ~ del tiempo** der Moderator des Wetterberichtes; **el defensa fue al ~** (DEP) der Verteidiger ging an den Mann; **¡está hecho un ~!** er ist schon ein gestandener Mann!; **hacer un ~ de alguien** aus jdm einen Mann machen; **se comportó como un ~** er stand seinen Mann ② (*ser humano*) Mensch *m;* **~ de las cavernas** Höhlenmensch *m;* **~ del montón** Durchschnittsmensch *m;* **¡~ al agua!** Mann über Bord! ③ (*fam: marido*) Mann *m* **II.** *interj* Mann!, Mensch!; **¡~!, ¿qué tal?** na, wie geht's?; **¡cállate, ~!** Mensch, sei still!; **pero, ¡~!** (mein lieber) Mann!; **¡sí, ~!** aber natürlich!

**hombre-anuncio** ['ombre-a'nuṇθjo] *m* <hombres-anuncio> Plakatträger *m*

**hombrear** [ombre'ar] **I.** *vi* den starken Mann spielen **II.** *vr:* **quiere ~se con su padre** er versucht, es seinem Vater gleichzutun

**hombrecillo** [ombre'θiʎo] *m* Hopfen *m*

**hombre-lobo** ['ombre-'loβo] *m* <hombres-lobo> Werwolf *m*

**hombre-mono** ['ombre-'mono] *m* <hombres-mono> Affenmensch *m*

**hombrera** [om'brera] *f* ① (*almohadilla*) Schulterpolster *nt* ② (*de uniforme*) Schulterklappe *f* ③ (*de armadura*) Vorderflug *m*

**hombre-rana** ['ombre-'rrana] *m* <hombres-rana> Taucher *m*

**hombría** [om'bria] *f* Männlichkeit *f;* **un acto de ~** eine Heldentat

**hombro** ['ombro] *m* ① (ANAT) Schulter *f;* **ancho de ~s** breitschult(e)rig; **cargado de ~s** bucklig; **echarse al ~** (*fig*) sich ins Zeug legen; **encogerse de ~s** die Achseln zucken; **llevar algo a ~s** etw auf dem Rücken tragen; **mirar a alguien por encima del ~** auf jdn herabsehen ② (TIPO) Fleisch *nt*

**hombruno, -a** [om'bruno, -a] *adj* männlich (wirkend); **mujer hombruna** Mannweib *nt*

**homenaje** [ome'naxe] *m* ① (*el honrar*) Ehrung *f;* **hacer una fiesta en ~ de alguien** jdm zu Ehren ein Fest veranstalten; **rendir ~ a alguien** jdn ehren ② (HIST) Huldigung *f*

**homenajear** [omenaxe'ar] *vt* ehren

**homeópata** [ome'opata] *mf* Homöopath(in) *m(f)*

**homeopatía** [omeopa'tia] *f sin pl* Homöopathie *f*

**homeopático, -a** [omeo'patiko, -a] *adj* homöopathisch

**homicida** [omi'θiða] **I.** *adj* Mord- **II.** *mf* (*cuando está planeado*) Mörder(in) *m(f);* (*cuando no lo está*) Totschläger(in) *m(f);* (JUR) Täter(in) *m(f)*

**homicidio** [omi'θiðjo] *m* Tötung *f;* (*planeado*) Mord *m;* (*no planeado*) Totschlag *m;* **brigada de ~s** Mordkommission *f*

**homínido** [o'miniðo] *m* (BIOL) Hominide *m*

**homo** ['omo] *adj* (*fam*) homo(sexuell)
**homofonía** [omofo'nia] *f* ① (LING) Gleichklang *m* ② (MÚS) Homophonie *f*
**homogeneidad** [omoxenei̯'ða$^{ð}$] *f sin pl* Homogenität *f*
**homogeneización** [omoxenei̯θa'θjon] *f* Homogenisierung *f*
**homogeneizar** [omoxenei̯'θar] <z→c> *vt* ① (QUÍM) homogenisieren ② (*uniformar*) homogen machen, homogenisieren *geh*
**homogéneo, -a** [omo'xeneo, -a] *adj* homogen, einheitlich
**homógrafo**[1] [o'moɣrafo] *m* Homograf *nt*
**homógrafo, -a**[2] [o'moɣrafo, -a] *adj* homograf
**homologable** [omolo'ɣaβle] *adj* gültig; **el récord no es ~** der Rekord kann nicht anerkannt werden
**homologación** [omoloɣa'θjon] *f* ① (*de una escuela*) amtliche Genehmigung *f* ② (DEP: *de un récord*) Anerkennung *f*; (*de un circuito*) Homologation *f* ③ (TÉC: *de un casco*) Typenprüfung *f* ④ (JUR: *de un arreglo*) gerichtliche Genehmigung *f*; (*de un convenio*) verbindliche Erklärung *f*
**homologar** [omolo'ɣar] <g→gu> **I.** *vt* ① (*escuela*) amtlich genehmigen ② (DEP: *récord*) anerkennen; (*circuito*) homologieren ③ (TÉC): **casco homologado** TÜV-geprüfter Helm ④ (JUR: *arreglo*) gerichtlich genehmigen; (*convenio*) für verbindlich erklären **II.** *vr*: **~se** sich angleichen
**homólogo, -a** [o'moloɣo, -a] **I.** *adj* ① (*análogo*) ähnlich ② (BIOL) homolog **II.** *m, f* Amtskollege, -in *m, f*
**homonimia** [omo'nimja] *f* (LING) Homonymie *f*
**homónimo**[1] [o'monimo] *m* Homonym *nt*
**homónimo, -a**[2] [o'monimo, -a] **I.** *adj* homonym **II.** *m, f* Namensvetter(in) *m(f)*
**homosexual** [omoseᵞ'swal] **I.** *adj* homosexuell **II.** *mf* Homosexuelle(r) *mf*
**homosexualidad** [omoseᵞswali'ða$^{ð}$] *f sin pl* Homosexualität *f*
**honda** ['on̪da] *f* Schleuder *f*
**hondo**[1] ['on̪do] *m* Boden *m*
**hondo, -a**[2] ['on̪do, -a] *adj* tief; **en lo ~ del valle** unten im Tal; **respirar ~** tief einatmen
**hondonada** [on̪do'naða] *f* (GEO) Mulde *f*
**hondura** [on̪'dura] *f* Tiefe *f*; **meterse en ~s** klug daherreden
**Honduras** [on̪'duras] *f* Honduras *nt*

**i Land & Leute**

**Honduras** liegt in Mittelamerika und grenzt an Nicaragua, El Salvador und Guatemala, an das Karibische Meer und den Pazifischen Ozean. Die Hauptstadt heißt *Tegucigalpa*. Spanisch ist die offizielle Landessprache. Die Währungseinheit in **Honduras** ist der *lempira*.

**hondureño, -a** [on̪du'reɲo, -a] **I.** *adj* honduranisch **II.** *m, f* Honduraner(in) *m(f)*
**honestidad** [onesti'ða$^{ð}$] *f sin pl* ① (*honradez*) Ehrlichkeit *f* ② (*formalidad*) Pflichtbewusstsein *nt* ③ (*decencia*) Anständigkeit *f* ④ (*decoro*) Ehrbarkeit *f*; (*en sentido moral*) Sittsamkeit *f*
**honesto, -a** [o'nesto, -a] *adj* ① (*honrado*) ehrlich ② (*cumplidor*) pflichtbewusst ③ (*decente*) anständig ④ (*decoroso*) ehrbar; (*en sentido moral*) sittsam
**hongo** ['oŋgo] *m* ① (BOT) Pilz *m*; **solo como un ~** ganz allein ② (*sombrero*) Melone *f*
**honor** [o'nor] *m* Ehre *f*; **cuestión de ~** Ehrensache *f*; **¡palabra de ~!** Ehrenwort!; **¡por mi ~!** bei meiner Ehre!; **hacer ~ a su fama** seinem Ruf gerecht werden; **es para mí un gran ~** es ist mir eine große Ehre; **hacer los ~es** die Gäste begrüßen; **hacer ~ a las obligaciones** den Verpflichtungen nachkommen
**honorabilidad** [onoraβili'ða$^{ð}$] *f* Ehrbarkeit *f*
**honorable** [ono'raβle] *adj* ehrbar
**honorario**[1] [ono'rarjo] *m* Honorar *nt*
**honorario, -a**[2] [ono'rarjo, -a] *adj* Ehren-; **cónsul ~** Honorarkonsul *m*
**honorífico, -a** [ono'rifiko, -a] *adj* Ehren-
**honra** ['onrra] *f* ① (*honor*) Ehre *f* ② (*pundonor*) Ehrgefühl *nt* ③ (*reputación*) Ruf *m* ④ (REL): **~s fúnebres** Trauerfeier *f*
**honradez** [onrra'ðeθ] *f* ① (*integridad*) Ehrlichkeit *f* ② (*valor moral*) Ehrenhaftigkeit *f*; (*decencia*) Anständigkeit *f*; **falta de ~** Unredlichkeit *f*
**honrado, -a** [on'rrað̞o, -a] *adj* (*íntegro*) ehrlich; (*moral*) ehrenhaft; (*decente*) anständig; **llevar una vida honrada** ein redliches Leben führen
**honrar** [on'rrar] **I.** *vt* ehren; **nos honra con su presencia** Sie beehren uns mit Ihrer Gegenwart **II.** *vr*: **~se con** [*o* **de**] **algo** etw als eine Ehre ansehen
**honrilla** [on'rriʎa] *f* Ehrgefühl *nt*
**honroso, -a** [on'rroso, -a] *adj* ehrenvoll
**hontanar** [on̪ta'nar] *m* Quelle *f*
**hooligan** ['xuliɣan] <hooligan *o* hooligans> *m* Hooligan *m*
**hopo** ['opo] *m* ① (*rabo*) buschiger Schwanz

*m;* (*de zorro*) Lunte *f* ❷ (*mechón*) Haarbüschel *nt*

**hora** ['ora] *f* ❶ (*de un día*) Stunde *f;* **media ~** eine halbe Stunde; **un cuarto de ~** eine Viertelstunde; **una ~ y media** anderthalb Stunden; **~ de consulta** Sprechstunde *f;* **~s extraordinarias** Überstunden *fpl;* **~ feliz** Happy Hour; **~s punta** Hauptverkehrszeit *f;* **noticias de última ~** letzte Nachrichten; **a la ~** pünktlich; **a primera ~ de la tarde** am frühen Nachmittag; **a última ~ de la tarde** am späten Nachmittag; **a última ~** in letzter Sekunde; **el pueblo está a dos ~s de camino** das Dorf ist zwei Wegstunden entfernt; **estuve esperando ~s y ~s** ich wartete stundenlang ❷ (*del reloj*) Uhrzeit *f;* **¿qué ~ es?** wie viel Uhr ist es?; **¿a qué ~ vendrás?** um wie viel Uhr kommst du?; **adelantar la ~** die Uhr vorstellen; **retrasar la ~** die Uhr zurückstellen; **el dentista me ha dado ~ para el martes** ich habe am Dienstag einen Termin beim Zahnarzt; **poner el reloj en ~** die Uhr stellen ❸ (*tiempo*) Zeit *f;* **a la ~ de la verdad...** wenn es ernst wird ...; **comer entre ~s** zwischendurch essen; **estar en ~s bajas** eine schwache Stunde haben; **no lo dejes para última ~** schieb es nicht bis zum letzten Augenblick auf; **tener ~s de vuelo** sehr erfahren sein; **ven a cualquier ~** du kannst jederzeit kommen; **ya va siendo ~ que...** +*subj* es wird höchste Zeit, dass ... ❹ (REL) Gebetsstunde *f* ❺ *pl* (*mitología*): **las ~s** die Horen

**horadar** [ora'ðar] *vt* durchbohren

**hora-hombre** ['ora-'ombre] <horas-hombre> *f* (ECON) Arbeitsstunde *f;* **con las huelgas se pierden al año miles y miles de horas-hombre** durch Streiks gehen pro Jahr Tausende von Arbeitsstunden verloren

**horario**[1] ['orarjo] *m* ❶ (*escolar*) Stundenplan *m;* (*de medio de transporte*) Fahrplan *m;* (*de despacho*) Geschäftszeiten *fpl;* (*de consulta*) Sprechzeiten *fpl;* **~ de atención al público** Öffnungszeiten *fpl;* **~ comercial** (Laden)öffnungszeiten *fpl;* **~ flexible** gleitende Arbeitszeit; **~ de oficina** Dienststunden *fpl;* **¿qué ~ hacen?** wann haben Sie geöffnet? ❷ (*manecilla*) Stundenzeiger *m*

**horario, -a**[2] ['orarjo, -a] *adj* Stunden-

**horca** ['orka] *f* ❶ (*para colgar*) Galgen *m* ❷ (*bieldo*) Heugabel *f* ❸ (*horquilla*) Gabelstütze *f*

**horcajadas** [orka'xaðas]: **a ~** rittlings

**horchata** [or'ʧata] *Erdmandelmilch f*

> **i Land & Leute**
>
> Die **horchata** ist ein valencianisches Erfrischungsgetränk aus *chufas – einer ganz bestimmen Mandelart, azúcar – Zucker* und *agua – Wasser.*

**horda** ['orða] *f* ❶ (*de salvajes*) Horde *f* ❷ (*banda*) Bande *f*

**horizontal** [oriθon̩'tal] **I.** *adj* waag(e)recht **II.** *f* Horizontale *f*

**horizontalidad** [oriθon̩tali'ðað] *f sin pl* waag(e)rechte Lage *f*

**horizonte** [ori'θon̩te] *m* Horizont *m*

**horma** ['orma] *f* ❶ (TÉC: *molde*) Form *f* ❷ (*muelle*) Schuhspanner *m;* **~ de zapatos** Schuhleisten *m;* **encontrar la ~ de su zapato** (*fam: cosa*) genau das finden, was man sucht; (*persona*) den Mann/die Frau seines Lebens finden

**hormiga** [or'miɣa] *f* Ameise *f;* **~ blanca** Termite *f;* **ser una ~** (*fig*) emsig arbeiten

**hormigón** [ormi'ɣon] *m* Beton *m;* **~ armado** Stahlbeton *m*

**hormigonera** [ormiɣo'nera] *f* Betonmischmaschine *f*

**hormigueante** [ormiɣe'an̩te] *adj* kribbelnd

**hormiguear** [ormiɣe'ar] *vi* ❶ (*picar*) kribbeln ❷ (*gente*) wimmeln (*de* von +*dat*)

**hormigueo** [ormi'ɣeo] *m* ❶ (*picor*) Kribbeln *nt;* **tengo un ~ en la espalda** mein Rücken kribbelt ❷ (*multitud*) Gewimmel *nt*

**hormiguero**[1] [ormi'ɣero] *m* ❶ (*de hormigas*) Ameisenhaufen *m* ❷ (*de gente*) Gewimmel *nt;* **la plaza era un ~ de gente** auf dem Platz wimmelte es von Menschen

**hormiguero, -a**[2] [ormi'ɣero, -a] *adj* Ameisen-

**hormona** [or'mona] *f* Hormon *nt*

**hormonal** [ormo'nal] *adj* hormonal, hormonell

**hormonar** [ormo'nar] *vt* mit Hormonen behandeln

**hornacina** [orna'θina] *f* (ARQUIT) Nische *f*

**hornada** [or'naða] *f* Schub *m* (*aus dem Backofen*)*;* **una ~ de médicos** (*fam*) ein Schub frisch gebackener Ärzte

**hornalla** [or'naʎa] *f* (*Am*) ❶ (*parrilla*) Rost *m* ❷ (*del fogón*) Aschenschieber *m* ❸ (*horno*) Ofen *m*

**hornear** [orne'ar] *vt* backen

**hornero, -a** [or'nero, -a] *m, f* Bäcker(in) *m(f)*

**hornillo** [or'niʎo] *m* (*cocina*) Herd *m;* (*de*

*una cocina*) Kochplatte *f;* ~ **de gas** Gaskocher *m;* ~ **portátil** (Camping)kocher *m*

**horno** ['orno] *m* ❶ (*cocina*) Backofen *m;* ~ **microondas** Mikrowelle *f;* **recién salido del** ~ frisch gebacken; **asar al** ~ grillen; **no está el** ~ **para bollos** jetzt ist nicht der richtige Augenblick zum Spaßen ❷ (TÉC) Ofen *m;* ~ **crematorio** Verbrennungsofen *m;* **alto** ~ Hochofen *m*

**horóscopo** [o'roskopo] *m* Horoskop *nt*

**horqueta** [or'keta] *f* ❶ (*horca*) Gabel *f* ❷ (*horquilla*) Gabelstütze *f* ❸ (*de un árbol*) Astgabel *f*

**horquilla** [or'kiʎa] *f* ❶ (*del pelo*) Haarnadel *f* ❷ (*de bicicleta*) Gabel *f* ❸ (*de árboles*) Gabelstütze *f* ❹ (*espacio entre dos magnitudes*) Bandbreite *f*

**horrendo, -a** [o'rreṇdo, -a] *adj v.* **horroroso**

**hórreo** ['orreo] *m* Getreidespeicher *m*

**horrible** [o'rriβle] *adj* ❶ (*horroroso*) schrecklich; **un crimen** ~ eine Gräueltat; **una historia** ~ eine Schauergeschichte ❷ (*muy feo*) äußerst hässlich

**horripilante** [orripi'laṇte] *adj* haarsträubend

**horripilar** [orripi'lar] **I.** *vt* ❶ (*erizar*) die Haare sträuben +*dat;* **estas historias me horripilan** bei diesen Geschichten sträuben sich mir die Haare ❷ (*horrorizar*) entsetzen **II.** *vr:* ~**se** entsetzt sein

**horrísono, -a** [o'rrisono, -a] *adj* schaurig; **un griterío** ~ ein ohrenbetäubendes Geschrei

**horro, -a** ['orro, -a] *adj* ❶ (*esclavo*) freigelassen ❷ (*exento*) befreit (*de* von +*dat*) ❸ (*carente*): ~ **de experiencia** unerfahren; ~ **de fortuna** unvermögend

**horror** [o'rror] *m* ❶ (*miedo*) Entsetzen *nt;* **¡qué** ~**!** wie entsetzlich!; **siento** ~ **a la oscuridad** ich habe panische Angst vor der Dunkelheit ❷ (*aversión*) Horror *m* (*a* vor +*dat*); **el diseño moderno me parece un** ~ mir ist das moderne Design ein Gräuel; **me da** ~ **verte con esta corbata** ich finde deine Krawatte entsetzlich ❸ *pl* (*actos*) Gräuel *mpl;* **los** ~**es de la guerra** die Gräuel des Krieges ❹ (*mucho*): **gana un** ~ **de dinero** er/sie verdient ein Heidengeld; **hoy hace un** ~ **de frío** heute ist es schrecklich kalt

**horrorizar** [orrori'θar] <z→c> **I.** *vt* mit Entsetzen erfüllen; **me horrorizó ver el accidente** der Anblick des Unfalls hat mich entsetzt **II.** *vr:* ~**se** entsetzt sein (*de* über +*akk*), (er)schaudern (*de* vor +*dat*)

**horroroso, -a** [orro'roso, -a] *adj* entsetzlich, schrecklich; **una escena horrorosa** ein Grauen erregender Anblick; **su última novela es horrorosa** sein/ihr letzter Roman ist furchtbar schlecht

**hortaliza** [orta'liθa] *f* Gemüse *nt;* **la lechuga es una** ~ der Kopfsalat zählt zu den Gemüsepflanzen

**hortelano, -a** [orte'lano, -a] *m, f* Gemüsegärtner(in) *m(f);* ~ **aficionado** Kleingärtner *m*

**hortensia** [or'tensja] *f* Hortensie *f*

**hortera¹** [or'tera] **I.** *adj* geschmacklos **II.** *m* (*argot*) Bauer *m*

**hortera²** [or'tera] *f* hölzerner Napf *m*

**horterada** [orte'raða] *f* (*argot*) Geschmacklosigkeit *f;* **este vestido es una** ~ dieses Kleid ist völlig geschmacklos; **esta película es una** ~ dieser Film ist kitschig

**hortícola** [or'tikola] *adj* Gartenbau-; **producto** ~ Gartenerzeugnis *nt*

**horticultor(a)** [ortikul̩'tor(a)] *m(f)* Gemüsegärtner(in) *m(f)*

**horticultura** [ortikul̩'tura] *f sin pl* Gartenbau *m*

**hortofrutícula** [ortofru'tikula] *adj* Gartenbau-

**hortofruticultura** [ortofrutikul̩'tura] *f sin pl* Obst- und Gartenbau *m*

**hosco, -a** ['osko, -a] *adj* ❶ (*persona*) mürrisch ❷ (*de piel*) dunkelbraun ❸ (*ambiente*) düster

**hospedaje** [ospe'ðaxe] *m* ❶ (*acción*) Beherbergung *f* ❷ (*situación*) Unterkunft *f;* **dar** ~ **a alguien** jdn beherbergen ❸ (*coste*) Pension *f* ❹ (*casa*) Gasthaus *nt*

**hospedar** [ospe'ðar] **I.** *vt* beherbergen **II.** *vr:* ~**se** ❶ (*en una pensión*) unterkommen (*en* bei/in +*dat*) ❷ (*pernoctar*) übernachten (*en* in +*dat*)

**hospedería** [ospeðe'ria] *f* ❶ (*fonda*) Gasthaus *nt* ❷ (*en convento*) Gästezimmer *nt*

**hospedero, -a** [ospe'ðero, -a] *m, f* (Gast)wirt(in) *m(f)*

**hospiciano, -a** [ospi'θjano, -a] *m, f* ❶ (*niño*) Waisenkind *nt* ❷ (*pobre*) Armenhäusler(in) *m(f)*

**hospicio** [os'piθjo] *m* ❶ (*para niños*) Waisenhaus *nt* ❷ (*para pobres*) Armenhaus *nt* ❸ (*en un monasterio*) Hospiz *nt*

**hospital** [ospi'tal] *m* Krankenhaus *nt;* ~ **militar** Lazarett *nt*

**hospitalario, -a** [ospita'larjo, -a] *adj* ❶ (*acogedor*) gastfreundlich ❷ (*de hospital*) Krankenhaus-

**hospitalicio, -a** [ospita'liθjo, -a] *adj* gastfreundlich

**hospitalidad** [ospitali'ðaᵈ] *f sin pl* Gastfreundschaft *f*

**hospitalización** [ospitaliθa'θjon] *f* ① (*envío*) Krankenhauseinweisung *f* ② (*estancia*) Krankenhausaufenthalt *m*

**hospitalizar** [ospitali'θar] <z→c> *vt* in ein Krankenhaus einweisen; **ayer ~on a mi madre** meine Mutter wurde gestern ins Krankenhaus eingeliefert; **estoy hospitalizado desde el domingo** seit Sonntag liege ich im Krankenhaus

**hosquedad** [oske'ða$^{d}$] *f* ① (*de una persona*) mürrischer Charakter *m* ② (*de un lugar*) Düsterheit *f*

**hostal** [os'tal] *m* Gasthaus *nt*

**hostelería** [ostele'ria] *f* Hotel- und Gaststättengewerbe *nt;* **escuela superior de ~** Hotelfachschule *f*

**hostelero, -a** [oste'lero, -a] **I.** *adj* Gaststätten- **II.** *m, f* Gastwirt(in) *m(f)*

**hostería** [oste'ria] *f* Gasthaus *nt*

**hostia** ['ostja] **I.** *f* ① (REL) Hostie *f;* (*sin consagrar*) Oblate *f;* **¡me cago en la ~!** (*vulg*) verdammt noch mal! *fam* ② (*vulg: bofetada*) Ohrfeige *f;* (*golpe*) Schlag *m;* **darse una ~** sich *dat* anschlagen; **¡este examen es la ~!** diese Prüfung ist der reinste Hammer! *fam;* **hace un tiempo de la ~** (*malo*) das Wetter ist heute beschissen; (*bueno*) das Wetter ist heute prima *fam;* **iba a toda ~** er/sie hatte einen Affenzahn drauf *fam* **II.** *interj* (*vulg*) Sakrament (noch mal)! *fam*

**hostiar** [os'tjar] *vt* (*vulg: bofetada*) eine Ohrfeige versetzen (*a +dat*); (*golpe*) einen Schlag versetzen (*a +dat*)

**hostigador(a)** [ostiɣa'ðor(a)] *adj* lästig

**hostigamiento** [ostiɣa'mjento] *m* ① (*fustigación*) Auspeitschen *nt* ② (*molestia*) Belästigung *f* ③ (*apremio*) Druck *m*

**hostigar** [osti'ɣar] <g→gu> *vt* ① (*fustigar*) auspeitschen ② (*molestar*) belästigen; (*con observaciones*) necken ③ (*incitar*) bedrängen ④ (MIL) unaufhörlich angreifen ⑤ (*Col: fastidiar*) lästig fallen *+dat*

**hostil** [os'til] *adj* feindselig; **le hicieron un recibimiento ~** er/sie wurde unfreundlich empfangen

**hostilidad** [ostili'ða$^{d}$] *f* Feindseligkeit *f;* (*más aguda*) Feindschaft *f*

**hostilizar** [ostili'θar] <z→c> *vt* ① (*hostigar*) anfeinden ② (MIL) unaufhörlich angreifen

**hostión** [os'tjon] *m* (*vulg*) heftiger Schlag *m*

**hotel** [o'tel] *m* ① (*establecimiento*) Hotel *nt;* **~ residencia** Aparthotel *nt* ② (*casa*) (Einzel)haus *nt;* (*mansión*) Villa *f*

**hotelero, -a** [ote'lero, -a] **I.** *adj* Hotel-; **industria hotelera** Hotelgewerbe *nt* **II.** *m, f* Hotelbesitzer(in) *m(f),* Hotelier *m*

**hotelito** [ote'lito] *m* (*casa*) (Einzel)haus *nt;* (*mansión*) Villa *f*

**hovercraft** [oβer'kraf] *m* <hovercrafts> Luftkissenfahrzeug *nt*

**hoy** [oi̯] *adv* heute; **~ (en) día** heutzutage; **de ~ a mañana** von heute auf morgen; **de ~ en adelante** ab heute; **los niños de ~ (en día)** die Kinder von heute; **llegará de ~ a mañana** er/sie kann jeden Tag kommen

**hoya** ['oɟa] *f* ① (*hoyo*) Grube *f* ② (*sepultura*) Grab *nt* ③ (GEO: *hondonada*) Mulde *f*

**hoyo** ['oɟo] *m* ① (*concavidad*) Grube *f* ② (*agujero*) Loch *nt* ③ (*sepultura*) Grab *nt*

**hoyuelo** [o'ɟwelo] *m* ① (*en la barba*) (Kinn)grübchen *nt* ② (*en la mejilla*) (Wangen)grübchen *nt*

**hoz** [oθ] *f* ① (AGR) Sichel *f* ② (GEO: *desfiladero*) Engpass *m;* (*garganta*) Schlucht *f*

**hozar** [o'θar] <z→c> **I.** *vi* wühlen **II.** *vt* aufwühlen

**huarmi** ['warmi] *f* (*AmS*) ① (*mujer muy trabajadora*) fleißige Frau *f* ② (*ama de casa*) Hausfrau *f*

**huasca** ['waska] *f* (*Am: látigo*) Peitsche *f*

**huaso, -a** ['waso, -a] **I.** *adj* (*AmS: campesino*) bäuerisch **II.** *m, f* (*AmS: campesino*) Bauer *m,* Bäuerin *f*

**hubo** ['uβo] *3. pret de* **haber**

**hucha** ['utʃa] *f* ① (*alcancía*) Sparbüchse *f* ② (*ahorros*) Ersparnisse *fpl*

**hueco**[1] ['weko] *m* ① (*agujero*) Loch *nt;* **~ del ascensor** Aufzug(s)schacht *m;* **~ de la mano** hohle Hand; **~ de la ventana** Fensteröffnung *f* ② (*lugar*) Sitzplatz *m;* **hazme un ~** mach mir etwas Platz ③ (*vacío*) Lücke *f;* **hazme un ~ para mañana** nimm dir morgen ein bisschen Zeit für mich

**hueco, -a**[2] ['weko, -a] *adj* ① (*ahuecado*) hohl; (*vacío*) leer ② (*sonido*) hohl ③ (*tierra*) locker ④ (*palabras*) leer ⑤ (*persona*) eitel; **ponerse ~** sich wichtig tun; **tener la cabeza hueca** (*pey*) ein Hohlkopf sein ⑥ (*estilo*) schwülstig

**huecograbado** [wekoɣra'βaðo] *m* (TIPO) Tiefdruck *m*

**huelga** ['welɣa] *f* Streik *m;* **~ de advertencia** Warnstreik *m;* **~ de brazos caídos** Sitzstreik *m;* **~ general** Generalstreik *m;* **~ de hambre** Hungerstreik *m;* **convocar una ~** einen Streik ausrufen; **declararse en ~** in (den) Streik treten; **hacer ~** streiken; **en esta fábrica estamos en ~** in dieser Fabrik wird gestreikt

**huelgo** ['welɣo] *m* ① (*aliento*) Atem *m* ② (*holgura*) Weite *f* ③ (TÉC) Spiel *nt*

**huelguista** [wel'ɣista] *mf* Streikende(r) *mf*

**huelguístico, -a** [wel'ɣistiko, -a] *adj* Streik-

**huella** ['weʎa] *f* ① (*señal*) Abdruck *m;* **~ de**

**un animal** Fährte *f;* ~ **dactilar** Fingerabdruck *m* ❷ (*vestigio*) Spur *f;* **seguir las ~s de alguien** in jds Fußstapfen treten

**huelveño, -a** [wel'βeɲo, -a] **I.** *adj* aus Huelva **II.** *m, f* Einwohner(in) *m(f)* von Huelva

**huérfano, -a** ['werfano, -a] **I.** *adj* Waisen-; ~ **de padre** vaterlos; **quedarse** ~ verwaisen; **la ciudad se queda huérfana en invierno** die Stadt ist im Winter menschenleer **II.** *m, f* Waisenkind *nt;* ~ **de padre y madre** Vollwaise *f*

**huero, -a** ['wero, -a] *adj:* **discurso** ~ inhaltslose Rede; **huevo** ~ Windei *nt;* **la cosa ha salido huera** die Sache ist schief gegangen

**huerta** ['werta] *f* Huerta *f*

**huerto** ['werto] *m* Gemüsegarten *m;* ~ **familiar** Kleingarten *m;* **llevar a alguien al** ~ (*fam*) jdn rumkriegen

**huesa** ['wesa] *f* Grab *nt*

**hueso** ['weso] *m* ❶ (ANAT) Knochen *m;* **carne sin** ~ knochenloses Fleisch; **dio con sus ~s en la cárcel** er/sie landete im Gefängnis; **dar en** ~ (*fam*) auf Schwierigkeiten stoßen; **está pirrada por sus ~s** (*fam*) sie hat sich in ihn verknallt; **este profesor es un** ~ bei diesem Professor kommt fast keiner durch; **no puede con sus ~s** (*fam*) er/sie kann sich kaum noch auf den Beinen halten; **te voy a romper los ~s** ich werde dir alle Knochen brechen ❷ (BOT) (Obst)kern *m* ❸ (*faena*) schweres Stück *nt* Arbeit; **un** ~ **duro de roer** eine harte Nuss ❹ (*Am: trabajo*) bequemer Posten *m*

**huésped**[1] ['wespeᵈ] *m* (BIOL) Wirt *m*

**huésped(a)**[2] ['wespeᵈ, -eða] *m(f)* (*invitado*) Gast *m*

**hueste** ['weste] *f* ❶ (HIST: *ejército*) Heerschar *f* ❷ (*de un partido*) Anhängerschaft *f*

**huesudo, -a** [we'suðo, -a] *adj* ❶ (*persona*) knochig ❷ (*carne*) mit vielen Knochen

**hueva** ['weβa] *f* Fischei *nt*

**huevada** [we'βaða] *f* (*AmS: fam: estupidez*) Dummheit *f*

**huevear** [weβe'ar] *vi* (*fam*) ❶ (*hacer tonterías*) Dummheiten machen ❷ (*perder el tiempo*) rumhängen

**huevera** [we'βera] *f* Eierbecher *m*

**huevería** [weβe'ria] *f* Eierhandlung *f*

**huevero**[1] [we'βero] *m* Eierbecher *m*

**huevero, -a**[2] [we'βero, -a] *m, f* Eierhändler(in) *m(f)*

**huevo** ['weβo] *m* ❶ (BIOL) Ei *nt;* ~ **duro** hart gekochtes Ei; **~s fritos** Spiegeleier *ntpl;* ~ **pasado por agua** weich gekochtes Ei; **~s revueltos** Rühreier *ntpl;* **clara de** ~ Eiweiß *nt;* **poner un** ~ ein Ei legen ❷ (*para zurcir*) Stopfei *nt* ❸ (*vulg: testículo*) Ei *nt fam;* **¡estoy hasta los ~s!** ich habe die Nase voll! *fam;* **me importa un** ~ das ist mir scheißegal; **¡tiene ~s la cosa!** das ist ja wohl der Hammer! *fam;* **me costó un** ~ (*de dinero*) das hat mich eine schöne Stange Geld gekostet *fam;* (*de dificultades*) das hat mich viel Mühe gekostet

**huida** [u'iða] *f* Flucht *f;* ~ **del lugar del accidente** Fahrerflucht *f;* **no hay** ~ **posible** es gibt kein Entkommen

**huidizo, -a** [ui'ðiθo, -a] *adj* flüchtig, scheu

**huido, -a** [u'iðo, -a] *m, f* Flüchtige(r) *mf*

**huir** [u'ir] *irr* **I.** *vi* ❶ (*escapar*) fliehen (*de* vor +*dat*); ~ **de casa** von zu Hause weglaufen; **el tiempo huye** die Zeit vergeht wie im Fluge; **pudieron** ~ **de sus perseguidores** sie konnten ihren Verfolgern entkommen ❷ (*marcharse en coche*) davonfahren; (*a pie*) davoneilen **II.** *vt* (*cosa*) vermeiden; (*persona*) meiden (*de* +*akk*)

**huiro** ['wiro] *m* (*AmS: alga*) Alge *f*

**hule** ['ule] *m* ❶ (*para la mesa*) Wachstuch *nt;* **pon el** ~ **en la mesa** leg die Wachstischdecke auf ❷ (*tela*) Ölleinwand *f* ❸ (*Am: caucho*) Kautschuk *m*

**hulla** ['uʎa] *f* Steinkohle *f*

**hullero, -a** [u'ʎero, -a] *adj* Steinkohle(n)-; **período** ~ (GEO) Karbon *nt*

**humanamente** [umana'mente] *adv* menschlich; **hacer todo lo** ~ **posible** alles Menschenmögliche tun

**humanidad** [umani'ðaᵈ] *f* ❶ (*género humano*) Menschheit *f;* **un crimen contra la** ~ ein Verbrechen gegen die Menschlichkeit ❷ (*naturaleza, caridad humana*) Menschlichkeit *f* ❸ (*fam: corpulencia*) Korpulenz *f* ❹ *pl* (*letras*) Geisteswissenschaften *fpl*

**humanismo** [uma'nismo] *m sin pl* Humanismus *m*

**humanista** [uma'nista] *mf* Humanist(in) *m(f)*

**humanístico, -a** [uma'nistiko, -a] *adj* humanistisch

**humanitario, -a** [umani'tarjo, -a] *adj* humanitär; **organización humanitaria** Hilfsorganisation *f*

**humanitarismo** [umanita'rismo] *m sin pl* Humanitarismus *m*

**humanización** [umaniθa'θjon] *f sin pl* ❶ (*dignificación*) Humanisierung *f* ❷ (ARTE) Vermenschlichung *f*

**humanizador(a)** [umaniθa'ðor(a)] *adj* humanisierend

**humanizar** [umani'θar] <z→c> **I.** *vt* ❶ (*dignificar*) humanisieren ❷ (ARTE) vermensch-

lichen **II.** *vr:* ~**se** menschlicher werden
**humano**, **-a** [u'mano, -a] *adj* ❶ (*del hombre*) Menschen-; **naturaleza humana** menschliche Natur; **ser ~** Mensch *m* ❷ (*condiciones*) menschlich
**humanoide** [uma'noi̯ðe] *m* menschenähnliches Wesen *nt*
**humareda** [uma'reða] *f* Rauchwolke *f*
**humazo** [u'maθo] *m* dichter Rauch *m*
**humear** [ume'ar] **I.** *vi* ❶ (*humo*) rauchen ❷ (*vapor*) dampfen ❸ (*enemistad*) weiterbestehen ❹ (*engreírse*) prahlen **II.** *vr:* ~**se** rauchen
**humectador** [umekta'ðor] *m* Luftbefeuchter *m*
**humectante** [umek'tan̪te] *adj* befeuchtend
**humedad** [ume'ðaᵈ] *f* Feuchtigkeit *f*
**humedal** [ume'ðal] *m* Feuchtgebiet *nt*
**humedecer** [umeðe'θer] *irr como crecer vt* befeuchten
**húmedo**, **-a** ['umeðo, -a] *adj* feucht; (GEO) humid
**humero** [u'mero] *m* Fuchs *m*
**húmero** ['umero] *m* (ANAT) Oberarmknochen *m*
**humidificación** [umiðifika'θjon] *f* Befeuchtung *f;* **la lluvia ha producido una ~ del aire** der Regen hat zu erhöhter Luftfeuchtigkeit geführt
**humidificador** [umiðifika'ðor] *m* Luftbefeuchter *m*
**humidificar** [umiðifi'kar] <c→qu> *vt* befeuchten
**humildad** [umil̪'daᵈ] *f* ❶ (*modestia*) Bescheidenheit *f* ❷ (*religiosa*) Demut *f* ❸ (*social*) Armut *f*
**humilde** [u'mil̪de] *adj* ❶ (*modesto*) bescheiden; **un ~ trabajador** ein einfacher Arbeiter ❷ (*en sentido religioso*) demütig ❸ (*condición social*) einfach; **ser de orígenes ~s** aus bescheidenen Verhältnissen stammen
**humillación** [umiʎa'θjon] *f* ❶ (*degradación*) Demütigung *f* ❷ (*vergüenza*) Beschämung *f*
**humillar** [umi'ʎar] **I.** *vt* ❶ (*degradar*) demütigen ❷ (*avergonzar*) beschämen **II.** *vr:* ~**se** sich demütigen (*a/ante* vor +*dat*)
**humo** ['umo] *m* ❶ (*de chimenea*) Rauch *m;* **señal de ~** Rauchsignal *nt;* **en ese bar siempre hay ~** diese Kneipe ist immer völlig verqualmt; **la chimenea echa ~** der Schornstein raucht; **tragar el ~ al fumar** auf Lunge rauchen ❷ (*vapor*) Dampf *m* ❸ (*al cocinar*) Dunst *m* ❹ *pl* (*vanidad*) Einbildung *f;* **bajarle los ~s a alguien** jdm einen Dämpfer versetzen; **subírsele los ~s a la cabeza** hochnäsig werden; **tener muchos ~s** sehr eingebildet sein
**humor** [u'mor] *m* ❶ (*cualidad*) Humor *m;* **¡pero no tienes sentido del ~ o qué!** Mensch, du verstehst wohl keinen Spaß! ❷ (*humorismo*) Humor *m* ❸ (*ánimo*) Laune *f;* **estar de buen/mal ~** gut/schlecht gelaunt sein; **no estoy de ~ para bailar** ich bin nicht zum Tanzen aufgelegt ❹ (MED: *líquido*) Körpersaft *m*
**humorada** [umo'raða] *f* ❶ (*capricho*) Laune *f* ❷ (*dicho*) witziger Einfall *m;* **dejémonos de ~s** lassen wir die Witze
**humorado**, **-a** [umo'raðo, -a] *adj:* **bien/mal ~** (*por un momento*) gut gelaunt/schlecht gelaunt; (*carácter*) humorvoll/humorlos
**humorismo** [umo'rismo] *m sin pl* Humor *m*
**humorista** [umo'rista] *mf* Komiker(in) *m(f);* (*dibujante*) Humorist(in) *m(f)*
**humorístico**, **-a** [umo'ristiko, -a] *adj* humoristisch
**humus** ['umus] *m sin pl* Humus *m*
**hundido**, **-a** [un̪'diðo, -a] *adj* ❶ (*ojos*) tief liegend; (*techo*) eingesunken ❷ (*persona*) deprimiert
**hundimiento** [un̪di'mjen̪to] *m* ❶ (*de un barco*) Untergang *m;* (*después de tocado*) Versenkung *f* ❷ (*de un edificio*) Einsturz *m* ❸ (ECON) Zusammenbruch *m* ❹ (GEO: *depresión*) Vertiefung *f*
**hundir** [un̪'dir] **I.** *vt* ❶ (*barco*) versenken ❷ (*edificio*) abreißen ❸ (*sumergir*): **~ la mano en el agua** die Hand ins Wasser (ein)tauchen; **~ los pies en el barro** die Füße in den Schlamm stecken ❹ (*suelo*) versenken ❺ (*proyecto*) zunichte machen; (*empresa*) zugrunde richten; (*esperanzas*) zerstören; **la crisis económica ha hundido a muchos empresarios** die wirtschaftliche Krise hat viele Unternehmer ruiniert **II.** *vr:* ~**se** ❶ (*barco*) untergehen; (*después de ser tocado*) (ver)sinken ❷ (*edificio*) einstürzen; (*suelo*) sinken; **el euro se hunde** der Euro fällt ❸ (*fracasar*) scheitern; **me he hundido en el tercer set** im dritten Satz war ich völlig von der Rolle *fam*
**húngaro**, **-a** ['uŋgaro, -a] **I.** *adj* ungarisch **II.** *m, f* Ungar(in) *m(f)*
**Hungría** [uŋ'gria] *f* Ungarn *nt*
**huno**, **-a** ['uno, -a] **I.** *adj* (HIST) hunnisch **II.** *m, f* (HIST) Hunne, -in *m, f*
**huracán** [ura'kan] *m* Orkan *m;* **las tropas pasaron como un ~ por la ciudad** die Stadt wurde von den Truppen dem Erdboden gleichgemacht

**huracanado, -a** [uraka'naðo, -a] *adj* orkanartig

**huraño, -a** [u'raɲo, -a] *adj* ❶ (*insociable*) ungesellig ❷ (*hosco*) mürrisch

**hurgar** [ur'ɣar] <g→gu> *vt* ❶ (*revolver*) herumwühlen (*en* in +*dat*), (herum)kramen (*en* in +*dat*) ❷ (*con un palo*) (herum)stochern (in +*dat*); ~ **el fuego** das Feuer schüren; ~ **la nariz** in der Nase bohren ❸ (*fisgonear*) (herum)schnüffeln ❹ (*incitar*) schüren

**hurgón¹** [ur'ɣon] *m* Feuerhaken *m*

**hurgón, -ona²** [ur'ɣon, -ona] *adj* herumschnüffelnd

**hurgonear** [urɣone'ar] *vt* (das Feuer) schüren

**hurguetear** [urɣete'ar] *vt* (*Am*) (herum)schnüffeln

**hurí** [u'ri] *f* Huri *f*

**hurón, -ona** [u'ron, -ona] *m, f* ❶ (*animal*) Frettchen *nt* ❷ (*fam: husmeador*) Schnüffler(in) *m(f)* ❸ (*fam: huraño*) ungeselliger Mensch *m*

**huronear** [urone'ar] *vi* ❶ (*cazar*) frettieren ❷ (*fisgonear*) (herum)schnüffeln, herumstöbern

**huronera** [uro'nera] *f* ❶ (*madriguera*) Frettchenbau *m* ❷ (*escondrijo*) Versteck *nt;* (*de ladrones*) Räuberhöhle *f*

**hurra** ['urra] *interj* hurra!

**hurtadillas** [urta'ðiʎas]: **a** ~ heimlich; **lo hizo a ~ de su novia** er tat es hinter dem Rücken seiner Freundin

**hurtar** [ur'tar] **I.** *vt* ❶ (*robar*) stehlen ❷ (*con el peso*) betrügen ❸ (*mar*) fortschwemmen ❹ (*cuerpo*) ausweichen +*dat* ❺ (*ocultar*) verbergen **II.** *vr:* ~**se** sich entziehen (*a* +*dat*); ~**se al trabajo** sich vor der Arbeit drücken

**hurto** ['urto] *m* ❶ (*acción*) Diebstahl *m* ❷ (*cosa*) Diebesbeute *f*

**húsar** ['usar] *m* Husar *m*

**husmear** [usme'ar] *vi, vt* ❶ (*perro*) schnüffeln ❷ (*fisgonear*) (aus)schnüffeln

**husmeo** [us'meo] *m* ❶ (*de un perro*) Schnüffeln *nt* ❷ (*fisgoneo*) Schnüffelei *f*

**huso** ['uso] *m* ❶ (*textil*) Spindel *f* ❷ (GEO): ~ **horario** Zeitzone *f*

**hutu** ['utu] *mf* Hutu *mf*

**huy** [ui̯] *interj* ❶ (*de dolor*) au! ❷ (*de asombro*) ach!

# I

**I, i** [i] *f* I, i *nt;* ~ **de Italia** I wie Ida; ~ **griega** Ypsilon *nt*

**I+D** [i mas ðe] *abr de* **Investigación y Desarrollo** Forschung und Entwicklung

**IBERIA** [i'βerja] *f spanische Fluggesellschaft*

**ibérico, -a** [i'βeriko, -a] *adj* iberisch; **Península Ibérica** Iberische Halbinsel

**Iberoamérica** [iβeroa'merika] *f* Iberoamerika *nt*

**iberoamericano, -a** [iβeroameri'kano, -a] **I.** *adj* iberoamerikanisch **II.** *m, f* Iberoamerikaner(in) *m(f)*

**ibicenco, -a** [iβi'θeŋko, -a] **I.** *adj* ibizenkisch **II.** *m, f* Ibizenker(in) *m(f)*

**íbidem** ['iβiðen] *adv* ibidem

**iceberg** [iθe'βer(ɣ)] *m* <icebergs> Eisberg *m*

**icono** [i'kono] *m,* **ícono** ['ikono] *m* ❶ (REL) Ikone *f* ❷ (INFOR) Icon *nt*

**iconoclasta** [ikono'klasta] **I.** *adj* bilderstürmerisch **II.** *mf* Bilderstürmer(in) *m(f)*

**iconografía** [ikonoɣra'fia] *f* Ikonographie *f*

**ictericia** [ikte'riθja] *f sin pl* (MED) Gelbsucht *f*

**ictiología** [iktjolo'xia] *f sin pl* Fischkunde *f*

**ida** ['iða] *f* ❶ (*marcha*) Hinweg *m;* (*en vehículo*) Hinfahrt *f;* ~ **y vuelta** Hin- und Rückfahrt *f* ❷ (*acción inconsiderada*) Unbesonnenheit *f;* (*pronto*) Anwandlung *f*

**idea** [i'ðea] *f* ❶ (FILOS) Idee *f* ❷ (*conocimiento*) Vorstellung *f;* **ni** ~ keine Ahnung, sich *dat* ein Bild von etw *dat*/jdm machen; **dar a alguien (una)** ~ **de algo** jdm etw veranschaulichen ❸ (*pensamiento*) Idee *f;* ~ **fundamental** Grundgedanke *m;* **tuvo la** ~ **de** +*inf* er/sie kam auf die Idee zu +*inf* ❹ (*opinión*) Meinung *f* ❺ (*propósito*) Vorhaben *nt;* **tener** ~ **de hacer algo** beabsichtigen etw zu tun; **vino con** ~ **de convencerme** er/sie kam mit der Absicht, mich zu überzeugen ❻ *pl* (*convicciones*) Gesinnung *f*

**ideal** [iðe'al] **I.** *adj* ❶ (*imaginario*) ideell ❷ (*perfecto*) ideal **II.** *m* Ideal *nt*

**idealismo** [iðea'lismo] *m* Idealismus *m*

**idealista** [iðea'lista] **I.** *adj* idealistisch **II.** *mf* Idealist(in) *m(f)*

**idealización** [iðealiθa'θjon] *f* Idealisierung *f*

**idealizar** [iðeali'θar] <z→c> *vt* idealisieren

**idear** [iðe'ar] *vt* ❶ (*concebir*) sich *dat* ausdenken ❷ (*inventar*) erfinden ❸ (*trazar un proyecto*) planen; (*un plan*) entwerfen

**ideario** [iðe'arjo] *m* ❶ (*conjunto de ideas*)

Gedankengut *nt* ② (*ideología*) Ideologie *f*

**ídem** ['iðen] *pron* der-, die-, dasselbe; ~ **de** ~ (*fam*) ebenfalls (nicht)

**idéntico, -a** [i'ðen̪tiko, -a] *adj* ① (*igual*) identisch; **es ~ a su madre** er ist genau wie seine Mutter ② (*semejante*) sehr ähnlich

**identidad** [iðen̪ti'ða$^ð$] *f* ① (*coincidencia*) völlige Übereinstimmung *f* ② (*personalidad*) Identität *f*; **carné de ~** Personalausweis *m*; **probar su ~** sich ausweisen

**identificable** [iðen̪tifi'kaβle] *adj* identifizierbar

**identificación** [iðen̪tifika'θjon] *f* ① (*de alguien*) Identifizierung *f* ② (INFOR) Kennung *f*

**identificador** [iðen̪tifika'ðor] *m* (INFOR) Kennzeichen *nt*; **~ de mensajes** Nachrichtenkennung *f*

**identificar** [iðen̪tifi'kar] <c→qu> **I.** *vt* ① (*reconocer, establecer la identidad*) identifizieren ② (*equiparar*) gleichsetzen **II.** *vr*: **~se** ① (*solidarizarse*) sich identifizieren (*con* mit +*dat*) ② (*compenetrarse*) sich hineinversetzen (*con* in +*akk*) ③ (*demostrar su identidad*) sich ausweisen

**ideología** [iðeolo'xia] *f* Ideologie *f*

**ideologizar** [iðeoloxi'θar] <z→c> *vt* ideologisieren

**ideólogo, -a** [iðe'oloɣo, -a] *m, f* Ideologe, -in *m, f*

**idílico, -a** [i'ðiliko, -a] *adj* idyllisch

**idilio** [i'ðiljo] *m* ① (LIT) Idylle *f* ② (*relación amorosa*) Romanze *f*

**idioma** [i'ðjoma] *m* Sprache *f*

**idiomático, -a** [iðjo'matiko, -a] *adj* idiomatisch

**idiomatismo** [iðjoma'tismo] *m* (LING) idiomatische Struktur *f*

**idiosincrasia** [iðjosiŋ'krasja] *f* Idio(syn)krasie *f*

**idiosincrásico, -a** [iðjosiŋ'krasiko, -a] *adj* (*característico*) kennzeichnend; (*susceptible*) idiosynkratisch

**idiota** [i'ðjota] **I.** *adj* schwachsinnig **II.** *mf* ① (MED) Schwachsinnige(r) *mf* ② (*estúpido*) Idiot(in) *m(f)*

**idiotez** [iðjo'teθ] *f* ① (*t.* MED) Schwachsinn *m* ② (*estupidez*) Blödsinn *m*

**idiotizar** [iðjoti'θar] <z→c> **I.** *vi* verdummen **II.** *vt* ① (*atontar*) verdummen ② (*desconcertar*) verblüffen

**ido, -a** ['iðo, -a] *adj* ① (*fam: mal de la cabeza*) verrückt ② (*AmC: borracho*) betrunken

**idólatra** [i'ðolatra] **I.** *adj* ① (*que rinde culto*) Götzendienst treibend ② (*que ama excesivamente*) leidenschaftlich ergeben (*de* +*dat*) **II.** *mf* ① (*quien rinde culto*) Götzendiener(in) *m(f)* ② (*quien ama una persona o cosa*) leidenschaftlicher Verehrer *m*, leidenschaftliche Verehrerin *f*

**idolatrar** [iðola'trar] *vt* ① (*rendir culto*) (als Götzen) anbeten ② (*adorar*) vergöttern; (*amar*) abgöttisch lieben

**idolatría** [iðola'tria] *f* ① (*culto*) Götzendienst *m* ② (*adoración*) Vergötterung *f*

**ídolo** ['iðolo] *m* ① (*pey: divinidad*) Götze *m*; (*efigie*) Götzenbild *nt* ② (*persona*) Idol *nt*

**idoneidad** [iðonei̯'ða$^ð$] *f* ① (*aptitud*) Tauglichkeit *f* ② (*capacidad*) Fähigkeit *f*

**idóneo, -a** [i'ðoneo, -a] *adj* ① (*apropiado*) geeignet ② (*capaz*) fähig

**iglesia** [i'ɣlesja] *f* Kirche *f*; **casarse por la ~** kirchlich heiraten

**iglú** [i'ɣlu] *m* Iglu *m o nt*

**ígneo, -a** ['iɣneo, -a] *adj* ① (*de fuego*) Feuer- ② (*de color de fuego*) feuerfarben

**ignición** [iɣni'θjon] *f* ① (*combustión*) Verbrennen *nt*; (*incandescencia*) Glühen *nt* ② (*inicio de una combustión*) Entzünden *nt*

**ignífugo, -a** [iɣ'nifuɣo, -a] *adj* (*que protege contra el fuego*) feuersicher; (*que no se quema*) feuerbeständig

**ignominia** [iɣno'minja] *f* Schande *f*

**ignominioso, -a** [iɣnomi'njoso, -a] *adj* schändlich

**ignorancia** [iɣno'ran̪θja] *f* ① (*desconocimiento*) Unwissenheit *f* ② (*incultura*) Bildungslücke *f*

**ignorante** [iɣno'ran̪te] **I.** *adj* ① (*desconocedor*) unwissend (*de* über +*akk*) ② (*inculto*) ungebildet **II.** *mf* (*pey*) Ignorant(in) *m(f)*

**ignorar** [iɣno'rar] *vt* ① (*desconocer*) nicht kennen; (*no saber*) nicht wissen ② (*no hacer caso*) ignorieren

**ignoto, -a** [iɣ'noto, -a] *adj* (*elev*) unbekannt

**igual**[1] [i'ɣwal] **I.** *adj* ① (*idéntico*) (genau) gleich; (*semejante*) (sehr) ähnlich; **¿habrá cosa ~?** hat man so etwas schon einmal gesehen? ② (*llano*) eben ③ (*constante: temperaturas*) gleich bleibend; (*clima*) ausgeglichen; (*ritmo*) gleichmäßig ④ (MAT) kongruent ⑤ (*lo mismo*) gleichgültig; **¡es ~!** (das ist) egal!; **me da** [*o* **me es**] **~** es ist mir egal **II.** *mf* Gleichgestellte(r) *mf*; **no tener ~** einzigartig sein **III.** *adv* ① (*fam: quizá*) vielleicht ② (*loc*): **~ que...** genauso wie ...; **al ~ que...** ebenso wie ...

**igual**[2] [i'ɣwal] *m* (MAT) Gleichheitszeichen *nt*

**igualación** [iɣwala'θjon] *f* ① (*igualamiento*) Gleichmachung *f*; (*equiparación*)

Gleichstellung *f* ❷ (*allanamiento*) (Ein)ebnung *f* ❸ (*nivelación*) Ausgleich *m* ❹ (*ajuste*) Anpassung *f* ❺ (*convenio*) Übereinkunft *f*

**igualado**, **-a** [iɣwa'laðo, -a] *adj* ❶ (*parecido*) ähnlich ❷ (*empatado*) unentschieden

**igualar** [iɣwa'lar] **I.** *vt* ❶ (*hacer igual*) gleichmachen; (*equiparar*) gleichstellen ❷ (*allanar*) (ein)ebnen ❸ (*nivelar*) ausgleichen ❹ (*ajustar*) anpassen **II.** *vi* ❶ (*equivaler*) gleichkommen (*en* +*dat*) ❷ (*combinar*) passen (*con* zu +*dat*) **III.** *vr:* ~**se** ❶ (*parecerse*) gleichen (*a/con* +*dat*) ❷ (*compararse*) sich vergleichen (*con* mit +*dat*) ❸ (*ponerse al igual*) sich (einander) angleichen

**igualatorio**, **-a** [iɣwala'torjo, -a] *adj* gleichmachend

**igualdad** [iɣwal̦'daᵈ] *f* ❶ (*uniformidad*) Gleichheit *f;* ~ **de derechos** Gleichberechtigung *f* ❷ (*semejanza*) Ähnlichkeit *f* ❸ (*regularidad*) Gleichmäßigkeit *f;* (*de superficie*) Ebenheit *f*

**igualitario**, **-a** [iɣwali'tarjo, -a] *adj* egalitär

**igualitarismo** [iɣwalita'rismo] *m sin pl* Egalitarismus *m*

**igualmente** [iɣwal'men̦te] **I.** *interj* danke, gleichfalls! **II.** *adv* ❶ (*del mismo modo*) gleichermaßen ❷ (*también*) ebenfalls

**iguana** [i'ɣwana] *f* (ZOOL) Leguan *m*

**ijada** [i'xaða] *f* ❶ (ANAT) Flanke *f* ❷ (*dolor*) Seitenstechen *nt*

**ikurriña** [iku'rriɲa] *f grün-rot-weiße Nationalflagge der Basken*

**ilegal** [ile'ɣal] *adj* gesetzwidrig, illegal

**ilegalidad** [ileɣali'ðaᵈ] *f* Gesetzwidrigkeit *f*

**ilegible** [ile'xiβle] *adj* ❶ (*la letra*) unleserlich ❷ (*el contenido*) unlesbar

**ilegitimar** [ilexiti'mar] *vt* ❶ (*asunto*) für unrechtmäßig erklären ❷ (*hijo*) für unehelich erklären

**ilegitimidad** [ilexitimi'ðaᵈ] *f* ❶ (*asunto*) Unrechtmäßigkeit *f* ❷ (*hijo*) Unehelichkeit *f*

**ilegítimo**, **-a** [ile'xitimo, -a] *adj* ❶ (*asunto*) unrechtmäßig ❷ (*hijo*) unehelich; (*relación*) außerehelich ❸ (*exigencia*) ungerechtfertigt

**ileón** [ile'on] *m* (ANAT) ❶ (*intestino delgado*) Krummdarm *m* ❷ (*cadera*) Hüftbein *nt*

**ilerdense** [iler'ðense] **I.** *adj* aus Lérida **II.** *mf* Einwohner(in) *m(f)* von Lérida

**ileso**, **-a** [i'leso, -a] *adj* unverletzt

**iletrado**, **-a** [ile'traðo, -a] *adj* ❶ (*inculto*) ungebildet ❷ (*analfabeto*) des Lesens und Schreibens unkundig

**ilícito**, **-a** [i'liθito, -a] *adj* verboten

**ilimitado**, **-a** [ilimi'taðo, -a] *adj* unbegrenzt

**ilocalizable** [ilokali'θaβle] *adj* unauffindbar

**ilógico**, **-a** [i'loxiko, -a] *adj* unlogisch

**iluminación** [ilumina'θjon] *f* ❶ (*el alumbrar*) Beleuchten *nt* ❷ (*alumbrado*) Beleuchtung *f;* (*como adorno*) Festbeleuchtung *f* ❸ (REL) Erleuchtung *f*

**iluminado**, **-a** [ilumi'naðo, -a] *adj* ❶ (*un lugar*) beleuchtet; (*un monumento*) angestrahlt ❷ (REL) erleuchtet ❸ (*fam: borracho*) betrunken; (*drogado*) high

**iluminador(a)** [ilumina'ðor(a)] *m(f)* Illuminator(in) *m(f)*

**iluminar** [ilumi'nar] *vt* ❶ (*alumbrar*) beleuchten; (*como decoración*) festlich beleuchten; (*un monumento*) anstrahlen ❷ (REL) erleuchten ❸ (ARTE) illuminieren

**ilusión** [ilu'sjon] *f* ❶ (*espejismo*) (Sinnes)täuschung *f* ❷ (*esperanza*) Hoffnung *f* ❸ (*visión*) (falsche) Vorstellung *f;* **hacerse ilusiones** sich *dat* etwas vormachen ❹ (*sueño*) Traum *m* ❺ (*alegría*) Freude *f;* **ese viaje me hace mucha** ~ ich freue mich sehr auf diese Reise

**ilusionante** [ilusjo'nan̦te] *adj* traumhaft

**ilusionar** [ilusjo'nar] **I.** *vt* ❶ (*hacer ilusiones*) falsche Hoffnungen machen +*dat* ❷ (*engañar*) täuschen **II.** *vr:* ~**se** ❶ (*esperanzarse*) sich *dat* falsche Hoffnungen machen ❷ (*alegrarse*) sich freuen (*con* über +*akk*)

**ilusionismo** [ilusjo'nismo] *m* (*magia*) Zauberei *f*

**ilusionista** [ilusjo'nista] *mf* Zauberkünstler(in) *m(f)*

**iluso**, **-a** [i'luso, -a] **I.** *adj* leichtgläubig **II.** *m, f* ❶ (*soñador*) Träumer(in) *m(f)* ❷ (*entusiasta*) Schwärmer(in) *m(f)*

**ilusorio**, **-a** [ilu'sorjo, -a] *adj* ❶ (*engañoso*) trügerisch ❷ (*de ningún efecto*) zwecklos

**ilustración** [ilustra'θjon] *f* ❶ (*imagen*) Abbildung *f;* ~ **gráfica** grafische Darstellung ❷ (*aclaración*) Veranschaulichung *f* ❸ (*instrucción*) Bildung *f* ❹ (HIST): **la I~** die Aufklärung

**ilustrado**, **-a** [ilus'traðo, -a] **I.** *adj* ❶ (*con imagenes*) bebildert ❷ (*aclarado*) veranschaulicht ❸ (*instruido*) gebildet ❹ (*perteneciente al movimiento intelectual*) aufgeklärt **II.** *m, f* Aufklärer(in) *m(f)*

**ilustrador(a)** [ilustra'ðor(a)] **I.** *adj* ❶ (*ilustrativo*) illustrierend ❷ (*aclarativo*) veranschaulichend ❸ (*instructivo*) lehrreich **II.** *m(f)* Illustrator(in) *m(f)*

**ilustrar** [ilus'trar] **I.** *vt* ❶ (*con imágenes*) bebildern ❷ (*aclarar*) veranschaulichen ❸ (*instruir*) aufklären **II.** *vr:* ~**se** sich bilden

**ilustrativo, -a** [ilustra'tiβo, -a] *adj* ❶ (*aclarador*) anschaulich ❷ (*sintomático*) bezeichnend

**ilustre** [i'lustre] *adj* (*famoso*) berühmt; (*egregio*) erlaucht

**imagen** [i'maxen] *f* ❶ (*t.* TV) Bild *nt* ❷ (*representación exacta*) Abbild *nt;* (*fiel*) Ebenbild *nt* ❸ (*representación mental*) Bild *nt* ❹ (*fama*) Image *nt* ❺ (*escultura sagrada*) Heiligenfigur *f;* (*pintura*) Heiligenbild *nt*

**imaginable** [imaxi'naβle] *adj* vorstellbar

**imaginación** [imaxina'θjon] *f* (*imaginativa*) Vorstellung(skraft) *f;* (*fantasía*) Fantasie *f;* **ni por ~** auf keinen Fall

**imaginar** [imaxi'nar] **I.** *vt* ❶ (*representarse*) sich *dat* vorstellen ❷ (*idear*) sich *dat* ausdenken; (*inventar*) erfinden; **~ fantasmas** Gespenster sehen ❸ (*suponer*) vermuten; (*sospechar*) ahnen **II.** *vr:* **~se** ❶ (*representarse*) sich *dat* vorstellen; **me lo imagino** das denke ich mir ❷ (*figurarse*) sich *dat* einbilden

**imaginario, -a** [imaxi'narjo, -a] *adj* ❶ (*t.* MAT) imaginär ❷ (*inventado*) erfunden ❸ (*figurado*) eingebildet

**imaginativo, -a** [imaxina'tiβo, -a] *adj* ❶ (*fantasioso*) fantasievoll ❷ (*ocurrente*) einfallsreich

**imaginería** [imaxine'ria] *f* ❶ (*bordado*) figurative Seidenstickerei *f* ❷ (*escultura sagrada*) Heiligenfiguren *fpl;* (*pintura*) Heiligenbilder *ntpl*

**imán** [i'man] *m* ❶ (*t. fig: hierro*) Magnet *m* ❷ (REL) Imam *m*

**iman(t)ación** [imana'θjon/imanta'θjon] *f* Magnetisierung *f*

**iman(t)ar** [ima'nar/iman'tar] *vt* magnetisieren

**imbatibilidad** [imbatiβili'ðaᵈ] *f sin pl* Unschlagbarkeit *f*

**imbatible** [imba'tiβle] *adj* unschlagbar

**imbebible** [imbe'βiβle] *adj* ❶ (*no potable*) nicht trinkbar ❷ (*con mal sabor*) ungenießbar

**imbécil** [im'beθil] **I.** *adj* ❶ (*t.* MED) schwachsinnig ❷ (*estúpido*) blöd **II.** *mf* ❶ (MED) Schwachsinnige(r) *mf* ❷ (*estúpido*) Schwachkopf *m*

**imbecilidad** [imbeθili'ðaᵈ] *f* ❶ (*t.* MED) Schwachsinn *m* ❷ (*estupidez*) Blödsinn *m*

**imberbe** [im'berβe] *adj* ❶ (*sin barba*) bartlos ❷ (*pey: inmaduro*) (noch) grün

**imbornal** [imbor'nal] *m* ❶ (*alcantarilla*) Wasserabzugsrinne *f* ❷ (NÁUT) Speigat(t) *nt*

**imborrable** [imbo'rraβle] *adj* ❶ (*lápiz*) nicht ausradierbar; (*tinta*) nicht (aus)löschbar ❷ (*acontecimiento*) unauslöschlich

**imbricación** [imbrika'θjon] *f* ❶ (ARQUIT) dachziegelartige Anordnung *f* ❷ (*superposición*) Überlappung *f;* (*entrecruzamiento*) Überschneidung *f*

**imbricar** [imbri'kar] <c→qu> **I.** *vt* überlappen **II.** *vr:* **~se** ❶ (*superponerse*) sich überlappen ❷ (*entrecruzarse*) sich überschneiden ❸ (*entrelazarse*) ineinander greifen

**imbuido, -a** [imbu'iðo, -a] *adj* durchdrungen (*de* von +*dat*)

**imbuir** [imbu'ir] *irr como huir* **I.** *vt* ❶ (*inculcar*) einprägen ❷ (*transmitir*) vermitteln **II.** *vr:* **~se** sich *dat* zu Eigen machen (*de* +*akk*)

**IME** [iⁿsti'tuto mone'tarjo eu̯ro'peo] *m abr de* **Instituto Monetario Europeo** EWI *nt*

**imitable** [imi'taβle] *adj* nachahmenswert

**imitación** [imita'θjon] *f* ❶ (*copia*) Nachahmung *f;* (*reproducción*) Nachbildung *f;* **a ~ de...** nach dem Vorbild von ... ❷ (*como falsificación*) Imitation *f;* **perlas de ~** Kunstperlen *fpl*

**imitado, -a** [imi'taðo, -a] *adj* ❶ (*copiado*) nachgemacht ❷ (*falso*) unecht

**imitador(a)** [imita'ðor(a)] *m(f)* (*copista*) Nachmacher(in) *m(f);* (*parodista*) Imitator(in) *m(f)*

**imitamonas** [imita'monas] *mf inv* (*fam*) Nachäffer(in) *m(f);* **deja de hacer el ~** hör mit der Nachäfferei auf

**imitar** [imi'tar] *vt* ❶ (*copiar*) nachmachen; (*parodiar*) imitieren; (*reproducir*) nachbilden; **~ una firma** eine Unterschrift fälschen ❷ (*asemejarse*) ähneln +*dat*

**impaciencia** [impa'θjen̦θja] *f* Ungeduld *f*

**impacientar** [impaθjen̦'tar] **I.** *vt* ungeduldig machen **II.** *vr:* **~se** die Geduld verlieren

**impaciente** [impa'θjen̦te] *adj* ❶ *ser* (*sin paciencia*) ungeduldig ❷ *estar* (*intranquilo*) unruhig ❸ *estar* (*ansioso*) begierig

**impactar** [impak'tar] *vt* ❶ (*un proyectil*) einschlagen (*en* in +*akk*) ❷ (*un acontecimiento*) beeindrucken

**impacto** [im'pakto] *m* ❶ (*choque de un proyectil*) Einschlag *m;* (*huella*) Treffer *m* ❷ (*Am: en el boxeo*) (Faust)schlag *m* ❸ (*golpe emocional*) Schlag *m fig* ❹ (*efecto*) (große) Wirkung *f;* (*impresión*) Eindruck *m;* **~ (medio)ambiental** Umweltbelastung *f* ❺ (INFOR) Hit *m*

**impagable** [impa'ɣaβle] *adj* ❶ (*no pagable*) unbezahlbar ❷ (*inapreciable*) unschätzbar

**impago** [im'paɣo] *m* Nichtzahlung *f;* **~ de impuestos** Steuerumgehung *f*

**impalpable** [impal'paβle] *adj* ① (*intocable*) nicht fühlbar; (*imperceptible*) nicht wahrnehmbar ② (*sutil*) fein

**impar** [im'par] **I.** *adj* ① (*número*) ungerade ② (*sin par*) ungleich ③ (ANAT) unpaarig ④ (*sin igual*) einzigartig **II.** *m* ungerade Zahl *f*

**imparable** [impa'raβle] *adj* unhaltbar

**imparcial** [impar'θjal] *adj* ① (*sin tomar partido*) unparteiisch ② (*sin prejuicios*) unvoreingenommen ③ (*justo*) gerecht

**imparcialidad** [imparθjali'ða$^{ð}$] *f* ① (*falta de parcialidad*) Unparteilichkeit *f* ② (*falta de prevención*) Unvoreingenommenheit *f*

**impartir** [impar'tir] *vt* ① (*dar*) erteilen ② (*conferir*) gewähren ③ (*comunicar*) mitteilen

**impasibilidad** [impasiβili'ða$^{ð}$] *f* ① (*insensibilidad*) Gefühllosigkeit *f* ② (*indiferencia*) Gleichmütigkeit *f*

**impasible** [impa'siβle] *adj* ① (*insensible*) gefühllos ② (*indiferente*) gleichmütig

**impavidez** [impaβi'ðeθ] *f* Unerschrockenheit *f*

**impávido**, **-a** [im'paβiðo, -a] *adj* unerschrocken

**impecable** [impe'kaβle] *adj* ① *ser* (*correcto*) untad(e)lig ② *estar* (*nuevo*) tadellos

**impedido**, **-a** [impe'ðiðo, -a] **I.** *adj* behindert; **estar ~ para algo** zu etw *dat* unfähig sein **II.** *m, f* Behinderte(r) *mf*

**impedimento** [impeði'mento] *m* ① (*que imposibilita algo*) Verhinderung *f* ② (*obstáculo*) Hindernis *nt;* (*acerca del matrimonio*) Ehehindernis *nt* ③ (*t.* MED) Behinderung *f*

**impedir** [impe'ðir] *irr como pedir vt* ① (*imposibilitar*) verhindern ② (*obstaculizar*) behindern; (*el paso*) versperren ③ (*estorbar*) abhalten (von +*dat*)

**impeler** [impe'ler] *vt* ① (*empujar*) (fort)schieben ② (*impulsar*) in Bewegung setzen ③ (*incitar*) bewegen (*a* zu +*dat*)

**impenetrabilidad** [impenetraβili'ða$^{ð}$] *f* ① (*inaccesibilidad*) Undurchdringlichkeit *f;* (*de personas*) Unzugänglichkeit *f* ② (*impermeabilidad*) Undurchlässigkeit *f* ③ (*incomprensibilidad*) Undurchsichtigkeit *f*

**impenetrable** [impene'traβle] *adj* ① (*inaccesible*) undurchdringlich; (*persona*) unzugänglich ② (*impermeable*) undurchlässig ③ (*incomprensible*) undurchsichtig

**impenitencia** [impeni'tenθja] *f* Unbußfertigkeit *f*

**impenitente** [impeni'tente] *adj* (*empedernido*) eingefleischt; (*incorregible*) unverbesserlich

**impensable** [impen'saβle] *adj* undenkbar

**impensado**, **-a** [impen'saðo, -a] *adj* ① (*repentino*) unvermutet ② (*imprevisto*) unvorhergesehen; (*inesperado*) unerwartet

**impepinable** [impepi'naβle] *adj* (*fam*) bombensicher

**imperar** [impe'rar] *vi* ① (*reinar*) herrschen (*sobre* über +*akk*) ② (*predominar*) vorherrschen

**imperativo**[1] [impera'tiβo] *m* ① (LING) Imperativ *m* ② *pl* (*exigencia*) Gebot *nt;* (*necesidad*) Notwendigkeit *f*

**imperativo**, **-a**[2] [impera'tiβo, -a] *adj* ① (*autoritario*) befehlend; (*imperioso*) gebieterisch ② (*exigente*) fordernd; (*obligatorio*) zwingend

**imperceptible** [imperθep'tiβle] *adj* ① (*inapreciable*) nicht wahrnehmbar ② (*minúsculo*) unmerklich

**imperdible** [imper'ðiβle] **I.** *adj* unverlierbar **II.** *m* Sicherheitsnadel *f*

**imperdonable** [imperðo'naβle] *adj* unverzeihlich

**imperecedero**, **-a** [impereθe'ðero, -a] *adj* unvergänglich

**imperfección** [imperfe$^{y}$'θjon] *f* ① (*falta de perfección*) Unvollkommenheit *f* ② (*defecto*) Mangel *m*

**imperfecto**[1] [imper'fekto] *m* (LING) Imperfekt *m*

**imperfecto**, **-a**[2] [imper'fekto, -a] *adj* ① (*persona*) unvollkommen ② (*cosa incompleta*) unvollständig; (*inacabada*) unvollendet; (*defectuosa*) mangelhaft

**imperial** [impe'rjal] **I.** *adj* kaiserlich **II.** *f* ① (*de un autobús*) oberer Stock *m* ② (*de una carroza*) Verdeck *nt*

**imperialismo** [imperja'lismo] *m* (POL) Imperialismus *m*

**imperialista** [imperja'lista] **I.** *adj* imperialistisch **II.** *mf* Imperialist(in) *m(f)*

**impericia** [impe'riθja] *f* ① (*ineptitud*) Unfähigkeit *f* ② (*inexperiencia*) Unerfahrenheit *f* ③ (*torpeza*) Ungeschicklichkeit *f*

**imperio** [im'perjo] *m* ① (*territorio*) Reich *nt;* (*t. fig*) Imperium *nt* ② (*mandato*) Herrschaft *f* ③ (*autoridad*) Macht *f* ④ (ARTE) Empirestil *m* ⑤ (*altanería*) Hochmut *m*

**imperioso**, **-a** [impe'rjoso, -a] *adj* ① (*autoritario*) gebieterisch ② (*urgente*) dringend; (*forzoso*) zwingend

**impermeabilidad** [impermeaβili'ða$^{ð}$] *f* (Wasser)undurchlässigkeit *f*

**impermeabilizar** [impermeaβili'θar] *vt* <z→c> ① (*un tejido*) wasserdicht machen ② (*una abertura*) abdichten

**impermeable** [imperme'aβle] **I.** *adj* (wasser)dicht **II.** *m* Regenmantel *m*

I

**impermutabilidad** [impermutaβili'ðað] *f sin pl* Unvertauschbarkeit *f*

**impersonal** [imperso'nal] *adj* (*t.* LING) unpersönlich

**impersonalidad** [impersonali'ðað] *f* Unpersönlichkeit *f*

**impertérrito, -a** [imper'territo, -a] *adj* (*impávido*) unerschrocken; (*sin miedo*) furchtlos

**impertinencia** [imperti'neṇθja] *f* ❶ (*insolencia*) Ungehörigkeit *f*; (*descaro*) Unverschämtheit *f* ❷ (*inoportunidad*) unpassende Bemerkung *f* ❸ (*importunidad*) Zudringlichkeit *f*

**impertinente** [imperti'neṇte] **I.** *adj* ❶ (*insolente*) ungehörig; (*descarado*) unverschämt ❷ (*inoportuno*) unangebracht ❸ (*pesado*) zudringlich **II.** *mf* unverschämte Person *f*

**imperturbabilidad** [imperturβaβili'ðað] *f* (*firmeza*) Unerschütterlichkeit *f*; (*seguridad*) Unbeirrtheit *f*

**imperturbable** [impertur'βaβle] *adj* (*firme*) unerschütterlich; (*seguro*) unbeirrt

**ímpetu** ['impetu] *m* ❶ (*vehemencia*) Heftigkeit *f* ❷ (*brío*) Schwung *m* ❸ (*violencia*) Gewalt *f*

**impetuosidad** [impetwosi'ðað] *f* Ungestüm *nt*

**impetuoso, -a** [impetu'oso, -a] *adj* ❶ (*temperamento*) ungestüm ❷ (*movimiento*) heftig; (*fuerza*) wuchtig ❸ (*acto*) unbedacht

**impiedad** [impje'ðað] *f* ❶ (*falta de fe*) Gottlosigkeit *f* ❷ (*de piedad*) Herzlosigkeit *f*

**impío, -a** [im'pio, -a] **I.** *adj* ❶ (*irreligioso*) gottlos ❷ (*inclemente*) unbarmherzig ❸ (*irrespetuoso*) respektlos **II.** *m, f* Gottlose(r) *mf*

**implacable** [impla'kaβle] *adj* ❶ (*imposible de ablandar*) unversöhnlich ❷ (*riguroso*) unerbittlich

**implantación** [implaṇta'θjon] *f* ❶ (MED) Implantation *f* ❷ (*introducción*) Einführung *f* ❸ (*asentamiento*) Ansiedlung *f* ❹ (*generalización*) Einbürgerung *f*

**implantar** [implaṇ'tar] **I.** *vt* ❶ (*establecer*) errichten; (*asentar*) ansiedeln ❷ (*instituir*) (be)gründen ❸ (*introducir*) einführen ❹ (MED) einpflanzen, implantieren **II.** *vr:* ~**se** ❶ (*establecerse*) sich niederlassen ❷ (*generalizarse*) sich einbürgern

**implante** [im'plaṇte] *m* (MED) Implantat *nt*

**implementar** [implemeṇ'tar] *vt* (*Am*) ❶ (*un método*) anwenden ❷ (*un plan*) ausführen; (*una orden*) vollziehen; (*un deber*) erfüllen

**implemento** [imple'meṇto] *m* (*Am: utensilio*) Gerät *nt;* (*accesorio*) Zubehör *nt;* ~**s agrícolas** landwirtschaftliche Geräte

**implicación** [implika'θjon] *f* ❶ (*inclusión*) Einbeziehung *f* ❷ (*participación en un delito*) Beteiligung *f* ❸ (*consecuencia*) Auswirkung *f* ❹ (*significado*) Bedeutung *f* ❺ (*contradicción*) Widerspruch *m;* (*oposición*) Gegensatz *m*

**implicar** [impli'kar] <c→qu> **I.** *vt* ❶ (*envolver*) verwickeln ❷ (*contener*) beinhalten; (*una consecuencia*) zur Folge haben ❸ (*significar*) bedeuten **II.** *vi* (*impedir*) entgegenstehen (+*dat*) **III.** *vr:* ~**se** sich verwickeln (*en* in +*akk*)

**implícito, -a** [im'pliθito, -a] *adj* ❶ (*incluido*) (mit) eingeschlossen; (*una circunstancia*) (mit) einbezogen ❷ (*sobreentendido*) implizit ❸ (*tácito*) stillschweigend

**implorar** [implo'rar] *vt* (*a alguien*) anflehen; (*algo*) flehen (um +*akk*); ~ **(el) perdón** um Verzeihung flehen

**impoluto, -a** [impo'luto, -a] *adj* ❶ (*limpio*) rein ❷ (*sin tacha moral*) makellos

**imponderable** [impoṇde'raβle] *adj* ❶ (*incalculable*) unwägbar ❷ (*inestimable*) unschätzbar

**imponderables** [impoṇde'raβles] *mpl* Unwägbarkeiten *fpl*

**imponente** [impo'neṇte] **I.** *adj* ❶ (*impresionante*) eindrucksvoll ❷ (*que infunde respeto*) beeindruckend ❸ (*inmenso*) mächtig; (*grandioso*) imposant ❹ (*fam: atractivo*) toll **II.** *mf* (FIN) Einleger(in) *m(f)*

**imponer** [impo'ner] *irr como poner* **I.** *vt* ❶ (*idea*) aufzwingen; (*carga*) auferlegen (*a/sobre* +*dat*); (*impuestos*) erheben (*sobre* für +*akk*); (*sanciones*) verhängen ❷ (*nombre*) geben ❸ (*respeto*) einflößen ❹ (FIN) einzahlen; (*invertir*) anlegen ❺ (*informar*) in Kenntnis setzen (*de* über +*akk*) **II.** *vi* imponieren **III.** *vr:* ~**se** ❶ (*hacerse necesario*) sich aufdrängen; (*hacerse ineludible*) unbedingt notwendig sein ❷ (*hacerse obedecer*) sich durchsetzen (*a* gegen +*akk*); (*prevalecer*) sich behaupten (*a* gegen +*akk*) ❸ (*tomar como obligación*) sich *dat* auferlegen ❹ (*informarse*) sich informieren (*de* über +*akk*); (*familiarizarse*) sich vertraut machen (*en* mit +*dat*)

**imponible** [impo'niβle] *adj* ❶ (FIN) besteuerbar ❷ (*importación*) verzollbar ❸ (*fam: ropa*) nicht tragbar

**impopular** [impopu'lar] *adj* ❶ (*antipático*) unbeliebt ❷ (*desfavorable*) unpopulär

**impopularidad** [impopulari'ðað] *f* Unbeliebtheit *f*

**importación** [importa'θjon] *f* ❶ (*acción*) Einfuhr *f* ❷ (*producto*) Importware *f*

**importador(a)** [importa'ðor(a)] **I.** *adj* Einfuhr- **II.** *m(f)* Importeur(in) *m(f)*
**importancia** [impor'tan̪θja] *f* ❶ (*interés*) Bedeutung *f;* **sin ~** bedeutungslos ❷ (*extensión*) Ausmaß *nt* ❸ (*trascendencia*) Tragweite *f* ❹ (*prestigio*) Ansehen *nt;* (*influencia*) Einfluss *m;* **darse ~** (*fam*) angeben
**importante** [impor'tan̪te] *adj* ❶ (*de gran interés*) bedeutend; **lo ~ es...** +*inf* Hauptsache ... ❷ (*dimensión*) beachtlich ❸ (*cantidad*) beträchtlich ❹ (*calidad*) wertvoll ❺ (*situación*) ernst ❻ (*persona*) berühmt; (*influyente*) einflussreich
**importar** [impor'tar] **I.** *vt* ❶ (*mercancía*) einführen, importieren ❷ (*precio*) betragen ❸ (*traer consigo*) mit sich bringen **II.** *vi* von Bedeutung sein; **¡no importa!** (das) macht nichts!; **¿a ti qué te importa?** was geht dich das an?; **¿te importa esperar?** macht es dir was aus zu warten?
**importe** [im'porte] *m* (*cuantía*) Betrag *m;* (*total*) Summe *f*
**importunar** [importu'nar] *vt* (*incomodar*) belästigen; (*molestar*) stören
**importunidad** [importuni'ðað] *f* ❶ (*incomodidad*) Belästigung *f;* (*molestia*) Störung *f* ❷ (*indiscreción*) Aufdringlichkeit *f*
**importuno, -a** [impor'tuno, -a] *adj* ❶ (*incómodo*) lästig; (*molesto*) störend ❷ (*indiscreto*) aufdringlich ❸ (*inoportuno*) ungelegen
**imposibilidad** [imposiβili'ðað] *f* Unmöglichkeit *f*
**imposibilitado, -a** [imposiβili'taðo, -a] *adj* ❶ (*impedido*) (körper)behindert; (*paralítico*) gelähmt ❷ (*de acudir*) verhindert
**imposibilitar** [imposiβili'tar] *vt* (*impedir*) verhindern; (*evitar*) vermeiden
**imposible** [impo'siβle] **I.** *adj* ❶ (*irrealizable*) unmöglich ❷ (*fam: insoportable*) unerträglich ❸ (*Am: repugnante*) ekelhaft **II.** *m:* **lo ~** das Unmögliche
**imposición** [imposi'θjon] *f* ❶ (*de una carga*) Auferlegung *f;* (*de condena*) Verhängung *f* ❷ (*de condiciones*) Auflage *f* ❸ (*de impuestos*) Besteuerung *f* ❹ (*de un nombre*) Vergabe *f* ❺ (REL): **~ de manos** Handauflegung *f* ❻ (FIN) Einlage *f*
**impositiva** [imposi'tiβa] *f* (*Am*) Finanzamt *nt*
**impositivo, -a** [imposi'tiβo, -a] *adj* ❶ (FIN) Steuer- ❷ (*CSur: imperativo*) entschieden
**impostergable** [imposter'ɣaβle] *adj* unaufschiebbar
**impostor(a)** [impos'tor(a)] **I.** *adj* ❶ (*difamador*) verleumderisch ❷ (*tramposo*) betrügerisch **II.** *m(f)* ❶ (*difamador*) Verleumder(in) *m(f)* ❷ (*tramposo*) Betrüger(in) *m(f)*
**impostura** [impos'tura] *f* ❶ (*calumnia*) Verleumdung *f* ❷ (*trampa*) Betrug *m*
**impotencia** [impo'ten̪θja] *f* ❶ (*falta de poder*) Machtlosigkeit *f* ❷ (*incapacidad*) Unfähigkeit *f* ❸ (MED) Impotenz *f*
**impotente** [impo'ten̪te] *adj* ❶ (*sin poder*) machtlos ❷ (*incapaz*) unfähig ❸ (*desvalido*) schwach ❹ (MED) impotent
**impracticable** [imprakti'kaβle] *adj* ❶ (*irrealizable*) unausführbar ❷ (*intransitable*) unbefahrbar; (*incómodo de pasar*) unwegsam
**imprecación** [impreka'θjon] *f* Fluch *m*
**imprecar** [impre'kar] *vt* <c→qu> verfluchen
**imprecisión** [impreθi'sjon] *f* ❶ (*falta de precisión*) Ungenauigkeit *f* ❷ (*falta de determinación*) Unbestimmtheit *f*
**impreciso, -a** [impre'θiso, -a] *adj* ❶ (*no preciso*) ungenau ❷ (*indefinido*) vage
**impredecible** [impreðe'θiβle] *adj* nicht voraussagbar
**impregnar** [impreɣ'nar] **I.** *vt* ❶ (*empapar*) tränken; (*un tejido*) imprägnieren ❷ (*penetrar*) durchtränken ❸ (*influir*) erfüllen **II.** *vr:* **~se** sich voll saugen (*con/de* mit +*dat*)
**impremeditación** [impremeðita'θjon] *f sin pl* Unbesonnenheit *f;* **la ~ de su respuesta** seine/ihre unbedachte Antwort
**impremeditado, -a** [impremeði'taðo, -a] *adj* ❶ (*impensado*) unüberlegt ❷ (*irreflexivo*) unbedacht ❸ (*involuntario*) unbeabsichtigt
**imprenta** [im'pren̪ta] *f* ❶ (*técnica*) (Buch)druck *m* ❷ (*arte*) Buchdruckerkunst *f* ❸ (*taller*) (Buch)druckerei *f* ❹ (*impresión*) Druck *m* ❺ (JUR): **~ genética** genetischer Fingerabdruck *m*
**imprescindible** [impresθin̪'diβle] *adj* ❶ (*ineludible*) unumgänglich ❷ (*obligatorio*) unerlässlich ❸ (*insustituible*) unentbehrlich
**impresentable** [impresen̪'taβle] *adj* nicht vorzeigbar
**impresión** [impre'sjon] *f* ❶ (*huella*) Abdruck *m* ❷ (TIPO) Druck *m;* (*acto*) Drucklegung *f* ❸ (INFOR) Ausdruck *m* ❹ (FOTO) Abzug *m* ❺ (*grabación*) (Ton)aufnahme *f* ❻ (*sensación*) (Sinnes)eindruck *m;* (*opinión*) Eindruck *m*
**impresionable** [impresjo'naβle] *adj* ❶ (*fácil de impresionar*) leicht zu beeindrucken; (*de alterar*) leicht erregbar ❷ (*sensible*) empfindsam ❸ (TIPO) druckbar ❹ (INFOR) ausdruckbar

I

**impresionante** [impresjo'nan̩te] *adj* ❶ (*emocionante*) beeindruckend ❷ (*de gran efecto*) wirkungsvoll ❸ (*magnífico*) großartig

**impresionar** [impresjo'nar] **I.** *vt* ❶ (*emocionar*) beeindrucken; (*conmover*) erschüttern ❷ (*inculcar*) einprägen ❸ (FOTO) belichten ❹ (*grabar*) bespielen **II.** *vr:* **~se** (*emocionarse*) beeindruckt sein; (*conmoverse*) erschüttert sein

**impresionismo** [impresjo'nismo] *m* (ARTE) Impressionismus *m*

**impresionista** [impresjo'nista] **I.** *adj* (ARTE) impressionistisch **II.** *mf* (ARTE) Impressionist(in) *m(f)*

**impreso**[1] [im'preso] *m* ❶ (*hoja*) Druckerzeugnis *nt* ❷ (*formulario*) Formular *nt* ❸ (*envío*) Drucksache *f;* ~ **publicitario** Werbedrucksache *f*

**impreso, -a**[2] [im'preso, -a] *pp de* **imprimir**

**impresor(a)** [impre'sor(a)] **I.** *adj* Druck- **II.** *m(f)* Drucker(in) *m(f)*

**impresora** [impre'sora] *f* (INFOR) Drucker *m;* ~ **de inyección de tinta** (Farb)tintenstrahldrucker *m;* ~ **láser** Laserdrucker *m*

**imprevisible** [impreβi'siβle] *adj* unvorhersehbar

**imprevisión** [impreβi'sjon] *f* ❶ (*despreocupación*) Sorglosigkeit *f;* (*descuido*) Unachtsamkeit *f* ❷ (*ligereza*) Leichtsinnigkeit *f*

**imprevisor(a)** [impreβi'sor(a)] *adj* ❶ (*despreocupado*) sorglos; (*descuidado*) unachtsam ❷ (*ligero*) leichtsinnig

**imprevisto**[1] [impre'βisto] *m* ❶ (*percance inesperado*) unerwartetes Ereignis *nt* ❷ *pl* (*gastos*) unvorhergesehene Ausgaben *fpl*

**imprevisto, -a**[2] [impre'βisto, -a] *adj* (*no previsto*) unvorhergesehen; (*inesperado*) unerwartet

**imprimir** [impri'mir] *vt irr* ❶ (TIPO) drucken (*en/sobre* auf +*dat*); (*editar*) herausbringen (*en/sobre* auf +*dat*); (*reproducir*) abdrucken (*en/sobre* auf +*dat*) ❷ (INFOR) ausdrucken ❸ (*t. fig: un sello*) aufprägen ❹ (*inculcar*) einprägen ❺ (*transmitir*) verleihen

**improbabilidad** [improβaβili'ðað] *f* Unwahrscheinlichkeit *f*

**improbable** [impro'βaβle] *adj* unwahrscheinlich

**ímprobo, -a** ['improβo, -a] *adj* ❶ (*elev: inmoral*) unredlich ❷ (*esfuerzo*) mühselig, beschwerlich; (*trabajo*) hart

**improcedente** [improθe'ðen̩te] *adj* ❶ (*inoportuno*) unangemessen; (*extemporáneo*) unpassend ❷ (*inadecuado*) unzweckmäßig ❸ (*antirreglamentario*) unzulässig; (JUR) rechtswidrig

**improductividad** [improðuktiβi'ðað] *f* ❶ (*falta de productividad*) Unproduktivität *f* ❷ (*falta de rendimiento*) Unergiebigkeit *f* ❸ (*falta de rentabilidad*) Unwirtschaftlichkeit *f*

**improductivo, -a** [improðuk'tiβo, -a] *adj* ❶ (*no productivo*) unproduktiv ❷ (*sin rendimiento*) unergiebig ❸ (*antieconómico*) unwirtschaftlich

**impronta** [im'pron̩ta] *f* ❶ (*de una imagen*) Abdruck *m* ❷ (*huella*) Spuren *fpl*

**impronunciable** [impronun̩'θjaβle] *adj* unaussprechbar

**improperio** [impro'perjo] *m* (*ofensa*) Beleidigung *f;* (*insulto*) Beschimpfung *f*

**impropiedad** [impropje'ðað] *f* ❶ (*inexactitud en el lenguaje*) Ungenauigkeit *f;* (*incorrección*) Unrichtigkeit *f* ❷ (*inoportunidad*) Unangemessenheit *f* ❸ (*ineptitud*) Untauglichkeit *f*

**impropio, -a** [im'propjo, -a] *adj* ❶ (*inoportuno*) unpassend; **ese comportamiento es ~ en él** dieses Verhalten passt nicht zu ihm ❷ (*inapropiable*) ungeeignet ❸ (MAT) unecht

**improrrogable** [improrro'ɣaβle] *adj* ❶ (*no prolongable*) nicht verlängerbar ❷ (*no aplazable*) unaufschiebbar

**improvisación** [improβisa'θjon] *f* Improvisation *f*

**improvisar** [improβi'sar] *vt* improvisieren

**improviso, -a** [impro'βiso, -a] *adj* unerwartet; **de ~** plötzlich; **coger a alguien de ~** jdn überraschen

**improvisto, -a** [impro'βisto, -a] *adj* (*imprevisto*) unvorhergesehen; **a la improvista** plötzlich

**imprudencia** [impru'ðen̩θja] *f* ❶ (*irreflexión*) Unbesonnenheit *f* ❷ (*descuido*) Unvorsichtigkeit *f* ❸ (*indiscreción*) Taktlosigkeit *f* ❹ (JUR) Fahrlässigkeit *f*

**imprudente** [impru'ðen̩te] *adj* ❶ (*irreflexivo*) unbesonnen; (*insensato*) unklug ❷ (*incauto*) unvorsichtig ❸ (*indiscreto*) taktlos ❹ (JUR) fahrlässig

**impudicia** [impu'ðiθja] *f* (*desvergüenza*) Schamlosigkeit *f*

**impúdico, -a** [im'puðiko, -a] *adj* (*obsceno*) unzüchtig

**impudor** [impu'ðor] *m* (*desvergüenza*) Schamlosigkeit *f*

**impuesto** [im'pwesto] *m* (FIN) Steuer *f;* **~ sobre la renta** Einkommenssteuer *f;* **~ sobre los salarios** Lohnsteuer *f;* **libre de ~s** steuerfrei; **sujeto a ~s** steuerpflichtig

**impugnación** [impuɣna'θjon] *f* ❶ (*t.* JUR)

Anfechtung *f* ❷ (*negación*) Bestreiten *nt* ❸ (*objeción*) Einwand *m*

**impugnar** [impuɣ'nar] *vt* ❶ (*t.* JUR) anfechten ❷ (*combatir*) bestreiten; (*una teoría*) zu widerlegen suchen

**impulsar** [impul'sar] *vt* ❶ (*empujar*) schieben ❷ (*incitar*) bewegen (*a* zu +*dat*) ❸ (*estimular*) antreiben; (*promover*) vorantreiben

**impulsión** [impul'sjon] *f* ❶ (TÉC) Antrieb *m* ❷ (*elev: empuje*) Anstoß *m*

**impulsividad** [impulsiβi'ðaᵈ] *f* Impulsivität *f*

**impulsivo, -a** [impul'siβo, -a] **I.** *adj* impulsiv **II.** *m, f* impulsiver Mensch *m*

**impulso** [im'pulso] *m* ❶ (*empujón*) Stoß *m* ❷ (*estímulo*) Anstoß *m;* (*exterior*) Antrieb *m;* ~ **sexual** Sexualtrieb *m* ❸ (*empuje*) Schwung *m* ❹ (FÍS) Impuls *m*

**impulsor(a)** [impul'sor(a)] **I.** *adj* antreibend **II.** *m(f)* Anstifter(in) *m(f)*

**impune** [im'pune] *adj* straffrei

**impunidad** [impuni'ðaᵈ] *f* Straffreiheit *f*

**impuntualidad** [impuntwali'ðaᵈ] *f* Unpünktlichkeit *f*

**impureza** [impu'reθa] *f* ❶ (*t.* REL) Unreinheit *f* ❷ (*suciedad*) Verunreinigung *f* ❸ (*obscenidad*) Unzucht *f*

**impuro, -a** [im'puro, -a] *adj* ❶ (*t.* REL) unrein ❷ (*sucio*) verschmutzt ❸ (*obsceno*) unzüchtig

**imputabilidad** [imputaβili'ðaᵈ] *f* Zurechnungsfähigkeit *f*

**imputable** [impu'taβle] *adj* zurückzuführen (*a* auf +*akk*)

**imputación** [imputa'θjon] *f* ❶ (*insinuación*) Unterstellung *f* ❷ (*acusación*) Beschuldigung *f*

**imputar** [impu'tar] *vt* ❶ (*atribuir*) zurückführen (*a* auf +*akk*) ❷ (*cargar*) aufbürden (*a* +*dat*) ❸ (COM) verbuchen (*a* auf +*akk*)

**inabarcable** [inaβar'kaβle] *adj* unermesslich

**inacabable** [inaka'βaβle] *adj* unendlich

**inaccesibilidad** [inaᵞθesiβili'ðaᵈ] *f* ❶ (*inasequibilidad*) Unerreichbarkeit *f;* (*de una persona*) Unnahbarkeit *f* ❷ (*incomprensibilidad*) Unverständlichkeit *f*

**inaccesible** [inaᵞθe'siβle] *adj* ❶ (*inalcanzable*) unerreichbar (*para* für +*akk*); (*persona*) unnahbar ❷ (*incomprensible*) unverständlich

**inacción** [inaᵞ'θjon] *f* (*inactividad*) Untätigkeit *f;* (*ociosidad*) Nichtstun *nt*

**inaceptable** [inaθep'taβle] *adj* unannehmbar

**inactividad** [inaktiβi'ðaᵈ] *f* ❶ (*inacción*) Tatenlosigkeit *f;* (*desocupación*) Untätigkeit *f* ❷ (*de una sustancia*) Unwirksamkeit *f* ❸ (MED) Inaktivität *f*

**inactivo, -a** [inak'tiβo, -a] *adj* ❶ (*persona*) tatenlos; (*desocupado*) untätig ❷ (*funcionamiento*) stillgelegt ❸ (*volcán*) untätig ❹ (*sustancia*) unwirksam ❺ (MED) inaktiv

**inadaptabilidad** [inaðaptaβili'ðaᵈ] *f* mangelnde Anpassungsfähigkeit *f*

**inadaptable** [inaðap'taβle] *adj* (*inaplicable*) nicht anwendbar (*a* auf +*akk*); (*no aclimatable*) nicht anpassungsfähig

**inadaptación** [inaðapta'θjon] *f* (*inadaptabilidad*) mangelndes Anpassungsvermögen *nt;* (*resultado*) Unangepasstheit *f*

**inadecuación** [inaðekwa'θjon] *f* ❶ (*falta de apropiación*) Unangemessenheit *f* ❷ (*inutilidad*) Untauglichkeit *f*

**inadecuado, -a** [inade'kwaðo, -a] *adj* ❶ (*inapropiado*) unangemessen ❷ (*no apto*) ungeeignet

**inadmisible** [inaðmi'siβle] *adj* ❶ (*insostenible*) unzulässig ❷ (*intolerable*) unannehmbar

**inadvertencia** [inaðβer'tenθja] *f* Unachtsamkeit *f*

**inadvertido, -a** [inaðβer'tiðo, -a] *adj* ❶ (*descuidado*) unachtsam; **me cogió** ~ er/sie hat mich überrascht ❷ (*desapercibido*) unbemerkt

**inagotable** [inaɣo'taβle] *adj* unerschöpflich

**inaguantable** [inaɣwan'taβle] *adj* unerträglich

**inalámbrico, -a** [ina'lambriko, -a] *adj* (TEL) schnurlos

**inalcanzable** [inalkan'θaβle] *adj* unerreichbar

**inalienable** [inalje'naβle] *adj* unveräußerlich

**inalterabilidad** [inalteraβili'ðaᵈ] *f sin pl* Unveränderbarkeit *f;* (*persona*) Unerschütterlichkeit *f*

**inalterable** [inalte'raβle] *adj* ❶ (*invariable*) unveränderlich ❷ (*permanente*) beständig ❸ (*imperturbable*) unerschütterlich

**inalterado, -a** [inalte'raðo, -a] *adj* unverändert

**inamovible** [inamo'βiβle] *adj* unversetzbar

**inanición** [inani'θjon] *f* Erschöpfung *f*

**inanidad** [inani'ðaᵈ] *f* Nichtigkeit *f*

**inanimado, -a** [inani'maðo, -a] *adj,* **inánime** [i'nanime] *adj* leblos

**inapelable** [inape'laβle] *adj* ❶ (JUR) unanfechtbar ❷ (*inevitable*) unvermeidbar

**inapetencia** [inape'tenθja] *f* Appetitlosigkeit *f*

**inaplazable** [inapla'θaβle] *adj* ❶ (*impostergable*) unaufschiebbar ❷ (*urgente*) (besonders) dringend

**inaplicable** [inapli'kaβle] *adj* unanwendbar

**inapreciable** [inapre'θjaβle] *adj* ① (*de gran valor*) unschätzbar ② (*imperceptible*) nicht wahrnehmbar

**inaprensible** [inapren'siβle] *adj* ① (*inasible*) nicht greifbar ② (*incomprensible*) unverständlich

**inasequible** [inase'kiβle] *adj* unerreichbar; (*a causa del precio*) unerschwinglich

**inaudible** [inau̯'ðiβle] *adj* unhörbar

**inaudito, -a** [inau̯'ðito, -a] *adj* ① (*sin precedente*) noch nie da gewesen ② (*vituperable*) unerhört

**inauguración** [inau̯ɣura'θjon] *f* ① (*puente*) Einweihung *f* ② (*estatua*) Enthüllung *f* ③ (*exposición*) Vernissage *f* ④ (*comienzo*) Anfang *m*

**inaugural** [inau̯ɣu'ral] *adj* Eröffnungs-

**inaugurar** [inau̯ɣu'rar] *vt* ① (*puente*) einweihen ② (*estatua*) enthüllen ③ (*comenzar*) anfangen

**inca** ['iŋka] **I.** *adj* Inka- **II.** *m* Inka *m*

**i Land & Leute**

Die **incas** waren ein kleiner indianischer Stamm in *Perú.* Im 15. Jahrhundert aber expandierten sie ihr Reich, das sich schließlich über das heutige Kolumbien und Ecuador, Peru und Bolivien bis in den Norden Argentiniens und Chiles hinein erstreckte.

**incalculable** [iŋkalku'laβle] *adj* ① (*invalorable*) unschätzbar ② (*no cuantificable*) unbezifferbar ③ (*comportamiento*) unberechenbar

**incalificable** [iŋkalifi'kaβle] *adj* ① (*indecible*) unbeschreiblich ② (*reprobable*) tadelnswert

**incandescencia** [iŋkaṇdes'θeṇθja] *f* ① (FÍS: *metal*) Weißglut *f* ② (*pasión, temperamento*) Erregung *f*; (*furia, enfado*) Weißglut *f*

**incandescente** [iŋkaṇdes'θeṇte] *adj* ① (FÍS: *metal*) weiß glühend ② (*temperamento*) erregt; (*pasión*) glühend

**incansable** [iŋkan'saβle] *adj* unermüdlich

**incapacidad** [iŋkapaθi'ða$^{d}$] *f* ① (*ineptitud*) Unfähigkeit *f* ② (*psíquica*) Behinderung *f*

**incapacitación** [iŋkapaθita'θjon] *f* ① (*minusvalía*) Behinderung *f* ② (JUR) Entmündigung *f*

**incapacitado, -a** [iŋkapaθi'taðo, -a] **I.** *adj* ① (*incompetente*) unbefugt ② (*para negocios*) entmündigt **II.** *m, f* ① (*minusválido*) Behinderte(r) *mf* ② (JUR: *para negocios*) Geschäftsunfähige(r) *mf*

**incapacitar** [iŋkapaθi'tar] *vt* ① (JUR: *para negocios*) entmündigen ② (*impedir*) nicht erlauben

**incapaz** [iŋka'paθ] *adj* ① (*inepto*) unfähig (*de* zu +*dat*) ② (JUR: *sin capacidad legal*) unmündig ③ (*sin talento*) ungeschickt

**incasable** [iŋka'saβle] *adj* ① (*imposible de casar*) nicht zu verheiraten ② (JUR: *sin autorización legal*) eheunfähig

**incautación** [iŋkau̯ta'θjon] *f* Beschlagnahmung *f*

**incautarse** [iŋkau̯'tarse] *vr* ① (*confiscar*) beschlagnahmen (*de* +*akk*) ② (*adueñarse*) Besitz ergreifen (*de* von +*dat*)

**incauto, -a** [iŋ'kau̯to, -a] *adj* ① (*sin cautela*) unvorsichtig; (*confiado*) gutgläubig ② (*ingenuo*) naiv

**incendiar** [iṇθeṇ'djar] **I.** *vt* (*sin intención*) entzünden; (*intencionalmente*) anzünden **II.** *vr:* ~**se** sich entzünden

**incendiario, -a** [iṇθeṇ'djarjo, -a] **I.** *adj* ① (*para producir un incendio*) Brand- ② (*subversivo*) aufwiegelnd **II.** *m, f* Brandstifter(in) *m(f)*

**incendio** [iṇ'θeṇdjo] *m* Brand *m*; ~ **intencionado** Brandstiftung *f*

**incentivación** [iṇθeṇtiβa'θjon] *f* Schaffung *f* von Anreizen (*de* für +*akk*)

**incentivar** [iṇθeṇti'βar] *vt* fördern (*a* +*akk*)

**incentivo** [iṇθeṇ'tiβo] *m* Anreiz *m*

**incertidumbre** [iṇθerti'ðumbre] *f* ① (*inseguridad*) Unsicherheit *f* ② (*duda*) Ungewissheit *f*, Zweifel *m*

**incesante** [iṇθe'saṇte] *adj* unaufhörlich

**incesto** [iṇ'θesto] *m* Blutschande *f*, Inzest *m*

**incestuoso, -a** [iṇθestu'oso, -a] *adj* blutschänderisch

**incidencia** [iṇθi'ðeṇθja] *f* ① (*efecto*) Auswirkungen *fpl* ② (*suceso*) Zwischenfall *m* ③ (MAT) Einfall *m*

**incidente** [iṇθi'ðeṇte] **I.** *adj* ① (*que interrumpe*) störend ② (*al margen*) beiläufig ③ (*ocasional*) gelegentlich **II.** *m* Zwischenfall *m*

**incidir** [iṇθi'ðir] *vi* ① (*consecuencias*) Auswirkungen haben (*en* auf +*akk*) ② (*elev: falta*) verfallen (*en* in +*akk*) ③ (FÍS: *elev*) einfallen (*en* in +*akk*) ④ (*tema*) hervorheben (*en* +*akk*) ⑤ (MED) inzidieren (*en* +*akk*)

**incienso** [iṇ'θjenso] *m* Weihrauch *m*

**incierto, -a** [iṇ'θjerto, -a] *adj* ungewiss

**incineración** [iṇθinera'θjon] *f* Verbrennung *f*; (*de personas*) Einäscherung *f*

**incinerador**[1] [in̦θinera'ðor] *m* ❶ (TÉC) Verbrennungsanlage *f* ❷ (*para cadáveres*) Feuerbestattungsofen *m*
**incinerador(a)**[2] [in̦θinera'ðor(a)] *adj* ❶ (TÉC) Verbrennungs- ❷ (*para cadáveres*) Einäscherungs-
**incineradora** [in̦θinera'ðora] *f* (*para basuras*) Müllverbrennungsanlage *f*
**incinerar** [in̦θine'rar] *vt* ❶ (TÉC) verbrennen ❷ (*cadáveres*) einäschern
**incipiente** [in̦θi'pjen̦te] *adj* beginnend
**incisión** [in̦θi'sjon] *f* ❶ (MED) (Ein)schnitt *m* ❷ (*elev: corte*) Schnitt *m*
**incisivo, -a** [in̦θi'siβo, -a] *adj* schneidend; **diente** ~ Schneidezahn *m*
**inciso** [in̦'θiso] *m* ❶ (TIPO) Absatz *m* ❷ (LING: *paréntesis*) Einschub *m;* (*coma*) Komma *nt* ❸ (*al relatar*) Exkurs *m* ❹ (*en documentos*) Randbemerkung *f*
**incitación** [in̦θita'θjon] *f* ❶ (*instigación*) Anstiftung *f* ❷ (*ánimo*) Ansporn *m*
**incitante** [in̦θi'tan̦te] *adj* ❶ (*instigador*) aufstachelnd ❷ (*que anima*) anregend
**incitar** [in̦θi'tar] *vt* ❶ (*instigar*) anstiften (*a* zu +*dat*) ❷ (*animar*) anspornen
**incívico, -a** [in̦'θiβiko, -a] *adj* asozial
**incivil** [in̦θi'βil] *adj*, **incivilizado, -a** [in̦θiβili'θaðo, -a] *adj* ❶ (*inculto*) unzivilisiert ❷ (*rudo*) brutal
**inclasificable** [iŋklasifi'kaβle] *adj* nicht klassifizierbar
**inclemencia** [iŋkle'men̦θja] *f* ❶ (*falta de clemencia*) Unbarmherzigkeit *f* ❷ (*clima*) Härte *f;* (*invierno*) Strenge *f;* (*paisaje*) Unwirtlichkeit *f;* **las** ~**s del tiempo** die Unbilden des Wetters
**inclemente** [iŋkle'men̦te] *adj* ❶ (*falto de clemencia*) unbarmherzig ❷ (*clima*) hart; (*invierno*) streng; (*paisaje*) unwirtlich
**inclinación** [iŋklina'θjon] *f* ❶ (*declive*) Neigung *f* ❷ (*reverencia*) Verbeugung *f;* (*con la cabeza*) Zunicken *nt* ❸ (*afecto*) Zuneigung *f* (*por* für +*akk*) ❹ (*tendencias*) Neigungen *fpl*
**inclinado, -a** [iŋkli'naðo, -a] *adj* ❶ (*ángulo*) geneigt (*a* zu +*dat*) ❷ (*de cuerpo*) gebeugt ❸ (*dispuesto*) geneigt
**inclinar** [iŋkli'nar] **I.** *vt* ❶ (*posición*) beugen ❷ (*influenciar*) geneigt machen **II.** *vr:* ~**se** ❶ (*persona, árboles*) sich beugen ❷ (*propender*) geneigt sein (*a* zu +*dat*) ❸ (*preferir*) neigen (*por* zu +*dat*)
**incluir** [iŋklu'ir] *irr como huir vt* ❶ (*comprender*) umfassen; (*contener*) beinhalten; **todo incluido** alles inklusive ❷ (*formar parte*) mit aufnehmen
**inclusa** [iŋ'klusa] *f* Findelhaus *nt*
**inclusión** [iŋklu'sjon] *f* ❶ (*integración*) Einschließung *f* ❷ (*formar parte*) Aufnahme *f;* **con** ~ **de...** einschließlich ... +*gen*
**inclusive** [iŋklu'siβe] *adv* einschließlich
**incluso**[1] [iŋ'kluso] **I.** *adv* sogar **II.** *prep* sogar; **habéis aprobado todos,** ~ **tú** ihr habt alle bestanden, selbst du
**incluso, -a**[2] [iŋ'kluso, -a] *adj* eingeschlossen
**incoar** [iŋko'ar] *vt* ❶ (*comenzar*) anfangen ❷ (JUR: *proceso*) eröffnen
**incógnita** [iŋ'koɣnita] *f* ❶ (MAT: *magnitud*) unbekannte Größe *f* ❷ (*enigma*) Rätsel *nt;* (*secreto*) Geheimnis *nt;* **despejar la** ~ (*enigma*) das Rätsel lösen; (*secreto*) das Geheimnis lüften
**incógnito, -a** [iŋ'koɣnito, -a] *adj* unbekannt
**incoherencia** [iŋkoe'ren̦θja] *f* Zusammenhanglosigkeit *f*
**incoherente** [iŋkoe'ren̦te] *adj* unzusammenhängend
**incoloro, -a** [iŋko'loro, -a] *adj* farblos
**incólume** [iŋ'kolume] *adj* unversehrt
**incombustibilidad** [iŋkombustiβili'ðað] *f sin pl* Feuerfestigkeit *f*
**incombustible** [iŋkombus'tiβle] *adj* feuerfest
**incomible** [iŋko'miβle] *adj* ungenießbar
**incomodado, -a** [iŋkomo'ðaðo, -a] *adj* ❶ (*enfadado*) ärgerlich ❷ (*ofendido*) beleidigt; **eso la dejó incomodada** sie war deswegen verärgert
**incomodar** [iŋkomo'ðar] **I.** *vt* stören **II.** *vr:* ~**se** ❶ (*molestarse*) sich bemühen ❷ (*CSur: enfadarse*) sich beleidigt fühlen
**incomodidad** [iŋkomoði'ðað] *f*, **incomodo** [in̦ko'moðo] *m* ❶ (*inconfortable*) Unbequemlichkeit *f* ❷ (*molestia*) Ärgernis *nt*
**incómodo, -a** [iŋ'komoðo, -a] *adj* ❶ (*inconfortable*) unbequem; **estar** ~ sich unbehaglich fühlen ❷ (*molesto*) lästig
**incomparable** [iŋkompa'raβle] *adj* ❶ (*no comparable*) unvergleichbar ❷ (*extraordinario*) unvergleichlich
**incomparecencia** [iŋkompare'θen̦θja] *f* (JUR) Nichterscheinen *nt*
**incompasivo, -a** [iŋkompa'siβo, -a] *adj* mitleidlos
**incompatibilidad** [iŋkompatiβili'ðað] *f* Inkompatibilität *f;* ~ **de oficios** Verbot der Ämterhäufung
**incompatible** [iŋkompa'tiβle] *adj* inkompatibel
**incompetencia** [iŋkompe'ten̦θja] *f* ❶ (*inaptitud*) Unfähigkeit *f* ❷ (*sin poder legal*) Unzuständigkeit *f*
**incompetente** [iŋkompe'ten̦te] *adj* ❶ (*inapto*) unfähig ❷ (*sin poder legal*) unbefugt

**incompleto, -a** [iŋkom'pleto, -a] *adj* ① (*inacabado*) unvollständig ② (*deficiente*) dürftig

**incomprensibilidad** [iŋkomprensiβili'ða$^{ð}$] *f sin pl* Unverständlichkeit *f*

**incomprensible** [iŋkompren'siβle] *adj* ① (*no inteligible*) unverständlich ② (*inexplicable*) nicht nachvollziehbar

**incomprensión** [iŋkompren'sjon] *f* ① (*no querer comprender*) Unverständnis *nt* ② (*no poder comprender*) Unverständlichkeit *f*

**incomprensivo, -a** [iŋkompren'siβo, -a] *adj* verständnislos; **ella es incomprensiva con sus alumnos** sie bringt kein Verständnis für ihre Schüler auf

**incomunicación** [iŋkomunika'θjon] *f* ① (*aislamiento*) Isolation *f* ② (*en prisión*) Einzelhaft *f* ③ (*falta de comunicación*) Kommunikationsmangel *m*

**incomunicado, -a** [iŋkomuni'kaðo, -a] *adj* ① (*aislado*) von der Außenwelt abgeschlossen ② (*en prisión*) in Einzelhaft

**incomunicar** [iŋkomuni'kar] <c→qu> *vt* ① (*aislar*) in Einzelhaft nehmen ② (*bloquear*) abriegeln

**inconcebible** [iŋkoṇθe'βiβle] *adj* ① (*inimaginable*) unvorstellbar ② (*inadmisible*) unbegreiflich

**inconciliable** [iŋkoṇθi'ljaβle] *adj* unvereinbar

**inconcluso, -a** [iŋkoŋ'kluso, -a] *adj* unbeendet

**inconcreción** [iŋkoŋkre'θjon] *f* Ungenauigkeit *f*

**inconcreto, -a** [iŋkoŋ'kreto, -a] *adj* vage

**incondicional** [iŋkoṇdiθjo'nal] **I.** *adj* bedingungslos **II.** *mf* (*amigo*) bedingungsloser Freund *m*, bedingungslose Freundin *f*; (*servil*) treu Ergebene(r) *mf*

**inconexión** [iŋkone$^{y}$'sjon] *f* Zusammenhanglosigkeit *f*; **la ~ de los esfuerzos de los dos profesores** das mangelnde Zusammenwirken der beiden Lehrer

**inconexo, -a** [iŋko'ne$^{y}$so, -a] *adj* unzusammenhängend

**inconformismo** [iŋkoɱfor'mismo] *m* Nonkonformismus *m*

**inconfundible** [iŋkoɱfuṇ'diβle] *adj* unverwechselbar

**incongruencia** [iŋkoŋ'grweṇθja] *f* (*incoherencia*) Unvereinbarkeit *f*

**incongruente** [iŋkoŋ'grweṇte] *adj* (*contradictorio*) unvereinbar

**inconmensurable** [iŋko$^{n}$mensu'raβle/iŋko$^{m}$mensu'raβle] *adj* ① (*que no puede medirse*) unmessbar ② (*enorme*) unermesslich

**inconmovible** [iŋko$^{n}$mo'βiβle/iŋko$^{m}$mo'βiβle] *adj* ① (*cosas*) nicht zu bewegen ② (*personas*) unerschütterlich

**inconsciencia** [iŋko$^{n}$s'θjeṇθja] *f* ① (MED: *desmayo*) Bewusstlosigkeit *f* ② (*insensatez*) Gedankenlosigkeit *f*; (*irresponsabilidad*) Verantwortungslosigkeit *f*; (*ignorancia*) Ahnungslosigkeit *f*

**inconsciente** [iŋko$^{n}$s'θjeṇte] *adj* ① *estar* (MED: *desmayado*) bewusstlos ② *ser* (*insensato*) gedankenlos; (*irresponsable*) verantwortungslos; (*ignorante*) ahnungslos ③ *ser* (*gesto*) instinktiv

**inconsecuente** [iŋkonse'kweṇte] *adj* inkonsequent

**inconsistencia** [iŋkonsis'teṇθja] *f* Unbeständigkeit *f*

**inconsistente** [iŋkonsis'teṇte] *adj* ① (*irregular*) unbeständig ② (*poco sólido*) nicht fest; (*argumento*) schwach

**inconsolable** [iŋkonso'laβle] *adj* untröstlich

**inconstancia** [iŋko$^{n}$s'taṇθja] *f* Unbeständigkeit *f*

**inconstante** [iŋko$^{n}$s'taṇte] *adj* ① (*irregular*) veränderlich ② (*caprichoso*) unbeständig

**inconstitucional** [iŋko$^{n}$stituθjo'nal] *adj* verfassungswidrig

**inconstitucionalidad** [iŋko$^{n}$stituθjonali'ða$^{ð}$] *f* Verfassungswidrigkeit *f*

**incontable** [iŋkoṇ'taβle] *adj* ① (*innumerable*) unzählig ② (*innarrable*) nicht erzählbar

**incontenible** [iŋkoṇte'niβle] *adj* ① (*irrefrenable*) unaufhaltbar ② (*fuera de control*) unkontrollierbar

**incontestable** [iŋkoṇtes'taβle] *adj* ① (*innegable*) unbestreitbar ② (*pregunta*) nicht zu beantworten

**incontinencia** [iŋkoṇti'neṇθja] *f* ① (MED: *evacuaciones*) Inkontinenz *f* ② (*desmesura*) Maßlosigkeit *f*

**incontrolable** *adj* unkontrollierbar

**incontrolado, -a** [iŋkoṇtro'laðo, -a] **I.** *adj* ① (*que no puede controlarse*) unkontrolliert ② (*que no puede verificarse*) unüberprüft ③ (*violento*) wild, gewalttätig **II.** *m, f* Gewalttätige(r) *mf*

**incontrovertible** [iŋkoṇtroβer'tiβle] *adj* unbestreitbar

**inconveniencia** [iŋkombe'njeṇθja] *f* ① (*descortesía*) Ungebührlichkeit *f*; (*disparate*) unpassende Bemerkung *f* ② (*no adecuado*) Unangemessenheit *f* ③ *pl* (*desventajas*) Nachteile *mpl*

**inconveniente** [iŋkombe'njeṇte] **I.** *adj* ① (*descortés*) ungebührlich; (*disparate*) taktlos ② (*no adecuado*) unangemessen ③ (*no aconsejable*) unratsam **II.** *m* ① (*desventaja*) Nachteil *m* ② (*obstáculo*) Hindernis *nt*

**incordiar** [iŋkor'ðjar] *vt* ärgern; **¡no incordies!** es reicht!

**incordio** [iŋ'korðjo] *m* ① (MED: *bubón*) Leistengeschwulst *f* ② (*fam: molestia*) Ärgernis *nt*

**incorporación** [iŋkorpora'θjon] *f* ① (*al enderezarse*) Sichaufrichten *nt;* (*al sentarse*) Sichaufsetzen *nt* ② (*integración*) Eingliederung *f;* (*en un equipo*) Aufnahme *f;* ~ **a filas** (MIL) Einberufung *f*

**incorporar** [iŋkorpo'rar] **I.** *vt* ① (*integrar*) einbinden (*a/en* in +*akk*) ② (*a un grupo*) aufnehmen (*a/en* in +*akk*) ③ (*a una persona*) aufrichten ④ (MIL) einziehen (*a/en* zu +*dat*) **II.** *vr:* ~**se** ① (*en el trabajo*) sich einfinden (*a/en* an +*dat*) ② (*agregarse*) hinzukommen (*a/en* zu +*dat*) ③ (*enderezarse*) sich aufrichten ④ (MIL: *a filas*) sich zum Militärdienst melden

**incorrección** [iŋkorre$^{γ}$'θjon] *f* ① (*no correcto*) Unrichtigkeit *f* ② (*falta*) Fehler *m* ③ (*descortesía*) Unhöflichkeit *f*

**incorrecto, -a** [iŋko'rrekto, -a] *adj* ① (*erróneo*) unrichtig ② (*descortés*) unhöflich

**incorregible** [iŋkorre'xiβle] *adj* unverbesserlich

**incorruptibilidad** [iŋkorruptiβili'ða$^{ð}$] *f sin pl* ① (*de un cuerpo*) Unverderblichkeit *f* ② (*fig: moral*) Unbestechlichkeit *f*

**incorruptible** [iŋkorrup'tiβle] *adj* unbestechlich

**incorrupto, -a** [iŋko'rrupto, -a] *adj* ① (*personas*) integer ② (*cosas*) unversehrt

**incredibilidad** [iŋkreðiβili'ða$^{ð}$] *f* Unglaubwürdigkeit *f*

**incredulidad** [iŋkreðuli'ða$^{ð}$] *f* ① (*desconfianza*) Misstrauen *nt* ② (REL: *sin fe*) Unglaube *m*

**incrédulo, -a** [iŋ'kreðulo, -a] **I.** *adj* ① (*desconfiado*) misstrauisch ② (REL: *sin fe*) ungläubig **II.** *m, f* ① (*desconfiado*) Skeptiker(in) *m(f)* ② (REL: *sin fe*) Ungläubige(r) *mf*

**increíble** [iŋkre'iβle] *adj* unglaublich

**incrementar** [iŋkremen̩'tar] **I.** *vt* erhöhen **II.** *vr:* ~**se** (an)steigen

**incremento** [iŋkre'men̩to] *m* ① (*aumento*) Erhöhung *f* ② (*crecimiento*) Wachstum *nt*

**increpar** [iŋkre'par] *vt* tadeln

**incriminar** [iŋkrimi'nar] *vt* ① (JUR: *acusar*) (öffentlich) anschuldigen ② (*falta*) vorwerfen

**incruento, -a** [iŋ'krwen̩to, -a] *adj* unblutig

**incrustación** [iŋkrusta'θjon] *f* ① (*proceso*) Verkrustung *f* ② (ARTE) Einlegearbeiten *fpl* ③ (MED) Krustenbildung *f* ④ (*costra*) verkrusteter Belag *m*

**incrustar** [iŋkrus'tar] **I.** *vt* (ARTE: *con madera*) einlegen (*de* mit +*dat*) **II.** *vr:* ~**se** ① (*introducirse*) sich festsetzen ② (MED) verkrusten

**incubación** [iŋkuβa'θjon] *f* ① (MED) Inkubationszeit *f* ② (ZOOL) (Aus)brüten *nt;* (*período*) Brutzeit *f*

**incubadora** [iŋkuβa'ðora] *f* ① (MED) Brutkasten *m* ② (*para animales*) Brutofen *m*

**incubar** [iŋku'βar] **I.** *vt* (ZOOL) (aus)brüten **II.** *vr:* ~**se** sich entwickeln

**incuestionable** [iŋkwestjo'naβle] *adj* unumstritten

**inculcar** [iŋkul'kar] <c→qu> **I.** *vt* ① (*enseñar*) mühsam beibringen (*a/en* +*dat*) ② (*infundir*) eintrichtern (*a/en* +*dat*) **II.** *vr:* ~**se** hartnäckig bestehen (*en* auf +*dat*)

**inculpación** [iŋkulpa'θjon] *f* Anschuldigung *f*

**inculpar** [iŋkul'par] *vt* anklagen (*de* +*gen*)

**inculto, -a** [iŋ'kul̩to, -a] *adj* ① (*sin instrucción*) ungebildet ② (*comportamiento*) unkultiviert ③ (AGR: *sin cultivar*) unbebaut

**incultura** [iŋkul̩'tura] *f* ① (*falta de enseñanza*) Bildungsmangel *m* ② (*comportamiento*) Ungeschliffenheit *f*

**incumbencia** [iŋkum'ben̩θja] *f* Zuständigkeit *f*

**incumbir** [iŋkum'bir] *vi* ① (*atañer*) angehen (*a* +*akk*) ② (ADMIN: *ser de la competencia*) obliegen (*a* +*dat*)

**incumplimiento** [iŋkumpli'mjen̩to] *m* Nichterfüllung *f;* ~ **de contrato** Vertragsbruch *m*

**incumplir** [iŋkum'plir] *vt* (*contrato*) nicht erfüllen; (*regla*) verletzen; (*promesa*) brechen

**incurable** [iŋku'raβle] **I.** *adj* ① (*enfermedad*) unheilbar ② (*sin esperanza*) hoffnunglos **II.** *mf* unheilbar Kranker *m,* unheilbar Kranke *f*

**incurrir** [iŋku'rrir] *vi* ① (*situación mala*) geraten (*en* in +*akk*); ~ **en una falta** einen Fehler begehen; ~ **en viejas costumbres** in alte Gewohnheiten zurückverfallen ② (*odio*) sich *dat* zuziehen; ~ **en responsabilidad** haften

**incursión** [iŋkur'sjon] *f* Einfall *m,* Eindringen *nt*

**indagación** [in̩daɣa'θjon] *f* ① (*en general*) Untersuchung *f* ② (*de policía*) Ermittlung *f*

**indagar** [in̩da'ɣar] <g→gu> *vt* ermitteln (in +*dat*)

**indebido, -a** [in̩de'βiðo, -a] *adj* ① (*cantida-*

*des*) nicht geschuldet ❷ (*injusto*) ungerechtfertigt; (*ilícito*) unrechtmäßig; **respuesta indebida** unangebrachte Antwort

**indecencia** [iṇde'θeṇθja] *f* ❶ (*persona*) Unschicklichkeit *f;* (*obscenidad*) Unanständigkeit *f* ❷ (*acción*) unanständiges Verhalten *nt;* (*dicho*) unanständiger Ausdruck *m*

**indecente** [iṇde'θeṇte] *adj* ❶ (*inadecuado*) unmöglich ❷ (*obsceno*) unanständig; (*sin vergüenza*) unverschämt ❸ (*guarro*) anstößig

**indecisión** [iṇdeθi'sjon] *f* ❶ (*irresolución*) Unentschlossenheit *f* ❷ (*vacilación*) Wankelmut *m*

**indeciso, -a** [iṇde'θiso, -a] *adj* ❶ (*irresoluto*) unentschlossen ❷ (*que vacila*) wankelmütig ❸ (*resultado*) unklar

**indecoroso, -a** [iṇdeko'roso, -a] *adj* ❶ (*indecente*) unanständig ❷ (*incorrecto*) unpassend

**indefendible** [iṇdefeṇ'diβle] *adj* unhaltbar

**indefensable** [iṇdefen'saβle] *adj* (*argumento*) unhaltbar; (*hecho, delito*) nicht zu rechtfertigen

**indefensión** [iṇdefen'sjon] *f* Wehrlosigkeit *f*

**indefenso, -a** [iṇde'fenso, -a] *adj* wehrlos

**indefinible** [iṇdefi'niβle] *adj* undefinierbar

**indefinidamente** [iṇdefiniða'meṇte] *adv* auf unbestimmte Zeit

**indefinido, -a** [iṇdefi'niðo, -a] *adj* (*t.* LING) unbestimmt; **contrato de trabajo** ~ unbefristeter Arbeitsvertrag

**indeformable** [iṇdefor'maβle] *adj* unverformbar

**indeleble** [iṇde'leβle] *adj* (*elev*) unauslöschlich

**indelicadeza** [iṇdelika'ðeθa] *f* ❶ (*vulgaridad*) Grobheit *f* ❷ (*desconsideración*) Taktlosigkeit *f*

**indelicado, -a** [iṇdeli'kaðo, -a] *adj* taktlos

**indemne** [iṇ'demne] *adj* ❶ (*persona*) unverletzt ❷ (*cosa*) unbeschädigt

**indemnización** [iṇdemniθa'θjon] *f* ❶ (*pago*) Entschädigung *f;* ~ **de despido** Abfindung *f* ❷ *pl* (*después de una guerra*) Reparationen *fpl*

**indemnizar** [iṇdemni'θar] <z→c> *vt* ❶ (*daños y perjuicios*) entschädigen (*de* für +*akk*) ❷ (*gastos*) erstatten

**independencia** [iṇdepeṇ'deṇθja] *f* Unabhängigkeit *f;* **con ~ de algo** unabhängig von etw *dat*

**independentismo** [iṇdepeṇdeṇ'tismo] *m* (POL) Unabhängigkeitsbewegung *f*

**independentista** [iṇdepeṇdeṇ'tista] *mf* (POL) Unabhängigkeitskämpfer(in) *m(f)*

**independiente** [iṇdepeṇ'djeṇte] *adj* ❶ (*libre*) unabhängig; **un piso** ~ eine Wohnung mit eigenem Eingang ❷ (*profesión*) selb(st)ständig ❸ (*soltero*) ungebunden ❹ (*sin partido*) parteilos

**independización** [iṇdepeṇdiθa'θjon] *f* (*liberación*) Befreiung *f;* (*adolescente*) Selb(st)ständigwerden *nt*

**independizar** [iṇdepeṇdi'θar] <z→c> **I.** *vt* befreien (*de* von +*dat*) **II.** *vr:* ~**se** ❶ (*liberarse*) sich unabhängig machen ❷ (*adolescente*) selb(st)ständig werden

**indescifrable** [iṇdesθi'fraβle] *adj* ❶ (*ilegible*) unentzifferbar ❷ (*misterio*) unergründlich

**indescriptible** [iṇdeskrip'tiβle] *adj* unbeschreiblich

**indeseable** [iṇdese'aβle] **I.** *adj* unerwünscht **II.** *mf* Schurke, -in *m, f*

**indestructible** [iṇdestruk'tiβle] *adj* unzerstörbar

**indeterminación** [iṇdetermina'θjon] *f* ❶ (*inconcreción*) Unbestimmtheit *f* ❷ (*indecisión*) Unentschlossenheit *f*

**indeterminado, -a** [iṇdetermi'naðo, -a] *adj* ❶ (*inconcreto*) unbestimmt ❷ (*indeciso*) unentschlossen

**indexación** [iṇdeˠsa'θjon] *f* (*t.* INFOR) Verzeichniserstellung *f*

**indexar** [iṇdeˠ'sar] *vt* (INFOR) indexieren

**India** ['iṇdja] *f* ❶ (*en el oriente*): **la ~** Indien *nt* ❷ *pl* Hispanoamerika *nt* ❸ (ZOOL): **conejillo de ~s** Meerschweinchen *nt;* (*fig fam: con quien se experimenta*) Versuchskaninchen *nt*

**indiada** [iṇ'djaða] *f* (*Am: grupo de indios*) Indianer *mpl*

**indicación** [iṇdika'θjon] *f* ❶ (*señal*) Hinweis *m;* (*por escrito*) Vermerk *m;* ~ **de las fuentes** Quellenangaben *fpl* ❷ (MED: *síntoma*) Anzeichen *nt;* (*en recetas*) Indikation *f* ❸ (*consejo*) Tipp *m;* **por ~ de...** auf Anregung von ... ❹ *pl* (*instrucciones*) Anweisungen *fpl*

**indicado, -a** [iṇdi'kaðo, -a] *adj* ❶ (*aconsejable*) ratsam; (*adecuado*) angebracht; **eso es lo más** ~ das ist das Allerbeste ❷ (MED: *tratamiento*) indiziert

**indicador** [iṇdika'ðor] *m* Anzeiger *m;* (TÉC) Anzeigetafel *f;* (ECON) Indikator *m;* ~ **de carretera** Straßenschild *nt;* ~ **de gasolina** Benzinuhr *f*

**indicar** [iṇdi'kar] <c→qu> *vt* ❶ (TÉC: *aparato*) anzeigen ❷ (*señalar*) hinweisen (auf +*akk*); (*sugerir*) aufmerksam machen (auf +*akk*); (*mostrar*) zeigen ❸ (MED) indizieren

**indicativo**[1] *m* (LING: *modo*) Indikativ *m*

**indicativo, -a²** [indika'tiβo, -a] *adj* ❶ (LING) anzeigend ❷ (*ilustrativo*) bezeichnend
**índice** ['indiθe] *m* ❶ (*recopilación*) Verzeichnis *nt;* (*biblioteca*) Katalog *m;* (*de libro*) Inhaltsverzeichnis *nt* ❷ (*dedo*) Zeigefinger *m* ❸ (*estadísticas*) Rate *f;* ~ **de audiencia** Einschaltquote *f;* ~ **de paro** Arbeitslosenquote *f* ❹ (TÉC) Zeiger *m;* (*de reloj*) Uhrzeiger *m*
**indicio** [in'diθjo] *m* ❶ (*señal*) (An)zeichen *nt* ❷ (JUR) Indiz *nt* ❸ (*vestigio*) Spur *f*
**indiferencia** [indife'renθja] *f* Gleichgültigkeit *f*
**indiferente** [indife'rente] *adj* gleichgültig (*a* gegenüber +*dat*), indifferent *geh;* **me es** ~ das ist mir gleich
**indígena** [in'dixena] **I.** *adj* einheimisch; (*en Latinoamérica*) Indio- **II.** *mf* Ureinwohner(in) *m(f);* (*en Latinoamérica*) Indio *m,* Indiofrau *f*
**indigencia** [indi'xenθja] *f* Armut *f*
**indigenismo** [indixe'nismo] *m* ❶ (LING) Indigenismus *m* (*Lehnwort aus einer Eingeborenensprache*) ❷ (POL: *en Latinoamérica*) *politische Bewegung zur Verteidigung der Rechte der Indios und zur Wahrung ihres Kulturguts*
**indigente** [indi'xente] **I.** *adj* arm **II.** *mf* Bedürftige(r) *mf*
**indigerible** [indixe'riβle] *adj* unverdaulich
**indigestar** [indixes'tar] **I.** *vt* schlecht bekommen +*dat* **II.** *vr:* ~**se** ❶ (*empacharse*) sich *dat* den Magen verderben (*de/por* durch +*akk*) ❷ (*fam: hacerse antipático*) gegen den Strich gehen +*dat* ❸ (*Am: inquietarse*) sich beunruhigen
**indigestión** [indixes'tjon] *f* Verdauungsstörung *f;* **contraer una** ~ sich *dat* den Magen verderben
**indigesto, -a** [indi'xesto, -a] *adj* ❶ *ser* (*difícil de digerir*) unverdaulich ❷ *estar* (*indigerido*) unverdaut; **estar** ~ (*persona*) Verdauungsprobleme haben ❸ *estar* (*de mal humor*) mürrisch
**indignación** [indiɣna'θjon] *f* Empörung *f*
**indignado, -a** [indiɣ'naðo, -a] *adj* empört (*con/contra/por* über +*akk*)
**indignante** [indiɣ'nante] *adj* empörend
**indignar** [indiɣ'nar] **I.** *vt* empören **II.** *vr:* ~**se** sich empören (*con/contra/por* über +*akk*)
**indignidad** [indiɣni'ðaᵈ] *f* ❶ (*cualidad*) Unwürdigkeit *f* ❷ (*acto*) Gemeinheit *f*
**indigno, -a** [in'diɣno, -a] *adj* ❶ (*desmerecedor*) unwürdig; ~ **de confianza** nicht vertrauenswürdig ❷ (*vil*) gemein
**índigo** ['indiɣo] *m* Indigo *nt o m*
**indio, -a** ['indjo, -a] **I.** *adj* ❶ (*de la India*) indisch ❷ (*de América*) indianisch ❸ (*loc*): **en fila india** im Gänsemarsch **II.** *m, f* ❶ (*de la India*) Inder(in) *m(f)* ❷ (*de América*) Indianer(in) *m(f)* ❸ (*loc*): **hacer el** ~ (*tonterías*) Blödsinn machen; (*el ridículo*) sich lächerlich machen
**indirecta** [indi'rekta] *f* (*fam*) Anspielung *f*
**indirecto, -a** [indi'rekto, -a] *adj* mittelbar; **complemento** ~ (LING) indirektes Objekt
**indisciplina** [indisθi'plina] *f* Disziplinlosigkeit *f*
**indisciplinado, -a** [indisθipli'naðo, -a] **I.** *adj* (*falto de disciplina*) disziplinlos; (*desobediente*) ungehorsam; (*insumiso*) unbeugsam **II.** *m, f* (*desobediente*) Ungehorsame(r) *mf;* (*insumiso*) Unbeugsame(r) *mf*
**indiscreción** [indiskre'θjon] *f* ❶ (*no guardar un secreto*) Indiskretion *f* ❷ (*observación*) taktlose Bemerkung *f* ❸ (*curiosidad*) (taktlose) Neugierde *f*
**indiscreto, -a** [indis'kreto, -a] *adj* ❶ (*imprudente*) taktlos ❷ (*que no guarda secretos*) schwatzhaft
**indiscriminado, -a** [indiskrimi'naðo, -a] *adj* gleich behandelnd
**indiscutible** [indisku'tiβle] *adj* unbestreitbar
**indisociable** [indiso'θjaβle] *adj* untrennbar; (QUÍM) nicht spaltbar
**indisoluble** [indiso'luβle] *adj* ❶ (QUÍM: *sustancia*) unauflöslich ❷ (*inseparable*) unauflösbar
**indispensable** [indispen'saβle] *adj* unerlässlich; **lo** (**más**) ~ das Allernötigste; **el requisito** ~ **es...** die unabdingbare Voraussetzung ist ...
**indisponer** [indispo'ner] *irr como poner* **I.** *vt* ❶ (*enemistar*) aufbringen (*con/contra* gegen +*akk*) ❷ (*de salud*) mitnehmen, zusetzen +*dat* **II.** *vr:* ~**se** ❶ (*enemistarse*) sich entzweien ❷ (*ponerse mal*) krank werden
**indisposición** [indisposi'θjon] *f* ❶ (*de salud*) Unpässlichkeit *f* ❷ (*desgana*) Lustlosigkeit *f*
**indispuesto, -a** [indis'pwesto, -a] *adj* ❶ (*enfermizo*) unpässlich ❷ (*con desgana*) lustlos ❸ (*molesto*) verstimmt
**indistinguible** [indistin'giβle] *adj* nicht unterscheidbar (*de* von +*dat*)
**indistintamente** [indistinta'mente] *adv* ❶ (*indiscriminadamente*) ohne Unterschied ❷ (*irreconocible*) undeutlich
**indistinto, -a** [indis'tinto, -a] *adj* ❶ (*elev: indiferenciado*) undifferenziert ❷ (*igual*) gleich ❸ (*difuso*) undeutlich; (*poco claro*) unbestimmt

I

**individual** [in̪diβi'ðwal] *adj* ❶ (*personal*) individuell; (*peculiar*) einzigartig ❷ (*simple*) Einzel- ❸ (*CSur: idéntico*) identisch

**individualista** [in̪diβiðwa'lista] **I.** *adj* individualistisch **II.** *mf* Individualist(in) *m(f)*

**individualizar** [in̪diβiðwali'θar] <z→c> *vt* einzeln betrachten

**individuo** [in̪di'βidwo] *m* ❶ (*espécimen*) Individuum *nt* ❷ (*miembro*) Mitglied *nt* ❸ (*pey: sujeto*) Typ *m*

**indivisible** [in̪diβi'siβle] *adj* unteilbar

**Indochina** [in̪do'ʧina] *f* Indochina *nt*

**indócil** [in̪'doθil] *adj* ❶ (*desobediente*) ungehorsam ❷ (*cabezota*) eigensinnig

**indoctrinar** [in̪doktri'nar] *vt* (*Am*) indoktrinieren

**indocumentado, -a** [in̪dokumen̪'taðo, -a] *adj* ❶ *ser* (*no registrado*) nicht dokumentiert ❷ *estar* (*sin documentos*) ohne (Ausweis)papiere ❸ *ser* (*pey: ignorante*) unwissend

**índole** ['in̪dole] *f* ❶ (*condición*) Wesensart *f* ❷ (*manera de ser*) Charakter *m* ❸ (*clase*) Art *f*

**indolencia** [in̪do'len̪θja] *f* ❶ (*apatía*) Teilnahmslosigkeit *f* ❷ (*indiferencia*) Gleichgültigkeit *f* ❸ (*desgana*) Lustlosigkeit *f*

**indolente** [in̪do'len̪te] *adj* ❶ (*apático*) teilnahmslos ❷ (*indiferente*) gleichgültig ❸ (*con desgana*) lustlos

**indomable** [in̪do'maβle] *adj* ❶ (*que no se somete*) unbeugsam ❷ (*indomesticable*) unzähmbar ❸ (*fuera de control*) unkontrollierbar

**indómito, -a** [in̪'domito, -a] *adj* ❶ (*indomable*) unbeugsam ❷ (*rebelde*) unbändig

**Indonesia** [in̪do'nesja] *f* Indonesien *nt*

**indonesio, -a** [in̪do'nesjo, -a] **I.** *adj* indonesisch **II.** *m, f* Indonesier(in) *m(f)*

**inducción** [in̪du$^{ɣ}$'θjon] *f* ❶ (ELEC: *corriente*) Induktion *f* ❷ (FILOS: *razonamiento*) Schlussfolgerung *f* ❸ (*instigación*) Anstiftung *f*

**inducir** [in̪du'θir] *irr como traducir vt* ❶ (ELEC: *corriente*) induzieren ❷ (FILOS: *razonar*) (schluss)folgern (*de* aus +*dat*); **de todo esto induzco que...** aus alledem schließe ich, dass ... ❸ (*instigar*) anstiften (*a/en* zu +*dat*); ~ **a error** zu einem Fehler verleiten

**inductividad** [in̪duktiβi'ða$^{ð}$] *f* (ELEC) Induktivität *f*

**inductor(a)** [in̪duk'tor(a)] *adj* ❶ (ELEC: *corriente*) induzierend ❷ (*instigador*) verleitend

**indudable** [in̪du'ðaβle] *adj* zweifellos; **es ~ que...** es besteht kein Zweifel (daran), dass ...

**indulgencia** [in̪dul'xen̪θja] *f* ❶ (REL: *pecados*) Ablass *m* ❷ (*elev: cualidad*) Nachsicht *f;* **proceder sin ~ contra...** gnadenlos vorgehen gegen ...

**indulgente** [in̪dul'xen̪te] *adj* (*elev*) nachsichtig (*con* gegenüber +*dat*)

**indultar** [in̪dul̪'tar] *vt* ❶ (JUR: *perdonar*) begnadigen; (*después del proceso*) freisprechen (*de* von +*dat*); ~ **a alguien de la pena de muerte** jdm die Todesstrafe erlassen ❷ (*eximir*) ausnehmen (*de* aus +*dat*)

**indulto** [in̪'dul̪to] *m* ❶ (*perdón total*) Straferlass *m* ❷ (*perdón parcial*) Strafminderung *f* ❸ (*exención*) Befreiung *f*

**indumentaria** [in̪dumen̪'tarja] *f* ❶ (*ropa*) Kleidung *f* ❷ (HIST) Trachtenkunde *f*

**industria** [in̪'dustrja] *f* ❶ (COM: *conjunto*) Industrie *f;* (*sector*) Sektor *m;* ~ **del automóvil** Autoindustrie *f* ❷ (*empresa*) Unternehmen *nt;* (*fábrica*) Fabrik *f* ❸ (*dedicación*) Hingabe *f* ❹ (*maña*) Geschicklichkeit *f;* **de ~** (*a propósito*) absichtlich

**industrial** [in̪dus'trjal] **I.** *adj* Industrie-, industriell; **nave ~** Fabrikhalle *f;* **planta ~** Fabrik(anlage) *f;* **polígono ~** Industriegebiet *nt* **II.** *mf* Industrielle(r) *mf;* (*fabricante*) Fabrikant(in) *m(f)*

**industrialismo** [in̪dustrja'lismo] *m* Industrialismus *m*

**industrialización** [in̪dustrjaliθa'θjon] *f* Industrialisierung *f*

**industrializar** [in̪dustrjali'θar] <z→c> *vt, vr:* ~**se** (sich) industrialisieren

**industrioso, -a** [in̪dus'trjoso, -a] *adj* ❶ (*trabajador*) unternehmerisch ❷ (*mañoso*) geschickt

**inédito, -a** [i'neðito, -a] *adj* ❶ (*no publicado*) unveröffentlicht ❷ (*desconocido*) unbekannt

**inefable** [ine'faβle] *adj* unbeschreiblich, unsagbar

**inefectivo, -a** [inefek'tiβo, -a] *adj* ❶ (*sin resultado*) ineffektiv, fruchtlos ❷ (COM: *no rentable*) unwirtschaftlich

**ineficacia** [inefi'kaθja] *f* ❶ (*sin resultado*) Ineffektivität *f* ❷ (COM: *sin rentabilidad*) Unwirtschaftlichkeit *f* ❸ (*de una persona*) Inkompetenz *f*

**ineficaz** [inefi'kaθ] *adj* ❶ (*cosa*) ineffektiv ❷ (*persona*) inkompetent

**ineficiencia** [inefi'θjen̪θja] *f* Ineffizienz *f*

**ineficiente** [inefi'θjen̪te] *adj* unwirtschaftlich

**ineludible** [inelu'ðiβle] *adj* (*elev*) unvermeidlich

**INEM** [i'nem] *m abr de* **Instituto Nacional de Empleo** *Staatliches Institut für Arbeits-*

*vermittlung*

**i Land & Leute**

**INEM** ist das Akronym oder Kurzwort für *Instituto Nacional de Empleo*, was im deutschsprachigen Raum dem Arbeitsamt entspricht. In den Aufgabenbereich des **INEM** fallen u. a. die Arbeitsvermittlung und die Gewährung von Arbeitslosengeld.

**inenarrable** [inena'rraβle] *adj* unbeschreiblich

**inepcia** [i'neβθja] *f* (*Am*) ① (*ineptitud*) Unfähigkeit *f* ② (*necedad*) Torheit *f*

**ineptitud** [inepti'tuð] *f* ① (*incapacidad*) Unfähigkeit *f* (*para* zu +*dat*) ② (*incompetencia*) Untauglichkeit *f* (*para* für +*akk*)

**inepto, -a** [i'nepto, -a] *adj* ① (*incapaz*) unfähig (*para* zu +*dat*) ② (*incompetente*) untauglich (*para* für +*akk*)

**inequívoco, -a** [ine'kiβoko, -a] *adj* eindeutig

**inercia** [i'nerθja] *f* (*t.* FÍS) Trägheit *f*; **por ~** aus Gewohnheit

**inerme** [i'nerme] *adj* ① (*desarmado*) unbewaffnet ② (BIOL: *sin aguijón*) stachellos; (*sin púas*) dornenlos ③ (*indefenso*) wehrlos

**inerte** [i'nerte] *adj* ① (*sin vida*) tot ② (*inmóvil*) leblos

**inescrutable** [ineskru'taβle] *adj* (*elev*) unergründlich

**inesperado, -a** [inespe'raðo, -a] *adj* unerwartet

**inestabilidad** [inestaβili'ðað] *f* ① (*t.* TÉC: *fragilidad*) Instabilität *f* ② (*variabilidad*) Unbeständigkeit *f*

**inestable** [ines'taβle] *adj* ① (*t.* TÉC: *frágil*) instabil ② (*variable*) unbeständig

**inestimabilidad** [inestimaβili'ðað] *f sin pl* Unschätzbarkeit *f*

**inestimable** [inesti'maβle] *adj* unschätzbar

**inevitable** [ineβi'taβle] *adj* unvermeidbar

**inexactitud** [ineɣsakti'tuð] *f* ① (*no exacto*) Ungenauigkeit *f* ② (*error*) Fehler *m*

**inexacto, -a** [ineɣ'sakto, -a] *adj* ① (*no exacto*) ungenau ② (*erróneo*) falsch

**inexcusable** [inesku'saβle] *adj* ① (*ineludible*) unumgänglich ② (*sin disculpa*) unverzeihlich

**inexistencia** [ineɣsis'tenθja] *f* Inexistenz *f*

**inexistente** [ineɣsis'tente] *adj* nicht vorhanden

**inexorabilidad** [ineɣsoraβili'ðað] *f* (*elev*) Unerbittlichkeit *f*

**inexorable** [ineɣso'raβle] *adj* (*elev*) unerbittlich (*en* in +*dat*)

**inexperiencia** [inespe'rjenθja] *f* Unerfahrenheit *f*

**inexperto, -a** [ines'perto, -a] *adj* unerfahren

**inexplicable** [inespli'kaβle] *adj* unerklärlich

**inexpresividad** [inespresiβi'ðað] *f* Unbeschreiblichkeit *f*

**inexpresivo, -a** [inespre'siβo, -a] *adj* ① (*cara, mirada*) ausdruckslos ② (*cosa*) nichts sagend

**inexpugnable** [inespuɣ'naβle] *adj* ① (*inconquistable*) uneinnehmbar ② (*irreductible*) unerschütterlich

**inextricable** [inestri'kaβle] *adj* ① (*enmarañado*) undurchdringlich ② (*complicado*) verwickelt

**infalibilidad** [iɱfaliβili'ðað] *f* Unfehlbarkeit *f*

**infalible** [iɱfa'liβle] *adj* unfehlbar

**infamante** [iɱfa'mante] *adj* schändlich

**infamar** [iɱfa'mar] *vt* schänden

**infamatorio, -a** [iɱfama'torjo, -a] *adj* (*elev*) schändlich; **palabras infamatorias** verleumderische Worte

**infame** [iɱ'fame] *adj* ① (*vil*) gemein ② (*muy malo*) miserabel

**infamia** [iɱ'famja] *f* ① (*canallada*) Gemeinheit *f* ② (*deshonra*) Schande *f*

**infancia** [iɱ'fanθja] *f* ① (*niñez*) Kindheit *f*; **enfermedades de la ~** Kinderkrankheiten *fpl* ② (*etapa inicial*) Anfang *m* ③ (*niños*) Kinder *ntpl*

**infante, -a** [iɱ'fante, -a] *m, f* ① (*elev: niño/niña*) Knabe *m*, Mädchen *nt*; **jardín de ~s** (*Am*) Kindergarten *m* ② (*príncipe/princesa*) Infant(in) *m(f)* ③ (*soldado*) Infanterist(in) *m(f)*

**infantería** [iɱfante'ria] *f* (MIL) Infanterie *f*

**infanticida** [iɱfanti'θiða] **I.** *adj*: **madre ~** Kind(e)smörderin *f* **II.** *mf* Kindermörder(in) *m(f)*

**infanticidio** [iɱfanti'θiðjo] *m* Kind(e)smord *m*

**infantil** [iɱfan'til] *adj* ① (*referente a la infancia*) Kinder-; **trabajo ~** Kinderarbeit *f*; **sonrisa ~** kindliches Lächeln ② (*pey: ingenuo*) kindisch

**infarto** [iɱ'farto] *m* Infarkt *m*

**infatigable** [iɱfati'ɣaβle] *adj* unermüdlich (*en* in +*dat*, *para* bei +*dat*)

**infausto, -a** [iɱ'fausto, -a] *adj* unheilvoll

**infección** [iɱfeɣ'θjon] *f* (MED) ① (*contaminación*) Ansteckung *f* ② (*afección*) Infektion *f*

**infeccioso, -a** [iɱfeɣ'θjoso, -a] *adj* (MED)

infektiös; **enfermedad infecciosa** Infektionskrankheit *f*

**infectar** [iɱfek'tar] **I.** *vt* ① (MED: *contagiar*) anstecken ② (*fam: contaminar*) verseuchen ③ (*corromper*) infizieren **II.** *vr:* ~**se** ① (*contagiarse*) sich anstecken ② (*inflamarse*) sich entzünden

**infecto, -a** [iɱ'fekto, -a] *adj* ① (*contagiado*) infiziert (*de* mit +*dat*) ② (*nauseabundo*) widerlich ③ (*corrupto*) schmutzig

**infecundidad** [iɱfekun̩di'ða[ð]] *f* Unfruchtbarkeit *f*

**infelicidad** [iɱfeliθi'ða[ð]] *f* ① (*falta de felicidad*) Unzufriedenheit *f* ② (*suerte adversa*) Unglück *nt*

**infeliz** [iɱfe'liθ] **I.** *adj* ① (*no feliz*) unglücklich ② (*fam: ingenuo*) treudoof **II.** *mf* (*fam*) ① (*desgraciado*) Unglückliche(r) *mf* ② (*buenazo*) armer Tropf *m*

**inferior** [iɱfe'rjor] **I.** *adj* ① (*debajo*) untere(r, s); **labio** ~ Unterlippe *f* ② (*de menos calidad*) minderwertiger (*a* als +*nom*) ③ (*de menos categoría*) niedriger (*a* als +*nom*) ④ (*menos*) geringer (*a* als +*nom*) ⑤ (*subordinado*) untergeben **II.** *mf* Untergebene(r) *mf*

**inferioridad** [iɱferjori'ða[ð]] *f* Unterlegenheit *f;* **estar en ~ de condiciones** im Nachteil sein

**inferir** [iɱfe'rir] *irr como sentir* **I.** *vt* ① (*deducir*) schließen (*de/por* aus +*dat*) ② (*ocasionar*) herbeiführen ③ (*causar*) zufügen **II.** *vr:* ~**se** hervorgehen (*de* aus +*dat*)

**infernal** [iɱfer'nal] *adj* höllisch; **ruido** ~ Höllenlärm *m*

**infértil** [iɱ'fertil] *adj* unfruchtbar

**infertilidad** [iɱfertili'ða[ð]] *f sin pl* Unfruchtbarkeit *f*

**infestar** [iɱfes'tar] *vt* ① (*inundar*) überschwemmen (*de* mit +*dat*) ② (*infectar*) anstecken (*de* mit +*dat*) ③ (*causar*) zufügen ④ (*corromper*) infizieren (*de* mit +*dat*)

**inficionar** [iɱfiθjo'nar] *vt* ① (*contaminar*) verseuchen ② (*envenenar*) vergiften ③ (*corromper*) verderben

**infidelidad** [iɱfiðeli'ða[ð]] *f* ① (*deslealtad*) Untreue *f* ② (*incredulidad*) Unglaube *m*

**infiel** [iɱ'fjel] **I.** *adj* <infidelísimo> ① (*desleal*) untreu ② (*pagano*) ungläubig ③ (*inexacto*) nicht getreu **II.** *mf* Ungläubige(r) *mf*

**infiernillo** [iɱfjer'niʎo] *m* Kocher *m*

**infierno** [iɱ'fjerno] *m* ① (*t.* REL) Hölle *f;* **mandar al** ~ zum Teufel jagen ② (*en la mitología*) Unterwelt *f*

**infiltración** [iɱfil̩tra'θjon] *f* ① (*el penetrar*) Einsickern *nt* ② (*propagación*) Verbreitung *f* ③ (POL) Einschleusung *f*

**infiltrar** [iɱfil̩'trar] **I.** *vt* ① (*penetrar*) einsickern lassen (*en* in +*akk*) ② (*inculcar*) verbreiten (*entre* unter +*dat*) **II.** *vr:* ~**se** ① (*penetrar*) einsickern (*en* in +*akk*) ② (*introducirse*) sich einschleusen (*en* in +*akk*)

**ínfimo, -a** ['iɱfimo, -a] *adj* ① (*muy bajo*) unterste(r, s) ② (*mínimo*) geringste(r, s) ③ (*vil*) niederträchtigste(r, s)

**infinidad** [iɱfini'ða[ð]] *f* ① (*cualidad de infinito*) Unendlichkeit *f* ② (*gran número*) Unmenge *f* (*de* an/von +*dat*)

**infinitesimal** [iɱfinitesi'mal] *adj* (MAT) infinitesimal; **cálculo** ~ Infinitesimalrechnung *f*

**infinitivo** [iɱfini'tiβo] *m* (LING) Infinitiv *m*

**infinito[1]** [iɱfi'nito] *m* (*t.* MAT) Unendliche(s) *nt*

**infinito, -a[2]** [iɱfi'nito, -a] *adj* ① (*ilimitado*) unendlich; (*cosas no materiales*) grenzenlos ② (*incontable*) unzählbar

**infinitud** [iɱfini'tu[ð]] *f sin pl* Unendlichkeit *f*

**inflable** [iɱ'flaβle] *adj* aufblasbar

**inflación** [iɱfla'θjon] *f* ① (*el inflar*) Aufblasen *nt;* (MED) Aufblähung *f* ② (ECON) Inflation *f* ③ (*exceso*) Übermaß *nt*

**inflacionismo** [iɱflaθjo'nismo] *m* (ECON) Inflationismus *m*

**inflacionista** [iɱflaθjo'nista] *adj* (ECON) inflationär

**inflamable** [iɱfla'maβle] *adj* leicht entzündbar

**inflamación** [iɱflama'θjon] *f* ① (*t.* MED) Entzündung *f* ② (TÉC) Zündung *f;* **punto de** ~ Zündpunkt *m*

**inflamar** [iɱfla'mar] **I.** *vt* ① (*encender*) entzünden ② (*excitar*) entflammen **II.** *vr:* ~**se** (*t.* MED) sich entzünden

**inflamatorio, -a** [iɱflama'torjo, -a] *adj* (MED) entzündlich

**inflar** [iɱ'flar] **I.** *vt* ① (*llenar de aire*) aufblasen ② (*exagerar*) aufbauschen **II.** *vr:* ~**se** ① (*hincharse*) sich aufblähen (*de* mit +*dat*) ② (*fam: de comida*) sich voll stopfen (*de* mit +*dat*)

**inflexibilidad** [iɱfle[y]siβili'ða[ð]] *f* ① (*rigidez*) Inflexibilität *f* ② (*firmeza*) Unnachgiebigkeit *f* (*a* gegenüber +*dat, en* in +*dat*)

**inflexible** [iɱfle[y]'siβle] *adj* ① (*rígido*) unbiegsam ② (*firme*) unnachgiebig (*a* gegenüber +*dat, en* in +*dat*)

**inflexión** [iɱfle[y]'sjon] *f* ① (*torcimiento*) Biegung *f* ② (*referente a la voz*) Modulation *f* ③ (MAT) Wendepunkt *m* ④ (LING) Flexion *f*

**infligir** [iɱfli'xir] <g→j> *vt:* ~ **un castigo**

eine Strafe auferlegen; ~ **daño** Schaden verursachen; (*dolor*) Schmerz zufügen

**influencia** [iɱ'flwen̪θja] *f* Einfluss *m* (*en/sobre* auf +*akk*)

**influenciable** [iɱflwen̪'θjaβle] *adj* beeinflussbar

**influenciar** [iɱflwen̪'θjar] **I.** *vt* beeinflussen **II.** *vr:* ~**se** sich beeinflussen lassen

**influir** [iɱflu'ir] *irr como huir* **I.** *vi* ❶ (*contribuir*) beeinflussen (*en/sobre* +*akk*) ❷ (*actuar*) einwirken (*en/sobre* auf +*akk*) **II.** *vt* beeinflussen **III.** *vr:* ~**se** sich beeinflussen lassen (*de* von +*dat*)

**influjo** [iɱ'fluxo] *m* ❶ (*influencia*) Einfluss *m* ❷ (*flujo*) Flut *f*

**influyente** [iɱflu'ɟen̪te] *adj* einflussreich

**información** [iɱforma'θjon] *f* Information *f* (*sobre* über +*akk*); (*oficina*) Auskunft(sstelle) *f*

**informador(a)** [iɱforma'ðor(a)] *m(f)* ❶ (*informante*) Informant(in) *m(f)* ❷ (*periodista*) Berichterstatter(in) *m(f)*

**informal** [iɱfor'mal] *adj* ❶ (*desenfadado*) informal; **lenguaje** ~ Umgangssprache *f* ❷ (*no cumplidor*) unzuverlässig

**informalidad** [iɱformali'ðað] *f* Unzuverlässigkeit *f*

**informante** [iɱfor'man̪te] *mf* Informant(in) *m(f)*

**informar** [iɱfor'mar] **I.** *vt* ❶ (*comunicar*) informieren (*de/sobre* über +*akk*) ❷ (*elev: fundamentar*) begründen **II.** *vi* (JUR) plädieren **III.** *vr:* ~**se** sich informieren (*de* über +*akk*)

**informática** [iɱfor'matika] *f* elektronische Datenverarbeitung *f*

**informático, -a** [iɱfor'matiko, -a] **I.** *adj:* **fallo** ~ Computerfehler *m* **II.** *m, f* Informatiker(in) *m(f)*

**informativo**[1] [iɱforma'tiβo] *m* Nachrichtensendung *f*

**informativo, -a**[2] [iɱforma'tiβo, -a] *adj* informativ; **boletín** ~ (*por escrito*) Informationsblatt *nt;* (*radial*) Nachrichten *fpl*

**informatización** [iɱformatiθa'θjon] *f* Umstellung *f* auf EDV

**informatizar** [iɱformati'θar] <z→c> *vt* auf EDV umstellen

**informe** [iɱ'forme] **I.** *adj* ❶ (*sin forma*) unförmig ❷ (*indefinido*) unbestimmt **II.** *m* ❶ (*exposición*) Bericht *m* (*sobre* über +*akk*) ❷ *pl* (*referencias*) Referenzen *fpl* (*sobre* über +*akk*)

**infortunado, -a** [iɱfortu'naðo, -a] *adj* unglückselig

**infortunio** [iɱfor'tunjo] *m* ❶ (*adversidad*) Unglück *nt* ❷ (*mala suerte*) Pech *nt*

**infotainment** [iɱfo'tainment] *m* Infotainment *nt*

**infracción** [iɱfraɣ'θjon] *f* Verstoß *m* (*de* gegen +*akk*); ~ **de tráfico** Verkehrsübertretung *f*

**infractor(a)** [iɱfrak'tor(a)] **I.** *adj* zuwiderhandelnd **II.** *m(f)* Zuwiderhandelnde(r) *mf;* (JUR) Rechtsbrecher(in) *m(f)*

**infraestructura** [iɱfraestruk'tura] *f* ❶ (*construcción*) Unterbau *m* ❷ (*medios*) Infrastruktur *f*

**infrahumano, -a** [iɱfrau'mano, -a] *adj* menschenunwürdig

**infranqueable** [iɱfraŋke'aβle] *adj* unüberwindbar

**infrarrojo, -a** [iɱfra'rroxo, -a] *adj* (FÍS) infrarot; **rayos** ~**s** Infrarotstrahlen *mpl*

**infrautilización** [iɱfrautiliθa'θjon] *f* Nichtauslastung *f*

**infrautilizar** [iɱfrautili'θar] <z→c> *vt* nicht erschöpfend nutzen

**infravalorar** [iɱfraβalo'rar] *vt* unterbewerten

**infrecuencia** [iɱfre'kwen̪θja] *f* Seltenheit *f*

**infrecuente** [iɱfre'kwen̪te] *adj* selten

**infringir** [iɱfriŋ'xir] <g→j> *vt* verstoßen (gegen +*akk*)

**infructuoso, -a** [iɱfruktu'oso, -a] *adj* unfruchtbar

**ínfula** ['iɱfula] *f* ❶ (REL) Inful *f* ❷ *pl* (*soberbia*): **darse** ~**s** sich wichtig machen

**infundado, -a** [iɱfun̪'daðo, -a] *adj* unbegründet

**infundio** [iɱ'fun̪djo] *m* Gerücht *nt*

**infundir** [iɱfun̪'dir] *vt* einflößen; (REL) geben; ~ **sospechas** einen Verdacht aufkommen lassen

**infusión** [iɱfu'sjon] *f* ❶ (*disolución*) Aufguss *m* ❷ (*bebida*) (Kräuter)tee *m*

**ingeniar** [iŋxe'njar] **I.** *vt* erfinden **II.** *vr:* ~**se** sich *dat* ausdenken

**ingeniería** [iŋxenje'ria] *f* ❶ (*técnica*) Technik *f* ❷ (*disciplina*) Ingenieurwissenschaft *f;* **escuela de** ~ Ingenieurfachschule *f*

**ingeniero, -a** [iŋxe'njero, -a] *m, f* Ingenieur(in) *m(f)*

**ingenio** [iŋ'xenjo] *m* ❶ (*inventiva*) Erfindungsgabe *f* ❷ (*talento para contar*) Esprit *m* ❸ (*persona*) Genie *nt* ❹ (*maña*) Geschick *nt* ❺ (*máquina*) Maschine *f*

**ingeniosidad** [iŋxenjosi'ðað] *f* ❶ (*ingenio*) Erfindergeist *m* ❷ (*dicho*) Spruch *m*

**ingenioso, -a** [iŋxe'njoso, -a] *adj* ❶ (*hábil*) geschickt ❷ (*listo*) geistreich

**ingente** [iŋ'xen̪te] *adj* enorm; ~ **cantidad** Unmenge *f*

**ingenuidad** [iŋxenwi'ðað] *f* ❶ (*inocencia*) Naivität *f* ❷ (*torpeza*) Torheit *f*

**ingenuo, -a** [iŋ'xenwo, -a] *adj* naiv

**ingerir** [iŋxe'rir] *irr como sentir vt* ① (*referente a medicamentos*) einnehmen ② (*beber*) trinken; (*comer*) essen

**ingestión** [iŋxes'tjon] *f* ① (*referente a medicamentos*) Einnahme *f* ② (*el beber*) Trinken *nt;* (*el comer*) Essen *nt*

**Inglaterra** [iŋgla'terra] *f* England *nt*

**ingle** ['iŋgle] *f* (ANAT) Leiste *f*

**inglés**, **-esa** [iŋ'gles, -esa] **I.** *adj* englisch; **llave inglesa** Engländer *m* **II.** *m, f* Engländer(in) *m(f)*

**ingobernable** [iŋgoβer'naβle] *adj* ① (*no gobernable*) unregierbar ② (*no dirigible*) unsteuerbar

**ingratitud** [iŋgrati'tuð] *f* Undankbarkeit *f*

**ingrato**, **-a** [iŋ'grato, -a] *adj* undankbar (*con/para con* gegenüber +*dat*)

**ingravidez** [iŋgraβi'ðeθ] *f* Schwerelosigkeit *f*

**ingrávido**, **-a** [iŋ'graβiðo, -a] *adj* ① (*falta de gravedad*) schwerelos ② (*ligero*) leicht

**ingrediente** [iŋgre'ðjente] *m* ① (*sustancia*) Zutat *f* ② (*elemento*) Bestandteil *m*

**ingresar** [iŋgre'sar] **I.** *vi* ① (*inscribirse*) eintreten (*en* in +*akk*) ② (*hospitalizarse*) eingeliefert werden **II.** *vt* ① (*meter*) einzahlen; ~ **un cheque** einen Scheck einreichen ② (*hospitalizar*) einliefern (*en* in +*akk*) ③ (*percibir*) verdienen

**ingreso** [iŋ'greso] *m* ① (*inscripción*) Eintritt *m;* **examen de** ~ Aufnahmeprüfung *f* ② (*ceremonia*) Aufnahmezeremoniell *nt* ③ (*alta*) Einlieferung *f* ④ (*en una cuenta*) Einzahlung *f* ⑤ *pl* (*retribuciones*) Einnahmen *fpl*

**íngrimo**, **-a** ['iŋgrimo, -a] *adj* (*Am: solitario*) einsam

**inhábil** [i'naβil] *adj* ① (*torpe*) ungeschickt ② (JUR): **día** ~ Feiertag *m*

**inhabilidad** [inaβili'ðað] *f* Ungeschicklichkeit *f*

**inhabilitación** [inaβilita'θjon] *f* (JUR) ① (*incapacitación*) Unfähigkeit *f;* ~ **especial** *Unfähigkeit zu einzelnen Ämtern* ② (*interdicción*) Berufsverbot *nt;* ~ **especial temporal** Berufsverbot auf Zeit

**inhabilitar** [inaβili'tar] *vt* (JUR) ① (*incapacitar*) für unfähig erklären (*para* +*gen*) ② (*prohibir*) ein Berufsverbot aussprechen (*a* gegen +*akk*)

**inhabitable** *adj* unbewohnbar

**inhabitado**, **-a** [inaβi'taðo, -a] *adj* unbewohnt

**inhabitual** [inaβitu'al] *adj* ungewohnt

**inhalador** [inala'ðor] *m* (MED) Inhalationsapparat *m*

**inhalar** [ina'lar] *vt* einatmen; (MED) inhalieren

**inherente** [ine'rente] *adj* innewohnend (*a* +*dat*)

**inhibición** [iniβi'θjon] *f* ① (*represión*) Unterdrückung *f* ② (*abstención*) Zurückhaltung *f* ③ (MED) Hemmung *f* ④ (JUR) Ablehnung *f* (*eines Richters*)

**inhibir** [ini'βir] **I.** *vt* ① (*reprimir*) unterdrücken ② (BIOL) hemmen ③ (JUR) (einen Richter) ablehnen **II.** *vr:* ~**se** sich heraushalten (*de/en* aus +*dat*); ~**se de hacer algo** sich zurückhalten etw zu tun

**inhibitorio**, **-a** [iniβi'torjo, -a] *adj* (JUR) Untersagungs-

**inhospitalario**, **-a** [inospita'larjo, -a] *adj,* **inhóspito**, **-a** [i'nospito, -a] *adj* ungastlich

**inhumación** [inuma'θjon] *f* Beisetzung *f*

**inhumanidad** [inumani'ðað] *f* Unmenschlichkeit *f*

**inhumano**, **-a** [inu'mano, -a] *adj* unmenschlich

**inhumar** [inu'mar] *vt* (*elev*) beisetzen

**iniciación** [iniθja'θjon] *f* ① (*comienzo*) Beginn *m* ② (*introducción*) Einführung *f* (*a/en* in +*akk*) ③ (*sobre algo secreto*) Einweihung *f* ④ (*de un novato*) Initiation *f*

**iniciado**, **-a** [ini'θjaðo, -a] **I.** *adj* eingeweiht **II.** *m, f* Eingeweihte(r) *mf*

**iniciador(a)** [iniθja'ðor(a)] *m(f)* Initiator(in) *m(f)*

**inicial** [ini'θjal] **I.** *adj* anfänglich; **fase** ~ Anfangsphase *f* **II.** *f* Anfangsbuchstabe *m*

**inicializar** [iniθjali'θar] <z→c> *vt* (INFOR) initialisieren

**iniciar** [ini'θjar] **I.** *vt* ① (*comenzar*) beginnen ② (*introducir*) einführen (*en* in +*akk*) ③ (*revelar un secreto*) einweihen (*en* in +*akk*) ④ (INFOR) booten; ~ **el funcionamiento del ordenador** den Rechner urladen **II.** *vr:* ~**se** ① (*comenzar*) beginnen ② (*introducirse*) sich vertraut machen (*en* mit +*dat*)

**iniciativa** [iniθja'tiβa] *f* Initiative *f*

**inicio** [i'niθjo] *m* Beginn *m*

**inigualable** [iniɣwa'laβle] *adj* unvergleichlich

**inimaginable** [inimaxi'naβle] *adj* unvorstellbar

**ininteligible** [ininteli'xente] *adj* unverständlich; (*escritura*) unleserlich

**ininterrumpido**, **-a** [ininterrum'piðo, -a] *adj* ununterbrochen

**iniquidad** [iniki'ðað] *f* ① (*injusticia*) Ungerechtigkeit *f* ② (*infamia*) Gemeinheit *f*

**injerencia** [iŋxe'renθja] *f* Einmischung *f* (*en* in +*akk*)

**injerir** [iŋxe'rir] *irr como sentir* **I.** *vt* ① (*introducir*) einführen (*en* in +*akk*) ② (*injertar*) pfropfen **II.** *vr:* ~**se** sich einmischen

(*en* in +*akk*)

**injertar** [iŋxer'tar] *vt* ① (*plantas*) pfropfen ② (MED) verpflanzen

**injerto** [iŋ'xerto] *m* ① (*el injertar*) Pfropfung *f* ② (*resultado del injertar*) Kreuzung *f* ③ (*brote*) Pfröpfling *m* ④ (MED) Verpflanzung *f*

**injuria** [iŋ'xurja] *f* (*con palabras*) Beschimpfung *f*; (*con acciones o palabras*) Beleidigung *f*

**injuriar** [iŋxu'rjar] *vt* (*con palabras*) beschimpfen; (*con acciones*) beleidigen

**injurioso, -a** [iŋxu'rjoso, -a] *adj* beleidigend

**injusticia** [iŋxus'tiθja] *f* Ungerechtigkeit *f*

**injustificado, -a** [iŋxustifi'kaðo, -a] *adj* ungerechtfertigt

**injusto, -a** [iŋ'xusto, -a] *adj* ungerecht; (*t.* JUR: *injustificado*) ungerechtfertigt

**inmaculado, -a** [i$^{n}$maku'laðo, -a/i$^{m}$maku'laðo, -a] *adj* ① (*limpísimo*) rein ② (*impecable*) makellos

**inmadurez** [i$^{n}$maðu'reθ/i$^{m}$maðu'reθ] *f sin pl* Unreife *f*

**inmaduro, -a** [i$^{n}$ma'ðuro, -a/i$^{m}$ma'ðuro, -a] *adj* unreif

**inmanente** [i$^{n}$ma'nente/i$^{m}$ma'nente] *adj* (*elev*) innewohnend (*a* +*dat*)

**inmaterializar** [i$^{n}$materjali'θar/i$^{m}$materjali'θar] <z→c> **I.** *vt* entmaterialisieren **II.** *vr:* ~**se** sich entmaterialisieren

**inmediaciones** [i$^{n}$meðja'θjones/i$^{m}$meðja'θjones] *fpl* nähere Umgebung *f*

**inmediatamente** [i$^{n}$meðjata'mente/i$^{m}$meðjata'mente] *adv* ① (*sin demora*) sofort ② (*directamente*) unmittelbar

**inmediatez** [i$^{n}$meðja'teθ/i$^{m}$meðja'teθ] *f sin pl* Unmittelbarkeit *f*

**inmediato, -a** [i$^{n}$me'ðjato, -a/i$^{m}$me'ðjato, -a] *adj* ① (*sin demora*) sofortig; **de** ~ sofort ② (*directo*) unmittelbar ③ (*próximo*) nächstgelegen

**inmejorable** [i$^{n}$mexo'raβle/i$^{m}$mexo'raβle] *adj* vortrefflich, hervorragend

**inmemorable** [i$^{n}$memo'raβle/i$^{m}$memo'raβle] *adj*, **inmemorial** [i$^{n}$memo'rjal/i$^{m}$memo'rjal] *adj* sehr weit zurückliegend; **desde tiempos** ~**es** seit Menschengedenken

**inmensidad** [i$^{n}$mensi'ðað/i$^{m}$mensiða$^{d}$] *f* ① (*extensión*) Unermesslichkeit *f* ② (*cantidad*) ungeheure Menge *f*

**inmenso, -a** [i$^{n}$'menso, -a/i$^{m}$'menso, -a] *adj* unermesslich

**inmensurable** [i$^{n}$mensu'raβle/i$^{m}$mensu'raβle] *adj* unmessbar

**inmerecido, -a** [i$^{n}$mere'θiðo, -a/i$^{m}$mere'θiðo, -a] *adj* unverdient

**inmersión** [i$^{n}$mer'sjon/i$^{m}$mer'sjon] *f* ① (*sumersión*) Eintauchen *nt* ② (ASTR) Immersion *f*

**inmerso, -a** [i$^{n}$'merso, -a/i$^{m}$'merso, -a] *adj* versunken (*en* in +*akk*)

**inmigración** [i$^{n}$miɣra'θjon/i$^{m}$miɣra'θjon] *f* Einwanderung *f*

**inmigrante** [i$^{n}$mi'ɣrante/i$^{m}$mi'ɣrante] *mf* Einwanderer, -in *m, f*

**inmigrar** [i$^{n}$mi'ɣrar/i$^{m}$mi'ɣrar] *vi* einwandern

**inmigratorio, -a** [i$^{n}$miɣra'torjo, -a/i$^{m}$miɣra'torjo, -a] *adj* Einwanderungs-

**inminente** [i$^{n}$mi'nente/i$^{m}$mi'nente] *adj* nahe bevorstehend

**inmiscuir** [i$^{n}$misku'ir/i$^{m}$misku'ir] *irr como huir* **I.** *vt* mischen **II.** *vr:* ~**se** sich einmischen (*en* in +*akk*)

**inmisericorde** [i$^{n}$miseri'korðe/i$^{m}$miseri'korðe] *adj* unbarmherzig

**inmobiliaria** [i$^{n}$moβi'ljarja/i$^{m}$moβi'ljarja] *f* Immobilienfirma *f*

**inmobiliario, -a** [i$^{n}$moβi'ljarjo, -a/i$^{m}$moβi'ljarjo, -a] *adj* Immobilien-

**inmoderado, -a** [i$^{n}$moðe'raðo, -a/i$^{m}$moðer'raðo, -a] *adj* unmäßig

**inmodestia** [i$^{n}$mo'ðestja/i$^{m}$mo'ðestja] *f* Unbescheidenheit *f*

**inmodesto, -a** [i$^{n}$mo'ðesto, -a/i$^{m}$mo'ðesto, -a] *adj* unbescheiden

**inmolación** [i$^{n}$mola'θjon/i$^{m}$mola'θjon] *f* Opfer *nt*

**inmolar** [i$^{n}$mo'lar/i$^{m}$mo'lar] *vt, vr:* ~(**se**) (sich) opfern (*por* für +*akk*)

**inmoral** [i$^{n}$mo'ral/i$^{m}$mo'ral] *adj* unmoralisch; (*en cuestiones sexuales*) unsittlich

**inmoralidad** [i$^{n}$morali'ðað/i$^{m}$morali'ðað] *f* ① (*indignidad*) Unmoral *f* ② (*indecencia*) Unsittlichkeit *f*

**inmortal** [i$^{n}$mor'tal/i$^{m}$mor'tal] *adj* unsterblich

**inmortalidad** [i$^{n}$mortali'ðað/i$^{m}$mortali'ðað] *f* Unsterblichkeit *f*

**inmortalizar** [i$^{n}$mortali'θar/i$^{m}$mortali'θar] <z→c> *vt, vr:* ~(**se**) (sich) unsterblich machen

**inmóvil** [i$^{n}$'moβil/i$^{m}$'moβil] *adj* bewegungslos

**inmovilidad** [i$^{n}$moβili'ðað/i$^{m}$moβili'ðað] *f* Bewegungslosigkeit *f*

**inmovilismo** [i$^{n}$moβi'lismo/i$^{m}$moβi'lismo] *m* Fortschrittsfeindlichkeit *f*

**inmovilización** [i$^{n}$moβiliθa'θjon/i$^{m}$moβiliθa'θjon] *f* ① (*incapaz de moverse*) Bewegungsunfähigkeit *f*; (MIL) Immobilität *f* ② (MED) Ruhigstellung *f* ③ (COM) (feste) Anlage *f*

**inmovilizar** [i$^{n}$moβili'θar/i$^{m}$moβili'θar] <z→c> **I.** *vt* ① (*paralizar*) lähmen; ~ **a al-**

guien jdn bewegungsunfähig machen ❷ (MED) ruhig stellen ❸ (COM) (fest) anlegen **II.** *vr:* ~**se** bewegungsunfähig werden

**inmueble** [i$^{n}$'mweβle/i$^{m}$'mweβle] **I.** *adj* unbeweglich **II.** *m* Grundbesitz *m*

**inmundicia** [i$^{n}$muṇ'diθja/i$^{m}$muṇ'diθja] *f* ❶ (*suciedad*) Schmutz *m* ❷ (*indecencia*) Unanständigkeit *f*

**inmundo, -a** [i$^{n}$'muṇdo, -a/i$^{m}$'muṇdo, -a] *adj* schmutzig

**inmune** [i$^{n}$'mune/i$^{m}$'mune] *adj* ❶ (MED) immun (*a* gegen +*akk*) ❷ (*exento*) befreit (*de* von +*dat*)

**inmunidad** [i$^{n}$muni'ða$^{ð}$/i$^{m}$muni'ða$^{ð}$] *f* Immunität *f*

**inmunización** [i$^{n}$muniθa'θjon/i$^{m}$muniθa'θjon] *f* (*acción*) Immunisierung *f;* (*resultado*) Immunität *f*

**inmunizar** [i$^{n}$muni'θar/i$^{m}$muni'θar] <z→c> **I.** *vt* immunisieren **II.** *vr:* ~**se** immun werden

**inmunodeficiencia** [i$^{n}$munoðefi'θjeṇθja/i$^{m}$munoðefi'θjeṇθja] *f* (MED) Immunschwäche *f;* **síndrome de ~ adquirida** erworbenes Immundefektsyndrom

**inmunología** [i$^{n}$munolo'xia/i$^{m}$munolo'xia] *f* (MED) Immunologie *f*

**inmunólogo, -a** [i$^{n}$mu'noloɣo, -a/i$^{m}$mu'noloɣo, -a] *m, f* (MED) Immunologe, -in *m, f*

**inmutabilidad** [i$^{n}$mutaβili'ða$^{ð}$/i$^{m}$mutaβili'ða$^{ð}$] *f* ❶ (*inmodificable*) Unveränderlichkeit *f* ❷ (*imperturbable*) Unerschütterlichkeit *f*

**inmutable** [i$^{n}$mu'taβle/i$^{m}$mu'taβle] *adj* ❶ (*inmodificable*) unveränderlich ❷ (*imperturbable*) unerschütterlich

**inmutar** [i$^{n}$mu'tar/i$^{m}$mu'tar] **I.** *vt* ❶ (*afectar*) erschüttern ❷ (*variar*) verändern **II.** *vr:* ~**se** sich erschüttern lassen (*por* durch +*akk*); **sin ~se** gelassen

**innato, -a** [in'nato, -a] *adj* angeboren; **tiene un talento ~** er/sie ist ein Naturtalent

**innatural** [innatu'ral] *adj* unnatürlich

**innavegable** [innaβe'ɣaβle] *adj* ❶ (*aguas*) nicht schiffbar ❷ (*embarcación*) manövrierunfähig

**innecesario, -a** [inneθe'sarjo, -a] *adj* unnötig

**innegable** [inne'ɣaβle] *adj* unbestreitbar

**innoble** [in'noβle] *adj* gemein

**innocuo, -a** [in'nokwo, -a] *adj* unschädlich

**innovación** [innoβa'θjon] *f* Innovation *f*

**innovador(a)** [innoβa'ðor(a)] **I.** *adj* innovativ **II.** *m(f)* Neuerer, -in *m, f*

**innovar** [inno'βar] *vt* innovieren

**innumerable** [innume'raβle] *adj* zahllos; **un gentío ~** unzählig viele Menschen

**inobservancia** [inoβser'βaṇθja] *f* Missachtung *f*

**inocencia** [ino'θeṇθja] *f* ❶ (*falta de culpabilidad*) Unschuld *f* ❷ (*falta de malicia*) Harmlosigkeit *f* ❸ (*ingenuidad*) Naivität *f*

**inocentada** [inoθeṇ'taða] *f* ❶ (*tontada*) Dummheit *f* ❷ (*broma*) *Art Aprilscherz am 28. Dezember;* **gastar una ~ a alguien** jdn in den April schicken

**i Land & Leute**

Eine **inocentada** ist einem Aprilscherz vergleichbar, aber man scherzt nicht im April, sondern am 28. Dezember, dem „día de los (Santos) Inocentes", und zwar zum Gedenken an die „santos inocentes", die unschuldigen Kinder, die – laut dem *Evangelio según San Mateo – Matthäusevangelium –* Herodes in Bethlehem ermorden ließ.

**inocente** [ino'θeṇte] *adj* ❶ (*sin culpa*) unschuldig ❷ (*sin malicia*) harmlos ❸ (*ingenuo*) naiv, einfältig

**inocentón, -ona** [inoθeṇ'ton, -ona] *adj* (*fam*) blöde

**inocuidad** [inokwi'ða$^{ð}$] *f sin pl* Unschädlichkeit *f*

**inocular** [inoku'lar] *vt* ❶ (MED) inokulieren ❷ (*serpientes*) einspritzen

**inocuo, -a** [i'nokwo, -a] *adj* unschädlich

**inodoro**[1] [ino'ðoro] *m* Wasserklosett *nt*

**inodoro, -a**[2] [ino'ðoro, -a] *adj* geruchlos

**inofensivo, -a** [inofen'siβo, -a] *adj* harmlos

**inoficioso, -a** [inofi'θjoso, -a] *adj* (*Am*) nutzlos

**inolvidable** [inolβi'ðaβle] *adj* unvergesslich

**inoperante** [inope'raṇte] *adj* wirkungslos

**inopinado, -a** [inopi'naðo, -a] *adj* unerwartet

**inoportunidad** [inoportuni'ða$^{ð}$] *f* ❶ (*fuera de lugar*) Unangebrachtheit *f* ❷ (*fuera de tiempo*) ungünstiger Zeitpunkt *m*

**inoportuno, -a** [inopor'tuno, -a] *adj* ❶ (*fuera de lugar*) unangebracht ❷ (*fuera de tiempo*) ungelegen

**inorgánico, -a** [inor'ɣaniko, -a] *adj* ❶ (*no viviente*) anorganisch ❷ (*no organizado*) unorganisiert

**inoxidable** [ino$^{y}$si'ðaβle] *adj* rostfrei

**input** ['imput] *m* <inputs> (INFOR) Input *m o nt*

**inquebrantable** [iŋkeβraṇ'taβle] *adj* (*decisión*) unerschütterlich; (*cosa*) unzerbrechlich

**inquietante** [iŋkje'tan̩te] *adj* beunruhigend

**inquietar** [iŋkje'tar] **I.** *vt* beunruhigen **II.** *vr:* **~se** sich beunruhigen (*con/por* wegen +*gen/dat*)

**inquieto, -a** [iŋ'kjeto, -a] *adj* ❶ *estar* (*intranquilo*) unruhig ❷ *ser* (*desasosegado*) ruhelos

**inquietud** [iŋkje'tu$^{d}$] *f* ❶ (*intranquilidad*) Unruhe *f* ❷ (*desasosiego*) Ruhelosigkeit *f* ❸ (*preocupación*) Beunruhigung *f* ❹ *pl* (*anhelos*) Interessen *ntpl*

**inquilino, -a** [iŋki'lino, -a] *m, f* Mieter(in) *m(f)*

**inquina** [in'kina] *f* Abneigung *f*

**inquirir** [iŋki'rir] *irr como adquirir vt* untersuchen

**inquisición** [iŋkisi'θjon] *f* Untersuchung *f*

**Inquisición** [iŋkisi'θjon] *f* Inquisition *f*

**inquisidor**[1] [iŋkisi'ðor] *m* Inquisitor *m*

**inquisidor(a)**[2] [iŋkisi'ðor(a)] *adj* neugierig

**inquisitivo, -a** [iŋkisi'tiβo, -a] *adj* neugierig

**inri** ['inrri] *m* (*rótulo en la cruz*) I.N.R.I.; **para más ~** (*fig*) um das Maß voll zu machen

**insaciable** [insa'θjaβle] *adj* unersättlich; (*sed*) unstillbar

**insalubre** [insa'luβre] *adj* gesundheitsschädlich

**insalubridad** [insaluβri'ða$^{d}$] *f* Gesundheitsschädlichkeit *f*

**insalvable** [insal'βaβle] *adj* nicht zu retten; (*obstáculo*) unüberwindbar

**insanable** [insa'naβle] *adj* unheilbar

**insano, -a** [in'sano, -a] *adj* ❶ (*insalubre*) ungesund ❷ (*loco*) wahnsinnig

**insatisfacción** [insatisfak'θjon] *f sin pl* Unzufriedenheit *f*

**insatisfactorio, -a** [insatisfak'torjo, -a] *adj* unbefriedigend

**insatisfecho, -a** [insatis'fetʃo, -a] *adj* unzufrieden

**inscribir** [i$^{n}$skri'βir] *irr como escribir* **I.** *vt* ❶ (*registrar*) anmelden (*en* für +*akk*) ❷ (*grabar*) einmeißeln (*en* in +*akk*) ❸ (*alistar*) eintragen (*en* in +*akk*) ❹ (MAT) einbeschreiben **II.** *vr:* **~se** ❶ (*registrarse*) sich anmelden (*en* für +*akk*) ❷ (*alistarse*) sich eintragen (*en* in +*akk*); (*en la universidad*) sich einschreiben (*en* an +*dat*)

**inscripción** [i$^{n}$skriβ'θjon] *f* ❶ (*registro*) Anmeldung *f* ❷ (*alistamiento*) Eintragung *f;* (*en la universidad*) Einschreibung *f* (*en* an +*dat*) ❸ (*escrito grabado*) Inschrift *f*

**inscrito, -a** [i$^{n}$s'krito, -a] *pp de* **inscribir**

**insecticida** [insekti'θiða] *m* Insektizid *nt*

**insecto** [in'sekto] *m* Insekt *nt*

**inseguridad** [inseɣuri'ða$^{d}$] *f* Unsicherheit *f*

**inseguro, -a** [inse'ɣuro, -a] *adj* unsicher

**inseminación** [insemina'θjon] *f* Befruchtung *f;* (*de un animal*) Besamung *f*

**inseminar** [insemi'nar] *vt* befruchten; (*animal*) besamen

**insensatez** [insensa'teθ] *f* ❶ (*falta de sensatez*) Unvernunft *f* ❷ (*disparate*) Unsinn *m*

**insensato, -a** [insen'sato, -a] *adj* unvernünftig

**insensibilidad** [insensiβili'ða$^{d}$] *f* ❶ (*física o afectiva*) Gefühllosigkeit *f* (*a* gegenüber +*dat*) ❷ (*resistencia*) Unempfindlichkeit *f* (*a* gegen +*akk*)

**insensibilizar** [insensiβili'θar] <z→c> **I.** *vt* unempfindlich machen; (MED) betäuben **II.** *vr:* **~se** ❶ (*resistir*) unempfindlich werden (*hacia* gegen +*akk*) ❷ (*no sentir*) gefühllos werden

**insensible** [insen'siβle] *adj* ❶ (*física o afectivamente*) gefühllos (*a* gegenüber +*dat*) ❷ (*resistente*) unempfindlich (*a* gegen +*akk*) ❸ (*imperceptible*) unmerklich

**inseparable** [insepa'raβle] *adj* ❶ (*que no se puede separar*) untrennbar ❷ (*referente a amigos*) unzertrennlich

**inserción** [inser'θjon] *f* ❶ (*inclusión*) Einfügen *nt;* **~ social** soziale Eingliederung ❷ (MED) Ansatz *m*

**insertar** [inser'tar] **I.** *vt* ❶ (*llave*) hineinstecken; (*disquete*) einlegen; (*moneda*) einwerfen ❷ (*texto*) einfügen (*en* in +*akk*) ❸ (*anuncio*) aufgeben **II.** *vr:* **~se** ❶ (*músculo*) ansetzen ❷ (*tumor*) (hin)einwachsen (*en* in +*akk*)

**inservible** [inser'βiβle] *adj* unbrauchbar

**insidia** [in'siðja] *f* ❶ (*asechanzas*) Intrigen *fpl* ❷ (*engaño*) Hinterlistigkeit *f* ❸ (*trampa*) Falle *f*

**insidioso, -a** [insi'ðjoso, -a] **I.** *adj* ❶ (*intrigante*) intrigant ❷ (*capcioso*) hinterlistig, hinterhältig ❸ (*enfermedad*) heimtückisch **II.** *m, f* Intrigant(in) *m(f)*

**insigne** [in'siɣne] *adj* ❶ (*personaje público*) prominent; (*científico*) erlaucht *geh* ❷ (*tontería*) sehr groß

**insignia** [in'siɣnja] *f* ❶ (*de asociación*) Abzeichen *nt;* (*honorífica*) Ehrenzeichen *nt;* (*militar*) Insigne *nt* ❷ (*bandera*) Flagge *f*

**insignificancia** [insiɣnifi'kan̩θja] *f* ❶ (*pequeñez*) Kleinigkeit *f* ❷ (*no significancia*) Bedeutungslosigkeit *f* ❸ (*no importancia*) Unwichtigkeit *f*

**insignificante** [insiɣnifi'kan̩te] *adj* ❶ (*pequeño*) gering(fügig) ❷ (*no significante*) unbedeutend ❸ (*no importante*) unwichtig

**insinceridad** [insiṇθeri'ða$^{d}$] *f* Unaufrichtigkeit *f*

**insincero, -a** [insiṇ'θero, -a] *adj* ❶ (*no sincero*) unaufrichtig ❷ (*falso*) falsch

**insinuación** [insinwa'θjon] *f* ❶ (*alusión*) Andeutung *f* (*a* über +*akk*) ❷ (*engatusamiento*) Einschmeichelung *f*

**insinuante** [insinu'aṇte] *adj* ❶ (*palabras*) einschmeichelnd ❷ (*comportamiento*) schmeichlerisch ❸ (*seductor*) verführerisch

**insinuar** [insinu'ar] <*1. pres:* insinúo> **I.** *vt* ❶ (*dar a entender*) andeuten; **¿qué estás insinuando?** worauf willst du hinaus? ❷ (*hacer creer*): **¿quién te ha insinuado tal tontería?** wer hat dir so einen Unsinn eingeredet? **II.** *vr:* ~**se** ❶ (*engatusar*) sich einschmeicheln (*a* bei +*dat*) ❷ (*fam: amorosamente*) sich ranmachen (*a* an +*akk*) ❸ (*cosa*) sich andeuten, sich abzeichnen

**insipidez** [insipi'ðeθ] *f* ❶ (*de comida*) Fadheit *f* ❷ (*de persona: aburrida*) Langweiligkeit *f;* (*sin espíritu*) Geistlosigkeit *f*

**insípido, -a** [in'sipiðo, -a] *adj* ❶ (*comida*) fade ❷ (*persona: aburrida*) langweilig; (*sin espíritu*) geistlos

**insistencia** [insis'teṇθja] *f* ❶ (*perseverancia*) Hartnäckigkeit *f* ❷ (*énfasis*) Nachdruck *m;* **pedir algo con ~** nachdrücklich um etw bitten ❸ (*exigencia*) Drängen *nt*

**insistente** [insis'teṇte] *adj* ❶ (*perseverante*) hartnäckig; (*machacón*) aufdringlich ❷ (*con énfasis*) nachdrücklich

**insistir** [insis'tir] *vi* ❶ (*perseverar*) bestehen (*en* auf +*dat*) ❷ (*exigir*) dringen (*en* auf +*akk*) ❸ (*recalcar*) betonen (*en* +*akk*)

**in situ** [in 'situ] *adv* vor Ort

**insobornable** [insoβor'naβle] *adj* unbestechlich

**insociable** [inso'θjaβle] *adj*, **insocial** [inso'θjal] *adj* ungesellig

**insolación** [insola'θjon] *f* ❶ (METEO) Sonneneinstrahlung *f* ❷ (MED) Sonnenstich *m*

**insolencia** [inso'leṇθja] *f* ❶ (*impertinencia*) Frechheit *f* ❷ (*arrogancia*) Arroganz *f*

**insolentarse** [insoleṇ'tarse] *vr* frech werden (*con* gegenüber +*dat*)

**insolente** [inso'leṇte] *adj* ❶ (*impertinente*) frech ❷ (*arrogante*) arrogant

**insolidario, -a** [insoli'ðarjo, -a] *adj* unsolidarisch

**insólito, -a** [in'solito, -a] *adj* ❶ (*inhabitual*) ungewöhnlich ❷ (*extraordinario*) außergewöhnlich

**insolubilizar** [insoluβili'θar] <z→c> *vt* (QUÍM) unlöslich machen

**insoluble** [inso'luβle] *adj* ❶ (*no soluble*) unlöslich ❷ (*insolucionable*) unlösbar

**insolvencia** [insol'βeṇθja] *f* Zahlungsunfähigkeit *f;* (ECON) Insolvenz *f*

**insolvente** [insol'βeṇte] **I.** *adj* zahlungsunfähig; (ECON) insolvent **II.** *mf* Zahlungsunfähige(r) *mf*

**insomne** [in'somne] *adj* schlaflos

**insomnio** [in'somnjo] *m* Schlaflosigkeit *f*

**insondable** [insoṇ'daβle] *adj* unergründlich

**insonorización** [insonoriθa'θjon] *f* Schallisolation *f*

**insonorizado, -a** [insonori'θaðo, -a] *adj* schalldicht

**insonorizar** [insonori'θar] <z→c> *vt* schalldicht machen

**insoportable** [insopor'taβle] *adj* unerträglich

**insoslayable** [insosla'ɟaβle] *adj* unvermeidbar

**insospechable** [insospe'ʧaβle] *adj* (*imprevisible*) unvorhersehbar; (*sorprendente*) überraschend

**insospechado, -a** [insospe'ʧaðo, -a] *adj* (*no esperado*) unerwartet; (*no sospechado*) unvermutet

**insostenible** [insoste'niβle] *adj* unhaltbar

**inspección** [i$^{n}$spe$^{\gamma}$'θjon] *f* ❶ (*reconocimiento*) Inspektion *f;* **~ de Trabajo** Gewerbeaufsicht *f* ❷ (*de equipaje*) Kontrolle *f* ❸ (*de trabajo*) Aufsicht *f* ❹ (*de una máquina*) Inspizierung *f* ❺ (TÉC) (Über)prüfung *f;* **I~ Técnica de Vehículos** TÜV *m*

**inspeccionar** [i$^{n}$spe$^{\gamma}$θjo'nar] *vt* ❶ (*reconocer*) inspizieren ❷ (*equipaje*) kontrollieren ❸ (*trabajo*) beaufsichtigen ❹ (TÉC) (über)prüfen

**inspector(a)** [i$^{n}$spek'tor(a)] *m(f)* ❶ (*controlador*) Inspektor(in) *m(f)* ❷ (ENS) Schulrat, -rätin *m, f*

**inspiración** [i$^{n}$spira'θjon] *f* ❶ (*de aire*) Einatmung *f* ❷ (*artística*) Eingebung *f,* Inspiration *f*

**inspirador(a)** [i$^{n}$spira'ðor(a)] *adj* ❶ (*de aire*) inspiratorisch; **músculo ~** Atemmuskel *m* ❷ (*artístico*) inspirierend

**inspirar** [i$^{n}$spi'rar] **I.** *vt* ❶ (*aire*) einatmen ❷ (*ideas*) inspirieren ❸ (*confianza*) einflößen **II.** *vr:* ~**se** sich inspirieren lassen (*en* von +*dat*)

**instalación** [i$^{n}$stala'θjon] *f* ❶ (*acción*) Installation *f;* (*de baño*) Einbau *m* ❷ (*lo instalado, t.* TÉC) Anlage *f;* (*de teléfono*) Anschluss *m* ❸ *pl* (*edificio*) Einrichtungen *fpl;* **instalaciones deportivas** Sportanlagen *fpl*

**instalador(a)** [iⁿstala'ðor(a)] *m(f)* Installateur(in) *m(f)*

**instalar** [iⁿsta'lar] **I.** *vt* ① (*calefacción*) installieren; (*teléfono*) anschließen; (*baño*) einbauen ② (*alojar*) unterbringen ③ (*en un cargo*) einsetzen (*en* in +*akk*) **II.** *vr:* ~**se** ① (*en una ciudad*) sich niederlassen; ~**se en un sillón** es sich *dat* in einem Sessel bequem machen ② (*negocio*) sich selb(st)ständig machen

**instancia** [iⁿs'tan̩θja] *f* ① (*acción de instar*) inständige Bitte *f* ② (*solicitud*) Gesuch *nt;* (*petición formal*) Ersuchen *nt* ③ (JUR) Instanz *f;* **en última** ~ (*fig*) wenn keine andere Wahl bleibt

**instantánea** [iⁿstan̩'tanea] *f* (FOTO) Momentaufnahme *f*

**instantáneo, -a** [iⁿstan̩'taneo, -a] *adj* augenblicklich; (*efecto*) sofortig; (*café*) Instant-; (*interruptor*) Moment-; **la muerte fue instantánea** der Tod trat unmittelbar ein

**instante** [iⁿs'tan̩te] *m* Augenblick *m;* **¡un ~!** Moment mal!; **al cabo de un** ~ kurz danach; **en un** ~ sehr schnell; **pienso en ti a cada** ~ ich denke ständig an dich

**instar** [iⁿs'tar] *vi, vt* (*pedir*) eindringlich bitten (um +*akk*); (*solución*) drängen (auf +*akk*)

**instauración** [iⁿstau̯ra'θjon] *f* ① (*de imperio*) Errichtung *f* ② (*de democracia*) Einführung *f* ③ (*de plan*) Aufstellung *f*

**instaurar** [iⁿstau̯'rar] *vt* ① (*imperio*) errichten ② (*democracia*) einführen ③ (*plan*) aufstellen

**instigación** [iⁿstiɣa'θjon] *f* ① (*a algo malo*) Anstiftung *f* ② (*a rebelión*) Anzettelung *f;* (*de las masas*) Aufhetzung *f*

**instigador(a)** [iⁿstiɣa'ðor(a)] **I.** *adj* ① (*a algo malo*) anstiftend ② (*a rebelión*) anzettelnd; (*de las masas*) aufhetzend **II.** *m(f)* ① (*a algo malo*) Anstifter(in) *m(f)* ② (*a rebelión*) Anzett(e)ler(in) *m(f)*

**instigar** [iⁿsti'ɣar] <g→gu> *vt* ① (*a algo malo*) anstiften ② (*rebelión*) anzetteln; (*a las masas*) aufhetzen

**instintivo, -a** [iⁿstin̩'tiβo, -a] *adj* instinktiv

**instinto** [iⁿs'tin̩to] *m* Instinkt *m;* ~ **de supervivencia** Überlebenstrieb *m*

**institución** [iⁿstitu'θjon] *f* ① (*social*) Institution *f;* ~ **penitenciaria** Strafanstalt *f* ② (*fundación*) Gründung *f* ③ (*establecimiento: de comité*) Einrichtung *f;* (*de derecho*) Einführung *f;* (*de beca*) Stiftung *f;* (*de norma, de horario*) Aufstellung *f*

**institucional** [iⁿstituθjo'nal] *adj* institutionell

**institucionalización** [iⁿstituθjonaliθa'θjon] *f* Institutionalisierung *f*

**institucionalizar** [iⁿstituθjonali'θar] <z→c> *vt* institutionalisieren

**instituir** [iⁿstitu'ir] *irr como huir vt* ① (*fundar*) gründen ② (*establecer: comisión*) einrichten; (*derecho*) einführen; (*beca*) stiften; (*norma*) aufstellen; (*sistema*) festlegen

**instituto** [iⁿsti'tuto] *m* ① (ENS: *de bachillerato*) Gymnasium *nt* ② (*científico*) Institut *nt;* **I~ Monetario Europeo** Europäisches Währungsinstitut; **I~ Nacional de Empleo** Bundesanstalt für Arbeit ③ (REL) (Ordens)regel *f* ④ (*loc*): ~ **de belleza** Schönheitssalon *m*

**i Land & Leute**

Das **Instituto Cervantes** ist das spanische Gegenstück zum deutschen Goethe-Institut/Inter Nationes. Sein Hauptanliegen besteht darin, die spanische Sprache und Kultur weltweit zu verbreiten.

**institutriz** [iⁿstitu'triθ] *f* Hauslehrerin *f*

**instrucción** [iⁿstruʏ'θjon] *f* ① (*enseñanza*) Unterricht *m;* (*en una máquina*) Schulung *f* ② (*conocimientos*) Bildung *f;* (*formación*) Ausbildung *f* ③ *pl* (*órdenes*) Anweisungen *fpl;* (*directrices*) Richtlinien *fpl* ④ (JUR: *proceso*) Einleitung *f*

**instructivo, -a** [iⁿstruk'tiβo, -a] *adj* lehrreich

**instructor(a)** [iⁿstruk'tor(a)] **I.** *adj:* **juez** ~ (JUR) Untersuchungsrichter *m* **II.** *m(f)* (*en escuela*) Lehrer(in) *m(f);* (*en empresa, t.* MIL) Ausbilder(in) *m(f)*

**instruido, -a** [iⁿstru'iðo, -a] *adj* gebildet

**instruir** [iⁿstru'ir] *irr como huir vt* ① (*enseñar*) unterrichten (*en* in +*dat*); (*en una máquina*) ausbilden (*en* an +*dat*); (*en tarea específica*) schulen ② (*informar*) unterrichten (*de/sobre* über +*akk*) ③ (JUR: *proceso*) einleiten

**instrumentación** [iⁿstrumen̩ta'θjon] *f* ① (*acción*) Instrumentierung *f* ② (*resultado*) Instrumentation *f*

**instrumental** [iⁿstrumen̩'tal] **I.** *adj* instrumental; (*música*) Instrumental- **II.** *m* ① (LING) Instrumental *m* ② (*de médico, t.* MÚS) Instrumentarium *nt*

**instrumentalizar** [iⁿstrumen̩tali'θar] <z→c> *vt* instrumentalisieren

**instrumentar** [iⁿstrumen̩'tar] *vt* (*t.* MÚS) instrumentieren

**instrumentista** [iⁿstrumen̩'tista] *mf*

I

❶ (*músico*) Instrumentalist(in) *m(f)* ❷ (*fabricante*) Instrumentenmacher(in) *m(f)* ❸ (*de quirófano*) Operationsassistent(in) *m(f)*

**instrumento** [iⁿstru'mento] *m* ❶ (*utensilio*) Werkzeug *nt* ❷ (MÚS) (Musik)instrument *nt* ❸ (*medio*) Mittel *nt* ❹ (JUR) Instrument *nt*

**insubordinación** [insuβorðina'θjon] *f* (*rebeldía*) Aufsässigkeit *f*

**insubordinado, -a** [insuβorði'naðo, -a] **I.** *adj* ❶ (*rebelde*) aufsässig ❷ (MIL) ungehorsam **II.** *m, f* Aufsässige(r) *mf*

**insubordinar** [insuβorði'nar] **I.** *vt* aufhetzen **II.** *vr:* ~**se** den Gehorsam verweigern

**insubsanable** [insuβsa'naβle] *adj* ❶ (*daño*) irreparabel *geh;* (JUR) unheilbar ❷ (*deficiencia*) nicht behebbar ❸ (*dificultad*) unüberwindbar

**insuficiencia** [insufi'θjenθja] *f* ❶ (*cualidad*) unzureichende Beschaffenheit *f;* (*de conocimientos*) Unzulänglichkeit *f* ❷ (*escasez*) Knappheit *f;* (*falta*) Mangel *m* ❸ (MED) Insuffizienz *f*

**insuficiente** [insufi'θjente] **I.** *adj* ungenügend; (*conocimientos*) unzureichend **II.** *m* (ENS) ≈mangelhaft; **he sacado un ~ en inglés** ich bin in Englisch durchgefallen

**insuflar** [insu'flar] *vt* ❶ (MED) einblasen ❷ (*ánimo*) einflößen

**insufrible** [insu'friβle] *adj* unerträglich

**insular** [insu'lar] *adj* Insel-

**insularidad** [insulari'ðaᵈ] *f* Insellage *f*

**insulina** [insu'lina] *f* (MED) Insulin *nt*

**insulso, -a** [in'sulso, -a] *adj* ❶ (*comida*) fade ❷ (*persona, película*) langweilig

**insultante** [insul'tante] *adj* beleidigend; (*de modo grosero*) ausfallend

**insultar** [insul'tar] *vt* ❶ (*con insultos*) beschimpfen ❷ (*con injurias*) beleidigen

**insulto** [in'sulto] *m* ❶ (*palabra gruesa*) Beschimpfung *f* ❷ (*injuria*) Beleidigung *f*

**insumergible** [insumer'xiβle] *adj* unsinkbar

**insumisión** [insumi'sjon] *f* ❶ (*de un pueblo*) Rebellion *f* ❷ (MIL) Wehr- und Zivildienstverweigerung *f* ❸ (*intransigencia*) Unbeugsamkeit *f*

**insumiso** [insu'miso] *m* (*objetor de conciencia*) Wehrdienstverweigerer *m;* (*en Alemania*) Wehr- und Zivildienstverweigerer *m*

**insuperable** [insupe'raβle] *adj* ❶ (*dificultad*) unüberwindbar ❷ (*resultado*) unübertrefflich

**insurgente** [insur'xente] **I.** *adj* aufständisch **II.** *mf* Aufständische(r) *mf*

**insurrección** [insurreᵞ'θjon] *f* Aufstand *m;* ~ **militar** Militärputsch *m*

**insurrecto, -a** [insu'rrekto, -a] **I.** *adj* aufständisch **II.** *m, f* Aufständische(r) *mf*

**insustancial** [insustan'θjal] *adj* ❶ (*sin sustancia*) gehaltlos ❷ (*sin interés*) uninteressant ❸ (*no importante*) bedeutungslos ❹ (*superficial*) oberflächlich

**insustituible** [insustitu'iβle] *adj* unersetzlich

**intachable** [inta'ʧaβle] *adj* makellos; (*comportamiento*) einwandfrei

**intacto, -a** [in'takto, -a] *adj* ❶ (*no tocado*) unberührt ❷ (*no dañado*) intakt ❸ (*puro*) rein ❹ (*no tratado*) unbehandelt

**intangible** [intaŋ'xiβle] *adj* ❶ (*inviolable*) unantastbar ❷ (*intocable*) unberührbar ❸ (*inmaterial*) immateriell

**integración** [inteɣra'θjon] *f* Integration *f* (*en* in +*akk*)

**integrador** [inteɣra'ðor] *m* Integrator *m*

**integral** [inte'ɣral] **I.** *adj* ❶ (*completo*) vollständig; (*plan*) einheitlich ❷ (*pan*) Vollkorn- ❸ (*elemento*) integral ❹ (MAT): **cálculo ~** Integralrechnung *f* **II.** *f* (MAT) Integral *nt*

**integrante** [inte'ɣrante] **I.** *adj* ❶ (*que integra*) integrativ ❷ (*elemento*) integrierend **II.** *m* Mitglied *nt*

**integrar** [inte'ɣrar] **I.** *vt* ❶ (*constituir*) bilden ❷ (*en conjunto, t.* MAT) integrieren **II.** *vr:* ~**se** sich integrieren

**integridad** [inteɣri'ðaᵈ] *f* ❶ (*de territorio*) Vollständigkeit *f* ❷ (*de un territorio*) Unverletzlichkeit *f* ❸ (*honradez*) Integrität *f* ❹ (*física*) Unversehrtheit *f*

**integrismo** [inte'ɣrismo] *m* ❶ (*ideológico*) Fundamentalismus *m* ❷ (*católico*) Integralismus *m*

**integrista** [inte'ɣrista] *mf* ❶ (*ideológico*) Fundamentalist(in) *m(f)* ❷ (*católico*) Integralist(in) *m(f)*

**íntegro, -a** ['inteɣro, -a] *adj* ❶ (*completo*) vollständig ❷ (*persona*) integer, unbestechlich

**intelecto** [inte'lekto] *m* Intellekt *m*

**intelectual** [intelektu'al] **I.** *adj* intellektuell; (*interés*) geistig; (*facultad*) geistig, intellektuell **II.** *mf* Intellektuelle(r) *mf*

**intelectualidad** [intelektwali'ðaᵈ] *f* ❶ (*facultad*) Intellektualität *f* ❷ (*personas*) Intelligenz *f*

**inteligencia** [inteli'xenθja] *f* ❶ (*capacidad*) Intelligenz *f* ❷ (*comprensión*) Verständnis *nt* ❸ (*acuerdo*) Verständigung *f* ❹ (POL): **servicio de ~** Geheimdienst *m;* (*en Alemania*) Bundesnachrichtendienst *m*

**inteligente** [inteli'xente] *adj* intelligent

**inteligibilidad** [intelixiβili'ðaᵈ] *f sin pl* Verständlichkeit *f*

**inteligible** [iṇteli'xiβle] *adj* ① (*comprensible*) verständlich ② (FILOS) intelligibel ③ (*sonido*) deutlich hörbar

**intemperancia** [iṇtempe'raṇθja] *f* ① (*intolerancia*) Intoleranz *f* ② (*intransigencia*) Unnachgiebigkeit *f* ③ (*falta de moderación*) Maßlosigkeit *f*

**intemperante** [iṇtempe'raṇte] *adj* ① (*intolerante*) intolerant ② (*intransigente*) unnachgiebig ③ (*no moderado*) maßlos

**intemperie** [iṇtem'perje] *f* ① (*el aire libre*): **a la** ~ im Freien; **dormir a la** ~ unter freiem Himmel schlafen ② (*del clima*) Rauheit *f*; (*mal tiempo*) schlechtes Wetter *nt*

**intempestivo**, **-a** [iṇtempes'tiβo, -a] *adj* ① (*observación*) unangebracht ② (*visita*) unpassend

**intemporalidad** [iṇtemporali'ða$^{ð}$] *f sin pl* Zeitlosigkeit *f*

**intención** [iṇteṇ'θjon] *f* ① (*propósito*) Absicht *f*; (*propósito firme*) Vorsatz *m*; **sin** ~ unabsichtlich; **tener segundas intenciones** Hintergedanken haben ② (*idea*) Plan *m* ③ (*objetivo*) Zweck *m*

**intencionado**, **-a** [iṇteṇθjo'naðo, -a] *adj* absichtlich; (JUR) vorsätzlich; **bien** ~ wohlwollend; **mal** ~ übel gesinnt

**intencional** [iṇteṇθjo'nal] *adj* ① (*relativo a la intención*) zielgerichtet ② (*con intención*) absichtlich

**intencionalidad** [iṇteṇθjonali'ða$^{ð}$] *f* Absichtlichkeit *f*; (JUR) Vorbedacht *m*

**intendencia** [iṇteṇ'deṇθja] *f* ① (MIL) Intendantur *f* ② (*dirección*) Betriebsleitung *f* ③ (*CSur: distrito*) Verwaltungsbezirk *m*

**intendente** [iṇteṇ'deṇte] *m* ① (MIL) Verwaltungsoffizier *m* ② (*de empresa*) Betriebsleiter *m* ③ (*CSur: de un distrito*) Vorsteher *m* eines Verwaltungsbezirks

**intensidad** [iṇtensi'ða$^{ð}$] *f* ① (*fuerza, t.* FÍS) Intensität *f*; (*de tormenta*) Heftigkeit *f* ② (*de palabras*) Eindringlichkeit *f*

**intensificación** [iṇtensifika'θjon] *f sin pl* Verstärkung *f*, Intensivierung *f*

**intensificar** [iṇtensifi'kar] <c→qu> **I.** *vt* verstärken, intensivieren **II.** *vr:* ~**se** sich verstärken; (*calor*) stärker werden; (*tráfico, tensión*) zunehmen; (*conflicto*) sich verschärfen

**intensivo**, **-a** [iṇten'siβo, -a] *adj* intensiv; (*curso*) Intensiv-

**intenso**, **-a** [iṇ'tenso, -a] *adj* ① (*fuerza, olor*) intensiv ② (*palabras*) eindringlich ③ (*tormenta*) heftig ④ (*frío*) durchdringend ⑤ (*color*) grell

**intentar** [iṇteṇ'tar] *vt* ① (*probar*) versuchen ② (*proponerse*) vorhaben

**intento** [iṇ'teṇto] *m* ① (*lo intentado*) Versuch *m* ② (*propósito*) Absicht *f*

**intentona** [iṇteṇ'tona] *f* (*fam*) tollkühner Versuch *m*

**interacción** [iṇtera$^{ɣ}$'θjon] *f* ① (*influencia*) Wechselwirkung *f* ② (PSICO) Interaktion *f*

**interactivo**, **-a** [iṇterak'tiβo, -a] *adj* interaktiv

**interanual** [iṇteranu'al] *adj* jährlich

**intercalación** [iṇterkala'θjon] *f* Einfügung *f*; ~ **de líneas** Zeilenschaltung *f*

**intercalar** [iṇteraka'lar] **I.** *adj* eingeschaltet; (*año*) interkalar **II.** *vt* einfügen; (*en un periódico*) einlegen

**intercambiable** [iṇterkam'bjaβle] *adj* austauschbar

**intercambiar** [iṇterkam'bjar] **I.** *vt* austauschen; ~ **correspondencia con alguien** mit jdm in Briefwechsel stehen **II.** *vr:* ~**se** (*lugares*) (miteinander) wechseln

**intercambio** [iṇter'kambjo] *m* ① (*de estudiantes*) Austausch *m* ② (*de lugares*) Tausch *m*

**interceder** [iṇterθe'ðer] *vi* sich einsetzen (*por/en favor de* für +*akk*)

**interceptar** [iṇterθep'tar] *vt* ① (*comunicaciones*) unterbrechen; (*el paso de algo*) hemmen; (*pelota*) auffangen; (*tráfico*) aufhalten, ins Stocken bringen ② (*mensaje*) abfangen; (*conversación telefónica*) abhören ③ (*calle*) (ab)sperren

**interceptor** [iṇterθep'tor] *m* (MIL) Abfangjäger *m*

**intercesión** [iṇterθe'sjon] *f* ① (*en favor de alguien*) Fürsprache *f* ② (*en secuestro*) Vermittlung *f*

**intercesor(a)** [iṇterθe'sor(a)] **I.** *adj* (*en favor de alguien*) fürsprechend; (*entre contendientes*) vermittelnd **II.** *m(f)* (*en favor de alguien*) Fürsprecher(in) *m(f)*; (*entre contendientes*) Vermittler(in) *m(f)*

**intercomunicación** [iṇterkomunika'θjon] *f* Kommunikation *f*

**intercomunicador** [iṇterkomunika'ðor] *m* (Gegen)sprechanlage *f*

**intercomunicar** [iṇterkomuni'kar] <c→qu> *vt* (miteinander) verbinden

**interconectar** [iṇterkonek'tar] *vt* (ELEC) zusammenschalten

**intercontinental** [iṇterkoṇtineṇ'tal] *adj* interkontinental

**intercultural** [iṇterkuḷtu'ral] *adj* interkulturell

**interdependencia** [iṇterðepeṇ'deṇθja] *f* gegenseitige Abhängigkeit *f*

**interdisciplinar** [iṇterðisθipli'nar] *adj*, **interdisciplinario**, **-a** [iṇterðisθipli'narjo,

-a] *adj* interdisziplinär

**interés** [iṇte'res] *m* ❶ (*importancia*) Bedeutung *f* ❷ (*deseo*) Interesse *nt;* **tengo mucho ~ en que...** es liegt mir viel daran, dass ...; **tengo ~ por saber...** ich bin gespannt darauf zu erfahren, ... ❸ (*atención*) Interesse *nt;* **no poner ~ en algo** etw *dat* keine Aufmerksamkeit schenken ❹ (*provecho*) Interesse *nt;* **el ~ público** das öffentliche Wohl; **esto redunda en ~ tuyo** das kommt dir zugute ❺ (FIN) Zinssatz *m;* (*rendimiento*) Zinsen *mpl;* **un 10% de ~** 10 % Zinsen; **dar mucho ~** viel Zinsen abwerfen ❻ *pl* (*preferencias*) Interessen *ntpl*

**interesadamente** [iṇteresaða'meṇte] *adv* interessiert; **actuar ~** (*por propio interés*) aus eigenem Interesse handeln; (*por interés material*) materialistisch handeln

**interesado, -a** [iṇtere'saðo, -a] **I.** *adj* interessiert; **estar ~ en algo** an etw *dat* interessiert sein **II.** *m, f* Interessent(in) *m(f)*

**interesante** [iṇtere'saṇte] *adj* interessant; **hacerse el ~** sich aufspielen

**interesar** [iṇtere'sar] **I.** *vi* interessieren; **este tema no me interesa** dieses Thema interessiert mich nicht **II.** *vt* ❶ (*inspirar interés*) interessieren; (*libro*) begeistern ❷ (*en un negocio*) interessieren (*para* für +*akk*) ❸ (*atraer*) reizen, anziehen **III.** *vr:* **~se** ❶ (*por algo*) sich interessieren (*por* für +*akk*) ❷ (*preguntar por*) fragen (*por* nach +*dat*); **~se por la salud de alguien** sich nach jds Befinden erkundigen

**interface** [iṇter'feịs] *m,* **interfase** [iṇter'fase] *m,* **interfaz** [iṇter'faθ] *f* (INFOR) Schnittstelle *f;* **~ de usuario** Benutzerschnittstelle *f*

**interfecto, -a** [iṇter'fekto, -a] **I.** *adj* ermordet **II.** *m, f* ❶ (JUR) Ermordete(r) *mf* ❷ (*fam: susodicho*) besagte Person *f*

**interferencia** [iṇterfe'reṇθja] *f* ❶ (FÍS) Störung *f* ❷ (LING) Interferenz *f* ❸ (*en asunto*) Einmischung *f*

**interferir** [iṇterfe'rir] *irr como sentir vi* ❶ (FÍS) interferieren ❷ (*en asunto*) sich einmischen (*en* in +*akk*); **eso no interfiere en absoluto** das stört überhaupt nicht

**interfono** [iṇter'fono] *m* (Gegen)sprechanlage *f*

**intergubernamental** [iṇterɣuβernameṇ'tal] *adj* zwischenstaatlich; (*acuerdo*) Regierungs-

**interinidad** [iṇterini'ða$^{d}$] *f* ❶ (*cualidad*) Vorläufigkeit *f;* **estar en situación de ~** eine befristete Stelle haben ❷ (*de un cargo*) Vertretungsdauer *f*

**interino, -a** [iṇte'rino, -a] **I.** *adj* ❶ (*funcionario*) stellvertretend ❷ (*plaza*) befristet ❸ (POL) Interims- **II.** *m, f* ❶ (*suplente*) (Stell)vertreter(in) *m(f)* ❷ (*funcionario*) Referendar(in) *m(f);* (*maestro*) Studienreferendar(in) *m(f)*

**interior** [iṇte'rjor] **I.** *adj* innere(r, s); **decoración ~** Innenausstattung *f;* **mercado ~** (COM: *de la UE*) Binnenmarkt *m;* (*de Alemania*) Inlandsmarkt *m;* **ropa ~** Unterwäsche *f;* **la vida ~ de una persona** das Innenleben eines Menschen **II.** *m* ❶ (*lo de dentro*) Innere(s) *nt;* (*la parte*) Innenseite *f;* **el ~ de un país** das Landesinnere; **Ministerio del I~** (POL) Innenministerium *nt* ❷ (*de alguien*) Innere(s) *nt* ❸ (DEP) Innenstürmer(in) *m(f)*

**interiores** [iṇte'rjores] *mpl* ❶ (*entrañas*) Innereien *fpl* ❷ (*fam: de una cosa*) Innenleben *nt* ❸ (ARQUIT) Innenraum *m* ❹ (CINE: *secuencias*) Innenaufnahmen *fpl;* (*decorados*) Kulissen *fpl*

**interioridad** [iṇterjori'ða$^{d}$] *f* ❶ (*cualidad*) Innerlichkeit *f* ❷ *pl* (*de alguien*) Privatleben *nt;* (*de una familia*) Familiengeheimnisse *ntpl*

**interiorismo** [iṇterjo'rismo] *m sin pl* (ARTE: *decoración*) Innendekoration *f;* (*arquitectura*) Innenarchitektur *f*

**interiorista** [iṇterjo'rista] *mf* ❶ (*arquitecto*) Innenarchitekt(in) *m(f)* ❷ (*diseñador*) Raumgestalter(in) *m(f)*

**interiorizar** [iṇterjori'θar] <z→c> *vt* verinnerlichen

**interiormente** [iṇterjor'meṇte] *adv* ❶ (*en su interior*) innerlich ❷ (*internamente*) intern

**interjección** [iṇterxe$^{\gamma}$'θjon] *f* (LING) Ausrufewort *nt,* Interjektion *f*

**interlocutor(a)** [iṇterloku'tor(a)] *m(f)* Gesprächspartner(in) *m(f);* **~es sociales** (ECON) Tarifpartner *mpl*

**intermediario, -a** [iṇterme'ðjarjo, -a] **I.** *adj* vermittelnd **II.** *m, f* ❶ (*mediador*) Vermittler(in) *m(f)* ❷ (*comerciante*) Zwischenhändler(in) *m(f)*

**intermedio**[1] [iṇter'meðjo] *m* Pause *f*

**intermedio, -a**[2] [iṇter'meðjo, -a] *adj* ❶ (*capa*) Zwischen- ❷ (*período de tiempo*) dazwischenliegend ❸ (*calidad*) mittlere(r, s); **mandos ~s** mittlere Führungsebene

**interminable** [iṇtermi'naβle] *adj* unendlich

**intermitencia** [iṇtermi'teṇθja] *f* ❶ (*calidad*) kurze Unterbrechung *f* ❷ (MED) Intermission *f*

**intermitente** [iṇtermi'teṇte] *m* Blinklicht

*nt;* (AUTO) Blinker *m*

**internación** [in̪terna'θjon] *f v.* **internamiento**

**internacional** [in̪ternaθjo'nal] *adj* international; **derecho** ~ (JUR) Völkerrecht *nt;* **partido** ~ (DEP) Länderspiel *nt*

**internacionalidad** [in̪ternaθjonali'ðaᵈ] *f* Internationalität *f*

**internacionalismo** [in̪ternaθjona'lismo] *m* Internationalismus *m*

**internacionalización** [in̪ternaθjonaliθa'θjon] *f* Internationalisierung *f*

**internacionalizar** [in̪ternaθjonali'θar] <z→c> *vt* internationalisieren

**internado**[1] [in̪ter'naðo] *m* Internat *nt*

**internado, -a**[2] [in̪ter'naðo, -a] **I.** *adj* interniert **II.** *m, f* ① (*alumno*) Internatsschüler(in) *m(f)* ② (*demente*) Internierte(r) *mf*

**internamiento** [in̪terna'mjen̪to] *m* ① (*en hospital*) Einweisung *f* (*en* in +*akk*) ② (MIL) Internierung *f* (*en* in +*dat*)

**internar** [in̪ter'nar] **I.** *vt* ① (*penetrar*) hineinbringen (*en* in +*akk*) ② (*en hospital*) einweisen (*en* in +*akk*); (*en asilo*) unterbringen (*en* in +*dat*) ③ (MIL) internieren **II.** *vr:* ~**se** ① (*penetrar*) eindringen; (DEP) in die gegnerische Hälfte vorstürmen ② (*en tema*) sich intensiv beschäftigen (*en* mit +*dat*)

**internauta** [in̪ter'nau̯ta] *mf* (INFOR) Internetsurfer(in) *m(f)*

**internet** [in̪ter'net] *f sin pl* (INFOR) Internet *nt*

**internista** [in̪ter'nista] **I.** *adj* (MED) internistisch; **médico** ~ Internist *m* **II.** *mf* (MED) Internist(in) *m(f)*

**interno, -a** [in̪'terno, -a] **I.** *adj* innere(r, s), intern; **cuestión de régimen** ~ (*de una empresa*) innerbetriebliche Angelegenheit; (*de un partido*) innerparteiliche Angelegenheit **II.** *m, f* Internatsschüler(in) *m(f)*

**interpelación** [in̪terpela'θjon] *f* (POL) (parlamentarische) Anfrage *f*

**interpelar** [in̪terpe'lar] *vt* (POL) interpellieren

**interpolación** [in̪terpola'θjon] *f* Interpolation *f*

**interponer** [in̪terpo'ner] *irr como poner* **I.** *vt* ① (*entre varias cosas*) einfügen; (*entre dos cosas: silla*) dazwischenstellen; (*papel*) dazwischenlegen; (*a alguien*) dazwischensetzen ② (*en un asunto*) einschalten ③ (JUR) einlegen **II.** *vr:* ~**se** eingreifen

**interposición** [in̪terposi'θjon] *f* ① (*entre varias cosas*) Einfügung *f;* (*de una silla*) Dazwischenstellen *nt;* (*de un papel*) Dazwischenlegen *nt;* (*de alguien*) Dazwischensetzen *nt* ② (*en un asunto*) Eingreifen *nt* ③ (JUR) Einlegung *f*

**interpretable** [in̪terpre'taβle] *adj* (*texto, t.* MÚS) interpretierbar; (TEAT) darstellbar

**interpretación** [in̪terpreta'θjon] *f* ① (*de texto*) Auslegung *f* ② (TEAT) Darstellung *f;* (MÚS) Interpretation *f;* **escuela de** ~ (TEAT) Theaterschule *f* ③ (*traducción oral*) Dolmetschen *nt*

**interpretador**[1] [in̪terpreta'ðor] *m* (INFOR) Interpreter *m*

**interpretador(a)**[2] [in̪terpreta'ðor(a)] *m(f)* Interpret(in) *m(f)*

**interpretar** [in̪terpre'tar] *vt* ① (*texto*) auslegen ② (TEAT) darstellen; (MÚS) interpretieren ③ (*traducir oralmente*) dolmetschen

**interpretativo, -a** [in̪terpreta'tiβo, -a] *adj* auslegend; **fuerza interpretativa** Darstellungskraft *f*

**intérprete**[1] [in̪'terprete] *m* (INFOR) Interpreter *m*

**intérprete**[2] [in̪'terprete] *mf* ① (*de texto*) Interpret(in) *m(f) geh* ② (*actor*) Schauspieler(in) *m(f)* ③ (*traductor*) Dolmetscher(in) *m(f)*

**interprofesional** [in̪terprofesjo'nal] *adj* berufsunabhängig; **Salario Mínimo I~** gesetzlicher Mindestlohn

**interpuesto, -a** [in̪ter'pwesto, -a] *pp de* **interponer**

**interregional** [in̪terrexjo'nal] *adj* interregional

**interrelacionado, -a** [in̪terrelaθjo'naðo, -a] *adj* zusammenhängend

**interrelacionar** [in̪terrelaθjo'nar] *vt* (miteinander) in Beziehung setzen

**interrogación** [in̪terroɣa'θjon] *f* Frage *f*

**interrogador(a)** [in̪terroɣa'ðor(a)] **I.** *adj* fragend **II.** *m(f)* ① (*que pregunta*) Fragesteller(in) *m(f)* ② (*policía*) Vernehmungsbeamte(r) *mf,* -beamtin *f*

**interrogante**[1] [in̪terro'ɣan̪te] **I.** *adj* fragend **II.** *m* Fragezeichen *nt*

**interrogante**[2] [in̪terro'ɣan̪te] *m o f* Frage *f*

**interrogar** [in̪terro'ɣar] <g→gu> *vt* ① (*hacer preguntas*) (be)fragen ② (*policía*) verhören

**interrogativo, -a** [in̪terroɣa'tiβo, -a] *adj* ① (*mirada*) fragend ② (LING) interrogativ; (*pronombre, oración*) Interrogativ-

**interrogatorio** [in̪terroɣa'torjo] *m* Verhör *nt*

**interrumpir** [in̪terrum'pir] *vt* ① (*cortar*) unterbrechen; (*bruscamente al hablar*) ins Wort fallen (*a* +*dat*); (*tráfico*) stören ② (*estudios*) abbrechen; ~ **las vacaciones** (*por unos días*) den Urlaub unterbrechen; (*definitivamente*) den Urlaub abbrechen

**interrupción** [iṇterruβ'θjon] *f* ① (*corte*) Unterbrechung *f*; (*del tráfico*) Störung *f*; **sin ~** ununterbrochen ② (*de los estudios*) Abbruch *m*

**interruptor** [iṇterrup'tor] *m* (ELEC) Schalter *m*

**intersección** [iṇterse$^{\gamma}$'θjon] *f* ① (*de dos líneas*) Schnittstelle *f* ② (*de dos calles*) Kreuzung *f*

**intersticio** [iṇters'tiθjo] *m* ① (*espacio*) Zwischenraum *m*; (*en pared*) Riss *m*; (*entre placas*) Fuge *f* ② (BIOL) Interstitium *nt*

**interurbano, -a** [iṇterur'βano, -a] *adj* zwischen Städten; **conferencia interurbana** (TEL) Inlandsgespräch *nt*

**intervalo** [iṇter'βalo] *m*, **intérvalo** [iṇ'terβalo] *m* ① (*lapso de tiempo*) Zeitraum *m*; **a ~s** in Abständen ② (MÚS) Intervall *nt*

**intervención** [iṇterβeṇ'θjon] *f* ① (*participación*) Teilnahme *f* (*en* an +*dat*) ② (*en conflicto*) Eingreifen *nt* (*en* in +*akk*); (*en temas familiares*) Einmischung *f* ③ (*mediación*) Vermittlung *f* ④ (POL) Eingriff *m* ⑤ (MED) Operation *f* ⑥ (*del teléfono*) Anzapfen *nt*; (*del correo*) Unterschlagung *f*

**intervencionismo** [iṇterβeṇθjo'nismo] *m* (POL) Interventionismus *m*

**intervenir** [iṇterβe'nir] *irr como venir* **I.** *vi* ① (*tomar parte*) teilnehmen (*en* an +*dat*) ② (*en conflicto*) eingreifen (*en* an +*akk*) ③ (*mediar*) vermitteln (*en* in/bei +*dat*) ④ (*factores*) eine Rolle spielen ⑤ (*suceder*) dazwischenkommen **II.** *vt* ① (MED) operieren ② (*incautar*) beschlagnahmen ③ (*teléfono*) anzapfen; (*correo*) unterschlagen ④ (COM) prüfen

**interventor(a)** [iṇterβeṇ'tor(a)] *m(f)* ① (COM) Buchprüfer(in) *m(f)* ② (POL) Wahlprüfer(in) *m(f)*

**intervertebral** [iṇterβerte'βral] *adj* (ANAT) zwischen den Wirbeln

**interviú** [iṇter'βju] *m o f* Interview *nt*

**intestinal** [iṇtesti'nal] *adj* Darm-

**intestino**$^{1}$ [iṇtes'tino] *m* ① (ANAT) Darm *m* ② *pl* (*tripas*) Eingeweide *pl*

**intestino, -a**$^{2}$ [iṇtes'tino, -a] *adj* innere(r, s); **luchas intestinas** (*en un país*) Bürgerkrieg *m*; (*en un partido*) innerparteiliche Auseinandersetzungen

**íntimamente** [iṇtima'meṇte] *adv* ① (*estrechamente*) eng ② (*en lo íntimo*) in seinem Inneren

**intimar** [iṇti'mar] **I.** *vi* vertraut werden **II.** *vt* auffordern

**intimidación** [iṇtimiða'θjon] *f* Einschüchterung *f*

**intimidad** [iṇtimi'ða$^{ð}$] *f* ① (*personal*) Vertrautheit *f* ② *pl* (*sexuales*) Intimitäten *fpl*; (*privacidad*) Privatangelegenheiten *fpl* ③ (*vida privada*) Intimsphäre *f*

**intimidar** [iṇtimi'ðar] **I.** *vt* einschüchtern **II.** *vr:* **~se** sich einschüchtern lassen

**intimidatorio, -a** [iṇtimiða'torjo, -a] *adj* einschüchternd

**intimismo** [iṇti'mismo] *m* (LIT) intimistische Strömung *f*

**íntimo, -a** ['iṇtimo, -a] *adj* ① (*interior*) innerlich ② (*interno*) intern ③ (*amigo*) eng ④ (*velada*) gemütlich ⑤ (*conversación*) privat

**intocable** [iṇto'kaβle] **I.** *adj* unberührbar **II.** *mf* Unberührbare(r) *mf*

**intolerable** [iṇtole'raβle] *adj* unerträglich

**intolerancia** [iṇtole'raṇθja] *f* Intoleranz *f*

**intolerante** [iṇtole'raṇte] *adj* intolerant

**intoxicación** [iṇto$^{\gamma}$sika'θjon] *f* Vergiftung *f*

**intoxicar** [iṇto$^{\gamma}$si'kar] <c→qu> *vt, vr:* ~(**se**) (sich) vergiften

**intracomunitario, -a** [iṇtrakomuni'tarjo, -a] *adj* EU-, gemeinschaftlich

**intraducible** [iṇtraðu'θiβle] *adj* unübersetzbar

**intragable** [iṇtra'ɣaβle] *adj* ungenießbar

**intramuscular** [iṇtramusku'lar] *adj* (MED) intramuskulär

**intranet** [iṇtra'net] *f* (INFOR) Intranet *nt*

**intranquilidad** [iṇtraŋkili'ða$^{ð}$] *f sin pl* Unruhe *f*

**intranquilizador(a)** [iṇtraŋkiliθa'ðor(a)] *adj* beunruhigend

**intranquilizar** [iṇtraŋkili'θar] <z→c> *vt, vr:* ~(**se**) (sich) beunruhigen

**intranquilo, -a** [iṇtraŋ'kilo, -a] *adj* ① (*nervioso*) unruhig ② (*preocupado*) besorgt ③ (*excitado*) aufgeregt

**intransferible** [iṇtra$^{n}$sfe'riβle] *adj* nicht übertragbar

**intransigencia** [iṇtransi'xeṇθja] *f* ① (*no condescendencia*) Unnachgiebigkeit *f* ② (*intolerancia*) Intoleranz *f*

**intransigente** [iṇtransi'xeṇte] *adj* ① (*no condescendiente*) unnachgiebig ② (*intolerante*) intolerant

**intransitable** [iṇtransi'taβle] *adj* (*a pie*) nicht begehbar; (*en coche*) nicht befahrbar

**intransitivo, -a** [iṇtransi'tiβo, -a] *adj* (LING) intransitiv

**intrascendencia** [iṇtrasθeṇ'deṇθja] *f sin pl* Unwichtigkeit *f*

**intrascendental** [iṇtrasθeṇdeṇ'tal] *adj* unwesentlich

**intrascendente** [iṇtrasθeṇ'deṇte] *adj*

| | | | |
|---|---|---|---|
| el ordenador, el computador (*Am*), la computadora (*Am*) | | | der Computer |

| | | | | | |
|---|---|---|---|---|---|
| 1 | el altavoz | die Lautsprecher | 8 | la impresora | der Drucker |
| 2 | los libros | die Bücher | 9 | el joystick | der Joystick |
| 3 | los disquetes | die Disketten | 10 | el teclado | die Tastatur |
| 4 | el escáner | der Scanner | 11 | el ratón | die Maus |
| 5 | el procesador | der Prozessor | 12 | la alfombrilla del ratón | das Mauspad |
| 6 | la pantalla | der Bildschirm | 13 | el escritorio | der Schreibtisch |
| 7 | la webcam | die Webcam | 14 | la silla giratoria | der Drehstuhl |

| | | | | | | | |
|---|---|---|---|---|---|---|---|
| 1 | pata de gallo | das Hahnentrittmuster | | 11 | naranja | orange |
| 2 | a/de rayas | gestreift | | 12 | a/de cuadros verdes y blancos | grünweiß kariert |
| 3 | a/de cuadros | kariert | | 13 | amarillo, -a | gelb |
| 4 | azul | blau | | 14 | verde | grün |
| 5 | rosa, rosado, -a | rosa | | 15 | marrón | braun |
| 6 | rojo, -a | rot | | 16 | azul claro | hellblau |
| 7 | de flores, floreado, -a | geblümt | | 17 | verde claro | hellgrün |
| 8 | con puntos | gepunktet | | 18 | el zigzag | das Zickzackmuster |
| 9 | con ondas | das Wellenmuster | | 19 | los cuadros escoceses | das Schottenkaro |
| 10 | violeta, morado, -a | violett, lila | | 20 | el estampado de cachemira | das Paisleymuster |

unwichtig

**intratable** [int̪ra'taβle] *adj* ① (*persona*) unfreundlich ② (*material*) unnachgiebig ③ (*asunto*) tabu ④ (*enfermedad*) unbehandelbar

**intravenoso, -a** [int̪raβe'noso, -a] *adj* (MED) intravenös

**intrepidez** [int̪repi'ðeθ] *f* Kühnheit *f*

**intrépido, -a** [in̪'trepiðo, -a] *adj* kühn

**intriga** [in̪'triɣa] *f* ① (*maquinación*) Intrige *f* ② (*de una película*) Verwicklung *f*

**intrigante** [int̪ri'ɣan̪te] **I.** *adj* ① (*persona*) intrigant ② (*película*) spannend **II.** *mf* Intrigant(in) *m(f)*

**intrigar** [int̪ri'ɣar] <g→gu> **I.** *vi* intrigieren **II.** *vt* neugierig machen

**intrincado, -a** [int̪riŋ'kaðo, -a] *adj* (*bosque*) dicht; (*camino*) verschlungen; (*nudo*) kompliziert; (*situación*) verwickelt

**intrincar** [int̪riŋ'kar] <c→qu> *vt* (*hilos*) verwirren; (*asunto*) (ver)komplizieren

**intríngulis** [in̪'triŋgulis] *m inv* (*fam*) ① (*intención*) Absicht *f* ② (*dificultad*) Haken *m*

**intrínseco, -a** [in̪'trinseko, -a] *adj* ① (*interior*) innerlich; **valor** ~ innerer Wert ② (*propio*) eigen ③ (*esencial*) wesentlich (*de* für +*akk*)

**introducción** [int̪roðuʸ'θjon] *f* ① (*acción: de una llave*) Hineinstecken *nt;* (*de supositorio*) Einführung *f;* (*de moneda*) Einwurf *m;* (*de clavo*) (Hin)einschlagen *nt;* (*de medidas*) Einleitung *f;* (INFOR: *de disquete*) Einlegen *nt;* (INFOR: *de datos*) Eingabe *f* ② (*de moda*) Einführung *f;* (*de mercancías*) Einfuhr *f* ③ (*de libro*) Vorwort *nt,* Einleitung *f* ④ (MÚS) Einleitung *f,* Vorspiel *nt*

**introducir** [int̪roðu'θir] *irr como traducir* **I.** *vt* ① (*objeto: llave*) hineinstecken; (*supositorio*) einführen; (*moneda*) einwerfen; (*clavo*) (hin)einschlagen; (*medidas*) einleiten; (INFOR: *disquete*) einlegen; (INFOR: *datos*) eingeben ② (*moda*) einführen (*en* in +*akk*) ③ (*discordia*) stiften **II.** *vr:* ~**se** ① (*meterse*) eindringen ② (*en un ambiente*) eingeführt werden (*en* in +*akk*) ③ (*moda*) aufkommen ④ (*entrometerse*) sich einmischen (*en* in +*akk*)

**introductorio, -a** [int̪roðuk'torjo, -a] *adj* einführend; **capítulo** ~ einleitendes Kapitel

**intromisión** [int̪romi'sjon] *f* Einmischung *f* (*en* in +*akk*)

**introspección** [int̪rospeʸ'θjon] *f* Selbstbeobachtung *f*

**introspectivo, -a** [int̪rospek'tiβo, -a] *adj* (PSICO) introspektiv

**introversión** [int̪roβer'sjon] *f* Introvertiertheit *f*

**introvertido, -a** [int̪roβer'tiðo, -a] *adj* introvertiert

**intrusión** [int̪ru'sjon] *f* Eindringen *nt;* (*en la vida privada*) Einmischung *f*

**intrusismo** [int̪ru'sismo] *m* unbefugte Berufsausübung *f*

**intruso, -a** [in̪'truso, -a] **I.** *adj* ① (*profesional*) unqualifiziert ② (*en un grupo*) eingedrungen **II.** *m, f* ① (*en reunión*) Eindringling *m;* ~ **informático** (INFOR) Hacker *m* ② (*en fiesta*) ungebetener Gast *m*

**intubar** [int̪u'βar] *vt* (MED) intubieren

**intuición** [int̪wi'θjon] *f* Intuititon *f;* **saber algo por** ~ etw intuitiv wissen

**intuir** [int̪u'ir] *irr como huir vt* ① (*reconocer*) intuitiv wissen ② (*presentir*) (vor)ahnen; **intuyo que ...** ich habe das Gefühl, dass ...

**intuitivo, -a** [int̪wi'tiβo, -a] *adj* intuitiv

**inundación** [inun̪da'θjon] *f* Überschwemmung *f*

**inundar** [inun̪'dar] *vt* überschwemmen

**inusitado, -a** [inusi'taðo, -a] *adj* ① (*inhabitual*) ungewöhnlich ② (*extraordinario*) außergewöhnlich ③ (*raro*) selten

**inusual** [inusu'al] *adj* ① (*inhabitual*) ungewöhnlich ② (*extraordinario*) außergewöhnlich

**inútil** [i'nutil] **I.** *adj* ① (*que no sirve*) unbrauchbar; (MIL) (wehrdienst)untauglich ② (*esfuerzo*) vergeblich ③ (*sin sentido*) sinnlos **II.** *mf* (*torpe*) Taugenichts *m*

**inutilidad** [inutili'ðaᵈ] *f* Nutzlosigkeit *f;* (*laboral*) Berufsunfähigkeit *f;* (MIL) Wehruntauglichkeit *f*

**inutilizar** [inutili'θar] <z→c> *vt* ① (*objeto*) unbrauchbar machen; (*sello*) entwerten; (*instalaciones*) zerstören ② (*al enemigo*) kampfunfähig machen

**invadir** [imba'ðir] *vt* ① (MIL: *país*) überfallen ② (*entrar en gran número*) einfallen (in +*akk*) ③ (*plaga*) heimsuchen ④ (*tristeza*) überkommen ⑤ (*jurisdicción*) eingreifen (in +*akk*); (*privacidad*) eindringen (in +*akk*)

**invalidación** [imbaliða'θjon] *f* (*acción*) Entwertung *f;* (*resultado*) Ungültigkeit *f*

**invalidar** [imbali'ðar] *vt* (*anular*) ungültig machen; (*declarar nulo*) für ungültig erklären; (JUR: *matrimonio*) für nichtig erklären; (*acuerdo*) rückgängig machen

**invalidez** [imbali'ðeθ] *f* ① (*nulidad*) Ungültigkeit *f;* (JUR: *de matrimonio*) Nichtigkeit *f;* (*de acuerdo*) Rückgängigmachen *nt* ② (MED) Invalidität *f;* **pensión de** ~ Invalidenrente *f*

**inválido, -a** [im'baliðo, -a] **I.** *adj* ① (MED)

invalid(e) ❷ (*acuerdo*) ungültig; (JUR) nichtig **II.** *m, f* Invalide(r) *mf*

**invariable** [imbarja'βle] *adj* unveränderlich; (MAT) invariabel

**invasión** [imba'sjon] *f* ❶ (*t.* MIL) Invasion *f* ❷ (*de plaga*) Heimsuchung *f* ❸ (*en jurisdicción*) Eingriff *m;* (*en privacidad*) Eindringen *nt* ❹ (MED) Invasion *f*

**invasor(a)** [imba'sor(a)] **I.** *adj* eindringend **II.** *m(f)* Eindringling *m;* (MIL) Eroberer, -in *m, f*

**invectiva** [imbek'tiβa] *f* Schmährede *f*

**invencible** [imben̪'θiβle] *adj* ❶ (*inderrotable*) unbesiegbar ❷ (*insuperable*) unübertrefflich ❸ (*obstáculo*) unüberwindbar

**invención** [imben̪'θjon] *f* Erfindung *f*

**invendible** [imben̪'diβle] *adj* unverkäuflich; (COM) unabsetzbar

**inventar** [imben̪'tar] *vt* erfinden

**inventariar** [imben̪ta'rjar] <*1. pres:* inventarío> *vt* eine Inventur machen +*gen*

**inventario** [imben̪'tarjo] *m* ❶ (*recuento*) Bestandsaufnahme *f* ❷ (*lista*) Inventar *nt,* Bestandsverzeichnis *nt*

**inventiva** [imben̪'tiβa] *f* Erfindungsgabe *f*

**invento** [im'ben̪to] *m* Erfindung *f*

**inventor(a)** [imben̪'tor(a)] *m(f)* Erfinder(in) *m(f)*

**inverificable** [imberifi'kaβle] *adj* ❶ (*que no se puede probar*) nicht nachweisbar ❷ (*incontrolable*) unüberprüfbar

**invernadero** [imberna'ðero] *m* (BOT) Treibhaus *nt*

**invernal** [imber'nal] *adj* winterlich; **sueño ~** (ZOOL) Winterschlaf *m*

**invernar** [imber'nar] <e→ie> *vi* (ZOOL) überwintern; (*los que duermen*) Winterschlaf halten

**inverosímil** [imbero'simil] *adj* ❶ (*increíble*) unglaubwürdig ❷ (*que no parece verdad*) unwahrscheinlich

**inverosimilitud** [imberosimili'tuᶞ] *f* ❶ (*falta de credibilidad*) Unglaubwürdigkeit *f* ❷ (*falta de probabilidad*) Unwahrscheinlichkeit *f*

**inversión** [imber'sjon] *f* ❶ (COM, FIN: *dinero*) Investition *f* ❷ (*al revés*) Inversion *f*

**inversionista** [imbersjo'nista] *mf* Investor(in) *m(f)*

**inverso, -a** [im'berso, -a] *adj* umgekehrt

**inversor(a)** [imber'sor(a)] *m(f)* Investor(in) *m(f)*

**invertebrado, -a** [imberte'βraðo, -a] *adj* ❶ (ZOOL: *sin columna vertebral*) wirbellos ❷ (*débil*) ohne Rückgrat

**invertible** [imber'tiβle] *adj* umkehrbar

**invertido, -a** [imber'tiðo, -a] **I.** *adj* ❶ (*al revés*) umgekehrt ❷ (*sexualmente*) homosexuell **II.** *m, f* Homosexuelle(r) *mf*

**invertir** [imber'tir] *irr como sentir vt* ❶ (*orden*) umkehren ❷ (*dinero*) anlegen ❸ (*tiempo*) investieren ❹ (INFOR) invertieren

**investidura** [imbesti'ðura] *f* (*en un cargo*) Einsetzung *f;* (REL) Investitur *f*

**investigación** [imbestiɣa'θjon] *f* ❶ (*indagación*) Untersuchung *f;* (*averiguación*) Ermittlung *f;* **~ de mercado** Marktforschung *f* ❷ (*ciencia*) Forschung *f* ❸ (*estudio*) Untersuchung *f*

**investigador(a)** [imbestiɣa'ðor(a)] **I.** *adj* Forschungs-; **comisión ~a** Untersuchungsausschuss *m* **II.** *m(f)* Forscher(in) *m(f)*

**investigar** [imbesti'ɣar] <g→gu> *vt* ❶ (*indagar*) untersuchen; (*averiguar*) ermitteln ❷ (*en la ciencia*) erforschen

**investir** [imbes'tir] *irr como pedir vt* (*en un cargo*) einsetzen

**inveterado, -a** [imbete'raðo, -a] *adj* ❶ (*costumbre*) althergebracht, tief verwurzelt ❷ (*por adicción*) Gewohnheits-

**inviabilidad** [imbjaβili'ðaᶞ] *f sin pl* Undurchführbarkeit *f*

**inviable** [imbi'aβle] *adj* undurchführbar

**invicto, -a** [im'bikto, -a] *adj* unbesiegt

**invidencia** [imbi'ðen̪θja] *f* Blindheit *f*

**invidente** [imbi'ðen̪te] **I.** *adj* blind **II.** *mf* Blinde(r) *mf*

**invierno** [im'bjerno] *m* ❶ (*estación*) Winter *m* ❷ (*Am: lluvias*) Regenzeit *f* ❸ (*AmC: aguacero*) Platzregen *m*

**inviolabilidad** [imbjolaβili'ðaᶞ] *f* (POL: *de derechos*) Unverletzbarkeit *f*

**inviolable** [imbjo'laβle] *adj* (POL: *derechos*) unverletzbar

**invisibilidad** [imbisiβili'ðaᶞ] *f* Unsichtbarkeit *f*

**invisible** [imbi'siβle] *adj* unsichtbar

**invitación** [imbita'θjon] *f* ❶ (*a una fiesta*) Einladung *f* ❷ (*a una acción*) Aufforderung *f* ❸ (*tarjeta*) Einladungsschreiben *nt*

**invitado, -a** [imbi'taðo, -a] **I.** *adj* eingeladen **II.** *m, f* Gast *m;* **~ de honor** Ehrengast *m*

**invitar** [imbi'tar] *vt* ❶ (*convidar*) einladen (*a/para* zu +*dat*); **esta vez invito yo** dieses Mal geht es auf meine Rechnung ❷ (*instar*) auffordern (*a* zu +*dat*); (*rogar*) bitten

**invocación** [imboka'θjon] *f* Anrufung *f*

**invocar** [imbo'kar] <c→qu> *vt* ❶ (*dirigirse*) anrufen; (*suplicar*) flehentlich bitten ❷ (*alegar*) anführen ❸ (JUR: *apoyarse en una ley*) sich berufen (auf +*akk*)

**involución** [imbolu'θjon] *f* ❶ (POL) Rückfall *m* ❷ (BIOL) Rückbildung *f*

**involucionismo** [imboluθjo'nismo] *m* (POL) *Haltung von Reaktionären*

**involucionista** [imboluθjo'nista] **I.** *adj* (POL) reaktionär **II.** *mf* (POL) Reaktionär(in) *m(f)*

**involucrar** [imbolu'krar] **I.** *vt* verwickeln (*en* in +*akk*) **II.** *vr:* **~se** ❶ (*inmiscuirse*) sich einmischen (*en* in +*akk*) ❷ (*intervenir*) eingreifen (*en* in +*akk*)

**involuntariedad** [imbolun̪tarje'ðaᵈ] *f* ❶ (*por obligación*) Unfreiwilligkeit *f* ❷ (*falta de voluntad*) fehlender Wille *m* ❸ (*sin querer*) Unabsichtlichkeit *f*

**involuntario, -a** [imbolun̪'tarjo, -a] *adj* ❶ (*por obligación*) unfreiwillig ❷ (*sin querer*) unabsichtlich

**involutivo, -a** [imbolu'tiβo, -a] *adj* rückschrittlich

**invulnerabilidad** [imbulneraβili'ðaᵈ] *f* ❶ (*que no puede ser herido*) Unverletzbarkeit *f* ❷ (*insensibilidad*) Unempfindlichkeit *f*

**invulnerable** [imbulne'raβle] *adj* ❶ (*que no puede ser herido*) unverletzbar ❷ (*insensible*) unempfindlich (*a* für +*akk*); **es ~ a las críticas** Kritik prallt an ihm/ihr ab

**inyección** [inɟeᵞ'θjon] *f* ❶ (MED: *ampolla*) Spritze *f* ❷ (TÉC) Injektion *f*; **motor de ~** Einspritzmotor *m*

**inyectable** [inɟek'taβle] **I.** *adj* (MED) injizierbar **II.** *m* (MED) Injektionsmittel *nt*

**inyectar** [inɟek'tar] *vt* (ein)spritzen

**inyector** [inɟek'tor] *m* (TÉC) Injektor *m*; (*motor*) Einspritzdüse *f*; (*máquina de vapor*) Strahlpumpe *f*

**ión** [i'on] *m* (QUÍM) Ion *nt*

**ionosfera** [ionos'fera] *f* Ionosphäre *f*

**IPC** [ipe'θe] *m* (ECON) *abr de* **Índice de Precios al Consumidor** Verbraucherpreisindex *m*

**ir** [ir] *irr* **I.** *vi* ❶ (*general*) gehen; **¡voy!** ich komme!; **¡vamos!** los!, auf!; **¡vamos a ver!** mal sehen!; **~ a pie** zu Fuß gehen; **~ en bicicleta** (mit dem) Fahrrad fahren; **~ a caballo** reiten; **tengo que ~ a Paris** ich muss nach Paris (verreisen); **~ detrás de una chica** einem Mädchen nachlaufen; **dejarse ~** sich gehen lassen; **¿qué tal? – vamos tirando** (*fam*) wie geht's? – na ja, es geht so ❷ (*coger*) holen ❸ (*progresar*) laufen; **¿cómo va la tesina?** was macht die Diplomarbeit?; **¿cómo te va?** wie läuft es bei dir?; **va para médica** sie wird Ärztin; **en lo que va de año** im Laufe dieses Jahres ❹ (*diferencia*): **de dos a cinco van tres** von der Zwei bis zur Fünf sind es drei ❺ (*referirse*): **eso no va por ti** das bezieht sich nicht auf dich; **¿pero tú sabes de lo que va?** weißt du überhaupt, worum es geht? ❻ (*interj: sorpresa*): **¡vaya coche!** was für ein Auto!; **¡qué va!** ach was! ❼ (*con verbo*): **iban charlando** sie gingen und unterhielten sich dabei; **voy a hacerlo** ich werde es tun ❽ (*edad*) zugehen (*para* auf +*akk*) **II.** *vr:* **~se** ❶ (*marcharse*) (weg-, fort)gehen ❷ (*dirección*) kommen (*para* nach +*dat*) ❸ (*resbalar*) ausrutschen ❹ (*perder*) verlieren

**ira** ['ira] *f* Wut *f*

**iracundo, -a** [ira'kun̪do, -a] *adj* jähzornig

**Irán** [i'ran] *m* Iran *m*

**iraní** [ira'ni] **I.** *adj* iranisch **II.** *mf* Iraner(in) *m(f)*

**Iraq** [i'rak] *m* Irak *m*

**iraquí** [ira'ki] **I.** *adj* irakisch **II.** *mf* Iraker(in) *m(f)*

**irascible** [iras'θiβle] *adj* jähzornig

**irgo** ['irɣo] *1. pres de* **erguir**

**irguió** [ir'ɣjo] *3. pret de* **erguir**

**iridio** [i'riðjo] *m* (QUÍM) Iridium *nt*

**iridiscente** [iriðis'θen̪te] *adj* irisierend

**iris** ['iris] *m* ❶ (ANAT: *ojo*) Iris *f* ❷ (*loc*): **arco ~** Regenbogen *m*

**irisación** [irisa'θjon] *f* (FÍS) *Reflexe in den Regenbogenfarben, die z.B. ein Metall annimmt, nachdem es in sehr heißem Zustand in Wasser getaucht worden ist*

**irisar** [iri'sar] **I.** *vi* Regenbogenfarben annehmen **II.** *vt* in den Regenbogenfarben schillern lassen

**Irlanda** [ir'lan̪da] *f* Irland *nt*

**irlandés, -esa** [irlan̪'des, -esa] **I.** *adj* irisch **II.** *m, f* Ire, -in *m, f*

**ironía** [iro'nia] *f* Ironie *f*

**irónico, -a** [i'roniko, -a] **I.** *adj* ironisch **II.** *m, f* Ironiker(in) *m(f)*

**ironizar** [ironi'θar] <z→c> *vt* ironisieren

**IRPF** [ierrepe'efe/ierre'pefe] *m abr de* **Impuesto sobre la Renta de las Personas Físicas** *Einkommensteuer der abhängig Beschäftigten, Selb(st)ständigen und Künstler und aus bestimmten Kapitalerträgen*

**irracional** [irraθjo'nal] *adj* (*contra la razón*) irrational; (*contra la lógica*) unlogisch; **número ~** (MAT) irrationale Zahl; **ser ~** Tier *nt*

**irracionalidad** [irraθjonali'ðaᵈ] *f sin pl* Irrationalität *f*

**irradiación** [irraðja'θjon] *f* ❶ (*de material nuclear*) Strahlung *f* ❷ (MED: *tratamiento*) Bestrahlung *f*; (*dolor*) Ausstrahlung *f*

**irradiar** [irra'ðjar] **I.** *vt* ❶ (*emitir*) ausstrahlen ❷ (*difundir*) verbreiten ❸ (*tratamiento*) bestrahlen **II.** *vi* strahlen **III.** *vr:* **~se** sich verbreiten, ausstrahlen

**irrazonable** [irraθo'naβle] *adj* unvernünftig

**irreal** [irre'al] *adj* irreal

**irrealidad** [irreali'ðað] *f* Irrealität *f*

**irrealizable** [irreali'θaβle] *adj* undurchführbar

**irrebatible** [irreβa'tiβle] *adj*, **irrechazable** [irretʃa'θaβle] *adj* unwiderlegbar

**irreconciliable** [irrekoṇθi'ljaβle] *adj* unversöhnlich

**irreconocible** [irrekono'θiβle] *adj* unerkennbar

**irrecuperable** [irrekupe'raβle] *adj* unwiederbringbar

**irreductible** [irreðuk'tiβle] *adj* unbeugsam

**irreemplazable** [irrempla'θaβle] *adj* unersetzbar

**irreflexión** [irrefleɣ'sjon] *f* Unbedachtheit *f*

**irreflexivo**, **-a** [irrefleɣ'siβo, -a] *adj* ① (*acción*) unüberlegt ② (*persona*) unbedacht ③ (*precipitado*) voreilig

**irrefrenable** [irrefre'naβle] *adj* ① (*desarrollo*) unaufhaltsam ② (*persona*) nicht zurückzuhalten

**irrefutable** [irrefu'taβle] *adj* unumstößlich

**irregular** [irreɣu'lar] *adj* ① (*desigual*) unregelmäßig ② (*contra las reglas*) regelwidrig; (*sin reglas*) regellos; (*anómalo*) außerplanmäßig

**irregularidad** [irreɣulari'ðað] *f* ① (*desigualdad*) Unregelmäßigkeit *f* ② (*del terreno*) Unebenheit *f* ③ (*contra las reglas*) Regelwidrigkeit *f*; (*sin reglas*) Regellosigkeit *f*

**irrelevancia** [irrele'βaṇθja] *f* Irrelevanz *f*

**irrelevante** [irrele'βaṇte] *adj* irrelevant

**irremediable** [irreme'ðjaβle] *adj* ① (*inevitable*) unvermeidbar ② (*irreparable*) nicht wieder gutzumachen ③ (*daño físico*) unheilbar

**irremisible** [irremi'siβle] *adj* ① (*falta*) unverzeihlich ② (*pérdida*) nicht wieder gutzumachen

**irrenunciable** [irrenuṇ'θjaβle] *adj* ① (*imprescindible*) unverzichtbar ② (*destino*) unentrinnbar

**irreparable** [irrepa'raβle] *adj* ① (*que no se puede reparar*) irreparabel; (*incompensable*) unersetzlich ② (*daño físico*) nicht heilbar

**irrepetible** [irrepe'tiβle] *adj* unwiederholbar

**irreprimible** [irrepri'miβle] *adj* nicht zu unterdrücken

**irreprochable** [irrepro'tʃaβle] *adj* tadellos

**irreproducible** [irreproðu'θiβle] *adj* ① (*irrepetible*) unwiederholbar ② (*que ya no se puede fabricar*) nicht mehr produzierbar

**irresistible** [irresis'tiβle] *adj* ① (*atractivo*) unwiderstehlich ② (*inaguantable*) unerträglich

**irresoluble** [irreso'luβle] *adj* unlösbar

**irresolución** [irresolu'θjon] *f* ① (*indecisión*) Unentschlossenheit *f* ② (*vacilación*) Zögern *nt*

**irresoluto**, **-a** [irreso'luto, -a] *adj* ① (*indeciso*) unentschlossen ② (*vacilante*) zögerlich ③ (*problema*) ungelöst

**irrespetuoso**, **-a** [irrespetu'oso, -a] *adj* respektlos

**irrespirable** [irrespi'raβle] *adj* ① (*por tóxico*) giftig ② (*aire*) stickig

**irresponsabilidad** [irresponsaβili'ðað] *f* ① (*falta de responsabilidad*) Unverantwortlichkeit *f*; (*por minoría de edad*) Unmündigkeit *f* ② (*desconsideración*) Verantwortungslosigkeit *f* ③ (COM: *sociedades*) Nichthaftung *f*

**irresponsable** [irrespon'saβle] **I.** *adj* ① (*no responsable*) nicht verantwortlich (*de* für +*akk*) ② (*desconsiderado*) verantwortungslos ③ (COM: *sociedades*) nicht haftbar (*de* für +*akk*) **II.** *mf* ① (*no responsable*) nicht verantwortliche Person *f* ② (*desconsiderado*) verantwortungslose Person *f*

**irreverencia** [irreβe'reṇθja] *f* Respektlosigkeit *f*

**irreverente** [irreβe'reṇte] *adj* respektlos

**irreversibilidad** [irreβersiβili'ðað] *f sin pl* Unumkehrbarkeit *f*

**irreversible** [irreβer'siβle] *adj* irreversibel

**irrevocable** [irreβo'kaβle] *adj* ① (*no revocable*) unwiderruflich; (*firme*) unverrückbar ② (*inamovible*) unabsetzbar

**irrigación** [irriɣa'θjon] *f* ① (AGR: *regadío*) Bewässerung *f* ② (MED: *del intestino*) Einlauf *m*

**irrigar** [irri'ɣar] <g→gu> *vt* ① (AGR: *regar*) bewässern ② (MED: *la sangre*) durchbluten; (*el intestino*) durchspülen

**irrisorio**, **-a** [irri'sorjo, -a] *adj* lächerlich

**irritabilidad** [irritaβili'ðað] *f sin pl* Reizbarkeit *f*

**irritable** [irri'taβle] *adj* reizbar

**irritación** [irrita'θjon] *f* ① (MED: *órgano*) Reizung *f*; (*de piel*) (Haut)ausschlag *m* ② (*desatención*) Verwirrung *f* ③ (*enfado*) Ärger *m*

**irritante** [irri'taṇte] *adj* ① (*enojar*) ärgerlich ② (*molesto*) irritierend ③ (MED: *órgano*) reizend

**irritar** [irri'tar] **I.** *vt* ① (*enojar*) ärgern ② (*molestar*) irritieren ③ (MED: *órgano*) reizen **II.** *vr*: ~**se** ① (*enojarse*) sich aufregen ② (MED: *órgano*) sich entzünden

**irrompible** [irrom'piβle] *adj* ① (*material*) unzerbrechlich ② (*amistad*) unverbrüchlich *geh*

**irrumpir** [irrum'pir] *vi* (gewaltsam) eindringen (*en* in +*akk*)

**irrupción** [irruβ'θjon] *f* ① (*entrada*) plötzliches Eindringen *nt* ② (MIL: *invasión*) Einfallen *nt;* (*ataque*) Angriff *m*

**isla** ['isla] *f* Insel *f*

**Islam** [is'lan] *m* (REL) Islam *m*

**islámico**, **-a** [is'lamiko, -a] *adj* islamisch

**islamismo** [isla'mismo] *m* (REL) Islam(ismus) *m*

**islamización** [islamiθa'θjon] *f* Islamisation *f*

**islamizar** [islami'θar] <z→c> *vt* islamisieren

**islandés**, **-esa** [islan̩'des, -esa] **I.** *adj* isländisch **II.** *m, f* Isländer(in) *m(f)*

**Islandia** [is'lan̩dja] *f* Island *nt*

**isleño**, **-a** [is'leɲo, -a] **I.** *adj* Insel- **II.** *m, f* Inselbewohner(in) *m(f)*

**islote** [is'lote] *m* (unbewohnte) Felseninsel *f*

**isobara** [iso'βara] *f*, **isóbara** [i'soβara] *f* (METEO) Isobare *f*

**isótopo** [i'sotopo] *m* (QUÍM) Isotop *nt*

**Israel** [i(s)rra'el] *m* Israel *nt*

**israelí** [i(s)rrae'li] **I.** *adj* israelisch **II.** *mf* Israeli *mf*

**israelita** [i(s)rrae'lita] **I.** *adj* israelitisch **II.** *mf* Israelit(in) *m(f)*

**istmo** ['ismo] *m* (GEO) Landenge *f*

**Italia** [i'talja] *f* Italien *nt*

**italiano**, **-a** [ita'ljano, -a] **I.** *adj* italienisch **II.** *m, f* Italiener(in) *m(f)*

**itálico**, **-a** [i'taliko, -a] **I.** *adj* italisch **II.** *m, f* Italiker(in) *m(f)*

**itinerante** [itine'ran̩te] *adj* Wander-

**itinerario** [itine'rarjo] *m* ① (*ruta*) Strecke *f* ② (FERRO: *horario*) (Zug)fahrplan *m* ③ (AERO: *vuelo*) Flugstrecke *f*

**ITV** [ite'uβe] *f abr de* **Inspección Técnica de Vehículos** TÜV *m*

**IVA** ['iβa] *m*, **I.V.A.** ['iβa] *m abr de* **impuesto sobre el valor añadido** MWSt. *f*

**izada** [i'θaða] *f* (*Am: alzamiento*) Aufstand *m*

**izar** [i'θar] <z→c> *vt* hissen

**izda.** [iθ'kjerða] *adj*, **izdo.** [iθ'kjerðo] *adj abr de* **izquierda, izquierdo** linke(r, s)

**izquierda** [iθ'kjerða] *f* ① (*mano*) linke Hand *f* ② (POL) Linke *f* ③ (*lado*) linke Seite *f;* **a la ~** links; **ser un cero a la ~** (*fam*) eine Null sein

**izquierdismo** [iθkjer'ðismo] *m* (POL) linksgerichtete Tendenzen *fpl;* (*grupo*) linksgerichtete Bewegung *f*

**izquierdista** [iθkjer'ðista] **I.** *adj* (POL) linksgerichtet **II.** *mf* (POL) Linke(r) *mf*

**izquierdo**, **-a** [iθ'kjerðo, -a] *adj* linke(r, s)

# J j

**J, j** ['xota] *f* J, j *nt;* **~ de José** J wie Julius

**ja** [xa] *interj* ha

**jabalí** [xaβa'li] *m* <jabalíes> Wildschwein *nt*

**jabalina** [xaβa'lina] *f* ① (ZOOL) Wildsau *f* ② (DEP) Speer *m*

**jabato**[1] [xa'βato] *m* ① (ZOOL) Frischling *m* ② (*hombre*) kühner Mann *m;* **luchar como un ~** sehr mutig kämpfen

**jabato**, **-a**[2] [xa'βato, -a] *adj* kühn

**jabón** [xa'βon] *m* ① (*para lavar*) Seife *f;* **pastilla de ~** Stück Seife; **dar ~ a alguien** (*fig*) jdm Honig um den Bart schmieren; **dar un ~ a alguien** (*fig*) jdn ausschimpfen ② (*PRico, Arg: susto*) Schreck *m*

**jabonadura** [xaβona'ðura] *f* ① (*acción*) Einseifen *nt* ② (*espuma*) (Seifen)schaum *m* ③ *pl* (*agua*) Seifenwasser *nt*

**jabonar** [xaβo'nar] *vt* ① (*con jabón*) einseifen, abseifen ② (*fam: reprender*) schelten, ausschimpfen

**jaboncillo** [xaβon̩'θiʎo] *m* ① (*de tocador*) Toilettenseife *f* ② (*de sastre*) Schneiderkreide *f*

**jabonera** [xaβo'nera] *f* ① (*para depositar jabón*) Seifenschale *f* ② (BOT) Seifenkraut *nt*

**jabonero**, **-a** [xaβo'nero, -a] **I.** *adj* ① (*del jabón*) seifig ② (TAUR) weißlich gelb **II.** *m, f* ① (*productor*) Seifensieder(in) *m(f)* ② (*vendedor*) Seifenhändler(in) *m(f)*

**jabonoso**, **-a** [xaβo'noso, -a] *adj* Seifen-, seifig

**i Land & Leute**

**Jabugo**: **Jamón de Jabugo** bezeichnet einen sehr feinen, luftgetrockneten Schinken aus der gleichnamigen Ortschaft **Jabugo** in der *provincia* von *Huelva* (im Südwesten Andalusiens).

**jaca** ['xaka] *f* ① (*caballo*) kleines Pferd *nt* ② (*yegua*) Stute *f* ③ (*Am: gallo*) Kampfhahn *m*

**jacal** [xa'kal] *m* (*Méx, Ven*) Hütte *f*

**jacalear** [xakale'ar] *vi* (*Méx*) klatschen, tratschen *fam*

**jácara** ['xakara] *f* ① (*fam: mentira*) Märchen; (*historia*) Geschichte *f* ② (*molestia*) Ärgernis *nt*

**jacarandoso, -a** [xakaraṇ'doso, -a] *adj* fröhlich

**jacarero, -a** [xaka'rero, -a] *m, f* (*fam*) Spaßvogel *m*

**jácena** ['xaθena] *f* (ARQUIT) Unterzug *m*

**jacinto** [xa'θiṇto] *m* (BOT) Hyazinthe *f*

**jaco** ['xako] *m* (*caballo*) Klepper *m*

**jacobinismo** [xakoβi'nismo] *m sin pl* (POL) ❶ (*doctrina de los jacobinos*) Jakobinertum *nt* ❷ (*tendencia política*) Jakobinismus *m*

**jactancia** [xak'taṇθja] *f* Prahlerei *f*, Angeberei *f*

**jactancioso, -a** [xaktaṇ'θjoso, -a] **I.** *adj* angeberisch **II.** *m, f* Angeber(in) *m(f)*

**jactarse** [xak'tarse] *vr* prahlen (*de* mit +*dat*)

**jaculatoria** [xakula'torja] *f* Stoßgebet *nt*

**jacuz(z)i®** [ɟa'kuᵈsi] *m* Whirlpool *m*

**jade** ['xaðe] *m* Jade *m o f*

**jadear** [xaðe'ar] *vi* (*persona*) keuchen; (*perro*) hecheln

**jadeo** [xa'ðeo] *m* (*de persona*) Keuchen *nt;* (*de perro*) Hecheln *nt*

**jaenero, -a** [xae'nero, -a], **jaenés, -esa** [xae'nes, -esa] **I.** *adj* aus Jaén **II.** *m, f* Einwohner(in) *m(f)* von Jaén

**jaez** [xa'eθ] *m* ❶ (*de caballo*) Geschirr *nt* ❷ (*de persona*) Sorte *f;* **persona de mal ~** bösartiger Mensch; **no te fíes de gente de ese ~** traue solchen Leuten nicht

**jaguar** [xa'ɣwar] *m* Jaguar *m*

**jaiba** ['xai̯βa] **I.** *adj* ❶ (*Ant, Méx: astuto*) gerissen ❷ (*Cuba: perezoso*) faul **II.** *f* (*Am: cangrejo*) Flusskrebs *m*

**jaima** ['xai̯ma] *f Nomadenzelt*

**jalada** [xa'laða] *f* (*Méx: fam*) ❶ (*exageración*) Übertreibung *f* ❷ (*fumada*) Zug *m* (an der Zigarette)

**jalado, -a** [xa'laðo, -a] *adj* ❶ (*Méx: exagerado*) übertrieben ❷ (*Am: demacrado*) abgezehrt ❸ (*Am: obsequioso*) gefällig ❹ (*Am: borracho*) betrunken

**jalar** [xa'lar] **I.** *vt* ❶ (*una cuerda*) ziehen (an +*dat*) ❷ (*una persona*) anziehen ❸ (*fam: comer*) mampfen **II.** *vi* (*Bol, PRico, Urug: largarse*) abhauen **III.** *vr:* **~se** (*Am: emborracharse*) sich betrinken

**jalbegue** [xal'βeɣe] *m* Tünche *f*

**jalea** [xa'lea] *f* Gelee *nt*

**jalear** [xale'ar] *vt* (*animar*) anfeuern

**jaleo** [xa'leo] *m* ❶ (*barullo*) Lärm *m;* (*desorden*) Durcheinander *nt;* **armar ~** Lärm machen; **me he armado un ~ con los nombres** (*fam*) ich habe alle Namen durcheinander gebracht ❷ (*riña*) Streit *m*

**jalón** [xa'lon] *m* ❶ (*vara*) Absteckpfahl *m* ❷ (*hito*) Meilenstein *m*

**jalonar** [xalo'nar] *vt* ❶ (*un terreno*) abstecken ❷ (*marcar*) prägen

**jamaicano, -a** [xamai̯'kano, -a] **I.** *adj* jamaikanisch **II.** *m, f* Jamaikaner(in) *m(f)*

**jamar** [xa'mar] *vt, vr:* **~se** (*fam: comer*) verdrücken

**jamás** [xa'mas] *adv* nie(mals); **~ de los jamases** nie und nimmer; **~ había tenido la oportunidad** nie zuvor hatte ich die Gelegenheit gehabt; **¿habías leído ~ algo parecido?** hast du je zuvor so etwas gelesen?; **nunca digas nunca ~** sag niemals nie

**jamba** ['xamba] *f* (*de la ventana*) Fensterpfosten *m;* (*de la puerta*) Türpfosten *m*

**jamelgo** [xa'melɣo] *m* (*fam*) Klepper *m*

**jamón** [xa'mon] *m* Schinken *m;* **~ dulce** [*o* **de York**] gekochter Schinken; **~ serrano** luftgetrockneter Schinken; **¡y un ~!** (*fam*) kommt überhaupt nicht in Frage!

**jamona** [xa'mona] *f* (*fam: mujer gruesa*) gut gepolsterte(, nicht mehr ganz junge) Frau *f*

**jangada** [xaŋ'gaða] *f* ❶ (*balsa*) Floß *nt* ❷ (*tontería*) dumme Bemerkung *f* ❸ (*fam: trastada*) gemeiner Trick *m*

**Japón** [xa'pon] *m* Japan *nt*

**japonés, -esa** [xapo'nes, -esa] **I.** *adj* japanisch **II.** *m, f* Japaner(in) *m(f)*

**jaque** ['xake] *m* ❶ (DEP) Schach *nt;* **~ mate** (Schach)matt *nt;* **dar ~** Schach bieten; **tener a alguien en ~** jdn in Schach halten ❷ (*fam: perdonavidas*) Angeber *m*

**jaquear** [xake'ar] *vt* (DEP) Schach bieten +*dat*

**jaqueca** [xa'keka] *f* Migräne *f;* **este tipo me da ~** (*fam*) dieser Kerl geht mir auf die Nerven

**jarabe** [xa'raβe] *m* Sirup *m;* (*para la tos*) Hustensaft *m;* **~ de pico** (*fam*) Geschwätz *nt;* **dar ~ de palo a alguien** (*fam*) jdm eine Tracht Prügel verpassen

**jarana** [xa'rana] *f* ❶ (*juerga*) Gaudi *f o nt;* **ir de ~** (*fam*) einen draufmachen ❷ (*discusión*) Krach *m* ❸ (*Am: burla*) Spaß *m*, Scherz *m* ❹ (*AmC: deuda*) Schuld *f* ❺ (*Col: embuste*) Lüge *f*

**jaranero, -a** [xara'nero, -a] *adj:* **ser un ~** sehr gern feiern

**jarcia** ['xarθja] *f* ❶ (NÁUT: *para pescar*) Fischfangausrüstung *f* ❷ *pl* (NÁUT: *de velero*) Tauwerk *nt*

**jardín** [xar'ðin] *m* Garten *m;* **los jardines de una ciudad** die Grünanlagen einer Stadt; **~ de infancia** (*hasta los tres años*) Kinderkrippe *f;* (*a partir de tres años*) Kindergarten *m;* **trabajar en el ~** gärtnern

**jardinear** [xarðine'ar] *vt* (*Am*) gärtnern

**jardinera** [xarði'nera] *f* ❶ (*profesión*) Gärtnerin *f;* **a la** ~ (GASTR) nach Gärtnerinart ❷ (*maceta*) Blumenkasten *m*

**jardinería** [xarðine'ria] *f* (*arte*) Gartenkunst *f;* (*cuidado*) Gartenpflege *f*

**jardinero, -a** [xarði'nero, -a] *m, f* Gärtner(in) *m(f)*

**jarra** ['xarra] *f* Krug *m;* (*de agua, café*) Kanne *f;* **ponerse de** [*o* **en**] ~**s** die Arme in die Hüften stemmen

**jarro** ['xarro] *m* Krug *m;* (*de agua*) Kanne *f;* **echarle a alguien un** ~ **de agua fría** (*fig*) jdn um seine Hoffnungen bringen

**jarrón** [xa'rron] *m* Vase *f*

**jartón, -ona** [xar'ton, -ona] *m, f* (*AmC, Méx*) Vielfraß *m fam*

**jaspe** ['xaspe] *m* ❶ (*cuarzo*) Jaspis *m* ❷ (*mármol*) geäderter Marmor *m*

**jaspear** [xaspe'ar] *vt* (*tejido*) jaspieren; (*papel*) marmorieren

**jauja** ['xau̯xa] *f* Schlaraffenland *nt;* **¡pero te crees que esto es J~!** was hast du bloß für (falsche) Vorstellungen!; **para ti la vida es J~** für dich ist das Leben wohl nur ein einziger Spaß

**jaula** ['xau̯la] *f* (*para animales*) Käfig *m*

**jauría** [xau̯'ria] *f* Meute *f*

**jayán, -ana** [xa'ɟan, -ana] *m, f* Riese, -in *m, f*

**jazmín** [xaθ'min] *m* Jasmin *m*

**jazz** [dʒas] *m sin pl* Jazz *m;* **tocar** ~ jazzen

**jazzista** [dʒa'sista] *mf* Jazzmusiker(in) *m(f)*

**J.C.** [xesu'kristo] *m abr de* **Jesucristo** Jesus Christus *m*

**jeans** [dʒins] *mpl* Jeans *f(pl)*

**jeep** [dʒip] *m* <jeeps> Jeep *m*

**jefatura** [xefa'tura] *f* ❶ (*cargo*) Leitung *f* ❷ (*sede*): ~ **del gobierno** Amt *nt* des Regierungschefs; ~ **de policía** Polizeipräsidium *nt*

**jefazo** [xe'faθo] *m* (*fam*) hohes Tier *nt*

**jefe, -a** ['xefe, -a] *m, f* (*de una organización, empresa*) Chef(in) *m(f);* (*de un departamento*) Leiter(in) *m(f);* (*de una banda*) Anführer(in) *m(f);* ~ **de filas** (DEP) Mannschaftskapitän *m;* ~ **de(l) Estado** Staatsoberhaupt *nt;* ~ **de gobierno** Regierungschef *m;* ~ **de partido** Parteivorsitzende(r) *m;* **redactor** ~ Chefredakteur *m;* **en mi casa no soy yo el** ~**, sino mi mujer** zu Hause hat meine Frau die Hosen an

**jengibre** [xeŋ'xiβre] *m* Ingwer *m*

**jeque** ['xeke] *m* Scheich *m*

**jerarca** [xe'rarka] *mf* Oberhaupt *nt*

**jerarquía** [xerar'kia] *f* Hierarchie *f*

**jerárquico, -a** [xe'rarkiko, -a] *adj* hierarchisch

**jerarquización** [xerarkiθa'θjon] *f* Hierarchisierung *f*

**jerarquizar** [xerarki'θar] <z→c> *vt* hierarchisieren

**jerez** [xe'reθ] *m* Sherry *m*

**i Land & Leute**

In und um **Jerez de la Frontera**, also an der Mündung des Guadalquivir im Südwesten von *Andalucía*, wird der gleichnamige Likörwein – **jerez** – *Sherry* – angebaut. In **Jerez** selbst kann man diesen Wein in den typischen *bodegas* – *Weinkellereien* kosten.

**jerga** ['xerɣa] *f* (*lenguaje*) Jargon *m*

**jergón** [xer'ɣon] *m* (*fam: persona*) Fettwanst *m*

**jeribeque** [xeri'βeke] *m:* **hacer** ~**s** Grimassen schneiden

**jerigonza** [xeri'ɣon̩θa] *f* ❶ (*galimatías*) Kauderwelsch *nt* ❷ (*jerga*) Jargon *m*

**jeringa** [xe'riŋga] *f* (*instrumento*) (Injektions)spritze *f*

**jeringar** [xeriŋ'gar] <g→gu> *vt* ❶ (*con la jeringa*) spritzen ❷ (*molestar*) belästigen, plagen

**jeringuilla** [xeriŋ'giʎa] *f* (Injektions)spritze *f*

**jeroglífico**[1] [xero'ɣlifiko] *m* ❶ (*signo*) Hieroglyphe *f* ❷ (*pasatiempo*) Bilderrätsel *nt*

**jeroglífico, -a**[2] [xero'ɣlifiko, -a] *adj* hieroglyphisch

**jersey** [xer'sei̯] *m* Pullover *m;* ~ **de cuello alto** Rollkragenpullover *m*

**Jesucristo** [xesu'kristo] *m* Jesus Christus *m*

**jesuítico, -a** [xesu'itiko, -a] *adj* Jesuiten-

**Jesús** [xe'sus] *m* Jesus *m;* **¡~!** (*al estornudar*) Gesundheit!; (*interjección*) o mein Gott!; **en un** (**decir**) ~ im Nu

**jeta** ['xeta] *f* ❶ (*fam: cara*) Visage *f;* **ese tiene una** ~ **increíble** (*fig*) der ist unglaublich frech ❷ (*labios*) wulstige Lippen *fpl* ❸ (*del cerdo*) Rüssel *m* ❹ (*Arg: nariz*) Nase *f*

**ji** [xi] **I.** *f* Chi *nt* **II.** *interj* ha!

**jíbaro, -a** ['xiβaro, -a] *adj* ❶ (*Am: campesino*) bäuerlich; (*costumbres, vida*) ländlich ❷ (*Am: planta, animal*) wild ❸ (*Ant, Méx: huraño*) menschenscheu

**jibia** ['xiβja] *f* Sepia *f*

**jibraltareño, -a** [xiβral̩ta'reɲo, -a] **I.** *adj* gibraltarisch **II.** *m, f* Gibraltarer(in) *m(f)*

**jícara** ['xikara] *f* (*taza*) (Schokoladen)tasse *f*

**jienense, -a** [xje'nense, -a] **I.** *adj* aus Jaén **II.** *m, f* Einwohner(in) *m(f)* von Jaén

**jijona** [xi'xona] *m* Mandelnugat *m o nt* (aus

Jijona)

**jilguero** [xil'ɣero] *m* (ZOOL) Distelfink *m*

**jineta** [xi'neta] *f* ① (ZOOL) Ginsterkatze *f* ② (*monta*): **montar a la ~** mit kurzen Steigbügeln reiten

**jinete** [xi'nete] *m* (*persona*) Reiter *m;* (*profesional*) Jockei *m*

**jinetear** [xinete'ar] *vt* (*Am: domar*) zureiten

**jiñar** [xi'ɲar] *vi, vr:* **~se** (*vulg*) scheißen

**jira** ['xira] *f* ① (*jirón*) Fetzen *m* ② (*picnic*) Picknick *nt*

**jirafa** [xi'rafa] *f* ① (ZOOL) Giraffe *f* ② (*para el micro*) Galgen *m*

**jirón** [xi'ron] *m* Fetzen *m;* **hacer algo jirones** etw zerreißen

**jiu-jitsu** [ʤju-'ʤi$^{ð}$su] *m* (DEP) Jiu-Jitsu *nt*

**JJ.OO.** ['xweɣos o'limpikos] *abr de* **Juegos Olímpicos** Olympische Spiele *ntpl*

**jo** [xo] *interj* ① (*so*) hü ② (*sorpresa*) Wahnsinn

**jobar** [xo'βar] *interj* (*fam*) verdammt (noch mal)!

**jobillo** [xo'βiʎo] *m* (*PRico: fam*): **irse de ~s** die Schule schwänzen

**jockey** ['xokei̯] *m* Jockei *m*

**jocosidad** [xokosi'ða$^{ð}$] *f* ① (*cualidad*) Humor *m* ② (*chiste*) Witz *m*

**jocoso, -a** [xo'koso, -a] *adj* witzig

**jocundidad** [xokun̩di'ða$^{ð}$] *f* Heiterkeit *f*

**jocundo, -a** [xo'kun̩do, -a] *adj* heiter, fröhlich

**joder** [xo'ðer] **I.** *vt* (*vulg*) ① (*copular*) ficken ② (*fastidiar*) nerven *fam;* **¡no me jodas!** erzähl mir keinen Scheiß!; **¡no te jode!** das ist ja kaum zu fassen!; **¡jódete!** zum Teufel mit dir! *fam* ③ (*echar a perder*) vermasseln *fam* ④ (*robar*) klauen *fam* **II.** *vi* (*vulg*) ficken **III.** *vr:* **~se** (*vulg*) ① (*fastidiarse*) sich abfinden; **¡hay que ~se!** verdammt noch mal! *fam* ② (*echar a perder*): **nuestra amistad se ha jodido** unsere Freundschaft ist im Eimer *fam;* **la tele se ha jodido** der Fernseher ist im Arsch **IV.** *interj* (*vulg*) Scheiße!

**jodido, -a** [xo'ðiðo, -a] *adj* (*vulg*): **estoy ~** (*enfermo*) mir geht's beschissen; (*en un apuro*) ich sitze in der Scheiße; **ser ~** (*difícil*) schwierig sein; **es ~ tener que trabajar tanto** es ist verdammt hart, so viel arbeiten zu müssen

**jodón, -ona** [xo'ðon, -ona] **I.** *adj* (*Méx: fam*) nervtötend **II.** *m, f* (*Méx: fam*) Nervensäge *f*

**jogging** ['djoɣiŋ] *m* <joggings> Jogging *nt;* **esta mañana he hecho ~** heute Morgen war ich joggen

**joint venture, joint-venture** ['ʤoi̯m'benʧa] *f* (ECON) Jointventure *nt*

**jóker** ['ʤoker] <jókers> *m* (*comodín*) Joker *m*

**jolgorio** [xol'ɣorjo] *m* Gaudi *f o nt*

**jolín** [xo'lin] *interj,* **jolines** [xo'lines] *interj* verdammt (noch mal)!

**jopé** [xo'pe] *interj* Mensch!

**Jordania** [xor'ðanja] *f* Jordanien *nt*

**jordano, -a** [xor'ðano, -a] **I.** *adj* jordanisch **II.** *m, f* Jordanier(in) *m(f)*

**jornada** [xor'naða] *f* ① (*de trabajo*) Arbeitstag *m;* (*tiempo trabajado*) Arbeitszeit *f;* **~ continua** gleitende Arbeitszeit; **~ partida** Arbeitstag mit (langer) Mittagspause; **trabajo media ~** ich arbeite halbtags ② (*viaje*) Tagesreise *f;* (*andando*) Tage(s)marsch *m;* **este pueblo está a dos ~s de viaje** dieses Dorf liegt zwei Tagesreisen entfernt

**jornal** [xor'nal] *m* (*paga*) Tagelohn *m;* **trabajar a ~** als Tagelöhner arbeiten

**jornalero, -a** [xorna'lero, -a] *m, f* Tagelöhner(in) *m(f)*

**joroba** [xo'roβa] *f* ① (*de persona*) Buckel *m* ② (*de camello*) Höcker *m* ③ (*molestia*) Belästigung *f*

**jorobado, -a** [xoro'βaðo, -a] **I.** *adj* buck(e)lig **II.** *m, f* Buck(e)lige(r) *mf*

**jorobar** [xoro'βar] **I.** *vt* (*fam*) nerven **II.** *vr:* **~se** (*fam*) sich abfinden; **si no le gusta, ¡que se jorobe!** wenn es ihm/ihr nicht passt, hat er/sie Pech gehabt!

**jota** ['xota] *f* ① (*letra*) J *nt;* **no entender** [*o* **saber**] **ni ~** (*fam*) keinen blassen Schimmer haben; **no ver ni ~** (*fam*) stockblind sein ② (*baile*) Jota *f*

**i Land & Leute**

Die **jota** ist ein traditioneller spanischer Tanz, mit einem auffallend schnellen Takt. Zur Musikbegleitung gehören die typischen *castañuelas – Kastagnetten.* Die wohl bekannteste **jota** ist **la jota de Aragón**.

**jotero, -a** [xo'tero, -a] **I.** *adv* die Jota betreffend **II.** *m, f* Jotatänzer(in) *m(f)*

**joven** ['xoβen] **I.** *adj* jung; **de muy ~** in früher Jugend **II.** *mf* junger Mann *m,* junge Frau *f;* **los jóvenes** die jungen Leute

**jovenzuelo, -a** [xoβen̩'θwelo, -a] *m, f* (*pey*) Grünschnabel *m*

**jovial** [xo'βjal] *adj* fröhlich

**jovialidad** [xoβjali'ða$^{ð}$] *f* Fröhlichkeit *f*

**joya** ['xoɟa] *f* ① (*alhaja*) Schmuckstück *nt;* (*piedra*) Juwel *nt o m;* **las ~s** der Schmuck

② (*persona, cosa*) Juwel *nt;* **esta mujer de la limpieza es una** ~ sie ist ein Juwel von einer Putzfrau; **este niño es una** ~ dieses Kind ist ein wahrer Schatz

**joyería** [xoɟe'ria] *f* Juwelierladen *m*

**joyero**[1] [xo'ɟero] *m* Schmuckkästchen *nt*

**joyero, -a**[2] [xo'ɟero, -a] *m, f* Juwelier(in) *m(f)*

**juanete** [xwa'nete] *m* (*del pie*) (Fuß)ballen *m*

**jubilación** [xuβila'θjon] *f* ① (*acción*) Pensionierung *f* ② (*pensión*) Rente *f*

**jubilado, -a** [xuβi'laðo, -a] *m, f* Rentner(in) *m(f)*

**jubilar** [xuβi'lar] **I.** *vt* ① (*a alguien*) pensionieren ② (*fam: un objeto*) ausrangieren **II.** *vr:* ~**se** ① (*retirarse*) in Rente gehen ② (*AmC: hacer novillos*) schwänzen

**júbilo** ['xuβilo] *m* Jubel *m*

**jubiloso, -a** [xuβi'loso, -a] *adj* jubelnd; **estar** ~ überglücklich sein

**jubón** [xu'βon] *m* Wams *nt*

**judaico, -a** [xu'ðai̯ko, -a] *adj* jüdisch

**judaísmo** [xuða'ismo] *m sin pl* Judaismus *m*

**judeocristiano, -a** [xuðeokris'tjano, -a] *adj* jüdisch-christlich

**judería** [xuðe'ria] *f* Judenviertel *nt*

**judía** [xu'ðia] *f* ① (*mujer*) Jüdin *f* ② (BOT) Bohne *f*

**judicatura** [xuðika'tura] *f* ① (*cargo*) Richteramt *nt* ② (*de un país*) Richterstand *m* ③ (*ejercicio*) Rechtsprechung *f,* Judikatur *f;* ~ **del trabajo** Arbeitsgerichtsbarkeit *f*

**judicial** [xuði'θjal] *adj* (*de justicia*) Justiz-; (*de juicio*) Gerichts-; (*de juez*) richterlich

**judío, -a** [xu'ðio, -a] **I.** *adj* jüdisch **II.** *m, f* Jude *m,* Jüdin *f*

**judo** ['dʒuðo] *m* (DEP) Judo *nt*

**judoka** [dʒu'ðoka] *mf* (DEP) Judoka *mf*

**juego** ['xweɣo] *m* ① (*diversión*) Spiel *nt;* ~ **de mesa** Gesellschaftsspiel *nt;* ~ **de los roles** Rollenspiel *nt;* **hacer** ~**s malabares** jonglieren; **hacer trampas en el** ~ falsch spielen; **hay muchos millones en** ~ es wird um viele Millionen gespielt; **perder dinero en el** ~ Geld verspielen; **tengo mal** ~ ich habe schlechte Karten; **poner en** ~ (*fig*) aufs Spiel setzen; **diciendo esto le hace el** ~ **a su rival** seine/ihre Äußerungen kommen seinem/ihrem Gegner zugute; **se le ve fácilmente el** ~ man kann ihn/sie leicht durchschauen; **se toma nuestra relación a** ~ er/sie nimmt unsere Beziehung nicht ernst; **desgraciado en el** ~**, afortunado en amores** (*prov*) Pech im Spiel, Glück in der Liebe ② (DEP) Spiel *nt;* ~ **en blanco** Null-zu-Null-Spiel *nt;* ~ **limpio** Fairplay *nt;* ~ **sucio** unfaires Spiel; **fuera de** ~ Abseits *nt;* **entrar en** ~ ins Spiel kommen ③ (*conjunto de botones, ropa interior*) Garnitur *f;* ~ **de mesa** Service *nt;* **estos colores no hacen** ~ diese Farben passen nicht zusammen ④ (TÉC) Spiel *nt;* **esta llave no hace** ~ **con la cerradura** dieser Schlüssel passt nicht ins Schloss

**juerga** ['xwerɣa] *f* Gaudi *f o nt;* **ayer estuve de** ~ (*fam*) ich habe gestern einen draufgemacht; **se le nota en la cara que se ha corrido unas cuantas** ~**s** (*fam*) man sieht ihm/ihr an, dass er/sie ein ausschweifendes Leben geführt hat; **ayer noche se armó una** ~ **increíble en este bar** (*fam*) gestern Abend war in dieser Kneipe der Bär los

**juerguista** [xwer'ɣista] *mf* (*salidor*) Nachtschwärmer *m;* (*fiestero*) Partylöwe *m,* Partygirl *nt*

**jueves** ['xweβes] *m inv* Donnerstag *m;* **J**~ **Santo** Gründonnerstag *m;* **no ser nada del otro** ~ nichts Weltbewegendes sein; *v. t.* **lunes**

**juez** [xweθ] *mf* (*t.* JUR) Richter(in) *m(f);* ~ **de instrucción** Untersuchungsrichter(in) *m(f);* ~ **de línea** [*o* **de banda**] (DEP) Linienrichter(in) *m(f)*

**jugada** [xu'ɣaða] *f* ① (DEP) Spielzug *m;* ~ **de ajedrez** Schachzug *m;* ~ **antirreglamentaria** Foul *nt;* **las** ~**s de Michael Jordan encandilan al público** das Publikum ist von der Spielweise Michael Jordans begeistert; **Maradona hizo una** ~ **genial** Maradona spielte einen genialen Ball ② (*apuesta*) Wette *f* ③ (*jugarreta*) Streich *m;* **hacerle** [*o* **gastarle**] **una** ~ **a alguien** jdm übel mitspielen

**jugador(a)** [xuɣa'ðor(a)] **I.** *adj:* **mi marido es muy** ~ mein Mann ist eine Spielernatur **II.** *m(f)* (*t.* DEP) Spieler(in) *m(f);* ~ **profesional** Profi *m*

**jugar** [xu'ɣar] *irr* **I.** *vi* ① (*a un juego, deporte*) spielen; ~ **de líbero** auf der Liberoposition spielen; ~ **limpio/sucio** fair/unfair spielen; ~ **a la lotería** (in der) Lotterie spielen; ~ **a policías y ladrones** Räuber und Gendarm spielen; **¿puedo** ~**?** darf ich mitspielen?; **¿a qué juegas?** (*fig*) was soll denn das? ② (*bromear*) scherzen; **hacer algo por** ~ etw aus Spaß machen ③ (*en un negocio*) beteiligt sein (*en* an +*dat*); ~ **a la bolsa** an der Börse spekulieren ④ (*hacer juego*) zusammenpassen **II.** *vt* ① (*un juego, una partida*) spielen; **me la han jugado** (*fig*) man hat mir übel mitgespielt ② (*apostar*) wetten; ~ **fuerte**

J

mit hohem Einsatz spielen ③ (*una carta*) (aus)spielen; (*una torre*) spielen; **¿quién juega?** wer ist dran?; (*al ajedrez*) wer ist am Zug? **III.** *vr:* ~**se** ① (*la lotería*) verlost werden ② (*apostar*) wetten (um +*akk*), setzen (*a* auf +*akk*); **¿qué te juegas que...?** wollen wir wetten, dass ...? ③ (*arriesgar*) aufs Spiel setzen; ~**se el todo por el todo** alles auf eine Karte setzen

**jugarreta** [xuɣa'rreta] *f* (*fam*) übler Streich *m;* **hacerle una ~ a alguien** jdm übel mitspielen

**juglar**(**esa**) [xu'ɣlar, xuɣla'resa] *m(f)* (HIST) Spielmann *m,* fahrender Sänger *m,* fahrende Sängerin *f*

**jugo** ['xuɣo] *m* ① (*de fruta, carne*) Saft *m;* ~**s gástricos** Magensäfte *mpl* ② (*esencia*) Substanz *f;* **declaraciones con mucho ~** bedeutungsschwere Äußerungen; **este jefe saca el ~ a sus trabajadores** dieser Chef beutet seine Arbeitnehmer aus

**jugosidad** [xuɣosi'ðaᵈ] *f* Saftigkeit *f*

**jugoso**, **-a** [xu'ɣoso, -a] *adj* ① (*fruta, carne*) saftig ② (*color*) frisch

**juguete** [xu'ɣete] *m* ① (*objeto*) Spielzeug *nt;* **el barco era un ~ de las olas** das Schiff war ein Spielball der Wellen ② *pl* (COM) Spielwaren *fpl*

**juguetear** [xuɣete'ar] *vi* ① (*con las llaves, un boli*) herumspielen; (*con una pelota*) tändeln ② (*los niños*) herumtollen

**juguetería** [xuɣete'ria] *f* Spielwarengeschäft *nt*

**juguetero**, **-a** [xuɣe'tero, -a] **I.** *adj* Spielzeug- **II.** *m, f* Spielwarenhändler(in) *m(f)*

**juguetón**, **-ona** [xuɣe'ton, -ona] *adj* verspielt

**juicio** ['xwiθjo] *m* ① (*facultad para juzgar*) Urteilsfähigkeit *f* ② (*razón*) Vernunft *f,* Verstand *m;* **falta de ~** Unvernunft *f;* **recobrar el ~** zur Vernunft kommen; **tú no estás en tu sano ~** du bist wohl nicht bei Verstand ③ (*opinión*) Meinung *f,* Urteil *nt;* **a mi ~** meiner Meinung nach; **emitir un ~ sobre algo** etw beurteilen ④ (JUR) Gerichtsverfahren *nt,* Prozess *m;* ~ **criminal** Strafverfahren *nt;* **el día del J~ final** (REL) der jüngste Tag; **llevar a alguien a ~** jdm den Prozess machen

**juicioso**, **-a** [xwi'θjoso, -a] *adj* (*sensato*) vernünftig; (*acertado*) treffend

**julepe** [xu'lepe] *m* ① (*castigo*) Strafe *f;* (*reprimenda*) Standpauke *f;* **dar ~ a alguien** (*castigar*) jdn bestrafen; (*dar una reprimenda*) jdm eine Standpauke halten ② (*Am: miedo*) Angst *f* ③ (*Am: ajetreo*) Plackerei *f;* **dar un ~ a alguien** (*fam*) jdm zu viel Arbeit aufhalsen

**julio** ['xuljo] *m* ① (FÍS) Joule *nt* ② (*mes*) Juli *m; v. t.* **marzo**

**juma** ['xuma] *f* (*Am: fam*) Rausch *m*

**jumado**, **-a** [xu'maðo, -a] *adj* (*Am: fam*) besoffen

**jumento** [xu'mento] *m* Esel *m*

**jumo**[1] ['xumo] *m* (*PRico*) Rausch *m*

**jumo**, **-a**[2] ['xumo, -a] *adj* (*Am: borracho*) betrunken

**juncal** [xuŋ'kal] *adj* (*gallardo*) stattlich

**junco** ['xuŋko] *m* ① (BOT) Binse *f* ② (*bastón*) Spazierstock *m* ③ (*embarcación*) Dschunke *f*

**jungla** ['xuŋgla] *f* Dschungel *m*

**junio** ['xunjo] *m* Juni *m; v. t.* **marzo**

**júnior** ['dʒunjor] *m* <juniores> Junior *m*

**junta** ['xunta] *f* ① (*comité*) Ausschuss *m;* (*consejo*) Rat *m;* ~ **calificadora** (ENS) Prüfungskommission *f;* ~ **directiva** Vorstand *m;* ~ **general** Generalversammlung *f;* ~ **militar** Militärjunta *f;* ~ **municipal** Gemeinderat *m* ② (*reunión*) Sitzung *f;* **celebrar ~** (*de la ~ directiva*) eine Vorstandssitzung abhalten; (*de la ~ general*) eine Generalversammlung abhalten ③ (TÉC: *de dos ladrillos, tablas*) Fuge *f;* (*de dos tubos*) Verbindung(sstelle) *f;* (*sellado*) Dichtung *f*

**juntar** [xun'tar] **I.** *vt* ① (*aproximar*): ~ **la mesa a la pared** den Tisch an die Wand rücken; ~ **las sillas** die Stühle zusammenrücken ② (*unir*) verbinden ③ (*reunir: personas*) versammeln; (*objetos*) (an)sammeln; (*dinero*) (an)sparen ④ (*puerta, ventana*) anlehnen **II.** *vr:* ~**se** ① (*reunirse*) sich versammeln ② (*unirse*) sich zusammenschließen ③ (*aproximarse*) zusammenrücken ④ (*liarse con alguien*) zusammenziehen; **se han juntado** sie wohnen zusammen

**junto**[1] ['xunto] **I.** *adv:* **hablaba por teléfono y trabajaba en el ordenador, todo ~** er/sie telefonierte und arbeitete gleichzeitig am PC; **tengo en ~ cien euros** ich habe alles insgesamt hundert Euro; **comprar por ~** in großen Mengen kaufen **II.** *prep* ① (*local*): ~ **a** neben +*dat,* an +*dat;* **¿quién es el que está ~ a ella?** wer ist der Mann (da) neben ihr?; **estábamos ~ a la entrada** wir waren am Eingang; **pasaron ~ a nosotros** sie liefen an uns vorbei ② (*con movimiento*): ~ **a** neben +*akk,* an +*akk;* **he puesto la botella ~ a las otras** ich habe die Flasche neben die anderen gestellt; **pon la silla ~ a la mesa** rück den Stuhl an den Tisch ③ (*con, en compañía de*): ~ **con** mit +*dat*

**junto**, **-a**[2] ['xunto, -a] *adj* zusammen,

gemeinsam; **nos sentamos todos** ~**s** wir saßen alle beieinander; **me las pagarás todas juntas** das wirst du mir büßen

**juntura** [xuṇ'tura] *f* (TÉC: *de dos ladrillos, tablas*) Fuge *f;* (*de dos tubos*) Verbindung(sstelle) *f;* (*sellado*) Dichtung *f*

**jura** ['xura] *f* Eid *m*

**jurado**[1] [xu'raðo] *m* ❶ (JUR: *miembro*) Geschworene(r) *mf;* (*tribunal*) Geschworenen *mpl* ❷ (*de un examen*) Prüfungskommission *f* ❸ (*de un concurso*) Jury *f*

**jurado, -a**[2] [xu'raðo, -a] *adj* vereidigt; **intérprete** ~ Gerichtsdolmetscher *m*

**juramentar** [xurameṇ'tar] **I.** *vt* vereidigen **II.** *vr:* ~**se** sich eidlich verpflichten

**juramento** [xura'meṇto] *m* ❶ (*t.* JUR: *jura*) Eid *m;* **falso** ~ Meineid *m;* **estar bajo** ~ unter Eid stehen; **tomar** ~ **a alguien** jdn vereidigen ❷ (*blasfemia*) Fluch *m*

**jurar** [xu'rar] **I.** *vt* schwören (*por* bei +*dat*); ~ **en falso** einen falschen Eid ablegen; ~ **por todos los santos** Stein und Bein schwören; **jurársela(s) a alguien** (*fam*) jdm Rache schwören **II.** *vi* fluchen

**jurel** [xu'rel] *m* Makrele *f*

**jurídico, -a** [xu'riðiko, -a] *adj* Rechts-, juristisch

**jurisdicción** [xurisðiʸ'θjon] *f* ❶ (JUR: *potestad*) Rechtsprechung *f;* ~ **militar** Militärgerichtsbarkeit *f;* **ese caso no está dentro de la** ~ **de este tribunal** dieser Fall fällt nicht in die Zuständigkeit dieses Gerichts ❷ (*territorio*) Gerichtsbezirk *m*

**jurisdiccional** [xurisðiʸθjo'nal] *adj* gerichtlich; **no** ~ außergerichtlich; **aguas** ~**es** Hoheitsgewässer *nt(pl)*

**jurisperito, -a** [xurispe'rito, -a] *m, f* Rechtskundige(r) *mf*

**jurisprudencia** [xurispru'ðeṇθja] *f* ❶ (*ciencia*) Rechtswissenschaft *f* ❷ (*legislación*) Rechtsprechung *f*

**jurista** [xu'rista] *mf* Jurist(in) *m(f)*

**jurungar** [xuruŋ'gar] <g→gu> *vt, vr:* ~**se** (*Ven*) (sich) langweilen

**justamente** [xusta'meṇte] *adv* ❶ (*con justicia*) mit [*o* zu] Recht ❷ (*precisamente*) genau, gerade ❸ (*ajustadamente*): **este vestido viene** ~ **al cuerpo** das ist ein eng anliegendes Kleid

**justicia** [xus'tiθja] *f* ❶ (*cualidad*) Gerechtigkeit *f;* **en** ~, **él merece ganar el premio** genau genommen sollte er den Preis gewinnen; **hacerle** ~ **a alguien** jdm gerecht werden ❷ (*derecho*) Recht *nt;* **administrar** ~ Recht sprechen ❸ (*poder judicial*) Justiz *f*

**justiciero, -a** [xusti'θjero, -a] *adj* gerechtigkeitsliebend

**justificable** [xustifi'kaβle] *adj* (*comportamiento*) entschuldbar; (*error*) nachweisbar

**justificación** [xustifika'θjon] *f* ❶ (*disculpa*) Rechtfertigung *f;* **no hay** ~ **para lo que has hecho** es gibt keine Entschuldigung für das, was du gemacht hast ❷ (*prueba*) Beweis *m;* (*documento*) Beleg *m*

**justificante** [xustifi'kaṇte] *m* Beleg *m;* (*de ausencia*) ärztliches Attest *nt*

**justificar** [xustifi'kar] <c→qu> **I.** *vt* ❶ (*disculpar*) rechtfertigen; **mi desconfianza es justificada** mein Misstrauen ist berechtigt ❷ (*probar*) beweisen; (*con documentos*) belegen **II.** *vr:* ~**se** sich rechtfertigen

**justipreciar** [xustipre'θjar] *vt* (*apreciar*) (ab)schätzen; (*tasar*) taxieren

**justiprecio** [xusti'preθjo] *m* (*aprecio*) Bewertung *f;* (*tasación*) Taxierung *f*

**justo**[1] ['xusto] **I.** *adv* ❶ (*exactamente*) genau; **llegué** ~ **a tiempo** ich kam gerade noch rechtzeitig ❷ (*escasamente*) gerade; **tengo** ~ **para vivir** mir reicht es gerade so zum Leben **II.** *mpl* Gerechten *pl*

**justo, -a**[2] ['xusto, -a] *adj* ❶ (*persona, decisión*) gerecht ❷ (*exacto*) genau; (*acertado*) treffend; **el peso** ~ das exakte Gewicht; **¿tiene el dinero** ~**? es que no tengo cambio** haben Sie das Geld passend? ich habe nämlich kein Kleingeld ❸ (*escaso*) knapp ❹ (*ajustado*) eng; **este abrigo me viene** ~ dieser Mantel ist mir zu eng

**juvenil** [xuβe'nil] **I.** *adj* Jugend-, jugendlich *f* **II.** *mf* (DEP): **juego con los** ~**es** ich spiele in der Jugendmannschaft

**juventud** [xuβeṇ'tuᵈ] *f* ❶ (*edad*) Jugend *f* ❷ (*estado*) Jugendlichkeit *f* ❸ (*jóvenes*) Jugend *f,* Jugendliche(n) *mpl*

**juzgado** [xuθ'ɣaðo] *m* ❶ (*jueces, local*) Gericht *nt* ❷ (*territorio*) Gerichtsbezirk *m*

**juzgar** [xuθ'ɣar] <g→gu> **I.** *vt* ❶ (*juez: decidir*) richten (über +*akk*); (*condenar*) verurteilen ❷ (*opinar sobre*) beurteilen; (*considerar*) halten; ~ **mal a alguien** jdn falsch einschätzen; **juzgo necesario avisarle** ich halte es für angebracht, ihm/ihr Bescheid zu sagen; **le** ~**on de maleducado** sie hielten ihn für ungezogen; **no te juzgo capaz de hacerlo** ich halte dich nicht für fähig es zu tun **II.** *vi* ❶ (*juez*) richten ❷ (*opinar*) urteilen; ~ **sobre apariencias** nach dem äußeren Anschein urteilen; **a** ~ **por como me mira, debe conocerme** so, wie er/sie mich ansieht, scheint er/sie mich zu kennen

# Kk

**K, k** [ka] *f* K, k *nt;* ~ **de Kilo** K wie Kaufmann
**ka** [ka] *f* K *nt*
**kafkiano, -a** [kaf'kjano, -a] *adj* (LIT) kafkaesk
**káiser** ['kai̯ser] *m* Kaiser *m*
**kaki** ['kaki] *adj* khakifarben
**kamikaze** [kami'kaθe] *m* (MIL) Kamikaze *m*
**kanguro** [kaŋ'guro] *m* Känguru *nt*
**kantismo** [kan̪'tismo] *m inv* (FILOS) Kantianismus *m*
**kappa** ['kapa] *f* Kappa *nt*
**karaoke** [kara'oke] *m* Karaoke *nt*
**karate** [ka'rate] *m*, **kárate** ['karate] *m* (DEP) Karate *nt*
**karateka** [kara'teka] *mf* (DEP) Karatekämpfer(in) *m(f)*
**karma** ['karma] *m* (REL) Karma(n) *nt*
**kart** [kar$^t$] *m* <karts> Go-Kart *m*
**kartin(g)** ['kartiŋ] *m* <kartin(g)s> ❶ (DEP) Go-Kart-Rennen *nt* ❷ (*para niños*) Kettcar *nt*
**katiuska** [ka'tjuska] *f* Gummistiefel *m*
**kayac** [ka'ɟa$^k$] *m* <kayacs> (DEP) Kajak *m o nt*
**Kazajstán** [kaθa$^{\gamma}$s'tan] *m* Kasachstan *nt*
**KB** [kilo'βai̯t] *m* (INFOR) *abr de* **kilobyte** KB *nt*
**kb** [kilo'βi$^t$] *m* (INFOR) *abr de* **kilobit** KBit *nt*
**Kbit** [kilo'βi$^t$] *m* (INFOR) *abr de* **kilobit** KBit *nt*
**Kbps** [kilo'βi$^t$s por se'ɣun̪do] (INFOR) *abr de* **kilobits por segundo** Kbit/s
**KBps** [kilo'βai̯$^t$s por se'ɣun̪do] (INFOR) *abr de* **kilobytes por segundo** KB/s
**kbyte** [kilo'βai̯$^t$] *abr de* **kilobyte** kbyte
**kebab** [ke'βa$^β$] *m* <kebabs> (GASTR) Kebab *m*
**kéfir** ['kefir] *m* Kefir *m*
**kelvin** ['kelβin] *m* (FÍS) Kelvin *nt*
**keniano, -a** [ke'njano, -a] **I.** *adj* kenianisch **II.** *m, f* Kenianer(in) *m(f)*
**keniata** [ke'njata] **I.** *adj* kenianisch **II.** *mf* Kenianer(in) *m(f)*
**keroseno** [kero'seno] *m* Kerosin *nt*
**ketchup** ['ke$^d$ʧup] *m* <ketchups> Ketschup *m o nt*
**kg** ['kilo'ɣramo] *abr de* **kilogramo** kg
**kibutz** [ki'βuθ] *m* <kibutzs> Kibbuz *m*
**kikirikí** [kikiri'ki] *m* Kikeriki *nt*
**kilo** ['kilo] **I.** *m* Kilo *nt* **II.** *adv* (*argot: mucho*) sehr viel

> **? Grammatik**
>
> **kilo** steht stets mit der Präposition ‚de': *Déme dos kilos de naranjas, por favor. – Geben Sie mir zwei Kilo Apfelsinen, bitte.*

**kilobyte** [kilo'βai$^t$] *m* (INFOR) Kilobyte *nt;* ~**s por segundo** Kilobyte pro Sekunde
**kilocaloría** [kilokalo'ria] *f* Kilokalorie *f*
**kilociclo** [kilo'θiklo] *m* Kilohertz *nt*
**kilogramo** [kilo'ɣramo] *m* Kilogramm *nt*
**kilohercio** [kilo'erθjo] *m* Kilohertz *nt*
**kilolitro** [kilo'litro] *m* Kiloliter *m*
**kilometraje** [kilome'traxe] *m* ❶ (AUTO) Kilometerstand *m* ❷ (*distancia*) Entfernung *f;* **hay que recorrer un buen** ~ wir müssen einige Kilometer zurücklegen
**kilometrar** [kilome'trar] *vt* ❶ (*medir*) nach Kilometern messen ❷ (*río, carretera*) kilometrieren
**kilométrico, -a** [kilo'metriko, -a] *adj* ❶ (*en kilómetros*) kilometrisch ❷ (*muy largo*) kilometerlang; (*escrito*) ellenlang
**kilómetro** [ki'lometro] *m* Kilometer *m*
**kilotón** [kilo'ton] *m* Kilotonne *f*
**kilovatio** [kilo'βatjo] *m* Kilowatt *nt*
**kilovatio-hora** [kilo'βatjo-'ora] *m* <kilovatios-hora> Kilowattstunde *f*
**kilowatio** [kilo'βatjo] *m v.* **kilovatio**
**kimono** [ki'mono] *m* Kimono *m*
**kínder** ['kin̪der] *m inv,* **kindergarten** [kin̪der'ɣarten] *m inv* (*Am*) Kindergarten *m*
**kit** [kit] *m* <kits> Baukasten *m*
**kiwi** ['kiβi] *m* Kiwi *f*
**kl** [kilo'litro] *abr de* **kilolitro** kl
**kleenex**® ['kline$^{\gamma}$s] *m inv,* **klínex**® ['kline$^{\gamma}$s] *m inv* Tempo® *nt*
**km** [ki'lometro] *abr de* **kilómetro** km
**km/h** [ki'lometro por 'ora] *abr de* **kilómetro por hora** km/h
**k.o.** ['kao] *m* (DEP) *abr de* **knockout** K.o. *m*
**koala** [ko'ala] *m* Koala *m*
**kodak**® ['koða$^k$] *f* <kodaks> (*Am:* FOTO) Kleinbildkamera *f*
**Kremlin** ['kremlin] *m* Kreml *m*
**Kurdistán** [kurðis'tan] *m* Kurdistan *nt*
**kurdo, -a** ['kurðo, -a] **I.** *adj* kurdisch **II.** *m, f* Kurde, -in *m, f*
**kuwaití** [kuβai̯'ti] **I.** *adj* kuwaitisch **II.** *mf* Kuwaiter(in) *m(f)*
**kv.** [kilo'βatjo] *abr de* **kilovatio** kW
**kv/h.** [kilo'βatjo 'ora] *abr de* **kilovatio-hora** kWh

# L

**L, l** ['ele] *f* L, l *nt;* ~ **de Lorenzo** L wie Ludwig

**l** ['litro] *abr de* **litro(s)** l

**l.** ['liβro-lei̯] ① *abr de* **libro** Buch ② *abr de* **ley** Gesetz

**L.** [lei̯-'lira] ① *abr de* **Ley** Gesetz ② *abr de* **lira(s)** L.

**la** [la] **I.** *art det v.* **el, la, lo II.** *pron pers f sg* ① (*objeto directo*) sie; **¡tráeme~!** bring sie mir! ② (*enclítico*) es; **¡buena ~ hemos hecho!** da haben wir uns etwas eingebrockt! ③ (*con relativo*): ~ **que...** die(jenige), die ...; ~ **cual** die ④ (*laísmo*) ihr **III.** *m* (MÚS) A *nt*

**laberíntico, -a** [laβe'rin̪tiko, -a] *adj* labyrinthisch; (*fig*) verworren

**laberinto** [laβe'rin̪to] *m* ① (*lugar*) Labyrinth *nt* ② (*maraña*) Durcheinander *nt*

**labia** ['laβja] *f* (*fam*) Zungenfertigkeit *f;* **tener mucha** ~ ein flinkes Mundwerk haben

**labial** [la'βjal] *adj* Lippen-

**lábil** ['laβil] *adj* (*carácter, t.* QUÍM) labil; (*frágil*) unsicher

**labio** ['laβjo] *m* ① (*boca*) Lippe *f;* (ZOOL) Lefze *f;* ~ **leporino** Hasenscharte *f;* **los ~s** der Mund; **cerrar los ~s** schweigen; **morderse los ~s** sich *dat* auf die Lippen beißen; (*fig*) sich *dat* das Lachen verbeißen ② (*borde*) Rand *m* ③ *pl* (*vulva*) Schamlippen *fpl*

**labor** [la'βor] *f* Arbeit *f;* (*manualidad*) Handarbeit *f;* (*labranza*) Feldarbeit *f;* ~ **de ganchillo** Häkelarbeit *f;* **sus ~es** (*formularios*) Hausfrau *f;* **hacer ~es** handarbeiten

**laborable** [laβo'raβle] *adj* ① (AGR) kultivierbar ② (*de trabajo*): **día** ~ Werktag *m*

**laboral** [laβo'ral] *adj* Arbeits-

**laboralista** [laβora'lista] **I.** *adj:* **abogado** ~ Arbeitsrechtler *m* **II.** *mf* Arbeitsrechtler(in) *m(f)*

**laborar** [laβo'rar] **I.** *vi* ① (*gestionar*) sich bemühen (*por/en favor de* um +*akk*) ② (*intrigar*) intrigieren **II.** *vt v.* **labrar**

**laboratorio** [laβora'torjo] *m* Labor *nt*

**laborear** [laβore'ar] *vt* ① *v.* **labrar** ② (MIN) fördern

**laboreo** [laβo'reo] *m* ① (AGR) Ackerbau *m* ② (MIN) Bergbau *m;* ~ **exhaustivo** Raubbau *m*

**laboriosidad** [laβorjosi'ða$^{d}$] *f* Fleiß *m*

**laborioso, -a** [laβo'rjoso, -a] *adj* ① (*trabajador*) fleißig ② (*difícil*) mühsam

**laborismo** [laβo'rismo] *m* (POL) Labourbewegung *f*

**laborista** [laβo'rista] **I.** *adj:* **partido** ~ Labour Party *f* **II.** *mf* Anhänger(in) *m(f)* der Labour Party

**labrado**[1] [la'βraðo] *m* ① (*acción*) Bearbeitung *f;* (AGR) Bestellung *f* ② (*resultado*) Arbeit *f;* (*dibujo*) Muster *nt;* (*de un cristal*) Schliff *m* ③ (*campo*) Acker *m* ④ *pl* (*tierra*) Ackerland *nt*

**labrado, -a**[2] [la'βraðo, -a] *adj* ① (*telas*) gemustert; (*objetos*) fein gearbeitet; (*madera*) behauen; (*cristal*) geschliffen ② (AGR) bestellt; **campo** ~ Ackerland *nt*

**labrador(a)** [laβra'ðor(a)] *m(f)* Landwirt(in) *m(f)*

**labrantío**[1] [laβran̪'tio] *m* Ackerland *nt*

**labrantío, -a**[2] [laβran̪'tio, -a] *adj* ① (*cultivado*) bebaut ② (*cultivable*) anbaufähig

**labranza** [la'βran̪θa] *f* ① (*cultivo*) Ackerbau *m* ② (*trabajo*) Feldarbeit *f* ③ (*hacienda*) Bauernhof *m*

**labrar** [la'βrar] *vt* ① (*trabajar un material*) bearbeiten; (*un dibujo*) herausarbeiten; (*cristal*) schleifen; **sin** ~ unbearbeitet ② (*cultivar*) bestellen; (*arar*) pflügen; (*en jardín*) hacken ③ (MIN) ausbeuten ④ (*coser*) nähen; (*bordar*) sticken ⑤ (*acuñar*) prägen ⑥ (*causar gradualmente*) bewirken; ~ **la felicidad de alguien** jdm zu seinem Glück verhelfen; ~ **la perdición de alguien** jdn ins Verderben stürzen

**labriego, -a** [la'βrjeɣo, -a] *m, f* Landwirt(in) *m(f)*

**laburar** [laβu'rar] *vi* (*Arg, Urug*) arbeiten

**laca** ['laka] *f* ① (*pintura*) Lack *m* ② (*para el pelo*) Haarlack *m;* (*spray*) Haarspray *m o nt*

**lacar** [la'kar] <c→qu> *vt* lackieren

**lacayo** [la'kaɟo] *m* ① (*criado*) Lakai *m* ② (*pey: adulador*) Speichellecker *m*

**lacerante** [laθe'ran̪te] *adj* unangenehm; (*dolor*) stechend; (*grito*) gellend

**lacerar** [laθe'rar] *vt* ① (*herir*) verletzen; ~ **el alma** das Herz zerreißen ② (*magullar*) quetschen ③ (*la honra*) Schaden zufügen +*dat*

**lacero, -a** [la'θero, -a] *m, f* ① (*laceador*) Lassowerfer(in) *m(f)* ② (*perrero*) Hundefänger(in) *m(f)*

**lacio, -a** ['laθjo, -a] *adj* ① (*marchito*) welk ② (*flojo*) schlaff; (*cabello*) glatt

**lacón** [la'kon] *m* (luftgetrockneter) Vorderschinken *m*

**lacónico, -a** [la'koniko, -a] *adj* lakonisch; (*persona*) wortkarg

**laconismo** [lako'nismo] *m* Lakonismus *m*

**lacra** ['lakra] *f* ① (*de una enfermedad*)

Folgeerscheinung *f;* (*cicatriz*) Narbe *f* ② (*vicio*) Laster *nt*

**lacrar** [la'krar] *vt* ① (*cerrar*) versiegeln ② (*contagiar*) anstecken ③ (*perjudicar*) schädigen

**lacre** ['lakre] *m* Siegellack *m*

**lacrimal** [lakri'mal] *adj* Tränen-; **bolsa** ~ Tränensack *m*

**lacrimógeno, -a** [lakri'moxeno, -a] *adj:* **gas** ~ Tränengas *nt;* **película lacrimógena** (*pey*) Schnulze *f*

**lacrimoso, -a** [lakri'moso, -a] *adj* ① (*lloroso*) tränend ② (*lastimoso*) zu Tränen rührend ③ (*quejumbroso*) wehleidig

**lactancia** [lak'tanθja] *f* ① (*acción*) Säugen *nt* ② (*período*) Stillzeit *f*

**lactante** [lak'tante] **I.** *adj* stillend **II.** *mf* Säugling *m*

**lactar** [lak'tar] **I.** *vt* stillen, säugen **II.** *vi* saugen

**lacteado, -a** [lakte'aðo, -a] *adj* Milch-, milchhaltig; **harina lacteada** Milchpulver *nt*

**lácteo, -a** ['lakteo, -a] *adj* Milch-; (*parecido*) milchig; **vía láctea** Milchstraße *f*

**láctico, -a** ['laktiko, -a] *adj* Milch-

**lactosa** [lak'tosa] *f* Milchzucker *m*

**lacustre** [la'kustre] *adj* See-; **construcciones** ~**s** Pfahlbauten *mpl*

**ladeado, -a** [laðe'aðo, -a] *adj* schief

**ladear** [laðe'ar] **I.** *vt* ① (*inclinar*) (zur Seite) neigen; (*un sombrero*) schief aufsetzen ② (*desviar*) ausweichen +*dat;* ~ **un problema** einem Problem aus dem Weg gehen **II.** *vi* (*caminar*) einen Hang entlanglaufen; (*desviarse*) vom Weg abkommen **III.** *vr:* ~**se** ① (*inclinarse*) sich (zur Seite) neigen ② (*Chil: enamorarse*) sich verlieben ③ (*loc*): ~**se con alguien** sich auf jds Seite stellen

**ladeo** [la'ðeo] *m* seitliche Neigung *f*

**ladera** [la'ðera] *f* Abhang *m*

**ladilla** [la'ðiʎa] *f* Filzlaus *f*

**ladino, -a** [la'ðino, -a] *adj* ① (*taimado*) abgefeimt ② (*políglota*) sprachgewandt

**lado** ['laðo] *m* ① (*lateral, t.* MAT) Seite *f;* **por un ~... y por el otro ~...** einerseits ... und andererseits ...; **a ambos** ~**s** beiderseits; **por el** ~ **materno** mütterlicherseits; **ir de un** ~ **a otro** hin und her gehen; **dormir del** ~ **izquierdo** auf der linken Seite schlafen; **por todos** ~**s** überall; **dejar de** ~ **a alguien** jdn ignorieren; **mirar de** ~ **a alguien** jdn schief anblicken; **al** ~ daneben; **la casa de al** ~ das Haus nebenan; **al** ~ **de** (*estar junto a*) neben +*dat;* (*colocar junto a*) neben +*akk;* **al** ~ **mío, a mi** ~ (*estar*) neben mir; (*colocar*) neben mich ② (*borde*) Kante *f;* (*extremo*) Rand *m;* (*parte*) Teil *m* ③ (*lugar*) Gegend *f;* **por el** ~ **del río** in der Nähe des Flusses; **ir a algún otro** ~ irgendwo anders hingehen ④ (*punto de vista*) Aspekt *m;* **por el** ~ **ecológico** vom ökologischen Standpunkt; **el** ~ **bueno de la vida** die angenehme(n) Seite(n) des Lebens ⑤ (*camino*) Weg *m;* **tomar por otro** ~ einen anderen Weg einschlagen ⑥ (*partido*): **me puse de tu** ~ ich ergriff für dich Partei

**ladrador(a)** [laðra'ðor(a)] *adj* bellend; **dice el refrán: perro** ~ **poco mordedor** es heißt: Hunde, die bellen, beißen nicht

**ladrar** [la'ðrar] *vi* (*perro*) bellen; (*amenazar*) kläffen; **perro que ladra no muerde** (*prov*) Hunde, die bellen, beißen nicht

**ladrido** [la'ðrido] *m* ① (*perro*) Gebell *nt* ② (*pey: calumnia*) Beschimpfung *f*

**ladrillo** [la'ðriʎo] *m* ① (*de construcción*) Ziegel(stein) *m;* **color** ~ Ziegelrot *nt* ② (TEAT, LIT) (langweiliger) Schinken *m*

**ladrón**[1] [la'ðron] *m* (*enchufe*) Mehrfachstecker *m*

**ladrón, -ona**[2] [la'ðron, -ona] **I.** *adj* diebisch **II.** *m, f* (*bandido*) Dieb(in) *m(f);* ~ **cuatrero** Viehdieb *m;* **la ocasión hace al** ~ (*prov*) Gelegenheit macht Diebe

**ladronera** [laðro'nera] *f* ① (*escondrijo*) Diebesnest *nt* ② (*de un río o acequia*) unbefugte Wasserentnahme *f* ③ (*defraudación*) Gaunerei *f*

**ladronzuelo, -a** [laðron'θwelo, -a] *m, f* (*ratero*) Taschendieb(in) *m(f)*

**lagar** [la'ɣar] *m* ① (*aceite*) Ölpresse *f;* (*vino*) Kelter *f* ② (*edificio*) Kelterei *f*

**lagartija** [laɣar'tixa] *f* Mauereidechse *f*

**lagarto**[1] [la'ɣarto] **I.** *interj* toi, toi, toi! **II.** *m* ① (*reptil*) Eidechse *f* ② (*Am: caimán*) Kaiman *m*

**lagarto, -a**[2] [la'ɣarto, -a] **I.** *adj* verschlagen **II.** *m, f* (*persona*) Luder *nt*

**lagartón, -ona** [laɣar'ton, -ona] **I.** *adj* schlau; (*pey*) durchtrieben **II.** *m, f* Schlauberger(in) *m(f) fam;* (*pey*) gerissener Mensch *m*

**lago** ['laɣo] *m* See *m;* **L**~ **de Constanza** Bodensee *m*

**lágrima** ['laɣrima] *f* ① (*del ojo*) Träne *f;* **llorar** ~**s de sangre por algo** wegen etw *gen/dat* heiße Tränen vergießen; **llorar a** ~ **viva, deshacerse en** ~**s** bitterlich weinen; **ser el paño de** ~**s de alguien** jds Trost sein ② (*de vino*) Schlückchen *nt*

**lagrimal** [laɣri'mal] **I.** *adj* Tränen- **II.** *m* Tränensack *m*

**lagrimear** [laɣrime'ar] *vi* tränen

**lagrimón** [laɣri'mon] *m* (*fam*) dicke Träne *f*

**lagrimoso, -a** [laɣri'moso, -a] *adj* tränend

**laguna** [la'ɣuna] *f* ① (*agua salada*) Lagune *f*; (*dulce*) Teich *m* ② (*omisión*) Lücke *f*; ~ **en la memoria** Gedächtnislücke *f*

**laicado** [lai̯'kaðo] *m* Laien *mpl*

**laicización** [lai̯θiθa'θjon] *f* Verweltlichung *f*

**laicizar** [lai̯θi'θar] <z→c> *vt* verweltlichen

**laico, -a** ['lai̯ko, -a] **I.** *adj* weltlich **II.** *m, f* Laie, -in *m, f*

> **i Land & Leute**
>
> **laísmo** *m*: Der Begriff **laísmo** bezeichnet die nicht den Regeln entsprechende Verwendung von ‚la(s)' als Dativobjekt anstelle von ‚le(s)', z. B.: *La regalé una novela de Borges.* anstelle von *Le regalé una novela de Borges.*

**laja** ['laxa] *f* Steinplatte *f*; ~ **de pizarra** Schieferplatte *f*

**lama** ['lama] *f* ① (*cieno*) Schlick *m* ② (*de metal*) Lahn *m*

**lamaísmo** [lama'ismo] *m* (REL) Lamaismus *m*

**lambda** [lambða] *f* (*letra griega*) Lambda *nt*

**lamé** [la'me] *m* Lamé *m*

**lameculos** [lame'kulos] *mf inv* (*vulg*) Arschkriecher(in) *m(f)*

**lamedura** [lame'ðura] *f* Lecken *nt*

**lamentable** [lamen̩'taβle] *adj* jämmerlich

**lamentación** [lamen̩ta'θjon] *f* (*acción*) (Weh)klagen *nt*; (*expresión*) (Weh)klage *f*; **las lamentaciones** das Gejammer

**lamentar** [lamen̩'tar] **I.** *vt* beklagen; **lo lamento** ich bedaure es **II.** *vr*: ~**se** sich beklagen (*de* über +*akk*)

**lamento** [la'men̩to] *m* Wehklagen *nt*

**lameplatos** [lame'platos] *mf inv* ① (*fam: goloso*) Leckermaul *nt* ② (*pobre*) armer Schlucker *m*

**lamer** [la'mer] **I.** *vt* ① (*pasar la lengua*) (ab)lecken ② (*tocar*) leicht berühren; **las olas lamen las arenas** die Wellen rollen an den Strand; **mejor lamiendo que mordiendo** (*fig*) man erreicht mehr mit Lob als mit Tadel **II.** *vr*: ~**se** sich lecken

**lamido**[1] [la'miðo] *m* Lecken *nt*

**lamido, -a**[2] [la'miðo, -a] *adj* ① (*flaco*) dünn ② (*pálido*) blass ③ (*relamido*) geschniegelt ④ (*gastado*) abgewetzt

**lámina** ['lamina] *f* ① (*hojalata*) dünnes Blech *nt*; (*hoja de metal*) Folie *f*; (*segmento*) Lamelle *f*; ~ **para proyector** Overheadfolie *f* ② (TIPO) Druckplatte *f* ③ (*ilustración*) Abbildung *f*; **con** ~**s** illustriert

**laminación** [lamina'θjon] *f* Walzen *nt*

**laminado**[1] [lami'naðo] *m* (Aus)walzen *nt*

**laminado, -a**[2] [lami'naðo, -a] *adj* ausgewalzt

**laminador** [lamina'ðor] *m* (*empresa*) Walzwerk *nt*

**laminar** [lami'nar] **I.** *adj* ① (*en forma de lámina*) Folien- ② (*formado de láminas*) schichtartig **II.** *vt* ① (*cortar*) (aus)walzen ② (*guarnecer*) mit Platten verkleiden

**lámpara** ['lampara] *f* ① (*luz*) Lampe *f*; ~ **de alarma** Warnleuchte *f*; ~ **fluorescente** Leuchtstoffröhre *f*; ~ **de pie** Stehlampe *f*; **atizar la** ~ (*fig fam*) noch eine Runde Wein einschenken ② (TV, RADIO) Röhre *f* ③ (*mancha*) Fettfleck *m*

**lamparilla** [lampa'riʎa] *f* (*luz*) Nachtlampe *f*

**lamparón** [lampa'ron] *m*: ~ **de grasa** großer Fettfleck *m*

**lampiño, -a** [lam'piɲo, -a] *adj* (*sin barba*) bartlos; (*sin pelo*) haarlos

**lampista** [lam'pista] *mf* ① (*fabricante*) Lampenhersteller(in) *m(f)* ② (*vendedor*) Lampenverkäufer(in) *m(f)* ③ (*sereno*) Lampenanzünder(in) *m(f)*

**lampistería** [lampiste'ria] *f* ① (*fábrica*) Lampenfabrik *f* ② (*tienda*) Lampengeschäft *nt* ③ (*almacén*) Lampenwerkstatt *f*

**lana** ['lana] *f* ① (*material*) Wolle *f*; ~ **esquilada** Schurwolle *f*; **perro de** ~**s** Pudel *m*; **cardarle la** ~ **a alguien** (*fig fam*) jdm gehörig die Meinung sagen ② (*tela*) Wollstoff *m* ③ (*vulg: dinero*) Kohle *f fam*

**lanar** [la'nar] *adj* Woll-; **ganado** ~ Wollvieh *nt*

**lance** ['lan̩θe] *m* ① (*acción*) Wurf *m*; (*red*) Auswerfen *nt* ② (*trance*) kritische Situation *f* ③ (*pelea*) Streit *m*; ~ **de honor** Duell *nt* ④ (*juego*) Aktion *f* ⑤ (*fam: compra*) Gelegenheit *f*; **comprar de** ~ ein Schnäppchen machen; **de** ~ aus zweiter Hand ⑥ (*loc*): ~ **de amor** Liebesabenteuer *nt*; ~ **de fortuna** Schicksalswendung *f*

**lancero** [lan̩'θero] *m* ① (*soldado*) Lanzenreiter *m* ② (*torero*) Lanzenkämpfer *m*

**lancha** ['lanʧa] *f* ① (*piedra*) Steinplatte *f*; ~ **de pizarra** Schieferplatte *f* ② (*bote*) Kahn *m*; ~ **a remolque** Schleppkahn *m*; ~ **de salvamento** Seenotrettungskreuzer *m*

**lanchar** [lan'ʧar] *vi* (*Ecua*) ① (*nublarse*) sich bewölken ② (*helar*) (ge)frieren

**lancinante** [lan̩θi'nan̩te] *adj* (*dolor*) stechend

**land** [lan̩ᵈ] *m* (deutsches) Bundesland *nt*

**landa** ['lan̩da] *f* Heide *f*

**landó** [laṇ'do] *m* Landauer *m*
**lanería** [lane'ria] *f* Wollwarengeschäft *nt*
**lanero**, **-a** [la'nero, -a] *adj* Woll-
**langosta** [laŋ'gosta] *f* ❶ (*insecto*) Heuschrecke *f;* **los muchachos son la ~** (*fam*) vor den Jungen ist nichts (Essbares) sicher; **por esta nevera ha pasado la ~** der Kühlschrank ist total leer geräumt worden ❷ (*crustáceo*) Languste *f*
**langostino** [laŋgos'tino] *m* Garnele *f*
**langucia** [laŋ'guθja] *f* (*Am*) Gefräßigkeit *f*
**languidecer** [laŋgiðe'θer] *irr como crecer vi* ❶ (*debilitarse*) verkümmern; (*alguien*) dahinsiechen; (*flores*) verwelken; (*fuego*) verglimmen; **~ de amor** sich vor Liebe verzehren; **la conversación languideció** die Unterhaltung verlief schleppend ❷ (*espíritu*) niedergeschlagen sein
**languidez** [laŋgi'ðeθ] *f* ❶ (*debilidad*) Mattigkeit *f* ❷ (*espíritu*) Niedergeschlagenheit *f*
**lánguido**, **-a** ['laŋgiðo, -a] *adj* ❶ (*débil*) matt ❷ (*espíritu*) niedergeschlagen
**lanilla** [la'niʎa] *f* (*pelillo*) (Woll)flor *m*
**lanolina** [lano'lina] *f* Wollfett *nt*
**lanoso**, **-a** [la'noso, -a] *adj*, **lanudo**, **-a** [la'nuðo, -a] *adj* wollig; (*oveja*) wollreich
**lanza** ['laṇθa] *f* ❶ (*arma*) Lanze *f;* **quebrar ~s** (*fig*) sich verfeinden ❷ (*carro*) Deichsel *f*
**lanzabengalas** [laṇθaβeŋ'galas] *m inv* Leuchtpistole *f*
**lanzacohetes** [laṇθako'etes] *m inv* Raketenwerfer *m*
**lanzada** [laṇ'θaða] *f* (*golpe*) Lanzenstoß *m;* (*herida*) Lanzenstich *m*
**lanzadera** [laṇθa'ðera] *f* ❶ (*textil*) (Weber)schiffchen *nt* ❷ (AERO) Raumfähre *f*
**lanzado**, **-a** [laṇ'θaðo, -a] *adj* ❶ (*decidido*) entschlossen ❷ (*impetuoso*) ungestüm; (*fogoso*) feurig
**lanzador(a)** [laṇθa'ðor(a)] *m(f)* Werfer(in) *m(f)*
**lanzallamas** [laṇθa'ʎamas] *m inv* Flammenwerfer *m*
**lanzamiento** [laṇθa'mjeṇto] *m* Wurf *m;* **~ de bombas** Bombenabwurf *m;* **~ comercial** Lancierung *f;* **~ espacial** Raketenstart *m;* **~ de peso** Kugelstoßen *nt*
**lanzamisiles** [laṇθami'siles] *m inv* Raketenwerfer *m*
**lanzar** [laṇ'θar] <z→c> **I.** *vt* ❶ (*arrojar*) werfen (*a* auf +*akk*); **~ peso** kugelstoßen ❷ (*al mercado*) auf den Markt bringen **II.** *vr:* **~se** sich stürzen (*a/sobre* auf +*akk*); **~se a correr** losrennen; **~se al agua** ins Wasser springen; **~se en paracaídas** mit dem Fallschirm abspringen; **~se en picado** im Sturzflug fliegen
**lanzaroteño**, **-a** [laṇθaro'teɲo, -a] **I.** *adj* aus Lanzarote **II.** *m, f* Bewohner(in) *m(f)* von Lanzarote
**lanzatorpedos** [laṇθator'peðos] *m inv* Torpedoträger *m*
**laña** ['laɲa] *f* (*grapa*) Metallklammer *f*
**lapa** ['lapa] *f* ❶ (ZOOL) Napfschnecke *f* ❷ (*fam: persona*) Klette *f*
**lapicera** [lapi'θera] *f* (*Arg*) Füller *m*
**lapicero** [lapi'θero] *m* ❶ (*para lápices*) Bleistifthalter *m* ❷ (*lápiz*) Bleistift *m* ❸ (*Am: bolígrafo*) Kugelschreiber *m*
**lápida** ['lapiða] *f* Steintafel *f;* **~ conmemorativa** Gedenktafel *f*
**lapidación** [lapiða'θjon] *f* Steinigung *f;* **le condenaron a muerte por ~** er ist zum Tode durch Steinigen verurteilt worden
**lapidar** [lapi'ðar] *vt* steinigen
**lapidario**, **-a** [lapi'ðarjo, -a] *adj* ❶ (*piedras preciosas*) Edelstein- ❷ (*categórico*) lapidar, kurz und bündig
**lapislázuli** [lapis'laθuli] *m* Lapislazuli *m*
**lápiz** ['lapiθ] *m* (*de grafito*) Bleistift *m;* (*cosmético*) Stift *m;* **~ de color** Buntstift *m;* **~ de pizarra** Griffel *m*
**lápiz-ratón** ['lapiθ-ra'ton] *m* (INFOR) Lichtstift *m*
**lapón**, **-ona** [la'pon, -ona] **I.** *adj* lappländisch **II.** *m, f* (*habitante*) Lappländer(in) *m(f),* Lappe, -in *m, f*
**Laponia** [la'ponja] *f* Lappland *nt*
**lapso** ['laβso] *m* ❶ (*período*): **~ (de tiempo)** Zeitraum *m* ❷ *v.* **lapsus**
**lapsus** ['laβsus] *m* Fehler *m*
**laquear** [lake'ar] *vt* lackieren
**lar** [lar] *m* ❶ (*fuego*) Herd *m* ❷ (*hogar*) Heim (und Herd) *nt*
**lardo** ['larðo] *m* ❶ (*tocino*) Speck *m* ❷ (*grasa*) Schmalz *nt*
**largar** [lar'ɣar] <g→gu> **I.** *vt* ❶ (*soltar*) loslassen ❷ (*fam: golpe*) versetzen; (*bofetada*) geben ❸ (*fam: discurso*) vom Stapel lassen **II.** *vr:* **~se** ❶ (*irse*) abhauen; (*de casa*) ausreißen ❷ (*Am: comenzar*) in Bewegung setzen; **~se a hacer algo** etw mit Schwung beginnen **III.** *vi* (*fam*) schwätzen
**largavistas** [larɣa'βistas] *m inv* Fernrohr *nt*
**largo**[1] ['larɣo] **I.** *adv* ❶ (*en abundancia*) reichlich; **~ y tendido** in Hülle und Fülle ❷ (*loc*): **a lo ~ de** (*lugar*) an +*dat* ... entlang; (*período*) während; **a lo ~ del día** im Laufe des Tages; **pasear a lo ~ de la playa** am Strand entlanggehen; **¡~ de aquí!** weg hier! **II.** *m* (*longitud*) Länge *f;* **nadar tres ~s** drei Bahnen schwimmen; **diez metros de ~** zehn Meter lang

**largo**, **-a²** ['laɣo, -a] *adj* ❶ (*tamaño, duración*) lang; **a ~ plazo, a la larga** langfristig; **a la larga o a la corta** über kurz oder lang; **a lo ~ de muchos años** viele Jahre lang; **dar largas a algo** etw auf die lange Bank schieben; **el pantalón te está ~** die Hose ist dir zu lang; **ir de ~** ein langes Kleid tragen; (*de gala*) ein Abendkleid tragen; **pasar de ~** weitergehen; (*fig*) außer Acht lassen; **tener cincuenta años ~s** weit über fünfzig sein; **tiene las manos largas** (*pegar*) ihm/ihr rutscht leicht die Hand aus; (*robar*) er/sie ist ein Langfinger ❷ (*extensivo*) ausführlich; (*mucho*) reichlich; **por ~** ausführlich ❸ (*fam: astuto*) clever

**largometraje** [laɣome'traxe] *m* Spielfilm *m*

**larguero** [lar'ɣero] *m* ❶ (*carpintería*) Holm *m* ❷ (DEP) (Tor)latte *f*

**largueza** [lar'ɣeθa] *f* ❶ (*largo*) Länge *f* ❷ (*generosidad*) Großzügigkeit *f* ❸ (*liberalidad*) Toleranz *f*

**larguirucho**, **-a** [larɣi'ruʧo, -a] *adj* (*fam*) schlaksig

**largura** [lar'ɣura] *f* Länge *f*; **con ~** spielend

**laringe** [la'riŋxe] *f* Kehlkopf *m*

**laringitis** [lariŋ'xitis] *f inv* Kehlkopfentzündung *f*; (MED) Laryngitis *f*

**larva** ['larβa] *f* Larve *f*

**larvado**, **-a** [lar'βaðo, -a] *adj* verborgen

**las** [las] **I.** *art det v.* **el, la, lo II.** *pron pers f pl* ❶ (*objeto directo*) sie; **¡míra~!** schau sie dir an! ❷ (*con relativo*): **~ que...** die(jenigen), die ...; **~ cuales** die ❸ (*laísmo*) ihnen

**lasaña** [la'saɲa] *f* (GASTR: *plato de origen italiano*) Lasagne *f*

**lascivia** [las'θiβja] *f* ❶ (*lujuria*) Lüsternheit *f* ❷ (*indecencia*) Unanständigkeit *f* ❸ (*sensualidad*) Laszivität *f*

**lascivo**, **-a** [las'θiβo, -a] *adj* ❶ (*sensual*) lasziv ❷ (*lujurioso*) lüstern ❸ (*indecente*) unanständig

**láser** ['laser] *m* Laser *m*

**lasitud** [lasi'tuᵈ] *f* Mattigkeit *f*

**laso**, **-a** ['laso -a] *adj* matt

**lástima** ['lastima] *f* ❶ (*compasión*) Mitleid *nt*; **dar** [*o* **causar**] **~** Mitleid erwecken; **de** [*o* **por**] **~** aus Mitleid; **estar hecho una ~** in einem jämmerlichen Zustand sein; **¡qué ~!** wie schade! ❷ (*lamentación*) Jammer *m*; **llorar ~s** herumjammern

**lastimadura** [lastima'ðura] *f* Verletzung *f*

**lastimar** [lasti'mar] **I.** *vt* ❶ (*herir*) verletzen; **las botas me han lastimado los pies** ich habe mir in den Schuhen die Füße wund gelaufen ❷ (*agraviar*) beleidigen **II.** *vr:* **~se** ❶ (*herirse*) sich verletzen ❷ (*quejarse*) wehklagen (*de* über +*akk*)

**lastimero**, **-a** [lasti'mero, -a] *adj*, **lastimoso**, **-a** [lasti'moso, -a] *adj* mitleiderregend

**lastra** ['lastra] *f* Steinplatte *f*

**lastrar** [las'trar] **I.** *vt* ❶ (*poner peso*) (mit Ballast) beladen ❷ (*subrayar*) bekräftigen **II.** *vi* Ballast aufladen

**lastre** ['lastre] *m* ❶ (*cantera*) Schotterstein *m* ❷ (NÁUT) Ballast *m*

**lata** ['lata] *f* ❶ (*metal*) Blech *nt* ❷ (*envase*) Blechdose *f*, Blechbüchse *f* ❸ (*conversación*) langweilige Unterhaltung *f* ❹ (*fam: pesadez*) Last *f*; **dar la ~** nerven; **¡vaya ~!** (*fastidio*) das ist echt ätzend!; (*aburrido*) das ist ja stinklangweilig!

**latazo** [la'taθo] *m* (*fam*) ❶ (*tontería*) Blech *nt* ❷ (*pesadez*) Last *f*; **ser un ~** (*pesado*) lästig sein; (*fastidioso*) ätzend sein; (*aburrido*) stinklangweilig sein; **dar el ~** nerven

**latente** [la'teṇte] *adj* latent

**lateral** [late'ral] *adj* ❶ (*lado*) seitlich ❷ (*secundario*) Neben-

**lateralidad** [laterali'ðaᵈ] *f sin pl* (PSICO) Lateralität *f*

**látex** ['lateᵞs] *m* Latex *m*

**latido** [la'tiðo] *m* ❶ (*corazón*) Schlagen *nt*; (*herida, arteria*) Pochen *nt*; **los ~s del corazón** der Herzschlag ❷ (*perro*) kurzes Bellen *nt*

**latifundio** [lati'fuṇdjo] *m* Großgrundbesitz *m*

**latifundista** [latifuṇ'dista] *mf* Großgrundbesitzer(in) *m(f)*

**latigazo** [lati'ɣaθo] *m* ❶ (*golpe*) Peitschenhieb *m* ❷ (*chasquido*) Peitschenknall *m* ❸ (*destino*) Schicksalsschlag *m* ❹ (*reprimenda*) Rüffel *m fam* ❺ (*fam: trago*) Schlückchen *nt*

**látigo** ['latiɣo] *m* Peitsche *f*

**latiguillo** [lati'ɣiʎo] *m* (*fam*) ❶ (*efectismo*) Effekthascherei *f* ❷ (*muletilla*) Füllwort *nt*; (*expresión*) stereotype Wendung *f*

**latín** [la'tin] *m* Latein *nt*; **saber** (**demasiado**) **~** (*fam fig*) (zu) clever sein

**latinismo** [lati'nismo] *m* (LING) Latinismus *m*

**latino**, **-a** [la'tino, -a] **I.** *adj* ❶ (*del latín*) lateinisch; **América Latina** Lateinamerika *nt* ❷ (*de descendientes de pueblos latinizados*) Latino- ❸ (LING) romanisch **II.** *m, f* (*descendiente de pueblos latinizados*) Latino, -a *m, f*

**Latinoamérica** [latinoa'merika] *f* Lateinamerika *nt*

**latinoamericano**, **-a** [latinoameri'kano, -a] **I.** *adj* lateinamerikanisch **II.** *m, f* Lateinamerikaner

L

amerikaner(in) *m(f)*
**latir** [la'tir] *vi* ❶ *(corazón)* klopfen; *(arteria, herida)* pochen ❷ *(perros)* kurz bellen
**latitud** [lati'tuᶞ] *f* ❶ (GEO, ASTR) Breite *f* ❷ *(extensión)* Ausdehnung *f*
**latitudinal** [latituði'nal] *adj* Breiten-
**lato, -a** ['lato, -a] *adj* *(amplio)* weit; *(extendido)* ausgedehnt; **en sentido** ~ im weitesten Sinne
**latón** [la'ton] *m* Messing *nt*
**latoso, -a** [la'toso, -a] *adj* lästig
**latrocinio** [latro'θinjo] *m* Diebstahl *m*
**laúd** [la'uᶞ] *m* (MÚS) Laute *f*
**laudable** [lau̯'ðaβle] *adj* lobenswert
**láudano** ['lau̯ðano] *m* (MED) Laudanum *nt*
**laudatorio, -a** [lau̯ða'torjo, -a] *adj* lobend; **discurso** ~ Laudatio *f*
**laudo** ['lau̯ðo] *m* Schiedsspruch *m*
**laureado, -a** [lau̯re'aðo, -a] *adj* ❶ *(coronado)* lorbeerbekränzt ❷ *(premiado)* preisgekrönt
**laurear** [lau̯re'ar] *vt* ❶ *(coronar)* mit Lorbeeren bekränzen ❷ *(premiar)* (mit einem Preis) auszeichnen
**laurel** [lau̯'rel] *m* ❶ *(árbol)* Lorbeer(baum) *m* ❷ *(condimento)* Lorbeer *m* ❸ *pl* *(honor)* Lorbeeren *fpl;* **dormirse en los** ~**es** sich auf seinen Lorbeeren ausruhen
**laureola** [lau̯re'ola] *f* *(de laureles)* Lorbeerkranz *m;* *(aureola)* Heiligenschein *m*
**lauro** ['lau̯ro] *m* ❶ *v.* **laurel** ❷ *(gloria)* Ruhm *m*
**lava** ['laβa] *f* *(volcán)* Lava *f*
**lavable** [la'βaβle] *adj* waschbar; *(color)* waschecht
**lavabo** [la'βaβo] *m* ❶ *(pila)* Waschbecken *nt* ❷ *(cuarto)* Toilette *f*
**lavacoches** [laβa'kotʃes] *m inv* *(instalación)* Autowaschanlage *f*
**lavacristales** [laβakris'tales] *mf inv* Fensterputzer(in) *m(f)*
**lavadero** [laβa'ðero] *m* *(de ropa)* Waschküche *f*
**lavado** [la'βaðo] *m* Wäsche *f;* (MED) Spülung *f*
**lavadora** [laβa'ðora] *f* Waschmaschine *f*
**lavafaros** [laβa'faros] *m inv* (AUTO) Scheinwerferscheibenwischer *m*
**lavamanos** [laβa'manos] *m inv* Waschbecken *nt*
**lavanda** [la'βaṇda] *f* Lavendel *m*
**lavandería** [laβaṇde'ria] *f* Wäscherei *f*
**lavaplatos** [laβa'platos] *m inv* Spülmaschine *f*
**lavar** [la'βar] **I.** *vt* *(limpiar)* waschen; ~ **la cabeza** die Haare waschen; ~ **los platos** das Geschirr spülen **II.** *vr:* ~**se** sich waschen; ~**se los dientes** sich *dat* die Zähne putzen
**lavativa** [laβa'tiβa] *f* ❶ *(enema)* Einlauf *m* ❷ *(instrumento)* Klistierspritze *f*
**lavavajillas** [laβaβa'xiʎas] *m inv* (Geschirr)spülmaschine *f*
**lavotear** [laβote'ar] **I.** *vt* flüchtig waschen **II.** *vr:* ~**se** sich oberflächlich waschen
**laxante** [laᵞ'saṇte] *m* Abführmittel *nt*
**laxar** [laᵞ'sar] *vt* ❶ *(relajar)* lockern ❷ *(vientre)* entleeren
**laxitud** [laᵞsi'tuᶞ] *f* Schlaffheit *f*
**laxo, -a** ['laᵞso, -a] *adj* ❶ *(flojo)* schlaff ❷ *(moral)* lax
**lazada** [la'θaða] *f* Schlinge *f*
**lazareto** [laθa'reto] *m* *(de contagiosos)* Quarantänestation *f*
**lazo** ['laθo] *m* ❶ *(nudo)* Schlinge *f* ❷ *(para caballos)* Lasso *nt;* *(para conejos)* Fangschlinge *f* ❸ *(cinta)* Schleife *f* ❹ *(vínculo)* Band *nt;* ~**s afectivos** emotionale Bindungen
**Ida.** [limi'taða], **Ido.** [limi'taðo] *abr de* **limitado, -a** mit beschränkter Haftung
**le** [le] *pron pers* ❶ *m sg* *(reg: objeto directo)* ihn; *(forma cortés)* Sie ❷ *mf sg* *(objeto indirecto)* ihm, ihr; *(forma cortés)* Ihnen; **¡da**~ **un beso!** gib ihm/ihr einen Kuss!
**leal** [le'al] *adj* treu
**lealtad** [leal̩'taᶞ] *f* Treue *f*
**lebrel** [le'βrel] *m* Windhund *m*
**lección** [leᵞ'θjon] *f* ❶ *(lectura)* Lesen *nt* ❷ *(pl)* *(enseñanza escolar)* Unterricht *m;* **tomar lecciones de matemáticas** Mathematikstunden nehmen ❸ (UNIV) Vorlesung *f* ❹ *(tema a estudiar)* Lektion *f;* **dar la** ~ *(fam)* im Unterricht drankommen ❺ *(advertencia)* Lektion *f;* **dar una** ~ **a alguien** jdm eine Lektion erteilen; **¡que te sirva de** ~**!** das soll dir eine Lehre sein!
**lechada** [le'tʃaða] *f* *(argamasa)* Mörtel *m*
**lechal** [le'tʃal] **I.** *adj* *(cachorro)* Jung-; **cordero** ~ Milchlamm *nt* **II.** *m* *(cordero)* Milchlamm *nt*
**lechar** [le'tʃar] *adj* ❶ *(cachorro)* Jung-; **corzo** ~ Kitz *nt* ❷ *(productor)*: **vaca** ~ Milchkuh *f*
**lechazo** [le'tʃaθo] *m* Milchlamm *nt*
**leche** ['letʃe] *f* ❶ *(líquido)* Milch *f;* ~ **en polvo** Milchpulver *nt;* ~ **desmaquillante** Reinigungsmilch *f* ❷ *(vulg: esperma)* Sperma *nt* ❸ *(loc)*: **¡**~**s!** *(fam)* Scheiße!; **ser la** ~ unmöglich sein; **estar de mala** ~ *(fam)* mies drauf sein; **tener mala** ~ *(fam)* fies sein
**lechera** [le'tʃera] *f* ❶ *(recipiente)* Milchkanne *f* ❷ *(argot: coche de policía)* Polizeiauto *nt* ❸ *v.* **lechero**

**lechería** [letʃe'ria] *f* Milchgeschäft *nt*

**lechero, -a** [le'tʃero, -a] **I.** *adj* Milch- **II.** *m, f* Milchmann, -frau *m, f*

**lechigada** [letʃi'ɣaðа] *f* Wurf *m*

**lecho** ['letʃo] *m* Bett *nt;* (*río*) Flussbett *nt*

**lechón, -ona** [le'tʃon, -ona] *m, f* Ferkel *nt*

**lechoso, -a** [le'tʃoso, -a] *adj* ① (*como leche*) milchig ② (*planta, fruta*) milchhaltig

**lechuga** [le'tʃuɣa] *f* Kopfsalat *m;* **como una ~** (*fig*) frisch und munter; **ser más fresco que una ~** (*fam*) rotzfrech sein

**lechuguino, -a** [letʃu'ɣino, -a] *m, f* (*pey: presumido*) Geck *m,* (Mode)püppchen *f*

**lechuza** [le'tʃuθa] *f* Eule *f*

**lectivo, -a** [lek'tiβo, -a] *adj:* **ciclo ~** (ENS) Schuljahr *nt;* (UNIV) Vorlesungszeit *f;* **día ~** Unterrichtstag *m*

**lector¹** [lek'tor] *m* (INFOR) Lesegerät *nt*

**lector(a)²** [lek'tor(a)] *m(f)* ① (*que lee*) Leser(in) *m(f);* (*en voz alta*) Vorleser(in) *m(f)* ② (*editorial, profesor*) Lektor(in) *m(f)*

**lectorado** [lekto'raðo] *m* Lektorat *nt*

**lectura** [lek'tura] *f* ① (*acción de leer*) Lesen *nt;* (*instrumento*) Ablesen *nt;* (*disertación*) Lesung *f;* **~ (en voz alta)** Vorlesen *nt* ② (*obra*) Lektüre *f* ③ (*conocimientos*) Belesenheit *f*

**leer** [le'er] *irr vt* ① (*percibir*) lesen; (*instrumento*) ablesen; **~ en voz alta** vorlesen ② (*interpretar*) deuten; **~ en la cara** vom Gesicht ablesen

**legación** [leɣa'θjon] *f* Gesandtschaft *f*

**legado** [le'ɣaðo] *m* ① (POL) Gesandte(r) *m;* (REL) Legat *m* ② (*herencia*) Vermächtnis *nt*

**legajo** [le'ɣaxo] *m* Akte *f*

**legal** [le'ɣal] *adj* ① (*determinado por la ley*) gesetzlich; **medicina ~** Gerichtsmedizin *f* ② (*conforme a la ley*) legal ③ (*fiel*) rechtschaffen

**legalidad** [leɣali'ðaᵈ] *f* Legalität *f;* **al filo de la ~** am Rande der Legalität; **fuera de la ~** illegal

**legalista** [leɣa'lista] *adj* gesetzestreu

**legalización** [leɣaliθa'θjon] *f* ① (*autorización*) Legalisierung *f* ② (*atestamiento*) Beglaubigung *f*

**legalizar** [leɣali'θar] <z→c> *vt* ① (*autorizar*) legalisieren ② (*atestar*) beglaubigen

**légamo** ['leɣamo] *m* (*cieno*) Schlick *m*

**legaña** [le'ɣaɲa] *f* Tränenflüssigkeit *f;* **tienes ~s** dir tränen die Augen; (*al despertar*) du hast Schlaf in den Augen

**legar** [le'ɣar] <g→gu> *vt* ① (*legado*) vermachen ② (*enviar*) entsenden

**legendario, -a** [lexeṇ'darjo, -a] *adj* sagenhaft; (*famoso*) berühmt

**leggings** ['leɣins] *mpl* Leggings *pl*

**legibilidad** [lexiβili'ðaᵈ] *f* Lesbarkeit *f*

**legible** [le'xiβle] *adj* lesbar

**legión** [le'xjon] *f* ① (MIL) Legion *f* ② (*multitud*) Schar *f*

**legionario, -a** [lexjo'narjo, -a] **I.** *adj* Legion- **II.** *m, f* Legionär(in) *m(f)*

**legionella** [lexjo'nela] *f* (MED) ① (*bacteria*) Legionellabakterium *nt* ② (*enfermedad*) Legionärskrankheit *f*

**legislación** [lexisla'θjon] *f* (*acción*) Gesetzgebung *f;* (*leyes*) Recht *nt*

**legislador(a)** [lexisla'ðor(a)] **I.** *adj* gesetzgeberisch **II.** *m(f)* ① (*que legisla*) Gesetzgeber(in) *m(f)* ② (*Am: parlamentario*) Abgeordnete(r) *mf*

**legislar** [lexis'lar] *vi* Gesetze erlassen

**legislativo, -a** [lexisla'tiβo, -a] *adj* gesetzgebend; **poder ~** Legislative *f*

**legislatura** [lexisla'tura] *f* ① (*período*) Legislaturperiode *f* ② (*Am: parlamento*) Parlament *nt*

**legítima** [le'xitima] *f* (JUR) Pflichtteil *m o nt*

**legitimación** [lexitima'θjon] *f* ① (*legalización*) Legalisierung *f* ② (*habilitación*) Legitimation *f* ③ (*hijo*) Anerkennung *f*

**legitimar** [lexiti'mar] **I.** *vt* ① (*dar legitimidad*) für rechtmäßig erklären ② (*habilitar*) berechtigen ③ (*hijo*) anerkennen **II.** *vr:* **~se** sich ausweisen

**legitimidad** [lexitimi'ðaᵈ] *f* Legitimität *f;* **~ de un niño** Ehelichkeit eines Kindes

**legítimo, -a** [le'xitimo, -a] *adj* ① (*legal*) rechtmäßig; **defensa legítima** Notwehr *f* ② (*verdadero*) echt ③ (*hijo*) ehelich

**lego, -a** ['leɣo, -a] **I.** *adj* ① (*no eclesiástico*) weltlich ② (*ignorante*) unwissend **II.** *m, f* Laie, -in *m, f;* **ser un ~ en el tema** nichts von der Sache verstehen

**legua** ['leɣwa] *f* Meile *f;* **a la ~** von weitem

**leguleyo, -a** [leɣu'leɟo, -a] *m, f* (*pey*) Winkeladvokat(in) *m(f)*

**legumbre** [le'ɣumbre] *f* Hülsenfrucht *f;* **frutas y ~s** Obst und Gemüse

**leguminosas** [leɣumi'nosas] *fpl* Leguminosen *fpl*

**lehendakari** [le(e)ṇda'kari] *m* (POL) *Ministerpräsident der baskischen Regionalregierung*

**leíble** [le'iβle] *adj* lesbar

**leído, -a** [le'iðo, -a] *adj* (*persona*) belesen; (*revista*) viel gelesen

**i Land & Leute**

**leísmo** *m*: Der Begriff **leísmo** bezeichnet die nicht den Regeln entsprechende Verwendung von ‚le(s)' als Akkusativobjekt anstelle von ‚lo(s)'

L

bzw. ‚la(s)‘, z. B.: *Les visité ayer, a mis hermanas.* anstelle von *Las visité ayer, a mis hermanas.*

**lejanía** [lexa'nia] *f* Ferne *f*

**lejano, -a** [le'xano, -a] *adj* fern (*de* von *+dat*); (*parentesco*) entfernt; **en un futuro no muy ~** in absehbarer Zeit

**lejía** [le'xia] *f* ① (QUÍM) Lauge *f* ② (*para lavar*) Waschlauge *f;* (*para decolorar*) Bleichlauge *f*

**lejos** ['lexos] **I.** *adv* weit (entfernt); **a lo ~** in der Ferne; **de ~** von weitem; **ir demasiado ~** (*fig*) zu weit gehen; **llegar ~** (*fig*) es weit bringen; **sin ir más ~** (*fig*) (so) zum Beispiel **II.** *prep:* **~ de** weit (entfernt) von *+dat;* **está muy ~ de mí hacer algo** (*fig*) es liegt mir fern, etw zu tun

**lelo, -a** ['lelo, -a] *adj* (*fam*) ① *ser* (*tonto*) doof ② *estar* (*pasmado*) verdutzt; (*mareado*) benommen

**lema** ['lema] *m* ① (*tema*) Grundgedanke *m;* (*mote*) Motto *nt* ② (*contraseña*) Kennwort *nt*

**lencería** [len̪θe'ria] *f* ① (*telas*) Stoffe *mpl;* (*ropa de cama*) Bettwäsche *f* ② (*tienda de telas*) Wäschegeschäft *nt;* (*de ropa interior*) Miederwarengeschäft *nt;* **~ de un almacén** Wäscheabteilung eines Kaufhauses ③ (*ropa interior*) Damen(unter)wäsche *f;* (*que sujeta*) Miederwaren *fpl*

**lengua** ['leŋgwa] *f* ① (ANAT) Zunge *f;* **~ de trapo** (*fam*) Stotterer *m;* **~ viperina** (*fam*) spitze Zunge; **atar la ~ a alguien** jdm den Mund verbieten; **darle a la ~** (*fam*) quasseln; **lo tengo en la punta de la ~** es liegt mir auf der Zunge; **morderse la ~** (*t. fig*) sich *dat* auf die Zunge beißen; **no tener pelos en la ~** kein Blatt vor den Mund nehmen; **parecer que alguien ha comido ~** viel reden; **sacar la ~ a alguien** jdm die Zunge herausstrecken; **se me trabó la ~** ich habe mich verhaspelt; **tener la ~ demasiado larga** ein loses Mundwerk haben; **tirar a alguien de la ~** (*fam fig*) jdm die Würmer aus der Nase ziehen; **aquí alguien se ha ido de la ~** da hat sich wohl jemand verplappert ② (LING) Sprache *f;* **~ materna** Muttersprache *f;* **~ oficial** Amtssprache *f* ③ (*forma*) Zunge *f;* **~ del agua** Uferstreifen *m* ④ (*de campana*) Glockenklöppel *m*

**lenguado** [leŋ'gwaðo] *m* Seezunge *f*

**lenguaje** [leŋ'gwaxe] *m* Sprache *f;* **~ técnico** Fachsprache *f*

**lenguaraz** [leŋgwa'raθ] *adj* frech

**lenguaz** [leŋ'gwaθ] *adj* geschwätzig

**lengüeta** [leŋ'gweta] *f* (*zapato*) Lasche *f;* (*balanza*) Zünglein *nt;* (*flauta*) Zunge *f*

**lengüetazo** [leŋgwe'taθo] *m* Zungenschlag *m;* (*lamer*) Lecken *nt*

**lengüetear** [leŋgwete'ar] *vi* (*Am: fam*) schwatzen

**lengüilargo, -a** [leŋgwi'larɣo, -a] *adj* (*fam*) scharfzüngig

**lengüón, -ona** [leŋ'gwon, -ona] **I.** *adj* (*Am: calumniador*) gehässig; (*chismoso*) klatschhaft **II.** *m, f* (*Am: calumniador*) Verleumder(in) *m(f);* (*chismoso*) Klatschmaul *nt fam*

**lenidad** [leni'ða$^{ð}$] *f sin pl* Nachsicht *f*

**lenificar** [lenifi'kar] <c→qu> *vt* lindern

**leninista** [leni'nista] **I.** *adj* (POL) leninistisch **II.** *mf* (POL) Leninist(in) *m(f)*

**lenitivo, -a** [leni'tiβo, -a] *adj* lindernd

**lente** ['len̪te] *m o f* ① (*gafas*) Brille *f;* **llevar ~s** eine Brille tragen ② (*cristal, t.* FOTO) Linse *f;* **~ convergente** Sammellinse *f*

**lenteja** [len̪'texa] *f* Linse *f;* **dar algo por un plato de ~s** (*fig*) etw für ein Linsengericht hergeben

**lentejuela** [len̪te'xwela] *f* (*adorno*) Paillette *f*

**lenticular** [len̪tiku'lar] *adj* linsenförmig

**lentilla** [len̪'tiʎa] *f* Kontaktlinse *f*

**lentitud** [len̪ti'tu$^{ð}$] *f* Langsamkeit *f;* (*fig*) Trägheit *f;* **con ~** langsam

**lento, -a** ['len̪to, -a] *adj* langsam; (*fig*) träge; (*enfermedad*) schleichend; **a cámara lenta** in Zeitlupe; **a paso ~** langsamen Schrittes; **quemar a fuego ~** (*fig*) quälen

**leña** ['leɲa] *f sin pl* ① (*madera*) (Brenn)holz *nt;* **echar ~ al fuego** Holz auflegen; (*fig*) Öl ins Feuer gießen; **llevar ~ al monte** (*fig*) Eulen nach Athen tragen ② (*castigo*) Prügel *mpl;* **¡~ con él!** gib ihm Saures!; **dar ~** verprügeln; **recibir ~** Prügel einstecken

**leñador(a)** [leɲa'ðor(a)] *m(f)* Holzfäller(in) *m(f)*

**leñazo** [le'ɲaθo] *m* (*fam*) Schlag *m;* **¡qué ~ se pegó!** er/sie hat ganz schön was abgekriegt!; **darse un ~ en la cabeza** sich *dat* den Kopf anschlagen

**leñe** ['leɲe] *interj* verdammt noch mal!

**leño** ['leɲo] *m* ① (*de árbol*) Holzklotz *m* ② (*tonto*) Dummkopf *m*

**leñoso, -a** [le'ɲoso, -a] *adj* holzig

**Leo** ['leo] *m* (ASTR) Löwe *m*

**león** [le'on] *m* Löwe *m;* (*Am: puma*) Puma *m;* **~ (marino)** Seelöwe *m;* **no es tan fiero el ~ como lo pintan** (*fam*) nichts ist so schlimm, wie es aussieht

**leonado, -a** [leo'naðo, -a] *adj* falb

**leonera** [leo'nera] *f* ① (*jaula*) Löwenkäfig

*m* ② (*habitación*) Rumpelkammer *f*

**leonés, -esa** [leo'nes, -esa] **I.** *adj* aus León **II.** *m, f* Einwohner(in) *m(f)* von León

**leonino, -a** [leo'nino, -a] *adj* Löwen-

**leontina** [leon̦'tina] *f* Uhrkette *f*

**leopardo** [leo'parðo] *m* Leopard *m*

**leotardo(s)** [leo'tarðo(s)] *m(pl)* Strumpfhose *f*

**i Land & Leute**

In Bezug auf Witze könnte man **Lepe** mit Ostfriesland im deutschen Raum gleichsetzen. Geographisch liegt die Ortschaft **Lepe** in der Provinz Huelva, im Südwesten Andalusiens. Im Übrigen heißt *saber más que Lepe – sehr gescheit sein*, nach dem Bischof *Don Pedro de Lepe*, der im 17. Jahrhundert gelebt hat.

**lépero, -a** ['lepero, -a] **I.** *adj* ① (*AmC: grosero*) ordinär; (*vil*) niederträchtig ② (*Cuba: perspicaz*) scharfsinnig ③ (*Ecua: fam: arruinado*) abgebrannt **II.** *m, f* (*AmC*) Schurke, -in *m, f*

**leporino, -a** [lepo'rino, -a] *adj* hasenartig; **labio** ~ Hasenscharte *f*

**lepra** ['lepra] *f sin pl* Lepra *f*

**leproso, -a** [le'proso, -a] **I.** *adj* leprös **II.** *m, f* Leprakranke(r) *mf*

**lerdo, -a** ['lerðo, -a] *adj* schwerfällig

**leridano, -a** [leri'ðano, -a] **I.** *adj* aus Lérida **II.** *m, f* Einwohner(in) *m(f)* von Lérida

**les** [les] *pron pers* ① *m pl* (*reg: objeto directo*) sie; (*forma cortés*) Sie ② *mf pl* (*objeto indirecto*) ihnen; (*forma cortés*) Ihnen

**lesbiana** [les'βjana] *f* Lesbierin *f*

**lesbianismo** [lesβja'nismo] *m sin pl* lesbische Liebe *f*

**lésbico, -a** ['lesβiko, -a] *adj* lesbisch

**lesera** [le'sera] *f* (*Am*) Dummheit *f*

**lesión** [le'sjon] *f* Verletzung *f;* ~ **cardiaca** Herzfehler *m*

**lesionar** [lesjo'nar] **I.** *vt* ① (*herir*) verletzen ② (*dañar*) schaden +*dat* **II.** *vr:* ~**se** sich verletzen

**lesivo, -a** [le'siβo, -a] *adj* schädlich

**leso, -a** ['leso, -a] *adj* verletzt

**letal** [le'tal] *adj* (*elev*) tödlich

**letalidad** [letali'ðað] *f sin pl* tödliche Wirkung *f;* (*mortalidad*) Letalität *f*

**letanía** [leta'nia] *f* Litanei *f;* **¡ya está éste con su ~!** jetzt fängt der schon wieder mit der alten Leier an!

**letárgico, -a** [le'tarxiko, -a] *adj* lethargisch

**letargo** [le'taryo] *m* Lethargie *f;* (*de un animal*) Winterschlaf *m*

**letón, -ona** [le'ton, -ona] **I.** *adj* lettisch **II.** *m, f* Lette, -in *m, f*

**Letonia** [le'tonja] *f* Lettland *nt*

**letra** ['letra] *f* ① (*signo*) Buchstabe *m;* ~ **de molde** Fettdruck *m;* ~ **mayúscula/minúscula** Groß-/Kleinbuchstabe *m;* **con ~ mayúscula/minúscula** groß-/kleingeschrieben; **al pie de la ~** wortwörtlich; ~ **por ~** Wort für Wort; **poner cuatro ~s a alguien** jdm ein paar Zeilen schreiben ② (*escritura*) Schrift *f* ③ *pl* (*saber*) Wissen *nt;* (*ciencias*) Geisteswissenschaften *fpl;* **bellas ~s** Literatur *f;* **aprender las primeras ~s** (*fam fig*) sich *dat* die Grundkenntnisse aneignen; **hombre de ~s** gebildeter Mann ④ (MÚS) Text *m* ⑤ (COM): ~ (**de cambio**) Wechsel *m;* ~ **al portador** Inhaberpapier *nt;* ~ **a la vista** Sichtwechsel *m;* **girar una ~ a cargo de alguien** einen Wechsel auf jdn ziehen

**letrado, -a** [le'traðo, -a] **I.** *adj* gelehrt **II.** *m, f* (JUR) Anwalt, -wältin *m, f*

**letrero** [le'trero] *m* Schild *nt*

**letrina** [le'trina] *f* Latrine *f*

**letrista** [le'trista] *mf* Textdichter(in) *m(f)*

**leucemia** [leu̯'θemja] *f sin pl* Leukämie *f*

**leucocito** [leu̯ko'θito] *m* Leukozyt *m*

**leva** ['leβa] *f* ① (MIL) Einberufung *f* ② (*barco*) Ablegen *nt*

**levadizo, -a** [leβa'ðiθo, -a] *adj* hebbar; **puente** ~ Zugbrücke *f*

**levadura** [leβa'ðura] *f* ① (*masa*) Hefe *f;* **polvo de** ~ Backpulver *nt* ② (*hongo*) Hefepilz *m*

**levantador(a)** [leβan̦ta'ðor(a)] **I.** *adj* (hoch)hebend **II.** *m(f):* ~ **de pesos** Gewichtheber *m*

**levantamiento** [leβan̦ta'mjen̦to] *m* ① (*amotinamiento*) Aufstand *m* ② (*alzar*) Hochheben *nt;* ~ **del cadáver** (amtliche) Leichenschau *f*

**levantar** [leβan̦'tar] **I.** *vt* ① (*alzar*) (hoch)heben; (*del suelo*) aufheben; (*algo tumbado/inclinado*) wieder aufrichten; (*polvo*) aufwirbeln; (*telón*) heben; (*cartel*) aufstellen; (*un campamento*) abbrechen; (*las anclas*) lichten; **después del fracaso ya no levantó cabeza** nach dem Unglück hat er/sie sich nicht mehr erholt; ~ **el vuelo** zum Flug anheben ② (*despertar*) wecken ③ (*construir*) bauen; (*monumento*) errichten; (*muro*) hochziehen ④ (*suprimir*) beenden; (*embargo, castigo*) aufheben ⑤ (*mapa*) aufnehmen; ~ **acta** protokollieren (*de* +*akk*); **no ~ás falso testimonio** du sollst kein falsches Zeugnis ablegen ❻ (*voz*) heben; ~ **la voz a alguien** jdn anschreien ❼ (*mirada, mano*) (er)heben ❽ (*caza*) aufstöbern **II.** *vr:* ~**se** ❶ (*de la cama*) aufstehen (*de* aus +*dat*); ~**se con el pie izquierdo** mit dem linken Fuß zuerst aufstehen ❷ (*sobresalir*) sich erheben ❸ (*sublevarse*) sich erheben; **se** ~**on pocas voces críticas** es wurden nur wenige kritische Stimmen laut ❹ (*viento*) aufkommen ❺ (*robar*) sich auf und davon machen ❻ (*telón*) aufgehen

**levante** [le'βan̩te] *m sin pl* Osten *m;* (*viento*) Ostwind *m*

**Levante** [le'βan̩te] *m* Levante *m* (*Ostküste Spaniens bzw. die Regionen País Valenciano und Murcia*)

**levantino**, **-a** [leβan̩'tino, -a] **I.** *adj* levantinisch **II.** *m, f* Levantiner(in) *m(f)*

**levantisco**, **-a** [leβan̩'tisko, -a] *adj* unruhig

**levar** [le'βar] *vt:* ~ **(las) anclas** die Anker lichten

**leve** ['leβe] *adj* (*enfermedad*) harmlos; (*peso, error*) leicht; (*sanción*) gnädig; (*pecado*) lässlich

**levedad** [leβe'ðað] *f sin pl* Leichtigkeit *f*

**levitación** [leβita'θjon] *f* Levitation *f*

**levitar** [leβi'tar] *vi* in der Luft schweben

**lexema** [leˠ'sema] *m* (LING) Lexem *nt*

**lexicalización** [leˠsikaliθa'θjon] *f* (LING) Lexikalisierung *f*

**lexicalizar** [leˠsikali'θar] <z→c> *vt* lexikalisieren

**léxico** ['leˠsiko] *m* ❶ (*diccionario*) Wörterbuch *nt* ❷ (*vocabulario*) Wortschatz *m*

**lexicografía** [leˠsikoɣra'fia] *f* (LING) Lexikographie *f*

**lexicología** [leˠsikolo'xia] *f* (LING) Lexikologie *f*

**lexicón** [leˠsi'kon] *m* Wörterbuch *nt*

**ley** [lei̯] *f* ❶ (JUR, REL, FÍS) Gesetz *nt;* **L~ de cierre de comercios** Ladenschlussgesetz *nt;* ~ **del embudo** (*pey fam*) Willkür *f;* **la L~ Fundamental** das Grundgesetz; **L~ General Tributaria** Abgabenordnung *f;* ~ **marcial** Standrecht *nt;* **la** ~ **seca** die Prohibition; ~ **de la selva** Recht des Stärkeren; **fuerza de** ~ Gesetzeskraft *f;* **proyecto de** ~ Gesetzentwurf *m;* **hacer algo con todas las de la** ~ etw mit allem, was dazu gehört, machen; **respetar las** ~**es del juego** die Spielregeln einhalten; **hecha la** ~**, hecha la trampa** für jedes Gesetz findet sich ein Hintertürchen; **regirse por la** ~ **del embudo** mit zweierlei Maß messen; **según la** ~ **vigente** laut geltendem Recht; **se le aplicó la** ~ **de la fuga** er/sie wurde auf der Flucht erschossen; **ser de** ~ (*fam*) recht und billig sein ❷ *pl* (*estudio*) Jura ❸ (*oro*) Feingehalt *m;* (*monedas*) Korn *nt;* **oro de** ~ Feingold *nt;* **ser de buena** ~ (*fig*) zuverlässig sein

**leyenda** [le'ɟen̩da] *f* ❶ (LIT, REL) Legende *f* ❷ (*plano*) Legende *f* ❸ (*moneda*) Umschrift *f*

**lezna** ['leθna] *f* Ahle *f*

**liana** [li'ana] *f* Liane *f*

**liar** [li'ar] <*1. pres:* lío> **I.** *vt* ❶ (*fardo*) zusammenbinden; (*paquete*) einwickeln; ~ **el petate** (*fam*) sein Bündel schnüren ❷ (*cigarrillo*) drehen ❸ (*fam: engañar*) an der Nase herumführen; (*enredar*) einwickeln ❹ (*loc, fam*): **¡ahora sí que la hemos liado!** jetzt haben wir es vermasselt! **II.** *vr:* ~**se** ❶ (*fam: juntarse*) sich einlassen ❷ (*embarullarse*) durcheinander kommen; ~**se la manta a la cabeza** (*fam*) eine voreilige Entscheidung treffen ❸ (*ponerse a*): ~**se a golpes con alguien** sich mit jdm prügeln

**libanés**, **-esa** [liβa'nes, -esa] **I.** *adj* libanesisch **II.** *m, f* Libanese, -in *m, f*

**Líbano** ['liβano] *m:* **El** ~ der Libanon

**libar** [li'βar] *vi* (*abeja*) saugen

**libelo** [li'βelo] *m* Pamphlet *nt*

**libélula** [li'βelula] *f* Libelle *f*

**liberación** [liβera'θjon] *f* Befreiung *f;* (*puesta en libertad*) Freilassung *f*

**liberal** [liβe'ral] **I.** *adj* (*t.* POL) liberal; (*generoso*) großzügig **II.** *mf* Liberale(r) *mf*

**liberalidad** [liβerali'ðað] *f* (*generosidad*) Großzügigkeit *f*

**liberalismo** [liβera'lismo] *m* (POL) Liberalismus *m*

**liberalización** [liβeraliθa'θjon] *f* Liberalisierung *f*

**liberalizar** [liβerali'θar] <z→c> *vt* liberalisieren

**liberar** [liβe'rar] *vt* befreien; (*soltar*) freilassen; (*eximir*) freistellen

**liberiano**, **-a** [liβe'rjano, -a] **I.** *adj* liberianisch **II.** *m, f* Liberianer(in) *m(f)*

**líbero** ['liβero] *m* (DEP) Libero *m*

**libérrimo**, **-a** [li'βerrimo, -a] *adj superl de* **libre**

**libertad** [liβer'tað] *f* ❶ (*libre arbitrio*) Freiheit *f;* ~ **de culto** Glaubensfreiheit *f;* **poner en** ~ freilassen; **tomarse demasiadas** ~**es** sich *dat* zu viel herausnehmen ❷ (*naturalidad*) Unbefangenheit *f*

**libertador(a)** [liβerta'ðor(a)] **I.** *adj* befreiend **II.** *m(f)* Befreier(in) *m(f)*

**libertar** [liβer'tar] *vt* befreien

**libertario**, **-a** [liβer'tarjo, -a] **I.** *adj* anarchistisch **II.** *m, f* Anarchist(in) *m(f)*

**libertinaje** [liβerti'naxe] *m* Zügellosigkeit *f*

**libertino**, **-a** [liβer'tino, -a] **I.** *adj* zügellos

**II.** *m, f* zügelloser Mensch *m*

**Libia** ['liβja] *f* Libyen *nt*

**libidinoso, -a** [liβiði'noso, -a] *adj* lüstern

**libido** [li'βiðo] *f sin pl* Trieb *m*

**libio, -a** ['liβjo, -a] **I.** *adj* libysch **II.** *m, f* Libyer(in) *m(f)*

**libra** ['liβra] *f* Pfund *nt;* ~ **esterlina** Pfund Sterling; **una ~ de judías** ein Pfund Bohnen

**Libra** ['liβra] *f* (ASTR) Waage *f*

**librado, -a** [li'βraðo, -a] *adj:* **salir bien ~** mit einem blauen Auge davonkommen *fam;* **salir mal ~** schlecht wegkommen *fam*

**librador(a)** [liβra'ðor(a)] *m(f)* (COM) Aussteller(in) *m(f)*

**libramiento** [liβra'mjen̦to] *m,* **libranza** [li'βran̦θa] *f* Zahlungsanweisung *f;* (*de un cheque*) Ausstellung *f*

**librar** [li'βrar] **I.** *vt* ❶ (*dejar libre*) befreien (*de* von/aus +*dat*); (*salvar*) retten (*de* vor +*dat*); **¡líbreme Dios!** Gott bewahre!; **y líbranos del mal** und befreie uns von dem Bösen ❷ (COM) ausstellen; **~ una letra a cargo de alguien** einen Wechsel auf jdn ziehen **II.** *vi* (*fam: tener libre*) frei haben **III.** *vr:* **~se** (*quedar libre*) sich befreien (*de* von/aus +*dat*); (*salvarse*) sich retten (*de* vor +*dat*); **¡se libró de una buena!** das ging gerade noch gut!

**libre** ['liβre] <libérrimo> *adj* ❶ (*en general*) frei; (*independiente*) unabhängig; **zona de ~ cambio** Freihandelszone *f;* **~ de franqueo** portofrei; **dar vía ~** grünes Licht geben; **este vestido me deja los brazos ~s** in diesem Kleid kann ich die Arme frei bewegen; **estar ~ de preocupaciones** keine Sorgen haben; **la imaginación es ~** Fantasie kennt keine Grenzen; **eres bien ~ de hacerlo** es steht dir frei, es zu tun ❷ (*soltero*) ledig ❸ (*descarado*) frech

**librea** [li'βrea] *f* (*traje*) Livree *f*

**librecambio** [liβre'kambjo] *m sin pl* Freihandel *m*

**librepensador(a)** [liβrepensa'ðor(a)] *m(f)* Freidenker(in) *m(f)*

**librería** [liβre'ria] *f* ❶ (*tienda*) Buchhandlung *f;* (*papelería*) Schreibwarengeschäft *nt;* **~ de depósito** Sortimentsbuchhandlung *f;* **~ de ocasión** modernes Antiquariat ❷ (*biblioteca*) Bibliothek *f* ❸ (*estantería*) Bücherregal *nt*

**librero, -a** [li'βrero, -a] *m, f* Buchhändler(in) *m(f)*

**libreta** [li'βreta] *f* ❶ (*cuaderno*) Heft *nt;* (*para notas*) Notizbuch *nt* ❷ (*de ahorros*) Sparbuch *nt*

**libro** ['liβro] *m* (*escrito*) Buch *nt;* (*volumen*) Band *m;* **~ de bolsillo** Taschenbuch *nt;* **~ científico** Fachbuch *nt;* **~ de cocina** Kochbuch *nt;* **los ~s de contabilidad** die Geschäftsbücher; **~ de escolaridad** Zeugnisheft *nt;* **~ de familia** Familienstammbuch *nt;* **~ ilustrado** Bildband *m;* **los L~s Sagrados** die Heilige Schrift; **~ de texto** Lehrbuch *nt;* **colgar los ~s** das Studium an den Nagel hängen; **cantar a ~ abierto** vom Blatt singen; **hablar como un ~ abierto** reden wie ein Buch

**licencia** [li'θen̦θja] *f* ❶ (*permiso*) Erlaubnis *f;* (*para un libro*) Druckerlaubnis *f;* (*Méx: de conducir*) Führerschein *m;* **~ de obras** Baugenehmigung *f;* **~ de pesca/de armas** Angel-/Waffenschein *m* ❷ (*soldado*): **estar tres días de ~** drei Tage Ausgang haben ❸ (*libertad*) Freiheit *f*

**licenciado, -a** [liθen̦'θjaðo, -a] *m, f* ❶ (*estudiante*) ≈Akademiker(in) *m(f);* **~ en economía** Diplomvolkswirt *m* ❷ (*soldado*) Verabschiedete(r) *m*

**licenciar** [liθen̦'θjar] **I.** *vt* (*despedir*) entlassen; (*soldado*) verabschieden **II.** *vr:* **~se** sein Examen machen

**licenciatura** [liθen̦θja'tura] *f* (*título*) Titel *m;* (*carrera*) Hochschulabschluss *m*

**licencioso, -a** [liθen̦'θjoso, -a] *adj* (*persona*) ausschweifend; (*conducta*) anstößig; **mujer licenciosa** Prostituierte *f*

**liceo** [li'θeo] *m* ❶ (*sociedad*) Klub *m* ❷ (*Am: colegio*) Gymnasium *nt*

**lichi** ['litʃi] *m* Litschi *f*

**licitación** [liθita'θjon] *f* ❶ (*concurso*) (öffentliche) Ausschreibung *f* ❷ (*subasta*) Versteigerung *f*

**licitador(a)** [liθita'ðor(a)] *m(f)* Bieter(in) *m(f)*

**licitar** [liθi'tar] *vt* bieten

**lícito, -a** ['liθito, -a] *adj* ❶ (*permitido*) zulässig ❷ (*justo*) gerecht

**licitud** [liθi'tuᵈ] *f sin pl* Zulässigkeit *f*

**licor** [li'kor] *m* Likör *m*

**licorería** [likore'ria] *f* ❶ (*fábrica*) Likörfabrik *f* ❷ (*tienda*) Likörladen *m*

**licuadora** [likwa'ðora] *f* Entsafter *m*

**licuar** [li'kwar] <*1. pres:* licúo> *vt* ❶ (FÍS) verflüssigen ❷ (*fruta*) auspressen ❸ (MIN) schmelzen

**líder** ['liðer] *mf* Führer(in) *m(f);* (*empresa*) Marktführer(in) *m(f);* (DEP) Führende(r) *mf;* (*de una liga*) Tabellenführer *m;* **la empresa ~** das führende Unternehmen; **es el ~ de los jóvenes** er ist ein Idol der Jugend

**liderar** [liðe'rar] *vt* ❶ (*ser el primero*) anführen; **el equipo que lidera la clasifi-**

L

**cación** der Tabellenführer ② (*dirigir*) leiten

**liderato** [liðe'rato] *m sin pl*, **liderazgo** [liðe'raθɣo] *m sin pl* Führung *f;* **capacidad de** ~ Führungsqualitäten *fpl*

**lidia** ['liðja] *f* Kampf *m;* (TAUR) Stierkampf *m*

**lidiar** [li'ðjar] *vt, vi* kämpfen (mit +*dat*); ~ (**un toro**) mit einem Stier kämpfen; ~ **con los niños** (*fig*) sich mit den Kindern herumärgern

**liebre** [lje'βre] *f* Hase *m;* ~ **marina** Seehase *m;* **donde menos se piensa salta la** ~ (*fig*) unverhofft kommt oft

**lienzo** ['ljen̪θo] *m* ① (*tela*) Leinen *nt;* (*para cuadros*) Leinwand *f* ② (*óleo*) (Öl)gemälde *nt*

**liga** ['liɣa] *f* ① (*alianza*) Bund *m* ② (*prenda*) Strumpfhalter *m* ③ (DEP) Liga *f*

**ligamento** [liɣa'men̪to] *m* Band *nt*

**ligar** [li'ɣar] <g→gu> **I.** *vi* (*fam: tontear*) anbändeln **II.** *vt* ① (*atar*) (fest)binden ② (*metal*) legieren ③ (*unir*) verbinden **III.** *vr:* ~**se** ① (*unirse*) sich binden (*a* an +*akk*) ② (*fam: tontear*) anbändeln (*a/con* mit +*dat*)

**ligazón** [liɣa'θon] *f* (*unión*) Verbindung *f*

**ligereza** [lixe'reθa] *f* ① (*rapidez*) Schnelligkeit *f* ② (*levedad*) Leichtigkeit *f* ③ (*error*) Leichtfertigkeit *f*

**ligero**, **-a** [li'xero, -a] *adj* ① (*leve, ingrávido*) leicht; (*ruido*) leise; (*tierra*) locker ② (*ágil*) flink ③ (*loc*): ~ **de cascos** (*fam*) oberflächlich; **ir muy** ~ **de ropa** sehr leicht gekleidet sein; **hacer algo a la ligera** etw tun ohne groß zu überlegen; **tomarse algo a la ligera** etw auf die leichte Schulter nehmen

**lignito** [liɣ'nito] *m* Braunkohle *f*

**ligón**, **-ona** [li'ɣon, -ona] *m, f* Anmacher(in) *m(f) abw;* **ser un** ~ gerne flirten

**ligue** ['liɣe] *m* (*fam*) ① (*acción*) Flirt *m* ② (*persona*) Freund(in) *m(f)*

**liguero**[1] [li'ɣero] *m* Strumpfhaltergürtel *m*

**liguero**, **-a**[2] [li'ɣero, -a] *adj* (DEP) Liga-; **competición liguera** Liga *f*

**lija** ['lixa] *f* ① (*papel*) Sandpapier *nt*, Glaspapier *nt;* (*piel*) Haifischhaut *f* ② (ZOOL) Katzenhai *m*

**lijadora** [lixa'ðora] *f* Schleifmaschine *f*

**lijar** [li'xar] *vt* (ab)schleifen

**lila**[1] ['lila] **I.** *adj* lila **II.** *f* (BOT) Flieder *m*

**lila**[2] ['lila] *m* (*color*) Lila *nt*

**liliputiense** [lilipu'tjense] **I.** *adj* liliputanisch **II.** *mf* Liliputaner(in) *m(f)*

**lima** ['lima] *f* ① (*instrumento*) Feile *f;* **rebajar con la** ~ abfeilen; **comer como una** ~ (*fam*) essen wie ein Mähdrescher ② (*fruta*) Limette *f;* (*árbol*) Limettenbaum *m*

**limadura** [lima'ðura] *f* ① (*pulido*) (Zurecht)feilen *nt* ② *pl* (*partículas*) Feilspäne *mpl*

**limar** [li'mar] *vt* ① (*pulir*) (zurecht)feilen; (*fig*) den letzten Schliff geben +*dat* ② (*consumir*) aufreiben

**limaza** [li'maθa] *f* Nacktschnecke *f*

**limbo** ['limbo] *m* ① (REL) Vorhölle *f;* **estar en el** ~ (*fam: distraído*) geistig abwesend sein; (*no enterado*) keine Ahnung haben ② (*de vestido*) Rand *m*

**limeño**, **-a** [li'meɲo, -a] **I.** *adj* aus Lima **II.** *m, f* Bewohner(in) *m(f)* von Lima

**limitación** [limita'θjon] *f* Beschränkung *f;* (*de una norma*) Einschränkung *f;* **sin limitaciones** unbeschränkt; **el plan tiene sus limitaciones pero ha sido eficaz** der Plan war im Großen und Ganzen erfolgreich

**limitado**, **-a** [limi'taðo, -a] *adj* ① (*poco*) knapp; (*medios*) beschränkt; **un número** ~ eine begrenzte Anzahl ② (*tonto*) beschränkt

**limitar** [limi'tar] **I.** *vi* (an)grenzen (*con* an +*akk*) **II.** *vt* begrenzen; (*libertad*) einschränken; (*definir*) (genau) festlegen **III.** *vr:* ~**se** sich beschränken (*a* auf +*akk*)

**límite** ['limite] *m* Grenze *f;* (*inconveniente*) Schranken *fpl;* ~ **de crédito** Kreditlinie *f;* **situación** ~ Grenzsituation *f;* **sin** ~**s** grenzenlos; **la fecha** ~ **para entregarlo es el...** der letzte Abgabetermin ist der ...

**limítrofe** [li'mitrofe] *adj* angrenzend; **países** ~**s** Nachbarländer *ntpl*

**limo** ['limo] *m* Schlamm *m*

**limón** [li'mon] **I.** *adj* zitronengelb **II.** *m* Zitrone *f*

**limonada** [limo'naða] *f* (Zitronen)limonade *f;* ~ **de vino** Sangria *f*

**limonar** [limo'nar] *m* ① (AGR) Zitronenpflanzung *f* ② (*Guat*) *v.* **limonero**

**limonero** [limo'nero] *m* Zitronenbaum *m*

**limosna** [li'mosna] *f* Almosen *nt;* **pedir** ~ betteln

**limosnear** [limosne'ar] *vi* betteln

**limosnero**, **-a** [limos'nero, -a] **I.** *adj* wohltätig **II.** *m, f* (*Am: pedigüeño*) Bettler(in) *m(f)*

**limoso**, **-a** [li'moso, -a] *adj* schlammig

**limpiabarros** [limpja'βarros] *m inv* Fußabtreter *m*

**limpiabotas** [limpja'βotas] *mf inv* Schuhputzer(in) *m(f)*

**limpiachimeneas** [limpjaʧime'neas] *mf inv* Schornsteinfeger(in) *m(f)*

**limpiacristales**[1] [limpjakris'tales] *m inv* (*producto*) Fensterputzmittel *nt*

**limpiacristales**[2] [limpjakris'tales] *mf inv* (*persona*) Fensterputzer(in) *m(f)*
**limpiador**[1] [limpja'ðor] *m* Putzmittel *nt*
**limpiador(a)**[2] [limpja'ðor(a)] **I.** *adj* reinigend; **leche ~a** Reinigungsmilch *f* **II.** *m(f)* Raumpfleger(in) *m(f)*
**limpiametales** [limpjame'tales] *m inv* Metallputzmittel *nt;* **limpiamuebles** [limpja'mweβles] *m inv* Möbelpolitur *f;* **limpiaparabrisas** [limpjapara'βrisas] *m inv* Scheibenwischer *m*
**limpiar** [lim'pjar] **I.** *vt* ❶ (*suciedad*) reinigen; (*zapatos, dientes, casa*) putzen; (*chimenea*) fegen; (*pescado*) ausnehmen; **~ el polvo** Staub wischen ❷ (*librar*) säubern; **~ de culpas** von Schuld reinwaschen ❸ (*fam: robar*) klauen **II.** *vi* (*quitar la suciedad*) putzen, sauber machen **III.** *vr:* **~se** sich reinigen; (*nariz, dientes*) sich *dat* putzen; **~se de fiebre** kein Fieber mehr haben
**límpido, -a** ['limpiðo, -a] *adj* (*elev: limpio*) klar
**limpieza** [lim'pjeθa] *f* ❶ (*lavar*) Reinigung *f;* (*casa, zapatos*) Putzen *nt;* (*fig*) Säuberung *f;* **~ de cutis** Gesichtsreinigung *f;* **~ a fondo** Großputz *m;* **hacer la ~** sauber machen; **señora de la ~** Putzfrau *f* ❷ (*estado*) Sauberkeit *f* ❸ (*eliminación*) Säuberung *f* ❹ (*habilidad*) Geschicklichkeit *f*
**limpio**[1] ['limpjo] *adv* ❶ (*sin trampas*) sauber; **jugar ~** fair spielen ❷ (*loc*): **escribir en ~** ins Reine schreiben; **en ~** (*dinero*) netto; **¿qué has sacado en ~ de todo este asunto?** (*fig*) was hat dir diese Sache nun gebracht?
**limpio, -a**[2] ['limpjo, -a] *adj* (*cocina, persona*) sauber; (*aire*) rein; (*agua*) klar; (*almendra*) geschält; (*fig*) rein; **acabar a tortazo ~** (*fam*) in eine Schlägerei ausarten; **lo dejaron ~** (*fam: sin dinero*) er war völlig blank
**limusina** [limu'sina] *f* Limousine *f*
**linaje** [li'naxe] *m* Abstammung *f;* **de rancio ~** von altem Adelsgeschlecht
**linaza** [li'naθa] *f* Leinsamen *m;* **aceite de ~** Leinöl *nt*
**lince** ['lin̪θe] *m* Luchs *m;* **ser un ~** (*fig*) ein Fuchs sein; **tener ojos de ~** Augen wie ein Luchs haben
**linchamiento** [lintʃa'mjen̪to] *m* Lynchjustiz *f*
**linchar** [lin'tʃar] *vt* lynchen
**lindar** [lin̪'dar] *vi* angrenzen (*con* an +*akk*)
**linde** ['lin̪de] *m o f,* **lindero** [lin̪'dero] *m* (Grundstücks)grenze *f;* (*camino*) Grenzweg *m*
**lindeza** [lin̪'deθa] *f* ❶ (*bonito*) Niedlichkeit *f* ❷ (*gracioso*) Witzigkeit *f* ❸ *pl* (*irón: insulto*) Schimpfworte *ntpl;* **me dijo esas y otras ~s parecidas** so und ähnlich hat er/sie mich bezeichnet
**lindo, -a** ['lin̪do, -a] *adj* hübsch; (*niño*) süß; **divertirse a lo ~** sich gut amüsieren
**línea** ['linea] *f* ❶ (MAT, MIL, ECON) Linie *f;* (*raya*) Strich *m;* **~ de intersección** Schnittstelle *f;* **~ recta** Gerade *f;* **fracasar en toda la ~** auf der ganzen Linie versagen ❷ (*fila*) Reihe *f* ❸ (*renglón*) Zeile *f;* **~ en blanco** Leerzeile *f;* **leer entre ~s** zwischen den Zeilen lesen; **te pongo cuatro ~s para...** ich schreibe dir ein paar Zeilen um ... ❹ (*de transporte*) Linie *f;* (*trayecto*) Strecke *f;* **~ aérea** Fluglinie *f;* **~ férrea** Bahnlinie *f;* **coche de ~** Linienbus *m* ❺ (TEL) Leitung *f;* **~ directa** [*o* **caliente**] Hotline *f;* **~ para el fax** Faxanschluss *m* ❻ (*pariente*) (Verwandtschafts)linie *f;* **por ~ materna** mütterlicherseits ❼ (DEP) Linie *f;* **~ de meta** (*fútbol*) Torlinie *f;* (*atletismo*) Ziellinie *f* ❽ (*tipo*) Linie *f;* **guardar la ~** auf die Linie achten ❾ (*directriz*) Leitlinie *f*
**lineal** [line'al] *adj* ❶ (*relativo a la línea*) Linien- ❷ (*como una línea*) linienförmig; (*hoja*) länglich ❸ (*proporcional, t.* MAT, ARTE) linear
**linfa** ['limfa] *f* (BIOL) Lymphe *f*
**linfático, -a** [lim'fatiko, -a] *adj* lymphatisch; **ganglio ~** Lymphknoten *m*
**linfocito** [limfo'θito] *m* (BIOL) Lymphozyt *m*
**lingotazo** [liŋgo'taθo] *m* (*fam*) Schluck *m;* **pegarse un ~** sich *dat* einen hinter die Binde gießen
**lingote** [liŋ'gote] *m* Barren *m;* (*de acero*) Block *m*
**lingüista** [liŋ'gwista] *mf* Sprachwissenschaftler(in) *m(f)*
**lingüística** [liŋ'gwistika] *f* Sprachwissenschaft *f*
**lingüístico, -a** [liŋ'gwistiko, -a] *adj* sprachwissenschaftlich
**linier** [li'njer] *m* (DEP) Linienrichter *m*
**linimento** [lini'men̪to] *m* Einreibemittel *nt*
**lino** ['lino] *m* ❶ (BOT) Flachs *m* ❷ (*tela*) Leinen *nt*
**linografía** [linoɣra'fia] *f* Druckverfahren *nt* auf Leinen
**linóleo** [li'noleo] *m* Linoleum *nt*
**linotipista** [linoti'pista] *mf* (TIPO) Linotypist(in) *m(f)*
**linterna** [lin̪'terna] *f* ❶ (*de mano*) Taschenlampe *f;* **~ mágica** Laterna *f* magica ❷ (*farol*) Laterne *f* ❸ (*faro*) Leuchtturm *m*
**lío** ['lio] *m* ❶ (*de ropa*) Bündel *nt* ❷ (*embrollo*) Durcheinander *nt;* **¡déjame de ~s!** damit will ich nichts zu tun haben!;

L

**me hago un ~ con tus explicaciones** deine Erklärungen bringen mich durcheinander; **¡me meto en cada ~!** ich gerate immer in die unmöglichsten Situationen; **no entiendo ese ~** das ist mir zu verworren ❸ (*fam: relación*) Verhältnis *nt;* **sé que tienes un ~ por ahí** ich weiß, dass du was mit jemandem hast

**liofilizar** [ljofili'θar] <z→c> *vt* gefriertrocknen

**lioso, -a** [li'oso, -a] *adj* (*difícil*) verworren; **persona liosa** Intrigant(in) *m(f)*

**lípido** ['lipiðo] *m* (BIOL) Lipid *nt*

**lipotimia** [lipo'timja] *f* (MED) Ohnmacht *f;* **le ha dado una ~** er/sie ist ohnmächtig geworden

**liquen** ['liken] *m* Flechte *f*

**liquidación** [likiða'θjon] *f* ❶ (*de una mercancía*) Ausverkauf *m;* **~ por fin de temporada** (*invierno*) Winterschlussverkauf *m;* (*verano*) Sommerschlussverkauf *m;* **~ total** Räumungsverkauf *m* ❷ (*de una empresa*) Auflösung *f* ❸ (*de una factura*) Begleichung *f;* (*cuenta*) Abrechnung *f*

**liquidador(a)** [likiða'ðor(a)] *m(f)* Konkursverwalter(in) *m(f)*

**liquidar** [liki'ðar] *vt* ❶ (*licuar*) verflüssigen ❷ (*fam: acabar*) erledigen; (*matar*) töten ❸ (*mercancía*) ausverkaufen; **~ las existencias** das Lager räumen ❹ (*cerrar*) auflösen ❺ (*factura*) begleichen

**liquidez** [liki'ðeθ] *f* ❶ (*agua*) Flüssigkeit *f* ❷ (COM) Liquidität *f*

**líquido**[1] ['likiðo] *m* ❶ (*agua*) Flüssigkeit *f;* **~ amniótico** Fruchtwasser *nt;* **~ de frenos** Bremsflüssigkeit *f* ❷ (*saldo*) Überschuss *m;* **~ imponible** zu versteuernder Betrag

**líquido, -a**[2] ['likiðo, -a] *adj* ❶ (*material, consonante*) flüssig ❷ (*dinero*) liquid; **renta líquida** Nettoerlös *m*

**lira** ['lira] *f* ❶ (*moneda*) Lira *f* ❷ (*instrumento*) Lyra *f,* Leier *f*

**lírica** ['lirika] *f* Lyrik *f*

**lírico, -a** ['liriko, -a] **I.** *adj* ❶ (LIT) lyrisch ❷ (MÚS) Opern- **II.** *m, f* Lyriker(in) *m(f)*

**lirio** ['lirjo] *m* Lilie *f;* **~ de los valles** Maiglöckchen *nt*

**lirismo** [li'rismo] *m sin pl* ❶ (LIT) Lyrik *f* ❷ (*sentimentalismo*) Schwärmerei *f*

**lirón** [li'ron] *m* Siebenschläfer *m;* **dormir como un ~** schlafen wie ein Murmeltier

**lis** [lis] *f* Lilie *f;* **flor de ~** (*blasón*) Wappenlilie *f*

**Lisboa** [lis'βoa] *f* Lissabon *nt*

**lisboeta** [lisβo'eta] **I.** *adj* aus Lissabon **II.** *mf* Lissaboner(in) *m(f)*

**lisiado, -a** [li'sjaðo, -a] **I.** *adj* verkrüppelt **II.** *m, f* Krüppel *m*

**lisiadura** [lisja'ðura] *f* (*efecto*) Verkrüppelung *f;* (*acción*) Verkrüppeln *nt*

**lisiar** [li'sjar] **I.** *vt* (*lesionar*) verletzen; (*mutilar*) verstümmeln **II.** *vr:* **~se** sich verletzen

**liso, -a** ['liso, -a] *adj* ❶ (*superficie, pelo*) glatt; **los 100 metros ~s** der 100-Meter-Lauf ❷ (*tela*) einfarbig; (*vestido*) schlicht

**lisonja** [li'soŋxa] *f* Schmeichelei *f*

**lisonjeador(a)** [lisoŋxea'ðor(a)] **I.** *adj* schmeichelnd; **no seas tan ~ con tu jefe** umschmeichele deinen Chef nicht zu viel **II.** *m(f)* Schmeichler(in) *m(f)*

**lisonjear** [lisoŋxe'ar] *vt* schmeicheln +*dat*

**lisonjero, -a** [lisoŋ'xero, -a] **I.** *adj* schmeichelnd **II.** *m, f* Schmeichler(in) *m(f)*

**lista** ['lista] *f* ❶ (*enumeración*) Liste *f;* **~ de la compra** Einkaufszettel *m;* **~ electoral** Wählerliste *f;* **~ única** Einheitsliste *f;* **estar en la ~ de espera** auf der Warteliste stehen; **pasar ~** (*leer*) die Namen aufrufen; (*controlar siempre*) eine Anwesenheitsliste führen ❷ (*tira*) Streifen *m;* (*de madera*) Leiste *f;* **a ~s** gestreift

**listado**[1] [lis'taðo] *m* Auflistung *f*

**listado, -a**[2] [lis'taðo, -a] *adj* gestreift

**listar** [lis'tar] *vt* auflisten

**listillo, -a** [lis'tiʎo, -a] *m, f* (*pey*) Klugscheißer(in) *m(f)*

**listín** [lis'tin] *m* (*de teléfonos*) Telefonbuch *nt*

**listo, -a** ['listo, -a] *adj* ❶ *ser* (*inteligente*) klug; (*sagaz*) gerissen; (*hábil*) geschickt; **pasarse de ~** zu weit gehen ❷ *estar* (*preparado*) fertig; **~ para enviar** (INFOR) sendebereit; **~ para el envío/para el tiraje** versandfertig/druckreif; **~ para despegar** startklar; **estás ~ si crees que...** (*fam*) wenn du meinst, dass ..., hast du dich geschnitten

**listón** [lis'ton] *m* (*madero*) Latte *f;* **poner el ~ muy alto** (*fig*) einen sehr hohen Maßstab anlegen

**lisura** [li'sura] *f* ❶ (*llano*) Glätte *f* ❷ (*Am: frescura*) Frechheit *f* ❸ (*fig: ingenuidad*) Naivität *f*

**litera** [li'tera] *f* (*cama*) Etagenbett *nt;* (FERRO) Liegewagenplatz *m;* (NÁUT) Schlafkoje *f*

**literal** [lite'ral] *adj* wörtlich

**literalmente** [literal'meṇte] *adv* ❶ (*al pie de la letra*) (wort)wörtlich; **traduce ~ de una lengua a otra** er übersetzt immer wörtlich ❷ (*en sentido estricto*) buchstäblich; **estoy ~ arruinado** ich bin im wahrsten Sinne des Wortes ruiniert

**literario, -a** [lite'rarjo, -a] *adj* literarisch;

**lenguaje** ~ Schriftsprache *f*

**literato**, **-a** [lite'rato, -a] *m, f* Literat(in) *m(f)*

**literatura** [litera'tura] *f* Literatur *f;* ~ **barata** Schundliteratur *f;* **¡eso es sólo hacer ~!** das ist bloß leeres Gerede!

**litigación** [litiɣa'θjon] *f* (JUR: *acción*) Rechtsstreit *m;* (*resultado*) Prozessführung *f*

**litigante** [liti'ɣaṇte] **I.** *adj* (*en un juicio*) prozessführend **II.** *mf* Prozessteilnehmer(in) *m(f)*

**litigar** [liti'ɣar] <g→gu> *vt* ❶ (*disputar, t.* JUR) streiten ❷ (*llevar a juicio*) prozessieren (*con/contra* gegen +*akk*)

**litigio** [li'tixjo] *m* ❶ (*disputa*) Streit *m;* **en caso de** ~ im Streitfall; **en** ~ strittig ❷ (*juicio*) Prozess *m*

**litografía** [litoɣra'fia] *f* ❶ (*arte, grabado*) Lithographie *f* ❷ (*procedimiento*) Steindruck *m*

**litografiar** [litoɣrafi'ar] <*1. pres:* litografío> *vt* lithographieren

**litoral** [lito'ral] **I.** *adj* Küsten- **II.** *m* (*costa*) Küste *f;* (*playa*) Strand *m*

**litosfera** [litos'fera] *f* (GEO) Lithosphäre *f*

**litri** ['litri] *adj* (*fam*) affektiert

**litro** ['litro] *m* Liter *m o nt;* **un ~ de leche** ein Liter Milch

**? Grammatik**

**litro** steht stets mit der Präposition ‚de': *He comprado un litro y medio de leche. – Ich habe anderthalb Liter Milch gekauft.*

**Lituania** [li'twanja] *f* Litauen *nt*

**lituano**, **-a** [li'twano, -a] **I.** *adj* litauisch **II.** *m, f* Litauer(in) *m(f)*

**liturgia** [li'turxja] *f* Liturgie *f*

**litúrgico**, **-a** [li'turxiko, -a] *adj* liturgisch; **ornamento** ~ Kirchenschmuck *m*

**liviandad** [liβjaṇ'da^ð] *f* ❶ (*frivolidad*) Leichtfertigkeit *f* ❷ (*lascivia*) Lüsternheit *f*

**liviano**, **-a** [li'βjano, -a] *adj* ❶ (*superficial*) leichtfertig ❷ (*lascivo*) unanständig ❸ (*ligero*) leicht; (*error*) unbedeutend

**lividecer** [liβiðe'θer] *irr como crecer vi* erbleichen

**lividez** [liβi'ðeθ] *f* Blässe *f*

**lívido**, **-a** ['liβiðo, -a] *adj* ❶ (*amoratado*) dunkelviolett; ~ **de frío** blaugefroren ❷ (*pálido*) blass

**living** ['liβiŋ] *m* <livings> Wohnzimmer *nt*

**llaga** ['ʎaɣa] *f* ❶ (*herida*) Wunde *f;* (*úlcera*) Geschwür *nt;* (*ampolla*) Blase *f* ❷ (*pena*) Schmerz *m*

**llagar** [ʎa'ɣar] <g→gu> **I.** *vt* (*herir*) verwunden; (*rozar*) wund scheuern **II.** *vr:* ~**se** ❶ (*ulcerarse*) eitern ❷ (*herirse*) sich wund reiben; ~**se (los pies)** sich *dat* Blasen (an den Füßen) laufen

**llama** ['ʎama] *f* ❶ (*fuego*) Flamme *f;* (*fig*) Feuer *nt* ❷ (ZOOL) Lama *nt*

**llamada** [ʎa'maða] *f* ❶ (*voz*) Ruf *m;* ~ **al orden** Ordnungsruf *m;* ~ **del programa** (INFOR) Programmaufruf *m* ❷ (*de teléfono*) Anruf *m;* ~ **urbana** Ortsgespräch *nt* ❸ (*gesto*) Herbeiwinken *nt* ❹ (*a la puerta*) Klopfen *nt* ❺ (*en un libro*) Hinweis *m* ❻ (MIL) Appell *m*

**llamado**, **-a** [ʎa'maðo, -a] *adj* (*conocido como*) so genannte(r, s)

**llamador** [ʎama'ðor] *m* ❶ (*picaporte*) (Tür)klopfer *m* ❷ (*timbre*) (Klingel)knopf *m*

**llamamiento** [ʎama'mjeṇto] *m* ❶ (*exhortación*) Aufruf *m;* (*soldado*) Appell *m;* **hacer un ~ a todos** an alle appellieren ❷ (MIL): ~ **a filas** Einberufung *f* zum Wehrdienst ❸ (JUR: *citación*) Vorladung *f*

**llamar** [ʎa'mar] **I.** *vt* ❶ (*voz*) rufen; (*por teléfono*) anrufen; ~ **a declarar a alguien** jdn zur Aussage vorladen; ~ **a filas** (MIL) einberufen; **le llaman al teléfono** er wird am Telefon verlangt; ~ **a capítulo a alguien** jdn zur Rechenschaft ziehen; ~ **al perro con un silbido** nach dem Hund pfeifen ❷ (*denominar*) nennen; **lo llamé idiota a la cara** ich sagte ihm ins Gesicht, dass er ein Idiot sei ❸ (*despertar*) (er)wecken; ~ **la atención** (*reprender*) ermahnen; (*ser llamativo*) auffallen; ~ **la atención sobre algo** auf etw aufmerksam machen **II.** *vi* ❶ (*a la puerta*) anklopfen; (*el timbre*) klingeln; **¿quién llama?** wer ist da? ❷ (*fam: gustar*) schmecken; **el chocolate no me llama nada** Schokolade ist nicht mein Ding **III.** *vr:* ~**se** heißen; **¿cómo te llamas?** wie heißt du?; **¡como me llamo... que lo harás!** du machst das, so wahr ich ... heiße!

**llamarada** [ʎama'raða] *f* ❶ (*llama*) Flackerfeuer *nt* ❷ (*rubor*) Röte *f*

**llamativo**, **-a** [ʎama'tiβo, -a] *adj* (*traje*) auffällig; (*color*) grell

**llamear** [ʎame'ar] *vi* lodern

**llana** ['ʎana] *f* (*herramienta*) Kelle *f*

**llanero**, **-a** [ʎa'nero, -a] *m, f* Bewohner(in) *m(f)* des Flachlandes

**llaneza** [ʎa'neθa] *f sin pl* Umgänglichkeit *f*

**llanito**, **-a** [ʎa'nito, -a] *m, f* (*fam*) Einwohner(in) *m(f)* Gibraltars

**llano**[1] ['ʎano] *m* Ebene *f*

**llano**, **-a**[2] ['ʎano, -a] *adj* ❶ (*liso*) flach; (*te-

*rreno*) eben ② (*campechano*) umgänglich ③ (LING) auf der vorletzten Silbe betont ④ (*loc*): **el pueblo** ~ das (einfache) Volk; **a la pata la llana** ohne Umstände

**llanta** ['ʎan̪ta] *f* (*rueda*) Reifen *m;* (*cerco*) Felge *f;* ~ **de aleación** Alufelge

**llantina** [ʎan̪'tina] *f* (*fam*) Geflenne *nt*

**llanto** ['ʎan̪to] *m* Weinen *nt*

**llanura** [ʎa'nura] *f* Ebene *f*

**llave** ['ʎaβe] *f* ① (*instrumento, t. fig*) Schlüssel *m;* (*reloj*) Uhrschlüssel *m;* ~ **de contacto** (AUTO) Zündschlüssel *m;* ~ **maestra** Hauptschlüssel *m;* **ama de** ~**s** Wirtschafterin *f;* ~**s en mano** schlüsselfertig; **echar la** ~ abschließen; **estar bajo** ~ unter Verschluss sein; **la** ~ **no entra** der Schlüssel passt nicht; **la** ~ **para descubrir el secreto** der Schlüssel zum Geheimnis; **meter/sacar la** ~ den Schlüssel hineinstecken/abziehen ② (MÚS) Ventil *nt* ③ (*grifo*) Hahn *m* ④ (*tuerca*) Schraubenschlüssel *m;* ~ **inglesa** Engländer *m* ⑤ (*interruptor*) Schalter *m* ⑥ (TIPO) Klammer *f* ⑦ (DEP) Griff *m*

**llavero** [ʎa'βero] *m* (*utensilio*) Schlüsselring *m*

**llegada** [ʎe'ɣaða] *f* ① (*al destino*) Ankunft *f* ② (*meta*) Ziel *nt*

**llegar** [ʎe'ɣar] <g→gu> **I.** *vi* ① (*al destino*) ankommen; (*avión*) landen; (*barco*) einlaufen; (*correo*) eingehen; ~ **a la meta** (DEP) ins Ziel kommen; **estar al** ~ jeden Augenblick (an)kommen; **¡hasta ahí podíamos** ~**!** das fehlte gerade noch!; ~ **a Madrid** in Madrid ankommen; ~ **tarde** sich verspäten ② (*recibir*): **no me ha llegado el dinero** ich habe das Geld noch nicht erhalten ③ (*durar*) halten (*a* bis +*akk*); ~ **a viejo** alt werden; ~ **a los ochenta** die achtzig erreichen; **el enfermo no** ~**á hasta la primavera** der Kranke wird das Frühjahr nicht mehr erleben ④ (*ascender*) betragen (*a* +*akk*); **la cinta no llega a tres metros** das Band ist keine drei Meter lang; **no** ~ **a veinte euros** keine zwanzig Euro kosten ⑤ (*lograr*): **ese** ~**á lejos** der wird es weit bringen; ~ **a ser muy rico** steinreich werden; **llegamos a recoger 8.000 firmas** es ist uns gelungen, 8.000 Unterschriften zu sammeln; ~ **a ministro** es zum Minister bringen; **nunca** ~**é a entenderte** ich werde dich nie verstehen ⑥ (*ser suficiente*) (aus)reichen ⑦ (*tocar*) reichen (*a/hasta* bis zu +*dat*); **el niño no llega a los productos de limpieza** das Kind kommt nicht an die Putzmittel heran; **no me llegas ni a la suela de los zapatos** du kannst mir nicht das Wasser reichen ⑧ (*loc*): **ha llegado a mis oídos que...** ich habe erfahren, dass ...; ~ **al alma** unter die Haut gehen; ~ **a la conclusión de que...** zu dem Schluss kommen, dass ...; **¡todo llega!** alles hat seine Zeit!; **¡ya** ~**á la primavera!** der Frühling wird schon kommen! **II.** *vr:* ~**se** (*ir*) gehen; ~**se por casa de alguien** bei jdm vorbeikommen

**llenar** [ʎe'nar] **I.** *vt* ① (*atestar*) füllen (*de* mit +*dat*); **es necesario** ~ **esa laguna** (*fig*) diese Lücke muss geschlossen werden; **los niños** ~**on el suelo de papeles** die Kinder ließen überall auf dem Boden Papier herumliegen; ~**se los bolsillos de caramelos** sich *dat* die Taschen mit Bonbons voll stopfen ② (*comida*) sättigen ③ (*cumplimentar*) ausfüllen ④ (*colmar*) erfüllen (*de* mit +*dat*); (*satisfacer*) ausfüllen ⑤ (*agradecer*) gefallen +*dat* **II.** *vr:* ~**se** (*fam*) ① (*comida*) sich voll stopfen (*de* mit +*dat*) ② (*irritarse*) genug haben (*de* von +*dat*)

**lleno**[1] ['ʎeno] *m:* **ese día en el teatro se logró el** ~ an diesem Tag war das Theater ausverkauft

**lleno, -a**[2] ['ʎeno, -a] *adj* (*recipiente*) voll; **luna llena** Vollmond *m;* ~ **de** voller +*gen/dat,* voll mit +*dat;* **a la planta le da el sol de** ~ die Pflanze steht in der prallen Sonne; **el autobús iba** ~ der Bus war voll; **estoy** ~ (*fam*) ich bin satt

**llevadero, -a** [ʎeβa'ðero, -a] *adj* erträglich

**llevar** [ʎe'βar] **I.** *vt* ① (*a un destino, acompañar*) bringen; (*transportar*) befördern; (*en brazos*) tragen; (*viento*) wehen; ~ **a alguien en el coche** jdn (im Auto) mitnehmen; ~ **algo a alguien** jdm etw bringen ② (*exigir, cobrar*) verlangen; (*costar*) kosten; **este trabajo lleva mucho tiempo** diese Arbeit ist sehr zeitaufwändig ③ (*tener*): ~ **consigo** dabeihaben ④ (*conducir*) führen; ~ **de la mano** an der Hand führen; **esto no lleva a ninguna parte** das führt zu nichts ⑤ (*ropa*) tragen ⑥ (*coche*) fahren ⑦ (*finca*) pachten ⑧ (*estar*) sein; ~ **estudiando tres años** seit drei Jahren studieren; **llevo cuatro días aquí** ich bin seit vier Tagen hier ⑨ (*gestionar*) führen; ~ **las cuentas** die Buchhaltung machen ⑩ (*inducir*) bringen (*a* zu +*dat*), dazu bringen (*a* zu +*inf*); ~ **a pensar que...** vermuten lassen, dass ... ⑪ (*exceder*) übertreffen; **te llevo dos años** ich bin zwei Jahre älter als du; **me llevas dos centímetros** du bist zwei Zentimeter größer als ich ⑫ (*loc*): ~ **a cabo** durchführen; ~ **consigo** [*o* **aparejado**] mit sich bringen; ~ **el compás** den

Takt schlagen; ~ **idea de hacer algo** vorhaben etw zu tun; ~ **la voz cantante** das Sagen haben; **a él le gusta** ~ **la contraria** er widerspricht immer; **dejarse** ~ **por la ira** in Wut geraten; **llevaba trazas de no acabar nunca** es schien kein Ende zu nehmen; ~ **la corriente a alguien** jdm immer Recht geben; ~ **camino de hacer algo** auf dem (besten) Weg sein etw zu tun; **no te dejes** ~ **por él** hör nicht auf ihn; **tú llevas las de perder** du wirst den Kürzeren ziehen; **... y me llevo cuatro** (MAT) ... und behalte vier **II.** *vr:* ~**se** ① (*coger*) mitnehmen; **la riada se llevó** (**por delante**) **el puente** der Sturzbach riss die Brücke mit sich *dat;* ~**se un susto** einen Schrecken bekommen; ~**se dos años** zwei Jahre auseinander sein; ~**se la palma** den Vogel abschießen ② (*ganar*) gewinnen; ~**se la mayor/peor parte** den Löwenanteil bekommen/den Kürzeren ziehen ③ (*estar de moda*) in sein ④ (*soportarse*) auskommen; **mi jefe y yo nos llevamos bien/mal** ich komme mit meinem Chef gut/schlecht aus

**llorar** [ʎo'rar] **I.** *vi* ① (*lágrimas*) weinen; **desahogarse llorando** sich ausweinen; **la película te hacía** ~ der Film rührte dich zu Tränen; **me lloran los ojos** mir tränen die Augen; ~ **de alegría** vor Freude weinen; ~ **como una Magdalena** (*fam*) heulen wie ein Schlosshund; **quien no llora no mama** (*fam*) wer nicht schreit, geht leer aus ② (*vid, árbol*) bluten **II.** *vt* ① (*lágrimas*) weinen (*por* um +*akk*); (*fig*) trauern (*por/a* um +*akk*); ~ **la muerte de alguien** jdn beweinen ② (*quejarse*) beklagen ③ (*lamentar*) bereuen

**llorera** [ʎo'rera] *f* (*fam*) Geheule *nt*

**llorica** [ʎo'rika] *mf* (*fam*) Heulpeter *m,* Heulsuse *f*

**lloriquear** [ʎorike'ar] *vi* wimmern

**lloriqueo** [ʎori'keo] *m* Gewimmer *nt*

**lloro(s)** ['ʎoro(s)] *m(pl)* Weinen *nt;* **con estos** ~**s no conseguirás nada** mit diesen Tränen erreichst du nichts

**llorón, -ona** [ʎo'ron, -ona] **I.** *adj* weinerlich; **sauce** ~ Trauerweide *f* **II.** *m, f* Heulpeter *m fam,* Heulsuse *f fam*

**lloroso, -a** [ʎo'roso, -a] *adj* verweint

**llovedizo, -a** [ʎoβe'ðiθo, -a] *adj* (*techo*) undicht; **agua llovediza** Regenwasser *nt*

**llover** [ʎo'βer] <o→ue> *vi, vt, vimpers* regnen; **está lloviendo** es regnet; **llueve a mares** [*o* **a cántaros**] es regnet in Strömen; ~ **sobre mojado** Schlag auf Schlag kommen; **como llovido del cielo** wie aus heiterem Himmel; **llueven las malas noticias** es hagelt schlechte Nachrichten; **me escucha como quien oye** ~ (*fam*) es interessiert ihn/sie nicht die Bohne, was ich erzähle; **ya ha llovido mucho desde aquella** (*fig*) seitdem ist schon viel Wasser den Rhein hinabgeflossen

**llovizna** [ʎo'βiθna] *f* Nieselregen *m*

**lloviznar** [ʎoβiθ'nar] *vimpers:* **está lloviznando** es nieselt

**lluvia** ['ʎuβja] *f* ① (*chubasco*) Regen *m;* ~ **de estrellas** Sternschnuppenschwarm *m;* **época de las** ~**s** Regenzeit *f* ② (*cantidad*) Unmenge *f* ③ (*Am: ducha*) Dusche *f*

**lluvioso, -a** [ʎu'βjoso, -a] *adj* regnerisch; **tiempo** ~ Regenwetter *nt*

**lo** [lo] **I.** *art det v.* **el, la, lo II.** *pron pers m y nt sg* ① (*objeto: masculino*) ihn; (*neutro*) es; **¡lláma~!** ruf ihn!; **¡haz~!** tu es! ② (*con relativo*): ~ **que...** (das,) was ...; ~ **cual** was; ~ **que quiero decir es que...** was ich sagen will ist, dass ...

**loa** ['loa] *f* (*alabanza*) Lob *nt*

**loable** [lo'aβle] *adj* löblich

**loar** [lo'ar] *vt* loben

**lob** [lo$^β$] *m* (DEP) Lob *m*

**lobato** [lo'βato] *m* ① (*lobo*) junger Wolf *m* ② (*cachorro*) Welpe *m*

**lobby** ['loβi] *m* (POL) Lobby *f*

**lobera** [lo'βera] *f* (ZOOL) ① (*guarida*) Wolfshöhle *f* ② (*monte*) Wolfsversteck *nt*

**lobezno** [lo'βeθno] *m* junger Wolf *m*

**lobo, -a** ['loβo, -a] *m, f* Wolf *m,* Wölfin *f;* ~ **cerval** Luchs *m;* ~ **de mar** (*fam fig*) alter Seebär; ~ **marino** Seehund *m;* **en esa ocasión le vimos las orejas al** ~ wir sind gerade noch einmal davongekommen; **meterse en la boca del** ~ sich in die Höhle des Löwen begeben; **ser un** ~ **con piel de oveja** ein Wolf im Schafspelz sein; **tener un hambre de** ~**s** einen Bärenhunger haben

**lóbrego, -a** ['loβreɣo, -a] *adj* finster

**lobreguez** [loβre'ɣeθ] *f* Dunkelheit *f*

**lobulado, -a** [loβu'laβo, -a] *adj* (*hoja*) gelappt

**lóbulo** ['loβulo] *m* (ANAT) Flügel *m;* ~ **de la oreja** Ohrläppchen *nt*

**local** [lo'kal] **I.** *adj* örtlich; **periódico** ~ Lokalblatt *nt* **II.** *m* Raum *m;* (COM) Geschäftsraum *m;* ~ **público** Lokal *nt*

**localidad** [lokali'ða$^ð$] *f* ① (*municipio*) Ort *m* ② (*entrada*) Eintrittskarte *f;* (*asiento*) Sitz(platz) *m*

**localismo** [loka'lismo] *m* (*pey: chovinismo*) Lokalpatriotismus *m*

**localista** [loka'lista] *adj* (*pey*) lokalpatriotisch; **escritor** ~ Heimatschriftsteller *m*

**localización** [lokaliθa'θjon] *f* ① (*búsqueda*)

Aufspüren *nt;* (AERO) Ortung *f* ❷ (*posición*) Standort *m*

**localizador** [lokaliθa'ðor] *m* (INFOR) URL *m*

**localizar** [lokali'θar] <z→c> *vt* ❶ (*limitar*) eingrenzen; (AERO) orten; (*fuego, epidemia*) eindämmen ❷ (*encontrar*) finden; ~ **por teléfono** telefonisch erreichen

**loción** [lo'θjon] *f* ❶ (*líquido*) Flüssigkeit *f;* ~ **capilar** Haarwasser *nt;* ~ **tónica** Gesichtswasser *nt* ❷ (*crema*) Lotion *f;* ~ **bronceadora** Sonnenmilch *f;* ~ **hidratante** Feuchtigkeitslotion *f* ❸ (*fricción*) Einreibung *f*

**loco**, **-a** ['loko, -a] **I.** *adj* ❶ (*chalado*) verrückt; **a lo ~, a tontas y a locas** ohne Sinn und Verstand; **estar ~ de atar** völlig verrückt sein; **estar ~ por la música** Musik lieben; **estar ~ con la bicicleta** furchtbar gern Rad fahren; **estar ~ de contento** sich freuen wie verrückt; **estar medio ~** nicht alle Tassen im Schrank haben *fam* ❷ (*maravilloso*) toll; **tener una suerte loca** unwahrscheinliches Glück haben **II.** *m, f* Verrückte(r) *mf;* **casa de ~s** (*t. fig*) Tollhaus *nt;* **cada ~ con su tema** jedem Tierchen sein Pläsierchen; **hacerse el ~** nicht reagieren; **hacer el ~** herumspinnen; **tener una vena de ~** nicht recht bei Trost sein

**locomoción** [lokomo'θjon] *f* Fortbewegung *f*

**locomotor(a)** [lokomo'tor(a)] *adj* Bewegungs-

**locomotora** [lokomo'tora] *f* Lokomotive *f*

**locomotriz** [lokomo'triθ] *adj* treibend

**locuacidad** [lokwaθi'ðaᵈ] *f* Gesprächigkeit *f;* (*charlatanería*) Geschwätzigkeit *f*

**locuaz** [lo'kwaθ] *adj* gesprächig; (*charlatán*) geschwätzig

**locución** [loku'θjon] *f* (*expresión*) Wendung *f;* ~ **prepositiva** Präpositionalergänzung *f*

**locura** [lo'kura] *f* ❶ (*enajenación mental*) Wahn(sinn) *m;* ~ **bovina** Rinderwahnsinn *m;* **querer con ~** wahnsinnig lieben; **una casa de ~** eine Traumwohnung ❷ (*disparate*) Verrücktheit *f;* **andar haciendo ~s** Unfug treiben

**locutor(a)** [loku'tor(a)] *m(f)* Sprecher(in) *m(f)*

**locutorio** [loku'torjo] *m* ❶ (*claustro*) Sprechzimmer *nt* ❷ (TEL) Telefonzelle *f*

**lodazal** [loða'θal] *m* Morast *m*

**lodo** ['loðo] *m* Schlamm *m*

**logaritmo** [loɣa'riᵈmo] *m* (MAT) Logarithmus *m;* **tabla de ~s** Logarithmentafel *f*

**logia** ['loxja] *f* ❶ (ARQUIT) Loggia *f* ❷ (*reunión*) Loge *f*

**lógica** ['loxika] *f* Logik *f*

**lógico**, **-a** ['loxiko, -a] *adj* logisch; (*normal*) natürlich

**logística** [lo'xistika] *f* Logistik *f*

**logístico**, **-a** [lo'xistiko, -a] *adj* logistisch

**logo** ['loɣo] *m* Logo *nt*

**logopeda** [loɣo'peða] *mf* Logopäde, -in *m, f*

**logopedia** [loɣo'peðja] *f* Logopädie *f*

**logotipo** [loɣo'tipo] *m* (*distintivo*) Emblem *nt;* (*de una empresa*) Firmenzeichen *nt;* (*para un producto*) Warenzeichen *nt*

**logrado**, **-a** [lo'ɣraðo, -a] *adj* gelungen; **te ha quedado muy ~ el cuadro** das Bild ist dir sehr gut gelungen

**lograr** [lo'ɣrar] **I.** *vt* erreichen; (*premio*) gewinnen; **logré convencerla** ich schaffte es, sie zu überzeugen **II.** *vr:* **~se** gelingen

**logrero**, **-a** [lo'ɣrero, -a] *m, f* Wucherer, -in *m, f*

**logro** ['loɣro] *m* Erfolg *m*

**logroñés**, **-esa** [loɣro'ɲes, -esa] **I.** *adj* aus Logroño **II.** *m, f* Einwohner(in) *m(f)* von Logroño

**loma** ['loma] *f* Hügel *m*

**lombriz** [lom'briθ] *f* Wurm *m;* ~ **intestinal** Spulwurm *m;* ~ **de tierra** Regenwurm *m*

**lomo** ['lomo] *m* ❶ (*espalda*) Rücken *m;* **agachar el ~** (*fam fig*) malochen; **sobarle el ~ a alguien** (*fam fig*) jdm um den Bart gehen ❷ (*solomillo*) Lende *f* ❸ (*de libro*) Buchrücken *m* ❹ (*de cuchillo*) Rücken *m* ❺ (*loc, fam*): **ser un mentiroso de tomo y ~** es faustdick hinter den Ohren haben

**lona** ['lona] *f* Plane *f*

**loncha** ['lonʧa] *f* Scheibe *f*

**londinense** [lon̪di'nense] **I.** *adj* aus London **II.** *mf* Londoner(in) *m(f)*

**Londres** ['lon̪dres] *m* London *nt*

**longanimidad** [loŋganimi'ðaᵈ] *f sin pl* Geduld *f*

**longánimo**, **-a** [loŋ'ganimo, -a] *adj* geduldig

**longaniza** [loŋga'niθa] *f* Bratwurst *f* (*aus Hackfleisch*)

**longevidad** [loŋxeβi'ðaᵈ] *f sin pl* (*duración*) Lebensdauer *f;* (*larga*) Langlebigkeit *f;* (*edad*) hohes Alter *nt*

**longevo**, **-a** [loŋ'xeβo, -a] *adj* (*que dura*) langlebig; (*viejo*) sehr alt

**longitud** [loŋxi'tuᵈ] *f* Länge *f;* **salto de ~** Weitsprung *m;* **cuatro metros de ~** vier Meter lang; **cincuenta grados ~ este/oeste** fünfzig Grad östlicher/westlicher Länge; **estar en la misma ~ de onda** (*fig*) auf der gleichen Wellenlänge liegen

**longitudinal** [loŋxituði'nal] *adj:* **corte ~** Längsschnitt *m*

**longitudinalmente** [loŋxituðinal'men̪te]

*adv* der Länge nach

**longui(s)** ['loŋgi(s)] *mf inv:* **hacerse el ~** (*fam*) sich taub stellen

**lonja** ['loŋxa] *f* ❶ (COM) Warenbörse *f* ❷ (*loncha*) Scheibe *f*

**lontananza** [lon̪ta'nan̪θa] *f sin pl* (ARTE) Ferne *f;* **se ve un barco en ~** man sieht ein Schiff in der Ferne

**looping** ['lupiŋ] *m* <loopings> (AERO) Looping *m o nt*

**loor** [lo'or] *m* (*elev*) Lob *nt;* **en ~ de la Virgen María** zu Ehren der Jungfrau Maria

**loquear** [loke'ar] *vi* (*fam*) spinnen

**loquero** [lo'kero] *m* (*fam*) Irrenaufseher *m*

**lordosis** [lor'ðosis] *f inv* (MED) Lordose *f*

**Lorena** [lo'rena] *f* Lothringen *nt;* **Alsacia y ~** Elsaß-Lothringen *nt*

**loro** ['loro] *m* ❶ (ZOOL) Papagei *m;* **repetir como un ~** alles nachplappern ❷ (*fam pey: mujer*) hässliche Frau *f*

**los** [los] **I.** *art det v.* **el, la, lo II.** *pron pers m y nt pl* ❶ (*objeto directo*) sie; **¡lláma~!** ruf sie! ❷ (*con relativo*): **~ que...** die(jenigen), die ...; **~ cuales** die

**losa** ['losa] *f* (*piedra*) (Stein)platte *f;* (*lápida*) Grabstein *m;* (*baldosa*) Fliese *f*

**loseta** [lo'seta] *f dim de* **losa**

**lote** ['lote] *m* ❶ (*parte*) Teil *m;* (COM) Posten *m* ❷ (*argot*): **darse el ~** knutschen

**lotería** [lote'ria] *f* Lotterie *f;* **~ primitiva** Lotto *nt;* **administración de ~** Lottoannahmestelle *f;* **a Juan le tocó la ~** Juan hat in der Lotterie gewonnen; **un décimo de la ~** ein (Lotterie)los; **¡con ese hijo te tocó la ~!** mit diesem Sohn hast du richtig Glück gehabt!; **jugar a la ~** in der Lotterie spielen; (*primitiva*) Lotto spielen

**i Land & Leute**

Die **lotería primitiva** ist dem deutschen Glückspiel Lotto sehr ähnlich: aus 49 Nummern muss man sechs ankreuzen, ab drei richtigen Nummern werden Gewinne ausgeschüttet. Bei sechs Richtigen gewinnt man Geldbeträge in Millionenhöhe. Eine Variante der **lotería primitiva** ist die *bonoloto.*

**lotero, -a** [lo'tero, -a] *m, f* Lotterielosverkäufer(in) *m(f)*

**loto**[1] ['loto] *m* ❶ (*planta*) Lotus *m* ❷ (*flor*) Lotusblüte *f*

**loto**[2] ['loto] *f* (*fam*) Lotto *nt*

**Lovaina** [lo'βai̯na] *f* Leuven *nt*

**loza** ['loθa] *f* Steingut *nt;* (*vajilla*) Steingutgeschirr *nt*

**lozanía** [loθa'nia] *f sin pl* ❶ (*vegetación*) Üppigkeit *f* ❷ (*persona: robustez*) Kraft *f;* (*salud*) Gesundheit *f*

**lozano, -a** [lo'θano, -a] *adj* ❶ (*planta*) üppig ❷ (*persona: robusta*) kraftvoll; (*saludable*) gesund

**LSD** [ele(e)se'ðe] *m* (QUÍM) *abr de* **Lysergsäurediäthylamid** LSD *nt*

**lubina** [lu'βina] *f* Seebarsch *m*

**lubricación** [luβrika'θjon] *f v.* **lubrificación**

**lubricante** [luβri'kan̪te] *adj v.* **lubrificante**

**lubricar** [luβri'kar] <c→qu> *vt* (ein)schmieren

**lúbrico, -a** ['luβriko, -a] *adj* (*obsceno*) schlüpfrig

**lubrificación** [luβrifika'θjon] *f* ❶ (*acción*) (Ein)schmieren *nt* ❷ (*efecto*) Schmiere *f*

**lubrificante** [luβrifi'kan̪te] *adj* (Ein)schmier-; **aceite ~** Schmieröl *nt*

**lubrificar** [luβrifi'kar] <c→qu> *vt* (ein)schmieren

**Lucayas** [lu'kaɟas] *fpl:* **islas ~** Bahamas *pl*

**lucense** [lu'θense] **I.** *adj* aus Lugo **II.** *mf* Einwohner(in) *m(f)* von Lugo

**Lucerna** [lu'θerna] *f* Luzern *nt*

**lucernario** [luθer'narjo] *m* Dachfenster *nt*

**lucero** [lu'θero] *m* ❶ (*estrella*) Stern *m* ❷ (*mancha*) Blesse *f*

**lucha** ['lutʃa] *f* Kampf *m* (*por* um +*akk*); (DEP) Ringkampf *m;* **~ cuerpo a cuerpo** Kampf Mann gegen Mann; **~ contra la droga** Drogenbekämpfung *f*

**luchador(a)** [lutʃa'ðor(a)] *m(f)* Kämpfer(in) *m(f);* (DEP) Ringer(in) *m(f)*

**luchar** [lu'tʃar] *vi* kämpfen (*por* um +*akk*), ringen (*por* um +*akk*)

**lucidez** [luθi'ðeθ] *f sin pl* ❶ (*estado*) Klarheit *f* ❷ (*clarividencia*) Hellsichtigkeit *f;* (*sagacidad*) Scharfsinn *m;* **antes de morir tuvo todavía un momento de ~** bevor er/sie starb, hatte er/sie noch einen hellen Augenblick

**lucido, -a** [lu'θiðo, -a] *adj* (*brillante*) fantastisch; (*escogida*) auserlesen

**lúcido, -a** ['luθiðo, -a] *adj* ❶ (*clarividente*) hell(sichtig); (*sagaz*) scharfsinnig ❷ (*sobrio*) klar

**luciérnaga** [lu'θjernaɣa] *f* Glühwürmchen *nt*

**Lucifer** [luθi'fer] *m* (REL) Luzifer *m*

**lucimiento** [luθi'mjen̪to] *m:* **una ópera de gran ~** eine glanzvolle Opernaufführung

**lucio** ['luθjo] *m* (ZOOL) Hecht *m*

**lucir** [lu'θir] *irr* **I.** *vi* ❶ (*brillar*) leuchten; (*sol*) scheinen; **esa lámpara luce muy poco** diese Lampe gibt sehr wenig Licht

❷ (*compensar*) sich auszahlen; (*verse*) zur Geltung kommen; **el vestido no le luce** das Kleid sieht an ihr nicht gut aus; **es un trabajo pesado y que no luce** die Mühe zahlt sich nicht aus; **ese collar luce mucho con el vestido rojo** diese Kette kommt mit dem roten Kleid gut zur Geltung; **este jersey hecho a mano no luce** man sieht nicht, wie viel Mühe in diesem selbst gestrickten Pullover steckt; **me he pasado la mañana recogiendo, pero no me luce** ich habe den ganzen Morgen aufgeräumt, aber man sieht nicht viel davon; **no te luce el dinero que tienes** man sieht dir nicht an, dass du viel Geld hast **II.** *vt* (*exhibir*) zur Schau stellen **III.** *vr:* **~se** ❶ (*exhibirse*) sich zeigen ❷ (*destacarse*) sich auszeichnen; **¡ahora sí que nos hemos lucido!** (*irón*) jetzt haben wir uns aber schön blamiert!

**lucrarse** [lu'krarse] *vr* profitieren

**lucrativo**, **-a** [lukra'tiβo, -a] *adj* einträglich; **no ~** unentgeltlich; **sin fines ~s** gemeinnützig

**lucro** ['lukro] *m* Gewinn *m;* **ánimo de ~** Gewinnstreben *nt;* **sin ánimo de ~** gemeinnützig

**luctuoso**, **-a** [luktu'oso, -a] *adj* traurig

**ludibrio** [lu'ðiβrjo] *m* Spott *m;* **hacer ~ de alguien** jdn verspotten

**lúdico**, **-a** ['luðiko, -a] *adj* ❶ (*relativo al juego*) Spiel- ❷ (*no serio*) spielerisch; **el aspecto ~ de la vida** die angenehmen Seiten des Lebens

**ludopatía** [luðopa'tia] *f* (MED) Spielsucht *f*

**ludoteca** [luðo'teka] *f* Spielraum *m*

**luego** ['lweɣo] **I.** *adv* ❶ (*después*) später; **¡hasta ~!** tschüs! ❷ (*entonces*) dann ❸ (*por supuesto*): **desde ~** selbstverständlich **II.** *conj* ❶ (*así que*) also ❷ (*después de*): **~ que** nachdem

**lugar** [lu'ɣar] *m* ❶ (*sitio, localidad*) Ort *m;* (*situación*) Platz *m;* **~ de autos** Tatort *m;* **~ de nacimiento** Geburtsort *m;* **en algún ~ de la casa** irgendwo im Haus; **hacerse una composición de ~** das Für und Wider abwägen; **la observación está fuera de ~** die Bemerkung ist fehl am Platz; **yo en ~ de Ud....** ich an Ihrer Stelle ... ❷ (*localidad*) Ortschaft *f* ❸ (*motivo*): **no des ~ a que te reprendan** gib ihnen keinen Anlass dich zu tadeln; **dar ~ a un escándalo** einen Skandal verursachen ❹ (*loc*): **tener ~** stattfinden; **en primer/segundo ~** erstens/zweitens; **en ~ de** (an)statt

**lugareño**, **-a** [luɣa'reɲo, -a] **I.** *adj* dörflich **II.** *m, f* Dorfbewohner(in) *m(f)*

**lugarteniente** [luɣarte'njen̪te] *m* Stellvertreter *m*

**lúgubre** ['luɣuβre] *adj* (*sombrío*) düster

**lugués**, **-esa** [lu'ɣes, -esa] **I.** *adj* aus Lugo **II.** *m, f* Bewohner(in) *m(f)* von Lugo

**lujo** ['luxo] *m* Luxus *m;* **permitirse el ~ de...** sich *dat* den Luxus leisten, zu ...; **con gran ~ de detalles** sehr ausführlich

**lujoso**, **-a** [lu'xoso, -a] *adj* luxuriös

**lujuria** [lu'xurja] *f* Lüsternheit *f*

**lujuriar** [luxu'rjar] *vi* ❶ (REL) sich der Wollust hingeben ❷ (*animales*) sich paaren

**lujurioso**, **-a** [luxu'rjoso, -a] **I.** *adj* lüstern **II.** *m, f* Lüstling *m,* lüsterne Frau *f*

**lumbago** [lum'baɣo] *m* Hexenschuss *m*

**lumbalgia** [lum'balxja] *f* (MED) Lendenschmerz *m*

**lumbar** [lum'bar] *adj* Lenden-

**lumbre** ['lumbre] *f sin pl* (*llamas*) Feuer *nt;* (*brasa*) Glut *f;* **sentados al amor de la ~** in der Nähe des Kamins sitzend; **poner a la ~** auf das Feuer stellen

**lumbrera** [lum'brera] *f* ❶ (*claraboya*) Dachluke *f* ❷ (*talento*) Genie *nt*

**luminarias** [lumi'narjas] *fpl* (*para fiestas*) (Fest)beleuchtung *f*

**luminiscencia** [luminis'θen̪θja] *f* Lumineszenz *f*

**luminosidad** [luminosi'ðaᵈ] *f* Leuchten *nt;* (*astro, día*) Helligkeit *f*

**luminoso**, **-a** [lumi'noso, -a] *adj* ❶ (*brillante*) leuchtend; (*día*) hell; **anuncio ~** Leuchtreklame *f;* **potencia luminosa** Lichtstärke *f* ❷ (*excelente*) blendend

**luminotecnia** [lumino'teɣnja] *f* Beleuchtungstechnik *f*

**luna** ['luna] *f* ❶ (ASTR) Mond *m;* (*luz*) Mondlicht *nt;* **~ creciente/menguante** zunehmender/abnehmender Mond; **~ llena/nueva** Voll-/Neumond *m;* **~ de miel** Flitterwochen *fpl;* **media ~** Halbmond *m;* **a la luz de la ~** im Mondschein; **estar en la ~** in den Wolken schweben; **pedir la ~** nach den Sternen greifen; **quedarse a la ~ de Valencia** das Nachsehen haben; **tener ~s** (*fig*) launisch sein ❷ (*cristal*) Glas *nt;* (*espejo*) Spiegelglas *nt;* **armario de ~** Spiegelschrank *m;* **~s del coche** Autofenster *ntpl*

**lunar** [lu'nar] **I.** *adj* Mond- **II.** *m* ❶ (*en la piel*) Muttermal *nt* ❷ (*en una tela*) Tupfen *m* ❸ (*mancha*) Fleck *m*

**lunático**, **-a** [lu'natiko, -a] *adj* launisch

**lunes** ['lunes] *m inv* Montag *m;* **~ de carnaval** Rosenmontag *m;* **~ de Pascua** Ostermontag *m;* **el ~** am Montag; **el ~ pasado** letzten Montag; **el ~ que viene** nächsten Montag; **el ~ por la noche/al medio-**

**día/por la mañana/por la tarde** Montagabend/-mittag/-morgen/-nachmittag *m;* **los ~ por la noche/al mediodía/por la mañana/por la tarde** montagabends/-mittags/-morgens/-nachmittags; (**todos**) **los ~** jeden Montag, montags; **en la noche del ~ al martes** in der Nacht von Montag auf Dienstag; **el ~ entero** den ganzen Montag (über); **cada dos ~** (**del mes**) jeden zweiten Montag (im Monat); **hoy es ~, once de marzo** heute ist Montag, der elfte März; **pasar de ir al trabajo el ~** einen blauen Montag machen

**luneta** [lu'neta] *f* ❶ (*adorno*) Halbmond *m* ❷ (*anteojo*) Glas *nt*

**lupa** ['lupa] *f* Lupe *f*

**lupanar** [lupa'nar] *m* Bordell *nt*

**lúpulo** ['lupulo] *m* Hopfen *m*

**luso, -a** ['luso, -a] **I.** *adj* portugiesisch **II.** *m, f* Portugiese, -in *m, f*

**lustrabotas** [lustra'βotas] *mf inv* (*Am*) Schuhputzer(in) *m(f)*

**lustrar** [lus'trar] *vt* polieren; (*zapatos*) putzen

**lustre** ['lustre] *m* ❶ (*brillo*) Glanz *m;* **sacar ~ a los zapatos/a los muebles** die Schuhe blank putzen/die Möbel polieren; **tener ~** (*fig*) gut aussehen ❷ (*Am: betún*) Schuhcreme *f*

**lustro** ['lustro] *m* Jahrfünft *nt;* **en el último ~** in den letzten fünf Jahren

**lustroso, -a** [lus'troso, -a] *adj* glänzend; **estar ~** (*fig*) gut aussehen

**luteranismo** [lutera'nismo] *m* (REL) Luthertum *nt*

**luterano, -a** [lute'rano, -a] **I.** *adj* (REL) luther(an)isch **II.** *m, f* (REL) Lutheraner(in) *m(f)*

**luto** ['luto] *m* Trauer *f;* (*vestido*) Trauerkleid *nt;* **ir de ~** Trauer tragen; **estar de ~ por alguien** um jdn trauern; **declarar día de ~ nacional** zum Staatstrauertag erklären

**luxación** [luᵞsa'θjon] *f* Verrenkung *f*

**Luxemburgo** [luᵞsem'burɣo] *m* Luxemburg *nt*

**luxemburgués, -esa** [luᵞsembur'ɣes, -esa] **I.** *adj* luxemburgisch **II.** *m, f* Luxemburger(in) *m(f)*

**luz** [luθ] *f* ❶ (*resplandor*) Licht *nt;* **~ corta** Abblendlicht *nt;* **~ larga** Fernlicht *nt;* **~ natural** Tageslicht *nt;* **traje de luces** Torerokostüm *nt;* **a la ~ del día** bei Tageslicht; **a media ~** im Zwielicht; **claro como la ~ del día** glasklar; **dar a ~** entbinden; (+ *objeto*) zur Welt bringen; **¡~ de mis ojos!** mein Schatz!; **salir a la ~** (*fig*) ans Licht kommen; **arrojar ~ sobre un asesinato** Licht in einen Mordfall bringen; **a la ~ de los nuevos datos...** nach den neuen Erkenntnissen ... ❷ (*energía*) Strom *m;* **¡da la ~!** mach das Licht an! ❸ (*fuente de luz*) Lichtquelle *f;* (*lámpara*) Lampe *f;* **encender/apagar la ~** das Licht an-/ausmachen ❹ (ARQUIT) Fenster *nt* ❺ *pl* (*inteligencia*) Verstand *m;* **el Siglo de las Luces** die Aufklärung; **ser de pocas luces** nicht bis drei zählen können; **tener pocas luces** beschränkt sein; **a todas luces** zweifellos

# M m

**M, m** ['eme] *f* M, m *nt;* **~ de Madrid** M wie Martha

**Mª** [ma'ria] *abr de* **María** María

**maca** ['maka] *f* (*daño*) (kleiner) Fehler *m;* (*en un mueble*) Schramme *f;* (*fruta*) Druckstelle *f;* (*del carácter*) Makel *m*

**macabro, -a** [ma'kaβro, -a] *adj* makaber

**macaco, -a** [ma'kako, -a] **I.** *adj* (*Cuba, Chil: feo*) hässlich **II.** *m, f* ❶ (ZOOL) Makak *m,* Makakenweibchen *nt;* (*masculino y femenino*) Meerkatze *f* ❷ (*Am: pey*) Brasilianer(in) *m(f)*

**macana** [ma'kana] *f* ❶ (*Am: tontería*) Unsinn *m* ❷ (*mentira*) Lüge *f* ❸ (ECON) Ladenhüter *m* ❹ (*Am: porra*) Knüppel *m*

**macanear** [makane'ar] **I.** *vi* (*CSur: disparatar*) Unsinn reden; (*hacer tonterías*) Unsinn machen; (*mentir*) schwindeln **II.** *vt* (*fam: chapucear*) verpfuschen

**macanudo, -a** [maka'nuðo, -a] *adj* (*Am: fam*) toll

**macarra** [ma'karra] *m* (*fam*) ❶ (*chorizo*) Gauner *m* ❷ (*chulo*) Zuhälter *m*

**macarrón** [maka'rron] *m* ❶ *pl* (*pasta*) Makkaroni *pl* ❷ (*bollo*) Makrone *f*

**macedonia** [maθe'ðonja] *f:* **~** (**de frutas**) Obstsalat *m*

**Macedonia** [maθe'ðonja] *f* Makedonien *nt*

**macedonio, -a** [maθe'ðonjo, -a] **I.** *adj* makedonisch **II.** *m, f* Einwohner(in) *m(f)* Makedoniens

**maceración** [maθera'θjon] *f* ❶ (GASTR) Einlegen *nt;* **dejar la carne en ~ durante unas horas** das Fleisch einige Stunden lang einlegen ❷ (QUÍM) Mazeration *f* ❸ (*mortificación*) (Selbst)kasteiung *f*

**macerar** [maθe'rar] **I.** *vt* ❶ (*con golpes*) weich klopfen ❷ (*con un líquido*) aufweichen; (*en un líquido*) einweichen; (GASTR)

M

einlegen ❸ (*mortificar*) kasteien **II.** *vr:* **~se** sich kasteien

**maceta** [ma'θeta] *f* ❶ (*tiesto*) Blumentopf *m* ❷ (*Chil: ramo*) Blumenstrauß *m* ❸ (*martillo*) Fäustel *m*

**macetero** [maθe'tero] *m* Blumenständer *m;* (*Am*) Blumenkasten *m*

**machacar** [matʃa'kar] <c→qu> **I.** *vt* ❶ (*triturar*) zerstampfen ❷ (*insistir*) herumreiten (auf +*dat*) *fam* ❸ (*fam: estudiar*) durchackern ❹ (*fam: destruir*) kleinkriegen **II.** *vr:* **~se** (*argot*) sich abrackern; **machacársela** (*vulg*) sich *dat* einen runterholen

**machacón, -ona** [matʃa'kon, -ona] *adj* (*pey*) lästig; **¡no seas ~!** (*no insistas*) hör auf, ständig darauf rumzureiten!

**machaconería** [matʃakone'ria] *f* (*pey*) Beharrlichkeit *f*

**machamartillo** [matʃamar'tiʎo]: **a ~** (*ser*) durch und durch; (*creer*) fest; (*repetir*) ununterbrochen

**machetazo** [matʃe'taθo] *m* ❶ (*golpe*) (Säbel)hieb *m;* **recibir un ~** einen Schlag mit dem Säbel bekommen ❷ *aum de* **machete**

**machete** [ma'tʃete] *m* ❶ (*arma*) Säbel *m* ❷ (*cuchillo*) Machete *f* ❸ (*Arg: fam: chuleta*) Spickzettel *m*

**machetear** [matʃete'ar] **I.** *vt, vi* (*Arg: fam: copiar*) spicken **II.** *vr:* **~se** (*Méx: trabajar*) hart arbeiten; (*fam: empollar*) büffeln

**machihembrar** [matʃiem'brar] *vt* ❶ (TÉC: *caja y espiga*) (ver)spunden ❷ (*ranura y lengüeta*) einfalzen

**machismo** [ma'tʃismo] *m* Männlichkeitswahn *m*

**machista** [ma'tʃista] *adj* Macho-, chauvinistisch

**macho** ['matʃo] **I.** *m* ❶ (ZOOL: *masculino*) Männchen *nt;* **~ cabrío** Ziegenbock *m* ❷ (*fam: machote*) Kerl *m* ❸ (*pieza*) Haken *m* ❹ (ARQUIT) Pfeiler *m* **II.** *adj* ❶ (*masculino*) männlich ❷ (*fuerte*) stark, kräftig

**machona** [ma'tʃona] *f* (*Am: fam*) Mannweib *nt*

**machote** [ma'tʃote] **I.** *m* ❶ (*fam: hombre*) (ganzer) Kerl *m* ❷ (*Am: borrador*) Entwurf *m;* (*modelo*) Modell *nt* **II.** *adj* (*argot*) ❶ (*viril*) männlich ❷ (*atractivo*) toll

**machucar** [matʃu'kar] <c→qu> *vt* ❶ (*golpear*) einschlagen (auf +*akk*) ❷ (*destruir*) zertrümmern; (*aplastar*) zerquetschen

**machucho, -a** [ma'tʃutʃo, -a] *adj* ❶ *estar* (*pey: viejo*) nicht mehr ganz jung; **¡qué ~!** so ein alter Knacker! ❷ *ser* (*tranquilo*) besonnen

**macilento, -a** [maθi'lento, -a] *adj* ❶ (*pálido*) bleich; (*cansado*) abgespannt ❷ (*flaco*) abgezehrt ❸ (*triste*) abgehärmt

**macizo$^1$** [ma'θiθo] *m* ❶ (*masa*) Masse *f;* (*trozo*) Block *m* ❷ (GEO) (Gebirgs)massiv *nt* ❸ (*plantas*) Beet *nt* ❹ (ARQUIT) Pfeiler *m* ❺ *pl* (GASTR) (im Fass) eingelegte Sardinen *fpl*

**macizo, -a$^2$** [ma'θiθo, -a] *adj* ❶ (*oro, puerta*) massiv; **de plata maciza** massiv silbern ❷ (*persona*) kräftig; **estar ~** gut gebaut sein; **un tío ~** ein knackiger Typ ❸ (*sólido*) solide

**macramé** [makra'me] *m* ❶ (*tejido*) Makrameearbeit *f;* **hacer ~** Makrameearbeiten knüpfen ❷ (*hilo*) (Makramee)faden *m*

**macrobiótica** [makro'βjotika] *f* Makrobiotik *f*

**macroconcierto** [makrokon'θjerto] *m* (*argot*) Megakonzert *nt*

**macrocosmo(s)** [makro'kosmo(s)] *m sin pl* (FÍS, FILOS) Makrokosmos *m*

**macroeconomía** [makroekono'mia] *f* (ECON) Makroökonomie *f*

**macroinstrucción** [makroi$^{n}$stru$^{y}$'θjon] *f* (INFOR) Makro *nt*

**mácula** ['makula] *f* ❶ (*mancha*) Fleck *m;* (*fig*) Makel *m;* **sin ~** (*fig*) makellos ❷ (*fam: engaño*) Schwindel *m*

**macuto** [ma'kuto] *m* ❶ (*mochila*) Rucksack *m;* (MIL) Tornister *m* ❷ (*argot: joroba*) Buckel *m* ❸ (*Ven: de los mendigos*) Bettelkorb *m*

**madeja** [ma'ðexa] *f* ❶ (*de hilo*) Knäuel *nt o m;* **~ sin cuenda** wirres Knäuel; (*fig*) verworrene Angelegenheit; **enredar la ~** (*fig*) zusätzliche Verwirrung stiften ❷ (*cabello*) Mähne *f* ❸ (*pey: hombre dejado*) Schlamper *m;* (*perezoso*) Faulpelz *m*

**madera** [ma'ðera] *f* ❶ (*de los árboles*) Holz *nt;* **de ~** hölzern; **tocar ~** auf Holz klopfen; **¡toca ~!** toi, toi, toi!; **ser de la misma ~** aus dem gleichen Holz geschnitzt sein; **tener** [*o* **ser de**] **buena/mala ~** einen guten/schlechten Charakter haben ❷ (*fam: policía*) Bullen *mpl*

**maderaje** [maðe'raxe] *m,* **maderamen** [maðe'ramen] *m* Gebälk *nt;* **~ de techo** Dachstuhl *m*

**maderería** [maðere'ria] *f* Holzhandel *m;* (*almacén*) Holzlager *nt*

**madero** [ma'ðero] *m* ❶ (*viga*) (Holz)balken *m;* (*tablón*) (Holz)planke *f* ❷ (*persona*) Tölpel *m*

**madona** [ma'ðona] *f* Madonna *f*

**madrastra** [ma'ðrastra] *f* ❶ (*pariente*) Stiefmutter *f* ❷ (*pey: mala madre*) Rabenmutter *f*

**madraza** [ma'ðraθa] *f* (*fam*): **es una verdadera** ~ sie ist mit Leib und Seele Mutter
**madre** ['maðre] *f* ❶ (*de familia*) Mutter *f;* ~ **de leche** Amme *f;* ~ **política** Schwiegermutter *f;* **¡~ (mía)!** (oh) mein Gott!; **¡~ de Dios!** um Gottes willen!; **como su ~ lo/la parió** (*fam*) (pudel)nackt; **¡la ~ que lo parió!** (*vulg*) dieser Scheißkerl!; **¡la ~ que te parió!** (*vulg*) verdammt noch mal! *fam;* **¡viva la ~ que te parió!** (*fam*) bravo!; **¡tu ~!** (*fam*) von wegen!; **de puta ~** (*vulg*) geil *fam;* **el ciento y la ~** (*fam*) eine Menge Leute ❷ (REL): **la ~ Teresa** Mutter Theresa; ~ **superior** Oberin *f* ❸ (*origen*) Mutter-; ~ **patria** Mutterland *nt;* **ahí está la ~ del cordero** (*fam*) da liegt der Hase im Pfeffer ❹ (GEO) Flussbett *nt* ❺ (TÉC) (Haupt)träger *m* ❻ (GASTR) Bodensatz *m* ❼ (*loc*): **los alquileres se están saliendo de ~** die Mieten geraten außer Kontrolle; **sacar a alguien de ~** jdn aus der Fassung bringen
**madreperla** [maðre'perla] *f* Perlmuschel *f*
**madreselva** [maðre'selβa] *f* (BOT) Geißblatt *nt*
**madridista** [maðri'ðista] **I.** *mf* Real-Madrid-Fan *m* **II.** *adj:* **club ~** Fußballklub *m* Real Madrid
**madriguera** [maðri'ɣera] *f* ❶ (*guarida*) Bau *m* ❷ (*escondrijo*) Schlupfwinkel *m*
**madrileño, -a** [maðri'leɲo, -a] **I.** *adj* aus Madrid; **las noches madrileñas** die Madrider Nächte **II.** *m, f* Madrider(in) *m(f)*
**madrina** [ma'ðrina] *f* ❶ (*de bautismo*) (Tauf)patin *f* ❷ (*de boda*): ~ (**de boda**) Trauzeugin *f* ❸ (*de un artista/una asociación*) Förderin *f*
**madroño** [ma'ðroɲo] *m* ❶ (BOT: *arbusto*) Erdbeerbaum *m* ❷ (BOT: *fruta*) Erdbeere *f* ❸ (*borla*) Troddel *f*
**madrugada** [maðru'ɣaða] *f* ❶ (*alba*) (Morgen)dämmerung *f;* **en la** [*o* **de**] ~ früh morgens; **salimos de viaje de ~** wir brachen bei Tagesanbruch auf; **a las cinco de la ~** um fünf Uhr früh ❷ (*horas después de la media noche*): **a las tres de la ~** um drei Uhr nachts ❸ (*madrugón*): **pegarse una ~** sehr früh aufstehen
**madrugador(a)** [maðruɣa'ðor(a)] **I.** *adj* ❶ (*que se levanta pronto*): **ser muy ~** sehr früh aufstehen ❷ (*fam: astuto*) aufgeweckt **II.** *m(f)* Frühaufsteher(in) *m(f)*
**madrugar** [maðru'ɣar] <g→gu> *vi* (sehr) früh aufstehen; **tienes que ~ más para ganarme** (*fam fig*) um mich auszustechen, musst du früher aufstehen; **a quien madruga, Dios le ayuda** (*prov*) Morgenstund hat Gold im Mund; **no por mucho ~ amanece más temprano** (*prov*) eile mit Weile
**madrugón** [maðru'ɣon] *m:* **darse un ~** sehr früh aufstehen
**maduración** [maðura'θjon] *f* ❶ (*acción*) Reifung *f* ❷ (*efecto*) Reife *f*
**madurar** [maðu'rar] **I.** *vt* ❶ (*hacer maduro*) reifen ❷ (*reflexionar sobre*) durchdenken **II.** *vi, vr:* **~se** (*volverse maduro*) reifen; (*persona*) reifer werden
**madurez** [maðu'reθ] *f* Reife *f;* (*de un plan*) Ausgereiftheit *f;* **estar en la ~** im reiferen Alter sein
**maduro, -a** [ma'ðuro, -a] *adj* (*fruta*) reif; (*plan*) ausgereift; (*persona: prudente*) reif; (*mayor*) im reiferen Alter; **una manzana demasiado madura** ein überreifer Apfel; **en la edad madura** im reiferen Alter; **estar a las duras y a las maduras** auch die Nachteile in Kauf nehmen
**maestranza** [maes'tran̪θa] *f* (MIL) Artilleriewerkstatt *f;* (*armería*) Waffenschmiede *f*
**maestría** [maes'tria] *f* ❶ (*habilidad*) Geschicklichkeit *f;* **con ~** meisterhaft ❷ (*título*) Meistertitel *m*
**maestro, -a** [ma'estro, -a] **I.** *adj* ❶ (*principal*) Haupt- ❷ (*que muestra gran conocimiento*) meisterlich; **obra maestra** Meisterwerk *nt* ❸ (*animal*) Haus- **II.** *m, f* ❶ (*profesor*) Lehrer(in) *m(f);* (*de primera enseñanza*) Grundschullehrer(in) *m(f)* ❷ (*persona de gran conocimiento*) Meister(in) *m(f)* ❸ (*de un taller*) Meister(in) *m(f);* (*capataz*) Vorarbeiter(in) *m(f);* ~ **de cocina** Küchenchef *m;* ~ **de obras** Bauleiter *m* ❹ (*lo que enseña*) Lehrmeister(in) *m(f);* **la vida es la mejor maestra** das Leben ist die beste Schule ❺ (MÚS) Maestro *m*
**mafia** ['mafja] *f* Mafia *f;* ~ **de la cocaína** Kokainmafia *f*
**mafioso, -a** [ma'fjoso, -a] **I.** *adj* Mafia- **II.** *m, f* Mafioso, -a *m, f*
**magazine** [maɣa'sin] *m* Illustrierte *f*
**magdalena** [maɣða'lena] *f* (*pastel*) ≈Biskuit *m o nt;* **estar como una M~** völlig aufgelöst sein; **llorar como una M~** wie ein Schlosshund weinen

**i Land & Leute**

Genauso wie die *churros* gehören die **magdalenas** unbedingt zu einem spanischen Frühstück. Dabei handelt es sich um kleine Feingebäckstücke mit Mehl, Öl, Eiern und Zucker als Zuta-

M

ten. Sie werden in kleinen weißen Papierförmchen gebacken.

**magenta** [ma'xeṇta] **I.** *adj* magentarot **II.** *f* (FOTO) Magenta *nt*
**magia** ['maxja] *f* ❶ (*arte*) Magie *f* ❷ (*poder*) Zauberkraft *f* ❸ (*atractivo*) Zauber *m*
**magiar**[1] [ma'xjar] *m* Madjarisch(e) *nt*
**magiar**[2] [ma'xjar] **I.** *adj* madjarisch **II.** *mf* Madjar(in) *m(f)*
**mágico, -a** ['maxiko, -a] **I.** *adj* ❶ (*misterioso*) magisch; **varita mágica** Zauberstab *m* ❷ (*maravilloso*) fantastisch **II.** *m, f* Zauberer, -in *m, f*
**magín** [ma'xin] *m* (*fam*) Fantasie *f*
**magisterio** [maxis'terjo] *m* ❶ (*labor*) Unterricht *m;* **dedicarse al** ~ unterrichten ❷ (*profesión*) Lehramt *nt;* **estudiar** ~ auf Lehramt studieren; **dedicarse al** ~ im Lehramt tätig sein ❸ (*maestros*) Lehrer *mpl*
**magistrado, -a** [maxis'traðo, -a] *m, f* (*funcionario superior*) hoher Beamter *m,* hohe Beamtin *f;* (JUR: *juez*) Richter(in) *m(f)*
**magistral** [maxis'tral] *adj* ❶ (ENS) Unterrichts- ❷ (*con maestría*) meisterhaft ❸ (*tono*) lehrerhaft
**magistratura** [maxistra'tura] *f* ❶ (*oficio*) Richteramt *nt;* (*dignidad*) Richterwürde *f* ❷ (*tiempo*) Amtszeit *f* ❸ (*jueces*) Richter *mpl;* (*funcionarios*) Justizbeamte *mpl*
**magma** ['maɣma] *m* Magma *nt*
**magnanimidad** [maɣnanimi'ðaᶞ] *f* ❶ (*generosidad*) Großzügigkeit *f* ❷ (*nobleza*) Edelmut *m*
**magnánimo, -a** [maɣ'nanimo, -a] *adj* ❶ (*generoso*) großzügig ❷ (*noble*) edelmütig
**magnate** [maɣ'nate] *m* Magnat *m;* ~ **de las finanzas** Finanzmagnat *m*
**magnesia** [maɣ'nesja] *f* (QUÍM) Magnesia *f*
**magnesio** [maɣ'nesjo] *m* Magnesium *nt*
**magnético, -a** [maɣ'netiko, -a] *adj* magnetisch
**magnetismo** [maɣne'tismo] *m* Magnetismus *m;* (*fig*) Anziehungskraft *f;* **ejercer un intenso ~ sobre alguien** eine magnetische Anziehungskraft auf jdn ausüben
**magnetizar** [maɣneti'θar] <z→c> *vt* ❶ (*un cuerpo*) magnetisieren ❷ (*hipnotizar*) hypnotisieren ❸ (*encantar*) verzaubern; (*entusiasmar*) begeistern; (*retener la atención*) fesseln
**magnetofón** [maɣneto'fon] *m* Tonbandgerät *nt*
**magnetofónico, -a** [maɣneto'foniko, -a] *adj* Tonband-; **cinta magnetofónica** Tonband *nt*
**magnetófono** [maɣne'tofono] *m* Tonbandgerät *nt*
**magnetoscopio** [maɣnetos'kopjo] *m* (TÉC) Magnetoskop *nt*
**magnificar** [maɣnifi'kar] <c→qu> **I.** *vt* (*glorificar*) verherrlichen; (*alabar*) preisen **II.** *vr:* ~**se** (*parecer más grande*) größer wirken; (*hacerse más grande*) sich größer machen
**magnificencia** [maɣnifi'θjeṇθja] *f* ❶ (*esplendor*) Pracht *f* ❷ (*liberalidad*) Großmut *f*
**magnífico, -a** [maɣ'nifiko, -a] *adj* ❶ (*lujoso*) prachtvoll; (*valioso*) wertvoll ❷ (*estupendo*) herrlich ❸ (*excelente*) großartig ❹ (*liberal*) großmütig ❺ (*título*): **M~ Señor Rector, ...** Eure Magnifizenz, ...
**magnitud** [maɣni'tuᶞ] *f* ❶ (*tamaño, t.* FÍS) Größe *f* ❷ (*importancia*) Ausmaß *nt;* **la ~ de este problema es alarmante** dieses Problem hat beängstigende Ausmaße angenommen
**magno, -a** ['maɣno, -a] *adj* (*importante*) bedeutend; **Alejandro M~** Alexander der Große; **aula magna** Audimax *nt*
**magnolia** [maɣ'nolja] *f* Magnolienblüte *f*
**magnolio** [maɣ'nolio] *m* (BOT) Magnolie *f*
**mago, -a** ['maɣo, -a] *m, f* Zauberer, -in *m, f;* **los Reyes M~s** die Heiligen Drei Könige
**magra** ['maɣra] *f* Scheibe *f* Schinken
**magrear** [maɣre'ar] *vt* (*vulg*) betatschen *fam*
**magrebí** [maɣre'βi] **I.** *adj* maghrebinisch **II.** *mf* Maghrebiner(in) *m(f)*
**magro**[1] ['maɣro] *m* (*como el lomo*) (Schweine)filet *nt;* (*fam: carne magra*) (mageres) Fleisch *nt*
**magro, -a**[2] ['maɣro, -a] *adj* mager
**maguey** [ma'ɣeḭ] *m* (*Am*) Agave *f*
**magulladura** [maɣuʎa'ðura] *f,* **magullamiento** [maɣuʎa'mjeṇto] *m* (*en el cuerpo*) Quetschung *f;* (*en una fruta*) Druckstelle *f*
**magullar** [maɣu'ʎar] *vt* quetschen
**Maguncia** [ma'ɣuṇθja] *f* Mainz *nt*
**maguntino, -a** [maɣuṇ'tino, -a] **I.** *adj* Mainzer **II.** *m, f* Mainzer(in) *m(f)*
**mahometano, -a** [maome'tano, -a] **I.** *adj* mohammedanisch **II.** *m, f* Mohammedaner(in) *m(f)*
**mahonesa** [mao'nesa] *f* Majonäse *f*
**maicena®** [maḭ'θena] *f* Maismehl *nt*
**maicillo** [maḭ'θiʎo] *m* (AGR) Hirse *f*
**maillot** [ma'ʎoᵗ] *m* ❶ (*bañador*) Badeanzug *m* ❷ (*camiseta*) Trikot *nt*
**maíz** [ma'iθ] *m* Mais *m*
**majada** [ma'xaða] *f* ❶ (*aprisco*) Pferch *m*

❷ (*estiércol*) Mist *m*

**majaderear** [maxaðere'ar] *vt* (*Am*) auf die Nerven gehen +*dat fam*

**majadería** [maxaðe'ria] *f* ❶ (*tontería*) Blödsinn *m fam;* **¡no hagas caso a sus ~s!** hör nicht auf sein/ihr dummes Geschwätz! ❷ (*imprudencia*) Unverschämtheit *f*

**majadero, -a** [maxa'ðero, -a] **I.** *adj* ❶ (*insensato*) dämlich ❷ (*porfiado*) lästig ❸ (*imprudente*) unverschämt **II.** *m, f* ❶ (*imbécil*) Idiot(in) *m(f)* ❷ (*porfiador*) Nervensäge *f fam*

**majar** [ma'xar] *vt* ❶ (*en un mortero*) zerstampfen ❷ (*en la era*) dreschen ❸ (*molestar*) auf die Nerven gehen +*dat fam* ❹ (*fam: azotar*) eindreschen (auf +*akk*)

**majara** [ma'xara], **majareta** [maxa'reta] **I.** *adj* (*fam*) verrückt **II.** *mf* (*fam*) Spinner(in) *m(f)*

**majestad** [maxes'taᵈ] *f* ❶ (*título*) Majestät *f;* **Su ~, ...** Eure (Königliche) Hoheit, ... ❷ (*majestuosidad*) Würde *f*

**majestuosidad** [maxestwosi'ðaᵈ] *f* Würde *f*

**majestuoso, -a** [maxestu'oso, -a] *adj* majestätisch

**majeza** [ma'xeθa] *f* (*fam*) Großtuerei *f;* **va vestida con ~** sie läuft aufgemacht herum

**majo, -a** ['maxo, -a] *adj* ❶ (*bonito*) hübsch; (*guapo*) gut aussehend ❷ (*agradable*) nett ❸ (*ataviado*) zurechtgemacht; **ponte maja para la fiesta** mach dich für das Fest hübsch

**mal** [mal] **I.** *adj v.* **malo II.** *m* ❶ (*daño*) Schaden *m;* (*injusticia*) Unrecht *nt;* (*sufrimiento*) Leid *nt;* **la caída del dólar le ha hecho mucho ~** der Kursverfall des Dollars hat ihm/ihr sehr geschadet ❷ (*lo malo*) Böse *nt;* **el ~ menor** das kleinere Übel; **estoy a ~ con mi vecino** ich habe mich mit meinem Nachbarn zerstritten; **tomarse algo a ~** etw übel nehmen; **tomarse a ~ un consejo** einen Ratschlag in den falschen Hals bekommen; **¡no te lo tomes tan a ~!** nimm es dir doch nicht so zu Herzen!; **decir ~ de alguien** schlecht von jdm reden; **menos ~** Gott sei Dank ❸ (*inconveniente*) Nachteil *m;* **el ~ está en que...** das Üble daran ist, dass ... ❹ (*enfermedad*) Krankheit *f;* **~ de montaña** Höhenkrankheit *f;* **~ de vientre** Bauchweh *nt* ❺ (*desgracia*) Unglück *nt;* **no te preocupes, no hay ~ que por bien no venga** mach dir keine Sorgen, es kommen auch mal bessere Zeiten; **no hay ~ que por bien no venga** (*prov*) ≈Glück und Unglück liegen nah beieinander; **bien vengas, ~, si vienes solo** (*prov*) ein Unglück kommt selten allein **III.** *adv* ❶ (*de ~a manera, insuficientemente*) schlecht; **dejar ~ a alguien** jdn blamieren; **esto acabará ~** das wird noch böse enden; **vas a acabar ~** mit dir wird es noch böse enden; **este chico va de ~ en peor** mit diesem Jungen wird es immer schlimmer; **aprobar los exámenes más ~ que bien** die Prüfungen mehr schlecht als recht bestehen; **~ que bien, el negocio sigue funcionando** trotz allem läuft das Geschäft noch; **~ que bien, tendré que ir al dentista este mes** ich muss wohl oder übel diesen Monat zum Zahnarzt; **me sentó ~ que te fueras sin despedirte** es hat mich gekränkt, dass du gegangen bist, ohne dich zu verabschieden; **la nueva compañera me cae ~** die neue Kollegin ist mir unsympathisch; **estar ~ de dinero** schlecht bei Kasse sein ❷ (*equivocadamente*) falsch ❸ (*difícilmente*): **~ podrás ganar con esta moto** mit diesem Motorrad wirst du wohl kaum siegen

**? Grammatik**

**mal** ist ein Adverb, das ein Verb näher bestimmt: *Mi primo canta muy mal. – Mein Cousin singt sehr schlecht.*

**malo** ist ein Adjektiv, das ein Substantiv näher bestimmt: *Carlos es un niño muy malo. – Carlos ist ein sehr unartiges Kind.*

**malabarismo** [malaβa'rismo] *m* (*juegos malabares*) Jonglieren *nt;* **hacer ~s para mantener su puesto de trabajo** (*fig*) Seiltänze vollführen, um seinen Arbeitsplatz zu sichern

**malabarista** [malaβa'rista] *mf* (*artista*) Jongleur(in) *m(f)*

**malaconsejado, -a** [malakonse'xaðo, -a] *adj* schlecht beraten; **actuar ~** falsch handeln

**malaconsejar** [malakonse'xar] *vt* schlecht beraten; **actuar malaconsejado** falsch handeln

**malacostumbrado, -a** [malakostum'braðo, -a] *adj:* **estar ~** (*mimado*) verwöhnt sein; (*sin modales*) schlechte Manieren haben; (*vicioso*) einen schlechten Lebenswandel führen

**malacostumbrar** [malakostum'brar] **I.** *vt* ❶ (*mimar*) verwöhnen ❷ (*educar mal*) schlecht erziehen ❸ (*viciar*) einen schlechten Einfluss ausüben (*a* auf +*akk*) **II.** *vr:*

M

~**se** sich *dat* einen schlechten Lebenswandel angewöhnen

**malagueño**, **-a** [mala'ɣeɲo, -a] **I.** *adj* aus Malaga **II.** *m, f* Einwohner(in) *m(f)* von Malaga

**malandante** [malaṇ'daṇte] *adj* unglückselig; **persona** ~ Pechvogel *m fam*

**malandanza** [malaṇ'daṇθa] *f* (*desgracia*) Unglück *nt;* (*golpe*) Schicksalsschlag *m*

**malandrín**, **-ina** [malaṇ'drin, -ina] **I.** *adj* böse **II.** *m, f* Schurke, -in *m, f*

**malapata** [mala'pata] *mf* ❶ (*patoso*) Tollpatsch *m;* **tener** ~ (*poca destreza*) unbeholfen sein; (*malas intenciones*) gemein sein ❷ (*ceniza*) Pechvogel *m fam* ❸ (*loc*): **la cosa tiene** ~ da stimmt was nicht

**malaquita** [mala'kita] *f* Malachit *m*

**malaria** [ma'larja] *f* Malaria *f*

**Malasia** [ma'lasja] *f* Malaysia *nt*

**malasombra** [mala'sombra] **I.** *adj* ❶ (*desastrado*) tollpatschig ❷ (*malvado*) gemein **II.** *mf* ❶ (*desastre*) Tollpatsch *m* ❷ (*mala persona*) gemeine Person *f*

**malaventura** [malaβeṇ'tura] *f* ❶ (*desgracia*) Unglück *nt;* (*golpe*) Schicksalsschlag *m* ❷ (*mala suerte*) Pech *nt*

**malaventuranza** [malaβeṇtu'raṇθa] *f* (*mala suerte*) Pech *nt;* (*infortunio*) Unglück *nt*

**malayo**, **-a** [ma'laɟo, -a] **I.** *adj* (*cultura*) malaiisch; (POL) malaysisch **II.** *m, f* ❶ (*raza*) Malaie, -in *m, f* ❷ (POL) Malaysier(in) *m(f)*

**malbaratar** [malβara'tar] *vt* ❶ (*vender barato*) zu Schleuderpreisen verkaufen *fam* ❷ (*malgastar*) verprassen; **malbarató toda la herencia en sólo un año** er/sie hat die gesamte Erbschaft in nur einem Jahr durchgebracht

**malcarado**, **-a** [malka'raðo, -a] *adj* ❶ (*repulsivo*) abstoßend ❷ (*enfadado*) eingeschnappt; (*furioso*) zähneknirschend; (*malhumorado*) verdrießlich

**malcomer** [malko'mer] *vi* ❶ (*poco*) nur wenig essen; **el dinero sólo da para** ~ das Geld reicht nur für das Nötigste an Essen ❷ (*sin ganas*) ohne Appetit essen ❸ (*cosas de mala calidad*) sich schlecht ernähren

**malcriado**, **-a** [malkri'aðo, -a] *adj* (*mal educado*) ungezogen; (*descortés*) unhöflich

**malcriar** [malkri'ar] <*1. pres:* malcrío> *vt* verziehen

**maldad** [mal'daᵈ] *f* Bosheit *f*

**maldecir** [mal̪de'θir] *irr* **I.** *vt* verfluchen; **¡te maldigo!** Fluch über dich! **II.** *vi* ❶ (*jurar*) fluchen ❷ (*hablar mal*) schlecht sprechen (*de* über +*akk*); (*difamar*) verleumden (*de* +*akk*) ❸ (*quejarse*) sich beklagen (*de* über +*akk*)

**maldición** [mal̪di'θjon] *f* ❶ (*imprecación*) Fluch *m,* Verwünschung *f;* **parece que le ha caído una** ~ sein/ihr Leben scheint wie verflucht; **en el mismo año le cayó la** ~ **del mago** noch im selben Jahr erfüllte sich der Fluch des Zauberers ❷ (*juramento*) Kraftausdruck *m;* **soltar una** ~ **contra alguien** über jdn fluchen

**maldito**, **-a** [mal'dito, -a] **I.** *pp de* **maldecir** **II.** *adj* ❶ (*endemoniado*) verdammt; **¡maldita sea!** (*fam*) verdammt noch mal!; **¡~ seas!** (*vulg*) du verfluchter Idiot! *fam;* **maldita la idea que tengo del tema** (*fam*) ich habe nicht die geringste Ahnung von dem Thema; ~ **el caso que me hacen** (*fam*) kein Mensch achtet auf mich; **no vale la maldita pena** (*fam*) es lohnt sich ganz und gar nicht; **¡maldita la gracia (que me hace)!** das ist ja eine schöne Bescherung!; **¡malditas las ganas (que tengo)!** ich habe nicht die geringste Lust! ❷ (*maligno*) bösartig; **¡vete, ~!** scher dich zum Teufel!; **soltar la maldita** ein loses Mundwerk haben

**maleabilidad** [maleaβili'ðaᵈ] *f* ❶ (*de un metal*) Schmiedbarkeit *f* ❷ (*flexibilidad*) Biegsamkeit *f*

**maleable** [male'aβle] *adj* ❶ (*forjable*) schmiedbar ❷ (*flexible*) geschmeidig ❸ (*dócil*) gefügig

**maleante** [male'aṇte] **I.** *adj* ❶ (*delincuente*) verbrecherisch; **gente** ~ Gesindel *nt* ❷ (*maligno*) boshaft **II.** *mf* ❶ (*delincuente*) Gauner(in) *m(f);* ~**s** Gesindel *nt* ❷ (*persona maligna*) Schuft *m*

**malear** [male'ar] **I.** *vt* ❶ (*pervertir*) verderben ❷ (*dañar: a alguien*) Schaden zufügen +*dat;* (*algo*) beschädigen; (*perjudicar*) schaden +*dat* **II.** *vr:* ~**se** (moralisch) verkommen

**malecón** [male'kon] *m* ❶ (*dique*) Damm *m* ❷ (*rompeolas*) Kai *m* ❸ (FERRO) Bahndamm *m*

**maledicencia** [maleði'θeṇθja] *f* üble Nachrede *f;* (JUR) Verleumdung *f*

**maleducado**, **-a** [maleðu'kaðo, -a] *adj* ❶ (*sin modales*) ohne Manieren; (*niño*) ungezogen; **tu amigo es muy** ~ dein Freund hat überhaupt keine Manieren ❷ (*descortés*) unhöflich ❸ (*mimado*) verwöhnt

**maleducar** [maleðu'kar] *vt* verziehen

**maleficiencia** [malefi'θjeṇθja] *f* Boshaftigkeit *f*

**maleficio** [male'fiθjo] *m* ❶ (*hechizo*) Zauberei *f;* (*efecto*) Zauber *m;* **desligar un** ~

einen Zauber brechen ② (*daño*) Schaden *m*

**maléfico, -a** [ma'lefiko, -a] **I.** *adj* ① (*perjudicial*) schädlich ② (*que hechiza*) Zauberei betreibend; **poder** ~ Zauberkraft *f;* **temían a la gitana maléfica** sie hatten Angst vor der Zigeunerin und ihrer Hexerei **II.** *m, f* Zauberer, -in *m, f*

**malentendido** [malen̩ten̩'diðo] *m* Missverständnis *nt*

**malestar** [males'tar] *m* ① (*físico*) Unwohlsein *nt* ② (*espiritual*) Unbehagen *nt*

**maleta[1]** [ma'leta] *f* Koffer *m;* **hacer la** ~ den Koffer packen

**maleta[2]** [ma'leta] *m* (*diletante*) Dilettant *m;* (DEP) Anfänger(in) *m(f);* **este carpintero es un** ~ dieser Schreiner hat zwei linke Hände

**maletero[1]** [male'tero] *m* (AUTO) Kofferraum *m*

**maletero, -a[2]** [male'tero, -a] *m, f* ① (*Chil: ladrón*) (Taschen)dieb(in) *m(f)* ② (*en las estaciones*) Gepäckträger(in) *m(f)*

**maletín** [male'tin] *m* (*de aseo*) Kosmetikkoffer *m;* (*para herramientas*) Werkzeugkoffer *m;* (*de un médico*) Arztkoffer *m;* (*en una bici*) Satteltasche *f;* ~ (**de viaje**) Handkoffer *m*

**malevolencia** [maleβo'len̩θja] *f* ① (*malignidad*) Böswilligkeit *f* ② (*animosidad*) Missgunst *f;* **no me trates con** ~ sei nicht so gemein zu mir

**malévolo, -a** [ma'leβolo, -a] *adj* gemein

**maleza** [ma'leθa] *f* ① (*hierbas malas*) Unkraut *nt;* **el jardín se está llenando de** ~ der Garten verwildert zunehmend ② (*matorral*) Gestrüpp *nt*

**malformación** [malforma'θjon] *f* (*deformidad*) Missbildung *f;* ~ **cardíaca** Herzfehler *m*

**malgastador(a)** [malɣasta'ðor(a)] **I.** *adj* verschwenderisch **II.** *m(f)* Verschwender(in) *m(f);* **ser un** ~ nicht mit Geld umgehen können

**malgastar** [malɣas'tar] *vt* verschwenden; ~ **todo el dinero en tabaco** sein gesamtes Geld für Zigaretten ausgeben; ~ **dinero en el bingo** Geld beim Bingo verspielen; **con él no haces más que** ~ **tu paciencia** mit ihm verschwendest du nur deine Geduld; ~ **el tiempo charlando** die Zeit verplaudern; ~ **una oportunidad** eine Chance vertun

**malhablado, -a** [mala'βlaðo, -a] **I.** *adj* (*fresco*) frech; **ser** ~ unanständig reden **II.** *m, f* (*descarado*) respektloser Mensch *m;* **en este bar sólo hay** ~**s** in dieser Kneipe reden alle unanständig

**malhadado, -a** [mala'ðaðo, -a] **I.** *adj* ① (*desventurado*) unglücklich ② (*que trae mala suerte*) Unheil bringend; **es un anillo** ~ dieser Ring bringt nur Unglück **II.** *m, f* Unglücksrabe *m fam;* **ha sido toda su vida un** ~ er war sein Leben lang vom Unglück verfolgt

**malhechor(a)** [male'tʃor(a)] **I.** *adj* kriminell **II.** *m(f)* Verbrecher(in) *m(f)*

**malherir** [male'rir] *irr como sentir vt* schwer verletzen

**malhumor** [malu'mor] *m* schlechte Laune *f;* **estar de** ~ schlechte Laune haben; **tener** ~ ein übellauniger Mensch sein

**malhumorado, -a** [malumo'raðo, -a] *adj* ① *ser* übellaunig ② *estar* schlecht gelaunt; **estar** ~ schlechte Laune haben

**malicia** [ma'liθja] *f* ① (*intención malévola*) Arglist *f;* **hacer todo con** ~ stets arglistig handeln ② (*maldad*) Boshaftigkeit *f* ③ (*picardía*) Verschlagenheit *f;* **tener mucha** ~ sehr verschlagen sein ④ (*interpretación maliciosa*) Argwohn *m* ⑤ (*fam: sospecha*) Zweifel *m;* **tener sus** ~**s** Zweifel hegen; **no tener** ~ naiv sein

**maliciar** [mali'θjar] *vt, vr:* ~**se** ① (*sospechar*) argwöhnen; **no malicies de cualquiera** sei doch nicht allen gegenüber so argwöhnisch; ~ **de todo** hinter allem etwas Schlechtes wittern ② (*pervertir*) verderben

**malicioso, -a** [mali'θjoso, -a] *adj* ① (*con intención malévola*) arglistig ② (*maligno*) boshaft ③ (*que sospecha malicia*) argwöhnisch

**malignidad** [maliɣni'ðað] *f* Bösartigkeit *f*

**maligno, -a** [ma'liɣno, -a] *adj* (*pernicioso*) gefährlich; (*persona*) gemein; (*sonrisa*) hämisch; (MED) bösartig

**malintencionado, -a** [malin̩ten̩θjo'naðo, -a] *adj* arglistig

**malinterpretar** [malin̩terpre'tar] *vt* missverstehen

**malla** ['maʎa] *f* ① (*de un tejido*) Masche *f;* **de** ~(**s**) **ancha**(**s**)/**estrecha**(**s**)/**fina**(**s**) weit-/eng-/feinmaschig; **caer en las** ~**s de alguien** in jds Fänge geraten ② (*tejido*) Netz *nt* ③ (*vestido*) (Gymnastik)trikot *nt* ④ *pl* (*pantalones*) Leggings *fpl* ⑤ (*Am: de baño*) Badeanzug *m*

**mallorquín, -ina** [maʎor'kin, -ina] **I.** *adj* mallorquinisch **II.** *m, f* Mallorquiner(in) *m(f)*

**malnutrición** [malnutri'θjon] *f sin pl* Unterernährung *f*

**malnutrido, -a** [malnu'triðo, -a] *adj* unterernährt

**malo, -a** ['malo, -a] **I.** *adj* <peor, pésimo>

M

(*precediendo un sustantivo masculino: mal*) ❶ (*en general*) schlecht; **mala gestión** Misswirtschaft *f;* **palabras malas** unanständige Worte; **tengo mala cabeza para los números** ich kann mir Zahlen schlecht merken; **eres ~ de entender** aus dir wird man nicht schlau; **fumar es ~ para la salud** Rauchen schadet der Gesundheit; **de mala gana** widerwillig; **me gusta el piso, lo ~ es que es demasiado caro** mir gefällt die Wohnung, aber leider ist sie zu teuer; **tener mala mano para algo** ungeschickt in etw *dat* sein; **siempre anda con malas mujeres** er verkehrt nur mit Flittchen; **se casó sin decirnos ni una mala palabra** er/sie heiratete, ohne uns ein Sterbenswörtchen davon zu sagen; **es ~ para madrugar** er steht nicht gerne früh auf; **~ sería si no llegáramos a una solución** es wäre ja gelacht, wenn wir zu keiner Lösung gelängen; **tener mala suerte** Pech haben; **hace un tiempo malísimo** das Wetter ist miserabel; **el trabajo en las minas es muy ~** die Arbeit im Bergwerk ist sehr hart; **me vino de malas** er/sie/es kam mir ungelegen; **la chapa de este coche es mala** dieses Auto ist aus billigem Blech; **hacer un trabajo de mala manera** eine Arbeit schlampig ausführen; **hierba mala nunca muere** (*prov*) Unkraut vergeht nicht; **más vale ~ conocido que bueno por conocer** (*prov*) besser den Spatz in der Hand als die Taube auf dem Dach ❷ (*falso*) unecht ❸ (*malévolo*) böse; **tener mal genio** leicht reizbar sein; **una mala persona** ein schlechter Mensch; **venir de malas** böse Absichten haben ❹ (*enfermo*) krank; **caer ~** krank werden ❺ (*travieso*) ungezogen ❻ (*estropeado*) schlecht; (*leche*) sauer; (*ropa*) abgetragen **II.** *adv:* **si no pagas voluntariamente tendré que intentarlo por las malas** wenn du nicht freiwillig bezahlst, muss ich zu anderen Mitteln greifen; **hoy te llevo al dentista aunque sea por las malas** ich bring dich heute zum Zahnart und wenn es mit Gewalt sein muss; **podemos llegar a un acuerdo por las buenas o por las malas** wir können uns im Guten oder im Bösen einigen; **estoy a malas con mi jefe** ich stehe mit meinem Chef auf dem Kriegsfuß; **se pusieron a malas por una tontería** sie haben sich wegen einer Nichtigkeit zerstritten; **andan a malas** sie haben Krach (miteinander); **han vuelto a fallar un penalti, hoy están de ~s** sie haben schon wieder einen Elfmeter verschossen, das Glück steht heute nicht auf ihrer Seite **III.** *m, f* Bösewicht *m*

**malograr** [malo'ɣrar] **I.** *vt* ❶ (*desaprovechar*) vergeuden; **has malogrado la ocasión** du hast die Chance vertan ❷ (*frustrar*) scheitern lassen ❸ (*estropear*) ruinieren **II.** *vr:* **~se** ❶ (*fallar*) scheitern; **se han malogrado mis esperanzas** meine Hoffnungen wurden enttäuscht ❷ (*estropearse*) verderben ❸ (*desarrollarse mal*) missraten ❹ (*morir demasiado pronto*) (zu) früh sterben; (*morir en un accidente*) verunglücken ❺ (*interrumpirse*) beendet werden

**maloliente** [malo'ljen̩te] *adj* stinkend; **me molestan tus cigarros ~s** mich stört der Gestank deiner Zigarren

**malparado, -a** [malpa'raðo, -a] *adj* (*roto, herido*) übel zugerichtet; **salió ~ de la pelea** er wurde bei der Schlägerei übel zugerichtet

**malparar** [malpa'rar] *vt* (*persona*) übel zurichten; **salió malparado de la pelea** er wurde bei der Schlägerei übel zugerichtet; **salir malparado de un asunto** bei einer Sache schlecht wegkommen

**malparir** [malpa'rir] *vi* eine Fehlgeburt haben

**malpensado, -a** [malpen'saðo, -a] *adj* argwöhnisch; **no seas tan ~** denk doch nicht immer gleich an das Schlimmste

**malquerencia** [malke'ren̩θja] *f* ❶ (*antipatía*) Abneigung *f;* **sentir mucha ~ hacia alguien** eine starke Abneigung gegen jdn verspüren ❷ (*mala voluntad*) Übelwollen *nt;* **sentir ~ hacia alguien** jdm schlecht gesonnen sein

**malquistar** [malkis'tar] **I.** *vt* entzweien; **me has malquistado con tu familia** du hast deine Familie und mich entzweit **II.** *vr:* **~se** sich zerstreiten

**malsano, -a** [mal'sano, -a] *adj* ❶ (*insano*) ungesund ❷ (*enfermizo*) kränklich ❸ (*moralmente*) verderblich

**malsonante** [malso'nan̩te] *adj* (*sonido*) unangenehm (klingend); (*palabra*) unanständig; (*doctrina*) anstößig; **ruidos ~s** Missklänge *mpl*

**malta** ['mal̩ta] *f* ❶ (AGR) Malz *nt* ❷ (*café*) Malzkaffee *m* ❸ (*Arg: cerveza*) Malzbier *nt*

**maltés, -esa** [mal̩'tes, -esa] **I.** *adj* maltesisch **II.** *m, f* Malteser(in) *m(f)*

**maltratar** [mal̩tra'tar] *vt* ❶ (*tratar mal*) schlecht behandeln ❷ (*daño físico/psíquico*) misshandeln; **~ de obra** handgreiflich werden (gegen *+akk*) ❸ (*insultar*): **~** (**de palabra**) beschimpfen ❹ (*estropear*) übel zurichten

**maltrato** [mal̪'trato] *m* ❶ (*físico, psíquico*) Misshandlung *f* ❷ (*insulto*) Beschimpfung *f* ❸ (*de una cosa*) Beschädigung *f*

**maltrecho, -a** [mal̪'treʧo, -a] *adj* ❶ (*golpeado*) übel zugerichtet ❷ (*deprimido*) am Boden zerstört

**malva** ['malβa] **I.** *adj* (blass)lila **II.** *f* (BOT) Malve *f*; **estar criando ~s** (*fam fig*) sich *dat* die Radieschen von unten angucken; **ser (como) una ~** (*fam*) lammfromm sein

**malvado, -a** [mal'βaðo, -a] **I.** *adj* ruchlos; **una persona malvada** ein durch und durch schlechter Mensch **II.** *m, f* Unmensch *m*

**malvavisco** [malβa'βisko] *m* Hibiskus *m*

**malvender** [malβen̪'der] *vt* unter Wert verkaufen

**malversación** [malβersa'θjon] *f* Veruntreuung *f*, Unterschlagung *f*; **~ de los caudales públicos** Veruntreuung öffentlicher Gelder

**malversar** [malβer'sar] *vt* unterschlagen

**Malvinas** [mal'βinas] *fpl* Falklandinseln *fpl*

**malvís** [mal'βis] *m inv* Rotdrossel *f*

**mama** ['mama] *f* ❶ (*de una mujer*) Brust(drüse) *f*; (*de un animal*) Zitze *f*; (*ubre*) Euter *m* ❷ (*fam: mamá*) Mama *f*

**mamá** [ma'ma] *f* (*fam*) Mama *f*

**mamada** [ma'maða] *f* ❶ (*acción*) Trinken *nt* (von Muttermilch); **el bebé se queda dormido después de cada ~** nach dem Stillen schläft das Baby immer ein ❷ (*cantidad mamada*) Brustmahlzeit *f* ❸ (*Am: ganga*) Schnäppchen *nt*; **¡vaya ~!** das ist ja geschenkt! ❹ (*loc, vulg*): **dar una ~ a alguien** jdm einen blasen

**mamar** [ma'mar] **I.** *vt, vi* ❶ (*en el pecho*) trinken; **no le des de ~ tanto al niño** still das Kind nicht so oft ❷ (*adquirir*): **has mamado la pereza (con la leche)** du hast die Faulheit mit der Muttermilch eingesaugt ❸ (*fam: comer*) futtern ❹ (*vulg*): **mamársela a alguien** jdm einen blasen **II.** *vr*: **~se** ❶ (*vulg: emborracharse*) sich voll laufen lassen *fam* ❷ (*fam: sin esfuerzo*): **se ha mamado este puesto** er/sie hat diese Stelle geschenkt gekriegt; **me lo he mamado** ich habe ihn (locker) in die Tasche gesteckt

**mamario, -a** [ma'marjo, -a] *adj* (ANAT) Brust(drüsen)-; (ZOOL) Zitzen-; (*ubre*) Euter-

**mamarrachada** [mamarra'ʧaða] *f* ❶ (*mamarracho*) Pfusch *m fam* ❷ (*acción ridícula*) Quatsch *m fam*; **no hace más que ~s** er/sie benimmt sich unmöglich

**mamarracho** [mama'rraʧo] *m* ❶ (*persona que viste mal*) Vogelscheuche *f*; (*ridícula*) Witzfigur *f fam* ❷ (*cosa mal hecha*) Pfusch *m fam*; (*fea*) Ungetüm *nt*; (*sin valor*) Kitsch *m* ❸ (*persona despreciable*) Nichtsnutz *m*

**mambo** ['mambo] *m* (MÚS) Mambo *m*

**mameluco** [mame'luko] *m* ❶ (*bobo*) Dummkopf *m* ❷ (*Am: de bebé*) Strampelanzug *m*

**mamífero** [ma'mifero] **I.** *adj* Säuge- **II.** *m* Säugetier *nt*

**mamografía** [mamoɣra'fia] *f* (MED) Mammographie *f*

**mamón, -ona** [ma'mon, -ona] **I.** *adj* (*bebé*) im Säuglingsalter; **niño ~** Säugling *m*; **tiene una niña muy mamona** ihr Baby muss oft gestillt werden **II.** *m, f* ❶ (*niño*) Säugling *m* ❷ (*vulg: insulto*) Wichser *m*, Fotze *f* ❸ (*Am: fam: borracho*) Saufkopf *m*

**mamotreto** [mamo'treto] *m* ❶ (*pey: libro*) Wälzer *m* ❷ (*armatoste*) Gerümpel *nt*; **esta butaca es un ~** das ist ein Ungetüm von einem Sessel

**mampara** [mam'para] *f* (*cancel*) Wandschirm *m*

**mamporro** [mam'porro] *m* (*fam*) Schlag *m*; **darse un ~ contra la barandilla** sich am Geländer anstoßen; **con el hielo me pegué un ~ en medio de la calle** bei der Glätte hat es mich mitten auf der Straße hingeschlagen

**mampostería** [mamposte'ria] *f* ❶ (*obra*) Mauerwerk *nt*; **~ de ladrillos en bruto** Rohbau *m* ❷ (*oficio*) Maurerhandwerk *nt*

**mamut** [ma'mu$^{d}$] *m* <mamuts> Mammut *nt*

**maná** [ma'na] *m* ❶ (*enviado por Dios*) Manna(brot) *nt* ❷ (*de ciertas plantas*) Manna *nt* ❸ (*regalo*) Geschenk *nt* (des Himmels)

**manada** [ma'naða] *f* ❶ (*rebaño*) Herde *f*; (*de peces/aves*) Schwarm *m*; (*de lobos/ciervos*) Rudel *nt*; **~ de gallinas** Schar Hühner; **~ de gente** Menschenschar *f*; **una ~ de curiosos** eine Gruppe Neugieriger; **llegaron en** [*o* **a**] **~s al concierto** die Leute kamen scharenweise zum Konzert; **pasamos la frontera en ~** wir überquerten geschlossen die Grenze ❷ (*cantidad*) Hand *f* voll

**manager** ['manaʤer] *mf* <managers> Manager(in) *m(f)*

**manantial** [manan̪'tjal] **I.** *adj* Quell- **II.** *m* ❶ (*fuente natural*) Quelle *f*; **~ caliente** Thermalquelle *f*; **~ medicinal** Heilquelle *f* ❷ (*fuente artificial*) Brunnen *m* ❸ (*origen*) Ursprung *m*

**manar** [ma'nar] **I.** *vt* hervorbringen; **la fuente mana agua fría** aus dem Brunnen sprudelt eiskaltes Wasser; **la herida no paraba de ~ sangre** aus der Wunde floss ununterbrochen Blut **II.** *vi* ❶ (*surgir*) fließen; **el agua manaba sucia de la fuente** aus dem Brunnen sprudelte schmutziges Wasser ❷ (*fluir fácilmente*) strömen; **las palabras manaban de su boca** die Worte sprudelten förmlich über seine/ihre Lippen ❸ (*abundar*) im Überfluss vorhanden sein; **en esta huerta manan los naranjos** dieser Garten ist reich an Orangenbäumen; **esta familia mana en** [*o* **de**] **dinero** diese Familie schwimmt in Geld

**manaza** [ma'naθa] *f* große Hand *f*

**manazas** [ma'naθas] *mf inv* Tölpel *m;* **ser un ~** zwei linke Hände haben

**mancebo¹** [maṇ'θeβo] *m* ❶ (*asistente*) Gehilfe *m;* (*en una farmacia*) Apothekersgehilfe *m;* (*en una tienda*) Ladengehilfe *m* ❷ (*oficial*) (Handwerks)geselle *m* ❸ (*mozo*) Bursche *m* ❹ (*soltero*) Junggeselle *m*

**mancebo, -a²** [maṇ'θeβo, -a] *adj* jung

**mancha** ['mantʃa] *f* ❶ (*en la ropa/piel*) Fleck *m;* (*de tinta*) Klecks *m;* (*salpicadura*) Sprenkel *m* ❷ (*toque de color*) (Farb)tupfer *m;* **este perro es blanco con ~s negras** dieser Hund ist gescheckt; **la corbata tiene ~s azules y blancas** die Krawatte ist blauweiß gesprenkelt ❸ (*boceto*) Farbskizze *f* ❹ (*deshonra*) Makel *m;* **sin ~** makellos

**Mancha** ['mantʃa] *f:* **canal de la ~** Ärmelkanal *m*

**manchado, -a** [man'tʃaðo, -a] *adj* ❶ (*ropa, mantel*) schmutzig ❷ (*cara, fruta*) fleckig ❸ (*caballos, vacas*) gescheckt; (*salpicado*) gesprenkelt

**manchar** [man'tʃar] **I.** *vt* ❶ (*ensuciar*) schmutzig machen ❷ (*desprestigiar*) beschmutzen **II.** *vr:* **~se** (*ensuciarse*) sich schmutzig machen

**manchego, -a** [man'tʃeɣo, -a] **I.** *adj* aus der spanischen Region La Mancha **II.** *m, f* Bewohner(in) *m(f)* von La Mancha

**mancilla** [maṇ'θiʎa] *f* Makel *m;* **sin ~** makellos; (*pasado*) tadellos

**mancillar** [maṇθi'ʎar] *vt* beflecken

**manco, -a** ['maŋko, -a] **I.** *adj* ❶ (*de un brazo*) einarmig; (*de una mano*) einhändig; **es ~ de la mano izquierda/derecha** (*le falta*) ihm fehlt die linke/rechte Hand; (*la tiene inutilizada*) seine linke/rechte Hand ist gelähmt; **no ser** (**cojo ni**) **~** (*ser hábil*) sehr geschickt sein; (*ser largo de manos*) langfing(e)rig sein ❷ (*defectuoso*) fehlerhaft; (*incompleto*) unvollständig **II.** *m, f* (*con un brazo*) Einarmige(r) *mf;* (*con una mano*) Einhändige(r) *mf*

**mancomunar** [maŋkomu'nar] **I.** *vt* vereinen **II.** *vr:* **~se** sich zusammenschließen

**mancomunidad** [maŋkomuni'ðaᵈ] *f* (*comunidad*) Gemeinschaft *f*

**mancuerna** [maŋ'kwerna] *f* ❶ (*pareja*) zusammengebundenes Paar *nt;* **~ de reses** an den Hörnern zusammengebundene Tiere ❷ (*correa*) Strick *m* (mit dem die Rinder an den Hörnern zusammengebunden werden) ❸ (*Col, Cuba, Chil: hojas de tabaco*) an den Stielen zusammengewachsene Tabakblätter *ntpl*

**manda** ['maṇda] *f* Vermächtnis *nt*

**mandadero, -a** [maṇda'ðero, -a] *m, f* Bote, -in *m, f*

**mandado** [maṇ'daðo] *m* (*encargo*) Auftrag *m;* (*orden*) Befehl *m;* (*compra*) Besorgung *f;* **hacer un ~** Besorgungen machen

**mandamás** [maṇda'mas] *mf* (*pey fam*) befehlshaberische Person *f*

**mandamiento** [maṇda'mjeṇto] *m* ❶ (*orden*) Befehl *m;* **~ de detención** Haftbefehl *m;* **~ judicial** gerichtliche Verfügung ❷ (*precepto*) Gebot *nt*

**mandar** [maṇ'dar] **I.** *vt* ❶ (*ordenar*) befehlen; **~ a alguien que...** +*subj* jdm befehlen zu ... +*inf;* **lo que Ud. mande** zu Ihren Diensten ❷ (*prescribir*) vorschreiben ❸ (*dirigir*) leiten; (*gobernar*) regieren ❹ (*encargar*) veranlassen; **~ buscar/hacer/venir** holen/machen/kommen lassen ❺ (*enviar*) schicken; **~ al cuerno** (*fam*) zum Teufel schicken; **~ a freír espárragos** (*fam*) zum Kuckuck schicken ❻ (*legar*) vermachen ❼ (TÉC) steuern; **mandado a distancia** ferngesteuert **II.** *vr:* **~se** sich *dat* selbst helfen (können)

**mandarina** [maṇda'rina] *f* Mandarine *f*

**mandatario, -a** [maṇda'tarjo, -a] *m, f* Bevollmächtigte(r) *mf;* **primer ~** (POL) Staatschef *m*

**mandato** [maṇ'dato] *m* ❶ (*orden*) Befehl *m;* (*prescripción*) Vorschrift *f;* (*delegación*) Auftrag *m;* **~ judicial** gerichtliche Anweisung; **~ de pago** Mahnbescheid *m;* **por ~ de las leyes** auf Grund der gesetzlichen Bestimmungen ❷ (POL) Mandat *nt;* **~ internacional** völkerrechtliches Mandat; **~ parlamentario** Abgeordnetensitz *m*

**mandíbula** [maṇ'diβula] *f* ❶ (ANAT) Kiefer *m;* **reír(se) a ~ batiente** sich ausschütten vor Lachen ❷ (TÉC) Backe *f;* **~ prensora/de sujeción** Klemm-/Greifbacke *f*

**mandil** [maṇ'dil] *m* ❶ (*delantal*) Schürze *f;* (*de cuero*) (Leder)schurz *m* ❷ (*Am: de caballería*) Satteldecke *f*

**mandilón** [maṇdi'lon] *m* (*fam*) Schlappschwanz *m*

**mandinga** [maṇ'diŋga] *m* ❶ (*Am: fam: diablo*) Teufel *m* ❷ (*Arg: fam: muchacho*) Lausbub *m*

**mando** ['maṇdo] *m* ❶ (*poder*) Macht *f;* (MIL) Kommando *nt;* (*del presidente*) Präsidialgewalt *f;* **don de** ~ Führungsqualitäten *fpl;* **estar al** ~ **de** das Kommando haben über; **estar bajo el** ~ **de alguien** unter jds Befehl stehen; **tener el** ~ **y el palo** (*fam*) das (absolute) Sagen haben ❷ (*quien lo tiene*): ~**s intermedios de una empresa** mittleres Management eines Unternehmens; **alto** ~ (MIL) Oberbefehlshaber *m* ❸ (TÉC) Steuerung *f;* ~ **a distancia** Fernsteuerung *f;* ~ **manual** Handantrieb *m;* **botón de** ~ Bedienungsknopf *m*

**mandolina** [maṇdo'lina] *f* Mandoline *f*

**mandón, -ona** [maṇ'don, -ona] **I.** *adj* herrschsüchtig **II.** *m, f* herrschsüchtige Person *f*

**mandril** [maṇ'dril] *m* ❶ (ZOOL: *mono*) Mandrill *m* ❷ (TÉC: *espiga*) (Richt)dorn *m;* (*plato de sujeción*) (Spann)futter *nt;* ~ **de taladrar** Bohrfutter *nt*

**manducar** [maṇdu'kar] <c→qu> *vi, vt* (*fam*) futtern

**manducatoria** [maṇduka'torja] *f* (*fam*) Essen *nt*

**manecilla** [mane'θiʎa] *f* ❶ (*del reloj*) Zeiger *m* ❷ (*broche*) Verschluss *m* ❸ (TÉC) Griff *m* ❹ (*signo*) Hinweiszeichen *nt* (in Handform)

**manejabilidad** [manexaβili'ðaᵈ] *f* ❶ (*de un objeto*) Handlichkeit *f* ❷ (*de una persona*) Fügsamkeit *f* ❸ (AUTO) Wendigkeit *f*

**manejable** [mane'xaβle] *adj* ❶ (*objeto*) handlich ❷ (*persona*) fügsam ❸ (AUTO) wendig

**manejar** [mane'xar] **I.** *vt* ❶ (*usar*) handhaben; (*máquina*) bedienen; (*fig*) umgehen (mit +*dat*); ~ **el cuchillo** mit dem Messer hantieren; **manejas bien las cifras** du kannst gut mit Zahlen umgehen; **saber** ~ **el dinero** gut mit Geld umgehen können; **'¡manéjese con cuidado!'** 'Vorsicht! Zerbrechlich!' ❷ (INFOR) steuern ❸ (*dirigir*) leiten; ~ **intereses** Interessen vertreten ❹ (*a alguien*) manipulieren; **maneja al marido a su antojo** sie macht mit ihrem Mann, was sie will ❺ (*Am: un coche*) lenken **II.** *vr:* ~**se** zurechtkommen; **saber** ~**se en la vida** sich gut im Leben zurechtfinden; **manejárselas** (*fam*) sich *dat* zu helfen wissen

**manejo** [ma'nexo] *m* ❶ (*uso*) Handhabung *f;* (*de una máquina*) Bedienung *f;* (*fig*) Umgang *m* (*de* mit +*dat*); (*utilización*) Bedienung *f;* ~ **del agua** Wasserbewirtschaftung *f;* ~ **de animales** Umgang mit Tieren; ~ **a distancia** Fernbedienung *f* ❷ (INFOR) Steuerung *f;* ~ **de errores** Fehlerbehandlung *f;* ~ **de la memoria** Speicherbenutzung *f;* ~ **de información** Informationsaufbereitung *f* ❸ (*trato*) Umgang *m* ❹ (*de un negocio*) Leitung *f* ❺ (*Am: de un coche*) Steuerung *f* ❻ *pl* (*intrigas*) Machenschaften *fpl*

**manera** [ma'nera] *f* ❶ (*forma, modo*) Art *f,* Weise *f;* ~ **de decir** Redensart *f;* ~ **de obrar** Verhalten *nt;* ~ **de pensar** Ansicht *f;* ~ **de proceder** Vorgehensweise *f;* ~ **de ser** Wesen *nt;* ~ **de ver las cosas** Einstellung *f;* **a la** ~ **de** in der Art von; **a la** ~ **de la casa** nach Art des Hauses; **a** ~ **de** wie; **a mi** ~ auf meine Art; **a mi** ~ **de ver** meiner Ansicht nach; **de la** ~ **que sea** egal wie; **de cualquier** ~ [*o* **de todas** ~**s**], **no pienso ir ahí** ich gehe jedenfalls nicht dorthin; **de esta** ~ so; **de** ~ **que** (*finalidad*) so dass; **mañana tienes que madrugar, de** ~ **que es mejor que te acuestes pronto** morgen musst du früh aufstehen, also ist es besser, wenn du bald ins Bett gehst; **¿de** ~ **que sacaste mala nota?** du hast also eine schlechte Note bekommen?; **de ninguna** ~ keinesfalls; **se echó a gritar de tal** ~ **que...** er/sie fing derartig an zu schreien, dass ...; **de una** ~ **o de otra** so oder so; **en cierta** ~ in gewisser Weise; **en gran** ~ wesentlich; **no hay** ~ **de...** es ist unmöglich zu ...; **¡qué** ~ **de llover!** so ein Regen!; **sobre** ~ übermäßig (viel); **primero se lo dije de buena** ~ erstmal habe ich ihn/sie höflich darauf hingewiesen; **contestar de mala** ~ eine freche Antwort geben; **hacer las cosas de mala** ~ pfuschen ❷ *pl* (*modales*) Manieren *fpl;* **¡estas no son** ~**s!** das ist keine Art!

**manga** ['maŋga] *f* ❶ (*del vestido*) Ärmel *m;* ~ **a la sisa** ärmellos; **de** ~**s cortas/largas** kurzärm(e)lig/langärm(e)lig; **estar en** ~**s de camisa** formlos gekleidet sein; **¡a buenas horas** ~**s verdes!** zu spät ist zu spät!; **ir** ~ **por hombro** (*fam*) drunter und drüber gehen; **poner algo** ~ **por hombro** (*fam*) etw heillos durcheinander bringen; **sacarse algo de la** ~ (*fig*) etw aus dem Ärmel schütteln; **ser más corto que las** ~**s de un chaleco** (*fig*) extrem schüchtern sein; **tener (la)** [*o* **ser de**] ~ **ancha** (*fig*) alles durchgehen lassen ❷ (*tubo*) Schlauch *m* ❸ (AERO): ~ **de aire** Windsack *m* ❹ (METEO): ~ **de viento/de agua** Wind-/Wasserhose *f* ❺ (GASTR) Spritzbeutel *m* ❻ (*fam: borrachera*) Schwips *m* ❼ (*Arg:*

M

*pey: grupo de personas*) Haufen *m* (Leute) ⑧ (*loc*): **hacer ~s y capirotes** (*fam*) unbesonnen handeln; **tirar la ~** (*fam*) sich *dat* Geld pumpen

**manganesa** [maŋga'nesa] *f* (MIN) Braunstein *m*, Pyrolusit *m*

**manganeso** [maŋga'neso] *m* Mangan *nt*

**mangante** [maŋ'gan̪te] *mf* (*fam*) ① (*ladrón*) Gauner(in) *m(f)* ② (*holgazán*) Faulpelz *m* ③ (*mendigo*) Bettler(in) *m(f)*

**manganzón, -ona** [maŋgan̪'θon, -ona] *m, f* (*Am*) Faulenzer(in) *m(f)*

**mangar** [maŋ'gar] <g→gu> *vt* (*fam*) klauen

**mango** ['maŋgo] *m* ① (*puño*) Griff *m*; (*alargado*) Stiel *m*; **tener la sartén por el ~** (*fig*) das Heft fest in der Hand haben ② (*árbol*) Mangobaum *m* ③ (*fruta*) Mango *f*

**mangoneador(a)** [maŋgonea'ðor(a)] *adj* ① (*entrometido*) zudringlich ② (*dominador*) herrschsüchtig ③ (*vago*) faul

**mangonear** [maŋgone'ar] **I.** *vi* (*fam*) ① (*entrometerse*) sich einmischen (*en* in +*akk*) ② (*vaguear*) sich herumtreiben **II.** *vt* (*fam*) bevormunden

**mangoneo** [maŋgo'neo] *m* (*fam*) ① (*entremetimiento*) Einmischung *f* ② (*vagancia*) Herumtreiberei *f*

**manguear** [maŋge'ar] *vt* (*Arg: fam: dinero*) pumpen

**manguera** [maŋ'gera] *f* (*tubo*) Schlauch *m*

**mangueta** [maŋ'geta] *f* ① (*listón*) Leiste *f* ② (*palanca*) Hebel *m* ③ (*retrete*) Ableitrohr *nt*

**manguito** [maŋ'gito] *m* ① (*mitón*) Muff *m* ② (*protección*) Ärmelschoner *m* ③ (*cilindro hueco*) Manschette *f* ④ (*anillo*) Schelle *f*

**maní** [ma'ni] *m* Erdnuss *f*

**manía** [ma'nia] *f* ① (*locura*) Wahn *m* ② (*extravagancia*) Marotte *f* ③ (*obsesión*) fixe Idee *f*; **tener ~ por la moda** ein Modenarr sein ④ (*fam: aversión*) Abneigung *f*; **tener(le) ~ a alguien** jdn nicht leiden können; **cogerle ~ a alguien** eine Abneigung gegen jdn entwickeln

**maniaco, -a** [ma'njako, -a], **maníaco, -a** [ma'niako, -a] **I.** *adj* wahnsinnig **II.** *m, f* Wahnsinnige(r) *mf*; **~ sexual** Sexbesessene(r) *m*; (*delincuente*) Triebtäter *m*

**maniatar** [manja'tar] *vt* (*persona*) an den Händen fesseln; **lo ~on a la silla** sie haben ihn mit den Händen an den Stuhl gebunden

**maniático, -a** [ma'njatiko, -a] **I.** *adj* ① (*loco*) verrückt ② (*extravagante*) seltsam **II.** *m, f* ① (*loco*) Wahnsinnige(r) *mf*; **un ~ de futból** ein Fußballfreak; **ser un ~ del cine** ein großer Kinoliebhaber sein ② (*extravagante*) Sonderling *m*

**manicomio** [mani'komjo] *m* Irrenanstalt *f*

**manicura** [mani'kura] *f* Maniküre *f*

**manicuro, -a** [mani'kuro, -a] *m, f* Handpfleger(in) *m(f)*, Maniküre *f*

**manido, -a** [ma'niðo, -a] *adj* ① (*alimentos*) leicht verdorben; (*fruta*) überreif ② (*objetos*) gebraucht; (*libro*) abgegriffen; (*ropa*) abgetragen ③ (*trillado*) abgedroschen ④ (*oculto*) verborgen

**manierismo** [manje'rismo] *m* (ARTE) Manierismus *m*

**manifestación** [manifesta'θjon] *f* ① (*expresión*) Bekundung *f*; **como ~ de cariño** als Ausdruck der Zuneigung ② (*reunión*) Demo(nstration) *f*

**manifestante** [manifes'tan̪te] *mf* Demonstrant(in) *m(f)*

**manifestar** [manifes'tar] <e→ie> **I.** *vt* ① (*declarar*) erklären ② (*mostrar*) zeigen **II.** *vr*: **~se** ① (*declararse*) sich äußern; **~se a favor/en contra de algo** sich für/gegen etw aussprechen ② (*revelarse*) sich zeigen (*en* in +*dat*) ③ (*política*) demonstrieren

**manifiesto**[1] [mani'fjesto] *m* Manifest *nt*

**manifiesto, -a**[2] [mani'fjesto, -a] *adj* ① (*evidente*) eindeutig ② (*loc*): **poner de ~** (*revelar*) offenbaren; (*expresar*) zum Ausdruck bringen

**manija** [ma'nixa] *f* (*palanca*) Griff *m*

**manilargo, -a** [mani'laɣo, -a] **I.** *adj* ① (*hurtador*) langfing(e)rig ② (*dadivoso*) großzügig **II.** *m, f* Langfinger *m*

**manilla** [ma'niʎa] *f* ① (*pulsera*) Armreif *m* ② *pl* (*para prisioneros*) Handschellen *fpl* ③ *v.* **manija** ④ (*del reloj*) Uhrzeiger *m*

**manillar** [mani'ʎar] *m* Lenker *m*

**maniobra** [mani'oβra] *f* ① (*operación manual*) Handgriff *m* ② (*uso*) Bedienung *f* ③ (*ardid*) Intrige *fpl*; **~s fraudulentas** betrügerische Handlungen ④ (MIL) Manöver *nt*; **estar de ~s** im Manöver sein ⑤ (*vehículo*) Steuern *nt*; (FERRO) Rangieren *nt*; (*movimiento*) Manöver *nt*

**maniobrabilidad** [manjoβraβili'ðaᵈ] *f* (*vehículo*) Lenkbarkeit *f*

**maniobrable** [manjo'βraβle] *adj* lenkbar; **un vehículo fácilmente ~** ein wendiges Fahrzeug

**maniobrar** [manjo'βrar] **I.** *vi* ① (MIL) ein Manöver abhalten ② (*intrigar*) intrigieren **II.** *vt* ① (*manejar*) steuern ② (*manipular*) beeinflussen

**manipulación** [manipula'θjon] *f* ① (*empleo*) Handhabung *f* ② (*elaboración*) Verarbeitung *f* ❸ (*alteración*) Manipulation *f*

**manipulador**[1] [manipula'ðor] *m* ❶ (*morse*) Morsetaster *m* ❷ (TEL) Telegrafenschlüssel *m*

**manipulador(a)**[2] [manipula'ðor(a)] *adj* manipulierend

**manipular** [manipu'lar] *vt* ❶ (*maniobrar*) handhaben; (*máquina*) bedienen ❷ (*elaborar*) verarbeiten ❸ (*alterar*) manipulieren ❹ (*interferir*) eingreifen (in +*akk*) ❺ (*manosear*) hantieren (mit +*dat*)

**maniqueísmo** [manike'ismo] *m sin pl* ❶ (REL) Manichäismus *m* ❷ (POL) Schwarzweißmalerei *f*

**maniquí** [mani'ki] <maniquíes> *m* ❶ (*modelo*) Mannequin *nt* ❷ (*muñeco*) Schaufensterpuppe *f* ❸ (*pelele*) Marionette *f*

**manir** [ma'nir] *irr como abolir vt* (*carne*) abhängen lassen

**manirroto, -a** [mani'rroto, -a] *adj* verschwenderisch

**manita** [ma'nita] *f*: **hacer ~s** Händchen halten; **ser un ~s** handwerklich geschickt sein

**manivela** [mani'βela] *f* Kurbel *f*

**manjar** [maŋ'xar] *m* ❶ (*comestible*) Speise *f* ❷ (*exquisitez*) Delikatesse *f*

**mano** ['mano] *f* ❶ (ANAT) Hand *f*; **a ~ alzada** (*votación*) durch Handzeichen; **a ~ armada** bewaffnet; **a ~s llenas** großzügig; **alzar la ~ contra alguien** gegen jdn die Hand erheben; **apretón de ~s** Handschlag *m*; **bajo ~** unter der Hand; **cargar las ~s** übertreiben; **coger a alguien con las ~s en la masa** jdn auf frischer Tat ertappen; **cogidos de las ~s** Hand in Hand; **comer de la ~ de alguien** (*fig*) jdm aus der Hand fressen; **con la ~ en el corazón** freimütig; **dar de ~** (*al trabajo*) die Arbeit niederlegen; **dar de ~ a alguien** jdn links liegen lassen; **echar una ~ a alguien** jdm helfen; **dejar algo en ~s de alguien** jdm etw überlassen; **echar ~ de alguien** auf jdn zurückgreifen; **ser de ~ abierta/cerrada** großzügig/geizig sein; **estar al alcance de la ~** in Reichweite sein; **estar ~ sobre ~** (*fig*) die Hände in den Schoß legen; **hecho a ~** handgefertigt; **irse a las ~s** handgreiflich werden; **su vida se le había ido de las ~s** er/sie hatte die Kontrolle über sein/ihr Leben verloren; **se le ha ido la ~** (*desmesura*) er/sie hat das Maß überschritten; (*violencia*) er/sie ist handgreiflich geworden; **lavarse las ~s (como Pilatos)** seine Hände in Unschuld waschen; **llevar a alguien de la ~** jdn an der Hand führen; (*fig*) Einfluss auf jdn ausüben; **~ a ~** (*fig*) gleichzeitig; **¡~s a la obra!** ans Werk!; **meter ~** sich einmischen; **meter ~ a alguien** (*fam*) jdn befingern; **pedir la ~ de alguien** um jds Hand anhalten; **poner las ~s en el fuego por alguien** für jdn die Hand ins Feuer legen; **si a ~ viene...** wenn es gelegen ist ...; **echar ~ de una oferta** ein Angebot in Anspruch nehmen; **traer algo entre ~s** etw im Schilde führen; **tomarle la ~ a algo** (*fam*) sich in etw einarbeiten; **untar la ~ a alguien** jdn bestechen; **muchas ~s en un plato hacen mucho garabato** (*prov*) viele Köche verderben den Brei ❷ (ZOOL) Vorderfuß *m;* (*de un perro*) Vorderpfote *f;* **~ de ave** Klaue *f;* **~ de elefante** Rüssel *m* ❸ (*reloj*) Zeiger *m* ❹ (*lado*) Seite *f;* **a** [*o* **de**] [*o* **por**] **la ~ derecha** auf der rechten Seite ❺ (*aplicación*) (Farb)auftrag *m;* (*capa*) (Farb)schicht *f;* **una ~ de pintura** ein Anstrich; **la pared necesita una ~ de pintura** die Wand muss noch einmal gestrichen werden; **dar la última ~ a algo** etw *dat* den letzten Schliff geben; **una ~ de azotes** eine Tracht Prügel ❻ (*trabajador*) Arbeiter(in) *m(f);* **~ de obra** Arbeitskraft *f;* **~ de obra especializada** Facharbeiter(in) *m(f)* ❼ (*habilidad*) Geschicklichkeit *f;* **tener buena ~ para coser** im Nähen geschickt sein; **tener ~s verdes** einen grünen Daumen haben ❽ (*de naipes*) Runde *f;* **ser ~** herauskommen ❾ (*de ajedrez*) Partie *f*

**manojo** [ma'noxo] *m* Hand *f* voll; **~ de llaves** Schlüsselbund *m o nt;* **ser un ~ de nervios** ein Nervenbündel sein

**manopla** [ma'nopla] *f* ❶ (*guante*) Fäustling *m* ❷ (*para lavarse*) Waschlappen *m*

**manoseado, -a** [manose'aðo, -a] *adj* ❶ (*sobado*) gebraucht ❷ (*trillado*) abgedroschen

**manosear** [manose'ar] *vt* betasten; (*fam pey*) betatschen

**manotazo** [mano'taθo] *m* Schlag *m;* **dar ~s** um sich schlagen

**manotear** [manote'ar] *vi* gestikulieren

**manotón** [mano'ton] *m* Schlag *m*

**mansalva** [man'salβa] *adv:* **a ~** (*sobre seguro*) sicher; (*traidoramente*) aus dem Hinterhalt; (*en gran cantidad*) massenweise

**mansedumbre** [manse'ðumbre] *f* ❶ (*suavidad*) Sanftmut *f* ❷ (*sumisión*) Gehorsam *m*

**mansión** [man'sjon] *f* ❶ (*casa suntuosa*) Villa *f* ❷ (*morada*) Wohnsitz *m* ❸ (*detención*) Rast *f;* **hacer ~** sich aufhalten

**manso, -a** ['manso, -a] *adj* ❶ (*dócil*) sanft

M

❷ (*animales*) zahm ❸ (*aguas*) still ❹ (*viento*) lau ❺ (*clima*) mild

**manta¹** ['manta] *f* ❶ (*cobertor*) Decke *f;* ~ **de cama** Tagesdecke *f;* **a ~** massenhaft; **liarse la ~ a la cabeza** (*actuar con decisión*) Nägel mit Köpfen machen; (*de modo irreflexivo*) unbedacht handeln; (*aceptar*) sich *dat* etwas aufhalsen lassen; **tirar de la ~** Machenschaften aufdecken ❷ (*zurra*) Tracht *f* Prügel ❸ (ZOOL) Rochen *m*

**manta²** ['manta] *mf* (*persona torpe*) Tölpel *m*

**mantear** [mante'ar] *vt auf einer Decke mehrmals in die Luft werfen und wieder auffangen*

**manteca** [man'teka] *f* ❶ (*grasa*) Fett *nt;* ~ **de cerdo** Schweineschmalz *nt* ❷ (*mantequilla*) Butter *f;* **como ~** butterweich; **eso no se le ocurre ni al que asó la ~** um so etwas anzustellen, muss man schon ganz schön doof sein

**mantecado** [mante'kaðo] *m* ❶ (*bollo*) (weihnachtliches) Schmalzgebäck *nt* ❷ (*helado*) Milcheis *nt*

**mantecoso, -a** [mante'koso, -a] *adj* ❶ (*de manteca*) Butter-; (*sabor*) butt(e)rig ❷ (*consistencia*) butterweich; (*carne*) zart

**mantel** [man'tel] *m* Tischdecke *f;* **levantar los ~es** (*fig*) nach dem Essen vom Tisch aufstehen; **comer a ~es** fein essen; **estar a mesa y ~** freie Verpflegung haben

**mantelería** [mantele'ria] *f* Tischwäsche *f*

**mantener** [mante'ner] *irr como tener* **I.** *vt* ❶ (*conservar*) halten; (*orden, relaciones*) aufrechterhalten; ~ **a punto** instand halten; ~ **la línea** fit bleiben; ~ **la calma** die Ruhe bewahren ❷ (*perseverar*) beharren (auf +*dat*) ❸ (*sustentar*) unterhalten; ~ **correspondencia con alguien** mit jdm in Briefkontakt stehen ❹ (*sostener*) stützen ❺ (*proseguir*) in Gang halten; ~ **una conversación con alguien** mit jdm ein (langes) Gespräch führen **II.** *vr:* ~**se** ❶ (*sostenerse*) sich halten ❷ (*continuar*) bleiben ❸ (*perseverar*) festhalten (an +*dat*); ~**se en sus trece** (*fam*) auf seinem Standpunkt beharren ❹ (*sustentarse*) seinen Lebensunterhalt bestreiten (*gracias a* mit +*dat*)

**mantenido, -a** [mante'niðo, -a] *adj* anhaltend

**mantenimiento** [manteni'mjento] *m* ❶ (*alimentos*) Unterhalt *m* ❷ (TÉC) Wartung *f;* ~ **de datos** (INFOR) Datenpflege *f;* **sin ~** wartungsfrei

**mantequera** [mante'kera] *f* ❶ (*elaboración manual*) Butterfass *nt;* (*elaboración mecánica*) Buttermaschine *f* ❷ (*para conservar*) Butterdose *f;* (*en frigorífico*) Butterfach *nt*

**mantequilla** [mante'kiʎa] *f* Butter *f*

**mantilla** [man'tiʎa] *f* ❶ (*de mujer*) Mantille *f* ❷ (*de niño*) Wickeltuch *nt;* **estar en ~s** (*fam fig*) noch in den Windeln stecken; **estar en ~s sobre algo** (*fam*) wenig Ahnung von etw *dat* haben ❸ (*de caballo*) Satteldecke *f*

**i Land & Leute**

Die **mantilla** ist ein um die Schulter (manchmal um die Taille oder um den Kopf) getragenes dreieckiges Tuch aus Spitze und Tüll mit langen Fransen und ist meist mit Blumenmotiven bestickt. In den meisten Regionen Spaniens gehört sie zur traditionellen weiblichen Festkleidung. Bei vornehmen Hochzeiten trägt die *madrina – Trauzeugin* eine schwarze **mantilla española.**

**mantis** ['mantis] *f* (ZOOL) Gottesanbeterin *f*

**manto** ['manto] *m* ❶ (*prenda*) Umhang *m;* (*talar*) Talar *m* ❷ (*capa*) Schicht *f;* **el ~ ácido de la piel** der Säureschutzmantel der Haut ❸ (*velo*) Schleier *m* ❹ (MIN) (dünne) Erdschicht *f* ❺ (GEO): ~ **terrestre** Erdmantel *m* ❻ (BOT): ~ **vegetal** Pflanzendecke *f*

**mantón** [man'ton] *m* Umschlagtuch *nt*

**manual** [manu'al] **I.** *adj* ❶ (*con las manos*) Hand- ❷ (*manejable*) handlich **II.** *m* Handbuch *nt;* ~ **de referencia** Nachschlagewerk *nt*

**manualidad** [manwali'ðaᵈ] *f* ❶ (*trabajo manual*) Handarbeit *f* ❷ (*pasatiempo*) Bastelarbeit *f*

**manubrio** [ma'nuβrjo] *m* ❶ (*puño*) Griff *m* ❷ (*manivela*) Kurbel *f;* **piano de ~** Drehorgel *f*

**manufacturación** [manufaktura'θjon] *f* Herstellung *f*

**manufacturar** [manufaktu'rar] *vt* herstellen

**manuscrito¹** [manus'krito] *m* ❶ (*escrito a mano*) Handschrift *f* ❷ (*de un autor*) Manuskript *nt*

**manuscrito, -a²** [manus'krito, -a] *adj* handschriftlich

**manutención** [manuten'θjon] *f* ❶ (*alimentos*) Unterhalt *m* ❷ (TÉC) Instandhaltung *f*

**manzana** [man'θana] *f* ❶ (*fruta*) Apfel *m;* **la ~ de la discordia** der Zankapfel; **sano como una ~** kerngesund ❷ (*cuadra*) (Häuser)block *m;* **dar la vuelta a la ~** um den Block gehen

**manzanal** [man̪θa'nal] *m* (BOT) ① (*terreno*) Apfelbaumplantage *f* ② (*árbol*) Apfelbaum *m*

**manzanilla** [man̪θa'niʎa] *f* ① (*planta*) Kamille *f* ② (*flor*) Kamillenblüte *f* ③ (*infusión*) Kamillentee *m* ④ (*vino*) Manzanilla(wein) *m*

**i Land & Leute**

Das Wort **manzanilla** kann im Spanischen drei wichtige Bedeutungen haben: Zum einen bezeichnet es Kamillentee, zum anderen einen Weißwein aus Andalusien, den *(jerez) manzanilla*, einen herben Sherry, schließlich die *aceituna manzanilla*, eine besonders aromatische Olivensorte.

**manzano** [man̪'θano] *m* Apfelbaum *m*

**maña** ['maɲa] *f* ① (*habilidad*) Geschicklichkeit *f;* **darse** [*o* **tener**] ~ **para** [*o* **con**] **algo** etw gut können ② (*astucia*) Schläue *f;* **más vale ~ que fuerza** List geht über Kraft ③ *pl* (*caprichos*) Mucken *fpl;* **tener ~s** verwöhnt sein

**mañana**[1] [ma'ɲana] **I.** *f* (*temprana*) Morgen *m;* (*hasta el mediodía*) Vormittag *m;* **a las 5 de la ~** um 5 Uhr morgens; **de la noche a la ~** über Nacht; **de ~** frühmorgens; **por la ~** morgens/vormittags; **todas las ~s** jeden Morgen/Vormittag; **~ por la ~** morgen früh/Vormittag **II.** *adv* ① (*día*) morgen; **¡hasta ~!** bis morgen!; **pasado ~** übermorgen; **~ será otro día** morgen ist auch noch ein Tag; **no dejes para ~ lo que puedas hacer hoy** (*prov*) was du heute kannst besorgen, das verschiebe nicht auf morgen ② (*futuro*) in der Zukunft

**mañana**[2] [ma'ɲana] *m* Zukunft *f;* **el día de ~** in näherer Zukunft

**mañanero, -a** [maɲa'nero, -a] **I.** *adj* ① (*madrugador*) Frühaufsteher- ② (*de la mañana*) Morgen- **II.** *m, f* Frühaufsteher(in) *m(f)*

**maño, -a** ['maɲo, -a] **I.** *adj* aus Aragonien **II.** *m, f* Aragonier(in) *m(f)*

**mañoso, -a** [ma'ɲoso, -a] *adj* ① (*hábil*) geschickt ② (*sagaz*) flink ③ (*caprichoso*) verwöhnt ④ (*terco*) störrisch

**maoísta** [mao'ista] **I.** *adj* (POL) maoistisch **II.** *mf* (POL) Maoist(in) *m(f)*

**mapa** ['mapa] *m* (Land)karte *f;* **~ astronómico** Himmelskarte *f;* **borrar del ~** (*matar*) umbringen; **desaparecer del ~** verschwinden; **no estar en el ~** (*fig*) außergewöhnlich sein

**mapache** [ma'patʃe] *m,* **mapachín** [mapa'tʃin] *m* (*Am*) Waschbär *m*

**mapamundi** [mapa'mun̪di] *m* ① (*mapa*) Weltkarte *f* ② (*fam: trasero*) Hintern *m*

**maqueta** [ma'keta] *f* ① (ARQUIT) (Entwurfs)modell *nt* ② (*formato*) Layout *nt*

**maquetación** [maketa'θjon] *f* (PREN) Layout *nt*

**maquetar** [make'tar] *vt* (TIPO) das Layout machen (von +*dat*), layouten

**maquiavélico, -a** [makja'βeliko, -a] *adj* (*retorcido*) heimtückisch

**maquillador(a)** [makiʎa'ðor(a)] *m(f)* Visagist(in) *m(f);* (TEAT) Maskenbildner(in) *m(f)*

**maquillaje** [maki'ʎaxe] *m* ① (*acción*) Schminken *nt* ② (*producto*) Make-up *nt;* (TEAT) Schminke *f*

**maquillar** [maki'ʎar] **I.** *vt* ① (*poner base de fondo*) Make-up auftragen (auf +*akk*); (*con pinturas*) schminken ② (*disimular*) beschönigen **II.** *vr:* **~se** (*con base de fondo*) Make-up auflegen; (*con pinturas*) sich schminken

**máquina** ['makina] *f* ① (*artefacto*) Maschine *f;* **~ de afeitar** Rasierapparat *m;* **~ de coser/lavar** Näh-/Waschmaschine *f;* **~ fotográfica** Kamera *f;* **~ de escribir automática** elektrische Schreibmaschine; **~ destructora de documentos** Aktenvernichter *m;* **a toda ~** mit Volldampf *fam;* **escrito a ~** maschinengeschrieben; **hecho a ~** maschinell hergestellt ② (*aparato de monedas*) Automat *m;* **~ de tabaco** Zigarettenautomat *m;* **~ tragaperras** (*fam*) Spielautomat *m* ③ (*tren*) Lokomotive *f*

**maquinación** [makina'θjon] *f* Intrige *f*

**maquinal** [maki'nal] *adj* ① (*de la máquina*) Maschinen-, maschinell ② (*acción, movimiento*) mechanisch

**maquinar** [maki'nar] *vt* ① (*urdir*) aushecken ② (*trabajar*) maschinell bearbeiten

**maquinaria** [maki'narja] *f* ① (*máquinas*) Maschinenpark *m* ② (*mecanismo*) Mechanismus *m* ③ (*industria*) Maschinenbauindustrie *f*

**maquinilla** [maki'niʎa] *f* Rasierapparat *m*

**maquinista** [maki'nista] *mf* ① (*constructor*) Maschinenbauer(in) *m(f)* ② (*conductor*) Maschinenführer(in) *m(f);* **~ de trenes** Lokführer(in) *m(f)*

**maquinización** [makiniθa'θjon] *f* Automatisierung *f*

**maquinizar** [makini'θar] <z→c> *vt* mechanisieren

**mar** [mar] *m o f* ① (GEO) Meer *nt,* See *f;* **M~**

**Antártico** Südliches Eismeer; **M~ de las Antillas** Karibisches Meer; **M~ de Aral** Aralsee *m;* **M~ Ártico** Nordpolarmeer *nt;* **M~ Báltico** Ostsee *f;* **M~ de Irlanda** Irische See; **M~ Mediterráneo** Mittelmeer *nt;* **M~ del Norte** Nordsee *f;* **en alta** ~ auf hoher See; ~ **adentro** seewärts; ~ **de fondo** Dünung *f;* (*fig*) unterschwellige Spannung; **por** ~ auf dem Seeweg; **hacerse a la** ~ in See stechen; **arar en el** ~ (*fig*) Wasser in den Rhein tragen; **arrojarse a la** ~ (*fig*) ins kalte Wasser springen; **quien no se aventura no pasa la** ~ (*prov*) wer nicht wagt, der nicht gewinnt ② (*fam: abundancia*) Unmenge *f;* **hay la** ~ **de...** es gibt ... in Hülle und Fülle; **llueve a** ~**es** es schüttet; **llorar a** ~**es** wie ein Schlosshund weinen; **sudar a** ~**es** sehr stark schwitzen; **ser la** ~ **de aburrido** entsetzlich langweilig sein; **ser la** ~ **de bonita** äußerst hübsch sein

**i Land & Leute**

Der **Mar Cantábrico** – *Kantabrisches Meer* liegt an Spaniens atlantischer Nordküste. Von Westen nach Osten befinden sich folgende *Comunidades Autónomas – autonome Regionen* an dieser Küste: *Galicia, Asturias, Cantabria* und *el País Vasco.*

**maraca** [ma'raka] *f* ① (*instrumento musical*) Rumbakugel *f* ② (*sonajero*) Kürbisrassel *f*

**maracuyá** [maraku'ɟa] *m* (BOT) Maracuja *f*

**marajá** [mara'xa] *m* Maharadscha *m*

**maraña** [ma'raɲa] *f* ① (*maleza*) Gestrüpp *nt* ② (*lío*) Wirrwarr *m;* ~ **de cabello** zerzaustes Haar; ~ **de hilo** unentwirrbarer Knäuel ③ (*embuste*) List *f*

**marasmo** [ma'rasmo] *m* ① (*debilitamiento*) Kräfteverfall *m* ② (*inmovilidad*) Stillstand *m*

**maratón** [mara'ton] *m o f* Marathon *m;* **la reunión fue verdaderamente un** ~ es war wahrhaftig eine Marathonsitzung

**maravilla** [mara'βiʎa] *f* ① (*portento*) Wunder *nt;* **a las mil** ~**s, de** ~ wunderbar; **hablar** ~**s de alguien** jdn in den Himmel loben; **hacer** ~**s** (*fig*) wahre Wunder vollbringen ② (*admiración*) Bewunderung *f* ③ (*caléndula*) Ringelblume *f*

**maravillar** [maraβi'ʎar] **I.** *vt* in Bewunderung versetzen **II.** *vr:* ~**se** sich wundern (*de* über +*akk*)

**maravilloso, -a** [maraβi'ʎoso, -a] *adj* wunderbar

**marbellí** [marβe'ʎi] *adj* aus Marbella

**marca** ['marka] *f* ① (*distintivo*) Kennzeichen *nt;* ~ **de agua** Wasserzeichen *nt;* ~ **de ganado** Brandzeichen *nt* ② (*de productos*) Marke *f;* ~ **registrada** eingetragenes Warenzeichen; **ropa de** ~ Designerkleider *ntpl;* **un idiota de** ~ **mayor** ein Idiot ersten Ranges ③ (*huella*) Spur *f* ④ (DEP) Rekord *m* ⑤ (*medida*) Standard *m* ⑥ (INFOR) Marke *f;* ~ (**de texto**) Lesezeichen *nt,* Bookmark *f o nt*

**marcadamente** [markaða'men̩te] *adv* ① (*claramente*) deutlich ② (*singularmente*) besonders, vor allem ③ (*con énfasis*) nachdrücklich

**marcado, -a** [mar'kaðo, -a] *adj* ① (*señalado*) markiert ② (*evidente*) deutlich ③ (*singular*) sonderbar ④ (*enfático*) nachdrucksvoll

**marcador** [marka'ðor] *m* ① (*tablero*) Anzeigetafel *f;* **abrir el** ~ die ersten Punkte erzielen; **cerraron el** ~ **con tres tantos** sie beendeten das Spiel mit drei Toren ② (*Arg: rotulador*) Filzstift *m*

**marcaje** [mar'kaxe] *m* (DEP) Deckung *f*

**marcapaso(s)** [marka'paso(s)] *m* (*inv*) (Herz)schrittmacher *m*

**marcar** [mar'kar] <c→qu> **I.** *vt* ① (*señalar*) markieren; (*ganado*) mit Brandzeichen versehen; (*mercancías*) auszeichnen; ~ **una época** eine Epoche prägen; ~ **el compás** den Takt (an)geben ② (*resaltar*) hervorheben ③ (*teléfono*) wählen ④ (*cabello*) (ein)legen ⑤ (*naipes*) zinken ⑥ (DEP): ~ **un gol** ein Tor schießen; ~ **un punto** einen Punkt erzielen ⑦ (DEP: *a un jugador*) decken **II.** *vr:* ~**se** sich abzeichnen

**marcha** ['marʧa] *f* ① (*movimiento*) Gang *m;* **poner en** ~ in Gang setzen; (*producción*) aufnehmen ② (*caminata*) Lauf *m* ③ (*curso*) Verlauf *m;* ~ **de los negocios** Geschäftsverlauf *m;* **la** ~ **de los acontecimientos** der Gang der Ereignisse; **sobre la** ~ zum richtigen Zeitpunkt ④ (*velocidad*) Gang *m;* ~ **atrás** Rückwärtsgang *m;* **a toda** ~ mit voller Geschwindigkeit ⑤ (*t.* MIL, MÚS) Marsch *m;* ~ **silenciosa** Schweigemarsch *m* ⑥ (*salida*) Abreise *f;* **¡en** ~**!** los geht's! ⑦ (*argot: acción*) Stimmung *f;* **¡aquí hay mucha** ~**!** hier ist die Hölle los!; **ir de** ~ ausgehen; **tener** ~ unternehmungslustig sein

**marchador(a)** [marʧa'ðor(a)] *m(f)* unermüdlicher Läufer *m,* unermüdliche Läuferin *f*

**marchamo** [mar'ʧamo] *m* ① (*aduanas*)

Zollplombe *f* ❷ (*embutidos*) Gütesiegel *nt*
**marchante** [mar'tʃan̩te] **I.** *adj* kommerziell **II.** *mf* Händler(in) *m(f)*; ~ **de obras de arte** Kunsthändler(in) *m(f)*
**marchar** [mar'tʃar] **I.** *vi* ❶ (*ir*) gehen; **¡marchando!** los geht's! ❷ (*funcionar*) laufen; ~ **sobre ruedas** (*fig*) wie geschmiert laufen **II.** *vr:* ~**se** ❶ (*irse*) (weg)gehen; **¿os marcháis?** geht ihr (schon)? ❷ (*huir*) ausreißen; ~**se del país** das Land verlassen
**marchitar** [martʃi'tar] **I.** *vi* ❶ (*plantas*) welken ❷ (*personas*) dahinwelken **II.** *vr:* ~**se** verwelken
**marchito**, **-a** [mar'tʃito, -a] *adj* welk
**marchoso**, **-a** [mar'tʃoso, -a] *adj* ❶ (*salidor*) unternehmungslustig ❷ (*elegante*) schick
**marcial** [mar'θjal] *adj* kriegerisch; **artes** ~**es** Kampfsportarten *fpl*; **ley** ~ Ausnahmezustand *m*
**marcialidad** [marθjali'ðað] *f sin pl* kriegerisches Wesen *nt*
**marcianitos** [marθja'nitos] *mpl* (*fam*) kleine grüne Männchen *ntpl*
**marciano**, **-a** [mar'θjano, -a] **I.** *adj* Mars- **II.** *m, f* Marsmensch *m*
**marco** ['marko] *m* ❶ (*recuadro*) Rahmen *m*; (*armazón*) Gestell *nt*; **el** ~ **legal** der rechtliche Rahmen ❷ (*ambiente*) Rahmen *m* ❸ (*moneda*) Mark *f*
**marea** [ma'rea] *f* ❶ (*mar*) Gezeiten *pl*; ~ **alta** Flut *f*; ~ **baja** Ebbe *f*; ~ **negra** Ölpest *f*; ~ **roja** Algenpest *f*; ~ **viva** Springflut *f*; **contra viento y** ~ (*fig*) komme, was da wolle ❷ (*multitud*) Menge *f*; **una** ~ **humana** eine Menschenflut
**mareado**, **-a** [mare'aðo, -a] *adj* ❶ (*indispuesto*) krank; (*en el mar*) seekrank; (*al viajar*) reisekrank; **estoy** ~ mir ist übel ❷ (*aturdido*) schwind(e)lig; **estoy** ~ mir ist schwind(e)lig ❸ (*bebido*) beschwipst *fam*
**mareante** [mare'an̩te] *adj* ❶ (*que produce vértigo*) schwindelerregend; (*que produce náuseas*) Übelkeit erregend ❷ (*que causa molestia*) nervenaufreibend; **su llanto le resultaba** ~ sein/ihr Weinen ging ihm/ihr auf die Nerven
**marear** [mare'ar] **I.** *vt* ❶ (*fam: molestar*) auf die Nerven gehen +*dat* ❷ (MED): **algo marea a alguien** jdm wir von etw *dat* schlecht ❸ (*aturdir*) schwind(e)lig machen; (*fig*) überfordern **II.** *vr:* ~**se** ❶ (*enfermarse*) krank werden; (*en el mar*) seekrank werden; (*al viajar*) reisekrank werden ❷ (*quedar aturdido*): **me mareo** mir wird schwind(e)lig ❸ (*emborracharse*) sich betrinken
**marejada** [mare'xaða] *f* hoher Seegang *m*; (*fig*) Brodeln *nt*
**marejadilla** [marexa'ðiʎa] *f* leichter Seegang *m*
**maremagno** [mare'maɣno] *m*, **maremágnum** [mare'maɣnun] *m* ❶ (*multitud*) Unmenge *f* ❷ (*confusión*) Durcheinander *nt*
**maremoto** [mare'moto] *m* Seebeben *nt*
**mareo** [ma'reo] *m* ❶ (*malestar*) Übelkeit *f*; (*en el mar*) Seekrankheit *f*; (*al viajar*) Reisekrankheit *f* ❷ (*vértigo*) Schwindelanfall *m* ❸ (*loc*): **¡qué** ~ **de hombre!** was für ein unausstehlicher Kerl!
**marfil** [mar'fil] *m* ❶ (*elefante*) Elfenbein *nt* ❷ (*dentadura*) Zahnbein *nt*
**marfileño**, **-a** [marfi'leɲo, -a] **I.** *adj* ❶ (*nacionalidad*) von der Elfenbeinküste ❷ (*material*) elfenbeinern **II.** *m, f* Ivorer(in) *m(f)*
**margarina** [marɣa'rina] *f* Margarine *f*
**margarita** [marɣa'rita] *f* ❶ (BOT: *mayor*) Margerite *f*; (*menor*) Gänseblümchen *nt*; **deshojar** ~**s** ‚er/sie liebt mich, er/sie liebt mich nicht' spielen ❷ (*bebida*) Margarita *f* ❸ (ZOOL) Perlmuschel *f* ❹ (*perla*) Perle *f*; **echar** ~**s a puercos** Perlen vor die Säue werfen ❺ (TIPO) Typenrad *nt*
**margen** ['marxen] *m o f* ❶ (*borde*) Rand *m*; **el** ~ **del río** das Flussufer; **al** ~ abseits; **dejar al** ~ ausschließen; **mantenerse al** ~ **de algo** (*fig*) sich aus etw *dat* heraushalten ❷ (*página*) (Seiten)rand *m* ❸ (*libertad*) Spielraum *m*; **dar** ~ Gelegenheit geben ❹ (*ganancia*) Spanne *f*; ~ **de costos** Kostenrahmen *m*; ~ **de seguridad** Sicherheitsmarge *f*
**marginación** [marxina'θjon] *f* ❶ (*exclusión*) Ausgrenzung *f* ❷ (POL) Diskriminierung *f*
**marginado**, **-a** [marxi'naðo, -a] **I.** *adj* ❶ (*excluido*) diskriminiert ❷ (*aislado*) isoliert **II.** *m, f* Außenseiter(in) *m(f)*
**marginal** [marxi'nal] *adj* ❶ (*al margen*) Rand- ❷ (*secundario*) nebensächlich
**marginar** [marxi'nar] *vt* ❶ (*ignorar algo*) beiseite lassen; (*a alguien*) ausgrenzen ❷ (*acotar*) mit Randbemerkungen versehen
**maría** [ma'ria] *f* ❶ (*fam: ama de casa*) Heimchen *nt* am Herd ❷ (*argot: marihuana*) Gras *nt*
**marica** [ma'rika] *m* (*vulg*) ❶ (*homosexual*) Schwule(r) *m fam* ❷ (*cobarde*) Hosenscheißer *m* ❸ (*insulto grosero*) Arschloch *nt*
**Maricastaña** [marikas'taɲa] *f*: **tiempos de** ~ (*fam*) Anno Tobak; **desde los tiempos de** ~ seit ewigen Zeiten; **este chiste es de los tiempos de** ~ dieser Witz ist doch

schon uralt

**maricón** [mari'kon] *m* (*vulg*) *v.* **marica**

**mariconada** [mariko'naða] *f* (*vulg*) ❶ (*acción malintencionada*) Schweinerei *f fam;* **hacer una ~ a alguien** jdn reinlegen ❷ (*tontería*) Blödsinn *m fam*

**marido** [ma'riðo] *m* Ehegatte *m;* **mi ~** mein Mann

**mariguana** [mari'ɣwana] *f sin pl,* **marihuana** [mari'wana] *f sin pl* Marihuana *nt*

**marimacho** [mari'matʃo] *m* (*fam*) Mannweib *nt*

**marimandón, -ona** [mariman̪'don, -ona] *m, f* (*fam*) herrschsüchtige Person *f*

**marimorena** [marimo'rena] *f* (*fam*) Streit *m;* **armar la ~** schweren Streit anfangen; **se armó la ~** ein wüster Streit brach los

**marina** [ma'rina] *f* ❶ (*flota*) Marine *f* ❷ (ARTE) Seestück *nt* ❸ (GEO) Küstengebiet *nt*

**marinar** [mari'nar] *vt* ❶ (*conservar*) einpökeln ❷ (*aderezar*) marinieren

**marine** [ma'rine] *m* (MIL) Marineinfanterist *m* (*der britischen und amerikansichen Streitkräfte*)

**marinero¹** [mari'nero] *m* Seemann *m;* **~ de agua dulce** (*irón*) Landratte *f*

**marinero, -a²** [mari'nero, -a] *adj* ❶ (*relativo al mar*) See-; **buque ~** seetüchtiges Schiff; **pueblo ~** Fischerdorf *nt;* **pescado a la marinera** *Fischgericht mit Tomaten und Muscheln in Weinsoße* ❷ (*relativo a la marina*) Marine-; **nudo ~** Seemannsknoten *m*

**marino¹** [ma'rino] *m* (*navegante*) Seemann *m*

**marino, -a²** [ma'rino, -a] *adj* ❶ (*relativo al mar*) See- ❷ (*relativo a la marina*) Marine-

**marioneta** [marjo'neta] *f* ❶ (*títere*) Marionette *f* ❷ *pl* (*teatro*) Marionettentheater *nt*

**mariposa** [mari'posa] *f* ❶ (BIOL) Schmetterling *m;* **~ nocturna** Nachtfalter *m* ❷ (*lámpara*) Öllampe *f* ❸ (DEP) Schmetterlingsstil *m* ❹ (*fam pey: afeminado*) Tunte *f*

**mariposear** [maripose'ar] *vi* ❶ (*ser inconstante*) flatterhaft sein ❷ (*flirtear*) herumflirten ❸ (*rondar*) sich herumdrücken (*a* um +*akk*)

**mariquita¹** [mari'kita] *f* ❶ (*insecto*) Marienkäfer *m* ❷ (*perico*) Papagei *m*

**mariquita²** [mari'kita] *m* (*fam*) Schwule(r) *m*

**marisabidilla** [marisaβi'ðiʎa] *f* (*fam*) Besserwisserin *f*

**mariscal** [maris'kal] *m* Marschall *m*

**marisco** [ma'risko] *m* Meeresfrucht *f*

**i Land & Leute**

Muscheln und Krebse aus dem Meer werden **mariscos** genannt (entspricht im Deutschen ungefähr dem Begriff Meeresfrüchte). Zu ihnen gehören beispielsweise die *almejas – Venusmuscheln* und die *mejillones – Miesmuscheln*, die *gambas – Krabben* und die *langostinos – Garnelen.*

**marisma** [ma'risma] *f* Marschland *nt*

**marisquería** [mariske'ria] *f* ❶ (*tienda*) Fachgeschäft *nt* für Meeresfrüchte ❷ (*restaurante*) Spezialitätenrestaurant *nt* für Meeresfrüchte

**marital** [mari'tal] *adj* ehelich; **vida ~** Eheleben *nt*

**marítimo, -a** [ma'ritimo, -a] *adj* maritim, See-; **ciudad marítima** Küstenstadt *f;* **seguro ~** Schifffahrtsversicherung *f*

**marjal** [mar'xal] *m* Moor *nt*

**marketing** ['marketiŋ] *m* (COM) Marketing *nt;* **director de ~** Vertriebsleiter *m;* **plan de ~** Marketingplan *m*

**marmita** [mar'mita] *f* Kochtopf *m*

**mármol** ['marmol] *m* Marmor *m;* **frío como el ~** kalt wie Stein; **de ~** marmorn

**marmóreo, -a** [mar'moreo, -a] *adj* marmorn, Marmor-

**marmota** [mar'mota] *f* ❶ (ZOOL) Murmeltier *nt* ❷ (*fam: dormilón*) Schlafmütze *f* ❸ (*pey: criada*) Trampel *m o nt*

**maroma** [ma'roma] *f* ❶ (*cuerda*) Tau *nt* ❷ (*Am: pirueta*) Kunststück *nt* ❸ (*Am: cambio de partido político*) plötzlicher Parteiwechsel *m;* (*de opinión*) plötzliche Meinungsänderung *m*

**maromo** [ma'romo] *m* (*argot*) Kerl *m*

**marqués, -esa** [mar'kes, -esa] *m, f* Marquis(e) *m(f)*

**marquesina** [marke'sina] *f* Markise *f*

**marquetería** [markete'ria] *f* Intarsie *f*

**marrajo¹** [ma'rraxo] *m* (ZOOL) Mako *m*

**marrajo, -a²** [ma'rraxo, -a] *adj* (*toro*) bösartig; (*persona*) verschlagen

**marrana** [ma'rrana] *f* ❶ (*cerda*) Sau *f* ❷ (*fam pey: mujer sucia*) Schlampe; (*vil*) Miststück *nt*

**marranada** [marra'naða] *f* (*fam*) Schweinerei *f*

**marrano¹** [ma'rrano] *m* ❶ (*cerdo*) Schwein *nt* ❷ (*fam pey: hombre sucio*) Schmutzfink *m;* (*grosero*) ungehobelter Kerl *m;* (*vil*) Schuft *m*

**marrano, -a²** [ma'rrano, -a] *adj* ❶ (*cochino*) ungehobelt ❷ (*sucio*) dreckig

**marrar** [ma'rrar] *vi* ❶ (*errar*) danebenschießen; ~ **el golpe** (*fig*) einen Bock schießen ❷ (*desviarse*) vom rechten Weg abkommen

**marras** ['marras] *adv:* **tema de** ~ Gemeinplatz *m;* **la persona de** ~ die besagte Person; **lo de** ~ die alte Geschichte

**marrón** [ma'rron] **I.** *adj* (kastanien)braun **II.** *m* (*Am: martillo*) Vorschlaghammer *m*

**marroquí** [marro'ki] **I.** *adj* marokkanisch **II.** *mf* Marokkaner(in) *m(f)*

**marroquín¹** [marro'kin] *m* (*tafilete*) Maroquin *m o nt,* Saffianleder *nt*

**marroquín, -ina²** [marro'kin, -ina] **I.** *adj* marokkanisch **II.** *m, f* Marokkaner(in) *m(f)*

**marroquinería** [marrokine'ria] *f* Lederwaren *fpl;* (*industria*) Lederwarenindustrie *f*

**Marruecos** [ma'rrwekos] *m* Marokko *nt*

**marrullería** [marruʎe'ria] *f* aufgesetzte Freundlichkeit *f;* **déjate de** ~**s** hör auf mit deinem Geschmeichel

**marrullero, -a** [marru'ʎero, -a] **I.** *adj* übertrieben freundlich **II.** *m, f* (durchtriebener) Schmeichler *m,* (durchtriebene) Schmeichlerin *f*

**Marsella** [mar'seʎa] *f* Marseille *nt*

**marsellés, -esa** [marse'ʎes, -esa] **I.** *adj* aus Marseille **II.** *m, f* Marseiller(in) *m(f)*

**marsopa** [mar'sopa] *f* Schweinswal *m*

**marsupial** [marsu'pjal] **I.** *adj:* **animal** ~ Beuteltier *nt* **II.** *m* Beuteltier *nt*

**marta** ['marta] *f* ❶ (*animal*) Marder *m;* ~ **cebellina** Zobel *m* ❷ (*piel*) Marderfell *nt*

**Marte** ['marte] *m* Mars *m*

**martes** ['martes] *m inv* Dienstag *m;* **¡~ y trece!** ≈Freitag, der 13.; *v. t.* **lunes**

**martillar** [marti'ʎar] *vt v.* **martillear**

**martillazo** [marti'ʎaθo] *m* Hammerschlag *m*

**martillear** [martiʎe'ar] *vt* ❶ (*golpear*) hämmern (auf +*akk*) ❷ (*atormentar*) martern ❸ (*repetir*) ständig wiederholen

**martilleo** [marti'ʎeo] *m* Gehämmer *nt*

**martillo** [mar'tiʎo] *m* ❶ (*herramienta, t.* ANAT) Hammer *m;* **pez** ~ Hammerhai *m;* **creer algo a macha** ~ etw felsenfest glauben ❷ (*subasta*) Auktionshaus *nt*

**martín** [mar'tin] *m:* ~ **pescador** Eisvogel *m;* ~ **del río** Nachtreiher *m*

**martinete** [marti'nete] *m* ❶ (ZOOL) Nachtreiher *m* ❷ (MÚS: *macillo*) (Klavier)hammer *m* ❸ (*mazo*) Fallhammer *m;* (*para clavar estacas*) Pfahlramme *f*

**martingala** [martiŋ'gala] *f* (*fam*) Trick *m*

**mártir** ['martir] *mf* Märtyrer(in) *m(f)*

**martirio** [mar'tirjo] *m* (REL) Martyrium *nt;* (*fig*) Marter *f*

**martirizar** [martiri'θar] <z→c> *vt* martern

**maruja** [ma'ruxa] *f* (*fam*) ≈Klatschtante *f*

**i Land & Leute**

Als Eigennamen verwendet und großgeschrieben steht **Maruja** für die Kurzform des Doppelnamens *María Eugenia*. In den letzten Jahren hat das Wort jedoch eine Bedeutungserweiterung erfahren: Es bezeichnet in allgemeiner Bedeutung, also kleingeschrieben, eine Klatschtante oder geschwätzige Frau. Dabei handelt es sich um eine abwertende, recht sexistische bzw. machistische Bedeutung, die allerdings in der spanischen Umgangssprache sehr verbreitet ist.

**marxismo** [mar'sismo] *m sin pl* Marxismus *m*

**marxista** [mar'sista] **I.** *adj* marxistisch **II.** *mf* Marxist(in) *m(f)*

**marzo** ['marθo] *m* März *m;* **en** ~ im März; **a principios/a mediados/a fin(al)es de** ~ Anfang/Mitte/Ende März; **el 21 de** ~ der 21. März; **el mes de** ~ **tiene 31 días** der März hat 31 Tage; **el pasado** ~ **fue muy frío** im vergangenen März war es sehr kalt

**mas** [mas] **I.** *m* Gehöft *nt* **II.** *conj* (LIT) aber, jedoch

**más** [mas] **I.** *adv* ❶ (*cantidad*): ~ **dinero** mehr Geld ❷ (*comparativo*): ~ **grande/pequeño** größer/kleiner; ~ **temprano/tarde** früher/später; **correr** ~ schneller laufen; **esto me gusta** ~ das gefällt mir besser; **es** ~ **guapo que tú** er sieht besser aus als du ❸ (*superlativo*): **la** ~ **bella** die Schönste; **el** ~ **listo de la clase** der Beste der Klasse; **el modelo que** ~ **se lleva** das Modell, das am meisten getragen wird; **lo que** ~ **me gusta** was mir am besten gefällt; **lo que** ~ **quieras** was dir am liebsten ist ❹ (*con numerales/cantidad*): ~ **de treinta** über dreißig; **son** ~ **de las diez** es ist 10 Uhr vorbei ❺ (*preferencia*): ~ **quiero la muerte que la esclavitud** lieber möchte ich sterben, als in der Sklaverei zu leben ❻ (*tan*): **¡está** ~ **guapa!** wie gut sie aussieht!; **¡qué tarde** ~ **apacible!** was für ein gemütlicher Nachmittag! ❼ (*con pronombre interrogativo/indefinido*): **¿algo** ~**?** noch etwas?; **no, nada** ~ nein, nichts mehr ❽ (*en frases negativas*) nicht mehr; **no puedo** ~ ich kann nicht mehr;

**nunca** ~ nie wieder ⑨ (MAT) plus; **tengo tres libros, ~ los que he prestado** ich habe drei Bücher abgesehen von denen, die ich verliehen habe ⑩ (*loc*): ~ **o menos** mehr oder weniger; **el ~ allá** das Jenseits; **a lo ~** höchstens; **a ~ no poder** bis zum Gehtnichtmehr *fam;* **a ~ tardar** spätestens; **a ~ y mejor** nur noch; **llueve a ~ y mejor** es regnet und regnet; **divertirse a ~ y mejor** sich köstlich amüsieren; **cada día** [*o* **vez**] ~ immer mehr; **como el que ~** so wie jedermann; **cuanto ~ mejor** je mehr, je lieber; **de ~** zu viel; **hay comida de ~** es gibt reichlich zu essen; **estar de ~** überflüssig sein; **el que ~ y el que menos** jeder von uns; **es ~, ~ aún** mehr noch; **ayer lo vi; es ~: hablé con él** gestern habe ich ihn gesehen, ja, ich habe sogar mit ihm gesprochen; **de lo ~** äußerst; **lo ~ posible** so sehr es nur geht; **lo ~ pronto posible** so früh wie möglich; **~ acá** hierher; **~ adelante** (*local*) weiter vorn; (*temporal*) später; **~ allá de esto** darüber hinaus; **~ bien** vielmehr; **no es muy delgado; es ~ bien gordo** er ist eher dick als dünn; **~ de la cuenta** viel zu viel; **¿cómo te ha ido? – ~ o menos** wie ist es dir ergangen? – so einigermaßen; **~ o menos** (*aproximadamente*) ungefähr; **le va ~ o menos** es geht ihm/ihr nicht so gut; **~ que nunca** wie nie zuvor; **ni ~ ni menos** genauso; **por ~ que lo intento, no consigo dormirme** so sehr ich mich auch bemühe, ich kann einfach nicht einschlafen; **¿qué ~ da?** was macht das schon?; **quien ~ y quien menos** jeder; **sin ~ acá ni ~ allá** (*fam*) mir nichts, dir nichts; **sin ~ ni ~** aus heiterem Himmel; **tener sus ~ y sus menos** seine Vor- und Nachteile haben; **todo lo ~** höchstens; **el no va ~** das Höchste; **el no va ~** (**de la moda**) der letzte Schrei (der Mode) **II.** *m* (MAT) Plus(zeichen) *nt*

**masa** ['masa] *f* ① (*pasta*) Masse *f;* (*para hornear*) Teig *m;* **coger a alguien con las manos en la ~** jdn auf frischer Tat ertappen ② (*volumen, muchedumbre*) Masse *f;* **~ monetaria** Geldmenge *f;* **medios de comunicación de ~s** Massenmedien *ntpl*

**masacrar** [masa'krar] *vt* massakrieren

**masacre** [ma'sakre] *f* Massaker *nt*

**masaje** [ma'saxe] *m* Massage *f;* **dar ~s** massieren; **darse ~s** sich massieren lassen

**masajear** [masaxe'ar] *vt* massieren

**masajista** [masa'xista] *mf* Masseur(in) *m(f)*

**mascar** [mas'kar] <c→qu> *vt* ① (*masticar*) kauen ② (*mascullar*) murmeln ③ (*presentir*) vorausahnen

**máscara** ['maskara] *f* ① (*careta*) Maske *f;* **traje de ~** Verkleidung *f;* **quitar la ~ a alguien** (*fig*) jdm die Maske vom Gesicht reißen; **quitarse la ~** (*fig*) die Maske fallen lassen ② *pl* (*fiesta*) Maskenball *m* ③ (*enmascarado*) Maskierte(r) *mf;* (*de Carnaval*) Narr *m,* Närrin *f*

**mascarada** [maska'raða] *f* ① (*baile*) Maskenball *m* ② (*farsa*) Täuschung *f*

**mascarilla** [maska'riʎa] *f* ① (*máscara*) Maske *f* ② (*protección*) Mundschutz *m* ③ (*cosmética*) Gesichtspackung *f;* **~ exfoliante** Peelingmaske *f;* **~ facial** Gesichtsmaske *f* ④ (*molde*) Gesichtsabdruck *m*

**mascarón** [maska'ron] *m* (ARQUIT) Maskaron *m;* **~ de proa** Galionsfigur *f*

**mascota** [mas'kota] *f* Maskottchen *nt*

**masculinidad** [maskulini'ða$^{d}$] *f* Männlichkeit *f*

**masculinizar** [maskulini'θar] <z→c> *vt* maskulinisieren

**masculino**[1] [masku'lino] *m* (LING) Maskulinum *nt*

**masculino, -a**[2] [masku'lino, -a] *adj* ① (*de hombre*) männlich ② (*para hombre*) Männer-; **moda masculina** Herrenmode *f* ③ (LING): **género ~** maskuliner Genus *m*

**mascullar** [masku'ʎar] *vt* murmeln

**masía** [ma'sia] *f* Gehöft *nt*

**masificación** [masifika'θjon] *f* ① (*uniformización*) Uniformierung *f* ② (*intensificación*) Intensivierung *f* ③ (*repleción*) Überfüllung *f*

**masificar** [masifi'kar] <c→qu> *vt* ① (*hacer accesible a las masas*) für die breite Masse zugänglich machen; (*mercancías*) zur Massenware machen ② (*influir masivamente a favor de algo*) massiven Druck ausüben (auf +*akk*); **~ la presencia de la policía** ein massives Polizeiaufgebot einsetzen

**masilla** [ma'siʎa] *f* Fensterkitt *m*

**masivo, -a** [ma'siβo, -a] *adj* ① (*grande*) massiv ② (*fuerte*) stark ③ (*de masas*) Massen-

**masón, -ona** [ma'son, -ona] *m, f* Freimaurer(in) *m(f)*

**masoquismo** [maso'kismo] *m* Masochismus *m*

**masoquista** [maso'kista] **I.** *adj* masochistisch **II.** *mf* Masochist(in) *m(f)*

**mastectomía** [mastekto'mia] *f* (MED) Brustamputation *f*

**máster** ['master] *m* <másters> (UNIV) Master *m*

**masticar** [masti'kar] <c→qu> *vt* ① (*mascar*) kauen ② (*meditar*) nachgrübeln (über +*akk*)

**mástil** ['mastil] *m* ❶ (NÁUT) Mast *m* ❷ (*poste*) Pfahl *m* ❸ (*de un violín*) Hals *m*

**mastín** [mas'tin] *m* Bulldogge *f*

**mastodonte** [masto'ðoṇte] *m* Mastodon *nt*

**mastuerzo** [mas'twerθo] *m* ❶ (BOT) Kresse *f* ❷ (*hombre*) Tölpel *m*

**masturbación** [masturβa'θjon] *f* Masturbation *f*

**masturbarse** [mastur'βarse] *vr* masturbieren

**mata** ['mata] *f* ❶ (*matorral*) Gestrüpp *nt* ❷ (*planta*) Staude *f;* (*arbusto*) Strauch *m* ❸ *pl* (*fam: cabellera*) Mähne *f* ❹ (*loc, fam*): **a salto de ~** (*repentinamente*) plötzlich; (*superficialmente*) irgendwie; **vivir a salto de ~** von der Hand in den Mund leben

**matadero** [mata'ðero] *m* ❶ (*desolladero*) Schlachthof *m;* **ir al ~** (*fig*) sich in Lebensgefahr begeben; **llevar al ~** (*fig*) in den sicheren Tod schicken ❷ (*fatiga*) Plackerei *f*

**matador(a)** [mata'ðor(a)] **I.** *adj* ❶ (*que mata*) tödlich ❷ (*cansador*) erschöpfend ❸ (*fam: feo*) potthässlich **II.** *m(f)* ❶ (*asesino*) Mörder(in) *m(f)* ❷ (TAUR) Matador *m,* a *f*

**matamoscas** [mata'moskas] *m inv* ❶ (*insecticida*) Insektenspray *nt* ❷ (*objeto*) Fliegenklatsche *f* ❸ (*trampa*) Fliegenfalle *f*

**matanza** [ma'taṇθa] *f* ❶ (*el matar*) Töten *nt* ❷ (*en batallas*) Gemetzel *nt;* **hacer una ~** ein Gemetzel anrichten ❸ (*carneada*) Schlachtung *f;* **hacer la ~** das Schlachtfest feiern ❹ (GASTR) Schlachtplatte *f*

**matar** [ma'tar] **I.** *vt* ❶ (*quitar la vida*) töten; **~ a golpes** erschlagen; **~ a palos** zu Tode prügeln; **~ a puñaladas** erstechen; **~ a tiros** erschießen; **que me maten si yo esperaba una cosa así** (*fam fig*) also, so was habe ich im Traum nicht erwartet ❷ (*carnear*) schlachten ❸ (*hambre, sed*) stillen ❹ (*luz, fuego, cal, yeso*) löschen ❺ (*sellos*) abstempeln ❻ (*redondear*) abrunden ❼ (*naipes*) stechen ❽ (*color, brillo*) mattieren ❾ (*acabar con alguien*) zugrunde richten; **~ a disgustos** zu Tode ärgern ❿ (*aniquilar*) vernichten; (*el tiempo*) totschlagen; (*el aburrimiento/nerviosismo*) überwinden ⓫ (*molestar*) quälen; **~ a preguntas a alguien** jdm ein Loch in den Bauch fragen *fam* **II.** *vr:* **~se** ❶ (*suicidarse*) sich *dat* das Leben nehmen ❷ (*aniquilarse*) sich gegenseitig umbringen ❸ (*trabajar descanso*) sich abrackern; **~se por algo** für etw leben und sterben

**matarife** [mata'rife] *mf* Schlachter(in) *m(f)*

**matarratas** [mata'rratas] *m inv* ❶ (*raticida*) Rattengift *nt* ❷ (*pey fam: aguardiente*) Fusel *m*

**matasanos** [mata'sanos] *mf inv* (*fam irón*) Arzt *m,* Ärztin *f;* (*pey*) Quacksalber(in) *m(f)*

**matasellos** [mata'seʎos] *m inv* Poststempel *m*

**matasuegras** [mata'sweɣras] *m inv* (*fam*) Tröte *f*

**match** [matʃ] *m* Spiel *nt*

**mate** ['mate] **I.** *adj* matt **II.** *m* ❶ (*ajedrez*) Matt *nt;* **jaque ~** Schachmatt *nt* ❷ (*AmS: planta*) Matestrauch *m;* (*bebida*) Mate(tee) *m*

**i Land & Leute**

In Südamerika bezeichnet **mate**:
1. die Matepflanze, 2. die Blätter der Matepflanze, aus denen der Tee zubereitet wird, 3. den Mate(tee) an sich und 4. ein Gefäß, in dem der Tee aufbewahrt wird.

**matemática** [mate'matika] *adj o f v.* **matemático**

**matemáticas** [mate'matikas] *fpl* Mathematik *f*

**matemático, -a** [mate'matiko, -a] **I.** *adj* ❶ (MAT) mathematisch ❷ (*exacto*) exakt **II.** *m, f* Mathematiker(in) *m(f)*

**materia** [ma'terja] *f* ❶ (*substancia, t.* FÍS) Materie *f;* **~ gris** (ANAT) graue Substanz; **~ prima** Rohstoff *m* ❷ (*tema*) Materie *f;* **en ~ de** hinsichtlich *+gen* ❸ (*disciplina*) Sachgebiet *nt;* (ENS) Fach *nt;* **~ penal** (JUR) Strafrecht *nt*

**material** [mate'rjal] **I.** *adj* ❶ (*real*) materiell; **daño ~** Sachschaden *m;* **el autor ~ del hecho** der Hintermann ❷ (*tosco*) prosaisch **II.** *m* Material *nt;* **~ es de construcción** Baustoffe *mpl;* **~ de enseñanza** Lehrmittel *ntpl;* **~ de oficina** Büroartikel *mpl*

**materialismo** [materja'lismo] *m* Materialismus *m;* **~ dialéctico** (FILOS) dialektischer Materialismus

**materialista** [materja'lista] **I.** *adj* materialistisch **II.** *mf* Materialist(in) *m(f)*

**materialización** [materjaliθa'θjon] *f sin pl* Verwirklichung *f;* (*en parapsicología*) Materialisation *f*

**materializar** [materjali'θar] <z→c> **I.** *vt* ❶ (*hacer material*) materialisieren ❷ (*realizar*) verwirklichen ❸ (*hacer aparecer*) erscheinen lassen **II.** *vr:* **~se** ❶ (*to-*

*mar cuerpo*) Gestalt annehmen ❷ (*hacerse realidad*) sich verwirklichen ❸ (*aparecerse*) sich materialisieren; (*fantasmas*) erscheinen

**materialmente** [materjal'mente] *adv* tatsächlich; **ser ~ posible** durchaus möglich sein

**maternal** [mater'nal] *adj* mütterlich, Mutter-

**maternidad** [materni'ðaᵈ] *f* ❶ (*el ser madre*) Mutterschaft *f* ❷ (*hospital*) Entbindungsheim *nt;* (*en un hospital*) Entbindungsstation *f*

**materno**, **-a** [ma'terno, -a] *adj* mütterlich; **abuelo ~** Großvater mütterlicherseits; **lengua materna** Muttersprache *f*

**matinal** [mati'nal] *adj* morgendlich

**matiné** [mati'ne] *f* Matinee *f*

**matiz** [ma'tiθ] *m* ❶ (*gradación*) Nuance *f* ❷ (*toque*) Touch *m fam* ❸ (*rasgo*) Feinheit *f*

**matización** [matiθa'θjon] *f* Schattierung *f*

**matizar** [mati'θar] <z→c> *vt* ❶ (*combinar colores o tonos*) schattieren; **~ de** [*o* **en**] [*o* **con**] **rojo** rot schattieren ❷ (*graduar*) abtönen (*de/con* mit *+dat*) ❸ (*de un sentido*) nuancieren (*de* mit *+dat*); **~ una frase de significado irónico** einem Satz eine ironische Nuance geben

**matón**, **-ona** [ma'ton, -ona] *m, f* ❶ (*chulo*) Rowdy *m* ❷ (*guardaespaldas*) Leibwächter(in) *m(f)* ❸ (*asesino*) Killer(in) *m(f)*

**matorral** [mato'rral] *m* Dickicht *nt*

**matraca** [ma'traka] *f* ❶ (*carraca*) Ratsche *f* ❷ (*instrumento*) Klapper *f* ❸ (*loc*): **dar la ~** quengeln; **ser ~** lästig sein

**matraquear** [matrake'ar] *vi* ❶ (*hacer sonar la matraca*) rasseln ❷ (*importunar*) quengeln

**matraz** [ma'traθ] *m* Kolben *m*

**matrero**, **-a** [ma'trero, -a] *adj* ❶ (*astuto*) schlau ❷ (*receloso*) misstrauisch ❸ (*engañoso*) trügerisch ❹ (*AmS: fugitivo*) flüchtig

**matricidio** [matri'θiðjo] *m* Muttermord *m*

**matrícula** [ma'trikula] *f* ❶ (*documento*) Anmeldebescheinigung *f* ❷ (*inscripción*) Anmeldung *f;* (UNIV) Immatrikulation *f* ❸ (AUTO: *placa*) Nummernschild *nt;* **~ de vehículo** Autokennzeichen *nt;* **número de la ~** Autonummer *f* ❹ (*lista*) Verzeichnis *nt* ❺ (*conjunto de alumnos*) Schülerzahl *f* ❻ (*loc*): **aprobar con ~ de honor** mit summa cum laude bestehen

**matriculación** [matrikula'θjon] *f* Anmeldung *f;* (*en la universidad*) Immatrikulation *f*

**matricular** [matriku'lar] **I.** *vt* anmelden; (UNIV) immatrikulieren **II.** *vr:* **~se en la Universidad** sich an der Universität immatrikulieren; **~se de oyente** sich als Gasthörer(in) einschreiben

**matrimonial** [matrimo'njal] *adj* ehelich; **agencia ~** Heiratsinstitut *nt;* **vida ~** Eheleben *nt*

**matrimonio** [matri'monjo] *m* ❶ (*institución*) Ehe *f;* (*ceremonia*) Heirat *f;* **~ canónico** kirchliche Trauung; **~ civil** standesamtliche Trauung; **consumar el ~** die Ehe vollziehen; **contraer ~** heiraten ❷ (*marido y mujer*) Ehepaar *nt;* **cama de ~** Ehebett *nt*

**matriz** [ma'triθ] **I.** *f* ❶ (*útero*) Gebärmutter *f* ❷ (*molde*) Gussform *f* ❸ (TIPO) Matrize *f* ❹ (*de un talonario*) Verwendungsnachweis *m* ❺ (MAT) Matrix *f* **II.** *adj* Stamm-; **lengua ~** Grundsprache *f*

**matrona** [ma'trona] *f* ❶ (*comadrona*) Hebamme *f* ❷ (*de familia*) Matrone *f*

**maturrango**, **-a** [matu'rrango, -a] **I.** *adj* ❶ (*AmS: mal jinete*) schlecht reitend ❷ (*Chil: tosco*) schwerfällig **II.** *m, f* schlechter Reiter *m,* schlechte Reiterin *f*

**matute** [ma'tute] *m* ❶ (*contrabando*) Schmuggel *m;* **de ~** (*fig*) heimlich; **pasar de ~** schmuggeln; **viajar de ~** schwarzfahren ❷ (*género*) Schmuggelware *f* ❸ (*casa de juegos*) Spielhölle *f*

**matutino**, **-a** [matu'tino, -a] *adj* morgendlich; **periódico ~** Morgenzeitung *f;* **sesión matutina** Vormittagsvorstellung *f*

**maula¹** ['maula] *f* ❶ (*baratija*) Ramsch *m fam;* **este coche es una ~** dieses Auto ist eine Schrottkarre *fam* ❷ (*engaño*) List *f*

**maula²** ['maula] *mf* (*fam*) ❶ (*tramposo*) Betrüger(in) *m(f)* ❷ (*inútil*) Taugenichts *m*

**maullar** [mau'ʎar] *irr como aullar vi* miauen

**maullido** [mau'ʎiðo] *m* Miauen *nt*

**mauritano**, **-a** [mauri'tano, -a] **I.** *adj* mauretanisch **II.** *m, f* Mauretanier(in) *m(f)*

**mausoleo** [mauso'leo] *m* Mausoleum *nt*

**maxilar** [maʸsi'lar] **I.** *adj* Kiefer- **II.** *m* Kiefer *m*

**máxima** ['maʸsima] *f* Maxime *f*

**maximalismo** [maʸsima'lismo] *m* Extremismus *m*

**máxime** ['maʸsime] *adv* vor allem

**maximizar** [maʸsimi'θar] <z→c> *vt* maximieren

**máximo**, **-a** ['maʸsimo, -a] **I.** *adj* maximal; **rendimiento ~** Höchstleistung *f;* **triunfo ~** größter Erfolg; **pon la radio al ~** lass das Radio ganz laut laufen **II.** *m, f* Maximum *nt;* **como ~** höchstens; (*temporal*) spätestens

**maya**[1] ['maɟa] *f* (BOT) Gänseblümchen *nt*

**maya**[2] **I.** *adj* Maya-; **cultura** ~ Mayakultur *f* **II.** *mf* Maya *mf*

**i Land & Leute**

Die **mayas**, ein in Mittelamerika (im heutigen Mexiko, Guatemala und Honduras) beheimateter indianischer Kulturstamm, waren auf sehr vielen Gebieten hoch entwickelt. Davon zeugen die zahlreichen Ruinen, wie die aus Steinblöcken zusammengesetzten Pyramiden, ihre Inschriften und Zeichnungen und nicht zuletzt ihr sehr genaues Kalendersystem.

**mayestático, -a** [maɟes'tatiko, -a] *adj* majestätisch; **plural** ~ Pluralis majestatis *m*

**mayo** ['maɟo] *m* ❶ (*mes*) Mai *m; v. t.* **marzo** ❷ (*árbol*) Maibaum *m*

**mayonesa** [maɟo'nesa] *f* Majonäse *f*

**mayor** [ma'ɟor] **I.** *adj* ❶ (*tamaño*): ~ **que** größer als; **el** ~ **barco** das größte Schiff; **mal** ~ Unannehmlichkeit *f;* **comercio al por** ~ Großhandel *m;* **se repartieron palos al por** ~ es wurden kräftig Schläge verteilt ❷ (*edad*): ~ **que** älter als; **mi hermano** ~ mein älterer Bruder; **el** ~ **de mis hermanos** mein ältester Bruder; **ser** ~ alt sein; ~ **de edad** volljährig; **persona** ~ älterer Mensch; **los** ~**es** die Erwachsenen ❸ (MÚS) Dur *nt;* **tono** ~ Dur *nt;* **tercera** ~ große Terz; **escala en do** ~ C-Dur-Tonleiter *f* **II.** *m* ❶ (MIL) Major *m* ❷ (*superior*) Vorgesetzte(r) *m* ❸ *pl* (*ascendientes*) Vorfahren *mpl*

**mayoral** [maɟo'ral] *m* (*capataz*) Vorarbeiter *m*

**mayorcito, -a** [maɟor'θito, -a] *adj* (*fam*): **¡si ya eres** ~**!** du bist doch schon ein großer Junge!

**mayordomo, -a** [maɟor'ðomo, -a] *m, f* Hausverwalter(in) *m(f);* (*de una mansión*) Gutsverwalter(in) *m(f)*

**mayoría** [maɟo'ria] *f* Mehrheit *f;* ~ **de edad** Volljährigkeit *f;* ~ **relativa** einfache Mehrheit; **la** ~ **tiene un coche** die meisten besitzen ein Auto

**mayorista** [maɟo'rista] **I.** *adj* Großhandels-; **comercio** ~ Großhandel *m* **II.** *mf* Großhändler(in) *m(f)*

**mayoritariamente** [maɟoritarja'mente] *adv* überwiegend

**mayoritario, -a** [maɟori'tarjo, -a] *adj* Mehrheits-; **tener el apoyo** ~ von der Mehrheit unterstützt werden

**mayormente** [maɟor'mente] *adv* hauptsächlich, vor allem, insbesondere

**mayúscula** [ma'ɟuskula] *f* Großbuchstabe *m;* **escribirse con** ~ großgeschrieben werden

**mayúsculo, -a** [ma'ɟuskulo, -a] *adj* ❶ (*fam: grande*) riesig ❷ (*loc*): **letra mayúscula** Großbuchstabe *m*

**maza** ['maθa] *f* ❶ (*porra*) Keule *f* ❷ (*para machacar*) Stößel *m* ❸ (*percusor*) Schlägel *m*

**mazacote** [maθa'kote] *m* ❶ (*hormigón*) Beton *m;* **esta esponja está hecha un** ~ dieser Schwamm ist ganz hart geworden ❷ (*fam: comida*) ≈Pampe *f*

**mazacotudo, -a** [maθako'tuðo, -a] *adj* (*Am*) plump

**mazapán** [maθa'pan] *m* Marzipan *nt*

**mazazo** [ma'θaθo] *m* Schlag *m;* **dar** ~**s a alguien** (*fig*) jdm schaden; **la muerte de su hijo fue un** ~ **para él** der Tod seines Sohnes war ein schwerer Schlag für ihn

**mazmorra** [maθ'morra] *f* Verlies *nt*

**mazo** ['maθo] *m* ❶ (*martillo*) Holzhammer *m* ❷ (*maza pequeña*) Stößel *m* ❸ (*manojo*) Bündel *nt* ❹ (*persona pesada*) Nervensäge *f fam*

**mazorca** [ma'θorka] *f* (*del maíz*) Maiskolben *m;* (*del cacao*) Kakaoschote *f*

**mazurca** [ma'θurka] *f* Mazurka *f*

**Mb** [meɣa'βit] *m* (INFOR) *abr de* **megabit** MBit *nt*

**Mbit** [meɣa'βit] *m* (INFOR) *abr de* **megabit** MBit *nt*

**Mbyte** [meɣa'βait] *m abr de* **megabyte** MByte *nt*

**me** [me] **I.** *pron pers* ❶ (*objeto directo*) mich; **¡míra~!** sieh mich an! ❷ (*objeto indirecto*) mir; **da~ el libro** gib mir das Buch **II.** *pron refl:* ~ **lavo** ich wasche mich; ~ **voy** ich gehe; ~ **he comprado un piso** ich habe mir eine Wohnung gekauft; ~ **lavo el pelo** ich wasche mir die Haare

**meada** [me'aða] *f* ❶ (*fam: orina*) Pisse *f;* **echar una** ~ pinkeln ❷ (*mancha de orina*) Urinlache *f;* **aquí hay una** ~ **de gato** eine Katze hat hierhin gepinkelt *fam*

**meadero** [mea'ðero] *m* (*vulg*) Pissbecken *nt*

**meandro** [me'andro] *m* (*curva*) Biegung *f*

**mear** [me'ar] *vi, vr:* ~**se** (*fam*) pinkeln; **el niño se ha meado en el pantalón** das Kind hat in die Hose gemacht; ~**se de risa** sich totlachen

**meato** [me'ato] *m* Gang *m;* ~ **auditivo** Gehörgang *m;* ~ **urinario** Harnröhre *f*

**mecachis** [me'katʃis] *interj* (*fam*) ❶ (*enfado*) verflixt ❷ (*sorpresa*) na so was

M

**mecánica** [me'kanika] *f* Mechanik *f*

**mecánico**, **-a** [me'kaniko, -a] **I.** *adj* mechanisch **II.** *m, f* Mechaniker(in) *m(f)*

**mecanismo** [meka'nismo] *m* ① (*dispositivo*) Mechanismus *m;* **el ~ de cambios del SME** (FIN) der Wechselkursmechanismus des IWS ② (*funcionamiento*) Verfahren *nt*

**mecanización** [mekaniθa'θjon] *f* Mechanisierung *f;* ~ **agrícola** Mechanisierung der Landwirtschaft

**mecanizar** [mekani'θar] <z→c> *vt* ① (*automatizar*) mechanisieren ② (*elaborar*) mechanisch bearbeiten

**mecano** [me'kano] *m* (*juguete*) Baukasten *m*

**mecanografía** [mekanoɣra'fia] *f* Maschineschreiben *nt*

**mecanografiar** [mekanoɣra'fjar] <*1. pres:* mecanografío> *vt* mit der Maschine schreiben

**mecanógrafo**, **-a** [meka'noɣrafo, -a] *m, f* Maschinenschreiber(in) *m(f)*

**mecedora** [meθe'ðora] *f* Schaukelstuhl *m*

**mecenas** [me'θenas] *mf inv* Mäzen(in) *m(f)*

**mecer** [me'θer] <c→z> **I.** *vt* ① (*menear*) schütteln ② (*balancear*) wiegen; (*columpiar*) schaukeln **II.** *vr:* **~se** ① (*menearse*) sich schütteln ② (*balancearse*) sich wiegen; (*columpiarse*) schaukeln

**mecha** ['metʃa] *f* ① (*pabilo*) Docht *m;* (*de explosivos*) Zündschnur *f* ② (*gasa*) (Verbands)mull *m* ③ (*mechón*) (Haar)strähne *f* ④ *pl* (*mechones teñidos*) Strähnchen *ntpl,* gefärbte Haarsträhnen *fpl;* **hacerse ~s** sich *dat* Strähnchen (ins Haar) machen lassen ⑤ (*tocino*) Speck(streifen) *m* ⑥ (*loc*): **a toda ~** wie der geölte Blitz; **aguantar ~** alles über sich ergehen lassen

**mechar** [me'tʃar] *vt* (GASTR) spicken; **he mechado el pavo para que esté más jugoso** damit er saftiger wird, habe ich den Puter gespickt

**mechero** [me'tʃero] *m* ① (*quemador*) Brenner *m* ② (*encendedor*) Feuerzeug *nt*

**mechón** [me'tʃon] *m* Büschel *nt*

**Mecklemburgo-Pomerania Occidental** [meklem'burɣo-pome'ranja oᵞθiðen̪'tal] *m* Mecklenburg-Vorpommern *nt*

**medalla** [me'ðaʎa] *f* Medaille *f;* ~ **militar** Orden *m*

**medallero** [meða'ʎero] *m* Medaillenrang *m*

**medallista** [meða'ʎista] *mf* (*ganador*) Medaillengewinner(in) *m(f)*

**medallón** [me'ðaʎon] *m* Medaillon *nt*

**médano** ['meðano] *m,* **medaño** [me'ðaɲo] *m* ① (*duna*) Düne *f* ② (*bajío*) Sandbank *f*

**media** ['meðja] *f* ① (*promedio*) Mittel *nt* ② (*calceta*) Strumpf *m;* (*Am: calcetín*) Socke *f*

**mediacaña** [meðja'kaɲa] *f* Hohlkehle *f,* Kannele *f*

**mediación** [meðja'θjon] *f* Vermittlung *f*

**mediado**, **-a** [me'ðjaðo, -a] *adj* halb voll; **a ~s de semana** Mitte der Woche

**mediador(a)** [meðja'ðor(a)] *m(f)* Vermittler(in) *m(f)*

**medianero**, **-a** [meðja'nero, -a] **I.** *adj* (*en medio*) Zwischen- **II.** *m, f* (*intermediario*) Vermittler(in) *m(f)*

**medianía** [meðja'nia] *f* ① (*término medio*) Mittelmaß *nt* ② (*mediocridad*) Mittelmäßigkeit *f* ③ (*persona*): **ser una ~** (*inteligencia*) nicht der Hellste sein

**mediano**, **-a** [me'ðjano, -a] *adj* ① (*calidad*) mittelmäßig ② (*tamaño*) von mittlerer Größe; **talla mediana** Größe M ③ (ECON) mittelständisch

**medianoche** [meðja'notʃe] *f* ① (*hora*) Mitternacht *f;* **a ~** mitten in der Nacht ② (*panecillo*) ≈Milchbrötchen *nt*

**mediante** [me'ðjan̪te] **I.** *adj:* **Dios ~** so Gott will **II.** *prep* mittels *+gen;* (*a través de*) durch *+akk*

**mediar** [me'ðjar] *vi* ① (*intermediar*) vermitteln ② (*interceder*) sich einsetzen (*por* für *+akk*) ③ (*realizar hasta la mitad*) bis zur Hälfte schaffen ④ (*interponerse*) behindern ⑤ (*transcurrir*) vergehen ⑥ (*existir*) dazwischen liegen; **entre tú y yo media un abismo** zwischen dir und mir liegen Welten

**mediático**, **-a** [me'ðjatiko, -a] *adj* Medien-; **sociedad mediática** Mediengesellschaft *f*

**mediatizar** [meðjati'θar] <z→c> *vt* ① (POL) mediatisieren ② (*coartar*) einschränken

**mediato**, **-a** [me'ðjato, -a] *adj* mittelbar

**medicación** [meðika'θjon] *f* ① (*tratamiento*) Behandlung *f* ② (*medicamentos*) ≈Medikamente *ntpl*

**medicamento** [meðika'men̪to] *m* Medikament *nt;* ~ **circulatorio** Kreislaufmittel *nt*

**medicar** [meði'kar] <c→qu> **I.** *vt* Medikamente verabreichen *+dat* **II.** *vr:* **~se** Medikamente einnehmen

**medicina** [meði'θina] *f* Medizin *f;* **la ~ naturista** die Naturheilkunde

**medicinal** [meðiθi'nal] *adj* medizinisch; **balón ~** Medizinball *m;* **hierba ~** Arzneipflanze *f*

**medición** [meði'θjon] *f* Messung *f;* ~ **de tiempos** Zeitnahme *f*

**médico**, **-a** ['meðiko, -a] **I.** *adj* ärztlich, Arzt-; **cuerpo ~** Ärzteschaft *f* **II.** *m, f* Arzt *m*, Ärztin *f*; **Colegio de M~s** Ärztekammer *f*; ~ **de cabecera** Hausarzt *m*; ~ **forense** Gerichtsmediziner *m*; ~ **naturista** Naturheilkundler *m*

**medida** [me'ðiða] *f* ❶ (*medición*) Messung *f* ❷ (*dimensión*) Maß *nt*; **a la** ~ maßgeschneidert; **tomar la(s)** ~**(s)** Maß nehmen; **hasta cierta** ~ in gewissem Maße; **en la** ~ **de lo posible** im Rahmen des Möglichen; **a** ~ **que** in dem Maße wie ❸ (LIT) Versmaß *nt* ❹ (*prudencia*) Vorsicht *f*; **con** ~ behutsam ❺ (*moderación*) Maß *nt*; **sin** ~ maßlos ❻ (*acción*) Maßnahme *f*; **tomar** ~**s** Maßnahmen ergreifen

**medidor**[1] [meði'ðor] *m* ❶ (*instrumento*) Messgerät *nt* ❷ (*Am: contador*) Zähler *m*

**medidor(a)**[2] [meði'ðor(a)] **I.** *adj* messend; **reloj** ~ Messuhr *f* **II.** *m(f)* Vermesser(in) *m(f)*

**medieval** [meðje'βal] *adj* mittelalterlich

**medievo** [me'ðjeβo] *m* Mittelalter *nt*; **la sociedad del** ~ die mittelalterliche Gesellschaft

**medio**[1] ['meðjo] *m* ❶ (*mitad*) Mitte *f*; **en** ~ **de** zwischen +*dat*; **en** ~ **de todo** trotz allem; **meterse por** ~ (*fig*) dazwischenfunken *fam*; **quitar de en** ~ (*fam fig*) aus dem Weg schaffen ❷ (*instrumento*) Mittel *nt*; ~ **de transporte** Verkehrsmittel *nt*; **por** ~ **de** mittels +*gen* ❸ (PREN, RADIO, TV) Medium *nt*; ~**s de comunicación** Massenmedien *ntpl* ❹ (*entorno*) Milieu *nt*; ~ **ambiente** Umwelt *f* ❺ (DEP) Mittelfeldspieler *m* ❻ (*Cuba: moneda*) 5-Cent-Münze *f* ❼ *pl* (*fuentes*) Quellen *fpl* ❽ *pl* (*capital*) (finanzielle) Mittel *ntpl*; **estar corto de** ~**s** knapp bei Kasse sein *fam*

**medio, -a**[2] ['meðjo, -a] **I.** *adj* ❶ (*mitad*) halb; **a las cuatro y media** um halb fünf; **litro y** ~ anderthalb Liter; **mi media naranja** (*fig*) meine bessere Hälfte ❷ (*promedio*): **ciudadano** ~ Durchschnittsbürger *m* **II.** *adv* halb; ~ **vestido** halb nackt; **a** ~ **asar** halb gegrillt; ~ **dormido, dormido a medias** halb eingeschlafen; **tomar a medias** teilen; **ir a medias** halbe-halbe machen *fam*

**? Grammatik**

**medio** steht ohne unbestimmten Artikel: *medio kilo de tomates – ein halbes Kilo Tomaten, media botella de agua – eine halbe Flasche Wasser.*

**medioambiental** [meðjoambjen̩'tal] *adj* Umwelt-

**mediocre** [me'ðjokre] *adj* mittelmäßig

**mediocridad** [meðjokri'ðað] *f* Mittelmäßigkeit *f*

**mediodía** [meðjo'dia] *m* ❶ (*hora*) Mittag *m*; **al** ~ mittags ❷ (*sur*) Süden *m*

**mediofondista** [meðjofon̩'dista] *mf* (DEP) Mittelstreckenläufer(in) *m(f)*

**medir** [me'ðir] *irr como pedir* **I.** *vt* ❶ (*calcular*) messen ❷ (*sopesar*) abwägen; ~ **los riesgos** die Risiken abwägen ❸ (*moderar*) mäßigen **II.** *vi* messen **III.** *vr*: ~**se** sich messen

**meditabundo, -a** [meðita'βun̩do, -a] *adj* nachdenklich

**meditación** [meðita'θjon] *f* Meditation *f*

**meditar** [meði'tar] *vt, vi* meditieren (*en/sobre* über +*akk*)

**mediterráneo, -a** [meðite'rraneo, -a] *adj* mediterran; **isla mediterránea** Mittelmeerinsel *f*

**Mediterráneo** [meðite'rraneo] *m* Mittelmeer *nt*

**medrar** [me'ðrar] *vi* ❶ (*crecer*) gedeihen ❷ (*avanzar*) Erfolg haben

**medroso, -a** [me'ðroso, -a] **I.** *adj* ❶ *estar* verängstigt ❷ *ser* ängstlich **II.** *m, f* Feigling *m*

**médula** ['meðula] *f* ❶ (ANAT) Knochenmark *nt*; ~ **espinal** Rückenmark *nt* ❷ (BOT) Mark *nt* ❸ (*meollo*) Kern *m*; **hay que llegar a la** ~ **de las cosas** man muss den Sachen auf den Grund gehen; **estar hasta la** ~ (*fam*) die Nase (gestrichen) voll haben

**medular** [meðu'lar] *adj* ❶ (*tuétano*) Knochenmark-; (*médula espinal*) Rückenmark- ❷ (*esencial*) Kern-; **parte** ~ Kernstück *nt*

**medusa** [me'ðusa] *f* Qualle *f*

**mefítico, -a** [me'fitiko, -a] *adj* ❶ (*dañino*) giftig ❷ (*fétido*) stinkend

**megabit** [meɣa'βit] *m* (INFOR) Megabit *nt*; ~**/segundo** Megabit/Sekunde

**megabyte** [meɣa'βait] *m* (INFOR) Megabyte *nt*; ~**/segundo** Megabyte/Sekunde

**megaciclo** [meɣa'θiklo] *m* Megahertz *nt*

**megafonía** [meɣafo'nia] *f* ❶ (*técnica*) Verstärkertechnik *f* ❷ (*conjunto de aparatos*) Verstärkeranlage *f*

**megáfono** [me'ɣafono] *m* Megaphon *nt*

**megalomanía** [meɣaloma'nia] *f* Größenwahn *m*

**megalómano, -a** [meɣa'lomano, -a] *adj* größenwahnsinnig; **megavatio** [meɣa'βatjo] *m* Megawatt *nt*

**mejicano, -a** [mexi'kano, -a] **I.** *adj* mexikanisch **II.** *m, f* Mexikaner(in) *m(f)*

**Méjico** ['mexiko] *m* Mexiko *nt*

**mejilla** [me'xiʎa] *f* Wange *f*

**mejillón** [mexi'ʎon] *m* Miesmuschel *f*

**mejor** [me'xor] **I.** *adj* ❶ (*compar*) besser; (**es**) ~ **que...** +*subj* es ist besser, wenn ...; **cambiar a** ~ sich bessern; **pasar a** ~ **vida** hinscheiden ❷ (*superl*): **el** ~ **alumno** der beste Schüler; **la** ~ **nota** die beste Note; **el/la/lo** ~ der/die/das Beste; ~ **postor** Meistbietende(r) *m;* **el** ~ **día** eines schönen Tages **II.** *adv* besser; **a lo** ~ womöglich; ~ **que** ~ um so besser; ~ **quiero un coche viejo que una moto** ich hätte lieber ein altes Auto als ein Motorrad
**mejora** [me'xora] *f* ❶ (*mejoramiento*) Verbesserung *f;* ~ **salarial** Gehaltsaufbesserung *f* ❷ (*puja*) höheres Gebot *nt*
**mejorable** [mexo'raβle] *adj* verbesserungsfähig
**mejoramiento** [mexora'mjento] *m* Verbesserung *f*
**mejorana** [mexo'rana] *f* Majoran *m*
**mejorar** [mexo'rar] **I.** *vt* ❶ (*perfeccionar*) verbessern ❷ (*superar*) übertreffen; (*subasta*) überbieten **II.** *vi, vr:* ~**se** ❶ (*enfermo*) genesen; **¡que se mejore!** gute Besserung! ❷ (*tiempo*) besser werden
**mejoría** [mexo'ria] *f* Besserung *f*
**mejunje** [me'xuŋxe] *m* ❶ (*cosmético, medicamento*) Mixtur *f* ❷ (*pey: bebida*) Gesöff *nt*
**melancolía** [melaŋko'lia] *f* Melancholie *f*
**melancólico, -a** [melaŋ'koliko, -a] **I.** *adj* melancholisch **II.** *m, f* Melancholiker(in) *m(f)*
**melanina** [mela'nina] *f* Melanin *nt*
**melanoma** [mela'noma] *m* Melanom *nt*
**melena** [me'lena] *f* ❶ (*crin*) Mähne *f* ❷ (*pelo*) lange Haare; **soltarse la** ~ die Haare offen tragen; (*fig*) sich *dat* einen Ruck geben
**melenudo, -a** [mele'nuðo, -a] **I.** *adj* langhaarig **II.** *m, f* Langhaarige(r) *mf*
**melifluo, -a** [me'liflwo, -a] *adj* ❶ (*como la miel*) honigsüß ❷ (*amable*) zuckersüß
**melillense** [meli'ʎense] **I.** *adj* aus Melilla **II.** *mf* Einwohner(in) *m(f)* von Melilla
**melindre** [me'lindre] *m* ❶ (*con miel y harina*) ≈Honigpfannkuchen *m;* (*con mazapán*) ≈Marzipanschnecke *f* ❷ *pl* (*delicadeza exagerada*) Zimperlichkeit *f;* (*afectada*) Geziertheit *f;* **hacer** ~**s** sich zieren
**melindroso, -a** [melin'droso, -a] **I.** *adj* (*delicado*) zimperlich; (*afectado*) geziert **II.** *m, f* (*persona delicada*) zimperliche Person *f;* (*afectada*) affektierte Person *f*
**melisa** [me'lisa] *f* Melisse *f*
**mella** ['meʎa] *f* ❶ (*hendidura*) Scharte *f* ❷ (*hueco*) Lücke *f* ❸ (*merma*) Schmälerung *f* ❹ (*loc*): **hacer** ~ beeindrucken
**mellar** [me'ʎar] *vt* ❶ (*hacer mellas*) ruinieren ❷ (*disminuir*) schmälern
**mellizo, -a** [me'ʎiθo, -a] **I.** *adj* ❶ (*gemelo*) Zwillings- ❷ (*igual*) gleich **II.** *m, f* Zwilling *m*
**melocotón** [meloko'ton] *m* ❶ (*fruto*) Pfirsich *m* ❷ (*fam: borrachera*) Rausch *m*
**melocotonero** [melokoto'nero] *m* Pfirsichbaum *m*
**melodía** [melo'ðia] *f* (*sucesión de sonidos*) Melodie *f*
**melódico, -a** [me'loðiko, -a] *adj* melodisch
**melodioso, -a** [melo'ðjoso, -a] *adj* melodiös
**melodrama** [melo'ðrama] *m* Melodram(a) *nt*
**melodramático, -a** [meloðra'matiko, -a] *adj* melodramatisch
**melómano, -a** [me'lomano, -a] *m, f* (fanatischer) Musikliebhaber *m,* (fanatische) Musikliebhaberin *f*
**melón**[1] [me'lon] *m* ❶ (*fruto*) Melone *f* ❷ (*fam: cabeza*) Birne *f*
**melón, -ona**[2] [me'lon, -ona] *m, f* (*fam*) Dummkopf *m*
**melonar** [melo'nar] *m* Melonenfeld *nt*
**melopea** [melo'pea] *f* (*fam: borrachera*) Rausch *m*
**meloso, -a** [me'loso, -a] *adj* lieblich
**membrana** [mem'brana] *f* Membran *f;* ~ **mucosa** Schleimhaut *f*
**membrete** [mem'brete] *m* Briefkopf *m*
**membrillo** [mem'briʎo] *m* (*árbol*) Quittenbaum *m;* (*fruto*) Quitte *f;* **carne** [*o* **dulce**] **de** ~ Quittenbrot *nt*
**membrudo, -a** [mem'bruðo, -a] *adj* stämmig
**memez** [me'meθ] *f* Dummheit *f*
**memo, -a** ['memo, -a] **I.** *adj* dumm **II.** *m, f* Dummkopf *m*
**memorable** [memo'raβle] *adj* denkwürdig
**memorándum** [memo'randun] *m* <memorandos> Memorandum *nt*
**memoria** [me'morja] *f* ❶ (*facultad*) Gedächtnis *nt;* (*recuerdo*) Erinnerung *f* (*de* an +*akk*); **a la** [*o* **en**] ~ **de** im Gedenken an +*akk;* **de** ~ auswendig; **flaco de** ~ vergesslich; **hacer** ~ scharf nachdenken; **traer a la** ~ ins Gedächtnis rufen; **venir a la** ~ einfallen ❷ (*informe*) Bericht *m* ❸ (INFOR) Speicher *m* ❹ *pl* (*autobiografía*) Memoiren *pl*
**memorial** [memo'rjal] *m* ❶ (*petición*) Bittschrift *f* ❷ (*agenda*) Notizbuch *nt* ❸ (*boletín*) Mitteilungsblatt *nt*
**memorización** [memoriθa'θjon] *f* ❶ (*aprendizaje*) Auswendiglernen *nt* ❷ (INFOR) Speicherung *f*

**memorizar** [memori'θar] <z→c> *vt* ❶ (*aprender*) auswendig lernen ❷ (INFOR) speichern
**mena** ['mena] *f* (MIN) Erz *nt*
**menaje** [me'naxe] *m* Hausrat *m*
**mención** [men̪'θjon] *f* Erwähnung *f;* **digno de** ~ erwähnenswert; **hacer** ~ **de** erwähnen
**mencionar** [men̪θjo'nar] *vt* erwähnen
**menda** ['men̪da] **I.** *pron pers* (*fam*) ich; **aquí el** [*o* **este**] ~ **no dijo nada** ich habe nichts gesagt **II.** *pron indef* (*fam*): **un** ~ irgendjemand
**mendaz** [men̪'daθ] *adj* (*elev*) verlogen
**mendicante** [men̪di'kan̪te] **I.** *adj* Bettel- **II.** *mf* Bettler(in) *m(f)*
**mendicidad** [men̪diθi'ðaᵈ] *f* (*pordiosería*) Bettelei *f;* (*fenómeno social*) Bettlertum *nt;* **vivir de la** ~ vom Betteln leben
**mendigar** [men̪di'ɣar] <g→gu> *vi, vt* betteln (um +*akk*)
**mendigo, -a** [men̪'diɣo, -a] *m, f* Bettler(in) *m(f)*
**mendrugo** [men̪'druɣo] *m* ❶ (*trozo de pan*) Stück *nt* trockenes Brot ❷ (*fam: torpe*) Trottel *m*
**menear** [mene'ar] **I.** *vt* schwenken; (*cabeza*) schütteln; ~ **la cola** mit dem Schwanz wedeln **II.** *vr:* ~**se** ❶ (*moverse*) wackeln ❷ (*fam: apresurarse*) sich sputen
**meneo** [me'neo] *m* ❶ (*brusco*) Ruck *m* ❷ (*fam: vapuleo*) Abreibung *f;* **dar un** ~ **a alguien** jdm eine Abreibung verpassen
**menester** [menes'ter] *m* ❶ (*necesidad*) Notwendigkeit *f;* **ser** ~ nötig sein; **haber** ~ **de algo** etw brauchen ❷ *pl* (*tareas*) Pflichten *fpl* ❸ *pl* (*necesidades fisiológicas*) Bedürfnisse *ntpl*
**menesteroso, -a** [meneste'roso, -a] **I.** *adj* bedürftig **II.** *m, f* Bedürftige(r) *mf*
**menestra** [me'nestra] *f* (Gemüse)eintopf *m*
**menestral(a)** [menes'tral(a)] *m(f)* Handwerker(in) *m(f)*
**mengano, -a** [meŋ'gano, -a] *m, f:* **fulano y** ~ Herr X und Herr Y
**mengua** ['meŋgwa] *f* ❶ (*disminución*) Rückgang *m;* **sin** ~ **de** ohne Beeinträchtigung +*gen* ❷ (*carencia*) Mangel *m;* **sin** ~ absolut ❸ (*descrédito*) Verruf *m*
**menguante** [meŋ'gwan̪te] *f* ❶ (*marea*) Ebbe *f;* (*estiaje*) Niedrigwasser *nt* ❷ (*mengua*) Rückgang *m*
**menguar** [meŋ'gwar] <gu→gü> **I.** *vi* abnehmen **II.** *vt* reduzieren; (*punto*) abnehmen
**menhir** [me'nir] *m* Menhir *m*
**meninge** [me'niŋxe] *f* Hirnhaut *f;* **estrujarse las** ~**s** (*fam*) sich *dat* das Hirn zermartern
**meningitis** [meniŋ'xitis] *f inv* Hirnhautentzündung *f*
**menisco** [me'nisko] *m* Meniskus *m*
**menopausia** [meno'pau̯sja] *f* (*climaterio*) Wechseljahre *ntpl*
**menor** [me'nor] **I.** *adj* ❶ (*tamaño*): **Asia M**~ Kleinasien *nt;* ~ **que** kleiner als; (*número*) niedriger als; **al por** ~ detailliert; (COM) en détail; **no dar la** ~ **importancia a algo** etw *dat* nicht die geringste Bedeutung beimessen ❷ (*edad*): ~ **que** jünger als; ~ **de edad** minderjährig; **el** ~ **de mis hermanos** mein jüngster Bruder ❸ (MÚS) Moll; **tono** ~ Moll *nt;* **tercera** ~ kleine Terz **II.** *mf* (~ *de edad*) Minderjährige(r) *mf;* **esta película no es apta para** ~**es** dieser Film ist nicht jugendfrei
**menorquín, -ina** [menor'kin, -ina] **I.** *adj* aus Menorca **II.** *m, f* Einwohner(in) *m(f)* von Menorca
**menos** ['menos] **I.** *adv* ❶ (*contrario de más*) weniger; **a** ~ **que** es sei denn; **el/la** ~**...** der/die am wenigsten ...; **el piso** (**el**) ~ **caro** die preiswerteste Wohnung; **eso es lo de** ~ das ist nicht so wichtig; **lo** ~ das Mindeste; **al** [*o* **por lo**] ~ wenigstens; **aún** ~ erst recht nicht; **cuanto** ~**...** (**tanto**) **más** je weniger ... desto mehr; **de** ~ zu wenig; **echar de** ~ vermissen; **en** ~ **de nada** in Null Komma nichts; **ir a** ~ herunterkommen; ~ **de** weniger als; ~ **mal** Gott sei Dank; **¡ni mucho** ~**!** auf keinen Fall! ❷ (MAT) minus ❸ (*excepto*) außer; **todo** ~ **eso** alles, nur das nicht **II.** *m* (MAT) Minuszeichen *nt*
**menoscabar** [menoska'βar] *vt* ❶ (*disminuir*) vermindern ❷ (*dañar*) beschädigen; (*fig*) schaden +*dat* ❸ (*desacreditar*) in Verruf bringen
**menoscabo** [menos'kaβo] *m* ❶ (*disminución*) Verminderung *f* ❷ (*daño*) Beschädigung *f;* (*fig*) Schaden *m;* **sufrir** ~ Schaden nehmen
**menospreciable** [mensopre'θjaβle] *adj* verachtenswert
**menospreciar** [menospre'θjar] *vt* ❶ (*despreciar*) verachten ❷ (*desdeñar*) gering schätzen ❸ (*subestimar*) unterschätzen
**menospreciativo, -a** [menospreθja'tiβo, -a] *adj* geringschätzig
**menosprecio** [menos'preθjo] *m* ❶ (*desprecio*) Verachtung *f* ❷ (*desdén*) Geringschätzung *f* ❸ (*subestimación*) Unterschätzung *f*
**mensaje** [men'saxe] *m* Botschaft *f;* ~ **de error** (INFOR) Fehlermeldung *f;* ~ (**de**) **radio** Funkspruch *m;* ~ **de socorro** Not-

M

ruf *m*

**mensajería** [mensaxe'ria] *f* Kurierdienst *m*

**mensajero, -a** [mensa'xero, -a] **I.** *adj* Boten-; **paloma mensajera** Brieftaube *f* **II.** *m, f* Bote, -in *m, f*

**menstruación** [me$^n$strwa'θjon] *f* Menstruation *f*

**menstrual** [me$^n$stru'al] *adj* menstrual; **tener dolores ~es** Menstruationsbeschwerden haben

**menstruar** [me$^n$stru'ar] <*1. pres:* menstrúo> *vi* die Menstruation haben

**mensual** [mensu'al] *adj* ① (*cada mes*) monatlich; **revista ~** Monatszeitschrift *f* ② (*que dura un mes*) Monats-

**mensualidad** [menswali'ða$^ð$] *f* ① (*sueldo*) Monatseinkommen *nt* ② (*paga*) monatliche Zahlung *f;* (*compra aplazada*) Monatsrate *f;* **~ del alquiler** Monatsmiete *f*

**mensurable** [mensu'raβle] *adj* messbar

**mensurar** [mensu'rar] *vt* messen

**menta** ['meṇta] *f* ① (*planta*) Minze *f* ② (*infusión*) Pfefferminztee *m* ③ (*extracto*) Pfefferminzöl *nt;* **caramelo de ~** Pfefferminzbonbon *nt*

**mentado, -a** [meṇ'taðo, -a] *adj* berühmt

**mental** [meṇ'tal] *adj* geistig; **cálculo ~** Kopfrechnen *nt*

**mentalidad** [meṇtali'ða$^ð$] *f* Mentalität *f*

**mentalización** [meṇtaliθa'θjon] *f* Vergegenwärtigung *f*

**mentalizar** [meṇtali'θar] <z→c> *vt, vr:* **~se** (sich *dat*) klar machen

**mentar** [meṇ'tar] <e→ie> *vt* erwähnen; **~ la soga en casa del ahorcado** indiskret sein

**mente** ['meṇte] *f* ① (*pensamiento*) Denken *nt;* **tener en (la) ~** vorhaben; **no puedo quitarme esa idea de la ~** dieser Gedanke geht mir (einfach) nicht aus dem Kopf; **el nombre se me ha ido de la ~** der Name ist mir entfallen; **tener la ~ en blanco** sich nicht erinnern (können); **traer a la ~** ins Gedächtnis rufen ② (*intelecto*) Verstand *m*

**mentecatez** [meṇteka'teθ] *f* Dummheit *f*

**mentecato, -a** [meṇte'kato, -a] **I.** *adj* dumm **II.** *m, f* Dummkopf *m*

**mentir** [meṇ'tir] *irr como sentir vi* ① (*engañar*) lügen; **miente más que habla** er/sie lügt wie gedruckt; **¡miento!** falsch!, Irrtum! ② (*inducir a error*) täuschen

**mentira** [meṇ'tira] *f* (*embuste*) Lüge *f;* **¡parece ~!** unglaublich!

**mentiroso, -a** [meṇti'roso, -a] **I.** *adj* (*persona*) verlogen **II.** *m, f* Lügner(in) *m(f)*

**mentís** [meṇ'tis] *m inv* Dementi *nt;* **dar un ~ a algo** etw dementieren

**mentol** [meṇ'tol] *m* Menthol *nt*

**mentolado, -a** [meṇto'laðo, -a] *adj* mentholhaltig; **cigarillo ~** Mentholzigarette *f*

**mentón** [meṇ'ton] *m* Kinn *nt*

**mentor** [meṇ'tor] *m* Mentor *m*

**menú** [me'nu] *m* <menús> ① (*comida*) Menü *nt* ② (*minuta*) Speisekarte *f* ③ (INFOR) Menü *nt*

**menudear** [menuðe'ar] **I.** *vi* häufig vorkommen **II.** *vt* häufig tun; **~ sus visitas** häufig zu Besuch kommen

**menudencia** [menu'ðeṇθja] *f* ① (*pequeñez*) Kleinigkeit *f* ② (*meticulosidad*) Kleinlichkeit *f* ③ *pl* (*del cerdo*) (Schweine)innereien *fpl*

**menudillos** [menu'ðiʎos] *mpl* (*despojos*) Geflügelinnereien *fpl*

**menudo, -a** [me'nuðo, -a] *adj* ① (*minúsculo*) winzig ② (*pequeño y delgado*) zierlich ③ (*fútil*) unbedeutend ④ (*minucioso*) kleinlich; **relatar algo por ~** etw haarklein erzählen ⑤ (*exclamación*): **¡menuda película!** was für ein toller Film!; **¡~ lío has armado!** da hast du dir ja was Schönes eingebrockt! ⑥ (*loc*): **a ~** oft; **por** [*o* **a**] **la menuda** (COM) en détail

**meñique** [me'ɲike] **I.** *m* kleiner Finger *m* **II.** *adj* (*fam*) winzig

**meollo** [me'oʎo] *m* ① (*sesos*) Hirn *nt* ② (*médula*) Mark *nt* ③ (*fundamento*) Kern *m*

**mequetrefe** [meke'trefe] *m* (*fam*) Volltrottel *m*

**meramente** [mera'meṇte] *adv* nur

**mercachifle** [merka'ʧifle] *m* Krämer *m*

**mercadear** [merkaðe'ar] *vi* handeln

**mercadeo** [merka'ðeo] *m* Handel *m*

**mercader** [merka'ðer] *m* Händler *m;* **~ de grueso** Großhändler *m*

**mercadería** [merkaðe'ria] *f* Ware *f*

**mercadillo** [merka'ðiʎo] *m* Flohmarkt *m*

**mercado** [mer'kaðo] *m* (*t.* ECON) Markt *m;* **~ de capitales** Kapitalmarkt *m;* **~ de divisas** Devisenbörse *f;* **~ exterior/interior** Auslands-/Binnenmarkt *m;* **M~ único europeo** Europäischer Binnenmarkt; **el ~ de Madrid** die Madrider Markthalle; **~ de valores** Wertpapierbörse *f;* **hay ~ los sábados** samstags ist Markttag

**mercadotecnia** [merkaðo'teɣnja] *f* Marketing *nt*

**mercancía** [merkaṇ'θia] *f* Ware *f*

**mercante** [mer'kaṇte] **I.** *adj* Handels- **II.** *mf* Händler(in) *m(f)*

**mercantil** [merkaṇ'til] *adj* Handels-

**mercantilismo** [merkaṇti'lismo] *m* ① (*sistema económico*) Merkantilismus *m* ② (*espíritu mercantil*) Geschäftemacherei *f*

**mercantilizar** [merkaṇtili'θar] <z→c> *vt* kommerzialisieren

**merced** [mer'θeᵈ] *f* Gnade *f;* ~ **a** dank *+gen;* **estar a ~ de alguien** jdm ausgeliefert sein

**mercenario, -a** [merθe'narjo, -a] **I.** *adj* Söldner- **II.** *m, f* Söldner(in) *m(f)*

**mercería** [merθe'ria] *f* ① (*artículos*) Kurzwaren *fpl* ② (*tienda*) Kurzwarenhandlung *f*

**Mercosur** [merko'sur] *m* (POL) *gemeinsamer Markt des südlichen Lateinamerika*

**mercurio** [mer'kurjo] *m* (QUÍM) Quecksilber *nt*

**Mercurio** [mer'kurjo] *m* (ASTR) Merkur *m*

**merecedor(a)** [mereθe'ðor(a)] *adj* würdig; **hacerse ~ de algo** etw verdienen

**merecer** [mere'θer] *irr como crecer* **I.** *vt* ① (*ser digno de*) verdienen; **merece que...** *+subj* er/sie verdient es, dass ...; **merece respeto de nuestra parte** ihr/ihm gebührt unser Respekt; **este libro merece mención** dieses Buch ist erwähnenswert ② (*valer*) wert sein; **no merece la pena** es lohnt sich nicht **II.** *vi:* ~ **bien de alguien/algo** sich verdient machen um jdn/etw **III.** *vr:* ~**se** verdienen

**merecido** [mere'θiðo] *m* verdiente Strafe *f;* **se llevó su ~** es geschah ihm/ihr recht

**merecimiento** [mereθi'mjeṇto] *m* Verdienst *nt*

**merendar** [mereṇ'dar] <e→ie> **I.** *vi, vt* vespern **II.** *vr:* ~**se** (*fam*) sich (gegenseitig) ausstechen; ~**se a alguien** jdn ausstechen

**merendero** [mereṇ'dero] *m* Ausflugslokal *nt*

**merengue** [me'reŋge] *m* ① (*dulce*) Baiser *nt* ② (*persona débil*) Schwächling *m* ③ (*CSur: fam: lío*) Chaos *nt*

**meridiano¹** [meri'djano] *m* (ASTR) Meridian *m*

**meridiano, -a²** [meri'djano, -a] *adj* ① (*del mediodía*) Mittags- ② (*evidente*) klar

**meridional** [meridjo'nal] **I.** *adj* südlich; **Andalucía está en la España ~** Andalusien liegt in Südspanien **II.** *mf* Südländer(in) *m(f)*

**merienda** [me'rjeṇda] *f* ① (*comida por la tarde*) Vesper *f* ② (*picnic*) Picknick *nt;* **ir de ~** picknicken; **~ de negros** (*fig*) heilloses Durcheinander

**mérito** ['merito] *m* ① (*merecimiento*) Verdienst *nt;* **hacer ~s** sich dienstbeflissen zeigen; **callarse sus ~s** sein Licht unter den Scheffel stellen ② (*valor*) Wert *m;* **de ~** (*obra*) beachtlich; (*persona*) verdienstvoll

**meritorio, -a** [meri'torjo, -a] **I.** *adj* beachtlich **II.** *m, f* (*aprendiz*) Lehrling *m;* (*empleado sin sueldo*) Volontär(in) *m(f);* (*durante poco tiempo*) Praktikant(in) *m(f)*

**merlo** ['merlo] *m* (*Am*) Dummkopf *m*

**merluza** [mer'luθa] *f* ① (ZOOL) Seehecht *m* ② (*vulg: borrachera*) ordentlicher Schwips *m fam;* **coger una buena ~** sich *dat* einen antrinken *fam;* **estar (con la) ~** einen sitzen haben *fam*

**merluzo, -a** [mer'luθo, -a] *adj* (*fam*) dumm

**merma** ['merma] *f* Abnahme *f;* **~ de peso** Gewichtsverlust *m*

**mermar** [mer'mar] **I.** *vt* verringern; (*sueldo*) kürzen; **~ peso** an Gewicht verlieren **II.** *vi, vr:* ~**se** sich verringern

**mermelada** [merme'laða] *f* Marmelade *f*

**mero¹** ['mero] **I.** *adv* ① (*AmC, Méx: pronto*) bald ② (*Méx: muy*) sehr ③ (*Méx: precisamente*) genau **II.** *m* ① (ZOOL) Riesenzackenbarsch *m* ② (*Méx: jefe*) Boss *m*

**mero, -a²** ['mero, -a] *adj* ① (*sencillo*) einfach ② (*sin nada más*) bloß; **la mera verdad** die reine Wahrheit ③ (*Méx: preciso*) genau ④ (*Méx: propio*) eigene(r, s)

**merodear** [meroðe'ar] *vi* herumstreichen (*por* in *+dat*); (*saqueando*) plündernd umherziehen (*por* in *+dat*)

**merodeo** [mero'ðeo] *m* Plündern *nt*

**mes** [mes] *m* ① (*período*) Monat *m;* **a principios/a mediados/a fin(al)es de ~** Anfang/Mitte/Ende des Monats; **1000 euros al ~** monatlich 1000 Euro; **todos los ~es** (all)monatlich; **el ~ corriente** der laufende Monat; **el ~ que viene/pasado** (*adv*) nächsten/letzten Monat; **hace un ~** vor einem Monat ② (*sueldo*): **~ (de trabajo)** Monatsgehalt *nt;* **con un ~ de anticipo** einen Monat im Voraus ③ (*fam: menstruación*) Regel *f;* **tener el ~** seine Tage haben

**mesa** ['mesa] *f* ① (*mueble*) Tisch *m;* **~ de despacho** Schreibtisch *m;* **~ de tertulia** Stammtisch *m;* **vino de ~** Tafelwein *m;* **poner/quitar la ~** den Tisch decken/abräumen; **en la ~** (*comiendo*) bei Tisch; **¡a la ~!** zu Tisch, bitte!; **servir una ~** an einem Tisch bedienen; **bendecir la ~** das Tischgebet sprechen; **tener a alguien a ~ y a mantel** jdn sehr gut bewirten; **vivir** [*o* **estar**] **a ~ puesta** ohne Müh und Arbeit leben ② (*junta directiva*) Präsidium *nt* ③ (POL): **~ electoral** Wahlausschuss *m* ④ (GEO) Hochebene *f* ⑤ (INFOR): **~ digitalizadora** Mousepad *nt* ⑥ (*pensión*) Verpflegung *f;* **~ y cama** Kost und Logis

**mesar** [me'sar] *vt, vr:* ~**se los** [*o* **~ sus**] **pelos** sich *dat* die Haare raufen

M

**meseta** [me'seta] *f* (GEO) Hochebene *f*

**mesías** [me'sias] *m* Messias *m*

**Mesías** [me'sias] *m* Messias *m*

**mesilla** [me'siʎa] *f* ① (*mesa pequeña*) Tischchen *nt;* ~ **de noche** Nachttisch *m;* ~ **de ruedas** Serviertischchen *nt* ② (*descansillo*) Treppenabsatz *m*

**mesón** [me'son] *m* Gasthaus *nt*

**mesonero, -a** [meso'nero, -a] *m, f* (Gast)wirt(in) *m(f)*

**mestizaje** [mesti'θaxe] *m* ① (*entre blancos e indios*) *Vermischung von Weißen und Indianern* ② (*colectivo*) Mestizen *mpl* ③ (*cruce*) Rassenmischung *f*

**mestizo, -a** [mes'tiθo, -a] **I.** *adj* ① (*entre blancos e indios*) mestizisch ② (*entre dos razas*) mischrassig **II.** *m, f* ① (*entre blancos e indios*) Mestize, -in *m, f* ② (*entre dos razas*) Mischling *m*

**i Land & Leute**

Ein **mestizo** bezeichnet in Lateinamerika einen Mischling aus einem weißen (d. h. europäischen) und einem indianischen Elternteil. In Brasilien werden die **mestizos** dagegen *mamelucos* genannt.

**mesura** [me'sura] *f* ① (*moderación*) Maß *nt* ② (*cortesía*) Höflichkeit *f,* Umsicht *f* ③ (*calma*) Beherrschung *f*

**meta**¹ ['meta] *f* (*en las carreras, t. fig*) Ziel *nt;* (*portería*) Tor *nt;* **la ~ de su vida** sein/ihr Lebensziel; **fijarse una ~** sich *dat* ein Ziel setzen

**meta**² ['meta] *mf* (*portero*) Torhüter(in) *m(f)*

**metabolismo** [metaβo'lismo] *m* Stoffwechsel *m*

**metabolizar** [metaβoli'θar] <z→c> *vt* ① (*alterar*) (im Stoffwechselprozess) umsetzen ② (*eliminar*) (im Stoffwechselprozess) abbauen

**metadona** [meta'ðona] *f* Methadon *nt*

**metafísica** [meta'fisika] *f* ① (FILOS) Metaphysik *f* ② (*pedantería*) Pedanterie *f*

**metafísico, -a** [meta'fisiko, -a] **I.** *adj* ① (FILOS) metaphysisch ② (*difícil*) kompliziert **II.** *m, f* Metaphysiker(in) *m(f)*

**metáfora** [me'tafora] *f* Metapher *f*

**metafórico, -a** [meta'foriko, -a] *adj* metaphorisch

**metal** [me'tal] *m* ① (*material*) Metall *nt;* ~ **noble** Edelmetall *nt;* ~ **pesado** Schwermetall *nt* ② (*de voz*) Klang *m* ③ (*instrumento*) Blechblasinstrument *nt* ④ (*dinero*): **el vil ~** das (leidige) Geld

**metálico**¹ [me'taliko] *m* (*monedas*) Münzgeld *nt;* **en ~** (in) bar; **premio en ~** Geldpreis *m*

**metálico, -a**² [me'taliko, -a] *adj* ① (*parecido al metal*) metallisch ② (*que contiene metal*) metallen; **tela metálica** Drahtgitter *nt*

**metalizar** [metali'θar] <z→c> **I.** *vt* metallisieren **II.** *vr:* ~**se** ① (*adquirir propiedades metálicas*) metallisieren ② (*interesarse demasiado por el dinero*) nur ans Geld denken

**metalurgia** [meta'lurxja] *f sin pl* Metallurgie *f*

**metalúrgico, -a** [meta'lurxiko, -a] **I.** *adj* metallurgisch; **industria metalúrgica** Metallindustrie *f* **II.** *m, f* Metallarbeiter(in) *m(f)*

**metamorfismo** [metamor'fismo] *m* (GEO) Metamorphose *f*

**metamorfosear** [metamorfose'ar] **I.** *vt* verändern **II.** *vr:* ~**se** sich verwandeln

**metamorfosis** [metamor'fosis] *f inv* ① (ZOOL, GEO) Metamorphose *f* ② (*en una persona*) Verwandlung *f*

**metano** [me'tano] *m* Methan *nt*

**metástasis** [me'tastasis] *f inv* (MED) Metastase *f*

**metedura** [mete'ðura] *f:* **¡vaya ~ de pata!** was für eine Blamage!

**meteórico, -a** [mete'oriko, -a] *adj* ① (METEO) meteorisch ② (*rápido*) kometenhaft

**meteorismo** [meteo'rismo] *m* Blähungen *fpl*

**meteorito** [meteo'rito] *m* Meteorit *m*

**meteoro** [mete'oro] *m* ① (METEO) Himmelserscheinung *f* ② (ASTR) Meteor *m*

**meteorología** [meteorolo'xia] *f sin pl* Wetterkunde *f*

**meteorológico, -a** [meteoro'loxiko, -a] *adj* meteorologisch; **informe ~** Wetterbericht *m;* **estación meteorológica** Wetterwarte *f*

**meteorólogo, -a** [meteo'roloɣo, -a] *m, f* Meteorologe, -in *m, f*

**meter** [me'ter] **I.** *vt* ① (*introducir*) (hinein)stecken; (*en una caja, una bolsa*) (hinein)legen; **¡mete el enchufe!** steck den Stecker ein!; ~ **un clavo en la pared** einen Nagel in die Wand schlagen; ~ **el coche en el garaje** das Auto in die Garage fahren ② (*persona*): ~ **a alguien en la cárcel** jdn ins Gefängnis stecken ③ (*invertir*) investieren; ~ **en el banco** auf die Bank bringen ④ (*en costura*) enger machen ⑤ (*fam: en cocina*) hinzufügen; **¡no le metas más sal!** mach kein Salz mehr rein! ⑥ (DEP): ~ **un gol** ein Tor schießen ⑦ (*de contrabando*) (ein)schmuggeln ⑧ (*argot: encascar*) aufschwatzen; (*vender*) unterjubeln; (*enjaretar*) aufhalsen; **nos metió una película aburridísima** wir mussten uns bei ihm/ihr einen besonders langweiligen Film anschauen; **le metieron tres meses de cárcel** sie haben ihn/sie zu drei Monaten Gefängnis verdonnert ⑨ (*argot: pegar*): ~ **un puñetazo a alguien** jdm einen Fausthieb verpassen ⑩ (*provocar*): ~ **miedo/un susto a alguien** jdm Angst/einen Schrecken einjagen; ~ **prisa a alguien** jdn zur Eile antreiben; ~ **ruido** Lärm machen ⑪ (*hacer participar*) beteiligen; ~ **a toda la familia en el asunto** die ganze Familie in die Angelegenheit verwickeln ⑫ (*emplear*) einstellen (*de* als +*akk*); ~ **a alguien a fregar platos** jdn als Tellerwäscher einstellen; ~ **a una chica de peluquera** ein Mädchen eine Lehre als Friseuse beginnen lassen ⑬ (*loc*): ~ **la pata** ins Fettnäpfchen treten; ~ **mano a alguien** (*fam*) jdn befummeln; **a todo** ~ (*argot*) ganz schnell; **me has metido en un buen lío** (*argot*) du hast mich ganz schön hineingeritten **II.** *vr:* ~**se** ① (*fam: aceptar algo*): **¿cuándo se te ~á esto en la cabeza?** wann wirst du das je kapieren? ② (*introducirse*) hineinkommen; ~**se el dedo en la nariz** in der Nase bohren; ~**se algo en la cabeza** sich *dat* etw in den Kopf setzen ③ (*entrar en un lugar*) verschwinden; **le vi ~se en un cine** ich sah ihn ins Kino hineingehen; ~**se entre la gente** in der Menschenmenge untertauchen; **se metió en el armario** er/sie hat sich im Schrank versteckt; **¿dónde se habrá metido?** wo steckt er/sie bloß?; ~**se para adentro** hineingehen ④ (*entrar indebidamente*) eindringen ⑤ (*inmiscuirse*) sich einmischen; ~**se donde no lo/la llaman** [*o* **le importa**] sich in etwas einmischen, das einen nichts angeht ⑥ (*provocar*): ~**se con alguien** jdn ärgern ⑦ (*comenzar un oficio*): ~**se monja** ins Kloster gehen; ~**se a actor** Schauspieler werden ⑧ (*loc*): ~**se en camisa de once varas** sich übernehmen; **¡métetelo donde te quepa!** (*argot*) steck's dir sonst wohin!

**metereología** [metereolo'xia] *f sin pl v.* **meteorología**

**metereológico, -a** [metereo'loxiko, -a] *adj v.* **meteorológico**

**meticuloso, -a** [metiku'loso, -a] **I.** *adj* kleinlich **II.** *m, f* Pedant(in) *m(f)*

**metida** [me'tiða] *f* (*fam: avance*): **dar una ~ a algo** sich mit etw *dat* gründlich befassen; **tengo que darle una buena ~ a los estudios** ich muss mich mal richtig (ins Lernen) hineinknien

**metido**[1] [me'tiðo] *m* (*fam*) ① (*reprimenda*) Anpfiff *m;* **pegar un ~ a alguien** jdn anpfeifen ② (*daño*): **el coche ha dejado un buen ~ en la valla** das Auto hat eine ziemliche Delle im Zaun verursacht

**metido, -a**[2] [me'tiðo, -a] *adj* ① (*introvertido*): ~ **en sí mismo** introvertiert ② (*envuelto*) verwickelt; **sigue estando muy ~ en el negocio a pesar de su edad** er ist immer noch voll im Geschäft, trotz seines Alters ③ (*con abundantes*): **un muchacho ~ en carnes** ein beleibter Junge; **una mujer metida en años** eine Frau im fortgeschrittenen Alter ④ (*fam: relación*): **está muy ~ con esa chica** er hat eine enge Beziehung zu diesem Mädchen; **está muy ~ con la dirección de la empresa** er hat einen guten Draht zur Geschäftsleitung ⑤ (*puesto*): **la llave está metida** der Schlüssel steckt

**metl** [meᵈl] *m* (*Méx*) Agave *f*

**metódico, -a** [me'toðiko, -a] **I.** *adj* methodisch **II.** *m, f* Methodiker(in) *m(f)*

**metodista** [meto'ðista] **I.** *adj* methodistisch **II.** *mf* Methodist(in) *m(f)*

**método** ['metoðo] *m* ① (*sistema*) Methode *f;* (*para enseñar*) Lehrmethode *f;* **proceder con ~** systematisch vorgehen ② (*libro*) Lehrbuch *nt;* **un ~ de guitarra** eine Gitarrenschule

**metodología** [metoðolo'xia] *f* ① (*ciencia*) Methodologie *f* ② (*referente a la enseñanza*) Methodik *f*

**metomentodo** [metomen̩'toðo] **I.** *adj inv* neugierig **II.** *mf inv* (*fam*) neugieriger Mensch *m;* **ser un ~** seine Nase überall hineinstecken

**metraje** [me'traxe] *m* Filmlänge *f;* **película de largo ~** Film in Langfassung; **película de corto ~** Kurzfilm *m*

**metralla** [me'traʎa] *f* ① (*munición*) Schrot *m o nt;* **fuego de ~** Maschinengewehrfeuer *nt* ② (*trozos*) (Kugel)splitter *mpl*

**metralleta** [metra'ʎeta] *f* Schnellfeuerwaffe *f*

**métrica** ['metrika] *f* Metrik *f*

**métrico, -a** ['metriko, -a] *adj* metrisch

**metro** ['metro] *m* ① (*unidad*) Meter *m o nt;* ~ **cuadrado** Quadratmeter *m o nt;* ~ **cúbico** Kubikmeter *m o nt;* **no levantar un ~ del suelo** sehr klein sein ② (*para medir*) Metermaß *nt;* ~ **de cinta** Maßband *nt;* ~ **plegable** Zollstock *m* ③ (*metropoli-*

M

*tano*) U-Bahn *f* ❹ (*poesía*) Versmaß *nt* ❺ (MÚS) Metrum *nt*

**metrónomo** [me'tronomo] *m* Metronom *nt*

**metrópoli** [me'tropoli] *f* (*urbe*) Weltstadt *f;* (*capital*) Hauptstadt *f*

**metropolitano**[1] [metropoli'tano] *m* (FERRO) U-Bahn *f*

**metropolitano, -a**[2] [metropoli'tano, -a] *adj* ❶ (*de la capital*) hauptstädtisch ❷ (*de la urbe*) weltstädtisch

**mexicano, -a** [mexi'kano, -a] *adj o m, f v.* **mejicano**

**México** ['mexiko] *m* Mexiko *nt*

**i Land & Leute**

**México** bzw. **Méjico** (offiziell: *Estados Unidos Mexicanos*) liegt in Mittelamerika und grenzt im Norden an die USA. Die Hauptstadt *Ciudad de México – Mexiko-Stadt* hat fast 20 Millionen Einwohner. Spanisch ist die offizielle Landessprache. Die Währungseinheit **Mexikos** ist der *peso*. Die Ureinwohner **Mexikos**, die *aztecas – Azteken*, nannten sich selbst *mexica*.

**mezcla** ['meθkla] *f* ❶ (*sustancia*) Mischung *f;* ~ **de carburantes** Kraftstoffgemisch *nt;* ~ **explosiva** explosives Gemisch; (*fig*) explosive Mischung ❷ (*acto*) Mischen *nt* ❸ (*tela*) Mischgewebe *nt;* **sin** ~ rein ❹ (*argamasa*) Mörtel *m*

**mezclar** [meθ'klar] **I.** *vt* ❶ (*unir*) (ver)mischen; (GASTR: *añadir*) unterrühren ❷ (*revolver*) durcheinander bringen; (*confundir*) verwechseln ❸ (*involucrar*) hineinziehen **II.** *vr:* ~**se** ❶ (*inmiscuirse*) sich einmischen ❷ (*en un grupo de personas*): ~**se entre los espectadores** sich unter die Zuschauer mischen; ~**se con gente de mucho dinero** mit sehr reichen Leuten zusammenkommen ❸ (*revolverse*) durcheinander geraten

**mezcolanza** [meθko'laṇθa] *f* (*fam*) Mischmasch *m*

**mezquindad** [meθkiṇ'da$^{ð}$] *f* ❶ (*tacañería*) Geiz *m* ❷ (*acto vil*) Gemeinheit *f*

**mezquino, -a** [meθ'kino, -a] **I.** *adj* ❶ (*tacaño*) geizig ❷ (*innoble*) gemein ❸ (*insuficiente*) dürftig ❹ (*despreciable*) schäbig **II.** *m, f* Geizhals *m*

**mezquita** [meθ'kita] *f* Moschee *f*

**mi** [mi] **I.** *adj pos* (*antepuesto*) mein(e); ~ **amigo/amiga/casa** mein Freund/meine Freundin/mein Haus; ~**s amigos/amigas** meine Freunde/Freundinnen **II.** *m inv* (MÚS) e *nt;* ~ **mayor** E-Dur *nt;* ~ **menor** e-Moll *nt*

**mí** [mi] *pron pers:* **a** ~ (*objeto directo*) mich; (*indirecto*) mir; **para** ~ für mich; **¿y a ~ qué?** na und?; **para** ~ (**que**)... meiner Meinung nach ...; **por** ~ von mir aus; **por ~ que no quede** an mir soll's nicht liegen; **por ~ mismo** allein; **¡a ~ con esas!** erzähl das deiner Großmutter!; **¡a ~!** (*¡socorro!*) (zu) Hilfe!

**miaja** ['mjaxa] *f* Krümel *m*

**miau** [mjau̯] miau

**mica** ['mika] *f* ❶ (MIN) Glimmer *m* ❷ (*And: orinal*) Nachttopf *m* ❸ (*AmC: fam: borrachera*) Vollrausch *m*

**micción** [mi$^{y}$'θjon] *f* Wasserlassen *nt*

**mico**[1] ['miko] *m* (*fam*) ❶ (*hombre lujurioso*) Wüstling *m* ❷ (*loc*): **dar el ~ a alguien** (*engañar*) jdn betrügen; **dar ~ a alguien** (*dejar plantado*) jdn versetzen; **quedarse hecho un** ~ (*avergonzado*) völlig blamiert sein; **volverse** ~ außer Fassung geraten

**mico, -a**[2] ['miko, -a] *m, f* ❶ (ZOOL) Affe *m,* Äffin *f* ❷ (*fam: persona fea*) hässlicher Kauz *m,* Vogelscheuche *f* ❸ (*fam: niño*) Äffchen *nt* ❹ (*fam: persona presumida*) koketter Mensch *m*

**micra** ['mikra] *f* Mikrometer *nt*

**micro** ['mikro] *m* Mikro *nt*

**microbio** [mi'kroβjo] *m* Mikrobe *f*

**microbiología** [mikroβjolo'xia] *f sin pl* Mikrobiologie *f*

**microbús** [mikro'βus] *m* Kleinbus *m*

**microchip** [mikro'tʃip] *m* Mikrochip *m*

**microcircuito** [mikroθirku'ito] *m* (ELEC) Mikroschaltung *f*

**microcosmo(s)** [mikro'kosmo(s)] *m* (*inv*) Mikrokosmos *m*

**microeconomía** [mikroekono'mia] *f* Mikroökonomie *f*

**microficha** [mikro'fitʃa] *f* Mikrofiche *f*

**microfilm** [mikro'film] *m* <microfilm(e)s> Mikrofilm *m*

**microfilmar** [mikrofil'mar] *vt* auf Mikrofilm aufnehmen

**micrófono** [mi'krofono] *m* Mikrofon *nt*

**microonda** [mikro'oṇda/mi'kroṇda] *f* (*cocina, t.* FÍS) Mikrowelle *f;* **horno** (**de**) ~**s** Mikrowellenherd *m*

**microordenador** [mikro(o)rðena'ðor] *m* Mikrocomputer *m*

**microorganismo** [mikro(o)rɣa'nismo] *m* Mikrobe *f*

**microprocesador** [mikroproθesa'ðor] *m* Mikroprozessor *m*

**microscópico, -a** [mikros'kopiko, -a] *adj*

mikroskopisch; (*fam: minúsculo*) winzig (klein); **de tamaño** ~ mikroskopisch klein

**microscopio** [mikros'kopjo] *m* Mikroskop *nt;* ~ **de 60 aumentos** Mikroskop mit 60facher Vergrößerung; ~ **electrónico** Elektronenmikroskop *nt*

**microtenis** [mikro'tenis] *m inv* (*Am*) Tischtennis *nt*

**miedica** [mje'ðika] **I.** *adj* (*fam*) ängstlich **II.** *mf* (*fam*) Angsthase *m*

**miedo** ['mjeðo] *m* 1 (*angustia*) Angst *f* (*a/de* vor +*dat*); **por** ~ **a** [*o* **de**] aus Angst vor; **por** ~ **de que...** +*subj* aus Angst davor, dass ...; **meter** ~ **a alguien** jdm Angst einjagen; **dar** ~ Angst machen; **tener** ~ **de algo/alguien** vor etw *dat*/jdm Angst haben, sich vor etw *dat*/jdm fürchten; **me entró** [*o* **dio**] ~ ich bekam Angst; **morirse de** ~ eine Sterbensangst haben; **cagarse de** ~ (*vulg*) sich *dat* vor Angst in die Hosen machen *fam;* **al que mal vive, el** ~ **le sigue** (*prov*) ≈wer unredlich lebt, den verfolgt die Angst; **a quien** ~ **han, lo suyo le dan** (*prov*) ≈wer gefürchtet wird, bekommt, was er will 2 (*fam: maravilloso*): **de** ~ toll; **el concierto estuvo de** ~ das Konzert war sagenhaft 3 (*fam: terrible*): **de** ~ schrecklich; **hace un frío de** ~ es ist hundekalt

**miedoso**, **-a** [mje'ðoso, -a] **I.** *adj* 1 *ser* (*temeroso*) ängstlich 2 *estar* (*asustadizo*) schreckhaft **II.** *m, f* Feigling *m*

**miel** [mjel] *f* 1 (*de abeja*) Honig *m;* ~ **blanca** Bienenhonig *m;* ~ **extraída** Schleuderhonig *m* 2 (*loc*): **luna de** ~ Flitterwochen *fpl;* **quedarse con la** ~ **en los labios** das Nachsehen haben; **si encima me pagan el viaje ¡~ sobre hojuelas!** wenn sie auch noch die Reisekosten übernehmen, um so besser!; **hacerse de** ~ sich einschmeicheln; **hazte de** ~ **y te comerán las moscas** (*prov*) wer mit den Wölfen heult, wird von den Wölfen gefressen; **no hay** ~ **sin hiel** (*prov*) keine Rose ohne Dornen

**mielga** ['mjelɣa] *f* Luzerne *f*

**miembro** ['mjembro] **I.** *m* 1 *pl* (*extremidades*) Glieder *ntpl* 2 (*pene*): ~ (**viril**) (männliches) Glied *nt* 3 (*socio*) Mitglied *nt;* **no** ~ Nichtmitglied *nt;* ~ **de pleno derecho** Vollmitglied *nt;* **hacerse** ~ **de** Mitglied werden in +*dat* 4 (LING, MAT) Glied *nt* 5 (*parte*) Teil *m* **II.** *adj:* **los Estados** ~**s** die Mitglied(s)staaten

**mientes** ['mjen̪tes] *fpl* Gedanken *mpl;* **caer en** (**las**) ~ plötzlich in den Sinn kommen; **parar** [*o* **poner**] ~ **en algo** über etw nachdenken; **traer a las** ~ in Erinnerung rufen; **todo se le vino a las** ~ er/sie erinnerte sich wieder an alles; **¡ni por** ~**!** niemals!

**mientras** ['mjen̪tras] **I.** *adv* währenddessen; ~ (**tanto**) inzwischen **II.** *conj:* ~ (**que**) während; ~ (**que**) +*subj* solange; ~ **se ríe no se llora** solange man lacht, weint man nicht; ~ **más le dan más pide el niño** je mehr das Kind bekommt, desto mehr will es

**miércoles** ['mjerkoles] *m inv* Mittwoch *m;* ~ **de ceniza** Aschermittwoch *m;* ~ **santo** Mittwoch vor Gründonnerstag; *v. t.* **lunes**

**mierda** ['mjerða] *f* (*vulg*) 1 (*heces*) Scheiße *f* 2 (*porquería*) Dreck *m fam* 3 (*loc*): **el maestro nuevo es una** ~ der neue Lehrer ist eine Flasche *fam;* **esta película es una** ~ dieser Film ist Scheiße; **¡200 euros, una** ~**!** 200 Euro, nie im Leben!; **es una** ~ **de coche** das ist ein Scheißauto; **cubrirse de** ~ (*fig*) sich selbst in die Scheiße reiten; **mandar a la** ~ zum Teufel jagen *fam;* **¡**(**vete**) **a la** ~**!** verpiss dich doch! *fam;* **¡eso te importa una** ~**!** das geht dich einen Scheiß an!; **¡**~**!** Scheiße!; **¡una** ~**!** ich glaub du spinnst wohl! *fam;* **¿qué** ~ **ocurre?** was zum Teufel ist los? *fam;* **irse a la** ~ sich zum Teufel scheren *fam;* **no valer una** ~ zu nichts nütze sein; **no comerse ni** (**una**) ~ nicht einen einzigen Treffer landen; **¡vaya** ~ **que cogí ayer!** (*borrachera*) Mensch, war ich gestern voll! *fam*

**mies** [mjes] *f* 1 (*cereal maduro*) Korn *nt* 2 (*temporada*) Ernte(zeit) *f* 3 *pl* (*campos*) Kornfelder *ntpl*

**miga** ['miɣa] *f* 1 (*pan*) Krume *f;* **hacer buenas/malas** ~**s con alguien** mit jdm gut/schlecht auskommen; **hacer** ~**s a alguien** jdn fertig machen; **estar hecho** ~ (*cansado*) völlig kaputt sein; **hacer** ~**s** zerfetzen 2 (*esencia*) Substanz *f;* **esto tiene su** ~ das ist komplizierter als man denkt

**migaja** [mi'ɣaxa] *f* 1 (*trocito*) Stückchen *nt;* **una** ~ **de algo** ein ganz klein wenig von etw *dat* 2 *pl* (*sobras*) Reste *mpl*

**migración** [miɣra'θjon] *f* 1 (*emigración*) Auswanderung *f* 2 (ZOOL) Migration *f*

**migraña** [mi'ɣraɲa] *f* Migräne *f*

**migratorio**, **-a** [miɣra'torjo, -a] *adj* Wanderungs-

**mijo** ['mixo] *m* Hirse *f*

**mil** [mil] **I.** *adj inv* tausend; **dos** ~ **millones** zwei Milliarden; **ya se lo he dicho** ~ **veces** ich habe es ihm/ihr schon hundert Mal gesagt; *v. t.* **ocho II.** *m* 1 (*número*) Tausend *nt; v. t.* **ocho** 2 (*cantidad indefinida*): ~**es** Tausende *ntpl;* **a** ~**es** zu Tausenden; ~**es y** ~**es** Tausende und Abertau-

M

sende; **varios ~es de dólares** einige Tausend Dollar ❸ (*loc*): **a las ~ (y quinientas)** viel zu spät; **pasar las ~ y una** viel durchmachen

**milagrero, -a** [mila'ɣrero, -a] **I.** *adj* ❶ (*que cree en milagros*) wundergläubig ❷ (*milagroso*) wundertätig **II.** *m, f* ❶ (*que cree en milagros*) Person *f*, die an Wunder glaubt ❷ (*milagroso*) Wundertäter(in) *m(f)*

**milagro** [mi'laɣro] *m* Wunder *nt;* **hacer ~s** Wunder vollbringen; **contar la vida y ~s de alguien** detailliert aus jds Leben erzählen; **esta vez se escapó de ~** dieses Mal hat er/sie noch einmal Glück gehabt; **si sales de ésta, solo saldrás de ~** wenn du es dieses Mal schaffst, dann nur mit sehr viel Glück; **~ (sería) que...** +*subj* es wäre ein Wunder, wenn ...

**milagroso, -a** [mila'ɣroso, -a] *adj* ❶ (*que hace milagros*) wundertätig ❷ (*ocurrido por milagro*) wundersam ❸ (*maravilloso*) wunderbar

**Milán** [mi'lan] *m* Mailand *nt*

**milanés, -esa** [mila'nes, -esa] **I.** *adj* mailändisch **II.** *m, f* Mailänder(in) *m(f)*

**milanesa** [mila'nesa] *f* (GASTR) (Wiener) Schnitzel *nt*

**milano** [mi'lano] *m* Milan *m*

**milenario**[1] [mile'narjo] *m* (*aniversario*) tausendster Jahrestag *m;* (*fiesta*) Tausendjahrfeier *f*

**milenario, -a**[2] [mile'narjo, -a] *adj* tausendjährig

**milenio** [mi'lenjo] *m* Jahrtausend *nt*

**milenrama** [milen'rrama] *f* Schafgarbe *f*

**milésimo, -a** [mi'lesimo, -a] **I.** *adj* tausendste(r, s); *v. t.* **octavo II.** *m, f* (*ordinal*) Tausendste(r) *mf o nt*

**mili** ['mili] *f* (*fam*) Wehrdienst *m;* **ir a** [*o* **hacer**] **la ~** den Wehrdienst (ab)leisten; (*en Alemania*) zum Bund gehen; **¿ya hiciste la ~?** warst du schon beim Bund?; **tener mucha ~** (*argot*) kein unbeschriebenes Blatt mehr sein

**milibar** [mili'βar] *m* Millibar *nt*

**milicia** [mi'liθja] *f* ❶ (*tropa*) Miliz *f;* **~ nacional** (*ciudadanos*) Bürgerwehr *f* ❷ (*actividades militares*) Manöver *nt*

**miligramo** [mili'ɣramo] *m* Milligramm *nt*

**mililitro** [mili'litro] *m* Milliliter *m*

**milimetrado, -a** [milime'traðo, -a] *adj* Millimeter-; **papel ~** Millimeterpapier *nt*

**milimétrico, -a** [mili'metriko, -a] *adj* millimetergenau

**milímetro** [mi'limetro] *m* Millimeter *m o nt*

**militancia** [mili'tan̪θja] *f* (POL) (aktive) Mitgliedschaft *f*, (aktive) Teilnahme *f*

**militante** [mili'tan̪te] **I.** *adj* militant **II.** *mf* (*de una partido*) Mitglied *nt*

**militar** [mili'tar] **I.** *vi* ❶ (*cumplir el servicio*) dienen (*en* bei/in +*dat*) ❷ (*en un partido*) angehören (*en* +*dat*) ❸ (*loc*): **~ en favor de/contra algo** sich für/gegen etw einsetzen **II.** *adj* Militär-; **los altos mandos ~es** die Militärs **III.** *m* Soldat *m*

**militarizar** [militari'θar] <z→c> *vt* militarisieren

**milla** ['miʎa] *f* Meile *f;* **~ marina** Seemeile *f*

**millar** [mi'ʎar] *m* Tausend *nt;* **protestaron a ~es** sie protestierten zu Tausenden

**millón** [mi'ʎon] *m* Million *f;* **mil millones** Milliarde *f;* **cuatro millones de habitantes** vier Millionen Einwohner; **un ~ de gracias** tausend Dank

**? Grammatik**

**millón** steht stets mit der Präposition ‚de': *En esta ciudad viven dos millones de habitantes. – In dieser Stadt leben zwei Millionen Menschen. Esta finca cuesta cuatro millones de euros. – Dieses Anwesen kostet vier Millionen Euro.*

**millonada** [miʎo'naða] *f* (*fam: muchísimo dinero*) Vermögen *nt*

**millonario, -a** [miʎo'narjo, -a] *m, f* Millionär(in) *m(f)*

**millonésimo, -a** [miʎo'nesimo, -a] **I.** *adj* millionste(r, s) **II.** *m, f* (*ordinal*) Millionste(r) *mf o nt; v. t.* **octavo**

**milpa** ['milpa] *f* (*Am*) ❶ (*campo*) Maisfeld *nt* ❷ (*planta*) Mais *m*

**milpiés** [mil'pjes] *m inv* Tausendfüß(l)er *m*

**mimar** [mi'mar] *vt* ❶ (*consentir*) verwöhnen; (*excesivamente*) verhätscheln ❷ (*favorecer*) bevorzugen

**mimbre** ['mimbre] *m* ❶ (*material*) Korbgeflecht *nt;* **de ~** geflochten; **muebles de ~** Rattanmöbel *ntpl;* **silla de ~** Korbstuhl *m* ❷ (*ramita*) Weidenrute *f*

**mimbrera** [mim'brera] *f* Korbweide *f*

**mimeografiar** [mimeoɣrafi'ar] <*1. pres:* mimeografío> *vt* (*Am*) vervielfältigen

**mimeógrafo** [mime'oɣrafo] *m* (*Am*) Kopiergerät *nt*

**mimetismo** [mime'tismo] *m* (ZOOL) Mimikry *f*

**mímica** ['mimika] *f* ❶ (*facial*) Mimik *f* ❷ (*señas*) Gebärdensprache *f* ❸ (*ademanes*) Gestik *f*

**mímico, -a** ['mimiko, -a] *adj* mimisch; (TEAT) schauspielerisch

**mimo** ['mimo] *m* ❶ (*actor*) Mime, -in *m, f;* **hacer ~ de alguien** jdn mimen ❷ (*caricia*) Zärtlichkeit *f;* **necesitar mucho ~** viele Streicheleinheiten brauchen ❸ (*condescencia*) Verhätschelung *f;* **le dan demasiado ~** er/sie wird zu sehr verhätschelt ❹ (*con cariño*): **realizar su trabajo con ~** seine Arbeit mit Liebe machen

**mimosa** [mi'mosa] *f* Mimose *f*

**mimoso, -a** [mi'moso, -a] *adj* ❶ (*mimado*) verhätschelt ❷ *ser* (*cariñoso*) verschmust ❸ *estar* (*apegado*) anhänglich

**mina** ['mina] *f* ❶ (MIN) Bergwerk *nt;* **~ de carbón** Kohlenbergwerk *nt;* **este negocio es una ~** dieses Geschäft ist eine (wahre) Goldgrube ❷ (*pasillo subterráneo*) Stollen *m* ❸ (*explosivo*) Mine *f;* **~ de mar** Seemine *f;* **~ de tierra** Landmine *f* ❹ (*de lápiz/bolígrafo*) Mine *f*

**minar** [mi'nar] **I.** *vt* ❶ (*excavar*) unterhöhlen ❷ (*colocar minas*) verminen ❸ (*debilitar*) unterminieren **II.** *vr:* **~se** (*argot: hartarse*) sich *dat* den Bauch voll schlagen

**minarete** [mina'rete] *m* Minarett *nt*

**mineral** [mine'ral] **I.** *adj* mineralisch; **agua ~** Mineralwasser *nt* **II.** *m* ❶ (GEO) Mineral *nt* ❷ (MIN) Erz *nt*

**mineralogía** [mineralo'xia] *f sin pl* Mineralogie *f*

**minería** [mine'ria] *f* ❶ (*explotación*) Bergbau *m* ❷ (*técnica*) Bergbautechnik *f*

**minero, -a** [mi'nero, -a] **I.** *adj* bergmännisch **II.** *m, f* (*trabajador*) Bergarbeiter(in) *m(f)*

**miniatura** [minja'tura] *f* Miniatur *f*

**minibús** [mini'βus] *m* Kleinbus *m*

**minicadena** [minika'ðena] *f* Mini-Stereoanlage *f*

**minidisco** [mini'ðisko] *m* (INFOR) Minidiskette *f*

**minifalda** [mini'fal̩da] *f* Minirock *m*

**minifundio** [mini'fun̩djo] *m* landwirtschaftlicher Kleinbetrieb *m*

**minifundista** [mini'fun̩dista] *mf* Kleinbauer, -bäuerin *m, f*

**minigolf** [mini'ɣolf] *m* Minigolf *nt*

**minimalista** [minima'lista] **I.** *adj* minimalistisch **II.** *mf* Minimalist(in) *m(f)*

**minimizar** [minimi'θar] <z→c> *vt* ❶ (*simplificar*) minimalisieren ❷ (*subestimar*) herunterspielen

**mínimo**[1] ['minimo] *m* Minimum *nt;* **~ de presión** (METEO) Tiefdruckgebiet *nt;* **el ~ de respeto** das Mindeste an Achtung; **como ~** (*cantidad*) mindestens; **como ~ podrías llamar por teléfono** du könntest wenigstens anrufen; **reducir al ~** auf das Mindestmaß reduzieren

**mínimo, -a**[2] ['minimo, -a] *adj* ❶ *superl de* **pequeño** Mindest-; **las temperaturas mínimas** die Tiefstwerte; **cifra mínima** kleinste Zahl; **la mínima obligación posible** die geringstmögliche Verpflichtung; **sin el más ~ ruido** ohne den geringsten Laut; **no ayudar en lo más ~** kein bisschen helfen ❷ (*minucioso*) minuziös

**minino, -a** [mi'nino, -a] *m, f* (*fam*) Kater *m,* Katze *f*

**miniordenador** [miniorðena'ðor] *m* (INFOR) Kleincomputer *m*

**miniprimer** *m o f* (*fam*) Stabmixer *m*

**miniserie** [mini'serje] *f* Mehrteiler *m*

**ministerial** [ministe'rjal] *adj* (*de minister*) Ministerial-; (*de gobierno*) Regierungs-

**ministerio** [minis'terjo] *m* ❶ (*cartera, edificio*) Ministerium *nt* ❷ (*cargo*) Ministeramt *nt* ❸ (*gabinete*) (Regierungs)kabinett *nt*

**ministro, -a** [mi'nistro, -a] *m, f* ❶ (*de un gobierno*) Minister(in) *m(f);* **primera ministra** Ministerpräsidentin *f;* **~ sin cartera** Minister ohne Geschäftsbereich; **M~ (Federal) del Interior/de Hacienda/de Economía** (Bundes)innen-/(Bundes)finanz-/(Bundes)wirtschaftsminister; **M~ Federal de Educación y Ciencia** Bundesminister für Bildung und Wissenschaft ❷ (JUR) Gerichtsdiener(in) *m(f)* ❸ (*en la embajada*) Gesandte(r) *mf*

**minivacaciones** [miniβaka'θjones] *fpl* Kurzurlaub *m;* **minivestido** [miniβes'tiðo] *m* Minikleid *nt*

**minoría** [mino'ria] *f* Minderheit *f;* **~ de bloqueo** Sperrminorität *f;* **~ de edad** Minderjährigkeit *f*

**minoridad** [minori'ðaᵈ] *f* Minderjährigkeit *f*

**minorista** [mino'rista] **I.** *adj* Einzelhandels- **II.** *mf* Einzelhändler(in) *m(f)*

**minoritario, -a** [minori'tarjo, -a] *adj* Minderheits-

**minucia** [mi'nuθja] *f* ❶ (*de poca importancia*) Kleinigkeit *f* ❷ *pl* (*para decorar*) Nippes *m*

**minuciosidad** [minuθjosi'ðaᵈ] *f* Genauigkeit *f*

**minucioso, -a** [minu'θjoso, -a] *adj* minuziös

**minúscula** [mi'nuskula] *f* (LING) Kleinbuchstabe *m;* **en ~s** in Kleinbuchstaben; **escribirse con ~** kleingeschrieben werden

**minúsculo, -a** [mi'nuskulo, -a] *adj* ❶ (*muy pequeño*) sehr klein, winzig ❷ (LING): **letra minúscula** Kleinbuchstabe *m*

**minusvalía** [minusβa'lia] *f* ❶ (*física*) (kör-

M

perliche) Behinderung *f* ❷ (COM) Wertverlust *m*
**minusvalidez** [minusβali'ðeθ] *f* (körperliche) Behinderung *f*
**minusválido, -a** [minus'βaliðo, -a] **I.** *adj* körperbehindert **II.** *m, f* Körperbehinderte(r) *mf*
**minusvalorar** [minusβalo'rar] *vt* unterbewerten
**minuta** [mi'nuta] *f* ❶ (*cuenta*) Honorarrechnung *f* ❷ (*borrador*) Konzept *nt;* (*copia*) Zweitschrift *f* ❸ (*apunte*) Notiz *f* ❹ (*menú*) Menü *nt*
**minutero** [minu'tero] *m* Minutenzeiger *m*
**minuto** [mi'nuto] *m* Minute *f;* **sin perder un** ~ augenblicklich; **vuelvo en un** ~ ich bin gleich wieder da
**mío, -a** ['mio, -a] *pron pos* ❶ (*de mi propiedad*): **el libro es** ~ das Buch gehört mir; **la botella es mía** das ist meine Flasche; **¡ya es ~!** geschafft! ❷ (*tras artículo*): **el ~/la mía/lo** ~ meine(r, s); **los ~s** meine; (*parientes*) meine Angehörigen; **ésta es la mía** (*fam*) das ist die Gelegenheit für mich; **una de las mías** einer von meinen (wohlbekannten) Streichen; **¡esto sí que es lo ~!** (*lo conozco*) damit kenne ich mich wirklich aus!; (*me gusta*) das ist etwas, das ich wirklich mag! ❸ (*tras substantivo*) mein(e), von mir; **una amiga mía** eine Freundin von mir; **¡amor ~!** mein Liebes!; (**no**) **es culpa mía** es ist (nicht) meine Schuld
**miocardio** [mjo'karðjo] *m* Herzmuskel *m*
**mioma** [mi'oma] *m* Myom *nt*
**miope** [mi'ope] **I.** *adj* kurzsichtig **II.** *mf* Kurzsichtige(r) *mf*
**miopía** [mjo'pia] *f* Kurzsichtigkeit *f*
**mira** ['mira] *f* ❶ (*para apuntar*) Visier *nt* ❷ (MIL) Wachturm *m;* **estar a la ~ de alguien** nach jdm Ausschau halten ❸ (*mirada*) Blick *m;* **poner la ~ en algo/alguien** (*atención*) das Augenmerk auf etw/jdn richten; **poner la ~ en algo** (*aspirar*) etw anstreben; **con amplias ~s** mit Weitblick; **de ~s estrechas** engstirnig; **con ~s a** im Hinblick auf +*akk* ❹ (*pl*) (*intención*) Absicht *f;* **con ~s desinteresadas** in uneigennütziger Absicht
**mirada** [mi'raða] *f* Blick *m;* ~ **perdida** Blick ins Leere; **devorar con la** ~ mit den Augen verschlingen; **echar una ~ a algo** einen (kurzen) Blick auf etw werfen; **levantar la** ~ aufblicken; **apartar la** ~ wegsehen; **ser el blanco de las ~s** alle Blicke auf sich ziehen
**mirado, -a** [mi'raðo, -a] *adj* ❶ (*respetuoso*) rücksichtsvoll ❷ (*fam: delicado*) pingelig ❸ (*cuidadoso*) umsichtig ❹ (*respetado*): **estar bien/mal** ~ (*persona*) wohl angesehen/nicht gerne gesehen sein; **está mal ~ ir sin regalo** es wird nicht gern gesehen, wenn man ohne ein Geschenk kommt ❺ (*si bien se mira*): **bien ~, ...** eigentlich ...
**mirador** [mira'ðor] *m* ❶ (*atalaya*) Aussichtspunkt *m* ❷ (*balcón*) (verglaster) Balkon *m;* (*ventana*) Erkerfenster *nt*
**miramiento** [mira'mjen̩to] *m* ❶ (*consideración*) Rücksicht(nahme) *f;* **tener ~ con alguien** auf jdn Rücksicht nehmen; **sin** ~ rücksichtslos; **andar con ~s** auf alles und jeden Rücksicht nehmen; **sin ~s de** ungeachtet +*gen* ❷ (*cuidado*) Umsicht *f;* **sin** ~ unvorsichtig ❸ (*timidez*) Scheu *f* ❹ *pl* (*cortesías*) Höflichkeiten *fpl,* Aufmerksamkeiten *fpl*
**mirar** [mi'rar] **I.** *vt* ❶ (*ver*) (an)schauen; (*observar*) beobachten; ~ **por la ventana** aus dem Fenster schauen; ~ **por un agujero** durch ein Loch schauen; ~ **atrás** zurückblicken; ~ **alrededor** um sich schauen; ~ **fijamente a alguien** jdn anstarren; ~ **por encima** kurz überfliegen ❷ (*buscar*) nachschauen ❸ (*prestar atención*) aufpassen (auf +*akk*); **mira bien el dinero que te devuelven** pass mit dem Wechselgeld auf; **¡mira el bolso!** behalte die Tasche im Auge! ❹ (*meditar*) überdenken ❺ (*tener en cuenta*) sich richten (nach +*dat*); **siempre estás mirando tu porvenir** du denkst ständig an deine Zukunft; ~ **el dinero** aufs Geld schauen; **siempre miramos por nuestros hijos** wir wollen immer nur das Beste für unsere Kinder ❻ (*dar*): **la casa mira al este** das Haus liegt nach Osten; **la ventana mira al mar** das Fenster geht zum Meer hinaus ❼ (*estimar*): ~ **bien** schätzen; ~ **mal** nicht gern sehen; ~ **algo con buena cara** von etw *dat* angetan sein; ~ **algo con mala cara** etw *dat* abgeneigt sein **II.** *vi* ❶ (*aviso*): **¡mira! ya llega** schau! da kommt er/sie schon ❷ (*amenaza*): **¡pero mira lo que estás haciendo!** Mensch, schau mal, was du da machst! ❸ (*tener en cuenta*): **mira, que no nos queda mucho tiempo** denk daran, wir haben nicht mehr viel Zeit; **mira que si se cae este jarrón** stell dir vor, diese Vase fällt herunter ❹ (*ir a ver*): **mira** (**a ver**) **si han llegado ya** geh mal schauen, ob sie schon gekommen ist ❺ (*loc*): **eres de mírame y no me toques** du bist aber sehr empfindlich; **mire, ya se lo he explicado tres veces** schauen Sie mal, ich habe es Ihnen

schon dreimal erklärt; **¡pues, mira por donde ...!** (*fam*) sieh mal einer an, (was) ...; **mira, mira, con que tú también apareces por aquí** sieh mal einer an, du kommst also auch hier vorbei; **mira, mira, déjate de tonterías** ach, komm schon, hör mit dem Blödsinn auf; **mira que es tonta, ¿eh?** sie ist aber wirklich sehr doof; **quedarse mirando** (*sorprendido*) ratlos (drein)schauen; **se mire como** [*o* **por donde**] **se mire** wie man es auch dreht und wendet; **por lo que mira a...** was ... +*akk* betrifft; **si bien se mira, mirándolo bien, bien mirado** eigentlich **III.** *vr:* **~se** (*verse*) sich anschauen; **~se a los ojos** sich *dat* in die Augen schauen; **~se en el espejo** sich im Spiegel betrachten

**mirasol** [mira'sol] *m* Sonnenblume *f*

**miriápodo** [mi'rjapoðo] *m* Tausendfüß(l)er *m*

**mirilla** [mi'riʎa] *f* (*en la puerta*) Spion *m;* (*en la pared*) Guckloch *nt;* (FOTO) Sucher *m*

**mirlo** ['mirlo] *m* ① (ZOOL) Amsel *f* ② (*argot: lengua*): **achantar el ~** keinen Pieps sagen

**mirón, -ona** [mi'ron, -ona] **I.** *adj* schaulustig **II.** *m, f* ① (*espectador curioso*) Schaulustige(r) *mf;* (*pey: de intimidades*) Spanner(in) *m(f)* ② (INFOR) Lurker *m*

**mirra** ['mirra] *f* Myrrhe *f*

**mirto** ['mirto] *m* Myrte *f*

**misa** ['misa] *f* (REL: *ceremonia*) Gottesdienst *m;* **~ de difuntos** Totenmesse *f;* **~ del gallo** Christmette *f;* **ir a ~** in die Kirche gehen; **ayudar a ~** ministrieren; **cantar ~** Primiz feiern; **decir ~** einen Gottesdienst halten; **eso va a ~** (*fam*) darauf kannst du Gift nehmen; **no saber de la ~ la media** (*fam*) keinen blassen Schimmer haben

**misal** [mi'sal] *m* (REL) Messbuch *nt*

**misantropía** [misan̩tro'pia] *f sin pl* Menschenfeindlichkeit *f*

**misántropo, -a** [mi'san̩tropo, -a] **I.** *adj* menschenfeindlich **II.** *m, f* Menschenfeind *m*

**miscelánea** [misθe'lanea] *f* (*revoltijo*) Mischung *f*

**miserable** [mise'raβle] **I.** *adj* ① (*pobre*) ärmlich ② (*lamentable*) erbärmlich ③ (*tacaño*) knauserig ④ (*poco, mísero*) schäbig; **un sueldo ~** ein Hungerlohn **II.** *mf* ① (*desdichado*) Pechvogel *m fam;* (*que da pena*) bedauernswerter Mensch *m* ② (*canalla*) gemeiner Mensch *m*

**miseria** [mi'serja] *f* ① (*pobreza*) Elend *nt;* **caer en la ~** in Not und Elend geraten; **vivir en la ~** in Armut leben ② (*poco dinero*) lächerliche Summe *f* ③ (*tacañería*) Geiz *m* ④ *pl* (*infortunios*) Schicksalsschläge *mpl*

**misericordia** [miseri'korðja] *f* ① (*compasión*) Erbarmen *nt* ② (*perdón*) Gnade *f*

**misericordioso, -a** [miserikor'ðjoso, -a] *adj* ① (*que siente*) teilnahmsvoll ② (*que perdona*) gnädig (*con/para* (*con*) mit +*dat*)

**mísero, -a** ['misero, -a] *adj v.* **miserable**

**misérrimo, -a** [mi'serrimo, -a] *adj* ärmlichst; **gana un salario ~** sein Verdienst ist mehr als erbärmlich

**misil** [mi'sil] *m,* **mísil** ['misil] *m* Rakete *f;* **~ de alcance medio** Mittelstreckenrakete *f;* **~ antiaéreo** Flugabwehrrakete *f*

**misión** [mi'sjon] *f* Mission *f*

**misionero, -a** [misjo'nero, -a] *m, f* Missionar(in) *m(f)*

**mismamente** [misma'men̩te] *adv* ① (*sólo*) lediglich ② (*literalmente*) genauso ③ (*hasta*) sogar; **da ~ escalofríos** da läuft es einem geradezu kalt den Rücken herunter ④ (*en realidad*) eigentlich ⑤ (*precisamente*) gerade; **ayer ~ estuvimos hablando de ello** gestern erst haben wir darüber geredet

**mismo**[1] ['mismo] *adv* ① (*incluso*) selbst; **me duele sentado ~** es schmerzt selbst beim Sitzen ② (*manera*): **así ~** genauso ③ (*justamente*): **ahí ~** genau da; **aquí ~** gleich hier; **ayer ~** gerade gestern ④ (*ejemplo*): **nos podemos ver el miércoles ~** wir können uns zum Beispiel am Mittwoch sehen

**mismo, -a**[2] ['mismo, -a] *adj* ① (*idéntico*): **el/lo ~** derselbe/dasselbe; **la misma** dieselbe; **al ~ tiempo** gleichzeitig; **da lo ~** das ist egal; **por lo ~** aus demselben Grund; **lo ~ José como** [*o* **que**] **María** sowohl José als auch María; **lo ~ que coma o no coma, sigo engordando** ob ich nun esse oder nicht, ich nehme weiterhin zu; **lo ~ no vienen** es kann gut sein, dass sie gar nicht kommen; **quedar** [*o* **seguir**] **en las mismas** keinen Fortschritt gemacht haben ② (*semejante*): **el ~/la misma/lo ~** der/die/das Gleiche; **llevar la misma falda** den gleichen Rock tragen ③ (*reflexivo*) selbst; **te perjudicas a ti ~** du schadest dir selbst; **yo misma lo vi** ich habe es selbst gesehen; **lo hizo por sí misma** sie tat es für sich; **lo podemos hacer nosotros ~s** wir können es selbst machen ④ (*precisamente*): **este ~ perro fue el que me mordió** genau dieser Hund hat mich gebissen; **¡eso ~!** genau! ⑤ (*hasta*) selbst; **el ~ embajador asistió a la fiesta** der Botschafter selbst nahm an der Feier teil; **mi misma familia me**

M

**abandonó** meine eigene Familie ließ mich im Stich

**misoginia** [miso'xinja] *f sin pl* Frauenhass *m;* (MED, PSICO) Misogynie *f*

**misógino**, **-a** [mi'soxino, -a] **I.** *adj* (MED, PSICO) misogyn **II.** *m, f* Frauenhasser(in) *m(f);* (MED, PSICO) Misogyn *m*

**miss** [mis] *f* Schönheitskönigin *f;* ~ **Alemania** Miss Germany

**misterio** [mis'terjo] *m* (*enigma, secreto*) Geheimnis *nt;* **obrar con** ~ geheimnisvoll tun

**misterioso**, **-a** [miste'rjoso, -a] *adj* geheimnisvoll

**mística** ['mistika] *f sin pl* Mystik *f*

**misticismo** [misti'θismo] *m* Mystizismus *m*

**místico**, **-a** ['mistiko, -a] **I.** *adj* mystisch **II.** *m, f* Mystiker(in) *m(f)*

**mistificación** [mistifika'θjon] *f* Täuschung *f*

**mistificar** [mistifi'kar] <c→qu> *vt* ❶ (*burlarse*) hereinlegen *fam* ❷ (*falsear*) verfälschen

**mitad** [mi'ta$^{d}$] *f* ❶ (*parte igual*) Hälfte *f;* ~ **hombre** ~ **bestia** halb Mensch, halb Tier; **a** ~ **de precio** zum halben Preis; **cara** ~ (*cónyuge*) bessere Hälfte; **mezcla harina y agua,** ~ **y** ~ vermische Mehl und Wasser im Verhältnis eins zu eins; **¿estás contenta? –** ~ **y** ~ bist du zufrieden? – teils, teils ❷ (*medio*) Mitte *f;* **en** ~ **del bosque** mitten im Wald; **cortar por la** ~ in der Mitte durchschneiden ❸ (DEP) Halbzeit *f*

**mítico**, **-a** ['mitiko, -a] *adj* mythisch, Sagen-

**mitigar** [miti'ɣar] <g→gu> **I.** *vt* ❶ (*dolores*) lindern, mildern; (*laira*) beschwichtigen; (*hambre, sed*) stillen; (*temperamento*) zügeln; ~ **la inquietud de alguien** jdn beruhigen ❷ (*colores, calor, luz*) abschwächen; ~ **las olas** die Fluten dämmen **II.** *vr:* ~**se** ❶ (*dolores*) nachlassen ❷ (*color, calor, luz*) sich abschwächen

**mitin** ['mitin] *m* Treffen *nt*

**mito** ['mito] *m* Mythos *m,* Sage *f*

**mitología** [mitolo'xia] *f* Mythologie *f*

**mitológico**, **-a** [mito'loxiko, -a] *adj* mythologisch

**mitólogo**, **-a** [mi'toloɣo, -a] *m, f* Mythologe, -in *m, f*

**mitomanía** [mitoma'nia] *f sin pl* manisches Lügen *nt*

**mitómano**, **-a** [mi'tomano, -a] *m, f* manischer Lügner *m,* manische Lügnerin *f*

**mitón** [mi'ton] *m* fingerloser Handschuh *m*

**mitra** ['mitra] *f* Mitra *f*

**mixto**[1] ['misto] *m* (*fósforo*) Streichholz *nt*

**mixto**, **-a**[2] ['misto, -a] *adj* gemischt

**mixtura** [mis'tura] *f* Mischung *f*

**ml.** [mili'litro] *abr de* **mililitro** ml

**mnemotecnia** [nemo'teɣnja] *f sin pl* Mnemotechnik *f*

**mobbing** ['moβiŋ] *m sin pl* Mobbing *nt*

**mobiliario** [moβi'ljarjo] *m* Mobiliar *nt*

**moca** ['moka] *m* ❶ (*café*) Mokka *m* ❷ (*Ecua: ciénaga*) Sumpf *m*

**mocasín** [moka'sin] *m* Mokassin *m*

**mocedad** [moθe'ða$^{d}$] *f* Jugend *f*

**mocetón**, **-ona** [moθe'ton, -ona] *m, f* (*chico*) strammer Bursche *m;* (*chica*) dralles Mädchen *nt*

**mochales** [mo'ʧales] *adj inv* (*fam*): **estar** ~ bekloppt sein

**mochila** [mo'ʧila] *f* Rucksack *m;* (*de un soldado*) Tornister *m;* (*de un estudiante*) Ranzen *m;* (*para bebés*) Babytrage *f*

**mochilero**, **-a** [moʧi'lero, -a] *m, f* Rucksacktourist(in) *m(f);* **ir de mochilera** backpacken

**mocho**, **-a** ['moʧo, -a] *adj* ❶ (*cuerno*) stumpf; (*árbol*) gekappt ❷ (*cabeza*) kahl ❸ (*Am: mutilado*) verstümmelt

**mochuelo** [mo'ʧwelo] *m* ❶ (ZOOL) Kauz *m* ❷ (*fam: carga*) Bürde *f;* **cargar a alguien con el** ~ jdm eine Arbeit aufbürden; **siempre me toca cargar con el** ~ immer bleibt es an mir hängen

**moción** [mo'θjon] *f* ❶ (*movimiento*) Bewegung *f* ❷ (POL) Antrag *m;* **presentar una** ~ **de censura** einen Misstrauensantrag einbringen

**moco**[1] ['moko] *m* ❶ (*materia*) Schleim *m;* (*de la nariz*) (Nasen)schleim *m;* **limpiarse los** ~**s** sich *dat* die Nase putzen; **llorar a** ~ **tendido** (*fam*) Rotz und Wasser heulen ❷ (*del pavo*) Hautlappen *m* ❸ (*de una mecha*) Dochtende *nt;* **a** ~ **de candil** bei Kerzenlicht

**moco**, **-a**[2] ['moko, -a] *adj* (*fam: borracho*) sternhagelvoll; (*drogado*) high

**mocoso**, **-a** [mo'koso, -a] **I.** *adj* rotzig *fam* **II.** *m, f* (*pey*) Rotzbengel *m,* Rotzgöre *f*

**moda** ['moða] *f* Mode *f;* **vestido/peinado de** ~ modische Kleidung/Frisur; **estar de** ~ (in) Mode sein; **ponerse/pasar de** ~ in Mode/aus der Mode kommen; **ir a la** (**última**) ~ sich nach der neuesten Mode kleiden

**modal** [mo'ðal] **I.** *adj* modal **II.** *mpl* Manieren *fpl;* ~**es de la mesa** Tischsitten *fpl;* **¡qué** ~**es son estos!** so was gehört sich nicht!; **¿has olvidado tus** ~**es?** wo bleiben denn deine Manieren?

**modalidad** [moðali'ða$^{d}$] *f* Art *f;* ~**es de un contrato** Vertragsbestimmungen *fpl*

**modelar** [moðe'lar] *vt* modellieren; (*fig*) formen

**modélico**, **-a** [mo'ðeliko, -a] *adj* beispielhaft; **su comportamiento fue** ~ sein/ihr Benehmen war tadellos

**modelismo** [moðe'lismo] *m* Modellbau *m*

**modelo**[1] [mo'ðelo] *m* ① (*arquetipo*) Vorbild *nt;* **un político** ~ ein vorbildlicher Politiker ② (*muestra*) Muster *nt;* **hacer algo según el** ~ etw nach einer Vorlage anfertigen ③ (*maqueta, de coche, t.* COM) Modell *nt;* ~ **fuera de mercado** Auslaufmodell *nt* ④ (*esquema*) Schema *nt* ⑤ (*vestido*) Modell *nt*

**modelo**[2] [mo'ðelo] *mf* ① (*de modas*) Model *nt* ② (ARTE, FOTO) Modell *nt;* ~ **vivo** Aktmodell *nt*

**módem** ['moðen] *m* Modem *nt o m*

**moderación** [moðera'θjon] *f* ① (*comedimiento*) Mäßigung *f;* **comer con** ~ sich beim Essen mäßigen ② (TV, RADIO) Moderation *f* ③ (*de un debate*) Leitung *f*

**moderado**, **-a** [moðe'raðo, -a] **I.** *adj* (*fuerza, alegría, propuesta*) gemäßigt; (*velocidad, vida*) mäßig; (*precio, petición*) maßvoll; (*castigo*) mild **II.** *m, f* (POL) gemäßigter Politiker *m,* gemäßigte Politikerin *f*

**moderador**(**a**) [moðera'ðor(a)] **I.** *adj* mäßigend **II.** *m(f)* ① (TV, RADIO) Moderator(in) *m(f)* ② (*de un debate*) Diskussionsleiter(in) *m(f)*

**moderar** [moðe'rar] **I.** *vt* ① (*disminuir*) mäßigen ② (TV, RADIO) moderieren ③ (*debate*) leiten **II.** *vr:* ~**se** sich mäßigen

**modernidad** [moðerni'ða$^{ð}$] *f* ① (*cualidad*) Modernität *f* ② (*espíritu*) Moderne *f*

**modernismo** [moðer'nismo] *m* ① (ARTE, LIT) Modernismus *m* ② (ARQUIT) Jugendstil *m*

**modernización** [moðerniθa'θjon] *f* Modernisierung *f*

**modernizador**(**a**) [moðerniθa'ðor(a)] *adj* modernisierend

**modernizar** [moðerni'θar] <z→c> **I.** *vt* modernisieren **II.** *vr:* ~**se** moderner werden; (*en forma de pensar*) moderner denken

**moderno**, **-a** [mo'ðerno, -a] *adj* modern; **edad moderna** Neuzeit *f;* **historia moderna** neuere Geschichte

**modestia** [mo'ðestja] *f* ① (*humildad, sencillez*) Bescheidenheit *f;* ~ **aparte, pero...** ich will mich ja nicht rühmen, aber ...; **vestir con** ~ sich schlicht kleiden ② (*conformidad*) Genügsamkeit *f* ③ (*de una mujer*) Anstand *m*

**modesto**, **-a** [mo'ðesto, -a] *adj* ① (*humilde, sencillo*) bescheiden ② (*poco complicado*) genügsam ③ (*mujer*) anständig

**módico**, **-a** ['moðiko, -a] *adj* (*cantidad*) gering; (*precio*) angemessen

**modificación** [moðifika'θjon] *f* Veränderung *f;* (*de plan*) Abänderung *f;* (*de tema*) Abwandlung; (LING) Modifikation *f;* ~ **de estatutos** Satzungsänderung *f*

**modificar** [moðifi'kar] <c→qu> **I.** *vt* verändern; (*plan*) abändern; (*texto*) bearbeiten; (*tema*) abwandeln; (LING) modifizieren **II.** *vr:* ~**se** sich verändern

**modismo** [mo'ðismo] *m* (Rede)wendung *f*

**modista** [mo'ðista] *mf* Damenschneider(in) *m(f)*

**modisto** [mo'ðisto] *m* Modemacher *m*

**modo** ['moðo] *m* ① (*manera*) Art *f;* ~ **de andar** Gang *m;* ~ **de hablar** Sprechweise *f;* **hazlo a tu** ~ mach es auf deine Art; **hacer algo de cualquier** ~ etw oberflächlich machen; **a mi** ~ **de pensar** nach meiner Auffassung; **no me gusta tu** ~ **de pensar** mir gefällt deine Einstellung nicht; **encontrar un** ~ **de resolver el problema** eine Lösung für das Problem finden; **de este** ~ so; **he encontrado el** ~ **de hacerlo** ich habe herausgefunden, wie man es machen kann; **no es** ~ **de hablar a un superior** in einem solchen Ton spricht man nicht mit einem Vorgesetzten ② (LING, INFOR) Modus *m;* ~ **de operación** Betriebsart *f* ③ *pl* (*comportamiento*) Benehmen *nt;* **tener buenos/malos** ~**s** gute/schlechte Manieren haben; **decir algo con buenos/malos** ~**s** sich höflich/unhöflich ausdrücken; **¿qué** ~**s son esos?** was ist denn das für eine Art? ④ (*loc*): **de cualquier** ~ **no hubiera ido** ich wäre sowieso nicht hingegangen; **de** ~ **que lo has conseguido** du hast es also geschafft; **de ningún** ~ auf keinen Fall; **utilizar el paraguas a** ~ **de espada** den Regenschirm als Schwert benutzen; **en cierto** ~ gewissermaßen; **de todos** ~**s no hubo heridos** es gab immerhin keine Verletzten; **de todos** ~**s, lo volvería a intentar** ich würde es jedenfalls noch einmal versuchen; **de todos** ~**s es mejor que te vayas** auf alle Fälle ist es besser, wenn du jetzt gehst

**modorra** [mo'ðorra] *f* ① (*somnolencia*) Schläfrigkeit *f* ② (*por la bebida*) Katzenjammer *m fam*

**modorro**, **-a** [mo'ðorro, -a] *adj* ① (*somnoliento*) schläfrig ② (*torpe*) schwerfällig ③ (*atontado*) benommen ④ (*fruta*) faul

**modoso**, **-a** [mo'ðoso, -a] *adj:* **ser** [*o* **estar**] ~ gute Manieren haben

**modulador** [moðula'ðor] *m* (INFOR) Modulator *m*

**modular** [moðu'lar] *vt, vi* modulieren

**módulo** ['moðulo] *m* ❶ (ARQUIT, ELEC, INFOR) Modul *nt* ❷ (*de una prisión*) Trakt *m* ❸ (*de un mueble*) (Anbau)element *nt* ❹ (ENS) Kurs *m* ❺ (MÚS) Modulation *f* ❻ (AERO): ~ **de mando** Raumkapsel *f*

**mofa** ['mofa] *f* Spott *m;* **hacer** ~ **de algo** sich über etw lustig machen

**mofar** [mo'far] *vi, vr:* ~**se** sich lustig machen (*de* über +*akk*)

**mofeta** [mo'feta] *f* ❶ (ZOOL) Stinktier *nt* ❷ (MIN) Grubengas *nt*

**moflete** [mo'flete] *m* Pausbacke *f*

**mofletudo, -a** [mofle'tuðo, -a] *adj* pausbäckig

**mogollón** [moɣo'ʎon] *m* ❶ (*vulg: cantidad*) Haufen *m;* **había** ~ **de gente en la fiesta** es waren unheimlich viele Leute auf dem Fest; **había** ~ **de público en el pabellón** die Halle war gerammelt voll *fam* ❷ (*vulg: lío*) Zoff *m fam* ❸ (*gratis*): **entramos al cine de** ~ wir kamen umsonst ins Kino ❹ (*vulg: entrometimiento*) Einmischung *f*

**mohín** [mo'in] *m* Grimasse *f;* **hacer un** ~ **gracioso** das Gesicht zu einer lustigen Grimasse verziehen

**mohíno, -a** [mo'ino, -a] *adj* ❶ (*enfadado*) verärgert; (*de mal humor*) missmutig ❷ (*triste*) traurig

**moho** ['mo(o)] *m* ❶ (BOT) Moder *m;* (*en la pared/alimentos*) Schimmel *m;* (*en líquidos*) Kahm *m;* **no (dejar) criar** ~ (*alimentos*) schnell verzehren; (*un objeto*) ständig benutzen ❷ (*óxido*) Rost *m* ❸ (*desidia*) Arbeitsscheu *f*

**mohoso, -a** [mo'oso, -a] *adj* ❶ (*de moho*) mod(e)rig; (*pared, alimentos*) schimmelig; (*líquido*) kahmig ❷ (*oxidado*) rostig

**moisés** [moi̯'ses] *m inv* tragbarer Babykorb *m;* **metió al recién nacido en un** ~ er/sie legte das Neugeborene in ein Körbchen

**mojama** [mo'xama] *f* getrockneter Thunfisch *m*

**mojar** [mo'xar] **I.** *vt* ❶ (*con un líquido*) nass machen; (*ligeramente*) befeuchten; (*para planchar*) einsprengen ❷ (*el pan*) eintauchen ❸ (*fam: celebrar*) begießen ❹ (*fam: apuñalar*) abstechen **II.** *vi* (*fam: en un asunto*) verwickelt sein (*en* in +*akk*) **III.** *vr:* ~**se** ❶ (*con un líquido*) nass werden; ~**se los pies** nasse Füße bekommen ❷ (*fam: comprometerse*) Farbe bekennen

**mojicón** [moxi'kon] *m* ❶ (GASTR) ≈Biskuit *m o nt* ❷ (*fam: puñetazo*) Schlag *m* ins Gesicht

**mojigatería** [moxiɣate'ria] *f* ❶ (*gazmoñería*) Duckmäuserei *f* ❷ (*hipocresía*) Heuchelei *f*

**mojigato, -a** [moxi'ɣato, -a] *adj* ❶ (*gazmoño*) duckmäuserisch ❷ (*hipócrita*) heuchlerisch

**mojón** [mo'xon] *m* ❶ (*hito*) Grenzstein *m;* ~ **kilométrico** Kilometerstein *m* ❷ (*poste*) Wegweiser *m*

**mol** [mol] *m* Mol *nt*

**molar** [mo'lar] **I.** *adj* ❶ (*de muela*): **diente** ~ Backenzahn *m* ❷ (*de moler*) Mühl- **II.** *m* Backenzahn *m* **III.** *vi* (*fam*) ❶ (*gustar*) gefallen +*dat;* **este libro me mola** dieses Buch finde ich gut; **me molan las rubias** ich stehe auf Blondinen; **me mola este tío** dieser Kerl ist genau mein Typ ❷ (*llevarse*) in (Mode) sein; **ahora mola llevar pelo corto** kurze Haare sind jetzt in **IV.** *vt* (*argot*) antörnen

**Moldavia** [mol̩'daβja] *f* Moldawien *nt*

**moldavo, -a** [mol̩'daβo, -a] **I.** *adj* moldawisch **II.** *m, f* Moldawier(in) *m(f)*

**molde** ['mol̩de] *m* ❶ (TÉC) (Guss)form *f;* (GASTR) (Back)form *f;* (TIPO) Matrize *f;* **pan de** ~ Kastenbrot *nt;* **letras de** ~ Druckbuchstaben *mpl;* **este vestido te viene de** ~ dieses Kleid passt dir wie angegossen; **me vienes como de** ~ du kommst mir wie gerufen; **este director de cine rompe** ~**s** das ist ein bahnbrechender Regisseur ❷ (*modelo*) Vorbild *nt*

**moldeable** [mol̩de'aβle] *adj* formbar; **el carácter de un niño es fácilmente** ~ der Charakter eines Kindes ist leicht formbar

**moldeador** [mol̩dea'ðor] *m* (*para el cabello*) Lockenstab *m*

**moldear** [mol̩de'ar] *vt* ❶ (*formar*) formen; **diversas circunstancias han moldeado su vida** verschiedene Begebenheiten haben sein/ihr Leben geprägt ❷ (*vaciar*) (ab)gießen

**moldura** [mol̩'dura] *f* ❶ (*listón*) Leiste *f* ❷ (ARQUIT) Sims *m o nt*

**mole**[1] ['mole] *f* (*masa*) Masse *f*

**mole**[2] ['mole] *m* (*Méx*) ❶ (*salsa*) Chilisoße *f;* ~ **verde** *Soße aus grünen Chilis und grünen Tomaten* ❷ (*guiso*) Chilieintopf *m*

**i Land & Leute**

**Mole** ist die Bezeichnung einer mexikanischen Chilisoße. Der Cayennepfeffer der Chilipflanze verleiht dieser Soße ihren charakteristischen scharfen Geschmack.

**molécula** [mo'lekula] *f* Molekül *nt*

**molecular** [moleku'lar] *adj* molekular; **biología** ~ Molekularbiologie *f*

**moler** [mo'ler] <o→ue> *vt* ❶ (*café, trigo*) mahlen; (*aceitunas*) pressen; (*caña de azúcar*) auspressen; ~ **a alguien a palos** jdn windelweich prügeln ❷ (*fatigar*) erschöpfen; **estoy molido de la excursión** dieser Ausflug hat mich völlig geschafft ❸ (*molestar*) belästigen ❹ (*estropear*) beschädigen

**molestar** [moles'tar] **I.** *vt* (*estorbar*) stören; (*fastidiar*) belästigen; (*dolores*) plagen; (*enfadar*) ärgern; **esta camisa me molesta** dieses Hemd ist mir zu eng; **este dolor en la espalda me molesta** dieser Schmerz im Rücken macht mir zu schaffen **II.** *vr:* ~**se** ❶ (*tomarse la molestia*) sich *dat* die Mühe machen; **ni siquiera te has molestado en comprobarlo** du hast es gar nicht erst überprüft; **no te molestes en ir allí** du brauchst nicht dorthin zu gehen; **no te molestes por mí** mach dir meinetwegen keine Umstände; **no tendrías que haberte molestado** das wäre wirklich nicht nötig gewesen ❷ (*ofenderse*) sich beleidigt fühlen; **se ha molestado por tu comentario** deine Bemerkung hat ihn/sie gekränkt

**molestia** [mo'lestja] *f* ❶ (*fastidio*) Belästigung *f;* (*por dolores*) Plage *f;* **ser una** ~ lästig sein; **no es ninguna** ~ das stört überhaupt nicht ❷ (*inconveniente*) Unannehmlichkeit *f;* **no es ninguna** ~ (**para mí**) das macht mir keine Umstände; **tomarse la** ~ sich *dat* die Mühe machen; **perdonen las** ~**s** bitte entschuldigen Sie die Störung ❸ (*enfado*) Ärger *m* ❹ (*dolor*) Beschwerde *f*

**molesto, -a** [mo'lesto, -a] *adj* ❶ *ser* (*desagradable*) unangenehm; (*fastidioso*) lästig; **esta comida es molesta para el estómago** dieses Essen liegt schwer im Magen ❷ *estar* (*enfadado*) verärgert (*por* über +*akk*); (*ofendido*) beleidigt (*por* wegen +*gen/dat*) ❸ *estar* (*incómodo*) unbehaglich; **estoy** ~ **por el vendaje** der Verband stört mich

**molicie** [mo'liθje] *f* ❶ (*elev: blandura*) Weichheit *f* ❷ (*comodidad*): **vivir en la** ~ ein behagliches Leben führen

**molido, -a** [mo'liðo, -a] *adj* (*fam: cansado*): **estoy** ~ ich bin fix und fertig; **el trabajo me ha dejado** ~ die Arbeit hat mich völlig geschafft

**molinero, -a** [moli'nero, -a] **I.** *adj* Mühlen- **II.** *m, f* Müller(in) *m(f)*

**molinete** [moli'nete] *m* ❶ (*en una ventana*) Ventilator *m* ❷ (*juguete*) Windrad *nt*

**molinillo** [moli'niʎo] *m* ❶ (*aparato*): ~ **de café** Kaffeemühle *f* ❷ (*juguete*) Windrad *nt* ❸ (*para batir*) Quirl *m*

**molino** [mo'lino] *m* ❶ (*máquina*) Mühle *f;* ~ **de agua/de viento** Wasser-/Windmühle *f;* **cada uno lleva el agua a su** ~ (*fig*) jeder ist nur auf seinen eigenen Vorteil bedacht ❷ (*inquieto*) Nervenbündel *nt fam* ❸ (*pesado*) Nervensäge *f fam*

**i Land & Leute**

In Miguel de Cervantes' Don Quijote (erster Teil: 1605, zweiter Teil: 1615), einem der bedeutendsten Romane der Weltliteratur, kämpft der Titelheld gegen **molinos de viento** – *Windmühlen*, die er in seinem Wahnsinn fälschlicherweise für gegnerische Riesen hält. Don Quijotes Reisen und Abenteuer spielen in der heutigen *Comunidad Autónoma Castilla-La Mancha*, deren **molinos de viento** dank dieser literarischen Figur berühmt geworden sind.

**mollar** [mo'ʎar] *adj* ❶ (*fruta*) weich; (*carne*) ohne Knochen ❷ (*persona*) leichtgläubig ❸ (*trabajo*) einträglich

**mollejas** [mo'ʎexas] *fpl* (GASTR) (Kalbs)bries *nt*

**mollera** [mo'ʎera] *f* ❶ (*de la cabeza*) Schädeldecke *f* ❷ (*fontanela*) Fontanelle *f;* **la** ~ **se cierra** die Fontanelle schließt sich; **tiene la** ~ **cerrada** (*fig*) er/sie ist vernünftig ❸ (*seso*) Verstand *m;* **eso no me entra en la** ~ das will mir nicht in den Kopf; **ser duro de** ~ schwer von Begriff sein

**molón, -ona** [mo'lon, -ona] *adj* ❶ (*fam: bonito*) klasse ❷ (*presumido*) angeberisch ❸ (*Guat, Ecua, Méx: fastidioso*) lästig

**molotov** [molo'tof] *m:* **cóctel** ~ Molotowcocktail *m*

**molusco** [mo'lusko] *m* Weichtier *nt*

**momentáneo, -a** [momen̩'taneo, -a] *adj* ❶ (*instantáneo*) augenblicklich ❷ (*provisional*) provisorisch; **hacer un arreglo** ~ notdürftig reparieren ❸ (*temporal*) vorübergehend

**momento** [mo'men̩to] *m* ❶ (*instante*) Augenblick *m,* Moment *m;* **¡espera un** ~**!** Augenblick!; **de un** ~ **a otro** jeden Augenblick; **al** ~ sofort; **en cualquier** [*o* **todo**] ~ jederzeit; **en el** ~ **adecuado** zum geeigneten Zeitpunkt; **en el** ~ **de la salida** beim Start; **en este** ~ **hay demasiado paro** heutzutage ist die Arbeitslosigkeit zu hoch; **en este** ~ **estaba pensando en ti** ich habe gerade an dich gedacht; **de** ~**, no te puedo decir nada** ich kann dir vorerst nichts sagen; **de** ~ **leeré el periódico y**

M

**luego...** ich lese zunächst die Zeitung und dann ...; **de** [*o* **por el**] ~ **no sé nada de él** ich weiß immer noch nichts von ihm; **en un ~ de flaqueza** in einem Anfall von Schwäche; **la tensión aumentaba por ~s** die Spannung stieg von Minute zu Minute; **aparecer en el último** ~ in letzter Minute auftauchen; **en todo ~ mantuvo la calma** er/sie verlor nie die Ruhe; **no tengo un ~ libre** ich habe keinen Augenblick Ruhe; **hace un ~ que ha salido** er/sie ist gerade eben gegangen; **este estudiante me pregunta a cada** ~ dieser Student stellt mir ununterbrochen Fragen ② (*período*) Zeitraum *m;* **atravieso un mal** ~ ich mache gerade eine schwere Zeit durch ③ (*actualidad*) Gegenwart *f;* **la música del** ~ die Musik von heute ④ (*situación*) Lage *f* ⑤ (FÍS) Moment *nt*

**momia** ['momja] *f* ① (*egipcia*) Mumie *f* ② (*persona*) abgemagerter Mensch *m;* (*hombre*) Hering *m fam*

**momificar** [momifi'kar] <c→qu> *vt* mumifizieren

**momio**[1] ['momjo] *m* gutes Geschäft *nt;* **este trabajo es un** ~ bei dieser Arbeit reißt man sich *dat* kein Bein aus *fam;* **este traje es un** ~ dieser Anzug ist ein richtiges Schnäppchen *fam;* **de** ~ kostenlos

**momio, -a**[2] ['momjo, -a] *adj* mager

**mona** ['mona] *f* ① (ZOOL) Äffin *f* ② (*fam: borrachera*) Rausch *m;* **coger una** ~ sich *dat* einen Rausch antrinken; **estar como una** ~ einen Affen (sitzen) haben; **dormir la** ~ seinen Rausch ausschlafen; **tener una** ~ sternhagelvoll sein ③ (GASTR): ~ **de Pascua** Osterkuchen *m* ④ (*loc*): **estar hecho una** ~ tief beschämt sein; **vete a freír ~s** scher dich zum Teufel

**monacal** [mona'kal] *adj* ① (*del monje*) Mönchs- ② (*del convento*) Kloster-; **vida** ~ Klosterleben *nt*

**Mónaco** ['monako] *m* Monaco *nt*

**monada** [mo'naða] *f* ① (*zalamería*) Schmeichelei *f* ② (*gracia*) Drolligkeit *f* ③ *pl* (*amaneramiento*) affiges Gehabe *nt* ④ (*algo bonito*): **es una ~ de chica** sie ist ein reizendes Mädchen; **¡qué ~ de vestido!** was für ein entzückendes Kleid!; **este bebé es una** ~ dieses Baby ist goldig

**monaguillo, -a** [mona'ɣiʎo, -a] *m, f* Ministrant(in) *m(f)*

**monarca** [mo'narka] *mf* Monarch(in) *m(f)*

**monarquía** [monar'kia] *f* Monarchie *f*

**i Land & Leute**

Spaniens Staatsform ist eine **monarquía parlamentaria** – *konstitutionelle Monarchie*, d.h. der König, Juan Carlos I. ist zwar das Staatsoberhaupt, die Macht liegt aber seit 1977 in den Händen einer demokratisch gewählten Regierung.

**monárquico, -a** [mo'narkiko, -a] **I.** *adj* ① (*de la monarquía*) monarchisch ② (*partidario*) monarchistisch **II.** *m, f* Monarchist(in) *m(f)*

**monarquismo** [monar'kismo] *m* (POL) Monarchismus *m*

**monasterio** [monas'terjo] *m* Kloster *nt*

**monástico, -a** [mo'nastiko, -a] *adj* ① (*del monje*) Mönchs- ② (*del convento*) klösterlich; **lleva una vida monástica** er lebt wie ein Mönch

**monda** ['moṇda] *f* ① (*acción*) Schälen *nt* ② (*peladura*) Schale *f* ③ (*poda*) Beschneiden *nt* ④ (*loc, fam*): **tus chistes son la** ~ deine Witze sind zum Schreien; **este pueblo es la ~, nadie sabe dónde está el cine** dieses Dorf ist ein Witz; keiner weiß, wo das Kino ist

**mondadientes** [moṇda'ðjeṇtes] *m inv* Zahnstocher *m*

**mondadura** [moṇda'ðura] *f* ① (*acción*) Schälen *nt* ② *pl* (*peladuras*) Schalen *fpl*

**mondar** [moṇ'dar] **I.** *vt* ① (*plátano, patata, palo*) schälen; (*guisantes*) enthülsen; (*rama*) entrinden ② (*árbol*) beschneiden **II.** *vr:* **~se** ① (*pelarse*) sich schälen ② (*loc*): **~se los dientes** sich *dat* in den Zähnen stochern; **~se de risa** (*fam*) sich totlachen

**mondo, -a** ['moṇdo, -a] *adj* ① (*cabeza*) haarlos ② (*de dinero*): **quedarse ~ (y lirondo)** (*fam*) völlig blank sein ③ (*sin nada más*): **vivo sólo de mi sueldo** ~ ich lebe nur von meinem Gehalt; **para comer sólo tenemos un bocadillo** ~ zum Essen haben wir nichts als ein Sandwich; **la verdad monda y lironda** (*fam*) die nackte Wahrheit

**mondongo** [moṇ'doŋgo] *m* Eingeweide *ntpl*

**moneda** [mo'neða] *f* ① (*pieza*) Münze *f;* ~ **de dos euros** Zweieurostück *nt;* ~ **suelta** Kleingeld *nt;* **teléfono de ~s** Münzfernsprecher *m;* **pagar a alguien con la misma** ~ es jdm mit gleicher Münze heimzahlen ② (*de un país*) Währung *f;* ~ **base** Leitwährung *f;* ~ **de curso legal** gesetzliches Zahlungsmittel; ~ **extranjera** Devisen *fpl;* ~ **fuerte/débil** harte/weiche Währung; ~ **nacional** Landeswährung *f;* ~ **de los países participantes** Teilnehmerwährung *f* ❸ (*loc*): **la otra cara de la** ~ die Kehrseite der Medaille; **esto es** ~ **corriente** das ist nichts Ungewöhnliches; **si él me ofrece calidad, yo le pago en buena** ~ wenn er mir Qualität bietet, werde ich seinen Forderungen entsprechen

**monedero** [mone'ðero] *m* ❶ (*bolsa*) Geldbeutel *m* ❷ (*persona*): ~ **falso** Falschmünzer *m*

**monegasco, -a** [mone'ɣasko, -a] **I.** *adj* monegassisch **II.** *m, f* Monegasse, -in *m, f*

**monería** [mone'ria] *f* (*gracia*) Drolligkeit *f*

**monetario, -a** [mone'tarjo, -a] *adj* Währungs-; **institución monetaria** Geldinstitut *nt;* **tormentas monetarias** starke Währungsschwankungen

**monetarismo** [moneta'rismo] *m sin pl* Monetarismus *m*

**monetizar** [moneti'θar] <z→c> *vt* ❶ (*billetes*) in Umlauf bringen ❷ (*convertir en moneda*) monetisieren

**Mongolia** [moŋ'golja] *f* Mongolei *f*

**mongólico, -a** [moŋ'goliko, -a] **I.** *adj* (MED) mongoloid **II.** *m, f* (MED) Mongoloide *mf;* **ser un** ~ mongoloid sein

**mongolismo** [moŋgo'lismo] *m sin pl* (MED) Mongolismus *m*

**mongoloide** [moŋgo'loi̯ðe] *adj* mongoloid; **tiene rasgos** ~**s** er hat mongoloide Züge

**monigote** [moni'ɣote] *m* ❶ (*dibujo mal hecho*) Gekritzel *nt;* (*figura*) (Strich)männchen *nt;* **hacer** ~**s** (*figuras humanas*) Männchen malen; (*borrones*) herumkritzeln ❷ (*muñeco*) Flickenpuppe *f* ❸ (*persona*) Hampelmann *m*

**monitor**[1] [moni'tor] *m* (TÉC, TV, INFOR) Monitor *m*

**monitor(a)**[2] [moni'tor(a)] *m(f)* (*de un deporte*) Übungsleiter(in) *m(f);* (*de un campamento*) (Gruppen)leiter(in) *m(f);* ~ **de natación** Schwimmlehrer *m*

**monitorio, -a** [moni'torjo, -a] *adj* ermahnend; **carta monitoria** Mahnschreiben *nt*

**monja** ['moŋxa] *f* Nonne *f*

**monje** ['moŋxe] *m* Mönch *m*

**monjil** [moŋ'xil] **I.** *adj* Nonnen-; **llevar una vida** ~ (*fig*) ein sehr bescheidenes Leben führen **II.** *m* Nonnentracht *f*

**mono**[1] ['mono] *m* ❶ (ZOOL) Affe *m;* **estar de** ~**s** schmollen; **¿tengo** ~**s en la cara?** was starrst du mich so an?; **hacer** ~**s a alguien** jdm schöne Augen machen ❷ (*fantoche*) Hampelmann *m;* **en esta casa soy el último** ~ in diesem Haus bin ich ein Nichts ❸ (*traje*) Overall *m;* (*de mecánico*) Blaumann *m fam* ❹ (*argot: de drogas*) Turkey *m;* **tener el** ~ auf Turkey sein; **le entra el** ~ er bekommt Entzugserscheinungen ❺ (*persona fea*) Scheusal *nt* ❻ (*joven tonto*) Lackaffe *m fam* ❼ (*dibujo*) (Strich)männchen *nt*

**mono, -a**[2] ['mono, -a] *adj* (*niño*) süß; (*chica*) hübsch; (*vestido*) entzückend

**monocarril** [monoka'rril] *m* Einschienenbahn *f*

**monocolor** [monoko'lor] *adj* einfarbig; (ARTE, FOTO) monochrom; **un gobierno** ~ eine Regierungspartei mit absoluter Mehrheit

**monocorde** [mono'korðe] *adj* ❶ (MÚS): **instrumento** ~ Monochord *nt* ❷ (*monótono*) eintönig

**monóculo** [mo'nokulo] *m* Monokel *nt*

**monocultivo** [monokul̩'tiβo] *m* Monokultur *f*

**monofásico, -a** [mono'fasiko, -a] *adj* einphasig

**monogamia** [mono'ɣamja] *f sin pl* Monogamie *f*

**monogámico, -a** [mono'ɣamiko, -a] *adj* monogam

**monógamo, -a** [mo'noɣamo, -a] *adj* monogam

**monografía** [monoɣra'fia] *f* Monographie *f*

**monograma** [mono'ɣrama] *m* Monogramm *nt*

**monolingüe** [mono'liŋgwe] *adj* einsprachig

**monolítico, -a** [mono'litiko, -a] *adj* monolithisch

**monologar** [monolo'ɣar] <g→gu> *vi* monologisieren

**monólogo** [mo'noloɣo] *m* Monolog *m*

**monopatín** [monopa'tin] *m* Skateboard *nt*

**monoplaza** [mono'plaθa] *m* (AUTO) Einsitzer *m;* **los** ~**s están en la parrilla de salida** die Rennwagen befinden sich am Startplatz

**monopolio** [mono'poljo] *m* Monopol *nt*

**monopolización** [monopoliθa'θjon] *f* Monopolisierung *f*

**monopolizar** [monopoli'θar] <z→c> *vt* (COM) monopolisieren; (*fig*) mit Beschlag belegen; ~ **la atención de alguien** jds Aufmerksamkeit auf sich ziehen

**monosílabo**[1] [mono'silaβo] *m* einsilbiges Wort *nt;* **responder con** ~**s** einsilbig antworten

**monosílabo, -a**[2] [mono'silaβo, -a] *adj* einsilbig

**monoteísmo** [monote'ismo] *m* Monotheis-

M

mus *m*

**monotonía** [monoto'nia] *f* Eintönigkeit *f*

**monótono, -a** [mo'notono, -a] *adj* eintönig

**monóxido** [mo'no$^{ɣ}$siðo] *m* Monoxid *nt*

**monseñor** [monse'ɲor] *m* Monsignore *m*

**monserga** [mon'serɣa] *f* (*fam*) ① (*lengua*) dummes Geschwätz *nt;* **¡no me vengas con ~s!** hör auf mit dem Quatsch! ② (*lata*) Last *f;* **este trabajo es una ~** diese Arbeit geht mir auf die Nerven

**monstruo** ['mo$^{n}$strwo] *m* ① (*ser fantástico*) Ungeheuer *nt* ② (*feo*) Scheusal *nt* ③ (*perverso*) Unmensch *m* ④ (*artista*) Meister *m* ⑤ (*loc*): **una actuación ~** eine Veranstaltung der Superlative

**monstruosidad** [mo$^{n}$strwosi'ða$^{ð}$] *f* Ungeheuerlichkeit *f;* **eso que dices es una ~** das, was du sagst, ist ja ungeheuerlich!

**monstruoso, -a** [mo$^{n}$stru'oso, -a] *adj* ① (*desfigurado*) missgestaltet ② (*terrible*) abscheulich; **es ~ tener que estudiar durante el verano** es ist eine Zumutung, den Sommer über lernen zu müssen ③ (*enorme*) riesig

**monta** ['mon̪ta] *f* ① (*de maquinaria*) Montage *f;* (*de joyas*) Einfassen *nt* ② (*de caballo*) Besteigen *nt* ③ (*importe*) Endsumme *f* ④ (*importancia*) Bedeutung *f;* **de poca ~** unbedeutend

**montacargas** [mon̪ta'karɣas] *m inv* Lastenaufzug *m;* (MIN) Förderkorb *m*

**montador(a)** [mon̪ta'ðor(a)] *m(f)* ① (TÉC: *de máquinas*) Monteur(in) *m(f);* (*de grandes máquinas*) Maschinenschlosser(in) *m(f)* ② (CINE) Cutter(in) *m(f)*

**montaje** [mon̪'taxe] *m* ① (TÉC) Montage *f;* (*de una tribuna*) Aufbau *m* ② (CINE, FOTO) Montage *f* ③ (TEAT) Inszenierung *f* ④ (*engaño*) abgekartetes Spiel *nt*

**montante** [mon̪'tan̪te] *m* ① (*importe*) Endsumme *f* ② (*de máquina*) Ständer *m;* (*de escalera/ventana*) Pfosten *m*

**montaña** [mon̪'taɲa] *f* ① (GEO: *monte*) Berg *m;* (*zona*) Gebirge *nt;* **~ rusa** Achterbahn *f;* **prefiero la ~ al mar** ich ziehe die Berge dem Meer vor; **la fe mueve ~s** der Glaube versetzt Berge ② (*de cosas*) Haufen *m*

**montañero, -a** [mon̪ta'ɲero, -a] *m, f* Bergsteiger(in) *m(f)*

**montañés, -esa** [non̪ta'ɲes, -esa] **I.** *adj* ① (*de la montaña*) Berg- ② (*de Santander*) aus Santander **II.** *m, f* Einwohner(in) *m(f)* von Santander

**montañismo** [mon̪ta'ɲismo] *m* Bergsteigen *nt*

**montañoso, -a** [mon̪ta'ɲoso, -a] *adj* gebirgig

**montaplatos** [mon̪ta'platos] *m inv* Speiseaufzug *m*

**montar** [mon̪'tar] **I.** *vi* ① (*subir a una bici, un caballo*) aufsteigen (*en* auf +*akk*); (*en un coche*) einsteigen (*en* in +*akk*) ② (*ir a caballo*) reiten; **~ en bici** Rad fahren ③ (*una cuenta*) sich belaufen (*a* auf +*akk*) ④ (*loc*): **~ en cólera** in Zorn geraten; **tanto monta que vaya como que no** es ist egal, ob ich gehe oder nicht **II.** *vt* ① (*subir en un caballo*) besteigen; **no montes al niño en el alféizar** setz das Kind nicht aufs Fensterbrett ② (*ir a caballo*) reiten ③ (*acaballar*) decken ④ (*máquina*) montieren; (*una tribuna*) aufbauen; (*tienda*) aufschlagen ⑤ (*clara de huevo*) steif schlagen ⑥ (*casa*) einrichten ⑦ (*negocio*) eröffnen ⑧ (TEAT) inszenieren ⑨ (*diamante*) (ein)fassen ⑩ (*arma*) spannen ⑪ (CINE) cutten ⑫ (*fam: excursión*) aufziehen ⑬ (*guardia, ejército*) aufstellen ⑭ (*loc*): **~la** Krach schlagen; **~ un número** ein Riesentheater veranstalten **III.** *vr:* **~se** ① (*subir*) hinaufsteigen; **no te montes ahí** steig da nicht hinauf ② (*fam: arreglárselas*): **¿cómo te lo montas con el trabajo?** wie kommst du mit der Arbeit zurecht?; **no nos lo montamos muy bien entre nosotros** wir kommen miteinander nicht klar; **me lo monto solo** ich komme alleine zurecht

**montaraz** [mon̪ta'raθ] *adj* ① (*salvaje*) wild ② (*resistente*) abgehärtet ③ (*tosco*) ungehobelt ④ (*arisco*) spröde

**monte** ['mon̪te] *m* ① (*montaña*) Berg *m;* **el ~ de los Olivos** der Ölberg ② (*bosque*) Wald *m;* **~ alto** (Hoch)wald *m;* **~ bajo** Unterholz *nt;* **batir el ~** (*cazar*) auf die Jagd gehen; (*buscar*) den Wald durchforsten; **echarse al ~** in den Untergrund gehen ③ *pl* (*cordillera*) Gebirge *nt* ④ (*loc*): **~ de piedad** Pfandhaus *nt;* **no todo el ~ es orégano** (*prov*) ≈alles hat seine Tücken

**Montenegro** [mon̪te'neɣro] *m* Montenegro *nt*

**montepío** [mon̪te'pio] *m* ① (*caja para viudas*) Witwenkasse *f;* (*para huérfanos*) Waisenkasse *f* ② (*pensión de viuda*) Witwenrente *f;* (*de huérfano*) Waisenrente *f*

**montera** [mon̪'tera] *f* ① (*gorra*) Kappe *f;* **ponerse el mundo por ~** auf die ganze Welt pfeifen ② (*de una galería*) Glasdach *nt*

**montería** [mon̪te'ria] *f* (Treib)jagd *f*

**montés, -esa** [mon̪'tes, -esa] *adj* wild; **cabra montesa** Steinbock *m;* **gato ~** Wildkatze *f*

**montículo** [moṇ'tikulo] *m* Hügel *m*

**monto** ['moṇto] *m* Gesamtbetrag *m*

**montón** [moṇ'ton] *m* Haufen *m;* **un ~ de ropa** ein Haufen Wäsche; **había un ~ de gente** es waren unheimlich viele Leute da; **tengo problemas a montones** (*fam*) ich habe Probleme ohne Ende; **tomar montones de pastillas** (*fam*) Unmengen von Tabletten schlucken; **ser del ~** ein Durchschnittsmensch sein; **tener una cara del ~** ein Allerweltsgesicht haben; **la bomba atómica redujo Hiroshima a un ~ de escombros** die Atombombe legte Hiroshima in Schutt und Asche

**montura** [moṇ'tura] *f* ❶ (*arnés*) Geschirr *nt;* (*silla*) Sattel *m* ❷ (*animal*) Reittier *nt* ❸ (*de gafas*) Gestell *nt;* (*de una joya*) (Ein)fassung *f*

**monumental** [monumeṇ'tal] *adj* ❶ (*grande*) enorm; (*de importancia*) monumental; (*error*) gewaltig ❷ (*de monumento*): **el Madrid ~** die Sehenswürdigkeiten Madrids

**monumentalizar** [monumeṇtali'θar] <z→c> *vt* monumentalisieren

**monumento** [monu'meṇto] *m* Denkmal *nt;* (*grande*) Monument *nt;* **~ funerario** Grabmal *nt;* **~ de la literatura** literarischer Meilenstein; **los ~s de una ciudad** die Sehenswürdigkeiten einer Stadt; **esta casa es un ~ nacional** dieses Haus steht unter Denkmalschutz; **esta chica es un ~** dieses Mädchen ist bildschön

**monzón** [moṇ'θon] *m o f* Monsun *m*

**moña** ['moɲa] *f* ❶ (*lazo*) Schleife *f* ❷ (*fam: borrachera*) Rausch *m;* **estar ~** betrunken sein

**moño** ['moɲo] *m* ❶ (*pelo*) Haarknoten *m* ❷ (*lazo*) Schleife *f* ❸ (*plumas*) Schopf *m* ❹ (*Col: capricho*) Marotte *f* ❺ (*Chil: pelo*) Haar *nt;* (*copete*) Schopf *m* ❻ *pl* (*adornos*) Flitterkram *m* ❼ (*loc*): **quitar ~s a alguien** jdm einen Dämpfer versetzen; **ponerse ~s** angeben; **estar hasta el ~ de algo** (*fam*) die Nase gestrichen voll von etw *dat* haben; **se me ha puesto en el ~ de...** ich habe es mir in den Kopf gesetzt zu ...

**MOPU** ['mopu] *m abr de* **Ministerio de Obras Públicas y Urbanismo** Bau- und Stadtplanungsministerium *nt*

**moquear** [moke'ar] *vi:* **estás moqueando** dir läuft die Nase

**moqueta** [mo'keta] *f* Teppichboden *m*

**mora** ['mora] *f* ❶ (*del moral*) Maulbeere *f;* (*de la zarzamora*) Brombeere *f* ❷ (JUR) Verzug *m*

**morada** [mo'raða] *f* ❶ (*casa*) Wohnung *f* ❷ (*residencia*) Wohnsitz *m* ❸ (*estancia*) Aufenthalt *m;* **la eterna ~** das Jenseits

**morado, -a** [mo'raðo, -a] *adj* dunkelviolett; **poner un ojo ~ a alguien** jdm ein blaues Auge verpassen; **pasarlas moradas** Blut und Wasser schwitzen; **ponerse ~ (comiendo)** sich *dat* den Bauch voll schlagen *fam*

**moral** [mo'ral] **I.** *adj* ❶ (*ético*) moralisch; **código ~** Sittenkodex *m;* **tengo la certidumbre ~** ich nehme mit Sicherheit an ❷ (*espiritual*) geistig **II.** *f* Moral *f;* **~ relajada** lockere Moralvorstellungen; **tú y yo no tenemos la misma ~** wir haben unterschiedliche Moralvorstellungen; **levantar la ~ a alguien** jdn aufrichten; **hay que tener ~ para hacer eso** man muss echt viel Mut aufbringen, um das zu tun; **tener más ~ que el Alcoyano** sich nie geschlagen geben

**moraleja** [mora'lexa] *f* Moral *f*

**moralidad** [morali'ðaᵈ] *f* (*cualidad*) Sittlichkeit *f*

**moralista** [mora'lista] *mf* Moralist(in) *m(f)*

**moralización** [moraliθa'θjon] *f* Moralisierung *f;* **~ de los paganos** Heidenbekehrung *f*

**moralizar** [morali'θar] <z→c> **I.** *vi* moralisieren **II.** *vt* moralisch machen

**morapio** [mo'rapjo] *m* (*fam*) Rotwein *m*

**morar** [mo'rar] *vi* (*elev*) wohnen (*en* in +*dat*)

**moratón** *m* blauer Fleck *m*

**moratoria** [mora'torja] *f* Aufschub *m;* (FIN) Zahlungsaufschub *m;* **~ nuclear** Atomstopp *m*

**morbidez** [morβi'ðeθ] *f* Weichheit *f;* (ARTE) Morbidezza *f*

**mórbido, -a** ['morβiðo, -a] *adj* ❶ (*enfermo*) kränklich ❷ (*suave*) zart

**morbo** ['morβo] *m* ❶ (*enfermedad*) Krankheit *f* ❷ (*interés malsano*) krankhaftes Interesse *nt;* **este partido de fútbol tiene mucho ~** dieses Fußballspiel erregt die Gemüter; **el color negro me da ~** die Farbe Schwarz turnt mich an *fam*

**morbosidad** [morβosi'ðaᵈ] *f* ❶ (*enfermedad*) Kränklichkeit *f* ❷ (*de placer/imaginación*) Krankhaftigkeit *f*

**morboso, -a** [mor'βoso, -a] *adj* ❶ (*clima*) ungesund ❷ (*placer, imaginación*) krankhaft

**morcilla** [mor'θiʎa] *f* ❶ (GASTR) Blutwurst *f* ❷ (TEAT) Extempore *nt* ❸ (*Cuba: mentira*) Lüge *f* ❹ (*loc*): **¡que te den ~!** (*vulg*) du kannst mich mal! *fam*

**morcillo** [mor'θiʎo] *m* Haxe *f*

**mordacidad** [morðaθi'ðaᵈ] *f* ❶ (*de una

*palabra*) Bissigkeit *f;* (*de una crítica*) Schärfe *f* ❷ (*sabor*) Schärfe *f* ❸ (*poder corrosivo*) Ätzkraft *f*

**mordaz** [mor'ðaθ] *adj* ❶ (*palabra*) bissig; (*crítica*) scharf ❷ (*sabor*) scharf ❸ (*corrosivo*) ätzend

**mordaza** [mor'ðaθa] *f* ❶ (*en la boca*) Knebel *m;* **quieren ponerme una ~** (*fig*) man will mich mundtot machen ❷ (TÉC) (Klemm)backe *f*

**mordedor(a)** [mor'ðeðor(a)] *adj* bissig; **perro ladrador, poco ~** (*prov*) Hunde, die (viel) bellen, beißen nicht

**mordedura** [morðe'ðura] *f* Biss *m*

**morder** [mor'ðer] <o→ue> **I.** *vt* ❶ (*con los dientes*) beißen (in +*akk*); **te voy a hacer ~ el polvo** ich mache dich fertig *fam;* **está que muerde** er/sie ist fuchsteufelswild ❷ (*atrapar*) einklemmen ❸ (*lima*) (ab)schleifen ❹ (*corroer*) zersetzen ❺ (*Am: estafar*) betrügen **II.** *vr:* **~se** sich beißen; **~se las uñas** Nägel kauen; **~se la lengua** sich *dat* auf die Zunge beißen; **no ~se la lengua** kein Blatt vor den Mund nehmen

**mordida** [mor'ðiða] *f* ❶ (*Méx: fam: acción*) Bestechung *f;* (*dinero*) Bestechungsgeld *nt* ❷ (*Arg*) *v.* **mordisco**

**mordiscar** [morðis'kar] <c→qu> *vt* knabbern (an +*dat*)

**mordisco** [mor'ðisko] *m* ❶ (*acción*) Biss *m* ❷ (*herida*) Bisswunde *f* ❸ (*trozo*) Bissen *m*

**mordisquear** [morðiske'ar] *vt* knabbern (an +*dat*)

**morena** [mo'rena] *f* ❶ (ZOOL) Muräne *f* ❷ (*pan*) Schwarzbrot *nt* ❸ (GEO) Moräne *f*

**moreno¹** [mo'reno] *m* Bräune *f*

**moreno, -a²** [mo'reno, -a] **I.** *adj* dunkel; (*de piel*) braun; (*de cabello*) dunkelhaarig; (*de ojos*) dunkeläugig **II.** *m, f* ❶ (*negro*) Farbige(r) *mf* ❷ (*Cuba: mulato*) Mulatte, -in *m, f*

**morera** [mo'rera] *f* Maulbeerbaum *m*

**morería** [more'ria] *f* ❶ (*barrio*) Maurenviertel *nt* ❷ (*país*) maurisches Land *nt*

**morete** [mo'rete] *m* (*AmC*), **moretón** [more'ton] *m* (*fam*) blauer Fleck *m*

**morfema** [mor'fema] *m* Morphem *nt*

**morfina** [mor'fina] *f* Morphium *nt*

**morfinómano, -a** [morfi'nomano, -a] **I.** *adj* morphiumsüchtig **II.** *m, f* Morphiumsüchtige(r) *mf*

**morfología** [morfolo'xia] *f* (FILOS, BIOL, LING) Morphologie *f*

**morfosintaxis** [morfosin̪'taᵞsis] *f inv* (LING) Morphosyntax *f*

**morgue** ['morɣe] *f* (*Am*) Leichenschauhaus *nt*

**moribundo, -a** [mori'βun̪do, -a] **I.** *adj* im Sterben liegend **II.** *m, f* Sterbende(r) *mf*

**morigeración** [morixera'θjon] *f* Mäßigung *f*

**morigerado, -a** [morixe'raðo, -a] *adj* ❶ (*moderado*) mäßig ❷ (*bien criado*) artig ❸ (*de buenas costumbres*) anständig

**morigerar** [morixe'rar] *vt* mäßigen

**morir** [mo'rir] *irr* **I.** *vi* ❶ (*perecer*) sterben (*de* an +*dat*); (*en catástrofe, guerra*) umkommen; (*en un accidente*) tödlich verunglücken; **~ de hambre/de sed** verhungern/verdursten; **~ ahogado** (*en agua*) ertrinken; (*en humo*) ersticken; **~ de viejo** an Altersschwäche sterben; **~ en un incendio** in den Flammen umkommen; **~ a causa de las graves heridas** seinen schweren Verletzungen erliegen; **~ al pie del cañón** bis zum letzten Atemzug arbeiten ❷ (*tarde*) zur Neige gehen; (*luz*) erlöschen; (*tradición*) aussterben; (*camino*) enden; (*río*) münden; (*sonido*) ersterben **II.** *vr:* **~se** ❶ (*perecer*) sterben; (*planta*) eingehen; **se le ha muerto su padre** sein/ihr Vater ist verstorben; **¡así te mueras!** (*fam*) hoffentlich krepierst du! ❷ (*con 'de'*): **~se de hambre/de sed** verhungern/verdursten; **~se de frío** erfrieren; **~se de vergüenza** sich zu Tode schämen; **~se de risa** sich totlachen; **~se de pena** vor Kummer sterben ❸ (*con 'por'*): **me muero por conocer a tu nueva novia** ich brenne darauf, deine neue Freundin kennen zu lernen; **me muero (de ganas) por saber lo que te dijo** ich bin gespannt, was er/sie dir gesagt hat; **me muero por ella** ich bin total verrückt nach ihr ❹ (*miembro del cuerpo*) einschlafen

**morisco, -a** [mo'risko, -a] **I.** *adj* Morisken- **II.** *m, f* Moriske *mf*

**mormón, -ona** [mor'mon, -ona] *m, f* Mormone, -in *m, f*

**moro, -a** ['moro, -a] **I.** *adj* (*musulmán*) maurisch **II.** *m, f* Maure, -in *m, f;* **ser un ~** (*fig fam*) sehr eifersüchtig sein; **¡hay ~s en la costa!** (*fig*) Vorsicht!; **¡no hay ~s en la costa!** (*fig*) die Luft ist rein!

**morocho, -a** [mo'rotʃo, -a] *adj* (*CSur: trigueño*) brünett

**morondo, -a** [mo'ron̪do, -a] *adj* kahl

**morosidad** [morosi'ðaᵈ] *f* ❶ (*de deudor*) Säumigkeit *f* ❷ (*lentitud*) Langsamkeit *f*

**moroso, -a** [mo'roso, -a] **I.** *adj* ❶ (*deudor*) säumig ❷ (*elev: lento*) langsam; (*estilo*) schwerfällig; **el río avanza de manera morosa** der Fluss fließt träge dahin **II.** *m, f* säumiger Zahler *m,* säumige Zahlerin *f*

**morral** [mo'rral] *m* ① (*de las caballerías*) Futtersack *m* ② (*zurrón*) Rucksack *m*

**morralla** [mo'rraʎa] *f* ① (*pescados*) kleine Fische *mpl* ② (*gente*) Gesindel *nt* ③ (*cosas*) Plunder *m*

**morrear(se)** [morre'ar(se)] *vt, vr* (*vulg*) knutschen *fam*

**morriña** [mo'rriɲa] *f sin pl* (*fam: nostalgia*) Heimweh *nt*

**i Land & Leute**

Eigentlich handelt es sich um ein Wort galicischen Ursprungs, das Traurigkeit, Schwermut und Melancholie bedeutet. In anderen Gebieten Spaniens wird **morriña** sofort mit dem Heimweh so vieler nach Amerika oder in die europäischen Nachbarländer ausgewanderter Galicier in Verbindung gebracht, d. h. mit einer großen Sehnsucht nach der Heimat.

**morro** ['morro] *m* ① (ZOOL: *hocico*) Schnauze *f;* (*boca*) Maul *nt* ② (*pey: de persona*) Schnauze *f;* **beber a ~** aus der Flasche trinken; **caer de ~s** (*fam*) auf die Schnauze fallen; **te voy a partir los ~s** (*fam*) ich poliere dir die Schnauze; **estar de ~(s)** schmollen; **torcer el ~** ein saures Gesicht machen; **tiene un ~ que se lo pisa** (*fam*) er/sie ist unglaublich unverschämt; **lo hizo así, por el ~** (*fam*) er/sie hat das einfach aus Spaß so gemacht; **se quedó el dinero por (todo) el ~** er/sie hat das Geld einfach behalten ③ (*de pistola*) Mündung *f;* (*de barco/avión/coche*) Nase *f* ④ (*montículo*) Hügel *m*

**morrocotudo, -a** [morroko'tuðo, -a] *adj* (*fam*) ① (*formidable*) spitze ② (*susto, disgusto*) ungeheuer

**morrón** [mo'rron] **I.** *adj:* **pimiento ~** gebratene rote Paprika *f* **II.** *m* (*fam: golpe*) Schlag *m*

**morsa** ['morsa] *f* Walross *nt*

**morse** ['morse] *m* Morsealphabet *nt;* **señal ~** Morsezeichen *nt*

**mortadela** [morta'ðela] *f* Mortadella *f*

**mortaja** [mor'taxa] *f* ① (*sábana*) Leichentuch *nt;* (*vestidura*) Totenhemd *nt* ② (*Am: de cigarrillo*) Zigarettenpapier *nt*

**mortal** [mor'tal] **I.** *adj* ① (*sujeto a la muerte*) sterblich ② (*que la causa*) tödlich; **pecado ~** Todsünde *f;* **peligro ~** Lebensgefahr *f;* **tener un odio ~ a alguien** jdn auf den Tod nicht leiden können ③ (*pesado*) tödlich; (*aburrido*) todlangweilig **II.** *mf* Sterbliche(r) *mf*

**mortalidad** [mortali'ða$^{d}$] *f* ① (*cualidad*) Sterblichkeit *f* ② (*número*) Sterblichkeit(srate) *f*

**mortandad** [mortan̩'da$^{d}$] *f* Massensterben *nt;* **el virus ébola causó una ~ en Zaire** das Ebolavirus kostete in Zaire viele Menschenleben; **la ~ de la guerra en Ruanda** das Gemetzel in Ruanda

**mortecino, -a** [morte'θino, -a] *adj* (*luz*) trüb; (*color*) matt; (*fuego*) erlöschend

**mortero** [mor'tero] *m* ① (*cuenco*) Mörser *m* ② (MIL) Mörser *m* ③ (*cemento*) Mörtel *m*

**mortífero, -a** [mor'tifero, -a] *adj* tödlich

**mortificación** [mortifika'θjon] *f* ① (*tormento*) Qual *f* ② (REL) Kasteiung *f* ③ (*humillación*) Demütigung *f*

**mortificar** [mortifi'kar] <c→qu> **I.** *vt* ① (*atormentar*) quälen ② (REL) kasteien ③ (*humillar*) demütigen **II.** *vr:* **~se** ① (*atormentarse*) sich grämen (*por* über +*akk,* wegen +*gen/dat*) ② (REL) sich kasteien ③ (*Méx: avergonzarse*) sich schämen

**mortuorio, -a** [mortu'orjo, -a] *adj* Todes-

**moruno, -a** [mo'runo, -a] *adj* maurisch

**mosaico** [mo'sai̯ko] *m* Mosaik *nt*

**mosca** ['moska] *f* ① (ZOOL) Fliege *f;* **por si las ~s** (*fam*) für alle Fälle; **estar con [o tener] la ~ en [o detrás de] la oreja** (*fam*) misstrauisch sein; **estar ~** (*fam: receloso*) misstrauisch sein; (*enfadado*) eingeschnappt sein; **no se oía el vuelo de una ~** man hätte eine Stecknadel fallen hören können; **papar ~s** (*fam*) Maulaffen feilhalten; **¿qué ~ te ha picado?** was ist denn in dich gefahren?; **andar cazando ~s** über den Wolken schweben ② (*barba*) Fliege *f* ③ (*persona*) Nervensäge *f fam* ④ (*fam: dinero*) Kohle *f;* **aflojar la ~** Geld locker machen

**moscada** [mos'kaða] *adj:* **nuez ~** Muskatnuss *f*

**moscarda** [mos'karða] *f* Schmeißfliege *f*

**moscardón** [moskar'ðon] *m* ① (*moscarda*) Schmeißfliege *f* ② (*tábano*) Bremse *f* ③ (*avispón*) Hornisse *f* ④ (*persona*) Nervensäge *f fam*

**moscatel** [moska'tel] *m* Muskateller *m*

**i Land & Leute**

Als **moscatel** wird ein aus der Traubensorte Muskateller gewonnener Dessertwein bezeichnet. Der **moscatel** verdankt seinen Namen dem süßlichen und aromatischen – muskatähnlichen – Geschmack. Er wird besonders zu Nachspeisen gern getrunken.

**moscón**[1] [mos'kon] *m v.* **moscardón**
**moscón, -ona**[2] [mos'kon, -ona] *m, f* Nervensäge *f fam*
**moscovita** [mosko'βita] **I.** *adj* moskauisch **II.** *mf* Moskauer(in) *m(f)*
**Moscú** [mos'ku] *m* Moskau *nt*
**Mosela** [mo'sela] *m* Mosel *f*
**mosqueado, -a** [moske'aðo, -a] *adj* ❶ (*fam: enfadado*) eingeschnappt; **estar ~ con alguien** auf jdn sauer sein ❷ (*moteado*) getüpfelt; (*vaca*) scheckig
**mosquear** [moske'ar] **I.** *vt* verscheuchen **II.** *vr:* **~se** (*fam: enfadarse*) einschnappen
**mosqueo** [mos'keo] *m* Wut *f;* **cogió un ~ de aúpa** er/sie raste vor Wut
**mosquete** [mos'kete] *m* Muskete *f*
**mosquetero** [moske'tero] *m* (*soldado*) Musketier *m*
**mosquetón** [moske'ton] *m* ❶ (*arma*) Karabiner *m* ❷ (*anilla*) Karabinerhaken *m*
**mosquita** [mos'kita] *f:* **~ muerta** Duckmäuser *m;* **se hace la ~ muerta** er/sie sieht aus, als ob er/sie keiner Fliege etwas zuleide tun könnte
**mosquitera** [moski'tera] *f,* **mosquitero** [moski'tero] *m* Moskitonetz *nt*
**mosquito** [mos'kito] *m* Stechmücke *f;* (*en zonas tropicales*) Moskito *m*

**i Land & Leute**

**Mossos d'esquadra** ist die Bezeichnung der Polizisten der autonomen katalanischen Regierung, vergleichbar den *ertzainas* im Baskenland. Zu den Mitgliedern dieser Einheiten zählen auch Frauen.

**mostacho** [mos'taʧo] *m* ❶ (*bigote*) Schnurrbart *m* ❷ (*fam: mancha*) Gesichtsfleck *m*
**mostaza** [mos'taθa] *f* Senf *m;* (*semilla*) Senfsamen *m;* (**de**) **color ~** senffarben
**mosto** ['mosto] *m* Most *m*
**mostrador** [mostra'ðor] *m* ❶ (*tienda*) Ladentisch *m;* (*escaparate*) Schaufenster *nt* ❷ (*bar*) Theke *f* ❸ (*ventanilla*) Schalter *m*
**mostrar** [mos'trar] <o→ue> **I.** *vt* (*enseñar*) zeigen; (*presentar*) vorzeigen; **¡no muestres tu miedo!** lass dir deine Angst nicht anmerken! **II.** *vr:* **~se** sich zeigen; **~se amigo** sich freundlich zeigen
**mostrenco, -a** [mos'treŋko, -a] **I.** *adj* (*fam*) herrenlos; **bienes ~s** (JUR) herrenlose Güter **II.** *m, f* (*pey*) dicker, schwerfälliger Mensch *m*
**mota** ['mota] *f* ❶ (*partícula*) Fremdkörper *m;* ~ (**de polvo**) Staubkorn *nt* ❷ (*mancha*) Fleck *m;* (*lunar*) Punkt *m* ❸ (*tejido*) Knötchen *nt* ❹ (*montaña*) einsamer Hügel *m*
**mote** ['mote] *m* ❶ (*apodo*) Spitzname *m;* **~ cariñoso** Kosename *m* ❷ (*Am: maíz*) gekochter Mais *m*
**moteado, -a** [mote'aðo, -a] *adj* gesprenkelt
**motear** [mote'ar] *vt* tüpfeln
**motejar** [mote'xar] *vt* (*tildar*) bezeichnen (*de* als *+akk*)
**motel** [mo'tel] *m* Motel *nt*
**motilidad** [motili'ðaᵈ] *f* Beweglichkeit *f*
**motín** [mo'tin] *m* Meuterei *f*
**motivación** [motiβa'θjon] *f* ❶ (PSICO) Motivation *f* ❷ (*explicación*) Begründung *f*
**motivador(a)** [motiβa'ðor(a)] *adj* motivierend
**motivar** [moti'βar] *vt* ❶ (*incitar*) motivieren (*a* zu *+dat*) ❷ (*explicar*) begründen (*con/en* mit *+dat*) ❸ (*provocar*) verursachen; **los puntos que motivan el presente contrato son...** die diesem Vertrag zugrunde liegenden Punkte sind ...
**motivo** [mo'tiβo] *m* ❶ (*causa*) Grund *m;* (*crimen*) Motiv *nt;* **con ~ de...** anlässlich *+gen;* **por este ~** deshalb; **carecer de ~ alguno** unbegründet sein ❷ (*composición, sello*) Motiv *nt;* (*tela*) Muster *nt*
**moto** ['moto] *f* (*fam*) Motorrad *nt;* **ir en ~** Motorrad fahren; **iba como una ~** (*argot*) er war voll wie eine Haubitze
**motocicleta** [motoθi'kleta] *f* Motorrad *nt;* **ir en ~** Motorrad fahren
**motociclismo** [motoθi'klismo] *m sin pl* Motorradsport *m*
**motociclista** [motoθi'klista] *mf* Motorradfahrer(in) *m(f)*
**motocross** [moto'cros] *m sin pl* (DEP) Motocross *nt*
**motonáutica** [moto'nau̯tika] *f sin pl* (DEP) Motorbootsport *m*
**motoneta** [moto'neta] *f* (*Am*) Motorroller *m*
**motor**[1] [mo'tor] *m* ❶ (TÉC: *t. fig*) Motor *m;* **~ de búsqueda** Suchmaschine *f;* **~ de explosión** Verbrennungsmotor *m;* **~ de reacción** Düsentriebwerk *nt;* **vehículo de ~** Kraftfahrzeug *nt* ❷ (*causa*) Beweggrund *m*
**motor(a)**[2] [mo'tor(a)] *adj* bewegend; **nervio ~** Bewegungsnerv *m*
**motora** [mo'tora] *f* Motorboot *nt*

**motorismo** [moto'rismo] *m sin pl* Motorsport *m*

**motorista** [moto'rista] *mf* ① (DEP) Motorradfahrer(in) *m(f)* ② (*chófer*) Kraftfahrer(in) *m(f)* ③ (*policía*) Polizist(in) *m(f)* auf einem Motorrad

**motorización** [motoriθa'θjon] *f sin pl* Motorisierung *f*

**motorizar** [motori'θar] <z→c> *vt* motorisieren

**motorola**® [moto'rola] *m* Handy *nt*

**motosierra** [moto'sjerra] *f* Motorsäge *f*

**motriz** [mo'triθ] *adj* antreibend; **fuerza ~** Triebkraft *f*

**mountain bike** ['moṇtan βai̯k] *f inv* Mountainbike *nt*

**mousse** [mus] *m* Mousse *f*

**movedizo, -a** [moβe'ðiθo, -a] *adj* ① (*móvil*) beweglich; **arenas movedizas** Treibsand *m* ② (*inconstante*) wankelmütig

**mover** [mo'βer] <o→ue> **I.** *vt* ① (*desplazar*) bewegen; **~ la cola** mit dem Schwanz wedeln; **~ la cabeza** den Kopf schütteln ② (*ajedrez*) ziehen ③ (*incitar*) bewegen ④ (INFOR) verschieben; **~ archivo** eine Datei verschieben ⑤ (*loc*): **~ a compasión** Mitleid erregen; **~ a lágrimas** zu Tränen rühren **II.** *vr:* **~se** sich bewegen; **¿nos movemos o qué?** gehen wir nun oder nicht?; **¡venga, muévete!** los, nun mach schon!

**movible** [mo'βiβle] *adj* ① (*pieza*) beweglich ② (*carácter*) wankelmütig

**movida** [mo'βiða] *f* (*argot*) Szene *f;* **¡qué ~!** (*lío*) was für ein Durcheinander!; (*ambiente*) was für eine Bombenstimmung!

**i Land & Leute**

**Movida** wird heute allgemein für lebhaftes Treiben, insbesondere für das Nachtleben in der Hauptstadt Madrid verwendet. Man spricht vor allem von **movida madrileña,** weil der ursprünglich Ende der 70er Jahre entstandene Begriff die moderne Lebensweise in Madrid nach Überwindung der Franco-Herrschaft bezeichnete. Es entstanden neue Trends in Mode, Musik, Kunst und Film und unter Jugendlichen wurde es üblich, nachts von einem Lokal zum anderen zu ziehen. Das Ganze hat die spanische Hauptstadt Enrique Tierno Galván, einem populären Sozialisten und Universitätsprofessor, zu verdanken. Während seiner Amtszeit als Bürgermeister der Stadt (1979–1986) verstand er es, die Menschen zu begeistern und machte Madrid zu einer dynamischen, modernen Hauptstadt.

**movido, -a** [mo'βiðo, -a] *adj* ① (*foto*) verwackelt ② (*agitado*) bewegt; (*activo*) aktiv; (*vivo*) lebhaft; **he tenido un día muy ~** heute war bei mir viel los ③ (MÚS) schnell

**móvil** ['moβil] **I.** *adj* mobil **II.** *m* ① (*para colgar*) Mobile *nt* ② (*crimen*) Motiv *nt* ③ (TEL) Handy *nt*

**movilidad** [moβili'ðaᵈ] *f sin pl* Mobilität *f*

**movilización** [moβiliθa'θjon] *f* ① (*recursos, tropas*) Mobilisierung *f* ② (*huelga*) Streik *m* ③ (*dinero*) Bereitstellung *f*

**movilizar** [moβili'θar] <z→c> *vt* ① (*ejército, recursos, fuerzas*) mobilisieren ② (*dinero*) flüssig machen

**movimiento** [moβi'mjeṇto] *m* ① (*t.* FÍS) Bewegung *f;* **~ vibratorio** Vibration *f;* **hacer ~s** (ARQUIT) sich setzen; **poner en ~** in Gang setzen; **había mucho ~ en las tiendas** in den Geschäften war viel Betrieb ② (*ajedrez*) Zug *m* ③ (MÚS) Tempo *nt* ④ (HIST, LIT, POL) Bewegung *f;* **el M~ (Nacional)** der Franco-Putsch ⑤ (COM) Umsatz *m;* **~ de cuenta** Kontobewegung *f;* **~s bursátiles** Börsengeschäfte *ntpl*

**moza** ['moθa] *f* ① (*chica*) Mädchen *nt;* **¡está ya hecha una ~!** sie ist schon ein großes Mädchen! ② (*criada*): **~ (de cámara)** Dienstmädchen *nt*

**mozalbete** [moθal'βete] *m* junger Bursche *m*

**Mozambique** [moθam'bike] *m* Mozambique *nt*

**mozambiqueño, -a** [moθambi'keɲo, -a] **I.** *adj* aus Mozambique **II.** *m, f* Bewohner(in) *m(f)* von Mozambique

**mozárabe** [mo'θaraβe] **I.** *adj* mozarabisch **II.** *mf* Mozaraber(in) *m(f)* (*unter maurischer Herrschaft lebender Spanier*)

**mozo¹** ['moθo] *m* ① (*criado*) Diener *m;* **~ (de café)** Kellner *m;* **~ (de estación)** Gepäckträger *m* ② (*soldado*) Wehrpflichtige(r) *m*

**mozo, -a²** ['moθo, -a] **I.** *adj* ① (*joven*) jung; **la gente moza** die Jugend ② (*soltero*) ledig **II.** *m, f* (*chico*) Junge *m;* (*chica*) Mädchen *nt;* (*joven*) junger Mann *m,* junge Frau *f;* **¡pero si estás hecho un ~!** (*a un chico*) du bist ja schon ein richtiger junger Mann!; (*a un adulto*) du hast dich aber gut gehalten!

**mu** [mu] **I.** *interj* (*vaca*) muh **II.** *m:* **no decir ni** ~ keinen Pieps sagen

**mucamo**, **-a** [mu'kamo, -a] *m, f* (*Am: criado*) Diener *m;* (*criada*) Dienstmädchen *nt*

**muceta** [mu'θeta] *f* (*del doctor/juez*) Robe *f*

**muchachada** [muʧa'ʧaða] *f* (*Am*) junge Leute *pl*

**muchacho**, **-a** [mu'ʧaʧo, -a] *m, f* ❶ (*chico*) Junge *m;* (*chica*) Mädchen *nt* ❷ (*criado*) Diener *m;* (*criada*) Dienstmädchen *nt*

**muchedumbre** [muʧe'ðumbre] *f* ❶ (*de cosas*) Menge *f;* **salió volando una** ~ **de pájaros** ein großer Vogelschwarm flog auf ❷ (*de personas*) Menschenmenge *f*

**mucho**, **-a** ['muʧo, -a] **I.** *adj* viel; **esto es** ~ **para ella** das ist zu viel für sie; **hace ya** ~ **tiempo que...** es ist schon lange her, dass ...; **muchas veces** oft; **eso me parece** ~ **decir** das scheint mir etwas gewagt; **mal de** ~**s, consuelo de tontos** (*prov*) geteiltes Leid ist halbes Leid **II.** *adv* (*intensidad*) sehr; (*cantidad*) viel; (*mucho tiempo*) lange; (*muchas veces*) oft; **lo sentimos** ~ es tut uns sehr Leid; **no hace** ~ **estuvo aquí** vor kurzem war er/sie hier; **es con** ~ **el más simpático** er ist mit Abstand der Netteste; **¡pero que muy** ~**!** aber hallo!; **lo tenemos en** ~ wir schätzen ihn sehr; **por** ~ **que se esfuercen, no lo conseguirán** wie sehr sie sich auch anstrengen, sie werden es nicht schaffen; **no era nuestra intención molestarle ni** ~ **menos** wir wollten Sie wirklich nicht stören; **tener cincuenta años, como** ~ höchstens fünfzig (Jahre alt) sein

**mucosa** [mu'kosa] *f* Schleimhaut *f*

**mucosidad** [mukosi'ðað] *f* (*moco*) Schleim *m*

**mucoso**, **-a** [mu'koso, -a] *adj* schleimig; **membrana mucosa** Schleimhaut *f*

**muda** ['muða] *f* ❶ (*ropa interior*) Unterwäsche *f;* (*cama*) Bettwäsche *f* ❷ (*serpiente*) Häuten *nt* ❸ (*pájaro*) Mauser *f* ❹ (*pelo*) Haarwechsel *m* ❺ (*voz*) Stimmbruch *m;* **estar de** ~ im Stimmbruch sein

**mudable** [mu'ðaβle] *adj* veränderlich

**mudanza** [mu'ðanθa] *f* (*de casa*) Umzug *m;* **camión de** ~**s** Möbelwagen *m;* **estar de** ~ umziehen

**mudar** [mu'ðar] **I.** *vi, vt* ❶ (*cambiar*) ändern; (*por uno nuevo*) wechseln ((*de*) +*akk*); ~ (**de**) **pluma/piel** sich mausern/häuten; ~ **de voz** im Stimmbruch sein; **los años le han mudado el** [*o* **de**] **carácter** mit dem Alter hat sich sein/ihr Charakter verändert ❷ (*de ropa*) umziehen **II.** *vr:* ~**se** ❶ (*casa*) umziehen; **nos mudamos** (**de aquí**) wir ziehen aus; ~**se a Granada** nach Granada ziehen; ~**se a una casa nueva** in ein neues Haus ziehen ❷ (*ropa*): ~**se** (**de ropa**) sich umziehen

**mudéjar** [mu'ðexar] **I.** *adj* Mudejar-; **estilo** ~ Mudejarstil *m* **II.** *m* Mudejar *m* (*unter christlicher Herrschaft lebender Maure, 12.–16. Jh.*)

**mudez** [mu'ðeθ] *f sin pl* Stummheit *f;* (*silencio*) Schweigen *nt*

**mudo**, **-a** ['muðo, -a] **I.** *adj* stumm; **cine** ~ Stummfilm *m;* **quedarse** ~ **de asombro** vor Staunen sprachlos werden **II.** *m, f* Stumme(r) *mf*

**mueble** ['mweβle] **I.** *m* ❶ (*pieza*) Möbelstück *nt;* ~ **bar** Hausbar *f;* ~ **biblioteca** Bücherwand *f;* **cama** ~ Klappbett *nt;* ~ **zapatero** Schuhschrank *m;* ~ **de cocina** Küchenschrank *m* ❷ *pl* Möbel *pl;* ~**s de cocina** Einbauküche *f;* ~**s de época** antike Möbel; ~**s tapizados** Polstermöbel *pl* **II.** *adj:* **bienes** ~**s** bewegliche Güter *ntpl*

**mueblería** [mweβle'ria] *f* ❶ (*fábrica*) Möbelfabrik *f;* (*taller*) Möbelwerkstatt *f* ❷ (*comercio*) Möbelgeschäft *nt*

**mueca** ['mweka] *f* Grimasse *f;* **hacer** ~**s** Grimassen schneiden

**muela** ['mwela] *f* ❶ (*diente*) Backenzahn *m;* ~**s del juicio** Weisheitszähne *mpl;* ~ **picada** kariöser Zahn ❷ (*molino*) Mühlstein *m* ❸ (*para afilar*) Schleifscheibe *f* ❹ (*cerro*) Hügel *m*

**muelle** ['mweʎe] **I.** *m* ❶ (*resorte*) Sprungfeder *f;* (*reloj*) Uhrfeder *f* ❷ (*puerto*) Kai *m;* ~ **flotante** Landungsbrücke *f* ❸ (*andén*) Rampe *f* **II.** *adj* (*blando*) weich; (*cómodo*) bequem

**muérdago** ['mwerðaɣo] *m* Mistel *f*

**muermo** ['mwermo] *m* ❶ (*caballo*) Rotz *m* ❷ (*argot*): **¡qué** ~**!** wie öde!

**muerte** ['mwerte] *f* Tod *m;* (*asesinato*) Mord *m;* (*destrucción*) Vernichtung *f;* ~ **a traición** Meuchelmord *m;* ~ **forestal** Waldsterben *nt;* **pena de** ~ Todesstrafe *f;* **morir de** ~ **natural** eines natürlichen Todes sterben; **a** ~ erbarmungslos; **a ese tipo lo odio a** ~ ich hasse diesen Typen wie die Pest; **de mala** ~ elend; **hasta que la** ~ **os separe** (*matrimonio*) bis dass der Tod euch scheidet; **en caso de** ~ im Todesfalle; **luchar contra la** ~ mit dem Tode ringen; **estar enfermo de** ~ todkrank sein; **llevarse un susto de** ~ zu Tode erschrecken; **condenar a** ~ zum Tode verurteilen; **en el lecho de** ~ am

Sterbebett

**muerto, -a** ['mwerto, -a] **I.** *pp de* **morir** **II.** *adj* tot; **cal muerta** gelöschter Kalk; **horas muertas** Mußestunden *fpl;* **naturaleza muerta** Stillleben *nt;* **estar ~ (de cansancio)** totmüde sein; **estar ~ de hambre/sed** fast vor Hunger/Durst sterben; **para mí esa está muerta** für mich existiert sie nicht mehr; **no tener dónde caerse ~** (*fam pey*) bettelarm sein **III.** *m, f* Tote(r) *mf;* (*difunto*) Verstorbene(r) *mf;* (*cadáver*) Leiche *f;* **están tocando a ~** sie läuten die Totenglocken; **ahora me cargan el ~ a mí** jetzt wollen sie mir den schwarzen Peter zuschieben; **hacerse el ~** den toten Mann spielen; **hacer el ~ (nadando)** den toten Mann machen

**muesca** ['mweska] *f* Kerbe *f*

**muesli** ['mwesli] *m* Müsli *nt*

**muestra** ['mwestra] *f* ① (*mercancía*) Muster *nt;* **~ gratuita** Gratisprobe *f;* **feria de ~s** Messe *f;* **por la ~ se conoce el paño** (*prov*) der Apfel fällt nicht weit vom Stamm ② (*prueba*) Probe *f;* **~ hecha al azar** Stichprobe *f* ③ (*demostración*) Beweis *m;* **dar ~(s) de valor** seinen Mut beweisen; **de ~, un botón** ein Beispiel möge genügen ④ (*de labores*) Muster *nt;* **~ de bordado/punto** Stick-/Strickmuster *nt* ⑤ (*rótulo*) Schild *nt*

**muestrario** [mwes'trarjo] *m* Katalog *m*

**muestreo** [mwes'treo] *m* Stichprobenentnahme *f*

**mugido** [mu'xiðo] *m* ① (*vaca*) Muhen *nt* ② (*viento, mar*) Tosen *nt*

**mugir** [mu'xir] <g→j> *vi* ① (*vaca*) muhen ② (*viento, agua*) tosen

**mugre** ['muɣre] *f sin pl* Schmutz *m*

**mugriento, -a** [mu'ɣrjen̪to, -a] *adj* schmutzig

**mujer** [mu'xer] *f* Frau *f;* **~ de edad** alte Frau; **~ fácil** leichtes Mädchen; **~ fatal** Femme fatale *f;* **~ de la limpieza** Putzfrau *f;* **~ de la calle** Dirne *f;* **una ~ de rompe y rasga** eine Frau, die weiß, was sie will; **le presento a mi ~** ich möchte Ihnen meine Frau vorstellen; **ser una ~ de su casa** eine gute Hausfrau sein; **tomar ~** heiraten; **está hecha toda una ~** sie ist schon eine richtige Frau; **esto es cosa de ~es** das ist Frauensache

**mujeriego** [muxe'rjeɣo] *m* Frauenheld *m*

**mujerzuela** [muxer'θwela] *f* (*pey: prostituta*) Nutte *f*

**muladar** [mula'ðar] *m* (*basurero*) Mülldeponie *f;* (*estiércol*) Mistgrube *f*

**muladí** [mula'ði] *mf zu Zeiten der arabischen Herrschaft in Spanien: Christ, der den moslemischen Glauben annahm*

**mulato, -a** [mu'lato, -a] **I.** *adj* (*mestizo*) Mulatten-; (*color*) dunkelbraun **II.** *m, f* Mulatte, -in *m, f*

**muleta** [mu'leta] *f* ① (*apoyo*) Krücke *f;* **andar con ~s** an Krücken gehen ② (TAUR) Muleta *f*

**muletilla** [mule'tiʎa] *f* (*coletilla*) Flickwort *nt*

**mullido, -a** [mu'ʎiðo, -a] *adj* weich

**mullir** [mu'ʎir] <*3. pret:* mulló> *vt* ① (*cama*) aufschütteln ② (*tierra*) aufschütten; (*cepas*) häufeln

**mulo, -a** ['mulo, -a] *m, f* (*caballo y asna*) Maulesel *m;* (*asno y yegua*) Maultier *nt*

**multa** ['mul̪ta] *f* Geldstrafe *f;* **poner una ~ a alguien** jdn mit einer Geldstrafe belegen

**multar** [mul̪'tar] *vt* mit einer Geldstrafe belegen; **me han multado con 30 euros** ich muss 30 Euro Strafe zahlen

**multicine** [mul̪ti'θine] *m* Kino *nt* (*mit mehreren Sälen*)

**multicolor** [mul̪tiko'lor] *adj* bunt; (TIPO) mehrfarbig

**multicopiar** [mul̪tiko'pjar] *vt* vervielfältigen

**multicopista** [mul̪tiko'pista] *f* Kopiergerät *nt*

**multicultural** [mul̪tikul̪tu'ral] *adj* multikulturell; **un encuentro/una sociedad ~** eine multikulturelle Begegnung/Gesellschaft

**multiforme** [mul̪ti'forme] *adj* vielgestaltig

**multifuncional** [mul̪tifuṇθjo'nal] *adj* multifunktional

**multilingüe** [mul̪ti'liŋgwe] *adj* mehrsprachig

**multimedia** [mul̪ti'medja] *adj inv* multimedial; **programa ~ de computadora** Multimedia-Computerprogramm *nt*

**multimillonario, -a** [mul̪timiʎo'narjo, -a] *m, f* Multimillionär(in) *m(f)*

**multinacional** [mul̪tinaθjo'nal] **I.** *adj* multinational **II.** *f* multinationaler Konzern *m*

**múltiple** ['mul̪tiple] *adj* mehrfach; (*variado*) vielfältig; **~s veces** mehrmals

**multiplicación** [mul̪tiplika'θjon] *f* ① (MAT) Multiplikation *f* ② (*reproducción*) Vermehrung *f*

**multiplicar** [mul̪tipli'kar] <c→qu> **I.** *vi, vt* ① (MAT) multiplizieren (*por* mit +*dat*); **la tabla de ~** das Einmaleins ② (*reproducir*) vermehren ③ (*aumentar*) vervielfachen **II.** *vr:* **~se** ① (*reproducirse*) sich vermehren; **¡creced y multiplicaos!** (REL) wachset und mehret euch! ② (*desvivirse*) überall gleichzeitig sein

**multiplicidad** [mul̪tipliθi'ðaᵈ] *f* Vielfalt *f*

M

**múltiplo**, **-a** ['mul̥tiplo, -a] **I.** *adj* vielfach **II.** *m, f* Vielfache(s) *nt*
**multitud** [mul̥ti'tuᵈ] *f* ❶ (*cantidad*) Menge *f;* **una ~ de flores** eine Menge Blumen ❷ (*gente*) (Volks)massen *fpl;* (*vulgo*) gemeines Volk *nt*
**multitudinario**, **-a** [mul̥tituði'narjo, -a] *adj* Massen-
**multiuso** [mul̥ti'uso] *adj inv* Mehrzweck-
**mundanal** [mun̥da'nal] *adj*, **mundano**, **-a** [mun̥'dano, -a] *adj* ❶ (*del mundo*) weltlich; (*terrenal*) irdisch ❷ (*extravagante*) mondän
**mundial** [mun̥'djal] *adj* weltweit; **campeonato ~ de fútbol** Fußballweltmeisterschaft *f;* **guerra ~** Weltkrieg *m;* **a nivel ~** weltweit
**mundillo** [mun̥'diʎo] *m* ❶ (*ambiente*) Welt *f;* **el ~ de la música** die Welt der Musik; **ella se maneja bien en ese ~** in diesen Kreisen weiß sie sich zu benehmen ❷ (*encaje*) Klöppelkissen *nt*
**mundo** ['mun̥do] *m* ❶ (*tierra, t. fig*) Welt *f;* (*planeta*) Erde *f;* (*globo*) Erdkugel *f;* **~ profesional** Berufsleben *nt;* **el ~ antiguo** das Altertum; **el otro ~** das Jenseits; **no sabemos si en los otros ~s hay vida** wir wissen nicht, ob es auf den anderen Planeten Leben gibt; **dar la vuelta al ~** eine Weltreise machen; **echar al ~** in die Welt setzen; **venir al ~** auf die Welt kommen; **irse de este ~** sterben; **se bañaban como Dios los/las trajo al ~** sie badeten splitternackt; **ver ~** sich in der Welt umsehen; **andar por esos ~s de Dios** (*fam: estar de viaje*) die Welt bereisen; (*estar perdido*) irgendwo stecken; **recorrer medio ~** in der Welt herumkommen; **con la mayor tranquilidad del ~** in aller Seelenruhe; **rápidamente se le cae el ~ encima** ihm/ihr wird schnell alles zu viel; **vivir en otro ~** (*fig*) hinter dem Mond leben; **este ~ es un pañuelo** die Welt ist ein Dorf; **desde que el ~ es ~** seit die Welt besteht; **ponerse el ~ por montera, reírse del ~** tun und lassen, was man will; **hacer un ~ de algo** aus etw *dat* ein Drama machen; **así va** [*o* **anda**] **el ~** das ist der Lauf der Welt; **¡deja el ~ correr!** lass es gut sein!; **no es nada del otro ~** das ist nichts Besonderes; **por nada del ~** um nichts auf der Welt; **dejó el ~ y se metió monja** sie entsagte der Welt und wurde Nonne ❷ (*humanidad*) Welt *f;* **a la vista de todo el ~** vor allen Leuten; **todo el ~ sabe que...** jedermann weiß, dass ...; **lo sabe medio ~** die halbe Welt weiß es schon ❸ (*experiencia*) Weltkenntnis *f;* **Lola tiene mucho ~** Lola ist eine Frau von Welt
**mundología** [mun̥dolo'xia] *f sin pl* (*fam*) Lebenserfahrung *f*
**Munich** ['munitʃ] *m* München *nt*
**munición** [muni'θjon] *f* (*de armas*) Munition *f*
**municipal** [muniθi'pal] *adj* städtisch; **parque ~** Stadtpark *m;* **término ~** Gemeindebezirk *m*
**municipalidad** [muniθipali'ðaᵈ] *f* ❶ (*administración*) Gemeindeverwaltung *f* ❷ (*corporación*) Gemeinderat *m*
**municipio** [muni'θipjo] *m* ❶ (*población*) Gemeinde *f,* Gemeindebezirk *m* ❷ (*ayuntamiento*) Rathaus *nt* ❸ (*concejo*) Gemeinderat *m*
**munificencia** [munifi'θen̥θja] *f sin pl* Großzügigkeit *f*
**muniqués**, **-esa** [muni'kes, -esa] **I.** *adj* münchnerisch **II.** *m, f* Münchner(in) *m(f)*
**munir** [mu'nir] **I.** *vt* (*CSur*) versehen (*de* mit +*dat*); **ir munido de los documentos necesarios** die erforderlichen Papiere bei sich *dat* haben **II.** *vr:* **~se** (*CSur*) sich versehen (*de* mit +*dat*); **~se del equipo necesario** sich ausrüsten; **~se de suficientes provisiones** sich mit ausreichend Proviant eindecken
**muñeca** [mu'ɲeka] *f* ❶ (*brazo*) Handgelenk *nt* ❷ (*juguete*) Puppe *f* ❸ (*maniquí*) Schneiderpuppe *f;* **~ hinchable** Dummy *m* ❹ (*fig: niña*) niedliches Mädchen *nt*
**muñeco** [mu'ɲeko] *m* ❶ (*juguete*) Puppe *f;* **~ articulado** Gliederpuppe *f;* **~ de nieve** Schneemann *m* ❷ (*pey: monigote*) Marionette *f*
**muñequera** [muɲe'kera] *f* Armband *nt*
**muñón** [mu'ɲon] *m* Stumpf *m*
**mural** [mu'ral] **I.** *adj* Wand- **II.** *m* Wandbild *nt*
**muralista** [mura'lista] *mf* Wandmaler(in) *m(f)*
**muralla** [mu'raʎa] *f* Mauer *f*
**murciélago** [mur'θjelaɣo] *m* Fledermaus *f*
**murga** ['murɣa] *f* (*fam: banda*) schlechte Musikkapelle *f;* **dar la ~ a alguien** jdm auf den Wecker gehen; **¡deja de darme la ~!** lass mich endlich in Ruhe!
**murmullo** [mur'muʎo] *m* ❶ (*voz*) Gemurmel *nt;* (*cuchicheo*) Geflüster *nt* ❷ (*hojas, agua*) Rauschen *nt*
**murmuración** [murmura'θjon] *f* (*calumnia*) üble Nachrede *f;* (*cotilleo*) Klatsch *m fam*
**murmurar** [murmu'rar] **I.** *vi, vt* (*entre dientes*) murmeln; (*susurrar*) flüstern; **~ al oído** ins Ohr flüstern **II.** *vi* ❶ (*gruñir*) murren ❷ (*criticar*) herziehen (*de* über +*akk*);

(*chismorrear*) klatschen (*de* über +*akk*) ❸ (*agua, hojas*) rauschen

**muro** ['muro] *m* Mauer *f;* (*pared*) Wand *f;* ~ **de contención** Schutzwall *m;* **M~ de las Lamentaciones** Klagemauer *f;* ~ **medianero** Zwischenwand *f*

**murria** ['murrja] *f sin pl* (*fam: tristeza*) Trübsinn *m*

**murrio, -a** ['murrjo, -a] *adj* trübsinnig

**mus** [mus] *m ein Kartenspiel*

**musa** ['musa] *f* Muse *f;* **soplarle a alguien la** ~ von der Muse geküsst werden; (*en un juego*) Glück im Spiel haben

**musaraña** [musa'raɲa] *f* ❶ (ZOOL) Spitzmaus *f* ❷ (*fig: bicho*) kleines Tier *nt;* (*insecto*) kleines Insekt *nt;* **pensar en las ~s** (*fig*) in Gedanken woanders sein ❸ (*nubecilla*) Flimmern *nt*

**muscular** [musku'lar] *adj* Muskel-

**muscularse** [musku'larse] *vr* die Muskeln trainieren

**musculatura** [muskula'tura] *f* Muskulatur *f*

**músculo** ['muskulo] *m* Muskel *m;* ~ **deltoide** Schultermuskel *m;* **ser** ~ **puro** nur aus Muskeln bestehen

**musculoso, -a** [musku'loso, -a] *adj* muskulös

**muselina** [muse'lina] *f* Musselin *m*

**museo** [mu'seo] *m* Museum *nt;* ~ **etnográfico** Völkerkundemuseum *nt*

**museografía** [museoɣra'fia] *f* Museumsverwaltung *f*

**museología** [museolo'xia] *f sin pl* Museumskunde *f*

**musgo** ['musɣo] *m* Moos *nt*

**música** ['musika] *f* ❶ (*sonido*) Musik *f;* (*partituras*) Noten *fpl;* ~ **folclórica** Volksmusik *f;* ~ **ratonera** (*fam fig*) Katzenmusik *f;* ~ **sacra** Kirchenmusik *f;* **banda de** ~ (Musik)kapelle *f;* **caja de** ~ Spieldose *f;* **¡véte con la** ~ **a otra parte!** lass mich in Ruhe!; **tus palabras nos sonaron a** ~ **celestial** deine Worte waren Musik in unseren Ohren; **tener talento para la** ~ musikalisch sein ❷ (*orquesta*) (Musik)kapelle *f*

**musical** [musi'kal] **I.** *adj* musikalisch; **composición** ~ Musikstück *nt* **II.** *m* Musical *nt*

**musicalizar** [musikali'θar] <z→c> *vt* (MÚS) vertonen

**músico, -a** ['musiko, -a] **I.** *adj* Musik- **II.** *m, f* Musiker(in) *m(f);* (*compositor*) Komponist(in) *m(f);* ~ **ambulante** (Straßen)musikant *m*

**musicografía** [musikoɣra'fia] *f sin pl* Musikwissenschaft *f*

**musicología** [musikolo'xia] *f sin pl* Musikwissenschaft *f*

**musicólogo, -a** [musi'koloɣo, -a] *m, f* Musikwissenschaftler(in) *m(f)*

**musitar** [musi'tar] *vi* ❶ (*balbucear*) murmeln; (*susurrear*) flüstern; ~ **al oído** ins Ohr flüstern ❷ (*hojas*) rauschen

**muslo** ['muslo] *m* (*persona*) Oberschenkel *m;* (*animal*) Keule *f*

**mustela** [mus'tela] *f* Wiesel *nt*

**mustio, -a** ['mustjo, -a] *adj* ❶ (*flores*) welk ❷ (*triste*) bedrückt

**musulmán, -ana** [musul'man, -ana] **I.** *adj* moslemisch **II.** *m, f* Moslem *m,* Moslime *f*

**mutable** [mu'taβle] *adj* veränderlich

**mutación** [muta'θjon] *f* ❶ (*transformación*) (Ver)änderung *f* ❷ (*genes*) Mutation *f* ❸ (TEAT) Szenenwechsel *m* ❹ (METEO) Wetterumschwung *m*

**mutante** [mu'tan̩te] *mf* Mutant(e) *m(f)*

**mutar** [mu'tar] *vt, vr:* ~**se** (sich) ändern

**mutilado, -a** [muti'laðo, -a] *m, f* Krüppel *m;* ~ **de guerra** Kriegsversehrte(r) *m*

**mutilar** [muti'lar] *vt* ❶ (*cuerpo*) verstümmeln ❷ (*recortar*) kürzen

**mutis** ['mutis] *m inv* ❶ (TEAT) Abgang *m;* ~ **por el foro** Abgang *m;* **hacer** ~ abgehen ❷ (*loc*): **¡~!** Ruhe!

**mutismo** [mu'tismo] *m* Schweigsamkeit *f;* **no hay manera de sacarlo de su** ~ es ist unmöglich, ihn aus der Reserve zu locken

**mutual** [mutu'al] **I.** *adj* gegenseitig **II.** *f* (*CSur*) Sozialversicherung *f*

**mutualidad** [mutwali'ðaᵈ] *f* ❶ (*reciprocidad*) Gegenseitigkeit *f* ❷ (*cooperativa*) ≈Verein *m* auf Gegenseitigkeit; ~ **de accidentes de trabajo** Berufsgenossenschaft *f;* ~ **obrera** Arbeiterhilfe *f*

**mutuo, -a** ['mutwo, -a] *adj* gegenseitig

**muy** [mwi] *adv* sehr; **es** ~ **improbable que...** +*subj* es ist höchst unwahrscheinlich, dass ...; **¡guárdate** ~ **mucho de irlo contando por ahí!** (*fam*) hüte dich bloß das überall zu erzählen!; ~ **a pesar mío** zu meinem größten Bedauern; ~ **de tarde en tarde** sehr selten; ~ **de mañana** sehr früh morgens; **¿y qué ha hecho el** ~ **tunante?** und was hat der Schelm gemacht?; **le saluda** ~ **atentamente, ...** (*en cartas*) hochachtungsvoll, ...; **¡dejarnos plantados: eso es** ~ **de María!** uns einfach sitzen zu lassen; das ist typisch Maria!; **es Ud.** ~ **libre de hacer lo que quiera** es steht Ihnen völlig frei, das zu tun, was Ihnen beliebt

**? Grammatik**

**muy** ist ein Adverb und wird mit Adjektiven und anderen Adverbien ver-

M

wendet: *El edificio es muy antiguo. – Das Gebäude ist sehr alt. Ella hace siempre su trabajo muy bien. – Sie macht ihre Arbeit immer sehr gut.*

**mucho** wird mit Verben sowie auch mit Substantiven gebraucht: *Hoy hemos trabajado mucho. – Heute haben wir viel gearbeitet. Actualmente no tengo mucho tiempo libre. – Zur Zeit habe ich nicht viel Freizeit.*

# Nn

**N, n** ['ene] *f* N, n *nt;* ~ **de Navarra** N wie Nordpol

**naba** ['naβa] *f* Steckrübe *f*

**nabo** ['naβo] *m* ① (BOT) weiße Rübe *f* ② (ARQUIT) Spindel *f* ③ (*vulg: pene*) Schwanz *m fam*

**nácar** ['nakar] *m* Perlmutt *nt;* **de** ~ perlmuttern

**nacarado, -a** [naka'raðo, -a] *adj* perlmuttern

**nacarino, -a** [naka'rino, -a] *adj* perlmuttern

**nacer** [na'θer] *irr como crecer* **I.** *vi* ① (*venir al mundo*) geboren werden; **nací el 29 de febrero** ich bin am 29. Februar geboren; **no nací ayer** ich bin doch nicht von gestern *fam;* ~ **de pies/cabeza** ein Sonntagskind/Pechvogel sein; **haber nacido para la música** der geborene Musiker sein; **nadie nace enseñado** (*prov*) es ist noch kein Meister vom Himmel gefallen; **no con quien naces, sino con quien paces** (*prov*) sage mir, mit wem du verkehrst, und ich sage dir, wer du bist ② (*del huevo*) schlüpfen ③ (*germinar*) sprießen ④ (*astro*) aufgehen; (*día*) anbrechen; **al** ~ **el día** bei Tagesanbruch ⑤ (*originarse*) seinen Ursprung haben (*de/en* in +*dat*); (*arroyo*) entspringen; (*surgir*) entstehen (*de* aus +*dat, de* durch +*akk*); **nació una duda en su mente** er/sie fing an zu zweifeln **II.** *vr:* ~**se** keimen

**nacido, -a** [na'θiðo, -a] **I.** *adj:* **bien** ~ (*origen*) aus guter Familie; (*comportamiento*) wohlerzogen; ~ **de padres ricos** aus wohlhabendem Hause **II.** *m, f:* **recién** ~ Neugeborene(s) *nt;* **los** ~**s el 2 de abril** alle am 2. April Geborenen; **un mal** ~ ein Fiesling

**naciente¹** [na'θjen̩te] *m* (*oriente*) Orient *m;* (*este*) Osten *m*

**naciente²** [na'θjen̩te] *f* (*Arg, Par*) Quelle *f*

**nacimiento** [naθi'mjen̩to] *m* ① (*venida al mundo*) Geburt *f;* **de** ~ von Geburt an ② (*linaje*) Herkunft *f;* **ser de humilde** ~ aus bescheidenen Verhältnissen stammen ③ (*comienzo*) Anfang *m;* ~ **del pelo** Haaransatz *m*

**nación** [na'θjon] *f* Nation *f*

**nacional** [naθjo'nal] *adj* (POL) national; (ECON) inländisch; (*instituciones*) Staats-; **fiesta** ~ Nationalfeiertag *m;* **carretera** ~ (*en Alemania*) Bundesstraße *f;* (*en España*) Nationalstraße *f;* **moneda** ~ Landeswährung *f;* **producto** ~ Inlandsprodukt *nt;* **renta** ~ Volkseinkommen *nt*

**nacionalidad** [naθjonali'ðaᵈ] *f* (*ciudadanía*) Staatsangehörigkeit *f;* **ser de** ~ **española** die spanische Staatsangehörigkeit besitzen

**nacionalismo** [naθjona'lismo] *m sin pl* Nationalismus *m*

**nacionalista** [naθjona'lista] **I.** *adj* nationalistisch **II.** *mf* Nationalist(in) *m(f)*

**nacionalización** [naθjonaliθa'θjon] *f* ① (*ente*) Verstaatlichung *f* ② (*persona*) Einbürgerung *f*

**nacionalizar** [naθjonali'θar] <z→c> **I.** *vt* ① (*ente*) verstaatlichen ② (*persona*) einbürgern **II.** *vr:* ~**se alemán** die deutsche Staatsangehörigkeit annehmen

**nacionalsocialismo** [naθjonalsoθja'lismo] *m sin pl* (HIST) Nationalsozialismus *m*

**naco** ['nako] *m* ① (*AmC: cobarde*) Feigling *m;* (*marica*) Schwule(r) *m fam* ② (*Arg: miedo*) Angst *f*

**nada** ['naða] **I.** *pron indef* nichts; **¡gracias! – ¡de** ~**!** danke! – keine Ursache!; **¡pues** ~**!** also gut!; **por** ~ **se queja** er/sie beschwert sich wegen jeder Kleinigkeit; **como si** ~ als wäre nichts dabei; **le costó** ~ **más y** ~ **menos que...** es kostete ihn/sie die stolze Summe von ...; ~ **menos que el director** der Direktor höchstpersönlich **II.** *adv* nichts; ~ **más** (*solamente*) nur; (*no más*) nichts mehr; **¡**~ **más!** das wär's!; ~ **de** ~ überhaupt nichts; **no ser** ~ **difícil** gar nicht schwierig sein; **¡**~ **de eso!** nichts da! *fam;* **¡casi** ~**!** unglaublich!; **antes de** ~ (*sobre todo*) vor allem; (*primero*) zuallererst; **para** ~ umsonst; **a cada** ~ (*Am*) dauernd **III.** *f* Nichts *nt*

**nadador(a)** [naða'ðor(a)] *m(f)* Schwimmer(in) *m(f)*

**nadar** [na'ðar] *vi* schwimmen; ~ **en deu-**

**das** sich vor Schulden nicht mehr retten können

**nadería** [naðe'ria] *f* Nichtigkeit *f*

**nadie** ['naðje] *pron indef* niemand; **tú no eres ~ para...** du hast kein Recht zu ...; **un don ~** ein Niemand

**nado** ['naðo] *adv:* **a ~** schwimmend

**nafta** ['nafta] *f* (*CSur: gasolina*) Benzin *nt*

**naftalina** [nafta'lina] *f* (QUÍM) Naphthalin *nt*

**nagual** [na'ɣwal] *f* (*Méx*) Lüge *f*

**nagualear** [naɣwale'ar] *vi* (*Méx: mentir*) lügen; (*robar*) klauen

**naif** [na'if] *adj* naiv

**nailon** ['nai̯lon] *m* Nylon® *nt*

**naipe** ['nai̯pe] *m* ① (*carta*) (Spiel)karte *f* ② *pl* (*baraja*) Kartenspiel *nt*

**najarse** [na'xarse] *vr* (*fam*) abhauen

**nalga** ['nalɣa] *f* Gesäßhälfte *f;* **~s** Gesäß *nt*

**namibio, -a** [na'miβjo, -a] **I.** *adj* namibisch **II.** *m, f* Namibier(in) *m(f)*

**nana** ['nana] *f* ① (*canción*) Wiegenlied *nt* ② (*fam: abuela*) Oma *f;* **del año de la ~** uralt ③ (*niñera*) Kindermädchen *nt*

**nanay** [na'nai̯] *interj* (*fam*) kommt nicht in die Tüte!

**nano, -a** ['nano, -a] *adj* (*fam*): **¡qué ~ (que) es!** so ein Zwerg!

**nanoya** [na'noɟa] *f* (*Guat*) Großmutter *f*

**napa** ['napa] *f* ① (*piel*) Nappa(leder) *nt* ② (*fibras*) Vlies *nt*

**napia(s)** ['napja(s)] *f(pl)* (*fam*) Zinken *m*

**Nápoles** ['napoles] *m* Neapel *nt*

**napolitano, -a** [napoli'tano, -a] **I.** *adj* neapolitanisch **II.** *m, f* Neapolitaner(in) *m(f)*

**naranja** [na'raŋxa] **I.** *f* Orange *f;* **tu media ~** deine bessere Hälfte; **¡~s!** Quatsch! **II.** *adj:* (**de color**) ~ orange(n)

**naranjada** [naraŋ'xaða] *f* Orangenlimonade *f*

**naranjado, -a** [naraŋ'xaðo, -a] *adj* orange(n)

**naranjal** [naraŋ'xal] *m* Orangenhain *m*

**naranjo** [na'raŋxo] *m* Orangenbaum *m*

**narcisismo** [narθi'sismo] *m sin pl* Narzissmus *m*

**narcisista** [narθi'sista] **I.** *adj* narzisstisch **II.** *mf* ① (*en la mitología*) Narziss *m* ② (*erótico*) Narzisst *m*

**narciso** [nar'θiso] *m* ① (*persona*) Narziss *m* ② (BOT) Narzisse *f*

**narco** ['narko] *m* (*argot*) Dealer *m*

**narcosis** [nar'kosis] *f inv* Narkose *f*

**narcoterrorismo** [narkoterro'rismo] *m sin pl* Drogenterrorismus *m*

**narcoterrorista** [narkoterro'rista] *mf* Drogenterrorist(in) *m(f)*

**narcótico**[1] [nar'kotiko] *m* Betäubungsmittel *nt*

**narcótico, -a**[2] [nar'kotiko, -a] *adj* betäubend

**narcotizante** [narkoti'θan̦te] **I.** *adj* narkotisierend; **le administraron una sustancia ~** sie gaben ihm/ihr ein Narkotikum **II.** *m* Narkotikum *nt*

**narcotizar** [narkoti'θar] <z→c> *vt* betäuben

**narcotraficante** [narkotrafi'kan̦te] *mf* Drogenhändler(in) *m(f)*

**narcotráfico** [narko'trafiko] *m* Drogenhandel *m*

**nardo** ['narðo] *m* (BOT) Narde *f*

**narigón**[1] [nari'ɣon] *m* ① (*nariz*) große Nase *f* ② (*agujero*) Nasenloch *nt* ③ (*argolla*) Nasenring *m*

**narigón, -ona**[2] [nari'ɣon, -ona] *adj* mit einer großen Nase

**narigudo, -a** [nari'ɣuðo, -a] *adj* (*narigón*) mit einer großen Nase

**nariz** [na'riθ] *f* ① (ANAT) Nase *f;* **~ chata** Stumpfnase *f;* **~ ganchuda** Hakennase *f;* **~ respingona** Himmelfahrtsnase *f;* (*pequeña*) Stupsnase *f;* **estar hasta las narices** (*fam*) die Nase voll haben; **hasta que se me hinchen las narices** (*fam*) bis mir der Kragen platzt; **darse de narices con alguien** (*fam*) jdm (geradewegs) in die Arme laufen; **por narices** (*fam*) auf jeden Fall; **hago lo que me sale por las narices** (*fam*) ich mache, was ich will; **romper las narices a alguien** jdm die Schnauze polieren *fam;* **¡(qué) narices!** (*fam*) das wär ja noch schöner!; **no ver más allá de sus narices** (*fam*) nicht über den Tellerrand hinausgucken (können); **quedarse con un palmo de narices** (*fam*) in die Röhre schauen ② (*intuición*) Riecher *m fam;* **me da en la ~ que...** ich habe das Gefühl, dass ...

**narizota** [nari'θota] *f* große Nase *f*

**narración** [narra'θjon] *f* Erzählung *f*

**narrador(a)** [narra'ðor(a)] *m(f)* Erzähler(in) *m(f)*

**narrar** [na'rrar] *vt* (*contar*) erzählen; (*informar*) berichten

**narrativa** [narra'tiβa] *f* Prosa *f*

**narrativo, -a** [narra'tiβo, -a] *adj* erzählend; (LIT) narrativ

**nasal** [na'sal] **I.** *adj* ① (ANAT) Nasen- ② (LING) nasal **II.** *m* (LING) Nasal(laut) *m*

**nasalizar** [nasali'θar] <z→c> *vt* (LING) nasalieren

**nata** ['nata] *f* ① (*producto*) Sahne *f;* **~ montada** Schlagsahne *f* ② (*sobre un líquido*) Haut *f* ③ (*lo más selecto*) Erlesenste(s) *nt;* **la crema y ~ de la sociedad** die Crème de la Crème der Gesellschaft

N

**natación** [nata'θjon] *f* Schwimmen *nt*

**natal** [na'tal] *adj* Geburts-; **ciudad** ~ Heimatstadt *f*

**natalicio**, **-a** [nata'liθjo, -a] *adj* Geburtstags-

**natalidad** [natali'ðaᵈ] *f* Geburtenrate *f*; **de fuerte/baja** ~ geburtenstark/geburtenschwach

**natatorio**, **-a** [nata'torjo, -a] *adj* Schwimm-

**natillas** [na'tiʎas] *fpl* ≈Cremespeise *f*

**Natividad** [natiβi'ðaᵈ] *f* ❶ (*navidades*) Weihnachten *nt* ❷ (REL) *Fest der Geburt Jesu, der Jungfrau Maria oder Johannes des Täufers*

**nativo**, **-a** [na'tiβo, -a] **I.** *adj* ❶ (*natal*) Heimat- ❷ (*metal*) rein ❸ (*Am: persona*) einheimisch **II.** *m, f* (*Am*) Einheimische(r) *mf*

**nato**, **-a** ['nato, -a] *adj* geboren

**natural** [natu'ral] **I.** *adj* ❶ (*no artificial, sencillo*) natürlich; (*elaboración*) roh; (*alimentos*) unbehandelt; **al** ~ (*comportamiento*) ungekünstelt; **esto es lo más ~ del mundo** (*normal*) das ist doch völlig natürlich; (*lógico*) das ist doch selbstverständlich ❷ (*nacido*): **ser ~ de Alemania** gebürtiger Deutscher sein **II.** *m* Naturell *nt*

**naturaleza** [natura'leθa] *f* ❶ (*campo*) Natur *f*; ~ **muerta** Stillleben *nt*; **en plena** ~ in der freien Natur ❷ (*manera*) Natur *f* ❸ (*índole*) Beschaffenheit *f*; **de ~ pública** öffentlich-rechtlich ❹ (*derecho de ciudadano*) Bürgerrecht *nt*

**naturalidad** [naturali'ðaᵈ] *f sin pl* Natürlichkeit *f*

**naturalista** [natura'lista] **I.** *adj* (ARTE, FILOS, LIT) naturalistisch **II.** *mf* (ARTE, FILOS, LIT) Naturalist(in) *m(f)*

**naturalizar** [naturali'θar] <z→c> **I.** *vt* einbürgern; ~ **costumbres** Bräuche annehmen; ~ **un animal** ein Tier heimisch machen **II.** *vr:* ~**se** (*habituarse*) sich einleben

**naturalmente** *adv* natürlich, selbstverständlich

**naturismo** [natu'rismo] *m sin pl* ❶ (*naturopatía*) Naturheilkunde *f* ❷ (*nudismo*) Freikörperkultur *f*

**naufragar** [nau̯fra'ɣar] <g→gu> *vi* ❶ (*hundirse*) Schiffbruch erleiden ❷ (*fracasar*) scheitern

**naufragio** [nau̯'fraxjo] *m* ❶ (*accidente*) Schiffbruch *m* ❷ (*fracaso*) Fehlschlag *m*; (*de negociaciones*) Scheitern *nt*

**náufrago**, **-a** ['nau̯fraɣo, -a] **I.** *adj* schiffbrüchig **II.** *m, f* Schiffbrüchige(r) *mf*

**náusea** ['nau̯sea] *f* Übelkeit *f*; **el pavo relleno me da ~s** gefüllten Puter finde ich ekelhaft

**nauseabundo**, **-a** [nau̯sea'βun̩do, -a] *adj* Ekel erregend

**náuseas** ['nau̯seas] *fpl* Übelkeit *f*; **tengo ~** mir ist schlecht; **dar ~ a alguien** jdn anekeln

**náutica** ['nau̯tika] *f sin pl* Schifffahrtskunde *f*

**náutico**, **-a** ['nau̯tiko, -a] *adj* Schifffahrts-

**nava** ['naβa] *f* Senke *f*

**navaja** [na'βaxa] *f* ❶ (*cuchillo*) Taschenmesser *nt*; ~ **de afeitar** Rasiermesser *nt*; ~ **automática** Springmesser *nt* ❷ (ZOOL) Schwertmuschel *f*

**navajada** [naβa'xaða] *f*, **navajazo** [naβa'xaθo] *m* ❶ (*golpe*) Messerstich *m* ❷ (*herida*) Stichwunde *f*

**navajero**, **-a** [naβa'xero, -a] *m, f* (*delincuente*) Messerstecher(in) *m(f)*

**naval** [na'βal] *adj* (*marítimo*) See-; (*referente a barcos*) Schiffs-

**navarro**, **-a** [na'βarro, -a] **I.** *adj* aus Navarra **II.** *m, f* Einwohner(in) *m(f)* von Navarra

**nave** ['naβe] *f* ❶ (*barco*) Schiff *nt*; **quemar las ~s** (*fig*) alle Brücken hinter sich *dat* abbrechen ❷ (*en una iglesia*) (Kirchen)schiff *nt*; ~ **central** Mittelschiff *nt* ❸ (*almacén*) (Lager)halle *f*

**navegable** [naβe'ɣaβle] *adj* schiffbar; **rutas ~s** Schifffahrtsstraßen *fpl*

**navegación** [naβeɣa'θjon] *f* Schifffahrt *f*

**navegante** [naβe'ɣan̩te] *mf* ❶ (*por mar*) Seefahrer(in) *m(f)* ❷ (INFOR) Surfer(in) *m(f)*; ~ **de** [*o* **por**] **Internet** Internetsurfer *m*

**navegar** [naβe'ɣar] <g→gu> **I.** *vi, vt* (mit einem Schiff) fahren; ~ **ocho millas por hora** acht Meilen pro Stunde zurücklegen **II.** *vi* ❶ (*vagar*) herumziehen ❷ (INFOR) surfen; ~ **en** [*o* **por**] **la Web/red** im Web/Netz surfen

**Navidad** [naβi'ðaᵈ] *f* Weihnachten *nt*; **¡feliz ~!** fröhliche Weihnachten!

**i Land & Leute**

In den meisten spanischen *Comunidades Autónomas – autonomen Regionen* gibt es nur einen Weihnachtstag, **el día de Navidad**, am 25. Dezember. An *Nochebuena – Heiligabend* geht man um Mitternacht mit der ganzen Familie zur *misa del gallo – Christmette*. Weihnachtslieder heißen auf Spanisch *villancicos*.

**navideño**, **-a** [naβi'ðeɲo, -a] *adj* Weihnachts-; (*ambiente*) weihnachtlich

**naviera** [na'βjera] *f* Reederei *f*
**naviero**, **-a** [na'βjero, -a] **I.** *m, f* Schiffseigentümer(in) *m(f)* **II.** *adj* Schifffahrts-
**navío** [na'βio] *m* Schiff *nt*
**nazi** ['naθi] **I.** *adj* (HIST) Nazi- **II.** *mf* (HIST) Nazi *m*
**nazismo** [na'θismo] *m sin pl* Nationalsozialismus *m*
**N. de la R.** ['nota ðe la rreðaᵏ'θjon] *abr de* **Nota de la Redacción** Anm. d. Red.
**N. del T.** ['nota ðel traðuk'tor] *abr de* **Nota del Traductor** Anm. des Übersetzers
**NE** [nor'ðeste] *abr de* **Nordeste** NO
**neandertal** [neaṇder'tal] *m:* **hombre de ~** Neandertaler *m*
**neblina** [ne'βlina] *f* Bodennebel *m*
**neblinoso**, **-a** [neβli'noso, -a] *adj* (*nebuloso*) neb(e)lig; (*brumoso*) dunstig
**nebulizador** [neβuliθa'ðor] *m* Zerstäuber *m*
**nebulosidad** [neβulosi'ðaᵈ] *f* ❶ (*niebla*) Nebelbildung *f* ❷ (*nubes*) Bewölkung *f*
**nebuloso**, **-a** [neβu'loso, -a] *adj* ❶ (*brumoso*) neb(e)lig ❷ (*nuboso*) bewölkt ❸ (*vago*) nebulös ❹ (*oscuro*) düster
**necedad** [neθe'ðaᵈ] *f* Dummheit *f;* **no decir más que ~es** nur dummes Zeug reden
**necesariamente** [neθesarja'meṇte] *adv* zwangsläufig
**necesario**, **-a** [neθe'sarjo, -a] *adj* notwendig; **es ~ que...** *+subj* es ist notwendig, dass ...; **la lluvia hizo ~ quedarse en casa** wegen des Regens mussten wir zu Hause bleiben
**neceser** [neθe'ser] *m* ❶ (*de aseo*) Kulturbeutel *m* ❷ (*de costura*) Necessaire *nt*
**necesidad** [neθesi'ðaᵈ] *f* ❶ (*ser preciso*) Notwendigkeit *f;* **de primera ~** lebensnotwendig; **de toda ~** dringend; **no tiene ~ de trabajar** er/sie braucht nicht zu arbeiten ❷ (*demanda*) Bedarf *m;* **~ del arrendador** Eigenbedarf des Vermieters ❸ (*requerimiento*) Bedürfnis *nt;* **tener ~ de algo** etw brauchen ❹ (*apuro*) Not *f* ❺ *pl* (*evacuación corporal*) Notdurft *f;* **hacer sus ~es** seine Notdurft verrichten
**necesitado**, **-a** [neθesi'taðo, -a] **I.** *adj* (*pobre*) bedürftig; **estar ~ de amor** Liebe brauchen **II.** *m, f* Bedürftige(r) *mf*
**necesitar** [neθesi'tar] **I.** *vt* ❶ (*precisar*) brauchen, benötigen; **se necesita piso** Wohnung gesucht ❷ *+inf* (*tener que*) müssen; **necesitas comer algo** du musst etwas essen **II.** *vi* (*precisar*) brauchen (*de +akk*)
**necio**, **-a** ['neθjo, -a] **I.** *adj* dumm; **a palabras necias, oídos sordos** (*prov*) eine dumme Frage verdient eine dumme Antwort **II.** *m, f* Dummkopf *m*
**nécora** ['nekora] *f* Krabbe *f*
**necrófago**, **-a** [ne'krofaɣo, -a] **I.** *adj* Aas fressend **II.** *m, f* Aasfresser *m*
**necrofilia** [nekro'filja] *f* Nekrophilie *f*
**necrología** [nekrolo'xia] *f* ❶ (*biografía*) Nachruf *m* ❷ (*nota*) Todesanzeige *f*
**necrológico**, **-a** [nekro'loxiko, -a] *adj* Todes-
**necrópolis** [ne'kropolis] *f inv* Nekropolis *f*
**necropsia** [ne'kroβsja] *f* (MED) Nekropsie *f,* Obduktion *f*
**néctar** ['nektar] *m* ❶ (*t.* BOT) Nektar *m* ❷ (*licor*) Likör *m*
**nectarina** [nekta'rina] *f* Nektarine *f*
**neerlandés**, **-esa** [ne(e)rlaṇ'des, -esa] **I.** *adj* niederländisch **II.** *m, f* Niederländer(in) *m(f)*
**nefando**, **-a** [ne'faṇdo, -a] *adj* niederträchtig
**nefario**, **-a** [ne'farjo, -a] *adj* ruchlos
**nefasto**, **-a** [ne'fasto, -a] *adj* unheilvoll; (*día*) schwarz
**nefrítico**, **-a** [ne'fritiko, -a] *adj* Nieren-
**nefrología** [nefrolo'xia] *f* (MED) Nephrologie *f*
**nefrosis** [ne'frosis] *f inv* (MED) Nephrose *f*
**negación** [neɣa'θjon] *f* ❶ (*desmentir*) Leugnen *nt;* (*renegar*) Verleugnen *nt* ❷ (*denegar*) Verweigerung *f* ❸ (LING) Negation *f*
**negado**, **-a** [ne'ɣaðo, -a] **I.** *adj* ungeeignet **II.** *m, f:* **ser un ~ para las matemáticas** schlecht in Mathematik sein; **ser un ~ para las labores de la casa** im Haushalt zwei linke Hände haben
**negar** [ne'ɣar] *irr como fregar* **I.** *vt* ❶ (*decir que no*) verneinen; (*desmentir*) leugnen; (*renegar*) verleugnen ❷ (*rehusar*) verweigern; (*rechazar*) abschlagen **II.** *vr:* **~se** sich weigern
**negativa** [neɣa'tiβa] *f* (*negación*) Nein *nt;* (*rehusamiento*) Weigerung *f;* (*rechazo*) Absage *f*
**negativo¹** [neɣa'tiβo] *m* (FOTO) Negativ *nt*
**negativo**, **-a²** [neɣa'tiβo, -a] *adj* (*t.* MAT, FOTO) negativ; **tu respuesta fue negativa** du hast Nein gesagt
**negligencia** [neɣli'xeṇθja] *f* (*descuido*) Nachlässigkeit *f;* (JUR) Fahrlässigkeit *f*
**negligente** [neɣli'xeṇte] **I.** *adj* (*descuidado*) nachlässig; (JUR) fahrlässig; **ser ~ en** [*o* **para**] **su trabajo** nachlässig arbeiten **II.** *mf* (JUR) fahrlässig Handelnde(r) *mf*
**negociable** [neɣo'θjaβle] *adj* verhandelbar; **el precio es ~** Preis nach Vereinbarung
**negociación** [neɣoθja'θjon] *f* (*convenio*)

Verhandlung *f;* ~ **colectiva** Tarifverhandlung *f;* **entrar en negociaciones con alguien** mit jdm Verhandlungen aufnehmen

**negociado** [neɣo'θjaðo] *m* ❶ *(dependencia)* Geschäftsstelle *f;* (ADMIN) Amt *nt* ❷ *(AmS: negocio)* Klüngelei *f*

**negociador(a)** [neɣoθja'ðor(a)] **I.** *adj* Verhandlungs- **II.** *m(f)* ❶ *(comerciante)* Händler(in) *m(f)* ❷ *(mediador)* Unterhändler(in) *m(f)*

**negociante** [neɣo'θjan̦te] *mf* Händler(in) *m(f)*

**negociar** [neɣo'θjar] **I.** *vi* handeln *(en/con* mit *+dat)* **II.** *vi, vt (dialogar)* verhandeln **III.** *vt (concertar)* aushandeln

**negocio** [ne'ɣoθjo] *m* ❶ *(comercio)* Geschäft *nt;* ~ **al detalle** Einzelhandel *m;* ~ **redondo** *(fam)* Bombengeschäft *nt* ❷ *(asunto)* Sache *f*

**negrero, -a** [ne'ɣrero, -a] *m, f* ❶ *(que se dedica a la trata de esclavos)* Sklavenhändler(in) *m(f)* ❷ *(tirano)* Tyrann(in) *m(f)* ❸ *(CSur: aprovechado)* Ausbeuter(in) *m(f)*

**negrilla** [ne'ɣriʎa] *f,* **negrita** [ne'ɣrita] *f* (TIPO) halbfette Schrift *f*

**negro, -a** ['neɣro, -a] **I.** *adj* schwarz; ~ **del sol** sonnengebräunt; **estar/ponerse** ~ *(fam)* wütend sein/werden; **verse** ~ **para...** *(fam)* große Mühe haben zu ...; **verse** ~ [*o* **pasarlas negras**] **para encontrar algo** etw nur mit Mühe finden; **las pasé negras** *(fam: sufrí)* es ging mir dreckig; **tener la negra** *(fam)* eine Pechsträhne haben **II.** *m, f* ❶ *(persona)* Schwarze(r) *mf;* **trabajar como un** ~ *(fam)* schuften ❷ *(escritor)* Ghostwriter(in) *m(f)* ❸ *(Arg: fam: cariño)* Liebling *m*

**negrura** [ne'ɣrura] *f* Schwärze *f*

**negruzco, -a** [ne'ɣruθko, -a] *adj* schwärzlich

**nemotécnica** [nemo'teɣnika] *f* Mnemotechnik *f;* **regla de** ~ Eselsbrücke *f*

**nene, -a** ['nene, -a] *m, f (fam: niño)* Junge *m,* Mädchen *nt;* *(expresión de cariño)* Kleine(r) *mf*

**nenúfar** [ne'nufar] *m* Seerose *f*

**neocapitalismo** [neokapita'lismo] *m sin pl* (ECON) Neokapitalismus *m*

**neoclasicismo** [neoklasi'θismo] *m sin pl* (ARTE, LIT) Klassizismus *m;* (ARQUIT) Neoklassizismus *m*

**neoclásico, -a** [neo'klasiko, -a] *adj* (ARTE, LIT) klassizistisch; (ARQUIT) neoklassizistisch

**neófito, -a** [ne'ofito, -a] *m, f* ❶ *(bautizado)* Neugetaufte(r) *mf* ❷ *(iniciado)* Anfänger(in) *m(f)*

**neolatino, -a** [neola'tino, -a] *adj* (LING) neulateinisch

**neoliberal** [neoliβe'ral] *mf* (ECON, POL) Neoliberale(r) *mf*

**neoliberalismo** [neoliβera'lismo] *m sin pl* (ECON) Neoliberalismus *m*

**neolítico** [neo'litiko] *m* Jungsteinzeit *f*

**neologismo** [neolo'xismo] *m* Neologismus *m*

**neón** [ne'on] *m* Neon *nt*

**neonato, -a** [neo'nato, -a] **I.** *adj* neugeboren **II.** *m, f* Neugeborene(s) *nt*

**neonazi** [neo'naθi] *mf* Neonazi *mf*

**neonazismo** [neona'θismo] *m* (POL) Neonazismus *m*

**neoyorquino, -a** [neoɟor'kino, -a] **I.** *adj* aus New York **II.** *m, f* New Yorker(in) *m(f)*

**neozelandés, -esa** [neoθelan̦'des, -esa] **I.** *adj* neuseeländisch **II.** *m, f* Neuseeländer(in) *m(f)*

**nepalés, -esa** [nepa'les, -esa] **I.** *adj* nepalesisch **II.** *m, f* Nepalese, -in *m, f*

**nepotismo** [nepo'tismo] *m sin pl* Vetternwirtschaft *f*

**nervadura** [nerβa'ðura] *f* ❶ (ARQUIT) Rippe *f* ❷ (BOT) Äderung *f*

**nervio** ['nerβjo] *m* ❶ *(conductor)* Nerv *m;* **ataque de** ~**s** Nervenzusammenbruch *m;* **crispar los** ~**s a alguien, poner a alguien los** ~**s de punta** *(fam: enfadar)* jdn auf hundert bringen; *(poner nervioso)* jdn nervös machen; **estar atacado de los** ~**s** nervlich sehr angespannt sein; **ser un puro** ~ *(fam)* das reinste Nervenbündel sein ❷ *(tendón)* Sehne *f* ❸ (BOT) Ader *f* ❹ *(libro)* Heftschnur *f* ❺ *(ímpetu)* Energie *f* ❻ *(alma)* Triebfeder *f*

**nerviosidad** [nerβjosi'ðaᵈ] *f* ❶ *(tensión)* Nervenanspannung *f* ❷ *(nerviosismo)* Nervosität *f*

**nerviosismo** [nerβjo'sismo] *m* Nervosität *f*

**nervioso, -a** [ner'βjoso, -a] *adj* ❶ (ANAT) Nerven- ❷ *(intranquilo)* nervös

**nervudo, -a** [ner'βuðo, -a] *adj* sehnig

**netiqueta** [neti'keta] *f* (INFOR, TEL) Netikette *f (im Internet)*

**neto, -a** ['neto, -a] *adj* ❶ *(claro)* klar ❷ *(no bruto)* netto

**neumático** [neu̯'matiko] *m* Reifen *m*

**neumólogo, -a** [neu̯'moloɣo, -a] *m, f* (MED) Lungenfacharzt, -ärztin *m, f*

**neumonía** [neu̯mo'nia] *f* (MED) Lungenentzündung *f*

**neural** [neu̯'ral] *adj* Nerven-

**neuralgia** [neu̯'ralxja] *f* (MED) Nervenschmerzen *mpl*

**neurastenia** [neu̯ras'tenja] *f* (MED) Neurasthenie *f*

**neurocirugía** [neu̯roθiru'xia] *f* (MED) Neurochirurgie *f*
**neurología** [neu̯rolo'xia] *f sin pl* Neurologie *f*
**neurólogo, -a** [neu̯'roloɣo, -a] *m, f* Neurologe, -in *m, f*
**neurona** [neu̯'rona] *f* Neuron *nt*
**neurosis** [neu̯'rosis] *f inv* Neurose *f*
**neurótico, -a** [neu̯'rotiko, -a] **I.** *adj* neurotisch **II.** *m, f* Neurotiker(in) *m(f)*
**neurotizar** [neu̯roti'θar] <z→c> *vt* (*fam*) nerven
**neutral** [neu̯'tral] **I.** *adj* (*imparcial*) neutral; (*sin partido*) parteilos **II.** *mf* (*persona imparcial*) Unparteiische(r) *mf;* (*sin partido*) Parteilose(r) *mf;* (*Estado*) neutraler Staat *m*
**neutralidad** [neu̯trali'ðaᵈ] *f* Neutralität *f*
**neutralización** [neu̯traliθa'θjon] *f* Neutralisierung *f*
**neutralizador(a)** [neu̯traliθa'ðor(a)] *adj* neutralisierend
**neutralizar** [neu̯trali'θar] <z→c> **I.** *vt* neutralisieren **II.** *vr:* **~se** sich neutralisieren
**neutro, -a** ['neu̯tro, -a] *adj* ① (*t.* QUÍM) neutral ② (ZOOL) geschlecht(s)los ③ (LING) sächlich; **género ~** Neutrum *nt*
**neutrón** [neu̯'tron] *m* Neutron *nt*
**nevada** [ne'βaða] *f* ① (*caída*) Schneefall *m* ② (*nieve*) Schnee *m*
**nevado, -a** [ne'βaðo, -a] *adj* ① (*cubierto*) verschneit ② (*blanco*) schneeweiß
**nevar** [ne'βar] <e→ie> *vimpers* schneien
**nevera** [ne'βera] *f* (*frigorífico*) Kühlschrank *m*
**nevisca** [ne'βiska] *f* leichter Schneefall *m*
**neviscar** [neβis'kar] <c→qu> *vimpers* leicht schneien
**nexo** ['neʸso] *m* Verbindung *f*
**ni** [ni] *conj:* **~ ... ~** weder ... noch ...; **no fumo ~ bebo** ich rauche und trinke nicht; **~** (**siquiera**) nicht einmal; **¡~ lo pienses!** auf gar keinen Fall!; **sin más ~ más** plötzlich; **¡~ que fuera tonto!** er ist doch nicht dumm!; **~ bien** (*Arg*) sobald (als) ...
**Nicaragua** [nika'raɣwa] *f* Nicaragua *nt*

**i Land & Leute**

**Nicaragua** liegt in Mittelamerika, grenzt im Norden an Honduras, im Süden an Costa Rica, im Osten an die Karibik und im Westen an den Pazifik. Die Hauptstadt **Nicaraguas** heißt Managua. Die offizielle Landessprache ist Spanisch. Die Währungseinheit ist der *córdoba.*

**nicaragüense** [nikara'ɣwense] **I.** *adj* nicaraguanisch **II.** *mf* Nicaraguaner(in) *m(f)*
**nicho** ['nitʃo] *m* Nische *f;* (*sepultura*) Grabnische *f*
**nicotina** [niko'tina] *f* Nikotin *nt*
**nidada** [ni'ðaða] *f* ① (*huevos*) Gelege *nt* ② (*polluelos*) Brut *f*
**nidal** [ni'ðal] *m* ① (*lugar*) Nest *nt* ② (*huevo*) Nestei *nt*
**nidificar** [niðifi'kar] <c→qu> *vi* nisten
**nido** ['niðo] *m* ① (*lecho*) Nest *nt;* **~ de discordias** Unruheherd *m;* **caerse del ~** naiv sein ② (*nidal*) Nistplatz *m*
**niebla** ['njeβla] *f* Nebel *m;* **hace ~** es ist neb(e)lig
**nieto, -a** ['njeto, -a] *m, f* Enkel(in) *m(f);* **~ segundo** Urenkel *m*
**nieve** ['njeβe] *f* ① (*precipitación*) Schnee *m;* **~ carbónica** Trockeneis *nt* ② *pl* Schneefall *m* ③ (*argot: cocaína*) Schnee *m* ④ (*AmC: helado*) (Frucht)eis *nt*
**NIF** [nif] *m abr de* **Número de identificación fiscal** Steuernummer *f*
**nigeriano, -a** [nixe'rjano, -a] **I.** *adj* nigerianisch **II.** *m, f* Nigerianer(in) *m(f)*
**nigromancia** [niɣro'man̦θja] *f* Totenbeschwörung *f*
**nigromántico, -a** [niɣro'man̦tiko, -a] *adj* die Totenbeschwörung betreffend
**nihilismo** [ni(i)'lismo] *m sin pl* (FILOS) Nihilismus *m*
**nihilista** [ni(i)'lista] **I.** *adj* (FILOS) nihilistisch **II.** *mf* (FILOS) Nihilist(in) *m(f)*
**Nilo** ['nilo] *m* Nil *m*
**nilón** [ni'lon] *m* Nylon® *nt*
**nimbo** ['nimbo] *m* (*aureola*) Heiligenschein *m*
**nimiedad** [nimje'ðaᵈ] *f* ① (*insignificancia*) Kleinigkeit *f* ② (*minuciosidad*) Kleinlichkeit *f*
**nimio, -a** ['nimjo, -a] *adj* ① (*sin importancia*) unwichtig ② (*minucioso*) pedantisch
**ninfa** ['niɱfa] *f* ① (*mitología*) Nymphe *f* ② (*joven*) Grazie *f* ③ (ZOOL) Puppe *f*
**ninfómana** [niɱ'fomana] *f* (MED, PSICO) Nymphomanin *f*
**ningún** [niŋ'gun] *adj indef v.* **ninguno**
**ningunear** [niŋgune'ar] *vt* ① (*no tomar en consideración*) übergehen ② (*menospreciar*) verachten
**ninguneo** [niŋgu'neo] *m* Verachtung *f*
**ninguno, -a** [niŋ'guno, -a] **I.** *adj indef* (*precediendo un substantivo masculino singular: ningún*) keine(r, s); **por ningún lado** nirgends; **de ninguna manera** keinesfalls; **ninguna vez** nie; **en sitio ~** nirgendwo **II.** *pron indef* keine(r, s); (*personas*) niemand; **no quiso venir ~** niemand wollte

kommen

**niña** ['niɲa] *f* ❶ (*chica*) Mädchen *nt* ❷ (*persona no adulta*) Kind *nt; v. t.* **niño** ❸ (ANAT) Pupille *f;* **eres como las ~s de mis ojos** du bist mein Augenstern

**niñato, -a** [ni'ɲato, -a] *m, f* (*fam*) Rotzbengel *m,* Rotzgöre *f*

**niñera** [ni'ɲera] *f* Kindermädchen *nt*

**niñería** [niɲe'ria] *f* ❶ (*de niños*) Kinderei *f* ❷ (*fam: pequeñez*) Kinkerlitzchen *nt*

**niñero, -a** [ni'ɲero, -a] **I.** *adj* kinderlieb **II.** *m, f* Babysitter *m;* **estar de ~** babysitten

**niñez** [ni'ɲeθ] *f* Kindheit *f*

**niño** ['niɲo] *m* ❶ (*chico*) Junge *m* ❷ (*persona no adulta*) Kind *nt;* **~ de la bola** Glückspilz *m;* **~ mimado** (*favorito*) Liebling *m;* **~ de pecho** Säugling *m;* **~ probeta** Retortenbaby *nt;* **¡no seas ~!** sei nicht kindisch! ❸ (*reg: joven*) junger Mann *m*

**nipón, -ona** [ni'pon, -ona] **I.** *adj* japanisch **II.** *m, f* Japaner(in) *m(f)*

**níquel** ['nikel] *m* Nickel *nt*

**niquelar** [nike'lar] *vt* vernickeln

**niqui** ['niki] *m* (*camiseta*) T-Shirt *nt*

**nirvana** [nir'βana] *f* (REL) Nirwana *nt*

**níspero** ['nispero] *m* ❶ (BOT: *arbusto y fruto*) Mispel *f* ❷ (*Am:* BOT) Kumquat *f*

**nitidez** [niti'ðeθ] *f* Klarheit *f;* (FOTO) Schärfe *f*

**nítido, -a** ['nitiðo, -a] *adj* klar; (FOTO) scharf

**nitrato** [ni'trato] *m* Nitrat *nt*

**nítrico, -a** ['nitriko, -a] *adj:* **ácido ~** Salpetersäure *f*

**nitrito** [ni'trito] *m* Nitrit *nt*

**nitro** ['nitro] *m* Salpeter *m*

**nitrógeno** [ni'troxeno] *m* Stickstoff *m*

**nitroglicerina** [nitroɣliθe'rina] *f* Nitroglyzerin *nt*

**nitroso, -a** [ni'troso, -a] *adj* salpet(e)rig

**nivel** [ni'βel] *m* ❶ (*instrumento*) Wasserwaage *f* ❷ (*horizontalidad, grado, t.* INFOR) Ebene *f;* **~ estilístico** Stilebene *f;* **a ~** auf gleicher Höhe ❸ (*cota*) Pegel *m;* **~ de la riada** Hochwasserpegel *m;* **sobre el ~ del mar** über dem Meer(esspiegel) ❹ (*estándar*) Niveau *nt;* **~ de vida** Lebensstandard *m;* **estar al ~ de algo/alguien** mit etw *dat*/jdm mithalten können; **estar al ~ de lo exigido** den Anforderungen entsprechen

**nivelación** [niβela'θjon] *f* Nivellierung *f;* **~ del presupuesto** Haushaltsausgleich *m*

**nivelado, -a** [niβe'laðo, -a] *adj* ❶ (*horizontal*) waag(e)recht ❷ (*plano*) eben

**nivelador**[1] [niβela'ðor] *m* (TÉC) Nivellierinstrument *nt*

**nivelador(a)**[2] [niβela'ðor(a)] *adj* nivellierend

**nivelar** [niβe'lar] **I.** *vt* ❶ (*a igual nivel*) ausgleichen ❷ (*horizontal*) (ein)ebnen; (GEO, TÉC) nivellieren; (*parcela*) planieren **II.** *vr:* **~se** sich ausgleichen; **~se con alguien** jds Niveau erreichen

**níveo, -a** ['niβeo, -a] *adj* schneeweiß

**no** [no] *adv* ❶ (*respuesta*) nein; **¡que ~!** nein, und nochmals nein! ❷ (+ *verbo/adjetivo*) nicht; **~ protegido** ungeschützt; **hoy ~ hay clase** heute ist vorlesungsfrei ❸ (*prefijo*) Nicht- ❹ (*retórica*) oder nicht? ❺ (*loc*): **¡a que ~!** wetten, dass nicht!; **¿cómo ~?** aber klar doch!; **~ sea que...** +*subj* sonst ... womöglich; **a ~ ser que...** +*subj* es sei denn, dass ...; **a ~** (*Col*) sobald (als) ...; **~... nada** nichts; **~... nadie** niemand; **~... nunca** niemals; **~ bien...** +*subj* sobald ...; **o, si ~** anderenfalls; **~ tal** gar nicht; **~ ya** nicht nur; **ya ~** nicht mehr; **~ tiene más que un abrigo** er/sie hat nur einen Mantel; **~ quedan más que dos botellas** es sind nur noch zwei Flaschen da; **~ querer más hijos** keine Kinder mehr wollen; **~ quiero hablar más de esto** ich will darüber nicht mehr sprechen; **tener un ~ sé que** das gewisse Etwas haben

**? Grammatik**

Auf die Verneinung **no** folgen weitere negative Partikel, wenn der Sprecher eine besondere Nuance ausdrücken oder etwas besonders betonen will: *No entiendo nada. – Ich verstehe überhaupt nichts. No he estado nunca en Japón. – Ich bin noch nie in Japan gewesen.* Wenn diese negativen Partikeln vor dem Verb stehen, wird **no** weggelassen: *Nunca he estado en Jamaica. – Ich bin noch nie in Jamaica gewesen.*

**NO** [noro'este] *abr de* **Noroeste** NW

**nº** ['numero] *abr de* **número** Nr.

**nobiliario, -a** [noβi'ljarjo, -a] *adj* Adels-

**nobilísimo, -a** [noβi'lisimo, -a] *adj superl de* **noble**

**noble** ['noβle] **I.** *adj* <nobilísimo> ❶ (*aristócrata*) ad(e)lig ❷ (*t.* QUÍM) edel ❸ (*bueno*) gutmütig ❹ (*obediente*) gehorsam **II.** *mf* Adlige(r) *mf*

**nobleza** [no'βleθa] *f* ❶ (*linaje*) Adel *m* ❷ (*hidalguía*) Edelmut *m* ❸ (*bondad*) Gutmütigkeit *f* ❹ (*obediencia*) Gehorsamkeit *f*

**noche** ['notʃe] *f* ❶ (~ *tardía*) Nacht *f;* ~ **cerrada** stockfinstere Nacht; **N~ Vieja** Silvester *m o nt;* **media** ~ Mitternacht *f;* **pasar una ~ en blanco** eine schlaflose Nacht verbringen; **a media** ~ mitten in der Nacht; **por la** ~ nachts; **ayer** (**por la**) ~ gestern Nacht; **hacerse de** ~ Nacht werden; **hacer** ~ **en** übernachten in +*dat;* **ser como la ~ y el día** wie Tag und Nacht sein; **de la ~ a la mañana** von heute auf morgen ❷ (~ *temprana*) Abend *m;* **por la** ~ abends ❸ (*oscuridad*) Dunkelheit *f;* **es de** ~ es ist dunkel

**Nochebuena** [notʃe'bwena] *f* Heiligabend *m;* **en** ~ an Heiligabend

**nocherniego, -a** [notʃer'njeɣo, -a] *adj o m, f* v. **noctámbulo**

**nochero** [no'tʃero] *m* ❶ (*CSur: vigilante*) Nachtwächter *m* ❷ (*Col: mesilla*) Nachttisch *m*

**Nochevieja** [notʃe'βjexa] *f* Silvester *m o nt;* **esta** ~ dieses Jahr an Silvester

**nocilla**® [no'θiʎa] *f* Nutella® *f*

**noción** [no'θjon] *f* ❶ (*idea*) Vorstellung *f* ❷ *pl* (*fundamentos*) Grundkenntnisse *fpl*

**nocividad** [noθiβi'ðaᵈ] *f* Schädlichkeit *f*

**nocivo, -a** [no'θiβo, -a] *adj* schädlich; ~ **para la salud** gesundheitsschädlich

**noctambulismo** [noktambu'lismo] *m sin pl* ❶ (*sueño*) Schlafwandeln *nt* ❷ (*diversión*): **en este barrio hay mucho** ~ in diesem Viertel sind viele Nachtschwärmer unterwegs

**noctámbulo, -a** [nok'tambulo, -a] **I.** *adj* ❶ (*sonámbulo*) schlafwandelnd ❷ (*trasnochador*): **ser** ~ ein Nachtmensch sein; (*salir*) ein Nachtschwärmer sein **II.** *m, f* ❶ (*sonámbulo*) Schlafwandler(in) *m(f)* ❷ (*trasnochador*) Nachtmensch *m;* (*que sale*) Nachtschwärmer(in) *m(f)*

**nocturno**[1] [nok'turno] *m* (MÚS) Nocturne *f*

**nocturno, -a**[2] [nok'turno, -a] *adj* (*de noche*) Nacht-; (BOT, ZOOL) nachtaktiv

**nodo** ['noðo] *m* Knoten *m*

**nodriza** [no'ðriθa] *f* ❶ (*ama*) Amme *f* ❷ (*transporte*): **avión** ~ Tankflugzeug *nt;* **buque** ~ Mutterschiff *nt*

**nódulo** ['noðulo] *m* ❶ (MED) Knoten *m* ❷ (MIN) Knolle *f*

**nogal** [no'ɣal] *m,* **noguera** [no'ɣera] *f* (Wal)nussbaum *m*

**nómada** ['nomaða] **I.** *adj* nomadisch; **pueblo** ~ Nomadenvolk *nt* **II.** *mf* Nomade, -in *m, f*

**nomadismo** [noma'ðismo] *m sin pl* Nomadenleben *nt*

**nomás** [no'mas] *adv* (*Am*) ❶ (*solamente*) nur ❷ (*apenas*) kaum ❸ (*loc*): ~ **que** +*subj* sobald; **¡pase ~!** kommen Sie nur herein!

**nombradía** [nombra'ðia] *f* (*reputación*) Ruf *m;* (*fama*) Berühmtheit *f;* **de gran** ~ berühmt

**nombrado, -a** [nom'braðo, -a] *adj* berühmt

**nombramiento** [nombra'mjento] *m* ❶ (*designación*) Ernennung *f* ❷ (*documento*) Ernennungsurkunde *f*

**nombrar** [nom'brar] *vt* ❶ (*citar*) nennen; (*mencionar*) erwähnen ❷ (*llamar*) benennen ❸ (*designar*) ernennen (zu +*dat*); (*abogado*) bestellen

**nombre** ['nombre] *m* ❶ (*designación*) Name *m;* ~ **y apellido** Vor- und Zuname; ~ **de familia** Nachname *m;* ~ **ficticio** Pseudonym *nt;* ~ **de pila, primer** ~ Vorname *m;* ~ **del producto** Produktbezeichnung *f;* ~ **de soltera** Mädchenname *m;* ~ **de soltero** Geburtsname *m;* ~ **de usuario** Benutzername *m;* **sin** ~ namenlos; **a su propio** ~ unter eigenem Namen; **conocer a alguien de** ~ jdn dem Namen nach kennen; **dar su** ~ seinen Namen nennen; **poner un ~ a alguien** jdm einen Namen geben; **llamar a las cosas por su** ~ die Dinge beim Namen nennen; **tu conducta no tiene** ~ dein Verhalten ist unerhört; **reservar a ~ de X** auf den Namen X reservieren ❷ (*reputación*) Ruf *m;* **de** ~ angesehen ❸ (LING) Substantiv *nt;* ~ **común** Gattungsname *m;* ~ **propio** Eigenname *m*

**i Land & Leute**

Auffällig sind im Spanischen die Kurzformen für bestimmte **nombres** – *Eigennamen*, die vor allem bei Doppelnamen oder längeren Namen vorkommen können. Bei Frauennamen *Chus* für *María Jesús*, *Marisa* für *María Isabel*, *Mariví* für *María Victoria*, *Inma* für *Inmaculada*, *Merche* bzw. *Merce* für *Mercedes*; bei Männernamen *Josema* für *José María*, *Josechu* für *José Jesús*, *Pepe* für *José*, *Manu* für *Manuel*, *Rafa* für *Rafael*, *Paco* für *Francisco*, um nur einige der bekanntesten Beispiele zu nennen.

**nomenclátor** [nomeŋ'klator] *m* (Namen)-verzeichnis *nt*

**nomenclatura** [nomeŋkla'tura] *f* Nomenklatur *f*

**nomeolvides** [nomeol'βiðes] *f inv* (BOT)

N

Vergissmeinnicht *nt*

**nómina** ['nomina] *f* ① (*lista*) Verzeichnis *nt;* (*de sueldos*) Gehaltsliste *f* ② (*haberes*) Gehalt *nt*

**nominación** [nomina'θjon] *f* Ernennung *f*

**nominal** [nomi'nal] *adj* ① (*relativo al nombre*) Namen(s)-; **citación** ~ namentliche Nennung; **por llamamiento** ~ namentlich ② (*sólo de nombre*) nominal; **sueldo** ~ Nominaleinkommen *nt;* **valor** ~ Nennwert *m* ③ (LING) nominal

**nominalizar** [nominali'θar] <z→c> *vt* (LING) nominalisieren; ~ **una oración** einen Satz nominalisieren

**nominalmente** [nominal'men̩te] *adv* namentlich

**nominar** [nomi'nar] *vt* ernennen (zu +*dat*)

**nominativo¹** [nomina'tiβo] *m* (LING) Nominativ *m*

**nominativo, -a²** [nomina'tiβo, -a] *adj* Namens-

**non** [non] **I.** *adj* ungerade **II.** *m* ① (*número*) ungerade Zahl *f;* **de** ~ ungerade; **estar de** ~ (*fam*) allein sein; **quedar de** ~ (*fam*) übrig bleiben ② *pl* (*loc*): **decir** (**que**) ~**es** Nein sagen

**nonada** [no'naða] *f* Kleinigkeit *f*

**nonagenario, -a** [nonaxe'narjo, -a] **I.** *adj* neunzigjährig, in den Neunzigern **II.** *m, f* Neunzigjährige(r) *mf*

**nonato, -a** [no'nato, -a] *adj* ① (*nacimiento*) durch Kaiserschnitt zur Welt gebracht ② (*no existente*) (noch) nicht vorhanden; (*no acaecido*) (noch) nicht geschehen

**nono, -a** ['nono, -a] *adj* neunte(r, s); *v. t.* **octavo**

**noquear** [noke'ar] *vt* k.o. schlagen

**nordeste** [nor'ðeste] *m* ① (*dirección*) Nordosten *m;* (NÁUT, METEO) Nordost *m* ② (*viento*) Nordostwind *m*

**nórdico, -a** ['norðiko, -a] *adj* nordisch

**noria** ['norja] *f* ① (*para agua*) Wasserrad *nt* ② (*fam: trabajo*) Tretmühle *f* ③ (*columpio*) Riesenrad *nt*

**norirlandés, -esa** [norirlan̩'des, -esa] **I.** *adj* nordirisch **II.** *m, f* Nordire, -in *m, f*

**norma** ['norma] *f* ① (*regla*) Regel *f;* (*general*) Norm *f;* ~**s de circulación** (Straßen)verkehrsregeln *fpl;* ~ **técnica** Standard *m;* **observar la** ~ die Norm erfüllen; **como** ~ (**general**) in der Regel ② (*escuadra*) Winkelmaß *nt*

**normal** [nor'mal] *adj* ① (*habitual*) normal ② (*según la norma*) vorschriftsmäßig

**normalidad** *f* Normalität *f;* **volver a la** ~ zur Normalität zurückkehren

**normalización** [normaliθa'θjon] *f* ① (*regularización*) Normalisierung *f* ② (*reglamentación*) Normung *f;* ~ **elemental** Grundnormung *f*

**normalizar** [normali'θar] <z→c> *vt* ① (*volver normal*) normalisieren ② (*reglar*) normen

**normalmente** [normal'men̩te] *adv* normal(erweise)

**normando, -a** [nor'man̩do, -a] **I.** *adj* normannisch **II.** *m, f* Normanne, -in *m, f*

**normativa** [norma'tiβa] *f* (gesetzliche) Regelungen *fpl;* ~ **comunitaria** (UE) Gemeinschaftsrecht *nt*

**normativo, -a** [norma'tiβo, -a] *adj* maßgebend

**nornordeste** [nornor'ðeste] *m* ① (*punto cardinal*) Nordnordost(en) *m* ② (*viento*) Nordnordostwind *m*

**nornoroeste** [nornoro'este] *m* ① (*punto cardinal*) Nordnordwest(en) *m* ② (*viento*) Nordnordwestwind *m*

**noroccidental** [noroɣθiðen̩'tal] *adj* nordwestlich

**noroeste** [noro'este] *m* ① (*dirección*) Nordwesten *m;* (NÁUT, METEO) Nordwest *m* ② (*viento*) Nordwestwind *m*

**nororiental** [nororjen̩'tal] *adj* nordöstlich

**norte** ['norte] *m* ① (*punto cardinal*) Norden *m;* (METEO, NÁUT) Nord *m;* **el** ~ **de España** Nordspanien *nt;* **al** ~ **de** nördlich von +*dat* ② (*viento*) Nordwind *m* ③ (*polo ártico*) Nordpol *m* ④ (*guía*) Wegweiser *m* ⑤ (*objetivo*) Ziel *nt*

**norteafricano, -a** [norteafri'kano, -a] **I.** *adj* nordafrikanisch **II.** *m, f* Nordafrikaner(in) *m(f)*

**norteamericano, -a** **I.** *adj* nordamerikanisch **II.** *m, f* Nordamerikaner(in) *m(f)*

**norteño, -a** [nor'teɲo, -a] **I.** *adj* nordisch **II.** *m, f* Nordländer(in) *m(f)*

**Noruega** [no'rweɣa] *f* Norwegen *nt*

**noruego, -a** [no'rweɣo, -a] **I.** *adj* norwegisch **II.** *m, f* Norweger(in) *m(f)*

**nos** [nos] **I.** *pron pers* ① (*objeto*) uns ② (*mayestático*) wir **II.** *pron refl* uns

**nosocomio** [noso'komjo] *m* (*Am: hospital*) Krankenhaus *nt*

**nosotros, -as** [no'sotros, -as] *pron pers 1. pl* ① (*sujeto*) wir ② (*tras preposición*) uns

**nostalgia** [nos'talxja] *f* (*de lugar*) Heimweh *nt;* (*de personas*) Sehnsucht *f* (*de* nach +*dat*); (*del pasado*) Nostalgie *f*

**nostálgico, -a** [nos'talxiko, -a] *adj* (*de alguien*) sehnsuchtsvoll; (*del pasado*) nostalgisch; **sentimiento** ~ Heimweh *nt;* **estar** ~ Heimweh haben

**nota** ['nota] *f* ① (*anotación*) Vermerk *m;* (*explicación*) Anmerkung *f;* (*advertencia*) Hinweis *m;* ~ **al pie de la página** Fußnote *f;* ~ **preliminar** Vorbemerkung *f* ❷ (*apunte*) Notiz *f;* **tomar** ~ sich *dat* Notizen machen; **tomar (buena)** ~ **de algo** etw zur Kenntnis nehmen ❸ (*aviso*) Mitteilung *f;* ~ **circular** Rundschreiben *nt* ❹ (*calificación*) Note *f;* **sacar malas** ~**s** schlechte Noten bekommen ❺ (*factura*) Schein *m;* ~ **de caja** Kassenzettel *m* ❻ (*cuenta*) Rechnung *f* ❼ (*detalle*) Merkmal *nt;* **una** ~ **individual** eine individuelle Note ❽ (MÚS) Note *f* ❾ (*crédito*) Ansehen *nt;* **de** ~ (*importante*) wichtig; (*conocido*) bekannt; **de mucha** ~ berühmt ❿ (*loc, fam*): **dar la** ~ unangenehm auffallen; **dejar mala** ~ einen schlechten Eindruck hinterlassen; **forzar la** ~ übertreiben

**notabilidad** [notaβili'ða$^{d}$] *f* ❶ (*importancia*) Wichtigkeit *f* ❷ (*personalidad*) (wichtige) Persönlichkeit *f;* **es una** ~ **en su género** er/sie ist eine Koryphäe auf seinem/ihrem Gebiet

**notable** [no'taβle] **I.** *adj* beachtlich; (*suma*) beträchtlich **II.** *m* ❶ (*calificación*) Note *f* 'gut'; **sacar cuatro** ~**s** viermal die Note 'gut' bekommen ❷ *pl* (*personas importantes*) Honoratioren *pl*

**notación** [nota'θjon] *f* ❶ (*sistema*) Zeichensystem *nt;* ~ **musical** Notenschrift *f;* ~ **fonética** phonetische Umschrift ❷ (MAT, QUÍM) Formel *f*

**notar** [no'tar] *vt* ❶ (*percibir*) (be)merken; (*calor*) spüren; **hacer** ~ hinweisen auf; **hacerse** ~ (*algo*) sich bemerkbar machen; (*alguien*) auffallen; **no te le nota nada** man merkt dir nichts an; **nótese que...** man beachte, dass ... ❷ (*apuntar*) notieren

**notaría** [nota'ria] *f* Notariat *nt*

**notariado**, **-a** [nota'rjaðo, -a] *adj* notariell beglaubigt

**notarial** [nota'rjal] *adj* (JUR) Notariats-; (*hecho por el notario*) notariell

**notario**, **-a** [no'tarjo, -a] *m, f* Notar(in) *m(f)*

**noticia** [no'tiθja] *f* Nachricht *f;* ~ **falsa** Falschmeldung *f;* ~ **de prensa** Zeitungsnachricht *f;* **no tener** ~ **de alguien** lange nichts von jdm gehört haben; **tener** ~ **de algo** Kenntnis von etw *dat* haben; **andar atrasado de** ~**s** schlecht informiert sein

**noticiario** [noti'θjarjo] *m* (RADIO, TV) Nachrichten *fpl;* ~ **deportivo** Sportnachrichten *fpl*

**noticiero[1]** [noti'θjero] *m* ❶ (*periódico*) Zeitung *f* ❷ (RADIO, TV) Nachrichten *fpl*

**noticiero**, **-a[2]** [noti'θjero, -a] *m, f* (Zeitungs)berichterstatter(in) *m(f)*

**notificación** [notifika'θjon] *f* Mitteilung *f;* ~ **de accidentes** Unfallmeldung *f;* ~ **por escrito** schriftlicher Bescheid; ~ **pública** öffentliche Bekanntmachung; ~ **de la sentencia** Urteilsverkündung *f*

**notificador** [notifika'ðor] *adj* (FIN) avisierend

**notificar** [notifi'kar] <c→qu> *vt* mitteilen; **hacer** ~ bekannt machen

**notoriedad** [notorje'ða$^{d}$] *f* ❶ (*nombradía*) Berühmtheit *f;* **adquirir** ~ berühmt werden ❷ (*evidencia*) Offenkundigkeit *f*

**notorio**, **-a** [no'torjo, -a] *adj* ❶ (*conocido*) allgemein bekannt ❷ (*evidente*) offenkundig

**novatada** [noβa'taða] *f* ❶ (*broma*) Streich *m;* **gastar la** ~ **a alguien** jdm einen Streich spielen ❷ (*fam: complicación*) Ungeschick *nt*

**i Land & Leute**

Bei der **novatada** handelt es sich um einen (oft gemeinen) Streich, den man einem *novato* oder einer *novata* – *Neuling* spielt. Meist werden solche Streiche den Neuankömmlingen bei der „*mili*" (*servicio militar* – *spanischer Wehrdienst*), in der *tuna* – *einer Art Studentenkapelle* oder in den Studentenwohnheimen gespielt.

**novato**, **-a** [no'βato, -a] *m, f* (*en sitio*) Neuling *m;* (*en actividad*) Anfänger(in) *m(f);* (INFOR) Newbie *m,* Neuling *m* im Internet

**novecientos**, **-as** [noβe'θjentos, -as] *adj* neunhundert; *v. t.* **ochocientos**

**novedad** [noβe'ða$^{d}$] *f* ❶ (*acontecimiento*) Neuigkeit *f;* **¿hay alguna** ~**?** gibt es was Neues?; **las últimas** ~**es** das Neueste; **el enfermo sigue sin** ~**es** der Zustand des Kranken ist unverändert; **¡sin** ~ **en el frente!** keine Vorkommnisse! ❷ (*cosa*) Neuheit *f;* (*libro*) Neuerscheinung *f*

**novedoso**, **-a** [noβe'ðoso, -a] *adj* (*Am*) neuartig

**novel** [no'βel] **I.** *adj* (*futuro*) angehende(r, s); (*sin experiencia*) unerfahren **II.** *mf* Anfänger(in) *m(f)*

**novela** [no'βela] *f* Roman *m;* ~ **corta** Novelle *f;* ~ **por entregas** Fortsetzungsroman *m;* ~ **policíaca** Krimi(nalroman) *m;* **¡déjate de** ~**s!** erzähl doch keine Märchen!

**novelar** [noβe'lar] **I.** *vi* Romane schreiben **II.** *vt* in Romanform erzählen

**novelesco**, **-a** [noβe'lesko, -a] *adj* Roman-; (*parecido*) romanhaft; (*fig*) fantastisch

**novelista** [noβe'lista] *mf* Romanautor(in)

*m(f)*

**novelística** [noβe'listika] *f sin pl* Romanliteratur *f*

**novelístico**, **-a** [noβe'listiko, -a] *adj* (*relativo a la novela*) den Roman betreffend; (*a la novelística*) die Romanliteratur betreffend

**novelón** [noβe'lon] *m* Schinken *m fam*

**noveno**, **-a** [no'βeno, -a] **I.** *adj* (*parte*) neuntel; (*numeración*) neunte(r, s) **II.** *m, f* Neuntel *nt; v. t.* **octavo**

**noventa** [no'βen̪ta] *adj inv* neunzig; *v. t.* **ochenta**

**noventón**, **-ona** [noβen̪'ton, -ona] **I.** *adj* in den Neunzigern **II.** *m, f* Neunzigjährige(r) *mf*

**noviazgo** [no'βjaθɣo] *m* ❶ (*para casarse*) Brautzeit *f* ❷ (*fam: relación*) Beziehung *f*

**noviciado** [noβi'θjaðo] *m* ❶ (REL) Noviziat *nt* ❷ (*aprendizaje*) Probezeit *f*

**novicio**, **-a** [no'βiθjo, -a] **I.** *adj* unerfahren **II.** *m, f* ❶ (REL) Novize, -in *m, f* ❷ (*principiante*) Anfänger(in) *m(f)*

**noviembre** [no'βjembre] *m* November *m; v. t.* **marzo**

**novillada** [noβi'ʎaða] *f* (*corrida*) Stierkampf *m* (*mit Jungstieren*)

**i Land & Leute**

Einen Stierkampf mit *novillos* – *Jungstieren*, die man nicht tötet, bezeichnet man als **novillada**. In kleinen Dörfern werden diese **novilladas** während der Volksfeste veranstaltet: junge Burschen reizen die *novillos* und rennen zum Vergnügen der restlichen Dorfbewohner hinter ihnen her.

**novillero**, **-a** [noβi'ʎero, -a] *m, f* (*torero*) angehender Stierkämpfer *m*, angehende Stierkämpferin *f*

**novillo**, **-a** [no'βiʎo, -a] *m, f* ❶ (*animal*) Jungstier *m*, Jungkuh *f* ❷ (*loc, fam*): **hacer ~s** (die Schule) schwänzen

**novio**, **-a** ['noβjo, -a] *m, f* ❶ (*para casarse*) Bräutigam *m*, Braut *f*; **los ~s** das Brautpaar; **viaje de ~s** Hochzeitsreise *f* ❷ (*en relación amorosa*) Freund(in) *m(f)*; **echarse novia** sich *dat* eine Freundin zulegen; **tontear con el ~** flirten; **esa chica tiene sólo quince años y ya tiene ~** dieses Mädchen ist erst fünfzehn und hat schon einen Freund

**novísimo**, **-a** [no'βisimo, -a] *adj* brandneu; (*noticia*) brandaktuell

**nubarrón** [nuβa'rron] *m* Gewitterwolke *f*

**nube** ['nuβe] *f* Wolke *f*; **~ de humo y gases** Smog *m*; **~ de mosquitos** Mückenschwarm *m*; **~ de verano** (METEO) Platzregen *m*; (*enfado*) vorübergehende Verstimmung; (*pequeñez*) Bagatelle *f*; **descargar una ~** regnen; **estar por las ~s** entsetzlich teuer sein; **se puso por las ~s** er/sie ging in die Luft; **andar por las ~s** geistesabwesend sein; **vivir en las ~s** völlig realitätsfern sein; **bajar de las ~s** auf den Boden der Tatsachen zurückkehren; **poner a alguien por las ~s** jdn in den Himmel heben

**núbil** ['nuβil] *adj* heiratsfähig

**nublado** [nu'βlaðo] *m* ❶ (METEO) Gewölk *nt* ❷ (*peligro*) drohende Gefahr *f*

**nublar** [nu'βlar] **I.** *vt* ❶ (*nubes*) bewölken ❷ (*mente, ojos*) trüben **II.** *vr*: **~se** ❶ (*nubes*) sich bewölken ❷ (*mente, ojos*) sich trüben; **se me nubla la vista** mir wird schwarz vor Augen

**nubosidad** [nuβosi'ðað] *f* Bewölkung *f*

**nuboso**, **-a** [nu'βoso, -a] *adj* bewölkt

**nuca** ['nuka] *f* Genick *nt*, Nacken *m*

**nuclear** [nukle'ar] *adj* Kern-; **energía ~** Kernenergie *f*

**nuclearizar** [nukleari'θar] <z→c> *vt* ❶ (*un lugar*) auf Kernenergie umstellen ❷ (*un ejército*) mit Kernwaffen aufrüsten

**núcleo** ['nukleo] *m* (*centro*) Kern *m*; **~ de una idea** Kerngedanke *m*; **~ de población** Siedlung *f*; **~ productivo** Produktionszentrum *nt*

**nudillo** [nu'ðiʎo] *m* (ANAT) (Finger)knöchel *m*

**nudismo** [nu'ðismo] *m* Nudismus *m*

**nudo** ['nuðo] *m* ❶ (*atadura*) Knoten *m*; (*mota*) Noppe *f*; **~ corredizo** Schlinge *f*; **deshacer el ~** den Knoten lösen; **hacer un ~ en la garganta** die Kehle zuschnüren ❷ (*madera*) Knorren *m*; **~ de rama** Astloch *nt*; **sin ~s** astfrei ❸ (MED, NÁUT) Knoten *m* ❹ (*punto de reunión*) Knotenpunkt *m*; **~ de comunicaciones** Verkehrsknotenpunkt *m* ❺ (*cosa que une*): **el ~ de la amistad** die Freundschaftsbande ❻ (*dificultad*): **el ~ del problema es...** das Verzwickte an dem Problem ist ...

**nudoso**, **-a** [nu'ðoso, -a] *adj* knotig; (*madera*) knorrig

**nuera** ['nwera] *f* Schwiegertochter *f*

**nuestro**, **-a** ['nwestro, -a] **I.** *adj pos* (*antepuesto*) unser(e); **~ perro/gato** unser Hund/unsere Katze; **~s nietos** unsere Enkel; **por nuestra parte** unsererseits; **hacer de las nuestras** was anstellen **II.** *pron pos* ❶ (*propiedad*): **la casa es nuestra** das Haus gehört uns; **¡ya es ~!**

(*fig*) wir haben es geschafft! ❷ (*tras artículo*): **el ~/la nuestra/lo ~** der/die/das unsere, unsere(r, s); **los ~s** unsere; (*parientes*) unsere Angehörigen; **¡eso es lo ~!** das ist genau das Richtige für uns!; **ésta es la nuestra** (*fam fig*) das ist die Gelegenheit für uns ❸ (*tras substantivo*) unser(e), von uns; **una amiga nuestra** eine Freundin von uns; **es culpa nuestra** es ist unsere Schuld

**nueva** ['nweβa] *f* Neuigkeit *f;* **esto me coge de ~s** darauf war ich nicht gefasst; **no te hagas de ~s** tu doch nicht so, als ob du nichts wüsstest!

**nuevamente** [nweβa'men̥te] *adv* ❶ (*otra vez*) nochmals ❷ (*últimamente*) neuerdings

**nueve** ['nweβe] *adj inv* neun; *v. t.* **ocho**

**nuevo, -a** ['nweβo, -a] **I.** *adj* neu; **de ~** von neuem; **hacer de ~** noch einmal machen; **sentirse como ~** sich wie neugeboren fühlen; **¿qué hay de ~?** was gibt's Neues?; **hasta ~ aviso** bis auf weitere Mitteilung; **ponerle a alguien la cara nueva** jdn kräftig verprügeln **II.** *m, f* Neue(r) *mf*

**nuez** [nweθ] *f* ❶ (BOT) Walnuss *f;* **~ de anacardo** Cashewnuss *f;* **~ de coco** Kokosnuss *f;* **~ moscada** Muskatnuss *f;* **cascar nueces** Nüsse knacken; **mucho ruido y pocas nueces** (*prov*) viel Lärm um nichts ❷ (ANAT) Adamsapfel *m;* **apretar la ~ a alguien** (*fam*) jdn (er)würgen

**nulidad** [nuli'ðaᵈ] *f* ❶ (*no válido*) Ungültigkeit *f;* **declarar la ~ de algo** etw für ungültig erklären ❷ (*persona*) Niete *f;* **ser una ~** eine Null sein

**nulo, -a** ['nulo, -a] *adj* ❶ (*inválido*) ungültig; **declarar ~** für nichtig erklären ❷ (*incapaz*) unfähig; **soy ~ para las matemáticas** in Mathematik bin ich eine Niete

**núm.** ['numero] *abr de* **número** Nr.

**numen** ['numen] *m* (*del artista*) Inspiration *f*

**numeración** [numera'θjon] *f* ❶ (*sistema*) Nummerierung *f;* **~ arábiga** arabisches Zahlensystem; **~ correlativa** fortlaufende Nummerierung; **~ decimal** Dezimalsystem *nt* ❷ (*acción*) Zählung *f*

**numerador** [numera'ðor] *m* ❶ (MAT) Zähler *m* ❷ (*aparato*) Zähler *m;* (*sello*) Nummernstempel *m*

**numeral** [nume'ral] **I.** *adj* Zahl(en)- **II.** *m* (LING) Zahlwort *nt*

**numerar** [nume'rar] *vt* ❶ (*poner números*) nummerieren; **~ correlativamente** durchnummerieren ❷ (*contar*) zählen

**numerario**[1] [nume'rarjo] *m* Bargeld *nt*

**numerario, -a**[2] [nume'rarjo, -a] *adj* ❶ (*de números*) Zahlen- ❷ (*fijo*) ordentlich

**numéricamente** [numerika'men̥te] *adv* der Zahl nach

**numérico, -a** [nu'meriko, -a] *adj* numerisch; **cerradura de combinación numérica** Zahlenschloss *nt*

**número** ['numero] *m* ❶ (MAT) Zahl *f;* **~ cardinal** Grundzahl *f;* **~ primo** Primzahl *f;* **~ quebrado** Bruchzahl *f;* **~ de varias cifras** mehrstellige Zahl; **en ~s redondos** aufgerundet; **aprender de ~s** (*fam*) Rechnen lernen; **hacer ~s** Berechnungen anstellen; **hacer ~s para ver si...** ausrechnen, ob ... ❷ (*cantidad*) (An)zahl *f;* **~ de habitantes** Einwohnerzahl *f;* **sin ~** unzählig ❸ (*cifra*) Nummer *f;* (*en la lotería*) Losnummer *f;* **~ de matrícula** Kfz-Kennzeichen *nt;* **~ de zapatos** Schuhgröße *f;* **es el ~ uno de la clase** er/sie ist Klassenbester/Klassenbeste ❹ (*edición*) Nummer *f;* **~ suelto** Einzelheft *nt;* **el ~ 1000** die tausendste Ausgabe ❺ (LING) Numerus *m*

**numeroso, -a** [nume'roso, -a] *adj* zahlreich

**numismática** [numis'matika] *f sin pl* Numismatik *f*

**nunca** ['nuŋka] *adv* nie; **~ jamás** niemals; **más que ~** mehr denn je

**nuncio** ['nun̥θjo] *m* ❶ (REL) Nuntius *m* ❷ (*que anuncia*) Vorbote *m*

**nupcial** [nuβ'θjal] *adj* Hochzeits-; **corona ~** Brautkranz *m*

**nupcias** ['nuβθjas] *fpl* Hochzeit *f;* **segundas ~** zweite Ehe; **posteriores ~** Wiederheirat *f*

**nurse** ['nurse] *f* (*Am*) ❶ (*niñera*) Kindermädchen *nt* ❷ (*enfermera*) Krankenschwester *f*

**nursery** ['nurseri] *f* (*Arg*) Geburtsstation *f*

**nutria** ['nutrja] *f* Fischotter *m*

**nutricio, -a** [nu'triθjo, -a] *adj* ❶ (*nutritivo*) nahrhaft ❷ (*loc*): **madre nutricia** Pflegemutter *f*

**nutrición** [nutri'θjon] *f* Ernährung *f*

**nutricional** [nutriθjo'nal] *adj* Ernährungs-; **tabla ~** Ernährungstabelle *f*

**nutrido, -a** [nu'triðo, -a] *adj* ❶ (*alimentado*) genährt; **bien ~** wohlgenährt ❷ (*numeroso*) zahlreich; (*biblioteca*) gut ausgestattet

**nutriente** [nu'trjen̥te] **I.** *adj* nahrhaft **II.** *m* Nahrungsmittel *nt*

**nutrir** [nu'trir] **I.** *vt* ❶ (*alimentar*) ernähren; (*piel*) nähren ❷ (*fortalecer*) stärken **II.** *vr:* **~se** sich ernähren (*con/de* von +*dat*)

**nutritivo, -a** [nutri'tiβo, -a] *adj* nahrhaft

**nylon®** ['naịlon] *m* Nylon® *nt*

N

# Ñ ñ

**Ñ**, **ñ** ['eɲe] *f* Ñ, ñ *nt* (*fünfzehnter Buchstabe des spanischen Alphabets*)

**i Land & Leute**

Der 15. Buchstabe – **la eñe** – ist gleichzeitig das Markenzeichen des spanischen *alfabeto.* Bis vor wenigen Jahren gehörten das ‚ch', – *la che* – (direkt nach dem ‚c') und auch das ‚ll' – *la elle* – (nach dem ‚l') dazu, weil beide eigenständige Laute sind. Das musste geändert werden, um das spanische Alphabet zu internationalisieren, d. h. Alphabeten anderer Sprachen anzupassen.

**ña** [ɲa] *f* (*AmC, AmS: fam: señora*) Frau (*als Anrede*)
**ñam-ñam** [ɲam-ɲam] *interj* (*fam*) lecker!
**ñandú** [ɲaṇ'du] *m* (ZOOL) Nandu *m*
**ñaña** ['ɲaɲa] *f* (*Chil*) Amme *f*
**ñañaras** [ɲa'ɲaras] *fpl* (*Méx: fam*) Angstschauder *m*
**ñaque** ['ɲake] *m* Gerümpel *nt*
**ñata** ['ɲata] *f* (*Am: fam*) Nase *f*
**ñato**, **-a** ['ɲato, -a] **I.** *adj* ❶ (*CSur: chato*) stumpfnasig ❷ (*Col: gangoso*) nasal **II.** *m, f* (*Am*) Liebling *m*
**ñiquiñaque** [ɲiki'ɲake] *m* (*fam: cosa*) Schnickschnack *m;* (*persona*) Dummkopf *m*
**ñoñería** [ɲoɲe'ria] *f* ❶ (*simpleza*) Blödheit *f* ❷ (*dengues*) Zimperlichkeit *f*
**ñoño**, **-a** ['ɲoɲo, -a] **I.** *adj* (*fam*) ❶ (*soso*) fade; (*aburrido*) langweilig ❷ (*tonto*) blöd ❸ (*remilgado*) zimperlich **II.** *m, f* (*fam*) ❶ (*dengoso*) Zimperliese *f* ❷ (*tonto*) Dummkopf *m* ❸ (*aburrido*) Langweiler(in) *m(f)*
**ñoqui** ['ɲoki] *m* Gnocchi *pl*
**ñu** [ɲu] *m* Gnu *nt*
**ñudo** ['ɲuðo] *m* Knoten *m;* **al** ~ (*Am: fam*) vergebens

# O o

**O**, **o** [o] *f* O, o *nt;* ~ **de Oviedo** O wie Otto
**o**, **ó** [o] *conj* oder; ~**...**, ~**...** entweder ..., oder ...; ~ **sea** das heißt; ~ **bien** oder auch

**? Grammatik**

**o** wird stets zu **u** vor einem mit ‚o' oder ‚ho' beginnenden Wort: *siete u ocho – sieben oder acht, Marta u Olga – Marta oder Olga, oriental u occidental – östlich oder westlich, ayer u hoy – gestern oder heute.* Zwischen Zahlen wird **o** jedoch mit einem Akzent versehen, um es von der Zahl Null zu unterscheiden: *20 ó 30 – 20 oder 30.*

**O** [o'este] *abr de* **oeste** W
**oasis** [o'asis] *m inv* Oase *f*
**obcecación** [oβθeka'θjon] *f* Verblendung *f*
**obcecado**, **-a** [oβθe'kaðo, -a] *adj* verblendet
**obcecar** [oβθe'kar] <c→qu> **I.** *vt* verblenden **II.** *vr:* ~**se** verblendet sein
**obedecer** [oβeðe'θer] *irr como crecer* **I.** *vt* (*a alguien*) gehorchen +*dat;* (*instrucciones*) befolgen; (*someterse*) sich fügen +*dat;* **hacerse** ~ sich *dat* Gehorsam verschaffen; ~ **una orden** einem Befehl Folge leisten; ~ **a la gravedad** dem Gesetz der Schwerkraft unterliegen **II.** *vi* (*provenir*) zurückzuführen sein (*a* auf +*akk*)
**obedecimiento** [oβeðeθi'mjeṇto] *m* Befolgung *f*
**obediencia** [oβe'ðjeṇθja] *f* Gehorsam *m*
**obediente** [oβe'ðjeṇte] *adj* gehorsam
**obelisco** [oβe'lisko] *m* Obelisk *m*
**obertura** [oβer'tura] *f* Ouvertüre *f*
**obesidad** [oβesi'ðað] *f* Fettleibigkeit *f*
**obeso**, **-a** [o'βeso, -a] *adj* fett(leibig)
**óbice** ['oβiθe] *m* (*elev*): **no ser** ~ **para que alguien...** +*subj* jdn nicht daran hindern zu ... +*inf*
**obispado** [oβis'paðo] *m* ❶ (*cargo*) Bischofsamt *nt* ❷ (*diócesis*) Bistum *nt*
**obispo** [o'βispo] *m* (REL) Bischof *m;* ~ **auxiliar** Weihbischof *m;* **trabajar para el** ~ (*fig*) ohne Entgelt arbeiten; **cada muerte de un** ~ (*fig*) alle Jubeljahre
**óbito** ['oβito] *m* Tod *m*
**obituario** [oβi'twarjo] *m* ❶ (*libro*) Totenregister *nt* ❷ (*Am: defunción*) Sterbefall *m* ❸ (*Am: del periódico*) Todesanzeigen *fpl*

**objeción** [oβxe'θjon] *f* Einwand *m;* ~ **de conciencia** Kriegsdienstverweigerung aus Gewissensgründen
**objetar** [oβxe'tar] *vt* einwenden; **tengo algo que** ~ ich habe etwas dagegen (einzuwenden)
**objetivación** [oβxetiβa'θjon] *f* Objektivierung *f*
**objetivar** [oβxeti'βar] *vt* objektivieren
**objetividad** [oβxetiβi'ðaᵈ] *f* Objektivität *f*
**objetivismo** [oβxeti'βismo] *m* (FILOS) Objektivismus *m*
**objetivo¹** [oβxe'tiβo] *m* ❶ (*finalidad*) Ziel *nt;* **tener como** ~ zum Ziel haben ❷ (FOTO) Objektiv *nt* ❸ (*blanco*) Ziel *nt*
**objetivo, -a²** [oβxe'tiβo, -a] *adj* objektiv
**objeto** [oβ'xeto] *m* ❶ (*cosa*) Gegenstand *m;* ~ **de enseñanza** Lehrmittel *nt;* ~ **de lujo** Luxusartikel *m;* ~ **perdido** Fundsache *f;* **no tener** ~ gegenstandslos sein ❷ (*motivo*) Zweck *m;* **el** ~ **de la presente es...** Anlass dieses Schreibens ist ...; **con (el)** [*o* **al**] ~ **de...** um zu ...; **no tener** ~ zwecklos sein; **tener por** ~ bezwecken
**objetor** [oβxe'tor] *m:* ~ **de conciencia** Kriegsdienstverweigerer *m* aus Gewissensgründen
**oblea** [o'βlea] *f* ❶ (*hostia*) Oblate *f;* **estar hecho una** ~ (*fam*) spindeldürr sein ❷ (*sello*) Siegelmarke *f*
**oblicuidad** [oβlikwi'ðaᵈ] *f* Schräge *f*
**oblicuo, -a** [o'βlikwo, -a] *adj* schräg
**obligación** [oβliɣa'θjon] *f* ❶ (*deber*) Verpflichtung *f;* ~ **alimenticia** Unterhaltspflicht *f;* ~ **de comunicación** Mitteilungspflicht *f;* ~ **de secreto** Schweigepflicht *f;* **contraer una** ~ eine Verpflichtung eingehen; **cumplir con una** ~ eine Verpflichtung erfüllen; **dedicarse a sus obligaciones** seinen Pflichten nachgehen; **faltar a sus obligaciones** seine Pflichten vernachlässigen; **tener la** ~ **de algo** zu etw *dat* verpflichtet sein ❷ (*deuda*) Schuld *f;* (*documento*) Schuldschein *m;* (*título*) Obligation *f*
**obligado, -a** [oβli'ɣaðo, -a] *adj* ❶ *estar* (*fuerza*) gezwungen (*a* zu +*dat*); (*deber*) verpflichtet (*a* zu +*dat*) ❷ *ser* (*imprescindible*) notwendig; **tema** ~ Pflichtthema *nt;* **es** ~**...** es gehört sich ... ❸ *estar* (*agradecido*) zu Dank verpflichtet (*a* +*dat*)
**obligar** [oβli'ɣar] <g→gu> **I.** *vt* ❶ (*forzar*) zwingen (*a* zu +*dat*); (*comprometer*) verpflichten (*a* zu +*dat*) ❷ (*Chil, Arg*) zum Trinken einladen **II.** *vr:* ~**se** sich verpflichten (*a* zu +*dat*)
**obligatoriedad** [oβliɣatorje'ðaᵈ] *f* Zwang *m;* **de** ~ **general** allgemein verbindlich; ~ **de visado** Visumspflicht *f;* ~ **del voto** Wahlpflicht *f*
**obligatorio, -a** [oβliɣa'torjo, -a] *adj* verpflichtend, obligatorisch; **asignatura obligatoria** Pflichtfach *nt;* **compromiso** ~ bindende Abmachung; **no** ~ nicht zwingend (vorgeschrieben); (*oferta*) unverbindlich; **es** ~ **llevar puesto el casco** das Tragen eines Helmes ist Pflicht
**oblongo, -a** [o'βloŋgo, -a] *adj* länglich
**obnubilación** [oβnuβila'θjon] *f* ❶ (*trastorno*) Benommenheit *f* ❷ (*ofuscación*) Verblendung *f*
**obnubilar** [oβnuβi'lar] *vt* (*trastornar*) benebeln; (*ofuscar*) (ver)blenden
**oboe** [o'βoe] *m* ❶ (*instrumento*) Oboe *f* ❷ (*músico*) Oboist *m*
**obra** ['oβra] *f* ❶ (*creación, labor*) Werk *nt;* ~ **benéfica** Wohltätigkeit *f;* ~**s completas** gesammelte Werke; ~ **de consulta** Nachschlagewerk *nt;* ~ **meritoria** verdienstvolle Tat; ~ **de teatro** Theaterstück *nt;* **por** ~ **(y gracia) de** dank +*gen* ❷ (*institución*): ~ **benéfica** Hilfswerk *nt;* ~ **pía** karitative Stiftung ❸ (*construcción*) Bau *m;* (*edificio*) Bauwerk *nt;* ~ **de caminos, canales y puertos** Tiefbau *m;* ~**s de construcción** Bauarbeiten *fpl;* ~**s públicas** öffentliche Bauten; ~ **de reforma** Umbau *m;* ~ **de romanos** (*fig*) ungeheure Leistung; ~ **vieja** Altbau *m;* **mano de** ~ Arbeitskraft *f;* **estar de** [*o* **hacer**] ~**s** umbauen; ~ **empezada, medio acabada** (*prov*) frisch gewagt ist halb gewonnen
**obrador¹** [oβra'ðor] *m* (*taller*) Werkstatt *f;* (*de confitería*) Konditorei *f*
**obrador(a)²** [oβra'ðor(a)] **I.** *adj* arbeitend **II.** *m(f)* Arbeiter(in) *m(f)*
**obrar** [o'βrar] **I.** *vi* ❶ (*actuar*) handeln; ~ **contra las buenas costumbres** gegen die guten Sitten verstoßen; ~ **a tontas y a locas** (*fam*) unbedacht vorgehen ❷ (*fam: defecar*) Stuhlgang haben ❸ (*encontrarse*) sich befinden **II.** *vi, vt* ❶ (*hacer efecto*) wirken; ~ **buen efecto** eine gute Wirkung haben; ~ **sobre alguien/algo** auf jdn/etw einwirken ❷ (*construir*) bauen ❸ (*hacer*) herstellen; (*trabajar*) bearbeiten; **sin** ~ unbearbeitet
**obrerismo** [oβre'rismo] *m* ❶ (POL) Arbeiterbewegung *f* ❷ (*conjunto*) Arbeiterschaft *f*
**obrerista** [oβre'rista] **I.** *adj* Arbeiter- **II.** *mf* Anhänger(in) *m(f)* der Arbeiterbewegung
**obrero, -a** [o'βrero, -a] **I.** *adj* (*relativo al trabajo*) Arbeits-; (*relativo al obrero*) Arbeiter- **II.** *m, f* Arbeiter(in) *m(f);* ~ **agrícola** Landarbeiter *m;* ~ **asalariado** Lohnarbeiter *m;* ~ **desocupado** Arbeitslose(r) *m;* ~ **espe-**

Ñ O

**cializado** Facharbeiter *m;* ~ **fijo** feste Arbeitskraft; **ser alguien** ~ **de su propia ruina** sich selbst ins Unglück stürzen

**obscenidad** [o$^{\beta}$sθeni'ða$^{ð}$] *f* Obszönität *f*

**obsceno, -a** [o$^{\beta}$s'θeno, -a] *adj* obszön

**obscurecer** [o$^{\beta}$skure'θer] *irr como crecer vt v.* **oscurecer**

**obscuridad** [o$^{\beta}$skuri'ða$^{ð}$] *f v.* **oscuridad**

**obscuro, -a** [o$^{\beta}$s'kuro, -a] *adj v.* **oscuro**

**obsequiar** [oβse'kjar] *vt* ❶ (*con atenciones*) beehren; (*con bebidas/comida*) bewirten; (*con regalos*) beschenken ❷ (*agasajar*) zuvorkommend behandeln; (*festejar*) feiern; ~ **con su presencia** mit seiner Anwesenheit beehren; ~ **a alguien con un banquete** zu jds Ehren ein Bankett geben ❸ (*Am: regalar*) schenken

**obsequio** [oβ'sekjo] *m* ❶ (*agasajo*) Gefälligkeit *f;* **¡hágame Ud. este ~!** tun Sie mir den Gefallen!; **en ~ de alguien** zu jds Ehren ❷ (*regalo*) Geschenk *nt*

**obsequiosidad** [oβsekjosi'ða$^{ð}$] *f* Dienstbeflissenheit *f*

**obsequioso, -a** [oβse'kjoso, -a] *adj* (*cortés*) zuvorkommend

**observable** [oβser'βaβle] *adj* wahrnehmbar

**observación** [oβserβa'θjon] *f* ❶ (*contemplación*) Beobachtung *f;* (*vigilancia*) Überwachung *f* ❷ (*comentario*) Bemerkung *f;* ~ **marginal** Randbemerkung *f* ❸ *v.* **observancia**

**observador(a)** [oβserβa'ðor(a)] **I.** *adj* beobachtend **II.** *m(f)* Beobachter(in) *m(f)*

**observancia** [oβser'βan̩θja] *f* Beachtung *f;* (*orden*) Befolgung *f;* (*normas, plazos*) Einhaltung *f*

**observante** [oβser'βan̩te] *adj* (*orden*) streng

**observar** [oβser'βar] *vt* ❶ (*contemplar*) beobachten ❷ (*cumplir*) beachten; (*orden*) befolgen; (*normas, plazos*) einhalten ❸ (*notar*) bemerken; **hacer ~ algo a alguien** jdn auf etw aufmerksam machen

**observatorio** [oβserβa'torjo] *m* Observatorium *nt;* ~ **astronómico** Sternwarte *f;* ~ **meteorológico** Wetterwarte *f*

**obsesión** [oβse'sjon] *f* (*preocupación*) Besessenheit *f;* (*idea*) fixe Idee *f;* (*pasión*) Leidenschaft *f;* (PSICO) Zwangsvorstellung *f*

**obsesionado, -a** [oβsesjo'naðo, -a] *adj* besessen; **está ~ con ella** er ist verrückt nach ihr

**obsesionante** [oβsesjo'nan̩te] *adj* ständig quälend; **una idea ~** eine quälende Vorstellung

**obsesionar** [oβsesjo'nar] **I.** *vt* ❶ (*tormentar*) quälen; (*fig*) verfolgen ❷ (*atraer*) in seinen Bann schlagen; **el fútbol le obsesiona** er ist ein Fußballfanatiker **II.** *vr:* ~**se** besessen sein (*con* von +*dat*)

**obsesivo, -a** [oβse'siβo, -a] *adj* Zwangs-

**obseso, -a** [oβ'seso, -a] **I.** *adj* besessen **II.** *m, f* Besessene(r) *mf*

**obsolescencia** [oβsoles'θen̩θja] *f* Überalterung *f*

**obsolescente** [oβsoles'θen̩te] *adj:* **es una expresión ~** dieser Ausdruck ist veraltet

**obsoleto, -a** [oβso'leto, -a] *adj* veraltet

**obstaculización** [o$^{\beta}$stakuliθa'θjon] *f* Behinderung *f;* ~ **de las comunicaciones** (AUTO) Verkehrsstörung *f*

**obstaculizar** [o$^{\beta}$stakuli'θar] <z→c> *vt* behindern; ~ **la carretera** die Straße blockieren; ~ **el progreso** dem Fortschritt im Wege stehen

**obstáculo** [o$^{\beta}$s'takulo] *m* Hindernis *nt;* **salvar un ~** ein Hindernis nehmen; **triunfar ante todos los ~s** sämtliche Hindernisse überwinden; **poner ~s a alguien** jdm Hindernisse in den Weg legen

**obstante** [o$^{\beta}$s'tan̩te] *adv:* **no ~** trotzdem

**obstar** [o$^{\beta}$s'tar] **I.** *vi* hinderlich sein +*dat* **II.** *vimpers* entgegenstehen +*dat;* **eso no obsta para que...** ... steht nichts entgegen

**obstetricia** [o$^{\beta}$ste'triθja] *f* Geburtshilfe *f*

**obstinación** [o$^{\beta}$stina'θjon] *f* Hartnäckigkeit *f*

**obstinado, -a** [o$^{\beta}$sti'naðo, -a] *adj* hartnäckig

**obstinarse** [o$^{\beta}$sti'narse] *vr* hartnäckig bestehen (*en* auf +*dat*); ~ **en su silencio** sich durch nichts zum Reden bringen lassen; ~ **contra algo/alguien** et *dat*w/jdm die Stirn bieten

**obstrucción** [o$^{\beta}$stru$^{\gamma}$'θjon] *f* Blockierung *f;* (MED) Verstopfung *f*

**obstruccionismo** [o$^{\beta}$stru$^{\gamma}$θjo'nismo] *m* (POL) Verschleppungstaktik *f*

**obstruir** [o$^{\beta}$stru'ir] *irr como huir* **I.** *vt* ❶ (*el paso, acción*) blockieren ❷ (*una tubería*) verstopfen **II.** *vr:* ~**se** sich verstopfen

**obtención** [oβten̩'θjon] *f* Erlangung *f;* (QUÍM) Gewinnung *f;* ~ **de alimentos** Nahrungsmittelerzeugung *f;* ~ **de datos** Datenerhebung *f;* ~ **de la velocidad máxima** Erreichen der Höchstgeschwindigkeit

**obtener** [oβte'ner] *irr como tener vt* erlangen; (QUÍM) gewinnen; (*resultado, ventaja, ganancia*) erzielen; ~ **un pedido** einen Auftrag erhalten; **difícil de ~** schwer zu bekommen

**obtenible** [oβte'niβle] *adj* erhältlich

**obturación** [oβtura'θjon] *f* (*cierre*) Verschluss *m;* (*bloqueo*) Verstopfung *f;* (*de dientes*) Füllung *f*

**obturador** [oβtura'ðor] *m* (FOTO) Blende *f*

**obturar** [oβtu'rar] *vt* (*cerrar*) verschließen; (*bloquear*) verstopfen; (*los dientes*) plombieren

**obtuso**, **-a** [oβ'tuso, -a] *adj* ❶ (*cosa*) stumpf ❷ (*persona*) begriffsstutzig

**obús** [o'βus] *m* ❶ (*artillería*) Haubitze *f* ❷ (*proyectil*) Granate *f*

**obviar** [oβ'βjar] **I.** *vi* (*obstar*) hinderlich sein +*dat* **II.** *vt* (*evitar*) abwenden; (*remover*) aus dem Weg räumen; ~ **un problema** ein Problem lösen

**obviedad** [oββje'ðað] *f* Offensichtlichkeit *f*

**obvio**, **-a** ['oββjo, -a] *adj* offensichtlich; **es** ~ das liegt auf der Hand; **lo** ~ **del mensaje** die Eindeutigkeit der Botschaft

**oc** ['on̩das 'kortas] *abr de* **ondas cortas** KW

**oca** ['oka] *f* (ZOOL) Gans *f;* **¡es la ~!** das ist die Höhe!

**i Land & Leute**

**„El Juego de la Oca"** ist ein spanisches Brettspiel, das aus 64 mit verschiedenen Figuren bemalten Feldern besteht. Auf jedem 3. bis 4. Feld ist eine **oca** – *Gans* abgebildet. Jedes Mal, wenn ein(e) Spieler(in) auf ein solches Feld kommt, muss er/sie Folgendes laut sagen: *De oca a oca y tiro porque me toca.* Dann darf er/sie auf das nächste Feld mit einer **oca** und sogar noch einmal würfeln.

**ocasión** [oka'sjon] *f* Gelegenheit *f;* **coche de** ~ Gebrauchtwagen *m;* **aprovechar/desperdiciar la** ~ die Gelegenheit nutzen/versäumen; **en esta** ~ bei dieser Gelegenheit; **llegada la** ~ gegebenenfalls; **contadas ocasiones** seltene Gelegenheiten; **en ocasiones** gelegentlich; **en la primera** ~ bei nächster Gelegenheit; **con** ~ **de** anlässlich +*gen;* **dar a alguien** ~ **para quejarse** jdm Anlass geben sich zu beschweren; **la** ~ **la pintan calva** man muss die Gelegenheit beim Schopf(e) fassen; **la** ~ **hace al ladrón** (*prov*) Gelegenheit macht Diebe

**ocasional** [okasjo'nal] *adj* ❶ (*no habitual*) gelegentlich; **trabajo** ~ Gelegenheitsarbeit *f* ❷ (*casual*) zufällig ❸ (*para una ocasión*) Gelegenheits- ❹ (*causante*) verursachend; **enfermedad** ~ Grundleiden *nt*

**ocasionar** [okasjo'nar] *vt* verursachen; ~ **dolores de cabeza a alguien** jdm Kopfschmerzen bereiten

**ocaso** [o'kaso] *m* ❶ (ASTR) Untergang *m;* (*del sol*) Sonnenuntergang *m;* (*fig*) Abend *m* ❷ (*decadencia*) Niedergang *m*

**occidental** [oᵞθiðen̩'tal] *adj* westlich; **potencias** ~**es** Westmächte *fpl*

**occidentalización** [oᵞθiðen̩taliθa'θjon] *f* Verwestlichung *f*

**occidentalizar** [oᵞθiðen̩tali'θar] <z→c> *vt* verwestlichen

**occidente** [oᵞθi'ðen̩te] *m* Westen *m*

**occipital** [oᵞθipi'tal] *adj* (ANAT) Hinterhaupt-; **hueso** ~ Hinterhauptbein *nt*

**occipucio** [oᵞθi'puθjo] *m* Hinterkopf *m*

**occiso**, **-a** [oᵞ'θiso, -a] *adj* ermordet

**OCDE** [oθeðe'e] *f abr de* **Organización para la Cooperación y el Desarrollo Económicos** OECD *f*

**Oceanía** [oθea'nia] *f* Ozeanien *nt*

**océano** [o'θeano] *m* ❶ (*mar*) Ozean *m;* ~ **Austral** Südsee *f;* ~ **Boreal** Nordsee *f;* ~ **Glacial** Eismeer *nt;* ~ **Pacífico** Pazifischer Ozean, Pazifik *m* ❷ (*cantidad*) Unmenge *f;* ~ **de gente** Menschenmasse *f;* **un** ~ **de sangre** Ströme von Blut; **un** ~ **de gente salía del concierto** eine Flut von Menschen strömte aus dem Konzertsaal

**oceanografía** [oθeanoɣra'fia] *f* Meereskunde *f*

**oceanógrafo**, **-a** [oθea'noɣrafo, -a] *m, f* Meereskundler(in) *m(f)*

**oceanología** [oθeanolo'xia] *f* Ozeanologie *f*

**ocelote** [oθe'lote] *m* Ozelot *m*

**ochenta** [o'ʧen̩ta] **I.** *adj inv* achtzig; **los años** ~ die Achtzigerjahre; **un hombre de alrededor de** ~ **años** ein Mann um die achtzig; **una mujer en sus** ~ eine Frau in den Achtzigern **II.** *m* Achtzig *f*

**ochentavo**, **-a** [oʧen̩'taβo, -a] **I.** *adj* achtzigstel **II.** *m, f* Achtzigstel *nt*

**ochentón**, **-ona** [oʧen̩'ton, -ona] **I.** *adj* in den Achtzigern **II.** *m, f* Achtziger(in) *m(f);* **un** ~ ein Mann in den Achtzigern

**ocho** ['oʧo] **I.** *adj inv* acht; **jornada de** ~ **horas** Achtstundentag *m;* ~ **veces mayor/menor que...** achtmal so groß wie .../kleiner als ...; **a las** ~ um acht Uhr; **son las** ~ **y media de la mañana/tarde** es ist halb neun (Uhr) morgens/abends; **las** ~ **y cuarto/menos cuarto** viertel nach acht/vor acht; **las** ~ **en punto** Punkt acht Uhr; **el** ~ **de agosto** der achte August; **dentro de** ~ **días** in acht Tagen; **de aquí a** ~ **días** heute in acht Tagen; **echar a alguien con los** ~**s y los nueves** jdm gehörig die Meinung sagen; **ser más chulo que un** ~ ein aufgeblasener Gockel sein **II.** *m* Acht *f*

**ochocientos, -as** [otʃo'θjen̪tos, -as] *adj* achthundert

**ocio** ['oθjo] *m* Muße *f;* ~ **anual** Jahresurlaub *m;* **horas de** ~ Freizeit *f;* **entregarse al** ~ nichts tun

**ociosidad** [oθjosi'ðaᵈ] *f* Müßiggang *m;* **la** ~ **es madre de todos los vicios** (*prov*) Müßiggang ist aller Laster Anfang

**ocioso, -a** [o'θjoso, -a] *adj* ❶ *estar* (*inactivo*) müßig ❷ *ser* (*inútil*) unnütz; **palabras ociosas** leeres Gerede

**oclusión** [oklu'sjon] *f* Verschluss *m*

**ocre** ['okre] *adj* ocker

**octaedro** [okta'eðro] *m* (MAT) Oktaeder *nt*

**octagonal** [oktaɣo'nal] *adj* achteckig

**octágono** [ok'taɣono] *m* Achteck *nt*

**octano** [ok'tano] *m* (QUÍM) Oktan *nt*

**octava** [ok'taβa] *f* ❶ (LIT, MÚS) Oktave *f* ❷ (REL: *fiesta*) (achttägige) Festwoche *f*

**octavilla** [okta'βiʎa] *f* (*volante*) Flugblatt *nt;* ~ **difamatoria** Schmähschrift *f*

**octavo, -a** [ok'taβo, -a] **I.** *adj* achte(r, s); **en** ~ **lugar** an achter Stelle; (*enumeración*) achtens; **estoy en** ~ **curso** ich bin in der achten Klasse; **la octava parte** der achte Teil, ein Achtel **II.** *m, f* Achtel *nt*

**octogenario, -a** [oktoxe'narjo, -a] **I.** *adj* in den Achtzigern **II.** *m, f* Achtziger(in) *m(f)*

**octógono** [ok'toɣono] *m* Achteck *nt*

**octubre** [ok'tuβre] *m* Oktober *m; v. t.* **marzo**

**óctuplo, -a** ['oktuplo, -a] *adj* achtfach

**ocular** [oku'lar] **I.** *adj* Augen-; **examen** ~ Sehtest *m* **II.** *m* Okular *nt*

**oculista** [oku'lista] *mf* Augenarzt, -ärztin *m, f*

**ocultación** [okul̪ta'θjon] *f,* **ocultamiento** [okul̪ta'mjen̪to] *m* Verbergen *nt;* (*secreto*) Verheimlichung *f;* ~ **fiscal** Steuerhinterziehung *f*

**ocultar** [okul̪'tar] **I.** *vt* (*esconder*) verbergen (*de* vor +*dat*); (*callar*) verschweigen (*de* (vor) +*dat*); (*disimular*) verheimlichen (*de* (vor) +*dat*); ~ **la cara entre** [*o* **con**] **las manos** das Gesicht hinter den Händen verbergen **II.** *vr:* ~**se** sich verstecken

**ocultismo** [okul̪'tismo] *m* Okkultismus *m*

**oculto, -a** [o'kul̪to, -a] *adj* (*escondido*) verborgen; (*secreto*) geheim; **de** ~ inkognito; **en** ~ insgeheim; **traerse algo** ~ etw im Schilde führen

**ocupación** [okupa'θjon] *f* ❶ (*trabajo*) Beschäftigung *f;* ~ **lucrativa** Erwerbstätigkeit *f;* ~ **del ocio** Freizeitbeschäftigung *f;* ~ **temporal** befristetes Beschäftigungsverhältnis; **sin** ~ arbeitslos ❷ (*apoderamiento, t.* MIL) Besetzung *f;* ~ **hotelera** Hotelbelegung *f;* **primera** ~ **de un apartamento** Erstbezug einer Wohnung; **zona de** ~ besetztes Gebiet

**ocupacional** [okupaθjo'nal] *adj* Berufs-

**ocupante** [oku'pan̪te] **I.** *adj* (MIL) Besatzungs- **II.** *mf* ❶ (*de vehículo*) (Fahrzeug)insasse, -in *m, f;* (*de tren/autobús*) Fahrgast *m;* (*de avión/barco*) Passagier(in) *m(f)* ❷ (*de un edificio*) Bewohner(in) *m(f)*

**ocupar** [oku'par] **I.** *vt* ❶ (*sitio*) einnehmen ❷ (*un cargo*) innehaben ❸ (*asiento, línea de teléfono*) belegen ❹ (*vivienda*) bewohnen ❺ (MIL) besetzen ❻ (*a una persona*) beschäftigen ❼ (*tiempo*) in Anspruch nehmen **II.** *vr:* ~**se** sich beschäftigen (*con/en/de* mit +*dat*); (*cuidar*) sich kümmern (*de* um +*akk*); **ella se ocupó de todo** sie hat alles arrangiert

**ocurrencia** [oku'rren̪θja] *f* ❶ (*idea*) Idee *f;* **¡qué** ~ **pensar que es mi culpa!** wie kommst du denn darauf, es sei meine Schuld?; **dijo que podía comerse 20 panecillos, ¡qué** ~**!** er/sie hat behauptet 20 Brötchen essen zu können – so ein Quatsch!; **se bañó en el mar en pleno invierno, ¡qué** ~**!** er/sie badete mitten im Winter im Meer – so eine Schnapsidee!; **tener la** ~ **de...** auf die Idee kommen zu ... ❷ (*acontecimiento*) Vorfall *m*

**ocurrente** [oku'rren̪te] *adj* einfallsreich

**ocurrir** [oku'rrir] **I.** *vi* geschehen; **¿qué ocurre?** was ist los?; **¿qué te ocurre?** was hast du?; **lo que ocurre es que...** die Sache ist so: ...; **cuida de que no vuelva a** ~ **algo semejante** sorge dafür, dass so etwas nie wieder vorkommt **II.** *vr:* ~**se** einfallen +*dat;* **no se me ocurre nada** mir fällt nichts ein; **no se le ocurre más que decir tonterías** er kommt nur auf Dummheiten; **¿cómo se te ocurrió esto/esa tontería?** wie bist du denn auf die Idee/Schnapsidee gekommen?; **nunca se me hubiese ocurrido pensar que...** ich wäre nie auf die Idee gekommen, dass ...

**oda** ['oða] *f* Ode *f* (*a* an +*akk*)

**odiar** [o'ðjar] *vt* hassen; ~ **a muerte** auf den Tod hassen

**odio** ['oðjo] *m* Hass *m;* **hacer algo por** ~ **a alguien** jdm etw aus Hass antun

**odioso, -a** [o'ðjoso, -a] *adj* ❶ (*hostil*) gehässig ❷ (*repugnante*) widerlich ❸ (*Am: fastidioso*) lästig

**odisea** [oði'sea] *f* Odyssee *f*

**odontología** [oðon̪tolo'xia] *f* Zahnmedizin *f*

**odontólogo, -a** [oðon̪'toloɣo, -a] *m, f* Zahnarzt, -ärztin *m, f*

**odre** ['oðre] *m* (*cuero*) (Wein)schlauch *m*

**OEA** [oe'a] *f abr de* **Organización de los Estados Americanos** OAS *f*

**oeste** [o'este] *m* ❶ (*punto*) Westen *m;* **el lejano** ~ der Wilde Westen; **película del** ~ Western *m;* **hacia el** ~ westwärts; **al** ~ **de...** westlich von ... ❷ (*viento*) Westwind *m*

**ofender** [ofeṇ'der] **I.** *vt* ❶ (*humillar*) beleidigen; ~ **la vista** eine Beleidigung für das Auge sein; ~ **a Dios** sündigen; **hacerse el** ~ schmollen ❷ (*herir*) verletzen **II.** *vr:* ~**se** beleidigt sein; **¡no te ofendas conmigo!** sei mir nicht böse!

**ofendido, -a** [ofeṇ'diðo, -a] **I.** *adj* beleidigt **II.** *m, f* Beleidigte(r) *mf;* (JUR) Geschädigte(r) *mf;* **hacerse el** ~ schmollen

**ofensa** [o'fensa] *f* Beleidigung *f;* **dicho sea sin** ~ **de nadie** mit dem Gesagten möchte ich niemandem zu nahe treten

**ofensiva** [ofen'siβa] *f* Angriff *m;* **tomar la** ~ zum Angriff übergehen

**ofensivo, -a** [ofen'siβo, -a] *adj* ❶ (*hiriente*) beleidigend ❷ (*dañino*) schädlich; ~ **para el medio ambiente** umweltschädlich ❸ (*que ataca*) Angriffs-

**ofensor(a)** [ofen'sor(a)] *adj* beleidigend

**oferta** [o'ferta] *f* Angebot *nt;* ~ **de empleo** Stellenangebot *nt;* ~ **especial** Sonderangebot *nt;* **este supermercado tiene muchas** ~**s** in diesem Supermarkt sind viele Waren im Angebot; **hacer mayor** ~ überbieten

**ofertar** [ofer'tar] *vt* anbieten; **invitar a alguien a** ~ jdn zu einem Angebot auffordern

**office** ['ofis] *m* Anrichte *f*

**oficial** [ofi'θjal] *adj* offiziell; **boletín** ~ Amtsblatt *nt*

**oficial(a)** [ofi'θjal(a)] *m(f)* ❶ (*oficio manual*) Geselle, -in *m, f;* (*administrativo*) kaufmännischer Angestellter *m,* kaufmännische Angestellte *f;* ~ **de albañil** Maurerpolier *m;* ~ **cervecero** Braugehilfe *m;* ~ **de obra** Bauhandwerker *m;* ~**a de peluquería** Friseurgesellin *f;* ~**a** (**de secretaría**) Sekretärin *f* ❷ (MIL) Offizier *m;* ~ **de complemento** Reserveoffizier *m;* ~ **marinero** Schiffsoffizier *m* ❸ (*funcionario*) Beamte(r) *mf,* Beamtin *f;* ~ **del juzgado** Gerichtsschreiber *m;* ~ **de pluma** Dienststellenleiter *m;* ~ **del registro civil** Standesbeamte(r) *m*

**oficialidad** [ofiθjali'ðaᵈ] *f* ❶ (*carácter*) offizieller Charakter *m* ❷ (MIL) Offizierskorps *nt*

**oficialismo** [ofiθja'lismo] *m* ❶ (*Arg: burocracia*) Bürokratie *f* ❷ (*Am: del gobierno*) Regierungsapparat *m*

**oficializar** <z→c> *vt* offiziell bestätigen

**oficiar** [ofi'θjar] **I.** *vt* ❶ (REL) zelebrieren ❷ (*comunicar*) amtlich mitteilen **II.** *vi* (*fam: obrar*) fungieren (*de* als +*nom*); ~ **de intérprete** dolmetschen

**oficina** [ofi'θina] *f* Büro *nt;* ~ **de asistencia social** Sozialamt *nt;* ~ **colectiva** Großraumbüro *nt;* ~ **de correos** Postamt *nt;* ~ **de cuenta** Rechnungshof *m;* ~ **de empleo** Arbeitsamt *nt;* ~ **de información matrimonial** Eheberatungsstelle *f;* ~ **de ingeniería** Konstruktionsbüro *nt;* ~ **de maquinaria** Maschinenwerkstatt *f;* ~ **de matrícula** Zulassungsstelle *f;* ~ **de objetos perdidos** Fundbüro *nt;* ~ **de pasaportes** Passbehörde *f*

**oficinista** [ofiθi'nista] *mf* Büroangestellte(r) *mf*

**oficio** [o'fiθjo] *m* ❶ (*profesión*) Beruf *m;* ~ **de ebanista** Tischlerhandwerk *nt;* ~ **especializado** ≈anerkannter Lehrberuf; **ejercer un** ~ einem Beruf nachgehen; **sin** ~ **ni beneficio** ungelernt; **tomar algo por** ~ (*fam fig*) etw gewohnheitsmäßig tun; **ser del** ~ (*fam*) auf den Strich gehen ❷ (*función*) Amt *nt;* **defensor de** ~ Pflichtverteidiger *m;* **de** ~ von Amts wegen; **ofrecer sus buenos** ~**s** seine guten Dienste anbieten ❸ (*escrito*) amtliches Schreiben *nt* ❹ (REL) Gottesdienst *m;* ~ **de difuntos** Totenmesse *f;* **Santo O**~ Inquisition *f*

**oficiosidad** [ofiθjosi'ðaᵈ] *f* ❶ (*actividad*) Geschäftigkeit *f* ❷ (*atención*) Dienstbeflissenheit *f*

**oficioso, -a** [ofi'θjoso, -a] *adj* ❶ (*activo*) geschäftig ❷ (*servicial*) dienstbeflissen ❸ (*extraoficial*) halbamtlich; **mentira oficiosa** Notlüge *f*

**ofidios** [o'fiðjos] *mpl* Schlangen *fpl*

**ofimática** [ofi'matika] *f* Bürotechnik *f*

**ofrecer** [ofre'θer] *irr como crecer* **I.** *vt* (*brindar*) anbieten; (*presentar, dar*) bieten; (REL) darbringen; ~ **un banquete** ein Festessen geben; ~ **grandes dificultades** große Schwierigkeiten mit sich bringen; ~ **un sacrificio** ein Opfer bringen; **vamos a** ~ (*fig fam*) wir gehen etwas trinken **II.** *vr:* ~**se** ❶ (*brindarse*) sich anbieten; **¿se le ofrece algo?** was darf es sein?; **¿qué se le ofrece?** womit kann ich (Ihnen) dienen? ❷ (*ocurrirse*) einfallen

**ofrecimiento** [ofreθi'mjeṇto] *m* ❶ (*oferta*) Angebot *nt* ❷ (REL) Darbringung *f*

**ofrenda** [o'freṇda] *f* (milde) Gabe *f;* (*sacrificio*) Opfergabe *f*

**ofrendar** [ofreṇ'dar] *vt* spenden; (*sacrifi-*

O

*car*) opfern

**oftalmía** [oftal'mia] *f* Augenentzündung *f*

**oftálmico, -a** [of'talmiko, -a] *adj* Augen-

**oftalmología** [oftalmolo'xia] *f* Augenheilkunde *f*

**oftalmólogo, -a** [oftal'moloɣo, -a] *m, f* Augenarzt, -ärztin *m, f*

**ofuscación** [ofuska'θjon] *f*, **ofuscamiento** [ofuska'mjen̩to] *m* (*vista*) Blendung *f;* (*de la mente*) Trübung *f;* (*de alguien*) Verblendung *f*

**ofuscar** [ofus'kar] <c→qu> **I.** *vt* (*cegar*) blenden; (*la mente*) trüben; ~ (**la mente**) **a alguien** jdn verblenden **II.** *vr:* ~**se** beharren (*en* auf +*dat*); ~**se con una idea** von einer Idee besessen sein

**ogro** ['oɣro] *m* ① (*mitología*) Menschen fressender Riese *m* ② (*persona*) Scheusal *nt*

**oh** [o] *interj* oh

**ohm** [om] *m*, **ohmio** ['omjo] *m* Ohm *nt*

**oída** [o'iða] *f:* **de** ~**s** vom Hörensagen

**oído** [o'iðo] *m* ① (*sentido*) Gehör *nt;* **tener buen** ~ ein gutes Gehör haben; **aprender de** ~ nach Gehör lernen; **aguzar el** ~ die Ohren spitzen; **aplicar el** ~ aufmerksam zuhören ② (ANAT) Ohr *nt;* **cera de** ~**s** Ohrenschmalz *nt;* **zumbido de** ~**s** Ohrensausen *nt;* **me zumban los** ~**s** mir klingen die Ohren; **cerrar los** ~**s a algo** die Ohren vor etw *dat* verschließen; **duro de** ~ schwerhörig; **dar** ~**s a alguien** (*escuchar*) jdm sein Ohr leihen; (*creer*) jdm glauben; **hacer** ~**s de mercader** sich taub stellen; **ladrar a alguien al** ~ jdm in den Ohren liegen; **llegar a** ~**s de alguien** jdm zu Ohren kommen; **¡**~ **al parche!** aufgepasst!; **pegarse al** ~ ins Ohr gehen; **regalar los** ~**s** schmeicheln; **ser todo** ~**s** ganz Ohr sein; **a palabras necias** ~**s sordos** (*prov*) eine dumme Frage verdient eine dumme Antwort

**oír** [o'ir] *irr vt* (*sentir*) hören; (*escuchar*) anhören; **¡oye!** na hör mal!; **¡oye, ven aquí!** du, komm mal her!; **¿oyes?** hast du verstanden?; **¡oiga!** hallo!; ~ **como quien oye llover** nur mit halbem Ohr hinhören; **¡Dios te oiga!** dein Wort in Gottes Ohr!; ~ **decir que...** hören, dass ...; **parece que no has oído bien** du hast dich wohl verhört; **ya me oirá** der/die hört noch von mir!; **no se oye el vuelo de una mosca** es ist so still, dass man eine Stecknadel fallen hören könnte

**ojal** [o'xal] *m* ① (*para botones*) Knopfloch *nt* ② (*ojete*) Öse *f*

**ojalá** [oxa'la] *interj* hoffentlich; **¡**~ **tuvieras razón!** wenn du nur Recht hättest!

**ojeada** [oxe'aða] *f:* **echar una** ~ **a algo** einen flüchtigen Blick auf etw werfen; **¿puedes echar una** ~ **a mi maleta?** kannst du bitte meinen Koffer im Auge behalten?

**ojear** [oxe'ar] *vt* ① (*mirar con atención*) beäugen ② (*pasar la vista*) durchsehen ③ (*la caza*) aufscheuchen

**ojera** [o'xera] *f* kleine Schale *f* zur Augenspülung

**ojeras** [o'xeras] *fpl* Augenringe *mpl;* **tener** ~ Ringe unter den Augen haben

**ojeriza** [oxe'riθa] *f* Abneigung *f;* **tener** ~ **a alguien** jdn nicht ausstehen können

**ojeroso, -a** [oxe'roso, -a] *adj* mit Ringen unter den Augen

**ojete** [o'xete] *m* ① (*ojal*) Öse *f* ② (*vulg: ano*) Arschloch *nt* ③ (*Arg: vagina*) Vagina *f*

**ojímetro** [o'ximetro] *m* (*fam*): **a** ~ aufs Geratewohl

**ojiva** [o'xiβa] *f* (*arco*) Spitzbogen *m*

**ojival** [oxi'βal] *adj* spitzbogig

**ojo** ['oxo] *m* ① (ANAT) Auge *nt;* ~ **de buey** (NÁUT) Bullauge *nt;* ~ **del caldo** Fettauge *nt;* ~ **de gallo** (*fig*) Hühnerauge *nt;* ~**s rasgados** Schlitzaugen *ntpl;* ~**s saltones** Glupschaugen *ntpl;* **a** ~ nach Augenmaß; **a** ~**s cerrados** (*fig*) ohne nachzudenken; **a** ~**s vistas** augenscheinlich; **abrir los** ~**s** (*fig*) die Augen offen halten; **aguzar los** ~**s** die Augen zusammenkneifen; **andar con cien** ~**s** sehr vorsichtig sein; **cerrar los** ~**s a algo** (*fig*) die Augen vor etw *dat* verschließen; **con los** ~**s cerrados** (*fig*) in blindem Vertrauen; **clavar los** ~**s en algo** den Blick auf etw heften; **comerse con los** ~**s** mit den Augen verschlingen; **costar un** ~ **de la cara** ein Vermögen kosten; **echar el** ~ **a algo/alguien** (*querer*) ein Auge auf etw/jdn werfen; (*vigilar*) etw/jdn im Auge behalten; **en un abrir y cerrar de** ~**s** im Nu; **estar entrampado hasta los** ~**s** bis über die Ohren verschuldet sein; **estoy con el agua hasta los** ~**s** das Wasser steht mir bis zum Halse; **hacer del** ~ sich *dat* zublinzeln; **los niños llenan antes los** ~**s que la barriga** bei Kindern sind die Augen meist größer als der Magen; **meter por los** ~**s** aufdrängen; **mirar con buenos/malos** ~**s** gern haben/nicht ausstehen können; **¡mis** ~**s!** (*fig*) mein Schatz!; **no parecerse ni en el blanco de los** ~**s** sich *dat* kein bisschen ähnlich sehen; **no pegar** ~ kein Auge zutun; **no saber dónde poner los** ~**s** niemanden haben, an den man sich wenden kann; **no tener** ~**s en la cara** (*fig*) keine Augen im Kopf haben; **tener** ~ (*cuidado*) vorsichtig sein; **¡~!** Vorsicht!; **¡~ con este tipo!** nimm dich vor diesem Kerl in Acht!; **¡~ al dinero que es el amor verdadero!** man kann nicht von Luft und Liebe leben!; **pasar los ~s por algo** etw überfliegen; **poner delante de los ~s de alguien** (*fig*) jdm vor Augen führen; **poner los ~s en blanco** die Augen verdrehen; **¡qué ~ tienes!** dir entgeht aber auch nichts!; **sacarle los ~s a alguien** jdm die Augen auskratzen; **ser el ~ derecho de alguien** jds rechte Hand sein; **ser todo ~s** aufmerksam zusehen; **tener a alguien entre ~s** (*estar enfadado*) auf jdn schlecht zu sprechen sein; (*tener manía*) jdm grollen; **tener ~ a algo** etw im Auge behalten; **tener ~ clínico** gut diagnostizieren können; (*fig*) ein scharfer Beobachter sein; **tiene mucho ~ con los turistas** er/sie versteht es, mit Touristen umzugehen; **~ por ~ (y diente por diente)** (*prov*) Auge um Auge, Zahn um Zahn; **~s que no ven, corazón que no siente** (*prov*) aus den Augen, aus dem Sinn ❷ (*agujero*) Loch *nt;* **~ de aguja** Nadelöhr *nt;* **~ de cerradura** Schlüsselloch *nt;* **~ de patio** Lichthof *m;* **~ de un puente** Brückenbogen *m;* **meterse por el ~ de una aguja** pfiffig sein

**ojota** [o'xota] *f* (*Am: sandalia*) Sandale *f*

**okapi** [o'kapi] *m* Okapi *nt*

**okupa** [o'kupa] *mf* (*argot*) Hausbesetzer(in) *m(f)*

**ola** ['ola] *f* Welle *f;* **~ de calor** Hitzewelle *f*

**olé** [o'le] *interj* bravo; (TAUR) olé

**i Land & Leute**

**Olé** (bzw. **ole**) ist nicht nur der Ruf zur Aufmunterung beim Stierkampf und beim Flamenco, sondern überhaupt ein Ausruf der Begeisterung und Freude. Weltweit bringt man diesen Ausruf – **¡olé!** – mit Spanien und Spaniens Folklore in Verbindung.

**oleada** [ole'aða] *f* ❶ (*ola*) Brecher *m* ❷ (*cantidad*) Flut *f;* **~ de gente** Menschenmenge *f;* **derramar ~s de tinta** (*fig*) sich *dat* die Finger wund schreiben

**oleaginoso, -a** [oleaxi'noso, -a] *adj* (*con aceite*) ölhaltig; (*como aceite*) ölartig

**oleaje** [ole'axe] *m* Seegang *m*

**óleo** ['oleo] *m* ❶ (*aceite*) Olivenöl *nt* ❷ (ARTE) Ölfarbe *f;* **cuadro al ~** Ölbild *nt;* **pintar al ~** in Öl malen ❸ (REL): **administrar los ~s** die Letzte Ölung geben

**oleoducto** [oleo'ðukto] *m* Pipeline *f*

**oleografía** [oleoɣra'fia] *f* (ARTE) Öldruck *m*

**oleosidad** [oleosi'ðað] *f* Öligkeit *f*

**oleoso, -a** [ole'oso, -a] *adj* ölig

**oler** [o'ler] *irr* **I.** *vi* riechen (*a* nach *+dat*); **~ (bien)** duften; **~ (mal)** stinken **II.** *vt* riechen; **~ una flor** an einer Blume riechen; **~ el peligro** die Gefahr wittern

**olfatear** [olfate'ar] **I.** *vt* ❶ (*oliscar*) beschnuppern ❷ (*husmear*) wittern **II.** *vi* ❶ (*oliscar*) schnuppern ❷ (*curiosear*) herumschnüffeln *fam*

**olfateo** [olfa'teo] *m* Wittern *nt*

**olfativo, -a** [olfa'tiβo, -a] *adj* Geruchs-

**olfato** [ol'fato] *m* Geruchssinn *m;* **tener (buen) ~** (*fig*) einen guten Riecher haben

**oligarca** [oli'ɣarka] *mf* (POL) Oligarch(in) *m(f)*

**oligarquía** [oliɣar'kia] *f* Oligarchie *f*

**oligofrenia** [oliɣo'frenja] *f* Schwachsinn *m*

**oligofrénico, -a** [oliɣo'freniko, -a] **I.** *adj* schwachsinnig **II.** *m, f* Schwachsinnige(r) *mf*

**olimpiada** [olim'pjaða] *f*, **olimpíada** [olim'piaða] *f* Olympiade *f*

**olímpico, -a** [o'limpiko, -a] *adj* olympisch

**olimpo** [o'limpo] *m* Olymp *m*

**oliscar** [olis'kar] <c→qu> *vi* ❶ (*oler*) anfangen zu stinken ❷ *v.* **olfatear**

**olisquear** [oliske'ar] *vt, vi v.* **olfatear**

**oliva** [o'liβa] **I.** *adj:* **(verde) ~** oliv(grün) **II.** *f* ❶ (BOT) Olive *f* ❷ (*color*) Oliv(grün) *nt*

**oliváceo, -a** [oli'βaθeo, -a] *adj* oliv(grün)

**olivarero, -a** [oliβa'rero, -a] *adj* Oliven-; **región olivarera** Olivenanbaugebiet *nt*

**olivero, -a** [oli'βero, -a] *adj* Oliven-; **cultivo ~** Olivenanbau *m*

**olivo** [o'liβo] *m* Olivenbaum *m;* **el Monte de los ~s** (REL) der Ölberg; **tomar el ~** (*fam*) verduften

**olla** ['oʎa] *f* ❶ (*para cocinar*) Kochtopf *m;* **~ exprés** Dampfkochtopf *m;* **~ de grillos** (*fam*) Tohuwabohu *nt;* **tengo la cabeza como una ~ de grillos** mir schwirrt der Kopf ❷ (GASTR) Eintopf *m;* **ser el garbanzo negro de la ~** (*fam*) das schwarze Schaf sein; **por un garbanzo no se descompone la ~** (*prov*) niemand ist unersetzlich

**ollar** [o'ʎar] *m* Nüster *f*

**olmedo** [ol'meðo] *m* (BOT) Ulmenwald *m*

**olmo** ['olmo] *m* Ulme *f;* **pedir peras al ~** etwas Unmögliches verlangen

**olor** [o'lor] *m* Geruch *m;* **(buen) ~** Duft *m;* **(mal) ~** Gestank *m;* **viene al ~ de tu dinero** er/sie wittert dein Geld; **vivir en ~ de santidad** wie ein Heiliger verehrt werden

**oloroso, -a** [olo'roso, -a] *adj* duftend

O

**OLP** [oele'pe] *f abr de* **Organización para la Liberación de Palestina** PLO *f*

**olvidadizo, -a** [olβiða'ðiθo, -a] *adj* vergesslich

**olvidar(se)** [olβi'ðar(se)] *vt, vr* vergessen; (*idioma*) verlernen; **no ~ que...** (*considerar*) bedenken, dass ...; **dejar olvidado** liegen lassen; **se me ha olvidado** [*o* **me he olvidado de**] **tu nombre** ich habe deinen Namen vergessen

**olvido** [ol'βiðo] *m* ❶ (*falta de memoria*) Vergesslichkeit *f* ❷ (*omisión*) Vergessen *nt;* **~ de sí mismo** Selbstvergessenheit *f;* **caer en** (**el**) **~** in Vergessenheit geraten; **enterrar en el ~** für immer vergessen

**ombligo** [om'bliɣo] *m* ❶ (ANAT) (Bauch)nabel *m;* **se me encoge el ~** mir wird angst und bange ❷ (*centro*) Mittelpunkt *m;* **el ~ del mundo** der Nabel der Welt

**omega** [o'meɣa] *f* ❶ (*letra griega*) Omega *nt* ❷ (*fig: final*) Ende *nt*

**ominoso, -a** [omi'noso, -a] *adj* ominös

**omisión** [omi'sjon] *f* ❶ (*supresión*) Auslassung *f* ❷ (*negligencia*) Unterlassung *f;* **~ de auxilio** unterlassene Hilfeleistung

**omiso, -a** [o'miso, -a] *adj* (*negligente*) nachlässig; **hacer caso ~ de algo** etw nicht beachten

**omitir** [omi'tir] *vt* ❶ (*no hacer*) unterlassen; **no ~ esfuerzos** keine Mühen scheuen ❷ (*pasar por alto*) auslassen; (*coma*) weglassen

**ómnibus** ['omniβus] *m* (AUTO) (Omni)bus *m*

**omnímodo, -a** [om'nimoðo, -a] *adj* unumschränkt

**omnipotencia** [omnipo'teṇθja] *f* Allmacht *f*

**omnipotente** [omnipo'teṇte] *adj* allmächtig

**omnipresencia** [omnipre'seṇθja] *f* Allgegenwart *f*

**omnipresente** [omnipre'seṇte] *adj* allgegenwärtig

**omnisciencia** [omnis'θjeṇθja] *f* Allwissenheit *f*

**omnisciente** [omnis'θjeṇte] *adj* allwissend

**omnívoro, -a** [om'niβoro, -a] **I.** *adj* alles fressend **II.** *m, f* Allesfresser *m*

**omoplato** [omo'plato] *m,* **omóplato** [o'moplato] *m* Schulterblatt *nt*

**OMS** [oms] *f abr de* **Organización Mundial de la Salud** WHO *f*

**onanismo** [ona'nismo] *m* Onanie *f*

**once** ['oṇθe] *adj inv* elf; **estar a las ~** (*fam: ropa*) schlecht sitzen; **estar a las ~ y cuarto** (*fig fam*) nicht richtig ticken; **tomar las ~** eine Frühstückspause machen; *v. t.* **ocho**

> **i Land & Leute**
>
> **ONCE** *f*: Die **ONCE** (*Organización Nacional de Ciegos*) ist eine spanische Blindenorganisation, die jedermann kennt, weil die bei ihr angestellten Blinden die **ONCE**-Lotterie auf Spaniens Straßen verkaufen. Hauptziel der **ONCE** ist es, blinden und behinderten Menschen dabei zu helfen, sich in die Gesellschaft zu integrieren.

**onceavo, -a** [oṇθe'aβo, -a] *adj* elftel; *v. t.* **octavo**

**onceno, -a** [oṇ'θeno, -a] *adj* elfte(r, s); **el ~, no estorbar** (*fam*) das elfte Gebot: du sollst nicht stören; *v. t.* **octavo**

**oncología** [oŋkolo'xia] *f* (MED) Onkologie *f*

**oncólogo, -a** [oŋ'koloɣo, -a] *m, f* (MED) Onkologe, -in *m, f*

**onda** ['oṇda] *f* ❶ (*t.* FÍS, RADIO) Welle *f;* **~ explosiva** Druckwelle *f;* **~s del pelo** Wellen im Haar; **estar en la ~ de algo** (*fam: comprender*) über etw Bescheid wissen; (*seguir*) bei etw *dat* mitmachen ❷ (*Am: loc*): **¡qué buena ~!** klasse!; **tener ~ con alguien** auf jdn scharf sein *fam*

**ondear** [oṇde'ar] *vi* (*formar*) sich wellen; (*moverse*) wogen; (*bandera*) flattern

**ondulación** [oṇdula'θjon] *f* ❶ (*movimiento*) Wellenbewegung *f* ❷ (*formación*) Wellung *f;* **~ permanente** Dauerwelle *f*

**ondulado, -a** [oṇdu'laðo, -a] *adj* wellig; **cartón ~** Wellpappe *f*

**ondulante** [oṇdu'laṇte] *adj* Wellen formend

**ondular** [oṇdu'lar] **I.** *vi* (*formar ondas*) sich wellen; (*moverse*) wogen; (*bandera*) flattern; (*culebra*) sich winden **II.** *vt* wellen

**ondulatorio, -a** [oṇdula'torjo, -a] *adj* wellenförmig; **movimiento ~** Wellenbewegung *f*

**oneroso, -a** [one'roso, -a] *adj* ❶ (*molesto*) lästig; (*gravoso*) belastend ❷ (*costoso*) kostspielig ❸ (*remunerable*) entgeltlich

**ONG** [oene'xe] *f abr de* **Organización No Gubernamental** NGO *f*

**onírico, -a** [o'niriko, -a] *adj* Traum-

**ónix** ['oniʸs] *m* Onyx *m*

**on-line** ['onlai̯n] *adj* (INFOR) Online-; **servicios ~** Onlinedienste *mpl*

**onomástica** [ono'mastika] *f* ❶ (*materia*) Namenkunde *f* ❷ (*día*) Namenstag *m;* **hoy es mi ~** ich habe heute Namenstag

**onomástico, -a** [ono'mastiko, -a] *adj* Namen(s)-; **fiesta onomástica** Namenstagsfest *nt*

**onomatopeya** [onomato'peɟa] *f* (LING) ❶ (*palabra*) Onomatopoetikum *nt* ❷ (*figura*) Lautmalerei *f*

**ontología** [ontolo'xia] *f* (FILOS) Ontologie *f*

**ONU** ['onu] *f abr de* **Organización de las Naciones Unidas** UNO *f*

**onubense** [onu'βense] **I.** *adj* aus Huelva **II.** *mf* Einwohner(in) *m(f)* von Huelva

**onza** ['onθa] *f* Unze *f*

**opacidad** [opaθi'ðaᵈ] *f* Lichtundurchlässigkeit *f*

**opaco, -a** [o'pako, -a] *adj* ❶ (*no transparente*) lichtundurchlässig ❷ (*sin brillo*) matt; (*oscuro*) düster; (*voz*) belegt ❸ (*persona*) unscheinbar

**opalescente** [opales'θente] *adj* schillernd

**ópalo** ['opalo] *m* Opal *m*

**opción** [oβ'θjon] *f* ❶ (*elección*) Wahl *f;* (*posibilidad*) Wahlmöglichkeit *f;* ~ **del menú** (INFOR) Menüoption *f;* **a** ~ nach Wahl ❷ (*derecho*) Anrecht *nt* (*a* auf +*akk*); ~ **al cambio** Umtauschrecht *nt* ❸ (ECON, JUR, POL) Option *f;* ~ **de compra** Kaufoption *f*

**opcional** [oβθjo'nal] *adj* nach Wahl, Wahl-; (INFOR) optional

**OPEP** [o'pep] *f abr de* **Organización de Países Exportadores de Petróleo** OPEC *f*

**ópera** ['opera] *f* Oper *f*

**operación** [opera'θjon] *f* ❶ (MAT, MED, MIL) Operation *f;* ~ **cesárea** Kaiserschnitt *m;* ~ **quirúrgica** chirurgischer Eingriff ❷ (*actividad*) Tätigkeit *f;* (*negocio*) Geschäft *nt;* ~ **por acciones** Aktiengeschäft *nt;* ~ **de saneamiento** Sanierungsmaßnahme *f*

**operado, -a** [ope'raðo, -a] *adj* (TÉC) bedient; ~ **a mano** von Hand gesteuert; ~ **por teclado** tastaturgesteuert

**operador(a)** [opera'ðor(a)] *m(f)* ❶ (CINE) Filmvorführer(in) *m(f);* ~ **de cámara** Kameramann *m* ❷ (INFOR) Operator(in) *m(f)* ❸ (MED) Chirurg(in) *m(f)*

**operante** [ope'rante] *adj* wirkend

**operar** [ope'rar] **I.** *vi* ❶ (*actuar*) vorgehen; (MIL) operieren ❷ (COM) handeln; ~ **con bancos** Bankgeschäfte tätigen ❸ (*tener efecto*) wirken **II.** *vt* ❶ (MED) operieren ❷ (*producir un efecto*) bewirken; ~ **milagros** Wunder vollbringen **III.** *vr:* ~**se** sich operieren lassen

**operario, -a** [ope'rarjo, -a] *m, f* Arbeiter(in) *m(f);* ~ **sin cualificar** ungelernter Arbeiter

**operatividad** [operatiβi'ðaᵈ] *f* Betriebsfähigkeit *f;* ~ **de las decisiones** Entscheidungsfähigkeit *f*

**operativo, -a** [opera'tiβo, -a] *adj* ❶ (*efectivo*) wirksam ❷ (INFOR): **sistema** ~ Betriebssystem *nt*

**operatorio, -a** [opera'torjo, -a] *adj* (MED) operativ

**opereta** [ope'reta] *f* Operette *f*

**operístico, -a** [ope'ristiko, -a] *adj* Opern-; **temporada operística** Opernsaison *f*

**opiáceo, -a** [o'pjaθeo, -a] *adj* ❶ (*con opio*) opiumhaltig ❷ (*del opio*) Opium-

**opinable** [opi'naβle] *adj* (*discutible*) diskutabel; (*controvertido*) strittig

**opinar** [opi'nar] *vi, vt* ❶ (*pensar*) meinen; (*creer*) glauben; ~ **bien/mal de algo/alguien** über etw/von jdm eine gute/schlechte Meinung haben; **¿tú qué opinas (de** [*o* **sobre**] **esto)?** was meinst du (dazu)?; **¿qué opinas del nuevo jefe?** was hältst du vom neuen Chef? ❷ (*expresar*) sich äußern (*sobre/en/de* über +*akk*); **¿puedo ~?** darf ich meine Meinung dazu äußern?

**opinión** [opi'njon] *f* Meinung *f;* (*postura*) Stellungnahme *f;* (*punto de vista*) Ansicht *f;* **en mi** ~ meiner Meinung nach; **cambiar de** ~ seine Meinung ändern; **dar su** ~ (**sobre algo**) seine Meinung (zu etw *dat*) äußern; **ser de otra/la misma** ~ anderer/der gleichen Meinung sein; **ser de la** ~ **que...** der Meinung sein, dass ...; **tener buena/mala** ~ **de algo/alguien** über etw/von jdm eine gute/schlechte Meinung haben

**opio** ['opjo] *m* Opium *nt*

**opiómano, -a** [o'pjomano, -a] **I.** *adj* opiumsüchtig **II.** *m, f* Opiumsüchtige(r) *mf*

**opíparo, -a** [o'piparo, -a] *adj* opulent

**oponente** [opo'nente] *mf* Gegner(in) *m(f)*

**oponer** [opo'ner] *irr como poner* **I.** *vt* ❶ (*enfrentar*) entgegensetzen; (*confrontar*) gegenüberstellen ❷ (*objetar*) einwenden (*a/contra* gegen +*akk*); ~ **reparos** Einwände erheben; ~ **resistencia** Widerstand leisten **II.** *vr:* ~**se** ❶ (*rechazar*) dagegen sein; ~**se a algo** gegen etw sein ❷ (*enfrentarse*) sich dagegenstellen ❸ (*obstaculizar*) behindern ❹ (*ser contrario*) völlig unterschiedlich sein ❺ (*estar enfrente*) gegenüberliegen

**oporto** [o'porto] *m* Portwein *m*

**oportunidad** [oportuni'ðaᵈ] *f* ❶ (*cualidad*) Opportunität *f;* (*temporal*) Rechtzeitigkeit *f;* (*adecuación*) Zweckmäßigkeit *f* ❷ (*posibilidad*) Gelegenheit *f;* (*ocasión*) Chance *f;* **a la primera** ~ bei der ersten Gelegenheit; **una segunda** ~ eine zweite Chance; **aprovechar la** ~ die Gelegenheit nutzen; (**no**) **tener** ~ **de...** (keine) Gelegenheit haben zu ... ❸ *pl* (*ofertas*) Sonderange-

O

bote *ntpl*

**oportunismo** [oportu'nismo] *m* Opportunismus *m*

**oportuno, -a** [opor'tuno, -a] *adj* angebracht; (*propicio*) günstig; (*adecuado*) zweckmäßig; (*apropiado*) geeignet; (*al caso*) zutreffend; (*permisible*) zulässig; **es muy** ~ das kommt sehr gelegen; **en el momento** ~ im rechten Augenblick; (*cuando llegue*) zu gegebener Zeit

**oposición** [oposi'θjon] *f* ① (*resistencia*) Widerstand *m;* **encontrar** ~ auf Widerstand stoßen; **presentar** ~ Widerstand leisten ② (POL) Opposition *f* ③ (*objeción*) Einwendung *f* ④ (*contraposición*) Gegensatz *m* ⑤ *(pl)* (*examen*) Auswahlprüfung *f* für den öffentlichen Dienst; **por** ~ per Auswahlverfahren; **presentarse a unas oposiciones** an Auswahlprüfungen für den öffentlichen Dienst teilnehmen

**opositar** [oposi'tar] *vi* sich bewerben (*a* um +*akk*), an den Auswahlprüfungen für den öffentlichen Dienst teilnehmen

**opositor(a)** [oposi'tor(a)] **I.** *adj* oppositionell; **partido** ~ Oppositionspartei *f* **II.** *m(f)* (*oponente*) Gegner(in) *m(f);* (POL) Mitglied *nt* der Opposition

**i Land & Leute**

**Opositor(a)** wird ein(e) Bewerber(in) für eine Stelle im öffentlichen Dienst, der/die an den Auswahlprüfungen teilnimmt, genannt. Die Prüfungen heißen *oposiciones* und werden regelmäßig im *BOE* (*Boletín Oficial del Estado*) bekannt gegeben. Viele Spanier(innen) bereiten sich auf diese Prüfungen vor, denn als Beamter bzw. Beamtin bekommt man eine Arbeitsstelle auf Lebenszeit.

**opresión** [opre'sjon] *f* ① (*angustia*) Beklemmung *f* ② (*represión*) Unterdrückung *f* ③ (*presión*) Druck *m;* (*compresión*) Einengung *f*

**opresivo, -a** [opre'siβo, -a] *adj* ① (*agobiante*) bedrückend ② (*represivo*) unterdrückend; (*constringente*) beengend ③ (*apresionante*) drückend; (*comprimente*) einengend

**opresor(a)** [opre'sor(a)] **I.** *adj* unterdrückend **II.** *m(f)* Unterdrücker(in) *m(f)*

**oprimir** [opri'mir] *vt* ① (*presionar*) drücken; (*comprimir*) einengen ② (*agobiar*) bedrücken ③ (*reprimir*) unterdrücken; (*constreñir*) beengen

**oprobiar** [opro'βjar] *vt* (*vilipendiar*) verleumden; (*infamar*) schänden (*Ansehen oder Ruf*)

**oprobio** [o'proβjo] *m* Schande *f*

**oprobioso, -a** [opro'βjoso, -a] *adj* schändlich

**optar** [op'tar] *vi* ① (*escoger*) wählen (*por* +*akk*); (*decidirse*) sich entscheiden (*por* für +*akk*) ② (*aspirar*) (für sich) beanspruchen (*a* +*akk*); (*solicitar*) sich bewerben (*a* um +*akk*); ~ **a un cargo** ein Amt anstreben ③ (*tener acceso*) Anspruch haben (*a* auf +*akk*)

**optativo, -a** [opta'tiβo, -a] *adj* fakultativ; (**asignatura**) **optativa** Wahl(pflicht)fach *nt*

**óptica** ['optika] *f* ① (FÍS) Optik *f* ② (*establecimiento*) Optikergeschäft *nt* ③ (*punto de vista*) Sichtweise *f;* **bajo esta** ~ aus diesem Blickwinkel betrachtet

**óptico, -a** ['optiko, -a] **I.** *adj* optisch; **nervio** ~ Sehnerv *m* **II.** *m, f* Optiker(in) *m(f)*

**optimar** [opti'mar] *vt* optimieren

**optimismo** [opti'mismo] *m* Optimismus *m*

**optimista** [opti'mista] **I.** *adj* optimistisch **II.** *mf* Optimist(in) *m(f)*

**optimización** [optimiθa'θjon] *f* Optimierung *f*

**optimizar** [optimi'θar] <z→c> *vt* optimieren

**óptimo**[1] ['optimo] *m* Optimum *nt*

**óptimo, -a**[2] ['optimo, -a] **I.** *superl de* **bueno II.** *adj* optimal; (*excelente*) ausgezeichnet

**opuesto, -a** [o'pwesto, -a] **I.** *pp de* **oponer II.** *adj* ① (*enfrente*) gegenüberliegend; **al lado** ~ auf der Gegenseite; **en dirección opuesta** in der Gegenrichtung ② (*diverso*) gegenteilig; (*contrario*) gegensätzlich; (*enfrentado*) entgegengesetzt; **polo** ~ (*t. fig*) Gegenpol *m;* **el sexo** ~ das andere Geschlecht ③ (*enemigo*) gegnerisch

**opugnar** [opuɣ'nar] *vt* (*oponerse*) sich widersetzen +*dat;* (*combatir*) bekämpfen

**opulencia** [opu'leṇθja] *f* ① (*abundancia*) Überfluss *m;* (*exuberancia*) Üppigkeit *f* ② (*riqueza*) Reichtum *m*

**opulento, -a** [opu'leṇto, -a] *adj* ① (*abundante*) üppig; (*lujoso*) luxuriös ② (*rico*) sehr reich

**opúsculo** [o'puskulo] *m* Opuskulum *nt*

**oquedad** [oke'ðaᵈ] *f* ① (*concavidad*) Vertiefung *f* ② (*vacío*) Hohlraum *m*

**ora** ['ora] *conj* (*elev*): ~**...,** ~**...** bald ..., bald ...

**oración** [ora'θjon] *f* ① (REL) Gebet *nt;* **decir una** ~ ein Gebet sprechen ② (*frase*) Satz *m;* (*discurso*) Rede *f;* ~ **coordinada** beigeordneter Satz; ~ **subordinada** Nebensatz

*m*

**oráculo** [o'rakulo] *m* Orakel *nt*

**orador(a)** [ora'ðor(a)] *m(f)* Redner(in) *m(f)*; (*portavoz*) Sprecher(in) *m(f)*

**oral** [o'ral] *adj* mündlich; **sexo** ~ Oralverkehr *m*; **vista** ~ (JUR) Verhör *nt*; **por vía** ~ (MED) zum Einnehmen

**orangután** [oraŋgu'tan] *m* Orang-Utan *m*

**orar** [o'rar] *vi* (*elev*) beten (*por* für +*akk*); (*rogar*) flehen (*por* um +*akk*)

**orate** [o'rate] *mf* (*loco*) Narr *m*, Närrin *f*; (*necio*) Tor(in) *m(f)*; **casa de ~s** (*enfermos*) Irrenanstalt *f*; (*caóticos*) Taubenschlag *m fam*

**oratoria** [ora'torja] *f* ❶ (*retórica*) Redekunst *f* ❷ (*elocuencia*) Redegewandtheit *f*

**oratorio**[1] [ora'torjo] *m* (REL) Kapelle *f*

**oratorio, -a**[2] [ora'torjo, -a] *adj* rednerisch

**orbe** ['orβe] *m* ❶ (*círculo*) Kreis *m*; (*esfera*) Sphäre *f*; (*terráqueo*) Erdkugel *f* ❷ (*mundo*) Welt *f*

**órbita** ['orβita] *f* ❶ (ASTR, FÍS) Umlaufbahn *f*; ~ **planetaria** Planetenbahn *f*; ~ **terrestre** Erdumlaufbahn *f*; **poner en** ~ in eine Umlaufbahn bringen; **estar en** ~ (*fig*) auf dem Laufenden sein; **estar fuera de** ~ (*fig*) hinter dem Mond leben ❷ (*ámbito*) Bereich *m*; (*de influencia*) Einflussbereich *m* ❸ (ANAT) Augenhöhle *f*; **se me salían los ojos de las ~s** (*fig*) mir fielen fast die Augen aus dem Kopf

**orbitar** [orβi'tar] **I.** *vi* (ASTR, TÉC) umlaufen **II.** *vt* (ASTR, TÉC) in eine Umlaufbahn bringen

**orca** ['orka] *f* Schwertwal *m*

**órdago** ['orðaɣo] *m*: **de** ~ (*fam*) enorm

**orden**[1] ['orðen] <órdenes> *m* ❶ (*colocación, organización, t.* BIOL) Ordnung *f*; **en** ~ ordentlich; (*reglamentario*) ordnungsgemäß; **alterar el** ~ die Ordnung stören; **llamar al** ~ zur Ordnung rufen; **poner en** ~ in Ordnung bringen; **ser persona de** ~ ein ordentlicher Mensch sein; (*fig*) ein rechtschaffener Mensch sein; **sin** ~ **ni concierto** planlos ❷ (*sucesión*) Reihenfolge *f*; **en** [*o* **por**] **su** (**debido**) ~ wie es sich gehört; **por** ~ der Reihe nach; **por** ~ **de antigüedad** nach dem Dienstalter ❸ (*categoría*) Rang *m*; **de primer/segundo** ~ erst-/zweitrangig; **del** ~ **de** etwa ❹ (JUR): ~ **constitucional** Verfassung *f*; ~ **jurídico** Rechtsordnung *f* ❺ (ARQUIT) Säulenordnung *f* ❻ (REL) Weihe *f*

**orden**[2] ['orðen] <órdenes> *f* ❶ (*mandato*) Befehl *m*; (*disposición*) Verfügung *f*; (*ordenamiento*) Verordnung *f*; ~ **de arresto** Haftbefehl *m*; ~ **ministerial** Ministerialerlass *m*; ~ **de registro** Durchsuchungsbefehl *m*; **órdenes son órdenes** Befehl ist Befehl; **¡a la ~!** zu Befehl!; **contrario a las órdenes** befehlswidrig; **dar una** ~ einen Befehl erteilen; **cumplir una** ~ einen Befehl ausführen; **estar a las órdenes de alguien** unter jds Befehl stehen; **hasta nueva** ~ bis auf Widerruf; **tus deseos son órdenes para mí** (*irón*) dein Wunsch sei mir Befehl; **estar a la** ~ **del día** (*fig*) an der Tagesordnung sein ❷ (COM, FIN) Order *f*; ~ **de entrega** Lieferschein *m*; ~ **de giro** Überweisungsauftrag *m*; ~ **de pago** Zahlungsanweisung *f*; ~ **permanente** Dauerauftrag *m*; **por** ~ im Auftrag; **por** ~ **de** im Auftrag von ❸ (REL) Orden *m*; **entrar en una** ~ einem Orden beitreten ❹ (*condecoración*) Orden *m* ❺ (HIST) Orden *m*; ~ **de caballería** Ritterorden *m* ❻ *pl* (REL: *sacramento*) Weihen *fpl*; **las órdenes mayores/menores** die höheren/niederen Weihen

**ordenación** [orðena'θjon] *f* ❶ (*disposición*) (An)ordnung *f* ❷ (*ordenanza*) Anordnung *f*; (*regulación*) Regelung *f*; ~ **jurídica** Rechtsordnung *f*; ~ **territorial** Raumordnung *f* ❸ (REL) Priesterweihe *f*

**ordenado, -a** [orðe'naðo, -a] **I.** *adj* ❶ *estar* (*en orden*) geordnet, ordentlich ❷ *estar* (*encaminado*) ausgerichtet (*a* auf +*akk*) ❸ *ser* (*persona*) ordentlich **II.** *m, f* (REL) Ordinierte(r) *mf*

**ordenador** [orðena'ðor] *m* Computer *m*; ~ **de a bordo** (AUTO) Bordcomputer *m*; ~ **de escritorio** Desktop *m*; ~ **personal** PC *m*; ~ **portátil** Notebook *nt*; **asistido por** ~ computergestützt

**ordenamiento** [orðena'mjen̩to] *m* (*ordenación*) Anordnung *f*; (*regulación*) Regelung *f*; ~ **constitucional** Verfassung *f*; ~ **jurídico** Rechtsordnung *f*

**ordenancista** [orðenan̩'θista] *adj* obrigkeitshörig

**ordenanza**[1] [orðe'nan̩θa] *f* ❶ (*ordenación*) Anordnung *f*; (*medida*) Verordnung *f* ❷ *pl* (ADMIN, MIL) Dienstordnung *f*

**ordenanza**[2] [orðe'nan̩θa] *m* ❶ (MIL) Ordonnanz *f* ❷ (*botones*) Bote *m*

**ordenar** [orðe'nar] **I.** *vi* Ordnung schaffen; (*en casa*) aufräumen **II.** *vt* ❶ (*arreglar*) ordnen; (*habitación, armario*) aufräumen; (*colocar*) anordnen; (*clasificar*) ordnen (*por* nach +*dat*) ❷ (*mandar*) anordnen ❸ (REL) ordinieren **III.** *vr*: **~se** (REL) die Priesterweihe empfangen

**ordeñadora** [orðeɲa'ðora] *f* Melkmaschine *f*

**ordeñar** [orðe'ɲar] *vt* melken

**ordinal** [orði'nal] **I.** *adj* Ordnungs-;

**número** ~ Ordnungszahl *f* **II.** *m* Ordnungszahl *f*

**ordinariez** [orðina'rjeθ] *f* (*vulgaridad*) Vulgarität *f*

**ordinario, -a** [orði'narjo, -a] *adj* ① (*t.* JUR: *regular*) ordentlich ② (*habitual*) gewöhnlich; **de** ~ üblicherweise ③ (*grosero*) ordinär

**orear** [ore'ar] **I.** *vt* ① (*airear*) lüften ② (*secar*) (an der Luft) trocknen **II.** *vr:* ~**se** (*fam*) frische Luft schnappen

**orégano** [o'reɣano] *m* (*especia*) Oregano *m;* (*planta*) Dost *m;* **todo el monte es** ~ (*fig*) alles läuft wie am Schnürchen *fam*

**oreja** [o'rexa] *f* ① (ANAT) Ohr *nt;* (*sentido*) Gehör *nt;* **aguzar las** ~**s** die Ohren spitzen; **con las** ~**s gachas** (*fig*) mit hängendem Kopf; **agachar las** ~**s** klein beigeben; **¡no agaches las** ~**s!** halt die Ohren steif!; **calentar las** ~**s a alguien** jdm eins hinter die Ohren geben; (*fig*) jdm die Ohren lang ziehen; **enseñar la** ~ (*fig*) sein wahres Gesicht zeigen; **ver las** ~**s al lobo** (*fig*) in Teufelsküche geraten; **haber visto las** ~**s al lobo** nochmal mit einem blauen Auge davongekommen sein; **ser todo** ~**s** ganz Ohr sein ② (*lateral*) Seitenteil *nt o m;* (*lengüeta*) Zunge *f;* (*del zapato*) Lasche *f;* **sillón de** ~**s** Ohrensessel *m*

**orejera** [ore'xera] *f* ① (*en una gorra*) Ohrenklappe *f* ② *pl* (*en una cinta*) Ohrenschützer *mpl*

**orejero, -a** [ore'xero, -a] *m, f* (*Chil: pey*) Petze *f*

**orensano, -a** [oren'sano, -a] **I.** *adj* aus Orense **II.** *m, f* Einwohner(in) *m(f)* von Orense

**oreo** [o'reo] *m* ① (*ventilación*) Lüften *nt* ② (*desecación*) Trocknung *f* an der Luft

**orfanato** [orfa'nato] *m* Waisenhaus *nt*

**orfandad** [orfaṇ'da$^{d}$] *f* ① (*estado*) Verwaisung *f* ② (*pensión*) Waisenrente *f*

**orfebre** [or'feβre] *mf* Kunstschmied(in) *m(f);* (*orífice*) Goldschmied(in) *m(f);* (*platero*) Silberschmied(in) *m(f)*

**orfebrería** [orfeβre'ria] *f* ① (*obra*) Schmiedearbeit *f;* (*en oro*) Goldschmiedearbeit *f* ② (*arte*) Schmiedekunst *f;* (*en oro*) Goldschmiedekunst *f*

**orfelinato** [orfeli'nato] *m* Waisenhaus *nt*

**orfeón** [orfe'on] *m* Gesangverein *m*

**orgánico, -a** [or'ɣaniko, -a] *adj* organisch; **Ley Orgánica del Estado** Grundgesetz *nt*

**organigrama** [orɣani'ɣrama] *m* Organigramm *nt;* ~ **del programa** (INFOR) Programmablaufplan *m*

**organillo** [orɣa'niʎo] *m* Drehorgel *f*

**organismo** [orɣa'nismo] *m* ① (ANAT, BIOL) Organismus *m* ② (*institución*) Einrichtung *f;* ~ **oficial** Behörde *f*

**organista** [orɣa'nista] *mf* Organist(in) *m(f)*

**organización** [orɣaniθa'θjon] *f* Organisation *f;* ~ **central** Dachverband *m;* **O**~ **del Tratado del Atlántico Norte** Nordatlantikpakt *m*

**organizado, -a** [orɣani'θaðo, -a] *adj* ① *estar* organisiert ② *ser* ordentlich

**organizador(a)** [orɣaniθa'ðor(a)] **I.** *adj* organisierend; (*organizativo*) organisatorisch; **comité** ~ Organisationsausschuss *m* **II.** *m(f)* (*de un evento*) Veranstalter(in) *m(f);* ~ **de despacho** Bürobutler *m*

**organizar** [orɣani'θar] <z→c> **I.** *vt* ① (*preparar*) organisieren ② (*crear*) aufbauen ③ (*ordenar*) ordnen; (*estructurar*) gliedern ④ (*realizar*) durchführen; (*celebrar*) veranstalten **II.** *vr:* ~**se** ① (*asociarse*) sich zusammenschließen ② (*surgir*) zustande kommen; **¡menuda se organizó!** da war der Teufel los!; **se organizó una pelea** es kam zur Schlägerei ③ (*estructurarse*) sich gliedern ④ (*ordenar*) haushalten (mit +*dat*); ~**se el tiempo** sich *dat* die Zeit einteilen

**organizativo, -a** [orɣaniθa'tiβo, -a] *adj* organisatorisch

**órgano** ['orɣano] *m* ① (*organismo, t.* ANAT) Organ *nt;* ~ **judicial** Gerichtsbehörde *f;* ~**s sexuales** Geschlechtsorgane *ntpl* ② (MÚS) Orgel *f;* ~ **automático** Musikautomat *m;* ~ **electrónico** E-Orgel *f*

**orgasmo** [or'ɣasmo] *m* Orgasmus *m*

**orgía** [or'xia] *f* Orgie *f;* (*crápula*) Trinkgelage *nt;* (*desenfreno*) Zügellosigkeit *f*

**orgiástico, -a** [or'xjastiko, -a] *adj* orgiastisch; (*desenfrenado*) zügellos

**orgullo** [or'ɣuʎo] *m* ① (*satisfacción*) Stolz *m* (*por/de* auf +*akk*); ~ **profesional** Berufsehre *f;* **sentir** ~ **por alguien/algo** stolz auf jdn/etw sein; **tener el** ~ **de...** stolz darauf sein, zu ... ② (*soberbia*) Hochmut *m*

**orgulloso, -a** [orɣu'ʎoso, -a] *adj* ① *estar* (*satisfecho*) stolz (*con/de* auf +*akk*); **sentirse** ~ **de algo/alguien** stolz auf etw/jdn sein ② *ser* stolz; (*soberbio*) hochmütig

**orientación** [orjeṇta'θjon] *f* ① (*situación*) Orientierung *f* ② (*posición*) Ausrichtung *f* ③ (*ajuste*) Einstellung *f* ④ (*asesoramiento*) Beratung *f;* (*dirección*) Lenkung *f* ⑤ (*tendencia*) Tendenz *f;* **tu** ~ **política** deine politische Einstellung

**oriental** [orjeṇ'tal] **I.** *adj* ① (*del Este*) östlich; **Alemania O**~ Ostdeutschland *nt* ② (*Oriente Medio/Próximo*) orientalisch; **alfombra** ~ Orientteppich *m* ③ (*Extremo*

*Oriente*) fernöstlich; (*asiático*) asiatisch **II.** *mf* ① (*Oriente Medio/Próximo*) Orientale, -in *m, f* ② (*Extremo Oriente*) Asiate, -in *m, f*

**orientalismo** [orjeṇta'lismo] *m* ① (*estudio, disciplina*) Orientalistik *f* ② (*carácter oriental*) orientalische Wesensart *f*

**orientalista** [orjeṇta'lista] *mf* Orientalist(in) *m(f)*

**orientar** [orjeṇ'tar] **I.** *vt* ① (*dirigir*) ausrichten (*a/hacia* auf +*akk*); **orientado a la práctica** praxisorientiert ② (*ajustar*) einstellen ③ (*asesorar*) beraten; (*dirigir*) lenken **II.** *vr:* ~**se** ① (*dirigirse*) sich ausrichten; (*fig*) sich orientieren; ~**se bien** eine gute Orientierung haben; **se orientó muy bien en el trabajo** er/sie fand sich sehr gut in die Arbeit hinein ② (*tender*) tendieren (*a/hacia* zu +*dat*)

**orientativo, -a** [orjeṇta'tiβo, -a] *adj* Orientierungs-; **programa** ~ Orientierungsprogramm *nt*

**oriente** [o'rjeṇte] *m* ① (GEO) Osten *m;* (*países*) Orient *m;* **el O~ Próximo, el Cercano O~** der Nahe Osten; **el Extremo** [*o* **Lejano**] **O~** der Ferne Osten ② (*viento*) Ostwind *m*

**orífice** [o'rifiθe] *m* Goldschmied(in) *m(f)*

**orificio** [ori'fiθjo] *m* (*agujero*) Loch *nt;* (*abertura*) Öffnung *f;* ~ **de salida** Mündung *f*

**origen** [o'rixen] *m* ① (*principio*) Ursprung *m* ② (*causa*) Ursache *f;* **dar** ~ **a** [*o* **ser** ~ **de**] **algo** etw verursachen; **tener su** ~ **en algo** von etw *dat* herrühren ③ (*ascendencia*) Abstammung *f* ④ (*procedencia*) Herkunft *f;* **de** ~ **español** aus Spanien; **ser de** ~ **español** gebürtiger Spanier/gebürtige Spanierin sein

**original** [orixi'nal] **I.** *adj* ① (*auténtico*) original; **versión** ~ Originalfassung *f* ② (*primigenio*) ursprünglich; (*natural*) urwüchsig; **el pecado** ~ die Erbsünde ③ (*originario*) stammend (*de* aus +*dat*) ④ (*creativo*) originell ⑤ (*singular*) eigenartig **II.** *m* Original *nt;* **fiel al** ~ originalgetreu

**originalidad** [orixinali'ðaᵈ] *f* ① (*autenticidad*) Originalität *f* ② (*del origen*) Ursprünglichkeit *f;* (*carácter primigenio*) Urwüchsigkeit *f* ③ (*creatividad*) Originalität *f* ④ (*singularidad*) Eigentümlichkeit *f*

**originar** [orixi'nar] **I.** *vt* (*causar*) verursachen; (*provocar*) hervorrufen **II.** *vr:* ~**se** entspringen; (*surgir*) entstehen; (*proceder*) herrühren (*en* von +*dat*)

**originario, -a** [orixi'narjo, -a] *adj* ① (*original*) ursprünglich; (*innato*) angeboren ② (*oriundo*) stammend (*de* aus +*dat*); **es** ~ **de Chile** er ist gebürtiger Chilene ③ (*de origen*): **país** ~ Herkunftsland *nt*

**orilla** [o'riʎa] *f* ① (*borde*) Rand *m* ② (*ribera*) Ufer *nt;* **a ~s del Rhin** am Rhein(ufer); ~ **de** (*fam*) bei ③ *pl* (*Am: arrabales*) Stadtrand *m*

**orillar** [ori'ʎar] *vt* ① (*tela*) säumen; (*adornar*) verzieren ② (*resolver*) erledigen ③ (*sortear*) umgehen

**orillo** [o'riʎo] *m* Webkante *f*

**orín** [o'rin] *m* ① (*pl*) (*orina*) Urin *m* ② (*óxido*) Rost *m;* **cubierto de** ~ rostig

**orina** [o'rina] *f* <orines> Urin *m*

**orinal** [ori'nal] *m* Nachttopf *m;* (*de niño*) Töpfchen *nt*

**orinar** [ori'nar] **I.** *vi, vt* urinieren; ~ **sangre** Blut im Urin haben; **ir a** ~ (*fam*) aufs Klo gehen **II.** *vr:* ~**se** unkontrolliert Harn lassen; ~**se en la cama** das Bett nässen; **estoy orinándome** (*fam*) ich muss ganz schnell aufs Klo

**oriundo, -a** [o'rjuṇdo, -a] *adj* stammend (*de* aus +*dat*); **es** ~ **de Méjico** er ist gebürtiger Mexikaner

**orla** ['orla] *f* (*de tela*) Borte *f;* ~ **de luto** Trauerrand *m*

**orlar** [or'lar] *vt* (*adornar*) verzieren

**ornamentación** [ornameṇta'θjon] *f* Verzierung *f*

**ornamental** *adj* ornamental, verzierend

**ornamentar** [ornameṇ'tar] *vt* verzieren

**ornamento** [orna'meṇto] *m* ① (*adorno*) Verzierung *f* ② *pl* (REL: *vestiduras*) Ornat *m*

**ornar** [or'nar] *vt* schmücken (*con/de* mit +*dat*)

**ornato** [or'nato] *m* Zier(de) *f*

**ornitólogo, -a** [orni'toloɣo, -a] *m, f* Ornithologe, -in *m, f;* (*criador*) Vogelzüchter(in) *m(f)*

**ornitorrinco** [ornito'rriŋko] *m* Schnabeltier *nt*

**oro** ['oro] *m* ① (*metal*) Gold *nt;* ~ **de ley** Feingold *nt;* **bañado en** ~ vergoldet; **de** ~ golden; **color** ~ goldfarben; **como los chorros del** ~ (*fam*) wie geleckt; **guardar como** ~ **en paño** wie seinen Augapfel hüten; **pagar a peso de** ~ mit Gold aufwiegen; **prometer a alguien el** ~ **y el moro** (*fam*) jdm das Blaue vom Himmel versprechen; **mi palabra es** ~ auf mein Wort ist Verlass; **valer su peso en** ~ nicht mit Gold aufzuwiegen sein; **no es** ~ **todo lo que reluce** (*prov*) es ist nicht alles Gold, was glänzt ② (*dinero*) Gold(geld) *nt;* **hacerse de** ~ steinreich werden; **nadar en** ~ im Geld schwimmen *fam*

**orografía** [oroɣra'fia] *f sin pl* (GEO) Orographie *f*

**orondo**, **-a** [o'ron̩do, -a] *adj* ❶ (*recipiente*) (dick)bauchig ❷ (*gordo*) dickbäuchig ❸ (*engreído*) aufgeblasen
**oropel** [oro'pel] *m* ❶ (*latón*) Flittergold *nt* ❷ (*adorno, t. pey*) Flitter *m*
**oropéndola** [oro'pen̩dola] *f* (ZOOL) Pirol *m*
**orquesta** [or'kesta] *f* Orchester *nt*
**orquestación** [orkesta'θjon] *f* (MÚS) Orchestrierung *f*
**orquestar** [orkes'tar] *vt* ❶ (MÚS) orchestrieren ❷ (*pey: organizar*) inszenieren
**orquestina** [orkes'tina] *f* (*de baile*) Tanzorchester *nt*
**orquídea** [or'kiðea] *f* Orchidee *f*
**ortiga** [or'tiɣa] *f* Brennnessel *f*
**orto** ['orto] *m* (ASTR) Sonnenaufgang *m*
**ortocentro** [orto'θen̩tro] *m* (MAT) Orthozentrum *nt*
**ortodoncia** [orto'ðon̩θja] *f* Kieferorthopädie *f*
**ortodoxia** [orto'ðoᵞsja] *f* Orthodoxie *f*; (REL) Rechtgläubigkeit *f*
**ortodoxo**, **-a** [orto'ðoᵞso, -a] **I.** *adj* orthodox; **ser católico** ~ ein strenger Katholik sein **II.** *m, f* Orthodoxe(r) *mf*
**ortogonal** [ortoɣo'nal] *adj* rechtwinklig
**ortografía** [ortoɣra'fia] *f* Rechtschreibung *f*; **falta de** ~ Rechtschreibfehler *m*
**ortográfico**, **-a** [orto'ɣrafiko, -a] *adj* orthographisch; **reglas ortográficas** Rechtschreibung *f*; **reforma ortográfica** Rechtschreibreform *f*
**ortopeda** [orto'peða] *mf* Orthopäde, -in *m, f*
**ortopedia** [orto'peðja] *f* Orthopädie *f*
**ortopédico**, **-a** [orto'peðiko, -a] **I.** *adj* orthopädisch; **pierna ortopédica** Beinprothese *f* **II.** *m, f* Orthopäde, -in *m, f*
**ortopedista** [ortope'ðista] *mf* Orthopäde, -in *m, f*
**oruga** [o'ruɣa] *f* ❶ (ZOOL) Raupe *f* ❷ (TÉC) Raupenkette *f*
**orujo** [o'ruxo] *m* ❶ (*residuo*) Trester *mpl* ❷ (*aguardiente*) Trester(schnaps) *m*
**orzuelo** [or'θwelo] *m* Gerstenkorn *nt*
**os** [os] **I.** *pron pers* (*objeto*) euch **II.** *pron refl*: ¿~ **marcháis?** geht ihr?
**osa** ['osa] *f* Bärin *f*; **¡anda la ~!** ach, du liebe Zeit!; **la O~ Mayor/Menor** (ASTR) der Große/Kleine Bär [*o* Wagen]
**osadía** [osa'ðia] *f* Kühnheit *f*
**osado**, **-a** [o'saðo, -a] *adj* kühn
**osamenta** [osa'men̩ta] *f* (*esqueleto*) Gerippe *nt*; (*restos mortales*) Gebein *nt*
**osar** [o'sar] *vi* wagen; **¿cómo osas decir esto?** wie kannst du es nur wagen, das zu sagen?
**osario** [o'sarjo] *m* Ossarium *nt*; (ARTE) Karner *m*
**oscense** [os'θense] **I.** *adj* aus Huesca **II.** *mf* Einwohner(in) *m(f)* von Huesca
**oscilación** [osθila'θjon] *f* (*vaivén*) Schwingung *f*; (*variación*) Schwankung *f*; (*indecisión*) Unschlüssigkeit *f*
**oscilante** [osθi'lan̩te] *adj* (*indeciso*) unschlüssig
**oscilar** [osθi'lar] *vi* (*en vaivén*) schwingen; (*péndulo*) pendeln; (*variar*) schwanken
**oscilatorio**, **-a** [osθila'torjo, -a] *adj* schwingend
**oscurantismo** [oskuran̩'tismo] *m* Obskurantismus *m*
**oscurecer** [oskure'θer] *irr como crecer* **I.** *vimpers* dunkel werden **II.** *vt* ❶ (*privar de luz, t. fig*) verdunkeln ❷ (*confundir*) verwirren **III.** *vr*: ~**se** ❶ (*volverse oscuro, t. fig*) sich verdunkeln ❷ (*debilitarse, t. fig*) verblassen **IV.** *m* Abenddämmerung *f*; **al** ~ in der Abenddämmerung
**oscurecimiento** [oskureθi'mjen̩to] *m* (*t. fig*) Verdunk(e)lung *f*; (*anochecer*) Dunkelwerden *nt*
**oscuridad** [oskuri'ðaᵈ] *f* ❶ (*falta de luz*) Dunkelheit *f*; **en la** ~ im Dunkeln ❷ (*falta de claridad*) Unklarheit *f*; **en la** ~ im Unklaren
**oscuro**, **-a** [os'kuro, -a] *adj* (*t. fig*) dunkel; **azul** ~ dunkelblau; **a oscuras** im Dunkeln; **de** ~ **origen** von zweifelhafter Herkunft
**óseo**, **-a** ['oseo, -a] *adj* knöchern; **restos** ~**s** Knochen *mpl*
**osera** [o'sera] *f* Bärenhöhle *f*
**osezno**, **-a** [o'seθno, -a] *m, f* Bärenjunge(s) *nt*
**osificar** [osifi'kar] <c→qu> *vt, vr*: ~**se** verknöchern
**osmosis** [os'mosis] *f inv*, **ósmosis** ['osmosis] *f inv* ❶ (QUÍM, BOT) Osmose *f* ❷ (*influencia*) Beeinflussung *f*
**oso** ['oso] *m* Bär *m*; ~ **de peluche** Teddy(bär) *m*; ~ **blanco** Eisbär *m*; **fuerte como un** ~ bärenstark
**ostensible** [osten'siβle] *adj* offenkundig; **hacer** ~ offenbaren
**ostensivo**, **-a** [osten'siβo, -a] *adj* ❶ (*manifiesto*) offensichtlich ❷ (*ostentoso*) ostentativ
**ostentación** [osten̩ta'θjon] *f* Zurschaustellen *nt*; (*jactancia*) Prahlerei *f*; **hacer** ~ **de algo** etw zur Schau stellen; (*jactarse*) mit etw *dat* prahlen
**ostentador(a)** [osten̩ta'ðor(a)] **I.** *adj* prahlerisch **II.** *m(f)* Prahler(in) *m(f)*
**ostentar** [osten̩'tar] *vt* ❶ (*mostrar*) zur Schau stellen; (*jactarse*) prahlen (mit

+*dat*) ❷ (*poseer*) aufweisen; (*puesto, poder*) innehaben

**ostentativo, -a** [osteṇta'tiβo, -a] *adj v.* **ostensivo**

**ostentoso, -a** [osteṇ'toso, -a] *adj* ❶ (*jactancioso*) prahlerisch ❷ (*llamativo*) auffallend; (*provocativo*) ostentativ

**osteopatía** [osteopa'tia] *f* (MED) Osteopathie *f;* (*patología*) Knochenerkrankung *f*

**ostra** ['ostra] *f* Auster *f;* **aburrirse como una ~** sich zu Tode langweilen; **¡~s!** herrje!

**ostracismo** [ostra'θismo] *m* (*de la vida pública*) Ächtung *f;* (*exilio*) Verbannung *f;* **condenar al ~** (*fig*) ächten

**ostrogodo, -a** [ostro'ɣoðo, -a] **I.** *adj* ostgotisch **II.** *m, f* Ostgote, -in *m, f*

**otalgia** [o'talxia] *f* Ohrenschmerzen *mpl*

**OTAN** [o'tan] *f abr de* **Organización del Tratado del Atlántico Norte** NATO *f*

**otario, -a** [o'tarjo, -a] **I.** *adj* (*CSur*) dumm **II.** *m, f* (*CSur*) Dummkopf *m*

**otear** [ote'ar] **I.** *vt* (*ver*) erspähen; (*escudriñar*) absuchen; (*observar*) beobachten **II.** *vi* spähen; (*desde un alto*) hinabspähen

**otero** [o'tero] *m* Anhöhe *f*

**otitis** [o'titis] *f inv* Ohrenentzündung *f;* **~ media** Mittelohrentzündung *f*

**otomán** [oto'man] *m* (*tejido*) Ottoman *m*

**otomana** [oto'mana] *f* Ottomane *f*

**otomano, -a** [oto'mano, -a] **I.** *adj* osmanisch **II.** *m, f* Osmane, -in *m, f*

**otoñal** [oto'ɲal] *adj* ❶ (*lugar, tiempo*) herbstlich ❷ (*persona*) älter; **un amor ~** eine späte Liebe

**otoño** [o'toɲo] *m* (*estación*) Herbst *m;* **a fin(al)es de ~** im Spätherbst; **el ~ (de la vida)** der Herbst des Lebens

**otorgamiento** [otorɣa'mjeṇto] *m* ❶ (JUR) Verleihung *f;* (*concesión*) Erteilung *f;* (*de documento*) Ausstellung *f;* (*de contrato*) Abschluss *m;* (*de licencia*) Vergabe *f;* **~ de poder** Vollmachterteilung *f* ❷ (*consentimiento*) Bewilligung *f*

**otorgar** [otor'ɣar] <g→gu> *vt* ❶ (*conferir*) verleihen; (*conceder*) erteilen; (*ayudas*) gewähren; (*expedir*) ausstellen; **~ licencia** eine Lizenz vergeben; **~ un plazo** eine Frist einräumen; **~ poderes** eine Vollmacht erteilen ❷ (*acceder*) bewilligen; **~ su consentimiento** seine Zustimmung geben

**otorrinolaringólogo, -a** [otorrinolariŋ'goloɣo, -a] *m, f* Hals-Nasen-Ohren-Arzt, -Ärztin *m, f*

**otro, -a** ['otro, -a] *adj o pron indef* ❶ (*distinto*) ein anderer, eine andere; **~s** andere; **el ~/la otra/lo ~** der/die/das andere; **otra persona, ~** jemand anders; **ninguna otra persona, ningún ~** kein anderer; **~ tanto** noch einmal so viel; **al ~ día** am Tag darauf; **el ~ día** neulich; **en otra ocasión** ein anderes Mal; **en ~ sitio** woanders; **de un sitio a ~** hin und her; **la otra semana** vorige Woche; **otra cosa** etwas anderes; **¡otra vez será!** ein anderes Mal!; **eso ya es otra cosa** das ist schon besser; **otra vez** noch (ein)mal; **no ~ que** kein anderer als; **ésa es otra** (*cosa distinta*) das ist noch einmal etwas anderes; (*irón: aún peor*) das ist ja noch schöner!; **¡a otra cosa mariposa!** Schluss jetzt!; **¡hasta otra (vez)!** bis zum nächsten Mal! ❷ (*uno más*) noch eine(r, s); **otras tres personas** noch drei (weitere) Personen; **¡otra, otra!** Zugabe!; **es ~ Mozart** er ist ein zweiter Mozart

**otrosí** [otro'si] *adv* ferner

**ovación** [oβa'θjon] *f* Beifall *m;* **dar una ~** Beifall spenden; **recibir una ~** Beifall ernten

**ovacionar** [oβaθjo'nar] *vt* Beifall spenden +*dat*

**oval** [o'βal], **ovalado, -a** [oβa'laðo, -a] *adj* oval

**ovalar** [oβa'lar] *vt* oval machen

**óvalo** ['oβalo] *m* (*forma*) Oval *nt*

**ovario** [o'βarjo] *m* (ANAT) Eierstock *m*

**oveja** [o'βexa] *f* Schaf *nt;* **cada ~ con su pareja** (*prov*) Gleich und Gleich gesellt sich gern

**overbooking** [oβer'bukiŋ] *m* (ECON) Überbelegung *f*

**overol** [oβe'rol] *m* (*Am*) Overall *m*

**ovetense** [oβe'tense] **I.** *adj* aus Oviedo **II.** *m* Einwohner(in) *m(f)* von Oviedo

**oviducto** [oβi'ðukto] *m* Eileiter *m*

**ovillar** [oβi'ʎar] **I.** *vt* zu einem Knäuel wickeln; (*enrollar*) aufwickeln **II.** *vr:* **~se** sich zusammenrollen

**ovillo** [o'βiʎo] *m* Knäuel *m o nt;* (*fig*) Wirrwarr *m;* **hacerse un ~** (*enredarse*) sich verwickeln; (*encogerse*) sich zusammenrollen; (*al hablar*) sich verhaspeln

**ovino, -a** [o'βino, -a] **I.** *adj* Schaf-; **ganado ~** Schafe *ntpl* **II.** *m, f* Schaf *nt*

**ovíparo, -a** [o'βiparo, -a] *adj* Eier legend

**ovni** ['oβni] *m* UFO *nt*

**ovoide** [o'βoi̯ðe] **I.** *adj* eiförmig **II.** *m* ❶ (MAT) Ovoid *nt* ❷ (*Am: pelota*) Rugbyball *m*

**ovulación** [oβula'θjon] *f* Eisprung *m*

**ovular** [oβu'lar] *vi* einen Eisprung haben

**óvulo** ['oβulo] *m* (ANAT) Eizelle *f*

**oxidable** [oᵞsi'ðaβle] *adj* (*metal*) leicht rostend

**oxidación** [oᵞsiða'θjon] *f* ❶ (QUÍM) Oxida-

O

tion *f* ② (*metal*) (Ver)rosten *nt*

**oxidante** [oʸsi'ðan̩te] **I.** *adj* (QUÍM) oxidierend **II.** *m* Oxidationsmittel *nt*

**oxidar** [oʸsi'ðar] **I.** *vt* ① (QUÍM) oxidieren ② (*metal*) rosten lassen; **un hierro oxidado** ein Stück rostiges Eisen **II.** *vr:* **~se** ① (*metal*) rosten; (*mente*) verkalken; **~se de no moverse** einrosten ② (QUÍM) oxidieren

**óxido** ['oʸsiðo] *m* ① (QUÍM) Oxid *nt* ② (*orín*) Rost *m*

**oxigenación** [oʸsixena'θjon] *f* Versetzung *f* mit Sauerstoff

**oxigenar** [oʸsixe'nar] **I.** *vt* ① (*cabello*) mit Wasserstoffperoxid blondieren; (**rubio**) **oxigenado** wasserstoffblond ② (QUÍM) mit Sauerstoff versetzen; **agua oxigenada** Wasserstoffperoxid *nt* **II.** *vr:* **~se** (*fam*) frische Luft schnappen

**oxígeno** [oʸ'sixeno] *m* Sauerstoff *m*

**oyente** [o'ɟen̩te] *mf* Zuhörer(in) *m(f)*; (RADIO) Hörer(in) *m(f)*; (**libre**) ~ (UNIV) Gasthörer(in) *m(f)*

**ozono** [o'θono] *m* Ozon *nt*; **el agujero en la capa de ~** das Ozonloch

**ozonosfera** [oθonos'fera] *f* Ozonschicht *f*; (METEO) Ozonosphäre *f*

**ozonoterapia** [oθonote'rapja] *f* (MED) Ozontherapie *f*

# P p

**P, p** [pe] *f* P, p *nt*; **~ de París** P wie Paula

**pabellón** [paβe'ʎon] *m* ① (*tienda*) Zelt *nt* ② (*bandera*) Flagge *f* ③ (ARQUIT) Pavillon *m* ④ (ANAT: *de la oreja*) Ohrmuschel *f*

**pabilo** [pa'βilo] *m*, **pábilo** ['paβilo] *m* Docht *m*

**pábulo** ['paβulo] *m* Nahrung *f*; (*fig*) Nährboden *m*; **dar ~ a rumores** Gerüchte hervorrufen

**paca** ['paka] *f* (*fardo*) Packen *m*; (*de paja*) Ballen *m*

**pacato, -a** [pa'kato, -a] *adj* ① (*mojigato*) bigott ② (*apacible*) ruhig ③ (*tímido*) furchtsam

**pacense** [pa'θense] **I.** *adj* ① aus Badajoz ② aus Beja **II.** *mf* ① Einwohner(in) *m(f)* von Badajoz ② Einwohner(in) *m(f)* von Beja

**pacer** [pa'θer] *irr como crecer* **I.** *vi* grasen **II.** *vt* abgrasen

**pachá** [pa'ʧa] *m* Pascha *m*; **vivir como un ~** leben wie Gott in Frankreich

**pachanga** [pa'ʧaŋga] *f* ① (*danza*) *kubanischer Tanz* ② (*Am: fam: fiesta*) Fest *nt* ③ (DEP) *Fußball/Korbball mit nur einem Tor/einem Korb*

**pachanguero, -a** [paʧaŋ'gero, -a] *adj:* **una fiesta pachanguera** ein lautes Fest

**pachorra** [pa'ʧorra] *f* (*fam*) Trägheit *f*

**pachucho, -a** [pa'ʧuʧo, -a] *adj* ① (*fam: persona*) schlapp ② (*fruta*) überreif

**pachulí** [paʧu'li] *m* (BOT) Patschulipflanze *f*

**paciencia** [pa'θjen̩θja] *f* (*espera*) Geduld *f*; **se me acabó la ~** meine Geduld ist am Ende

**paciente** [pa'θjen̩te] **I.** *adj* geduldig; **ser ~ con alguien** mit jdm viel Geduld haben **II.** *mf* Patient(in) *m(f)*

**pacificación** [paθifika'θjon] *f* (*establecer paz*) Befriedung *f*; (*reconciliación*) Aussöhnung *f*

**pacificador(a)** [paθifika'ðor(a)] **I.** *adj* Frieden stiftend **II.** *m(f)* Frieden(s)stifter(in) *m(f)*

**pacificar** [paθifi'kar] <c→qu> **I.** *vi* den Frieden wiederherstellen **II.** *vt* (*apaciguar*) befrieden; (*reconciliar*) aussöhnen **III.** *vr:* **~se** sich beruhigen; (*viento*) nachlassen

**pacífico, -a** [pa'θifiko, -a] *adj* ① (*de ánimo tranquilo*) friedfertig; **carácter ~** Friedfertigkeit *f* ② (*en estado tranquilo*) ruhig

**Pacífico** [pa'θifiko] *m* Pazifik *m*

**pacifismo** [paθi'fismo] *m* Pazifismus *m*

**pacifista** [paθi'fista] **I.** *adj* pazifistisch **II.** *mf* Pazifist(in) *m(f)*

**paco, -a** ['pako, -a] *adj* (*Am*) rötlich

**pacotilla** [pako'tiʎa] *f* ① (*calidad inferior*) Schund *m*; **tienda de ~s** Kramladen *m*; **de ~** (*mercancía*) minderwertig; (*restaurante*) zweitklassig; **ser de ~** nichts wert sein; **hacer su ~** zu Geld kommen ② (*Am: chusma*) Gesindel *nt*

**pactar** [pak'tar] **I.** *vi* sich fügen; **¡hay que ~ para sobrevivir!** im Leben muss man Kompromisse machen! **II.** *vt* einen Pakt schließen

**pactista** [pak'tista] **I.** *adj* kompromissbereit **II.** *mf* Paktierer(in) *m(f)*

**pacto** ['pakto] *m* Pakt *m*; (*contrato*) Vertrag *m*; **~ de estabilidad y crecimiento** (**económicos**) Stabilitäts- und Wachstumspakt *m*

**padecer** [paðe'θer] *irr como crecer* **I.** *vi* leiden **II.** *vt* ① (*sufrir*) leiden (unter *+dat*); (*enfermedad*) leiden (an *+dat*); **~ un error** einem Irrtum unterliegen ② (*soportar*) ertragen

**padecimiento** [paðeθi'mjen̩to] *m* ① (*sufri-*

*miento*) Leiden *nt* ② (*enfermedad*) Krankheit *f*

**padrastro** [pa'ðrastro] *m* ① (*marido de madre*) Stiefvater *m* ② (*mal padre*) Rabenvater *m*

**padrazo** [pa'ðraθo] *m*: **es un ~** (*fam*) er ist ein toller Vater

**padre** ['paðre] **I.** *m* ① (*t.* REL) Vater *m*; **~ espiritual** Seelsorger *m*; **¡tu ~!** (*fam*) verdammt noch mal!; **tal ~, tal hijo** (*prov*) der Apfel fällt nicht weit vom Stamm ② *pl* (*antepasados*) Vorfahren *mpl*; **dormir con sus ~s** tot sein ③ *pl* (*padre y madre*) Eltern *pl* **II.** *adj* (*fam*) riesengroß; **un escándalo ~** ein Riesenskandal; **recibir una paliza de ~ y muy señor mío** windelweich geprügelt werden

**padrenuestro** [paðre'nwestro] *m* Vaterunser *nt*

**padrillo** [pa'ðriʎo] *m* (*CSur*) Deckhengst *m*

**padrinazgo** [paðri'naθɣo] *m* ① (*título*) Patenschaft *f* ② (*protección*) Schutz *m*

**padrino** [pa'ðrino] *m* (*de bautizo*) (Tauf)pate *m*; **~** (**de boda**) Trauzeuge *m*; **tener buenos ~s** (*fig*) gute Beziehungen haben

**padrón** [pa'ðron] *m* ① (*nómina*) Einwohnerverzeichnis *nt* ② (*irón: infamia*) Schandfleck *m* ③ (*Am: caballo*) Zuchthengst *m*

**padrote** [pa'ðrote] *m* (*AmC, Méx*) ① (*equino*) Deckhengst *m*; (*bovino*) Zuchtbulle *m* ② (*fam: alcahuete*) Zuhälter *m*

**paella** [pa'eʎa] *f* ① (*comida*) Paella *f* ② (*utensilio*) Paellapfanne *f*

> **i Land & Leute**
>
> Die **paella** ist ein spanisches Reisgericht mit verschiedenen Fleisch- und Fischsorten, *mariscos – Meeresfrüchten* und *azafrán – Safran*, der dem Reis seine charakteristische dunkelgelbe Farbe verleiht. Ursprünglich aus Valencia ist die Paella heutzutage weltweit bekannt.

**paellada** [pae'ʎaða] *f* ≈Paellaessen *nt*

**paellera** [pae'ʎera] *f* (*utensilio*) Paellapfanne *f*

**pág.** ['paxina] *abr de* **página** S.

**paga** ['paɣa] *f* ① (*sueldo*) Lohn *m* ② (*acto*) Zahlung *f*

**pagadero, -a** [paɣa'ðero, -a] *adj* ① (*a pagar*) fällig ② (*pagable*) zahlbar

**pagado, -a** [pa'ɣaðo, -a] *adj* (*en aduana*) verzollt; **~ de sí mismo** selbstgefällig

**pagador(a)** [paɣa'ðor(a)] *m(f)* ① (*que paga*) Zahler(in) *m(f)* ② (*cajero*) Kassenführer(in) *m(f)*

**pagaduría** [paɣaðu'ria] *f* Zahlstelle *f*

**paganismo** [paɣa'nismo] *m sin pl* Heidentum *nt*

**paganizar** [paɣani'θar] <z→c> **I.** *vi* Heide werden **II.** *vt* zum Heidentum bekehren

**pagano, -a** [pa'ɣano, -a] **I.** *adj* heidnisch **II.** *m, f* ① (*infiel*) Heide, -in *m, f* ② (*fam: pagador*) Zahler(in) *m(f)*; **hacer de ~** immer für die anderen zahlen

**pagar** [pa'ɣar] <g→gu> **I.** *vt* ① (*gastos, a alguien*) bezahlen; (*sueldo que se debe*) auszahlen; (*una deuda*) begleichen; **~ un anticipo** eine Anzahlung leisten; **una cuenta sin ~** eine unbezahlte Rechnung; **~ una deuda a plazos** eine Schuld abzahlen; **ahora tiene que ~ el pato** (*fig*) jetzt muss er/sie es ausbaden ② (*expiar*) büßen; **~ una condena** eine Strafe verbüßen; **¡me las ~ás!** das wirst du mir büßen! ③ (*recompensar*) vergelten; (*una visita*) erwidern; **¡Dios se lo pague!** vergelt's Gott! **II.** *vr*: **~se** ① (*aficionarse*) eingenommen sein (*de/con* von +*dat*); (*presumir*) angeben (*de* mit +*dat*) ② (*contentarse*) sich abspeisen lassen (*de/con* mit +*dat*)

**pagaré** [paɣa're] *m* Schuldschein *m*

**página** ['paxina] *f* ① (*hoja*) Seite *f*; **~ principal**, **~ inicial** (INFOR) Homepage *f*; **~ web** (INFOR) Webseite *f*; **pasar la ~** (**adelante**) (vor)blättern ② (*episodio*) Kapitel *nt*

**paginación** [paxina'θjon] *f* Seitennummerierung *f*

**paginar** [paxi'nar] *vt* mit Seitenzahlen versehen

**pago** ['paɣo] *m* ① (*reintegro*) Zahlung *f*; **~ adicional** Nachzahlung *f*; **~ extraordinario** Zuschlag *m*; **~ inicial** Anzahlung *f*; **~ a plazos** Ratenzahlung *f*; **día de ~** Zahltag *m*; **anticipar el ~** vorauszahlen; **sujeto a ~** zahlungspflichtig ② (*salario*) Lohn *m*; **~ anticipado** Vorschuss *m*; **~ por hora** Stundenlohn *m*; **~ por incapacidad** Krankengeld *nt* ③ (*fig: recompensa*) Vergeltung *f*; **¿éste es el ~ que me das?** so dankst du es mir? ④ (*heredad*) Gut *nt* ⑤ (*Arg, Perú: de nacimiento*) Heimatort *m*

**pagoda** [pa'ɣoða] *f* Pagode *f*

**paila** ['pai̯la] *f* (*Am: sartén*) Pfanne *f*

**paipai** [pai̯'pai̯] *m* Fächer *m*

**país** [pa'is] *m* (GEO, POL) Land *nt*; **~ comunitario** EU-Land *nt*; **~ industrializado** Industrienation *f*; **~ limítrofe** Nachbarland *nt;* ~ **en vías de desarrollo** Entwicklungsland *nt;* ~ **en vías de industrialización** Schwellenland *nt;* ~ **miembro de la UEME** EWWU-Teilnehmerland *nt*

**paisa** ['pai̯sa] *m* (*Am*) *v.* **paisano**

**paisaje** [pai̯'saxe] *m* Landschaft *f*

**paisajismo** [pai̯sa'xismo] *m* (ARTE) Landschaftsmalerei *f*

**paisajista** [pai̯sa'xista] *mf* Landschaftsmaler(in) *m(f)*

**paisano, -a** [pai̯'sano, -a] *m, f* ❶ (*no militar*) Zivilist(in) *m(f);* **ir de** ~ in Zivil gehen ❷ (*compatriota*) Landsmann, -männin *m, f* ❸ (*campesino*) Bauer *m,* Bäuerin *f*

**Países Bajos** [pa'ises 'βaxos] *mpl* Niederlande *pl*

**paja** ['paxa] *f* Stroh *nt;* (*pajilla*) Strohhalm *m;* **cama de** ~ Streu *f;* **apartar el grano de la** ~ (*t. fig*) die Spreu vom Weizen trennen; **no pesar una** ~ völlig unbedeutend sein; **no dormirse en las** ~**s** (*fig*) keine Gelegenheit versäumen; **hacerse una** ~ (*vulg*) sich *dat* einen runterholen

**pajar** [pa'xar] *m* Scheune *f;* **buscar una aguja en un** ~ (*fig*) eine Stecknadel im Heuhaufen suchen

**pájara** ['paxara] *f* ❶ (*ave*) kleiner Vogel *m* ❷ (*cometa*) Drachen *m* ❸ (*pey: mujer*) gerissenes Frauenzimmer *nt* ❹ (*loc*): **me entró la** ~ auf einmal fühlte ich mich hundeelend

**pajarera** [paxa'rera] *f* Voliere *f*

**pajarería** [paxare'ria] *f* ❶ (*multitud de pájaros*) Vogelschwarm *m* ❷ (*comercio*) Tierhandlung *f*

**pajarero, -a** [paxa'rero, -a] **I.** *adj* ❶ (*de pájaros*) Vogel-; **redes pajareras** Vogelnetze *ntpl* ❷ (*persona*) lustig ❸ (*telas*) bunt(scheckig) ❹ (*Am: caballos*) leicht scheuend **II.** *m, f* (*cazador de pájaros*) Vogelfänger(in) *m(f);* (*criador de pájaros*) Vogelzüchter(in) *m(f);* (*vendedor de pájaros*) Vogelhändler(in) *m(f)*

**pajarita** [paxa'rita] *f* (*corbata*) Fliege *f*

**pájaro** ['paxaro] *m* Vogel *m;* ~ **bobo** (Riesen)pinguin *m;* ~ **carpintero** Specht *m;* ~ **mosca** Kolibri *m;* ~ **de cuenta** (*fig fam*) schräger Vogel; ~ **gordo** (*fig*) hohes Tier; **tener la cabeza llena de** ~**s** ein Luftikus sein; **voló el** ~ (*fig fam*) der Vogel ist ausgeflogen; **más vale** ~ **en mano que ciento volando** (*prov*) besser einen Spatz in der Hand als eine Taube auf dem Dach

**pajarraco** [paxa'rrako] *m* (*fam: pillo*) Gauner(in) *m(f)*

**paje** ['paxe] *m* (*criado*) Page *m*

**pajero** [pa'xero] *m* (*CSur: vulg*) Wichser *m*

**pajita** [pa'xita] *f* Strohhalm *m*

**pajizo, -a** [pa'xiθo, -a] *adj* ❶ (*con/de paja*) Stroh- ❷ (*color*) strohgelb ❸ (*cabello*) strohig

**pajolero, -a** [paxo'lero, -a] *adj* (*fam*) verflixt

**pajonal** [paxo'nal] *m* (*Am*) Gestrüpp *nt*

**Pakistán** [pakis'tan] *m* Pakistan *nt*

**pakistaní** [pakista'ni] **I.** *adj* pakistanisch **II.** *mf* Pakistaner(in) *m(f)*

**pala** ['pala] *f* ❶ (*para cavar*) Schaufel *f;* (*cuadrada*) Spaten *m;* ~ **mecánica** Löffelbagger *m;* (*Am*) Bulldozer *m* ❷ (*del timón*) Ruderblatt *nt* ❸ (*raqueta*) Schläger *m;* (*bate*) Schlagholz *nt* ❹ (*del calzado*) Oberleder *nt*

**palabra** [pa'laβra] *f* Wort *nt;* ~ **clave** Kodewort *nt;* (*t.* INFOR) Passwort *nt;* (*en una conversación*) Stichwort *nt;* ~**s cruzadas** Kreuzworträtsel *nt;* ~ **extranjera** Fremdwort *nt;* ~**s insultantes** Schmähworte *ntpl;* ~ **de matrimonio** Eheversprechen *nt;* ~**s mayores** Schimpfwörter *ntpl;* ~ **técnica** Fachausdruck *m;* **libertad de** ~ Redefreiheit *f;* **bajo** ~ auf Ehrenwort; **buenas** ~**s** leere Worte; **de** ~ (*oral*) mündlich; (*que cumple sus promesas*) zuverlässig; **de pocas** ~**s** wortkarg; **ahorrar** ~**s** nicht viele Worte machen; **aprender las** ~**s** Vokabeln lernen; **beber las** ~**s a alguien** jdm ganz aufmerksam zuhören; **coger a alguien la** ~ jdn beim Wort nehmen; **cumplir la** ~ sein Wort halten; **faltar a la** ~ sein Wort nicht halten; **dejar a alguien con la** ~ **en la boca** jdn nicht ausreden lassen; **hablar a medias** ~**s** nur Andeutungen machen; **llevar la** ~ das Wort führen; **medir las** ~**s** seine Worte genau abwägen; **no entender** ~ kein Wort verstehen; **quitar a alguien la** ~ **de la boca** jdm das Wort aus dem Munde nehmen; **tener el don de** ~ wortgewandt sein; **voy a ponerle dos** ~**s** ich will ihm/ihr ein paar Zeilen schreiben

**palabreo** [pala'βreo] *m* leeres Gerede *nt;* **¡déjate de tanto** ~**!** hör auf mit diesem Geschwätz!

**palabrería** [palaβre'ria] *f* leeres Gerede *nt*

**palabrero, -a** [pala'βrero, -a] **I.** *adj* geschwätzig **II.** *m, f* Schwätzer(in) *m(f)*

**palabrota** [pala'βrota] *f* Schimpfwort *nt*

**palaciego, -a** [pala'θjeɣo, -a] **I.** *adj* höfisch, Hof- **II.** *m, f* Höfling *m,* Hofdame *f*

**palacio** [pa'laθjo] *m* Palast *m;* **P~ de las Cortes** Parlamentsgebäude *nt;* **P~ de Justicia** Gerichtsgebäude *nt;* ~ **municipal** Rathaus *nt*

**palada** [pa'laða] *f* ❶ (*de la pala*): **una** ~ eine Schaufel voll ❷ (*de remo*) Ruderschlag *m*

**paladar** [pala'ðar] *m* Gaumen *m;* ~ **blando** Gaumensegel *nt;* **tener buen** ~ ein Feinschmecker sein

**paladear** [palaðe'ar] *vt* ① (*degustar*) schmecken ② (*saborear*) auskosten; ~ **un dulce** eine Süßigkeit im Munde zergehen lassen

**paladín** [pala'ðin] *m* ① (*caballero valeroso*) Ritter *m* ② (*defensor*) Paladin *m*

**palanca** [pa'laŋka] *f* ① (*pértiga*) Hebel *m;* (*palanqueta*) Brechstange *f;* ~ **de mando** (AERO) Steuerknüppel *m;* (INFOR) Joystick *m* ② (*influencia*) Einfluss *m;* **tener mucha** ~ sehr einflussreich sein ③ (*en las piscinas*) Sprungbrett *nt*

**palangana** [palaŋ'gana] *f* (*jofaina*) (Wasch)becken *nt*

**palanganear** [palaŋgane'ar] *vi* (*Am: fam*) angeben

**palanquear** [palaŋke'ar] *vt* (*Am*) ① (*apalancar*) mit Hebeln bewegen ② (*influenciar*) verschiedene Hebel in Bewegung setzen (für +*akk*)

**palanqueta** [palaŋ'keta] *f* Brecheisen *nt*

**palatal** [pala'tal] *adj* Gaumen-

**Palatinado** [palati'naðo] *m* Pfalz *f*

**palatino, -a** [pala'tino, -a] **I.** *adj* ① (ANAT) Gaumen-; **hueso** ~ Gaumenbein *nt* ② (*del palacio*) höfisch; **vida palatina** Hofleben *nt* ③ (*del Palatinado*) pfälzisch; **conde** ~ Pfalzgraf *m* **II.** *m, f* (*habitante*) Pfälzer(in) *m(f)*

**palco** ['palko] *m* (*Am*) Tribüne *f;* (TEAT) Loge *f*

**palenque** [pa'leŋke] *m* ① (*estacada*) Umzäunung *f* ② (*palestra*) Kampfplatz *m*

**palentino, -a** [paleṇ'tino, -a] **I.** *adj* aus Palencia **II.** *m, f* Einwohner(in) *m(f)* von Palencia

**paleografía** [paleoɣra'fia] *f sin pl* Paläographie *f*

**paleógrafo, -a** [pale'oɣrafo, -a] *m, f* Paläograph(in) *m(f)*

**paleolítico**[1] [paleo'litiko] *m sin pl* Paläolithikum *nt*

**paleolítico, -a**[2] [paleo'litiko, -a] *adj* paläolithisch

**paleontología** [paleoṇtolo'xia] *f sin pl* Paläontologie *f*

**paleontólogo, -a** [paleoṇ'toloɣo, -a] *m, f* Paläontologe, -in *m, f*

**palestino, -a** [pales'tino, -a] **I.** *adj* palästinensisch **II.** *m, f* Palästinenser(in) *m(f)*

**paleta** [pa'leta] *f* ① (*pala*) kleine Schaufel *f;* (*del albañil*) Maurerkelle *f* ② (*del pintor*) Palette *f* ③ (*de turbinas*) Schaufel *f* ④ (*omóplato*) Schulterblatt *nt*

**paletada** [pale'taða] *f:* **una** ~ **de yeso** eine Kelle voll Gips

**paletilla** [pale'tiʎa] *f* (*omóplato*) Schulterblatt *nt*

**paletizar** [paleti'θar] <z→c> *vt* palettieren

**paleto**[1] [pa'leto] *m* Damhirsch *m*

**paleto, -a**[2] [pa'leto, -a] **I.** *adj* provinziell **II.** *m, f* Provinzler(in) *m(f) fam*

**paliar** [pa'ljar] <*1. pres:* palío, palio> *vt* ① (*delito*) vertuschen ② (*enfermedad*) lindern ③ (*restar importancia*) verharmlosen

**paliativo**[1] [palja'tiβo] *m* Schmerzmittel *nt*

**paliativo, -a**[2] [palja'tiβo, -a] *adj* (MED) (schmerz)lindernd; **remedio** ~ Schmerzmittel *nt*

**paliatorio, -a** [palja'torjo, -a] *adj* beschönigend

**palidecer** [paliðe'θer] *irr como crecer vi* ① (*persona*) erblassen ② (*cosa*) verblassen

**palidez** [pali'ðeθ] *f* Blässe *f*

**pálido, -a** ['paliðo, -a] *adj* blass; (*luz*) fahl; (*estilo*) ausdruckslos

**paliducho, -a** [pali'ðuʧo, -a] *adj* (*fam*) blässlich

**palier** [pa'ljer] *m* (AUTO) Halbachse *f*

**palillero** [pali'ʎero] *m* ① (*para palillos de dientes*) Zahnstocherbehälter *m* ② (*portaplumas*) Federhalter *m*

**palillo** [pa'liʎo] *m* ① (*palo*) Stöckchen *nt;* **tener las piernas como** ~**s** Storchenbeine haben ② (*para los dientes*) Zahnstocher *m* ③ (*para el tambor*) Trommelschlägel *m;* **tocar todos los** ~**s** (*fig*) alle Hebel in Bewegung setzen

**palio** ['paljo] *m* (*baldaquín*) Baldachin *m;* **recibir a alguien bajo** ~ (*fig*) jdn besonders freudig empfangen

**palique** [pa'like] *m* (*fam*) Geplauder *nt;* **estar de** ~ **con alguien** ein Schwätzchen mit jdm halten

**palisandro** [pali'saṇdro] *m* Palisanderholz *nt*

**paliza** [pa'liθa] *f* (*zurra*) (Tracht *f*) Prügel *mpl;* (*esfuerzo*) Anstrengung *f;* **dar una buena** ~ eine ordentliche Tracht Prügel verpassen; **les dieron una buena** ~ **en el partido** sie wurden beim Spiel ganz schön abgefertigt; **¡qué** ~ **me he pegado subiendo la montaña!** war das vielleicht anstrengend, den Berg zu besteigen!; **¡no me des la** ~**!** geh mir nicht auf die Nerven!

**palma** ['palma] *f* ① (*palmera*) Palme *f;* (*hoja de palmera*) Palm(en)blatt *nt* ② (*triunfo*) Sieg *m;* **llevarse la** ~ den Sieg davontragen ③ (ANAT) Handfläche *f;*

**conozco el barrio como la ~ de mi mano** ich kenne das Viertel wie meine Westentasche; **llevar a alguien en ~s** jdn auf Händen tragen ❹ *pl* (*ruido*) Händeklatschen *nt;* (*aplauso*) Beifall *m;* **tocar las ~s** in die Hände klatschen; (*aplaudir*) Beifall klatschen

**palmada** [pal'maða] *f* ❶ (*golpe*) Schlag *m* ❷ *pl* (*ruido*) Händeklatschen *nt;* **~s de aplauso** Beifallklatschen *nt;* **dar ~s** in die Hände klatschen

**palmar** [pal'mar] **I.** *m* Palmenwald *m;* **ser más viejo que un ~** uralt sein **II.** *vi* (*fam*): **~la** sterben

**palmarés** [palma'res] *m* (DEP) Siegerliste *f*

**palmario**, **-a** [pal'marjo, -a] *adj* offenkundig; **la diferencia es palmaria** der Unterschied liegt auf der Hand

**palmatoria** [palma'torja] *f* (*candelero*) Leuchter *m*

**palmeado**, **-a** [palme'aðo, -a] *adj* ❶ (*figura*) palmenförmig ❷ (ZOOL) mit Schwimmhäuten; **pata palmeada** Schwimmfuß *m*

**palmear** [palme'ar] *vi* (*aplaudir*) klatschen

**palmense** [pal'mense] **I.** *adj* aus Las Palmas de Gran Canaria **II.** *mf* Einwohner(in) *m(f)* von Las Palmas de Gran Canaria

**palmera** [pal'mera] *f* Palme *f*

**palmeral** [palme'ral] *m* Palmenwald *m*

**palmero**, **-a** [pal'mero, -a] **I.** *adj* aus Santa Cruz de la Palma **II.** *m, f* Einwohner(in) *m(f)* von Santa Cruz de la Palma

**palmípedas** [pal'mipeðas] *fpl* (ZOOL) Schwimmvögel *mpl*

**palmípedo**, **-a** [pal'mipeðo, -a] *adj* (*Vögel*) mit Schwimmhäuten

**palmito** [pal'mito] *m* ❶ (*palma*) Zwergpalme *f;* (*tallo blanco, comestible*) Palmherz *nt* ❷ (*fam: cara bonita*) hübsches Gesicht *nt;* **esta mujer tiene buen ~** diese Frau hat ein hübsches Gesicht

**palmo** ['palmo] *m* Handbreit *f;* **~ a ~** Schritt für Schritt; **conocer una ciudad ~ a ~** jeden Winkel einer Stadt kennen; **dejar a alguien con un ~ de narices** (*fam*) jdm eine lange Nase machen; **con un ~ de la lengua fuera** (*fam*) ächzend

**palmotear** [palmote'ar] *vi* klatschen

**palmoteo** [palmo'teo] *m* (*aplauso*) Beifallklatschen *nt*

**palo** ['palo] *m* ❶ (*bastón*) Stock *m;* (*vara*) Stab *m;* (*garrote*) Knüppel *m;* (*estaca*) Pfahl *m;* (NÁUT) Mast *m;* **~ de agua** (*Am*) Regenguss *m;* **~ de la escoba** Besenstiel *m;* **~ de hockey** Hockeyschläger *m;* **~ de mando** (AERO, NÁUT) Steuerknüppel *m;* **~ de la portería** Torpfosten *m;* **~ de tienda** Zeltstange *f;* **ser un ~** (*Am: fig*) eine wichtige Persönlichkeit sein; **cada ~ aguanta su vela** (*prov*) jeder muss für seine (eigenen) Taten geradestehen ❷ (*madera*) Holz *nt;* **de tal ~, tal astilla** (*prov*) der Apfel fällt nicht weit vom Stamm ❸ (*paliza*) Schlag *m;* **andar a ~s** verkracht sein; **dar ~s de ciego** blind um sich schlagen; (*fig*) unüberlegt handeln; **dar un ~ a alguien** jdn fertig machen; **echar a alguien a ~s** jdn gewaltsam rausschmeißen; **liarse a ~s con alguien** sich mit jdm schlagen; **moler a alguien a ~s** jdn windelweich prügeln

**paloma** [pa'loma] *f* (*ave*) Taube *f;* **~ mensajera** Brieftaube *f;* **ser una ~ sin hiel** (*fig*) keiner Fliege etwas antun können

**palomar** [palo'mar] *m* Taubenschlag *m*

**palomilla** [palo'miʎa] *f* ❶ (*mariposa nocturna*) Motte *f* ❷ (*tornillo*) Flügelmutter *f*

**palomita** [palo'mita] *f* (*de maíz*) Popcorn *nt*

**palomo** [pa'lomo] *m* Täuberich *m*

**palotada** [palo'taða] *f* Schlag *m;* **no dar ~** (*fig*) nichts richtig machen

**palote** [pa'lote] *m* ❶ (*palillo*) (kurzer) Stock *m* ❷ (*ejercicio*) Schreibübung *f*

**palpable** [pal'paβle] *adj* ❶ (*tangible*) ertastbar ❷ (*evidente*) klar, einleuchtend

**palpación** [palpa'θjon] *f* (MED) Abtasten *nt*

**palpar** [pal'par] *vt* ❶ (*tocar*) abtasten; (*fam: magrear*) betatschen ❷ (*percibir*) spüren; **se palpaba el entusiasmo** die Begeisterung war deutlich spürbar

**palpitación** [palpita'θjon] *f* ❶ (*estremecimiento*) Zuckung *f* ❷ (*del pulso*) Pulsschlag *m;* (*del corazón*) Herzschlag *m;* (*por estar excitado*) Herzklopfen *nt*

**palpitante** [palpi'tan̩te] *adj* ❶ (*corazón*) klopfend ❷ (*fig: emocionante*) ergreifend; (*interés*) brennend; **un problema de ~ actualidad** ein akutes Problem

**palpitar** [palpi'tar] *vi* ❶ (*contraerse*) zucken; (*corazón, pulso*) schlagen ❷ (*manifestarse*): **en sus palabras palpita la dulzura** aus seinen/ihren Worten spricht die Zärtlichkeit

**pálpito** ['palpito] *m* Vorahnung *f*

**palta** ['pal̩ta] *f* (*AmS*) Avocado *f*

**palúdico**, **-a** [pa'luðiko, -a] *adj* sumpfig; **fiebre palúdica** Sumpffieber *nt*

**paludismo** [palu'ðismo] *m* (MED) Malaria *f*

**palurdo**, **-a** [pa'lurðo, -a] **I.** *adj* ungeschliffen **II.** *m, f* Tölpel *m*

**palustre** [pa'lustre] **I.** *adj* sumpfig; **planta ~** Sumpfpflanze *f* **II.** *m* Maurerkelle *f*

**pamela** [pa'mela] *f* Strohhut *m*

**pamema** [pa'mema] *f* (*fam*) ❶ (*tontería*)

Unsinn *m* ❷ (*melindre*) Zimperlichkeit *f*

**pampa** ['pampa] *f* Pampa *f*

**i Land & Leute**

Die **Pampa** ist eine ebene, baumlose Grassteppenlandschaft in Argentinien. Sie erweist sich als landwirtschaftlich sehr produktiv, denn der feuchte Boden, der hauptsächlich aus feinem Sand, Lehm und Schlamm besteht, ist ideal für den Getreideanbau geeignet.

**pámpano** ['pampano] *m* (*vástago*) Ranke *f;* (*hoja*) Weinblatt *nt;* **echar ~s** sich ranken

**pampero**, **-a** [pam'pero, -a] **I.** *adj* aus der Pampa **II.** *m, f* Pampabewohner(in) *m(f)*

**pamplina** [pam'plina] *f* (*fam: pamema*) Unsinn *m*

**pamplonés**, **-esa** [pamplo'nes, -esa] **I.** *adj* aus Pamplona **II.** *m, f* Einwohner(in) *m(f)* von Pamplona

**pamplonica** [pamplo'nika] *adj o mf* (*fam*) *v.* **pamplonés**

**pan** [pan] *m* ❶ (*alimento, t. fig*) Brot *nt;* **~ de azúcar** Zuckerhut *m;* **~ candeal** Weizenbrot *nt;* **~ integral** Vollkornbrot *nt;* **~ con mantequilla** Butterbrot *nt;* **~ de molde** Kastenbrot *nt;* **~ de munición** Kommissbrot *nt;* **~ negro de Westfalia** Pumpernickel *m;* **~ rallado** Semmelbrösel *mpl;* **estar a ~ y agua** bei Wasser und Brot sitzen; **¡el ~ de cada día!** (*fig*) immer die gleiche Leier!; **este año hay mucho ~** dieses Jahr fällt die Ernte gut aus; **(llamar) al ~, ~ y al vino, vino** die Dinge beim Namen nennen; **comer el ~ de alguien** (*fig*) jdm auf der Tasche liegen; **comer ~ con corteza** (*fig: ser independiente*) selb(st)ständig sein; (*recuperar la salud*) wieder gesund sein; **con su ~ se lo coma** er/sie muss selbst wissen, was er/sie tut; **no cocérsele a alguien el ~** sehr ungeduldig sein; **ser ~ comido** kinderleicht sein; **ser más bueno que el ~, ser un pedazo de ~** herzensgut sein ❷ (*pieza*): **un ~ de jabón** ein Stück Seife ❸ (*laminilla*) Plättchen *nt*

**pana** ['pana] *f* (*tejido*) Kord(samt) *m*

**panacea** [pana'θea] *f* Allheilmittel *nt*

**panadería** [panaðe'ria] *f* Bäckerei *f*

**panadero**, **-a** [pana'ðero, -a] *m, f* Bäcker(in) *m(f)*

**panafricanismo** [panafrika'nismo] *m* (POL) Panafrikanismus *m*

**panal** [pa'nal] *m* Wabe *f*

**panamá** [pana'ma] *m* Panamahut *m*

**Panamá** [pana'ma] *m* Panama *nt*

**i Land & Leute**

**Panamá** wird vom *Panamakanal* in zwei Teile geteilt und verbindet Südamerika mit Mittel- und Nordamerika. Die gleichnamige Hauptstadt – **Panamá** – ist auch die größte Stadt des Landes. Die offizielle Landessprache ist Spanisch, auch wenn Englisch sehr viel verwendet wird. Die Währungseinheit **Panamas** heißt *balboa.*

**panameño**, **-a** [pana'meɲo, -a] **I.** *adj* aus Panama **II.** *m, f* Panamaer(in) *m(f)*

**panamericanismo** [panamerika'nismo] *m* (POL) Panamerikanismus *m*

**panarabismo** [panara'βismo] *m* (POL) Panarabismus *m*

**pan bimbo®** [pan 'βimβo] *m* Toastbrot *nt*

**pancarta** [paŋ'karta] *f* Plakat *nt*

**panceta** [paṇ'θeta] *f* (GASTR) *durchwachsenes Schweinespeckstück*

**pancho**, **-a** ['pantʃo, -a] *adj* (*tranquilo*) ruhig

**pancista** [paṇ'θista] *mf* Opportunist(in) *m(f)*

**páncreas** ['paŋkreas] *m inv* Bauchspeicheldrüse *f*

**pancreático**, **-a** [paŋkre'atiko, -a] *adj* (ANAT) Bauchspeicheldrüsen-; **jugos ~s** Bauchspeichel *m*

**panda**[1] ['paṇda] *m* (ZOOL) Panda *m*

**panda**[2] ['paṇda] *f v.* **pandilla**

**pandear** [paṇde'ar] *vi, vr:* **~se** (*pared o viga*) sich durchbiegen

**pandemónium** [paṇde'monjun] *m* Pandämonium *nt;* (*fig fam*) *lauter, tumultuöser Schauplatz*

**pandeo** [paṇ'deo] *m* Durchbiegen *nt*

**pandereta** [paṇde'reta] *f,* **pandero** [paṇ'dero] *m* (MÚS) Tamburin *nt*

**pandilla** [paṇ'diʎa] *f* Bande *f;* (*de amigos*) Clique *f;* **~ de ladrones** Verbrecherbande *f*

**panecillo** [pane'θiʎo] *m* Brötchen *nt*

**panegírico**[1] [pane'xiriko] *m* Lobrede *f*

**panegírico**, **-a**[2] [pane'xiriko, -a] *adj* rühmend

**panel** [pa'nel] *m* ❶ (*carpintería*) Paneel *nt* ❷ (TÉC) Tafel *f;* **~ de control** Steuerpult *nt* ❸ (*encuesta*) Panel *nt* ❹ (*que discute en público*) Diskussionsrunde *f*

**panera** [pa'nera] *f* ❶ (*para trigo*) Getreidekammer *f* ❷ (*cesto*) Brotkorb *m*

**paneuropeísmo** [paneu̯rope'ismo] *m* (POL) Paneuropa-Bewegung *f*

P

**pánfilo, -a** ['paɱfilo, -a] *adj* ❶ (*fácil de engañar*) gutgläubig ❷ (*lento*) schwerfällig
**panfletista** [paɱfle'tista] *mf* Pamphletist(in) *m(f)*
**panfleto** [paɱ'fleto] *m* Pamphlet *nt*
**pánico**¹ ['paniko] *m* Panik *f;* **entrar en** ~ in Panik geraten; **tener ~ a algo** panische Angst vor etw *dat* haben
**pánico, -a**² ['paniko, -a] *adj* panisch
**panificadora** [panifika'ðora] *f* Brotfabrik *f*
**panificar** [panifi'kar] <c→qu> *vt* zu Brot verarbeiten
**panislamismo** [panisla'mismo] *m* (POL) Panislamismus *m*
**panizo** [pa'niθo] *m* (BOT) Hirse *f*
**panocha** [pa'notʃa] *f,* **panoja** [pa'noxa] *f* ❶ (*de maíz*) Maiskolben *m* ❷ (*espiga*) Ähre *f;* (*racimo*) Rispe *f*
**panoli** [pa'noli] **I.** *adj* (*fam*) einfältig **II.** *mf* (*fam*) Simpel *m*
**panoplia** [pa'noplja] *f* ❶ (*armadura completa*) (vollständige) Ausrüstung *f* eines Kriegers ❷ (*colección de armas*) Waffensammlung *f* ❸ (*en arqueología*) Waffenkunde *f*
**panorama** [pano'rama] *m* Panorama *nt;* (*fig*) Überblick *m;* **el ~ de cráteres en la luna** die Kraterlandschaft auf dem Mond
**panorámica** [pano'ramika] *f* (Aus)blick *m;* (CINE, FOTO, TV) Gesamtaufnahme *f*
**panorámico, -a** [pano'ramiko, -a] *adj* Panorama-; **vista panorámica** Rundblick *m*
**pantagruélico, -a** [pan̪ta'ɣrweliko, -a] *adj* (*comidas*) üppig; **banquete** ~ Festmahl *nt*
**pantalán** [pan̪ta'lan] *m* Kai *m* (*aus Holz oder Rohr*)
**pantalla** [pan̪'taʎa] *f* ❶ (*de la lámpara*) Lampenschirm *m* ❷ (*protección*) Abschirmung *f;* ~ **antirruido** Lärmschutzwand *f;* **servirse de alguien como** ~ hinter jds Rücken Schutz suchen; **servir de** ~ (*testaferro*) als Strohmann fungieren ❸ (INFOR, TV) Bildschirm *m;* ~ **completa** Gesamtanzeige *f;* ~ **cromática** Farbbildschirm *m* ❹ (CINE) Leinwand *f;* ~ **panorámica** Breitwand *f;* **estrella de la** ~ Filmstar *m;* **pequeña** ~ (*fam*) Fernsehen *nt*
**pantalón** [pan̪ta'lon] *m* Hose *f;* ~ **bombacho** Knickerbocker *pl;* ~ **de pinzas** Bundfaltenhose *f;* ~ **pitillo** Röhrenhose *f;* ~ **tejano** [*o* **vaquero**] Jeans(hose) *f;* **llevar los pantalones** (*fig*) die Hosen anhaben
**pantanal** [pan̪ta'nal] *m* Sumpfgebiet *nt*
**pantano** [pan̪'tano] *m* ❶ (*laguna, t. fig*) Sumpf *m* ❷ (*embalse*) Stausee *m*
**pantanoso, -a** [pan̪ta'noso, -a] *adj* sumpfig
**panteísmo** [pan̪te'ismo] *m* (REL, FILOS) Pantheismus *m*
**panteón** [pan̪te'on] *m* ❶ (HIST) Pantheon *nt* ❷ (*sepultura*) Grabstätte *f;* ~ **de familia** Familiengrab *nt* ❸ (*Am: cementerio*) Friedhof *m*
**pantera** [pan̪'tera] *f* (ZOOL) Panther *m*
**pantimedia(s)** [pan̪ti'meðja(s)] *f(pl)* (*Méx*) Strumpfhose *f*
**pantis** ['pan̪tis] *mpl* (*fam*) Nylonstrumpfhose *f*
**pantomima** [pan̪to'mima] *f* Pantomime *f*
**pantomimo** [pan̪to'mimo] *m* Pantomime *m*
**pantorrilla** [pan̪to'rriʎa] *f* Wade *f*
**pantufla** [pan̪'tufla] *f,* **pantuflo** [pan̪'tuflo] *m* Pantoffel *m*
**panza** ['pan̪θa] *f* ❶ (*barriga, de un recipiente*) Bauch *m;* **llenarse la** ~ sich *dat* den Wanst voll schlagen *fam* ❷ (ZOOL) Pansen *m*
**panzada** [pan̪'θaða] *f* ❶ (*golpe*) Stoß *m* mit dem Bauch ❷ (*hartazgo*) Übersättigung *f;* **darse una** ~ sich *dat* den Bauch voll schlagen
**pañal** [pa'ɲal] *m* Windel *f;* **dejar en ~es a alguien** (*fig*) jdn weit hinter sich *dat* lassen; **estar aún en ~es** (*fig*) noch in den Kinderschuhen stecken; **sacar a alguien de ~es** (*fig fam*) jdn aus dem Elend erretten; **en física estoy en ~es** von Physik habe ich keine Ahnung
**pañería** [paɲe'ria] *f* (*comercio*) Tuchhandel *m;* (*tienda*) Tuchhandlung *f*
**paño** ['paɲo] *m* ❶ (*tejido*) Stoff *m;* (*ancho de una tela*) Stoffbahn *f;* ~ **asargado** Tweed *m;* ~ **tirolés** Loden *m;* **¡conozco el ~!** (*fig*) ich weiß Bescheid!; **hay ~ que cortar** (*fig*) es ist genug von allem da ❷ (*trapo, prenda*) Tuch *nt;* ~ **de cocina** Küchenhandtuch *nt;* **~s menores** Unterwäsche *f;* **aplicar ~s calientes** heiße Umschläge machen; **¡no me vengas con ~s calientes!** (*fig*) komm mir nicht mit nutzlosen Ratschlägen!; **ser el ~ de lágrimas de alguien** (*fig*) jds Tröster sein ❸ (*compresa*) Binde *f;* ~ **higiénico** Damenbinde *f* ❹ (*mancha*) Leberfleck *m*
**pañoleta** [paɲo'leta] *f* Halstuch *nt*
**pañuelo** [pa'ɲwelo] *m* ❶ (*moquero*) Taschentuch *nt;* **el mundo es un** ~ die Welt ist ein Dorf ❷ (*pañoleta*) Halstuch *nt;* (*de cabeza*) Kopftuch *nt*
**papa**¹ ['papa] *m* Papst *m*
**papa**² ['papa] *f* ❶ (*reg, Am: patata*) Kartoffel *f;* **no entender ni** ~ überhaupt nichts verstehen ❷ (*fam*) *v.* **paparrucha** ❸ *pl* (*comida*) Brei *m*

**papá** [pa'pa] *m* (*fam*) ❶ (*padre*) Papa *m*; **P~ Noel** Weihnachtsmann *m* ❷ *pl*: **los ~s** die Eltern

**papachos** [pa'patʃos] *mpl* (*Méx*) Streicheleinheiten *fpl*; **hacer ~** streicheln

**papada** [pa'paða] *f* (*de la persona*) Doppelkinn *nt*; (*del animal*) Wamme *f*

**papagayo** [papa'ɣaɟo] *m* ❶ (*loro*) Papagei *m* ❷ (*hablador*) Schwätzer *m*; **hablar como un ~** unaufhörlich quasseln ❸ (*pez*) Papageifisch *m*

**papal** [pa'pal] **I.** *adj* päpstlich **II.** *m* (*Am*) Kartoffelfeld *nt*

**papamoscas** [papa'moskas] *m inv* ❶ (ZOOL) Fliegenschnäpper *m* ❷ (*fam: papanatas*) Trottel *m*

**papamóvil** [papa'moβil] *m* Papstmobil *nt*

**papanatas** [papa'natas] *m inv* (*fam*) Trottel *m*

**papanatismo** [papana'tismo] *m* Trotteligkeit *f*

**paparrucha** [papa'rrutʃa] *f* (*fam*), **paparruchada** [paparru'tʃaða] *f* (*fam*) ❶ (*noticia falsa*) Falschmeldung *f*; (*patraña*) Schwindel *m* ❷ (*obra sin valor*) Schund *m*; **ese libro es una ~** dieses Buch ist der reinste Schund

**papaya** [pa'paɟa] *f* (*fruta*) Papaya *f*

**papayo** [pa'paɟo] *m* Papaya *f*, Melonenbaum *m*

**papear** [pape'ar] *vi* lallen

**papel** [pa'pel] *m* ❶ (*para escribir, material*) Papier *nt*; (*escritura*) Schriftstück *nt*; **~ de barba** Büttenpapier *nt*; **~ de calcar** Pauspapier *nt*; **~ cebolla** Durchschlagpapier *nt*; **~ continuo** Endlospapier *nt*; **~ de envolver** Einschlagpapier *nt*; **~ de estraza** Packpapier *nt*; **~ de fumar** Zigarettenpapier *nt*; **~ higiénico** Toilettenpapier *nt*; **~ de hilo** Leinenpapier *nt*; **~ de lija** Schmirgelpapier *nt*; **~ maché** Pappmaschee *nt*; **~ mojado** (*fig*) wertloses Schriftstück; **~ moneda** Papiergeld *nt*; **~ de música** Notenpapier *nt*; **~ pautado** Linienpapier *nt*; **~ pintado** Tapete *f*; **~ de plata** Aluminiumfolie *f*; **~ reciclado** Umweltschutzpapier *nt*; **~ secante** Löschpapier *nt*; **~ de tornasol** Lackmuspapier *nt*; **tus palabras fueron ~ mojado** deine Worte waren nichts als leere Versprechungen; **ponerse más blanco que el ~** kreideweiß werden ❷ (*rol*) Rolle *f*; **~ protagónico** Hauptrolle *f*; **~ secundario** Nebenrolle *f*; **hacer su ~** sich bewähren; **hacer un ~ ridículo** sich lächerlich aufführen; **hacer buen/mal ~** beeindruckend/lächerlich wirken; **hacer el ~ de malo en la película** im Film den Bösen spielen; **repartir los ~es** die Rollen besetzen ❸ *pl* (*documentos*) Dokumente *ntpl*; (*de identidad*) (Ausweis)papiere *ntpl*; **~es bursátiles** Börsenwertpapiere *ntpl*

**papela** [pa'pela] *f* (*fam*) Ausweispapiere *ntpl*

**papeleo** [pape'leo] *m* (*trámites*) Papierkram *m fam*; **~ burocrático** Papierkrieg *m fam pey*

**papelera** [pape'lera] *f* ❶ (*cesto*) Papierkorb *m* ❷ (*fábrica*) Papierfabrik *f* ❸ (*mueble*) Aktenschrank *m*

**papelería** [papele'ria] *f* Schreibwarengeschäft *nt*

**papelero, -a** [pape'lero, -a] **I.** *adj* Papier- **II.** *m, f* (*vendedor*) Schreibwarenhändler(in) *m(f)*

**papeleta** [pape'leta] *f* (*cédula*) Zettel *m*; (*en el examen*) ausgeloste Prüfungsfrage *f*; **~ del monte de piedad** Pfandschein *m*; **~ de propaganda** Flugblatt *nt*; **menuda ~ le ha tocado** er steht vor einer ganz schön schwierigen Aufgabe

**papelón** [pape'lon] *m* ❶ (*pey: papel inútil*) Wisch *m fam* ❷ (*fam: actuación*) Blamage *f*; **¡qué ~!** wie peinlich!; **hacer un ~** sich blamieren ❸ (*cartón*) dünner Karton *m*

**papelote** [pape'lote] *m*, **papelucho** [pape'lutʃo] *m* ❶ (*pey: inútil*) Wisch *m fam* ❷ (*reciclable*) Altpapier *nt*

**papera** [pa'pera] *f* ❶ (*bocio*) Kropf *m* ❷ *pl* (*enfermedad*) Mumps *m*

**papi** ['papi] *m* (*fam*) Papi *m*

**papila** [pa'pila] *f* (ANAT) Papille *f*

**papilla** [pa'piʎa] *f* Brei *m*; **dar ~ a alguien** (*fig*) jdm etwas vormachen; **echar la primera ~** sich heftig übergeben; **hacer ~ a alguien** (*fig*) jdn fertig machen; **estar hecho ~** (*fig*) völlig fertig sein

**papiro** [pa'piro] *m* Papyrus *m*

**papiroflexia** [papiro'fleʸsja] *f* Origami *nt*

**papirotazo** [papiro'taθo] *m* (*fam*) Kopfnuss *f*

**papista** [pa'pista] **I.** *adj* papistisch *abw*; **ser más ~ que el papa** päpstlicher sein als der Papst **II.** *mf* Papist(in) *m(f) abw*

**papo** ['papo] *m* ❶ (*buche, fam: bocio*) Kropf *m* ❷ (*papada*) Wamme *f*

**paquebote** [pake'βote] *m* Passagierschiff *nt*

**paquete¹** [pa'kete] *m* ❶ (*t. fig: atado*) Paket *nt*; **meter un ~ a alguien** (*reprender*) jdn zusammenstauchen; (*castigar*) jdn bestrafen ❷ (*fam: hombre*): **ayer ibas hecho un ~** gestern warst du aber herausgeputzt

**paquete, -a²** [pa'kete, -a] *adj* (*Arg*) schick

**paquete-bomba** [pa'kete-'βomba] *m*

P

<paquetes-bomba> Briefbombe *f*

**paquetería** [pakete'ria] *f* ❶ (*paquete*) Paketgut *nt* ❷ (*Arg: vanidad*) Eitelkeit *f*

**paquidermo** [paki'ðermo] **I.** *adj* (ZOOL) dickhäutig **II.** *m* (ZOOL) Dickhäuter *m*

**paquistaní** [pakista'ni] *adj o mf v.* **pakistaní**

**par** [par] **I.** *adj* ❶ (*número*) gerade ❷ (*igual*) gleich; **a la ~** gleichzeitig; **esta película entretiene a la ~ que instruye** dieser Film ist unterhaltsam und bildend zugleich; **abrir una ventana de ~ en ~** ein Fenster sperrangelweit öffnen; **sin ~** unvergleichlich **II.** *m* ❶ (*dos cosas*) Paar *nt;* **un ~ de zapatos** ein Paar Schuhe; **un ~ de pantalones/de tijeras** eine Hose/eine Schere ❷ (*algunos*): **un ~ de minutos** ein paar Minuten

**para** ['para] **I.** *prep* ❶ (*destino*) für *+akk;* **asilo ~ ancianos** Altenheim *nt;* **un regalo ~ el niño** ein Geschenk für das Kind ❷ (*finalidad*) für *+akk,* zu *+dat;* **gafas ~ bucear** Taucherbrille *f;* **servir ~ algo** zu etw *dat* nützlich sein; **las frutas son buenas ~ guardar la línea** Obst ist gut für die schlanke Linie; **¿~ qué es esto?** wozu ist das gut? ❸ (*dirección*) nach *+dat;* **voy ~ Madrid** ich fahre nach Madrid; **mira ~ acá** schau hierher ❹ (*duración*) für *+akk;* (*plazo*) an *+dat;* **~ siempre** für immer; **con esto tenemos ~ rato** damit kommen wir eine Zeit lang aus; **vendrá ~ Navidad/finales de marzo** er/sie kommt zu Weihnachten/gegen Ende März; **estará listo ~ el viernes** am Freitag ist es fertig; **diez minutos ~ las once** (*Am*) zehn (Minuten) vor elf ❺ (*contraposición*) für *+akk;* **es muy activo ~ la edad que tiene** für sein Alter ist er noch sehr aktiv ❻ (*trato*): **~ (con)** zu *+dat;* **es muy amable ~ con nosotros** er/sie ist sehr freundlich zu uns ❼ (*loc*): **estar ~...** (*disposición*) bereit sein zu ...; (*a punto de*) im Begriff sein zu ...; **no estoy ~ bromas** ich bin nicht zu Späßen aufgelegt; **está ~ llover** es fängt gleich an zu regnen; **está ~ llegar** er/sie muss jeden Augenblick hier sein; **quiere estar ~ sí** er/sie möchte allein sein; **~ mí, esto no es lo mismo** das ist meiner Ansicht nach nicht dasselbe; **~ mí que va a llover** ich glaube, dass es gleich regnet **II.** *conj* ❶ *+inf* um ... zu; **he venido ~ darte las gracias** ich bin gekommen, um dir zu danken ❷ *+subj* damit; **te mando al colegio ~ que aprendas algo** ich schicke dich zur Schule, damit du etwas lernst

**? Grammatik**

**para** drückt Ziel oder Zweck aus: *El regalo es para mi madre. – Das Geschenk ist für meine Mutter. Estudio español para ir a Ecuador. – Ich lerne Spanisch, weil ich nach Ecuador fahren will.*
Dagegen drückt **por** Ursache aus: *Lo ha hecho por sus hijos. – Sie/er hat es ihren/seinen Kindern zuliebe getan.*

**parabién** [para'βjen] *m* Glückwunsch *m;* **dar el ~ a alguien** jdn beglückwünschen

**parábola** [pa'raβola] *f* ❶ (*alegoría*) Gleichnis *nt* ❷ (MAT) Parabel *f*

**parabólica** [para'βolika] *f* Parabolantenne *f*

**parabólico, -a** [para'βoliko, -a] *adj* ❶ (*alegórico*) gleichnishaft; **expresarse en sentido ~** in Gleichnissen reden ❷ (MAT) parabolisch ❸ (TÉC) Parabol-

**parabrisas** [para'βrisas] *m inv* Windschutzscheibe *f*

**paracaídas** [paraka'iðas] *m inv* Fallschirm *m*

**paracaidismo** [parakai̯'ðismo] *m sin pl* Fallschirmspringen *nt*

**paracaidista** [parakai̯'ðista] *mf* (DEP) Fallschirmspringer(in) *m(f);* (MIL) Fallschirmjäger(in) *m(f)*

**parachoques** [para'ʧokes] *m inv* Stoßstange *f*

**parada** [pa'raða] *f* ❶ (*de un autobús/tranvía*) Haltestelle; **~ de taxis** Taxistand *m* ❷ (*acción de parar*) Anhalten *nt;* **~ de una fábrica** Produktionsstopp *m;* **estoy cansada, tenemos que hacer una ~** ich bin müde, wir müssen eine Rast einlegen ❸ (DEP, MIL) Parade *f;* **paso de ~** Stechschritt *m;* **salirle a alguien a la ~** jdm zuvorkommen

**paradero** [para'ðero] *m* ❶ (*en una autopista*) Rastplatz *m* ❷ (*de una persona*) Aufenthaltsort *m;* (*de una cosa*) Verbleib *m;* **está en ~ desconocido** sein/ihr Aufenthaltsort ist unbekannt; **no logramos descubrir el ~ del paquete** es gelang uns nicht herauszufinden, wo das Paket (gelandet) ist; **si sigues así tendrás mal ~** wenn du so weiter machst, wird es noch böse mit dir enden

**paradigma** [para'ðiɣma] *m* (*ejemplo*) Modell *nt*

**paradisíaco, -a** [paraði'siako, -a] *adj* paradiesisch; **un placer ~** ein himmlisches Vergnügen

**parado, -a** [pa'raðo, -a] **I.** *adj* ❶ (*que no se mueve*) stillstehend; (*fábrica*) stillgelegt; **estar** ~ stillstehen; **quedarse** ~ stehen bleiben; (*fig*) verblüfft sein; **me quedé tan ~ que no pude decir nada** ich war völlig sprachlos; **me has dejado** ~ du hast mich überrascht ❷ (*sin empleo*) arbeitslos ❸ (*remiso*) träge ❹ (*tímido*) scheu ❺ (*loc*): **salir mal/bien ~ de un asunto** bei einer Sache schlecht/gut wegkommen; **fui la peor parada en este negocio** ich habe bei diesem Geschäft den Kürzeren gezogen **II.** *m, f* Arbeitslose(r) *mf;* ~ **de larga duración** Langzeitarbeitslose(r) *m*

**paradoja** [para'ðoxa] *f* ❶ (*absurdidad*) Paradoxie *f;* **esto es una** ~ das ist doch widersinnig ❷ (*contradicción*) Widerspruch *m*

**paradójico, -a** [para'ðoxiko, -a] *adj* paradox

**parador** [para'ðor] *m* Hotel *nt*

**i Land & Leute**

Die **Paradores (Nacionales) de Turismo** sind überwiegend staatlich verwaltete Hotels, die sich meist an touristisch wichtigen und kulturhistorisch bedeutenden Punkten Spaniens befinden. Ein **parador** ist mit Sicherheit eine gute Wahl, nicht nur was Zimmereinrichtung und -service betrifft, sondern auch in Bezug auf die Küche. Einer der bekanntesten ist der **Parador de los Reyes Católicos** in Santiago de Compostela. Mittlerweile ist es beschlossene Sache, dass die **paradores** privatisiert werden und ihre Zahl um jährlich etwa zehn erhöht wird.

**paraestatal** [paraesta'tal] *adj* halbstaatlich

**parafernalia** [parafer'nalja] *f* Begleitumstände *mpl;* **la ~ de la guerra** das ganze Drumherum des Krieges

**parafina** [para'fina] *f* Paraffin *nt*

**parafrasear** [parafrase'ar] *vt* paraphrasieren; **~ un término** einen Begriff umschreiben

**paráfrasis** [pa'rafrasis] *f inv* Paraphrase *f*

**parágrafo** [pa'raɣrafo] *m* ❶ (*de un texto*) Absatz *m;* **..., ~ aparte ...,** neuer Absatz; (*fam fig*) ..., soweit zu diesem Thema ❷ (*signo ortográfico*) Paragraphzeichen *nt* ❸ (*fam: charla*) Schwätzchen *nt;* **echar un ~** ein Schwätzchen halten; **echar ~s** viel reden

**paraguas** [pa'raɣwas] *m inv* Regenschirm *m*

**Paraguay** [para'ɣwai̯] *m* Paraguay *nt*

**i Land & Leute**

**Paraguay** liegt in Südamerika und grenzt an Bolivien, Brasilien und Argentinien. Als Binnenland besitzt es keine Meeresküsten. Die Hauptstadt **Paraguays** ist *Asunción.* Die offiziellen Landessprachen sind Spanisch und *guaraní.* Auch die Landeswährung heißt *guaraní.*

**paraguayo, -a** [para'ɣwaɟo, -a] **I.** *adj* aus Paraguay **II.** *m, f* Paraguayer(in) *m(f)*

**paragüería** [paraɣwe'ria] *f* Regenschirmgeschäft *nt*

**paragüero** [para'ɣwero] *m* (*mueble*) Schirmständer *m*

**paraíso** [para'iso] *m* ❶ (*en el cielo*) Paradies *nt;* **el ~ terrenal** der Himmel auf Erden; **entrar en el ~** in den Himmel kommen ❷ (TEAT) Galerie *f* ❸ (*Méx: gallinero*) Hühnerstall *m*

**paraje** [pa'raxe] *m* ❶ (*lugar*) Ort *m;* (*punto*) Stelle *f;* (*paisaje*) Gegend *f* ❷ (*estado*) Zustand *m*

**paralela** [para'lela] *f* ❶ (MAT) Parallele *f* ❷ *pl* (DEP) Barren *m;* **~s asimétricas** Stufenbarren *m*

**paralelismo** [parale'lismo] *m* (*semejanza*) Übereinstimmung *f;* (LING) Parallelismus *m;* (MAT) Parallelität *f*

**paralelo**[1] [para'lelo] *m* ❶ (*comparación*) Vergleich *m;* **establecer un ~ entre dos cosas** zwei Dinge miteinander vergleichen; **estos libros no admiten** ~ diese Bücher kann man nicht (miteinander) vergleichen ❷ (GEO) Breitenkreis *m* ❸ (ELEC): **conexión en** ~ Parallelschaltung *f;* **conectado en** ~ parallel geschaltet

**paralelo, -a**[2] [para'lelo, -a] *adj* parallel (*a* zu +*dat*); **líneas paralelas** Parallelen *fpl;* **las calles son paralelas** die Straßen verlaufen parallel zueinander; **seguir caminos ~s** sich ähnlich entwickeln

**paralelogramo** [paralelo'ɣramo] *m* Parallelogramm *nt*

**parálisis** [pa'ralisis] *f inv* Lähmung *f;* **~ infantil** Kinderlähmung *f;* **sufre ~ de las piernas** seine/ihre Beine sind gelähmt

**paralítico, -a** [para'litiko, -a] **I.** *adj* (*persona*) gelähmt **II.** *m, f* Gelähmte(r) *mf*

**paralización** [paraliθa'θjon] *f* ❶ (*del cuerpo*) Lähmung *f* ❷ (*de un proyecto*)

P

Abbrechen *nt;* (*de un proceso*) Behinderung *f;* ~ **de una obra** Baustopp *m*

**paralizador(a)** [paraliθa'ðor(a)] *adj* lähmend

**paralizar** [parali'θar] <z→c> **I.** *vt* ❶ (*persona*) lähmen; **el frío/el miedo la paralizó** sie erstarrte vor Kälte/vor Angst ❷ (*cosa*) lahm legen; ~ **un transporte** einen Transport blockieren **II.** *vr:* ~**se** ❶ (*persona*) erstarren (*de* vor +*dat*) ❷ (*cosa*) zum Erliegen kommen

**paramento** [para'meṇto] *m* ❶ (*adorno*) Schmuck *m;* (*ornamento*) Verzierung *f;* (*vestidura*) Gewand *nt* ❷ (*para un caballo*) Satteldecke *f*

**parámetro** [pa'rametro] *m* Parameter *m*

**paramilitar** [paramili'tar] *adj* paramilitärisch; **fuerzas** ~**es** paramilitärische Einheiten

**páramo** ['paramo] *m* ❶ (*terreno desierto*) Öde *f;* (*infértil*) unfruchtbares Land *nt;* (*yermo*) Brachfeld *nt;* (*altiplano*) Hochebene *f* ❷ (*lugar desamparado*) Einöde *f*

**parangón** [paraŋ'gon] *m* (*comparación*) Vergleich *m;* (*semejanza*) Entsprechung *f;* **sin** ~ unvergleichlich

**parangonar** [paraŋgo'nar] *vt* ❶ (*comparar*) vergleichen ❷ (TIPO) justieren

**paraninfo** [para'niɱfo] *m* (*salón*) Aula *f*

**paranoia** [para'noja] *f* Paranoia *f*

**paranoico, -a** [para'noi̯ko, -a] **I.** *adj* ❶ (*loco*) paranoid ❷ (*relativo a la paranoia*) paranoisch **II.** *m, f* Paranoiker(in) *m(f)*

**paranoide** [para'noi̯ðe] *adj* (MED) paranoid

**paranormal** [paranor'mal] *adj* (PSICO) übersinnlich

**paraolímpico, -a** [parao'limpiko, -a] *adj* (DEP) paraolympisch

**parapente** [para'peṇte] *m* Paragliding *nt*

**parapetarse** [parape'tarse] *vr* sich verschanzen; ~ **tras una excusa** eine Entschuldigung vorschieben; **se parapetó en el hecho de que no tenía dinero** er/sie drückte sich unter dem Vorwand, kein Geld zu haben

**parapeto** [para'peto] *m* ❶ (MIL) Schutzwall *m;* (*barricada*) Barrikade *f* ❷ (*baranda*) Brüstung *f*

**paraplejia** [para'plexja] *f,* **paraplejía** [paraple'xia] *f* Querschnittslähmung *f*

**parapléjico, -a** [para'plexiko, -a] **I.** *adj* (*persona*) querschnittsgelähmt **II.** *m, f* Querschnittsgelähmte(r) *mf*

**para(p)sicología** [para(β)sikolo'xia] *f* Parapsychologie *f*

**para(p)sicólogo, -a** [para(β)si'koloɣo, -a] *m, f* Parapsychologe, -in *m, f*

**parar** ['parar] **I.** *vi* ❶ (*detenerse*) anhalten; (*en un discurso*) innehalten; **hablar sin** ~ pausenlos reden; **¿para el tren en este pueblo?** hält der Zug in diesem Dorf?; **nunca para en casa** er/sie ist nie zu Hause; **a la vuelta paramos en casa de mi tía** auf dem Rückweg besuchten wir meine Tante; **la máquina funciona sin** ~ die Maschine läuft nonstop; **mis hijos no me dejan** ~ meine Kinder lassen mich nicht zur Ruhe kommen; **mis remordimientos de conciencia no me dejan** ~ mein schlechtes Gewissen lässt mir keine Ruhe ❷ (*terminar*) aufhören; **ha parado de llover** es hat aufgehört zu regnen; **no para de quejarse** er/sie klagt unablässig; **no para** (**de trabajar**) er/sie ist ständig auf Trab ❸ (*acabar*) enden; **si sigues así irás a** ~ **a la cárcel**/~**ás mal** wenn du so weitermachst, endest du noch im Gefängnis/wird es mit dir noch böse enden; **la maleta fué a** ~ **a Bilbao** der Koffer landete schließlich in Bilbao; **por fin, el paquete fué a** ~ **a tus manos** das Paket gelangte schließlich doch zu dir; **¿dónde iremos a** ~**?** wo soll das noch enden?; **¿en qué irá a** ~ **esto?** wohin soll das führen?; **salimos bien/mal parados del asunto** wir sind bei der Sache gut/schlecht weggekommen; **¿dónde quieres ir a** ~ **con esto?** worauf willst du damit hinaus?; **siempre venimos a** ~ **al mismo tema** wir kommen immer wieder auf dasselbe Thema zu sprechen ❹ (*vivir*) sich aufhalten; **no sé dónde para** ich weiß nicht, wo er/sie sich gerade aufhält; **siempre para en el mismo hotel** er/sie übernachtet immer im selben Hotel; **¿paras mucho en este bar?** (*fam*) bist du oft in dieser Kneipe? ❺ (*convertirse*): **la tienda paró en un restaurante** aus dem Laden wurde ein Restaurant **II.** *vt* ❶ (*detener*) anhalten; (*un golpe*) abwehren; (*un gol*) halten; (*el motor*) abstellen; **cuando se enfada no hay quien lo pare** wenn er wütend ist, ist er nicht zu bremsen ❷ (*en el juego*) setzen **III.** *vr:* ~**se** ❶ (*detenerse*) anhalten; (*reloj*) stehen bleiben; **el reloj se ha parado** die Uhr ist stehen geblieben; ~**se a pensar** gründlich nachdenken; ~**se a descansar** eine (Ruhe)pause einlegen ❷ (*Am: levantarse*) aufstehen

**pararrayos** [para'rraɟos] *m inv* Blitzableiter *m*

**parasitar** [parasi'tar] *vt* (BIOL) schmarotzen

**parasitario, -a** [parasi'tarjo, -a] *adj* parasitär; **una enfermedad parasitaria** eine durch Parasiten übertragene Krankheit

**parásito**, **-a** [pa'rasito, -a] **I.** *adj* ❶ (BIOL) parasitär; **planta parásita** Schmarotzerpflanze *f* ❷ (*persona*) schmarotzerhaft **II.** *m, f* ❶ (BIOL) Parasit *m* ❷ (*persona*) Schmarotzer(in) *m(f)*

**parasitos** [para'sitos] *mpl* Störgeräusche *ntpl*

**parasol** [para'sol] *m* ❶ (*quitasol*) Sonnenschirm *m* ❷ (*umbela*) Markise *f* ❸ (*en el coche*) Sonnenblende *f* ❹ (BOT) Parasol(pilz) *m*

**parcela** [par'θela] *f* ❶ (*terreno*) Grundstück *nt*; ~ **de cultivo** Feld *nt*; ~ **edificable** Baugrundstück *nt* ❷ (*parte*) (Bruch)teil *m*

**parcelación** [parθela'θjon] *f* Parzellierung *f*

**parcelar** [parθe'lar] *vt* (*dividir*) parzellieren; (*medir*) vermessen

**parche** ['partʃe] *m* ❶ (*pegote*) Flicken *m*; (*para una herida*) Pflaster *nt*; **bolsillo de** ~ aufgesetzte Tasche; ~ **para el ojo** Augenklappe *f*; **poner un** ~ flicken ❷ (*retoque*) (notdürftige) Ausbesserung *f*; (*de pintura*) (Farb)klecks *m*; **poner** ~**s** notdürftig ausbessern; (*fig*) sich mit Notlösungen behelfen ❸ (*piel del tambor*) Trommelfell *nt* ❹ (*tambor*) Trommel *f* ❺ (*loc*): **pegar un** ~ **a alguien** jdn über den Tisch ziehen

**parchear** [partʃe'ar] *vt* ❶ (*poner parches*) (notdürftig) ausbessern; (*con pegotes*) flicken ❷ (*manosear*) betasten

**parchís** [par'tʃis] *m* (*juego*) Mensch-ärgere-dich-nicht *nt*

**parcial** [par'θjal] **I.** *adj* ❶ (*de una parte*) teilweise, Teil-; (*eclips*) partiell; **la venta** ~ **del terreno** der Verkauf eines Teils des Grundstücks ❷ (*incompleto*) unvollständig ❸ (*arbitrario*) parteiisch; (*crítico*) voreingenommen; (*juez*) befangen ❹ (*partidario*): **ser** ~ **de una teoría** eine Theorie vertreten **II.** *mf* Anhänger(in) *m(f)*

**parcialidad** [parθjali'ðaᵈ] *f* ❶ (*preferencia*) Parteilichkeit *f* ❷ (*bando*) Fraktion *f*; (*seguidores*) Anhänger *mpl* ❸ (*familiaridad*) Vertrautheit *f* ❹ (*de un pueblo*) Stamm *m*

**parco**, **-a** ['parko, -a] *adj* ❶ (*moderado*) bescheiden; (*sobrio*) nüchtern ❷ (*escaso*) spärlich; ~ **en palabras** wortkarg; **ser** ~ **en conceder favores** mit Gefälligkeiten geizen

**pardiez** [par'ðjeθ] *interj* Donnerwetter!

**pardillo**[1] [par'ðiʎo] *m* Rotkehlchen *nt*

**pardillo**, **-a**[2] [par'ðiʎo, -a] **I.** *adj* ❶ (*palurdo*) tölpelhaft ❷ (*principiante*) unerfahren **II.** *m, f* ❶ (*palurdo*) Tölpel *m* ❷ (*principiante*) Anfänger(in) *m(f)*

**pardo**, **-a** ['parðo, -a] **I.** *adj* ❶ (*color*) (grau)braun; (*terroso*) erdfarben; **oso** ~ Braunbär *m*; **de ojos** ~**s** braunäugig ❷ (*oscuro*) düster; (*nube*) grau ❸ (*voz*) klanglos **II.** *m, f* (*Am*) Mulatte, -in *m, f*

**pardusco**, **-a** [par'ðusko, -a] *adj* bräunlich

**pareado** [pare'aðo] *m* Paarreim *m*

**parear** [pare'ar] *vt* ❶ (*formar parejas*) paarweise zusammentun; (*atar*) paarweise bündeln; (*ropa*) paarweise zusammenlegen ❷ (BIOL) paaren ❸ (*igualar*) aufeinander abstimmen

**parecer** [pare'θer] **I.** *vi irr como crecer* ❶ (*tener cierto aspecto*) aussehen; (*aparentar*) scheinen; **a lo que parece** anscheinend; **tu idea me parece bien** ich bin mit deiner Idee einverstanden; **parece mayor de lo que es** er/sie sieht älter aus als er/sie ist; **parece mentira que...** +*subj* (es ist) kaum zu glauben, dass ...; **aunque parezca mentira** so unglaublich es auch ist; **me parece que no tienes ganas** ich glaube, du hast keine Lust; **parece que va a llover** es sieht nach Regen aus; **¿qué te parece?** was hältst du davon?; **¿qué te parece el piso?** wie findest du die Wohnung?; **si te parece bien, ...** wenn du einverstanden bist, ...; **parecen hermanos** sie sehen aus wie Geschwister ❷ (*aparecer*) erscheinen; **quien no parece, perece** (*prov*) wer nicht will, der hat schon **II.** *vr*: ~**se** *irr como crecer* sich *dat* ähneln; **se parece a una estrella de cine** er/sie sieht aus wie ein bekannter Filmstar; **te pareces mucho a tu madre** du ähnelst deiner Mutter sehr; **¡esto se te parece!** das sieht dir (wieder einmal) ähnlich! **III.** *m* ❶ (*opinión*) Meinung *f*; (*juicio*) Urteil *nt*; **a mi** ~ meiner Meinung nach; **arrimarse al** ~ **de la mayoría** sich der Mehrheit anschließen; **esto es cuestión de** ~**es** das ist (reine) Ansichtssache; **toma mi** ~ hör auf mich ❷ (*aspecto*) Aussehen *nt*; (*apariencia*) Anschein *m*; **ser de buen** ~ gut aussehen; **al** ~ anscheinend; **por el bien** ~ um den äußeren Schein zu wahren

**parecido**[1] [pare'θiðo] *m* Ähnlichkeit *f*; **tienes un gran** ~ **con tu hermana** du ähnelst deiner Schwester sehr

**parecido**, **-a**[2] [pare'θiðo, -a] *adj* ❶ (*semejante*) ähnlich ❷ (*loc*): **ser bien/mal** ~ (*persona*) gut/schlecht aussehen; (*cosa*) schicklich/unschicklich sein; **esto no es bien** ~ das schickt sich nicht

**pared** [pa'reð] *f* ❶ (*tabique*) Wand *f*; (*muro*) Mauer *f*; (*de una montaña*) (Fels)wand *f*; (*separación*) (Trenn)wand *f*;

P

(*superficie lateral*) (Seiten)wand *f;* ~ **abdominal** Bauchdecke *f;* ~ **maestra** tragende Wand; **dejar a alguien pegado a la** ~ (*fig*) jdn in die Enge treiben; **quedarse pegado a la** ~ (*fig*) sich in die Enge getrieben fühlen; **entre cuatro** ~**es** von der Außenwelt abgeschnitten; **estar blanco como la** ~ kreidebleich sein; **estar entre la espada y la** ~ mit dem Rücken zur Wand stehen; **hablar a la** ~ in den Wind reden; **¡cuidado, que estas** ~**es oyen!** Vorsicht, diese Wände haben Ohren!; **subirse por las** ~**es** (*fig*) die Wände hochgehen; **se subía por las** ~**es al oír la noticia** die Nachricht brachte ihn/sie auf die Palme; **vivimos** ~ **por medio** wir leben Tür an Tür ② (*personas*) Mauer *f;* (*cosas*) Berg *m*

**paredón** [pare'ðon] *m* Mauer *f;* **llevar a alguien al** ~ jdn an die Wand stellen

**pareja** [pa'rexa] *f* ① (*par*) Paar *nt;* (*de la guardia civil*) Streife *f* der Guardia civil; ~ **de hecho** Ehe ohne Trauschein; **hacen buena** ~ sie passen gut zusammen; **¿dónde está la** ~ **de este guante?** wo ist das Gegenstück zu diesem Handschuh? ② (*compañero*) Partner(in) *m(f);* (*en un baile*) Tanzpartner(in) *m(f)* ③ *pl* (*en los dados*) Pasch *m;* (*en los naipes*) Pärchen *nt* ④ (DEP): ~**s mixtas** gemischtes Doppel *nt* ⑤ (*loc*): **su bondad y su modestia corrían** ~**s** er/sie war ebenso gütig wie bescheiden; **no correr** ~**s** nicht vereinbar sein

**parejo, -a** [pa'rexo, -a] *adj* ① (*igual*) gleich; (*semejante*) (sehr) ähnlich; **por (un)** ~ gleich; **los caballos iban** ~**s** die Pferde lagen Kopf an Kopf ② (*llano*) eben

**parentela** [paren̪'tela] *f* Verwandtschaft *f*

**parentesco** [paren̪'tesko] *m* (*entre familiares*) Verwandtschaft *f;* (*entre cosas*) Bindung *f;* ~ **por consanguinidad** Blutsverwandtschaft *f*

**paréntesis** [pa'ren̪tesis] *m inv* ① (*signo*) Klammer *f;* **poner algo entre** ~ etw in Klammern setzen; **entre** ~**, ...** (*fig*) übrigens ...; **abrir/cerrar el** ~ Klammer auf/zu; (*fig*) etw unterbrechen/wieder aufnehmen ② (*oración*) Parenthese *f* ③ (*interrupción*) Unterbrechung *f;* **hicimos un** ~ **para almorzar** wir legten eine Frühstückspause ein

**pareo** [pa'reo] *m* ① (*vestido*) *großes Tuch, das um den Körper geschlungen und von Frauen z.B. am Strand getragen wird* ② (*acción de unir*) (paarweises) Zusammenfügen *nt;* (*acción de igualar*) Abstimmen *nt* ③ (BIOL) Paarung *f*

**paria** ['parja] *mf* ① (*en la India*) Paria *m* (*Angehörige(r) der untersten Kaste in Indien*) ② (*marginado*) Ausgestoßene(r) *mf,* Geächtete(r) *mf*

**parida** [pa'riða] *f* ① (*animal*) *Weibchen, das gerade geworfen hat* ② (*fam: tontería*) Blödsinn *m*

**paridad** [pari'ða$^{d}$] *f* ① (*comparación*) Gleichsetzung *f* ② (FIN, ECON) Parität *f;* ~ **adquisitiva** Kaufkraftparität *f;* ~ **(de cambio)** (Währungs)parität *f* ③ (*igualdad*) Gleichheit *f;* (*semejanza*) (große) Ähnlichkeit *f;* ~ **de fuerzas** Kräftegleichgewicht *nt;* **competir a** ~ **de medios** unter denselben Bedingungen (miteinander) konkurrieren

**pariente, -a** [pa'rjen̪te, -a] **I.** *adj* ① (*parecido*) ähnlich ② (*de la misma familia*) verwandt **II.** *m, f* ① (*familiar*) Verwandte(r) *mf;* **los** ~**s** die Verwandtschaft; ~ **mayor** Urahne *m* ② (*fam: marido, mujer*) Mann *m,* Frau *f;* **mi** ~ (*irón*) mein Angetrauter

**parihuela(s)** [pari'wela(s)] *f(pl)* (Trag)bahre *f*

**paripé** [pari'pe] *m* Show *f;* **hacer el** ~ eine Show abziehen *fam;* (*presumir*) sich aufspielen; (*fingir*) falsche Tatsachen vortäuschen; (*fingir cariño*) Zuneigung heucheln

**parir** [pa'rir] **I.** *vt* ① (*dar a luz*) gebären; (*animal*) werfen ② (*producir*) hervorbringen; (*causar*) verursachen **II.** *vi* ① (*descubrirse*) ans Licht kommen ② (*expresarse*) sich verständlich machen; **pares sin dificultad** du kannst deine Gedanken gut in Worte fassen

**París** [pa'ris] *m* Paris *nt*

**parisiense** [pari'sjense] **I.** *adj* pariserisch, Pariser **II.** *mf* Pariser(in) *m(f)*

**parisino, -a** [pari'sino, -a] *adj v.* **parisiense**

**paritario, -a** [pari'tarjo, -a] *adj* paritätisch

**paritorio** [pari'torjo] *m* ① (*sala*) Kreißsaal *m* ② (*AmC: parto*) Entbindung *f*

**parking** ['parkiŋ] *m* <parkings> (*cubierto*) Parkhaus *nt;* (*abierto*) Parkplatz *m*

**párkinson** ['parkinson] *m* (MED) Parkinsonkrankheit *f*

**parlamentar** [parlamen̪'tar] *vi* ① (*hablar*) sich unterhalten ② (*negociar*) verhandeln

**parlamentario, -a** [parlamen̪'tarjo, -a] **I.** *adj* parlamentarisch; **debate** ~ Parlamentsdebatte *f* **II.** *m, f* ① (*diputado*) Parlamentarier(in) *m(f)* ② (*negociador*) Unterhändler(in) *m(f)*

**parlamentarismo** [parlamen̪ta'rismo] *m* (POL) Parlamentarismus *m*

**parlamento** [parla'men̪to] *m* ① (*cámara*) Parlament *nt* ② (*discurso*) Rede *f;* (TEAT)

Monolog *m* ③ (*negociaciones*) Verhandlungen *f*

**parlanchín**, **-ina** [parlan'ʧin, -ina] **I.** *adj* (*fam*) geschwätzig **II.** *m, f* (*fam: persona cotorra*) Quasselstrippe *f;* (*indiscreta*) Klatschmaul *nt*

**parlar** [par'lar] **I.** *vi* ① (*hablar*) sprechen ② (*fam: cotorrear*) plappern **II.** *vt* (*revelar*) ausplaudern

**parlotear** [parlote'ar] *vi v.* **parlar**

**parloteo** [parlo'teo] *m* ① (*charla*) Plappern *nt* ② (*conversación*) Schwätzchen *nt*

**parné** [par'ne] *m* (*fam: dinero*) Kohle *f*

**paro** ['paro] *m* ① (*pararse*) Stillstand *m;* ~ **cardíaco** Herzstillstand *m* ② (*parar: una máquina*) Abstellen *nt;* (*una fábrica*) Stilllegung *f;* (*de trabajar*) Arbeitsunterbrechung *f* ③ (*huelga*): ~ **laboral** Streik *m;* (*por parte de los empresarios*) Aussperrung *f* ④ (*desempleo*) Arbeitslosigkeit *f;* ~ **forzoso** Arbeitslosigkeit *f;* **estar en** ~ arbeitslos sein ⑤ (ZOOL) Meise *f;* ~ **carbonero** Kohlmeise *f*

**parodia** [pa'roðja] *f* Parodie *f* (*de* auf +*akk*); **hacer una** ~ **de algo** etw parodieren

**parodiar** [paro'ðjar] *vt* parodieren

**parodista** [paro'ðista] *mf* Parodist(in) *m(f)*

**parón** [pa'ron] *m* (*paro brusco*) plötzliches Anhalten *nt;* (*paro prolongado*) langandauernder Stillstand *m*

**parpadeante** [parpaðe'an̪te] *adj* flackernd

**parpadear** [parpaðe'ar] *vi* ① (*ojos*) blinzeln; **sin** ~ (*fig*) ohne mit der Wimper zu zucken ② (*luz*) flimmern; (*llama*) flackern

**parpadeo** [parpa'ðeo] *m* ① (*de los ojos*) Blinzeln *nt* ② (*de una luz*) Flimmern *nt;* (*de una llama*) Flackern *nt*

**párpado** ['parpaðo] *m* (Augen)lid *nt*

**parque** ['parke] *m* ① (*jardín*) Park *m;* ~ **de atracciones** Vergnügungspark *m;* **P~ Natural** Naturschutzgebiet *nt;* ~ **zoológico** Zoo *m* ② (*depósito*) Lager *nt;* ~ **de bomberos** Feuerwehrhaus *nt;* ~ **militar** Arsenal *nt* ③ (*conjunto*) Bestand *m;* ~ **industrial** Gewerbepark *m;* ~ **de maquinaria** Maschinenpark *m;* ~ **móvil** öffentlicher Fuhrpark; ~ **de vehículos** Fuhrpark *m* ④ (*para niños*) Laufstall *m*

**parqué** [par'ke] *m* Parkett *nt*

**parqueadero** [parkea'ðero] *m* (*Am*) Parkplatz *m*

**parquear** [parke'ar] *vt* (*Am*) parken

**parquedad** [parke'ða$^{d}$] *f* ① (*en el gasto*) Sparsamkeit *f;* (*en el uso*) Genügsamkeit *f* ② (*parsimonia*) Zurückhaltung *f;* **habla con** ~ er/sie ist wortkarg

**parquet** [par'ke$^{(t)}$] *m* Parkett *nt*

**parquímetro** [par'kimetro] *m* Parkuhr *f*

**parra** ['parra] *f* (*vid*) Weinstock *m;* **subirse a la** ~ (*enfadarse*) in die Luft gehen; (*darse importancia*) abheben; (*fam: atreverse*) übermütig werden

**parrafada** [parra'faða] *f* ① (*conversación detenida*) eingehendes Gespräch *nt;* (*conversación confidencial*) vertrauliches Gespräch *nt;* **echar una** ~ ein Gespräch unter vier Augen führen ② (*monólogo*) Wortschwall *m;* (*irón*) Predigt *f*

**párrafo** ['parrafo] *m v.* **parágrafo**

**parral** [pa'rral] *m* ① (*parras*) Spalier *nt;* (*techo*) Weinlaube *f* ② (*viña*) Weinberg *m*

**parranda** [pa'rran̪da] *f* (*juerga*) Trubel *m;* (*de bar en bar*) Kneipentour *f;* **ir de** ~ um die Häuser ziehen

**parricida** [parri'θiða] *mf* (*padre*) Vatermörder(in) *m(f);* (*madre*) Muttermörder(in) *m(f);* (*hijo*) Kindsmörder(in) *m(f)*

**parricidio** [parriθi'ðjo] *m* (*padre*) Vatermord *m;* (*madre*) Muttermord *m;* (*hijo*) Kindsmord *m*

**parrilla** [pa'rriʎa] *f* ① (*para la brasa*) (Grill)rost *m;* (*de un horno*) (Ofen)rost *m* ② (*establecimiento*) (Grill)restaurant *nt* ③ (DEP): ~ (**de salida**) Startplatz *m* ④ (*Am:* AUTO) Dachgepäckträger *m*

**parrillada** [parri'ʎaða] *f* Grillplatte *f;* ~ **de pescado/de carne** gegrillte Fisch-/Fleischspezialitäten

**párroco** ['parroko] **I.** *adj* Gemeinde- **II.** *m* Pfarrer *m*

**parroquia** [pa'rrokja] *f* ① (*territorio, fieles*) Gemeinde *f* ② (*iglesia*) (Pfarr)kirche *f* ③ (*clientela*) (Stamm)kundschaft *f*

**parroquial** [parro'kjal] *adj* Gemeinde-; **iglesia** ~ Pfarrkirche *f*

**parroquiano**, **-a** [parro'kjano, -a] **I.** *adj* Gemeinde- **II.** *m, f* ① (*feligrés*) Gemeindemitglied *nt* ② (*cliente*) Stammkunde, -in *m, f*

**parsimonia** [parsi'monja] *f* ① (*calma*) Ruhe *f;* (*lentitud*) Trägheit *f;* **con** ~ in aller Ruhe ② (*en los gastos*) Sparsamkeit *f* ③ (*prudencia*) Rücksicht *f;* (*moderación*) Zurückhaltung *f*

**parsimonioso**, **-a** [parsimo'njoso, -a] *adj* ① (*tranquilo*) ruhig; (*flemático*) träge ② (*ahorrador*) sparsam ③ (*prudente*) rücksichtsvoll; (*moderado*) zurückhaltend

**parte**[1] ['parte] *f* ① (*porción*) Teil *m;* (*elemento*) (Bestand)teil *m;* (*de repuesto*) Ersatzteil *nt;* ~ **alicuota** Bruchteil *m;* ~ **constitutiva** Bestandteil *m;* ~ **esencial** wesentlicher Bestandteil; ~ **del león** Löwenanteil *m;* ~ **del mundo** Erdteil *m;* **una cuarta** ~ ein Viertel; **de varias** ~**s**

mehrteilig; **en** ~ teilweise; **en gran** ~ zu einem großen Teil; **en mayor** ~ größtenteils; ~ **por** ~ Stück für Stück; **por** ~**s** der Reihe nach; **tomar** ~ **en algo** an etw *dat* teilnehmen; **tener** ~ **en algo** an etw *dat* beteiligt sein ❷ (*repartición*) Anteil *m* (*de* an +*dat*), Teil *m* (*de* +*gen*); ~ **hereditaria** Erbteil *nt;* **dar** ~ **a alguien en algo** jdn an etw *dat* beteiligen; **llevarse la peor** ~ den Kürzeren ziehen; **llevarse la mejor** ~ am besten abschneiden ❸ (*lugar*) Ort *m;* **¿a qué** ~**?** wohin?; **a ninguna** ~ nirgendwohin; **en ninguna** ~ nirgends; **en cualquier** ~ irgendwo; **por todas (las)** ~**s** überall; **en otra** ~ woanders, anderswo; **¿de qué** ~ **de España es tu familia?** aus welcher Gegend Spaniens stammt deine Familie?; **no llevar a ninguna** ~ (*fig*) zu nichts führen; **en todas** ~**s (se) cuecen habas** (*prov*) das passiert woanders auch; **que no te dé vergüenza, ¡en todas** ~**s (se) cuecen habas!** schäm dich nicht, das kommt in den besten Familien vor! ❹ (*bando, t.* JUR) Partei *f;* (*en un negocio*) Teilhaber(in) *m(f);* (*en una discusión*) Gesprächsteilnehmer(in) *m(f);* ~ **contratante** Vertragspartner *m;* ~ **laboral** Arbeitnehmerseite *f;* ~ **pública** Staatsanwalt *m* ❺ (*lado*) Seite *f;* ~ **de delante/de atrás** Vorder-/Rückseite *f;* **dale recuerdos de mi** ~ grüß ihn/sie von mir; **somos primos por** ~ **de mi padre/de mi madre** wir sind Cousins väterlicherseits/mütterlicherseits; **por mi** ~ **puedes hacer lo que quieras** von mir aus kannst du tun, was du willst; **estar de** ~ **de alguien** auf jds Seite sein; **ponerse de** ~ **de alguien** jds Partei ergreifen; **saber de buena** ~ aus zuverlässiger Quelle wissen; **me tienes de tu** ~ ich bin auf deiner Seite; **de** ~ **a** ~ (*de un lado a otro*) von rechts nach links; (*de arriba a abajo*) von oben nach unten; **por otra** ~ and(e)rerseits; (*además*) außerdem ❻ (*sección*) Teil *m;* (*tomo*) Band *m;* (*capítulo*) Kapitel *nt* ❼ (TEAT, MÚS: *papel*) Part *m;* (*actor*) Schauspieler(in) *m(f);* (*cantante*) Sänger(in) *m(f)* ❽ *pl* (*genitales*) Geschlechtsteile *ntpl;* **me dió una patada en salva sea la** ~ er/sie trat mich in den Allerwertesten ❾ (*loc*): **no lo tomes** [*o* **eches**] **a mala** ~ versteh mich nicht falsch; **de primeros de mes a esta** ~ seit Beginn dieses Monats; **de unos cuantos días a esta** ~ seit einigen Tagen

**parte²** ['parte] *m* ❶ (*comunicado*) Bericht *m;* (*telegráfico*) Telegramm *nt;* (*por radio*) Funkmeldung *f;* **dar** ~ Bericht erstatten; **tienes que dar** ~ **del robo a la policía** du musst den Diebstahl der Polizei melden ❷ (RADIO, TV) Nachrichten *fpl;* ~ **meteorológico** Wetterbericht *m*

**partero, -a** [par'tero, -a] *m, f* Geburtshelfer(in) *m(f)*

**parterre** [par'terre] *m* ❶ (*arriate*) Blumenbeet *nt* ❷ (*jardín*) Gartenanlage *f*

**partición** [parti'θjon] *f* ❶ (*acción de partir*) Aufteilung *f* (*entre* unter +*dat*) ❷ (MAT) Division *f*

**participación** [partiθipa'θjon] *f* ❶ (*intervención*) Teilnahme *f* (*en* an +*dat*); (*en un negocio*) Beteiligung *f* (*en* an +*dat*); (*en una decisión*) Mitbestimmung *f;* ~ **en los beneficios** Gewinnbeteiligung *f* ❷ (*parte*) Anteil *m* (*en* an +*dat*) ❸ (*billete*) (Lotterie)los *nt;* (*parte que se juega*) (anteiliger) Lotterieeinsatz *m* ❹ (*anuncio*) Anzeige *f;* (*aviso*) Mitteilung *f*

**participante** [partiθi'pan̩te] *mf* (*en una acción*) Teilnehmer(in) *m(f)* (*en* an +*dat*); (*en una empresa*) Teilhaber(in) *m(f)*

**participar** [partiθi'par] **I.** *vi* ❶ (*tomar parte*) teilnehmen (*en* an +*dat*); **los países participantes** die Teilnehmerländer; ~ **en un juego** mitspielen; **participo en tu alegría** ich freue mich mit dir ❷ (*tener parte*) beteiligt sein (*en* an +*dat*); ~ **en una herencia** Miterbe sein **II.** *vt* ❶ (*comunicar*) mitteilen ❷ (*tener en común*) teilen (*de* +*akk*); **participamos de la misma opinión** wir sind derselben Meinung

**partícipe** [par'tiθipe] **I.** *adj* beteiligt **II.** *mf* Beteiligte(r) *mf* (*de* an +*dat*); (*en una empresa*) Teilhaber(in) *m(f);* **hacer a alguien** ~ **de algo** (*compartir*) etw mit jdm teilen; (*informar*) jdm etw mitteilen

**participio** [parti'θipjo] *m* Partizip *nt;* ~ **activo** [*o* **de presente**] Partizip Präsens; ~ **pasivo** [*o* **de pretérito**] Partizip Perfekt

**partícula** [par'tikula] *f* ❶ (*t.* FÍS, QUÍM) Teilchen *nt;* ~ **elemental** Elementarteilchen *nt;* ~**s de polvo** Staubpartikel *ntpl o fpl* ❷ (LING) Partikel *f;* ~ **prepositiva** Präfix *nt*

**particular¹** [partiku'lar] **I.** *adj* ❶ (*propio*) eigen; (*individual*) individuell; (*típico*) typisch; (*personal*) persönlich; **el sabor** ~ **del azafrán** der typische Safrangeschmack ❷ (*raro*) eigenartig ❸ (*extraordinario*) besondere(r, s); **caso** ~ Sonderfall *m;* **en** ~ besonders; **posee un talento** ~ **para dibujar** er/sie kann außergewöhnlich gut zeichnen ❹ (*privado*) privat; **envíamelo a mi domicilio** ~ schick es mir an meine Privatadresse ❺ (*determinado*) bestimmt; **tenemos que concentrarnos en este problema** ~ wir müssen uns auf dieses eine Problem konzentrieren **II.** *mf* Privatperson *f*

**particular[2]** [partiku'lar] *m* Angelegenheit *f*

**particularidad** [partikulari'ða$^{ð}$] *f* ❶ (*especialidad*) Besonderheit *f;* (*singularidad*) Einzigartigkeit *f;* (*peculiaridad*) Außergewöhnliche(s) *nt;* **la ~ de este método estriba en que...** das Besondere an diesem Verfahren ist, dass ... ❷ (*rareza*) Eigenart *f* ❸ (*detalle*) Detail *nt;* (*circunstancia*) Umstand *m;* **las ~es del crimen** die näheren Umstände des Verbrechens ❹ (*en el trato*) Vertraulichkeit *f*

**particularismo** [partikula'rismo] *m* ❶ (*preferencia del interés propio*) Voranstellen *nt* persönlicher Interessen ❷ (*individualismo*) Individualismus *m* ❸ (POL) Partikularismus *m*

**particularización** [partikulariθa'θjon] *f* ❶ (*relato detallado*) detailgenaue Beschreibung *f* ❷ (*referencia*) direkte Bezugnahme (auf +*akk*) ❸ (*distinción*) Hervorhebung *f*

**particularizar** [partikulari'θar] <z→c> **I.** *vt* ❶ (*explicar*) (detailliert) erläutern ❷ (*mostrar preferencia*) bevorzugen ❸ (*personalizar*) sich konkret beziehen (*en* auf +*akk*) ❹ (*distinguir*) charakterisieren; **sus saques particularizan su estilo de jugar** das Besondere an seinem Spiel ist sein Aufschlag **II.** *vi* (*explicar*) ins Detail gehen

**particularmente** [partikular'meṇte] *adv* vor allem

**partida** [par'tiða] *f* ❶ (*salida*) Abfahrt *f* ❷ (*envío*) Sendung *f* ❸ (FIN) Posten *m;* **~ doble** doppelte Buchführung ❹ (*anotación*) (Register)eintrag *m;* (*certificado*) Urkunde *f;* **~ de defunción** Sterbeurkunde *f* ❺ (*juego*) Partie *f;* **jugar una ~ de ajedrez** eine Partie Schach spielen; **jugar una mala ~ a alguien** jdm übel mitspielen ❻ (*grupo*) Gruppe *f;* (MIL) Truppe *f;* (*de amigos*) Clique *f;* (*en un juego*) Mannschaft *f;* (*excursión*) Partie *f;* **~ de campo** Landpartie *f* ❼ (*muerte*) Tod *m* ❽ (*lugar*) Bezirk *m*

**partidario, -a** [parti'ðarjo, -a] **I.** *adj* (*parcial*) parteiisch; (*juez*) befangen **II.** *m, f* ❶ (*seguidor*) Anhänger(in) *m(f);* (*afiliado*) Mitglied *nt;* (*de un proyecto, una idea*) Befürworter(in) *m(f);* **ser ~ de algo** etw befürworten ❷ (*guerrillero*) Partisan(in) *m(f)*

**partidismo** [parti'ðismo] *m* ❶ (*parcialdad*) Parteilichkeit *f;* (*de un juez*) Befangenheit *f;* (*a favor de un partido*) politische Neigung *f* ❷ (POL) Parteitreue *f*

**partidista** [parti'ðista] **I.** *adj* ❶ (*parcial*) parteiisch; (*juez*) befangen ❷ (*sometido a la ideología de un partido*) parteitreu; **ser ~** sich an die Parteilinie halten ❸ (*relativo a un partido*) parteilich **II.** *mf* Parteianhänger(in) *m(f)*

**partido[1]** [par'tiðo] *m* ❶ (POL) Partei *f;* **~ de clase media** Mittelstandspartei *f;* **~ de derecha(s)/de izquierda(s)** Rechts-/Linkspartei *f;* **~ obrero** Arbeiterpartei *f;* **~ pequeño** Splitterpartei *f;* **~ popular** Volkspartei *f;* **~ único** Einheitspartei *f* ❷ (*grupo*) (Interessen)gruppe *f;* **formar ~** sich zusammenschließen; **esta idea tiene mucho ~** diese Idee wird von vielen befürwortet; **el candidato tenía cada vez menos ~** der Kandidat hatte immer weniger Anhänger; **la película tuvo mucho ~ en el extranjero** der Film war im Ausland sehr erfolgreich ❸ (DEP: *juego*) Spiel *nt;* **~ amistoso** Freundschaftsspiel *nt* ❹ (*equipo*) Mannschaft *f* ❺ (*para casarse*) Partie *f;* **encontrar un buen ~** eine gute Partie machen ❻ (ADMIN) Bezirk *m;* **~ judicial** Gerichtsbezirk *m;* **cabeza de ~** Bezirkshauptstadt *f* ❼ (*determinación*) Stellungnahme *f;* **tomar ~** (*inclinarse*) Partei ergreifen (*a favor de* für +*akk*); (*opinar*) Stellung beziehen; (*decidirse*) sich entscheiden; (MIL) sich freiwillig melden ❽ (*provecho*) Nutzen *m;* **de esto aún se puede sacar ~** daraus lässt sich noch was machen; **no sacarás ~ de él** er ist ein hoffnungsloser Fall; **saqué ~ del asunto** ich habe von der Sache profitiert ❾ (*Am: del pelo*) Scheitel *m*

**partido, -a[2]** [par'tiðo, -a] *adj* (*liberal*) freigebig

**partidor** [parti'ðor] *m* Verteiler *m*

**partir** [par'tir] **I.** *vt* ❶ (*dividir*) teilen (*en* in +*akk*); (MAT) dividieren (*en* durch +*akk*); **~ por la mitad** halbieren ❷ (*romper*) zerbrechen; (*en muchas piezas*) zertrümmern; (*madera*) (zer)hacken; (*una nuez*) knacken; **~ el pan** (REL) das Brot brechen; **~ la cabeza a alguien** jdm den Schädel einschlagen ❸ (TÉC) spalten ❹ (*repartir*) aufteilen; (*clasificar*) klassifizieren ❺ (*compartir*) teilen ❻ (*una baraja*) abheben **II.** *vi* ❶ (*tomar como base*) ausgehen (*de* von +*dat*); **a ~ de ahora** von nun an; **a ~ de mañana** ab morgen; **a ~ de las seis** ab sechs Uhr; **a ~ de entonces** von da an ❷ (*salir de viaje*) abreisen; (*ponerse en marcha*) losfahren; (*a pie*) losgehen; **partimos de Heidelberg a las cinco** wir sind um fünf in Heidelberg losgefahren **III.** *vr:* **~se** (*rajarse*) zerbrechen; (*cristal*) zersplittern; **~se de risa** sich vor Lachen

biegen
**partisano**, **-a** [parti'sano, -a] *m, f* Partisan(in) *m(f)*
**partitivo**, **-a** [parti'tiβo, -a] *adj* ❶ (LING) partitiv ❷ (*que se puede partir*) teilbar; (*que se puede romper*) zerbrechlich
**partitura** [parti'tura] *f* Partitur *f*
**parto** ['parto] *m* (*alumbramiento*) Geburt *f;* (*de un animal*) Werfen *nt;* ~ **prematuro** Frühgeburt *f;* **dolores de** ~ Wehen *fpl;* **estar de** ~ in den Wehen liegen; **esto es el** ~ **de los montes** der Berg kreißte und gebar eine Maus
**parturienta** [partu'rjenta] *f* ❶ (*que está de parto*) Gebärende *f* ❷ (*que acaba de parir*) Wöchnerin *f*
**parva** ['parβa] *f* ❶ (AGR) Dreschgut *nt* ❷ (*montón*) Menge *f;* (*de chiquillos*) Kinderschar *f*
**parvedad** [parβe'ðaᵈ] *f* ❶ (*escasez*) Spärlichkeit *f;* (*pequeñez*) Winzigkeit *f;* (*poquedad*) Kleinigkeit *f* ❷ (*para comer*) Happen *m*
**parvo**, **-a** ['parβo, -a] *adj* (*pequeño*) klein; (*escaso*) spärlich
**parvulario** [parβu'larjo] *m* Kindergarten *m;* (*educación preescolar*) Vorschule *f*
**parvulista** [parβu'lista] *adj* Vorschul-
**párvulo**, **-a** ['parβulo, -a] *m, f* Kind *nt* (im Vorschulalter); **escuela de** ~**s** Vorschule *f;* **clase de** ~**s** Vorschulklasse *f*
**pasa** ['pasa] *f* (*uva seca*) Rosine *f;* ~ **de Corinto** Korinthe *f;* **chocolate de ron y** ~**s** Trauben-Nuss-Schokolade *f;* **estar hecho una** ~ (*fam*) verrunzelt sein
**pasable** [pa'saβle] *adj* passabel
**pasacalle** [pasa'kaʎe] *m* Marsch *m*
**pasada** [pa'saða] *f* ❶ (*paso*) Vorbeigehen *nt;* **hacer varias** ~**s** mehrmals vorbeigehen; **de** ~ im Vorbeigehen; (*fig*) flüchtig; **dar** ~ **a algo** (*fig*) etw durchgehen lassen ❷ (*mano*) Durchgang *m;* (*pintura*) Anstrich *m;* **dar una** ~ **a algo** etw überarbeiten; **dar otra** ~ **con agua limpia** nochmals mit klarem Wasser drüberwischen ❸ (*fam: comportamiento*) Gemeinheit *f;* **¡vaya (mala)** ~**!** so eine Gemeinheit!; **hacer una mala** ~ **a alguien** jdm übel mitspielen ❹ (*fam: exageración*) Übertreibung *f* ❺ (*puntada*) (Heft)stich *m;* (*costura*) (Heft)naht *f;* **dar unas** ~**s** heften (*a* +*akk*) ❻ (*con la plancha*): **sólo le voy a dar una** ~ ich bügle nur leicht drüber ❼ (*en un juego*) Durchgang *m*
**pasadero**, **-a** [pasa'ðero, -a] *adj* ❶ (*aceptable*) passabel; (*tolerable*) erträglich ❷ (*transitable*) überquerbar
**pasadizo** [pasa'ðiθo] *m* (*pasillo*) Durchgang *m;* (*entre dos calles*) Passage *f;* ~ **secreto** Geheimgang *m*
**pasado¹** [pa'saðo] *m* ❶ (*tiempo, vida, t.* LING) Vergangenheit *f;* **en el** ~ früher; **son cosas del** ~ das ist Schnee von gestern ❷ *pl* (*antepasados*) Vorfahren *mpl*
**pasado**, **-a²** [pa'saðo, -a] *adj* ❶ (*de atrás*) vergangen; **el año** ~ letztes Jahr; **la conferencia del año** ~ die letztjährige Konferenz; ~ **mañana** übermorgen; ~**s dos meses** nach zwei Monaten; ~ **de moda** veraltet; (*vestido*) altmodisch ❷ (*estropeado*) kaputt; (*fruta*) faul; (*alimentos*) verdorben; (*leche*) sauer; (*mantequilla*) ranzig; (*ropa*) abgetragen; (*flores*) welk; **el yogur está** ~ **de fecha** das Verfallsdatum des Joghurts ist überschritten ❸ (*muy cocido*) übergar; (*verdura*) zerkocht; **¿quieres el filete muy** ~**?** möchtest du das Steak sehr durchgebraten?; **un huevo** ~ **por agua** ein weichgekochtes Ei
**pasador** [pasa'ðor] *m* ❶ (*alfiler*) (Steck)nadel *f;* (*imperdible*) Sicherheitsnadel *f;* (*broche*) Anstecknadel *f;* (*de corbata*) Krawattennadel *f;* (*para sujetarlo a la camisa*) Krawattenhalter *m* ❷ (*para el cabello*) Haarspange *f* ❸ (*cerrojo*) (Tür)riegel *m* ❹ (*colador*) Sieb *nt* ❺ *pl* (*gemelos*) Manschettenknöpfe *mpl*
**pasaje** [pa'saxe] *m* ❶ (*paso*) Passieren *nt;* (*de una calle*) Überquerung *f;* (*de un territorio*) Durchquerung *f* ❷ (*derecho*) Wegegeld *nt* ❸ (*en barco*) Schiffspassage *f* ❹ (*billete de avión*) Flugticket *nt;* (*de barco*) Schiffsticket *nt;* (*precio*) Tarif *m* ❺ (*pasajeros*) Passagiere *mpl* ❻ (*pasillo*) Durchgang *m;* ~ **subterráneo** Unterführung *f* ❼ (*estrecho*) Meerenge *f*
**pasajero**, **-a** [pasa'xero, -a] **I.** *adj* ❶ (*transitorio*) vorübergehend; (*breve*) kurz(lebig); (*fugaz*) flüchtig; (*perecedero*) vergänglich ❷ (*calle, plaza*) belebt **II.** *m, f* (*viajero*) Reisende(r) *mf;* (*en barco/avión*) Passagier(in) *m(f);* (*en tren/coche*) Fahrgast *m;* **tren de** ~**s** Personenzug *m*
**pasamanería** [pasamane'ria] *f* ❶ (*obra de pasamanos*) Posamentierarbeit *f* ❷ (*taller, tienda de pasamanos*) Posamenterie *f* ❸ (*oficio*) Posamentierhandwerk *nt*
**pasamano(s)** [pasa'mano(s)] *m(pl)* (*barandal*) Handlauf *m;* (*barandilla*) Geländer *nt*
**pasamontañas** [pasamon'taɲas] *m inv* Kopfschützer *m*
**pasante** [pa'sante] **I.** *adj* (*viajante*) auf der Durchreise **II.** *mf* ❶ (*auxiliar*) Assistent(in) *m(f);* (*de un abogado*) Referendar(in) *m(f);* ~ **de pluma** Schreiber(in) *m(f)* ❷ (*profesor*) Repetitor(in) *m(f)*

**pasaporte** [pasa'porte] *m* (*para viajar*) (Reise)pass *m;* **dar ~ a alguien** (*despedirlo*) jdm den Laufpass geben *fam;* (*matarlo*) jdn umlegen *fam*

**pasapuré(s)** [pasapu're(s)] *m* (*inv*) Passiersieb *nt*

**pasar** [pa'sar] **I.** *vi* ❶ (*por delante*) vorbeigehen; (*en coche*) vorbeifahren; **~ corriendo** vorbeilaufen; **~ desapercibido** unbemerkt bleiben; **~ de largo** (*no detenerse*) nicht anhalten; (*no entrar*) nicht hereinkommen; **pásate un momento por mi casa** komm doch auf einen Sprung zu mir; **dejar ~** (*por delante*) vorbeilassen; **no dejes ~ la oportunidad** lass die Gelegenheit nicht ungenutzt; **el avión pasó por encima del Teide** das Flugzeug flog über den Teide ❷ (*por un hueco*) durchgehen; (*en coche*) durchfahren; **el sofa no pasa por la puerta** das Sofa passt nicht durch die Tür; **el Ebro pasa por Zaragoza** der Ebro fließt durch Zaragoza; **~ por una crisis** eine Krise durchleben ❸ (*trasladarse*) hinübergehen; (*entrar*) hereinkommen; **me hizo ~** er/sie bat mich herein; **pasemos al comedor** lass uns doch ins Esszimmer gehen ❹ (*acaecer*) passieren; **¿qué pasa?** was ist los?; **¿qué te pasa?** was hast du?; **pase lo que pase** auf jeden Fall; **dejar ~ algo** etw zulassen; **lo que pasa es que, ...** es ist Folgendes: ... ❺ (*acabar*) vorübergehen; **ya ha pasado la tormenta** das Gewitter ist vorbei; **cuando pasen las vacaciones...** nach den Ferien ... ❻ (*el tiempo*) vergehen; **han pasado dos semanas sin llover** es hat schon seit zwei Wochen nicht mehr geregnet; **lo pasado, pisado** Schwamm drüber ❼ (*ser transferido*) übergehen; (MED) sich übertragen ❽ (*poder existir*) auskommen; **vamos pasando** es geht uns (einigermaßen) gut ❾ (*aparentar*) durchgehen (*por* als +*nom*); **pasa por nuevo** alle glauben, es sei neu; **podrías ~ por alemana** man könnte dich glatt für eine Deutsche halten; **hacerse ~ por médico** sich als Arzt ausgeben ❿ (*cambiar*) übergehen (*a* zu +*dat*); **paso a explicarte porqué** ich erzähle dir jetzt, warum; **~ a mayores** sich verschlimmern ⓫ (*ser admisible*) durchgehen; **arreglándolo aún puede ~** wenn du es reparierst, ist es noch brauchbar; **~ por un control** einer Prüfung standhalten ⓬ (*no jugar*) passen ⓭ (*fam: no necesitar*) verzichten (können) (*de* auf +*akk*); **yo paso de salir** ich möchte nicht ausgehen; **paso de esta película** dieser Film interessiert mich nicht; **pasa de todo** ihm/ihr ist alles egal ⓮ (*loc*): **~ por alto** auslassen; **~ por encima de** (*un obstáculo*) überwinden; (*una persona*) übergehen, ignorieren **II.** *vt* ❶ (*atravesar*) überqueren; (*un territorio*) durchqueren; **~ el semáforo en rojo** (*a pie*) über eine rote Ampel laufen; (*en coche*) über eine rote Ampel fahren; **~ el puente** über die Brücke gehen ❷ (*por un hueco*) (durch)führen; **~ la tarjeta por la ranura** die Karte durch den Schlitz ziehen; **~ algo por debajo de la puerta** etw unter der Tür durchschieben ❸ (*trasladar*) verlegen; **~ a limpio** ins Reine schreiben ❹ (*dar*) reichen ❺ (*una temporada*) verbringen; **~ el invierno en Mallorca** auf Mallorca überwintern; **~lo bien** sich amüsieren; **~lo en grande** einen Riesenspaß haben; **~lo mal** eine schlechte Zeit durchleben; **¡que lo paséis bien!** viel Spaß! ❻ (*sufrir*) leiden; **~ hambre** hungern; **~ frío** frieren; **has pasado mucho** du hast viel durchgemacht; **pasé un mal rato** es ging mir schlecht ❼ (*transmitir*) übertragen; (*una película*) vorführen; (*una noticia*) weiterleiten; (*dinero*) überweisen; **~ un recado** etwas ausrichten; **me has pasado el resfriado** du hast mich mit deiner Erkältung angesteckt; **le paso a la Sra. Ortega** ich verbinde Sie mit Fr. Ortega ❽ (*sobrepasar*) übertreffen; (*cierta edad*) überschreiten; **he pasado los treinta** ich bin schon über dreißig; **te paso en altura** ich bin größer als du ❾ (*hacer deslizar*): **~ la mano por la mesa** mit der Hand über den Tisch streichen; **~ la aspiradora** Staub saugen ❿ (*tolerar*) durchgehen lassen ⓫ (*aprobar*) bestehen ⓬ (*omitir*) auslassen ⓭ (*leer sin atención*) überfliegen; (*recitar sin atención*) herunterleiern ⓮ (*repasar*) wiederholen; (*estudiar*) durchgehen ⓯ (*tragar*) (hinunter)schlucken; **no puedo ~me la pastilla** ich krieg die Tablette nicht runter ⓰ (*colar*) passieren ⓱ (*la pelota*) abspielen; (*a alguien*) zuspielen ⓲ (*las hojas de un libro*) umblättern ⓳ (*géneros prohibidos*) schmuggeln **III.** *vr:* **~se** ❶ (*acabarse*) verstreichen; (*dolor*) nachlassen; **se me han pasado las ganas** ich habe keine Lust mehr; **ya se le ~á el enfado** sein/ihr Ärger wird schon verfliegen; **~se de fecha** das Verfallsdatum überschreiten ❷ (*exagerar*) übertreiben; **~se de la raya** über die Stränge schlagen; **~se de listo** besonders schlau sein wollen; **te has pasado de listo** da hast du dich selbst überlistet; **te has pasado un poco con la sal** du hast etwas zu viel Salz genommen ❸ (*por un sitio*)

P

vorbeigehen; **me pasé un rato por casa de mi tía** ich habe kurz bei meiner Tante vorbeigeschaut; **se me pasó por la cabeza que...** es ging mir durch den Kopf, dass ...; **no se te pasará ni por la imaginación** du wirst ja wohl nicht im Traum daran denken; ~**se la mano por el pelo** sich *dat* mit der Hand durch die Haare fahren ❹ (*cambiar*) wechseln (*a* zu +*dat*); (MIL) überlaufen (*a* zu +*dat*); **se ha pasado de trabajadora a perezosa** sie ist jetzt nicht mehr fleißig, sondern faul ❺ (*olvidarse*) entfallen; **se me pasó tu cumpleaños** ich habe deinen Geburtstag vergessen ❻ (*estropearse*) verderben; (*fruta*) faul werden; (*alimentos*) schlecht werden; (*leche*) sauer werden; (*mantequilla*) ranzig werden; (*flores*) welken; **se ha pasado el arroz** der Reis ist zerkocht ❼ (*escaparse*) entgehen; **se me pasó la oportunidad** ich verpasste die Chance; **se me pasó el turno** ich merkte nicht, dass ich an der Reihe war ❽ (*loc*): ~**se de moda** aus der Mode kommen

**pasarela** [pasa'rela] *f* ❶ (*para desfiles*) Laufsteg *m* ❷ (*de un barco*) Gangway *f* ❸ (*puente provisional*) Steg *m;* (*para peatones*) Fußgängerübergang *m*

**pasarrato** [pasa'rrato] *m* (*Méx, PRico*), **pasatiempo** [pasa'tjempo] *m* (*diversión*) Zeitvertreib *m;* (*hobby*) Freizeitbeschäftigung *f;* **los ~s del periódico** die Rätselecke in der Zeitung

**Pascua** ['paskwa] *f* ❶ (*de resurrección*) Ostern *nt;* ~ **de florida** Ostersonntag *m;* **mona de** ~ ≈Osterkuchen *m;* **de ~s a Ramos** sehr selten ❷ (*fiesta judía*) Passah(fest) *nt* ❸ *pl* (*navidad*) Weihnachten *nt;* **dar las ~s** frohe Weihnachten wünschen ❹ *pl* (*pentecostés*) Pfingsten *nt* ❺ (*loc*): **¡y santas ~s!** und damit basta!; **santas ~s** wenn es denn sein muss; **estar como una(s) ~(s)** sich freuen wie ein Schneekönig; **tener cara de ~(s)** (*fam*) strahlen wie ein Honigkuchenpferd; **hacer la ~ a alguien** jdm das Leben schwer machen

**pascual** [pas'kwal] *adj* ❶ (*relativo a la pascua cristiana*) Oster-, österlich ❷ (*relativo a la pascua judía*) Passah- ❸ (*navideño*) Weihnachts-, weihnachtlich ❹ (*de pentecostés*) Pfingst-, pfingstlich

**pase** ['pase] *m* ❶ (*desfile*) Modenschau *f* ❷ (DEP) Pass *m* ❸ (CINE) (Film)vorführung *f* ❹ (*en los naipes*) Passen *nt* ❺ (*permiso*) Erlaubnis *f;* (*licencia*) Lizenz *f;* (MIL) Passierschein *m;* (*para entrar gratis*) Freikarte *f;* (*para viajar en tren*) Freifahrkarte *f;* (*durante un largo periodo*) Dauerkarte *f;* ~ (**de transporte**) Transporterlaubnis *f* ❻ (*Am: pasaporte*) (Reise)pass *m*

**paseante** [pase'an̩te] *mf* Spaziergänger(in) *m(f);* ~ (**en corte**) (*fam*) Müßiggänger(in) *m(f)*

**pasear** [pase'ar] **I.** *vt* ❶ (*en coche*) spazieren fahren; (*a pie*) spazieren führen; ~ **al perro** mit dem Hund Gassi gehen *fam;* ~ **a un caballo** einem Pferd Auslauf verschaffen ❷ (*llevar a todas las partes*) (überall) herumzeigen **II.** *vi, vr:* ~**se** ❶ (*a pie*) spazieren gehen; (*en coche*) spazieren fahren; (*a caballo*) ausreiten (*por* in +*dat*) ❷ (*caballo*) traben **III.** *vr:* ~**se** ❶ (*discurrir*): **se me pasean miles de ideas por la cabeza** mir schießen tausend Ideen durch den Kopf ❷ (*estar ocioso*) herumhängen

**paseo** [pa'seo] *m* ❶ (*a pie*) Spaziergang *m;* (*en coche/barco*) Spazierfahrt *f;* (*en caballo*) Ausritt *m;* **dar un** ~ spazieren gehen; **¡vete a ~!** hau ab!; **mandar a alguien a** ~ jdn zum Teufel jagen ❷ (*para pasear*) Promenade *f;* ~ **marítimo** Strandpromenade *f* ❸ (*distancia*) Katzensprung *m;* **de aquí al colegio sólo hay un** ~ von hier bis zur Schule ist es nur ein Katzensprung

**pasillo** [pa'siʎo] *m* (*corredor*) Korridor *m;* (*entre habitaciones/pisos*) Gang *m*

**pasión** [pa'sjon] *f* ❶ (*ardor*) Leidenschaft *f;* ~ **de ánimo** Sehnsucht *f;* **con** ~ leidenschaftlich; **sin** ~ nüchtern ❷ (*afecto*) Liebe *f;* (*preferencia*) Vorliebe *f;* **sentir ~ por el fútbol** passionierter Fußballfan sein ❸ (*padecimiento*) Leiden *nt* ❹ (*de Jesucristo*) Passion *f*

**pasional** [pasjo'nal] *adj* ❶ (*ardiente*) leidenschaftlich; **crimen** ~ Verbrechen aus Leidenschaft ❷ (REL) Passions-

**pasionaria** [pasjo'narja] *f* ❶ (BOT) Passionsblume *f* ❷ (*flor*) Passionsblüte *f* ❸ (*fruto*) Passionsfrucht *f*

**pasividad** [pasiβi'ðaᵈ] *f* Passivität *f*

**pasivo¹** [pa'siβo] *m* ❶ (*deuda*) Verbindlichkeiten *fpl* ❷ (*en el balance*) Soll *nt* ❸ (LING) Passiv *nt* ❹ (*pensión*) Rente *f*

**pasivo, -a²** [pa'siβo, -a] **I.** *adj* ❶ (*que es objeto, indiferente, inactivo*) passiv ❷ (LING) passivisch; **verbo** ~ Verb im Passiv; **voz pasiva** Passiv *nt* ❸ (ECON): **haber** ~ Rente *f;* **las clases ~s** die Rentenempfänger **II.** *m, f* Rentenempfänger(in) *m(f)*

**pasma** ['pasma] *f* (*fam*) Bullen *mpl*

**pasmado, -a** [pas'maðo, -a] **I.** *adj* (*torpe*) tölpelhaft **II.** *m, f* Tölpel *m*

**pasmar** [pas'mar] **I.** *vt* ❶ (*enfriar*) gefrieren lassen; **la helada ha pasmado las lechu-**

**gas** die Salatköpfe sind im Frost eingegangen ② (*asombrar*) verblüffen; **me has dejado pasmado** ich bin sprachlos; **no te quedes** ~ schau nicht so dumm aus der Wäsche ③ (*enajenar*) begeistern ④ (*aturdir*) betäuben **II.** *vr:* **~se** ① (*helarse*) gefrieren; (*planta*) im Frost eingehen ② (*asombrarse*) verblüfft sein ③ (*quedar fascinado*) begeistert sein (*ante* von +*dat*)

**pasmarote** [pasma'rote] *m* (*fam*) Trottel *m*

**pasmo** ['pasmo] *m* ① (*asombro*) Verwunderung *f;* (*admiración*) Bewunderung *f* ② (*objeto*) Erstaunliche(s) *nt;* **ser el ~ de alguien** (*fam: asombrar*) jdn verblüffen; (*enajenar*) jdn begeistern

**pasmoso, -a** [pas'moso, -a] *adj* unglaublich

**paso** ['paso] **I.** *m* ① (*acción de pasar*) Vorbeiziehen *nt;* (*a pie*) Vorbeischreiten *nt;* (*en coche*) Vorbeifahren *nt;* **al ~** im Vorübergehen; **me salió al ~ en el pasillo** er/sie hielt mich auf dem Gang an; **ceder el ~** (*a una persona*) vorlassen; (*en el tráfico*) Vorfahrt gewähren +*dat;* **estar de ~** auf der Durchreise sein; **al ~ que come ve la tele** er/sie sieht während des Essens fern; **de ~** (*indirectamente*) nebenbei; **de ~ que vas al centro, puedes llevarme a la estación** wenn du in die Stadt fährst, kannst du mich bei der Gelegenheit am Bahnhof absetzen; **nadie salió al ~ de sus mentiras** keiner gebot seinen/ihren Lügen Einhalt ② (*movimiento*) Schritt *m;* (*progreso*) Fortschritt *m;* **bailar a ~ de vals** einen Walzer tanzen; **ir al ~** im Schritt gehen; **llevar el ~ al ritmo de una melodía** im Rhythmus einer Melodie marschieren; **marcar el ~** auf der Stelle marschieren; **a cada ~** ständig; **a ~ llano** problemlos; **~ a ~** Schritt für Schritt; **contar los ~s a alguien** jdn auf Schritt und Tritt beobachten; **dar un ~ adelante/atrás** einen Schritt nach vorne/nach hinten machen; **dar un ~ en falso** mit dem Fuß umknicken; (*fig*) einen falschen Schritt machen; **he dado un enorme ~ en mis investigaciones** ich bin in meinen Forschungen einen enormen Schritt vorangekommen ③ (*velocidad*) Tempo *nt;* **a ~s agigantados** im Eilschritt; (*fig*) rapide; **a buen ~** schnell; **a ~ de tortuga** im Schneckentempo; **a este ~ no llegarás** bei diesem Tempo kommst du nie an; **a este ~ no conseguirás nada** (*fig*) auf diese Art (und Weise) erreichst du nichts ④ (*sonido*) Schritt *m;* (*de un caballo*) Hufschlag *m* ⑤ (*manera de andar*) Gang *m;* **salir de su ~** neue Wege beschreiten ⑥ (*pisada*) Fußabdruck *m;* (*de un animal*) Spur *f;* **seguir los ~s de alguien** jdn auf Schritt und Tritt verfolgen; (*fig*) in jds Fußstapfen treten; **volver sobre sus ~s** umkehren ⑦ (*distancia*) Schritt *m;* **vive a dos ~s de mi casa** er/sie wohnt gleich bei mir um die Ecke ⑧ (*pasillo*) Durchgang *m;* (*en el mar*) Straße *f;* (*entre montañas*) (Berg)pass *m;* **~ subterráneo** Unterführung *f;* **abrirse ~** sich *dat* Durchgang verschaffen; (*fig*) seinen Weg machen; **esta puerta da ~ al jardín** diese Tür führt in den Garten; **¡prohibido el ~!** (*pasar*) Durchgang verboten!; (*entrar*) kein Zutritt!; **andar en malos ~s** auf Abwege geraten; **con este dinero puedo salir del ~** dieses Geld hilft mir aus der Klemme; **sólo lo has dicho para salir del ~** das hast du nur gesagt, um dich aus der Affäre zu ziehen ⑨ (*para atravesar algo*) Übergang *m;* **~ cebra** Zebrastreifen *m;* **~ a nivel** (Eisen)bahnübergang *m;* **¡~!** Platz da! ⑩ (*medida*) Schritt *m;* **dar todos los ~s necesarios** die erforderlichen Schritte unternehmen; **no dar ~** nichts unternehmen; **dar un ~ en falso** einen Fauxpas begehen ⑪ (*de un contador*) Zählereinheit *f;* **marcar los ~s** die Einheiten zählen ⑫ (*de un escrito*) Passage *f* **II.** *adv* leise

**pasodoble** [paso'ðoβle] *m* Paso doble *m*

**pasota** [pa'sota] **I.** *adj* anarchistisch; (*fig*) cool **II.** *mf* (gesellschaftlicher) Außenseiter *m,* (gesellschaftliche) Außenseiterin *f;* (*fig*) Freak *m;* **ser un ~** (*fig*) über den Dingen stehen

**pasotismo** [paso'tismo] *m* ① (*movimiento*) No-Future-Bewegung *f* ② (*forma de pensar*) Null-Bock-Mentalität *f*

**paspartú** [paspar'tu] <paspartúes> *m* Passepartout *nt*

**pasquín** [pas'kin] *m* Schmähschrift *f*

**pasta** ['pasta] *f* ① (*masa*) Paste *f;* (*para un pastel*) Teig *m;* (*para paredes*) Spachtelmasse *f;* (*para madera, ventanas*) Kitt *m;* **~ de dientes** Zahnpasta *f* ② (*fideos*) Nudeln *fpl;* (*comida italiana*) Nudelgericht *nt* ③ (*pastelería*) Kleingebäck *nt* ④ (*encuadernación*) Bucheinband *m* ⑤ (*fam: dinero*) Knete *f* ⑥ (*madera*) Holz *nt;* **tener ~ para algo** das Zeug zu etw *dat* haben; **tiene ~ para ser ministro** er ist aus dem Holz, aus dem man Minister macht; **tener buena ~** ein gutmütiges Wesen haben

**pastar** [pas'tar] **I.** *vt* weiden lassen **II.** *vi* weiden

**pastel** [pas'tel] *m* ① (*torta*) Kuchen *m;* (*bollo*) Gebäckstück *nt;* (*de carne/pescado*) Pastete *f* ② (*lápiz*) Buntstift *m*

❸ (*pintura*) Pastell *nt* ❹ (*chapucería*) Pfusch *m* ❺ (*loc*): **descubrir el** ~ Lunte riechen; **vámonos antes de que se descubra el** ~ lass uns abhauen, bevor alles auffliegt

**pastelear** [pastele'ar] *vi* ❶ (*contemporizar*) sich einschmeicheln ❷ (*chanchullear*) mauscheln

**pasteleo** [paste'leo] *m* (*fam*) Schmeichelei *f*

**pastelería** [pastele'ria] *f* ❶ (*comercio, arte*) Konditorei *f* ❷ (*pasteles*) Backwaren *fpl*

**pastelero, -a** [paste'lero, -a] *m, f* ❶ (*repostero*) Konditor(in) *m(f)* ❷ (*contemporizador*) Wendehals *m;* **ser un** ~ sein Fähnchen nach dem Wind drehen; (*transigir fácilmente*) kein Rückgrat haben

**pastelillo** [paste'liʎo] *m* (*dulce*) Gebäckstück *nt;* (*de carne/pescado*) Pastetchen *nt*

**paste(u)rizar** [paste(u̯)ri'θar] <z→c> *vt* pasteurisieren

**pastiche** [pas'tiʧe] *m* Plagiat *nt*

**pastilla** [pas'tiʎa] *f* ❶ (*medicinal*) Tablette *f;* ~ **de amoníaco** Salmiakpastille *f;* ~ **contra el dolor** Schmerztablette *f;* ~ **para la garganta** Lutschtablette *f;* ~ **para la tos** Hustenbonbon *nt* ❷ (*dulce*) Bonbon *nt;* ~ **de café con leche** Mokkabonbon *nt* ❸ (*trozo*) Stück *nt;* ~ **de caldo** Brühwürfel *m;* ~ **de chocolate** Tafel Schokolade; ~ **de jabón** Stück Seife ❹ (*loc*): **ir a toda** ~ (*fam*) einen Affenzahn draufhaben

**pastizal** [pasti'θal] *m* Weide *f*

**pasto** ['pasto] *m* ❶ (*pastura*) Weiden *nt* ❷ (*pastizal*) Weide *f* ❸ (*hierba*) Weidegras *nt;* ~ **seco** Heu *nt* ❹ (*alimento*) Futter *nt* ❺ (*materia, rumores*) Nahrung *f;* **ser** ~ **de las llamas** den Flammen zum Opfer fallen; **ser** ~ **de la murmuración** ein gefundes Fressen für böse Zungen sein ❻ (*loc*): **a todo** ~ im Überfluss; **pudimos beber y comer a** ~ wir konnten nach Herzenslust essen und trinken; **de** ~ für den täglichen Gebrauch; **vino de** ~ Tafelwein *m*

**pastón** [pas'ton] *m* ❶ *aum de* **pasta** (*fam*): **un** ~ ein Haufen Geld ❷ (*tierra*) (unfruchtbares) Weideland *nt*

**pastor**[1] [pas'tor] *m* ❶ (REL) Pastor *m;* (*obispo*) Bischof *m* ❷ (ZOOL): ~ **alemán** Schäferhund *m;* **perro** ~ Hirtenhund *m*

**pastor(a)**[2] [pas'tor(a)] *m(f)* (*de ganado*) (Vieh)hirt(in) *m(f);* (*de ovejas*) Schäfer(in) *m(f)*

**pastoral** [pasto'ral] **I.** *adj* ❶ (*relativo a los prelados*) Bischofs-; **carta** ~ Hirtenbrief *m* ❷ (*idílico*) pastoral; **poesía** ~ Hirtendichtung *f* **II.** *m* (MÚS, LIT) Pastorale *nt o f*

**pastorear** [pastore'ar] *vt* ❶ (*cuidar el ganado*) hüten; (*llevarlo a los pastos*) auf die Weide treiben ❷ (REL) (be)hüten ❸ (*AmC: mimar*) verwöhnen ❹ (*Am: atisbar*) beäugen

**pastoreo** [pasto'reo] *m* Weiden *nt*

**pastoso, -a** [pas'toso, -a] *adj* ❶ (*blando*) geschmeidig ❷ (*pegajoso*) klebrig; (*espeso*) zäh(flüssig); **lengua pastosa** belegte Zunge ❸ (*voz*) sonor ❹ (*Am: región*) reich an Weidefläche

**pata** ['pata] *f* ❶ (ANAT: *fam*) Bein *nt;* (*de un perro*) Pfote *f;* (*de un gato*) Tatze *f;* (*de una silla*) Stuhlbein *nt;* (*de una mesa*) Tischbein *nt;* ~ **de gallo** (BOT) Hahnenfuß *m;* (*dibujo*) Hahnentrittmuster *nt;* ~**s de gallo** (*en el rostro*) Krähenfüße *mpl;* ~ **de palo** Holzbein *nt;* **mala** ~ (*fam*) Pech *nt;* **estirar la** ~ (*fam*) den Löffel abgeben; **ir a** ~ (*fam*) zu Fuß gehen; **meter la** ~ (*cometer una indiscreción*) ins Fettnäpchen treten; (*intervenir*) dazwischenpfuschen; **he metido la** ~ ich habe es verdorben; ~**s arriba** durcheinander; **la habitación está** ~**s arriba** im Zimmer herrscht ein wüstes Durcheinander; **poner todo** ~**s arriba** alles auf den Kopf stellen; **a la** ~ **coja** auf einem Bein; **a (la)** ~ **llana** ungekünstelt; **a cuatro** ~**s** auf allen Vieren; **poner a alguien de** ~**s en la calle** jdn an die (frische) Luft setzen ❷ (ZOOL) Ente *f* ❸ (*fam: cojo*) Hinkebein *nt*

**patada** [pa'taða] *f* ❶ (*contra algo*) (Fuß)tritt *m;* (*en el suelo*) (Auf)stampfen *nt;* **dar una** ~ **contra la pared** gegen die Wand treten; **dar** ~**s en el suelo** auf den Boden stampfen; **romper una puerta a** ~**s** eine Tür eintreten; **dar la** ~ **a alguien** jdm den Laufpass geben; **me da cien** ~**s** er/sie/es geht mir gegen den Strich; **echar a alguien a** ~**s** jdn hochkant hinauswerfen; **tratar a alguien a** ~**s** jdn mit Füßen treten; **a** ~**s** (*fig*) in Hülle und Fülle ❷ (*fam: paso*) Schritt *m;* (*de un caballo*) Hufschlag *m;* **esto me ha costado muchas** ~**s** (*fig*) ich habe mich dafür ganz schön abstrampeln müssen ❸ (*huella de un pie*) Fußabdruck *m;* (*de una pata*) Spur *f*

**i Land & Leute**

**Patagonia** – *Patagonien* liegt im südlichsten Teil Chiles und Argentiniens, noch südlich der Pampa. Diese weite, spärlich bewachsene, öde Steppe ist im Gegensatz zur Pampa nicht für den Getreideanbau geeignet, sondern wird hauptsächlich für die Schafzucht genutzt.

**patalear** [patale'ar] *vi* strampeln; (*en el suelo*) trampeln; ~ **de rabia** vor Wut wild auf den Boden stampfen; **está que patalea** er/sie ist außer sich *dat*

**pataleo** [pata'leo] *m* ❶ (*acción de patalear*) Strampeln *nt;* (*en el suelo*) Trampeln *nt* ❷ (*ruido*) Getrappel *nt* ❸ (*queja*) Protest *m;* **derecho al** ~ Recht auf Widerrede

**pataleta** [pata'leta] *f* (*fam*) Wutanfall *m*

**patán** [pa'tan] **I.** *adj* bauernhaft; **ser** ~ (*fig*) keine Manieren haben **II.** *m* Bauer *m*

**patata** [pa'tata] *f* Kartoffel *f;* ~**s fritas** Pommes frites *pl;* **una bolsa de** ~**s fritas** eine Tüte (Kartoffel)chips; **no entender ni** ~ (*fam: palabra*) kein Wort verstehen; (*ser tonto*) strohdumm sein

**patatal** [pata'tal] *m* Kartoffelacker *m*

**patatús** [pata'tus] *m inv* (*fam*) ❶ (*desmayo*) Ohnmachtsanfall *m;* **le dio un** ~ er/sie wurde ohmächtig ❷ (*síncope*) Zusammenbruch *m;* **me ha dado un** ~ ich bin zusammengeklappt

**paté** [pa'te] *m* (GASTR) Leberpastete *f*

**patear** [pate'ar] **I.** *vt* ❶ (*dar golpes*) treten (gegen +*akk*); ~ **el estómago a alguien** jdm [*o* jdn] in den Magen treten ❷ (*pisotear*) zertrampeln ❸ (*tratar rudamente*) mit Füßen treten **II.** *vi* ❶ (*en el suelo*) trampeln; (*estar enfadado*) (vor Wut) außer sich *dat* sein ❷ (*andar mucho*) viel herumlaufen; **estar pateando todo el día** den ganzen Tag auf Achse sein; **tuve que** ~ **para tener este éxito** für diesen Erfolg habe ich mich abstrampeln müssen

**patentado**, **-a** [paten̪'taðo, -a] *adj* (JUR) patentiert

**patentar** [paten̪'tar] *vt* ❶ (*registrar*) patentieren (lassen) ❷ (*conceder patentes*) genehmigen

**patente** [pa'ten̪te] **I.** *adj* ❶ (*visible*) sichtbar ❷ (*evidente*) eindeutig; **hacer** ~ aufzeigen; (*comprobar*) beweisen; (*revelar*) ans Licht bringen **II.** *f* ❶ (*documento*) Bescheinigung *f;* (*permiso*) Genehmigung *f;* ~ **de comercio** Gewerbeschein *m;* ~ **de sanidad** Gesundheitspass *m* ❷ (*título*) Patent *nt;* ~ **de piloto** Pilotenschein *m* ❸ (JUR) Patent *nt;* ~ **industrial** gewerbliches Patent; ~ **pendiente** zum Patent angemeldet; ~ **de privilegio** Erfindungspatent *nt;* **solicitar la** ~ zum Patent anmelden

**patentizar** [paten̪ti'θar] <z→c> *vt* aufzeigen; (*comprobar*) beweisen; (*revelar*) ans Licht bringen

**patera** [pa'tera] *f* kleines Holzboot *nt*

**paternal** [pater'nal] *adj* väterlich; **amor** ~ Vaterliebe *f*

**paternalismo** [paterna'lismo] *m* ❶ (*carácter paternal*) Väterlichkeit *f* ❷ (*actitud protectora*) Bevormundung *f* ❸ (POL) Paternalismus *m*

**paternidad** [paterni'ðað] *f* ❶ (*relación*) Vaterschaft *f* ❷ (*calidad*) Väterlichkeit *f* ❸ (REL): **Vuestra P**~ Euer Hochwürden

**paterno**, **-a** [pa'terno, -a] *adj* väterlich, Vater-; **casa paterna** Elternhaus *nt;* **mi abuelo** ~ mein Großvater väterlicherseits

**patético**, **-a** [pa'tetiko, -a] *adj* ❶ (*conmovedor*) ergreifend; (*tierno*) rührend; (*manifestando dolor*) leidend ❷ (*pey: exagerado*) pathetisch

**patetismo** [pate'tismo] *m sin pl* ❶ (*que conmueve*) Bewegende(s) *nt,* Ergreifende(s) *nt* ❷ (*pey: sentimentalidad exagerada*) Pathetik *f*

**patibulario**, **-a** [patiβu'larjo, -a] *adj* ❶ (*relativo al patíbulo*) Hinrichtungs-; **horca patibularia** Galgen *m* ❷ (*terrible*) schaurig; **novela patibularia** Gruselroman *m*

**patíbulo** [pa'tiβulo] *m* Schafott *nt;* (*horca*) Galgen *m*

**paticojo**, **-a** [pati'koxo, -a] **I.** *adj* (*fam*) hinkend **II.** *m, f* (*fam*) Hinkebein *nt*

**patidifuso**, **-a** [patiði'fuso, -a] *adj* verblüfft; (*de horror*) entsetzt; **me quedé** ~ ich war sprachlos

**patilla** [pa'tiʎa] *f* ❶ (*de unas gafas*) Bügel *m;* (*de un madero*) Stift *m* ❷ *pl* (*pelo*) Koteletten *pl*

**patín** [pa'tin] *m* ❶ (*de hielo*) Schlittschuh *m;* (*de ruedas*) Rollschuh *m;* **patines en línea** Inlineskates *mpl* ❷ (*patinete*) Roller *m* ❸ (*de vela*) Katamaran *m;* (*de pedales*) Tretboot *nt* ❹ (TÉC) Kufe *f*

**pátina** ['patina] *f sin pl* Patina *f*

**patinador(a)** [patina'ðor(a)] **I.** *adj* (*sobre cuchillas*) gleitend; (*sobre ruedas*) rollend **II.** *m(f)* (*de hielo*) Schlittschuhläufer(in) *m(f);* (*sobre ruedas*) Rollschuhläufer(in) *m(f);* (*artístico sobre hielo*) Eiskunstläufer(in) *m(f);* (*sobre ruedas*) Rollkunstläufer(in) *m(f);* (*de velocidad*) Eisschnellläufer(in) *m(f)*

**patinaje** [pati'naxe] *m* ❶ (*sobre hielo*) Schlittschuhlaufen *nt;* (*sobre ruedas*) Rollschuhlaufen *nt;* ~ **artístico** (*sobre hielo*) Eiskunstlauf *m;* (*sobre ruedas*) Rollkunstlauf *m;* ~ **de velocidad** Eisschnelllauf *m* ❷ (*deslizamiento*) (Aus)rutschen *nt;* (*de un vehículo*) Schleudern *nt*

P

**patinar** [pati'nar] *vi* ❶ (*sobre patines de hielo*) Eis laufen; (*sobre patines de ruedas*) Rollschuh laufen ❷ (*deslizarse*) ausrutschen; (*un vehículo*) ins Schleudern geraten ❸ (*equivocarse*) sich *dat* einen Ausrutscher leisten

**patinazo** [pati'naθo] *m* ❶ (*deslizamiento*) (Aus)rutschen *nt;* (*de un vehículo*) Schleudern *nt* ❷ (*equivocación, indiscreción*) Ausrutscher *m*

**patinete** [pati'nete] *m* Roller *m*

**patio** ['patjo] *m* ❶ (ARQUIT) Hof *m;* (*interior*) Innenhof *m;* (*entre dos casas*) Hinterhof *m;* ~ **de recreo** Schulhof *m* ❷ (TEAT) Parkett *nt*

**patitieso, -a** [pati'tjeso, -a] *adj* ❶ (*paralizado*) steif; (*de frío*) starr; **quedarse ~ de frío** vor Kälte erstarren ❷ (*sorprendido*) verdutzt; **quedarse ~** sprachlos sein ❸ (*presumido*) hochnäsig

**patito, -a** [pa'tito, -a] *adj* (*Am*) (zitronen)gelb

**patizambo, -a** [pati'θambo, -a] *adj* krummbeinig; **ser ~** X-Beine haben

**pato, -a** ['pato, -a] *m, f* ❶ (ZOOL) Ente *f;* (*macho*) Erpel *m;* **pagar el ~** der/die Leidtragende sein; **estar hecho un ~ (de agua)** klatschnass sein ❷ (*fam: torpe*) Trampel *m o nt*

**patochada** [pato'ʧaða] *f* (*tontería*) Unsinn *m;* **decir ~s** albernes Zeug reden

**patógeno, -a** [pa'toxeno, -a] *adj* (MED) krankheitserregend; **gérmen ~** Krankheitserreger *m*

**patología** [patolo'xia] *f* Pathologie *f*

**patológico, -a** [pato'loxiko, -a] *adj* (MED) pathologisch; (*fig*) krankhaft

**patólogo, -a** [pa'toloɣo, -a] *m, f* Pathologe, -in *m, f*

**patoso, -a** [pa'toso, -a] *adj* ❶ (*soso*) witzlos ❷ (*torpe*) ungeschickt

**patraña** [pa'traɲa] *f* Lüge *f*

**patria** ['patrja] *f* Heimat *f;* ~ **adoptiva** Wahlheimat *f;* ~ **celestial** Himmel *m;* **madre ~** Mutterland *nt;* (*Am*) Spanien *nt*

**patriarca** [pa'trjarka] *m* (REL) Patriarch *m*

**patriarcado** [patrjar'kaðo] *m* (SOCIOL, REL) Patriarchat *nt*

**patrimonial** [patrimo'njal] *adj* Erb-; **bien ~** Erbe *nt*

**patrimonio** [patri'monjo] *m* ❶ (*herencia*) Erbe *nt;* ~ **cultural** Kulturgut *nt* ❷ (*riqueza*) Vermögen *nt*

**patrio, -a** ['patrjo, -a] *adj* ❶ (*relativo a la patria*) Heimat-, vaterländisch ❷ (*relativo al padre*) väterlich

**patriota** [pa'trjota] **I.** *adj* patriotisch **II.** *mf* ❶ (*que ama a su patria*) Patriot(in) *m(f)* ❷ (*compatriota*) Landsmann, -männin *m, f*

**patrioterismo** [patrjote'rismo] *m* Chauvinismus *m*

**patriotero, -a** [patrjo'tero, -a] **I.** *adj* chauvinistisch **II.** *m, f* Chauvinist(in) *m(f)*

**patriótico, -a** [pa'trjotiko, -a] *adj* patriotisch

**patriotismo** [patrjo'tismo] *m* ❶ (*del patriota*) Patriotismus *m* ❷ (*del patriotero*) Chauvinismus *m*

**patrocinador(a)** [patroθina'ðor(a)] *m(f)* Schirmherr(in) *m(f);* (DEP) Sponsor(in) *m(f)*

**patrocinar** [patroθi'nar] *vt* unterstützen; (*apadrinar*) die Schirmherrschaft übernehmen +*gen;* (DEP) sponsern

**patrocinio** [patro'θinjo] *m* ❶ (*protección*) Unterstützung *f;* (*cargo*) Schirmherrschaft *f* ❷ (DEP) Sponsoring *nt*

**patrón**[1] [pa'tron] *m* ❶ (*modelo*) Muster *nt;* (*de costura*) Schnittmuster *nt* ❷ (FIN): ~ **monetario** Ankerwährung *f*

**patrón, -ona**[2] [pa'tron, -ona] *m, f* ❶ (*que protege*) Beschützer(in) *m(f)* ❷ (*jefe*) Chef(in) *m(f)* ❸ (*de una casa*) Hausherr(in) *m(f);* (*de una pensión*) Hauswirt(in) *m(f)* ❹ (*santo*) Schutzheilige(r) *mf*

**patronal** [patro'nal] **I.** *adj* (*empresario*) Arbeitgeber-; **cierre ~** Aussperrung *f* **II.** *f* Arbeitgeberverband *m*

**patronato** [patro'nato] *m*, **patronazgo** [patro'naθɣo] *m* ❶ (*protección*) Schirmherrschaft *f* ❷ (ECON) Arbeitgeberverband *m* ❸ (*fundación*) Wohlfahrtsverband *m* ❹ (*junta directiva*) Vorstand *m*

**patrono, -a** [pa'trono, -a] *m, f* ❶ (*jefe*) Arbeitgeber(in) *m(f)* ❷ (*de un feudo*) Gutsherr(in) *m(f)* ❸ (*miembro del patronato*) Vorstandsmitglied *nt* ❹ (REL) Schutzheilige(r) *mf*

**patrulla** [pa'truʎa] *f* (MIL) Patrouille *f;* (*de policía*) (Polizei)streife *f;* **estoy de ~** ich bin im Streifendienst; **la policía está de ~** die Polizei geht auf Streife

**patrullar** [patru'ʎar] *vi, vt* patrouillieren

**patrullero** [patru'ʎero] *m* ❶ (MIL: *buque*) Patrouillenboot *nt;* (*avión*) Flugzeug *nt* für Erkundungsflüge ❷ (*de policía*) Polizeistreife *f*

**patucos** [pa'tukos] *mpl* (*para bebés*) Babyschühchen *ntpl;* (*para mayores*) Bettschuhe *mpl*

**paular** [pau̯'lar] *m* (*pantano*) Morast *m*

**paulatinamente** [pau̯latina'men̩te] *adv* allmählich

**paulatino, -a** [pau̯la'tino, -a] *adj* (sehr)

langsam
**paupérrimo, -a** [paṷ'perrimo, -a] *adj superl de* **pobre**
**pausa** ['paṷsa] *f* Pause *f;* **con** ~ langsam
**pausado, -a** [paṷ'saðo, -a] *adj* langsam
**pauta** ['paṷta] *f* ❶ (*modelo*) Muster *nt* ❷ (*normas*) Grundsatz *m;* **marcar la** ~ eine Regel aufstellen ❸ (*falsilla*) Linien *fpl* ❹ (*regla*) Lineal *nt*
**pautado, -a** [paṷ'taðo, -a] *adj* liniert
**pautar** [paṷ'tar] *vt* ❶ (*rayar el papel*) linieren ❷ (*dar reglas*) vorschreiben
**pava** ['paβa] *f* ❶ (ZOOL) *v.* **pavo** ❷ (*fam*): **pelar la** ~ (*los enamorados*) turteln ❸ (*Am: olla*) Kessel *m;* (*tetera*) Teekanne *f* ❹ (*Am: sombrero*) Strohhut *m* ❺ (*And, AmC: flecos*) Fransen *fpl*
**pavada** [pa'βaða] *f* ❶ (*CSur: disparate*) Blödsinn *m* ❷ (*CSur: poquísimo*) lächerlicher Betrag *m* ❸ (*AmC: mala suerte*) Pech *nt*
**pavear** [paβe'ar] **I.** *vi* ❶ (*CSur: hacer el tonto*) herumblödeln ❷ (*CSur: pelar la pava*) turteln **II.** *vt* ❶ (*And, CSur: bromear*) verschaukeln ❷ (*And: asesinar*) hinterhältig umbringen
**pavimentación** [paβimeṇta'θjon] *f* ❶ (*con adoquín*) Pflastern *nt;* (*con asfalto*) Asphaltieren *nt* ❷ (*con losas*) Fliesen *nt*
**pavimentar** [paβimeṇ'tar] *vt* (*con adoquín*) pflastern; (*con asfalto*) asphaltieren; (*con losas*) fliesen
**pavimento** [paβi'meṇto] *m* ❶ (*recubrimiento: en una casa*) Estrich *m;* (*en la carretera*) Unterbau *m* ❷ (*material: en una casa*) (Fuß)bodenbelag *m;* (*en una carretera*) Straßenbelag *m*
**pavo, -a** ['paβo, -a] **I.** *m, f* ❶ (ZOOL) Truthahn *m,* Pute *f;* ~ **real** Pfau *m* ❷ (*persona*) Tölpel *m* ❸ (*loc*): **estar en la edad del** ~ in den Flegeljahren sein; **comer** ~ (*fam*) ein Mauerblümchen sein; **no es moco de** ~ (*fam*) das ist kein Kinkerlitzchen; **se me subió el** ~ (*fam*) ich wurde putterrot; **ir de** ~ (*Am*) schwarzfahren **II.** *adj* tölpelhaft
**pavonearse** [paβone'arse] *vr* sich aufspielen (*de* mit +*dat*)
**pavor** [pa'βor] *m* Entsetzen *nt*
**pavoroso, -a** [paβo'roso, -a] *adj* entsetzlich
**payasada** [paɟa'saða] *f* Clownerie *f;* (*pey*) Blödsinn *m*
**payasear** [paɟase'ar] *vi* herumalbern
**payaso, -a** [pa'ɟaso, -a] *m, f* ❶ (*del circo*) Clown *m* ❷ (*bromista*) Spaßvogel *m;* **¡deja de hacer el** ~**!** hör auf den Kasper zu spielen!
**payés, -esa** [pa'ɟes, -esa] *m, f* (*reg*) Bauer *m,* Bäuerin *f*
**payo, -a** ['paɟo, -a] **I.** *adj* hinterwäldlerisch **II.** *m, f* ❶ (*campesino ignorante*) Hinterwäldler(in) *m(f)* ❷ (*no gitano*) Nichtzigeuner(in) *m(f)*
**paz** [paθ] *f* Frieden *m;* (*tratado*) Friedensvertrag *m;* **hacer las paces** sich versöhnen; **no dar** ~ **a la lengua** ohne Punkt und Komma reden; **estar en** ~ **con alguien** mit jdm quitt sein; **¡a la** ~ **de Dios!** Friede sei mit dir!; **¡... y en** ~**!** ... und Schluss!; **que en** ~ **descanse** Gott hab ihn/sie selig
**pazguato, -a** [paθ'ɣwato, -a] **I.** *adj* dumm **II.** *m, f* Dummkopf *m*
**pazo** ['paθo] *m* Herrensitz *m*
**PC** [pe'θe] *m* (INFOR) *abr de* **personal computer** PC *m;* ~ **multimedia** Multimedia-PC *m*
**P.C.** [pe'θe] *m abr de* **Partido Comunista** KP *f*
**P.D.** [pos'ðata] *abr de* **posdata** PS
**pe** [pe] *f* P *nt;* **de** ~ **a pa** von A bis Z
**peaje** [pe'axe] *m* ❶ (*de tránsito*) Transitgebühr *f;* (*de carretera*) Autobahngebühr *f,* Mautgebühr *f Österr* ❷ (*taquilla*) Maut *f,* Mautstelle *f Österr*
**peana** [pe'ana] *f* (*pedestal*) Sockel *m*
**peatón, -ona** [pea'ton, -ona] *m, f* Fußgänger(in) *m(f)*
**peatonal** [peato'nal] *adj* Fußgänger-; **zona** ~ Fußgängerzone *f*
**peatonalizar** [peatonali'θar] <z→c> *vt* zur Fußgängerzone machen
**pebetero** [peβe'tero] *m* Duftlampe *f*
**peca** ['peka] *f* Sommersprosse *f*
**pecado** [pe'kaðo] *m* Sünde *f;* ~ **capital** Todsünde *f;* ~ **original** Erbsünde *f;* **sin** ~ frei von Sünde; (*fig*) makellos; **pagar sus** ~**s** seine Fehler teuer bezahlen; **sería un** ~ **rechazarlos** es wäre eine Sünde, sie nicht anzunehmen; **a** ~ **nuevo, penitencia nueva** (*prov*) auf neue Sünde folgt neue Reue; **¡estos niños de mis** ~**s!** (*irón fam*) was soll ich mit diesen Kindern nur machen?; **¡ay, José de mis** ~**s!** (*irón fam*) ach, mein über alles geliebter José!
**pecador(a)** [peka'ðor(a)] **I.** *adj* sündig **II.** *m(f)* Sünder(in) *m(f)*
**pecaminoso, -a** [pekami'noso, -a] *adj* sündhaft
**pecar** [pe'kar] <c→qu> *vi* ❶ (REL: *t. fig*) sündigen ❷ (*errar*) einen Fehler machen ❸ (*por exceso*): ~ **por exceso** es übertreiben; **peca por exceso de confianza** er/sie ist zu vertrauensselig; **éste no peca de hablador** der redet ja nicht gerade viel
**pecera** [pe'θera] *f* Fischglas *nt*

**pechador(a)** [petʃa'ðor(a)] *m(f)* (*Arg: fam*) Schnorrer(in) *m(f)*

**pechar** [pe'tʃar] *vt* ❶ (*pagar*) zahlen ❷ (*empujar*) stoßen ❸ (*Arg: fam: pedir*) schnorren; ~ **a alguien** jdn anpumpen

**pechina** [pe'tʃina] *f* ❶ (*concha*) (leere) Muschel *f* ❷ (ARQUIT) (Bogen)zwickel *m*

**pecho** ['petʃo] *m* ❶ (ANAT) Brust *f;* **dar el ~ al bebé** das Baby stillen; **el bebé toma el ~** das Baby wird gestillt; **a ~ descubierto** (*sin armas*) unbewaffnet; (*fig*) (ganz) offen; **dar el ~ a alguien** (*fig*) jdm die Stirn bieten; **gritar a todo ~** aus vollem Halse schreien; **partirse el ~ por alguien** sich *dat* für jdn ein Bein ausreißen ❷ (*pulmones*) Lunge *f* ❸ (*en la costura*) Oberweite *f* ❹ (*conciencia*) Herz *nt;* **abrir su ~ a alguien** jdm sein Herz ausschütten; **tomarse algo muy a ~** sich *dat* etw sehr zu Herzen nehmen ❺ (*coraje*) Mut *m;* **¡~ al agua!** nur Mut!

**pechuga** [pe'tʃuɣa] *f* ❶ (*pecho de ave*) Geflügelbrust *f;* **~ de pollo** Hähnchenbrust *f* ❷ (*fam: de mujer*) Dekolletee *nt*

**pechugón, -ona** [petʃu'ɣon, -ona] **I.** *adj* (*Am*) ❶ (*descarado*) frech ❷ (*franco*) offen **II.** *m, f* (*Am: descarado*) freche Person *f*

**pecíolo** [pe'θiolo] *m* Blattstiel *m*

**pecoso, -a** [pe'koso, -a] *adj* sommersprossig

**pectoral** [pekto'ral] **I.** *adj* ❶ (ANAT) Brust- ❷ (*contra la tos*) hustenlindernd **II.** *m* (MED) Hustenmittel *nt*

**pecuario, -a** [pe'kwarjo, -a] *adj* Vieh-

**pecueca** [pe'kweka] *f* (*Col, Ecua, Ven*) ❶ (*pezuña*) Huf *m* ❷ (*olor*) Fußgeruch *m*

**peculiar** [peku'ljar] *adj* ❶ (*especial*) besondere(r, s) ❷ (*raro*) sonderbar

**peculiaridad** [pekuljari'ðaᵈ] *f* ❶ (*singularidad*) Besonderheit *f* ❷ (*distintivo*) Eigentümlichkeit *f*

**peculio** [pe'kuljo] *m* Vermögen *nt;* **pagar de su ~** aus eigener Tasche bezahlen

**pecuniario, -a** [peku'njarjo, -a] *adj* finanziell (*das Bargeld betreffend*); **mi situación pecuniaria no es buena** ich bin im Moment etwas knapp bei Kasse

**pedagogía** [peðaɣo'xia] *f sin pl* Pädagogik *f*

**pedagógico, -a** [peða'ɣoxiko, -a] *adj* pädagogisch

**pedagogo, -a** [peða'ɣoɣo, -a] *m, f* Pädagoge, -in *m, f*

**pedal** [pe'ðal] *m* Pedal *nt;* **pisar el ~** (AUTO) Gas geben

**pedalear** [peðale'ar] *vi* (in die Pedale) treten

**pedante** [pe'ðan̩te] **I.** *adj* besserwisserisch **II.** *mf* Besserwisser(in) *m(f)*

**pedantería** [peðan̩te'ria] *f* Besserwisserei *f*

**pedazo** [pe'ðaθo] *m* ❶ (*parte*) Stück *nt;* **~ de papel** Papierfetzen *m;* **caerse a ~s** zu Bruch gehen; **estoy que me caigo a ~s** (*fam*) ich bin völlig kaputt; **hacerse ~s** kaputtgehen; **hacer ~s** kaputtmachen; (*madera*) in Stücke hacken; (*un pastel*) in Stücke teilen; (*papel*) in Stücke reißen; (*con tijeras*) in Stücke schneiden ❷ (*persona*): **~ de mi alma** mein Herz; **ser un ~ de pan** sehr gutmütig sein; **¡~ de animal!** (*fam*) du Idiot!; **¡~ de bruto!** (*fam*) du Trampel!; **¡~ de alcornoque!** (*fam*) du Holzkopf!

**pederasta** [peðe'rasta] *m* Päderast *m*

**pederastia** [peðe'rastja] *f sin pl* Päderastie *f*

**pedernal** [peðer'nal] *m* Feuerstein *m*

**pedestal** [peðes'tal] *m* ❶ (*cimiento*) Fuß *m;* **tener a alguien en un ~** jdn sehr hoch schätzen ❷ (*apoyo*) Grundlage *f*

**pedestre** [pe'ðestre] *adj* ❶ (*a pie*) zu Fuß (gehend); **carrera ~** Wettgehen *nt* ❷ (*chabacano*) plump

**pediatra** [pe'ðjatra] *mf* Kinderarzt, -ärztin *m, f*

**pediatría** [peðja'tria] *f sin pl* Kinderheilkunde *f*

**pediátrico, -a** [pe'ðjatriko, -a] *adj* pädiatrisch; **clínica pediátrica** Kinderklinik *f*

**pedicura** [peði'kura] *f* Fußpflege *f;* **hacerse la ~** zur Fußpflege gehen

**pedicuro, -a** [peði'kuro, -a] *m, f* Fußpfleger(in) *m(f)*

**pedida** [pe'ðiða] *f:* **~ de mano** Heiratsantrag *m*

**pedido¹** [pe'ðiðo] *m* (COM: *de un servicio*) Auftrag *m;* (*de un producto*) Bestellung *f;* **~ suplementario** Nachbestellung *f;* **enviar sobre ~** auf Bestellung liefern; **a ~** auf Bestellung; **a ~ de** im Auftrag von

**pedido, -a²** [pe'ðiðo, -a] *adj* ❶ (*solicitado*) vorgemerkt; **este anillo ya lo tiene ~ mi nieta** dieser Ring ist schon für meine Enkelin vorgemerkt ❷ (*encargado*) bestellt; **el armario ya está ~** der Schrank ist schon in Auftrag gegeben

**pedigrí** [peði'ɣri] *m* Stammbaum *m*

**pedigüeño, -a** [peði'ɣweɲo, -a] **I.** *adj* quengelig **II.** *m, f* Quengler(in) *m(f)*

**pedilón, -ona** [peði'lon, -ona] *adj* (*Am*) quengelig

**pedimento** [peði'men̩to] *m* (*petición*) Antrag *m*

**pedir** [pe'ðir] *irr vt* ❶ (*rogar*) bitten; **~ algo a alguien** jdn um etw bitten; **os pido que hagáis menos ruido** ich bitte euch etwas leiser zu sein; **al agradecido, más de lo pedido** (*prov*) dem Dankbaren gebührt mehr als er erbittet ② (*exigir, cobrar*) verlangen; (*necesitar*) brauchen; (*solicitar*) beantragen; (*demandar*) fordern; ~ **a gritos algo** (*fig*) förmlich nach etw *dat* schreien; **una paella que no hay más que ~** eine sagenhafte Paella ③ (*encargar*) bestellen ④ (*para casarse*): ~ **la mano de alguien** um jds Hand anhalten; ~ **en matrimonio a alguien** jdm einen Heiratsantrag machen ⑤ (*mendigar*) betteln; ~ **limosna** um eine milde Gabe bitten; **están pidiendo para la Cruz Roja** sie sammeln für das Rote Kreuz; **ni sirvas a quien sirvió, ni pidas a quien pidió** (*prov*) diene keinem, der gedient hat, und bettle bei keinem, der gebettelt hat

**pedo** ['peðo] *m* (*vulg*) ① (*ventosidad*) Furz *m;* **tirarse un ~** einen fahren lassen *fam* ② (*borrachera*) Suff *m fam;* **estar en ~** voll wie eine Haubitze sein *fam;* **ponerse en ~** sich voll laufen lassen *fam*

**pedofilia** [peðo'filja] *f sin pl* Pädophilie *f*

**pedorro, -a** [pe'ðorro, -a] *m, f* (*vulg*) Furzer(in) *m(f) fam*

**pedrada** [pe'ðraða] *f* ① (*lanzar*) Steinwurf *m;* **matar a alguien a ~s** jdn steinigen; **pegar una ~ a alguien** einen Stein nach jdm werfen ② (*ofensa*) spitze Bemerkung *f* ③ (*loc*): **la noticia le sentó como una ~** die Nachricht traf ihn wie ein Schlag; **venir como ~ en ojo de boticario** wie gerufen kommen

**pedrea** [pe'ðrea] *f* ① (*lanzar pedradas*) Steinigung *f* ② (METEO) Hagelsturm *m* ③ (*lotería*) Kleinstlotteriegewinn *m*

**pedregal** [peðre'ɣal] *m* Schotterplatz *m*

**pedregoso, -a** [peðre'ɣoso, -a] *adj* steinig

**pedrera** [pe'ðrera] *f* Steinbruch *m*

**pedrería** [peðre'ria] *f* Juwelen *ntpl*

**pedrisco** [pe'ðrisko] *m* (METEO) Hagel *m*

**pedrusco** [pe'ðrusko] *m* ① (*piedra*) Steinblock *m* ② (*Am*) *v.* **pedregal**

**pedúnculo** [pe'ðuŋkulo] *m* Stiel *m*

**pega** ['peɣa] *f* ① (*fam: dificultades*) Haken *m;* **poner ~s a alguien** jdn kritisieren ② (*pregunta*) Fangfrage *f* ③ (*falso*): **de ~** falsch ④ (*CSur, Méx: argot: trabajo*) Job *m*

**pegada** [pe'ɣaða] *f* (*CSur*) ① (*mentira*) Lüge *f* ② (*suerte*) Glückspilz *m*

**pegadizo, -a** [peɣa'ðiθo, -a] **I.** *adj* ① (*pegajoso*) klebrig; (*enfermedad*) ansteckend; **melodía pegadiza** Ohrwurm *m fam* ② (*postizo*) künstlich ③ (*gorrón*) schmarotzend **II.** *m, f* Schmarotzer(in) *m(f)*

**pegajoso, -a** [peɣa'xoso, -a] *adj* ① (*adhesivo*) klebrig ② (*pesado*) aufdringlich ③ (MED) ansteckend

**pegamento** [peɣa'meṇto] *m* Kleber *m*

**pegar** [pe'ɣar] <g→gu> **I.** *vt* ① (*aglutinar*) kleben; (*madera*) leimen; ~ **un sello** eine Briefmarke aufkleben; **no he pegado ni ojo en toda la noche** ich habe die ganze Nacht kein Auge zugetan ② (*con hilo/grapa*) heften ③ (*muebles*): ~ **la mesilla a la cama** den Nachttisch nahe an das Bett rücken ④ (*contagiar*) anstecken ⑤ (*fuego*) legen ⑥ (*golpear*) schlagen; ~ **una paliza a alguien** jdn grün und blau schlagen ⑦ (*un grito*) loslassen; (*una patada/bofetada*) verpassen; (*un tiro*) abfeuern; ~ **un salto** aufspringen; ~ **un susto a alguien** jdm einen Schrecken einjagen ⑧ (*Am: argot: tener suerte*): **~la** Schwein haben ⑨ (*Méx: atar*) festmachen **II.** *vi* ① (*hacer juego*) (gut) zusammenpassen; **te pegan bien los zapatos con el bolso** deine Schuhe passen sehr gut zur Tasche; **esto no pega ni con cola** das passt überhaupt nicht zusammen ② (*rozar*) streifen (*en* +*akk*); (*tocar*) stoßen (*en* an +*akk*) ③ (*golpear*) schlagen (*en* gegen +*akk*) ④ (*argot: currar*) malochen ⑤ (*loc*): **¡cómo pega el sol hoy!** heute ist es ganz schön heiß in der Sonne! **III.** *vr:* **~se** ① (*con algo*) sich stoßen (*con* an +*dat*); (*con alguien*) sich schlagen (*con* mit +*dat*); **~se un tortazo en el coche** (*fam*) einen Autounfall bauen ② (*quemarse*) anbrennen ③ (*entrometerse*) sich einmischen (*a* in +*akk*) ④ (*aficionarse*) sich begeistern (*a* für +*akk*) ⑤ (*acompañar siempre*) sich hängen (*a* an +*akk*); **~se a alguien** (*perseguir*) sich an jds Fersen heften; **siempre anda pegado a mí** er hängt an mir wie eine Klette ⑥ (*contagiarse*): **finalmente se me pegó el sarampión** schließlich bekam auch ich die Masern ⑦ (*fam: loc*): **pegársela a alguien** (*burlarse*) jdn auf den Arm nehmen; **pegársela al marido/a la mujer** fremdgehen; **~se un tiro** sich erschießen; **~se un tiro en la cabeza** sich *dat* eine Kugel durch den Kopf jagen

**pegatina** [peɣa'tina] *f* Aufkleber *m*

**pegote** [pe'ɣote] *m* ① (*emplasto*) Heftpflaster *nt* ② (*pey fam: guisote*) Mansch *m* ③ (*fam: persona*) Schmarotzer *m* ④ (*fam: chapuza*) Schlamperei *f* ⑤ (*loc*): **esa corbata es un ~** (*fam*) diese Krawatte ist völlig daneben; **tirarse ~s** (*argot*) aufschneiden

**peinado**[1] [pei̯'naðo] *m* Frisur *f;* **hacerse un ~** sich frisieren

**peinado, -a**[2] [pei̯'naðo, -a] *adj* (*arreglado*) zurechtgemacht; (*relamido*) herausgeputzt

**peinador** [pei̯na'ðor] *m* ① (*para peinar*)

Frisierumhang *m;* (*para afeitar*) Rasierumhang *m* ❷ (*tocador*) Frisiertisch *m*

**peinar** [pei̯'nar] **I.** *vt* ❶ (*desenredar*) kämmen ❷ (*acicalar*) frisieren ❸ (*rastrear*) durchkämmen **II.** *vr:* **~se** sich kämmen

**peine** ['pei̯ne] *m* (*para peinarse*) Kamm *m;* **¡te vas a enterar de lo que vale un ~!** (*fig*) du wirst deine gerechte Strafe schon noch bekommen!; **¡ya apareció el ~!** (*fig*) jetzt hab ich's!

**peineta** [pei̯'neta] *f* Zierkamm *m*

**p.ej.** [por e'xemplo] *abr de* **por ejemplo** z.B.

**pejiguera** [pexi'ɣera] *f* (*fam*) Unannehmlichkeiten *fpl*

**pekinés**[1] [peki'nes] *m* (*perro*) Pekinese *m*

**pekinés, -esa**[2] [peki'nes, -esa] **I.** *adj* Pekinger **II.** *m, f* Einwohner(in) *m(f)* Pekins

**pela** ['pela] *f* ❶ (*fam: dinero*): **me debes 1000 ~s** du schuldest mir 1000 Mäuse; **no me queda ni una sola ~** ich habe nicht einen müden Groschen mehr; **no me quedan más ~s** ich habe keine Knete mehr; **~ larga** Geld wie Heu ❷ (*estar pelando*) Schälen *nt*

**pelada** [pe'laða] *f* ❶ (*rapada*) (sehr kurzer) Haarschnitt *m* ❷ (*CSur: calva*) Glatze *f* ❸ (*Am: error*) Irrtum *m*

**peladilla** [pela'ðiʎa] *f* ❶ (*almendra*) *Mandel mit Zuckerglasur* ❷ (*guijarro*) Kieselstein *m*

**pelado**[1] [pe'laðo] *m* (*fam: pobretón*) armer Schlucker *m*

**pelado, -a**[2] [pe'laðo, -a] *adj* ❶ (*rapado*) kahl geschoren ❷ (*escueto*) einfach ❸ (*despojado*) kahl ❹ (*fam: números*) glatt; **esto vale las 5000 peladas** das kostet glatte 5000 ❺ (*Am: fam: sin dinero*) knapp bei Kasse

**peladuras** [pela'ðuras] *fpl* (*cáscaras*) Schalen *fpl*

**pelagatos** [pela'ɣatos] *m inv* (*fam*) armer Teufel *m*

**pelaje** [pe'laxe] *m* ❶ (*piel*) Fell *nt* ❷ (*pey: pinta*) Art *f*

**pelambre** [pe'lambre] *m o f* ❶ (*pelo*) Haare *ntpl;* (*de animales*) Fell *nt;* (*pelambrera*) Mähne *f* ❷ (*zona calva*) kahle Stelle *f* ❸ (*Am: habladurías*) Gerede *nt*

**pelambrera** [pelam'brera] *f* ❶ (*pelo*) Mähne *f* ❷ (*calvicie*) Kahlköpfigkeit *f*

**pelandusca** [pelaṇ'duska] *f* (*fam*) Nutte *f*

**pelapatatas** [pelapa'tatas] *m inv* Kartoffelschäler *m*

**pelar** [pe'lar] **I.** *vt* ❶ (*pelo*) schneiden; (*rapar*) scheren; (*plumas*) rupfen; (*frutas, verduras*) schälen; (*animales*) häuten ❷ (*murmurar*) lästern (*a* über +*akk*) ❸ (*robar*) bestehlen ❹ (*en el juego*) ausnehmen ❺ (*difícil*): **duro de ~** ein harter Brocken ❻ (*Am: argot: dar una paliza*) verprügeln ❼ (*And: argot: morir*): **~la** ins Gras beißen **II.** *vi* (*fam*): **hace un frío que pela** es ist saukalt **III.** *vr:* **~se** ❶ (*el pelo*) sich *dat* die Haare schneiden lassen; **ir a ~se** zum Friseur gehen ❷ (*la piel*) sich schälen ❸ (*vulg: masturbarse*): **pelársela** sich *dat* einen runterholen ❹ (*fam: loc*): **corre que se las pela** er/sie rennt wie der Teufel; **pelárselas por algo** nach etw *dat* verrückt sein; **pelárselas por hacer algo** alles daransetzen, um etw tun zu können

**pelaverduras** [pelaβer'ðuras] *m inv* Gemüseschäler *m*

**peldaño** [pel̦'daɲo] *m* (Treppen)stufe *f;* (*escalera portátil*) Sprosse *f*

**pelea** [pe'lea] *f* ❶ (*en general*) Streit *m* ❷ (*lucha: personas*) Schlägerei *f;* (*animales*) Kampf *m* ❸ (*verbal*) Auseinandersetzung *f;* (*en matrimonio*) Ehekrach *m*

**peleador(a)** [pelea'ðor(a)] **I.** *adj* ❶ (*relativo a pelea*) Kampf- ❷ (*meterse con todos*) streitlustig **II.** *m(f)* ❶ (*que lucha*) Kämpfer(in) *m(f)* ❷ (*pendenciero*) Raufbold *m*

**pelear** [pele'ar] **I.** *vi* ❶ (*luchar*) kämpfen ❷ (*discutir*) streiten ❸ (*sufrir*) erdulden ❹ (*trabajar*) sich abmühen (*por* für +*akk*) ❺ (*afanarse*) sich bemühen (*con* um +*akk*) **II.** *vr:* **~se** ❶ (*en general*) sich streiten (*por* um +*akk*) ❷ (*con violencia*) sich prügeln (*por* um +*akk*) ❸ (*enemistarse*) sich zerstreiten

**pelele** [pe'lele] *m* ❶ (*muñeco*) (Stroh)puppe *f* ❷ (*de bebés*) Strampelanzug *m* ❸ (*fam: persona*) Hampelmann *m*

**peleón**[1] [pele'on] *m* (*fam: vino*) Fusel *m*

**peleón, -ona**[2] [pele'on, -ona] *adj* kampflustig

**peletería** [pelete'ria] *f* ❶ (*costura*) Kürschnerei *f;* (*venta*) Pelz(fach)geschäft *nt* ❷ (*AmC: zapatería*) Schuhgeschäft *nt*

**peliagudo, -a** [pelja'ɣuðo, -a] *adj* ❶ (*animal*) langhaarig ❷ (*complicado*) haarig; (*situación*) verzwickt

**pelicano** [peli'kano] *m,* **pelícano** [pe'likano] *m* Pelikan *m*

**película** [pe'likula] *f* Film *m;* **~ en blanco y negro** Schwarzweißfilm *m;* **de ~** außergewöhnlich; **como de ~** wie im Märchen; **un matrimonio como de ~** eine Bilderbuchehe; **poner en ~** verfilmen; **¡allá ~s!** mach, was du willst!

**peliculón** [peliku'lon] *m* (*fam: película buena*) sehr guter Film *m;* (*larga y aburrida*) Schinken *m fig;* (*sentimental*)

Schnulze *f*

**peligrar** [peli'ɣrar] *vi* in Gefahr sein; ~ **de hacer algo** Gefahr laufen etw zu tun; **hacer** ~ gefährden

**peligro** [pe'liɣro] *m* Gefahr *f;* ~ **de incendio** Brandgefahr *f;* **puesta en** ~ Gefährdung *f;* **correr** (**un gran**) ~ in (großer) Gefahr sein; **correr** ~ **de hacer algo** Gefahr laufen etw zu tun; **estar en** ~ **de muerte** in Lebensgefahr sein; **fuera de** ~ außer Gefahr; **poner en** ~ gefährden; **poniendo en** ~ **su propia vida** unter Einsatz des eigenen Lebens

**peligrosidad** [peliɣrosi'ða$^{d}$] *f* Gefährlichkeit *f;* **de alta** ~ hochgefährlich

**peligroso, -a** [peli'ɣroso, -a] *adj* gefährlich

**pelillo** [pe'liʎo] *m* (*fam: pequeñez*) Bagatelle *f;* **echar** ~**s a la mar** das Kriegsbeil begraben; **¡**~**s a la mar!** Schwamm drüber!; **no se para en** ~**s** er/sie hält sich nicht mit Kleinigkeiten auf

**pelirrojo, -a** [peli'rroxo, -a] *adj* rothaarig

**pella** ['peʎa] *f* ① (*masa*) Klumpen *m;* ~ **de algodón** Wattebausch *m* ② (*fam: dinero*) Batzen *m* Geld

**pelleja** [pe'ʎexa] *f* ① (*de animal*) Fell *nt* ② (*fam: persona muy delgada*) Bohnenstange *f;* **ser una** ~ nur Haut und Knochen sein ③ (*vulg: prostituta*) Nutte *f fam pey*

**pellejo** [pe'ʎexo] *m* ① (*de animal*) Fell *nt* ② (*de persona*) Haut *f;* **arriesgarse el** ~ Kopf und Kragen riskieren; **para esto yo no daría mi** ~ dafür würde ich meinen Kopf nicht hinhalten; **si yo estuviera en tu** ~**...** ich an deiner Stelle ...; **no caber en su** ~ vor Stolz und Zufriedenheit platzen; **pagar con el** ~ mit dem Leben bezahlen; **perder el** ~ (*fig fam*) ins Gras beißen; **quitar el** ~ **a alguien** über jdn lästern; **salvar**(**se**) **el** ~ mit heiler Haut davonkommen; **no tener más que el** ~ nur (noch) Haut und Knochen sein ③ (*odre*) Weinschlauch *m* ④ (*fruta*) Haut *f;* (*salchicha*) Pelle *f* ⑤ (*de las uñas*) Nagelhaut *f* ⑥ (*fam: ebrio*) Trinker *m*

**pellizcar** [peʎiθ'kar] <c→qu> **I.** *vt* ① (*repizcar*) kneifen ② (*fam: pizcar algo*) abzwacken; (*comida*) naschen **II.** *vr:* ~**se** sich *dat* einklemmen

**pellizco** [pe'ʎiθko] *m* ① (*pizco*) Kneifen *nt;* **dar un** ~ **a alguien** jdn kneifen ② (*poquito*) Stückchen *nt;* (*de sal*) Prise *f;* (*de tu bocadillo*) Bissen *m*

**pelma** ['pelma] *m* (*fam*), **pelmazo** [pel'maθo] *m* (*fam: pesado*) Nervensäge *f*

**pelo** ['pelo] *m* ① (*cabello*) Haar *nt;* (*de animal*) Fell *nt;* (*de ave*) Flaum *m;* (*de barba*) Stoppel(n) *f(pl);* **tener el** ~ **rubio** blondes Haar haben; **tirar el** ~ (*perro*) haaren; **por un** ~ **te caes** (*fig*) um ein Haar wärst du heruntergefallen; **escaparse por un** ~ gerade noch entkommen; **agarrarse a un** ~ (*fig*) sich an jedem Strohhalm festklammern; **colgado de un** ~ (*fig*) am seidenen Faden hängend; **contar algo con** ~**s y señales** etw haarklein erzählen; **cortar un** ~ **en el aire** (*cuchillo*) sehr scharf sein; (*listo*) sehr scharfsinnig sein; **estar hasta los** ~**s** die Nase gestrichen voll haben; **no tener** ~**s en la lengua** kein Blatt vor den Mund nehmen; **no tocar un** ~ (**de la ropa**) **a alguien** jdm kein Haar krümmen; **soltarse el** ~ die Haare offen tragen; (*fig*) sagen, was Sache ist; **tomarle el** ~ **a alguien** jdn auf den Arm nehmen; **no tener** (**un**) ~ **de tonto** kein bisschen blöd sein ② (*vello, pelusa*) Härchen *ntpl;* (*de tela/plantas/un bebé*) Flaum *m;* (*de alfombra*) Flor *m* ③ (*loc, fam*): **de** ~ betucht; **la gente de medio** ~ die kleinen Leute; **luce buen** ~ ihm/ihr geht es gut; **a** ~ (*la cabeza descubierta*) ohne Kopfbedeckung; (*sin prepararse*) unvorbereitet; **cabalgar a** ~ ohne Sattel reiten; **al** ~ genau; **todo irá al** ~ es wird alles glattgehen; **el traje ha quedado al** ~ der Anzug sitzt wie angegossen; **venir al** ~ sehr gelegen kommen; **sin venir al** ~ völlig unangebracht; **a contra** ~ ungelegen; **de** ~ **en pecho** mutig; **no se mueve ni un** ~ **de aire** es geht kein bisschen Wind; **no se te ve el** ~**, ¿por dónde andas?** du lässt dich ja gar nicht mehr blicken, wo steckst du denn?

**pelón, -ona** [pe'lon, -ona] **I.** *adj* ① (*calvo*) glatzköpfig ② (*rapado*) kurz geschoren **II.** *m, f* (*fam: pobre*) armer Schlucker *m*

**pelota**[1] [pe'lota] *f* ① (*balón*) Ball *m;* **echar la** ~ **a alguien** (*fig*) jdm den schwarzen Peter zuspielen ② (*esfera, proyectil*) Kugel *f;* **devolver la** ~ **a alguien** (*argumentar*) den Spieß umdrehen; (*vengarse*) es jdm mit gleicher Münze heimzahlen; **la** ~ **sigue en el tejado** (*fig*) die Sache ist immer noch ungeklärt ③ (*juego*) Pelota *f* ④ *pl* (*vulg: testículos*) Eier *ntpl;* **y esto lo hago así porque me sale de las** ~**s** und das mache ich so, weil es mir passt *fam;* **¡fíjate, que tiene** ~**s!** Mensch, der/die hat aber Mumm! *fam;* **tocar las** ~**s** auf die Eier gehen ⑤ (*argot: loc*): **de** ~**s** geil; **en** ~**s** splitter(faser)nackt; **dejar a alguien en** ~**s** (*juego*) jdn völlig ausnehmen; (*ropa*) jdn völlig ausziehen; **pillar a alguien en** ~**s** (*fig*) jdn unvorbereitet antreffen; **hacer la** ~ **a alguien** bei jdm schleimen; **¡y esto es así, por** ~**s!** und das ist und bleibt so,

P

basta!

**pelota²** [pe'lota] *m* (*fam*) Schleimer *m*

**pelotazo** [pelo'taθo] *m* ❶ (*con el pie*) (harter) Schuss *m;* (*tirando*) Wurf *m;* (*con la raqueta*) Schlag *m* ❷ (*argot: bebida*) harte Mischung *f;* **meterse un ~** sich *dat* einen hinter die Binde gießen

**pelotear** [pelote'ar] **I.** *vi* ❶ (DEP) sich einspielen ❷ (*de un sitio al otro*) hin- und herwerfen (*con +akk*) **II.** *vt* (*cuentas*) vergleichen

**peloteo** [pelo'teo] *m* (DEP) Einspielen *nt*

**pelotera** [pelo'tera] *f* (*fam*) Auseinandersetzung *f*

**pelotillero, -a** [peloti'ʎero, -a] **I.** *adj* (*fam*) schleimig **II.** *m, f* (*fam*) Schleimer(in) *m(f)*

**pelotón** [pelo'ton] *m* ❶ (*enredo*) Wirrwarr *m* ❷ (*de gente*) Ansammlung *f;* (*en carreras*) Feld *nt;* (MIL) Trupp *m*

**pelotudo, -a** [pelo'tuðo, -a] **I.** *adj* (*CSur: vulg*) saublöd *fam* **II.** *m, f* (*CSur: vulg*) Vollidiot(in) *m(f)*

**peluca** [pe'luka] *f* Perücke *f;* **usar ~** eine Perücke tragen

**peluche** [pe'lutʃe] *m* ❶ (*tejido*) Plüsch *m* ❷ (*juguete*) Plüschtier *nt;* **oso ~** Teddybär *m*

**pelucón¹** [pelu'kon] *m* (*And: fam*) hohes Tier *nt*

**pelucón, -ona²** [pelu'kon, -ona] *adj* (*And: fam*) langhaarig

**peludo, -a** [pe'luðo, -a] *adj* ❶ (*peliagudo*) stark behaart; (*con una barba*) bärtig ❷ (*AmC: fam: difícil*) haarig

**peluquería** [peluke'ria] *f* Friseursalon *m;* **~ de señoras/señores** Damen-/Herrensalon *m;* **ir a la ~** zum Friseur gehen

**peluquero, -a** [pelu'kero, -a] *m, f* Friseur, -euse *m, f*

**peluquín** [pelu'kin] *m* Toupet *nt;* **¡ni hablar del ~!** das kommt gar nicht in Frage!

**pelusa** [pe'lusa] *f,* **pelusilla** [pelu'siʎa] *f* ❶ (*vello*) Flaum *m;* (*tejido*) Flor *m* ❷ (*de polvo*) Staubfussel *f* ❸ (*fam: celos*) Eifersucht *f;* **sentir ~** eifersüchtig sein ❹ (*envidia*) Neid *m;* **sentir ~** neidisch sein

**pélvico, -a** ['pelβiko, -a] *adj* (ANAT) Becken-; **hueso ~** Beckenknochen *m*

**pelvis** ['pelβis] *f inv* (ANAT) Becken *nt*

**pena** ['pena] *f* ❶ (*tristeza*) Kummer *m;* **ahogar las ~s** seinen Kummer ertränken ❷ (*lástima*): **ser una ~** schade sein; **¡qué ~!** schade!; **me da mucha ~ el gato** die Katze tut mir unwahrscheinlich leid; **me da mucha ~ el tener que verlo así** es tut mir in der Seele weh, ihn so sehen zu müssen ❸ (*sanción*) Strafe *f;* **~ de cadena perpetua** lebenslange Haftstrafe; **~ capital** Todesstrafe *f;* **~ pecuniaria** Geldstrafe *f* ❹ (*dificultad*) Mühsal *f;* **pasar las ~s del purgatorio** die Hölle auf Erden durchmachen; **a duras ~s** mit Mühe und Not; (*apenas*) kaum; **sin ~ ni gloria** mittelmäßig; **valer la ~** sich lohnen; **¡allá ~s!** ist mir doch egal! ❺ (*Am: vergüenza*) Scham *f;* **tener ~** sich schämen ❻ (*loc*): **so ~ que...** *+subj* es sei denn, ...

**penable** [pe'naβle] *adj* strafbar

**penacho** [pe'natʃo] *m* ❶ (*adorno, t. de aves*) Federbusch *m* ❷ (*fam: vanidad*) Hochmut *m*

**penado, -a** [pe'naðo, -a] **I.** *adj* ❶ (*triste*) betrübt ❷ (*difícil*) mühsam ❸ (*Am: tímido*) schüchtern **II.** *m, f* Sträfling *m*

**penal** [pe'nal] **I.** *adj* (JUR) Straf-; **antecedentes ~es** Vorstrafen *fpl* **II.** *m* ❶ (*prisión*) Gefängnis *nt* ❷ (*Am: falta*) Foul *nt* ❸ (*penalti*) Elfmeter *m;* (*en baloncesto*) Freiwurf *m*

**penalidad** [penali'ðaᵈ] *f* ❶ (*molestia*) Strapaze *f* ❷ (*sanción*) Strafe *f*

**penalización** [penaliθa'θjon] *f* Bestrafung *f*

**penalizar** [penali'θar] <z→c> *vt* bestrafen

**penalti** [pe'na̯lti] *m* <penaltis> ❶ (*falta*) Foul *nt;* **área de ~s** Strafraum *m* ❷ (*sanción*) Elfmeter *m;* (*en baloncesto*) Freiwurf *m*

**i Land & Leute**

**casarse de penalti:** Diese Metapher, die aus dem Fußballsport übernommen wurde – **penalti** heißt Elfmeter – bedeutet soviel wie heiraten müssen, weil die Frau schwanger ist. Im übertragenen Sinne ist also die Hochzeit die Strafe dafür, dass man im Strafraum der Gesellschaft gegen soziale Regeln verstoßen hat.

**penar** [pe'nar] **I.** *vt* ❶ (*castigar*) bestrafen ❷ (*prever la ley*) unter Strafe stellen **II.** *vi* ❶ (*padecer*) leiden; **~ de amores** Liebeskummer haben ❷ (*ansiar*) sich sehnen (*por* nach *+dat*)

**penca** ['peŋka] *f* ❶ (*hoja*) Blatt *nt* ❷ (*Am: borrachera*): **agarrarse una ~** sich betrinken ❸ (*And: atractivo*): **una ~ de hombre/de mujer** ein Bild von einem Mann/von einer Frau; **una ~ de casa** ein wunderschönes Haus

**penco** ['peŋko] *m* ❶ (*jamelgo*) Klepper *m* ❷ (*And: fam: atractivo*): **un ~ de hombre/de mujer** ein Bild von einem Mann/

von einer Frau ❸ (*fam: holgazán*) Faulpelz *m;* (*inútil*) Nichtsnutz *m;* (*torpe*) Tollpatsch *m*

**pendejo**[1] [peṇ'dexo] *m* (*fam*) ❶ (*del pubis*) Schamhaar *nt* ❷ (*cobarde*) Angsthase *m* ❸ (*imbécil*) Idiot *m*

**pendejo, -a**[2] [peṇ'dexo, -a] **I.** *adj* (*fam*) ❶ (*Am: necio*) dumm, einfältig ❷ (*cobarde*) feige ❸ (*And: listo*) schlau, gewitzt **II.** *m, f* (*sabelotodo*) Besserwisser(in) *m(f),* Neunmalkluge(r) *mf*

**pendencia** [peṇ'deṇθja] *f* Streit *m;* **armar ~** Streit anfangen

**pendenciero, -a** [peṇdeṇ'θjero, -a] *adj* streitsüchtig

**pender** [peṇ'der] *vi* ❶ (*colgar*) hängen (*de/en* an +*dat*); (*cernerse*) schweben (*sobre* über +*dat*) ❷ (JUR) abhängen (*ante* von +*dat*)

**pendiente**[1] [peṇ'djeṇte] **I.** *adj* ❶ (*hacia arriba*) steigend; (*hacia abajo*) fallend ❷ (*problema, asunto, cuenta*) offen; (*trabajo, pedido*) unerledigt; **una cuenta ~ de pago** eine fällige Rechnung; **quedar ~ una asignatura** ein Fach nicht bestehen ❸ (*fam: ocuparse*): **voy a salir un momento, mientras, estate ~ del arroz** ich gehe mal kurz hinaus, pass solange auf den Reis auf; **¡tú estate ~ de lo tuyo!** kümmere du dich um deine Angelegenheiten!; **estar ~ de los labios de alguien** (*estar atento*) an jds Lippen hängen; **de momento, sólo estoy ~ de si me conceden la beca o no** im Augenblick beschäftigt mich nur, ob ich das Stipendium bekomme oder nicht ❹ (*depender*): **estamos ~s de lo que digan nuestros padres** wir müssen erst abwarten, wie unsere Eltern entscheiden **II.** *m* (*de oreja*) Ohrring *m;* (*de nariz*) Nasenring *m*

**pendiente**[2] [peṇ'djeṇte] *f* ❶ (*cuesta*) Abhang *m;* **de mucha ~** sehr steil ❷ (*del tejado*) Neigung *f*

**péndola** ['peṇdola] *f* ❶ (*de reloj*) Pendel *nt* ❷ (*reloj*) Pendeluhr *f*

**pendón** [peṇ'don] *m* (*estandarte*) Banner *nt*

**pendular** [peṇdu'lar] *adj* Pendel-

**péndulo** ['peṇdulo] *m* Pendel *nt*

**pene** ['pene] *m* Penis *m*

**penetrabilidad** [penetraβili'ðaᵈ] *f* Durchdringungsvermögen *nt*

**penetración** [penetra'θjon] *f* ❶ (*acción*) Durchdringung *f* ❷ (*comprensión*) Auffassungsgabe *f;* (*inteligencia*) Scharfsinn *m*

**penetrante** [pene'traṇte] *adj* ❶ (*profundo*) tief gehend; (*dolor*) stark ❷ (*frío*) beißend; (*hedor*) penetrant

**penetrar** [pene'trar] **I.** *vi* eindringen (*en/entre/por* in +*akk*) **II.** *vt* ❶ (*luz, sonido, proyectil*) durchdringen; (*mirada*) durchbohren ❷ (*entender*) verstehen; **~ un misterio** hinter ein Geheimnis kommen; **~ una intención** eine Absicht erkennen; **~ los pensamientos de alguien** jds Gedanken lesen **III.** *vr:* **~se** sich *dat* bewusst werden (*de* über +*akk*)

**penicilina** [peniθi'lina] *f* Penizillin *nt*

**península** [pe'ninsula] *f* Halbinsel *f*

**i Land & Leute**

Die **Península Ibérica** – *Iberische Halbinsel* umfasst Spanien und Portugal. Im Spanischen macht man von diesem Begriff (und dem entsprechenden Adjektiv: *peninsular*) Gebrauch, wenn man das spanische Festland von den beiden spanischen Inselgruppen (*Baleares y Canarias*) und den spanischen Gebieten in Afrika (*Ceuta y Melilla*) unterscheiden möchte.

**peninsular** [peninsu'lar] *adj* Halbinsel-; **las costas ~es** die Küsten der Halbinsel

**penique** [pe'nike] *m* Penny *m*

**penitencia** [peni'teṇθja] *f* ❶ (*pena*) Sühne *f;* **imponer una ~ a alguien** jdm eine Strafe auferlegen ❷ (REL) Buße *f;* **hacer ~** Buße tun ❸ (*arrepentimiento*) Reue *f*

**penitenciaría** [peniteṇθja'ria] *f* Strafanstalt *f*

**penitenciario, -a** [peniteṇ'θjarjo, -a] *adj* ❶ (*relativo a la penitenciaría*) Gefängnis- ❷ (*relativo a la penitencia*) Straf-

**penitente** [peni'teṇte] **I.** *adj* reuig **II.** *mf* (REL) Büßer(in) *m;* (*que se confiesa*) Beichtende(r) *mf*

**penoso, -a** [pe'noso, -a] *adj* ❶ (*arduo*) heikel ❷ (*dificultoso*) mühselig ❸ (*con pena*) traurig ❹ (*Am: vergonzoso*) scheu

**pensado, -a** [pen'saðo, -a] *adj* ❶ (*reflexionado*) überdacht; **esto está poco ~** das ist nicht wohl überlegt; **lo tengo bien ~** ich habe mir das genau überlegt; **tener ~ hacer algo** vorhaben etw zu tun; **el día menos ~ volverá** wenn man es am wenigsten erwartet, wird er/sie zurückkommen ❷ (*persona*): **ser un mal ~** immer gleich das Schlimmste vermuten

**pensador(a)** [pensa'ðor(a)] **I.** *adj* denkend, überlegend **II.** *m(f)* Denker(in) *m(f)*

**pensamiento** [pensa'mjeṇto] *m* ❶ (*acción*) (Nach)denken *nt* ❷ (*idea*) Idee *f;* (*intención*) Absicht *f* ❸ (*objeto*) Gedanke *m;* **ya el ~ solo me da risa** schon beim bloßen Gedanken daran muss ich lachen ❹ (*mente*) Sinn *m;* **tengo un problema en el ~** ein Gedanke beschäftigt mich; **¿cuándo te vino esa idea al ~?** wann fiel dir das ein? ❺ (*apotegma*) Maxime *f* ❻ (*contenido*) Thema *nt* ❼ (BOT) Stiefmütterchen *nt*

**pensar** [pen'sar] <e→ie> **I.** *vi, vt* ❶ (*proyectar algo en la mente*) denken (*en* an +*akk*); (*considerar*) bedenken; **todo pasa cuando menos se piensa (en ello)** alles geschieht, wenn man am wenigsten damit rechnet; **¡ni ~lo!** nicht im Traum!; **¡no quiero ni ~lo!** nicht auszudenken! ❷ (*reflexionar*) nachdenken; **nos dio mucho que ~ que no hubiera regresado aún** es gab uns zu denken, dass er/sie noch nicht zurück war; **esto es algo para ~lo bien** das ist etwas, was gut überdacht sein muss; **lo hicimos sin ~lo** wir taten es, ohne zu überlegen; **sin ~lo me dió una bofetada** und plötzlich gab er/sie mir eine Ohrfeige; **pensándolo bien** bei genauerer Betrachtung ❸ (*concluir*) beschließen **II.** *vi* (*opinar*) denken; (*suponer*) annehmen; (*imaginarse*) sich *dat* denken können; **pienso que deberíamos irnos** ich denke wir sollten gehen; **~ muy mal de alguien** eine schlechte Meinung von jdm haben **III.** *vt* ❶ (*intención*) vorhaben; **pensábamos venir este fin de semana** wir wollten dieses Wochenende kommen; **lo pensó mejor y no lo hizo** er/sie besann sich eines Besseren und tat es nicht ❷ (*inventar, tramar*) sich *dat* ausdenken

**pensativo, -a** [pensa'tiβo, -a] *adj* nachdenklich

**pensión** [pen'sjon] *f* ❶ (*paga*) (Alters)rente *f;* **~ recibida de la empresa** Betriebsrente *f;* **~ de viudez** Witwenrente *f;* **aún no cobra la ~** (*no recibe la paga*) er/sie bekommt noch keine Rente bezahlt; (*no tiene la edad*) er/sie ist noch nicht in Rente ❷ (*para huéspedes*) Pension *f* ❸ (*precio por alojamiento*) Kostgeld *nt;* **~ completa** Vollpension *f*

**pensionado¹** [pensjo'naðo] *m* (ENS) Internat *nt*

**pensionado, -a²** [pensjo'naðo, -a] *m, f* (*jubilado*) Rentner(in) *m(f)*

**pensionar** [pensjo'nar] *vt* pensionieren

**pensionista** [pensjo'nista] *mf* ❶ (*jubilado*) Rentner(in) *m(f)* ❷ (*huésped*) Pensionsgast *m* ❸ (*alumno*) Internatsschüler(in) *m(f)*

**pentagonal** [pen̪taγo'nal] *adj* fünfeckig

**pentágono** [pen̪'taγono] *m* Fünfeck *nt*

**pentagrama** [pen̪ta'γrama] *m* Notenlinien *fpl*

**pentámetro** [pen̪'tametro] *m* (LIT) Pentameter *m*

**pentatlón** [pen̪taᵈ'lon] *m* Fünfkampf *m*

**Pentecostés** [pen̪tekos'tes] *m* (REL) ❶ (*cristiano*) Pfingsten *nt;* **Pascua de ~** Pfingstsonntag *m* ❷ (*judío*) Passah(fest) *nt*

**penúltimo, -a** [pe'nul̪timo, -a] *adj* vorletzte(r, s)

**penumbra** [pe'numbra] *f* Halbdunkel *nt;* (ASTR) Halbschatten *m*

**penuria** [pe'nurja] *f* ❶ (*escasez*) Mangel *m;* (FIN) Geldmangel *m;* **pasar muchas ~s** viel durchmachen ❷ (*pobreza*) Armut *f*

**peña** ['peɲa] *f* ❶ (*roca*) Fels(en) *m* ❷ (*grupo*) Zirkel *m;* (*de aficionados*) Fanklub *m;* (*tertulia*) Stammtisch *m;* (*de jóvenes*) Clique *f*

**peñasco** [pe'ɲasko] *m* (*peña*) Felsblock *m*

**peñascoso, -a** [peɲas'koso, -a] *adj* felsig

**peñón** [pe'ɲon] *m* ❶ (*peñasco*) Felsblock *m;* **el P~** Gibraltar *nt* ❷ (*monte*) Felsengebirge *nt*

**peón** [pe'on] *m* ❶ (*obrero*) Hilfsarbeiter *m;* (*jornalero*) Tagelöhner *m;* (AGR) Landarbeiter *m;* (*Méx: aprendiz*) Lehrling *m* ❷ (*en juegos*) Stein *m;* **~ de ajedrez** Bauer *m* ❸ (*juguete*) Brummkreisel *m*

**peonza** [pe'on̪θa] *f* (*juguete*) Kreisel *m*

**peor** [pe'or] *adv o adj compar de* **mal(o)** (*calidad*) schlechter; (*condición*) schlimmer; **en matemáticas soy ~ que tú** in Mathematik bin ich schlechter als du; **el ~ de la clase** der Schlechteste in der Klasse; **el pequeño es el ~ de los dos** der Kleine ist der Schlimmere von beiden; **y verás, será ~ aún** und du wirst sehen, es kommt noch schlimmer; **el ~ día, verás como te hablará** wenn du es am wenigsten erwartest, wird er/sie dich ansprechen; **en el ~ de los casos** schlimmstenfalls; **pero lo ~ de todo fue...** aber das Allerschlimmste war ...; **vas de mal en ~** es wird immer schlimmer mit dir; **~ es nada** besser als gar nichts

**pepa** ['pepa] *f* ❶ (*Am: pepita*) Kern *m* ❷ (*And: mentira*) Lügengeschichte *f*

**Pepa** ['pepa] *f* (*fam*): **¡viva la ~!** (*indiferencia*) mir ist das piepegal; (*regocijo*) Hurra!

**Pepe** ['pepe] *m:* **ponerse como un ~** (*argot*) es sich *dat* supergut gehen lassen; **ver menos que ~ Leches** (*argot*) blind wie ein Maulwurf sein

**pepinillo** [pepi'niʎo] *m* Essiggurke *f*

**pepino** [pe'pino] *m* ❶ (*para ensaladas*) Gurke *f;* **eso me importa un ~** (*fam*) das ist mir total egal ❷ (*melón*) unreife Honig-

melone *f*
**pepita** [pe'pita] *f* (BOT) Kern *m*
**pepsina** [peβ'sina] *f* Pepsin *nt*
**pequeñajo, -a** [peke'ɲaxo, -a] **I.** *adj* (*fam*) klein **II.** *m, f* (*fam*) Kleine(r) *mf*
**pequeñez** [peke'ɲeθ] *f* ❶ (*tamaño*) Kleinheit *f* ❷ (*minucia*) Kleinigkeit *f*
**pequeño, -a** [pe'keɲo, -a] **I.** *adj* klein; (*cuento, falda*) kurz; **es la misma casa, sólo que en pequeña** das ist das gleiche Haus, nur kleiner; **ya desde ~ solía venir a este sitio** schon als ich klein war, kam ich hierher **II.** *m, f* Kleine(r) *mf*
**pequeñoburgués, -esa** [pekeɲoβur'ɣes, -esa] **I.** *adj* kleinbürgerlich **II.** *m, f* Kleinbürger(in) *m(f)*
**pequinés**[1] [peki'nes] *m* (ZOOL) Pekinese *m*
**pequinés, -esa**[2] [peki'nes, -esa] **I.** *adj* Pekinger **II.** *m, f* Pekinger(in) *m(f)*
**pera** ['pera] **I.** *adj* schick; **restaurante ~** Nobelrestaurant *nt;* **niño ~** *Kind aus einer besseren Familie* **II.** *f* ❶ (BOT) Birne *f;* **pedir ~s al olmo** das Unmögliche verlangen; **eso es la ~** das ist der Gipfel; **poner a alguien las ~s a cuarto** jdn zurechtweisen ❷ (*barba*) Ziegenbart *m* ❸ (TÉC): **~ de goma** Handblasebalg *m* ❹ (*vulg: loc*): **hacerse una ~** sich *dat* einen runterholen; **tocarse la ~** Däumchen drehen *fam*
**peral** [pe'ral] *m* Birnbaum *m*
**peralte** [pe'ralte] *m* (TÉC) Überhöhung *f*
**perca** ['perka] *f* Barsch *m*
**percance** [per'kanθe] *m* (*contratiempo*) Zwischenfall *m;* (*por culpa propia*) Missgeschick *nt;* (*de plan/proyecto*) (Rück)-schlag *m*
**per cápita** [per 'kapita] *adv* pro Kopf; **consumo ~** Pro-Kopf-Verbrauch *m*
**percatación** [perkata'θjon] *f* Bewusstwerdung *f*
**percatarse** [perka'tarse] *vr* (*darse cuenta*) merken (*de* +*akk*); (*comprender*) verstehen (*de* +*akk*)
**percebe** [per'θeβe] *m* ❶ (ZOOL: *crustáceo*) *essbare Entenmuschel* ❷ (*fam: tonto*) Dummkopf *m*
**percepción** [perθeβ'θjon] *f* ❶ (*acción*) Wahrnehmung *f* ❷ (*idea*) Gedanke *m;* (*impresión*) Eindruck *m* ❸ (FIN) Erhebung *f*
**perceptibilidad** [perθeptiβili'ða^ð] *f* ❶ (*cualidad*) Wahrnehmbarkeit *f* ❷ (*capacidad*) Wahrnehmungsfähigkeit *f*
**perceptible** [perθep'tiβle] *adj* ❶ (*que puede comprenderse*) fassbar ❷ (FIN) einziehbar
**perceptivo, -a** [perθep'tiβo, -a] *adj* perzeptorisch
**perceptor(a)** [perθep'tor(a)] *m(f)* Bezieher(in) *m(f)*
**percha** ['pertʃa] *f* ❶ (*en el armario*) Kleiderbügel *m* ❷ (*perchero*) Garderobenständer *m;* (*en la tienda*) Kleiderständer *m;* **vestido de ~** Kleid von der Stange ❸ (*AmC: chaqueta*) Sakko *nt* ❹ (*argot: tipo*) Körperbau *m*
**perchero** [per'tʃero] *m* Garderobe *f;* **~ (de pared)** Garderobenhaken *m;* **~ (de pie)** Garderobenständer *m*
**percibir** [perθi'βir] *vt* ❶ (*notar*) wahrnehmen ❷ (*darse cuenta*) sehen ❸ (*comprender*) verstehen ❹ (*cobrar*) beziehen
**percusión** [perku'sjon] *f* ❶ (*golpeo*) Erschütterung *f* ❷ (TÉC) Schlag *m;* **barra de ~** Brecheisen *nt* ❸ (*al examinar*) Abklopfen *nt* ❹ (MÚS) Percussion *f;* **instrumento de ~** Schlaginstrument *nt*
**percusionista** [perkusjo'nista] *mf* (*de bongos, congas*) Perkussionist(in) *m(f);* (*de batería*) Schlagzeuger(in) *m(f)*
**percusor** [perku'sor] *m* Schlagbolzen *m*
**percutir** [perku'tir] *vt* ❶ (TÉC) schlagen ❷ (MED: *examinar*) abklopfen
**percutor** [perku'tor] *m v.* **percusor**
**perdedor(a)** [per'ðeðor(a)] **I.** *adj* Verlierer- **II.** *m(f)* Verlierer(in) *m(f)*
**perder** [per'ðer] <e→ie> **I.** *vt* ❶ (*en general*) verlieren; **~ la cuenta** sich verrechnen; **ayúdame a buscar mis gafas, que las he perdido** hilf mir mal suchen, ich habe meine Brille verlegt; **~ terreno** (*fig*) den Anschluss verlieren ❷ (*malgastar*) vergeuden ❸ (*no aprovechar*): **si llego tarde al espectáculo pierdo la entrada** wenn ich zu spät zur Veranstaltung komme, wird meine Eintrittskarte ungültig ❹ (*peso*) abnehmen; (*costumbre*) ablegen ❺ (*oportunidad, tren*) verpassen ❻ (*ocasionar daños*) zerstören; **el fuego perdió todo el edificio** das Feuer legte das ganze Gebäude in Schutt und Asche; **esa equivocación nos perdió** dieser Fehler wurde uns zum Verhängnis; **el juego le ~á** das Spiel wird ihn noch ins Unglück stürzen; **el régimen lo llevo muy bien, lo que me pierde es ver comer a los demás** die Diät halte ich sehr gut ein, ich werde nur schwach, wenn ich andere essen sehe ❼ (ENS: *suspender*): **~ el curso** das Schuljahr wiederholen müssen **II.** *vi* ❶ (*en general*) verlieren; **Portugal perdió por 1 a 2 frente a Italia** Portugal verlor 1 zu 2 gegen Italien; **tener buen ~** ein guter Verlierer sein; **vas a salir perdiendo** du wirst am Ende den Kürzeren ziehen; **tener todas las de ~** keine guten Karten haben;

P

**lo echó todo a** ~ er/sie verlor alles; **la comida se quemó y todo se echó a** ~ das Essen verbrannte und es war nichts mehr zu retten; **cómete esos plátanos que sino se echan a** ~ iss diese Bananen, sonst werden sie schlecht ❷ (*decaer*) einbüßen (*en* an +*dat*); **por mi profesión he perdido mucho en salud** durch meinen Beruf habe ich meine Gesundheit vernachlässigt ❸ (*desteñir*) abfärben **III.** *vr:* ~**se** ❶ (*extraviarse*) abhanden kommen; **¿qué se le habrá perdido por allí?** (*fig*) was hat er/sie dort bloß verloren? ❷ (*por el camino*) sich verlaufen (*en/por* in +*dat*) ❸ (*bailando*) aus dem Takt kommen; (*leyendo*) in den Zeilen verrutschen; ~**se en palabrerías complicadas** (*hablando*) sich in wilden Verstrickungen verlieren ❹ (*desaparecer*) verschwinden ❺ (*arruinarse*) sich ruinieren (*por* mit +*dat*) ❻ (*desperdiciarse*) verloren gehen; **se pierde mucha agua por falta de conciencia ecológica** aus mangelndem Umweltbewusstsein wird viel Wasser verschwendet ❼ (*ocasión*) verpassen; **si no te vienes, tú te lo pierdes** wenn du nicht mitkommst, bist du selbst schuld ❽ (*extinguirse*) aussterben; **poco a poco la minifalda se va perdiendo** der Minirock wird immer weniger getragen ❾ (*exceso*) (ganz) verrückt sein (*por* nach +*dat*)

**perdición** [perði'θjon] *f* ❶ (*acción, daño*) Verlust *m* ❷ (*moral*) Ruin *m*

**pérdida** ['perðiða] *f* Verlust *m;* ~ **de cabellos** Haarausfall *m;* ~ **de conciencia** Bewusstlosigkeit *f;* ~ **por fricción** Reibungsverlust *m;* **esto es una** ~ **de tiempo** das ist reine Zeitverschwendung; **es fácil de encontrar, no tiene** ~ es ist leicht zu finden, man kann es gar nicht verfehlen; **el edificio ha sufrido** ~**s enormes después del incendio** das Gebäude hat nach dem Brand erhebliche Schäden erlitten; **el coche tiene una leve** ~ **de aceite** der Öltank des Autos leckt leicht

**perdidamente** [perðiða'mente] *adv* ❶ (*inútilmente*) umsonst ❷ (*con exceso*): **estar** ~ **enamorado** bis über beide Ohren verliebt sein

**perdido, -a** [per'ðiðo, -a] **I.** *adj* ❶ (*que no se encuentra*) verloren; **dar a alguien por** ~ jdn für vermisst erklären; **dar algo por** ~ die Suche nach etw *dat* aufgeben; (*fig*) etw für verloren geben; **estar** ~ in einer ausweglosen Lage sein ❷ (*vicioso, sin salida*) hoffnungslos; **estar loco** ~ (*fam*) vollkommen verrückt sein ❸ (*loc, fam: manchar*): **poner algo** ~ etw ganz dreckig machen; **ponerse** ~ **de pintura** sich mit Farbe voll schmieren **II.** *m, f* ❶ (*fam: vago*) Taugenichts *m;* (*pobre*) armer Hund *m* ❷ (*libertino*) Windhund *m* ❸ (*fam*): **hacerse el** ~ sich rar machen

**perdiz** [per'ðiθ] *f* Rebhuhn *nt;* **ni todos los días** ~, **ni todos los días Beatriz** nur nicht übertreiben; **... y fueron felices y comieron perdices.** ... und wenn sie nicht gestorben sind, dann leben sie noch heute.

**perdón** [per'ðon] *m* ❶ (*absolución*) Verzeihung *f;* (*de pecados*) Vergebung *f* ❷ (*indulto*) Begnadigung *f;* (*gracia*) Gnade *f* ❸ (*disculpa*): **¡~!** Entschuldigung!; **¿~?** (wie) bitte?; **¡con ~!** Verzeihung, darf ich?; **no cabe** ~ es ist unentschuldbar; **pedir** ~ **a alguien** jdn um Verzeihung bitten; **y os tengo que decir, con** ~ **de la mesa, que esto es una porquería** und ich muss euch sagen, bitte verzeiht mir den Ausdruck bei Tisch, dass das hier eine Schweinerei ist

**perdonable** [perðo'naβle] *adj* verzeihlich

**perdonar** [perðo'nar] *vt* ❶ (*ofensa*) verzeihen; (*pecado*) vergeben; (*pena, deuda*) erlassen; **no te perdono** ich verzeihe dir nicht; **perdona que te interrumpa** entschuldige, dass ich dich unterbreche; **perdona, ¿puedo pasar?** Entschuldigung, darf ich durch?; **perdona pero estás equivocado** es tut mir leid, aber ich glaube, du irrst dich ❷ (*obligación*) befreien (von +*dat*); **te perdono los 10 euros** ich schenke dir die 10 Euro; **les he perdonado la tarde a mis empleados** ich habe meinen Angestellten den Nachmittag freigegeben ❸ (*loc*): **no perdono ningún esfuerzo** ich scheue keine Mühe; **no perdono ningún medio** ich lasse kein Mittel unversucht; **la guerra no perdona a nadie** der Krieg verschont niemanden

**perdulario, -a** [perðu'larjo, -a] **I.** *adj* ❶ (*descuidado*) schlampig ❷ (*vicioso*) lasterhaft **II.** *m, f* Taugenichts *m*

**perdurabilidad** [perðuraβili'ða^ð] *f* ❶ (*durabilidad*) Dauerhaftigkeit *f* ❷ (*eternidad*) Ewigkeit *f*

**perdurable** [perðu'raβle] *adj* ❶ (*duradero*) dauerhaft ❷ (*eterno*) ewig; **las** ~**s obras de reparación del puente** die unendlich langen Reparaturarbeiten an der Brücke

**perdurar** [perðu'rar] *vi* ❶ (*todavía*) anhalten ❷ (*indefinidamente*) Bestand haben; **su recuerdo** ~**á para siempre entre nosotros** er/sie wird uns für immer in Erinnerung bleiben

**perecedero, -a** [pereθe'ðero, -a] *adj* ❶ (*pa-*

*sajero*) vergänglich ❷ (*alimento*) leicht verderblich

**perecederos** [pereθe'ðeros] *mpl* leicht verderbliche Waren *fpl*

**perecer** [pere'θer] *irr como crecer* **I.** *vi* ❶ (*morir*) sterben; (*en accidente/la guerra*) ums Leben kommen; ~ **de sed** verdursten ❷ (*daño, sufrimiento*) leiden (*de*+*akk*) **II.** *vr:* ~**se** sich sehnen (*por* nach +*dat*)

**peregrinación** [pereɣrina'θjon] *f*, **peregrinaje** [pereɣri'naxe] *m* Wallfahrt *f;* **ir en** ~ pilgern

**peregrinar** [pereɣri'nar] *vi* ❶ (REL) pilgern ❷ (*viajar: a pie*) (herum)wandern; (*con vehículo*) (herum)reisen; **para matricularme tuve que ~ por ciento de oficinas** für meine Immatrikultion musste ich einen Marsch durch hunderte von Büros auf mich nehmen

**peregrino**, **-a** [pere'ɣrino, -a] **I.** *adj* ❶ (*extraño*) fremd ❷ (*raro*) seltsam ❸ (*extraordinario*) außerordentlich **II.** *m, f* Pilger(in) *m(f)*

**perejil** [pere'xil] *m* ❶ (BOT) Petersilie *f* ❷ *pl* (*adornos*) Flitter *m*

**perenne** [pe'renne] *adj* ❶ (*perpetuo*) ewig; (BOT) immergrün ❷ (*constante*) ständig; **ser de ~ buen humor** immer gut gelaunt sein

**perennidad** [pereⁿni'ðaᵈ] *f* ❶ (*perpetuidad*) Ewigkeit *f* ❷ (*constancia*) Beständigkeit *f*

**perentoriedad** [peren̩torje'ðaᵈ] *f* ❶ (*urgencia*) Dringlichkeit *f* ❷ (*de decisión*) Beständigkeit *f*

**perentorio**, **-a** [peren̩'torjo, -a] *adj* ❶ (*urgente*) dringlich ❷ (*pago*) fällig ❸ (*decisión*) endgültig; **plazo** ~ Ausschlussfrist *f*

**pereza** [pe'reθa] *f* ❶ (*gandulería*) Faulheit *f* ❷ (*de movimientos*) Trägheit *f;* **me dio ~ ir y me quedé en casa** ich hatte keine Lust zu gehen und blieb zu Hause

**perezoso**, **-a** [pere'θoso, -a] *adj* ❶ (*gandul*) faul ❷ (*movimiento*) träge ❸ (*loc*): **y ni corto ni ~ me soltó un sopapo** und ohne lange darüber nachzudenken, verpasste er/sie mir eine Ohrfeige

**perfección** [perfeᵞ'θjon] *f* Vollkommenheit *f;* **estilo de gran** ~ vollendeter Stil; **hacer algo a la** ~ etw perfekt tun

**perfeccionamiento** [perfeᵞθjona'mjen̩to] *m* Vervollkommnung *f;* (*de técnica, sistema*) Perfektionierung *f geh;* (*profesional*) Fortbildung *f*

**perfeccionar** [perfeᵞθjo'nar] *vt* vervollkommnen; (*de técnica, sistema*) perfektionieren

**perfeccionismo** [perfeᵞθjo'nismo] *m sin pl* Perfektionismus *m*

**perfeccionista** [perfeᵞθjo'nista] **I.** *adj* perfektionistisch **II.** *mf* Perfektionist(in) *m(f)*

**perfectamente** [perfekta'men̩te] *adv:* **sabes ~ que...** du weißt ganz genau, dass ...; **te entiendo** ~ ich verstehe dich voll und ganz; **es ~ comprensible** es ist völlig verständlich; **¡~!** in Ordnung!

**perfecto**[1] [per'fekto] *m* (LING) Perfekt *nt*

**perfecto**, **-a**[2] [per'fekto, -a] *adj* ❶ *ser* perfekt; (*obra, belleza, harmonía*) vollkommen; (*ideal*) ideal; **nadie es** ~ nobody is perfect; **habla un alemán** ~ er/sie spricht perfekt Deutsch; **un ~ caballero** ein vollendeter Kavalier; **eres un ~ idiota** du bist ein Vollidiot ❷ *estar* einwandfrei ❸ (LING): **pretérito** ~ Perfekt *nt*

**perfidia** [per'fiðja] *f* ❶ (*deslealtad*) Treulosigkeit *f* ❷ (*traición*) Verrat *m*

**pérfido**, **-a** ['perfiðo, -a] *adj* ❶ (*desleal*) treulos ❷ (*traidor*) verräterisch

**perfil** [per'fil] *m* ❶ (*de cara, t.* TÉC) Profil *nt;* ~ **genético** genetisches Profil; **de** ~ im Profil ❷ (*contorno*) Umriss *m* ❸ (*de personalidad/doctrina*) Grundzug *m;* **el ~ del candidato** das Anforderungsprofil des Bewerbers

**perfilar** [perfi'lar] **I.** *vt* ❶ (*retocar*) abrunden ❷ (*sacar perfil*) die Umrisse skizzieren +*gen;* (TÉC) profilieren **II.** *vr:* ~**se** ❶ (*ponerse de perfil*) sich im Profil zeigen ❷ (*distinguirse*) sich abzeichnen ❸ (*fam: aderezarse*) sich herausputzen

**perforación** [perfora'θjon] *f* ❶ (*con máquina*) (Durch)bohrung *nt;* (*de oreja*) Durchstechen *nt;* (*de otras partes del cuerpo*) Piercing *nt;* (*de papel*) Lochung *f;* (*con muchos agujeros*) Durchlöcherung *f* ❷ (*agujeros, línea*) Perforation *f*

**perforar** [perfo'rar] *vt* (*con máquina*) (durch)bohren; (*oreja*) durchstechen; (*papel*) lochen; (*con muchos agujeros*) durchlöchern; (*para decorar/para arrancar*) perforieren

**perfumado**, **-a** [perfu'maðo, -a] *adj* parfümiert

**perfumador** [perfuma'ðor] *m* (*utensilio*) Parfümzerstäuber *m*

**perfumar** [perfu'mar] **I.** *vt* parfümieren; **las flores perfuman la habitación** der Blumenduft erfüllt das Zimmer **II.** *vi* duften

**perfume** [per'fume] *m* ❶ (*sustancia*) Parfüm *nt* ❷ (*olor*) Duft *m*

**perfumería** [perfume'ria] *f* ❶ (*tienda*) Parfümerie *f* ❷ (*productos*) Parfümartikel *mpl*

**perfumista** [perfu'mista] *mf* ❶ (*fabricante*) Parfümeur(in) *m(f)* ❷ (*vendedor*) Parfüm-

P

händler(in) *m(f)*

**pergamino** [perɣa'mino] *m* Pergament *nt;* **libro (con encuadernación) en ~** Pergamentband *m;* **familia de ~s** Familie adliger Herkunft

**pergeñar** [perxe'ɲar] *vt* (*fam*) skizzieren

**pérgola** ['perɣola] *f* Pergola *f*

**pericardio** [peri'karðjo] *m* (ANAT) Herzbeutel *m*

**pericia** [pe'riθja] *f* ❶ (*habilidad*) Geschick *nt* ❷ (*práctica*) Erfahrung *f*

**pericial** [peri'θjal] *adj* sachkundig; **informe ~** Sachverständigengutachten *nt*

**perico** [pe'riko] *m* ❶ (ZOOL) Sittich *m* ❷ (*orinal*) Nachttopf *m* ❸ (*espárrago*) (großer) Spargel *m* ❹ (*argot*) Koks *m*

**periferia** [peri'ferja] *f* Peripherie *f;* (*de ciudad*) Stadtrand *m*

**perifollo** [peri'foʎo] *m* ❶ (BOT) Kerbel *m* ❷ (*fam: adornos*) Flitter *m*

**perífrasis** [pe'rifrasis] *f inv* Umschreibung *f*

**perifrástico, -a** [peri'frastiko, -a] *adj* umschreibend

**perilla** [pe'riʎa] *f* ❶ (*barba*) Kinnbart *m* ❷ (*loc*): **esto viene de ~s** das kommt wie gerufen

**perillán, -ana** [peri'ʎan, -ana] *m, f* ❶ (*niño*) Frechdachs *m* ❷ (*adulto*) Schlitzohr *nt*

**perímetro** [pe'rimetro] *m* (MAT) Umfang *m*

**perineo** [peri'neo] *m* (ANAT) Damm *m*

**perinola** [peri'nola] *f* (*peonza*) Kreisel *m*

**periodicidad** [perjoðiθi'ðaᵈ] *f* Regelmäßigkeit *f*

**periódico**[1] [pe'rjoðiko] *m* (*diario*) Zeitung *f*

**periódico, -a**[2] [pe'rjoðiko, -a] *adj* regelmäßig; **sistema ~** (QUÍM) Periodensystem *nt*

**periodismo** [perjo'ðismo] *m* ❶ (*profesión*) Journalismus *m* ❷ (*estudios*) Journalistik *f*

**periodista** [perjo'ðista] *mf* Journalist(in) *m(f)*

**periodístico, -a** [perjo'ðistiko, -a] *adj* ❶ (*de los periodistas*) journalistisch ❷ (*de los periódicos*) Zeitungs-; **reportaje ~** Zeitungsbericht *m*

**periodización** [perjoðiθa'θjon] *f* Periodisierung *f*

**periodo** [pe'rjoðo] *m,* **período** [pe'rioðo] *m* ❶ (*tiempo*) Zeitraum *m;* **~ de doble circulación** Doppelwährungsphase *f;* **~ productivo** Lebensarbeitszeit *f;* **~ de prueba** Probezeit *f;* **~ transitorio** [*o* **de transición**] Übergangszeit *f* ❷ (*época*) Zeit *f;* **~ álgido** Höhepunkt *m;* **~ glacial** Eiszeit *f* ❸ (*menstruación, t.* MAT, FÍS, GEO) Periode *f*

**periostio** [pe'rjostjo] *m* (ANAT) Knochenhaut *f*

**peripatético, -a** [peripa'tetiko, -a] **I.** *adj* (FILOS) peripatetisch **II.** *m, f* (FILOS) Peripatetiker(in) *m(f)*

**peripecia** [peri'peθja] *f* (*incidente*) Zwischenfall *m;* **ha pasado por muchas ~s en esta vida** er/sie hat in seinem/ihrem Leben schon viele Auf und Abs durchlebt

**peripuesto, -a** [peri'pwesto, -a] *adj* (*fam*) geschniegelt

**periquete** [peri'kete] *m:* **esto lo hago yo en un ~** das erledige ich im Handumdrehen; **estoy lista en un ~** ich bin gleich fertig

**periquito** [peri'kito] *m* (ZOOL) Wellensittich *m*

**periscopio** [peris'kopjo] *m* Fernrohr *nt*

**perista** [pe'rista] *mf* Hehler(in) *m(f)*

**peristilo** [peris'tilo] *m* Peristyl(ium) *nt*

**peritaje** [peri'taxe] *m* ❶ (*informe*) Gutachten *nt* ❷ (UNIV) Ingenieurstudium *nt*

**peritar** [peri'tar] *vt* begutachten

**perito, -a** [pe'rito, -a] **I.** *adj* sachkundig **II.** *m, f* ❶ (*experto*) Sachverständige(r) *mf* ❷ (UNIV) Diplomingenieur(in) *m(f);* **~ agrónomo** Diplomlandwirt *m;* **~ mercantil** Diplom-Kaufmann *m;* **Escuela de P~s** ≈Fachhochschule *f*

**peritoneo** [perito'neo] *m* Bauchfell *nt*

**perjudicar** [perxuði'kar] <c→qu> **I.** *vt* ❶ (*causar daño*) schaden +*dat;* (*objeto*) beschädigen; (*naturaleza*) zerstören; (*proceso, desarrollo*) beeinträchtigen; (*organización*) durcheinander bringen; **fumar perjudica la salud** Rauchen gefährdet die Gesundheit ❷ (*causar desventaja*) benachteiligen **II.** *vr:* **~se** sich *dat* (selbst) schaden

**perjudicial** [perxuði'θjal] *adj* ❶ (*que causa daño*) schädlich (*a/para* für +*akk*); **~ para la salud** gesundheitsschädlich ❷ (*desventajoso*) nachteilig (*a/para* für +*akk*)

**perjuicio** [per'xwiθjo] *m* ❶ (*daño*) Schaden *m* (*a* an +*dat*); (*de imagen*) Schädigung *f;* (*de objeto*) Beschädigung *f;* (*de naturaleza*) Zerstörung *f;* (*de libertad*) Beeinträchtigung *f;* (*de organización*) Durcheinanderbringen *nt;* **causar ~s** Schaden zufügen +*dat;* **sin ~ de que...** +*subj* ungeachtet der Tatsache, dass ... ❷ (*detrimento*) Nachteil *m;* **ir en ~ de alguien** jdm zum Nachteil gereichen

**perjurador(a)** [perxura'ðor(a)] *adj* meineidig; **testigo ~** meineidiger Zeuge

**perjurar** [perxu'rar] *vi* ❶ (*en falso*) einen Meineid leisten ❷ (*faltar al juramento*) seinen Eid brechen

**perjurio** [per'xurjo] *m* ❶ (*en falso*) Meineid *m* ❷ (*faltar al juramento*) Eidbruch *m*

**perla** ['perla] *f* Perle *f;* **~ cultivada** Zuchtperle *f;* **eso viene de ~s** das kommt wie gerufen

**permanecer** [permane'θer] *irr como crecer vi* ❶ (*estar*): ~ **quieto** stehen bleiben; ~ **invariable** gleichbleiben ❷ (*seguir*): ~ **dormido** weiterschlafen; ~ **sentado** sitzen bleiben

**permanencia** [perma'nen̥θja] *f* ❶ (*estancia*) Aufenthalt *m;* (*duración*) Dauerhaftigkeit *f* ❷ (*persistencia*) Beständigkeit *f* ❸ (*continuación*) Fortdauer *f;* **luchar para lograr la ~ en primera** (DEP) kämpfen, um nicht in die zweite Liga abzusteigen

**permanente** [perma'nen̥te] **I.** *adj* ständig, permanent; (*relación*) dauerhaft; (*lluvia*) anhaltend; **estado ~** Dauerzustand *m* **II.** *f* Dauerwelle *f*

**permeabilidad** [permeaβili'ðaᵈ] *f* Durchlässigkeit *f*

**permeable** [perme'aβle] *adj* durchlässig; ~ **al agua** wasserdurchlässig

**permisible** [permi'siβle] *adj* zulässig

**permisión** [permi'sjon] *f* Erlaubnis *f*

**permisividad** [permisiβi'ðaᵈ] *f* Nachgiebigkeit *f;* (*moral*) Freizügigkeit *f*

**permisivo, -a** [permi'siβo, -a] *adj* nachgiebig; (*en lo moral*) freizügig

**permiso** [per'miso] *m* ❶ (*aprobación, autorizacion*) Erlaubnis *f;* ~ **de residencia/de trabajo** Aufenthalts-/Arbeitserlaubnis *f;* **me dio ~ para hacerlo** er/sie erlaubte mir es zu tun; **pedir ~ a alguien** jdn um Erlaubnis bitten ❷ (*licencia*) Schein *m;* ~ **de conducir** Führerschein *m* ❸ (*vacaciones*) Urlaub *m;* **pedir ~** Urlaub beantragen; **estar de ~** (MIL) auf Urlaub sein

**permitir** [permi'tir] **I.** *vt* ❶ (*consentir*) erlauben; **¿me permite pasar/entrar/salir?** darf ich bitte durch/hinein/hinaus?; **no está permitido fumar** Rauchen ist verboten; **si me permite la expresión** wenn ich mir den Ausdruck erlauben darf ❷ (*autorizar*) genehmigen ❸ (*hacer posible, tolerar*) zulassen; **esta máquina permite trabajar el doble** mit dieser Maschine kann die doppelte Arbeitsleistung erbracht werden; **no permito que me levantes la voz** diesen Ton lasse ich mir nicht gefallen **II.** *vr:* **~se** sich *dat* erlauben

**permuta** [per'muta] *f* (Aus)tausch *m*

**permutación** [permuta'θjon] *f* (Aus)tausch *m;* (MAT) Permutation *f*

**permutar** [permu'tar] *vt* (aus)tauschen

**pernear** [perne'ar] *vi* ❶ (*piernas*) strampeln ❷ (*fam: andar*) sich *dat* die Beine wund laufen ❸ (*fam: rabiar*) toben

**pernera** [per'nera] *f* Hosenbein *nt*

**pernicioso, -a** [perni'θjoso, -a] *adj* schädlich (*para* für +*akk*); (*tumor*) bösartig

**pernil** [per'nil] *m* ❶ (*del pantalón*) Hosenbein *nt* ❷ (*del cerdo*) Keule *f*

**pernio** ['pernjo] *m* Angel *f*

**perno** ['perno] *m* (*con cabeza*) Bolzen *m;* (*sin cabeza*) Stift *m*

**pernoctar** [pernok'tar] *vi* übernachten

**pero** ['pero] **I.** *conj* aber; (*sin embargo*) jedoch; **¡~ si todavía es una niña!** sie ist doch noch ein Kind!; **¡~ si ya le conoces!** du kennst ihn doch!; **¿~ qué es lo que quieres?** was willst du eigentlich? **II.** *m* (*objeción*) Aber *nt;* **el proyecto tiene sus ~s** das Projekt hat so seine Tücken; **sin un ~** ohne Wenn und Aber; **poner ~s a algo** an etw *dat* etwas auszusetzen haben; **¡no hay ~ que valga!** keine Widerrede!; **poner ~s a todo** an allem etwas auszusetzen haben

**perogrullada** [peroɣru'ʎaða] *f* Binsenweisheit *f*

**Perogrullo** [pero'ɣruʎo] *m:* **verdad de ~** Binsenweisheit *f*

**perol** [pe'rol] *m* Kessel *m*

**peroné** [pero'ne] *m* Wadenbein *nt*

**peronista** [pero'nista] **I.** *adj* peronistisch **II.** *mf* Peronist(in) *m(f)*

**peroración** [perora'θjon] *f* (*discurso*) Rede *f*

**perorar** [pero'rar] *vi* ❶ (*dar discurso*) eine Rede halten; (*pey*) salbadern ❷ (*fam: hablar*) palavern ❸ (*pedir*) inständig bitten

**perorata** [pero'rata] *f* (*pey*) Tirade *f*

**peróxido** [pe'roᵞsiðo] *m* Peroxid *nt*

**perpendicular** [perpen̥diku'lar] **I.** *adj* senkrecht; (*pared*) lotrecht **II.** *f* Senkrechte *f*

**perpendicularidad** [perpen̥dikulari'ðaᵈ] *f* senkrechte Lage *f*

**perpetración** [perpetra'θjon] *f* Begehen *nt,* Begehung *f*

**perpetrar** [perpe'trar] *vt* begehen

**perpetuar** [perpetu'ar] <*1. pres:* perpetúo> **I.** *vt* ❶ (*recuerdo, memoria*) bewahren ❷ (*nombre, situación*) verewigen ❸ (*error, mentira*) aufrechterhalten **II.** *vr:* **~se** fortleben

**perpetuidad** [perpetwi'ðaᵈ] *f* ❶ (*continuidad*) Beständigkeit *f* ❷ (*eternidad*) Ewigkeit *f;* **a ~** auf ewig; **condenar a ~** zu lebenslänglicher Freiheitsstrafe verurteilen ❸ (*de crédito*) Unkündbarkeit *f*

**perpetuo, -a** [per'petwo, -a] *adj* ❶ (*incesante*) fortwährend; **nieves perpetuas** ewiger Schnee ❷ (*vitalicio*) lebenslänglich; (*renta*) auf Lebenszeit ❸ (*crédito*)

P

unkündbar

**perplejidad** [perplexi'ða$^{d}$] *f* Verwirrung *f*

**perplejo**, **-a** [per'plexo, -a] *adj* verwirrt; **me quedé ~ cuando me lo dijo** ich war wie vor den Kopf geschlagen, als er/sie es mir sagte

**perra** ['perra] *f* ① (ZOOL) Hündin *f* ② (*obstinación*) Fimmel *m fam* ③ (*fam: rabieta*) Wutanfall *m;* **coger una ~** einen Wutanfall bekommen ④ (*fam: modorra*) Schläfrigkeit *f;* (*pereza*) Faulheit *f* ⑤ (*puta*) Hure *f abw* ⑥ (*fam: dinero*) Kohle *f;* **no tener una ~** völlig abgebrannt sein ⑦ (*fam: borrachera*) Rausch *m*

**perrera** [pe'rrera] *f* (*casa*) Hundehütte *f;* (*edificio*) Hundezwinger *m*

**perrería** [perre'ria] *f* (*vileza*) Gemeinheit *f*

**perrero**, **-a** [pe'rrero, -a] *m, f* Hundefänger(in) *m(f)*

**perrito** [pe'rrito] *m:* **~ caliente** Hotdog *m o nt*

**perro**[1] ['perro] *m* (ZOOL: *t. pey*) Hund *m;* **~ callejero** Promenadenmischung *f;* **~ faldero** Schoßhund *m;* **~ de lanas** Pudel *m;* **~ lazarillo** Blindenhund *m;* **humor de ~s** Hundslaune *f;* **tiempo de ~s** Hundewetter *nt;* **¡cuidado con el ~!** Vorsicht, bissiger Hund!; **sacar al ~** mit dem Hund Gassi gehen *fam;* **echar los ~s a alguien** jdn fertig machen; **se llevan como el ~ y el gato** sie sind wie Hund und Katze; **morir como un ~** gottverlassen sterben; **¡venga ya, a otro ~ con ese hueso!** das kannst du deiner Großmutter erzählen!; **ser ~ viejo** ein alter Hase sein; **a ~ flaco todo son pulgas** (*prov*) ein Unglück kommt selten allein; **~ ladrador, poco mordedor** (*prov*) Hunde, die bellen, beißen nicht

**perro**, **-a**[2] ['perro, -a] *adj* gemein; **llevar una vida perra** ein Hundeleben führen

**perruno**, **-a** [pe'rruno, -a] *adj* Hunde-; **tengo el olfato ~** ich habe ein sehr feines Gespür

**persa** ['persa] **I.** *adj* persisch; **alfombra ~** Perserteppich *m* **II.** *mf* Perser(in) *m(f)*

**persecución** [perseku'θjon] *f* Verfolgung *f;* **~ en coche** (Auto)verfolgungsjagd *f*

**persecutorio**, **-a** [perseku'torjo, -a] *adj* Verfolgungs-; **tener manía persecutoria** an Verfolgungswahn leiden

**perseguidor(a)** [perseɣi'ðor(a)] **I.** *adj* verfolgend **II.** *m(f)* Verfolger(in) *m(f)*

**perseguimiento** [perseɣi'mjento] *m v.* **persecución**

**perseguir** [perse'ɣir] *irr como seguir vt* verfolgen; (*contrato, chica*) hinterherlaufen; **la policía persigue al fugitivo** die Polizei ist hinter dem Ausbrecher her; **me persigue la mala suerte** ich bin vom Pech verfolgt; **me persiguen los remordimientos** mich plagen Gewissensbisse; **el jefe me persigue todo el día** mein Chef sitzt mir den ganzen Tag im Nacken; **¿qué persigues con esto?** was willst du damit erreichen?

**perseveración** [perseβera'θjon] *f* (PSICO) Perseveration *f*

**perseverancia** [perseβe'ranθja] *f* ① (*insistencia*) Beharrlichkeit *f* (*en* bei +*dat*) ② (*en trabajo, actividad*) Ausdauer *f* (*en* bei +*dat*) ③ (*firmeza*) Standhaftigkeit *f*

**perseverante** [perseβe'rante] *adj* ① (*insistente*) beharrlich ② (*constante*) ausdauernd ③ (*firme*) standhaft

**perseverar** [perseβe'rar] *vi* ① (*insistir*) beharren (*en* auf +*dat*) ② (*mantener*) durchhalten; **~ en algo** bei etw *dat* nicht aufgeben

**Persia** ['persja] *f* Persien *nt*

**persiana** [per'sjana] *f* Rollladen *m*

**pérsico**, **-a** ['persiko, -a] *adj* persisch

**persignarse** [persiɣ'narse] *vr* sich bekreuzigen

**persistencia** [persis'tenθja] *f* ① (*insistencia*) Beharrlichkeit *f* ② (*perduración*) Anhalten *nt* ③ (*en trabajo, actividad*) Ausdauer *f*

**persistente** [persis'tente] *adj* ① (*persona*) beharrlich ② (*acción*) anhaltend; (*recuerdo*) bleibend

**persistir** [persis'tir] *vi* ① (*insistir*) beharren (*en* auf +*dat*) ② (*perdurar*) anhalten

**persona** [per'sona] *f* Person *f;* **~ de contacto** Ansprechpartner *m;* **~ (non) grata** Persona (non) grata; **en ~** persönlich; **ser buena/mala ~** ein guter/böser Mensch sein; **había muchas ~s** es waren viele Leute da; **no había ninguna ~ allí** es war niemand da; **se apareció en la ~ de...** er/sie erschien in der Gestalt von ...; **ese es una ~ de cuidado** bei ihm ist Vorsicht geboten

**personaje** [perso'naxe] *m* ① (*personalidad*) Persönlichkeit *f;* **~ de culto** Kultfigur *f* ② (TEAT, LIT) Person *f*

**personal**[1] [perso'nal] **I.** *adj* persönlich; **datos ~es** Personalien *fpl;* **pronombre ~** Personalpronomen *nt* **II.** *m* ① (*plantilla*) Personal *nt;* (*en empresa*) Belegschaft *f;* **~ de a bordo** (AERO) Flugzeugbesatzung *f;* **~ docente** Lehrkräfte *fpl;* **~ de tierra** (AERO) Bodenpersonal *nt* ② (*fam: gente*) Leute *pl*

**personal**[2] [perso'nal] *f* (DEP) Foul *nt*

**personalidad** [personali'ða$^{d}$] *f* Persönlichkeit *f*

**personalismo** [persona'lismo] *m* ① (POL)

Personenkult *m* ❷ (FILOS) Personalismus *m* ❸ (*alusión*) persönliche Anspielung *f;* **no tenemos que actuar con ~s** es gibt keinen Grund persönlich zu werden

**personalización** [personaliθa'θjon] *f* Personalisierung *f*

**personalizar** [personali'θar] <z→c> *vt* ❶ (*aludir*) namentlich nennen ❷ (*hacer personal*) persönlich gestalten

**personarse** [perso'narse] *vr* persönlich erscheinen (*en* bei +*dat*); **~ en juicio** vor Gericht erscheinen; **persónese ante el director** melden Sie sich beim Chef; **el lunes tengo que personarme en el INEM** am Montag bin ich beim Arbeitsamt vorgeladen

**personero, -a** [perso'nero, -a] *m, f* (*Am*) Vertreter(in) *m(f)*

**personificación** [personifika'θjon] *f* Verkörperung *f;* (*de cualidades*) Personifizierung *f*

**personificar** [personifi'kar] <c→qu> *vt* verkörpern; **personifica la maldad** er/sie ist die Bosheit in Person

**perspectiva** [perspek'tiβa] *f* ❶ (*general*) Perspektive *f* ❷ (*vista*) Anblick *m* ❸ *pl* (*posibilidad*) Aussichten *fpl* ❹ (*distancia*): **aún no disponemos de la ~ adecuada para valorar este periodo** wir haben noch nicht die nötige Distanz, um diese Periode zu beurteilen

**perspicacia** [perspi'kaθja] *f* Scharfsinn *m*

**perspicaz** [perspi'kaθ] *adj* ❶ (*vista*) gut ❷ (*persona*) scharfsinnig

**persuadir** [perswa'ðir] **I.** *vt* ❶ (*inducir*) überreden; **le ~é para que no haga el viaje** ich werde ihm die Reise ausreden ❷ (*convencer*) überzeugen **II.** *vr:* **~se** sich überzeugen

**persuasión** [perswa'sjon] *f* ❶ (*acto*) Überredung *f;* **emplear todo su poder de ~** seine ganze Überredungskunst aufbieten ❷ (*convencimiento*) Überzeugung *f;* **tener la ~ de que...** davon überzeugt sein, dass ...

**persuasivo, -a** [perswa'siβo, -a] *adj,* **persuasorio, -a** [perswa'sorjo, -a] *adj* überzeugend

**pertenecer** [pertene'θer] *irr como crecer vi* ❶ (*ser de*) gehören (*a* +*dat*); **esta casa me pertenece** dieses Haus gehört mir; **esta cita pertenece a Hamlet** dieses Zitat stammt aus Hamlet ❷ (*tener obligación*): **a ti te pertenece barrer** du bist für das Fegen zuständig

**perteneciente** [pertene'θjeṇte] *adj* (da)zugehörig; **los países ~s a la ONU** die Mitglied(s)staaten der UNO; **todo lo ~ al caso** alles, was mit dem Fall zu tun hat; **un cuadro ~ a la colección de Thyssen** ein Gemälde aus der Thyssen-Sammlung

**pertenencia** [perte'neṇθja] *f* ❶ (*acción*) Zugehörigkeit *f* ❷ *pl* (*bienes*) Eigentum *nt* ❸ *pl* (*accesorios*) Zubehör *nt*

**pértiga** ['pertiɣa] *f* (*vara*) lange Stange *f;* (DEP) Stabhochsprungstab *m;* **la ~ del trole** der Stromabnehmer; **salto de ~** Stabhochsprung *m;* **saltar con ~** Stabhochsprung machen

**pertiguista** [perti'ɣista] *mf* (DEP) Stabhochspringer(in) *m(f)*

**pertinacia** [perti'naθja] *f* ❶ (*de lluvia*) Andauern *nt* ❷ (*de persona*) Hartnäckigkeit *f*

**pertinaz** [perti'naθ] *adj* ❶ (*lluvia, tos*) anhaltend ❷ (*persona*) hartnäckig

**pertinente** [perti'neṇte] *adj* ❶ (*oportuno*) angemessen ❷ (*datos, indicación*) sachdienlich; (*pregunta, comentario*) sachbezogen ❸ (*relativo*): **en lo ~ a...** was ... betrifft

**pertrechar** [pertre'ʧar] **I.** *vt* ausrüsten **II.** *vr:* **~se** (*de alimentos*) sich versorgen (*de/con* mit +*dat*); (*de equipamiento*) sich ausrüsten (*de/con* mit +*dat*)

**pertrechos** [per'treʧos] *mpl* Ausrüstung *f*

**perturbable** [pertur'βaβle] *adj* leicht aus der Ruhe zu bringen

**perturbación** [perturβa'θjon] *f* Störung *f;* (*social*) Unruhe *f*

**perturbado, -a** [pertur'βaðo, -a] **I.** *adj* (PSICO) geistesgestört **II.** *m, f:* **~ (mental)** Geistesgestörte(r) *m*

**perturbador(a)** [perturβa'ðor(a)] **I.** *adj* ❶ (*noticia*) beunruhigend ❷ (*ruido*) störend **II.** *m(f)* ❶ (*por hacer ruido*) Ruhestörer(in) *m(f)* ❷ (*por alborotar*) Unruhestifter(in) *m(f)*

**perturbar** [pertur'βar] *vt* stören; (*confundir*) verwirren; (*alterar*) aus der Ruhe bringen

**Perú** [pe'ru] *m* Peru *nt*

**i Land & Leute**

**Perú** liegt im Westen Südamerikas; es ist das drittgrößte Land, nach Brasilien und Argentinien. Die Hauptstadt und zugleich größte Stadt **Perus** ist Lima. Offizielle Landessprachen sind sowohl Spanisch wie auch *quechua.* Die Währungseinheit **Perus** ist der *sol.* Die Ureinwohner **Perus** waren die *incas.*

**peruano, -a** [pe'rwano, -a] **I.** *adj* perua-

P

nisch **II.** *m, f* Peruaner(in) *m(f)*

**perversidad** [perβersi'ðaᵈ] *f* ❶ (*maldad*) Bösartigkeit *f* ❷ (*sexual*) Perversität *f*

**perversión** [perβer'sjon] *f* ❶ (*acción*) Pervertierung *f;* (*de costumbres*) Verfall *m;* ~ **de menores** Verführung von Minderjährigen ❷ (*cualidad*) Perversion *f*

**perverso, -a** [per'βerso, -a] *adj* ❶ (*malo*) böse ❷ (*moral*) verkommen ❸ (*sexual*) pervers

**pervertido, -a** [perβer'tiβo, -a] **I.** *adj* pervers **II.** *m, f* Perverse(r) *mf*

**pervertimiento** [perβerti'mjen̪to] *m* Pervertierung *f;* (*de menores*) Verführung *f;* (*de costumbres*) Verfall *m*

**pervertir** [perβer'tir] *irr como sentir* **I.** *vt* ❶ (*costumbres*) verderben ❷ (*a alguien*) verführen ❸ (*corromper*) pervertieren **II.** *vr:* ~**se** ❶ (*en costumbres, ideología*) pervertieren ❷ (*depravarse*) verkommen

**pervivencia** [perβi'βen̪θja] *f* Weiterleben *nt*

**pervivir** [perβi'βir] *vi* weiterleben

**pesa** ['pesa] *f* Gewicht *nt;* (DEP) Hantel *f;* ~ **del reloj** Uhrgewicht *nt;* **hacer** (**entrenamiento de**) ~**s** Krafttraining machen; **levantamiento de** ~**s** Gewichtheben *nt*

**pesadez** [pesa'ðeθ] *f* ❶ (*de objeto*) Schwere *f* ❷ (*de movimiento*) Schwerfälligkeit *f* ❸ (*de sueño*) Tiefe *f* ❹ (*de tarea*) Lästigkeit *f* ❺ (*de persona*) Aufdringlichkeit *f* ❻ (*de viaje*) Mühsamkeit *f* ❼ (*de lectura*) Langatmigkeit *f* ❽ (*de dibujo*) Überladung *f*

**pesadilla** [pesa'ðiʎa] *f* Alptraum *m*

**pesado, -a** [pe'saðo, -a] *adj* ❶ (*que pesa*) schwer; **tengo la cabeza pesada** ich habe einen schweren Kopf; **tengo el estómago** ~ das Essen liegt mir schwer im Magen ❷ (*lento*) schwerfällig ❸ (*molesto*) lästig ❹ (*duro*) mühsam; **hacer un diccionario es** ~ ein Wörterbuch zu schreiben ist eine langwierige Angelegenheit ❺ (*aburrido*) langweilig ❻ (*sueño*) bleiern; (*tiempo*) drückend; (*viaje*) lang; (*lectura*) langatmig; (*dibujo*) schnörkelig

**pesadumbre** [pesa'ðumbre] *f* Kummer *m*

**pésame** ['pesame] *m* Beileid *nt;* **dar el** ~ sein Beileid aussprechen; **reciba mi más sincero** ~ **por la muerte de su hermana** zum Tod Ihrer Schwester möchte ich Ihnen mein aufrichtiges Beileid aussprechen

**pesantez** [pesan̪'teθ] *f* Schwere *f*

**pesar** [pe'sar] **I.** *vi* ❶ (*tener peso*) wiegen; **esta caja pesa mucho** diese Kiste ist sehr schwer; **pon encima lo que no pese** stell die leichten Sachen oben drauf ❷ (*cargo, responsabilidad*) (schwer) lasten (auf +*dat*); (*problemas*) belasten +*akk* ❸ (*hipoteca*) lasten (*sobre* auf +*dat*) **II.** *vt* ❶ (*objeto, persona*) wiegen; (*cantidad concreta*) auswiegen; **¿me puede ~ la fruta?** können Sie mir das Obst bitte auswiegen? ❷ (*ventajas*) abwägen ❸ (*disgustar*): **me pesa haberte mentido** ich bedauere es, dich belogen zu haben; **mal que te pese...** ob es dir nun gefällt oder nicht, ...; **pese a quien pese** egal, was es kostet; **pese a que...** obwohl ... **III.** *m* ❶ (*pena*) Kummer *m;* **muy a ~ mío** zu meinem großen Bedauern ❷ (*remordimiento*) Gewissensbisse *mpl* ❸ (*loc*): **a ~ de...** trotz +*gen;* **a ~ de todo lo quiere intentar** er/sie will es trotz allem versuchen

**pesaroso, -a** [pesa'roso, -a] *adj* ❶ (*afligido*) traurig; **está ~ por haberlo dicho** er bedauert (es) sehr, es gesagt zu haben ❷ (*disgustado*) verärgert ❸ (*preocupado*) besorgt

**pesca** ['peska] *f* ❶ (*acción*) Fischfang *m;* **ir de** ~ auf Fischfang gehen ❷ (*oficio, industria*) Fischerei *f;* ~ **de altura** Hochseefischerei *f;* ~ **de bajura** Küstenfischerei *f* ❸ (*captura*) Fang *m*

**pescadería** [peskaðe'ria] *f* (*tienda*) Fischgeschäft *nt*

**pescadero, -a** [peska'ðero, -a] *m, f* Fischhändler(in) *m(f)*

**pescadilla** [peska'ðiʎa] *f* (junger) Seehecht *m*

**pescado** [pes'kaðo] *m* Fisch *m*

**pescador(a)** [peska'ðor(a)] *m(f)* (*de caña*) Angler(in) *m(f);* (*de mar*) Fischer(in) *m(f)*

**pescante** [pes'kan̪te] *m* ❶ (NÁUT) Davit *m* ❷ (*de carruaje*) Kutschbock *m* ❸ (TEAT) Bühnenmaschine *f* ❹ (*de grúa*) Ausleger *m*

**pescar** [pes'kar] <c→qu> *vt* ❶ (*con caña*) angeln; (*en barco*) fischen; **ir a ~ sardinas** auf Sardinenfang gehen ❷ (*resfriado*) sich *dat* zuziehen ❸ (*fam: novio*) sich *dat* angeln ❹ (*fam: entender*) kapieren ❺ (*sorprender*) erwischen

**pescozón** [pesko'θon] *m* Schlag *m* ins Genick

**pescuezo** [pes'kweθo] *m* Nacken *m;* **retorcer el ~ a alguien** jdm den Hals umdrehen; **sacar el** ~ hochnäsig sein; **salvar el** ~ den Hals aus der Schlinge ziehen

**pese** ['pese] *adv:* ~ **a** trotz +*gen*

**pesebre** [pe'seβre] *m* Krippe *f;* (*de Navidad*) Weihnachtskrippe *f*

**peseta** [pe'seta] *f* Pesete *f;* **cambiar la** ~ (*fig fam*) kotzen

**i Land & Leute**

Bis zum 1. Januar 2002, vor Einführung des Euro, der Währungseinheit der *Unión Europea – Europäischen Union*, war die Währungseinheit Spaniens die **peseta**. 166,386 **pesetas** entsprachen 1 Euro.

**pesetero, -a** [pese'tero, -a] *m, f* Raffke *m fam;* **este comerciante es un ~** dieser Kaufmann denkt nur ans Geld

**pesimismo** [pesi'mismo] *m sin pl* Pessimismus *m*

**pesimista** [pesi'mista] **I.** *adj* pessimistisch **II.** *mf* Pessimist(in) *m(f)*

**pésimo, -a** ['pesimo, -a] *adj* sehr schlecht

**peso** ['peso] *m* ❶ (*de objeto*) Gewicht *nt;* **coger/perder ~** zu-/abnehmen; **¿qué ~ tiene?** wie viel wiegt es?; **vender a ~** nach Gewicht verkaufen; **comprar a ~ de oro** zu einem überhöhten Preis kaufen; **eso cae de su propio ~** das liegt auf der Hand ❷ (*pesadez*) Schwere *f;* **tener ~ en las piernas** schwere Beine haben ❸ (*importancia*) Bedeutung *f;* **es un gran ~ dentro de la empresa** er/sie ist in der Firma ein großes Tier; **tener una razón de ~** einen gewichtigen Grund haben ❹ (*carga*) Last *f;* **llevar el ~ de algo** die Verantwortung für etw tragen; **me saco un ~ de encima** mir fällt ein Stein vom Herzen ❺ (DEP: *bola*) Kugel *f* ❻ (DEP: *boxeo*): **~ gallo** Bantamgewicht *nt* ❼ (*moneda*) Peso *m*

**pespuntar** [pespuṇ'tar] *vt* (ab)steppen

**pespunte** [pes'puṇte] *m* ❶ (*acción*) Steppen *nt* ❷ (*costura*) Steppnaht *f* ❸ (*puntada*) Steppstich *m*

**pespuntear** [pespuṇte'ar] *vt* (ab)steppen

**pesquero**[1] [pes'kero] *m* Fischdampfer *m*

**pesquero, -a**[2] [pes'kero, -a] *adj* Fischer-

**pesquisa**[1] [pes'kisa] *f* Nachforschung *f;* (*de la policía*) Ermittlung *f;* **hacer ~s** Nachforschungen anstellen

**pesquisa**[2] [pes'kisa] *m* (*Arg, Ecua, Par*) Geheimpolizist *m*

**pesquisar** [peski'sar] *vt* ermitteln (in +*dat*)

**pestaña** [pes'taɲa] *f* (ANAT) Wimper *f;* **quemarse las ~s** (*fig*) die ganze Nacht büffeln

**pestañ(e)ar** [pesta'ɲar/pestaɲe'ar] *vi* blinzeln; **escuchó la sentencia sin ~** er/sie zuckte nicht einmal mit der Wimper, als er/sie das Urteil hörte

**pestañeo** [pesta'ɲeo] *m* Blinzeln *nt*

**peste** ['peste] *f* ❶ (MED) Pest *f;* **~ bubónica** Beulenpest *f* ❷ (*olor*) Gestank *m;* **aquí hay una ~ increíble** hier stinkt es wie die Pest ❸ (*plaga*) Plage *f* ❹ (*loc*): **echar ~s de alguien** jdn schlecht machen

**pesticida** [pesti'θiða] *m* Pestizid *nt*

**pestífero, -a** [pes'tifero, -a] *adj* ❶ (*fétido*) übel riechend ❷ (*pernicioso*) schädlich

**pestilencia** [pesti'leṇθja] *f* ❶ (MED) Pest *f* ❷ (*olor*) Gestank *m*

**pestilente** [pesti'leṇte] *adj v.* **pestífero**

**pestillo** [pes'tiʎo] *m* ❶ (*de puerta: pasador*) Riegel *m;* (*tirador*) (Tür)klinke *f;* **echar el ~** die Tür verriegeln ❷ (*de la cerradura*) Falle *f;* **~ de golpe** Schnappschloss *nt*

**petaca** [pe'taka] *f* ❶ (*para cigarros*) Zigarrenetui *nt;* (*para tabaco*) Tabakbeutel *m* ❷ (*Am: caja*) Lederkoffer *m;* (*baúl*) Schrankkoffer *m;* (*cesto*) (Weiden)korb *m* ❸ (*AmC: joroba*) Buckel *m*

**petacón, -ona** [peta'kon, -ona] *adj* (*Am*) pummelig

**pétalo** ['petalo] *m* Blütenblatt *nt*

**petanca** [pe'taŋka] *f* Boccia *f o nt*

**petardo** [pe'tarðo] *m* ❶ (*cohete*) Sprengkörper *m;* (*de fiesta*) Böller *m;* **tirar ~s** böllern ❷ (*estafa*) Schwindel *m;* **pegar un ~ a alguien** jdn übers Ohr hauen ❸ (*loc*): **alguien es un ~** jd ist hässlich wie die Nacht; **algo es un ~** etw ist stinklangweilig

**petate** [pe'tate] *m* ❶ (*de soldado*) Gepäck *nt;* (*de marinero*) Seesack *m;* **liar el ~** (*fig*) sein Bündel schnüren ❷ (*fam: despreciable*) Schuft *m*

**petición** [peti'θjon] *f* ❶ (*ruego*) Bitte *f;* (*formal*) Ersuchen *nt;* **a ~ de...** auf Ersuchen von ...; **¿has hecho ya la ~ de mano?** hast du schon um die Hand deiner Freundin angehalten? ❷ (*escrito*) Gesuch *nt* ❸ (*solicitud*) Antrag *m*

**peticionar** [petiθjo'nar] *vt* (*Am*) ersuchen (um +*akk*)

**petimetre** [peti'metre] *m* Geck *m*

**petirrojo** [peti'rroxo] *m* Rotkehlchen *nt*

**petiso, -a** [pe'tiso, -a] **I.** *adj* (*Arg, Urug*) ❶ (*pequeño*) klein; (*muy pequeño*) winzig ❷ (*enano*) kleinwüchsig **II.** *m, f* kleinwüchsige Person *f*

**petitorio, -a** [peti'torjo, -a] *adj* Bitt-

**peto** ['peto] *m* ❶ (*de armadura*) Brustpanzer *m* ❷ (*de bebé/delantal*) Latz *m*

**pétreo, -a** ['petreo, -a] *adj* ❶ (*como piedra*) steinartig ❷ (*pedregoso*) steinig ❸ (*duro*) steinhart

**petrificación** [petrifika'θjon] *f* Versteinerung *f*

**petrificado, -a** [petrifi'kaðo, -a] *adj* versteinert; **me quedé ~** ich war wie versteinert

P

**petrificar** [petrifi'kar] <c→qu> **I.** *vt* ① (*convertir en piedra*) versteinern ② (*a alguien*) erstarren lassen **II.** *vr:* ~**se** zu Stein werden

**petrodólar** [petro'ðolar] *m* Petrodollar *m*

**petróleo** [pe'troleo] *m* ① (*carburante*) (Erd)öl *nt* ② (*de lámpara*) Petroleum *nt*

**petrolero¹** [petro'lero] *m* (*barco*) (Erdöl)tanker *m*

**petrolero, -a²** [petro'lero, -a] **I.** *adj* ① (*del carburante*) (Erd)öl- ② (*de la lámpara*) Petroleum- **II.** *m, f* (*persona*) Brandstifter(in) *m(f)*

**petrolífero, -a** [petro'lifero, -a] *adj* ölhaltig; **campo** ~ (Erd)ölfeld *nt;* **industria petrolífera** (Erd)ölindustrie *f*

**petroquímica** [petro'kimika] *f sin pl* Petrolchemie *f*

**petroquímico, -a** [petro'kimiko, -a] *adj* petrolchemisch

**petulancia** [petu'lanθja] *f* ① (*arrogancia*) Arroganz *f* ② (*insolencia*) Unverschämtheit *f*

**petulante** [petu'lante] *adj* ① (*arrogante*) arrogant; (*creído*) eingebildet ② (*insolente*) unverschämt

**petunia** [pe'tunja] *f* Petunie *f*

**peúco** [pe'uko] *m* Babyschuh *m*

**peyorativo, -a** [peɟora'tiβo, -a] *adj* abwertend

**pez¹** [peθ] *m* (ZOOL) Fisch *m;* **estar como el ~ en el agua** sich pudelwohl fühlen; **estar ~ en español** kein Wort Spanisch sprechen; **ese es un buen ~** der ist ein gerissener Bursche

**pez²** [peθ] *f* ① (*betún*) Pech *nt* ② (*excremento*) Kindspech *nt*

**pezón** [pe'θon] *m* ① (BOT) Stiel *m* ② (*de mujer*) Brustwarze *f* ③ (*de animal*) Zitze *f*

**pezuña** [pe'θuɲa] *f* ① (*de león, águila*) Klaue *f;* (*de caballo, asno*) Huf *m* ② *pl* (*fam: de persona*) Quanten *pl*

**PHN** [plan iðro'loxiko naθjo'nal] *abr de* **Plan Hidrológico Nacional** staatlicher Plan *m* zur Wasserversorgung

**pi** [pi] *f* (MAT) Pi *nt*

**piadoso, -a** [pja'ðoso, -a] *adj* ① (*misericordioso*) barmherzig; (*bondadoso*) gutherzig ② (*devoto*) fromm

**pialar** [pja'lar] *vt* (*Am*) mit dem Lasso einfangen

**pianista** [pja'nista] *mf* Klavierspieler(in) *m(f);* (*profesional*) Pianist(in) *m(f)*

**piano** [pi'ano] **I.** *m* Klavier *nt;* ~ **de cola** Flügel *m* **II.** *adv* (MÚS) piano

**piar** [pi'ar] <*1. pres:* pío> *vi* ① (*pollo*) piep(s)en ② (*clamar*): ~ **por algo** sich *dat* etw brennend wünschen

**piara** [pi'ara] *f* Schweineherde *f*

**piastra** [pi'astra] *f* Piaster *m*

**PIB** [pei'βe] *m abr de* **Producto Interior Bruto** BIP *nt*

**pibe, -a** ['piβe, -a] *m, f* (*Arg: chico*) Junge *m;* (*chica*) Mädchen *nt*

**pica** ['pika] *f* ① (*lanza*) Lanze *f* ② (*de cartas*) Pik *nt*

**picacho** [pi'katʃo] *m* Bergspitze *f*

**picada** [pi'kaða] *f* ① (*de avispa*) Stich *m;* (*de serpiente*) Biss *m;* (*de pez*) Anbiss *m* ② (*CSur: tapas*) Häppchen *nt*

**picadero** [pika'ðero] *m* (*para adiestrar*) Reitbahn *f;* (*escuela*) Reitschule *f*

**picadillo** [pika'ðiʎo] *m* (*carne picada*) Hackfleisch *nt;* (GASTR) Haschee *nt;* (*para embutido*) Wurstfüllung *f;* (*para salchichas*) Brät *nt;* **hacer ~ a alguien** (*fam*) aus jdm Hackfleisch machen

**picado¹** [pi'kaðo] *m* (*de avión*) Sturzflug *m;* **las acciones cayeron en ~** die Aktien fielen ins Bodenlose; **su fama ha caído en ~** sein/ihr Stern ist rapide gesunken

**picado, -a²** [pi'kaðo, -a] *adj* ① (*con picaduras: abrigo*) mottenzerfressen; (*fruta*) angefressen; (*muela*) faul; (*cara*) pockennarbig ② (*con agujeros*) durchlöchert ③ (*mar*) kabbelig ④ (*fam: enfadado*) pikiert

**picador** [pika'ðor] *m* ① (*adiestrador*) Zureiter(in) *m(f)* ② (TAUR) Pikador *m* ③ (MIN) Hauer *m*

**picadura** [pika'ðura] *f* ① (*de avispa*) Stich *m;* (*de serpiente*) Biss *m* ② (*en ropa*) Mottenloch *nt;* (*en metal*) angefressene Stelle *f* ③ (*tabaco*) Grobschnitt *m* ④ (*caries*) Karies *f*

**picante** [pi'kante] **I.** *adj* pikant **II.** *m* ① (GASTR) scharf gewürztes Gericht *nt* ② (*de comida*) Schärfe *f* ③ (*de expresión*) Pikanterie *f*

**picapica** [pika'pika] *f:* (**polvos de**) ~ Juckpulver *nt*

**picapleitos** [pika'pleitos] *m inv* Winkeladvokat *m*

**picaporte** [pika'porte] *m* ① (*aldaba*) Türklopfer *m* ② (*tirador*) Türklinke *f* ③ (*pestillo*) Riegel *m*

**picar** [pi'kar] <c→qu> **I.** *vi* ① (*sol, ojos*) brennen ② (*chile, pimienta*) scharf sein ③ (*pez, clientes*) anbeißen *fam* ④ (*de la comida*) kleine Mengen essen ⑤ (*tener picazón*) jucken; **me pica la espalda** es juckt mich am Rücken ⑥ (*avión*) einen Sturzflug machen ⑦ (*puerta*) klopfen (*a* an +*akk*) ⑧ (*loc*): ~ **muy alto** hoch hinaus wollen; **su actitud pica en valiente** sein/ihr Verhalten kann man als mutig bezeichnen **II.** *vt* ❶ (*con punzón*) stechen ❷ (*sacar*): ~ **una oliva de la lata** eine Olive aus der Dose picken ❸ (*insecto*) stechen; (*serpiente*) beißen ❹ (*ave*) picken ❺ (*desmenuzar*) zerkleinern; **carne picada** Hackfleisch *nt;* **tabaco picado** Grobschnitt *m* ❻ (*caballo*) die Sporen geben +*dat* ❼ (*papel, tela*) durchstechen; (*billete*) lochen ❽ (*ofender*) verletzen; **estar picado con alguien** auf jdn sauer sein; **¿qué mosca te ha picado?** welche Laus ist dir über die Leber gelaufen? ❾ (*incitar*) anspornen ❿ (TIPO) eintippen **III.** *vr:* ~**se** ❶ (*metal*) angefressen werden; (*muela*) faul werden; (*ropa*) (von Motten) zerfressen sein; (*vino*) einen Stich bekommen; (*semillas*) unbrauchbar werden ❷ (*mar*) kabbelig werden ❸ (*ofenderse*) gekränkt sein; (*mosquearse*) sich ärgern; ~**se por nada** schnell beleidigt sein; **siempre se pica cuando juega** er/sie kann nicht verlieren ❹ (*Am: embriagarse*) sich betrinken

**picardear** [pikarðe'ar] **I.** *vi* Unfug treiben **II.** *vr:* ~**se** üble Gewohnheiten annehmen

**picardía** [pikar'ðia] *f* ❶ (*malicia*) Verschmitztheit *f;* **lo dije con** ~ ich habe mir meinen Teil gedacht, als ich das sagte ❷ (*travesura*) Streich *m* ❸ (*broma*) Spaß *m*

**picaresca** [pika'reska] *f* ❶ (LIT) Schelmenliteratur *f* ❷ (*hampa*) Gaunertum *nt*

**picaresco, -a** [pika'resko, -a] *adj* ❶ (*astuto*) schelmisch ❷ (*comentario*) frech

**pícaro, -a** ['pikaro, -a] **I.** *adj* ❶ (*granuja*) betrügerisch ❷ (*astuto*) schelmisch ❸ (*comentario*) frech **II.** *m, f* (*granuja*) Gauner(in) *m(f)*

**picarón** [pika'ron] *m* (*Am: buñuelo*) ≈Krapfen *m*

**picatoste** [pika'toste] *m* geröstetes Brot *nt*

**picazón** [pika'θon] *f* ❶ (*comezón*) Jucken *nt* ❷ (*disgusto*) Ärger *m*

**picha** ['pitʃa] *f* (*vulg*) Schwanz *m fam*

**pichi** ['pitʃi] *m* ❶ (*falda*) Trägerrock *m* ❷ (*CSur: fam: pipí*) Pipi *nt*

**pichicato, -a** [pitʃi'kato, -a] **I.** *adj* (*AmC*) knauserig **II.** *m, f* (*AmC*) Egoist(in) *m(f)*

**pichichi** [pi'tʃitʃi] *m* (DEP) Torschützenkönig *m*

**pichín** [pi'tʃin] *m* (*CSur: fam: pipí*) Pipi *nt*

**pichón**[1] [pi'tʃon] *m* (ZOOL) junge Taube *f*

**pichón, -ona**[2] [pi'tʃon, -ona] *m, f* (*querido*) Schatz *m*

**pichulear** [pitʃule'ar] *vt* ❶ (*Chil: engañar*) betrügen ❷ (*CSur: negociar*) verschachern

**picnic** ['piɣniᵞ] *m* Picknick *nt*

**pico** ['piko] *m* ❶ (*pájaro*) Specht *m* ❷ (*del pájaro*) Schnabel *m* ❸ (*fig: boca*) Mund *m;* ~ **de oro** ausgezeichneter Redner; **tener un buen** ~ ein flinkes Mundwerk haben; **¡él de** ~ **todo lo que quieras!** versprechen tut er viel!; **alguien se fue del** ~ jd hat sich verplappert; **¡ese se perderá por el** ~**!** der wird sich noch um Kopf und Kragen reden! ❹ (*herramienta*) Spitzhacke *f* ❺ (*montaña*) Spitze *f;* **cortado a** ~ steil ❻ (*jarra*) Tülle *f* ❼ (*loc*): **llegar a las cuatro y** ~ um kurz nach vier kommen; **tiene bien cuarenta y** ~ **de años** er/sie ist längst in den Vierzigern

**picor** [pi'kor] *m* (*en la piel*) Jucken *nt;* (*en la boca*) Brennen *nt*

**picota** [pi'kota] *f* (*tortura*) Pranger *m;* **poner en la** ~ **a alguien** jdn an den Pranger stellen

**picotada** [piko'taða] *f,* **picotazo** [piko'taθo] *m* (*ave*) Schnabelhieb *m;* (*insecto*) Stich *m;* **pegar un** ~ stechen; **arrancar a** ~**s** aushacken

**picotear** [pikote'ar] **I.** *vi* ❶ (*comer*) ≈knabbern ❷ (*hablar*) schwatzen **II.** *vt* anpicken **III.** *vr:* ~**se** ❶ (*personas*) sich zanken ❷ (*pájaros*) schnäbeln

**pictografía** [piktoɣra'fia] *f* (LING) Bilderschrift *f*

**pictograma** *m* Piktogramm *nt*

**pictórico, -a** [pik'toriko, -a] *adj* malerisch; **técnica pictórica** Maltechnik *f*

**picudo, -a** [pi'kuðo, -a] *adj* ❶ (*puntiagudo*) spitz; (*anguloso*) kantig ❷ (*charlatán*) schwatzhaft

**pie** [pje] *m* ❶ (*extremidad, medida*) Fuß *m;* ~**s planos** Plattfüße *mpl;* **¿qué** ~ **calza Ud.?** welche Schuhgröße haben Sie?; **al** ~ **del árbol** am Baumstamm; **al** ~ **de la carta** am Ende des Briefes; **a(l)** ~ **de (la) obra** auf der Baustelle; **venir a** ~ zu Fuß kommen; **a** ~ **firme** ohne sich von der Stelle zu rühren; **quedarse de** ~ stehen bleiben; **estar de** ~ stehen; **ponerse de** ~ aufstehen; **estar al** ~ **del cañón** Gewehr bei Fuß stehen; **seguí al** ~ **de la letra tu consejo** ich bin deinem Rat aufs Wort gefolgt; **buscarle tres** ~**s al gato** (*daño*) ein Unglück heraufbeschwören; (*complicaciones*) eine Sache schwieriger machen, als sie ist; **caer de** ~**s** auf die Füße fallen; **ya sabemos de qué** ~ **cojea** (*fig*) wir kennen seine/ihre Schwächen schon; **con buen** ~ fröhlich; **este informe está hecho con los** ~**s** dieser Bericht ist sehr schlecht gemacht; **hay que andarse con** ~**s de plomo** man muss sehr vorsichtig sein; **ya tiene un** ~ **en el hoyo** er/sie steht schon mit einem Bein im Grab; **echar** ~ **a tierra** aussteigen; **estar en** ~

**de guerra** auf (dem) Kriegsfuß stehen; **no hacer ~ en una piscina** in einem Schwimmbecken nicht stehen können; **perder ~** den Boden unter den Füßen verlieren; **se marchó del hospital por su propio ~** er/sie konnte laufen, als er/sie das Krankenhaus verließ; **este nació de ~** der ist unter einem günstigen Stern geboren; **hoy no doy ~ con bola** (*fam*) heute kriege ich nichts geregelt; **estoy cansada: no me tengo en ~** ich bin ganz erschöpft: ich kann nicht mehr stehen; **parar los ~** zur Räson bringen; **~s, ¿para qué os quiero?** nichts wie weg hier!; **poner ~s en polvorosa** sich aus dem Staub machen; **no le des ~ para que se queje de ti** liefere ihm/ihr keinen Anlass sich über dich zu beschweren ❷ (TIPO): **~ de imprenta** Druckvermerk *m;* **~ de página** Fußzeile *f* ❸ (*planta*) Stängel *m;* (*tronco*) Stamm *m;* **~ de vid** Rebstock *m* ❹ (*métrica*) Versfuß *m* ❺ (TEAT) Stichwort *nt* ❻ (*trípode*) Stativ *nt* ❼ (*loc*): **~ de banco** (*fam*) Schnapsidee *f;* **~ de fuerza** (*Am*) Streitkräfte *fpl;* **en ~ de igualdad** gleichberechtigt; **creer a ~ juntillas** ganz fest glauben; **de a ~** normal

**piedad** [pje'ðaᵈ] *f sin pl* ❶ (REL) Frömmigkeit *f;* (*compasión*) Erbarmen *nt;* **¡ten ~ de nosotros!** erbarme dich unser! ❷ (*loc*): **monte de ~** Pfandhaus *nt*

**piedra** ['pjeðra] *f* ❶ (GEO, MED) Stein *m;* **~ angular** (*fig*) Eckstein *m;* **~ filosofal** (*fig*) Stein der Weisen; **~ pómez** Bimsstein *m;* **~ preciosa** Edelstein *m;* **~ de toque** (*fig*) Prüfstein *m;* **cartón ~** Pappmaschee *nt;* **edad de ~** Steinzeit *f;* **no te quejes, ¡que menos da una ~!** (*fig*) beklag dich nicht, es hätte auch noch schlimmer kommen können!; **no dejará ~ por mover hasta que lo consiga** (*fig*) er/sie wird alle Hebel in Bewegung setzen, um es zu schaffen; **poner la primera ~** den Grundstein legen; **no quedó ~ sobre ~** kein Stein blieb auf dem anderen; **cuando lo supimos nos quedamos de ~** als wir es erfuhren, waren wir wie versteinert; **tirar la ~ y esconder la mano** nicht für seine Taten einstehen; **tirarse ~s a su propio tejado** sich *dat/akk* ins eigene Fleisch schneiden ❷ (*granizo*) Hagel *m* ❸ (*mechero*) Feuerstein *m*

**piel** [pjel] *f* ❶ (*de persona*) Haut *f;* **se me puso la ~ de gallina oyendo su historia** ich bekam eine Gänsehaut, als ich seine/ihre Geschichte hörte; **estos niños son de la ~ del diablo** diese Kinder sind richtige Rabauken; **en esa empresa se dejó la ~** er/sie hat sich in außerordentlichem Maße in dieses Unternehmen eingebracht ❷ (*de animal*) Pelz *m;* (*cuero*) Leder *nt* ❸ (*de fruta*) Schale *f*

**pienso** ['pjenso] *m* (*ganado*) Futter *nt;* **~ completo** Fertigfutter *nt*

**pierna** ['pjerna] *f* (*extremidad*) Bein *nt;* (*entre la rodilla y el pie*) Unterschenkel *m;* (*ternera*) Keule *f;* **~ ortopédica** Beinprothese *f;* **estirar las ~s** sich *dat* die Beine vertreten; **con las ~s cruzadas** mit übergeschlagenen Beinen; **dormir a ~ suelta** fest schlafen

**pieza** ['pjeθa] *f* ❶ (*pedazo*) Stück *nt;* (*parte*) Teil *nt;* (*reproducción*) Exemplar *nt;* **~ de artillería** Geschütz *nt;* **~ de recambio** Ersatzteil *nt;* **~ suelta** Einzelteil *nt;* **un traje de dos ~s** ein zweiteiliges Kostüm; **~ por ~** Stück für Stück; **vender a ~s** nach Stück verkaufen; **¡menuda ~ está hecho ese!** das ist mir ein sauberer Vogel!; **se quedó de una ~ al oírlo** als er/sie es hörte, verschlug es ihm/ihr die Sprache ❷ (*caza*) Stück *nt* Wild; (*pesca*) Fisch *m* ❸ (MÚS, TEAT) Stück *nt* ❹ (*damas*) Stein *m;* (*ajedrez*) Figur *f* ❺ (*Am: habitación*) Zimmer *nt* ❻ (*moneda*) Münze *f*

**pifia** ['pifja] *f* ❶ (*error*) Fauxpas *m* ❷ (*And: escarnio*) Hohn *m*

**pifiar** [pi'fjar] **I.** *vi* ❶ (*flauta*) unsauber anblasen ❷ (*billar*) einen Fehlstoß machen **II.** *vt* (*Arg, And*) verhöhnen

**pigmentación** [piɣmeṇta'θjon] *f* Pigmentierung *f*

**pigmentar** [piɣmeṇ'tar] *vt* pigmentieren

**pigmento** [piɣ'meṇto] *m* (BIOL) Pigment *nt;* (*pintura*) Farbstoff *m*

**pigmeo, -a** [piɣ'meo, -a] *m, f* Pygmäe, -in *m, f;* (*enano*) Zwerg(in) *m(f);* (*pey*) Knirps *m*

**pignorar** [piɣno'rar] *vt* verpfänden

**piído** [pi'iðo] *m* Piepen *nt*

**pija** ['pixa] *f* (*Am: vulg: pene*) Schwanz *m fam*

**pijada** [pi'xaða] *f* (*argot: tontería*) Blödsinn *m;* **¡eso son ~s!** das ist doch ausgemachter Blödsinn!

**pijama** [pi'xama] *m* Schlafanzug *m*

**pijo**[1] ['pixo] *m* (*vulg: pene*) Schwanz *m fam;* **¡y un ~!** verdammte Scheiße!

**pijo, -a**[2] ['pixo, -a] *m, f* (*argot*) Yuppie *m*

**pijotada** [pixo'taða] *f* (*vulg*) *v.* **pijada**

**pijotero, -a** [pixo'tero, -a] *adj* ❶ (*pey: fastidioso*) lästig ❷ (*Am: tacaño*) knickerig

**pila** ['pila] *f* ❶ (*recipiente*) Becken *nt;* (*lavadero*) Spülbecken *nt;* (*fuente*) Brunnenbecken *nt;* (*bautismal*) Taufbecken *nt;* **nombre de ~** Taufname *m* ❷ (FÍS) Batterie *f;* **~ reversible** Akku(mulator)batterie *f*

❸ (*montón*) Stapel *m;* **una ~ de libros** ein Stapel Bücher ❹ (ARQUIT) Brückenpfeiler *m* ❺ (INFOR): **~ de discos** (Magnetplatten)laufwerk *nt*

**pila-botón** ['pila-βo'ton] *f* <pilas-botón> (*batería*) Babyzelle *f*

**pilar** [pi'lar] *m* ❶ (*camino*) Wegweiser *m* ❷ (*columna*) Säule *f* ❸ (*fuente*) Brunnenbecken *nt* ❹ (*apoyo*) Stütze *f*

**pilastra** [pi'lastra] *f* (ARQUIT) Pilaster *m*

**píldora** ['pil̩dora] *f* Pille *f;* **la ~ (anticonceptiva)** die (Antibaby)pille; **dorar la ~ a alguien** jdm die bittere Pille versüßen; **me tragué la ~** (*fig*) ich habe es geschluckt

**pileta** [pi'leta] *f* (*RíoPl*) ❶ (*de cocina*) Spülbecken *nt* ❷ (*piscina*) Schwimmbad *nt* ❸ (*abrevadero*) Tränke *f*

**pillaje** [pi'ʎaxe] *m* Plünderung *f*

**pillar** [pi'ʎar] *vt* ❶ (*encontrar*) antreffen; (*en flagrante*) ertappen; **me pillas de buen humor** ich bin heute gut gelaunt; **la noche nos pilló en el monte** die Nacht überraschte uns auf dem Berg; **eso no me pilla de sorpresa** das ist für mich keine Überraschung; **aquí te pillo, aquí te mato** (*fig*) jetzt oder nie; **tu casa nos pilla de camino** dein Haus liegt für uns auf dem Weg; **Correos no nos pilla cerca** die Post ist nicht gerade nah für uns ❷ (*atropellar*) überfahren ❸ (*entender*) verstehen ❹ (*robar*) rauben ❺ (*Arg: orinar*) pinkeln *fam*

**pillastre** [pi'ʎastre] *m* (*fam*) Gauner *m*

**pillería** [piʎe'ria] *f* Schurkenstreich *m*

**pillín, -ina** [pi'ʎin, -ina] *adj* schlau

**pillo, -a** ['piʎo, -a] **I.** *adj* (*fam*) schlau **II.** *m, f* (*fam*) Gauner(in) *m(f)*

**pilluelo, -a** [pi'ʎwelo, -a] *adj* (*fam*) schlau

**pilón** [pi'lon] *m* ❶ (*lavadero*) (Brunnen)becken *nt;* (*abrevadero*) Tränke *f* ❷ (*mortero*) Mörser *m* ❸ (*pesa*) Läufer *m* ❹ (ARQUIT) Säule *f*

**piloso, -a** [pi'loso, -a] *adj* behaart, Haar-

**pilotaje** [pilo'taxe] *m* ❶ (*dirigir*) Steuern *nt* ❷ (*ciencia*) Lotsenkunde *f* ❸ (*tasa*) Lotsengeld *nt* ❹ (ARQUIT) Pfahlwerk *nt*

**pilotar** [pilo'tar] *vt* (*barco*) lotsen; (*coche, avión*) steuern

**pilote** [pi'lote] *m* Pfahl *m*

**piloto**[1] [pi'loto] *m* (*lámpara*) Warnlampe *f*

**piloto**[2] [pi'loto] **I.** *mf* ❶ (NÁUT) Steuermann *m;* (*práctico*) Lotse, -in *m, f* ❷ (AERO) Pilot(in) *m(f);* **poner el ~ automático** den Autopiloten einschalten ❸ (AUTO) Fahrer(in) *m(f);* **~ de carreras** Rennfahrer(in) *m(f)* **II.** *adj* (*de prueba*) Versuchs-; (*de modelo*) Muster-; **experiencia ~** Pilotversuch *m*

**piltrafa** [pil̩'trafa] *f* ❶ (*carne*) schlechtes Fleisch *nt* ❷ (*persona*) Wrack *nt*

**pilucho, -a** [pi'luʧo, -a] *adj* (*Chil*) nackt

**pimentero** [pimen̩'tero] *m* ❶ (BOT) Pfefferstrauch *m* ❷ (*vasija*) Pfefferstreuer *m*

**pimentón** [pimen̩'ton] *m* Paprika *m*

**pimienta** [pi'mjen̩ta] *f* Pfeffer *m*

**pimiento** [pi'mjen̩to] *m* Paprika *m;* **~ encarnado** roter Paprika; **me importa un ~ lo que él diga** es ist mir vollkommen wurscht, was er sagt

**pimpante** [pim'pan̩te] *adj* elegant; (*lozano*) stramm

**pimpollo** [pim'poʎo] *m* ❶ (*capullo*) Rosenknospe *f* ❷ (*monada*) hübsches Kind *nt;* **estás hecho un ~** du bist wie der junge Frühling ❸ (*brote*) Trieb *m*

**pimpón** [pim'pon] *m* (DEP) Tischtennis *nt*

**pin** [pin] *m inv* Stift *m*

**PIN** [pin] *abr de* **personal identification number** PIN

**pinacoteca** [pinako'teka] *f* Pinakothek *f*

**pináculo** [pi'nakulo] *m* Giebel *m*

**pinar** [pi'nar] *m* Kiefernwald *m*

**pincel** [pin̩'θel] *m* Pinsel *m*

**pincelada** [pin̩θe'laða] *f* Pinselstrich *m;* **dar las últimas ~s** (*fig*) den letzten Schliff geben

**pincelar** [pin̩θe'lar] *vt* (be)malen; (*retratar*) porträtieren

**pinchadiscos** [pinʧa'ðiskos] *mf inv* Diskjockey *m*

**pinchar** [pin'ʧar] **I.** *vi* ❶ (*rueda*) einen Platten haben ❷ (*fracasar*) versagen; **ese aquí ni pincha ni corta** der hat hier gar nichts zu melden **II.** *vt* ❶ (*alfiler*) stechen ❷ (*estimular*) aufreizen; (*mortificar*) kränken ❸ (*inyección*) eine Spritze geben *+dat;* **tengo que ir al médico para que me pinche** ich muss zum Arzt und mir eine Spritze geben lassen ❹ (*teléfono*) anzapfen **III.** *vr:* **~se** ❶ (*alfiler*) sich stechen ❷ (*rueda*): **se nos ha pinchado una rueda** wir haben einen Platten ❸ (*insulina*) sich *dat* spritzen ❹ (*argot: drogarse*) sich *dat* einen Schuss setzen

**pinchazo** [pin'ʧaθo] *m* ❶ (*espina*) Stich *m;* **me dieron unos ~s insoportables en el estómago** ich spürte heftige Stiche im Magen ❷ (*neumático*) Reifenpanne *f;* **tuvimos un ~ tras la curva** nach der Kurve hatten wir einen Platten

**pinche** ['pinʧe] *mf* Küchenhilfe *f*

**pinchito** [pin'ʧito] *m* (*tapa*) Snack *m;* (*en un palillo*) Spieß *m*

**pincho** ['pinʧo] *m* (*avispa*) Stachel *m;* (*rosa*) Dorn *m*

P

**i Land & Leute**

**Pincho** ist ein Snack oder Imbiss, eine kleine Mahlzeit für zwischendurch. Da man in Spanien sehr spät zu Mittag isst, ist es üblich zwischen elf und dreizehn Uhr, einen **pincho** in einer *bar* – *Kneipe* oder in einem Café zu sich zu nehmen. Abends ist es üblich, eine Runde durch die *bares* zu machen, um **pinchos** zu essen; das nennt man **„ir de pinchos"**.

**pinciano, -a** [piṇ'θjano, -a] **I.** *adj* aus Valladolid **II.** *m, f* Einwohner(in) *m(f)* von Valladolid

**pinedo** [pi'neðo] *m* (*AmC*) Kiefernwald *m*

**pingajo** [piŋ'gaxo] *m* (*fam*) Fetzen *m*

**pingo** ['piŋgo] *m* ❶ (*fam: harapo*) Fetzen *m* ❷ (*fam pey: mujer*) Schlampe *f* ❸ (*CSur: caballo*) Pferd *nt* ❹ (*loc, fam*): **ir de ~** die Zeit vertrödeln; **poner a alguien hecho un ~** jdn ordentlich herunterputzen

**pingonear** [piŋgone'ar] *vi* (*fam*) die Zeit vertrödeln

**ping-pong** [piŋ'poŋ] *m sin pl* Tischtennis *nt*

**pingüe** ['piŋgwe] *adj* (*negocio*) einträglich; **~s beneficios** hohe Gewinne

**pingüino** [piŋ'gwino] *m* Pinguin *m*

**pino** ['pino] *m* ❶ (*árbol, madera*) Kiefer *f;* **~ piñonero** Pinie *f* ❷ (*loc*): **hacer el ~** (DEP) einen Handstand machen; **vivir en el quinto ~** sehr weit weg wohnen

**pinta** ['piṇta] *f* ❶ (*mancha*) Flecken *m;* (*animal*) Tüpfel *m o nt;* **a ~s** getupft ❷ (*fam: aspecto*) Aussehen *nt;* **tener ~ de caro** teuer aussehen; **tener buena ~** (GASTR) lecker aussehen; (*persona*) gut aussehen; **sacar por la ~** am Aussehen erkennen

**pintada** [piṇ'taða] *f* ❶ (ZOOL) Perlhuhn *nt* ❷ (*pared*) Wandkritzelei *f*

**pintado, -a** [piṇ'taðo, -a] *adj* (*animal*) gesprenkelt; **papel ~** Tapete *f;* **eso viene como ~** das kommt wie gerufen; **el traje te sienta que ni ~** das Kostüm steht dir ausgezeichnet; **no lo puedo ver ni ~** ich kann ihn nicht ausstehen

**pintalabios** [piṇta'laβjos] *m inv* Lippenstift *m*

**pintamonas** [piṇta'monas] *mf inv* schlechter Maler *m,* schlechte Malerin *f*

**pintar** [piṇ'tar] **I.** *vi* ❶ (ARTE) malen ❷ (*bolígrafo*) schreiben **II.** *vt* ❶ (*pared*) (an)streichen; (*con dibujos*) bemalen; **~ de azul** blau (an)streichen; **¡recién pintado!** frisch gestrichen! ❷ (*cuadro*) malen; **¿qué pinta ese aquí?** (*fig*) was hat der denn hier zu suchen?; **no ~ nada** (*fig: persona*) nichts zu sagen haben; (*asunto*) nicht von Bedeutung sein ❸ (*describir*) schildern **III.** *vr:* **~se** sich schminken

**pintarrajear** [piṇtarraxe'ar] **I.** *vi* (*fam*) klecksen **II.** *vt* (*fam*) beklecksen

**pinto, -a** ['piṇto, -a] *adj* gesprenkelt

**pintor(a)** [piṇ'tor(a)] *m(f)* Maler(in) *m(f)*

**pintoresco, -a** [piṇto'resko, -a] *adj* malerisch

**pintura** [piṇ'tura] *f* ❶ (*arte*) Malerei *f;* **~ a la aguada** Aquarellmalerei *f;* **~ al óleo** Ölmalerei *f;* **~ rupestre** Höhlenmalerei *f;* **voy a clases de ~** ich habe Malunterricht ❷ (*cuadro*) Gemälde *nt;* **no lo puedo ver ni en ~** ich kann ihn nicht ausstehen ❸ (*color*) Farbe *f;* (*barniz*) Lack *m;* **caja de ~s** Malkasten *m;* **dar una capa de ~ a algo** etw (über)streichen

**pinturero, -a** [piṇtu'rero, -a] **I.** *adj* eingebildet **II.** *m, f* eingebildeter Mensch *m*

**pinza(s)** ['piṇθa(s)] *f(pl)* ❶ (*tenacilla*) Zange *f;* (*para la ropa*) Wäscheklammer *f;* (*para depilar*) Pinzette *f* ❷ (*costura*) Abnäher *m* ❸ (*cangrejo*) Schere *f*

**pinzamiento** [piṇθa'mjeṇto] *m* (MED) Klammern *nt*

**pinzar** [piṇ'θar] <z→c> *vt* mit der Klemme nehmen

**pinzón** [piṇ'θon] *m* Fink *m*

**piña** ['piɲa] *f* ❶ (*pino*) Kiefernzapfen *m* ❷ (*fruta*) Ananas *f*

**piñata** [pi'ɲata] *f* ❶ (*olla*) Kochtopf *m* ❷ (*en una fiesta*) *geschmücktes Tongefäß mit Süßigkeiten für Kinder, das zerschlagen wird*

**piñón** [pi'ɲon] *m* ❶ (*pino*) Pinienkern *m;* **estar a partir un ~ con alguien** (*fam*) mit jdm dick befreundet sein ❷ (TÉC) Zahnrad *nt*

**pío¹** [pio] *m* Piepen *nt;* **no decir ni ~** keinen Piep sagen *fam;* **¡~, ~, ~!** put, put, put!

**pío, -a²** [pio, -a] *adj* (*piadoso*) fromm; (*bondadoso*) gutherzig; **monte ~** berufsgenossenschaftliche Kasse; **obra pía** karitative Stiftung

**piocha** ['pjoʧa] *adj* (*Méx: fam: magnífico*) super

**piojo** ['pjoxo] *m* Laus *f;* **estar como ~s en costura** eingepfercht sein

**piojoso, -a** [pjo'xoso, -a] **I.** *adj* ❶ (*con piojos*) verlaust; (*miserable*) lumpig; (*sucio*) schmutzig ❷ (*pey: mezquino*) gemein

**II.** *m, f* (*pey*) Bösewicht *m*
**piola** ['pjola] *f* (*AmS: cuerda*) Schnur *f*
**piolet** [pjo'le$^t$] *m* Eispickel *m*
**piolín** [pjo'lin] *m* (*AmS*) Schnur *f*
**pionero, -a** [pjo'nero, -a] *m, f* Pionier(in) *m(f)*
**pipa** ['pipa] *f* ① (*fumador*) Pfeife *f;* **preparar la ~** die Pfeife stopfen ② (*tonel*) Weinfässchen *nt* ③ (*fruta*) Kern *m* ④ (*CRi: fam: cabeza*) Rübe *f* ⑤ (*argot: pistola*) Ballermann *m* ⑥ *pl* (*de girasol*) (geröstete) Sonnenblumenkerne *mpl* ⑦ (*loc, fam*): **lo pasamos ~** wir haben uns sehr gut amüsiert

**i Land & Leute**

**Pipas** – *Sonnenblumenkerne* richtig essen, ist fast eine Kunst, die man in Spanien schon als Kind lernt. Auch **pipas de calabaza** – *Kürbiskerne*, *maíz tostado* – *geröstete und gesalzene Maiskörner* werden gern gegessen. Für einen ‚Anfänger' ist es zunächst einmal ratsam mit **pipas peladas** – *geschälten Kernen* zu beginnen.

**pipe** ['pipe] *m* (*AmC: camarada*) Kumpel *m*
**pipeta** [pi'peta] *f* (QUÍM) Pipette *f*
**pipí** [pi'pi] *m* (*fam*) Pipi *nt*
**pipiolo, -a** [pi'pjolo, -a] *m, f* ① (*irón: novato*) Anfänger(in) *m(f)* ② (*Méx: niño*) Kind *nt*
**pique** ['pike] *m* ① (*rivalidad*) Groll *m;* **menudo ~ se traían entre ellos** sie waren ziemlich wütend aufeinander ② (*Arg, Par, Nic: camino*) Schneise *f* ③ (*loc*): **irse a ~** (NÁUT) sinken; (*plan*) scheitern
**piqueta** [pi'keta] *f* Spitzhacke *f*
**piquete** [pi'kete] *m* ① (*huelga*) Streikposten *m* ② (MIL) Kommando *nt* ③ (*jalón*) Pflock *m*
**pira** ['pira] *f* (*hoguera*) Lagerfeuer *nt;* **~ funeraria** Scheiterhaufen *m*
**pirado, -a** [pi'raðo, -a] **I.** *adj* (*argot*) bekloppt **II.** *m, f* (*argot*) Irre(r) *mf*
**piragua** [pi'raɣwa] *f* Kanu *nt*
**piragüismo** [pira'ɣwismo] *m* Kanusport *m*
**piragüista** [pira'ɣwista] *mf* (DEP) Kanufahrer(in) *m(f)*
**piramidal** [pirami'ðal] *adj* pyramidenförmig
**pirámide** [pi'ramiðe] *f* Pyramide *f*
**piraña** [pi'raɲa] *f* Piranha *m*
**pirarse** [pi'rarse] *vr* (*argot*) verschwinden; **~ de la clase** den Unterricht schwänzen
**pirata** [pi'rata] **I.** *mf* Pirat(in) *m(f)* **II.** *adj* Raub-; **emisora ~** Piratensender *m*
**piratear** [pirate'ar] *vi* Seeraub begehen; (*copiar*) Raubdrucke herstellen
**piratería** [pirate'ria] *f* Piraterie *f;* **~ informática** (INFOR) Computerpiraterie *f*
**pirca** ['pirka] *f* (*AmC*) Steinmauer *f*
**pirenaico, -a** [pire'nai̯ko, -a] *adj* Pyrenäen-; **el Aneto es el pico ~ más elevado** der (Pico de) Aneto ist der höchste Gipfel der Pyrenäen
**Pirineos** [piri'neos] *mpl* Pyrenäen *pl*
**piripi** [pi'ripi] *adj* (*fam*) leicht beschwipst
**piromanía** [piroma'nia] *f* (MED, PSICO) Pyromanie *f*
**pirómano, -a** [pi'romano, -a] *m, f* Pyromane, -in *m, f*
**piropear** [pirope'ar] *vt* (*fam*) Komplimente machen +*dat*
**piropo** [pi'ropo] *m* ① (*fam: lisonja*) Kompliment *nt;* **echar ~s** Komplimente machen ② (*granate*) Pyrop *m*
**pirotecnia** [piro'teɣnja] *f sin pl* Pyrotechnik *f*
**pirrarse** [pi'rrarse] *vr* (*argot*) verrückt sein (*por* nach +*dat*)
**pírrico, -a** ['pirriko, -a] *adj* Pyrrhus-; **victoria pírrica** Pyrrhussieg *m*
**pirueta** [pi'rweta] *f* Pirouette *f*
**piruleta** [piru'leta] *f,* **pirulí** [piru'li] *m* <pirulís> Lutscher *m*
**pis** [pis] *m* (*fam*) Pipi *nt*
**pisa** ['pisa] *f* ① (*acción de pisar*) Treten *nt* ② (*fam: paliza*) Tracht *f* Prügel
**pisada** [pi'saða] *f* ① (*acción*) Tritt *m* ② (*huella*) Fußstapfen *m;* **seguir las ~s de alguien** (*fig*) in jds Fußstapfen treten ③ (*patada*) Fußtritt *m*
**pisapapeles** [pisapa'peles] *m inv* Briefbeschwerer *m*
**pisar** [pi'sar] *vt* ① (*poner el pie*) treten; **¡no pises las flores!** tritt nicht auf die Blumen!; **me han pisado en el bus** jemand ist mir im Bus auf den Fuß getreten; **ir pisando huevos** (*fig*) wie auf Eiern gehen; **~ los talones a alguien** (*fig*) jdm auf den Fersen folgen; **~ fuerte** (*fig*) selbstbewusst auftreten ② (*entrar*) betreten ③ (*uvas, aceitunas*) keltern; (*tierra*) stampfen ④ (*humillar*) schikanieren ⑤ (*fam: planes*) vereiteln; **con su proyecto me pisan el terreno** mit ihrem Vorhaben kommen sie mir ins Gehege; **me han pisado el tema** sie sind mir mit dem Thema zuvorgekommen
**piscicultura** [pisθikul'tura] *f* Fischzucht *f*
**piscifactoría** [pisθifakto'ria] *f* Fischzucht *f;* **~ de truchas** Forellenzucht *f*

**piscina** [pis'θina] *f* Schwimmbad *nt;* ~ **cubierta** Hallenbad *nt*

**Piscis** ['pisθis] *m* (ASTR) Fische *mpl*

**piscolabis** [pisko'laβis] *m inv* (*fam*) Imbiss *m*

**piso** ['piso] *m* ❶ (*pavimento*) (Fuß)boden *m;* (*calle*) Pflaster *nt* ❷ (*planta*) Stock *m;* **de dos** ~**s** zweistöckig ❸ (*zapato, t.* MIN) Sohle *f* ❹ (*vivienda*) Wohnung *f*

**pisotear** [pisote'ar] *vt* niedertreten; (*fig*) mit Füßen treten

**pisotón** [piso'ton] *m* Tritt *m;* **dar un** ~ **a alguien** jdm auf den Fuß treten

**pispar** [pis'par] *vt* (*Arg: oír*) belauern; (*observar*) beobachten

**pista** ['pista] *f* ❶ (*huella, indicio*) Spur *f;* **estar sobre la buena** ~ auf der richtigen Spur sein; **seguirle la** ~ **a alguien** jdn verfolgen ❷ (*circo, t.* AERO, DEP) Piste *f;* (*de baile*) Tanzfläche *f;* ~ **de esquí de fondo** Loipe *f* ❸ (*camino*) Rollbahn *f* ❹ (INFOR) Trackball *m*

**pistacho** [pis'tatʃo] *m* Pistazie *f*

**pistero** [pis'tero] *m* (*taza*) Schnabeltasse *f*

**pistilo** [pis'tilo] *m* (BOT) Stempel *m*

**pisto** ['pisto] *m* ❶ (*caldo*) Hühnerbrühe *f* ❷ (*fritada*) Gemüsepfanne *f* ❸ (*mezcla*) Mischmasch *m* ❹ (*AmC: dinero*) Geld *nt* ❺ (*loc*): **él se da mucho** ~ er ist ein alter Angeber

**pistola** [pis'tola] *f* ❶ (*arma*) Pistole *f* ❷ (*del pintor*) Spritzpistole *f*

**pistolera** [pisto'lera] *f* (Pistolen)halfter *m*

**pistolero, -a** [pisto'lero, -a] *m, f* Bandit(in) *m(f)*

**pistoletazo** [pistole'taθo] *m* (Pistolen)schuss *m*

**pistón** [pis'ton] *m* ❶ (*émbolo*) Kolben *m* ❷ (*arma*) Sprengkapsel *f* ❸ (MÚS) Klappe *f*

**pistonudo, -a** [pisto'nuðo, -a] *adj* (*argot*) stark

**pita** ['pita] *f* ❶ (BOT) Agave *f* ❷ (*fam: gallina*) Henne *f;* **¡**~**,** ~**,** ~**!** put, put, put!

**pitanza** [pi'tanθa] *f* ❶ (*alimentos*) Essen *nt;* (*ración*) Ration *f* ❷ (*precio*) Entgelt *nt*

**pitar** [pi'tar] **I.** *vt, vi* ❶ (*tocar*) pfeifen; **me pitan los oídos** ich habe Ohrensausen ❷ (*pagar*) zahlen ❸ (*AmS: fumar*) rauchen ❹ (*Chil: engañar*) betrügen **II.** *vi* ❶ (*fam: funcionar*) gut laufen ❷ (*loc*): **salir pitando** eilig davonlaufen; **¡con la mitad vas que pitas!** mit der Hälfte hast du mehr als genug!

**pitido** [pi'tiðo] *m* Pfiff *m*

**pitillera** [piti'ʎera] *f* (*estuche*) Zigarettenetui *nt*

**pitillo** [pi'tiʎo] *m* Zigarette *f*

**pito¹** ['pito] *m* ❶ (*silbato*) Pfeife *f;* (*claxon*) Hupe *f;* **hacer** ~**s** (mit den Fingern) schnippen; **por** ~**s o por flautas no puedes ayudarme** (*fam*) du hast immer einen Grund, weshalb du mir nicht helfen kannst; **tomar a alguien por el** ~ **del sereno** (*fam*) jdn nicht ernst nehmen; **no me importa un** ~ (*fam*) das ist mir schnuppe; **no valer un** ~ (*fam*) keinen Pfifferling wert sein ❷ (*canica*) Murmel *f;* **jugar a los** ~**s** mit Murmeln spielen ❸ (*cigarro*) Zigarette *f* ❹ (*fam: pene*) Pimmel *m*

**pito, -a²** ['pito, -a] *adj* (*fam*) elegant; **iba todo** ~ er sah aus wie geleckt

**pitón** [pi'ton] *m* ❶ (ZOOL) Pythonschlange *f* ❷ (*cuerno*) Hornspitze *f;* (*toro*) Horn *nt* ❸ (*pitorro*) Schnabel *m*

**pitonisa** [pito'nisa] *f* Wahrsagerin *f*

**pitorrearse** [pitorre'arse] *vr* (*fam*) sich lustig machen (*de* über +*akk*)

**pitorreo** [pito'rreo] *m* (*fam*) Spott *m;* **¡esto es un** ~**!** das ist ja der reine Hohn!

**pitorro** [pi'torro] *m* (*fam*) Schnabel *m*

**pitufo** [pi'tufo] *m* (*fam*) Schlumpf *m*

**pituita** [pi'twita] *f* Schleim *m*

**pituitario, -a** [pitwi'tarjo, -a] *adj* schleimig; **glándula pituitaria** Hypophyse *f;* **membrana pituitaria** Nasenschleimhaut *f*

**pívot** ['piβoᵗ] *mf* (DEP) mittlerer Angriffsspieler *m*, mittlere Angriffsspielerin *f*

**pivotar** [piβo'tar] *vi:* ~ **en torno a un asunto** sich um ein Thema drehen

**pivote** [pi'βote] *m* (TÉC) Zapfen *m*

**pixel** ['piˠsel] *m* Pixel *nt*

**piyama** [pi'ɟama] *m* (*Am*) Schlafanzug *m*

**pizarra** [pi'θarra] *f* ❶ (*roca*) Schiefer *m* ❷ (*encerado*) (Schiefer)tafel *f*

**pizarrín** [piθa'rrin] *m* Griffel *m*

**pizarrón** [piθa'rron] *m* (*Am: encerado*) (Wand)tafel *f*

**pizca** ['piθka] *f* ❶ (*fam: poco*) kleines Stück *nt;* **una** ~ ein bisschen; **una** ~ **de sal** eine Prise Salz; **no tienes ni** ~ **de vergüenza** du schämst dich wohl überhaupt nicht ❷ (*Méx: cosecha*) Ernte *f*

**pizcar** [piθ'kar] <c→qu> *vt* (*Méx*) ernten

**pizco** ['piθko] *m* ❶ (*poco*) kleines Stück *nt;* **un** ~ ein bisschen ❷ (*fam: pellizco*) Kneifen *nt*

**pizpireta** [piθpi'reta] *adj* (*mujer*) lebhaft

**pizza** ['pitsa] *f* Pizza *f*

**pizzería** [pitse'ria] *f* Pizzeria *f*

**placa** ['plaka] *f* ❶ (*lámina*) Platte *f;* ~ **giratoria** Drehscheibe *f* ❷ (*cartel*) Schild *nt;* ~ **conmemorativa** Gedenktafel *f* ❸ (*plancha, t.* FOTO, INFOR) Scheibe *f*, Platte *f;* ~ **gráfica 16 colores** Grafikkarte 16-farbig; ~ **solar fotovoltaica** Sonnenkollektor *m* ❹ (AUTO) Nummernschild *nt* ❺ (MED): ~

dental Zahnbelag *m*

**placebo** [pla'θeβo] *m* (MED) Placebo *nt*

**pláceme** ['plaθeme] *m* Glückwunsch *m*

**placenta** [pla'θeṇta] *f* Plazenta *f*

**placentero**, **-a** [plaθeṇ'tero, -a] *adj* angenehm

**placentino**, **-a** [plaθeṇ'tino, -a] **I.** *adj* aus Plasencia **II.** *m, f* Einwohner(in) *m(f)* von Plasencia

**placer** [pla'θer] **I.** *m* ❶ (*goce*) Freude *f;* **con sumo ~** mit großem Vergnügen ❷ (*sexual*) Lust *f;* **casa de ~** Bordell *nt* ❸ (*arena*) Sandbank *f* **II.** *vi irr como crecer* gefallen +*dat;* **¡haré lo que me plazca!** ich werde das tun, wozu ich Lust habe!

**placero**, **-a** [pla'θero, -a] *m, f* (*Am: vendedor*) Straßenverkäufer(in) *m(f)*

**plácet** ['plaθeᵗ] *m* (*formal*) Zustimmung *f;* **dar el ~ a algo** sein Plazet zu etw *dat* geben

**placidez** [plaθi'ðeθ] *f* Ruhe *f*

**plácido**, **-a** ['plaθiðo, -a] *adj* ruhig

**plafón** [pla'fon] *m* Deckenleuchte *f*

**plaga** ['plaɣa] *f* ❶ (AGR) Plage *f* ❷ (*calamidades*) Leid *nt;* (*lacra*) Geißel *f* ❸ (*abundancia*) Überfluss *m* (*de* an +*dat*); **este año hemos tenido una ~ de cerezas** dieses Jahr hatten wir eine Kirschenschwemme

**plagado**, **-a** [pla'ɣaðo -a] *adj* voll (*de* mit +*dat*); **el texto estaba ~ de faltas** der Text wimmelte von Fehlern; **la casa está plagada de cucarachas** das Haus ist voller Kakerlaken

**plagar** [pla'ɣar] <g→gu> **I.** *vt* (*llenar*) voll stopfen (*de* mit +*dat*); **~on la ciudad de carteles** die Stadt wurde vollkommen zuplakatiert **II.** *vr:* **~se** heimgesucht werden (*de* von +*dat*); **el pueblo se plagó de ratas** das Dorf wurde von einer Rattenplage heimgesucht

**plagiar** [pla'xjar] *vt* ❶ (*copiar*) abschreiben ❷ (*Am: secuestrar*) entführen

**plagio** ['plaxjo] *m* ❶ (*copia*) Plagiat *nt* ❷ (*Am: secuestro*) Entführung *f*

**plaguicida** [plaɣi'θiða] *m* (AGR) Pflanzenschutzmittel *nt*

**plan** [plan] *m* ❶ (*proyecto*) Plan *m;* **~ de emergencia** Notstandsplan *m;* **si no tienes ~ para esta noche paso a buscarte** wenn du heute Abend noch nichts vorhast, hole ich dich ab ❷ (*argot: ligue*) (Liebes)bekanntschaft *f* ❸ (*loc*): **esto no es ~** (*argot*) so geht es nicht (weiter); **en ~ de ...** als ...; **está en un ~ que no lo soporto** (*argot*) so, wie er zur Zeit drauf ist, ertrage ich ihn nicht

**plana** ['plana] *f* ❶ (*folio*) Seite *f;* **a toda ~** ganzseitig; **un artículo en primera ~** ein Artikel auf der ersten Seite ❷ (*caligrafía*) Schreibübung *f* ❸ (*planicie*) Ebene *f* ❹ (*loc*): **la ~ mayor del partido** die Parteispitze

**plancha** ['planʧa] *f* ❶ (*lámina*) Platte *f;* (TIPO) Druckplatte *f* ❷ (*para ropa*) Bügeleisen *nt* ❸ (NÁUT) Laufplanke *f* ❹ (*fam: desacierto*) Blamage *f;* **hacer** [*o* **tirarse**] **una ~** sich blamieren ❺ (GASTR): **a la ~** gegrillt

**planchado**[1] [plan'ʧaðo] *m* (*acción*) Bügeln *nt;* (*ropa*) Bügelwäsche *f*

**planchado**, **-a**[2] [plan'ʧaðo, -a] *adj* ❶ (*AmC: acicalado*) geschniegelt *fam* ❷ (*loc*): **lo dejé ~** (*fam fig*) er war platt

**planchar** [plan'ʧar] *vt* bügeln

**planchazo** [plan'ʧaθo] *m* ❶ (*ropa*) kurzes Bügeln *nt* ❷ (*desacierto*) Blamage *f*

**plancton** ['plaᵑkton] *m sin pl* Plankton *nt*

**planeador** [planea'ðor] *m* (AERO) Segelflugzeug *nt*

**planeadora** [planea'ðora] *f* (*embarcación*) *schnelles Boot mit Außenbordmotor*

**planeamiento** [planea'mjeṇto] *m* Planung *f;* **~ preliminar** Vorplanung *f*

**planear** [plane'ar] **I.** *vi* (*ave*) schweben; (AERO) gleiten **II.** *vt* planen

**planeta** [pla'neta] *m* (ASTR) Planet *m*

**planetario**[1] [plane'tarjo] *m* Planetarium *nt*

**planetario**, **-a**[2] [plane'tarjo, -a] *adj* Planeten-

**planicie** [pla'niθje] *f* Ebene *f*

**planificación** [planifika'θjon] *f* Planung *f;* **~ regional** Raumplanung *f*

**planificador**(**a**) [planifika'ðor(a)] *m(f)* Planer(in) *m(f);* **~ económico** Wirtschaftsplaner *m*

**planificar** [planifi'kar] <c→qu> *vt* planen

**planisferio** [planis'ferjo] *m* Sternkarte *f*

**plano**[1] ['plano] *m* ❶ (MAT) Ebene *f;* **~ inclinado** schiefe Ebene ❷ (*mapa*) Plan *m;* **levantar un ~** einen Plan entwerfen ❸ (CINE): **primer ~** Großaufnahme *f;* **en primer ~** (*delante*) im Vordergrund ❹ (*loc*): **de ~** durchaus; **aceptó de ~ nuestra propuesta** er/sie nahm unseren Vorschlag ohne Einschränkungen an

**plano**, **-a**[2] ['plano, -a] *adj* flach; **superficie plana** Ebene *f*

**planta** ['plaṇta] *f* ❶ (BOT) Pflanze *f;* **~ anual** einjährige Pflanze; **~ bulbosa** Zwiebelgewächs *nt;* **~ de interior** Zimmerpflanze *f;* **~ medicinal** Arzneipflanze *f;* **~ vivaz** Staude *f* ❷ (*pie*) Fußsohle *f* ❸ (*fábrica*) Anlage *f;* **~ de abastecimientos de agua** Wasserwerk *nt;* **~ de compost** Kompostieranlage *f;* **~ incineradora** Müllverbrennungsanlage *f;* ~ **de reciclaje de basuras** Müllaufbereitungsanlage *f;* ~ **siderúrgica** Stahlwerk *nt* ④ (*Am:* ELEC): ~ **de energía atómica/hidráulica** Atomkraft-/Wasserkraftwerk *nt* ⑤ (*piso*) Stockwerk *nt;* ~ **alta/baja** Ober-/Erdgeschoss *nt* ⑥ (ARQUIT) Grundriss *m;* (*proyecto*) Bauplan *m* ⑦ (*loc*): **tener buena** ~ gut aussehen

**plantación** [plaṇta'θjon] *f* Pflanzung *f;* (*finca*) Plantage *f*

**plantado, -a** [plaṇ'taðo, -a] *adj* (*fam*): **bien** ~ (*atractivo*) gut aussehend

**plantar** [plaṇ'tar] **I.** *vt* ① (*bulbo*) pflanzen; **han plantado el monte** der Berg ist aufgeforstet worden ② (*clavar*) befestigen; ~ **una tienda de campaña** ein Zelt aufschlagen ③ (*fam: tortazo*) versetzen ④ (*fam: cita*) versetzen; **desapareció y me dejó plantado** er/sie verschwand und ließ mich einfach stehen; **dejó plantada a su novia** er ließ seine Freundin sitzen; **lo ~on en la calle** man hat ihn entlassen ⑤ (*abandonar*) aufgeben **II.** *vr:* ~**se** ① (*resistirse*) sich widersetzen (*ante* +*dat*) ② (*asno, perro*) nicht von der Stelle wollen ③ (*aparecer*) auftauchen; **se ~on en mi casa en un periquete** sie waren blitzschnell bei mir ④ (*negarse*) sich hartnäckig weigern ⑤ (*en los naipes*) passen; **aquí me planto** ich passe

**plante** ['plaṇte] *m* Streik *m;* **dar ~ a alguien** jdn sitzen lassen

**planteamiento** [plaṇtea'mjeṇto] *m* ① (*idea*) Gesichtspunkt *m;* **tu ~ de la cuestión no me parece el adecuado** dein Ansatz scheint mir nicht der richtige zu sein ② (MAT) Ansatz *m*

**plantear** [plaṇte'ar] **I.** *vt* ① (*asunto, problema*) angehen; **este problema está mal planteado** dieses Problem ist falsch angegangen worden ② (*causar*) verursachen; (*discusión*) auslösen **II.** *vr:* ~**se** ① (*reflexionar*) überdenken ② (*cuestión*) aufwerfen; **ahora me planteo la pregunta si...** für mich wirft sich jetzt die Frage auf, ob ...

**plantel** [plaṇ'tel] *m* ① (*vivero*) Baumschule *f* ② (*conjunto*) Gruppe *f* ③ (*Arg: plantilla*) Belegschaft *f*

**planteo** [plaṇ'teo] *m* (*Arg*) Protest *m*

**plantificar** [plaṇtifi'kar] <c→qu> **I.** *vt* (*golpe*) versetzen **II.** *vr:* ~**se** auftauchen; **se plantificó allí al poco tiempo** er/sie war in kürzester Zeit da

**plantilla** [plaṇ'tiʎa] *f* ① (*empleados*) Belegschaft *f;* ~ **de profesores** Lehrerschaft *f* ② (*zapato*) Einlegesohle *f* ③ (*zapatero*) Brandsohle *f* ④ (*patrón*) Schablone *f* ⑤ (*equipo*) Mannschaft *f*

**plantío** [plaṇ'tio] *m* ① (*plantación*) Pflanzung *f* ② (*terreno*) Garten *m;* (AGR) Plantage *f* ③ (*lo plantado*) Bepflanzung *f*

**plantón** [plaṇ'ton] *m* ① (AGR) Setzling *m* ② (*loc*): **dar un ~ a alguien** jdn versetzen; **y ahora estoy de ~** jetzt muss ich hier stehen und warten

**plañidero, -a** [plaɲi'ðero, -a] *adj* (*lloroso*) weinerlich; (*lastimero*) erbärmlich

**plañir** [pla'ɲir] <*3. pret:* plañó> *vi* jammern

**plaqué** [pla'ke] *m* (*de oro*) Goldüberzug *m;* (*de plata*) Silberüberzug *m*

**plaqueta** [pla'keta] *f* Thrombozyt *m*

**plasma** ['plasma] *m* Plasma *nt*

**plasmación** [plasma'θjon] *f* Gestaltung *f;* (*representación*) Darstellung *f*

**plasmar** [plas'mar] *vt* ① (*moldear, t. fig*) gestalten ② (*representar*) widerspiegeln

**plasta**[1] ['plasta] *f* (*mal hecha*) ≈Pfusch *m;* (*desastre*) Katastrophe *f*

**plasta**[2] ['plasta] *mf* (*pey*) Nervensäge *f*

**plástica** ['plastika] *f* Plastik *f*

**plasticidad** [plastiθi'ða$^{ð}$] *f* Plastizität *f;* (*fig*) Anschaulichkeit *f*

**plástico**[1] ['plastiko] *m* Kunststoff *m*

**plástico, -a**[2] ['plastiko, -a] *adj* ① (*materia*) Plastik-; **papel ~** Plastikfolie *f* ② (*modelable, expresivo*) plastisch; **las artes plásticas** die bildenden Künste

**plastificación** [plastifika'θjon] *f* ① (*revestimiento*) Einschweißen *nt* in Plastik ② (*con plastificante*) Weichmachen *nt*

**plastificar** [plastifi'kar] <c→qu> *vt* (in Plastik) einschweißen

**plastilina®** [plasti'lina] *f* Plastilin® *nt*

**plata** ['plata] *f* ① (*metal*) Silber *nt;* ~ **labrada** Silber(geschirr) *nt;* ~ **de ley** Feinsilber *nt;* **bodas de ~** Silberhochzeit *f* ② (*moneda*) Silbergeld *nt* ③ (*Am: dinero*) Geld *nt;* **¡adiós mi ~!** (*CSur: fam*) jetzt ist alles verloren! ④ (*loc*): **hablar en ~** Klartext reden

**plataforma** [plata'forma] *f* ① (*estrado*) Podium *nt* ② (*tranvía*) Plattform *f;* (*vagón*) Plattformwagen *m;* ~ **de elevación** Hebebühne *f;* ~ **giratoria** Drehscheibe *f* ③ (POL) Forum *nt* ④ (GEO): ~ **continental** Kontinentalsockel *m*

**platal** [pla'tal] *m* (*Am: dineral*) viel Geld *nt;* (*fig*) Vermögen *nt*

**platanero** [plata'nero] *m* (*árbol*) Banane(nstaude) *f*

**plátano** ['platano] *m* ① (*árbol frondoso*) Platane *f* ② (*árbol frutal tropical*) Banane(nstaude) *f;* (*fruta*) Banane *f;* ~ **guineo** Kochbanane *f*

**platea** [pla'tea] *f* Parkett *nt*

**plateado, -a** [plate'aðo, -a] *adj* silbern

**platear** [plate'ar] *vt* versilbern

**platense** [pla'tense] *adj* ① (*de La Plata*) aus La Plata ② (*de Río de La Plata*) aus den Rio-de-la-Plata-Ländern

**platería** [plate'ria] *f* ① (*tienda*) Juweliergeschäft *nt* ② (*taller*) Silberschmiede *f* ③ (*vajilla*) Silbergeschirr *nt*

**platero, -a** [pla'tero, -a] *m, f* Silberschmied(in) *m(f)*; (*joyero*) Juwelier(in) *m(f)*

**plática** ['platika] *f* ① (*conversación*) Unterhaltung *f*; **estar de** ~ plaudern ② (*sermón*) Predigt *f*

**platicar** [plati'kar] <c→qu> *vi* (*fam*) sich unterhalten

**platija** [pla'tixa] *f* Flunder *f*

**platillo** [pla'tiʎo] *m* ① (*de una taza*) Untertasse *f* ② (*balanza*) Waagschale *f* ③ (MÚS) Becken *nt*

**platina** [pla'tina] *f* ① (*microscopio*) Objekttisch *m* ② (TIPO) Tiegel *m* ③ (INFOR) Platine *f*

**platino** [pla'tino] *m* ① (QUÍM) Platin *nt* ② *pl* (AUTO) Unterbrecher *mpl*

**plato** ['plato] *m* ① (*vajilla*) Teller *m*; (*para taza*) Untertasse *f*; **tiro al** ~ (DEP) Tontaubenschießen *nt*; **ahora tengo que pagar los ~s rotos** (*fig*) nun muss ich die Sache auch ausbaden; **tener cara de no haber roto un ~ en la vida** aussehen, als ob man keiner Fliege etwas zuleide tun könnte; **comer en un mismo** ~ (*fig*) wie Pech und Schwefel zusammenhalten ② (*comida*) Gericht *nt*; ~ **combinado** ≈Tellergericht *nt*; ~ **fuerte** Hauptgericht *nt*; (*fig*) Hauptthema *nt*; **hoy hay ~ único** heute gibt es nur einen Gang; **nos sirvieron tres ~s y postre** uns wurden drei Gänge und Nachtisch serviert ③ (*balanza*) Waagschale *f*

**plató** [pla'to] *m* (CINE) Kulisse *f*

**platón** [pla'ton] *m* (*Am*) Schüssel *f*

**platónico, -a** [pla'toniko, -a] *adj* platonisch

**platudo, -a** [pla'tuðo, -a] *adj* (*Am*) steinreich

**plausibilidad** [plau̯siβili'ðaᵈ] *f* Plausibilität *f*

**plausible** [plau̯'siβle] *adj* ① (*loable*) lobenswert ② (*admisible*) plausibel

**playa** ['plaɟa] *f* ① (*mar*) Strand *m*; ~ **naturista** FKK-Strand *m* ② (*Am: espacio*) Gelände *nt*; ~ **de estacionamiento** Parkplatz *m*

**play-back** ['plei̯βaᵏ] *m* <play-backs> Playback *nt*

**play-boy** [plei̯'βoi̯] *m* <play-boys> Playboy *m*

**playera** [pla'ɟera] *f* (*Guat, Méx: camiseta*) T-Shirt *nt*

**playeras** [pla'ɟeras] *fpl* (*zapatillas*) ≈Turnschuhe *mpl*

**plaza** ['plaθa] *f* ① (*espacio, t.* COM) Platz *m*; (*de mercado*) Marktplatz *m*; (*de toros*) Arena *f*; ~ **de abastos** Markt *m*; **fuimos a la ~ a comprar** wir sind auf den Markt einkaufen gegangen ② (*asiento*) Sitzplatz *m*; (*de garaje/parking*) Stellplatz *m* ③ (*empleo*) Stelle *f* ④ (*en instituciones/viajes*) Platz *m*

### i Land & Leute

Die **Plaza Mayor** ist der Marktplatz bzw. Hauptplatz in einer Stadt. Man sagt, dass Spaniens schönster Marktplatz Salamancas **Plaza Mayor** ist. Wenn man als Fremder in Salamanca einen Treffpunkt ausmacht, dann bestimmt *debajo del reloj de la Plaza Mayor.*

**plazo** ['plaθo] *m* ① (*vencimiento*) Frist *f*; ~ **de entrega** Lieferzeit *f*; ~ **de preaviso** Kündigungsfrist *f*; **a corto/largo** ~ kurz-/langfristig; **fuera del** ~ nicht fristgemäß; **en el ~ de un mes** innerhalb eines Monats; **en el banco tengo dos millones a ~ fijo** ich habe auf der Bank zwei Millionen festgelegt; **¿cuándo vence el ~ para la presentación de solicitudes?** wann läuft die Bewerbungsfrist ab? ② (*cantidad*) Rate *f*; **a ~s** auf Raten

**plazoleta** [plaθo'leta] *f*, **plazuela** [pla'θwela] *f dim de* **plaza**

**pleamar** [plea'mar] *f* Flut *f*

**plebe** ['pleβe] *f sin pl* ① (HIST) Plebs *f* ② (*pey: chusma*) Gesindel *nt*

**plebeyo, -a** [ple'βeɟo, -a] **I.** *adj* ① (*t.* HIST) plebejisch ② (*sin linaje*) bürgerlich ③ (*inculto*) ungebildet; (*grosero*) ungehobelt **II.** *m, f* ① (*t.* HIST) Plebejer(in) *m(f)* ② (*sin linaje*) Bürgerliche(r) *mf* ③ (*grosero*) Grobian *m*

**plebiscito** [pleβis'θito] *m* Volksbefragung *f*

**plegable** [ple'ɣaβle] *adj* (*papel*) faltbar; (*mueble*) zusammenklappbar; **silla** ~ Klappstuhl *m*

**plegar** [ple'ɣar] *irr como fregar* **I.** *vt* ① (*doblar*) zusammenfalten; (*muebles*) zusammenklappen ② (*imprenta*) falzen **II.** *vr:* **~se** sich fügen

**plegaria** [ple'ɣarja] *f* Gebet *nt*

**pleitear** [plei̯te'ar] *vt* (JUR) prozessieren

**pleito** ['plei̯to] *m* ① (JUR) Prozess *m* ② (*dis-*

*puta*) Streit *m*

**plenario, -a** [ple'narjo, -a] *adj:* **asamblea plenaria** Vollversammlung *f;* **sesión plenaria** Plenarsitzung *f*

**plenilunio** [pleni'lunjo] *m sin pl* Vollmond *m*

**plenipotenciario, -a** [plenipoten'θjarjo, -a] **I.** *adj* bevollmächtigt **II.** *m, f* Bevollmächtigte(r) *mf*

**plenitud** [pleni'tu$^{ð}$] *f* ① (*totalidad*) Fülle *f;* **sensación de ~** vollkommene Zufriedenheit ② (*apogeo*) Höhepunkt *m;* **en la ~ de sus facultades físicas** auf der Höhe seiner/ihrer körperlichen Fähigkeiten

**pleno**[1] ['pleno] *m* Plenum *nt;* **el ayuntamiento en ~** die gesamte Stadtverwaltung

**pleno, -a**[2] ['pleno, -a] *adj* voll; **~ empleo** Vollbeschäftigung *f;* **en el ~ uso de sus facultades mentales** unter Einsatz all seiner/ihrer geistigen Fähigkeiten; **le robaron a plena luz del día** er wurde am helllichten Tag ausgeraubt; **en ~ verano** im Hochsommer

**pletórico, -a** [ple'toriko, -a] *adj* strotzend (*de* vor +*dat*); **~ de salud** kerngesund

**pleura** ['pleu̯ra] *f* Brustfell *nt*

**pleuresía** [pleu̯re'sia] *f* Rippenfellentzündung *f*

**plexiglás®** [ple$^{ɣ}$si'ɣlas] *m sin pl* Plexiglas® *nt*

**pléyade** ['pleɟaðe] *f* ① (LIT) Pléiade *f* ② (*multitud*): **había una ~ de candidatos** es gab eine Menge Bewerber

**plica** ['plika] *f* versiegelter Umschlag *m*

**pliego** ['pljeɣo] *m* ① (*hoja*) Bogen *m* ② (*documento*) Schrift *f;* **~ de cargos** Anklageschrift *f;* **~ de condiciones** Ausschreibungsbedingungen *fpl* ③ (*libro*) Heft *nt* ④ (*comunicación*) Postsendung *f*

**pliegue** ['pljeɣe] *m* (*doblez, t.* GEO) Falte *f;* **el mantel cae hasta el suelo haciendo ~s** die Tischdecke fällt in Falten bis auf den Boden

**plinto** ['plin̪to] *m* ① (ARQUIT) Plinthe *f* ② (DEP) Bock *m*

**plisado** [pli'saðo] *m* Plissee *nt*

**plisar** [pli'sar] *vt* plissieren

**plomada** [plo'maða] *f* (*albañilería*) Lot *nt;* **echar la ~** ausloten

**plomazo** [plo'maθo] *m* ① (*fam: pesado*) Nervensäge *f* ② (*perdigón*) Schusswunde *f*

**plomizo, -a** [plo'miθo, -a] *adj* ① (*color*) bleigrau ② (*material*) bleiern

**plomo** ['plomo] *m* ① (*metal*) Blei *nt;* **gasolina sin ~** bleifreies Benzin; **andarse con pies de ~** (*fig*) sehr vorsichtig sein; **caer a ~** der Länge nach hinfallen; **ser un ~** sehr lästig sein ② (*plomada*) Bleilot *nt* ③ (*bala*) Kugel *f* ④ *pl* (ELEC) Sicherung *f*

**pluma** ['pluma] *f* ① (*ave*) Feder *f;* **cambiar la ~** sich mausern; **quedarse cacareando y sin ~s** trotz eines Misserfolgs noch frohlocken; **vestirse de ~s ajenas** sich mit fremden Federn schmücken ② (*escribir*) Feder *f;* **~ estilográfica** Füllfederhalter *m* ③ (*escritor*) Schriftsteller *m* ④ (*estilo*) Stil *m*

**plumada** [plu'maða] *f* Federstrich *m*

**plumaje** [plu'maxe] *m* ① (*ave*) Gefieder *nt* ② (*adorno*) Federbusch *m*

**plumazo** [plu'maθo] *m* (*trazo*) Federstrich *m;* **suprimieron de un ~ las subvenciones** alle Subventionen wurden auf einmal gestrichen

**plúmbeo, -a** ['plumbeo, -a] *adj* bleischwer; (*fig*) bleiern

**plumear** [plume'ar] *vt* (*Am: escribir*) schreiben

**plumero** [plu'mero] *m* ① (*limpieza*) Staubwedel *m* ② (*plumier*) Griffelkasten *m* ③ (*adorno*) Federbusch *m* ④ (*loc*): **a ése se le ve el ~** der ist leicht zu durchschauen

**plumier** [plu'mjer] *m* (*caja*) Griffelkasten *m;* (*estuche*) Federmäppchen *nt*

**plumilla** [plu'miʎa] *f* Feder *f*

**plumón** [plu'mon] *m* ① (*ave*) Daune *f* ② (*cama*) Federbett *nt*

**plural** [plu'ral] **I.** *adj* vielfältig; **número ~** Plural *m* **II.** *m* Plural *m;* **~ mayestático** Pluralis majestatis *m*

**pluralidad** [plurali'ða$^{ð}$] *f* Vielfältigkeit *f;* **a ~ de votos** mehrheitlich

**pluralizar** [plurali'θar] <z→c> *vt* ① (*generalizar*) verallgemeinern; **tú cuenta lo que te pasó a ti y no pluralices** erzähl, was dir passiert ist, und sprich nicht im Plural ② (LING) die Pluralform bilden (von +*dat*)

**plurianual** [plurianu'al] *adj* mehrjährig

**pluriempleado, -a** [pluriemple'aðo, -a] *m, f* *Person, die mehrere Arbeitsplätze gleichzeitig hat*

**pluriempleo** [pluriem'pleo] *m* Mehrfachbeschäftigung *f*

**plurifamiliar** [plurifami'ljar] *adj* Mehrfamilien-

**plurilingüe** [pluri'liŋgwe] *adj* (*políglota*) mehrsprachig

**pluripartidismo** [pluriparti'ðismo] *m* Mehrparteiensystem *nt*

**plus** [plus] *m* (*gratificación*) Zulage *f;* (*ventaja*) Vorteil *m;* **de ~** zusätzlich; **~ por trabajar en días festivos** Feiertagszulage *f*

**pluscuamperfecto** [pluskwamper'fekto] *m* Plusquamperfekt *nt*

**plusmarca** [plus'marka] *f* (DEP) Rekord *m*
**plusmarquista** [plusmar'kista] *mf* Rekordhalter(in) *m(f)*; **ser el ~ mundial de lanzamiento de jabalina** den Weltrekord im Speerwerfen halten
**plusvalía** [plusβa'lia] *f sin pl* Mehrwert *m*
**plutonio** [plu'tonjo] *m* Plutonium *nt*
**pluvial** [plu'βjal] *adj* Regen-
**pluviómetro** [plu'βjometro] *m* (METEO) Regenmesser *m*
**pluviosidad** [pluβjosi'ðað] *f* Niederschlagsmenge *f*
**P.M.** [pe'eme] *f abr de* **policía militar** Militärpolizei *f*
**PN** ['peso 'neto] *m abr de* **peso neto** Nettogewicht *nt*
**PNB** [pe(e)ne'be] *m abr de* **producto nacional bruto** BSP *nt*
**PNN** [pe'nene] *m abr de* **producto nacional neto** Nettosozialprodukt *nt*
**PNV** [pene'uβe] *m abr de* **Partido Nacionalista Vasco** *Baskische Nationalistische Partei*

**i Land & Leute**

> Der **PNV** (*Partido Nacionalista Vasco*), die wichtigste nationalistische Partei in *Euskadi/ País Vasco – Baskenland*, wurde schon 1894 gegründet. Ihr jetziger Führer heißt Xabier Arzalluz.

**p.o.** [por 'orðen] *abr de* **por orden** i.A.
**población** [poβla'θjon] *f* ❶ (*habitantes*) Bevölkerung *f*; **~ activa** (ECON) erwerbstätige Bevölkerung ❷ (*localidad*) Ort *m* ❸ (BIOL) Population *f*
**poblado**[1] [po'βlaðo] *m* (*pueblo*) Dorf *nt*; (*colonia*) Siedlung *f*
**poblado, -a**[2] [po'βlaðo, -a] *adj* ❶ (*habitado*) bewohnt ❷ (*cejas*) dicht
**poblador(a)** [poβla'ðor(a)] *m(f)* (*habitante*) Bewohner(in) *m(f)*; (*colono*) Siedler(in) *m(f)*
**poblamiento** [poβla'mjento] *m* ❶ (*acción*) Bevölkern *nt* ❷ (*asentamiento*) (An)siedlung *f*; **~ urbano** Stadtsiedlung *f*
**poblar** [po'βlar] <o→ue> **I.** *vi, vt* ❶ (*colonizar*) besiedeln ❷ (BOT) bepflanzen (*de* mit +*dat*); **han poblado el monte de pinos** der Berg ist mit Pinien aufgeforstet worden ❸ (*habitar*) bewohnen ❹ (ZOOL): **distintas especies pueblan el fondo del mar** verschiedene Arten leben auf dem Meeresgrund **II.** *vr:* **~se** sich füllen; **la costa se pobló rápidamente** die Küste war bald voller Menschen
**pobre** ['poβre] **I.** *adj* <paupérrimo> arm (*de* an +*dat*); (*desgraciado*) unglücklich; (*humilde*) elend; **¡~ de ti si dices mentiras!** wehe dir, wenn du lügst!; **es una lengua ~ de expresiones** in dieser Sprache gibt es kaum Redewendungen **II.** *mf* Arme(r) *mf*; (*mendigo*) Bettler(in) *m(f)*
**pobremente** [poβre'mente] *adv* (*con pobreza*) ärmlich; (*con escasez*) spärlich
**pobreza** [po'βreθa] *f* ❶ (*necesidad*) Armut *f* ❷ (*pusilanimidad*) Kleinmütigkeit *f*
**pocho, -a** ['potʃo, -a] *adj* ❶ (*fruta*) verdorben ❷ (*persona*) matt
**pochoclo** [po'tʃoklo] *m* (*Arg*) Popcorn *nt*
**pocilga** [po'θilɣa] *f* Schweinestall *m*
**pócima** ['poθima] *f*, **poción** [po'θjon] *f* Arznei *f*; (*pey: brebaje*) Gesöff *nt*; **la ~ mágica** der Zaubertrank
**poco**[1] ['poko] **I.** *m* ❶ (*cantidad*): **un ~ de azúcar** ein bisschen Zucker; **acepta el ~ de dinero que te puedo dar** nimm das wenige Geld, das ich dir geben kann; **espera un ~** warte ein wenig ❷ *pl* wenige; **los ~s que vinieron...** die wenigen, die kamen ...; **es un envidioso como hay ~s** er ist ein Neidhammel wie sonst keiner **II.** *adv* wenig; **escribir ~** wenig schreiben; **es ~ simpático** er ist nicht sehr sympathisch; **nos da ~ más o menos lo mismo** es ist uns relativ egal; **~ a ~** Schritt für Schritt; **~ a ~ dejamos de creerle** allmählich haben wir aufgehört ihm zu glauben; **a ~ de llegar...** kurz nachdem er gekommen war ...; **~ después** bald darauf; **dentro de ~** bald; **desde hace ~** seit kurzem; **hace ~** vor kurzem; **a** [*o* **con**] [*o* **por**] **~ que se esfuerze lo conseguirá** wenn er/sie sich nur ein wenig anstrengt, wird es ihm/ihr gelingen; **por ~ me estrello** beinahe hätte ich einen Unfall gehabt; **tener en ~ a alguien** nicht viel von jdm halten; **y por si fuera ~...** und obendrein ...
**poco, -a**[2] ['poko, -a] <poquísimo> *adj* wenig, gering; **~s de los presentes lo sabían** nur wenige der Anwesenden wussten es; **aquí hay poca comida para dos personas** das ist zu wenig Essen für zwei Personen; **hay pocas colecciones mejores que ésta** es gibt kaum eine bessere Sammlung als diese; **las probabilidades son pocas** die Wahrscheinlichkeit ist gering; **tiene pocas probabilidades de aprobar** er/sie hat wenig Chancen zu bestehen
**podadera** [poða'ðera] *f* (*tijeras*) Baumschere *f*; (*navaja*) Gartenmesser *nt*
**podar** [po'ðar] *vt* beschneiden

**podenco** [po'ðeŋko] *m* (spanischer) Jagdhund *m*

**poder** [po'ðer] **I.** *vi irr* können; **no ~ más de hambre** schrecklichen Hunger haben; **yo a ti te puedo** (*fam*) ich bin stärker als du; **no ~ con el alma** hundemüde sein; **no puedes cogerlo sin permiso** du darfst das nicht unerlaubt nehmen; **no podemos abandonarlo** wir können ihn nicht einfach im Stich lassen; **bien pod(r)ías habérmelo dicho** du hättest mir das sehr wohl sagen können; **bien puede haber aquí un millón de abejas** es ist gut möglich, dass es hier eine Million Bienen gibt; **no puedo verlo todo el día sin hacer nada** ich halte es nicht aus, ihn den ganzen Tag so untätig zu sehen; **no puedo con mi madre** ich komme mit meiner Mutter nicht klar; **la sala se llenó a más no ~** der Saal war zum Bersten voll; **de ~ ser, no dudes que lo hará** wenn er/sie kann, wird er/sie es zweifellos tun; **no pude menos que preguntarle qué hacía por allí** ich konnte nicht umhin ihn/sie zu fragen, was er/sie dort tat **II.** *vimpers irr:* **puede ser que después vuelva** vielleicht komme ich später zurück; **¡puede!** kann sein!; **¿se puede?** darf man (hereinkommen)? **III.** *m* ① (*autoridad, t.* POL) Macht *f;* **~ absoluto** unumschränkte Macht; **~ ejecutivo** Exekutive *f;* **~ judicial** Judikative *f;* **~ legislativo** Legislative *f;* **los ~es fácticos** die tatsächliche Macht; **los ~es públicos** die Behörden; **la división de ~es** die Gewaltenteilung; **el partido en el ~** die Regierungspartei; **subir al ~** die Macht übernehmen; **los documentos están en ~ del juez** die Dokumente sind in der Gewalt des Richters; **haré todo lo que esté en mi ~** ich werde alles tun, was in meiner Macht steht ② (*autorización*) Vollmacht *f;* **~ de decisión** Entscheidungsbefugnis *f* ③ (*fuerza*) Kraft *f;* **~ adquisitivo** (ECON) Kaufkraft *f*

**poderío** [poðe'rio] *m* ① (*autoridad*) Macht *f* ② (*riqueza*) Reichtum *m* ③ (*fuerza*) Kraft *f*

**poderoso, -a** [poðe'roso, -a] *adj* ① (*influyente*) mächtig ② (*rico*) reich ③ (*eficaz*) wirkungsvoll

**podio** ['poðjo] *m*, **pódium** ['podjun] *m* (*tarima*) Podium *nt;* (DEP) Podest *nt;* (ARQUIT) Sockel *m*

**podólogo, -a** [po'ðoloɣo, -a] *m, f* Facharzt, -ärztin *m, f* für Fußleiden

**podredumbre** [poðre'ðumbre] *f* ① (*putrefacción*) Fäulnis *f* ② (*depravación*) Verkommenheit *f*

**podrido, -a** [po'ðriðo, -a] *adj* faul; (*fig*) verdorben; **estar ~ de dinero** stinkreich sein

**podrir** [po'ðrir] *irr vt, vr v.* **pudrir**

**poema** [po'ema] *m* Gedicht *nt;* **~ épico** Epos *nt;* **~ en prosa** lyrische Prosa; **¡fue todo un ~!** (*gracioso*) das war vielleicht lustig!

**poemario** [poe'marjo] *m* (LIT) Gedichtsammlung *f*

**poesía** [poe'sia] *f* ① (*género*) Poesie *f* ② (*poema*) Gedicht *nt;* **libro de ~(s)** Gedichtband *m*

**poeta, -isa** [po'eta, poe'tisa] *m, f* Dichter(in) *m(f)*

**poética** [po'etika] *f* Poetik *f*

**poético, -a** [po'etiko, -a] *adj* dichterisch; (*t. fig*) poetisch; **arte poética** Poetik *f;* **licencia poética** dichterische Freiheit

**poetisa** [poe'tisa] *f v.* **poeta**

**poetizar** [poeti'θar] <z→c> *vt* poetisieren

**pogromo** [po'ɣromo] *m* Pogrom *m o nt*

**póker** ['poker] *m sin pl* Poker *nt o m;* **poner cara de ~** ein Pokerface aufsetzen

**polaco, -a** [po'lako, -a] **I.** *adj* polnisch **II.** *m, f* Pole, -in *m, f*

**polaina** [po'lai̯na] *f* Gamasche *f*

**polar** [po'lar] *adj* polar; **Círculo P~ Ártico/Antártico** nördlicher/südlicher Polarkreis

**polaridad** [polari'ða$^ð$] *f* (FÍS) Polarität *f;* (*fig*) Gegensätzlichkeit *f*

**polarización** [polariθa'θjon] *f* Polarisierung *f*

**polarizar** [polari'θar] <z→c> *vt* (FÍS) polarisieren; (*fig*) anziehen; **el espectáculo polarizó la atención de los visitantes** das Stück zog die Zuschauer in seinen Bann

**polaroid®** [pola'roi̯$^ð$] *f* (FOTO) Polaroidkamera® *f*

**polca** ['polka] *f* Polka *f*

**polea** [po'lea] *f* Rolle *f;* (*roldana*) Seilrolle *f;* **sistema de ~s** Flaschenzug *m*

**polémica** [po'lemika] *f* Polemik *f*

**polémico, -a** [po'lemiko, -a] *adj* strittig

**polemizar** [polemi'θar] <z→c> *vi* polemisieren (*con/contra* gegen +*akk*)

**polen** ['polen] *m* Pollen *m;* **tengo alergia al ~** ich habe eine Pollenallergie

**poleo** [po'leo] *m* (BOT) Polei *m;* **menta ~** Poleiminze *f*

**polera** [po'lera] *f* ① (*Chil: camiseta*) T-Shirt *nt* ② (*Arg: de cuello alto*) Rollkragenpulli *m*

**poli** ['poli] *f* (*fam*) Polente *f*

**poliamida** [polja'miða] *f* Polyamid *nt*

**policía[1]** [poli'θia] *f* Polizei *f;* **~ antidisturbios** Antiterrorpolizei *f;* **~ autónoma** *Poli-*

*zei der spanischen Autonomien;* **agente de** ~ Polizist(in) *m(f);* **coche de** ~ Streifenwagen *m;* **comisaría de** ~ Polizeiwache *f;* **jefatura de** ~ Polizeipräsidium *nt*

**policía²** [poli'θia] *mf* Polizist(in) *m(f);* **perro** ~ Polizeihund *m*

**policiaco, -a** [poli'θjako, -a] *adj,* **policíaco, -a** [poli'θiako, -a] *adj* polizeilich; **Estado** ~ Polizeistaat *m;* **película/novela policíaca** Kriminalfilm *m/*-roman *m*

**policial** [poli'θjal] *adj v.* **policíaco**

**policlínica** [poli'klinika] *f,* **policlínico** [poli'kliniko] *m* Poliklinik *f*

**policromar** [polikro'mar] *vt* (*Wände, Skulpturen*) mit mehreren Farben versehen

**policromía** [polikro'mia] *f* ❶ (ARTE) Polychromie *f* ❷ (TIPO) Mehrfarbendruck *m*

**polideportivo** [poliðepor'tiβo] *m* Sportzentrum *nt*

**poliedro** [poli'eðro] *m* (MAT) Polyeder *nt*

**poliéster** [po'ljester] *m* Polyester *m*

**polietileno** [poljeti'leno] *m* Polyäthylen *nt*

**polifacético, -a** [polifa'θetiko, -a] *adj* vielseitig

**polifonía** [polifo'nia] *f sin pl* (MÚS) Polyphonie *f*

**poligamia** [poli'ɣamja] *f sin pl* Polygamie *f*

**poligámico, -a** [poli'ɣamiko, -a] *adj* (SOCIOL) die Polygamie betreffend

**polígamo, -a** [po'liɣamo, -a] *adj* polygam

**políglota** [po'liɣlota] **I.** *adj* polyglott **II.** *mf* Polyglotte(r) *mf*

**poliglotismo** [poliɣlo'tismo] *m* Mehrsprachigkeit *f*

**poligonal** [poliɣo'nal] *adj* vieleckig

**polígono** [po'liɣono] *m* ❶ (MAT) Vieleck *nt* ❷ (*loc*): ~ **industrial** Industriegebiet *nt*

**polilla** [po'liʎa] *f* Motte *f;* **no tener ~ en la lengua** kein Blatt vor den Mund nehmen

**polímero** [po'limero] *m* (QUÍM) Polymer *nt*

**polimorfismo** [polimor'fismo] *m sin pl* (QUÍM, ZOOL) Polymorphie *f*

**polimorfo, -a** [poli'morfo, -a] *adj* vielgestaltig

**polinesio, -a** [poli'nesjo, -a] **I.** *adj* polynesisch **II.** *m, f* Polynesier(in) *m(f)*

**polinización** [poliniθa'θjon] *f* Bestäubung *f*

**polinizar** [polini'θar] <z→c> *vt* (BOT) bestäuben (*con* mit +*dat*)

**polinomio** [poli'nomjo] *m* (MAT) Polynom *nt*

**polio** ['poljo] *f inv,* **poliomielitis** [poljomje'litis] *f inv* Kinderlähmung *f*

**pólipo** ['polipo] *m* Polyp *m*

**polisemia** [poli'semja] *f sin pl* Polysemie *f*

**polisémico, -a** [poli'semiko, -a] *adj* (LING) mehrdeutig

**polisílabo, -a** [poli'silaβo, -a] *adj* mehrsilbig

**politécnico, -a** [poli'teɣniko, -a] *adj* polytechnisch

**política** [po'litika] *f* Politik *f;* **P~ Agraria Común** (UE) Gemeinsame Agrarpolitik; ~ **interior/exterior** Innen-/Außenpolitik *f;* ~ **monetaria** Währungspolitik *f;* ~ **pesquera** Fischereipolitik *f*

**político, -a** [po'litiko, -a] **I.** *adj* ❶ (POL) politisch; **ciencias políticas** Politikwissenschaften *fpl;* **economía política** Volkswirtschaft(slehre) *f* ❷ (*parentesco*) Schwieger-; **hermano** ~ Schwager *m;* **hermana política** Schwägerin *f* **II.** *m, f* Politiker(in) *m(f)*

**politización** [politiθa'θjon] *f* Politisierung *f*

**politizar** [politi'θar] <z→c> *vt, vr:* ~**se** (sich) politisieren

**politología** [politolo'xia] *f sin pl* Politologie *f*

**politólogo, -a** [poli'toloɣo, -a] *m, f* Politologe, -in *m, f*

**poliuretano** [poljure'tano] *m* (QUÍM) Polyurethan *nt*

**polivalencia** [poliβa'len̩θja] *f* Mehrwertigkeit *f*

**póliza** ['poliθa] *f* ❶ (JUR) Police *f;* **me he hecho una ~ de seguros** ich habe eine Versicherungspolice abgeschlossen ❷ (*sello*) Stempelmarke *f*

**polizón** [poli'θon] *mf* blinder Passagier *m*

**polizonte** [poli'θon̩te] *m* (*pey*) Bulle *m fam*

**polka** ['polka] *f* (MÚS) *v.* **polca**

**polla** ['poʎa] *f* ❶ (*gallina*) Junghenne *f;* ~ **de agua** (ZOOL) Blesshuhn *nt* ❷ (*chica*) junges Mädchen *nt* ❸ (*vulg: pene*) Schwanz *m fam* ❹ (*Am: carrera*) Pferderennen *nt*

**pollera** [po'ʎera] *f* ❶ (*gallinero*) Hühnerstall *m* ❷ (*Am: falda*) Rock *m*

**pollería** [poʎe'ria] *f* Geflügelhandlung *f*

**pollerudo** [poʎe'ruðo] **I.** *adj* (*CSur*) ❶ (*chismoso*) klatschhaft ❷ (*blando*) weichlich; **niño** ~ Mamasöhnchen *nt;* **hombre** ~ Memme *f* **II.** *m* (*CSur: pey: clérigo*) Priester *m*

**pollino, -a** [po'ʎino, -a] *m, f* ❶ (*borrico*) junger Esel *m,* junge Eselin *f* ❷ (*fig: tonto*) Dummkopf *m*

**pollito, -a** [po'ʎito, -a] *m, f* (*t. fig*) Küken *nt*

**pollo** ['poʎo] *m* ❶ (GASTR) Hähnchen *nt;* ~ **asado** Brathähnchen *nt* ❷ (*cría*) (Vogel)junge(s) *nt;* (*de gallina*) junges Huhn *nt;* **sacar ~s** Hühner züchten; **voló el** ~ (*fig*) die Hoffnung ist dahin ❸ (*joven*) junger Bursche *m*

**polluelo** [po'ʎwelo] *m* Küken *nt*

P

**polo** ['polo] *m* ❶ (GEO, FÍS, ASTR) Pol *m;* ~ **ártico** [*o* **boreal**] Nordpol *m;* ~ **antártico** [*o* **austral**] Südpol *m;* ~ **industrial** Entwicklungsregion *f* ❷ (DEP) Polo *nt* ❸ (*camiseta*) Polohemd *nt* ❹ (*helado*) Eis *nt* am Stiel

**pololear** [polole'ar] *vi* (*AmS*) gehen (*con* mit +*dat*)

**polonés, -esa** [polo'nes, -esa] **I.** *adj* polnisch **II.** *m, f* Pole, -in *m, f*

**polonesa** [polo'nesa] *f* Polonäse *f*

**Polonia** [po'lonja] *f* Polen *nt*

**poltrón, -ona** [pol̪'tron, -ona] *adj* faul

**poltrona** [pol̪'trona] *f* Lehnstuhl *m*

**polución** [polu'θjon] *f* ❶ (*contaminación*) Verschmutzung *f;* ~ **ambiental** Umweltverschmutzung *f* ❷ (*semen*) Samenerguss *m*

**polucionar** [poluθjo'nar] *vt* (ECOL) verschmutzen

**polvareda** [polβa'reða] *f* Staubwolke *f;* **levantar una** ~ (*fig*) viel Staub aufwirbeln

**polvera** [pol'βera] *f* Puderdose *f*

**polvo** ['polβo] *m* ❶ (*limpieza*) Staub *m;* **quitar el** ~ abstauben; **hacer** ~ (*algo*) kaputtmachen; (*a alguien*) fertig machen; **estoy hecho** ~ (*fam*) ich bin fix und fertig; **hacer morder el** ~ **a alguien** jdn ins Gras beißen lassen; **sacudir a alguien el** ~ (*fig*) jdn verprügeln ❷ (*sustancia*) Pulver *nt;* **levadura en** ~ Backpulver *nt* ❸ (*vulg: coíto*) Nummer *f fam;* **echar un** ~ eine Nummer schieben *fam* ❹ *pl* (*cosmética*) Puder *m*

**pólvora** ['polβora] *f* (Schieß)pulver *nt;* **no haber inventado la** ~ das Pulver auch nicht (gerade) erfunden haben

**polvoriento, -a** [polβo'rjen̪to, -a] *adj* staubig

**polvorín** [polβo'rin] *m* Pulverkammer *f;* **estamos sentados sobre un** ~ (*fig*) wir sitzen auf einem Pulverfass

**polvorón** [polβo'ron] *m* ≈Schmalzgebäck *nt*

**polvoso, -a** [pol'βoso, -a] *adj* (*Am*) staubig

**pomada** [po'maða] *f* Salbe *f;* ~ **contra mosquitos** Mückenschutzsalbe *f*

**pomelo** [po'melo] *m* Grapefruit *f*

**Pomerania** [pome'ranja] *f* Pommern *nt*

**pómez** ['pomeθ] *f* Bimsstein *m*

**pomo** ['pomo] *m* ❶ (*puerta*) Türknauf *m* ❷ (*poma*) Duftkugel *f;* (*frasco*) Flakon *m* ❸ (BOT) Kernfrucht *f* ❹ (*espada*) Knauf *m*

**pompa** ['pompa] *f* ❶ (*burbuja*) Blase *f* ❷ (*esplendor*) Pracht *f;* (*ostentación*) Pomp *m;* ~**s fúnebres** Bestattungsinstitut *nt*

**pompis** ['pompis] *m inv* (*fam*) Po(po) *m*

**pomposidad** [pomposi'ðaᵈ] *f* Prunk *m*

**pomposo, -a** [pom'poso, -a] *adj* pompös; (*grandilocuente*) hochtrabend; (*estilo*) geschwollen

**pómulo** ['pomulo] *m* Backenknochen *m*

**ponchada** [pon'ʧaða] *f* (*CSur: fam*): **una** ~ **de** ein Haufen +*gen*

**ponche** ['ponʧe] *m* Punsch *m*

**poncho**[1] ['ponʧo] *m* Poncho *m*

**poncho, -a**[2] ['ponʧo, -a] *adj* (*Am*) faul

**ponderación** [pon̪dera'θjon] *f* ❶ (*elogio*) Lob *nt* ❷ (*el sopesar*) Abwägen *nt;* **con** ~ vorsichtig ❸ (*el pesar*) Abwiegen *nt* ❹ (*exageración*) Übertreibung *f*

**ponderar** [pon̪de'rar] *vt* ❶ (*sopesar*) abwägen ❷ (*encomiar*) preisen

**ponderativo, -a** [pon̪dera'tiβo, -a] *adj* ❶ (*cauteloso*) vorsichtig ❷ (*que alaba*) rühmend

**ponencia** [po'nen̪θja] *f* Referat *nt;* (*informe*) Bericht *m*

**ponente** [po'nen̪te] *mf* Referent(in) *m(f);* (*informador*) Berichterstatter(in) *m(f)*

**poner** [po'ner] *irr* **I.** *vt* ❶ (*colocar*) stellen; (*horizontalmente*) legen; (*inyección*) geben; (*sellos, etiqueta*) aufkleben; (*tirita*) auflegen; (*huevos*) legen; **pon el espejo mirando hacia mí** dreh den Spiegel zu mir hin; **pon la ropa en el tendedero** häng die Wäsche auf den Ständer; **¿dónde habré puesto...?** wo habe ich nur ... gelassen?; **lo pongo en tus manos** (*fig*) ich lege es in deine Hände; **eso es querer** ~ **barreras al campo** (*prov*) das ist eine Zumutung ❷ (*disponer*) herrichten; (*la mesa*) decken; ~ **algo a disposición de alguien** jdm etw zur Verfügung stellen ❸ (*encender*) anmachen; **pon el despertador para las cuatro** stell den Wecker auf vier Uhr; ~ **en marcha** in Gang bringen ❹ (*convertir*) machen; ~ **de mal humor a alguien** jdm die Laune verderben; **la noticia me puso de buen humor** die Nachricht versetzte mich in gute Laune; ~ **colorado a alguien** jdn verlegen machen; **el sol te pondrá moreno** in der Sonne wirst du braun werden ❺ (*suponer*) annehmen; **pon que no viene** stell dir mal vor, er/sie kommt nicht; **pongamos que resolvemos el problema en dos días...** nehmen wir mal an, wir lösen dieses Problem in zwei Tagen ...; **pongamos por** [*o* **el**] **caso que no llegue a tiempo** gesetzt den Fall, er/sie kommt nicht rechtzeitig ❻ (*exponer*): ~ **la ropa a secar al sol** die Wäsche zum Trocknen in der Sonne ausbreiten; ~ **la leche al fuego** die Milch auf den Herd stellen; ~ **en peligro**

aufs Spiel setzen ❼ (*contribuir*) beitragen; (*juego*) setzen; **¿cúanto has puesto tú en el fondo común?** wie viel hast du in die Kasse gezahlt?; **pusimos todo de nuestra parte** wir haben von uns aus alles getan ❽ (*una expresión*) machen; ~ **mala cara** ein böses Gesicht machen ❾ (*tratar*) behandeln; ~ **a alguien a parir** jdn übel beschimpfen; ~ **a alguien por las nubes** jdn in den Himmel heben; ~ **de idiota** (*pey*) wie einen Trottel behandeln ❿ (*denominar*) nennen; **le pusieron por** [*o* **de**] **nombre Manolo** sie haben ihn Manolo genannt; **¿qué nombre le van a ~?** welchen Namen soll er/sie bekommen? ⓫ (*espectáculo*) zeigen; ~ **en escena** inszenieren; **¿qué ponen hoy en el cine?** was läuft heute im Kino? ⓬ (*imponer*): **hoy nos han puesto muchos deberes** heute haben wir viele Hausaufgaben aufbekommen; ~ **una multa** eine Strafe auferlegen; ~ **condiciones** Bedingungen stellen ⓭ (*instalar*) einrichten ⓮ (*a trabajar*): **tendré que ~ a mis hijos a trabajar** ich werde meinen Kindern eine Arbeit suchen müssen; **puse a mi hijo de aprendiz de panadero** ich habe meinem Sohn eine Lehrstelle als Bäcker gesucht ⓯ (*añadir*) hinzufügen ⓰ (*escribir*) schreiben; (*un telegrama*) aufgeben; ~ **entre comillas** in Anführungszeichen setzen; ~ **la firma** unterschreiben; ~ **un anuncio** inserieren; ~ **por escrito la propuesta** den Vorschlag schwarz auf weiß niederschreiben; **te pongo cuatro letras para decirte que...** ich schreibe dir ein paar Zeilen, um dir zu sagen, dass ... ⓱ (*estar escrito*) stehen ⓲ (*vestido, zapato*) anziehen; (*anillo*) anstecken; (*gafas*) aufsetzen; **le puso el collar al cuello** er/sie legte ihm/ihr die Kette um ⓳ (*teléfono*) verbinden; **me puse al habla con mi amigo** ich setzte mich mit meinem Freund in Verbindung ⓴ (*loc*): ~ **aparte** beiseite legen; ~ **atención** aufpassen; ~ **en la calle** (*fig*) auf die Straße setzen; **pusieron a diez trabajadores en la calle** zehn Arbeiter sind entlassen worden; ~ **(en) claro** klarstellen; ~ **algo en conocimiento de alguien** jdn von etw *dat* in Kenntnis setzen; ~ **a alguien al corriente de algo** jdn über etw informieren; ~ **por delante** vorschieben; ~ **al día** auf den neuesten Stand bringen; ~ **por encima** bevorzugen; ~ **en evidencia** beweisen; ~ **el grito en el cielo** sich empören; ~ **en movimiento** in Bewegung setzen; ~ **peros a algo** Bedenken gegen etw haben; ~ **algo en práctica** etw in die Tat umsetzen; ~ **algo en tela de juicio** an etw *dat* zweifeln; ~ **a la venta** verkaufen **II.** *vr:* ~**se** ❶ (*vestido, zapato*) sich anziehen; **ponte guapo** mach dich hübsch; ~**se de invierno** sich winterlich kleiden; ~**se de luto** Trauer tragen; ~**se de largo** sich festlich kleiden ❷ (ASTR) untergehen; **el sol se pone por el oeste** die Sonne geht im Westen unter ❸ (*mancharse*): **se pusieron perdidos de barro** sie waren von oben bis unten voller Matsch ❹ (*comenzar*) anfangen; **por la tarde se puso a llover** nachmittags fing es an zu regnen ❺ (*con adjetivo*) werden; **se puso chulo y no nos dejó entrar** er wollte sich aufspielen und ließ uns nicht hinein; **estás en tu casa, ponte cómodo** fühl dich wie zu Hause, mach es dir bequem ❻ (*loc*): **¡no te pongas así que no es para tanto!** stell dich doch nicht so an!; **díle que se ponga al teléfono** sag ihm/ihr, er/sie soll ans Telefon kommen; ~**se las botas** bis zum Umfallen essen; **nos pusimos de acuerdo para comprarle un regalo** wir haben uns darauf geeinigt, ein gemeinsames Geschenk zu kaufen; **¡póngase en mi lugar!** versetzen Sie sich in meine Lage!

**póney** ['poni] *m* Pony *nt*

**pongo** ['poŋgo] *1. pres de* **poner**

**poni** ['poni] *m* Pony *nt*

**poniente** [po'njen̪te] *m* ❶ (*oeste*) Westen *m* ❷ (*viento*) Westwind *m*

**pontevedrés**, **-esa** [pon̪teβe'ðres, -esa] **I.** *adj* aus Pontevedra **II.** *m, f* Einwohner(in) *m(f)* von Pontevedra

**pontificado** [pon̪tifi'kaðo] *m* (REL) Pontifikat *nt*

**pontificar** [pon̪tifi'kar] <c→qu> *vi* (*fig*) dozieren

**pontífice** [pon̪'tifiθe] *m* (HIST) Pontifex *m;* **Sumo** [*o* **Romano**] **P~** (REL) Pontifex maximus *m*

**pontón** [pon̪'ton] *m* ❶ (*barco*) Ponton *m* ❷ (*puente*) Pontonbrücke *f*

**ponzoña** [pon̪'θoɲa] *f* Gift *nt*

**ponzoñoso**, **-a** [pon̪θo'ɲoso, -a] *adj* giftig; (*fig*) schädlich

**pop** [pop] **I.** *adj inv* Pop- **II.** *m inv* Popmusik *f*

**popa** ['popa] *f* ❶ (*barco*) Heck *nt;* **viento en ~** Rückenwind *m;* **a ~** achtern ❷ (*fam: trasero*) Hintern *m*

**pope** ['pope] *m* (REL) Pope *m*

**popero** [po'pero] *m* (*fam*) Popfan *m*

**populacho** [popu'laʧo] *m* Pöbel *m*

**popular** [popu'lar] *adj* ❶ (*del pueblo*) volkstümlich; **aire ~** Volkslied *nt* ❷ (*conocido*) populär; (*admirado*) beliebt

P

**popularidad** [populari'ða$^{ð}$] *f* Popularität *f*
**popularización** [populariθa'θjon] *f* Popularisierung *f*
**popularizar** [populari'θar] <z→c> **I.** *vt* populär machen; (*extender*) verbreiten **II.** *vr:* ~**se** populär werden
**populismo** [popu'lismo] *m sin pl* (POL) Populismus *m*
**populista** [popu'lista] **I.** *adj* ① (*relativo al pueblo*) Volks-; **partido** ~ Volkspartei *f* ② (*relativo al populismo*) populistisch **II.** *mf* Populist(in) *m(f)*
**populoso**, **-a** [popu'loso, -a] *adj* dicht besiedelt
**popurrí** [popu'rri] *m* Potpourri *nt*
**poquedad** [poke'ða$^{ð}$] *f* ① (*escasez*) Knappheit *f* ② (*pusilanimidad*) Kleinmut *m* ③ (*insignificancia*) Kleinigkeit *f*
**póquer** ['poker] *m* Poker *nt o m*
**poquito** [po'kito] *adv* wenig; **bébelo** ~ **a poco** trink es Schluck für Schluck
**por** [por] *prep* ① (*lugar: a través de*) durch +*akk;* (*vía*) über +*akk;* (*en*) in +*dat;* ~ **aquí** hier entlang; **limpia la botella** ~ **dentro/fuera** spül die Flasche von innen/außen; **pasé** ~ **Madrid hace poco** ich war vor kurzem in Madrid; **adelantar** ~ **la izquierda** links überholen; **volar** ~ **encima de los Alpes** über die Alpen fliegen; **ese pueblo está** ~ **Castilla** das Dorf liegt irgendwo in Kastilien; **la cogió** ~ **la cintura** er/sie fasste sie um die Taille ② (*tiempo*) für +*akk,* um +*akk;* ~ **la**(**s**) **mañana**(**s**) morgens; **mañana** ~ **la mañana** morgen früh; ~ **la tarde** nachmittags; **ayer** ~ **la noche** gestern Abend; ~ **noviembre** im November; ~ **fin** endlich; **tengo un contrato** ~ **tres años** ich habe einen Vertrag für drei Jahre ③ (*a cambio de*) für +*akk;* (*en lugar de*) statt +*gen;* (*sustituyendo a alguien*) anstelle +*gen;* **le cambié el libro** ~ **el álbum** ich habe das Buch gegen das Album getauscht ④ (*agente*) von +*dat* ⑤ (MAT: *multiplicación*) mal ⑥ (*reparto*) pro; **toca a cuatro** ~ **cabeza** jeder von uns bekommt vier; **el ocho** ~ **ciento** acht Prozent ⑦ (*finalidad*) für +*akk* ⑧ (*causa*) wegen +*gen/dat;* (*en cuanto a*) von ... aus; **lo merece** ~ **los esfuerzos que ha hecho** er/sie hat es verdient, weil er/sie sich so bemüht hat; **lo hago** ~ **ti** ich tue es dir zuliebe; ~ **desesperación** aus Verzweiflung; ~ **consiguiente** folglich; ~ **eso** deshalb; ~ **lo que a eso se refiere** was das betrifft; ~ **mí que se vayan** meinetwegen können sie gehen; **no te preocupes** ~ **hacer muchas fotocopias** mach dir keine Sorgen wegen der vielen Fotokopien ⑨ (*preferencia*) für +*akk;* **estoy** ~ **dejarlo plantado** ich bin kurz davor, ihn sitzen zu lassen; **estar loco** ~ **alguien** verrückt nach jdm sein ⑩ (*dirección*): **voy** (**a**) ~ **tabaco** ich gehe Zigaretten holen ⑪ (*pendiente*): **este pantalón está** ~ **lavar** diese Hose muss gewaschen werden ⑫ (*aunque*) trotz +*gen;* ~ **muy cansado que esté no lo dejará a medias** trotz seiner Müdigkeit wird er es fertig stellen ⑬ (*medio*) per +*akk;* (*alguien*) durch +*akk;* **poner** ~ **escrito** aufschreiben; **al** ~ **mayor** en gros ⑭ (*interrogativo*): ¿~ (**qué**)? warum? ⑮ (*final*): ~ **que** +*subj* damit; **hizo todo** ~ **que no viniera** er/sie tat alles, damit er/sie nicht käme; **lo hago** ~ **si acaso** ich mache es vorsichtshalber ⑯ (*casi*): ~ **poco** fast; **por** ~ **me ahogo** ich wäre beinahe ertrunken
**porcelana** [porθe'lana] *f* Porzellan *nt;* ~ **de Sajonia** Meißner Porzellan
**porcentaje** [porθen̩'taxe] *m* Prozentsatz *m;* ~ **de derechos del autor** Tantiemen *fpl*
**porcentual** [porθen̩tu'al] *adj* prozentual
**porche** ['portʃe] *m* ① (*pórtico*) Vorhalle *f* ② (*cobertizo*) Veranda *f*
**porcino**, **-a** [por'θino, -a] *adj* Schweine-
**porción** [por'θjon] *f* Teil *m,* Portion *f*
**pordiosear** [porðjose'ar] *vi* betteln
**pordiosería** [porðjose'ria] *f* Bettelei *f*
**pordiosero**, **-a** [porðjo'sero, -a] *m, f* Bettler(in) *m(f)*
**porfía** [por'fia] *f* Hartnäckigkeit *f;* **a** ~ mit großem Eifer
**porfiador**(**a**) [porfja'ðor(a)] **I.** *adj* streitsüchtig **II.** *m(f)* Starrkopf *m*
**porfiar** [porfi'ar] <*1. pres:* porfío> *vi* ① (*insistir*) beharren (*en* auf +*dat*); **porfió en cerrar la puerta** er/sie wollte unbedingt die Tür schließen ② (*disputar*) streiten
**pormenor** [porme'nor] *m* Einzelheit *f*
**pormenorizado**, **-a** [pormenori'θaðo, -a] *adj* detailliert
**pormenorizar** [pormenori'θar] <z→c> *vt* genau beschreiben
**porno** ['porno] **I.** *adj inv* (*fam*) pornografisch **II.** *m* (*fam*) Porno *m*
**pornografía** [pornoɣra'fia] *f* Pornografie *f*
**pornográfico**, **-a** [porno'ɣrafiko, -a] *adj* pornografisch
**poro** ['poro] *m* Pore *f*
**pororó** [poro'ro] *m* (*CSur: palomitas*) Popcorn *nt*
**porosidad** [porosi'ða$^{ð}$] *f* Porosität *f*
**poroso**, **-a** [po'roso, -a] *adj* porös
**poroto** [po'roto] *m* (*AmS*) Bohne *f;* (*guiso*) Bohnengericht *nt*
**porque** ['porke] *conj* ① (*causal*) weil; **lo**

**hizo** ~ **sí** er/sie tat es aus Eigensinn ❷ +*subj* (*final*) damit; **recemos** ~ **llueva** lasst uns um Regen beten

**porqué** [por'ke] *m* Grund *m*

**porquería** [porke'ria] *f* (*fam*) ❶ (*suciedad*) Dreck *m* ❷ (*acto*) Schweinerei *f* ❸ (*comida*) Schweinefraß *m* ❹ (*cacharro*) Mistding *nt* ❺ (*pequeñez*) Kleinigkeit *f*

**porqueriza** [porke'riθa] *f* Schweinestall *m*

**porra** ['porra] *f* ❶ (*bastón*) Schlagstock *m* ❷ (*churro*) gebratenes Spritzgebäck ❸ (*loc, fam*): **¡vete a la ~!** scher dich zum Teufel!; **¡~(s)!** verdammt!

**porrazo** [po'rraθo] *m* Schlag *m*

**porrero, -a** [po'rrero, -a] *m, f* (*argot*) Kiffer(in) *m(f)*

**porreta** [po'rreta] *f*: **en ~(s)** splitternackt

**porro** ['porro] *m* ❶ (*argot: canuto*) Joint *m* ❷ (*puerro*) Lauch *m* ❸ (*fam: torpe*) Trampel *m o nt*

**porrón** [po'rron] *m* Wasserkrug *m*

**i Land & Leute**

Der **porrón** ist ein gläsernes Trinkgefäß für Wein mit einer langen Tülle. Wie auch bei der *bota* (*de vino*) wird der *vino* direkt aus dem **porrón** getrunken. Dazu hebt man den **porrón** mit einer Hand in die Höhe und lässt so den Wein von der Tülle in den Mund fließen.

**portaaviones** [porta(a)βi'ones] *m inv* Flugzeugträger *m*

**portacasco** [porta'kasko] *m* (AUTO) Vorrichtung *f* für den Helm

**portada** [por'taða] *f* ❶ (*fachada*) Portal *nt* ❷ (TIPO) Titelblatt *nt;* (PREN) Titelseite *f*

**portador(a)** [porta'ðor(a)] *m(f)* ❶ (*de gérmenes*) Träger(in) *m(f)* ❷ (COM) Inhaber(in) *m(f)*

**portaequipaje(s)** [portaeki'paxe(s)] *m* (*inv*) ❶ (*maletero*) Kofferraum *m* ❷ (*baca, de bicicleta*) Gepäckträger *m* ❸ (*tren*) Gepäcknetz *nt*

**portafolios** [porta'foljos] *m inv* Aktentasche *f*

**portahelicópteros** [portaeli'kopteros] *m inv* (MIL) Hubschrauberträger *m*

**portal** [por'tal] *m* ❶ (*de un edificio*) Eingangsbereich *m;* (*soportal*) Vorhalle *f;* ~ **de Belén** (REL) Krippe *f* ❷ (INFOR) Homepage *f*

**portalámpara(s)** [porta'lampara(s)] *m* (*inv*) Fassung *f*

**portaligas** [porta'liγas] *m inv* (*Am: liguero*) Strumpfhalter *m*

**portalón** [porta'lon] *m* ❶ (ARQUIT) Tor *nt* ❷ (NÁUT) Fallreeptür *f*

**portamaletas** [portama'letas] *m inv* (AUTO) Kofferraum *m*

**portaminas** [porta'minas] *m inv* Druckbleistift *m,* Drehbleistift *m*

**portamonedas** [portamo'neðas] *m inv* Geldbörse *f*

**portante** [por'tante] *m:* **tomar el** ~ (*fam*) verduften; **dar el** ~ **a alguien** jdn entlassen

**portar** [por'tar] **I.** *vt* (*perro*) apportieren **II.** *vr:* ~**se** sich benehmen; ~**se bien con alguien** jdm gegenüber zuvorkommend sein; **el niño se porta bien/mal** das Kind ist artig/unartig; ~**se como un hombre** tapfer sein; **nuestro equipo se ha portado** unsere Mannschaft hat sich glänzend geschlagen

**portátil** [por'tatil] *adj* tragbar; **máquina de escribir** ~ Reiseschreibmaschine *f;* **ordenador** ~ Laptop *m*

**portavoz**[1] [porta'βoθ] *m* ❶ (*periódico*) Organ *nt* ❷ (*bocina*) (Trichter)sprachrohr *nt*

**portavoz**[2] [porta'βoθ] *mf* (*persona*) Sprecher(in) *m(f)*

**portazo** [por'taθo] *m* Zuschlagen *nt* (einer Tür); **dar un** ~ die Tür heftig zuschlagen; **despedirse con un** ~ die Tür hinter sich *dat* zuschlagen; **darle a alguien un** ~ **en las narices** (*fam*) jdm die Tür vor der Nase zuschlagen

**porte** ['porte] *m* ❶ (*transporte*) Beförderung *f;* ~ **aéreo** Luftfracht *f;* **gastos de** ~ Frachtspesen *pl;* **a** ~ **debido** Fracht zahlt Empfänger ❷ (*gastos de transporte*) Fracht(gebühr) *f* ❸ (*correo*) Porto *nt;* ~ **por expreso** Eilzustellgebühr *f;* ~ **de un paquete** Paketgebühr *f;* ~ **suplementario** Nachporto *nt* ❹ (*buque*) Ladefähigkeit *f;* **buque de gran** ~ Seeschiff *nt* ❺ (*aspecto*) Auftreten *nt;* **es un hombre de** ~ **distinguido** er ist eine vornehme Erscheinung; **mostrar un** ~ **severo** streng wirken

**porteador(a)** [portea'ðor(a)] *m(f)* Frachtführer(in) *m(f);* ~ **naviero** Reeder *m;* ~ **público** Spediteur *m*

**portear** [porte'ar] **I.** *vi* Fenster/Türen zuschlagen **II.** *vt* befördern

**portento** [por'tento] *m* Wunder *nt* (*de* an +*dat*); **niño** ~ Wunderkind *nt;* **un** ~ **de energía** ein Energiebündel; **admirar un** ~ nicht schlecht staunen

**portentoso, -a** [porten'toso, -a] *adj* wunderbar

**porteño, -a** [por'teɲo, -a] *m, f* ❶ (*Arg*) Einwohner(in) *m(f)* von Buenos Aires

P

❷ (*Chil*) Einwohner(in) *m(f)* von Valparaiso ❸ (*Col*) Einwohner(in) *m(f)* von Puerto Carreño

**portería** [porte'ria] *f* ❶ (*cuarto*) Pförtnerloge *f;* (*casa*) Pförtnerhaus *nt* ❷ (*empleo del portero*) Pförtnerstelle *f* ❸ (DEP) Tor *nt*

**portero, -a** [por'tero, -a] *m, f* ❶ (*conserje*) Pförtner(in) *m(f);* ~ **automático** (Gegen)sprechanlage *f* ❷ (*Arg: administrador*) Hausverwalter(in) *m(f)* ❸ (DEP: *fútbol*) Torwart, -frau *m, f*

**portezuela** [porte'θwela] *f* ❶ *dim de* **puerta** ❷ (*del coche*) Wagentür *f;* (*del tren*) Abteiltür *f;* (*del horno*) Ofentür *f*

**pórtico** ['portiko] *m* ❶ (*porche*) Säulenhalle *f;* (*galería*) Säulengang *m* ❷ (INFOR) Schnittstelle *f*

**portilla** [por'tiʎa] *f* (NÁUT) Bullauge *nt*

**portillo** [por'tiʎo] *m* ❶ (*abertura*) Durchschlupf *m* ❷ (*postigo*) Pförtchen *nt* ❸ (*entre montañas*) Engpass *m* ❹ (*punto débil*) Schwachstelle *f*

**portorriqueño, -a** [portorri'keɲo, -a] **I.** *adj* puertoricanisch **II.** *m, f* Puertoricaner(in) *m(f)*

**portuario, -a** [por'twarjo, -a] **I.** *adj* Hafen- **II.** *m, f* Hafenarbeiter(in) *m(f)*

**Portugal** *m* Portugal *nt*

**portugués, -esa** [portu'ɣes, -esa] **I.** *adj* portugiesisch **II.** *m, f* Portugiese, -in *m, f*

**porvenir** [porβe'nir] *m* Zukunft *f;* **en el** ~ **lejano** in ferner Zukunft; **lleno de** ~ zukunftsträchtig; **tener el** ~ **asegurado** eine gesicherte Zukunft haben; **un joven de** ~ ein junger Mann, der eine viel versprechende Zukunft vor sich *dat* hat

**pos** [pos] **I.** *adv:* **ir en** ~ **de algo** hinter etw *dat* hergehen; **ir en** ~ **de alguien** jdm nachgehen; **van en** ~ **del éxito** sie laufen dem Erfolg hinterher **II.** *conj* (*Méx: fam*) *v.* **pues**

**posada** [po'saða] *f* ❶ (*parador*) Raststätte *f;* (*fonda*) Gasthof *m;* (*pensión*) Pension *f* ❷ (*hospedaje*) Beherbergung *f;* **dar** ~ **a alguien** jdn beherbergen; **hacer** ~ einkehren; **pedir** ~ um Unterkunft bitten ❸ (*apartamento*) Wohnung *f*

**posaderas** [posa'ðeras] *fpl* (*fam*) Hintern *m*

**posadero, -a** [posa'ðero, -a] *m, f* Gastwirt(in) *m(f)*

**posar** [po'sar] **I.** *vi* ❶ (*reposar*) sich ausruhen ❷ (*modelo*) posieren ❸ (*hospedarse*) logieren **II.** *vt* ❶ (*poner suavemente*) sanft auflegen (*sobre* auf +*akk*) ❷ (*carga*) absetzen ❸ (*mirada*) richten (*sobre* auf +*akk*) **III.** *vr:* ~**se** sich setzen; **el sol se posaba en el mar** die Sonne ging über dem Meer unter; **la golondrina se posó en el árbol** die Schwalbe landete auf dem Baum

**posavasos** [posa'βasos] *m inv* Untersetzer *m* (*für Gläser*)

**poscomunismo** [poskomu'nismo] *m sin pl* Postkommunismus *m*

**posdata** [pos'ðata] *f* Postskriptum *nt*

**pose** ['pose] *f* (*postura*) Pose *f*

**poseedor(a)** [pose(e)'ðor(a)] *m(f)* Besitzer(in) *m(f)*

**poseer** [po'ser/pose'er] *irr como leer* **I.** *vt* besitzen; ~ **bien un idioma** eine Sprache gut beherrschen; ~ **una importante posición social** eine bedeutende gesellschaftliche Stellung einnehmen; ~ **a alguien a la fuerza** jdn vergewaltigen **II.** *vr:* ~**se** sich beherrschen

**poseído, -a** [pose'iðo, -a] **I.** *adj* besessen (*de/por* von +*dat*); ~ **de odio** hasserfüllt; **una chica poseída de su belleza** ein Mädchen, das sich *dat* auf seine Schönheit viel einbildet **II.** *m, f* Besessene(r) *mf;* **gritar como un** ~ wie ein Wahnsinniger schreien

**posesión** [pose'sjon] *f* (*propiedad*) Besitz *m;* **estoy en** ~ **de su atenta carta...** ich habe Ihr freundliches Schreiben erhalten ...

**posesionar** [posesjo'nar] **I.** *vt:* ~ **a alguien de algo** jdm etw überlassen **II.** *vr:* ~**se** Besitz ergreifen; ~**se de un nuevo cargo** ein neues Amt antreten

**posesividad** [posesiβi'ðaᵈ] *f* Besitzgier *f*

**posesivo, -a** [pose'siβo, -a] *adj* ❶ (*persona*) Besitz ergreifend ❷ (LING) possessiv; **pronombre** ~ Possessivpronomen *nt*

**poseso, -a** [po'seso, -a] **I.** *adj* besessen **II.** *m, f* Besessene(r) *mf*

**posguerra** [pos'ɣerra] *f* Nachkriegszeit *f*

**posibilidad** [posiβili'ðaᵈ] *f* ❶ (*lo posible*) Möglichkeit *f;* **tener grandes** ~**es de éxito** gute Aussichten auf Erfolg haben ❷ (*aptitud*) Eignung *f;* **tienes** ~**es de llegar a ser un buen actor** du hast das Zeug zu einem guten Schauspieler ❸ (*facultad*) Fähigkeit *f;* **esto está por encima de mis** ~**es** das übersteigt meine Kräfte ❹ *pl* (*medios económicos*) Vermögen *nt;* **estás viviendo por encima de tus** ~**es** du lebst über deine Verhältnisse

**posibilitar** [posiβili'tar] *vt* ermöglichen

**posible** [po'siβle] **I.** *adj* möglich; **hacer** ~ ermöglichen; **hacer lo** ~ **para que...** +*subj* sich anstrengen, um zu ... +*inf;* **hacer todo lo** ~ sein Möglichstes tun; **hacer todo lo humanamente** ~ das Menschenmögliche tun; **es** ~ **que...** +*subj* vielleicht ...; **es muy** ~ **que...** +*subj* es ist sehr wahrscheinlich, dass ...; **¡no es** ~**!** das kann nicht wahr sein!; **¿será ~?** soll man es für möglich halten?; **si es ~** wenn möglich; **en lo ~** nach Möglichkeit; **lo antes ~** möglichst bald; **no lo veo ~** ich sehe keine Möglichkeit **II.** *m* ① (*lo probable*) Mögliche(s) *nt* ② *pl* (*recursos*) Mittel *ntpl*

**posiblemente** [posiβle'mente] *adv* möglicherweise

**posición** [posi'θjon] *f* (*colocación, postura, t.* MIL) Stellung *f;* ~ **clave** Schlüsselposition *f;* ~ **del cuerpo** Körperhaltung *f;* ~ **del cursor** Cursorposition *f;* **la ~ económica** die wirtschaftlichen Verhältnisse; ~ **de empleado** Angestelltenverhältnis *nt;* **la ~ geográfica** die geographische Lage; **en buena ~** wirtschaftlich gut gestellt; **de ~** hoch gestellt, von Rang; **mi ~ ante este asunto...** meine Einstellung zu dieser Frage ...; **tomar ~** Stellung beziehen

**posicionamiento** [posiθjona'mjento] *m* Positionierung *f*

**posicionar** [posiθjo'nar] **I.** *vi* Stellung beziehen **II.** *vt* positionieren

**posindustrial** [posindus'trjal] *adj* postindustriell

**positivista** [positi'βista] **I.** *adj* positivistisch **II.** *mf* Positivist(in) *m(f)*

**positivo**[1] [posi'tiβo] *m* (FOTO) Positiv *nt*

**positivo, -a**[2] [posi'tiβo, -a] *adj* ① (*afirmativo, favorable, t.* MAT, FÍS) positiv ② (*cierto*) tatsächlich ③ (*seguro*) sicher ④ (*práctico*) sachlich; **un hombre ~** ein Optimist

**posmodernidad** [posmoðerni'ða$^{ð}$] *f sin pl* Postmoderne *f*

**poso** ['poso] *m* ① (*sedimento*) Bodensatz *m;* **hasta los ~s** (*fig*) bis zur Neige ② (*descanso*) Ruhe *f*

**posología** [posolo'xia] *f* (MED) Dosierung *f*

**posponer** [pospo'ner] *irr como poner vt* ① (*postergar*) zurückstellen ② (*aplazar*) verschieben

**postal** [pos'tal] **I.** *adj* postalisch, Post-; **una fotografía tamaño ~** ein Foto im Postkartenformat **II.** *f* Postkarte *f*

**postdata** [pos'ðata] *f* Postskriptum *nt*

**poste** ['poste] *m* ① (*pilar*) Pfosten *m;* (ELEC, TEL) Mast *m;* ~ **indicador** Wegweiser *m;* ~ **kilométrico** Kilometerstein *m;* **dar ~ a alguien** jdn lange warten lassen; **estar hecho un ~** untätig herumstehen; **más serio que un ~** todernst; **no contestar más un ~** überhaupt keine Antwort geben; **oler el ~** Lunte riechen; **ser un ~** (*lerdo*) sehr träge sein; (*fam: sordo*) stocktaub sein ② (*castigo*): **dar ~ a alguien** jdn in die Ecke stellen

**postema** [pos'tema] *f* (*Méx: pus*) Eiter *m*

**póster** ['poster] *m* Poster *nt o m*

**postergación** [posterγa'θjon] *f* ① (*aplazamiento*) Verschiebung *f* ② (*posposición injusta*) Schlechterstellung *f,* Zurücksetzung *f*

**postergar** [poster'γar] <g→gu> *vt* ① (*aplazar*) verschieben; ~ **la fecha** zurückdatieren ② (*posponer injustamente*) übergehen; ~ **al saber** das Wissen nicht gebührend würdigen; ~ **el ascenso de alguien** jdn bei der Beförderung übergehen

**posteridad** [posteri'ða$^{ð}$] *f* ① (*descendencia*) Nachkommenschaft *f* ② (*generaciones venideras*) Nachwelt *f* ③ (*futuro*) Zukunft *f* ④ (*fama póstuma*) Nachruhm *m;* **pasar a la ~** berühmt werden

**posterior** [poste'rjor] *adj* ① (*de tiempo*) spätere(r, s); ~ **a** nach +*dat* ② (*de lugar*) hintere(r, s); ~ **a alguien** hinter jdm; **la parte ~ de la cabeza** der Hinterkopf; **en la parte ~ del coche está el maletero** im hinteren Teil des Autos befindet sich der Kofferraum

**posterioridad** [posterjori'ða$^{ð}$] *f* spätere Zeit *f;* ~ **de fecha** späteres Datum; **con ~** nachträglich

**posteriormente** [posterjor'mente] *adv* nachher

**postgrado** [pos'γraðo] *m:* **de ~** Postgraduierten-

**postigo** [pos'tiγo] *m* ① (*puerta falsa*) Blendtür *f* ② (*portillo*) Pförtchen *nt;* (*puerta pequeña en otra mayor*) kleine Nebentür *f* ③ (*contraventana*) Fensterladen *m*

**postín** [pos'tin] *m* ① (*lujo*) Luxus *m;* **de ~** luxuriös ② (*presunción*) Wichtigtuerei *f;* **darse mucho ~** sich aufspielen

**postinear** [postine'ar] *vi* sich aufspielen

**postinero, -a** [posti'nero, -a] *adj* (*fam*) aufgeblasen

**postizo**[1] [pos'tiθo] *m* Haarteil *nt*

**postizo, -a**[2] [pos'tiθo, -a] *adj* künstlich; **cuello ~** Stehkragen *m;* **dentadura postiza** (falsches) Gebiss *nt;* **nombre ~** Spitzname *m;* **ojo ~** Glasauge *nt;* **pelo ~** Perücke *f*

**postoperatorio, -a** [posopera'torjo, -a] *adj* (MED) postoperativ; **asistencia postoperatoria del paciente** postoperative Versorgung des Patienten

**postor(a)** [pos'tor(a)] *m(f)* Bieter(in) *m(f);* **mejor ~** Meistbietende(r) *m*

**postración** [postra'θjon] *f* ① (*humillación*) Kniefall *m* ② (*por enfermedad*) Entkräftung *f;* (*por aflicción*) Niedergeschlagenheit *f;* ~ **nerviosa** Nervenzusammenbruch

*m*

**postrado**, **-a** [pos'traðo, -a] *adj* ❶ (*arrodillado*) auf der Erde kniend ❷ (*humillado*) erniedrigt ❸ (*abatido*) kraftlos; ~ **de dolor** schmerzgebeugt; ~ **en cama** bettlägerig; **quedar** ~ **por una enfermedad** daniederliegen ❹ (*desanimado*) niedergeschlagen

**postrar** [pos'trar] **I.** *vt* ❶ (*derribar*) niederwerfen ❷ (*humillar*) demütigen ❸ (*debilitar*) schwächen **II.** *vr:* ~**se** ❶ (*arrodillarse*) (sich) niederknien (*ante* vor +*dat*) ❷ (*perder las fuerzas*) zusammenbrechen

**postre** ['postre] *m* Nachtisch *m;* **servir los** ~**s** den Nachtisch auftragen; **a** (**la**) ~ (*fig*) letztendlich; **llegar a los** ~**s** (*fig*) zu spät kommen

**postrero**, **-a** [pos'trero, -a] *adj* letzte(r, s)

**postrimerías** [postrime'rias] *fpl* ❶ (*personas*) Lebensabend *m;* **estar en sus** ~ mit dem Tode ringen ❷ (*tiempo*) letzter Abschnitt *m;* **en las** ~ **del siglo pasado** gegen Ende des letzten Jahrhunderts

**postulado** [postu'laðo, -a] *m* Forderung *f*

**postulante**, **-a** [postu'lan̪te, -a] *m, f* ❶ (*solicitante*) Bewerber(in) *m(f)* ❷ (REL) Postulant(in) *m(f)* ❸ (*colecta*) Sammler(in) *m(f)* von Geldspenden

**postular** [postu'lar] *vt* ❶ (*pedir*) bitten (um +*akk*); (*donativos*) sammeln ❷ (*solicitar*) sich bewerben (um +*akk*)

**póstumo**, **-a** ['postumo, -a] **I.** *adj* post(h)um; (*hijo*) nachgeboren; **fama póstuma** Nachruhm *m* **II.** *m, f* Nachgeborene(r) *mf*

**postura** [pos'tura] *f* ❶ (*colocación*) Stellung *f* ❷ (*actitud*) Einstellung *f* ❸ (*subasta*) Gebot *nt;* ~ **mayor** Meistgebot *nt;* **hacer** ~ bieten ❹ (*cantidad*) Einsatz *m* ❺ (*convenio*) Abkommen *nt* ❻ (*de las aves*) Gelege *nt;* (*poner huevos*) Eierlegen *nt* ❼ (BOT) Setzling *m* ❽ (*loc*): ~ **del sol** Sonnenuntergang *m*

**post-venta** [pos'βen̪ta] **I.** *adj:* **servicio** ~ Kundendienst *m* **II.** *f* Garantiezeit *f*

**potabilizar** [potaβili'θar] <z→c> *vt* trinkbar machen

**potable** [po'taβle] *adj* ❶ (*bebible*) trinkbar; **agua** ~ Trinkwasser *nt* ❷ (*fam: aceptable*) annehmbar; **Juan es una persona** ~ Juan ist ganz nett

**potaje** [po'taxe] *m* ❶ (*sopa*) (Gemüse)suppe *f;* (*guiso*) (Gemüse)eintopf *m* ❷ (*legumbres secas*) Dörrgemüse *nt* ❸ (*brebaje*) Gebräu *nt* ❹ (*fam: mezcla*) Mischmasch *m*

**potasio** [po'tasjo] *m* Kalium *nt*

**pote** ['pote] *m* ❶ (*de barro*) irdenes Gefäß *nt;* (*de metal*) Blechbüchse *f;* (*para plantas*) Blumentopf *m* ❷ (*para cocinar*) Kochtopf *m* ❸ (GASTR) Eintopf ❹ (*loc*): **a** ~ in Hülle und Fülle; **darse** ~ sich wichtig machen

**potencia** [po'ten̪θja] *f* ❶ (*fuerza*) Kraft *f;* (*capacidad*) Vermögen *nt;* ~ **de carga** Tragkraft *f;* ~ **explosiva** Sprengkraft *f;* ~ **generativa** Potenz *f;* ~ **imaginativa** Einbildungskraft *f;* ~ **intelectual** geistiges Leistungsvermögen; ~ **mágica** Zauberkraft *f;* ~ **del motor** Motorleistung *f;* ~ **motriz** Antriebsleistung *f;* ~ **visual** Sehvermögen *nt* ❷ (*poder*) Macht *f;* **gran** ~ Großmacht *f* ❸ (INFOR): ~ **de entrada/de salida** Eingangs-/Ausgangsleistung *f* ❹ (FILOS) Möglichkeit *f;* **en** ~ potenziell ❺ (MAT) Potenz *f;* **elevar a** ~**s** potenzieren

**potenciación** [poten̪θja'θjon] *f* ❶ (*incrementación*) Verstärkung *f* ❷ (MAT) Potenzierung *f*

**potencial** [poten̪'θjal] **I.** *adj* ❶ (*que tiene potencia*) leistungsstark ❷ (*posible*) potenziell ❸ (LING): **el modo** ~ der Konditional **II.** *m* ❶ (*poder, capacidad*) Potenzial *nt;* ~ **financiero** Finanzkraft *f* ❷ (FÍS) Potenzial *nt;* (ELEC) Spannung *f* ❸ (LING) Konditional *m*

**potencialización** [poten̪θjaliθa'θjon] *f* *gesteigerte Wirkung einiger Medikamente bei gleichzeitiger Einnahme anderer Medikamente*

**potenciar** [poten̪'θjar] *vt* (ver)stärken

**potente** [po'ten̪te] *adj* ❶ (*poderoso*) mächtig ❷ (*eficiente*) leistungsfähig ❸ (*sexualidad*) potent

**potestad** [potes'ta$^{ð}$] *f* Amtsgewalt *f;* ~ **electoral** Wahlberechtigung *f;* ~ **legislativa** Legislative *f;* ~ **reglamentaria** Verordnungsgewalt *f;* **patria** ~ Sorgerecht *nt*

**potestativo**, **-a** [potesta'tiβo, -a] *adj* fakultativ, Wahl-; **materia potestativa** (ENS) Wahlfach *nt*

**potingue** [po'tiŋge] *m* (*pey*) ❶ (*bebida*) Gebräu *nt* ❷ (*fam: cosmético*) Schminke *f;* **darse** ~**s** sich anmalen

**potranco**, **-a** [po'traŋko, -a] *m, f* Fohlen *nt*

**potro** ['potro] *m* ❶ (ZOOL) Fohlen *nt* ❷ (DEP) (Turn)bock *m* ❸ (*de tortura*) Folterbank *f;* **tener a alguien en el** ~ (*fig*) jdn auf die Folter spannen ❹ (*de herrar*) Notstall *m* ❺ (*lo que atormenta*) Qual *f*

**poza** ['poθa] *f* (*charca*) Pfütze *f*

**pozal** [po'θal] *m* (*cubo*) Schöpfeimer *m*

**pozo** ['poθo] *m* ❶ (*manantial*) Brunnen *m;* ~ **de garrucha** Ziehbrunnen *m* ❷ (*hoyo profundo*) Schacht *m;* ~ **de abono líquido** Jauchegrube *f;* ~ **airón** tiefe

Grube; ~ **de extracción** Förderschacht *m;* ~ **de lobos** Fallgrube *f;* ~ **negro** Fäkaliengrube *f;* ~ **petrolífero** Ölquelle *f;* ~ **de retrete** Latrine *f;* ~ **séptico** biologische Klärgrube; **caer en un** ~ (*fig*) in Vergessenheit geraten; **ser un** ~ **sin fondo** (*fig*) ein Fass ohne Boden sein; **ser un** ~ **de ciencia** (*fig*) ein unerschöpfliches Wissen haben ❸ (*CSur: bache*) Schlagloch *nt*

**p.p.** [por po'ðer] *abr de* **por poder** pp.

**i Land & Leute**

**PP** *m*: 1996 gewann die konservative Partei – **PP** (*Partido Popular*) – mit José María Aznar an der Spitze die spanischen Parlamentswahlen. Davor hatte 13 Jahre lang der *PSOE* (*Partido Socialista Obrero Español*) regiert.

**práctica** ['praktika] *f* ❶ (*experiencia*) Praxis *f;* ~ **en la conducción** Fahrpraxis *f;* **una** ~ **de muchos años** langjährige Erfahrung; **adquirir** ~ Erfahrung sammeln; **perder la** ~ aus der Übung kommen; **tener** ~ **en algo** Übung in etw *dat* haben; **la** ~ **hace al maestro** (*prov*) Übung macht den Meister ❷ (*ejercitación*) Übung *f* ❸ (*ejercicio de algo*) Ausübung *f;* ~ **profesional** Berufsausübung *f* ❹ (*cursillo*) Praktikum *nt;* ~ **preprofesional** Berufspraktikum *nt* ❺ (*realización*) Ausführung *f;* **en la** ~ in der Praxis; **llevar a la** ~ in die Praxis umsetzen; **poner en** ~ realisieren; **poner en** ~ **una posibilidad** von einer Möglichkeit Gebrauch machen ❻ (*costumbre*) Brauch *m;* ~ **judicial** Rechtspflege *f;* **la** ~ **de los negocios** die Geschäftsgepflogenheiten ❼ (*modo*) Art und Weise *f;* (*método*) Methode *f;* **la** ~ **comercial** die Geschäftsmethoden

**practicable** [prakti'kaβle] *adj* ❶ (*realizable*) realisierbar, durchführbar ❷ (*camino*) begehbar; (*calle*) befahrbar ❸ (*puerta, ventana*) benutzbar

**practicante** [prakti'kaṇte] **I.** *adj* praktizierend; **un católico** ~ ein praktizierender Katholik **II.** *mf* ❶ (*que practica*) Praktikant(in) *m(f)* ❷ (*que tiene título para curar sin ser médico*) Heilpraktiker(in) *m(f)* ❸ (*farmacia*) Apothekengehilfe, -helferin *m, f*

**practicar** [prakti'kar] <c→qu> **I.** *vi* ein Praktikum absolvieren **II.** *vt* praktizieren; ~ **deporte** Sport treiben; **estudió medicina, pero no practica** er/sie hat Medizin studiert, übt aber den Beruf nicht aus; ~ **el español** die spanische Sprache sprechen; ~ **una operación** eine Operation durchführen

**práctico**[1] ['praktiko] *m* Lotse *m;* ~ **de aeropuerto** Fluglotse *m*

**práctico, -a**[2] ['praktiko, -a] **I.** *adj* praktisch; (*experimentado*) erfahren **II.** *m, f* Praktiker(in) *m(f)*

**pradera** [pra'ðera] *f* große Wiese *f*

**pradería** [praðe'ria] *f* Weideland *nt*

**prado** ['praðo] *m* (*para ganado*) Weide *f;* (*para pasear*) Wiese *f*

**Praga** ['praɣa] *f* Prag *nt*

**pragmático, -a** [praɣ'matiko, -a] **I.** *adj* pragmatisch **II.** *m, f* Pragmatiker(in) *m(f)*

**pragmatismo** [praɣma'tismo] *m* Pragmatismus *m*

**praguense** [pra'ɣense] **I.** *adj* Prager **II.** *mf* Prager(in) *m(f)*

**prángana** ['praŋgana] *f* (*Méx, PRico*) bittere Armut *f*

**preacuerdo** [prea'kwerðo] *m* Vorvereinbarung *f*

**preámbulo** [pre'ambulo] *m* Präambel *f;* **sin** ~**s** (*fig*) ohne Umschweife; **no andarse con** ~**s** mit der Tür ins Haus fallen; **¡déjese de** ~**s!** kommen Sie zur Sache!

**preaviso** [prea'βiso] *m* Voranmeldung *f*

**prebenda** [pre'βeṇda] *f* ❶ (REL) Pfründe *f* ❷ (*fam: trabajo*) ruhiger Posten *m*

**precalentamiento** [prekaleṇta'mjeṇto] *m* Vorwärmung *f;* (DEP) Aufwärmen *nt*

**precalentar** [prekaleṇ'tar] <e→ie> **I.** *vt* vorwärmen **II.** *vr:* ~**se** (DEP) sich aufwärmen

**precampaña** [prekam'paɲa] *f* Vorfeld *nt*

**precariedad** [prekarje'ða$^{ð}$] *f* Unsicherheit *f*

**precario, -a** [pre'karjo, -a] *adj* ❶ (*de poca estabilidad*) prekär ❷ (JUR) widerruflich

**precaución** [prekau̯'θjon] *f* Vorsicht *f;* **tomar precauciones** Vorkehrungen treffen

**precaver** [preka'βer] **I.** *vt* (*prevenir*) vorbeugen +*dat;* (*evitar*) verhindern **II.** *vr:* ~**se** sich schützen (*de* vor +*dat, contra* gegen +*akk*); **hay que** ~**se de todas las eventualidades** man muss auf alles gefasst sein

**precavido, -a** [preka'βiðo, -a] *adj* vorsichtig

**precedencia** [preθe'ðeṇθja] *f* ❶ (*prioridad*) Vorrang *m,* Vorzug *m;* **dar** ~ **a alguien** jdm den Vortritt lassen ❷ (*superioridad*) Überlegenheit *f*

**precedente** [preθe'ðeṇte] **I.** *adj* vorhergehende(r, s) **II.** *m* Präzedenzfall *m;* **sentar un** ~ einen Präzedenzfall schaffen; **sin** ~**s** beispiellos

**preceder** [preθe'ðer] *vt* ❶ (*anteceder*) vorausgehen +*dat;* **un banquete precedido de varios discursos** ein Festessen, dem mehrere Reden vorausgehen ❷ (*tener primacía*) Vorrang haben (*a* vor +*dat*); ~ **en categoría** höher gestellt sein

**preceptista** [preθep'tista] **I.** *adj* lehrmeisterhaft **II.** *mf* Lehrmeister(in) *m(f);* (LIT) Theoretiker(in) *m(f)*

**preceptiva** [preθep'tiβa] *f* Grundregeln *fpl*

**preceptivo, -a** [preθep'tiβo, -a] *adj* vorschriftsmäßig

**precepto** [pre'θepto] *m* ❶ (*mandamiento*) Befehl *m* ❷ (*norma*) Vorschrift *f;* ~ **básico** Grundsatz *m;* ~ **de conducta** Verhaltensregel *f;* ~ **jurídico** Rechtssatz *m;* ~ **de ley** gesetzliche Vorschrift

**preceptor(a)** [preθep'tor(a)] *m(f)* Lehrer(in) *m(f);* (*que viene a casa*) Hauslehrer(in) *m(f)*

**preceptuar** [preθeptu'ar] <*1. pres:* preceptúo> *vt* vorschreiben

**preces** ['preθes] *fpl* ❶ (*oraciones*) Gebet *nt* ❷ (*súplicas*) Bitte *f*

**preciado, -a** [pre'θjaðo, -a] *adj* ❶ (*estimado*) geschätzt ❷ (*jactancioso*) angeberisch; ~ **de sí mismo** eingebildet

**preciarse** [pre'θjarse] *vr* sich brüsten (*de* mit +*dat*)

**precintar** [pre'θin̩tar] *vt* ❶ (*aduana*) plombieren ❷ (*cigarrillos*) banderolieren

**precinto** [pre'θin̩to] *m* (*sello*) Siegel *nt;* ~ **de aduana** Zollplombe *f*

**precio** ['preθjo] *m* Preis *m;* ~ **abordable** erschwinglicher Preis; ~ **alzado** Pauschalbetrag *m;* ~ **astronómico** Wucherpreis *m;* ~ **al consumidor** Verbraucherpreis *m;* ~ **al contado** Nettopreis *m;* ~ **de conversión** Konversionskurse *mpl;* **el** ~ **de conversión del euro y las respectivas monedas nacionales** die Konversionskurse zwischen dem Euro und den nationalen Währungseinheiten; ~ **de coste** Selbstkostenpreis *m;* ~ **al detalle** Einzelhandelspreis *m;* ~ **de fábrica** Herstellerpreis *m;* ~ **irrisorio** Schleuderpreis *m;* ~ **de liquidación** Räumungspreis *m;* ~ **al por mayor** Mengenpreis *m;* ~ **preferente** Vorzugspreis *m;* ~ **de presentación** Einführungspreis *m;* ~ **al productor** Erzeugerpreis *m;* ~ **prohibitivo** unerschwinglicher Preis; ~ **razonable** angemessener Preis; ~ **recomendado** Preisempfehlung *f;* ~ **de rescate** Lösegeld *nt;* ~ **de salvación** Bergelohn *m;* ~ **solicitado** Preis auf Anfrage; ~ **de tarifa** Listenpreis *m;* ~ **de temporada** saisonbedingter Preis; ~**s únicos** Einheitspreise *mpl;* ~ **unitario** Einzelpreis *m;* ~ **de venta al público** Verkaufspreis *m;* **a buen** ~ günstig; **a** ~ **controlado** preisgebunden; **a mitad de** ~ zum halben Preis; **a poco** ~ billig; **a** ~ **de oro** sehr teuer; **poner el** ~ mit einer Preisangabe versehen; **¿qué** ~ **tiene el libro?** wie viel kostet das Buch?; **de todos los** ~**s** in allen Preislagen; **no tener** ~ (*fig*) unbezahlbar sein; **al** ~ **de la salud** auf Kosten der Gesundheit; **querer conseguir algo a cualquier** ~ etw um jeden Preis erreichen wollen; **poner** ~ **a la cabeza de alguien** einen Preis auf jds Kopf aussetzen

**preciosidad** [preθjosi'ðað] *f* Kostbarkeit *f;* **este cuadro es una** ~ dieses Bild ist sehr kostbar; (*fig*) dieses Bild ist eine Augenweide; **esta chica es una** ~ dieses Mädchen ist entzückend

**precioso, -a** [pre'θjoso, -a] *adj* ❶ (*valioso*) kostbar ❷ (*hermoso*) entzückend

**precipicio** [preθi'piθjo] *m* Abgrund *m;* **estar al borde del** ~ (*fig*) am Rande des Abgrunds stehen

**precipitación** [preθipita'θjon] *f* ❶ (*prisa*) Hast *f;* **con** ~ übereilt ❷ (METEO) Niederschlag *m*

**precipitadamente** [preθipitaða'men̩te] *adv* überstürzt

**precipitado, -a** [preθipi'taðo, -a] *adj* (*apresurado*) übereilt; ~ **en el hablar** vorlaut

**precipitar** [preθipi'tar] **I.** *vt* ❶ (*arrojar*) (hinab)stürzen; **lo** ~**on por la ventana** sie stürzten ihn aus dem Fenster ❷ (*apresurar*) übereilen; (*acelerar*) beschleunigen **II.** *vr:* ~**se** ❶ (*arrojarse*) sich (hinab)stürzen (*a* in +*akk, por/desde* von +*dat*) ❷ (*atacar*) sich stürzen (*sobre* auf +*akk*) ❸ (*acontecimientos*) sich überstürzen; (*personas*) überstürzt handeln; **¡no se precipite!** nur keine Hast!

**precisamente** [preθisa'men̩te] *adv* genau; **¿tiene que ser** ~ **hoy?** muss es ausgerechnet heute sein?; ~ **por eso** eben deshalb

**precisar** [preθi'sar] **I.** *vi* unbedingt nötig sein **II.** *vt* ❶ (*determinar*) präzisieren ❷ (*necesitar*) benötigen; **preciso tu ayuda** ich brauche deine Hilfe ❸ (*obligar*) zwingen

**precisión** [preθi'sjon] *f* ❶ (*exactitud*) Genauigkeit *f;* **aparato de** ~ Präzisionsgerät *nt;* ~ **de funcionamiento** Zuverlässigkeit *f;* ~ **de tiro** Treffsicherheit *f;* **hablar con** ~ deutlich sprechen ❷ (*determinación*) Bestimmtheit *f* ❸ (*necesidad*) Notwendigkeit *f;* **tener** ~ **de hacer algo** etw tun müssen

**preciso, -a** [pre'θiso, -a] *adj* ❶ (*necesario*) notwendig; **es** ~ **que...** +*subj* es ist notwendig, dass ...; **es ~ que nos veamos** wir müssen uns unbedingt sehen; **si es ~...** falls erforderlich ... ❷ (*exacto*) genau; (*estilo*) klar; **a la hora precisa** pünktlich

**preclaro, -a** [pre'klaro, -a] *adj* berühmt

**precocidad** [prekoθi'ða$^{d}$] *f* ❶ (*del niño*) Frühreife *f* ❷ (*de tiempo*) Frühzeitigkeit *f*

**precocinado, -a** [prekoθi'naðo, -a] *adj* vorgekocht; **plato ~** Fertiggericht *nt*

**preconcebido, -a** [prekoṇθe'βiðo, -a] *adj* vorgefasst; **tener ideas preconcebidas** Vorurteile haben

**preconcebir** [prekoṇθe'βir] *irr como pedir vt* bedenken

**preconizable** [prekoni'θaβle] *adj* anerkennenswert

**preconizar** [prekoni'θar] <z→c> *vt* ❶ (*recomendar*) befürworten ❷ (*encomiar*) lobpreisen

**precoz** [pre'koθ] *adj* frühreif

**precursor(a)** [prekur'sor(a)] **I.** *adj* bahnbrechend **II.** *m(f)* Vorläufer(in) *m(f)*

**predador(a)** [preða'ðor(a)] *m(f)* ❶ Plünderer, -in *m, f* ❷ (*animal*) Raubtier *nt*

**predecesor(a)** [preðeθe'sor(a)] *m(f)* ❶ (*en el cargo*) Vorgänger(in) *m(f)* ❷ (*antepasados*) Vorfahr(in) *m(f)*

**predecir** [preðe'θir] *irr como decir vt* voraussagen

**predefinir** [preðefi'nir] *vt* (REL) vorbestimmen

**predestinado, -a** [preðesti'naðo, -a] *adj* ❶ (*elegido*) auserkoren ❷ (*destino*) vorherbestimmt; **estar ~ al crimen** zum Verbrecher prädestiniert sein

**predestinar** [preðesti'nar] *vt* vorherbestimmen

**predeterminación** [preðetermina'θjon] *f* Vorausbestimmung *f*

**predeterminar** [preðetermi'nar] *vt* vorausbestimmen

**prédica** ['preðika] *f* Predigt *f*; (*discurso*) Rede *f*

**predicación** [preðika'θjon] *f* ❶ (*sermonear*) Predigen *nt* ❷ (*sermón*) Predigt *f*

**predicado** [preði'kaðo] *m* (LING) Prädikat *nt*

**predicador(a)** [preðika'ðor(a)] **I.** *adj* predigend **II.** *m(f)* Prediger(in) *m(f)*

**predicar** [preði'kar] <c→qu> *vt* ❶ (*sermonear*) predigen; **~ en desierto** tauben Ohren predigen; **hay que ~ con el ejemplo** man muss mit gutem Beispiel vorangehen; **una cosa es ~ y otra dar trigo** (*prov*) ≈Reden und Handeln ist zweierlei; **no se puede ~ y andar en la procesión** (*prov*) man kann nicht auf zwei Hochzeiten tanzen ❷ (*publicar*) verkünden ❸ (*elogiar*) überschwänglich loben ❹ (*amonestar*) die Leviten lesen +*dat fam*

**predicativo, -a** [preðika'tiβo, -a] *adj* (LING) prädikativ

**predicción** [preðiɣ'θjon] *f* Vorhersage *f*; **~ económica** Wirtschaftsprognose *f*

**predilección** [preðileɣ'θjon] *f* Vorliebe *f*

**predilecto, -a** [preði'lekto, -a] *adj* bevorzugt; **hijo ~** Lieblingskind *nt*; **plato ~** Leibgericht *nt*

**predio** ['preðjo] *m* ❶ (JUR) Grundstück *nt*; **~ familiar** Familienbesitz *m*; **~ grande** Großbesitz *m* ❷ (*finca*) Gut *nt*; **~ familiar** Familienbetrieb *m*; **~ pequeño** bäuerlicher Kleinbetrieb

**predisponer** [preðispo'ner] *irr como poner* **I.** *vt* ❶ (*fijar por anticipado*) im Voraus festlegen; **predispongamos ya la fecha de nuestra próxima reunión** lass uns jetzt schon den Termin unserer nächsten Sitzung festlegen; **venía predispuesto a pelearse** er war auf Streit aus, als er kam ❷ (*influir*) beeinflussen; **~ a alguien a favor/en contra de alguien** jdn für/gegen jdn einnehmen ❸ (*inclinar*) empfänglich machen (*a* für +*akk*); (MED) anfällig machen (*a* für +*akk*) **II.** *vr*: **~se** ❶ (*prepararse*) sich einstellen (*a* auf +*akk*) ❷ (*tomar partido*) sich *dat* vorschnell ein Urteil bilden (*respecto a/de* über +*akk*); **~se a favor/en contra de alguien** jdm gegenüber positiv/negativ eingestellt sein

**predisposición** [preðisposi'θjon] *f* Veranlagung *f*; (*tendencia*) Neigung *f*; (MED) Prädisposition *f*; **~ al crimen** kriminelle Veranlagung; **tener ~ a engordar** zum Dickwerden neigen

**predispuesto, -a** [preðis'pwesto, -a] **I.** *pp de* **predisponer II.** *adj* ❶ *ser* (*sensible*) anfällig; **ser ~ a coger todos los virus** für jegliche Art von Viren empfänglich sein ❷ *estar* (*prevenido*) voreingenommen; **estar (mal) ~ contra alguien** jdm gegenüber voreingenommen sein

**predominante** [preðomi'naṇte] *adj* vorherrschend

**predominar** [preðomi'nar] *vi, vt* ❶ (*prevalecer*) überwiegen; **aquí predomina el compañerismo** bei uns wird Kameradschaft groß geschrieben; **en este parque las palomas predominan en número sobre los gorriones** in diesem Park sind die Tauben den Spatzen zahlenmäßig weit überlegen ❷ (*sobresalir*) überragen ((*sobre*) +*akk*, *en* an +*dat*)

**predominio** [preðo'minjo] *m* ❶ (*poder*) Vorherrschaft *f* (*en* in +*dat*) ❷ (*preponderancia*) Übergewicht *nt* (*en* an +*dat*) ❸ (*superioridad*) Vorrang *m* (*sobre* vor

P

+*dat*)

**preeminencia** [pre(e)mi'neṇθja] *f* Vorrang *m*

**preeminente** [pre(e)mi'neṇte] *adj* vorrangig

**preescolar** [pre(e)sko'lar] *adj* vorschulisch; **edad** ~ Vorschulalter *nt*

**preestablecido**, **-a** [pre(e)staβle'θiðo, -a] *adj* bereits festgelegt

**preestreno** [pre(e)s'treno] *m* Voraufführung *f*

**preexistente** [pre(e)ʸsis'teṇte] *adj* vorher bestehend; (FILOS) präexistent

**preexistir** [pre(e)ʸsis'tir] *vi* vorher bestehen

**prefabricado**, **-a** [prefaβri'kaðo, -a] *adj* vorgefertigt; **casa prefabricada** Fertighaus *nt*

**prefacio** [pre'faθjo] *m* (*libro*) Vorwort *nt;* (*discurso*) Vorrede *f*

**preferencia** [prefe'reṇθja] *f* ❶ (*elección, trato*) Bevorzugung *f* (*por* +*gen*); **mostrar ~ por alguien** jdn bevorzugen ❷ (*predilección*) Vorliebe *f* (*por* für +*akk*); **sentir ~ por alguien** eine Vorliebe für jdn haben ❸ (*prioridad*) Vorrang *m;* ~ **de paso** Vorfahrt *f;* **precio de** ~ Vorzugspreis *m;* **sitio de** ~ Rangloge *f;* **tener ~ ante alguien** den Vortritt vor jdm haben; **dar** ~ den Vorzug geben; **de** ~ vorzugsweise

**preferente** [prefe'reṇte] *adj* vorrangig; (*urgente*) vordringlich; **acciones ~s** (FIN) Vorzugsaktien *fpl*

**preferentemente** [preferenṭe'meṇte] *adv* hauptsächlich

**preferible** [prefe'riβle] *adj* vorzuziehen; **sería ~ que lo hicieras** du solltest es besser tun

**preferiblemente** [preferiβle'meṇte] *adv* besser

**preferido**, **-a** [prefe'riðo, -a] *adj* bevorzugt, Lieblings-

**preferir** [prefe'rir] *irr como sentir vt* vorziehen; **prefiero que...** +*subj* es ist mir lieber, wenn ...; **prefiero ir a pie** ich gehe lieber zu Fuß

**prefigurar** [prefiɣu'rar] **I.** *vt* eine erste Vorstellung geben (von +*dat*) **II.** *vr:* **~se** sich *dat* im Voraus denken [*o* ausmalen]

**prefijar** [prefi'xar] *vt* ❶ (*determinar*) (im Voraus) festsetzen ❷ (LING) präfigieren

**prefijo** [pre'fixo] *m* ❶ (LING) Präfix *nt* ❷ (TEL) Vorwahl(nummer) *f*

**pregón** [pre'ɣon] *m* öffentliche Bekanntmachung *f;* **con/sin** ~ (*fig*) mit (großem)/ohne (jegliches) Aufsehen

**pregonar** [preɣo'nar] *vt* ❶ (*en público*) öffentlich ausrufen; ~ **una mercancía** eine Ware anpreisen ❷ (*lo que estaba oculto*) ausposaunen *fam;* ~ **a los cuatro vientos** (*fam*) an die große Glocke hängen; ~ **a tambor batiente** ausplaudern ❸ (*alabar*) öffentlich loben

**pregonero**, **-a** [preɣo'nero, -a] *m, f* ❶ (*público*) Ausrufer(in) *m(f);* (*en el mercado*) Marktschreier(in) *m(f)* ❷ (*fam: chismoso*) Klatschmaul *nt*

**pregunta** [pre'ɣuṇta] *f* ❶ (*demanda*) Frage *f;* ~ **capciosa** Fangfrage *f;* **hacer ~s capciosas a alguien** jdn aufs Glatteis führen *fam;* **estar a la cuarta** ~ schlecht bei Kasse sein; **estrechar a ~s a alguien** jdm Löcher in den Bauch fragen *fam;* **a tal ~ tal respuesta** auf dumme Fragen bekommt man dumme Antworten ❷ (*de datos*) Abfrage *f*

**preguntar** [preɣuṇ'tar] **I.** *vt* fragen; ~ **la lección** abfragen; ~ **a un sospecho** einen Verdächtigen verhören; ~ **por alguien** nach jdm fragen; **quien pregunta no yerra** (*prov*) mit Fragen kommt man durch die Welt **II.** *vr:* **~se** sich fragen

**preguntón**, **-ona** [preɣuṇ'ton, -ona] *adj* wissbegierig

**prehistoria** [preis'torja] *f* Vorgeschichte *f*

**prehistórico**, **-a** [preis'toriko, -a] *adj* prähistorisch

**preindustrial** [preiṇdus'trjal] *adj* vorindustriell

**preinscribir** [preiⁿskri'βir] *vt, vr:* **~se** (sich) voreintragen

**prejubilación** [prexuβila'θjon] *f* Vorruhestand *m*

**prejuicio** [pre'xwiθjo] *m* Vorurteil *nt*

**prejuzgar** [prexuθ'ɣar] <g→gu> *vt* vorschnell beurteilen

**prelado** [pre'laðo] *m* Prälat *m*

**preliminar** [prelimi'nar] *adj* ❶ (*inicial*) einleitend, Vor- ❷ (*preparatorio*) vorbereitend

**preliminares** [prelimi'nares] *mpl* Vorverhandlungen *fpl*

**preludiar** [prelu'ðjar] **I.** *vi* (MÚS) präludieren **II.** *vt* einleiten

**preludio** [pre'luðjo] *m* ❶ (*principio*) Einleitung *f* ❷ (*composición*) Präludium *nt*

**premamá** [prema'ma] *adj inv:* **vestido** ~ Umstandskleid *nt*

**prematrimonial** [prematrimo'njal] *adj* vorehelich

**prematuro**, **-a** [prema'turo, -a] *adj* ❶ (*persona*) frühreif ❷ (*antes de tiempo*) vorzeitig; (*apresurado*) voreilig; **detección prematura del cáncer** Krebsfrüherkennung *f;* **nacimiento** ~ Frühgeburt *f*

**premeditación** [premeðita'θjon] *f* Vorsatz *m;* **con** ~ vorsätzlich

**premeditadamente** [premeðitaða'mente] *adv* vorsätzlich

**premeditado, -a** [premeði'taðo, -a] *adj* wissentlich

**premeditar** [premeði'tar] *vt* (*pensar*) sich *dat* vorher überlegen; (*planear*) planen; (JUR) vorsätzlich planen

**premiado, -a** [pre'mjaðo, -a] **I.** *adj* preisgekrönt **II.** *m, f* Preisträger(in) *m(f)*

**premiar** [pre'mjar] *vt* ❶ (*recompensar*) belohnen ❷ (*dar un premio*) prämiieren

**premier** [pre'mjer] *mf* Premierminister(in) *m(f)*

**premio** ['premjo] *m* ❶ (*galardón*) Preis *m;* ~ **Nobel** (**de literatura**) Nobelpreis *m* (für Literatur); **conceder un** ~ einen Preis verleihen ❷ (*recompensa*) Belohnung *f;* ~ **por hallazgo** Finderlohn *m* ❸ (*remuneración*) Prämie *f;* ~ **al ahorro** Sparprämie *f;* ~ **de antigüedad** Dienstalterszulage *f;* ~ **de constancia** Treueprämie *f;* ~ **de natalidad** Mutterschaftsgeld *nt* ❹ (*lotería*) Lotteriegewinn *m;* **el** ~ **gordo** der Haupttreffer ❺ (*ganador*) Preisträger(in) *m(f);* **García Márquez es** ~ **Nobel de literatura** García Márquez ist Literaturnobelpreisträger

**premioso, -a** [pre'mjoso, -a] *adj* ❶ (*ajustado*) eingeengt ❷ (*molesto*) lästig ❸ (*estrecho*) eng ❹ (*torpe*) schwerfällig ❺ (*estricto*) streng

**premisa** [pre'misa] *f* ❶ (*condición*) Voraussetzung *f* ❷ (*indicio*) Kennzeichen *nt*

**premonición** [premoni'θjon] *f* (*presentimiento*) Vorahnung *f*

**premonitorio, -a** [premoni'torjo, -a] *adj* vorwarnend; (MED) prämonitorisch

**premunir** [premu'nir] **I.** *vt* (*Am*) versorgen (*de* mit +*dat*) **II.** *vr:* ~**se** (*Am*) sich eindecken (*de* mit +*dat*)

**premura** [pre'mura] *f* ❶ (*apuro*) Dringlichkeit *f* ❷ (*prisa*) Eile *f* ❸ (*falta*) Mangel *m* (*de* an +*dat*)

**prenatal** [prena'tal] *adj* vorgeburtlich

**prenda** ['prenda] *f* ❶ (*fianza*) Pfand *nt;* **en** ~ als Pfand; **en** ~**s** als Beweis; **hacer** ~ als Pfand einbehalten; **soltar** ~ sich verpflichten; **no soltar** ~ (*fam*) nichts herauslassen; **a mí no me duelen** ~**s** es macht mir gar nichts aus ❷ (*pieza*) Kleidungsstück *nt;* ~**s interiores** Unterwäsche *f;* ~ **protectora** Schutzkleidung *f* ❸ (*cariño*) Schatz *m;* **la** ~ **de mi corazón** mein Herzallerliebster/meine Herzallerliebste ❹ (*cualidades*) Gabe *f;* ~**s del espíritu** Geistesgaben *fpl;* **un hombre de** ~**s** ein begabter Mensch

**prendar** [pren'dar] **I.** *vt* ❶ (*tomar como prenda*) pfänden ❷ (*ganar el afecto*) für sich gewinnen **II.** *vr:* ~**se** sich verlieben (*de* in +*akk*)

**prendedor** [prende'ðor] *m* (*broche*) Brosche *f;* (*de corbata*) Krawattennadel *f*

**prender** [pren'der] **I.** *vi* (*planta*) Wurzeln schlagen; (*medicamentos*) anschlagen; (*ideas*) sich verbreiten; **sus ideas prendieron fácilmente en la juventud** seine/ihre Ideen fanden bei der Jugend sofort Anklang **II.** *vt* ❶ (*sujetar*) befestigen; (*con alfileres*) feststecken; (*con cola*) festkleben; (*en un gancho*) aufhängen; (*el pelo*) hochstecken; (*juntar el pelo*) zusammenbinden; ~ **un babero a un niño** einem Kind ein Lätzchen umbinden; ~ **un alfiler de corbata** eine Krawattennadel anstecken ❷ (*detener*) festnehmen ❸ (*fuego*): **el coche prendió fuego** das Auto fing Feuer ❹ (*Am: encender*) anzünden; (*luz*) anmachen; ~ **un cigarillo** eine Zigarette anstecken **III.** *vr:* ~**se** ❶ (*mujeres*) sich herausputzen; ~**se una flor en el ojal** sich *dat* eine Blume ins Knopfloch stecken ❷ (*PRico: emborracharse*) sich betrinken

**prensa** ['prensa] *f* ❶ (*máquina*) Presse *f;* ~ **de uvas** Weinpresse *f* ❷ (*imprenta*) Druckerei *f;* **dar a la** ~ in Druck geben; **estar en** ~ sich im Druck befinden ❸ (PREN) Presse *f;* ~ **amarilla** Sensationspresse *f;* ~ **especializada** Fachpresse *f;* **secretario de** ~ Pressesprecher *m;* **P**~ **y Relaciones Públicas** Presse- und Öffentlichkeitsarbeit *f;* **tener buena/mala** ~ (*fig*) einen guten/schlechten Ruf haben

**prensar** [pren'sar] *vt* pressen; (*uvas*) keltern

**prensil** [pren'sil] *adj* Greif-

**preñada** [pre'ɲaða] *adj* (*mujer*) schwanger

**preñado, -a** [pre'ɲaðo, -a] *adj* ❶ (*animal*) trächtig ❷ (*lleno*) voll (*de* mit +*dat*); **una nube preñada de agua** eine regenschwere Wolke; **una palabra preñada** ein tiefsinniges Wort; ~ **de dificultades** voller Schwierigkeiten; ~ **de emoción** gefühlvoll

**preñar** [pre'ɲar] *vt* ❶ (*mujer*) schwängern ❷ (*animal*) decken ❸ (*llenar*) füllen

**preñez** [pre'ɲeθ] *f* ❶ (*de la mujer*) Schwangerschaft *f* ❷ (*del animal*) Trächtigkeit *f* ❸ (*incertidumbre*) Ungewissheit *f;* (*dificultad*) Schwierigkeit *f*

**preocupación** [preokupa'θjon] *f* ❶ (*desvelo*) Sorge *f* (*por* um +*akk,* wegen +*gen/dat*); **¡déjate de preocupaciones!** mach dir nicht so viele Gedanken!; **sin preocupaciones** sorglos ❷ (*pesadumbre*) Kummer *m;* **causar preocupaciones a al-**

P

guien jdm Kummer bereiten ❸ (*obsesión*) fixe Idee *f;* **tu única** ~ **es el dinero** du denkst nur ans Geld ❹ (*prejuicio*) Voreingenommenheit *f;* (JUR) Befangenheit *f*

**preocupado, -a** [preoku'paðo, -a] *adj* (*inquieto*) besorgt (*por* wegen +*gen/dat,* über +*akk*); **mi padre anda bastante** ~ mein Vater macht sich *dat* ziemlich große Sorgen; **tener el espíritu** ~ **por algo** völlig mit etw *dat* beschäftigt sein

**preocupante** [preoku'pan̪te] *adj* Besorgnis erregend

**preocupar** [preoku'par] **I.** *vt* ❶ (*inquietar*) beunruhigen, Sorgen machen +*dat;* **¿por qué preocupas tanto a tus padres?** warum bereitest du deinen Eltern solche Sorgen? ❷ (*prevenir*) einnehmen (*por* für +*akk, contra* gegen +*akk*) **II.** *vr:* ~**se** ❶ (*inquietarse*) sich *dat* Sorgen machen (*por* um +*akk,* wegen +*gen/dat*); **¡no se preocupe!** seien Sie unbesorgt!; **¡no te preocupes tanto!** mach dir nicht so viele Gedanken! ❷ (*encargarse*) sich kümmern (*de* um +*akk*); **no se preocupa de arreglar el asunto** er/sie hält es nicht für nötig, die Sache in Ordnung zu bringen ❸ (*tener prejuicios*) voreingenommen sein

**preolímpico, -a** [preo'limpiko, -a] *adj* vorolympisch

**preparación** [prepara'θjon] *f* ❶ (*de un asunto*) Vorbereitung *f* ❷ (*de la comida*) Zubereitung *f* ❸ (*de materias primas*) Aufbereitung *f;* ~ **de datos** (INFOR) Datenaufbereitung *f* ❹ (*formación*) Ausbildung *f;* ~ **académica** Hochschulausbildung *f;* ~ **especializada** Fachausbildung *f;* ~ **profesional** Berufsausbildung *f;* **sin** ~ ohne Vorbildung ❺ (*farmacéutica*) Präparat *nt*

**preparado**[1] [prepa'raðo] *m* Präparat *nt;* ~ **listo** Fertigpräparat *nt*

**preparado, -a**[2] [prepa'raðo, -a] *adj* (*listo*) bereit; ~ (**para funcionar**) betriebsbereit; **tener** ~ bereithalten; ~ **para recepción** empfangsbereit

**preparar** [prepa'rar] **I.** *vt* ❶ (*disponer*) vorbereiten; (*la comida*) zubereiten; (*materias primas*) aufbereiten; **en esta escuela profesional te preparan bien** auf dieser Berufsschule erhältst du eine gute Ausbildung; **en inglés me prepara una profesora nativa** ich werde von einer Engländerin in Englisch unterrichtet; ~ **un buque para zarpar** ein Schiff klarmachen zum Auslaufen; ~ **el camino** den Weg bahnen; ~ **una casa para vivir en ella** ein Haus herrichten; ~ **un discurso** eine Rede ausarbeiten; ~ **las maletas** die Koffer packen; **ya puedes** ~ **la maleta** (*fam*) es kann jederzeit losgehen; ~ **la tierra** den Boden bearbeiten ❷ (QUÍM) ansetzen ❸ (INFOR: *datos*) aufbereiten; (*programa*) erstellen ❹ (ANAT) präparieren **II.** *vr:* ~**se** sich vorbereiten (*para/a* auf/für +*akk*); **me preparaba a salir, cuando empezó a llover** ich wollte mich gerade zum Gehen fertig machen, da fing es an zu regnen; **se prepara una tormenta** es braut sich ein Unwetter zusammen; ~**se para cualquier eventualidad** sich auf alles gefasst machen

**preparativo**[1] [prepara'tiβo] *m* Vorbereitung *f*

**preparativo, -a**[2] [prepara'tiβo, -a] *adj* vorbereitend

**preparatorio, -a** [prepara'torjo, -a] *adj* vorbereitend; **curso** ~ Vorbereitungskurs *m;* **trabajos** ~**s** Vorarbeiten *fpl*

**prepo** ['prepo] (*Arg*): **de** ~ mit Gewalt

**preponderancia** [preponde'ranθja] *f* Übergewicht *nt*

**preponderante** [preponde'ran̪te] *adj* vorherrschend

**preponderar** [preponde'rar] *vi* überwiegen

**preposición** [preposi'θjon] *f* Präposition *f*

**prepotencia** [prepo'tenθja] *f* ❶ (*superioridad*) Übermächtigkeit *f* ❷ (*arrogancia*) Arroganz *f*

**prepotente** [prepo'ten̪te] *adj* ❶ (*superior*) übermächtig ❷ (*arrogante*) überheblich

**prepucio** [pre'puθjo] *m* (ANAT) Vorhaut *f*

**prerrequisito** [prerreki'sito] *m* Vorbedingung *f*

**prerrogativa** [prerroɣa'tiβa] *f* (*privilegio*) Vorrecht *nt*

**presa** ['presa] *f* ❶ (*acción*) (Ein)fangen *nt;* **las llamas hicieron** ~ **en la casa** das Haus wurde ein Opfer der Flammen ❷ (*objeto, de caza*) Beute *f;* **hacer una** ~ Beute machen; (*un ave*) Beute schlagen; **ser** ~ **del terror** von Panik ergriffen werden ❸ (ZOOL): **animal de** ~ Raubtier *nt* ❹ (*dique: en valle*) Talsperre *f;* (*en río*) Staudamm *m* ❺ (*colmillo*) Fangzahn *m* ❻ (*uña*) Kralle *f* ❼ (*acequia*) Bewässerungskanal *m* ❽ (*de comida*) Stück *nt* ❾ (DEP) Griff *m;* ~ **de brazo** (*judo*) Armhebel *m*

**presagiar** [presa'xjar] *vt* voraussagen; **estas nubes presagian tormenta** diese Wolken sehen nach Gewitter aus

**presagio** [pre'saxjo] *m* ❶ (*señal*) Omen *nt* ❷ (*presentimiento*) Vorahnung *f*

**presbicia** [pres'βiθja] *f* Weitsichtigkeit *f*

**presbiterio** [presβi'terjo] *m* Altarraum *m*

**presbítero** [pres'βitero] *m* Priester *m*
**prescindible** [presθin̩'diβle] *adj* entbehrlich
**prescindir** [presθin̩'dir] *vi* ❶ (*renunciar a*) verzichten (*de* auf +*akk*); **tenemos que ~ del coche** wir müssen ohne Auto auskommen; **no podemos ~ de él** wir kommen ohne ihn nicht zurecht ❷ (*pasar por alto*) übergehen (*de* +*akk*); **han prescindido de mi opinión** sie haben meine Meinung ignoriert ❸ (*no contar*) nicht rechnen (*de* mit +*dat*)
**prescribir** [preskri'βir] *irr como escribir* **I.** *vi* (*delito*) verjähren **II.** *vt* ❶ (*indicar*) vorschreiben; **prescrito por la ley** gesetzlich vorgeschrieben ❷ (MED) verordnen; (*recetar*) verschreiben
**prescripción** [preskriβ'θjon] *f* ❶ (*indicación*) Vorschrift *f* ❷ (MED) Verordnung *f;* (*receta*) Rezept *nt* ❸ (*de delito*) Verjährung *f*
**prescrito, -a** [pres'krito, -a] *adj* ❶ (*ordenado*) vorgeschrieben ❷ (*extinguido*) verjährt
**preseleccionar** [preseleʏθjo'nar] *vt* vorher auswählen; (DEP) (eine Auswahlmannschaft) aufstellen
**presencia** [pre'sen̩θja] *f* ❶ (*asistencia*) Gegenwart *f;* **sin la ~ del ministro** ohne Beisein des Ministers ❷ (*aspecto*) Aussehen *nt;* **buena ~** gepflegtes Äußeres; **tener buena ~** gut aussehen ❸ (*existencia*): **estamos en ~ del aeropuerto más grande de Europa** wir haben den größten Flughafen Europas vor uns; **los vecinos están asustados por la ~ de ladrones** die Nachbarn haben Angst vor den Dieben; **la constante ~ de ese recuerdo no le dejaba dormir** die ständige Erinnerung daran brachte ihn um den Schlaf
**presencial** [presen̩'θjal] *adj:* **testigo ~** Augenzeuge, -in *m, f*
**presenciar** [presen̩'θjar] *vt* ❶ (*asistir*) beiwohnen +*dat;* **10.000 personas ~on el concierto** 10.000 Leute besuchten das Konzert ❷ (*ver*) sehen
**presentable** [presen̩'taβle] *adj:* **este trabajo está ~** diese Arbeit ist akzeptabel; **este trabajo es ~** diese Arbeit kann man vorzeigen; **ponerse ~** sich zurechtmachen; **vestido así no estás ~** in diesem Aufzug kannst du dich nicht sehen lassen
**presentación** [presen̩ta'θjon] *f* ❶ (*de una novela, t.* TV, RADIO) Präsentation *f;* (*de una máquina/un número artístico*) Vorführung *f;* (TEAT) Inszenierung *f* ❷ (*de instancia/dimisión/trabajo*) Einreichen *nt;* **el plazo de ~ de solicitudes finaliza hoy** die Frist für die Antragstellung läuft heute ab ❸ (*de argumentos*) Vorbringen *nt;* (*de pruebas*) Beibringen *nt;* (*de propuesta*) Unterbreitung *f* ❹ (*de pasaporte/documento*) Vorlage *f;* **a su ~** (**de la letra**) bei Vorlage (des Wechsels) ❺ (*aspecto*) Aussehen *nt;* (*de un libro*) Aufmachung *f* ❻ (*Am: súplica*) Gesuch *nt*
**presentador(a)** [presen̩ta'ðor(a)] *m(f)* (*de programa*) Moderator(in) *m(f);* (*de telediario*) Nachrichtensprecher(in) *m(f)*
**presentar** [presen̩'tar] *vt* ❶ (*mostrar*) vorstellen; (*moda*) vorführen ❷ (*ofrecer*) aufweisen; **el viaje presenta dificultades** die Reise birgt Schwierigkeiten in sich; **la ciudad presenta un aspecto de gala** die Stadt zeigt sich in vollem Glanz; **este informe presenta los sucesos de una manera clara** dieser Bericht legt die Geschichte deutlich dar ❸ (TV, RADIO) präsentieren; (TEAT) aufführen; (*presentador*) moderieren ❹ (*instancia, dimisión, trabajo*) einreichen ❺ (*argumentos*) vorbringen; (*pruebas*) beibringen; (*propuesta*) unterbreiten ❻ (*pasaporte, documento*) vorlegen ❼ (*persona*) vorstellen; **te presento a mi marido** darf ich dir meinen Mann vorstellen? ❽ (*candidato*) vorschlagen
**presente**[1] [pre'sen̩te] *m* ❶ (*actualidad*) Gegenwart *f;* **hasta el ~** bis jetzt; **por el ~** augenblicklich ❷ (LING) Präsens *nt* ❸ (*regalo*) Geschenk *nt*
**presente**[2] [pre'sen̩te] **I.** *adj* ❶ (*que está*) anwesend; **¡~!** hier!; **estar ~** dabei sein ❷ (*actual*) gegenwärtig ❸ (*este*): **la ~ edición** diese Ausgabe; **la ~ tesina** die vorliegende Diplomarbeit ❹ (*loc*): **hay que tener ~ las circunstancias** man muss sich *dat* die Umstände vor Augen führen; **por la ~ deseo comunicarle que...** (*en una carta*) hiermit möchte ich Ihnen mitteilen, dass ...; **ten ~ lo que te he dicho** denk daran, was ich dir gesagt habe **II.** *mf* (*asistente*) Anwesende(r) *mf*
**presentimiento** [presen̩ti'mjen̩to] *m* Vorahnung *f;* **tengo el ~ de que...** ich habe das Gefühl, dass ...
**presentir** [presen̩'tir] *irr como sentir vt* vorausahnen; **presiento que mañana lloverá** ich habe das Gefühl, dass es morgen regnen wird
**preservación** [preserβa'θjon] *f* Schutz *m*
**preservar** [preser'βar] **I.** *vt* schützen (*de/contra* vor +*dat*) **II.** *vr:* **~se** sich schützen (*de/contra* vor +*dat*)
**preservativo** [preserβa'tiβo] *m* Präservativ *nt*

**presidencia** [presiˈðen̩θja] *f* ❶ (*mandato*) Präsidentschaft *f;* **asumir la** ~ das Präsidentenamt antreten; **esta orden viene de** ~ dieser Befehl kommt vom Präsidenten selbst ❷ (*edificio*) Amtssitz *m* des Präsidenten ❸ (*de organización/asamblea: conjunto*) Präsidium *nt;* (*individuo*) Vorsitzende(r) *mf;* **asumir la** ~ den Vorsitz übernehmen

**presidencial** [presiðen̩ˈθjal] *adj* ❶ (POL) präsidial, Präsidenten- ❷ (*de asamblea*) Vorstands-

**presidencialismo** [presiðen̩θjaˈlismo] *m sin pl* (POL) Präsidialsystem *nt*

**presidente** [presiˈðen̩te] *mf* ❶ (POL) Präsident(in) *m(f);* ~ **alemán Rau** Bundespräsident Rau; **el** ~ **de Baden-Württemberg** der Ministerpräsident von Baden-Württemberg ❷ (*de asociación*) Vorsitzende(r) *mf*

**i Land & Leute**

Am 3. März 1996 gewann die konservative Volkspartei Spaniens, der *PP* (*Partido Popular*), die vorgezogenen Parlamentswahlen, und José María Aznar wurde zwei Monate später, am 4. Mai 1996, zum **Presidente del Gobierno** – Ministerpräsidenten ernannt. Vor ihm war 13 Jahre lang Felipe González **Presidente del Gobierno** gewesen.

**presidiario, -a** [presiˈðjarjo, -a] *m, f* Häftling *m*

**presidio** [preˈsiðjo] *m* Gefängnis *nt;* **condenar a 20 años de** ~ zu 20 Jahren Gefängnis verurteilen

**presidir** [presiˈðir] *vt* ❶ (*ocupar presidencia*) den Vorsitz (inne)haben (in +*dat*) ❷ (*mandar*) leiten ❸ (*dominar*) dominieren

**presilla** [preˈsiʎa] *f* Schlaufe *f*

**presión** [preˈsjon] *f* Druck *m;* ~ **arterial** Blutdruck *m;* ~ **competitiva** Konkurrenzdruck *m;* ~ **fiscal** Steuerbelastung *f;* ~ **social** sozialer Zwang; **grupo de** ~ Lobby *f;* **zona de altas presiones** (METEO) Hochdruckgebiet *nt;* **cerrar a** ~ unter Druck verschließen; **¿a qué** ~ **llevas las ruedas?** mit welchem Reifendruck fährst du?; **estar bajo** ~ unter Druck stehen; **hacer** ~ **sobre alguien** jdn unter Druck setzen; **no acepto presiones de nadie** ich lasse mich nicht unter Druck setzen; **Arantxa se ha sabido sacar muy bien la** ~ **de encima con este golpe** Arantxa hat sich mit diesem Schlag aus der Bedrängnis befreit

**presionar** [presjoˈnar] *vt* ❶ (*apretar*) drücken ❷ (*coaccionar*) unter Druck setzen

**preso, -a** [ˈpreso, -a] *m, f* Häftling *m*

**prestación** [prestaˈθjon] *f* ❶ (*de ayuda/servicio*) Leistung *f;* ~ **por desempleo** Arbeitslosengeld *nt;* **prestaciones en especie** Sachleistungen *fpl;* ~ **de servicios** Erbringung von Dienstleistungen; **P~ Social Sustitutoria** Zivildienst *m* ❷ *pl* (*de coche*) Extras *ntpl;* **un coche con todas las prestaciones técnicas** ein Auto mit allen technischen Finessen

**prestado, -a** [presˈtaðo, -a] *adj:* **voy de** ~**, el traje me lo han dejado** der Anzug gehört mir nicht, ich habe ihn mir nur geliehen; **vivir de** ~ **en casa de alguien** umsonst bei jdm wohnen

**prestamista** [prestaˈmista] *mf* (Geld)verleiher(in) *m(f);* (*profesional, contra fianza*) Pfandleiher(in) *m(f);* (*banco*) Darlehensgeber(in) *m(f)*

**préstamo** [ˈprestamo] *m* ❶ (*acción*) (Aus)leihen *nt* ❷ (*lo prestado: para exposición*) Leihgabe *f;* (FIN) Darlehen *nt;* ~ **hipotecario** Bauspardarlehen *nt;* ~ **a interés fijo** Darlehen mit festen Zinssätzen; **la duración de un** ~ die Laufzeit eines Darlehens ❸ (LING) Lehnwort *nt*

**prestancia** [presˈtan̩θja] *f* ❶ (*excelencia*) Vorzüglichkeit *f* ❷ (*distinción*) Vornehmheit *f*

**prestar** [presˈtar] **I.** *vt* ❶ (*dejar*) (aus)leihen, borgen; (*pagando a cambio*) (ver)leihen; **¿me prestas la bici, por favor?** kannst du mir bitte dein Fahrrad (aus)leihen?; **el banco me ha prestado el dinero** die Bank hat mir das Geld geliehen ❷ (*dedicar*): ~ **ayuda/servicios** Hilfe/Dienste leisten; ~ **colaboración** mithelfen; ~ **apoyo** Unterstützung zusagen ❸ (*declaración*) abgeben; (*juramento*) leisten ❹ (*silencio*) bewahren; (*paciencia*) aufbringen; (*atención*) schenken; ~ **oídos** Aufmerksamkeit schenken **II.** *vi* ❶ (*dar de sí*): **los zapatos son pequeños pero ya ~án** die Schuhe sind klein, aber sie werden sich schon weiten; **este pantalón presta mucho** diese Hose dehnt sich sehr; **esta cuerda no presta** dieses Seil reicht nicht ❷ (*ser útil*) taugen **III.** *vr:* ~**se** ❶ (*ofrecerse*) sich anbieten (*para* für +*akk*); **se prestó a ayudarme en la mudanza** er/sie bot mir seine/ihre Hilfe beim Umzug an ❷ (*avenirse*) sich bequemen (*a* zu +*dat*) ❸ (*dar motivo*) verursachen; **tus palabras se prestan a confusión** deine Worte stiften Verwirrung

**prestatario, -a** [presta'tarjo, -a] *m, f* Darlehensnehmer(in) *m(f)*

**presteza** [pres'teθa] *f* Schnelligkeit *f;* (*de ejecución*) Promptheit *f*

**prestidigitación** [prestiðixita'θjon] *f* Taschenspielerei *f;* **un número de ~** ein Taschenspielerkunststück

**prestidigitador(a)** [prestiðixita'ðor(a)] *m(f)* Taschenspieler(in) *m(f)*

**prestigiar** [presti'xjar] *vt* Ansehen verleihen +*dat*

**prestigio** [pres'tixjo] *m* Ansehen *nt;* **una cuestión de ~** eine Prestigesache; **hoy viene un conferenciante de ~** der heutige Redner gilt als Kapazität auf seinem Gebiet

**prestigioso, -a** [presti'xjoso, -a] *adj* angesehen; **muy ~** hoch angesehen

**presto**[1] ['presto] *adv* ❶ (*rápidamente*) schnell ❷ (*al instante*) sofort

**presto, -a**[2] ['presto, -a] *adj* ❶ (*listo*) bereit ❷ (*rápido*) prompt

**presumible** [presu'miβle] *adj* vermutlich; **es ~ que...** +*subj* es ist anzunehmen, dass ...

**presumido, -a** [presu'miðo, -a] *adj* ❶ (*arrogante*) arrogant ❷ (*vanidoso*) eitel

**presumir** [presu'mir] **I.** *vi* ❶ (*vanagloriarse*) angeben (*de* mit +*dat*) ❷ (*cuidarse*) sich herausputzen; **~ más que una mona** (*fam*) ein Lackaffe/ein Modepüppchen sein **II.** *vt* annehmen

**presunción** [presuṇ'θjon] *f* ❶ (*sospecha*) Annahme *f* ❷ (*petulancia*) Angeberei *f* ❸ (*vanidad*) Einbildung *f*

**presunto, -a** [pre'suṇto, -a] *adj* ❶ (*supuesto*) vermutlich; **el ~ asesino** der mutmaßliche Mörder ❷ (*equivocadamente*) vermeintlich

**presuntuosidad** [presuṇtwosi'ða$^{d}$] *f* ❶ (*petulancia*) Angeberei *f* ❷ (*vanidad*) Einbildung *f*

**presuntuoso, -a** [presuṇtu'oso, -a] *adj* eitel

**presuponer** [presupo'ner] *irr como poner vt* ❶ (*suponer*) voraussetzen ❷ (*calcular*) veranschlagen

**presuposición** [presuposi'θjon] *f* Voraussetzung *f*

**presupuestar** [presupwes'tar] *vt* ❶ (POL, ECON) den Haushaltsplan aufstellen (für +*akk*) ❷ (*gastos*) veranschlagen; **~ los gastos en tres millones** die Kosten mit drei Millionen veranschlagen

**presupuestario, -a** [presupwes'tarjo, -a] *adj* (*proyecto*) Budget-; (*política, déficit*) Haushalts-; (*razón*) budgetär

**presupuesto** [presu'pwesto] *m* ❶ (POL, ECON) Haushalt(splan) *m;* **~ anual** Jahresetat *m;* **P~ General del Estado** Staatshaushalt *m;* **la confección del ~** die Aufstellung des Haushaltsplanes ❷ (*cálculo*) (Kosten)voranschlag *m* ❸ (*suposición*) Voraussetzung *f*

**presuroso, -a** [presu'roso, -a] *adj* eilig; **iba ~ por la calle** er eilte durch die Straße

**pretencioso, -a** [preteṇ'θjoso, -a] *adj* eitel

**pretender** [preteṇ'der] *vt* ❶ (*aspirar a*) streben (nach +*dat*); **~ subir de categoría** eine Beförderung anstreben ❷ (*pedir*) beanspruchen; **¿qué pretendes que haga?** was soll ich tun?; **no puedes ~ que te traten con corrección si...** du kannst nicht verlangen, dass die Leute höflich zu dir sind, wenn ... ❸ (*tener intención*) vorhaben; **no pretendía molestar** ich wollte nicht stören ❹ (*intentar*) versuchen ❺ (*afirmar*) behaupten ❻ (*puesto*) sich bewerben (um +*akk*) ❼ (*cortejar*) werben (um +*akk*)

**pretendiente** [preteṇ'djeṇte] *m* (*de trabajo*) Bewerber *m;* (*de mujer*) Verehrer; (*a la corona*) Thronanwärter *m*

**pretensión** [preten'sjon] *f* ❶ (*derecho*) Anspruch *m;* **~ económica** Gehaltsforderung *f* ❷ (*ambición*) Ehrgeiz *m;* (*aspiración*) Streben *nt;* **es una persona con muchas pretensiones** er/sie will hoch hinaus; **es una persona con pocas pretensiones** er/sie gibt sich mit wenig zufrieden; **tener muchas pretensiones laborales** Karriere machen wollen; **tiene la ~ de que vaya con él** er/sie erwartet, dass ich mit ihm gehe ❸ *pl* (*vanidad*): **tiene pretensiones de actor** er spielt sich als Schauspieler auf ❹ (*solicitud*) Bewerbung *f*

**pretérito**[1] [pre'terito] *m* (LING) Präteritum *nt*

**pretérito, -a**[2] [pre'terito, -a] *adj* vergangen

**pretextar** [pretes'tar] *vt* vorschieben; **pretextó que estaba enfermo** er gab vor krank zu sein; **siempre pretexta algo** er/sie findet immer einen Vorwand

**pretexto** [pre'testo] *m* Vorwand *m;* **a ~ de...** unter dem Vorwand ...

**pretil** [pre'til] *m* ❶ (*de puente*) Brüstung *f* ❷ (*Am: atrio*) Vorhalle *f*

**pretina** [pre'tina] *f* ❶ (*cinta*) (Hosen)schnalle *f* ❷ (*de calzoncillos*) Gummizug *m* ❸ (*de prenda*) Gürtel *m* ❹ (*cintura*) Taille *f*

**prevalecer** [preβale'θer] *irr como crecer vi* ❶ (*imponerse*) sich durchsetzen (*entre/sobre* gegenüber +*dat*); **la verdad preva-**

P

**lecio sobre la mentira** die Wahrheit siegte über die Lüge ❷ (*predominar*) vorherrschen; **en esta ciudad prevalecen los de derechas sobre los de izquierdas** in dieser Stadt gibt es mehr Rechte als Linke ❸ (*triunfar*) siegen ❹ (BOT) Wurzeln schlagen ❺ (*prosperar*) gedeihen

**prevaleciente** [preβale'θjeṇte] *adj* (*moda*) aktuell; (*costumbre*) weit verbreitet

**prevalerse** [preβa'lerse] *irr como valer vr* ❶ (*de alguien*) ausnutzen (*de* +*akk*) ❷ (*de algo*) sich bedienen (*de* +*gen*)

**prevaricación** [preβarika'θjon] *f* ❶ (*del deber*) Pflichtverletzung *f* ❷ (JUR) Rechtsbeugung *f*

**prevaricar** [preβari'kar] <c→qu> *vi* ❶ (*faltar al deber*) seine Pflicht verletzen ❷ (JUR) das Recht beugen ❸ (*fam: desvariar*) spinnen

**prevención** [preβeṇ'θjon] *f* ❶ (*preparativo*) Vorbereitung *f* ❷ (*precaución*) Vorkehrung *f*; ~ **de accidentes** Unfallverhütung *f*; ~ **de siniestros** Schadensvorbeugung *f* ❸ (MED) Vorbeugung *f*; ~ **del cáncer** Krebsvorsorge *f*

**prevenido**, **-a** [preβe'niðo, -a] *adj* ❶ *estar* (*alerta*): **estar** ~ auf der Hut sein ❷ *ser* (*previsor*) vorsichtig; **hombre** ~ **vale por dos** (*prov*) Vorsicht ist besser als Nachsicht

**prevenir** [preβe'nir] *irr como venir* **I.** *vt* ❶ (*preparar*) vorbereiten; ~ **las armas** zum Kampf rüsten ❷ (*proveer*) versorgen (*de* mit +*dat*) ❸ (*protegerse de*) vorbeugen +*dat;* (*evitar*) verhindern; **más vale** ~ **que curar** (*prov*) vorbeugen ist besser als heilen ❹ (*advertir*) warnen ❺ (*predisponer*): ~ **a alguien a favor/en contra de alguien** jdn für/gegen jdn einnehmen **II.** *vr:* ~**se** ❶ (*proveerse*) sich versorgen (*de* mit +*dat*), sich versehen (*de* mit +*dat*) ❷ (*tomar precauciones*) Vorkehrungen treffen ❸ (*contra alguien*) feindlich eingestellt sein (*contra* gegenüber +*dat*)

**preventivo**, **-a** [preβeṇ'tiβo, -a] *adj* vorbeugend; **guerra preventiva** Präventivkrieg *m;* **medida preventiva** Vorbeugungsmaßnahme *f;* **prisión preventiva** Untersuchungshaft *f*

**prever** [pre'βer] *irr como ver vt* vorhersehen

**previo**[1] ['preβjo] *m* (TV, CINE) Play-back *nt*

**previo**, **-a**[2] ['preβjo, -a] *adj* vorherige(r, s); (**sin**) ~ **aviso** (ohne) Vorankündigung; **previa presentación del D.N.I.** bei Vorlage des Personalausweises; ~ **pago de la matrícula** gegen eine Einschreibegebühr; **tuve una entrevista previa con él** ich hatte zuvor eine Besprechung mit ihm

**previsible** [preβi'siβle] *adj* ❶ (*probable*) voraussichtlich ❷ (*que se puede prever*) voraussehbar; **dentro de un futuro** ~ in absehbarer Zeit; **era** ~ das war vorauszusehen

**previsión** [preβi'sjon] *f* ❶ (*de prever*) Vorhersage *f*; ~ **del tiempo** Wettervorhersage *f;* **las previsiones económicas** die Wirtschaftsprognosen; **esto supera todas las previsiones** das übertrifft alle Erwartungen; **en** ~ **de...** falls ... ❷ (*precaución*) Vorsorge *f;* **hay que tener** ~ **de futuro** man muss für die Zukunft vorsorgen ❸ (*cálculo*) Voranschlag *m*

**previsor**(**a**) [preβi'sor(a)] *adj* ❶ (*con visión*) vorausschauend; (*política*) weit blickend ❷ (*precavido*) vorsorglich

**previsto**, **-a** [pre'βisto, -a] *adj:* **el éxito estaba** ~ der Erfolg war zu erwarten; **todo lo necesario está** ~ es ist für alles Notwendige gesorgt

**prez** [preθ] *m o f* ❶ (*honor*) Ehre *f* ❷ (*gloria*) Ruhm *m*

**prieto**, **-a** ['prjeto, -a] *adj* ❶ (*apretado*) eng ❷ (*negro*) schwarz; (*negruzco*) schwärzlich ❸ (*tacaño*) geizig

**prima** ['prima] *f* ❶ (*pariente*) Kusine *f;* ~ **hermana/segunda** Kusine ersten/zweiten Grades ❷ (FIN) Prämie *f*

**primacía** [prima'θia] *f* ❶ (*supremacía*) Vorrangstellung *f;* (MIL, POL) Vormachtstellung *f* ❷ (*prioridad*) Vorrang *m*

**primada** [pri'maða] *f* (*fam*): **no hagas la** ~ **de comprarte este traje** sei nicht so dumm dir den Anzug zu kaufen; **me han hecho una** ~ man hat mich übers Ohr gehauen

**primar** [pri'mar] **I.** *vi:* **en esta escuela prima el orden** in dieser Schule ist Ordnung das Wichtigste; **aquí priman los enchufes sobre la capacidad personal** hier sind Beziehungen wichtiger als persönliche Fähigkeiten **II.** *vt* eine Prämie bezahlen +*dat*

**primario**, **-a** [pri'marjo, -a] *adj* ❶ (*principal, primero*) primär; **corriente primaria** (ELEC) Primärstrom *m;* **enseñanza primaria** Grund- und Hauptschule *f;* **necesidades primarias** Grundbedürfnisse *ntpl* ❷ (*persona*) simpel

**primate** [pri'mate] *m* Primat *m*

**primavera** [prima'βera] **I.** *adj* simpel **II.** *f* ❶ (*estación*) Frühling *m;* **estar en la** ~ **de la vida** im Frühling des Lebens stehen ❷ (BOT) Primel *f* ❸ *pl* (*años*) Lenze *mpl*

**primaveral** [primaβe'ral] *adj* Frühlings-

**primer** [pri'mer] *adj v.* **primero, -a**

**primera** [pri'mera] *f* ❶ (AUTO) erster Gang

*m;* **ir en** ~ im ersten Gang fahren ❷ (FERRO, AERO): **viajar en** ~ erster Klasse reisen ❸ (*loc*): **de** ~ erstklassig; **fue eliminado a las ~s de cambio** er schied bereits nach ein paar Runden aus; **a las ~s de cambio** (*de repente*) plötzlich; **lo hice a la** ~ ich habe es auf Anhieb geschafft

**primeriza** [prime'riθa] *f* Erstgebärende *f*

**primerizo, -a** [prime'riθo, -a] *m, f* (*novato*) Neuling *m*

**primero**[1] [pri'mero] *adv* ❶ (*en primer lugar*) zuerst; **~..., segundo...** erstens ..., zweitens ...; ~ **dice una cosa, luego otra** er/sie sagt einmal hü und einmal hott *fam* ❷ (*antes*) lieber

**primero, -a**[2] [pri'mero, -a] **I.** *adj* (*ante sustantivo masculino: primer*) erste(r, s); **primera calidad** Topqualität *f;* **primera edición** Erstausgabe *f;* **el Primer Ministro** der Premierminister; **primera representación** Uraufführung *f;* **estado** ~ ursprünglicher Zustand; **a primera hora** (**de la mañana**) früh morgens; **a ~s de mes** am Monatsanfang; **de primera calidad** erstklassig; **desde un primer momento** von Anfang an; **en primer lugar** zuerst; **ocupar una de las primeras posiciones** einen der vorderen Plätze belegen; **lo ~ es lo** ~ immer der Reihe nach; **para mí tú eres lo** ~ du kommst für mich an erster Stelle; **lo ~ es ahora la familia** die Familie hat jetzt Vorrang **II.** *m, f* Erste(r) *mf;* **el ~ de la carrera** der Erstplatzierte im Rennen; **el ~ de la clase** der Klassenbeste; **estar entre los ~s** unter den Ersten sein; **eres el ~ en llegar** du bist als Erster angekommen

**? Grammatik**

**primero** steht immer nach einem maskulinen Substantiv im Singular oder allein als Pronomen: *Voy al piso primero.* –Ich gehe in den ersten Stock. *Tú has sido el primero en felicitarme. –Du bist der erste gewesen, der mir gratuliert hat.*

Dagegen steht **primer** stets vor einem maskulinen Substantiv im Singular: *Hoy es el primer día de mis vacaciones. – Heute ist mein erster Ferientag.*

**primicia** [pri'miθja] *f* ❶ (*lo primero*) Erstling *m* ❷ (PREN, TV, RADIO) Exklusivmeldung *f* ❸ *pl* (*frutos*): **las ~s** die ersten Früchte

**primitivo, -a** [primi'tiβo, -a] *adj* primitiv; **los habitantes ~s** die Ureinwohner; **lotería primitiva** (*spanisches*) *Lotto;* **palabra primitiva** (LING) Stammwort *nt*

**primo**[1] ['primo] *m* ❶ (*pariente*) Cousin *m;* ~ **hermano/segundo** Vetter ersten/zweiten Grades ❷ (*fam: ingenuo*) Einfaltspinsel *m;* **he hecho el ~: he pagado 50 euros por esto** man hat mich übers Ohr gehauen: ich habe dafür 50 Euro bezahlt; **¡no seas ~!** sei doch kein Dummkopf!

**primo, -a**[2] ['primo, -a] *adj* ❶ (*primero*): **materia prima** Rohstoff *m* ❷ (*primoroso*) geschickt ❸ (*excelente*) vortrefflich ❹ (MAT): **número** ~ Primzahl *f*

**primogénito, -a** [primo'xenito, -a] **I.** *adj* erstgeboren **II.** *m, f* Erstgeborene(r) *mf*

**primogenitor(a)** [primoxeni'tor(a)] *m(f)* Erzeuger(in) *m(f);* **los ~es** die Vorfahren

**primor** [pri'mor] *m* ❶ (*habilidad*) Geschicklichkeit *f* ❷ (*esmero*) Sorgfältigkeit *f;* **hacer algo con** ~ etw sorgfältig machen ❸ (*cosa*) Meisterwerk *nt* ❹ (*loc*): **llueve que es un** ~ es regnet in Strömen

**primordial** [primor'ðjal] *adj* ❶ (*más importante*) vorrangig; **este asunto es de interés** ~ diese Angelegenheit hat Vorrang ❷ (*fundamental*) wesentlich; **para vivir en Alemania es ~ hablar alemán** um in Deutschland zu leben, muss man unbedingt Deutsch sprechen

**primoroso, -a** [primo'roso, -a] *adj* ❶ (*hábil*) geschickt ❷ (*con esmero*) sorgfältig; **es un bordado** ~ das ist eine sauber gearbeitete Stickerei ❸ (*excelente*) vortrefflich; **labios ~s** sehr schöne Lippen

**prímula** ['primula] *f* Primel *f*

**princesa** [prin̩'θesa] *f v.* **príncipe**[2]

**principado** [prin̩θi'paðo] *m* Fürstentum *nt;* **el P~** Katalonien *nt;* **el P~ de Andorra** Andorra *nt*

**principal**[1] [prin̩θi'pal] *m* ❶ (*piso*) erster Stock *m* ❷ (*edición*) Erstausgabe *f*

**principal**[2] [prin̩θi'pal] **I.** *adj* ❶ (*más importante*) hauptsächlich; **el problema** ~ das Hauptproblem; **su carrera profesional era lo ~ para él** seine Karriere war für ihn das Wichtigste ❷ (*esencial*) wesentlich **II.** *mf* (*de negocio*) Geschäftsinhaber(in) *m(f)*

**principalmente** [prin̩θipal'men̩te] *adv* hauptsächlich; **él ha sido ~ el que ha hecho el trabajo** im Wesentlichen hat er die Arbeit erledigt

**príncipe**[1] ['prin̩θipe] *adj:* **edición** ~ Erstausgabe *f*

**príncipe**[2] ['prin̩θipe, prin̩'θesa] *m,* **princesa** *f* ❶ (*soberano*) Fürst(in) *m(f)* ❷ (*hijo del rey*) Prinz *m,* Prinzessin *f;* ~

P

**heredero** Kronprinz *m;* **el P~ de Asturias** der spanische Kronprinz; **el ~ azul** der Märchenprinz

**principesco**, **-a** [priṇθi'pesko, -a] *adj* fürstlich

**principiante** [priṇθi'pjaṇte] *mf* Anfänger(in) *m(f)*

**principio** [priṇ'θipjo] *m* ① (*comienzo*) Anfang *m;* **al ~** am Anfang; **ya desde el ~** bereits am Anfang; **desde un ~** von Anfang an; **a ~s de diciembre** Anfang Dezember; **dar ~ a algo** mit etw *dat* anfangen ② (*causa*) Ursache *f;* (*origen*) Ursprung *m;* **el ~ de la discusión** der Auslöser der Diskussion ③ (*fundamento, t.* FÍS) Prinzip *nt;* **en ~** im Prinzip ④ (QUÍM) Element *nt* ⑤ *pl* (*de ciencia*) Abriss *m*

**pringado**, **-a** [priŋ'gaðo, -a] *m, f:* **¡calla, ~!** (*pey*) halt die Klappe, du Trottel!

**pringar** [priŋ'gar] <g→gu> **I.** *vt* ① (*manchar*) beschmieren (*de/con* mit *+dat*) ② (*mojar*) eintauchen (*en* in *+akk*) ③ (*fam: herir*) verwunden ④ (*fam: desacreditar*) runtermachen **II.** *vi* ① (*fam: en negocio*) beteiligt sein (*en* an *+dat*) ② (*fam: trabajar*) schuften ③ (*Am: lloviznar*) nieseln ④ (*fam: morir*) abkratzen **III.** *vr:* **~se** ① (*mancharse*) sich beschmieren (*de/con* mit *+dat*) ② (*en negocio*) beteiligt sein (*en* an *+dat*) ③ (*loc*): **se ha pringado en 20 euros** er/sie hat 20 Euro mitgehen lassen

**pringoso**, **-a** [priŋ'goso, -a] *adj* schmierig

**pringue** ['priŋge] *m* ① (*grasa*) Fett *nt* ② (*suciedad*) Schmutz *m* ③ (*loc*): **¿que tienes que repetir el trabajo? ¡vaya ~ tío!** (*fam*) was, du musst die Arbeit nochmal machen? so eine Schweinerei!

**prior**(**a**) [pri'or(a)] *m(f)* (REL) Prior(in) *m(f)*

**prioridad** [prjori'ðaᵈ] *f* ① (*anterioridad*) Vorzeitigkeit *f* ② (*urgencia*) Priorität *f;* **de máxima ~** von allerhöchster Dringlichkeit; **dar ~ a un asunto** eine Angelegenheit vorrangig behandeln ③ (AUTO) Vorfahrt *f*

**prioritario**, **-a** [prjori'tarjo, -a] *adj* vorrangig; **este plan es ~** dieser Plan hat Vorrang

**prisa** ['prisa] *f* Eile *f;* **a toda ~** in aller Eile; **de ~** schnell; **de ~ y corriendo** (*con demasiada prisa*) hastig; (*rápidamente*) schleunigst; **no corre ~** es hat Zeit; **¡date ~!** beeil dich!; **meter ~** zur Eile drängen; **tengo ~** ich habe es eilig; **no tengas ~** lass dir Zeit

**prisión** [pri'sjon] *f* ① (*reclusión*) Haft *f;* (*de guerra*) Gefangenschaft *f;* **~ celular** Einzelhaft *f;* **~ preventiva** Untersuchungshaft *f* ② (*edificio*) Gefängnis *nt;* **~ de alta seguridad** Hochsicherheitsgefängnis *nt;* **estar en ~** im Gefängnis sitzen

**prisionero**, **-a** [prisjo'nero, -a] *m, f* Gefangene(r) *mf;* (*convicto*) Häftling *m;* **hacer ~ a alguien** jdn gefangen nehmen

**prisma** ['prisma] *m* (*figura*) Prisma *nt*

**prismático**, **-a** [pris'matiko, -a] *adj* prismatisch

**prismáticos** [pris'matikos] *mpl* Fernglas *nt*

**privacidad** [priβaθi'ðaᵈ] *f* Privatsphäre *f*

**privación** [priβa'θjon] *f* ① (*desposesión*) Entzug *m;* **~ de libertad** (JUR) Freiheitsberaubung *f;* (*cárcel*) Freiheitsentzug *m* ② (*carencia*) Entbehrung *f*

**privado**[1] [pri'βaðo] *m* (*de rey*) Günstling *m;* (*de ministro*) Protegé *m*

**privado**, **-a**[2] [pri'βaðo, -a] *adj* ① (*reunión, fiesta*) privat; (*sesión*) nicht öffentlich ② (*personal, confidencial*) privat; **vida privada** Privatleben *nt;* **en el trabajo es insoportable, pero en ~...** bei der Arbeit ist er/sie unerträglich, aber privat ...; **quisiera hablar en ~ contigo** ich möchte mit dir unter vier Augen sprechen ③ (*falto*): **~ de...** ohne ...; **~ de flexibilidad** (*cosa*) ungeschmeidig; (*persona*) unflexibel; **~ de inteligencia** beschränkt; **~ de la libertad** inhaftiert; **~ de medios** mittellos

**privanza** [pri'βaṇθa] *f* (*de príncipe*) Gunst *f;* (*de ministro*) Protektion *f*

**privar** [pri'βar] **I.** *vt* ① (*desposeer*): **~ a alguien del permiso de conducir** jdm die Fahrerlaubnis entziehen; **~ a alguien de libertad** jdn seiner Freiheit berauben; **~ a alguien de un derecho** jdm ein Recht aberkennen; **~ a alguien de un cargo** jdn eines Amtes entheben ② (*prohibir*) verbieten; **no me prives de visitarte** erlaub mir bitte dich zu besuchen ③ (*gustar*) schwärmen (für *+akk*); **está privado por esa chica** er hat an diesem Mädchen einen Narren gefressen **II.** *vi* ① (*estar de moda*) in Mode sein ② (*influir*) in Gunst stehen (*con* bei *+dat*) **III.** *vr:* **~se** verzichten (*de* auf *+akk*); **no se privan de nada** es fehlt ihnen an nichts

**privativo**, **-a** [priβa'tiβo, -a] *adj* (*propio*) eigen (*de +dat*); **esta facultad es privativa del presidente** dazu ist ausschließlich der Präsident befugt

**privatización** [priβatiθa'θjon] *f* Privatisierung *f*

**privatizar** [priβati'θar] <z→c> *vt* privatisieren

**privilegiado**, **-a** [priβile'xjaðo, -a] **I.** *adj* privilegiert; (*memoria*) hervorragend **II.** *m, f* Privilegierte(r) *mf*

**privilegiar** [priβile'xjar] *vt* privilegieren

**privilegio** [priβi'lexjo] *m* Privileg *nt;* **~ fis-**

**cal** Steuererleichterung *f*

**pro** [pro] **I.** *m o f* ❶ (*provecho*) Pro *nt;* **valorar los ~s y los contras** Pro und Kontra abwägen; **en ~ de** zugunsten +*gen;* **campaña en ~ de la erradicación de las pruebas nucleares** Kampagne gegen Atomtests ❷ (*loc*): **un hombre de ~** ein rechtschaffener Mann **II.** *prep* für +*akk,* pro +*akk*

**proa** ['proa] *f* (NÁUT) Bug *m;* **poner la ~ en un asunto** eine Sache energisch anpacken; **poner la ~ a alguien** jdm die Stirn bieten

**probabilidad** [proβaβili'ða$^{d}$] *f* ❶ (*verosimilitud*) Wahrscheinlichkeit *f;* **con toda ~** aller Wahrscheinlichkeit nach ❷ (*posibilidad*) Aussicht *f;* **hay ~es de rescatar los rehenes** es besteht Aussicht auf Befreiung der Geiseln

**probable** [pro'βaβle] *adj* ❶ (*verosímil*) wahrscheinlich; **un resultado ~** ein mögliches Ergebnis; **el ~ campeón** der voraussichtliche Sieger ❷ (*que se puede probar*) nachweisbar

**probablemente** [proβaβle'mente] *adv* wahrscheinlich

**probado, -a** [pro'βaðo, -a] *adj* ❶ (*cosa, cualidad, método*) erprobt; (*trabajador*) bewährt ❷ (*demostrado*) bewiesen

**probador** [proβa'ðor] *m* Umkleidekabine *f*

**probar** [pro'βar] <o→ue> **I.** *vt* ❶ (*demostrar*) beweisen; **todavía no está probado que sea culpable** seine/ihre Schuld ist noch nicht erwiesen ❷ (*experimentar*) ausprobieren; (*aparato*) (aus)testen ❸ (*a alguien*) auf die Probe stellen ❹ (*vestido*) anprobieren ❺ (GASTR) probieren; **no he probado nunca una paella** ich habe noch nie Paella gegessen **II.** *vi* ❶ (*intentar*) versuchen ❷ (*ser conveniente*): **~ bien/mal** gut/schlecht bekommen

**probatorio, -a** [proβa'torjo, -a] *adj* Beweis-

**probatura** [proβa'tura] *f* (*fam*) Versuch *m;* (TEAT, CINE) Probe *f*

**probeta** [pro'βeta] *f* (*tubo*) Reagenzglas *nt;* **~ graduada** Messglas *nt*

**probidad** [proβi'ða$^{d}$] *f* ❶ (*honradez*) Rechtschaffenheit *f* ❷ (*integridad*) Integrität *f*

**problema** [pro'βlema] *m* ❶ (*cuestión*) Frage *f* ❷ (*dificultad*) Problem *nt;* **~s de adaptación** Anpassungsschwierigkeiten *fpl;* **~ de liquidez** Liquiditätsengpass *m;* **el planteamiento del ~** die Problemstellung ❸ (*ejercicio*) Aufgabe *f*

**problemática** [proβle'matika] *f* Problematik *f*

**problemático, -a** [proβle'matiko, -a] *adj* problematisch

**probo, -a** ['proβo, -a] *adj* ❶ (*honrado*) rechtschaffen ❷ (*íntegro*) integer

**probóscide** [pro'βosθiðe] *f* Rüssel *m*

**procacidad** [prokaθi'ða$^{d}$] *f* ❶ (*insolencia*) Unverschämtheit *f* ❷ (*grosería*) Grobheit *f*

**procaz** [pro'kaθ] *adj* ❶ (*insolente*) unverschämt ❷ (*grosero*) grob

**procedencia** [proθe'ðenθja] *f* ❶ (*origen*) Herkunft *f;* **anunciar la ~ del tren** ankündigen, woher der Zug kommt ❷ (JUR) Zulässigkeit *f*

**procedente** [proθe'ðente] *adj* ❶ (*oportuno*) angebracht ❷ (*que viene de*) aus; **el tren ~ de Hamburgo con destino a Múnich** der Zug von Hamburg nach München ❸ (JUR) berechtigt

**proceder** [proθe'ðer] **I.** *m* ❶ (*comportamiento*) Verhalten *nt* ❷ (*actuación*) Vorgehen *nt* **II.** *vi* ❶ (*familia*) abstammen (*de* von +*dat*); (*de un lugar*) kommen (*de* aus +*dat*); (*idea*) entstehen (*de* aus +*dat*); (*pasión*) herrühren (*de* von +*dat*) ❷ (*actuar*) verfahren ❸ (*ser oportuno*) angebracht sein; **no ~** unangebracht sein; **ahora procede guardar silencio** wir sollten jetzt ganz ruhig sein; **táchese lo que no proceda** Unzutreffendes bitte streichen ❹ (*pasar a*) schreiten (*a* zu +*dat*) ❺ (JUR: *iniciar un proceso*) ein Verfahren einleiten; (*procesar*) prozessieren

**procedimiento** [proθeði'mjento] *m* ❶ (*actuación*) Vorgehen *nt;* **¿qué ~ se puede seguir aquí?** wie kann man hier vorgehen? ❷ (*método*) Verfahren *nt* ❸ (JUR) Gerichtsverfahren *nt*

**prócer** ['proθer] **I.** *adj* bedeutend **II.** *m* bedeutende Persönlichkeit *f*

**procesado, -a** [proθe'saðo, -a] *m, f* Angeklagte(r) *mf*

**procesador** [proθesa'ðor] *m* Prozessor *m*

**procesal** [proθe'sal] *adj* (*costos, actuación*) Prozess-; (*regla, derecho*) Verfahrens-

**procesamiento** [proθesa'mjento] *m* ❶ (JUR) Prozessführung *f* ❷ (INFOR) Verarbeitung *f;* **~ en línea** Onlineverarbeitung *f*

**procesar** [proθe'sar] *vt* ❶ (JUR) prozessieren (*a* gegen +*akk*); **le procesan por violación** er steht wegen Vergewaltigung vor Gericht ❷ (TÉC) verarbeiten

**procesión** [proθe'sjon] *f* ❶ (*marcha*) Marsch *m;* (REL) Prozession *f* ❷ (*hilera*) Reihe *f;* (*de personas*) Schlange *f* ❸ (*loc*): **permaneció tranquilo aunque la ~ iba por dentro** er blieb ruhig, obwohl es in seinem Innern ganz anders aussah

**proceso** [pro'θeso] *m* ❶ (*desarrollo*) Prozess *m,* Vorgang *m;* **~ de cambio para las**

P

**transacciones en efectivo** Bargeldumstellung *f;* ~ **de una enfermedad** Krankheitsentwicklung *f* ❷ (*procedimiento*) Verfahren *nt* ❸ (JUR: *causa*) Prozess *m* ❹ (*intervalo*): **en el ~ de un mes** innerhalb eines Monats; **en el ~ de esta semana** im Laufe der Woche

**proclama** [pro'klama] *f* ❶ (*matrimonial*) Aufgebot *nt* ❷ (*política*) Aufruf *m*

**proclamación** [proklama'θjon] *f* Verkündigung *f*

**proclamar** [prokla'mar] **I.** *vt* ❶ (*hacer público*) verkünden; ~ **la República** die Republik ausrufen ❷ (*aclamar*) zujubeln +*dat* ❸ (*sentimiento*) offenbaren ❹ (*ganador*) ausrufen; **fue proclamado Premio Nobel** er wurde mit dem Nobelpreis ausgezeichnet **II.** *vr:* ~**se presidente** sich zum Präsidenten erklären; ~**se ganador** gewinnen

**proclive** [pro'kliβe] *adj* geneigt (*a* zu +*dat*)

**procreación** [prokrea'θjon] *f* ❶ (*engendramiento*) Zeugung *f* ❷ (*reproducción*) Fortpflanzung *f*

**procreador(a)** [prokrea'ðor(a)] **I.** *adj* erzeugend **II.** *m(f)* Erzeuger(in) *m(f)*

**procrear** [prokre'ar] *vt* ❶ (*engendrar*) zeugen ❷ (*reproducirse*) sich fortpflanzen

**procurador(a)** [prokura'ðor(a)] *m(f)* Bevollmächtigte(r) *mf;* (*en negocios*) Prokurist(in) *m(f);* (*en tribunal*) Klagevertreter(in) *m(f)*

**procurar** [proku'rar] **I.** *vt* ❶ (*intentar*) versuchen; **procura hacerlo lo mejor que puedas** versuch dein Bestes zu tun; **procura que no te vean más por aquí** lass dich hier nicht mehr blicken; **procura que no te oigan** pass auf, dass dich niemand hört ❷ (*proporcionar*) verschaffen **II.** *vr:* ~**se** sich *dat* verschaffen, sich *dat* besorgen

**prodigalidad** [proðiɣali'ða$^{ð}$] *f* ❶ (*despilfarro*) Verschwendung *f* ❷ (*abundancia*) Fülle *f*

**prodigar** [proði'ɣar] <g→gu> **I.** *vt* ❶ (*malgastar*) verschwenden ❷ (*dar*) überhäufen (*de* mit +*dat*) **II.** *vr:* **se prodigó en toda clase de atenciones con nosotros** er/sie erwies uns allerlei Gefälligkeiten; **se prodigó en elogios hacia él** er/sie lobte ihn überschwänglich; **se prodiga tanto en las explicaciones que nadie la entiende** ihre Erklärungen sind so umständlich, dass niemand sie versteht

**prodigio** [pro'ðixjo] *m* Wunder *nt;* **niño ~** Wunderkind *nt*

**prodigiosidad** [proðixjosi'ða$^{ð}$] *f* (*extraordinario*) Außergewöhnlichkeit *f;* (*maravilloso*) Wunderbare(s) *nt*

**prodigioso, -a** [proði'xjoso, -a] *adj* ❶ (*extraordinario*) außerordentlich ❷ (*maravilloso*) wunderbar

**pródigo, -a** ['proðiɣo, -a] *adj* ❶ (*malgastador*) verschwenderisch ❷ (*generoso*) großzügig ((*para*) *con* gegenüber +*dat*); **la pródiga naturaleza** die reiche Natur ❸ (*loc*): **el hijo ~** der verlorene Sohn

**producción** [proðu$^{ɣ}$'θjon] *f* ❶ (*de frutos*) Hervorbringung *f* ❷ (*de cereales*) Produktion *f* ❸ (*fabricación, t.* CINE) Produktion *f;* (*cuadro*) Anfertigung *f;* (*libro*) Herstellung *f;* ~ **en cadena** Fließbandfertigung *f;* ~ **por encargo** Auftragsfertigung *f;* ~ **en masa** Massenproduktion *f;* ~ **a medida** Fertigung nach Maß ❹ (JUR: *de pruebas*) Erbringung *f;* (*de documentos*) Beibringung *f*

**producir** [proðu'θir] *irr como traducir* **I.** *vt* ❶ (*frutos*) hervorbringen ❷ (*fabricar, t.* CINE) produzieren, herstellen; (*energía*) erzeugen; (*cuadro*) anfertigen ❸ (*beneficios*) (ein)bringen; (*intereses*) tragen ❹ (*alegría*) bereiten; (*aburrimiento*) hervorrufen; (*miedo*) auslösen; (*daño*) zufügen; (*impresión*) machen; ~ **tristeza** traurig stimmen ❺ (JUR: *pruebas*) erbringen; (*documentos*) beibringen **II.** *vr:* ~**se** ❶ (*fabricarse*) produziert werden ❷ (*tener lugar*) sich ereignen; **se produjo una crisis** es kam zu einer Krise; **se ha producido una mejora** es ist eine Besserung eingetreten ❸ (*ocurrir*) sich ergeben; **cuando se produzca el caso...** wenn der Fall eintritt ...

**productividad** [proðuktiβi'ða$^{ð}$] *f* Produktivität *f;* (*de máquina*) Leistungsfähigkeit *f;* (*de mina*) Ergiebigkeit *f;* (*de negocio*) Einträglichkeit *f;* (*de tierra*) Fruchtbarkeit *f*

**productivo, -a** [proðuk'tiβo, -a] *adj* produktiv; (*máquina*) leistungsfähig; (*mina*) ertragreich; (*negocio*) einträglich; (*tierra*) ertragreich

**producto** [pro'ðukto] *m* ❶ (*objeto, t.* QUÍM, MAT) Produkt *nt,* Erzeugnis *nt;* ~ **abastecido** Zulieferprodukt *nt;* ~ **agrícola** Agrarprodukt *nt;* ~ **alimenticio** Nahrungsmittel *nt;* ~**s alimenticios** Lebensmittel *ntpl;* ~ **de belleza** Kosmetikartikel *m;* ~ **estancado** Monopolware *f;* ~**s a granel** Massengüter *ntpl;* ~ **de línea blanca** No-Name-Produkt *nt;* ~ **de marca** Markenartikel *m;* ~**s químicos** Chemikalien *fpl;* ~ **(semi)manufacturado** (Halb)fertigware *f;* ~ **terminado** Fertigprodukt *nt* ❷ (*de un negocio*) Ertrag *m;* (*de una venta*) Erlös *m;* **P~ Interior Bruto** Bruttoinlandsprodukt *nt;* **P~ Nacional Bruto** Bruttosozialprodukt *nt*

**productor(a)** [proðuk'tor(a)] **I.** *adj* Produktions-, produzierend **II.** *m(f)* Produzent(in) *m(f)*

**proemio** [pro'emjo] *m* Vorwort *nt*

**proeza** [pro'eθa] *f* Heldentat *f*

**profanación** [profana'θjon] *f* ❶ (*de templo*) Entweihung *f* ❷ (*de memoria, nombre*) Beschmutzung *f*

**profanar** [profa'nar] *vt* ❶ (*templo, cementerio*) entweihen ❷ (*memoria, nombre*) beschmutzen

**profano, -a** [pro'fano, -a] *adj* ❶ (*secular*) weltlich, profan ❷ (*irreverente*) respektlos ❸ (*ignorante*) unerfahren; **soy ~ en esta materia** ich habe von diesem Thema keine Ahnung

**profecía** [profe'θia] *f* Prophezeiung *f*

**proferir** [profe'rir] *irr como sentir vt* von sich *dat* geben; (*insulto, grito*) ausstoßen; (*queja*) äußern

**profesar** [profe'sar] **I.** *vt* ❶ (*oficio*) ausüben ❷ (*admiración*) bekunden ❸ (*religión, doctrina*) sich bekennen (zu +*dat*) ❹ (ENS) lehren **II.** *vi, vr:* **~se** die Ordensgelübde ablegen

**profesión** [profe'sjon] *f* ❶ (*empleo*) Beruf *m;* **la ~ más antigua del mundo** das älteste Gewerbe der Welt; **trabajar en una ~ liberal** freiberuflich arbeiten ❷ (*de admiración*) Bekundung *f* ❸ (*de religión, doctrina*) Bekenntnis *nt* (*de* zu +*dat*); **~ de fe** Glaubensbekenntnis *nt* ❹ (*loc*): **hacer ~ de algo** (*jactarse*) mit etw *dat* prahlen

**profesional** [profesjo'nal] **I.** *adj* ❶ (*de la profesión*) beruflich; **ética ~** Berufsethos *nt;* **secreto ~** Schweigepflicht *f* ❷ (*no aficionado*) professionell; **deportista ~** Profi *m* ❸ (*académico*) akademisch **II.** *mf* ❶ (*experto, no aficionado*) Profi *m* ❷ (*académico*) Akademiker(in) *m(f)*

**profesionalismo** [profesjona'lismo] *m sin pl* ❶ (*cualidad*) Professionalismus *m* ❷ (*de un trabajo*) Professionalität *f*

**profesionalizar** [profesjonali'θar] <z→c> *vt* professionalisieren

**profesionista** [profesjo'nista] *mf* (*Méx*) Akademiker(in) *m(f)*

**profesor(a)** [profe'sor(a)] *m(f)* (*no universitario*) Lehrer(in) *m(f);* (*universitario*) Dozent(in) *m(f);* (*catedrático*) Professor(in) *m(f);* **~ agregado** außerordentlicher Professor; **~ numerario** ordentlicher Professor

**profesorado** [profeso'raðo] *m* ❶ (*cargo no universitario*) Lehramt *nt* ❷ (*conjunto*) Lehrkörper *m;* (*en la escuela*) Lehrerschaft *f*

**profeta, -isa** [pro'feta, profe'tisa] *m, f* Prophet(in) *m(f);* **nadie es ~ en su tierra** der Prophet gilt nichts im eigenen Land(e)

**profetizar** [profeti'θar] <z→c> *vt* prophezeien

**profiláctico, -a** [profi'laktiko, -a] *adj* prophylaktisch

**profilaxis** [profi'laᵞsis] *f inv* Prophylaxe *f*

**prófugo[1]** ['profuɣo] *m* (MIL) Fahnenflüchtige(r) *m*

**prófugo, -a[2]** ['profuɣo, -a] *m, f* Flüchtige(r) *mf*

**profundamente** [profuṇda'meṇte] *adv* tief; **~ ofendido** zutiefst beleidigt; **~ sentido** tief empfunden; **una persona ~ moral** ein äußerst moralischer Mensch

**profundidad** [profuṇdi'ðaᵈ] *f* Tiefe *f;* **analizar en ~** ergründen; **tener mucha/poca ~** sehr tief/nicht sehr tief sein; **una cueva de cinco metros de ~** eine fünf Meter tiefe Höhle

**profundizar** [profuṇdi'θar] <z→c> **I.** *vt* vertiefen **II.** *vi:* **~ en algo** etw vertiefen

**profundo, -a** [pro'fuṇdo, -a] *adj* tief; (*capa, estrato*) tief liegend; (*observación*) tiefsinnig; (*pena*) tief empfunden; (*dificultad*) tief greifend; **psicología profunda** Tiefenpsychologie *f;* **en lo más ~ de mi corazón** im Grunde meines Herzens

**profusión** [profu'sjon] *f* Fülle *f* (*de* an +*dat*); **~ de ideas** Ideenreichtum *m;* **~ de trabajo** Übermaß an Arbeit; **con ~ de detalles** detailliert; **hay gran ~ de noticias** es gibt viele Neuigkeiten

**profuso, -a** [pro'fuso, -a] *adj* übermäßig

**progenie** [pro'xenje] *f* ❶ (*casta*) Geschlecht *nt* ❷ (*clan*) Sippe *f*

**progenitor(a)** [proxeni'tor(a)] *m(f)* ❶ (*antepasado*) direkter Vorfahr(e) *m,* direkte Vorfahrin *f* ❷ (*mayor*) Vater *m,* Mutter *f;* **los ~es** die Eltern

**programa** [pro'ɣrama] *m* (*t.* INFOR) Programm *nt;* **~ de las clases** (**de la Universidad**) Vorlesungsverzeichnis *nt;* **~ de estudios** Lehrplan *m;* **~ de trabajo** Arbeitsplan *m;* **~ antivirus** [*o* **cazavirus**] Antivirenprogramm *nt;* **~ aplicativo** [*o* **de aplicación**] Anwendungsprogramm *nt;* **~ contaminado** virusverseuchte Software; **~ de demostración** Demosoftware *f;* **~ de gráficas** Grafikprogramm *nt;* **~ de tratamiento de textos** Textverarbeitungsprogramm *nt;* **~s utilitarios** Utilities *pl*

**programación** [proɣrama'θjon] *f* ❶ (*acción*) Programmierung *f* ❷ (TV, RADIO) Programm *nt*

**programador(a)** [proɣrama'ðor(a)] *m(f)*

P

Programmierer(in) *m(f)*

**programar** [proɣra'mar] *vt* programmieren; **la conferencia está programada para el domingo** der Vortrag steht für Sonntag auf dem Programm; **¿qué tienes programado para esta tarde?** was hast du heute Nachmittag vor?

**progre** ['proɣre] **I.** *adj* (*fam*) fortschrittlich; (POL) links; **sus ideas son ~s** er/sie ist links eingestellt **II.** *mf* Progressist(in) *m(f)*; (POL) Linke(r) *mf*

**progresar** [proɣre'sar] *vi* Fortschritte machen (*en* in +*dat,* bei +*dat*); (*enfermedad*) fortschreiten; (*ciencia*) sich weiterentwickeln; **~ profesionalmente** beruflich vorwärts kommen

**progresión** [proɣre'sjon] *f* ❶ (*avance*) Fortschreiten *nt* ❷ (MAT) Reihe *f* ❸ (MÚS) Sequenz *f*

**progresismo** [proɣre'sismo] *m sin pl* Progressismus *m geh*

**progresista** [proɣre'sista] **I.** *adj* fortschrittlich, progressiv **II.** *mf* Progressist(in) *m(f)*

**progresivamente** [proɣresiβa'mente] *adv* zunehmend; **recuperarse ~** sich nach und nach erholen

**progresivo, -a** [proɣre'siβo, -a] *adj* (*que progresa*) fortschreitend; (*que aumenta*) zunehmend; (FIN) progressiv; **aspecto ~** (LING) Verlaufsform *f*

**progreso** [pro'ɣreso] *m* Fortschritt *m*

**prohibición** [proi̯βi'θjon] *f* Verbot *nt*

**prohibido, -a** [proi̯'βiðo, -a] *adj*: **~ fumar** Rauchen verboten; **fruto ~** verbotene Früchte

**prohibir** [proi̯'βir] *irr vt* verbieten; **en los hospitales prohiben fumar** in Krankenhäusern herrscht Rauchverbot

**prohibitivo, -a** [proi̯βi'tiβo, -a] *adj,* **prohibitorio, -a** [proi̯βi'torjo, -a] *adj* Verbots-; **a precio ~** unerschwinglich

**prohijar** [proi'xar] *irr como airar vt* ❶ (*a alguien*) adoptieren ❷ (*doctrina*) übernehmen

**prójimo** ['proximo] *m* ❶ (*semejante*) Mitmensch *m;* **amor al ~** Nächstenliebe *f* ❷ (*pey: sujeto*) Typ *m;* **¡menudo ~ tenemos de vecino!** da haben wir ja einen schönen Nachbarn!

**prole** ['prole] *f* Kinder *ntpl;* **padre con numerosa ~** Vater einer kinderreichen Familie

**prolegómeno** [prole'ɣomeno] *m* (*a un escrito*) Vorbemerkung *f;* (*al hablar*) Vorrede *f;* **déjate de ~s y ve al grano** (*fam*) spar dir deine (langen) Vorreden und komm zur Sache

**proletariado** [proleta'rjaðo] *m* Proletariat *nt*

**proletario, -a** [prole'tarjo, -a] **I.** *adj* proletarisch; **barrio ~** Arbeiterviertel *nt* **II.** *m, f* Proletarier(in) *m(f);* **tiene modales de ~** er benimmt sich wie ein Prolet

**proletarizar** [proletari'θar] <z→c> *vt* proletarisieren

**proliferación** [prolifera'θjon] *f* ❶ (*en cantidad*) Vermehrung *f* ❷ (*incontrolada, t.* MED) Wuchern *nt* ❸ (*de armas*) Verbreitung *f;* **tratado de no ~ de armas nucleares** Atom(waffen)sperrvertrag *m*

**proliferar** [prolife'rar] *vi* ❶ (*en cantidad*) sich vermehren ❷ (*incontroladamente, t.* MED) wuchern ❸ (*epidemia, rumor*) um sich greifen

**prolífico, -a** [pro'lifiko, -a] *adj* fruchtbar; (*escritor*) äußerst produktiv

**prolijidad** [prolixi'ðað] *f* ❶ (*de un relato*) Weitschweifigkeit *f* ❷ (*esmero*) Minuziösität *f* ❸ (*pesadez*) Umständlichkeit *f*

**prolijo, -a** [pro'lixo, -a] *adj* ❶ (*extenso*) weitschweifig ❷ (*esmerado*) minuziös ❸ (*cargante*) umständlich

**prologar** [prolo'ɣar] <g→gu> *vt* ein Vorwort schreiben (zu +*dat*); **edición prologada por...** Ausgabe mit einem Vorwort von ...

**prólogo** ['proloɣo] *m* (*de libro*) Vorwort *nt;* (TEAT, DEP) Prolog *m*

**prolongación** [prolonga'θjon] *f* Verlängerung *f;* (*de decisión*) Hinauszögerung *f*

**prolongado, -a** [proloŋ'gaðo, -a] *adj* länglich; **un sobre ~** ein Umschlag im Querformat

**prolongar** [proloŋ'gar] <g→gu> **I.** *vt* verlängern; (*decisión*) hinauszögern; (*un estado*) in die Länge ziehen **II.** *vr:* **~se** sich verlängern; (*un estado*) sich in die Länge ziehen; (*reunión*) länger dauern; **la fiesta se prolongó hasta bien entrada la noche** das Fest dauerte bis tief in die Nacht; **las negociaciones se están prolongando demasiado** die Verhandlungen ziehen sich zu sehr in die Länge

**promediar** [prome'ðjar] **I.** *vt* ❶ (*repartir*) halbieren ❷ (*sacar promedio*) den Durchschnitt ermitteln +*gen* **II.** *vi* ❶ (*mediar*) vermitteln ❷ (*temporal*): **antes de ~ el año** in der ersten Jahreshälfte; **promediaba el mes cuando...** es war Mitte des Monats, als ...

**promedio** [pro'meðjo] *m* Durchschnitt *m;* **veo la tele un ~ de dos horas al día** ich sehe jeden Tag durchschnittlich zwei Stunden fern

**promesa** [pro'mesa] *f* Versprechen *nt;* (REL) Gelübde *nt;* **~ de matrimonio** Verlobung *f;* **el director me ha dado su ~ de que...** der Direktor hat mir zugesagt, dass ...

**prometedor(a)** [promete'ðor(a)] *adj* viel versprechend

**prometer** [prome'ter] **I.** *vt* versprechen; (REL) geloben; **te prometo que lo haré** du kannst dich darauf verlassen, dass ich es tue; **te prometo por mis muertos que...** ich gebe dir mein Ehrenwort, dass ...; **~ el oro y el moro** das Blaue vom Himmel versprechen; **lo prometido es deuda** (*prov*) was man verspricht, muss man auch halten **II.** *vi:* **este negocio promete** das ist ein viel versprechendes Geschäft **III.** *vr:* **~se** ❶ (*novios*) sich verloben ❷ (*esperar*) sich *dat* versprechen; **prometérselas muy felices** sich *dat* viel versprechen

**prometido, -a** [prome'tiðo, -a] *m, f* Verlobte(r) *mf*

**prominencia** [promi'nenθja] *f* ❶ (*abultamiento*) hervortretende Stelle *f* ❷ (*del terreno*) Anhöhe *f* ❸ (MED) Auswuchs *m*

**prominente** [promi'nente] *adj* ❶ (*pómulo*) vorstehend; (*nariz*) vorspringend ❷ (*persona*) hervorragend

**promiscuidad** [promiskwi'ðað] *f* ❶ (*mezcla*) Mischung *f* ❷ (*de sexos*): **aboga a favor de la ~ de sexos en las escuelas** er/sie ist für gemischte Schulen ❸ (*sexual*) Promiskuität *f*

**promiscuo, -a** [pro'miskwo, -a] *adj* ❶ (*pey: mezclado*) gemischt ❷ (*ambiguo*) zweideutig ❸ (*sexualmente*) promiskuitiv

**promoción** [promo'θjon] *f* ❶ (*de empresa/alguien*) Förderung *f* ❷ (*de categoría*) Beförderung *f* ❸ (*de producto/película, t.* DEP) Promotion *f* ❹ (*de licenciados*) Jahrgang *m*

**promocionar** [promoθjo'nar] **I.** *vt* ❶ (*a empresa/alguien*) fördern ❷ (*de categoría*) befördern ❸ (*producto, película*) werben (für +*akk*); **está promocionando su nueva película** er/sie ist auf Promotiontour für seinen/ihren neuen Film **II.** *vi* (DEP) um den Aufstieg spielen

**promontorio** [promon'torjo] *m* ❶ (*terreno*) Anhöhe *f;* (*montes*) Vorgebirge *nt* ❷ (*de papeles*) Stapel *m*

**promotor(a)** [promo'tor(a)] *m(f)* ❶ (*de altercado*) Anstifter(in) *m(f),* Rädelsführer(in) *m(f)* ❷ (*patrocinador*) Förderer, -in *m, f;* (*deportivo, artístico*) Promoter(in) *m(f);* (*de espectáculo*) Veranstalter(in) *m(f)*

**promovedor(a)** [promoβe'ðor(a)] *m(f)* ❶ (*de altercado*) Anstifter(in) *m(f)* ❷ (*patrocinador*) Förderer, -in *m, f*

**promover** [promo'βer] <o→ue> *vt* ❶ (*querella*) erheben; (*proceso*) anstrengen; (*recurso*) einlegen ❷ (*en el cargo*) befördern ❸ (*escándalo, aplausos*) auslösen; (*altercado*) anfangen

**promulgación** [promulɣa'θjon] *f* Verkündung *f;* (*divulgación*) Verbreitung *f*

**promulgar** [promul'ɣar] <g→gu> *vt* verkünden; (*divulgar*) verbreiten

**pronombre** [pro'nombre] *m* Pronomen *nt*

**pronominal** [pronomi'nal] *adj* pronominal, Pronominal-; **verbo ~** reflexives Verb

**pronosticación** [pronostika'θjon] *f* Vorhersage *f*

**pronosticar** [pronosti'kar] <c→qu> *vt* vorhersagen

**pronóstico** [pro'nostiko] *m* Voraussage *f;* (ECON, MED) Prognose *f;* (DEP) Tipp *m;* **lesiones de ~ reservado** ziemlich schwere Verletzungen

**prontitud** [pronti'tuð] *f* ❶ (*celeridad*) Schnelligkeit *f;* (*de ejecución*) Promptheit *f* ❷ (*de ingenio*) Scharfsinn *m*

**pronto[1]** ['pronto] **I.** *adv* ❶ (*rápido*) prompt ❷ (*enseguida*) bald; (*inmediatamente*) gleich ❸ (*temprano*) früh ❹ (*loc*): **al ~** sofort; **de ~** auf einmal; **¡hasta ~!** bis bald!; **por de** [*o* **lo**] **~** fürs erste **II.** *conj:* **tan ~ como** sobald; **tan ~ como llegaron/lleguen** sobald sie ankamen/ankommen

**pronto, -a[2]** ['pronto, -a] *adj* ❶ (*rápido*) prompt; (*despierto*) flink; **inteligencia pronta** wache Intelligenz ❷ (*dispuesto*) bereit; **estar ~** (*CSur*) fertig sein

**prontuario** [pron'twarjo] *m* ❶ (*resumen*) Abriss *m* ❷ (*manual*) Handbuch *nt*

**pronunciación** [pronunθja'θjon] *f* ❶ (LING) Aussprache *f* ❷ (JUR) Verlesung *f*

**pronunciado, -a** [pronun'θjaðo, -a] *adj* ausgesprochen; (*marcado*) ausgeprägt; **arrugas pronunciadas** tiefe Falten; **una curva pronunciada** eine scharfe Kurve; **rasgos ~s** markante (Gesichts)züge

**pronunciamiento** [pronunθja'mjento] *m* ❶ (*alzamiento*) Putsch *m* ❷ (JUR) Fällung *f;* **~ judicial** Richterspruch *m;* **~ de sentencia** Urteilsverkündung *f*

**pronunciar** [pronun'θjar] **I.** *vt* ❶ (*articular*) aussprechen; **~ un brindis por alguien** auf jdn einen Trinkspruch ausbringen; **~ un discurso** eine Rede halten; **~ unas palabras** ein paar Worte sprechen; **~ sentencia** das Urteil verkünden ❷ (*resaltar*) betonen **II.** *vr:* **~se** ❶ (*levantarse*) putschen ❷ (*apoyar*) sich aussprechen ❸ (*opinar*) Stellung nehmen (*sobre* zu +*dat*) ❹ (*acentuarse*) ausgeprägter werden

P

**propagación** [propaɣa'θjon] *f* ❶ (*multiplicación*) Vermehrung *f;* (*reproducción*) Fortpflanzung *f* ❷ (*extensión*) Verbreitung *f;* (*transmisión*) Ausbreitung *f*

**propagador(a)** [propaɣa'ðor(a)] **I.** *adj* verbreitend **II.** *m(f)* Verbreiter(in) *m(f);* (*de rumores*) Gerüchtemacher(in) *m(f)*

**propaganda** [propa'ɣaṇda] *f* ❶ (MIL, POL) Propaganda *f* ❷ (*publicidad*) Werbung *f;* (*promoción*) Publicity *f*

**propagandístico, -a** [propaɣaṇ'distiko, -a] *adj* propagandistisch; **campaña propagandística** Propagandafeldzug *m*

**propagar** [propa'ɣar] <g→gu> **I.** *vt* ❶ (*multiplicar*) vermehren; (*reproducir*) fortpflanzen ❷ (*extender, divulgar*) verbreiten; ~ **un rumor** ein Gerücht in die Welt setzen **II.** *vr:* ~**se** ❶ (*multiplicarse*) sich vermehren; (*reproducirse*) sich fortpflanzen ❷ (*extenderse, divulgarse*) sich verbreiten; (*incendio, enfermedad*) sich ausbreiten; (*epidemia*) grassieren; (*propalarse*) ruchbar werden ❸ (*transmitirse*) sich übertragen

**propalar** [propa'lar] **I.** *vt* verbreiten **II.** *vr:* ~**se** ruchbar werden

**propano** [pro'pano] *m* Propan(gas) *nt*

**propasar** [propa'sar] **I.** *vt* überschreiten **II.** *vr:* ~**se** (*extralimitarse*) zu weit gehen; (*excederse*) über das Ziel hinausschießen (*en* bei +*dat*); ~**se con alguien** jdm an die Wäsche wollen

**propedéutico, -a** [prope'ðeu̯tiko, -a] *adj* propädeutisch

**propender** [propeṇ'der] *vi* neigen (*a* zu +*dat*); (MED) anfällig sein (*a* für +*akk*)

**propensión** [propen'sjon] *f* Neigung *f* (*a* zu +*dat*); (MED) Anfälligkeit *f* (*a* für +*akk*); ~ **al consumo** Konsumbereitschaft *f;* **tener gran ~ a resfriarse** sich sehr leicht erkälten

**propenso, -a** [pro'penso, -a] *adj* (*a enfermedades*) anfällig (*a* für +*akk*); (*dispuesto*) bereit (*a* zu +*dat*); **ser ~ a algo** zu etw *dat* neigen

**propiamente** [propja'meṇte] *adv* eigentlich; (*realmente*) wirklich; (*exactamente*) genau; ~ **dicho** genau genommen

**propiciar** [propi'θjar] **I.** *vt* ❶ (*aplacar*) versöhnen ❷ (*favorecer*) begünstigen; (*posibilitar*) ermöglichen; **el viento propició la extensión de las llamas** durch den Wind griff der Brand um sich **II.** *vr:* ~**se** (*conseguir*) gewinnen; **con sus palabras se propició el respeto de todos** seine Worte verschafften ihm/ihr bei allen Respekt

**propiciatorio, -a** [propiθja'torjo, -a] *adj* Sühn(e)-; **víctima propiciatoria** Sühn(e)opfer *nt;* (*fig*) Sündenbock *m*

**propicio, -a** [pro'piθjo, -a] *adj* ❶ (*favorable*) günstig; **en el momento ~** im günstigsten Moment ❷ (*dispuesto*) bereit (*a* zu +*dat*); **mostrarse (poco) ~ a/para...** sich (wenig) geneigt zeigen zu ...

**propiedad** [propje'ðaᵈ] *f* ❶ (*pertenencia*) Eigentum *nt;* (*inmuebles*) Besitz *m;* (*derechos*) Urheberrecht *nt;* ~ **exclusiva** Alleinbesitz *m;* ~ **horizontal** Wohnungseigentum *nt;* ~ **industrial/intelectual** gewerbliches/geistiges Eigentum; ~ **(in)mobiliaria** (Im)mobilien *pl;* ~ **rústica** landwirtschaftlicher Grundbesitz; **un piso de mi ~** eine Eigentumswohnung; **en ~** Eigentums-; **ser ~ de alguien** jdm gehören ❷ (*cualidad, t.* FÍS) Eigenschaft *f;* ~**es** Beschaffenheit *f* ❸ (*corrección*) Richtigkeit *f;* (*exactitud*) Genauigkeit *f;* **expresarse con ~** sich treffend ausdrücken

**propietario, -a** [propje'tarjo, -a] **I.** *adj* besitzend **II.** *m, f* Eigentümer(in) *m(f);* (*terrateniente*) Grundbesitzer(in) *m(f);* (*casero*) Vermieter(in) *m(f)*

**propina** [pro'pina] *f* Trinkgeld *nt;* **de ~** (*fig*) obendrein

**propinar** [propi'nar] *vt* (*golpes*) versetzen

**propio, -a** ['propjo, -a] *adj* ❶ (*de uno mismo*) eigene(r, s); **con la propia mano** eigenhändig; **con sus propias manos** mit eigenen Händen; **entregar en propia mano** persönlich übergeben; **en defensa propia** in Notwehr; **es tu propia culpa** du bist selbst schuld; **lo he visto con mis ~s ojos** ich habe es mit eigenen Augen gesehen; **tengo piso ~** ich habe eine Eigentumswohnung ❷ (*mismo*) selbst; **lo ~** dasselbe; **el ~ interesado** der Interessent selbst; **al ~ tiempo** zur gleichen Zeit; **nombre ~** (LING) Eigenname *m* ❸ (*característico*) eigen(tümlich); **los productos ~s del país** die heimischen Produkte des Landes; **eso (no) es ~ de ti** das passt (nicht) zu dir ❹ (*apropiado*) angemessen

**proponer** [propo'ner] *irr como poner* **I.** *vt* ❶ (*sugerir, presentar*) vorschlagen (*como* als +*akk, para* für +*akk*); ~ **un brindis por alguien** auf jdn ein Hoch ausbringen ❷ (*plantear*) stellen; ~ **un acertijo** ein Rätsel aufgeben; ~ **una cuestión** eine Frage aufwerfen ❸ (*solicitar*) beantragen **II.** *vr:* ~**se** sich *dat* vornehmen; (*tener intención*) vorhaben; **¿qué te propones?** was hast du eigentlich vor?

**proporción** [propor'θjon] *f* ❶ (*relación*) Verhältnis *nt;* **no guardar ~ con algo** in keinem Verhältnis zu etw *dat* stehen

| | | | | | |
|---|---|---|---|---|---|
| 1 | los pantalones de pata de elefante | die Schlaghose | 15 | la chaqueta de punto | die Strickjacke |
| 2 | la gabardina | der Trenchcoat | 16 | el gorro de lana | die Wollmütze |
| 3 | el abrigo | der Mantel | 17 | el jersey, el pul(l)óver (*Am*) | der Pullover |
| 4 | la bufanda | der Schal | 18 | los pantalones cortos | die Shorts |
| 5 | el impermeable | der Regenmantel | 19 | el pantalón, los pantalones | die Hose |
| 6 | la blusa | die Bluse | 20 | la camisa de manga corta | das kurzärm(e)lige Hemd |
| 7 | el top/la camiseta sin mangas | das ärmellose Top | 21 | la camisa | das Hemd |
| 8 | la falda escocesa | der Schottenrock | 22 | el chaleco de punto | der Pullunder |
| 9 | la falda | der Rock | 23 | la gorra | die Mütze |
| 10 | los vaqueros, los tejanos (*Am*) | die Jeans | 24 | la camiseta | das T-Shirt |
| 11 | la chaqueta, la campera (*Am*) | die Jacke, das Jackett | 25 | el chaleco | die Weste |
| 12 | el blazer | der Blazer | 26 | el suéter | das Sweatshirt |
| 13 | la cazadora, el rompevientos (*Am*) | die Windjacke | 27 | los guantes | die Handschuhe |
| 14 | el plumas | die Daunenjacke | | | |

| | | | | | |
|---|---|---|---|---|---|
| 1 | las botas de trabajo | die Arbeitsstiefel | 7 | los mocasines, los kiowas | die Mokassins |
| 2 | las botas de goma | die Gummistiefel | 8 | las botas | die Stiefel |
| 3 | las sandalias | die Sandalen | 9 | los zapatos bajos de señora | die Slipper |
| 4 | los zapatos de/con cordones | die Schnürschuhe | 10 | los zapatos de tacón alto/ de tacos altos (*Am*) | die hochhackigen Schuhe |
| 5 | las (zapatillas) deportivas | die Turnschuhe | 11 | las sandalias de tacón alto | die Slingpumps |
| 6 | los zapatos de salón | die Pumps | | | |

❷ (*porcentaje*) Anteil *m* ❸ *pl* (*dimensión*) Ausmaß *nt;* **un accidente de enormes proporciones** ein Unfall größten Ausmaßes

**proporcional** [proporθjo'nal] *adj* proportional; (*relativo*) anteilig; **reparto** ~ proportionale Verteilung; **sistema** ~ (POL) Verhältniswahlsystem *nt*

**proporcionalidad** [proporθjonali'ða$^{d}$] *f* (*t.* MAT) Proportionalität *f*

**proporcionar** [proporθjo'nar] *vt* ❶ (*dar proporción*) proportionieren; (*adecuar*) anpassen (*a* an +*akk*) ❷ (*repartir*) proportional aufteilen ❸ (*facilitar*) beschaffen; (*conseguir*) besorgen; (*procurar*) verschaffen; (*crear*) schaffen; (*producir*) bringen; ~ **víveres a alguien** jdn mit Lebensmitteln versorgen ❹ (*ocasionar*) bewirken; ~ **disgustos a alguien** jdm Sorgen bereiten

**proposición** [proposi'θjon] *f* ❶ (*propuesta*) Vorschlag *m;* (*solicitud*) Antrag *m;* (*oferta*) Angebot *nt;* ~ **de ley** Gesetzesvorlage *f;* ~ **de matrimonio** Heiratsantrag *m* ❷ (*oración*) Satz *m*

**propósito** [pro'posito] **I.** *m* ❶ (*intención*) Absicht *f;* (*plan*) Plan *m;* **buenos** ~**s** gute Vorsätze; **tener el** ~ **de...** vorhaben zu ... ❷ (*objetivo*) Ziel *nt* ❸ (*loc*): **a** ~ (*adrede*) absichtlich; (*adecuado*) angemessen; (*por cierto*) übrigens; **fuera de** ~ unangebracht; **¡a** ~**! tu hermana viene mañana** apropos, deine Schwester kommt morgen **II.** *prep:* **a** ~ **de** über +*akk*

**propuesta** [pro'pwesta] *f* (*proposición*) Vorschlag *m;* (*solicitud*) Antrag *m;* (*oferta*) Angebot *nt;* (*recomendación*) Empfehlung *f;* (*presentación*) Aufstellung *f;* ~ **global** Verhandlungspaket *nt;* **a** ~ **de alguien** auf jds Antrag hin; **formular una** ~ einen Antrag stellen

**propugnar** [propuɣ'nar] *vt* (*defender*) verfechten; (*apoyar*) eintreten (für +*akk*); (*promover*) fördern

**propulsar** [propul'sar] *vt* ❶ (TÉC) antreiben ❷ (*fomentar*) fördern

**propulsión** [propul'sjon] *f* (TÉC) Antrieb *m;* ~ **delantera/trasera** (AUTO) Vorderrad-/Hinterradantrieb *m;* ~ **a hélice** Propellerantrieb *m;* ~ **por reacción** Düsenantrieb *m;* ~ **total** (AUTO) Allradantrieb *m*

**propulsor** [propul'sor] *m* (TÉC) ❶ (*combustible*) Treibstoff *m* ❷ (*motor*) Triebwerk *nt;* ~ **de hélice** Propellertriebwerk *nt*

**prorrata** [pro'rrata] *f* (*parte*) Anteil *m;* (*cuota*) Rate *f*

**prorratear** [prorrate'ar] *vt* (ECON, FIN) nach Verhältnis teilen; **pago prorrateado** anteilige Zahlung

**prórroga** ['prorroɣa] *f* ❶ (*prolongación*) Verlängerung *f;* (ECON) Stundung *f;* ~ **de pago** Zahlungsaufschub *m* ❷ (*dilatoria*) Aufschub *m;* (*retraso*) Verschiebung *f;* (*aplazamiento*) Verlegung *f;* (*cambio de fecha*) Vertagung *f*

**prorrogable** [prorro'ɣaβle] *adj* ❶ (*ampliable*) verlängerungsfähig ❷ (*aplazable*) verlegbar

**prorrogación** [prorroɣa'θjon] *f* Verlängerung *f*

**prorrogar** [prorro'ɣar] <g→gu> *vt* ❶ (*prolongar*) verlängern; (ECON) stunden ❷ (*dilatar*) aufschieben; (*retrasar*) verschieben; (*aplazar*) verlegen; (*cambiar de fecha*) vertagen; (JUR) prorogieren

**prorrumpir** [prorrum'pir] *vi* ❶ (*salir*) hervorbrechen ❷ (*estallar*) ausbrechen

**prosa** ['prosa] *f* Prosa *f;* **texto en** ~ Prosatext *m*

**prosaico, -a** [pro'sai̯ko, -a] *adj* prosaisch

**prosapia** [pro'sapja] *f* Abstammung *f;* **de mucha** ~ ad(e)lig

**proscribir** [proskri'βir] *irr como escribir vt* ächten

**proscrito, -a** [pros'krito, -a] **I.** *pp de* **proscribir II.** *m, f* Geächtete(r) *mf*

**prosecución** [proseku'θjon] *f* ❶ (*continuación*) Fortsetzung *f* ❷ (*de un fin, t.* JUR) Verfolgung *f;* ~ **criminal** Strafverfolgung *f*

**prosecutor(a)** [proseku'tor(a)] *m(f)* (JUR) öffentlicher Ankläger *m*, öffentliche Anklägerin *f*

**proseguir** [prose'ɣir] *irr como seguir* **I.** *vi* (*alguien*) weitermachen; (METEO) anhalten; ~ **con** [*o* **en**] **algo** (*mantener*) etw beibehalten; (*continuar con*) etw fortsetzen **II.** *vt* ❶ (*continuar*) fortsetzen ❷ (*un fin*) verfolgen ❸ (JUR) verfolgen; ~ **diligencias** das Strafmaß ermitteln

**proselitismo** [proseli'tismo] *m* Sendungsbewusstsein *nt*

**proselitista** [proseli'tista] **I.** *adj* sendungsbewusst **II.** *mf* Proselytenmacher(in) *m(f)* *abw*

**prosificar** [prosifi'kar] <c→qu> *vt* in Prosa übertragen

**prosista** [pro'sista] *mf* Prosaschriftsteller(in) *m(f)*

**prospección** [prospe$^{ɣ}$'θjon] *f* (MIN) Prospektierung *f;* ~ **petrolífera** Erdölsuche *f;* ~ **de mercado** (ECON) Marktforschung *f*

**prospecto** [pros'pekto] *m* (*folleto*) Prospekt *m o nt;* (*de instrucciones*) Bedienungsanleitung *f;* (*informativo*) Broschüre *f;* (*de un medicamento*) Packungsbeilage *f*

**prosperar** [prospe'rar] *vi* ❶ (*crecer*) gedeihen; (*avanzar*) gut vorankommen; (*flore-*

*cer*) florieren; (*tener éxito*) Erfolg haben ❷ (*imponerse*) sich einbürgern

**prosperidad** [prosperi'ða$^{ð}$] *f* (*bienestar*) Wohlstand *m*; ~ **económica** Wirtschaftsaufschwung *m*

**próspero, -a** ['prospero, -a] *adj* ❶ (*feliz*) glücklich; **¡P~ Año Nuevo!** frohes neues Jahr!; (*brindis*) prosit Neujahr! ❷ (*floreciente*) florierend ❸ (*rico*) wohlhabend; (*con éxito*) erfolgreich

**próstata** ['prostata] *f* Prostata *f*

**prosternarse** [proster'narse] *vr* sich niederwerfen

**prostíbulo** [pros'tiβulo] *m* Bordell *nt*

**prostitución** [prostitu'θjon] *f* Prostitution *f*; **ejercer la** ~ der Prostitution nachgehen

**prostituir** [prostitu'ir] *irr como huir* **I.** *vt* auf den Strich schicken **II.** *vr:* ~**se** auf den Strich gehen; (*fig*) sich prostituieren; (*denigrarse*) sich erniedrigen

**prostituto, -a** [prosti'tuto, -a] *m, f* Prostituierte(r) *mf*

**protagonismo** [protaɣo'nismo] *m* Geltung *f*; **afán de** ~ Geltungssucht *f*

**protagonista** [protaɣo'nista] **I.** *adj:* **la actriz** ~ die Hauptdarstellerin; **el papel** ~ die Hauptrolle **II.** *mf* Hauptperson *f*; (CINE, TEAT) Hauptdarsteller(in) *m(f)*; (LIT) (Roman)held(in) *m(f)*

**protagonizar** [protaɣoni'θar] <z→c> *vt* (*un papel*) spielen; **un gran actor protagoniza esta película** in diesem Film spielt ein namhafter Schauspieler die Hauptrolle

**protección** [prote$^{ɣ}$'θjon] *f* Schutz *m*; (*recubrimiento*) Abdeckung *f*; (*apoyo*) Unterstützung *f*; (*mecenazgo, t.* POL) Protektion *f*; (MIL) Deckung *f*; (*patrocinio*) Schirmherrschaft *f*; ~ **acústica** Lärmschutz *m*; ~ **antiaérea** Luftschutz *m*; ~ **anticopia** Kopierschutz *m*; ~ **contra incendios** Brandschutz *m*; ~ **a la maternidad** Mutterschutz *m*; ~ **del medio ambiente** Umweltschutz *m*; ~ **de menores** Jugendschutz *m*; ~ **sanitaria** Gesundheitsschutz *m*; **ser de alta** ~ (*crema*) einen hohen Schutzfaktor haben; **poner a alguien bajo** ~ jdn unter Schutz stellen; **tomar a alguien bajo su** ~ jdn in Schutz nehmen

**proteccionismo** [prote$^{ɣ}$θjo'nismo] *m* (ECON) Protektionismus *m*; ~ **económico** Wirtschaftsprotektionismus *m*

**proteccionista** [prote$^{ɣ}$θjo'nista] **I.** *adj* protektionistisch; **política** ~ Schutzzollpolitik *f* **II.** *mf* Protektionist(in) *m(f)*

**protector**[1] [protek'tor] *m* Schutz *m*; ~ **labial** Lippen(schutz)pomade *f*; ~ **solar** Sonnen(schutz)creme *f*

**protector(a)**[2] [protek'tor(a)] **I.** *adj* schützend; **casco** ~ Schutzhelm *m*; **sociedad ~a de animales** Tierschutzverein *m* **II.** *m(f)* (*persona*) Beschützer(in) *m(f)*; (*mecenas*) Gönner(in) *m(f)*; (*proxeneta*) Zuhälter *m*; (POL) Protektor(in) *m(f)*; (*patrocinador*) Schirmherr(in) *m(f)*

**protectorado** [protekto'raðo] *m* Protektorat *nt*

**proteger** [prote'xer] <g→j> **I.** *vt* ❶ (*resguardar*) (be)schützen (*de/contra* vor +*dat*) ❷ (*asegurar*) (ab)sichern ❸ (ECOL) unter Naturschutz stellen; (*como mecenas*) fördern ❹ (POL) protegieren **II.** *vr:* ~**se** sich schützen (*de/contra* vor +*dat*); ~**se los ojos** seine Augen schützen

**protegido, -a** [prote'xiðo, -a] **I.** *adj* geschützt; ~ **contra escritura** (INFOR) schreibgeschützt; ~ **contra el uso indebido** missbrauchgeschützt; ~ **por patente** patentgeschützt **II.** *m, f* Protegé *m*; (*pupilo*) Mündel *nt*

**proteína** [prote'ina] *f* Protein *nt*

**prótesis** ['protesis] *f inv* Prothese *f*; ~ **auditiva** Hörgerät *nt*

**protesta** [pro'testa] *f* ❶ (*queja*) Protest *m* ❷ (JUR) Einspruch *m* ❸ (*aseveración*) Beteuerung *f*

**protestante** [protes'tan̪te] **I.** *adj* (REL) protestantisch **II.** *mf* (REL) Protestant(in) *m(f)*

**protestantismo** [protestan̪'tismo] *m sin pl* ❶ (REL) Protestantismus *m*; **convertir al** ~ zum Protestantismus bekehren ❷ (*pey: inconformismo*) Querulantentum *nt*

**protestar** [protes'tar] **I.** *vi* ❶ (*oponerse, quejarse*) protestieren ❷ (*aseverar*) beteuern (*de* +*akk*) **II.** *vt* ❶ (*confesar*) bekennen ❷ (JUR) anfechten

**protestón, -ona** [protes'ton, -ona] **I.** *adj* (*fam*) nörglerisch **II.** *m, f* (*fam*) Meckerfritze, -liese *m, f*

**protocolar** [protoko'lar] **I.** *vt* protokollieren **II.** *adj* protokollarisch

**protocolo** [proto'kolo] *m* Protokoll *nt*

**protón** [pro'ton] *m* Proton *nt*

**prototipo** [proto'tipo] *m* Prototyp *m*

**protuberancia** [protuβe'ran̪θja] *f* Höcker *m*; (*bulto*) Wulst *m o f*; (*excrecencia*) Auswuchs *m*

**protuberante** [protuβe'ran̪te] *adj* hervortretend

**provecho** [pro'βeʧo] *m* ❶ (*aprovechamiento*) Nutzen *m*; (*ventaja*) Vorteil *m*; (*producto*) Ertrag *m*; (*beneficio*) Gewinn *m*; **propio** ~ Eigennutz *m*; **de** ~ von Nutzen; **nada de** ~ nichts Brauchbares; **en** ~ **de alguien** zu jds Wohl(e); **sacar** ~ **de algo** aus etw *dat* Nutzen ziehen; **sacar** ~ **de alguien** jdn ausnutzen ❷ (*progreso*)

Fortschritt *m;* (*mejora*) Besserung *f* ❸ (*de alimentos*) Bekömmlichkeit *f;* **¡buen ~!** guten Appetit!; **hacer (buen) ~** gut bekommen

**provechoso, -a** [proβe'tʃoso, -a] *adj* einträglich; (*productivo*) ertragreich; (*útil*) nützlich; (*ventajoso*) vorteilhaft; (*saludable*) gesund; (*digestivo*) bekömmlich

**proveedor**[1] [proβe(e)'ðor] *m* (INFOR) Anbieter *m,* Provider *m*

**proveedor(a)**[2] [proβe(e)'ðor(a)] **I.** *adj* Liefer- **II.** *m(f)* Lieferant(in) *m(f)*

**proveer** [pro'βer/proβe'er] *irr* **I.** *vi* sorgen (*a* für +*akk*); **~ a las necesidades de alguien** jdn versorgen; **¡Dios ~á!** der Herrgott wird's schon richten! **II.** *vt* ❶ (*abastecer*) versorgen (*de* mit +*dat*); (*equipar*) ausstatten (*de* mit +*dat*); (*dotar*) versehen (*de* mit +*dat*); (*suministrar*) beliefern (*de* mit +*dat*) ❷ (*un puesto*) besetzen; (*conceder*) vergeben ❸ (JUR) entscheiden (*sobre* über +*akk*) **III.** *vr:* **~se** sich eindecken (*de* mit +*dat*)

**proveniente** [proβe'njeṇte] *adj:* **el tren ~ de Madrid** der Zug aus Madrid

**provenir** [proβe'nir] *irr como venir vi* herkommen (*de* von +*dat*); (*proceder*) herrühren (*de* von +*dat*); (*ser originario*) stammen (*de* aus +*dat*)

**Provenza** [pro'βeṇθa] *f* Provence *f*

**proverbial** [proβer'βjal] *adj* sprichwörtlich; (*sabido*) allgemein bekannt

**proverbio** [pro'βerβjo] *m* Sprichwort *nt;* (*pensamiento*) Spruch *m*

**providencia** [proβi'ðeṇθja] *f* ❶ (*prevención*) Vorsehung *f* ❷ (*medida*) Vorsorge *f* ❸ (JUR) Verfügung *f;* (*disposición*) Entscheidung *f;* **~ ejecutoria** Vollstreckungsbescheid *m*

**providencial** [proβiðeṇ'θjal] *adj* ❶ (*de la providencia*) von der Vorsehung bestimmt ❷ (*oportuno*) angebracht; **su intervención resultó ~** sein/ihr Eingreifen war ausschlaggebend

**provincia** [pro'βiṇθja] *f* Provinz *f;* (*Arg: estado*) (Glied)staat *m;* **ciudad de ~s** Kleinstadt *f*

> **i Land & Leute**
>
> Die 17 *Comunidades Autonómas* Spaniens sind in 52 **provincias** untergliedert. So besteht beispielsweise die *Comunidad de Castilla-León* aus den folgenden neun **provincias**: *Ávila, Burgos, León, Palencia, Salamanca, Segovia, Soria, Valladolid* und *Zamora.*

**provincial** [proβiṇ'θjal] **I.** *adj* Provinz(ial)-; **capital ~** Provinzhauptstadt *f;* **delegación ~** Provinzialbehörde *f* **II.** *m* (REL) Provinzial *m*

**provincianismo** [proβiṇθja'nismo] *m sin pl* (*pey*) Provinzialität *f*

**provinciano, -a** [proβiṇ'θjano, -a] **I.** *adj* provinziell; (*pey*) provinzlerisch **II.** *m, f* Provinzbewohner(in) *m(f);* (*pey*) Provinzler(in) *m(f)*

**provisión** [proβi'sjon] *f* ❶ (*reserva*) Vorrat *m;* **provisiones** Proviant *m* ❷ (*suministro*) Versorgung *f* ❸ (*cobertura*) Deckung *f;* (*reserva*) Rücklage *f* ❹ (*comisión*) Provision *f* ❺ (*medida*) Vorsichtsmaßnahme *f* ❻ (*de un cargo*) Besetzung *f* ❼ (JUR) Anordnung *f*

**provisional** [proβisjo'nal] *adj* provisorisch; (*temporal*) vorläufig; **gobierno ~** Interimsregierung *f;* **medida ~** Übergangslösung *f*

**provisionalidad** [proβisjonali'ða$^{ð}$] *f* Vorläufigkeit *f*

**provisorio, -a** [proβi'sorjo, -a] *adj v.* **provisional**

**provisto, -a** [pro'βisto, -a] **I.** *pp de* **proveer** **II.** *adj:* **~ al efecto** dafür vorgesehen

**provocación** [proβoka'θjon] *f* ❶ (*ataque*) Provokation *f;* (*instigación*) Anstiftung *f* ❷ (*causa*) Hervorrufen *nt;* (MED) Auslösen *nt*

**provocador**[1] [proβoka'ðor] *m* Auslöser *m;* (MED) Erreger *m*

**provocador(a)**[2] [proβoka'ðor(a)] **I.** *adj* provokant; (*excitante*) aufreizend; (MED) auslösend **II.** *m(f)* (POL) Provokateur(in) *m(f)*

**provocar** [proβo'kar] <c→qu> **I.** *vt* ❶ (*incitar*) provozieren; (*irritar*) aufregen; (*excitar*) aufreizen; (*instigar*) anstiften; (POL) aufwiegeln; **¡no me provoques!** geh mir nicht auf die Nerven!; (*advertencia*) ich warne dich! ❷ (*causar*) provozieren; (MED) auslösen; (*artificialmente*) einleiten; **~ risa a alguien** jdn zum Lachen bringen; **~ lástima a alguien** jds Mitleid erregen; **~ un cambio/una guerra** zu einer Wende/einem Krieg führen; **~ una escena** eine Szene machen; **~ un incendio** einen Brand verursachen **II.** *vi* (*Am: apetecer*): **(no) me provoca** ich habe (keine) Lust

**provocativo, -a** [proβoka'tiβo, -a] *adj* provokativ; (*excitante*) aufreizend

**proxeneta** [pro$^{y}$se'neta] *mf* (*de prostitutas*) Zuhälter *m;* (*alcahuete*) Kuppler(in) *m(f)*

**proxenetismo** [pro$^{y}$sene'tismo] *m sin pl* (*t.* JUR) Zuhälterei *f;* (*alcahueteo*) Kuppelei *f*

**próximamente** [proˠsima'mente] *adv* demnächst

**proximidad** [proˠsimi'ðaᵈ] *f* ❶ (*cercanía*) Nähe *f;* ~**es** Nachbarschaft *f;* **en las** ~**es** in der Nähe ❷ (*parentesco*) Verwandtschaftsgrad *m*

**próximo, -a** ['proˠsimo, -a] *adj* ❶ (*cercano*) nahe (*a* bei/zu +*dat*); (*local*) nahe gelegen; (*temporal*) nahe bevorstehend; **en fecha próxima** demnächst; **estar** ~ **a...** drauf und dran sein zu ... ❷ (*siguiente*) nächste(r, s); **el** ~ **año** nächstes Jahr; **el** ~ **viernes** am nächsten Freitag; **el** ~ **3 de octubre** am 3. Oktober diesen Jahres; **la próxima vez** nächstes Mal; **¡hasta la próxima!** bis bald!; ~ **al próximo tema** zum nächsten Thema übergehen

**proyección** [proɟeˠ'θjon] *f* ❶ (FÍS, FOTO, CINE) Projektion *f;* (*sesión*) Vorführung *f;* (*lanzamiento*) Werfen *nt;* (*impulso*) Schleudern *nt;* ~ **de sombras** Schattenwurf *m* ❷ (*cartografía*) Projektion *f* ❸ (ARQUIT, MAT) Grundriss *m* ❹ (*influencia*) Einfluss *m;* (*orientación*) Orientierung *f;* **una empresa de** ~ **internacional** eine weltweit orientierte Firma ❺ (*proyecto*) Planung *f*

**proyectable** [proɟek'taβle] *adj:* **asiento** ~ (AERO) Schleudersitz *m*

**proyectar** [proɟek'tar] **I.** *vt* ❶ (FÍS, FOTO, CINE) projizieren; (*lanzar*) werfen (*hacia* auf +*akk*); (*impulsar*) schleudern (*hacia* gegen +*akk*); ~ **luz/sombra** Licht/Schatten werfen ❷ (*planear*) planen; (*diseñar*) entwerfen; (TÉC) konstruieren ❸ (*proponerse*) vorhaben **II.** *vr:* ~**se** ❶ (*luz, sombra*) fallen (*sobre* auf +*akk*) ❷ (PSICO) sich projizieren (*en* auf +*akk*) ❸ (*orientarse*) sich orientieren

**proyectil** [proɟek'til] *m* Geschoss *nt;* ~ **anticarro** Panzerabwehrgeschoss *nt*

**proyectista** [proɟek'tista] *mf* Projektant(in) *m(f);* (*diseñador*) Konstrukteur(in) *m(f);* (CINE: *operador*) Vorführer(in) *m(f)*

**proyecto** [pro'ɟekto] *m* Projekt *nt;* (*proyección*) Planung *f;* (*borrador*) Entwurf *m;* (*pormenorizado*) Ausarbeitung *f;* (*propuesta*) Vorschlag *m;* ~ **fin de carrera** (UNIV) Diplomarbeit *f;* (*en Letras*) Magisterarbeit *f;* ~ **de gobierno** Kabinettsentwurf *m;* ~ **de ley** Gesetz(es)entwurf *m;* **en** ~ geplant; **tener** ~**s** Pläne haben; **tener algo en** ~ etw vorhaben

**proyector** [proɟek'tor] *m* (FOTO, CINE) Projektor *m;* (*lanzador*) Werfer *m;* ~ **de cine** Filmprojektor *m;* ~ **de luz** Scheinwerfer *m;* ~ **de luz diurna** Tageslichtprojektor *m*

**prudencia** [pru'ðenθja] *f* ❶ (*precaución*) Vorsicht *f;* (*previsión*) Bedachtsamkeit *f;* (*cautela*) Behutsamkeit *f* ❷ (*cordura*) Vernunft *f;* (*astucia*) Klugheit *f* ❸ (*moderación*) Mäßigkeit *f*

**prudencial** [pruðen'θjal] *adj* (*razonable*) vernünftig; (*adecuado*) angebracht; (*previsor*) bedachtsam; **una cantidad** ~ eine angemessene Menge

**prudenciarse** [pruðen'θjarse] *vr* (*Am*) ❶ (*ser prudente*) vorsichtig sein ❷ (*moderarse*) sich mäßigen ❸ (*conservar la calma*) Ruhe bewahren

**prudente** [pru'ðente] *adj* ❶ (*precavido*) vorsichtig; (*previsor*) bedacht; (*cauteloso*) behutsam ❷ (*razonable*) vernünftig; (*avisado*) klug ❸ (*adecuado*) angemessen

**prueba** ['prweβa] *f* ❶ (*examen*) Prüfung *f;* (*test*) Test *m;* (*experimento*) Versuch *m;* (*comprobación*) Probe *f;* (*ensayo*) Erprobung *f;* (DEP: *competición*) Wettkampf *m;* (*de ropa*) Anprobe *f;* (TIPO) Probeabzug *m;* (TÉC) Probelauf *m;* ~ **de acceso** Aufnahmeprüfung *f;* ~ **de alcoholemia** (Blut)alkoholtest *m;* ~ **de aptitud** Eignungstest *m;* ~ **al azar** Stichprobe *f;* ~ **de azúcar en la sangre** Blutzuckertest *m;* ~ **clasificatoria/eliminatoria** Qualifikations-/Ausscheidungsspiel *nt;* ~ **de degustación** Kostprobe *f;* (*cata*) Weinprobe *f;* ~ **de fuego** (*fig*) Feuerprobe *f;* ~ **de imprenta** Druckfahne *f;* ~**s nucleares** Atomversuche *mpl;* **período de** ~ Probezeit *f;* **poner a** ~ auf die Probe stellen; **someter a** ~ einer Prüfung unterziehen; **sufrir una dura** ~ eine schwere Prüfung durchmachen; **a** ~ **de agua** wasserdicht; **a** ~ **de balas** kugelsicher; **a** ~ **de robo** diebstahlsicher; **a título de** ~ zur Probe; **a toda** ~ voll erprobt; (*fig*) mit allen Wassern gewaschen ❷ (*testimonio*) Beweis *m;* (*verificación*) Nachweis *m;* ~ **circunstancial** Indizienbeweis *m;* ~ **documental** Urkundenbeweis *m;* ~ **de paternidad** Vaterschaftsnachweis *m;* **dar** ~**s de afecto** Zuneigung beweisen; **en** ~ **de nuestro reconocimiento** als Zeichen unserer Anerkennung; **presentar la** ~ den Nachweis erbringen; **ser** ~ **de algo** ein Beweis für etw sein; **tener** ~**s de que...** beweisen können, dass ...

**prurito** [pru'rito] *m* ❶ (*picor*) Juckreiz *m* ❷ (*afán*) innerer Ansporn *m*

**Prusia** ['prusja] *f* Preußen *nt*

**prusiano, -a** [pru'sjano, -a] **I.** *adj* preußisch **II.** *m, f* Preuße, -in *m, f*

**P.S.** [pos es'kriptun] *abr de* **post scriptum** PS

**(p)seudo-** ['seu̯ðo] pseudo-

**(p)seudónimo** [seu̯'ðonimo] *m* Pseudonym *nt*
**(p)sicoanálisis** [sikoa'nalisis] *m sin pl* Psychoanalyse *f*
**(p)sicoanalista** [sikoana'lista] *mf* Psychoanalytiker(in) *m(f)*
**(p)sicoanalizar** [sikoanali'θar] <z→c> *vt* (MED) psychoanalysieren
**(p)sicodélico, -a** [siko'ðeliko, -a] *adj* psychedelisch
**(p)sicofármaco** [siko'farmako] *m* Psychopharmakon *nt*
**(p)sicología** [sikolo'xia] *f sin pl* ❶ (*ciencia*) Psychologie *f;* ~ **infantil** Kinderpsychologie *f* ❷ (*vida anímica*) Psyche *f*
**(p)sicológico, -a** [sikolo'xiko, -a] *adj* psychologisch; **terror** ~ Psychoterror *m*
**(p)sicólogo, -a** [si'koloɣo, -a] *m, f* Psychologe, -in *m, f;* **es muy/poco** ~ (*fam*) er ist sehr/wenig einfühlsam
**(p)sicópata** [si'kopata] *mf* Psychopath(in) *m(f);* ~ **sexual** Triebtäter *m*
**(p)sicopatología** [sikopatolo'xia] *f* (MED) Psychopathologie *f*
**(p)sicosis** [si'kosis] *f inv* Psychose *f;* ~ **colectiva** Massenpsychose *f*
**(p)sicosomático, -a** [sikoso'matiko, -a] *adj* psychosomatisch
**(p)sicoterapeuta** [sikotera'peu̯ta] *mf* Psychotherapeut(in) *m(f)*
**(p)sicoterapéutico, -a** [sikotera'peu̯tiko, -a] *adj* (PSICO) psychotherapeutisch
**(p)sicoterapia** [sikote'rapja] *f* Psychotherapie *f*
**(p)sique** ['sike] *f* Psyche *f*
**(p)siquiatra** [si'kjatra] *mf* Psychiater(in) *m(f)*
**(p)siquiatría** [sikja'tria] *f* Psychiatrie *f*
**(p)siquiátrico, -a** [si'kjatriko, -a] *adj* psychiatrisch
**(p)síquico, -a** [si'kiko, -a] *adj* psychisch
**PSOE** [pe'soe] *m abr de* **Partido Socialista Obrero Español** *sozialistische spanische Arbeiterpartei*

**i Land & Leute**

**PSOE** ist die Abkürzung für *Partido Socialista Obrero Español*, die sozialistische Arbeiterpartei in Spanien. Sie regierte 13 Jahre lang, von 1983 bis 1996. In dieser Zeit war ihr Vorsitzender, Felipe González, *el presidente de gobierno – Ministerpräsident*. Ihr jetziger Vorsitzender heißt José Luis Rodríguez Zapatero.

**pta.** [pe'seta] *f* <pt(a)s.> *abr de* **peseta** Pesete *f*
**púa** ['pua] *f* ❶ (*espina*) Stachel *m* ❷ (*del peine*) Zinke *f;* (*pico*) Zacken *m* ❸ (MÚS) Plektron *nt*
**pub** [paᵝ] <pubs> *m* Pub *m o nt*
**púber** ['puβer] *adj* geschlechtsreif
**pubertad** [puβer'taᵈ] *f* Pubertät *f*
**púbico, -a** ['puβiko, -a] *adj* Scham-; **zona púbica** Schamgegend *f*
**pubis** ['puβis] *m inv* (*zona*) Scham(gegend) *f;* (*hueso*) Schambein *nt*
**publicable** [puβli'kaβle] *adj* druckreif
**publicación** [puβlika'θjon] *f* ❶ (*acción*) Veröffentlichung *f;* (*anuncio*) Bekanntmachung *f;* (*proclamación*) Verkündung *f;* (JUR) Offenlegung *f* ❷ (TIPO: *edición*) Publikation *f;* (*impreso*) Druckwerk *nt;* ~ **electrónica** (*resultado*) elektronische Publikation; (*proceso*) elektronisches Publizieren; ~ **reciente** Novität *f*
**publicar** [puβli'kar] <c→qu> **I.** *vt* veröffentlichen; (*anunciar*) bekannt geben; (JUR) offen legen; (*proclamar*) verkünden **II.** *vr:* ~**se** erscheinen
**publicidad** [puβliθi'ðaᵈ] *f* ❶ (*carácter público*) Öffentlichkeit *f;* **dar** ~ bekannt machen; **este programa le ha dado mucha** ~ durch diese Sendung ist er/sie sehr bekannt geworden ❷ (*propaganda*) Werbung *f*, Reklame *f;* (*promoción*) Publicity *f;* ~ **disimulada** Schleichwerbung *f;* ~ **sobreimpresa** Werbeeinblendung *f;* ~ **en TV** Fernsehwerbung *f;* **hacer** ~ **de algo** für etw werben
**publicista** [puβli'θista] *mf* Publizist(in) *m(f)*
**publicitario, -a** [puβliθi'tarjo, -a] *adj* Werbe-
**público**[1] ['puβliko] *m* ❶ (*colectividad*) Öffentlichkeit *f;* **en** ~ in aller Öffentlichkeit; **aparecer en** ~ öffentlich auftreten; **el gran** ~ die breite Masse ❷ (*asistente*) Publikum *nt;* **para todos los** ~**s** für jeden Geschmack; (CINE) freigegeben ab 6 Jahren; **abierto/cerrado al** ~ für den Publikumsverkehr geöffnet/geschlossen; **hoy hay poco** ~ heute ist wenig Betrieb
**público, -a**[2] ['puβliko, -a] *adj* ❶ (*no privado*) öffentlich; (*estatal*) staatlich; **deuda pública** öffentliche Anleihe; **relaciones públicas** Publicrelations *pl;* **el sector** ~ die öffentliche Hand; **transporte** ~ öffentliche Verkehrsmittel ❷ (*común*) allgemein; **de utilidad pública** gemeinnützig ❸ (*conocido*) allgemein bekannt; **escándalo** ~ öffentlicher Skandal; **hacer** ~ publik machen; **hacerse** ~ bekannt wer-

den; **ser del dominio** ~ allgemein bekannt sein

**pucha** ['putʃa] *interj* (*CSur: caramba*): **¡la ~!** Donnerwetter!

**pucherazo** [putʃe'raθo] *m* (*electoral*) Wahlbetrug *m*

**puchero** [pu'tʃero] *m* ❶ (*olla*) Kochtopf *m* ❷ (GASTR) ≈Eintopf *m* ❸ (*fam: alimento*) das tägliche Brot; **hay que ganarse el ~** man muss ja seine Brötchen verdienen ❹ (*loc*): **hacer ~s** eine Schnute ziehen

**pucho** ['putʃo] *m* (*Am: resto*) Rest *m;* (*colilla*) Zigarettenstummel *m*

**pudibundo, -a** [puði'βun̪do, -a] *adj* (*pey*) prüde

**púdico, -a** ['puðiko, -a] *adj v.* **pudoroso**

**pudiente** [pu'ðjen̪te] *adj* wohlhabend

**pudin** ['puðin] *m,* **pudín** [pu'ðin] *m* Pudding *m*

**pudor** [pu'ðor] *m* ❶ (*recato*) Sittsamkeit *f;* (*decencia*) Züchtigkeit *f;* (*vergüenza*) Schamhaftigkeit *f* ❷ (*modestia*) Bescheidenheit *f*

**pudoroso, -a** [puðo'roso, -a] *adj* ❶ (*recatado*) sittsam; (*vergonzoso*) schamhaft; (*decente*) züchtig ❷ (*modesto*) bescheiden

**pudridero** [puðri'ðero] *m* (*estercolero*) Misthaufen *m;* (*muladar*) Mistgrube *f;* (*de cadáveres*) Leichenkammer *f*

**pudrir** [pu'ðrir] *irr* **I.** *vt* ❶ (*descomponer*) zum Faulen bringen; (*fig*) verderben; **estar podrido de dinero** (*vulg*) vor Geld stinken *fam* ❷ (*fam: molestar*) stinken +*dat* **II.** *vr:* **~se** (ver)faulen; (*descomponerse*) verrotten; (*estropearse*) vergammeln; (*fig*) verderben; **~se en la cárcel** (*argot*) im Knast verschimmeln; **¡ahí te pudras!** (*vulg*) von mir aus kannst du verrecken! *fam*

**pueblerino, -a** [pweβle'rino, -a] **I.** *adj* dörflich; (*pey*) bäurisch **II.** *m, f* Dorfbewohner(in) *m(f);* (*pey*) Bauerntölpel *m*

**pueblo** ['pweβlo] *m* ❶ (*nación*) Volk *nt;* (*tribu*) Volksstamm *m;* **el ~ bajo** das gemeine Volk; **un hombre del ~** ein Mann aus dem Volke ❷ (*población*) Dorf *nt;* **~ costero** Küstenort *m;* **~ de mala muerte** (*fam*) trostloses Kaff; **~ joven** (*Am*) Slums *pl;* **de ~** Land-; (*pey*) bäurisch

**puente** ['pwen̪te] *m* ❶ (*construcción*) Brücke *f;* **~ aéreo** Luftbrücke *f;* (AERO) Luftpendelverkehr *m* ❷ (*de las gafas*) Brillensteg *m;* (*de un instrumento*) Steg *m;* **~ dental** (Zahn)brücke *f* ❸ (NÁUT) Brückendeck *nt;* **~ de mando** Kommandobrücke *f;* **~ de maniobras/de paseo** Arbeits-/Promenadendeck *nt* ❹ (ELEC) Überbrückung *f;* **hacer un ~ a un coche** ein Auto kurzschließen ❺ (*loc*): **hacer/tener ~** einen Brückentag machen/haben

**puenting** ['pwen̪tiŋ] *m* (DEP) Bungeejumping *nt*

**puerco, -a** ['pwerko, -a] **I.** *adj* ❶ *estar* (*fam: sucio*) saudreckig ❷ *ser* (*indecente*) schweinisch *fam* **II.** *m, f* ❶ (*cerdo*) Schwein *nt;* (*macho*) Eber *m;* (*hembra*) Sau *f;* **~ espín** Stachelschwein *nt* ❷ (*fam: persona sucia*) Schlamper *m,* Schlampe *f;* (*obsceno*) Schweinigel *m* ❸ (*fam: canalla*) Schweinehund *m*

**puericultor(a)** [pwerikul̪'tor(a)] *m(f)* (MED) Kinderkrankenpfleger, -schwester *m, f;* (*en la guardería*) Kindergärtner(in) *m(f)*

**puericultura** [pwerikul̪'tura] *f sin pl* Kinderkrankenpflege *f*

**pueril** [pwe'ril] *adj* ❶ (*infantil*) kindlich; **edad ~** Kindesalter *nt* ❷ (*inmaduro*) kindisch

**puerilidad** [pwerili'ðaᶞ] *f* Kinderei *f;* (*tontería*) Albernheit *f*

**puerro** ['pwerro] *m* Lauch *m*

**puerta** ['pwerta] *f* ❶ (*abertura*) Tür *f;* (*portal*) Pforte *f;* (*portalón*) Tor *nt;* (*acceso*) Zugang *m;* **~ de la calle** Haustür *f;* **~ corredera** Schiebetür *f;* **~ cortafuego** Brandschutztür *f;* **~ del maletero** Kofferraumklappe *f;* **~ de servicio** Lieferanteneingang *m;* **~ de socorro** Notausgang *m;* **día de ~s abiertas** Tag der offenen Tür; **quinta ~** (AUTO) Heckklappe *f;* **a la ~ de casa** vor der Haustür; **a ~ abierta** (*t.* JUR) öffentlich; **a ~ cerrada** (*t.* JUR) nicht öffentlich; **a las ~s de la muerte** an der Schwelle des Todes; **enseñar la ~ a alguien** jdm die Tür weisen; **estar a las ~s** (*fig*) vor der Tür stehen; **dar a alguien con la ~ en las narices** jdm die Tür vor der Nase zuschlagen; **de ~s adentro** (*fig*) intern; **ir de ~ en ~** von Haus zu Haus gehen; **cerrar las ~s a alguien** (*fig*) jdm den Weg versperren; **poner a alguien en la ~ (de la calle)** jdn vor die Tür setzen; **por la ~ grande** (TAUR: *t. fig*) mit Glanz und Gloria; **tiene todas las ~s abiertas** (*fig*) ihm/ihr stehen alle Türen offen ❷ (DEP) Tor *nt;* **disparo a ~** Torschuss *m*

**puerto** ['pwerto] *m* ❶ (NÁUT) Hafen *m;* (*ciudad*) Hafenstadt *f;* **~ deportivo** Jachthafen *m;* **~ franco** Freihafen *m;* **~ interior** Binnenhafen *m;* **~ marítimo** Seehafen *m;* **~ de matrícula** Heimathafen *m;* **tomar ~** den Hafen anlaufen ❷ (*de montaña*) Bergpass *m* ❸ (INFOR) Schnittstelle *f;* **~ para modem** Modemanschluss *m;* **~ serie** serielle Schnittstelle; **~ de transmisión en**

**paralelo/en serie** Parallel-/Serienschnittstelle *f* ④ (*refugio*) Zuflucht *f*

**i Land & Leute**

**Puerto Rico** ist ein seit 1952 mit den USA assoziierter Staat, der aus einer Hauptinsel und mehreren kleinen Inseln in den Großen Antillen besteht. Die Hauptstadt **Puerto Ricos** ist *San Juan*. Die offiziellen Landessprachen sind sowohl Spanisch als auch Englisch.

**puertorriqueño, -a** [pwertorri'keɲo, -a] **I.** *adj* puertoricanisch **II.** *m, f* Puertoricaner(in) *m(f)*

**pues** [pwes] **I.** *adv* ① (*entonces*) dann; (*así que*) also; **Ana quiere conocerte – ~ que venga** Ana möchte dich kennen lernen – dann soll sie kommen; **he vuelto a suspender – ~ estudia más** ich bin schon wieder durchgefallen – dann musst du eben mehr lernen; **~ entonces, nada** dann eben nicht ② (*ilativo*) also; **~ bien** also gut; **la consecuencia es, ~, ...** daraus folgt also ...; **dejémoslo, ~** lassen wir es also lieber sein ③ (*causal*) nämlich; **estudio alemán – ¡ah, ~ yo también!** ich lerne Deutsch – ach, ich auch!; **yo soy de Salamanca – ~ yo, de Soria** ich komme aus Salamanca – und ich aus Soria; **¿quién es? – ~ no sé** wer ist es? – ich weiß es nicht ④ (*expletivo*) doch; **¿estuvisteis por fin en Toledo? – ~ no/sí** wart ihr schließlich in Toledo? – nein, doch nicht/ja; **¡~ esto no es nada!** das ist noch gar nichts!; **estoy muy cansado – ~ aún queda mucho camino** ich bin sehr müde – wir haben aber noch eine ziemlich lange Strecke vor uns; **¡qué caro! – ¿sí? ~ a mí me parece barato** wie teuer! – findest du? ich finde es eher billig ⑤ (*exclamativo*): **¡~ vaya lata!** so ein Mist!; **¡~ no faltaría más!** das wäre ja noch schöner! ⑥ (*interrogativo*): **no voy a salir – ¿~ cómo es eso?** ich gehe nicht aus – wieso das denn?; **¿~ qué quieres?** was willst du denn?; **¿y ~?** ja, und?; **¿~ qué ha pasado?** was ist denn passiert? ⑦ (*atenuación*): **¿por qué no viniste a la fiesta? – ~ es que tenía mucho que hacer** warum bist du nicht zur Party gekommen? – tja, ich hatte viel zu tun; **¿nos vemos mañana? – ~ no sé todavía** sehen wir uns morgen? – tja, ich weiß noch nicht ⑧ (*insistencia*): **~ así es** so ist es halt; **~ claro** aber klar; **¡vamos ~!** na, los!; **¡~ entonces!** na, dann! **II.** *conj* ① (*causal*): **~ no me queda otro remedio, venderé el coche** da mir nichts anderes übrig bleibt, werde ich das Auto verkaufen; **no voy de viaje, ~ no tengo dinero** ich mache keine Reise, denn ich habe kein Geld ② (*elev*): **~ que** da

**puesta** ['pwesta] *f* ① (*general*) Stellung *f*; **~ a cero** Nullstellung *f*; (*calibrar*) Eichung *f*; **~ al día** Aktualisierung *f*; **~ en escena** (TEAT) Inszenierung *f*; **~ en función** Betätigung *f*; **~ en funcionamiento** Inbetriebnahme *f*; **~ en hora** Zeiteinstellung *f*; **~ en libertad** Haftentlassung *f*; **~ en marcha** Inbetriebnahme *f*; (AUTO) Anlassen *nt*; **~ en práctica** Verwirklichung *f*; **~ a punto** Generalrevision *f*; (AUTO) (Urlaubs)check *m* ② (*de aves*) Gelege *nt* ③ (*de sol*) Sonnenuntergang *m* ④ (*en el juego*) Einsatz *m*

**puestero, -a** [pwes'tero, -a] *m, f* Standverkäufer(in) *m(f)*; (*en el mercado*) Markthändler(in) *m(f)*

**puesto**[1] ['pwesto] *m* ① (*lugar*) Platz *m*; (*posición*) Stellung *f*; **~ de información** Auskunftsstelle *f*; **~ de observación** (ASTR) Beobachtungsstation *f*; (MED) Wachstation *f*; **ceder/mantener el ~** (DEP) den Listenplatz verlieren/halten ② (*empleo*) (Arbeits)stelle *f*; (*cargo*) Amt *nt*; (*posición*) Position *f* ③ (*tenderete*) (Markt)stand *m*; (*feria de muestras*) Messestand *m*; (*chiringuito*) Imbissstand *m*; **~ de periódicos** Zeitungskiosk *m* ④ (MIL) Posten *m* ⑤ (*guardia*) Wache *f*; **~ de policía** Polizeiwache *f*; **~ de socorro** Rettungswache *f* ⑥ (*caza*) Hochsitz *m*

**puesto, -a**[2] ['pwesto, -a] **I.** *pp de* **poner** **II.** *adj* ① (COM) (frei) ab; **~ en ésta** frei ab hier; **~ en fábrica** ab Werk ② (*loc*): **~ al día** auf dem neuesten Stand; **ir muy bien ~** (*fam*) schick angezogen sein; **tienen el piso muy bien ~** (*fam*) sie haben die Wohnung sehr gut eingerichtet; **tenerlos muy bien ~s** (*vulg*) ein ganzer Kerl sein *fam*; **estar ~ en un tema** (*fam*) sich in einem Thema auskennen **III.** *conj*: **~ que** da

**puf** [puf] **I.** *interj* ächz **II.** *m* (*asiento*) Puff *m*

**púgil** ['puxil] *m* (DEP), **pugilista** [puxi'lista] *m* (DEP) Boxer *m*

**pugna** ['puɣna] *f* (*lucha*) Kampf *m*; (*conflicto*) Streit *m*

**pugnar** [puɣ'nar] *vi* ① (*pelear*) streiten; (*fig*) hadern ② (*esforzarse*) ringen (*por* um +*akk*) ③ (*intentar*) kämpfen (*por* um +*akk*)

**puja** ['puxa] *f* ① (*esfuerzo*) Anstrengung *f*

P

❷ (*en una subasta*) höheres Gebot *nt;* ~ **mínima** Mindestgebot *nt*

**pujante** [pu'xan̦te] *adj* kräftig; (*fig*) aufstrebend

**pujanza** [pu'xan̦θa] *f* (*fuerza*) Kraft *f;* (*impulso*) Schwung *m;* (*brío*) Elan *m*

**pujar** [pu'xar] *vi* ❶ (*esforzarse*) sich anstrengen; ~ **por** sich bemühen zu ❷ (*en una subasta*) höher bieten

**pularda** [pu'larða] *f* Poularde *f*

**pulcritud** [pulkri'tuᵈ] *f* ❶ (*aseo*) Reinlichkeit *f* ❷ (*cuidado*) Sorgfalt *f;* (*finura*) Feinheit *f*

**pulcro, -a** ['pulkro, -a] <pulquérrimo> *adj* ❶ (*aseado*) reinlich ❷ (*cuidadoso*) sorgfältig; (*fino*) fein

**pulga** ['pulɣa] *f* Floh *m;* (INFOR) (Programm)fehler *m;* **tener malas ~s** (*fam*) schnell aus der Haut fahren; **buscar las ~s a alguien** (*fam*) jdn auf die Palme bringen

**pulgada** [pul'ɣaða] *f* (*medida*) Zoll *m;* (*fam: aproximada*) Daumenbreite *f*

**pulgar** [pul'ɣar] **I.** *adj:* **dedo** ~ Daumen *m* **II.** *m* Daumen *m*

**Pulgarcito** [pulɣar'θito] *m* Däumling *m*

**pulgón** [pul'ɣon] *m* Blattlaus *f*

**pulido**[1] [pu'liðo] *m* Polieren *nt;* (*abrillantado*) Glätten *nt;* (*esmerilado*) Schliff *m;* (*con cera*) Bohnern *nt*

**pulido, -a**[2] [pu'liðo, -a] *adj* ❶ (*brillante*) blank ❷ (*fino*) fein; (*estilo*) ausgefeilt

**pulidor**[1] [puli'ðor] *m* (TÉC) Poliermaschine *f;* (*con cera*) Bohnermaschine *f;* (*esmeriladora*) Schleifmaschine *f*

**pulidor(a)**[2] [puli'ðor(a)] *adj* (TÉC) Polier-

**pulimentar** [pulimen̦'tar] *vt* polieren; (*alisar*) glätten; (*esmerilar*) schleifen

**pulimento** [puli'men̦to] *m* ❶ *v.* **pulido**[1] ❷ (*sustancia*) Politur *f*

**pulir** [pu'lir] **I.** *vt* ❶ (*abrillantar*) polieren; (*suavizar*) glätten; (*esmerilar*) schleifen; (*con cera*) bohnern ❷ (*perfeccionar*) den letzten Schliff geben +*dat;* (*refinar*) Schliff verpassen +*dat* **II.** *vr:* **~se** ❶ (*refinarse*) Schliff bekommen ❷ (*derrochar*) verschwenden

**pulla** ['puʎa] *f* Stichelei *f*

**pullman** ['pulman] *m* (*Am: coche cama*) Schlafwagen *m*

**pu(l)lóver** [pu'loβer] *m* (*Am: jersey*) Pullover *m*

**pulmón** [pul'mon] *m* Lunge *f;* ~ **de acero** eiserne Lunge; ~ **acuático** Unterwasseratemgerät *nt;* **a pleno** ~ aus voller Lunge; **enfermo de** ~ lungenkrank; **padecer de los pulmones** es auf der Lunge haben

**pulmonar** [pulmo'nar] *adj* Lungen-

**pulmonía** [pulmo'nia] *f* Lungenentzündung *f*

**pulóver** [pu'loβer] *m* (*Am: jersey*) Pullover *m*

**pulpa** ['pulpa] *f* ❶ (ANAT) Mark *nt;* ~ **cerebral** Gehirnmasse *f;* ~ **dental** Pulpa *f* ❷ (*de la fruta*) Fruchtfleisch *nt;* ~ **de madera** Holzmasse *f*

> **i Land & Leute**
>
> **pulpería** *f*: In Lateinamerika ist eine **pulpería** ein Kolonialwarengeschäft, wo man Waren aller Art kaufen kann, mit Ausschank alkoholischer Getränke. Diese **pulperías** sind den kleinen *tiendas de pueblo* sehr ähnlich, die man in Spanien noch relativ oft in kleinen Dörfern vorfindet.

**púlpito** ['pulpito] *m* Kanzel *f*

**pulpo** ['pulpo] *m* ❶ (ZOOL) Krake *m;* **como un ~ en un garaje** (*fam*) fehl am Platze ❷ (*sujeción*) Gepäckspinne *f*

> **i Land & Leute**
>
> Speziell in *Galicia* wird sehr viel **pulpo** – *Krake* gegessen. Der *pulpo a la gallega* wird folgendermaßen zubereitet: Zuerst wird der **pulpo** gekocht, dann schneidet man ihn in Scheiben, schließlich wird er mit Olivenöl, Salz und scharfem Paprika angemacht; man serviert den **pulpo** immer auf einem Holzteller.

**pulquérrimo, -a** [pul'kerrimo, -a] *adj superl de* **pulcro**

**pulsación** [pulsa'θjon] *f* ❶ (ANAT: *latido*) Pulsschlag *m* ❷ (*de una tecla*) Tastendruck *m;* (*mecanografía*) Anschlag *m;* ~ **doble** (INFOR) Überschreiben *nt*

**pulsador** [pulsa'ðor] *m* (*tecla*) Taste *f;* (*botón*) Knopf *m;* (*conmutador*) Schalter *m*

**pulsar** [pul'sar] **I.** *vi* (*latir*) pulsieren **II.** *vt* ❶ (*oprimir*) drücken; (*teclado*) anschlagen; ~ **el timbre** klingeln ❷ (*tomar el pulso*) den Puls fühlen +*dat;* ~ **la opinión pública** die öffentliche Meinung sondieren

**pulsera** [pul'sera] *f* Armband *nt;* **reloj de ~** Armbanduhr *f*

**pulso** ['pulso] *m* Puls *m;* (*fig*) Behutsamkeit *f;* **a ~** (*sin apoyarse*) freihändig; (*por su propio esfuerzo*) auf eigene Faust; **con ~** behutsam; **echar un ~ a alguien** mit jdm

Arm drücken; **tener buen** ~ eine ruhige Hand haben; **tomar el** ~ **a alguien** jdm den Puls fühlen

**pulular** [pulu'lar] *vi* ❶ (*brotar*) sprießen ❷ (*multiplicarse*) wuchern ❸ (*bullir*): **los turistas pululaban por la plaza** der Platz wimmelte von Touristen

**pulverizador** [pulβeriθa'ðor] *m* (*aparato*) Sprühgerät *nt;* (*botella*) Sprühflasche *f;* (*atomizador*) Zerstäuber *m;* (*spray*) Sprühdose *f*

**pulverizar** [pulβeri'θar] <z→c> **I.** *vt* ❶ (*reducir a polvo*) pulverisieren; (*rallar*) zerreiben; (*moler*) zermahlen ❷ (*atomizar*) zerstäuben ❸ (*fig: aniquilar*) vernichten; (*argumento*) entkräften **II.** *vr:* ~**se** zu Staub werden

**pum** [pun] *interj* bums!; **ni** ~ (*fam*) nicht die Bohne

**puma** ['puma] *m* Puma *m*

**pumita** [pu'mita] *f* Bimsstein *m*

**puna** ['puna] *f* (*AmS*) ❶ (*altiplano*) Puna *f* ❷ (*malestar*) Höhenkrankheit *f*

**punción** [puṇ'θjon] *f* Einstich *m*

**pundonor** [puṇdo'nor] *m* ❶ (*honorabilidad*) Anständigkeit *f* ❷ (*honor*) Ehre *f*

**pundonoroso, -a** [puṇdono'roso, -a] *adj* (*honorable*) grundanständig

**punible** [pu'niβle] *adj* strafbar; **no** ~ straffrei

**punición** [puni'θjon] *f* Bestrafung *f*

**punitivo, -a** [puni'tiβo, -a] *adj* Straf-, strafend

**punki** ['puŋki] **I.** *adj* punkig **II.** *mf* Punk(er) *m,* Punkerin *f*

**punta** ['puṇta] *f* Spitze *f;* (*pico*) Zacken *m;* (*extremo*) Ende *nt;* (*de tierra*) Landzunge *f;* (*un poco*) Körnchen *nt;* **a** ~ **de navaja/pistola** mit gezücktem Messer/gezogener Pistole; **acabar en** ~ spitz zulaufen; **estar de** ~ **con alguien** mit jdm zerstritten sein liegen; **de** ~ **a** ~ restlos; **de** ~ **en blanco** (*fam*) herausgeputzt; **hora**(**s**) ~ Stoßzeit *f;* **ponerse de** ~ **con alguien** sich mit jdm anlegen; **se me pusieron los pelos de** ~ die Haare standen mir zu Berge; **sacar** ~ (*afilar*) anspitzen; **lo tenía en la** ~ **de la lengua** es lag mir auf der Zunge

**puntada** [puṇ'taða] *f* (*costura*) Nahtstich *m;* (*pinchazo*) Nadelstich *m;* (*fig*) Stichelei *f*

**puntaje** [puṇ'taxe] *m* (*Am*) *v.* **puntuación**

**puntal** [puṇ'tal] *m* ❶ (*madero*) Balken *m;* (*fig: apoyo*) Stütze *f* ❷ (*Am: refrigerio*) Häppchen *nt*

**puntapié** [puṇta'pje] *m* Fußtritt *m;* **a** ~**s** mit Fußtritten; **pegar un** ~ **a alguien** jdm einen Tritt versetzen; **tratar a alguien a** ~**s** (*fig*) jdn mit Füßen treten

**puntazo** [puṇ'taθo] *m* ❶ (*pinchazo*) Stich *m;* (TAUR) Hornstoß *m* ❷ (*pulla*) Stichelei *f* ❸ (*argot: muy bien*): **¡eres un** ~**!** du bist echt eine Wucht!

**puntear** [puṇte'ar] *vt* ❶ (*marcar con puntos*) punktieren; (*motear*) tüpfeln ❷ (*tachar*) abhaken ❸ (*dar puntadas*) sticheln (gegen +*akk*) ❹ (MÚS) zupfen

**puntería** [puṇte'ria] *f* ❶ (*apuntar*) Zielen *nt* ❷ (*destreza*) Treffsicherheit *f;* **tener buena/mala** ~ ein guter/schlechter Schütze sein

**puntero**[1] [puṇ'tero] *m* (*vara*) Zeigestock *m*

**puntero, -a**[2] [puṇ'tero, -a] **I.** *adj* ❶ (*con puntería*) treffsicher ❷ (*sobresaliente*) führend; **el equipo** ~ (DEP) die Spitzenmannschaft **II.** *m, f* Spitzenreiter(in) *m(f)*

**puntiagudo, -a** [puṇtja'ɣuðo, -a] *adj* spitz

**puntilla** [puṇ'tiʎa] *f* ❶ (*encaje*) Spitzenbordüre *f* ❷ (*marcador*) (Schreib)griffel *m* ❸ (*golpe de gracia*) Gnadenstoß *m;* **dar la** ~ **a alguien** (*fig*) jdm den Rest geben ❹ (*loc*): **de** ~**s** auf Zehenspitzen; **andar de** ~**s** auf Zehenspitzen gehen; **ponerse de** ~**s** sich auf die Zehenspitzen stellen

**puntilloso, -a** [puṇti'ʎoso, -a] *adj* ehrpusselig; (*criticón*) kritt(e)lig; (*descontentadizo*) heikel

**punto** ['puṇto] *m* ❶ (*general*) Punkt *m;* ~ **álgido** Höhepunkt *m;* ~ **y aparte** (LING) neuer Absatz; ~ **de arranque** Ausgangspunkt *m;* **¡~ en boca!** Mund zu!; ~ **cardinal** Himmelsrichtung *f;* ~ **cero** Nullpunkt *m;* ~ **clave** Angelpunkt *m;* ~ **y coma** (LING) Semikolon *nt;* **sin** ~ **de comparación** ohne möglichen Vergleich; ~ **de destino** Bestimmungsort *m;* ~ **de ebullición** Siedepunkt *m;* ~ **de encuentro** Treffpunkt *m;* ~ **de enlace a la red** (INFOR) Einwahlknoten *m;* ~ **esencial** Schwerpunkt *m;* ~ **final** (*t. fig*) Schlusspunkt *m;* ~ **fuerte** Stärke *f;* ~ **de intersección** Schnittpunkt *m;* ~ **máximo** Höhepunkt *m;* ~ **muerto** (AUTO) Leerlauf *m;* ~ **de referencia** Anhaltspunkt *m;* ~ **y seguido** (LING) Punkt *m* (ohne neuen Absatz); ~**s suspensivos** Auslassungspunkte *mpl;* ~ **a tratar** Tagesordnungspunkt *m;* ~ **de venta** Verkaufsstelle *f;* ~ **de vista** Standpunkt *m;* **dos** ~**s** (LING) Doppelpunkt *m;* **dar el** ~ den letzten Schliff geben +*dat;* **derrotar/ganar por** ~**s** nach Punkten schlagen/gewinnen; **poner** ~ **final a algo** den Schlussstrich unter etw ziehen; **poner a** ~ (TÉC) checken; (*ajustar*) justieren; **poner los** ~**s sobre las íes** (*fig*) Klartext sprechen; **tener a** ~ bereithalten; **al** ~ (*en seguida*) sofort; **hasta tal ~ que...** dermaßen, dass ...; **con ~s y comas** haarklein; **de todo ~** durchaus; **la una en ~** Punkt ein Uhr; **en ~ a** bezüglich *+gen;* **hasta cierto ~** gewissermaßen; **¿hasta qué ~?** inwiefern?; **¡y ~!** und damit basta!; **¡vamos por ~s!** jetzt aber langsam! ② (*calceta*) Stricken *nt;* (*labor*) Strickarbeit *f;* **~ de media** Stricken *nt;* **de ~** gestrickt; **chaqueta de ~** Strickjacke *f;* **hacer ~** stricken ③ (*puntada*) Stich *m;* **~ de sutura** Stich *m;* **la herida necesitó diez ~s** die Wunde wurde mit zehn Stichen genäht ④ (*pey: tipo*) Individuum *nt;* **es un ~ filipino** er/sie ist eine miese Kanaille ⑤ (*loc*): **a ~** (*preparado*) bereit; (GASTR) gar; **a ~ de** kurz davor zu; **a ~ fijo** bestimmt; **a ~ de nieve** (GASTR) steif geschlagen; **en su ~** (GASTR) gar; (*fig*) genau richtig

**puntuación** [puṇtwa'θjon] *f* ① (LING) Zeichensetzung *f;* **signo de ~** Satzzeichen *nt* ② (*calificación*) Bewertung *f;* (*escuela*) Benotung *f;* (DEP) Punktzahl *f;* **sistema de ~** Punktsystem *nt*

**puntual** [puṇtu'al] *adj* ① (*concreto*) punktuell ② (*exacto*) genau ③ (*sin retraso*) pünktlich

**puntualidad** [puṇtwali'ðaᵈ] *f* Pünktlichkeit *f;* **falta de ~** Unpünktlichkeit *f*

**puntualización** [puṇtwaliθa'θjon] *f* (*detalle*) Einzelangabe *f;* (*precisión*) Präzisierung *f;* (*aclaración*) Klarstellung *f*

**puntualizar** [puṇtwali'θar] <z→c> *vt* (*especificar*) im Einzelnen anführen; (*precisar*) präzisieren; (*aclarar*) klarstellen

**puntuar** [puṇtu'ar] <*1. pres:* puntúo> *vt* ① (*un escrito*) Satzzeichen setzen (in *+dat*) ② (*conseguir puntos*) punkten ③ (*calificar*) benoten; (DEP) mit Punkten bewerten

**punzada** [puṇ'θaða] *f* (*dolor*) stechender Schmerz *m;* (*en los costados*) Seitenstechen *nt*

**punzante** [puṇ'θaṇte] *adj* ① (*puntiagudo*) spitz ② (*mordaz*) bissig

**punzar** [puṇ'θar] <z→c> **I.** *vt* ① (*pinchar*) stechen; (*agujerear*) lochen; (*grabar*) stanzen ② (*conciencia*) nagen (an *+dat*) **II.** *vi* (*doler*) stechen

**punzón** [puṇ'θon] *m* Ahle *f;* (*sello*) Punze *f;* (*cincel*) Stichel *m;* (*taladro*) Bohrmeißel *m;* (*buril*) Griffel *m*

**puñado** [pu'ɲaðo] *m* Handvoll *f;* **a ~s** (*mucho*) haufenweise; **un ~** (*argot: mucho*) total

**puñal** [pu'ɲal] *m* Dolch *m;* **poner a alguien el ~ al pecho** jdm das Messer an die Kehle setzen

**puñalada** [puɲa'laða] *f* Dolchstoß *m;* (*herida*) Dolchstich *m;* (*fig*) Stoß *m* (ins Herz); **coser a ~s** mit Stichen durchlöchern; **dar una ~ trapera a alguien** (*fig*) jdm in den Rücken fallen

**puñeta** [pu'ɲeta] *f* (*vulg*) ① (*molestia*): **¡(qué) ~(s)!** so ein Scheiß!; **hacer la ~ a alguien** jdm eine schöne Suppe einbrocken *fam;* (*adrede*) jdn schikanieren ② (*bobada*) dummes Zeug *nt fam;* **¡déjate de ~s!** hör mit dem Scheiß auf!; **¿qué ~s estás diciendo?** was redest du da für einen Scheiß?; **en la quinta ~** am Arsch der Welt ③ (*Am: masturbación*) Wichsen *nt;* **mandar a alguien a hacer ~s** jdn zum Teufel schicken *fam;* **¡vete a hacer ~s!** scher dich zum Teufel! *fam*

**puñetazo** [puɲe'taθo] *m* Faustschlag *m*

**puñetero, -a** [puɲe'tero, -a] *adj* (*fam*) verdammt; **el muy ~ no me ayudó** der Scheißkerl hat mir nicht geholfen

**puño** ['puɲo] *m* ① (*mano*) Faust *f;* **~ cerrado** geballte Faust; **apretar los ~s** (*fig*) die Zähne zusammenbeißen; **comerse los ~s** (*fig*) einen Bärenhunger haben; **como un ~** faustgroß; **con el ~ en alto** mit erhobener Faust; **verdades como ~s** die reine Wahrheit; **de su ~ y letra** eigenhändig; **meter a alguien en un ~** jdn in die Enge treiben; **tener a alguien en un ~** jdn unter der Fuchtel haben ② (*puñado*) Hand *f* voll ③ (*mango*) Griff *m;* (*pomo*) Knauf *m* ④ (*de la ropa*) Manschette *f;* (*de punto*) Armbund *m;* (*adorno*) Ärmelbesatz *m;* **~ vuelto** Ärmelaufschlag *m*

**pupa** ['pupa] *f* ① (*ampolla*) Lippenbläschen *nt;* (*heridilla*) kleine Wunde *f* ② (*fam: dolor*) Wehweh(chen) *nt;* **¡~!** aua! ③ (ZOOL) Puppe *f*

**pupila** [pu'pila] *f* (ANAT) Pupille *f;* **tener ~** (*fam*) ausgefuchst sein

**pupilaje** [pupi'laxe] *m* (*tutela*) Vormundschaft *f*

**pupilar** [pupi'lar] *adj* ① (ANAT) Pupillen- ② (JUR) Mündel-

**pupilo, -a** [pu'pilo, -a] *m, f* Mündel *nt*

**pupitre** [pu'pitre] *m* ① (*escritorio*) (Schreib)pult *nt;* (*en la escuela*) Schulbank *f* ② (TÉC) Pult *nt;* **~ de control** Schaltpult *nt;* **~ de mezclas** Mischpult *nt*

**purasangre** [pura'saŋgre] **I.** *adj* Vollblut- **II.** *m* Vollblut(pferd) *nt*

**puré** [pu're] *m* Püree *nt;* **hacer ~** pürieren; (*fig*) zerstampfen; **estar hecho ~** (*fig fam*) fix und fertig sein

**pureza** [pu'reθa] *f* Reinheit *f;* (*integridad*) Lauterkeit *f*

**purga** ['purɣa] *f* ① (*medicamento*) Abführmittel *nt* ❷ (*eliminación*) Säuberung *f*

**purgación** [purɣa'θjon] *f* ❶ (MED) Abführen *nt* ❷ (TÉC) Ablassen *nt* ❸ *pl* (*fam: blenorragia*) Tripper *m*

**purgante** [pur'ɣaṇte] **I.** *adj* ❶ (MED) abführend ❷ (TÉC) reinigend **II.** *m* ❶ (MED) Abführmittel *nt* ❷ (TÉC) Reinigungsmittel *nt*

**purgar** [pur'ɣar] <g→gu> **I.** *vt* ❶ (*limpiar*) säubern; (*aguas*) klären; (*fig*) reinigen ❷ (MED) purgieren ❸ (*evacuar*) ablassen ❹ (*expiar*) büßen; (JUR) verbüßen **II.** *vr:* **~se** ❶ (*limpiarse, t. fig*) sich reinigen (*de* von +*dat*) ❷ (MED) ein Abführmittel einnehmen

**purgativo, -a** [purɣa'tiβo, -a] *adj* abführend

**purgatorio** [purɣa'torjo] *m* Fegefeuer *nt*

**purificación** [purifika'θjon] *f* Läuterung *f;* (*limpieza*) Reinigung *f;* (TÉC) Klärung *f;* (REL) Purifikation *f;* **la P~** Lichtmess

**purificador¹** [purifika'ðor] *m* Reiniger *m;* **~ de humos** Rauchfilter *m*

**purificador(a)²** [purifika'ðor(a)] *adj:* **planta ~a** Kläranlage *f*

**purificar** [purifi'kar] <c→qu> **I.** *vt* (*limpiar*) reinigen; (*fig*) befreien **II.** *vr:* **~se** sich läutern; (*fig*) sich befreien

**purista** [pu'rista] **I.** *adj* puristisch **II.** *mf* Purist(in) *m(f)*

**puritanismo** [purita'nismo] *m sin pl* (REL) Puritanismus *m;* (*fig*) Sittenstrenge *f*

**puritano, -a** [puri'tano, -a] **I.** *adj* puritanisch **II.** *m, f* Puritaner(in) *m(f)*

**puro¹** ['puro] *m* Zigarre *f*

**puro, -a²** ['puro, -a] *adj* rein; (*inmaculado*) makellos; (*auténtico*) echt; (*sin mezcla*) pur; (*íntegro*) lauter; **por pura cortesía** aus reiner Höflichkeit; **pura lana** reine Schurwolle; **la pura verdad** die reine Wahrheit; **pura casualidad** purer Zufall; **de ~ miedo** vor lauter Angst; **se cae de ~ bueno/tonto** er ist einfach zu gut/blöd

**púrpura** ['purpura] **I.** *adj* purpurrot **II.** *f* (*color*) Purpur *m*

**purpúreo, -a** [pur'pureo, -a] *adj* purpurrot

**purpurina** [purpu'rina] *f* ❶ (*colorante rojo*) Purpurin *nt* ❷ (*polvo de metal*) Glitzerstaub *m*

**purulento, -a** [puru'leṇto, -a] *adj* eitrig

**pus** [pus] *m sin pl* Eiter *m*

**pusilánime** [pusi'lanime] *adj* zaghaft

**pusilanimidad** [pusilanimi'ðaᵈ] *f* Zaghaftigkeit *f*

**pústula** ['pustula] *f* Pustel *f*

**puta** ['puta] *f* (*vulg*) Nutte *f fam;* **casa de ~s** Puff *m fam;* (*fig*) Sauladen *m fam;* **ir de ~s** (herum)huren *fam*

**putada** [pu'taða] *f* (*vulg*) Sauerei *f fam;* **hacer una ~ a alguien** jdm übel mitspielen *fam*

**putañear** [putaɲe'ar] *vi* (*fam*) (herum)huren

**putativo, -a** [puta'tiβo, -a] *adj* vermeintlich

**puteada** [pute'aða] *f* (*CSur: vulg*) Fluch *m;* **dar ~s** fluchen

**putear** [pute'ar] **I.** *vi* (*fam: ir de putas*) (herum)huren **II.** *vt* (*argot: fastidiar*) schikanieren; **me putea tanta gilipollez** der ganze Scheiß geht mir auf den Sack; **estoy puteado** ich bin völlig am Arsch; **¡te han puteado bien!** die haben dich ganz schön angeschmiert!

**puticlub** [puti'kluᵝ] *m* (*argot*) Bumslokal *nt*

**puto, -a** ['puto, -a] *adj* (*vulg*) verdammt *fam;* **¡de puta madre!** geil! *fam;* **¡qué puta suerte!** so ein Schweineglück! *fam;* **el ~ coche no arranca** das Scheißauto springt nicht an; **ni puta idea** keinen blassen Schimmer *fam;* **las estoy pasando putas** es geht mir völlig dreckig *fam*

**putrefacción** [putrefaᵞ'θjon] *f* Verrottung *f*

**putrefacto, -a** [putre'fakto, -a] *adj* verrottet

**pútrido, -a** ['putriðo, -a] *adj* faul

**puya** ['puɟa] *f* ❶ (*punta*) Spitze *f* ❷ (*injuria*) Stichelei *f;* **echar una ~ a alguien** gegen jdn sticheln

**puzzle** ['puθle] *m* Puzzle *nt;* **hacer un ~** puzzeln

**PVP** ['preθjo ðe 'βeṇta (a)l 'puβliko] *m abr de* **Precio de Venta al Público** Ladenverkaufspreis *m*

**PYME** ['pime] *fpl abr de* **Pequeñas y Medianas Empresas** Klein- und Mittelbetriebe *mpl*

**i Land & Leute**

**PYME(S)** lautet die Abkürzung für *pequeñas y medianas empresas – kleine und mittlere Betriebe*, Betriebsformen, die charakteristisch für Spaniens Wirtschaft sind. Die Abkürzung hat sich zum eigenständigen Lexem entwickelt und wird daher auch oft kleingeschrieben: **la pyme** im Singular und **las pymes** im Plural.

# Qq

**Q, q** [ku] *f* Q, q *nt;* ~ **de Quebec** Q wie Quelle

**qm** [kiṇ'tal 'metriko] *abr de* **quintal métrico** 100 Kilo, q *Österr, Schweiz*

**que** [ke] **I.** *pron rel* ❶ (*con antecedente*) der/die/das; **la pelota ~ está pinchada** der Ball, der kaputt ist; **la pelota ~ compraste** der Ball, den du gekauft hast; **el rey al ~ sirvo** der König, dem ich diene; **la historia de ~ te hablé** die Geschichte, von der ich dir erzählt habe; **reacciones a las ~ estamos acostumbrados** Reaktionen, an die wir gewöhnt sind; **el proyecto en el ~ trabajo** das Projekt, an dem ich arbeite; **la empresa para la ~ trabajo** die Firma, für die ich arbeite ❷ (*sin antecedente*): **el/la/lo ~...** der(jenige)/die(jenige)/das(jenige), der/die/das ...; **los ~ hayan terminado** diejenigen, die fertig sind; **el ~ quiera, ~ se marche** wer will, kann gehen; **es de los ~...** er gehört zu denen, die ...; **el ~ más y el ~ menos** jeder; **es todo lo ~ sé** das ist alles, was ich weiß; **lo ~ haces** (das,) was du machst; **no sabes lo difícil ~ es** du weiß nicht, wie schwer das ist ❸ (*con preposición*): **de lo ~ habláis** wovon ihr sprecht **II.** *conj* ❶ (*completivo*) dass; **me pidió ~ le ayudara** er/sie bat mich um Hilfe ❷ (*estilo indirecto*): **ha dicho ~...** er/sie hat gesagt, dass ... ❸ (*comparativo*): **más alto ~** größer als; **lo mismo ~** genauso viel wie ❹ (*porque*) denn; **le ayudaré, seguro, ~ se lo he prometido** ich helfe ihm/ihr bestimmt, ich habe es ihm/ihr doch versprochen ❺ (*para ~*): **dio órdenes a los trabajadores ~ trabajaran más rápido** er/sie befahl den Arbeitern schneller zu arbeiten ❻ (*sin ~*): **no voy de vacaciones, ~ no me roben** im Urlaub werde ich immer bestohlen ❼ (*de manera ~*): **corre ~ vuela** er/sie ist äußerst schnell ❽ (*o, ya*): **~ paguen, ~ no paguen, eso ya se verá** ob sie zahlen oder nicht, werden wir ja sehen ❾ (*y*): **lo hizo él, ~ no yo** er hat es getan, ich nicht ❿ (*frecuentativo*): **y él dale ~ dale con la guitarra** und er spielte unaufhörlich Gitarre ⓫ (*explicativo*): **es ~, hoy no vendré, es ~ estoy cansado** ich komme heute nicht, ich bin nämlich müde; **no es ~ no pueda, es ~ no quiero** nicht, dass ich nicht könnte, aber ich will einfach nicht; **¿es ~ no puedes venir?** kannst du etwa nicht kommen? ⓬ (*enfático*): **¡~ sí/no!** aber ja doch!/nein, auf keinen Fall!; **sí ~ lo haré** ja, ich tue es ganz bestimmt ⓭ (*de duda*): **¿~ no está en casa?** er/sie soll nicht zu Hause sein? ⓮ (*exclamativo*): **¡~ me canso!** ich kann nicht mehr!; **¡~ sea yo el que tenga que hacerlo!** ausgerechnet ich soll es tun! ⓯ (*con verbo*): **hay ~ trabajar más** man muss mehr arbeiten; **tener ~ hacer algo** etw tun müssen; **dar ~ hablar** Anlass zum Gerede geben ⓰ (*loc*): **antes ~** bevor; **por mucho ~ tú digas...** was du auch sagst ...; **a menos ~...** +*subj* es sei denn, ...; **con tal (de) ~...** +*subj* vorausgesetzt, dass ...; **a la ~ llegue** wenn er/sie kommt; **yo ~ tú...** ich an deiner Stelle ...

**qué** [ke] *adj o pron inter* ❶ (*general*) was; (*cuál*) welche(r, s); (*qué clase de*) was für eine(r, s); **¿por ~?** warum?; **¿en ~ piensas?** woran denkst du?; **¿para ~?** wozu?, wofür?; **¿de ~ hablas?** wovon redest du?; **¿a ~ esperas?** worauf wartest du?; **¿~ día llega?** an welchem Tag kommt er/sie?; **¿~ cerveza tomas?** was für ein Bier trinkst du?; **¿a ~ vienes?** was suchst du hier?; **¿~ edad tiene?** wie alt ist er/sie?; **según ~ gente no la soporto** bestimmte Leute ertrage ich nicht ❷ (*exclamativo*): **¡~ alegría!** das freut mich sehr!; **¡~ gracia!** wie witzig!; **¡~ suerte!** welch ein Glück! ❸ (*cuán*): **¡~ magnífica vista!** so ein schöner Blick!; **¡mira ~ contento está!** sieh, wie glücklich er ist! ❹ (*cuánto*): **¡~ de gente!** wie viele Leute! ❺ (*loc*): **¿~?** wie bitte?, was? *fam;* **¿~ tal?** wie geht's?; **¿~ tal si...?** wie wär's, wenn ...?; **¿y ~?** na und?; **¿y a mí ~?** was geht mich das an?; **~, ¿vienes o no?** was ist nun, kommst du oder nicht?

**quebrada** [ke'βraða] *f* ❶ (*paso*) Pass *m* ❷ (*hendidura*) Schlucht *f* ❸ (*Am: arroyo*) Bach *m*

**quebradero** [keβra'ðero] *m:* **producir ~(s) de cabeza a alguien** jdm Kopfzerbrechen bereiten

**quebradizo, -a** [keβra'ðiθo, -a] *adj* ❶ (*objeto*) zerbrechlich ❷ (*de salud*) kränklich; (*persona mayor*) gebrechlich ❸ (*voz*) brüchig

**quebrado¹** [ke'βraðo] *m* (MAT) Bruch *m*

**quebrado, -a²** [ke'βraðo, -a] *adj* ❶ (*empresa*) bankrott ❷ (*herniado*) an einem Leistenbruch leidend ❸ (*terreno*) holp(e)rig ❹ (*rostro*) blass

**quebrantable** [keβraṇ'taβle] *adj* zerbrechlich

**quebrantado, -a** [keβraṇ'taðo, -a] *adj*

❶ (*pared*) rissig ❷ (*salud*): **tengo las espaldas quebrantadas** mir tut der Rücken weh; **la operación me ha dejado muy** ~ die Operation hat mich körperlich sehr mitgenommen

**quebrantahuesos** [keβraṇta'wesos] *m inv* ❶ (BOT) Bartgeiger *m* ❷ (*fam: persona pesada*) Nervensäge *f*

**quebrantar** [keβraṇ'tar] **I.** *vt* ❶ (*romper*) zerbrechen; (*cascar*) (auf)knacken; (*sello*) aufbrechen; (*machacar*) zermalmen; ~ **la prisión** aus dem Gefängnis ausbrechen ❷ (*ley*) brechen; (*obligación*) nicht nachkommen +*dat;* (*secreto*) preisgeben ❸ (*furia*) schwächen; (*autoridad*) unterminieren; (*salud*) ruinieren **II.** *vr:* ~**se** (*estado de salud*) ruiniert sein; (*fuerza*) abnehmen

**quebranto** [ke'βraṇto] *m* ❶ (*de romper*) Zerbrechen *nt;* (*de cascar*) (Auf)knacken *nt;* (*de machacar*) Zermalmen *nt* ❷ (*económico*) Zusammenbruch *m* ❸ (*moral*) Niedergeschlagenheit *f;* (*físico*) Erschöpfung *f* ❹ (*pena*) Kummer *m*

**quebrar** [ke'βrar] <e→ie> **I.** *vt* ❶ (*romper*) zerbrechen ❷ (*interrumpir*) unterbrechen ❸ (*el cuerpo*) beugen ❹ (*rostro*) erblassen lassen ❺ (*ley*) brechen ❻ (*suavizar*) abschwächen **II.** *vi* ❶ (*con alguien*) Schluss machen ❷ (*ceder*) nachlassen ❸ (COM) Konkurs machen ❹ (*intento*) scheitern ❺ (*Méx: darse por vencido*) sich geschlagen geben **III.** *vr:* ~**se** ❶ (MED) sich *dat* einen Bruch heben ❷ (*la voz*) sich überschlagen ❸ (*rostro*) erblassen ❹ (*cuerpo*) sich beugen; ~**se de dolor** sich vor Schmerzen krümmen

**quechua** ['ketʃwa] **I.** *adj* Quechua- **II.** *mf* (*persona*) Quechua *mf*

**i Land & Leute**

**Quechua** – *Ketschua/Quechua* bezeichnet sowohl die Ureinwohner Perus wie auch deren Sprache. Das **Quechua** ist die zweite offizielle Landessprache Perus.

**quedada** [ke'ðaða] *f* (*fam: burla*) Spott *m*

**quedar** [ke'ðar] **I.** *vi* ❶ (*permanecer*) bleiben; **los problemas quedan atrás** die Probleme sind gelöst; **¿cuánta gente queda?** wie viele Leute sind noch da?; ~ **a deber algo** etw schulden ❷ (*sobrar*) übrig bleiben; **no nos queda otro remedio que...** uns bleibt nichts anderes übrig als zu ...; **no queda pan** es gibt kein Brot mehr; **no queda ningún ejemplar de este libro** das Buch ist vergriffen ❸ (*resultar*): **todo quedó en una simple discusión** am Ende wurde nur noch gestritten; ~ **acordado** vereinbart werden; ~ **cojo** hinken; ~ **eliminado** ausscheiden; ~ **fuera de servicio** (ECON) den Betrieb einstellen; ~ **en ridículo** sich lächerlich machen ❹ (*acordar*) vereinbaren (*en* +*akk*); **¿en qué habéis quedado?** wie seid ihr verblieben?; **quedamos a las 10** wir haben uns um 10 Uhr verabredet; **¿quedamos a las 10?** wollen wir uns um 10 Uhr treffen?; **primero dices una cosa y luego otra, ¿en qué quedamos?** zuerst behauptest du das eine, dann das andere – was ist nun? ❺ (*estar situado*) liegen; ~ **por** [*o* **hacia**] **el norte** im Norden liegen; ~ **lejos de algo** weit von etw *dat* entfernt sein ❻ (*faltar*): **quedan aún 100 km para llegar a casa** es sind immer noch 100 km bis nach Hause; **aún queda mucho por hacer** es gibt noch viel zu tun ❼ (*terminar*) zu Ende sein; **... y ahí quedó el concierto** ... und das war das Ende des Konzerts ❽ (*en una subasta*): **el cuadro queda por medio millón de euros** das Gebot von einer halben Million Euro erhält den Zuschlag ❾ (+ *por*): ~ **por cobarde** für einen Feigling gehalten werden ❿ (*loc*): **por mí que no quede** an mir soll es nicht liegen; ~ **bien/mal** einen guten/schlechten Eindruck hinterlassen; ~ **mal en un examen** bei einer Prüfung schlecht abschneiden; ~ **mal con un amigo** sich mit einem Freund entzweien; ~ **como un señor** einen guten Eindruck hinterlassen; ~ **como un idiota** als völliger Idiot dastehen **II.** *vr:* ~**se** ❶ (*permanecer*) bleiben; ~**se atrás** zurückbleiben; ~**se en blanco** [*o* **in albis**] ein(en) Black-out haben; ~**se colgado** (*ordenador*) abstürzen; **durante la tormenta nos quedamos a oscuras** während des Gewitters fiel der Strom aus; **cuando me lo dijo me quedé muda/de piedra** als er/sie es mir sagte, verschlug es mir die Sprache/erstarrte ich vor Schreck ❷ (*resultar*): ~**se ciego** blind werden; ~**se viudo** verwitwen; **al freír la carne se ha quedado en nada** nach dem Braten war das Fleisch zusammengeschrumpft ❸ (*conservar, adquirir*): **me quedo con el coche pequeño** ich nehme das kleine Auto; **quédate el libro** du kannst das Buch behalten; ~**se sin nada** alles verlieren; **entre el mar y la montaña me quedo con el mar** ich ziehe das Meer dem Gebirge vor ❹ (*burlarse*): ~**se con alguien** jdn an der

Nase herumführen

**quedo, -a** ['keđo, -a] **I.** *adj* ❶ (*quieto*) ruhig ❷ (*voz, paso*) leise **II.** *adv* leise

**quehacer** [kea'θer] *m* Aufgabe *f;* **los ~es de la casa** die Hausarbeit; **dar ~ a alguien** jdm Mühe bereiten

**queja** ['kexa] *f* Klage *f;* **no tengo ~ de él** ich kann mich über ihn nicht beklagen

**quejarse** [ke'xarse] *vr* ❶ (*formular queja*) sich beklagen (*de* über +*akk*); **se queja del frío** er/sie jammert über die Kälte; **¿qué tal te va el negocio? – bien, gracias, no puedo quejarme** wie läuft dein Geschäft? – danke, ich kann nicht klagen ❷ (*gemir*) stöhnen (*de* über +*akk*)

**quejica** [ke'xika] **I.** *adj* (*por dolor*) wehleidig; (*por manera de ser*) nörg(e)lig; **¡no seas ~, hombre!** hör auf zu meckern! **II.** *mf* Jammerlappen *m;* (*criticón*) Nörgler(in) *m(f)*

**quejido** [ke'xiđo] *m* Jammern *nt;* (*constante*) Gejammer *nt;* **~ de dolor** Schmerzensschrei *m;* **dar ~s** jammern

**quejoso, -a** [ke'xoso, -a] *adj:* **estar ~ de alguien** sich über jdn beklagen

**quejumbroso, -a** [kexum'broso, -a] *adj* (*voz*) weinerlich; (*por dolor*) wehleidig

**quelite** [ke'lite] *m* (*Méx*) Gemüse *nt*

**quelonio** [ke'lonjo] *m* (ZOOL) Schildkröte *f*

**quema** ['kema] *f* ❶ (*acción*) Verbrennen *nt;* (*completa*) Niederbrennen *nt* ❷ (*incendio*) Brand *m;* (*fuego*) Feuer *nt;* **huir de la ~** (*fig*) die Gefahr meiden

**quemado, -a** [ke'mađo, -a] *adj:* **este político está ~** (*fam*) dieser Politiker ist völlig ausgebrannt; **estar ~ con alguien** (*fam*) mit jdm böse sein

**quemador**[1] [kema'đor] *m* ❶ (TÉC) Brenner *m* ❷ (*Am: encendedor*) Feuerzeug *nt*

**quemador(a)**[2] [kema'đor(a)] *m(f)* Brandstifter(in) *m(f)*

**quemadura** [kema'đura] *f* Brandwunde *f;* **~ de primer grado** Verbrennung ersten Grades

**quemar** [ke'mar] **I.** *vi* brennen; **cuidado, esta sopa quema** vorsicht, diese Suppe ist heiß **II.** *vt* ❶ (*objeto*) verbrennen; (*casa: completamente*) niederbrennen; **~ un bosque** einen Wald in Brand stecken ❷ (*comida*) anbrennen lassen ❸ (*aguardiente*) brennen ❹ (*sol*) verbrennen ❺ (*licor, pimienta*) brennen; **este chili quema la garganta/la lengua** dieser Chili brennt im Hals/auf der Zunge ❻ (*lejía*) ätzen ❼ (*planta: calor*) ausdörren; (*planta: frío*) erfrieren lassen ❽ (*fortuna*) vergeuden ❾ (*fastidiar*) ärgern ❿ (*AmC: denunciar*) anzeigen **III.** *vr:* **~se** ❶ (*arder*) (ver)brennen; **el bosque se quema** der Wald brennt (ab); **me he quemado los cabellos** ich habe mir die Haare versengt ❷ (*herir*) verbrennen ❸ (*comida*) verbrennen; (*ligeramente*) anbrennen ❹ (*tener calor*): **me estoy quemando** mir ist sehr heiß ❺ (*por una pasión*): **~se de amor** vor Liebe vergehen ❻ (*acertar*): **¡que te quemas!** (ganz) heiß!

**quemarropa** [kema'rropa]: **disparar a ~** aus kürzester Entfernung schießen; **hacer preguntas a ~** rundheraus fragen

**quemazón** [kema'θon] *f* ❶ (*quema*) (Ver)brennen *nt* ❷ (*calor*) große Hitze *f* ❸ (*ardor*): **siento una ~ en el estómago** ich verspüre ein Brennen im Magen ❹ (*dicho*) spitze Bemerkung *f*

**i Land & Leute**

**quena** *f*: Die *indios* Südamerikas, insbesondere die *yarabí*, spielen die **quena**. Zu dieser Flötenmusik wird gesungen und getanzt.

**quepi(s)** ['kepi(s)] *m* (*inv*) (*Am: gorro militar*) Käppi *nt*

**quepo** ['kepo] *1. pres de* **caber**

**queque** ['keke] *m* (*Chil, Perú: bollo*) Rührkuchen *m*

**querella** [ke'reʎa] *f* ❶ (JUR) Klage *f;* **~ criminal** Anklage *f;* **poner una ~ contra alguien** gegen jdn klagen ❷ (*discordia*) Streit *m*

**querellante** [kere'ʎan̩te] **I.** *adj* klagend **II.** *mf* Kläger(in) *m(f)*

**querellarse** [kere'ʎarse] *vr* ❶ (*quejarse*) sich beklagen (*de/por* über +*akk*) ❷ (JUR) klagen

**querencia** [ke'ren̩θja] *f* (*aprecio*) Anhänglichkeit *f;* (*cariño*) Zuneigung *f;* (*afición*) Vorliebe *f;* **tomar ~ a algo/alguien** etw/jdn lieb gewinnen

**querer** [ke'rer] *irr* **I.** *vt* ❶ (*desear*) wollen; (*más suave*) mögen; **como tú quieras** wie du willst [*o* möchtest]; **has ganado – ¿qué más quieres?** du hast gewonnen – was willst du mehr?; **hacer algo queriendo/sin ~** etw mit Absicht/unbeabsichtigt tun; **quisiera tener 20 años menos** ich wäre gern 20 Jahre jünger; **eso es lo que quería decir** genau das meinte ich; **quiero que sepáis que...** ihr sollt wissen, dass ...; **y yo, ¡qué quieres que le haga!** was soll ich denn tun!; **~ es poder** wer will, der kann ❷ (*amar*) gern haben, mögen; (*más fuerte*) lieben; **te quiero con locura** ich bin ganz verrückt nach dir ❸ (*pedir*) wollen, verlangen ❹ (*requerir*): **estas plantas quieren mucha agua** diese Pflanzen brauchen viel Wasser ❺ (*loc*): **donde quiera que esté** wo immer er/sie auch sein mag; **¡por lo que más quieras, deja ese tema!** ich bitte dich, lass das Thema!; **como quiera que sea** auf jeden Fall **II.** *vimpers:* **parece que quiere llover** es sieht (ganz) nach Regen aus **III.** *m* Liebe *f*

**querido, -a** [ke'riðo, -a] **I.** *adj* lieb **II.** *m, f* (*amante*) Geliebte(r) *mf;* (*como vocativo*) Liebling *m*

**queroseno** [kero'seno] *m* Kerosin *nt*

**querubín** [keru'βin] *m* ❶ (REL) Cherub *m* ❷ (*niño*) Engelknabe *m*

**quesera** [ke'sera] *f* (*plato*) Käseglocke *f*

**quesería** [kese'ria] *f* ❶ (*fábrica*) Käserei *f* ❷ (*tienda*) Käseladen *m*

**quesito** [ke'sito] *m* ❶ *dim de* **queso** ❷ (*unidad*) (Käse)ecke *f*

**queso** ['keso] *m* ❶ (GASTR) Käse *m;* ~ **de bola** Edamer Käse; ~ **rallado** Reibkäse *m;* **darla con ~ a alguien** jdn reinlegen ❷ (*fam: pie*) Fuß *m;* **te huelen los ~s** du hast Käsefüße

**quicio** ['kiθjo] *m* ❶ (*de puerta*) Türangel *f;* (*de ventana*) Fensterangel *f* ❷ (*loc*): **sacar de ~** auf die Palme bringen; **me saca de ~ ver maltratar a un niño** wenn jemand ein Kind misshandelt, sehe ich einfach rot; **me saca de ~ verla llorar** es macht mich wahnsinnig, sie weinen zu sehen; **no saques las cosas de ~** übertreibe nicht; **en esta casa todo está fuera de ~** in diesem Haus ist alles aus den Fugen geraten

**quico** ['kiko] *m* (*fam*) geröstetes Maiskorn *nt*

**quid** [kiᵈ] *m:* **ese es el ~ de la cuestión** das ist der springende Punkt; **dar en el ~** den Nagel auf den Kopf treffen

**quiebra** ['kjeβra] *f* ❶ (COM) Konkurs *m;* **dar en ~** Konkurs machen ❷ (*hendidura*) Spalte *f;* (*rotura*) Riss *m* ❸ (*fracaso*) Scheitern *nt;* (*pérdida*) Verlust *m,* Einbuße *f;* **la ~ de los valores** der Verfall der Werte; **este asunto no tiene ~** diese Sache kann nicht schief gehen

**quiebro** ['kjeβro] *m* ❶ (*movimiento*) Ausweichen *nt;* **Maradona le hizo un ~ al defensa** Maradona wich dem Verteidiger aus ❷ (*gorgorito*) Trillern *nt*

**quien** [kjen] *pron rel* ❶ (*con antecedente*) der/die/das, welche(r, s); **el chico de ~...** der Junge, von dem ...; **las chicas con ~es...** die Mädchen, mit denen ... ❷ (*sin antecedente*) der(jenige)/die(jenige)/das(jenige), der/die/das ...; **no hay ~ lo aguante** es ist nicht auszuhalten mit ihm; **hay ~ dice que...** manche sagen, dass ...; **~ opine eso...** wer das meint, ...; **~ más, ~ menos, todos tenemos problemas** jeder hat Probleme, der eine mehr, der andere weniger

**quién** [kjen] *pron inter* wer; **¿~ es?** (*llama*) wer ist da?; **¿~es son tus padres?** wer sind deine Eltern?; **¿a ~ has visto?** wen hast du gesehen?; **¿a ~ se lo has dado?** wem hast du es gegeben?; **¿~ eres tú para decirme esto?** mit welchem Recht sagst du mir das?; **¿por ~ me tomas?** für wen hälst du mich?; **¡~ tuviera 20 años!** wäre ich doch wieder 20!

**quienquiera** [kjeŋ'kjera] *pron indef* <quienesquiera> (irgend)wer; **~ que sea que pase** wer auch immer da ist, er/sie soll eintreten

**quieto, -a** [kjeto, -a] *adj* ❶ (*tranquilo*) ruhig; **no puede estar nunca ~** (*niño*) er kann nicht stillsitzen ❷ (*parado*) stillstehend; **quedarse ~** sich nicht bewegen; **el asunto está ~** die Sache geht nicht voran

**quietud** [kje'tuᵈ] *f* ❶ (*calma*) Ruhe *f* ❷ (*inmovilidad*) Unbeweglichkeit *f*

**quijada** [ki'xaða] *f* Kiefer *m*

**quijotesco, -a** [kixo'tesko, -a] *adj* ❶ (*referido a*) Don Quichotte betreffend ❷ (*idealista*) weltfremd

**quilate** [ki'late] *m* Karat *nt;* **de muchos ~s** (*t. fig*) hochkarätig

**quilla** ['kiʎa] *f* (NÁUT) Kiel *m*

**quilo** ['kilo] *m* ❶ (*peso*) Kilo *nt* ❷ (*loc*): **sudar el ~** (*fam*) sich abrackern

**quilombo** [ki'lombo] *m* ❶ (*Chil: burdel*) Puff *m o nt fam* ❷ (*Ven: choza*) Hütte *f* ❸ (*Arg: jaleo*) Durcheinander *nt*

**quimba** ['kimba] *f* ❶ (*Am: garbo*) Anmut *f* ❷ (*Am: sandalia*) Sandale *f* ❸ (*Col: conflicto*) Auseinandersetzung *f*

**quimbambas** [kim'bambas] *fpl:* **estar en las ~** völlig zerstreut sein

**quimera** [ki'mera] *f* (*ilusión*) Trugbild *nt;* (*aprensión*) fixe Idee *f*

**quimérico, -a** [ki'meriko, -a] *adj* chimärisch; (*fantástico*) fantastisch

**química** ['kimika] *f* Chemie *f*

**químico, -a** ['kimiko, -a] **I.** *adj* chemisch; **productos ~s** Chemikalien *fpl* **II.** *m, f* Chemiker(in) *m(f)*

**quimioterapia** [kimjote'rapja] *f* (MED) Chemotherapie *f*

**quimono** [ki'mono] *m* Kimono *m*

**quina** ['kina] *f* Chinarinde *f;* **ser más malo que la ~** ein übler Bursche sein; **tragar ~** (*fig*) die (bittere) Pille schlucken

**quincalla** [kiŋ'kaʎa] *f* ❶ (*objetos*) Eisenwaren *fpl* ❷ (*adornos*) Flitter(kram) *m*

Q

**quincallería** [kiŋkaʎe'ria] *f* ❶ (*tienda*) Eisenwarenhandlung *f* ❷ (*objetos*) Eisenwaren *fpl* ❸ (*adornos*) Flitter(kram) *m*

**quince** ['kiṇθe] **I.** *adj inv* fünfzehn; **dentro de ~ días** in vierzehn Tagen **II.** *m* Fünfzehn *f*; *v. t.* **ocho**

**quinceañero**, **-a** [kiṇθea'ɲero, -a] **I.** *adj* fünfzehnjährig **II.** *m, f* Fünfzehnjährige(r) *mf*

**quinceavo**, **-a** [kiṇθe'aβo, -a] *adj* fünfzehntel; *v. t.* **octavo**

**quincena** [kiṇ'θena] *f* (*días*) vierzehn Tage *mpl,* zwei Wochen *fpl*

**quincenal** [kiṇθe'nal] *adj* vierzehntägig; **revista ~** Halbmonatsschrift *f*

**quincuagenario**, **-a** [kiŋkwaxe'narjo, -a] **I.** *adj* ❶ (*de 50 partes*) fünfzigteilig ❷ (*de 50 años*) fünfzigjährig **II.** *m, f* Fünfzigjährige(r) *mf*

**quincuagésimo**, **-a** [kiŋkwa'xesimo, -a] **I.** *adj* (*parte*) fünfzigstel; (*numeración*) fünfzigste(r, s); **la quincuagésima parte de...** ein Fünfzigstel von ... **II.** *m, f* Fünfzigstel *nt; v. t.* **octogésimo**

**quiniela** [ki'njela] *f* ❶ (*juego*) (Fußball)toto *nt;* **jugar a las ~s** im Toto tippen ❷ (*boleto*) Totoschein *m* ❸ (*CSur: lotería*) Lotterie *f*

**quinientos**, **-as** [ki'njeṇtos, -as] *adj* fünfhundert; *v. t.* **ochocientos**

**quinina** [ki'nina] *f* Chinin *nt*

**quinqué** [kiŋ'ke] *m* Petroleumlampe *f*

**quinquenal** [kiŋke'nal] *adj* fünfjährig; **plan ~** Fünfjahresplan *m*

**quinqui** ['kiŋki] *mf* (*fam*) Verbrecher(in) *m(f)*

**quinta** ['kiṇta] *f* ❶ (MIL): **entrar en ~s** einberufen werden; **ese es de mi ~** er gehört zu meinem Jahrgang ❷ (*casa*) Landhaus *nt*

**quintaesencia** [kiṇtae'seṇθja] *f* Quintessenz *f*

**quintal** [kiṇ'tal] *m* Zentner *m,* Quintal *m Österr, Schweiz;* **~ métrico** hundert Kilo

**quintar** [kiṇ'tar] *vt* (MIL) einberufen

**quinteto** [kiṇ'teto] *m* (MÚS) Quintett *nt*

**quintillizo**, **-a** [kiṇti'ʎiθo, -a] *m, f* Fünfling *m*

**Quintín** [kiṇ'tin] *m:* **se armó la de San ~** (*fam*) es gab einen Mordskrach

**quinto**[1] ['kiṇto] *m* Wehrpflichtige(r) *m*

**quinto**, **-a**[2] ['kiṇto, -a] **I.** *adj* (*parte*) fünftel; (*numeración*) fünfte(r, s) **II.** *m, f* Fünftel *nt; v. t.* **octavo**

**quíntuple** ['kiṇtuple] *adj v.* **quíntuplo**

**quintuplicar** [kiṇtupli'kar] <c→qu> *vt* verfünffachen

**quíntuplo**, **-a** ['kiṇtuplo, -a] *adj* fünffach; *v. t.* **óctuplo**

**quiosco** ['kjosko] *m* ❶ (*de jardín*) Pavillon *m* ❷ (*de periódicos*) Kiosk *m*

**quiosquero**, **-a** [kjos'kero, -a] *m, f* Kioskbesitzer(in) *m(f)*

**quiquiriquí** [kikiri'ki] *m* ❶ (*onomatopeya*) Kikeriki *nt* ❷ (*persona*) Großmaul *nt*

**quirófano** [ki'rofano] *m* Operationssaal *m;* **pasar por el ~** operiert werden

**quiromancia** [kiro'maṇθja] *f* Handlesekunst *f*

**quiromasaje** [kiroma'saxe] *m* Chiromassage *f*

**quirúrgico**, **-a** [ki'rurxiko, -a] *adj* chirurgisch

**quirurgo**, **-a** [ki'ruɣo, -a] *m, f* Chirurg(in) *m(f)*

**quisicosa** [kisi'kosa] *f* (*fam*) Rätsel *nt*

**quiso** ['kiso] *3. pret de* **querer**

**quisque** ['kiske] *pron indef* (*fam*), **quisqui** ['kiski] *pron indef* (*vulg*): **cada ~** jeder; **todo ~** alle (Welt); **se lo dijo a todo ~** er/sie hing es an die große Glocke

**quisquilla** [kis'kiʎa] *f* ❶ (*pequeñez*) Kleinigkeit *f* ❷ (ZOOL) Garnele *f*

**quisquilloso**, **-a** [kiski'ʎoso, -a] *adj* ❶ (*susceptible*) überempfindlich ❷ (*meticuloso*) pingelig

**quiste** ['kiste] *m* Zyste *f*

**quitaesmalte** [kitaes'maḷte] *m* Nagellackentferner *m*

**quita(i)pón** [kita'pon/kitai̯'pon] *m:* **ser de ~** abnehmbar sein; (*fig*) pflegeleicht sein

**quitamanchas** [kita'mantʃas] *m inv* Fleck(en)entferner *m*

**quitamiedos** [kita'mjeðos] *m inv* (*en carretera*) Leitplanke *f*

**quitanieves** [kita'njeβes] *f inv* Schneepflug *m*

**quitar** [ki'tar] **I.** *vt* ❶ (*piel, funda*) abziehen; (*sombrero, tapa*) abnehmen; (*jersey, zapato*) ausziehen; (*botón*) abtrennen; **~ la mesa** den Tisch abräumen; **una capucha de quita y pon** eine abnehmbare Kapuze ❷ (*desposeer*) wegnehmen; (*robar*) stehlen; **me lo has quitado de la boca** du hast mir das Wort aus dem Munde genommen; **el café me quita el sueño** wenn ich Kaffee trinke, kann ich nicht schlafen; **ese asunto me quita el sueño** diese Sache raubt mir den Schlaf ❸ (*mancha*) entfernen; (*obstáculo*) beseitigen; (*dolor*) abklingen lassen; (*vida*) nehmen ❹ (*de plan, horario, texto*) streichen ❺ (*regla*) abschaffen ❻ (*apartar*) wegnehmen; (*mueble*) wegstellen; **¡quita!** (*¡no me molestes!*) geh mir aus dem Weg!; (*¡deja eso!*) lass das!; (*¡déjate de tonterías!*) hör auf! ❼ (MAT) abziehen; **quitando**

**dos** bis auf zwei ❸ (*loc*): **el médico me ha quitado de fumar** der Arzt hat mir das Rauchen verboten; **ese ni quita ni pone en la empresa** der hat in der Firma nicht viel zu sagen **II.** *vr:* **~se** ❶ (*anillo*) abziehen; (*barba, sombrero, gafas*) abnehmen; (*jersey, zapatos*) ausziehen; (*vida*) sich *dat* nehmen; **~se de la bebida** sich *dat* das Trinken abgewöhnen ❷ (*loc*): **~se de encima algo/a alguien** sich *dat* etw/jdn vom Halse schaffen; **quítate de mi vista** geh mir aus dem Weg; **~se años** (**de encima**) sich jünger machen

**quitasol** [kita'sol] *m* Sonnenschirm *m*

**quizá**(**s**) [ki'θa(s)] *adv* vielleicht; **~ y sin ~** ganz bestimmt

**quórum** ['kworun] *m sin pl* Quorum *nt*

# R r

**R, r** ['erre] *f* R, r *nt;* **~ de Ramón** R wie Richard

**rabadilla** [rraβa'ðiʎa] *f* (ANAT) Steißbein *nt*

**rabanito** [rraβa'nito] *m* Radieschen *nt*

**rábano** ['rraβano] *m* Rettich *m;* **~ picante** Meerrettich *m;* **déjame tu coche – ¡y un ~!** (*fam*) leih mir dein Auto – nichts da!; **tu hermano es más listo que tú – ¡y un ~!** (*fam*) dein Bruder ist schlauer als du – von wegen!; **me importa un ~** (*fam*) das ist mit piepegal; **tomar el ~ por las hojas** (*fam: interpretación*) es völlig missverstehen; (*ejecución*) das Pferd am Schwanz aufzäumen

**rabí** [rra'βi] *m* <rabíes> Rabbi *m*

**rabia** ['rraβja] *f* ❶ (*hidrofobia*) Tollwut *f* ❷ (*furia*) Wut *f;* **¡qué ~!** wie ärgerlich!; **tener/tomar ~ a alguien** (*enfado*) auf jdn wütend sein/werden; (*manía*) jdn nicht ausstehen können; **me da ~ sólo pensarlo** schon der Gedanke daran macht mich wütend ❸ (*fam*): **con ~** (*mucho*) maßlos

**rabiar** [rra'βjar] *vi* ❶ (*padecer rabia: animal*) tollwütig sein; (*persona*) an Tollwut erkrankt sein ❷ (*enfadarse*) vor Wut rasen; **hacer ~ a alguien** jdn bis aufs Blut reizen ❸ (*sufrir*) rasen (*de* vor *+dat*) ❹ (*ansiar*) brennen (*por* auf *+akk*) ❺ (*desear*) erpicht sein (*por* auf *+akk*) ❻ (*loc*): **a ~** (*mucho*) wahnsinnig; **está que rabia** (*fam: picante*) es ist höllisch scharf

**rabieta** [rra'βjeta] *f* Wutanfall *m*

**rabietas** [rra'βjetas] *mf inv* (*fam*) leicht aufbrausender Mensch *m*

**rabillo** [rra'βiʎo] *m* ❶ (*pedúnculo*) Stängel *m;* (*tallo*) Stiel *m* ❷ (*extremo*) Ende *nt* ❸ (*del ojo*) Augenwinkel *m;* **mirar con** [*o* **por**] **el ~ del ojo** (*con disimulo*) aus den Augenwinkeln betrachten; (*con recelo*) misstrauisch beäugen; (*con desprecio*) schief ansehen ❹ (BOT) Taumellolch *m*

**rabino** [rra'βino] *m* Rabbiner *m*

**rabioso, -a** [rra'βjoso, -a] *adj* ❶ (*hidrofóbico*) tollwütig ❷ (*furioso*) wütend; (*desconsiderado*) rabiat ❸ (*fam: picante*) höllisch scharf ❹ (*fig: vehemente*) brennend; **un tema de rabiosa actualidad** ein hochaktuelles Thema

**rabo** ['rraβo] *m* ❶ (*cola*) Schwanz *m;* **salir con el ~ entre las piernas** (*fam fig*) den Schwanz einziehen; **aún queda el ~ por desollar** (*fam fig*) das dicke Ende kommt noch ❷ (*extremo*) Ende *nt* ❸ (*tallo*) Stängel *m* ❹ (*vulg: pene*) Schwanz *m fam*

**racanear** [rrakane'ar] *vi, vt* (*fam*) knausern; **~ algo a alguien** mit etw *dat* jdm gegenüber knausern; **~ dinero a alguien** jdn kurz halten

**racanería** [rrakane'ria] *f* (*fam: acto*) Knauserei *f;* (*carácter*) Knauserigkeit *f*

**rácano, -a** ['rrakano, -a] *adj* ❶ (*fam: tacaño*) knauserig ❷ (*reg: enclenque*) mick(e)rig ❸ (*fam: gandul*) arbeitsscheu

**racha** ['rratʃa] *f* ❶ (*de aire*) Windstoß *m* ❷ (*fase*) Phase *f;* **a** [*o* **por**] **~s** phasenweise; **tener buena/mala ~** eine Glückssträhne/Pechsträhne haben ❸ (*loc*): **arrancar un coche a ~s, dar una ~ a un coche** ein Auto anschieben

**racheado, -a** [rratʃe'aðo, -a] *adj* stoßartig; **viento ~** (NÁUT) Bö(e) *f*

**racial** [rra'θjal] *adj* (*étnico*) rassisch; **disturbios ~es** Rassenunruhen *fpl*

**racimo** [rra'θimo] *m* Traube *f;* **~ de uvas** Traube Weinbeeren

**raciocinar** [rraθjoθi'nar] *vi* (*razonar*) rational denken; (*deducir*) schlussfolgern

**raciocinio** [rraθjo'θinjo] *m* (*facultad*) rationales Denken *nt;* (*razón*) Vernunft *f;* (*proceso mental*) Gedankenfolge *f*

**ración** [rra'θjon] *f* ❶ (*tapa*) Portion *f;* **una ~ de patatas fritas** eine Portion Pommes; **una ~ de queso** ein Käseteller ❷ (MIL) Ration *f;* **poner a alguien a media ~** (*fig*) jdn auf halbe Ration setzen

**racional** [rraθjo'nal] *adj* rational

**racionalismo** [rraθjona'lismo] *m sin pl* (FILOS) Rationalismus *m*

**racionalista** [rraθjona'lista] **I.** *adj* (FILOS)

rationalistisch **II.** *mf* (FILOS) Rationalist(in) *m(f)*

**racionalización** [rraθjonaliθa'θjon] *f* (ECON, PSICO) Rationalisierung *f*

**racionalizar** [rraθjonali'θar] <z→c> *vt* rationalisieren

**racionamiento** [rraθjona'mjento] *m* Rationierung *f*

**racionar** [rraθjo'nar] *vt* ❶ (*repartir*) in Rationen aufteilen ❷ (*limitar*) rationieren

**racismo** [rra'θismo] *m sin pl* Rassismus *m*

**racista** [rra'θista] **I.** *adj* rassistisch **II.** *mf* Rassist(in) *m(f)*

**radar** [rra'ðar] *m* Radar *m o nt;* **por ~** über Radar

**radiación** [rraðja'θjon] *f* Strahlung *f;* (*irradiación*) Ausstrahlung *f;* (*tratamiento*) Bestrahlung *f;* **~ solar** Sonnen(ein)strahlung *f*

**radiactividad** [rraðjaktiβi'ðaᵈ] *f* Radioaktivität *f*

**radiactivo, -a** [rraðjak'tiβo, -a] *adj* radioaktiv

**radiado, -a** [rra'ðjaðo, -a] *adj* ❶ (*forma*) strahlenförmig ❷ (RADIO) Rundfunk-

**radiador** [rraðja'ðor] *m* ❶ (*calefacción*) Heizkörper *m* ❷ (AUTO) Kühler *m*

**radial** [rra'ðjal] *adj* ❶ (*forma*) strahl(enförm)ig; (TÉC) radial; (BIOL, MAT) radiär; **músculo ~** (ANAT) Speichenmuskel *m* ❷ (*Am:* RADIO) Rundfunk-

**radiante** [rra'ðjante] *adj* (*brillante*) glänzend; **~ de alegría/felicidad** freude-/glückstrahlend; **estás ~ con ese vestido** in diesem Kleid siehst du glänzend aus; **está ~ con su nuevo trabajo** er/sie strahlt vor Glück über seine/ihre neue Stelle

**radiar** [rra'ðjar] **I.** *vi* ❶ (*irradiar*) strahlen ❷ (*emitir*) funken **II.** *vt* ❶ (*irradiar, t.* RADIO) ausstrahlen; **un debate radiado** eine im Rundfunk übertragene Diskussion ❷ (MED) bestrahlen ❸ (*Am: eliminar*) streichen

**radical** [rraði'kal] **I.** *adj* ❶ (*extremado*) radikal ❷ (*t.* BOT: *de la raíz*) Wurzel- ❸ (MAT) radikal ❹ (*fundamental*) gründlich **II.** *m* ❶ (LING) Stamm *m* ❷ (MAT, QUÍM, PSICO) Radikal *nt* ❸ (MAT: *signo*) Wurzelzeichen *nt* **III.** *mf* (POL) Radikale(r) *mf;* **~ de derecha** Rechtsradikale(r) *mf*

**radicalismo** [rraðika'lismo] *m sin pl* Radikalismus *m*

**radicalización** [rraðikaliθa'θjon] *f* Radikalisierung *f*

**radicalizar** [rraðikali'θar] <z→c> **I.** *vt* radikalisieren **II.** *vr:* **~se** ❶ (*extremar*) sich radikalisieren ❷ (*agudizarse*) sich verschärfen

**radicar** [rraði'kar] <c→qu> **I.** *vi* ❶ (*t.* BOT: *arraigar*) Wurzeln schlagen; (*fig*) wurzeln (*en* in +*dat*); **el problema radica en su comportamiento** das Problem liegt in seinem/ihrem Verhalten ❷ (*estar asentado*) ansässig sein ❸ (*basarse*) beruhen (*en* auf +*dat*); (*consistir*) bestehen (*en* in +*dat*) **II.** *vr:* **~se** (*establecerse*) sich niederlassen

**radio¹** ['rraðjo] *f* (RADIO, TEL) ❶ (*radiodifusión*) Rundfunk *m;* **hablar por la ~** im Radio sprechen; **retransmitir por ~** im Rundfunk übertragen ❷ (*receptor*) Radio(gerät) *nt;* (*radiotelefonía*) Funk(sprech)gerät *nt;* **~ del coche** Autoradio *nt;* **dirigido por ~** funkgesteuert ❸ (*emisora*) (Radio)sender *m;* **~ pirata** Piratensender *m*

**radio²** ['rraðjo] *m* ❶ (MAT) Radius *m* ❷ (*en la rueda*) (Rad)speiche *f* ❸ (ANAT) Speiche *f* ❹ (QUÍM) Radium *nt* ❺ (*ámbito*) Bereich *m;* (*esfera*) Kreis *m;* **~ de acción** Aktionsradius *m;* (*fig*) Wirkungsbereich *m;* **~ de alcance** Reichweite *f;* **~ de atracción** Einzugsgebiet *nt;* **~ visual** Sichtfeld *nt;* **en un ~ de varios kilómetros** im Umkreis von mehreren Kilometern

**radioactividad** [rraðjoaktiβi'ðaᵈ] *f* Radioaktivität *f*

**radioactivo, -a** [rraðjoak'tiβo, -a] *adj* radioaktiv

**radioaficionado, -a** [rraðjoafiθjo'naðo, -a] *m, f* Amateurfunker(in) *m(f)*

**radiocasete** [rraðjoka'sete] *m o f* Radiorekorder *m*

**radiocomunicación** [rraðjokomunika'θjon] *f* ❶ (*radioenlace*) Funk(sprech)verbindung *f* ❷ (*radioconferencia*) Funkgespräch *nt*

**radiodespertador** [rraðjoðesperta'ðor] *m* Radiowecker *m*

**radiodifusión** [rraðjoðifu'sjon] *f* Rundfunk *m;* (*radiotransmisión*) Rundfunkübertragung *f*

**radiodifusora** [rraðjoðifu'sora] *f* (*Am*) Rundfunksender *m*

**radioelectricidad** [rraðjoelektriθi'ðaᵈ] *f* (ELEC, FÍS) Radioelektrizität *f*

**radioemisora** [rraðjoemi'sora] *f* (RADIO) (Rund)funksender *m;* (*estación*) Rundfunkstation *f*

**radioescucha** [rraðjoes'kutʃa] *mf v.* **radioyente**

**radiofonía** [rraðjofo'nia] *f* ❶ (*radiodifusión*) Rundfunk *m* ❷ (*radiotelefonía*) Sprechfunk *m*

**radiofónico, -a** [rraðjo'foniko, -a] *adj* (RADIO, TEL) Radio-; **guión ~** Hörspiel *nt;*

**programa** ~ (*programación*) Radioprogramm *nt;* (*emisión*) Rundfunkprogramm *nt*

**radiografía** [rraðjoɣra'fia] *f* ❶ (*técnica*) Radiografie *f* ❷ (*placa*) Röntgenaufnahme *f*

**radiografiar** [rraðjoɣrafi'ar] <*1. pres:* radiografío> *vt* ❶ (RADIO, TEL) funken ❷ (MED) röntgen

**radiología** [rraðjolo'xia] *f* (MED) ❶ (*ciencia*) Radiologie *f* ❷ (*aplicación*) Röntgenologie *f;* **servicio de** ~ Röntgenabteilung *f*

**radiólogo, -a** [rra'ðjoloɣo, -a] *m, f* Radiologe, -in *m, f*

**radiopatrulla** [rraðjopa'truʎa] *f* Funkstreife *f*

**radioso, -a** [rra'ðjoso, -a] *adj* (*Am*) *v.* **radiante**

**radiotaxi** [rraðjo'taᵞsi] *m* Funktaxi *nt*

**radiotecnia** [rraðjo'teknja] *f* (RADIO, TEL) Radiotechnik *f*

**radiotelecomunicación** [rraðjotelekomunika'θjon] *f* (RADIO, TEL) Funkwesen *nt*

**radioteléfono** [rraðjote'lefono] *m* (RADIO, TEL) Funktelefon *nt*

**radiotelegrafía** [rraðjoteleɣra'fia] *f sin pl* (RADIO, TEL) Funktelegrafie *f*

**radiotelegrafiar** [rraðjoteleɣrafi'ar] <*1. pres:* radiotelegrafío> *vt* funken

**radiotelégrafo** [rraðjote'leɣrafo] *m* (TEL) Funktelegraf *m*

**radioterapia** [rraðjote'rapja] *f* Bestrahlung *f*

**radiotransmisor** [rraðjotraⁿsmi'sor] *m* (RADIO, TEL) Funksender *m*

**radioyente** [rraðjo'ɟeṇte] *mf* (RADIO) Hörer(in) *m(f);* ~ **clandestino** Schwarzhörer *m*

**R.A.E.** ['rrae] *f abr de* **Real Academia Española de la Lengua** Spanische Sprachakademie *f*

**i Land & Leute**

Die im Jahr 1714 gegründete **R.A.E.** (*Real Academia Española*) hat sich die Sprachnormung und Sprachpflege der spanischen Sprache zum Ziel gesetzt.

**raedera** [rrae'ðera] *f* Schaber *m*

**raedura** [rrae'ðura] *f* ❶ (*rascado*) Schabsel *nt;* (*brizna*) Schäbe *f* ❷ (MED) Ausschaben *nt*

**raer** [rra'er] *irr vt* ❶ (*raspar*) (ab)schaben; (MED) ausschaben ❷ (*desgastar*) abscheuern; (*deslucir*) abwetzen

**ráfaga** ['rrafaɣa] *f* ❶ (*de aire*) Windstoß *m* ❷ (*de lluvia*) (Regen)schauer *m* ❸ (*de luz*) Lichtblitz *m* ❹ (*inspiración*) Erleuchtung *f* ❺ (*de disparos*) Salve *f*

**rafting** ['rraftiŋ] *m* (DEP) Rafting *nt*

**ragú** [rra'ɣu] <ragús> *m* Ragout *nt*

**raído, -a** [rra'iðo, -a] *adj* (*deslucido*) schäbig; (*gastado*) abgetragen; (*rozado*) abgewetzt

**raigambre** [rrai̯'ɣambre] *f* ❶ (BOT: *raíces*) Wurzelwerk *nt* ❷ (*fig: tradición*) Verwurzelung *f;* **sin** ~ traditionslos; **tener** ~ verwurzelt sein; **mi familia es de** ~ **conservadora** meine Familie ist von jeher konservativ gewesen

**raíl** [rra'il] *m* Schiene *f*

**raíz** [rra'iθ] *f* ❶ (ANAT, BOT: *t. fig*) Wurzel *f;* **de** ~ (*fig*) völlig; **arrancar de** ~ (*fig*) mit Stumpf und Stiel ausrotten; **atajar de** ~ (*fig*) im Keim ersticken; **echar raíces** (*fig*) Wurzeln schlagen; **como si hubiera echado raíces** (*fig*) wie angewurzelt; **tener sus raíces en un lugar** (*fig*) an einem Ort fest verwurzelt sein ❷ (*causa*) Ursache *f;* (*origen*) Ursprung *m;* **a** ~ **de** als Folge von; **tener su** ~ **en algo** in etw *dat* begründet liegen ❸ (LING) Stamm *m* ❹ (MAT) Wurzel *f;* ~ **cuadrada/cúbica** Quadrat-/Kubikwurzel *f;* **extraer la** ~ die Wurzel ziehen

**raja** ['rraxa] *f* ❶ (*grieta*) Riss *m;* (*resquebrajadura*) Sprung *m;* (*hendedura*) Spalt *m* ❷ (*abertura*) Schlitz *m;* (*separación*) Ritze *f;* (*vulg: vulva*) Möse *f;* (~ *del culo*) Arschritze *f* ❸ (*rodaja*) Scheibe *f*

**rajá** [rra'xa] <rajaes> *m* Radscha *m*

**rajar** [rra'xar] **I.** *vi* ❶ (*pey: hablar mal*) tratschen (*de* über *+akk*) ❷ (*fam: charlar*) quatschen **II.** *vt* ❶ (*cortar*) schneiden (in *+akk*); (*abrir*) (auf)schlitzen; (*hender*) aufspalten; (*quitar*) abschneiden; (*partir*) zerlegen; (*en rajas*) in Scheiben schneiden ❷ (*fam: apuñalar*) einstechen (auf *+akk*) **III.** *vr:* ~**se** ❶ (*abrirse*) aufplatzen; (*agrietarse*) aufspringen ❷ (*argot: echarse atrás*) kneifen ❸ (*argot: disculparse*) absagen ❹ (*cortarse*) sich schneiden (in *+akk*)

**rajatabla** [rraxa'taβla]: **a** ~ (*estrictamente*) sehr streng; (*exactamente*) haargenau; (*a toda costa*) um jeden Preis

**ralea** [rra'lea] *f* (*pey*) Gesindel *nt;* **son todos de la misma** ~ das ist alles die gleiche Sippschaft

**ralentí** [rraleṇ'ti] *m sin pl* ❶ (CINE) Zeitlupe *f;* **al** ~ (*fig*) im Zeitlupentempo ❷ (AUTO) Leerlauf *m;* **en** ~ im Leerlauf

**ralentización** [rraleṇtiθa'θjon] *f* Verlangsamung *f;* (ECON) rückläufige Tendenz *f*

**ralentizar** [rraleṇti'θar] <z→c> **I.** *vt* verlangsamen; (ECON) abschwächen **II.** *vr:* ~**se** sich verlangsamen

R

**rallador** [rraʎa'ðor] *m* Raspel *f*
**ralladura** [rraʎa'ðura] *f* Raspel *m*
**rallar** [rra'ʎar] *vt* reiben; (*verdura, nueces, chocolate*) raspeln; **pan rallado** Semmelbrösel *pl*
**rally(e)** ['rrali] <rallys> *m* Rallye *f*
**ralo, -a** ['rralo, -a] *adj* ① (*escaso*) spärlich; (*árboles*) licht; (*cabello*) schütter; (*tejido*) fadenscheinig ② (*CSur: insustancial*) fadenscheinig
**RAM** [rram] *f* (INFOR) *abr de* **Random Access Memory** RAM *nt;* **memoria ~** RAM-Speicher *m*
**rama** ['rrama] *f* ① (*de árbol, t.* BOT, MAT) Ast *m;* (*ramo*) Zweig *m;* **~ florida** Blütenzweig *m;* **~s secas** Reisig *nt;* **algodón en ~** Rohbaumwolle *f;* (*preparado*) Watte *f;* **canela en ~** Zimtstangen *fpl;* **andarse por las ~s** (*rodeos*) um den heißen Brei herumreden; **irse por las ~s** (*desviarse*) abschweifen ② (*ámbito*) Zweig *m;* (*sector*) Gebiet *nt;* (ECON) Branche *f* ③ (*derivación*) Abzweigung *f* ④ (*parentesco*) Linie *f;* **por la ~ materna/paterna** mütterlicher-/väterlicherseits
**ramadán** [rrama'ðan] *m* (REL) Ramadan *m*
**ramaje** [rra'maxe] *m* Geäst *nt;* (*follaje*) Gezweig *nt*
**ramal** [rra'mal] *m* ① (*cabo*) Strang *m* ② (*ramificación*) Abzweigung *f;* (*de un río*) Seitenarm *m;* (FERRO) Nebenbahn *f*
**ramalazo** [rrama'laθo] *m* ① (*trallazo*) Hieb *m;* (*marca*) Striemen *m;* (*fig: de dolor*) Stechen *nt* ② (*fam: parecido*) Hauch *m;* **tener un ~ a su padre** etwas von seinem Vater haben; **tener un ~ de loco** etwas Verrücktes an sich *dat* haben; **tener ~** (*aire de homosexual*) tuntig sein
**rambla** ['rrambla] *f* (*paseo*) Allee *f*
**ramera** [rra'mera] *f* Hure *f*
**ramificación** [rramifika'θjon] *f* Verzweigung *f*
**ramificarse** [rramifi'karse] <c→qu> *vr* sich verzweigen
**ramillete** [rrami'ʎete] *m* Sträußchen *nt;* (*para la mesa*) Blumengesteck *nt*
**ramo** ['rramo] *m* ① (*de flores*) Strauß *m* ② (*de árbol*) Zweig *m* ③ (*ámbito*) Zweig *m;* (*sector*) Gebiet *nt;* (ECON) Branche *f;* **~ de la construcción** Baugewerbe *nt;* **del ~** vom Fach
**rampa** ['rrampa] *f* ① (*inclinación*) Rampe *f;* (*en carretera*) Auffahrt *f;* **en ~** am Hang ② (*fam: contracción*) Krampf *m*
**ramplón, -ona** [rram'plon, -ona] *adj* ① (*basto*) grob; (*chapucero*) pfuscherhaft ② (*vulgar*) derb; (*chabacano*) geschmacklos ③ (*simplón*) platt
**ramplonería** [rramplone'ria] *f* ① (*bastedad*) Grobheit *f;* (*chapucería*) Pfuscherei *f;* (*chapuza*) Pfusch *m* ② (*vulgaridad*) Derbheit *f;* (*chabacanería*) Geschmacklosigkeit *f* ③ (*simplonería*) Plattheit *f*
**rana** ['rrana] *f* (ZOOL) Frosch *m;* **~ de San Antonio** Laubfrosch *m;* **hombre ~** Froschmann *m;* **el príncipe ~** der Froschkönig; **tener ojos de ~** Glupschaugen haben; **salir ~ a alguien** (*fam*) jdn schwer enttäuschen; **cuando las ~s críen pelo** am Sankt-Nimmerleins-Tag
**ranchero, -a** [rran'ʧero, -a] *m, f* ① (MIL) Feldkoch, -köchin *m, f* ② (*granjero*) Rancher(in) *m(f);* (*pey*) Bauerntölpel *m* ③ (*colono*) Siedler(in) *m(f)*
**rancho** ['rranʧo] *m* ① (*t.* MIL: *comida*) Verpflegung; (*pey: de mala calidad*) Fraß *m;* **hacer el ~** kochen; **hacer ~ aparte** (*fig*) sein eigenes Süppchen kochen ② (*granja*) Ranch *f*
**ranciarse** [rran̪'θjarse] *vr* ranzig werden
**rancio, -a** ['rran̪θjo, -a] *adj* ① (*antiguo*) uralt; (*pey: anticuado*) altbacken ② (*grasas*) ranzig
**rancotán** [rraŋko'tan] *adv* (*Am: al contado*) (in) bar
**rango** ['rraŋgo] *m* (*categoría, puesto*) Rang *m;* (*ordenación*) Rangordnung *f;* **de primer/segundo ~** erst-/zweitrangig; **según el ~** rangabhängig; **de (alto) ~** hochrangig
**rangoso, -a** [rraŋ'goso, -a] *adj* (*AmC*) ① (*generoso*) großzügig ② (*ostentoso*) prahlerisch
**ranking** ['rraŋkiŋ] <rankings> *m* ① (*clasificación*) Rangliste *f* ② (*puesto*) Stelle *f* in der Rangordnung
**ranúnculo** [rra'nuŋkulo] *m* Ranunkel *f*
**ranura** [rra'nura] *f* Schlitz *m;* (*muesca*) Nut *f;* (*junta*) Fuge *f;* (*fisura*) Ritze *f*
**rap** [rrap] *m* (MÚS) Rap *m*
**rapacidad** [rrapaθi'ðaᵈ] *f* Raffgier *f*
**rapapolvo** [rrapa'polβo] *m* (*fam*) Rüffel *m;* **echar un ~ a alguien** jdn abkanzeln
**rapar** [rra'par] *vt* ① (*pelo*) stutzen ② (*fam: mangar*) klauen
**rapaz**[1] [rra'paθ] **I.** *adj* (*ávido*) raffgierig; (*expoliador*) räuberisch; **ave ~** Greifvogel *m* **II.** *f* Greifvogel *m*
**rapaz(a)**[2] [rra'paθ(a)] *m(f)* (kleines) Kind *nt;* (*muchacho*) (kleiner) Junge *m;* (*niña*) (kleines) Mädchen *nt*
**rape** ['rrape] *m* ① (*pescado*) Seeteufel *m* ② (*fam: afeitado*) Blitzrasur *f;* **al ~** (*pelo*) kahl geschoren; (*a la orilla*) haarscharf geschnitten
**rapé** [rra'pe] *m* Schnupftabak *m;* **polvos de ~** Schnupftabak *m*

**rapear** [rrape'ar] *vi* (MÚS) rappen
**rapidez** [rrapi'ðeθ] *f* Schnelligkeit *f;* ~ **de reflejos** gute Reflexe; **con** (**gran**) ~ rasend schnell
**rápido**[1] ['rrapiðo] *m* ① (*tren*) Eilzug *m* ② *pl* (*de un río*) Stromschnelle *f*
**rápido, -a**[2] ['rrapiðo, -a] *adj* ① (*veloz*) schnell ② (*breve*) flüchtig ③ (*corriente*) reißend
**rapiña** [rra'piɲa] *f* Raub *m;* (*saqueo*) Plünderung *f;* **animal de** ~ Raubtier *nt*
**rapiñar** [rrapi'ɲar] *vt* rauben; (*saquear*) plündern
**raposo, -a** [rra'poso, -a] *m, f* ① (*zorro*) Fuchs *m,* Füchsin *f* ② (*astuto*) Schlitzohr *nt*
**rapsodia** [rraβ'soðja] *f* (LIT, MÚS) Rhapsodie *f*
**raptar** [rrap'tar] *vt* entführen
**rapto** ['rrapto] *m* ① (*secuestro*) Entführung *f;* ~ **de un niño** Kindesentführung *f* ② (*arrebato*) Anfall *m;* **en un** ~ **de celos** in einem Anfall von Eifersucht; **en un** ~ **de generosidad** in einer Anwandlung von Großzügigkeit
**raptor**(**a**) [rrap'tor(a)] *m(f)* Entführer(in) *m(f)*
**raque** ['rrake] *adj* (*Ven*) dürr
**raqueta** [rra'keta] *f* ① (DEP: *pala*) Schläger *m* ② (DEP: *tenista*) Tennisspieler(in) *m(f)* ③ (*para nieve*) Schneeschuh *m* ④ (*del croupier*) Rateau *nt*
**raquídeo, -a** [rra'kiðeo, -a] *adj* (ANAT) Spinal-; **bulbo** ~ verlängertes Rückenmark; (MED) Medulla *f* oblongata
**raquítico, -a** [rra'kitiko, -a] *adj* ① (MED) rachitisch ② (*fam: enclenque*) mick(e)rig ③ (*débil*) schwächlich
**raquitismo** [rraki'tismo] *m sin pl* Rachitis *f*
**raramente** [rrara'mente] *adv* ① (*casi nunca*) selten ② (*extrañamente*) seltsamerweise
**rareza** [rra'reθa] *f* ① (*escasez*) Seltenheit *f* ② (*cualidad*) Seltsamkeit *f* ③ (*curiosidad*) Rarität *f* ④ (*peculiaridad*) Eigenartigkeit *f;* (*manía*) Marotte *f;* **tener sus** ~**s** (*ser caprichoso*) seine Launen haben
**raro, -a** ['rraro, -a] *adj* ① (*extraño, inesperado*) seltsam; **¡**(**qué**) **cosa más rara!** (wie) komisch! ② (*inusual*) selten; (*escaso*) rar; **rara vez** selten; **raras personas** (nur) wenige Menschen; **no es** ~ **que...** +*subj* es kommt nicht selten vor, dass ... ③ (FÍS, QUÍM) dünn; **gases** ~**s** Edelgase *ntpl*
**ras** [rras] *m* Höhengleichheit *f;* **a**(**l**) ~ **de** auf der Höhe von; **a** ~ **de agua** auf Wasserhöhe; **a** ~ **de tierra** ebenerdig; **volar a** ~ **de suelo** dicht am Boden (entlang)fliegen; **al** ~ gestrichen voll
**rasante** [rra'sante] **I.** *adj* rasant **II.** *f* Gefälle *nt;* **cambio de** ~ Gefälle *nt*
**rasar** [rra'sar] **I.** *vt* ① (*igualar*) abstreichen ② (*rozar*) streifen ③ (*arrasar*) dem Erdboden gleichmachen **II.** *vr:* ~**se** (*cielo*) aufklaren
**rascacielos** [rraska'θjelos] *m inv* Wolkenkratzer *m*
**rascadura** [rraska'ðura] *f* Kratzen *nt*
**rascar** [rras'kar] <c→qu> **I.** *vt* ① (*arrascar*) kratzen ② (*raspar*) abkratzen; (*con espátula*) abschaben ③ (*fam irón: instrumento*): ~ **la guitarra** auf der Gitarre herumklimpern; ~ **el violín** auf der Geige kratzen **II.** *vr:* ~**se** ① (*arrascarse*) sich kratzen; ~**se la barriga** (*reg: fam fig*) sich auf die faule Haut legen; ~**se la faltriquera** (*fam*) das Portmonee zücken; **no tener tiempo ni para** ~**se** (*fam fig*) keine freie Minute haben ② (*AmS: achisparse*) sich *dat* einen antrinken
**rasero** [rra'sero] *m* Abstreifer *m* (für ein Maß); **medirlo todo con** [*o* **por**] **el mismo** ~ alles über einen Kamm scheren
**rasgadura** [rrasɣa'ðura] *f* Riss *m*
**rasgar** [rras'ɣar] <g→gu> **I.** *vt* ① (*romper por un lado*) einreißen; (*en dos*) durchreißen; (*en pedazos*) zerreißen; (*abrir*) aufreißen; **ojos rasgados** Schlitzaugen *ntpl* ② (*cortar*) aufschlitzen **II.** *vr:* ~**se** ① (*desgarrarse*) reißen ② (*Am: vulg: diñarla*) abkratzen *fam*
**rasgo** ['rrasɣo] *m* ① (*del rostro*) Gesichtszug *m;* (*del carácter*) Charakterzug *m* ② (*acción*) Handlung *f;* **un** ~ **de generosidad** eine großzügige Geste ③ (*trazo*) Linienführung *f;* **a grandes** ~**s** in großen Zügen
**rasgón** [rras'ɣon] *m* Riss *m*
**rasguear** [rrasɣe'ar] **I.** *vi* (*en la escritura*) (Feder)striche ziehen **II.** *vt* (MÚS) anschlagen
**rasguñar** [rrasɣu'ɲar] **I.** *vt* ① (*arañar*) zerkratzen; (*herir*) aufkratzen; (*cortar*) aufritzen ② (ARTE) skizzieren **II.** *vr:* ~**se** (*arañarse*) sich kratzen; (*herirse*) sich aufkratzen; (*cortarse*) sich aufritzen; (*excoriarse*) sich aufschürfen (*con* an +*dat*)
**rasguño** [rras'ɣuɲo] *m* (*arañazo*) Kratzer *m;* (*rasponazo*) Schramme *f;* (*excoriación*) Abschürfung *f;* **sin un** ~ (*fig*) völlig unversehrt
**raso**[1] ['rraso] *m* Satin *m*
**raso, -a**[2] ['rraso, -a] *adj* ① (*liso*) glatt; (*llano*) flach ② (*cielo*) klar; **al** ~ im Freien ③ (*al borde*) randvoll; **una cucharada**

R

**rasa** ein gestrichener Esslöffel

**raspa** ['rraspa] *f* ① (*del pescado*) Gräte *f* ② (*del cereal*) Granne *f* ③ (*Am: ramera*) Straßenhure *f* ④ (*fam fig: delgado*) dünner Hering *m*

**raspado** [rras'paðo] *m* ① (TÉC) (Ab)schaben *nt;* (*limado*) Raspeln *nt* ② (MED) Ausschabung *f*

**raspador** [rraspa'ðor] *m* ① (*instrumento*) Schaber *m;* (*lima*) Raspel *f;* (MED) Kürette *f* ② (*de fósforos*) Reibfläche *f*

**raspadura** [rraspa'ðura] *f* ① (*raspado*) Abkratzen *nt;* (*con espatúla*) Abschaben *nt* ② (*brizna*) Späne *mpl*

**raspar** [rras'par] **I.** *vi* (*ser rasposo*) kratzen; (*en sorteos*) rubbeln **II.** *vt* ① (*rascar*) abkratzen ② (MED) ausschaben ③ (*rozar*) streifen ④ (*Am: fam: mangar*) klauen ⑤ (*AmS: fam: abroncar*) anschnauzen **III.** *vr:* **~se** sich aufschürfen (*con* an +*dat*)

**rasponazo** [rraspo'naθo] *m* Schramme *f*

**rasposo, -a** [rras'poso, -a] *adj* rau

**rasqueta** [rras'keta] *f* Schaber *m;* (*en serigrafía*) Rakel *f*

**rasquiña** [rras'kiɲa] *f* (*Am: comezón*) Juckreiz *m*

**rastra** ['rrastra] *f* ① (*rastrillo*) Harke *f* ② (*rastro*) Spur *f* ③ (*loc*): **a ~s** widerwillig; **ir a ~s** (*fam*) sich dahinschleppen; **llevar a ~s** mitschleifen

**rastreador(a)** [rrastrea'ðor(a)] **I.** *adj* Spuren suchend; **perro ~** Spürhund *m* **II.** *m(f)* Fährtensucher(in) *m(f)*

**rastrear** [rrastre'ar] **I.** *vt* ① (*seguir*) nachspüren +*dat* ② (*investigar*) nachforschen +*dat* ③ (*llevar arrastrando*) schleppen ④ (*registrar*) durchkämmen ⑤ (*minas*) suchen **II.** *vi* ① (*investigar*) nachforschen ② (*rastrillar*) harken

**rastreo** [rras'treo] *m* ① (*persecución*) Nachspüren *nt* ② (*pesquisa*) Nachforschung *f* ③ (*pesca*) Grundnetzfang *m*

**rastrero, -a** [rras'trero, -a] *adj* ① (*tendido por el suelo*) kriechend; **planta rastrera** Kriechpflanze *f* ② (*rastreador*) Spuren suchend; **perro ~** Spürhund *m* ③ (*pey: servil*) kriecherisch ④ (*pey: despreciable*) verachtenswert; (*canallesco*) niederträchtig

**rastrillar** [rrastri'ʎar] *vt* harken

**rastrillo** [rras'triʎo] *m* ① (*herramienta*) Harke *f* ② (*mercadillo*) Flohmarkt *m*

**rastro** ['rrastro] *m* ① (*indicio, pista*) Spur *f;* **ni ~** keine Spur; **sin dejar (ni) ~** spurlos; **seguir el ~ a** [*o* **de**] **alguien** jdm nachspüren ② (*mercadillo*) Flohmarkt *m* ③ (*herramienta*) Harke *f*

**rastrojo** [rras'troxo] *m* (*residuo*) Stoppel *f*

**rasurar** [rrasu'rar] **I.** *vt* rasieren **II.** *vr:* **~se** sich rasieren

**rata**[1] ['rrata] *f* (ZOOL) Ratte *f;* **~ de alcantarilla** Kanalratte *f;* **~ de biblioteca** (*fig*) Bücherwurm *m;* **más pobre que las ~s** arm wie eine Kirchenmaus; **escabullirse como una ~** sich davonstehlen

**rata**[2] ['rrata] *mf* ① (*descuidero*) Dieb(in) *m(f)* ② (*rácano*) Geizkragen *m*

**ratear** [rrate'ar] **I.** *vi* (*gatear*) krabbeln **II.** *vt* ① (*fam: mangar*) mitgehen lassen ② (*fam: racanear*) knausern (mit +*dat*) ③ (*prorratear*) aufteilen

**ratería** [rrate'ria] *f* ① (*hurto*) (kleiner) Diebstahl *m* ② (*racanería*) Knauserei *f*

**ratero, -a** [rra'tero, -a] *m, f* Dieb(in) *m(f)*

**raticida** [rrati'θiða] *m* Rattengift *nt*

**ratificación** [rratifika'θjon] *f* ① (JUR, POL) Ratifizierung *f* ② (*confirmación*) Bestätigung *f*

**ratificar** [rratifi'kar] <c→qu> **I.** *vt* ① (JUR, POL) ratifizieren ② (*confirmar*) bestätigen **II.** *vr:* **~se** ① (JUR, POL) in Kraft treten ② (*reafirmarse*) beharren (*en* auf +*dat*)

**ratio** ['rratjo] *m* Quote *f;* **~ de tesorería** (FIN) Liquiditätsgrad *m*

**Ratisbona** [rratis'βona] *f* Regensburg *nt*

**rato** ['rrato] *m* Weile *f;* (*momento*) Augenblick *m;* **a ~s** von Zeit zu Zeit; **a cada ~** immer wieder; **al (poco) ~** (kurz) darauf; **de ~ en ~** ab und zu; **todo el ~** die ganze Zeit; **un buen ~** eine ganze Weile; **en un ~ perdido** in einer Mußestunde; **pasar un buen/mal ~** eine gute/schlechte Zeit verbringen; **pasar el ~** sich *dat* die Zeit vertreiben; **tener para ~** noch viel vor sich *dat* haben; **aún hay para ~** das wird noch dauern; **¡hasta otro ~!** bis zum nächsten Mal!; **un ~ (largo)** (*fam fig*) jede Menge; **me gusta un ~** (*fam*) es gefällt mir unheimlich gut; **es un ~ tonto** (*fam*) er/sie ist so was von blöd

**ratón** [rra'ton] *m* Maus *f;* **~ (electrónico)** (INFOR) Maus *f;* **~ de biblioteca** (*fig*) Bücherwurm *m*

**ratonera** [rrato'nera] *f* ① (*trampa*) Mausefalle *f;* (*fig*) Falle *f;* **estar en una ~** (*fig*) in der Falle sitzen; **caer en la ~** (*fig*) in die Falle tappen ② (*agujero*) Mauseloch *nt*

**ratonero** [rrato'nero] *m* (Mäuse)bussard *m*

**raudal** [rrau̯'ðal] *m* Flut *f;* **~ de palabras** Redeschwall *m;* **a ~es** (*fig*) in Hülle und Fülle; **por la ventana entra la luz a ~es** das Licht flutet durchs Fenster

**raudo, -a** ['rrau̯ðo, -a] *adj* rasch

**raviolis** [rra'βjolis] *mpl* (GASTR) Ravioli *pl*

**raya** ['rraɟa] *f* ① (*línea*) Strich *m;* (*sobre la calzada*) Fahrbahnbegrenzung *f;* (*guión*)

Gedankenstrich *m;* (*de quebrado*) Bruchstrich *m;* **a ~s** strichweise; **pasar(se) de la ~** (*fig*) zu weit gehen; **tener a alguien a ~** jdn im Zaume halten ② (*franja*) Streifen *m;* (*cortafuegos*) Waldschneise *f;* **a ~s** (*estampado*) gestreift ③ (*del pelo*) Scheitel *m;* **~ al lado/en medio** Seiten-/Mittelscheitel *m;* **hacer la ~** das Haar scheiteln ④ (ZOOL) Rochen *m* ⑤ (*doblez*) (Bügel)falte *f*

**rayado** [rra'ɟaðo] *m* (*líneas*) Linierung *f;* (*plumeado*) Schraffur *f;* (*rayajo*) Gekritzel *nt*

**rayador** [rraɟa'ðor] *m* (*Am:* ZOOL) *eine Art Seeschwalbe*

**rayano, -a** [rra'ɟano, -a] *adj* angrenzend (*en* an *+akk*)

**rayar** [rra'ɟar] **I.** *vi* ① (*lindar*) (an)grenzen (*con* an *+akk*) ② (*asemejarse*) grenzen (*en* an *+akk*) ③ (*amanecer*): **~ el alba** dämmern; **al ~ el día** bei Tagesanbruch **II.** *vt* ① (*marcar con rayas*) linieren; (*plumear*) schraffieren ② (*tachar*) (durch)streichen ③ (*arañar*) verkratzen ④ (*grabar*) ritzen **III.** *vr:* **~se** einen Kratzer abbekommem

**rayo** ['rraɟo] *m* ① (*de luz*) Strahl *m;* **~ de luna** Mondschein *m* ② (*radiación*): **~s infrarrojos** Infrarotstrahlen *mpl;* **~s X** Röntgenstrahlen *mpl;* **emitir ~s** strahlen ③ (*relámpago*) Blitz *m;* **¡~s (y centellas)!** (Himmel)donnerwetter!; **ha caído un ~ en la torre** ein Blitz hat in den Turm eingeschlagen; **como un ~** (*fig*) blitzschnell; **como tocado por el ~** (*fig*) wie vom Blitz getroffen; **echar ~s y centellas** (*fig*) Gift und Galle speien; **¡mal ~ te parta!** (*fam*) der Teufel soll dich holen!; **que un ~ me parta si no es verdad** (*fam*) mich soll der Schlag treffen, wenn es nicht stimmt ④ (*infortunio*) (Schicksals)schlag *m* ⑤ (*radio*) Speiche *f*

**raza** ['rraθa] *f* ① (*casta*) Rasse *f;* (*estirpe*) Geschlecht *nt;* (*pueblo*) Volk *nt;* **de ~** reinrassig; **de ~ blanca/negra** weiß/schwarz ② (*temperamento*) Rassigkeit *f;* **de (pura) ~** rassig

**razón** [rra'θon] **I.** *f* ① (*discernimiento*) Vernunft *f;* (*entendimiento*) Verstand *m;* **puesto en ~** vernünftig; **entrar en ~** zur Vernunft kommen; **meter en ~** zur Vernunft bringen; **hacer perder la ~ a alguien** jdn um den Verstand bringen; **privar de la ~ a alguien** jdn seiner Sinne berauben ② (*argumento*) Begründung *f;* (*razonamiento*) Argumentation *f;* **(no) atender a razones** sich (nicht) überzeugen lassen; **ponerse a razones con alguien** sich mit jdm auseinander setzen; **venirse a razones con alguien** mit jdm übereinkommen ③ (*motivo*) Grund *m;* (*justificación*) Berechtigung *f;* **~ de Estado** Staatsräson *f;* **~ de ser** Daseinsberechtigung *f;* **~ de más para...** *+inf,* **~ de más para que...** *+subj* ein Grund mehr zu ... *+inf;* **la ~ por la que...** der Grund, aus dem ...; **fuera de ~** grundlos; **por ~ de** auf Grund von; **por razones de seguridad** aus Sicherheitsgründen; **por una u otra ~** aus dem einen oder anderen Grund; **tener razones para...** *+inf* Grund haben zu ... *+inf* ④ (*acierto*) Recht *nt;* **la ~ de la fuerza** das Recht des Stärkeren; **¡con (mucha) ~!** (völlig) zu Recht!; **sin ~** zu Unrecht; **cargarse de ~** sich völlig im Recht fühlen; **dar la ~ a alguien** jdm Recht geben; **llevar la ~** das Recht auf seiner Seite haben; **tener (mucha) ~** (vollkommen) Recht haben; **en eso (no) tienes ~** da hast du (Un)recht; **me asiste la ~** ich habe das Recht auf meiner Seite; **perder la ~** (*fig*) den Ton verfehlen ⑤ (*información*) Auskunft *f;* (*recado*) Nachricht *f;* **~ aquí** Näheres hier; **dar ~ de alguien** Auskunft über jdn erteilen; **dar ~ de sí** von sich *dat* hören lassen; (*fig*) seinen Mann stehen; **mandar ~ a alguien de algo** jdm etw ausrichten lassen; **pedir ~ de alguien** sich nach jdm erkundigen ⑥ (MAT: *proporción*) Verhältnis *nt;* **a ~ de tres por persona** drei pro Kopf; **a ~ del 10 %** zu 10 %; **a ~ de 2 euros el kilo** zu 2 Euro pro Kilo; **este coche consume a ~ de seis litros por 100 kilómetros** dieses Auto verbraucht sechs Liter auf 100 Kilometer ⑦ (JUR): **~ social** Firma *f* **II.** *prep:* **en ~ de** (*en cuanto a*) hinsichtlich *+gen;* (*a causa de*) aufgrund *+gen*

**razonable** [rraθo'naβle] *adj* ① (*sensato*) vernünftig ② (*justo*) angemessen; (*adecuado*) angebracht

**razonamiento** [rraθona'mjen̦to] *m* ① (*pensamientos*) Gedankengang *m;* (*reflexión*) Überlegung *f* ② (*argumentación*) Argumentation *f;* (*exposición*) Erörterung *f;* (*fundamentación*) Begründung *f;* **tus ~s no son convincentes** deine Ausführungen sind nicht stichhaltig ③ (*conversación*) Diskussion *f*

**razonar** [rraθo'nar] **I.** *vi* ① (*pensar*) (nach)denken; (*juzgar*) urteilen; (*reflexionar*) überlegen; (*deducir*) Schlüsse ziehen ② (*argumentar*) argumentieren ③ (*conversar*) diskutieren ④ (*corresponder*) eingehen (*con* auf *+akk*); **es inútil tratar de ~ con él** es bringt nichts, sich mit ihm auseinander zu setzen **II.** *vt* ① (*exponer*) dar-

R

legen ❷ (*fundamentar*) begründen

**RDA** [erreðe'a] *f abr de* **República Democrática Alemana** DDR *f*

**RDSI** [erreðe(e)se'i] *f* (INFOR, TEL) *abr de* **Red Digital de Servicios Integrados** ISDN *nt*

**re** [rre] *m* (MÚS) d, D *nt;* ~ **bemol** Des *nt*

**reabrir** [rrea'βrir] *irr como abrir vt* wieder eröffnen; (JUR) wieder aufnehmen

**reacción** [rreaʏ'θjon] *f* Reaktion *f;* ~ **en cadena** Kettenreaktion *f;* ~ **excesiva** Überreaktion *f;* **avión a** ~ Düsenflugzeug *nt*

**reaccionar** [rreaʏθjo'nar] *vi* reagieren (*a/ante* auf +*akk*); (*responder*) antworten (*a* auf +*akk*); (*repercutir*) sich auswirken (*en/sobre* auf +*akk*); (*sobreponerse*) überwinden (*a* +*akk*); (*entrar en calor*) sich aufwärmen; **el cuerpo no reacciona a las pastillas** der Körper spricht nicht auf die Tabletten an

**reaccionario, -a** [rreaʏθjo'narjo, -a] **I.** *adj* reaktionär **II.** *m, f* Reaktionär(in) *m(f)*

**reacio, -a** [rre'aθjo, -a] *adj* abgeneigt (*a* +*dat*); **el pintor era ~ a mostrarse en público** der Maler zeigte sich ungern in der Öffentlichkeit; **es ~ a las fiestas** er geht nur ungern auf Feste

**reacondicionar** [rreakon̪diθjo'nar] *vt* neu einrichten; (*reconstruir*) wiederherstellen; (*reestructurar*) umstrukturieren

**reactivación** [rreaktiβa'θjon] *f* ❶ (*t.* TÉC, MED) Reaktivierung *f* ❷ (ECON) Wiederaufschwung *m;* ~ **económica** Ankurbelung der Wirtschaft

**reactivar** [rreakti'βar] *vt* reaktivieren; (ECON) ankurbeln

**reactivo** [rreak'tiβo] *m* Reagens *nt;* (*indicador*) Indikator *m;* (*fig*) Auslöser *m*

**reactor** [rreak'tor] *m* ❶ (*motor*) Reaktor *m* ❷ (*propulsor*) Düsentriebwerk *nt* ❸ (*avión*) Düsenflugzeug *nt*

**readaptación** [rreaðapta'θjon] *f* Wiederanpassung *f* (*a* an +*akk*); (*reintegración*) Wiedereingliederung *f* (*a* in +*akk*); ~ **profesional** Umschulung *f*

**readaptar** [rreaðap'tar] **I.** *vt* wieder anpassen (*a* an +*akk*); (*reintegrar*) wieder eingliedern (*a* in +*akk*); (*profesión*) umschulen **II.** *vr:* ~**se** sich wieder anpassen (*a* an +*akk*); (*reintegrarse*) sich wieder eingliedern (*a* in +*akk*)

**readmisión** [rreaðmi'sjon] *f* Wiederzulassung *f;* (*de despedidos*) Wiedereinstellung *f*

**readmitir** [rreaðmi'tir] *vt* wieder zulassen; (*despedidos*) wieder einstellen

**reafirmación** [rreafirma'θjon] *f* erneute Bekräftigung *f*

**reafirmar** [rreafir'mar] **I.** *vt* ❶ (*apoyar*) bekräftigen ❷ (*poner firme*) stärken; (*la piel*) straffen ❸ (*insistir*) beharren (auf +*dat*) **II.** *vr:* ~**se** ❶ (*confirmarse*) sich erneut behaupten (*como* als +*nom*) ❷ (*insistir*) beharren (*en* auf +*dat*)

**reagrupar** [rreaɣru'par] **I.** *vt* umgruppieren; (*redistribuir*) neu einteilen **II.** *vr:* ~**se** sich neu gruppieren

**reajustar** [rreaxus'tar] *vt* ❶ (*adaptar*) neu anpassen; (*reestructurar*) umgestalten; (*reorganizar*) neu gestalten ❷ (TÉC) nachjustieren ❸ (ECON) angleichen

**reajuste** [rrea'xuste] *m* ❶ (*adaptación*) Neuanpassung *f;* (*reestructuración*) Umgestaltung *f;* (*reorganización*) Neugestaltung *f* ❷ (TÉC) Nachjustierung *f* ❸ (ECON) Angleichung *f;* ~ **salarial** Lohnausgleich *m*

**real** [rre'al] **I.** *adj* ❶ (*verdadero*) wirklich; (*verídico*) wahr; (*auténtico*) echt; (MAT) reell; (FILOS) real; (ECON, JUR) Real- ❷ (*del rey*) königlich; **Alteza** ~ Königliche Hoheit; **palacio** ~ Königspalast *m* ❸ (*espléndido*) prachtvoll **II.** *m* ❶ (*dinero*) Real *m;* **estar sin un** ~ (*fam*) keinen roten Heller mehr haben ❷ (*de la feria*) Messplatz *m;* (*prado*) Festwiese *f*

**realce** [rre'al̪θe] *m* ❶ (*relieve*) Reliefarbeit *f* ❷ (*esplendor*) Glanz *m;* (*acento*) Betonung *f;* **dar** ~ unterstreichen

**realeza** [rrea'leθa] *f* ❶ (*dignidad*) Königswürde *f* ❷ (*grandeza*) Herrlichkeit *f;* (*boato*) Pracht *f*

**realidad** [rreali'ðaᵈ] *f* Realität *f;* (*verdad*) Wahrheit *f;* **ajeno a la** ~ wirklichkeitsfremd; **en** ~ in Wirklichkeit; **hacer** ~ verwirklichen; **hacerse** ~ sich verwirklichen; (*cumplirse*) sich erfüllen

**realismo** [rrea'lismo] *m sin pl* ❶ (ARTE, LIT, FILOS, CINE) Realismus *m* ❷ (*ideología*) Realistik *f* ❸ (POL) Royalismus *m*

**realista** [rrea'lista] **I.** *adj* ❶ (ARTE, LIT, FILOS, CINE) realistisch ❷ (POL) royalistisch **II.** *mf* ❶ (ARTE, LIT, FILOS, CINE) Realist(in) *m(f)* ❷ (POL) Royalist(in) *m(f)*

**realizable** [rreali'θaβle] *adj* ❶ (*practicable*) realisierbar; (*factible*) machbar ❷ (ECON) verwertbar; **bienes ~s** Vermögensgegenstände *mpl*

**realización** [rrealiθa'θjon] *f* ❶ (*materialización*) Verwirklichung *f;* (*cumplimiento*) Erfüllung *f* ❷ (*ejecución*) Durchführung *f* ❸ (*organización*) Gestaltung *f* ❹ (ECON) Realisierung *f;* ~ **de un pedido** Auftragsabwicklung *f;* ~ **de plusvalías** Gewinnmitnahme *f* ❺ (CINE) Realisation *f*

**realizador(a)** [rrealiθa'ðor(a)] *m(f)* (CINE, TV) Regisseur(in) *m(f)*

**realizar** [rreali'θar] <z→c> **I.** *vt* ① (*hacer realidad*) verwirklichen; (*sueños*) erfüllen ② (*efectuar*) durchführen; (*hacer*) unternehmen ③ (ECON) realisieren; (*ganancia, aportaciones*) einbringen ④ (CINE, TV) realisieren ⑤ (*Am: notar*) (be)merken **II.** *vr:* **~se** ① (*desarrollarse*) sich selbst verwirklichen ② (*materializarse*) sich verwirklichen; (*hacerse realidad*) Wirklichkeit werden; (*cumplirse*) in Erfüllung gehen

**realmente** [rreal'mente] *adv* (*en efecto*) wirklich; (*verdaderamente*) wahrhaftig; (*auténticamente*) echt; (*de hecho*) tatsächlich

**realquilar** [rrealki'lar] *vt* untervermieten; **vivir en una vivienda realquilada** zur Untermiete wohnen

**realzar** [rreal'θar] <z→c> *vt* ① (*labrar*) herauswölben ② (*acentuar*) betonen; (*subrayar*) unterstreichen

**reamargo, -a** [rrea'maryo, -a] *adj* (*Am*) sehr bitter

**reamigo, -a** [rrea'miyo, -a] *m, f* (*Am*) sehr guter Freund *m*, sehr gute Freundin *f;* **son ~s del director** sie sind sehr gut mit dem Direktor befreundet

**reanimación** [rreanima'θjon] *f* Wiederbelebung *f*

**reanimar** [rreani'mar] **I.** *vt* ① (*reavivar*) wieder beleben ② (*reactivar*) reaktivieren ③ (*animar*) ermutigen **II.** *vr:* **~se** ① (*recuperar el conocimiento*) wieder zu sich *dat* kommen ② (*restablecerse*) wieder aufleben ③ (*animarse*) neuen Mut schöpfen

**reanudar** [rreanu'ðar] *vt* wieder aufnehmen

**reaparecer** [rreapare'θer] *irr como crecer vi* wieder erscheinen; (CINE, TEAT) wieder auftreten

**reapertura** [rreaper'tura] *f* Wiedereröffnung *f;* (JUR) Wiederaufnahme *f*

**rearmar** [rrear'mar] *vt* wieder bewaffnen (*con* mit +*dat*)

**reata** [rre'ata] *f* ① (*correa, animales*) Koppel *f;* **una ~ de mulos** eine Koppel Maultiere; **de ~** (*sucesivamente*) der Reihe nach; (*en hilera*) in Reihen ② (*Am: de flores*) Blumenbeet *nt*

**reavivación** [rreaβiβa'θjon] *f* Wiederaufleben *nt*

**reavivar** [rreaβi'βar] **I.** *vt* wieder beleben **II.** *vr:* **~se** wieder aufleben

**rebaba** [rre'βaβa] *f* Grat *m*

**rebaja** [rre'βaxa] *f* ① (*oferta*) Sonderangebot *nt;* **~s de verano** Sommerschlussverkauf *m;* **estar de ~s** heruntergesetzte Waren haben ② (*descuento*) Rabatt *m;* (*reducción*) Preisnachlass *m;* **ya vendrá el tío Paco con la ~** (*fam fig*) irgendeinen Haken wird die Sache schon haben

**rebajamiento** [rreβaxa'mjento] *m* ① (*condescendencia*) Herablassung *f* ② (*humillación*) Herabwürdigung *f*

**rebajar** [rreβa'xar] **I.** *vt* ① (*abaratar*) reduzieren ② (*humillar*) demütigen ③ (*mitigar*) dämpfen; (*t.* FOTO: *debilitar*) abschwächen; (*disminuir*) mindern ④ (*una bebida*) verdünnen ⑤ (*dispensar*) vom Dienst freistellen ⑥ (*limar*) abfeilen; (*pulir*) abschleifen; (*acepillar*) abhobeln **II.** *vr:* **~se** ① (*humillarse*) sich herabwürdigen ② (*condescender*) sich herablassen (*a* zu +*dat*) ③ (*dispensarse*) sich vom Dienst freistellen lassen

**rebanada** [rreβa'naða] *f* Scheibe *f*

**rebanar** [rreβa'nar] *vt* ① (*hacer rebanadas*) in Scheiben schneiden ② (*partir*) abschneiden

**rebañar** [rreβa'ɲar] *vt* ① (*apurar*) auskratzen ② (*pey: recoger*) raffen

**rebaño** [rre'βaɲo] *m* Herde *f;* (*fig*) Horde *f*

**rebasar** [rreβa'sar] *vt* ① (*sobrepasar*) überschreiten; (MIL) stürmen; **~ el límite** (*fig*) über das Ziel hinausschießen; **esto rebasa los límites de mi paciencia** ich bin mit meiner Geduld am Ende ② (*exceder*) übertreffen (*en* um +*akk*)

**rebatir** [rreβa'tir] *vt* ① (*discutir*) bestreiten; (*refutar*) widerlegen; (*rechazar*) zurückweisen ② (*repeler*) zurückschlagen ③ (*batir*) klopfen ④ (*abatir*) zusammenklappen

**rebato** [rre'βato] *m* ① (*llamamiento*) Sturmläuten *nt;* **tocar a ~** die Sturmglocke läuten; (*fig*) Alarm schlagen ② (*ataque*) Überraschungsangriff *m*

**rebeca** [rre'βeka] *f* Strickjacke *f*

**rebeco** [rre'βeko] *m* Gämse *f*

**rebelarse** [rreβe'larse] *vr* rebellieren; (*oponerse*) sich auflehnen

**rebelde** [rre'βelde] **I.** *adj* ① (*indócil*) rebellisch; (*levantisco*) aufsässig; (*fig*) widerspenstig ② (*insurrecto*) aufständisch ③ (*persistente*) hartnäckig ④ (*difícil*) verzwickt ⑤ (JUR) säumig **II.** *mf* (*indócil, insurrecto*) Rebell(in) *m(f);* (*revoltoso*) Aufrührer(in) *m(f)*

**rebeldía** [rreβel'dia] *f* ① (*cualidad*) Aufsässigkeit *f;* (*fig*) Widerspenstigkeit *f* ② (*oposición*) Widerstand *m* ③ (*insubordinación*) Aufsässigkeit *f;* (MIL) Gehorsamsverweigerung *f* ④ (JUR) Nichterscheinen *nt;* **declarar en ~** für säumig erklären; **juzgar en ~** in Abwesenheit verurteilen

**rebelión** [rreβe'ljon] *f* Rebellion *f;* (*levantamiento*) Aufstand *m*

**reblandecer** [rreβlande'θer] *irr como cre-*

*cer* **I.** *vt* weich machen **II.** *vr:* ~**se** weich werden

**reblandecimiento** [rreβlan̪deθi'mjen̪to] *m* Erweichung *f;* ~ **cerebral/óseo** (MED) Gehirn-/Knochenerweichung *f*

**rebobinar** [rreβoβi'nar] *vt* (*retroceder*) zurückspulen

**reborde** [rre'βorðe] *m* ① (*acanaladura*) Sicke *f* ② (*rebordeado*) Randverstärkung *f* ③ (*rebaba*) Gussnaht *f*

**rebosadero** [rreβosa'ðero] *m* Überlauf *m;* (*en presas*) Überfall *m;* (*metalurgia*) Steigetrichter *m*

**rebosante** [rreβo'san̪te] *adj* überfüllt; (*vaso*) randvoll; (*fig*) überquellend (*de* vor +*dat*); ~ **de salud** vor Gesundheit strotzend

**rebosar** [rreβo'sar] *vi* ① (*desbordar*) überlaufen; (*fig*) überquellen (*de* vor +*dat*); **le rebosa el dinero/la soberbia** er/sie strotzt vor Geld/Hochmut; **la gota que hizo ~ el vaso** der Tropfen, der das Fass zum Überlaufen brachte ② (*estar lleno*) wimmeln (*de* vor +*dat*); (**lleno**) **a ~** brechend voll ③ (*abundar*) schwimmen

**rebotar** [rreβo'tar] **I.** *vi* ① (*botar*) abprallen; (*repetidamente*) hüpfen ② (*chocar*) prallen (*contra/en* gegen/auf +*akk*); **salir rebotado** zurückprallen; (*fig*) hochkant rausfliegen **II.** *vt* ① (*botar*) prellen ② (*fam: enfadar*) verprellen **III.** *vr:* ~**se** ① (*vino*) umschlagen ② (*fam: enfadarse*) sauer werden

**rebote** [rre'βote] *m* (*bote*) Abprall *m;* (DEP) Abpraller *m;* (*golpe*) Prellen *nt;* **de ~** (*como resultado*) als indirekte Folge; (*sentimiento*) wieder aufflackernd

**rebozar** [rreβo'θar] <z→c> **I.** *vt* ① (*envolver*) verhüllen ② (GASTR) panieren **II.** *vr:* ~**se** sich verhüllen

**rebozo** [rre'βoθo] *m* ① (*velo*) Verhüllung *f* ② (*pretexto*) Vorwand *m;* **sin ~** aufrichtig

**rebrotar** [rreβro'tar] *vi* ① (BOT) Knospen treiben ② (*agitaciones*) wieder aufflammen

**rebujo** [rre'βuxo] *m* Knäuel *m o nt;* (*trapos*) Bündel *nt;* **hacer un ~ con la ropa** die Wäsche zu einem Bündel zusammenknäulen

**rebullir** [rreβu'ʎir] <*3. pret:* rebulló> *vi, vr:* ~**se** sich bewegen; **sin ~se** ganz ruhig

**rebuscado, -a** [rreβus'kaðo, -a] *adj* gekünstelt; (*palabras*) gespreizt

**rebuscar** [rreβus'kar] <c→qu> **I.** *vi* herumsuchen **II.** *vt* (*buscar*) durchsuchen **III.** *vr:* **rebuscárselas** (*CSur: defenderse*) sich durchschlagen

**rebuznar** [rreβuθ'nar] *vi* (*burro*) iahen

**rebuzno** [rre'βuθno] *m* Eselsschrei *m*

**recabar** [rreka'βar] *vt* ① (*obtener*) erhalten (*de* bei/von +*dat*); (*datos*) erheben ② (*pedir*) sich bemühen (um +*akk*)

**recadero, -a** [rreka'ðero, -a] *m, f* Bote, -in *m, f*

**recado** [rre'kaðo] *m* ① (*mensaje*) Nachricht *f;* **dar el ~ a alguien** jdm Bescheid geben; **¿puedes darle el siguiente ~?** kannst du ihm/ihr Folgendes ausrichten? ② (*encargo*) Besorgung *f*

**recaer** [rreka'er] *irr como caer vi* ① (*culpa, herencia*) fallen (*en/sobre* auf +*akk*) ② (*enfermedad*) einen Rückfall erleiden ③ (*delito*) rückfällig werden; ~ **en el mismo error una y otra vez** immer wieder in den gleichen Fehler verfallen; ~ **en la bebida** wieder anfangen zu trinken

**recaída** [rreka'iða] *f* Rückfall *m*

**recalar** [rreka'lar] **I.** *vi* ① (NÁUT) anlaufen (*en* +*akk*) ② (*persona*) erscheinen (*en* bei/in +*dat*) **II.** *vt* durchtränken **III.** *vr:* ~**se** durchtränkt werden

**recalcar** [rrekal'kar] <c→qu> *vt* ① (*palabras*) betonen ② (*apretar*) zusammenpressen ③ (*llenar*) voll stopfen; ~ **la cuba con mosto** das Fass mit Most füllen

**recalcitrante** [rrekal̪θi'tran̪te] *adj* hartnäckig

**recalentamiento** [rrekalen̪ta'mjen̪to] *m* Überhitzung *f;* ~ **económico** (ECON) Konjunkturüberhitzung *f*

**recalentar** [rrekalen̪'tar] <e→ie> **I.** *vt* ① (*comida*) aufwärmen ② (*aparato*) überhitzen **II.** *vr:* ~**se** (*motor*) heißlaufen

**recalificar** [rrekalifi'kar] <c→qu> *vt* neu qualifizieren

**recámara** [rre'kamara] *f* ① (*para ropa*) Kleiderkammer *f* ② (*arma*) Patronenlager *nt*

**recambiar** [rrekam'bjar] *vt* ① (*intercambiar*) wieder umtauschen ② (*sustituir*) auswechseln

**recambio** [rre'kambjo] *m* (*repuesto*) Ersatz *m;* (*envase*) Nachfüllpackung *f*

**recapacitar** [rrekapaθi'tar] **I.** *vt* überdenken **II.** *vi* nachdenken

**recapitulación** [rrekapitula'θjon] *f* Zusammenfassung *f*

**recapitular** [rrekapitu'lar] *vt* zusammenfassen

**recarga** [rre'karɣa] *f* Nachfüllung *f*

**recargado, -a** [rrekar'ɣaðo, -a] *adj* (*exagerado*) übertrieben; (*lenguaje*) gespreizt

**recargar** [rrekar'ɣar] <g→gu> *vt* ① (*pila*) aufladen ② (*impuesto*) heraufsetzen ③ (*decorar*) überladen; **el vestido recargado de lazos y botones no se vendió** das Kleid mit den vielen Schleifen und

Knöpfen wurde nicht gekauft ❹ (*carga*) überladen; ~ **de trabajo** mit Arbeit überhäufen

**recargo** [rre'karɣo] *m* ❶ (*tasas*) Zuschlag *m;* (*sobreprecio*) Aufschlag *m;* **llamada sin** ~ gebührenfreier Anruf ❷ (*fiebre*) starker Fieberanfall *m*

**recatado**, **-a** [rreka'taðo, -a] *adj* ❶ (*decoroso*) sittsam; (*modesto*) bescheiden ❷ (*cauto*) zurückhaltend

**recatar** [rreka'tar] *vt* verheimlichen

**recato** [rre'kato] *m* ❶ (*decoro*) Sittsamkeit *f* ❷ (*cautela*) Zurückhaltung *f;* (*pudor*) Scheu *f*

**recauchutar** [rrekau̯ʧu'tar] *vt* (*llanta*) runderneuern

**recaudación** [rrekau̯ða'θjon] *f* ❶ (*cobro*) Einnehmen *nt;* (*cantidad*) Einnahmen *fpl;* ~ **diaria** Tageseinnahmen *fpl* ❷ (*de impuestos*) Steuererhebung *f;* (*cantidad*) Steuerbetrag *m*

**recaudar** [rrekau̯'ðar] *vt* (*impuestos*) erheben; (*dinero*) einziehen

**recaudo** [rre'kau̯ðo] *m* ❶ (*ganancia*) Einnehmen *nt* ❷ (JUR) Kaution *f* ❸ (*loc*): **poner algo a buen** ~ etw in Sicherheit bringen

**recebo** [rre'θeβo] *m* (*gravilla*) feiner Steinkies *m*

**recelar** [rreθe'lar] **I.** *vt* (*temer*) argwöhnen **II.** *vi, vr:* ~**se** misstrauen (*de* +*dat*); (**me**) **recelo de mi secretaria** ich traue meiner Sekretärin nicht ganz

**recelo** [rre'θelo] *m* Argwohn *m;* **mirar con** ~ argwöhnisch betrachten

**receloso**, **-a** [rreθe'loso, -a] *adj* argwöhnisch; **estar** ~ **de alguien** jdm misstrauen; **ponerse** ~ Argwohn schöpfen; **poner** ~ **a alguien** jds Argwohn erregen

**recensión** [rreθen'sjon] *f* Rezension *f*

**recepción** [rreθeβ'θjon] *f* Empfang *m,* Rezeption *f*

**recepcionista** [rreθeβθjo'nista] *mf* Empfangschef, -dame *m, f*

**receptáculo** [rreθep'takulo] *m* (*cavidad*) Behälter *m*

**receptividad** [rreθeptiβi'ðað] *f* Aufnahmefähigkeit *f;* (MED) Anfälligkeit *f*

**receptivo**, **-a** [rreθep'tiβo, -a] *adj* ❶ (*curioso*) aufmerksam ❷ (MED) anfällig

**receptor**[1] [rreθep'tor] *m* (*radio*) Empfänger *m;* (*teléfono*) Hörer *m*

**receptor(a)**[2] [rreθep'tor(a)] *m(f)* ❶ (*recipiente*) Empfänger(in) *m(f)* ❷ (JUR) Gerichtsvollzieher(in) *m(f)*

**recesión** [rreθe'sjon] *f* Rezession *f*

**receso** [rre'θeso] *m* (*Am: vacaciones*) Urlaub *m*

**receta** [rre'θeta] *f* Rezept *nt;* **con** ~ **médica** auf Rezept; **venta con** ~ rezeptpflichtig

**recetar** [rreθe'tar] *vt* ❶ (MED) verordnen ❷ (*fam: pedir*) bestellen; ~ **largo** viele Wünsche haben

**recetario** [rreθe'tarjo] *m* ❶ (GASTR) Kochbuch *nt* ❷ (MED: *libro*) Arzneibuch *nt;* (*talonario*) Rezeptblock *m;* (*de un enfermo*) Krankenblatt *nt*

**rechazar** [rreʧa'θar] <z→c> *vt* zurückweisen; (*denegar, no tolerar*) ablehnen; (*órgano*) abstoßen; ~ **de plano las acusaciones** die Anschuldigungen weit von sich *dat* weisen

**rechazo** [rre'ʧaθo] *m* Zurückweisung *f;* (*denegación*) Ablehnung *f;* (*de un órgano*) Abstoßen *nt*

**rechiflar** [rreʧi'flar] **I.** *vt* auspfeifen **II.** *vr:* ~**se** sich lustig machen (*de* über +*akk*)

**rechinamiento** [rreʧina'mjen̩to] *m* Knarren *nt;* ~ **de dientes** Zähneknirschen *nt*

**rechinar** [rreʧi'nar] *vi* knarren; ~ **los dientes** mit den Zähnen knirschen

**rechistar** [rreʧis'tar] *vi* (sich) mucksen

**rechoncho**, **-a** [rre'ʧonʧo, -a] *adj* (*fam*) pummelig

**rechupete** [rreʧu'pete]: **de** ~ ausgezeichnet; **la tarta estaba de** ~ der Kuchen war sehr lecker

**recibidor** [rreθiβi'ðor] *m* Vorzimmer *nt*

**recibimiento** [rreθiβi'mjen̩to] *m* ❶ (*acogida*) Empfang *m;* **le dispensaron un** ~ **multitudinario** sie empfingen ihn/sie mit großer Begeisterung ❷ (*recibidor*) Vorzimmer *nt*

**recibir** [rreθi'βir] **I.** *vt* ❶ (*tomar*) bekommen, erhalten ❷ (*personas*) empfangen ❸ (*aceptar*) aufnehmen **II.** *vi* (*médico*) Sprechstunde haben; (*ministro*) Besucher empfangen **III.** *vr:* ~**se** die Staatsprüfung bestehen (*de* als +*nom*); (*médico, farmacéutico*) die Approbation erlangen; ~**se de abogado** als Anwalt zugelassen werden

**recibo** [rre'θiβo] *m* ❶ (*de la luz, del agua*) Rechnung *f;* ~ **de entrega** Lieferschein *m* ❷ (*de una carta*) Empfang *m* ❸ (*recibidor*) Vorzimmer *nt* ❹ (*loc*): **ser de** ~ annehmbar sein; **si llaman, abre tú porque yo no estoy de** ~ wenn sie klingeln, mach du auf; ich bin noch nicht fertig

**reciclable** [rreθi'klaβle] *adj* wieder verwertbar

**reciclaje** [rreθi'klaxe] *m* Recycling *nt;* ~ **profesional** (*fig*) Umschulung *f*

**reciclar** [rreθi'klar] *vt* wieder verwerten

**recién** [rre'θjen] *adv* ❶ (*acabado de*) soeben; ~ **cocido/pintado** frisch gebacken/gestrichen; **los** ~ **casados** die Jung-

R

vermählten; **el ~ nacido** das Neugeborene ❷ (*Am: en cuanto*) sobald

**reciente** [rre'θjeṇte] *adj* ❶ (*nuevo*) neu; (*fresco*) frisch ❷ (*que acaba de suceder*) jüngst; **a causa de una enfermedad ~ no puedo moverme** wegen einer Krankheit, die mich vor kurzem befallen hat, kann ich mich nicht bewegen; **un libro de ~ publicación** ein gerade erschienenes Buch

**recientemente** [rreθjeṇte'meṇte] *adv* vor kurzem

**recinto** [rre'θiṇto] *m* Gelände *nt;* **~ fortificado** Festung *f;* **~ universitario** Campus *m*

**recio, -a** ['rreθjo, -a] **I.** *adj* ❶ (*fuerte*) stark ❷ (*rígido*) hart; **en lo más ~ del invierno** mitten im strengsten Winter ❸ (*raudo*) schnell **II.** *adv* heftig; **hablar ~** laut sprechen

**recipiente** [rreθi'pjeṇte] *m* Behälter *m;* (*de vidrio/barro*) Gefäß *nt*

**reciprocidad** [rreθiproθi'ðað] *f* Gegenseitigkeit *f*

**recíproco, -a** [rre'θiproko, -a] *adj* gegenseitig; **... y a la recíproca ...** und umgekehrt

**recitación** [rreθita'θjon] *f* Rezitation *f*

**recitador(a)** [rreθita'ðor(a)] **I.** *adj* rezitatorisch **II.** *m(f)* Rezitator(in) *m(f)*

**recital** [rreθi'tal] *m* (MÚS) Konzert *nt;* (LIT) Dichterlesung *f*

**recitar** [rreθi'tar] *vt* vortragen; **~ maquinalmente el menú** den Speiseplan herunterrasseln

**reclamación** [rreklama'θjon] *f* ❶ (*recurso*) Einspruch *m;* (*queja*) Beschwerde *f;* (*de defectos*) Reklamation *f* ❷ (*exigencia*) Forderung *f;* (*de deuda*) Mahnung *f*

**reclamar** [rrekla'mar] **I.** *vi* (*protestar*) Einspruch erheben; (*quejarse*) sich beschweren (*por* über +*akk, a* bei +*dat*); (*defectos*) reklamieren (*ante* bei +*dat*) **II.** *vt* (*pedir*) fordern; (*una deuda*) anmahnen; **nos reclama el dinero que nos prestó hace un mes** er/sie verlangt das Geld zurück, das er/sie uns vor einem Monat geliehen hat; **el terrorista es reclamado por la justicia sueca a Italia** die schwedische Justiz verlangt von Italien die Auslieferung des Terroristen; **España reclama Gibraltar a Inglaterra desde hace siglos** seit Jahrhunderten macht Spanien gegenüber England Ansprüche auf Gibraltar geltend

**reclamo** [rre'klamo] *m* ❶ (*caza*) Lockvogel *m;* (*utensilio*) Lockpfeife *f;* (*grito*) Lockruf *m;* **acudir al ~** in die Falle gehen ❷ (COM) Reklame *f*

**reclasificar** [rreklasifi'kar] <c→qu> *vt* neu einteilen; **~ un puesto de trabajo** eine Arbeitsstelle neu einstufen

**reclinable** [rrekli'naβle] *adj* verstellbar; **asiento ~** Liegesitz *m*

**reclinar** [rrekli'nar] **I.** *vt* anlehnen; (*hacia atrás*) zurücklehnen; **reclinó su cabeza contra** [*o* **en**] [*o* **sobre**] **mis hombros** er/sie lehnte seinen/ihren Kopf an meine Schulter **II.** *vr:* **~se** (*inclinarse*) sich (an)lehnen (*contra/en/sobre* an/gegen +*akk*); (*apoyarse*) sich (auf)stützen (*en/sobre* auf +*akk*)

**reclinatorio** [rreklina'torjo] *m* Betstuhl *m*

**recluir** [rreklu'ir] *irr como huir* **I.** *vt* einsperren **II.** *vr:* **~se** sich zurückziehen

**reclusión** [rreklu'sjon] *f* ❶ (JUR) Haft *f* ❷ (*aislamiento*) Zurückgezogenheit *f*

**recluso, -a** [rre'kluso, -a] **I.** *adj* (*preso*) inhaftiert; **la población reclusa vive en condiciones inhumanas** Häftlinge leben unter unmenschlichen Bedingungen **II.** *m, f* Häftling *m*

**recluta** [rre'kluta] *mf* Rekrut(in) *m(f)*

**reclutamiento** [rrekluta'mjeṇto] *m* Rekrutierung *f*

**reclutar** [rreklu'tar] *vt* rekrutieren

**recobrar** [rreko'βrar] **I.** *vt* wiederbekommen; **~ las fuerzas** wieder zu Kräften kommen; **~ las pérdidas** den Verlust wettmachen; **~ el sentido** wieder zu sich *dat* kommen; **~ la vista** das Sehvermögen wiedererlangen; **~ las ganas de vivir** neuen Lebensmut schöpfen **II.** *vr:* **~se** sich erholen

**recochineo** [rrekoʧi'neo] *m* (*fam pey: burla*) Spott *m;* **sin ~** Spaß beiseite

**recodo** [rre'koðo] *m* (*río*) Biegung *f*

**recogedor** [rrekoxe'ðor] *m* Kehrschaufel *f*

**recogepelotas** [rrekoxepe'lotas] *mf inv* (DEP: *chico*) Balljunge *m;* (*chica*) Ballmädchen *nt*

**recoger** [rreko'xer] <g→j> **I.** *vt* ❶ (*buscar*) abholen; **te voy a ~ a la estación** ich hole dich vom Bahnhof ab; **recogen las cartas a las ocho** die Briefkästen werden um acht geleert ❷ (*coger*) einsammeln; (*ordenar*) aufräumen; (*guardar*) wegräumen; **~ del suelo** vom Boden aufheben; **¡es hora de ~!** Schluss für heute! ❸ (*juntar*) sammeln ❹ (*cosecha*) ernten; **~ la fruta de su trabajo** die Früchte seiner Arbeit ernten; **quien siembra vientos, recoge tempestades** (*prov*) wer Wind sät, wird Sturm ernten ❺ (*acoger*) aufnehmen ❻ (*arremangar: vestido*) raffen; (*pantalón*) hochziehen ❼ (*cabello*) hochstecken ❽ (*enrollar: velas*) einholen; (*cortinas*) zusammenraffen **II.** *vr:* **~se** ❶ (*a casa*) nach Hause gehen; (*a la cama*) ins Bett gehen ② (REL) sich sammeln

**recogida** [rreko'xiða] *f* (*juntar*) Einsammeln *nt;* (*buscar*) Abholen *nt;* ~ **de basuras** Abfallentsorgung *f;* ~ **de beneficios** (FIN) Gewinnmitnahme *f;* ~ **del correo** Briefkastenleerung *f;* ~ **de equipajes** (AERO) Gepäckausgabe *f*

**recogido, -a** [rreko'xiðo, -a] *adj* ① (*acogedor*) gemütlich ② (*retirado*) zurückgezogen

**recogimiento** [rrekoxi'mjen̪to] *m* (*devoción*) Andacht *f;* (*retraimiento*) Zurückgezogenheit *f;* **oímos la misa con** ~ wir haben andächtig die Messe gehört

**recolección** [rrekoleᵞ'θjon] *f* (AGR) Ernte *f;* (*periodo*) Erntezeit *f*

**recolectar** [rrekolek'tar] *vt* ① (*cosas*) sammeln ② (*frutos*) ernten

**recolector(a)** [rrekolek'tor(a)] **I.** *adj* ① (*de dinero*) (ein)sammelnd ② (*de cosecha*) Ernte- **II.** *m(f)* ① (*de dinero*) Sammler(in) *m(f)* ② (*cosechador*) Pflücker(in) *m(f)*

**recomendable** [rrekomen̪'daβle] *adj* ratsam

**recomendación** [rrekomen̪da'θjon] *f* Empfehlung *f;* **con la ayuda de tu** ~ auf deine Empfehlungen hin; **por** ~ **de mi médico** auf Empfehlung meines Arztes; **al ser hijo del alcalde tiene muchas recomendaciones** als Sohn des Bürgermeisters hat er gute Beziehungen

**recomendado, -a** [rrekomen̪'daðo, -a] **I.** *adj* (*precio*) unverbindlich; **precio de venta al público** ~ unverbindliche Preisempfehlung **II.** *m, f* (*enchufado*) Schützling *m*

**recomendar** [rrekomen̪'dar] <e→ie> *vt* empfehlen; **nos recomendó no salir de casa** er/sie riet uns, nicht aus dem Haus zu gehen

**recomenzar** [rrekomen̪'θar] *irr como empezar vt* nochmal anfangen (*a* zu +*inf*)

**recompensa** [rrekom'pensa] *f,* **recompensación** [rrekompensa'θjon] *f* Belohnung *f;* **ofrecer una** ~ **de 50 euros por algo** eine Belohnung von 50 Euro für etw aussetzen; **¿es ésta la** ~ **a todos mis esfuerzos?** ist das der Dank für (all) meine Mühe?; **en** ~ als Belohnung

**recompensar** [rrekompen'sar] *vt* ① (*a alguien*) belohnen (*de/por* für +*akk*); ~ **de un daño** entschädigen; **fue recompensado por sus gastos** ihm wurden seine Auslagen vergütet ② (*un servicio*) vergüten

**recomponer** [rrekompo'ner] *irr como poner vt* reparieren

**reconcentrar** [rrekon̪θen̪'trar] **I.** *vt* konzentrieren (*en* auf +*akk*) **II.** *vr:* ~**se** sich in Gedanken vertiefen; ~**se en algo** sich in etw vertiefen

**reconciliación** [rrekon̪θilja'θjon] *f* Versöhnung *f;* **darse la mano en señal de** ~ sich *dat* die Hand zur Versöhnung reichen

**reconciliador(a)** [rrekon̪θilja'ðor(a)] *adj* versöhnend

**reconciliar** [rrekon̪θi'ljar] **I.** *vt* versöhnen **II.** *vr:* ~**se** sich versöhnen

**recóndito, -a** [rre'kon̪dito, -a] *adj* verborgen; **la casa está en lo más** ~ **del bosque** das Haus ist tief im Wald verborgen; **en lo más** ~ **de mi corazón** im Innersten meines Herzens

**reconfortante** [rrekoɱfor'tan̪te] *adj* Trost bringend

**reconfortar** [rrekoɱfor'tar] *vt* trösten

**reconocer** [rrekono'θer] *irr como crecer* **I.** *vt* ① (*identificar*) erkennen; ~ **por la voz** an der Stimme erkennen; **el pintor reconoció el cuadro como suyo** der Maler hat das Bild als seins erkannt ② (*admitir*) zugestehen; (*un error*) zugeben; ~ **como hijo** als Sohn anerkennen ③ (*examinar*) überprüfen; (MED) untersuchen ④ (POL) anerkennen ⑤ (MIL) aufklären ⑥ (*advertir*) erkennen; **reconociendo que...** in der Erkenntnis, dass ... **II.** *vr:* ~**se** ① (*declararse*) sich bekennen; ~**se culpable** sich schuldig bekennen ② (*loc*): **no se reconoció a sí misma** sie kannte sich selbst nicht mehr; **no me reconocí en la novela** ich habe mich in dem Roman nicht wieder erkannt

**reconocido, -a** [rrekono'θiðo, -a] *adj* (*agradecido*) dankbar

**reconocimiento** [rrekonoθi'mjen̪to] *m* ① (POL) Anerkennung *f;* **el no** ~ **de Bosnia-Herzegovina** die Nichtanerkennung von Bosnien-Herzegowina ② (*exploración*) Erkundung *f;* ~ **médico** ärztliche Untersuchung; ~ **precoz** (MED) Früherkennung *f;* **vuelo de** ~ Aufklärungsflug *m* ③ (*gratitud*) Dankbarkeit *f;* **en** ~ **de mi labor** als Dank für meine Leistungen ④ (INFOR): ~ **de errores** Fehlererkennung *f*

**reconquista** [rrekoŋ'kista] *f* Wiedereroberung *f*

**i Land & Leute**

Die **Reconquista** (722-1492) wurde nach acht Jahrhunderten maurischer Besetzung mit der Rückeroberung des Königreiches von Granada beendet. Acht Jahrhunderte lang war es das einzige Ziel der christlichen Herrscher gewesen, die Araber aus der *Península Ibérica* zu vertreiben. Die Mauren und Juden, die in Spanien bleiben wollten, mussten zum christlichen Glauben konvertieren.

**reconquistar** [rrekoŋkis'tar] *vt* zurückerobern; (*fig*) wiedergewinnen

**reconsiderar** [rrekonsiðe'rar] *vt* nachdenken (über +*akk*)

**reconstituir** [rreko$^{n}$stitu'ir/rreko$^{n}$sti'twir] *irr como huir vt* ❶ (*restablecer*) wiederherstellen ❷ (*rehacer*) rekonstruieren; ~ **una escena histórica** eine Szene historisch getreu nachbilden

**reconstituyente** [rreko$^{n}$stitu'ɟen̩te] *m* (MED) Kräftigungsmittel *nt*

**reconstrucción** [rreko$^{n}$stru$^{y}$'θjon] *f* ❶ (*país*) Wiederaufbau *m* ❷ (JUR) Rekonstruktion *f*

**reconstruir** [rreko$^{n}$stru'ir/rreko$^{n}$s'trwir] *irr como huir vt* ❶ (*reedificar*) wieder aufbauen ❷ (*componer*) rekonstruieren; (*completar*) zusammenfügen

**recontar** [rrekon̩'tar] <o→ue> *vt* ❶ (*cantidad*) nachzählen; (*votos*) zählen ❷ (*cuento*) nacherzählen

**recontra** [rre'kon̩tra] (*Am: fam*): **¡idiota! – ¡que te ~!** Blödmann! – selber Blödmann!

**recontrabueno, -a** [rrekon̩tra'βweno, -a] *adj* (*Am: fam*) echt gut

**recontracaro, -a** [rrekon̩tra'karo, -a] *adj* (*Am: fam*) total überteuert

**reconvenir** [rrekombe'nir] *irr como venir vt* (*reprender*) tadeln (*por* wegen +*gen/dat*)

**reconvertir** [rrekomber'tir] *irr como sentir vt* umstellen

**Recopa** [rre'kopa] *f* (DEP) Pokal *m* der Pokalsieger

**recopilación** [rrekopila'θjon] *f* Sammlung *f*

**recopilar** [rrekopi'lar] *vt* zusammenstellen

**récord** ['rrekor$^{(ð)}$] <récords> *m* Rekord *m*

**recordar** [rrekor'ðar] <o→ue> **I.** *vi, vt* ❶ (*acordarse*) sich erinnern (an +*akk*) ❷ (*traer a la memoria, semejar*) erinnern (an +*akk*); **recuérdale a mamá que me traiga el libro** erinnere Mama daran, dass sie mir das Buch mitbringen soll; **este paisaje me recuerda (a) la Toscana** diese Landschaft erinnert mich an die Toskana; **si mal no recuerdo** wenn ich mich recht erinnere **II.** *vi, vr:* **~se** (*Arg, Méx: despertarse*) aufwachen **III.** *vr:* **~se** (*acordarse*) sich erinnern

**recordatorio** [rrekorða'torjo] *m* ❶ (*comunión*) Erinnerungskarte *f* zur Kommunion; (*fallecimiento*) Todesanzeige *f* ❷ (*advertencia*) Mahnung *f* (*de* an +*akk*)

**recorrer** [rreko'rrer] *vt* ❶ (*atravesar*) durchqueren; (*viajar por*) bereisen; ~ **Europa en bicicleta** mit dem Fahrrad durch Europa reisen ❷ (*trayecto*) zurücklegen; **recorrimos tres kilómetros a pie** wir sind drei Kilometer zu Fuß gelaufen ❸ (*registrar*) durchsuchen; (*terreno*) absuchen ❹ (*texto*) überlesen; ~ **con la vista** überfliegen

**recorrido** [rreko'rriðo] *m* ❶ (*trayecto, itinerario*) Strecke *f*; (*a pie*) Wegstrecke *f*; (*en coche*) Fahrstrecke *f*; **vuelo de corto/largo ~** Kurz-/Langstreckenflug *m* ❷ (*vuelta*) Tour *f*

**recortable** [rrekor'taβle] *adj* zum Ausschneiden; **muñeca ~** Anziehpuppe *f*

**recortado, -a** [rrekor'taðo, -a] *adj* (*hoja*) ausgezackt; (*costa*) gezackt

**recortar** [rrekor'tar] **I.** *vt* ❶ (*figuras*) ausschneiden; (*barba, uñas*) schneiden; (*quitar*) abschneiden ❷ (*disminuir*) kürzen **II.** *vr:* **~se** sich abzeichnen; **el perfil de las montañas se recorta sobre el horizonte** die Silhouette der Berge zeichnet sich am Horizont ab

**recorte** [rre'korte] *m* ❶ (*periódico*) Ausschnitt *m* ❷ (*rebajamiento*) Kürzung *f* ❸ *pl* (*cortaduras*) Abfall *m*; **~s de papel** Papierschnitzel *mpl o ntpl*; **~s de tela** Stoffreste *mpl*

**recostar** [rrekos'tar] <o→ue> **I.** *vt* (*apoyar*) (auf)stützen (*en/sobre* auf +*akk*); (*inclinar*) (an)lehnen (*contra/en* an/gegen +*akk*); ~ **la espalda contra una columna** sich mit dem Rücken gegen eine Säule lehnen **II.** *vr:* **~se** (*inclinarse*) sich (an)lehnen (*contra/en* an/gegen +*akk*); (*apoyarse*) sich (auf)stützen (*en/sobre* auf +*akk*)

**recoveco** [rreko'βeko] *m* ❶ (*escondrijo*) Schlupfwinkel *m* ❷ (*falta de claridad*) Undurchschaubarkeit *f*; **sin ~** ehrlich; **persona con ~** undurchsichtige Person ❸ (*vuelta*) Biegung *f*

**recreación** [rrekrea'θjon] *f* ❶ (*reproducción*) Nachahmung *f* ❷ (*diversión*) Zeitvertreib *m*

**recrear** [rrekre'ar] **I.** *vt* ❶ (*reproducir*) nachahmen ❷ (*divertir*) unterhalten **II.** *vr:* **~se** sich zerstreuen; **se recrea contemplando cuadros** er/sie schaut sich *dat* gern Bilder an

**recreativo, -a** [rrekrea'tiβo, -a] *adj* entspannend; (**salón de juegos**) **~s** Spielhölle *f*

**recreo** [rre'kreo] *m* (Schul)pause *f*; **de ~** Freizeit-; **casa de ~** Wochenendhaus *nt*; **puerto de ~** Jachthafen *m*

**recriminación** [rrekrimina'θjon] *f* ❶ (*reproche*) Vorwurf *m* ❷ (*acusación*) Beschuldigung *f*

**recriminar** [rrekrimi'nar] *vt* ❶ (*reprochar*) Vorwürfe machen +*dat* ❷ (*acusar*) beschuldigen

**recriminatorio, -a** [rrekrimina'torjo, -a] *adj* (*con reproches*) vorwurfsvoll; (*acusando*) beschuldigend

**recrudecer** [rrekruđe'θer] *irr como crecer vi, vr:* ~**se** sich verschlimmern; (*conflicto*) sich verschärfen

**recrudecimiento** [rrekruđeθi'mjento] *m* Verschlimmerung *f;* (*combate*) Verschärfung *f*

**recta** ['rrekta] *f* Gerade *f;* **entrar en la ~ final** (DEP: *t. fig*) in die Zielgerade einlaufen

**rectamente** [rrekta'mente] *adv* (*honradamente*) redlich

**rectangular** [rrektaŋgu'lar] *adj* rechteckig

**rectángulo**[1] [rrek'taŋgulo] *m* Rechteck *nt*

**rectángulo, -a**[2] [rrek'taŋgulo, -a] *adj* rechtwinklig

**rectificación** [rrektifika'θjon] *f* (*corrección*) Berichtigung *f;* (*de alguien*) Verbesserung *f*

**rectificar** [rrektifi'kar] <c→qu> *vt* ❶ (*corregir*) berichtigen; (*a alguien*) verbessern ❷ (*carretera*) begradigen

**rectilíneo, -a** [rrekti'lineo, -a] *adj* ❶ (*forma*) geradlinig ❷ (*persona*) streng

**rectitud** [rrekti'tuᵈ] *f* (*honradez*) Rechtschaffenheit *f*

**recto**[1] ['rrekto] *m* (ANAT) Mastdarm *m*

**recto, -a**[2] ['rrekto, -a] *adj* ❶ (*t.* MAT: *forma*) gerade; **ángulo ~** rechter Winkel; **línea recta** Gerade *f* ❷ (*sin desviarse*) geradewegs; (*dirección*) geradeaus; **siga todo ~** gehen Sie geradeaus weiter ❸ (*honrado*) rechtschaffen

**rector(a)** [rrek'tor(a)] **I.** *adj* leitend **II.** *m(f)* Rektor(in) *m(f)*

**rectorado** [rrekto'rađo] *m* Rektorat *nt*

**recua** ['rrekwa] *f* Herde *f* (*von Lasttieren*); **con él llegó toda su ~ de amigos** (*fam*) mit ihm kam eine ganze Horde von Freunden

**recuadro** [rre'kwađro] *m* (*casilla*) Kästchen *nt*

**recubierto** [rreku'βjerto] *pp de* **recubrir**

**recubrimiento** [rrekuβri'mjento] *m* Beschichtung *f*

**recubrir** [rreku'βrir] *irr como abrir vt* überziehen

**recuento** [rre'kwento] *m* Nachzählung *f;* **~ de votos** Stimmenauszählung *f*

**recuerdo** [rre'kwerđo] *m* ❶ (*evocación*) Erinnerung *f;* **en** [*o* **como**] **~ de nuestro encuentro** zum Andenken an unsere Begegnung; **traer al ~** ins Gedächtnis rufen; **tener un buen ~ de algo** etw in guter Erinnerung haben ❷ (*de un viaje*) Souvenir *nt* ❸ *pl* (*saludos*) Grüße *mpl;* **dales muchos ~s de mi parte** sag ihnen viele Grüße von mir; **María te manda muchos ~s** María lässt dich herzlich grüßen

**recular** [rreku'lar] *vi* ❶ (*retroceder*) zurückweichen; (*automóvil*) rückwärts fahren; (*para aparcar*) (rückwärts) einparken ❷ (*fam: ceder*) nachgeben

**recuperable** [rrekupe'raβle] *adj* (zu)rückgewinnbar; (*material*) wieder verwertbar; **no ~** (*estado*) nicht wiederherstellbar; (*material*) nicht wieder verwertbar

**recuperación** [rrekupera'θjon] *f* ❶ (*recobrar*) Wiedergewinnung *f;* **~ de datos** (INFOR) Datenwiederherstellung *f* ❷ (ECON) Aufschwung *m;* **~ de las cotizaciones** Kurserholung *f;* **la ~ de los precios** das Wiederanziehen der Preise ❸ (*enfermo*) Genesung *f* ❹ (*materiales*) Recycling *nt* ❺ (*asignatura*) Bestehen *nt;* **examen de ~** Wiederholungsklausur *f* ❻ (*rescate*) Bergung *f*

**recuperar** [rrekupe'rar] **I.** *vt* ❶ (*recobrar*) wiedererlangen; (MIL) zurückerobern ❷ (*tiempo*) nachholen ❸ (*papel, hierro*) wieder verwerten ❹ (*rescatar*) bergen ❺ (*asignatura*) (im zweiten Anlauf) bestehen; **mi hijo no recuperó la física en el examen de septiembre** mein Sohn ist bei der Physikprüfung auch im zweiten Anlauf im September durchgefallen **II.** *vr:* ~**se** sich erholen

**recurrencia** [rreku'rrenθja] *f* (MAT) Rekursion *f*

**recurrir** [rreku'rrir] *vi* ❶ (JUR) Beschwerde einlegen ❷ (*dirigirse*) sich wenden (*a* an +*akk*); (*acudir*) zurückgreifen (*a* auf +*akk*); **~ a la justicia** den Rechtsweg beschreiten; **~ a todos los medios** alle Hebel in Bewegung setzen; **no tener a quien ~** niemanden haben, an den man sich wenden kann; **si no me pagas ~é a un abogado** wenn du nicht zahlst, werde ich einen Anwalt einschalten

**recurso** [rre'kurso] *m* ❶ (JUR): **~ (de apelación)** Berufung *f;* **~ de amparo** Verfassungsbeschwerde *f;* **~ de queja** Beschwerde *f;* **interponer un ~ contra la sentencia** gegen das Urteil Einspruch erheben ❷ (*remedio*) Hilfe *f;* (*expediente*) Zuflucht *f;* **no me queda otro ~ que...** es bleibt mir nichts anderes übrig als ... ❸ *pl* (*bienes*) Mittel *ntpl;* **familias sin ~s** mit-

R

tellose Familien ④ *pl* (*reservas*) Vorräte *mpl;* ~**s naturales** natürliche Ressourcen; **el país cuenta con abundantes ~s minerales** das Land ist reich an Bodenschätzen ⑤ (*loc*): **ser una persona de ~s** ein findiger Kopf sein

**recusación** [rrekusa'θjon] *f* (*t.* JUR) Ablehnung *f*

**recusar** [rreku'sar] *vt* ablehnen

**red** [rre^ð] *f* Netz *nt;* ~ **comercial** Vertriebsnetz *nt;* ~ **vial** Straßennetz *nt;* **echar las ~es** die Netze auswerfen; **han desarticulado una ~ de carteristas** sie haben einen Ring von Taschendieben zerschlagen; **caer en la ~** (*fig*) in die Falle gehen

**redacción** [rreðaɣ'θjon] *f* ① (ENS) Aufsatz *m* ② (PREN) Redaktion *f*

**redactar** [rreðak'tar] *vt* verfassen; (*documento*) aufsetzen; (*testamento*) abfassen

**redactor(a)** [rreðak'tor(a)] *m(f)* Verfasser(in) *m(f);* (PREN) Redakteur(in) *m(f)*

**redada** [rre'ðaða] *f* ① (*de la policía*) Razzia *f* ② (*pescado, t. fig*) Fischzug *m*

**redaño** [rre'ðaɲo] *m* ① (ANAT) Gekröse *nt* ② (*loc*): **tener muchos ~s** Mut haben

**redecilla** [rreðe'θiʎa] *f* (*pelo*) Haarnetz *nt;* (*equipaje*) Gepäcknetz *nt*

**rededor** [rreðe'ðor] *m:* **al** [*o* **en**] ~ ringsherum; **al ~ de la casa** rings um das Haus

**redefinir** [rreðefi'nir] *vt* neu definieren

**redención** [rreðen̩'θjon] *f* ① (REL) Erlösung *f* ② (*cautivo*) Befreiung *f* ③ (*finca*) Ablösung *f*

**redentor(a)** [rreðen̩'tor(a)] *m(f)* Erlöser(in) *m(f)*

**redescubrir** *vt* wieder entdecken, neu entdecken

**redescuento** [rreðes'kwen̩to] *m* (ECON) nachträglicher Preisnachlass *m*

**redicho, -a** [rre'ðitʃo, -a] *adj* (*fam*) affektiert

**redil** [rre'ðil] *m* Pferch *m;* **volver al ~** (*fig*) wieder auf den rechten Weg kommen

**redimir** [rreði'mir] *vt* ① (REL) erlösen ② (*esclavo*) loskaufen ③ (*finca*) ablösen

**redistribución** [rreðistriβu'θjon] *f* Umverteilung *f*

**redistribuir** [rreðistri'βwir] *irr como huir vt* umverteilen; ~ **la riqueza** den Wohlstand umverteilen

**rédito** ['rreðito] *m* Rendite *f*

**redituar** [rreðitu'ar] <*3. pres:* reditúa> *vt* abwerfen

**redoblar** [rreðo'βlar] **I.** *vt* ① (*aumentar*) verdoppeln ② (*clavo*) umbiegen **II.** *vi* (*tambor*) einen Trommelwirbel schlagen; (*tormenta, t. fig*) heftiger werden

**redoble** [rre'ðoβle] *m* (Trommel)wirbel *m*

**redomado, -a** [rreðo'maðo, -a] *adj* gerissen

**redonda** [rre'ðon̩da] *f* ① (*dehesa*) Aue *f;* **en tres kilómetros a la ~** im Umkreis von drei Kilometern ② (MÚS) ganze Note *f*

**redondear** [rreðon̩de'ar] *vt* (ab)runden; ~ **por defecto/por exceso** ab-/aufrunden

**redondel** [rreðon̩'del] *m* Kreis *m*

**redondez** [rreðon̩'deθ] *f* Rundung *f;* **en toda la ~ de la Tierra** auf dem ganzen Erdenrund

**redondo, -a** [rre'ðon̩do, -a] *adj* (*circular, t.* MAT) rund; (*redondeado*) abgerundet; **mirar con unos ojos ~s como platos** anstarren; **hacer un negocio ~** ein gutes Geschäft machen; **se cayó ~** (*derrumbarse*) er/sie ist der Länge nach hingefallen; (*quedarse mudo*) ihm/ihr blieb die Sprache weg; **negarse en ~** sich rundheraus weigern

**reducción** [rreðuɣ'θjon] *f* ① (*disminución, t.* QUÍM) Reduktion *f;* (*de precios, gastos*) Senkung *f;* (*rebaja*) Rabatt *m;* (*de personal*) Abbau *m;* ~ **de la jornada laboral** Arbeitszeitverkürzung *f* ② (ECON) Kürzung *f;* (JUR) Minderung *f* ③ (*fotografía, dibujo*) Verkleinerung *f* ④ (FÍS, MAT) Reduktion *f;* ~ **de quebrados** Bruchkürzung *f;* **tabla de ~** Umrechnungstabelle *f* ⑤ (MED) Einrenken *nt*

**reducido, -a** [rreðu'θiðo, -a] *adj* (*pequeño*) klein; (*estrecho*) eng

**reducir** [rreðu'θir] *irr como traducir* **I.** *vt* ① (*disminuir, t.* QUÍM) reduzieren; (*personal*) abbauen; (*gastos*) senken; (*precios*) herabsetzen ② (*foto, dibujo*) verkleinern; ~ **de escala** in einem kleineren Maßstab wiedergeben ③ (*someter*) unterwerfen; **la policía redujo al agresor** die Polizei überwältigte den Täter ④ (*convertir*) verwandeln (*a* in +*akk*); **el fuego redujo la casa a cenizas** bei dem Feuer brannte das Haus völlig nieder; ~/**quedar reducido a escombros** in Schutt und Asche legen/liegen; ~ **al absurdo algo** etw ad absurdum führen ⑤ (*limitar*) beschränken (*a* auf +*akk*) ⑥ (*resumir*) zusammenfassen; (*acortar*) kürzen ⑦ (MED) einrenken ⑧ (MAT) umrechnen; ~ **al común denominador** (*t. fig*) auf einen gemeinsamen Nenner bringen **II.** *vi* (AUTO) zurückschalten **III.** *vr:* ~**se** sich beschränken (*a* auf +*akk*)

**redundancia** [rreðun̩'dan̩θja] *f* Redundanz *f*

**redundante** [rreðun̩'dan̩te] *adj* überflüssig

**redundar** [rreðun̩'dar] *vi:* **eso redunda en beneficio nuestro** das liegt in unserem eigenen Interesse; **eso redunda en beneficio de todos** das wirkt sich vorteilhaft

für alle aus; **eso ~á en perjuicio vuestro** das wird schlimme Folgen für euch haben
**reduplicar** [rreðupli'kar] <c→qu> *vt* verdoppeln; (LING) reduplizieren
**reedición** [rre(e)ði'θjon] *f* Neuauflage *f*
**reedificación** [rre(e)ðifika'θjon] *f* Wiederaufbau *m*
**reedificar** [rre(e)ðifi'kar] <c→qu> *vt* wieder aufbauen
**reeditar** [rre(e)ði'tar] *vt* neu auflegen
**reeducación** [rre(e)ðuka'θjon] *f* (MED) Krankengymnastik *f*
**reelaborar** [rre(e)laβo'rar] *vt* wieder verarbeiten
**reelección** [rre(e)leʏ'θjon] *f* Wiederwahl *f*
**reelegir** [rre(e)le'xir] *irr como elegir vt* wieder wählen
**reembolsar** [rre(e)mbol'sar] *vt* zurückerstatten
**reembolso** [rre(e)m'bolso] *m* (*devolución*) Rückerstattung *f;* **me enviarán el paquete contra ~** ich bekomme das Paket per Nachnahme geschickt
**reemplazar** [rre(e)mpla'θar] <z→c> *vt* ersetzen; (*representar*) vertreten
**reemplazo** [rre(e)m'plaθo] *m* ① (*sustitución*) Austausch *m;* (DEP) Auswechseln *nt* ② (*tropas*) Reserve *f;* **ser del mismo ~** demselben Jahrgang angehören
**reemprender** [rre(e)mpreņ'der] *vt* wieder aufnehmen
**reencarnación** [rre(e)ŋkarna'θjon] *f* Reinkarnation *f*
**reencarnar** [rre(e)ŋkar'nar] *vi, vr:* **~se** wieder geboren werden
**reencontrar** [rre(e)ŋkoņ'trar] <o→ue> *vt* wieder treffen
**reencuentro** [rre(e)ŋ'kweņtro] *m* ① (*encuentro*) Wiedersehen ② (*choque*) Zusammenstoß *m* ③ (MIL) Gefecht *nt*
**reenganchar** [rre(e)ŋgan'ʧar] **I.** *vt* wieder anwerben **II.** *vr:* **~se** ① (MIL) sich weiter verpflichten ② (*fig: droga*) wieder süchtig werden
**reenviar** [rre(e)mbi'ar] <*1. pres:* reenvío> *vt* (*al remitente*) zurückschicken (*a* an *+akk*); (*a un nuevo destinatario*) weitersenden (*a* an *+akk*)
**reenvío** [rre(e)m'bio] *m* (*al remitente*) Rücksendung *f* (*a* an *+akk*); (*a un nuevo destinatario*) Weitersendung *f* (*a* an *+akk*)
**reestreno** [rre(e)s'treno] *m* Wiederaufführung *f*
**reestructuración** [rre(e)struktura'θjon] *f* (ECON) Umstrukturierung *f;* **~ financiera** finanzielle Umstrukturierung
**reestructurar** [rre(e)struktu'rar] *vt* umstrukturieren
**refacción** [rrefaʏ'θjon] *f* Imbiss *m*
**refaccionar** [rrefaʏθjo'nar] *vt* (*Am: edificios*) renovieren
**refajo** [rre'faxo] *m* (*de tela gruesa*) Flanellrock *m;* (*combinación*) Unterrock *m*
**refectorio** [rrefek'torjo] *m* Speisesaal *m*
**referencia** [rrefe'reņθja] *f* ① (*relación*) Bezug *m;* (*alusión*) Anspielung *f* (*a* auf *+akk*); (*indicación*) Hinweis *m* (*a* auf *+akk*); **punto de ~** Anhaltspunkt *m;* **con ~ a** bezüglich *+gen;* **hacer una pequeña ~ a alguien** jdn am Rande erwähnen ② *pl* (*informes*) Referenzen *fpl* ③ (*nota*) (Akten)zeichen *nt;* **nuestra/su ~** (*en un escrito*) unser/Ihr Zeichen ④ (*relato*) Erzählung *f*
**referendo** [rrefe'reņdo] *m*, **referéndum** [rrefe'reņdun] <referéndums> *m* (*popular*) Volksabstimmung *f;* (*sindical*) Urabstimmung *m*
**referente** [rrefe'reņte] *adj* bezüglich (*a* *+gen*); (**en lo**) **~ a su queja** mit Bezug auf Ihre Klage
**referir** [rrefe'rir] *irr como sentir* **I.** *vt* berichten **II.** *vr:* **~se** sich beziehen (*a* auf *+akk*); **en** [*o* **por**] **lo que se refiere a nuestras relaciones** was unsere Beziehungen betrifft; **no me estaba refiriendo a Ud.** damit habe ich nicht Sie gemeint
**refilón** [rrefi'lon]: **mirar de ~** schräg ansehen; **el sol da en mi ventana de ~** die Sonne scheint nicht direkt in mein Zimmer
**refinado, -a** [rrefi'naðo, -a] *adj* raffiniert
**refinamiento** [rrefina'mjeņto] *m* Raffinesse *f*
**refinanciar** [rrefinaņ'θjar] *vt* (FIN) refinanzieren; (*créditos*) umschulden; **~ la deuda** die Schulden refinanzieren
**refinar** [rrefi'nar] **I.** *vt* (*petróleo, azúcar*) raffinieren; (*grasas*) verfeinern; (*metal*) veredeln **II.** *vr:* **~se** sich *dat* bessere Manieren angewöhnen
**refinería** [rrefine'ria] *f* Raffinerie *f*
**refino, -a** [rre'fino, -a] *adj* hochfein
**reflectar** [rreflek'tar] *vi* (FÍS) reflektieren
**reflector**[1] [rreflek'tor] *m* (*foco*) Rückstrahler *m*
**reflector(a)**[2] [rreflek'tor(a)] *adj* reflektierend
**reflejar** [rrefle'xar] **I.** *vi, vt* widerspiegeln; **tus palabras reflejan miedo** deine Worte verraten Angst **II.** *vr:* **~se** sich (wider)spiegeln
**reflejo**[1] [rre'flexo] *m* ① (*luz*) Reflex *m;* **las esmeraldas despiden unos preciosos ~s verdes** Smaragde haben einen wunderschönen grünen Glanz ② (*imagen*) (Wider)spiegelung *f;* **su comportamiento**

**es un fiel ~ de su estado de ánimo** sein/ihr Verhalten spiegelt seinen/ihren Gemütszustand genau wider ❸ (MED, PSICO) Reflex *m;* **para ello hay que ser rápido de ~s** dafür braucht man sehr gute Reflexe

**reflejo, -a²** [rre'flexo, -a] *adj* reflektiert; **dolor ~** ausstrahlender Schmerz; **movimiento ~** Reflexbewegung *f*

**reflexión** [rrefleˠ'sjon] *f* ❶ (*consideraciones*) Überlegung *f* ❷ (*rayos*) Reflexion *f*

**reflexionar** [rrefleˠsjo'nar] *vi, vt* nachdenken (*sobre/en* über +*akk*); **reflexiona bien antes de dar ese paso** überleg es dir gut, bevor du diesen Schritt unternimmst

**reflexividad** [rrefleˠsiβi'ðaᶞ] *f* (FILOS) Reflexivität *f*

**reflexivo, -a** [rrefleˠ'siβo, -a] *adj* ❶ (*sensato*) besonnen; (*reflectante*) nachdenklich ❷ (LING) reflexiv

**reflotar** [rreflo'tar] *vt* (*t.* NÁUT) wieder flottmachen

**refluir** [rreflu'ir] *irr como huir vi* zurückfließen

**reflujo** [rre'fluxo] *m* Ebbe *f*

**refocilarse** [rrefoθi'larse] *vr* (*pey*) sich weiden (*con/en* an +*dat*)

**reforestación** [rreforesta'θjon] *f* (Wieder)aufforstung *f*

**reforestar** [rrefores'tar] *vt* (wieder) aufforsten

**reforma** [rre'forma] *f* ❶ (*mejora*) Verbesserung *f;* (*modificación*) Reform *f;* **~ educativa** Schulreform *f;* **~ monetaria** Währungsreform *f;* **~ del sistema tributario** Steuerreform *f* ❷ (ARQUIT: *reestructuración*) Umbau *m;* (*renovación*) Renovierung *f;* **hacer una ~ en el cuarto de baño** das Badezimmer renovieren ❸ (REL): **R~ Protestante** Reformation *f* ❹ (*reparación*) Wiederherstellung *f*

**reformador(a)** [rreforma'ðor(a)] **I.** *adj* ❶ (*que mejora*) verbessernd; (*que modifica*) reformerisch; (*partidario de reformas*) reformfreudig; **política ~a** Reformpolitik *f* ❷ (REL) Reformations- **II.** *m(f)* ❶ (*ejecutor, partidario de reformas*) Reformer(in) *m(f)* ❷ (REL) Reformator(in) *m(f)*

**reformar** [rrefor'mar] **I.** *vt* ❶ (*mejorar*) verbessern; (*modificar*) reformieren; **~ su conducta** sich besser benehmen ❷ (*a alguien*) umerziehen ❸ (ARQUIT: *reestructurar*) umbauen; (*renovar*) renovieren ❹ (REL) reformieren ❺ (*rehacer*) wiederherstellen ❻ (*deshacer*) auflösen **II.** *vr:* **~se** sich bessern; **~se en el vestir** sich besser kleiden

**reformatorio¹** [rreforma'torjo] *m* Erziehungsanstalt *f;* **~ para delincuentes juveniles** Jugendvollzugsanstalt *f*

**reformatorio, -a²** [rreforma'torjo, -a] *adj* (*que mejora*) verbessernd; (*que modifica*) reformerisch

**reformismo** [rrefor'mismo] *m sin pl* Reformismus *m*

**reformista** [rrefor'mista] **I.** *adj* (*que reforma*) Reform-; (*partidario de reformas*) reformfreudig; **tendencias ~s** Reformbestrebungen *fpl;* **ser ~** (*ejecutar reformas*) Reformen durchführen; (*ser partidario*) sich für Reformen einsetzen **II.** *mf* Reformer(in) *m(f)*

**reforzamiento** [rreforθa'mjento] *m* ❶ (*de algo*) Verstärkung *f;* (*con vigas*) Verstrebung *f* ❷ (*de alguien*) Ermutigung *f*

**reforzar** [rrefor'θar] *irr como forzar* **I.** *vt* ❶ (*fortalecer*) verstärken; (*con vigas*) verstreben ❷ (*animar*) ermutigen **II.** *vr:* **~se** Mut fassen

**refracción** [rrefraˠ'θjon] *f* (FÍS) (Licht)brechung *f*

**refractar** [rrefrak'tar] **I.** *vt* brechen **II.** *vr:* **~se** sich brechen

**refractario, -a** [rrefrak'tarjo, -a] *adj* ❶ (*rebelde*) störrisch; **ser ~ a algo** etw ablehnen ❷ (*inmune*) immun (*a* gegen +*akk*) ❸ (QUÍM, FÍS) feuerfest

**refrán** [rre'fran] *m* Sprichwort *nt*

**refranero** [rrefra'nero] *m* Sprichwörtersammlung *f*

**refregar** [rrefre'ɣar] *irr como fregar* **I.** *vt* ❶ (*frotar*) abreiben; **~ con un cepillo** scheuern; **~ la cacerola con un estropajo, ~ un estropajo por la cacerola** den Topf (mit einem Putzschwamm) blank scheuern ❷ (*fam: reprochar*) vorhalten; **~ algo a alguien (por las narices)** jdm etw unter die Nase reiben **II.** *vr:* **~se** sich (ab)reiben; **~se los ojos** sich *dat* die Augen reiben; **~se la manga contra la puerta recién pintada** mit dem Ärmel die frisch gestrichene Tür streifen

**refrenar** [rrefre'nar] **I.** *vt* zügeln **II.** *vr:* **~se** sich zügeln

**refrendar** [rrefren'dar] *vt* ❶ (*autorizar*) gegenzeichnen ❷ (*un pasaporte*) mit Sichtvermerk versehen ❸ (*aceptar*) zustimmen +*dat*

**refrescante** [rrefres'kante] *adj* (*que refresca*) kühl; (*a alguien*) erfrischend

**refrescar** [rrefres'kar] **I.** *vt* ❶ (*a algo*) abkühlen; (*a alguien*) erfrischen; **el baño me ha refrescado** das Bad war sehr erfrischend ❷ (*cosas olvidadas*) auffrischen; (*sentimiento*) neu aufleben lassen; **~ la memoria** dem Gedächtnis nachhelfen

**II.** *vi* ❶ (*aire*) abkühlen ❷ (*dar fresco*) erfrischen; **esta bebida refresca mucho** das ist ein sehr erfrischendes Getränk ❸ (*beber*) eine Erfrischung zu sich *dat* nehmen ❹ (*reponerse*) sich ausruhen ❺ (*viento*) auffrischen **III.** *vr:* **~se** ❶ (*aire, cosa*) (sich) abkühlen; **el día se ha refrescado** es ist kühler geworden ❷ (*persona: mojarse*) sich abkühlen, sich erfrischen; (*beber*) eine Erfrischung zu sich *dat* nehmen; **voy a ducharme para ~me** ich geh mich mal unter der Dusche abkühlen; **~se con una cerveza** sich mit einem Bier erfrischen ❸ (*reponerse*) sich ausruhen ❹ (*tomar el fresco*) an die frische Luft gehen ❺ (*viento*) auffrischen **IV.** *vimpers:* **por la tarde refresca** abends kühlt es ab

**refresco** [rre'fresko] *m* ❶ (*bebida*) Erfrischung *f;* (*gaseosa, naranjada*) Erfrischungsgetränk *nt* ❷ (*comidas y bebidas*) Imbiss *m;* (*refrigerio*) Snack *m*

**refriega** [rre'frjeɣa] *f* ❶ (MIL) Scharmützel *nt* ❷ (*fam: pelea*) Streit *m;* (*violenta*) Schlägerei *f*

**refrigeración** [rrefrixera'θjon] *f* Kühlung *f;* (*de una habitación*) Klimatisierung *f;* **~ por aire/agua** Luft-/Wasserkühlung *f*

**refrigerador**[1] [rrefrixera'ðor] *m* ❶ (*nevera*) Kühlschrank *m;* (*cámara*) Kühlkammer *f;* (*instalación*) Kühlanlage *f* ❷ (*de un automóvil*) Kühler *m*

**refrigerador(a)**[2] [rrefrixera'ðor(a)] *adj* kühlend; **aparato ~** (*para comestibles*) Kühlanlage *f;* (*para habitaciones*) Klimaanlage *f*

**refrigeradora** [rrefrixera'ðora] *f* (*Perú: nevera*) Kühlschrank *m*

**refrigerar** [rrefrixe'rar] **I.** *vt* (*enfriar*) kühlen; (*una habitación*) klimatisieren **II.** *vr:* **~se** ❶ (*enfriarse*) (sich) abkühlen ❷ (*reponer fuerzas*) sich stärken

**refrigerio** [rrefri'xerjo] *m* Imbiss *m*

**refrito** [rre'frito] *m* ❶ (GASTR) *in Öl angebratene Zwiebeln mit Knoblauch* ❷ (*pey: de una obra*) Aufguss *m*

**refuerzo** [rre'fwerθo] *m* ❶ (*reforzamiento*) Verstärkung *f;* (*viga*) Verstrebung *f;* (*parche*) Flicken *m* ❷ (*ayuda*) Unterstützung *f;* (*complemento*) Nachschub *m* ❸ *pl* (MIL) Verstärkung *f*

**refugiado, -a** [rrefu'xjaðo, -a] *m, f* Flüchtling *m*

**refugiarse** [rrefu'xjarse] *vr* (*en un lugar*) Zuflucht suchen (*en* in +*dat*); (*de algo*) sich in Sicherheit bringen (*de* vor +*dat*); **~ en una mentira** zu einer Lüge greifen; **se refugió en mis brazos** er/sie suchte in meinen Armen Trost

**refugio** [rre'fuxjo] *m* ❶ (*protección, consuelo*) Zuflucht *f* (*de* vor +*dat*) ❷ (*lugar*) Zufluchtsort *m;* (*construcción*) Schutzhütte *f;* **~** (**montañero**) Berghütte *f* ❸ (MIL) Bunker *m* ❹ (*para mendigos*) Obdachlosenasyl *nt* ❺ (*persona*) Stütze *f* ❻ (*tráfico*) Verkehrsinsel *f*

**refulgencia** [rreful'xeṇθja] *f* Leuchten *nt*

**refulgir** [rreful'xir] <g→j> *vi* leuchten

**refundición** [rrefuṇdi'θjon] *f* ❶ (*fundición*) Einschmelzung *f;* (*modificación*) Umschmelzung *f* ❷ (*revisión*) Überarbeitung *f;* (*de un libro*) Neubearbeitung *f* ❸ (*reunión*) Verschmelzung *f*

**refundir** [rrefuṇ'dir] **I.** *vt* ❶ (*metal: fundir*) einschmelzen; (*modificar*) umschmelzen ❷ (*revisar*) überarbeiten; (*libro*) neu bearbeiten ❸ (*reunir*) (miteinander) verschmelzen ❹ (*perder*) verlieren **II.** *vr:* **~se** ❶ (*reunirse*) verschmelzen ❷ (*AmC: perderse*) abhanden kommen

**refunfuñar** [rrefuɱfu'ɲar] *vi* murren

**refunfuñón, -ona** [rrefuɱfu'ɲon, -ona] **I.** *adj* mürrisch, brummig **II.** *m, f* Brummbär *m*

**refutación** [rrefuta'θjon] *f* ❶ (*acción, palabras*) Widerlegung *f* ❷ (*argumento*) (Gegen)argument *nt;* (*prueba*) (Gegen)beweis *m*

**refutar** [rrefu'tar] *vt* widerlegen

**regadera** [rreɣa'ðera] *f* ❶ (*recipiente*) Gießkanne *f* ❷ (*reguera*) Bewässerungsgraben *m* ❸ (*loc*): **estar como una ~** (*fam*) spinnen

**regadío**[1] [rreɣa'ðio] *m* Bewässerungsgelände *nt;* **estos campos son de ~** diese Felder werden (künstlich) bewässert

**regadío, -a**[2] [rreɣa'ðio, -a] *adj* ❶ (*de riego*) bewässert ❷ (*que se puede regar*) bewässerbar

**regalado, -a** [rreɣa'laðo, -a] *adj* ❶ (*cómodo*) angenehm; **llevar una vida regalada** ein sorgloses Leben führen ❷ (*barato*) spottbillig; **vender algo a precio ~** etw zu einem Schleuderpreis verkaufen; **a este precio el vestido es ~** zu diesem Preis ist das Kleid (fast) geschenkt ❸ (*delicado*) verweichlicht ❹ (*deleitoso*) entzückend; (*sabroso*) köstlich

**regalar** [rreɣa'lar] **I.** *vt* ❶ (*obsequiar*) schenken; **en esta tienda regalan la fruta** (*fig*) in diesem Laden ist Obst spottbillig ❷ (*mimar*) verwöhnen ❸ (*deleitar*) ergötzen ❹ (*acariciar*) liebkosen **II.** *vr:* **~se** ❶ (*llevar buena vida*) es sich *dat* gut gehen lassen; **~se la buena vida** ein sorgloses Leben führen ❷ (*proporcionarse*) sich *dat* gönnen (*con* +*akk*) ❸ (*deleitarse*)

R

sich ergötzen (*con* an +*dat*)

**regalía** [rreɣa'lia] *f* ① (*privilegio*) Privileg *nt;* (*del Estado, la Corona*) Hoheitsrecht *nt* ② (*pago*) Gehaltszuschlag *m* ③ (*tasa*) Lizenzgebühr *f*

**regaliz** [rreɣa'liθ] *m* ① (*golosina*) Lakritze *f* ② (BOT) Süßholzstrauch *m*

**regalo** [rre'ɣalo] *m* ① (*obsequio*) Geschenk *nt;* **a este precio el coche es un ~** zu diesem Preis ist der Wagen geschenkt ② (*gusto*) Genuss *m;* **~ para la vista** Augenschmaus *m* ③ (*comodidad*) Komfort *m*

**regalón, -ona** [rreɣa'lon, -ona] *adj* (*fam*) verwöhnt

**regañadientes** [rreɣaɲa'ðjen̪tes]: **a ~** zähneknirschend

**regañado, -a** [rreɣa'ɲaðo, -a] *adj* (*boca*) schief; (*ojo*) nicht schließend

**regañar** [rreɣa'ɲar] **I.** *vt* (*fam*) schimpfen (mit +*dat*) **II.** *vi* ① (*reñir*) (sich) streiten; (*dejar de tener trato*) sich zerstreiten; **ha regañado con su novio** (*reñir*) sie hat sich mit ihrem Freund gestritten; (*separarse*) sie hat sich von ihrem Freund getrennt; **estoy regañado con mis vecinos** meine Nachbarn und ich sind zerstritten ② (*refunfuñar*) murren

**regañina** [rreɣa'ɲina] *f* ① (*reprensión*) Schelte *f;* **echar una ~ a alguien** mit jdm schimpfen ② (*riña*) Reiberei *f;* **tener una ~ por algo** sich wegen etw *gen/dat* streiten

**regaño** [rre'ɣaɲo] *m* ① (*fam: reprensión*) Schelte *f;* **echar un ~ a alguien** mit jdm schimpfen ② (*gesto*) saure Miene *f*

**regañón, -ona** [rreɣa'ɲon, -ona] **I.** *adj* ① (*pendenciero*) streitsüchtig ② (*refunfuñón*) mürrisch **II.** *m, f* ① (*pendenciero*) Streithahn *m fam* ② (*refunfuñón*) Brummbär *m*

**regar** [rre'ɣar] *irr como fregar vt* ① (*con agua: una planta, el jardín*) gießen; (*las calles, el césped*) sprengen; (AGR) bewässern ② (*con un líquido*) voll spritzen; (*mojar*) nass machen; (*con algo menudo*) bestreuen; **~ el suelo con arena** Sand auf den Boden streuen; **~ la alfombra con pintura** Farbe auf dem Teppich verschütten; **~ algo con lágrimas** etw mit Tränen benetzen ③ (*atravesar*) durchfließen

**regata** [rre'ɣata] *f* (DEP) Regatta *f*

**regate** [rre'ɣate] *m* Ausweichmanöver *nt*

**regatear** [rreɣate'ar] **I.** *vi* ① (*mercadear*) handeln ② (*hacer regates*) ausweichen **II.** *vt* ① (*debatir*) aushandeln ② (*escasear*) geizen (mit +*dat*); **no ~ esfuerzos** keine Mühen scheuen ③ (*vender*) (wieder) verkaufen

**regateo** [rreɣa'teo] *m sin pl* Handeln *nt*

**regazo** [rre'ɣaθo] *m* Schoß *m*

**regencia** [rre'xen̪θja] *f* ① (*gobierno*) Regentschaft *f* ② (*dirección*) Leitung *f;* (*de un negocio*) Geschäftsführung *f*

**regeneración** [rrexenera'θjon] *f* ① (*t.* BIOL) Regenerierung *f* ② (ELEC) Rückkopplung *f*

**regenerador**[1] [rrexene'raðor] *m* ① (*agente*) Regenerierungsmittel *nt;* **~ del cabello** Haarwuchsmittel *nt* ② (TÉC) Regenerator *m*

**regenerador(a)**[2] [rrexene'raðor(a)] *adj* regenerierend

**regenerar** [rrexene'rar] **I.** *vt* ① (*algo*) regenerieren ② (*a alguien*) bessern ③ (ELEC) rückkoppeln **II.** *vr:* **~se** ① (*renovarse*) sich regenerieren; (*cabello*) nachwachsen ② (*reformarse*) sich bessern

**regentar** [rrexen̪'tar] *vt* ① (*dirigir*) leiten ② (*ejercer*) innehaben

**regente** [rre'xen̪te] *mf* ① (*que gobierna*) Herrscher(in) *m(f)* ② (*que dirige*) Leiter(in) *m(f);* (*un negocio*) Geschäftsführer(in) *m(f)*

**regicidio** [rrexi'θiðjo] *m* Königsmord *m*

**regidor(a)** [rrexi'ðor(a)] **I.** *adj* (*que gobierna*) regierend; (*que dirige*) leitend **II.** *m(f)* ① (*concejal*) Gemeinderat, -rätin *m, f* ② (TEAT) Inspizient(in) *m(f)*

**régimen** ['rreximen] *m* <regímenes> ① (*sistema*) System *nt;* (*reglamentos*) Ordnung *f;* **~ abierto** (*en una prisión*) Freigang *m;* **~ legal de la seguridad social para jubilación e invalidez** gesetzliche Rentenversicherung; **~ de patentes** Patentwesen *nt;* **~ penitenciario** Strafvollzugsrecht *nt* ② (POL) Regierungssystem *nt* ③ (*dieta*) Diät *f;* **~ de adelgazamiento** Schlankheitsdiät *f;* **estar a ~** Diät essen; **poner a ~** auf Diät setzen ④ (*manera de vivir*) Lebensweise *f;* **llevar un ~ de austeridad** enthaltsam leben ⑤ (LING) Rektion *f*

**regimiento** [rrexi'mjen̪to] *m* Regiment *nt*

**regio, -a** ['rrexjo, -a] *adj* ① (*real*) königlich ② (*magnífico*) prächtig

**región** [rre'xjon] *f* ① (*territorio*) Gegend *f,* Gebiet *nt* ② (*espacio*) Bereich *m;* (*del cuerpo*) Region *f;* **~ abdominal** Bauchgegend *f*

**regional** [rrexjo'nal] *adj* regional

**regionalizar** [rrexjonali'θar] <z→c> *vt* (POL) regionalisieren

**regir** [rre'xir] *irr como elegir* **I.** *vt* ① (*gobernar*) regieren; (*dirigir*) leiten ② (*guiar*) lenken; (*ley*) regeln ③ (LING) regieren **II.** *vi* ① (*tener validez*) gelten ② (*funcionar*) funktionieren ❸ (*fam: estar cuerdo*) bei Verstand sein; **¡tú no riges!** du tickst wohl nicht richtig! **III.** *vr:* ~**se** sich richten (*por* nach +*dat*)

**registrado, -a** [rrexis'traðo, -a] *adj* verzeichnet

**registrador(a)** [rrexistra'ðor(a)] **I.** *adj* Registrier- **II.** *m(f)* ❶ (*funcionario*) Registrator(in) *m(f)*; ~ **de la propiedad** Grundbuchführer(in) *m(f)* ❷ (TÉC) Schreiber *m*; ~ **de sonidos** (Ton)aufnahmegerät *nt*

**registrar** [rrexis'trar] **I.** *vt* ❶ (*examinar*) durchsuchen; **¡a mí que me registren!** (*fig*) ich habe damit nichts zu tun! ❷ (*inscribir*) registrieren; (*una empresa, un patente*) anmelden; **marca registrada** (eingetragene) Schutzmarke *f* ❸ (*incluir*) aufnehmen ❹ (*señalar*) registrieren; (*grabar*) aufzeichnen **II.** *vr:* ~**se** ❶ (*inscribirse*) sich einschreiben ❷ (*observarse*) zu verzeichnen sein

**registro** [rre'xistro] *m* ❶ (*examinación*) Durchsuchung *f*; ~ **de la casa** Haus(durch)suchung *f* ❷ (*con un instrumento*) Registrierung *f*; (*grabación*) Aufzeichnung *f* ❸ (*inscripción*) Registrierung *f*; (*inclusión*) Aufnahme *f*; (*de una empresa, una patente*) Anmeldung *f*; (*de datos*) Erfassung *f* ❹ (*nota*) (Register)eintrag *m*; (*protocolo*) Protokoll *nt*; ~ **de entrada/de salida** Eingangs-/Ausgangsvermerk *m*; ~ **de inventario** Inventurliste *f* ❺ (*libro*) Register *nt*; ~ **de autores** Autorenkatalog *m*; ~ **electoral** Wählerverzeichnis *nt*; ~ **de entradas/salidas** Eingangs-/Ausgangsbuch *nt*; ~ **de la propiedad** Grundbuch *nt* ❻ (*oficina*) Amt *nt*; (*archivo*) Registratur *f*; ~ **civil** Standesamt *nt*; ~ **de la propiedad** Grundbuchamt *nt*; ~ **de la propiedad industrial** Patentamt *nt* ❼ (*abertura*) Schieber *m* ❽ (*de un mecanismo*) Regler *m* ❾ (*de un libro*) Register *nt* ❿ (MÚS) Register *nt*; **tiene un ~ muy amplio** er/sie hat einen großen Stimmumfang; **tocar todos los ~s** (*fig*) alle Register ziehen

**regla** ['rreɣla] *f* ❶ (*instrumento*) Lineal *nt*; ~ **de cálculo** Rechenschieber *m* ❷ (*norma*) Regel *f*; ~**s de exportación** (COM) Ausfuhrbestimmungen *fpl*; **por ~ general** in der Regel; **estar en ~** in Ordnung sein; **poner en ~** regeln; **salir de la ~** zu weit gehen; **ser la ~** üblich sein; **la ~ es que...** +*subj* es ist üblich, dass ...; **por qué ~ de tres...** warum in aller Welt ...; **la excepción confirma la ~** (*prov*) Ausnahmen bestätigen die Regel ❸ (MAT): ~ **de tres** Dreisatz *m*; **las cuatro ~s** die vier Grundrechenarten ❹ (*moderación*) Maß *nt*; **beber con ~** in Maßen trinken ❺ (*menstruación*) Regel *f*; **le viene la ~** sie bekommt ihre Tage

**reglaje** [rre'ɣlaxe] *m* ❶ (*de un mecanismo*) Regelung *f* ❷ (*del papel*) Linierung *f*

**reglamentación** [rreɣlamenta'θjon] *f* ❶ (*acción*) Regelung *f*; (*pey*) Reglementierung *f* ❷ (*reglas*) Vorschriften *fpl*; (*escrita*) Ordnung *f*

**reglamentar** [rreɣlamen'tar] *vt* regeln; (*con leyes*) gesetzlich regeln; (*pey*) reglementieren

**reglamentario, -a** [rreɣlamen'tarjo, -a] *adj* ❶ (*relativo al reglamento*) Ordnungs- ❷ (*conforme al reglamento*) vorgeschrieben; (*acto, comportamiento*) vorschriftsgemäß

**reglamento** [rreɣla'mento] *m* Vorschriften *fpl*; (*escrito*) Ordnung *f*; (JUR, ADMIN) Verfügung *f*; (DEP) Reglement *nt*; (*de una organización*) Statut *nt*; (*del legislador*) Verordnung *f*; (*de una empresa*) Betriebsordnung *f*; ~ **europeo** EU-Verordnung *f*; ~ (**de funcionarios**) Dienstordnung *f*; ~ (**interno**) Geschäftsordnung *f*; ~ **de tráfico** Straßenverkehrsordnung *f*

**reglar** [rre'ɣlar] **I.** *vt* ❶ (*reglamentar*) regeln ❷ (*con líneas*) linieren ❸ (TÉC) normen **II.** *vr:* ~**se** ❶ (*sujetarse*) sich richten (*por* nach +*dat*) ❷ (*moderarse*) sich beschränken (*a* auf +*akk*)

**regocijado, -a** [rreɣoθi'xaðo, -a] *adj* fröhlich

**regocijar** [rreɣoθi'xar] **I.** *vr:* ~**se** ❶ (*alegrarse*) sich freuen (*con* über +*akk*) ❷ (*divertirse*) Spaß haben (*con* an +*dat*) **II.** *vt* erfreuen

**regocijo** [rreɣo'θixo] *m* ❶ (*alegría*) Freude *f*; (*diversión*) Spaß *m*; **esperar algo con ~** sich auf etw freuen ❷ (*júbilo*) Jubel *m*; ~**s públicos** Feierlichkeiten *fpl*

**regodearse** [rreɣoðe'arse] *vr* ❶ (*gozar*) genießen (*con/en* +*akk*); (*alegrarse*) sich freuen (*con/en* über +*akk*); **se regodea viéndome sufrir** es macht ihm/ihr Spaß, mich leiden zu sehen ❷ (*fam: chacotear*) spaßen

**regodeo** [rreɣo'ðeo] *m* ❶ (*placer*) Vergnügen *nt* ❷ (*fam: chacoteo*) Spaßen *nt*; (*burla*) Spaß *m* ❸ (*fam: fiesta*) Fest *nt*

**regoldar** [rreɣol'dar] *vi* rülpsen *fam*

**regordete, -a** [rreɣor'ðete, -a] *adj* mollig

**regresar** [rreɣre'sar] **I.** *vi* (*volver*) zurückkehren **II.** *vt* (*Méx: devolver*) zurückgeben **III.** *vr:* ~**se** (*Am: volver*) zurückkehren

**regresión** [rreɣre'sjon] *f* Rückgang *m*

**regresivo, -a** [rreɣre'siβo, -a] *adj* rückläufig

**regreso** [rre'ɣreso] *m* (*vuelta*) Rückkehr *f;* (**viaje de**) ~ Rückreise *f;* **estar de** ~ zurück sein

**reguero** [rre'ɣero] *m* ❶ (*chorro*) Rinnsal *nt* ❷ (*señal*) Spur *f;* **expandirse como un** ~ **de pólvora** (*fig*) sich wie ein Lauffeuer verbreiten

**regulación** [rreɣula'θjon] *f* ❶ (*reglamentación*) Regelung *f;* ~ **administrativa** Verwaltungserlass *m* ❷ (*t.* TÉC: *organización, ajustación*) Regulierung *f;* (*de un río*) Begradigung *f;* **de** ~ **automática** selbst regulierend; ~ **de la demanda** (ECON) Nachfragesteuerung *f*

**regulado**, **-a** [rreɣu'laðo, -a] *adj* (*reglamentario*) vorschriftsgemäß

**regulador** [rreɣula'ðor] *m* Regler *m*

**regular** [rreɣu'lar] **I.** *vt* ❶ (*t.* TÉC: *organizar, ajustar*) regulieren; (*el volumen*) einstellen ❷ (*reglamentar*) regeln ❸ (*poner en orden*) in Ordnung bringen **II.** *adj* ❶ (*conforme a una regla*) regulär; **verbos** ~**es** regelmäßige Verben; **por lo** ~ gewöhnlich; **tu comportamiento no me parece ni medio** ~ (*fam*) ich finde dein Verhalten völlig daneben ❷ (*reglamentado, ordenado*) geregelt ❸ (*estable*) konstant ❹ (*uniforme*) gleichmäßig ❺ (*mediano*) durchschnittlich; (*mediocre*) mittelmäßig; (*nota*) befriedigend; **de tamaño** ~ mittelgroß **III.** *adv* mittelmäßig

**regularidad** [rreɣulari'ðaᵈ] *f* ❶ (*conformidad*) Ordnungsmäßigkeit *f* ❷ (*periodicidad*) Regelmäßigkeit *f;* **con** ~ regelmäßig ❸ (*uniformidad*) Gleichmäßigkeit *f* ❹ (*estabilidad*) Konstanz *f* ❺ (*medianía*) Durchschnittlichkeit *f;* (*mediocridad*) Mittelmäßigkeit *f* ❻ (*puntualidad*) Pünktlichkeit *f*

**regularización** [rreɣulariθa'θjon] *f* ❶ (*normalización*) Normalisierung *f* ❷ (ECON) Saldenbereinigung *f*

**regularizar** [rreɣulari'θar] <z→c> **I.** *vt* (*poner en orden*) in Ordnung bringen; (*normalizar*) normalisieren **II.** *vr:* ~**se** (*regularse*) in Ordnung kommen; (*normalizarse*) sich normalisieren

**regularmente** [rreɣular'mente] *adv* (*ordinariamente*) normalerweise

**regulativo**, **-a** [rreɣula'tiβo, -a] *adj* regelnd

**regurgitar** [rreɣurxi'tar] *vi, vt* erbrechen

**regusto** [rre'ɣusto] *m* (*que queda*) Nachgeschmack *m;* (*secundario*) Beigeschmack *m;* **el cuadro tiene un cierto** ~ **surrealista** das Bild erinnert an surrealistische Werke

**rehabilitación** [rreaβilita'θjon] *f* ❶ (*t.* JUR, MED: *de alguien*) Rehabilitierung *f;* (*restitución*) Wiedereinsetzung *f* ❷ (*de una cosa*) Wiederherstellung *f;* (*de un edificio*) Wiederaufbau *m*

**rehabilitar** [rreaβili'tar] **I.** *vt* ❶ (*t.* JUR, MED: *a alguien*) rehabilitieren; (*restituir*) wieder einsetzen ❷ (*una cosa*) wiederherstellen; (*un edificio*) wieder aufbauen; ~ **la memoria** [*o* **la buena fama**] **de alguien** jdn rehabilitieren **II.** *vr:* ~**se** sich rehabilitieren

**rehacer** [rrea'θer] *irr como hacer* **I.** *vt* ❶ (*volver a hacer*) noch einmal machen; ~ **una carta** einen Brief neu schreiben ❷ (*reconstruir*) wiederherstellen; (*reparar*) reparieren; (*un edificio*) wieder aufbauen; ~ **su vida con alguien** einen neuen Anfang mit jdm wagen **II.** *vr:* ~**se** (*recuperar las fuerzas*) wieder zu Kräften kommen; (*la salud*) gesund werden; (*la tranquilidad*) die Fassung wiedergewinnen; ~**se de una desgracia** sich von einem Schicksalsschlag erholen

**rehecho**, **-a** [rre'etʃo, -a] **I.** *pp de* **rehacer** **II.** *adj* (*robusto*) gedrungen

**rehén** [rre'en] *m* ❶ (*persona*) Geisel *f* ❷ (*cosa*) Unterpfand *nt*

**rehogar** [rreo'ɣar] <g→gu> *vt* andünsten

**rehuir** [rreu'ir] *irr como huir vt* ❶ (*eludir*) (ver)meiden; ~ **a alguien** jdm aus dem Weg gehen; ~ **una obligación** sich einer Verpflichtung entziehen; **rehuye fregar los platos** er/sie drückt sich vor dem Spülen ❷ (*rechazar*) verweigern; **rehuye decir la verdad** er/sie weigert sich die Wahrheit zu sagen

**rehusar** [rreu'sar] *vt* ablehnen; (*el pago*) verweigern; (*una reclamación*) abweisen; **¡rehusado!** Annahme verweigert!; **rehusa verme** er/sie weigert sich mich zu sehen

**reimplantar** [rreimplan̦'tar] *vt* ❶ (*introducir*) wieder einführen ❷ (MED) wieder einpflanzen

**reimportar** [rreimpor'tar] *vt* wieder einführen; (ECON) reimportieren

**reimpresión** [rreimpre'sjon] *f* Neuauflage *f;* ~ **pirata** Raubdruck *m*

**reimprimir** [rreimpri'mir] *irr como imprimir vt* neu auflegen

**reina** ['rrei̯na] *f* ❶ (*soberana, la mejor, t.* ZOOL) Königin *f;* ~ **madre** Königinmutter *f;* ~ **abeja** Bienenkönigin *f* ❷ (*fam: cariño*) Schatz *m* ❸ (*dama*) Dame *f* ❹ (BOT): ~ **luisa** Melisse *f*

**reinado** [rrei̯'naðo] *m* ❶ (*gobierno*) Herrschaft *f;* (*tiempo*) Regierungszeit *f* ❷ (*auge*) Blütezeit *f* ❸ (*predominio*) Vorherrschaft *f*

**reinar** [rrei̯'nar] *vi* ❶ (*gobernar*) regieren, herrschen ❷ (*dominar*) vorherrschen ❸ (*existir*) herrschen

**reincidencia** [rrein̪θi'ðen̪θja] *f* Rückfall *m*

**reincidente** [rrein̪θi'ðen̪te] **I.** *adj* rückfällig **II.** *mf* Rückfalltäter(in) *m(f)*

**reincidir** [rrein̪θi'ðir] *vi* ❶ (*error*) erneut begehen (*en* +*akk*); ~ **en un delito** rückfällig werden; ~ **siempre en el mismo error** immer wieder in den alten Fehler verfallen ❷ (MED) einen Rückfall erleiden

**reincorporación** [rreiŋkorpora'θjon] *f* Wiedereingliederung *f;* ~ (**al trabajo**) Wiedereinstellung *f*

**reincorporar** [rreiŋkorpo'rar] **I.** *vt* wieder eingliedern (*a* in +*akk*); ~ **a alguien a un puesto** jdn wieder einstellen; ~ **al servicio** wieder in den Dienst aufnehmen **II.** *vr:* ~**se** (*a un territorio/una corporación*) wieder beitreten (*a* +*dat*); (*a un servicio/un empleo*) wieder aufnehmen (*a* +*akk*); ~**se al trabajo** wieder arbeiten (gehen)

**reiniciar** [rreini'θjar] *vi* (noch einmal) von vorn beginnen

**reino** ['rrei̯no] *m* Reich *nt;* (*de un monarca*) Königreich *nt;* **R**~ **Unido** Vereinigtes Königreich; **mi** ~ **por una silla** ein Himmelreich für einen Stuhl

**reinserción** [rreinser'θjon] *f* soziale Wiedereingliederung *f;* (*de un criminal*) Resozialisierung *f*

**reinsertar** [rreinser'tar] *vt* wieder in die Gesellschaft eingliedern; (*a un criminal*) resozialisieren

**reinstaurar** [rreiⁿstau̯'rar] *vt* (*imperio, sistema, orden*) neu begründen; (*democracia, dictadura, costumbres*) wieder einführen; (*plan, normas*) wieder aufstellen

**reintegración** [rrein̪teɣra'θjon] *f* ❶ (*reincorporación*) Wiedereingliederung *f;* (*en un cargo*) Wiedereinsetzung *f* ❷ (*de gastos*) Erstattung *f;* ~ **de los daños** Schaden(s)ersatz *m*

**reintegrar** [rrein̪te'ɣrar] **I.** *vt* ❶ (*reincorporar*) wieder aufnehmen; (*en un cargo*) wieder einsetzen; ~ **a alguien a su puesto de trabajo** jdn wieder einstellen ❷ (*devolver*) zurückgeben; (*dinero*) erstatten; (*desembolsos*) ersetzen **II.** *vr:* ~**se** ❶ (*reincorporarse*) sich wieder eingliedern; (*a una organización*) wieder eintreten; ~**se al trabajo** wieder arbeiten (gehen) ❷ (*recobrar*) zurückerhalten (*de* +*akk*)

**reintegro** [rrein̪'teɣro] *m* ❶ (*reintegración*) Wiedereingliederung *f;* (*en un cargo*) Wiedereinsetzung *f* ❷ (*premio*): **me tocó un** ~ ich habe den Einsatz zurückgewonnen ❸ (*pago*) Auszahlung *f;* (*de la cuenta*) Abhebung *f;* (*devolución*) Erstattung *f*

**reír** [rre'ir] *irr* **I.** *vi* ❶ (*desternillarse*) lachen; **echarse a** ~ auflachen; **no me hagas** ~ (*fig*) mach dich nicht lächerlich; **me río de tu dinero** (*fig*) ich pfeife auf dein Geld; **el que ríe último ríe mejor** (*prov*) wer zuletzt lacht, lacht am besten ❷ (*sonreír*) lächeln **II.** *vr:* ~**se** ❶ (*desternillarse*) lachen (*de* über +*akk*); ~**se a carcajadas** aus vollem Hals lachen; ~**se en las barbas de alguien** jdm ins Gesicht lachen; ~**se hasta de su sombra** über jede Kleinigkeit lachen ❷ (*sonreír*) lächeln ❸ (*burlarse*) sich lustig machen (*de* über +*akk*); (*de alguien t.*) auslachen (*de* +*akk*); (*no tomar en serio*) lachen (*de* über +*akk*) ❹ (*fam: romperse*) kaputtgehen **III.** *vt* belachen, lachen (über +*akk*)

**reiteración** [rreitera'θjon] *f* Wiederholung *f;* (JUR) Rückfall *m*

**reiteradamente** [rreiteraða'men̪te] *adv* wiederholt

**reiterar** [rreite'rar] **I.** *vt* wiederholen; **te reitero las gracias** ich möchte dir nochmals danken; **reiteró su intención de ayudarme** er/sie betonte immer wieder, dass er/sie mir helfen wolle **II.** *vr:* ~**se** (sich) wiederholen; **se reiteró en su decisión de dejar de fumar** er/sie betonte immer wieder, dass er/sie das Rauchen aufgeben wolle

**reivindicación** [rreiβin̪dika'θjon] *f* Forderung *f* (*de* nach +*dat*)

**reivindicar** [rreiβin̪di'kar] <c→qu> *vt* ❶ (*pedir*) fordern ❷ (*recobrar*) zurückgewinnen ❸ (*una acción*) sich bekennen (zu +*dat*); ~ **un atentado** sich zu einem Attentat bekennen

**reja** ['rrexa] *f* ❶ (*barras*) Gitter *nt;* **estar entre** ~**s** (*fam fig*) hinter Gittern sitzen ❷ (*del arado*) Pflugschar *f* ❸ (*labor*) Umpflügen *nt*

**rejilla** [rre'xiʎa] *f* (*enrejado*) Gitter *nt;* (*parrilla*) Rost *m;* (*brasero*) Ofen *m;* (*tejido*) Geflecht *nt;* (*para equipaje*) Gepäcknetz *nt*

**rejo** ['rrexo] *m* ❶ (*punta*) Stachel *m* ❷ (*Am: látigo*) Peitsche *f*

**rejón** [rre'xon] *m* (*barra*) Lanze *f*

**rejuvenecer** [rrexuβene'θer] *irr como crecer* **I.** *vt* ❶ (*hacer más joven*) verjüngen; **este peinado te rejuvenece** diese Frisur macht dich jünger ❷ (*modernizar*) modernisieren **II.** *vr:* ~**se** jünger aussehen

**rejuvenecimiento** [rrexuβeneθi'mjen̪to] *m* ❶ (*de alguien, un colectivo*) Verjüngung *f* ❷ (*modernización*) Modernisierung *f*

**relación** [rrela'θjon] *f* ❶ (*entre cosas/*

*hechos*) Zusammenhang *m;* ~ **entre la causa y el efecto** Kausalzusammenhang *m;* **hacer ~ a** sich beziehen auf +*akk;* **con ~** [*o* **en** ~] **a su escrito** bezüglich Ihres Schreibens ❷ (*entre dos magnitudes*) Verhältnis *nt;* ~ **calidad-precio** Preis-Leistungs-Verhältnis *nt;* **los gastos no guardan ~ con el presupuesto** die Ausgaben stehen in keinem Verhältnis zum Kostenvoranschlag ❸ (*entre personas*) Beziehung *f;* **relaciones públicas** Publicrelations *fpl;* **tener relaciones con alguien** Kontakt zu jdm haben; **tener muchas relaciones** (*amigos*) einen großen Bekanntenkreis haben; (*influyentes*) gute Beziehungen haben; **tienen buenas/malas relaciones** sie haben ein gutes/schlechtes Verhältnis (zueinander) ❹ *pl* (*noviazgo*) Verlobung *f;* **han roto sus relaciones** sie haben ihre Verlobung gelöst ❺ *pl* (*amoría*) Verhältnis *nt;* **mantienen relaciones** sie haben ein Verhältnis miteinander; **mantener relaciones sexuales con alguien** Geschlechtsverkehr mit jdm haben ❻ (*relato*) Schilderung *f;* (*informe*) Bericht *m;* **hacer una ~ de algo** etw schildern; **hacer una ~ detallada de algo** ausführlich über etw berichten ❼ (*lista*) Verzeichnis *nt*

**relacionar** [rrelaθjo'nar] **I.** *vt* ❶ (*poner en relación*) in Zusammenhang bringen ❷ (*relatar*) schildern **II.** *vr:* **~se** ❶ (*estar relacionado*) zusammenhängen ❷ (*iniciar relaciones*) in Beziehung treten (*con* zu +*dat*); (*mantener relaciones*) Kontakt haben (*con* zu +*dat*); **~se mucho** (*tener amigos*) einen großen Bekanntenkreis haben; (*influyentes*) gute Beziehungen haben

**relajación** [rrelaxa'θjon] *f* ❶ (*distensión, distracción*) Entspannung *f* ❷ (*malas costumbres*) Zügellosigkeit *f* ❸ (*debilitación*) Erschlaffung *f* ❹ (*atenuación*) Lockerung *f;* ~ **de la pena** Strafmilderung *f* ❺ (MED) Verstauchung *f;* (*de la hernia*) Leistenbruch *m*

**relajado, -a** [rrela'xaðo, -a] *adj* ❶ (*débil*) schlaff ❷ (*vicioso*) zügellos

**relajante** [rrela'xaṇte] **I.** *adj* entspannend **II.** *m* (MED) Relaxans *nt*

**relajar** [rrela'xar] **I.** *vt* ❶ (*distender, distraer*) entspannen ❷ (*suavizar*) lockern; (*la pena*) mildern **II.** *vr:* **~se** ❶ (*distenderse, descansar*) sich entspannen ❷ (*debilitarse*) erschlaffen ❸ (*suavizarse*) lockerer werden ❹ (*viciarse*) in schlechte Gewohnheiten verfallen ❺ (*lesionarse*) sich *dat* verstauchen; (*herniarse*) sich *dat* einen Leistenbruch zuziehen

**relamer** [rrela'mer] **I.** *vt* ablecken **II.** *vr:* **~se** ❶ (*los labios*) sich *dat* die Lippen lecken ❷ (*gozar*) genießen (*con* +*akk*); **~se con un manjar** eine Speise für sein Leben gern essen ❸ (*gloriarse*) prahlen (*de* mit +*dat*) ❹ (*arreglarse*) sich herausputzen ❺ (*animal*) sich putzen

**relamido, -a** [rrela'miðo, -a] *adj* ❶ (*arreglado*) geleckt ❷ (*afectado*) affektiert

**relámpago** [rre'lampaɣo] *m* Blitz *m;* **ser** (**veloz como**) **un ~** schnell wie der Blitz sein

**relampaguear** [rrelampaɣe'ar] *vi, vimpers* blitzen

**relampagueo** [rrelampa'ɣeo] *m* Blitzen *nt*

**relanzamiento** [rrelaṇθa'mjeṇto] *m* ❶ (*reactivación*) Wiederbelebung *f;* **medidas de ~** (ECON) konjunkturbelebende Maßnahmen ❷ (*rechazo*) Abstoßen *nt* ❸ (*venta*) erneuter Vertrieb *m* ❹ (*expulsión*) Zurückschleudern *nt*

**relanzar** [rrelaṇ'θar] <z→c> *vt* ❶ (*reactivar*) wieder beleben; ~ **la economía** die Wirtschaft ankurbeln ❷ (*rehusar*) ablehnen ❸ (*vender*) wieder auf den Markt bringen ❹ (*arrojar*) zurückschleudern

**relatar** [rrela'tar] *vt* schildern

**relativamente** *adv* relativ, verhältnismäßig

**relatividad** [rrelatiβi'ðaᵈ] *f sin pl* Relativität *f*

**relativismo** [rrelati'βismo] *m sin pl* (FILOS) Relativismus *m*

**relativización** [rrelatiβiθa'θjon] *f* Relativierung *f*

**relativizar** [rrelatiβi'θar] <z→c> *vt* relativieren

**relativo**[1] [rrela'tiβo] *m* (*pronombre*) Relativpronomen *nt;* **oración de ~** Relativsatz *m*

**relativo, -a**[2] [rrela'tiβo, -a] *adj* ❶ (*referente*) betreffend; **un artículo ~ a...** ein Artikel über ... ❷ (*dependiente*) relativ; **pronombre ~** Relativpronomen *nt;* **ser ~ a** abhängig sein von +*dat* ❸ (*poco*) gering

**relato** [rre'lato] *m* Schilderung *f,* Bericht *m;* (LIT) Erzählung *f;* ~ **corto** Kurzgeschichte *f*

**relax** [rre'laᵞs] *m inv* Entspannung *f;* (MED, PSICO) Relaxation *f*

**relé** [rre'le] *m* Relais *nt*

**relegar** [rrele'ɣar] <g→gu> *vt* (*apartar*) verweisen; (*desterrar*) des Landes verweisen; ~ **algo a un plano secundario** etw in den Hintergrund drängen; **ser relegado al olvido** in Vergessenheit geraten

**relente** [rre'leṇte] *f* (Nacht)tau *m*

**relevancia** [rrele'βaṇθja] *f* Wichtigkeit *f*

**relevante** [rrele'βaṇte] *adj* ❶ (*importante*)

wichtig ❷ (*sobresaliente*) herausragend

**relevar** [rrele'βar] **I.** *vt* ❶ (*acentuar*) hervorheben ❷ (*liberar*) befreien; ~ **de un juramiento** von einem Eid entbinden; ~ **a alguien de sus deudas** jdm seine Schulden erlassen; ~ **a alguien de sus culpas** jdm seine Sünden vergeben ❸ (JUR: *destituir*) entheben; ~ **a alguien de un cargo** jdn eines Amtes entheben ❹ (*reemplazar*) ersetzen; (MIL, DEP) ablösen **II.** *vr:* ~**se** sich abwechseln

**relevo** [rre'leβo] *m* ❶ (*reemplazo*) Ablösung *f* ❷ (*pl*) (*competición*) Staffel *f;* **carrera de** ~**s** Staffellauf *m*

**relieve** [rre'ljeβe] *m* ❶ (ARTE, GEO) Relief *nt;* **en bajo** ~ vertieft ❷ (*renombre*) Ansehen *nt;* **de** ~ bedeutend ❸ (*loc*): **poner de** ~ hervorheben

**religión** [rreli'xjon] *f* ❶ (*creencia, doctrina*) Religion *f;* ~ **reformada** Protestantismus *m;* **sin** ~ konfessionslos ❷ (*virtud*) Frömmigkeit *f* ❸ (*orden*): **entrar en** ~ ins Kloster gehen

**religiosidad** [rrelixjosi'ðaᵈ] *f* ❶ (*observancia*) Religiosität *f* ❷ (*piedad*) Frömmigkeit *f* ❸ (*puntualidad*) Pünktlichkeit *f;* (*exactitud*) Gewissenhaftigkeit *f*

**religioso**, **-a** [rreli'xjoso, -a] **I.** *adj* ❶ (*relativo a una doctrina*) religiös ❷ (*que cree*) gläubig ❸ (*pío*) fromm ❹ (*puntual*) pünktlich; (*exacto*) gewissenhaft ❺ (*relativo a una orden*) Ordens- **II.** *m, f* Mönch *m,* Nonne *f*

**relinchar** [rrelin'ʧar] *vi* wiehern

**relincho** [rre'linʧo] *m* ❶ (*de un caballo*) Wiehern *nt* ❷ (*de alguien*) Jauchzer *m*

**reliquia** [rre'likja] *f* ❶ (*resto*) Relikt *nt* ❷ (REL) Reliquie *f* ❸ (*achaque*) Beschwerden *fpl*

**rellano** [rre'ʎano] *m* (*de escalera*) Treppenabsatz *m*

**rellenar** [rreʎe'nar] **I.** *vt* ❶ (*t.* GASTR: *llenar*) füllen (*de/con* mit +*dat*); (*una almohada*) ausstopfen; (*un sillón*) polstern; ~ **los agujeros de yeso** die Löcher vergipsen ❷ (*por completo*) ganz voll machen; (*demasiado*) voll stopfen ❸ (*volver a llenar*) nachfüllen, auffüllen ❹ (*completar*) ausfüllen ❺ (*fam: dar de comer*) (mit Essen) voll stopfen **II.** *vi* ❶ (*llenarse*) sich (an)füllen (*de* mit +*dat*) ❷ (*fam: comer*) sich voll stopfen (*de* mit +*dat*)

**relleno**[1] [rre'ʎeno] *m* ❶ (*t.* GASTR: *material*) Füllung *f* ❷ (*superfluidad*) Füllsel *nt;* **palabra de** ~ Füllwort *nt*

**relleno**, **-a**[2] [rre'ʎeno, -a] *adj* ❶ (*lleno*) gefüllt; (*demasiado*) voll gestopft ❷ (*fam: gordo*) pummelig

**reloj** [rre'lox] *m* Uhr *f;* ~ **despertador** Wecker *m;* ~ **de pulsera** Armbanduhr *f;* ~ **para fichar** Stechuhr *f;* **carrera contra** ~ Zeitfahren *nt;* **trabajar contra** ~ gegen die Zeit arbeiten; **ser** (**como**) **un** ~ (*mecanismo*) wie am Schnürchen laufen; (*persona*) auf die Minute pünktlich sein

**relojería** [rreloxe'ria] *f* Uhrmacherei *f*

**relojero**, **-a** [rrelo'xero, -a] *m, f* Uhrmacher(in) *m(f)*

**reluciente** [rrelu'θjeṇte] *adj* glänzend; ~ **de limpio** blitzblank

**relucir** [rrelu'θir] *irr como lucir vi* ❶ (*despedir luz*) leuchten; (*reflejar luz*) glänzen ❷ (*sobresalir*) glänzen ❸ (*loc*): **sacar/salir a** ~ zur Sprache bringen/kommen

**reluctante** [rreluk'taṇte] *adj* widerstrebend

**relumbrar** [rrelum'brar] *vi* ❶ (*emitir luz*) leuchten, strahlen; (*reflejar*) glänzen ❷ (*sobresalir*) glänzen

**relumbrón** [rrelum'bron] *m* ❶ (*destello*) Aufleuchten *nt* ❷ (*oropel*) Talmi *nt* ❸ (*loc*): **de** ~ (*cosa*) nicht wirklich wertvoll; (*cargo*) nicht wirklich einflussreich

**remachado**, **-a** [rrema'ʧaðo, -a] *adj* ❶ (*nariz*) platt ❷ (*Col: callado*) wortkarg

**remachar** [rrema'ʧar] **I.** *vt* ❶ (*golpear*) einhämmern ❷ (*doblar*) umschlagen; (*aplastar*) breit schlagen ❸ (*sujetar*) (ver)nieten ❹ (*subrayar*) nochmals betonen; ~ **algo a alguien** jdm etw einhämmern **II.** *vr:* ~**se** (*Col*) schweigen

**remache** [rre'maʧe] *m* ❶ (*de dos piezas*) Vernietung *f* ❷ (*clavo*) Niete *f*

**remanente** [rrema'neṇte] **I.** *adj* übrig **II.** *m* Rest *m*

**remangar** [rremaŋ'gar] <g→gu> **I.** *vt* hochkrempeln **II.** *vr:* ~**se** ❶ (*las mangas*) sich *dat* die Ärmel hochkrempeln ❷ (*fam: decidirse*) sich aufraffen

**remansarse** [rreman'sarse] *vr* sich stauen

**remanso** [rre'manso] *m* (*represa*) angestautes Wasser *nt;* (*agua muerta*) stehendes Gewässer *nt;* ~ **de paz** friedlicher Ort *m*

**remar** [rre'mar] *vi* (*bogar*) rudern

**remarcar** [rremar'kar] <c→qu> *vt* ❶ (*volver a marcar: un objeto*) nochmals kennzeichnen; (*un número*) nochmals wählen ❷ (*hacer notar*) hervorheben ❸ (*notar*) bemerken

**rematado**, **-a** [rrema'taðo, -a] *adj* vollkommen; **un tonto** ~ ein ausgesprochener Dummkopf

**rematar** [rrema'tar] **I.** *vt* ❶ (*concluir*) beenden; (*terminar de hacer*) fertig stellen; **nunca rematas lo que has empezado** du bringst das, was du anfängst, nie zu

R

Ende ❷ (*de un tiro*) den Gnadenschuss geben +*dat;* (*de una puñalada*) den Gnadenstoß versetzen +*dat* ❸ (*una costura*) vernähen ❹ (*gastar*) aufbrauchen ❺ (DEP) aufs Tor schießen ❻ (*adjudicar*) zuschlagen ❼ (*vender*) ausverkaufen **II.** *vi* ❶ (DEP) aufs Tor schießen ❷ (*terminar*) enden (*en* in +*dat*); **la torre remata en punta** der Turm läuft nach oben spitz zu

**remate** [rre'mate] *m* ❶ (*conclusión*) Beendigung *f;* (*de un producto*) Fertigstellung *f;* **dar ~ a un edificio** ein Gebäude fertig stellen ❷ (*final, extremo*) Abschluss *m;* **poner ~ a un mueble** bei einem Möbelstück eine Abschlussverzierung anbringen ❸ (*puñalada*) Gnadenstoß *m;* (*tiro*) Gnadenschuss *m* ❹ (*adjudicación*) Zuschlag *m* ❺ (*oferta*) Höchstgebot *nt* ❻ (DEP) Abschluss *m* ❼ (*consumo*) Verbrauch *m;* **dar ~** aufbrauchen ❽ (*venta*) Ausverkauf *m* ❾ (*loc*): **estar loco de ~** vollkommen verrückt sein; **ser tonto de ~** ausgesprochen dumm sein; **para ~** zu allem Unglück; **por ~** am Ende

**remecer** [rreme'θer] *irr como crecer vt, vr:* **~se** (*Am: sacudir*) rütteln

**remedar** [rreme'ðar] *vt* (*imitar*) nachahmen; (*parodiar*) parodieren

**remediar** [rreme'ðjar] *vt* ❶ (*evitar*) vermeiden; (*un perjuicio*) verhindern; **no me cae bien, no puedo ~lo** ich kann mir nicht helfen, er/sie ist mir nicht sympathisch ❷ (*acabar con, reparar*) beheben; (*compensar*) wieder gutmachen; **llorando no remedias nada** davon, dass du weinst, wird es auch nicht besser; **más vale prevenir que tener que ~** (*prov*) Vorsicht ist besser als Nachsicht ❸ (*corregir*) verbessern ❹ (*ayudar*) helfen +*dat*

**remedio** [rre'meðjo] *m* ❶ (*arreglo*) Behebung *f;* (*compensación*) Wiedergutmachung *f;* (*corrección*) Verbesserung *f;* **poner ~ a un mal** einem Übel abhelfen; **no hay ~** da ist nichts zu machen; **no llores, ya no tiene ~** weine nicht, da ist nichts mehr zu machen; **eso tiene fácil ~** dem ist leicht abzuhelfen; **tu problema no tiene ~** dein Problem ist nicht zu lösen; **mi hermano no tiene ~** bei meinem Bruder ist alle Mühe umsonst; **sin ~** hoffnungslos; **un idealista sin ~** ein unverbesserlicher Idealist ❷ (*evitación*) Vermeidung *f;* (*de un perjuicio*) Verhinderung *f;* **sin ~** unvermeidlich; **la crisis no tiene ~** die Krise ist nicht zu vermeiden ❸ (*ayuda*) Hilfe *f;* **buscar ~ en sus amigos** bei seinen Freunden Trost suchen; **buscar ~ en la bebida** Zuflucht zum Alkohol nehmen ❹ (*medio*) Mittel *nt;* **~ naturalista** Naturheilmittel *nt;* **no hay/no tenemos más ~ que...** es gibt/uns bleibt keine andere Wahl als ...

**remedo** [rre'meðo] *m* ❶ (*imitación*) Nachahmung *f;* (*mal hecha*) Abklatsch *m* ❷ (*parodia*) Parodie *f*

**rememoración** [rrememora'θjon] *f* Erinnerung *f* (*de* an +*akk*)

**rememorar** [rrememo'rar] *vt* sich erinnern (an +*akk*)

**remendar** [rremen̩'dar] <e→ie> *vt* ❶ (*reparar*) ausbessern; (*con parches*) flicken; (*zurcir*) stopfen ❷ (*corregir*) verbessern ❸ (*añadir*) hinzufügen; **~ la salsa con vinagre** der Soße Essig zufügen

**remero, -a** [rre'mero, -a] *m, f* Ruderer, -in *m, f*

**remesa** [rre'mesa] *f* Sendung *f;* (FIN) Überweisung *f*

**remezón** [rreme'θon] *m* (*Am: sacudida*) Ruck *m*

**remiendo** [rre'mjen̩do] *m* ❶ (*reparación*) (notdürftige) Reparatur *f;* (*con parches*) Flickarbeit *f;* (*zurcidura*) Stopfarbeit *f* ❷ (*corrección*) Verbesserung *f* ❸ (*extra*) Zusatz *m* ❹ (*parche*) Flicken *m* ❺ (*mancha*) Fleck *m*

**remilgado, -a** [rremil'ɣaðo, -a] *adj* geziert

**remilgo** [rre'milɣo] *m* Gehabe *nt;* **sin ~s** ohne sich zu zieren; **hacer ~s** sich zieren

**reminiscencia** [rreminis'θen̩θja] *f* ❶ (*recuerdo*) (vage) Erinnerung *f* (*de* an +*akk*); **me quedan ~s de mi primera comunión** ich erinnere mich noch vage an meine erste Kommunion ❷ (*en una obra*) Anklang *m* (*de* an +*akk*); **la ópera tiene ~s wagnerianas** die Oper enthält Anklänge an Wagner ❸ (*lo que sobrevive*) Überbleibsel *nt* (*de* aus +*dat*)

**remirar** [rremi'rar] **I.** *vt* (*volver a mirar*) nochmals betrachten; (*mirar intensamente*) eingehend betrachten; **por más que miro y remiro no encuentro tu libro** so sehr ich auch suche, ich finde dein Buch nicht **II.** *vr:* **~se** ❶ (*poner cuidado*) umsichtig vorgehen ❷ (*mirar*) mit Genugtuung betrachten

**remisible** [rremi'siβle] *adj* (*deuda, pena*) erlässlich; (*pecado*) verzeihlich

**remisión** [rremi'sjon] *f* ❶ (*de una obligación*) Befreiung *f;* (*de los pecados*) Vergebung *f;* (*de una deuda/una pena*) Erlass *m;* **sin ~** rettungslos ❷ (*referencia*) Verweis *m* (*a* auf +*akk*) ❸ (*atenuación*) Rückgang *m* ❹ (*envío*) Versendung *f;* (*a alguien*) Zusendung *f*

**remiso, -a** [rre'miso, -a] *adj* (*reacio*) unwil

lig; (*irresoluto*) zögerlich; (*lento*) träge; **mostrarse ~ a hacer algo** keine(rlei) Anstalten machen etw zu tun

**remite** [rre'mite] *m* Absender *m*

**remitente** [rremi'teṇte] *mf* Absender(in) *m(f)*

**remitir** [rremi'tir] **I.** *vt* ❶ (*enviar*) (ab)senden; (FIN) überweisen; ~ **algo a alguien** jdm etw (zu)schicken ❷ (*referirse*) verweisen (*a* auf +*akk*) ❸ (*de una obligación*) befreien; ~ **a alguien de una pena/deuda** jdm eine Strafe/Schuld erlassen; ~ **a alguien de sus pecados** jdm seine Sünden vergeben ❹ (*aplazar*) verschieben; (*un juicio*) vertagen ❺ (*confiar*) überlassen ❻ (*ceder*) einstellen **II.** *vi* (*calmarse*) nachlassen **III.** *vr:* ~**se** ❶ (*referirse*) sich beziehen (*a* auf +*akk*) ❷ (*calmarse*) nachlassen ❸ (*confiarse*) sich anvertrauen; ~**se al juez** sich der Entscheidung des Richters unterwerfen

**remo** ['rremo] *m* ❶ (*pala*) Ruder *nt;* **tomar el ~** (*fig fam*) die Führung übernehmen ❷ (DEP) Rudern *nt;* **a(l) ~** rudernd; (*fig*) mit Mühe; **a ~ y vela** (*fam*) ruck, zuck; **andar al ~** (*fam fig*) schuften

**remodelación** [rremoðela'θjon] *f* Umgestaltung *f;* ~ **del gabinete** Kabinettsumbildung *f*

**remodelar** [rremoðe'lar] *vt* umgestalten; (*gobierno*) umbilden

**remojar** [rremo'xar] **I.** *vt* ❶ (*mojar*) nass machen; (*humedecer*) anfeuchten; (*empapar*) durchnässen; (*sumergir*) eintauchen; (*ablandar*) einweichen ❷ (*celebrar*) begießen **II.** *vr:* ~**se** (*mojarse*) nass werden; (*bañarse*) (sich) baden

**remojo** [re'moxo] *m* ❶ (*empapamiento*) Durchnässen *nt;* (*sumersión*) Eintauchen *nt;* (*baño*) Bad *nt;* **poner en ~** einweichen ❷ (*celebración*) Umtrunk *m*

**remojón** [rremo'xon] *m* (*empapamiento*) Durchnässen *nt;* (*sumersión*) Eintauchen *nt;* (*baño*) Bad *nt;* **como no llevaba paraguas me di un ~** weil ich keinen Schirm dabeihatte, wurde ich bis auf die Haut nass; **darse un ~ en la piscina** im Pool baden

**remolacha** [rremo'latʃa] *f* Rübe *f*

**remolcador**[1] [rremolka'ðor] *m* Schlepper *m*

**remolcador(a)**[2] [rremolka'ðor(a)] *adj* Schlepp-; **grúa ~a** Abschleppwagen *m*

**remolcar** [rremol'kar] <c→qu> *vt* ❶ (*arrastrar*) schleppen; (*un vehículo averiado*) abschleppen ❷ (*convencer*) überreden

**remolino** [rremo'lino] *m* ❶ (*movimiento*) Wirbel *m;* (*de agua*) Strudel *m;* ~ **de viento** Wirbelwind *m* ❷ (*pelo*) (Haar)wirbel *m* ❸ (*gente*) Gewimmel *nt* ❹ (*confusión*) Trubel *m* ❺ (*fam: persona*) Wirbelwind *m*

**remolón, -ona** [rremo'lon, -ona] **I.** *adj* faul **II.** *m, f* (*vago*) Faulenzer(in) *m(f);* (*que evita algo*) Drückeberger(in) *m(f) fam;* **hacerse el ~** (*vaguear*) faulenzen; **siempre se hace el ~ a la hora de fregar** er drückt sich immer vor dem Abwasch

**remolonear(se)** [rremolone'ar(se)] *vi, vr* (*vaguear*) faulenzen; (*evitar*) sich drücken

**remolque** [rre'molke] *m* ❶ (*arrastre*) Schleppen *nt;* (*de un vehículo averiado*) Abschleppen *nt* ❷ (*vehículo*) Anhänger *m* ❸ (*cuerda*) Schlepptau *nt;* (*para averías*) Abschleppseil *nt;* **llevar a ~** im Schlepptau haben; (*un coche averiado*) abschleppen; **hacer algo a ~** (*fig*) etw nur widerwillig tun

**remontar** [rremoṇ'tar] **I.** *vt* ❶ (*superar*) überwinden ❷ (*subir*) hinaufgehen; (*en coche/barco*) hinauffahren; ~ **un río** (*navegar*) flussaufwärts fahren; (*nadar*) flussaufwärts schwimmen ❸ (*elevar*) aufsteigen lassen ❹ (*la caza*) verscheuchen ❺ (*el calzado*) besohlen; (*un pantalón*) flicken; (*una silla*) aufpolstern **II.** *vr:* ~**se** ❶ (*volar*) aufsteigen; (*ave*) sich in die Lüfte erheben ❷ (*gastos*) sich belaufen (*a* auf +*akk*) ❸ (*pertenecer, retroceder*) zurückgehen; **la construcción de la iglesia se remonta al siglo pasado** der Bau der Kirche geht ins letzte Jahrhundert zurück; **el discurso se remonta a los orígenes del automóvil** die Rede geht bis zu den Ursprüngen des Automobils zurück

**remonte** [rre'moṇte] *m* ❶ (*vuelo*) Aufsteigen *nt;* (*de un ave*) Emporschwingen *nt* ❷ (*telesilla*) (Ski)lift *m* ❸ (*pelota*) (Variante der) Pelota *f* ❹ (*cesta*) (kurzer, flacher) Pelotaschläger *m*

**rémora** ['rremora] *f* ❶ (ZOOL) Schiffshalter *m* ❷ (*obstáculo*) Hindernis *nt*

**remorder** [rremor'ðer] <o→ue> **I.** *vt* ❶ (*atormentar*) quälen; **me remuerde (la conciencia) no haber ayudado** ich habe ein schlechtes Gewissen, weil ich nicht geholfen habe ❷ (*morder*) erneut beißen **II.** *vr:* ~**se** sich quälen

**remordimiento** [rremorði'mjeṇto] *m* Gewissensbiss *m;* **tener ~s (de conciencia) por algo** Gewissensbisse wegen etw *gen/dat* haben; **el ~ no lo deja dormir** sein schlechtes Gewissen plagt ihn

**remotamente** [rremota'meṇte] *adv* ❶ (*vagamente*) vage ❷ (*lejos*) weit weg; (*apartadamente*) abgelegen; (*hace tiempo*) vor langer Zeit ❸ (*loc*): **ni** ~ nicht im Entferntesten

**remoto, -a** [rre'moto, -a] *adj* ❶ (*lejano*) fern; (*hechos*) weit zurückliegend; **en tiempos ~s** in ferner Vergangenheit ❷ (*improbable*) unwahrscheinlich; **no existe ni la más remota posiblidad** es besteht nicht die geringste Chance; **no tener ni la más remota idea** nicht die blasseste Ahnung haben; **ni por lo más** ~ nicht im Entferntesten

**remover** [rremo'βer] <o→ue> **I.** *vt* ❶ (*eliminar*) entfernen; (*apartar*) wegräumen; (*dificultades*) aus dem Weg räumen ❷ (*agitar*) aufwühlen; (*dar vueltas*) umrühren ❸ (*activar*) aufrühren ❹ (*destituir*) absetzen; ~ **a alguien (de un cargo)** jdn eines Amtes entheben **II.** *vi* herumwühlen **III.** *vr:* **~se** ❶ (*moverse*) sich wälzen ❷ (*aguas*) in Wallung kommen

**remozar** [rremo'θar] <z→c> *vt* ❶ (*algo*) modernisieren ❷ (*a alguien*) verjüngen

**remunerable** [rremune'raβle] *adj* entgeltlich

**remuneración** [rremunera'θjon] *f* ❶ (*pago*) Bezahlung *f*, Vergütung *f;* (*sueldo*) Lohn *m* ❷ (*recompensa*) Belohnung *f* ❸ (*rendimiento*) Gewinn *m*

**remunerar** [rremune'rar] *vt* ❶ (*pagar*) bezahlen; (*un trabajo*) vergüten; ~ **a alguien por un servicio** jdn für eine Dienstleistung entlohnen ❷ (*recompensar*) belohnen ❸ (*rendir*) Gewinn bringen; **este negocio no te va a** ~ das wird kein Gewinn bringendes Geschäft für dich

**remunerativo, -a** [rremunera'tiβo, -a] *adj* einträglich

**remuneratorio, -a** [rremunera'torjo, -a] *adj* entgeltlich

**renacentista** *adj* Renaissance-; **pintor** ~ Renaissancemaler *m*

**renacer** [rrena'θer] *irr como crecer vi* ❶ (*volver a nacer*) wieder geboren werden ❷ (*regenerarse*) aufleben; **sentirse** ~ sich wie neugeboren fühlen

**renacimiento** [rrenaθi'mjeṇto] *m* ❶ (ARTE, LIT) Renaissance *f* ❷ (FILOS, REL) Wiedergeburt *f* ❸ (*regeneración*) Aufleben *nt*

**renacuajo**[1] [rrena'kwaxo] *m* (ZOOL) Kaulquappe *f*

**renacuajo, -a**[2] [rrena'kwaxo, -a] *m, f* (*pey: chico*) Knirps *m;* (*chica*) unscheinbares Mädchen *nt*

**renal** [rre'nal] *adj* Nieren-

**Renania** [rre'nanja] *f* Rheinland *nt*

**Renania-Palatinado** [rre'nanja-palati'naðo] *m* Rheinland-Pfalz *nt*

**Renania-Westfalia** [rre'nanja-βes'falja] *f* Nordrhein-Westfalen *nt*

**renano, -a** [rre'nano, -a] **I.** *adj* ❶ (*del Rin*) rheinisch; **provincia renana** Rheinprovinz *f* ❷ (*de Renania*) rheinländisch **II.** *m, f* Rheinländer(in) *m(f)*

**rencilla** [rreṇ'θiʎa] *f* Streit *m*

**rencor** [rreŋ'kor] *m* Groll *m;* **guardar ~ a alguien** (mit) jdm böse sein

**rencoroso, -a** [rreŋko'roso, -a] *adj* ❶ (*vengativo*) nachtragend ❷ (*resentido*) verärgert

**rendición** [rreṇdi'θjon] *f* ❶ (*capitulación*) Kapitulation *f* ❷ (*entrega*) Übergabe *f;* ~ **de cuentas** Rechnungslegung *f* ❸ (*sumisión*) Hingabe *f* ❹ (*utilidad*) Ertrag *m* ❺ (*fatiga*) Erschöpfung *f* ❻ (*conquista*) Eroberung *f*

**rendidamente** [rreṇdiða'meṇte] *adv* hingebungsvoll; **estar ~ enamorado** unsterblich verliebt sein

**rendido, -a** [rreṇ'diðo, -a] *adj* ❶ (*cansado*) todmüde ❷ (*sumiso*) ergeben; **cayó ~ ante su belleza** er erlag ihrer Schönheit

**rendija** [rreṇ'dixa] *f* Spalte *f*

**rendimiento** [rreṇdi'mjeṇto] *m* ❶ (*productividad*) Leistung *f;* (ECON: *máximo*) Kapazität *f;* **a pleno** ~ voll ausgelastet ❷ (*beneficio*) Ertrag *m;* **de gran** ~ sehr ertragreich ❸ (*cansancio*) Erschöpfung *f* ❹ *pl* (*ingresos*) Einkünfte *fpl* ❺ (*humildad*) Unterwürfigkeit *f* ❻ (*obsequiosidad*) Zuvorkommenheit *f*

**rendir** [rreṇ'dir] *irr como pedir* **I.** *vt* ❶ (*rentar*) einbringen; ~ **utilidad** Gewinn bringen; ~ **fruto** Früchte tragen; **la inversión ha rendido mucho** die Investition hat sich bezahlt gemacht ❷ (*trabajar*) leisten; **estas máquinas rinden mucho** diese Maschinen sind sehr leistungsfähig ❸ (*tributar*) erweisen; ~ **las gracias a alguien** jdm seinen Dank abstatten; ~ **importancia a algo** etw *dat* Bedeutung beimessen ❹ (*entregar*) abgeben; (*pruebas*) erbringen; (*una confesión*) ablegen; ~ **cuentas** abrechnen; (*fig*) Rechenschaft ablegen; ~ **un informe** Bericht erstatten; ~ **obsequios a alguien** jdn beschenken; ~ **la comida** das Essen erbrechen; ~ **las armas** kapitulieren ❺ (*vencer*) besiegen, bezwingen ❻ (*cansar*) ermüden; **me rindió el sueño** der Schlaf übermannte mich ❼ (*substituir*) ablösen **II.** *vr:* **~se** ❶ (*entregarse*) sich ergeben; **~se al enemigo** vor dem Feind kapitulieren; **~se a la evidencia de algo** etw einsehen; **~se a las razones de alguien** sich von jds Argumenten überzeugen lassen ❷ (*cansarse*): **~se de cansancio** vor Müdigkeit umfallen

**renegado**, **-a** [rrene'ɣaðo, -a] **I.** *adj* ❶ (*religión*) abtrünnig ❷ (*fam: carácter*) schroff **II.** *m, f* ❶ (*religión*) Abtrünnige(r) *mf* ❷ (*fam: carácter*) Miesepeter *m*
**renegar** [rrene'ɣar] *irr como fregar* **I.** *vi* ❶ (*protestar*) fluchen (*de* über +*akk*) ❷ (*renunciar*) sich lossagen; ~ **de la fe** vom Glauben abfallen; ~ **del partido** aus der Partei austreten **II.** *vt* ❶ (*negar*) verleugnen ❷ (*detestar*) verabscheuen
**renegociar** [rreneɣo'θjar] *vt* neu aushandeln
**RENFE** ['rremɱfe] *f abr de* **Red Nacional de Ferrocarriles Españoles** *spanische Eisenbahngesellschaft*

**i Land & Leute**

**RENFE** *f* ist das Kurzwort für *Red Nacional de Ferrocarriles*, die spanische Eisenbahngesellschaft, die 1941 gegründet wurde.

**renglón** [rreŋ'glon] *m* ❶ (*línea*) Zeile *f;* **a ~ seguido** sofort ❷ (*partida*) Posten *m*
**rengo**, **-a** ['rreŋgo, -a] *adj* (*CSur: cojo*) hinkend
**renguear** [rreŋge'ar] *vi* (*CSur: cojear*) hinken
**reno** ['rreno] *m* Ren(tier) *nt*
**renombrado**, **-a** [rrenom'braðo, -a] *adj* (*célebre*) renommiert, angesehen
**renombrar** [rrenom'brar] *vt* umbenennen
**renombre** [rre'nombre] *m* (guter) Ruf *m;* **una empresa de gran ~** ein namhaftes Unternehmen; **una persona de ~** eine angesehene Person; **adquirir ~** Ruhm erlangen; **gozar de ~** Ruhm genießen
**renovable** [rreno'βaβle] *adj* erneuerungsfähig
**renovación** [rrenoβa'θjon] *f* Erneuerung *f;* (*del pasaporte*) Verlängerung *f;* (*de un edificio*) Renovierung *f*
**renovar** [rreno'βar] <o→ue> *vt* erneuern; (*una casa*) renovieren; (*el pasaporte*) verlängern; (*un país*) reformieren; **~ un pedido** nachbestellen; **~ la pintura** den Anstrich erneuern; **~ la memoria** das Gedächtnis auffrischen; **~ un aviso** eine Mitteilung wiederholen
**renquear** [rreŋke'ar] *vi* (*persona*) hinken; (*animal*) lahmen
**renta** ['rreṇta] *f* ❶ (*beneficio*) Ertrag *m;* (*ingresos*) Einkommen *nt;* **~ per cápita** Pro-Kopf-Einkommen *nt;* **~s públicas** Staatseinkünfte *fpl* ❷ (*pensión*) Rente *f;* **~ por incapacidad laboral** Erwerbsunfähigkeitsrente *f;* **~ vitalicia** Rente auf Lebenszeit; **~ de viudez** Witwenrente *f* ❸ (*alquiler*) Miete *f;* **en ~** zur Miete; **tomar a ~ un negocio** ein Geschäft pachten
**rentabilidad** [rreṇtaβili'ðaᵈ] *f* Wirtschaftlichkeit *f;* **~ competitiva** Wettbewerbsfähigkeit *f;* **dar una ~ de...** einen Gewinn von ... abwerfen
**rentabilizar** [rreṇtaβili'θar] <z→c> *vt* Gewinn bringend bewirtschaften; **~ una finca** ein Gut rentabel bewirtschaften
**rentable** [rreṇ'taβle] *adj* rentabel
**rentar** [rreṇ'tar] **I.** *vt* ❶ (*beneficio*) einbringen ❷ (*Am: alquilar*) mieten **II.** *vi* Gewinn bringen; **~ bien** sich rentieren
**rentista** [rreṇ'tista] *mf* ❶ (*pensionista*) Rentner(in) *m(f)* ❷ (*hacendista*) Finanzfachmann, -frau *m, f*
**renuencia** [rre'nweṇθja] *f* Widerspenstigkeit *f*
**renuente** [rre'nweṇte] *adj* widerspenstig
**renuevo** [rre'nweβo] *m* ❶ (*tallo*) Trieb *m* ❷ (*renovación*) Erneuerung *f*
**renuncia** [rre'nuṇθja] *f* ❶ (*abandono*) Verzicht *m* (*a/de* auf +*akk*); **~ del cargo** Amtsniederlegung *f;* **~ al contrato** Rücktritt vom Vertrag; **presentar su ~** kündigen ❷ (*escrito*) Entlassungsurkunde *f*
**renunciación** [rrenuṇθja'θjon] *f* (JUR) Verzicht *m*
**renunciar** [rrenuṇ'θjar] *vi* ❶ (*desistir*) verzichten (*a* auf +*akk*); **~ al trono** abdanken; **~ a un cargo** ein Amt niederlegen; **~ a una herencia** ein Erbe ausschlagen ❷ (*rechazar*) ablehnen (*a* +*akk*)
**reñido**, **-a** [rre'ɲiðo, -a] *adj* ❶ (*enojado*) zerstritten; **estoy ~ con él** ich bin böse auf ihn; **estar ~** (*fig*) unvereinbar sein ❷ (*encarnizado*) erbittert
**reñir** [rre'ɲir] *irr como ceñir* **I.** *vi* streiten; **¿has reñido con tu novio?** hast du dich mit deinem Freund gestritten? **II.** *vt* schelten
**reo**, **-a** ['rreo, -a] **I.** *adj* schuldig **II.** *m, f* (*culpado*) Angeklagte(r) *mf;* (*autor*) Täter(in) *m(f);* **~ de asesinato** Mörder *m;* **~ habitual** Gewohnheitsverbrecher *m;* **~ preventivo** Untersuchungshäftling *m*
**reojo** [rre'oxo] *m:* **mirar de ~** (*con hostilidad*) schief ansehen; (*con disimulo*) verstohlen ansehen
**reordenar** [rreorðe'nar] *vt* neu ordnen
**reorganización** [rreorɣaniθa'θjon] *f* Reorganisation *f;* **~ del gobierno** Regierungsumbildung *f*
**reorganizar** [rreorɣani'θar] <z→c> *vt* reorganisieren; (*gobierno*) umbilden
**reorientación** [rreorjeṇta'θjon] *f* Neuorientierung *f;* **~ política** (politischer) Kurs-

R

wechsel *m*

**reorientar** [rreorjen̩'tar] *vt* neu orientieren

**repanchigarse** [rrepanʧi'ɣarse] <g→gu> *vr*, **repantigarse** [rrepan̩ti'ɣarse] <g→gu> *vr* sich rekeln

**reparable** [rrepa'raβle] *adj* (*arreglable*) reparabel

**reparación** [rrepara'θjon] *f* ❶ (*arreglo*) Reparatur *f* ❷ (*indemnización*) Entschädigung *f*; (*enmienda*) Wiedergutmachung *f*; ~ **de perjuicios** Schaden(s)ersatz *m*

**reparar** [rrepa'rar] **I.** *vt* ❶ (*arreglar*) reparieren; ~ **el daño** den Schaden beheben ❷ (*indemnizar*) ersetzen; (*enmendar*) wieder gutmachen ❸ (*advertir*) merken (*en* +*akk*); (*considerar*) achten (*en* auf +*akk*); **sin ~ en gastos** ohne Rücksicht auf die Kosten; **no ~ en sacrificios/en gastos** kein Opfer/keine Kosten scheuen ❹ (*recuperar*): ~ **fuerzas** wieder zu Kräften kommen; **con la siesta reparo fuerzas** der Mittagsschlaf gibt mir neue Kraft **II.** *vr*: ~**se** sich beherrschen

**reparo** [rre'paro] *m* ❶ (*arreglo*) Ausbesserung *f* ❷ (*inconveniente*) Bedenken *nt*; **sin ~ alguno** ganz ungeniert; **me da ~ decírselo** ich scheue mich davor, es ihm/ihr zu sagen ❸ (*objeción*) Einwand *m* (*a* gegen +*akk*); **sin ~** anstandslos; **no andar con ~s** sich *dat* seiner Sache sicher sein; **poner ~s a algo** Einwände gegen etw haben

**repartición** [rreparti'θjon] *f* ❶ *v.* **repartimiento** ❷ (*Am: oficina*) Amt *nt*

**repartidor(a)** [rreparti'ðor(a)] *m(f)* (*recadero*) Zusteller(in) *m(f)*; ~ **de periódicos** Zeitungsbote, -in *m, f*

**repartimiento** [rreparti'mjen̩to] *m* (*distribución*) Verteilung *f*; (*división*) Aufteilung *f*

**repartir** [rrepar'tir] **I.** *vt* verteilen; (*correos*) zustellen; ~ **leña** (*fig*) Prügel austeilen **II.** *vr*: ~**se** ❶ (*colocarse*) sich verteilen ❷ (*dividir*) aufteilen; ~**se el mercado** den Markt unter sich aufteilen

**reparto** [rre'parto] *m* ❶ (*distribución*) Verteilung *f*; (*división*) Aufteilung *f*; ~ **de contribuciones** Steuerveranlagung *f*; ~ **domiciliario** Hauszustellung *f*; ~ **de equipajes** Gepäckausgabe *f*; ~ **postal** Postzustellung *f* ❷ (*relación*) Verhältnis *nt*; ~ **de poderes** (ECON) Machtverhältnisse *ntpl*

**repasar** [rrepa'sar] *vt* ❶ (*la ropa*) ausbessern ❷ (*un texto, la lección*) noch einmal durchgehen; **segunda edición repasada y corregida** zweite neu bearbeitete Auflage ❸ (*la cuenta*) nachprüfen ❹ (*un coche*) überholen ❺ (*una carta*) überfliegen

**repaso** [rre'paso] *m* ❶ (*revisión*) Überarbeitung *f* ❷ (*inspección*) (Über)prüfung *f*; (*de un coche*) Überholung *f*

**repatear** [rrepate'ar] *vt* (*fam*) nerven

**repatriación** [rrepatrja'θjon] *f* Rückführung *f*; (JUR, POL) Repatriierung *f*; ~ **de divisas** Devisenrückführung *f*

**repatriar** [rrepa'trjar] *vt* in die Heimat zurückschicken

**repecho** [rre'peʧo] *m* Böschung *f*

**repeinar** [rrepei̯'nar] **I.** *vt* sorgfältig kämmen; (*pey*) schniegeln **II.** *vr*: ~**se** sich sorgfältig kämmen; (*pey*) sich schniegeln

**repelente** [rrepe'len̩te] **I.** *adj* ❶ (*rechazador*) abweisend; ~ **al agua** Wasser abweisend ❷ (*repugnante*) abstoßend ❸ (*redicho*) besserwisserisch **II.** *mf* (*sabelotodo*) Besserwisser(in) *m(f)*

**repeler** [rrepe'ler] *vt* ❶ (*rechazar*) abweisen; (*un ataque*) abwehren; **los imanes se repelen mutuamente** Magnete stoßen sich gegenseitig ab ❷ (*repugnar*) anwidern

**repelo** [rre'pelo] *m* ❶ (*pelo*) Gegenstrich *m*; **a ~** gegen den Strich ❷ (*repugnancia*) Widerwille *m*

**repelón** [rrepe'lon] *m*: **dar repelones** an den Haaren ziehen; **a repelones** (*con dificultad*) mit Mühe und Not; (*con resistencia*) widerwillig; **de ~** (*fig*) flüchtig; **ser más viejo que el ~** abgedroschen sein

**repeluzno** [rrepe'luθno] *m* (*escalofrío*) Schauder *m*

**repensar** [rrepen'sar] <e→ie> *vt* durchdenken

**repente** [rre'pen̩te] *m* plötzliche Bewegung *f*; **de ~** plötzlich; **hablar de ~** aus dem Stegreif reden; **tocar de ~** vom Blatt spielen

**repentino**, **-a** [rrepen̩'tino, -a] *adj* plötzlich

**repercusión** [rreperku'sjon] *f* ❶ (*efecto*) (Aus)wirkung *f*; **tener gran ~** (*éxito*) großen Anklang finden ❷ (*del choque*) Rückprall *m*

**repercutir** [rreperku'tir] *vi* ❶ (*efecto*) sich auswirken (*en* auf +*akk*); ~ **en la salud** der Gesundheit schaden ❷ (*del choque*) zurückprallen ❸ (*eco*) widerhallen

**repertorio** [rreper'torjo] *m* ❶ (*lista*) Verzeichnis *nt*; ~ **legislativo** Gesetzessammlung *f* ❷ (*t.* TEAT) Repertoire *nt* (*de* an +*dat*)

**repesca** [rre'peska] *f* (*fam*) Wiederholungsprüfung *f*

**repescar** [rrepes'kar] <c→qu> *vt* (*fam*) erneut zulassen

**repetición** [rrepeti'θjon] *f* Wiederholung *f*; ~ **de orden** Nachbestellung *f*; **fusil de ~**

Repetiergewehr *nt;* **en caso de** ~ im Wiederholungsfall

**repetido**, **-a** [rrepe'tiðo, -a] *adj* wiederholt; **repetidas veces** mehrmals; **tengo muchos sellos ~s** ich habe viele Briefmarken doppelt

**repetidor[1]** [rrepeti'ðor] *m* (TÉC) Verstärker *m*

**repetidor(a)[2]** [rrepeti'ðor(a)] **I.** *adj* wiederholend **II.** *m(f)* ① (*estudiante*) Wiederholer(in) *m(f)* ② (*profesor*) Repetitor(in) *m(f)*

**repetir** [rrepe'tir] *irr como pedir* **I.** *vi* ① (*sabor*) aufstoßen; **los ajos repiten mucho** Knoblauch stößt einem immer wieder auf ② (*plato*): ~ **de un plato de comida** noch eine Portion essen **II.** *vt* ① (*reiterar*) wiederholen; ~ **curso** sitzen bleiben; ~ **un pedido de mercancía** Ware nachbestellen ② (*recitar*) aufsagen **III.** *vr:* ~**se** sich wiederholen

**repetitividad** [rrepetitiβi'ðaᵈ] *f* Wiederholbarkeit *f*

**repicar** [rrepi'kar] <c→qu> **I.** *vi* (*campanas*) läuten; (*castañuelas*) klappern **II.** *vt* ① (*campanas*) läuten; (*instrumento*) schlagen; **no se puede estar en misa y** ~ man kann nicht auf zwei Hochzeiten gleichzeitig tanzen; **ponerse el traje de cuando repican gordo** sich in Schale werfen ② (*despedazar*) klein hacken **III.** *vr:* ~**se** sich brüsten (*de* mit +*dat*)

**repipi** [rre'pipi] *adj* etepetete

**repique** [rre'pike] *m* ① (*de las campanas*) Läuten *nt* ② (*fam: riña*) Streiterei *f*

**repiquetear** [rrepikete'ar] *vi, vt* läuten; (*castañuelas*) schlagen

**repiqueteo** [rrepike'teo] *m* Geläute *nt;* (*castañuelas*) Klappern *nt*

**repisa** [rre'pisa] *f* Konsole *f;* ~ **de chimenea** Kaminsims *m;* ~ **de ventana** Fensterbrett *nt*

**replanteamiento** [rreplan̩tea'mjen̩to] *m* (*de un asunto*) Wiederaufwerfen *nt*

**replantear** [rreplan̩te'ar] *vt* ① (*asunto*) wieder aufwerfen; (*plan*) neu konzipieren ② (ARQUIT) abstecken

**replegar** [rreple'ɣar] *irr como fregar* **I.** *vt* ① (*doblar*) mehrmals falten ② (*para atrás*) zurückklappen **II.** *vr:* ~**se** (MIL) sich zurückziehen

**repleto**, **-a** [rre'pleto, -a] *adj* prall gefüllt (*de* mit +*dat*); (*demasiado*) voll gestopft (*de* mit +*dat*); **tener una cartera repleta de billetes** eine Brieftasche voller Geldscheine haben; **el tren está** ~ der Zug ist total überfüllt; **estoy** ~ ich bin vollkommen satt; **está repleta de energía** sie sprüht vor Energie

**réplica** ['rreplika] *f* ① (*respuesta*) Antwort *f;* (*objeción*) Widerrede *f* ② (ARTE) Nachbildung *f*

**replicar** [rrepli'kar] <c→qu> **I.** *vt* erwidern **II.** *vi* ① (*replicar*) antworten ② (*contradecir*) widersprechen; **obedecer sin** ~ ohne Widerspruch gehorchen

**repliegue** [rre'pljeɣe] *m* ① (*dobladura*) Falte *f* ② (MIL) Rückzug *m*

**repoblación** [rrepoβla'θjon] *f* Wiederbevölkerung *f;* ~ **forestal** (Wieder)aufforstung *f*

**repoblar** [rrepo'βlar] <o→ue> *vt* wieder bevölkern; (*de árboles*) wieder aufforsten

**repollo** [rre'poʎo] *m* Kohl *m*

**reponer** [rrepo'ner] *irr como poner* **I.** *vt* ① (*volver a poner*) wieder hinstellen; (*teléfono*) auflegen; (*máquina*) wieder in Betrieb setzen; (*en su cargo*) wieder einsetzen ② (*reemplazar*) ersetzen ③ (*completar*) auffüllen ④ (*replicar*) erwidern ⑤ (CINE, TEAT) wieder aufführen **II.** *vr:* ~**se** sich erholen

**reportaje** [rrepor'taxe] *m* Bericht *m;* ~ **gráfico** Bildbericht *m*

**reportar** [rrepor'tar] **I.** *vt* ① (*refrenar*) zurückhalten ② (*proporcionar*) einbringen ③ (*Am: informar*) berichten **II.** *vr:* ~**se** sich zusammenreißen

**reporte** [rre'porte] *m* (*noticia*) Nachricht *f*

**reportear** [rreporte'ar] *vt* (*Am: entrevistar*) interviewen

**repórter** [rre'porter] *m* (*Am*), **reportero**, **-a** [rrepor'tero, -a] *m, f* Reporter(in) *m(f)*

**reposabrazos** [rreposa'βraθos] *m inv* Armlehne *f*

**reposacabezas** [rreposaka'βeθas] *m inv* Kopfstütze *f*

**reposado**, **-a** [rrepo'saðo, -a] *adj* ruhig; (*agua*) abgestanden

**reposapiés** [rreposa'pjes] *m inv* Fußstütze *f*

**reposar** [rrepo'sar] **I.** *vi* (aus)ruhen; **aquí reposan los restos mortales de...** hier ruht in Frieden ... **II.** *vt* zur Ruhe bringen; ~ **la comida** Mittagsruhe halten **III.** *vr:* ~**se** (*líquidos*) sich (ab)setzen; (*vino*) ablagern

**reposera** [rrepo'sera] *f* (*Am: tumbona*) Liegestuhl *m*

**reposición** [rreposi'θjon] *f* ① (*de un objeto*) Ersetzung *f;* ~ **de existencias** Lagerauffüllung *f;* ~ **de maquinaria** Maschinenerneuerung *f* ② (*de lugar*) Rückstellung *f;* ~ **al cero** Nullstellung *f* ③ (*del mercado*) Wiederbelebung *f* ④ (*de una persona*) Erholung *f* ⑤ (*de una situación*) Beruhigung *f* ⑥ (TEAT) Neuinszenie-

R

rung *f*

**reposo** [rre'poso] *m* (*tranquilidad*) Ruhe *f;* (*descanso*) Erholung *f;* ~ **en cama** Bettruhe *f;* **una máquina en** ~ eine Maschine im Stillstand

**repostada** [rrepos'taða] *f* (*AmC: contestación*) Retourkutsche *f*

**repostaje** [rrepos'taxe] *m* (AUTO) Auftanken *nt*

**repostar** [rrepos'tar] *vt* ❶ (*provisiones*) sich neu versorgen (mit +*dat*) ❷ (*combustible*) auftanken

**repostería** [rreposte'ria] *f* ❶ (*pastelería, oficio*) Konditorei *f* ❷ (*productos*) Feingebäck *nt* ❸ (*mueble*) Anrichte *f* ❹ (NÁUT) Pantry *f*

**repostero**, **-a** [rrepos'tero, -a] *m, f* Konditor(in) *m(f)*

**reprender** [rrepren̪'der] *vt* tadeln; ~**le algo a alguien** jdm etw vorwerfen

**reprensión** [rrepren'sjon] *f* Tadel *m;* (JUR) Verwarnung *f*

**represa** [rre'presa] *f* ❶ (*estancamiento*) Stauung *f* ❷ (*construcción*) Staudamm *m*

**represalia** [rrepre'salja] *f* Repressalie *f;* **en** ~ **por...** als Vergeltung für ...

**represaliar** [rrepresa'ljar] *vt* Repressalien ergreifen (gegen +*akk*)

**represar** [rrepre'sar] **I.** *vt* (*agua*) stauen; (*fig*) unterdrücken **II.** *vr:* ~**se** sich stauen

**representación** [rrepresen̪ta'θjon] *f* ❶ (*substitución, delegación*) Vertretung *f;* ~ **colectiva** Arbeitnehmervertretung *f;* ~ **exclusiva** Alleinvertretung *f;* ~ **mayoritaria** Mehrheitswahl *f;* ~ **proporcional** Verhältniswahl *f;* **por** [*o* **en**] ~ stellvertretend ❷ (TEAT) Aufführung *f* ❸ (*reproducción*) Darstellung *f;* (*ilustración*) Abbildung *f;* ~ **digital** Digitalanzeige *f* ❹ (*idea*) Begriff *m* ❺ (*autoridad*) Ansehen *nt;* **ser hombre de** ~ eine angesehene Persönlichkeit sein

**representante** [rrepresen̪'tan̪te] *mf* ❶ (*delegado*) Abgeordnete(r) *mf;* (*suplente*) Vertreter(in) *m(f);* ~ **especial** Sonderbeauftragte(r) *mf* ❷ (*actor*) Darsteller(in) *m(f)*

**representar** [rrepresen̪'tar] **I.** *vt* ❶ (*sustituir*) vertreten ❷ (*actuar*) spielen; (*una obra*) aufführen; ~ **el papel de amante** den Liebhaber spielen ❸ (*significar*) bedeuten ❹ (*encarnar, reproducir*) darstellen; (*personificar*) verkörpern; (*ilustrar*) abbilden; ~ **visualmente** (INFOR) auf dem Bildschirm anzeigen ❺ (*aparentar*) aussehen; **representa ser más joven** er/sie sieht jünger aus, als er/sie ist ❻ (*evocar*) schildern **II.** *vr:* ~**se** sich *dat* vorstellen

**representatividad** [rrepresen̪tatiβi'ðaᵈ] *f* ❶ (*carácter*) repräsentativer Charakter *m* ❷ (*significado*) Aussagekraft *f;* **una obra de gran** ~ ein Werk von hoher Aussagekraft ❸ (JUR) Vertretungsbefugnis *f*

**representativo**, **-a** [rrepresen̪ta'tiβo, -a] *adj* repräsentativ; **gobierno** ~ parlamentarische Regierung

**represión** [rrepre'sjon] *f* (*contención*) Unterdrückung *f;* (*limitación*) Beschränkung *f;* ~ **de crímenes** Verbrechensbekämpfung *f*

**represivo**, **-a** [rrepre'siβo, -a] *adj* repressiv

**reprimenda** [rrepri'men̪da] *f* Tadel *m;* (*oficial*) Verweis *m*

**reprimido**, **-a** [rrepri'miðo, -a] *adj* ❶ (*contenido*) unterdrückt ❷ (*cohibido*) gehemmt

**reprimir** [rrepri'mir] **I.** *vt* unterdrücken **II.** *vr:* ~**se** ❶ (*contenerse*) sich beherrschen; ~**se de hablar** sich mit Worten zurückhalten ❷ (*cohibirse*) sich verkrampfen

**reprivatizar** [rrepriβati'θar] <z→c> *vt* (ECON, POL) reprivatisieren

**reprobable** [rrepro'βaβle] *adj* verwerflich

**reprobación** [rreproβa'θjon] *f* (*condenación*) Missbilligung *f;* (*rechazamiento*) Verwerfung *f*

**reprobar** [rrepro'βar] <o→ue> *vt* missbilligen

**reprobatorio**, **-a** [rreproβa'torjo, -a] *adj* tadelnd

**réprobo**, **-a** ['rreproβo, -a] **I.** *adj* verdammt **II.** *m, f* Verdammte(r) *mf*

**reprochable** [rrepro'ʧaβle] *adj* tadelnswert

**reprochar** [rrepro'ʧar] *vt* vorwerfen

**reproche** [rre'proʧe] *m* Vorwurf *m;* **en son de** ~ in vorwurfsvollem Ton; **hacer** ~**s a alguien por algo** jdm Vorwürfe wegen etw *gen/dat* machen

**reproducción** [rreproðuᵞ'θjon] *f* ❶ (*procreación*) Fortpflanzung *f;* ~ **bovina** Rinderzucht *f* ❷ (*repetición*) Reproduktion *f;* (*copia*) Vervielfältigung *f;* ~ (**de un libro**) Nachdruck *m;* ~ **de un discurso** Wiederholung eines Vortrags ❸ (*representación*) Wiedergabe *f;* ~ **magnetofónica** Bandaufnahme *f;* ~ **radiofónica** Rundfunkübertragung *f*

**reproducible** [rreproðu'θiβle] *adj* reproduzierbar

**reproducir** [rreproðu'θir] *irr como traducir* **I.** *vt* ❶ (*procrear*) fortpflanzen ❷ (*repetir*) reproduzieren; (*copiar*) vervielfältigen; (*un libro*) nachdrucken ❸ (*representar*) wiedergeben; (*imitar*) nachahmen; (*contar*) nacherzählen **II.** *vr:* ~**se** sich fortpflanzen

**reproductor**[1] [rreproðuk'tor] *m* (*aparato*) Wiedergabegerät *nt;* ~ **de discos compactos** CD-Player *m*

**reproductor(a)**[2] [rreproðuk'tor(a)] **I.** *adj* Fortpflanzungs- **II.** *m(f)* (*animal*) Zuchttier *nt*

**reptar** [rrep'tar] *vi* kriechen

**reptil** [rrep'til] *m* Reptil *nt*

**república** [rre'puβlika] *f* Republik *f;* **R~ Federal de Alemania** Bundesrepublik Deutschland; ~ **miembro** Mitgliedsstaat *m*

**i Land & Leute**

Die **República Dominicana** – *Dominikanische Republik*, deren Hauptstadt *Santo Domingo* heißt, ist rund 50.000 Quadratkilometer groß. Spanisch ist die offizielle Landessprache. Weltbekannt ist der dominikanische Nationaltanz, der sog. *merengue*.

**republicano, -a** [rrepuβli'kano, -a] **I.** *adj* republikanisch **II.** *m, f* Republikaner(in) *m(f)*

**repudiable** [rrepu'ðjaβle] *adj* verwerflich

**repudiar** [rrepu'ðjar] *vt* ❶ (*rechazar*) ablehnen ❷ (*parientes*) verstoßen

**repudio** [rre'puðjo] *m* ❶ (*rechazo*) Ablehnung *f* ❷ (*de parientes*) Verstoßung *f*

**repuesto**[1] [rre'pwesto] *m* ❶ (*pieza*) Ersatzteil *nt* ❷ (*de alimentos*) Vorrat *m* (*de* an +*dat*)

**repuesto, -a**[2] [rre'pwesto, -a] *pp de* **reponer**

**repugnancia** [rrepuɣ'naṇθja] *f* ❶ (*repulsión*) Abneigung *f* (*a* gegen +*akk*); (*asco*) Ekel *m* (*a* vor +*dat*); **tener ~ al pescado** sich vor Fisch ekeln ❷ (*resistencia*) Widerwille *m;* **hacer algo con ~** etw widerwillig tun

**repugnante** [rrepuɣ'naṇte] *adj* ekelhaft

**repugnar** [rrepuɣ'nar] **I.** *vi* ❶ (*producir aversión*) abstoßen; (*asquear*) anekeln; **me repugna la carne grasosa** fettes Fleisch finde ich ekelhaft ❷ (*disgustar*) widerstreben +*dat* **II.** *vt* (*rehusar*) ablehnen **III.** *vr:* ~**se** (*contradecirse*) sich (gegenseitig) ausschließen

**repujar** [rrepu'xar] *vt* (*metal*) treiben; (*cuero*) punzen

**repulsa** [rre'pulsa] *f* (*rechazo*) Ablehnung *f*

**repulsar** [rrepul'sar] *vt* (*persona*) zurückweisen; (*deseo*) abschlagen

**repulsión** [rrepul'sjon] *f* (*aversión*) Abneigung *f;* (*asco*) Ekel *m*

**repulsivo, -a** [rrepul'siβo, -a] *adj* ekelhaft

**repuntar** [rrepuṇ'tar] **I.** *vi* ❶ (*AmS: reaparecer*) unverhofft erscheinen ❷ (*CSur: río*) wieder ansteigen **II.** *vt* ❶ (*RíoPl: el liderazgo*) wieder aufnehmen ❷ (*CSur: animales*) zusammentreiben

**reputación** [rreputa'θjon] *f* Ruf *m;* **mujer de mala ~** Prostituierte *f;* **tener muy buena/mala ~** höchst angesehen/sehr schlecht angesehen sein; **un local con mala ~** ein berüchtigtes Lokal

**reputar** [rrepu'tar] *vt* ❶ (*considerar*) halten (*por* für +*akk*) ❷ (*apreciar*) schätzen

**requebrar** [rreke'βrar] <e→ie> *vt* (*a una mujer*) Komplimente machen +*dat*

**requemado, -a** [rreke'maðo, -a] *adj* ❶ (*color*) schwärzlich; (*piel*) stark verbrannt ❷ (*persona*) verwirrt

**requemar** [rreke'mar] **I.** *vt* ❶ (*asar bien*) durchbraten; (*demasiado*) anbrennen lassen ❷ (*plantas*) ausdörren ❸ (*doler*): ~ **la garganta/la lengua** im Hals/auf der Zunge brennen **II.** *vr:* ~**se** ❶ (*quemarse*) anbrennen ❷ (*enfadarse*) sich grämen ❸ (*de un sentimiento*) sich verzehren (*de* vor +*dat*) ❹ (*plantas*) verdorren

**requenete** [rreke'nete] *adj* (*Ven: rechoncho*) pummelig

**requerimiento** [rrekeri'mjeṇto] *m* ❶ (*requisitoria*) Ersuchen *nt* (*de* um +*akk*); (*escrito*) Antrag *m* (*de* auf +*akk*); ~ **de información** Anfrage *f;* **a ~ de** auf Verlangen von; **hacer el ~ para la publicación de las proclamas** das Aufgebot bestellen ❷ (*exigencia*) Anforderung *f* ❸ (*aviso*) Aufforderung *f* (*de* zu +*dat*)

**requerir** [rreke'rir] *irr como sentir vt* ❶ (*necesitar*) erfordern; **esto requiere toda la atención** hier ist höchste Aufmerksamkeit geboten; **este asunto requiere mucho tiempo** diese Angelegenheit ist sehr zeitraubend ❷ (*amorosamente*) den Hof machen +*dat;* ~ **de amores** Liebeserklärungen machen +*dat* ❸ (*intimar*) auffordern; ~ **a alguien que...** +*subj* jdn auffordern zu ... +*inf*

**requesón** [rreke'son] *m* Quark *m*

**requetebién** [rrekete'βjen] *adv* (*fam*) super

**requetebueno, -a** [rrekete'βweno, -a] *adj* (*Am: fam*) echt gut

**requetecaro, -a** [rrekete'karo, -a] *adj* (*Am: fam*) übermäßig teuer

**requiebro** [rre'kjeβro] *m* Kompliment *nt*

**réquiem** ['rrekjen] *m* Requiem *nt*

**requisa** [rre'kisa] *f* ❶ (*inspección*) Inspektion *f* ❷ (*confiscación*) Beschlagnahme *f*

**requisar** [rreki'sar] *vt* beschlagnahmen

**requisito** [rreki'sito] *m* (*requerimiento*) Anforderung *f;* (*condición*) Voraussetzung *f;* ~ **previo** Vorbedingung *f;* **exigir ciertos ~s** gewisse Anforderungen stellen; **con todos los ~s** (*fam fig*) mit allem Drum und Dran

**res** [rres] *f* ❶ (*animal*) Vieh *nt;* ~ **es de matadero** Schlachtvieh *nt* ❷ (*Am: vaca*) Rind *nt*

**resabio** [rre'saβjo] *m* ❶ (*sabor*) (schlechter) Nachgeschmack *m* ❷ (*costumbre*) schlechte Angewohnheit *f*

**resaca** [rre'saka] *f* ❶ (*fam: malestar*) Kater *m* ❷ (*olas*) Brandung *f*

**resalado, -a** [rresa'laðo, -a] *adj* anmutig

**resaltar** [rresal̪'tar] *vi* ❶ (*rebotar*) zurückprallen ❷ (*sobresalir*) hervorragen ❸ (*desprenderse*) abspringen ❹ (*distinguirse*) ins Auge springen; **hacer ~** hervorheben

**resalte** [rre'sal̪te] *m,* **resalto** [rre'sal̪to] *m* (*saliente*) Absatz *m*

**resanar** [rresa'nar] *vt* ausbessern; (*con oro*) neu vergolden

**resarcir** [rresar'θir] <c→z> **I.** *vt* ❶ (*compensar*) entschädigen (*de* für +*akk*) ❷ (*reparar*) ausbessern **II.** *vr:* ~**se** ❶ (*de un daño*) sich schadlos halten (*de* für +*akk, de* an +*dat*) ❷ (*de las fatigas*) sich erholen

**resbaladizo, -a** [rresβala'ðiθo, -a] *adj* rutschig

**resbalamiento** [rresβala'mjen̪to] *m* Rutschen *nt;* **superficie de ~** Gleitbahn *f*

**resbalar** [rresβa'lar] *vi* rutschen, gleiten; (*sin querer*) ausrutschen; **¡cuidado con no ~!** Vorsicht Glatteis!; **mis palabras le resbalan** meine Worte lassen ihn/sie kalt

**resbalón** [rresβa'lon] *m* Ausrutscher *m;* **dar un ~** ausrutschen

**rescatar** [rreska'tar] *vt* ❶ (*a un prisionero*) befreien; (*con dinero*) auslösen ❷ (*a un náufrago*) retten ❸ (*algo perdido*) wieder finden ❹ (*una deuda*) begleichen ❺ (*tiempo*) zurückgewinnen; **quisiera ~ mi juventud** ich wäre gerne wieder jung ❻ (*culpas viejas*) wieder gutmachen ❼ (*Am: mercancías*) Tauschhandel betreiben (mit +*dat*)

**rescate** [rres'kate] *m* ❶ (*de un prisionero*) Befreiung *f;* (*con dinero*) Auslösung *f* ❷ (*de un náufrago*) Rettung *f* ❸ (*de una prenda*) (Pfand)einlösung *f* ❹ (*recuperación*) Rückkauf *m;* **con facultad de ~** mit Rückkaufrecht ❺ (*dinero para rescatar*) Lösegeld *nt*

**rescindir** [rresθin̪'dir] *vt* (*la ley*) aufheben; (*un contratante*) (auf)kündigen

**rescisión** [rresθi'sjon] *f* (*la ley*) Ungültigkeitserklärung; (*un contratante*) Kündigung *f;* ~ **de una deuda** Erlöschen einer Schuld

**rescoldo** [rres'kol̪do] *m* ❶ (*borrajo*) glimmende Asche *f;* **donde candelita hubo, siempre ~ quedó** (*prov*) alte Liebe rostet nicht ❷ (*escrúpulos*) Gewissensbisse *mpl*

**resecar** [rrese'kar] <c→qu> *vt* (*secar mucho*) austrocknen

**reseco, -a** [rre'seko, -a] *adj* ❶ (*muy seco*) sehr trocken ❷ (*flaco*) (spindel)dürr

**resentido, -a** [rresen̪'tiðo, -a] *adj* ❶ *estar* (*ofendido*) beleidigt ❷ *estar* (*débil*) angeschlagen ❸ *ser* nachtragend

**resentimiento** [rresen̪ti'mjen̪to] *m* Groll *m*

**resentirse** [rresen̪'tirse] *irr como sentir vr* ❶ (*ofenderse*) sich ärgern (*por/de* über +*akk*) ❷ (*sentir dolor*) leiden (*de/con* unter +*dat*); ~ **del costado** Seitenstechen haben; **todavía se resiente de las heridas del accidente** die Unvallverletzungen machen ihm/ihr immer noch zu schaffen ❸ (*debilitarse*) nachgeben; (*muros*) bersten; **los edificios se resintieron cuando abrieron el túnel del metro** als der Schacht für die U-Bahn gebaut wurde, bekamen die Gebäude Risse

**reseña** [rre'seɲa] *f* ❶ (*de un libro*) Rezension *f* ❷ (*de una persona*) (Personen)beschreibung *f* ❸ (*narración*) Bericht *m* ❹ (MIL) Musterung *f*

**reseñar** [rrese'ɲar] *vt* ❶ (*un libro*) besprechen ❷ (*una persona*) beschreiben ❸ (*resumir*) berichten (über +*akk*) ❹ (MIL) mustern

**reserva** [rre'serβa] *f* ❶ (*previsión*) Vorrat *m;* (FIN) Reserve *f;* (*fondos*) Rücklage *f;* ~ **de equipajes** (*Am*) Gepäckaufbewahrung(sstelle) *f;* **tener algo en ~** etw vorrätig haben ❷ (*de plazas*) Reservierung *f* ❸ (*biológica*) Reservat *nt* ❹ (MIL) Reserve *f;* **pasar a la ~** zur Reserve abgestellt werden ❺ (*discreción*) Zurückhaltung *f;* **guardar la ~** Verschwiegenheit bewahren ❻ (*circunspección*) Vorbehalt *m;* ~ **mental** stillschweigender Vorbehalt; **a ~ de que...** +*subj* vorausgesetzt, dass ...; **sin la menor ~** vorbehaltslos

**reservadamente** [rreserβaða'men̪te] *adv* im Vertrauen

**reservado**[1] [rreser'βaðo] *m* ❶ (FERRO) Sonderabteil *nt* ❷ (*habitación*) Nebenzimmer *nt*

**reservado, -a**[2] [rreser'βaðo, -a] *adj* ❶ (*derecho*) vorbehalten; **quedan ~s todos los derechos** alle Rechte vorbehalten ❷ (*callado*) reserviert ❸ (*confidencial*) vertraulich ❹ (*cauteloso*) vorsichtig

**reservar** [rreser'βar] **I.** *vt* ❶ (*retener plaza*)

reservieren; ~ **un asiento** (*ocupar*) einen Sitzplatz belegen; (*para un viaje*) einen Sitzplatz reservieren ❷ (*guardar*) zurückbehalten; (*dinero*) zurücklegen ❸ (*ocultar*) verheimlichen (*de* vor +*dat*) **II.** *vr:* ~**se** ❶ (*conservarse*) sich schonen ❷ (*cautelarse*) sich zurückhalten

**reservista** [rreser'βista] **I.** *adj* (MIL) Reserve- **II.** *mf* (MIL) Reservist(in) *m(f)*

**resfriado** [rresfri'aðo] *m* Erkältung *f*

**resfriar** [rresfri'ar] <*3. pres:* resfría> **I.** *vi, vt* abkühlen **II.** *vr:* ~**se** ❶ (*enfriarse*) abkühlen ❷ (MED) sich erkälten

**resfrío** [rres'frio] *m* (*Am*) Erkältung *f*

**resguardar** [rresɣwar'ðar] **I.** *vt* ❶ (*proteger*) (be)schützen (*de* vor +*dat*) ❷ (*poner en seguridad*) sicherstellen; ~ **los derechos** alle Rechte vorbehalten **II.** *vr:* ~**se** sich schützen (*de* vor +*dat*); ~**se con un muro** hinter einer Mauer Schutz suchen

**resguardo** [rres'ɣwarðo] *m* ❶ (*protección*) Schutz *m* ❷ (*guardia*) Sicherstellung *f;* ~ **de la legalidad** Wahrung der Gesetzlichkeit ❸ (*recibo*) Quittung *f;* ~ **de almacén/de entrega** Lager-/Lieferschein *m;* ~ **de transferencia** Überweisungsbeleg *m*

**residencia** [rresi'ðen̩θja] *f* ❶ (*domicilio*) Wohnsitz *m;* ~ **habitual** ständiger Wohnsitz; **cambiar de** ~ den Wohnort wechseln ❷ (*estancia*) Aufenthalt *m* ❸ (*casa lujosa*) Residenz *f;* ~ **real** Königspalast *m;* ~ **señorial** Herrenhaus *nt* ❹ (*internado*) Heim *nt;* (*colegio*) Internat *nt;* ~ **de ancianos** Altersheim *nt;* ~ **de huérfanos** Waisenhaus *nt* ❺ (*hostal*) Pension *f*

**residencial** [rresiðen̩'θjal] **I.** *adj* Wohn- **II.** *m* (*urbanización*) Wohnanlage *f*

**residente** [rresi'ðen̩te] **I.** *adj* (*persona*) wohnhaft; (*por mucho tiempo*) ansässig; ~ **en el lugar** ortsansässig **II.** *mf* Einwohner(in) *m(f)*

**residir** [rresi'ðir] *vi* ❶ (*habitar*) wohnen ❷ (*radicar*) liegen

**residual** [rresiðu'al] *adj* Rest-, Abfall-

**residuo** [rre'siðwo] *m* ❶ (*resto*) Rest *m;* (QUÍM) Rückstand *m* ❷ *pl* (*basura*) Abfall *m;* (*géneros defectuosos*) Ausschuss *m;* ~**s de las fábricas** Fabrikabfälle *mpl;* ~**s radiactivos** Atommüll *m;* ~**s tóxicos** Giftmüll *m*

**resignación** [rresiɣna'θjon] *f* Resignation *f;* (*renuncia*) Verzicht *m*

**resignar** [rresiɣ'nar] **I.** *vt* niederlegen **II.** *vr:* ~**se** resignieren; ~**se con** [*o* **a**] **algo** sich mit etw *dat* abfinden

**resina** [rre'sina] *f* Harz *nt*

**resistencia** [rresis'ten̩θja] *f* Widerstand *m* (*a* gegen +*akk*); ~ **a la autoridad** Widerstand gegen die Staatsgewalt; ~ **al choque** Stoßfestigkeit *f;* ~ **al frío** Kältebeständigkeit *f;* ~ **al pago** Zahlungsverweigerung *f;* ~ **a la publicidad** Werbemüdigkeit *f;* ~ **a la rotura** Bruchfestigkeit *f;* **carrera de** ~ Dauerlauf *m;* **plato de** ~ Hauptgericht *nt;* **oponer** ~ Widerstand leisten; **formar parte de la** ~ im Widerstand sein; **la** ~ **alemana** die deutschen Widerstandskämpfer

**resistente** [rresis'ten̩te] **I.** *adj* widerstandsfähig (*a* gegen +*akk*); ~ **al calor** hitzebeständig; ~ **a la intemperie** wetterfest; ~ **a la lavadora** waschmaschinenfest; ~ **a la luz** lichtecht; ~ **a la rotura** bruchsicher **II.** *mf* Widerstandskämpfer(in) *m(f)*

**resistir** [rresis'tir] **I.** *vi, vt* standhalten +*dat;* ~ **a una tentación** einer Versuchung widerstehen; ~ **al enemigo** dem Feind Widerstand leisten; **resistió la enfermedad** er/sie hat die Krankheit überstanden; **¡no resisto más!** ich halte das nicht länger aus!; **no resisto la comida pesada** ich kann schweres Essen nicht vertragen; **no puedo** ~ **a esta persona** ich kann diese Person nicht ausstehen **II.** *vr:* ~**se** sich weigern

**resistividad** [rresistiβi'ða^ð] *f* (ELEC) Widerstandsfähigkeit *f*

**resollar** [rreso'ʎar] *vi* ❶ (*aspirar*) schnaufen; ~ **comiendo** schlürfen; **beber algo sin** ~ (*fig*) etw in einem Zug austrinken; **trabajar horas y horas sin** ~ (*fig*) pausenlos arbeiten ❷ (*fam: dar noticia de sí*) von sich *dat* hören lassen

**resolución** [rresolu'θjon] *f* ❶ (*firmeza*) Entschlossenheit *f* ❷ (*decisión*) Entschluss *m;* (POL) Resolution *f;* ~ **administrativa** Bescheid *m;* ~ **arbitral** Schiedsspruch *m;* ~ **judicial** Gerichtsentscheidung *f;* **tomar una** ~ einen Beschluss fassen ❸ (*solución*) Auflösung *f*

**resolutivo**[1] [rresolu'tiβo] *m* (MED) Auflösungsmittel *nt*

**resolutivo, -a**[2] [rresolu'tiβo, -a] *adj* ❶ (*decisivo*) Entscheidungs- ❷ (MED) auflösend

**resoluto, -a** [rreso'luto, -a] *adj* resolut

**resolver** [rresol'βer] *irr como volver* **I.** *vt* ❶ (*acordar*) beschließen ❷ (*solucionar*) lösen; ~ **un problema** ein Problem lösen ❸ (*decidir*) beschließen ❹ (*disolver*) auflösen **II.** *vr:* ~**se** ❶ (*solucionarse*) sich klären ❷ (*decidirse*) sich entscheiden ❸ (*disolverse*) sich auflösen

**resonancia** [rreso'nan̩θja] *f* Resonanz *f;* **caja de** ~ Resonanzboden *m;* **de** ~ **universal** weltbewegend; **este libro no tiene** ~ dieses Buch findet keinen Anklang

**resonante** [rreso'nante] *adj* (*importante*) nachhaltig; **con éxito** ~ mit glänzendem Erfolg; **una victoria** ~ ein bedeutender Sieg

**resonar** [rreso'nar] <o→ue> *vi* (wider)hallen; **los gritos de angustia resuenan todavía en mis oídos** ich höre immer noch die Angstschreie in meinen Ohren; ~ **fuera de las fronteras** (*fig*) über die Grenzen hinweg bekannt werden

**resoplar** [rreso'plar] *vi* schnauben; ~ **de rabia** vor Wut schnauben

**resorte** [rre'sorte] *m* Feder *f;* (*fig*) Triebfeder *f;* **tocar todos los ~s** (*fig*) alle Hebel in Bewegung setzen

**respaldar** [rrespal'dar] **I.** *vt* ① (*apoyar*) unterstützen ② (*proteger*) decken ③ (*anotar*) auf der Rückseite vermerken **II.** *vr:* **~se** ① (*apoyarse*) sich anlehnen; (*hacia atrás*) sich zurücklehnen; **~se contra la pared** sich an die Wand lehnen; **~se en el sillón** sich im Sessel zurücklehnen ② (*ampararse*) sich *dat* Rückendeckung verschaffen **III.** *m* Rückenlehne *f*

**respaldo** [rres'paldo] *m* ① (*respaldar*) Rückenlehne *f* ② (*reverso*) Rückseite *f;* **en el** ~ auf der Rückseite ③ (*apoyo*) Unterstützung *f;* (*protección*) Rückendeckung *f*

**respectar** [rrespek'tar] *vi* (*verbo defectivo*) betreffen; **por** [*o* **en**] **lo que respecta a él...** was ihn betrifft ...

**respectivamente** [rrespektiβa'mente] *adv:* **le hemos regalado** ~ **un coche** wir haben jedem/jeder ein Auto geschenkt; **Anne y Maite compran la fruta y el pan,** ~ Anne und Maite kaufen ein, die eine das Obst und die andere das Brot

**respectivo, -a** [rrespek'tiβo, -a] *adj* betreffende(r, s)

**respecto** [rres'pekto] *m* Hinsicht *f;* (**con**) ~ **a** bezüglich +*gen;* **con** ~ **a eso, al** ~ diesbezüglich; **a este** ~ in dieser Hinsicht; **al** ~ **de** im Verhältnis zu +*dat*

**respetabilidad** [rrespetaβili'ða$^{ð}$] *f* Achtbarkeit *f*

**respetable** [rrespe'taβle] *adj* ① (*digno de respeto*) achtbar; **persona** ~ Respektsperson *f* ② (*notable*) beachtlich

**respetar** [rrespe'tar] *vt* ① (*honrar*) respektieren; **hacerse** ~ sich *dat* Respekt verschaffen ② (*considerar*) Rücksicht nehmen (auf +*akk*) ③ (*cumplir*) beachten

**respeto** [rres'peto] *m* ① (*veneración*) Respekt *m;* ~ **a las leyes** Achtung vor dem Gesetz; ~ **de un plazo** Einhaltung einer Frist; **falta de** ~ Respektlosigkeit *f;* **una persona de** ~ eine angesehene Person; **faltar al** ~ **a alguien** jdm keinen Respekt entgegenbringen; **ofrecer los ~s a alguien** jdm seine Aufwartung machen; **¡mis ~s a su señora!** meine Empfehlungen an Ihre Frau Gemahlin!; **tener mucho ~ a las tormentas** große Angst vor Gewittern haben; **campar por sus ~s** auf seinen eigenen Nutzen bedacht sein ② (*loc*): **de** ~ Not-

**respetuosidad** [rrespetwosi'ða$^{ð}$] *f* Ehrerbietigkeit *f*

**respetuoso, -a** [rrespetu'oso, -a] *adj* respektvoll; **ser** ~ **con las leyes** die Gesetze beachten

**respingar** [rrespiŋ'gar] <g→gu> *vi* ① (*refunfuñar*) murren ② (*animal*) bocken ③ (*falda*) abstehen

**respingo** [rres'piŋgo] *m* ① (*refunfuño*) Murren *nt* ② (*movimiento*) Ruck *m;* (*animal*) Aufbäumen *nt;* **dar un** ~ erschreckt in die Höhe fahren

**respingón, -ona** [rrespiŋ'gon, -ona] *adj* ① (*animal*) bockig ② (*levantado*) abstehend; **nariz respingona** Stupsnase *f*

**respiración** [rrespira'θjon] *f* (*inhalación*) Atmung *f;* (*aliento*) Atem *m;* ~ **artificial** künstliche Beatmung; ~ **boca a boca** Mund-zu-Mund-Beatmung *f;* **hacer la** ~ **boca a boca a alguien** jdn Mund-zu-Mund beatmen; **dificultad de** ~ Atemnot *f;* **cortar la** ~ (*fig*) den Atem verschlagen

**respiradero** [rrespira'ðero] *m* ① (*abertura*) Luftloch *nt* ② (*descanso*) Atempause *f* ③ (*fam: órganos de respiración*) Atmungsorgane *ntpl*

**respirar** [rrespi'rar] *vi* atmen; ~ **aliviado** erleichtert aufatmen; ~ **trabajosamente** nach Luft schnappen; **sin** ~ (*fig*) pausenlos; **escuchar sin** ~ (*fig*) gespannt zuhören; **¡déjame que respire!** lass mich doch mal verschnaufen!; **no me atrevo a** ~ **delante de él** in seiner Gegenwart wage ich kaum zu atmen; **ahora sé por donde respira** jetzt weiß ich, wo es bei ihm/ihr langgeht

**respiratorio, -a** [rrespira'torjo, -a] *adj* Atmungs-; **vías respiratorias** Atemwege *mpl*

**respiro** [rres'piro] *m* ① (*respiración*) Atmen *nt* ② (*pausa*) Atempause *f* ③ (*de alivio*) Seufzer *m*

**resplandecer** [rresplande'θer] *irr como crecer vi* (*lucir*) leuchten; (*reflejar*) glänzen; ~ **de alegría** vor Glück strahlen; ~ **por su inteligencia** durch seine Intelligenz hervorstechen

**resplandeciente** [rresplande'θjente] *adj* glänzend; ~ **de limpio** blitzblank

**resplandor** [rresplan'dor] *m* Glanz *m*

**responder** [rrespoṇ'der] *vi* ❶ (*contestar*) antworten; **el perro responde por el nombre de...** der Hund hört auf den Namen ... ❷ (*contradecir*) widersprechen +*dat* ❸ (*corresponder*) entsprechen +*dat;* (*cumplir con*) erfüllen +*akk* ❹ (*ser responsable*) verantwortlich sein (*por* für +*akk*) ❺ (*garantizar*) einstehen (*de/por/con* für +*akk*); (*con dinero*) haften (*de/por/con* für +*akk*); ~ **de una deuda** für eine Schuld aufkommen

**respondón**, **-ona** [rrespoṇ'don, -ona] **I.** *adj* frech **II.** *m, f* frecher Mensch *m*

**responsabilidad** [rresponsaβili'ðaᵈ] *f* ❶ (*por un niño*) Verantwortung *f* (*de/por* für +*akk*); ~ **propia** Eigenverantwortung *f;* **exigir** ~ zur Verantwortung ziehen ❷ (*por un daño*) Haftung *f* (*de/por* für +*akk*); ~ **civil** Haftpflicht *f;* ~ **del daño** Schaden(s)ersatzpflicht *f;* **incurrir en** ~ haftbar gemacht werden; **no acepto la** ~ ich komme nicht dafür auf

**responsabilizar** [rresponsaβili'θar] <z→c> **I.** *vt* verantwortlich machen (*de* für +*akk*) **II.** *vr:* ~**se** (*asumir la responsabilidad*) die Verantwortung übernehmen (*de* für +*akk*); (*garantizar*) einstehen (*de* für +*akk*); (JUR) die Haftung übernehmen (*de* für +*akk*)

**responsable** [rrespon'saβle] **I.** *adj* verantwortlich (*de* für +*akk*); **ser civilmente** ~ persönlich haften **II.** *mf* Verantwortliche(r) *mf*

**respuesta** [rres'pwesta] *f* Antwort *f* (*a* auf +*akk*); ~ **negativa** abschlägige Antwort; **en** ~ **a su carta del...** in Beantwortung Ihres Schreibens vom ...; **dar la callada por** ~ überhaupt nicht antworten; **por toda** ~ **se encogió de hombros** seine/ihre einzige Antwort war ein Achselzucken

**resquebrajadura** [rreskeβraxa'ðura] *f* Riss *m*

**resquebrajar** [rreskeβra'xar] **I.** *vt* spalten **II.** *vr:* ~**se** Risse bekommen

**resquemor** [rreske'mor] *m* ❶ (*escozor*) Prickeln *nt* ❷ (*resentimiento*) Groll *m*

**resquicio** [rres'kiθjo] *m* ❶ (*abertura*) Ritze *f,* Spalt *m* ❷ (*ocasión*) Ausweg *m;* ~ **de esperanza** Hoffnungsschimmer *m*

**resta** ['rresta] *f* Subtrahieren *nt*

**restablecer** [rrestaβle'θer] *irr como crecer* **I.** *vt* wiederherstellen **II.** *vr:* ~**se** sich erholen

**restablecimiento** [rrestaβleθi'mjeṇto] *m* ❶ (*recuperación*) Wiederherstellung *f* ❷ (*cura*) Genesung *f*

**restallar** [rresta'ʎar] *vi* knallen; **hacer** ~ **el látigo** mit der Peitsche knallen

**restante** [rres'taṇte] **I.** *adj* restlich; **cantidad** ~ Restbetrag *m* **II.** *m* Rest *m*

**restañar** [rresta'ɲar] *vt* (*la sangre*) stillen; ~ **las heridas** (*fig*) dem Ärger Einhalt gebieten

**restar** [rres'tar] **I.** *vi* übrig bleiben; **aún restan algunos días para finalizar el año** bis zum Jahresende fehlen noch einige Tage **II.** *vt* abziehen; ~ **energías a alguien** jdm Kräfte entziehen; **no** ~ **un ápice del mérito** nicht im geringsten den Erfolg schmälern; ~**se años** sich für jünger ausgeben, als man ist

**restauración** [rrestau̯ra'θjon] *f* Wiederherstellung *f;* (ARTE) Restauration *f;* ~ **de la monarquía** Wiedereinführung der Monarchie

**restaurador(a)** [rrestau̯ra'ðor(a)] **I.** *adj* wiederherstellend **II.** *m(f)* ❶ (*que restaura*) Wiederhersteller(in) *m(f);* (ARTE) Restaurator(in) *m(f)* ❷ (*propietario de restaurante*) Restaurantbesitzer(in) *m(f)*

**restaurante** [rrestau̯'raṇte] *m* Restaurant *nt*

**restaurar** [rrestau̯'rar] *vt* wiederherstellen; (ARTE) restaurieren

**restitución** [rrestitu'θjon] *f* ❶ (*devolución*) Rückgabe *f;* (FIN) Erstattung *f* ❷ (*reposición*) Wiederherstellung *f*

**restituir** [rrestitu'ir] *irr como huir* **I.** *vt* ❶ (*devolver*) zurückgeben; (FIN) (zurück)erstatten ❷ (*restablecer*) wiederherstellen **II.** *vr:* ~**se** zurückkehren (*a* an +*akk*)

**resto** ['rresto] *m* (*lo que sobra*) Rest *m;* ~**s de un buque** Schiffswrack *nt;* **los** ~**s mortales** die sterblichen Überreste; **lo recordaré el** ~ **de mis días** ich werde ihn bis ans Ende meiner Tage nicht vergessen

**restregar** [rrestre'ɣar] *irr como fregar* **I.** *vt* scheuern; ~**le a alguien algo por las narices** (*fig*) jdm etw unter die Nase reiben **II.** *vr:* ~**se** sich abreiben; ~**se los ojos** sich *dat* die Augen reiben

**restregón** [rrestre'ɣon] *m* Abreibung *f,* (Ab)reiben *nt*

**restricción** [rrestriʸ'θjon] *f* (*limitación*) Beschränkung *f;* (*recorte*) Kürzung *f;* ~ **de la natalidad** Geburtenregelung *f;* ~ **mental** stiller Vorbehalt; **sin restricciones** unbeschränkt

**restrictivo**, **-a** [rrestrik'tiβo, -a] *adj* einschränkend

**restringir** [rrestriŋ'xir] <g→j> *vt* einschränken (*a* auf +*akk*)

**resucitación** [rresuθita'θjon] *f* (MED) Wiederbelebung *f*

R

**resucitar** [rresuθi'tar] **I.** *vi* auferstehen **II.** *vt* ❶ (*de la muerte*) vom Tode erwecken ❷ (*un estilo, una moda*) neu beleben
**resuello** [rre'sweʎo] *m* Keuchen *nt;* **sin** ~ außer Atem; **meterle a alguien el** ~ **en el cuerpo** jdn einschüchtern
**resuelto, -a** [rre'swel̪to, -a] **I.** *pp de* **resolver II.** *adj* resolut
**resulta** [rre'sul̪ta] *f* ❶ (*resultado*) Ergebnis *nt* ❷ (*consecuencia*) Folge *f;* **de** ~**s de** infolge von
**resultado** [rresul̪'taðo] *m* Ergebnis *nt,* Resultat *nt;* ~ **del reconocimiento (médico)** Befund *m;* **dar buen/mal** ~ gelingen/misslingen; **tener por** ~ zur Folge haben
**resultar** [rresul̪'tar] *vi* ❶ (*deducirse*) sich ergeben (*de* aus +*dat*) ❷ (*surtir*) sein; ~ **muerto en un accidente** tödlich verunglücken ❸ (*tener éxito*) erfolgreich sein ❹ (*comprobarse*) sich erweisen (als +*nom*) ❺ (*loc*): ~ **en beneficio de alguien** zu jds Gunsten verlaufen
**resumen** [rre'sumen] *m* ❶ (*sumario*) Zusammenfassung *f;* **en** ~ kurz und gut ❷ (*extracto*) Auszug *m*
**resumir** [rresu'mir] **I.** *vt* zusammenfassen **II.** *vr:* ~**se** sich beschränken (*en* auf +*akk*)
**resurgimiento** [rresurxi'mjen̪to] *m* Wiederaufleben *nt*
**resurgir** [rresur'xir] <g→j> *vi* ❶ (*reaparecer*) wieder erscheinen ❷ (*renacer*) auferstehen ❸ (*revivir*) wieder aufleben
**resurrección** [rresurreᵞ'θjon] *f* ❶ (REL) Auferstehung *f;* **Pascua de R~** Ostern *nt* ❷ (*restablecimiento*) Wiederbelebung *f*
**retablo** [rre'taβlo] *m* ❶ (*obra arquitectónica*) Retabel *nt* ❷ (*pintura*) *Gemäldegruppe mit biblischen Motiven;* **ser un** ~ **de dolores** vom Schicksal geschlagen sein ❸ (*drama*) *Theaterstück über ein biblisches Thema*
**retaguardia** [rreta'ɣwarðja] *f* (MIL) Nachhut *f;* **a** [*o* **en**] ~ (*tarde*) verspätet; **a** ~ **de** (*detrás de*) hinter; **estar a la** ~ **de algo** (*fig*) auf etw lauern; **quedarse en la** ~ (*fig*) im Hintergrund bleiben
**retahíla** [rreta'ila] *f* Reihe *f;* **soltar la** ~ eine Liste runterbeten
**retal** [rre'tal] *m* Rest *m*
**retama** [rre'tama] *f* Ginster *m*
**retar** [rre'tar] *vt* herausfordern (*a* zu +*dat*)
**retardar** [rretar'ðar] **I.** *vt* verzögern **II.** *vr:* ~**se** sich verzögern; **me he retardado** ich bin in Verzug geraten
**retardo** [rre'tarðo] *m* Verzögerung *f;* **sufrir un** ~ sich verzögern; **tener** ~ **con algo** mit etw *dat* in Verzug sein
**retazo** [rre'taθo] *m* ❶ (*retal*) Stoffrest *m* ❷ (*fragmento*) Fragment *nt;* (*de conversación*) Bruchstück *nt*
**retemblar** [rretem'blar] <e→ie> *vi* beben; **hacer** ~ erbeben lassen
**retén** [rre'ten] *m* Reserve *f*
**retención** [rreten̪'θjon] *f* ❶ (*custodia*) Einbehaltung *f;* (*deducción*) Abzug *m;* ~ **fiscal** Steuerabzug *m;* **certificado de retenciones** Bescheinigung über einbehaltene Abzüge ❷ (*memorizar*) Behalten *nt* ❸ (*moderación*) Zurückhaltung *f* ❹ (*tráfico*) Stau *m*
**retener** [rrete'ner] *irr como tener* **I.** *vt* ❶ (*conservar*) zurückhalten; (*el pasaporte*) einbehalten; (*la respiración*) anhalten ❷ (*recordar, detener*) behalten **II.** *vr:* ~**se** sich zurückhalten
**retentiva** [rreten̪'tiβa] *f* Gedächtnis *nt*
**reticencia** [rreti'θen̪θja] *f* ❶ (*indirecta*) Anspielung *f;* **andar con** ~**s** (nur) Andeutungen machen ❷ (*renuencia*) Widerwille *m* ❸ (*reserva*) Vorbehalt *m* (*ante* gegen +*akk*)
**reticente** [rreti'θen̪te] *adj* zögerlich
**retícula** [rre'tikula] *f* ❶ (*red*) Netz *nt* ❷ (TIPO) Raster *m*
**reticular** [rretiku'lar] *adj* netzartig; **bóveda** ~ Netzgewölbe *nt*
**retículo** [rre'tikulo] *m* (*red*) Netz *nt*
**retina** [rre'tina] *f* Netzhaut *f*
**retintín** [rretin̪'tin] *m* ❶ (*son*) Nachklang *m* ❷ (*tonillo*) (ironischer) Unterton *m*
**retiración** [rretira'θjon] *f* (TIPO) Gegendruck *m*
**retirada** [rreti'raða] *f* ❶ (*abandono*) Rücktritt *m;* (MIL) Rückzug *m* ❷ (*eliminación*) Beseitigung *f*
**retirado, -a** [rreti'raðo, -a] **I.** *adj* ❶ (*lejos*) abgelegen ❷ (*jubilado*) pensioniert **II.** *m, f* Pensionär(in) *m(f)*
**retirar** [rreti'rar] **I.** *vt* ❶ (*apartar*) weglegen; (*tropas*) abziehen; (*dinero*) abheben ❷ (*echar*) verweisen; ~**on de la sala a los manifestantes** die Demonstranten wurden des Saales verwiesen ❸ (*recoger*) abholen ❹ (*quitar*) entziehen ❺ (*desdecirse*) zurücknehmen ❻ (*negar*) verweigern ❼ (*jubilar*) in den Ruhestand versetzen **II.** *vr:* ~**se** ❶ (*t.* MIL: *abandonar*) sich zurückziehen (*de* aus +*dat*) ❷ (*retroceder*) zurücktreten (*de* von +*dat*) ❸ (*jubilarse*) in den Ruhestand treten
**retiro** [rre'tiro] *m* ❶ (*pensión*) Pension *f* ❷ (*refugio*) abgelegener Ort *m* ❸ (*retraimiento*) Zurückgezogenheit *f*
**reto** ['rreto] *m* Herausforderung *f*
**retocar** [rreto'kar] <c→qu> *vt* (*repasar*)

überarbeiten; (*perfeccionar*) ausbessern; (FOTO) retuschieren

**retomar** [rreto'mar] *vt* wieder aufnehmen

**retoñar** [rreto'ɲar] *vi* (BOT) wieder sprießen; (*fig*) wieder auftreten

**retoño** [rre'toɲo] *m* ① (*vástago*) Spross *m* ② (*persona*) Sprössling *m*

**retoque** [rre'toke] *m* ① (*corrección*) Ausbesserung *f;* (FOTO) Retusche *f* ② (FIN) Bereinigung *f*

**retorcer** [rretor'θer] *irr como cocer* **I.** *vt* ① (*torcer*) verdrehen ② (*enroscar*) winden **II.** *vr:* ~**se** ① (*enroscarse*) sich verdrehen ② (*de dolor*) sich winden (*de* vor +*dat*)

**retorcido, -a** [rretor'θiðo, -a] *adj* ① (*conceptuoso*) geschraubt ② (*maligno*) falsch ③ (*complicado*): **pensar de manera retorcida** um zwei Ecken denken; **¡qué ~!** das ist doppelt gemoppelt!

**retorcimiento** [rretorθi'mjen̪to] *m* ① (*torcedura*) Verdrehung *f* ② (*vuelta*) Windung *f* ③ (*encorvadura*) Verkrümmung *f*

**retórica** [rre'torika] *f* Rhetorik *f*

**retórico, -a** [rre'toriko, -a] **I.** *adj* rhetorisch **II.** *m, f* Rhetoriker(in) *m(f)*

**retornable** [rretor'naβle] *adj:* **botella ~** Mehrwegflasche *f;* **botella no ~** Einwegflasche *f*

**retornar** [rretor'nar] **I.** *vi* zurückkehren **II.** *vt* ① (*devolver*) zurückgeben ② (*retroceder*) umwenden, umdrehen

**retorno** [rre'torno] *m* ① (*regreso*) Rückkehr *f* ② (*devolución*) Rückgabe *f*

**retorta** [rre'torta] *f* Retorte *f*

**retortijón** [rretorti'xon] *m* ① (*ensortijamiento*) Verkrümmung *f* ② (*dolor*) Stechen *nt;* **tengo un ~ de estómago** ich habe Magenkrämpfe

**retozar** [rreto'θar] <z→c> *vi* ① (*brincar*) tollen ② (*coquetear*) turteln

**retozón, -ona** [rreto'θon, -ona] *adj* verspielt

**retracción** [rretra$^{\gamma}$'θjon] *f* ① (JUR) Zurücknahme *f* ② (*retroceso*) Rückkehr *f* ③ (*impedimento*) Verhinderung *f* ④ (*retiro*) Rücktritt *m* ⑤ (MED) Schrumpfung *f*

**retractación** [rretrakta'θjon] *f* Widerruf *m*

**retractar** [rretrak'tar] **I.** *vt* (*desdecirse*) zurücknehmen (*de* +*akk*); (JUR) widerrufen (*de* +*akk*) **II.** *vr:* ~**se** widerrufen (*de* +*akk*)

**retráctil** [rre'traktil] *adj* einziehbar

**retraer** [rretra'er] *irr como traer* **I.** *vt* ① (*traer*) wiederbringen ② (JUR) zurücknehmen ③ (*impedir*) hindern (*de* an +*dat*) ④ (*encoger*) einziehen **II.** *vr:* ~**se** ① (*retirarse*) zurücktreten (*de* von +*dat*) ② (*aislarse*) sich zurückziehen (*a/en* in +*akk*) ③ (*retroceder*) sich zurückversetzen (*a* in +*akk*)

**retraído, -a** [rretra'iðo, -a] *adj* (*reservado*) zurückhaltend

**retraimiento** [rretrai̯'mjen̪to] *m* Zurückhaltung *f*

**retransmisión** [rretra$^{n}$smi'sjon] *f* Übertragung *f;* ~ **deportiva** Sportberichterstattung *f;* ~ **por televisión** Fernsehübertragung *f*

**retransmisor** [rretra$^{n}$smi'sor] *m* (TEL) Nebensender *m*

**retransmitir** [rretra$^{n}$smi'tir] *vt* übertragen

**retrasado, -a** [rretra'saðo, -a] *adj* ① (*atrasado*) verspätet ② (*anticuado*) rückständig; ~ **en tecnología** technologisch rückständig ③ (*no actual*) alt ④ (*subdesarrollado*) zurückgeblieben; ~ **mental** geistig zurückgeblieben

**retrasar** [rretra'sar] **I.** *vt* ① (*demorar*) verzögern ② (*el reloj*) zurückstellen **II.** *vi* ① (*el reloj*) nachgehen ② (*no estar al día*) zurückbleiben **III.** *vr:* ~**se** sich verspäten

**retraso** [rre'traso] *m* ① (*demora*) Verspätung *f* ② (*del desarrollo*) Rückständigkeit *f* ③ (*de la deuda*) Verzug *m;* **tener ~ en los pagos** mit den Zahlungen in Verzug sein

**retratar** [rretra'tar] *vt* porträtieren

**retratista** [rretra'tista] *mf* (*dibujante*) Porträtmaler(in) *m(f);* (*fotógrafo*) Porträtfotograf(in) *m(f)*

**retrato** [rre'trato] *m* ① (*representación*) Porträt *nt;* (FOTO) Porträtaufnahme *f* ② (*parecido*) Ebenbild *nt;* **ser el vivo ~ de alguien** jdm zum Verwechseln ähnlich sein

**retrato-robot** [rre'trato-rro'βo$^{t}$] <retratos-robot> *m* Phantombild *nt*

**retreta** [rre'treta] *f* Zapfenstreich *m*

**retrete** [rre'trete] *m* Toilette *f*

**retribución** [rretriβu'θjon] *f* Vergütung *f;* (*sueldo*) Gehalt *nt;* **retribuciones dinerarias** Geldbezüge *pl;* **retribuciones en especie** Sachbezüge *pl*

**retribuir** [rretriβu'ir] *irr como huir vt* ① (*remunerar*) vergüten ② (*Am: compensar*) sich erkenntlich zeigen (für +*akk*)

**retributivo, -a** [rretriβu'tiβo, -a] *adj* einträglich

**retroactividad** [rretroaktiβi'ða$^{ð}$] *f* Rückwirkung *f*

**retroactivo, -a** [rretroak'tiβo, -a] *adj* rückwirkend

**retroalimentación** [rretroalimen̪ta'θjon] *f* Rückkopplung *f*

**retroceder** [rretroθe'ðer] *vi* ① (*regresar*) zurückgehen ② (*desistir*) zurückweichen

**retroceso** [rretro'θeso] *m* ① (*regresión*) Rückgang *m;* ~ **en las negociaciones**

R

Rückschlag bei den Verhandlungen ❷ (MED) Rückfall *m*

**retrógrado, -a** [rre'troɣraðo, -a] **I.** *adj* ❶ (*que retrocede*) retrograd ❷ (*pey: reaccionario*) reaktionär **II.** *m, f* Reaktionär(in) *m(f)*

**retropropulsión** [rretropropul'sjon] *f* Rückstoßantrieb *m*

**retroproyector** [rretroproɟek'tor] *m* Overheadprojektor *m*

**retrospección** [rretrospeᵞ'θjon] *f* Überprüfung *f*

**retrospectiva** [rretrospek'tiβa] *f* Rückblick *m*

**retrospectivo, -a** [rretrospek'tiβo, -a] *adj* retrospektiv

**retrotraer** [rretrotra'er] *irr como traer* **I.** *vt* ❶ (*antedatar*) (zu)rückdatieren ❷ (*retroceder*) zurückversetzen (*a* in +*akk*) **II.** *vr:* ~**se** sich zurückversetzen (*a* in +*akk*)

**retrovisor** [rretroβi'sor] *m* Rückspiegel *m;* ~ **exterior** Außenspiegel *m;* **mirar por el espejo** ~ in den Rückspiegel schauen

**retumbar** [rretum'bar] *vi* dröhnen

**reuma** ['rreu̯ma] *m o f,* **reúma** [rre'uma] *m o f* Rheuma *nt*

**reumático, -a** [rreu̯'matiko, -a] *adj* rheumatisch

**reumatismo** [rreu̯ma'tismo] *m sin pl* Rheumatismus *m*

**reumatología** [rreu̯matolo'xia] *f* (MED) Rheumatologie *f*

**reunificación** [rreunifika'θjon] *f* Wiedervereinigung *f*

**reunificar** [rreunifi'kar] <c→qu> *vt* wieder vereinigen

**reunión** [rreu'njon] *f* ❶ (*encuentro, asamblea*) Versammlung *f;* ~ **de los trabajadores** Betriebsversammlung *f* ❷ (*conferencia*) Besprechung *f;* **estar en** ~ in einer Besprechung sein; **celebrar una** ~ eine Besprechung abhalten ❸ (*el juntar*) Sammlung *f* ❹ (*grupo, invitados*) Gesellschaft *f*

**reunir** [rreu'nir] *irr* **I.** *vt* ❶ (*congregar*) versammeln ❷ (*unir*) vereinigen ❸ (*juntar*) sammeln **II.** *vr:* ~**se** ❶ (*congregarse*) sich versammeln ❷ (*unir*) sich vereinigen ❸ (*juntarse*) sich sammeln

**reutilización** [rreutiliθa'θjon] *f* Wiederverwertung *f*

**reutilizar** [rreutili'θar] <z→c> *vt* wieder verwerten

**reválida** [rre'βaliða] *f* ❶ (*confirmación*) Bestätigung *f* ❷ (*examen*) Abschlussprüfung *f*

**revalidar** [rreβali'ðar] **I.** *vt* bestätigen **II.** *vr:* ~**se** anerkannt werden

**revaloración** [rreβalora'θjon] *f* Neubewertung *f*

**revalorización** [rreβaloriθa'θjon] *f* Aufwertung *f*

**revalorizar** [rreβalori'θar] <z→c> *vt* aufwerten

**revaluación** [rreβalwa'θjon] *f* Neubewertung *f;* (*elevamiento*) Aufwertung *f*

**revaluar** [rreβalu'ar] <*1. pres:* revalúo> *vt* neu bewerten; (*subir el valor*) aufwerten

**revancha** [rre'βanʧa] *f* ❶ (*desquite*) Revanche *f;* **tomarse la** ~ **por algo** sich für etw revanchieren ❷ (*venganza*) Vergeltung *f;* **tomarse la** ~ sich rächen

**revelación** [rreβela'θjon] *f* ❶ (*descubrimiento*) Enthüllung *f* ❷ (REL) Offenbarung *f*

**revelado** [rreβe'laðo] *m* (FOTO) Entwicklung *f*

**revelador**[1] [rreβela'ðor] *m* (FOTO) Entwickler *m*

**revelador(a)**[2] [rreβela'ðor(a)] *adj* aufschlussreich

**revelar** [rreβe'lar] *vt* ❶ (*dar a conocer*) enthüllen; (*un secreto*) lüften ❷ (FOTO) entwickeln ❸ (REL) offenbaren

**revellín** [rreβe'ʎin] *m* ❶ (*Cuba: dificultad*) Schwierigkeit *f* ❷ (*loc*): **echar** ~ vor Wut schäumen

**revender** [rreβen̩'der] *vt* wieder verkaufen

**revenir** [rreβe'nir] *irr como venir vi, vr:* ~**se** ❶ (*encoger*) schrumpfen ❷ (*agriarse*) sauer werden ❸ (*secarse*) austrocknen

**reventa** [rre'βen̩ta] *f* Wiederverkauf *m*

**reventar** [rreβen̩'tar] <e→ie> **I.** *vi* ❶ (*romperse*) platzen (*de/por* vor +*dat*); **lleno hasta** ~ zum Bersten voll; **la agonía del pobre,** ~ **por que no sobre** (*prov*) lieber den Magen verrenkt, als dem Wirt was geschenkt ❷ (*vulg: morir*) verrecken *fam;* **¡que reviente!** soll er/sie doch von mir aus verrecken! *fam* **II.** *vt* ❶ (*romper*) zum Platzen bringen ❷ (*fam: molestar*) nerven **III.** *vr:* ~**se** ❶ (*romperse*) platzen ❷ (*vulg: morirse*) verrecken *fam*

**reventón** [rreβen̩'ton] *m* (AUTO): **tener un** ~ einen Platten haben

**reverberación** [rreβerβera'θjon] *f* (*de la luz*) Reflexion *f;* (*del sonido*) Widerhall *m*

**reverberar** [rreβerβe'rar] *vi* (*luz*) reflektiert werden; (*sonido*) widerhallen

**reverbero** [rreβer'βero] *m* ❶ *v.* **reverberación** ❷ (*farol*) (Straßen)laterne *f;* (AUTO) Scheinwerfer *m* ❸ (*Am: hornillo*) Spirituskocher *m*

**reverdecer** [rreβerðe'θer] *irr como crecer vi* ❶ (*verdear*) (wieder) ergrünen ❷ (*vigorizar*) erstarken

**reverencia** [rreβe'ren̩θja] *f* ❶ (*veneración*)

Hochachtung *f;* **Su R~** Euer Hochwürden ② (*inclinación*) Verbeugung *f*

**reverenciar** [rreβeren̩'θjar] *vt* ehren

**reverendísimo, -a** [rreβeren̩'disimo, -a] *adj* hochwürdig; **Su R~** Euer Hochwürden

**reverendo, -a** [rreβe'ren̩do, -a] **I.** *adj* ehrwürdig **II.** *m, f* Pfarrer(in) *m(f)*

**reverente** [rreβe'ren̩te] *adj* ehrerbietig

**reversibilidad** [rreβersiβili'ðaᵈ] *f* Umkehrbarkeit *f*

**reversible** [rreβer'siβle] *adj* umkehrbar; (*prenda de vestir*) Wende-

**reversión** [rreβer'sjon] *f* Umkehrung *f*

**reverso** [rre'βerso] *m* (*dorso*) Rückseite *f;* **el ~ de la medalla** (*fig*) die Kehrseite der Medaille

**revertir** [rreβer'tir] *irr como sentir vi* zurückfallen (*a* an +*akk*); **revirtió en su beneficio** es verlief zu seinen/ihren Gunsten

**revés** [rre'βes] *m* ① (*reverso*) Rückseite *f;* **al** [*o* **del**] **~** umgekehrt; **te has puesto el jersey del ~** du hast deinen Pullover linksherum angezogen; **poner a alguien del ~** (*confundir*) jdn durcheinander bringen; (*poner a caldo*) jdm die Meinung ins Gesicht sagen ② (*golpe*) Schlag *m* mit dem Handrücken ③ (DEP) Rückhand *f* ④ (*infortunio*) Rückschlag *m;* **~ de fortuna** Schicksalsschlag *m*

**revestimiento** [rreβesti'mjen̩to] *m* Verkleidung *f* (*con/de* mit +*dat*)

**revestir** [rreβes'tir] *irr como pedir* **I.** *vt* ① (*recubrir*) verkleiden (*con/de* mit +*dat*); **~ de cinc** verzinken ② (*tener*): **~ importancia** bedeutungsvoll sein **II.** *vr:* **~se** (*aparentar*) sich wappnen (*con/de* mit +*dat*)

**reviejo, -a** [rre'βjexo, -a] *adj* uralt

**revisar** [rreβi'sar] *vt* überprüfen; (TÉC) überholen; (*textos*) überarbeiten; (*edición*) neu bearbeiten

**revisión** [rreβi'sjon] *f* Überprüfung *f;* (TÉC) Überholung *f;* (JUR, TIPO) Revision *f;* (MED) Untersuchung *f*

**revisionismo** [rreβisjo'nismo] *m sin pl* Revisionismus *m*

**revisor(a)** [rreβi'sor(a)] *m(f)* ① (*controlador*) Prüfer(in) *m(f);* **~ de cuentas** Buchprüfer *m* ② (FERRO) Schaffner(in) *m(f)*

**revista** [rre'βista] *f* ① (PREN) Zeitschrift *f;* **las ~s del corazón** die Regenbogenpresse; **~ electrónica** elektronische Zeitschrift; **~ especializada** Fachzeitschrift *f;* **~ ilustrada** Illustrierte *f* ② (*inspección*) Überprüfung *f;* (MIL) Truppenbesichtigung *f;* **pasar ~ a las tropas** die Truppe besichtigen ③ (*espectáculo*) Revue *f*

**revitalización** [rreβitaliθa'θjon] *f* (MED) Revitalisierung *f*

**revitalizar** [rreβitali'θar] <z→c> *vt* stärken; (MED) revitalisieren

**revival** [rri'βai̯βal] *m* Revival *nt*

**revivificar** [rreβiβifi'kar] <c→qu> *vt* beleben

**revivir** [rreβi'βir] **I.** *vi* wieder aufleben **II.** *vt* zu neuem Leben erwecken

**revocación** [rreβoka'θjon] *f* (*anulación*) Widerruf *m*

**revocar** [rreβo'kar] <c→qu> **I.** *vt* ① (*anular*) widerrufen, aufheben ② (*apartar*) abbringen ③ (*hacer retroceder*) zurückdrängen ④ (*enlucir*) tünchen **II.** *vi* (*humo*) abziehen

**revolcar** [rreβol'kar] *irr como volcar* **I.** *vt* ① (*derribar*) zu Boden werfen ② (*fam: vencer*) in den Sack stecken ③ (*fam: suspender*) durchfallen lassen **II.** *vr:* **~se** ① (*restregarse*) sich wälzen (*por* auf +*dat*) ② (*obstinarse*) sich versteifen (*en* auf +*akk*)

**revolcón** [rreβol'kon] *m:* **dar un ~ a alguien** (*fig*) jdm einen schweren Schlag versetzen

**revolotear** [rreβolote'ar] *vi* flattern

**revoloteo** [rreβolo'teo] *m* Flattern *nt*

**revoltijo** [rreβol̩'tixo] *m* ① (*embrollo*) Durcheinander *nt* ② (*tripas*) Eingeweide *ntpl*

**revoltoso, -a** [rreβol̩'toso, -a] **I.** *adj* ① (*travieso*) unbändig, ungestüm ② (*rebelde*) aufsässig ③ (*intrincado*) verworren **II.** *m, f* Störenfried *m*

**revolución** [rreβolu'θjon] *f* ① (*t.* POL: *cambio*) Revolution *f* ② (*inquietud*) Aufruhr *m* ③ (*rotación*) Umdrehung *f;* **número de revoluciones** Drehzahl *f* ④ (ASTR) Umlauf *m*

**revolucionar** [rreβoluθjo'nar] *vt* ① (*amotinar*) aufwiegeln ② (*transformar*) revolutionieren ③ (*excitar*) in Aufregung versetzen ④ (TÉC) die Drehzahl erhöhen +*gen*

**revolucionario, -a** [rreβoluθjo'narjo, -a] **I.** *adj* revolutionär **II.** *m, f* Revolutionär(in) *m(f)*

**revoluta** [rreβo'luta] *f* (*AmC*) *v.* **revolución**

**revolver** [rreβol'βer] *irr como volver* **I.** *vt* ① (*mezclar*) umrühren ② (*desordenar*) durcheinander bringen ③ (*soliviantar*) aufwühlen ④ (*investigar*) durchforsten **II.** *vr:* **~se** ① (*moverse*) sich wälzen; **se me revuelve el estómago** da dreht sich mir der Magen um ② (*enfrentarse*) sich widersetzen (*contra* +*dat*) ③ (*el tiempo*) umschlagen

R

**revólver** [rre'βolβer] *m* Revolver *m*
**revoque** [rre'βoke] *m* ① (*acción*) Tünchen *nt* ② (*material*) Tünche *f*
**revuelco** [rre'βwelko] *m* (*golpe*) Schlag *m*
**revuelo** [rre'βwelo] *m* ① (*segundo vuelo*) Rückflug *m;* **de** ~ (*fig*) wie im Fluge ② (*turbación*) Aufruhr *m;* **causar** ~ für Aufruhr sorgen
**revuelta** [rre'βwel̪ta] *f* ① (*tumulto*) Tumult *m* ② (*rebelión*) Revolte *f* ③ (*encorvadura*) Krümmung *f;* **carretera con muchas ~s** kurvenreiche Straße ④ (*cambio*) Umschwung *m*
**revuelto, -a** [rre'βwel̪to, -a] **I.** *pp de* **revolver II.** *adj* ① (*agitado*) aufgewühlt ② (*desordenado*) durcheinander ③ (*tiempo*) wechselhaft ④ (*irritado*) aufgebracht ⑤ (*intrincado*) verworren
**revulsivo, -a** [rreβul'siβo, -a] *adj* (MED) hyperämisierend
**rey** [rrei̯] *m* König *m;* **los R~es Magos** die Heiligen Drei Könige; **el día de ~es** am Dreikönigsfest; **en tiempo del ~ Perico** anno dazumal; **ni quitar ni poner ~** (*fig*) sich raushalten; **ni ~ ni roque** überhaupt niemand; **no temer ~ ni roque** weder Tod noch Teufel fürchten; **vivir a cuerpo de ~** leben wie Gott in Frankreich

**i Land & Leute**

**El Día de Reyes** wird am 6. Januar gefeiert. Am Vorabend finden überall Straßenumzüge statt, wo die *Reyes Magos de Oriente – die Heiligen Drei Könige* und ihre *pajes – Pagen* den Kindern Bonbons zuwerfen. Während der Nacht werden die Kinder von den *Reyes* beschert.

**reyerta** [rre'ɟerta] *f* heftige Auseinandersetzung *f*
**reyezuelo** [rreɟe'θwelo] *m* (ZOOL) Zaunkönig *m*
**rezagado, -a** [rreθa'ɣaðo, -a] *m, f* Nachzügler(in) *m(f)*
**rezagar** [rreθa'ɣar] <g→gu> **I.** *vt* ① (*dejar atrás*) zurücklassen ② (*suspender*) aufschieben **II.** *vr:* **~se** zurückbleiben
**rezar** [rre'θar] <z→c> **I.** *vt* beten (*a* zu +*dat, por* für +*akk*); **~ una oración** ein Gebet sprechen **II.** *vi* ① (*decir*) lauten ② (*corresponder*) passen (*con* zu +*dat*)
**rezo** ['rreθo] *m* ① (*el rezar*) Beten *nt* ② (*oración*) Gebet *nt*
**rezongar** [rreθoŋ'gar] <g→gu> *vi* murren
**rezongón, -ona** [rreθoŋ'gon, -ona] **I.** *adj* (*fam*) mürrisch **II.** *m, f* (*fam*) Brummbär *m*
**rezumar** [rreθu'mar] **I.** *vi* ① (*filtrarse*) (durch)sickern (*por* durch +*akk*); **el sudor le rezumaba por la frente** der Schweiß stand ihm/ihr auf der Stirn ② (*rebosar*) strotzen (vor +*dat*) **II.** *vr:* **~se** (*traslucirse*) (durch)sickern
**RFA** [erre(e)fe'a] *f v.* **República Federal de Alemania** BRD *f*
**ría** ['rria] *f* ① (GEO) Ria *f* ② (DEP) Wassergraben *m*
**riachuelo** [rrja'ʧwelo] *m* Bach *m*
**riada** [rri'aða] *f* Hochwasser *nt*
**ribazo** [rri'βaθo] *m* Böschung *f*

**i Land & Leute**

**Ribeiro** heißt eines der Weinanbaugebiete Galiciens. Der gleichnamige Wein – es gibt ihn als Weiß-, Rosé- oder Rotwein – ist sehr beliebt und hat einen leichten, etwas herben Geschmack.

**ribera** [rri'βera] *f* (*orilla*) Ufer *nt;* (*tierra*) Uferlandschaft; (*vega*) Aue *f*
**ribereño, -a** [rriβe'reɲo, -a] **I.** *adj* Ufer-; **carretera ribereña** Uferstraße *f* **II.** *m, f* Uferbewohner(in) *m(f)*
**ribete** [rri'βete] *m* ① (*galón*) Besatz *m* ② (*adorno*) Verzierung *f;* (*de una narración*) Ausschmückung *f* ③ *pl* (*indicios*) Züge *mpl*
**ribeteado, -a** [rriβete'aðo, -a] *adj* ① (*con ribetes*) eingesäumt ② (*ojos*) entzündet
**ribetear** [rriβete'ar] *vt* einfassen
**ricamente** [rrika'men̪te] *adv* ① (*con abundancia*) reichlich ② (*con placer*) genüsslich
**ricino** [rri'θino] *m* Rizinus *m*
**rico, -a** ['rriko, -a] **I.** *adj* ① (*acaudalado*) reich; **es muy ~** er ist steinreich ② (*sabroso*) lecker; **la comida está muy rica** das Essen schmeckt sehr gut ③ (*abundante*) reich (*en* an +*dat*) ④ (*fructífero*) fruchtbar ⑤ (*excelente*) prächtig ⑥ (*simpático*) reizend **II.** *m, f* ① (*rico*) Reiche(r) *mf;* **nuevo ~** Neureiche(r) *m* ② (*apelativo*) Schatz *m*
**rictus** ['rriktus] *m sin pl* Anflug *m*
**ricura** [rri'kura] *f* (*fam*): **ser una ~** eine Wucht sein; **¡anda, ~!** auf geht's, mein Schatz!
**ridiculez** [rriðiku'leθ] *f* ① (*lo ridículo, nimiedad*) Lächerlichkeit *f;* **me pagan la ~ de cinco euros** sie zahlen mir lausige fünf Euro ② (*tontería*) Unsinn *m*

**ridiculizar** [rriðikuli'θar] <z→c> *vt* lächerlich machen

**ridículo, -a** [rri'ðikulo, -a] *adj* ❶ (*risorio*) lächerlich; **poner(se) en ~** (sich) lächerlich machen ❷ (*tacaño*) geizig

**riego** ['rrjeɣo] *m* Bewässerung *f;* **~ sanguíneo** Durchblutung *f*

**riel** [rrjel] *m* Schiene *f*

**rienda** ['rrjen̩da] *f* ❶ (*correa*) Zügel *m;* **a ~ suelta** zügellos; **aflojar las ~s** (*fig*) die Zügel lockern; **dar ~ suelta** (*fig*) die Zügel schießen lassen; **llevar las ~s** (*fig*) die Zügel in der Hand haben; **tirar de la ~** (*fig*) die Zügel anziehen; **tener las ~s del poder** (*fig*) an den Schalthebeln der Macht sitzen ❷ *pl* (*gobierno*) Führung *f*

**riesgo** ['rrjesɣo] *m* Risiko *nt;* **~ cambiario** Wechselkurs-Risiko *nt;* **~ monetario** Währungsrisiko *nt;* **a ~ de que...** +*subj* auf die Gefahr hin, dass ...; **a ~ y ventura de...** auf Risiko von ...; **por cuenta y ~ propios** auf eigene Gefahr; **asumir un ~** ein Risiko eingehen; **correr el ~ de...** Gefahr laufen zu ...; **estar asegurado a todo ~** (AUTO) vollkaskoversichert sein; **exponer a un ~** in Gefahr bringen; **exponerse a un ~** sich in Gefahr begeben

**rifa** ['rrifa] *f* ❶ (*sorteo*) Verlosung *f* ❷ (*riña*) Streitigkeit *f*

**rifar** [rri'far] **I.** *vt* verlosen **II.** *vi* (sich) streiten

**rifirrafe** [rrifi'rrafe] *m* (*fam*) kleine Auseinandersetzung *f*

**rifle** ['rrifle] *m* Gewehr *nt*

**rigidez** [rrixi'ðeθ] *f* ❶ (*inflexibilidad*) Starrheit *f* ❷ (*severidad*) Strenge *f*

**rígido, -a** ['rrixiðo, -a] *adj* ❶ (*inflexible*) starr ❷ (*severo*) streng

**rigor** [rri'ɣor] *m* ❶ (*severidad*) Strenge *f* ❷ (*exactitud*) Genauigkeit *f;* **en ~** genau genommen ❸ (METEO): **~ del invierno** Strenge des Winters; **~ del verano** Hitze des Sommers ❹ (*loc*): **de ~** unerlässlich

**rigurosidad** [rriɣurosi'ðað] *f* Rigorosität *f*

**riguroso, -a** [rriɣu'roso, -a] *adj* ❶ (*severo*) rigoros ❷ (*exacto*) genau ❸ (METEO) extrem

**rija** ['rrixa] *f* (*riña*) Streit *m*

**rijoso, -a** [rri'xoso, -a] *adj* ❶ (*pendenciero*) streitlustig ❷ (*lujurioso*) lüstern; (*animal*) brünstig

**rima** ['rrima] *f* ❶ (LIT) Reim *m;* **tener ~** sich reimen ❷ (*montón*) Stapel *m*

**rimar** [rri'mar] **I.** *vi* ❶ (*versificar*) reimen ❷ (*tener rima*) sich reimen (*con* auf +*akk*) **II.** *vt* reimen (*con* auf +*akk*, *con* mit +*dat*)

**rimbombancia** [rrimbom'ban̩θja] *f* Pomp *m*

**rimbombante** [rrimbom'ban̩te] *adj* bombastisch

**rímel** ['rrimel] *m* Wimperntusche *f*

**Rin** [rrin] *m* Rhein *m*

**rincón** [rriŋ'kon] *m* ❶ (*esquina*) Ecke *f;* **por todos los rincones** (*fig*) überall ❷ (*escondrijo*) Winkel *m;* (*tranquilo*) stiller Winkel *m* ❸ (*fam: habitación*) Bude *f*

**rinconera** [rriŋko'nera] *f* (*armario*) Eckschrank *m;* (*mesa*) Ecktisch *m*

**ringlera** [rriŋ'glera] *f* Reihe *f*

**rinoceronte** [rrinoθe'ron̩te] *m* Nashorn *nt*

**riña** ['rriɲa] *f* Streit *m;* **~ de gallos** Hahnenkampf *m*

**riñón** [rri'ɲon] *m* ❶ (*órgano*) Niere *f;* **tener piedras en el ~** Nierensteine haben; **costar un ~** eine (schöne) Stange Geld kosten; **tener riñones** (*fig*) Schneid haben; **tener el ~ bien cubierto** (*fig*) gut betucht sein ❷ *pl* (*parte de la espalda*) Kreuz *nt* ❸ (*centro*) Kern *m*

**riñonera** [rriɲo'nera] *f* ❶ (*faja*) Nierengurt *m* ❷ (*cinturón con bolsa*) Gürteltasche *f*

**río** ['rrio] *m* Fluss *m*, Strom *m;* **~ abajo** flussabwärts; **~ arriba** flussaufwärts; **pescar en ~ revuelto** (*fig*) im Trüben fischen; **tener un ~ de oro** einen Goldesel haben; **no hay tío pásame el ~** daran kommt man nicht vorbei; **no llegará el agua al ~** (*fig*) so weit wird es nicht kommen

**i Land & Leute**

Der **Rioja** ist wohl der bekannteste spanische Wein im deutschsprachigen Raum. Die **Comunidad Autónoma La Rioja** ist eine der wichtigsten Weingegenden Spaniens und erhielt als erste den offiziellen Titel *Denominación de Origen*, was so viel heißt wie amtlich anerkanntes Weinbaugebiet mit besonderer Qualifikation.

**riojano, -a** [rrio'xano, -a] **I.** *adj* aus Rioja **II.** *m, f* Einwohner(in) *m(f)* von Rioja

**rioplatense** [rriopla'tense] **I.** *adj* vom Rio de la Plata **II.** *mf* Person *f* vom Rio de la Plata

**ripio** ['rripjo] *m* ❶ (*cascajo*) Bauschutt *m;* **no valer un ~** (*sin valor*) nicht viel wert sein; (*feo*) eher hässlich sein ❷ (*palabra inútil*) Füllwort *nt;* **meter ~** Füllwörter verwenden; **no perder ~** sich *dat* nichts entgehen lassen

**riqueza** [rri'keθa] *f* Reichtum *m*

**risa** [rri'sa] *f* Lachen *nt;* **digno de ~** lächerlich; **mondarse de** ~ sich kaputtlachen; **llorar de** ~ Tränen lachen; **tener un ataque de** ~ einen Lachkrampf haben; **tomar algo a** ~ etw nicht ernst nehmen; **no quiero oír** ~**s a mis espaldas** ich möchte nicht, dass hinter meinem Rücken gelacht wird; **¡qué ~!** (wie) köstlich!; **no estoy para** ~**s** mir ist nicht zum Lachen zumute

**risco** ['rrisko] *m* steiler Felsen *m*

**risible** [rri'siβle] *adj* lustig

**risotada** [rriso'taða] *f* Gelächter *nt;* **soltar una gran** ~ in schallendes Gelächter ausbrechen

**ríspido, -a** ['rrispiðo, -a] *adj* (*Am: rudo*) grob

**ristra** ['rristra] *f* ① (*trenza*) Zopf *m* ② (*fam: sarta*) Reihe *f*

**i Land & Leute**

Damit *los ajos – Knoblauch* und *las cebollas – Zwiebeln* trocken und bequem gelagert werden können, werden sie jeweils, mit ihren eigenen Stängeln und Blättern zu **ristras** – *Zöpfen* zusammengebunden.

**risueño, -a** [rri'sweɲo, -a] *adj* ① (*alegre*) heiter ② (*placentero*) behaglich ③ (*próspero*) verheißungsvoll

**rítmico, -a** ['rri$^{ð}$miko, -a] *adj* rhythmisch

**ritmo** ['rri$^{ð}$mo] *m* Rhythmus *m*

**rito** ['rrito] *m* Ritual *nt*

**ritual** [rritu'al] **I.** *adj* rituell **II.** *m* Ritual *nt*

**ritualizar** [rritwali'θar] <z→c> *vt* ritualisieren

**rival** [rri'βal] **I.** *adj* rivalisierend **II.** *mf* Rivale, -in *m, f*

**rivalidad** [rriβali'ða$^{ð}$] *f* Rivalität *f*

**rivalizar** [rriβali'θar] <z→c> *vi* rivalisieren (*con* mit +*dat*, *por* um +*akk*)

**rizado, -a** [rri'θaðo, -a] *adj* (*cabello*) lockig

**rizar** [rri'θar] <z→c> **I.** *vt* ① (*encrespar*) kräuseln ② (*plegar*) fälteln **II.** *vr:* ~**se** sich kräuseln

**rizo**[1] ['rriθo] *m* ① (*mechón*) Locke *f;* **rizar el** ~ (*imponerse*) sich durchboxen; (*complicar*) die Sache unnötig komplizieren ② (*terciopelo*) Plüsch *m* ③ (AERO) Looping *m o nt;* **rizar el** ~ einen Looping drehen

**rizo, -a**[2] ['rriθo, -a] *adj* kraus

**rizoma** [rri'θoma] *m* Wurzelstock *m*

**RNE** ['rraðjo naθjo'nal̩ de (e)s'paɲa] *f abr de* **Radio Nacional de España** Staatlicher Spanischer Rundfunk *m*

**robar** [rro'βar] *vt* ① (*hurtar*) stehlen; **me** ~**on en París** ich wurde in Paris bestohlen; **me robó la novia** (*fam*) er hat mir die Freundin ausgespannt; **esto roba mucho tiempo** das ist sehr zeitaufwändig ② (*un río*) fortspülen ③ (*estafar*) übervorteilen ④ (*en juegos*) ziehen

**robellón** [rroβe'ʎon] *m* Steinpilz *m*

**roble** ['rroβle] *m* Eiche *f;* **estar como un** ~ (sehr) robust sein

**robo** ['rroβo] *m* ① (*hurto*) Raub *m;* ~ **con homicidio** Raubmord *m;* ~ **a mano armada** bewaffneter Raubüberfall ② (*presa*) Beute *f* ③ (*estafa*) Übervorteilung *f*

**robot** [rro'βo$^{t}$] <robots> *m* Roboter *m;* ~ **de cocina** Küchenmaschine *f*

**robótica** [rro'βotika] *f* Robotertechnik *f*

**robotizar** [rroβoti'θar] <z→c> *vt* ① (*automatizar*) automatisieren ② (*convertir en autómata*) zum Roboter machen

**robustecer** [rroβuste'θer] *irr como crecer* **I.** *vt* stärken **II.** *vr:* ~**se** sich stärken

**robusto, -a** [rro'busto, -a] *adj* robust

**roca** ['rroka] *f* ① (*materia*) Gestein *nt;* **ese hombre es una** ~ dieser Mann hat ein Herz aus Stein ② (*peña*) Felsen *m*

**rocalla** [rro'kaʎa] *f* Gesteinsbrocken *mpl*

**rocambolesco, -a** [rrokambo'lesko, -a] *adj* unglaublich

**roce** ['rroθe] *m* ① (*fricción*) Reibung *f* ② (*huella*) Streifen *m* ③ (*contacto*) Umgang *m;* **tener mucho** ~ **con alguien** mit jdm gut bekannt sein ④ (*pelea*) Reiberei *f*

**rociar** [rroθi'ar] <*3. pres:* rocía> **I.** *vimpers* tauen **II.** *vt* ① (*regar*) besprühen ② (*esparcir*) bestreuen (*de/con* mit +*dat*)

**rocín** [rro'θin] *m* ① (*jamelgo*) Klepper *m abw;* **ir de** ~ **a ruin** vom Regen in die Traufe kommen ② (*fam: tosco*) Tölpel *m*

**rocío** [rro'θio] *m* ① (*relente*) Tau *m;* **cae** ~ es taut ② (*lluvia*) Sprühregen *m* ③ (*rociada*) Berieselung *f*

**rock** [rro$^{k}$] **I.** *adj* Rock-; **grupo de música** ~ Rockband *f* **II.** *m* (MÚS) Rock *m*

**rockero, -a** [rro'kero, -a] **I.** *adj* rockig **II.** *m, f* Rocker *m,* Rockerbraut *f*

**rocoso, -a** [rro'koso, -a] *adj* felsig; **Montañas Rocosas** Rocky Mountains

**rodaballo** [rroða'βaʎo] *m* (ZOOL) Steinbutt *m*

**rodada** [rro'ðaða] *f* Reifenspur *f*

**rodado, -a** [rro'ðaðo, -a] *adj* ① (*fluido*) eingespielt; **venir** ~ (*sin dificultades*) wie geschmiert laufen; (*de perlas*) wie gerufen kommen ② (AUTO): **tráfico** ~ Straßenverkehr *m* ③ (*caballo*) gescheckt, scheckig

**rodaja** [rro'ðaxa] *f* Scheibe *f*

**rodaje** [rro'ðaxe] *m* ① (CINE) Dreharbeiten

*fpl* ❷ (*rodar*) Einfahren *nt* ❸ (*impuesto*) Kraftfahrzeugsteuer *f* ❹ (*ruedas*) Räderwerk *nt*

**Ródano** ['rroðano] *m* Rhone *f*

**rodapié** [rroða'pje] *m* Sockel *m*

**rodar** [rro'ðar] <o→ue> **I.** *vi* ❶ (*dar vueltas, moverse sobre ruedas*) rollen; ~ **por el suelo** über den Boden rollen; **echarlo todo a** ~ (*fig*) alles über Bord werfen ❷ (*girar sobre el eje*) rotieren ❸ (*deslizarse*) (herunter)rollen ❹ (*abundar*) in großer Menge vorhanden sein; **antes rodaban más las enfermedades infecciosas** früher traten Infektionskrankheiten häufiger auf ❺ (*ir*) umherlaufen; **he rodado de tienda en tienda** ich bin von Geschäft zu Geschäft gelaufen **II.** *vt* ❶ (*hacer dar vueltas*) rollen ❷ (*película*) drehen ❸ (*coche*) einfahren

**rodear** [rroðe'ar] **I.** *vi* ❶ (*circunvalar*) einen Umweg machen ❷ (*divagar*) Umschweife machen **II.** *vt* ❶ (*cercar*) umgeben (*de* mit +*dat*) ❷ (*hacer dar vueltas*) drehen ❸ (*un tema*) herumreden (um +*akk*) **III.** *vr:* ~**se** sich umgeben (*de* mit +*dat*)

**rodeo** [rro'ðeo] *m* ❶ (*desvío*) Umweg *m;* **dar un** ~ einen Umweg machen; **conseguir algo con** ~**s** etw auf Umwegen erreichen ❷ (*evasiva*) Ausflucht *f;* **sin** ~**s** ohne Umschweife; **andarse con** ~**s** um den heißen Brei herumreden; **dejarse de** ~**s** Klartext reden ❸ (DEP) Rodeo *m o nt*

**rodilla** [rro'ðiʎa] *f* ❶ (ANAT) Knie *nt;* **de** ~**s** kniend; **ponerse de** ~**s** sich hinknien ❷ (*paño*) Scheuerlappen *m*

**rodillera** [rroði'ʎera] *f* ❶ (*protección*) Knieschützer *m,* Knieschoner *m* ❷ (*del pantalón*) ausgebeulte Knie *ntpl;* **para que no salgan** ~**s al pantalón** damit sich die Hose am Knie nicht ausbeult

**rodillo** [rro'ðiʎo] *m* ❶ (TÉC) Walze *f* ❷ (*de cocina*) Nudelholz *nt*

**roedor** [rroe'ðor] *m* Nagetier *nt*

**roer** [rro'er] *irr vt* nagen (*a* an +*dat*); **los ratones royeron mi libro** die Mäuse haben mein Buch zerfressen; ~**se las uñas** an den Nägeln kauen; **las preocupaciones me roen el alma** die Sorgen nagen an mir

**rogar** [rro'ɣar] *irr como colgar vt* bitten; (JUR) beantragen; **rogamos nos contesten inmediatamente nuestra carta** wir bitten um sofortige Beantwortung unseres Schreibens; **¡te ruego que me escuches!** hör mir doch bitte zu!; **le gusta hacerse de** ~ er/sie lässt sich gerne bitten

**rogativa** [rroɣa'tiβa] *f* ❶ (*oración*) Bittgebet *nt* ❷ *pl* (*procesión*) Bittprozession *f*

**rojizo, -a** [rro'xiθo, -a] *adj* rötlich

**rojo, -a** ['rroxo, -a] *adj* (*t.* POL) rot; (*persona*) rothaarig; ~ **chillón/subido/burdeos** knallrot/tiefrot/weinrot; **al** ~ (**vivo**) rot glühend; (*fig*) außer sich *dat* vor Wut; **poner** ~ **a alguien** jdn in Verlegenheit bringen; **ponerse** ~ erröten

**rol** [rrol] *m* ❶ (*lista*) Verzeichnis *nt;* ~ **de pago** Gehaltsstreifen *m* ❷ (*papel*) Rolle *f;* **desempeñar un** ~ eine Rolle spielen

**rollito** *m dim de* **rollo**: ~ **de primavera** (GASTR) Frühlingsrolle *f*

**rollizo, -a** [rro'ʎiθo, -a] *adj* ❶ (*robusto*) stramm ❷ (*cilíndrico*) walzenförmig

**rollo** ['rroʎo] *m* ❶ (*de papel, alambre*) Rolle *f;* (FOTO) Rollfilm *m;* **hacer un** ~ **de algo** etw zusammenrollen ❷ (*fam: cosa aburrida*) langweilige Sache *f;* **¡qué** ~ **de película!** so ein langweiliger Film!; **soltar siempre el mismo** ~ immer wieder die alte Platte laufen lassen ❸ (*argot: tipo de vida*) Lebensweise *f;* (*asunto*) Geschichte *f;* **montarse el** ~ sich *dat* sein Leben gestalten; **ir a su** ~ nur an sich selbst denken; **tener mucho** ~ viel reden; **traerse un mal** ~ auf die schiefe Bahn geraten sein; **acaba con el** ~**, muchacho** mach Schluss damit, Junge; **corta el** ~ (*palabrería*) hör auf (mit dem Gequatsche); (*mentiras*) erzähl das deiner Großmutter; **¿de qué va el** ~**?** worum geht es? ❹ (*del cuerpo*) Rettungsring(e) *m(pl) fam* ❺ (GASTR) Kringel *m;* **este niño está hecho un** ~ **de manteca** dieses Kind ist gut beisammen

**Roma** ['rroma] *f* Rom *nt;* **revolver** ~ **con Santiago para conseguir algo** alle Hebel in Bewegung setzen, um etw zu erreichen; **hablando de** ~ **por la puerta asoma** (*prov*) wenn man vom Teufel spricht, kommt er; **todos los caminos llevan a** ~ (*prov*) alle Wege führen nach Rom

**romana** [rro'mana] *f* Schnellwaage *f*

**romance** [rro'man̩θe] **I.** *adj* romanisch **II.** *m* ❶ (*aventura, t.* LIT) Romanze *f;* ~ **de ciego** Bänkelsängerlied *nt;* **tiene un** ~ **con la vecina** er hat eine Affäre mit der Nachbarin ❷ (HIST: *castellano*) Spanisch(e) *nt;* **hablar en** ~ (*fig*) klar und verständlich sprechen ❸ *pl* (*monsergas*) Geschwätz *nt;* **sólo son** ~**s** (*excusas*) das sind pure Ausflüchte!

**románico, -a** [rro'maniko, -a] *adj* romanisch

**romanista** [rroma'nista] *mf* Romanist(in) *m(f)*

**romanizar** [rromani'θar] <z→c> *vt, vi* romanisieren

**romano**, **-a** [rro'mano, -a] **I.** *adj* ❶ (*de Roma*) römisch ❷ (REL) römisch-katholisch ❸ (*latín*) lateinisch **II.** *m, f* (*de Roma*) Römer(in) *m(f)*

**romanticismo** [rromanti'θismo] *m sin pl* Romantik *f*

**romántico**, **-a** [rro'mantiko, -a] **I.** *adj* romantisch **II.** *m, f* Romantiker(in) *m(f)*

**romaza** [rro'maθa] *f* Ampfer *m*

**rombal** [rrom'bal] *adj* rautenförmig

**rombo** ['rrombo] *m* Raute *f*

**romboide** [rrom'boi̯ðe] *m* (MAT) Rhomboid *nt*

**romería** [rrome'ria] *f* ❶ (*peregrinaje*) Wallfahrt *f* ❷ (*fiesta*) Volksfest *nt* ❸ (*muchedumbre*) Menschenmenge *f*

> **i Land & Leute**
>
> In der *Semana Santa* – *Karwoche* machen viele *andaluces* – *Andalusier* eine **romería** – *Wallfahrt*. Zur **romería**, die im Prinzip aus religiösen Gründen unternommen wird, gehören nach dem langen Wandern auch ein gutes Essen, Wein, Musik und Tanz.

**romerito** [rrome'rito] *m* (*Méx*) Gemüse *nt*

**romero**[1] [rro'mero] *m* (BOT) Rosmarin *m*

**romero**, **-a**[2] [rro'mero, -a] **I.** *adj* pilgernd, Pilger- **II.** *m, f* Pilger(in) *m(f)*

**romo**, **-a** ['rromo, -a] *adj* ❶ (*sin punta*) stumpf ❷ (*de nariz pequeña*) stumpfnasig ❸ (*tosco*) plump

**rompecabezas** [rrompeka'βeθas] *m inv* (*juego*) Puzzle *nt;* (*acertijo*) Rätsel *nt*

**rompecorazones** [rrompekora'θones] *mf inv* (*fam*) Herzensbrecher(in) *m(f)*

**rompehielos** [rrompe'ɟelos] *m inv* (NÁUT) Eisbrecher *m*

**rompehuelgas** [rrompe'welɣas] *mf inv* Streikbrecher(in) *m(f)*

**rompeolas** [rrompe'olas] *m inv* Wellenbrecher *m*

**romper** [rrom'per] **I.** *vi* ❶ (*las olas*) brechen ❷ (*empezar bruscamente*) (plötzlich) anfangen (*a* zu +*inf*); ~ **a llorar** in Tränen ausbrechen ❸ (*el día*) anbrechen; **al ~ el día** bei Tagesanbruch ❹ (*separarse*) sich trennen **II.** *vt* ❶ (*destrozar*) kaputtmachen; (*quebrar*) zerbrechen; (*un cristal*) einschlagen; (*un plato*) zerschlagen; (*papel, tela*) zerreißen; (*el pan*) brechen; (*los zapatos*) durchlaufen; (*un terreno*) roden; ~ **a martillazos/a golpes** zerhämmern/zerschlagen; ~ **doblando** abknicken; ~ **una ventana a pedradas** ein Fenster einwerfen; ~ **la cara a alguien** (*fam*) jdm den Schädel einschlagen ❷ (*negociaciones, relaciones*) abbrechen; (*contrato, promesa*) brechen; ~ **el silencio/el encanto** das Schweigen brechen/den Zauber lösen; ~ **el hilo del discurso** das Gespräch unterbrechen; ~ **(las) filas** (MIL) wegtreten ❸ (*iniciar*): ~ **el fuego** das Feuer eröffnen; **los pájaros rompen vuelo** die Vögel fliegen auf; **una persona de rompe y rasga** ein Draufgänger **III.** *vr:* ~**se** ❶ (*hacerse pedazos*) zerbrechen ❷ (*fracturarse*) sich *dat* brechen; ~**se la cabeza** (*fig*) sich *dat* den Kopf zerbrechen; **¿qué tripa se te ha roto?** (*fam fig*) warum bist du so schlecht drauf?

**rompiente** [rrom'pjente] *m* natürlicher Wellenbrecher *m*

**rompimiento** [rrompi'mjento] *m* (*rotura*) Bruch *m;* (*de negociaciones/relaciones*) Abbruch *m*

**ron** [rron] *m* Rum *m*

**roncar** [rroŋ'kar] <c→qu> *vi* (*persona*) schnarchen; (*gamo*) röhren; (*viento*) heulen; (*olas*) brausen; (*suelo*) knarren

**roncha** ['rrontʃa] *f* ❶ (*hinchazón*) Schwellung *f;* (*cardenal*) blauer Fleck *m;* (*picadura*) Quaddel *f* ❷ (*loncha*) dünne Scheibe *f;* **una ~ de chorizo** eine dünne Scheibe Paprikawurst ❸ (*fam: timo*) Prellerei *f*

**ronco**, **-a** ['rroŋko, -a] *adj* (*afónico*) heiser; (*áspero*) rau

**ronda** ['rronda] *f* ❶ (*de vigilancia*) Streife *f;* **hacer una ~ de inspección por la fábrica** einen Rundgang durch die Fabrik machen ❷ (*de copas*) Runde *f;* **pagar una ~ de vino** eine Runde Wein ausgeben ❸ (POL) Runde *f* ❹ (*jóvenes*) Rondasänger *mpl;* (*serenata*) (nächtliches) Ständchen *nt;* **andar de ~** (*tocar música*) nächtliche Ständchen bringen; (*buscar aventura*) auf Liebesabenteuer aus sein ❺ (*avenida*) Ringstraße *f*

**rondalla** [rron'daʎa] *f* ❶ (*música*) Straßenmusik *f* ❷ (*conjunto musical*) Straßenmusikanten *mpl*

**rondar** [rron'dar] **I.** *vi* ❶ (*vigilar*) die Runde machen ❷ (*andar paseando de noche*) nachts umherstreifen **II.** *vt* ❶ (*a las mujeres*) den Hof machen +*dat* ❷ (*rodear*) umkreisen; **las mariposas nocturnas rondan la luz** die Nachtfalter umschwärmen das Licht; **lo ronda a todas horas para conseguir el empleo** er/sie ist ständig hinter ihm her, um den Job zu bekommen; **esta mujer anda rondando los setenta años** diese Frau ist um die siebzig

**ronquera** [rroŋ'kera] *f* Heiserkeit *f*

**ronquido** [rroŋ'kiðo] *m* (*de una persona*) Schnarchen *nt;* (*del viento*) Heulen *nt;* (*del mar*) Brausen *nt;* (*de la sierra*) Kreischen *nt;* (*del suelo*) Knarren *nt;* (*del gamo*) Röhren *nt*

**ronronear** [rronrrone'ar] *vi* (*gato*) schnurren

**ronzar** [rron̩'θar] <z→c> **I.** *vi* knacken **II.** *vt* (*mascar*) knabbern

**roña** ['rroɲa] *f* ❶ (*sarna de carneros*) Schafräude *f* ❷ (*mugre*) Schmutz *m* ❸ (*mezquindad*) Schäbigkeit *f;* (*tacañería*) Knauserigkeit *f* ❹ (*orín*) Rost *m*

**roñería** [rroɲe'ria] *f* (*mezquindad*) Schäbigkeit *f;* (*tacañería*) Knauserei *f*

**roñoso, -a** [rro'ɲoso, -a] *adj* ❶ (*sarnoso*) räudig ❷ (*sucio*) schmutzig ❸ (*oxidado*) verrostet ❹ (*tacaño*) geizig

**ropa** ['rropa] *f* ❶ (*géneros de tela*) Wäsche *f;* ~ **blanca** Kochwäsche *f;* ~ **de color** Buntwäsche *f;* ~ **delicada** Feinwäsche *f;* ~ (**interior**) Unterwäsche *f;* **cambiar la ~ de cama** das Bett frisch beziehen; **¡cuidado que hay ~ tendida!** (*fig*) Achtung: Feind hört mit! ❷ (*vestidos, traje*) Kleidung *f;* ~**s hechas** Konfektionskleidung *f;* **cambiar**(**se**) **la ~** (sich) umziehen; **estar en ~s menores** in Unterwäsche dastehen; **poner**(**se**) **la ~** (sich) anziehen; **ponerse ~ de abrigo** sich warm anziehen; **ligero de ~** leicht gekleidet; **a quema ~** unvermittelt; **disparar a quema ~** aus unmittelbarer Nähe schießen; **de buena ~** aus gutem Hause; **de poca ~** armselig; **no tocarle la ~ a alguien** jdm nicht zu nahe treten

**? Grammatik**

**ropa** – *Kleidung, Wäsche* wird im Singular gebraucht: *Normalmente lavo la ropa delicada a mano. – Normalerweise wasche ich die Feinwäsche von Hand.*

**ropaje** [rro'paxe] *m* ❶ (*ropas*) Kleidung *f* ❷ (*ropa elegante*) Robe *f*

**ropero** [rro'pero] *m* ❶ (*armario*) Kleiderschrank *m* ❷ (*asociación benéfica*) Kleidersammelstelle *f*

**roque** ['rroke] *m* ❶ (*ajedrez*) Turm *m;* **lo mismo me da rey que ~** (*fig*) es ist mir vollkommen schnuppe *fam* ❷ (*loc*): **quedarse ~** fest einschlafen

**roquefort** [rroke'for] <roqueforts> *m* Roquefort *m*

**roqueño, -a** [rro'keɲo, -a] *adj* ❶ (*rocoso*) felsig ❷ (*duro*) steinhart

**roquero, -a** [rro'kero, -a] **I.** *adj* ❶ (*de rocas*) Felsen-; **castillo ~** Ritterburg *f* ❷ (MÚS) Rock- **II.** *m, f* Rocker(in) *m(f)*

**rosa** ['rrosa] **I.** *adj* rosa; ~ **pálido/antiguo/fucsia** hellrosa/altrosa/pink **II.** *f* (BOT) Rose *f;* ~ **de azafrán** Safranblüte *f;* ~ **náutica** Windrose *f;* **color de ~** Rosa *nt;* (*como adjetivo*) rosafarben; **esencia de ~s** Rosenöl *nt;* **tener la piel como una ~** eine Pfirsichhaut haben; **encontrarse como las propias ~s** sich pudelwohl fühlen; **su vida no ha sido ningún camino de ~s** er/sie war nicht auf Rosen gebettet; **no hay ~ sin espinas** (*prov*) keine Rose ohne Dornen

**rosáceo, -a** [rro'saθeo, -a] *adj* rosig

**rosado, -a** [rro'saðo, -a] *adj* (*color*) rosa; **vino ~** Rosé(wein) *m*

**rosal** [rro'sal] *m* Rosenstock *m*

**rosaleda** [rrosa'leða] *f* Rosengarten *m*

**rosario** [rro'sarjo] *m* ❶ (REL) Rosenkranz *m;* **tener el ~ al cuello y el diablo en el cuerpo** scheinheilig sein; **acabar como el ~ de la aurora** ein böses Ende nehmen ❷ (*serie*) Reihe *f;* **un ~ de coches/de injurias** eine Autoschlange/eine Flut von Schimpfworten

**rosbif** [rros'βif] <rosbifs> *m* Roastbeef *nt*

**rosca** ['rroska] *f* ❶ (TÉC) Gewinde *nt;* **el tornillo se pasó de ~** das Schraubengewinde ist ausgeleiert; **pasarse de ~** (*fig*) zu weit gehen ❷ (*forma de espiral*) Windung *f;* **hecho una ~** zusammengerollt; **hacerse ~** (*gato, serpiente*) sich zusammenrollen ❸ (*bollo*) Kringel *m;* (*torta*) Kranz *m;* ~ **de Reyes** (*Méx*) Dreikönigskuchen *m;* **no comerse una ~** (*fig*) keinen Erfolg bei Männern/Frauen haben ❹ (*loc*): **hacer la ~ a alguien** jdm schmeicheln; **tirarse una ~** bei der Prüfung durchrasseln

**rosco** ['rrosko] *m* (*bollo*) Kringel *m;* ~ **de viento** ≈Spritzkuchen *m*

**roscón** [rros'kon] *m* Kranzkuchen *m;* ~ **de Reyes** Dreikönigskuchen *m*

**roseta** [rro'seta] *f* ❶ (*rosa pequeña*) Röschen *nt* ❷ (*parecida a la rosa*) Rosette *f* ❸ *pl* (*palomitas*) Popcorn *nt* ❹ (*de la regadera*) (Gießkannen)brause *f*

**rosetón** [rrose'ton] *m* (ARQUIT) Rosette *f;* (*en iglesias*) Fensterrose *f*

**rosquilla** [rros'kiʎa] *f* Kringel *m;* **venderse como ~s** (*fig*) weggehen wie warme Semmeln

**rostro** ['rrostro] *m* ❶ (*cara*) Gesicht *nt;* **echar en ~ algo a alguien** (*fig*) jdm etw

R

vorhalten; **hacer** ~ **al enemigo** dem Feind die Stirn bieten; **tener mucho** ~ sehr dreist sein ❷ (*pico*) Schnabel *m*

**rotación** [rrota'θjon] *f* Umdrehung *f;* (FÍS) Rotation *f;* ~ **de cultivos** (AGR) Fruchtfolge *f;* ~ **del capital** Kapitalumsatz *m;* ~ **de mercancías** Warenumschlag *m*

**rotar** [rro'tar] *vi* rotieren

**rotativa** [rrota'tiβa] *f* (TIPO) Rotations(druck)maschine *f*

**rotativo**[1] [rrota'tiβo] *m* Zeitung *f*

**rotativo, -a**[2] [rrota'tiβo, -a] *adj* rotierend; **impresión rotativa** (TIPO) Rotationsdruck *m*

**rotatorio, -a** [rrota'torjo, -a] *adj* rotierend

**roto**[1] ['rroto] *m* (*desgarrón*) Riss *m;* (*agujero*) Loch *nt*

**roto, -a**[2] ['rroto, -a] **I.** *pp de* **romper II.** *adj* ❶ (*despedazado*) kaputt; **un vestido/un florero/un cristal** ~ ein zerrissenes Kleid/eine zerbrochene Vase/eine eingeschlagene Scheibe; **no cayó en saco** ~ (*fig*) die Mühe war nicht umsonst ❷ (*andrajoso*) zerlumpt ❸ (*licencioso*) ausschweifend ❹ (*destrozado*) zerstört

**rotonda** [rro'toṇda] *f* (ARQUIT) Rotunde *f*

**rotoso, -a** [rro'toso, -a] **I.** *adj* (*Am*) schäbig **II.** *m, f* zerlumpter Mensch *m*

**rótula** ['rrotula] *f* ❶ (ANAT) Kniescheibe *f* ❷ (TÉC) Kugelgelenk *nt*

**rotulación** [rrotula'θjon] *f* (*de letreros*) Beschriftung *f;* (*de mercancías*) Etikettierung *f*

**rotulador** [rrotula'ðor] *m* Filzstift *m*

**rotuladora** [rrotula'ðora] *f* Etikettiermaschine *f*

**rotular** [rrotu'lar] *vt* (*letreros*) beschriften; (*mercancías*) etikettieren; (CINE) mit Untertiteln versehen

**rótulo** ['rrotulo] *m* Aufschrift *f;* (*encabezamiento*) Überschrift *f;* (*etiqueta*) Etikett *nt;* (*letrero*) Schild *nt;* (*anuncio público*) Anschlag *m;* (CINE) Untertitel *m;* ~ **de población** Ortsschild *nt*

**rotundamente** [rrotuṇda'meṇte] *adv* ❶ (*sin rodeos*) rundheraus ❷ (*terminantemente*) rundweg; **negar** ~ strikt ablehnen

**rotundidad** [rrotuṇdi'ðað] *f* ❶ (*redondez*) Rundung *f* ❷ (*determinación*) Bestimmtheit *f*

**rotundo, -a** [rro'tuṇdo, -a] *adj* ❶ (*terminante*) entschieden, kategorisch; **un éxito** ~ ein durchschlagender Erfolg; **una negativa rotunda** eine glatte Absage ❷ (*lleno y sonoro*) voll tönend; **palabras rotundas** gehaltvolle Worte

**rotura** [rro'tura] *f* Bruch *m*

**roturar** [rrotu'rar] *vt* (AGR) roden

**roulotte** [rru'lot] *f* (AUTO) Wohnwagen *m*

**roya** ['rroɟa] *f* Rost(pilz) *m*

**royalty** [rro'ɟaḷti] <royalties> *m* (ECON, FIN) Lizenzgebühr *f*

**roza** ['rroθa] *f*, **rozado** [rro'θaðo] *m* (*Arg:* AGR) Rodung *f*

**rozadura** [rroθa'ðura] *f* Schramme *f;* (*de la piel*) Hautabschürfung *f*

**rozamiento** [rroθa'mjeṇto] *m* ❶ (*fricción*) Reibung *f* ❷ (*roce*) Streifen *nt* ❸ (*desavenencias*) Reibereien *fpl*

**rozar** [rro'θar] <z→c> **I.** *vi* streifen; **roza (por) los cincuenta** er/sie ist um die fünfzig **II.** *vt* ❶ (*t. fig: tocar ligeramente*) streifen ❷ (*frotar*) reiben ❸ (AGR) roden; (*animales*) abgrasen **III.** *vr:* ~**se** ❶ (*restregarse*) sich durchscheuern ❷ (*tropezarse*) stolpern ❸ (*trabarse la lengua*) stammeln ❹ (*relacionarse*) Umgang haben

**rte.** [rremi'teṇte] *abr de* **remitente** Abs.

**RTVE** [erreteuβe'e] *f abr de* **Radio Televisión Española** Spanische Rundfunk- und Fernsehanstalt *f*

**rúa** ['rrua] *f* Straße *f*

**ruana** ['rrwana] *f* (*AmS: poncho*) Poncho *m*

**rubeola** [rruβe'ola] *f sin pl*, **rubéola** [rru'βeola] *f sin pl* Röteln *pl*

**rubí** [rru'βi] *m* Rubin *m*

**rubicundo, -a** [rruβi'kuṇdo, -a] *adj* ❶ (*pelo*) rotblond ❷ (*rostro*) rotwangig

**rubio, -a** ['rruβjo, -a] **I.** *adj* blond **II.** *m, f* Blonde(r) *mf;* (*mujer*) Blondine *f*

**rublo** ['rruβlo] *m* Rubel *m*

**rubor** [rru'βor] *m* ❶ (*color*) Röte *f;* (*de vergüenza*) Schamröte *f* ❷ (*vergüenza*) Schamhaftigkeit *f;* **lo confieso con el** ~ **de mi cara** ich gestehe es zu meiner eigenen Schande; **el** ~ **le quema la cara** sein/ihr Gesicht ist schamrot

**ruborizado, -a** [rruβori'θaðo, -a] *adj* schamrot

**ruborizar** [rruβori'θar] <z→c> **I.** *vt* zum Erröten bringen **II.** *vr:* ~**se** erröten

**ruboroso, -a** [rruβo'roso, -a] *adj* ❶ (*vergonzoso*) schamhaft ❷ (*ruborizado*) schamrot

**rúbrica** ['rruβrika] *f* ❶ (*firma*) Namenszeichen *nt;* (*después del nombre*) (Unterschrifts)schnörkel *m* ❷ (*epígrafe*) Überschrift *f*

**i Land & Leute**

In Spanien gehört zu der Unterschrift eine **rúbrica** – ein *Unterschriftsschnörkel*, der jeder Unterschrift die persönliche Note verleiht. Um Fälschungen zu verhindern, ist die **rúbrica** bei amtlichen Urkunden obligatorisch.

**rubricar** [rruβri'kar] <c→qu> *vt* ❶ (*firmar*) mit dem Namenszeichen versehen; (*ratificar*) unterzeichnen ❷ (*sellar*) besiegeln

**rucio**, **-a** ['rruθjo, -a] *adj* (*animales*) grau; **caballo ~** Grauschimmel *m*

**rudeza** [rru'ðeθa] *f* ❶ (*brusquedad*) Grobheit *f* ❷ (*tosquedad*) Plumpheit *f* ❸ (*torpeza*) Ungeschicklichkeit *f*

**rudimentario**, **-a** [rruðimen̩'tarjo, -a] *adj* rudimentär

**rudo**, **-a** ['rruðo, -a] *adj* ❶ (*material*) rau; (*sin trabajar*) roh ❷ (*persona tosca*) plump; (*brusca*) grob; (*torpe*) ungeschickt; (*poco inteligente*) ungebildet ❸ (*penoso*) schwer; (*invierno*) hart

**rueda** ['rrweða] *f* ❶ (*que gira*) Rad *nt;* **~ de aspas** Windrad *nt;* **~ elevadora** Schöpfrad *nt;* **~ de paletas** Schaufelrad *nt;* **~ de repuesto** Ersatzreifen *m;* **vapor de ~s** Raddampfer *m;* **comulgar con ~s de molino** sich *dat* einen Bären aufbinden lassen; **todo marcha sobre ~s** (*fig*) alles läuft wie am Schnürchen; **el pavo hace la ~** der Pfau schlägt ein Rad; **hacer la ~** (*fig*) sich aufplustern; **hacer la ~ a una mujer** einer Frau den Hof machen ❷ (*de personas*) Runde *f;* **~ de prensa** Pressekonferenz *f* ❸ (*rodaja*) Scheibe *f;* **una ~ de salami** eine Scheibe Salami ❹ (*orden sucesivo*) Reihenfolge *f*

**ruedo** ['rrweðo] *m* ❶ (*contorno*) Umkreis *m* ❷ (*borde*) Rand *m;* (*del vestido*) Saum *m* ❸ (TAUR) Arena *f;* **echarse al ~** (*fig*) sich ins Abenteuer stürzen ❹ (*estera*) (runde) Matte *f*

**ruego** ['rrweɣo] *m* Bitte *f;* **~s y preguntas** (POL) Anfragen im Parlament; **no valen ~s ni súplicas** da hilft kein Bitten und Flehen

**rufián** [rru'fjan] *m* ❶ (*chulo*) Zuhälter *m* ❷ (*granuja*) Gauner *m*

**rugby** ['rruᵞβi] *m sin pl* (DEP: *del inglés*) Rugby *nt*

**rugido** [rru'xiðo] *m* (*del león*) Brüllen *nt;* (*del viento*) Brausen *nt;* (*de las tripas*) Knurren *nt*

**rugir** [rru'xir] <g→j> **I.** *vi* (*león*) brüllen; (*viento*) brausen; (*estómago*) knurren; **sus tripas rugen** sein/ihr Magen knurrt; **este hombre está que ruge** dieser Mann tobt vor Wut **II.** *vimpers* ruchbar werden

**rugosidad** [rruɣosi'ðaᵈ] *f* Runz(e)ligkeit *f;* (*arruga*) Runzel *f;* (TÉC) Rauheit *f*

**rugoso**, **-a** [rru'ɣoso, -a] *adj* ❶ (*arrugado*) runz(e)lig ❷ (*áspero*) rau ❸ (*ondulado*) uneben

**ruibarbo** [rrwi'βarβo] *m* Rhabarber *m*

**ruido** ['rrwiðo] *m* ❶ (*sonido*) Geräusch *nt;* (ELEC) Rauschen *nt;* **~s parásitos** Nebengeräusche *ntpl* ❷ (*estrépito*) Lärm *m;* **nivel de ~** Lärmpegel *m;* **mucho ~ y pocas nueces** (*fig*) viel Lärm um nichts; **hacer ~** (*fig*) Aufsehen erregen; **querer ~** (*fig*) auf Streit aus sein; **quitarse de ~s** (*fig*) sich aus gefährlichen Angelegenheiten heraushalten

**ruidoso**, **-a** [rrwi'ðoso, -a] *adj* laut; (*fig*) Aufsehen erregend; **una carcajada ruidosa** ein schallendes Gelächter; **tener un éxito ~** einen durchschlagenden Erfolg haben

**ruin** [rrwin] *adj* ❶ (*malvado*) niederträchtig; (*vil*) gemein ❷ (*tacaño*) knauserig ❸ (*enclenque*) mick(e)rig

**ruina** ['rrwina] *f* ❶ (*destrucción*) Einsturz *m* ❷ (ARQUIT) Ruine *f;* **las ~s de un castillo** die Burgruine; **este hombre está hecho una ~** dieser Mann ist nur noch ein Wrack ❸ *pl* (*escombros*) Trümmer *pl;* **convertir una ciudad en ~s** eine Stadt in Schutt und Asche legen; **declarar una casa en ~s** ein Haus für baufällig erklären ❹ (*perdición*) Ruin *m;* **causar la ~ de alguien** jdn zugrunde richten; **estar en la ~** ruiniert sein; **salvar a alguien de la ~** jdn vor dem Untergang bewahren

**ruindad** [rrwin̩'daᵈ] *f* ❶ (*maldad*) Gemeinheit *f* ❷ (*tacañería*) Knauserigkeit *f*

**ruinoso**, **-a** [rrwi'noso, -a] *adj* ❶ (*edificios*) baufällig ❷ (*perjudicial*) schädlich; (ECON) ruinös

**ruiseñor** [rrwise'ɲor] *m* Nachtigall *f*

**ruleta** [rru'leta] *f* ❶ (*juego*) Roulette *nt* ❷ (TÉC) Rändelrad *nt*

**ruletero**, **-a** [rrule'tero, -a] *m, f* (*AmC, Méx: conductor*) Taxifahrer(in) *m(f)*

**rulo** ['rrulo] *m* ❶ (*del cabello*) Locke *f* ❷ (*rizador*) Lockenwickler *m* ❸ (TÉC) Walze *f*

**ruma** ['rruma] *f* (*AmS: montón*): **una ~ de...** ein Haufen ... *+gen;* **~s de...** Berge von ... *+dat*

**Rumania** [rru'manja] *f*, **Rumanía** [rruma'nia] *f* Rumänien *nt*

**rumano**, **-a** [rru'mano, -a] **I.** *adj* rumänisch **II.** *m, f* Rumäne, -in *m, f*

**rumba** ['rrumba] *f* Rumba *f*

**rumbo** ['rrumbo] *m* ❶ (*dirección*) (Fahrt)richtung *f;* (AERO, NÁUT: *t. fig*) Kurs *m;* **tomar ~ a un puerto** einen Hafen ansteuern; **dar otro ~ a la conversación** dem Gespräch eine neue Wendung geben; **no tengo ~ fijo** ich habe kein bestimmtes

Ziel; **la negociación está tomando un ~ favorable** das Geschäft lässt sich gut an; **tomar otro ~** (POL) einen anderen Kurs einschlagen ❷ (*pompa*) Pracht *f;* **de ~** prunkvoll; **una fiesta con mucho ~** ein pompöses Fest

**rumboso, -a** [rrum'boso, -a] *adj* ❶ (*generoso*) großzügig ❷ (*pomposo*) prunkvoll

**rumiante** [rru'mjaṇte] *m* Wiederkäuer *m*

**rumiar** [rru'mjar] *vt* ❶ (*vacas*) wiederkäuen ❷ (*fam: cavilar*) nachgrübeln (über +*akk*) ❸ (*fam: refunfuñar*) murren

**rumor** [rru'mor] *m* ❶ (*chisme*) Gerücht *nt;* **a título de ~** gerüchteweise; **poner un ~ en circulación** ein Gerücht in die Welt setzen; **corren ~es de que...** es geht das Gerücht, dass ... ❷ (*ruido*) Geräusch *nt;* (*de las olas*) Brausen *nt;* (*del viento*) Säuseln *nt;* (*del bosque*) Rauschen *nt;* **~ de voces** Stimmengewirr *nt*

**rumorearse** [rrumore'arse] *vr:* **se rumorea que...** es geht das Gerücht um, dass ...

**rumoroso, -a** [rrumo'roso, -a] *adj* geräuschvoll; (*olas*) brausend; (*viento*) säuselnd; (*bosque*) rauschend

**runrún** [rrun'rrun] *m* (*fam*) ❶ (*ruido*) Geräusch *nt;* (*murmullo*) Gemurmel *nt* ❷ (*chisme*) Gerücht *nt*

**rupestre** [rru'pestre] *adj* Felsen-; **pintura ~** Höhlenmalerei *f*

**rupia** ['rrupja] *f* ❶ (*moneda de Indonesia*) Rupiah *f;* (*de la India y otros*) Rupie *f* ❷ (MED) Hautpustel *f*

**ruptura** [rrup'tura] *f* Bruch *m;* (*de relaciones*) Abbruch *m*

**rural** [rru'ral] **I.** *adj* ländlich; **vida ~** Landleben *nt* **II.** *m* ❶ (*Am: t. pey: rústico*) Bauer *m* ❷ *pl* (*Méx: policía*) Landpolizei *f*

**ruralismo** [rrura'lismo] *m sin pl* Bauerntum *nt*

**Rusia** ['rrusja] *f* Russland *nt*

**ruso, -a** ['rruso, -a] **I.** *adj* russisch; **ensaladilla rusa** ≈Kartoffelsalat *m* **II.** *m, f* Russe, -in *m, f*

**rusticidad** [rrustiθi'ðad] *f* ländliche Einfachheit *f;* (*pey*) Ungeschliffenheit *f*

**rústico, -a** ['rrustiko, -a] **I.** *adj* ❶ (*campestre*) rustikal; **finca rústica** Bauernhof *m* ❷ (*tosco*) ungeschliffen; **en rústica** (TIPO) ungebunden **II.** *m, f* Bauer *m,* Bäuerin *f*

**ruta** ['rruta] *f* Weg *m;* **~ federal** (*Am*) Bundesstraße *f;* **~ de itinerario** Reiseroute *f;* **~ de vuelo** Flugstrecke *f;* **tienes que cambiar de ~ para aprobar el examen** um die Prüfung zu bestehen, musst du einen anderen Weg einschlagen

**rutilante** [rruti'laṇte] *adj* glänzend

**rutina** [rru'tina] *f* ❶ (*costumbre*) Routine *f;* **~ cotidiana** Alltag *m* ❷ (INFOR) Programm *nt*

**rutinario, -a** [rruti'narjo, -a] *adj* routinemäßig; **un hombre ~** ein Gewohnheitsmensch

# S s

**S, s** ['ese] *f* S, s *nt;* **~ de Sábado** S wie Siegfried

**S.** [san] *abr de* **San** St.

**S.A.** [ese'a] *f* ❶ *abr de* **Sociedad Anónima** AG *f* ❷ *abr de* **Su Alteza** I.H.

**sábado** ['saβaðo] *m* ❶ (*día*) Samstag *m; v. t.* **lunes** ❷ (*judaísmo*) Sabbat *m*

**sabana** [sa'βana] *f* Savanne *f*

**sábana** ['saβana] *f* (Bett)laken *nt;* **~ ajustable** Spannbetttuch *nt;* **se me han pegado las ~s** (*fam*) ich habe verschlafen

**sabandija** [saβaṇ'dixa] *f* ❶ (*insecto*) Ungeziefer *nt* ❷ (*pey: persona*) Schurke, -in *m, f;* **¡qué ~s!** was für ein Gesindel!

**sabañón** [saβa'ɲon] *m* Frostbeule *f;* **comer como un ~** (*fam pey*) wie ein Scheunendrescher essen

**sabático, -a** [sa'βatiko, -a] *adj* ❶ (*judaísmo*) Sabbat- ❷ (*universidad*): **un año ~** ≈ein Forschungsjahr

**sabatino, -a** [saβa'tino, -a] *adj* Samstag(s)-; (*judaísmo*) Sabbat-

**sabbat** ['saβat] *m* Sabbat *m*

**sabedor(a)** [saβe'ðor(a)] *adj* (*informado*) unterrichtet (*de* über +*akk*); **el general era ~ de esos manejos** der General war über diese Intrigen informiert

**sabelotodo** [saβelo'toðo] *mf inv* (*fam*) Besserwisser(in) *m(f)*

**saber** [sa'βer] *irr* **I.** *vt* ❶ (*estar informado*) wissen; **a ~** nämlich; **¡(véte tu) a ~ (si es cierto)!** wer weiß(, ob das stimmt)!; **(al menos) que yo sepa** soweit ich weiß; **~ más que Lepe** (*fam*) ein schlauer Fuchs sein; **¿se puede ~ si...?** darf man fragen, ob ...?; **no ~ ni jota** (*fam*) keine Ahnung haben; **sin ~lo yo** ohne mein Wissen; **¡va a ~ quién soy yo!** er/sie wird mich noch kennen lernen!; **¡no sé ni por dónde ando!** (*fam*) ich weiß nicht, wo mir der Kopf steht!; **¡pues no sé qué te diga!** ich weiß nicht so recht; **tener (un) no sé qué de raro** irgendetwas Seltsames an sich *dat* haben; **se sabe que...** bekanntlich ...

❷ (*habilidad para hacer algo*) können; **él sabe (hablar) ruso** er kann Russisch (sprechen); **no ~(se) la poesía** das Gedicht nicht (auswendig) können ❸ (*nombre*) kennen; **¿sabes mi nombre?** weißt du, wie ich heiße? ❹ (*conocer un arte*) sich auskennen ((*de*) mit/in +*dat*); **~ mucho de literatura** sich in der Literatur gut auskennen ❺ (*noticia*) erfahren (*por* durch +*akk*, aus +*dat*); **lo supe por mi hermano/por el periódico** ich habe es von meinem Bruder/aus der Zeitung erfahren; **la prensa lo hizo ~ anoche** die Presse gab es gestern Abend bekannt **II.** *vi* ❶ (*tener sabor*) schmecken (*a* nach +*dat*); **(me) supo a quemado** es schmeckte verbrannt; **la conferencia me supo a poco** ich hätte mehr von der Konferenz erwartet; **sabe a traición** es riecht nach Verrat; **me supo mal aquella respuesta** die Antwort hat mich geärgert ❷ (*tener noticia*) unterrichtet sein (*de* über +*akk*); **no sé nada de mi hermano** ich habe nichts von meinem Bruder gehört ❸ (*tener la habilidad*) fähig sein; **él no sabe resolver ni los ejercicios más fáciles** er ist nicht einmal fähig die einfachsten Aufgaben zu lösen **III.** *vr:* **ésa se las sabe todas** (*fam*) der kann keiner etwas vormachen **IV.** *m sin pl* Wissen *nt;* **el ~ no ocupa lugar** (*prov*) Wissen schadet nie

**sabidillo, -a** [saβi'ðiʎo, -a] *m, f* (*fam*) Besserwisser(in) *m(f);* (*niño*) Naseweis *m;* **dárselas de ~** (*pey*) sich für besonders schlau halten

**sabido, -a** [sa'βiðo, -a] *adj* ❶ (*conocido*) bekannt; **es cosa sabida** das ist eine altbekannte Tatsache; **dar por ~** als bekannt voraussetzen ❷ (*leído*) gebildet

**sabiduría** [saβiðu'ria] *f* ❶ (*conocimientos*) Wissen *nt;* (*ciencia*) Wissenschaft *f* ❷ (*sensatez*) Weisheit *f* ❸ (*erudición*) Gelehrsamkeit *f*

**sabiendas** [sa'βjen̪das]: **a ~** bewusst; **lo hizo a ~ de que me molestaba** er/sie störte mich mit Absicht

**sabihondo, -a** [saβi'on̪do, -a] *m, f v.* **sabiondo**

**sabio, -a** ['saβjo, -a] **I.** *adj* weise **II.** *m, f* Weise(r) *mf;* **errar es de ~s** (*prov*) Irren ist menschlich

**sabiondo, -a** [saβj'on̪do, -a] *m, f* Besserwisser(in) *m(f);* (*niño*) Naseweis *m*

**sablazo** [sa'βlaθo] *m* ❶ (*golpe*) Säbelhieb *m* ❷ (*fam*): **dar a alguien un ~** jdn um Geld anpumpen

**sable** ['saβle] *m* Säbel *m*

**sablear** [saβle'ar] *vi* (*fam*) schnorren

**sablista** [sa'βlista] *mf* (*fam*) Schmarotzer(in) *m(f)*

**sabor** [sa'βor] *m* Geschmack *m;* **tener (un) ~ a naranja** nach Orangen schmecken; **de ~ romántico** mit einem Hauch von Romantik; **dejar un mal ~ de boca** einen üblen Nachgeschmack hinterlassen

**saborear** [saβore'ar] *vt* auskosten

**sabotaje** [saβo'taxe] *m* Sabotage *f*

**saboteador(a)** [saβotea'ðor(a)] **I.** *adj* Sabotage- **II.** *m(f)* Saboteur(in) *m(f)*

**sabotear** [saβote'ar] *vt* sabotieren; (*plan*) vereiteln

**sabroso, -a** [sa'βroso, -a] *adj* ❶ (*sazonado*) schmackhaft ❷ (*gracioso*) pikant ❸ (*salado*) salzig

**sabueso, -a** [sa'βweso, -a] *m, f* ❶ (*caza*) Schweißhund *m* ❷ (*fisgón*) Schnüffler(in) *m(f)*

**saca** ['saka] *f* ❶ (*saco*) großer Sack *m* ❷ (*extracción*) Entnahme *f* ❸ (*exportación*) (Waren)ausfuhr *f* ❹ (*copia*) Abschrift *f*

**sacabocados** [sakaβo'kaðos] *m inv* Lochzange *f*

**sacacorchos** [saka'kortʃos] *m inv* Korkenzieher *m;* **tener que sacar las cosas a alguien con ~** jdm die Worte aus der Nase ziehen müssen

**sacamanchas** [saka'mantʃas] *m inv* Fleck(en)entferner *m*

**sacamuelas** [saka'mwelas] *mf inv* (*pey*) Zahnklempner(in) *m(f);* (*fig*) Plappermaul *nt*

**sacapuntas** [saka'pun̪tas] *m inv* (Bleistift)spitzer *m*

**sacar** [sa'kar] <c→qu> **I.** *vt* ❶ (*de un sitio*) herausnehmen; (*agua*) schöpfen; (*diente, espada*) ziehen; **~ a bailar** zum Tanz auffordern; **~ a alguien de la cama** (*fig*) jdn aus dem Bett jagen; **~ a alguien de la cárcel** jdn aus dem Gefängnis holen; **~ a alguien de quicio** jdn aus dem Häuschen bringen; **~ a pasear** spazieren führen; **¡sácalo del garaje!** hol es aus der Garage!; **¡saca las plantas al balcón!** bring die Pflanzen hinaus auf den Balkon!; **¿de dónde lo has sacado?** wo hast du es her?; **recién sacado del horno** frisch gebacken; **¡te voy a ~ los ojos!** (*fig*) dir werde ich es noch zeigen! ❷ (*de una situación*) retten; **~ adelante** (*persona, negocio*) vorwärts bringen; (*niño*) großziehen; (*con esfuerzo*) durchbringen; **~ a alguien del atolladero/de la pobreza** jdm aus der Klemme/aus der Not helfen ❸ (*solucionar*) lösen ❹ (*reconocer*) erkennen; **lo saqué por sus gafas** ich habe ihn an seiner Brille erkannt ❺ (*entrada*) lösen

❻ (*obtener*) erreichen; (*premio*) gewinnen; (*votos*) bekommen; (*información*) entlocken; ~ **las consecuencias** Schlussfolgerungen ziehen; ~ **provecho de algo** aus etw *dat* Nutzen ziehen; ~ **el gordo** das große Los ziehen; **no** ~ **ni para vivir** kaum genug zum Leben verdienen; ~ **a alguien 20 euros** jdn um 20 Euro anpumpen *fam* ❼ (MIN) fördern ❽ (*aceite, vino*) auspressen ❾ (*parte del cuerpo*) herausstrecken ❿ (*foto*) machen; (*dibujo*) zeichnen; **¡sácame una foto!** fotografier mich mal!; **el pintor te sacó muy bien** der Maler hat dich gut getroffen ⓫ (*mancha*) entfernen ⓬ (*producto*) herausbringen; (*libro*) herausgeben; ~ **un apodo a alguien** sich *dat* für jdn einen Spitznamen ausdenken ⓭ (*mostrar*) zeigen; (*desenterrar*) ausgraben; ~ **en hombros** auf die Schultern nehmen; ~ **a relucir** (*pey*) wieder aufwärmen ⓮ (*ventaja*): **mi hermana me sacó dos minutos** meine Schwester war zwei Minuten schneller als ich ⓯ (*tenis*) aufschlagen; (*fútbol*) anspielen **II.** *vr:* ~**se los zapatos** sich *dat* die Schuhe ausziehen; **se sacó una pestaña del ojo** er/sie wischte sich *dat* eine Wimper aus dem Auge

**sacarina** [saka'rina] *f sin pl* Süßstoff *m*

**sacerdocio** [saθer'ðoθjo] *m sin pl* ❶ (*ministerio*) Priesteramt *nt* ❷ (*estado*) Priesterstand *m* ❸ (*órdenes*) Priesterweihe *f* ❹ (*consagración*) Hingabe *f;* **él se toma la medicina como un** ~ er hat sich ganz der Medizin verschrieben

**sacerdote** [saθer'ðote] *m* Priester *m*

**sacerdotisa** [saθerðo'tisa] *f* Priesterin *f*

**saciado, -a** [sa'θjaðo, -a] *adj* satt

**saciar** [sa'θjar] **I.** *vt* (*hambre, curiosidad*) stillen; (*instintos sexuales*) befriedigen **II.** *vr:* ~**se** (*t. fig*) satt werden; **me sacié de salchichas** ich habe mich an Würstchen satt gegessen

**saciedad** [saθje'ðaᵈ] *f sin pl* Sattheit *f;* **repetir hasta la** ~ bis zum Überdruss wiederholen

**saco** ['sako] *m* ❶ (*bolsa*) Sack *m;* (*fig*) Haufen *m;* **hombre del** ~ Buhmann *m;* ~ **de trigo** Sack Weizen; **echar en** ~ **roto** (*fig fam*) in den Wind schlagen; **tu consejo no cayó en** ~ **roto** dein Ratschlag hat gewirkt; **meter en el mismo** ~ (*fig*) in einen Topf werfen ❷ (*prenda*) Sakko *m o nt* ❸ (*bahía*) Einbuchtung *f* ❹ (*saqueo*) Plünderung *f;* **entrar a** ~ (aus)plündern

**sacralizar** [sakrali'θar] <z→c> *vt* ≈einen sakralen Charakter verleihen; (*persona*) ≈als heilig verehren

**sacramental** [sakramen̪'tal] **I.** *adj* ❶ (REL) sakramental; **auto** ~ Sakramentspiel *nt* (*christliches Theaterstück*) ❷ (*palabra*) herkömmlich **II.** *f* (*reg: cofradía*) ≈Begräbnisbruderschaft *f*

**sacramento** [sakra'men̪to] *m* Sakrament *nt;* **el** ~ **de la Eucaristía** das heilige Abendmahl; **administrar a alguien los últimos** ~**s** jdm die Sterbesakramente erteilen; **con todos los** ~**s** (*fig*) in aller Form

**sacratísimo, -a** [sakra'tisimo, -a] *adj superl de* **sagrado**

**sacrificar** [sakrifi'kar] <c→qu> **I.** *vt* ❶ (*ofrecer*) opfern; (*t. fig*) widmen ❷ (*animal*) schlachten **II.** *vr:* ~**se** (*t. fig*) sich (auf)opfern (*por* für +*akk*)

**sacrificio** [sakri'fiθjo] *m* Opfer *nt;* **el Santo S**~ die heilige Messe

**sacrilegio** [sakri'lexjo] *m* Schändung *f;* (*fig*) Sakrileg *nt*

**sacrílego, -a** [sa'krileɣo, -a] *adj* frevelhaft; **acción sacrílega** Freveltat *f*

**sacristán** [sakris'tan] *m* Küster *m;* **¡ése es un buen** ~**!** (*fam*) das ist ein gerissener Kerl!; **los dineros del** ~ **cantando se vienen y cantando se van** (*prov*) wie gewonnen, so zerronnen

**sacristía** [sakris'tia] *f* (*lugar*) Sakristei *f*

**sacro, -a** ['sakro, -a] *adj* ❶ (*sagrado*) heilig ❷ (ANAT) sakral; **hueso** ~ Kreuzbein *nt*

**sacrosanto, -a** [sakro'san̪to, -a] *adj* hochheilig; (*fig*) unantastbar

**sacudida** [saku'ðiða] *f* Erschütterung *f;* ~ **eléctrica** elektrischer Schlag; ~ **sísmica** Erdstoß *m;* **el coche pegaba** ~**s** das Auto wackelte (hin und her); **¡dale una** ~ **a la alfombra!** klopf den Teppich aus!

**sacudido, -a** [saku'ðiðo, -a] *adj* ❶ (*intratable*) störrisch ❷ (*atrevido*) kühn

**sacudir** [saku'ðir] **I.** *vt* schütteln; (*noticia, terremoto*) erschüttern; (*pegar*) verprügeln; (*alfombras*) ausklopfen; ~ **el rabo** mit dem Schwanz wedeln; ~ **a alguien por los hombros** jdn an den Schultern packen und schütteln; **un estremecimiento le sacudió todo el cuerpo** ein Schauder fuhr ihm/ihr durch den Körper **II.** *vr:* ~**se** sich schütteln; ~**se la duda** jeden Zweifel von sich *dat* weisen; ~**se el yugo** das Joch abschütteln; ~**se a alguien de encima** jdn loswerden

**sádico, -a** ['saðiko, -a] **I.** *adj* sadistisch **II.** *m, f* Sadist(in) *m(f)*

**sadismo** [sa'ðismo] *m sin pl* Sadismus *m*

**sadomasoquismo** [saðomaso'kismo] *m sin pl* Sadomasochismus *m*

**saeta** [sa'eta] *f* ❶ (*flecha*) Pfeil *m* ❷ (*reloj*) (Uhr)zeiger *m;* (*brújula*) Magnetnadel *f*

**safari** [sa'fari] *m* Safari *f;* ~ **fotográfico** Fotosafari *f*

**sagacidad** [saɣaθi'ða$^{d}$] *f sin pl* Scharfsinn *m*

**sagaz** [sa'ɣaθ] *adj* scharfsinnig

**sagitario** [saxi'tarjo] *mf* Schütze *m;* **conozco a pocas (mujeres)** ~ ich kenne wenige Frauen, die Schütze sind

**Sagitario** [saxi'tarjo] *m* (ASTR) Schütze *m*

**sagrado, -a** [sa'ɣraðo, -a] <sacratísimo> *adj* heilig

**sagrario** [sa'ɣrarjo] *m* (*para las hostias*) Tabernakel *m*

**Sahara** [sa'ara] *m:* **el** ~ die Sahara

**saharaui** [saxa'rawi] *adj* saharauisch

**sahariana** [saxa'rjana] *f* leichte Tropenjacke *f* (mit Gürtel)

**sahumar** [sau'mar] *vt* räuchern

**sahumerio** [sau'merjo] *m* Räuchern *nt*

**sainete** [sai̯'nete] *m* (TEAT) Schwank *m*

**sajón, -ona** [sa'xon, -ona] **I.** *adj* sächsisch **II.** *m, f* Sachse *m,* Sächsin *f*

**Sajonia** [sa'xonja] *f* Sachsen *nt;* **Baja** ~ Niedersachsen *nt*

**Sajonia-Anhalt** [sa'xonja-'aŋxal$^{t}$] *f* Sachsen-Anhalt *nt*

**sake** ['sake] *m* Sake *m*

**sal** [sal] *f* ① (*condimento*) Salz *nt;* ~ **común** Speisesalz *nt;* **poner demasiada ~ a algo** etw versalzen; **tener poca ~ en la mollera** (*fig fam*) wenig Grütze im Kopf haben ② *pl* (*perfume*) Riechsalz *nt;* ~**es de baño** Badesalz *nt* ③ (*gracia*) Witz *m;* (*encanto*) Charme *m;* **la ~ de la vida** die Würze des Lebens ④ (*Am: mala suerte*) Pech *nt*

**sala** ['sala] *f* ① (*habitación*) Raum *m;* (*grande*) Saal *m;* ~ **de espera** Wartezimmer *nt;* ~ **de estar** Wohnzimmer *nt;* ~ **de fiestas** Tanzlokal *nt* ② (JUR) Kammer *f;* **S~ de lo Civil/Penal** Zivil-/Strafkammer *f*

**salacot** [sala'ko] <salacots> *m* Tropenhelm *m*

**salado, -a** [sa'laðo, -a] *adj* ① (*comida*) salzig ② (*gracioso*) witzig; (*encantador*) charmant ③ (*Am: infortunado*) unglücklich

**saladura** [sala'ðura] *f* Pökeln *nt*

**salamandra** [sala'mandra] *f* (ZOOL) Salamander *m;* ~ **acuática** Molch *m*

**salamanquesa** [salamaŋ'kesa] *f* Gecko *m;* ~ **de agua** (Wasser)molch *m*

**salame** [sa'lame] *m* (*CSur*) ① (*salami*) Salami *f* ② (*papanatas*) Trottel *m*

**salar** [sa'lar] *vt* ① (*condimentar*) salzen; ~ **demasiado** versalzen ② (*para conservar*) (ein)pökeln ③ (*Am: echar a perder*) verderben

**salarial** [sala'rjal] *adj* Lohn-

**salario** [sa'larjo] *m* Lohn *m;* ~ **en especie** Naturallohn *m*

**salazón** [sala'θon] *m* ① (*saladura*) Pökeln *nt* ② *pl* (*carne*) Pökelfleisch *nt;* (*pescado*) Pökelfisch *m*

**salchicha** [sal'tʃitʃa] *f* Wurst *f;* ~ **asada** Bratwurst *f;* **perro** ~ (*fam*) Dackel *m*

**salchichería** [saltʃitʃe'ria] *f* Wurstwarengeschäft *nt*

**salchichón** [saltʃi'tʃon] *m* ≈Salami *f*

**saldar** [sal̩'dar] *vt* ① (*cuenta, deuda*) begleichen; **todavía no hemos saldado nuestras diferencias** wir haben unsere Unstimmigkeiten noch nicht beigelegt ② (*mercancía*) ausverkaufen; **la tienda salda** das Geschäft macht Räumungsverkauf

**saldo** ['sal̩do] *m* ① (*diferencia*) Saldo *m;* (*pago*) Zahlung *f;* ~ **acreedor** Guthaben *nt;* ~ **de cuenta** Kontostand *m* ② *pl* (*rebajas*) Räumungsverkauf *m*

**saledizo**[1] [sale'ðiθo] *m* (ARQUIT) Stirnbrett *nt*

**saledizo, -a**[2] [sale'ðiθo, -a] *adj* vorspringend

**salero** [sa'lero] *m* ① (*objeto*) Salzstreuer *m* ② (*gracia*) Witz *m;* (*encanto*) Charme *m*

**saleroso, -a** [sale'roso, -a] *adj* (*fam: ingenioso*) witzig; (*encantador*) charmant

**salida** [sa'liða] *f* ① (*puerta*) Ausgang *m;* ~ **para coches** Ausfahrt *f;* **a la ~ del teatro** nach der Vorstellung; **callejón sin** ~ Sackgasse ② (*de un tren*) Abfahrt *f;* (*de un avión*) Start *m;* (*de un barco*) Auslaufen *nt* ③ (*astro*) Aufgang *m* ④ (DEP) Start *m;* **dar la** ~ das Startzeichen geben ⑤ (COM) Absatz *m;* (*partida*) Ausgabe *f;* **este producto no tiene** ~ dieses Produkt ist unverkäuflich ⑥ (*fam: ocurrencia*) Einfall *m;* ~ **de tono** unangebrachte Bemerkung; **¡menuda ~!** was für eine Schnapsidee! ⑦ (*pretexto*) Ausrede *f* ⑧ (*solución*) Ausweg *m;* **en este asunto no hay** ~ diese Sache ist ausweglos

**saliente** [sa'ljen̩te] *adj* ① (*excelente*) hervorragend ② (*ojos*) hervorstehend ③ (*ministro*) scheidend

**salina** [sa'lina] *f* (*instalación*) Salzwerk *nt;* (*mina*) Salzgrube *f*

**salinidad** [salini'ða$^{d}$] *f sin pl* Salzgehalt *m*

**salinización** [saliniθa'θjon] *f* Versalzung *f;* ~ **de las aguas subterráneas** Grundwasserversalzung *f*

**salinizarse** [salini'θarse] *vr* versalzen

**salino, -a** [sa'lino, -a] *adj* (*salobre*) salzig

**salir** [sa'lir] *irr* **I.** *vi* ① (*de un sitio*) herauskommen (*de* aus +*dat*); (*ir fuera*) gehen (*de* aus +*akk*) ② (*de viaje*) abfahren;

S

(*avión*) starten; ~ **del huevo** (aus dem Ei) schlüpfen; ~ **pitando** (*fam*) davoneilen; **para ~ de dudas le pregunté directamente** um mir Klarheit zu verschaffen, habe ich ihn/sie direkt gefragt; ~ **por peteneras** (*fam*) vom Thema abschweifen ❸ (*aparecer*) erscheinen; (*sol*) aufgehen; (*fuente*) entspringen; (*flores*) sprießen; ~ **a la luz** ans Licht kommen; ~ **en la tele** ins Fernsehen kommen ❹ (*convertirse*) werden; **salió un buen artista** aus ihm ist ein guter Künstler geworden ❺ (*parecerse*) ähneln (*a* +*dat*); **este niño ha salido a su padre** der Junge kommt ganz nach seinem Vater ❻ (INFOR) verlassen (*de* +*akk*) ❼ (DEP) starten ❽ (*costar*) kosten; **nos sale a 5 euros el metro** es kostet uns 5 Euro pro Meter ❾ (*loc*): ~ **adelante** (irgendwie) weiterkommen; ~ **con alguien** (*fam*) mit jdm gehen; ~ **a dar una vuelta** spazieren gehen; ~ **mal con alguien** sich mit jdm entzweien **II.** *vr:* ~**se** ❶ (*derramarse*) verlassen; (*líquido*) überlaufen; (*leche*) überkochen; (*vasija*) undicht sein; ~**se de la Iglesia** aus der Kirche austreten; **el río se salió** (**de madre**) der Fluss ist über die Ufer getreten ❷ (*loc*): ~**se con la suya** seinen Kopf durchsetzen

**salitre** [sa'litre] *m* Salpeter *m*

**saliva** [sa'liβa] *f* Speichel *m;* **gastar ~ en balde** (*fig fam*) sich *dat* den Mund fusselig reden; **tragar ~** (*fig fam*) seinen Ärger hinunterschlucken

**salivar** [sali'βar] *vi* Speichel bilden

**salivazo** [sali'βaθo] *m* Spucke *f*

**salmantino, -a** [salman̪'tino, -a] **I.** *adj* aus Salamanca **II.** *m, f* Einwohner(in) *m(f)* von Salamanca

**salmo** ['salmo] *m* Psalm *m;* **cantarle a alguien el ~** (*fig fam*) jdm die Leviten lesen

**salmodiar** [salmo'ðjar] **I.** *vi* Psalmen singen **II.** *vt* (*pey*) (herunter)leiern

**salmón** [sal'mon] **I.** *adj* lachsfarben **II.** *m* Lachs *m*

**salmonelosis** [salmone'losis] *f inv* Salmonellenvergiftung *f;* (MED) Salmonellose *f*

**salmonete** [salmo'nete] *m* Meerbarbe *f*

**salmuera** [sal'mwera] *f* Lake *f*

**salobre** [sa'loβre] *adj* salzig

**salomónico, -a** [salo'moniko, -a] *adj* ❶ (*sabio*) salomonisch ❷ (ARQUIT: *columna*) gewunden

**salón** [sa'lon] *m* ❶ (*de casa*) Wohnzimmer *nt* ❷ (*local*) Salon *m;* ~ **de baile** Tanzsaal *m;* ~ **de belleza** Schönheitssalon *m* ❸ (*muebles*) Wohnzimmermöbel *pl* ❹ (*feria*) Ausstellung *f*

**salpicadero** [salpika'ðero] *m* Armaturenbrett *nt*

**salpicadura** [salpika'ðura] *f* (*acción*) (Be)spritzen *nt;* (*mancha*) (Spritz)fleck *m*

**salpicar** [salpi'kar] <c→qu> *vt* ❶ (*rociar*) bespritzen (*con/de* mit +*dat*); (*con pintura*) besprenkeln; ~ **la mesa de flores** den Tisch mit Blumen schmücken ❷ (*manchar*) beschmutzen (*con/de* mit +*dat*) ❸ (*con chistes*) würzen

**salpicón** [salpi'kon] *m v.* **salpicadura**

**i Land & Leute**

In *Colombia* und *Ecuador* ist der **salpicón** ein kaltes Fruchtsaftgetränk. In Spanien dagegen versteht man unter **salpicón** eine kalte Fleisch-, Fisch- oder Meeresfrüchteplatte.

**salpimentar** [salpimen̪'tar] <e→ie> *vt* mit Salz und Pfeffer würzen; (*fig*) würzen (*con/de* mit +*dat*)

**salsa** ['salsa] *f* ❶ (GASTR) Soße *f;* (*caldo*) Brühe *f;* ~ **mayonesa** Majonäse *f;* ~ **verde** Petersiliensoße *f;* **la ~ de San Bernardo** (*fig fam*) einen Bärenhunger; **estar en su propia ~** (*fig fam*) in seinem Element sein ❷ (*gracia*) Reiz *m;* **este libro tiene mucha ~** dieses Buch ist sehr spannend; **esa es la ~ de la vida** (*fam*) das macht das Leben lebenswert ❸ (MÚS) Salsa *f*

**salsera** [sal'sera] *f* Soßenschüssel *f*

**saltado, -a** [sal̪'taðo, -a] *adj* ❶ (*desprendido*) herausgefallen ❷ (*saltón*) hervorspringend; **ojos ~s** Glotzaugen *ntpl*

**saltador[1]** [sal̪ta'ðor] *m* (*comba*) Springseil *nt*

**saltador(a)[2]** [sal̪ta'ðor(a)] **I.** *adj* springend **II.** *m(f)* ❶ (*atleta*) Springer(in) *m(f);* ~ **de altura** Hochspringer *m;* ~ **de longitud** Weitspringer *m;* ~ **de pértiga** Stabhochspringer *m* ❷ (*saltimbanqui*) Seiltänzer(in) *m(f)*

**saltamontes** [sal̪ta'mon̪tes] *m inv* Heuschrecke *f*

**saltar** [sal̪'tar] **I.** *vi* ❶ (*botar*) springen; (*chispas*) sprühen; ~ **por los aires** explodieren; (*fig*) schief gehen; ~ **de alegría** vor Freude in die Luft springen; ~ **a la cuerda** seilspringen; ~ **en pedazos** in Stücke zerspringen; **los jugadores ~on al terreno de juego** die Spieler liefen auf das Spielfeld ❷ (*lanzarse*) springen; ~ **al agua/a la calle** ins Wasser/auf die Straße springen; ~ **con paracaídas** fallschirmspringen ❸ (*explotar*) platzen; (*bomba*) explodieren; (*costura*) reißen ❹ (*atención*): **eso salta a**

**la vista** das ist offensichtlich ❺ (*picarse*) (zornig) auffahren ❻ (*irrumpir*) herausplatzen (*con* mit +*dat*) ❼ (*trabajo*) eine steile Karriere machen; (*ser destituido*) abgesetzt werden ❽ (*desprenderse*) abspringen **II.** *vt* ❶ (*movimiento*) springen (über +*akk*); **andar a la que salta** auf jede günstige Gelegenheit lauern ❷ (*animal*) decken **III.** *vr:* **~se** ❶ (*ley, norma*) missachten ❷ (*línea, párrafo*) überspringen ❸ (*desprenderse*) abspringen; **se me saltó un botón** ich habe einen Knopf verloren; **se me ~on las lágrimas** mir kamen die Tränen

**saltarín, -ina** [sal̥ta'rin, -ina] **I.** *adj* (*saltar*) springend; (*bailar*) tanzend **II.** *m, f* ❶ (*bailarín*) Tänzer(in) *m(f)* ❷ (*zarandillo*) Luftikus *m fam*

**salteador(a)** [sal̥tea'ðor(a)] *m(f)* Straßenräuber(in) *m(f)*

**saltear** [sal̥te'ar] *vt* ❶ (*asaltar*) überfallen ❷ (GASTR) sautieren

**saltimbanqui** [sal̥tim'baŋki] *m* Gaukler(in) *m(f)*

**salto** ['sal̥to] *m* ❶ (*en general*) Sprung *m;* **~ de agua** Wasserfall *m;* (*presa*) Talsperre *f;* **de** [*o* **en**] **un ~** schnell; **apartarse de un ~** beiseite springen; **dar un ~** aufspringen; (*fig*) rasch vorwärtskommen; **dar ~s de alegría** vor Freude an die Decke springen; **dar un ~ atrás** zurückspringen; **me pegó un ~ el corazón** mein Herz tat einen Sprung; **moverse a ~s** sich sprunghaft bewegen; **vivir a ~ de mata** (*fig*) mehr schlecht als recht leben ❷ (INFOR): **~ de página** Seitenumbruch *m* ❸ (DEP) Sprung *m;* **~ de altura** Hochsprung *m;* **~ de longitud** Weitsprung *m;* **~ con pértiga** Stabhochsprung *m;* **~ del potro** Bockspringen *nt* ❹ (*trabajo*) Beförderung *f* ❺ (*bata*): **~ de cama** Morgenrock *m*

**saltón, -ona** [sal̥'ton, -ona] *adj* ❶ (*saltarín*) springend ❷ (*sobresaliente*) hervorspringend; **ojos saltones** Glotzaugen *ntpl*

**salubre** [sa'luβre] *adj* <salubérrimo> (*saludable*) gesund; (*curativo*) heilsam

**salubridad** [saluβri'ðaᵈ] *f sin pl* Zuträglichkeit *f;* (*Am: higiene*) Hygiene *f*

**salud** [sa'luᵈ] *f sin pl* (*estado físico*) Gesundheit *f;* **¡~!** (*al estornudar*) Gesundheit!; (*saludo*) grüß Gott!; **a la ~ de...** auf das Wohl von ...; **rebosante de ~** kerngesund; **¡~, dinero y amor!** (*fam*) prost!; **curarse en ~** (*fig*) es nicht darauf ankommen lassen; **gastar ~** sich wohl fühlen; **lo juro por la ~ de mis hijos** ich schwöre es bei meiner Seele

**saludable** [salu'ðaβle] *adj* ❶ (*sano*) gesund ❷ (*provechoso*) nützlich

**saludar** [salu'ðar] *vt* (*al encontrar*) grüßen; (MIL) salutieren; (*recibir*) begrüßen; (*mandar saludos*) einen Gruß bestellen +*dat;* **le saluda afectuosamente su...** (*formal*) es grüßt Sie herzlich Ihr ...; **he ido a ~ a mis padres** ich bin kurz bei meinen Eltern vorbeigegangen; **estos ya ni se saludan** die reden kein Wort mehr miteinander

**saludo** [sa'luðo] *m* Gruß *m;* (*recibimiento*) Begrüßung *f;* (*carta*) Grußformel *f;* **con un cordial ~** (*formal*) mit herzlichen Grüßen; **¡déle ~s de mi parte!** grüßen Sie ihn/sie von mir!; **tu madre te manda ~s** deine Mutter lässt dich grüßen; **¡muchos ~s a tu hermano de mi parte!** grüße deinen Bruder von mir!

**salutación** [saluta'θjon] *f* Gruß *m;* (*recibimiento*) Begrüßung *f;* (*oración*) Avemaria *nt*

**salva** ['salβa] *f* Salve *f;* **~ de aplausos** Beifallssturm *m*

**salvación** [salβa'θjon] *f* Rettung *f;* (REL) Erlösung *f;* **Ejército de S~** Heilsarmee *f*

**salvado** [sal'βaðo] *m* Kleie *f*

**salvador(a)** [salβa'ðor(a)] **I.** *adj* rettend; (REL) erlösend; (*curativo*) heilend **II.** *m(f)* Retter(in) *m(f);* (REL) Erlöser *m*

**i Land & Leute**

Die Republik **El Salvador** liegt im nordöstlichen Teil Mittelamerikas. Die Hauptstadt heißt *San Salvador.* Die offizielle Landessprache ist Spanisch. Die Währungseinheit in **El Salvador** ist der *colón.* Es ist das kleinste und am dichtesten besiedelte Land Mittelamerikas.

**salvadoreño, -a** [salβaðo'reɲo, -a] **I.** *adj* salvadorianisch **II.** *m, f* Salvadorianer(in) *m(f)*

**salvaguardar** [salβaɣwar'ðar] *vt* beschützen; (*derchos, intereses*) wahren

**salvaguardia** [salβa'ɣwarðja] *f* ❶ (*protección*) Schutz *m;* (*de intereses*) Wahrung *f* ❷ (MIL) Geleit *nt* ❸ (*salvoconducto*) Geleitbrief *m*

**salvajada** [salβa'xaða] *f* Gräueltat *f*

**salvaje** [sal'βaxe] **I.** *adj* (*planta, animal*) wild; (*persona*) unzivilisiert; (*acto*) grausam **II.** *mf* Wilde(r) *mf;* (*persona ruda*) Barbar(in) *m(f)*

**salvajismo** [salβa'xismo] *m sin pl* (*animal*) Wildheit *f;* (*gamberrismo*) Vandalismus *m;* (*crueldad*) Grausamkeit *f*

**salvamanteles** [salβaman̥'teles] *m inv*

S

Untersetzer *m*

**salvamento** [salβa'mento] *m* Rettung *f;* (*accidente, naufragio*) Bergung *f*

**salvar** [sal'βar] **I.** *vt* ❶ (*peligro*) retten (*de* vor +*dat*); (REL) erlösen; ~ **del peligro** aus der Gefahr retten ❷ (*foso*) überspringen; (*distancia*) zurücklegen; (*obstáculo*) überwinden; ~ **las apariencias** den Schein wahren **II.** *vr:* ~**se** sich retten (*de* vor +*dat*); (REL) erlöst werden; ~**se por los pelos** nur knapp entkommen

**salva-slip** [salβas'lip] <salva-slips> *m* Slip-Einlage *f*

**salvavidas** [salβa'βiðas] *m inv* Rettungsring *m;* **bote** ~ Rettungsboot *nt;* **chaleco** ~ Schwimmweste *f*

**salvedad** [salβe'ðað] *f* ❶ (*excepción*) Ausnahme *f* ❷ (*condición*) Vorbehalt *m;* **con la ~ de que...** unter dem Vorbehalt, dass ...

**salvia** ['salβja] *f* Salbei *m o f*

**salvo**[1] ['salβo] *prep* außer +*dat;* ~ **que** [*o* **si**]**...** +*subj* es sei denn, dass ...; ~ **error u omisión** (*formal*) Irrtum bzw. Auslassung vorbehalten; ~ **aviso en contrario** (*formal*) vorbehaltlich anders lautender Mitteilungen

**salvo, -a**[2] ['salβo, -a] *adj* heil; **poner a ~** in Sicherheit bringen

**salvoconducto** [salβokon'dukto] *m* Passierschein *m*

**samba** ['samba] *f* (MÚS) Samba *m o f*

**sambenito** [sambe'nito] *m* Büßerhemd *nt;* **colgar** [*o* **poner**] **el ~ a alguien** jdn abstempeln

**samovar** [samo'βar] *m* Samowar *m*

**samuray** [samu'rai̯] *m* Samurai *m*

**san** [san] *adj v.* **santo**

**? Grammatik**

**san** steht vor maskulinen Eigennamen, die nicht mit ‚do-' oder ‚to-' beginnen: *San Antonio, San Francisco.*

**santo** steht vor Namen, die mit ‚do-' oder ‚to-' beginnen: *Santo Domingo, Santo Tomás.*

**sanar** [sa'nar] **I.** *vi* gesund werden (*de* von +*dat*) **II.** *vt* heilen

**sanatorio** [sana'torjo] *m* Sanatorium *nt*

**sanción** [san'θjon] *f* ❶ (*multa*) Strafe *f;* (ECON) Sanktion *f* ❷ (*ley*) Gesetz *nt* ❸ (*autorización*) Genehmigung *f*

**sancionable** [sanθjo'naβle] *adj* strafbar

**sancionar** [sanθjo'nar] *vt* ❶ (*castigar*) bestrafen; (ECON: *aplicar sanciones*) Sanktionen verhängen (*a* gegen +*akk*) ❷ (*aprobar*) billigen; (JUR) sanktionieren

**sancochar** [saŋko'tʃar] *vt* (*Am:* GASTR: *rehogar*) anbraten

**sancocho** [saŋ'kotʃo] *m* ❶ (*AmC, PRico, Ven: lío*) Durcheinander *nt* ❷ (*And, Ven*) ≈Eintopf *m*

**sandalia** [san'dalja] *f* Sandale *f*

**sándalo** ['sandalo] *m* (*árbol*) Sandelbaum *m;* (*madera*) Sandelholz *nt*

**sandez** [san'deθ] *f* Dummheit *f;* **no decir más que sandeces** nur Unsinn reden

**sandía** [san'dia] *f* Wassermelone *f*

**sandunga** [san'duŋga] *f* (*fam*) ❶ (*gracia*) Anmut *f* ❷ (*Col, Chil, PRico*) ≈Gaudi *f*

**sándwich** ['saŋgwitʃ] *m* Sandwich *m o nt;* **día ~** (*Arg: fam*) Brückentag *m*

**saneado, -a** [sane'aðo, -a] *adj* (*renta, haber*) lastenfrei

**saneamiento** [sanea'mjento] *m* ❶ (ARQUIT, ECON: *t. fig*) Sanierung *f* ❷ (JUR) Mängelhaftung *f*

**sanear** [sane'ar] *vt* ❶ (ARQUIT, ECON) sanieren ❷ (JUR) haften (für +*akk*); ~ **un vicio** einen Mangel beheben

**Sanfermines** [saɱfer'mines] *mpl* San-Fermín-Fest *nt* (*Volksfest in Pamplona am 7. Juli*)

**i Land & Leute**

**Sanfermines** *mpl* heißt das wichtigste Volksfest Pamplonas, das am 7. Juli beginnt. Touristen aus aller Welt und die Einwohner Pamplonas begeben sich mit einer weißen Hose, rotem T-Shirt und rotem Halstuch bekleidet auf die Straßen, um bei den wohl bekanntesten *encierros* dabei zu sein.

**sangrar** [saŋ'grar] **I.** *vi* bluten; **estar sangrando por la nariz** Nasenbluten haben; **estar sangrando** (*fig*) ganz frisch sein **II.** *vt* ❶ (MED) zur Ader lassen; (*cerdo*) abstechen ❷ (*dinero*) schröpfen ❸ (*agua, resina*) abzapfen ❹ (TIPO) einrücken

**sangre** ['saŋgre] *f* Blut *nt;* (*linaje*) Abstammung *f;* (*carácter*) Gemüt *nt;* **a ~ fría** kaltblütig; **de ~ azul** blaublütig; **animales de ~ caliente/fría** Warm-/Kaltblüter *mpl;* (**caballo de**) **pura ~** Vollblut(pferd) *nt;* **chupar la ~** (**de las venas**) **a alguien** (*fam*) jdn ausnutzen; **conservar la ~ fría** ruhig Blut bewahren; **dar la ~ de sus venas** (*fig*) zu jedem Opfer bereit sein; **hacerse mala ~** sich *dat* graue Haare wachsen lassen; **le hierve la ~** er/sie kocht vor Wut; **no llegar la ~ al río** (*fam*) Pack schlägt sich, Pack verträgt sich; **llevar algo en la ~** etw im Blut haben; **se le sube la ~ a la cabeza** (*fig*) er/sie platzt vor Wut; **tener mala ~** (*fam*) hundsgemein sein; **la ~ se me heló en las venas** mir erstarrte das Blut in den Adern

**sangría** [saŋ'gria] *f* ❶ (MED) Aderlass *m;* **una ~ de votos** ein hoher Stimmenverlust; **lo mismo son ~s que ventosas** (*fig fam*) da hilft weder das eine noch das andere ❷ (*brazo*) Armbeuge *f* ❸ (*aguas*) Abzapfung *f* ❹ (*bebida*) Sangria *f*

**i Land & Leute**

Die **sangría** ist eine Bowle aus Rotwein, Wasser, Zucker, Zitrone und Orange. Sie wird traditionell kalt und in einer *jarra de barro – Tonkrug* serviert.

**sangriento, -a** [saŋ'grjen̪to, -a] *adj* blutig; (*injusticia*) grausam; **hecho ~** Bluttat *f*

**sanguijuela** [saŋgi'xwela] *f* (ZOOL) Blutegel *m;* (*pey: persona*) Blutsauger *m*

**sanguinario, -a** [saŋgi'narjo, -a] *adj* (*persona, animal*) blutrünstig; (*hecho*) grausam

**sanguíneo, -a** [saŋ'gineo, -a] *adj* ❶ (MED) Blut-; **rojo ~** blutrot ❷ (*temperamento*) sanguinisch

**sanguinolento, -a** [saŋgino'len̪to, -a] *adj* blutig; (*color*) blutrot; (*ojos*) blutunterlaufen

**sanidad** [sani'ðaᵈ] *f sin pl* Gesundheit *f;* **~ privada** private Gesundheitsvorsorge; **~ (pública)** (öffentliches) Gesundheitswesen *nt*

**sanitario¹** [sani'tarjo] *m* (*váter*) Toilette *f*

**sanitario, -a²** [sani'tarjo, -a] **I.** *adj* gesundheitlich; (*aparatos, medidas*) sanitär **II.** *m, f* Sanitäter(in) *m(f)*

**sano, -a** ['sano, -a] *adj* ❶ (*robusto, saludable*) gesund; **~ de juicio** zurechnungsfähig; **cortar por lo ~** das Übel an der Wurzel packen; **estar más ~ que una manzana** kerngesund sein; **salir ~ y salvo** mit heiler Haut davonkommen ❷ (*no roto*) heil ❸ (*sincero*) ehrlich

**sánscrito** ['sanskrito] *m sin pl* Sanskrit *nt*

**sansón** [san'son] *m* (*fig*) bärenstarker Mann *m*

**santanderino, -a** [san̪tan̪de'rino, -a] **I.** *adj* aus Santander **II.** *m, f* Einwohner(in) *m(f)* von Santander

**santero, -a** [san̪'tero, -a] **I.** *adj* (*pey: beato*) frömmelnd; **ese es muy ~** das ist ein Betbruder **II.** *m, f* ❶ (*pey: beato*) Betbruder, -schwester *m, f* ❷ (*guardián*) ≈Kirchendiener(in) *m(f)*

**santiaguino, -a** [san̪tja'ɣino, -a] **I.** *adj* aus Santiago de Chile **II.** *m, f* Einwohner(in) *m(f)* von Santiago de Chile

**santiamén** [san̪tja'men] *m:* **en un ~** im Nu

**santidad** [san̪ti'ðaᵈ] *f* Heiligkeit *f*

**santificación** [san̪tifika'θjon] *f* ❶ (*consagración*) Weihung *f* ❷ (*canonización*) Heiligsprechung *f*

**santificar** [san̪tifi'kar] <c→qu> *vt* ❶ (*consagrar*) heiligen ❷ (*canonizar*) heilig sprechen ❸ (*respetar*) heilig halten

**santiguar** [san̪ti'ɣwar] <gu→gü> **I.** *vt* ❶ (*signarse*) segnen ❷ (*fam: maltratar*) misshandeln **II.** *vr:* **~se** sich bekreuzigen

**santo, -a** ['san̪to, -a] **I.** *adj* heilig; (*piadoso*) fromm; (*planta*) heilsam; (*inviolable*) unantastbar; **la Santa Sede** der Heilige Stuhl; **campo ~** Friedhof *m;* **Jueves S~** Gründonnerstag *m;* **Semana Santa** Karwoche *f;* **Viernes S~** Karfreitag *m;* **¿qué haces en Semana Santa?** was machst du zu Ostern?; **se pasó todo el ~ día haciendo...** den lieben langen Tag machte er/sie ... **II.** *m, f* ❶ (*personaje*) Heilige(r) *mf;* **día de Todos los S~s** Allerheiligen *nt;* **se me ha ido el ~ al cielo** ich habe den Faden verloren; **no sé a ~ de qué me dijo eso** ich weiß beim besten Willen nicht, warum er/sie mir das gesagt hat; **¡ésta se come los ~s!** (*fig fam*) das ist eine Betschwester!; **hoy tengo el ~ de cara/espalda** heute habe ich richtig Glück/Pech; **yo creía que era llegar y besar el ~** (*fig*) ich habe mir das einfacher vorgestellt; **ése no es ~ de mi devoción** er ist nicht gerade mein Fall; **dormirse como un ~ (bendito)** (*fam*) sofort einschlafen; **ése hace perder la paciencia a un ~** er ist eine richtige Nervensäge; **alzarse con el ~ y la limosna** (*fig fam*) sich *dat* die Rosinen herauspicken; **quedarse para vestir ~s** (*fam: una mujer*) keinen Mann finden; **ser mano de ~** (*fam*) ein wunderbares Mittel sein ❷ (*fiesta*) Namenstag *m;* **el día de mi ~** an meinem Namenstag ❸ (*imagen*) (Heiligen)bild *nt;* **ver los ~s de un libro** sich *dat* die Bilder in einem Buch anschauen

**santoral** [san̪to'ral] *m* ❶ (*hagiografía*) Heiligenlegende *f* ❷ (*calendario*) Verzeichnis *nt* von Heiligennamen ❸ (MÚS) Chorbuch *nt*

**santuario** [san̪tu'arjo] *m* ❶ (*templo*) Tempel *m;* (*capilla*) Kapelle *f* ❷ (*Col: tesoro*) Schatz *m*

**santurrón, -ona** [san̪tu'rron, -ona] **I.** *adj*

S

frömmelnd; (*hipócrita*) scheinheilig **II.** *m, f* Frömmler(in) *m(f)*; (*hipócrita*) Scheinheilige(r) *mf*

**saña** ['saɲa] *f* ❶ (*ira*) Wut *f* ❷ (*rencor*) Hass *m*; **lo hizo con toda la mala** ~ er/sie tat es auf eine ganz gehässige Art

**sapiencia** [sa'pjeṇθja] *f sin pl* ❶ (*conocimientos*) Wissen *nt* ❷ (*sensatez*) Weisheit *f*

**sapo** ['sapo] *m* ❶ (ZOOL) Kröte *f*; **pisar el** ~ (*fam fig*) spät aufstehen; **echar por la boca** ~**s y culebras** (*fam*) Gift und Galle spucken ❷ (*persona*) schwerfällige Person *f* ❸ (*fam: bicho*) Ungeziefer *nt*

**saque** ['sake] *m* ❶ (*fútbol*) Anstoß *m*; (*tenis*) Aufschlag *m*; ~ **de esquina** Eckstoß *m* ❷ (*loc*): **tener buen** ~ (*fam: apetito*) einen guten Appetit haben

**saquear** [sake'ar] *vt* plündern

**saqueo** [sa'keo] *m* Plünderung *f*

**sarampión** [saram'pjon] *m sin pl* (MED) Masern *pl*

**sarao** [sa'rao] *m* (*fiesta*) Tanzabend *m*; **¡menudo** ~ **se armó allí!** da war was los!

**sarape** [sa'rape] *m* (*Méx*) Poncho *m*

**sarasa** [sa'rasa] *m* (*pey*) Tunte *f*

**sarcasmo** [sar'kasmo] *m sin pl* Sarkasmus *m*

**sarcástico, -a** [sar'kastiko, -a] *adj* sarkastisch

**sarcófago** [sar'kofaɣo] *m* Sarkophag *m*; (*sepulcro*) Steinsarg *m*

**sarcoma** [sar'koma] *m* (MED: *tumor*) Sarkom *nt*

**i Land & Leute**

Die **sardana** ist der typische und zugleich der populärste Volkstanz der Katalanen. Die Teilnehmer fassen sich an den Händen und bilden meist mehrere Kreise. Man nimmt an, dass dieser Tanz griechischen Ursprungs ist.

**sardina** [sar'ðina] *f* (ZOOL) Sardine *f*; ~**s en aceite** Ölsardinen *fpl*; **entierro de la** ~ ≈Aschermittwochstreffen *nt*; **arrimar el ascua a su** ~ (*fig*) seine Schäfchen ins Trockene bringen

**sardo, -a** ['sarðo, -a] **I.** *adj* sardi(ni)sch **II.** *m, f* Sardinier(in) *m(f)*

**sardónico, -a** [sar'ðoniko, -a] *adj* (*movimiento*) krampfhaft; (*rostro*) verzerrt; (*risa*) hämisch

**sargento** [sar'xeṇto] *m* Feldwebel *m*

**sargo** ['sarɣo] *m* Weißbrasse *f*

**sarmentoso, -a** [sarmeṇ'toso, -a] *adj* (*extremidades*) knochig

**sarmiento** [sar'mjeṇto] *m* (*tallo*) Ranke *f*

**sarna** ['sarna] *f sin pl* Krätze *f*; (*de los animales*) Räude *f*; **ser más viejo que la** ~ (*fam*) steinalt sein; ~ **con gusto no pica(, pero mortifica)** (*prov*) was nicht tötet, härtet ab

**sarnoso, -a** [sar'noso, -a] *adj* (*persona*) krätzig; (*animal*) räudig

**sarpullido** [sarpu'ʎiðo] *m* (*irritación*) Hautausschlag *m*

**sarracina** [sarra'θina] *f* Schlägerei *f*

**Sarre** ['sarre] *m* ❶ (*estado federado*) Saarland *nt* ❷ (*río*) Saar *f*

**sarro** ['sarro] *m* ❶ (MED: *de los dientes*) Zahnstein *m*; (*en la lengua*) Belag *m* ❷ (*poso*) Bodensatz *m*

**sarta** ['sarta] *f* ❶ (*hilo*) Schnur *f* ❷ (*serie*) Reihe *f*; **decir una** ~ **de tonterías** eine Dummheit nach der anderen sagen

**sartén** [sar'ten] *f* Pfanne *f*; **ella es la que tiene la** ~ **por el mango** (*fam fig*) sie hat das Heft in der Hand; **saltar de la** ~ **y dar en las brasas** (*fam*) vom Regen in die Traufe kommen

**sastre, -a** ['sastre, -a] *m, f* Schneider(in) *m(f)*; **traje** ~ Kostüm *nt*; **de eso, será lo que tase un** ~ (*fam*) das werden wir schon sehen

**sastrería** [sastre'ria] *f* Schneiderei *f*

**Satanás** [sata'nas] *m* Satan *m*

**satánico, -a** [sa'taniko, -a] *adj* teuflisch

**satélite** [sa'telite] *m* (ASTR, TÉC) Satellit *m*; (**país**) ~ Satellitenstaat *m*

**satelizar** [sateli'θar] <z→c> *vt* auf eine Erdumlaufbahn bringen

**satén** [sa'ten] *m* Satin *m*

**satinado, -a** [sati'naðo, -a] *adj*: **papel** ~ Glanzpapier *nt*

**satinar** [sati'nar] *vt* (*papel*) glätten

**sátira** ['satira] *f* Satire *f*

**satírico, -a** [sa'tiriko, -a] **I.** *adj* satirisch **II.** *m, f* Satiriker(in) *m(f)*

**satirizar** [satiri'θar] <z→c> *vt* spötteln (über +*akk*)

**sátiro** ['satiro] *m* (*hombre lascivo*) Lustmolch *m*

**satisfacción** [satisfaʸ'θjon] *f* ❶ (*pago*) Bezahlung *f* ❷ (REL) Buße *f* ❸ (*estado*) Zufriedenheit *f*; (*alegría*) Freude *f*; **a mi entera** ~ zu meiner vollen Zufriedenheit ❹ (*de deseos*) Befriedigung *f*

**satisfacer** [satisfa'θer] *irr como hacer* **I.** *vt* ❶ (*pagar*) (be)zahlen; ~ **la penitencia por sus pecados** für seine Sünden büßen ❷ (*deseo, curiosidad*) befriedigen; (*hambre*) stillen; (*sed*) löschen; (*demanda*) decken; ~ **todos los caprichos de sus**

**hijos** seinen Kindern jeden Wunsch erfüllen ③ (*requisitos*) entsprechen +*dat* ④ (*agravio*) wieder gutmachen **II.** *vr:* ~**se** ① (*contentarse*) zufrieden sein ② (*agravio*) sich *dat* Genugtuung verschaffen

**satisfactorio**, **-a** [satisfak'torjo, -a] *adj* (*solución*) befriedigend; **no ser** ~ unbefriedigend sein; **resulta** ~ **comprobar que...** es ist erfreulich festzustellen, dass ...

**satisfecho**, **-a** [satis'fetʃo, -a] **I.** *pp de* **satisfacer** **II.** *adj* (*contento*) zufrieden; (*exigencias, deseo sexual*) befriedigt; ~ **de sí mismo** selbstzufrieden; **estar** ~ (*harto*) satt sein

**sátrapa** ['satrapa] *m* ① (HIST: *gobernador*) Satrap *m;* (*elev: tirano*) Tyrann *m* ② (*fam: astuto*) Schlauberger *m*

**saturación** [satura'θjon] *f* Sättigung *f*

**saturar** [satu'rar] *vt* sättigen

**Saturno** [sa'turno] *m* (ASTR) Saturn *m*

**sauce** ['sau̯θe] *m* Weide *f;* ~ **llorón** Trauerweide *f*

**saúco** [sa'uko] *m* Holunder *m*

**saudí** [sau̯'ði] <saudíes>, **saudita** [sau̯'ðita] **I.** *adj* saudiarabisch; **Arabia S~** Saudiarabien *nt* **II.** *mf* Saudiaraber(in) *m(f)*

**sauna** ['sau̯na] *f* Sauna *f*

**saurio** ['sau̯rjo] *m* Schuppenkriechtier *nt;* **los ~s** (*categoría*) die Echsen; (*extinguidos*) die Saurier

**savia** ['saβja] *f* ① (BOT) Pflanzensaft *m;* (*de árbol*) Baumsaft *m* ② (*energía*) Kraft *f*

**saxo** ['saᵞso] *m* (*fam*), **saxofón** [saᵞso'fon] *m* Saxophon *nt*

**saxofonista** [saᵞsofo'nista] *mf* Saxophonist(in) *m(f)*

**saxófono** [saᵞ'sofono] *m* Saxophon *nt*

**saya** ['saɟa] *f* (*de mujer*) Unterrock *m*

**sayo** ['saɟo] *m* (*fam: vestido*) Kleid *nt;* **cortar a alguien un** ~ (*fig*) über jdn herziehen

**sazón** [sa'θon] *f* ① (*condimento*) Würze *f* ② (*madurez*) Reife *f;* **estar en** ~ reif sein ③ (*loc*): **a la** ~ damals; **en** ~ zur rechten Zeit; **fuera de** ~ zu einem ungünstigen Zeitpunkt

**sazonado**, **-a** [saθo'naðo, -a] *adj* ① (*comida*) schmackhaft ② (*fruta*) reif ③ (*frase*) witzig

**sazonar** [saθo'nar] *vt* ① (*comida*) würzen ② (*madurar*) reifen lassen

**se** [se] *pron pers* ① (*forma reflexiva*) sich ② (*objeto indirecto*): **mi hermana ~ lo prestó a su amiga** meine Schwester hat es ihrer Freundin geliehen ③ (*oración impersonal*) man ④ (*oración pasiva*): ~ **confirmó la sentencia** das Urteil wurde bestätigt; ~ **ruega no fumar** bitte nicht rauchen

**sé** [se] *1. pres de* **saber**

**sebear** [seβe'ar] *vi* (*Ven*) miteinander schlafen

**sebo** ['seβo] *m* Fett *nt;* **hacer** ~ (*Arg: fam*) (faul) herumlungern

**seboso**, **-a** [se'βoso, -a] *adj* fettig

**secadero** [seka'ðero] *m* (*local*) Trockenraum *m;* (*recinto*) Trockenplatz *m*

**secado** [se'kaðo] *m* Trocknen *nt*

**secador** [seka'ðor] *m* (*para la ropa*) Wäscheständer *m;* (*para las manos*) Trockner *m;* (*para el pelo*) Trockenhaube *f;* ~ (**de mano**) Föhn *m*

**secadora** [seka'ðora] *f* (Wäsche)trockner *m*

**secano** [se'kano] *m* ① (*tierra*) unbewässertes Land *nt;* **cultivo de** ~ Trockenkultur *f;* **ése es de** ~ (*fam*) der zieht das Land dem Meer vor ② (*isleta*) Sandbank *f*

**secante**[1] [se'kan̪te] **I.** *adj* schneidend; **línea** ~ Sekante *f* **II.** *m* ① (*pintura*) Trockenmittel *nt* ② (*papel*) Löschpapier *nt*

**secante**[2] [se'kan̪te] *f* (MAT) Sekante *f*

**secar** [se'kar] <c→qu> **I.** *vt* ① (*deshumedecer*) trocknen; **papel secante** Löschpapier *nt* ② (*enjugar*) abtrocknen ③ (*agostar*) austrocknen ④ (*cicatrizar*) abheilen **II.** *vr:* ~**se** ① (*deshumedecer*) trocknen ② (*enjugar*) sich abtrocknen ③ (*desecarse*) austrocknen; (*fuente*) versiegen; (*agostarse*) vertrocknen ④ (*curarse*) abheilen ⑤ (*enflaquecer*) abmagern ⑥ (*insensibilizarse*) abstumpfen ⑦ (*estar sediento*) verdursten; ~**se de sed** eingehen vor Durst

**sección** [seᵞ'θjon] *f* ① (*cortadura, dibujo del perfil*) Schnitt *m* ② (*parte*) Teil *m,* Abschnitt *m;* ~ **por** ~ abschnitt(s)weise ③ (*departamento*) Abteilung *f*

**seccionar** [seᵞθjo'nar] *vt* zerteilen

**secesión** [seθe'sjon] *f* (*separación*) Abspaltung *f;* (*fracción de Estado*) Sezession *f*

**secesionismo** [seθesjo'nismo] *m* (POL) Sezessionismus *m*

**seco**, **-a** ['seko, -a] *adj* ① (*sin agua*) trocken; **golpe** ~ dumpfer Schlag; **a secas** nur; **en** ~ plötzlich; **dejar** ~ **a alguien** jdn auf der Stelle umbringen; **estar** ~ großen Durst haben; **quedarse** ~ sterben ② (*desecado*) getrocknet; **frutos ~s** Trockenfrüchte *fpl* ③ (*río*) ausgetrocknet ④ (*marchito*) verwelkt ⑤ (*flaco*) dürr ⑥ (*cicatriz*) abgeheilt ⑦ (*tajante*) trocken ⑧ (*vino*) trocken

**secreción** [sekre'θjon] *f* ① (*sustancia*) Sekret *nt* ② (*el segregar*) Sekretion *f*

**secretar** [sekre'tar] *vt* absondern

**secretaría** [sekreta'ria] *f* ① (*oficina*) Sekre-

S

tariat *nt* ❷ (*cargo*) Sekretärsposten *m* ❸ (*Am: ministerio*) Ministerium *nt*

**secretariado** [sekreta'rjaðo] *m* ❶ (*oficina*) Sekretariat *nt* ❷ (*cargo*) Sekretärsposten *m* ❸ (*carrera*) Sekretärslaufbahn *f*

**secretario, -a** [sekre'tarjo, -a] *m, f* ❶ (*de oficina*) Sekretär(in) *m(f)*; ~ **con idiomas** Fremdsprachensekretär *m* ❷ (*Am: ministro*) Minister(in) *m(f)*

**secretear** [sekrete'ar] *vi* (*fam*) tuscheln

**secreter** [sekre'ter] *m* (*mueble*) Sekretär *m*

**secretismo** [sekre'tismo] *m* Geheimniskrämerei *f*

**secreto**[1] [se'kreto] *m* ❶ (*misterio*) Geheimnis *nt*; ~ **profesional** Schweigepflicht *f*; ~ **a voces** offenes Geheimnis; **en** ~ heimlich; **mantener en** ~ geheim halten; **guardar un** ~ ein Geheimnis hüten ❷ (*receta, método*) Geheimrezept *nt* ❸ (*reserva*) Vorsicht *f* ❹ (*lugar*) Geheimfach *nt*

**secreto, -a**[2] [se'kreto, -a] *adj* ❶ (*oculto*) geheim; **puerta secreta** Geheimtür *f* ❷ (*callado*) schweigsam

**secta** ['sekta] *f* (*grupo*) Sekte *f*

**sectario, -a** ['sek'tarjo, -a] **I.** *adj* ❶ (*de secta*) sektiererisch ❷ (*fanático*) fanatisch **II.** *m, f* ❶ (*de una secta*) Sektenmitglied *nt* ❷ (*fanático*) Fanatiker(in) *m(f)*

**sectarismo** [sekta'rismo] *m sin pl* Sektenwesen *nt*

**sector** [sek'tor] *m* ❶ (*t.* MAT) Sektor *m*; ~ **circular** Kreisausschnitt *m*; ~ **económico** Wirtschaftszweig *m*; ~ **hotelero** Hotelgewerbe *nt*; ~ **de la informática** Computerbranche *f*; ~ **de inicialización** (INFOR) Bootsektor *m*; ~ **multimedia** Multimediabereich *m*; ~ **servicios** Dienstleistungssektor *m* ❷ (*grupo*) Fraktion *f*

**sectorial** [sekto'rjal] *adj*: **huelga** ~ **de los campesinos** Streik im landwirtschaftlichen Bereich

**secuaz** [se'kwaθ] *mf* (*pey*) Parteigänger(in) *m(f)*

**secuela** [se'kwela] *f* Folge *f*; ~ (**de una enfermedad**) Folgeerscheinung *f*; **dejar ~s** Spuren hinterlassen

**secuencia** [se'kweṇθja] *f* ❶ (*serie*) Reihe *f*; ~ **de caracteres** (*t.* INFOR) Zeichenfolge *f* ❷ (CINE) Sequenz *f* ❸ (*orden de las palabras*) Wortstellung *f*

**secuestrador(a)** [sekwestra'ðor(a)] *m(f)* Entführer(in) *m(f)*

**secuestrar** [sekwes'trar] *vt* ❶ (*raptar*) entführen ❷ (*embargar*) beschlagnahmen

**secuestro** [se'kwestro] *m* ❶ (*rapto*) Entführung *f* ❷ (*bienes*) beschlagnahmte Ware *f* ❸ (*embargo*) Beschlagnahmung *f*

**secular** [seku'lar] *adj* säkular

**secularización** [sekulariθa'θjon] *f* Säkularisation *f*

**secularizar** [sekulari'θar] <z→c> **I.** *vt* säkularisieren **II.** *vr*: ~**se** *sich als Priester in den Laienstand versetzen lassen*

**secundar** [sekuṇ'dar] *vt* unterstützen

**secundario, -a** [sekuṇ'darjo, -a] *adj* (*segundo*) zweitrangig; (*cargo*) untergeordnet; **papel** ~ (CINE, TEAT) Nebenrolle *f*; **esto es** ~ das ist nebensächlich

**sed** [se$^{ð}$] *f* ❶ (*falta de agua*) Durst *m* ❷ (*de plantas*) Wasserbedarf *m*; **tener** ~ Wasser brauchen ❸ (*afán*) Durst *m* (*de* nach +*dat*); ~ **de amor** Liebesbedürfnis *nt*; ~ **de poder** Machthunger *m*

**seda** ['seða] *f* ❶ (ZOOL) Spinnfaden *m* ❷ (*tela, hilo*) Seide *f*; **de ~ natural** reinseiden; **como una** ~ (*tacto*) seidenweich; (*persona*) pflegeleicht; (*sin tropiezos*) wie am Schnürchen ❸ (*cerda*) Borste *f*

**sedación** [seða'θjon] *f* (*calmar la excitación*) Beruhigung *f*; (*calmar el dolor*) Schmerzlinderung *f*

**sedal** [se'ðal] *m* (*para pescar*) Angelschnur *f*

**sedante** [se'ðaṇte] **I.** *adj*: (**de efecto**) ~ schmerzlindernd **II.** *m* Schmerzmittel *nt*

**sedar** [se'ðar] *vt* lindern

**sedativo, -a** [seða'tiβo, -a] *adj* schmerzstillend

**sede** ['seðe] *f* (*residencia*) Sitz *m*; **la Santa S~** der Heilige Stuhl

**sedentario, -a** [seðeṇ'tarjo, -a] *adj* sesshaft

**sedentarismo** [seðeṇta'rismo] *m sin pl* Sesshaftigkeit *f*

**sedente** [se'ðeṇte] *adj* sitzend

**sedición** [seði'θjon] *f* Aufstand *m*

**sedicioso, -a** [seði'θjoso, -a] **I.** *adj* aufständisch; **acto** ~ Aufstand *m* **II.** *m, f* Aufständische(r) *mf*

**sediento, -a** [se'ðjeṇto, -a] *adj* durstig (*de* nach +*dat*); ~ **de poder** machthungrig

**sedimentación** [seðimeṇta'θjon] *f* Ablagerung *f*

**sedimentar** [seðimeṇ'tar] **I.** *vt* (*sosegar*) beruhigen **II.** *vr*: ~**se** ❶ (*depositarse*) sich ablagern ❷ (*sosegarse*) sich beruhigen

**sedimento** [seði'meṇto] *m* Sediment *nt*, Bodensatz *m*

**sedoso, -a** [se'ðoso, -a] *adj* seidig

**seducción** [seðu$^{y}$'θjon] *f* ❶ (*persuasión*) Verführung *f* ❷ (*tentación*) Verlockung *f*

**seducir** [seðu'θir] *irr como traducir vt* ❶ (*persuadir*) verführen ❷ (*fascinar*) verlocken

**seductor(a)** [seðuk'tor(a)] **I.** *adj* verführerisch; **artes ~as** Verführungskünste *fpl* **II.** *m(f)* Verführer(in) *m(f)*

**sefardí** I. *adj* sephardisch II. *mf* <sefardíes> Spaniole *mf;* **los ~es** die Sephardim

**i Land & Leute**

**Sefardí** wird der Nachfahre eines aus Spanien oder Portugal stammenden Juden genannt. Die Sprache heißt ebenfalls **sefardí**. Die **sefardíes** wurden Ende des 15. Jahrhunderts von der Iberischen Halbinsel vertrieben. Sie siedelten sich dann in Nordafrika und einigen europäischen Ländern an.

**segador(a)** [seɣa'ðor(a)] I. *adj* Mäh- II. *m(f)* Mäher(in) *m(f)*

**segadora** [seɣa'ðora] *f* Mähmaschine *f*

**segar** [se'ɣar] *irr como fregar vt* ❶ (*cortar*) abschneiden; (*hierba*) mähen; ~ **algo en flor** (*fig*) etw im Keim ersticken ❷ (*frustrar*) zerstören

**seglar** [se'ɣlar] *adj* weltlich

**segmentación** [seɣmeṇta'θjon] *f* Segmentation *f;* ~ **del mercado** (ECON) Marktaufteilung *f*

**segmentar** [seɣmeṇ'tar] *vt* segmentieren

**segmento** [seɣ'meṇto] *m* (*parte*) Teil *m;* (MAT) Segment *nt*

**segoviano, -a** [seɣo'βjano, -a] I. *adj* aus Segovia II. *m, f* Einwohner(in) *m(f)* von Segovia

**segoviense** [seɣo'βjense] *adj o mf v.* **segoviano**

**segregación** [seɣreɣa'θjon] *f* Trennung *f*

**segregacionismo** [seɣreɣaθjo'nismo] *m sin pl* Doktrin *f* der Segregation

**segregar** [seɣre'ɣar] <g→gu> *vt* trennen

**seguido, -a** [se'ɣiðo, -a] *adj* ❶ (*continuo*) ununterbrochen; **un año** ~ ein ganzes Jahr ❷ (*en línea recta*) geradeaus; **por aquí** ~ auf diesem Weg

**seguidor(a)** [seɣi'ðor(a)] *m(f)* Anhänger(in) *m(f)*

**seguimiento** [seɣi'mjeṇto] *m* (*cumplimiento*) Befolgung *f;* (*persecución*) Verfolgung *f;* (*sucesión*) Folge *f*

**seguir** [se'ɣir] *irr* I. *vt* ❶ (*suceder, ser adepto*) folgen +*dat* ❷ (*perseguir*) verfolgen ❸ (*cursar*): ~ **un curso de informática** einen Informatikkurs besuchen ❹ (*acompañar*) folgen +*dat* ❺ (*continuar*): ~ **adelante** weitermachen; **¡que sigas bien!** lass es dir weiterhin gut gehen! II. *vi:* **sigue por esta calle** geh diese Straße entlang III. *vr:* ~**se** folgen

**según** [se'ɣun] I. *prep* gemäß +*dat,* laut +*gen/dat;* ~ **eso** demnach; ~ **la ley** laut Gesetz; ~ **tus propias/tu sonrisa** deinen Worten/deinem Lächeln nach II. *adv* ❶ (*como*) wie; ~ **lo convenido** wie vereinbart ❷ (*mientras*) während; **podemos hablar** ~ **vamos andando** wir können uns beim Laufen unterhalten ❸ (*eventualidad*): ~ (**y como**) je nachdem; ~ **el trabajo iré o no** je nachdem, ob ich viel Arbeit habe, werde ich gehen oder nicht

**segunda** [se'ɣuṇda] *f* ❶ (AUTO) zweiter Gang *m* ❷ (*loc*): **con** ~**s** mit Hintergedanken

**segundero** [seɣuṇ'dero] *m* Sekundenzeiger *m*

**segundo**[1] [se'ɣuṇdo] *m* (*tiempo*) Sekunde *f*

**segundo, -a**[2] [se'ɣuṇdo, -a] I. *adj* zweite(r, s); **primo** ~ Cousin zweiten Grades; **segunda intención** Hintergedanke *m;* **vivir en el** ~ im zweiten Stock wohnen II. *m, f* Stellvertreter(in) *m(f)*

**segundón, -ona** [seɣuṇ'don, -ona] *m, f* Zweitgeborene(r) *mf*

**segur** [se'ɣur] *f* ❶ (*hacha*) Beil *nt* ❷ (*hoz*) Sichel *f*

**seguramente** [seɣura'meṇte] *adv* ❶ (*de modo seguro*) mit Sicherheit ❷ (*probablemente*) sicherlich

**seguridad** [seɣuri'ðaᵈ] *f* ❶ (*protección*) Sicherheit *f;* **S~ Social** (ADMIN) Sozialversicherungssystem *nt;* **agentes de** ~ Sicherheitspolizei *f;* **departamento de** ~ Polizeirevier *nt* ❷ (*certeza*) Sicherheit *f,* Gewissheit *f;* **para mayor** ~ sicherheitshalber ❸ (*firmeza*) Sicherheit *f;* **habla con mucha** ~ er/sie ist sehr sicher im Sprechen ❹ (*garantía*) Garantie *f* ❺ (*confiabilidad*) Zuverlässigkeit *f*

**seguro**[1] [se'ɣuro] I. *m* ❶ (*contrato*) Versicherung *f;* ~ **médico** Krankenversicherung *f;* ~ **de protección jurídica** Rechtsschutzversicherung *f;* ~ **a riesgo parcial** (AUTO) Teilkaskoversicherung *f;* ~ **a todo riesgo** (AUTO) Vollkaskoversicherung *f* ❷ (*mecanismo*) Sicherung *f* II. *adv* sicher(lich); **a** (**buen**) [*o* **de**] ~ sicher(lich); **sobre** ~ ohne Risiko; **en** ~ unbeschadet; **tener** ~ **algo** (sich *dat*) etw *gen* sicher sein

**seguro, -a**[2] [se'ɣuro, -a] *adj* ❶ (*exento de peligro*) sicher ❷ (*firme*) fest ❸ (*sólido*) solide ❹ (*convencido*) sicher; ~ **de sí mismo** selbstsicher; **¿estás** ~**?** bist du (dir) sicher?

**seis** [sei̯s] I. *adj inv* sechs; *v. t.* **ocho** II. *m inv* Sechs *f*

**seisavo, -a** [sei̯'saβo, -a] *adj* sechstel; *v. t.*

S

octavo

**seiscientos, -as** [sei̯s'θjen̪tos, -as] *adj* sechshundert; *v. t.* **ochocientos**

**seísmo** [se'ismo] *m* Erdbeben *nt*

**selección** [seleˠ'θjon] *f* Auswahl *f;* ~ **natural** natürliche Auslese; ~ **nacional de fútbol** Fußballnationalmannschaft *f*

**seleccionador(a)** [seleˠθjona'ðor(a)] *m(f)* (DEP) Trainer(in) *m(f)*

**seleccionar** [seleˠθjo'nar] *vt* auswählen

**selectividad** [selektiβi'ðaᵈ] *f* ❶ (*elección*) Auswahl *f* ❷ (*selección*) Selektion *f* ❸ (UNIV) *Eignungsprüfung für die Aufnahme an einer spanischen Universität*

**i Land & Leute**

Die **selectividad** ist eine staatliche Abschlussprüfung, die alle Schüler und Schülerinnen nach dem *bachillerato* ablegen müssen, wenn sie sich an einer spanischen Universität immatrikulieren möchten.

**selectivo, -a** [selek'tiβo, -a] *adj* selektiv; **método** ~ Auswahlmethode *f*

**selecto, -a** [se'lekto, -a] *adj* erlesen

**selector**[1] [selek'tor] *m* Regler *m;* ~ **de cambio de marcha** Schalthebel *m*

**selector(a)**[2] [selek'tor(a)] *adj* Wähl-

**selenita**[1] [sele'nita] *f* Selenit *m*

**selenita**[2] [sele'nita] *mf* Mondbewohner(in) *m(f)*

**self-service** [selᶠ'serβis] *m sin pl* Selbstbedienung *f*

**sellado, -a** [se'ʎaðo, -a] *adj* (*timbrado*) abgestempelt

**sellar** [se'ʎar] *vt* ❶ (*timbrar*) stempeln ❷ (*dejar huella*) Spuren hinterlassen (in/auf +*dat*) ❸ (*concluir*) besiegeln ❹ (*precintar*) siegeln; (*cerrar*) versiegeln; ~ **los labios** Stillschweigen bewahren

**sello** ['seʎo] *m* ❶ (*instrumento, marca*) Stempel *m;* ~ **de garantía** Gütezeichen *nt;* ~ **oficial** Dienststempel *m* ❷ (*viñeta*) Marke *f;* ~ (**postal**) Briefmarke *f* ❸ (*precinto*) Siegel *nt;* **cerrar con un** ~ versiegeln ❹ (*distintivo*) Kennzeichen *nt;* **esta película lleva el** ~ **de su director** dieser Film trägt die Handschrift seines Regisseurs ❺ (*anillo*) Siegelring *m* ❻ (MED) Oblate *f*

**selva** ['selβa] *f* Wald *m;* ~ (**virgen**) Urwald *m*

**selvático, -a** [sel'βatiko, -a] *adj* ❶ (*de la selva*) Wald-; (*de jungla*) Urwald- ❷ (*salvaje*) wild

**semáforo** [se'maforo] *m* ❶ (*de circulación*) (Verkehrs)ampel *f* ❷ (*telégrafo*) Signalmast *m*

**semana** [se'mana] *f* Woche *f;* **S~ Santa** Karwoche *f;* **fin de** ~ Wochenende *nt;* **durante** ~**s** (**enteras**) wochenlang; **entre** ~ unter der Woche

**semanal** [sema'nal] *adj* wöchentlich; **revista** ~ Wochenzeitschrift *f*

**semanario**[1] [sema'narjo] *m* Wochenzeitung *f*

**semanario, -a**[2] [sema'narjo, -a] *adj* Wochen-

**semántica** [se'man̪tika] *f sin pl* Semantik *f*

**semántico, -a** [se'man̪tiko, -a] *adj* (LING) semantisch

**semblante** [sem'blan̪te] *m* ❶ (*cara*) Gesicht *nt* ❷ (*expresión*) Gesichtsausdruck *m;* **tener un** ~ **alegre** einen glücklichen Eindruck machen; **componer el** ~ ein ernstes Gesicht machen

**semblanza** [sem'blan̪θa] *f* ❶ (*parecido*) Ähnlichkeit *f* ❷ (*bosquejo biográfico*) Kurzbiografie *f*

**sembrado** [sem'braðo] *m* Saatfeld *nt*

**sembrador(a)** [sembra'ðor(a)] *m(f)* Säer(in) *m(f)*

**sembrar** [sem'brar] <e→ie> *vt* ❶ (*plantar*) säen ❷ (*esparcir*) streuen; ~ **una calle de flores** eine Straße mit Blumen bestreuen; ~ **para el futuro** für die Zukunft vorsorgen; ~ **el terror** Angst verbreiten

**semejante** [seme'xan̪te] **I.** *adj* ❶ (*similar*) ähnlich ❷ (*tal*) solch; ~ **persona** solch eine Person **II.** *m* Mitmensch *m*

**semejanza** [seme'xan̪θa] *f* (*similitud*) Ähnlichkeit *f*

**semejar** [seme'xar] **I.** *vi* ähneln +*dat* **II.** *vr:* ~**se** sich *dat* ähneln; ~**se a alguien** jdm ähneln

**semen** ['semen] *m* ❶ (*espermatozoide*) Sperma *nt* ❷ (*semilla*) Samen *m*

**semental** [semen̪'tal] **I.** *adj* ❶ (AGR) Saat- ❷ (ZOOL) Zucht-; **caballo** ~ Zuchthengst *m* **II.** *m* Zuchttier *nt*

**sementar** [semen̪'tar] <e→ie> *vt* säen

**sementera** [semen̪'tera] *f* ❶ (*siembra*) Aussaat *f* ❷ (*sembrado*) Saatfeld *nt* ❸ (*cosa sembrada*) Saat *f* ❹ (*tiempo*) Saatzeit *f*

**semestral** [semes'tral] *adj* halbjährig; (UNIV) Semester-

**semestre** [se'mestre] *m* Halbjahr *nt;* (UNIV) Semester *nt*

**semiárido, -a** [semi'ariðo, -a] *adj* (GEO) semiarid; **clima** ~ semiarides Klima

**semiautomático, -a** [semiau̯to'matiko, -a] *adj* halbautomatisch

**semicircular** [semiθirku'lar] *adj* halbkreisförmig

**semicírculo** [semi'θirkulo] *m* (MAT) Halbkreis *m*

**semiconductor** [semikoṇduk'tor] *m* Halbleiter *m*

**semiconsciente** [semiko$^{n}$s'θjeṇte] *adj* halb bei Bewusstsein

**semicorchea** [semikor'ʧea] *f* (MÚS) Sechzehntelnote *f*

**semidesnatado, -a** [semiðesna'taðo, -a] *adj* halbfett

**semidiós, -osa** [semi'ðjos, -osa] *m, f* Halbgott, -göttin *m, f*

**semidormido, -a** [semiðor'miðo, -a] *adj* im Halbschlaf

**semielaborado, -a** [semielaβo'raðo, -a] *adj* halb fertig

**semiesfera** [semies'fera] *f* Halbkugel *f*

**semifinal** [semifi'nal] *f* Halbfinale *nt;* **pasar a la** ~ das Halbfinale erreichen

**semifinalista** [semifina'lista] *mf* (DEP) Halbfinalist(in) *m(f)*

**semilla** [se'miʎa] *f* Samen *m;* (*fig*) Keim *m*

**semillero** [semi'ʎero] *m* ① (*sementera*) Saatfeld *nt* ② (*origen*) Keim *m*

**semilunar** [semilu'nar] *adj* halbmondförmig

**seminal** [semi'nal] *adj* Samen-

**seminario** [semi'narjo] *m* ① (ENS, REL) Seminar *nt* ② (*origen*) Keim *m* ③ (*sementera*) Saatfeld *nt*

**seminarista** [semina'rista] *mf* ① (REL) Seminarist(in) *m(f)* ② (ENS) Seminarteilnehmer(in) *m(f)*

**semiología** [semjolo'xia] *f sin pl* (LING, MED) Semiologie *f*

**semioscuridad** [semioskuri'ða$^{ð}$] *f* Halbdunkel *nt*

**semiótica** [se'mjotika] *f sin pl* (LING, MED) Semiotik *f*

**semiprecioso, -a** [semipre'θjoso, -a] *adj:* **piedra semipreciosa** Halbedelstein *m*

**semiproducto** [semipro'ðukto] *m* Halbfertigware *f*

**semirrecto, -a** [semi'rrekto, -a] *adj:* **ángulo** ~ 45°-Winkel *m*

**semiseco, -a** [semi'seko, -a] *adj* halbtrocken; (*champán*) demi-sec

**semita** [se'mita] **I.** *adj* semitisch **II.** *mf* Semit(in) *m(f)*

**semitismo** [semi'tismo] *m sin pl* ① (*referente a las costumbres*) semitische Wesensart *f* ② (*referente al lenguaje*) semitische Spracheigentümlichkeit *f*

**sémola** ['semola] *f* Grieß *m*

**sempiterno, -a** [sempi'terno, -a] *adj* ewig

**Sena** ['sena] *m* Seine *f*

**senado** [se'naðo] *m* Senat *m*

**i Land & Leute**

Der **Senado de los Diputados**, d. h. der spanische Senat, setzt sich insgesamt aus 255 Senatoren zusammen: 208 von ihnen werden direkt gewählt, die restlichen 47 von den *Comunidades Autónomas.*

**senador(a)** [sena'ðor(a)] *m(f)* Senator(in) *m(f)*

**sencillamente** [seṇθiʎa'meṇte] *adv* schlichtweg

**sencillez** [seṇθi'ʎeθ] *f* ① (*simplicidad*) Einfachheit *f* ② (*naturalidad*) Schlichtheit *f* ③ (*sinceridad*) Aufrichtigkeit *f* ④ (*candidez*) Einfältigkeit *f*

**sencillo, -a** [seṇ'θiʎo, -a] *adj* ① (*simple*) einfach ② (*natural*) schlicht; **gente sencilla** einfache Leute ③ (*sincero*) aufrichtig ④ (*cándido*) einfältig

**senda** ['seṇda] *f* ① (*camino*) Pfad *m;* ~ **del jardín** Gartenweg *m* ② (*método*) Weg *m*

**senderismo** [seṇde'rismo] *m* Wandern *nt*

**sendero** [seṇ'dero] *m v.* **senda**

**sendos, -as** ['seṇdos, -as] *adj:* **llegamos en** ~ **coches** wir kamen jeder mit seinem Wagen

**senectud** [senek'tu$^{ð}$] *f* Alter *nt*

**senegalés, -esa** [seneɣa'les, -esa] **I.** *adj* senegalesisch **II.** *m, f* Senegalese, -in *m, f*

**senil** [se'nil] *adj* ① (*de la vejez*) Alters- ② (*decrépito*) senil

**senilidad** [senili'ða$^{ð}$] *f* (*decrepitud*) Senilität *f*

**sénior** ['senjor] **I.** *adj* senior **II.** *mf* Senior(in) *m(f)*

**seno** ['seno] *m* ① (*concavidad*) Vertiefung *f* ② (ANAT, MAT) Sinus *m;* ~ **frontal** Stirnhöhle *f* ③ (*matriz*) Schoß *m* ④ (*pecho*) Brust *f*

**sensación** [sensa'θjon] *f* ① (*sentimiento*) Gefühl *nt* ② (*novedad*) Sensation *f* ③ (*reacción*): **causar** ~ Aufsehen erregen; **de** ~ Aufsehen erregend

**sensacional** [sensaθjo'nal] *adj* sensationell

**sensacionalismo** [sensaθjona'lismo] *m sin pl* Sensationsgier *f*

**sensacionalista** [sensaθjona'lista] *adj* sensationslüstern; **prensa** ~ Sensationspresse *f*

**sensatez** [sensa'teθ] *f* Besonnenheit *f*

**sensato, -a** [sen'sato, -a] *adj* besonnen

**sensibilidad** [sensiβili'ða$^{ð}$] *f* Sensibilität *f*

**sensibilización** [sensiβiliθa'θjon] *f* (*t.* FOTO) Sensibilisierung *f*

**sensibilizar** [sensiβili'θar] <z→c> *vt* sensi-

S

bilisieren

**sensible** [sen'siβle] *adj* ① (*sensitivo*) empfindlich (*a* gegen +*akk*); (*impresionable*) sensibel; ~ **a los cambios de tiempo** wetterfühlig; ~ **a la luz** lichtempfindlich ② (*perceptible*) wahrnehmbar

**sensiblemente** [sensiβle'men̪te] *adv* ① (*perceptible*) spürbar ② (*doloroso*) schmerzlich

**sensiblería** [sensiβle'ria] *f* Gefühlsduselei *f*

**sensiblero**, **-a** [sensi'βlero, -a] *adj* gefühlsdus(e)lig

**sensitiva** [sensi'tiβa] *f* Mimose *f*

**sensitivo**, **-a** [sensi'tiβo, -a] *adj* ① (*sensorial*) Sinnes-; **tacto** ~ Gefühlssinn *m* ② (*sensible*) sensibel ③ (*sensual*) sinnlich

**sensor** [sen'sor] *m* Sensor *m*

**sensorial** [senso'rjal] *adj* sensorisch; **órgano** ~ Sinnesorgan *nt*

**sensorio**[1] [sen'sorjo] *m* Bewusstsein *nt*

**sensorio**, **-a**[2] [sen'sorjo, -a] *adj v.* **sensorial**

**sensual** [sensu'al] *adj* sinnlich

**sensualidad** [senswali'ða$^{d}$] *f sin pl* Sinnlichkeit *f*

**sentada** [sen̪'taða] *f* (*protesta*) Sitzstreik *m*

**sentado**, **-a** [sen̪'taðo, -a] *adj* ① (*sensato*) besonnen ② (*loc*): **dar algo por** ~ etw nicht in Frage stellen; **doy por** ~ **que él acudirá** für mich steht fest, dass er kommt

**sentar** [sen̪'tar] <e→ie> **I.** *vi:* ~ **bien/mal** (*comida*) gut/schlecht bekommen; (*vestidos*) gut/schlecht stehen; ~ **como un tiro** auf den Magen schlagen **II.** *vt* setzen; **estar sentado** sitzen; **estar bien sentado** (*fig*) gut situiert sein **III.** *vr:* ~**se** ① (*asentarse*) sich setzen; **¡siéntese!** nehmen Sie Platz! ② (*establecerse*) sich niederlassen ③ (*estabilizarse*) sich stabilisieren

**sentencia** [sen̪'ten̪θja] *f* ① (*proverbio*) (Sinn)spruch *m* ② (JUR) Urteil *nt;* **dictar** ~ das Urteil sprechen

**sentenciar** [sen̪ten̪'θjar] *vt* ① (*decidir*) urteilen (über +*akk*) ② (*condenar*) verurteilen (*a* zu +*dat*)

**sentido**[1] [sen̪'tiðo] *m* ① (*facultad, significado*) Sinn *m;* ~ **común** gesunder Menschenverstand; ~ **del deber** Pflichtgefühl *nt;* ~ **del humor** Sinn für Humor; **costar un** ~ sündhaft teuer sein; **estar con los cinco** ~**s en el asunto** voll bei der Sache sein; **estar sin** ~ bewusstlos sein; **perder el** ~ in Ohnmacht fallen ② (*dirección*) Richtung *f;* **en el** ~ **de la flecha** in Pfeilrichtung; **en el** ~ **de las agujas del reloj** im Uhrzeigersinn

**sentido**, **-a**[2] [sen̪'tiðo, -a] *adj* ① (*conmovido*) innig ② (*sensible*) empfindlich; **ser muy** ~ keinen Spaß verstehen

**sentimental** [sen̪timen̪'tal] *adj* sentimental

**sentimentalismo** [sen̪timen̪ta'lismo] *m* Sentimentalität *f*

**sentimentaloide** [sen̪timen̪ta'loi̯ðe] *mf* (*pey*) gefühlsdusliger Mensch *m*

**sentimiento** [sen̪ti'mjen̪to] *m* ① (*emoción*) Gefühl *nt;* **sin** ~**s** gefühllos ② (*pena*) Bedauern *nt;* **le acompaño en el** ~ (mein) herzliches Beileid

**sentir** [sen̪'tir] *irr* **I.** *vt* ① (*percibir*) fühlen; **siento frío** mir ist kalt; **sin** ~ unvermittelt ② (*opinar*) meinen ③ (*lamentar*) bedauern; **lo siento mucho** es tut mir sehr leid; **siento que...** +*subj* schade, dass ... **II.** *vr:* ~**se** ① (*estar*) sich fühlen ② (*padecer*) Beschwerden haben (*de* in +*dat*) **III.** *m* ① (*opinión*) Meinung *f;* ~ **popular** öffentliche Meinung; **en mi** ~ meiner Meinung nach ② (*sentimiento*) Gefühl *nt*

**seña** ['seɲa] *f* ① (*gesto*) Zeichen *nt;* **hacer** ~**s** winken ② (*particularidad*) Kennzeichen *nt;* ~**s mortales** unverwechselbare Kennzeichen; **por más** ~**s** außerdem ③ *pl* (*dirección*) Adresse *f*

**señal** [se'ɲal] *f* ① (*particularidad*) Kennzeichen *nt* ② (*signo*) Zeichen *nt;* **en** ~ **de** als Zeichen +*gen;* **dar** ~**es de vida** (*fig*) von sich *dat* hören lassen ③ (*teléfono*) Freizeichen *nt* ④ (*huella*) Spur *f* ⑤ (*cicatriz*) Narbe *f* ⑥ (*adelanto*) Anzahlung *f;* **paga y** ~ Anzahlung *f;* **dejar una** ~ eine Anzahlung leisten

**señalado**, **-a** [seɲa'laðo, -a] *adj* ① (*famoso*) berühmt ② (*importante*) bedeutend, wichtig ③ (*insigne*) hervorragend

**señalar** [seɲa'lar] **I.** *vt* ① (*anunciar*) signalisieren ② (*marcar*) kennzeichnen ③ (*estigmatizar*) brandmarken ④ (*mostrar*) zeigen ⑤ (*indicar*) hinweisen (auf +*akk*) ⑥ (*fijar*) festlegen ⑦ (*firmar*) abzeichnen **II.** *vr:* ~**se** sich hervorheben

**señalización** [seɲaliθa'θjon] *f* Beschilderung *f*

**señalizar** [seɲali'θar] <z→c> *vt* beschildern

**señera** [se'ɲera] *f* (*bandera*) Banner *nt*

**señero**, **-a** [se'ɲero, -a] *adj* ① (*solitario*) einsam ② (*único*) einzigartig ③ (*importante*) bedeutend

**señor(a)** [se'ɲor(a)] **I.** *adj* (*fam*) ① (*noble*) vornehm ② (*enorme*) gewaltig; ~**a casa** Mordshaus *nt* **II.** *m(f)* ① (*dueño*) Herr(in) *m(f)* (*de* über +*akk*) ② (*hombre*) Mann *m;* (*mujer*) Frau *f;* (*dama*) Dame *f;* ~**a de compañía** Anstandsdame *f;* **¡**~**as y** ~**es!** meine Damen und Herren! ③ (*título*) Herr *m*, Frau *f;* **el** ~**/la** ~**a García** Herr/Frau García; **los** ~**es García** Herr und Frau

García; **muy ~ mío: ...** sehr geehrter Herr, ...; **¡no, ~!** keineswegs!; **¡sí, ~!** aber natürlich! ④ (REL): **el S~** der Herr; **nuestra S~ a** die Heilige Maria; **descansar en el S~** entschlafen

**señorear** [seɲore'ar] **I.** *vt* ① (*dominar*) beherrschen ② (*sobresalir*) überragen **II.** *vr:* **~se** sich bemächtigen (*de +gen*)

**señoría** [seɲo'ria] *f* Herrschaft *f;* **Su S~** Euer Gnaden

**señori(a)l** [seɲo'ril/seɲo'rjal] *adj* herrschaftlich; **casa ~** Herrenhaus *nt*

**señorío** [seɲo'rio] *m* ① (*dominio*) Herrschaft *f* ② (*territorio*) herrschaftlicher Besitz *m* ③ (*dignidad*) Würde *f* ④ (*personas*) Herrschaften *pl*

**señorita** [seɲo'rita] *f* ① (*tratamiento*) Fräulein *nt* ② (*cigarro*) Zigarillo *m o nt*

**señorito** [seɲo'rito] *m* junger Herr *m*

**señuelo** [se'ɲwelo] *m* Lockvogel *m;* (*fig*) Köder *m;* **caer en el ~** in die Falle gehen

**sépalo** ['sepalo] *m* (BOT) Kelchblatt *nt*

**separación** [separa'θjon] *f* ① (*desunión*) Trennung *f* ② (*espacio*) Zwischenraum *m*

**separado** [sepa'raðo] *adv:* **por ~** getrennt; **contar por ~** einzeln zählen

**separar** [sepa'rar] **I.** *vt* ① (*desunir*) trennen (*de* von *+dat*) ② (*apartar*) aussortieren ③ (*destituir*) entlassen (*de* aus *+dat*) **II.** *vr:* **~se** sich trennen (*de* von *+dat*)

**separatismo** [separa'tismo] *m sin pl* (POL) Separatismus *m*

**separo** [se'paro] *m* (*Méx: celda*) (Gefängnis)zelle *f*

**sepelio** [se'peljo] *m* Begräbnis *nt*

**sepia** ['sepja] *f* Sepia *f;* **de color ~** sepia(braun)

**septentrión** [septen̪'trjon] *m* ① (*polo ártico*) Nordpol *m* ② (*norte*) Norden *m;* (**viento**) ~ Nordwind *m*

**septentrional** [septen̪trjo'nal] *adj* nördlich

**septicemia** [septi'θemja] *f* Blutvergiftung *f*

**septiembre** [sep'tjembre] *m* September *m;* *v. t.* **marzo**

**séptimo, -a** ['septimo, -a] **I.** *adj* (*parte*) siebtel; (*numeración*) siebte(r, s) **II.** *m, f* Siebtel *nt;* *v. t.* **octavo**

**septuagenario, -a** [septwaxe'narjo, -a] **I.** *adj* siebzigjährig **II.** *m, f* Siebzigjährige(r) *mf;* *v. t.* **octogenario**

**septuagésimo, -a** [septwa'xesimo, -a] **I.** *adj* (*parte*) siebzigstel; (*numeración*) siebzigste(r, s); **la septuagésima parte de...** ein Siebzigstel von ... *+dat* **II.** *m, f* Siebzigstel *nt;* *v. t.* **octogésimo**

**séptuplo, -a** ['septuplo, -a] *adj* siebenfach; *v. t.* **óctuplo**

**sepulcral** [sepul'kral] *adj* Grab-; **silencio ~** Grabesstille *f*

**sepulcro** [se'pulkro] *m* ① (*tumba*) Grab *nt;* **ser un ~** (*fig*) verschwiegen wie ein Grab sein ② (*relicario*) Schrein *m*

**sepultar** [sepul̪'tar] **I.** *vt* ① (*inhumar, t. fig*) begraben ② (*cubrir*) unter sich *dat* begraben **II.** *vr:* **~se** (*sumergir*) versinken

**sepultura** [sepul̪'tura] *f* ① (*sepelio*) Begräbnis *nt* ② (*tumba*) Grab *nt;* **dar ~ a alguien** jdn zu Grabe tragen; **estar cavando su ~** sich *dat* sein eigenes Grab schaufeln

**sepulturero, -a** [sepul̪tu'rero, -a] *m, f* Totengräber(in) *m(f)*

**sequedad** [seke'ðaᵈ] *f* ① (*aridez*) Trockenheit *f* ② (*descortesía*) Unfreundlichkeit *f;* **con ~** unwirsch

**sequía** [se'kia] *f* Dürre *f*

**séquito** ['sekito] *m* Gefolge *nt*

**ser** [ser] *irr* **I.** *aux* ① (*construcción de la pasiva*): **las casas fueron vendidas** die Wohnungen wurden verkauft; **el triunfo fue celebrado** der Sieg wurde gefeiert ② (*en frases pasivas*): **es de suponer que vendrán** es ist anzunehmen, dass sie kommen werden; **era de esperar** das war zu erwarten; **es de esperar que...** *+subj* man darf hoffen, dass ... **II.** *vi* ① (*absoluto, copulativo, existir, constituir*) sein; **cuatro y cuatro son ocho** vier und vier ist acht; **éramos cuatro** wir waren zu viert; **¿quién es?** (*puerta*) wer ist da?; (*teléfono*) wer ist am Apparat?; **soy Pepe** (*al teléfono*) hier spricht Pepe; **es de noche** es ist Nacht; **son las cuatro** es ist vier Uhr; **el que fue director del teatro** der ehemalige Intendant des Theaters ② (*tener lugar*): **el examen es mañana** die Klausur ist morgen; **el concierto es en el pabellón** das Konzert findet in der Sporthalle statt; **eso fue en 1995** das geschah (im Jahre) 1995 ③ (*costar*): **¿a cuánto es el pollo?** wie viel kostet das Hühnchen?; **¿cuánto es todo?** wie viel macht alles zusammen? ④ (*estar*): **el cine es en la otra calle** das Kino ist in der anderen Straße ⑤ (*convertirse en*): **¿qué quieres ~ de mayor?** was willst du werden, wenn du groß bist?; **¿qué es de él?** was macht er?; **qué ha sido de ella?** was ist aus ihr geworden?; **llegó a ~ ministro** er brachte es bis zum Minister ⑥ (*depender*): **todo es que se decida pronto** alles hängt nur davon ab, wie schnell er/sie eine Entscheidung trifft ⑦ (*con 'de': posesión*): **¿de quién es esto?** wem gehört das?; **el paquete es de él** das Paket gehört ihm; **el anillo es de plata** der Ring ist aus Silber; **el coche es de color azul** das Auto ist blau; **ser de Suabia** aus Schwaben kommen; ~ **de 3 euros** 3 Euro kosten; **es de 30 años** er/sie ist 30 (Jahre alt); **lo que ha hecho es muy de ella** was sie gemacht hat, ist typisch für sie; **esta manera de hablar no es de un catedrático** diese Ausdrucksweise passt nicht zu einem Professor; **es de lo más guay** es ist einfach spitze; **eres de lo que no hay** du bist einzigartig; **es de un cobarde que no veas** er/sie ist schrecklich feige ⑧ (*con 'para'*): **yo no soy para tutearlo** ich traue mich nicht ihn zu duzen; **este estilo no es para ti** dieser Stil passt nicht zu dir; **¿para quién es el vino?** wer bekommt den Wein?; **la película no es para niños** der Film ist nicht für Kinder geeignet; **no es para ponerse así** reg dich deshalb nicht so auf; **es como para no hablarte más** ich hätte guten Grund nicht mehr mit dir zu reden ⑨ (*con 'que'*): **esto es que no lo has visto bien** wahrscheinlich hast du es nicht richtig gesehen; **es que ahora no puedo** ich kann jetzt nämlich nicht; **si es que merece la pena** wenn es sich überhaupt lohnt; **¡y es que tenía unas ganas de acabarlo!** wie habe ich mir gewünscht damit fertig zu werden! ⑩ (*oraciones enfáticas, interrogativas*): **¡esto es!** (*así se hace*) gut so!; (*así se dice*) gut gesagt!; (*correcto*) richtig!; **¿pero qué es esto?** was soll denn das (sein)?; **¿cómo es eso?** wie ist das möglich?; **¡como debe ~¡** wie es sich gehört!; **¡no puede ~!** das kann doch nicht wahr sein!; **¿no puede ~?** ist es nicht möglich?; **¡eso es cantar!** das nennt man Singen! ⑪ (*en futuro*): **¿~á capaz?** wird er/sie das können?; **¡~á capaz!** der Typ ist echt dreist; **~á lo que ~á** mal sehen, was daraus wird ⑫ (*en infinitivo*): **manera de ~** Wesen *nt;* **razón de ~** Daseinsberechtigung *f;* **a no ~ que...** +*subj* es sei denn, dass ...; **todo puede ~** alles ist möglich; **quizá ganemos el campeonato – todo puede ~** vielleicht gewinnen wir die Meisterschaft – alles ist noch offen; **por lo que pueda ~** für alle Fälle; **con ~ su marido, no puede tragarla** obwohl er ihr Mann ist, kann er sie nicht ausstehen ⑬ (*en indicativo, condicional*): **es más** ja mehr noch; **siendo así** wenn das so ist; **y eso es todo** das wär's; **~ más/menos que alguien** besser/schlechter als jd sein; **es igual** (*no importa*) macht nichts; **yo soy de los que piensan que...** ich gehöre zu denen, die glauben, dass ...; **de no haber sido por ti...** wenn du nicht gewesen wärst ...; **no es lo que tú piensas** es ist nicht so, wie du denkst; **con el carisma que tiene sería un buen líder** (**de un partido**) bei seinem Charisma gäbe er einen guten (Partei)chef ab; **el lema electoral es: ...** die Wahlparole lautet: ... ⑭ (*en subjuntivo*): **si yo fuera tú** wenn ich du wäre; **si no fuera por eso...** wenn das nicht wäre ...; **si por mí fuera** wenn es nach mir ginge; **me tratas como si fuera un niño** du behandelst mich wie ein Kind; **sea lo que sea** wie dem auch sei; **lo que sea ~á** es kommt wie es kommen muss; **hazlo sea como sea** tu es, egal wie; **sea quien sea** egal wer; **dos reales, o sea, 50 céntimos** zwei Reales, das heißt, 50 Céntimos; **el color que quieras, pero que no sea rojo** irgendeine Farbe, außer Rot; **cómprame un chupa-chups o lo que sea** kauf mir einen Lutscher oder sonst was; **cómprame un chupa-chups ni que sea** kauf mir wenigstens einen Lutscher; **por listo que sea...** möge er noch so schlau sein ...; **cualquiera que sea el día** an irgendeinem Tag **III.** *m* ① (*criatura*) Wesen *nt;* ~ **vivo** Lebewesen *nt* ② (*esencia*) Wesen *nt* ③ (FILOS) Sein *nt*

**? Grammatik**

**ser** beschreibt inhärente Eigenschaften von etw/jdm: *Mis primos son altos y delgados. – Meine Cousins sind groß und schlank.*

**estar** dient zur Beschreibung vorübergehender Eigenschaften, die sich verändern können: *Enrique está muy enamorado de su novia. – Enrique ist bis über beide Ohren in seine Freundin verliebt. Está enfermo desde hace una semana. – Sie/er ist seit einer Woche krank.*

**sera** ['sera] *f* Trag(e)korb *m*

**serba** ['serβa] *f* Vogelbeere *f*

**Serbia** ['serβja] *f* Serbien *nt*

**serbio, -a** ['serβjo, -a] **I.** *adj* serbisch **II.** *m, f* Serbe, -in *m, f*

**serbocroata** [serβokro'ata] **I.** *adj* serbokroatisch **II.** *m* (*lengua*) Serbokroatisch(e) *nt*

**serenar** [sere'nar] **I.** *vt* (*calmar*) beruhigen **II.** *vi, vr:* **~se** (*calmarse*) sich beruhigen; (*tiempo*) aufklaren

**serenata** [sere'nata] *f* Serenade *f*

**serenidad** [sereni'ðaᵈ] *f sin pl* ① (*sosiego*) Gelassenheit *f* ② (*príncipe*): **Su S~** Seine/Ihre Durchlaucht

**sereno**[1] [se'reno] *m* ❶ (*humedad*) Tau *m;* **al** ~ (nachts) im Freien ❷ (*vigilante*) ≈Nachtwächter *m*

**sereno, -a**[2] [se'reno, -a] *adj* ❶ (*sosegado*) ruhig ❷ (*sin nubes*) heiter

**serial** [se'rjal] *m* (RADIO, TV) Serie *f;* (*publicación*) Reihe *f*

**serie** ['serje] *f* ❶ (*sucesión*) Serie *f;* ~ **de artículos** Produktreihe *f;* ~ **televisiva** Fernsehserie *f;* **fuera de** ~ herausragend ❷ (*gran cantidad, t.* MAT) Reihe *f* ❸ (DEP) Vorrunde *f*

**seriedad** [serje'ðaᵈ] *f sin pl* Ernsthaftigkeit *f*

**serigrafía** [seriɣra'fia] *f* (TIPO) Siebdruck *m*

**serio, -a** ['serjo, -a] *adj* ❶ (*grave*) ernst(haft) ❷ (*severo*) streng ❸ (*formal*) seriös ❹ (*responsable*) verantwortungsbewusst ❺ (*sin burla*) ernst(haft); **esto va en** ~ das ist jetzt ernst gemeint; **¿en ~?** wirklich?

**sermón** [ser'mon] *m* Predigt *f;* **echar un** ~ **a alguien** jdm eine Standpauke halten

**sermonear** [sermone'ar] **I.** *vi* predigen **II.** *vt* (*fam*) eine Standpauke halten +*dat*

**seropositivo, -a** [seroposi'tiβo, -a] *adj* HIV-positiv

**serosidad** [serosi'ðaᵈ] *f* Lymphe *f*

**serpear** [serpe'ar] *vi* sich schlängeln

**serpenteado, -a** [serpeṇte'aðo, -a] *adj* geschlängelt

**serpenteante** [serpeṇte'aṇte] *adj* gewunden; **carretera** ~ Serpentinenstraße *f*

**serpentear** [serpeṇte'ar] *vi* sich schlängeln

**serpenteo** [serpeṇ'teo] *m* Serpentine *f*

**serpentín** [serpeṇ'tin] *m* ❶ (QUÍM) Kühlschlange *f* ❷ (*de armas de fuego*) Zündstift *m;* (*del mosquete*) Luntenschloss *nt* ❸ (*piedra*) Serpentin *m*

**serpentina** [serpeṇ'tina] *f* (*de papel*) Luftschlange *f*

**serpiente** [ser'pjeṇte] *f* Schlange *f;* ~ **de cascabel** Klapperschlange *f;* ~ **de vidrio** Blindschleiche *f*

**serrado, -a** [se'rraðo, -a] *adj* gezackt

**serraduras** [serra'ðuras] *fpl* Sägespäne *mpl*

**serranía** [serra'nia] *f* Bergland *nt*

**serrano, -a** [se'rrano, -a] *adj* Gebirgs-; **jamón** ~ luftgetrockneter Schinken

**serrar** [se'rrar] <e→ie> *vt* sägen

**serrería** [serre'ria] *f* Sägewerk *nt*

**serrín** [se'rrin] *m* Sägemehl *nt*

**serrucho** [se'rrutʃo] *m* (*sierra*) Fuchsschwanz *m*

**servible** [ser'βiβle] *adj* brauchbar

**servicial** [serβi'θjal] *adj* zuvorkommend

**servicio** [ser'βiθjo] *m* ❶ (*acción de servir*) Dienst *m;* ~ **civil sustitutorio** Zivildienst *m;* ~ **de información telefónica** Telefonauskunft *f;* ~ **militar** Wehrdienst *m;* **~s on-line** [*o* **en línea**] (INFOR) Onlinedienste *mpl;* ~ **postal express** Eilzustellung *f;* ~ **posventa** Kundendienst *m;* **estar de** ~ im Dienst sein; **hacer el** ~ den Wehrdienst ableisten; **hacer un** ~ **a alguien** jdm einen Dienst erweisen; **hacer un flaco** ~ **a alguien** jdm einen Bärendienst erweisen ❷ (*servidumbre*) Hauspersonal *nt;* **entrada de** ~ Dienstboteneingang *m* ❸ (*culto*) Gottesdienst *m* ❹ (*cubierto*) Geschirr *nt;* ~ **de té** Teeservice *nt* ❺ (*retrete*) Toilette *f* ❻ (DEP) Aufschlag *m* ❼ (ECON) Dienstleistung *f* ❽ (MED) Einlauf *m*

**servidor(a)** [serβi'ðor(a)] *m(f)* (*criado*) Diener(in) *m(f);* **un** ~ **se va a dormir** ich gehe schlafen; **¿quién es el último? – ~** wer ist der Letzte? – ich

**servidumbre** [serβi'ðumbre] *f* ❶ (*personal*) Dienerschaft *f* ❷ (*esclavitud*) Leibeigenschaft *f* ❸ (*trabajo de siervo*) Fron(arbeit) *f* ❹ (*sujeción*) Hörigkeit *f* ❺ (JUR) Dienstbarkeit *f*

**servil** [ser'βil] **I.** *adj* unterwürfig **II.** *m* Kriecher *m*

**servilismo** [serβi'lismo] *m sin pl* Unterwürfigkeit *f*

**servilleta** [serβi'ʎeta] *f* Serviette *f;* **doblar la** ~ (*fig fam*) den Löffel abgeben

**servilletero** [serβiʎe'tero] *m* Serviettenhalter *m;* (*aro*) Serviettenring *m*

**servir** [ser'βir] *irr como pedir* **I.** *vi* ❶ (*ser útil*) nützen; **no sirve de nada** es bringt nichts; **no sirve para nada** das ist für nichts gut ❷ (*ser soldado/criado*) dienen ❸ (*ayudar*) behilflich sein; **¿en qué puedo ~le?** womit kann ich Ihnen dienen?; **¡para ~le!** zu Ihren Diensten! ❹ (*atender a alguien*) bedienen ❺ (DEP) aufschlagen ❻ (*suministrar*) (aus)liefern ❼ (*poner en el plato*) auftun ❽ (*en el vaso*) einschenken **II.** *vr:* **~se** ❶ (*utilizar*) sich bedienen (*de* +*gen*) ❷ (*dignarse*): **sírvase cerrar la ventana** seien Sie so freundlich und schließen Sie bitte das Fenster

**servo** ['serβo] *m* (AUTO, TÉC) Servomechanismus *m*

**servoasistido, -a** [serβoasis'tiðo, -a] *adj* Servo-

**servodirección** [serβoðireᵞ'θjon] *f* (AUTO) Servolenkung *f*

**servofreno** [serβo'freno] *m* (AUTO) Servobremse *f*

**servomotor** [serβomo'tor] *m* (TÉC) Servomotor *m*

**sésamo** ['sesamo] *m* (BOT) Sesam *m;* **¡ábrete, ~!** Sesam, öffne dich!; **barrio** ~

(TV) Sesamstraße *f*

**sesenta** [se'sen̩ta] **I.** *adj inv* sechzig **II.** *m* Sechzig *f; v. t.* **ochenta**

**sesentavo, -a** [sesen̩'taβo, -a] **I.** *adj* sechzigstel **II.** *m, f* Sechzigstel *nt; v. t.* **ochentavo**

**sesentena** [sesen̩'tena] *f* Einheit *f* von sechzig Stück; (HIST) Schock *nt*

**sesentón, -ona** [sesen̩'ton, -ona] **I.** *adj* sechzigjährig **II.** *m, f* Sechzigjährige(r) *mf; v. t.* **ochentón**

> **i Land & Leute**
>
> In bestimmten Regionen Südspaniens wird das spanische ‚z' (nach den Vokalen a, o, u) bzw. ‚c' (nach den Vokalen e und i), also das Phonem [θ] wie ein ‚s' ausgesprochen, z. B. *coser* statt *cocer*, was manchmal zu (sprachlichen) Missverständnissen führen kann. Dieses Phänomen wird **seseo** genannt. Das umgekehrte Sprachphänomen, also das Lispeln des ‚s', wird *ceceo* genannt.

**sesera** [se'sera] *f* ❶ (*cerebro*) Gehirn *nt* ❷ (*fam: cabeza*) Birne *f;* (*inteligencia*) Köpfchen *nt*

**sesgar** [ses'ɣar] <g→gu> *vt* ❶ (*cortar*) schräg schneiden ❷ (*torcer*) zur Seite biegen

**sesgo** ['sesɣo] *m* ❶ (*oblicuidad*) Schräge *f;* **al** ~ schräg ❷ (*orientación*) Verlauf *m*

**sesión** [se'sjon] *f* ❶ (*reunión*) Sitzung *f;* ~ **a puerta cerrada** nichtöffentliche Sitzung; **abrir/levantar la** ~ die Sitzung eröffnen/schließen ❷ (*representación*) Vorstellung *f;* ~ **de noche** Spätvorstellung *f*

**seso** ['seso] *m* ❶ (ANAT) Gehirn *nt* ❷ (*inteligencia*) Verstand *m;* **beber(se) los** ~**s** (*fig*) den Verstand verlieren; **calentarse los** ~**s** (*fam*) sich *dat* das Hirn zermartern; **tener sorbido el** ~ **a alguien** (*fam*) jdn voll im Griff haben ❸ *pl* (GASTR) Hirn *nt*

**sesudo, -a** [se'suðo, -a] *adj* ❶ (*inteligente*) intelligent ❷ (*sensato*) vernünftig

**set** [set] *m* <sets> ❶ (DEP) Satz *m* ❷ (*conjunto*) Set *nt*

**seta** ['seta] *f* Pilz *m;* **crecer como** ~**s** wie Pilze aus dem Boden schießen

**setecientos, -as** [sete'θjen̩tos, -as] *adj* siebenhundert; *v. t.* **ochocientos**

**setenta** [se'ten̩ta] **I.** *adj inv* siebzig **II.** *m* Siebzig *f; v. t.* **ochenta**

**setentavo, -a** [seten̩'taβo, -a] **I.** *adj* siebzigstel **II.** *m, f* Siebzigstel *nt; v. t.* **ochentavo**

**setentón, -ona** [seten̩'ton, -ona] **I.** *adj* siebzigjährig **II.** *m, f* Siebzigjährige(r) *mf; v. t.* **ochentón**

**setiembre** [se'tjembre] *m v.* **septiembre**

**seto** ['seto] *m* Zaun *m;* ~ **vivo** Hecke *f*

**seudónimo** [seu̯'ðonimo] *m* Pseudonym *nt*

**Seúl** [se'ul] *m* Seoul *nt*

**severidad** [seβeri'ðað] *f sin pl* Strenge *f*

**severo, -a** [se'βero, -a] *adj* streng (*con* zu +*dat*)

**sevillanas** *fpl* (MÚS) Sevillanas *fpl*

> **i Land & Leute**
>
> Die **sevillanas** sind wohl der im Ausland bekannteste spanische Tanz. Seinen Namen verdankt der Tanz der Stadt Sevilla, der Hauptstadt Andalusiens, wo sich diese Variante der *seguidilla – spanischer Reihentanz* entwickelt hat.

**sevillano, -a** [seβi'ʎano, -a] **I.** *adj* aus Sevilla **II.** *m, f* Einwohner(in) *m(f)* von Sevilla

**sexagenario, -a** [seɣsaxe'narjo, -a] **I.** *adj* sechzigjährig **II.** *m, f* Sechzigjährige(r) *mf; v. t.* **octogenario**

**sexismo** [seɣ'sismo] *m sin pl* ❶ (*discriminación*) Sexismus *m* ❷ (*obsesión*) Sexbesessenheit *f*

**sexista** [seɣ'sista] **I.** *adj* sexistisch **II.** *mf* Sexist(in) *m(f)*

**sexo** ['seɣso] *m* ❶ (*conjunto de individuos, t.* BIOL) Geschlecht *nt* ❷ (*órganos*) Geschlechtsorgane *ntpl* ❸ (*actividad*) Sex *m*

**sexólogo, -a** [seɣ'soloɣo, -a] *m, f* Sexualforscher(in) *m(f),* Sexualwissenschaftler(in) *m(f)*

**sextante** [ses'tan̩te] *m* Sextant *m*

**sexteto** [ses'teto] *m* Sextett *nt*

**sexto, -a** ['sesto, -a] **I.** *adj* (*parte*) sechstel; (*numeración*) sechste(r, s) **II.** *m, f* Sechstel *nt; v. t.* **octavo**

**sextuplicar** [sestupli'kar] <c→qu> *vt, vr:* ~**se** (sich) versechsfachen

**séxtuplo, -a** ['sestuplo, -a] **I.** *adj* sechsfach **II.** *m, f* Sechsfache(s) *nt; v. t.* **óctuplo**

**sexual** [seɣsu'al] *adj* ❶ (BIOL) geschlechtlich; **órganos** ~**es** Geschlechtsorgane *ntpl* ❷ (*sexualidad*) sexuell, Sexual-

**sexualidad** [seɣswali'ðað] *f sin pl* Sexualität *f*

**sha** [ʃa] *m* Schah *m*

**shock** [ʃok/tʃok] *m* Schock *m*

**si** [si] **I.** *conj* ❶ (*condicional*) wenn; ~ **acaso** wenn etwa; ~ **no** sonst, andernfalls; **por** ~ **...** für den Fall, dass ...; **por** ~ **acaso**

für alle Fälle ② (*en preguntas indirectas*) ob ③ (*en oraciones concesivas*): ~ **bien** obwohl ④ (*comparación*): **como ~...** +*subj* als ob ...; **el padre está más nervioso que ~ fuera él mismo a dar a luz** der Vater ist so nervös, als müsste er selbst entbinden ⑤ (*en frases desiderativas*): **¡~ hiciera un poco más de calor!** wenn es nur ein bisschen wärmer wäre! ⑥ (*protesta, sorpresa*) doch; **¡pero ~ ella se está riendo!** aber sie lacht doch! ⑦ (*énfasis*): **fíjate ~ es tonto que...** er ist so einfältig, dass ... **II.** *m* (MÚS) h *nt*

**sí** [si] **I.** *adv* ja; **¡~, señor!** jawohl, der Herr!; **porque ~** einfach so; **¡(claro) que ~!** aber ja doch!; **creo que ~** ich denke schon; **¡eso ~ que no!** das kommt nicht in Frage!; **por ~ o por no** in jedem Fall; **¡~ que está buena la tarta!** Mensch, schmeckt der Kuchen gut! **II.** *pron pers* sich; **a ~ mismo** zu sich *dat;* **de ~** von sich *dat* aus; **dar de ~** genügen; (*tela*) sich weiten; **el tema da mucho de ~** es ist ein sehr umfangreiches Thema; **en** [*o* **de por**] **~** an sich; **estar fuera de ~** außer sich *dat* sein; **hablar entre ~** untereinander reden; **por ~** per se; **mirar por ~** egoistisch sein **III.** *m* Ja *nt;* **dar el ~** Ja sagen; (*casamiento*) das Jawort geben; **tener el ~ de la madre** die Erlaubnis der Mutter haben; **no hay entre ellos ni un ~ ni un no** sie sind sich vollkommen einig

**siamés, -esa** [sja'mes, -esa] *adj* siamesisch; **gato ~** Siamkatze *f*

**sibarita** [siβa'rita] **I.** *adj* genusssüchtig **II.** *mf* Genießer(in) *m(f)*

**sibaritismo** [siβari'tismo] *m sin pl* Genusssucht *f*

**Siberia** [si'βerja] *f* Sibirien *nt*

**siberiano, -a** [siβe'rjano, -a] **I.** *adj* sibirisch **II.** *m, f* Sibir(i)er(in) *m(f)*

**sibilino, -a** [siβi'lino, -a] *adj* geheimnisvoll

**sicalíptico, -a** [sika'liptiko, -a] *adj* obszön

**sicario** [si'karjo] *m* Killer *m*

**Sicilia** [si'θilja] *f* Sizilien *nt*

**siciliano, -a** [siθi'ljano, -a] **I.** *adj* sizilianisch **II.** *m, f* Sizilianer(in) *m(f)*

**sicología** [sikolo'xia] *f v.* **(p)sicología**

**sicomoro** [siko'moro] *m* (BOT) Maulbeerfeigenbaum *m*

**sida, SIDA** ['siða] *m abr de* **síndrome de inmunodeficiencia adquirida** Aids *nt*

**sidecar** [siðe'kar] *m* <sidecares> Beiwagen *m*

**sideral** [siðe'ral] *adj* siderisch; **espacio ~** Weltraum *m*

**siderometalurgia** [siðerometa'lurxja] *f sin pl* Eisenmetallurgie *f*

**siderurgia** [siðe'rurxja] *f* Eisenindustrie *f*

**siderúrgico, -a** [siðe'rurxiko, -a] *adj* Eisen-; **productos ~s** Produkte der Eisenindustrie

**sidoso, -a** [si'ðoso, -a] **I.** *adj* Aids-; **enfermo ~** Aidskranke(r) *m* **II.** *m, f* Aidskranke(r) *mf*

**sidra** ['siðra] *f* Apfelwein *m*

**i Land & Leute**

Die **sidra**, ein Apfelwein, ist das beliebteste Getränk in *Asturias.* Die leicht alkoholhaltige **sidra asturiana** verdankt ihren süß-säuerlichen Geschmack den unterschiedlichen bei der Herstellung verwendeten Apfelsorten.

**sidrería** [siðre'ria] *f* Weinstube *f* (*, in der ausschließlich Apfelwein verkauft wird*)

**siega** ['sjeɣa] *f* ① (*el segar*) Mähen *nt* ② (*tiempo*) Mähzeit *f* ③ (*mieses*) Gemähte(s) *nt*

**siembra** ['sjembra] *f* ① (*el sembrar*) Aussaat *f* ② (*tiempo*) Saatzeit *f* ③ (*terreno*) Saatfeld *nt*

**siempre** ['sjempre] *adv* immer; **de ~** seit jeher; **a la hora de ~** zur gewohnten Zeit; **una amistad de ~** eine langjährige Freundschaft; **eso es así desde ~** das war schon immer so; **~ pasa lo mismo** es ist immer das Gleiche; **¡hasta ~!** leb(e) wohl!; **por ~** auf ewig; **por ~ jamás** für immer und ewig; **~** [*o* **y cuando**] **que...** +*subj* vorausgesetzt, dass ...

**sien** [sjen] *f* Schläfe *f*

**sierpe** ['sjerpe] *f* ① (ZOOL) große Schlange *f;* **tener una lengua de ~** (*fig*) eine böse Zunge haben ② (*persona feroz*) fürchterlicher Mensch *m;* (*colérica*) zorniger Mensch *m;* (*fea*) hässlicher Mensch *m*

**sierra** ['sjerra] *f* ① (*herramienta*) Säge *f;* **~ continua** Bandsäge *f;* **~ mecánica** Motorsäge *f* ② (*lugar*) Sägewerk *nt* ③ (GEO) Gebirgskette *f;* **~ de peñascos cortados** Kammgebirge *nt*

**siervo, -a** ['sjerβo, -a] *m, f* ① (*esclavo*) Sklave, -in *m, f* ② (*servidor*) Diener(in) *m(f)*

**siesta** ['sjesta] *f* ① (*descanso*) Mittagsschlaf *m;* (*pausa del mediodía*) Mittagsruhe *f;* **echar** [*o* **dormir**] **la ~** einen Mittagsschlaf halten ② (*hora de calor*) Mittagshitze *f*

**siete** ['sjete] **I.** *adj inv* sieben; **comer por ~** essen wie ein Scheunendrescher; **pícaro de ~ suelas** (*fam*) Erzgauner *m; v. t.* **ocho** **II.** *m* ① (*número*) Sieben *f; v. t.* **ocho**

❷ (*fam: rasgón*) Riss *m* ❸ (*carpintería*) Schraubstock *m* ❹ (*AmS, Méx: vulg: ano*) Arsch *m*

**sietemesino, -a** [sjeteme'sino, -a] **I.** *adj:* **niño** ~ Siebenmonatskind *nt* **II.** *m, f* ❶ (*prematuro*) Siebenmonatskind *nt* ❷ (*fam: chico presumido*) Milchbart *m*

**sífilis** ['sifilis] *f inv* (MED) Syphilis *f*

**sifón** [si'fon] *m* ❶ (*tubo*) Saugheber *m* ❷ (*tubería, botella*) Siphon *m* ❸ (*soda*) Soda(wasser) *nt*

**siga** ['siɣa] *f* (*Chil*) Verfolgung *f*

**sigilar** [sixi'lar] *vt* ❶ (*ocultar*) verheimlichen ❷ (*sellar*) versiegeln

**sigilo** [si'xilo] *m* ❶ (*discreción*) Verschwiegenheit *f;* ~ **profesional** (berufliche) Schweigepflicht *f* ❷ (*secreto*) Geheimnis *nt;* ~ **sacramental** Beichtgeheimnis *nt* ❸ (*sello*) Siegel *nt*

**sigiloso, -a** [sixi'loso, -a] *adj* verschwiegen

**sigla** ['siɣla] *f* ❶ (*letra inicial*) Anfangsbuchstabe *m* ❷ (*rótulo de siglas*) Akronym *nt;* ~ **de fabricante** Herstellerzeichen *nt*

**siglo** ['siɣlo] *m* Jahrhundert *nt;* **S~ de las Luces** Zeitalter der Aufklärung; **el ~ XX** das 20. Jahrhundert; **por los ~s de los ~s** bis in alle Ewigkeit; **hace un ~ que no te veo** ich habe dich (schon) seit einer Ewigkeit nicht mehr gesehen; **retirarse del ~** sich aus dem weltlichen Leben zurückziehen

**sigma** ['siɣma] *f* Sigma *nt*

**signar** [siɣ'nar] **I.** *vt* ❶ (*marcar*) abzeichnen ❷ (*firmar*) unterschreiben ❸ (REL) bekreuzen **II.** *vr:* ~**se** sich bekreuzigen

**signatario, -a** [siɣna'tarjo, -a] **I.** *adj* unterzeichnend; **poder** ~ (JUR) Unterschriftsvollmacht *f* **II.** *m, f* Unterzeichner(in) *m(f)*

**signatura** [siɣna'tura] *f* ❶ (*firma*) Unterschrift *f* ❷ (TIPO) Signatur *f*

**significación** [siɣnifika'θjon] *f* Bedeutung *f*

**significado** [siɣnifi'kaðo] *m* Bedeutung *f*

**significante** [siɣnifi'kan̩te] **I.** *adj* bezeichnend **II.** *m* (LING) Signifikant *m*

**significar** [siɣnifi'kar] <c→qu> **I.** *vt, vi* bedeuten; **¿qué significa eso?** was soll das bedeuten? **II.** *vr:* ~**se** sich auszeichnen (*por* durch +*akk*)

**significativo, -a** [siɣnifika'tiβo, -a] *adj* bezeichnend

**signo** ['siɣno] *m* ❶ (*señal, t.* LING, MAT) Zeichen *nt;* ~ **de enfermedad** Krankheitssymptom *nt;* ~ **de más/menos** Plus-/Minuszeichen *nt;* ~ **de la multiplicación** Malzeichen *nt;* ~ **de puntuación** Satzzeichen *nt* ❷ (*escrito*) Schriftzeichen *nt* ❸ (ASTR) Sternzeichen *nt* ❹ (LIT: *destino*) Schicksal *nt*

**siguiente** [si'ɣjen̩te] **I.** *adj* folgende(r, s); **de la ~ manera** folgendermaßen **II.** *mf* Nächste(r) *mf;* **¡el ~!** der Nächste, bitte!

**sij** [six] *m* Sikh *m*

**sílaba** ['silaβa] *f* Silbe *f;* ~ **aguda** betonte Silbe; **de dos ~s** zweisilbig

**silabear** [silaβe'ar] *vi, vt* in einzelnen Silben aussprechen

**silba** ['silβa] *f* Auspfeifen *nt*

**silbar** [sil'βar] *vi, vt* ❶ (*chiflar*) pfeifen; (*serpiente*) zischen; (*sirena*) heulen ❷ (*abuchear*) auspfeifen

**silbatina** [silβa'tina] *f* (*AmS*) Auspfeifen *nt*

**silbato** [sil'βato] *m* Pfeife *f*

**silbido** [sil'βiðo] *m* Pfiff *m;* (*serpiente*) Zischen *nt;* (*sirena*) Geheul *nt;* (*viento*) Pfeifen *nt;* ~ **de los oídos** Ohrensausen *nt*

**silbo** ['silβo] *m* ❶ (*silbido*) Pfiff *m* ❷ (*voz, serpiente*) Zischen *nt;* (*viento*) Pfeifen *nt*

**silenciador** [silen̩θja'ðor] *m* Schalldämpfer *m*

**silenciar** [silen̩'θjar] *vt* ❶ (*callar*) verschweigen ❷ (*hacer callar*) zum Schweigen bringen

**silencio** [si'len̩θjo] *m* ❶ (*falta de ruido*) Stille *f;* **¡~!** Ruhe! ❷ (*el callar*) Schweigen *nt;* **en ~** stillschweigend; **entregar algo al ~** (*fig*) über etw schweigen; **guardar ~ sobre algo** über etw Stillschweigen bewahren; **imponer ~** Schweigen gebieten; **pasar algo en ~** etw unerwähnt lassen; **reducir al ~** zum Schweigen bringen; **romper el ~** das Schweigen brechen ❸ (MÚS) Pause *f*

**silencioso, -a** [silen̩'θjoso, -a] *adj* ❶ (*poco hablador*) schweigsam ❷ (*callado*) schweigend ❸ (*sin ruido*) still; (*motor*) geräuscharm

**Silesia** [si'lesja] *f* Schlesien *nt*

**silesio, -a** [si'lesjo, -a] **I.** *adj* schlesisch **II.** *m, f* Schlesier(in) *m(f)*

**sílex** ['sileˠs] *m inv* Feuerstein *m*

**sílfide** ['silfiðe] *f* Sylphide *f*

**sílice** ['siliθe] *m* (QUÍM) Kieselsäure *f*

**silicona** [sili'kona] *f* Silikon *nt*

**silicosis** [sili'kosis] *f inv* (MED) Silikose *f*

**silla** ['siʎa] *f* ❶ (*asiento, t.* REL) Stuhl *m;* ~ **de manos** Sänfte *f;* ~ **plegable** Klappstuhl *m;* ~ **de ruedas** Rollstuhl *m* ❷ (*montura*) Sattel *m*

**sillín** [si'ʎin] *m* Sattel *m*

**sillón** [si'ʎon] *m* (*butaca*) (Arm)sessel *m*

**silo** ['silo] *m* Silo *m o nt;* ~ **de granos** Getreidesilo *m o nt*

**silogismo** [silo'xismo] *m* Syllogismus *m*

**silueta** [si'lweta] *f* Silhouette *f;* **cuidar la ~** auf die Figur achten

**silvestre** [sil'βestre] *adj* wild

**silvicultor(a)** [silβikul̩'tor(a)] *m(f)* ① (*que cultiva*) Forstwirtschaftler(in) *m(f)* ② (*científico*) Forstwissenschaftler(in) *m(f)*
**silvicultura** [silβikul̩'tura] *f* ① (*cultivo*) Forstwirtschaft *f* ② (*ciencia*) Forstwissenschaft *f*
**sima** ['sima] *f* Erdspalte *f*
**simbiosis** [sim'bjosis] *f inv* (BIOL: *t. fig*) Symbiose *f*
**simbólico, -a** [sim'boliko, -a] *adj* symbolisch
**simbolismo** [simbo'lismo] *m* ① (*sistema, significado*) Symbolik *f* ② (ARTE, LIT) Symbolismus *m*
**simbolización** [simboliθa'θjon] *f* Symbolisierung *f*
**simbolizar** [simboli'θar] <z→c> *vt* symbolisieren
**símbolo** ['simbolo] *m* Symbol *nt*
**simbología** [simbolo'xia] *f sin pl* ① (*estudio*) Symbolkunde *f* ② (*sistema*) Symbolik *f*
**simetría** [sime'tria] *f* Symmetrie *f*
**simétrico, -a** [si'metriko, -a] *adj* symmetrisch
**simiente** [si'mjen̩te] *f* Samen *m*
**símil** ['simil] **I.** *adj* ähnlich **II.** *m* Vergleich *m*
**similar** [simi'lar] *adj* ähnlich
**similitud** [simili'tu$^{ð}$] *f* Ähnlichkeit *f*
**simio** ['simjo] *m* Affe *m*
**simpatía** [simpa'tia] *f* ① (*agrado*) Sympathie *f*; **sentir ~ por algo** etw *dat* wohlwollend gegenüberstehen; **tener ~ por alguien** für jdn Sympathie empfinden ② (*carácter*) sympathisches Wesen *nt*
**simpático, -a** [sim'patiko, -a] *adj* sympathisch
**simpatizante** [simpati'θan̩te] *mf* Sympathisant(in) *m(f)*
**simpatizar** [simpati'θar] <z→c> *vi* sympathisieren
**simple** ['simple] <simplísimo *o* simplicísimo> **I.** *adj* ① (*sencillo*) einfach ② (*fácil*) leicht, einfach ③ (*mero*) bloß; **a ~ vista** mit bloßem Auge ④ (*mentecato*) einfältig **II.** *m* ① (*persona*) einfältige Person *f* ② (*tenis*) Einzel *nt*
**simplemente** [simple'men̩te] *adv* nur, schlicht und einfach
**simpleza** [sim'pleθa] *f* ① (*bobería*) Einfältigkeit *f* ② (*tontería*) Dummheit *f* ③ (*insignificancia*) Kleinigkeit *f*
**simplicidad** [simpliθi'ða$^{ð}$] *f sin pl* ① (*sencillez*) Einfachheit *f* ② (*ingenuidad*) Naivität *f*
**simplicísimo, -a** [simpli'θisimo, -a] *adj superl de* **simple**
**simplificación** [simplifika'θjon] *f* ① (*hacer simple*) Vereinfachung *f* ② (MAT) Kürzen *nt*
**simplificar** [simplifi'kar] <c→qu> *vt* ① (*facilitar*) vereinfachen ② (MAT) kürzen
**simplismo** [sim'plismo] *m* grobe Vereinfachung *f*
**simplón, -ona** [sim'plon, -ona] **I.** *adj* (*fam*) einfältig **II.** *m, f* (*fam*) Einfaltspinsel *m*
**simposio** [sim'posjo] *m* Symposium *nt*
**simulación** [simula'θjon] *f* Vortäuschung *f*
**simulacro** [simu'lakro] *m* ① (*apariencia*) Trugbild *nt* ② (*acción simulada*) Übung *f*
**simulador**[1] [simula'ðor] *m* (TÉC) Simulator *m*; **~ de vuelo** (AERO) Flugsimulator *m*
**simulador(a)**[2] [simula'ðor(a)] *m(f)* Simulant(in) *m(f)*
**simular** [simu'lar] *vt* vortäuschen
**simultanear** [simul̩tane'ar] *vt* gleichzeitig tun
**simultaneidad** [simul̩tanei̯'ða$^{ð}$] *f sin pl* Gleichzeitigkeit *f*
**simultáneo, -a** [simul̩'taneo, -a] *adj* gleichzeitig; **interpretación simultánea** Simultandolmetschen *nt*
**sin** [sin] **I.** *prep* ohne +*akk*; **~ dormir** ohne zu schlafen; **~ querer** ungewollt; (*mala intención*) ohne Absicht; **~ más** ohne weiteres; **~ más ni más** mir nichts, dir nichts **II.** *adv*: **~ embargo** trotzdem
**sinagoga** [sina'ɣoɣa] *f* Synagoge *f*
**sincerarse** [sin̩θe'rarse] *vr* sich aussprechen (*ante* bei +*dat*)
**sinceridad** [sin̩θeri'ða$^{ð}$] *f* Aufrichtigkeit *f*; **con toda ~** in aller Offenheit
**sincero, -a** [sin̩'θero, -a] *adj* aufrichtig
**síncope** ['siŋkope] *m* (LING, MED, MÚS) Synkope *f*
**sincronía** [siŋkro'nia] *f sin pl* ① (*simultaneidad*) Gleichzeitigkeit *f* ② (LING) Synchronie *f*
**sincrónico, -a** [siŋ'kroniko, -a] *adj* synchron
**sincronización** [siŋkroniθa'θjon] *f* Synchronisation *f*; **~ de semáforos** grüne Welle
**sincronizador(a)** [siŋkroniθa'ðor(a)] *m(f)* Synchronsprecher(in) *m(f)*
**sincronizar** [siŋkroni'θar] <z→c> *vt* synchronisieren
**sindical** [sin̩di'kal] *adj* Gewerkschafts-
**sindicalismo** [sin̩dika'lismo] *m* ① (*movimiento*) Gewerkschaftsbewegung *f* ② (*doctrina*) Syndikalismus *m*
**sindicalista** [sin̩dika'lista] **I.** *adj* (*sindical*) gewerkschaftlich **II.** *mf* (*miembro*) Gewerkschaft(l)er(in) *m(f)*
**sindicar** [sin̩di'kar] <c→qu> **I.** *vt* ① (*organizar*) gewerkschaftlich organisieren

S

❷ (*delatar*) verraten ❸ (*poner bajo sospecha*) verdächtigen **II.** *vr:* ~**se** einer Gewerkschaft beitreten
**sindicato** [sin̪di'kato] *m* Gewerkschaft *f*
**síndico** ['sin̪diko] *m* ❶ (*administrador de la quiebra*) Konkursverwalter *m* ❷ (*representante*) gewählter Vertreter *m*
**síndrome** ['sin̪drome] *m* Syndrom *nt;* ~ **de abstinencia** Entzugserscheinungen *fpl*
**sinergia** [si'nerxja] *f* Synergie *f*
**sinfín** [siɱ'fin] *m* Unmenge *f* (*de* an/von +*dat, de* +*gen*)
**sinfonía** [siɱfo'nia] *f* Sinfonie *f*
**sinfónico, -a** [siɱ'foniko, -a] *adj:* **orquesta sinfónica** Sinfonieorchester *nt*
**singladura** [siŋgla'ðura] *f* ❶ (NÁUT: *jornada*) Schiffstagesreise *f* ❷ (NÁUT: *intervalo de veinticuatro horas*) Etmal *nt* ❸ (*rumbo*) Kurs *m*
**singular** [siŋgu'lar] **I.** *adj* ❶ (*único*) einzeln; **ejemplar** ~ Einzelexemplar *nt* ❷ (*excepcional*) einzigartig; **en** ~ insbesondere **II.** *m* (LING) Einzahl *f;* **¡habla en ~!** (*fig*) sprich nur für dich!
**singularidad** [siŋgulari'ðaᵈ] *f* ❶ (*unicidad*) Einmaligkeit *f* ❷ (*excepcionalidad*) Einzigartigkeit *f* ❸ (*distinción*) Besonderheit *f*
**singularizar** [siŋgulari'θar] <z→c> **I.** *vt* (*particularizar*) herausheben **II.** *vr:* ~**se** sich hervorheben
**singularmente** [siŋgular'men̪te] *adv* besonders
**siniestralidad** [sinjestrali'ðaᵈ] *f* Unfallfrequenz *f;* ~ **laboral** Unfallquote am Arbeitsplatz
**siniestro**[1] [si'njestro] *m* (*accidente*) Unfall *m;* (*catástrofe*) Unglück *nt*
**siniestro, -a**[2] [si'njestro, -a] *adj* ❶ (*izquierdo*) linke(r, s); **a diestra y siniestra** kreuz und quer ❷ (*maligno*) böse ❸ (*funesto*) unheilvoll
**sinnúmero** [sin'numero] *m sin pl* Unzahl *f* (*de* an/von +*dat, de* +*gen*)
**sino** ['sino] **I.** *m* Schicksal *nt* **II.** *conj* ❶ (*al contrario*) sondern ❷ (*solamente*): **no espero** ~ **que me creas** ich hoffe nur, dass du mir glaubst ❸ (*excepto*) außer +*dat*
**sínodo** ['sinoðo] *m* ❶ (REL) Synode *f;* **santo** ~ Synod *m* ❷ (ASTR) Konjunktion *f*
**sinonimia** [sino'nimja] *f* (LING) Synonymie *f*
**sinónimo**[1] [si'nonimo] *m* Synonym *nt*
**sinónimo, -a**[2] [si'nonimo, -a] *adj* synonym
**sinopsis** [si'noβsis] *f inv* ❶ (*resumen*) Zusammenfassung *f* ❷ (*esquema*) Diagramm *nt*
**sinóptico, -a** [si'noptiko, -a] *adj* (*resumido*) zusammenfassend; (*esquemático*) schematisch
**sinrazón** [sinrra'θon] *f* Unrecht *nt*
**sinsabor** [sinsa'βor] *m* ❶ (*insipidez*) Fadheit *f* ❷ (*disgusto*) Verdruss *m*
**sinsentido** [sinsen̪'tiðo] *m* Unsinn *m*
**sintáctico, -a** [sin̪'taktiko, -a] *adj* syntaktisch
**sintagmático, -a** [sin̪taɣ'matiko, -a] *adj* (LING) syntagmatisch
**sintaxis** [sin̪'taˠsis] *f inv* Syntax *f*
**síntesis** ['sin̪tesis] *f inv* Synthese *f;* **en** ~ kurzum
**sintético, -a** [sin̪'tetiko, -a] *adj* synthetisch
**sintetizador** [sin̪tetiθa'ðor] *m* (MÚS) Synthesizer *m*
**sintetizar** [sin̪teti'θar] <z→c> *vt* ❶ (QUÍM) synthetisieren ❷ (*resumir*) zusammenfassen
**síntoma** ['sin̪toma] *m* Symptom *nt*
**sintomático, -a** [sin̪to'matiko, -a] *adj* symptomatisch
**sintomatología** [sin̪tomatolo'xia] *f* Symptomatik *f*
**sintonía** [sin̪to'nia] *f* ❶ (*adecuación*) Abstimmung *f* ❷ (*señal sonora*) Jingle *m* ❸ (*loc*): **estar en** ~ (**con alguien**) (mit jdm) auf der gleichen Wellenlänge liegen
**sintonización** [sin̪toniθa'θjon] *f* (ELEC, RADIO, TV) Abstimmung *f*
**sintonizar** [sin̪toni'θar] <z→c> **I.** *vt* abstimmen; ~ **una emisora** einen Sender einstellen **II.** *vi* übereinstimmen
**sinuosidad** [sinwosi'ðaᵈ] *f* ❶ (*curvación*) Krümmung *f* ❷ (*concavidad*) Einbuchtung *f*
**sinuoso, -a** [sinu'oso, -a] *adj* ❶ (*curvado*) kurvig ❷ (*montañoso*) bergig ❸ (*retorcido*) heimtückisch
**sinusitis** [sinu'sitis] *f inv* (MED) (Nasen)nebenhöhlenentzündung *f*
**sinvergüenza** [simber'ɣwen̪θa] **I.** *adj* unverschämt **II.** *mf* unverschämte Person *f*
**sionismo** [sjo'nismo] *m sin pl* Zionismus *m*
**síquico, -a** ['sikiko, -a] *adj v.* **(p)síquico**
**siquiera** [si'kjera] **I.** *adv* wenigstens; **ni** ~ nicht einmal **II.** *conj* +*subj* auch wenn
**sirena** [si'rena] *f* Sirene *f*
**sirga** ['sirɣa] *f* Schlepptau *nt*
**Siria** ['sirja] *f* Syrien *nt*
**sirio, -a** ['sirjo, -a] **I.** *adj* syrisch **II.** *m, f* Syr(i)er(in) *m(f)*
**siroco** [si'roko] *m* (METEO) Schirokko *m*
**sirope** [si'rope] *m* (*AmC, Col: jarabe*) Sirup *m*
**sirviente** [sir'βjen̪te] *mf* (*criado*) Bedienstete(r) *mf;* (*servidor*) Diener(in) *m(f)*
**sisa** ['sisa] *f* ❶ (*corte*) (Arm)ausschnitt *m* ❷ (*dinero*) geklautes Geld *nt fam*

**sisar** [si'sar] *vt* ① (*cortar una sisa*) den (Arm)ausschnitt schneiden (in +*akk*) ② (*hurtar*) klauen *fam*
**sisear** [sise'ar] *vt* auszischen
**siseo** [si'seo] *m* Zischen *nt*
**sisirisco** [sisi'risko] *m* (*Méx*) ① (*ano*) After *m* ② (*miedo*) Angst *f*
**sísmico, -a** ['sismiko, -a] *adj* seismisch
**sismo** ['sismo] *m* Erdbeben *nt*
**sismografía** [sismoɣra'fia] *f* (GEO) Seismographie *f*
**sismógrafo** [sis'moɣrafo] *m* Seismograph *m*
**sistema** [sis'tema] *m* System *nt;* ~ **de alarma** Alarmanlage *f;* ~ **antibloqueo de frenos** (AUTO) Antiblockiersystem *nt;* ~ **operativo** (INFOR) Betriebssystem *nt;* ~ **periódico** (QUÍM) Periodensystem *nt;* ~ **planetario** (ASTR) Planetensystem *nt;* **por** ~ grundsätzlich
**sistemática** [siste'matika] *f* (*t.* BIOL) Systematik *f*
**sistemático, -a** [siste'matiko, -a] *adj* systematisch
**sistematizar** [sistemati'θar] <z→c> *vt* systematisieren
**sístole** ['sistole] *f* (LIT, MED) Systole *f*
**sitial** [si'tjal] *m* Ehrenstuhl *m*
**sitiar** [si'tjar] *vt* belagern; (*fig*) in die Enge treiben
**sitio** ['sitjo] *m* ① (*espacio*) Platz *m;* ~ **de veraneo** Urlaubsort *m;* **en cualquier** ~ irgendwo; **en ningún** ~ nirgends; **en todos los** ~**s** überall; **guardar el** ~ **a alguien** jdm einen Platz freihalten; **hacer** ~ Platz machen; **ocupar mucho** ~ viel Platz beanspruchen; **poner a alguien en su** ~ (*fig*) jdm den Kopf waschen; **quedarse en su** ~ (*fig*) auf der Stelle tot sein ② (MIL) Belagerung *f*
**sito, -a** ['sito, -a] *adj* gelegen
**situación** [sitwa'θjon] *f* ① (*ubicación*) Lage *f* ② (*estado*) Situation *f;* **estar en** ~ **desahogada** wohlhabend sein
**situado, -a** [situ'aðo, -a] *adj* gelegen; **estar** ~ liegen; **estar bien** ~ (*trabajo*) gut situiert sein
**situar** [situ'ar] <*1. pres:* sitúo> **I.** *vt* (*colocar*) stellen; (*emplazar*) platzieren **II.** *vr:* ~**se** ① (*ponerse en un lugar*) sich stellen ② (*abrirse paso*) eine gehobene Position erreichen ③ (DEP) sich platzieren
**siútico, -a** [si'utiko, -a] *adj* (*Chil: fam*) ① (*de mal gusto*) kitschig ② (*de nuevo rico*) neureich
**S.L.** [ese'ele] *f* (ECON, JUR) *abr de* **Sociedad Limitada** GmbH *f*
**slalom** [es'lalon] *m* (DEP) Slalom *m*
**SME** [ese(e)me'e] *m abr de* **Sistema Monetario Europeo** EWS *nt*
**smog** [es'moɣ] *m sin pl* Smog *m;* ~ **electrónico** Elektrosmog *m*
**so** [so] **I.** *interj* brr! **II.** *prep* unter +*dat;* ~ **pena de...** sonst droht die Strafe, dass ...; ~ **pretexto de que...** unter dem Vorwand, dass ... **III.** *m* (*fam*): ¡~ **imbécil!** du Idiot!
**SO** [suðo'este] *abr de* **sudoeste** SW
**soba** ['soβa] *f* (*fam*) ① (*manoseo*) Fummelei *f* ② (*zurra*) Tracht *f* Prügel
**sobaco** [so'βako] *m* Achsel(höhle) *f*
**sobado**[1] [so'βaðo] *m* Schmalzgebäck *nt*
**sobado, -a**[2] [so'βaðo, -a] *adj* ① (*objetos*) abgenutzt ② (*papel*) abgegriffen ③ (*tema*) abgedroschen
**sobaquera** [soβa'kera] *f* ① (*en vestidos*) *nicht geschlossene Naht im Bereich der Achselhöhle* ② (*refuerzo*) *Stoffeinlage zur Verstärkung im Bereich der Achselhöhle* ③ (*protección contra el sudor*) Armblatt *nt*
**sobaquina** [soβa'kina] *f* Achselgeruch *m*
**sobar** [so'βar] *vt* ① (*manosear*) betasten ② (*ablandar*) durchkneten ③ (*pegar*) prügeln ④ (*molestar*) belästigen
**soberanamente** [soβerana'mente] *adv* (*extremadamente*) äußerst; **divertirse** ~ sich köstlich amüsieren
**soberanía** [soβera'nia] *f* ① (POL) Souveränität *f;* ~ **territorial** Gebietshoheit *f* ② (*majestad*) Erhabenheit *f*
**soberano, -a** [soβe'rano, -a] **I.** *adj* ① (POL) souverän ② (*excelente*) erhaben ③ (*fam: enorme*) gewaltig **II.** *m, f* (*monarca*) Herrscher(in) *m(f);* (*príncipe*) Fürst(in) *m(f)*
**soberbia** [so'βerβja] *f* ① (*orgullo*) Hochmut *m* ② (*suntuosidad*) Pracht *f* ③ (*ira*) Jähzorn *m*
**soberbio, -a** [so'βerβjo, -a] *adj* ① (*orgulloso*) hochmütig ② (*suntuoso*) prächtig ③ (*fam: enorme*) gewaltig
**sobón, -ona** [so'βon, -ona] *adj* ① (*impertinente*) plump-vertraulich ② (*fam: vago*) arbeitsscheu
**sobornar** [soβor'nar] *vt* bestechen
**soborno** [so'βorno] *m* ① (*acción*) Bestechung *f* ② (*dinero*) Bestechungsgeld *nt;* (*regalo*) Bestechungsgeschenk *nt*
**sobra** ['soβra] *f* ① (*exceso*) Überfluss *m;* **de** ~ (*en abundancia*) im Überfluss; (*inútilmente*) überflüssig; **saber algo de** ~ etw nur zu gut wissen ② *pl* (*desperdicios*) Abfall *m;* (*restos*) Reste *mpl*
**sobradamente** [soβraða'mente] *adv* zur Genüge
**sobradillo** [soβra'ðiʎo] *m* Wetterdach *nt*

**sobrado**[1] [so'βraðo] **I.** *m* Dachboden *m* **II.** *adv* zur Genüge

**sobrado, -a**[2] [so'βraðo, -a] *adj* ① (*demasiado*) übermäßig viel; **estar ~ de algo** etw in Hülle und Fülle haben ② (*atrevido*) kühn ③ (*rico*) wohlhabend, vermögend

**sobrante** [so'βran̪te] **I.** *adj* ① (*que sobra*) übrig; (COM, FIN) überschüssig ② (*de más*) überflüssig **II.** *m* (*que sobra*) Übriggebliebene(s) *nt;* (*superávit*) Überschuss *m;* (*saldo*) Saldo *m*

**sobrar** [so'βrar] *vi* ① (*quedar*) übrig bleiben; **nos sobra bastante tiempo** uns bleibt noch genügend Zeit ② (*abundar*) zu viel sein; **me sobran cinco kilos** ich habe fünf Kilo zu viel; **aquí sobran las palabras** hier wäre jedes Wort zu viel ③ (*estar de más*) überflüssig sein; (*molestar*) stören; **creo que sobras aquí** ich glaube, du bist hier fehl am Platz

**sobre** ['soβre] **I.** *m* ① (*para una carta*) (Brief)umschlag *m;* **~ monedero** Geldbrief *m;* **~ de ventanilla** Fensterbriefumschlag *m;* **un ~ de levadura** ein Päckchen Backpulver ② (*fam: cama*) Bett *nt;* **irse al ~** in die Falle gehen **II.** *prep* ① (*local: encima de*) auf +*dat;* (*por encima de*) über +*dat* ② (*poner, movimiento*) auf +*akk;* **deja el periódico ~ la mesa** leg die Zeitung auf den Tisch; **marchar ~ la ciudad** bis in die Stadt vordringen ③ (*cantidad aproximada*): **pesar ~ los cien kilos** (so) um die hundert Kilo wiegen ④ (*aproximación temporal*): **llegar ~ las tres** (so) gegen drei Uhr (an)kommen; **irse de vacaciones ~ el 20** (so) um den 20. (herum) in Urlaub fahren ⑤ (*tema, asunto*) über +*akk;* **~ ello** darüber ⑥ (*reiteración*) über +*akk;* **le caía lágrima ~ lágrima** er/sie war in Tränen aufgelöst ⑦ (*además de*) außer +*dat* ⑧ (*vigilar*): **estar ~ alguien** jdn kontrollieren ⑨ (*superioridad*): **el boxeador triunfó ~ su adversario** der Boxer besiegte seinen Gegner; **destacar ~ alguien por su estatura** größer als jd sein ⑩ (*porcentajes*) von +*dat;* **tres ~ cien** drei von hundert ⑪ (FIN): **un préstamo ~ una casa** ein Darlehen auf ein Haus; **préstame cien euros ~ este anillo** leih mir hundert Euro für diesen Ring

**sobreabundancia** [soβreaβun̪'dan̪θja] *f* Überfluss *m* (*de* an +*dat*)

**sobreabundar** [soβreaβun̪'dar] *vi* im Überfluss vorhanden sein

**sobrealimentación** [soβrealimen̪ta'θjon] *f* Überernährung *f*

**sobrealimentar** [soβrealimen̪'tar] *vt* überernähren; (*animales*) überfüttern

**sobrecama** [soβre'kama] *f* Tagesdecke *f*

**sobrecarga** [soβre'karɣa] *f* (*de peso*) Überbelastung *f;* (*de tareas*) Überlastung *f*

**sobrecargar** [soβre'karɣar] **I.** *vt* (*por peso*) überladen; (*por esfuerzo*) überbeanspruchen **II.** *vr:* **~se** sich übernehmen; **~se de trabajo** sich *dat* zu viel Arbeit aufbürden

**sobrecargo** [soβre'karɣo] *m* ① (*de precio*) Mehrpreis *m,* Aufpreis *m* ② (NÁUT: *oficial*) Ladungsoffizier *m,* Superkargo *m*

**sobrecogedor(a)** [soβrekoxe'ðor(a)] *adj* ① (*sorprendente*) überraschend ② (*espantoso*) erschreckend

**sobrecoger** [soβre'koxer] **I.** *vt* ① (*sorprender*) überraschen ② (*espantar*) erschrecken **II.** *vr:* **~se** ① (*asustarse*) sich erschrecken ② (*sorprenderse*) erstaunt sein

**sobrecubierta** [soβre'kuβjerta] *f* Überdecke *f;* (*de libro*) Schutzumschlag *m*

**sobredicho, -a** [soβre'ðitʃo, -a] *adj* oben genannt

**sobredimensionar** [soβreðimensjo'nar] *vt* überdimensionieren

**sobredorar** [soβreðo'rar] *vt* ① (*con oro*) vergolden ② (*con palabras*) beschönigen

**sobredosis** [soβre'ðosis] *f inv* Überdosis *f*

**sobreentender** [soβre(e)n̪ten̪'der] <e→ie> **I.** *vt* ① (*adivinar*) zwischen den Zeilen lesen; **de todo ello sobreentendemos que...** aus all(e)dem schließen wir, dass ... ② (*presuponer*) voraussetzen **II.** *vr:* **~se** (*ser evidente*) sich von selbst verstehen; **aquí queda sobreentendido que...** (*implicado*) das impliziert hier gleichzeitig, dass ...

**sobreesdrújulo, -a** [soβre(e)s'druxulo, -a] *adj* (*palabra*) *auf der viertletzten Silbe betont*

**sobreestimar** [soβre(e)sti'mar] *vt* überschätzen

**sobreexceder** [soβre(e)sθe'ðer] **I.** *vt* übertreffen **II.** *vr:* **~se** ausschweifen

**sobreexcitar** [soβre(e)sθi'tar] **I.** *vt* (*órgano*) überreizen **II.** *vr:* **~se** sich übermäßig aufregen

**sobreexpuesto, -a** [soβre(e)s'pwesto, -a] *adj* ① (FOTO) überbelichtet ② (*arriba mencionado*) oben genannt

**sobrehilado** [soβrei'laðo] *m* ① (*acción*) Heften *nt* ② (*puntada*) Heftstich *m*

**sobrehilar** [soβrei'lar] *vt* heften

**sobrehumano, -a** [soβreu'mano, -a] *adj* übermenschlich

**sobrellevar** [soβreʎe'βar] *vt* ① (*aguantar*) ertragen; **~ mal** schwer nehmen; **~ bien** mit Fassung tragen ② (*peso*): **~ algo a alguien** jdm etw abnehmen

**sobremanera** [soβrema'nera] *adv* außerordentlich

**sobremesa** [soβre'mesa] *f* ❶ (*mantel*) Tischtuch *nt* ❷ (*postre*) Nachtisch *m* ❸ (*loc*): **de ~** (*después*) nach dem Essen; **conversación de ~** Tischgespräch *nt;* **programa de ~** (TV) (Nach)mittagsprogramm *nt;* **estar de ~** nach dem Essen noch (gemütlich) bei Tisch sitzen

**sobrenadar** [soβrena'ðar] *vi* (auf der Oberfläche) schwimmen

**sobrenatural** [soβrenatu'ral] *adj* ❶ (*preternatural*) übernatürlich; **ciencias ~es** Okkultismus *m;* **la vida ~** das Leben nach dem Tod ❷ (*extraordinario*) unglaublich

**sobrenombre** [soβre'nombre] *m* ❶ (*calificativo*) Beiname *m* ❷ (*apodo*) Spitzname *m*

**sobrentender** [soβreņteņ'der] <e→ie> *vt, vr v.* **sobreentender**

**sobreparto** [soβre'parto] *m* Wochenbett *nt;* **dolores de ~** Nachwehen *fpl;* **morir de ~** im Wochenbett sterben

**sobrepasar** [soβrepa'sar] *vt* ❶ (*en cantidad*) übersteigen; (*límite*) überschreiten; **~ su ámbito de responsabilidades** seine Befugnisse überschreiten ❷ (*aventajar*) übertreffen; (*un récord, el mejor*) schlagen ❸ (*adelantar*) überholen

**sobrepeso** [soβre'peso] *m* Übergewicht *nt*

**sobreponer** [soβrepo'ner] *irr como poner* **I.** *vt* ❶ (*encima de algo*) obenauf legen, obenauf stellen; (*cubierta*) legen; (*funda*) überziehen; (*bordado*) aufsetzen; (*añadir*) hinzugeben ❷ (*en consideración/rango/autoridad*) stellen (*a* über +*akk*); (*anteponer*) den Vorzug geben +*dat;* **~ a alguien a todos los demás** jdn über alle anderen stellen **II.** *vr:* **~se** ❶ (*calmarse*) sich beherrschen ❷ (*al enemigo, a una enfermedad*) besiegen; (*al miedo, a un susto*) überwinden

**sobreprecio** [soβre'preθjo] *m* Aufpreis *m*

**sobrepujar** [soβrepu'xar] *vt* übertreffen (*en* in +*dat*)

**sobresaliente** [soβresa'ljeņte] **I.** *adj* ❶ (*excelente*) hervorragend ❷ (ENS: *nota*) sehr gut **II.** *m* (ENS: *nota*) Sehr gut *nt*

**sobresalir** [soβresa'lir] *irr como salir vi* ❶ (*por tamaño/estatura, t.* ARQUIT) herausragen (*de* aus +*dat*) ❷ (*distinguirse*) sich abheben (*entre/por/de* von +*dat*) ❸ (*ser excelente*) sich auszeichnen (*en* durch +*akk*)

**sobresaltar** [soβresal̦'tar] **I.** *vi* hervorstechen **II.** *vt* erschrecken **III.** *vr:* **~se** (sich) erschrecken (*con/de* bei +*dat*)

**sobresalto** [soβre'sal̦to] *m* (*susto*) Schrecken *m;* (*turbación*) Bestürzung *f;* **con ~** bestürzt; **de ~** plötzlich

**sobresdrújulo, -a** [soβres'ðruxulo, -a] *adj v.* **sobreesdrújulo**

**sobreseer** [soβrese'er] *irr como leer* **I.** *vt* (JUR: *dejar*) einstellen; (*aplazar*) vertagen; (*interrumpir*) aussetzen **II.** *vi* verzichten (*de/en* auf +*akk*); **~ en los pagos** die Zahlungen einstellen

**sobreseimiento** [soβresei̯'mjeņto] *m* (JUR: *fin*) Einstellung *f;* (*aplazamiento*) Aufschub *m;* (*interrupción*) Aussetzung *f;* (*renuncia*) Verzicht *m* (*de/en* auf +*akk*)

**sobrestante** [soβres'taņte] *m* (*capataz*) Polier *m;* **~ de turno** Vorarbeiter *m*

**sobrestimar** [soβresti'mar] *vt* überschätzen

**sobresueldo** [soβre'swel̦do] *m* Gehaltszulage *f*

**sobretasa** [soβre'tasa] *f* (*suplemento*) Zuschlag *m;* **~ por retraso** Säumniszuschlag *m*

**sobretodo** [soβre'toðo] *m* (Über)mantel *m*

**sobrevalorar** [soβreβalo'rar] *vt* überbewerten

**sobrevenir** [soβreβe'nir] *irr como venir vi* (*epidemia*) (plötzlich) aufkommen; (*desgracia, guerra*) hereinbrechen; (*tormenta*) losbrechen

**sobreviviente** [soβreβi'βjeņte] *mf* Überlebende(r) *mf*

**sobrevivir** [soβreβi'βir] *vi* (*a acontecimientos/alguien*) überleben (*a* +*akk*); (*después de cierta fecha*) weiterleben; **pero ella sigue sobreviviendo en mi recuerdo** aber sie lebt in meiner Erinnerung fort

**sobrevolar** [soβreβo'lar] <o→ue> *vt* überfliegen

**sobrexceder** [soβresθe'ðer] *vt, vr v.* **sobreexceder**

**sobrexcitar** [soβresθi'tar] *vt, vr v.* **sobreexcitar**

**sobriedad** [soβrje'ðaᵈ] *f sin pl* ❶ (*sin comer/beber*) Nüchternheit *f* ❷ (*moderación*) Genügsamkeit *f* ❸ (*prudencia*) Besonnenheit *f* ❹ (*estilo*) Schlichtheit *f*

**sobrino, -a** [so'βrino, -a] *m, f* Neffe *m,* Nichte *f*

**sobrinonieto, -a** [soβrino'njeto, -a] *m, f* Großneffe *m,* Großnichte *f*

**sobrio, -a** ['soβrjo, -a] *adj* ❶ (*en ayunas, no borracho*) nüchtern ❷ (*moderado*) genügsam ❸ (*prudente*) besonnen; **~ de palabras** wortkarg ❹ (*estilo*) nüchtern

**socaire** [so'kai̯re] *m* Windschatten *m;* **al ~** im Windschatten; **al ~ de** (*fig: protección*) im Schutz +*gen;* (*pretexto*) unter dem Vorwand +*gen;* **estar al ~** (*fam: vaguear*) herumlungern

**socaliña** [soka'liɲa] *f* (*astucia*) List *f*

S

**socarrar** [soka'rrar] **I.** *vt* leicht anbrennen; (*tela*) ansengen **II.** *vr:* ~**se** anbrennen

**socarrón, -ona** [soka'rron, -ona] **I.** *adj* ① (*sarcástico*) spöttisch ② (*astuto*) durchtrieben **II.** *m, f* ① (*pícaro*) Schelm *m* ② (*taimado*) verschlagene Person *f*

**socarronería** [sokarrone'ria] *f* List *f,* Tücke *f*

**socavar** [soka'βar] *vt* untergraben

**socavón** [soka'βon] *m* ① (MIN) Stollen *m* ② (*en el suelo*) Schlagloch *nt*

**sociabilidad** [soθjaβili'ðaᵈ] *f sin pl* ① (*en la convivencia*) Geselligkeit *f;* (*afabilidad*) Gemeinschaftssinn *m* ② (*capacidad de comunicación*) Kontaktfreudigkeit *f* ③ (*compañerismo*) Kameradschaftlichkeit *f*

**sociable** [so'θjaβle] *adj* ① (*tratable*) gesellig; (*que no discute*) verträglich ② (*comunicativo*) kontaktfreudig ③ (*afable*) kameradschaftlich

**social** [so'θjal] *adj* ① (*relativo a la sociedad*) gesellschaftlich; (*a la convivencia*) sozial ② (*por parte del estado*): **asistencia** ~ Sozialhilfe *f;* **asistente** ~ Sozialarbeiter *m;* **Estado S**~ Wohlfahrtsstaat *m* ③ (JUR, ECON) gesellschaftlich, Gesellschafts-

**socialcristiano, -a** [soθjalkris'tjano, -a] *adj* christlich-sozial

**socialdemocracia** [soθjaldemo'kraθja] *f* (POL) Sozialdemokratie *f*

**socialdemócrata** [soθjalde'mokrata] **I.** *adj* sozialdemokratisch **II.** *mf* Sozialdemokrat(in) *m(f)*

**socialismo** [soθja'lismo] *m sin pl* Sozialismus *m*

**socialista** [soθja'lista] **I.** *adj* sozialistisch **II.** *mf* Sozialist(in) *m(f)*

**socialización** [soθjaliθa'θjon] *f* Verstaatlichung *f*

**socializar** [soθjali'θar] <z→c> *vt* verstaatlichen

**sociedad** [soθje'ðaᵈ] *f* ① (*población, humanidad*) Gesellschaft *f;* ~ **del bienestar** Wohlstandsgesellschaft *f* ② (*trato*) Gesellschaft *f;* **la** ~ **con la que tratas** der Umgang, den du hast ③ (*empresa*) Gesellschaft *f;* ~ **anónima** Aktiengesellschaft *f;* ~ **mediática** Mediengesellschaft *f* ④ (*asociación*) Verein *m;* **la S**~ **de Jesús** der Jesuitenorden ⑤ (JUR): ~ **conyugal** Ehegemeinschaft *f* ⑥ (*mundo elegante*) Gesellschaft *f;* **la buena** [*o* **alta**] ~ die Highsociety

**socio, -a** ['soθjo, -a] *m, f* ① (*de una asociación*) Mitglied *nt* ② (*en sociedad comercial*) Gesellschafter(in) *m(f);* ~ **comercial** Handelspartner *m* ③ (*argot: compañero*) Kumpel *m*

**sociocultural** [soθjokultu'ral] *adj* soziokulturell

**socioeconómico, -a** [soθjoeko'nomiko, -a] *adj* sozioökonomisch

**sociolingüística** [soθjolin'gwistika] *f sin pl* (LING) Soziolinguistik *f*

**sociología** [soθjolo'xia] *f sin pl* Soziologie *f*

**sociólogo, -a** [so'θjoloɣo, -a] *m, f* Soziologe, -in *m, f*

**sociopolítico, -a** [soθjopo'litiko, -a] *adj* gesellschaftspolitisch

**socorrer** [soko'rrer] *vt* helfen +*dat;* ~ **a alguien con algo** jdm mit etw *dat* aushelfen

**socorrido, -a** [soko'rriðo, -a] *adj* ① (*útil*) hilfreich ② (*que ayuda*) hilfsbereit ③ (*comprobado*) (alt)bewährt ④ (*común*) alltäglich; (*trillado*) abgedroschen

**socorrismo** [soko'rrismo] *m sin pl* Rettungsdienst *m*

**socorrista** [soko'rrista] *mf* (*de playas*) Rettungsschwimmer(in) *m(f);* (*en piscinas*) Bademeister(in) *m(f)*

**socorro** [so'korro] *m* ① (*ayuda*) Hilfe *f;* (*salvamento*) Rettung *f;* **pedir** ~ um Hilfe rufen ② (*dinero*) Vorschuss *m*

**soda** ['soða] *f* (*bebida*) Sodawasser *nt*

**sodio** ['soðjo] *m* Natrium *nt*

**sodomizar** [soðomi'θar] <z→c> *vi* sodomieren

**soez** [so'eθ] *adj* obszön

**sofá** [so'fa] <sofás> *m* Sofa *nt*

**sofá-cama** [so'fa-'kama] <sofás-cama> *m* Schlafsofa *nt*

**sofisma** [so'fisma] *m* Sophisma *nt*

**sofisticado, -a** [sofisti'kaðo, -a] *adj* ① (*afectado*) gekünstelt ② (TÉC) hoch entwickelt

**sofisticar** [sofisti'kar] <c→qu> *vt* ① (*falsificar*) verfälschen ② (*pey: refinar*) künstlich wirken lassen

**soflama** [so'flama] *f* ① (*llama*) kleine Flamme *f* ② (*discurso ardoroso*) Hetzrede *f* ③ (*rubor*) Schamröte *f* ④ (*zalamería*) Schöntuerei *f;* (*engaño*) Täuschung *f*

**sofocación** [sofoka'θjon] *f* ① (*ahogo*) Atemnot *f* ② (*calor*) Hitzewallung *f* ③ (*bochorno*) Beschämung *f*

**sofocado, -a** [sofo'kaðo, -a] *adj:* **estar** ~ außer Atem sein

**sofocante** [sofo'kante] *adj* ① (*asfixiante*) beklemmend; (*ambiente, aire*) stickig; **hace un calor** ~ es ist unerträglich schwül ② (*avergonzante*) beschämend

**sofocar** [sofo'kar] <c→qu> **I.** *vt* ① (*asfixiar*) ersticken ② (*impedir que progrese*) hemmen; (*fuego*) ersticken; (*revolución*) im Keim ersticken; (*epidemia*) unterdrücken ③ (*avergonzar*) beschämen ④ (*eno-

*jar*) aufregen *fam* **II.** *vr:* ~**se** ❶ (*ahogarse*) keine Luft (mehr) bekommen ❷ (*sonrojar*) sich schämen ❸ (*excitarse*) sich aufregen; (*enojarse*) aufbrausen

**sofoco** [so'foko] *m* ❶ (*ahogo*) Atemnot *f;* (*después de un esfuerzo*) Kurzatmigkeit *f* ❷ (*excitación*) Aufregung *f* ❸ (*calor*) Hitzewallung *f*

**sofocón** [sofo'kon] *m* (*fam*) ❶ (*enojo*) (Riesen)ärger *m* ❷ (*excitación*) Wut *f*

**sofreír** [sofre'ir] *irr como reír vt* anbraten

**sofrito** [so'frito] *m* (GASTR) *Soße aus in Öl angebratenen Zwiebeln oder Tomaten zum Würzen von Speisen*

**software** ['softwer] *m sin pl* (INFOR) Software *f;* ~ **de dictado** Diktatsoftware *f;* ~ **de dominio público** Shareware *f;* ~ **de control remoto** Fernsteuerungssoftware *f*

**soga** ['soɣa] *f* Seil *nt;* **dar** ~ das Seil langsam laufen lassen; **dar** ~ **a alguien** (*fig*) jdn einfach reden lassen; (*burlarse*) sich über jdn lustig machen; **Pedro está con la** ~ **al cuello** (*fig*) Pedro steht das Wasser bis zum Hals

**sois** [soi̯s] *2. pres pl de* **ser**

**soja** ['soxa] *f* (BOT) Soja *f;* **semilla de** ~ Sojabohne *f;* ~ **transgénica** Gensoja *nt*

**sojuzgar** [soxuθ'ɣar] <g→gu> *vt* unterwerfen

**sol** [sol] *m* ❶ (*astro*) Sonne *f;* (*luz*) Sonnenschein *m;* **al** ~ **puesto** im Morgengrauen; **de** ~ **a** ~ von (früh)morgens bis (spät)abends; **día de** ~ sonniger Tag; **ponerse al** ~ (*tumbarse*) sich in die Sonne legen; (*sentarse*) sich in die Sonne setzen; **tomar el** ~ sich sonnen; **hoy hace** ~ heute scheint die Sonne; **no dejar a alguien ni a** ~ **ni a sombra** nicht von jds Seite weichen; **arrimarse al** ~ **que más calienta** (*fig*) ein Trittbrettfahrer sein ❷ (GASTR): ~ **y sombra** *Mixgetränk aus Anis und Weinbrand* ❸ (*moneda*) Sol *m* ❹ (*fam: alabanza*) Goldstück *nt* ❺ (MÚS) g, G *nt;* ~ **mayor** G-Dur *nt*

> **i Land & Leute**
>
> **Sol y sombra** – *Sonne und Schatten* ist der Name eines spanischen Mixgetränks aus *anís* – *Anislikör* und *brandy* – *Weinbrand.*

**solamente** [sola'men̩te] *adv* ❶ (*únicamente*) nur ❷ (*expresamente*) einzig und allein

**solana** [so'lana] *f* ❶ (*en edificios*) Südseite *f;* (*en montañas*) Südhang *m* ❷ (*galería*) Wintergarten *m*

**solano** [so'lano] *m* Ostwind *m*

**solapa** [so'lapa] *f* ❶ (*chaqueta*) Revers *nt o m* ❷ (*libro*) Klappe *f* ❸ (*pretexto*) Vorwand *m*

**solapado, -a** [sola'paðo, -a] *adj* arglistig

**solapamiento** [solapa'mjen̩to] *m* ❶ (*solapo*) Überlappung *f* ❷ (*en las llagas*) Höhlung *f* (*in einer Wunde bei Tieren*)

**solapar** [sola'par] **I.** *vi* sich überlappen **II.** *vt* ❶ (*cubrir*) überlappen ❷ (*chaqueta, vestido*) umschlagen ❸ (*disimular*) vertuschen

**solar** [so'lar] **I.** *adj* Sonnen-; **plexo** ~ Solarplexus *m* **II.** *m* ❶ (*terreno*) Grundstück *nt;* ~ **para edificaciones** Baugrundstück *nt* ❷ (*casa*) Stammsitz *m* ❸ (*linaje*) Abstammung *f;* **venir del** ~ **de...** aus dem Hause der ... kommen ❹ (*AmC: patio*) Innenhof *m* **III.** *vt* <o→ue> ❶ (*pavimentar*) fliesen ❷ (*calzado*) besohlen

**solariego, -a** [sola'rjeɣo, -a] **I.** *adj* ❶ (*de linaje noble*) adelig ❷ (*propiedad*) Stamm-; **casa solariega** Stammsitz *m* **II.** *m, f* ❶ (*noble*) Gutsherr(in) *m(f)* ❷ (*propiedad*) Stammgut *nt*

**solárium** [so'larjun] *m* <solarios> Solarium *nt*

**solaz** [so'laθ] *m* ❶ (*recreo*) Erholung *f* ❷ (*esparcimiento*) Vergnügung *f*

**solazar** [sola'θar] <z→c> **I.** *vt* ❶ (*recrear*) erfrischen ❷ (*divertir*) erheitern; (*entretener*) zerstreuen **II.** *vr:* ~**se** ❶ (*recrearse*) sich erholen ❷ (*divertirse*) sich vergnügen; (*entretenerse*) sich zerstreuen

**soldada** [sol̩'daða] *f* (*salario*) Lohn *m;* (MIL) Sold *m*

**soldado, -a** [sol̩'daðo, -a] *m, f* ❶ (MIL) Soldat(in) *m(f)* ❷ (*defensor*) Befürworter(in) *m(f)*

**soldador** [sol̩da'ðor] *m* Lötkolben *m*

**soldadura** [sol̩da'ðura] *f* (TÉC) ❶ (*trabajo*) Schweißarbeit(en) *f(pl)* ❷ (*punto de unión*) Schweißnaht *f*

**soldar** [sol̩'dar] <o→ue> **I.** *vt* (*con metal fundido*) löten; (*unir*) zusammenlöten; (*sólo mediante el calor*) schweißen; (*unir*) verschweißen; (*con pegamento*) zusammenkleben **II.** *vr:* ~**se** (*herida*) verheilen; (*huesos*) zusammenwachsen

**soleado, -a** [sole'aðo, -a] *adj* sonnig

**solear** [sole'ar] **I.** *vt* in die Sonne legen/stellen; (*blanquear*) bleichen **II.** *vr:* ~**se** sich sonnen

**soledad** [sole'ðað] *f* Einsamkeit *f*

**solemne** [so'lemne] *adj* ❶ (*ceremonioso*) feierlich; **discurso** ~ Festrede *f* ❷ (*mentira*) ungeheuer; (*error*) gewaltig

**solemnidad** [solemni'ðað] *f* ❶ (*cualidad*)

S

Feierlichkeit *f* ❷ (REL: *festividad*) Fest *nt* ❸ *pl* (*formalidades*) Förmlichkeiten *fpl*

**solemnizar** [solemni'θar] <z→c> *vt* feierlich begehen

**soler** [so'ler] <o→ue> *vi:* ~ **hacer** gewöhnlich tun; **en España se suelen celebrar los santos** in Spanien ist es üblich, den Namenstag zu feiern; **suele ocurrir que...** es kommt oft vor, dass ...

**solera** [so'lera] *f* ❶ (*puntal*) Stützbalken *m* ❷ (*del molino*) Mühlstein *m* ❸ (*del vino*) Bodensatz *m* ❹ (*abolengo*) Tradition *f;* **un país de ~ celta** ein Land mit keltischer Tradition; **con mucha ~** traditionsreich

**solfa** ['solfa] *f* ❶ (MÚS: *signos*) Noten *fpl;* (*arte de solfear*) Solfeggieren *nt;* (*melodía*) Melodie *f;* **estar (escrito) en ~** völlig unleserlich sein ❷ (*fam: zurra*) Tracht *f* Prügel ❸ (*loc*): **poner algo en ~** (*ridiculizar*) etw lächerlich machen; (*con arte y orden*) etw sehr ordentlich machen

**solfear** [solfe'ar] *vt* ❶ (MÚS) solfeggieren ❷ (*pegar*) verprügeln ❸ (*fam: reprender*) anmotzen

**solfeo** [sol'feo] *m* ❶ (MÚS: *acción*) Solfeggieren *nt;* (*fragmento*) Solfeggio *nt* ❷ (*fam: zurra*) Tracht *f* Prügel

**solicitación** [soliθita'θjon] *f* ❶ (*petición*) Bitte *f* ❷ (*para un trabajo*) Bewerbung *f*

**solicitante** [soliθi'tante] *mf* ❶ (*de una petición*) Antragsteller(in) *m(f);* ~ **de asilo** Asylbewerber(in) *m(f)* ❷ (*para un trabajo*) Bewerber(in) *m(f)*

**solicitar** [soliθi'tar] *vt* ❶ (*pedir*) bitten (um +*akk*); (*gestionar*) beantragen; (*un trabajo*) sich bewerben (um +*akk*); ~ **un médico** nach einem Arzt verlangen ❷ (*compañía, amor, atención*) werben (um +*akk*); ~ **la mano de una mujer** um die Hand einer Frau anhalten; **te solicitan en todas partes** du bist heiß begehrt

**solícito, -a** [so'liθito, -a] *adj* (*diligente*) fleißig; (*cuidadoso*) sorgfältig

**solicitud** [soliθi'tu$^{d}$] *f* ❶ (*diligencia*) Fleiß *m;* (*cuidado*) Gewissenhaftigkeit *f* ❷ (*petición*) Bitte *f;* (*formal*) Antrag *m;* ~ **de empleo** Bewerbung *f*

**solidaridad** [soliðari'ða$^{d}$] *f sin pl* Solidarität *f;* **por ~ con** aus Solidarität mit +*dat*

**solidario, -a** [soli'ðarjo, -a] *adj* solidarisch; **hacerse ~ de alguien** für jdn eintreten

**solidarizarse** [soliðari'θarse] <z→c> *vr* sich solidarisieren; **me solidarizo con tu opinión** ich teile deine Meinung

**solidez** [soli'ðeθ] *f* Festigkeit *f;* (*estabilidad*) Haltbarkeit *f*

**solidificación** [soliðifika'θjon] *f* (FÍS) Verfestigung *f*

**solidificar** [soliðifi'kar] <c→qu> **I.** *vt* fest werden lassen; (*fig*) festigen **II.** *vr:* ~**se** sich verfestigen

**sólido**[1] ['soliðo] *m* ❶ (FÍS) fester Körper *m* ❷ (*geometría*) Körper *m*

**sólido, -a**[2] ['soliðo, -a] *adj* (*t.* FÍS) fest; (*material, construcción*) stabil; (*colores*) farbecht; (*ingreso*) sicher; (*precios*) stabil; (*voz*) nachdrücklich

**soliloquio** [soli'lokjo] *m* Selbstgespräch *nt;* (TEAT) Monolog *m*

**solio** ['soljo] *m* Thron *m;* ~ **pontífico** Papsttum *nt*

**solista** [so'lista] *mf* Solist(in) *m(f)*

**solitaria** [soli'tarja] *f* Bandwurm *m*

**solitario**[1] [soli'tarjo] *m* ❶ (*diamante*) Solitär *m* ❷ (*cartas*) Patience *f*

**solitario, -a**[2] [soli'tarjo, -a] **I.** *adj* ❶ (*sin compañía*) allein; (*abandonado*) einsam; **en ~** im Alleingang ❷ (*lugar*) einsam **II.** *m, f* Einsiedler(in) *m(f)*

**soliviantar** [soliβjaṇ'tar] *vt* ❶ (*incitar*) aufwiegeln ❷ (*enojar*) verärgern ❸ (*encandilar*) Flausen in den Kopf setzen +*dat* ❹ (*inquietar*) aufregen; **los celos le tienen soliviantado** er ist krank vor Eifersucht

**sollozar** [soʎo'θar] <z→c> *vi* schluchzen

**sollozo** [so'ʎoθo] *m* Schluchzen *nt*

**solo**[1] ['solo] *m* ❶ (*baile, t.* MÚS) Solo *nt* ❷ (*cartas*) Patience *f*

**solo, -a**[2] ['solo, -a] *adj* ❶ (*sin compañía*) allein; (*sin familia*) allein stehend; (*abandonado*) einsam; **a solas** ganz allein; **por sí ~** von selber; **lo hace como ella sola** sie macht es wie nur sie allein es kann ❷ (*único*) einzig; **ni una sola vez** nicht ein einziges Mal ❸ (*sin añadir nada*) allein; (*café*) schwarz; **comer el pan ~** das Brot ohne Aufstrich essen

**sólo** ['solo] *adv* ❶ (*únicamente*) nur; ~ **que...** es ist nur so, dass ...; **tan ~** wenigstens; **aunque ~ sean 10 minutos de deporte al día...** (auch) mit nur 10 Minuten Sport am Tag ... ❷ (*expresamente*) einzig und allein

**solomillo** [solo'miʎo] *m* Filet *nt*

**solsticio** [sols'tiθjo] *m* Sonnenwende *f*

**soltar** [soḷ'tar] *irr* **I.** *vt* ❶ (*dejar de sujetar*) loslassen; (*liberar*) freilassen; (*dejar caer*) fallen lassen ❷ (*nudo*) lösen; (*quitar las ligaduras*) losbinden ❸ (*para independizarse*) loslassen ❹ (*expresión, grito*) loslassen; (*tacos*) ausstoßen; ~ **una carcajada** laut loslachen ❺ (*paliza*) verpassen; (*tiro*) abfeuern; ~ **una bofetada a alguien** jdm eine runterhauen ❻ (*puesto*) aufgeben ❼ (*lágrimas*) vergießen ❽ (AUTO: *embrague*) kommen lassen; (*frenos*) lösen; (*cinturón*) abschnallen ❾ (*gases*): ~ **un pedo** (*fam*) einen fahren lassen ❿ (*fam: dinero*) ausgeben; ~ **la mosca** ein paar Kröten springen lassen **II.** *vr:* ~**se** ❶ (*liberarse*) sich befreien; (*de unas ataduras*) sich losmachen; ~**se de la mano** sich von der Hand losreißen ❷ (*un nudo/lazo/tiro*) sich lösen ❸ (*al hablar*) sich gehenlassen; (*una palabra, expresión*) herausrutschen; **se me soltó la lengua** ich redete zu viel ❹ (*desenvoltura*) sicher werden; ~**se a hacer algo** allmählich anfangen etw zu tun ❺ (*para independizarse*) sich lösen

**soltería** [sol̪te'ria] *f* Ledigenstand *m,* Ehelosigkeit *f*

**soltero, -a** [sol̪'tero, -a] **I.** *adj* ledig **II.** *m, f* Junggeselle, -in *m, f;* **apellido de soltera** Mädchenname *m;* **de solteras solíamos salir mucho** als wir noch unverheiratet waren, gingen wir viel aus

**solterón, -ona** [sol̪te'ron, -ona] *m, f* alter Junggeselle *m,* alte Junggesellin *f;* (*pey: mujer*) alte Jungfer *f*

**soltura** [sol̪'tura] *f* Gewandtheit *f;* (*de forma relajada*) Ungezwungenheit *f;* (*al hablar*) Redegewandtheit *f*

**solubilidad** [soluβili'ðaᵈ] *f* Löslichkeit *f*

**soluble** [so'luβle] *adj* ❶ (*líquido*) löslich; ~ **en agua** wasserlöslich ❷ (*problema*) lösbar

**solución** [solu'θjon] *f* ❶ (*líquido*) Lösung *f;* ~ **anticongelante** Frostschutzmittel *nt* ❷ (*de un problema*) Lösung *f;* **no tener** ~ unlösbar sein; (*situación*) ausweglos sein; **no hay más** ~ man kann nichts weiter tun ❸ (*interrupción*): ~ **de continuidad** Unterbrechung *f*

**solucionar** [soluθjo'nar] *vt* lösen

**solvencia** [sol'βen̪θja] *f* ❶ (FIN) Zahlungsfähigkeit *f* ❷ (*responsabilidad*) Vertrauenswürdigkeit *f;* ~ **moral** Charakter *m;* **de toda** ~ **moral** hochanständig

**solventar** [solβen̪'tar] *vt* ❶ (*problema*) lösen; (*asunto*) erledigen; (*desavenencia*) beilegen ❷ (*deuda, cuenta*) begleichen

**solvente** [sol'βen̪te] **I.** *adj* ❶ (FIN) zahlungsfähig ❷ (*sin deudas*) schuldenfrei ❸ (*reputación*) redlich **II.** *m* (QUÍM) Lösungsmittel *nt*

**somalí** [soma'li] <somalíes> *mf* Somalier(in) *m(f)*

**somatizar** [somati'θar] <z→c> *vt* (PSICO) somatisieren

**sombra** ['sombra] *f* ❶ (*proyección*) Schatten *m;* ~**s chinescas** Schattentheater *nt;* ~ **de ojos** (*producto cosmético*) Lidschatten *m;* **hacer** ~ Schatten werfen; **hacer** ~ **a alguien** (*fig*) jdn in den Schatten stellen; **dar (una) buena** ~ viel Schatten spenden; **sentarse a la** ~ **de un árbol** sich in den Schatten eines Baumes setzen; **quita de ahí que me haces** ~ verschwinde da, du stehst mir in der Sonne; **esta persona se ha convertido en mi** ~ diese Person verfolgt mich überallhin; **no ver más que** ~**s a su alrededor** immer nur schwarz sehen; **no fiarse ni de su (propia)** ~ niemandem über den Weg trauen; **no es** ~ **de lo que era** er/sie ist nur noch der Schatten seiner/ihrer selbst ❷ *pl* (*oscuridad*) Dunkelheit *f* ❸ (*clandestinidad*): **trabajar en la** ~ schwarzarbeiten ❹ (ARTE) Schattierung *f* ❺ (*cantidad mínima*) Schimmer *m;* **esto no tiene la más mínima** ~ **de verdad** da ist absolut nichts Wahres dran; **una** ~ **de tristeza** ein Anflug von Traurigkeit ❻ (*de un difunto*) Geist *m* ❼ (*defecto*) dunkler Fleck *m* ❽ (*fam: carcel*): **a la** ~ im Knast; **poner a la** ~ einlochen ❾ (*loc*): **ni por** ~ nicht im Traum; **adiós, ¡y vete por la** ~**!** (*fam*) tschüs, und pass auf dich auf!; **tener buena** ~ (*tener chiste*) geistreich sein; (*ser simpático*) sympathisch sein; (*tener suerte*) Glück haben; **tener mala** ~ (*tener mala suerte*) ein Pechvogel sein; (*ser antipático*) unsympathisch sein

**sombreado** [sombre'aðo] *m* Schattierung *f*

**sombrear** [sombre'ar] *vt* ❶ (*dar sombra*) Schatten werfen (auf +*akk*); (*a alguien*) Schatten spenden +*dat;* ~ **los ojos** Lidschatten auftragen ❷ (ARTE) schattieren

**sombrerería** [sombrere'ria] *f* ❶ (*venta*) Hutgeschäft *nt* ❷ (*fabricación*) Hutmacherei *f*

**sombrero** [som'brero] *m* (*prenda, t.* BOT) Hut *m;* ~ **de copa** Zylinder *m;* **quitarse el** ~ **ante algo** den Hut vor etw *dat* ziehen

**sombrilla** [som'briʎa] *f* Sonnenschirm *m*

**sombrío, -a** [som'brio, -a] *adj* ❶ (*en la sombra*) schattig; (*oscuro*) dunkel ❷ (*triste*) düster; (*pesimista*) schwermütig

**somero, -a** [so'mero, -a] *adj* ❶ (*aguas*) seicht ❷ (*superficial*) oberflächlich; (*vago*) vage

**someter** [some'ter] **I.** *vt* ❶ (*dominar*) unterwerfen; (*subyugar*) unterjochen; ~ **la voluntad** den Willen brechen ❷ (*a una acción/un tratamiento*) unterziehen (*a* +*dat*); (*a efectos*) aussetzen (*a* +*dat*) ❸ (*plano, proyecto, ideas, oferta*) unterbreiten +*dat* ❹ (*encomendar*): **el asunto es sometido a los Tribunales** das Gericht hat über die Angelegenheit zu befinden ❺ (*subordinar*) unterordnen; **todo está sometido a tu decisión** alles hängt von deiner Entscheidung ab **II.** *vr:* ~**se** ❶ (*en una lucha*) sich ergeben ❷ (*a una acción/un tratamiento*) sich unterziehen (*a +dat*) ❸ (*a una decisión/opinión*) sich beugen (*a +dat*); ~**se a las órdenes/a la voluntad de alguien** sich jds Anordnungen/Willen fügen

**somier** [so'mjer] <somieres> *m* (*de la cama*) (Sprungfeder)rahmen *m*

**somnífero¹** [som'nifero] *m* Schlafmittel *nt*

**somnífero, -a²** [som'nifero, -a] *adj* einschläfernd

**somnolencia** [somno'leṇθja] *f* (*sueño*) Schläfrigkeit *f*

**somnoliento, -a** [somno'ljeṇto, -a] *adj* (*con sueño*) schläfrig; (*al despertarse*) verschlafen

**somos** ['somos] *1. pres pl de* **ser**

**son** [son] **I.** *m* ❶ (*sonido*) Klang *m;* **bailar al ~ de una guitarra** zum Klang einer Gitarre tanzen ❷ (*rumor, voz*) Gerücht *nt;* **corre el ~ de que...** es geht das Gerücht um, dass ... ❸ (*loc*): **¿a ~ de qué?, ¿a qué ~?** warum?; **bailar al ~ que le tocan** (*fam*) nach der Pfeife anderer tanzen; **hacer algo a su ~** etw auf seine Art machen; **venir en ~ de paz** in friedlicher Absicht kommen; **en ~ de broma** als Witz; **sin ~** grundlos; **sin ton ni ~** völlig grundlos; **hablar sin ton ni ~** zusammenhangloses Zeug reden **II.** *3. pres pl de* **ser**

**sonado, -a** [so'naðo, -a] *adj* ❶ (*corriente*) geläufig; (*famoso*) bekannt; (*escandaloso*) Aufsehen erregend; (*sensacional*) sensationell ❷ (*loc, fam*): **estar ~** nicht richtig ticken

**sonajero** [sona'xero] *m* Rassel *f*

**sonambulismo** [sonambu'lismo] *m sin pl* Schlafwandeln *nt*

**sonámbulo, -a** [so'nambulo, -a] **I.** *adj* schlafwandlerisch **II.** *m, f* Schlafwandler(in) *m(f)*

**sonante** [so'naṇte] *adj:* **dinero contante y ~** Bargeld *nt*

**sonar** [so'nar] <o→ue> **I.** *vi* ❶ (*hacer ruido: timbre, teléfono*) klingeln; (*campanas*) läuten; (*instrumento*) erklingen; **me suenan las tripas** mir knurrt der Magen ❷ (*tener cierto sonido, parecerse, t.* LING, MÚS) klingen; **~ a algo** wie etw klingen; **~ a hueco** hohl klingen; **esto me suena** das kommt mir bekannt vor; **(tal y) como suena** (*lo digo*) genauso, wie ich es sage ❸ (*loc*): **lo que sea ~á** was geschehen muss, das soll geschehen **II.** *vt* ❶ (*instrumento*) spielen ❷ (*la nariz*) schnäuzen; **~le la nariz a un niño** einem Kind die Nase putzen **III.** *vr:* ~**se** sich schnäuzen **IV.** *vimpers:* **(se) suena que...** es heißt, dass ...

**sonata** [so'nata] *f* Sonate *f*

**sonda** ['soṇda] *f* ❶ (*acción*) Sondieren *nt* ❷ (*catéter*) Sonde *f* ❸ (NÁUT) Lot *nt;* **~ acústica** Echolot *nt*

**sondar** [soṇ'dar] *vt* ❶ (MED) sondieren ❷ (NÁUT) (aus)loten ❸ (*explorar*) erkunden

**sondear** [soṇde'ar] *vt* ❶ (MIN) Probebohrungen machen (von *+dat*) ❷ (*fam: intención*) unter die Lupe nehmen

**sondeo** [soṇ'deo] *m* ❶ (MED) Sondierung *f* ❷ (MIN) (Probe)bohrungen *fpl* ❸ (NÁUT) (Aus)loten *nt* ❹ (*averiguación*) Erforschung *f;* **~ de mercado** (ECON) Marktforschung *f*

**soneto** [so'neto] *m* Sonett *nt*

**songa-songa** ['soŋga-'soŋga] (*AmC, Chil, Ecua*): **a la ~** klammheimlich

**songo, -a** ['soŋgo, -a] *adj* (*Col, Méx*) ❶ (*tonto*) blöd ❷ (*taimado*) hinterlistig

**sonido** [so'niðo] *m* ❶ (*ruido*) Ton *m* ❷ (*manera de sonar, t.* MÚS) Klang *m* ❸ (*fonema*) Laut *m* ❹ (FÍS) Schall *m* ❺ (RADIO) Ton *m;* **~ estereofónico** Stereoton *m*

**sonoridad** [sonori'ðaᵈ] *f* ❶ (*características, t.* MÚS) Klang *m;* (*agradable*) Wohlklang *m* ❷ (LING) Stimmhaftigkeit *f*

**sonorización** [sonoriθa'θjon] *f* (*t.* CINE) Vertonung *f*

**sonorizar** [sonori'θar] <z→c> *vt* ❶ (CINE) vertonen ❷ (LING) stimmhaft aussprechen

**sonoro, -a** [so'noro, -a] *adj* ❶ (*que puede sonar*) klingend; (*acústico*) akustisch; (*bóveda*) (wider)hallend ❷ (*fuerte*) laut; (*agradable*) wohlklingend; **una voz sonora/poco sonora** eine kräftige/leise Stimme ❸ (LING) stimmhaft ❹ (FÍS) Schall- ❺ (CINE): **banda sonora** Soundtrack *m;* **película sonora** Tonfilm *m*

**sonreír** [sonrre'ir] *irr como reír* **I.** *vi, vr:* ~**se** (*reír levemente*) lächeln; (*fugazmente*) schmunzeln; **~ a alguien** jdn anlächeln; **~ maliciosamente** grinsen; **~ de felicidad** vor Glück strahlen **II.** *vi* (*la vida, la suerte*) lachen; **le sonríe la fortuna** das Glück ist auf seiner/ihrer Seite

**sonriente** [son'rri̯eṇte] *adj* ❶ (*sonriéndose*) lächelnd ❷ (*contentísimo*) strahlend, heiter, fröhlich

**sonrisa** [son'rrisa] *f* (*leve*) Lächeln *nt;* (*fugaz*) Schmunzeln *nt;* (*maliciosa*) Grinsen *nt*

**sonrojar** [sonrro'xar] **I.** *vt* erröten lassen **II.** *vr:* ~**se** erröten

**sonrojo** [son'rroxo] *m* ❶ (*acción*) Erröten *nt* ❷ (*rubor*) Schamröte *f* ❸ (*causa*) Beschämung *f*

**sonrosado**, **-a** [sonrro'saðo, -a] *adj* ❶ (*de color rosa*) rosig ❷ (*mejillas*) rotbackig

**sonrosar** [sonrro'sar] **I.** *vt* rot werden lassen **II.** *vr:* ~**se** rot werden

**sonsacar** [sonsa'kar] <c→qu> *vt* ❶ (*indagar*) herausbekommen (*a* aus +*dat*); (*secreto*) entlocken ❷ (*empleado*) abwerben

**sonsear** [sonse'ar] *vi* (*CSur: tontear*) blödeln

**sonso**, **-a** ['sonso, -a] *m, f* (*CSur: tonto*) Dumme(r) *mf*

**sonsonete** [sonso'nete] *m* ❶ (*golpecitos*) Klopfen *nt;* (*lluvia*) Prasseln *nt* ❷ (*de mofa*) spöttischer Unterton *m* ❸ (*monotonía*) Leiern *nt*

**soñado**, **-a** [so'ɲaðo, -a] *adj* (*con que se sueña*) erträumt; **el hombre** ~ der Traummann

**soñador(a)** [soɲa'ðor(a)] **I.** *adj* träumerisch **II.** *m(f)* Träumer(in) *m(f)*

**soñar** [so'ɲar] <o→ue> *vi, vt* träumen (*con* von +*dat*); ~ **despierto** tagträumen; **¡ni ~lo!** nie im Leben!; **siempre he soñado con ser médico** mein Traum war schon immer, Arzt zu werden; **sueño con volver a verte** ich wünsche mir sehnlichst dich wieder zu sehen

**soñolencia** [soɲo'leṇθja] *f* ❶ (*sueño*) Schläfrigkeit *f;* (*al despertarse*) Benommenheit *f* ❷ (MED) Somnolenz *f*

**soñoliento**, **-a** [soɲo'ljeṇto, -a] *adj* schläfrig

**sopa** ['sopa] *f* ❶ (*caldo*) Suppe *f* ❷ *pl* (*pan*) eingetunktes Brot *nt* ❸ (*loc, fam*): **comer la** [*o* **andar a la**] ~ **boba** auf Kosten anderer leben; **estar** ~ sehr erkältet sein; **como una** ~, **hecho una** ~ (*mojado*) völlig durchnässt; **poner a alguien como la** ~ **de Pascua** jdm ordentlich die Leviten lesen; **ver hasta en la** ~ ständig und überall antreffen; **ése os da** ~**s con honda a todos vosotros** der steckt euch alle in die Tasche

**sopapo** [so'papo] *m* ❶ (*puñetazo*) Fausthieb *m* ❷ (*fam: bofetada*) Ohrfeige *f;* **te voy a dar un** ~ ich knall dir gleich eine!

**sopera** [so'pera] *f* Suppenschüssel *f*

**sopero**, **-a** [so'pero, -a] **I.** *adj* Suppen-; **ser muy** ~ sehr gerne Suppe essen **II.** *m, f* Suppenfreund *m*

**sopesar** [sope'sar] *vt* (in der Hand) wiegen; (*fig*) abwägen

**sopetón** [sope'ton] *m* Schlag *m;* **de** ~ völlig unvermittelt

**soplagaitas** [sopla'ɣai̯tas] *m inv* (*fam*) Blödmann *m*

**soplar** [so'plar] **I.** *vi* blasen; (*viento*) wehen; (*poco viento*) gehen; **¡sopla!** sag bloß! **II.** *vt* ❶ (*con la boca*) blasen; (*apartar*) wegblasen; (*velas*) ausblasen; (*hinchar*) aufblasen; (*fuego*) anfachen; **soplado a boca** mundgeblasen ❷ (*en un examen*) vorsagen; (TEAT) soufflieren ❸ (*delatar*) verraten; (*entre alumnos*) verpetzen ❹ (*fam: hurtar*) klauen; (*cobrar*) abknöpfen ❺ (*golpe*) verpassen ❻ (*loc*): **hoy no te sopla la musa** heute wirst du nicht von der Muse geküsst **III.** *vr:* ~**se** (*fam*) ❶ (*comer*) verdrücken; (*beber*) hinunterstürzen ❷ (*engreírse*) sich aufblasen

**soplete** [so'plete] *m* Gebläse *nt;* ~ **soldador** Schweißbrenner *m*

**soplo** ['soplo] *m* ❶ (*acción*) Blasen *nt;* **apagar las velas de un** ~ alle Kerzen auf einmal ausblasen ❷ (*viento leve*) Hauch *m;* ~ **de viento** Windstoß *m* ❸ (*tiempo*): **como un** ~ in Windeseile ❹ (*denuncia*) Hinweis *m* ❺ (*sonido*) Pfeifen *nt*

**soplón**, **-ona** [so'plon, -ona] *m, f* Verräter(in) *m(f);* (*entre alumnos*) Petze *f*

**soponcio** [so'poṇθjo] *m* ❶ (*desmayo*) Ohnmacht *f* ❷ (*mareo*) Schwindelanfall *m*

**sopor** [so'por] *m* Schläfrigkeit *f;* (MED) Sopor *m*

**soporífero**[1] [sopo'rifero] *m* Schlafmittel *nt*

**soporífero**, **-a**[2] [sopo'rifero, -a] *adj* ❶ (*que da sueño*) einschläfernd; (*té*) schlaffördernd ❷ (*aburrido*) langweilig

**soportable** [sopor'taβle] *adj* erträglich

**soportal** [sopor'tal] *m* ❶ (*entrada*) überdachter (Haus)eingang *m* ❷ (*porche*) Säulengang *m*

**soportar** [sopor'tar] *vt* ❶ (*sostener*) halten ❷ (*aguantar*) ertragen, aushalten

**soporte** [so'porte] *m* (*apoyo, t. fig*) Stütze *f;* (*pilar*) Träger *m;* (*de madera*) Balken *m;* ~ **para bicicletas** Fahrradständer *m*

**soprano**[1] [so'prano] *m* (*voz*) Sopran *m*

**soprano**[2] [so'prano] *mf* Sopranist(in) *m(f)*

**soquete** [so'kete] *m* (*Am: calcetín*) Socke *f*

**sor** [sor] *f* (Ordens)schwester *f*

**sorber** [sor'βer] *vt* ❶ (*con los labios*) schlürfen; (*por una pajita*) trinken; (*por la nariz*) einziehen; (*tabaco*) schnupfen; (MED) inhalieren ❷ (*empaparse de*) aufsaugen ❸ (*escuchar*) in sich aufsaugen

**sorbete** [sor'βete] *m* Sorbet(t) *m o nt*

**sorbo** ['sorβo] *m* (*cantidad, trago*) Schluck *m;* **beber a** ~**s** in kleinen Schlucken trinken; **tomar de un** ~ in einem Schluck trinken; **échame otro** ~ schenk mir noch ein bisschen nach

**sordera** [sor'ðera] *f* ❶ (*privación*) Taubheit *f* ❷ (*disminución*) Schwerhörigkeit *f*

**sordidez** [sorði'ðeθ] *f* ❶ (*suciedad*) Schäbigkeit *f* ❷ (*obscenidad*) Obszönität *f*

❸ (*avaricia*) Geiz *m*, Knickerigkeit *f* ❹ (*mezquindad*) Gemeinheit *f*

**sordo**, **-a** ['sorðo, -a] **I.** *adj* ❶ (*que no oye*) taub; ~ **de un oído** auf einem Ohr taub; **hacer oídos ~s** sich taub stellen; ~ **como una tapia** stocktaub ❷ (*que oye mal*) schwerhörig ❸ (*algo que no hace ruido*) leise; **a sordas, a lo ~, a la sorda** still und leise ❹ (*de timbre oscuro*) dumpf ❺ (*que no presta atención*) sich taub stellend ❻ (*sentimiento, pasión*) still ❼ (LING) stumm **II.** *m, f* ❶ (*que no oye*) Taube(r) *mf*; **hacerse el ~** sich taub stellen; **predicar a los ~s** tauben Ohren predigen ❷ (*que oye mal*) Schwerhörige(r) *mf*

**sordomudo**, **-a** [sorðo'muðo, -a] **I.** *adj* taubstumm **II.** *m, f* Taubstumme(r) *mf*

**soriano**, **-a** [so'rjano, -a] **I.** *adj* aus Soria **II.** *m, f* Einwohner(in) *m(f)* von Soria

**sorna** ['sorna] *f* ❶ (*al obrar*) Schwerfälligkeit *f* ❷ (*al hablar*) Spott *m*

**sorprendente** [sorpren̪'den̪te] *adj* ❶ (*inesperado*) überraschend; (*desarrollo, evolución*) ungeahnt; (*asombroso*) erstaunlich; **es ~ que...** +*subj* es ist erstaunlich, dass ... ❷ (*que salta a la vista*) auffallend; **poseer una estatura ~** auffallend groß sein ❸ (*extraordinario*) außergewöhnlich; **no es ~ que...** +*subj* es ist nicht (weiter) verwunderlich, dass ...

**sorprender** [sorpren̪'der] **I.** *vt* ❶ (*coger desprevenido*) überraschen; (*asombrar*) erstaunen, verblüffen; (*extrañar*) wundern; **no me ~ía que viniera** es würde mich nicht wundern, wenn er/sie käme; **durante un momento me quedé sorprendida** ich stutzte einen Augenblick lang ❷ (*descubrir algo*) entdecken ❸ (*pillar*) erwischen ❹ (MIL: *atacar*) überfallen **II.** *vr:* **~se** (*no esperar*) überrascht sein; (*asombrarse*) erstaunt sein (*de* über +*akk*); (*extrañarse*) sich wundern; (*dudar*) stutzen

**sorpresa** [sor'presa] *f* ❶ (*acción*) Überraschen *nt*; **coger a alguien de** [*o* **por**] ~ jdn überraschen ❷ (*efecto*) Überraschung *f*; (*asombro*) Erstaunen *nt*; (*extrañeza*) Verwunderung *f* ❸ (*regalo, noticia*) Überraschung *f*

**sorpresivo**, **-a** [sorpre'siβo, -a] *adj* (*Am*) ❶ (*inesperado*) überraschend; (*asombroso*) erstaunlich ❷ (*repentino*) plötzlich

**sortear** [sorte'ar] *vt* ❶ (*decidir*) auslosen; (*destino*) losen; (*rifar*) verlosen ❷ (*esquivar*) ausweichen +*dat*

**sorteo** [sor'teo] *m* ❶ (*decisión*) Auslosen *nt*; (*rifa*) Verlosung *f*; (*lotería*) Ziehung *f* ❷ (*esquivación*) Umgehung *f*

**sortija** [sor'tixa] *f* ❶ (*joya*) Ring *m*; (*con sello*) Siegelring *m* ❷ (*rizo*) (Haar)locke *f*

**sortilegio** [sorti'lexjo] *m* ❶ (*brujería*) Hexerei *f*; **hacer ~** zaubern ❷ (*vaticinio*) Wahrsagung *f*; **hacer ~** wahrsagen

**sosegado**, **-a** [sose'ɣaðo, -a] *adj* ❶ (*apacible*) friedfertig ❷ (*tranquilo*) ruhig

**sosegar** [sose'ɣar] *irr como fregar* **I.** *vt* (*calmar*) beruhigen **II.** *vi, vr:* **~se** (*descansar*) zur Ruhe kommen **III.** *vr:* **~se** (*calmarse*) sich beruhigen

**soseras** [so'seras] *mf inv* (*fam*) Langweiler(in) *m(f)*

**sosería** [sose'ria] *f* Fadheit *f*; **esto es una ~** hier ist absolut nichts los

**sosia** ['sosja] *m* Doppelgänger *m*

**sosiego** [so'sjeɣo] *m* Ruhe *f*; **hacer algo con ~** etw in aller Ruhe machen

**soslayar** [sosla'ɟar] *vt* ❶ (*objeto*) schräg halten ❷ (*evitar*) ausweichen +*dat*; (*encuentro*) vermeiden

**soslayo**, **-a** [sos'laɟo, -a] *adj* schräg; **mirar a alguien de ~** jdn aus den Augenwinkeln betrachten; **pasar de ~ por la casa de la abuela** im Vorbeigehen bei der Oma reinschauen; **pasar por un tema de** [*o* **al**] ~ ein Thema streifen

**soso**, **-a** ['soso, -a] *adj* ❶ (*sin sal*) ungesalzen; (*sin sabor*) fade ❷ (*persona*) fade

**sospecha** [sos'petʃa] *f* ❶ (*suposición*) Vermutung *f* ❷ (*desconfianza*) Misstrauen *nt* ❸ (*de un crimen*) Verdacht *m*; (*contra alguien concreto*) Verdächtigung *f*; **bajo ~ de asesinato** unter Mordverdacht

**sospechar** [sospe'tʃar] **I.** *vt* ❶ (*creer posible*) vermuten; **¡ya lo sospechaba!** das hatte ich mir schon gedacht! ❷ (*recelar*) befürchten **II.** *vi* verdächtigen (*de* +*akk*)

**sospechoso**, **-a** [sospe'tʃoso, -a] **I.** *adj* verdächtig; **me resulta ~ que...** +*subj* es kommt mir verdächtig vor, dass ... **II.** *m, f* Verdächtige(r) *mf*

**sostén** [sos'ten] *m* ❶ (*apoyo, t. fig*) Stütze *f*; **pilar de ~** Stützpfeiler *m* ❷ (*prenda*) BH *m* ❸ (*de familia*) Unterhalt *m*; (*alimentos*) Nahrung *f*

**sostener** [soste'ner] *irr como tener* **I.** *vt* ❶ (*sujetar*) (fest)halten; **esta cuerda sostiene la pata de la mesa** an diesem Seil ist das Tischbein festgemacht ❷ (*aguantar*) halten; (*por debajo*) tragen; (*por debajo, por los lados*) stützen ❸ (*afirmar*) behaupten; (*idea, teoría*) vertreten ❹ (*persona*) unterstützen ❺ (*lucha*) bestehen; (*tren de vida*) durchhalten; (*velocidad, posición*) beibehalten; ~ **una larga conversación** ein langes Gespräch führen **II.** *vr:* **~se** ❶ (*sujetarse*) sich festhalten ❷ (*aguan-

*tarse*) sich halten ❸ (*en pie*) sich aufrecht halten; (*sobre agua, en el aire*) sich halten ❹ (*económicamente*): **apenas me puedo** ~ ich kann kaum meinen Lebensunterhalt bestreiten ❺ (*en opinión*) beharren (*en* auf/bei +*dat*)

**sostenido**[1] [soste'niðo] *m* (MÚS) Kreuz *nt;* **poner un** ~ erhöhen (*a* +*akk*)

**sostenido, -a**[2] [soste'niðo, -a] *adj* ❶ (*esfuerzo*) ausdauernd ❷ (MÚS) erhöht; **fa** ~ Fis *nt*

**sostenimiento** [sosteni'mjen̪to] *m* ❶ (*acción*) Halten *nt* ❷ (*apoyo*) Halt *m* ❸ (*manutención*) Unterhalt *m* ❹ (*mantenimiento*) Aufrechterhaltung *f*

**sota** ['sota] *f* (*naipe*) ≈Bube *m*

**sotabarba** [sota'βarβa] *f* Doppelkinn *nt*

**sotana** [so'tana] *f* Soutane *f*

**sótano** ['sotano] *m* ❶ (*piso*) Untergeschoss *nt* ❷ (*habitación*) Keller *m*

**sotavento** [sota'βen̪to] *m* Lee *f o nt*

**soterrar** [sote'rrar] <e→ie> *vt* ❶ (*enterrar*) vergraben ❷ (*esconder*) verstecken; (*sentimientos*) verbergen

**soto** ['soto] *m* ❶ (*en río*) Baumgruppe *f* ❷ (*árboles*) Gehölz *nt;* (*arbustos, matas*) Gebüsch *nt*

**sotreta** [so'treta] *adj* (*Arg, Bol, Urug*) ❶ (*caballo*) störrisch ❷ (*holgazán*) faul; (*no fiable*) unzuverlässig

**soturno, -a** [so'turno, -a] *adj* (*Ven: taciturno*) verschlossen

**souvenir** [suβe'nir] *m* Souvenir *nt*

**soviético, -a** [so'βjetiko, -a] **I.** *adj* sowjetisch **II.** *m, f* Sowjetbürger(in) *m(f)*

**soy** [soi̯] *1. pres de* **ser**

**spaguetti** [ᵊspa'ɣeti] *mpl* Spaghetti *pl*

**sponsorizar** [esponsori'θar] *vt* sponsern

**spot** [es'poᵗ] *m* <spots> (Werbe)spot *m*

**spray** [es'prai̯] *m* <sprays> Spray *m o nt*

**sprint** [es'prin̪ᵗ] *m* Sprint *m;* **hacer un** ~ sprinten

**sprintar** [esprin̪'tar] *vt* (DEP) sprinten

**squash** [es'kwaʃ] *m sin pl* Squash *nt*

**Sr.** [se'ɲor] *abr de* **señor** H.; (*en direcciones*) Hrn.

**Sra.** [se'ɲora] *abr de* **señora** Fr.

**Srta.** [seɲo'rita] *f abr de* **señorita** Frl.

**Sta.** ['san̪ta] *f abr de* **santa** St.

**stand** [es'tan] *m* <stands> (Messe)stand *m*

**starter** [es'tarter] <starters> *m* (*t.* AUTO) Starter *m*

**status** [es'tatus] *m inv* Status *m*

**stick** [es'tiᵏ] *m* Schläger *m*

**Sto.** ['san̪to] *abr de* **santo** St.

**stop** [es'top] *m* ❶ (*parada*) Stopp *m* ❷ (*señal*) Stoppschild *nt*

**su** [su] *adj* (*de él*) sein(e); (*de ella*) ihr(e); ~ **familia** seine/ihre Familie

**Suabia** ['swaβja] *f* Schwaben *nt*

**suabo, -a** ['swaβo, -a] **I.** *adj* schwäbisch **II.** *m, f* Schwabe *m,* Schwäbin *f*

**suampo** ['swampo] *m* (*AmC: ciénaga*) Sumpf *m*

**suave** [su'aβe] *adj* ❶ (*superficie*) glatt; (*piel*) zart; (*jersey, cepillo, cabello, droga*) weich; (*masaje*) sanft; (*viento, noche*) mild; (*sopa, salsa*) sämig ❷ (*aterrizaje*) sanft; (*contacto*) sacht; (*curva, subida*) sanft; (*temperatura, tabaco*) mild ❸ (*carácter*) sanft; (*maneras*) geschliffen; (*palabras*) freundlich

**suavidad** [swaβi'ðaᵈ] *f sin pl* ❶ (*de superficie*) Glätte *f;* (*de piel*) Zartheit *f;* (*de jersey/cepillo*) Weichheit *f;* (*de masaje*) Sanftheit *f;* (*de viento/noche/temperatura*) Milde *f;* (*de sopa*) Sämigkeit *f* ❷ (*de aterrizaje/caricia/curva/subida*) Sanftheit *f* ❸ (*de carácter*) Sanftheit *f;* (*de palabras*) Freundlichkeit *f*

**suavizante** [swaβi'θan̪te] **I.** *adj:* **crema** ~ Hautcreme *f* **II.** *m* ❶ (*para la ropa*) Weichspüler *m* ❷ (*para el cabello*) Spülung *f*

**suavizar** [swaβi'θar] <z→c> *vt* ❶ (*hacer suave*) weicher machen; (*pelo, piel*) geschmeidiger machen; (*superficie*) glätten; (*navaja*) schärfen ❷ (*expresión, posición*) mildern; (*situación*) entspannen ❸ (*persona*) besänftigen ❹ (*recorrido, trabajo*) erleichtern; (*velocidad*) reduzieren

**subacuático, -a** [suβa'kwatiko, -a] *adj* Unterwasser-

**subalimentación** [suβalimen̪ta'θjon] *f* Unterernährung *f*

**subalimentado, -a** [suβalimen̪'taðo, -a] *adj* unterernährt

**subalterno, -a** [suβal̪'terno, -a] **I.** *adj* untergeben **II.** *m, f* (*empleado*) Untergebene(r) *mf*

**subarrendar** [suβarren̪'dar] <e→ie> *vt* (*ceder: piso*) untervermieten; (*finca*) unterverpachten

**subarriendo** [suβa'rrjen̪do] *m* (*cesión: de piso*) Untervermietung *f;* (*de finca*) Unterverpachtung *f*

**subasta** [su'βasta] *f* ❶ (*venta*) Versteigerung *f;* ~ **forzada** Zwangsversteigerung *f;* **sacar a** ~ **pública** öffentlich versteigern ❷ (*de plaza pública*) Ausschreibung *f*

**subastador(a)** [suβasta'ðor(a)] *m(f)* Auktionator(in) *m(f)*

**subastar** [suβas'tar] *vt* ❶ (*vender*) versteigern ❷ (*plaza pública*) ausschreiben

**subcampeón, -ona** [suβkampe'on, -ona] *m, f* Vizemeister(in) *m(f);* ~ **mundial** Vizeweltmeister *m*

**subcampeonato** [suβkampeo'nato] *m* Vizemeisterschaft *f;* **ha ganado el** ~ er/sie ist Vizemeister(in) geworden

**subconsciencia** [suβko$^{n}$s'θjen̪θja] *f* Unterbewusstsein *nt*

**subconsciente** [suβko$^{n}$s'θjen̪te] *adj* unterbewusst

**subcontinente** [suβkon̪ti'nen̪te] *m* Subkontinent *m*

**subcontratante** [suβkon̪tra'tan̪te] *mf* Subunternehmer(in) *m(f)*

**subcontratar** [suβkon̪tra'tar] **I.** *vt* an einen Subunternehmer vergeben **II.** *vi* einen Subunternehmer verpflichten

**subcultura** [suβkul̪'tura] *f* Subkultur *f*

**subcutáneo**, **-a** [suβku'taneo, -a] *adj* subkutan

**subdelegado**, **-a** [suβðele'ɣaðo, -a] *m, f* Unterbevollmächtigte(r) *mf;* (POL) stellvertretender Delegierter *m,* stellvertretende Delegierte *f*

**subdelegar** [suβðele'ɣar] <g→gu> *vt* (JUR) delegieren

**subdesarrollado**, **-a** [suβðesarro'ʎaðo, -a] *adj* unterentwickelt

**subdesarrollo** [suβðesa'rroʎo] *m* Unterentwicklung *f*

**subdirector(a)** [suβðirek'tor(a)] *m(f)* stellvertretender Direktor *m,* stellvertretende Direktorin *f*

**súbdito**, **-a** ['suβðito, -a] *m, f* ① (*sometido*) Untertan(in) *m(f)* ② (POL) Staatsbürger(in) *m(f)*

**subdividir** [suβðiβi'ðir] *vt* unterteilen

**subdivisión** [suβðiβi'sjon] *f* Unterteilung *f*

**subempleo** [suβem'pleo] *m* Unterbeschäftigung *f*

**subestimar** [suβesti'mar] **I.** *vt* unterschätzen **II.** *vr:* ~**se** sich unterschätzen

**subfusil** [suβfu'sil] *m* automatische Handfeuerwaffe *f*

**subgrupo** *m* Untergruppe *f*

**subida** [su'βiða] *f* ① (*de una calle*) Steigung *f;* (*de un río*) Anstieg *m* ② (*cuesta*) Steigung *f;* **la calle hace** ~ die Straße steigt an ③ (*de precios/temperaturas/costes: acción*) Steigerung *f;* (*efecto*) Anstieg *m* ④ (*en coche, teleférico*) Auffahrt *f* ⑤ (POL): ~ **al poder** Machtergreifung *f;* ~ **al trono** Thronbesteigung *f*

**subido**, **-a** [su'βiðo, -a] *adj* ① (*color*) intensiv; (*olor*) scharf; **rojo/blanco** ~ knallrot/schneeweiß ② (*fam: persona*) eingebildet; (*tono*) überheblich ③ (*precio*) überhöht

**subinquilino**, **-a** [suβiŋki'lino, -a] *m, f* Untermieter(in) *m(f)*

**subinspector(a)** [suβi$^{n}$spek'tor(a)] *m(f)* Unterinspektor(in) *m(f)*

**subir** [su'βir] **I.** *vi* ① (*ascender: calle, cuesta*) ansteigen; (*humo*) aufsteigen; (*sol, pastel*) aufgehen; (*globo*) hochsteigen; (*río*) ansteigen; ~ **a la cima** zum Gipfel aufsteigen; ~ **a primera** (DEP) in die erste Liga aufsteigen; **la marea ha subido** es ist Flut ② (*andando*) hochgehen; (*en ascensor*) hochfahren; **sube a por tus cosas** geh hoch und hol deine Sachen ③ (*aumentar*) steigen (*en* um +*akk*); **la gasolina ha subido** das Benzin ist teurer geworden ④ (*montar: coche, metro*) einsteigen (*a* in +*akk*); (*caballo, globo, bici*) aufsteigen (*a* auf +*akk*); (*árbol*) klettern (*a* auf +*akk*) **II.** *vt* ① (*precio*) erhöhen; **hacer** ~ **los precios** die Preise hochtreiben ② (*música*) lauter stellen; (*voz*) erheben ③ (*andando*) hinauflaufen; (*en coche*) hinauffahren; (*montaña*) besteigen ④ (*poner más alto: brazos*) heben; (*cortina, persiana*) hochziehen; (*cuello de abrigo*) hochschlagen; (*cabeza*) hochhalten; (*pesas*) stemmen; ~ **a un niño en brazos** ein Kind auf den Arm nehmen ⑤ (*llevar*) hinauftragen; ~ **al tercer piso** in den dritten Stock hinauftragen ⑥ (*pared*) hochziehen **III.** *vr:* ~**se** ① (*al tren, coche, a un globo*) einsteigen (*en* in +*akk*); (*a una bici*) aufsteigen (*en* auf +*akk*); (*a un árbol*) klettern (*a* auf +*akk*); (*a una silla*) steigen (*a* auf +*akk*) ② (*loc*): **se me ha subido el vino a la cabeza** der Wein ist mir zu Kopf gestiegen; ~**se a las barbas de alguien** (*fam*) jdm auf der Nase herumtanzen; **se me han subido los colores a la cabeza** ich bin schamrot geworden

**súbito**[1] ['suβito] *adv* plötzlich; **de** ~ (*repentinamente*) plötzlich; (*inesperadamente*) unerwartet(erweise)

**súbito**, **-a**[2] ['suβito, -a] *adj* ① (*repentino*) plötzlich ② (*inesperado*) unerwartet ③ (*carácter, genio*) hitzig

**subjefe**, **-a** [suβ'xefe, -a] *m, f* stellvertretender Leiter *m,* stellvertretende Leiterin *f*

**subjetividad** [suβxetiβi'ða$^{ð}$] *f sin pl* Subjektivität *f*

**subjetivización** [suβxetiβiθa'θjon] *f* (PSICO) Subjektivierung *f*

**subjetivizar** [suβxetiβi'θar] <z→c> *vt* subjektivieren

**subjetivo**, **-a** [suβxe'tiβo, -a] *adj* subjektiv

**subjuntivo** [suβxun̪'tiβo] *m* Konjunktiv *m*

**sublevación** [suβleβa'θjon] *f* Aufstand *m*

**sublevar** [suβle'βar] **I.** *vt* ① (*amotinar*) aufwiegeln ② (*irritar*) sehr ärgern **II.** *vr:* ~**se** sich auflehnen

**sublimación** [suβlima'θjon] *f* ① (*de alguien*) Verherrlichung *f* ② (PSICO, QUÍM)

Sublimierung *f*
**sublimar** [suβli'mar] *vt* ① (*a alguien*) verherrlichen ② (PSICO, QUÍM) sublimieren
**sublime** [su'βlime] *adj* erhaben
**subliminal** [suβlimi'nal] *adj* unterschwellig
**submarinismo** [su$^{\beta}$mari'nismo/su$^{m}$mari'nismo] *m sin pl* Tauchsport *m;* **hacer ~** tauchen
**submarinista** [su$^{\beta}$mari'nista/su$^{m}$mari'nista] *mf* (Sport)taucher(in) *m(f)*
**submarino**[1] [su$^{\beta}$ma'rino/su$^{m}$ma'rino] *m* U-Boot *nt*
**submarino, -a**[2] [su$^{\beta}$ma'rino, -a/su$^{m}$ma'rino, -a] *adj* Unterwasser-; (*vida*) unterseeisch
**subnormal** [suβnor'mal] **I.** *adj* geistig behindert **II.** *mf* (*persona*) geistig Behinderte(r) *mf;* **¡eres un ~!** (*pey*) du bist ja nicht ganz richtig im Kopf!
**subnormalidad** [suβnormali'ða$^{ð}$] *f* geistige Behinderung *f*
**suboficial** [suβofi'θjal] *m* (MIL) Unteroffizier *m*
**subordinación** [suβorðina'θjon] *f* Unterordnung *f;* (*obediencia*) Gehorsam *m*
**subordinado, -a** [suβorði'naðo, -a] **I.** *adj* ① (*en el trabajo*) untergeben ② (LING): **oración subordinada** Nebensatz *m* **II.** *m, f* (*en el trabajo*) Untergebene(r) *mf*
**subordinar** [suβorði'nar] *vt* unterordnen
**subproducto** [suβpro'ðukto] *m* Nebenprodukt *nt*
**subrayado** [suβrra'ɟaðo] *m* Unterstreichung *f*
**subrayar** [suβrra'ɟar] *vt* ① (*con raya*) unterstreichen ② (*recalcar*) betonen
**subrepticio, -a** [suβrrep'tiθjo, -a] *adj* ① (*pey: obtenido*) erschlichen ② (*a escondidas*) heimlich
**subrogante** [suβrro'ɣaṇte] *adj* (*Chil: interino*) stellvertretend
**subrogar** [suβrro'ɣar] <g→gu> *vt* ① (*a alguien: temporalmente*) vertreten; (*definitivamente*) ersetzen ② (*algo*) ersetzen
**subsanación** [suβsana'θjon] *f* (*de un defecto*) Behebung *f;* (*de un error*) Wiedergutmachung *f*
**subsanar** [suβsa'nar] *vt* ① (*falta*) hinwegsehen (über +*akk*) ② (*error*) wieder gutmachen; (*defecto*) beheben; (*mal*) abhelfen +*dat* ③ (*dificultad*) überwinden
**subscripción** [su$^{\beta}$skriβ'θjon] *f v.* **suscripción**
**subsecretario, -a** [suβsekre'tarjo, -a] *m, f* ① (POL) Staatssekretär(in) *m(f)* ② (*en oficina*) stellvertretender Sekretär *m,* stellvertretende Sekretärin *f*
**subseguir** [suβse'ɣir] *irr como seguir vi, vr:* **~se** ① (*seguir*) unmittelbar folgen (*a* auf +*akk*) ② (*deducirse*) sich ergeben (*de* aus +*dat*)
**subsidiar** [suβsi'ðjar] *vt* unterstützen
**subsidiariedad** [suβsiðjarje'ða$^{ð}$] *f sin pl* Subsidiarität *f;* **principio de ~** (UE) Subsidiaritätsprinzip *nt*
**subsidiario, -a** [suβsi'ðjarjo, -a] *adj* ① (*de subsidio*) unterstützend; **órgano ~** (*institución*) Hilfsorgan *nt* ② (*secundario*) sekundär
**subsidio** [suβ'siðjo] *m* Beihilfe *f;* **~ de paro** Arbeitslosengeld *nt*
**subsiguiente** [suβsi'ɣjeṇte] *adj* nachfolgend
**subsistencia** [suβsis'teṇθja] *f* ① (*hecho*) Existenz *f* ② *pl* (*alimentos*) Nahrung *f* ③ (*material*) Lebensunterhalt *m*
**subsistente** [suβsis'teṇte] *adj* (*existente*) bestehend
**subsistir** [suβsis'tir] *vi* ① (*vivir*) leben ② (*perdurar*) anhalten; (*creencia*) fortbestehen; (*empresa*) weiterbestehen
**substancia** [su$^{(\beta)}$s'taṇθja] *f v.* **sustancia**
**substantivo** [su$^{(\beta)}$staṇ'tiβo] *adj o m v.* **sustantivo**
**substitución** [su$^{(\beta)}$stitu'θjon] *f v.* **sustitución**
**substraer** [su$^{(\beta)}$stra'er] *irr como traer vt v.* **sustraer**
**substrato** [su$^{\beta}$s'trato] *m* Substrat *nt*
**subsuelo** [suβ'swelo] *m* Untergrund *m;* **riquezas del ~** Bodenschätze *mpl*
**subteniente** [suβte'njeṇte] *m* (MIL) Leutnant *m*
**subterfugio** [suβter'fuxjo] *m* (*evasiva*) Ausrede *f;* (*pretexto*) Vorwand *m*
**subterráneo, -a** [suβte'rraneo, -a] *adj* unterirdisch
**subtitular** [suβtitu'lar] *vt* untertiteln; **película subtitulada en alemán** Film mit deutschen Untertiteln
**subtítulo** [suβ'titulo] *m* Untertitel *m*
**subtropical** [suβtropi'kal] *adj* subtropisch
**suburbano, -a** [suβur'βano, -a] *adj* (*teatro, cine*) Vorstadt-; (*barrio*) vorstädtisch; **línea suburbana** Vorortbahn *f*
**suburbial** [suβur'βjal] *adj* (*teatro, cine*) Vorstadt-; (*barrio, distrito*) vorstädtisch
**suburbio** [su'βurβjo] *m* ① (*alrededores*) Vorstadt *f;* **vivir en los ~s de París** am Stadtrand von Paris wohnen ② (*barrio*) Vorort *m*
**subvención** [suββeṇ'θjon] *f* Zuschuss *m;* (POL) Subvention *f*
**subvencionar** [suββeṇθjo'nar] *vt* finanziell unterstützen; (POL) subventionieren; (ADMIN) bezuschussen
**subvenir** [suββe'nir] *irr como venir vi:* **~ a**

**las necesidades de alguien** jdn unterstützen; ~ **a los gastos** die Kosten tragen

**subversión** [suββer'sjon] *f* Umsturz *m*

**subversivo, -a** [suββer'siβo, -a] *adj* umstürzlerisch

**subvertir** [suββer'tir] *irr como sentir vt* ① (*sistema, gobierno*) (um)stürzen ② (*valor moral*) untergraben ③ (*orden social*) zerrütten

**subyacente** [suβɟa'θeṇte] *adj* ① (*capa*) tiefer liegend ② (*problema*) zugrunde liegend

**subyacer** [suβɟa'θer] *irr como yacer vi* ① (*estar debajo*) darunter liegen ② (*problema*) zugrunde liegen

**subyugar** [suβɟu'ɣar] <g→gu> *vt* ① (*oprimir*) unterwerfen ② (*sugestionar*) bezaubern

**succión** [suˠ'θjon] *f* Saugen *nt;* **efecto de** ~ Saugwirkung *f*

**succionar** [suˠθjo'nar] *vt* (ein)saugen; (*tierra, esponja*) aufsaugen

**sucedáneo[1]** [suθe'ðaneo] *m* Ersatz *m*

**sucedáneo, -a[2]** [suθe'ðaneo, -a] *adj* Ersatz-

**suceder** [suθe'ðer] **I.** *vi* ① (*seguir*) folgen (*a* auf +*akk*) ② (*en cargo*) nachfolgen; ~ **al rey** die Thronfolge antreten ③ (*heredar*) beerben +*akk* **II.** *vt* geschehen; **¿qué sucede?** was ist los?; **por lo que pueda** ~ für alle Fälle; **suceda lo que suceda** komme, was wolle; **lo más que puede** ~ **es que...** +*subj* im schlimmsten Fall ...; **sucede que...** die Sache ist die, dass ...

**sucedido** [suθe'ðiðo] *m* Ereignis *nt*

**sucesión** [suθe'sjon] *f* ① (*acción*) Folge *f* ② (*serie*) Aufeinanderfolge *f* ③ (*en el cargo*) Nachfolge *f;* (*de título*) Erbfolge *f;* (*del trono*) Thronfolge *f* ④ (*herencia*) Erbe *nt* ⑤ (*descendencia*) Nachkommenschaft *f*

**sucesivo, -a** [suθe'siβo, -a] *adj* (aufeinander) folgend; **en lo** ~ von nun an; **hicimos el examen en dos días** ~**s** wir hatten zwei Tage hintereinander Prüfung

**suceso** [su'θeso] *m* ① (*hecho*) Ereignis *nt;* (*repentino*) Vorfall *m* ② (*transcurso*) Verlauf *m*

**sucesor(a)** [suθe'sor(a)] *m(f)* ① (*a un cargo*) Nachfolger(in) *m(f);* (*al trono*) Thronfolger(in) *m(f)* ② (*heredero*) Erbe, -in *m, f*

**sucesorio, -a** [suθe'sorjo, -a] *adj* Nachfolge-; **comunidad sucesoria** Erbengemeinschaft *f*

**suche** ['sutʃe] **I.** *adj* (*Ven: agrio*) säuerlich **II.** *m* (*Chil*) ① (*subalterno*) Untergebene(r) *m* ② (*rufián*) Gauner *m*

**suciedad** [suθje'ðaᵈ] *f* ① (*cualidad*) Schmutzigkeit *f* ② (*porquería*) Schmutz *m* ③ (*jugada*) Gemeinheit *f*

**sucinto, -a** [su'θiṇto, -a] *adj* kurz

**sucio[1]** ['suθjo] *adv:* **jugar** ~ unfair spielen

**sucio, -a[2]** ['suθjo, -a] *adj* schmutzig; (*que se mancha fácilmente*) schmutzempfindlich; (*jugado*) unfair; **tengo los apuntes en** ~ ich habe die Notizen nur ins Unreine geschrieben; **hacer el trabajo** ~ die Drecksarbeit machen

**suculencia** [suku'leṇθja] *f* ① (*de sabroso*) Schmackhaftigkeit *f* ② (*valor nutritivo*) Nahrhaftigkeit *f* ③ (*jugosidad*) Saftigkeit *f*

**suculento, -a** [suku'leṇto, -a] *adj* ① (*sabroso*) schmackhaft ② (*nutritivo*) nahrhaft ③ (*jugoso*) saftig

**sucumbir** [sukum'bir] *vi* ① (*rendirse*) erliegen +*dat;* (JUR) unterliegen +*dat;* **Agassi sucumbió ante Pete Sampras** Agassi wurde von Pete Sampras geschlagen ② (*morir*) ums Leben kommen

**sucursal** [sukur'sal] *f* ① (*de empresa*) Niederlassung *f;* (*de banco/negocio*) Filiale *f* ② (*negociado*) Geschäftsstelle *f*

**sudaca** [su'ðaka] *mf* (*pey fam*) Lateinamerikaner(in) *m(f)*

**sudadera** [suða'ðera] *f* ① (DEP) Sweatshirt *nt;* **darse una** ~ aus allen Poren schwitzen ② (*para caballería*) Sattelunterlage *f*

**sudado, -a** [su'ðaðo, -a] *adj* verschwitzt; (*rostro*) schweißbedeckt

**Sudáfrica** [su'ðafrika] *f* Südafrika *nt*

**sudafricano, -a** [suðafri'kano, -a] **I.** *adj* südafrikanisch **II.** *m, f* Südafrikaner(in) *m(f)*

**Sudamérica** [suða'merika] *f* Südamerika *nt*

**sudamericano, -a** [suðameri'kano, -a] **I.** *adj* südamerikanisch **II.** *m, f* Südamerikaner(in) *m(f)*

**Sudán** [su'ðan] *m* Sudan *nt*

**sudanés, -esa** [suða'nes, -esa] **I.** *adj* sudanesisch **II.** *m, f* Sudanese, -in *m, f*

**sudar** [su'ðar] **I.** *vi, vt* schwitzen; **me sudan los pies** ich schwitze an den Füßen; **estoy sudando a chorros** ich bin schweißgebadet **II.** *vi* (*fam: trabajar*) sich abrackern **III.** *vt* ① (*camisa*) verschwitzen; ~ **la gota gorda** Blut und Wasser schwitzen ② (*conseguir*): **gano mucho pero lo sudo** ich verdiene zwar viel, muss aber auch schwer dafür schuften

**sudeste** [su'ðeste] *m* Südosten *m*

**sudoeste** [suðo'este] *m* Südwesten *m*

**sudor** [su'ðor] *m* (*de la piel*) Schweiß *m;* **con el** ~ **de mi frente** im Schweiße meines Angesichts

**sudoroso, -a** [suðo'roso, -a] *adj* schweißbedeckt

**sudsudeste** [suðsu'ðeste] *m* Südsüdosten *m;* (METEO) Südsüdost *m*

**sudsudoeste** [suðsuðo'este] *m* Südsüdwesten *m;* (METEO) Südsüdwest *m*

**Suecia** ['sweθja] *f* Schweden *nt*

**sueco, -a** ['sweko, -a] **I.** *adj* schwedisch **II.** *m, f* Schwede, -in *m, f;* **hacerse el ~** sich dumm stellen

**suegro, -a** ['sweɣro, -a] *m, f* Schwiegervater *m,* Schwiegermutter *f;* **los ~s** die Schwiegereltern

**suela** ['swela] *f* ① (*del zapato*) (Schuh)sohle *f;* **echar las medias ~s** die Schuhe besohlen (lassen); **tú no me llegas a la ~ del zapato** du kannst mir nicht das Wasser reichen ② (*loc, fam*): **es un tonto de siete ~s** er ist saudumm

**sueldo** ['swel̩do] *m* (*por horas*) Lohn *m;* (*de empleado*) Gehalt *nt;* (*de funcionario*) Bezüge *mpl;* (MIL) Sold *m;* **~ fijo** Fixum *nt;* **¿qué ~ ganas?** wie viel verdienst du?

**suelo** ['swelo] *m* ① (*de la tierra*) (Erd)boden *m;* **~ natal** Heimat *f;* **poner una maleta en el ~** einen Koffer abstellen; **dar consigo en el ~** hinfallen; **besar el ~** auf die Nase fallen; **está muy hondo, no toco (el) ~** es ist sehr tief, ich komme nicht auf den Grund; **no toca con los pies en el ~ de contento** (*fig*) er kriegt sich vor Freude kaum ein ② (*de casa*) (Fuß)boden *m* ③ (*terreno*) Grundstück *nt;* **~ edificable** Bauland *nt* ④ (*de vasija*) Boden *m* ⑤ (*poso*) Bodensatz *m* ⑥ (DEP) Bodenturnen *nt;* **ejercicios de ~** Bodenübungen *fpl* ⑦ (*loc*): **estar por los ~s** (*deprimido*) am Boden zerstört sein; **poner por el ~** durch den Schmutz ziehen; **no te dejes arrastrar por el ~** (*fig*) lass dich nicht so schlecht machen; **el plan se ha venido al ~** der Plan ist ins Wasser gefallen; **los pisos están por los ~s** (*fam*) die Wohnungen sind äußerst günstig

**suelto**[1] ['swel̩to] *m* ① (*dinero*) Kleingeld *nt* ② (*artículo*) Kurznachricht *f*

**suelto, -a**[2] ['swel̩to, -a] *adj* ① (*desenganchado: tornillo, arroz, lana*) locker ② (*desatado: cordón, pelo*) lose; (*broche*) offen; (*perro*) frei laufend ③ (*no sujeto: hojas*) lose; **dinero ~** Kleingeld *nt;* **un prisionero anda ~** ein Gefangener läuft frei herum ④ (*separado*) einzeln; **pieza suelta** Einzelteil *nt* ⑤ (*vestido*) weit ⑥ (*incontrolado*): **tener la lengua suelta** ein loses Mundwerk haben ⑦ (*estilo*) gewandt; (*lenguaje*) flüssig; **dibujar con mano suelta** sehr geschickt zeichnen ⑧ (*no envasado*) lose ⑨ (*fam: no agarrotado*) locker; **eso lo hago yo fácil y ~** das schaffe ich locker ⑩ (*loc*): **voy ~ de vientre** ich habe Durchfall

**sueño** ['sweɲo] *m* ① (*acto de dormir*) Schlaf *m;* **me cogió el ~** der Schlaf überkam mich; **descabezar** [*o* **echarse**] **un ~** ein Nickerchen machen; **entre ~s** im Halbschlaf ② (*ganas de dormir*) Müdigkeit *f;* **tener ~** müde sein; **caerse de ~** vor Müdigkeit fast umfallen; **quitar el ~** den Schlaf rauben ③ (*fantasía*) Traum *m;* **ni en** [*o* **por**] **~s haces tú eso** das schaffst du im Traum nicht; **un coche que es un ~** ein Traumauto; **los ~s, ~s son** (*prov*) Träume sind Schäume

**suero** ['swero] *m* ① (*de leche*) Molke *f* ② (MED) Serum *nt*

**suerte** ['swerte] *f* ① (*fortuna*) Glück *nt;* **¡buena ~!** viel Glück!; **tener buena/mala ~** Glück/Pech haben; **por ~** zum Glück; **probar ~** sein Glück versuchen; **ser cuestión de ~** Glückssache sein; **tener una ~ loca** ein Glückspilz sein; **dentro de la desgracia aún has tenido ~** du hast Glück im Unglück gehabt ② (*destino*) Schicksal *nt;* **echar algo a ~(s)** etw durch Los entscheiden; **¿quién sabe la ~ que te espera?** wer weiß, was noch auf dich zukommt? ③ (*casualidad*) Zufall *m* ④ (*manera*) Weise *f;* **de ~ que...** so dass ...; **de esta ~** so ⑤ (*tipo*) Sorte *f;* **tratar con toda ~ de gente** mit allen möglichen Menschen verkehren ⑥ (*condición*) Situation *f*

**suéter** ['sweter] *m* Pullover *m*

**suficiencia** [sufi'θjen̩θja] *f* ① (*lo bastante*) Hinlänglichkeit *f* ② (*presunción*) Einbildung *f;* **decir con aires de ~** in einem anmaßenden Ton sagen ③ (*pedantería*) Pedanterie *f* ④ (*aptitud*) Eignung *f*

**suficiente** [sufi'θjen̩te] **I.** *adj* ① (*bastante*) genug, ausreichend; **ser ~** genügen; **~ que conozco eso yo** das kenne ich zur Genüge ② (*presumido*) eingebildet ③ (*pedante*) pedantisch **II.** *m* (ENS: *nota*) Note *f* ‚ausreichend'

**sufijación** [sufixa'θjon] *f* (LING) Suffixbildung *f*

**sufijo** [su'fixo] *m* Suffix *nt*

**sufragar** [sufra'ɣar] <g→gu> **I.** *vt* ① (*ayudar*) unterstützen ② (*costear: gastos*) bestreiten; (*tasa*) entrichten; (*beca*) finanzieren; (*vicios*) bezahlen **II.** *vi* (*Am: votar*) stimmen (*por* für +*akk*)

**sufragio** [su'fraxjo] *m* ① (*voto*) Stimme *f* ② (*derecho*) Wahlrecht *nt;* **~ universal** allgemeines Wahlrecht ③ (*sistema*) Wahlsystem *nt;* **~ (universal) directo** (allgemeine) Direktwahl *f* ④ (REL) Fürbitte *f*

**sufrible** [su'friβle] *adj* erträglich

**sufrido, -a** [su'friðo, -a] *adj* ❶ (*persona*) ergeben; **eres demasiado** ~ du lässt dir zu viel gefallen ❷ (*color*) gedeckt; **una tela sufrida** ein strapazierfähiger Stoff ❸ (*marido*) zu nachsichtig

**sufridor**[1] [sufri'ðor] *m* (*Col, Ven: sudadero*) Woilach *m*

**sufridor(a)**[2] [sufri'ðor(a)] *m(f)* (*persona*) Leidende(r) *mf*

**sufrimiento** [sufri'mjen̩to] *m* ❶ (*acción*) Leiden *nt* ❷ (*moral*) Leid *nt;* (*físico*) Schmerz *m*

**sufrir** [su'frir] *vt* ❶ (*aguantar*) ertragen; (*peso*) tragen; (*a alguien*) ausstehen können ❷ (*padecer*) erleiden; (*enfermedad*) leiden (*de* an +*dat*); ~ **de celos** krank vor Eifersucht sein; ~ **de la espalda** Rückenschmerzen haben; ~ **persecuciones** Verfolgungen ausgesetzt sein; ~ **quejas** Klagen über sich ergehen lassen; ~ **las consecuencias** unter den Folgen leiden ❸ (*experimentar: cambio, recaída, derrota*) erleiden; (*examen*) ablegen; (*desengaño*) erleben; (*accidente*) haben; (*pena*) büßen; ~ **una operación** sich einer Operation unterziehen

**sugerencia** [suxe'ren̩θja] *f* ❶ (*inspiración*) Anregung *f* ❷ (*propuesta*) Vorschlag *m* ❸ (*recomendación*) Empfehlung *f*

**sugerente** [suxe'ren̩te] *adj* anregend; **una imagen** ~ ein Bild, das die Fantasie anregt

**sugerir** [suxe'rir] *irr como sentir vt* ❶ (*inspirar*) anregen ❷ (*proponer*) vorschlagen ❸ (*insinuar*) andeuten ❹ (*evocar*) heraufbeschwören

**sugestión** [suxes'tjon] *f* ❶ (*inspiración*) Anregung *f* ❷ (*propuesta*) Vorschlag *m* ❸ (*de sugestionar*) Suggestion *f*

**sugestionar** [suxestjo'nar] **I.** *vt* ❶ (*ideas*) suggerieren ❷ (*dominar*) beeinflussen **II.** *vr:* ~**se** Autosuggestion praktizieren

**sugestivo, -a** [suxes'tiβo, -a] *adj* ❶ (*que sugiere*) anregend ❷ (*que influencia*) beeinflussend ❸ (*plan*) verlockend

**suich** [switʃ] *m* (*Méx: botón*) Schalter *m;* (*de un coche*) Anlasser *m*

**suicida** [swi'θiða] **I.** *adj* selbstmörderisch **II.** *mf* Selbstmörder(in) *m(f)*

**suicidarse** [swiθi'ðarse] *vr* sich umbringen

**suicidio** [swi'θiðjo] *m* Selbstmord *m*

**suite** [swit] *f* Suite *f*

**Suiza** ['swiθa] *f* Schweiz *f*

**suizo**[1] ['swiθo] *m* (GASTR) heiße Schokolade *f* mit Sahne

**suizo, -a**[2] ['swiθo, -a] **I.** *adj* schweizerisch; **chocolate** ~ Schweizer Schokolade **II.** *m, f* Schweizer(in) *m(f)*

**sujeción** [suxe'θjon] *f* ❶ (*dominio*) Beherrschung *f;* (*sometimiento*) Unterwerfung *f;* (*dependencia*) Abhängigkeit *f* ❷ (*agarre*) Festhalten *nt* ❸ (*aseguramiento*) Befestigung *f* ❹ (*a un convenio/una promesa*) Gebundenheit *f*

**sujetador** [suxeta'ðor] *m* ❶ (*sostén*) BH *m* ❷ (*del bikini*) (Bikini)oberteil *nt*

**sujetapapeles** [suxetapa'peles] *m inv* Büroklammer *f*

**sujetar** [suxe'tar] **I.** *vt* ❶ (*dominar*) beherrschen ❷ (*someter*) unterwerfen ❸ (*agarrar*) festhalten (*por* an +*dat*) ❹ (*asegurar*) befestigen; (*pelo*) feststecken; (*con clavos*) festnageln; (*con tornillos*) festschrauben **II.** *vr:* ~**se** ❶ (*agarrarse*) sich festhalten (*a* an +*dat*) ❷ (*a reglamento*) sich halten (*a* an +*akk*)

**sujeto**[1] [su'xeto] *m* ❶ (*tema*) Thema *nt* ❷ (*pey: individuo*) Subjekt *nt*

**sujeto, -a**[2] [su'xeto, -a] *adj* (*expuesto a*) verpflichtet (*a* zu +*dat*); (*a revisión/restricciones*) unterworfen (*a* +*dat*); ~ **a comprobación/aduana** nachweis-/zollpflichtig; ~ **a la inflación** inflationsanfällig; **estar** ~ **a fluctuaciones** Schwankungen ausgesetzt sein

**sulfatar** [sulfa'tar] *vt* (AGR) sulfat(is)ieren

**sulfato** [sul'fato] *m* Sulfat *nt*

**sulfurar** [sulfu'rar] **I.** *vt* ❶ (*con azufre*) schwefeln ❷ (*exasperar*) wütend machen (*por* mit +*dat*) **II.** *vr:* ~**se por algo/alguien** über etw/auf jdn wütend sein

**sulfúrico, -a** [sul'furiko, -a] *adj* Schwefel-

**sulfuro** [sul'furo] *m* Schwefel *m*

**sultán, -ana** [sul̩'tan, -ana] *m, f* Sultan(in) *m(f)*

**suma** ['suma] *f* ❶ (MAT: *acción*) Addition *f;* (*resultado*) Summe *f;* ~ **y sigue** (*fig fam*) und so weiter und so fort ❷ (*cantidad*) Summe *f* ❸ (*esencia*) Essenz *f* ❹ (*loc*): **en** ~ kurz und gut

**sumamente** [suma'men̩te] *adv* äußerst

**sumar** [su'mar] **I.** *vt* ❶ (MAT) addieren ❷ (*una obra*) zusammenfassen; (*hechos*) summieren **II.** *vr:* ~**se** (*a una manifestación/una idea*) sich anschließen (*a* +*dat*); (*a una discusión*) sich beteiligen (*a* an +*dat*)

**sumario**[1] [su'marjo] *m* ❶ (JUR) Ermittlungsverfahren *nt* ❷ (*resumen*) Zusammenfassung *f;* (*de hechos*) Sammlung *f*

**sumario, -a**[2] [su'marjo, -a] *adj* ❶ (*explicación*) kurz gefasst ❷ (JUR): **juicio** ~ Schnellverfahren *nt*

**sumergible** [sumer'xiβle] **I.** *adj* ❶ (*reloj*) wasserdicht ❷ (*submarino*) tauchfähig **II.** *m* Tauchboot *nt*

**sumergir** [sumer'xir] <g→j> **I.** *vt* (ein)tauchen **II.** *vr:* ~**se** versinken

**sumidero** [sumi'ðero] *m* (*rejilla*) Abflussgitter *nt;* (*de la calle*) Gully *m o nt*

**suministrable** [suminis'traβle] *adj* (COM) lieferbar

**suministrador¹** [suministra'ðor] *m* (COM) Zulieferer *m*

**suministrador(a)²** [suministra'ðor(a)] **I.** *adj* Liefer- **II.** *m(f)* (*persona*) Lieferant(in) *m(f);* (*empresa*) Lieferfirma *f*

**suministrar** [suminis'trar] *vt* ❶ (*datos, información, t.* COM) liefern ❷ (*abastecer*) versorgen ❸ (*facilitar*) beschaffen

**suministro** [sumi'nistro] *m* ❶ (*de datos, información, t.* COM) Lieferung *f;* ~ **de informaciones** Auskunfterteilung *f* ❷ (*abastecimiento*) Versorgung *f;* ~ **de calorías** Kalorienzufuhr *f*

**sumir** [su'mir] **I.** *vt* (*hundir*) (ein)tauchen; ~ **en la miseria a alguien** jdn ins Elend stürzen **II.** *vr:* ~**se** versinken

**sumisión** [sumi'sjon] *f* ❶ (*acción*) Unterwerfung *f* ❷ (*carácter*) Unterwürfigkeit *f* ❸ (*obediencia*) Gehorsamkeit *f*

**sumiso, -a** [su'miso, -a] *adj* ❶ (*que se somete*) unterwürfig ❷ (*que no rechista*) gehorsam

**sumo, -a** ['sumo, -a] *adj* ❶ (*más alto*) höchste(r, s); **a lo** ~ höchstens; **en grado** ~ hochgradig ❷ (*mayor*) größte(r, s)

**suntuario, -a** [sun̪tu'arjo, -a] *adj* Luxus-

**suntuosidad** [sun̪twosi'ðaᵈ] *f* ❶ (*lujo*) Luxus *m* ❷ (*opulencia*) Üppigkeit *f* ❸ (*aparatosidad*) Prunk *m*

**suntuoso, -a** [sun̪tu'oso, -a] *adj* ❶ (*lujoso*) luxuriös ❷ (*opulento*) üppig ❸ (*aparatoso*) aufwändig

**supeditar** [supeði'tar] **I.** *vt* ❶ (*someter*) unterwerfen ❷ (*subordinar*) unterordnen ❸ (*condicionar*) abhängig machen (*a* von +*dat*) **II.** *vr:* ~**se** sich unterordnen

**súper¹** ['super] **I.** *adj* (*fam*) super **II.** *m* Supermarkt *m*

**súper²** ['super] *f* Super(benzin) *nt*

**superable** [supe'raβle] *adj* ❶ (*récord*) verbesserbar ❷ (*situación*) überwindbar

**superabundancia** [superaβun̪'dan̪θja] *f* (*en cantidad*) Überfluss *m* (*de* an +*dat*); (*en diversidad*) Überfülle *f* (*de* von +*dat*)

**superabundante** [superaβun̪'dan̪te] *adj:* ~ **en...** (*positivo*) reich an ...; (*negativo*) mit übermäßig viel ...

**superación** [supera'θjon] *f* ❶ (*de récord*) Verbesserung *f* ❷ (*de situación*) Überwindung *f*

**superar** [supe'rar] **I.** *vt* ❶ (*sobrepasar: a alguien*) übertreffen; (*límite*) überschreiten; (*récord*) brechen; ~ **todo lo que se había visto hasta ahora** alles bisher Dagewesene in den Schatten stellen ❷ (*prueba*) bestehen ❸ (*situación*) überwinden **II.** *vr:* ~**se** sich selbst übertreffen

**superávit** [supe'raβit] *m* <superávit(s)> Überschuss *m*

**superchería** [supertʃe'ria] *f* (*engaño*) Betrug *m;* (*mentira*) Lüge *f*

**supercopa** [super'kopa] *f* (DEP) Supercup *m*

**superdotado, -a** [superðo'taðo, -a] *adj* hochbegabt

**superferolítico, -a** [superfero'litiko, -a] *adj* (*fam*) gekünstelt

**superficial** [superfi'θjal] *adj* oberflächlich; (*detalle*) äußerlich; **efecto** ~ Oberflächenwirkung *f*

**superficialidad** [superfiθjali'ðaᵈ] *f* Oberflächlichkeit *f*

**superficie** [super'fiθje] *f* ❶ (*parte externa*) Oberfläche *f;* ~ **cultivable** Anbaufläche *f;* **salir a la** ~ (*submarino*) auftauchen; (*minero*) auffahren; (*fig*) zum Vorschein kommen ❷ (MAT) Fläche *f;* (*área*) Flächeninhalt *m* ❸ (*apariencia*) äußerer Eindruck *m*

**superfluo, -a** [su'perflwo, -a] *adj* überflüssig; (*gastos*) unnötig

**superhombre** [super'ombre] *m* Übermensch *m*

**superintendente** [superin̪ten̪'den̪te] *mf* Leiter(in) *m(f);* (*de policía*) Hauptkommissar(in) *m(f)*

**superior¹** [supe'rjor] *adj* ❶ (*más alto*) obere(r, s) *m;* **el curso** ~ **de un río** der Oberlauf eines Flusses; **el piso** ~ **al mío** die Wohnung über mir ❷ (*en calidad*) besser; (*en rango*) höher; (*en inteligencia/fuerza*) überlegen ❸ (*excelente*) hervorragend; **mujer** ~ Superfrau *f*

**superior(a)²** [supe'rjor(a)] *m(f)* ❶ (REL) Obere(r), -in *m, f* ❷ (*jefe*) Vorgesetzte(r) *mf*

**superioridad** [superjori'ðaᵈ] *f* (*ventaja*) Überlegenheit *f* (*sobre* über +*akk*); **hablar con un tono de** ~ in einem anmaßendem Ton sprechen

**superlativo¹** [superla'tiβo] *m* (LING) Superlativ *m*

**superlativo, -a²** [superla'tiβo, -a] *adj* überragend; (LING) superlativisch

**superlujo** [super'luxo] *m* Spitzenqualität *f*

**supermercado** [supermer'kaðo] *m* Supermarkt *m*

**supermoderno, -a** [supermo'ðerno, -a] *adj* hochmodern

**supernumerario, -a** [supernume'rarjo, -a] **I.** *adj* ❶ (*número*) überzählig ❷ (*funciona-

*rio*) außerplanmäßig **II.** *m, f* Beamtenanwärter(in) *m(f)*

**superpetrolero** [superpetro'lero] *m* Supertanker *m*

**superpoblación** [superpoβla'θjon] *f* Übervölkerung *f*

**superponer** [superpo'ner] *irr como poner vt* ❶ (*dos cosas*) aufeinander legen; ~ **algo a algo** etw auf etw legen ❷ (*dar prioridad*) Vorrang geben +*dat*

**superposición** [superposi'θjon] *f* Übereinanderlagerung *f*

**superpotencia** [superpo'teṇθja] *f* Großmacht *f;* **superproducción** [superproðuᵞ'θjon] *f* ❶ (COM) Überproduktion *f* ❷ (CINE) Mammutproduktion *f*

**supersónico, -a** [super'soniko, -a] *adj* Überschall-

**superstición** [supersti'θjon] *f* Aberglaube *m*

**supersticioso, -a** [supersti'θjoso, -a] *adj* abergläubisch

**supervalorar** [superβalo'rar] *vt* überbewerten

**superventas** [super'βeṇtas] *m inv* Verkaufsschlager *m;* (*libro*) Bestseller *m*

**supervisar** [superβi'sar] *vt* beaufsichtigen; (*en un examen*) Aufsicht führen (über +*akk*)

**supervisión** [superβi'sjon] *f* ❶ (*vigilancia*) Beaufsichtigung *f* ❷ (*en examen*) Aufsicht *f*

**supervisor(a)** [superβi'sor(a)] *m(f)* Aufseher(in) *m(f);* (*funcionario*) Aufsichtsbeamte(r) *mf,* -beamtin *f*

**supervivencia** [superβi'βeṇθja] *f* Überleben *nt*

**superviviente** [superβi'βjeṇte] **I.** *adj* überlebend **II.** *mf* Überlebende(r) *mf*

**superyó** [super'ɟo] *m* (PSICO) Überich *nt*

**supino, -a** [su'pino, -a] *adj* ❶ (*posición*) auf dem Rücken (liegend) ❷ (*excesivo*): **ignorancia supina** völlige Unwissenheit

**suplantación** [suplaṇta'θjon] *f* ❶ (*en el trabajo*) unbefugte Vertretung *f* ❷ (*de escrito*) Fälschung *f*

**suplantar** [suplaṇ'tar] *vt* ❶ (*en el trabajo*) unbefugt vertreten ❷ (*escrito*) fälschen

**suplementario, -a** [suplemeṇ'tarjo, -a] *adj* ergänzend; **tomo** ~ Ergänzungsband *m*

**suplemento** [suple'meṇto] *m* ❶ (*complemento*) Ergänzung *f* ❷ (*tomo*) Ergänzungsband *m* ❸ (*de periódico*) Beilage *f* ❹ (*precio*) Aufpreis *m;* (*del tren*) Zuschlag *m;* (*plus*) Zulage *f;* ~ **por turnos** Schichtzulage *f*

**suplencia** [su'pleṇθja] *f* Vertretung *f*

**suplente** [su'pleṇte] **I.** *adj* vertretend; **maestro** ~ Aushilfslehrer *m* **II.** *mf* Vertretung *f;* (DEP) Ersatzspieler(in) *m(f)*

**supletorio**[1] [suple'torjo] *m* (TEL) Nebenanschluss *m*

**supletorio, -a**[2] [suple'torjo, -a] *adj* zusätzlich

**súplica** ['suplika] *f* Flehen *nt;* (*escrito*) Bittgesuch *nt*

**suplicación** [suplika'θjon] *f* ❶ (*ruego*) inständige Bitte *f* ❷ (JUR) Einspruch *m*

**suplicar** [supli'kar] <c→qu> *vt* ❶ (*rogar*) anflehen; (*algo*) inständig bitten (um +*akk*); ~ **de rodillas** auf Knien anflehen ❷ (JUR) Einspruch einlegen (gegen +*akk*)

**suplicio** [su'pliθjo] *m* ❶ (*tortura*) Folter *f* ❷ (*tormento*) Qual *f;* **el viaje fue un** ~ die Reise war eine einzige Strapaze

**suplir** [su'plir] *vt* ❶ (*completar*) ergänzen ❷ (*sustituir*) ersetzen; ~ **el bolígrafo por un lápiz** einen Bleistift statt eines Kugelschreibers benutzen ❸ (*en el trabajo*) vertreten

**supo** ['supo] *3. pret de* **saber**

**suponer** [supo'ner] *irr como poner vt* ❶ (*dar por sentado*) annehmen; **vamos a ~ que...** nehmen wir an, dass ...; **se supone que...** es ist anzunehmen, dass ...; **suponiendo que...** in der Annahme, dass ...; **supongamos que...** wenn wir davon ausgehen, dass ...; **dar algo por supuesto** etw für selbstverständlich halten ❷ (*figurar*) annehmen; **supongo que vendrás, ¿no? – supongo que sí** ich nehme an, du kommst, oder? – wahrscheinlich schon; **no supongo que...** +*subj* ich glaube nicht, dass ...; **puedes ~ que...** du kannst sicher sein, dass ...; **¿estás suponiendo que...?** willst du damit andeuten, dass ...? ❸ (*atribuir*): **le supongo unos 40 años** ich schätze ihn/sie auf etwa vierzig; **no le suponía tan fuerte** ich habe ihn nicht für so stark gehalten ❹ (*significar*) bedeuten; (*demostrar*) beweisen; ~ **un duro golpe para alguien** ein harter Schlag für jdn sein; **esto me supone 100 euros al mes** das kostet mich monatlich 100 Euro; **no ~ molestia alguna** keine Mühe bereiten

**suposición** [suposi'θjon] *f* Annahme *f,* Vermutung *f;* (*presunción*) Mutmaßung *f*

**supositorio** [suposi'torjo] *m* (MED) Zäpfchen *nt*

**supremacía** [suprema'θia] *f* (*superioridad*) Überlegenheit *f;* (*política, económica*) Vorherrschaft *f;* (*prioridad*) Vorrang *m*

**supremo, -a** [su'premo, -a] *adj* (*altísimo*) höchste(r, s); (*fig*) äußerste(r, s); **el instante** ~ der Höhepunkt

**supresión** [supre'sjon] *f* ❶ (*eliminación*)

Abschaffung *f;* (*de fronteras*) Abbau *m;* (*de obstáculos*) Beseitigung *f;* (*de una regla*) Aufhebung *f* ❷ (*omisión*) Streichung *f*
**supresor** [supre'sor] *m:* ~ **de interferencias** (ELEC) Entstörer *m*
**suprimir** [supri'mir] *vt* ❶ (*poner fin*) abschaffen; (*fronteras*) abbauen; (*controles, obstáculos, amenaza*) beseitigen; (*regla*) aufheben ❷ (*omitir*) streichen ❸ (*silenciar*) verschweigen
**supuesto**[1] [su'pwesto] *m* Annahme *f*
**supuesto, -a**[2] [su'pwesto, -a] *adj* (*ladrón, asesino*) mutmaßlich; (*testigo, nombre*) angeblich; (*causa*) vermutlich; **por** ~ selbstverständlich; **dar algo por** ~ etw für selbstverständlich halten
**supurar** [supu'rar] *vi* eitern
**sur** [sur] *m* ❶ (*punto*) Süden *m;* (METEO) Süd *m;* **el** ~ **de España** Südspanien *nt* ❷ (*viento*) Südwind *m*
**surafricano, -a** [surafri'kano, -a] **I.** *adj* südafrikanisch **II.** *m, f* Südafrikaner(in) *m(f)*
**suramericano, -a** [surameri'kano, -a] **I.** *adj* südamerikanisch **II.** *m, f* Südamerikaner(in) *m(f)*

**i Land & Leute**

**Surazo** *m* bezeichnet in *Argentina* und *Bolivia* einen sehr starken Wind, der von Süden kommt. Die Wortbildung dieses meteorologischen Begriffes ist sehr einfach: das Substantiv *sur* – *Süden* wird mit der Vergrößerungsform *-azo* verbunden.

**surcar** [sur'kar] <c→qu> *vt* ❶ (*tierra*) (durch)furchen ❷ (*mar*): ~ **el mar** durch das Meer gleiten
**surco** ['surko] *m* ❶ (*en tierra*) Furche *f* ❷ (*arruga*) Falte *f* ❸ (*en disco*) Rille *f*
**sureste** [sur'este] *m* Südosten *m*
**surf** [surf] *m sin pl* Surfing *nt;* **hacer** ~ surfen
**surfista** [sur'fista] *mf* Surfer(in) *m(f)*
**surgimiento** [surxi'mjen̩to] *m* (*de dificultades, de una disputa*) Aufkommen *nt;* (*de una persona, de un fantasma*) Auftauchen *nt*
**surgir** [sur'xir] <g→j> *vi* ❶ (*agua*) herausquellen ❷ (*aparecer: dificultades*) aufkommen; (*posibilidad*) sich ergeben; (*pregunta*) sich stellen; (*persona*) auftauchen ❸ (*edificio*) emporragen
**suroeste** [suro'este] *m* Südwesten *m*
**surrealismo** [surrea'lismo] *m sin pl* (ARTE) Surrealismus *m*
**surrealista** [surrea'lista] **I.** *adj* surrealistisch **II.** *mf* Surrealist(in) *m(f)*
**surtido**[1] [sur'tiðo] *m* Sortiment *nt*
**surtido, -a**[2] [sur'tiðo, -a] *adj* ❶ (*mezclado*) gemischt; **galletas surtidas** Keksmischung *f* ❷ (*variado*) sortiert
**surtidor** [surti'ðor] *m* ❶ (*chorro*) Fontäne *f;* (*fuente*) Springbrunnen *m* ❷ (*de gasolina*) Zapfsäule *f*
**surtir** [sur'tir] **I.** *vt* ❶ (*proveer*) versorgen (*de* mit +*dat*) ❷ (*loc*): ~ **efecto** (*palabras*) Wirkung haben; (*medicamento*) wirken **II.** *vi* herausquellen **III.** *vr:* ~**se** sich versorgen (*de* mit +*dat*)
**susceptibilidad** [susθeptiβili'ða$^{d}$] *f* (*sensibilidad*) (Über)empfindlichkeit *f;* (MED) Anfälligkeit *f*
**susceptible** [susθep'tiβle] *adj* ❶ (*cosa*): ~ **de mejora** verbesserungsfähig; **materiales** ~**s de ser reutilizados** wieder verwendbare Stoffe ❷ (*persona: sensible*) (über)empfindlich; (*irritable*) reizbar
**suscitar** [susθi'tar] *vt* (*sospecha*) (er)wecken; (*discusión*) auslösen; (*escándalo*) verursachen; (*odio*) schüren; (*comentarios*) provozieren; (*problema*) schaffen; (*discordia*) entfachen; (*conflicto*) anstiften; (*antipatías, curiosidad*) hervorrufen
**suscribir** [suskri'βir] *irr como escribir* **I.** *vt* ❶ (*escrito*) unterschreiben ❷ (*opinión*) teilen ❸ (*acciones*) zeichnen **II.** *vr:* ~**se a una revista** eine Zeitschrift abonnieren
**suscripción** [suskriβ'θjon] *f* ❶ (*firma*) Unterzeichnung *f* ❷ (*de acciones*) Zeichnung *f* ❸ (*a una revista*) Abonnement *nt*
**suscri(p)tor(a)** [suskri(p)'tor(a)] *m(f)* ❶ (*firmante*) Unterzeichner(in) *m(f)* ❷ (*de acciones*) Zeichner(in) *m(f)* ❸ (*de una revista*) Abonnent(in) *m(f)*
**susodicho, -a** [suso'ðitʃo, -a] *adj* (*dicho arriba*) oben genannt; (*dicho antes*) zuvor erwähnt
**suspender** [suspen̩'der] *vt* ❶ (*tener en el aire*) aufhängen (*de* an +*dat*) ❷ (*trabajador*) suspendieren; (*deportista*) sperren ❸ (*en un examen*) durchfallen lassen; **he suspendido matemáticas** ich bin in Mathe durchgefallen ❹ (*interrumpir: sesión*) unterbrechen; (*tratamiento*) aussetzen; (*embargo*) aufheben; ~ **las disputas** den Streit beenden; **se ha suspendido la función de esta noche** die heutige Nachtvorstellung fällt aus ❺ (*embelesar*) bezaubern
**suspense** [sus'pense] *m* Spannung *f;* **una película de** ~ ein spannender Film
**suspensión** [suspen'sjon] *f* ❶ (TÉC) Aufhängung *f;* (AUTO) Federung *f* ❷ (*laboral*) Sus-

pendierung *f;* (DEP) Sperre *f* ❸ (*interrupción: de sesión*) Unterbrechung *f;* (*de tratamiento*) Aussetzung *f;* (*de disputas*) Beendigung *f;* (*de producción*) Einstellung *f;* (*de embargo*) Aufhebung *f;* ~ **de armas** Waffenruhe *f;* ~ **de la pena** Strafaussetzung *f*

**suspensivo, -a** [suspen'siβo, -a] *adj:* **puntos ~s** Auslassungspunkte *mpl*

**suspenso¹** [sus'penso] *m* ❶ (ENS): **sacar un ~** durchfallen ❷ (*Am*) *v.* **suspense**

**suspenso, -a²** [sus'penso, -a] *adj* (*perplejo*) erstaunt

**suspensores** [suspen'sores] *mpl* (*Am: tiradores*) Hosenträger *mpl*

**suspicacia** [suspi'kaθja] *f* ❶ (*cualidad*) Misstrauen *nt* ❷ (*actitud*) misstrauisches Wesen *nt*

**suspicaz** [suspi'kaθ] *adj* misstrauisch

**suspirado, -a** [suspi'raðo, -a] *adj* ersehnt; **muy ~** heiß ersehnt

**suspirar** [suspi'rar] *vi* ❶ (*dar suspiros*) seufzen ❷ (*anhelar*) sich sehnen (*por* nach +*dat*)

**suspiro** [sus'piro] *m* (*de persona*) Seufzer *m;* (*del viento*) Säuseln *nt*

**sustancia** [sus'tan̪θja] *f* ❶ (*materia, esencia*) Substanz *f;* ~ **activa** Wirkstoff *m;* **la ~ gris** (ANAT) die graue Substanz; **este ensayo no tiene ~** dieses Essay ist gehaltlos ❷ (*de alimentos*) Nährwert *m* ❸ (*juicio*): **un fundamento sin ~** eine fadenscheinige Begründung; **decir cosas sin ~** Unsinn reden; **un comentario sin ~** eine überflüssige Bemerkung ❹ (*loc*): **en ~** kurz und gut

**sustancial** [sustan̪'θjal] *adj* ❶ (*esencial*) wesentlich; (*fundamental*) grundlegend ❷ (*comida*) nahrhaft ❸ (*libro*) gehaltvoll

**sustanciar** [sustan̪'θjar] *vt* ❶ (*resumir*) begründen ❷ (JUR): ~ **un proceso** einen Prozess betreiben

**sustancioso, -a** [sustan̪'θjoso, -a] *adj* ❶ (*comida*) nahrhaft ❷ (*libro*) gehaltvoll

**sustantivo¹** [sustan̪'tiβo] *m* Substantiv *nt*

**sustantivo, -a²** [sustan̪'tiβo, -a] *adj* ❶ (*esencial*) wesentlich; (*fundamental*) grundlegend ❷ (LING) substantivisch

**sustentáculo** [susten̪'takulo] *m* Stütze *f*

**sustentar** [susten̪'tar] **I.** *vt* ❶ (*una cosa*) halten; (*columna*) stützen ❷ (*esperanza*) aufrechterhalten ❸ (*familia*) unterhalten **II.** *vr:* **~se** ❶ (*alimentarse*) sich ernähren (*con/de* von +*dat*) ❷ (*aguantarse*) sich stützen (*en* auf +*akk*)

**sustento** [sus'ten̪to] *m* ❶ (*mantenimiento*) (Lebens)unterhalt *m* ❷ (*apoyo*) Stütze *f*

**sustitución** [sustitu'θjon] *f* Ersatz *m;* (*temporal de alguien*) Vertretung *f*

**sustituir** [sustitu'ir] *irr como huir vt* ❶ (*algo*) ersetzen ❷ (DEP) auswechseln ❸ (*a alguien: temporalmente*) vertreten; (*definitivamente*) ersetzen

**sustitutivo¹** [sustitu'tiβo] *m* Ersatz *m*

**sustitutivo, -a²** [sustitu'tiβo, -a] *adj* Ersatz-

**sustituto, -a** [susti'tuto, -a] *m, f* Vertreter(in) *m(f)*

**susto** ['susto] *m* Schreck(en) *m;* **poner cara de ~** ein erschrockenes Gesicht machen; **dar un ~** einen Schreck einjagen; **pegarse un ~** erschrecken; **pegarle un ~ a alguien** jdn erschrecken; **no ganar para ~s** keinen Augenblick Ruhe haben

**sustracción** [sustraʸ'θjon] *f* ❶ (MAT) Subtraktion *f* ❷ (*robo*) Entwendung *f;* (*malversación*) Unterschlagung *f* ❸ (*privación*) Entziehung *f* ❹ (*separación*) Trennung *f*

**sustraendo** [sustra'en̪do] *m* (MAT) Subtrahend *nt*

**sustraer** [sustra'er] *irr como traer* **I.** *vt* ❶ (*restar*) abziehen ❷ (*robar*) stehlen ❸ (*privar*) entziehen ❹ (*separar*) trennen **II.** *vr:* **~se de algo** sich etw *dat* entziehen; **~se de los periodistas** den Journalisten aus dem Wege gehen

**sustrato** [sus'trato] *m* Substrat *nt*

**susurrar** [susu'rrar] **I.** *vi* ❶ (*hablar bajo*) flüstern; (*no claro*) murmeln; ~ **algo a alguien** jdm etw zuflüstern ❷ (*viento*) rauschen **II.** *vr:* **~se** umgehen **III.** *vimpers:* **se susurra que...** man munkelt, dass ...

**susurro** [su'surro] *m* ❶ (*al hablar: bajo*) Flüstern *nt;* (*no claro*) Murmeln *nt* ❷ (*del viento*) Rauschen *nt*

**sutil** [su'til] *adj* ❶ (*velo, hilo*) fein; (*rebanada*) dünn ❷ (*sabor*) fein; (*aroma*) zart ❸ (*diferencia, ironía*) subtil; (*jugada, sistema*) raffiniert ❹ (*persona*) spitzfindig

**sutileza** [suti'leθa] *f,* **sutilidad** [sutili'ðaᵈ] *f* ❶ (*de velo/hilo*) Feinheit *f* ❷ (*de sabor*) Feinheit *f;* (*de aroma*) Zartheit *f* ❸ (*de diferencia, ironía*) Subtilität *f;* (*de jugada, sistema*) Raffiniertheit *f* ❹ (*de persona*) Spitzfindigkeit *f*

**sutilizar** [sutili'θar] <z→c> *vt* ❶ (*hacer sutil*) verfeinern ❷ (*diferencia*) nuancieren; (*jugada*) verbessern ❸ (*discurrir*) austüfteln

**sutura** [su'tura] *f* Naht *f;* **punto de ~** Stich *m*

**suturar** [sutu'rar] *vt* (ver)nähen

**suyo, -a** ['suɟo, -a] *adj o pron* (*de él*) seine(r); (*de ella, ellos, ellas*) ihre(r); (*de usted, ustedes*) Ihre(r); **el regalo es ~** das Geschenk ist von ihm/ihr; **este encendedor es ~** dieses Feuerzeug gehört ihm/ihr;

**siempre habla de los ~s** er/sie redet immer von seiner/ihrer Familie; ~ **afectísimo...** hochachtungsvoll, Ihr ...; **darle a alguien lo** ~ jdm geben, was er verdient; **ya ha hecho otra de las suyas** (*fam*) er/sie hat schon wieder was Schönes angerichtet; **leer 'Fausto' tiene lo** ~ (*es difícil*) ‚Faust' zu lesen hat es in sich; (*es interesante*) ‚Faust' zu lesen hat etwas für sich; **el problema es ya de** ~ **difícil de resolver** das Problem an sich ist schon schwer lösbar; **hacerse** ~ **a alguien** jdn für sich gewinnen; **hacer suyas las quejas de los alumnos** sich den Beschwerden der Schüler anschließen; **Albert es muy** ~ Albert ist sehr eigen; **eso es muy** ~ das ist typisch für ihn/sie; **ir a lo** ~ eigene Wege gehen

**swazilandés, -esa** [swaθilaṇ'des, -esa] **I.** *adj* swasiländisch **II.** *m, f* Swasi *mf*

**Swazilandia** [swaθi'laṇdja] *f* Swasiland *nt*

# Tt

**T, t** [te] *f* T, t *nt;* ~ **de Tarragona** T wie Theodor

**taba** ['taβa] *f* (ANAT) Sprungbein *nt;* **menear las ~s** (*fam: andar*) schnell laufen; (*fig*) alle Hände voll zu tun haben

**tabacalero, -a** [taβaka'lero, -a] **I.** *adj* Tabak(s)- **II.** *m, f* Tabakpflanzer(in) *m(f)*

**tabaco** [ta'βako] *m* ❶ (*planta, producto*) Tabak *m;* **de color** ~ tabakbraun; ~ **rubio** heller Tabak ❷ (*cigarrillo*) Zigarette *f;* (*cigarro*) Zigarre *f;* **¿tienes ~?** hast du Zigaretten?

**tabalear** [taβale'ar] **I.** *vt, vr:* ~**se** schaukeln **II.** *vi* mit den Fingern trommeln

**tábano** ['taβano] *m* ❶ (ZOOL) Bremse *f* ❷ (*persona*) Nervensäge *f fam*

**tabaquera** [taβa'kera] *f* Tabakdose *f*

**tabaquismo** [taβa'kismo] *m sin pl* chronische Nikotinvergiftung *f*

**tabardo** [ta'βarðo] *m* Mantel *m*

**tabarra** [ta'βarra] *f* Plage *f;* **dar la** ~ nerven

**taberna** [ta'βerna] *f* Kneipe *f*

**tabernáculo** [taβer'nakulo] *m* (*sagrario*) Tabernakel *nt o m*

**tabernario, -a** [taβer'narjo, -a] *adj* ❶ (*de la taberna*) Kneipen- ❷ (*pey*) derb

**tabernero, -a** [taβer'nero, -a] *m, f* Wirt(in) *m(f)*

**tabicar** [taβi'kar] <c→qu> **I.** *vt* zumauern **II.** *vr:* ~**se** verstopfen

**tabique** [ta'βike] *m* Trennwand *f;* ~ **nasal** Nasenscheidewand *f*

**tabla** ['taβla] *f* ❶ (*plancha*) Brett *nt;* ~ **de cocina** Schneidebrett *nt;* **ser la única** ~ **de salvación** (*fig*) die einzige Rettung sein ❷ (*de libro*) Inhaltsverzeichnis *nt* ❸ (*lista*) Tabelle *f;* (*cuadro*) Tafel *f;* **las T~s de la Ley** die Gesetzestafeln; **decir la** ~ das Einmaleins aufsagen ❹ (*de vestido*) Plisseefalte *f* ❺ (*pintura*) Tafelbild *nt* ❻ (AGR: *para plantas*) Beet *nt;* (*más grande*) Feld *nt* ❼ *pl* (DEP) Remis *nt* ❽ *pl* (TEAT) Bühne *f* ❾ *pl* (*experiencia*): **un político con muchas ~s** ein Politiker mit großer Erfahrung ❿ (*loc*): **a raja** ~ koste es, was es wolle; **hacer** ~ **rasa de algo** mit etw *dat* Tabula rasa machen

**tablado** [ta'βlaðo] *m* ❶ (*suelo*) Holzboden *m* ❷ (*entarimado*) Podium *nt* ❸ (*del escenario*) Bühne *f*

**tablao** [ta'βlao] *m* ❶ (*escenario*) Bühne *f* ❷ (*local*) Flamencolokal *nt*

**tablear** [taβle'ar] *vt* ❶ (*madero*) in Bretter schneiden ❷ (*tela*) plissieren ❸ (*terreno*) in Beete unterteilen ❹ (*tierra*) einebnen

**tablero** [ta'βlero] *m* ❶ (*de madera*) Holztafel *f;* ~ **de anuncios** schwarzes Brett ❷ (*pizarra*) Tafel *f* ❸ (DEP): ~ **de ajedrez/damas** Schach-/Damebrett *nt* ❹ (*de mesa*) Tischplatte *f* ❺ (AUTO) Armaturenbrett *nt* ❻ (*ábaco*) Rechenbrett *nt*

**tableta** [ta'βleta] *f* ❶ (MED) Tablette *f* ❷ (*de chocolate*) Tafel *f*

**tabletear** [taβlete'ar] *vi* (*puerta*) klappern; (*máquina*) rattern

**tableteo** [taβle'teo] *m* (*de puerta, ventana*) Klappern *nt;* (*de metralleta, perforadora*) Knattern *nt*

**tabloide** [ta'βloi̯ðe] *m* (*Am*) Boulevardzeitung *f*

**tablón** [ta'βlon] *m* ❶ (*de andamio*) Brett *nt;* ~ **de anuncios** schwarzes Brett ❷ (*borrachera*) Rausch *m* ❸ (*Am: para plantas*) Beet *nt;* (*más grande*) Feld *nt*

**tabú** [ta'βu] *m* <tabúes> Tabu *nt*

**tabuco** [ta'βuko] *m* (*pey*) Bude *f*

**tabulación** [taβula'θjon] *f* ❶ (*con tabuladores*) Tabulierung *f* ❷ (INFOR) Tabellierung *f;* ~ **cruzada** Kreuztabelle *f*

**tabulador** [taβula'ðor] *m* (*tecla*) Tabulator *m*

**tabular** [taβu'lar] *vt* (*listar*) tabellieren

**taburete** [taβu'rete] *m* (*sin respaldo*) Hocker *m;* (*con respaldo*) Stuhl *m*

**tacada** [ta'kaða] *f* ❶ (*golpe*) Stoß *m;* **de una** ~ auf einmal ❷ (*carambolas*) Punkte *mpl*

**tacañear** [takaɲe'ar] *vi* knausern

**tacañería** [takaɲe'ria] *f* Knauserigkeit *f*

**tacaño, -a** [ta'kaɲo, -a] **I.** *adj* knauserig **II.** *m, f* Geizhals *m*

**tacha** ['taʧa] *f* ① (*defecto*) Fehler *m;* **sin** ~ fehlerlos ② (*tachuela*) Tapeziernagel *m*

**tachadura** [taʧa'ðura] *f* ① (*acción*) Streichung *f* ② (*tachón*) Strich *m*

**tachar** [ta'ʧar] *vt* ① (*rayar*) (durch)streichen ② (*atribuir*) bezeichnen (*de* als +*akk*)

**tacho** ['taʧo] *m* (*Am*) ① (*vasija*) Kessel *m* ② (*hojalata*) Blech *nt* ③ (*cubo*) Mülleimer *m*

**tachón** [ta'ʧon] *m* ① (*borrón*) Strich *m* ② (*tachuela*) Tapeziernagel *m*

**tachonado, -a** [taʧo'naðo, -a] *adj:* ~ **de estrellas** mit Sternen übersät

**tachonar** [taʧo'nar] *vt* ① (*clavetear*) mit Tapeziernägeln befestigen ② (*adornar*) verzieren (*de/con* mit +*dat*)

**tachuela** [ta'ʧwela] *f* Tapeziernagel *m*

**tácito, -a** ['taθito, -a] *adj* stillschweigend

**taciturno, -a** [taθi'turno, -a] *adj* ① (*callado*) schweigsam ② (*melancólico*) niedergeschlagen

**taco** ['tako] *m* ① (*pedazo*) Block *m;* ~**s de salida** Startblöcke *mpl* ② (*de arma*) Pfropf *m* ③ (*de billar*) Queue *nt* ④ (*de bota*) Stollen *m;* ~ **de rosca** Schraubenstollen *m* ⑤ (*de papel*) Block *m;* (*calendario*) Kalenderblock *m* ⑥ (*fam: de jamón*) Würfel *m;* (*de vino*) Schluck *m* Wein; (*bocado*) Happen *m* ⑦ (TÉC) Dübel *m* ⑧ (*fam: palabrota*) Schimpfwort *nt;* **decir** [*o* **soltar**] ~**s** fluchen ⑨ (*fam: lío*) Durcheinander *nt;* **dejar hecho un** ~ verwirren ⑩ (*Am: tacón*) Absatz *m* ⑪ *pl* (*fam: años*) Jahre *ntpl*

**tacógrafo** [ta'koɣrafo] *m* Fahrtenschreiber *m;* (TÉC) Tachograph *m*

**tacómetro** [ta'kometro] *m* Tachometer *m*

**tacón** [ta'kon] *m* Absatz *m;* ~ **de aguja** Stöckelabsatz *m*

**taconear** [takone'ar] **I.** *vi* ① (*suelo*) aufstampfen ② (*arrogantemente*) stolzieren **II.** *vr:* ~**se todas las oficinas** alle Büros ablaufen

**taconeo** [tako'neo] *m* Aufstampfen *nt*

**táctica** ['taktika] *f* Taktik *f;* **ir con** ~ taktisch vorgehen

**táctico, -a** ['taktiko, -a] **I.** *adj* taktisch **II.** *m, f* Taktiker(in) *m(f)*

**táctil** ['taktil] *adj* Tast-

**tacto** ['takto] *m* ① (*sentido*) Tastsinn *m;* **ser áspero al** ~ sich rau anfühlen ② (*contacto*) Berührung *f* ③ (*habilidad*) Takt *m;* **no tener** ~ taktlos sein

**taekwondo** [tai̯'won̪do] *m* (DEP) Taekwondo *nt*

**tafetán** [tafe'tan] *m* (*tela*) Taft *m*

**tafilete** [tafi'lete] *m* Saffian *m*

**tahona** [ta'ona] *f* (*panadería*) Bäckerei *f*

**tahonero, -a** [tao'nero, -a] *m, f* Bäcker(in) *m(f)*

**tahúr** [ta'ur] *m* Spieler(in) *m(f);* (*tramposo*) Falschspieler(in) *m(f)*

**taiga** ['tai̯ɣa] *f* Taiga *f*

**tailandés, -esa** [tai̯lan̪'des, -esa] **I.** *adj* thailändisch **II.** *m, f* Thailänder(in) *m(f)*

**Tailandia** [tai̯'lan̪dja] *f* Thailand *nt*

**taimado, -a** [tai̯'maðo, -a] *adj* (*maligno*) verschlagen

**Taiwán** [tai̯'wan] *m* Taiwan *nt*

**taiwanés, -esa** [tai̯wa'nes, -esa] **I.** *adj* taiwanisch **II.** *m, f* Taiwaner(in) *m(f)*

**tajada** [ta'xaða] *f* ① (*porción*) Scheibe *f;* **sacar** ~ **de algo** von etw *dat* profitieren ② (*fam: ronquera*): **tener una** ~ einen Frosch im Hals haben ③ (*fam: borrachera*) Rausch *m*

**tajamar** [taxa'mar] *m* ① (*espolón*) Rammsporn *m* ② (*de puente*) Wellenbrecher *m*

**tajante** [ta'xan̪te] *adj* ① (*respuesta*) kategorisch; (*actitud*) unnachgiebig; (*medidas*) drastisch ② (*absoluto*) völlig ③ (*cortante*) scharf

**tajar** [ta'xar] *vt* (durch)schneiden

**tajo** ['taxo] *m* ① (*corte*) Schnitt *m;* **darse un** ~ **en el dedo** sich *dat/akk* in den Finger schneiden ② (GEO) Steilwand *f* ③ (*filo*) Schneide *f* ④ (*trabajo*) Arbeit *f;* **ir al** ~ arbeiten gehen ⑤ (*de carnicero*) Hackblock *m;* (*para decapitar*) Richtblock *m*

**tal** [tal] **I.** *adj* ① (*igual*) so; ~ **día hace un año** heute vor einem Jahr; **en** ~ **caso** in so einem Fall; **no digas** ~ **cosa** sag so etwas nicht; **no he dicho nunca** ~ **cosa** das habe ich nie gesagt ② (*tanto*) so; **la distancia es** ~ **que...** die Entfernung ist so groß, dass ... ③ (*cierto*) gewiss **II.** *pron* ① (*alguien*): ~ **habrá que piense así** es gibt sicher jemanden, der so denkt; **el** ~ der Dings; ~ **o cual** irgendjemand; **¡ése es otro que** ~**!** das ist auch so einer! ② (*cosa*): **no haré** ~ ich mache so etwas nicht; **¡no hay** ~**!** das ist nicht wahr!; **hablar de** ~ **y cual** von diesem und jenem reden; **... y** ~ (*enumeración*) ... und dergleichen **III.** *adv* ① (*así*) so ② (*de la misma manera*) genauso; **es** ~ **cual lo buscaba** das ist genau das, wonach ich gesucht habe; **son** ~ **para cual** sie sind einer wie der andere; **estar** ~ **cual** sich nicht verändert haben; ~ **y como** genauso wie ③ (*cómo*): **¿qué** ~ **(te va)?** wie geht's (dir)?; **¿qué** ~ **el viaje?** wie war die

Reise?; **¿qué ~ te lo has pasado?** wie war's?; **¿qué ~ si tomamos una copa?** wie wär's mit einem Drink?; ~ **y como están las cosas** so wie die Dinge stehen **IV.** *conj:* **con ~ de...** *+inf,* **con ~ de que...** *+subj* (*mientras*) wenn nur ...; (*condición*) vorausgesetzt, dass...

**tala** ['tala] *f* ❶ (*de árboles*) Fällen *nt* ❷ (*destrucción*) Verwüstung *f*

**taladradora** [talaðra'ðora] *f* Bohrmaschine *f*

**taladrar** [tala'ðrar] *vt* ❶ (*con taladro*) durchbohren ❷ (*oídos*) durchdringen

**taladro** [ta'laðro] *m* Bohrer *m*

**talante** [ta'lan̩te] *m* ❶ (*modo*) Art *f* ❷ (*humor*) Laune *f;* **de buen/mal ~** gut/schlecht gelaunt ❸ (*gana*): **de buen ~** gerne

**talar** [ta'lar] **I.** *adj:* **túnica ~** Talar *m* **II.** *vt* ❶ (*árboles*) fällen ❷ (*destruir*) verwüsten

**talco** ['talko] *m* ❶ (*mineral*) Talk *m* ❷ (*polvos*) Puder *m o nt*

**talega** [ta'leɣa] *f* ❶ (*bolsa*) Beutel *m* ❷ (*fam: dinero*) Kohle *f*

**talego** [ta'leɣo] *m* ❶ (*talega*) Beutel *m* ❷ (*fam: persona*) Brocken *m* ❸ (*argot: cárcel*) Knast *m*

**talento** [ta'len̩to] *m* (*capacidad*) Talent *nt;* **de gran ~** hochbegabt; **tener ~ para los idiomas** sprachbegabt sein

**talentoso, -a** [talen̩'toso, -a] *adj* begabt

**Talgo** ['talɣo] *m abr de* **Tren Articulado Ligero Goicoechea Oriol** Talgo *m* (*spanischer Intercityzug*)

**i Land & Leute**

Der **Talgo**, d. h. *Tren Articulado Ligero Goicoechea Oriol*, ist dem Intercity vergleichbar. Der schnellste Zug in Spanien ist aber der *AVE* (*Alta Velocidad Española*), der die Strecke Madrid-Sevilla fährt.

**talión** [ta'ljon] *m* Talion *f;* **la ley del ~** Talionslehre *f*

**talismán** [talis'man] *m* Talisman *m*

**talla** ['taʎa] *f* ❶ (*de diamante*) Schliff *m* ❷ (*en madera*) Schnitzerei *f;* (*en piedra*) Meißelung *f* ❸ (*estatura*) Körpergröße *f;* **¿qué ~ haces?** wir groß bist du?; **ser de poca ~** klein sein; **no dar la ~** (MIL) wehrdienstuntauglich sein; (*fig*) der Situation nicht gewachsen sein ❹ (*medidor*) Messstab *m* ❺ (*de vestido*) (Konfektions)größe *f;* **un pantalón de la ~ 42** eine Hose in Größe 42 ❻ (*moral, intelectual*) Format *nt*

**tallado** [ta'ʎaðo] *m* Meißelung *f;* (*en madera*) (Holz)schnitzerei *f*

**tallar** [ta'ʎar] *vt* ❶ (*diamante*) schleifen ❷ (*madera*) schnitzen; (*en piedra*) meißeln ❸ (*la estatura*) messen ❹ (*en juego*) Bankhalter sein

**tallarín** [taʎa'rin] *m* Bandnudel *f*

**talle** ['taʎe] *m* ❶ (*cintura, del vestido*) Taille *f* ❷ (*figura*) Figur *f*

**taller** [ta'ʎer] *m* ❶ (TÉC) Werkstatt *f;* ~ **artesanal** Handwerksbetrieb *m* ❷ (*seminario*) Workshop *m* ❸ (*estudio*) Atelier *nt*

**taller-escuela** [ta'ʎer-es'kwela] *f* (ENS) Lehrwerkstatt *f*

**tallo** ['taʎo] *m* ❶ (BOT) Stiel *m* ❷ (*renuevo*) Schössling *m* ❸ (*germen*) Keim *m*

**talludo, -a** [ta'ʎuðo, -a] *adj* ❶ (BOT) langstielig ❷ (*mayor*) betagt ❸ (*espigado*) hochgeschossen

**talmud** [tal'muᵈ] *m* (REL) Talmud *m*

**talón** [ta'lon] *m* ❶ (*del pie/zapato/calcetín*) Ferse *f;* **pisar a alguien los talones** (*fam: perseguir*) jdm auf den Fersen sein; (*emular*) mit jdm wetteifern ❷ (*cheque*) Scheck *m;* **hazme un ~ de 500 euros** stell mir einen Scheck über 500 Euro aus ❸ (*resguardo*) Abholschein *m;* (*recibo*) Quittung *f*

**talonario** [talo'narjo] *m* ❶ (*de cheques*) Scheckheft *nt* ❷ (*de recibos*) Quittungsheft *nt*

**talud** [ta'luᵈ] *m* Böschung *f*

**tamango** [ta'maŋgo] *m* (*CSur: calzado*) Schuhwerk *nt*

**tamaño¹** [ta'maɲo] *m* ❶ (*medida*) Größe *f;* **de ~ natural** lebensgroß; **¿de qué ~ es?** wie groß ist es? ❷ (*formato*) Format *nt;* **en ~ grande** großformatig

**tamaño, -a²** [ta'maɲo, -a] *adj* ❶ (*grande*) groß ❷ (*pequeño*) klein ❸ (*semejante*) so; **tamaña tontería** so eine Dummheit

**tamarindo** [tama'rin̩do] *m* (BOT) Tamarinde *f*

**tambalear** [tambale'ar] *vi, vr:* ~**se** schwanken; (*fig*) ins Wanken geraten; **después de la operación se le tambaleaban las piernas** nach der Operation war er/sie sehr schwach auf den Beinen

**tambaleo** [tamba'leo] *m* ❶ (*de trapecista, árbol*) Schwanken *nt;* (*por cansancio*) Taumeln *nt;* (*de torre*) Wanken *nt* ❷ (*de monarquía*) Wanken *nt geh*

**tambar** [tam'bar] *vt* (*Ecua: engullir*) verschlingen

**tambarria** [tam'barrja] *f* (*Am: holgorio*) Rummel *m;* (*Perú: fiesta*) Fest *nt*

**también** [tam'bjen] *adv* auch

**tambo** ['tambo] *m* (*Am: vaquería*) Molkerei *f*

**tambor** [tam'bor] *m* ❶ (*cilíndro, instrumento*) Trommel *f;* **tocar el ~** trommeln; **proclamar algo a ~ batiente** für etw die Trommel rühren ❷ (*músico*) Trommler(in) *m(f)* ❸ (ANAT) Trommelfell *nt*

**tamboril** [tambo'ril] *m* Handtrommel *f*

**tamborilear** [tamborile'ar] *vi* ❶ (*tocar*) die Handtrommel spielen ❷ (*con dedos*) (mit den Fingern) trommeln

**Támesis** ['tamesis] *m:* **el ~** die Themse

**tamiz** [ta'miθ] *m* Sieb *nt;* **pasar por el ~** sieben

**tamizar** [tami'θar] <z→c> *vt* sieben; (*fig*) aussieben

**tampoco** [tam'poko] *adv* auch nicht; **ni puedo ni ~ quiero** ich kann und will nicht

**tampón** [tam'pon] *m* ❶ (*de tinta*) Stempelkissen *nt* ❷ (*para la mujer*) Tampon *m*

**tamtam** [taṇ'tan] *m* (MÚS) Tamtam *nt*

**tan** [tan] *adv* so; **~ ... como ...** so ...wie ...; **~ es así que no he podido hacerlo** um es kurz zu machen: ich konnte es nicht tun; **de ~ simpático me resulta insoportable** er ist so sympathisch, dass ich ihn kaum ertrage; **~ siquiera una vez** wenigstens einmal; **ni ~ siquiera** nicht einmal

**tanatorio** [tana'torjo] *m* Leichenhalle *f*

**tanda** ['taṇda] *f* ❶ (*turno*) Reihe *f;* **estar en la ~** anstehen; **¿me puedes guardar la ~?** kannst du für mich anstehen? ❷ (*serie*) Reihe *f;* **por ~s** reihenweise; **en ~s de ocho** (*en filas*) in Achterreihen; (*en grupos*) in Achtergruppen; **~ de palos** Tracht Prügel ❸ (*de trabajo, capa*) Schicht *f* ❹ (*trabajo*) Arbeit *f,* Job *m fam*

**tándem** ['taṇden] *m* Tandem *nt*

**tanga** ['taŋga] *m* Tanga *m*

**tangencial** [taŋxeṇ'θjal] *adj* tangential (*a* an *+dat*); (*fuerza, presión*) Tangential-; (*distancia*) Tangenten-

**tangente** [taŋ'xeṇte] *f* Tangente *f;* **salirse** [*o* **irse**] **por la ~** (*fig*) einer Frage aus dem Wege gehen

**tangible** [taŋ'xiβle] *adj* berührbar; (*fig*) handfest

**tango** ['taŋgo] *m* Tango *m*

**tanque** ['taŋke] *m* ❶ (MIL) Panzer *m* ❷ (*cisterna*) Tank *m* ❸ (*vehículo*) Tankwagen *m* ❹ (*fam: de cerveza*) Halbe *f* ❺ (*vulg: gordo*) Brocken *m fam* ❻ (*Am: estanque*) Teich *m*

**tanqueta** [taŋ'keta] *f* (MIL) (Transport)panzer *m*

**tantán** [taṇ'tan] *m* Gong *m*

**tantara(n)tán** [taṇtara(ṇ)'tan] *m* ❶ (*onomatopeya*) Trommeln *nt* ❷ (*golpe*) heftiger Stoß *m*

**tanteador** [taṇtea'ðor] *m* ❶ (*aparato*) Anzeigetafel *f* ❷ (*persona*) Anschreiber *m*

**tantear** [taṇte'ar] *vt* ❶ (*calcular: cantidad*) (grob) berechnen; (*tamaño, volumen*) (grob) ausmessen; (*a ojo*) (ab)schätzen; (*precio*) überschlagen ❷ (*probar*) prüfen; (*sondear a alguien*) vorfühlen (bei *+dat*); **~ el terreno** (*fig*) die Lage sondieren ❸ (*dibujo*) skizzieren ❹ (DEP: *puntos*) erzielen; (*goles*) schießen

**tanteo** [taṇ'teo] *m* ❶ (*cálculo: cantidad*) (grobe) Berechnung *f;* (*de tamaño, volumen*) (grobe) Ausmessung *f;* (*a ojo*) (Ab)schätzung *f;* (*de precio*) Überschlag *m;* **al** [*o* **por**] **~** ungefähr ❷ (*sondeo*) Sondierung *f* ❸ (DEP: *de puntos*) Punktestand *m;* (*de goles*) Spielstand *m;* **~ final** Endergebnis *nt*

**tanto**[1] ['taṇto] **I.** *m* ❶ (*cantidad*) bestimmte Menge *f;* (COM) Teilbeitrag *m;* **~ alzado** Pauschalpreis *m;* **~ por ciento** Prozentsatz *m;* **me pagan a ~ la hora** ich bekomme so viel die Stunde; **costar otro ~** genauso viel kosten ❷ (*punto*) Punkt *m;* (*gol*) Tor *nt* ❸ (*loc*): **apuntarse un ~ a favor** einen Pluspunkt erzielen; **estar al ~ de algo** über etw auf dem Laufenden sein; **estar un ~ harto de algo** von etw *dat* die Nase ziemlich voll haben **II.** *adv* ❶ (*de tal modo*) so (sehr); **no es para ~** so schlimm ist es nun auch wieder nicht; **pensé que vendrías; ~ es así que no salí de casa** ich dachte du würdest kommen und blieb deshalb zu Hause ❷ (*en tal cantidad*) so viel; **no me das ni ~ así de pena** du tust mir nicht im Geringsten Leid ❸ (*de duración*) so lange; **tu respuesta tardó ~ que...** deine Antwort kam so spät, dass ... ❹ (*comparativo*) (genau)so viel; **~ mejor/peor** um so besser/schlechter; **~ como** (+ *subst*) genau(so) wie; **eso era ~ como no decir nada** das hieß so gut wie gar nichts; **~ cuanto necesito para vivir** alles, was ich zum Leben brauche; **~ si llueve como si no...** egal, ob es regnet oder nicht, ... ❺ (*loc*): **entre ~** währenddessen, inzwischen; **por** (**lo**) **~** also; **~... como...** sowohl ..., als auch ...; **¡ni ~ ni tan calvo!** lass uns mal nicht so übertreiben!; **por lo ~ mejor callar** also, besser nichts sagen; **en ~** (**que**) *+subj* (*mientras*) solange

**tanto, -a**[2] ['taṇto, -a] **I.** *adj* ❶ (*comparativo*) so viel; **no tengo ~s años como tú** ich bin nicht so alt wie du ❷ (*tal cantidad, ponderativo*) so viel; **tantas posibilidades** so viele Möglichkeiten; **¡hace ~ tiempo!** es ist so lange her!; **¡hace ~**

**tiempo que no te veo!** ich habe dich so lange nicht mehr gesehen!; ~ **gusto en conocerle** ich habe mich sehr gefreut, Sie kennen zu lernen; **¿a qué se debe tanta risa?** worüber wird hier so gelacht? ③ *pl* (*número indefinido*): **en mil novecientos ochenta y ~s** irgendwann in den Achtzigerjahren; **estamos a ~s de enero** wir haben den soundsovielten Januar; **tener 40 y ~s años** über vierzig sein; **venir a las tantas** (*fam*) sehr spät kommen **II.** *pron dem:* **~s** so viele; **coge ~s como quieras** nimm, so viel du möchtest; **no llego a ~** da bin ich überfordert; **no me imaginaba que iba a llegar a ~** ich habe nicht geglaubt, dass es so weit kommen würde; **jamás podré llegar a ~** ich werde es nie so weit bringen

**Tanzania** [tan̪'θanja] *f* Tansania *nt*

**tanzano, -a** [tan̪'θano, -a] **I.** *adj* tansanisch **II.** *m, f* Tansanier(in) *m(f)*

**tañer** [ta'ɲer] <*3. pret:* tañó> **I.** *vt* ① (*instrumento*) spielen ② (*campanas*) läuten **II.** *vi* (mit den Fingern) trommeln

**tañido** [ta'ɲiðo] *m* Klang *m*

**taoísmo** [tao'ismo] *m sin pl* Taoismus *m*

**tapa** ['tapa] *f* ① (*cubierta*) Deckel *m;* ~ **de rosca** Schraubverschluss *m;* **libro de ~s duras** Hardcover *nt;* **levantarle a alguien la ~ de los sesos** jdm eine Kugel durch den Kopf jagen ② (*de zapato*) Absatz *m* ③ (GASTR) Snack *m;* **una ~ de aceitunas** eine Portion Oliven

> **i Land & Leute**
>
> **Tapa** ist ein Synonym für *pincho*, also ein Imbiss oder Snack. In *Andalucía* aber besteht eine **tapa** meistens aus *embutido o jamón – luftgetrockneter Wurst oder Schinken.* Man bekommt sie zu Wein oder Bier serviert.

**tapaboca(s)** [tapa'βoka(s)] *m* (*inv*) (*bufanda*) Schal *m*

**tapadera** [tapa'ðera] *f* ① (*de vasija*) Deckel *m* ② (*negocio*) Tarnung *f*

**tapadillo** [tapa'ðiʎo] *m:* **de ~** heimlich

**tapado**[1] [ta'paðo] *m* (*AmS: abrigo*) Mantel *m*

**tapado, -a**[2] [ta'paðo, -a] *adj* (*Am: animal*) einfarbig

**tapajuntas** [tapa'xun̪tas] *m inv* (Ab)deckleiste *f*

**tapar** [ta'par] **I.** *vt* ① (*cuerpo*) bedecken; (*cazuela, en cama*) zudecken ② (*puerta*) zumauern; (*desagüe*) verstopfen; (*agujero*) zustopfen; (*botella*) verschließen ③ (*vista*): **¿te tapo?** versperre ich dir die Sicht?; **la pared nos tapa el viento** die Wand schützt uns gegen den Wind ④ (*ocultar*) verheimlichen **II.** *vr:* **~se** ① (*con ropa*) sich einpacken *fam;* (*en cama*) sich zudecken; (*completamente*) (sich) einmummen; (*con velo*) sich verschleiern ② (*oídos, ojos*) sich *dat* zuhalten; **~se la cara** sich *dat* die Hände vor das Gesicht halten

**taparrabo(s)** [tapa'rraβo(s)] *m* (*inv*) ① (*de Tarzán*) Lendenschurz *m* ② (*bañador*) Badehose *f*

**tapear** [tape'ar] *vi* (*fam*) durch Tapa-Bars ziehen

**tapete** [ta'pete] *m* Tischdecke *f;* ~ **verde** (*fig*) Spieltisch *m;* **estar sobre el ~** (*fig*) zur Diskussion stehen; **poner sobre el ~** (*fig*) zur Sprache bringen

**tapia** ['tapja] *f* Lehmwand *f;* (*de jardín*) Gartenmauer *f;* **estar más sordo que una ~** stocktaub sein

**tapiar** [ta'pjar] *vt* ① (*cerrar*) zumauern ② (*rodear*) ummauern

**tapicería** [tapiθe'ria] *f* ① (*tapices*) Wandteppiche *mpl* ② (*tienda: de tapices*) Teppichgeschäft *nt;* (*de muebles, t. taller*) Polsterei *f* ③ (*arte*) Gobelinstickerei *f* ④ (*tela*) Polsterstoff *m;* **muebles de ~** Polstermöbel *ntpl*

**tapicero, -a** [tapi'θero, -a] *m, f* ① (*de sillones*) Polsterer, -in *m, f* ② (*de paredes*) Tapezierer(in) *m(f)*

**tapir** [ta'pir] *m* (ZOOL) Tapir *m*

**tapiz** [ta'piθ] *m* Wandteppich *m;* (*con dibujos*) Gobelin *m*

**tapizado** [tapi'θaðo] *m* ① (*de tapiz*) Wandteppichweberei *f* ② (*de una pared*) Wandbehang *m* ③ (*de muebles, coches*) Polsterung *f*

**tapizar** [tapi'θar] <z→c> *vt* (*muebles*) (mit Stoff) beziehen; (*acolchar*) polstern

**tapón** [ta'pon] *m* ① (*obturador*) Verschluss *m;* (*cilindro, de fregadero*) Stöpsel *m;* (*de corcho*) Korken *m;* (*de cuba*) Spund *m;* (AUTO) Tankdeckel *m* ② (*persona*) pummeliger Mensch *m* ③ (MED) Tampon *m;* (*para el oído*) Ohrstöpsel *m* ④ (*cerumen*) Wachspfropf *m* ⑤ (*de tráfico*) Stau *m*

**taponar** [tapo'nar] *vt* ① (*cerrar*) verschließen; (*con corcho*) verkorken; (*de plástico*) zustöpseln; (*cuba*) verspunden; (*con espátula*) zuspachteln; (*desagüe*) verstopfen ② (*herida*) tamponieren

**taponazo** [tapo'naθo] *m* Knall *m;* **al abrir la botella dio un ~** der Korken knallte beim Öffnen der Flasche

**tapujarse** [tapu'xarse] *vr* (*fam*) sich vermummen

**tapujo** [ta'puxo] *m* ❶ (*embozo*) Kragen *m* ❷ (*fam: disimulo*) Verhüllung *f;* **andar con ~s** (*obrar*) heimlich tun; **no andarse con ~s** (*hablar*) kein Blatt vor den Mund nehmen

**taquear** [take'ar] **I.** *vi* (*Am*) ❶ (*jugar*) Billard spielen ❷ (*arma*) schießen ❸ (*llenar*) voll stopfen **II.** *vr:* **~se** (*Am*) sich voll stopfen

**taquicardia** [taki'karðja] *f* Herzjagen *nt;* (MED) Tachykardie *f*

**taquigrafía** [takiɣra'fia] *f* Stenografie *f*

**taquigrafiar** [takiɣrafi'ar] <*1. pres:* taquigrafío> *vt* stenografieren

**taquígrafo, -a** [ta'kiɣrafo, -a] *m, f* Stenograf(in) *m(f)*

**taquilla** [ta'kiʎa] *f* ❶ (*armario*) Schließfach *nt;* (*archivador*) Fach *nt* ❷ (TEAT, CINE, DEP) Kasse *f;* (FERRO) (Fahrkarten)schalter *m;* (*de apuestas*) Wettannahme *f;* **éxito de ~** Kassenerfolg *m* ❸ (*recaudación*) Einnahmen *fpl*

**taquillaje** [taki'ʎaxe] *m* ❶ (*entradas*) Eintrittskarten *fpl* ❷ (*recaudaciones*) Einnahmen *fpl* (*aus Eintrittskarten*)

**taquillero, -a** [taki'ʎero, -a] **I.** *adj:* **artista ~/película taquillera** Kassenmagnet *m* **II.** *m, f* (FERRO) Schalterbeamte(r) *mf,* -beamtin *f;* (TEAT, CINE) Kartenverkäufer(in) *m(f)*

**taquimecanografía** [takimekanoɣra'fia] *f* *Maschineschreiben und Stenographie*

**taquimecanógrafo, -a** [takimeka'noɣrafo, -a] *m, f* Stenotypist(in) *m(f)*

**tara** ['tara] *f* (*defecto*) Mangel *m*

**tarabilla** [tara'βiʎa] *f* ❶ (*fam: parlanchín*) Quasselstrippe *f;* **hablar como una ~ descompuesta** wie ein Wasserfall reden ❷ (*palabra*) Geplapper *nt* ❸ (*de ventana*) (Fenster)riegel *m*

**taracea** [tara'θea] *f* Einlegearbeit *f*

**taracear** [taraθe'ar] *vt* mit Intarsien verzieren

**tarado, -a** [ta'raðo, -a] **I.** *adj* ❶ (*objeto*) schadhaft ❷ (*alocado*) verrückt; (*imbécil*) doof **II.** *m, f* (*loco*) Spinner(in) *m(f)*

**tarambana** [taram'bana] *mf* (*fam*) Spinner(in) *m(f)*

**tarántula** [ta'ran̪tula] *f* Tarantel *f*

**tarar** [ta'rar] *vt* (COM) tarieren

**tarará** [tara'ra] *m v.* **tararí**

**tararear** [tarare'ar] *vt* trällern; (*con labios cerrados*) summen

**tararí** [tara'ri] *m* ❶ (*de trompeta*) Schmettern *nt* ❷ (*loc*): **estar ~** einen Rausch haben

**tarascón** [taras'kon] *m* (*AmS: mordedura*) Biss *m;* (*herida*) Bisswunde *f*

**tardanza** [tar'ðan̪θa] *f* Verspätung *f;* **perdona la ~ en escribirte** verzeih mir, dass ich dir so spät schreibe

**tardar** [tar'ðar] *vi* ❶ (*emplear tiempo*) brauchen; **a más ~** spätestens; **sin ~** unverzüglich; **no tardo nada** ich brauche nicht lange ❷ (*demasiado tiempo*): **~ en llegar** zu spät kommen; (FERRO) mit Verspätung eintreffen; **~ en responder** mit der Antwort zögern; **~án mucho en arreglarlo** es wird lange dauern, bis es repariert ist; **no ~é en volver** ich bin bald wieder da; **¡no tardes!** komm bald zurück!

**tarde** ['tarðe] **I.** *f* ❶ (*primeras horas*) Nachmittag *m;* **por la ~** nachmittags; **¡buenas ~s!** guten Tag! ❷ (*últimas horas*) Abend *m;* **¡buenas ~s!** guten Abend!; (**todos**) **los viernes por la ~** jeden Freitagabend **II.** *adv* spät; **~ o temprano** früher oder später; **de ~ en ~** von Zeit zu Zeit; **se me hace ~** ich bin spät dran; **más vale ~ que nunca** (*prov*) besser spät als nie

**tardecer** [tarðe'θer] *irr como crecer vimpers:* **tardece** es wird dunkel

**tardío, -a** [tar'ðio, -a] *adj* ❶ (*atrasado*) spät; **es un consejo ~** dieser Rat kommt zu spät ❷ (*lento*) langsam ❸ (*vulg: sordo*) schwerhörig

**tardo, -a** ['tarðo, -a] *adj* langsam; **~ de oído** schwerhörig

**tardón, -ona** [tar'ðon, -ona] **I.** *adj* ❶ (*lento*) langsam ❷ (*tonto*) begriffsstutzig **II.** *m, f* ❶ (*lento*) Trödler(in) *m(f) fam;* **es un ~** er verspätet sich immer ❷ (*tardo*) Spätzünder *m fam*

**tarea** [ta'rea] *f* ❶ (*faena*) Aufgabe *f* ❷ (*trabajo*) Arbeit *f;* **~s de la casa** Hausarbeit *f* ❸ *pl* (ENS) Hausaufgaben *fpl*

**tarifa** [ta'rifa] *f* Tarif *m*

**tarificar** [tarifi'kar] <c→qu> *vt* tarifieren

**tarima** [ta'rima] *f* Podium *nt*

**tarjeta** [tar'xeta] *f* Karte *f;* **~ de embarque** (AERO) Bordkarte *f;* **~ gráfica** [*o* **de gráficos**] (INFOR) Grafikkarte *f;* **~ de sonido** (INFOR) Soundkarte *f*

**tarjetero** [tarxe'tero] *m* Geldbörse *f*

**tarot** [ta'rot] *m* Tarot *nt o m*

**tarquín** [tar'kin] *m* Schlick *m*

**tarraconense** [tarrako'nense] **I.** *adj* aus Tarragona **II.** *mf* Einwohner(in) *m(f)* von Tarragona

**tarrina** [ta'rrina] *f* kleiner Behälter *m;* **~ de helado** Eisbecher *m*

**tarro** ['tarro] *m* ❶ (*envase*) Becher *m;* (*de cristal*) Glas *nt* ❷ (*fam: cabeza*) Schädel *m;* **comer el ~ a alguien** auf jdn ein-

schwätzen
**tarso** ['tarso] *m* (ANAT) Fußwurzel *f*
**tarta** ['tarta] *f* Torte *f*
**tartaja** [tar'taxa] *adj o mf v.* **tartajoso**
**tartajear** [tartaxe'ar] *vi* stottern
**tartajoso, -a** [tarta'xoso, -a] **I.** *adj* stotternd, stott(e)rig, stammelnd **II.** *m, f* Stammler(in) *m(f)*, Stotterer, -in *m, f*
**tartamudear** [tartamuđe'ar] *vi* stottern
**tartamudez** [tartamu'đeθ] *f* Stottern *nt;* (*por nervios*) Stammeln *nt*
**tartamudo, -a** [tarta'muđo, -a] **I.** *adj* stott(e)rig **II.** *m, f* Stotterer, -in *m, f*
**tartán** [tar'tan] *m* ❶ (*tela*) Schottenstoff *m* ❷ (®, DEP) Tartan® *m*
**tártaro**[1] ['tartaro] *m* ❶ (QUÍM) Weinstein *m* ❷ (*sarro*) Zahnstein *m* ❸ (*elev: infierno*) Tartaros *m* ❹ (*lengua*) Tartarisch(e) *nt*
**tártaro, -a**[2] ['tartaro, -a] **I.** *adj* tartarisch; **bistec ~** Tartarbeefsteak *nt;* **salsa tártara** Tartarensoße *f* **II.** *m, f* Tartar(in) *m(f)*
**tartera** [tar'tera] *f* ❶ (*para tartas*) Kuchenform *f* ❷ (*fiambrera*) Frischhaltebox *f*
**tarugo** [ta'ruɣo] *m* ❶ (*trozo*) Klotz *m* ❷ (*clavija*) Pflock *m* ❸ (*pan*) Brotkanten *m* ❹ (*persona*) Trottel *m*
**tarumba** [ta'rumba] *adj* (*fam*): **estar ~** durcheinander sein; **volver a alguien ~** jdn verrückt machen
**tasa** ['tasa] *f* ❶ (*valoración*) Schätzung *f* ❷ (*precio*) Preis *m;* (*derechos*) Gebühr *f;* (*de impuesto*) Satz *m* ❸ (*de joya*) Schätzwert *m* ❹ (*porcentaje*) Rate *f;* **~ de desempleo** Arbeitslosenquote *f;* **~ de interés** Zinssatz *m*
**tasación** [tasa'θjon] *f* ❶ (*de producto*) Festlegung *f* des Preises; (*de impuesto*) Veranlagung *f* ❷ (*de joya*) Schätzung *f*
**tasador(a)** [tasa'đor(a)] *m(f)* Schätzer(in) *m(f);* **perito ~** Taxator *m*
**tasajo** [ta'saxo] *m* ❶ (*trozo*) Stück *nt* Fleisch ❷ (*salado*) Dörrfleisch *nt*
**tasar** [ta'sar] *vt* ❶ (*precio*) den Preis festsetzen (für +*akk*); (*impuesto*) besteuern ❷ (*valorar*) schätzen (*en* auf +*akk*); (*trabajo*) berechnen; **~ en exceso** überbewerten ❸ (*tabaco, comida*) dosieren; (*libertad*) einschränken
**tasca** ['taska] *f* (*taberna*) Kneipe *f*
**tata**[1] ['tata] *f* (*fam*) Kindermädchen *nt*
**tata**[2] ['tata] *m* (*Am: papá*) Vati *m*
**tatarabuelo, -a** [tatara'βwelo, -a] *m, f* Urgroßvater *m,* Urgroßmutter *f*
**tataranieto, -a** [tatara'njeto, -a] *m, f* Urenkel(in) *m(f)*
**tate** ['tate] *interj* ❶ (*cuidado*) aufgepasst! ❷ (*despacito*) sachte! ❸ (*sorpresa*) (ach) du meine Güte!
**tatuaje** [tatu'axe] *m* Tätowierung *f*
**tatuar** [tatu'ar] <*1. pres:* tatúo> *vt* tätowieren
**taumaturgia** [tau̯ma'turxja] *f* Wunderkraft *f*
**taumaturgo, -a** [tau̯ma'turɣo, -a] *m, f* Wundertäter(in) *m(f)*
**taurino, -a** [tau̯'rino, -a] *adj* ❶ (*del toro*) Stier- ❷ (*de la corrida*) Stierkampf-
**Tauro** ['tau̯ro] *m* (ASTR) Stier *m;* **soy (de) ~** ich bin (ein) Stier
**tauromaquia** [tau̯ro'makja] *f sin pl* Stierkampfkunst *f*
**tautología** [tau̯tolo'xia] *f* Tautologie *f*
**taxativo, -a** [taʸsa'tiβo, -a] *adj* beschränkend; (*categórico*) kategorisch
**taxi** ['taʸsi] *m* Taxi *nt*
**taxidermista** [taʸsiđer'mista] *mf* Taxidermist(in) *m(f)*
**taxímetro** [taʸ'simetro] *m* Taxameter *m o nt*
**taxista** [taʸ'sista] *mf* Taxifahrer(in) *m(f)*
**taxonomía** [taʸsono'mia] *f sin pl* (BIOL) Taxonomie *f*
**taza** ['taθa] *f* ❶ (*de café*) Tasse *f;* **una ~ de café** (*con café*) eine Tasse Kaffee; (*para el café*) eine Kaffeetasse ❷ (*del wáter*) Klobecken *nt* ❸ (*de fuente*) Becken *nt*
**tazón** [ta'θon] *m* Schale *f*
**te** [te] **I.** *f* T *nt* **II.** *pron pers* ❶ (*objeto directo*) dich; **¡míra~!** schau dich mal an! ❷ (*objeto indirecto*) dir **III.** *pron refl:* **~ vistes** du ziehst dich an; **~ levantas** du stehst auf; **¿~ has lavado los dientes?** hast du dir die Zähne geputzt?
**té** [te] *m* Tee *m;* **dar a alguien el ~** (*fig*) jdm auf die Nerven gehen
**tea** ['tea] *f* ❶ (*astillas*) Kienspan *m;* (*antorcha*) Kienfackel *f* ❷ (*fam: borrachera*) Rausch *m*
**teatral** [tea'tral] *adj* Theater-; (*efecto, experiencia, autor*) Bühnen-; (*fig*) theatralisch
**teatralidad** [teatrali'đa^đ] *f* Theatralik *f*
**teatralizar** [teatrali'θar] <z→c> *vt* theatralisieren
**teatro** [te'atro] *m* ❶ (TEAT: *t. fig*) Theater *nt;* **obra de ~** Theaterstück *nt;* (LIT) Schauspiel *nt;* **el ~ de Calderón** Calderons Dramen; **hacer ~** (*t. fig*) Theater spielen; (*exagerar*) Theater machen ❷ (*escenario*) Schauplatz *m*
**tebeo** [te'βeo] *m* Comic(heft) *nt;* **esto está más visto que el ~** (*fam*) das ist ein alter Hut
**teca** ['teka] *f* Teak *nt*
**techado** [te'ʧađo] *m* Dach *nt*
**techar** [te'ʧar] *vt* überdachen
**techo** ['teʧo] *m* ❶ (*de habitación*) (Zim-

T

mer)decke *f* ② (*de casa*) Dach *nt;* **vivir bajo el mismo** ~ unter einem Dach leben ③ (*tope*) Limit *nt;* (*de evolución*) Höhepunkt *m*

**techumbre** [te'ʧumbre] *f* ① (*techo*) Dach *nt* ② (*estructura*) Dachkonstruktion *f*

**tecla** ['tekla] *f* ① (*de piano, ordenador*) Taste *f;* **tocar una** ~ (*piano, máquina de escribir*) eine Taste anschlagen; (*ordenador*) eine Taste drücken; **dar en la** ~ (*fam fig*) den richtigen Dreh finden; **hay que tocar muchas** ~**s para averiguar eso** man muss alle Register ziehen, um das herauszufinden ② (*materia*) heikles Thema *nt*

**teclado** [te'klaðo] *m* Tastatur *f;* **tocar los** ~**s en un grupo** als Keyboarder in einer Band spielen

**teclear** [tekle'ar] *vi* ① (*piano*) die Tasten anschlagen; (*ordenador*) tippen ② (*dedos*) mit den Fingern trommeln (auf +*akk*)

**teclista** [te'klista] *mf* Keyboardspieler(in) *m(f)*

**técnica** ['teɣnika] *f* Technik *f*

**tecnicismo** [teɣni'θismo] *m* Fachausdruck *m*

**técnico, -a** ['teɣniko, -a] **I.** *adj* ① (*de la técnica*) technisch ② (*de especialidad*) fachlich; **término** ~ Fachausdruck *m* **II.** *m, f* (*especialista*) Fachmann, -frau *m, f;* (TÉC) Techniker(in) *m(f)*

**tecnificar** [teɣnifi'kar] <c→qu> *vt* ① (*con técnica*) technifizieren ② (*con maquinaria*) technisieren

**tecno** ['teɣno] *m* (MÚS) Technomusik *f*

**tecnocracia** [teɣno'kraθja] *f* Technokratie *f*

**tecnócrata** [teɣ'nokrata] **I.** *adj* technokratisch **II.** *mf* Technokrat(in) *m(f)*

**tecnocrático, -a** [teɣno'kratiko, -a] *adj* technokratisch

**tecnología** [teɣnolo'xia] *f* ① (TÉC, ECON) Technologie *f;* ~ **punta** Spitzentechnologie *f* ② (*técnica*) Technik *f*

**tecnológico, -a** [teɣno'loxiko, -a] *adj* ① (TÉC) Technologie-; (*desarrollo*) technologisch; **parque** ~ Technologiepark ② (*técnico*) technisch

**tecnologizar** [teɣnoloxi'θar] <z→c> *vt* technifizieren

**tecnólogo, -a** [teɣ'noloɣo, -a] *m, f* (TÉC) Technologe, -in *m, f*

**tecolote** [teko'lote] *m* (*AmC, Méx: búho*) Uhu *m*

**tedio** ['teðjo] *m* ① (*aburrimiento*) Langeweile *f;* **eso me produce** ~ das langweilt mich ② (*hastío*) Überdruss *m*

**tedioso, -a** [te'ðjoso, -a] *adj* langweilig

**teja** ['texa] *f* ① (*del tejado*) Dachziegel *m* ② (*sombrero*) Priesterhut *m* ③ (*loc*): **pagar a toca** ~ bar auf den Tisch zahlen; **de** ~**s abajo** hier auf der Erde; **de** ~**s arriba** überirdisch

**tejadillo** [texa'ðiʎo] *m* (*de apisonadora, t.* ARQUIT) Wetterdach *nt*

**tejado** [te'xaðo] *m* Dach *nt;* **empezar la casa por el** ~ (*fig*) das Pferd von hinten aufzäumen; **la pelota sigue en el** ~ (*fig*) die Sache ist noch nicht entschieden; **tirar piedras sobre su propio** ~ (*fig*) sich *dat/akk* ins eigene Fleisch schneiden; **quien tiene el** ~ **de vidrio, no tire piedras al de su vecino** (*prov*) wer im Glashaus sitzt, soll nicht mit Steinen werfen

**tejano, -a** [te'xano, -a] **I.** *adj* ① (*de Tejas*) texanisch ② (*ropa*) Jeans-; **pantalón** ~ Jeans(hose) *f* **II.** *m, f* Texaner(in) *m(f)*

**tejanos** [te'xanos] *mpl* (*pantalones*) Jeans *fpl*

**tejar** [te'xar] **I.** *vt* decken **II.** *m* Ziegelei *f*

**tejedor(a)** [texe'ðor(a)] *m(f)* Weber(in) *m(f)*

**tejedura** [texe'ðura] *f* ① (*acción*) Weben *nt* ② (*de hilos*) Gewebe *nt*

**tejemaneje** [texema'nexe] *m* (*fam*) ① (*actividad*) reges Treiben *nt;* **traerse un** ~ **increíble con los papeles** geschäftig mit den Papieren herumhantieren ② (*intriga*) Machenschaften *fpl*

**tejer** [te'xer] *vt* ① (*tela*) weben; ~ **y destejer** (*fig*) schalten und walten ② (*cestos, trenzas*) flechten ③ (ZOOL) spinnen ④ (*intrigas, plan*) schmieden

**tejido** [te'xiðo] *m* ① (*textura, t.* ANAT) Gewebe *nt* ② (*tela*) Stoff *m;* **los** ~**s** die Textilien

**tejo** ['texo] *m* ① (*disco*) Stück *nt* Dachziegel; **tirar los** ~**s a alguien** (*fam*) jdm Avancen machen ② (BOT) Eibe *f*

**tejón** [te'xon] *m* Dachs *m*

**tejuelo** [te'xwelo] *m* (TIPO) Signatur *f*

**tela** ['tela] *f* ① (*tejido*) Stoff *m;* ~ **de araña** Spinnennetz *nt;* ~ **metálica** Maschendraht *m;* ~ **de punto** Trikot *m o nt* ② (*en leche*) Haut *f* ③ (*fam: asunto*) Thema *nt;* **hay** ~ **para rato** [*o* **marinera**] (*para discutir*) der Gesprächsstoff ist bei weitem nicht erschöpft; (*para trabajar*) es ist noch (unheimlich) viel zu erledigen; **este asunto trae** ~ es steckt einiges hinter dieser Sache; **este problema tiene** ~ dies ist ein äußerst heikles Problem ④ (*lienzo*) Leinwand *f;* **una** ~ **de Barceló** ein Gemälde von Barceló ⑤ (*fam: dinero*) Kohle *f* ⑥ (*loc*): **llegar a las** ~**s del corazón** unter die Haut gehen; **poner algo en** ~ **de juicio** (*dudar*) etw in Frage [*o* infrage] stellen; (*tener reparos*) Bedenken gegen etw äußern

**telar** [te'lar] *m* (*máquina*) Webstuhl *m*

**telaraña** [tela'raɲa] *f* (*de araña*) Spinnennetz *nt;* **mirar las ~s** (*fig*) zerstreut sein; **tener ~s en los ojos** (*fig*) verblendet sein

**tele** ['tele] *f* (*fam*) *abr de* **televisión: ver la ~** Fernsehen gucken

**teleadicto, -a** [telea'ðikto, -a] *adj* fernsehsüchtig

**telearrastre** [telea'rrastre] *m* (DEP) Schlepplift *m*

**telebanco** [tele'βaŋko] *m,* **telebanking** [tele'βaŋkiŋ] *m* (INFOR, TEL) Telebanking *nt*

**telebasura** [teleβa'sura] *f* (*fam*) Fernsehmüll *m*

**telecabina** [teleka'βina] *f* Seilbahn *f*

**telecomando** [teleko'maṇdo] *m* (*de televisor*) Fernbedienung *f;* (*de una puerta*) Fernsteuerung *f*

**telecomedia** [teleko'meðja] *f* ❶ (*serie*) Fernsehserie *f* ❷ (*película*) Fernsehfilm *m*

**telecomunicación** [telekomunika'θjon] *f* ❶ (*sistema*) Telekommunikation *f,* Nachrichtentechnik *f;* **ingeniero de Telecomunicaciones** Nachrichtentechniker *m* ❷ *pl* (*empresa*) Fernmeldewesen *nt*

**teleconcurso** [telekoŋ'kurso] *m* Fernsehquiz *nt*

**teleconferencia** [telekoɱfe'reṇθja] *f* (INFOR) Telekonferenz *f*

**telediario** [teleði'arjo] *m* (Fernseh)nachrichten *fpl*

**teledirigir** [telediri'xir] <g→j> *vt* fernsteuern

**telefax** [tele'faᵞs] *m* (TEL) Telefax *nt*

**teleférico** [tele'feriko] *m* (Draht)seilbahn *f*

**telefilm** [tele'filᵐ] *m* <telefilm(e)s> Fernsehfilm *m*

**telefonazo** [telefo'naθo] *m* (*fam*) Anruf *m;* **dar un ~ a alguien** jdn kurz anrufen

**telefonear** [telefone'ar] **I.** *vt* ❶ (*comunicar*) telefonisch mitteilen ❷ (*fam: a alguien*) anrufen **II.** *vi* telefonieren

**telefonía** [telefo'nia] *f* Fernmeldewesen *nt*

**Telefónica** [tele'fonika]: **la ~** die *spanische Telefongesellschaft*

**i Land & Leute**

Bis vor wenigen Jahren war **Telefónica** ein Monopol, die einzige Telefongesellschaft in Spanien. Um sich dem internationalen Markt anzupassen hat **Telefónica** ihr Firmenzeichen geändert, der Akzent fällt jetzt weg: **Telefonica**.

**telefónico, -a** [tele'foniko, -a] *adj* ❶ (*de teléfono*) telefonisch; **cabina telefónica** Telefonzelle *f;* **guía telefónica** Telefonbuch *nt;* **llamada telefónica** Anruf *m* ❷ (*de telefonía*) Fernmelde-

**telefonista** [telefo'nista] *mf* Telefonist(in) *m(f)*

**teléfono** [te'lefono] *m* ❶ (*sistema, aparato*) Telefon *nt;* **~ público** öffentlicher Fernsprecher; **~ de tarjeta** Kartentelefon *nt;* **por ~** telefonisch; **hablar por ~** telefonieren; **llamar por ~** anrufen ❷ (*número*) Telefonnummer *f* ❸ *pl* (*compañía*) Telefongesellschaft *f*

**telegrafía** [teleɣra'fia] *f* Telegrafie *f*

**telegrafiar** [teleɣrafi'ar] <*1. pres:* telegrafío> *vt, vi* telegrafieren

**telegráfico, -a** [tele'ɣrafiko, -a] *adj* ❶ (*por telégrafo*) telegrafisch ❷ (*relativo a la telegrafía*) Telegrafen-

**telegrafista** [teleɣra'fista] *mf* Telegrafist(in) *m(f)*

**telégrafo** [te'leɣrafo] *m* ❶ (*aparato*) Telegraf *m* ❷ *pl* (*administración*) Telegrafenamt *nt*

**telegrama** [tele'ɣrama] *m* Telegramm *nt*

**telele** [te'lele] *m* (*fam*) Anfall *m;* **como me digas que no, me da un ~** wenn du Nein sagst, kriege ich einen Anfall

**telemando** [tele'maṇdo] *m* Fernsteuerung *f;* (*de la televisión*) Fernbedienung *f*

**telemarujeo** [telemaru'xeo] *m* *niveaulose Gesprächskultur der Talkshows*

**telemática** [tele'matika] *f* Datenfernübertragung *f*

**telemetría** [teleme'tria] *f* (TÉC) Telemetrie *f*

**telémetro** [te'lemetro] *m* Entfernungsmesser *m*

**telenovela** [teleno'βela] *f* Seifenoper *f*

**telenque** [te'leŋke] **I.** *adj* ❶ (*Chil: temblón*) zitt(e)rig; (*enfermizo*) kränklich ❷ (*ElSal: torcido*) krumm **II.** *m* (*Guat: cachivache*) Sonderling *m*

**teleobjetivo** [teleoβxe'tiβo] *m* Teleobjektiv *nt*

**telepatía** [telepa'tia] *f sin pl* Telepathie *f*

**telepático, -a** [tele'patiko, -a] *adj* telepathisch

**telequinesia** [teleki'nesja] *f sin pl* Telekinese *f*

**telera** [te'lera] *f* ❶ (*travesaño*) Querbalken *m* ❷ (*de un arado, carro*) Lenkscheit *m* ❸ (*de una prensa*) (Klemm)backe *f*

**telerruta** [tele'rruta] *f:* (**servicio de**) **~** *telefonischer Verkehrsmeldedienst*

**telescópico, -a** [teles'kopiko, -a] *adj* teleskopisch

**telescopio** [teles'kopjo] *m* Teleskop *nt*

**telesilla** [tele'siʎa] *f* Sessellift *m*
**telespectador(a)** [telespekta'ðor(a)] *m(f)* Fernsehzuschauer(in) *m(f)*
**telesquí** [teles'ki] *m* (Ski)lift *m*
**teletexto** [tele'testo] *m* Videotext *m*
**teletienda** [tele'tjen̩da] *f* Teleshopping *nt*
**teletipo** [tele'tipo] *m* Fernschreiber *m*
**teletrabajo** [teletra'βaxo] *m* Tele(heim)arbeit *f*
**televidente** [teleβi'ðen̩te] *mf* v. **telespectador**
**televisar** [teleβi'sar] *vt* senden; (*en directo*) übertragen
**televisión** [teleβi'sjon] *f* ❶ (*sistema, organización*) Fernsehen *nt;* ~ **digital** digitales Fernsehen; ~ **de pago** Pay-TV *nt* ❷ (*fam: televisor*) Fernseher *m;* ~ **en color** Farbfernseher *m*
**televisivo, -a** [teleβi'siβo, -a] *adj* ❶ (*relativo a*) Fernseh- ❷ (*apto para*) fürs Fernsehen geeignet
**televisor** [teleβi'sor] *m* Fernsehgerät *nt*
**televisual** [teleβi'swal] *adj* (TV) *v.* **televisivo**
**télex** ['teleˠs] *m* Telex *nt*
**telón** [te'lon] *m* Vorhang *m;* **el** ~ **de acero** der eiserne Vorhang; ~ **de fondo** Hintergrund *m*
**telonero, -a** [telo'nero, -a] **I.** *adj* (*artista*) das Vorprogramm bestreitend; (*boxeador*) den Vorkampf bestreitend **II.** *m, f* (*artista, boxeador, orador*) *Künstler, Boxer oder Redner, der das Vorprogramm bestreitet*
**tema** ['tema] *m* (*t.* MÚS, LIT) Thema *nt;* **cada loco con su** ~ jedem Tierchen sein Pläsierchen; **ése es el** ~ **de mi sermón** (*fig*) (das ist) meine Rede

**? Grammatik**

Wörter wie **tema** mit der Endsilbe ‚-ma' sind stets maskulin: *el tema – das Thema.* Weitere Beispiele sind: *el clima – das Klima, el drama – das Drama, el idioma – die Sprache, el problema – das Problem, el programa – das Programm, el sistema – das System.*

**temario** [te'marjo] *m* Themenkreis *m*
**temática** [te'matika] *f* Thematik *f*
**temático, -a** [te'matiko, -a] *adj* thematisch
**temblar** [tem'blar] <e→ie> *vi* zittern; ~ **de miedo** vor Angst zittern; ~ **por alguien** um jdn zittern; **te tiemblan las carnes** du zitterst wie Espenlaub; **dejar temblando** (*comer*) fast ganz aufessen; (*beber*) fast leer trinken
**tembleque** [tem'bleke] *m* (*fam*) ❶ (*temblor*) Zittern *nt;* **me dio un** ~ ich fing (plötzlich) an zu zittern ❷ (*persona*) zitt(e)riger Mensch *m*
**temblequear** [tembleke'ar] *vi* (*fam*) zitt(e)rig sein
**temblón¹** [tem'blon] *m* ❶ (BOT): (**álamo**) ~ Zitterpappel *f* ❷ (ZOOL) Zitterrochen *m*
**temblón, -ona²** [tem'blon, -ona] *adj* (*fam*) zitt(e)rig
**temblor** [tem'blor] *m* (*tembleque*) Zittern *nt;* (*escalofrío*) Schauder *m;* ~ **de frío** Schüttelfrost *m;* ~ (**de tierra**) Erdbeben *nt*
**tembloroso, -a** [temblo'roso, -a] *adj* zitt(e)rig
**temer** [te'mer] **I.** *vt* ❶ (*sentir temor*) fürchten ❷ (*sospechar*) (be)fürchten **II.** *vi* sich fürchten; ~ **por alguien** um jdn bangen **III.** *vr:* ~**se** (be)fürchten
**temerario, -a** [teme'rarjo, -a] *adj* ❶ (*imprudente*) waghalsig ❷ (*sin fundamento*) unüberlegt
**temeridad** [temeri'ðaᵈ] *f sin pl* ❶ (*imprudencia*) Waghalsigkeit *f* ❷ (*insensatez*) unüberlegte Handlung *f*
**temeroso, -a** [teme'roso, -a] *adj* ❶ (*medroso*) ängstlich; ~ **de Dios** gottesfürchtig; ~ **de que...** +*subj* aus Angst davor, dass ... ❷ (*temible*) Furcht erregend
**temible** [te'miβle] *adj* Furcht erregend
**temor** [te'mor] *m* ❶ (*miedo*) Furcht *f* (*a/de* vor +*dat*); **por** ~ **a lo que diga la gente** aus Angst vor dem, was die Leute sagen ❷ (*sospecha*) Befürchtung *f*
**témpano** ['tempano] *m* ❶ (*pedazo*) Scheibe *f;* (*de hielo*) (Eis)scholle *f;* (*de tocino*) Speckscheibe *f;* **quedarse como un** ~ starr vor Kälte sein; **tener las manos como un** ~ eiskalte Hände haben ❷ (*tambor*) Pauke *f;* (*piel*) Trommelfell *nt*
**temperamental** [temperamen̩'tal] *adj* ❶ (*del temperamento*) Temperaments-; **característica** ~ Charaktereigenschaft *f* ❷ (*persona*) temperamentvoll
**temperamento** [tempera'men̩to] *m* (*carácter, vivacidad*) Temperament *nt;* **tener mucho** ~ sehr temperamentvoll sein
**temperante** [tempe'ran̩te] **I.** *adj* (*AmS: abstemio*) abstinent **II.** *mf* (*AmS*) Abstinenzler(in) *m(f)*
**temperar** [tempe'rar] **I.** *vt* mäßigen; (MED) mildern **II.** *vr:* ~**se** sich mäßigen
**temperatura** [tempera'tura] *f* Temperatur *f;* (*de una persona*) Körpertemperatur *f;* (*fiebre*) Fieber *nt;* **el niño tiene mucha** ~ der Kleine hat hohes Fieber; **tengo algo de** ~ ich habe (erhöhte) Temperatur

**tempestad** [tempes'taᵈ] *f* (*tormenta*) Gewitter *nt;* (*marejada*) Sturm *m;* (*agitación*) Aufruhr *f;* ~ **de aplausos** Beifallssturm *m;* ~ **de injurias** Flut von Beschimpfungen; ~ **de silbidos** Pfeifkonzert *nt;* **levantar** ~**es** Unruhe stiften; **levantar una** ~ **de protestas** einen Proteststurm auslösen

**tempestivo, -a** [tempes'tiβo, -a] *adj* (*elev*) gelegen, zeitlich günstig

**tempestuoso, -a** [tempestu'oso, -a] *adj* stürmisch; (*ambiente*) geladen

**templado, -a** [tem'plaðo, -a] *adj* ❶ (*tibio*) lau(warm) ❷ (*temperado*) mild ❸ (*moderado*) maßvoll; **ser** ~ **en la bebida** nur wenig trinken ❹ (*sereno*) ruhig ❺ (*valiente*) mutig ❻ (*fam: bebido*) beschwipst; **estar** ~ einen Schwips haben

**templanza** [tem'plan̪θa] *f* ❶ (*moderación*) Enthaltsamkeit *f* ❷ (*clima, temperatura*) Milde *f*

**templar** [tem'plar] **I.** *vt* ❶ (*moderar*) mäßigen; (*suavizar*) lindern; (*calmar*) beruhigen ❷ (*calentar*) (auf)wärmen ❸ (MÚS) stimmen; ~ **a alguien la gaita** jdn zurechtweisen ❹ (*apretar*) anziehen ❺ (*mezclar*) verdünnen ❻ (*acero*) härten **II.** *vr:* ~**se** ❶ (*moderarse*) sich mäßigen (*en* bei/in +*dat*) ❷ (*calentarse*) wärmer werden; (*enfriarse*) abkühlen ❸ (*Am: enamorarse*) sich verlieben ❹ (*Col, Perú: emborracharse*) sich betrinken

**temple** ['temple] *m* ❶ (*valentía*) Mut *m* ❷ (*carácter*) Gemüt *nt;* (*humor*) Laune *f;* **estar de buen/mal** ~ gut/schlecht gelaunt sein ❸ (*temperatura*) Temperatur *f;* (*tiempo*) Wetter *nt* ❹ (*del acero: proceso*) Härtung *f;* (*dureza*) Härtegrad *m* ❺ (MÚS) Stimmen *nt* ❻ (ARTE) Temperafarbe *f*

**templete** [tem'plete] *m* (*armazón*) Schrein *m*

**templo** ['templo] *m* Tempel *m;* **una verdad como un** ~ (*fam*) eine unumstößliche Wahrheit

**temporada** [tempo'raða] *f* (*tiempo*) Zeit *f;* (*época*) Saison *f;* ~ **alta** Hauptsaison *f;* ~ **baja** (*anterior*) Vorsaison *f;* (*posterior*) Nachsaison *f;* **fruta de** ~ Obst der Jahreszeit; **llevo una** ~ **que salgo poco** in letzter Zeit bin ich wenig ausgegangen

**temporal** [tempo'ral] **I.** *adj* ❶ (*relativo al tiempo*) zeitlich ❷ (*no permanente*) vorübergehend; (*no eterno*) vergänglich; **contrato** ~ Zeitvertrag *m* ❸ (*secular*) weltlich ❹ (ANAT): **hueso** ~ Schläfenbein *nt* **II.** *m* ❶ (*tormenta*) Gewitter *nt;* (*marejada*) Sturm *m;* **capear el** ~ (*fig*) Schwierigkeiten meistern ❷ (ANAT) Schläfenbein *nt*

**temporalidad** [temporali'ðaᵈ] *f* ❶ (*limitación*) Befristung *f;* (*transitoriedad*) Vergänglichkeit *f* ❷ (REL) Weltlichkeit *f* ❸ *pl* (REL) Einkünfte *fpl* der Geistlichen

**temporario, -a** [tempo'rarjo, -a] *adj* (*Am*) zeitweilig

**temporero, -a** [tempo'rero, -a] **I.** *adj* Aushilfs-; **trabajador** ~ Aushilfe *f* **II.** *m, f* Aushilfe *f;* (AGR) Saisonarbeiter(in) *m(f)*

**tempranero, -a** [tempra'nero, -a] **I.** *adj* ❶ (*anticipado*) vorzeitig; (*fruta*) frühreif ❷ (*madrugador*): **ser** ~ ein Frühaufsteher sein; **¡qué** ~ **estás hoy!** heute bist du aber schon früh auf den Beinen! **II.** *m, f* Frühaufsteher(in) *m(f)*

**temprano¹** [tem'prano] *adv* ❶ (*a primera hora*) früh; ~ **por la mañana** frühmorgens ❷ (*antes*) vorzeitig; **llegar** (**demasiado**) ~ zu früh sein

**temprano, -a²** [tem'prano, -a] *adj* früh; **a edad temprana** in jungen Jahren

**tenacidad** [tenaθi'ðaᵈ] *f sin pl* ❶ (*persona*) Hartnäckigkeit *f;* (*porfía*) Sturheit *f* ❷ (*material*) Widerstandsfähigkeit *f* ❸ (*dolor, mancha*) Hartnäckigkeit *f*

**tenacillas** [tena'θiʎas] *fpl* Zange *f;* (*para rizar*) Lockenschere *f;* (*para depilar*) Pinzette *f*

**tenaz** [te'naθ] *adj* ❶ (*perseverante*) beharrlich; (*cabezota*) stur; **ser** ~ **en sus decisiones** sich nicht von seinen Entscheidungen abbringen lassen ❷ (*resistente*) robust ❸ (*persistente*) hartnäckig; (*niebla*) dicht

**tenaza(s)** [te'naθa(s)] *f(pl)* Zange *f;* **no me pudieron sacar la verdad ni con** ~**s** es war unmöglich, die Wahrheit aus mir herauszubekommen; **no les podemos sacar el reloj ni con** ~**s** was wir auch tun, sie rücken die Uhr nicht raus

**tenca** ['teŋka] *f* Schleie *f*

**tendajo** [ten̪'daxo] *m* (*fam*) Kramladen *m*

**tendal** [ten̪'dal] *m* (*toldo*) Sonnendach *nt*

**tendear** [ten̪de'ar] *vi* (*Méx*) bummeln

**tendedero** [ten̪de'ðero] *m* ❶ (*lugar*) Trockenplatz *m* ❷ (*armazón*) Wäscheständer *m;* (*cuerdas*) Wäscheleine *f*

**tendencia** [ten̪'den̪θja] *f* ❶ (*inclinación*) Neigung *f* (*a* zu +*dat*); **tener** ~ **a algo** zu etw *dat* neigen ❷ (*dirección*) Tendenz *f;* ~ **alcista** Aufwärtstrend *m;* ~ **al alza/a la baja** steigende/rückläufige Tendenz; **las últimas** ~**s de la moda** die aktuellen Modetrends ❸ (*aspiración*) Streben *nt* (*a* nach +*dat*); ~**s autonomistas** Autonomiebestreben *nt*

**tendenciosidad** [ten̪den̪θjosi'ðaᵈ] *f* (*pey:*

T

*hacia una ideología*) Parteilichkeit *f*

**tendencioso, -a** [tendenˈθjoso, -a] *adj* (*pey*) tendenziös

**tender** [tenˈder] <e→ie> **I.** *vt* ❶ (*desdoblar, esparcir*) ausbreiten (*sobre* auf +*dat*); ~ **la cama** (*Am*) das Bett machen; ~ **la mesa** (*Am*) den Tisch decken ❷ (*tumbar*) hinlegen (*sobre/en* auf +*akk*); (*de golpe*) zu Boden strecken ❸ (*colocar: ropa*) aufhängen; (*cuerda*) spannen; (*puente*) schlagen; (*línea, vía*) verlegen ❹ (*aproximar*) reichen; ~ **la mano a alguien** (*fig*) jdm helfen **II.** *vi* ❶ (*tirar*) tendieren; **tu cabello tiende a rojizo** deine Haarfarbe geht ins Rötliche ❷ (*inclinarse*) neigen (*a* zu +*dat*); **tiendo a salir poco** ich gehe nur ungern aus ❸ (MAT) gehen (*a* gegen +*akk*) ❹ (*aspirar*) streben (*a* nach +*dat*); (*estar dirigido*) abzielen (*a* auf +*akk*) **III.** *vr:* ~**se** ❶ (*tumbarse*) sich hinlegen (*sobre/en* auf +*akk*) ❷ (*abandonarse*) nachlässig werden

**tenderete** [tendeˈrete] *m* (COM) Stand *m*

**tendero, -a** [tenˈdero, -a] *m, f* ❶ (*dueño*) Ladenbesitzer(in) *m(f)* ❷ (*dependiente*) Verkäufer(in) *m(f)*

**tendido**[1] [tenˈdiðo] *m* ❶ (*de un cable*) Verlegen *nt* ❷ (*cables*) Leitungen *fpl* ❸ (*ropa*) (zum Trocknen aufgehängte) Wäsche *f* ❹ (TAUR) Sperrsitze *mpl* ❺ (*Am: de la cama*) Bettwäsche *f*

**tendido, -a**[2] [tenˈdiðo, -a] *adj* (*galope*) gestreckt; **largo y** ~ ausführlich

**tendinitis** [tendiˈnitis] *f inv* (MED) Sehnenentzündung *f*

**tendón** [tenˈdon] *m* Sehne *f*

**tenebrosidad** [teneβrosiˈðaᵈ] *f* ❶ (*de un lugar*) Finsternis *f* ❷ (*del porvenir*) Düsterkeit *f* ❸ (*de palabras, hechos*) Rätselhaftigkeit *f*

**tenebroso, -a** [teneˈβroso, -a] *adj* (*oscuro, t. fig*) finster; (*tétrico*) düster

**tenedor**[1] [teneˈðor] *m* (*para comer*) Gabel *f*

**tenedor(a)**[2] [teneˈðor(a)] *m(f)* ❶ (*propietario*) Inhaber(in) *m(f);* ~ **de tierras** Pächter *m* ❷ (FIN): ~ **de libros** Buchhalter *m*

**teneduría** [teneðuˈria] *f* Buchhaltung *f*

**tenencia** [teˈnenθja] *f* (JUR) Besitz *m;* ~ **ilícita de armas** unerlaubter Waffenbesitz

**tener** [teˈner] *irr* **I.** *vt* ❶ (*poseer, disfrutar, sentir, padecer*) haben; ~ **los ojos azules** blaue Augen haben; ~ **29 años** 29 (Jahre alt) sein; ~ **poco de tonto** alles andere als dumm sein; **no** ~ **nada de especial** nichts Besonderes sein; **¿(con que) ésas tenemos?** so ist das also!; ~**la tomada con alguien** (*fam*) jdn auf dem Kieker haben; **no** ~**las todas consigo** schlechte Karten haben; **no** ~ **nada que perder** nichts zu verlieren haben; **no** ~ **precio** unbezahlbar sein; ~ **cariño a alguien** jdn lieb haben; ~ **la culpa de algo** an etw *dat* schuld sein; **¿tienes frío?** ist dir kalt?; **le tengo lástima** er/sie tut mir leid; ~ **sueño** müde sein ❷ (*considerar*) halten (*por* für +*akk*); ~ **a alguien en menos/mucho** wenig/viel von jdm halten; **ten por seguro que...** du kannst dich darauf verlassen, dass ...; **tengo para mí que...** ich persönlich glaube, dass ... ❸ (*guardar*) aufbewahren ❹ (*contener*) beinhalten; **el frasco ya no tiene miel** es ist kein Honig mehr im Glas ❺ (*coger*) nehmen ❻ (*sujetar*) festhalten; ~ **a alguien por el brazo** jdn am Arm festhalten ❼ (*recibir*) bekommen; **ha tenido un niño** sie hat ein Kind gekriegt ❽ (*hacer sentir*): **me tienes preocupada** ich mache mir deinetwegen Sorgen; **me tienes loca** du machst mich ganz verrückt; **me tienes hasta las narices** (*fam*) ich habe die Nase voll von dir; **la tengo hasta las narices con mis preguntas** (*fam*) sie hat die Nase voll von meinen Fragen ❾ (*cumplir*): ~ **su palabra** sein Wort halten ❿ (*loc*): ~ **cuidado** vorsichtig sein; **me tiene sin cuidado** das ist mir egal; ~ **prisa** es eilig haben; ~ **en cuenta** berücksichtigen; ~ **presente algo** sich *dat* etw vor Augen halten **II.** *vr:* ~**se** ❶ (*considerarse*) sich halten (*por* für +*akk*); ~**se en mucho** viel auf sich halten ❷ (*sostenerse*) sich halten; ~**se de pie** stehen (bleiben); ~**se firme** aufrecht stehen (bleiben); (*fig*) standhaft bleiben; **estoy que no me tengo** ich bin todmüde ❸ (*dominarse*) sich beherrschen ❹ (*atenerse*) sich halten (*a* an +*akk*) **III.** *aux* ❶ (*con participio concordante*): ~ **pensado hacer algo** vorhaben etw zu tun; **ya tengo comprado todo** ich habe schon alles gekauft; **me lo tenía callado** ich habe kein Sterbenswort gesagt; **ya me lo tenía pensado** das habe ich mir bereits gedacht ❷ (*obligación, necesidad*): ~ **que** müssen; ~ **mucho que hacer** viel zu tun haben; **¿qué tiene que ver esto conmigo?** was hat das mit mir zu tun?

**Tenerife** [teneˈrife] *m* Teneriffa *nt*

**tenia** [ˈtenja] *f* (ZOOL) Bandwurm *m*

**tenida** [teˈniða] *f* (*Chil*) Kleidung *f;* (*traje*) Anzug *m;* (*uniforme*) Uniform *f*

**teniente** [teˈnjente] **I.** *adj* ❶ (*fam: sordo*) schwerhörig ❷ (*inmaduro*) unreif **II.** *m* (MIL) Leutnant *m;* ~ **coronel** Oberstleutnant *m*

**tenis** [ˈtenis] *m sin pl* Tennis *nt*

**tenista** [te'nista] *mf* Tennisspieler(in) *m(f)*

**tenor** [te'nor] *m* ❶ (*contenido, t.* MÚS) Tenor *m;* **a este ~** in diesem Stil; **a ~ de** gemäß +*dat* ❷ (*constitución*) Beschaffenheit *f*

**tenorio** [te'norjo] *m* Don Juan *m*

**tensar** [ten'sar] *vt* straffen

**tensión** [ten'sjon] *f* ❶ (FÍS) Spannung *f* ❷ (*estado: cosa*) Gespanntheit *f;* (*cuerda, piel*) Straffheit *f;* (*nervios, músculos*) Anspannung *f;* (*impaciencia*) Spannung *f;* **película de ~** Thriller *m;* **estar en ~** (*nervioso*) sehr angespannt sein; (*impaciente*) gespannt sein ❸ (MED): **~ arterial** Blutdruck *m* ❹ *pl* (*conflicto*) Spannungen *fpl*

**tenso, -a** ['tenso, -a] *adj* (*cosa, situación*) gespannt; (*cuerda, piel*) straff; (*músculos, nervios*) angespannt; (*impaciente*) gespannt

**tensor** [ten'sor] *m* ❶ (*mecanismo*) Spanner *m* ❷ (*para hacer gimnasia*) Expander *m* ❸ (*músculo*) Spannmuskel *m;* (MED) Tensor *m* ❹ (MAT) Tensor *m*

**tentación** [ten̪ta'θjon] *f* Versuchung *f;* **me dan tentaciones de...** ich bin versucht zu ...

**tentáculo** [ten̪'takulo] *m* Fangarm *m*

**tentador(a)** [ten̪ta'ðor(a)] **I.** *adj* verführerisch **II.** *m(f)* Verführer(in) *m(f)*

**tentar** [ten̪'tar] <e→ie> *vt* ❶ (*palpar*) betasten; (*reconocer*) ertasten ❷ (*atraer*) (ver)locken; (*seducir*) verführen (*a* zu +*dat*); **no me tientes** führe mich nicht in Versuchung

**tentativa** [ten̪ta'tiβa] *f* Versuch *m;* **~ de robo** versuchter Diebstahl

**tentempié** [ten̪tem'pje] *m* (*fam: refrigerio*) Snack *m*

**tentetieso** [ten̪te'tjeso] *m* Stehaufmännchen *nt*

**tenue** ['tenwe] *adj* ❶ (*delgado*) dünn; (*delicado*) fein ❷ (*sutil*) zart; (*débil*) schwach; **luz ~** Dämmerlicht *nt* ❸ (*sencillo*) schlicht

**teñir** [te'ɲir] *irr como ceñir vt, vr:* **~se** (sich) färben; **~(se) de rojo** (sich) rot färben; **~se el cabello de negro** sich *dat* die Haare schwarz färben; **~ de tristeza** mit Trauer erfüllen

**teocracia** [teo'kraθja] *f* Theokratie *f*

**teología** [teolo'xia] *f* Theologie *f*

**teológico, -a** [teo'loxiko, -a] *adj* theologisch

**teólogo, -a** [te'oloɣo, -a] **I.** *adj* theologisch **II.** *m, f* Theologe, -in *m, f;* (*estudiante*) Theologiestudent(in) *m(f)*

**teorema** [teo'rema] *m* Lehrsatz *m*

**teorético, -a** [teo'retiko, -a] *adj* theoretisch

**teoría** [teo'ria] *f* Theorie *f;* **~ de los colores** Farbenlehre *f;* **en ~** theoretisch

**teórica** [te'orika] *f* Theorie *f*

**teórico, -a** [te'oriko, -a] **I.** *adj* theoretisch **II.** *m, f* Theoretiker(in) *m(f)*

**teorizar** [teori'θar] <z→c> **I.** *vt* theoretisch behandeln **II.** *vi* theoretisieren

**tequila** [te'kila] *m* (GASTR) Tequila *m*

**TER** [ter] *m abr de* **Tren Español Rápido** TER *m* (*spanischer IC*)

**terapeuta** [tera'peu̯ta] *mf* Therapeut(in) *m(f)*

**terapéutica** [tera'peu̯tika] *f* Therapeutik *f*

**terapéutico, -a** [tera'peu̯tiko, -a] *adj* therapeutisch

**terapia** [te'rapja] *f* Therapie *f*

**tercer** [ter'θer] *adj v.* **tercero**

**tercera** [ter'θera] *f* ❶ (AUTO) dritter Gang *m* ❷ (MÚS) Terz *f* ❸ (FERRO) dritte Klasse *f*

**tercería** [terθe'ria] *f* (*mediación*) Vermittlung *f*

**tercermundismo** [terθermun̪'dismo] *m sin pl* ❶ (*subdesarrollo*) Unterentwicklung *f* ❷ (*problemática*) Dritte-Welt-Problematik *f*

**tercermundista** [terθermun̪'dista] *adj* Dritte-Welt-

**Tercer Mundo** [ter'θer 'mun̪do] *m sin pl* Dritte Welt *f*

**tercero**[1] [ter'θero] **I.** *m* ❶ (*t.* JUR) Dritte(r) *m* ❷ (*alcahuete*) Kuppler *m* **II.** *adv* drittens

**tercero, -a**[2] [ter'θero, -a] **I.** *adj* (*delante de un sustantivo masculino: tercer*) dritte(r, s); **terceras personas** Dritte *pl;* **en tercer lugar** drittens; **a la tercera va la vencida** (*prov*) aller guten Dinge sind drei; *v. t.* **octavo II.** *m, f* Vermittler(in) *m(f)*

> **? Grammatik**
>
> **tercero** steht stets nach einem maskulinen Substantiv im Singular oder allein als Pronomen: *Vive en el piso tercero. – Sie/er wohnt im dritten Stock. Es el tercero de su clase. – Sie/er ist die/der Drittbeste ihrer/seiner Klasse.* Dagegen steht **tercer** stets vor einem maskulinen Substantiv im Singular: *Lo consiguió al tercer intento. – Es gelang ihr/ihm beim dritten Versuch.*

**terceto** [ter'θeto] *m* Terzett *nt*

**tercia** ['terθja] *f* (REL) Terz *f*

**terciar** [ter'θjar] **I.** *vt* ❶ (*dividir*) dritteln ❷ (*atravesar*) (quer) umhängen ❸ (*la carga*) gleichmäßig verteilen ❹ (*Am: aguar*) panschen **II.** *vi* ❶ (*intervenir*) eingreifen ② (*mediar*) vermitteln (*con* bei +*dat*) ③ (*participar*) mitmachen (*en* bei +*dat*); ~ **en un juego** mitspielen **III.** *vr, vimpers:* ~**se** ① (*ocasión*) sich ergeben; **si se tercia** wenn es sich ergibt; **prepararse por lo que se pueda** ~ für alle Fälle gerüstet sein ② (*ponerse*) sich *dat* (quer) umhängen

**terciario**[1] [ter'θjarjo] *m* (GEO) Tertiär *nt*

**terciario, -a**[2] [ter'θjarjo, -a] *adj* (*t.* GEO) tertiär

**tercio** ['terθjo] *m* ① (*parte*) Drittel *nt; v. t.* **octavo** ② (*loc*): **hacer buen/mal ~ a alguien** jdm einen guten/schlechten Dienst erweisen

**terciopelo** [terθjo'pelo] *m* Samt *m;* **de ~** samten

**terco, -a** ['terko, -a] **I.** *adj* ① (*persona*) stur ② (*niño*) trotzig ③ (*animal*) störrisch ④ (*cosa*) steif **II.** *m, f* Dickkopf *m*

**tere** ['tere] *adj* (*Col*) ① (*llorón*) weinerlich ② (*enclenque*) schwächlich

**tereque** [te'reke] *m* (*Col, RDom, PRico, Ven: cachivache*) Gerümpel *nt*

**tergal®** [ter'ɣal] *m* Tergal® *nt*

**tergiversación** [terxiβersa'θjon] *f* Verfälschung *f;* (*de palabras*) verfälschte Wiedergabe *f*

**tergiversar** [terxiβer'sar] *vt* (*hechos*) verfälschen; (*la verdad*) verdrehen; (*palabras*) falsch wiedergeben

**termal** [ter'mal] *adj* thermal; **aguas ~es** Thermalquelle *f*

**termas** ['termas] *fpl* (*baños*) Thermalbad *nt;* (*de los romanos*) Thermen *fpl*

**termes** ['termes] *m inv* Termite *f*

**térmico, -a** ['termiko, -a] *adj* thermisch; **central térmica** Wärmekraftwerk *nt*

**terminación** [termina'θjon] *f* ① (*acción*) Beendung *f;* (*de un proyecto*) Abschluss *m;* (*producción*) Fertigstellung *f;* (*de un plazo*) Ablauf *m* ② (*final*) Ende *nt;* (*borde*) Abschluss *m*

**terminal**[1] [termi'nal] **I.** *adj* End-; **parte ~** Schlussteil *m;* **un enfermo ~** ein sich im Endstadium befindender Kranker **II.** *m* (INFOR) Terminal *nt*

**terminal**[2] [termi'nal] *f* ① (*estación*) Endstation *f;* (FERRO) Endbahnhof *m* ② (*de* (*aero*)*puerto*) Terminal *m o nt;* ~ **aérea** Flughafenterminal *m o nt*

**terminante** [termi'nan̩te] *adj* ① (*claro*) eindeutig ② (*definitivo*) endgültig

**terminar** [termi'nar] **I.** *vt* ① (*finalizar*) beenden; (*proyecto*) abschließen; **¿cuándo terminas?** wann bist du fertig? ② (*producir*) fertig stellen; **¿cuándo van a ~ el puerto?** wann wird der Hafen fertig gestellt?; **estar bién terminado** sorgfältig verarbeitet sein ③ (*consumir*) aufbrauchen; (*beber*) austrinken; (*comer*) aufessen **II.** *vi* ① (*tener fin*) enden; (*plazo, contrato*) ablaufen; ~ **en punta** spitz zulaufen; **¿cuándo termina la película?** wann ist der Film zu Ende?; **la escuela termina a las dos** die Schule ist um zwei aus ② (*acercarse al final*) zu Ende gehen; **ya termina la película** der Film ist bald zu Ende ③ (*poner fin*) aufhören ④ (*destruir*) vernichten (*con* +*akk*); **el tabaco va a ~ contigo** das Rauchen macht dich noch kaputt ⑤ (*de hacer algo*): ~ **de construir** fertig stellen; ~ **de hacer/coser/comer** fertig machen/nähen/essen; **cuando termines de comer...** wenn du mit dem Essen fertig bist, ... ⑥ (*separarse*) Schluss machen ⑦ (*llegar a*): ~ **por hacer algo** schließlich etw tun; **terminaron peleándose** am Ende stritten sie sich ⑧ (*haber hecho*): ~ **de hacer algo** gerade etwas getan haben ⑨ (DEP) ins Ziel kommen **III.** *vr:* ~**se** ① (*aproximarse al final*) zu Ende gehen ② (*no haber más*) ausgehen; **se me está terminando la paciencia** ich bin bald mit meiner Geduld am Ende

**término** ['termino] *m* ① (*fin*) Ende *nt;* **me bajé en el ~** ich stieg an der Endstation aus; **he llegado al ~ de mi paciencia** ich bin mit meiner Geduld am Ende; **dar ~ a algo** etw beenden; **llevar a ~** zu Ende bringen; **poner ~ a algo** etw *dat* ein Ende machen; **sin ~** endlos ② (*plazo*) Zeitraum *m;* **en el ~ de quince días** innerhalb von zwei Wochen ③ (*linde*) Grenze *f* ④ (ADMIN) Bezirk *m* ⑤ (*vocablo*) Ausdruck *m;* (*especial*) Terminus *m;* **en buenos ~s** gelinde gesagt; **en otros ~s** mit anderen Worten; **contestar en malos ~s** barsch antworten ⑥ (*parte*) Teil *m* ⑦ *pl* (*de un contrato*) Bestimmungen *fpl* ⑧ (*loc*): **~ medio** Durchschnitt *m;* **por ~ medio** durchschnittlich; **en primer ~** an erster Stelle; **en último ~** letztendlich; **estar en buenos/malos ~s** sich gut/schlecht verstehen; **separarse en buenos/malos ~s** gütlich/im Streit auseinander gehen

**terminología** [terminolo'xia] *f* Fachwortschatz *m*

**terminológico, -a** [termino'loxiko, -a] *adj* fachsprachlich; **diccionario ~** Fachwörterbuch *nt*

**termita** [ter'mita] *f* (ZOOL) Termite *f*

**termitero** [termi'tero] *m* (ZOOL) Termitenhügel *m*

**termo** ['termo] *m* Thermosflasche *f*

**termodinámica** [termoði'namika] *f* (FÍS)

Thermodynamik *f*

**termómetro** [ter'mometro] *m* Thermometer *nt;* ~ **clínico** Fieberthermometer *nt*

**termonuclear** [termonukle'ar] *adj* (FÍS) thermonuklear

**termorregulación** [termorreγula'θjon] *f* (BIOL, TÉC) Wärmeregelung *f*

**termosifón** [termosi'fon] *m* (*calentador*) Boiler *m*

**termostato** [termos'tato] *m*, **termóstato** [ter'mostato] *m* Thermostat *m*, Temperaturregler *m*

**termotecnia** [termo'teγnja] *f* Wärmetechnik *f*

**terna** ['terna] *f* (*candidatos*) Kandidatenliste *f* (*mit drei Vorschlägen*)

**ternario, -a** [ter'narjo, -a] *adj* Dreier-; (*de tres unidades*) dreiteilig

**terne** ['terne] **I.** *adj* ① (*fam: bravucón*) großmäulig ② (*fam: cabezota*) stur ③ (*recio*) kräftig **II.** *m* (*fam: bravucón*) Großmaul *nt*

**ternera** [ter'nera] *f* (*carne*) Kalbfleisch *nt*

**ternero, -a** [ter'nero, -a] *m, f* Kalb *nt*

**terneza** [ter'neθa] *f v.* **ternura**

**ternilla** [ter'niʎa] *f* Knorpel *m*

**terno** ['terno] *m* ① (*conjunto*) Dreiheit *f* ② (*traje*) dreiteiliger Anzug *m* ③ (*juramento*) Kraftausdruck *m;* **echar ~s** fluchen

**ternura** [ter'nura] *f* ① (*cariño*) Zärtlichkeit *f* ② (*dulzura*) Lieblichkeit *f* ③ (*blandura, delicadeza, suavidad, sensibilidad*) Zartheit *f* ④ (*Chil, Ecua, Guat: inmadurez*) Unreife *f*

**terquedad** [terke'ðaᵈ] *f* ① (*testarudez*) Sturheit *f* ② (*porfía*) Rechthaberei *f* ③ (*de un niño*) Trotz *m* ④ (*de un animal*) Störrischkeit *f*

**terracota** [terra'kota] *f* Terrakotta *f*

**terrado** [te'rraðo] *m* (Flach)dach *nt;* (*terraza*) (Dach)terrasse *f*

**terral** [te'rral] **I.** *adj:* **viento** ~ Landwind *m* **II.** *m* (METEO) Landwind *m*

**Terranova** [terra'noβa] *f* Neufundland *nt*

**terraplén** [terra'plen] *m* ① (*montón*) (Erd)aufschüttung *f;* (*protección*) (Erd)wall *m* ② (*desnivel*) Damm *m;* ~ **de un ferrocarril** Bahndamm *m*

**terráqueo, -a** [te'rrakeo, -a] **I.** *adj* Erd-; **globo** ~ Erdkugel *f* **II.** *m, f* Erdbewohner(in) *m(f)*

**terrario** [te'rrarjo] *m* Terrarium *nt*

**terrateniente** [terrate'njente] *mf* Großgrundbesitzer(in) *m(f)*

**terraza** [te'rraθa] *f* (*jardín, terrado*) Terrasse *f;* (*balcón*) Balkon *m*

**terremoto** [terre'moto] *m* Erdbeben *nt*

**terrenal** [terre'nal] *adj* irdisch; **paraíso** ~ Paradies auf Erden

**terreno**[1] [te'rreno] *m* ① (*suelo*) (Erd)boden *m;* (GEO) Formation *f;* ~ **arcilloso** Tonboden *m* ② (*espacio*) Gelände *nt;* (*parcela*) Grundstück *nt;* (*campo*) Feld *nt;* (DEP) Spielfeld *nt;* ~ **edificable** Bauland *nt;* **vehículo todo** ~ Geländefahrzeug *nt* ③ (*esfera*) Gebiet *nt;* ~ **desconocido** Neuland *nt;* **está en su propio** ~ er/sie kennt sich auf diesem Gebiet aus ④ (*loc*): **sobre el** ~ an Ort und Stelle; **explorar el** ~ (*fig*) das Terrain sondieren; **ganar/perder** ~ an Boden gewinnen/verlieren; **minar el** ~ **a alguien** (*fig*) jdm Fallstricke legen; **preparar el** ~ **para las negociaciones** das Terrain für die Verhandlungen vorbereiten

**terreno, -a**[2] [te'rreno, -a] *adj* irdisch

**terrera** [te'rrera] *f* (ZOOL) Lerche *f*

**terrestre** [te'rrestre] **I.** *adj* ① (*de la Tierra*) Erd-; **globo** ~ Erdkugel *f* ② (*en la tierra*) Land-; **animal** ~ Landlebewesen *nt;* **transporte** ~ Beförderung auf dem Landweg ③ (*terrenal*) irdisch **II.** *mf* Erdbewohner(in) *m(f)*

**terrible** [te'rriβle] *adj* schrecklich; **hace un frío** ~ es ist schrecklich kalt; **tener un hambre** ~ furchtbar hungrig sein

**terrícola** [te'rrikola] **I.** *adj* (*terrestre*) Erd-; **animales ~s** Landlebewesen *ntpl* **II.** *mf* Erdbewohner(in) *m(f);* **marcianos y ~s** Marsmenschen und Erdbewohner

**terrífico, -a** [te'rrifiko, -a] *adj* schrecklich

**territorial** [territo'rjal] *adj* ① (GEO, POL) territorial; **división** ~ Gebietsteilung *f* ② (ZOOL) Revier-

**territorio** [terri'torjo] *m* ① (*región*) Gebiet *nt;* (POL) Territorium *nt;* (JUR) Bezirk *m;* ~ **jurisdiccional** Gerichtsbezirk *m* ② (ZOOL) Revier *nt*

**terrón** [te'rron] *m* ① (*masa*) Klumpen *m;* ~ (**de azúcar**) Stück Zucker; ~ (**de tierra**) Erdklumpen *m;* **azúcar de** ~ Würfelzucker *m* ② (*pl*) (*fam: campo*) Scholle *f*

**terror** [te'rror] *m* ① (*miedo*) (panische) Angst *f;* **película de** ~ Horrorfilm *m;* **las arañas me dan** ~ ich habe panische Angst vor Spinnen; **me domina el** ~ ich bin von großer Angst geplagt ② (*que provoca miedo*) Schrecken *m* ③ (POL) Terror *m;* **reino de** ~ Terrorherrschaft *f*

**terrorífico, -a** [terro'rifiko, -a] *adj* schrecklich

**terrorismo** [terro'rismo] *m sin pl* ① (*lucha*) Terrorismus *m* ② (*dominación*) Terrorisierung *f*

**terrorista** [terro'rista] **I.** *adj* terroristisch;

T

**organización** ~ Terrororganisation *f* **II.** *mf* Terrorist(in) *m(f)*

**terroso, -a** [te'rroso, -a] *adj* erdig; (*color*) erdfarben

**terruño** [te'rruɲo] *m* ① (*trozo*) (Erd)scholle *f* ② (*comarca*) Gegend *f;* (*patria*) Heimat *f* ③ (*terreno*) Grundstück *nt;* (AGR) Scholle *f*

**terso, -a** ['terso, -a] *adj* ① (*liso*) glatt; (*tirante*) straff ② (*limpio*) sauber; (*transparente*) klar; (*brillante*) glänzend ③ (*sencillo*) klar; (*fluido*) flüssig

**tertulia** [ter'tulja] *f* ① (*reunión*) Treffen *nt;* (*para conversar*) (Gesprächs)kreis *m;* (*en un bar*) Stammtisch *m;* ~ **literaria** literarischer Zirkel ② (*para jugar*) Spielsaal *m*

**tertuliano, -a** [tertu'ljano, -a] *m, f* Teilnehmer(in) *m(f)* an einem Gesprächskreis

**tesina** [te'sina] *f* Diplomarbeit *f;* (*en Letras*) Magisterarbeit *f*

**tesis** ['tesis] *f inv* ① (*proposición*) These *f* ② (*trabajo*) Dissertation *f*

**tesitura** [tesi'tura] *f* ① (*disposición*) Stimmung *f* ② (MÚS) Stimmlage *f*

**tesón** [te'son] *m* Beharrlichkeit *f;* **trabajar con** ~ hart arbeiten

**tesonero, -a** [teso'nero, -a] *adj* (*Am*) ① (*perseverante*) beharrlich ② (*tenaz*) zielstrebig

**tesorería** [tesore'ria] *f* ① (*cargo*) Schatzmeisteramt *nt* ② (*despacho, t.* FIN) Kasse *f*

**tesorero, -a** [teso'rero, -a] *m, f* Schatzmeister(in) *m(f)*

**tesoro** [te'soro] *m* ① (*de gran valor*) Schatz *m;* **ser un** ~ **de una persona** ein wunderbarer Mensch sein; **valer un** ~ Gold wert sein ② (*fortuna*) Vermögen *nt;* ~ (**público**) Fiskus *m* ③ (*cariño*) Schatz *m*

**test** [tes^t] *m* Test *m*

**testa** ['testa] *f* ① (*cabeza*) Haupt *nt;* ~ **dura** Dickkopf *m;* ~ **de ferro** Strohmann *m* ② (*frente*) Vorderseite *f* ③ (*fam: sensatez*) Köpfchen *nt*

**testaferro** [testa'ferro] *m* Strohmann *m*

**testamentario, -a** [testamen̪'tarjo, -a] **I.** *adj* testamentarisch **II.** *m, f* Testamentsvollstrecker(in) *m(f)*

**testamento** [testa'men̪to] *m* Testament *nt;* ~ **abierto** öffentliches Testament; **hacer** ~ sein Testament machen

**testar** [tes'tar] *vi* sein Testament machen

**testarada** [testa'raða] *f* Schlag *m* mit dem Kopf; **darse una** ~ sich *dat* den Kopf anschlagen; **darse una** ~ **con alguien** (*t. fig*) mit jdm zusammenstoßen

**testarudez** [testaru'ðeθ] *f* ① (*cualidad*) Dickköpfigkeit *f* ② (*acción*) stures Verhalten *nt*

**testarudo, -a** [testa'ruðo, -a] **I.** *adj* dickköpfig **II.** *m, f* Dickkopf *m*

**testera** [tes'tera] *f* ① (*de la cabeza*) Stirn *f* ② (*parte*) Vorderseite *f;* (*fachada*) Fassade *f*

**testículo** [tes'tikulo] *m* Hoden *m*

**testificar** [testifi'kar] <c→qu> **I.** *vt* ① (*declarar*) erklären; (*testigo*) aussagen ② (*afirmar: testigo*) bezeugen; (*documento*) bescheinigen ③ (*demostrar*) beweisen **II.** *vi* (als Zeuge) aussagen

**testigo**[1] [tes'tiɣo] *mf* (*t.* JUR) Zeuge, -in *m, f;* ~ **de cargo/de descargo** Belastungs-/Entlastungszeuge *m;* ~ **de matrimonio** Trauzeuge *m;* ~ **ocular** Augenzeuge *m;* **fui** ~ **del accidente** ich habe den Unfall gesehen; **examinar** ~**s** Zeugen vernehmen; **poner a alguien por** ~ sich auf jdn berufen

**testigo**[2] [tes'tiɣo] *m* (*prueba*) Zeugnis *nt;* **ser** ~ **de algo** von etw *dat* zeugen

**testimonial** [testimo'njal] *adj* ① (*que afirma*) Zeugen-; **declaración** ~ Zeugenaussage *f* ② (*que prueba*) Beweis-

**testimoniar** [testimo'njar] **I.** *vt* ① (*declarar*) aussagen ② (*afirmar*) bezeugen ③ (*dar muestra*) bekunden ④ (*probar*) beweisen **II.** *vi* (als Zeuge) aussagen

**testimonio** [testi'monjo] *m* ① (*declaración*) Aussage *f;* **dar** ~ aussagen ② (*afirmación*) Bezeugung *f* ③ (*muestra*) Bekundung *f* ④ (*prueba*) Beweis *m*

**testosterona** [testoste'rona] *f* (BIOL) Testosteron *nt*

**testuz** [tes'tuθ] *m o f* ① (*frente*) Stirn *f* ② (*nuca*) Nacken *m*

**teta** ['teta] *f* ① (*pecho*) Brust *f;* **niño de** ~ Säugling *m;* **dar la** ~ stillen; **quitar la** ~ abstillen ② (*ubre*) Euter *m* ③ (*pezón: mujer*) Brustwarze *f;* (*animal*) Zitze *f*

**tétano(s)** ['tetano(s)] *m* (*inv*) Wundstarrkrampf *m*

**tetera** [te'tera] *f* ① (*para té*) Teekanne *f* ② (*Am: tetilla*) Sauger *m* ③ (*Am*) *v.* **tetero**

**tetero** [te'tero] *m* (*Am*) (Saug)flasche *f*

**tetilla** [te'tiʎa] *f* ① (*biberón*) Sauger *m* ② (*animal*) Zitze *f*

**i Land & Leute**

Ein sehr typischer galicischer Käse ist der **queso de tetilla**. Diesen Namen verdankt er seiner busenartigen Form (*teta* bedeutet Brust/Busen).

**tetina** [te'tina] *f* (*tetilla del biberón*) Sauger *m*

**tetraedro** [tetra'eðro] *m* (MAT) Tetraeder *nt*

**tetrapléjico, -a** [tetra'plexiko, -a] *adj* (MED)

an Armen und Beinen gelähmt

**tétrico, -a** ['tetriko, -a] *adj* düster; **estar de un humor** ~ niedergeschlagen sein

**teutón, -ona** [teu̯'ton, -ona] **I.** *adj* teutonisch **II.** *m, f* Teutone, -in *m, f*

**textil** [tes'til] **I.** *adj* textil; **planta** ~ Faserpflanze *f* **II.** *m* (Textil)faser *f*

**texto** ['testo] *m* Text *m;* (*pasaje*) Textstelle *f;* (**libro de**) ~ Schulbuch *nt*

**textual** [testu'al] *adj* ① (*relativo al texto*) textuell; (*escrito*) schriftlich ② (*conforme al texto*) textgemäß; (*literal*) wörtlich; (*exacto*) genau; **con las palabras** ~**es** (wort)wörtlich

**textura** [tes'tura] *f* ① (*acción*) Weben *nt* ② (*tejido*) Gewebe *nt* ③ (*estructura*) Struktur *f;* (GEO, QUÍM) Textur *f*

**tez** [teθ] *f* (Gesichts)haut *f;* **de** ~ **morena** dunkelhäutig

**ti** [ti] *pron pers:* **a** ~ (*objeto directo*) dich; (*indirecto*) dir; **de** ~ von dir; **de** ~ **para mí** unter uns gesagt; **para** ~ für dich; **por** ~ deinetwegen

**tía** ['tia] *f* ① (*pariente, señora*) Tante *f;* **¡(cuéntaselo a) tu** ~**!** (*fam*) das kannst du deiner Großmutter erzählen!; **no hay tu** ~ (*fam*) da ist nichts zu machen ② (*fam: mujer*) Frau *f;* (*pey*) Tante *f;* **¡qué** ~ **más buena!** so ein Klasseweib!; **vaya** ~ **más tonta** so eine blöde Kuh ③ (*fam: ramera*) Nutte *f* ④ (*fam: tratamiento*): **pero** ~**, ¿qué te pasa,** ~**?** Mensch, was ist denn mit dir los?

**tiara** [ti'ara] *f* Tiara *f*

**tiarrón, -ona** [tja'rron, -ona] *m, f* (*fam*) großer Mann *m,* große Frau *f*

**tibetano, -a** [tiβe'tano, -a] **I.** *adj* tibetisch **II.** *m, f* Tibeter(in) *m(f)*

**tibia** ['tiβja] *f* (ANAT) Schienbein *nt*

**tibiarse** [ti'βjarse] *vr* (*AmC, Ven: irritarse*) böse werden

**tibiera** [ti'βjera] *f* (*Ven*) ① (*molestia*) Belästigung *f* ② (*fastidio*) Ärger *m*

**tibieza** [ti'βjeθa] *f* Lauheit *f*

**tibio, -a** ['tiβjo, -a] *adj* ① (*temperatura*) lau(warm) ② (*carácter, sentimiento*) lau ③ (*Am: fam: enfadado*) sauer ④ (*loc*): **ponerse** ~ sich *dat* den Bauch voll schlagen; **poner** ~ **a alguien** jdn fertig machen; (*hablar mal*) kein gutes Haar an jdm lassen

**tiburón** [tiβu'ron] *m* Hai(fisch) *m*

**tic** [ti$^k$] **I.** *interj* tick **II.** *m* <tics> Tick *m*

**tictac** [tik'tak] **I.** *interj* ticktack; **hacer** ~ ticken **II.** *m sin pl* Ticken *nt*

**tiemple** ['tjemple] *m* (*Chil*) ① (*amor*) Liebe *f* ② (*pasión*) Leidenschaft *f*

**tiempo** ['tjempo] *m* ① (*momento, duración, periodo*) Zeit *f;* ~ **libre** Freizeit *f;* ~ **de pago** Zahlungsfrist *f;* **los buenos** ~**s** die gute alte Zeit; **a** ~ rechtzeitig; **a su** ~ zu gegebener Zeit; **todo a su** ~ alles zu seiner Zeit; **al (mismo)** ~**, a un** ~ gleichzeitig; **al** ~ **que...** während ...; **antes de** ~ vorzeitig; **llegar antes de** ~ zu früh kommen; **andando el** ~ im Laufe der Zeit; **con** ~ frühzeitig; **llegué a la estación con** ~ ich war früh genug am Bahnhof; **hazlo con** ~ lass dir Zeit; **de** ~ **en** ~ von Zeit zu Zeit; **desde hace mucho** ~ seit langem; **durante cierto** ~ eine Zeit lang; **en** ~**s** früher; **en** ~**s de Franco** zu Francos Zeiten; **en mis** ~**s** zu meiner Zeit; **el** ~ **pasa volando** die Zeit vergeht wie im Fluge; **amanecerán** ~**s mejores** es kommen auch mal bessere Zeiten; **dar** ~ **al** ~ abwarten; **este problema ya viene de** ~ dieses Problem besteht schon seit geraumer Zeit; **hace** ~ **que...** es ist schon lange (Zeit) her, dass ...; **hace** ~ **que no voy al cine** ich war schon lange nicht mehr im Kino; **hacer** ~ sich *dat* die Zeit vertreiben; **hay** ~ wir haben genug Zeit; **matar el** ~ die Zeit totschlagen; **mucho/demasiado** ~ (*adv*) lange/zu lange; **perder el** ~ die Zeit vergeuden; **sin perder** ~ unverzüglich; **si me da** ~**...** wenn ich Zeit habe, ...; **ya es** ~ **que...** +*subj* es wird Zeit, dass ...; **el** ~ **es oro** (*prov*) Zeit ist Geld ② (*época*) Zeit *f;* (*estación*) Jahreszeit *f* ③ (METEO) Wetter *nt;* **chaqueta de medio** ~ Übergangsjacke *f;* **cerveza del** ~ ungekühltes Bier; **el** ~ **amenaza lluvia** es sieht nach Regen aus; **hoy hace mal** ~ heute ist schlechtes Wetter; **a(l) mal** ~ **buena cara** (*prov*) gute Miene zum bösen Spiel ④ (LING) Tempus *nt;* ~ **presente** Präsens *nt* ⑤ (*edad*) Alter *nt;* **¿cuánto** ~ **tiene el niño?** wie alt ist das Kind? ⑥ (DEP): (**medio**) ~ Halbzeit *f;* ~ **muerto** Auszeit *f* ⑦ (*velocidad,* MÚS) Tempo *nt;* (TÉC) Takt *m;* **motor de dos** ~**s** Zweitakter *m*

**tienda** ['tje̞nda] *f* ① (*establecimiento*) Laden *m;* ~ **de comestibles** Lebensmittelgeschäft *nt* ② (*alojamiento*): ~ (**de campaña**) Zelt *nt*

**tienta** ['tje̞nta] *f* ① (MED) Sonde *f* ② (*astucia*) Schlauheit *f* ③ (*loc*): **andar a** ~**s** (*fig*) im Dunkeln tappen

**tiento** ['tje̞nto] *m* ① (*acción*) Betasten *nt;* **a** ~ tastend ② (*prueba*) Probieren *nt;* **darle un** ~ **a la botella** (*fam*) einen Schluck aus der Flasche nehmen ③ (*examinación*) Untersuchung *f;* **dar un** ~ prüfen ④ (*tacto*) Behutsamkeit *f;* (*cautela*) Vorsicht *f;* **con** ~ behutsam; (*cuidado*) vorsichtig ⑤ (*de un ciego*) Blindenstock *m*

❻ (*tentáculo*) Fangarm *m* ❼ (*pulso*) Ruhe *f;* **con** ~ mit ruhiger Hand

**tierno, -a** ['tjerno, -a] **I.** *adj* ❶ (*blando*) zart; (*pan, dulces*) mürb(e) ❷ (*suave, delicado, sensible*) zart; **a la tierna edad de...** im zarten Alter von ...; **a tierna edad** als Kind; **desde mi más tierna edad...** von Kindesbeinen an ...; **en mi más tierna niñez** in meiner frühesten Kindheit ❸ (*cariñoso*) zärtlich ❹ (*Chil, Ecua, Guat: inmaduro*) unreif **II.** *m, f* (*Guat, Nic*) Säugling *m*

**tierra** ['tjerra] *f* ❶ (*materia, superficie, planeta*) Erde *f;* ~ **vegetal** Komposterde *f;* **toma de** ~ (ELEC) Erdung *f;* **bajo** ~ (MIN) unter Tage; **echar ~ a algo** (*fig*) etw vertuschen; **estar bajo** ~ unter der Erde liegen; **caer por** ~ (*fig*) den Bach runtergehen *fam;* **dar en** ~ stürzen; **echar por** ~ zu Boden werfen; (*fig*) zunichte machen; **me falta** ~ (*fig*) mir fehlt die nötige Sicherheit; **¡trágame, ~!** ich würde (vor Scham) am liebsten in den (Erd)boden versinken!; **parece que se lo ha tragado la** ~ er scheint wie vom Erdboden verschwunden ❷ (*firme*) (Fest)land *nt;* ~ **adentro** landeinwärts; **poner ~ por medio** das Weite suchen; **tomar** ~ (AERO) landen; (NÁUT) anlegen; **como no lleguemos pronto a la estación, nos vamos a quedar en** ~ wenn wir nicht bald am Bahnhof sind, verpassen wir unseren Zug ❸ (*región*) Gegend *f;* **T~ Santa** Heiliges Land; ~ (**natal**) Heimat *f* ❹ (*hacienda*) Land *nt;* ~ **de labor** Ackerland *nt;* ~ **de pastos** Weideland *nt;* **poseer ~s** Land besitzen

**tierral** [tje'rral] *m* (*Am: polvareda*) Staubwolke *f*

**tieso¹** ['tjeso] *adv* kräftig

**tieso, -a²** ['tjeso, -a] *adj* ❶ (*rígido*) steif; **dejar ~ a alguien** (*fam*) jdn kaltmachen; **quedarse** ~ (*de frío*) vor Kälte erstarren; (*miedo*) vor Angst erstarren; (*morirse*) sterben; (*dormirse*) einschlafen ❷ (*erguido*) aufrecht; (*orejas*) gespitzt ❸ (*terco*) stur; **tenérselas tiesas** nicht nachgeben ❹ (*serio*) steif ❺ (*engreído*) arrogant; **no te pongas** ~ jetzt werd bloß nicht unverschämt ❻ (*tirante*) straff ❼ (*valiente*) mutig ❽ (*robusto*) kräftig; (*sano*) fit

**tiesto** ['tjesto] *m* Blumentopf *m*

**tiesura** [tje'sura] *f* Steifheit *f*

**tifón** [ti'fon] *m* ❶ (*huracán*) Taifun *m* ❷ (*tromba*) Wasserhose *f*

**tifus** ['tifus] *m inv* Typhus *m*

**tigre(sa)¹** ['tiɣre, ti'ɣresa] *m(f)* ❶ (ZOOL) Tiger(in) *m(f)* ❷ (*persona*) Ungeheuer *nt*

**tigre, -a²** ['tiɣre, -a] *m, f* (*Am*) Jaguar *m*

**tijera** [ti'xera] *f* ❶ (*pl*) (*utensilio, con esta forma*) Schere *f;* **silla de** ~ Klappstuhl *m;* **echar ~ a algo** (*fam*) etw abschneiden ❷ (*persona*) Lästermaul *nt fam* ❸ (DEP) Schere *f*

**tijereta** [tixe'reta] *f* (ZOOL) Ohrwurm *m*

**tijeretada** [tixere'taða] *f*, **tijeretazo** [tixere'taθo] *m* Schnitt *m* mit der Schere

**tijeretear** [tixerete'ar] **I.** *vt* herumschnippeln (an +*dat*) **II.** *vi* ❶ (*cortar*) herumschnippeln ❷ (*fam: entrometerse*) sich einmischen

**tila** ['tila] *f* ❶ (*tilo*) Linde *f* ❷ (*flor*) Lindenblüte *f* ❸ (*té*) Lindenblütentee *m*

**tildar** [til'dar] *vt* ❶ (*con acento*) mit Akzent versehen ❷ (*la ñ*) mit Tilde versehen ❸ (*a alguien*) bezeichnen (*de* als +*akk*) ❹ (*tachar*) durchstreichen

**tilde** ['tilde] *f* ❶ (*acento*) Akzent *m* ❷ (*de la ñ*) Tilde *f* ❸ (*tacha*) Makel *m* ❹ (*cosa mínima*) Kleinigkeit *f*

**tiliches** [ti'litʃes] *mpl* (*AmC, Méx: trastos*) Gerümpel *nt*

**tilín** [ti'lin] *m sin pl* ❶ (*sonido*) Klingeln *nt;* **¡~!** klingeling! ❷ (*loc*): **hacer** ~ gefallen; **el pastel no me hace** ~ der Kuchen schmeckt mir nicht besonders

**tilingo, -a** [ti'liŋgo, -a] *adj* ❶ (*CSur, Méx: atolondrado*) leichtsinnig ❷ (*Arg: demente*) schwachsinnig

**tilo** ['tilo] *m* Linde *f*

**timador(a)** [tima'ðor(a)] *m(f)* Betrüger(in) *m(f)*

**timar** [ti'mar] **I.** *vt* ❶ (*estafar*) ergaunern ❷ (*engañar*) betrügen; (*mentir*) beschwindeln **II.** *vr:* **~se** (*hacerse guiños*) sich *dat* zuzwinkern; (*tontear*) turteln

**timba** ['timba] *f* (*fam*) ❶ (*partida*) Spiel *nt* ❷ (*lugar*) Spielhölle *f* ❸ (*Am: barriga*) Bauch *m*

**timbal** [tim'bal] *m* ❶ (MÚS) Trommel *f;* (*grande*) Pauke *f* ❷ (GASTR) Pastete *f*

**timbrar** [tim'brar] *vt* (*pegar*) mit einer Marke versehen; (*estampar*) (ab)stempeln

**timbrazo** [tim'braθo] *m* Klingeln *nt*

**timbre** ['timbre] *m* ❶ (*aparato*) Klingel *f;* **han tocado el** ~ es hat geklingelt ❷ (*sonido, t.* MÚS) Timbre *nt* ❸ (*sello que se pega*) Marke *f;* (*que se estampa*) Stempel *m* ❹ (*acción*) Verdienst *nt;* ~ **de gloria** Ruhmestat *f;* **ser un ~ de gloria para alguien** jdm zur Ehre gereichen

**timidez** [timi'ðeθ] *f* Schüchternheit *f*

**tímido, -a** ['timiðo, -a] *adj* schüchtern

**timo** ['timo] *m* ❶ (*fraude*) Betrug *m;* **dar un ~ de 10 euros a alguien** jdn um 10 Euro prellen ❷ (*glándula*) Thymusdrüse *f*

**timón** [ti'mon] *m* Steuer *nt;* **llevar el ~ de una empresa** (*fam*) ein Unternehmen leiten

**timonel** [timo'nel] *mf* Steuermann, -frau *m, f*

**timorato, -a** [timo'rato, -a] *adj* ❶ (*de Dios*) gottesfürchtig; (*pey*) prüde ❷ (*tímido*) zaghaft

**tímpano** ['timpano] *m* ❶ (ANAT: *membrana*) Trommelfell *nt* ❷ (*instrumento*) Pauke *f*

**tina** ['tina] *f* Kübel *m;* (*Am: bañera*) Badewanne *f*

**tinaja** [ti'naxa] *f* Tonkrug *m*

**tincar** [tiŋ'kar] <c→qu> *vt* ❶ (*Chil: presentir*) ahnen ❷ (*Arg, Chil: pelota*) anschneiden

**tinerfeño, -a** [tiner'feɲo, -a] **I.** *adj* aus Teneriffa **II.** *m, f* Einwohner(in) *m(f)* Teneriffas

**tinga** ['tiŋga] *f* (*Méx: alboroto*) Remmidemmi *nt fam*

**tinglado** [tiŋ'glaðo] *m* ❶ (*cobertizo*) Schuppen *m* ❷ (*artimaña*) Intrige *f* ❸ (*fam: lío*) Durcheinander *nt* ❹ (*tablado*) Bretterbühne *f*

**tiniebla** [ti'njeβla] *f* Finsternis *f;* **estar en ~s sobre algo** (*fig*) keine Ahnung von etw *dat* haben

**tino** ['tino] *m* ❶ (*puntería*) Treffsicherheit *f* ❷ (*destreza*) Geschicklichkeit *f* ❸ (*moderación*) Mäßigkeit *f;* **a buen ~** nach Gefühl; **sin ~** ohne Maß und Ziel; **estar a ~** gelegen sein; **sacar de ~ a alguien** jdn aus der Fassung bringen ❹ (*tina*) Kübel *m*

**tinta** ['tin̪ta] *f* ❶ (*para escribir*) Tinte *f;* **~ china** Tusche *f;* **~ de imprenta** Druckfarbe *f;* **a dos ~s** zweifarbig; **saber algo de buena ~** etw aus guter Quelle haben; **sudar ~** sich abmühen; **recargar las ~s** es übertreiben; **sobre este asunto han corrido ríos de ~** über dieses Thema ist viel Tinte verschrieben worden ❷ (*color*) Farbton *m;* **ser medias ~s** weder Fisch noch Fleisch sein

**tintar** [tin̪'tar] *vt* färben

**tinte** ['tin̪te] *m* ❶ (*teñidura*) Färben *nt* ❷ (*colorante*) Färbemittel *nt* ❸ (*tintorería*) Reinigung *f* ❹ (*matiz*) Färbung *f;* (*apariencia*) (An)schein *m;* **un cierto ~ de ironía** ein leichter Anflug von Ironie; **tus palabras tenían un cierto ~ de alegría** in deinen Worten schwang Freude mit

**tintero** [tin̪'tero] *m* Tintenfass *nt;* **dejar(se) algo en el ~** (*fig*) etw nicht erwähnen

**tintín** [tin̪'tin] *m* Klingklang *m*

**tintin(e)ar** [tin̪ti'nar/tin̪tine'ar] *vi* klingeln

**tintineo** [tin̪ti'neo] *m* Klingeln *nt*

**tinto, -a** ['tin̪to, -a] *adj* (*rojo oscuro*) weinrot; (*uvas*) rot; **vino ~** Rotwein *m*

**tintorería** [tin̪tore'ria] *f* (chemische) Reinigung *f*

**tintorro** [tin̪'torro] *m* (*fam*) (schlechter) Rotwein *m*

**tintura** [tin̪'tura] *f* ❶ (*tinte*) Färben *nt* ❷ (*colorante*) Färbemittel *nt* ❸ (*maquillaje*) Schminke *f* ❹ (MED) Tinktur *f*

**tiña** ['tiɲa] *f* ❶ (MED) Grind *m* ❷ (*fam: miseria*) Schäbigkeit *f*

**tiñoso, -a** [ti'ɲoso, -a] *adj* ❶ (MED) grindig ❷ (*fam: mísero*) schäbig

**tío, -a** ['tio, -a] *m, f* ❶ (*pariente*) Onkel *m,* Tante *f;* **tener un ~ en América** einen reichen Onkel haben ❷ (*fam: hombre*) Kerl *m;* **¡oye ~ !** Mensch!; **ser un ~ bueno** stark aussehen

**tiovivo** [tio'βiβo] *m* Karussell *nt;* **dar más vueltas que un ~** von Pontius zu Pilatus laufen

**típico, -a** ['tipiko, -a] *adj* typisch (*de* für +*akk*)

**tipificación** [tipifika'θjon] *f* Typisierung *f*

**tipificar** [tipifi'kar] <c→qu> *vt* typisieren

**tipismo** [ti'pismo] *m* Eigenartigkeit *f*

**tiple¹** ['tiple] *m* (*voz*) Sopranstimme *f*

**tiple²** ['tiple] *mf* (*persona*) Sopran *m*

**tipo¹** ['tipo] *m* ❶ (*modelo*) Modell *nt* ❷ (*muestra*) Muster *nt;* (*espécimen*) Typ(us) *m* ❸ (*cuerpo*) Körperbau *m;* **tener buen ~** eine gute Figur haben; **arriesgar el ~** (*fam*) sein Leben aufs Spiel setzen; **mover el ~** (*fam*) tanzen ❹ (*clase*) Art *f* ❺ (FIN) Satz *m;* **~ de cambio** Wechselkurs *m;* **~ de conversión** Umrechnungskurs *m* ❻ (TIPO) Drucktype *f*

**tipo, -a²** ['tipo, -a] *m, f* (*fam*) Mann *m,* Frau *f;* (*pey*) Type *f*

**tipografía** [tipoɣra'fia] *f* ❶ (*impresión*) Hochdruck *m* ❷ (*taller*) Druckerei *f*

**tipología** [tipolo'xia] *f* ❶ (*clasificación*) Typenlehre *f* ❷ (PSICO: *de personalidades*) Typologie *f*

**tiquear** [tike'ar] *vt* ❶ (*AmC, PRico: chequear*) überprüfen ❷ (*Chil: perforar*) lochen

**tiquet** ['tiket] *m* <tiquets> Ticket *nt;* (*de viaje*) Fahrschein *m;* (*de espectáculos*) Eintrittskarte *f;* (*de compra*) Kassenzettel *m*

**tiquismiquis¹** [tikis'mikis] *mpl* ❶ (*remilgo*) übertriebene Bedenken *ntpl* ❷ (*noñería*) Getue *nt*

**tiquismiquis²** [tikis'mikis] *mf inv* (*remilgado*) umständlicher Mensch *m*

**tira** ['tira] *f* ❶ (*banda*) Band *nt,* Streifen *m;* **hacer ~s algo** etw zerreißen ❷ (*argot:*

T

*mucho*): **esto me ha gustado la ~** das hat mir super gefallen

**tirabuzón** [tiraβu'θon] *m* ① (*rizo*) (Korkenzieher)locke *f* ② (*sacacorchos*) Korkenzieher *m*

**tirachinas** [tira'ʧinas] *m inv* Gummischleuder *f*

**tirada** [ti'raða] *f* ① (*edición*) Auflage *f;* **de una ~** (*fig*) auf einen Streich ② (*distancia*) Entfernung *f*

**tirado, -a** [ti'raðo, -a] **I.** *adj* ① *estar* (*fam: barato*) spottbillig ② *ser* (*pey: descuidado*) schlampig ③ *estar* (*fam: fácil*) kinderleicht **II.** *m, f* (*argot*) Penner(in) *m(f)*

**tirador¹** [tira'ðor] *m* ① (*agarradero*) Griff *m* ② (*cordón*) Klingelzug *m* ③ (*tirachinas*) Schleuder *f*

**tirador(a)²** [tira'ðor(a)] *m(f)* (*disparador*) Schütze, -in *m, f*

**tiragomas** [tira'ɣomas] *m inv* Schleuder *f*

**tiralevitas** [tirale'βitas] *mf inv* Schmeichler(in) *m(f)*

**tiralíneas** [tira'lineas] *m inv* Reißfeder *f*

**tiranía** [tira'nia] *f* Tyrannei *f;* **someterse a la ~ de la moda** sich dem Diktat der Mode unterwerfen

**tiránico, -a** [ti'raniko, -a] *adj* tyrannisch

**tiranizar** [tirani'θar] <z→c> *vt* tyrannisieren

**tirano, -a** [ti'rano, -a] **I.** *adj* tyrannisch **II.** *m, f* Tyrann(in) *m(f)*

**tirante** [ti'ran̪te] **I.** *adj* ① (*tieso*) straff; **el pantalón me está ~** die Hose kneift ② (*conflictivo*) gespannt; **estar ~ con alguien** eine gespannte Beziehung zu jdm haben **II.** *m* ① (*cinta, travesaño*) Träger *m;* **~s (elásticos)** Hosenträger *mpl* ② (*de caballería*) Strang *m*

**tirantez** [tiran̪'teθ] *f* ① (*tensión*) Spannung *f* ② (*extensión*) Längsausdehnung *f*

**tirar** [ti'rar] **I.** *vi* ① (*arrastrar*) ziehen (*de* an +*dat*); **tira y afloja** Tauziehen *nt;* **a todo ~** höchstens; **~ de la lengua a alguien** jdm die Würmer aus der Nase ziehen ② (*atraer*) anziehen; **no me tiran los libros** ich mache mir nichts aus Büchern ③ (*sacar*) hervorziehen (*de* +*akk*) ④ (*chimenea, t.* AUTO) ziehen ⑤ (*colores*): **~ a rojo** ins Rote spielen ⑥ (*vestidos*): **esta camisa me tira de los hombros** diese Bluse spannt an den Schultern ⑦ (*querer lograr*): **~ para director** Direktor werden wollen ⑧ (*parecerse*) ähneln (*a* +*dat*) ⑨ (*torcer*) abbiegen; **aquí cada uno tira por su lado** hier trennen sich unsere Wege ⑩ (*disparar*) schießen (*a* auf +*akk*); **~ al blanco** das Ziel treffen ⑪ (*loc*): **¿cómo estás? – voy tirando** wie geht's? – es geht so **II.** *vt* ① (*lanzar*) werfen; **~ piedras a alguien** mit Steinen nach jdm werfen ② (*malgastar*) verschwenden ③ (*desechar*) wegwerfen ④ (*disparar*) schießen; (*bombas*) abwerfen; (*cohetes*) abfeuern ⑤ (*derribar*) zu Boden werfen; (*árbol*) fällen; (*edificio*) abreißen ⑥ (*trazar*) ziehen ⑦ (*imprimir*) drucken ⑧ (*extender*) spannen ⑨ (FOTO) schießen ⑩ (*loc*): **~ un mordisco** beißen; **~ un pellizco** kneifen **III.** *vr:* **~se** ① (*lanzarse*) sich stürzen (*a* in +*akk, sobre* auf +*akk*) ② (*echarse*) sich hinlegen (*en* auf +*akk*) ③ (*fam: pasar*) verbringen; **~se una hora esperando** eine ganze Stunde warten ④ (*acometer*) (los)stürzen (*a* in +*akk, sobre* auf +*akk*) ⑤ (*vulg: copular*): **~se a alguien** es mit jdm treiben *fam*

**tirita** [ti'rita] *f* (Heft)pflaster *nt*

**tiritar** [tiri'tar] *vi* frösteln (*de* vor +*dat*); **se me ha quedado la cuenta del banco tiritando** mein Bankkonto ist fast leer

**tiritón** [tiri'ton] *m* Schauder *m;* **dar tiritones** frösteln

**tiro** ['tiro] *m* ① (*lanzamiento*) Wurf *m;* **~ a portería** Torwurf *m;* **estar a un ~ de piedra** einen Steinwurf entfernt sein ② (*disparo*) Schuss *m;* **~ al aire** Warnschuss *m;* **barraca de ~ al blanco** Schießbude *f;* **~ con arco** Bogenschießen *nt;* **a ~** in Schussweite; (*fig*) erreichbar; **a ~ limpio** mit Waffengewalt; **dar un ~** einen Schuss abgeben; **¡que le den un ~!** verrecken soll er/sie!; **darse un ~** sich *dat* eine Kugel durch den Kopf jagen; (*argot: heroína*) sich *dat* einen Schuss setzen; **no van por ahí los ~s** (*fam*) die Sache verhält sich anders; **me salió el ~ por la culata** (*fam*) der Schuss ging nach hinten los ③ (*munición*) Schuss *m* ④ (*daño*) Einschuss *m* ⑤ (*alcance*) Reichweite *f* ⑥ (*arrastre*) Ziehen *nt* ⑦ (*caballerías*) Gespann *nt* ⑧ (*arreos*) Zuggurt *m;* **poner el ~ a los caballos** die Pferde anspannen ⑨ (*corriente de aire*) Zug *m* ⑩ (*loc*): **de ~s largos** piekfein; **ni a ~s** nicht um alles in der Welt; **sentar como un ~** (*comida*) schlecht bekommen +*dat;* (*noticia*) umhauen +*akk*

**tiroides** [ti'roi̯ðes] **I.** *adj inv:* **glándula ~** Schilddrüse *f* **II.** *m inv* (MED) Schilddrüse *f*

**tirolés, -esa** [tiro'les, -esa] **I.** *adj* tirol(er)isch **II.** *m, f* Tiroler(in) *m(f)*

**tirón** [ti'ron] *m* (*acción*) Zerren *nt;* (*efecto*) Ruck *m;* **de un ~** (*bruscamente*) mit einem Ruck; (*de una vez*) in einem Zug; **no lo sacan de aquí ni a dos tirones** ihn bringen keine zehn Pferde von hier weg

**tironear** [tirone'ar] *vt* zerren

**tirotear** [tirote'ar] **I.** *vt* beschießen **II.** *vr:* ~**se** ❶ (*disparar*) sich gegenseitig beschießen ❷ (*disputar*) sich herumstreiten

**tiroteo** [tiro'teo] *m* Schießerei *f*

**tirria** ['tirrja] *f* (*fam*) Voreingenommenheit *f;* **tener ~ a alguien** jdm gegenüber voreingenommen sein

**tisana** [ti'sana] *f* Heilkräutertee *m*

**tísico, -a** ['tisiko, -a] **I.** *adj* (MED) schwindsüchtig **II.** *m, f* Schwindsüchtige(r) *mf*

**tisis** ['tisis] *f inv* Schwindsucht *f*

**tisú** [ti'su] *m* Lamé *m*

**titán** [ti'tan] *m* Titan *m*

**titánico, -a** [ti'taniko, -a] *adj* titanisch

**titanio** [ti'tanjo] *m* (QUÍM) Titan *nt*

**títere** ['titere] *m* ❶ (*muñeco*) Handpuppe *f;* (*t. fig: marioneta*) Marionette *f;* **no dejar ~ con cabeza** alles kurz und klein schlagen ❷ (*tipejo*) Trottel *m* ❸ *pl* (*espectáculo*) Puppentheater *nt*

**titilar** [titi'lar] *vi* ❶ (*temblar*) zittern ❷ (*centellear*) funkeln

**titiritero, -a** [titiri'tero, -a] *m, f* ❶ (*titerista*) Puppenspieler(in) *m(f)* ❷ (*acróbata*) Seiltänzer(in) *m(f)*

**tito, -a** ['tito, -a] *m, f* (*fam*) *dim de* **tío**

**titubeante** [tituβe'ante] *adj* zögernd

**titubear** [tituβe'ar] *vi* ❶ (*vacilar*) schwanken; (*fig*) zögern ❷ (*balbucear*) stammeln

**titubeo** [titu'βeo] *m* ❶ (*vacilación*) Schwanken *nt;* (*fig*) Zögern *nt;* **deja a un lado tus ~s** zaudere nicht länger ❷ (*balbuceo*) Stammeln *nt*

**titulación** [titula'θjon] *f* (*denominación*) Betitelung *f;* (*académica*) akademischer Titel *m*

**titulado, -a** [titu'laðo, -a] **I.** *adj* diplomiert **II.** *m, f* Titelträger(in) *m(f);* ~ (**universitario**) Hochschulabsolvent *m*

**titular¹** [titu'lar] **I.** *m* Überschrift *f;* **aparecer en los ~es** Schlagzeilen machen; **ocupar los ~es** die Schlagzeilen beherrschen **II.** *vt* (*poner título*) betiteln; **el libro se titula...** das Buch trägt den Titel ... **III.** *vr:* ~**se** einen akademischen Grad erwerben

**titular²** [titu'lar] **I.** *adj:* **médico ~** leitender Arzt; **profesor ~** außerordentlicher Professor **II.** *mf* Inhaber(in) *m(f);* ~ **de acciones** Aktionär(in) *m(f)*

**titularidad** [titulari'ðaᵈ] *f* Berechtigung *f;* ~ **sucesoria** Erbberechtigung *f*

**título** ['titulo] *m* ❶ (*rótulo, dignidad*) Titel *m;* **tu composición no lleva ~** dein Aufsatz hat keine Überschrift ❷ (*diploma*) Diplom *nt* ❸ (*motivo*) Grund *m;* **¿a ~ de qué hace Ud. eso?** aus welchem Grund machen Sie das?; **a justo ~** mit vollem Recht ❹ (*en calidad de*): **a ~ de** als; **a ~ de devolución** mit der Bitte um Rückgabe; **a ~ gratuito** unentgeltlich; **a ~ de prueba** versuchsweise ❺ (*valor comercial*) Wertpapier *nt*

**tiza** ['tiθa] *f* Kreide *f*

**tiznar** [tiθ'nar] **I.** *vt* ❶ (*ennegrecer*) schwärzen ❷ (*desacreditar*) anschwärzen **II.** *vr:* ~**se** (*entiznarse*) verrußen

**tizne** ['tiθne] *m o f* (*hollín*) Ruß *m*

**tiznón** [tiθ'non] *m* Rußfleck *m*

**tizón** [ti'θon] *m* ❶ (*palo*) halb verbranntes Holzscheit *nt;* **más negro que un ~** kohlrabenschwarz ❷ (*deshonra*) dunkler Punkt *m*

**toalla** [to'aʎa] *f* Handtuch *nt;* **arrojar la ~** (*fig*) das Handtuch werfen

**toallero** [toa'ʎero] *m* Handtuchhalter *m*

**toba** ['toβa] *f* ❶ (*piedra*) Stein *m* ❷ (*sarro*) Zahnstein *m* ❸ (*capa*) Belag *m*

**tobera** [to'βera] *f* Düse *f*

**tobillera** [toβi'ʎera] *f* Stützverband *m* (*am Knöchel*)

**tobillo** [to'βiʎo] *m* (Fuß)knöchel *m*

**tobo** ['toβo] *m* (*Ven: cubo*) Eimer *m*

**tobogán** [toβo'ɣan] *m* ❶ (*trineo*) (Rodel)schlitten *m* ❷ (*pista*) Rodelbahn *f* ❸ (*deslizadero*) Rutschbahn *f*

**toca** ['toka] *f* Haube *f*

**tocadiscos** [toka'ðiskos] *m inv* Plattenspieler *m*

**tocado¹** [to'kaðo] *m* ❶ (*peinado*) Frisur *f* ❷ (*complemento*) Kopfschmuck *m*

**tocado, -a²** [to'kaðo, -a] *adj* ❶ (*perturbado*) verrückt; **estar ~ (de la cabeza)** nicht recht bei Verstand sein ❷ (*lesionado*) angeschlagen ❸ (*medio podrido*) angefault ❹ (*cubierto en la cabeza*): **ir ~ de un sombrero** einen Hut tragen

**tocador¹** [toka'ðor] *m* ❶ (*mueble*) Toilettentisch *m* ❷ (*habitación*) Toilette *f* ❸ (*estuche*) Kulturbeutel *m*

**tocador(a)²** [toka'ðor(a)] *m(f)* (MÚS): ~ **de guitarra** Gitarrenspieler *m*

**tocante** [to'kante] *adj:* ~ **a** in Bezug auf +*akk*

**tocar** [to'kar] <c→qu> **I.** *vt* ❶ (*contacto*) berühren; **¡tócala!** schlag ein!; **¡toca madera!** klopf auf Holz!; **no ~ ni un pelo a alguien** jdm kein Haar krümmen; ~ **un tema** ein Thema streifen; **¡mejor no toquemos el tema!** lassen wir das Thema lieber!; ~ **de cerca algo** (*fig*) sich mit etw *dat* auskennen ❷ (MÚS) spielen; (*campana*) läuten; (*tambor*) schlagen; ~ **la bocina** hupen; ~ **alarma** Alarm schlagen; ~ **a fuego** Feueralarm auslösen; ~ **a misa** zur Messe läuten; ~ **a muerto** die Totenglocke läuten; ~ **todos los registros** alle Register

T

ziehen; ~ **el timbre** klingeln ❸ (*modificar*) (ver)ändern ❹ (*chocar*) leicht anstoßen (*en* an +*dat*) ❺ (*afectar*) betreffen; ~ **en el corazón** zu Herzen gehen ❻ (*peinar*) frisieren **II.** *vi* ❶ (*corresponder*) zustehen; **te toca jugar** du bist dran; **hoy me toca salir** heute habe ich Ausgang ❷ (*obligación*): **me toca barrer el patio todas las mañanas** es ist meine Aufgabe, jeden Morgen den Hof zu kehren ❸ (*llegar el momento oportuno*) an der Zeit sein; **toca ir a la compra** es ist an der Zeit, einkaufen zu gehen ❹ (*caer en suerte*) entfallen (*a* auf +*akk*) ❺ (*estar muy cerca*) hart an der Grenze sein (*en* zu +*dat*) ❻ (*ser parientes*) verwandt sein (*a* mit +*dat*) **III.** *vr:* ~**se** ❶ (*estar en contacto*) sich berühren; **los extremos se tocan** (*prov*) Gegensätze ziehen sich an ❷ (*peinarse*) sich frisieren ❸ (*cubrirse la cabeza*): ~**se con un sombrero** einen Hut aufsetzen; ~**se con un pañuelo** sich *dat* ein Tuch um den Kopf binden ❹ (*loc*): **tocárselas** (*fam*) Reißaus nehmen

**tocata** [to'kata] *f* ❶ (MÚS) Tokkata *f* ❷ (*paliza*) Tracht *f* Prügel

**tocateja** [toka'texa]: **a** ~ in bar

**tocayo, -a** [to'kaɟo, -a] *m, f* Namensvetter(in) *m(f)*

**tocho**[1] ['toʧo] *m* ❶ (*hierro*) Eisenblock *m* ❷ (*fam: libro*) Schinken *m*

**tocho, -a**[2] ['toʧo, -a] *adj* ❶ (*tosco*) ungehobelt ❷ (*necio*) einfältig

**tocineta** [toθi'neta] *f* (*Col*) *v.* **tocino**

**tocino** [to'θino] *m* ❶ (*lardo*) Speck *m;* **confundir la velocidad con el** ~ die Begriffe durcheinander werfen ❷ (*reg: cerdo*) Schwein *nt*

**tocología** [tokolo'xia] *f sin pl* Geburtshilfe *f*

**tocólogo, -a** [to'koloɣo, -a] *m, f* Geburtshelfer(in) *m(f)*

**tocón** [to'kon] *m* (BOT) (Baum)stumpf *m*

**todavía** [toða'βia] *adv* ❶ (*aún*) noch; ~ **no** noch nicht ❷ (*sin embargo*) trotzdem

**todo**[1] ['toðo] **I.** *pron indef* alles; ~ **lo que** [*o* **cuanto**]... alles, was ...; (**o**) ~ **o nada** (entweder) alles oder nichts; **ante** [*o* **sobre**] ~ vor allem; **antes que** ~ zuallererst; **después de** ~ (*fam*) letztendlich; **en** ~ **y por** ~ in jeder Hinsicht; **y** ~ sogar; **me invitó a comer y** ~ er/sie hat mich sogar zum Essen eingeladen **II.** *adv* (*fam*) ganz, völlig **III.** *m sin pl* ❶ (*la totalidad*) Ganze(s) *nt;* **del** ~ ganz und gar; **no del** ~ nicht ganz; **jugarse el** ~ **por el** ~ aufs Ganze gehen; **ser el** ~ die Hauptperson sein ❷ (*de charada*) Lösungswort *nt*

**todo, -a**[2] ['toðo, -a] *adj indef* ❶ (*entero*) ganz; **toda la familia** die ganze Familie; **toda España** ganz Spanien; **a toda prisa** in aller Eile ❷ (*cada*) jede(r, s); **a toda costa** um jeden Preis; **toda precaución es poca** man kann nicht vorsichtig genug sein ❸ *pl* alle; **día de T~s los Santos** Allerheiligen *nt;* ~**s los niños** alle Kinder; ~**s y cada uno** alle samt und sonders; **a todas horas** zu jeder Tages- und Nachtzeit; **en todas partes** überall; **de** ~**s modos** auf alle Fälle; **de todas todas** so oder so ❹ (*intensificación*): **su cara es toda nariz** sein/ihr Gesicht besteht nur aus Nase; **ser** ~ **nervios** ein einziges Nervenbündel sein

**todopoderoso, -a** [toðopoðe'roso, -a] *adj* allmächtig

**todoterreno** [toðote'rreno] **I.** *adj inv* geländegängig **II.** *m* (AUTO) Geländefahrzeug *nt;* **ser un** ~ (*fig*) überall einsatzfähig sein

**toga** ['toɣa] *f* Talar *m;* (*romana*) Toga *f*

**Togo** ['toɣo] *m* Togo *nt*

**togolés, -esa** [toɣo'les, -esa] **I.** *adj* togoisch **II.** *m, f* Togoer(in) *m(f)*

**toldo** ['to̞ldo] *m* ❶ (*marquesina*) Sonnendach *nt;* (*en el balcón*) Markise *f* ❷ (*de carro*) Wagenplane *f* ❸ (*engreimiento*) Dünkel *m*

**tole** ['tole] *m* ❶ (*bulla*) Tumult *m;* **se armó un** ~ **tremendo** ein heftiger Tumult erhob sich ❷ (*rumor*) Gerede *nt* ❸ (*loc*): **tomar el** ~ (*fam*) verduften

**toledano, -a** [tole'ðano, -a] **I.** *adj* aus Toledo; **noche toledana** (*fig*) schlaflose Nacht **II.** *m, f* Einwohner(in) *m(f)* Toledos

**tolerable** [tole'raβle] *adj* ❶ (*soportable*) erträglich ❷ (*aceptable*) tolerierbar

**tolerado, -a** [tole'raðo, -a] *adj* (*película*) jugendfrei

**tolerancia** [tole'ran̪θja] *f* ❶ (*indulgencia*) Toleranz *f* ❷ (*resistencia*) Widerstandsfähigkeit *f*

**tolerante** [tole'ran̪te] *adj* tolerant

**tolerar** [tole'rar] *vt* ❶ (*soportar*) ertragen; (*alimentos, medicinas*) vertragen ❷ (*permitir*) dulden ❸ (*aceptar*) tolerieren

**tolete** [to'lete] *m* ❶ (*Am: garrote*) Schlagstock *m* ❷ (*Col, Cuba: trozo*) Brocken *m*

**tolva** ['tolβa] *f* (Einfüll)trichter *m;* ~ **de molino** Mühlentrichter *m*

**toma** [toma] *f* ❶ (*adquisición*) Nehmen *nt;* ~ **de conciencia** Bewusstwerdung *f;* ~ **de decisiones** Entscheidungsfindung *f;* ~ **de poder** Machtergreifung *f;* ~ **de posesión** Amtsübernahme *f;* ~ **de rehenes** Geiselnahme *f* ❷ (*conquista*) Einnahme *f;* ~ **por asalto** Erstürmung *f* ❸ (*dosis*) Dosis *f* ❹ (TÉC) Anschluss *m;* ~ **de tierra**

Erd(ungs)leitung *f* ❺ (*grabación*) Aufnahme *f*

**tomacorriente** [tomako'rrjente] *m* (*Am: colector*) Stromabnehmer *m*

**tomadura** [toma'ðura] *f* Nehmen *nt;* ~ **de pelo** Scherz *m*

**tomar** [to'mar] **I.** *vi* abbiegen; ~ **por la derecha** nach rechts abbiegen **II.** *vt* ❶ (*coger*) nehmen; (*préstamo*) aufnehmen; (*aliento, fuerzas*) schöpfen; ~ **las armas** zu den Waffen greifen; ~ **una decisión** eine Entscheidung treffen; ~ **medidas** Maßnahmen ergreifen; ~ **el sol** sich sonnen; **toma buena nota de lo que te digo ahora** merk dir gut, was ich dir jetzt sage ❷ (*comer, beber*) zu sich *dat* nehmen; ~ **café** Kaffee trinken ❸ (*interpretar*) auffassen; ~ **a la ligera** auf die leichte Schulter nehmen; ~ **a mal** übel nehmen; ~ **muy a pecho** sehr schwer nehmen; ~ **a risa** als Scherz auffassen; ~ **en serio** ernst nehmen; ~ **a alguien por ladrón** jdn für einen Dieb halten ❹ (*adquirir*) erwerben; ~ **conciencia de algo** sich *dat* einer Sache bewusst werden ❺ (*sentir*) empfinden; ~ **cariño/odio a alguien** jdn lieb gewinnen/jdn hassen; ~ **confianza a alguien** zu jdm Vertrauen fassen; ~ **aborrecimiento a algo** etw verabscheuen ❻ (*conquistar*) einnehmen ❼ (*copiar*) übernehmen ❽ (*contratar*) einstellen; ~ **un abogado** sich *dat* einen Anwalt nehmen ❾ (*alquilar*) mieten ❿ (*hacerse cargo*) übernehmen; ~ **sobre sí** auf sich nehmen ⓫ (*quitar*) wegnehmen ⓬ (*fotografiar, filmar*) aufnehmen ⓭ (*sobrevenir*) überkommen ⓮ (*llevar*) mitnehmen ⓯ (*calcular*) messen ⓰ (*Am: emborracharse*): ~**la** sich betrinken ⓱ (ZOOL: *copular*) decken; **¡vete a ~ por culo!** (*vulg*) leck mich am Arsch! ⓲ (*loc*): **¡toma!** sieh mal an!; **haberla tomado con algo/alguien** es auf etw/jdn abgesehen haben; ~ **las de Villadiego** (*fam*) Reißaus nehmen **III.** *vr:* ~**se** ❶ (*coger*) sich *dat* nehmen; ~**se libertades** sich *dat* Freiheiten herausnehmen; ~**se unas vacaciones** sich *dat* ein paar Tage Urlaub nehmen ❷ (*comer, beber*) zu sich *dat* nehmen; **me he tomado un vaso de leche** ich habe ein Glas Milch getrunken ❸ (*cubrirse de*): ~**se de moho** anlaufen; ~**se de orín** rostig werden; ~**se de polvo** verstauben ❹ (*Am: emborracharse*): **tomársela** sich betrinken ❺ (*loc*): **¡tómate esa!** das hat gesessen!

**tomate** [to'mate] *m* ❶ (*planta*) Tomate *f;* **ponerse rojo como un** ~ knallrot werden; **poner a alguien el culo como un** ~ (*fam*) jdm gehörig den Hintern versohlen ❷ (*fam: agujero*) Kartoffel *f* ❸ (*fam: jaleo*) Durcheinander *nt*

**tomatera** [toma'tera] *f* Tomate *f*

**tomavistas¹** [toma'βistas] *m inv* (*cámara*) Filmkamera *f*

**tomavistas²** [toma'βistas] *mf inv* (*operador*) Kameramann, -frau *m, f*

**tómbola** ['tombola] *f* Tombola *f*

**tomillo** [to'miʎo] *m* Thymian *m*

**tomo** ['tomo] *m* ❶ (*volumen*) Band *m;* **de cuatro** ~**s** vierbändig ❷ (*loc*): **de** ~ **y lomo** (*fam*) mordsmäßig

**tomografía** [tomoɣra'fia] *f* (MED) Tomographie *f*

**ton** [ton] (*fam*): **sin** ~ **ni son** völlig grundlos

**tonada** [to'naða] *f* ❶ (*canción*) Lied *nt* ❷ (*melodía*) Weise *f,* Melodie *f* ❸ (*Am: tonillo*) Tonfall *m*

**tonal** [to'nal] *adj* (MÚS) Ton-; **altura** ~ Tonhöhe *f*

**tonalidad** [tonali'ðaᵈ] *f* ❶ (LING) Tonfall *m* ❷ (MÚS) Tonart *f* ❸ (ARTE) Schattierung *f*

**tonel** [to'nel] *m* ❶ (*barril*) Fass *nt* ❷ (*fam: persona gorda*) Tonne *f*

**tonelada** [tone'laða] *f* (*peso*) Tonne *f*

**tonelaje** [tone'laxe] *m* ❶ (*capacidad*) Tonnage *f* ❷ (*peso*) Ladegewicht *nt*

**tonelería** [tonele'ria] *f* ❶ (*arte, taller*) Böttcherei *f* ❷ (*toneles*) Fässervorrat *m*

**tongo** ['toŋgo] *m* (DEP) illegale Absprache *f*

**tónica** ['tonika] *f* ❶ (MÚS) Grundton *m* ❷ (*bebida*) Tonic(water) *nt* ❸ (*tono general*) Grundstimmung *f*

**tonicidad** [toniθi'ðaᵈ] *f* (MED) Spannungszustand *m*

**tónico¹** ['toniko] *m* ❶ (MED) Tonikum *nt* ❷ (*para el rostro*) Gesichtswasser *nt;* (*para el cabello*) Haarwasser *nt*

**tónico, -a²** ['toniko, -a] *adj* ❶ (LING) betont ❷ (MÚS) tonisch; **nota tónica** Grundton *m* ❸ (MED) stärkend

**tonificador(a)** [tonifika'ðor(a)] *adj* stärkend

**tonificar** [tonifi'kar] <c→qu> *vt* stärken

**tonillo** [to'niʎo] *m* ❶ (*deje*) Tonfall *m* ❷ (*habla monótona*) monotoner Tonfall *m* ❸ (*retintín*) spöttischer Unterton *m*

**tono** ['tono] *m* ❶ (*altura*) Tonlage *f;* ~ **agudo/grave** hohe/tiefe Tonlage ❷ (*señal*) Ton *m;* ~ **de marcar** (TEL) Freizeichen *nt* ❸ (*intensidad*) Lautstärke *f;* **bajar el** ~ die Lautstärke dämpfen ❹ (*deje, estilo, grado de color*) Ton *m;* **en** ~ **de reproche** in vorwurfsvollem Ton; **bajar el** ~ seinen Ton mäßigen; **dar el** ~ den Ton angeben; **darse** ~ sich wichtig machen; **estar a** ~

**con algo** mit etw *dat* harmonieren; **subirse de** ~ sich aufs hohe Ross setzen ⑤ (*atmósfera*) Stimmung *f* ⑥ (*maneras*): **el buen** ~ der gute Ton; **de buen** ~ höflich; **de mal** ~ unhöflich ⑦ (MED) Tonus *m* ⑧ (MÚS: *modo*) Tonart *f;* ~ **mayor/menor** Dur-/Molltonart *f*

**tontaina** [toṇ'tai̯na] *mf* (*fam*) Dummkopf *m*

**tontear** [toṇte'ar] *vi* ① (*bobear*) (herum)albern ② (*fam*) flirten

**tontera** [toṇ'tera] *f* Dummheit *f*

**tontería** [toṇte'ria] *f* ① (*memez*) Dummheit *f* ② (*nadería*) Lappalie *f*

**tonto, -a** ['toṇto, -a] **I.** *adj* dumm; **ser más** ~ **que Picio** (*fam*) dümmer sein, als die Polizei erlaubt; **hacer algo a tontas y a locas** etw aufs Geratewohl tun; **ponerse** ~ (*fam*) sich *dat* ganz schön was einbilden **II.** *m, f* Dummkopf *m*

**tontorrón, -ona** [toṇto'rron, -ona] *adj* (*fam*) dämlich

**topacio** [to'paθjo] *m* Topas *m*

**topar** [to'par] **I.** *vi* ① (*chocar*) zusammenstoßen (*con* mit +*dat*), stoßen (*contra/en* gegen +*akk*) ② (*hallar*) stoßen (*con* auf +*akk*) ③ (*consistir*) bestehen (*en* in +*dat*) ④ (*fam: salir bien*) klappen; **por si topa** für alle Fälle ⑤ (*en el juego*) mithalten **II.** *vt* ① (*chocar*) stoßen (an +*akk*) ② (*hallar: algo*) stoßen (auf +*akk*); (*a alguien*) treffen (*a* +*akk*) **III.** *vr:* ~**se** ① (*chocar*) zusammenstoßen ② (*encontrar*) zufällig treffen (*con* +*akk*)

**tope** ['tope] **I.** *adj* Höchst- **II.** *m* ① (*extremo*) Spitze *f;* **estar hasta el** ~ (*lleno*) überfüllt sein; (*harto*) die Nase voll haben; **estoy a** ~ **de trabajo** ich stecke bis zum Hals in Arbeit ② (*parachoques*) Puffer *m;* (AUTO) Stoßstange *f* ③ (*para impedir un movimiento*) Anschlag *m;* (*puerta*) Türstopper *m* ④ (*obstáculo*) Hindernis *nt* ⑤ (*riña*) Zusammenstoß *m*

**topera** [to'pera] *f* Maulwurfbau *m*

**topetada** [tope'taða] *f* Zusammenstoß *m*

**topetar** [tope'tar] *vi, vt* (mit den Hörnern) stoßen

**topetazo** [tope'taθo] *m* Zusammenstoß *m*

**topetear** [topete'ar] *vi, vt* (mit den Hörnern) stoßen

**tópico**[1] ['topiko] *m* ① (*lugar común*) Gemeinplatz *m* ② (*estereotipo*) Klischee *nt* ③ (MED) Medikament *nt* zur äußerlichen Anwendung

**tópico, -a**[2] ['topiko, -a] *adj* ① (*trivial*) banal ② (*local*) örtlich ③ (MED) topisch; **de uso** ~ zur äußerlichen Anwendung

**topless** ['toβles] *m:* **en** ~ oben ohne

**topo** ['topo] *m* ① (*roedor, espía*) Maulwurf *m;* **ser un** ~ (*fam*) blind wie ein Maulwurf sein ② (*persona torpe*) Tölpel *m*

**topografía** [topoɣra'fia] *f* Topographie *f*

**topográfico, -a** [topo'ɣrafiko, -a] *adj* topographisch

**topógrafo, -a** [to'poɣrafo, -a] *m, f* Topograph(in) *m(f)*

**toponimia** [topo'nimja] *f sin pl* Ortsnamenkunde *f*

**topónimo** [to'ponimo] *m* Ortsname *m*

**toposo, -a** [to'poso, -a] *adj* (*Ven*) ① (*entrometido*) zudringlich ② (*pedante*) eingebildet

**toque** ['toke] *m* ① (*roce*) Berührung *f* ② (*golpe*) Klopfen *nt;* **dar un** ~ **en la puerta** an die Tür klopfen ③ (*sonido*): ~ **de atención** Warnsignal *nt;* ~ **de campanas** Glockengeläut(e) *nt;* ~ **de queda** Ausgangssperre *f;* ~ **de tambor** Trommelschlag *m* ④ (*advertencia*) Hinweis *m* ⑤ (*matiz*) Hauch *m* ⑥ (*modificación*) kleinere Veränderung *f;* **dar los últimos** ~**s a algo** etw *dat* den letzten Schliff geben ⑦ (*pincelada*) leichter Pinselstrich *m* ⑧ (*ensayo*) Prüfen *nt;* **piedra de** ~ Probierstein *m* ⑨ (*lo principal*) Knackpunkt *m fam* ⑩ (*aplicación medicinal*) Betupfen *nt*

**toquetear** [tokete'ar] *vt* (*fam*) befummeln

**toquilla** [to'kiʎa] *f* (*pañuelo*) Schultertuch *nt*

**torada** [to'raða] *f* Stierherde *f*

**tórax** ['toraˠs] *m inv* Brustkorb *m*

**torbellino** [torβe'ʎino] *m* Wirbel *m;* **ser un** ~ ein richtiger Wirbelwind sein

**torcaz** [tor'kaθ] *adj:* **paloma** ~ Ringeltaube *f*

**torcedura** [torθe'ðura] *f* ① (*encorvamiento*) Biegen *nt* ② (*dislocación*) Zerrung *f* ③ (*desvío*) Umlenkung *f* ④ (*vino*) Tresterwein *m*

**torcer** [tor'θer] *irr como cocer* **I.** *vi* abbiegen; ~ **a la izquierda** nach links abbiegen **II.** *vt* ① (*encorvar*) biegen ② (*dar vueltas, desviar*) (ver)drehen; ~ **el cuello a alguien** jdm den Hals umdrehen; ~ **las intenciones de alguien** jdn von seinen Vorsätzen abbringen; ~ **las manos** die Hände ringen; ~ **la vista** schielen ③ (*referente al gesto*): ~ **el gesto** das Gesicht verziehen **III.** *vr:* ~**se** ① (*encorvarse*) sich biegen ② (*dislocarse*) sich *dat* zerren; **me he torcido el pie** ich bin mit dem Fuß umgeknickt ③ (*corromperse*) auf Abwege geraten; (*fracasar*) scheitern ④ (*agriarse*) sauer werden

**torcida** [tor'θiða] *f* Docht *m*

**torcido, -a** [tor'θiðo, -a] *adj* ① (*ladeado*)

schief ❷ (*encorvado*) krumm ❸ (*artero*) unaufrichtig

**tordo**[1] ['torðo] *m* Drossel *f*

**tordo, -a**[2] ['torðo, -a] **I.** *adj* ❶ (*color*): **yegua torda** Grauschimmelstute *f* ❷ (*torpe*) unbeholfen **II.** *m, f* Grauschimmel *m*

**torear** [tore'ar] **I.** *vi* (*lidiar*) mit Stieren kämpfen **II.** *vt* ❶ (*lidiar*) kämpfen (mit +*dat*) ❷ (*evitar*) geschickt aus dem Wege gehen +*dat* ❸ (*engañar*) etwas vormachen +*dat* ❹ (*tomar el pelo*) hänseln

**toreo** [to'reo] *m* ❶ (*tauromaquia*) Stierkampfkunst *f* ❷ (*lidia*) Stierkampf *m* ❸ (*burla*) Hänselei *f*

**torera** [to'rera] *f* Bolero *m*

**torero, -a** [to'rero, -a] **I.** *adj* (*fam*) Stierkampf-; **valor** ~ Mut eines Stierkämpfers **II.** *m, f* Stierkämpfer(in) *m(f)*; **saltarse algo a la torera** sich um etw nicht scheren

**i Land & Leute**

**Torero** ist das spanische Wort für Stierkämpfer. Auch als Ausruf des Beifalls wird **torero** verwendet, dabei wird das Wort mehrere Male wiederholt: **¡Torero, torero, torero...!**

**toril** [to'ril] *m* Stierzwinger *m*

**tormenta** [tor'men̪ta] *f* ❶ (*temporal, t. fig*) Gewitter *nt* ❷ (*agitación*) Sturm *m*; **una ~ de celos** ein Eifersuchtsanfall

**tormento** [tor'men̪to] *m* ❶ (*castigo*) Folter *f*; **potro de ~** Folterbank *f*; **dar ~ a alguien** jdn foltern ❷ (*congoja*) Qual *f*

**tormentoso, -a** [tormen̪'toso, -a] *adj* stürmisch

**torna** ['torna] *f* ❶ (*devolución*) Rückgabe *f* ❷ (*regreso*) Rückkehr *f* ❸ (*loc*): **se vuelven las ~s** das Blatt wendet sich

**tornadizo, -a** [torna'ðiθo, -a] *adj* wetterwendisch

**tornado** [tor'naðo] *m* Wirbelsturm *m*

**tornar** [tor'nar] **I.** *vi* zurückkehren; **~ en sí** wieder zu sich *dat* kommen; **~ a hacer algo** etw wieder tun **II.** *vt* ❶ (*devolver*) zurückgeben ❷ (*cambiar*) verwandeln; **~ triste** traurig machen **III.** *vr*: **~se** sich verwandeln; **~se gris** grau werden

**tornasol** [torna'sol] *m* ❶ (*girasol*) Sonnenblume *f* ❷ (*reflejo*) Schillern *nt* ❸ (QUÍM) Lackmus *nt o m*

**tornear** [torne'ar] **I.** *vi* ❶ (*dar vueltas*) sich drehen ❷ (*en un torneo*) an einem Turnier teilnehmen ❸ (*cavilar*) seine Gedanken kreisen lassen **II.** *vt* (*metal*) drehen; (*madera*) drechseln

**torneo** [tor'neo] *m* Turnier *nt*

**tornero, -a** [tor'nero, -a] *m, f* (*de metal*) Dreher(in) *m(f)*; (*de madera*) Drechsler(in) *m(f)*

**tornillo** [tor'niʎo] *m* ❶ (*clavo con rosca*) Schraube *f*; **apretar un ~** eine Schraube anziehen; **apretar los ~s a alguien** (*fig*) jdm die Daumenschrauben anlegen; **te falta un ~** bei dir ist eine Schraube locker ❷ (*fam: deserción*) Fahnenflucht *f* ❸ (*abrazadera*) Schraubzwinge *f*

**torniquete** [torni'kete] *m* (*puerta*) Drehkreuz *nt*

**torniscón** [tornis'kon] *m* (*fam*) ❶ (*bofetón*) Ohrfeige *f* ❷ (*pellizco*) Kneifen *nt*

**torno** ['torno] *m* ❶ (*máquina*) Drehbank *f*; (*para madera*) Drechslerbank *f*; (*de alfarero*) Drehscheibe *f* ❷ (*cabrestante*) Winde *f* ❸ (*giro*) Runde *f* ❹ (*freno*) Handbremse *f* ❺ (*de un río*) (Fluss)biegung *f* ❻ (*loc*): **en ~ a** um ... herum; **en ~ a ese tema** zu diesem Thema

**toro** ['toro] *m* ❶ (*animal*) Stier *m*; **coger el ~ por los cuernos** (*fig*) den Stier bei den Hörnern packen; **¡otro ~!** (*fig*) Themawechsel! ❷ *pl* (*toreo*) Stierkampf *m*; **ver los ~s desde las barreras** (*fig*) das Geschehen aus sicherer Entfernung verfolgen ❸ (*hombre*) kräftiger Mann *m*

**i Land & Leute**

Spaniens Landstraßen entlang wird man oft einem riesigen **toro** – *Stier* begegnen. Es ist das Markenzeichen einer sehr traditionsreichen Wein- und Sherrykellerei in *Jerez de la Frontera*.

**toronja** [to'roŋxa] *f* ❶ (*naranja*) Pomeranze *f* ❷ (*pomelo*) Grapefruit *f*

**toronjil** [toroŋ'xil] *m* (Zitronen)melisse *f*

**torpe** ['torpe] *adj* ❶ (*pesado*) schwerfällig ❷ (*inhábil*) ungeschickt ❸ (*obsceno*) unzüchtig

**torpedear** [torpeðe'ar] *vt* torpedieren

**torpedero** [torpe'ðero] *m* Torpedoboot *nt*

**torpedo** [tor'peðo] *m* Torpedo *m*

**torpeza** [tor'peθa] *f* ❶ (*pesadez*) Schwerfälligkeit *f* ❷ (*inhabilidad*) Ungeschicklichkeit *f* ❸ (*obscenidad*) Unzüchtigkeit *f* ❹ (*tontería*) Dummheit *f*

**torrar** [to'rrar] *vt* rösten

**torre** ['torre] *f* Turm *m*; **~ de alta tensión** Hochspannungsmast *m*; **~ de viento** (*fig*) Luftschloss *nt*

**torrefacción** [torrefaʸ'θjon] *f* Röstung *f*

T

**torrefacto, -a** [torre'fakto, -a] *adj* geröstet
**torreja** [to'rrexa] *f* (*Am:* GASTR) ≈armer Ritter *m*
**torrencial** [torren̩'θjal] *adj:* **lluvia** ~ sintflutartiger Regen
**torrente** [to'rren̩te] *m* ① (*corriente*) Sturzbach *m* ② (*multitud*) Schwall *m*
**torrentoso, -a** [torren̩'toso, -a] *adj* (*Am: lluvia*) strömend; (*caudal*) flutartig
**torreón** [torre'on] *m* Festungsturm *m*
**torrero, -a** [to'rrero, -a] *m, f* Turmwächter(in) *m(f);* (*de un faro*) Leuchtturmwärter(in) *m(f)*
**torrezno** [to'rreθno] *m* gebratene Speckscheibe *f*
**tórrido, -a** ['torriðo, -a] *adj* (*elev*) heiß
**torrija** [to'rrixa] *f* (GASTR) ≈armer Ritter *m*
**torsión** [tor'sjon] *f* (*desviación*) Drall *m;* ~ **hacia la izquierda** Linksdrall *m*
**torso** ['torso] *m* Rumpf *m;* (ARTE) Torso *m*
**torta** ['torta] *f* ① (*pastel*) Kuchen *m;* (*Am*) Torte *f;* **no saber ni** ~ (*fam*) keinen blassen Schimmer haben; **ser** ~**s y pan pintado** (*fam*) halb so schlimm sein ② (*fam: bofetada*) Ohrfeige *f;* (*golpe*) Schlag *m;* **darse una** ~ sich stoßen ③ (*fam: borrachera*) Rausch *m*
**tortazo** [tor'taθo] *m* (*fam*) ① (*bofetada*) Ohrfeige *f* ② (*choque*) Stoß *m;* **darse un** ~ sich heftig stoßen
**tortícolis** [tor'tikolis] *m o f inv* (MED) steifer Hals *m*
**tortilla** [tor'tiʎa] *f* (*de huevos*) Omelett(e) *nt;* (*Am: de harina*) Maisfladen *m;* **hacer** ~ **a alguien** jdn zusammenschlagen; **hacer** ~ **algo** etw kurz und klein schlagen; **se ha vuelto la** ~ das Blatt hat sich gewendet

**i Land & Leute**

In Spanien versteht man unter **tortilla** eine Art Omelett; eine **tortilla de patatas** ist ein Omelett mit Kartoffeln und Zwiebeln; **tortillas** gibt es auch mit anderen Zutaten: Spinat, Thunfisch, Spargel usw. In Lateinamerika, speziell in Mexiko, bezeichnet die **tortilla** ein Fladenbrot, das mit Maismehl zubereitet wird. Die **tortilla** ist hier Grundnahrungsmittel.

**tortillera** [torti'ʎera] *m* (*vulg*) Lesbe *f fam*
**tórtola** ['tortola] *f* Turteltaube *f*
**tórtolo** ['tortolo] *m* ① (*ave*) Turteltauber(ich) *m* ② (*hombre*) Verliebte(r) *m* ③ *pl* (*enamorados*) Turteltauben *fpl*
**tortuga** [tor'tuɣa] *f* Schildkröte *f;* **a paso de** ~ im Schneckentempo
**tortuosidad** [tortwosi'ða$^{ð}$] *f* ① (*sinuosidad*) Windung *f* ② (*astucia*) Verschlagenheit *f*
**tortuoso, -a** [tortu'oso, -a] *adj* ① (*sinuoso*) geschlängelt ② (*astuto*) verschlagen
**tortura** [tor'tura] *f* (*suplicio*) Folter *f;* **sufrir** ~**s** gefoltert werden
**torturador(a)** [tortura'ðor(a)] **I.** *adj* qualvoll **II.** *m(f)* Folterer *m*
**torturar** [tortu'rar] *vt* foltern
**torvo, -a** ['torβo, -a] *adj* wild; (*mirada*) finster
**torzal** [tor'θal] *m* Zwirn *m*
**tos** [tos] *f* Husten *m;* ~ **ferina** Keuchhusten *m*
**tosco, -a** ['tosko, -a] *adj* grob
**toser** [to'ser] *vi* husten; **no hay quien te tosa** niemand kann es mit dir aufnehmen
**tosquedad** [toske'ða$^{ð}$] *f* Ungeschliffenheit *f*
**tostada** [tos'taða] *f* Toast *m;* **olerse la** ~ (*fam*) den Braten riechen; **pegar una** ~ **a alguien** (*fam*) jdm eins auswischen
**tostadero** [tosta'ðero] *m* Rösterei *f*
**tostador** [tosta'ðor] *m,* **tostadora** [tosta'ðora] *f* Toaster *m*
**tostar** [tos'tar] <o→ue> **I.** *vt* ① (*torrar*) rösten; (*pan*) toasten ② (*curtir*) bräunen **II.** *vr:* ~**se** sich bräunen
**tostón** [tos'ton] *m* ① (*de pan*) Croûton *m* ② (*cochinillo*) gebratenes Spanferkel *nt* ③ (*persona pesada*) Klette *f;* (*molesta*) Nervensäge *f*
**total** [to'tal] **I.** *adj* total; **importe** ~ Gesamtbetrag *m;* **en** ~ insgesamt **II.** *m* (MAT) (Gesamt)summe *f* **III.** *adv* also
**totalidad** [totali'ða$^{ð}$] *f sin pl* Gesamtheit *f;* **en su** ~ in vollem Umfang
**totalitario, -a** [totali'tarjo, -a] *adj* ① (*completo*) umfassend ② (*dictatorial*) totalitär
**totalitarismo** [totalita'rismo] *m sin pl* Totalitarismus *m*
**totalizar** [totali'θar] <z→c> *vt* zusammenzählen
**totalmente** [total'men̩te] *adv* völlig
**tótem** ['toten] *m* <tótems *o* tótemes> Totem *nt*
**toxicidad** [to$^{ɣ}$siθi'ða$^{ð}$] *f sin pl* (MED) Toxizität *f*
**tóxico**[1] ['to$^{ɣ}$siko] *m* Giftstoff *m*
**tóxico, -a**[2] ['to$^{ɣ}$siko, -a] *adj* giftig
**toxicomanía** [to$^{ɣ}$sikoma'nia] *f sin pl* Rauschgiftsucht *f*
**toxicómano, -a** [to$^{ɣ}$si'komano, -a] **I.** *adj* rauschgiftsüchtig **II.** *m, f* Rauschgiftsüchtige(r) *mf*
**toxina** [to$^{ɣ}$'sina] *f* (MED) Toxin *nt*

**tozudez** [toθu'ðeθ] *f* Halsstarrigkeit *f*, Dickköpfigkeit *f*

**tozudo**, **-a** [to'θuðo, -a] **I.** *adj* dickköpfig **II.** *m, f* Dickkopf *m*

**traba** ['traβa] *f* ① (*trabamiento*) Verbindung *f* ② (*cuerda*) Fessel *f* ③ (*obstáculo*) Hindernis *nt*

**trabado**, **-a** [tra'βaðo, -a] *adj* ① (*coherente*) zusammenhängend ② (*nervudo*) stämmig

**trabajado**, **-a** [traβa'xaðo, -a] *adj* ① (*cansado*) erschöpft ② (*con esmero*) ausgefeilt

**trabajador**(**a**) [traβaxa'ðor(a)] **I.** *adj* fleißig **II.** *m(f)* Arbeiter(in) *m(f)*

**trabajar** [traβa'xar] **I.** *vi* arbeiten; ~ **de vendedora** als Verkäuferin arbeiten; **en edad de** ~ im arbeitsfähigen Alter **II.** *vt* ① (*tratar*) bearbeiten; (*caballo*) zureiten ② (*inquietar*) zu schaffen machen +*dat* **III.** *vr:* ~**se** sich bemühen

**trabajo** [tra'βaxo] *m* Arbeit *f;* ~ **en cadena** Fließbandarbeit *f;* ~ **a destajo** Akkordarbeit *f;* ~ **estacional** Saisonarbeit *f;* ~**s forzados** Zwangsarbeit *f;* **con/sin** ~ mit Mühe/mühelos; **costar** ~ Mühe kosten; **tomarse el** ~ **de hacer algo** sich *dat* die Mühe machen etw zu tun

**trabajoso**, **-a** [traβa'xoso, -a] *adj* mühsam

**trabalenguas** [traβa'leŋgwas] *m inv* Zungenbrecher *m*

**trabar** [tra'βar] **I.** *vt* ① (*juntar*) verbinden ② (*coger*) ergreifen ③ (*atar*) fesseln ④ (*impedir*) behindern ⑤ (*espesar*) andicken ⑥ (*comenzar*) beginnen; (*contactos*) knüpfen ⑦ (*embargar bienes*) beschlagnahmen **II.** *vi* greifen **III.** *vr:* ~**se** sich verheddern; ~**se la lengua** stottern

**trabazón** [traβa'θon] *f* ① (*enlace*) Verbindung *f* ② (*el espesar*) Eindickung *f*

**trabilla** [tra'βiʎa] *f* Schlaufe *f;* (*en la pernera*) Steg *m*

**trabucar** [traβu'kar] <c→qu> **I.** *vt* durcheinander bringen **II.** *vr:* ~**se** (*al hablar*) sich versprechen; (*al escribir*) sich verschreiben

**tracción** [traᵞ'θjon] *f* ① (*tirar*) Ziehen *nt* ② (*accionar*) Antrieb *m;* ~ **a cuatro ruedas** Allradantrieb *m;* ~ **delantera/trasera** Vorderrad-/Hinterradantrieb *m*

**tractor** [trak'tor] *m* Traktor *m*

**tractorista** [trakto'rista] *mf* Traktorfahrer(in) *m(f)*

**tradición** [traði'θjon] *f* Tradition *f*

**tradicional** [traðiθjo'nal] *adj* traditionell

**traducción** [traðuᵞ'θjon] *f* Übersetzung *f;* ~ **al/del inglés** Übersetzung ins Englische/aus dem Englischen

**traducir** [traðu'θir] *irr vt* übersetzen

**traductor**(**a**) [traðuk'tor(a)] **I.** *adj* Übersetzungs- **II.** *m(f)* Übersetzer(in) *m(f)*

**traer** [tra'er] *irr* **I.** *vt* ① (*llevar: a alguien*) bringen; (*consigo*) bei sich *dat* haben; (*vestido*) anhaben; **tengo una carta para ti – trae** ich habe einen Brief für dich – gib ihn her; **¿has traído la carta?** hast du den Brief mitgebracht?; **lo traigo en la cartera** ich habe es im Geldbeutel ② (*ir a por*) holen ③ (*atraer*) anziehen ④ (*ocasionar*) mit sich bringen ⑤ (*más adjetivo*): ~ **convencido** überzeugt sein; ~ **preocupado a alguien** jdm Sorgen machen; ~ **frito a alguien** (*fam*) jdn den letzten Nerv kosten; **esta mujer me trae perdido** diese Frau macht mich verrückt ⑥ (*más sustantivo*): ~ **retraso** mit Verspätung kommen; ~ **prisa** es eilig haben; ~ **hambre** Hunger haben; **traes cara de palo** (*fam*) was ziehst denn du für ein Gesicht! ⑦ (*tener pendiente*): ~ **un pleito con alguien** gegen jdn prozessieren ⑧ (*razones, ejemplos*) anführen ⑨ (*más 'a'*): ~ **a colación** zur Sprache bringen; ~ **a cuento** aufs Tapet bringen; ~ **a alguien a razones** jdn zur Vernunft bringen; ~ **a la memoria** ins Gedächtnis rufen ⑩ (*loc*): ~ **a alguien arrastra**(**n**)**do** jdn strapazieren; **¿qué te trae por aquí?** was führt dich hierher?; **el jefe me trae de aquí para allí todo el día** der Chef lässt mich keine Minute in Ruhe; **esto me trae sin cuidado** das ist mir egal **II.** *vr:* ~**se** ① (*llevar a cabo*): ~**se algo entre manos** etw laufen haben ② (*vestirse*): ~**se bien** sich gut kleiden ③ (*loc*): **este examen se las trae** diese Prüfung hat es in sich; **hace un frío que se las trae** es ist bitterkalt

**traficante** [trafi'kaṇte] *mf* Händler(in) *m(f);* (*de drogas*) Dealer(in) *m(f);* (*de asilados/coches*) Schlepper(in) *m(f)*

**traficar** [trafi'kar] <c→qu> *vi* handeln (*en* mit +*dat*); (*con drogas*) dealen (*con/en* mit +*dat*); (*con asilados*) schleppen (*con/en* +*akk*)

**tráfico** ['trafiko] *m* ① (COM) Handel *m;* (*de drogas*) Drogenhandel *m;* (*de asilados/coches*) Schlepperei *f;* ~ **de contrabando** Schmuggel *m;* ~ **de influencias** Vetternwirtschaft *f* ② (*de vehículos*) Verkehr *m;* ~ **por carretera** Straßenverkehr *m*

**tragaderas** [traɣa'ðeras] *fpl* ① (*faringe*) Rachen *m;* **tener buenas** ~ (*fam*) ein Vielfraß sein ② (*fam: credulidad*): **tener** ~ leichtgläubig sein ③ (*fam: tolerancia*): **tener buenas/malas** ~ tolerant/intolerant sein

**tragaldabas** [traɣal̦'daβas] *mf inv* Vielfraß

*m fam*

**tragaluz** [traɣa'luθ] *m* (*grande*) Dachfenster *nt;* (*pequeño*) Fensterluke *f*

**traganíqueles** [traɣa'nikeles] *f inv* (*Nic: fam: tragaperras*) Spielautomat *m*

**tragaperras** [traɣa'perras] *f inv* Münzautomat *m;* (*de juego*) Spielautomat *m*

**tragar** [tra'ɣar] <g→gu> **I.** *vt, vr:* ~**se** ❶ (*comida, bebida, crítica*) (hinunter)schlucken; (*historia, mentira*) schlucken; **tuve que ~me el enfado** ich musste meinen Ärger hinunterschlucken; **ése se lo traga todo** (*fig*) der lässt sich *dat* alles aufbinden ❷ (*devorar, t. fig*) verschlingen; **¡trágame tierra!** ich möchte vor Scham am liebsten im Erdboden versinken! **II.** *vt* ❶ (*soportar*): **no ~ a alguien** jdn nicht ausstehen können ❷ (*consumir*) verbrauchen; (*absorber*) absorbieren

**tragedia** [tra'xeðja] *f* Tragödie *f*

**trágico, -a** ['traxiko, -a] **I.** *adj* tragisch; **no te pongas ~** stell dich nicht so an **II.** *m, f* ❶ (TEAT) Tragödiendarsteller(in) *m(f)* ❷ (LIT) Tragödiendichter(in) *m(f)*

**trago** ['traɣo] *m* ❶ (*de bebida*) Schluck *m;* **a ~s** schluckweise; **a ~s largos** in langen Zügen; **de un ~** in einem Zug ❷ (*bebida*) Drink *m;* **tomar un ~ de más** (*fam*) einen über den Durst trinken ❸ (*vicio*) Trinken *nt,* Trunksucht *f* ❹ (*experiencia*) bitteres Erlebnis *nt*

**tragón, -ona** ['traɣon, -ona] *m, f* (*fam*) Vielfraß *m*

**traición** [trai̯'θjon] *f* Verrat *m;* **matar a ~** hinterrücks ermorden

**traicionar** [trai̯θjo'nar] *vt* verraten; (*adulterio*) betrügen; **la memoria me traiciona** mein Gedächtnis lässt mich im Stich

**traicionero, -a** [trai̯θjo'nero, -a] **I.** *adj* (*persona*) verräterisch; (*acción*) heimtückisch; (*memoria*) trügerisch; (*animal*) tückisch **II.** *m, f* Verräter(in) *m(f)*

**traída** [tra'iða] *f:* ~ **de aguas** Wasserzufuhr *f*

**traidor(a)** [trai̯'ðor(a)] **I.** *adj* verräterisch; (*falso*) falsch **II.** *m(f)* Verräter(in) *m(f)*

**traigo** ['trai̯ɣo] *1. pres de* **traer**

**traílla** [tra'iʎa] *f* ❶ (*correa*) (Hunde)leine *f* ❷ (*dos perros*) Meute *f* ❸ (AGR) Egge *f*

**traje** ['traxe] *m* ❶ (*vestidura*) Kleidung *f;* ~ **de baño** Badeanzug *m;* ~ **de luces** Toreroanzug *m* ❷ (*de hombre*) Anzug *m;* ~ **de etiqueta** Galaanzug *m;* ~ **hecho a la medida** Maßanzug *m;* ~ **de confección** Anzug von der Stange ❸ (*de mujer*) Kleid *nt;* ~ **de noche** Abendkleid *nt;* ~ **(de) chaqueta** Schneiderkostüm *nt* ❹ (*popular*) Tracht *f* ❺ (*de época*) Kostüm *nt*

**trajeado, -a** [traxe'aðo, -a] *adj:* **ir bien/mal ~** gut/schlecht gekleidet sein

**trajín** [tra'xin] *m* ❶ (*de mercancías*) Transport *m* ❷ (*ajetreo*) geschäftiges Treiben *nt;* **el ~ de la ciudad** das Gewühl in der Stadt; **había un gran ~** es herrschte reger Betrieb

**trajinar** [traxi'nar] **I.** *vt* befördern **II.** *vi* herumhantieren; **llevo todo el día trajinando** ich war heute sehr beschäftigt

**tralla** ['traʎa] *f* ❶ (*cuerda*) Peitschenschnur *f* ❷ (*látigo*) Peitsche *f*

**trallazo** [tra'ʎaθo] *m* ❶ (*latigazo: ruido*) Peitschenknall *m;* (*golpe*) Peitschenhieb *m* ❷ (*represión*) Standpauke *f fam*

**trama** ['trama] *f* ❶ (*de hilos*) Schuss *m* ❷ (LIT) Handlung *f* ❸ (*intriga*) Intrige *f*

**tramar** [tra'mar] *vt* ❶ (*traición*) anzetteln; (*intriga, plan*) schmieden; **¿qué estarán tramando?** was führen sie nur im Schilde?; **aquí se está tramando algo** hier ist etwas im Gange ❷ (*tejidos*) (ein)schießen

**tramitar** [trami'tar] *vt* ❶ (*asunto*) erledigen; (*negocio*) abwickeln; **está tramitando el divorcio** er/sie hat die Scheidung eingereicht ❷ (*expediente*) bearbeiten

**trámite** ['tramite] *m* ❶ (*diligencias*): ~ **burocrático** Verfahrensweg *m;* **pasar por todos los ~s** alle Instanzen durchlaufen ❷ (*formalidad*) Formalität *f;* **el asunto está en ~** die Angelegenheit wird gerade bearbeitet; **esto es puro ~** das ist eine reine Routineangelegenheit; **¿has hecho los ~s para el pasaporte?** hast du schon deinen Pass beantragt?

**tramo** ['tramo] *m* ❶ (*de camino*) Abschnitt *m;* (FERRO) Streckenabschnitt *m* ❷ (*de escalera*) Treppenabschnitt *m*

**tramoya** [tra'moɟa] *f* ❶ (TEAT) Bühnenmaschinerie *f* ❷ (*engaño*) Schwindel *m,* Betrug *m*

**tramoyista** [tramo'ɟista] *mf* ❶ (TEAT) Bühnenarbeiter(in) *m(f)* ❷ (*mentiroso*) Betrüger(in) *m(f)*

**trampa** ['trampa] *f* ❶ (*para personas, animales*) Falle *f;* **poner una ~ a un animal/a alguien** einem Tier/jdm eine Falle stellen; **caer en la ~** (*animal*) in die Falle gehen; (*persona*) hereinfallen ❷ (*trampilla*) Falltür *f* ❸ (*del mostrador*) (Ladentisch)klappe *f* ❹ (*engaño*) Schwindel *m;* (*en los juegos*) Mogelei *f fam;* **hacer ~** (*engañar*) schwindeln; (*jugando*) mogeln; (*en el deporte*) tricksen; **sin ~ ni cartón** ohne Tricks; **hecha la ley hecha la ~** (*prov*) jedes Gesetz hat sein Hintertürchen ❺ (*fam: deuda*) Schuld *f*

**trampear** [trampe'ar] *vi* ① (*fam: estafar*) betrügen ② (*de penuria*) sich *dat* in der Not zu helfen wissen ③ (*ir tirando*) sich durchschlagen

**trampero** [tram'pero] *m* Trapper *m*

**trampilla** [tram'piʎa] *f* ① (*en habitación*) Falltür *f* ② (*portezuela*) Klappe *f* ③ (AUTO) Sonnendach *nt*

**trampolín** [trampo'lin] *m* (*de piscina*) Sprungbrett *nt;* (*de gimnasia*) Trampolin *nt;* (*de esquí*) (Sprung)schanze *f*

**tramposo, -a** [tram'poso, -a] **I.** *adj* betrügerisch **II.** *m, f* ① (*estafador*) Betrüger(in) *m(f)* ② (*en los juegos*) Falschspieler(in) *m(f)*

**tranca** ['traŋka] *f* ① (*palo*) Knüppel *m;* (*de la puerta*) Türriegel *m* ② (*fam: borrachera*) Rausch *m* ③ (*loc*): **a ~s y barrancas** (*fam*) mit Müh und Not

**trancar** [traŋ'kar] <c→qu> *vt* ① (*puerta: con tranca*) verriegeln; (*con objetos*) versperren ② (*dar trancos*) mit großen Schritten gehen

**trancazo** [traŋ'kaθo] *m* ① (*golpe*) Knüppelschlag *m* ② (*fam: gripe*) Grippe *f*

**trance** ['tran̪θe] *m* ① (*momento*): **pasar un ~ difícil** Schweres durchmachen ② (*hipnótico*) Trance *f* ③ (*loc*): **estar en ~ de hacer algo** gerade dabei sein etw zu tun; **estar en ~ de muerte** im Sterben liegen; **querer hacer algo a todo ~** etw unbedingt machen wollen

**tranco** ['traŋko] *m* ① (*paso*) großer Schritt *m;* **andar a ~s** mit großen Schritten gehen; **subir una escalera a ~s** eine Treppe hinauffliegen ② (*umbral*) Schwelle *f* ③ (*loc*): **a ~s** hastig

**tranqui** ['traŋki] *adj* (*fam*): **¡oye, ~!** reg dich wieder ab!

**tranquilamente** [traŋkila'men̪te] *adv* in Ruhe

**tranquilidad** [traŋkili'ða$^d$] *f* (*calma, serenidad*) Ruhe *f;* (*de mar*) Stille *f;* (*autocontrol*) Gelassenheit *f;* (*despreocupación*) Unbekümmertheit *f;* **~ de conciencia** Seelenruhe *f;* **con mucha ~** seelenruhig; **trabajar con ~** ungestört arbeiten; **debo decirte para tu ~ que...** ich muss dir zu deiner Beruhigung sagen, dass ...

**tranquilizador(a)** [traŋkiliθa'ðor(a)] *adj* beruhigend

**tranquilizante** [traŋkili'θan̪te] *m* Beruhigungsmittel *nt*

**tranquilizar** [traŋkili'θar] <z→c> **I.** *vt* beruhigen; (*con palabras*) beschwichtigen **II.** *vr:* **~se** sich beruhigen

**tranquilla** [traŋ'kiʎa] *f* ① (*pasador*) Riegel *m* ② (*para desorientar*) Fallstrick *m*

**tranquillo** [traŋ'kiʎo] *m:* **cogerle el ~ a algo** bei etw *dat* den Dreh heraushaben

**tranquilo, -a** [traŋ'kilo, -a] *adj* ① (*no agitado*) ruhig; (*mar*) still; **¡déjame ~!** lass mich in Ruhe!; **mientras no te digan nada, tú ~** solange sie nichts zu dir sagen, kannst du ruhig weitermachen ② (*persona: serena*) ruhig; (*con autocontrol*) gelassen; (*despreocupada*) unbekümmert; **tú ~, que no pasará nada** sei ruhig unbesorgt, es wird nichts geschehen

**transacción** [transak'θjon] *f* ① (JUR) Vergleich *m;* (POL) Kompromiss *m* ② (COM) Geschäft *nt;* (FIN) Transaktion *f*

**transandino, -a** [transan̪'dino, -a] *adj* jenseits der Anden

**transar** [tran'sar] *vi* (*Am: transigir*) Kompromisse eingehen

**transatlántico**[1] [transað'lan̪tiko] *m* Passagierdampfer *m*

**transatlántico, -a**[2] [transað'lan̪tiko, -a] *adj* überseeisch; **barco ~** Passagierdampfer *m*

**transbordador** [tra$^n$sβorða'ðor] *m* ① (NÁUT) Fähre *f* ② (AERO) Raumfähre *f*

**transbordar** [tra$^n$sβor'ðar] **I.** *vt* ① (*por río*) übersetzen (*a* auf +*akk*) ② (*mercancías*) umladen (*a* in/auf +*akk*); (*en grandes cantidades*) umschlagen; (*entre barcos*) umschiffen **II.** *vi* umsteigen

**transcendente** [tra$^n$sθen̪'den̪te] *adj v.* **trascendente**

**transcender** [tra$^n$sθen̪'der] <e→ie> *vi v.* **trascender**

**transcribir** [tra$^n$skri'βir] *irr como escribir vt* ① (*copiar*) abschreiben ② (*transliterar, t.* MÚS) transkribieren

**transcurrir** [tra$^n$sku'rrir] *vi* (*el tiempo*) vergehen

**transcurso** [tra$^n$s'kurso] *m* Verlauf *m;* **en el ~ del día** im Laufe des Tages

**transeúnte** [transe'un̪te] **I.** *adj* vorübergehend; (*habitante*) nicht ortsansässig **II.** *mf* ① (*peatón*) Passant(in) *m(f)* ② (*habitante*): **los ~s** die Leute, die nicht ortsansässig sind

**transferencia** [tra$^n$sfe'ren̪θja] *f* ① (*traslado*) Verlegung *f* ② (FIN) Überweisung *f;* **a través de una ~ de orden permanente** per Dauerauftrag ③ (*de propiedad*) Übertragung *f*

**transferir** [tra$^n$sfe'rir] *irr como sentir vt* ① (*trasladar*) verlegen (*a* nach +*dat*) ② (*posponer*) verlegen ③ (FIN) überweisen (*a* auf +*akk*, an +*akk*) ④ (*propiedad, derecho*) übertragen (*a* auf +*akk*)

**transfigurar** [tra$^n$sfiɣu'rar] *vt* verwandeln

**transformación** [tra$^n$sforma'θjon] *f* Verwandlung *f;* (*de costumbres*) Veränderung *f*

**transformador** [tra$^n$sforma'ðor] *m* (ELEC) Transformator *m*

**transformar** [tra$^n$sfor'mar] *vt* verwandeln; (*costumbres*) verändern; **desde el accidente está transformado** seit dem Unfall ist er wie umgewandelt

**transformista** [tra$^n$sfor'mista] **I.** *adj* transformistisch **II.** *mf* ❶ (BIOL) Vertreter(in) *m(f)* des Transformismus ❷ (TEAT) Verwandlungskünstler(in) *m(f)*

**tránsfuga** ['tra$^n$sfuɣa] *mf* ❶ (MIL) Überläufer(in) *m(f)* ❷ (POL) Abtrünnige(r) *mf*

**transfundir** [tra$^n$sfuṇ'dir] *vt* (*líquido*) umfüllen

**transfusión** [tra$^n$sfu'sjon] *f* ❶ (*de líquido*) Umfüllung *f* ❷ (MED) (Blut)transfusion *f*

**transgredir** [tra$^n$sɣre'ðir] *irr como abolir vt* (*ley*) übertreten; (*orden*) verstoßen (gegen +*akk*)

**transgresión** [tra$^n$sɣre'sjon] *f* (*ley*) Übertretung *f;* (*orden*) Verstoß *m*

**transición** [transi'θjon] *f* Übergang *m*

**transido, -a** [tran'siðo, -a] *adj* (*elev*): ~ **de dolor** von Schmerz geplagt; ~ **de emoción** überwältigt vor Rührung; ~ **de hambre** (völlig) ausgehungert

**transigencia** [transi'xeṇθja] *f* ❶ (*condescendencia*) Nachgiebigkeit *f* ❷ (*tolerancia*) Toleranz *f* ❸ (POL) Kompromissbereitschaft *f*

**transigente** [transi'xeṇte] *adj* ❶ (*condescendiente*) nachgiebig ❷ (*tolerante*) tolerant ❸ (POL) kompromissbereit

**transigir** [transi'xir] <g→j> *vi* ❶ (*ceder*) nachgeben +*dat* ❷ (*tolerar*) dulden (*con* +*akk*) ❸ (POL) einen Kompromiss finden; (JUR) sich vergleichen (*sobre* hinsichtlich +*gen*)

**Transilvania** [transil'βanja] *f* Siebenbürgen *nt;* (HIST) Transsilvanien *nt*

**transistor** [transis'tor] *m* Transistor *m*

**transitable** [transi'taβle] *adj* (*en coche*) befahrbar; (*a pie*) begehbar

**transitar** [transi'tar] *vi* (*en coche*) fahren (*por* auf +*dat*); (*por un túnel*) durchfahren (*por* +*akk*); (*a pie*) entlanggehen (*por* +*akk*); **una calle muy transitada** eine viel befahrene Straße; **nadie transitaba por la calle** es war kein Mensch auf der Straße

**transitivo, -a** [transi'tiβo, -a] *adj* (LING) transitiv

**tránsito** ['transito] *m* ❶ (*circulación*) Verkehr *m;* **de mucho** ~ verkehrsreich; **el** ~ **por esta calle es algo complicado** durch diese Straße zu fahren ist ziemlich kompliziert ❷ (*de personas*) Durchreise *f;* (COM) Transit *m*

**transitorio, -a** [transi'torjo, -a] *adj* ❶ (*temporal*) vorübergehend; (*ley, periodo, disposición*) Übergangs- ❷ (*pasajero*) vergänglich

**translúcido, -a** [tra$^n$s'luθiðo, -a] *adj* durchscheinend

**transmigrar** [tra$^n$smi'ɣrar] *vi* ❶ (*personas*) auswandern ❷ (REL) wandern

**transmisible** [tra$^n$smi'siβle] *adj* übertragbar; (*por herencia*) vererblich

**transmisión** [tra$^n$smi'sjon] *f* ❶ (*de noticia*) Übermitt(e)lung *f* ❷ (TV, RADIO, INFOR) Übertragung *f* ❸ (*enfermedad*) Übertragung *f* ❹ (TÉC) Übertragung *f;* (*mecanismo*) Transmission *f;* (*propulsión*) Antrieb *m;* (AUTO) Getriebe *nt* ❺ (FÍS) Leitung *f* ❻ (*por herencia*) Vererbung *f*

**transmisor**[1] [tra$^n$mi'sor] *m* (TÉC) Sender *m*

**transmisor(a)**[2] [tra$^n$smi'sor(a)] *adj:* **estación ~a** Sender *m*

**transmitir** [tra$^n$smi'tir] *vt* ❶ (*noticia*) übermitteln ❷ (TV, RADIO, TÉC) übertragen ❸ (*enfermedad*) übertragen ❹ (*por herencia*) vererben ❺ (FÍS) leiten

**transmutar** [tra$^n$smu'tar] *vt* umwandeln

**transparencia** [tra$^n$spa'reṇθja] *f* ❶ (*calidad*) Durchsichtigkeit *f* ❷ (*de intención*) Durchschaubarkeit *f* ❸ (FOTO) Dia(positiv) *nt* ❹ (*para un proyector*) Folie *f*

**transparentar** [tra$^n$spareṇ'tar] **I.** *vt* durchscheinen lassen **II.** *vi, vr:* ~**se** (*ser transparente*) durchsichtig sein **III.** *vr:* ~**se** (*dejarse ver/adivinar*) durchscheinen

**transparente** [tra$^n$spa'reṇte] **I.** *adj* ❶ (*material*) durchsichtig ❷ (*intenciones*) durchschaubar **II.** *m* Transparent *nt*

**transpiración** [tra$^n$spira'θjon] *f* (*persona*) Schweißabsonderung *f*

**transpirar** [tra$^n$spi'rar] *vi* (*persona*) schwitzen

**transponer** [tra$^n$spo'ner] *irr como poner* **I.** *vt* (*persona*) umsetzen; (*cosa*) umstellen; (*trasplantar*) umpflanzen **II.** *vr:* ~**se** ❶ (*persona*) sich verstecken ❷ (*sol*) untergehen ❸ (*dormirse*) einschlafen

**transportar** [tra$^n$spor'tar] **I.** *vt* (*trasladar*) bringen; (*en brazos*) tragen; (*en un vehículo*) befördern; ~ **por barco** verschiffen **II.** *vr:* ~**se** entzückt sein

**transporte** [tra$^n$s'porte] *m* ❶ (COM) Transport *m;* (*de personas, t.* TÉC) Beförderung *f;* ~ **aéreo/marítimo** Beförderung per Flugzeug/Schiff; ~ **por carretera** Beförderung per LKW; **compañía de ~s** Spedition *f* ❷ (*vehículo*): ~**s públicos** öffentliche Verkehrsmittel *ntpl;* **¿qué ~ utilizas para ir a la ciudad?** wie fährst du in die Stadt?

❸ *pl* (*conjunto*) Verkehrswesen *nt* ❹ (*exaltación*) Entzückung *f*

**transportista** [tra$^{n}$spor'tista] *mf* (*empresa, agente*) Spediteur *m*

**transpuesto**, **-a** [tra$^{n}$s'pwesto, -a] **I.** *pp de* **transponer II.** *adj:* **quedarse ~** einschlafen

**transversal** [tra$^{n}$sβer'sal] *adj* (*atravesado, perpendicular*) quer; **calle ~** Querstraße *f*

**transverso**, **-a** [tra$^{n}$s'βerso, -a] *adj v.* **transversal**

**transvestido** [tra$^{n}$sβes'tiðo] *m* Transvestit *m*

**tranvía** [tram'bia] *m* Straßenbahn *f*

**trapa** ['trapa] *m o f* ❶ (*de los pies*) Getrampel *nt* ❷ (*vocerío*) Geschrei *nt*

**trapacear** [trapaθe'ar] *vi* betrügen

**trapacería** [trapaθe'ria] *f* Betrug *m*

**trapacero**, **-a** [trapa'θero, -a] *m, f* Gauner(in) *m(f)*

**trapajoso**, **-a** [trapa'xoso, -a] *adj* ❶ (*en el vestir*) schäbig ❷ (*en el hablar*): **tener una lengua trapajosa** nuscheln

**trápala**[1] ['trapala] *f* ❶ (*de gente*) Geschrei *nt* ❷ (*de caballo*) Getrappel *nt* ❸ (*fam: embuste*) Betrug *m*

**trápala**[2] ['trapala] *m* (*fam*) Geschwätzigkeit *f*

**trápala**[3] ['trapala] *mf* ❶ (*trapacero*) Gauner(in) *m(f)* ❷ (*parlanchín*) Schwätzer(in) *m(f)*

**trapalear** [trapale'ar] *vi* ❶ (*caballo*) trappeln ❷ (*hablar*) schwätzen

**trapatiesta** [trapa'tjesta] *f* (*fam*) ❶ (*riña: verbal*) Krach *m;* (*con puñetazos*) Schlägerei *f* ❷ (*jaleo*) Radau *m*

**trapear** [trape'ar] *vt* (*Am: limpiar*) wischen

**trapecio** [tra'peθjo] *m* ❶ (*de circo, t.* MAT) Trapez *nt* ❷ (ANAT) Trapezmuskel *m*

**trapecista** [trape'θista] *mf* Trapezkünstler(in) *m(f)*

**trapichear** [trapiʧe'ar] *vi* ❶ (*fam: enredos*) krumme Sachen machen; (*intrigar*) intrigieren; (*con artimañas*) tricksen; **~ en los negocios** krumme Geschäfte machen ❷ (*comerciar*) Kleinhandel treiben

**trapicheo** [trapi'ʧeo] *m* (*fam*) ❶ (*enredo*) krumme Sache *f;* (*negocio*) krummes Geschäft *nt* ❷ (*intriga*) Intrige(n) *f(pl);* (*artimaña*) List *f;* **ha habido ~s en las elecciones** bei den Wahlen wurde getrickst

**trapío** [tra'pio] *m* ❶ (*de mujer*) Anmut *f* ❷ (TAUR) Stattlichkeit *f*

**trapisonda** [trapi'so̯nda] *f* ❶ (*riña, alboroto*) Krach *m* ❷ (*intriga*) Intrige *f*

**trapo** ['trapo] *m* ❶ (*tela*) Lumpen *m* ❷ (*para limpiar*) Lappen *m;* **pasar el ~ por algo** etw mit einem Tuch abwischen ❸ *pl* (*fam: vestidos*) Klamotten *pl* ❹ (NÁUT) Segel *nt;* **a todo ~** mit vollen Segeln; **el coche iba a todo ~** (*fam*) das Auto hatte einen Affenzahn drauf; **poner la música a todo ~** (*fam*) die Musik auf volle Lautstärke stellen ❺ (TEAT) (Bühnen)vorhang *m* ❻ (*loc, fam*): **poner a alguien como un ~** jdn durch den Schmutz ziehen; **sacar los ~s sucios a relucir** schmutzige Wäsche (vor anderen Leuten) waschen; **soltar el ~** (*reír*) losplatzen; (*llorar*) in Tränen ausbrechen; **estar hecho un ~** fix und fertig sein

**tráquea** ['trakea] *f* Luftröhre *f*

**traquetear** [trakete'ar] **I.** *vi* (*chapa, vajilla*) klappern; (*motor, ametralladora*) rattern; (*sillas, carro*) poltern **II.** *vt* schütteln

**traqueteo** [trake'teo] *m* Krach *m;* (*chapa, vajilla*) Geklapper *nt;* (*ametralladora, motor*) Rattern *nt;* (*de sillas, carro*) Poltern *nt*

**traquido** [tra'kiðo] *m* (*pistola*) Knall *m;* (*madera*) Knacken *nt*

**tras** [tras] **I.** *prep* ❶ (*temporal*) nach +*dat* ❷ (*espacial: detrás de*) hinter +*dat;* (*orden*) nach +*dat;* **voy ~ tuyo** (*en la cola*) ich bin nach dir dran; (*en el coche*) ich fahre dir nach; **ir ~ alguien** (*perseguir*) hinter jdm her sein ❸ (*con movimiento*) hinter +*akk;* **ponerse uno ~ otro** sich hintereinander aufstellen ❹ (*además de*) außer +*dat;* **~ de ser de pésima calidad es caro** es ist nicht nur von miserabler Qualität, sondern dazu auch noch teuer **II.** *m* (*fam*) Hintern *m* **III.** *interj:* **¡~ ~!** klopf, klopf!

**trasbordar** [trasβor'ðar] *vt, vi v.* **transbordar**

**trascendencia** [trasθe̯n'de̯nθja] *f* (*importancia*) Bedeutung *f;* **no tener ~** unbedeutend sein; **un incidente sin más ~** ein Vorfall ohne schlimmere Folgen

**trascendental** [trasθe̯nde̯n'tal] *adj* ❶ (*importante*) von großer Bedeutung [*o* Tragweite] ❷ (FILOS) transzendent(al)

**trascendente** [trasθe̯n'de̯nte] *adj* transzendent

**trascender** [trasθe̯n'der] <e→ie> *vi* ❶ (*hecho, noticia*) durchsickern ❷ (*efecto, consecuencias*) sich auswirken (*a* auf +*akk*) ❸ (*ir más allá*) hinausgehen (*de* über +*akk*) ❹ (*olor*) durchdringen

**trascurrir** [trasku'rrir] *vi v.* **transcurrir**

**trasegar** [trase'ɣar] *irr como fregar vt* ❶ (*objetos: desordenar*) durcheinander bringen; (*cambiar*) umstellen ❷ (*líquidos*) umfüllen; (*de garrafa a botella*) abfüllen

T

❸ (*alcohol*) (viel) trinken
**trasera** [tra'sera] *f* Rückseite *f*
**trasero**[1] [tra'sero] *m* (*fam*) Hintern *m*
**trasero, -a**[2] [tra'sero, -a] *adj* hintere(r, s); **asiento** ~ Rücksitz *m;* **luz trasera** Rücklicht *nt;* **parte trasera** Hinterseite *f;* **propulsión trasera** Heckantrieb *m;* **rueda trasera** Hinterrad *nt*
**trasferir** [trasfe'rir] *irr como sentir vt v.* **transferir**
**trasfigurar** [trasfiɣu'rar] *vt* verwandeln
**trasfondo** [tras'fon̪do] *m* Hintergrund *m*
**trashumancia** [trasu'man̪θja] *f sin pl* (AGR) Transhumanz *f*
**trasiego** [tra'sjeɣo] *m* ❶ (*de objetos: desorden*) Durcheinander *nt* ❷ (*cambio*) Umstellung *f* ❸ (*de líquidos*) Umfüllen *nt;* (*a botella*) Abfüllung *f*
**traslación** [trasla'θjon] *f* ❶ (*de cosas*) Umstellen *nt;* (*de cuerpo*) Überführung *f;* (*de tropa*) Verlegung *f* ❷ (*traducción*) Übersetzung *f* (*a* in +*akk*, *de* aus +*dat*)
**trasladar** [trasla'ðar] **I.** *vt* ❶ (*cosas*) umstellen; (*cuerpo*) überführen; (*tropa, tienda*) verlegen; (*prisionero: a otra prisión*) verlegen; (*a otra comisaría*) überstellen ❷ (*funcionario*) versetzen (*a* in +*akk*, nach +*dat*) ❸ (*fecha*) verschieben (*a* auf +*akk*) ❹ (*traducir*) übersetzen (*a* in +*akk*) ❺ (*idea, obra*): ~ **al papel** zu Papier bringen; ~ **a la pantalla** verfilmen ❻ (*orden, medida*) übertragen (*a* auf +*akk*) ❼ (*escrito*) kopieren **II.** *vr:* ~**se** ❶ (*ir a*) sich begeben; ~**se en coche** mit dem Auto fahren ❷ (*mudarse*) umziehen (*a* nach +*dat*)
**traslado** [tras'laðo] *m* ❶ (*de cosas*) Umstellen *nt;* (*cuerpo*) Überführung *f;* (*tropa*) Verlegung *f;* (*prisionero: de prisión*) Verlegung *f;* (*de comisaría*) Überstellung *f* ❷ (*de funcionario*) Versetzung *f* ❸ (*de fecha*) Verschiebung *f* ❹ (*mudanza*) Umzug *m* ❺ (*copia*) Kopie *f* ❻ (*de orden, medida*) Übertragung *f*
**traslucir** [traslu'θir] *irr como lucir* **I.** *vt* (*cara*) widerspiegeln; **dejar ~ algo** (*alguien*) etw andeuten **II.** *vr:* ~**se** ❶ (*ser translúcido*) lichtdurchlässig sein ❷ (*verse, notarse*) durchschimmern ❸ (*hecho, intención*) durchschaubar sein
**trasluz** [tras'luθ] *m* Schein *m;* **mirar al ~** gegen das Licht betrachten
**trasmano** [tras'mano]: **no puedo cogerlo, me pilla a ~** ich komme nicht ran, es ist zu weit weg; **su casa cae tan a ~ que apenas lo visito** sein Haus ist so abgelegen, dass ich ihn kaum besuche
**trasmigrar** [trasmi'ɣrar] *vi v.* **transmigrar**
**trasmisión** [trasmi'sjon] *f v.* **transmisión**
**trasmitir** [trasmi'tir] *vt v.* **transmitir**
**trasmutar** [trasmu'tar] *vt* umwandeln
**trasnochado, -a** [trasno'ʧaðo, -a] *adj* ❶ (*comida*) verdorben ❷ (*idea, plan*) überholt ❸ (*persona*) übernächtigt
**trasnochador(a)** [trasnoʧa'ðor(a)] *m(f)* Nachtschwärmer(in) *m(f)*
**trasnochar** [trasno'ʧar] **I.** *vi* ❶ (*no dormir*) nicht schlafen gehen; (*ir de juerga*) die ganze Nacht durchmachen; (*trabajando*) die Nacht zum Tage machen ❷ (*acostarse tarde*) spät schlafen gehen ❸ (*pernoctar*) übernachten **II.** *vt* überschlafen
**traspapelar** [traspape'lar] **I.** *vt* verlegen **II.** *vr:* ~**se** verloren gehen
**trasparentar(se)** [trasparen̪'tar(se)] *vt, vr v.* **transparentar**
**traspasar** [traspa'sar] *vt* ❶ (*atravesar: arma*) durchbohren; (*rayos*) durchdringen; (*líquido*) durchsickern; (*calle, río*) überqueren ❷ (*pasar a*) übertragen (*a* auf +*akk*); (FIN) überweisen (*a* auf +*akk*) ❸ (*sentidos*): ~ **el corazón** das Herz zerreißen ❹ (*límite*) hinausgehen (über +*akk*); (*ley*) überschreiten
**traspaso** [tras'paso] *m* ❶ (*de arma*) Durchbohrung *f;* (*de rayos*) Durchdringung *f;* (*de líquido*) Durchsickern *nt;* (*de calle, río*) Überquerung *f* ❷ (*de piso, negocio*) Übertragung *f;* (*dinero*) Abstandssumme *f* ❸ (*de límite*) Überschreitung *f*
**traspié(s)** [tras'pje(s)] *m* (*inv*) Stolpern *nt;* (*fig*) Ausrutscher *m;* **dar un ~** (*tropezar*) stolpern; (*resbalar*) ausgleiten; (*meter la pata*) ins Fettnäpfchen treten; (*en sociedad*) einen Fauxpas begehen
**trasplantar** [trasplan̪'tar] **I.** *vt* ❶ (*planta*) umpflanzen ❷ (*personas*) umsiedeln ❸ (MED) transplantieren **II.** *vr:* ~**se** umsiedeln
**trasplante** [tras'plan̪te] *m* ❶ (*de plantas*) Umpflanzung *f* ❷ (*de persona*) Umsiedlung *f* ❸ (MED) Transplantation *f*
**trasponer(se)** [traspo'ner(se)] *irr como poner vt, vr v.* **transponer**
**trasportar(se)** [traspor'tar(se)] *vt, vr v.* **transportar**
**trasquilar** [traski'lar] *vt* ❶ (*persona*) stutzen ❷ (*animal*) scheren ❸ (*fam: cosa*) schmälern
**trastabillar** [trastaβi'ʎar] *vi* (*dar tropezones*) stolpern
**trastada** [tras'taða] *f* ❶ (*fam: travesura*) Streich *m;* **hacerle una ~ a alguien** jdm einen Streich spielen ❷ (*mala pasada*) übler Streich *m*
**trastazo** [tras'taθo] *m* (*fam*) heftiger Schlag *m;* **pegarse un ~** sich *dat* den Kopf

anschlagen; **pegarse un ~ contra algo** gegen etw knallen

**traste** ['traste] *m* ❶ (*de guitarra*) Bund *m* ❷ (*Am: trasto*) Gerümpel *nt* ❸ (*loc*): **irse al ~** ins Wasser fallen; **dar al ~ con algo** etw kaputtmachen *fam*

**trastear** [traste'ar] **I.** *vt:* **~ a alguien** (*fam*) jdn nach seiner Pfeife tanzen lassen **II.** *vi* (*trastos*) umräumen

**trastero, -a** [tras'tero, -a] *adj:* **cuarto ~** Abstellkammer *f*

**trastienda** [tras'tjen̩da] *f* ❶ (*de tienda*) Hinterzimmer *nt* ❷ (*fam: astucia*): **tener mucha ~** raffiniert sein

**trasto** ['trasto] *m* ❶ (*mueble*) Möbelstück *nt;* (*utensilio*) Haushaltsgerät *nt;* **tirarse los ~s por la cabeza** sich in die Haare kriegen ❷ *pl* (*herramientas*) Ausrüstung *f* ❸ *pl* (*para tirar*) Gerümpel *nt* ❹ (*persona*): **mi hijo es un ~** mein Sohn ist ein Tunichtgut; **tratar como un ~** wie ein Stück Dreck behandeln

**trastocar** [trasto'kar] <c→qu> **I.** *vt* in Unordnung bringen **II.** *vr:* **~se** den Verstand verlieren

**trastornado, -a** [trastor'naðo, -a] *adj* (*confundido*) durcheinander; (*sicológicamente*) verwirrt; (*loco*) verrückt

**trastornar** [trastor'nar] **I.** *vt* ❶ (*cosa*) durcheinander bringen; (*de arriba abajo*) auf den Kopf stellen ❷ (*orden, plan, ideas*) zunichte machen; (*orden público*) stören ❸ (*sicológicamente*) aus dem Gleichgewicht bringen; (*por amor*) verrückt machen; **la muerte de su marido la trastornó** der Tod ihres Mannes hat sie stark mitgenommen ❹ (*encantar*): **me trastornan los coches** ich bin verrückt nach Autos **II.** *vr:* **~se** den Verstand verlieren

**trastorno** [tras'torno] *m* ❶ (*desorden*) Durcheinander *nt* ❷ (*del orden público*) Störung *f;* **~s políticos** politische Unruhen; **ocasionar ~s** Unannehmlichkeiten verursachen ❸ (*sicológicamente*) Verwirrung *f* ❹ (MED) Störung *f;* **~s estomacales** Magenbeschwerden *fpl*

**trastrabillar** [trastraβi'ʎar] *vi* ❶ (*dar traspiés*) stolpern ❷ (*tambalear*) taumeln ❸ (*tartamudear*) stottern

**trastrocar** [trastro'kar] <c→qu> *vt* ❶ (*el orden*) durcheinander bringen ❷ (*de sitio*) vertauschen ❸ (*el sentido*) verdrehen ❹ (*el estado*) umwandeln

**trasunto** [tra'sun̩to] *m* ❶ (*escrito*) Kopie *f* ❷ (*imitación*) Abbild *nt;* **ser un ~ de algo** (*reflectar*) etw widerspiegeln

**tratable** [tra'taβle] *adj* umgänglich

**tratado** [tra'taðo] *m* ❶ (*t.* POL) Vertrag *m;* **T~ de Amsterdam** Vertrag von Amsterdam; **~ europeo** EU-Vertrag *m;* **~ de no agresión** Nichtangriffspakt *m;* **~ comercial** Handelsabkommen *nt* ❷ (*científico*) Abhandlung *f* (*de* über +*akk*)

**tratamiento** [trata'mjen̩to] *m* ❶ (*de asunto, t.* MED, QUÍM) Behandlung *f* ❷ (*elaboración, t.* INFOR) Verarbeitung *f;* **~ de agua potable** Trinkwasseraufbereitung *f* ❸ (*de cortesía*) Anrede *f;* **el ~ de Ud.** das Siezen; **¿qué ~ se le da a un cardenal?** wie spricht man einen Kardinal an?

**tratante** [tra'tan̩te] *mf* Händler(in) *m(f)*

**tratar** [tra'tar] **I.** *vt* ❶ (*manejar, portarse*) behandeln; **no es una persona fácil de ~** der Umgang mit ihm/ihr ist keineswegs leicht ❷ (MED, QUÍM) behandeln ❸ (*elaborar, t.* INFOR) verarbeiten; (*agua, minerales*) aufbereiten ❹ (*dar tratamiento*) anreden; **~ de tú/usted** duzen/siezen; **~ a alguien de loco** jdn als verrückt bezeichnen ❺ (*tema, asunto*) behandeln **II.** *vi* ❶ (*libro, película*) handeln (*de/sobre* von +*dat*) ❷ (*intentar*) versuchen; **trata de concentrarte** versuche dich zu konzentrieren ❸ (*con alguien*) verkehren ❹ (COM) handeln (*en* mit +*dat*) **III.** *vr:* **~se** ❶ (*tener trato*) miteinander verkehren; **no me trato con él** ich habe keinen Kontakt zu ihm ❷ (*ser cuestión de*) sich handeln (*de* um +*akk*); **¿de qué se trata?** worum geht es?; **tratándose de ti...** in deinem Fall ...

**trato** ['trato] *m* ❶ (*manejo, comportamiento*) Behandlung *f;* **malos ~s** Misshandlungen *fpl;* **recibir un buen ~** gut behandelt werden ❷ (*contacto*) Umgang *m;* **~ carnal** Geschlechtsverkehr *m;* **tener ~ de gentes** gut mit Menschen umgehen können; **romper el ~ con alguien** den Kontakt zu jdm abbrechen; **no querer ~s con alguien** mit jdm nichts zu tun haben wollen; **es una señora de un ~ exquisito** sie ist eine Dame mit gepflegten Umgangsformen ❸ (*pacto*) Abmachung *f;* (*negocio*) Geschäft *nt;* **cerrar un ~ con alguien** mit jdm zu einer Einigung kommen; **entrar en ~s con alguien** mit jdm Geschäfte machen; **¡~ hecho!** abgemacht!

**trauma** ['trau̯ma] *m* Trauma *nt*

**traumático, -a** [trau̯'matiko, -a] *adj* traumatisch

**traumatismo** [trau̯ma'tismo] *m* Verletzung *f;* (MED) Trauma *nt*

**traumatizar** [trau̯mati'θar] <z→c> *vt* (MED, PSICO) traumatisieren

**traumatólogo, -a** [trau̯ma'toloɣo, -a] *m, f* Traumatologe, -in *m, f*

**través** [tra'βes] **I.** *m* ① (*inclinación*) Neigung *f* ② (*contratiempo*) Missgeschick *nt* ③ (*loc*): **colocar de** ~ quer stellen; **dar al** ~ **con algo** etw zunichte machen; **mirar de** ~ schief ansehen **II.** *prep:* **a** ~ **de** (*de un lugar*) quer über +*akk;* (*de la radio*) über +*akk*

**travesaño** [traβe'saɲo] *m* ① (ARQUIT) Querbalken *m* ② (DEP) Querlatte *f* ③ (*de una escalera*) Sprosse *f*

**travesía** [traβe'sia] *f* ① (*por aire*) Flugreise *f;* (*por mar*) Überfahrt *f* ② (*distancia*) Entfernung *f* ③ (*calle*) Querstraße *f*

**travesti** [tra'βesti] *mf,* **travestí** [traβes'ti] *mf,* **travestido, -a** [traβes'tiðo, -a] *m, f* Transvestit *m*

**travestismo** [traβes'tismo] *m sin pl* Transvesti(ti)smus *m*

**travesura** [traβe'sura] *f* (*fuerte*) Streich *m*

**traviesa** [tra'βjesa] *f* ① (FERRO) Schwelle *f* ② (*de poste*) Querbalken *m*

**travieso, -a** [tra'βjeso, -a] *adj* ① (*de través*) quer; **correr a campo** ~ querfeldein laufen ② (*niño*) ungezogen ③ (*adulto*) scharfsinnig

**trayecto** [tra'ɟekto] *m* (*trecho*) Strecke *f;* (*ruta*) Weg *m*

**trayectoria** [traɟek'torja] *f* ① (*de cuerpo*) (Flug)bahn *f;* ~ **de la Luna** Mondbahn *f* ② (*profesional*) Werdegang *m*

**traza** ['traθa] *f* ① (*plan, t.* ARQUIT) Plan *m* ② (*habilidad*) Geschick *nt;* **tener** ~ **para escribir** Talent zum Schreiben haben; **tener** ~ **para hablar** redegewandt sein ③ (*aspecto*) Aussehen *nt;* **por las** ~**s** dem Aussehen nach; **lleva todas las** ~**s de acabar mal** das scheint kein gutes Ende zu nehmen

**trazado**[1] [tra'θaðo] *m* ① (*de plan, t.* ARQUIT) Plan *m* ② (*recorrido*) Strecke *f;* (FERRO) Trasse *f* ③ (*dirección*) Verlauf *m*

**trazado, -a**[2] [tra'θaðo, -a] *adj:* **bien** ~ wohlgeformt; **mal** ~ missgestaltet

**trazar** [tra'θar] <z→c> *vt* ① (*líneas*) ziehen; (*esquemáticamente*) skizzieren; (*dibujos*) zeichnen ② (*plan, t.* ARQUIT) entwerfen ③ (*describir*) umreißen

**trazo** ['traθo] *m* ① (*de boli, lápiz*) Strich *m;* **dibujar al** ~ skizzieren ② (*de escritura*) Schriftzug *m* ③ (*dibujo*) Skizze *f* ④ (*de la cara*) Falte *f*

**trebejo** [tre'βexo] *m* Gerät *nt;* ~**s de pesca** Angelausrüstung *f*

**trébol** ['treβol] *m* ① (*planta*) Klee *m;* (*hoja*) Kleeblatt *nt* ② (*cartas*) Kreuz *nt*

**trece** ['treθe] **I.** *adj inv* dreizehn; **seguir en sus** ~ dabei bleiben **II.** *m* Dreizehn *f; v. t.* **ocho**

**treceavo, -a** [treθe'aβo, -a] **I.** *adj* dreizehntel; *v. t.* **octavo II.** *m, f* Dreizehntel *nt*

**trecho** ['tretʃo] *m* ① (*recorrido*) Strecke *f* ② (*trozo*) Stück *nt;* **a** ~**s...**, **a** ~**s...** teils ..., teils ...; **a** ~**s** hier und da; **hacer algo a** ~**s** etw mit Unterbrechungen tun; **el jersey lo he hecho a** ~**s** ich habe mal hier, mal dort an dem Pulli gestrickt

**tregua** ['treɣwa] *f* ① (MIL) Waffenstillstand *m* ② (*discurso*) (Ruhe)pause *f;* **dar** ~**s** (*dolor*) kommen und gehen

**treinta** ['trei̯n̪ta] **I.** *adj inv* dreißig **II.** *m* Dreißig *f; v. t.* **ochenta**

**treintañero, -a** [trei̯n̪ta'ɲero, -a] **I.** *adj* dreißigjährig **II.** *m, f* Dreißigjährige(r) *mf*

**treintavo, -a** [trei̯n̪'taβo, -a] *adj* dreißigstel; *v. t.* **ochentavo**

**treintena** [trei̯n̪'tena] *f* ① ((*treinta unidades*)): **una** ~ dreißig Stück; **una** ~ **de años** dreißig Jahre ② (*parte*) Dreißigstel *nt*

**tremebundo, -a** [treme'βun̪do, -a] *adj* schrecklich

**tremendismo** [tremen̪'dismo] *m sin pl* (ARTE, LIT) Tremendismo *m* (*schockierender Realismus*)

**tremendo, -a** [tre'men̪do, -a] *adj* ① (*temible*) schrecklich ② (*enorme*) riesig ③ (*niño*) ungezogen ④ (*respetable*) ansehnlich ⑤ (*loc*): **querer conseguir algo por la tremenda** etw auf Biegen oder Brechen erreichen wollen; **siempre te tomas las cosas a la tremenda** du nimmst immer alles so schwer

**trementina** [tremen̪'tina] *f* Terpentin *nt*

**tremolar** [tremo'lar] *vi* wehen

**tremolina** [tremo'lina] *f* ① (*del viento*) Brausen *nt* ② (*bulla*) Lärm *m*

**trémulo, -a** ['tremulo, -a] *adj* (*elev*) zitternd; (*luz*) flackernd

**tren** [tren] *m* ① (FERRO) Zug *m;* ~ **interurbano** Intercity(zug) *m;* ~ **de juguete** Spielzeugeisenbahn *f;* ~ **rápido** D-Zug *m* ② (TÉC): ~ **de lavado** Autowaschanlage *f* ③ (*lujo*): ~ **de vida** Lebensstandard *m;* **llevar un gran** ~ **de vida** auf großem Fuß leben ④ (*loc*): **imponer un fuerte** ~ **en la carrera** das Rennen schnell machen; **perder el último** ~ (*fig*) den Anschluss verpassen; **estar como un** ~ (*fam: persona*) umwerfend sein; **hay sangría como para parar un** ~ es gibt jede Menge Sangria

**trena** ['trena] *f* (*fam*) Knast *m*

**trenca** ['treŋka] *f* (*abrigo*) Anorak *m*

**trenza** ['tren̪θa] *f* ① (*de pelo*) Zopf *m* ② (*de cintas*) Flechte *f*

**trenzar** [tren̪'θar] <z→c> *vt* flechten

**trepa** ['trepa] *f* (*astucia*) Trick *m*

**trepador(a)** [trepa'ðor(a)] **I.** *adj:* **planta ~a** Kletterpflanze *f* **II.** *m(f)* (*arribista*) Emporkömmling *m*
**trepanación** [trepana'θjon] *f* (MED) Trepanation *f*
**trepanar** [trepa'nar] *vt* (MED) trepanieren
**trepar** [tre'par] **I.** *vi, vt* ❶ (*al árbol*) (hinauf)klettern (*a* auf *+akk*) ❷ (*planta*) hochklettern **II.** *vt* durchbohren
**trepidante** [trepi'ðan̪te] *adj* bebend; (*fig*) spannungsreich
**trepidar** [trepi'ðar] *vi* ❶ (*temblar*) beben ❷ (*Am: vacilar*) zögern
**tres** [tres] **I.** *adj inv* drei; **esta traducción no me sale ni a la de ~** das kann ich im Leben nie übersetzen; **esto es así como ~ y dos son cinco** das ist so sicher wie das Amen in der Kirche **II.** *m inv* Drei *f; v. t.* **ocho**
**trescientos, -as** [tres'θjen̪tos, -as] *adj* dreihundert; *v. t.* **ochocientos**
**tresillo** [tre'siʎo] *m* (*mueble*) Couchgarnitur *f*
**treta** ['treta] *f* Trick *m*
**Tréveris** ['treβeris] *m* Trier *nt*
**tría** ['tria] *f* Auswahl *f*
**trial** [trjal] *m* (DEP) Trial *nt*
**triangulado, -a** [triaŋgu'laðo, -a] *adj* in dreieckiger Form
**triangular** [triaŋgu'lar] *adj* dreieckig
**triángulo** [tri'aŋɣulo] *m* ❶ (*figura*) Dreieck *nt* ❷ (MÚS) Triangel *m* ❸ (*sentimental*) Dreiecksbeziehung *f*
**triar** [tri'ar] <*1. pres:* trío> *vt* (aus)wählen
**triatlón** [tria$^{d}$'lon] *m* (DEP) Triathlon *nt*
**tribal** [tri'βal] *adj* Stammes-
**tribu** ['triβu] *f* Stamm *m;* **~ urbana** (SOCIOL) Gang *f,* Jugendbande *f*
**tribulación** [triβula'θjon] *f* ❶ (*pena*) Kummer *m* ❷ (*sufrimiento*) Leiden *nt* ❸ (*adversidad*) Widrigkeit *f*
**tribuna** [tri'βuna] *f* ❶ (*en parlamento*) Rednerpult *nt* ❷ (*en desfile/estadio*) Tribüne *f* ❸ (JUR): **~ de jurados** Geschworenenbank *f*
**tribunal** [triβu'nal] *m* ❶ (JUR) Gericht *nt;* **T~ Europeo de Cuentas** Europäischer Rechnungshof; **T~ de Justicia Europeo** Europäischer Gerichtshof; **llevar a los ~es** verklagen ❷ (*comisión*): **~ examinador** Prüfungsausschuss *m*
**tribuno** [tri'βuno] *m* (HIST) (Volks)tribun *m*
**tributación** [triβuta'θjon] *f* ❶ (*acción*) Besteuerung *f* ❷ (*tributo*) Steuer *f;* **~ por utilidades** Einkommenssteuer *f* ❸ (*sistema*) Steuersystem *nt*
**tributar** [triβu'tar] *vt* ❶ (*impuestos*) zahlen ❷ (*honor*) erweisen; (*respeto*) zollen; **~ un homenaje a alguien** jdm huldigen
**tributario, -a** [triβu'tarjo, -a] *adj* Steuer-; (*imponible*) besteuerbar; **agencia tributaria** Finanzamt *nt*
**tributo** [tri'βuto] *m* ❶ (*impuesto*) Steuer *f* ❷ (*homenaje*) Tribut *m;* **pagar ~** Tribut zollen
**tríceps** ['triθeβs] *m inv* (ANAT) Trizeps *m*
**triciclo** [tri'θiklo] *m* Dreirad *nt*
**tricolor** [triko'lor] *adj* dreifarbig
**tricota** [tri'kota] *f* (*Am: chaqueta*) Strickjacke *f*
**tricotar** [triko'tar] *vt* stricken
**tricotosa** [triko'tosa] *f* Strickmaschine *f*
**tridente** [tri'ðen̪te] *m* Dreizack *m*
**tridimensional** [triðimensjo'nal] *adj* dreidimensional
**trienal** [trie'nal] *adj* ❶ (*duración*) dreijährig ❷ (*cada 3 años*) dreijährlich
**trienio** [tri'enjo] *m* Dauer *f* von drei Jahren
**trifásico**[1] [tri'fasiko] *m* (*argot*) Vitamin B *nt fam,* Beziehungen *fpl*
**trifásico, -a**[2] [tri'fasiko, -a] *adj* (ELEC, FÍS) Dreiphasen-; **corriente trifásica** Dreiphasenstrom *m,* Drehstrom *m*
**trifulca** [tri'fulka] *f* (*fam*) Streit *m*
**trifurcarse** [trifur'karse] <c→qu> *vr* sich dreifach verzweigen
**trigal** [tri'ɣal] *m* Weizenfeld *nt*
**trigésimo, -a** [tri'xesimo, -a] **I.** *adj* (*parte*) dreißigstel; (*numeración*) dreißigste(r, s); **la trigésima parte de...** ein Dreißigstel von ... **II.** *m, f* Dreißigstel *nt; v. t.* **octogésimo**
**trigo** ['triɣo] *m* (BOT) ❶ (*planta*) Weizen *m* ❷ (*grano*) Weizenkorn *nt;* **no ser ~ limpio** (*fig*) nicht ganz einwandfrei sein
**trigonometría** [triɣonome'tria] *f* Trigonometrie *f,* Dreiecksberechnung *f*
**trigueño, -a** [tri'ɣeɲo, -a] **I.** *adj* bräunlich; (*pelo*) dunkelblond; (*piel*) goldbraun; (*Am: persona*) farbig **II.** *m, f* (*Am*) Farbige(r) *mf*
**trilingüe** [tri'liŋgwe] *adj* dreisprachig
**trilla** ['triʎa] *f* ❶ (*acción*) Dreschen *nt* ❷ (*época*) Dreschzeit *f* ❸ (*Am: argot: paliza*) Tracht *f* Prügel ❹ (*trillo*) Dreschmaschine *f*
**trillado, -a** [tri'ʎaðo, -a] *adj* (*fam: asunto*) abgedroschen
**trilladora** [triʎa'ðora] *f* (AGR) Dreschmaschine *f*
**trillar** [tri'ʎar] *vt* ❶ (*grano*) dreschen ❷ (*usar*) abnutzen ❸ (*Am: argot: golpear*) verdreschen
**trillizo, -a** [tri'ʎiθo, -a] **I.** *adj* Drillings-; **hermana trilliza** Drillingsschwester *f* **II.** *m, f* Drilling *m*

**trillón** [tri'ʎon] *m* Trillion *f*

**trilogía** [trilo'xia] *f* (LIT, TEAT) Trilogie *f*

**trimestral** [trimes'tral] *adj* ① (*duración*) dreimonatig ② (*cada tres meses*) vierteljährlich

**trimestre** [tri'mestre] *m* ① (*período*) Vierteljahr *nt* ② (*paga*) Vierteljahreszahlung *f;* (*alquiler*) Vierteljahresmiete *f*

**trinar** [tri'nar] *vi* ① (*persona*) trillern; (*pájaro*) zwitschern ② (*fam: rabiar*): **está que trina** er/sie ist auf 180

**trincar** [triŋ'kar] <c→qu> **I.** *vt* ① (*con cuerdas*) festbinden ② (*detener*) festnehmen ③ (*romper*) zerbrechen; (*papel*) zerreißen ④ (*argot: robar*) klauen ⑤ (*argot: matar*) umbringen ⑥ (*Am: apretar*) quetschen **II.** *vr:* **~se** (*argot: emborracharse*) sich voll laufen lassen

**trinchar** [trin'ʧar] *vt* transchieren

**trinchera** [trin'ʧera] *f* ① (MIL) Schützengraben *m;* **guerra de ~s** Stellungskrieg *m* ② (*gabardina*) Trenchcoat *m*

**trineo** [tri'neo] *m* Schlitten *m*

**trinidad** [trini'ðaᵈ] *f* Dreifaltigkeit *f*

**trinquete** [triŋ'kete] *m* ① (TÉC) Sperrmechanismus *m* ② (*mástil*) Fockmast *m*

**trío** ['trio] *m* Trio *nt*

**tripa** ['tripa] *f* ① (*intestino*) Darm *m* ② *pl* (*vísceras*) Eingeweide *ntpl;* (*comestibles*) Innereien *fpl;* **echar las ~s** (*fam: vomitar*) sich übergeben; **hacer de ~s corazón** (*fam*) Mut fassen; **¿qué ~ se te ha roto?** (*fam*) was ist denn jetzt schon wieder?; **me suenan las ~s** mir knurrt der Magen; **quitarle las ~s a un pez** einen Fisch ausnehmen; **se me revuelven las ~s** mir dreht sich der Magen um; **¡te voy a sacar las ~s!** (*fam*) ich drehe dir den Hals um!; **tener malas ~s** (*fam*) grausam sein ③ (*vientre*) Bauch *m;* **echar ~** (*fam*) einen Bauch bekommen; **llenar(se) la ~** (*fam*) sich *dat* den Bauch voll schlagen; **estar con ~** (*embarazada*) schwanger sein; **dejar con ~** (*argot*) schwängern ④ *pl* (*interior*) Innere(s) *nt;* (*de fruta*) Herz *nt*

**triple** ['triple] **I.** *adj* dreifach; (*de tres capas*) dreilagig **II.** *m* (*cantidad*) Dreifache(s) *nt;* **ser el ~ de grande** dreimal so groß sein

**triplicado, -a** [tripli'kaðo, -a] *adj* verdreifacht; **por ~** (*acta*) in dreifacher Ausfertigung

**triplicar** [tripli'kar] <c→qu> **I.** *vt* verdreifachen **II.** *vr:* **~se** sich verdreifachen

**trípode** ['tripoðe] *m* (FOTO) Stativ *nt*

**tríptico** ['triptiko, -a] *m* ① (ARTE: *para el altar*) Triptychon *nt* ② (*tratado, composición*) dreiteiliger Schein *m*

**tripudo, -a** [tri'puðo, -a] **I.** *adj* (*fam*) dickbäuchig **II.** *m, f* Dickbauch *m*

**tripulación** [tripula'θjon] *f* (*avión, barco*) Crew *f*

**tripulante** [tripu'lan̥te] *mf* Besatzungsmitglied *nt*

**tripular** [tripu'lar] *vt* ① (*proveer de tripulación*) bemannen ② (*conducir: coche*) lenken; (*avión, barco*) steuern

**triquinosis** [triki'nosis] *f inv* (MED, ZOOL) Trichinose *f*

**triquiñuela** [triki'ɲwela] *f* Trick *m*

**triquitraque** [triki'trake] *m* ① (*ruido*) Geklirre *nt* ② (*tira*) Platzpatronenstreifen *m*

**tris** [tris] *m inv* Knall *m;* **en un ~** im Handumdrehen; **estar en un ~ de hacer algo** drauf und dran sein etw zu tun; **por un ~** um ein Haar

**triscar** [tris'kar] <c→qu> **I.** *vi* ① (*patalear*) stampfen ② (*jugar*) herumtollen; (*travesuras*) Streiche spielen **II.** *vt* ① (*mezclar*) vermengen ② (*confundir*) durcheinander bringen ③ (*AmC: mofar*) Witze reißen (*a* über +*akk*)

**triste** ['triste] *adj* traurig; (*mustio, pálido*) trist; (*descolorido*) fade; (*paisaje*) öde; (*flor*) welk; **un ~ sueldo** ein jämmerliches Einkommen; **aún no he comido ni un ~ bocadillo** ich habe noch nicht mal ein einfaches Brötchen gegessen; **aún no he ganado ni un ~ euro** ich habe noch nicht einen müden Euro verdient; **es ~ que no podamos ir** es ist schade, dass wir nicht hingehen können

**tristeza** [tris'teθa] *f* Traurigkeit *f*

**tristón, -ona** [tris'ton, -ona] *adj* bedrückt

**tristura** [tris'tura] *f* (*Am*) Traurigkeit *f*

**tritón** [tri'ton] *m* Molch *m*

**trituración** [tritura'θjon] *f* Zermalmung *f*

**trituradora** [tritura'ðora] *f* (TÉC) Brecher *m;* (*de la cocina*) Reibemühle *f;* **~ de carne** Fleischwolf *m;* **~ de forraje** Häckselmaschine *f;* **~ de papel** Reißwolf *m*

**triturar** [tritu'rar] *vt* ① (*desmenuzar*) zerkleinern; (*moler*) zermahlen; (*al masticar*) zerkauen ② (*maltratar*) zermalmen; (*destruir*) vernichten ③ (*criticar*) durch die Mangel drehen

**triunfador(a)** [trjuɱfa'ðor(a)] **I.** *adj* Triumph- **II.** *m(f)* Sieger(in) *m(f)*

**triunfal** [trjuɱ'fal] *adj* triumphal; **canto ~** Siegeslied *nt*

**triunfalismo** [trjuɱfa'lismo] *m sin pl* übertriebener Optimismus *m,* Euphorie *f*

**triunfar** [trjuɱ'far] *vi* ① (*en general*) siegen (*de/sobre* über +*akk*); (*tener éxito*) Erfolg haben ② (*exultar*) jubeln (*de* über +*akk*)

③ (*naipes*) Trumpf sein; (*jugar un triunfo*) trumpfen; **triunfan corazones** Herz ist Trumpf

**triunfo** ['trjumfo] *m* ① (*victoria*) Sieg *m;* (*éxito*) Erfolg *m;* **arco del** ~ Triumphbogen *m;* **costar un** ~ viel Mühe kosten ② (*naipe*) Trumpf *m*

**trivial** [tri'βjal] *adj* trivial

**trivialidad** [triβjali'ðaᵈ] *f* ① (*cualidad*) Trivialität *f* ② (*dicho*) Plattitüde *f*

**trivializar** [triβjali'θar] <z→c> *vt* ① (*restar importancia*) herunterspielen ② (*simplificar*) zu stark vereinfachen

**triza** ['triθa] *f* Stück *nt;* **estar hecho ~s** fix und fertig sein; **hacer ~s** in Stücke schlagen; (*papel*) zerreißen; (*película*) verreißen; **hacerse ~s** völlig kaputtgehen; (*jarrón*) in tausend Stücke zerbrechen; **hacer ~s a alguien** jdn fertig machen

**trocar** [tro'kar] *irr como volcar* **I.** *vt* ① (*cambiar*) tauschen (*por* gegen +*akk*); (*palabras*) austauschen ② (*dinero*) wechseln (*en* in +*akk*) ③ (*confundir*) verwechseln ④ (*vomitar*) sich übergeben ⑤ (*CSur: vender*) verkaufen **II.** *vr:* **~se** (*cambiar*) sich verändern; (*transformarse*) sich verwandeln

**trocear** [troθe'ar] *vt* zerstückeln

**trocha** ['trotʃa] *f* ① (*senda*) Pfad *m;* (*atajo*) Abkürzung *f* ② (*Am:* FERRO) Spurweite *f*

**trochemoche** [trotʃe'motʃe]: **a** ~ (*sin orden*) völlig durcheinander; (*desparramado*) kreuz und quer

**trofeo** [tro'feo] *m* ① (*señal*) Trophäe *f;* **~ de guerra** Kriegsbeute *f* ② (*victoria*) Sieg *m;* (*éxito*) Erfolg *m*

**troglodita** [troɣlo'ðita] *mf* ① (HIST: *que vive en cavernas*) Höhlenmensch *m* ② (*rudo, grosero*) Barbar *m* ③ (*huraño*) Eigenbrötler(in) *m(f),* Einzelgänger(in) *m(f)* ④ (*glotón*) Vielfraß *m;* (*más fino*) Gourmand *m*

**trola** ['trola] *f* (*fam: mentira*) Lüge *f*

**trole** ['trole] *m* (ELEC) Stromabnehmer *m*

**trolebús** [trole'βus] *m* Trolleybus *m*

**tromba** ['tromba] *f* (METEO): ~ (**de agua**) Wasserhose *f;* ~ (**terrestre**) Wirbelwind *m;* **en** ~ heftig

**trombón** [trom'bon] *m* (MÚS) ① (*instrumento*) Posaune *f* ② (*músico*) Posaunist(in) *m(f)*

**trombosis** [trom'bosis] *f inv* Thrombose *f*

**trompa[1]** ['trompa] *f* ① (ZOOL: *elefante*) Rüssel *m;* (*insectos*) Saugrüssel *m;* **~ de Falopio** Eileiter *m* ② (*fam: nariz*) Zinken *m* ③ (*Am: fam: labios*) (volle) Lippen *fpl;* **¡cierra la ~!** halt den Schnabel! ④ (MÚS: *instrumento*) Horn *nt* ⑤ (*peonza*) Brummkreisel *m* ⑥ (METEO) *v.* **tromba** ⑦ (*fam: borrachera*) Rausch *m;* **coger una ~** sich *dat* einen hinter die Binde kippen; **estar ~** einen in der Kanne haben

**trompa[2]** ['trompa] *mf* ① (*músico*) Hornist(in) *m(f)* ② (*CSur: fam: patrón*) Boss *m*

**trompada** [trom'paða] *f,* **trompazo** [trom'paθo] *m* (*porrazo*) (heftiger) Schlag *m;* (*choque*) Zusammenstoß *m;* (*puñetazo*) Fausthieb *m*

**trompear** [trompe'ar] **I.** *vt* (*Am: fam*) schlagen **II.** *vr:* **~se** (*fam*) ① (*emborracharse*) sich betrinken ② (*Am: pelearse*) sich prügeln

**trompeta[1]** [trom'peta] *f* (*instrumento*) Trompete *f*

**trompeta[2]** [trom'peta] *mf* (*músico*) Trompeter(in) *m(f)*

**trompetazo** [trompe'taθo] *m* ① (*de trompeta*) Trompetengeschmetter *nt* ② *v.* **trompada**

**trompetista** [trompe'tista] *mf* Trompetenspieler(in) *m(f)*

**trompicar** [trompi'kar] <c→qu> *vi* straucheln

**trompicón** [trompi'kon] *m* ① (*tropezón*) Straucheln *nt;* **a trompicones** stoßweise ② (*AmC: puñetazo*) Fausthieb *m*

**trompo** ['trompo] *m* Brummkreisel *m;* **ponerse como un** ~ (*fam: comiendo*) sich *dat* den Bauch voll schlagen; (*bebiendo*) sich voll laufen lassen

**tronada** [tro'naða] *f* Gewitter *nt*

**tronado**, **-a** [tro'naðo, -a] *adj* ① (*desgastado*) alt ② (*fam: loc*): **estar** ~ (*loco*) nicht ganz richtig ticken; (*arruinado*) abgebrannt sein; (*Am: drogado*) high sein

**tronar** [tro'nar] <o→ue> **I.** *vimpers* (METEO) donnern **II.** *vi* ① (*ruido*) donnern; (*gritar*) brüllen ② (*oponerse*) wettern **III.** *vt* (*Méx: fusilar*) erschießen

**troncha** ['trontʃa] *f* (*Arg, Chil, Perú: lonja*) Scheibe *f*

**tronchar** [tron'tʃar] **I.** *vt* ① (*tronco*) entwurzeln; (*rama*) abbrechen ② (*vida*) beenden; (*esperanzas*) zerschlagen **II.** *vr:* **~se** zerbrechen; **~se de risa** (*fam*) sich totlachen

**troncho** ['trontʃo] *m* ① (BOT) Stiel *m;* (*de hortaliza*) Strunk *m* ② (*CSur: trozo*) Stück *nt*

**tronco** ['troŋko] *m* ① (*árbol*) Stamm *m;* (*flor*) Stiel *m;* (*hortaliza*) Strunk *m;* (*de un árbol talado*) Stumpf *m;* (*leño*) Scheit *nt;* **dormir como un** ~ wie ein Stein schlafen ② (*cuerpo*) Rumpf *m* ③ (*de familia*) Abstammung *f* ④ (*amigo*) Kumpel *m* ⑤ (*conducto*) Ast *m*

**tronera[1]** [tro'nera] *f* ① (*ventana*) Luke *f;*

T

(*en el tejado*) Dachluke *f* ② (MIL) (Schieß)scharte *f* ③ (*billar*) Loch *nt* ④ (*Méx: chimenea*) Kamin *m*

**tronera²** [tro'nera] *mf* (*tarambana*) Windhund *m*

**trono** ['trono] *m* (*asiento*) Thron *m;* **subir al ~** den Thron besteigen; **sucesor al ~** Thronfolger *m*

**tropa** ['tropa] *f* ① (*multitud*) Schar *f;* (*pey: grupo*) Meute *f;* **en ~** scharenweise ② (MIL) Truppe *f*

**tropel** [tro'pel] *m* ① (*mucha gente*) Getümmel *nt;* **en ~** scharenweise ② (*prisa*) Hast *f* ③ (*desorden*) Wirrwarr *m*

**tropelía** [trope'lia] *f* ① (*prisa*) Hast *f* ② (*abuso de autoridad*) Amtsmissbrauch *m;* (*acto violento*) Gewalttat *f*

**tropezar** [trope'θar] *irr como empezar* **I.** *vi* ① (*con los pies*) stolpern (*en/contra* über +*akk*) ② (*reñir*) aneinander geraten ③ (*cometer un error*) stolpern (*en/contra* über +*akk*); (*moralmente*) einen Fehltritt begehen ④ (*topar*) stoßen (*con* auf +*akk*) **II.** *vr:* **~se** (*encontrarse*) stoßen (*con* auf +*akk*)

**tropezón** [trope'θon] *m* ① (*acción*) Stolpern *nt;* **dar un ~** stolpern; **a tropezones** stoßweise; (*fig*) mit Ach und Krach ② (*error*) Fehltritt *m;* (*moralmente*) Ausrutscher *m* ③ (*persona*) Tollpatsch *m* ④ (*en sopas, legumbres*) Fleischeinlage *f*

**tropical** [tropi'kal] *adj* (GEO) tropisch; **clima ~** Tropenklima *nt*

**trópico** ['tropiko] *m:* **~s** (GEO) Tropen *pl;* **~ de Cáncer** Wendekreis des Krebses; **pasar los ~s** (*AmC: fig*) schwere Zeiten durchmachen

**tropiezo** [tro'pjeθo] *m* ① (*en el camino*) Hindernis *nt;* **dar un ~** stolpern ② (*error*) Fehltritt *m;* (*moralmente*) Ausrutscher *m* ③ (*desgracia*) Unglück *nt;* (*en el amor*) Enttäuschung *f* ④ (*discusión*) Meinungsverschiedenheit *f*

**troposfera** [tropos'fera] *f sin pl* (METEO) Troposphäre *f*

**troquel** [tro'kel] *m* Stempel *m*

**troquelar** [troke'lar] *vt* prägen

**trotamundos** [trota'mun̪dos] *mf inv* Globetrotter *m,* Weltenbummler(in) *m(f)*

**trotar** [tro'tar] *vi* ① (*caballos*) traben; (*jinete*) Trab reiten ② (*con prisas*) auf Trab sein

**trote** ['trote] *m* ① (*caballos*) Trab *m;* **ir al ~** traben ② (*con prisa*) Hin und Her *nt;* **a(l) ~** schnell ③ (*ropa*): **para todo ~** zum Alltagsgebrauch; **ser de mucho ~** sehr strapazierfähig sein ④ (*loc*): **meterse en malos ~s** sich in dunkle Angelegenheiten verwickeln; **es demasiado viejo, ya no está para estos ~s** (*prisas*) er ist schon zu alt, er kann nicht mehr so schnell; (*emociones*) er ist schon zu alt, er darf sich nicht so sehr aufregen

**trova** ['troβa] *f* (*verso*) Vers *m;* (*poema*) Gedicht *nt;* (*canción*) Minne(ge)sang *m*

**trovador** [troβa'ðor] *m* Minnesänger *m*

**trozo** ['troθo] *m* Stück *nt;* **a ~s** in Stücken

**trucaje** [tru'kaxe] *m* ① (*con trampa*) Trickserei *f* ② (CINE: *método*) Trickfilm *m;* (FOTO) Fotomontage *f*

**trucar** [tru'kar] <c→qu> *vi* (*billar*) (die Kugel) versenken

**trucha** ['trutʃa] *f* ① (ZOOL: *pez*) Forelle *f;* **~ de río** Bachforelle *f* ② (*AmC:* COM: *caseta*) Stand *m*

**truco** ['truko] *m* ① (*trampa*) Trick *m;* **esto tiene ~** da ist ein Trick dabei; **ése tiene muchos ~s** der hat viele Tricks auf Lager; **coger el ~** den Dreh heraushaben; **el ~ del almendruco** (*fam*) Trick 17 ② *pl* (*billar*) (Pool)billard *nt*

**truculencia** [truku'len̪θja] *f* ① (*crueldad*) Grausamkeit *f* ② (*dramatismo*) Gruseleffekt *m*

**truculento, -a** [truku'len̪to, -a] *adj* ① (*cruel*) grausam ② (*terrible*) schrecklich

**trueno** ['trweno] *m* ① (*ruido*) Donner *m* ② (*fam: juerguista*) Nachtschwärmer *m;* (*alborotador*) Unruhestifter *m;* **ir de ~** einen draufmachen ③ (*And: argot: pistola*) Schießeisen *nt*

**trueque** ['trweke] *m* Austausch *m;* (COM: *sin dinero*) Tauschhandel *m;* **a ~ de** im Tausch gegen +*akk*

**trufa** ['trufa] *f* ① (*dulce, t.* BOT: *hongo*) Trüffel *m* ② (*mentira*) Lüge *f;* (*embuste*) Betrug *m;* (*fanfarronada*) Aufschneiderei *f*

**trufar** [tru'far] **I.** *vi* (*mentir*) schwindeln; (*engañar*) betrügen; (*fanfarronear*) aufschneiden **II.** *vt* (*rellenar*) mit Trüffeln füllen

**truhán** [tru'an] *m* (*estafador*) Gauner *m;* (*charlatán*) Scharlatan *m*

**trullo** ['truʎo] *m* (*argot*) Knast *m*

**truncado, -a** [truŋ'kaðo, -a] *adj* (*incompleto*) unvollständig

**truncamiento** [truŋka'mjen̪to] *m* ① (*reducción*) Verkürzung *f* ② (*corte de una extremidad*) Verstümmelung *f*

**truncar** [truŋ'kar] <c→qu> *vt* ① (*cortar*) wegschneiden; (*la cabeza*) enthaupten; (*una extremidad*) verstümmeln ② (*texto*) verkürzen; (*significado*) verstümmeln; (*cita*) entstellen ③ (*desarrollo*) stoppen; (*esperanzas, ilusiones*) zunichte machen

**trusa** ['trusa] *f* (*Méx, Perú: bragas*) Schlüpfer *m*

**tu** [tu] *adj pos* dein(e); ~ **padre/blusa/libro** dein Vater/deine Bluse/dein Buch; ~**s hermanos/hermanas** deine Brüder/Schwestern

**tú** [tu] *pron pers 2. sg* du; **yo que** ~ ich an deiner Stelle; **tratar de** ~ duzen

**tuba** ['tuβa] *f* Tuba *f*

**tubérculo** [tu'βerkulo] *m* ❶ (BOT) Knolle *f* ❷ (*bulto, t.* MED) Knoten *m*

**tuberculosis** [tuβerku'losis] *f inv* Tuberkulose *f*

**tuberculoso, -a** [tuβerku'loso, -a] **I.** *adj* (MED) tuberkulös **II.** *m, f* (MED) Tuberkulosekranke(r) *mf,* Tbc-Kranke(r) *mf*

**tubería** [tuβe'ria] *f* ❶ (*tubo*) Rohr *nt* ❷ (*conjunto*) Rohre *ntpl*

**Tubinga** [tu'βiŋga] *f* Tübingen *nt*

**tubo** ['tuβo] *m* ❶ (*para fluidos/gases*) Rohr *nt;* ~ **de chimenea** Ofenrohr *nt;* ~ **digestivo** Verdauungstrakt *m;* ~ **de ensayo** Reagenzglas *nt;* ~ **de escape** (AUTO) Auspuff *m;* ~ **de respiración** Luftröhre *f;* **tienes que pasar por el** ~ (*fig*) da musst du durch ❷ (RADIO, TV) Röhre *f* ❸ (*recipiente*) Tube *f* ❹ (*Am:* TEL: *auricular*) Hörer *m* ❺ (*argot: metro*) U-Bahn *f*

**tubular** [tuβu'lar] **I.** *adj* rohrförmig **II.** *m* (*prenda*) Rollkragenpulli *m*

**tucán** [tu'kan] *m* Tukan *m*

**tuerca** ['twerka] *f* (Schrauben)mutter *f;* ~ **mariposa** Flügelmutter *f*

**tuerto, -a** ['twerto, -a] **I.** *adj* ❶ (*de sólo un ojo*) einäugig ❷ (*torcido*) krumm **II.** *m, f* Einäugige(r) *mf*

**tuétano** ['twetano] *m* ❶ (*médula*) (Knochen)mark *nt* ❷ (*corazón, esencia*) Innere(s) *nt,* Innerste(s) *nt;* **hasta los** ~**s** durch und durch; **enamorado hasta los** ~**s** bis über beide Ohren verliebt; **llegar al** ~ **de un asunto** einer Sache auf den Grund gehen

**tufarada** [tufa'raða] *f* Gestank *m;* **¡qué** ~ **a cerveza echaba!** der/die hatte aber eine Bierfahne!

**tufillo** [tu'fiʎo] *m* Hauch *m;* (*de la cocina*) leckerer Küchengeruch *m*

**tufo** ['tufo] *m* ❶ (*vapor*) Dampf *m* ❷ (*olor malo*) Gestank *m;* (*de cuerpo*) Körpergeruch *m;* (*halitosis*) Mundgeruch *m;* (*a alcohol*) Fahne *f* ❸ (*rizo*) Locke *f* ❹ *pl* (*vanidad*) Hochmut *m*

**tugurio** [tu'ɣurjo] *m* ❶ (*chabola*) Barracke *f;* (*cuartucho*) Loch *nt* ❷ *pl* (*barrio*) Slumviertel *nt*

**tul** [tul] *m* Tüll *m*

**tulipa** [tu'lipa] *f* Lampenschirm *m*

**tulipán** [tuli'pan] *m* Tulpe *f*

**tullido, -a** [tu'ʎiðo, -a] **I.** *adj* (*persona*) gelähmt; (*pey*) verkrüppelt; (*brazo*) lahm **II.** *m, f* Gelähmte(r) *mf*

**tullir** [tu'ʎir] <*3. pret:* tulló> *vt* ❶ (*maltratar*) misshandeln ❷ (*herir*) verletzen; (*lisiar*) zum Krüppel machen; **te voy a** ~ **a palos** ich schlage dich windelweich ❸ (*paralizar*) lähmen ❹ (*agotar*) ermüden

**tumba** ['tumba] *f* ❶ (*sepulcro*) Grab *nt;* **ser (como) una** ~ (*callado*) schweigsam wie ein Grab sein; **llevar a alguien a la** ~ jdn ins Grab bringen; **hablar a** ~ **abierta** offen reden; **lanzarse a** ~ **abierta en algo** sich Hals über Kopf in etw stürzen; **tu abuelo se revolvería en su** ~ dein Großvater würde sich im Grabe umdrehen ❷ (*voltereta*) Purzelbaum *m* ❸ (*Am: tala*) Abholzung *f;* (*claro*) Lichtung *f*

**tumbar** [tum'bar] **I.** *vt* ❶ (*tirar*) niederwerfen; (*pegando*) niederschlagen; (*fam: matar*) umnieten; **estar tumbado** liegen ❷ (ENS: *fam: suspender*) durchrasseln lassen ❸ (*fam: perturbar, impresionar*) umhauen ❹ (*Am: árboles*) abholzen; (*tierra*) roden ❺ (*vulg: copular*) flachlegen *fam* **II.** *vr:* ~**se** ❶ (*acostarse*) sich hinlegen; ~**se en la cama** sich auf das Bett legen ❷ (*desistir*) aufgeben ❸ (*fam: en el trabajo*) sich *dat* einen faulen Lenz machen

**tumbo** ['tumbo] *m* ❶ (*caída*) Sturz *m* ❷ (*vaivén*) Taumeln *nt;* **dar un** ~ taumeln; **ir por la vida dando** ~**s** im Leben immer wieder auf die Nase fallen ❸ (*voltereta*) Purzelbaum *m*

**tumbón, -ona** [tum'bon, -ona] **I.** *adj* faul **II.** *m, f* Faulpelz *m*

**tumbona** [tum'bona] *f* Liegestuhl *m*

**tumefacción** [tumefaᵞ'θjon] *f* Schwellung *f*

**tumor** [tu'mor] *m* Tumor *m*

**tumoral** [tumo'ral] *adj* (MED) Tumor-

**túmulo** ['tumulo] *m* ❶ (*monumento*) Grabmal *nt* ❷ (*elevación*) Grabhügel *m*

**tumulto** [tu'mul̩to] *m* Tumult *m*

**tuna** ['tuna] *f* ❶ (MÚS) Studentenkapelle *f* ❷ (*vida picaresca*) Müßiggang *m;* **correr la** ~ dem Müßiggang frönen

**i Land & Leute**

Die **tuna** ist eine Gruppe von Studenten, die sich zusammentun, um Musik zu machen und zu singen. Bis vor kurzem wurden nur männliche Studenten in die **tunas** aufgenommen. In den letzten Jahren haben sich neue **tunas** nur für Studentinnen gebildet. Um Mitglied einer **tuna** zu werden, muss man gewisse Mutproben ablegen.

**tunante** [tu'nante] *m v.* **tuno**

**tunda** ['tunda] *f* ❶ (*paliza*) Tracht *f* Prügel ❷ (*esfuerzo*) Anstrengung *f* ❸ (*de paños*) Scheren *nt*

**tundir** [tun'dir] *vt* ❶ (*pegar*) schlagen ❷ (*paños*) scheren ❸ (*hierba*) mähen

**tundra** ['tundra] *f* Tundra *f*

**tunecino, -a** [tune'θino, -a] **I.** *adj* tunesisch **II.** *m, f* Tunesier(in) *m(f)*

**túnel** ['tunel] *m* Tunnel *m;* ~ **aerodinámico** Windkanal *m;* ~ **de lavado** Waschstraße *f*

**Túnez** ['tuneθ] *m* ❶ (*país*) Tunesien *nt* ❷ (*capital*) Tunis *nt*

**túnica** ['tunika] *f* ❶ (*vestidura*) Tunika *f* ❷ (*membrana*) Membran *f*

**tuno, -a** ['tuno, -a] **I.** *adj* ❶ (*astuto*) schlau ❷ (*pícaro*) frech **II.** *m, f* ❶ (*truhán*) Gauner *m* ❷ (*astuto*) schlauer Fuchs *m fam* ❸ (*niño*) Frechdachs *m*

**tuntún** [tun'tun] *m:* **al (buen)** ~ aufs Geratewohl; **juzgar al buen** ~ voreilige Schlüsse ziehen

**tupé** [tu'pe] *m* ❶ (*cabello*) Toupet *nt* ❷ (*frescura*) Frechheit *f*

**tupido, -a** [tu'piðo, -a] **I.** *adj* ❶ (*denso*) dicht ❷ (*Am: obstruido*) verstopft ❸ (*Méx: frecuente*) weit verbreitet ❹ (*con tesón*) hartnäckig **II.** *adv* (*a menudo*) häufig

**tupir** [tu'pir] **I.** *vt* ❶ (*apretar*) zusammendrücken; (*tapar agujeros*) abdichten ❷ (*obstruir*) verstopfen **II.** *vr:* ~**se** ❶ (*comer mucho*) sich *dat* den Bauch voll schlagen *fam;* (*beber mucho*) sich *dat* einen antrinken *fam* ❷ (*Am: obstruirse*) verstopfen

**turba** ['turβa] *f* ❶ (*materia*) Torf *m* ❷ *v.* **turbamulta**

**turbación** [turβa'θjon] *f* ❶ (*disturbio*) Störung *f* ❷ (*alarma*) Unruhe *f* ❸ (*vergüenza*) Scham *f* ❹ (*confusión*) Verwirrung *f*

**turbamulta** [turβa'multa] *f* Menschenmenge *f;* (*pey*) Pöbel *m*

**turbante** [tur'βante] *m* Turban *m*

**turbar** [tur'βar] **I.** *vt* ❶ (*disturbar*) stören ❷ (*alarmar*) beunruhigen ❸ (*avergonzar*) beschämen ❹ (*desconcertar*) verwirren ❺ (*agua*) trüben **II.** *vr:* ~**se** ❶ (*ser disturbado*) sich gestört fühlen ❷ (*alarmarse*) sich aufregen ❸ (*avergonzarse*) sich schämen ❹ (*desconcertarse*) durcheinander kommen ❺ (*agua*) trüb werden

**turbiedad** [turβje'ðað] *f* ❶ (*líquido*) Trübe *f* ❷ (*asunto*) Verworrenheit *f,* Durcheinander *nt;* (*sin transparencia*) Undurchsichtigkeit *f* ❸ (*pey: carácter*) Zweifelhaftigkeit *f*

**turbina** [tur'βina] *f* Turbine *f*

**turbio, -a** ['turβjo, -a] *adj* (*líquido*) trübe; (*asunto*) verworren; (*sin transparencia, carácter*) undurchsichtig; (*negocio*) schmutzig; (*vista*) getrübt

**turbión** [tur'βjon] *m* ❶ (*aguacero*) Regenschauer *m;* (*devastador*) Wolkenbruch *m* ❷ (*todo a la vez*) Schwall *m;* ~ **de balas** Kugelhagel *m*

**turbo** ['turβo] *adj:* **motor** ~ Turbomotor *m*

**turborreactor** [turβorreak'tor] *m* (AERO, TÉC) Turbojet *m*

**turbulencia** [turβu'lenθja] *f* ❶ (*agua, aire*) Turbulenz *f* ❷ (*alboroto*) Unruhe *f;* (*confusión*) Verwirrung *f* ❸ (*sin transparencia*) Trübung *f*

**turbulento, -a** [turβu'lento, -a] *adj* ❶ (*agua, aire*) turbulent ❷ (*alborotado*) unruhig; (*confuso*) wirr ❸ (*rebelde*) aufsässig ❹ (*turbio*) trübe

**turco, -a** ['turko, -a] **I.** *adj* türkisch **II.** *m, f* Türke, -in *m, f;* **cabeza de** ~ (*fig*) Sündenbock *m*

**turgencia** [tur'xenθja] *f* (*hinchazón*) Schwellung *f*

**turgente** [tur'xente] *adj* ❶ (*hinchado*) geschwollen ❷ (*abultado*) massiv; (*pechos*) üppig

**Turingia** [tu'riŋxja] *f* Thüringen *nt*

**turismo** [tu'rismo] *m* ❶ (*viajar*) Tourismus *m;* ~ **rural** [*o* **verde**] Ferien auf dem Bauernhof; ~ **suave** weicher Tourismus; **industria del** ~ Tourismusbranche *f;* **oficina de** ~ Fremdenverkehrsamt *nt;* **hacer** ~ als Tourist reisen ❷ (AUTO) Personenwagen *m*

**turista** [tu'rista] *mf* Tourist(in) *m(f)*

**turístico, -a** [tu'ristiko, -a] *adj* touristisch; **viaje** ~ Urlaubsreise *f*

**turnar** [tur'nar] *vi, vr:* ~**se** sich abwechseln

**turno** ['turno] *m* ❶ (*en la fábrica*) Schicht *f;* **cambio de** ~ Schichtablösung *f;* **estar de** ~ Dienst haben; **trabajar por** ~**s** Schicht arbeiten ❷ (*orden*) Reihenfolge *f;* **a** [*o* **por**] ~**s** abwechselnd; **es tu** ~ du bist an der Reihe

**turón** [tu'ron] *m* Iltis *m*

**turquesa¹** [tur'kesa] **I.** *adj* türkis **II.** *m* (*color*) Türkis *nt*

**turquesa²** [tur'kesa] *f* (*piedra*) Türkis *m*

**Turquía** [tur'kia] *f* Türkei *f*

**turrón** [tu'rron] *m harte oder weiche Nuss-, Mandel- oder Nugathonigtafeln als Weihnachtsspezialität*

**i Land & Leute**

In Spanien darf an Weihnachten der **turrón** nicht fehlen, so wie im deutschsprachigen Raum der Stollen nicht fehlen darf. Beim traditionellen **turrón** handelt es sich um harte oder weiche Nuss-, oder Mandelhonigtafeln. Der **turrón** wird vor allem in der Levante, dort speziell in Jijona und Alicante, hergestellt.

**turulato**, **-a** [turu'lato, -a] *adj* verblüfft; **dejar a alguien ~** jdn verblüffen

**tute** ['tute] *m Kartenspiel;* **darse un ~** sich abmühen

**tutear** [tute'ar] **I.** *vt* duzen **II.** *vr:* **~se** sich duzen

**tutela** [tu'tela] *f* ❶ (*cargo*) Vormundschaft *f* (*de* über +*akk*); **poner bajo la ~ de alguien** unter jds Vormundschaft stellen ❷ (*amparo*) Schutz *m;* **estar bajo la ~ de alguien** unter jds Schutz stehen

**tutelaje** [tute'laxe] *m* (*CSur, Guat, Méx*) *v.* **tutela**

**tutelar** [tute'lar] **I.** *adj* ❶ (JUR) vormundschaftlich; **juez ~** Vormundschaftsrichter *m* ❷ (*protector*) schützend **II.** *vt* ❶ (*ejercer la tutela*) die Vormundschaft haben (über +*akk*) ❷ (*proteger*) schützen ❸ (*velar*) beaufsichtigen

**tuteo** [tu'teo] *m* Duzen *nt*

**tutiplén** [tuti'plen] *adv* (*fam*): **a ~** reichlich; **comer a ~** essen wie ein Scheunendrescher

**tutor(a)** [tu'tor(a)] *m(f)* ❶ (JUR) Vormund *m* ❷ (*protector*) (Be)schützer(in) *m(f)* ❸ (*profesor*) Privatlehrer(in) *m(f)* ❹ (ENS, UNIV) Tutor(in) *m(f);* (*de doctorado*) Doktorvater *m,* Doktormutter *f*

**tutoría** [tuto'ria] *f* ❶ (JUR) Vormundschaft *f* ❷ (UNIV) Sprechstunde *f*

**tuyo**, **-a** ['tuɟo, -a] *pron pos* ❶ (*propiedad*): **el perro es ~** der Hund gehört dir; **la botella/la casa es tuya** das ist deine Flasche/dein Haus; **¡ya es ~!** du hast es geschafft! ❷ (*tras artículo*): **el ~/la tuya/lo ~** deine(r, s); **mi coche está roto, vamos en el ~** mein Auto ist kaputt, fahren wir mit deinem; **los ~s** deine; (*parientes*) deine Angehörigen; **ésta es la tuya** (*fam fig*) das ist die Gelegenheit für dich; **una de las tuyas** (*travesura*) einer von deinen Streichen ❸ (*tras substantivo*) dein(e), von dir; **una amiga tuya** eine Freundin von dir; **es culpa tuya** es ist deine Schuld

**TV** [te'uβe] *f abr de* **televisión** TV *nt;* **~ digital** digitales Fernsehen

**TVE** [teuβe'e] *f abr de* **Televisión Española** *staatlicher spanischer Fernsehsender*

**twist** [twist] *m* (MÚS) Twist *m*

# U u

**U**, **u** [u] *f* <úes> U, u *nt;* **~ de Uruguay** U wie Ulrich

**u** [u] *conj* oder

**ubérrimo**, **-a** [u'βerrimo, -a] *adj* fruchtbar

**ubicación** [uβika'θjon] *f* ❶ (*lugar*) Stelle *f;* (*de una empresa*) Sitz *m* ❷ (*situación*) Lage *f* ❸ (*Am: colocación*) Platzierung *f*

**ubicar** [uβi'kar] <c→qu> **I.** *vi* sich befinden **II.** *vt* (*Am: situar*) platzieren; (*guardar*) unterbringen **III.** *vr:* **~se** sich befinden

**ubicuidad** [uβikwi'ða$^{ð}$] *f sin pl* Allgegenwart *f*

**ubicuo**, **-a** [u'βikwo, -a] *adj* allgegenwärtig

**ubre** [u'βre] *f* (*de la vaca*) Euter *nt;* (*de otros mamíferos*) Zitze *f*

**UC** [u'θe] *f abr de* **Unión de Consumidores** ≈Verbraucherverband *m*

**UCI** ['uθi] *f* ❶ (MED) *abr de* **Unidad de Cuidados Intensivos** Intensivstation *f* ❷ (DEP) *abr de* **Unión Ciclista Internacional** Internationaler Radsportverband *m*

**Ucrania** [u'kranja] *f* Ukraine *f*

**ucraniano$^{1}$** [ukra'njano] *m* (*lengua*) Ukrainisch(e) *nt*

**ucrani(an)o**, **-a$^{2}$** [ukra'nj(an)o, -a] **I.** *adj* ukrainisch **II.** *m, f* Ukrainer(in) *m(f)*

**Ud(s).** [us'te$^{ð}$(es)] *abr de* **usted(es)** Sie

**UE** [u'e] *f* (ECON, POL) *abr de* **Unión Europea** EU *f*

**UEME** [ue'eme'e] *f* (UE, FIN) *abr de* **Unión Económica y Monetaria Europea** EWWU *f*

**uf** [uf] *interj* ❶ (*de asco*) i!, igitt(igitt)! ❷ (*de fastidio*) Mensch!

**ufanarse** [ufa'narse] *vr* prahlen (*con/de* mit +*dat*)

**ufanía** [ufa'nia] *f* ❶ (*orgullo*) Stolz *m* ❷ (*engreimiento*) Einbildung *f;* (*arrogancia*) Hochnäsigkeit *f* ❸ (*satisfacción*) Zufriedenheit *f*

**ufano**, **-a** [u'fano, -a] *adj* ❶ (*orgulloso*) stolz ❷ (*engreído*) eingebildet; (*arro-*

*gante*) hochnäsig ❸ (*satisfecho*) zufrieden (*de* mit +*dat*); **va muy ~ con su nueva moto** er ist sehr stolz auf sein neues Motorrad ❹ (*planta*) üppig, kräftig

**ufología** [ufolo'xia] *f sin pl* Ufologie *f*

**ugandés**, **-esa** [uɣaṇ'des, -esa] **I.** *adj* ugandisch **II.** *m, f* Ugander(in) *m(f)*

**i Land & Leute**

**UGT** *f* ist die Kurzform für *Unión General de Trabajadores*, die sozialistische Gewerkschaft Spaniens, 1888 in Barcelona gegründet. Natürlich war dieser *sindicato – Gewerkschaft* während des Franco-Regimes verboten. Seit 1977 ist die **UGT** wieder eine gesetzlich anerkannte Gewerkschaft.

**ujier** [u'xjer] *m* ❶ (*de un tribunal*) Gerichtsdiener *m* ❷ (*de un palacio*) Saaldiener *m*

**úlcera** ['ul̥θera] *f* Geschwür *nt*

**ulceración** [ul̥θera'θjon] *f* (MED) Geschwürbildung *f*

**ulcerar** [ul̥θe'rar] **I.** *vt* ein Geschwür verursachen (an/in +*dat*) **II.** *vr*: **~se** geschwürig werden

**Ulises** [u'lises] *m* Odysseus *m*

**ulsterización** [ulsteriθa'θjon] *f*: **la ~ del País Vasco** die Terrorisierung des Baskenlandes

**ulterior** [ul̥te'rjor] *adj* (*posterior*) spätere(r, s); (*más*) weitere(r, s)

**ulteriormente** [ul̥terjor'meṇte] *adv* später

**ultimación** [ul̥tima'θjon] *f* Abschluss *m*; (*de una obra*) Fertigstellung *f*

**últimamente** [ul̥tima'meṇte] *adv* ❶ (*recientemente*) in letzter Zeit ❷ (*hace poco*) neulich ❸ (*por último*) schließlich

**ultimar** [ul̥ti'mar] *vt* ❶ (*proyecto, acuerdo*) abschließen; (*obra*) fertig stellen ❷ (*Am: matar*) umbringen

**ultimátum** [ul̥ti'matun] *m sin pl* Ultimatum *nt*; **dar el ~ a alguien** jdm ein Ultimatum stellen

**último**, **-a** ['ul̥timo, -a] *adj* ❶ (*en orden*) letzte(r, s); **el ~ de cada mes** am jeweils Letzten des Monats; **a ~s de mes** gegen Monatsende; **soy el ~ de la clase** ich bin der Schlechteste in der Klasse; **fue el ~ en firmar** er unterzeichnete als Letzter; **siempre llega el ~** er kommt immer zuletzt; **por última vez** zum letzten Mal; **hacia la última parte la película mejora** gegen Ende wird der Film besser; **la última moda** die neueste Mode; **unos estudian ciencias, otros letras. Los ~s...** die einen studieren Naturwissenschaften, die anderen Geisteswissenschaften. Letztere ... ❷ (*espacio*): **la última fila** die hintere Reihe; **en el ~ piso** im obersten Stock; **ocupar la última posición de la tabla** am Tabellenende stehen; **el ~ rincón del mundo** wo sich Hase und Fuchs gute Nacht sagen ❸ (*loc*): **por ~** schließlich; **en ~ término** letzten Endes; **no en ~ término** nicht zuletzt; **en ~ caso** schlimmstenfalls; **estar en las últimas** (*muriéndose*) in den letzten Zügen liegen; (*arruinado*) am Ende sein; **¡es lo ~!** das ist doch wirklich das Letzte!

**ultra** ['ul̥tra] **I.** *adj* rechtsextremistisch; (*radical*) rechtsradikal **II.** *mf* Rechtsextremist(in) *m(f)*; (*radical*) Rechtsradikale(r) *mf* **III.** *adv* außerdem

**ultracongelado**, **-a** [ul̥trakoŋxe'laðo, -a] *adj* tiefgekühlt; **ultraconservador(a)** [ul̥trakonserβa'ðor(a)] *adj* erzkonservativ; **ultraderecha** [ul̥traðe'retʃa] *f inv* extreme Rechte *f*; **ultrafino**, **-a** [ul̥tra'fino, -a] *adj* hauchdünn; **ultraizquierda** [ul̥traiθ'kjerða] *f inv* extreme Linke *f*

**ultrajar** [ul̥tra'xar] *vt* ❶ (*insultar*) beleidigen; (*monumento*) schänden; **~ de palabra** beschimpfen ❷ (*humillar*) demütigen ❸ (*ajar*) zerknautschen

**ultraje** [ul̥'traxe] *m* Beleidigung *f*; **~ a la bandera** Schändung der Flagge

**ultramar** [ul̥tra'mar] *m sin pl* Übersee *f*; **ultramarino**, **-a** [ul̥trama'rino, -a] *adj* überseeisch; **ultramarinos** [ul̥trama'rinos] *mpl* ❶ (*tienda*) Lebensmittelgeschäft *nt* ❷ (*víveres*) Lebensmittel *ntpl*; **ultramoderno**, **-a** [ul̥tramo'ðerno, -a] *adj* hochmodern

**ultranza** [ul̥'traṇθa] ❶ (*a muerte*): **defender algo a ~** etw bis aufs Äußerste verteidigen; **luchar a ~** auf Leben und Tod kämpfen ❷ (*resueltamente*): **ser de izquierda a ~** ein radikaler Linker sein; **ser un ecologista a ~** ein überzeugter Umweltschützer sein

**ultrarrápido**, **-a** [ul̥tra'rrapiðo, -a] *adj* sehr schnell; **tren ~** Hochgeschwindigkeitszug *m*; **ultrasecreto**, **-a** [ul̥trase'kreto, -a] *adj* streng geheim; **ultrasensible** [ul̥trasen'siβle] *adj* überempfindlich; **ultrasónico**, **-a** [ul̥tra'soniko, -a] *adj* Ultraschall-; **ultrasonido** [ul̥traso'niðo] *m sin pl* Ultraschall *m*; **ultratumba** [ul̥tra'tumba] *f sin pl* Jenseits *nt*; **ultravioleta** [ul̥traβjo'leta] *adj inv* ultraviolett; **rayos ~** UV-Strahlen *mpl*

**ulular** [ulu'lar] *vi* ❶ (*animal*) heulen;

(*perro*) jaulen ② (*persona*) schreien ③ (*viento*) heulen

**umbilical** [umbili'kal] *adj* Nabel-

**umbráculo** [um'brakulo] *m* Sonnendach *nt*

**umbral** [um'bral] *m* ① (*de puerta*) (Tür)schwelle *f;* **atravesar los ~es de una casa** über die Schwelle treten ② (*principio*) Anfang *m* ③ (ECON): **~ de rentabilidad** Gewinnschwelle *f;* **país ~** Schwellenland *nt*

**umbrío, -a** [um'brio, -a] *adj* schattig

**umbroso, -a** [um'broso, -a] *adj* ① (*con sombra*) schattig ② (*que causa sombra*) Schatten spendend

**un, una** [un, 'una] <unos, -as> **I.** *art indef* ① (*no determinado*) ein(e); **un perro/puente/niño** ein Hund/eine Brücke/ein Kind; **una mujer/mesa/chica** eine Frau/ein Tisch/ein Mädchen; **¡tiene una jeta!** er/sie ist dermaßen unverschämt! ② *pl* (*algunos*) einige, ein paar ③ *pl* (*aproximadamente*): **unos 100 euros** ungefähr 100 Euro **II.** *adj v.* **uno**[2]

**unánime** [u'nanime] *adj* ① (*opinión*) einmütig ② (*decisión*) einstimmig

**unanimidad** [unanimi'ða$^{ð}$] *f* ① (*de opinión*) Einmütigkeit *f* ② (*de decisión*) Einstimmigkeit *f;* **aprobar algo por ~** etw einstimmig beschließen

**unción** [uṇ'θjon] *f* ① (MED) Einsalbung *f* ② (REL) Salbung *f* ③ (*extremaunción*) Letzte Ölung *f*

**uncir** [uṇ'θir] <c→z> *vt* (ins Joch) einspannen

**undécimo, -a** [uṇ'deθimo, -a] **I.** *adj* (*parte*) elftel; (*numeración*) elfte(r, s) **II.** *m, f* Elftel *nt* **III.** *adv:* **en ~ lugar** elftens; *v. t.* **octavo**

**ungir** [uŋ'xir] <g→j> *vt* ① (*con aceite*) einölen, einreiben ② (REL) salben

**ungüento** [uŋ'gweṇto] *m* ① (MED) Salbe *f* ② (*remedio*) Balsam *m*

**ungular** [uŋgu'lar] *adj* (ANAT) Nagel-

**únicamente** [unika'meṇte] *adv* nur

**unicameral** [unikame'ral] *adj* Einkammer-;

**unicelular** [uniθelu'lar] *adj* einzellig

**unicidad** [uniθi'ða$^{ð}$] *f* Einzigartigkeit *f*

**único, -a** ['uniko, -a] *adj* ① (*solo*) einzig; **calle de dirección única** Einbahnstraße *f;* **heredero ~** Alleinerbe *m;* **hijo ~** Einzelkind *nt;* **hoy hay plato ~** heute gibt es nur einen (einzigen) Gang ② (*extraordinario*) einzigartig, einmalig

**unicornio** [uni'kornjo] *m* Einhorn *nt*

**unidad** [uni'ða$^{ð}$] *f* ① (*entidad, medida, t.* MIL) Einheit *f;* **~ familiar** Haushalt *m* ② (MAT) Einer *m* ③ (*de organización*) Abteilung *f* ④ (*de hospital*) Station *f;* **U~ de Cuidados Intensivos** Intensivstation *f* ⑤ (LIT) Einheitlichkeit *f* ⑥ (TÉC: *aparato*) Anlage *f;* **~ de control** Steuergerät *nt;* **~ externa de disco duro** (INFOR) externes Festplattenlaufwerk; **~ móvil** (TV, RADIO) Ü-Wagen *m*

**unidimensional** [uniðimensjo'nal] *adj* eindimensional

**unidireccional** [uniðireʸθjo'nal] *adj* (*de una dirección*) in einer Richtung verlaufend; (ELEC) einseitig

**unido, -a** [u'niðo, -a] *adj* (*frente, equipo*) geschlossen; (*nación, partido*) geeint; **estamos muy ~s** wir stehen uns sehr nahe

**unifamiliar** [unifami'ljar] *adj:* **casa ~** Einfamilienhaus *nt*

**unificación** [unifika'θjon] *f* ① (*unión*) Vereinigung *f;* **la ~ política** die politische Einigung ② (*uniformización*) Vereinheitlichung *f*

**unificar** [unifi'kar] <c→qu> *vt* ① (*pueblos*) verein(ig)en; (*esfuerzos*) vereinen; **~ posiciones** verschiedene Standpunkte in Einklang bringen ② (*uniformar*) vereinheitlichen

**uniformado, -a** [unifor'maðo, -a] *m, f* Uniformierte(r) *mf*

**uniformador(a)** [uniforma'ðor(a)] *adj* ① (*que une*) vereinigend ② (*que uniforma*) vereinheitlichend

**uniformar** [unifor'mar] *vt* ① (*hacer unitario*) vereinheitlichen; (*impreso*) standardisieren ② (*vestir*) uniformieren; **ir uniformado** Uniform tragen

**uniforme** [uni'forme] **I.** *adj* (*igual*) einheitlich; (*de la misma forma*) gleichförmig; (*calor, movimiento*) gleichmäßig **II.** *m* Uniform *f;* **vestir de ~** Uniform tragen

**uniformidad** [uniformi'ða$^{ð}$] *f* (*constancia*) Einheitlichkeit *f;* (*similaridad*) Gleichförmigkeit *f;* (*de calor, movimiento*) Gleichmäßigkeit *f*

**uniformizar** [uniformi'θar] <z→c> *vt* vereinheitlichen; (*mezclar*) vermischen

**unigénito, -a** [uni'xenito, -a] *adj:* **ser ~** Einzelkind sein

**unilateral** [unilate'ral] *adj* (*visión*) einseitig; (POL) unilateral

**unilateralidad** [unilaterali'ða$^{ð}$] *f* Einseitigkeit *f*

**unión** [u'njon] *f* ① (*de dos elementos, t.* TÉC) Verbindung *f;* **no hay muchos puntos de ~ entre nosotros** uns verbindet nicht viel ② (*territorial*) Vereinigung *f;* (ECON) Zusammenschluss *m;* **en ~ con** zusammen mit ③ (*matrimonio*) Heirat *f* ④ (COM) Verband *m* ⑤ (POL) Union *f;* **U~ Económica y Monetaria (Europea)**

U

(Europäische) Wirtschafts- und Währungsunion; **U~ Europea** Europäische Union; ~ **monetaria** Währungsunion *f* ❻ (*armonía*) Einigkeit *f;* **la ~ hace la fuerza** (*prov*) Einigkeit macht stark

**unionista** [unjo'nista] **I.** *adj* unionistisch **II.** *mf* Unionist(in) *m(f)*

**unipersonal** [uniperso'nal] *adj* ❶ (*de una persona*) Einpersonen-; (*individual*) individuell ❷ (LING) unpersönlich

**unir** [u'nir] **I.** *vt* ❶ (*dos elementos, t.* TÉC) verbinden ❷ (*territorios, familia*) verein(ig)en; **nos une una gran amistad** uns verbindet eine enge Freundschaft ❸ (*ingredientes*) verrühren ❹ (*esfuerzos*) vereinen **II.** *vr:* **~se** (*territorios*) sich vereinigen; (ECON) sich zusammenschließen; (*dos personas*) sich zusammentun; **~se en matrimonio** heiraten

**unisex** [uni'se^ɣs] *adj* unisex; **moda ~** Mode für Mann und Frau; **peluquería ~** Damen- und Herrensalon *m*

**unísono**[1] [u'nisono] *m* (MÚS) Unisono *nt;* **protestaron al ~** sie klagten einstimmig; **trabajar al ~** harmonisch zusammenarbeiten; **actuar al ~** in Übereinstimmung handeln

**unísono, -a**[2] [u'nisono, -a] *adj* ❶ (*de un solo tono*) unisono ❷ (*de una sola voz*) einstimmig

**unitario, -a** [uni'tarjo, -a] *adj* einheitlich; **escuela unitaria** Einheitsschule *f*

**universal** [uniβer'sal] *adj* ❶ (*del universo*) universal; **receptor ~** (RADIO) Weltempfänger *m* ❷ (*del mundo*) Welt-; **de renombre ~** weltberühmt ❸ (*general, amplio*) universell; **regla ~** allgemein gültige Regel; **persona de educación ~** universell gebildeter Mensch ❹ (TÉC: *tractor*) Allzweck-; (*máquina*) Mehrzweck-; **detergente ~** Allzweckreiniger *m*

**universalidad** [uniβersali'ða^ð] *f* (*de regla*) Allgemeingültigkeit *f*

**universalismo** [uniβersa'lismo] *m sin pl* Universalismus *m*

**universalización** [uniβersaliθa'θjon] *f* Universalisierung *f*

**universalizar** [uniβersali'θar] <z→c> *vt* verallgemeinern

**universalmente** [uniβersal'mente] *adv* ❶ (*en todo el mundo*): **~ conocido** weltberühmt ❷ (*generalmente*) allgemein

**universiada** [uniβer'sjaða] *f sin pl* Universiade *f*

**universidad** [uniβersi'ða^ð] *f* Universität *f;* **ir a la ~** auf die Universität gehen; **¿a qué ~ vas?** an welcher Universität bist du?

> **i Land & Leute**
>
> Die älteste und traditionsreichste Universität Spaniens ist die **Universidad de Salamanca.** Sie wurde schon 1218 gegründet. Heutzutage studieren rund 30.000 Studenten an der **Universidad de Salamanca.**

**universitario, -a** [uniβersi'tarjo, -a] **I.** *adj* Universitäts-; **catedrático ~** Professor *m;* **profesor ~** Dozent *m;* **tener estudios ~s** ein Hochschulstudium abgeschlossen haben **II.** *m, f* Student(in) *m(f)*

**universo** [uni'βerso] *m* (*cosmos*) Universum *nt*

**unívoco, -a** [u'niβoko, -a] *adj* eindeutig

**uno**[1] ['uno] *m* Eins *f*

**uno, -a**[2] ['uno, -a] **I.** *adj* ❶ (*número*) eins; **a la una** (*hora*) um eins; **¡(a la) una, (a las) dos y (a las) tres!** eins, zwei, drei!; **fila ~** erste Reihe ❷ (*único*): **sólo hay una calle** es gibt nur eine einzige Straße **II.** *pron indef* ❶ (*alguno*) eine(r, s); **cada ~** jeder; **~s cuantos** einige; **~..., el otro...** der eine ..., der andere ...; **~ de tantos** einer von vielen; **aquí hay ~ que pregunta por ti** da ist jemand, der nach dir fragt; **una de dos, o... o...** eins von beiden, entweder ... oder ...; **una que otra vez** dann und wann ❷ *pl* (*algunos*) einige ❸ (*indeterminado*) man ❹ (*loc*): **cantar a una** zusammen singen; **luchar todos a una** Schulter an Schulter kämpfen; **de ~ en ~** einzeln, Stück für Stück; **me ha dejado pero me he quedado el piso, lo ~ por lo otro** er/sie hat mich verlassen, aber ich behalte die Wohnung, damit sind wir quitt; **no acierto una** (*fig*) alles läuft bei mir schief

**untar** [un̪'tar] **I.** *vt* ❶ (*con mantequilla*) bestreichen ❷ (*mojar*) eintauchen ❸ (*con grasa*) (ein)fetten; (*con aceite*) (ein)ölen; (*el cuerpo*) eincremen ❹ (*sobornar*) bestechen, schmieren *fam* **II.** *vr:* **~se** ❶ (*mancharse*) sich beschmieren ❷ (*con crema*) sich eincremen ❸ (*dinero*) sich bereichern (*con* an +*dat*)

**unto** ['un̪to] *m* ❶ (*grasa*) Schmiermittel *nt* ❷ (MED) Salbe *f* ❸ (*Chil: betún*) Schuhcreme *f*

**untuosidad** [un̪twosi'ða^ð] *f* ❶ (*de grasa*) Schmierigkeit *f* ❷ (*del jabón*) Schlüpfrigkeit *f* ❸ (*pegajosidad*) Klebrigkeit *f*

**unt(u)oso, -a** [un̪'toso, -a/un̪tu'oso, -a] *adj* ❶ (*pingüe*) schmierig ❷ (*jabón*) schlüpfrig ❸ (*pegajoso*) klebrig

**untura** [un̪'tura] *f* ❶ (MED) Salbe *f* ❷ (*grasa*)

Schmiermittel *nt*

**uña** ['uɲa] *f* ① (*de persona*) Nagel *m;* (*de gato*) Kralle *f;* **~s de los pies** Zehennägel *mpl;* **hacerse las ~s** die Nägel maniküren (lassen); **comerse las ~s** an den Nägeln kauen; (*fig*) wüten ② (*pezuña*) Huf *m* ③ (*del alacrán*) Stachel *m* ④ (*de instrumento*) Haken *m* ⑤ (*de planta*) (gebogener) Stachel *m* ⑥ (TÉC: *muesca*) Kerbe *f;* (*saliente*) Klaue *f* ⑦ (*loc*): **afilar(se) las ~s** sich geistig anstrengen; **estar de ~s con alguien** mit jdm auf (dem) Kriegsfuß stehen; **dejarse las ~s en el trabajo** sich abrackern; **ser largo de ~s** (*fig*) ein Langfinger sein; **ser ~ y carne** ein Herz und eine Seele sein; **defenderse con ~s y dientes** sich mit Händen und Füßen wehren

**uñada** [u'ɲaða] *f* ① (*arañazo*) Kratzer *m* ② (*señal*) Markierung *f* mit dem Nagel

**uñero** [u'ɲero] *m* (*inflamación*) Nagelbettentzündung *f*

**upa** ['upa] **I.** *interj* auf!, hoch!; **llevar a ~ (un niño)** (ein Kind) tragen **II.** *adj* (*Ecua, Perú: tonto*) dumm

**upar** [u'par] *vt* hochheben

**Urales** [u'rales] *mpl* Ural *m*

**uranio** [u'ranjo] *m* (QUÍM) Uran *nt*

**urbanidad** [urβani'ða$^{d}$] *f* Höflichkeit *f*

**urbanismo** [urβa'nismo] *m* (*planificación*) Stadtplanung *f*

**urbanista** [urβa'nista] *mf* Stadtplaner(in) *m(f)*

**urbanístico, -a** [urβa'nistiko, -a] *adj* städtebaulich; **plan ~** Bebauungsplan *m*

**urbanizable** [urβani'θaβle] *adj* bebaubar

**urbanización** [urβaniθa'θjon] *f* ① (*acción*) Bebauung *f* ② (*de casas*) (Wohn)siedlung *f*

**urbanizar** [urβani'θar] <z→c> **I.** *vt* bebauen **II.** *vt, vr:* **~se** verstädtern

**urbano**[1] [ur'βano] *m* Verkehrspolizist *m*

**urbano, -a**[2] [ur'βano, -a] *adj* ① (*de la ciudad*) städtisch; **conferencia urbana** (TEL) Ortsgespräch *nt;* **un hombre ~** ein Stadtmensch; **planificación urbana** Stadtplanung *f* ② (*cortés*) höflich

**urbe** ['urβe] *f* Großstadt *f*

**urdir** [ur'ðir] *vt* (*conspiración*) anzetteln; **~ intrigas** Intrigen spinnen

**urea** [u'rea] *f* (MED) Harnstoff *m*

**urgencia** [ur'xeṇθja] *f* ① (*cualidad*) Dringlichkeit *f* ② (*caso*) Notfall *m;* **llamada de ~** Notruf *m;* **en caso de ~** im Notfall; **tratar algo con la debida ~** etw mit der notwendigen Eile behandeln ③ *pl* (*en hospital*) Notaufnahme *f;* **servicio de ~s** (*en ambulatorio*) Bereitschaftsdienst *m;* **médico de ~s** Notarzt *m*

**urgente** [ur'xeṇte] *adj* dringend; (*carta, telegrama, pedido*) Eil-; **¿es ~?** eilt es?

**urgir** [ur'xir] <g→j> *vi* eilen

**urinario**[1] [uri'narjo] *m* Pissoir *nt*

**urinario, -a**[2] [uri'narjo, -a] *adj* Urin-; **aparato ~** (MED) Harnwege *mpl*

**urna** ['urna] *f* ① (*para cenizas, t.* POL) Urne *f;* **acudir a las ~s** zur Wahl gehen ② (*caja de cristal*) Glaskasten *m*

**uro** ['uro] *m* Auerochse *m*

**urogallo** [uro'ɣaʎo] *m* Auerhahn *m*

**urólogo, -a** [u'roloɣo, -a] *m, f* Urologe, -in *m, f*

**urraca** [u'rraka] *f* ① (ZOOL) Elster *f* ② (*cotorra*) Quasselstrippe *f;* **hablar más que una ~** reden wie ein Wasserfall

**URSS** [urrs] *f abr de* **Unión de Repúblicas Socialistas Soviéticas** UdSSR *f*

**urticaria** [urti'karja] *f* (MED) Nesselausschlag *m*

**Uruguay** [uru'ɣwai̯] *m* (GEO) Uruguay *nt*

**i Land & Leute**

**Uruguay** (offiziell: *República Oriental del Uruguay*) liegt im Südosten Südamerikas. Die Hauptstadt und auch bedeutendste Stadt **Uruguays** ist Montevideo. Spanisch ist die offizielle Landessprache. Die Währungseinheit ist der *peso uruguayo.*

**uruguayo, -a** [uru'ɣwaɟo, -a] **I.** *adj* uruguayisch **II.** *m, f* Uruguayer(in) *m(f)*

**usado, -a** [u'saðo, -a] *adj* (*libro*) zerlesen; (*vestido*) abgetragen; (*esterilla*) abgetreten; (*sello*) (ab)gestempelt; (*expresión*) abgedroschen; (*coche*) gebraucht

**usanza** [u'saṇθa] *f* Brauch *m*

**usar** [u'sar] **I.** *vt* ① (*utilizar*) benutzen, gebrauchen; (*palabra, libro*) verwenden; (*labia, persuasión*) aufwenden; (*razón*) walten lassen; (*máquina*) einsetzen; (*técnica, fuerza*) anwenden; (*ropa, gafas*) tragen; (*derecho*) geltend machen; **tuve que ~ (de) mis influencias** ich musste meine Beziehungen spielen lassen ② (*cargo, oficio*) ausüben ③ (*soler*): **usa nadar en esta piscina** er/sie geht gewöhnlich in dieses Schwimmbad **II.** *vr:* **~se** ① (*utilizar*) benutzt [*o* gebraucht] werden; **esta palabra ya no se usa** dieser Ausdruck ist nicht mehr gebräuchlich ② (*ropa*) in Mode sein

**usina** [u'sina] *f* (*Am: de gas*) Gaswerk *nt;* (*de electricidad*) Elektrizitätswerk *nt*

**uso** ['uso] *m* ① (*utilización*) Benutzung *f,*

U

Gebrauch *m;* (*de palabras, libros*) Verwendung *f;* (*de labia, persuasión*) Aufwendung *f;* (*de técnica, fuerza*) Anwendung *f;* ~ **ilegal** Missbrauch *m;* **de ~ externo** zur äußerlichen Anwendung; **hacer ~ de algo** etw benutzen; **hacer ~ de la palabra** das Wort ergreifen; **una expresión de ~ corriente** ein geläufiger Ausdruck; **tener muchos ~s** vielseitig verwendbar sein; **en buen ~** (*fam*) in gutem Zustand; **desde que tengo ~ de razón...** seit meiner frühesten Kindheit ...; **estar en pleno ~ de sus facultades** voll zurechnungsfähig sein ② (*moda*) Mode *f* ③ (*costumbre*) Brauch *m;* **métodos al ~** übliche Methoden; **estar en/fuera de ~** üblich/unüblich sein

**usted** [us'te^ð] *pron* Sie; **~es** (*en España*) Sie; (*Am: vosotros*) ihr; **tratar de ~ a alguien** jdn siezen; **¡gracias! – ¡a ~!** danke! – ich habe zu danken!

**usual** [usu'al] *adj* ① (*de siempre*) üblich ② (*común*) gebräuchlich ③ (*tradicional*) herkömmlich

**usuario, -a** [usu'arjo, -a] *m, f* Benutzer(in) *m(f);* (INFOR) Anwender(in) *m(f)*

**usufructo** [usu'frukto] *m* (JUR) Nießbrauch *m*

**usufructuario, -a** [usufruktu'arjo, -a] *m, f* Nutznießer(in) *m(f)*

**usura** [u'sura] *f* Wucher *m;* **pagar con ~ un favor** sich mehr als angemessen für einen Gefallen revanchieren

**usurario, -a** [usu'rarjo, -a] *adj* wucherisch

**usurero, -a** [usu'rero, -a] *m, f* Wucherer, -in *m, f*

**usurpación** [usurpa'θjon] *f* widerrechtliche Anmaßung *f;* **~ de atribuciones** Amtsanmaßung *f*

**usurpador(a)** [usurpa'ðor(a)] **I.** *adj* usurpatorisch **II.** *m(f)* Usurpator(in) *m(f)*

**usurpar** [usur'par] *vt* an sich reißen; (*derecho*) sich *dat* anmaßen

**utensilio** [uten'siljo] *m* Gerät *nt;* (*herramienta*) Werkzeug *nt;* **~s de pintor** Malutensilien *pl*

**uterino, -a** [ute'rino, -a] *adj* (ANAT) Gebärmutter-; (MED) uterin; **furor ~** Nymphomanie *f;* **hermano ~** Halbbruder mütterlicherseits

**útero** ['utero] *m* Gebärmutter *f*

**útil** ['util] **I.** *adj* ① (*objeto*) nützlich, brauchbar; **¿en qué puedo serle ~?** wie kann ich Ihnen behilflich sein? ② (*persona*) geeignet; **ser declarado ~** (MIL) für (wehrdienst)tauglich befunden werden ③ (*ayuda*) wertvoll ④ (*inversión*) nutzbringend ⑤ (*loc*): **día ~** Arbeitstag *m* **II.** *mpl* Geräte *ntpl*

**utilidad** [utili'ða^ð] *f* ① (*de objeto*) Brauchbarkeit *f,* Nützlichkeit *f;* **ser de ~** nützlich sein ② (*de persona*) Tauglichkeit *f* ③ (*de inversión*) Nutzen *m* ④ (INFOR) Hilfsprogramm *nt*

**utilitario¹** [utili'tarjo] *m* Nutzfahrzeug *nt*

**utilitario, -a²** [utili'tarjo, -a] *adj* (*persona, punto de vista*) utilitaristisch; (*objetivo*) utilitär; **pensamiento ~** Nützlichkeitsdenken *nt*

**utilitarismo** [utilita'rismo] *m* (FILOS) Utilitarismus *m*

**utilizable** [utili'θaβle] *adj* benutzbar; (*terreno*) nutzbar; (*calle*) befahrbar; (*restos*) verwertbar

**utilización** [utiliθa'θjon] *f* Benutzung *f,* Gebrauch *m;* (*de un derecho*) Inanspruchnahme *f;* (*de una persona*) Ausnutzung *f;* (*de restos*) Verwertung *f*

**utilizar** [utili'θar] <z→c> *vt, vr:* **~se** benutzen, gebrauchen; (*derecho, hospitalidad*) in Anspruch nehmen; (*tiempo*) nutzen; (*a alguien*) ausnutzen; (*terreno, instalación*) nutzbar machen; (*restos*) verwerten

**utillaje** [uti'ʎaxe] *m* Ausrüstung *f*

**utopía** [uto'pia] *f* Utopie *f*

**utópico, -a** [u'topiko, -a] *adj* utopisch

**uva** ['uβa] *f* Traube *f;* **~ pasa** Rosine *f;* **estar de mala ~** schlecht gelaunt sein; **tener mala ~** übel gesinnt sein; **de ~s a peras** alle Jubeljahre (mal)

**i Land & Leute**

An Silvester ist es in Spanien üblich, genau zwölf Sekunden vor Mitternacht mit jeder *campanada – Glockenschlag,* die im Sekundenabstand im Fernsehen zu hören ist, eine weiße **uva** – *Weintraube* zu essen. Dieser Brauch soll im Neuen Jahr Glück bringen.

**uve** ['uβe] *f* V *nt;* **~ doble** W *nt*

**UVI** ['uβi] *f abr de* **Unidad de Vigilancia Intensiva** Intensivstation *f*

**úvula** ['uβula] *f* Zäpfchen *nt*

**uvular** [uβu'lar] *adj* ① (*de la úvula*) Zäpfchen- ② (LING) uvular

**uxoricida** [u^ɣsori'θiða] *m* Gattenmörder *m*

**Uzbekistán** [uθβekis'tan] *m* Usbekistan *nt*

**uzbeko, -a** [uθ'βeko, -a] **I.** *adj* usbekisch **II.** *m, f* Usbeke, -in *m, f*

**Uzbequistán** [uθβekis'tan] *m* Usbekistan

# V v

**V, v** ['uβe] *f* V, v *nt;* ~ **de Valencia** V wie Viktor

**vaca** ['baka] *f* ① (ZOOL) Kuh *f;* ~ **marina** Seekuh *f;* ~ **de San Antón** Marienkäfer *m;* **síndrome de las ~s locas** Rinderwahnsinn *m;* **~s gordas/flacas** (*fig*) gute/schlechte Zeiten ② (*carne*) Rindfleisch *nt* ③ (*cuero*) Rind(s)leder *nt*

**vacaciones** [baka'θjones] *fpl* (*del trabajo*) Urlaub *m;* (*de la escuela*) Ferien *pl;* **estar de** ~ im Urlaub sein; **irse de ~ a Tenerife** auf Teneriffa Urlaub machen

**vacante** [ba'kaṇte] **I.** *adj* frei **II.** *f* freie Stelle *f*

**vacar** [ba'kar] <c→qu> *vi* ① (*cargo: quedar vacante*) frei werden; (*estar vacante*) unbesetzt sein ② (*alguien*) vorübergehend aussetzen

**vaciado** [baθi'aðo] *m* ① (*molde*) Abguss *m* ② (*ahuecamiento*) Entleeren *nt*

**vaciar** [baθi'ar] <*1. pres:* vacío> *vt* ① (*dejar vacío*) leeren; (*habitación, mueble*) ausräumen; (*dejar sin gente*) räumen; ~ **con bomba de agua** leer pumpen ② (*verter*) ausleeren ③ (*hueco*) aushöhlen ④ (*escultura*) gießen ⑤ (*afilar*) schleifen

**vaciedad** [baθje'ða$^{d}$] *f sin pl* (*fig*) Albernheit *f*

**vacilación** [baθila'θjon] *f* (*duda*) Zögern *nt;* (*irresolución*) Unschlüssigkeit *f;* **sin vacilaciones** ohne zu zögern

**vacilante** [baθi'laṇte] *adj* (*indeciso*) unschlüssig; (*no firme*) wackelig; (*voz*) zittrig; (*pasos*) unsicher

**vacilar** [baθi'lar] *vi* ① (*balancearse*) schwanken; (*borracho*) taumeln; (*llama*) flackern ② (*dudar*) zögern ③ (*argot: tomar el pelo*) an der Nase herumführen; **no me vaciles** erzähl mir keine Märchen

**vacío**[1] [ba'θio] *m sin pl* ① (*espacio, ausencia*) Leere *f;* (FÍS) Vakuum *nt;* (*hueco*) Lücke *f;* (*abismo*) Abgrund *m;* ~ **legal** Gesetzeslücke *f;* ~ **de poder** Machtvakuum *nt;* **hacer el** ~ (FÍS) ein Vakuum herstellen; **hacer el ~ a alguien** jdm aus dem Weg gehen; **la propuesta cayó en el** ~ der Vorschlag fand keinen Anklang ② (ANAT) Weiche *f*

**vacío, -a**[2] [ba'θio, -a] *adj* ① (*sin contenido, gente*) leer; (*hueco*) hohl; **envasado al** ~ vakuumverpackt; **peso en** ~ Leergewicht *nt;* **volví de** ~ (*fig*) ich kam zurück, ohne etwas erreicht zu haben ② (*insustancial*) inhaltslos; (*superficial*) oberflächlich

**vacuidad** [bakwi'ða$^{d}$] *f sin pl* Leere *f*

**vacuna** [ba'kuna] *f* ① (*substancia*) Impfstoff *m;* ~ **anticolérica** Choleraimpfstoff *m* ② (*vacunación*) Impfung *f;* ~ **antirrábica** Tollwutimpfung *f;* **eso te servirá de** ~ (*fig*) das wird dir eine Lehre sein ③ (*de las vacas*) Kuhpocken *fpl*

**vacunación** [bakuna'θjon] *f* Impfung *f;* **cartilla de** ~ Impfpass *m*

**vacunar** [baku'nar] **I.** *vt* impfen **II.** *vr:* **~se** sich impfen lassen

**vacuno**[1] [ba'kuno] *m* Rind *nt*

**vacuno, -a**[2] [ba'kuno, -a] *adj* Rind(er)-; (**carne de**) ~ Rindfleisch *nt;* **ganado** ~ Rinder *ntpl*

**vacuo, -a** ['bakwo, -a] *adj* leer

**vade** ['baðe] *m* Schulmappe *f*

**vadeable** [baðe'aβle] *adj* ① (*río*) seicht ② (*dificultad*) überwindbar

**vadear** [baðe'ar] *vt* ① (*río*) durchwaten ② (*dificultad*) überwinden

**vado** ['baðo] *m* ① (*río*) Furt *f;* **tentar el** ~ das Wasser ausloten ② (*loc*): ~ **permanente** Halteverbot *nt*

**vagabundear** [baɣaβuṇde'ar] *vi* vagabundieren

**vagabundo, -a** [baɣa'βuṇdo, -a] **I.** *adj* vagabundierend; (*perro*) streunend; (*fig*) rastlos **II.** *m, f* Landstreicher(in) *m(f)*

**vagancia** [ba'ɣaṇθja] *f sin pl* Faulheit *f*

**vagar** [ba'ɣar] **I.** *vi* <g→gu> ① (*vagabundear*) vagabundieren; (*errar*) umherirren ② (*descansar*) faulenzen **II.** *m* Muße *f*

**vagido** [ba'xiðo] *m* Schreien *nt* (*eines Neugeborenen*)

**vagina** [ba'xina] *f* Scheide *f*

**vaginal** [baxi'nal] *adj* (ANAT) vaginal; **tiene una infección** ~ sie hat eine Scheideninfektion

**vago, -a** ['baɣo, -a] **I.** *adj* ① (*perezoso*) faul ② (*impreciso*) vage ③ (*vagante*) vagabundierend; (*errante*) umherirrend **II.** *m, f* ① (*vagabundo*) Landstreicher(in) *m(f)* ② (*holgazán*) Faulpelz *m;* **hacer el** ~ faulenzen

**vagón** [ba'ɣon] *m* Wagen *m;* (*mercancías t.*) Waggon *m;* ~ **cisterna** Tankwagen *m;* ~ **restaurante** Speisewagen *m*

**vagoneta** [baɣo'neta] *f* (*t.* MIN) Lore *f*

**vaguada** [ba'ɣwaða] *f* (Tal)sohle *f*

**vaguear** [baɣe'ar] *vi* ① (*holgazanear*) faulenzen ② (*vagar*) sich herumtreiben

**vaguedad** [baɣe'ða$^{d}$] *f* ① (*imprecisión*) Unklarheit *f* ② (*palabras*) vages Gerede *nt*

**vaharada** [ba(a)'raða] *f* ① (*aliento*) Atem *m* ② (*vapor*) (Dunst)wolke *f;* (*olor*) (Duft)wolke *f*

V

**vahear** [bae'ar] *vi* dampfen; **te habrás quedado vaheando** (*irón*) da musstest du ja ganz schön deinen Grips anstrengen

**vahído** [ba'iðo] *m* Ohnmacht *f;* **me dio un ~** mir wurde schwind(e)lig

**vaho** ['bao] *m* ❶ (*vapor*) Dampf *m* ❷ (*aliento*) Atem *m* ❸ *pl* Inhalation *f*

**vaina¹** ['bai̯na] *f* ❶ (*de la espada*) Scheide *f* ❷ (BOT) Hülse *f*

**vaina²** ['bai̯na] *m* (*pey*) Idiot *m*

**vainilla** [bai̯'niʎa] *f* Vanille *f;* **~ azucarada** Vanillezucker *m*

**vaivén** [bai̯'βen] *m* (*horizontal*) Hin und Her *nt;* (*vertical*) Auf und Ab *nt;* (*balanceo*) Wiegen *nt;* (*sacudida*) Rütteln *nt*

**vajilla** [ba'xiʎa] *f* Geschirr *nt*

**vale** ['bale] *m* Gutschein *m;* (FIN) Gutschrift *f*

**valedero, -a** [bale'ðero, -a] *adj* (*válido*) gültig; (*vigente*) geltend; **ser ~ por seis meses** sechs Monate gültig sein

**valedor(a)** [bale'ðor(a)] *m(f)* (*que protege*) Beschützer(in) *m(f);* (*que favorece*) Gönner(in) *m(f)*

**valencia** [ba'leṇθja] *f* Valenz *f*

**valenciano, -a** [baleṇ'θjano, -a] **I.** *adj* aus Valencia **II.** *m, f* Valencianer(in) *m(f)*

**valentía** [baleṇ'tia] *f* ❶ (*valor*) Mut *m* ❷ (*hazaña*) Heldentat *f*

**valentón, -ona** [baleṇ'ton, -ona] **I.** *adj* (*pey*) angeberisch **II.** *m, f* (*pey*) Großmaul *nt*

**valer** [ba'ler] *irr* **I.** *vt* ❶ (*costar*) kosten; **vale tanto oro como pesa** (*fig: cosa*) es ist sein Gewicht in Gold wert; (*persona*) er/sie ist ein Goldstück ❷ (*funcionar*) nutzen; **esta vez no te valdrán tus excusas** diesmal werden dir deine Entschuldigungen nichts nützen; **yo no sé para qué vale este trasto** ich weiß nicht, wofür dieses Ding gut sein soll ❸ (*equivaler*) entsprechen *+dat* ❹ (*producir*) einbringen ❺ (*proteger*) (be)schützen; **¡válgame Dios!** (ach) du meine Güte! ❻ (*loc*): **¡vale!** in Ordnung!; **¡vale ya!** jetzt ist's (aber) genug!; **... valga la expresión ...** wenn ich das so sagen darf; **vale la pena ver la película** es lohnt sich, den Film anzuschauen; **vale más que te olvides de él** am besten vergisst du ihn; **hacer ~ sus derechos** seine Rechte geltend machen; **más vale un pájaro en mano que ciento volando** (*prov*) besser ein Spatz in der Hand als eine Taube auf dem Dach; **más vale tarde que nunca** (*prov*) besser spät als nie **II.** *vi* ❶ (*ropa*) passen ❷ (*tener validez*) gültig sein; **no ~** ungültig sein ❸ (*tener mérito*) (etwas) taugen; **~ poco/nada** wenig/nichts taugen ❹ (*estar permitido*) erlaubt sein; **¡eso no vale!** das gilt nicht! **III.** *vr:* **~se** ❶ (*servirse*) zurückgreifen (*de* auf *+akk*); **~se de los servicios de alguien** jds Dienste in Anspruch nehmen; **~se de sus contactos** seine Beziehungen spielen lassen ❷ (*desenvolverse*) zurechtkommen; **ya no poder ~se** nicht mehr alleine zurechtkommen

**valeriana** [bale'rjana] *f* Baldrian *m*

**valeroso, -a** [bale'roso, -a] *adj* mutig

**valía** [ba'lia] *f sin pl* Wert *m*

**validación** [baliða'θjon] *f* ❶ (*acción de validar*) Gültigmachung *f* ❷ (*validez*) Gültigkeit *f*

**validar** [bali'ðar] *vt* gültig machen

**validez** [bali'ðeθ] *f sin pl* Gültigkeit *f;* **periodo de ~** Geltungsdauer *f;* **dar ~ a algo** etw *dat* Gültigkeit verleihen; **tener ~** gültig sein; (*ley*) in Kraft sein; **no tener ~** ungültig sein; (*ley*) außer Kraft sein

**válido, -a** ['baliðo, -a] *adj* gültig; **no ser ~** ungültig sein

**valiente** [ba'ljeṇte] *adj* mutig; **¡~ amigo tienes que...!** (*irón*) ein schöner Freund ist das, der ...!

**valija** [ba'lixa] *f* Handkoffer *m;* (*del cartero*) Posttasche *f*

**valioso, -a** [ba'ljoso, -a] *adj* wertvoll

**valla** ['baʎa] *f* ❶ (*tapia*) Zaun *m;* (*barrera*) Absperrung *f;* (*defensa*) Schutzwall *m* ❷ (*publicitaria*) Plakatwand *f* ❸ (DEP) Hürde *f*

**valladar** [baʎa'ðar] *m* Wall *m*

**vallado** [ba'ʎaðo] *m* Zaun *m*

**vallar** [ba'ʎar] *vt* einzäunen; **~ con un muro** mit einer Mauer umgeben

**valle** ['baʎe] *m* Tal *nt;* **~ de lágrimas** Jammertal *nt*

**vallisoletano, -a** [baʎisole'tano, -a] **I.** *adj* aus Valladolid **II.** *m, f* Einwohner(in) *m(f)* Valladolids

**vallunco, -a** [ba'ʎuŋko, -a] *adj* (*AmC*) ❶ (*rústico*) ländlich ❷ (*campesino*) bäuerlich

**valón¹** [ba'lon] *m* (*dialecto*) Wallonisch(e) *nt*

**valón, -ona²** [ba'lon, -ona] **I.** *adj* wallonisch **II.** *m, f* Wallone, -in *m, f*

**valor** [ba'lor] *m* ❶ (*valentía*) Mut *m;* **~ cívico** Zivilcourage *f;* **armarse de ~** Mut fassen ❷ (*desvergüenza*) Frechheit *f* ❸ (*valía, t.* COM, MÚS) Wert *m;* (*cuantía*) Geldbetrag *m;* (*significado*) Bedeutung *f;* **~ actual** Istwert *m;* **~ nutritivo** Nährwert *m* ❹ *pl* (FIN) Wertpapiere *ntpl;* **~es bursátiles** Börsenpapiere *ntpl;* **~es declarados** Wertsendung *f*

**valoración** [balora'θjon] *f* Bewertung *f;* (*del precio*) Schätzung *f;* (*análisis*) Auswertung *f*

**valorar** [balo'rar] *vt* schätzen (*en* auf +*akk*); **valoro muchísimo tu generosidad** ich weiß deine Großzügigkeit sehr zu schätzen

**valorización** [baloriθa'θjon] *f v.* **valoración**

**valorizar** [balori'θar] <z→c> *vt v.* **valorar**

**vals** [bals] *m* (MÚS) Walzer *m*

**valsar** [bal'sar] *vi* Walzer tanzen

**valse** ['balse] *m* (*Am*) *v.* **vals**

**valuar** [balu'ar] <*1. pres:* valúo> *vt* schätzen (*en* auf +*akk*)

**valva** ['balβa] *f* Schale *f*

**válvula** ['balβula] *f* ❶ (ANAT) Klappe *f* ❷ (TÉC) Ventil *nt*

**vampiresa** [bampi'resa] *f* Vamp *m*

**vampirismo** [bampi'rismo] *m* ❶ (*creencia*) Vampirglauben *m* ❷ (*codicia excesiva*) übertriebene Habsucht *f*

**vampiro** [bam'piro] *m* Vampir *m;* (*fig*) Blutsauger *m*

**vanagloria** [bana'ɣlorja] *f sin pl* Eitelkeit *f*

**vanagloriarse** [banaɣlo'rjarse] *vr* prahlen (*de* mit +*dat*)

**vanaglorioso**, **-a** [banaɣlo'rjoso, -a] *adj* eingebildet

**vanamente** [bana'men̪te] *adv* vergeblich

**vandálico**, **-a** [ban̪'daliko, -a] *adj* wandalisch; **los hinchas cometieron actos ~s** die Fans führten sich auf wie die Wandalen

**vandalismo** [ban̪da'lismo] *m sin pl* Vandalismus *m*

**vándalo**, **-a** ['ban̪dalo, -a] **I.** *adj* vandalisch **II.** *m, f* Vandale, -in *m, f*

**vanguardia** [baŋ'gwarðja] *f* ❶ (MIL) Vorhut *f* ❷ (*movimiento*) Avantgarde *f;* (POL) Vorkämpfer *mpl;* **de ~** avantgardistisch

**vanguardismo** [baŋgwar'ðismo] *m sin pl* Avantgardismus *m*

**vanguardista** [baŋgwar'ðista] **I.** *adj* avantgardistisch **II.** *mf* Avantgardist(in) *m(f);* (*fig*) Pionier(in) *m(f)*

**vanidad** [bani'ðað] *f* ❶ (*presunción*) Eitelkeit *f* ❷ (*caducidad*) Vergänglichkeit *f*

**vanidoso**, **-a** [bani'ðoso, -a] *adj* eingebildet

**vano**[1] ['bano] *m* (ARQUIT) Öffnung *f*

**vano**, **-a**[2] ['bano, -a] *adj* ❶ (*ineficaz*) vergeblich ❷ (*infundado*) unbegründet; **es una vana ilusión** das ist nur eine Illusion

**vánova** ['banoβa] *f* (*Arg*) Bettdecke *f*

**vapor** [ba'por] *m* (*vaho*) Dampf *m;* (**barco de**) ~ Dampfer *m;* **cocer al ~** dünsten

**vaporización** [baporiθa'θjon] *f* ❶ (*evaporación*) Verdampfung *f* ❷ (*pulverización*) Zerstäubung *f*

**vaporizador** [baporiθa'ðor] *m* (*perfume*) Zerstäuber *m*

**vaporizar** [bapori'θar] <z→c> **I.** *vt* ❶ (*evaporar*) verdunsten (lassen) ❷ (*perfume*) zerstäuben **II.** *vr:* **~se** verdunsten

**vaporoso**, **-a** [bapo'roso, -a] *adj* ❶ (*tela*) leicht, luftig ❷ (*humeante*) dampfend

**vapulear** [bapule'ar] *vt* ❶ (*zurrar*) prügeln; (*zarandear*) schütteln ❷ (*criticar*) scharf kritisieren

**vapuleo** [bapu'leo] *m* Tracht *f* Prügel

**vaquería** [bake'ria] *f* (*explotación*) Kuhstall *m;* (*lechería*) Milchverkaufsstelle *f*

**vaquero**, **-a** [ba'kero, -a] **I.** *adj* Viehhirten- **II.** *m, f* Viehhirt(in) *m(f);* (*norteamericano*) Cowboy *m;* (*sudamericano*) Gaucho *m*

**vaquero(s)** [ba'kero(s)] *m(pl)* Jeans *f(pl)*

**vaqueta** [ba'keta] *f* Rind(s)leder *nt*

**vaquilla** [ba'kiʎa] *f* junge Kuh *f* (*anderthalb bis zwei Jahre alt*); **suelta de ~s** Stierkampf mit Jungtieren

**vara** ['bara] *f* ❶ (*rama*) Rute *f;* (*palo*) Stab *m* ❷ (*medida*) Elle *f;* **meterse en camisa de once ~s** (*fig*) sich in fremde Angelegenheiten mischen ❸ (ADMIN) Stab *m;* **tener alta ~** einflussreich sein; **doblar la ~ de la justicia** das Recht beugen

**varadero** [bara'ðero] *m* Stapel *m*

**varado**, **-a** [ba'raðo, -a] *adj* (*anclado*) verankert

**varal** [ba'ral] *m* Stange *f;* (*de un carro*) Deichsel *f*

**varapalo** [bara'palo] *m* ❶ (*rapapolvo*) Schimpfkanonade *f* ❷ (*golpe*) Schlag *m;* (*paliza*) Tracht *f* Prügel; **dar un ~ a alguien** jdn verprügeln ❸ (*palo*) Stock *m*

**varar** [ba'rar] **I.** *vi* ❶ (*encallar*) stranden; (*fig*) stecken bleiben ❷ (*Am: coche*) eine Panne haben **II.** *vt* an Land ziehen

**varear** [bare'ar] *vt* ❶ (*fruta*) (vom Baum) abschlagen ❷ (*lana*) klopfen

**varga** ['barɣa] *f* ❶ (*pez*) Seeaal *m* ❷ (*pendiente*) steilste Stelle *f*

**variabilidad** [barjaβili'ðað] *f* Veränderlichkeit *f*

**variable** [ba'rjaβle] **I.** *adj* veränderlich; (*carácter*) unstet **II.** *f* (MAT) Variable *f*

**variación** [barja'θjon] *f* ❶ (MAT, MÚS) Variation *f* ❷ (*cambio*) (Ver)änderung *f;* (*oscilación*) Schwankung *f*

**variado**, **-a** [ba'rjaðo, -a] *adj* (*no siempre igual*) abwechslungsreich; (*distinto*) verschieden, unterschiedlich; (*colores*) bunt

**variante** [ba'rjan̪te] *f* ❶ (*variedad*) Variante *f;* (*versión*) Version *f* ❷ (*diferencia*) Unterschied *m* ❸ (*carretera*) Umgehungsstraße *f*

**variar** [bari'ar] <*1. pres:* varío> **I.** *vi* ❶ (*mo-*

*dificarse*) wechseln; (*t.* MÚS) variieren ❷ (*ser distinto*) sich unterscheiden ❸ (*cambiar*) ändern; ~ **de comida** abwechslungsreich kochen; ~ **de peinado** die Haare anders tragen **II.** *vt* ❶ (*cambiar*) (ver)ändern ❷ (*dar variedad*) variieren; **y para ~...** und zur Abwechslung ...

**varicela** [bari'θela] *f sin pl* Windpocken *pl*

**variedad** [barje'ðaᶞ] *f* ❶ (*clase*) Sorte *f* ❷ (*pluralidad*) Vielfalt *f*; **una gran ~ de ofertas** ein breites Angebot; **en la ~ está el gusto** Abwechslung muss sein ❸ *pl* (*espectáculo*) Varietee *nt*

**varilla** [ba'riʎa] *f* ❶ *dim de* **vara** ❷ (*de un paraguas*) Schirmstab *m*; (*de un abanico*) Fächerstab *m*

**vario**, **-a** ['barjo, -a] *adj* ❶ (*diferente*) verschieden ❷ *pl* (*algunos*) einige; **varias veces** mehrmals

**variopinto**, **-a** [barjo'piṇto, -a] *adj* ❶ (*de colores*) bunt ❷ (*mezclado*) gemischt

**variz** [ba'riθ] *f* Krampfader *f*

**varón** [ba'ron] *m* ❶ (*hombre*) Mann *m*; (*niño*) Junge *m* ❷ (NÁUT) Ruderkette *f*

**varonil** [baro'nil] *adj* männlich; **voz ~** Männerstimme *f*

**Varsovia** [bar'soβja] *f* Warschau *nt*

**vasallo**, **-a** [ba'saʎo, -a] *m, f* Vasall *m*

**vasco**, **-a** ['basko, -a] **I.** *adj* baskisch; **País V~** Baskenland *nt* **II.** *m, f* Baske, -in *m, f*

**Vascongadas** [baskoŋ'gaðas] *fpl* ≈Baskenland *nt*

**vascongado**, **-a** [baskoŋ'gaðo, -a] **I.** *adj* baskisch **II.** *m, f* Baske, -in *m, f*

**vascuence** [bas'kweṇθe] *m* ❶ (*lengua*) Baskisch(e) *nt* ❷ (*fam: ininteligible*) Chinesisch *nt*

**vascular** [basku'lar] *adj* (ANAT) Gefäß-; **sistema ~** Gefäßsystem *nt*

**vaselina** [base'lina] *f* Vaseline *f*

**vasija** [ba'sixa] *f* (*recipiente*) Gefäß *nt*

**vaso** ['baso] *m* ❶ (*recipiente*) Glas *nt*; **~ de papel** (Papp)becher *m*; **un ~ de agua** ein Glas Wasser ❷ (ANAT) Gefäß *nt*

**vástago** ['bastaɣo] *m* ❶ (BOT) Trieb *m* ❷ (*fig: hijo*) Sohn *m* ❸ (TÉC) Schaft *m*

**vastedad** [baste'ðaᶞ] *f sin pl* Weite *f*

**vasto**, **-a** ['basto, -a] *adj* weit; (*saber*) umfassend; (*conocimientos*) weit reichend

**vate** ['bate] *m* ❶ (*adivino*) Wahrsager *m* ❷ (*poeta*) Dichter *m*

**váter** ['bater] *m* WC *nt*

**vaticano**, **-a** [bati'kano, -a] *adj* vatikanisch

**Vaticano** [bati'kano] *m* Vatikan *m*; **la Ciudad del ~** die Vatikanstadt

**vaticinador(a)** [batiθina'ðor(a)] *m(f)* Wahrsager(in) *m(f)*

**vaticinar** [batiθi'nar] *vt* prophezeien

**vaticinio** [bati'θinjo] *m* Prophezeiung *f*

**vatio** ['batjo] *m* Watt *nt*; **una bombilla de 100 ~s** eine 100-Watt-Glühbirne

**Vd.** [us'teᶞ] *pron pers abr de* **usted** Sie

**vda.** ['bjuða] *abr de* **viuda** Wwe.

**V.E.** ['bwestra esθe'leṇθja] *abr de* **Vuestra Excelencia** S.E.

**vecinal** [beθi'nal] *adj* Gemeinde-

**vecindad** [beθiṇ'daᶞ] *f* Nachbarschaft *f*; **chisme de ~** (*fam*) Klatsch *m*

**vecindario** [beθiṇ'darjo] *m* ❶ (*vecindad*) Nachbarn *mpl*; (*ciudadanos*) Bürger *mpl*; (*comunidad*) Gemeinde *f* ❷ (*padrón*) Melderegister *nt*

**vecino**, **-a** [be'θino, -a] **I.** *adj* benachbart (*de* mit +*dat*); (*cercano*) nahe; **pueblo ~** Nachbardorf *nt* **II.** *m, f* ❶ (*que vive cerca*) Nachbar(in) *m(f)*; **hijo de ~** (*fam*) jedermann ❷ (*habitante*) Bewohner(in) *m(f)*; **José García, ~ de Villavieja** José García, wohnhaft in Villavieja

**vector** [bek'tor] *m* Vektor *m*

**vectorial** [bekto'rjal] *adj* (MAT) vektoriell; **cálculo ~** Vektorrechnung *f*

**veda** ['beða] *f* (*prohibición*) Verbot *nt*; (*temporada*) Schonzeit *f*; **levantar la ~ de animales de caza** Wild zum Abschuss freigeben

**vedado** [be'ðaðo] *m* Sperrgebiet *nt*; **~ de caza** Jagdrevier *nt*

**vedar** [be'ðar] *vt* verbieten

**vedette** [be'ðeᵗ/be'ðete] *f* Diva *f*

**vedija** [be'ðixa] *f* (*de lana*) Wollflocke *f*; (*de pelo*) Haarbüschel *nt*

**vega** ['beɣa] *f* ❶ (*de un río*) (Fluss)aue *f* ❷ (*Cuba: tabacal*) Tabakpflanzung *f* ❸ (*Chil: terreno pantanoso*) Sumpfgebiet *nt*

**vegetación** [bexeta'θjon] *f* ❶ (BOT) Vegetation *f* ❷ *pl* (ANAT) Wucherungen *fpl*

**vegetal** [bexe'tal] **I.** *adj* pflanzlich; **aceite ~** Pflanzenöl *nt*; **carbón ~** Holzkohle *f* **II.** *m* (BOT) Pflanze *f*

**vegetar** [bexe'tar] *vi* ❶ (BOT) wachsen ❷ (*enfermo*) dahinvegetieren ❸ (*pey: persona*) vegetieren

**vegetariano**, **-a** [bexeta'rjano, -a] **I.** *adj* vegetarisch **II.** *m, f* Vegetarier(in) *m(f)*

**vegetativo**, **-a** [bexeta'tiβo, -a] *adj* ❶ (BOT) pflanzlich ❷ (MED) vegetativ; **sistema nervioso ~** vegetatives Nervensystem

**vehemencia** [be(e)'meṇθja] *f sin pl* ❶ (*ímpetu*) Nachdruck *m* ❷ (*entusiasmo*) Begeisterung *f*

**vehemente** [be(e)'meṇte] *adj* ❶ (*impetuoso*) vehement ❷ (*ardiente*) leidenschaftlich ❸ (*persona*) gefühlsbetont

**vehículo** [be'ikulo] *m* ❶ (*transporte*) Fahrzeug *nt;* ~ **industrial** Nutzfahrzeug *nt;* ~ **de motor** Kraftfahrzeug *nt* ❷ (*medio*) Mittel *nt;* (MED) Überträger *m*

**veinte** ['bei̯n̪te] *adj inv* zwanzig; *v. t.* **ochenta**

**veintena** [bei̯n̪'tena] *f* (*unidades*) zwanzig Stück *nt;* (*años*) zwanzig Jahre *ntpl;* (*días*) zwanzig Tage *mpl;* **una ~ de** zwanzig; (*aproximadamente*) um die zwanzig

**veinticinco** [bei̯n̪ti'θiŋko] **I.** *adj* fünfundzwanzig **II.** *m* Fünfundzwanzig *f; v. t.* **ochenta**

**veinticuatro** [bei̯n̪ti'kwatro] **I.** *adj* vierundzwanzig **II.** *m* Vierundzwanzig *f; v. t.* **ochenta**

**veintidós** [bei̯n̪ti'ðos] **I.** *adj* zweiundzwanzig **II.** *m* Zweiundzwanzig *f; v. t.* **ochenta**

**veintinueve** [bei̯n̪ti'nweβe] **I.** *adj* neunundzwanzig **II.** *m* Neunundzwanzig *f; v. t.* **ochenta**

**veintiocho** [bei̯n̪ti'otʃo] **I.** *adj* achtundzwanzig **II.** *m* Achtundzwanzig *f; v. t.* **ochenta**

**veintiséis** [bei̯n̪ti'sei̯s] **I.** *adj* sechsundzwanzig **II.** *m* Sechsundzwanzig *f; v. t.* **ochenta**

**veintisiete** [bei̯n̪ti'sjete] **I.** *adj* siebenundzwanzig **II.** *m* Siebenundzwanzig *f; v. t.* **ochenta**

**veintitantos** [bei̯n̪ti'tan̪tos] *adj inv* über zwanzig

**veintitrés** [bei̯n̪ti'tres] **I.** *adj* dreiundzwanzig **II.** *m* Dreiundzwanzig *f; v. t.* **ochenta**

**veintiuno, -a** [bei̯n̪'tjuno, -a] *adj* (*delante de un substantivo: veintiún*) einundzwanzig; **el ~ de abril** der/am 21. April; *v. t.* **ochenta**

**vejación** [bexa'θjon] *f*, **vejamen** [be'xamen] *m* Schikane *f*

**vejar** [be'xar] *vt* schikanieren

**vejatorio, -a** [bexa'torjo, -a] *adj* demütigend

**vejestorio, -a** [bexes'torjo, -a] *m, f* (*pey*) alter Knacker *m,* alte Frau *f*

**vejete** [be'xete] *m* (*fam*) Alte(r) *m*

**vejez** [be'xeθ] *f sin pl* (*ancianidad*) Alter *nt;* (*envejecimiento*) Altern *nt;* **pasar su ~ en Mallorca** seinen Lebensabend auf Mallorca verbringen; **a la ~, viruelas** (*prov*) Alter schützt vor Torheit nicht

**vejiga** [be'xiɣa] *f* Blase *f;* **se me levantaron ~s en los pies** ich hatte Blasen an den Füßen

**vela** ['bela] *f* ❶ (*luz*) Kerze *f;* **estaba derecho como una ~** (*fig*) er stand kerzengerade; **se está acabando la ~** die Kerze geht aus; **¿a ti quién te ha dado ~ en este entierro?** (*fig*) wer hat dich hierher bestellt?; **estar a dos ~s** (*fig*) arm wie eine Kirchenmaus sein; **poner una ~ a San Miguel y otra al diablo** auf zwei Hochzeiten zugleich tanzen ❷ (NÁUT) Segel *nt;* ~ **cuadra** Quersegel *nt;* ~ **mayor** Großsegel *nt;* **alzar ~s** Segel setzen; (*fig*) sich davonmachen; **a toda ~** mit vollen Segeln; (*fig*) mit vollem Einsatz; **ser un aficionado a la ~** gern segeln gehen; **recoger ~s** (*fig*) zurückweichen ❸ (*loc*): **pasar la noche en ~** die ganze Nacht kein Auge zutun

**velación** [bela'θjon] *f* (*de un difunto*) Totenwache *f*

**velada** [be'laða] *f* Abend *m;* (LIT, MÚS, TEAT) Soiree *f*

**velador** [bela'ðor] *m* ❶ (*mesita*) (rundes) Tischchen *nt* (*mit nur einem Fuß*) ❷ (*candelero*) Leuchter *m*

**veladora** [bela'ðora] *f* (*Am: vela*) Kerze *f*

**velamen** [be'lamen] *m* (NÁUT) Segelwerk *nt*

**velar** [be'lar] **I.** *vi* ❶ (*no dormir*) wachen; (*trabajar*) nachts arbeiten; (*estudiar*) nachts lernen ❷ (*cuidar*) wachen (*por* über +*dat*); ~ **bien por sus intereses** seine Interessen vertreten **II.** *vt* ❶ (*vigilar*) bewachen; ~ **al enfermo** am Krankenbett wachen; ~ **a un muerto** Totenwache halten ❷ (*cubrir, ocultar*) verschleiern **III.** *vr:* ~**se** sich verschleiern

**velatorio** [bela'torjo] *m* Totenwache *f*

**velcro®** ['belkro] *m* Klettverschluss *m*

**veleidad** [belei̯'ðaᵈ] *f* Wankelmut *m*

**veleidoso, -a** [belei̯'ðoso, -a] *adj* wankelmütig; (*caprichoso*) launisch

**velero** [be'lero] *m* Segelschiff *nt*

**veleta**[1] [be'leta] *f* (*banderilla*) Windfahne *f*

**veleta**[2] [be'leta] *mf* (*persona*) wankelmütiger Mensch *m*

**vello** ['beʎo] *m sin pl* ❶ (*corporal*) (Körper)behaarung *f;* ~ **de las axilas** Achselhaare *ntpl* ❷ (BOT) Flaumhaar *nt*

**vellón** [be'ʎon] *m* (*piel*) Vlies *nt*

**vellosidad** [beʎosi'ðaᵈ] *f sin pl* (Körper)haare *ntpl*

**velloso, -a** [be'ʎoso, -a] *adj* behaart

**velludo, -a** [be'ʎuðo, -a] *adj* stark behaart

**velo** ['belo] *m* ❶ (*tela, prenda*) Schleier *m;* **(des)correr el ~** (*fig*) den Schleier lüften; **corramos un tupido ~ sobre esa cuestión** lasst uns über all dies nicht mehr sprechen ❷ (ANAT): ~ **del paladar** Gaumensegel *nt*

**velocidad** [beloθi'ðaᵈ] *f* ❶ (*t.* FÍS, INFOR) Geschwindigkeit *f;* ~ **de crucero** Reisegeschwindigkeit *f;* ~ **de transferencia** [*o* **de transmisión**] **de datos** (INFOR) Datenübertragungsrate *f*, Datentransferrate *f*; **exceso de ~** überhöhte Geschwindigkeit; **a toda ~** (*fam*) sehr schnell ❷ (*marcha*) Gang *m*; **cambio de ~es** Gangschaltung *f*

**velocímetro** [belo'θimetro] *m* Tachometer *m o nt*

**velocista** [belo'θista] *mf* (DEP) Sprinter(in) *m(f)*

**velódromo** [be'loðromo] *m* Radrennbahn *f*

**velón** [be'lon] *m* (*lámpara*) Öllampe *f*

**velorio** [be'lorjo] *m* ❶ (*velatorio*) Totenwache *f* ❷ (*fiesta*) Fest *nt*

**veloz** [be'loθ] *adj* schnell; (*ágil*) flink; **raudo y ~** rasch

**vena** ['bena] *f* ❶ (ANAT) Ader *f*, Vene *f*; **~ yugular** Drosselvene *f* ❷ (BOT) Blattader *f* ❸ (*filón*) Erzader *f*; **~ de agua** Wasserader *f* ❹ (*inspiración*) Ader *f*

**venablo** [be'naβlo] *m* Jagdspieß *m*; **echar ~s** (*fig*) Gift und Galle speien

**venado** [be'naðo] *m* (*ciervo*) Hirsch *m*; (*caza mayor*) Hochwild *nt*

**venal** [be'nal] *adj* ❶ (ANAT) Ader- ❷ (*vendible*) käuflich ❸ (*sobornable*) bestechlich

**venalidad** [benali'ðaᵈ] *f sin pl* Bestechlichkeit *f*

**vencedor(a)** [beṇθe'ðor(a)] **I.** *adj* siegreich; **equipo ~** Siegermannschaft *f* **II.** *m(f)* Sieger(in) *m(f)*

**vencejo** [beṇ'θexo] *m* (ZOOL) Mauersegler *m*

**vencer** [beṇ'θer] <c→z> **I.** *vi* ❶ (*derrotar*) siegen; (*ganar*) gewinnen ❷ (*plazo*) ablaufen; (*cheque*) fällig werden **II.** *vt* ❶ (*enemigos*) besiegen; (*ganar*) schlagen; **¡no te dejes ~!** lass dich nicht unterkriegen!; **a la tercera va la vencida** (*prov*) aller guten Dinge sind drei ❷ (*obstáculo, sueño*) überwinden; (*dificultad*) meistern; **me venció el sueño** ich wurde vom Schlaf übermannt ❸ (*peso*) zu schwer sein (für +*akk*) **III.** *vr*: **~se** sich beherrschen

**vencimiento** [beṇθi'mjeṇto] *m* (COM) Fälligkeit *f*

**venda** ['beṇda] *f* (MED) Binde *f*; **tener una ~ en los ojos** die Augen verbunden haben; (*fig*) mit Blindheit geschlagen sein

**vendaje** [beṇ'daxe] *m* Verband *m*

**vendar** [beṇ'dar] *vt* verbinden

**vendaval** [beṇda'βal] *m* (*del sur*) Südwind *m*; (*del suroeste*) Südwestwind *m*; (*huracán*) Sturm *m*

**vendedor(a)** [beṇde'ðor(a)] *m(f)* Verkäufer(in) *m(f)*; (*comerciante*) Händler(in) *m(f)*; **~ ambulante** Straßenhändler *m*; **~ a domicilio** Vertreter *m*

**vender** [beṇ'der] **I.** *vt* verkaufen (*por/en/a* für +*akk*); (*bebidas*) ausschenken **II.** *vr*: **~se** ❶ (COM) verkauft werden; **se vende** zu verkaufen; **se ha vendido todo** es ist alles ausverkauft; **~se como rosquillas** (*fig*) wie warme Semmeln weggehen; **~se muy caro** (*fig*) sich sehr bitten lassen ❷ (*alguien*) sich verkaufen

**vendible** [beṇ'diβle] *adj* verkäuflich

**vendimia** [beṇ'dimja] *f* Weinlese *f*

**vendimiador(a)** [beṇdimja'ðor(a)] *m(f)* Arbeiter(in) *m(f)* bei der Weinlese

**vendimiar** [beṇdi'mjar] *vt* (ver)lesen

**Venecia** [be'neθja] *f* Venedig *nt*

**veneciano, -a** [bene'θjano, -a] **I.** *adj* venezianisch **II.** *m, f* Venezianer(in) *m(f)*

**veneno** [be'neno] *m* Gift *nt*

**venenoso, -a** [bene'noso, -a] *adj* giftig; **serpiente venenosa** Giftschlange *f*

**venera** [be'nera] *f* ❶ (*concha*) Jakobsmuschel *f* ❷ (*insignia*) Ritterkreuz *nt*; **no se te caerá la ~** (*fig*) es wird dir kein Zacken aus der Krone fallen ❸ (*manantial*) Wasserquelle *f*

**venerable** [bene'raβle] *adj* ehrwürdig

**veneración** [benera'θjon] *f sin pl* (*adoración*) Verehrung *f*; (*respeto*) Ehrfurcht *f*

**venerar** [bene'rar] *vt* verehren

**venéreo, -a** [be'nereo, -a] *adj* Geschlechts-

**venero** [be'nero] *m* ❶ (*manantial, t. fig*) Quelle *f* ❷ (*yacimiento*) Erzader *f*

**venezolano, -a** [beneθo'lano, -a] **I.** *adj* venezolanisch **II.** *m, f* Venezolaner(in) *m(f)*

**Venezuela** [bene'θwela] *f* Venezuela *nt*

**i Land & Leute**

**Venezuela** *f* (offiziell: *República de Venezuela*) grenzt im Norden sowohl an das Karibische Meer wie an den Atlantischen Ozean, im Osten an Guyana, im Süden an Brasilien und im Westen an Kolumbien. Die Hauptstadt heißt *Caracas*. Spanisch ist die offizielle Landessprache. Die Währungseinheit **Venezuelas** ist der *bolívar*.

**vengador(a)** [beŋga'ðor(a)] **I.** *adj* (*que se venga*) rächend; (*propenso a*) rachsüchtig **II.** *m(f)* Rächer(in) *m(f)*

**venganza** [beŋ'gaṇθa] *f* Rache *f*; **deseo de ~** Rachgier *f*

**vengar** [beŋ'gar] <g→gu> **I.** *vt* rächen; **~ la muerte de alguien** jdn rächen **II.** *vr*: **~se** sich rächen (*por* für +*akk*, *en* an +*dat*)

**vengativo, -a** [beŋga'tiβo, -a] *adj* ❶ (*vengador*) rachsüchtig ❷ (*rencoroso*) nachtragend

**venia** ['benja] *f sin pl* Erlaubnis *f*

**venial** [be'njal] *adj* (*pecado*) lässlich

**venida** [be'niða] *f* ❶ (*llegada*) Ankunft *f;* (*vuelta*) Rückkehr *f* ❷ (*de un río*) Hochwasser *nt*

**venidero**, **-a** [beni'ðero, -a] *adj* kommend

**venir** [be'nir] *irr* **I.** *vi* ❶ (*trasladarse*) kommen; (*llegar*) ankommen; **vengo (a) por la leche** ich komme die Milch holen; **el que venga detrás, que arree** (*fig*) nach mir die Sündflut ❷ (*ocurrir*) geschehen; **vino la guerra** es gab Krieg ❸ (*proceder*) herkommen; **el dinero me viene de mi padre** ich habe das Geld von meinem Vater; ~ **de una familia muy rica** aus einer sehr reichen Familie stammen ❹ (*idea, ganas*) überkommen; **me vinieron ganas de reír** ich verspürte Lust zu lachen; **no sé porqué me vino eso a la memoria** ich weiß nicht, warum mir das eingefallen ist ❺ (*tiempo*) kommen; (*seguir*) folgen; **el mes que viene** nächsten Monat; **ya viene la primavera** nun fängt schon der Frühling an ❻ (*figurar*) stehen ❼ (*prenda*) passen ❽ (*aproximadamente*): **vienen a ser unos 20 euros para cada uno** das wären also ungefähr 20 Euro für jeden ❾ (*elev: servir para*): **aquel suceso vino a turbar nuestra tranquilidad** jenes Ereignis hat unsere Ruhe gestört ❿ (*terminar por*): **vino a dar con sus huesos en la cárcel** (*fam*) und schließlich landete er/sie im Gefängnis; ~ **a querer decir que...** in etwa sagen wollen, dass ... ⓫ (*persistir*) bereits tun; **ya te lo vengo advirtiendo hace mucho tiempo** ich warne dich schon seit längerer Zeit (davor) ⓬ (*loc*): **a mí eso ni me va ni me viene** das ist mir ganz egal; **¿a qué viene ahora hacerme esos reproches?** was soll das, mir jetzt Vorwürfe zu machen?; **el dinero me viene muy bien** das Geld kommt mir wie gerufen; **es una familia venida a menos** die Familie ist ziemlich verarmt; **por motivos que no vienen aquí al caso** aus Gründen, die hier nicht weiter erwähnt werden müssen; **¿te viene bien mañana después de comer?** passt es dir morgen nach dem Mittagessen?; **me viene mal darte la clase por la tarde** es ist für mich ungünstig, dich nachmittags zu unterrichten; **¡venga esa mano!** schlag ein!; **ahora no me vengas con cuentos chinos** komm mir jetzt nicht mit Märchen **II.** *vr:* ~**se** ❶ (*ir a*) kommen ❷ (*hundirse*): ~**se abajo** einstürzen; (*fig*) scheitern

**venta** ['ben̪ta] *f* ❶ (COM) Verkauf *m;* (*de vino*) Ausschank *m;* ~ **callejera** Straßenverkauf *m;* ~ **a domicilio** Haus-zu-Haus-Verkauf *m;* **precio de** ~ **al público** Verkaufspreis *m;* **volumen de** ~**s** Umsatz *m;* **en** ~ zu verkaufen; **estar a la** [*o* **en**] ~ zum Verkauf stehen; **poner a la** [*o* **en**] ~ verkaufen ❷ (*posada*) Gasthof *m*

**ventada** [ben̪'taða] *f* Windstoß *m*

**ventaja** [ben̪'taxa] *f* (*beneficio, superioridad*) Vorteil *m;* (DEP) Vorsprung *m;* ~ **competitiva** Wettbewerbsvorteil *m;* **sacar** ~ **de la debilidad del contrincante** die Schwächen des Gegners ausnutzen; **tener** ~ **sobre alguien** jdm gegenüber im Vorteil sein; **dar 300 metros de** ~ 300 Meter Vorsprung geben

**ventajista** [ben̪ta'xista] **I.** *adj* skrupellos **II.** *mf* skrupelloser Mensch *m*

**ventajoso**, **-a** [ben̪ta'xoso, -a] *adj* vorteilhaft; (*negocio*) einträglich

**ventana** [ben̪'tana] *f* ❶ (*abertura*) Fenster *nt;* ~ **corrediza** Schiebefenster *nt;* ~ **de doble cristal** Doppelfenster *nt;* **echar la casa por la** ~ sich in Unkosten stürzen ❷ (ANAT): ~ **de la nariz** Nasenloch *nt*

**ventanal** [ben̪ta'nal] *m* (großes) Fenster *nt*

**ventanilla** [ben̪ta'niʎa] *f* Fenster *nt;* **sobre con** ~ Fensterbriefumschlag *m;* (*taquilla*) Schalter *m*

**ventear** [ben̪te'ar] **I.** *vt* ❶ (*olfatear*) wittern; (*fig*) aufspüren ❷ (*airear*) lüften **II.** *vi* (*fig*) herumschnüffeln **III.** *vimpers:* **ventea** es ist windig

**ventilación** [ben̪tila'θjon] *f* Lüftung *f*

**ventilador** [ben̪tila'ðor] *m* Ventilator *m;* (AUTO) Gebläse *nt*

**ventilar** [ben̪ti'lar] *vt, vr:* ~**se** ❶ (*airear*) lüften ❷ (*persona*) einen klaren Kopf bekommen ❸ (*resolver*) erörtern

**ventisca** [ben̪'tiska] *f* Schneetreiben *nt*

**ventiscar** [ben̪tis'kar] <c→qu> *vimpers* schneien und stürmen

**ventolera** [ben̪to'lera] *f* ❶ (*viento*) Windstoß *m* ❷ (*juguete*) Windmühle *f* ❸ (*loc*): **le ha dado la** ~ **de...** er/sie hat sich *dat* in den Kopf gesetzt zu ...

**ventosa** [ben̪'tosa] *f* ❶ (*objeto, t.* ZOOL) Saugnapf *m* ❷ (*abertura*) Entlüftungsventil *nt*

**ventosear** [ben̪tose'ar] *vi* Blähungen haben

**ventosidad** [ben̪tosi'ða^ð] *f* Blähung *f;* ~**es** Winde *mpl*

**ventoso**, **-a** [ben̪'toso, -a] *adj* windig

**ventral** [ben̪'tral] *adj* Bauch-

**ventricular** [ben̪triku'lar] *adj* (ANAT) ventrikular

**ventrículo** [ben̪'trikulo] *m* Kammer *f;* (*del corazón*) Herzkammer *f;* (*del cerebro*)

V

Gehirnkammer *f;* (*estómago*) Magengrube *f*

**ventrílocuo**, **-a** [ben̩'trilokwo, -a] *m, f* Bauchredner(in) *m(f)*

**ventrudo**, **-a** [ben̩'truðo, -a] *adj* dickbäuchig

**ventura** [ben̩'tura] *f* Glück *nt;* **mala** ~ Pech *nt;* **a la** (**buena**) ~ auf gut Glück; **echar la buena** ~ **a alguien** jdm wahrsagen; **por** ~ mit viel Glück; **probar** ~ sein Glück versuchen; **viene** ~ **a quien la procura** (*prov*) hilf dir selbst, dann hilft dir Gott

**venturero**, **-a** [ben̩tu'rero, -a] **I.** *adj* ❶ (*casual*) zufällig ❷ (*irregular*) unregelmäßig **II.** *m, f* Abenteurer(in) *m(f)*

**venturoso**, **-a** [ben̩tu'roso, -a] *adj* glücklich

**veo-veo** ['beo-'βeo] *m:* **jugar a yo** ~ ‚ich sehe was, was du nicht siehst' spielen

**ver** [ber] *irr* **I.** *vi, vt* ❶ (*con los ojos*) sehen; **llegar a** ~ **la paz** den Frieden erleben; **no se ve ni torta** man sieht die Hand nicht vor den Augen; **tengo un sueño que no veo** ich bin so müde, dass mir die Augen zufallen; **véase la página dos** siehe Seite zwei; **¡que se vean los forzudos!** na los, die Starken vor!; **lo nunca visto** das noch nie Dagewesene; **¡habrase visto!** nicht zu glauben!; **a** ~ lass/lasst mal sehen; **si no lo veo, no lo creo** das hätte ich nie und nimmer für möglich gehalten; ~ **y creer** erst sehen, dann glauben ❷ (*con la inteligencia*) (ein)sehen; **a mi modo de** ~ meiner Ansicht nach; **¿no ves que...?** siehst du denn nicht, dass ...?; **quiero hacerte** ~ **esto** ich möchte dir das deutlich machen; **veo bien que te cases** ich finde es gut, dass du heiratest; **ya lo veo** jetzt sehe ich es auch ein ❸ (*observar*) anschauen; (*documentos, información*) durchsehen ❹ (*visitar*) besuchen; (*encontrarse*) sehen; **es de** ~ (*fam*) das muss man gesehen haben ❺ (*comprobar*) nachschauen ❻ (*algo desagradable*) befürchten; **te veo venir** ich weiß, was du vorhast; **veo que hoy me tocará a mí** ich sehe es schon kommen, dass ich heute dran bin ❼ (*tema, asunto*) behandeln; **..., como vimos ayer en la conferencia** wie wir gestern im Vortrag gehört haben, ... ❽ (JUR: *causa*) verhandeln ❾ (*relación*): **tener que** ~ **con algo** mit etw *dat* zu tun haben ❿ (*duda*): **eso está por** ~ das bleibt abzuwarten; **estoy por** ~ **si me dan el crédito** es bleibt abzuwarten, ob sie mir den Kredit gewähren; **habrá que** ~ **si eso es verdad** ob das stimmt, wird sich erst noch herausstellen ⓫ (*intentar*): ~**é de hablarle** ich werde mal schauen, ob ich ihn sprechen kann ⓬ (*loc*): **a** ~ **cómo lo hacemos** mal sehen, wie wir das machen können; **¡a** ~**, escuchadme todos!** hey, hört mal alle her!; **a** ~**, venga** also, komm schon; **bueno, ya** ~**emos** nun, das sehen wir dann; **¡hay que** ~**!** das gibt's doch gar nicht!; **luego ya** ~**emos** danach werden wir schon weitersehen; **veamos, ...** schauen wir mal, ...; **¡**~**ás!** na warte!; ~**ás como al final te engaña** du wirst schon sehen, dass er/sie dich letztendlich doch hereinlegt; ~**emos, ...** nun, ...; ~ **y callar** den Mund halten; **no veas lo contenta que se puso** du kannst dir nicht vorstellen, wie sehr sie sich freute; **no haberlas visto nunca más gordas** es noch nie so schwer gehabt haben; **¡para que veas!** so, da hast du's!; **no veas la que se armó allí** du glaubst gar nicht, was da los war; **hay que** ~ **lo tranquilo que es** es ist kaum zu glauben, wie ruhig er ist **II.** *vr:* ~**se** ❶ (*encontrarse*) sich sehen ❷ (*estado*) sich fühlen; ~**se apurado** sich in Schwierigkeiten befinden; ~**se enfermo** erkranken; ~**se negro** große Schwierigkeiten haben; ~**se pobre** verarmen ❸ (*imaginarse*) sehen; **me lo estoy viendo de médico** ich sehe ihn schon als Arzt vor mir ❹ (*parecer*): **se ve que no tienen tiempo** sie haben scheinbar keine Zeit ❺ (*Am: tener aspecto*) aussehen **III.** *m* ❶ (*aspecto*) Aussehen *nt;* **tener buen** ~ gut aussehen ❷ (*opinión*) Ansicht *f;* **a mi** ~ meiner Ansicht nach

**vera** ['bera] *f* ❶ (*orilla*) Rand *m;* ~ **de un río** Ufer *nt* ❷ (*lado*) Seite *f;* **a la** ~ **de** neben

**veracidad** [beraθi'ðað] *f* Wahrhaftigkeit *f;* (*de una declaración*) Richtigkeit *f*

**veranda** [be'ran̩da] *f* Veranda *f*

**veraneante** [berane'an̩te] *mf* Sommerurlauber(in) *m(f)*

**veranear** [berane'ar] *vi:* ~ **en Ibiza** den Sommer(urlaub) auf Ibiza verbringen; **estar veraneando en Marruecos** in Marokko Urlaub machen

**veraneo** [bera'neo] *m* Sommerurlaub *m;* **lugar de** ~ Urlaubsort *m;* **estar de** ~ im Urlaub sein; **estar de** ~ **en la Sierra** in der Sierra Urlaub machen

**veraniego**, **-a** [bera'njeɣo, -a] *adj* sommerlich; **tiempo** ~ Sommerwetter *nt*

**veranillo** [bera'niʎo] *m:* ~ **de San Miguel** [*o* **de San Juan** *Am*] Altweibersommer *m*

**verano** [be'rano] *m* Sommer *m*

**veras** ['beras] *f* (*verdad*) Wahrheit *f;* **de** ~ (*de verdad*) wirklich; (*en serio*) im Ernst; **esto va de** ~ jetzt mal im Ernst

**veraz** [be'raθ] *adj* ❶ (*hechos*) wahr ❷ (*persona*) wahrheitsliebend

**verbal** [ber'βal] *adj* ❶ (*del verbo*) verbal; **frase ~** Verbalphrase *f* ❷ (*oral*) mündlich ❸ (*del sentido*) wörtlich

**verbalizar** [berβali'θar] <z→c> *vt* (*expresar*) in Worte fassen

**verbena** [ber'βena] *f* ❶ (*fiesta*) Fest *nt;* (*feria*) Jahrmarkt *m* ❷ (BOT) Eisenkraut *nt*

**verbigracia** [berβi'ɣraθja] *adv* zum Beispiel

**verbo** ['berβo] *m* ❶ (*expresa acción*) Verb *nt;* **~ auxiliar** Hilfsverb *nt* ❷ (*palabra*) Wort *nt*

**verborrea** [berβo'rrea] *f,* **verbosidad** [berβosi'ða$^{ð}$] *f* ❶ (*locuacidad*) Redseligkeit *f;* (*pey*) Geschwätzigkeit *f* ❷ (*palabras*) Wortschwall *m*

**verboso, -a** [ber'βoso, -a] *adj* redselig

**verdad** [ber'ða$^{ð}$] *f* Wahrheit *f;* **~ de Perogrullo** Binsenweisheit *f;* **a la ~** in Wahrheit; **bien es ~ que...** es stimmt zwar, dass ...; **bueno, a decir ~, ...** nun, ehrlich gesagt, ...; **¡de ~!** (das stimmt) wirklich!; **¡es ~!** stimmt!; **faltar a la ~** nicht die Wahrheit sagen; **hay una parte de ~ en esto** da ist (et)was Wahres dran; **la ~ lisa y llana** die volle Wahrheit; **pues la ~, no lo sé** ehrlich gesagt, weiß ich es nicht; **ser ~** wahr sein; **si bien es ~ que...** obwohl es zwar stimmt, dass ...; **un héroe de ~** ein wahrhafter Held; **¿~?** stimmt's?; **¿~ que no fuiste tú?** du warst es doch nicht, oder?; **~es como puños** knallharte Tatsachen; **la ~ es que hace frío** Tatsache ist, dass es kalt ist; **decirle cuatro ~es a alguien** jdm die Meinung sagen

**verdaderamente** [berðaðera'mente] *adv* wirklich

**verdadero, -a** [berða'ðero, -a] *adj* ❶ (*cierto*) wahr ❷ (*real*) echt ❸ (*persona*) wahrheitsliebend

**verde** ['berðe] **I.** *adj* ❶ (*color, t.* POL) grün; **~ oliva** olivgrün ❷ (BOT: *no maduro*) unreif; (*no seco*) frisch; **segar la hierba en ~** das Gras mähen während es noch grün ist; **estar ~** (*principiante*) ein Grünschnabel sein; (*inocente*) noch feucht hinter den Ohren sein; **estar a las ~s y a las maduras** auf gute wie auf schlechte Zeiten vorbereitet sein ❸ (*chistes, canciones*) unanständig ❹ (*personas*) lüstern; **viejo ~** Lustmolch *m* ❺ (*loc*): **poner ~ a alguien** (*fam*) jdn herunterputzen; **estar ~ de envidia** grün und gelb vor Neid sein **II.** *m* ❶ (*color*) Grün *nt* ❷ (*hierba*) Gras *nt;* (*pienso*) Grünfutter *nt* ❸ (*del árbol*) Blattwerk *nt* ❹ (*CSur: pasto*) Weide *f* ❺ (*CSur: mate*) Mate(tee) *m* ❻ (*CSur: ensalada*) grüner Salat *m* ❼ (*AmC, Méx: campo*) (Stück) Land *nt* ❽ (*loc*): **darse un ~ de algo** (*fam: hartarse*) sich *dat* mit etw *dat* gehörig den Bauch voll schlagen; **darse un ~ de conciertos** Dutzende von Konzerten besuchen

**verdear** [berðe'ar] *vi* ❶ (*mostrarse verde*) grün sein ❷ (*tirar a verde*) einen Grünstich haben ❸ *v.* **verdecer** ❹ (*CSur: beber*) Mate(tee) trinken

**verdecer** [berðe'θer] *irr como crecer vi* (er)grünen

**verderón** [berðe'ron] *m* Grünfink *m*

**verdiblanco, -a** [berði'βlaŋko, -a] *adj* blassgrün

**verdín** [ber'ðin] *m* ❶ (*del cobre*) Grünspan *m* ❷ (*verde*) erstes Grün *nt* ❸ (*musgo*) Moosschicht *f*

**verdor** [ber'ðor] *m* ❶ (BOT) (Pflanzen)grün *nt* ❷ (*juventud*) Jugend *f*

**verdoso, -a** [ber'ðoso, -a] *adj* grünlich

**verdugo** [ber'ðuɣo] *m* ❶ (*de ejecuciones*) Scharfrichter *m* ❷ (*tirano*) Tyrann *m;* (*atormentador*) Peiniger *m* ❸ (*tormento*) Pein *f* ❹ (*látigo*) Peitsche *f* ❺ (*hematoma*) Strieme *f* ❻ (BOT) Trieb *m*

**verdugón** [berðu'ɣon] *m* ❶ (*hematoma*) Strieme *f* ❷ (BOT) Trieb *m*

**verdulera** [berðu'lera] *f* (*pey*) ordinäres Weibsstück *nt*

**verdulería** [berðule'ria] *f* Gemüseladen *m*

**verdulero, -a** [berðu'lero, -a] *m, f* Gemüsehändler(in) *m(f)*

**verdura** [ber'ðura] *f* ❶ (*hortalizas*) Gemüse *nt* ❷ (*verdor*) Grün *nt* ❸ (*obscenidad*) Unanständigkeit *f*

**verdusco, -a** [ber'ðusko, -a] *adj* dunkelgrün

**vereda** [be'reða] *f* ❶ (*sendero*) Pfad *m;* **entrar en ~** (*cumplir*) seinen Verpflichtungen nachkommen; (*vida ordenada*) ein geregeltes Leben führen; **ir por la ~** (*fig*) auf dem richtigen Weg sein; **hacer entrar en ~ a alguien** jdn auf den richtigen Weg bringen ❷ (*Am: acera*) Gehsteig *m*

**veredicto** [bere'ðikto] *m* (JUR) Urteil *nt;* **~ de culpabilidad** Schuldspruch *m;* **~ de inculpabilidad** Freispruch *m*

**verga** ['berɣa] *f* ❶ (*vara*) Stange *f* ❷ (ANAT) Glied *nt*

**vergel** [ber'xel] *m* Garten *m*

**vergonzante** [berɣon'θante] *adj* ❶ (*acción*) schändlich ❷ (*persona*) schamhaft

**vergonzoso, -a** [berɣon'θoso, -a] *adj* ❶ (*persona*) schamhaft; (*tímido*) schüchtern ❷ (*acción*) schändlich

**vergüenza** [ber'ɣwenθa] *f* ❶ (*rubor*) Scham *f;* **se me cae la cara de ~** ich schäme mich in Grund und Boden; **me da**

V

~ es ist mir peinlich; **¿no te da ~?** schämst du dich (denn) nicht?; **pasar** ~ sich schämen; **¡qué ~!** (mein Gott) wie peinlich! ❷ (*pundonor*) Anstand *m;* **perder la** ~ sich gehen lassen; **perder la ~ ante alguien** jdm gegenüber unverschämt werden; **tener poca** ~ unverschämt sein ❸ (*persona, acción*) Schande *f;* (*escándalo*) Skandal *m;* **sacar a alguien a la ~ (pública)** jdn an den Pranger stellen ❹ (*cortedad*) Schüchternheit *f;* (*sexual*) Schamhaftigkeit *f;* **le da ~ al hablar** er/sie wird beim Reden ganz verlegen ❺ *pl* (ANAT) Geschlechtsteile *ntpl*

**vericueto** [beri'kweto] *m* unwegsame Strecke *f*

**verídico, -a** [be'riðiko, -a] *adj* ❶ (*verdadero*) wahr ❷ (*muy probable*) sehr wahrscheinlich ❸ (*sincero*) wahrheitsliebend

**verificable** [berifi'kaβle] *adj* ❶ (*controlable*) (über)prüfbar ❷ (*probable*) nachweisbar

**verificación** [berifika'θjon] *f* ❶ (*inspección*) (Über)prüfung *f;* (*test*) Test *m* ❷ (*prueba*) Beweis *m* ❸ (*realización*) Durchführung *f* ❹ (*de una profecía*) Eintreten *nt*

**verificar** [berifi'kar] <c→qu> **I.** *vt* ❶ (*comprobar*) beweisen ❷ (*controlar*) (über)prüfen ❸ (*realizar*) durchführen; (*ceremonia*) vornehmen **II.** *vr:* **~se** ❶ (*acto solemne*) stattfinden ❷ (*una profecía*) eintreten; (*deseos*) sich erfüllen; (*temores*) sich bewahrheiten

**verja** ['berxa] *f* (*rejas*) Gitter *nt;* (*cerca*) Zaun *m;* (*puerta*) Gatter *nt*

**vermú** [ber'mu] *m,* **vermut** [ber'mu] *m* <vermús> ❶ (*licor*) Wermut *m* ❷ (*And, CSur:* TEAT) Nachmittagsvorstellung *f*

**vernáculo, -a** [ber'nakulo, -a] *adj* einheimisch; **lengua vernácula** Landessprache *f*

**vero** ['bero] *m* Zobel *m*

**verosímil** [bero'simil] *adj* ❶ (*probable*) wahrscheinlich ❷ (*creíble*) glaubwürdig

**verosimilitud** [berosimili'tu$^{ð}$] *f* Wahrscheinlichkeit *f*

**verraco** [be'rrako] *m* ❶ (*para procrear*) Zuchteber *m* ❷ (*AmC: jabalí*) Wildschwein *nt*

**verraquear** [berrake'ar] *vi* (*fam*) ❶ (*gruñir*) knurren ❷ (*llorar*) plärren

**verraquera** [berra'kera] *f* (*fam*) ❶ (*llanto*) Geplärre *nt* ❷ (*AmC: borrachera*) Rausch *m*

**verruga** [be'rruɣa] *f* Warze *f;* (*fig*) Plage *f*

**verrugoso, -a** [berru'ɣoso, -a] *adj* ❶ (*con verrugas*) warzig ❷ (*parecido*) warzenartig

**versado, -a** [ber'saðo, -a] *adj* versiert

**versal** [ber'sal] **I.** *adj:* **letra** ~ Großbuchstabe *m* **II.** *f* Großbuchstabe *m*

**versalita** [bersa'lita] **I.** *adj:* **letra** ~ Kapitälchen *nt* **II.** *f* Kapitälchen *nt*

**versar** [ber'sar] *vi* ❶ (*tratar*) handeln (*sobre* von +*dat*); **la conferencia ~á sobre las vacunas** der Vortrag wird das Thema Impfungen behandeln ❷ (*dar vueltas*) sich drehen ❸ (*AmC: escribir*) dichten ❹ (*AmC: charlar*) sich unterhalten ❺ (*Méx: bromear*) witzeln

**versátil** [ber'satil] *adj* ❶ (*que se vuelve*) (um)drehbar; (*que se dobla*) faltbar ❷ (*persona*) wankelmütig

**versatilidad** [bersatili'ða$^{ð}$] *f* ❶ (*inconstancia*) Wankelmut *m* ❷ (*flexibilidad*) Flexibilität *f*

**versículo** [ber'sikulo] *m* ❶ (REL) Bibelspruch *m* ❷ (*poema*) Vers *m*

**versificar** [bersifi'kar] <c→qu> **I.** *vt* in Verse bringen **II.** *vi* Verse schreiben

**versión** [ber'sjon] *f* ❶ (*interpretación*) Version *f;* (*descripción*) Darstellung *f;* ~ **resumida** Kurzfassung *f* ❷ (*traducción*) Übersetzung *f*

**verso** ['berso] *m* ❶ (*palabras*) Vers *m;* **en ~s** in Versform ❷ (*género*) Versdichtung *f* ❸ (*poema*) Gedicht *nt*

**vértebra** ['berteβra] *f* Wirbel *m*

**vertebración** [berteβra'θjon] *f* ❶ (*soporte*) Stütze *f* ❷ (*estructura*) Grundstruktur *f*

**vertebrado** [berte'βraðo] *m* Wirbeltier *nt*

**vertebral** [berte'βral] *adj* Wirbel-; **columna** ~ Wirbelsäule *f*

**vertebrar** [berte'βrar] *vt* ❶ (*apoyar*) stützen ❷ (*estructurar*) strukturieren

**vertedero** [berte'ðero] *m* (*escombrero*) Mülldeponie *f;* (*no autorizado*) Müllkippe *f;* ~ **ilegal** wilde Müllkippe

**verter** [ber'ter] <e→ie> **I.** *vt* ❶ (*vaciar*) schütten; (*líquido*) gießen; (*sin querer*) verschütten; (*recipiente*) ausleeren; (*basura*) abladen; ~ **el café en las tazas** Kaffee einschenken ❷ (*traducir*) übersetzen ❸ (*ideas, conceptos*) einbringen **II.** *vi* fließen

**vertical** [berti'kal] **I.** *adj* senkrecht **II.** *f* Senkrechte *f*

**verticalidad** [bertikali'ða$^{ð}$] *f* ❶ (*posición*) vertikale Position *f* ❷ (*dirección*) vertikale Richtung *f*

**vértice** ['bertiθe] *m* Scheitel *m*

**vertiente** [ber'tjente] *f* ❶ (*declive*) Abhang *m;* (*lado*) Seite *f* ❷ (*aspecto*) Aspekt *m;* (*punto de vista*) Ansicht *f* ❸ (*And, CSur, Méx: fuente*) Springbrunnen *m*

**vertiginoso, -a** [bertixi'noso, -a] *adj* ❶ (*que

*marea*) Schwindel erregend ② (*velocidad*) rasend

**vértigo** ['bertiɟo] *m* ① (*mareo*) Schwindelgefühl *nt;* (*por las alturas*) Höhenangst *f;* **causar** ~(**s**) Schwindel erregen ② (*desmayo*) Ohnmachtsanfall *m* ③ (*frenesí*) Rausch *m;* (*locura*) Wahnsinn *m* ④ (*loc*): **de** ~ (*jaleo*) ohrenbetäubend; (*increíble*) unglaublich; (*fantástico*) fantastisch; (*rápidamente*) rasend schnell

**vesania** [be'sanja] *f* ① (*locura*) Wahnsinn *m* ② (*ira*) Zorn *m*

**vesícula** [be'sikula] *f* Blase *f;* (*en la epidermis*) Bläschen *nt*

**vespa**® ['bespa] *f* (*moto*) Vespa® *f*

**vespertino**, **-a** [besper'tino, -a] *adj* Abend-, abendlich

**vespino** [bes'pino] *m* Mofa *nt*

**vestíbulo** [bes'tiβulo] *m* (*de un piso*) (Haus)flur *m;* (*de un hotel*) Empfangshalle *f;* (TEAT) Foyer *nt;* (*atrio*) Atrium *nt*

**vestido** [bes'tiðo] *m* ① (*prenda*) Kleidungsstück *nt;* (*de mujer*) Kleid *nt* ② (*ropa*) Kleidung *f*

**vestidor** [besti'ðor] *m* Ankleideraum *m*

**vestidura** [besti'ðura] *f* ① (*ropa*) Kleidung *f* ② *pl* (REL) Gewand *nt*

**vestigio** [bes'tixjo] *m* ① (*huella*) Spur *f* ② (*señal*) Anzeichen *nt*

**vestimenta** [besti'men̪ta] *f* Kleidung *f*

**vestir** [bes'tir] *irr como pedir* **I.** *vt* ① (*cuerpo, persona*) (be)kleiden; (*estatua, pared*) bedecken; (*adornar*) schmücken; **estar vestido de pirata** (*disfrazado*) als Pirat verkleidet sein; ~ **a alguien con un abrigo** jdn in einen Mantel hüllen ② (*llevar*) tragen; (*ponerse*) anziehen ③ (*confeccionar*) (ein)kleiden; **¿qué sastre le viste?** welcher Schneider arbeitet für Sie? ④ (*expresión*): ~ **el rostro de seriedad** ein ernstes Gesicht machen **II.** *vi* ① (*persona*) sich kleiden; ~ **de blanco** sich (in) Weiß kleiden; ~ **de uniforme** Uniform tragen; **el mismo que viste y calza** (*fig*) eben der; ~ **siempre muy bien** immer sehr gut angezogen sein ② (*loc*): **de** ~ (*elegante*) elegant; (*para una ocasión*) angebracht **III.** *vr:* ~**se** ① (*la ropa*) sich anziehen; (*cubrirse*) sich bedecken (*de* mit +*dat*); ~**se a la moda** sich modisch kleiden; ~**se de azul** Blau tragen; **los árboles se visten de verde** die Bäume werden grün; **los campos se visten de blanco** die Felder sind schneebedeckt; ~**se en Milán** (*comprar*) sich in Mailand einkleiden ② (*estado de ánimo*): ~**se de cierta actitud** eine bestimmte Haltung einnehmen; ~**se de severidad** ein strenges Gesicht machen

**vestón** [bes'ton] *m* (*Chil: saco*) Jacke *f*

**vestuario** [bes'twarjo] *m* ① (*conjunto*) Garderobe *f* ② (*cuarto*, TEAT) Garderobe *f;* (DEP) Umkleidekabine *f*

**veta** ['beta] *f* ① (MIN) (Erz)ader *f* ② (*en madera, mármol*) Maser *f*

**vetar** [be'tar] *vt* sein Veto einlegen (gegen +*akk*)

**vetear** [bete'ar] *vt* ① (*como la madera*) masern ② (*como el mármol*) marmorieren

**veteranía** [betera'nia] *f* ① (*en una empresa*) lange Betriebszugehörigkeit *f* ② (*status*) Veteranenstatus *m*

**veterano**[1] [bete'rano] *m* (MIL) Veteran *m*

**veterano**, **-a**[2] [bete'rano, -a] **I.** *adj* ① (MIL) altgedient ② (*experimentado*) erfahren **II.** *m, f* ① (*en una empresa*) langjähriger Mitarbeiter *m,* langjährige Mitarbeiterin *f* ② (*experto*) Experte, -in *m, f*

**veterinaria** [beteri'narja] *f sin pl* Tiermedizin *f*

**veterinario**, **-a** [beteri'narjo, -a] *m, f* Tierarzt, -ärztin *m, f*

**veto** ['beto] *m* Veto *nt;* (**inter**)**poner** (**su**) ~ **a algo** sein Veto gegen etw einlegen

**vetusto**, **-a** [be'tusto, -a] *adj* ① (*persona*) greis ② (*cosa*) sehr alt; (*pey*) antiquiert

**vez** [beθ] *f* ① (*acto repetido*) Mal *nt;* **a la** ~ gleichzeitig; **a** [*o* **algunas**] **veces** manchmal; **alguna que otra** ~ gelegentlich; **cada** ~ **me gusta menos** es gefällt mir immer weniger; **cada** ~ **que..** jedes Mal, wenn ...; **de una** ~ (*en un solo acto*) mit einem Mal; (*sin interrupción*) auf einmal; (*definitivamente*) endgültig; **de** ~ **en cuando** ab und zu; **dilo otra** ~ sag es noch einmal; **acabemos de una** ~ lass es uns ein für alle Mal hinter uns bringen; **por primera** ~ zum ersten Mal; **aquella** ~ damals; **esta** ~ diesmal; **alguna** ~ einmal; **muchas veces** oft; **otra** ~ **será** dann eben ein anderes Mal; **pocas veces, rara** ~ selten; **tal** ~ vielleicht; **una y otra** ~ immer wieder; **una** ~ **que haya terminado, ...** wenn ich erst einmal fertig bin, ...; **érase una** ~ **...** es war einmal ... ② (*con número*) Mal *nt;* **una** ~ ein Mal; **una y mil veces** hunderttausend Mal; **3 veces 9** (MAT) 3 mal 9; **repetidas veces** öfter(s); **de una** ~ **por todas** ein für allemal; **dos veces más que** doppelt so viel wie; **una** ~ **al año no hace daño** (*prov*) ein Mal ist kein Mal ③ (*turno*): **cuando llegue mi** ~ wenn ich an der Reihe bin; **él a su** ~ **no respondió** er seinerseits antwortete nicht; **en** ~ **de** (an)statt; **hacer las veces de algo** als etw dienen; **hacer las veces de alguien** an jds

Stelle treten; **ceder la ~ en una cola** in einer Schlange seinen Platz abtreten

**vía** ['bia] *f* ❶ (*camino*) Weg *m;* (*calle*) Straße *f;* ~ **aérea** (*correos*) Luftpost *f;* ~ **láctea** Milchstraße *f;* ~ **pública** Bürgersteig *m;* **por ~ aérea** auf dem Luftwege; (*correos*) per Luftpost; **¡~ libre!** Platz da! ❷ (*ruta*) via; **a Madrid ~ Paris** nach Madrid via Paris ❸ (*carril*) Spur *f;* (FERRO) Gleis *nt;* ~ **férrea** Eisenbahn *f;* **por ~ férrea** auf dem Schienenweg; ~ **muerta** Abstellgleis *nt;* **de ~ estrecha** schmalspurig; (*fig*) mies; **de ~ única** eingleisig ❹ (ANAT) Röhre *f;* **~s digestivas** Verdauungstrakt *m;* **~s respiratorias** Luftröhre *f;* **~s urinarias** Harnröhre *f;* **por ~ oral** oral ❺ (*procedimiento*) Weg *m;* **por ~ judicial** auf dem Rechtsweg ❻ (INFOR) Pfad *m* ❼ (*loc*): **país en ~s de desarrollo** Entwicklungsland *nt;* **en ~s de recuperación** auf dem Wege der Genesung

**viabilidad** [bjaβili'ðaᵈ] *f* ❶ (*vida*) Lebensfähigkeit *f* ❷ (*factibilidad*) Durchführbarkeit *f;* **estudio de ~** Durchführbarkeitsstudie *f*

**viable** *adj* ❶ (*sano*) lebensfähig ❷ (*factible*) machbar ❸ (*camino*) gangbar, begehbar; (*para coches*) befahrbar

**vía crucis** ['bia'kruθis] *m inv* Kreuzweg *m;* (*fig*) Leidensweg *m*

**viada** ['bjaða] *f* (*And*) Geschwindigkeit *f*

**viaducto** [bja'ðukto] *m* Viadukt *m o nt;* (FERRO) Bahnbrücke *f*

**viajante** [bja'xan̪te] *mf* Reisende(r) *mf;* (COM) Handelsreisende(r) *mf*

**viajar** [bja'xar] *vi* reisen; ~ **por Italia** durch Italien reisen; ~ **en avión** fliegen

**viaje** [bi'axe] *m* ❶ (*general*) Reise *f;* ~ **astral** Astralreise *f;* ~ **de novios** Hochzeitsreise *f;* **estar de ~** verreist sein; **irse de ~** verreisen; **salir de ~** abreisen ❷ (*carga*) Fuhre *f;* (*recorrido*) Fahrt *f;* **un ~ de leña** eine Fuhre Holz; **hacer la mudanza en cinco ~s** für den Umzug fünf Fahrten machen; **de un ~** (*AmC: fig*) in einem Aufwasch ❸ (*argot: drogas*) Trip *m*

**viajero, -a** [bja'xero, -a] **I.** *adj* reisend; (ZOOL) Wander-; **ave viajera** Zugvogel *m* **II.** *m, f* Reisende(r) *mf;* (*pasajero*) Passagier(in) *m(f);* ~ **diario** Pendler *m*

**vial** [bi'al] **I.** *adj* (*caminos*) Wege-; (FERRO) Schienen-; (*tráfico*) Verkehrs-; **circulación ~** Straßenverkehr *m;* (**poca**) **fluidez ~** (hohes) Verkehrsaufkommen *nt;* **reglamento ~** Straßenverkehrsordnung *f* **II.** *m* Allee *f*

**vianda** [bi'an̪da] *f* (*alimento*) Nahrung *f;* (*comida*) Speise *f*

**viandante** [bjan̪'dan̪te] *mf* (*peatón*) Fußgänger(in) *m(f)*

**viaraza** [bja'raθa] *f* (*Am: rapto de ira*) Wutanfall *m;* **me dio la ~** ich tobte vor Wut

**viario, -a** [bi'arjo, -a] *adj* Wege-; (*de carreteras*) Straßen-; (FERRO) Schienen-; **red viaria** (FERRO) Schienennetz *nt;* (*de carreteras*) Straßennetz *nt*

**viático** [bi'atiko] *m* ❶ (REL) Viatikum *nt* ❷ (*alimentos*) Proviant *m* ❸ (*subvención*) Reisespesen *pl*

**víbora** ['biβora] *f* ❶ (ZOOL) Viper *f* ❷ (*pey: persona*) (falsche) Schlange *f*

**vibración** [biβra'θjon] *f* ❶ (*vaivén*) Vibration *f;* **buenas vibraciones** (*fam*) gutes Feeling *nt* ❷ (*temblor*) Zittern *nt* ❸ (*agitación*) (leichte) Erschütterung *f*

**vibrador** [biβra'ðor] *m* Vibrator *m*

**vibrante** [bi'βran̪te] *adj* ❶ (*sonoro*) kraftvoll ❷ (*entusiasta*) schwungvoll

**vibrar** [bi'βrar] **I.** *vi* ❶ (*oscilar*) vibrieren ❷ (*voz*) zittern **II.** *vt* ❶ (*agitar*) rütteln ❷ (LING) rollen

**vicaría** [bika'ria] *f* (REL) Vikariat *nt*

**vicario** [bi'karjo] *m* Vikar *m*

**vicedirector(a)** [biθeðirek'tor(a)] *m(f)* stellvertretender Direktor *m,* stellvertretende Direktorin *f*

**vicenal** [biθe'nal] *adj* ❶ (*que dura*) zwanzigjährig ❷ (*que se repite*) sich alle 20 Jahre ereignend

**vicepresidente, -a** [biθepresi'ðen̪te, -a] *m, f* (POL) Vizepräsident(in) *m(f);* (*en juntas*) stellvertretender Vorsitzender *m,* stellvertretende Vorsitzende *f*

**vicerrector(a)** [biθerrek'tor(a)] *m(f)* ❶ (UNIV) Prorektor(in) *m(f)* ❷ (ENS) Konrektor(in) *m(f)*

**vicesecretario, -a** [biθesekre'tarjo, -a] *m, f* stellvertrende(r) Geschäftsführer(in) *m(f)*

**vicetiple** [biθe'tiple] *f* Backgroundsängerin *f*

**viceversa** [biθe'βersa] *adv* umgekehrt

**vichar** [bi'ʧar] *vt* (*Arg, Urug*) ❶ (*espiar*) ausspionieren ❷ (*ver*) sehen ❸ (*buscar con la mirada*) spähen (nach +*dat*)

**viciado, -a** [bi'θjaðo, -a] *adj* (*aire*) stickig

**viciar** [bi'θjar] **I.** *vt* ❶ (*anular*) annullieren ❷ (*falsear*) verfälschen; (*deformar*) entstellen **II.** *vr:* **~se** ❶ (*costumbres*) verkommen; (*persona*) verderben ❷ (*ser adicto*) süchtig sein (*con* nach +*dat*); **haberse viciado con la televisión** fernsehsüchtig sein ❸ (*deformarse*) sich verformen; (*romperse*) defekt sein

**vicio** ['biθjo] *m* ❶ (*mala costumbre*) Laster *nt;* (*adicción*) Sucht *f;* **el ~ de siempre** das alte Laster; **hacer algo por ~** etw aus reiner Gewohnheit tun; **no poder quitarse el ~ de fumar** sich *dat* das Rauchen nicht abgewöhnen können; **tener el ~ de comerse las uñas** die schlechte Angewohnheit haben, an den Nägeln zu kauen ② (*objeto*) Defekt *m* ③ (JUR: *error*) Fehler *m;* (*en un documento*) Formfehler *m* ④ (*capricho*) Laune *f;* **le concedes demasiados ~s a ese niño** du bist zu nachgiebig mit dem Kind; **quejarse de ~** ewig unzufrieden sein ⑤ (BOT): **tener mucho ~** wuchern

**vicioso, -a** [bi'θjoso, -a] **I.** *adj* ① (*carácter*) verdorben ② (*que produce vicio*) lasterhaft ③ (*defecto*) defekt ④ (*niño*) verwöhnt ⑤ (BOT) üppig **II.** *m, f:* **en lo que respecta a la bebida es un ~** er ist ein Gewohnheitstrinker

**vicisitud** [biθisi'tu$^{ð}$] *f* ① (*acontecimiento*) Ereignis *nt;* (*desgracia*) Unglück *nt* ② (*cambio*) Wende *f* ③ *pl* (*alternancia*) Auf und Ab *nt*

**víctima** ['biktima] *f* Opfer *nt;* (*afectado*) Betroffene(r) *mf;* **ser ~ de un fraude** Opfer eines Betrugs werden

**victimar** [bikti'mar] *vt* (*Am*) ① (*herir*) verwunden ② (*matar*) töten

**victoria** [bik'torja] *f* Sieg *m;* **~ por puntos** Sieg nach Punkten; **cantar ~** sich eines Sieges rühmen

**victorioso, -a** [bikto'rjoso, -a] *adj* siegreich

**vid** [bi$^{ð}$] *f* ① (*parra*) Weinstock *m* ② (*uva*) (Wein)rebe *f*

**vida** ['biða] *f* ① (*existencia, actividad*) Leben *nt;* **~ íntima** Privatleben *nt;* **~ perra** Hundeleben *nt;* **¿cómo te va la ~?** wie geht's dir?; **complicarse la ~** sich *dat* das Leben schwer machen; **darse la ~ padre** sich *dat* ein schönes Leben machen; **dejarse la ~ en algo** sein ganzes Leben etw *dat* widmen; **¡en ~!** nie im Leben!; **estar aún con ~** noch am Leben sein; **estar entre la ~ y la muerte** in Lebensgefahr schweben; **este material es de corta ~** dieses Material ist kurzlebig; **hacer por la ~** (*fam*) essen; **hacer ~ marital** eheähnlich zusammenleben; **llevar una ~ miserable** ein kümmerliches Dasein fristen; **me va la ~ en este asunto** diese Angelegenheit ist lebenswichtig für mich; **partir de esta ~** sterben; **pasarse la ~ haciendo algo** die ganze Zeit damit verbringen, etw zu tun; **perder la ~** ums Leben kommen; **¿qué es de tu ~?** was gibt's Neues bei dir?; **quitarle la ~ a alguien** jdn töten; **quitarse la ~** sich *dat* das Leben nehmen; **salir con ~** mit dem Leben davonkommen; **de por ~** zu Lebzeiten ② (*sustento*) Lebensunterhalt *m;* **buscarse la ~** sich durchschlagen ③ (*biografía*) Lebensgeschichte *f;* **de toda la ~** schon immer; **la ~ y milagros de alguien** jds ganzes Leben ④ (*placer*) Wohltat *f;* **este sol es ~** dieser Sonnenschein ist eine wahre Wohltat ⑤ (*alegría*) Lebensfreude *f* ⑥ (*cariño*): **¡mi ~!** (mein) Schatz! ⑦ (*prostituta*): **mujer de la ~** Dirne *f;* **hacer la ~** (*argot*) auf den Strich gehen

**videncia** [bi'ðeṇθja] *f* (Hell)sehen *nt*

**vidente** [bi'ðeṇte] *mf* (Hell)seher(in) *m(f)*

**vídeo** ['biðeo] *m* ① (*aparato*) Videorekorder *m;* **cámara de ~** Videokamera *f;* **editar en ~** als Videokassette herausbringen; **grabar en ~** auf Video aufnehmen ② (*película*) Video *nt*

**videocámara** [biðeo'kamara] *f* Videokamera *f*

**videocasete** [biðeoka'sete] *f* Videokassette *f*

**videoclip** [biðeo'kli$^{p}$] *m* <videoclips> Videoclip *m*

**videoclub** [biðeo'klu$^{β}$] *m* <videoclubs *o* videoclubes> Videoklub *m*

**videoconsola** [biðeokon'sola] *f* (AUDIO) Videokonsole *f*

**videojuego** [biðeo'xweɣo] *m* Videospiel *nt*

**videoteléfono** [biðeote'lefono] *m* Bildtelefon *nt*

**vídeotex** [biðeo'te$^{γ}$s] *m,* **vídeotexto** [biðeo'testo] *m* (INFOR) ≈Bildschirmtext *m*

**videotexto** [biðeo'testo] *m* Videotext *m*

**vidriado** [bi'ðrjaðo] *m* ① (*barniz*) Glasur *f* ② (*loza*) glasiertes Steingut *nt*

**vidriar** [bi'ðrjar] **I.** *vt* (*loza*) glasieren **II.** *vr:* **~se** ① (*hacerse transparente*) glasig werden ② (*asunto*) heikel werden

**vidriera** [bi'ðrjera] *f* ① (*ventana*) Fenster *nt;* **puerta ~** Glastür *f* ② (*Am: escaparate*) Schaufenster *nt*

**vidriero, -a** [bi'ðrjero, -a] *m, f* ① (*soplador*) Glasbläser(in) *m(f)* ② (*que coloca vidrios*) Glaser(in) *m(f)*

**vidrio** ['biðrjo] *m* ① (*material*) Glas *nt;* **~ de color** Buntglas *nt;* **~ opalino** Milchglas *nt;* **pagar los ~s rotos** (*fam fig*) die Suppe auslöffeln; **¡~!** (*frágil*) zerbrechlich!; (*cristal*) Achtung Glas! ② (*placa*) (Glas)scheibe *f;* (*de una ventana*) Fensterscheibe *f* ③ (*objeto*) Glasarbeit *f;* (*productos*) Glaswaren *fpl*

**vidrioso, -a** [bi'ðrjoso, -a] *adj* ① (*como vidrio*) gläsern; (*mirada*) starr ② (*transparente*) glasig; **ojos ~s** glasige Augen ③ (*frágil*) zerbrechlich ④ (*superficie*) glatt ⑤ (*persona*) empfindlich ⑥ (*asunto*) heikel

V

**viejales** [bje'xales] *m inv* (*fam*) alter Knacker *m*

**viejo, -a** ['bjexo, -a] **I.** *adj* alt; (*usado*) gebraucht; (*gastado*) abgenutzt; (*ropa*) abgetragen; **Noche Vieja** Silvester *nt;* **tan ~ como Canalillo** (*fam*) uralt **II.** *m, f* Alte(r) *mf*

**Viena** ['bjena] *f* Wien *nt*

**vienés, -esa** [bje'nes, -esa] **I.** *adj* wienerisch **II.** *m, f* Wiener(in) *m(f)*

**viento** ['bjen̦to] *m* ❶ (*corriente*) Wind *m;* **~ ascendente** Aufwind *m;* **~ de cola** Rückenwind *m;* **~ de frente** Gegenwind *m;* **~ huracanado** (Wirbel)sturm *m;* **instrumento de ~** Blasinstrument *nt;* **hace ~** es ist windig; **beber los ~s por algo** (*desearlo*) sich *dat* etw innigst wünschen; **como el ~** in Windeseile; (*fig*) trotz aller Schwierigkeiten und Widrigkeiten; **corren malos ~s para...** (*fig*) es ist ein ungünstiger Augenblick um ...; **corre un poquito de ~** es weht ein leichter Wind; **un pequeño soplo de ~** ein Lüftchen; **estar lleno de ~** (*vacío*) leer sein; (*vanidoso*) aufgeblasen sein; **el negocio va ~ en popa** das Geschäft läuft bestens ❷ (NÁUT: *rumbo*) Kurs *m;* (*dirección*) Himmelsrichtung *f;* **a los cuatro ~s** in alle (vier Himmels)richtungen; **pregonar algo a los cuatro ~s** etw an die große Glocke hängen ❸ (*fam: irse*): **tomar ~** sich verziehen; **¡vete a tomar ~!** (*argot*) verpiss dich! ❹ (*olor*) Witterung *f;* (*olfato*) Spürsinn *m;* **me da el ~ que...** ich vermute, dass ... ❺ (*AmC:* MED) Rheumatismus *m* ❻ (*fam: loc*): **echar a alguien con ~ fresco** jdn hochkant hinauswerfen

**vientre** ['bjen̦tre] *m* ❶ (*abdomen*) Unterleib *m;* **hacer de ~** Stuhlgang haben; **regir bien el ~** regelmäßigen Stuhlgang haben ❷ (*barriga*) Bauch *m* ❸ (*matriz*) Mutterleib *m* ❹ (*interior*) Innere(s) *nt*

**viernes** ['bjernes] *m inv* Freitag *m;* **V~ Santo** Karfreitag *m;* **la semana que no tenga ~** am Sankt-Nimmerleins-Tag; *v. t.* **lunes**

**vietnamita** [bjeᵈna'mita] **I.** *adj* vietnamesisch **II.** *mf* Vietnamese, -in *m, f*

**viga** ['biɣa] *f* (*de madera*) Balken *m;* (*de metal*) Träger *m*

**vigencia** [bi'xen̦θja] *f* Gültigkeit *f;* **estar en ~** in Kraft sein; **entrar en ~** in Kraft treten; **perder ~** ungültig werden

**vigente** [bi'xen̦te] *adj* gültig

**vigésimo, -a** [bi'xesimo, -a] **I.** *adj* (*parte*) zwanzigstel; (*numeración*) zwanzigste(r, s); **la vigésima parte de...** ein Zwanzigstel von ... **II.** *m, f* Zwanzigstel *nt; v. t.* **octogésimo**

**vigía¹** [bi'xia] *f* Wach(t)turm *m*

**vigía²** [bi'xia] *mf* Wach(t)posten *m*

**vigilancia** [bixi'lan̦θja] *f* ❶ (*cuidado*) Wachsamkeit *f* ❷ (*observación*) Überwachung *f;* (*servicio*) Aufsicht *f;* **tener a alguien bajo ~** jdn überwachen

**vigilante** [bixi'lan̦te] **I.** *adj* (*despierto*) wachsam; (*en alerta*) vorsichtig **II.** *mf* ❶ (*guardián*) Wächter(in) *m(f);* (*de cárcel*) Aufseher(in) *m(f);* (*en tienda*) Kaufhausdetektiv(in) *m(f);* (*en museo*) Aufsichtsperson *f;* **~ nocturno** Nachtwächter *m;* **~ de seguridad** Wachmann *m* ❷ (*CSur: policía*) Polizist(in) *m(f)*

**vigilar** [bixi'lar] **I.** *vt* überwachen; (*niños*) beaufsichtigen **II.** *vi* achten (*por/sobre* auf +*akk*)

**vigilia** [bi'xilja] *f* ❶ (*en el trabajo*) Nachtdienst *m* ❷ (*víspera*) Vorabend *m* ❸ (*sin comer*) Fasten *nt;* (*comida*) fleischlose Kost *f;* **día de ~** Fastentag *m;* **comer de ~** fasten ❹ (*no dormir*) Wachen *nt* ❺ (*falta de sueño*) Schlaflosigkeit *f*

**vigor** [bi'ɣor] *m* ❶ (*fuerza*) Kraft *f;* (*espiritual*) Stärke *f;* (*energía*) Energie *f;* **con ~** kraftvoll; **sin ~** kraftlos ❷ (*vitalidad*) Vitalität *f;* (*empuje*) Antrieb *m* ❸ (*al hablar*) Nachdruck *m* ❹ (*vigencia*) Gültigkeit *f;* **entrar en ~** in Kraft treten; **poner en ~** in Kraft setzen

**vigorizar** [biɣori'θar] <z→c> *vt* ❶ (*fortalecer*) stärken ❷ (*revitalizar*) beleben ❸ (*animar*) motivieren ❹ (*dar firmeza*) festigen

**vigoroso, -a** [biɣo'roso, -a] *adj* ❶ (*fuerte*) stark; (*resistente*) robust ❷ (*animado*) motiviert; (*vital*) vital ❸ (*protesta*) energisch

**viguería** [biɣe'ria] *f* (*de madera*) Gebälk *nt;* (*de metal*) Trägerkonstruktion *f*

**vigués, -esa** [bi'ɣes, -esa] **I.** *adj* aus Vigo **II.** *m, f* Einwohner(in) *m(f)* von Vigo

**vigueta** [bi'ɣeta] *f* kleiner Balken *m*

**VIH** [uβei'atʃe] *m sin pl abr de* **virus de inmunodeficiencia humana** HIV *nt*

**vikingo, -a** [bi'kiŋgo, -a] **I.** *adj* (HIST) Wikinger- **II.** *m, f* (HIST) Wikinger(in) *m(f)*

**vil** [bil] *adj* (*malo*) gemein; (*bajo*) niederträchtig; (*infame*) verwerflich

**vileza** [bi'leθa] *f* Gemeinheit *f*

**vilipendiar** [bilipen̦'djar] *vt* ❶ (*despreciar*) verachten; (*tratar*) geringschätzig behandeln ❷ (*denunciar*) verleumden

**villa** ['biʎa] *f* ❶ (*casa*) Villa *f* ❷ (*población*) Kleinstadt *f*

**Villadiego** [biʎa'ðjeɣo] *m* (*fam*): **tomar las de ~** abhauen

**villancico** [biʎaṇ'θiko] *m:* ~ (**de Navidad**) Weihnachtslied *nt*

**villanía** [biʎa'nia] *f* ① (*bajeza*) Gemeinheit *f* ② (*expresión*) Unanständigkeit *f*

**villano, -a** [bi'ʎano, -a] **I.** *adj* ① (*bajo*) gemein ② (*rústico*) bäurisch; (*expresión*) ordinär **II.** *m, f* (*pey: grosero*) Bauer *m*

**villorrio** [bi'ʎorrjo] *m* (*fam pey*) Kaff *nt*

**vilo** ['bilo] *adv:* **en** ~ in der Schwebe; (*fig*) unruhig; **tener en** ~ auf die Folter spannen; **estar en** ~ gespannt sein

**vinagre** [bi'naɣre] *m* ① (*condimento*) Essig *m* ② (*persona*) Griesgram *m*

**vinagrera** [bina'ɣrera] *f* ① (*recipiente*) Essigflasche *f* ② *pl* (*para la mesa*) Menage *f* ③ (*Am:* MED: *ardor*) Sodbrennen *nt*

**vinagreta** [bina'ɣreta] *f* Vinaigrette *f*

**vincha** ['binʧa] *f* (*AmS: cinta*) Haarband *nt*

**vinculación** [biŋkula'θjon] *f* (Ver)bindung *f*

**vinculante** [biŋku'laṇte] *adj* ① (*que une*) (ver)bindend ② (*obligatorio*) verpflichtend

**vincular** [biŋku'lar] *vt* ① (*ligar*) binden (*a/con* an +*akk*); (*unir*) verbinden ② (*obligar*) verpflichten

**vínculo** ['biŋkulo] *m* ① (*unión*) (Ver)bindung *f;* **el ~ conyugal** das Band der Ehe; **~s familiares** Familienbande *pl;* **~s naturales** Blutsverwandtschaft *f;* **los ~s con el extranjero** die Beziehungen mit dem Ausland ② (*obligación*) Verpflichtung *f*

**vindicación** [biṇdika'θjon] *f* ① (*venganza*) Rache *f* ② (*defensa*) Verteidigung *f* ③ (*justificación*) Rechtfertigung *f* ④ (*reivindicación*) Zurückforderung *f*

**vindicar** [biṇdi'kar] <c→qu> *vt* ① (*vengar*) rächen ② (*defender*) verteidigen ③ (*justificar*) rechtfertigen ④ (*reivindicar*) zurückfordern

**vinícola** [bi'nikola] **I.** *adj* Wein-; (*cultivo*) Weinbau- **II.** *mf* Winzer(in) *m(f)*

**vinicultor(a)** [binikul̩'tor(a)] *m(f)* Winzer(in) *m(f)*

**vinicultura** [binikul̩'tura] *f* Weinbau *m*

**vino** ['bino] *m* Wein *m;* **~ caliente** Glühwein *m;* **~ de mesa** Tafelwein *m;* **~ de Jerez** Sherry *m;* **~ moscatel** Muskateller *m;* **~ de Oporto** Portwein *m;* **~ peleón** Fusel *m;* **~ rosado** Rosé(wein) *m;* **~ tinto** Rotwein *m;* **echar agua al ~** (*fig*) von einer Behauptung Abstand nehmen; **tener buen/mal ~** von Wein lustig/aggressiv werden

**viña** ['biɲa] *f* ① (*monte*) Weinberg *m;* **ser una ~** (*fig*) eine Goldgrube sein; **tener una ~ con algo** sich *dat* an etw *dat* eine goldene Nase verdienen; **de todo hay en la ~ del Señor** (*prov*) es gibt nichts, was es nicht gibt ② (*planta*) Weinstock *m*

**viñador(a)** [biɲa'ðor(a)] *m(f)* Winzer(in) *m(f)*

**viñedo** [bi'ɲeðo] *m* ① (*monte*) Weinberg *m* ② (*planta*) Weinstock *m*

**viñeta** [bi'ɲeta] *f* ① (*dibujo*) Vignette *f* ② (*emblema*) Emblem *nt*

**viola** ['bjola] *f* ① (*instrumento*) Bratsche *f* ② (BOT) Veilchen *nt*

**violáceo, -a** [bjo'laθeo, -a] *adj* veilchenblau

**violación** [bjola'θjon] *f* ① (*infracción*) Verletzung *f;* (*de una ley*) Verstoß *m* (*de* gegen +*akk*); **~ de contrato** Vertragsbruch *m* ② (*de una mujer*) Vergewaltigung *f* ③ (*invasión*) Überfall *m* ④ (*de sepulturas*) Schändung *f*

**violado, -a** [bjo'laðo, -a] *adj* (*color*) violett

**violar** [bjo'lar] *vt* ① (*mujer*) vergewaltigen ② (*sepulturas*) schänden ③ (*ley, principio*) verstoßen (gegen +*akk*); (*contrato*) brechen

**violencia** [bjo'leṇθja] *f* ① (*condición*) Gewalt *f;* (*fuerza*) Wucht *f;* **no ~** Gewaltlosigkeit *f;* **con ~** gewaltsam; **sin ~** gewaltlos; (*manifestación*) gewaltfrei; **costarle ~ a alguien** jdn Überwindung kosten; **hacer ~ a alguien** jdn zwingen ② (*acción*) Gewalttätigkeit *f*

**violentar** [bjoleṇ'tar] **I.** *vt* ① (*obligar*) zwingen; (*sexualmente*) vergewaltigen ② (*puerta*) auftreten; (*cajón*) aufbrechen ③ (*una casa*) einbrechen (in +*akk*); (*un banco*) überfallen ④ (*principio*) verletzen ⑤ (*al interpretar*) entstellen **II.** *vr:* **~se** (*obligarse*) sich zwingen

**violento, -a** [bjo'leṇto, -a] *adj* ① (*impetuoso*) gewaltig; (*esfuerzo*) mächtig; (*discusión*) heftig; (*temperamento*) stürmisch ② (*brutal*) brutal; (*con violencia*) gewaltsam; **acto ~** Gewalttat *f* ③ (*persona*) aufbrausend ④ (*postura*) unnatürlich ⑤ (*acto*) gezwungen; (*cohibido*) gehemmt; (*duro*) hart; **me es muy ~ tener que aceptarlo** es geht mir (gehörig) gegen den Strich, es akzeptieren zu müssen; **me resulta ~ decirle que no** es fällt mir sehr schwer, es ihm/ihr abzuschlagen ⑥ (*tergiversado*) entstellt ⑦ (*Am: de repente*) plötzlich

**violeta** [bjo'leta] **I.** *adj* violett **II.** *f* (BOT) Veilchen *nt*

**violín** [bjo'lin] *m* (*instrumento*) Geige *f*

**violinista** [bjoli'nista] *mf* Geiger(in) *m(f)*

**violón** [bjo'lon] *m* (*instrumento*) Bassgeige *f;* **tocar el ~** (*fig*) Blödsinn reden

**violoncelista** [bjoloṇθe'lista] *mf* Cellist(in) *m(f)*

**violoncelo** [bjoloṇ'θelo] *m* (MÚS) Violoncello *nt*

**vip**, **VIP** [biᴾ] *m abr de* **Very Important Person** VIP *f;* **sala** ~ VIP-Lounge *f*

**viraje** [bi'raxe] *m* ❶ (*giro*) Wendung *f;* (*curva*) Kurve *f;* ~ **en horquilla** Haarnadelkurve *f;* **hacer** [*o* **dar**] **un** ~ eine Kurve nehmen ❷ (*cambio*) Wende *f;* (*de opinión*) Umschwung *m;* (*de dirección*) Kurswechsel *m*

**virar** [bi'rar] **I.** *vi* ❶ (*girar*) wenden; (*curva*) eine Kurve nehmen; ~ **en redondo** (*t. fig*) eine Kehrtwende machen; **la grúa viró a la izquierda** der Kran schwenkte nach links (aus) ❷ (*cambiar*) sich ändern; (*de opinión*) umschwenken **II.** *vt* ❶ (*girar*) wenden ❷ (*el volante*) herumreißen

**virgen** ['birxen] **I.** *adj* jungfräulich; (*fig*) rein; (*cinta*) unbespielt; (*tierras*) unbebaut **II.** *f* (REL): **la V~** die Jungfrau; **la Santísima V~ María** die Heilige Jungfrau Maria; **¡Santísima V~!** (*fam*) Heilige Mutter Gottes!; **ser de la V~ del puño** geizig sein; **ser un viva la V~** ein Faulpelz sein

**virginal** [birxi'nal] *adj* (*inmaculado*) unberührt; (*puro*) rein

**virginidad** [birxini'ðaᵈ] *f sin pl* Jungfräulichkeit *f*

**Virgo** ['birɣo] *m* (ASTR) Jungfrau *f*

**virguería** [birɣe'ria] *f* ❶ (*de gran perfección*) Feinarbeit *f* ❷ (*pey: adorno*) Firlefanz *m;* **hacer ~s con algo** Fingerspitzengefühl haben für etw

**vírgula** ['birɣula] *f* ❶ (LING) Komma *nt* ❷ (*vara*) Gerte *f*

**vírico**, **-a** ['biriko, -a] *adj* (MED) Virus-; **infección vírica** Virusinfektion *f*

**viril** [bi'ril] *adj* ❶ (*masculino*) männlich; **edad** ~ Mannesalter *nt* ❷ (*enérgico*) mannhaft

**virilidad** [birili'ðaᵈ] *f sin pl* ❶ (*masculinidad*) Männlichkeit *f* ❷ (*energía*) Entschlossenheit *f* ❸ (*potencia*) Manneskraft *f* ❹ (*edad*) Mannesalter *nt*

**virola** [bi'rola] *f* Zwinge *f*

**virrey**, **-reina** [bi'rrei̯, -na] *m, f* Vizekönig(in) *m(f)*

**virtual** [birtu'al] *adj* virtuell

**virtud** [bir'tuᵈ] *f* ❶ (*en las personas*) Tugend *f* ❷ (*poder*) Fähigkeit *f;* **tener la ~ de aliviar** eine lindernde Wirkung haben ❸ (*loc*): **en ~ de** aufgrund +*gen*

**virtuosismo** [birtwo'sismo] *m sin pl* Virtuosität *f*

**virtuoso**, **-a** [birtu'oso, -a] *adj* ❶ (*con gran habilidad*) virtuos ❷ (*lleno de virtudes*) tugendhaft ❸ (*que alivia*) wirksam

**viruela** [bi'rwela] *f* (MED) ❶ (*enfermedad*) Pocken *pl;* ~ **loca** Windpocken *pl* ❷ (*pústula*) Pocke *f;* **picado de ~s** pockennarbig; **señales de (la)** ~ Pockennarben *fpl*

**virulencia** [biru'leṇθja] *f* ❶ (MED) Virulenz *f* ❷ (*malignidad*) Bösartigkeit *f*

**virulento**, **-a** [biru'leṇto, -a] *adj* ❶ (MED) ansteckend ❷ (*maligno*) bösartig

**virus** ['birus] *m* (MED) Virus *nt o m*

**viruta** [bi'ruta] *f* Span *m;* **un ~s** (*fam irón: carpintero*) ein Schreiner

**vis** [bis] *f:* ~ **cómica** Witz *m*

**visa** ['bisa] *m o f* (*Am*), **visado** [bi'saðo] *m* Visum *nt;* ~ **de entrada/de salida** Einreise-/Ausreisevisum *nt*

**visaje** [bi'saxe] *m* (*mueca*) Grimasse *f;* **hacer ~s** Grimassen schneiden

**visar** [bi'sar] *vt* (*pasaporte*) mit einem Visum versehen

**víscera** ['bisθera] *f* Eingeweide *nt*

**visceral** [bisθe'ral] *adj* ❶ (*de las vísceras*) Eingeweide-; (MED) viszeral ❷ (*irracional*) irrational; **odio** ~ blinder Hass

**viscosa** [bis'kosa] *f* Viskose *f*

**viscosidad** [biskosi'ðaᵈ] *f* ❶ (*consistencia*) Zähflüssigkeit *f* ❷ (*mucosidad*) Schleim *m*

**viscoso**, **-a** [bis'koso, -a] *adj* ❶ (*espeso*) zäh(flüssig) ❷ (*glutinoso*) schleimig; (*blando*) glibberig

**visera** [bi'sera] *f* ❶ (HIST, MIL) Visier *nt* ❷ (*de una gorra*) Schirm *m*

**visibilidad** [bisiβili'ðaᵈ] *f* (*cualidad*) Sichtbarkeit *f;* (*distancia*) Sichtverhältnisse *ntpl*

**visible** [bi'siβle] *adj* ❶ (*perceptible*) sichtbar ❷ (*obvio*) offensichtlich ❸ (*persona*) auffällig ❹ (*fam: presentable*) vorzeigbar

**visigodo**, **-a** **I.** *adj* (HIST) westgotisch **II.** *m, f* (HIST) Westgote, -in *m, f*

**visillo** [bi'siʎo] *m* Gardine *f*

**visión** [bi'sjon] *f* ❶ (*vista*) Sicht *f* ❷ (*aptitud*) Sehvermögen *nt;* **perder la ~ de un ojo** die Sehkraft eines Auges verlieren ❸ (*aparición*) Vision *f;* **ver visiones** (*fig*) Gespenster sehen; **me quedé (como) viendo visiones** (*fig*) ich traute meinen Augen nicht ❹ (*punto de vista*) Sichtweise *f;* ~ **de conjunto** Überblick *m;* ~ **del mundo** Weltanschauung *f* ❺ (*fam pey: mamarracho*) Vogelscheuche *f;* **ir hecho una** ~ schauderhaft aussehen

**visionar** [bisjo'nar] *vt* ❶ (*creer*) sich einbilden ❷ (CINE, TV) betrachten; (*crítico*) eingehend betrachten

**visionario**, **-a** [bisjo'narjo, -a] **I.** *adj* ❶ (*con imaginación*) visionär ❷ (*adivinatorio*) seherisch ❸ (*soñador*) wirklichkeitsfremd; (*pey*) spinnig **II.** *m, f* ❶ (*con imaginación*) Visionär(in) *m(f)* ❷ (*adivinador*) Seher(in) *m(f)* ❸ (*soñador*) Traumtänzer(in) *m(f);* (*pey*) Fantast(in) *m(f)*

**visita** [bi'sita] *f* ❶ (*visitante*) Besucher(in)

*m(f)* ② (*acción*) Besuch *m;* (*a un museo, una ciudad*) Besichtigung *f;* ~ **del médico** Visite *f;* ~ **guiada** Führung *f;* ~ **oficial** (POL) Staatsbesuch *m;* **estar de ~ en casa de alguien** bei jdm zu Besuch sein; **ir de** ~ jdn besuchen gehen; **rendir ~ a alguien** jdm einen Besuch abstatten; **tener (a alguien de)** ~ (jdn zu) Besuch haben

**visitante** [bisi'tante] **I.** *adj* besuchend; **comisión** ~ Gastkommission *f* **II.** *mf* Besucher(in) *m(f)*

**visitar** [bisi'tar] *vt* besuchen; (MED) Visite machen (bei +*dat*); (ADMIN, JUR) inspizieren; (*una ciudad, un museo*) besichtigen

**vislumbrar** [bislum'brar] *vt* ① (*ver*) durchschimmern sehen ② (*conjeturar*) erahnen

**vislumbre** [bis'lumbre] *f* ① (*resplandor*) Schimmer *m* ② (*idea*) Ahnung *f;* **no tener ni la más leve ~ de algo** keinen blassen Schimmer von etw *dat* haben

**viso** ['biso] *m* ① (*resplandor*) Schimmer *m;* (*aspecto*) Anschein *m;* **esto tiene ~s de no acabar nunca** das scheint kein Ende nehmen zu wollen; **tiene ~s de llover** es sieht nach Regen aus ② (*irisación*) Schillern *nt;* **hacer ~s** schillern

**visón** [bi'son] *m* Nerz *m*

**visor** [bi'sor] *m* ① (MIL) Visier *nt;* ~ **de luz infrarroja** Infrarotsichtgerät *nt* ② (FOTO) Sucher *m*

**víspera** ['bispera] *f* (*noche anterior*) Vorabend *m;* (*día anterior*) Vortag *m;* **en ~s de** kurz vor +*dat;* **estar en ~s de hacer algo** im Begriff sein etw zu tun

**vista** ['bista] *f* ① (*visión*) Sicht *f;* (*capacidad*) Sehvermögen *nt;* (*mirada*) Blick *m;* ~ **de lince** Adleraugen *ntpl;* **aguzar la** ~ den Blick schärfen; **al/fuera del alcance de la** ~ in/außer Sicht(weite); **a la** ~ (*al parecer*) anscheinend; (*visible*) offensichtlich; (*previsible*) absehbar; **a la ~ de todos** vor aller Augen; **a la ~ está** sieht ganz so aus; **alzar/bajar la** ~ den Blick heben/senken; **apartar la** ~ wegschauen; **no apartar la ~ de alguien** jdn unaufhörlich anschauen; **a primera** ~ auf den ersten Blick; **a simple** ~ mit dem bloßen Auge; (*fig*) auf einen Blick; **comerse a alguien con la** ~ jdn mit den Augen verschlingen; **con la ~ puesta en algo** den Blick auf etw gerichtet; **con ~s a...** im Hinblick auf ... +*akk;* **corto de** ~ kurzsichtig; **dejar vagar la** ~ den Blick schweifen lassen; **dirigir la ~ a algo** den Blick auf etw richten; **a Paco no hay quien le eche la ~ encima** Paco ist völlig von der Bildfläche verschwunden; **de** ~ vom Sehen; **en vista de que...** angesichts der Tatsache, dass ...; **está a la ~ quién va a ganar** es ist abzusehen, wer gewinnen wird; **¡fuera de mi ~!** geh mir aus den Augen!; **hacer la ~ gorda** ein Auge zudrücken; **¡hasta la ~!** auf Wiedersehen!; **hasta donde alcanza la** ~ so weit das Auge reicht; **nublar la** ~ den Blick trüben; **se me nubla la** ~ (*desmayo*) mir wird schwarz vor den Augen; **no perder de** ~ nicht aus den Augen lassen; **pagadero a la** ~ (COM) zahlbar bei Sicht; **perder de** ~ aus den Augen verlieren; **quedar a la** ~ zum Vorschein kommen; **saltar a la** ~ ins Auge springen; **tener buena** ~ gute Augen haben; **volver la ~ (atrás)** zurückblicken; **tener** ~ (*fig*) ein Schlitzohr sein ② (*panorama*) Aussicht *f;* ~ **panorámica** Panoramablick *m;* (*mirador*) Aussichtspunkt *m;* **con ~s al mar** mit Blick auf das Meer ③ (*imagen, perspectiva*) Ansicht *f;* (FOTO) Aufnahme *f;* ~ **aérea** Luftaufnahme *f;* (ARQUIT) Aufsicht *f;* ~ **general** Gesamtbild *nt;* ~ **de pájaro** Vogelperspektive *f;* **a ~ de pájaro** aus der Vogelperspektive ④ (*aspecto*) Aussehen *nt;* **tener buena** ~ gut aussehen ⑤ (JUR) Verhandlung *f;* ~ **oral** Hauptverhandlung *f*

**vistazo** [bis'taθo] *m* (flüchtiger) Blick *m;* **de un** ~ mit einem Blick; **echar un ~ a algo** einen Blick auf etw werfen; **voy a dar un** ~ ich gehe mal nachschauen

**visto, -a** ['bisto, -a] **I.** *pp de* **ver II.** *adj* ① (*considerado*) angesehen ② (*anticuado*) veraltet; **está muy** ~ (*fig*) das ist Schnee von gestern ③ (JUR): ~ **para sentencia** hauptverhandlungsfähig ④ (ADMIN, JUR) gesehen und genehmigt ⑤ (*loc*): **el pastel desapareció ~ y no** ~ ehe man es sich versah, war der Kuchen weg; **está ~ que no puede ser de otra forma** offensichtlich kann es nicht anders sein; **este abrigo está muy** ~ diesen Mantel trägt wirklich Hinz und Kunz; **nunca** ~ nie dagewesen; (*inaudito*) unerhört; **por lo** ~ allem Anschein nach **III.** *conj:* ~ **que...** angesichts der Tatsache, dass ...

**visto bueno** ['bisto 'βweno] *m* (ADMIN, JUR) Sichtvermerk *m;* **dar el ~ a algo** (*fig*) sein Plazet zu etw *dat* geben

**vistosidad** [bistosi'ðaᵈ] *f* (*atractivo*) Ansehnlichkeit *f;* (*hermosura*) Pracht *f*

**vistoso, -a** [bis'toso, -a] *adj* (*atractivo*) ansehnlich; (*llamativo*) auffällig; (*hermoso*) prächtig

**visual** [bi'swal] **I.** *adj* visuell; **campo** ~ Gesichtsfeld *nt* **II.** *f* Augenlinie *f*

**visualidad** [biswali'ðaᵈ] *f* (*elev*) angenehmer Anblick *m*

**visualización** [biswaliθa'θjon] *f* Veran-

V

schaulichung *f;* (*display, t.* INFOR) Anzeige *f;* ~ **por cristal líquido** LCD-Anzeige *f;* ~ **por diodo luminoso** LED-Anzeige *f*

**visualizador** [biswaliθa'ðor] *m* (INFOR) Display *nt,* Browser *m*

**visualizar** [biswali'θar] <z→c> *vt* ❶ (*representar*) veranschaulichen ❷ (*Am: divisar*) erblicken ❸ (INFOR) anzeigen

**vital** [bi'tal] *adj* ❶ (*t.* MED) vital, Lebens-; **constantes ~es** Vitalfunktionen *f;* **fuerza ~** Lebenskraft *f* ❷ (*necesario*) lebenswichtig ❸ (*vivaz*) vital

**vitalicio, -a** [bita'liθjo, -a] *adj* (ADMIN, FIN) auf Lebenszeit; **renta vitalicia** Leibrente *f;* **seguro ~** Lebensversicherung *f*

**vitalidad** [bitali'ðaᵈ] *f sin pl* ❶ (*importancia*) (lebenswichtige) Bedeutung *f* ❷ (*energía*) Vitalität *f;* (*alegría de vivir*) Lebensfreude *f*

**vitalismo** [bita'lismo] *m sin pl* (FILOS) Vitalismus *m*

**vitalizar** [bitali'θar] <z→c> *vt* (*vivificar*) beleben; (*fortalecer*) kräftigen

**vitamina** [bita'mina] *f* Vitamin *nt;* **pobre en ~s** vitaminarm; **rico en ~s** vitaminreich

**vitaminar** [bitami'nar] *vt* mit Vitaminen anreichern

**vitamínico, -a** [bita'miniko, -a] *adj* (MED) Vitamin-; **complejo ~** Vitaminpräparat *nt*

**vitícola** [bi'tikola] *adj* Weinbau-

**viticultor(a)** [bitikul'tor(a)] *m(f)* Winzer(in) *m(f)*

**viticultura** [bitikul'tura] *f* Weinbau *m*

**vitola** [bi'tola] *f* ❶ (*tipo de puro*) Zigarrenkaliber *nt* ❷ (*banda*) Zigarrenbauchbinde *f*

**vítor** ['bitor] *m* Hochruf *m;* **prorrumpir en ~es** in Hochrufe ausbrechen

**vitorear** [bitore'ar] *vt* hochleben lassen

**vitoriano, -a** [bito'rjano, -a] **I.** *adj* aus Vitoria **II.** *m, f* Einwohner(in) *m(f)* von Vitoria

**vítreo, -a** ['bitreo, -a] *adj* ❶ (*de vidrio*) gläsern, Glas- ❷ (*similar al vidrio*) glasartig; (*vidrioso*) glasig

**vitrificar** [bitrifi'kar] <c→qu> *vt* ❶ (*esmaltar*) glasieren; **azulejo vitrificado** glasierte Kachel ❷ (*convertir*) sintern

**vitrina** [bi'trina] *f* Vitrine *f;* (*Am: escaparate*) Schaufenster *nt*

**vituallas** [bi'twaʎas] *fpl* (MIL) Proviant *m*

**vituperable** [bitupe'raβle] *adj* (*inmoral*) verwerflich; (*censurable*) tadelnswert; (*despreciable*) verachtenswert

**vituperación** [bitupera'θjon] *f* (*reprobación*) Verwerfung *f;* (*censura*) Tadel *m,* Rüge *f*

**vituperador(a)** [bitupera'ðor(a)] *m(f)* Tadler(in) *m(f)*

**vituperar** [bitupe'rar] *vt* (*reprobar*) verwerfen; (*censurar*) tadeln

**vituperio** [bitu'perjo] *m* (*censura*) Tadel *m;* (*injuria*) Beleidigung *f*

**viudedad** [bjuðe'ðaᵈ] *f* ❶ *v.* **viudez** ❷ (*pensión*) Witwenrente *f*

**viudez** [bju'ðeθ] *f* (*de la mujer*) Witwenstand *m;* (*del hombre*) Witwerstand *m*

**viudo, -a** ['bjuðo, -a] **I.** *adj* verwitwet; **quedarse ~** verwitwen **II.** *m, f* Witwer *m,* Witwe *f*

**viva** ['biβa] **I.** *interj* hoch (soll er/sie leben)!; **¡~ el rey!** es lebe der König!; **¡~n los novios!** ein Hoch dem Brautpaar! **II.** *m* Hochruf *m;* **dar ~s a alguien** jdm zujubeln; **recibir con ~s** unter Hochrufen empfangen

**vivacidad** [biβaθi'ðaᵈ] *f sin pl* ❶ (*viveza*) Lebhaftigkeit *f* ❷ (*energía*) Lebenskraft *f* ❸ (*movilidad*) Regsamkeit *f;* (*agilidad*) Rührigkeit *f* ❹ (*agudeza*) Aufgewecktheit *f*

**vivales** [bi'βales] *m inv* gerissener Bursche *m*

**vivaracho, -a** [biβa'ratʃo, -a] *adj* ❶ (*vivo*) lebhaft ❷ (*despierto*) aufgeweckt

**vivaz** [bi'βaθ] *adj* ❶ (BOT) mehrjährig; (*perenne*) immergrün ❷ (*vivaracho*) lebhaft ❸ (*enérgico*) voller Lebenskraft ❹ (*despierto*) aufgeweckt

**vivencia** [bi'βen̩θja] *f* Erlebnis *nt*

**víveres** ['biβeres] *mpl* Lebensmittel *ntpl;* (MIL) Proviant *m*

**vivero** [bi'βero] *m* ❶ (*de plantas*) Gärtnerei *f;* (*de árboles*) Baumschule *f* ❷ (*de peces*) Zuchtteich *m;* (*en un restaurante*) Bassin *nt*

**viveza** [bi'βeθa] *f* ❶ (*celeridad*) Behändigkeit *f;* (*agilidad*) Regsamkeit *f* ❷ (*energía*) Lebendigkeit *f* ❸ (*agudeza*) Aufgewecktheit *f* ❹ (*de colores*) Leuchtkraft *f*

**vívido, -a** ['biβiðo, -a] *adj* lebendig

**vividor(a)** [biβi'ðor(a)] *m(f)* Lebemann, -frau *m, f;* (*pey*) Windhund *m;* (*gorrón*) Nassauer *m*

**vivienda** [bi'βjen̩da] *f* ❶ (*piso*) Wohnung *f;* (*casa*) Wohnhaus *nt;* (*residencia*) Wohnsitz *m;* **sin ~** obdachlos; **el problema de la ~** das Wohnungsproblem ❷ (*Am: modo de vida*) Lebensweise *f*

**viviente** [bi'βjen̩te] *adj* lebendig; **seres ~s** Lebewesen *ntpl;* **ni alma ~** (*fig*) keine Menschenseele

**vivificar** [biβifi'kar] <c→qu> *vt* ❶ (*vitalizar*) beleben ❷ (*animar*) Kraft spenden +*dat*

**vivir** [bi'βir] **I.** *vi* ❶ (*estar vivo*) leben; **~ al día** in den Tag hineinleben; **~ a lo grande** auf großem Fuß leben; **~ como un rey**

wie Gott in Frankreich leben; ~ **de rentas** (*fig*) vom Ruhm seiner Vergangenheit zehren; **¡~ para ver!** (*asombro*) wer hätte das gedacht!; (*confianza*) das wird sich noch zeigen!; **no dejar ~ a alguien** jdm das Leben zur Hölle machen; **no ~ de preocupación** vor Sorgen fast umkommen ② (*habitar*) wohnen ③ (*durar*) überdauern; (*perdurar*) fortleben **II.** *vt* erleben; (*experiencias negativas*) durchmachen; ~ **su (propia) vida** sein (eigenes) Leben führen **III.** *m* Leben *nt;* (*modo de vida*) Lebensweise *f;* **de mal ~** anrüchig

**vivo[1]** ['biβo] *m* ① (*borde*) Rand *m* ② (*tira*) Biese *f*

**vivo, -a[2]** ['biβo, -a] **I.** *adj* ① (*viviente*) lebend(ig); **cal viva** ungelöschter Kalk; **ser ~** Lebewesen *nt;* **a fuego ~** (GASTR) bei starker Hitze; **a lágrima viva** tränenüberströmt; **a lo ~** bei lebendigem Leibe; **al rojo ~** blutrot; **a viva fuerza** mit Gewalt; **de viva voz** persönlich; **en carne viva** wund; **en ~** (MÚS) live; **estar ~** am Leben sein; **herir en lo más ~** (*fig*) tief verletzen; **tener el ~ deseo de que** +*subj* den lebhaften Wunsch haben, dass ... ② (*vivaz*) lebhaft ③ (*enérgico*) heftig; **de genio ~** (leicht) aufbrausend ④ (*color*) leuchtend ⑤ (*actual*) frisch; (*presente*) präsent; (*duradero*) beständig ⑥ (*vívido*) lebendig ⑦ (*avispado*) aufgeweckt; (*pey*) gerissen **II.** *m, f* ① (*ser viviente*) Lebende(r) *mf* ② (*zorro*) schlauer Fuchs *m*

**vizcaíno, -a** [biθka'ino, -a] **I.** *adj* aus Biscaya **II.** *m, f* Einwohner(in) *m(f)* Biscayas

**Vizcaya** [biθ'kaɟa] *f* Biscaya *nt*

**V.O.** [ber'sjon orixi'nal] *abr de* **versión original** O.F.

**vocablo** [bo'kaβlo] *m* Vokabel *f*

**vocabulario** [bokaβu'larjo] *m* ① (*léxico*) Wortschatz *m;* ~ **especializado** Fachwortschatz *m;* **tener un buen ~** einen breiten Wortschatz haben ② (*lista*) Glossar *nt*

**vocación** [boka'θjon] *f* Berufung *f;* ~ **artística** künstlerische Ader; **por ~** aus Berufung; **sentir ~** sich berufen fühlen; **tener ~** berufen sein

**vocal[1]** [bo'kal] **I.** *adj* (MÚS) vokal **II.** *f* (LING) Vokal *m,* Selbstlaut *m*

**vocal[2]** [bo'kal] *mf* Mitglied *nt;* (*portavoz*) Wortführer(in) *m(f)*

**vocalista** [boka'lista] *mf* (MÚS) Vokalist(in) *m(f)*

**vocear** [boθe'ar] **I.** *vi* schreien; (*enfadado*) zetern **II.** *vt* ① (*manifestar*) herausschreien ② (*llamar*) rufen ③ (*pregonar*) ausrufen ④ (*divulgar*) ausposaunen ⑤ (*aclamar*) zujubeln +*dat* ⑥ (*presumir*) angeben (mit +*dat*)

**voceras** [bo'θeras] *m inv* (*fam: bocazas*) Großmaul *nt*

**vocerío** [boθe'rio] *m* (*griterío*) Geschrei *nt;* (*discusión*) Gezeter *nt*

**vocero, -a** [bo'θero, -a] *m, f* (*Am: portavoz*) Sprecher(in) *m(f)*

**vociferar** [boθife'rar] **I.** *vi* brüllen **II.** *vt* ① (*gritar*) herausschreien ② (*pey: proclamar*) ausposaunen

**vocinglero, -a** [boθiŋ'glero, -a] *adj* (*pey*) brüllend; **ser ~** ein Schreihals sein

**vodka** ['boθka] *m o f* Wodka *m*

**voladizo** [bola'ðiθo] *m* (*saledizo*) Vorsprung *m;* (ARQUIT) Auskragung *f*

**volado, -a** [bo'laðo, -a] *adj* ① (ARQUIT) vorspringend ② (*fam: loco*) übergeschnappt ③ (*Am: ausente*) abwesend; (*enamorado*) verschossen *fam* ④ (*CSur*): ~ **de genio** (*fam*) leicht entzündlich ⑤ (*inquieto*) aufgewühlt

**volador(a)** [bola'ðor(a)] *adj* fliegend; **aparato ~** Fluggerät *nt*

**voladura** [bola'ðura] *f* Sprengung *f*

**volandas** [bo'laṇdas] *fpl:* **en ~** (*en el aire*) in der Luft (schwebend); (*deprisa*) im Nu; **llevar en ~** mit sich *dat* fortreißen

**volandero, -a** [bolaṇ'dero, -a] *adj* ① (*volantón*) flügge ② (*móvil*) beweglich ③ (*fig: inquieto*) flatterhaft

**volante** [bo'laṇte] **I.** *adj* (*móvil*) beweglich; **rueda ~** Schwungrad *nt* **II.** *m* ① (AUTO) Lenkrad *nt;* **ir al ~** am Steuer sitzen; **ponerse al ~** sich ans Steuer setzen ② (TÉC) Schwungrad *nt;* (*manual*) Handrad *nt;* ~ **de maniobra** Schaltrad *nt* ③ (*del reloj*) Unruh *f* ④ (*adorno*) Volant *m* ⑤ (*escrito*) Flugblatt *nt* ⑥ (MED) Überweisungsschein *m* ⑦ (DEP) Federball *m* ⑧ (*Am: conductor*) Autofahrer(in) *m(f);* (DEP) Rennfahrer(in) *m(f)*

**volantín** [bolaṇ'tin] *m* ① (*sedal*) Wurfangelschnur *f* ② (*Am: cometa*) Drachen *m* ③ (*Am: voltereta*) Überschlag *m;* (*acrobacia*) Salto *m*

**volar** [bo'lar] <o→ue> **I.** *vi* ① (*en el aire*) fliegen; **echar a ~** losfliegen; **el tiempo vuela** die Zeit vergeht wie im Fluge ② (*desaparecer*) verschwinden; **el dinero ha volado** das Geld ist weg ③ (*apresurarse*) eilen; **¡voy volando!** ich fliege!; ~ **a** +*inf* sich beeilen zu +*inf* ④ (*argot: con drogas*) high sein **II.** *vt* ① (*hacer explotar*) sprengen ② (*enfadar*) aufregen ③ (*hacer volar*) fliegen lassen; (*ave*) aufscheuchen; **hacer ~ una cometa** einen Drachen steigen lassen ④ (TIPO) hochstellen ⑤ (*AmC: loc, fam*): ~ **diente** (*comer*) futtern; ~ **lengua**

(*hablar*) schwatzen; ~ **pata** (*caminar*) sich *dat* die Beine vertreten **III.** *vr:* ~**se** ① (*huir*) entfliegen ② (*desaparecer*) sich davonmachen ③ (*Am: enfadarse*) sich aufregen

**volatería** [bolate'ria] *f* (*pájaros*) Geflügel *nt*

**volátil** [bo'latil] **I.** *adj* ① (*volador*) fliegend ② (QUÍM) flüchtig ③ (*inconstante*) flatterhaft **II.** *m* Federvieh *nt*

**volatilidad** [bolatili'ða$^{d}$] *f* ① (QUÍM) Flüchtigkeit *f* ② (*inconstancia*) Flatterhaftigkeit *f*

**volatilizar** [bolatili'θar] <z→c> **I.** *vt* (QUÍM) verflüchtigen **II.** *vr:* ~**se** (QUÍM) sich verflüchtigen; (*fig*) sich in Luft auflösen

**volcán** [bol'kan] *m* ① (GEO) Vulkan *m* ② (*Am: fig: montón*) Berg *m*

**volcánico**, **-a** [bol'kaniko, -a] *adj* ① (GEO) vulkanisch ② (*ardiente*) feurig

**volcar** [bol'kar] *irr* **I.** *vi* (*tumbarse*) (um)kippen; (*caer*) umfallen; (AERO) kippen **II.** *vt* ① (*hacer caer*) umwerfen; (*verter*) auskippen ② (*dar la vuelta*) umdrehen **III.** *vr:* ~**se** ① (*darse la vuelta*) (um)kippen; (*caer*) umfallen; (*dar una voltereta*) sich überschlagen ② (*esforzarse*) sich bemühen; ~**se con alguien en atenciones/amabilidad** jdm gegenüber extrem aufmerksam/überaus liebenswürdig sein; ~**se en** [*o* **con**] **alguien** sich *dat* für jdn ein Bein ausreißen

**volea** [bo'lea] *f v.* **voleo**

**volear** [bole'ar] *vi, vt* (*tenis*) volley schlagen; (*fútbol*) volley schießen

**voleibol** [bolei̯'βol] *m* Volleyball *m*

**voleiplaya** [bolei̯'plaɟa] *m* Strandvolleyball *m*

**voleo** [bo'leo] *m* (DEP) Volley *m;* **a** ~ volley; (*fig*) massenhaft; (*descuidadamente*) aufs Geratewohl

**volframio** [bol'framjo] *m* (QUÍM) Wolfram *nt*

**volovelismo** [boloβe'lismo] *m sin pl* (DEP) Segelfliegen *nt*

**volquete** [bol'kete] *m* Kipplore *f;* (*camión*) Kippwagen *m*

**volt** [bol$^{t}$] *m v.* **voltio**

**voltaje** [bol̪'taxe] *m* Spannung *f*

**voltear** [bol̪te'ar] **I.** *vi* ① (*dar vueltas: persona*) sich herumwälzen; (*cosa*) sich drehen ② (*volcar*) sich überschlagen ③ (*Am: torcer*) abbiegen; (*girarse*) sich umdrehen; ~ **a** +*inf* wieder +*inf* ④ (*Am: pasear*) spazieren gehen **II.** *vt* ① (*invertir*) umdrehen; (*volver del revés*) umstülpen ② (*hacer girar*) zum Drehen bringen; ~ **las campanas** die Glocken läuten ③ (*Am: volcar*) umkippen; (*volver*) (um)drehen; ~ **la espalda a alguien** jdm den Rücken zudrehen ④ (*Am: lanzar al aire*) in die Luft werfen; (*el lazo*) schwingen **III.** *vr:* ~**se** ① (*dar vueltas*) sich drehen; (*volcar*) sich überschlagen ② (*Am: volcar*) umkippen; (*darse la vuelta*) sich umdrehen

**voltereta** [bol̪te'reta] *f* ① (*cabriola*) Purzelbaum *m;* (*en el aire*) Salto *m;* **dar una** ~ einen Purzelbaum schlagen; (*en el aire*) einen Salto machen ② (*vuelco*) Umschwung *m*

**voltio** ['bol̪tjo] *m* Volt *nt*

**volubilidad** [boluβili'ða$^{d}$] *f* ① (QUÍM) Flüchtigkeit *f* ② (*inconstancia*) Unbeständigkeit *f;* (*imprevisibilidad*) Unberechenbarkeit *f*

**voluble** [bo'luβle] *adj* ① (QUÍM) flüchtig ② (*inconstante*) unbeständig; (*imprevisible*) unberechenbar ③ (BOT) Schling-

**volumen** [bo'lumen] *m* ① (*tamaño*) Umfang *m;* (*t.* FÍS, MAT) Volumen *nt;* (*cabida*) Fassungsvermögen *nt;* (*cantidad*) (Gesamt)menge *f;* (*del pelo*) Fülle *f;* ~ **de ventas** Umsatz *m;* **de gran** ~ von großem Umfang ② (*de sonido*) Lautstärke *f;* **a todo** ~ sehr laut; **poner la música a todo** ~ die Musik voll aufdrehen ③ (*tomo*) Band *m;* **en dos/varios volúmenes** zwei-/mehrbändig

**voluminoso**, **-a** [bolumi'noso, -a] *adj* voluminös; (*poco manejable*) sperrig; (*grueso*) umfangreich; (*corpulento*) korpulent

**voluntad** [bolun̪'tad] *f* ① (*intención*) Wille *m;* (*fuerza de* ~) Willenskraft *f;* (JUR) Vorsatz *m;* ~ **de vivir** Lebenswille *m;* **buena** ~ Gutwilligkeit *f;* **mala** ~ Böswilligkeit *f;* **a** ~ nach Belieben; **con buena** ~ aus gutem Willen; **con mucha/poca** ~ willig/unwillig; **contra su** ~ widerwillig; **de última** ~ letztwillig; **hacer su santa** ~ seinen Willen durchsetzen; **poner** ~ **en algo** mit seinem ganzen Willen hinter etw *dat* stehen; **por propia** ~ freiwillig; **quitar a alguien la** ~ **de algo** jdn von etw *dat* abbringen; **tener mucha/poca** ~ einen starken/schwachen Willen haben ② (*cariño*) Zuneigung *f;* **dar la** ~ eine kleine Zuwendung geben; **ganarse la** ~ **de alguien** jdn für sich gewinnen; **tener** (**mucha**) ~ **a alguien** jdm (sehr) zugeneigt sein

**voluntariedad** [bolun̪tarje'ða$^{d}$] *f* ① (*carácter voluntario*) Freiwilligkeit *f;* (JUR) Wille *m* ② (*arbitrariedad*) Willkür *f* ③ (*fuerza de voluntad*) Willenskraft *f;* (*perseverancia*) Zielstrebigkeit *f*

**voluntario**, **-a** [bolun̪'tarjo, -a] **I.** *adj* ① (*libre*) freiwillig ② (*arbitrario*) willkürlich **II.** *m, f* Freiwillige(r) *mf;* **ofrecerse** ~ **para algo** sich für etw freiwillig melden

**voluntarioso, -a** [bolun̪taˈrjoso, -a] *adj* willensstark; (*perseverante*) zielstrebig; (*caprichoso*) eigenwillig

**voluntarismo** [bolun̪taˈrismo] *m sin pl* (FILOS) Voluntarismus *m*

**voluptuosidad** [boluptwosiˈðaᵈ] *f* ❶ (*pasión*) Wollust *f* ❷ (*sensualidad*) Sinnlichkeit *f*

**voluptuoso, -a** [boluptuˈoso, -a] *adj* ❶ (*apasionado*) wollüstig ❷ (*sensual*) sinnlich

**voluta** [boˈluta] *f* Spirale *f;* (ARQUIT) Volute *f;* (*del violín*) Schnecke *f;* **~s de humo** Rauchschwaden *mpl*

**volver** [bolˈβer] *irr* **I.** *vi* ❶ (*dar la vuelta*) umdrehen; **~ atrás** umkehren ❷ (*regresar*) zurückkehren; **~ a casa** heimkehren; **al ~ a casa me acosté** als ich nach Hause kam, ging ich schlafen; **al ~ compra el pan** kauf auf dem Rückweg Brot; **al ~ me llamó** nach seiner/ihrer Rückkehr rief er/sie mich an; **he vuelto por la autopista** ich bin auf der Autobahn zurückgefahren; **~ en sí** wieder zu sich *dat* kommen; **~ sobre sí** in sich gehen; **volviendo al tema** um auf das Thema zurückzukommen ❸ (*repetir*): **~ a** +*inf* wieder +*inf;* **he vuelto a cometer el mismo error** ich habe schon wieder denselben Fehler begangen; **he vuelto a casarme** ich habe wieder geheiratet **II.** *vt* ❶ (*dar la vuelta*) umdrehen; **~ la espalda a alguien** (*t. fig*) jdm den Rücken zukehren; **~ la vista a algo** den Blick auf etw richten ❷ (*poner del revés*) wenden; (*manga*) umkrempeln ❸ (*transformar*) verwandeln (in +*akk*); **~ furioso** wild machen; **~ a su estado original** in den ursprünglichen Zustand zurückbringen ❹ (*devolver*) zurückgeben; **~ algo a su sitio** etw (an seinen Platz) zurückstellen **III.** *vr:* **~se** ❶ (*darse la vuelta*) sich umdrehen (*a/hacia* nach +*dat*) ❷ (*dirigirse*) sich wenden (*a/hacia* an +*akk*); **~se contra alguien** sich gegen jdn wenden; **~se (para) atrás** umkehren; (*fig*) einen Rückzieher machen; **no tengo dónde ~me** ich habe niemanden, an den ich mich wenden kann ❸ (*regresar*) zurückkehren ❹ (*convertirse*) sich verwandeln (in +*akk*); (*ponerse*) werden; **~se viejo/rico** alt/reich werden

**vomitar** [bomiˈtar] **I.** *vi* sich übergeben; **es para ~** (*argot*) es ist zum Kotzen; **este salchichón me da ganas de ~** von dieser Salami wird mir ganz übel; **me dan ganas de ~** mir ist schlecht **II.** *vt* erbrechen; (*fig*) spucken; (*insultos*) ausstoßen; (*sangre*) speien

**vomitivo, -a** [bomiˈtiβo, -a] *adj* ❶ (MED) Brechreiz erregend ❷ (*argot: asqueroso*) ekelhaft; **ese es ~** der Typ ist ein echter Kotzbrocken

**vómito** [ˈbomito] *m* (*acción*) Erbrechen *nt;* (*lo vomitado*) Erbrochene(s) *nt;* **~ de sangre** Blutsturz *m;* **provocar ~s a alguien** jdn zum Erbrechen bringen

**voracidad** [boraθiˈðaᵈ] *f* (*ganas*) Gelüste *nt geh;* (*pey*) Essgier *f;* (*pey: glotonería*) Gefräßigkeit *f;* (MED) Vorazität *f;* **la ~ de las llamas** die alles verzehrenden Flammen

**vorágine** [boˈraxine] *f* ❶ (*remolino*) Strudel *m* ❷ (*confusión*) Trubel *m*

**voraz** [boˈraθ] *adj* (*pey: glotón*) gefräßig; (*hambriento*) heißhungrig; (*t. fig: devorador*) alles verzehrend; **apetito ~** Heißhunger *m*

**vórtice** [ˈbortiθe] *m* (*de agua*) Strudel *m;* (*de un ciclón*) Auge *nt* eines Wirbelsturms

**vos** [bos] *pron pers* ❶ (HIST: *usted*) Ihr *pl* ❷ (*Am: tú*) du ❸ (*Am: con preposición*): **esto es para ~** das ist für dich; **voy con ~** ich komme mit dir

**vosear** [boseˈar] *vt mit ‚vos' anstatt ‚tú' duzen* (*üblich in Argentinien*)

**i Land & Leute**

Der Begriff **vosear** bezeichnet ein linguistisches Phänomen: das Duzen mit *vos* anstatt mit *tú*. Es ist in Argentinien und anderen spanischsprachigen Ländern Lateinamerikas sehr verbreitet.

**Vosgos** [ˈbosɣos] *mpl:* **los ~** die Vogesen

**vosotros, -as** [boˈsotros, -as] *pron pers* ❶ (*sujeto*) ihr ❷ (*tras preposición*) euch

**votación** [botaˈθjon] *f* Abstimmung *f;* **~ a mano alzada** Abstimmung durch Handzeichen; **someter algo a ~** über etw abstimmen (lassen)

**votante** [boˈtan̪te] *mf* Abstimmende(r) *mf*

**votar** [boˈtar] **I.** *vi* ❶ (*decidir*) abstimmen; (*elegir*) stimmen (*a/por* für +*akk*) ❷ (REL) ein Gelöbnis ablegen ❸ (*maldecir*) fluchen; **¡voto a tal!** verflucht! **II.** *vt* ❶ (*decidir*) abstimmen (über +*akk*); (*elegir*) stimmen (für +*akk*); **~ una ley/un presupuesto** ein Gesetz/einen Haushalt verabschieden ❷ (REL) geloben

**voto** [ˈboto] *m* ❶ (POL: *opinión*) Stimme *f;* (*acción*) Abstimmung *f;* **~ afirmativo** [*o* **a favor**] Jastimme *f;* **~ en blanco** Abgabe eines leeren Stimmzettels; **~ de censura** Misstrauensvotum *nt;* **~ por correo** Briefwahl *f;* **~ negativo** [*o* **en contra**] Nein-

V

stimme *f;* **derecho a** ~ Stimmrecht *nt;* **dar su** ~ **a algo** für etw stimmen; **emitir su** ~ seine Stimme abgeben; **tener (derecho a)** ~ stimmberechtigt sein; **acción sin** ~ (FIN) Aktie ohne Stimmrecht ❷ (REL: *promesa*) Gelübde *nt;* **hacer** ~**s por** +*inf,* **hacer** ~**s por que...** +*subj* (*t. fig*) beten, dass ...

**voy** [boi̯] *1. pres de* **ir**

**voyeurismo** [bwaɟe'rismo] *m sin pl* Voyeurismus *m*

**voz** [boθ] *f* ❶ (*sonido, expresión, facultad, voto*) Stimme *f;* ~ **afeminada** Fistelstimme *f;* ~ **aguardentosa** Stimme wie ein Reibeisen; ~ **cantante** Solostimme *f;* ~ **de mando** Kommando *nt;* **a dos/cuatro voces** (MÚS) zwei-/vierstimmig; **aclarar la** ~ sich räuspern; **ahuecar la** ~ seine Stimme anheben; **levantar/bajar la** ~ lauter/leiser sprechen; **levantar la** ~ **a alguien** gegen jdn die Stimme erheben; **a media** ~ halblaut; **correr la** ~ **de algo** etw weitersagen; **de viva** ~ persönlich; **hablar en** ~ **alta/baja** laut/leise sprechen; **hacer oír su** ~ Gehör finden; **leer en** ~ **alta** vorlesen; **llevar la** ~ **cantante** (*fig*) den Ton angeben; **no tener ni** ~ **ni voto** nicht mitreden dürfen; (*fig*) nichts zu melden haben; **se me quebró la** ~ mir versagte die Stimme; (*fig*) es verschlug mir die Sprache; **tener** ~ **en algo** bei etw *dat* Mitspracherecht haben; (*fig*) bei etw *dat* ein Wörtchen mitzureden haben ❷ (*grito*) Ruf *m;* **voces** Geschrei *nt;* **a voces** schreiend; **a** ~ **en cuello** lauthals; **dar una** ~ **a alguien** jdm zurufen; **dar voces** schreien; **dar la** ~ **de alarma** Alarm schreien; **pegar (cuatro) voces** laut werden; **pedir algo a voces** nach etw *dat* schreien ❸ (*sonido*) Klang *m* ❹ (*rumor*) Gerücht *nt;* **corre la** ~ **de que te casas** man munkelt, dass du heiratest ❺ (*vocablo*) Wort *nt;* ~ **técnica** Fachterminus *m;* **de viva** ~ mündlich ❻ (*del verbo*): ~ **activa/pasiva** Aktiv *nt*/ Passiv *nt*

**vozarrón** [boθa'rron] *m* grobe, laute Stimme *f;* **¡vaya** ~ **que tiene!** der/die hat aber ein lautes Organ!

**vudú** [bu'ðu] *m sin pl* Wodu *m*

**vuelco** ['bwelko] *m* (*tumbo*) Umkippen *nt;* (*voltereta*) Überschlag *m;* (*cambio*) Umschwung *m;* **dar un** ~ sich überschlagen; (*fig*) eine Kehrtwendung machen; **me dio un** ~ **el corazón** mir blieb das Herz stehen

**vuelo** ['bwelo] *m* ❶ (*en el aire*) Flug *m;* ~ **acrobático** Kunstflug *m;* ~ **en globo** Ballonfahrt *f;* ~ **sin motor** Segelflug *m;* ~ **nacional/internacional** Inland-/Auslandflug *m;* ~ **rasante** Tiefflug *m;* ~ **regular** Linienflug *m;* **levantar el** ~ emporfliegen; **al** ~ in der Luft; (*fig*) im Fluge; **cogerlas al** ~ (*fig*) im Nu kapieren; **cortar los** ~**s a alguien** jdm die Flügel stutzen; **de altos** ~**s** großspurig; **oír el** ~ **de una mosca** (*fig*) eine Stecknadel fallen hören; **tomar** ~ (*fig*) auffliegen ❷ (*de la ropa*) Weite *f;* **falda de** ~ weiter Rock

**vuelta** ['bwel̪ta] *f* ❶ (*giro*) (Um)drehung *f;* ~ **de campana** (AUTO) Überschlagen *nt;* **andar a** ~**s con algo** (*fam*) sich mit etw *dat* herumschlagen; **buscar las** ~**s a alguien** jdn übers Ohr hauen; **dar la** ~ wenden; (*poner cabeza abajo*) auf den Kopf stellen; (*llave*) herumdrehen; **dar muchas** ~**s a algo** (*fig*) sich *dat* über etw den Kopf zerbrechen; **darle cien** ~**s a alguien** (*fig*) jdm haushoch überlegen sein; **darse la** ~ sich umdrehen; (*de campana*) sich überschlagen; **dar** ~**s a algo** etw drehen; **dar(se) media** ~ sich umdrehen; **dar(se) una** ~ spazieren gehen; **no tiene** ~ **de hoja** (*fig*) so ist es nun mal; **poner a alguien de** ~ **y media** an jdm kein gutes Haar lassen ❷ (*regreso*) Rückkehr *f;* (*viaje*) Rückfahrt *f;* ~ **atrás** Umkehr *f;* (*fig*) Rückzieher *m;* (CINE) Rückblende *f;* **a la** ~ **pasaremos por vuestra casa** auf dem Rückweg werden wir bei euch vorbeischauen; **a la** ~ **empezaré a trabajar** nach meiner Rückkehr werde ich anfangen zu arbeiten; **de** ~ **a casa** auf dem Rückweg nach Hause; **estar de** ~ zurück(gekehrt) sein; **estar de** ~ **de todo** (*fig*) ein alter Hase sein ❸ (*curva*) Biegung *f;* **dar** ~**s y revueltas** sehr kurvenreich sein ❹ (*dinero*) Wechselgeld *nt;* **dar la** ~ herausgeben ❺ (*cambio*) Wende *f;* **la vida da muchas** ~**s** erstens kommt es anders, und zweitens als man denkt; **¡las** ~**s que da la vida!** das Leben ist ein einziges Auf und Ab! ❻ (DEP) Runde *f;* ~ **ciclista** Tour *f* ❼ (POL) Wahlgang *m* ❽ (*devolución*) Rückgabe *f* ❾ (*reverso*) Rückseite *f* ❿ (*de la ropa*) Aufschlag *m* ⓫ (*del tejido*) Reihe *f* ⓬ (*loc*): **a** ~ **de correo** postwendend; **a la** ~ **de** (*lugar*) um +*akk;* (*tiempo*) nach +*dat*

**vuelto¹** ['bwel̪to] *m* (*Am: cambio*) Wechselgeld *nt;* **dar el** ~ herausgeben

**vuelto, -a²** ['bwel̪to, -a] *pp de* **volver**

**vuestro, -a** ['bwestro, -a] **I.** *adj* euer, eu(e)re; ~ **coche** euer Auto; **vuestra hija** eure Tochter; ~**s vecinos** eure Nachbarn **II.** *pron pos* ❶ (*de vuestra propiedad*) euer(e); **¿es** ~**?** gehört es euch? ❷ (*tras artículo*): **el** ~**/la vuestra/lo** ~ eure(r, s);

**los ~s** eure; (*parientes*) eure Angehörigen; **mi radio no funciona, ¿me dejáis la vuestra?** mein Radio geht nicht, leiht ihr mir eures?; **ésta es la vuestra** (*fam*) das ist die Gelegenheit für euch ③ (*tras substantivo*) eure(r), von euch; **un amigo ~** ein Freund von euch; (**no**) **es culpa vuestra** es ist (nicht) eure Schuld

**vulcanizar** [bulkani'θar] <z→c> *vt* (TÉC) vulkanisieren

**vulcanología** [bulkanolo'xia] *f sin pl* (GEO) Vulkanologie *f*

**vulgar** [bul'ɣar] *adj* ① (*común*) gemein; (*ordinario*) gewöhnlich ② (*pey: ordinario*) vulgär ③ (*bajo*) niedrig ④ (*ramplón*) platt

**vulgaridad** [bulɣari'ða$^{d}$] *f* ① (*normalidad*) Gewöhnlichkeit *f* ② (*pey: grosería*) Derbheit *f* ③ (*ramplonería*) Plattheit *f*

**vulgarismo** [bulɣa'rismo] *m* (LING) Vulgarismus *m*

**vulgarizar** [bulɣari'θar] <z→c> **I.** *vt* ① (*simplificar*) vereinfachen ② (*popularizar*) popularisieren **II.** *vr:* **~se** ① (*pey: persona*) vulgär werden ② (*trivializarse*) abflachen ③ (*popularizarse*) populär werden

**vulgo** ['bulɣo] *m* ① (*mayoría*) breite Allgemeinheit *f;* (*pey: masa*) Masse *f* ② (*pueblo, profanos*) gemeines Volk *nt*

**vulnerabilidad** [bulneraβili'ða$^{d}$] *f* Verletzlichkeit *f;* (*de la salud, de máquinas*) Anfälligkeit *f*

**vulnerable** [bulne'raβle] *adj* verletzlich

**vulneración** [bulnera'θjon] *f* Verletzung *f*

**vulnerar** [bulne'rar] *vt* verletzen

**vulva** ['bulβa] *f* Schamgegend *f;* **labios de la ~** Schamlippen *fpl*

# Ww

**W, w** ['uβe 'ðoβle] *f* W, w *nt;* **~ de Washington** W wie Wilhelm

**walkie-talkie** ['walki-'talki] *m* Walkie-Talkie *nt*

**walkman** ['wokman] *m* Walkman® *m*

**wampa** ['wampa] *f* (*Méx: ciénaga*) Sumpf *m*

**warrant** ['warran$^{t}$] <warrants> *m* (FIN) Lager(pfand)schein *m*

**wáter** ['bater] *m*, **water-closet** ['bater-'klose$^{t}$] *m* Toilette *f*

**waterpolista** [baterpo'lista] *mf* Wasserballer(in) *m(f)*

**waterpolo** [bater'polo] *m* Wasserball *m*

**watt** [ba$^{t}$] *m* Watt *nt*

**W.C.** ['uβe θe] *m abr de* **water-closet** WC *nt*

**whisky** ['wiski] *m* (*escocés*) Whisky *m;* (*americano, irlandés*) Whiskey *m*

**windsurf** ['win̪$^{d}$surf] *m* ① (DEP) (Wind)surfen *nt* ② (*tabla*) Surfbrett *nt*

**windsurfing** [win̪$^{d}$'surfiŋ] *m sin pl* (Wind)surfen *nt*

**windsurfista** [win̪$^{d}$sur'fista] *mf* (Wind)surfer(in) *m(f)*

**wing** [wiŋ] *m* (*Am*) ① (*extremo delantero*) Außenstürmer *m* ② (*extrema delantera*) Flügel *m*

**wolframio** [bol'framjo] *m* Wolfram *nt*

# Xx

**X, x** ['ekis] *f* ① (*letra*) X, x *nt;* **~ de Xilófono** X wie Xanthippe; **rayos ~** Röntgenstrahlen *mpl;* **en** (**forma de**) **~** x-förmig ② (MAT) x; **~ veces** x-mal ③ (*fig: indeterminado*) x-beliebig ④ (*numeración romana*) X

**xenofobia** [seno'foβja] *f* Fremdenfeindlichkeit *f*

**xenófobo, -a** [se'nofoβo, -a] *adj* fremdenfeindlich

**xenón** [se'non] *m* (QUÍM) Xenon *nt*

**xerocopiar** [seroko'pjar] *vt* xerokopieren

**xerografiar** [seroɣrafi'ar] <*1. pres:* xerografío> *vt* xerographieren

**xilófono** [si'lofono] *m* Xylophon *nt*

**xilografía** [siloɣra'fia] *f* Holzschnitt *m*

**xirgo, -a** ['sirɣo, -a] *adj* (*Méx*) ① (*desaseado*) schlampig ② (*hirsuto*) zottelig

**Xunta** ['ʃun̪ta] *f* (POL): **la ~** (**de Galicia**) *galicisches Regierungsorgan*

# Yy

**Y, y** [i 'ɣrjeɣa] *f* Y, y *nt;* **~ de Yegua** Y wie Ypsilon

**y** [i] *conj* und; **¿~ qué?** na und?; **días ~ días** tagelang; **me voy de vacaciones – ¿~ tu**

**trabajo?** ich mache Urlaub – und was ist mit deiner Arbeit?; **¿~ tu marido(, qué tal)?** wie geht es deinem Mann?; **¿~ mi monedero? – en el coche** wo ist denn mein Geldbeutel? – im Auto; **¿~ este paquete? – de mis padres** von wem ist dieses Paket? – von meinen Eltern; **¿~ esta chaqueta? – de mi madre** wem gehört diese Jacke? – meiner Mutter; **~ eso que** obwohl

**? Grammatik**

**y** wird zu **e** vor einem mit ‚i-' oder ‚hi-' beginnenden Wort: *par e impar* – gerade und ungerade, *Javier e Isabel* – Javier und Isabel. Vor ‚y' wird jedoch stets **y** verwendet: *ella y yo* – sie und ich, *Rubén y Yolanda* – Rubén und Yolanda.

**ya** [ɟa] **I.** *adv* ❶ (*en el pasado*) schon; **~ es hora de que cambies** es wird (höchste) Zeit, dass du dich änderst ❷ (*pronto*) gleich, sofort; **¡~ voy!** ich komme schon!; **~ verás** du wirst schon (noch) sehen ❸ (*ahora*) jetzt; **~ falta poco para Navidades** bald ist Weihnachten ❹ (*negación*): **~ no fumo** ich rauche nicht mehr; **no ~** [*o* **~ no**]**... sino...** nicht nur ..., sondern auch ... ❺ (*afirmación*) ja; **~, ~** jaja, soso; **¡ah ~!** ach so!; **¡anda ~!** ach was!; **¡pues ~!** aber klar doch! **II.** *conj* ❶ (*porque*): **~ que** da, weil ❷ (*aprovechando que*): **~ que estás aquí...** wenn du schon hier bist, ...; **~ que lo mencionas...** weil du gerade davon anfängst, ... ❸ (*o*): **~ por ..., ~ por....** mal wegen ..., mal wegen ... **III.** *interj* ach so!

**yac** [ɟak] *m* (ZOOL) *v.* **yak**

**yacaré** [ɟaka're] *m* (ZOOL) Kaiman *m*

**yacer** [ɟa'θer] *irr vi* ❶ (*estar echado*) liegen ❷ (*estar enterrado*) ruhen ❸ (*acostarse*) schlafen ❹ (*estar*) sich befinden

**yacija** [ɟa'θixa] *f* ❶ (*pey: cama*) (Nacht)lager *nt;* (*de paja*) Strohlager *nt* ❷ (*sepultura*) Grabstätte *f*

**yacimiento** [ɟaθi'mjen̩to] *m* (GEO, MIN) Vorkommen *nt;* (*capa*) Flöz *nt*

**yaguré** [ɟaɣu're] *m* (*Am:* ZOOL) Stinktier *nt,* Skunk *m*

**yak** [ɟak] *m* Jak *nt*

**yámbico, -a** ['ɟambiko, -a] *adj* (LIT) jambisch

**yambo** ['ɟambo] *m* (LIT) Jambus *m*

**yang** [ɟaŋ] *m* (FILOS) Yang *nt*

**yanomami** [ɟano'mami] *adj* das Volk der Yanomami betreffend

**yanqui** ['ɟaŋki] **I.** *adj* (nord)amerikanisch **II.** *mf* (US-)Amerikaner(in) *m(f)*

**yantar** [ɟan̩'tar] **I.** *vt* (*elev*) essen; (*al mediodía*) zu Mittag essen **II.** *m* (*elev*) Essen *nt*

**yapa** ['ɟapa] *f* (*Am*) ❶ (*a un precio*) Zuschlag *m* ❷ (*objeto*) Zugabe *f;* **de ~** zudem

**yapar** [ɟa'par] *vt* (*Am*) ❶ (*el precio*) einen Zuschlag erheben (auf *+akk*) ❷ (*un objeto*) dazugeben

**yarda** ['ɟarða] *f* Yard *nt*

**yate** ['ɟate] *m* Jacht *f*

**yayo, -a** ['ɟaɟo, -a] *m, f* (*fam*) Opa *m,* Oma *f*

**yazco** ['ɟaθko], **yazgo** ['ɟaθɣo] *1. pres de* **yacer**

**ye** [ɟe] *f* Ypsilon *nt*

**yedra** ['ɟeðra] *f* Efeu *m*

**yegua** ['ɟeɣwa] *f* ❶ (ZOOL) Stute *f* ❷ (*AmC: colilla*) Zigarettenstummel *m*

**yeguada** [ɟe'ɣwaða] *f* Pferdeherde *f*

**i Land & Leute**

**yeísmo** *m*: Der Begriff **yeísmo** bezeichnet das Aussprechen des ‚ll' wie ein ‚y', z. B. *gayo* statt *gallo*. Der **yeísmo** ist weit verbreitet, vor allem unter der Stadtbevölkerung.

**yelmo** ['ɟelmo] *m* Helm *m*

**yema** ['ɟema] *f* ❶ (*de un huevo*) Eigelb *nt,* (Ei)dotter *m o nt* ❷ (*de un dedo*) Fingerkuppe *f* ❸ (GASTR) Eierkonfekt *nt* ❹ (BOT) Knospe *f* ❺ (*centro*) Mitte *f;* **en la ~ del invierno** im tiefsten Winter; **dar en la ~** (*fig fam*) den Nagel auf den Kopf treffen ❻ (*parte mejor*) Beste(s) *nt*

**Yemen** ['ɟemen] *m* Jemen *m*

**yemení** [ɟeme'ni], **yemenita** [ɟeme'nita] **I.** *adj* jemenitisch **II.** *mf* Jemenit(in) *m(f)*

**yen** [ɟen] <yenes> *m* Yen *m*

**yendo** ['ɟen̩do] *ger de* **ir**

**yerba** ['ɟerβa] *f* ❶ (*planta*) Kraut *nt;* **~ mate** (*RíoPl*) Matepflanze *f;* (*producto*) Mate(tee) *m* ❷ (*césped*) Gras *nt;* (*pasto*) Gras *nt;* (*seco*) Heu *nt*

**yerbear** [ɟerβe'ar] *vi* (*Am*) Mate(tee) trinken

**yergo** ['ɟerɣo] *1. pres de* **erguir**

**yermo**[1] ['ɟermo] *m* ❶ (*terreno*) Einöde *f* ❷ (AGR) Brachfeld *nt,* Brache *f*

**yermo, -a**[2] ['ɟermo, -a] *adj* ❶ (*inhabitado*) unbewohnt ❷ (AGR) brach(liegend); **dejar ~** brachlegen

**yerno** ['ɟerno] *m* Schwiegersohn *m*

**yernocracia** [ɟerno'kraθja] *f* (*fam*) Vetternwirtschaft *f*
**yero** ['ɟero] *m* (BOT) Wicke *f*
**yerro** ['ɟerro] *m* (*equivocación*) Irrtum *m;* (*falta*) Fehler *m*
**yerto, -a** ['ɟerto, -a] *adj* starr; **quedar ~ (de un susto)** (vor Schreck) erstarren
**yesca** ['ɟeska] *f* Zunder *m*
**yesería** [ɟese'ria] *f* ❶ (*fábrica*) Gipswerk *nt* ❷ (*comercio*) Gipshandel *m*
**yesero, -a** [ɟe'sero, -a] **I.** *adj* Gips- **II.** *m, f* ❶ (*que fabrica*) Gipsfabrikant(in) *m(f)* ❷ (*que vende*) Gipshändler(in) *m(f)*
**yeso** ['ɟeso] *m* (*material*) Gips *m;* **de ~** gipsern; **dar de ~ una pared** eine Wand verputzen
**yesquero** [ɟes'kero] *m* (Zunder)feuerzeug *nt*
**yeta** ['ɟeta] *f* (*Arg, Urug*) Pech *nt*
**yeti** ['ɟeti] *m* Yeti *m*
**yé-yé** [ɟe'ɟe] *adj* (*fam*): **hoy vas muy ~** heute bist du aber flippig angezogen
**yeyuno** [ɟe'ɟuno] *m* Leerdarm *m;* (ANAT) Jejunum *nt*
**yid(d)ish** ['ɟiðiʃ] *m* Jiddisch(e) *nt*
**yin** [ɟin] *m* (FILOS) Yin *nt*
**yo** [ɟo] **I.** *pron pers* ich; **~ que tú...** ich an deiner Stelle ...; **esto queda entre tú y ~** das bleibt unter uns **II.** *m* (*t.* PSICO) Ich *nt*
**yod** [ɟo$^{ð}$] *f* (LING) Jot *nt*
**yodo** ['ɟoðo] *m* Jod *nt*
**yoga** ['ɟoɣa] *m* Joga *nt o m*
**yoghi** ['ɟoɣi] *mf,* **yogui** ['ɟoɣi] *mf* Jogi *m,* Jogin *f*
**yogur** ['ɟoɣur] <yogures> *m* ❶ (GASTR) Joghurt *m* ❷ (*argot: genio*): **estar de mal ~** schlecht drauf sein; **tener muy mal ~** gemein sein
**yogurtera** [ɟoɣur'tera] *f* ❶ (*máquina*) Jog(h)urtbereiter *f* ❷ (*argot: coche*) Polizeiauto *nt*
**yolo** ['ɟolo] *m* (*Méx: fam: corazón*) Herz *nt;* **¡~ mío!** mein Schatz!
**yonqui** ['ɟoŋki] *mf* (*argot*) Junkie *m*
**yóquei** ['ɟokei̯] *m,* **yoqui** ['ɟoki] *m* (DEP) Jockei *m*
**yoyo** *m,* **yoyó** *m* Jo-Jo *nt*
**yuca** ['ɟuka] *f* (*palma*) Yucca(palme) *f*
**yudo** ['ɟuðo] *m* Judo *nt*
**yudoca** [ɟu'ðoka] *mf* (DEP) Judoka *mf*
**yugo** ['ɟuɣo] *m* ❶ (*dominio, t.* AGR) Joch *nt;* **someterse al ~** sich unterwerfen ❷ (*de la campana*) Glockenstuhl *m*
**Yugoslavia** [ɟuɣos'laβja] *f* Jugoslawien *nt*
**yugoslavo, -a** [ɟuɣos'laβo, -a] **I.** *adj* jugoslawisch **II.** *m, f* Jugoslawe, -in *m, f*
**yugular** [ɟuɣu'lar] **I.** *vt* ❶ (*decapitar*) köpfen ❷ (*detener*) zum Stillstand bringen; (*acabar*) unterbinden **II.** *adj* Hals-
**yunque** ['ɟuŋke] *m* (*para forjar, t.* ANAT) Amboss *m*
**yunta** ['ɟun̪ta] *f* ❶ (*par*) Gespann *nt,* Joch *nt* ❷ *pl* (*PRico, Urug, Ven*) Paar *nt* Manschettenknöpfe
**yupi** ['ɟupi] *interj* (*fam*) juchhu!
**yuppy** ['ɟupi] *mf* Yuppie *m*
**yute** ['ɟute] *m* Jute *f*
**yuxtaponer** [ɟustapo'ner] *irr como poner* **I.** *vt* (*a otra cosa*) stellen (*a* neben +*akk*); (*dos cosas*) nebeneinander stellen **II.** *vr:* **~se** hinzukommen (*a* zu +*dat*)
**yuxtaposición** [ɟustaposi'θjon] *f* (*acción*) Nebeneinanderstellen *nt;* (*efecto*) Nebeneinanderliegen *nt;* (LING, GEO) Juxtaposition *f*
**yuxtapuesto, -a** [ɟusta'pwesto, -a] *adj* nebeneinander liegend; (LING) aneinander gereiht
**yuyal** [ɟu'ɟal] *m* (*CSur*) Gebüsch *nt*
**yuyo** ['ɟuɟo] *m* ❶ (*CSur: yerbajo*) Unkraut *nt* ❷ *pl* (*Col, Ecua: condimento*) Gewürzkräuter *ntpl* ❸ *pl* (*Perú: verdura*) Gemüse *nt* ❹ (*AmC: ampolla*) Blase *f*

# Z z

**Z, z** ['θeta/'θeða] *f* Z, z *nt;* **~ de Zaragoza** Z wie Zeppelin
**zabuir** [θa'bwir] *vi* (*Col, PRico: zambullir*) eintauchen
**zacate** [θa'kate] *m* (*Am: paja*) Stroh *nt*
**zafacón** [θafa'kon] *m* (*PRico, RDom: cubo de la basura*) Abfalleimer *m*
**zafado, -a** [θa'faðo, -a] *adj* (*Arg: descarado*) frech
**zafadura** [θafa'ðura] *f* (*Am: luxación*) Ausrenkung *f*
**zafar** [θa'far] **I.** *vt* (NÁUT) klar machen **II.** *vr:* **~se** ❶ (*de una persona*) loswerden (*de* +*akk*) ❷ (*de un compromiso*) sich drücken (*de* vor +*dat*) ❸ (TÉC: *correa*) abgehen ❹ (*Am: dislocarse*) sich *dat* ausrenken
**zafarrancho** [θafa'rranʧo] *m* ❶ (NÁUT) Klarmachen *nt* ❷ (*fam: limpieza*) Großreinemachen *nt* ❸ (*fam: riña*) Zank *m* ❹ (*fam: destrozo*) Verwüstung *f*
**zafio, -a** ['θafjo, -a] *adj* ❶ (*grosero*) ordinär ❷ (*tosco*) ungehobelt, ungeschliffen

**zafiro** [θa'firo] *m* Saphir *m*

**zafo**[1] ['θafo] *adv* (*Am: salvo*) abgesehen von +*dat*, bis auf +*akk*

**zafo, -a**[2] ['θafo, -a] *adj* ① (NÁUT) klar ② (*indemne*) heil; **salir** ~ ungeschoren davonkommen

**zafra** ['θafra] *f* ① (*cosecha*) Zuckerrohrernte *f* ② (*fabricación*) Zuckerherstellung *f* ③ (*tiempo*) Zuckerrohrsaison *f* ④ (*jarra*) Ölkrug *m*

**zaga** ['θaɣa] *f* ① (*parte posterior*) hinterer Teil *m;* **ir a la ~ de alguien** hinter jdm hergehen; **el vicepresidente no le va a la ~ al presidente** der Vizepräsident steht dem Präsidenten in nichts nach ② (DEP) Verteidigung *f*

**zagal(a)** [θa'ɣal(a)] *m(f)* (*muchacho*) Junge *m;* (*muchacha*) Mädchen *nt*

**zaguán** [θa'ɣwan] *m* ① (*vestíbulo*) Diele *f* ② (*exterior*) Vorhalle *f*

**zaguero**[1] [θa'ɣero] *m* (DEP: *en pelota*) Deckungsspieler *m;* (*en fútbol*) Verteidiger *m*

**zaguero, -a**[2] [θa'ɣero, -a] *adj* hintere(r, s)

**zahareño, -a** [θa(a)'reɲo, -a] *adj* spröde

**zaherir** [θae'rir] *irr como sentir vt* ① (*reprender*) tadeln, rügen ② (*mortificar*) kränken

**zahorí** [θao'ri] <zahoríes> *m* ① (*vidente*) Hellseher(in) *m(f)* ② (*perspicaz*) Gedankenleser(in) *m(f)*

**zaino, -a** ['θai̯no, -a] *adj* ① (*persona*) hinterlistig; **mirar a lo ~** verstohlen ansehen ② (*res*) schwarz; (*caballo*) dunkelbraun

**Zaire** ['θai̯re] *m* Zaire *nt*

**zaireño, -a** [θai̯'reɲo, -a] **I.** *adj* zairisch **II.** *m, f* Zairer(in) *m(f)*

**zalamería** [θalame'ria] *f* Schmeichelei *f*

**zalamero, -a** [θala'mero, -a] **I.** *adj* schmeichlerisch **II.** *m, f* Schmeichler(in) *m(f)*

**zalema** [θa'lema] *f* ① (*reverencia*) Verbeugung *f* ② (*zalamería*) Schmeichelei *f*

**zamarra** [θa'marra] *f* ① (*de pastor*) Hirtenjacke *f* (*aus Schaffell*) ② (*chaqueta*) pelzgefütterte Jacke *f* ③ (*piel*) Schaffell *nt*

**zamarro** [θa'marro] *m* ① (*chaqueta*) pelzgefütterte Jacke *f* ② (*piel*) Schaffell *nt* ③ (*rústico*) Rüpel *m* ④ (*bribón*) Gauner *m* ⑤ *pl* (*Am: pantalones*) Reiterhosen *fpl*

**Zambeze** [θam'beθe] *m* Sambesi *m*

**Zambia** ['θambja] *f* Sambia *nt*

**zambiano, -a** [θam'bjano, -a] **I.** *adj* sambisch **II.** *m, f* Sambier(in) *m(f)*

**zambo, -a** ['θambo, -a] *adj* (*piernas*) X-beinig

**zambomba** [θam'bomba] **I.** *f* (MÚS) Stabreibtrommel **II.** *interj* meine Güte

**i Land & Leute**

Die **zambomba**, eine „Stabreibtrommel", ist ein typisches weihnachtliches Musikinstrument. Mit der **zambomba** ziehen die Kinder von Haus zu Haus und singen *villancicos – Weihnachtslieder.* Die **zambomba** wird außerdem auch als Lärminstrument während des *carnaval – Karneval* benutzt.

**zambombazo** [θambom'baθo] *m* (*fam*) ① (*porrazo*) Schlag *m* ② (*explosión*) Knall *m*

**zambombo** [θam'bombo] *m* (*fam*) Rüpel *m*

**zambra** ['θambra] *f* ① (*bulla*) Trubel *m* ② (*riña*) Radau *m*

**zambucar** [θambu'kar] <c→qu> *vt* (*fam*) wegstecken

**zambullida** [θambu'ʎiða] *f* ① (*en el agua*) Untertauchen *nt* ② (*de cabeza*) Kopfsprung *m;* **darse una ~** einen Kopfsprung machen

**zambullir** [θambu'ʎir] <*3. pret:* zambulló> **I.** *vt* eintauchen **II.** *vr:* **~se** ① (*en el agua*) (ein)tauchen ② (*en un asunto*) sich stürzen ③ (*ocultarse*) sich verstecken; (*cubrirse*) sich einmummen *fam*

**zamorano, -a** [θamo'rano, -a] **I.** *adj* aus Zamora **II.** *m, f* Einwohner(in) *m(f)* von Zamora

**zampabollos** [θampa'βoʎos] *mf inv* (*fam*) Vielfraß *m*

**zampar** [θam'par] **I.** *vt* ① (*ocultar*) rasch wegstecken ② (*comer*) verschlingen ③ (*tirar*) (hin)werfen **II.** *vr:* **~se** ① (*en un lugar*) plötzlich auftauchen ② (*comer*) verschlingen ③ (*pey: invitarse*) reinplatzen

**zampatortas** [θampa'tortas] *mf inv* (*fam*) Vielfraß *m*

**zampón, -ona** [θam'pon, -ona] **I.** *adj* (*fam*) gefräßig **II.** *m, f* (*fam*) Vielfraß *m*

**zampoña** [θam'poɲa] *f* Panflöte *f*

**zamuro** [θa'muro] *m* (*Ven: buitre*) Geier *m*

**zanahoria** [θana'orja] *f* Mohrrübe *f*, Karotte *f*

**zanca** ['θaŋka] *f* ① (*del ave*) Vogelbein *nt* ② (*fam: del hombre*) langes Bein *nt*

**zancada** [θaŋ'kaða] *f* langer Schritt *m;* **dar ~s** große Schritte machen; **se recorrió la ciudad en dos ~s** er/sie besichtigte die Stadt in ein paar Minuten

**zancadilla** [θaŋka'ðiʎa] *f:* **poner la ~ a alguien** jdm ein Bein stellen; (*fig*) jdm das Leben schwer machen

**zancadillear** [θaŋkaðiʎe'ar] *vt* ein Bein stellen +*dat;* (*fig*) das Leben schwer machen +*dat*
**zanco** ['θaŋko] *m* Stelze *f*
**zancudas** [θaŋ'kuðas] *fpl* Stelzvögel *mpl*
**zancudo**[1] [θaŋ'kuðo] *m* (*Am*) Moskito *m*
**zancudo, -a**[2] [θaŋ'kuðo, -a] *adj* langbeinig
**zanganear** [θaŋgane'ar] *vi* (*fam*) faulenzen
**zángano** ['θaŋgano] *m* ❶ (*vago, t.* ZOOL) Drohne *f* ❷ (*torpe*) Tollpatsch *m*
**zangón** [θaŋ'gon] *m* (*fam*) Nichtstuer *m*
**zanguanga** [θaŋ'gwaŋga] *f:* **hacer la ~** sich krank stellen
**zanguango, -a** [θaŋ'gwaŋgo, -a] **I.** *adj* (*fam*) faul **II.** *m, f* (*fam*) Faulpelz *m*
**zanja** ['θaŋxa] *f* ❶ (*excavación*) Graben *m* ❷ (*Am: arroyada*) Flusstal *nt*
**zanjar** [θaŋ'xar] *vt* ❶ (*abrir zanjas*) Gräben ziehen ❷ (*asunto*) lösen; (*disputa*) beilegen
**zanquilargo, -a** [θaŋki'laryo, -a] *adj* (*fam*) langbeinig
**zanquivano, -a** [θaŋki'βano, -a] *adj* (*fam*) storchbeinig
**Zanzíbar** [θaṇ'θiβar] *m* Sansibar *nt*
**zapa** ['θapa] *f* (*pala*) Spaten *m;* **labor de ~** (*fig*) heimtückisches Vorgehen
**zapador** [θapa'ðor] *m* (MIL: *que cava zanjas*) Sappeur *m;* (*que construye puentes, etc.*) Pionier *m*
**zapallo** [θa'paʎo] *m* ❶ (*Am: calabaza*) Kürbis *m* ❷ (*Arg, Chil: chiripa*) Glück *nt*
**zapar** [θa'par] *vi* (*cavar*) graben
**zapata** [θa'pata] *f* (AUTO) Bremsschuh *m*
**zapateado** [θapate'aðo] *m* ❶ (*baile*) Zapateado *m* ❷ (*de la vela*) (heftiges) Flackern *nt*
**zapatear** [θapate'ar] **I.** *vt* ❶ (*golpear*) mit einem Schuh schlagen ❷ (*bailando*) mit dem Fuß (auf)stampfen **II.** *vi* (*velas*) (heftig) flackern
**zapatería** [θapate'ria] *f* ❶ (*tienda*) Schuhgeschäft *nt* ❷ (*fábrica*) Schuhfabrik *f* ❸ (*taller*) Schuhmacherwerkstatt *f* ❹ (*oficio*) Schuhmacherei *f*
**zapatero, -a** [θapa'tero, -a] **I.** *adj* eingeschrumpft **II.** *m, f* Schuhmacher(in) *m(f);* **~ a tus zapatos** (*prov*) Schuster bleib bei deinen Leisten
**zapatilla** [θapa'tiʎa] *f* ❶ (*para casa*) Hausschuh *m* ❷ (*de deporte*) Turnschuh *m;* **~s de clavos** Spikes *mpl;* **~s de tenis** Tennisschuhe *mpl*
**zapato** [θa'pato] *m* Schuh *m;* **tú no me llegas a la suela del ~** (*fig fam*) du kannst mir nicht das Wasser reichen
**zape** ['θape] *interj* ❶ (*animal*) husch ❷ (*peligro*) du meine Güte
**zapear** [θape'ar] *vt* ❶ (*espantar*) verscheuchen ❷ (TV: *fam*) zappen
**zapeo** [θa'peo] *m* (TV: *fam*) Zappen *nt*
**zapping** ['θapiŋ] *m* (TV) Zappen *nt*
**zaque** ['θake] *m* ❶ (*odre*) kleiner Weinschlauch *m* ❷ (*fam: borracho*) Säufer *m*
**zaquizamí** [θakiθa'mi] *m* ❶ (*desván*) Dachboden *m* ❷ (*pey: cuarto*) Loch *nt*
**zar** [θar] *m,* **zarina** [θa'rina] *f* Zar(in) *m(f)*
**zaragata** [θara'ɣata] *f* ❶ (*alboroto*) Tumult *m* ❷ *pl* (*zalamerías*) schmeichelnde Worte *ntpl*
**zaragozano, -a** [θaraɣo'θano, -a] **I.** *adj* aus Zaragoza **II.** *m, f* Einwohner(in) *m(f)* von Zaragoza
**zarandajas** [θaraṇ'daxas] *fpl* Kleinigkeiten *fpl*
**zarandear** [θaraṇde'ar] **I.** *vt* ❶ (*cribar*) sieben ❷ (*sacudir: cosa*) schütteln; (*persona*) schubsen ❸ (*ajetrear*) schikanieren ❹ (*Am: ridiculizar*) bloßstellen **II.** *vr:* **~se** ❶ (*ajetrearse*) sich plagen ❷ (*burlarse*) sich lustig machen (*de* über +*akk*)
**zarandeo** [θaraṇ'deo] *m* ❶ (*cribado*) Sieben *nt* ❷ (*sacudida*) Rütteln *nt*
**zarcillo** [θar'θiʎo] *m* ❶ (*pendiente*) Ohrring *m* ❷ (BOT) Ranke *f*
**zarco, -a** ['θarko, -a] *adj* hellblau
**zarina** [θa'rina] *f v.* **zar**
**zarismo** [θa'rismo] *m sin pl* (POL) Zarismus *m*
**zarpa** ['θarpa] *f* ❶ (*barco*) Auslaufen *nt* ❷ (*del león*) Pranke *f;* (*fam: del hombre*) Pfote *f;* **echar la ~** (*animal*) mit den Pranken zuschlagen; (*persona*) mit Gewalt zupacken
**zarpar** [θar'par] *vi* (*barco*) auslaufen
**zarpazo** [θar'paθo] *m* Prankenhieb *m*
**zarrapastroso, -a** [θarrapas'troso, -a] *adj* (*fam*) schlampig
**zarza** ['θarθa] *f* Dornbusch *m*
**zarzal** [θar'θal] *m* (BOT) Dorngestrüpp *nt*
**zarzamora** [θarθa'mora] *f* (BOT) Brombeere *f*
**zarzaparrilla** [θarθapa'rriʎa] *f* (BOT) Sarsaparille *f*
**zarzarrosa** [θarθa'rrosa] *f* (BOT) Blüte *f* der Heckenrose
**zarzuela** [θar'θwela] *f* (MÚS) Zarzuela *f*
**zas** [θas] *interj* ❶ (*de rapidez*) zack ❷ (*de golpe*) peng
**zascandil** [θaskaṇ'dil] *m* (*fam*) ❶ (*chismoso*) Klatschmaul *nt* ❷ (*entrometido*) Schnüffler *m*
**zascandilear** [θaskaṇdile'ar] *vi* (*fam*) ❶ (*chismorrear*) klatschen ❷ (*entrometerse*) herumschnüffeln

**zen** [θen] *m* (REL) Zen *nt*

**zepelín** [θepe'lin] *m* Zeppelin *m*

**zeta** ['θeta] *f* Z *nt*

**zigzag** [θiɣ'θaɣ] *m* <zigzagues *o* zigzags> Zickzack *m*

**zigzaguear** [θiɣθaɣe'ar] *vi* zickzacken

**Zimbabue** [θim'baᵝwe] *m* Simbabwe *nt*

**zimbabuo**, **-a** [θim'baᵝwo, -a] **I.** *adj* simbabwisch **II.** *m, f* Simbabwer(in) *m(f)*

**zinc** [θiŋ] *m* <cines *o* zines> Zink *nt;* **óxido de** ~ Zinkoxid *nt*

**zíper** ['θiper] *m* (*Méx: cremallera*) Reißverschluss *m*

**zipizape** [θipi'θape] *m* (*fam: riña*) Radau *m;* (*con golpes*) Schlägerei *f*

**zócalo** ['θokalo] *m* Sockel *m*

**zoco** ['θoko] *m* ① (*mercado*) (arabischer) Marktplatz *m* ② (*zócalo*) Sockel *m*

**zodíaco** [θo'diako] *m* Tierkreis *m;* **signos del** ~ Sternzeichen *ntpl*

**zombi** ['θombi] *m* ① (*muerto*) Zombie *m* ② (*atontado*): **estar** ~ völlig benommen sein

**zona** ['θona] *f* ① (*general, t.* POL, GEO, METEO) Zone *f;* (*terreno*) Gebiet *nt;* (*área*) Bereich *m;* ~ **de ensanche** erschlossenes Baugebiet; ~ **franca** Zollfreigebiet *nt;* ~ **de influencia** Einflussbereich *m;* ~ **peatonal** Fußgängerzone *f;* ~ **urbana** Stadtgebiet *nt;* ~ **verde** Grünzone *f* ② (DEP: *baloncesto: área*) Freiwurfraum *m;* (*defensa*) Raumdeckung *f;* (*falta*) Dreisekundenfehler *m*

**zonal** [θo'nal] *adj* zonal

**zoncera** [θon̩'θera] *f* (*Am*), **zoncería** [θon̩θe'ria] *f* (*tontería*) Albernheit *f*

**zonzo**, **-a** ['θon̩θo, -a] *adj* ① (*aburrido*) langweilig, fade ② (*Am: tonto*) dumm

**zoo** ['θoo] *m* Zoo *m*

**zoofilia** [θo(o)'filja] *f* übertriebene Tierliebe *f*

**zoología** [θo(o)lo'xia] *f sin pl* Zoologie *f*

**zoológico**, **-a** [θo(o)'loxiko, -a] *adj* zoologisch; **parque** ~ Zoo *m*

**zoólogo**, **-a** [θo'oloɣo, -a] *m, f* Zoologe, -in *m, f*

**zoom** [θum] *m* (FOTO) Zoom(objektiv) *nt;* **utilizar el** ~ zoomen

**zopenco**, **-a** [θo'peŋko, -a] **I.** *adj* dumm, doof *fam* **II.** *m, f* Trottel *m*

**zopilote** [θopi'lote] *m* (ZOOL) Geier *m*

**zopo**, **-a** ['θopo, -a] *adj* verkrüppelt

**zoquete** [θo'kete] *m* ① (*madera*) Holzklotz *m* ② (*tarugo*) Dummkopf *m*

**zorra** ['θorra] *f* ① (ZOOL) Füchsin *f* ② (*astuta*) gerissene Frau *f* ③ (*fam: prostituta*) Hure *f* ④ (*fam: borrachera*) Rausch *m*

**zorrera** [θo'rrera] *f* ① (*de zorros*) Fuchsbau *m* ② (*habitación*) miefiger Raum *m* ③ (*modorra*) Schläfrigkeit *f*

**zorrería** [θorre'ria] *f* Schläue *f*

**zorrillo** [θo'rriʎo] *m* (*Am: mofeta*) Stinktier *nt*

**zorro** ['θorro] *m* ① (ZOOL) Fuchs *m* ② (*piel*) Fuchsfell *nt* ③ (*fam: astuto*) (schlauer) Fuchs *m* ④ (*loc, fam*): **hacerse el** ~ sich dumm stellen; **estar hecho unos** ~**s** fix und fertig sein; **poner a alguien hecho unos** ~**s** jdn heruntermachen

**zorzal** [θor'θal] *m* ① (ZOOL) Drossel *f* ② (*listo*) schlauer Mensch *m* ③ (*Am: papanatas*) Trottel *m*

**zote** ['θote] **I.** *adj* schwer von Begriff **II.** *mf* Dummkopf *m*

**zozobra** [θo'θoβra] *f* ① (*de embarcación*) Kentern *nt* ② (*de proyecto*) Scheitern *nt*

**zozobrar** [θoθo'brar] **I.** *vi* ① (*barco*) kentern ② (*plan*) scheitern ③ (*persona*) sich ängstigen **II.** *vt* ① (*barco*) zum Kentern bringen ② (*plan*) zunichte machen

**zueco** ['θweko] *m* Clog *m*

**zulla** ['θuʎa] *f* ① (BOT) Klee *m* ② (*fam: excremento*) Kot *m*

**zullarse** [θu'ʎarse] *vr* (*fam*) ① (*cagarse*) sein Geschäft verrichten ② (*ventosear*) pupsen

**zulo** ['θulo] *m Waffenlager oder Versteck einer terroristischen Gruppe*

**zumba** ['θumba] *f* ① (*cencerro*) Kuhglocke *f* ② (*juguete*) Knarre *f* ③ (*burla*) Neckerei *f* ④ (*Am: paliza*) Tracht *f* Prügel

**zumbado**, **-a** [θum'baðo, -a] *adj:* **estar** ~ (*fam*) spinnen

**zumbador** [θumba'ðor] *m* (ELEC) Summer *m*

**zumbar** [θum'bar] **I.** *vi* ① (*abejorro, máquina*) summen; **salir zumbando** davoneilen ② (*oídos*) dröhnen **II.** *vt* ① (*golpe*) versetzen ② (*Am: arrojar*) (weg)schmeißen; (*expulsar*) (raus)schmeißen ③ (*guasear*) necken **III.** *vr:* ~**se** sich lustig machen (*de* über +*akk*)

**zumbido** [θum'biðo] *m* ① (*ruido*) Summen *nt;* ~ **de los oídos** Ohrensausen *nt* ② (*fam: golpe*) Schlag *m*

**zumbón**, **-ona** [θum'bon, -ona] *m, f* (*fam*) Spaßvogel *m*

**zumo** ['θumo] *m* ① (*de frutas*) Saft *m* ② (*fig: utilidad*) Nutzen *m;* **sacar** ~ **de algo** Nutzen aus etw *dat* ziehen

**zuncho** ['θunʧo] *m* Klammer *f*

**zupay** [θu'pai̯] *m* (*Am: demonio*) Teufel *m*

**zuque** ['θuke] *m* ① (*Col: golpe*) Schlag *m* ② (*Méx: fam*): **estar** ~ pleite sein

**zurcir** [θur'θir] <c→z> *vt* ① (*agujero*) stopfen; (*siete*) zunähen ② (*loc*): **¡que te zurzan!** (*fam*) du kannst mich mal!

**zurda** ['θurða] *f* linke Hand *f;* **hacer algo a ~s** etw mit der linken Hand machen

**zurdo**, **-a** ['θurðo, -a] **I.** *adj* linkshändig **II.** *m, f* Linkshänder(in) *m(f)*

**zurra** ['θurra] *f* ❶ (*de la piel*) Gerben *nt* ❷ (*paliza*) Tracht *f* Prügel; **dar una ~ a alguien** jdn verprügeln

**zurrapa** [θu'rrapa] *f* ❶ (*poso*) Bodensatz *m* ❷ (*fam: cosa*) Abscheulichkeit *f;* (*persona*) verachtenswerter Mensch *m*

**zurraposo**, **-a** [θurra'poso, -a] *adj* trübe

**zurrar** [θu'rrar] *vt* ❶ (*pieles*) gerben ❷ (*fam: apalizar*) versohlen ❸ (*fam: criticar*) heruntermachen

**zurriagar** [θurrja'ɣar] <g→gu> *vt* auspeitschen

**zurriagazo** [θurrja'ɣaθo] *m* ❶ (*latigazo*) Peitschenhieb *m* ❷ (*desgracia*) Unglück *nt* ❸ (*desdén*) Verachtung *f*

**zurriago** [θu'rrjaɣo] *m* (*látigo*) Peitsche *f*

**zurribanda** [θurri'βan̩da] *f* (*fam*) ❶ (*tunda*) Tracht *f* Prügel ❷ (*riña*) Streiterei *f*

**zurullo** [θu'ruʎo] *m* (*fam*) ❶ (*grumo*) Klumpen *m* ❷ (*excremento*) Haufen *m*

**zutano**, **-a** [θu'tano, -a] *m, f:* **fulano y ~** Hinz und Kunz; **fulano y ~ se han casado** der und die Soundso haben geheiratet

**Notizen**

**Notizen**

**Notizen**

**Notizen**

**Notizen**

**Notizen**

**Notizen**

## Notizen

**Notizen**

España
Spanien
1 : 8 600 000
0 50 100 150 200 km
Madrid Capital de Estado Landeshauptstadt
Sevilla Capital de Región Hauptstadt der Autonomen Region
OCÉANO ATLÁNTICO
ATLANTISCHER OZEAN
Mar Mediterráneo
Mittelmeer
FRANCIA
FRANKREICH
ANDORRA
PORTUGAL
ARGELIA
ALGERIEN
MARRUECOS/MAROKKO
Galicia
Galicien
Asturias
Asturien
Cantabria
Kantabrien
País Vasco
Baskenland
Navarra
La Rioja
Castilla y León
Kastilien und León
Aragón
Aragonien
Cataluña
Katalonien
Madrid
Castilla - La Mancha
Kastilien - La Mancha
Extremadura
Valencia
Murcia
Andalucía
Andalusien
Islas Baleares
Balearen
A Coruña
Santiago de Compostela
Lugo
Pontevedra
Ourense
Oviedo
Santander
Bilbao
Donostia (San Sebastián)
Vitoria
Pamplona (Iruña)
Logroño
León
Burgos
Palencia
Valladolid
Zamora
Salamanca
Segovia
Ávila
Soria
Huesca
Zaragoza
Teruel
Lleida (Lérida)
Girona
Barcelona
Tarragona
Guadalajara
Cuenca
Toledo
Ciudad Real
Albacete
Cáceres
Mérida
Badajoz
Castellón de la Plana
Valencia
Alicante
Murcia
Córdoba
Jaén
Huelva
Sevilla
Granada
Almería
Málaga
Cádiz
Gibraltar
Gibraltar (R. U./Gr.-Brit.)
Estrecho de Gibraltar / Straße von Gibraltar
Ceuta (Esp./Sp.)
Melilla (Esp./Sp.)
Duero
Duoro
Tajo
Tejo
Ebro
Guadiana
Guadalquivir
Menorca
Mallorca
Palma
Eivissa
Ibiza
Formentera
Canarias (Esp.)
Kanarische Inseln (Sp.)
Selvagens (Port.)
Tenerife
Teneriffa
La Palma
La Gomera
El Hierro
Ferro
Gran Canaria
Santa Cruz de Tenerife
Las Palmas de Gran Canaria
Lanzarote
Fuerteventura
Agadir
MARRUECOS
MAROKKO
Sahara Occidental
Westsahara
OCÉANO ATLÁNTICO
ATLANTISCHER OZEAN
0 200 400 km

# El mundo hispanohablante
# Die spanischsprachige Welt

1 : 127 000 000

0 1000 2000 3000 km

Países donde el español es lengua oficial
Staaten mit Spanisch als offizielle Landessprache

Países donde el español es practicado por u
minoría
Staaten, in denen Spanisch von einer Minde
gesprochen wird

Zonas de los Estados Unidos en las cuales el español es la segunda lengua principal
Gebiete der Vereinigten Staaten, in denen Spanisch die zweitwichtigste Sprache ist

B. *Islas Baleares (Esp.)*
*Balearen (Sp.)*
**D. REPÚBLICA DOMINICANA**
**DOMINIKANISCHE REPUBLIK**
G. *Islas de los Galápagos (Esp.)*
*Galapagosinseln (Sp.)*
**G. E. GUINEA ECUATORIAL**
**ÄQUATORIAL-GUINEA**
**P. PANAMÁ**
**PANAMA**
**P. R. Puerto Rico (EE. UU./USA)**

# Hispanoamérica
# Die hispanoamerikanischen Länder

1 : 80 000 000

0 500 1000 1500 2000 km

| | | | |
|---|---|---|---|
| D. | REPÚBLICA DOMINICANA<br>DOMINIKANISCHE REPUBLIK | H. | HAITÍ<br>HAITI |
| E. | EL SALVADOR | P. | PANAMÁ<br>PANAMA |
| G. | GUATEMALA | P. R. | Puerto Rico<br>(EE. UU./USA) |
| G. F. | Guayana Francesa<br>Französisch-Guayana | | |

Europa
1 : 40 000 000
0 250 500 750 1000 km
AND. ANDORRA
ARM. ARMENIEN ARMENIA
BELG. BELGIEN BELGICA
B.U.H. BOSNIEN UND HERZEGOWINA BOSNIA-HERZEGOVINA
KROAT. KROATIEN CROACIA
L. LIECHTENSTEIN
LUX. LUXEMBURG LUXEMBURGO
MAZED. MAZEDONIEN MACEDONIA
MON. MONACO MÓNACO
NIED. NIEDERLANDE PAÍSES BAJOS
S. M. SAN MARINO
SL. SLOWAKEI ESLOVAQUIA
SLOW. SLOWENIEN ESLOVENIA
SCHW. SCHWEIZ SUIZA
UNG. UNGARN HUNGRÍA
VAT. VATIKANSTADT VATICANO
ATLANTISCHER OZEAN
OCÉANO ATLÁNTICO
Europäisches Nordmeer
Mar de Noruega
Nördlicher Polarkreis
Círculo Polar Ártico
Dänemarkstraße
Estrecho de Dinamarca
Barentssee
Mar de Barents
Nordsee
Mar de Norte
Britische Inseln
Islas Británicas
Kanal
Canal de la Mancha
Golf von Biscaya
Mar Cantábrico
Straße von Gibraltar
Estrecho de Gibraltar
Mittelmeer
Mar Mediterráneo
Schwarzes Meer
Mar Negro
Kaspisches Meer
Mar Caspio
ISLAND ISLANDIA
Reykjavík Reikiavik
Jan Mayen (Norw./Nor.)
Kolgujew Kolguyev
Färöer (Dän.)
Is. Feroe (Din.)
Lofoten
NORWEGEN NORUEGA
SCHWEDEN SUECIA
FINNLAND FINLANDIA
RUSSLAND RUSIA
IRLAND IRLANDA
VEREINIGTES KÖNIGREICH
REINO UNIDO
DÄNEMARK DINAMARCA
ESTLAND ESTONIA
LETTLAND LETONIA
LITAUEN LITUANIA
WEISS-RUSSLAND BIELORRUSIA
POLEN POLONIA
DEUTSCHLAND ALEMANIA
FRANKREICH FRANCIA
SPANIEN ESPAÑA
PORTUGAL
ITALIEN ITALIA
ÖSTERREICH AUSTRIA
TSCHECH. REP. REP. CHECA
UKRAINE UCRANIA
MOLDAU MOLDAVIA
RUMÄNIEN RUMANÍA
BULGARIEN BULGARIA
JUGOSLAWIEN YUGOSLAVIA
ALBANIEN ALBANIA
GRIECHENLAND GRECIA
TÜRKEI TURQUÍA
GEORGIEN GEORGIA
ASERBAIDSCHAN AZERBAIYÁN
KASACHSTAN KAZAJSTÁN
USBEKISTAN UZBEKISTÁN
TURKMENISTAN
IRAN
IRAK
SYRIEN SIRIA
LIBANON LÍBANO
ISRAEL
JORDANIEN JORDANIA
SAUDI-ARABIEN ARABIA SAUDITA
KUWAIT
ZYPERN CHIPRE
ÄGYPTEN EGIPTO
LIBYEN LIBIA
TUNESIEN TUNICIA
ALGERIEN ARGELIA
MAROKKO MARRUECOS
Westsahara Sahara Occidental
MALTA
Kanarische In. Is. Canarias (Sp./Esp.)
Madeira (Port.)
Balearen Is. Baleares
Korsika Córcega
Sardinien Cerdeña
Sizilien Sicilia
Oslo
Stockholm Estocolmo
Helsinki
Tallinn
Riga
Vilnius Vilna
Minsk
Moskau Moscú
Kiev
Kopenhagen Copenhague
Berlin Berlín
Warschau Varsovia
Dublin
London Londres
Amsterdam
Brüssel Bruselas
Paris París
Luxemburg Luxemburgo
Prag Praga
Wien Viena
Pressburg Bratislava
Budapest
Bern Berna
Laibach Ljubljana
Zagreb
Sarajevo
Belgrad Belgrado
Bukarest Bucarest
Chişinău Kishinau
Sofia
Skopje
Tirana
Athen Atenas
Rom Roma
Madrid
Lissabon Lisboa
Rabat
Algier Argel
Tunis Túnez
Valletta
Tripolis Trípoli
El-Aaiún
Ankara
Nikosia Nicosia
Beirut
Damaskus Damasco
Jerusalem Jerusalén
Amman Ammán
Bagdad
Kuwait
Teheran Teherán
Baku Bakú
Tiflis Tbilisi
Eriwan Ereván
Donau Danubio
Volga Wolga
Ob Obi
Euphrat Éufrates
Bosporus Bósforo
Tyrrhenisches Meer Mar Tirreno
Ionisches Meer Mar Jónico
Mar Adriático
Westl. Länge von Greenwich / Östl. Länge von Greenwich
Long. occid. de Greenwich 0 Long. orient. de Greenwich

**Deutschland**
**Alemania**
1 : 6 400 000

0 50 100 150 200 km

BELG. BELGIEN
BÉLGICA
L. LIECHTENSTEIN
LUX. LUXEMBURG
LUXEMBURGO

A. A.-R. Appenzell Ausser-Rhoden
Appenzell Rhodes Exterior
A. I.-R. Appenzell Inner-Rhoden
Appenzell Rhodes Interior
B.-L. Basel-Landschaft
Basilea-Campaña
B.-St. Basel-Stadt
Basilea-Ciudad
N. Neuenburg
Neuchâtel
Nidw. Nidwalden
Obw. Obwalden
S. Solothurn
Sch. Schaffhausen
DEUTSCHLAND
ALEMANIA
ÖSTERREICH
AUSTRIA
LIECHTENSTEIN
FRANKREICH
FRANCIA
ITALIEN
ITALIA
Rhein
Rin
Aare
Doubs
Inn
Rhône
Ródano
Bodensee
Lago de Constanza
Neuenburger See
Lago de Neuchâtel
Genfer See
Lago de Ginebra
Lago Maggiore
Lago Mayor
Sch.
Schaffhausen
Basel
Basilea
B.-St.
Thurgau
Turgovia
Frauenfeld
Liestal
B.-L.
Aargau
Aarau
Argovia
Zürich
Zurich
St. Gallen
Herisau
A. A.-R.
Appenzell
A. I.-R.
Jura
Delémont
S.
Solothurn
St. Gallen
Zug
Luzern
Lucerna
Schwyz
Glarus
Neuenburg
Neuchâtel
N.
Bern
Berna
Stans
Nidw.
Sarnen
Obw.
Altdorf
Uri
Chur
Coira
Graubünden
Grisones
Freiburg
Friburgo
Waadt
Vaud
Lausanne
Lausana
Tessin
Tesino
Bellinzona
Genf
Ginebra
Sitten
Sion
Wallis
Valais
Die Schweiz
Suiza
1 : 2 700 000
0
25
50
75 km
6
7
8
9
10
46
47

Österreich
Austria
1 : 2 900 000
0 25 50 75 km
L. LIECHTENSTEIN
DEUTSCHLAND
ALEMANIA
TSCHECHISCHE REP.
REP. CHECA
SLOWAKEI
ESLOVAQUIA
Niederösterreich
Baja Austria
Wien
Viena
St. Pölten
Oberösterreich
Alta Austria
Linz
Donau
Danubio
Inn
Salzburg
Salzburgo
Tirol
Innsbruck
Voralberg
Bregenz
L.
Steiermark
Estiria
Graz
Mur
Kärnten
Carintia
Klagenfurt
Drau
Drava
Burgenland
Eisenstadt
UNGARN
HUNGRÍA
SCHWEIZ
SUIZA
ITALIEN
ITALIA
SLOWENIEN
ESLOVENIA
KROATIEN
CROACIA

PONS

# Schülerwörterbuch

## Deutsch - Spanisch

vollständige Neubearbeitung 2003

Ernst Klett Sprachen
Barcelona · Budapest · London · Posen · Sofia · Stuttgart

**PONS Schülerwörterbuch Deutsch-Spanisch**

# Aa

**A, a** [aː] *nt* <-, -> ❶ (*Buchstabe*) A, a *f;* ~ **wie Anton** A de Antonio; **das** ~ **und O einer Sache** (*fam*) lo esencial de una cosa; **von** ~ **bis Z** (*fam*) de cabo a rabo ❷ (MUS) la *m*
**a** *Abk. von* **Ar** a
**A** ❶ *Abk. von* **Ampere** A ❷ *Abk. von* **Autobahn** autopista *f*
**à** *präp +akk* a... (cada uno); **10 Stück** ~ **drei Euro** 10 unidades a tres euros cada una
**AA** ❶ (POL) *Abk. von* **Auswärtiges Amt** Ministerio *m* de Asuntos Exteriores ❷ *Abk. von* **Anonyme Alkoholiker** Alcohólicos *mpl* Anónimos
**Aachen** ['aːxən] *nt* <-s> Aquisgrán *m*
**Aal** [aːl] *m* <-(e)s, -e> anguila *f*
**aalen** *vr:* **sich** ~ (*fam*) repantingarse; **sich in der Sonne** ~ tumbarse al sol
**aalglatt** *adj* (*abw*) escurridizo
**a.a.O** *Abk. von* **am angegebenen Ort, am aufgeführten Ort** ib(íd).
**Aargau** ['aːɐgaʊ] *m* <-s> (*Kanton der Schweiz*) Argovia *f*
**Aas**[1] [aːs, *pl:* 'aːzə] *nt* <-es, -e> (*Tierleiche*) carroña *f*
**Aas**[2] [aːs, *pl:* 'ɛːzə] *nt* <-es, Äser> (*fam: Luder*) mal bicho *m*
**Aasfresser** *m* <-s, -> carroñero *m;* **Aasgeier** *m* (*a. fig, abw*) buitre *m*
**ab** [ap] **I.** *präp +dat* ❶ (*räumlich*) desde; ~ **Hamburg** desde Hamburgo; ~ **Werk** (COM) salida de fábrica ❷ (*zeitlich*) desde, a partir de; ~ **dem 28. November** a partir del 28 de noviembre; ~ **wann?** ¿desde cuándo?; ~ **sofort** desde ya ❸ (*ebenso viel und mehr*) a partir de, de... en adelante; **Kinder** ~ **12 Jahren** niños de 12 años en adelante **II.** *adv* ❶ (*räumlich*): **die dritte Straße rechts** ~ hay que torcer la tercera calle a la derecha; **Stuttgart** ~ **8.30 Uhr** (*Bus-, Bahnabfahrtszeit*) salida de Stuttgart a las 8.30 horas ❷ (*zeitlich*): ~ **und zu** de vez en cuando ❸ (*Wend*): ~ **sein** (*fam: abgelöst*) haberse caído; (*erschöpft*) estar hecho polvo
**ab|ändern** *vt* modificar, cambiar
**Abänderung** *f* modificación *f,* cambio *m;* **abänderungsfähig** *adj* modificable
**ab|arbeiten I.** *vt* (*Pensum*) terminar; **eine Schuld** ~ pagar una deuda trabajando **II.** *vr:* **sich** ~ matarse trabajando
**Abart** *f* variedad *f*
**abartig** *adj* ❶ (*anormal*) anormal; (*pervers*) pervertido ❷ (*fam: verrückt*) loco
**Abb.** *Abk. von* **Abbildung** ilust.
**Abbau** *m ohne pl* ❶ (*Auseinandernehmen*) desmontaje *m* ❷ (*Reduzierung*) disminución *f,* reducción *f* ❸ (*von Ängsten*) superación *f* ❹ (CHEM) desintegración *f* ❺ (BERGB) explotación *f* ❻ (MED: *Verfall*) debilitamiento *m;* (*Knochen*) descalcificación *f*
**abbaubar** *adj* (CHEM) degradable; **biologisch** ~ biodegradable
**ab|bauen I.** *vi* (*Kräfte einbüßen*) debilitarse **II.** *vt* ❶ (*zerlegen*) desmontar ❷ (*verringern*) disminuir; (*Steuern, Personal*) reducir ❸ (*Ängste*) superar ❹ (CHEM) descomponer ❺ (BERGB) explotar ❻ (MED) desgastar
**Abbauprodukt** *nt* (CHEM) producto *m* de desintegración
**ab|beißen** *irr* **I.** *vi* morder; **beiß mal ab!** ¡prueba! **II.** *vt* morder; **ich beiße mir lieber die Zunge ab, als ...** prefiero morir que...
**ab|beizen** *vt* tratar con decapante
**ab|bekommen*** *irr vt* ❶ (*Schaden, Teil*) recibir, llevarse; **das Auto hat ganz schön was** ~ el coche se dio un buen golpe ❷ (*entfernen können*) lograr quitar
**ab|bestellen*** *vt* anular; (*Telefon*) dar de baja
**Abbestellung** *f* anulación *f,* baja *f*
**ab|bezahlen*** *vt:* (**in Raten**) ~ pagar a plazos
**ab|biegen** *irr* **I.** *vi sein* (*Richtung ändern*) torcer; (*beim Fahren*) girar, voltear *Am;* **nach rechts/links** ~ doblar a la derecha/a la izquierda **II.** *vt* (*krümmen*) torcer
**Abbiegespur** *f* carril *m* de giro
**Abbild** *nt* reproducción *f,* copia *f*
**ab|bilden** *vt* reproducir; (MATH) proyectar; **er ist in der Zeitschrift abgebildet** hay una foto suya en el periódico
**Abbildung** *f* <-en> ❶ (*das Abbilden*) reproducción *f,* copia *f* ❷ (*Bild*) ilustración *f,* lámina *f* ❸ (MATH) proyección *f*
**ab|binden** *irr* **I.** *vi* (ARCHIT) fraguar **II.** *vt* ❶ (*losbinden*) desatar ❷ (MED) comprimir (con ligadura) ❸ (GASTR: *Soße*) espesar
**ab|blasen** *irr vt* ❶ (*Staub*) quitar soplando ❷ (*fam: absagen*) suspender
**ab|blättern** *vi sein* desconcharse
**ab|blenden** *vi* ❶ (FOTO) diafragmar ❷ (AUTO) bajar las luces
**Abblendlicht** *nt ohne pl* (AUTO) luz *f* de cruce
**ab|blitzen** *vi sein* (*fam*): **jdn** ~ **lassen** darle calabazas a alguien

**ab|blocken** *vt* bloquear; (*Angriff*) rechazar; (*Vorhaben*) impedir

**ab|brechen** *irr* **I.** *vi sein* ① (*Stück*) romperse ② (*unvermittelt aufhören*) interrumpirse **II.** *vt* ① (*Zweig*) romper ② (*Gebäude*) derribar ③ (*Gespräch*) interrumpir ④ (INFOR: *Programm*) cerrar

**ab|bremsen** *vi, vt* frenar

**ab|brennen** *irr* **I.** *vi sein* quemarse **II.** *vt* quemar

**ab|bringen** *irr vt* desviar (*von* de), apartar (*von* de); **ich lasse mich von meiner Meinung nicht** ~ nada ni nadie me hará cambiar de opinión

**ab|bröckeln** *vi sein* (*Mauer*) desmenuzarse; (*Verputz*) desconcharse

**Abbruch**[1] *m* <-(e)s, *ohne pl*> (*zerlegen*) desmontaje *m;* (*Lager*) levantamiento *m;* (*Haus*) derribo *m;* **das tut der Sache keinen** ~ (*fam*) esto no perjudica la cosa para nada

**Abbruch**[2] *m* <-(e)s, -brüche> ① (*Beendigung*) ruptura *f;* (*Wettkampf, Spiel*) suspensión *f* ② (INFOR) cancelación *f,* abort *m*

**abbruchreif** *adj* (en estado) ruinoso

**ab|buchen** *vt* (FIN) cargar (en cuenta)

**Abbuchung** *f* (FIN) adeudo *m*

**ab|bürsten** *vt* cepillar

**ab|büßen** *vt* ① (*Strafe*) cumplir ② (REL) expiar

**ab|checken** *vt* (*kontrollieren*) controlar, chequear *Am*

**Abc-Schütze** *m* alumno, -a *m, f* de primer grado

**ABC-Waffen** *fpl* armas *fpl* atómicas, biológicas y químicas

**ab|danken** *vi* (*König*) abdicar; (*Minister*) dimitir

**Abdankung** *f* <-en> (*König*) abdicación *f;* (*Minister*) dimisión *f*

**ab|decken** *vt* ① (*wegnehmen*) quitar ② (*freimachen*) destapar; (*Tisch*) quitar; (*Haus*) destejar ③ (*bedecken*) tapar ④ (*Thema*) cubrir ⑤ (FIN: *Schulden*) saldar; (*Risiko*) cubrir

**Abdeckung** *f* <-en> cubierta *f*

**ab|dichten** *vt* (*isolieren*) aislar (*gegen* contra); (*gegen Lärm*) insonorizar; (*gegen Wasser*) impermeabilizar

**Abdichtung** *f* (*Isolierung*) aislamiento *m;* (*gegen Lärm*) insonorización *f;* (*gegen Feuchtigkeit*) impermeabilización *f*

**ab|drängen** *vt* ① (*beiseite drängen*) apartar (a empellones) ② (SPORT: *wegdrängen*) apartar

**ab|drehen** **I.** *vt* ① (*ausschalten*) apagar; (*zudrehen*) cerrar ② (*abwenden*) apartar **II.** *vi haben o sein* (*den Kurs wechseln*) girar (*nach* a), virar (*nach* a) **III.** *vr:* **sich** ~ volverse; **er/sie drehte sich ab** volvió la espalda

**ab|driften** *vi sein* perder el rumbo; (NAUT) abatir; (*abtreiben*) ir a la deriva; **nach rechts** ~ desviarse a la derecha; **in den Suff** ~ (*fam*) caer en la bebida

**Abdruck**[1] *m* <-(e)s, -e> (*a. Vorgang*) reproducción *f;* (*Kopie*) copia *f*

**Abdruck**[2] *m* <-(e)s, -drücke> impresión *f;* (*in etwas Weichem*) impronta *f;* (*Spur*) huella *f;* (*Abguss*) molde *m*

**ab|drucken** *vt* imprimir; (*veröffentlichen*) publicar

**ab|drücken** **I.** *vi* (*schießen*) apretar el gatillo **II.** *vt* ① (*nachbilden*) moldear ② (MED: *Arterie*) estrangular ③ (*fam*): **Geld** ~ soltar la gallina **III.** *vr:* **sich** ~ marcarse

**ab|dunkeln** *vt* oscurecer; (*Farbe*) matar *fam*

**ab|ebben** *vi sein* (*Wut*) aplacarse; (*Erregung*) sosegarse; (*Lärm*) ir disminuyendo

**Abend** ['a:bənt] *m* <-s, -e> ① (*bis gegen 20 oder 21 Uhr*) tarde *f;* (*ab etwa 20 oder 21 Uhr*) noche *f;* **Heiliger** ~ Nochebuena *f;* **am frühen** ~ a última hora de la tarde; **am selben** ~ la misma tarde [*o* noche]; **am** ~ **des 23. März** la tarde [*o* noche] del 23 de marzo; **gegen** ~ al atardecer; ~ **für** ~ todas las tardes [*o* noches]; **eines** ~**s** una tarde [*o* noche]; **heute/gestern/morgen** ~ hoy/ayer/mañana por la tarde [*o* por la noche]; **es wird** ~ atardece; **zu** ~ **essen** cenar; **guten** ~**!** ¡buenas tardes [*o* noches]!; **es ist noch nicht aller Tage** ~ todavía puede pasar de todo ② (*Veranstaltung*) velada *f;* **bunter** ~ velada con programa variado; **Abendandacht** *f* misa *f* vespertina; **Abendbrot** *nt* cena *f;* ~ **essen** cenar; **Abenddämmerung** *f* crepúsculo *m* (vespertino), nochecita *f Am;* **Abendessen** *nt* cena *f*

**i Land & Leute**

En Alemania, como **Abendessen**, se sirve una comida fría a base de panecillos con mantequilla, fiambre, queso, pepinillos en vinagre, tomates, pimiento cortado en tiras y otras hortalizas de este tipo. Como bebida se sirven infusiones, zumo, agua mineral o, a veces, dependiendo de los gustos, cerveza.

**abendfüllend** *adj* que dura toda la noche;

**Abendkasse** *f* taquilla *f,* boletería *f Am;* **Abendkleid** *nt* traje *m* de noche; **Abendkurs** *m* curso *m* nocturno

**Abendland** *nt* Occidente *m*

**abendländisch** *adj* occidental

**abendlich** *adj* vespertino; **zu ~er Stunde** por la tarde

**Abendmahl** *nt* ① (REL: *Sakrament*) Eucaristía *f* ② (REL: *Empfang des Sakraments*) comunión *f;* **Abendprogramm** *nt* (FILM, TV) sesión *f* de noche; **welcher Film läuft heute im ~?** ¿qué película ponen hoy en la sesión de noche?; **Abendrot** *nt* crepúsculo *m*

**abends** ['a:bənts] *adv* (*bis gegen 20 oder 21 Uhr*) por la tarde; (*ab etwa 20 oder 21 Uhr*) por la noche; **um acht Uhr ~** a las ocho de la tarde; **spät ~** muy de noche; **dienstags ~** el martes por la tarde [*o* la noche]

**Abendschule** *f* colegio *m* nocturno; **Abendsonne** *f ohne pl* sol *m* poniente; **Abendständchen** *nt* serenata *f;* **Abendstunde** *f* anochecer *m;* **in den frühen ~n** al caer la tarde; **Abendvorstellung** *f* (THEAT) función *f* de noche; (FILM) sesión *f* de noche

**Abenteuer** ['a:bəntɔɪɐ] *nt* <-s, -> ① (*Wagnis*) aventura *f* ② (*Liebesaffäre*) aventura *f* (amorosa); **Abenteuerferien** *pl* vacaciones *fpl* de aventuras

**abenteuerlich** *adj* ① (*abenteuerlustig*) aventurero ② (*unwahrscheinlich*) fantástico ③ (*riskant*) arriesgado; **das ist ja ~!** ¡eso sí que es aventurado!

**Abenteuerlust** *f ohne pl* espíritu *m* aventurero, afán *m* de aventuras; **abenteuerlustig** *adj* aventurero; **Abenteuerroman** *m* novela *f* de aventuras; **Abenteuerspielplatz** *m* parque *m* de aventuras

**Abenteurer(in)** ['a:bəntɔɪrɐ] *m(f)* <-s, -; -nen> aventurero, -a *m, f*

**aber** ['a:bɐ] **I.** *konj* pero, sin embargo **II.** (*Verstärkungspartikel*) bueno, pero; **~, ~, meine Herren!** ¡bueno, bueno, señores!; **~ so setzen Sie sich doch!** ¡pero siéntese!; **~ ja!** ¡claro que sí! **III.** *adv:* **~ und abermals** una y otra vez

**Aber** *nt* <-s, - *fam:* -s> pero *m;* **kein ~!** ¡y no hay peros que valgan!

**Aberglaube(n)** *m* superstición *f*

**abergläubisch** *adj* supersticioso

**aberhundert** *adj inv* (*geh*) a cientos

**Aberhunderte** *pl* (*geh*) cientos y (más) cientos; **vor ~n von Jahren** hace cientos y cientos de años

**ab|erkennen*** *irr vt* (JUR): **jdm Rechte ~** privar a alguien de derechos

**Aberkennung** *f* <-en> (JUR) desposeimiento *m,* privación *f*

**abermals** ['a:bɐma:ls] *adv* otra vez

**ab|ernten** *vt* cosechar por completo

**abertausend** *adj inv* (*geh*) miles (de); **tausend und ~** miles y miles (de)

**Abertausende** *pl* (*geh*) miles *mpl* (*von* de)

**aberwitzig** *adj* demente; (*Vorhaben*) absurdo

**Abf.** *Abk. von* **Abfahrt** salida *f*

**abfahrbereit** *adj s.* **abfahrtbereit**

**ab|fahren** *irr* **I.** *vi sein* (*wegfahren*) salir; **auf den Typ fahre ich ab** este tío me alucina; **sie ließ ihn ~** lo mandó a paseo **II.** *vt haben o sein* (*Strecke*) recorrer

**Abfahrt** *f* <-en> ① (*Zug*) salida *f* ② (*Abreise*) partida *f* ③ (SPORT) descenso *m* ④ (*Autobahn~*) salida *f;* **abfahrtbereit** *adj* dispuesto para salir; **Abfahrtslauf** *m* (SPORT) (prueba *f* de) descenso *m;* **Abfahrt(s)zeit** *f* hora *f* de partida

**Abfall[1]** *m* <-(e)s, *ohne pl*> ① (*Lossagung*) apostasía *f* ② (*Abnahme*) disminución *f*

**Abfall[2]** *m* <-(e)s, -fälle> (*Müll*) basura *f,* desecho *m;* **radioaktiver ~** residuos radi(o)activos

**Abfallaufbereitung** *f* tratamiento *m* de los residuos; **Abfallbehälter** *m* contenedor *m* de residuos; **Abfallbeseitigung** *f ohne pl* eliminación *f* de residuos; **Abfalleimer** *m* cubo *m* de la basura

**ab|fallen** *irr vi sein* ① (*herunterfallen*) caerse; **alle Furcht fiel von ihm ab** sus temores se desvanecieron ② (*Gelände*) descender ③ (*fam: übrig bleiben*) sobrar ④ (*von einer Partei*) abandonar (*von*) ⑤ (*von seinem Glauben*) apostatar (*von* de), renegar (*von* de) ⑥ (SPORT) rendir menos (que de costumbre)

**Abfallentsorgung** *f* recogida *f* de basura; **getrennte ~** recogida selectiva de basura; **Abfallhaufen** *m* montón *m* de basura

**abfällig** *adj* (*Bemerkung*) despectivo; (*Kritik*) adverso; **sich ~ über jdn äußern** hablar despectivamente de alguien

**Abfallprodukt** *nt* producto *m* secundario; **Abfallsortierung** *f* clasificación *f* de los residuos; **Abfallstoffe** *mpl* residuos *mpl,* desechos *mpl;* **Abfalltonne** *f* cubo *m* de basura; **Abfallvermeidung** *f* contención *f* de la producción de residuos; **Abfallverwertung** *f* aprovechamiento *m* de residuos

**ab|fangen** *irr vt* ① (*Brief*) interceptar ② (ARCHIT) apuntalar ③ (*unter Kontrolle bringen*) lograr dominar ④ (SPORT: *Gegner*) alcanzar; (*Ball*) interceptar

**ab|färben** *vi* desteñir; **auf jdn ~** (*fig*) con-

tagiar a alguien
**ab|fassen** *vt* redactar
**ab|faulen** *vi sein* pudrirse
**ab|federn** *vt* ❶ (TECH) equipar de un amortiguador ❷ (*Stoß*) amortiguar
**ab|feiern** *vt* (*fam: Arbeitszeit*) librar por horas extras
**ab|fertigen** *vt* ❶ (*Waren*) despachar ❷ (*bedienen*) atender ❸ (*fam: unfreundlich behandeln*) atender muy mal
**Abfertigung** *f* <-en> ❶ (*von Waren*) expedición *f* ❷ (*Bedienung, ~sstelle*) despacho *m;* **Abfertigungshalle** *f* (AERO) terminal *f;* **Abfertigungsschalter** *m* (AERO) mostrador *m* de facturación
**ab|feuern** *vt* (*Rakete*) lanzar; (*Schuss*) disparar
**ab|finden** *irr* **I.** *vt* compensar, indemnizar; **mit leeren Versprechungen ~** engañar con promesas vanas **II.** *vr:* **sich ~** ❶ (*sich einigen*) llegar a un acuerdo ❷ (*sich zufrieden geben*) conformarse
**Abfindung** *f* <-en> ❶ (*Entschädigung*) indemnización *f* ❷ (*Ausgleich*) compensación *f*
**ab|flachen** **I.** *vi sein* ❶ (*flacher werden*) reducirse ❷ (*Unterhaltung*) perder nivel **II.** *vt* aplanar **III.** *vr:* **sich ~** disminuir
**ab|flauen** ['apflaʊən] *vi sein* ❶ (*Wind*) calmarse ❷ (*Konjunktur*) retroceder
**ab|fliegen** *irr vi sein* (*Vögel*) echarse a volar; (*Flugzeug, Person*) salir
**ab|fließen** *irr vi sein* (*Wasser, Geld*) salir
**Abflug** *m* <-(e)s, -flüge> (AERO) salida *f;* **abflugbereit** *adj* (AERO) dispuesto para despegar; **Abflughalle** *f* (AERO) terminal *f* de salidas; **Abflugzeit** *f* (AERO) hora *f* de despegue
**Abfluss** *m* <-es, -flüsse> (*Rohr*) desagüe *m;* (*Wassermenge*) caudal *m;* **den reibungslosen ~ des Verkehrs behindern** impedir la circulación fluida en las carreteras; **Abflussreiniger** *m* (producto *m*) desatascador *m;* **Abflussrinne** *f* (*Haus*) canalón *m;* (*Straße*) cuneta *f;* **Abflussrohr** *nt* cañería *f* de desagüe
**Abfolge** *f* <-n> sucesión *f;* (*Takt*) ritmo *m*
**Abfrage** *f* <-n> (INFOR: *von Daten*) consulta *f*
**ab|fragen** *vt* ❶ (*prüfen*) preguntar ❷ (INFOR: *Daten*) consultar
**Abfuhr** ['apfuːɐ] *f* <-en> ❶ (*Abtransport*) transporte *m;* (*von Müll*) recogida *f* ❷ (*Zurückweisung*) negativa *f;* **jdm eine ~ erteilen** dar calabazas a alguien ❸ (SPORT) derrota *f*
**ab|führen** **I.** *vi* (MED) tener un efecto purgante; **etw zum A~ verschreiben** recetar algo como laxante **II.** *vt* ❶ (*Verbrecher*) llevar detenido ❷ (*Geld*) pagar (*an* a) ❸ (*a. fig: ableiten*) apartar (*von* de), desviar (*von* de)
**Abführmittel** *nt* laxante *m;* **Abführtee** *m* infusión *f* purgante
**Abführung** *f* <-en> ❶ (*Festnahme*) detención *f* ❷ (FIN: *Steuer*) pago *m,* liquidación *f* ❸ (*Ableitung*) desviación *f*
**ab|füllen** **I.** *vt* ❶ (*Flüssigkeiten*) trasegar (*in* a); (*in Flaschen*) embotellar; (*in Gefäße*) envasar; (*in Säcke*) ensacar ❷ (*fam: betrunken machen*) emborrachar **II.** *vr:* **sich ~** (*fam*) emborracharse
**Abgabe**[1] *f ohne pl* (*Einreichung, Stimm~*) entrega *f*
**Abgabe**[2] *f* <-n> ❶ (*Steuer*) impuesto *m;* **öffentliche ~n** impuestos *mpl;* **~n erheben/entrichten** cobrar/pagar impuestos ❷ (*von Wärme, einer Erklärung*) emisión *f* ❸ (*Verkauf*) venta *f*
**abgabenfrei** *adj* (FIN) libre de impuestos; **abgabenpflichtig** *adj* (FIN) sujeto a impuestos
**Abgabetermin** *m* fecha *f* de entrega
**Abgang** *m* <-(e)s, *ohne pl*> ❶ (*Fortgehen*) salida *f,* partida *f;* (THEAT) mutis *m inv* ❷ (*Absendung*) despacho *m,* salida *f* ❸ (MED: *Absonderung*) secreción *f;* (*Fehlgeburt*) aborto *m* (involuntario) ❹ (COM: *Absatz*) venta *f;* **~ finden** tener salida
**Abgangszeugnis** *nt* (SCH) *certificado para alguien que deja los estudios*
**Abgas** *nt* <-es, -e> (gas *m* de) escape *m;* **abgasarm** *adj* (AUTO) pobre en gases de escape; **Abgaskatalysator** *m* (AUTO) catalizador *m* de gas de escape; **Abgas(sonder)untersuchung** *f* (AUTO) control *m* de los gases de combustión (*obligatoria al pasar la inspección técnica de vehículos*)
**ab|geben** *irr* **I.** *vt* ❶ (*zur Aufbewahrung*) depositar ❷ (*verkaufen*) vender ❸ (*Schuss*) disparar ❹ (*Meinung, Erklärung*) dar; (*Urteil, Stimme*) emitir ❺ (*Wärme*) irradiar ❻ (*teilen*) dar una parte (*von* de); **er hat mir die Hälfte abgegeben** me ha dado la mitad ❼ (*überlassen*) ceder ❽ (SPORT: *Punkte*) perder; (*Ball*) entregar ❾ (*fam: Aussehen*) ofrecer **II.** *vr:* **sich ~** (*abw: sich einlassen*) tener trato; **mit diesen Leuten geben wir uns nicht ab** no queremos tener trato con esa gente
**abgebrannt** **I.** *pp von* **abbrennen** **II.** *adj* (*fam: pleite*) sin blanca
**abgebrüht** *adj* (*fam: unempfindlich*) curado de espantos
**abgedroschen** *adj* (*fam*) trillado

**abgefahren** *adj* (*sl: cool, schräg*) enrollado

**abgefuckt** ['apgəfakt] *adj* (*vulg*) jodido

**abgehackt** **I.** *adj* ❶ (*Stil*) entrecortado ❷ (*Bewegungen*) brusco **II.** *adv* a trompicones

**abgehangen** *pp von* **abhängen**[1]

**ab|gehen** *irr* **I.** *vi sein* ❶ (*sich entfernen*) marchar(se); (*Zug*) partir, salir; (THEAT) hacer mutis; **von der Schule** ~ dejar la escuela ❷ (*Farbe*) irse; (*Knopf*) caerse; (*Schuss*) dispararse ❸ (*fehlen*) faltar; **sich** *dat* **nichts** ~ **lassen** no privarse de nada ❹ (*abweichen*): **nicht von seinen Grundsätzen** ~ insistir en sus principios ❺ (*verlaufen*): **alles ging gut ab** todo salió bien ❻ (*sl: los sein*): **hier geht es ab!** ¡menuda marcha hay aquí! ❼ (*vulg*): **ihm ging einer ab** se corrió **II.** *vt* (*Grundstück*) recorrer (para inspeccionar)

**abgehoben** *pp von* **abheben**

**abgekartet** *adj* (*fam*) amañado

**abgeklärt** ['apgəklɛ:ɐt] *adj* (*ausgeglichen*) sereno

**abgelegen** *adj* distante

**abgeneigt** *adj* contrario; **etw/jdm** ~ **sein** ser contrario a algo/alguien; (**nicht**) ~ **sein etw zu tun** (no) tener inconveniente en hacer algo

**Abgeordnete(r)** *mf* <-n, -n; -n> (*im Parlament*) diputado, -a *m, f*, legislador(a) *m(f) Am;* (*Vertreter*) delegado, -a *m, f;* **Abgeordnetenhaus** *nt* Congreso *m,* Cámara *f* de los Diputados; **Abgeordnetensitz** *m* escaño *m*

**abgerissen** **I.** *pp von* **abreißen** **II.** *adj* ❶ (*zerlumpt*) andrajoso ❷ (*unzusammenhängend*) deslabazado

**Abgesandte(r)** *mf* <-n, -n; -n> enviado, -a *m, f*

**abgeschieden** ['apgəʃi:dən] **I.** *pp von* **abscheiden** **II.** *adj* (*geh*) ❶ (*entlegen*) retirado; (*einsam*) solitario ❷ (*verstorben*) fallecido

**Abgeschiedenheit** *f ohne pl* aislamiento *m*

**abgeschlagen** **I.** *pp von* **abschlagen** **II.** *adj* ❶ (SPORT) de los últimos; (*Partei*) sin peso ❷ (*reg: erschöpft*) rendido ❸ (*Geschirr*) desportillado

**abgeschlossen** **I.** *pp von* **abschließen** **II.** *adj* ❶ (*verschlossen*) cerrado ❷ (*isoliert*) aislado ❸ (*vollendet*) acabado

**abgeschmackt** ['apgəʃmakt] *adj* de mal gusto

**abgeschnitten** *pp von* **abschneiden**

**abgesehen** *pp von* **absehen**

**abgespannt** *adj* fatigado; **er sieht** ~ **aus** parece fatigado

**abgestanden** ['apgəʃtandən] **I.** *pp von* **abstehen** **II.** *adj* ❶ (*Wasser*) reposado; (*Bier*) insípido ❷ (*fig*) manido

**abgestorben** ['apgəʃtɔrbən] *pp von* **absterben**

**abgetragen** *pp von* **abtragen**

**abgetreten** *pp von* **abtreten**

**abgewetzt** *adj* (*Stoff*) gastado

**ab|gewinnen*** *irr vt* ❶ (*Geld*) ganar ❷ (*finden*) sacar ❸ (*Gefallen finden*): **ich kann dieser Sache nichts** ~ esto no me hace (ninguna) gracia

**abgewogen** *pp von* **abwägen, abwiegen**

**ab|gewöhnen*** *vt* deshabituar (de), desacostumbrar (de); **jdm etw** ~ quitar a alguien la costumbre de algo; **sich** *dat* **etw** ~ perder la costumbre de hacer algo; **ich muss mir das Rauchen** ~ tengo que dejar de fumar

**abgezehrt** *adj* (*Gesicht*) demacrado; (*Körper*) enflaquecido

**ab|gießen** *irr vt* (*Wasser*) verter; **die Nudeln** ~ escurrir la pasta

**Abglanz** *m* <-es, *ohne pl*> reflejo *m;* (*a. fig*) vislumbre *f*

**ab|gleiten** *irr vi sein* (*geh*) ❶ (*abrutschen*) resbalar ❷ (*abschweifen*) desviarse; (*Gedanken*) divagar ❸ (*fig: absinken*) hundirse ❹ (*abprallen*) rebotar; **er ließ die Vorwürfe einfach an sich** ~ le resbalaban los reproches

**Abgott** *m* <-(e)s, -götter> ídolo *m*

**abgöttisch** ['apgœtɪʃ] *adv* con idolatría; **jdn** ~ **lieben** idolatrar a alguien

**ab|grasen** *vt* ❶ (*Weide*) comer la hierba (de); **das Thema ist abgegrast** (*fam*) el tema está agotado ❷ (*fam: systematisch absuchen*) recorrer

**ab|grenzen** **I.** *vt* (*begrenzen*) delimitar; (*abtrennen*) separar (*gegen/von* de) **II.** *vr:* **sich** ~ diferenciarse (*von* de); (*sich distanzieren*) distanciarse (*von* de)

**Abgrenzung** *f* <-en> (de)limitación *f;* (*eines Feldes*) demarcación *f*

**Abgrund** *m* <-(e)s, -gründe> precipicio *m;* (*a. fig*) abismo *m*

**abgrundhässlich** *adj* (*fam*) feo como el demonio

**abgrundtief** *adj* enorme

**ab|gucken** **I.** *vi* (*sl*) copiar; **bei jdm** ~ copiar de alguien **II.** *vt* (*fam*): **etw bei jdm** ~ copiar algo de alguien

**Abguss** *m* <-es, -güsse> ❶ (KUNST) vaciado *m* ❷ (*Gussstück*) (pieza *f* de) fundición *f*

**ab|hacken** *vt* cortar

**ab|haken** *vt* ❶ (*loshaken*) descolgar, soltar

❷ (*markieren*) marcar (con una cruz); (*in einer Liste*) puntear; (*fig: als erledigt ansehen*) dar por resuelto

**ab|halten** *irr vt* ❶ (*fernhalten*) mantener a distancia ❷ (*hindern*) impedir; **jdn davon ~, etw zu tun** impedir a alguien que haga algo; **lass dich nicht ~!** (*fam: beirren*) ¡tú sigue (a lo tuyo)! ❸ (*Sitzung*) celebrar; **ein Seminar** ~ organizar un seminario ❹ (*Unterricht*) dar

**ab|handeln** *vt* ❶ (*abkaufen*) comprar; (*bekommen*) obtener; (*Rabatt*) regatear; **jdm fünf Euro** ~ regatearle cinco euros a alguien ❷ (*erörtern*) tratar

**abhanden** [ap'handən] *adv:* ~ **kommen** extraviarse, refundirse *AmC*

**Abhandlung** *f* <-en> tratamiento *m* (de); (*Essay*) tratado *m* (*über* sobre)

**Abhang** *m* <-(e)s, -hänge> pendiente *f*, guindo *m Guat*

**ab|hängen[1]** *irr vi* ❶ (*angewiesen sein*) depender (*von* de); **das hängt ganz davon ab** depende de las circunstancias ❷ (GASTR: *Fleisch*) manir

**ab|hängen[2]** *vt* ❶ (*Bild*) descolgar; (*Decke*) bajar ❷ (*abkoppeln*) desenganchar ❸ (*fam: abschütteln*): **jdn** ~ quitarse a alguien de encima

**abhängig** *adj* dependiente; **ich mache das von der Bedingung ~, dass ...** eso dependerá de si...

**Abhängige(r)** *mf* <-n, -n; -n> adicto, -a *m, f* (*von* a)

**Abhängigkeit** *f* <-en> dependencia *f* (*von* de); (*Sucht*) adicción *f* (*von* a); **gegenseitige** ~ interdependencia *f*; **Abhängigkeitsverhältnis** *nt* relación *f* de dependencia

**ab|härten** **I.** *vi* robustecer el cuerpo (*gegen* contra/frente a) **II.** *vt* endurecer; (*Körper*) fortalecer (*gegen* contra/frente a) **III.** *vr:* **sich** ~ endurecerse; (*Körper*) fortalecerse (*gegen* contra/frente a)

**Abhärtung** *f* <-en> endurecimiento *m* (*gegen* contra/frente a); (*des Körpers*) fortalecimiento *m* (*gegen* contra/frente a), robustecimiento *m* (*gegen* contra/frente a)

**ab|hauen[1]** <haut ab, haute ab, abgehauen> *vi sein* (*fam: verschwinden*) largarse; **hau ab!** ¡lárgate!

**ab|hauen[2]** <haut ab, hieb *o* haute *fam* ab, abgehauen> *vt* (*abschlagen*) cortar; (*Baum*) talar; (*Putz*) quitar

**ab|heben** *irr* **I.** *vi* ❶ (AERO) despegar, decolar *AmS* ❷ (*fig: realitätsfremd werden*) apartarse de la realidad ❸ (*hinweisen*) aludir (*auf* a) **II.** *vt* ❶ (*herunternehmen*) quitar; (*Deckel*) destapar; (*Telefonhörer*) descolgar; (*Karten*) cortar; (*Masche*) pasar ❷ (FIN: *Geld*) retirar **III.** *vr:* **sich** ~ ❶ (*sich ablösen*) levantarse ❷ (*optisch hervortreten*) recortarse (*von/gegen* sobre) ❸ (*unterscheiden*) destacar (*von* entre), destacarse (*von* de/de entre)

**ab|heften** *vt* (*Schriftstücke*) archivar, failear *Am*

**ab|heilen** *vi* curarse; (*Wunde*) cerrarse

**ab|helfen** *irr vi* poner remedio (a); **dem ist leicht abzuhelfen** tiene fácil remedio

**ab|hetzen** *vr:* **sich** ~ ajetrearse; **völlig abgehetzt sein** estar hecho polvo

**Abhilfe** *f ohne pl* remedio *m;* **einer Situation ~ schaffen** poner remedio a una situación; **für ~ sorgen** proporcionar remedio

**ab|hobeln** *vt* cepillar

**abholbereit** *adj* listo para recoger

**ab|holen** *vt* recoger; (*fam fig: verhaften*) trincar

**Abholmarkt** *m* mercado *m* de recogida; **Abholpreis** *m* precio *m* de recogida

**ab|holzen** *vt* ❶ (*Bäume*) talar, tumbar *Am* ❷ (*Gebiet*) deforestar

**Abholzung** *f* <-en> ❶ (*Bäume*) tala *f* ❷ (*Waldgebiet*) deforestación *f*

**Abhöraktion** *f* acción *f* de escucha; **Abhöranlage** *f* dispositivo *m* de escucha

**ab|horchen** *vt* escuchar (aguzando el oído); (MED) auscultar

**ab|hören** *vt* ❶ (*Gelerntes*) repasar ❷ (MED) auscultar ❸ (*Anrufbeantworter*) escuchar ❹ (*Telefonleitung*) interceptar, pinchar *fam*

**abhörsicher** *adj* antiescucha *inv*

**ab|hungern** **I.** *vt* adelgazar **II.** *vr:* **sich** ~ pasar hambre

**Abi** ['abi:] *nt* <-s, -s> (*fam*) bachillerato *m;* (*Prüfung*) examen *m* final de bachillerato (*equivalente a las pruebas de Selectividad*)

**Abitur** [abi'tu:ɐ] *nt* <-s, -e> bachillerato *m;* (*Prüfung*) examen *m* final de bachillerato (*equivalente a las pruebas de Selectividad*)

**i Land & Leute**

En Alemania, la *Hochschulreife* (especie de selectividad que capacita para una carrera técnica) o el **Abitur** se suelen hacer en el decimotercer curso (es decir, cuando los alumnos tienen entre 18 y 19 años). En comparación con otros países esto es algo tarde, de ahí que algunos alumnos consideren la posibilidad de realizar la prueba a la altura del decimosegundo curso. En

Austria y Suiza el **Abitur** recibe el nombre de *Matura* o *Maturität* y se puede obtener tras ocho años de estudio en un instituto de enseñanza secundaria.

**Abiturient(in)** [abituri'ɛnt] *m(f)* <-en, -en; -nen> preuniversitario, -a *m, f,* bachiller *mf Am*

**Abiturzeugnis** *nt* título *m* de bachiller

**Abk.** *Abk. von* **Abkürzung** abr

**ab|kapseln** I. *vt* aislar II. *vr:* **sich ~** enquistarse; (*fig*) aislarse

**ab|kassieren*** *vt* (*fam*) cobrar; **die Getränke/den Gast ~** cobrar las bebidas/al cliente; **er hat beim Poker richtig abkassiert** en la partida de póker hizo su agosto

**ab|kauen** *vt* comer; **sich** *dat* **die Fingernägel ~** morderse las uñas

**ab|kaufen** *vt* ❶ (*Ware*): **jdm etw ~** comprar algo a alguien ❷ (*fam: glauben*) tragarse; **das kaufe ich dir nicht ab!** ¡eso no me lo trago!

**Abkehr** ['apkeːɐ] *f ohne pl* alejamiento *m* (*von* de), abandono *m* (*von* de)

**ab|kehren** I. *vt* ❶ (*abwenden*) apartar ❷ (*abfegen*) barrer II. *vr:* **sich ~** (*sich abwenden*) apartarse

**ab|kippen** I. *vi* caer, volcarse II. *vt* ❶ (*fallen lassen*) bajar ❷ (*abladen*) descargar, volcar; (*Müll*) verter

**ab|klappern** *vt* (*fam*) recorrer

**ab|klären** *vt* aclarar

**Abklatsch** *m* <-(e)s, -e> (KUNST) copia *f;* (*fig, abw*) mala copia *f,* plagio *m*

**ab|klemmen** *vt* ❶ (TECH) desconectar ❷ (MED: *Ader*) estrangular

**ab|klingen** *irr vi sein* decrecer; (*Lärm*) disminuir; (*Fieber*) ceder, bajar; (*Begeisterung*) reducirse

**ab|klopfen** *vt* ❶ (*säubern*) sacudir ❷ (MED) percutir ❸ (*kritisch betrachten*) examinar (*auf* en busca de)

**ab|knallen** *vt* (*fam abw*) matar a tiros

**ab|knicken** I. *vi sein* ❶ (*Zweig*) doblarse, troncharse ❷ (*Straße*) girar II. *vt* ❶ (*abbrechen*) cortar ❷ (*umknicken*) doblar, tronchar

**ab|knöpfen** *vt* ❶ (*Angeknöpftes*) desabotonar ❷ (*fam: Geld*) sacar; **jdm Geld ~** dar un sablazo a alguien

**ab|knutschen** I. *vt* (*fam*) comer(se) a besos; (*abw*) besuquear II. *vr:* **sich ~** (*abw*) besuquearse

**ab|kochen** *vt* ❶ (*kochen*) hervir ❷ (*keimfrei machen*) esterilizar

**ab|kommandieren*** *vt* (MIL) destinar, destacar

**ab|kommen** *irr vi sein* ❶ (*abweichen*) perderse; **wir kamen vom Weg ab** nos perdimos; **vom Thema ~** irse por las ramas ❷ (*aufgeben*) dejar (*von*), abandonar (*von*); (*sich entfernen*) alejarse (*von* de); **von seiner Meinung ~** cambiar de opinión ❸ (*aus der Mode kommen*) pasarse de moda

**Abkommen** *nt* <-s, -> convenio *m,* acuerdo *m*

**abkömmlich** ['apkœmlɪç] *adj* disponible

**Abkömmling** ['apkœmlɪŋ] *m* <-s, -e> ❶ (*a.* JUR: *Nachkomme*) descendiente *mf* ❷ (*iron fam: Sprössling*) vástago *m,* hijo *m*

**ab|können** *irr vt* (*nordd: mögen*) llevarse bien (con); (*vertragen*) soportar

**ab|koppeln** I. *vt* (*Fahrzeug*) desenganchar; (*Raumfähre*) separar II. *vr:* **sich ~** (*fam: Organisation*) descolgarse

**ab|kratzen** I. *vi sein* (*fam: sterben*) estirar la pata, rasgarse *Am* II. *vt* (*entfernen*) rascar

**ab|kriegen** *vt* (*fam*) ❶ (*erhalten*) llevarse su parte (de) ❷ (*erleiden*) sufrir; **er hat ganz schön was abgekriegt** ha recibido lo suyo ❸ (*entfernen*) conseguir quitar

**ab|kühlen** I. *vr:* **sich ~** (*kühler werden*) enfriarse; (*Wetter*) refrescar; (*Beziehungen*) enfriarse; (*Leidenschaft*) calmarse II. *vt* (*Speisen*) (poner a) enfriar

**Abkühlung** *f* <-en> enfriamiento *m;* (TECH) refrigeración *f;* (*Wetter*) descenso *m* de las temperaturas; **sich** *dat* **eine ~ verschaffen** refrescarse

**Abkunft** ['apkʊnft] *f ohne pl* (*geh: Herkunft*) origen *m;* (*Abstammung*) ascendencia *f;* **er ist slawischer ~** es de origen eslavo

**ab|kürzen** *vt* acortar; (*Weg*) atajar; (*Besuch, Verfahren*) abreviar; **„Jahrhundert" wird durch „Jh." abgekürzt** "Jh." es la abreviatura de "Jahrhundert"

**Abkürzung** *f* <-en> ❶ (*Weg*) atajo *m,* trilla *f AmC;* **eine ~ nehmen** tomar un atajo ❷ (*von Verfahren*) abreviación *f,* reducción *f* ❸ (LING) abreviatura *f;* **Abkürzungsverzeichnis** *nt* índice *m* de abreviaturas

**ab|küssen** *vt* besuquear

**ab|laden** *irr vt* ❶ (*Fahrzeug, Schiff*) descargar; (*Fracht*) desembarcar; (*Müll*) verter; (*Kisten*) sacar (*von* de); (*fig: Ärger*) descargar ❷ (*Arbeit, Schuld*) cargar (*auf* sobre)

**Ablage** *f* <-n> ❶ (*Archiv, Vorrichtung*) archivo *m* ❷ (*Schweiz: Annahmestelle*) despacho *m* de lotería

**ab|lagern** I. *vi* (*Wein*) añejarse; (*Holz, Tabak*) curarse; **abgelagerter Wein** vino añejo II. *vt* almacenar III. *vr:* **sich** ~ (*sich absetzen*) posarse; (MED, GEO) sedimentarse

**Ablagerung** *f* <-en> ① (GEO, MED: *Vorgang*) sedimentación *f;* (*Material*) depósito *m,* sedimento *m* ② (GASTR: *Wein*) poso *m*

**Ablass** *m* <-es, -lässe> (REL) bula *f,* indulgencia *f*

**ab|lassen** *irr* I. *vi* (*nicht weiterverfolgen*) desistir (*von* de), abandonar (*von*); **er lässt nicht von seinem Vorhaben ab** no desiste de sus propósitos II. *vt* ① (*Flüssigkeit*) dejar salir; (*Dampf*) purgar; (*Wasser*) desaguar; (*Behälter*) vaciar ② (*fam: nicht aufsetzen/anlegen*) no poner(se) ③ (*ermäßigen*): **jdm etwas vom Preis** ~ rebajar algo el precio a alguien

**Ablauf** *m* <-(e)s, -läufe> ① (*Verlauf*) (trans)curso *m,* desarrollo *m* ② (*einer Frist, Gültigkeit*) vencimiento *m,* expiración *f;* **nach** ~ **von zwei Stunden** al cabo de dos horas ③ (*Abflussrohr*) desagüe *m* ④ (GEO: *See*) canal *m* de vaciado

**ab|laufen** *irr sein* I. *vi* ① (*Flüssigkeit*) escurrirse; (*abfließen*) desaguar ② (*Film, Tonband*) desenrollarse ③ (*stehen bleiben*) pararse ④ (*Pass*) caducar ⑤ (*Frist*) finalizar; **die Frist ist abgelaufen** el plazo ha expirado ⑥ (*verlaufen*) transcurrir; **ist alles gut abgelaufen?** ¿ha ido todo bien? II. *vt* ① (*Schuhe*) (des)gastar ② (*Strecke, Stadt*) recorrer (*nach* en busca de)

**Ableben** *nt* <-s, *ohne pl*> (*geh*) defunción *f*

**ab|lecken** *vt* lamer

**ab|legen** I. *vi* (*Schiff*) zarpar II. *vt* ① (*ausziehen*) quitarse, sacarse *Am;* **bitte, legen Sie ab!** ¡quítese el abrigo, por favor! ② (*Gewohnheit*) quitarse; **Vorurteile** ~ deshacerse de prejuicios ③ (*hinlegen*) depositar; (*Akten*) archivar, failear *AmC;* (*Karten*) descartarse (de) ④ (*Eid, Geständnis*) hacer, prestar; **über etw Rechenschaft** ~ rendir cuentas de algo; **eine Prüfung** ~ dar un examen (*in* en), examinarse (*in* en) *Am*

**Ableger** *m* <-s, -> ① (BOT) esqueje *m* ② (WIRTSCH) sucursal *f*

**ab|lehnen** *vt* ① (*zurückweisen*) rechazar; **er lehnte es ab, uns zu helfen** se negó a ayudarnos ② (JUR: *Gesuch*) denegar; (*Zeugen*) recusar

**ablehnend** *adj* negativo; **etw** *dat* **eher** ~ **gegenüberstehen** no estar mucho por algo

**Ablehnung** *f* <-en> ① (*Verweigerung*) negativa *f;* (*Zurückweisung*) rechazo *m;* (*von Anträgen*) denegación *f,* rechazo *m;* (JUR) recusación *f* ② (*Missbilligung*) rechazo *m,* repudio *m;* **er stieß bei ihnen auf** ~ lo rechazaron

**ab|leisten** *vt* (*Wehrdienst*) cumplir

**ab|leiten** I. *vt* ① (*umlenken*) desviar ② (*a.* MATH: *herleiten*) derivar (*aus* de) II. *vr:* **sich** ~ (LING) derivarse (*aus/von* de)

**Ableitung** *f* <-en> (MATH) derivación *f;* (LING) derivado *m*

**ab|lenken** I. *vi* (*ausweichen*) desviarse (*von* de) II. *vt* ① (PHYS: *Strahlen*) desviar ② (*abbringen*) distraer (*von* de)

**Ablenkung** *f* <-en> ① (*Richtungsänderung*) desviación *f* ② (*Zerstreuung*) distracción *f;* **sich** *dat* ~ **verschaffen** distraerse; **Ablenkungsmanöver** *nt* maniobra *f* de distracción

**ab|lesen** *irr* I. *vt* (*vorlesen*) leer II. *vi* ① (*lesen*): **vom Blatt** ~ leer la hoja; **den Zähler** ~ leer el contador ② (*erkennen*) notarse (*von* en); **das konnte man ihr vom Gesicht** ~ eso se le notaba en la cara

**ab|lichten** *vt* ① (*fotokopieren*) fotocopiar ② (*fotografieren*) fotografiar

**ab|liefern** *vt* entregar

**ab|lösen** I. *vt* ① (*abmachen*) quitar; (*Aufgeklebtes*) despegar ② (*Wachposten*) relevar; (*bei der Arbeit*) reemplazar ③ (*Hypothek*) amortizar; (*Schuld*) pagar II. *vr:* **sich** ~ ① (*abgehen*) desprenderse ② (*sich abwechseln*) alternarse

**Ablösesumme** *f* (SPORT) traspaso *m*

**Ablösung** *f* <-en> ① (*das Sichablösen*) desprendimiento *m* ② (*Wechsel mit anderen*) relevo *m* ③ (*aus dem Amt*) reemplazo *m,* sustitución *f* ④ (FIN) amortización *f*

**ab|luchsen** ['aplʊksən] *vt* (*fam: Geld*) sacar; (*Geheimnis*) sonsacar

**ABM** [a:be:'ʔɛm] *f* <-(s)> (WIRTSCH) *Abk. von* **Arbeitsbeschaffungsmaßnahme** *plan de fomento de empleo*

**ab|machen** *vt* ① (*fam: entfernen*) quitar; (*Aufgeklebtes*) despegar ② (*vereinbaren*) acordar; (*Termin, Preis*) fijar; **wir haben abgemacht, dass ...** hemos quedado en que...; **abgemacht!** ¡de acuerdo! ③ (*fam: ableisten*) cumplir

**Abmachung** *f* <-en> acuerdo *m;* (*a.* POL, WIRTSCH) convenio *m;* **mit jdm eine** ~ **treffen** llegar a un acuerdo con alguien

**ab|magern** I. *vi sein* adelgazar; **bis auf die Knochen abgemagert sein** estar en los huesos II. *vt* reducir

**Abmagerungskur** *f* cura *f* de adelgazamiento

**Abmahnung** *f* <-en> sanción *f*

**ab|malen** *vt* (*abzeichnen*) pintar; (*porträtieren*) retratar; (*kopieren*) copiar

**Abmarsch** *m* <-(e)s, -märsche> (MIL) salida *f*, marcha *f*; **~!** ¡en marcha!

**ab|melden** *vt* darse de baja (*bei* en); (*Zeitung*) anular la suscripción; **sich polizeilich ~** dar parte a la policía (de su salida); **das Telefon ~** darse de baja del teléfono

**Abmeldung** *f* <-en> baja *f*; (*einer Zeitung*) anulación *f* de la suscripción; (*von der Schule*) aviso *m* de baja; (*beim Einwohnermeldeamt*) aviso *m* de cambio de residencia

**ab|messen** *irr vt* ① (*ausmessen*) medir ② (*abschätzen*) calcular

**Abmessung** *f* <-en> medida *f*, dimensión *f*

**ABM-Kraft** *f* (WIRTSCH) *trabajador o trabajadora temporal en un plan de fomento de empleo*

**ab|montieren*** *vt* desmontar

**ABM-Stelle** *f* (WIRTSCH) *puesto de trabajo proporcionado por el Plan de Fomento de Empleo*

**ab|mühen** *vr*: **sich ~** esforzarse mucho

**ab|murksen** ['apmʊrksən] *vt* (*fam*): **jdn ~** cargarse a alguien

**ab|nabeln** **I.** *vt* (*Neugeborenes*) cortar el cordón umbilical (a) **II.** *vr*: **sich ~** (*fam: sich lösen*) librarse; (*sich unabhängig machen*) independizarse

**ab|nagen** *vt* roer

**Abnäher** *m* <-s, -> pinza *f*

**Abnahme** *f* <-n> ① (*das Entfernen*) desmontaje *m*; (MED) amputación *f* ② (*Herunternahme*) descenso *m* ③ (*Verminderung*) disminución *f*, descenso *m* ④ (*Kauf*) compra *f*; **bei ~ von 100 Stück** con la compra de 100 unidades; **~ finden** (WIRTSCH) tener salida ⑤ (*einer Parade*) revista *f*; (*eines Autos*) inspección *f*

**ab|nehmen** *irr* **I.** *vi* ① (*Macht, Kräfte*) declinar; (*Interesse*) disminuir; (*Geschwindigkeit*) bajar; (*Mond*) menguar ② (*Gewicht verlieren*) adelgazar ③ (TEL) descolgar; **es nimmt keiner ab** no contesta nadie **II.** *vt* ① (*Hut, Bart*) quitar(se); (MED) amputar; (*Blut*) sacar; (*abkaufen*) comprar; (*wegnehmen*) quitar; (*im Spiel*) sacar; (*abverlangen*) pedir; (*Maschen*) menguar ② (*übernehmen*) coger; **jdm eine Arbeit ~** librar a alguien de un trabajo ③ (*entgegennehmen*) coger; (*Eid*) tomar; (*Beichte*) escuchar; **jdm das Versprechen ~, zu ...** hacer prometer a alguien que... ④ (*Gebäude, Fahrzeug*) inspeccionar; (*Prüfung*) realizar; (MIL) pasar revista (a) ⑤ (*fam: glauben*) creer

**Abnehmer(in)** *m(f)* <-s, -; -nen> comprador(a) *m(f)*, cliente *mf*; **~ finden** encontrar compradores

**Abneigung** *f* <-en> antipatía *f* (*gegen* hacia), rechazo *m* (*gegen* hacia/contra)

**abnormal** ['---] *adj* anormal, anómalo

**ab|nötigen** *vt* (*geh*) imponer; **er nötigt mir Respekt ab** me impone respeto

**ab|nutzen** **I.** *vt* (des)gastar; (*strapazieren*) deteriorar **II.** *vr*: **sich ~** desgastarse, deteriorarse

**Abnutzung** *f* <-en> desgaste *m*, deterioro *m*; **Abnutzungserscheinungen** *fpl* señales *fpl* de uso [*o* desgaste]

**Abo** ['abo] *nt* <-s, -s> (*fam*) suscripción *f*

**Abonnement** [abɔn(ə)'mã:] *nt* <-s, -s> (*Zeitung*) suscripción *f*; (*Konzertkarten*) abono *m*; **ein ~ für etw haben** estar suscrito a algo; **ein ~ abbestellen** anular la suscripción

**Abonnent(in)** [abɔ'nɛnt] *m(f)* <-en, -en; -nen> suscriptor(a) *m(f)*, abonado, -a *m, f*

**abonnieren*** [abɔ'ni:rən] *vt* suscribirse (a)

**ab|ordnen** *vt* delegar

**Abordnung** *f* <-en> delegación *f*, comisión *f*

**Abort** [a'bɔrt] *m* <-(e)s, -e> ① (MED) aborto *m* ② (*Toilette*) retrete *m*, servicio *m*

**ab|passen** *vt* aguardar; **den richtigen Augenblick ~** aguardar el momento oportuno; **jdn ~** salir al paso de alguien

**ab|pausen** *vt* calcar

**ab|pfeifen** *irr vt* (SPORT): **das Spiel ~** pitar el fin del partido

**Abpfiff** *m* <-(e)s, -e> (SPORT) pitada *f* final

**ab|plagen** *vr*: **sich ~** afanarse (*mit* en), agobiarse (*mit* con)

**Abprall** *m* <-(e)s, -e> rebote *m*

**ab|prallen** *vi sein* (*Ball*) rebotar; **die Kritik prallte an ihr ab** la crítica le resbaló

**ab|pumpen** *vt* ① (*Öl, Wasser*) extraer ② (*fam: pumpen*) sablear

**ab|putzen** *vt* limpiar

**ab|quälen** *vr*: **sich ~** desriñonarse; **sich** *dat* **ein Lächeln ~** esforzarse por sonreír

**ab|qualifizieren*** **I.** *vt* descalificar **II.** *vr*: **sich ~** desacreditarse (*mit/durch* con)

**ab|rackern** *vr*: **sich ~** (*fam*) matarse a trabajar

**ab|rahmen** *vt* desnatar, descremar

**ab|rasieren*** *vt* afeitar; (*fam: zerstören*) arrasar

**ab|raten** *irr vi*: **jdm von etw ~** desaconsejar algo a alguien

**ab|räumen** *vt* recoger; (*Teller*) retirar; (SPORT: *Kegel*) derribar; **den Tisch ~** recoger la mesa

**ab|reagieren*** **I.** *vt* (*Ärger*) descargar (*an* en), desahogar (*an* contra) **II.** *vr*: **sich ~**

desfogarse

**ab|rechnen** I. *vi* ① (*(Schluss)rechnung*) echar la cuenta ② (*zur Rechenschaft ziehen*) ajustar las cuentas; **mit ihm werde ich noch ~!** ¡ya le ajustaré las cuentas! II. *vt* (*abziehen*) descontar

**Abrechnung** *f* <-en> ① (*Abzug*) descuento *m* ② (*Bilanz*) cuenta *f*, planilla *f Am;* **die ~ machen** hacer las cuentas ③ (*Rache*) ajuste *m* de cuentas

**Abrede** *f ohne pl:* **etw in ~ stellen** negar algo

**ab|regen** *vr:* **sich ~** (*fam*) calmarse

**ab|reiben** *irr vt* ① (*Schmutz*) quitar frotando; (*Schuhe, Hände*) limpiar frotando ② (*trockenreiben*) secar (frotando) ③ (*mit dem Reibeisen*) rallar

**Abreibung** *f* <-en> ① (*a.* MED) fricción *f* ② (*fam: Prügel*) paliza *f*, trilla *f Am;* **eine ~ kriegen/verpassen** recibir/dar una paliza

**Abreise** *f* <-n> salida *f*, partida *f*

**ab|reisen** *vi sein* salir (*nach* para), partir (*nach* para)

**ab|reißen** *irr* I. *vi sein* ① (*sich lösen*) arrancarse; (*abspringen*) saltar ② (*unterbrochen werden*) cortarse II. *vt* ① (*Papier, Heftpflaster*) arrancar ② (*Gebäude*) derribar ③ (*fam: abnutzen*) destrozar

**Abreißkalender** *m* almanaque *m*

**ab|richten** *vt* amaestrar

**ab|riegeln** *vt* ① (*Tür*) echar el cerrojo (de) ② (MIL: *Gebiet*) cercar; (*Straße*) cortar

**Abrieg(e)lung** *f* <-en> cierre *m;* (*Riegel*) cerrojo *m;* (MIL) cerco *m;* (*von Straßen*) control *m;* (*durch die Polizei*) cordón *m*

**ab|ringen** *irr vt* (*Zugeständnis*) arrancar; **sich** *dat* **ein Lächeln ~** forzar una sonrisa

**Abriss**[1] *m* <-es, *ohne pl*> (*Abbruch*) derribo *m*

**Abriss**[2] *m* <-es, -e> ① (*von Eintrittskarten*) resguardo *m* (de control de entrada) ② (*Übersicht*) resumen *m*, compendio *m*

**ab|rücken** I. *vi sein* ① (*wegrücken*) apartarse (*von* de); **von einer Meinung ~** cambiar de opinión ② (MIL) retirarse II. *vt* (*wegschieben*) correr

**Abruf** *m* <-(e)s, *ohne pl*> ① (*abrufbar sein*): **auf ~ zur Verfügung stehen** estar disponible ② (INFOR) demanda *f;* **abrufbereit** *adj* ① (*Menschen*) a disposición ② (INFOR) recuperable

**ab|rufen** *irr vt* ① (*wegrufen*) llamar ② (INFOR: *Daten*) pedir

**ab|runden** *vt* ① (*rund machen, a.* MATH) redondear ② (*ausgewogener machen*) completar

**abrupt** [ap'rʊpt] *adj* abrupto; (*unerwartet*) inesperado; (*plötzlich*) repentino

**ab|rüsten** *vi* desarmar

**Abrüstung** *f ohne pl* desarme *m;* **Abrüstungsverhandlungen** *fpl* negociaciones *fpl* de desarme

**ab|rutschen** *vi sein* resbalar(se); (*fig*) hundirse (*in* en)

**Abs.** ① *Abk. von* **Absender** Rte. ② *Abk. von* **Absatz** párrafo *m*

**ABS** [aːbeː'ʔɛs] *nt* <-> (AUTO) *Abk. von* **Antiblockiersystem** ABS *m*

**ab|sacken** *vi sein* (*fam*) ① (*sinken*) descender; (*Boden*) hundirse; (*Blutdruck*) bajar de golpe; (*Flugzeug*) perder altura; (FIN) caer; (*nachlassen*) disminuir (*in* en), bajar (*in* en) ② (*fig: herunterkommen*) hundirse

**Absage** ['apzaːgə] *f* <-n> (respuesta *f*) negativa *f;* **jdm eine ~ erteilen** dar una negativa a alguien

**ab|sagen** I. *vi* excusarse; **jdm ~** anular una cita con alguien II. *vt* (*Treffen*) anular; (*Vorstellung*) suspender

**ab|sägen** *vt* ① (*Ast*) (a)serrar ② (*fam: kündigen*) echar; (POL) defenestrar

**ab|sahnen** I. *vi* (*fam*) hacer su agosto II. *vt* (*fam: Profit*) forrarse (con)

**ab|satteln** *vi, vt* desensillar

**Absatz** *m* <-es, -sätze> ① (*am Schuh*) tacón *m*, taco *m Am;* **auf dem ~ kehrtmachen** (*fig*) dar media vuelta y marcharse ② (*im Text*) párrafo *m;* (**neuer**) **~** (*beim Diktieren*) punto y aparte; **kein ~** (*beim Diktieren*) punto y seguido ③ (*Treppe*) descansillo *m*, tramo *m* ④ (*Verkauf*) venta *f;* **großen ~ finden** tener mucha salida; **Absatzflaute** *f* (WIRTSCH) estancamiento *m* de las ventas; **Absatzmarkt** *m* (WIRTSCH) mercado *m* de consumo

**absatzweise** *adv* por párrafos

**ab|saugen** *vt* aspirar; **Fett ~** absorber la grasa

**ab|schaben** *vt* raer

**ab|schaffen** *vt* ① (*aufheben*) abolir; (*Gesetz*) derogar ② (*fortgeben*) deshacerse (de)

**Abschaffung** *f* <-en> abolición *f;* (JUR) derogación *f*

**ab|schalten** I. *vi* (*fam*) ① (*unaufmerksam werden*) desconectar ② (*sich entspannen*) relajarse II. *vt* (*ausmachen*) apagar

**ab|schätzen** *vt* ① (*taxieren*) calcular; (COM) tasar ② (*beurteilen*) valorar

**abschätzig** ['apʃɛtsɪç] *adj* despectivo

**ab|schauen** I. *vi* (*fam*): **bei jdm ~** copiar de alguien II. *vt* (*fam*): **etw von jdm ~** copiar algo de alguien

**Abschaum** *m* <-(e)s, *ohne pl*> (*abw*): **der**

~ **der Menschheit** la escoria de la humanidad

**ab|scheiden** *irr* **I.** *vi sein* (*geh*) fallecer **II.** *vt* desprender; (MED) supurar **III.** *vr:* **sich** ~ (*geh*) separarse (*von* de)

**Abscheu** *m o f* <-(e)s, *ohne pl*> (*Widerwille*) repugnancia *f;* (*Ekel*) asco *m;* **vor jdm/etw ~ haben** tener asco de alguien/algo; **jds ~ erregen** repeler a alguien

**abscheulich** [ap'ʃɔɪlɪç] *adj* ❶ (*ekelhaft*) repugnante ❷ (*verwerflich*) abominable ❸ (*fam: unangenehm viel*) horrible

**Abscheulichkeit** *f* <-en> (*Tat, Bemerkung*) atrocidad *f;* **was erzählst du mir immer für ~en!** ¡qué asquerosidades me cuentas!

**ab|schicken** *vt* enviar

**ab|schieben** *irr* **I.** *vi sein* (*fam: weggehen*) largarse **II.** *vt* ❶ (*abrücken*) apartar (*von* de); (*Schuld*) achacar (*auf* a); (*Verantwortung*) cargar (*auf* a) ❷ (*ausweisen*) expulsar ❸ (*loswerden*) deshacerse (de)

**Abschiebestopp** *m* (POL) suspensión *f* de la expulsión de extranjeros

**Abschiebung** *f* <-en> expulsión *f*

**Abschied** ['apʃi:t] *m* <-(e)s, -e> ❶ (*Trennung*) despedida *f;* **von jdm ~ nehmen** despedirse de alguien ❷ (*aus dem Amt*) retiro *m;* (*Abdankung*) dimisión *f;* **Abschiedsbesuch** *m* visita *f* de despedida; **Abschiedsbrief** *m* (*fam*) carta *f* de despedida; **Abschiedsfeier** *f* fiesta *f* de despedida; **Abschiedsgruß** *m* fórmula *f* de despedida; **Abschiedskuss** *m* beso *m* de despedida; **Abschiedsszene** *f* (*iron*) escenita *f* de despedida

**ab|schießen** *irr vt* ❶ (*Geschoss*) disparar; (*Rakete*) lanzar ❷ (*Wild*) cazar; (*Mensch*) pegar un tiro (a) ❸ (*Flugzeug*) derribar; (*Panzer*) destruir ❹ (*fam: entlassen*) despachar

**ab|schirmen** *vt* ❶ (*schützen*) proteger (*gegen* de/contra) ❷ (*Licht*) matizar

**Abschirmung** *f* <-en> ❶ (*einer Gefahr*) protección *f* (*gegen* de/contra) ❷ (*des Lichtes*) matización *f*

**ab|schlachten** *vt* ❶ (*Tiere*) matar ❷ (*grausam töten*) matar brutalmente; (*viele Menschen*) masacrar

**ab|schlaffen** **I.** *vi sein* (*fam*) cansarse, desmadejarse **II.** *vt* cansar, desmadejar

**Abschlag** *m* <-(e)s, -schläge> ❶ (SPORT) saque *m* de puerta ❷ (FIN, WIRTSCH: *Preisnachlass*) descuento *m;* (*Rate*) plazo *m;* (*Vorschuss*) adelanto *m;* **etw auf ~ kaufen** comprar algo a plazos

**ab|schlagen** *irr vt* ❶ (SPORT) sacar (de puerta) ❷ (*Baum*) talar ❸ (MIL) repeler ❹ (*ablehnen*) rechazar; **jdm eine Bitte ~** negarle a alguien un favor

**abschlägig** ['apʃlɛ:gɪç] *adj* (*formal*) negativo; **jdm eine ~e Antwort geben** dar a alguien una respuesta negativa

**Abschlagszahlung** *f* ❶ (*Ratenzahlung*) pago *m* a plazos ❷ (*Vorauszahlung*) pago *m* (por) adelantado; (*Vorschuss*) adelanto *m*

**ab|schleifen** *irr* **I.** *vt* rebajar; (*entfernen*) quitar lijando; (*Edelsteine*) tallar; (*Kristall*) biselar **II.** *vr:* **sich ~** desgastarse; (*a. fig*) suavizarse

**Abschleppdienst** *m* servicio *m* de remolque

**ab|schleppen** *vt* ❶ (*Auto*) remolcar ❷ (*fam: Person*) arrastrar

**Abschleppfahrzeug** *nt* (AUTO) (coche *m*) grúa *f;* **Abschleppseil** *nt* cuerda *f* de remolcar; **Abschleppwagen** *m* grúa *f*

**ab|schließen** *irr* **I.** *vi* ❶ (*mit Schlüssel*) cerrar con llave ❷ (*zum Schluss kommen*) concluir; **mit jdm ~** romper con alguien ❸ (*Abschluss bilden*) cerrar **II.** *vt* ❶ (*Tür*) cerrar con llave ❷ (*beenden*) concluir; (*Studium*) terminar; (*Tagung*) clausurar ❸ (*vereinbaren*) acordar; (*Geschäft*) concertar; (*Vertrag*) cerrar ❹ (FIN: *Bücher*) hacer balance (de); (*Konto*) saldar ❺ (COM: *Geschäftsjahr*) cerrar **III.** *vr:* **sich ~** (*sich isolieren*) aislarse (*von* de)

**abschließend** ['apʃli:sənt] **I.** *adj* último **II.** *adv* por último

**Abschluss** *m* <-es, -schlüsse> ❶ (*Verschluss*) cierre *m* ❷ (*Ende*) conclusión *f,* término *m;* **zum ~ kommen** terminar; **etw zum ~ bringen** concluir algo ❸ (*Examen*) diploma *m,* título *m* ❹ (*eines Vertrags, einer Wette*) cierre *m* ❺ (COM) transacción *f,* operación *f;* **Abschlussprüfung** *f* examen *m* final; **Abschlusszeugnis** *nt* diploma *m;* (*nach acht Schuljahren*) título *m* de graduado escolar; (*Abitur*) título *m* de bachiller

**ab|schmecken** *vt* ❶ (*kosten*) probar ❷ (GASTR: *verfeinern*) sazonar

**ab|schminken** **I.** *vt* desmaquillar; **das kannst du dir ~!** (*fig*) ¡eso ya te lo puedes quitar de la cabeza! **II.** *vr:* **sich ~** desmaquillarse

**ab|schnallen** **I.** *vi* (*fam*) ❶ (*abschalten*) desconectar ❷ (*fassungslos sein*) quedarse de una pieza; **da schnallste ab!** (*fam*) ¡si no lo veo, no lo creo! **II.** *vt* (*abnehmen*) desabrochar **III.** *vr:* **sich ~** (*Gurt lösen*) desabrocharse

**ab|schneiden** *irr* **I.** *vi* ❶ (*Weg*) acortar ❷ (*Ergebnis erzielen*): **gut/schlecht ~**

tener/no tener éxito; **bei einer Prüfung gut/schlecht** ~ sacar buena/mala nota en un examen **II.** *vt* ① (*abtrennen*) cortar ② (*absperren*) cortar, acordonar ③ (*abkürzen*) acortar; **jdm das Wort** ~ interrumpir a alguien ④ (*isolieren*) aislar; **von der Außenwelt abgeschnitten sein** estar incomunicado

**Abschnitt** *m* <-(e)s, -e> ① (*im Text*) párrafo *m* ② (*eines Gebietes*) sector *m* ③ (*Zeitspanne*) lapso *m*, etapa *f* ④ (*Wertmarke*) cupón *m;* (*eines Formulars*) resguardo *m;* (*bei Eintrittskarten*) resguardo *m* (de control de entrada) ⑤ (MATH) segmento *m*

**ab|schöpfen** *vt* ① (*obere Schicht*) quitar ② (*Gewinn*) retirar

**ab|schotten** ['apʃɔtən] **I.** *vt* ① (NAUT) cerrar con mamparos ② (*isolieren*) aislar (*von* de) **II.** *vr:* **sich** ~ aislarse (*von* de)

**ab|schrauben** *vt* desatornillar

**ab|schrecken** *vt* ① (*entmutigen*) desanimar; (*einschüchtern*) intimidar ② (*Nudeln*) pasar por agua fría ③ (TECH) enfriar bruscamente; (*Eisen*) templar

**abschreckend** *adj* intimidatorio; (*warnend*) disuasorio

**Abschreckung** *f* <-en> intimidación *f;* **nukleare** ~ intimidación nuclear

**ab|schreiben** *irr vt* ① (*kopieren*) copiar (*von* de) ② (WIRTSCH) amortizar ③ (*fam: verloren geben*) dar por perdido; **ich hatte ihn längst abgeschrieben** hacía tiempo que le había borrado de mi lista

**Abschreibung** *f* <-en> (WIRTSCH) ① (*steuerliche Absetzung*) deducción *f* ② (*Wertverminderung*) desvalorización *f*

**Abschrift** *f* <-en> copia *f*

**ab|schürfen** *vt* despellejar; (MED) excoriar

**Abschürfung** *f* <-en> (MED) excoriación *f*

**Abschuss** *m* <-es, -schüsse> ① (*einer Waffe*) disparo *m* ② (*einer Rakete*) lanzamiento *m* ③ (*eines Flugzeugs*) derribo *m* ④ (*bei der Jagd*) derribo *m;* **Tiere zum** ~ **freigeben** levantar la veda de animales

**abschüssig** ['apʃʏsɪç] *adj* (*Gelände*) empinado; (*Küste*) escarpado

**Abschussliste** *f* (*fig*) lista *f* negra; **auf der** ~ **stehen** estar en la lista negra;

**Abschussrampe** *f* plataforma *f* de lanzamiento

**ab|schütteln** *vt* ① (*entfernen*) sacudir (*von* de) ② (*Person*) librarse (de); **die Müdigkeit** ~ sacudir(se) la pereza

**ab|schütten** *vt* tirar; **die gekochten Kartoffeln** ~ escurrir las patatas cocidas

**ab|schwächen** **I.** *vt* ① (*Wirkung*) debilitar ② (*Eindruck, Formulierung*) atenuar ③ (*Stoß*) amortiguar **II.** *vr:* **sich** ~ debilitarse

**ab|schwatzen** *vt* (*fam*) sacar; (*Geld, Geheimnis*) sonsacar

**ab|schweifen** ['apʃvaɪfən] *vi sein* ① (*geh: vom Weg*) desviarse (*von* de) ② (*Gedanke*) divagar (*von* de)

**ab|schwellen** *irr vi sein* ① (*Geschwulst*) deshincharse; **der Finger ist abgeschwollen** la inflamación del dedo ha bajado ② (*Lärm*) disminuir

**ab|schwören** *irr vi* ① (*dem Glauben*) abjurar (+*dat* de) ② (*dem Alkohol*) renunciar (+*dat* a)

**ab|segnen** *vt* (*fam*) dar el visto bueno (a)

**absehbar** *adj* previsible; **in** ~**er Zeit** en breve

**ab|sehen** *irr* **I.** *vi* descontar (*von* de); (*verzichten*) prescindir (*von* de); (*nicht berücksichtigen*) no tener en cuenta (*von*); **von einer Strafe** ~ prescindir de un castigo; **abgesehen von ...** a excepción de... *Am;* **abgesehen davon** aparte de eso; **abgesehen davon, dass ...** aparte de que... **II.** *vt* ① (*lernen*) fijarse; **jdm etw** ~ fijarse en cómo hace alguien algo ② (*voraussehen*) prever; **es ist abzusehen, dass ...** es de prever que... ③ (*im Auge haben*) pretender; **es auf jdn abgesehen haben** (*gern haben wollen*) pretender conseguir a alguien; (*schikanieren*) tomarla con alguien

**ab|seilen** *vr:* **sich** ~ ① (SPORT) descender en rapel ② (*fam: verschwinden*) esfumarse

**abseits** ['apzaɪts] **I.** *präp* +*gen* lejos de **II.** *adv* ① (*fern*) alejado ② (SPORT) fuera de juego

**Abseits** *nt* <-, *ohne pl*> (SPORT) fuera *m* de juego

**ab|senden** *irr vt* (*Paket, Telegramm*) enviar; (*Waren*) expedir

**Absender(in)** *m(f)* <-s, -; -nen> remitente *mf;* (~*adresse*) remite *m;* (COM) expedidor(a) *m(f)*

**ab|servieren*** *vt* ① (*Geschirr, Tisch*) quitar ② (*fam: kaltstellen*) marginar; (*entlassen*) echar a la calle ③ (*fam: ermorden*) eliminar

**absetzbar** *adj* ① (FIN) deducible ② (*verkäuflich*) vendible

**ab|setzen** **I.** *vt* ① (*Hut, Brille*) quitarse ② (*hinstellen*) poner (*auf* en); (GEO) depositar ③ (*Feder*) levantar (del papel); (*Gewehr*) descansar; (*Glas*) posar ④ (*den Reiter abwerfen*) derribar ⑤ (*aussteigen lassen*) dejar (*an/in* en) ⑥ (*Minister*) destituir; (*Beamte*) deponer ⑦ (*absagen*) suspender; (*Theaterstück*) quitar del cartel

❽ (COM) vender ❾ (FIN) deducir (*von* de); **von der Steuer ~** deducir [*o* desgravar] de los impuestos ❿ (MED: *Behandlung*) abandonar; (*Medikament*) dejar de tomar **II.** *vr:* **sich ~** ❶ (*sich niederschlagen*) acumularse; (*in Flüssigkeiten*) depositarse ❷ (*fam: verschwinden*) escaparse ❸ (*sich unterscheiden*) destacarse (*von/gegen* de (entre)) ❹ (SPORT) ir a la cabeza ❺ (MIL) retirarse

**ab|sichern** **I.** *vt* (*Unfallstelle*) asegurar **II.** *vr:* **sich ~** (*sich schützen*) asegurarse

**Absicht** *f* <-en> intención *f,* propósito *m;* (*Ziel*) objetivo *m;* **gute/böse ~en haben** tener buenas/malas intenciones; **etw mit/ohne ~ tun** hacer algo a propósito/sin querer; **es war ~** fue con intención; **das war nicht meine ~** no era mi intención; **er hat die ~ zu verreisen** tiene la intención de salir de viaje; **in der ~ etw zu tun** con el propósito de hacer algo

**absichtlich** **I.** *adj* intencionado **II.** *adv* a propósito, adifés *Ven;* **das hast du ~ getan** lo has hecho a propósito

**ab|sinken** *irr vi sein* (*Niveau*) descender; (*Schiff*) hundirse

**ab|sitzen** *irr* **I.** *vi sein* (*vom Pferd*) desmontar **II.** *vt* (*fam: Strafe, Dienstzeit*) cumplir

**absolut** [apzo'lu:t] **I.** *adj* absoluto *f* **II.** *adv* absolutamente; (*in negativen Sätzen*) en absoluto; **das ist ~ unmöglich** es de todo punto imposible; **~ nichts** nada en absoluto

**Absolution** [apzolu'tsjo:n] *f* <-en> (REL) absolución *f*

**Absolutismus** [apzolu'tɪsmʊs] *m* <-, *ohne pl*> absolutismo *m*

**absolutistisch** [apzolu'tɪstɪʃ] *adj* absolutista

**Absolvent(in)** [apzɔl'vɛnt] *m(f)* <-en, -en; -nen> (*vor dem Examen*) examinando, -a *m, f;* (*nach dem Examen*) ex alumno, -a *m, f*

**absolvieren*** [apzɔl'vi:rən] *vt* ❶ (*Schule, Studium*) terminar; (*Prüfung*) aprobar; (*ableisten*) cumplir ❷ (REL) absolver

**absonderlich** [ap'zɔndɐlɪç] *adj* raro, singular

**Absonderlichkeit** *f* <-en> singularidad *f,* particularidad *f;* (*Geschehnis*) hecho *m* curioso

**ab|sondern** **I.** *vt* ❶ (*Kranke*) separar; (*Häftlinge*) incomunicar ❷ (*ausscheiden*) segregar; (*Sekret*) secretar **II.** *vr:* **sich ~** apartarse (*von* de)

**Absonderung** ['apzɔndərʊŋ] *f* <-en> ❶ (*Isolierung*) separación *f,* aislamiento *m* ❷ (BIOL, MED: *Vorgang*) segregación *f;* (*Sekret*) secreción *f*

**absorbieren*** [apzɔr'bi:rən] *vt* (*a. fig*) absorber

**ab|spalten** **I.** *vt* escindir; (CHEM) disociar **II.** *vr:* **sich ~** escindirse (*von* de)

**Abspann** *m* <-(e)s, -e> (FILM, TV) créditos *mpl*

**ab|specken** ['apʃpɛkən] *vi* (*fam*) adelgazar

**ab|speichern** *vt* (INFOR) almacenar (*auf* en)

**ab|speisen** *vt* (*fam*) despachar; **jdn mit leeren Versprechungen ~** despachar a alguien con promesas vacías

**abspenstig** ['apʃpɛnstɪç] *adj:* **jdm etw ~ machen** mangar algo a alguien

**ab|sperren** *vt* ❶ (*Gebiet*) bloquear; (*Straße*) cortar ❷ (*Österr, südd: abschließen*) cerrar (con llave)

**Absperrung** *f* <-en> ❶ (*das Absperren*) bloqueo *m;* (*von Straßen*) corte *m* de carreteras ❷ (*Gitter*) reja *f;* (*Sperre*) barrera *f*

**ab|spielen** **I.** *vt* ❶ (*Schallplatte*) poner ❷ (*vom (Noten)blatt*) tocar sin preparación ❸ (SPORT) pasar **II.** *vr:* **sich ~** ocurrir

**Absprache** *f* <-n> acuerdo *m;* **nach vorheriger/ohne vorherige ~** según/sin acuerdo previo; **eine ~ treffen** llegar a un acuerdo

**ab|sprechen** *irr vt* ❶ (*vereinbaren*) acordar ❷ (*aberkennen*) privar (de), negar

**ab|springen** *irr vi sein* ❶ (*herunterspringen*) saltar (*von* de), arrojarse (*von* de); (SPORT) coger impulso ❷ (*Fahrradkette*) soltarse; (*Lack*) saltar ❸ (*fam: zurückziehen*) abandonar (*von*), retirarse (*von* de); (*Teilnehmer*) irse (*von* de); (*Vertragspartner*) volverse atrás

**Absprung** *m* <-(e)s, -sprünge> salto *m;* (*Fallschirmspringen*) salto *m* (en paracaídas), descenso *m;* (*vom Turngerät*) salida *f;* **den ~ schaffen/verpassen** (*fam fig*) aprovechar/dejar pasar el momento adecuado

**ab|spülen** *vt* (*Geschirr*) fregar; (*Schmutz*) limpiar

**ab|stammen** *vi* descender (*von* de), proceder (*von* de)

**Abstammung** *f ohne pl* ❶ (*Herkunft*) ascendencia *f,* origen *m* ❷ (*Geschlecht*) linaje *m* ❸ (BIOL, LING) origen *m,* procedencia *f*

**Abstand** *m* <-(e)s, -stände> ❶ (*räumlich*) distancia *f* ❷ (*zeitlich*) distancia *f,* intervalo *m;* **in regelmäßigen Abständen** a intervalos regulares ❸ (*Distanz*) distancia *f;* **von etw ~ gewinnen** (*fig*) cobrar distancia de algo; **davon ~ nehmen, etw zu tun** (*geh*) renunciar a hacer algo ❹ (*Unterschied*) diferencia *f;* (*im Sport*) ventaja *f;*

**mit großem ~ führen** tener gran ventaja ⑤ (*fam: Abfindung*) indemnización *f*

**ab|statten** ['apʃtatən] *vt* (*geh*): **jdm einen Besuch ~** rendir visita a alguien

**ab|stauben** ['apʃtaʊbən] *vt* ① (*putzen*) desempolvar, quitar el polvo (a) ② (*fam: nicht verdienen*) sacar (sin merecerlo); (*schnorren*) gorronear

**ab|stechen** *irr* **I.** *vi* (*sich abheben*) contrastar (*von* con) **II.** *vt* ① (*Tier*) degollar; (*sl: Menschen*) rajar ② (*Torf, Rasen*) cortar

**Abstecher** *m* <-s, -> ① (*Ausflug*) excursión *f* ② (*Umweg*) vuelta *f*

**ab|stecken** *vt* ① (*mit Pfählen*) jalonar; (*Grenze*) demarcar ② (*Saum*) marcar con alfileres ③ (*Ziel*) definir

**ab|stehen** *irr vi* (*herausragen*) destacarse; **~de Ohren** orejas de soplillo

**Absteige** ['apʃtaɪgə] *f* <-n> (*fam abw*) pensión *f* de mala muerte

**ab|steigen** *irr vi sein* ① (*abwärts gehen*) ir hacia abajo; **auf dem ~den Ast sein** (*fam*) ir de capa caída ② (*vom Pferd, Fahrrad*) desmontar (*von* de), bajar (*von* de) ③ (*übernachten*): **in einer Pension ~** parar en una pensión ④ (SPORT) descender

**ab|stellen** *vt* ① (*hinstellen*) colocar, poner; (*deponieren*) dejar ② (*parken*) aparcar ③ (*Wasser*) cerrar; (*Strom*) cortar; (*ausmachen*) apagar, parar ④ (*abkommandieren*) destinar, enviar (*für* a)

**Abstellgleis** *nt* apartadero *m*, vía *f* de depósito; **Abstellkammer** *f*, **Abstellraum** *m* (cuarto *m*) trastero *m*

**ab|stempeln** *vt* ① (*Briefe, Urkunden*) sellar; (*Briefmarken*) matasellar ② (*bezeichnen*) tildar (*als/zu* de)

**ab|sterben** *irr vi sein* ① (*Zellen, Blätter*) morirse ② (*Glieder*) entumecerse

**Abstieg** ['apʃti:k] *m* <-(e)s, -e> bajada *f*, descenso *m*; (*Abhang*) pendiente *f*; (*Niedergang*) descenso *m*; (SPORT) descenso *m* a la categoría inferior

**ab|stillen** *vi, vt* destetar

**ab|stimmen** **I.** *vi* (*Stimme abgeben*) votar (*über* sobre); **über etw ~ lassen** someter algo a votación **II.** *vt* (*harmonisieren*) ajustar (*auf* a), compaginar (*auf* con); **sich mit jdm ~** ponerse de acuerdo con alguien

**Abstimmung** *f* <-en> ① (*Wahl*) votación *f*; **geheime ~** votación secreta; **zur ~ bringen** someter a votación ② (*Absprache*) coordinación *f*, armonización *f*

**abstinent** [apsti'nɛnt] *adj* abstinente, temperante *Am*

**Abstinenz** [apsti'nɛnts] *f ohne pl* abstinencia *f*

**Abstinenzler(in)** *m(f)* <-s, -; -nen> abstinente *mf*, temperante *mf Am*

**ab|stoßen** *irr* **I.** *vt* ① (*Boot*) alejar (*von* de) ② (MED: *Organ*) rechazar ③ (*verkaufen*) deshacerse (de) ④ (*beschädigen*) desportillar ⑤ (*anekeln*) asquear **II.** *vi* (*abstoßend sein*) repugnar

**abstoßend** *adj* (*ekelig*) repugnante

**ab|stottern** *vt* (*fam*) pagar a plazos

**abstrahieren*** [apstra'hi:rən] **I.** *vi* (*geh*) hacer abstracción (*von* de) **II.** *vt* abstraer (*aus* de)

**abstrakt** [ap'strakt] *adj* abstracto

**Abstraktion** *f* <-en> abstracción *f*

**ab|streifen** *vt* ① (*entfernen*) quitar ② (*Vorurteile*) deshacerse (de); (*Unarten*) quitarse ③ (*absuchen*) inspeccionar

**ab|streiten** *irr vt* negar

**Abstrich** *m* <-(e)s, -e> ① (*Kürzung*) reducción *f*; (*Preise*) rebaja *f*; **wir müssen ~e machen** tenemos que reducir gastos ② (MED) frotis *m inv*

**abstrus** [ap'stru:s] *adj* abstruso

**ab|stufen** *vt* ① (*stufenförmig machen*) escalonar ② (*Farben*) matizar ③ (*im Lohn herabsetzen*) bajar de categoría

**Abstufung** *f* <-en> ① (*des Lohnes*) descenso *m* de categoría salarial ② (FIN: *Staffelung*) clasificación *f* ③ (*Schattierung*) matización *f*

**ab|stumpfen** ['apʃtʊmpfən] **I.** *vi sein* (*fig*) embrutecerse; (*Gefühl*) embotarse **II.** *vt* truncar; (*fig*) embrutecer

**Absturz** *m* <-es, -stürze> ① (*Fall*) caída *f* ② (INFOR) fallo *m* general

**ab|stürzen** *vi sein* ① (*Flugzeug*) estrellarse; (*Bergsteiger*) caer ② (*steil abfallen*) caer en picado ③ (INFOR: *Programm*) producirse un error de tipo general (en); **mein Computer ist abgestürzt** (*fam*) se me ha quedado colgado el ordenador

**Absturzstelle** *f* lugar *m* de la caída

**ab|stützen** **I.** *vt* apoyar **II.** *vr*: **sich ~** apoyarse

**ab|suchen** *vt* buscar por todas partes; (*Gelände*) batir

**absurd** [ap'zʊrt] *adj* absurdo

**Absurdität** [apzʊrdi'tɛ:t] *f* <-en> absurdo *m*; (*Unsinn*) disparate *m*

**Abszess** [aps'tsɛs] *m* <-es, -e> (MED) absceso *m*

**Abt** [apt] *m*, **Äbtissin** *f* <-(e)s, Äbte; -nen> abad(esa) *m(f)*

**Abt.** *Abk. von* **Abteilung** dpto.

**ab|tasten** *vt* ① (*befühlen*) tentar; (MED) palpar; (*bei einer Durchsuchung*) registrar ② (INFOR) leer

**ab|tauen** **I.** *vt* ① (*Kühlschrank*) descongelar ② (*Eis*) derretir **II.** *vi* deshelarse

**Äbte** *pl von* **Abt**
**Abtei** [ap'taɪ] *f* <-en> abadía *f*
**Abteil** [ap'taɪl] *nt* <-(e)s, -e> compartim(i)ento *m*
**ab|teilen** *vt* ❶ (*Raum*) dividir ❷ (*abtrennen*) separar
**Abteilung** [-'--] *f* <-en> ❶ (*Abtrennung*) división *f* ❷ (*im Betrieb, Kaufhaus*) sección *f;* (*im Museum*) sala *f;* (*im Krankenhaus*) unidad *f* ❸ (MIL) destacamento *m;* **Abteilungsleiter(in)** *m(f)* jefe, -a *m, f* de sección
**ab|tippen** *vt* (*fam*) pasar a máquina
**Äbtissin** [ɛp'tɪsɪn] *f* <-nen> *s.* **Abt**
**ab|töten** *vt* matar
**ab|tragen** *irr vt* ❶ (*Gelände*) aplanar ❷ (*Mauer*) derribar ❸ (*Kleidung*) (des)gastar ❹ (*geh: Schulden*) ir pagando ❺ (*geh*): **die Teller ~** retirar los platos
**abträglich** ['aptrɛːglɪç] *adj* (*geh*) perjudicial
**ab|transportieren*** *vt* ❶ (*Güter*) transportar ❷ (*Person*) evacuar
**ab|treiben** *irr* **I.** *vi* ❶ *sein* (*Boot*) derivar; (*Flugzeug*) desviarse del rumbo ❷ (*Schwangerschaft abbrechen*) abortar **II.** *vt* ❶ (*weglenken*) arrastrar, apartar ❷ (*Schwangerschaft abbrechen*) abortar
**Abtreibung** *f* <-en> aborto *m;* **Abtreibungspille** *f* píldora *f* abortiva
**ab|trennen** *vt* ❶ (*Angenähtes*) descoser ❷ (*abteilen*) separar
**ab|treten** *irr* **I.** *vi sein* ❶ (MIL) romper filas ❷ (THEAT) retirarse (*von* de) **II.** *vt* ❶ (*abnutzen: Teppich*) gastar; (*Absätze*) desgastar ❷ (*überlassen*) ceder; (*Geschäft*) traspasar ❸ (*säubern*) limpiar
**Abtreter** *m* <-s, -> (*fam*) felpudo *m*
**Abtretung** *f* <-en> cesión *f,* traspaso *m*
**ab|trocknen** *vt* secar
**ab|tropfen** *vi sein* escurrir
**abtrünnig** ['aptrʏnɪç] *adj* ❶ (REL) renegado; **dem Glauben ~ werden** apostatar de la fe ❷ (POL) disidente
**Abtrünnige(r)** *mf* <-n, -n; -n> ❶ (REL) apóstata *mf* ❷ (POL) disidente *mf*
**ab|tun** *irr vt* ❶ (*fam: Kleidung, Brille*) quitarse ❷ (*zurückweisen*) rechazar; **etw als belanglos ~** minimizar algo; **etw mit einem Achselzucken ~** rechazar algo encogiéndose de hombros
**ab|tupfen** *vt* ❶ (*Wunde*) taponar ❷ (*Stirn, Tränen*) secar, empapar
**abturnen** ['aptœrnən] *vi* (*sl*) ser un coñazo
**ab|verlangen*** *vt* exigir (con descaro); **jdm etw ~** exigir algo a alguien
**ab|wägen** ['apvɛːgən] <wägt ab, wog ab, abgewogen> *vt* ponderar, sopesar
**ab|wählen** *vt* ❶ (*Politiker*) anular la elección (de) ❷ (SCH: *Fach*) no elegir
**ab|wälzen** *vt* (*Schuld*) echar (*auf* a); (*Arbeit*) descargar (*auf* en)
**ab|wandeln** *vt* modificar
**ab|wandern** *vi sein* emigrar
**Abwanderung** *f* <-en> ❶ (SOZIOL: *Bevölkerung*) éxodo *m;* (*Fachkräfte*) fuga *f* ❷ (FIN: *Kapital*) evasión *f*
**ab|warten** *vt, vi* esperar; **die Ergebnisse ~** esperar los resultados
**abwartend** *adj* expectante; **eine ~e Haltung einnehmen** estar a la expectativa
**abwärts** ['apvɛrts] *adv* hacia abajo; **abwärtskompatibel** *adj* (INFOR) compatible hacia abajo; **Abwärtstrend** *m* tendencia *f* descendente
**Abwasch** ['apvaʃ] *m* <-(e)s, *ohne pl*> (*fam*) ❶ (*Abspülen*) fregado *m* de la vajilla; **den ~ machen** fregar ❷ (*Geschirr*) vajilla *f* por fregar
**abwaschbar** *adj* lavable
**ab|waschen** *irr* **I.** *vi* fregar **II.** *vt* ❶ (*Geschirr*) fregar ❷ (*Schmutz*) limpiar
**Abwasser** *nt* <-s, -wässer> aguas *fpl* residuales; **Abwasseraufbereitung** *f* tratamiento *m* de las aguas residuales; **Abwasserkanal** *m* alcantarilla *f,* acequia *f Mex;* **Abwasserrohr** *nt* conducto *m* de aguas residuales
**ab|wechseln** *vi, vr:* **sich ~** alternar(se); (*Personen*) turnarse
**abwechselnd** *adv* alternativamente, por turnos; **sie passten ~ auf die Kinder auf** se turnaban para cuidar a los niños
**Abwechs(e)lung** *f* <-en> cambio *m;* **zur ~** para variar; **abwechslungshalber** ['apvɛksluŋshalbɐ] *adv* para variar; **abwechslungslos** **I.** *adj* ❶ (*immer gleich*) poco variado; (*ereignislos*) monótono ❷ (*langweilig*) aburrido; **ein ~es Programm** un programa aburrido **II.** *adv* sin variación; **abwechslungsreich** *adj* variado; (*ereignisreich*) rico en impresiones
**Abwege** ['apveːgə] *mpl:* **auf ~ geraten** apartarse del buen camino
**abwegig** ['apveːgɪç] *adj* desacertado
**Abwehr** [a'pveːɐ] *f ohne pl* (*Verteidigung*) defensa *f;* (*Abstoßung*) rechazo *m*
**ab|wehren** **I.** *vi* rehusar **II.** *vt* ❶ (*fernhalten*) mantener a distancia; (*Krankheitserreger*) protegerse (de) ❷ (*ablehnen, a.* MIL) rechazar; (*Verdacht*) descartar ❸ (SPORT) despejar
**Abwehrkräfte** *fpl* (MED) defensas *fpl* (del organismo); **Abwehrmechanismus** *m* (PSYCH, MED) mecanismo *m* de defensa;

**Abwehrreaktion** *f* (PSYCH, MED) reacción *f* de defensa; **Abwehrspieler(in)** *m(f)* (SPORT) defensa *mf*

**ab|weichen** *irr vi sein* ❶ (*vom Kurs, Thema*) desviarse (*von* de) ❷ (*sich unterscheiden*) divergir (*von* de); (*Meinung*) discrepar

**abweichend** *adj* divergente; ~**e Meinungen** opiniones discrepantes

**Abweichung** *f* <-en> ❶ (*das Abweichen*) desviación *f* ❷ (TECH) anomalía *f*, irregularidad *f* ❸ (*Differenz*) divergencia *f*

**ab|weisen** *irr vt* ❶ (*Antrag*) rechazar; (*Anklage*) refutar ❷ (*wegschicken*) no recibir

**abweisend** *adj* (*ablehnend*) negativo; (*zurückweisend*) reservado

**ab|wenden** *irr* **I.** *vt* ❶ (*Blick*) apartar (*von* de), volver ❷ (*Gefahr*) evitar **II.** *vr:* **sich** ~ (*sich wegdrehen*) apartarse (*von* de), volverse

**ab|werben** *irr vt* (WIRTSCH) quitar; **der Konkurrenz Mitarbeiter** ~ hacerse con los colaboradores de la competencia

**ab|werfen** *irr* **I.** *vt* ❶ (*Reiter*) derribar; (*Latte*) tirar; (*Geweih*) echar; (*Blätter*) perder; (*Bomben*) lanzar ❷ (*Gewinn*) rendir ❸ (*Karten*) echar **II.** *vi* (SPORT: *vom Tor*) hacer un saque de puerta

**ab|werten** *vt* ❶ (FIN) devaluar ❷ (*herabsetzen*) despreciar, quitar valor (a)

**abwertend** *adj* (*negativ*) peyorativo; (*verächtlich*) despectivo

**Abwertung** *f* <-en> (FIN) devaluación *f*

**abwesend** ['apveːzənt] *adj* ❶ (*nicht zugegen*) ausente ❷ (*zerstreut*) distraído

**Abwesenheit** *f* <-en> ❶ (*körperlich*) ausencia *f* ❷ (*geistig*) distracción *f*

**ab|wickeln** *vt* ❶ (*Knäuel*) deshacer; (*Garn*) desenrollar ❷ (*Geschäft*) llevar a cabo

**ab|wiegen** *irr vt* pesar

**ab|wimmeln** *vt* (*fam: Arbeit*) quitarse de encima; (*Besucher*) deshacerse (de)

**ab|winken** *irr vi* hacer un gesto negativo con la mano

**ab|wischen** *vt* ❶ (*Staub, Schmutz*) limpiar; **wisch dir den Mund mit der Serviette gut ab!** ¡límpiate bien con la servilleta! ❷ (*Tisch*) limpiar, pasar con una bayeta ❸ (*abtrocknen*) secar, enjugar *elev*

**Abwurf** *m* <-(e)s, -würfe> ❶ (*von Bomben*) lanzamiento *m* ❷ (SPORT) saque *m*

**ab|würgen** *vt* (*fam*) ❶ (*Diskussion, Streik*) ahogar, reprimir ❷ (*Motor*) ahogar

**ab|zahlen** *vt* pagar; (*in Raten*) pagar a plazos

**ab|zählen** *vt* contar; **das kannst du dir doch an fünf Fingern ~!** (*fam*) ¡eso lo ve hasta un ciego!

**Abzahlung** *f* <-en> ❶ (*Ratenzahlung*) pago *m* a plazos; **etw auf ~ kaufen** comprar algo a plazos ❷ (*Rückzahlung*) importe *m* total

**Abzeichen** *nt* <-s, -> ❶ (MIL) condecoración *f* ❷ (*Anstecknadel*) distintivo *m*

**ab|zeichnen** **I.** *vt* ❶ (*kopieren*) copiar ❷ (*signieren*) firmar **II.** *vr:* **sich** ~ ❶ (*sich abheben*) destacarse (*auf* de), perfilarse (*auf* sobre) ❷ (*deutlich werden*) perfilarse

**Abziehbild** *nt* calcomanía *f*

**ab|ziehen** *irr* **I.** *vi* ❶ (*Rauch*) salir(se); (*Gewitter*) alejarse ❷ (*Truppen, Zugvögel*) irse ❸ (*fam: weggehen*) largarse **II.** *vt* ❶ (*wegnehmen*) sacar (*von* de); (*entfernen*) quitar (*von* de); **das Bett** ~ quitar las sábanas ❷ (*Tier*) despellejar ❸ (FOTO, TYPO) sacar copias (de) ❹ (MATH) restar ❺ (*vom Lohn, Preis*) deducir (*von* de), descontar (*von* de) ❻ (MIL) retirar ❼ (*Schweiz: ausziehen*) desnudar **III.** *vr:* **sich** ~ (*Schweiz: sich ausziehen*) desnudarse

**ab|zielen** *vi* (*Bemerkung*) referirse (*auf* a); (*anstreben*) tener como meta (*auf*)

**ab|zocken** *vt* (*sl: im Spiel*) desplumar

**Abzug** *m* <-(e)s, -züge> ❶ (MIL) retirada *f*, salida *f* ❷ (*Lohn~*) retención *f*; **nach ~ der Kosten** deducidos los gastos ❸ (CHEM) abductor *m* ❹ (FOTO) copia *f* ❺ (*am Gewehr*) gatillo *m* ❻ (*Luft, Kamin*) tiro *m*

**abzüglich** ['aptsyːklɪç] *präp +gen* descontando; ~ **der Kosten** previa deducción de los costes

**abzugsfrei** *adj* (FIN) libre de deducciones fiscales

**Abzugshaube** *f* campana *f* extractora

**ab|zweigen** **I.** *vi sein* desviarse (*von* de, *zu* hacia) **II.** *vt* (*Geld*) apartar

**Abzweigung** *f* <-en> cruce *m*

**Accessoire** [aksɛso'aːɐ] *nt* <-s, -s> accesorio *m*

**Aceton** [atse'toːn] *nt* <-s, *ohne pl*> (CHEM) acetona *f*

**ach** [ax] *interj* ah; ~ **was!** ¿qué dices?; ~ **ja!** ¡ah, claro (que sí)!; ~ **so!** ¡ah, eso es otra cosa!; ~**, du lieber Himmel!** ¡ay, Dios mío!; ~ **nee!** ¡no me digas!

**Ach** *nt* <-s, -(s)> (*fam*): **mit ~ und Krach** a trancas y barrancas

**Achse** ['aksə] *f* <-n> (TECH, POL, MATH) eje *m*; **sich um die eigene ~ drehen** girar sobre su propio eje; **immer auf ~ sein** (*fam*) estar siempre fuera

**Achsel** ['aksəl] *f* <-n> ❶ (~*höhle*) axila *f* ❷ (*Schulter*) hombro *m*; **mit den ~n zucken** encogerse de hombros; **Achselhaare** *ntpl* vello *m* de la axila; **Achsel-**

**höhle** *f* axila *f,* sobaco *m;* **Achselzucken** *nt* encogimiento *m* de hombros; **achselzuckend** **I.** *adj* que sólo se encoge de hombros; (*gleichgültig*) indiferente **II.** *adv* encogiéndose de hombros; (*gleichgültig*) con indiferencia

**Achsenbruch** *m* (TECH) rotura *m* del eje

**acht** [axt] *adj inv* ocho; **es ist gleich ~ (Uhr)** van a ser las ocho (horas); **alle ~ Tage** cada ocho días; **mit ~ (Jahren)** a los ocho años; **um/gegen ~ (Uhr)** a las/sobre las ocho (horas); **zu je ~** de a ocho; **zu ~** de ocho en ocho; **in ~ Tagen** dentro de ocho días; **vor ~ Tagen** hace ocho días; **heute in ~ Tagen** de hoy en ocho días; **morgen in ~ Tagen** mañana en ocho días

**Acht**[1] [axt] *f* <-en> (*Zahl*) ocho *m*

**Acht**[2] *f ohne pl* ❶ (*Aufmerksamkeit*) atención *f;* **~ geben** prestar atención (*auf* a); (*auf Personen/die Gesundheit*) cuidar (*auf* de); **etw außer aller ~ lassen** prescindir de algo; **sich (vor jdm) in ~ nehmen** cuidarse (de alguien); **gib ~!** ¡cuidado!; **gib ~, wohin du trittst!** ¡ten cuidado de dónde pisas!; **gib auf dich ~!** ¡cuídate! ❷ (HIST) proscripción *f*

**achtbar** *adj* respetable

**achte(r, s)** *adj* octavo; **der ~ Dezember** el ocho de diciembre; **am ~n Dezember** el ocho de diciembre; **wir treffen uns Sonntag, den ~n Dezember** nos veremos el domingo, ocho de diciembre; **im ~n Stock** en el octavo piso; **das ~ Mal** la octava vez; **Heinrich der A~** Enrique VIII; **jeden ~n Tag** cada ocho días; **du bist der A~, der mich das fragt** eres la octava persona que me pregunta eso

**Achteck** *nt* octógono *m,* octágono *m*

**achteckig** *adj* octógono, octágono; **der Grundriss des Baptisteriums ist ~** la planta del baptisterio es octágona

**achtel** *adj inv* octavo; **ein ~ Zentner** la octava parte de un quintal

**Achtelfinale** *nt* (SPORT) octavos *mpl* de final; **Achtelnote** *f* (MUS) corchea *f*

**achten** ['axtən] **I.** *vi* ❶ (*beachten*) atender (*auf* a), cuidar (*auf* de); (*auf den Weg*) fijarse (*auf* en), prestar atención (*auf* a); **sie achtet darauf, dass ...** se cuida de que... +*subj* ❷ (*beaufsichtigen*) cuidar (*auf* de) **II.** *vt* ❶ (*schätzen*) estimar; (*Ansichten*) respetar ❷ (*befolgen*) observar

**ächten** ['ɛçtən] *vt* (HIST) proscribir; (*verbannen*) desterrar; (*fig: ausstoßen*) aislar

**achtens** ['axtəns] *adv* en octavo lugar; (*bei einer Aufzählung*) octavo; **... und ~ gilt es, in Zukunft über neue Maßnahmen nachzudenken** ... y octavo, es necesario reflexionar en lo sucesivo sobre nuevas medidas

**Achterbahn** *f* montaña *f* rusa

**achterlei** *adj inv* de ocho clases diferentes, ocho clases (diferentes) de; **es standen ~ Sorten Käse auf dem Tisch** en la mesa había ocho clases diferentes de quesos; **auf ~ Weise** de ocho formas diferentes

**achtfach** **I.** *adj* óctuplo; **die ~e Menge** ocho veces la cantidad; **der Antrag muss in ~er Ausfertigung zugesandt werden** hay que mandar ocho copias de la candidatura **II.** *adv* ocho veces

**achthundert** ['-'--] *adj inv* ochocientos; **dieser Baum ist mehr als ~ Jahre alt** este árbol tiene más de ochocientos años

**achtkantig** *adj* octogonal; **jdn ~ hinauswerfen** (*fam*) echar a alguien con cajas destempladas

**achtlos** *adj* ❶ (*sorglos*) descuidado ❷ (*zerstreut*) distraído ❸ (*rücksichtslos*) desconsiderado ❹ (*unbesonnen*) despreocupado; **~ mit etw umgehen** tratar algo con descuido

**Achtlosigkeit** *f ohne pl* descuido *m,* dejadez *f;* (*Unbesonnenheit*) despreocupación *f*

**achtmal** *adv* ocho veces; **~ so viel(e)** ocho veces más; **~ täglich** ocho veces al día; **ich war schon ~ in Madrid** ya he estado ocho veces en Madrid

**achtsam** *adj* (*geh*) ❶ (*aufmerksam*) atento ❷ (*sorgfältig*) cuidadoso

**Achtsamkeit** *f ohne pl* cuidado *m,* atención *f*

**Achtstundentag** ['-'---] *m* jornada *f* (laboral) de ocho horas

**achttägig** *adj* de ocho días; **ein ~er Aufenthalt im Ausland** una estancia de ocho días en el extranjero

**achttausend** ['-'--] *adj inv* ocho mil; **dieser Stein ist ~ Jahre alt** esta piedra tiene ocho mil años

**Achtundsechziger(in)** ['--'---] *m(f)* <-s, -; -nen> sesentaiochista *mf* (*participante en el mayo del 68*)

**Achtung** ['axtʊŋ] *f ohne pl* ❶ (*Aufmerksamkeit*) atención *f;* **~ Stufe!** ¡cuidado con el escalón!; **~ , fertig, los!** ¡preparados, listos, ya! ❷ (*Wertschätzung*) respeto *m* (*vor* a); **sich** *dat* **~ verschaffen** hacerse respetar

**Ächtung** ['ɛçtʊŋ] *f* <-en> (HIST) proscripción *f;* (*Verbannung*) destierro *m;* (*fig: Verdammung*) aislamiento *m*

**Achtungserfolg** *m* estimable éxito *m,* éxito *m* relativo

**achtzehn** *adj inv* dieciocho; **wann wirst**

**du ~?** ¿cuándo cumples los 18?; **der Film ist erst ab ~ (freigegeben)** la película no es autorizada para menores de dieciocho años; *s. a.* **acht**[1]

**achtzig** ['axtsɪç] *adj inv* ochenta; **mit ~ (Stundenkilometern) fahren** ir a ochenta (por hora); **etwa ~ (Jahre alt)** sobre los ochenta (años); **mit ~ (Jahren)** a los [*o* con] ochenta (años); **über/unter ~** más de/menos de ochenta; **jdn auf ~ bringen** (*fam*) poner a alguien a cien; **die ~er Jahre** los años ochenta

**achtzigste(r, s)** *adj* octogésimo; **heute ist ihr ~r Geburtstag** hoy es su octogésimo aniversario

**ächzen** ['ɛçtsən] *vi* ① (*Person*) gemir (*vor* de) ② (*Bretter, Gebälk*) crujir

**Acker** ['akɐ] *m* <-s, Äcker> campo *m;* **Ackerbau** *m ohne pl* agricultura *f;* **Ackerland** *nt ohne pl* tierra *f* de labor, tierras *fpl* de labranza

**ackern** *vi* ① (AGR) arar ② (*fam: arbeiten*) trabajar duramente

**Ackersalat** *m* (BOT) rapónchigo *m,* ruiponce *m*

**Acryl** [a'kry:l] *nt* <-s, *ohne pl*> (CHEM) fibra *f* acrílica

**Action** ['ɛktʃən] *f ohne pl* acción *f;* **Actionfilm** *m* película *f* de acción

**a.d.** *Abk. von* **an der: Frankfurt a.d. Oder** Francfort del Oder

**ADAC** [a:de:ʔa:'tse:] *m* <-> *Abk. von* **Allgemeiner Deutscher Automobil-Club** *Automóvil Club de Alemania*

**ad acta** [at 'akta]: **etw ~ legen** dar carpetazo a algo

**Adamsapfel** ['a:damsapfəl] *m* nuez *f* de Adán; **Adamskostüm** *nt* (*fam*): **im ~** en pelotas

**Adaptation** [adapta'tsjo:n] *f* <-en> (*a.* FILM, LIT) adaptación *f*

**Adapter** [a'daptɐ] *m* <-s, -> adaptador *m*

**adaptieren*** [adap'ti:rən] **I.** *vt* ① (FILM, LIT) adaptar (*für* a) ② (*Österr: herrichten*) habilitar **II.** *vr:* **sich ~** adaptarse (*an* a)

**adäquat** [adɛ'kva:t] *adj* adecuado

**addieren*** [a'di:rən] *vt* sumar (*zu* a)

**Addition** [adi'tsjo:n] *f* <-en> adición *f* (*zu* a)

**Additiv** [adi'ti:f] *nt* <-s, -e> (CHEM) aditivo *m;* **bleihaltige ~e** aditivos conteniendo plomo

**ade** [a'de:] *interj* (*reg*) adiós; **jdm ~ sagen** decir(le) adiós a alguien

**Adel** ['a:dəl] *m* <-s, *ohne pl*> ① (*Klasse, Stand*) nobleza *f,* aristocracia *f;* **von ~ sein** tener abolengo ② (*Titel*) título *m* de nobleza

**adelig** ['a:dəlɪç] *adj* noble

**Adelige(r)** *mf* <-n, -n; -n> noble *mf,* aristócrata *mf*

**adeln** ['a:dəln] *vt* ennoblecer

**Adelstitel** *m* título *m* nobiliario

**Ader** ['a:dɐ] *f* <-n> ① (*Blutgefäß*) vena *f* ② (*Anlage*) vena *f;* **eine künstlerische ~ haben** tener dotes artísticas ③ (*von Gestein, Holz*) veta *f;* (*Blatt*) nervio *m*

**Aderlass** *m* <-es, -lässe> sangría *f,* sangradera *f Am*

**ADFC** [a:de:ʔɛf'tse:] *m* <-> *Abk. von* **Allgemeiner Deutscher Fahrrad-Club** *Club Alemán de Usuarios de la Bicicleta*

**ad hoc** [at hɔk] ad hoc

**adieu** [a'djø:] *interj* (*reg*) adiós; **jdm ~ sagen** despedirse de alguien

**Adjektiv** ['atjɛkti:f] *nt* <-s, -e> (LING) adjetivo *m*

**adjektivisch** *adj* (LING) adjetivo

**Adler** ['a:dlɐ] *m* <-s, -> águila *f;* (*Jungtier*) aguilucho *m;* **Adlernase** *f* nariz *f* aguileña

**adlig** ['a:dlɪç] *adj s.* **adelig**

**Adlige(r)** *mf* <-n, -n; -n> *s.* **Adelige(r)**

**Administration** [atmɪnɪstra'tsjo:n] *f* <-en> ① (*Verwaltung*) administración *f* ② (*Schweiz: einer Firma*) gestión *f*

**administrativ** [atmɪnɪstra'ti:f] *adj* administrativo

**Admiral**[1] [atmi'ra:l] *m* <-s, -e> (ZOOL) vanesa *f* atlanta

**Admiral(in)**[2] [atmi'ra:l] *m(f)* <-s, -e *o* -äle; -nen> (MIL) almirante *mf*

**adoptieren*** [adɔp'ti:rən] *vt* adoptar

**Adoption** [adɔp'tsjo:n] *f* <-en> adopción *f*

**Adoptiveltern** *pl* padres *mpl* adoptivos; **Adoptivkind** *nt* hijo, -a *m, f* adoptivo, -a

**Adr.** *Abk. von* **Adresse** dir.

**Adrenalin** [adrena'li:n] *nt* <-s, *ohne pl*> (MED) adrenalina *f;* **Adrenalinspiegel** *m* (MED) concentración *f* de adrenalina; **Adrenalinstoß** *m* (MED) descarga *f* de adrenalina

**Adressat(in)** [adrɛ'sa:t] *m(f)* <-en, -en; -nen> destinatario, -a *m, f;* **Adressatenkreis** *m* círculo *m* de destinatarios

**Adressbuch** *nt* directorio *m*

**Adresse** [a'drɛsə] *f* <-n> ① (*Anschrift*) dirección *f,* señas *fpl;* **an der falschen ~ sein** (*fam*) haberse equivocado de persona; **die erste ~ für Weine** la mejor tienda para comprar vinos ② (INFOR) dirección *f*

**adressieren*** *vt* ① (*Postsendung*) poner la dirección ② (*richten*) dirigir (*an* a)

**adrett** [a'drɛt] *adj* atildado

**Adria** ['a:dria] *f* Adriático *m*

**adriatisch** *adj* adriático; **A~es Meer** Mar

Adriático

**A-Dur** *nt* <-, *ohne pl*> (MUS) la *m* mayor

**Advent** [at'vɛnt] *m* <-(e)s, -e> Adviento *m;* **Adventskalender** *m* calendario *m* de Adviento

**i Land & Leute**

Cada uno de los días de adviento, los niños irán descubriendo detrás de una pequeña puerta o ventana de cartulina una chocolatina. El **Adventskalender** abarca las cuatro semanas previas a la Navidad, periodo que en la liturgia cristiana se denomina Adviento. El **Adventskalender** suele estar decorado con dibujos y motivos típicamente navideños, como *Christbäume – árboles de Navidad, Weihnachtsmänner – Papás Noeles* o *Lebkuchen – panecillos de especias.*

**Adventskranz** *m* corona *f* de Adviento

**i Land & Leute**

En las familias alemanas es costumbre colocar durante el Adviento una **Adventskranz.** Se trata de una corona hecha con ramas de abeto que se puede elaborar personalmente o adquirir en comercios. Se suele adornar con cuatro velas (una por cada domingo de Adviento), cintas, bolas y pequeñas figuras. Los domingos las familias se reúnen en torno a la mesa para tomar té o café con dulces navideños.

**Adventszeit** *f* (tiempo *m* de) adviento *m*

**Adverb** [at'vɛrp] *nt* <-s, -verbien> (LING) adverbio *m*

**adverbial** [atvɛr'bja:l] *adj* (LING) adverbial; **~e Ergänzung** complemento circunstancial

**Advokat(in)** [atvo'ka:t] *m(f)* <-en, -en; -nen> (*reg: Anwalt*) abogado, -a *m, f*

**Advokatur** *f ohne pl* (*Schweiz: Amt eines Anwalts*) abogacía *f*

**Aerobic** [ɛə'rɔbɪk] *nt* <-s, *ohne pl*> aerobic *m*, gimnasia *f* aeróbica

**Aerodynamik** [aerody'na:mɪk] *f* (PHYS) aerodinámica *f*

**aerodynamisch** [aerody'na:mɪʃ] **I.** *adj* ❶ (PHYS) aerodinámico; **die ~en Gesetze** las leyes de la aerodinámica ❷ (*windschnittig*) de forma aerodinámica **II.** *adv* (*windschnittig*) de manera aerodinámica

**Affäre** [a'fɛ:rə] *f* <-n> ❶ (*Skandal*) affaire *m;* **sich mit etw aus der ~ ziehen** salir del apuro con algo; **in eine ~ verwickelt sein** estar envuelto en un affaire; **das ist doch keine ~** eso no es nada ❷ (*Liebesabenteuer*) aventura *f* amorosa

**Affe** ['afə] *m* <-n, -n> mono *m;* **mich laust der ~** (*fam*) eso me deja patitieso; **einen ~n (sitzen) haben** (*fig*) tener una mona

**Affekt** *m* <-(e)s, -e> arrebato *m* (pasional); **im ~ handeln** (JUR, PSYCH) actuar impulsado por un arrebato pasional; **Affekthandlung** *f* (JUR, PSYCH) delito *m* pasional

**affektiert** *adj* (*abw*) afectado

**affenartig** *adj* (*fam: affenähnlich*) simiesco; **mit ~er Geschwindigkeit fahren** (*fam*) ir a toda mecha

**affengeil** *adj* (*sl*) de puta madre; **Affenhitze** *f* (*fam*) calor *m* infernal; **Affenkäfig** *m* jaula *f* de monos; **hier geht es zu wie im** [*o* **in einem**] **~** (*fam*) esto es una casa de locos; **Affenschande** *f* (*fam*): **das ist eine ~!** ¡esto es una vergüenza!; **Affentempo** *nt* (*fam*) velocidad *f* loca; **in einem ~** a toda mecha; **Affentheater** *nt* (*fam*) escándalo *m;* **Affenzahn** *m* (*fam fig*) *s.* **Affentempo**

**Affiche** *f* <-n> (*Schweiz: Plakat*) cartel *m*

**affig** *adj* (*fam*) afectado

**Äffin** *f* <-nen> mona *f*

**Affront** [a'frõ] *m* <-s, -s> (*geh*) afrenta *f* (*gegen* a/para)

**Afghane, -in** [af'ga:nə] *m, f* <-n, -n; -nen> (*Person*) afgano, -a *m, f*

**afghanisch** *adj* afgano

**Afghanistan** [af'ga:nɪsta:n] *nt* <-s> Afganistán *m*

**Afrika** ['a(:)frika] *nt* <-s> África *f*

**Afrikaner(in)** [afri'ka:nɐ] *m(f)* <-s, -; -nen> africano, -a *m, f*

**afrikanisch** *adj* africano

**Afroamerikaner(in)** ['a:froʔameri'ka:nɐ] *m(f)* afroamericano, -a *m, f*

**afroamerikanisch** *adj* afroamericano

**Afrolook** *m* afro-look *m*

**After** ['aftɐ] *m* <-s, -> (ANAT) ano *m*

**Aftershave** [a:ftɐ'ʃɛɪf] *nt* <-(s), -s> aftershave *m*

**AG** [a:'ge:] *f* <(-s)> ❶ *Abk. von* **Aktiengesellschaft** S.A. *f* ❷ *Abk. von* **Arbeitsgruppe** grupo *m* de trabajo ❸ *Abk. von* **Arbeitsgemeinschaft** cooperativa *f* laboral

**Ägäis** [ɛ'gɛ:ɪs] *f* Egeo *m*

**Agave** [a'ga:və] *f* <-n> (BOT) agave *m o f*, maguey *m Am*, metl *m Mex*

**Agent(in)** [a'gɛnt] *m(f)* <-en, -en; -nen> agente *mf;* (*Spion*) espía *mf*
**Agentur** *f* <-en> agencia *f;* **Agenturbericht** *m*, **Agenturmeldung** *f* información *f* de agencia
**Agglomeration** [aglomera'tsjo:n] *f* <-en> ❶ (*geh: Anhäufung*) aglomeración *f* ❷ (*Schweiz: Ballungsraum*) aglomeración *f* urbana
**Aggregat** [agre'ga:t] *nt* <-(e)s, -e> ❶ (TECH) grupo *m* ❷ (WIRTSCH) agregado *m;* **Aggregatzustand** *m* (CHEM) estado *m* de agregación
**Aggression** [agrɛ'sjo:n] *f* <-en> ❶ (*Angriff*) agresión *f* ❷ (*Angriffslust*) agresividad *f*
**aggressiv** *adj* ❶ (*streitsüchtig*) agresivo ❷ (*zerstörend*) corrosivo
**Aggressivität** *f* <-en> ❶ (PSYCH) agresividad *f* ❷ (*aggressive Handlung*) agresión *f*, ataque *m*
**agieren*** [a'gi:rən] *vi* actuar (*als* de/como)
**agil** [a'gi:l] *adj* ágil; (*geschickt*) mañoso
**Agitation** [agita'tsjo:n] *f* <-en> (POL) agitación *f* (política), propaganda *f;* ~ **treiben** provocar los ánimos
**Agitator(in)** [agi'ta:to:ɐ] *m(f)* <-s, -en; -nen> (POL) agitador(a) *m(f)*
**agitatorisch** [agita'to:rɪʃ] *adj* (POL) agitador
**Agonie** [ago'ni:] *f* <-n> (*geh a.* MED) agonía *f*
**Agrarfläche** [a'gra:ɐ-] *f* área *f* agrícola; **Agrarmarkt** *m* mercado *m* de productos agrarios; **Agrarpolitik** *f* política *f* agraria; **Gemeinsame** ~ (EU) Política agraria común; **Agrarwirtschaft** *f ohne pl* economía *f* agrícola
**Ägypten** [ɛ'gʏptən] *nt* <-s> Egipto *m*
**Ägypter(in)** *m(f)* <-s, -; -nen> egipcio, -a *m, f*
**ägyptisch** *adj* egipcio
**ah** *interj* ah
**Ah** *Abk. von* **Amperestunde** Ah
**aha** [a'ha(:)] *interj* ajá, ya
**Aha-Erlebnis** *nt* (PSYCH) revelación *f*
**ahnden** ['a:ndən] *vt* castigar
**ähneln** ['ɛ:nəln] *vi:* **jdm** ~ parecerse a alguien
**ahnen** ['a:nən] *vt* ❶ (*voraussehen*) prever; (*vorausfühlen*) presentir; **nichts Böses** ~ no presentir nada malo ❷ (*vermuten*) sospechar; (*schwach erkennen*) vislumbrar; **sie lachten nichts** ~**d** se reían sin sospechar nada; **so etwas habe ich doch geahnt** ya me figuraba algo semejante
**Ahnen** *mpl* antepasados *mpl;* **Ahnenforschung** *f ohne pl* genealogía *f;* **Ahnenreihe** *f* línea *f* genealógica; **Ahnentafel** *f* tabla *f* genealógica
**ähnlich** ['ɛ:nlɪç] *adj* parecido, semejante; **bei** ~**er Gelegenheit** en semejantes circunstancias; **das sieht ihm** ~ (*fam*) ¡seguro que es una de las suyas!
**Ähnlichkeit** *f* <-en> semejanza *f*, parecido *m;* **mit jdm/etw große** ~ **haben** tener mucho parecido con alguien/algo
**Ahnung** *f* <-en> ❶ (*Vorgefühl*) presentimiento *m;* **ich habe so eine** ~**, als ob es heute passiert** tengo el presentimiento de que va a pasar hoy ❷ (*Wissen*) idea *f;* **keine** ~ **von etw haben** no tener ni idea de algo; **keine** ~**!** ¡ni idea!; **ahnungslos** I. *adj* ❶ (*nichts ahnend*) desprevenido ❷ (*unwissend*) ignorante; **ich war völlig** ~ no tenía ni (la menor) idea **II.** *adv* (*nichts ahnend*) sin sospechar nada
**Ahorn** ['a:hɔrn] *m* <-s, -e> (*Baum, Holz*) arce *m*
**Ähre** ['ɛ:rə] *f* <-n> espiga *f*
**Aids** [ɛɪts] *nt* <-, *ohne pl*> (MED) sida *m*, SIDA *m;* **Aidserreger** *m* (MED) agente *m* patógeno del SIDA; **Aidshilfe** *f* ❶ (MED) ayuda *f* contra el SIDA ❷ (*Organisation*) organización *f* contra el SIDA; **aidsinfiziert** *adj* (MED) infectado del SIDA; **Aidsinfizierte(r)** *mf* (MED) persona *f* infectada del SIDA; **aidskrank** *adj* enfermo de sida; **Aidskranke(r)** *mf* sidoso, -a *m, f*, enfermo, -a *m, f* de SIDA; **Aidstest** *m* prueba *f* del SIDA; **Aidsübertragung** *f* infección *f* del SIDA; **Aidsvirus** *nt* virus *m* del SIDA
**Airbag** ['ɛɐbɛ:k] *m* <-s, -s> (AUTO) airbag *m*, bolsa *f* de aire
**Airbus** *m* (AERO) aerobús *m*
**Akademie** [akade'mi:] *f* <-n> academia *f*
**Akademiker(in)** [aka'de:mikɐ] *m(f)* <-s, -; -nen> académico, -a *m, f*, profesionista *mf Mex*
**akademisch** *adj* académico
**Akazie** [a'ka:tsiə] *f* <-n> acacia *f*
**akklimatisieren*** [aklimati'zi:rən] *vr:* **sich** ~ aclimatarse (*an* a)
**Akklimatisierung** *f ohne pl* aclimatación *f* (*an* a)
**Akkord** [a'kɔrt] *m* <-(e)s, -e> ❶ (WIRTSCH) destajo *m;* **im** ~ **arbeiten** trabajar a destajo ❷ (MUS) acorde *m;* **Akkordarbeit** *f* (WIRTSCH) trabajo *m* a destajo
**Akkordeon** [a'kɔrdeɔn] *nt* <-s, -s> acordeón *m*
**Akku** ['aku:] *m* <-s, -s> acumulador *m*
**akkurat** [aku'ra:t] *adj* (*sorgfältig*) meticuloso; (*genau*) exacto
**Akkusativ** ['akuzati:f] *m* <-s, -e> (LING) acusativo *m;* **Akkusativobjekt** *nt* (LING) com-

plemento *m* directo

**Akne** ['a:knə] *f* <-n> (MED) acné *m*

**akribisch** [a'kri:bɪʃ] *adj* (*geh*) meticuloso

**Akrobat(in)** [akro'ba:t] *m(f)* <-en, -en; -nen> acróbata *mf*

**Akrobatik** *f ohne pl* acrobacia *f*

**Akrobatin** *f* <-nen> *s.* **Akrobat**

**akrobatisch** *adj* acrobático

**Akronym** [akro'ny:m] *nt* <-s, -e> (LING) sigla *f*, acrónimo *m*

**Akt**[1] [akt] *m* <-(e)s, -e> ❶ (*Handlung, Zeremonie*) acto *m*; **ein ~ der Verzweiflung** un acto de desesperación; **das ist doch kein ~** (*fam*) no es gran cosa ❷ (THEAT) acto *m* ❸ (JUR) acción *f* judicial, actuación *f* judicial ❹ (KUNST) desnudo *m* ❺ (*im Zirkus*) prueba *f*, número *m* ❻ (*Geschlechts~*) acto *m* carnal

**Akt**[2] *m* <-(e)s, -en> (*Österr*) *s.* **Akte**

**Akte** ['aktə] *f* <-n> (*Dokumentation*) acta *f*; (*in der Verwaltung*) dossier *m*, expediente *m*; **etw zu den ~n legen** (*fig*) dar carpetazo a algo; **Aktenkoffer** *m* maletín *m* (para documentos); **aktenkundig** *adj* que consta en acta; **Aktenordner** *m* archivador *m*; **Aktenschrank** *m* (armario *m*) archivador *m*; **Aktentasche** *f* portafolios *m inv*, cartera *f*; **Aktenzeichen** *nt* número *m* de registro

**Aktfoto** *nt* foto *f* de desnudo

**Aktie** ['aktsjə] *f* <-n> (FIN) acción *f*; **die ~n steigen/fallen** las acciones suben/bajan; **Aktienfonds** *m* (FIN) fondo *m* de acciones; **Aktiengesellschaft** *f* (FIN) sociedad *f* anónima; **Aktienindex** *m* (FIN) índice *m* de las cotizaciones de (las) acciones; **Aktienkurs** *m* (FIN) cotización *f* de (las) acciones; **Aktienmarkt** *m* mercado *m* de acciones

**Aktion** [ak'tsjo:n] *f* <-en> ❶ (*Kampagne*) acción *f*; (COM) promoción *f* ❷ (*das Agieren*) acción *f*; **in ~ sein/treten** estar/entrar en acción

**Aktionär(in)** *m(f)* <-s, -e; -nen> accionista *mf*

**Aktionspreis** *m* precio *m* de acción; **Aktionsradius** *m* radio *m* de acción

**aktiv** [ak'ti:f] *adj* ❶ (*a.* LING) activo ❷ (MIL) en activo

**Aktiv** ['akti:f] *nt* <-s, *ohne pl*> (LING) voz *f* activa

**Aktiva** [ak'ti:va] *pl* (FIN, WIRTSCH) activo *m*

**aktivieren** [akti'vi:rən] *vt* (*a.* CHEM) activar

**aktivieren*** [akti'vi:rən] *vt* ❶ (*mobilisieren*) activar ❷ (CHEM, INFOR) activar

**Aktivierung** *f* <-en> (*a.* CHEM) activación *f*

**Aktivist(in)** *m(f)* <-en, -en; -nen> activista *mf*

**Aktivität** *f* <-en> actividad *f*

**Aktmalerei** *f* (KUNST) desnudo *m*; **Aktmodell** *nt* (KUNST) modelo *mf* (*para pintar desnudos*)

**aktualisieren*** [aktuali'zi:rən] *vt* actualizar

**Aktualisierung** *f* <-en> actualización *f*

**Aktualität** [aktuali'tɛ:t] *f ohne pl* actualidad *f*

**aktuell** [aktu'ɛl] *adj* actual, de actualidad

**Aktzeichnung** *f* (KUNST) desnudo *m*

**Akupressur** [akuprɛ'su:ɐ] *f* <-en> (MED) acupresión *f*

**akupunktieren*** [akupʊŋk'ti:rən] *vi, vt* hacer acupuntura (a)

**Akupunktur** [akupʊŋk'tu:ɐ] *f* <-en> (MED) acupuntura *f*

**Akustik** [a'kʊstɪk] *f ohne pl* (*a.* PHYS) acústica *f*

**akustisch** *adj* acústico

**akut** [a'ku:t] *adj* ❶ (*aktuell*) agudo; (*hochaktuell*) candente ❷ (MED) grave; (*konkrete Krankheit*) agudo

**AKW** [a:ka:'ve:] *nt* <-s, -s> *Abk. von* **Atomkraftwerk** central *f* nuclear

**Akzent** [ak'tsɛnt] *m* <-(e)s, -e> (*a.* LING) acento *m* (*auf* en); **den ~ auf etw legen** poner el acento en algo; **~e setzen** (*fig*) marcar la pauta; **akzentfrei** *adj* sin acento

**akzentuieren*** *vt* (*geh*) acentuar

**akzeptabel** [aktsɛp'ta:bəl] *adj* aceptable

**Akzeptanz** [aktsɛp'tants] *f ohne pl* aceptación *f*

**akzeptieren*** *vt* aceptar

**Alabaster** [ala'bastɐ] *m* <-s, -> alabastro *m*

**Alarm** [a'larm] *m* <-(e)s, -e> alarma *f*; **falscher ~** falsa alarma; **~ auslösen** provocar alarma; **~ schlagen** (*a. fig*) tocar la alarma; **Alarmanlage** *f* sistema *m* de alarma; **Alarmbereitschaft** *f ohne pl* estado *m* de alerta; **in ~ sein** estar en (estado de) alerta

**alarmieren*** *vt* alarmar

**Alarmsignal** *nt* señal *f* de alarma; **Alarmstufe** *f* grado *m* de alarma; **~ Rot** alerta roja

**Alaska** [a'laska] *nt* <-s> Alaska *f*

**Albaner(in)** [al'ba:nɐ] *m(f)* <-s, -; -nen> albanés, -esa *m, f*

**Albanien** [al'ba:niən] *nt* <-s> Albania *f*

**albanisch** *adj* albanés

**Albatros** ['albatrɔs] *m* <-, -se> albatros *m inv*

**Alben** *pl von* **Album**

**albern**[1] ['albɐn] *adj* (*abw*) tonto; (*kindisch*) pueril; **sich ~ benehmen** hacer el bobo

**albern**[2] *vi* (*abw*) tontear

**Albernheit** *f* <-en> (*abw*) sandez *f*, tonte-

ría *f*, pendejada *f Am;* (*kindisches Benehmen*) puerilidad *f*
**Albino** [al'bi:no] *m* <-s, -s> albino *m*
**Albtraum** *m s.* **Alptraum**
**Album** ['albʊm, *pl:* 'albən] *nt* <-s, Alben> álbum *m*
**Alchimie** [alçi'mi:] *f ohne pl* alquimia *f*
**al dente** [al'dɛnte] *adj* (GASTR) al dente; **die Spaghetti ~ kochen** cocer los espagueti al dente
**Alge** ['algə] *f* <-n> alga *f*
**Algebra** ['algebra] *f ohne pl* (MATH) álgebra *f*
**Algenpest** *f* marea *f* de algas
**Algerien** [al'ge:riən] *nt* <-s> Argelia *f*
**Algerier(in)** *m(f)* <-s, -; -nen> argelino, -a *m, f*
**algerisch** *adj* argelino
**Algorithmus** [algo'rɪtmʊs] *m* <-, Algorithmen> (MATH, INFOR) algoritmo *m*
**alias** ['a:lias] *adv* alias
**Alibi** ['a:libi] *nt* <-s, -s> coartada *f;* **Alibifunktion** *f* (*fig*) coartada *f*
**Alien** ['ɛɪliən] *m* <-, -s> alien *m*, extraterrestre *mf*
**Alimente** [ali'mɛntə] *pl* manutención *f*
**Alkohol** ['alkoho:l] *m* <-s, -e> alcohol *m;* **Alkoholeinfluss** *m ohne pl* efectos *mpl* del alcohol; **unter ~ stehen** estar alcoholizado; **Alkoholeinwirkung** *f ohne pl* influencia *f* del alcohol; **unter ~ stehen** estar alcoholizado; **Alkoholfahne** *f* (*fam*) aliento *m* a vino, tufillo *m* a vino; **alkoholfrei** *adj* sin alcohol; **Alkoholgehalt** *m* graduación *f* alcohólica, grado *m* alcohólico; **Alkoholgenuss** *m ohne pl* consumo *m* de alcohol; **übermäßiger ~ schadet der Gesundheit** el abuso del alcohol perjudica la salud; **alkoholhaltig** *adj* alcohólico
**Alkoholiker(in)** [alko'ho:likɐ] *m(f)* <-s, -; -nen> alcohólico, -a *m, f*
**alkoholisch** [--'--] *adj* alcohólico; **~e Getränke** bebidas alcohólicas
**alkoholisiert** *adj* alcoholizado; **in ~em Zustand** bajo los efectos del alcohol
**Alkoholismus** *m* <-, *ohne pl*> alcoholismo *m*
**Alkoholkonsum** *m* consumo *m* de alcohol; **alkoholkrank** *adj* alcoholizado; **Alkoholmissbrauch** *m* abuso *m* del alcohol; **Alkoholpegel** *m* nivel *m* de alcoholemia; **Alkoholspiegel** *m* nivel *m* de alcohol en la sangre; **alkoholsüchtig** *adj* alcohólico; **~ sein** estar alcoholizado; **Alkoholsünder(in)** *m(f)* (*fam*) *conductor o conductora imprudente por culpa del alcohol;* **Alkoholtest** *m* prueba *f* de alcoholemia; **Alkoholverbot** *nt* prohibición *f* de (consumición de) alcohol; **Alkoholvergiftung** *f* (MED) intoxicación *f* etílica; **Alkoholwirkung** *f* efecto *m* alcohólico
**all** [al] *pron indef* todo; **~ die Mühe** todo el esfuerzo; **nach ~ dem Geschehenen** después de todo lo sucedido; *s. a.* **alle(r, s)**
**All** [al] *nt* <-s, *ohne pl*> universo *m*, espacio *m*
**allabendlich** [al'a:bəntlɪç] *adj* de cada tarde [*o* noche]
**Allah** ['ala] *m* <-s, *ohne pl*> (REL) Alá *m*, Dios *m*
**alle** ['alə] *adv* (*fam*): **es ist ~** se acabó; **ich bin total ~** estoy hecho polvo
**alle(r, s)** *pron indef* ❶ *sg* todo; **wer war ~s da?** ¿quiénes estaban?; **~s, was du willst** todo lo que quieras; **ist das ~s?** ¿eso es todo?; **~s in ~m** (*insgesamt*) en total; (*kurzum*) en resumen; **was es nicht ~s gibt!** ¡hay de todo en este mundo!; **~s auf einmal** todo de una vez; **~s Gute!** ¡mis mejores deseos!; **~s Mögliche** de todo; **vor ~m** sobre [*o* ante] todo; **was soll das ~s?** ¿qué significa todo esto?; **in ~r Frühe** de madrugada; **mit ~r Deutlichkeit** con toda claridad ❷ *pl* todos; **es waren ~ da** estaban todos; **~, die ...** todos los que...; **~ auf einmal** todos a la vez; **~ beide/drei** los dos/tres; **~ zehn Minuten** cada diez minutos; **auf ~ Fälle** de todos modos; (*so oder so*) sea como sea; **für ~ Zeiten** para siempre
**all(e)dem** I. *pron* todo (ello); **zu ~ kommt noch, dass ...** y a todo esto se añade además que...; **aus ~ werde ich nicht schlau** no me aclaro con todo esto; **sie will trotz ~ weitermachen** quiere continuar a pesar de todo II. *adv:* **trotz ~** a pesar de todo
**Allee** [a'le:, *pl:* a'le:ən] *f* <-n> avenida *f*, carrera *f Am*
**allein** [a'laɪn] I. *adj* ❶ (*getrennt, für sich*) solo, a solas; **~ stehend** soltero; **kann ich dich einen Augenblick ~ sprechen?** ¿te puedo hablar un momento a solas? ❷ (*ohne Hilfe*) solo; **er macht das ganz ~** lo hace completamente solo ❸ (*einsam*) solo; **ich bin so oft ~** estoy tantas veces solo II. *adv* (*nur*) sólo, solamente; **du ~ bist schuld daran** sólo tú tienes la culpa; **nicht ~ ..., sondern auch ...** no sólo... sino también...; **einzig und ~** únicamente; **~ schon die Vorstellung macht mir Angst** me da miedo sólo imaginarlo III. *konj* (*geh*) pero, sin embargo
**alleine** [a'laɪnə] *adj o adv* (*fam*) *s.* **allein**
**Alleinerbe, -in** *m, f* heredero, -a *m, f* único, -a; **Alleinerziehende(r)** *mf*

(*Vater*) padre *m* soltero; (*Mutter*) madre *f* soltera; **Alleingang** *m* (SPORT) incursión *f* a solas; **im** ~ a solas; **Alleinherrschaft** *f* autocracia *f;* **Alleinherrscher(in)** *m(f)* autócrata *mf*

**alleinig** *adj* solo, único

**Alleinsein** *nt* <-s, *ohne pl*> soledad *f;* **Alleinstehende(r)** *mf* <-n, -n; -n, -n> soltero, -a *m, f;* **Alleinunterhalter(in)** *m(f)* animador(a) *m(f)*

**allemal** ['alə'ma:l] *adv* siempre; **ein für** ~ de una vez para siempre

**allenfalls** ['alən'fals] *adv* en el mejor de los casos

**allerbeste(r, s)** *adj* mejor (de todos); **meine** ~ **Freundin** mi mejor amiga; **es wäre am** ~**n, wenn ...** lo mejor sería, si... +*subj*

**allerdings** ['alɐ'dɪŋs] *adv* ❶ (*einschränkend*) no obstante ❷ (*bekräftigend*) naturalmente; **bist du selbst da gewesen? –** ~**!** ¿has estado en persona? – ¡ya lo creo!

**allererste(r, s)** *adj* primero (de todos)

**allerfrühestens** *adv* lo más pronto

**Allergie** [alɛr'gi:] *f* <-n> (MED) alergia *f* (*gegen* a); **Allergietest** *m* test *m* de alergia

**Allergiker(in)** [a'lɛrgikɐ] *m(f)* <-s, -; -nen> (MED) alérgico, -a *m, f*

**allergisch** *adj* alérgico (*gegen* a)

**allerhand** ['--'-] *adj inv* (*fam*) ❶ (*ziemlich viel*): **das ist** ~ **Geld** eso es bastante dinero ❷ (*allerlei*) de toda clase; **dort gab es** ~ **Leute** allí había gente de todo tipo

**Allerheiligen** [--'---] *nt* <-, *ohne pl*> (día *m* de) Todos los Santos

**allerlei** ['alɐ'laɪ] *adj inv:* ~ **Tiere** animales de todas clases; **es wird** ~ **geredet** se dice de todo

**allerletzte(r, s)** *adj* último (de todos); **das ist das A~!** ¡esto es lo último!; **allerliebste(r, s)** *adj* más querido; **mir wäre am** ~**n, wenn ...** lo que más me gustaría sería que...; **allermeiste(r, s)** *adj:* **die** ~**n Menschen** la mayor parte [*o* la mayoría] de la gente; **am** ~**n** sobre todo; **allerneuste(r, s)** *adj* más nuevo; **auf dem** ~**n Stand sein** estar (muy) al día

**Allerseelen** [--'--] *nt* <-, *ohne pl*> día *m* de Difuntos

**allerseits** ['alɐ'zaɪts] *adv* (*von allen*) por todo el mundo; **guten Abend** ~**!** ¡buenas tardes a todo el mundo!

**allerspätestens** ['--'---] *adv* a más tardar, como tarde

**allerwenigste(r, s)** *adj* la minoría de; **das ist doch das A~** eso es lo mínimo

**Allerwerteste(r)** ['--'---] *m* <-n, -n> (*fam iron*) trasero *m*

**allesamt** ['--'-] *adv* todos juntos

**Allesfresser** ['----] *m* <-s, -> (ZOOL) omnívoro *m;* **Alleskleber** ['----] *m* pegamento *m* universal, pegalotodo *m fam*

**allg.** *Abk. von* **allgemein** general

**Allgäu** ['algɔɪ] *nt* <-s> Algoia *f*

**allgegenwärtig** ['-----] *adj* omnipresente

**allgemein** ['algə'maɪn] **I.** *adj* ❶ (*Kenntnisse*) general ❷ (*alle betreffend*) universal; (*allen gemeinsam*) común; **dies stößt auf** ~**e Ablehnung** eso choca con el rechazo general; **im A~en** en general **II.** *adv* en general; **(ganz)** ~ **gesprochen** hablando en general; ~ **gültig** universal; ~ **üblich/verbreitet** generalizado; ~ **verständlich** comprensible para todos; **es ist** ~ **bekannt, dass ...** es de todos sabido que...; **Allgemeinbefinden** [--'----] *nt* (MED) estado *m* de salud; **Allgemeinbildung** [--'---] *f* cultura *f* general; **Allgemeingültigkeit** *f* universalidad *f,* validez *f* universal

**Allgemeinheit** [--'--] *f ohne pl* público *m,* opinión *f* pública; **im Interesse der** ~ para el interés general

**Allgemeinmedizin** [--'----] *f ohne pl* medicina *f* general; **Allgemeinwissen** *nt* conocimientos *mpl* generales; **Allgemeinwohl** [--'--] *nt* bienestar *m* público; **Allgemeinzustand** *m* (*a.* MED) estado *m* general; **ihr** ~ **hat sich verschlechtert** su estado general ha empeorado

**Allheilmittel** [al'haɪl-] *nt* panacea *f,* curalotodo *m fam*

**Allianz** [ali'an(t)s] *f* <-en> alianza *f*

**Alligator** [ali'ga:to:ɐ] *m* <-s, -en> aligator *m,* caimán *m*

**alliiert** [ali'i:ɐt] *adj* aliado

**Alliierte(r)** *mf* <-n, -n; -n> aliado, -a *m, f;* **die** ~**n** los aliados

**alljährlich** [-'--] **I.** *adj* de todos los años, anual **II.** *adv* todos los años, cada año

**Allmacht** *f ohne pl* omnipotencia *f*

**allmächtig** [-'--] *adj* omnipotente; ~**er Gott!** (*fam*) ¡Dios mío!

**allmählich** [al'mɛ:lɪç] **I.** *adj* paulatino **II.** *adv* poco a poco; **es wird** ~ **Zeit!** (*iron*) ¡ya va siendo hora!

**Allradantrieb** ['----] *m* (AUTO) tracción *f* a las cuatro ruedas

**allseitig** ['alzaɪtɪç] *adj* universal, general

**allseits** *adv* en todas partes

**Alltag** ['alta:k] *m ohne pl* ❶ (*Tagesablauf*) día *m* normal ❷ (*geh: tägliches Einerlei*) vida *f* cotidiana; (*Routine*) rutina *f* (diaria)

**alltäglich** [-'--] *adj* ❶ (*jeden Tag*) diario ❷ (*gewöhnlich*) banal

**alltags** ['--] *adv* en días laborables

**Allüren** [a'ly:rən] *pl* caprichos *mpl;* ~ **haben** ser un caprichoso

**allwissend** ['-'--] *adj* omnisciente

**Allwissenheit** ['-'---] *f ohne pl* (REL, PHILOS) omnisciencia *f*

**allzu** ['--] *adv* demasiado; ~ **gern** encantado; ~ **häufig** con mucha frecuencia; ~ **sehr** demasiado; ~ **viel** demasiado; **das ist mir** ~ **blöd** esto me resulta demasiado tonto; **das mag er** ~ **gern** eso le encanta; **das mag sie nicht** ~ **gern** eso no le hace demasiada gracia

**Allzweckhalle** *f* salón *m* de actos; **Allzweckreiniger** *m* limpiador *m* general

**Alm** [alm] *f* <-en> pasto *m* de alta montaña

**Almosen** ['almo:zən] *nt* <-s, -> limosna *f*

**Alpaka** [al'paka] *nt* <-s, -s> alpaca *f*

**Alpen** ['alpən] *pl* Alpes *mpl;* **Alpenpass** *m* puerto *m* alpino; **Alpenveilchen** *nt* ciclamen *m,* ciclamino *m;* **Alpenvorland** *nt* región *f* subalpina

**Alphabet** [alfa'be:t] *nt* <-(e)s, -e> alfabeto *m,* abecedario *m*

**alphabetisch** *adj* alfabético; ~**e Reihenfolge** orden alfabético; ~ **geordnet** clasificado por orden alfabético

**alphabetisieren*** *vt* ❶ (*lesen lehren*) alfabetizar ❷ (*alphabetisch ordnen*) poner en orden alfabético, alfabetizar

**alphanumerisch** [alfanu'me:rɪʃ] *adj* (INFOR) alfanumérico

**Alphastrahlen** *mpl* (PHYS) rayos *mpl* alfa

**alpin** [al'pi:n] *adj* alpino

**Alpinismus** [alpi'nɪsmʊs] *m* <-, *ohne pl*> (SPORT) alpinismo *m*

**i Land & Leute**

Con el nombre de **Älpler-Magrone** se conoce una especialidad gastronómica suiza consistente en macarrones acompañados de cebolla y patatas, servidos con una crema de queso y nata. Como complemento se suele ofrecer compota de manzana.

**Alptraum** *m* pesadilla *f*

**als** [als] *konj* ❶ (*gleichzeitig*) (justo) cuando, al +*inf;* ~ **der Krieg ausbrach, ...** al estallar la guerra...; **gerade** ~ **wir losgehen wollten, begann es zu regnen** justo cuando íbamos a salir, empezó a llover ❷ (*vorzeitig, nachzeitig*) cuando ❸ (~ *ob*) como si, que; **es sieht nicht so aus,** ~ **würden wir das Spiel verlieren** no parece que vayamos a perder el partido; **er sprach so klug,** ~ **ob er das studiert hätte** habló como si fuera un bachiller; **er ist zu anständig,** ~ **dass er so etwas tun könnte** es demasiado correcto como para hacer una cosa así ❹ (*bei Vergleichen*) que; **ich bin klüger** ~ **vorher** soy más listo que antes ❺ (*in der Eigenschaft*) como, de; **er kam** ~ **Freund zu uns** vino como amigo (a nuestra casa); ~ **Belohnung waren 1.000 Euro ausgesetzt** fijaron 1.000 euros de recompensa

**? Grammatik**

**als** se utiliza en la comparación de inferioridad o superioridad: *Der Bodensee ist größer als der Gardasee. – El lago de Constanza es más grande que el lago de Garda.*

**wie** se utiliza en la comparación de igualdad: *Meine Mutter ist genauso groß wie mein Vater. – Mi madre es tan alta como mi padre. Deine Zähne sind so weiß wie Schnee. – Tus dientes son tan blancos como la nieve.*

**alsbald** [-'-] *adv* inmediatamente

**alsbaldig** [als'baldɪç] *adj* (*formal*) inmediato

**also** ['alzo] **I.** *adv* ❶ (*folglich*) así, por consiguiente; **das heißt** ~**, dass ...** entonces esto quiere decir que...; **hier bist du** ~**!** ¡así que estás aquí! ❷ (*das heißt*) o sea **II.** (*Partikel*) bueno; ~**, so was!** ¡bueno, mira tú!; **na** ~**!** ¡(pues) entonces!

**Alsterwasser** ['alstɐ-] *nt* (GASTR) ≈clara *f* (*cerveza con limonada o gaseosa*)

**alt** [alt] *adj* <älter, am ältesten> ❶ (*auf das Alter bezogen*) viejo; (*bejahrt*) anciano; **A~ und Jung** viejos y jóvenes; **wie** ~ **bist du?** ¿cuántos años tienes?; **ich bin 17 Jahre** ~ tengo 17 años; **er war erst wenige Tage** ~ no tenía más que unos días; **sie ist doppelt so** ~ **wie ich** me dobla la edad; **hier siehst du aber** ~ **aus** (*fam fig*) con este asunto vas a acabar muy mal ❷ (*gebraucht*) usado; **zum** ~**en Eisen gehören** ser de la vieja guardia ❸ (*lange bestehend*) viejo; **ein** ~**er Freund von mir** un viejo amigo mío; **das A~e Testament** el Antiguo Testamento; **die A~e Welt** el viejo continente; **es bleibt alles beim A~en** todo sigue igual; **das Buch befindet sich am** ~**en Platz** el libro se encuentra en el sitio donde estaba antes ❹ (*klassisch*) clásico ❺ (*ehemalig*) antiguo; **seine** ~**en Schüler** sus antiguos alumnos

**Alt**[1] *m* <-s, *ohne pl*> (MUS) contralto *mf*

**Alt**[2] *nt* <-s, -> (*Altbier*) cerveza *f* negra

**Altar** [al'taːɐ, *pl:* al'tɛːrə] *m* <-s, Altäre> altar *m*

**altbacken** ['---] *adj* ❶ (*Brot*) de ayer ❷ (*abw: altmodisch*) anticuado

**Altbau** *m* <-(e)s, -ten> edificio *m* antiguo; **Altbauwohnung** *f* apartamento *m* en un edificio antiguo

**altbekannt** ['--'-] *adj* bien conocido; **das ist doch ~** eso ya se sabía; **altbewährt** ['--'-] *adj* probado

**Altbier** *nt* cerveza *f* negra

**altdeutsch** *adj* (*Möbel, Stil*) alemán antiguo (*s. XV-XVI*)

**Alte(r)** ['altɐ] *mf* <-n, -n; -n> ❶ (*alter Mensch*) anciano, -a *m, f;* (*abw*) viejo, -a *m, f* ❷ (*fam: Vater, Mutter*) viejo, -a *m, f* ❸ (*fam abw: Ehemann, -frau*) viejo, -a *m, f* ❹ (*fam: Vorgesetzter*) patrón, -ona *m, f*

**alteingesessen** *adj* arraigado

**Alteisen** *nt* chatarra *f*

**Altenheim** *nt* residencia *f* de ancianos; **Altenhilfe** *f* asistencia *f* a los ancianos; **Altenpflege** *f* cuidados *mpl* a ancianos; **Altenpflegeheim** *nt* residencia *f* asistida de ancianos; **Altenpfleger(in)** *m(f)* cuidador(a) *m(f)* de ancianos; **Altenwohnheim** *nt* residencia *f* de ancianos

**Alter** *nt* <-s, *ohne pl*> ❶ (*Lebensabschnitt*) vejez *f;* **im ~** en la vejez ❷ (*Anzahl der Jahre*) edad *f;* **im ~ von drei Jahren** a la edad de tres años; **ein Herr mittleren ~s** un señor de mediana edad; **er ist in deinem ~** es de tu edad

**älter** ['ɛltɐ] *adj kompar von* **alt**

**altern** ['altɐn] *vi sein* envejecer

**alternativ** *adj* alternativo

**Alternative** *f* <-n> alternativa *f*

**Alternativreisende(r)** *mf* viajero, -a *m, f* alternativo, -a

**alters** *adv:* **von ~ her** (*geh*) desde hace mucho tiempo

**Altersarmut** *f* pobreza *f* entre los ancianos; **altersbedingt** *adj* debido a la edad; **Altersbeschwerden** *fpl* achaques *mpl;* **Altersbezüge** *mpl* pensiones *fpl;* **Alterserscheinung** *f* síntoma *m* de vejez; **Altersgenosse, -in** *m, f* coetáneo, -a *m, f;* **Altersgrenze** *f* límite *m* de edad; (*Rentenalter*) edad *f* de jubilación; **Altersgründe** *mpl:* **er kann aus ~n nicht teilnehmen** por causa de su (avanzada) edad no puede participar; **Altersgruppe** *f* grupo *m* de personas de la misma edad; **die Kinder gehören alle der gleichen ~ an** los niños tienen todos la misma edad; **Altersheim** *nt* residencia *f* de ancianos; **Alterspyramide** *f* pirámide *f* de edades; **Altersruhegeld** *nt* renta *f* de jubilación; **altersschwach** *adj* ❶ (*Person*) decrépito ❷ (*Gegenstand*) acabado; **Altersschwäche** *f ohne pl* decrepitud *f;* **altersspezifisch** *adj* propio [*o* específico] de la edad; **Altersstufe** *f* edad *f;* **Altersunterschied** *m* diferencia *f* de edad; **Altersversorgung** *f* pensión *f* de ancianidad, jubilación *f*

**Altertum** ['altɐtuːm] *nt* <-s, *ohne pl*> antigüedad *f*

**altertümlich** ['altɐtyːmlɪç] **I.** *adj* ❶ (*alt*) antiguo ❷ (*veraltet*) anticuado **II.** *adv* a la antigua

**Altertumswert** *m ohne pl* valor *m* por la antigüedad

**Alterung** *f ohne pl* envejecimiento *m;* **Alterungsprozess** *m* proceso *m* de envejecimiento

**älteste(r, s)** *adj superl von* **alt**

**Älteste(r)** *mf* <-n, -n; -n> mayor *mf*

**Ältestenrat** *m* ❶ (JUR) consejo *m* de representantes de los partidos ❷ (POL) parlamento *m,* junta *f* de portavoces

**Altgerät** *nt* aparato *m* viejo

**Altglas** *nt ohne pl* (botellas *fpl* de) vidrio *m* reciclable; **Altglascontainer** *m* contenedor *m* de vidrio reciclable

**altgriechisch** *adj* griego clásico [*o* antiguo]

**althergebracht** ['-'---] *adj* tradicional

**Althochdeutsch** ['---] *nt* antiguo alto alemán *m*

**Altkleidersammlung** ['-'----] *f* recogida *f* de ropas usadas

**altklug** *adj* sabi(h)ondo

**Altlast** *f* (ÖKOL) ❶ (*gefährliche Rückstände*) residuos *mpl* ❷ (*verseuchte Fläche*) zona *f* contaminada

**ältlich** ['ɛltlɪç] *adj* avejentado

**Altmaterial** *nt* (TECH) material *m* viejo; (*noch brauchbar*) material *m* reciclable; **Altmetall** *nt* chatarra *f;* **altmodisch** *adj* chapado a la antigua; **Altöl** *nt* aceites *mpl* usados

**Altpapier** *nt ohne pl* papel *m* reciclable; **Altpapiersammlung** *f* recogida *f* de papel reciclable

**Altschulden** *fpl* deuda *f* heredada

**Altstadt** *f* barrio *m* antiguo, casco *m* antiguo

**Altstimme** *f* (MUS) voz *f* de contralto

**Altstoff** *m* (ÖKOL) material *m* reciclable; **Altstoffcontainer** *m* (ÖKOL) contenedor *m* de materiales reciclables

**Altwarenhändler(in)** *m(f)* chamarilero, -a *m, f,* trapero, -a *m, f*

A

**Altweiberfastnacht** [-'----] *f* (*reg*) jueves *m* gordo; **Altweibersommer** [-'----] *m* veranillo *m* de San Miguel, veranillo *m* de San Juan *Am*

**Alu** ['a:lu] *nt* <-(s), *ohne pl*> (CHEM, TECH) *Abk. von* **Aluminium** aluminio *m;* **Alufelge** ['a:lufɛlgə] *f* (AUTO) llanta *f* de aleación; **Alufolie** ['a:lufo:liə] *f* papel *m* de aluminio

**Aluminium** [alu'mi:niʊm] *nt* <-s, *ohne pl*> (CHEM) aluminio *m*

**Alzheimer** [a'ltshaɪmɐ] *m* <*ohne pl*> (*fam*) enfermedad *f* de Alzheimer; **Alzheimerkrankheit** *f ohne pl* enfermedad *f* de Alzheimer

**am** [am] **I.** (*Superlativbildung*): **Lothar fährt ~ schnellsten** Lothar es el que más rápido conduce **II.** = **an dem** *s.* **an III.** (*fam: Verlaufsform*): **ich bin ~ Arbeiten** estoy trabajando

**Amalgam** [amal'ga:m] *nt* <-s, -e> (*fig a.* CHEM) amalgama *f*

**Amateur(in)** [ama'tø:ɐ] *m(f)* <-(e)s, -e; -nen> ① (*Nichtfachmann*) aficionado, -a *m, f,* diletante *mf* ② (*abw: Dilettant*) chapucero, -a *m, f;* **Amateurliga** *f* (SPORT) liga *f* de aficionados

**Amazonas** [ama'tso:nas] *m* <-> Amazonas *m*

**Ambiente** [am'biɛntə] *nt* <*ohne pl*> (*geh*) ambiente *m*

**Ambition** [ambi'tsjo:n] *f* <-en> ambición *f*

**ambitioniert** [ambitsjo'ni:ɐt] *adj* ambicioso

**ambivalent** [ambiva'lɛnt] *adj* ambivalente

**Amboss** ['ambɔs] *m* <-es, -e> (TECH, MED) yunque *m*

**ambulant** [ambu'lant] *adj* ambulante; (MED) ambulatorio; **~e Behandlung** tratamiento ambulatorio; **jdn ~ behandeln** tratar a alguien en régimen ambulatorio

**Ambulanz** [ambu'lants] *f* <-en> (MED) ambulatorio *m*

**Ameise** ['a:maɪzə] *f* <-n> hormiga *f;* **Ameisenbär** *m* oso *m* hormiguero; **Ameisenhaufen** *m* hormiguero *m;* **Ameisensäure** *f ohne pl* (CHEM) ácido *m* fórmico

**amen** ['a:mən] *adv* amén; **zu allem ja und ~ sagen** (*fam*) decir amén a todo

**Amen** *nt* <-s, -> amén *m;* **das ist so sicher wie das ~ in der Kirche** esto es tan cierto como que dos y dos son cuatro

**Amerika** [a'me:rika] *nt* <-s> América *f*

**Amerikaner(in)** [ameri'ka:nɐ] *m(f)* <-s, -; -nen> americano, -a *m, f*

**amerikanisch** *adj* americano

**amerikanisieren*** *vt* americanizar

**Amerikanismus** *m* <Amerikanismen> (LING) americanismo *m*

**Amethyst** [ame'tʏst] *m* <-(e)s, -e> amatista *f*

**Ami** ['ami] *m* <-s, -s> (*fam*) yanqui *mf*

**Aminosäure** [a'minozɔɪrə] *f* (CHEM) aminoácido *m*

**Amme** ['amə] *f* <-n> nodriza *f,* ñaña *f Chil;* **Ammenmärchen** *nt* (*fam*) cuento *m* de viejas

**Ammoniak** [amo'njak] *nt* <-s, *ohne pl*> (CHEM) amoníaco *m*

**Amnesie** [amne'zi:] *f* <-n> (MED) amnesia *f*

**Amnestie** [amnɛs'ti:] *f* <-n> (JUR, POL) amnistía *f*

**amnestieren*** [amnɛs'ti:rən] *vt* (JUR, POL) amnestiar

**Amöbe** [a'mø:bə] *f* <-n> ameba *f*

**Amok** ['a:mɔk] *m* <-s, *ohne pl*>: **~ laufen/fahren** *ir enloquecido, destruyendo o matando;* **Amokläufer(in)** *m(f)* loco, -a *m, f* homicida

**a-Moll** *nt* <-, *ohne pl*> (MUS) la *m* menor

**amoralisch** ['amora:lɪʃ] *adj* amoral

**Amortisation** [amɔrtiza'tsjo:n] *f* <-en> (WIRTSCH) amortización *f*

**amortisieren*** [amɔrti'zi:rən] **I.** *vt* (WIRTSCH: *Schuld*) amortizar **II.** *vr:* **sich ~** (*Investition*) amortizarse

**amourös** [amu'rø:s] *adj* (*geh*) amoroso

**Ampel** ['ampəl] *f* <-n> ① (*Verkehrs~*) semáforo *m* ② (*Blumen~*) maceta *f* colgante

**Ampere** [am'pe:ɐ] *nt* <-(s), -> (PHYS) amperio *m;* **Amperemeter** [--'--] *nt* (PHYS) amperímetro *m*

**Amphetamin** [amfeta'mi:n] *nt* <-s, -e> (CHEM) anfetamina *f*

**Amphibie** [am'fi:biə] *f* <-n> (ZOOL) anfibio *m*

**Amphitheater** *nt* anfiteatro *m*

**Ampulle** [am'pʊlə] *f* <-n> ampolla *f*

**Amputation** [amputa'tsjo:n] *f* <-en> (MED) amputación *f*

**amputieren*** [ampu'ti:rən] *vt* (MED) amputar

**Amsel** ['amzəl] *f* <-n> mirlo *m*

**Amt** [amt, *pl:* 'ɛmtɐ] *nt* <-(e)s, Ämter> ① (*offizielle Stellung*) cargo *m;* **ein hohes ~** un alto cargo; **im ~ sein** estar en funciones; **sein ~ niederlegen** dimitir de su cargo ② (*übernommene Aufgabe*) obligaciones *fpl;* **seines ~es walten** atender a sus obligaciones ③ (*Behörde, Gebäude*) departamento *m;* **Auswärtiges ~** (POL) Ministerio de Asuntos Exteriores; **von ~s wegen** prescrito (por la autoridad) ④ (TEL) central *f* telefónica

**Ämterhäufung** *f* (ADMIN) acumulación *f*

de cargos públicos
**amtieren*** *vi* estar en funciones; (*vorübergehend*) actuar (*als* de)
**amtlich** *adj* ❶ (*behördlich*) oficial; **~es Kennzeichen** matrícula *f* ❷ (*glaubwürdig*) (de fuente) oficial
**Amtsantritt** *m* entrada *f* en funciones; (*a.* POL) asunción *f* del mando; **Amtsarzt, -ärztin** *m, f* médico, -a *m, f* oficial; **Amtsdeutsch** *nt* (*abw*) jerga *f* administrativa; **Amtseid** *m* jura *f* del cargo; **Amtsenthebung** *f* <-, -en> (JUR), **Amtsentsetzung** *f* <-, -en> (*Schweiz, Österr:* JUR: *Entlassung*) destitución *f*; (*Kündigung*) dimisión *f*; **Amtsgericht** *nt* juzgado *m* de primera instancia e instrucción, juzgado *m* municipal; **Amtshandlung** *f* acto *m* oficial; **Amtsmissbrauch** *m* (*a.* JUR) prevaricación *f*; **Amtsperiode** *f* mandato *m*, legislatura *f*; **eine ~ von fünf Jahren** un mandato de cinco años; **Amtsrichter(in)** *m(f)* juez *mf* de primera instancia; **Amtssprache** *f* ❶ (*Verwaltungsjargon*) jerga *f* administrativa ❷ (*offizielle Landessprache*) idioma *m* oficial; (EU) lengua *f* oficial; **Amtsweg** *m* vía *f* oficial; **den ~ beschreiten** hacer los trámites oficiales; **Amtszeit** *f* (duración *f* de un) cargo *m*
**Amulett** [amu'lɛt] *nt* <-(e)s, -e> amuleto *m*, payé *m CSur*
**amüsant** [amy'zant] *adj* ❶ (*unterhaltsam*) entretenido ❷ (*lustig*) divertido
**amüsieren*** [amy'ziːrən] **I.** *vt* divertir **II.** *vr:* **sich ~** ❶ (*sich vergnügen*) divertirse ❷ (*sich lustig machen*) burlarse (*über* de)
**Amüsierviertel** *nt* barrio *m* de diversiones; (*Rotlichtviertel*) barrio *m* bajo
**an** [an] **I.** *präp +dat* ❶ (*nahe bei*) en, junto a; **~ der Ecke** en la esquina; **~ der gleichen Stelle** en el mismo lugar; **am Fenster sitzen** estar sentado junto a la ventana; **er geht ~ mir vorbei** pasa por mi lado; **Tür ~ Tür wohnen** vivir puerta con puerta ❷ (*geographisch gelegen*) (a orillas) de; **Frankfurt ~ der Oder/am Main** Francfort del Oder/del Meno ❸ (*zeitlich*) a; **am Abend** por la tarde; **am Anfang** al principio; **am 29. November 1991** el 29 de noviembre de 1991 ❹ (*weitere Verwendungen*): **reich ~ Nährstoffen** rico en sustancias nutritivas; **das Entscheidende ~ der Sache ist, dass ...** lo decisivo del asunto es que...; **das gefällt mir nicht ~ ihm** esto no me acaba de gustar de él; **es ist ~ dir, etw zu tun** está en tu mano (el) hacer algo **II.** *präp +akk* ❶ (*in Richtung auf*) a, contra; **sich ~ die Wand lehnen** apoyarse contra la pared; **er trat ~s Fenster** fue hacia la ventana; **~ die Arbeit!** ¡al trabajo! ❷ (*für*) a, para; **ein Brief ~ seinen Sohn** una carta a su hijo; **ich habe eine Frage ~ dich** tengo una pregunta que hacerte; **~ (und für) sich** de por sí ❸ (*ungefähr*) aproximadamente, unos; **sie verdient ~ die 2.000 Euro** cobra unos 2.000 euros **III.** *adv* ❶ (*beginnend*): **von ... ~** a partir de...; **von hier ~** a partir de aquí; **von Anfang ~** desde el [*o* un] principio ❷ (*bei Ankunftszeiten*) a; **Münster ~: 12.40 Uhr** llegada a Münster a las 12.40 ❸ (*eingeschaltet*) encendido; **~ sein** (*fam: Licht*) estar encendido; (*Motor*) estar en marcha; (*Radio*) estar puesto
**Anabolikum** *nt* <-s, Anabolika> (MED, CHEM) anabolizante *m*
**anachronistisch** *adj* (*geh*) anacrónico
**anal** [a'naːl] *adj* (MED, PSYCH) anal
**analog** [ana'loːk] *adj* análogo; (INFOR) analógico
**Analogie** [analo'giː] *f* <-n> analogía *f*; **Analogieschluss** *m* deducción *f* analógica
**Analphabet(in)** ['analfabeːt, ---'-] *m(f)* <-en, -en; -nen> analfabeto, -a *m, f*
**Analphabetentum** *nt* <-s, *ohne pl*> analfabetismo *m*
**Analphabetin** *f* <-nen> *s.* **Analphabet**
**Analphabetismus** *m* <*ohne pl*> analfabetismo *m*
**Analverkehr** *m* coito *m* anal
**Analyse** [ana'lyːzə] *f* <-n> análisis *m inv*
**analysieren*** [analy'ziːrən] *vt* analizar
**Analytiker(in)** [ana'lyːtikɐ] *m(f)* <-s, -; -nen> analista *mf*
**analytisch** *adj* analítico
**Anämie** [anɛ'miː] *f* <-n> (MED) anemia *f*
**Ananas** ['ananas] *f* <-(se)> piña *f*, ananá(s) *m Am*
**Anarchie** [anar'çiː] *f* <-n> anarquía *f*
**Anarchismus** [anar'çɪsmʊs] *m* <*ohne pl*> anarquismo *m*
**Anarchist(in)** *m(f)* <-en, -en; -nen> anarquista *mf*
**anarchistisch** *adj* anarquista
**Anästhesie** [anɛste'ziː] *f* <-n> (MED) anestesia *f*
**Anatolien** [ana'toːliən] *nt* <-s> Anatolia *f*
**Anatomie** [anato'miː] *f ohne pl* anatomía *f*
**anatomisch** [ana'toːmɪʃ] *adj* anatómico
**an|baggern** ['anbagɐn] *vt* (*sl*): **jdn ~** entrarle a alguien
**an|bahnen** **I.** *vt* (*anknüpfen*) iniciar **II.** *vr:* **sich ~** iniciarse
**an|bändeln** ['anbɛndəln] *vi* (*fam*) ❶ (*Liebesbeziehung*) ligar ❷ (*Streit*) meterse

**Anbau**[1] *m* <-(e)s, -ten> ampliación *f;* (*Nebengebäude*) anexo *m*

**Anbau**[2] *m* <-s, *ohne pl*> (*von Nutzpflanzen*) cultivo *m;* **aus kontrolliert-biologischem/konventionellem** ~ de cultivo biológico controlado/convencional

**an|bauen** *vt* ① (*Gebäude*) ampliar (*an*) ② (*Gemüse*) cultivar

**Anbaufläche** *f* (AGR) superficie *f* de cultivo; **Anbaugebiet** *nt* (AGR) zona *f* de cultivo

**Anbeginn** *m* <-(e)s, *ohne pl*> (*geh*) principio *m;* **von** ~ (**an**) desde un [*o* el] principio

**anbei** [-'-] *adv* (*formal*) adjunto

**an|beißen** *irr* **I.** *vi* ① (*Fisch*) picar ② (*fam: Person*) aceptar **II.** *vt* (*Brot*) morder (en), dar un mordisco (a); **er sieht zum A~ aus** (*fam*) está para comérselo

**anbelangen*** ['anbəlaŋən] *vt:* **was das/mich anbelangt ...** en cuanto a esto/a mí...

**an|bellen** *vt* ladrar (a)

**an|beraumen*** ['anbəraʊmən] *vt* (*formal: Sitzung*) convocar; (*Termin*) fijar

**an|beten** *vt* ① (REL) venerar ② (*Personen*) adorar

**Anbetracht** ['anbətraxt]: **in** ~ +*gen* en vista de; **in** ~ **dessen, dass ...** considerando que...

**an|biedern** *vr:* **sich** ~ congraciarse (*bei* con), hacerse el simpático (*bei* con)

**an|bieten** *irr* **I.** *vt* ① (*Kaffee, Hilfe*) ofrecer ② (*Waren*) ofertar ③ (*vorschlagen*) proponer **II.** *vr:* **sich** ~ ① (*zur Verfügung stellen*) ofrecerse (*als* como/de, *zu* a/para), brindarse (*zu* a); **sie bietet sich als Vermittlerin an** se ofrece como mediadora; **sie bot sich an ihm zu helfen** se brindó a ayudarle ② (*geeignet sein*) ser apropiado

**Anbieter** *m* <-s, -> (WIRTSCH) vendedor *m;* (*Ausschreibung*) licitador *m*

**an|binden** *irr vt* atar (a), ligar (a); (*Boot*) amarrar (a); (*mit einer Kette*) encadenar (a); **kurz angebunden** (*fig*) seco

**Anblick**[1] *m* <-(e)s, *ohne pl*> (*das Anblicken*) vista *f;* **beim ersten** ~ a primera vista

**Anblick**[2] *m* <-(e)s, -e> (*Aussehen*) aspecto *m*

**an|blicken** *vt* mirar; (*betrachten*) contemplar; (*flüchtig*) echar un vistazo (a)

**an|brechen** *irr* **I.** *vi sein* (*geh: Epoche*) empezar; (*Tag*) rayar; (*Nacht*) entrar **II.** *vt* ① (*Vorrat*) empezar; (*Packung*) abrir ② (*teilweise brechen*) romper en parte

**an|brennen** *irr* **I.** *vi sein* (*Speisen*) quemarse; **angebrannt riechen/schmecken** oler a/saber a quemado **II.** *vt* (*anzünden*) encender, prender fuego (a)

**an|bringen** *irr vt* ① (*herbeibringen*) traer ② (*befestigen*) colocar; (*installieren*) instalar ③ (*äußern*) mencionar; (*Beschwerde*) presentar; (*Gründe*) alegar; (*Änderungen*) hacer

**Anbruch** *m* <-(e)s, *ohne pl*> principio *m,* comienzo *m;* **bei** ~ **der Nacht** al caer la noche; **bei** ~ **der Dunkelheit** al anochecer

**an|brüllen** *vt* gritar (a), echar una bronca (a)

**Anchovis** *f* <-> *s.* **Anschovis**

**Andacht**[1] ['andaxt] *f* <-en> (*Gottesdienst*) misa *f,* oficio *m* divino

**Andacht**[2] *f ohne pl* (*Versenkung*) recogimiento *m*

**andächtig** ['andɛçtɪç] *adj* ① (REL) devoto ② (*konzentriert*) atento

**Andalusien** [anda'lu:ziən] *nt* <-s> Andalucía *f*

**Andalusier(in)** *m(f)* <-s, -; -nen> andaluz(a) *m(f)*

**andalusisch** *adj* andaluz

**an|dauern** *vi* durar; (*weitergehen*) seguir

**andauernd** *adj* continuo

**Anden** ['andən] *pl* Andes *mpl*

**Andenken**[1] *nt* <-s, *ohne pl*> (*Erinnerung*) recuerdo *m* (*an* de), memoria *f* (*de* an); **zum** ~ **an jdn** en conmemoración de alguien

**Andenken**[2] *nt* <-s, -> (*Souvenir*) recuerdo *m*

**andere(r, s)** *pron indef* ① (*verschieden*) otro; **mit ~n Worten** con otras palabras; **das ist etw ~s** es otra cosa; **zum einen ..., zum ~n ...** por una parte..., por la otra...; **ich bin ~r Meinung** soy de otra opinión; **alle ~n** todos los demás; **es blieb mir nichts ~s übrig** no tuve otro remedio; **unter ~m** entre otras cosas; **der eine oder** ~ el uno o el otro; **der eine ..., der ~ ...** el uno..., el otro...; **es kam eins zum ~n** lo uno trajo lo otro; **jemand ~s** otra persona; **einer nach dem ~n** uno tras otro; **eins nach dem ~n** una cosa tras otra ② (*folgend*) siguiente; **von einem Tag auf den ~n** de la noche a la mañana; **am ~n Tag** al día siguiente

**anderenfalls** *adv* en caso contrario

**ander(e)norts** *adv* (*geh*) en otro lugar

**and(e)rerseits** *adv* por otro lado, por otra parte; **einerseits ..., ~ ...** por una parte..., por otra, ...

**andermal** *adv:* **ein** ~ en otra ocasión

**ändern** ['ɛndɐn] **I.** *vt* cambiar; **daran lässt sich nichts** ~ esto no se puede cambiar; **seine Meinung** ~ cambiar de opinión

**II.** *vr:* **sich** ~ cambiar
**andernfalls** *adv s.* **anderenfalls**
**andernorts** *adv s.* **ander(e)norts**
**anders** ['andɐs] *adv* de otra manera (*als* que), de otro modo (*als* que); (*unterschiedlich*) distinto (*als* a/de); (*im Gegensatz*) al contrario (*als* que); ~ **ausgedrückt** dicho de otra manera; ~ **denkend** de otra opinión; ~ **Denkender** persona de diferente parecer; ~ **gläubig** que tiene otras creencias; **sie sieht** ~ **aus als ihre Schwester** tiene otro aspecto que su hermana; **ich habe es nicht** ~ **erwartet** no había esperado otra cosa; **so und nicht** ~ así y de ningún otro modo; **es geht nicht** ~ no se puede hacer de otro modo; **ich habe es mir** ~ **überlegt** cambié de opinión; **wie sollte es auch** ~ **sein?** no podía haber sido de otra manera; ~ **als sein Bruder, ...** al contrario que su hermano, ...
**andersartig** *adj* distinto; **Andersdenkende(r)** *mf* persona *f* de diferente parecer; **andersfarbig** *adj* de otro color; (*Rasse*) de otra raza; **andersherum** *adv* al revés; **andersrum** ['andɐsrʊm] *adj o adv* (*fam*) *s.* **andersherum**; **anderswo** ['--(')-] *adv* en (cualquier) otra parte
**anderthalb** ['andɐt'halp] *adj inv* uno y medio
**Änderung** ['ɛndərʊŋ] *f* <-en> ❶ (*Umgestaltung*) modificación *f* ❷ (*Wechsel*) cambio *m;* **Änderungsschneider(in)** *m(f)* modista *mf* de arreglos; **Änderungsvorschlag** *m* propuesta *f* de enmienda; **Änderungswunsch** *m* propuesta *f* de cambio; (*Änderungsvorschlag*) enmienda *f;* **einen** ~ **haben** solicitar un cambio
**anderweitig** ['----] *adj* ❶ (*sonstig*) otro ❷ (*an anderer Stelle*) en otra parte
**an|deuten** **I.** *vt* ❶ (*Wunsch*) indicar ❷ (*kurz erwähnen*) aludir (a); (*zu verstehen geben*) dar a entender; (*anspielen*) insinuar ❸ (*skizzieren*) esbozar **II.** *vr:* **sich** ~ vislumbrarse
**Andeutung** *f* <-en> ❶ (*Anspielung*) alusión *f;* ~**en über etw machen** hacer alusiones respecto a algo ❷ (*Anzeichen*) asomo *m,* indicio *m;* **andeutungsweise** *adv* indirectamente
**Andorra** [an'dɔra] *nt* <-s> Andorra *f*
**Andorraner(in)** *m(f)* <-s, -; -nen> andorrano, -a *m, f*
**andorranisch** *adj* andorrano
**Andrang** *m* <-(e)s, *ohne pl*> ❶ (*Gedränge*) aglomeración *f* de gente, gentío *m* ❷ (*Zuströmen*) afluencia *f* (*auf* a)
**andre(r, s)** ['andrə, 'andrɐ, 'andrəs] *pron indef s.* **andere(r, s)**
**an|drehen** *vt* ❶ (*Wasser, Heizung*) abrir; (*Licht, Radio*) encender; (*Maschine*) poner en marcha ❷ (*festdrehen*) apretar ❸ (*Wend*): **jdm etw** ~ (*fam*) endosar algo a alguien
**andrerseits** *adv s.* **and(e)rerseits**
**an|drohen** *vt:* **jdm etw** ~ amenazar a alguien con algo
**an|ecken** ['anʔɛkən] *vi sein* (*fam*) meter la pata
**an|eignen** *vr:* **sich** *dat* ~ ❶ (*nehmen*) apropiarse (de), adueñarse (de); (*widerrechtlich*) usurpar; (*Gebiet*) anexionar ❷ (*Wissen*) adquirir; (*Meinung*) adoptar; (*Gewohnheit*) contraer
**aneinander** [--'--] *adv* el uno al otro; ~ **denken** pensar el uno en el otro; ~ **fügen** unir; ~ **reihen** colocar pegados unos a los otros; **sich** ~ **reihen** sucederse
**Anekdote** [anɛk'do:tə] *f* <-n> anécdota *f*
**an|ekeln** *vt* repugnar, dar asco (a)
**Anemone** [ane'mo:nə] *f* <-n> anémona *f*
**anerkannt** **I.** *pp von* **anerkennen** **II.** *adj* (*angesehen, unbestritten*) reconocido
**an|erkennen*** *irr vt* ❶ (*akzeptieren*) aceptar; (*Schuld*) confesar ❷ (*öffentlich bestätigen*) reconocer; (*gesetzlich*) legitimar; (*Vaterschaft*) reconocer
**anerkennend** *adj* de reconocimiento; **ein** ~**es Lächeln** una sonrisa aprobatoria
**anerkennenswert** **I.** *adj* loable **II.** *adv* encomiablemente
**Anerkennung** *f ohne pl* ❶ (*Würdigung*) reconocimiento *m,* aprobación *f;* ~ **finden** hallar aprobación ❷ (*Abschlüsse*) homologación *f*
**an|erziehen*** *irr vt* inculcar
**an|fachen** ['anfaxən] *vt* (*geh*) ❶ (*Feuer*) atizar ❷ (*Leidenschaft*) avivar
**an|fahren** *irr* **I.** *vi sein* ❶ (*starten*) arrancar ❷ (*sich nähern*) acercarse (en un vehículo) **II.** *vt* ❶ (*heranschaffen*) acarrear ❷ (*ansteuern*) parar (en); (*Hafen*) arribar (a); **sie fuhren München an** se dirigieron a Munich ❸ (*anstoßen*) chocar (contra); (*Person*) atropellar ❹ (*schelten*) increpar ❺ (TECH: *Maschine*) poner en marcha
**Anfahrt** *f* <-en> ❶ (*Strecke*) trayecto *m,* recorrido *m* para ir [*o* venir] ❷ (*Zeit*) tiempo *m* para ir [*o* venir]
**Anfall** *m* <-(e)s, -fälle> (MED) ataque *m;* **in einem** ~ **von Zorn** en un ataque de cólera
**an|fallen** *irr* **I.** *vi sein* (*sich ergeben*) producirse; (*Probleme*) presentarse **II.** *vt* (*angreifen*) atacar
**anfällig** ['anfɛlɪç] *adj* propenso (*für* a), predispuesto (*für* a); (*schwächlich*) achacoso
**Anfälligkeit** *f ohne pl* ❶ (MED) propensión

*f* (*für* a), predisposición *f* (*für* a) ❷ (TECH) mala calidad *f*

**Anfang** ['anfaŋ] *m* <-(e)s, -fänge> comienzo *m*, principio *m*; **am ~ des Jahres** a principios del año; **~ nächster Woche** a principios de la próxima semana; **er ist ~ fünfzig** tiene poco más de cincuenta (años); **den ~ machen** comenzar; **einen neuen ~ machen** empezar de nuevo; **von ~ an** desde un principio; **das ist der ~ vom Ende** es el principio del fin; **von ~ bis Ende** de principio a fin; **aller ~ ist schwer** (*prov*) el primer paso es el que cuesta

**an|fangen** *irr* **I.** *vi* (*beginnen*) empezar, comenzar; **das fängt ja gut an!** ¡vaya comienzo!; **klein ~** empezar desde abajo **II.** *vt* ❶ (*beginnen*) empezar (*mit* con/por, *zu* a); (*plötzlich*) echarse (*zu* a), romper (*zu* a); (*einleiten*) iniciar; (*Gespräch*) entablar; **es fing an zu regnen** empezó a llover ❷ (*machen*) hacer; **was sollen wir jetzt nur ~?** pero, ¿qué hacemos ahora?; **damit kann ich nichts ~** no me sirve para nada

**Anfänger(in)** *m(f)* <-s, -; -nen> principiante *mf*; **Anfängerkurs** *m* curso *m* para principiantes

**anfänglich** ['anfɛŋlɪç] *adj* primero, inicial; **nach ~em Zögern/~en Schwierigkeiten** tras los titubeos/las dificultades iniciales

**anfangs** ['anfaŋs] **I.** *präp +gen* (*fam*) a principios de; **~ des Monats** a principios de mes **II.** *adv* al principio; **Anfangsbuchstabe** *m* (letra *f*) inicial *f*; **Anfangsschwierigkeit** *f* dificultad *f* inicial; **Anfangsstadium** *nt* fase *f* inicial; **Anfangszeit** *f* ❶ (*anfängliche Zeit*) comienzos *mpl* ❷ (*Beginn einer Veranstaltung*) hora *f* de comienzo

**an|fassen** **I.** *vi* (*mithelfen*) ayudar **II.** *vt* ❶ (*berühren*) tocar; (*greifen*) tomar, coger; (*stärker*) agarrar ❷ (*behandeln*) tratar; (*Problem*) enfocar; **jdn hart ~** tratar a alguien con dureza; **du hast die Sache verkehrt angefasst** has enfocado mal el asunto **III.** *vr*: **sich ~** ❶ (*bei der Hand nehmen*) cogerse de la mano ❷ (*sich anfühlen*): **der Stoff fasst sich wie Seide an** el tejido tiene un tacto como de seda

**an|fauchen** *vt* ❶ (*Katze*) bufar ❷ (*zurechtweisen*) echar una bronca (a)

**anfechtbar** ['anfɛçtbaːɐ] *adj* ❶ (*Testament, Urteil*) impugnable ❷ (*Behauptung*) refutable

**an|fechten** *irr* *vt* ❶ (*bestreiten*) refutar; (*Urteil, Testament*) impugnar; (*Recht*) disputar; (*Berufung einlegen*) recurrir (de/contra) ❷ (*geh: bekümmern*) inquietar

**an|fertigen** *vt* ❶ (*machen*) hacer ❷ (*herstellen*) fabricar; (*Kleidung*) confeccionar ❸ (*Schriftstück*) redactar

**Anfertigung** *f* <-en> fabricación *f*; (*Schneider*) confección *f*; (*Schreiben*) redacción *f*

**an|feuchten** ['anfɔɪçtən] *vt* humedecer; (*stärker*) mojar

**an|feuern** *vt* (*anheizen*) encender; (*anspornen*) enardecer

**an|flehen** *vt* implorar; (REL) impetrar

**an|fliegen** *irr* **I.** *vi sein* (*herankommen*) acercarse (volando) **II.** *vt* (*ansteuern*) dirigirse (a), acercarse (a); (*zur Zwischenlandung*) hacer escala (en)

**Anflug** *m* <-(e)s, -flüge> ❶ (AERO) vuelo *m* de aproximación ❷ (*Andeutung*) asomo *m* (*von* de), deje *m* (*von* de); **ein ~ von Heiterkeit** un asomo de alegría

**an|fordern** *vt* pedir; (*stärker*) reclamar, exigir

**Anforderung** *f* <-en> ❶ (*das Anfordern*) demanda *f* ❷ (*Anspruch*) exigencia *f*, requisito *m*; **den ~en nicht entsprechen** no reunir los requisitos

**Anfrage** *f* <-n> pregunta *f* (*bei* a); (POL) interpelación *f*; **auf ~** a petición (*von* de)

**an|fragen** *vi* preguntar (*bei* a), pedir informes (*bei* a); (POL) interpelar

**an|freunden** *vr*: **sich ~** ❶ (*Freundschaft schließen*) trabar amistad (*mit* con), amistarse *CSur*; (*enger*) intimar (*mit* con) ❷ (*sich gewöhnen*) familiarizarse (*mit* con), acostumbrarse (*mit* a)

**an|fügen** ['anfyːgən] *vt* ❶ (*bemerken*) añadir (*an* a) ❷ (*beilegen*) juntar

**an|fühlen** *vr*: **sich hart/weich ~** ser duro/blando al tacto; **der Stoff fühlt sich gut an** el tejido tiene un buen tacto

**Anfuhr** ['anfuːɐ] *f ohne pl* transporte *m*; (*mit LKW*) camionaje *m*

**an|führen** *vt* ❶ (*vorangehen*) encabezar ❷ (*leiten*) dirigir ❸ (*vorbringen*) aducir ❹ (*zitieren*) citar

**Anführer(in)** *m(f)* <-s, -; -nen> jefe, -a *m, f*; (POL) líder *mf*; (*einer Bande*) cabecilla *mf*

**Anführungsstrich** *m* comilla *f*; **~e unten/oben** abrir/cerrar comillas; **Anführungszeichen** *nt s.* **Anführungsstrich**

**Angabe**[1] *f* <-n> ❶ (*Information*) indicación *f*, dato *m*; **~n zur Person** datos personales; **nähere ~n zu etw machen** describir algo más detalladamente ❷ (SPORT: *Aufschlag*) saque *m*

**Angabe**[2] *f ohne pl* (*Prahlerei*) fanfarronería

*f*, chulería *f*

**an|gaffen** *vt* (*fam abw*) mirar de hito en hito [*o* sin pestañear]

**an|geben** *irr* **I.** *vi* ❶ (*fam: prahlen*) fanfarronear (*mit* de), palanganear *Am* ❷ (SPORT) sacar ❸ (*beim Kartenspiel*) jugar primero **II.** *vt* ❶ (*nennen*) indicar; (*mitteilen*) decir; (*im Einzelnen*) detallar; (*Gründe*) alegar ❷ (*Richtung*) determinar ❸ (*anzeigen*) denunciar; (*melden*) declarar

**Angeber(in)** *m(f)* <-s, -; -nen> (*fam*) fanfarrón, -ona *m, f*, chévere *mf AmS;* (*Aufschneider*) chulo, -a *m, f*

**Angeberei** *f* <-en> (*fam*) fanfarronada *f;* (*Aufschneiderei*) chulería *f*

**Angeberin** *f* <-nen> (*fam*) *s.* **Angeber**

**angeberisch** *adj* (*fam*) fanfarrón

**Angebetete(r)** *mf* <-n, -n; -n, -n> (*iron: Geliebte(r)*) amado, -a *m, f*

**angeblich** ['ange:plɪç, -'--] **I.** *adj* supuesto **II.** *adv* según dicen

**angeboren** *adj* de nacimiento

**Angebot** *nt* <-(e)s, -e> ❶ (*Vorschlag*) ofrecimiento *m*, oferta *f* ❷ (WIRTSCH) oferta *f;* **~ und Nachfrage** oferta y demanda ❸ (*Auswahl*) surtido *m*

**angebracht** ['angəbraxt] **I.** *pp von* **anbringen II.** *adj* (*passend*) oportuno; (*ratsam*) recomendable

**angebunden** *pp von* **anbinden**

**angegossen** ['angəgɔsən] *adj* (*fam*): **etw passt wie ~** algo queda que ni pintado

**angegriffen** *pp von* **angreifen**

**angeheitert** ['angəhaɪtɐt] *adj* achispado

**an|gehen** *irr* **I.** *vi sein* ❶ (*fam: beginnen*) empezar ❷ (*fam: Licht*) encenderse ❸ (*bekämpfen*) luchar (*gegen* contra); (*sich widersetzen*) oponerse (*gegen* a) ❹ (*vertretbar sein*): **es geht nicht an, dass ...** no puede ser que... *+subj* **II.** *vt* ❶ (*angreifen*) arremeter (contra), atacar ❷ (*in Angriff nehmen*) acometer ❸ (*betreffen*) afectar; **das geht ihn gar nichts an** eso le importa un comino; **was deine Frage angeht, ...** con respecto a tu pregunta...

**angehende(r, s)** *adj* futuro

**an|gehören*** *vi* pertenecer (a), ser (de); (*als Mitglied*) ser miembro (de)

**Angehörige(r)** *mf* <-n, -n; -n> ❶ (*der Familie*) pariente *mf* ❷ (*Mitglied*) miembro *m*

**Angeklagte(r)** *mf* <-n, -n; -n> acusado, -a *m, f*

**Angel** ['aŋəl] *f* <-n> ❶ (*für Fischfang*) caña *f* de pescar ❷ (*Türscharnier*) gozne *m;* **zwischen Tür und ~** (*fam*) deprisa y corriendo

**Angelegenheit** *f* <-en> asunto *m*, cuestión *f;* **das ist meine ~** esto es asunto mío; **sich in fremde ~en mischen** meterse en asuntos ajenos

**angelernt** *adj* ❶ (*Wissen*) aprendido ❷ (*Arbeiter*) especialista

**Angelhaken** *m* anzuelo *m*

**angeln** ['aŋəln] **I.** *vi, vt* (*Fische*) pescar (con caña) **II.** *vr:* **sich** *dat* **~** (*fam: erwischen*) pescar; **sich** *dat* **einen Mann ~** pescar marido

**Angelpunkt** *m* piedra *f* angular; **der Dreh- und ~ einer Sache sein** ser el punto crucial de una cosa

**Angelrute** *f* caña *f* de pescar

**angemessen** *adj* adecuado; (*Preis*) razonable; (*ausreichend*) suficiente; **etw für ~ halten** considerar algo adecuado

**angenehm** ['angəne:m] *adj* agradable; (*Unterhaltung*) ameno; (*Mensch*) simpático; **es wäre mir ~, wenn ...** me gustaría mucho que... *+subj;* **~!** (*bei einer Begrüßung*) ¡encantado!; **~en Aufenthalt!** ¡feliz estancia!

**angenommen** *pp von* **annehmen**

**angepasst** ['angəpast] *adj* (*Person*) conformista

**angeregt** ['angəre:kt] *adj* animado; **sich ~ unterhalten** tener una conversación animada

**angesagt** ['angəza:kt] *adj* (*fam*) anunciado; **heute ist Regen ~** para hoy han anunciado lluvia

**angeschlagen** **I.** *pp von* **anschlagen II.** *adj* (*erschöpft*) agotado; **seine Gesundheit ist ~** su salud está quebrantada

**angesehen** **I.** *pp von* **ansehen II.** *adj* estimado

**Angesicht** *nt* <-(e)s, -er> (*geh*) cara *f*, rostro *m;* **von ~ zu ~** cara a cara

**angesichts** *präp +gen* (*geh*) ❶ (*beim Anblick*) ante, al ver ❷ (*hinsichtlich*) en vista de, ante; **~ der Tatsache, dass ...** en vista del hecho de que...

**angespannt** ['angəʃpant] *adj* ❶ (*Lage, Muskeln*) tenso ❷ (*intensiv*) intenso

**angestammt** ['angəʃtamt] *adj* hereditario

**angestaubt** ['angəʃtaʊpt] *adj* empolvado; (*fam fig*) anticuado; **~e Ansichten** ideas pasadas de moda

**Angestellte(r)** *mf* <-n, -n; -n> empleado, -a *m, f*

**angestrengt** ['angəʃtrɛŋt] *adv:* **~ über etw nachdenken** pensar intensamente en algo

**angetan** ['angəta:n] **I.** *pp von* **antun II.** *adj:* **von jdm ~ sein** sentir mucha simpatía por alguien; **von etw ~ sein** estar encantado con algo

**angetrunken** I. *pp von* **antrinken** II. *adj* achispado

**angewandt** ['angəvant] *pp von* **anwenden**

**angewiesen** ['angəvi:zən] I. *pp von* **anweisen** II. *adj:* **auf jdn/etw ~ sein** depender de alguien/algo

**an|gewöhnen*** *vt:* **jdm etw ~** acostumbrar alguien a algo; **sich** *dat* **etw ~** acostumbrarse a algo

**Angewohnheit** *f* <-en> costumbre *f* (adquirida)

**angewurzelt** *adj:* **wie ~ stehen bleiben** quedarse de piedra

**angezeigt** *adj* (*geh*) conveniente; **es schien ihm ~ zu gehen** estimó conveniente irse

**Angina** [aŋ'gi:na] *f* <Anginen> anginas *fpl;* **eine ~ haben** tener (las) anginas

**an|gleichen** *irr vt* ❶ (*vereinheitlichen*) igualar ❷ (*anpassen*) adaptar (*an* a), ajustar (*an* a); (*Gehälter*) reajustar (*an* a); **sich jdm/etw ~** adaptarse a alguien/a algo

**Angleichung** *f* <-en> ❶ (*Gehalt, Gesetz*) equiparación *f* (*an* a) ❷ (*gegenseitig*) armonización *f*

**Angler(in)** ['aŋlɐ] *m(f)* <-s, -; -nen> pescador(a) *m(f)* de caña

**an|gliedern** *vt* ❶ (*an eine Organisation*) asociar (*an* a); (*hinzufügen*) añadir (*an* a) ❷ (*Gebiet*) anexionar (*an* a)

**Angliederung** *f* <-en> incorporación *f* (*an* a); (POL) anexión *f* (*an* a)

**anglikanisch** [aŋgli'ka:nɪʃ] *adj* (REL) anglicano

**Anglistik** [aŋ'glɪstɪk] *f ohne pl* filología *f* inglesa

**Anglizismus** *m* <Anglizismen> (LING) anglicismo *m*

**an|glotzen** *vt* (*fam abw*) mirar boquiabierto

**angreifbar** *adj* atacable

**an|greifen** *irr vt* ❶ (MIL, SPORT) atacar; (*überfallen*) asaltar; (*tätlich*) agredir ❷ (*kritisieren*) atacar ❸ (*schwächen*) debilitar; (*ermüden*) cansar; (*Gesundheit*) perjudicar; (*psychisch*) emocionar ❹ (CHEM) corroer ❺ (*Vorräte*) empezar a consumir; (*Ersparnisse*) empezar a gastar

**Angreifer(in)** *m(f)* <-s, -; -nen> agresor(a) *m(f)*, asaltante *mf;* (*Angriffsspieler*) atacante *mf*

**an|grenzen** *vi* limitar (*an* con), (co)lindar (*an* con)

**angrenzend** *adj* contiguo; (*Grundstück*) colindante

**Angriff** *m* <-(e)s, -e> (*a.* MIL, SPORT) ataque *m;* (*Überfall*) asalto *m;* **etw in ~ nehmen** (*fig*) emprender algo; **Angriffsfläche** *f* superficie *f* de ataque; **keine ~ bieten** ser inexpugnable; **Angriffslust** *f ohne pl* belicosidad *f;* **angriffslustig** *adj* agresivo; **Angriffspunkt** *m* punto *m* de ataque

**an|grinsen** *vt* mirar sonriendo irónicamente

**Angst** [aŋst, *pl:* 'ɛŋstə] *f* <Ängste> miedo *m* (*vor* a/de), julepe *m Am;* (*schwächer*) temor *m* (*vor* a/de); (*stärker*) espanto *m;* **vor jdm/vor etw ~ haben** tener miedo de alguien/a algo; **sie bekam ~** cogió miedo; **keine ~!** ¡no tengas miedo!; **jdm ~ einjagen** meterle miedo a alguien; **sie hat ~, dass ...** tiene miedo de que... +*subj*

**angst:** **mir ist ~ (und bange)** me muero de miedo

**Angsthase** *m* (*fam*) miedica *mf,* gallina *mf*

**ängstigen** ['ɛŋstɪgən] I. *vt* (*Angst einjagen*) amedrentar; (*beunruhigen*) inquietar II. *vr:* **sich ~** ❶ (*Angst haben*) tener miedo (*vor* a/de) ❷ (*sich sorgen*) inquietarse (*um* por)

**ängstlich** ['ɛŋstlɪç] *adj* ❶ (*verängstigt*) miedoso; (*schüchtern*) apocado; **ein ~es Gesicht machen** poner cara de miedo ❷ (*besorgt*) preocupado

**Ängstlichkeit** *f ohne pl* pusilanimidad *f,* apocamiento *m*

**Angstschweiß** *m* sudor *m* frío

**an|gucken** *vt* (*fam*) mirar; **sich** *dat* **etw ~** mirar algo

**an|gurten** *vr:* **sich ~** (AUTO) ponerse el cinturón de seguridad

**an|haben** *irr vt* ❶ (*Kleidung*) llevar (puesto) ❷ (*Schaden zufügen*): **jdm/etw nichts ~ können** no poder hacerle nada a alguien/a algo

**an|haften** *vi* ❶ (*kleben*) estar adherido (*an* a) ❷ (*zugehören*) traer (consigo)

**an|halten** *irr* I. *vi* ❶ (*andauern*) durar; (*weitergehen*) seguir ❷ (*stoppen*) parar(se) ❸ (*werben*) solicitar; **um jds Hand ~** pedir la mano de alguien II. *vt* ❶ (*Fahrzeug, Uhr*) parar; (*Atem*) contener; (*Ton*) sostener ❷ (*anleiten*) animar (*zu* a), incitar (*zu* a)

**anhaltend** *adj* constante, continuo

**Anhalter(in)** *m(f)* <-s, -; -nen> auto(e)stopista *mf;* **per ~ fahren** ir a dedo

**Anhaltspunkt** *m* punto *m* de referencia; (*Indiz*) indicio *m*

**anhand** [an'hant] *präp +gen* mediante

**Anhang** *m* <-(e)s, -hänge> apéndice *m*

**an|hängen** *irr* I. *vi* ❶ (*anhaften*) colgar (de); **das schlechte Image hing ihm noch lange an** el sambenito le quedó colgado por mucho tiempo ❷ (*zugehören*)

A

seguir **II.** *vt* ❶ (*aufhängen*) colgar (*an* de/en); **jdm etw ~** (*fam*) colgar (el sambenito de) algo a alguien ❷ (*ankuppeln*) enganchar (*an* a) ❸ (*anfügen*) añadir (*an* a)

**Anhänger**[1] *m* <-s, -> ❶ (AUTO) remolque *m*, acoplado *m RíoPl* ❷ (*Schmuckstück*) colgante *m* ❸ (*für Koffer*) etiqueta *f*

**Anhänger(in)**[2] *m(f)* <-s, -; -nen> (*Person*) seguidor(a) *m(f)*, adepto, -a *m, f;* (SPORT) aficionado, -a *m, f*

**Anhängerschaft** *f* <-en> (SPORT) aficionados *mpl;* (*einer Doktrin*) seguidores *mpl*

**anhänglich** *adj* apegado

**Anhänglichkeit** *f ohne pl* apego *m*

**an|hauchen** *vt* (*atmen*) alentar; (*Dampf*) echar vaho (a); **eine Scheibe ~** echar vaho a un cristal

**an|hauen** *vt irr* (*fam*): **jdn** (**um Geld**) ~ dar un sablazo a alguien

**an|häufen I.** *vt* acumular **II.** *vr:* **sich ~** acumularse; (*Menschen*) aglomerarse

**Anhäufung** *f* <-en> acumulación *f*, acopio *m*

**an|heben** *irr vt* ❶ (*hochheben*) levantar ❷ (*erhöhen*) aumentar

**Anhebung** *f* <-en> (*Gehalt, Preis*) incremento *m;* (*Mindestalter*) aumento *m*

**an|heften** *vt* fijar (*an* a/en), pegar (*an* a/en); (*mit Heftklammern*) grapar; (*mit einem Faden*) hilvanar

**anheim** [an'haɪm] (*geh*): **etw** *dat* **~ fallen** ser víctima de algo; **jdm etw ~ stellen** dejar algo al criterio de alguien

**an|heuern** ['anhɔɪɐn] **I.** *vi* (NAUT) enrolarse (*auf* en) **II.** *vt* (*anwerben*) enrolar

**Anhieb** ['anhi:p] *m ohne pl:* **auf ~** (*fam*) al primer intento

**an|himmeln** ['anhɪməln] *vt* (*fam*) adorar; (*mit Blicken*) comer con los ojos

**Anhöhe** *f* <-n> elevación *f*, alto *m*

**an|hören** *vt* ❶ (*Gehör schenken*) escuchar; **das hört sich gut an** esto suena bien ❷ (JUR) oír

**Anhörung** *f* <-en> (JUR, EU) comparecencia *f;* (*Experten*) consulta *f;* **nach ~ der Parteien** oídas las partes

**Animateur(in)** [anima'tø:ɐ] *m(f)* <-s, -e; -nen> animador(a) *m(f)*

**animieren*** [ani'mi:rən] *vt* animar (*zu* a)

**Anis** [a'ni:s, 'a:nɪs] *m* <-(es), -e> anís *m*

**Ank.** *Abk. von* **Ankunft** llegada *f*

**an|kämpfen** *vi* luchar (*gegen* contra)

**Ankauf** *m* <-(e)s, -käufe> compra *f*, adquisición *f*

**an|kaufen** *vt* comprar, adquirir

**Anker** ['aŋkɐ] *m* <-s, -> (NAUT) ancla *f;* **den ~ auswerfen/lichten** echar/levar anclas

**ankern** ['aŋkɐn] *vi* (NAUT) anclar

**Ankerplatz** *m* (NAUT) ancladero *m*

**an|ketten** *vt* encadenar (*an* a)

**Anklage** *f* <-n> (JUR) acusación *f* (fiscal); (*~vertretung*) acusación *f;* **~ gegen jdn erheben** acusar a alguien; **unter ~ stehen** estar acusado; **Anklagebank** *f* banco *m* de los acusados, banquillo *m;* **auf der ~ sitzen** estar en el banquillo

**an|klagen** *vt* ❶ (JUR) acusar (*wegen* de) ❷ (*Missstände*) denunciar ❸ (*beschuldigen*) incriminar

**anklagend** *adj* de denuncia

**Ankläger(in)** *m(f)* <-s, -; -nen> (JUR) acusador(a) *m(f)*

**Anklageschrift** *f* (JUR) escrito *m* de acusación

**Anklang** *m* <-(e)s, -klänge> ❶ (*Zustimmung*) resonancia *f;* **bei jdm ~ finden** hallar resonancia en alguien; **großen ~ finden** tener éxito ❷ (*Ähnlichkeit*) reminiscencia *f;* **Anklänge an Wagner/an die Romantik** reminiscencias wagnerianas/románticas

**an|kleben** *vt* pegar (*an* a/en), fijar (*an* a/en)

**an|kleiden I.** *vt* (*geh*) vestir **II.** *vr:* **sich ~** (*geh*) vestirse

**Ankleideraum** *m* (*Warenhaus, a.* THEAT) probador *m;* (SPORT) vestuario *m*

**an|klicken** *vt* pinchar; (INFOR) hacer clic

**an|klopfen** *vi* ❶ (*anpochen*) llamar (a la puerta) ❷ (*fam: bitten*) preguntar (*um* por)

**an|knabbern** *vt* roer

**an|knipsen** *vt* (*fam*) encender

**an|knüpfen I.** *vt* ❶ (*anknoten*) atar (*an* a) ❷ (*Gespräch*) entablar **II.** *vi:* **an etw ~** fundarse en algo; (*fortführen*) continuar (algo)

**an|kommen** *irr vi sein* ❶ (*eintreffen*) llegar (*in/bei/auf* a); (*Schiff*) arribar (*in* a) ❷ (*fam: sich wenden*): **jdm mit etw ~** irle a alguien con algo ❸ (*fam: Resonanz finden*) gustar; **er kommt bei seinen Schülern gut an** tiene buena acogida entre los alumnos ❹ (*abhängen*) depender (*auf* de); **es kommt darauf an, ob ...** depende de si...; **ich würde es nicht darauf ~ lassen** (*fam*) yo no esperaría sentado ❺ (*wichtig sein*) ser importante; **es kommt darauf an, dass ...** es importante que... +*subj* ❻ (*sich durchsetzen*): **gegen jdn ~** imponerse a alguien

**Ankömmling** ['ankœmlɪŋ] *m* <-s, -e> recién llegado, -a *m, f*

**an|kotzen** *vt* (*vulg: anekeln*) dar asco (a)

**an|kreiden** ['ankraɪdən] *vt:* **jdm etw ~** tomar a mal algo a alguien

**an|kreuzen** *vt* marcar con una cruz

**an|kündigen** I. *vt* anunciar II. *vr:* **sich ~** anunciarse; (*beginnen*) comenzar, empezar; (*spürbar sein*) hacerse sentir

**Ankündigung** *f* <-en> anuncio *m;* (*Plakat*) cartel *m;* (*schriftlich*) notificación *f*

**Ankunft** ['ankʊnft] *f ohne pl* llegada *f;* (*Schiff*) arribada *f;* **Ankunftshalle** *f* sala *f* de llegadas; **Ankunftszeit** *f* hora *f* de llegada

**an|kurbeln** *vt* ① (TECH) poner en marcha ② (*in Schwung bringen*) estimular; (*Wirtschaft*) fomentar

**Ankurb(e)lung** *f* <-en> (WIRTSCH) fomento *m*

**an|lächeln** *vt* mirar sonriendo; **jdn ~** sonreír a alguien

**an|lachen** *vt* mirar riendo; **sich** *dat* **jdn ~** (*fam*) pescar a alguien

**Anlage** *f* <-n> ① (*Veranlagung*) disposición *f* (*zu* para); (MED) predisposición *f* (*zu* a); (*Begabung*) talento *m* (*zu* para) ② (*Bau*) construcción *f;* (*Park*) jardín *m,* parque *m;* (*Sportplatz*) polideportivo *m;* **sanitäre ~n** instalaciones sanitarias ③ (TECH) dispositivo *m;* (*Industrie~*) planta *f;* (*Stereo~*) equipo *m* ④ (WIRTSCH) inversión *f* ⑤ (*Beilage*) anejo *m,* anexo *m,* suplemento *m;* **in der ~ erhalten Sie ...** adjunto le remitimos...

**an|langen** I. *vi sein* (*eintreffen*) llegar (*an/zu* a) II. *vt* ① (*betreffen*) concernir; **was mich/diese Sache anlangt, ...** en lo que se refiere a mí/a esto... ② (*reg: anfassen*) tocar

**Anlass** ['anlas, *pl:* 'anlɛsə] *m* <-es, -lässe> ① (*Grund*) motivo *m* (*zu* para), razón *f* (*zu* para); (*Ursache*) causa *f* (*zu* de); **das gibt ~ zur Sorge** esto es motivo de preocupación ② (*Gelegenheit*) ocasión *f;* **bei diesem ~** aprovechando la ocasión; **ein willkommener ~** una buena ocasión; **jdm ~ geben zu ...** dar a alguien la ocasión de...

**an|lassen** *irr* I. *vt* ① (*Motor*) poner en marcha; (*Wagen*) arrancar ② (*Licht, Radio*) dejar encendido ③ (*fam: Kleidung*) dejar puesto; **du kannst deine Schuhe ruhig ~** puedes dejarte los zapatos puestos II. *vr:* **sich ~** (*fam: sich entwickeln*) presentarse; (*positiv*) prometer (éxito)

**Anlasser** *m* <-s, -> (AUTO) motor *m* de arranque

**anlässlich** ['anlɛslɪç] *präp +gen* con motivo de

**an|lasten** ['anlastən] *vt:* **jdm etw ~** imputar algo a alguien

**Anlauf** *m* <-(e)s, -läufe> ① (SPORT) carrerilla *f;* **~ nehmen** tomar carrerilla ② (*Versuch*) intento *m*

**an|laufen** *irr* I. *vi sein* ① (*angelaufen kommen*) llegar corriendo ② (*beginnen*) empezar; (*Film*) estrenarse; (*Motor*) ponerse en marcha ③ (*sich verfärben: Silber*) deslucirse; **rot ~** enrojecer; **blau ~** amoratarse ④ (*beschlagen*) empañarse ⑤ (SPORT) tomar la salida II. *vt* (NAUT): **einen Hafen ~** tocar en un puerto

**Anlaufstelle** *f* (ADMIN) sección *f* de coordinación

**Anlaut** *m* <-(e)s, -e> (LING) sonido *m* inicial

**an|legen** I. *vi* (*landen*) atracar II. *vt* ① (*Maßstab*) aplicar; (*Spielstein*) colocar; **letzte Hand ~** dar los últimos toques ② (*anlehnen*) poner; (*Leiter*) apoyar; (*Gewehr*) encarar ③ (*geh: anziehen*) ponerse ④ (*einrichten*) instalar; (*Garten*) plantar; (*Straße*) trazar; (*gründen*) fundar; (*bauen*) construir; (*Akte*) abrir; (*Vorräte*) almacenar; (*Liste*) hacer ⑤ (*investieren*) invertir (*in* en) ⑥ (*bezahlen*) pagar ⑦ (*absehen*): **du legst es wohl auf einen Streit mit mir an** me parece que te empeñas en reñir conmigo ⑧ (*ausrichten*): **der Film ist auf drei Stunden angelegt** la película dura tres horas ⑨ (*anbringen*): **jdm einen Verband ~** aplicar una venda a alguien III. *vr:* **sich ~** (*streiten*) pelearse

**Anlegeplatz** *m* (NAUT) atracadero *m*

**an|lehnen** I. *vt* (*Tür*) entornar; (*aufstützen*) apoyar (*an* en/contra) II. *vr:* **sich ~** (*sich abstützen*) apoyarse (*an* en); **sich an etw/jdn ~** (*a. fig*) apoyarse en algo/alguien; (*zum Vorbild nehmen*) imitar algo/a alguien

**Anlehnung** *f* <-en> apoyo *m;* **anlehnungsbedürftig** *adj* necesitado de afecto; **unsere Katze ist heute sehr ~** nuestra gata está hoy muy mimosa

**an|leiern** ['anlaɪɐn] *vt* (*fam*) montar; **wer hat das angeleiert?** ¿quién ha organizado esto?

**Anleihe** ['anlaɪə] *f* <-n> ① (FIN) empréstito *m,* préstamo *m* ② (*von Ideen*) inspiración *f*

**an|leiten** *vt* ① (*unterweisen*) iniciar ② (*lehren*) instruir

**Anleitung** *f* <-en> ① (*Vorgang*) dirección *f;* **unter ~ (von)** bajo la dirección (de) ② (*Text*) instrucciones *fpl;* (*Lehrbuch*) manual *m*

**an|lernen** *vt* instruir

**an|lesen** *irr vt* ① (*den Anfang lesen*) iniciar la lectura (de) ② (*sich aneignen*): **sich** *dat* **seine Kenntnisse ~** adquirir sus conocimientos a través de la lectura

**an|liefern** *vt* (COM) suministrar

**an|liegen** *irr vi* ① (*fam: anstehen*) estar por hacer; **was liegt heute an?** ¿qué hay que hacer hoy? ❷ (*sich anschmiegen*) ajustarse

**Anliegen** *nt* <-s, -> (*Wunsch*) deseo *m;* (*Bitte*) petición *f*

**anliegend** *adj* ❶ (*benachbart*) adyacente ❷ (*beigefügt*) adjunto ❸ (*Kleidung*) ceñido

**Anlieger** *m* <-s, -; -nen> vecino *m*

**an|locken** *vt* atraer

**an|lügen** *irr vt* mentir (a)

**Anm.** *Abk. von* **Anmerkung** nota *f*

**Anmache** *f ohne pl* (*sl*) ❶ (*Flirt*) ligue *m* ❷ (*Anrede*) piropo *m* (*fórmula para ligar*)

**an|machen** *vt* ❶ (*einschalten*) encender ❷ (*Mörtel*) amasar ❸ (GASTR: *Salat*) aderezar ❹ (*fam: anbändeln*) ligar (con) ❺ (*anbringen*) fijar (*an* a/en) ❻ (*reizen*) atraer

**an|malen** *vt* pintar

**an|maßen** ['anma:sən] *vr:* **sich** *dat* ~ permitirse; (*Rechte*) arrogarse; (*Fähigkeiten*) atribuirse

**anmaßend** ['anma:sənt] *adj* arrogante

**Anmaßung** *f* <-en> ❶ (*unberechtigter Anspruch*) arrogación *f* ❷ (*Überheblichkeit*) arrogancia *f*

**Anmeldegebühr** *f* tasas *fpl* de inscripción

**an|melden** **I.** *vt* ❶ (*ankündigen*) anunciar; **Konkurs** ~ declararse en quiebra ❷ (*Fahrzeug, an einer Schule*) matricular; **ein Ferngespräch** ~ pedir conferencia ❸ (*Ansprüche*) presentar **II.** *vr:* **sich** ~ matricularse; (*Wohnsitz*) empadronarse

**anmeldepflichtig** *adj* sujeto a registro

**Anmeldung** *f* <-en> ❶ (*Ankündigung*) aviso *m* ❷ (*Schule*) matrícula *f;* (*Kurs*) inscripción *f;* (*Patent*) registro *m* ❸ (*fam: Rezeption*) recepción *f*

**an|merken** *vt* ❶ (*notieren*) señalar ❷ (*ergänzend bemerken*) decir, añadir ❸ (*bemerken*) notar; **ich ließ mir nichts** ~ procuré que no se me notase nada

**Anmerkung** *f* <-en> ❶ (*kurze Bemerkung*) observación *f,* advertencia *f* ❷ (*Fußnote*) nota *f* a pie de página; ~ **des Übersetzers** nota del traductor ❸ (*Kommentar*) comentario *m*

**an|motzen** *vt* (*fam*) criticar

**Anmut** ['anmu:t] *f ohne pl* (*geh*) gracia *f,* quimba *f Am;* (*der Landschaft*) amenidad *f*

**anmutig** *adj* (*geh: Wesen, Landschaft*) encantador; (*Bewegung*) garboso

**an|nähen** *vt* coser (*an* a)

**an|nähern** **I.** *vt* acercar (*an* a) **II.** *vr:* **sich** ~ acercarse (*an* a)

**annähernd** ['annɛ:ɐnt] **I.** *adj* (*ungefähr*) aproximado **II.** *adv* más o menos, alrededor de

**Annäherung** *f* <-en> aproximación *f;* (*an einen Menschen*) acercamiento *m;* **Annäherungsversuch** *m* tentativa *f* de acercamiento; (*aufdringlich*) insinuación *f*

**annäherungsweise** *adv* aproximadamente

**Annahme** ['anna:mə] *f* <-n> ❶ (*Vermutung*) suposición *f;* **in der ~, dass ...** suponiendo que...; **ich bin der ~, dass ...** supongo que... ❷ (*das Annehmen*) recibo *m;* (*eines Briefs*) admisión *f;* (*eines Gesetzes*) aceptación *f* ❸ (*~stelle*) recepción *f*

**Annahmestelle** *f* ❶ (*Lotto*) despacho *m* de billetes ❷ (*Schrott*) depósito *m* de entrega ❸ (*für Aufträge, Filme*) despacho *m* de entrega

**Annalen** [a'na:lən] *pl* anales *mpl;* **in die ~ eingehen** pasar a los anales

**annehmbar** *adj* aceptable; (*zulässig*) admisible; (*Preis*) aceptable

**an|nehmen** *irr* **I.** *vt* ❶ (*entgegennehmen*) recibir; **das kann ich doch nicht** ~ no puedo aceptar eso ❷ (*Auftrag*) aceptar; (*Rat*) seguir; (*Antrag*) acceder (a) ❸ (*Urteil*) aprobar ❹ (*Religion, Meinung, Kind*) adoptar; (*Gewohnheit*) contraer; (*Umfang*) adquirir; **etw nimmt Gestalt an** algo va tomando forma; **nimm doch endlich Vernunft an!** ¡entra en razón de una vez! ❺ (*vermuten*) suponer, asumir *Am;* **das nehme ich nicht an** no lo creo; **ich nehme an, dass ...** supongo que...; **angenommen, dass ...** en el caso de que... +*subj* **II.** *vr:* **sich jds** ~ cuidar de alguien; **sich etw** *gen* ~ encargarse de algo

**Annehmlichkeit** *f* <-en> amenidad *f;* (*Vorteil*) ventaja *f*

**annektieren*** [anɛk'ti:rən] *vt* anexionar

**anno** *adv,* **Anno** *adv* en el año; **es war Winter, ~ 1941, als ...** era invierno del año 1941 cuando...; **von ~ dazumal** del tiempo de Maricastaña

**Annonce** [a'nõsə] *f* <-n> anuncio *m,* aviso *m Am*

**annoncieren*** [anõ'si:rən] **I.** *vi* (*inserieren*) poner un anuncio **II.** *vt* (*Stelle, Hochzeit*) anunciar

**annullieren*** [anʊ'li:rən] *vt* anular

**Anode** [a'no:də] *f* <-n> (PHYS) ánodo *m*

**an|öden** ['anø:dən] *vt* (*fam*) aburrir

**anomal** ['anoma:l, --'-] *adj* anómalo

**Anomalie** [anoma'li:] *f* <-n> anomalía *f*

**anonym** [ano'ny:m] *adj* anónimo; ~ **bleiben** quedar(se) en el anonimato

**anonymisieren*** [anonymi'zi:rən] *vt* anonimizar

**Anonymität** *f ohne pl* anonimato *m*

**Anorak** ['anorak] *m* <-s, -s> anorak *m*

**an|ordnen** *vt* ❶ (*befehlen*) ordenar ❷ (*auf-*

*stellen*) colocar; (*mit System*) ordenar

**Anordnung** *f* <-en> ❶ (*Befehl*) orden *f;* **auf jds ~** por orden de alguien ❷ (*Ordnung*) orden *m;* (*Aufstellung*) colocación *f;* (*Verteilung*) distribución *f*

**anorganisch** ['anɔrgaːnɪʃ] *adj* inorgánico

**anormal** ['anɔrmaːl] *adj* anormal

**an|packen** **I.** *vi* (*helfen*) ayudar, echar una mano **II.** *vt* ❶ (*anfassen*) agarrar, coger ❷ (*handhaben*) abordar; **eine Arbeit richtig/falsch ~** abordar un trabajo correctamente/erróneamente ❸ (*fam: behandeln*) tratar

**an|passen** **I.** *vt* adaptar (*an* a) **II.** *vr:* **sich ~** amoldarse (*an* a)

**Anpassung** *f* <-en> ❶ (WIRTSCH: *Produktion, Verfahren*) ajuste *m* (*an* a), adaptación *f* (*an* a) ❷ (*Gehalt, Rente*) actualización *f* ❸ (*Angleichung*) (re)ajuste *m;* **anpassungsfähig** *adj* adaptable (*an* a), flexible; **Anpassungsfähigkeit** *f* adaptabilidad *f,* flexibilidad *f;* **Anpassungsschwierigkeiten** *fpl* dificultades *fpl* de adaptación

**an|peilen** *vt* ❶ (NAUT) dirigirse (a/hacia) ❷ (TEL) interceptar ❸ (*bessere Position*) estar resuelto a conseguir ❹ (*jdn*) tener la mirada puesta (en)

**an|pfeifen** *irr* **I.** *vi, vt* (SPORT) dar el pitido inicial (de) **II.** *vt* (*fam*) abroncar

**Anpfiff** *m* <-(e)s, -e> ❶ (SPORT) pitido *m* inicial ❷ (*fam: Tadel*) bronca *f*

**an|pflanzen** *vt* plantar; (*Nutzpflanzen*) cultivar

**an|pflaumen** *vt* (*fam*) echar una bronca

**an|pirschen** *vr:* **sich ~** acercarse sigilosamente

**an|pöbeln** *vt* (*fam*) molestar

**an|prangern** ['anpraŋɐn] *vt* denunciar

**an|preisen** *irr vt* ❶ (*empfehlen*) recomendar ❷ (*loben*) elogiar

**Anprobe** *f* <-n> prueba *f*

**an|probieren** *vt* probar(se)

**an|pumpen** *vt* (*fam*): **jdn um 100 Euro ~** dar a alguien un sablazo de 100 euros

**an|quatschen** *vt* (*fam*) abordar

**Anrainerstaat** *m* país *m* vecino; (*vom Fluss getrennt*) estado *m* ribereño

**an|rechnen** *vt* ❶ (*in Rechnung stellen*) facturar ❷ (*gutschreiben*) abonar (*auf* en) ❸ (*Studienzeiten*) convalidar (*auf* con) ❹ (*schätzen*) valorar; **ich rechne es ihm hoch an, dass er mir geholfen hat** valoro muchísimo el que me haya ayudado

**Anrecht** *nt* <-(e)s, -e> derecho *m* (*auf* a)

**Anrede** *f* <-n> tratamiento *m;* (*im Brief*) encabezamiento *m*

**an|reden** *vt* hablar (a), dirigir la palabra (a); **jdn mit Du/mit Sie ~** tratar a alguien de tú/de Ud.

**an|regen** **I.** *vi* (*beleben*) estimular **II.** *vt* ❶ (*Appetit, Kreislauf*) excitar, estimular ❷ (*vorschlagen*) proponer, sugerir

**anregend** *adj* (*Tee, Kaffee*) excitante; (*a.* MED) estimulante; (*Gespräch*) sugestivo

**Anregung**[1] *f* <-en> (*Vorschlag*) sugerencia *f,* propuesta *f;* (*Inspiration*) inspiración *f;* **auf jds ~** por sugerencia de alguien

**Anregung**[2] *f ohne pl* (*Belebung*) estímulo *m*

**an|reichern** ['ənraɪçɐrn] *vt* (*a.* CHEM) enriquecer

**Anreise** *f* <-n> ❶ (*Anfahrt*) viaje *m* de ida ❷ (*Ankunft*) llegada *f*

**an|reisen** *vi sein* llegar; **mit dem Zug ~** llegar en tren

**Anreiz** *m* <-es, -e> estímulo *m,* aliciente *m;* (*finanziell*) incentivo *m*

**an|rempeln** ['anrɛmpəln] *vt* (*fam*) empujar

**an|rennen** *irr* **I.** *vi sein* ❶ (*herbeieilen*) llegar corriendo ❷ (*anstürmen*) arremeter (*gegen* contra) ❸ (*ankämpfen*) luchar (*gegen* contra); **gegen den Wind ~** correr con el viento en contra **II.** *vt* (*fam: anstoßen*) chocar (*an* con/contra), golpear (*an* con/contra)

**Anrichte** ['anrɪçtə] *f* <-n> aparador *m,* bufete *m*

**an|richten** *vt* ❶ (*garnieren*) aderezar ❷ (*servieren*) servir; **es ist angerichtet** (*geh*) está servido ❸ (*verursachen*) causar; **was hast du denn da wieder angerichtet?** ¡ya has vuelto a armar una buena!

**anrüchig** ['anrʏçɪç] *adj* de mala fama, sospechoso

**Anruf** *m* <-(e)s, -e> ❶ (*laute Anrede*) llamada *f;* (*Appell*) llamado *m,* llamamiento *m* ❷ (TEL) llamada *f;* **Anrufbeantworter** *m* <-s, -> contestador *m* automático

**an|rufen** *irr vt* ❶ (*laut anreden*) llamar ❷ (*bitten*) pedir (a); (*flehend*) implorar (a), invocar; (JUR) acudir (a); **das Gericht ~** acudir a los tribunales ❸ (*telefonieren*) llamar (por teléfono)

**Anrufer(in)** *m(f)* <-s, -; -nen> persona *f* que hace una llamada (telefónica)

**Anrufweiterschaltung** [--'----, '------] *f* (TEL) desvío *m* de llamadas

**an|rühren** *vt* ❶ (*berühren*) tocar ❷ (*zu sich nehmen*) probar; **du hast das Essen kaum angerührt** apenas has probado la comida ❸ (*Teig*) amasar

**ans** [ans] = **an das** *s.* **an**

**Ansage** ['anzaːgə] *f* <-n> anuncio *m;* (TV) presentación *f;* **die ~ machen** hacer la presentación

**an|sagen** **I.** *vt* (*ankündigen*) anunciar; (TV) presentar **II.** *vr:* **sich** ~ anunciarse

**Ansager(in)** *m(f)* <-s, -; -nen> (RADIO) locutor(a) *m(f);* (TV) presentador(a) *m(f)*

**an|sammeln** **I.** *vt* amontonar; (*Reichtümer*) atesorar **II.** *vr:* **sich** ~ amontonarse

**Ansammlung** *f* <-en> aglomeración *f*

**ansässig** ['anzɛsɪç] *adj* (*Person*) domiciliado; (*Firma*) establecido

**Ansatz** *m* <-es, -sätze> ❶ (TECH) prolongación *f* ❷ (*Ablagerung*) depósito *m,* sedimento *m* ❸ (*Anzeichen*) comienzo *m,* principio *m;* **im** ~ en una primera fase; **Ansatzpunkt** *m* punto *m* de partida

**ansatzweise** *adv:* **er hat es** ~ **verstanden** ha empezado a entenderlo; **das Problem konnte nur** ~ **gelöst werden** el problema no se pudo solucionar completamente

**an|saufen** *irr vt* (*fam*): **sich** *dat* **einen** ~ pillarse un pedo

**an|schaffen** **I.** *vt* (*kaufen*) comprar(se), adquirir **II.** *vi* (*fam: Prostituierte*) prostituirse; ~ **gehen** hacer la calle

**Anschaffung** *f* <-en> compra *f,* adquisición *f;* ~ **en machen** hacer compras

**an|schalten** *vt* ❶ (*Licht, Fernseher*) encender ❷ (*Atomkraftwerk*) poner en funcionamiento

**an|schauen** *vt* mirar

**anschaulich** *adj* plástico; **etw** ~ **machen** ilustrar algo

**Anschaulichkeit** *f ohne pl* ❶ (*Beispiel, Vortrag*) claridad *f* ❷ (*Beschreibung*) plasticidad *f*

**Anschauung** *f* <-en> ❶ (*Vorstellung*) concepto *m,* idea *f;* **etw aus eigener** ~ **wissen** saber algo por experiencia propia ❷ (*Ansicht*) opinión *f,* parecer *m;* **nach meiner** ~ según mi parecer; **Anschauungsmaterial** *nt* material *m* ilustrativo

**Anschein** *m* <-(e)s, *ohne pl*> apariencia *f;* (*Eindruck*) impresión *f;* **allem** ~ **nach** según todas las apariencias

**anscheinend** *adv* al parecer

**an|scheißen** *irr vt* (*fam*) ❶ (*betrügen*) timar ❷ (*beschimpfen*) echar una bronca

**an|schicken** *vr:* **sich** ~ **etw zu tun** (*geh*) disponerse a hacer algo

**an|schieben** *irr vt* empujar

**an|schießen** *irr* **I.** *vi sein* (*heranrasen*) llegar como una bala **II.** *vt* (*verletzen*) herir de un tiro

**Anschiss** *m* <-es, -e> (*fam*) bronca *f;* **einen** ~ **bekommen** ganarse una bronca

**Anschlag** *m* <-(e)s, -schläge> ❶ (*Plakat*) cartel *m,* anuncio *m* ❷ (*Überfall*) atentado *m* (*auf* contra); **einen** ~ **auf jdn verüben** atentar contra alguien; **einem** ~ **zum Opfer fallen** ser víctima de un atentado ❸ (FIN, WIRTSCH) cálculo *m* ❹ (*am Klavier, an der Schreibmaschine*) pulsación *f* ❺ (TECH) tope *m;* **bis zum** ~ hasta el tope ❻ (MIL) posición *f* de tiro; **Anschlagbrett** *nt* tablón *m* de anuncios

**an|schlagen** *irr* **I.** *vi* ❶ *sein* (*anprallen*) chocar (*an* contra) ❷ (*Tabletten*) surtir efecto ❸ (SPORT) tocar la meta ❹ (*Laut geben: Hund*) ladrar; (*Vogel*) cantar ❺ (*fam: dick machen*) (hacer) engordar **II.** *vt* ❶ (*Plakat*) fijar (*an* a/en) ❷ (*beschädigen*) romper ❸ (*Taste*) pulsar ❹ (MUS: *Akkord*) tocar; (*Melodie*) entonar ❺ (*Fass*) espitar

**an|schleichen** *irr vr:* **sich** ~ acercarse sigilosamente (*an* a)

**an|schleppen** *vt* ❶ (*fam: mitbringen*) traerse; **wen hat dein Bruder denn schon wieder angeschleppt?** ¿a quién se ha vuelto a traer tu hermano? ❷ (*mühsam herbeibringen*) acarrear, cargar (con)

**an|schließen** *irr* **I.** *vt* ❶ (*festmachen*) sujetar (*an* a) ❷ (*Waschmaschine, Telefon*) conectar (*an* a) ❸ (*Bemerkung*) añadir (*an* a) **II.** *vr:* **sich** ~ ❶ (*sich zugesellen*) unirse (*an* a), juntarse (*an* con) ❷ (*folgen*) seguir (*an* a) ❸ (*beipflichten*) adherirse (a), mostrarse de acuerdo (con)

**anschließend** **I.** *adj* (*folgend*) posterior **II.** *adv* a continuación

**Anschluss** *m* <-es, -schlüsse> ❶ (*an eine Partei*) adhesión *f* (*an* a), afiliación *f* (*an* a); (POL) unión *f* (*an* a) ❷ (*an ein Netz*) conexión *f* (*an* con); (TEL) comunicación *f* (*an* con) ❸ (*Verkehr*) enlace *m,* entronque *m* *AmC* ❹ (*Kontakt*) compañía *f;* ~ **suchen/finden** buscar/encontrar compañía; **im** ~ **an ...** a continuación de...

**an|schmiegen** ['anʃmiːgən] *vr:* **sich** ~ (*Person*) arrimarse cariñosamente (*an* a)

**anschmiegsam** *adj* (*Person*) tierno

**an|schnallen** **I.** *vt* (*festbinden*) sujetar **II.** *vr:* **sich** ~ (*Auto, Flugzeug*) ponerse el cinturón de seguridad

**Anschnallpflicht** *f ohne pl* uso *m* obligatorio del cinturón de seguridad

**an|schnauzen** *vt* (*fam*) echar una bronca

**an|schneiden** *irr vt* ❶ (*Brot*) cortar ❷ (*Thema*) abordar ❸ (*Kurve*) cortar en diagonal ❹ (SPORT: *Ball*) jugar con efecto

**Anschovis** [an'ʃoːvɪs] *f* <-> anchoa *f*

**an|schrauben** *vt* atornillar (*an* a/en)

**an|schreiben** *irr vt* ❶ (*nicht sofort bezahlen*) comprar al fiado ❷ (*Person*) escribir (a) ❸ (*an eine Tafel*) escribir (*an* en)

**an|schreien** *irr vt* gritar (a), levantar la

A

voz (a)
**Anschrift** *f* <-en> dirección *f*, señas *fpl*
**an|schuldigen** ['anʃʊldɪgən] *vt* (*geh*) acusar (*wegen* de), inculpar (*wegen* en)
**Anschuldigung** *f* <-en> acusación *f*, inculpación *f*
**an|schwärzen** ['anʃvɛrtsən] *vt* (*fam abw*) hablar mal (de, *bei* a)
**an|schweigen** *irr vt* no hablar; **sie schweigen sich schon seit 2 Wochen an** desde hace dos semanas no se cruzan una palabra
**an|schwellen** *irr vi sein* ❶ (*Körperteil*) hincharse ❷ (*Lärm*) crecer
**Anschwellung** *f* <-en> ❶ (MED) hinchazón *f* ❷ (*Lärm*) crecimiento *m*, aumento *m* ❸ (*Fluss*) crecida *f*
**an|schwemmen** *vt* acarrear
**an|schwindeln** *vt* (*fam*) engañar
**an|sehen** *irr vt* ❶ (*betrachten*) mirar; (*prüfend*) examinar; (*Film*) (ir a) ver; (*besichtigen*) visitar; **ich kann das nicht länger mit ~** no puedo soportarlo más ❷ (*erachten*) considerar; **ich sehe es als meine Pflicht an** lo considero mi deber ❸ (*anmerken*) notar; **man sieht dir dein Alter nicht an** no aparentas la edad que tienes
**Ansehen** *nt* <-s, *ohne pl*> ❶ (*Anschein*) apariencia *f*; **dem ~ nach zu urteilen** a juzgar por las apariencias ❷ (*Achtung*) reputación *f*; **großes ~ genießen** gozar de buena reputación
**ansehnlich** ['anze:nlɪç] *adj* ❶ (*beträchtlich*) considerable ❷ (*gut aussehend*) vistoso
**an|seilen** *vt* encordar
**an|sengen** ['anzɛŋən] *vt* chamuscar
**an|setzen** **I.** *vi* ❶ (*beginnen*) comenzar (*zu* a); **die Maschine setzt zur Landung an** el avión inicia el aterrizaje ❷ (*anbrennen*) pegarse **II.** *vt* ❶ (*in Position bringen*) poner, colocar ❷ (*Glas*) llevarse a los labios ❸ (*bilden*) echar; **Fett ~** (*fam*) echar carnes ❹ (*vorbereiten*) preparar ❺ (*Termin, Kosten*) fijar (*für* para) ❻ (*auf eine Spur*) poner bajo la pista (*auf* de)
**Ansicht** *f* <-en> ❶ (*Meinung*) opinión *f* (*über* sobre); **sie vertritt/teilt die ~, dass ...** sostiene/comparte la opinión de que...; **meiner ~ nach** en mi opinión; **ich bin ganz ihrer ~** soy de su misma opinión ❷ (*Abbildung*) vista *f* ❸ (*Blick*) vista *f*; **zur ~** como muestra; **Ansichtskarte** *f* (tarjeta *f*) postal *f*; **Ansichtssache** *f* cuestión *f* de pareceres
**an|siedeln** **I.** *vt* ❶ (*Menschen*) asentar ❷ (*Tierart*) introducir **II.** *vr*: **sich ~** establecerse
**Ansied(e)lung** *f* <-en> asentamiento *m*
**ansonsten** [an'zɔnstən] *adv* ❶ (*im Übrigen*) por lo demás ❷ (*andernfalls*) en caso contrario; (*wenn nicht*) si no
**an|spannen** *vt* ❶ (*Pferde*) enganchar ❷ (*Seil*) tensar ❸ (*Muskeln*) contraer
**Anspannung** *f* <-en> tensión *f*
**Anspiel** *nt* <-(e)s, -e> (SPORT: *beim Fußball*) saque *m*; (*bei Spielen*) apertura *f* del juego
**an|spielen** **I.** *vi* (*hinweisen*) aludir (*auf* a), referirse (*auf* a) **II.** *vt* ❶ (SPORT) pasar la pelota (a) ❷ (MUS: *Instrument*) probar; (*Melodie*) empezar a tocar
**Anspielung** *f* <-en> alusión *f* (*auf* a), insinuación *f* (*auf* sobre)
**an|spitzen** *vt* afilar; **den Bleistift ~** sacar punta al lápiz
**Ansporn** ['anʃpɔrn] *m* <-(e)s, *ohne pl*> estímulo *m*, acicate *m*
**an|spornen** *vt* ❶ (*anfeuern*) estimular (*zu* a), incitar (*zu* a) ❷ (*Pferd*) espolear, picar
**Ansprache** *f* <-n> discurso *m* (*an* a/ante); (*kurz*) alocución *f* (*an* a/ante); (*feierlich*) arenga *f* (*an* a/ante)
**ansprechbar** *adj* (*Kranker*) capaz de reaccionar; **nicht ~ sein** (*fam*) estar de mal humor
**an|sprechen** *irr* **I.** *vi* (MED) reaccionar (*auf* a) **II.** *vt* ❶ (*erwähnen*) mencionar; (*Thema*) abordar ❷ (*eine Gruppe*) dirigirse (a), dirigir la palabra (a); **jdn ~** hablar a alguien ❸ (*gefallen*) gustar (a); (*anrühren*) llegar (a)
**ansprechend** *adj* agradable, grato; (*Person*) atractivo, simpático
**Ansprechpartner(in)** *m(f)* persona *f* a contactar
**an|springen** *irr* **I.** *vi sein* ❶ (*Motor*) arrancar ❷ (*fam: reagieren*) aceptar **II.** *vt* (*anfallen*) embestir
**Anspruch** *m* <-(e)s, -sprüche> ❶ (*Anrecht*) derecho *m* (*auf* a); (*Forderung*) pretensión *f* (*auf* sobre) ❷ (*Anforderung*) exigencia *f* (*auf* de); **hohe Ansprüche an jdn stellen** ser muy exigente con alguien; **den Ansprüchen gerecht werden** satisfacer las exigencias; **etw in ~ nehmen** hacer uso de algo; **das nimmt sehr viel Zeit in ~** eso exige mucho tiempo; **er ist sehr in ~ genommen** está muy ocupado
**anspruchslos** *adj* poco exigente; (*bescheiden*) modesto; (*belanglos*) intrascendente
**Anspruchslosigkeit** *f ohne pl* ❶ (*anspruchsloses Wesen*) modestia *f*, sencillez *f* ❷ (*Trivialität*) trivialidad *f*; (*Belanglosigkeit*) intra(n)scendencia *f*
**anspruchsvoll** *adj* exigente

**an|spucken** *vt* escupir (a)
**an|stacheln** ['anʃtaxəln] *vt* incitar (*zu* a), pinchar (*zu* a) *fam*
**Anstalt** ['anʃtalt] *f* <-en> ❶(*Einrichtung*) establecimiento *m*, institución *f* ❷(*fam: Psychiatrie*) centro *m* (p)siquiátrico ❸*pl* (*Vorbereitungen*) preparativos *mpl;* **er machte keine ~en zu gehen** no dio muestras de irse; **~en zu etw treffen** hacer preparativos para algo
**Anstand** *m* <-(e)s, *ohne pl*> decencia *f*, buenos modales *mpl*
**anständig** ['anʃtɛndɪç] **I.** *adj* ❶(*sittsam*) decente; (*ehrlich*) honrado, honesto; (*einwandfrei*) correcto ❷(*fam: zufrieden stellend*) aceptable; **das sieht ganz ~ aus** esto tiene un aspecto bastante aceptable; **sie wird ~ bezahlt** le pagan bien ❸(*fam: ziemlich*) considerable; **eine ~e Tracht Prügel bekommen** llevarse una buena paliza **II.** *adv* ❶(*korrekt*) como es debido ❷(*fam: ziemlich*) bastante; **~ draufzahlen müssen** tener que pagar bastante más
**anständigerweise** *adv* decentemente; **sie hat ~ geschwiegen** ha callado por decencia
**Anständigkeit** *f ohne pl* decencia *f*, decoro *m*
**Anstandsbesuch** *m* visita *f* de cortesía; **Anstandsdame** *f* dama *f* de compañía
**anstandshalber** *adv* por decencia, por decoro
**anstandslos** *adv* sin más, sin objeción alguna
**an|starren** *vt* mirar fijamente, clavar los ojos (en)
**anstatt** [an'ʃtat] **I.** *präp +gen* en vez de, en lugar de **II.** *konj:* **~ etw zu tun** en vez de hacer algo
**an|stauen** *vr:* **sich ~** estancarse, acumularse
**an|stechen** *irr vt* pinchar; (*Fass*) espitar
**an|stecken** **I.** *vt* ❶(*befestigen*) poner ❷(*reg: anzünden*) prender fuego (a); (*Zigarette*) encender ❸(*infizieren, a. fig*): **jdn mit etw ~** contagiarle algo a alguien **II.** *vr:* **sich ~** contagiarse; **ich habe mich bei ihr angesteckt** ella me ha contagiado
**ansteckend** *adj* contagioso
**Ansteckung** *f* <-en> (MED) contagio *m;* **Ansteckungsgefahr** *f* peligro *m* de contagio
**an|stehen** *irr vi* ❶(*Arbeit, Problem*) quedar por hacer ❷(*Termin*) estar fijado ❸(*Schlange stehen*) hacer cola
**an|steigen** *irr vi sein* ❶(*aufwärts führen*) subir; **steil ~d** empinado ❷(*Preis, Temperatur*) subir
**anstelle** [an'ʃtɛlə] *präp +gen* en lugar de
**an|stellen** **I.** *vt* ❶(*Maschine*) poner en marcha ❷(*Fernseher*) encender ❸(*beschäftigen*) contratar ❹(*anlehnen*) colocar (*an* contra) ❺(*vornehmen*) efectuar, realizar; **Vermutungen ~** hacer conjeturas ❻(*fam: fertig bringen*) arreglárselas (con); **ich weiß nicht, wie ich es ~ soll** no sé cómo arreglármelas ❼(*fam: anrichten*) hacer; **was hast du da wieder angestellt?** ¿qué has hecho ahora? **II.** *vr:* **sich ~** ❶(*fam: sich verhalten*) obrar; **sich dumm ~** hacer el tonto ❷(*fam: sich zieren*) hacer melindres; **stell dich nicht so an!** ¡déjate de comedias! ❸(*in einer Schlange*) ponerse a la cola
**Anstellung** *f* <-en> ❶(*das Anstellen*) contratación *f* ❷(*Stelle*) empleo *m*
**Anstich** *m* <-(e)s, -e> ❶(*eines Fasses*) acción *f* de espitar ❷(*erster Ausschank*) primer trago *m* (de un barril)
**Anstieg**[1] ['anʃtiːk] *m* <-(e)s, -e> (*Aufstieg*) ascenso *m*, ascensión *f*
**Anstieg**[2] *m* <-(e)s, *ohne pl*> ❶(*Steigung*) pendiente *f* ❷(*Zunahme*) subida *f*
**an|stiften** *vt* ❶(*Unheil*) causar, provocar ❷(*Verschwörung*) tramar
**Anstifter(in)** *m(f)* <-s, -; -nen> (*Straftat*) inductor(a) *m(f);* (*Verschwörung*) instigador(a) *m(f)*
**Anstiftung** *f* <-en> instigación *f*, inducción *f*
**an|stimmen** *vt* (*Lied*) entonar
**Anstoß** *m* <-es, -stöße> ❶(*Ruck*) empujón *m* ❷(*Impuls*) iniciativa *f*, impulso *m* ❸(SPORT) saque *m* ❹(*geh: Ärgernis*) molestia *f*, disgusto *m;* **~ erregen bei jdm** causar escándalo a alguien; **an etw ~ nehmen** escandalizarse por algo
**an|stoßen** *irr* **I.** *vi* ❶*sein* (*gegenstoßen*) golpearse (*an* en/contra) ❷(*mit den Gläsern*) brindar (*auf* por) ❸(SPORT) sacar, hacer el saque inicial **II.** *vt* (*Stoß geben*) empujar
**anstößig** ['anʃtøːsɪç] *adj* indecente, escandaloso
**an|strahlen** *vt* ❶(*anleuchten*) alumbrar; (FILM, THEAT) enfocar ❷(*strahlend ansehen*) mirar con ojos radiantes
**an|streben** *vt* pretender, aspirar (a)
**an|streichen** *irr vt* ❶(*mit Farbe*) pintar; **etw gelb ~** pintar algo de amarillo ❷(*Fehler*) señalar
**Anstreicher(in)** *m(f)* <-s, -; -nen> pintor(a) *m(f);* (*abw: Maler*) pintor(a) *m(f)* de brocha gorda
**an|strengen** ['anʃtrɛŋən] **I.** *vi* (*ermüden*) cansar, fatigar **II.** *vt* ❶(*Verstand*) aguzar;

(*Gehör*) afinar ❷ (JUR: *Verfahren*) poner, presentar; (*eine Klage* ~) proceder (judicialmente) **III.** *vr:* **sich** ~ (*sich bemühen*) esforzarse

**anstrengend** *adj* (*körperlich*) duro, agotador, cansador *Arg;* (*geistig*) laborioso, trabajoso

**Anstrengung** *f* <-en> esfuerzo *m*

**Anstrich**[1] *m* <-(e)s, -e> (*Farbe*) pintura *f*

**Anstrich**[2] *m* <-(e)s, *ohne pl*> ❶ (*das Anstreichen*) pintura *f* ❷ (*Anschein*) aire(s) *m(pl)*, toque *m*

**Ansturm** *m* <-(e)s, -stürme> ❶ (*Angriff*) asalto *m* (*auf* a) ❷ (*Andrang*) concurrencia *f;* (*von Kunden*) afluencia *f*

**Antagonist(in)** [antago'nɪst] *m(f)* <-en, -en; -nen> antagonista *mf*

**Antarktis** [ant'arktɪs] *f* Antártida *f*

**antarktisch** *adj* antártico

**an|tasten** *vt* ❶ (*Ehre*) ofender; (*Rechte*) usurpar ❷ (*Geld*) empezar a gastar

**Anteil** *m* <-(e)s, -e> ❶ (*Teil*) parte *f* ❷ (*Beteiligung*) participación *f* ❸ (*Interesse*) interés *m* ❹ (*Mitgefühl*) compasión *f;* **an etw** ~ **nehmen** compartir algo

**anteilig** ['antaɪlɪç] *adj* proporcional

**Anteilnahme** ['antaɪlna:mə] *f ohne pl* ❶ (*Beteiligung*) participación *f* (*an* en) ❷ (*Mitgefühl*) interés *m* (*an* por) ❸ (*Beileid*) pésame *m*

**Antenne** [an'tɛnə] *f* <-n> (TEL, ZOOL) antena *f*

**Anthrazit** [antra'tsi:t] *m* <-s, -e> antracita *f*

**Anthropologie** [antropolo'gi:] *f ohne pl* antropología *f*

**Anthroposoph(in)** [antropo'zo:f] *m(f)* <-en, -en; -nen> antropósofo, -a *m, f*

**Anthroposophie** [antropozo'fi:] *f ohne pl* antroposofía *f*

**Anthroposophin** *f* <-nen> *s.* **Anthroposoph**

**anthroposophisch** *adj* antroposófico

**Antialkoholiker(in)** [antiʔalko'ho:likɐ] *m(f)* antialcohólico, -a *m, f*

**antialkoholisch** *adj* antialcohólico

**antiamerikanisch** *adj* antiamericano

**antiautoritär** *adj* antiautoritario

**Antibabypille** *f* píldora *f* anticonceptiva

**antibakteriell** *adj* antibacterial

**Antibiotikum** [antibi'o:tikʊm] *nt* <-s, Antibiotika> (MED) antibiótico *m*

**Antiblockiersystem** *nt* (AUTO) sistema *m* antibloqueo de frenos

**Antidepressivum** [antidepre'si:vʊm] *nt* <-s, -depressiva> (MED) antidepresivo *m*

**Antifaltencreme** [--'---] *f* crema *f* antiarrugas

**Antifaschismus** [---'--, '-----] *m ohne pl* antifascismo *m*

**Antifaschist(in)** *m(f)* antifascista *mf*

**antifaschistisch** *adj* antifascista

**antik** [an'ti:k] *adj* antiguo

**Antike** [an'ti:kə] *f ohne pl* Antigüedad *f*

**antiklerikal** [----'-, '-----] *adj* anticlerical

**Antikörper** ['----] *m* <-s, -> (MED) anticuerpo *m*

**Antillen** [an'tɪlən] *pl* Antillas *fpl*

**Antilope** [anti'lo:pə] *f* <-n> antílope *m*

**Antipathie** [antipa'ti:] *f* <-n> (*geh*) antipatía *f*

**an|tippen** *vt* ❶ (*Person*) tocar ❷ (*Thema*) tocar, abordar

**Antiquariat** [antikvari'a:t] *nt* <-(e)s, -e> librería *f* de viejo; **modernes** ~ librería de ocasión

**antiquarisch** *adj* (*Druckwerke*) de segunda mano, usado

**antiquiert** *adj* (*abw*) anticuado

**Antiquität** *f* <-en> antigüedad *f;* **Antiquitätengeschäft** *nt* tienda *f* de antigüedades

**Antisemit(in)** *m(f)* <-en, -en; -nen> antisemita *mf*

**antisemitisch** *adj* antisemita

**Antisemitismus** [antizemi'tɪsmʊs] *m* <-, *ohne pl*> antisemitismo *m*

**antiseptisch** [anti'zɛptɪʃ] *adj* (MED) antiséptico

**Antiterroreinheit** [--'----] *f* unidad *f* antiterrorista

**Antiterrorpolizei** *f ohne pl* policía *f* antiterrorista [*o* antidisturbios]

**Antivirenprogramm** [anti'vi:rən-] *nt* (INFOR) programa *m* antivirus [*o* cazavirus]

**antizipieren*** [antitsi'pi:rən] *vt* (*geh*) anticipar

**Antlitz** ['antlɪts] *nt* <-es, -e> (*geh*) rostro *m*

**an|törnen** ['antœrnən] *vt* (*sl*) dar marcha (a), enrollar, molar; **die Musik törnt mich an** la música me da marcha

**Antrag** ['antra:k, *pl:* 'antrɛ:gə] *m* <-(e)s, -träge> ❶ (*an eine Behörde*) solicitud *f* (*auf* de); **einen** ~ **auf etw stellen** presentar una solicitud de algo ❷ (*Formular*) (formulario *m* de) solicitud *f* ❸ (POL) moción *f* (*auf* de) ❹ (*Heirats~*) propuesta *f* de matrimonio

**an|tragen** *irr vt* ❶ (*geh*) ofrecer ❷ (*beantragen*) solicitar

**Antragsformular** *nt* (formulario *m* de) solicitud *f;* (*Vordruck*) (modelo *m* de) instancia *f*

**Antragsteller(in)** *m(f)* <-s, -; -nen> solicitante *mf;* (POL) autor(a) *m(f)* de una moción

**Antragstellung** *f* <-en> presentación *f* de

una solicitud

**an|treffen** *irr vt* encontrar(se), localizar

**an|treiben** *irr* **I.** *vi sein* (*anschwimmen*) llegar flotando **II.** *vt* ❶ (TECH: *vorwärts treiben*) impulsar, propulsar ❷ (*anschwemmen*) arrojar, acarrear ❸ (*veranlassen*) incitar (*zu* a), julepear *Col;* **sie trieb ihn zur Eile an** le metió prisa

**an|treten** *irr* **I.** *vi sein* ❶ (MIL) formarse; **in Zweierreihen ~** formar filas de a dos; **zum Dienst ~** empezar el servicio ❷ (SPORT) enfrentarse (*gegen* a/con) **II.** *vt* ❶ (*Reise*) emprender ❷ (*Strafe*) (empezar a) cumplir ❸ (*Erbe*) recibir ❹ (*Stelle*) incorporarse (a) ❺ (*Amt*) asumir

**Antrieb** *m* <-(e)s, -e> ❶ (TECH) tracción *f*, propulsión *f* ❷ (*Impuls*) estímulo *m*, acicate *m;* **aus eigenem ~** por iniciativa propia; **Antriebskraft** *f* (TECH) fuerza *f* motriz; (*fig*) motor *m;* **Antriebswelle** *f* (TECH) árbol *m* de accionamiento

**an|trinken** *irr vt:* **sich** *dat* **etw ~** (*fam*) coger algo (por medio de la bebida); **sich** *dat* **Mut ~** coger valor bebiendo

**Antritt** *m* <-(e)s, *ohne pl*> ❶ (*Beginn*) comienzo *m* ❷ (*eines Amtes*) toma *f* de posesión; (*einer Erbschaft*) adición *f;* (*der Regierung*) acceso *m* al poder; (*einer Stellung*) comienzo *m;* **Antrittsbesuch** *m* visita *f* de cumplido; **Antrittsrede** *f* discurso *m* inaugural

**an|tun** *irr* **I.** *vt* (*zufügen*): **jdm etw ~** hacer(le) algo a alguien; **tu mir das nicht an!** (*fam*) ¡no me hagas eso!; **das werde ich mir nicht ~** no pienso pasar por eso; **sich** *dat* **etwas ~** atentar contra la propia vida **II.** *vi* (*Sympathie erregen*) encantar; **diese Gegend hat es ihm angetan** esta región le ha encantado

**Antwort** ['antvɔrt] *f* <-en> respuesta *f* (*auf* a); (*brieflich*) contestación *f* (*auf* a); **keine ~ bekommen** no recibir respuesta; **jdm Rede und ~ stehen** rendir cuentas a alguien; **um ~ wird gebeten** se agradecerá respuesta

**antworten** ['antvɔrtən] *vt* responder (*auf* a); (*brieflich*) contestar (*auf* a); **jdm auf einen Brief ~** contestar la carta de alguien

**Antwortschreiben** *nt* (escrito *m* de) respuesta *f*, (escrito *m* de) contestación *f*

**an|vertrauen*** **I.** *vt* ❶ (*überlassen*) confiar, encomendar ❷ (*vertraulich erzählen*) confiar, revelar **II.** *vr:* **sich ~** (*sich offenbaren*) confiarse

**an|visieren*** ['anvizi:rən] *vt* ❶ (*anstreben*) poner la mira (en) ❷ (MIL) visar

**an|wachsen** *irr vi sein* ❶ (*Wurzeln schlagen*) echar raíces ❷ (MED: *Knochen*) crecer; (*Haut*) adherirse ❸ (*zunehmen*) crecer, aumentar

**Anwalt, -wältin** ['anvalt, *pl:* 'anvɛltə] *m, f* <-(e)s, -wälte; -nen> ❶ (JUR) abogado, -a *m, f;* **sich** *dat* **einen ~ nehmen** recurrir a un abogado ❷ (*Fürsprecher*) defensor(a) *m(f);* **Anwaltsbüro** *nt* bufete *m*

**Anwaltschaft** *f* <-en> (JUR) ❶ (*Vertretung eines Klienten*) defensa *f* ❷ (*Gesamtheit der Anwälte*) abogacía *f*

**Anwaltskosten** *pl* honorarios *mpl* de abogado

**Anwandlung** *f* <-en> capricho *m;* (*von Furcht*) arrebato *m*

**Anwärter(in)** *m(f)* <-s, -; -nen> candidato, -a *m, f* (*auf* a); (*Verehrer*) pretendiente *mf*

**Anwartschaft** *f* <-en> expectativa *f* (*auf* de)

**an|weisen** *irr vt* ❶ (*anleiten*) instruir ❷ (FIN) girar ❸ (*zuweisen*) señalar, indicar ❹ (*beauftragen*) encargar

**Anweisung** *f* <-en> ❶ (*Befehl*) orden *f* ❷ (*Gebrauchs~*) instrucciones *fpl* de uso ❸ (FIN) giro *m*, tra(n)sferencia *f*

**anwendbar** *adj* aplicable (*in* en, *auf* a)

**an|wenden** *irr vt* ❶ (*Technik, Heilmittel*) aplicar ❷ (*List, Gewalt*) recurrir (a)

**Anwender(in)** *m(f)* <-s, -; -nen> usuario, -a *m, f;* **anwenderfreundlich** *adj* fácil para el usuario; (INFOR) amigable; **anwenderorientiert** *adj* adaptado a las necesidades del usuario; **Anwenderprogramm** *nt* (INFOR) programa *m* del usuario; **Anwendersoftware** *f* (INFOR) software *f* del usuario

**Anwendung** *f* <-en> ❶ (*das Anwenden*) uso *m*, aplicación *f;* **zur ~ kommen** aplicarse ❷ (MED) aplicación *f;* **Anwendungsbereich** *m* campo *m* de aplicación; **Anwendungsprogramm** *nt* (INFOR) (programa *m* de) aplicación *f*

**an|werben** *irr vt* (*Soldaten*) alistar, reclutar; (*Arbeitskräfte*) contratar

**Anwesen** ['anve:zən] *nt* <-s, -> propiedad *f*, mansión *f*

**anwesend** *adj* presente; (*bei einer Veranstaltung*) asistente; **bei einer Sitzung ~ sein** asistir a una reunión

**Anwesende(r)** *mf* <-n, -n; -n> presente *mf;* **die hier ~n** los aquí presentes

**Anwesenheit** *f ohne pl* ❶ (*von Personen*) presencia *f;* (*bei einer Veranstaltung*) asistencia *f;* **in jds ~** en presencia de alguien ❷ (*Vorhandensein*) existencia *f*

**an|widern** ['anvi:dɐn] *vt* (*abw*) dar asco (a)

**Anwohner(in)** *m(f)* <-s, -; -nen> vecino, -a *m, f;* **Anwohnerparkplatz** *m* aparcamiento *m* reservado para los vecinos de la zona

**Anzahl** *f ohne pl* número *m;* (*Menge*) cantidad *f*

**an|zahlen** *vt* pagar el primer plazo (de)

**Anzahlung** *f* <-en> ❶ (*Rate*) primer plazo *m* ❷ (*Teilbetrag*) depósito *m*

**an|zapfen** *vt* ❶ (*Fass*) espitar ❷ (*fam: Leitung*) interceptar

**Anzeichen** *nt* <-s, -> señal *f;* (MED) síntoma *m*

**Anzeige** ['antsaɪgə] *f* <-n> ❶ (*Inserat*) anuncio *m,* aviso *m Am;* (*bei Tod*) esquela *f* ❷ (JUR) denuncia *f,* denuncio *m And;* **~ erstatten** formular una denuncia ❸ (TECH) indicador *m;* (SPORT) marcador *m* ❹ (INFOR) visualización *f,* despliegue *m*

**an|zeigen** *vt* ❶ (JUR) denunciar ❷ (*in einer Zeitung*) publicar (en un periódico) ❸ (*ankündigen*) indicar, señalar ❹ (INFOR) visualizar, indicar

**Anzeigenannahme** *f* despacho *m* de anuncios; **Anzeigenblatt** *nt* hoja *f* de anuncios; **Anzeigenteil** *m* sección *f* de anuncios

**Anzeigetafel** *f* panel *m* de anuncios; (TECH) panel *m* indicador; (SPORT) marcador *m*

**an|zetteln** *vt* (*abw*) urdir, tramar

**an|ziehen** *irr* **I.** *vi* ❶ (*in Bewegung setzen*) arrancar ❷ (*sich erhöhen*) ir subiendo **II.** *vt* ❶ (*ankleiden*) vestir ❷ (*Kleidungsstück*) poner ❸ (*Beine*) encoger, encogerse (de) ❹ (*festziehen*) apretar ❺ (*aufsaugen*) absorber ❻ (*Anziehungskraft ausüben*) atraer **III.** *vr:* **sich ~** vestirse; **sich warm ~** (*a. fig*) abrigarse; **ich ziehe mir den Mantel an** me pongo el abrigo

**anziehend** *adj* (*ansprechend*) atractivo; (*sympathisch*) simpático

**Anziehung** *f* <-en> atracción *f*

**Anziehungskraft¹** *f* (PHYS) fuerza *f* de atracción; (*Schwerkraft*) gravitación *f*

**Anziehungskraft²** *f ohne pl* (*Attraktivität*) atracción *f*

**Anzug¹** *m* <-(e)s, -züge> (*Kleidung*) traje *m,* percha *f AmC*

**Anzug²** *m* <-(e)s, *ohne pl*>: **ein Gewitter ist im ~** está a punto de caer una tormenta

**anzüglich** ['antsy:klɪç] *adj* ❶ (*frech*) mordaz, ofensivo ❷ (*zweideutig*) picante

**Anzüglichkeit** *f* <-en> (*zudringliche Handlung*) atrevimiento *f,* impertinencia *f*

**an|zünden** *vt* (*Zigarette*) encender; (*Gebäude*) prender fuego (a)

**an|zweifeln** *vt* dudar (de), poner en duda

**AOL** (INFOR) *Abk. von* **America Online** AOL

**apart** [a'part] *adj* atractivo

**Apartheid** [a'pa:ɐthaɪt] *f ohne pl* apartheid *m*

**Apartment** [a'partmənt] *nt* <-s, -s> apartamento *m,* departamento *m Am*

**Apathie** [apa'ti:] *f* <-n> apatía *f*

**apathisch** [a'pa:tɪʃ] *adj* apático

**Aperitif** [aperi'ti:f] *m* <-s, -s *o* -e> aperitivo *m,* copetín *m Mex*

**Apfel** ['apfəl, *pl:* 'ɛpfəl] *m* <-s, Äpfel> manzana *f;* **in den sauren ~ beißen** (*fam fig*) hacer de tripas corazón; **der ~ fällt nicht weit vom Stamm** (*prov*) el hijo de la rata ratones mata; **Apfelbaum** *m* manzano *m;* **Apfelkuchen** *m* pastel *m* de manzana; **Apfelmus** *nt* <-es, *ohne pl*> ≈compota *f* de manzana; **Apfelsaft** *m* zumo *m* de manzana, jugo *m* de manzana *Am*

**Apfelsine** [apfəl'zi:nə] *f* <-n> naranja *f*

**Apfelstrudel** *m rollo de manzana con canela que se toma caliente o frío;* **Apfelwein** *m* vino *m* de manzana, sidra *f*

**apodiktisch** [apo'dɪktɪʃ] (*geh*) **I.** *adj* apodíctico **II.** *adv* apodícticamente

**apolitisch** ['apoli:tɪʃ, --'--] *adj* (POL) apolítico

**Apostel** [a'pɔstəl] *m* <-s, -> (REL) apóstol *m;* **Apostelgeschichte** *f* (REL) Hechos *mpl* de los Apóstoles

**Apostroph** [apo'stro:f] *nt* <-s, -e> (LING) apóstrofo *m*

**Apotheke** [apo'te:kə] *f* <-n> farmacia *f;* **apothekenpflichtig** *adj* de venta exclusiva en farmacias

**Apotheker(in)** [--'--] *m(f)* <-s, -; -nen> farmacéutico, -a *m, f*

**App.** *Abk. von* **Appartement** apartamento *m,* departamento *m Am*

**Apparat** [apa'ra:t] *m* <-(e)s, -e> aparato *m;* **am ~!** (*Telefon*) ¡al habla!

**Apparatur** [apara'tu:ɐ] *f* <-en> conjunto *m* de aparatos, equipo *m* técnico

**Appartement** [apartə'mã:] *nt* <-s, -s> apartamento *m,* departamento *m Am*

**Appell** [a'pɛl] *m* <-s, -e> ❶ (*Aufruf*) llamamiento *m;* **einen ~ an jdn richten** hacer un llamamiento a alguien ❷ (MIL) llamada *f*

**appellieren*** *vi* hacer un llamamiento (*an* a), apelar (*an* a)

**Appenzell** ['apəntsɛl, --'-] *nt* <-s> (*Stadt*) Appenzell *f;* (*Kanton*) Appenzell *m*

**Appetit** [ape'ti:t] *m* <-(e)s, *ohne pl*> apetito *m* (*auf* de), antojo *m Mex;* **jdm den ~ verderben** quitar(le) a alguien el apetito; **guten ~!** ¡que aproveche!; **worauf haben Sie ~?** ¿qué le apetece?; **appetitanregend** *adj* estimulador del apetito; **Appetithappen** *m* bocado *m,* piscolabis *m inv fam;* **appetithemmend** *adj* inhibidor del apetito

**appetitlich** *adj* apetitoso, sabroso

**Appetitlosigkeit** *f ohne pl* inapetencia *f*

A

**Appetitzügler** [ape'tiːttsyːglɐ] *m* <-s, -> (MED) inhibidor *m* del apetito
**applaudieren*** [aplaʊ'diːrən] *vi* aplaudir
**Applaus** [a'plaʊs] *m* <-es, -e> (*Lob*) aplauso(s) *m(pl)*
**Après-Ski** *nt* <-, *ohne pl*> après-ski *m*
**Aprikose** [apri'koːzə] *f* <-n> albaricoque *m*, damasco *m Am*
**April** [a'prɪl] *m* <-(s), -e> abril *m*; **jdn in den ~ schicken** (*fam fig*) gastar(le) una inocentada a alguien; *s. a.* **März**; **Aprilscherz** *m* inocentada *f*

**i Land & Leute**

El día uno de abril es la fecha en la que se puede gastar una broma a todo el mundo (comparable a las inocentadas del 28 de diciembre en el mundo hispano). Cuando alguien termina creyéndose una historia inventada e incierta, en alemán se dice que dicha persona *ha sido enviada al abril – wurde in den April geschickt.*

**Aprilwetter** *nt* tiempo *m* tornadizo
**a priori** [aː pri'oːri] *adv* (*geh*) a priori
**apropos** [apro'poː] *adv* (*geh: übrigens*) por cierto; **~ Weihnachten, was wünscht du dir denn?** hablando de Navidades, ¿qué es lo que quieres?
**Apsis** ['apsɪs] *f* <Apsiden> (ARCHIT) ábside *m*
**Aquädukt** [akvɛ'dʊkt] *m o nt* <-(e)s, -e> acueducto *m*
**Aquamarin** [akvama'riːn] *m* <-s, -e> aguamarina *f*; **aquamarinblau** *adj* verdemar
**Aquaplaning** [akva'plaːnɪŋ] *nt* <-(s), *ohne pl*> (AUTO) aquaplanning *m*
**Aquarell** [akva'rɛl] *nt* <-s, -e> acuarela *f*
**Aquarium** [a'kvaːriʊm] *nt* <-s, Aquarien> acuario *m*
**Äquator** [ɛ'kvaːtoːɐ] *m* <-s, *ohne pl*> (GEO) ecuador *m*
**äquivalent** [ɛkviva'lɛnt] *adj* equivalente
**Äquivalent** [ɛkviva'lɛnt] *nt* <-(e)s, -e> (*geh a.* MATH, LING) equivalente *m*; **für dieses Wort gibt es im Deutschen kein ~** para esta palabra no existe equivalente en alemán
**Ar** [aːɐ] *nt o m* <-s, -e> área *f*
**Ära** ['ɛːra] *f* <Ären> era *f*, época *f*
**Araber(in)** ['arabɐ] *m(f)* <-s, -; -nen> árabe *mf*
**Arabien** [a'raːbiən] *nt* <-s> Arabia *f*
**arabisch** *adj* árabe
**aragonesisch** [arago'neːzɪʃ] *adj* aragonés
**Aragonien** [ara'goːniən] *nt* <-s> Aragón *m*
**Aragonier(in)** *m(f)* <-s, -; -nen> aragonés, -esa *m, f*
**Arbeit** ['arbaɪt] *f* <-en> ❶ (*Tätigkeit*) trabajo *m*; (*Feld~, Hand~*) labor *f*; (*Arbeitsplatz*) empleo *m*; **an die ~ gehen** empezar a trabajar; **sich an die ~ machen** poner manos a la obra; **etw ist in ~** algo está en marcha; **viel ~ haben** tener mucho trabajo; **bei der ~ sein** estar trabajando; **einer ~ nachgehen** dedicarse a un trabajo; **zur ~ gehen** ir al trabajo; **keine ~ haben** no tener trabajo; **sich ~ suchend melden** buscar un trabjo (en la oficina de desempleo) ❷ (*Mühe*) trabajo *m*; (*Anstrengung*) esfuerzo *m*; **etw macht/kostet viel ~** algo da/cuesta mucho trabajo ❸ (*Schule, Uni*) trabajo *m*; (*Prüfung*) examen *m*; **eine ~ schreiben** escribir un examen
**arbeiten** ['arbaɪtən] **I.** *vi* ❶ (*tätig sein*) trabajar; **er arbeitet als Rechtsanwalt/in einer Firma** trabaja como abogado/en una empresa; **die ~de Bevölkerung** la población activa; **die Zeit arbeitet für/gegen uns** el tiempo está a nuestro favor/en contra de nosotros ❷ (*Maschine*) funcionar ❸ (*Holz*) alabearse **II.** *vt* (*herstellen*) hacer, producir **III.** *vr*: **sich nach oben ~** (*fig*) abrirse camino hacia los puestos más altos; **sich kaputt ~** (*fam*) matarse trabajando
**Arbeiter(in)** ['arbaɪtɐ] *m(f)* <-s, -; -nen> trabajador(a) *m(f)*; (*Stand*) obrero, -a *m, f*, obrador(a) *m(f) Am*; **Arbeiterbewegung** *f ohne pl* (POL) movimiento *m* obrero; **Arbeiterfamilie** *f* familia *f* obrera
**Arbeiterin** *f* <-nen> *s.* **Arbeiter**
**Arbeiterschaft** *f ohne pl* obreros *mpl*, clase *f* obrera, faena *f Chil*
**Arbeiterviertel** *nt* barrio *m* obrero; **Arbeiterwohlfahrt** *f* asociación *f* de asistencia social para trabajadores
**Arbeitgeber(in)** ['arbaɪtgeːbɐ] *m(f)* <-s, -; -nen> patrón, -ona *m, f*, empleador(a) *m(f) Am*; (*Unternehmer*) empresario, -a *m, f*; **Arbeitgeberanteil** *m* cuota *f* patronal
**Arbeitgeberin** *f* <-nen> *s.* **Arbeitgeber**
**Arbeitgeberverband** *m* federación *f* patronal
**Arbeitnehmer(in)** ['arbaɪtneːmɐ] *m(f)* <-s, -; -nen> ❶ (*Angestellter*) empleado, -a *m, f*, asalariado, -a *m, f* ❷ (*Arbeiter*) trabajador(a) *m(f)*; **Arbeitnehmeranteil** *m* cuota *f* obrera
**Arbeitnehmerin** *f* <-nen> *s.* **Arbeitnehmer**
**Arbeitsablauf** *m* desarrollo *m* del trabajo

**arbeitsam** ['arbaɪtsza:m] *adj* trabajador

**Arbeitsamt** *nt* oficina *f* de empleo; **Arbeitsaufwand** *m* cantidad *f* de trabajo; **das erfordert einen hohen ~** esto requiere mucho trabajo; **arbeitsaufwändig** *adj*, **arbeitsaufwendig** *adj* trabajoso; **Arbeitsausfall** *m* pérdida *f* de horas de trabajo; **Arbeitsbedingungen** *fpl* condiciones *fpl* de trabajo

**Arbeitsbeschaffungsmaßnahme** *f plan de fomento de empleo*

**Arbeitseifer** *m* ganas *fpl* de trabajar; **Arbeitseinstellung** *f* ① (*Streik*) huelga *f* ② (*Auffasung*) actitud *f* laboral; **Arbeitseinteilung** *f* distribución *f* del trabajo; **Arbeitserlaubnis** *f* permiso *m* de trabajo; **Arbeitserleichterung** *f* facilitación *f* del trabajo; **Arbeitsessen** *nt* (*nachmittags*) comida *f* de trabajo; **arbeitsfähig** *adj* en condiciones de trabajar; **Arbeitsgang** *m* fase *f* de trabajo; **Arbeitsgemeinschaft** *f* colectivo *m* (de trabajo); **Arbeitsgericht** *nt* (JUR) Magistratura *f* laboral [*o* de(l) trabajo]; **Arbeitsgruppe** *f* grupo *m* de trabajo; **arbeitsintensiv** *adj* costoso, de mucho trabajo; **Arbeitskampf** *m* lucha *f* laboral; **Arbeitskleidung** *f* ropa *f* de trabajo; **Arbeitsklima** *nt* ambiente *m* laboral; **Arbeitskollege, -in** *m, f* compañero, -a *m, f* de trabajo, colega *mf*

**Arbeitskraft**[1] *f* <-kräfte> (*Personal*) mano *f* de obra

**Arbeitskraft**[2] *f ohne pl* (*Leistungskraft*) capacidad *f* productiva

**Arbeitskreis** *m* grupo *m* de trabajo; **Arbeitslager** *nt* campo *m* de trabajos forzados; **Arbeitslohn** *m* salario *m*

**arbeitslos** *adj* parado, sin trabajo

**Arbeitslose(r)** *mf* <-n, -n; -n> parado, -a *m, f*, cesante *mf Am*

**Arbeitslosengeld** *nt* subsidio *m* de desempleo [*o* de paro]; **Arbeitslosenhilfe** *f ohne pl* ayuda *f* a los parados; **Arbeitslosenquote** *f* tasa *f* de desempleo, índice *m* de paro; **Arbeitslosenunterstützung** *f s.* **Arbeitslosengeld**; **Arbeitslosenversicherung** *f ohne pl* seguro *m* de desempleo; **Arbeitslosenzahl** *f* número *m* de desempleados; **Arbeitslosenziffer** *f* número *m* de parados

**Arbeitslosigkeit** *f ohne pl* desempleo *m*, paro *m*, cesantía *f Am*

**Arbeitsmangel** *m ohne pl* escasez *f* de trabajo; **Arbeitsmarkt** *m* mercado *m* de trabajo [*o* laboral]; **Arbeitsmittel** *nt* instrumento *m* de trabajo; (*Werkstoff*) material *m* de trabajo; **Arbeitsmoral** *f* moral *f* de tabajo; **was ist denn das für eine ~?** pero, ¿qué moral de trabajo es ésta?; **Arbeitsniederlegung** *f* huelga *f*, paro *m*; **Arbeitsoberfläche** *f* (INFOR) escritorio *m*; **Arbeitspensum** *nt* volumen *m* de trabajo

**Arbeitsplatz** *m* ① (*Platz*) lugar *m* de trabajo ② (*Arbeitsstätte*) trabajo *m* ③ (*Stelle*) puesto *m* de trabajo; **Arbeitsplatzbeschaffungsmaßnahme** *f* creación *f* de empleo; **Arbeitsplatz-Gifte** *ntpl* tóxicos *mpl* en el puesto de trabajo; **Arbeitsplatzsicherung** *f ohne pl* seguridad *f* del puesto de trabajo; **Arbeitsplatzteilung** *f* partimiento *m* de puesto de trabajo; **Arbeitsplatzwechsel** *m* cambio *m* de puesto de trabajo

**Arbeitsprobe** *f* muestra *f* del trabajo realizado; **Arbeitsrecht** *nt ohne pl* Derecho *m* Laboral; **arbeitsreich** *adj* muy ocupado; **Arbeitsrichter(in)** *m(f)* juez *mf* de trabajo; **arbeitsscheu** *adj* gandul; **Arbeitsspeicher** *m* (INFOR) memoria *f* de trabajo [*o* con acceso inmediato]; **Arbeitsstätte** *f* centro *m* de trabajo; **Arbeitsstelle** *f* puesto *m* de trabajo; **Arbeitssuche** *f ohne pl* búsqueda *f* de trabajo; **Arbeitstag** *m* jornada *f* (de trabajo); (*Montag bis Freitag*) día *m* laboral; **Arbeitsteilung** *f ohne pl* división *f* del trabajo; **Arbeitsuche** *f s.* **Arbeitssuche**; **Arbeitsuchende(r)** *mf* <-n, -n; -n> demandante *mf* de trabajo

**arbeitsunfähig** *adj* ① (*krank*) enfermo ② (*behindert*) inválido

**Arbeitsunfähigkeit** *f* incapacidad *f* laboral; **Arbeitsunfall** *m* accidente *m* laboral; **Arbeitsverhältnis** *nt* relación *f* jurídica entre patrono y obrero; **in einem ~ stehen** tener un contrato laboral; **Arbeitsvermittlung** *f* tramitación *f* de trabajo; **Arbeitsvertrag** *m* contrato *m* de trabajo; **Arbeitsverweigerung** *f* negativa *f* a trabajar; **Arbeitsweise** *f* ① (*Mensch*) modo *m* de trabajar ② (*Maschine*) sistema *m* de funcionamiento; **arbeitswillig** *adj* dispuesto a trabajar; (*beim Streik*) antihuelguista; **Arbeitswoche** *f* semana *f* laboral; **Arbeitswut** *f* (*fam*) obsesión *f* por el trabajo; **arbeitswütig** *adj* afanoso

**Arbeitszeit** *f* horario *m* de trabajo; (*Öffnungszeiten*) horas *fpl* de oficina; **verkürzte ~** jornada reducida; **Arbeitszeitverkürzung** *f* reducción *f* de jornada

**Arbeitszeugnis** *nt* certificado *m* de trabajo; **Arbeitszimmer** *nt* cuarto *m* de trabajo; (*Büro*) despacho *m*

**archaisch** [ar'ça:ɪʃ] *adj* arcaico

**Archäologe, -in** [arçεo'lo:gə] *m, f* <-n, -n;

-nen> arqueólogo, -a *m, f*

**Archäologie** [arçεolo'gi:] *f ohne pl* arqueología *f*

**Archäologin** *f* <-nen> *s.* **Archäologe**

**archäologisch** *adj* arqueológico

**Arche** ['arçə] *f* <-n> arca *f;* **die ~ Noah** el arca de Noé

**archetypisch** *adj* arquetípico

**Architekt(in)** [arçi'tεkt] *m(f)* <-en, -en; -nen> arquitecto, -a *m, f*

**architektonisch** [arçitεk'to:nɪʃ] *adj* arquitectónico

**Architektur** *f ohne pl* arquitectura *f*

**Archiv** [ar'çi:f] *nt* <-s, -e> archivo *m*

**Archivar(in)** [arçi'va:ɐ] *m(f)* <-s, -e; -nen> archivero, -a *m, f*

**archivieren*** *vt* archivar

**Areal** [are'a:l] *nt* <-s, -e> ❶ (*Fläche*) área *f* ❷ (*Bezirk*) distrito *m*

**Ären** *pl von* **Ära**

**Arena** [a're:na, *pl:* a're:nən] *f* <Arenen> ❶ (*Kampfplatz*) arena *f* ❷ (*Stierkampf~*) plaza *f* de toros ❸ (*Zirkus*) pista *f*

**arg** [ark] <ärger, am ärgsten> **I.** *adj* (*reg*) ❶ (*schlimm*) malo; **der ärgste Feind** el peor enemigo; **etw liegt im A~en** (*geh*) algo va por mal camino; **etw noch ärger machen** empeorar algo aún más; **jdm ~ mitspielen** jugar una mala pasada a alguien ❷ (*ernst*) grave; **in ~e Verlegenheit kommen** verse en un grave apuro **II.** *adv* (*reg: sehr*) muy, mucho; **es hat mir nicht so ~ gefallen** no me ha gustado demasiado

**Argentinien** [argεn'ti:niən] *nt* <-s> Argentina *f*

**Argentinier(in)** *m(f)* <-s, -; -nen> argentino, -a *m, f*

**argentinisch** *adj* argentino

**ärger** *adj kompar von* **arg**

**Ärger** ['εrgɐ] *m* <-s, *ohne pl*> ❶ (*Unmut*) fastidio *m,* disgusto *m,* boche *m Chil, Peru* ❷ (*Zorn*) enojo *m,* bronca *f Am* ❸ (*Wut*) rabia *f;* **seinen ~ hinunterschlucken** (*fam fig*) tragarse el enfado ❹ (*Schwierigkeiten*) dificultades *fpl;* **~ bekommen** llevarse una bronca; **es gab ~** hubo problemas; **mit jdm ~ haben** tener problemas con alguien; **jdm ~ machen** poner dificultades a alguien

**ärgerlich** *adj* ❶ (*verärgert*) enfadado; **über jdn/über etw ~ sein** estar enfadado con alguien/por algo ❷ (*erbost*) indignado, enojado ❸ (*unerfreulich*) desagradable, molesto, chocante *Am*

**ärgern** ['εrgɐn] **I.** *vt* (*ärgerlich machen*) fastidiar, molestar, embromar *Am* **II.** *vr:* **sich ~** (*böse werden*) enfadarse (*über* por); **ich habe mich sehr über dich geärgert** me he enfadado muchísimo por tu culpa; **sich schwarz ~** (*fam*) ponerse negro

**Ärgernis**[1] *nt* <-ses, -se> (*Ärger*) fastidio *m,* volado *m Mex*

**Ärgernis**[2] *nt* <-ses, *ohne pl*> (*Anstoß*) escándalo *m;* **Erregung öffentlichen ~ses** (JUR) provocación de escándalo público

**Arglist** *f ohne pl* ❶ (*geh: Heimtücke*) malicia *f;* (*geh: Hinterlist*) astucia *f,* maña *f* ❷ (JUR) dolo *m*

**arglistig** *adj* ❶ (*gemein*) malicioso; (*verschlagen*) astuto ❷ (JUR) doloso

**arglos** *adj* sin malicia, de buena fe; (*naiv*) ingenuo, inocente

**ärgste(r, s)** *adj superl von* **arg**

**Argument** [argu'mεnt] *nt* <-(e)s, -e> argumento *m,* alegato *m Peru*

**Argumentation** [argumεnta'tsjo:n] *f* <-en> argumentación *f*

**argumentieren*** *vi* argumentar (*für* en pro de, *gegen* contra)

**Argwohn** ['arkvo:n] *m* <-(e)s, *ohne pl*> (*geh*) sospecha *f,* suspicacia *f;* (*Misstrauen*) recelo *m,* desconfianza *f;* **jds ~ erregen** despertar la desconfianza de alguien

**argwöhnen** ['arkvø:nən] *vt* (*geh*) recelar

**argwöhnisch** **I.** *adj* (*geh*) desconfiado, receloso **II.** *adv* (*geh*) con recelo

**Arie** ['a:riə] *f* <-n> aria *f*

**Arier(in)** ['a:riɐ] *m(f)* <-s, -; -nen> ario, -a *m, f*

**arisch** ['a:rɪʃ] *adj* ario

**Aristokrat(in)** [arɪsto'kra:t] *m(f)* <-en, -en; -nen> aristócrata *mf*

**Aristokratie** [arɪstokra'ti:] *f* <-n> aristocracia *f*

**Aristokratin** *f* <-nen> *s.* **Aristokrat**

**aristokratisch** *adj* aristocrático

**Arithmetik** [arɪt'me:tɪk] *f ohne pl* (MATH) aritmética *f*

**arithmetisch** *adj* (MATH) aritmético

**Arkade** [ar'ka:də] *f* <-n> arcada *f*

**Arktis** ['arktɪs] *f* Ártico *m,* regiones *fpl* árticas

**arktisch** *adj* ártico

**arm** [arm] *adj* <ärmer, am ärmsten> ❶ (*bedürftig*) pobre, necesitado; (*mittellos*) sin recursos ❷ (*bedauernswert*) pobre; **ein ~er Irrer** un pobre imbécil; **du Ärmste!** ¡pobrecita de ti!; **er ist ~ dran** (*fam*) le van mal las cosas

**Arm** *m* <-(e)s, -e> ❶ (*Körperteil*) brazo *m;* **er nahm sie in den ~** la tomó en sus brazos; **sich** *dat* **in den ~en liegen** estar abrazados (el uno al otro); **jdn auf den ~**

**nehmen** (*fam*) tomar el pelo a alguien; **jdm unter die ~e greifen** echar una mano a alguien; **jdn mit offenen ~en aufnehmen** recibir a alguien con los brazos abiertos; **~ in ~ gehen** ir del brazo; **jds verlängerter ~ sein** (*fig*) ser del brazo derecho de alguien ❷ (TECH) brazo *m* ❸ (*eines Flusses*) brazo *m* ❹ (*Ärmel*) manga *f*

**Armaturen** [arma'tu:rən] *fpl* ❶ (*sanitär*) grifería *f* ❷ (*Schaltinstrumente*) mandos *mpl;* **Armaturenbrett** *nt* cuadro *m* de mandos

**Armband** *nt* pulsera *f,* brazalete *m;* (*Uhr~*) correa *f;* **Armbanduhr** *f* reloj *m* de pulsera

**Armbinde** *f* ❶ (*als Kennzeichen*) brazal *m* ❷ (*Tragetuch*) cabestrillo *m*

**Arme(r)** *mf* <-n, -n; -n, -n> ❶ (*bedürftig*) pobre *mf;* **die ~n** los pobres ❷ (*bedauernswert*): **ich ~!** ¡pobre de mí!; **du ~r!** ¡pobre (de ti)!

**Armee** [ar'me:, *pl:* ar'me:ən] *f* <-n> ejército *m*

**Ärmel** ['ɛrməl] *m* <-s, -> manga *f;* **die ~ hochkrempeln** (*a. fig*) arremangarse; **etw aus dem ~ schütteln** (*fam*) sacarse algo de la manga; **Ärmelaufschlag** *m* bocamanga *f*

**Ärmelkanal** *m* Canal *m* de la Mancha

**ärmellos** *adj* sin mangas

**Armenhaus** *nt* asilo *m* de pobres

**Armenien** [ar'me:niən] *nt* <-s> Armenia *f*

**Armenier(in)** *m(f)* <-s, -; -nen> armenio, -a *m, f*

**armenisch** *adj* armenio

**Armenviertel** *nt* barrio *m* (de gente) pobre

**ärmer** *adj kompar von* **arm**

**Armlehne** *f* (*am Sessel*) brazo *m;* (*im Auto*) reposabrazos *m inv;* **Armleuchter** *m* ❶ (*Kerzenhalter*) candelabro *m;* (*Kronleuchter*) araña *f* ❷ (*fam abw: Dummkopf*) imbécil *mf*

**ärmlich** ['ɛrmlɪç] *adj* ❶ (*arm*) pobre, humilde ❷ (*elend*) miserable, mísero

**armselig** ['armse:lɪç] *adj* ❶ *s.* **ärmlich** ❷ (*unbedeutend*) insignificante

**ärmste(r, s)** *adj superl von* **arm**

**Armut** ['armu:t] *f ohne pl* pobreza *f,* indigencia *f,* prángana *f Mex, PRico;* **Armutsflüchtling** *m* (POL) refugiado, -a *m, f* económico, -a; **Armutsgrenze** *f* umbral *m* de pobreza; **Armutszeugnis** *nt* muestra *f* de incapacidad

**Aroma** [a'ro:ma, *pl:* a'ro:mas, a'ro:mən, a'ro:mata] *nt* <-s, -s *o* Aromen *o* Aromata> aroma *m;* **Aromastoff** *m* sustancia *f* aromática

**Aromata** *pl von* **Aroma**

**Aromatherapie** *f* aromaterapia *f*

**aromatisch** [aro'ma:tɪʃ] *adj* aromático

**aromatisieren*** *vt* (CHEM) aromatizar

**Aromen** *pl von* **Aroma**

**Arrangement** [arɑ̃ʒə'mɑ̃:] *nt* <-s, -s> ❶ (*Übereinkommen*) acuerdo *m* ❷ (MUS: *Anordnung*) arreglo *m*

**arrangieren*** [arɑ̃'ʒi:rən] **I.** *vt* ❶ (*organisieren*) organizar ❷ (*zusammenstellen*) combinar ❸ (MUS) arreglar **II.** *vr:* **sich ~** (*sich einigen*) llegar a un acuerdo

**Arrest** [a'rɛst] *m* <-(e)s, -e> ❶ (JUR) arresto *m* ❷ (*Beschlagnahmung*) confiscación *f*

**arretieren*** [are'ti:rən] *vt* (TECH) bloquear

**arrogant** [aro'gant] *adj* arrogante

**Arroganz** *f ohne pl* arrogancia *f*

**Arsch** [arʃ, *pl:* 'ɛrʃə] *m* <-(e)s, Ärsche> (*vulg*) culo *m,* orto *m CSur;* **du ~!** ¡hijo de puta!; **jdm in den ~ kriechen** lamer el culo a alguien; **jdm geht etw am ~ vorbei** a alguien le importa algo una mierda; **leck mich am ~!** ¡que te den por culo!; **am ~ der Welt** (*fam*) en el quinto coño; **Arschbacke** *f* (*vulg*) nalga *f;* **Arschficker** *m* (*vulg*) maricón *m;* **Arschkriecher** *m* <-s, -> (*vulg abw*) lameculos *mf inv;* **Arschloch** *nt* (*vulg*) ❶ (*Körperteil*) ojo *m* del culo ❷ (*Schimpfwort*) cabrón, -ona *m, f,* orto *m CSur;* **Arschtritt** *m* (*fam*) patada *f* en el culo

**Arsen** [ar'ze:n] *nt* <-s, *ohne pl*> (CHEM) arsénico *m*

**Arsenal** [arze'na:l] *nt* <-s, -e> arsenal *m*

**Art**[1] [art] *f* <-en> ❶ (*Klasse*) clase *f,* tipo *m* ❷ (BIOL) especie *f;* **eine vom Aussterben bedrohte ~** una especie amenazada de extinción ❸ (*Weise*) modo *m;* **~ und Weise** modo (y manera); **auf diese ~** de este modo; **nach ~ des Hauses** de la casa

**Art**[2] *f ohne pl* (*Wesens~*) carácter *m,* naturaleza *f;* **das ist nun mal meine ~** yo soy así

**Art.** (*a.* JUR) *Abk. von* **Artikel** art.

**Artenreichtum** *m ohne pl* riqueza *f* de especies; **Artenschutz** *m* protección *f* de especies (en peligro de extinción); **Artensterben** *nt* extinción *f* de las especies; **Artenvielfalt** *f* diversidad *f* de especies

**Arterhaltung** *f* (BIOL) conservación *f* de las especies

**Arterie** [ar'te:riə] *f* <-n> (MED) arteria *f;* **Arterienverkalkung** *f* (*fam*) arterio(e)sclerosis *f inv*

**artfremd** *adj* (BIOL) de otra especie; **artgemäß** *adj s.* **artgerecht**; **Artgenosse, -in** *m, f* congénere *mf;* **artgerecht** *adj* acorde con la especie; **~e Tierhaltung**

(*von Haustieren*) mantenimiento de los animales adaptado a las características de su especie; (*von Nutztieren*) ganadería biológica

**artig** ['a:rtɪç] *adj* obediente; **jetzt sei aber ~!** ¡ahora sé obediente!

**Artigkeiten** *fpl* (*Komplimente*) piropos *mpl*, requiebros *mpl*; **er überschüttete sie mit ~** la abrumó con piropos

**Artikel** [ar'ti:kəl, ar'tɪkəl] *m* <-s, -> (LING, PUBL, JUR) artículo *m*

**Artikulation** [artikula'tsjo:n] *f* <-en> articulación *f*

**artikulieren*** [artiku'li:rən] **I.** *vt* (*Laut, Gedanken*) articular **II.** *vr:* **sich ~** (*ausdrücken*) expresarse

**Artillerie** [artɪlə'ri:] *f* <-n> (MIL) artillería *f*

**Artischocke** [arti'ʃɔkə] *f* <-n> alcachofa *f*, alcaucil *m Arg*

**Artist(in)** [ar'tɪst] *m(f)* <-en, -en; -nen> ❶ (*im Varietee, Zirkus*) artista *mf* ❷ (*Akrobat*) acróbata *mf*

**artistisch** *adj* artístico

**artverwandt** *adj* afín

**Arznei** [arts'naɪ] *f* <-en> medicamento *m*; **Arzneiflasche** *f* frasco *m* de medicina; **Arzneiformel** *f* receta *f*, fórmula *f*

**Arzneimittel** *nt* medicamento *m*; **Arzneimittelabhängigkeit** *f* adicción *f* a los medicamentos; **Arzneimittelallergie** *f* alergia *f* a los medicamentos; **Arzneimittelgesetz** *nt* (JUR) legislación *f* sobre medicamentos; **Arzneimittelhersteller** *m* fabricante *m* de productos farmacéuticos; **Arzneimittelmissbrauch** *m* abuso *m* de medicamentos; **Arzneimittelsucht** *f* dependencia *f* de los medicamentos; **Arzneimittelvergiftung** *f* intoxicación *f* con medicinas

**Arzneipflanze** *f* planta *f* medicinal

**Arzt** [artst, *pl:* 'ɛrtstə] *m*, **Ärztin** *f* <-es, Ärzte; -nen> médico, -a *m, f*, doctor(a) *m(f)*; **praktischer ~** médico (de medicina) general; **zum ~ gehen** ir al médico

**Arztbesuch** *m* visita *f* médica

**Ärztekammer** *f* colegio *m* de médicos

**Ärzteschaft** *f ohne pl* cuerpo *m* médico

**Arzthelfer(in)** *m(f)* asistente *mf* médico, -a

**Ärztin** ['ɛrtstɪn] *f* <-nen> *s.* **Arzt**; **Arztkosten** *pl* honorarios *mpl* del médico

**ärztlich** *adj* médico; **~es Attest** certificado médico

**Arztpraxis** *f* consulta *f* médica

**As** [as] *nt* <-, -> (MUS) la *m* bemol

**Asbest** [as'bɛst] *m* <-(e)s, -e> amianto *m*

**aschblond** ['aʃblɔnt] *adj* rubio ceniza

**Asche** ['aʃə] *f ohne pl* ceniza *f*; **Aschenbahn** *f* pista *f* de ceniza; **Aschenbecher** *m* cenicero *m*

**Aschenbrödel** ['aʃənbrø:dəl] *nt* <-s, ->, **Aschenputtel** ['aʃənpʊtəl] *nt* <-s, -> cenicienta *f*

**Ascher** ['aʃɐ] *m* <-s, -> cenicero *m*

**Aschermittwoch** [--'--] *m* miércoles *m* de ceniza

**aschgrau** *adj* gris ceniza

**ASCII-Code** *m* (INFOR) código *m* ASCII

**Äser** *pl von* **Aas²**

**asexuell** ['asεksuεl] *adj* asexual

**Asiat(in)** *m(f)* <-en, -en; -nen> asiático, -a *m, f*

**asiatisch** *adj* asiático

**Asien** ['a:ziən] *nt* <-s> Asia *f*

**Askese** [as'ke:zə] *f ohne pl* ascetismo *m*, ascética *f*

**Asket(in)** [as'ke:t] *m(f)* <-en, -en; -nen> asceta *mf*

**asketisch** *adj* ascético

**asozial** ['azotsia:l] *adj* asocial; (*rücksichtslos*) incívico

**Asoziale(r)** *mf* <-n, -n; -n, -n> (*abw*) asocial *mf*

**Aspekt** [as'pɛkt] *m* <-(e)s, -e> aspecto *m*; **unter diesem ~** bajo ese aspecto

**Asphalt** [as'falt] *m* <-(e)s, -e> asfalto *m*, asfaltado *m Am*

**asphaltieren*** *vt* asfaltar

**Aspirin®** *nt* <-s, -> aspirina® *f*

**Ass** *nt* <-es, -e> as *m*

**aß** [a:s] *3. imp von* **essen**

**Assel** ['asəl] *f* <-n> cochinilla *f*

**Assimilation** *f* <-en> (*a.* BIOL: *geh*) asimilación *f* (*an* a)

**assimilieren*** [asimi'li:rən] *vt* (*a.* BIOL: *geh*) asimilar

**Assistent(in)** [asɪs'tɛnt] *m(f)* <-en, -en; -nen> asistente *mf*

**Assistenzarzt, -ärztin** *m, f* médico, -a *m, f* asistente

**assistieren*** *vi* asistir (*bei* en)

**Assoziation** [asotsia'tsjo:n] *f* <-en> asociación *f*

**assoziieren*** [asotsi'i:rən] *vt* asociar

**Ast** [ast, *pl:* 'ɛstə] *m* <-(e)s, Äste> ❶ (*vom Baum*) rama *f* ❷ (*im Holz*) nudo *m*

**Aster** ['astɐ] *f* <-n> áster *f*

**Astgabel** *f* horcadura *f*

**Ästhet(in)** [ɛs'te:t] *m(f)* <-en, -en; -nen> esteta *mf*

**Ästhetik** *f ohne pl* estética *f*

**Ästhetin** *f* <-nen> *s.* **Ästhet**

**ästhetisch** *adj* estético

**Asthma** ['astma] *nt* <-s, *ohne pl*> (MED) asma *m o f*

**Asthmatiker(in)** *m(f)* <-s, -; -nen> (MED)

asmático, -a *m, f*

**asthmatisch** [ast'ma:tɪʃ] *adj* (MED) asmático

**Astralreise** *f* viaje *m* astral

**astrein** *adj* (*fam*) ❶ (*sehr schön*) genial ❷ (*moralisch einwandfrei*): **die Sache ist nicht ganz** ~ aquí hay gato encerrado

**Astrologe, -in** [astro'lo:gə] *m, f* <-n, -n; -nen> astrólogo, -a *m, f*

**Astrologie** *f ohne pl* astrología *f*

**Astrologin** *f* <-nen> *s.* **Astrologe**

**astrologisch** *adj* astrológico

**Astronaut(in)** [astro'naʊt] *m(f)* <-en, -en; -nen> astronauta *mf*

**Astronom(in)** [astro'no:m] *m(f)* <-en, -en; -nen> astrónomo, -a *m, f*

**Astronomie** *f ohne pl* astronomía *f*

**Astronomin** *f* <-nen> *s.* **Astronom**

**astronomisch** *adj* (*a. fig*) astronómico

**Asturien** [as'tu:riən] *nt* <-s> Asturias *f*

**Asturier(in)** *m(f)* <-s, -; -nen> asturiano, -a *m, f*

**asturisch** *adj* asturiano

**Asyl** [a'zy:l] *nt* <-(e)s, -e> asilo *m*

**Asylant(in)** [azy'lant] *m(f)* <-en, -en; -nen> asilado, -a *m, f*

**Asylantenwohnheim** *nt* residencia *f* de asilados

**Asylantrag** *m* solicitud *f* de asilo; **Asylbewerber(in)** *m(f)* solicitante *mf* de asilo; **Asylrecht** *nt ohne pl* derecho *m* de asilo; **Asylsuchende(r)** *mf* <-n, -n; -n> peticionario *m* de asilo

**Asymmetrie** [azʏme'tri:] *f* <-n> (*a.* MATH) asimetría *f*

**asymmetrisch** ['azʏme:trɪʃ] *adj* (*a.* MATH) asimétrico

**Atelier** [atə'lje:] *nt* <-s, -s> estudio *m*

**Atem** ['a:təm] *m* <-s, *ohne pl*> aliento *m;* (*Atmung*) respiración *f;* **den ~ anhalten** contener la respiración; **wieder zu ~ kommen** recuperar el aliento; **~ holen** tomar aliento; **jdn in ~ halten** tener a alguien en vilo; **außer ~ sein** estar sin aliento; **das verschlägt mir den ~** eso me deja sin palabras; **atemberaubend** *adj* ❶ (*beeindruckend*) impresionante ❷ (*spannend*) emocionante ❸ (*sensationell*) sensacional; **Atembeschwerden** *fpl* trastornos *mpl* respiratorios; **Atemgerät** *nt* (MED) aparato *m* respiratorio; **Atemlähmung** *f ohne pl* (MED) parálisis *f inv* respiratoria

**atemlos** *adj* ❶ (*außer Atem*) sin aliento, jadeante ❷ (*gespannt*) absorto; **~ lauschen** escuchar sin parpadear

**Atemnot** *f ohne pl* asfixia *f,* ahogo *m;* (MED) apnea *f;* **Atempause** *f* ❶ (*zum Atmen*) pausa *f* respiratoria ❷ (*Ruhepause*) descanso *m;* **Atemstillstand** *m* paro *m* respiratorio; **Atemwege** *mpl* vías *fpl* respiratorias; **Atemwegserkrankung** *f* (MED) enfermedad *f* de las vías respiratorias; **Atemzug** *m* respiración *f;* **im selben ~** de un aliento

**Atheismus** [ate'ɪsmʊs] *m* <-, *ohne pl*> ateísmo *m*

**Atheist(in)** *m(f)* <-en, -en; -nen> ateo, -a *m, f*

**atheistisch** *adj* ateo

**Athen** [a'te:n] *nt* <-s> Atenas *m*

**Athener(in)** *m(f)* <-s, -; -nen> ateniense *mf*

**Äther** ['ɛ:tɐ] *m* <-s, *ohne pl*> (CHEM) éter *m*

**ätherisch** [ɛ'te:rɪʃ] *adj* etéreo; **~e Öle** aceites etéreos

**Äthiopien** [ɛti'o:piən] *nt* <-s> Etiopía *f*

**Äthiopier(in)** *m(f)* <-s, -; -nen> etíope *mf*

**äthiopisch** *adj* etíope

**Athlet(in)** [at'le:t] *m(f)* <-en, -en; -nen> atleta *mf*

**athletisch** *adj* atlético

**Atlanten** *pl von* **Atlas**

**Atlantik** [at'lantɪk] *m* <-s> Atlántico *m*

**atlantisch** *adj* atlántico; **der A~e Ozean** el Océano Atlántico

**Atlas** ['atlas, *pl:* at'lantən] *m* <-(ses), Atlanten> atlas *m*

**atmen** ['a:tmən] *vi, vt* respirar

**Atmen** *nt* <-s, *ohne pl*> respiración *f;* **das ~ durch die Nase fällt mir schwer** me resulta difícil respirar por la nariz

**Atmosphäre** [atmo'sfɛ:rə] *f* <-n> ❶ (*Lufthülle der Erde*) atmósfera *f* ❷ (*Stimmung*) ambiente *m*

**atmosphärisch** *adj* atmosférico

**Atmung** ['a:tmʊŋ] *f ohne pl* respiración *f;* **atmungsaktiv** *adj* transpirable

**Ätna** ['ɛtna] *m* <-s> Etna *m*

**Atoll** [a'tɔl] *nt* <-s, -e> atolón *m*

**Atom** [a'to:m] *nt* <-s, -e> átomo *m*

**Atomangriff** *m* ataque *m* nuclear

**atomar** [ato'ma:ɐ] *adj* nuclear, atómico; **~e Rüstung/Bedrohung** armamento/amenaza nuclear; **~e Waffen** armas nucleares

**Atombombe** *f* bomba *f* atómica; **Atombombenexplosion** *f* explosión *f* de bomba atómica; **Atombombenversuch** *m* prueba *f* nuclear

**Atombunker** *m* refugio *m* atómico; **Atomenergie** *f ohne pl* energía *f* nuclear; **Atomexplosion** *f* explosión *f* atómica; **Atomforschungszentrum** *nt* (PHYS) centro *m* de investigaciones atómicas [*o* nucleares]; **Atomgegner(in)** *m(f)* antinuclear *mf,* opositor(a) *m(f)* a la energía nuclear; **Atomindustrie** *f* (WIRTSCH)

industria *f* atómica
**atomisieren*** *vt* atomizar
**Atomkern** *m* núcleo *m* atómico
**Atomkraft** *f ohne pl* energía *f* nuclear; **Atomkraftwerk** *nt* central *f* nuclear
**Atomkrieg** *m* guerra *f* nuclear; **Atommacht** *f* potencia *f* atómica
**Atommüll** *m* residuos *mpl* radi(o)activos; **Atommüllendlager** *nt* depósito *m* definitivo de residuos radi(o)activos; **Atommülllagerung** *f* almacenaje *m* de residuos radi(o)activos
**Atomphysik** *f* física *f* atómica; **Atomrakete** *f* misil *m* nuclear; **Atomreaktor** *m* reactor *m* nuclear [*o* atómico]; **Atomspaltung** *f* (PHYS) fisión *f* nuclear; **Atomsprengkopf** *m* (MIL) cabeza *f* atómica; **Atomtest** *m* prueba *f* nuclear; **Atomteststopp** *m* stop *m* a las pruebas nucleares
**Atomuhr** *f* (TECH) reloj *m* atómico
**Atomwaffe** *f* arma *f* atómica [*o* nuclear]; **atomwaffenfrei** *adj* desnuclearizado; **~e Zone** zona desnuclearizada
**Atomzeitalter** *nt* era *f* atómica
**Atomzerfall** *m* (PHYS) desintegración *f* atómica
**atoxisch** ['atɔksɪʃ, -'--] *adj* atóxico
**Atrium** ['a:triʊm] *nt* <-s, Atrien> (ARCHIT) atrio *m*, pretil *m Am*
**ätsch** [ɛ:tʃ] *interj* (*fam*) toma ya, chúpate esa
**Attacke** [a'takə] *f* <-n> ❶ (*Angriff*) agresión *f* (*auf/gegen* contra), ataque *m* (*auf/gegen* contra) ❷ (MED) ataque *m*, acceso *m*
**attackieren*** *vt* atacar
**Attentat** ['atənta:t] *nt* <-(e)s, -e> atentado *m* (*auf* contra); **ein ~ auf jdn verüben** atentar contra (la vida de) alguien
**Attentäter(in)** ['atəntɛ:tɐ, --'--] *m(f)* <-s, -; -nen> autor(a) *m(f)* del atentado
**Attest** [a'tɛst] *m* <-(e)s, -e> (*ärztliches*) certificado *m* médico
**attestieren*** *vt* atestar, certificar
**Attitüde** [ati'ty:də] *f* <-n> pose *f*
**Attraktion**[1] [atrak'tsjo:n] *f* <-en> (*Glanznummer*) atracción *f*
**Attraktion**[2] *f ohne pl* (*Anziehung*) atractivo *m*
**attraktiv** [atrak'ti:f] *adj* atractivo
**Attraktivität** [atraktivi'tɛ:t] *f ohne pl* atractivo *m*
**Attrappe** [a'trapə] *f* <-n> objeto *m* de imitación [*o* de pega]
**Attribut** [atri'bu:t] *nt* <-(e)s, -e> (*a.* LING) atributo *m*
**attributiv** [atribu'ti:f, '----] *adj* (LING) atributivo
**atypisch** ['aty:pɪʃ, -'--] *adj* atípico (*für* de)
**ätzen** ['ɛtsən] *vi, vt* ❶ (CHEM) corroer ❷ (MED) cauterizar
**ätzend** *adj* ❶ (*Lauge*) cáustico; (*Säure*) corrosivo ❷ (*sl: furchtbar*) horrible; (*nervtötend*) cabreante
**au** [aʊ] *interj* ❶ (*Schmerz*) ay ❷ (*Begeisterung*) ay, uau; **~ ja!** ¡uau, sí!
**aua** ['aʊa] *interj* ay
**Aubergine** [obɛr'ʒi:nə] *f* <-n> berenjena *f*
**auch** [aʊx] *adv* ❶ (*ebenfalls*) también; **~ nicht** tampoco; **~ gut** bien también; **ich ~** yo también; **~ das noch!** ¡lo que faltaba! ❷ (*sogar*) incluso, ni siquiera; **ohne ~ nur zu fragen** sin ni siquiera preguntar; **~ wenn es regnen sollte** incluso si lloviese ❸ (*tatsächlich*) en efecto, de hecho; **das hat ~ niemand behauptet** de hecho nadie lo ha dicho ❹ (*außerdem*) además, también; **~ wäre es falsch zu glauben, dass ...** además sería erróneo pensar que... +*subj;* **so was aber ~!** ¡qué cosas!; **wozu ~?** ¿para qué, realmente?; **wo ~ immer** dondequiera que (sea); **wie es ~ sei** sea como sea; **solange ich ~ wartete ...** por más que esperé...
**Audienz** [aʊdi'ɛnts] *f* <-en> audiencia *f*
**Audiokassette** ['aʊdiokasɛtə] *f* (audio)cas(s)et(t)e *m o f;* **audiovisuell** [aʊdiovizu'ɛl] *adj* audiovisual
**Auditorium** [aʊdi'to:riʊm] *nt* <-s, Auditorien> ❶ (*Räumlichkeit*) auditorio *m* ❷ (*geh: Zuhörer*) auditorio *m*
**Aue** ['aʊə] *f* <-n> ❶ (*geh: Gelände*) vega *f* ❷ (*reg: Insel*) isla *f*
**Auerhahn** ['aʊɐha:n] *m* (ZOOL) urogallo *m*, gallo *m* silvestre; **Auerochse** *m* uro *m*
**auf** [aʊf] **I.** *präp +dat* ❶ (*oben darauf*) sobre, encima de, en; **~ dem Tisch** encima de la mesa; **~ dem Boden** en el suelo; **ich habe es ~ einem Bild gesehen** lo he visto en una foto ❷ (*darauf befindlich*) en; **~ Mallorca** en Mallorca; **~ der Straße** en la calle ❸ (*drinnen*) en; **~ der Bank/der Post/dem Polizeirevier** en el banco/Correos/la comisaría de policía; **~ dem Land(e)** en el campo; **~ meinem Konto** en mi cuenta ❹ (*während*) durante; **~ Reisen** de viaje; **~ der Flucht** durante la fuga; **~ der Geburtstagsfeier** en la fiesta de cumpleaños **II.** *präp +akk* ❶ (*nach oben*) a, en; **~ einen Berg steigen** subir a un monte; **sie setzte sich ~ die Bank** se sentó en el banco ❷ (*hin zu*) a, hacia; **sich ~ den Weg machen** ponerse en camino; **ich muss noch ~ die Post** tengo que ir todavía a Correos; **~ die Erde fallen** caer al suelo; **~s Land ziehen** irse a vivir al campo; **er kam ~ mich**

zu vino hacia mí ❸ (*zeitlich*): ~ **einmal** de repente; **Heiligabend fällt ~ einen Dienstag** Nochebuena cae en martes; ~ **lange Sicht** a la larga; **die Sitzung wurde ~ morgen verschoben** la conferencia se aplazó a mañana; **bleib doch noch ~ eine Tasse Kaffee** quédate a tomar una taza de café; ~**s Neue** de nuevo ❹ (*in einer bestimmten Art*) de; ~ **diese Weise** de esta manera; ~ **gut Glück** a la buena de Dios ❺ (*infolge*): ~ **seinen Rat** (**hin**) siguiendo su consejo; **..., ~ Grund dessen** ... por cuyo motivo ❻ (*im Hinblick ~*): ~ **Kosten von ...** a cuenta de...; ~ **dein Wohl!** ¡a tu salud!; ~ **eigene Gefahr** por propia cuenta y riesgo **III.** *adv* ❶ (*hinauf*) arriba; ~ **und ab** arriba y abajo; **er ist ~ und davon** (*fam*) puso pies en polvorosa ❷ (*fam: nicht im Bett*): ~ **sein** estar levantado ❸ (*offen, geöffnet*) abierto ❹ (*aufwärts*) arriba; ~**!** ¡arriba!; ~ **geht's!** ¡vamos!

**auf|arbeiten** *vt* ❶ (*erledigen*) acabar ❷ (*erneuern*) modificar, renovar ❸ (*bewältigen*) superar

**auf|atmen** *vi* tomar aire, respirar hondamente

**auf|bahren** ['aʊfba:rən] *vt:* **einen Toten ~** velar a un muerto

**Aufbau[1]** *m* <-(e)s, -ten> (*das Aufgebaute*) construcción *f* adicional

**Aufbau[2]** *m* <-(e)s, *ohne pl*> ❶ (*Tätigkeit*) construcción *f*, montaje *m;* (*Schaffung*) creación *f* ❷ (*Gliederung*) estructura *f* ❸ (INFOR, TEL: *Leitung, Grafik*) formato *m*

**auf|bauen I.** *vt* ❶ (*errichten*) construir, edificar; (*Zelt*) montar ❷ (*anordnen*) colocar, disponer ❸ (*Institution, Industrie*) erigir, fundar ❹ (*Armee, Geschäft*) crear ❺ (*Land*) desarrollar ❻ (*gliedern*) estructurar ❼ (*aufmuntern*) animar ❽ (*sich stützen*) basarse (*auf* en) ❾ (*fördern*) promocionar **II.** *vr:* **sich ~** ❶ (*sich bilden, entstehen*) formarse ❷ (*fam: sich hinstellen*) ponerse (*vor* ante/delante de), plantarse (*vor* ante/delante de)

**Aufbaukurs** *m* (*Oberstufe*) curso *m* superior; (*Spezialisierung*) curso *m* de especialización

**auf|bäumen** ['aʊfbɔɪmən] *vr:* **sich ~** ❶ (*Pferd*) encabritarse, bellaquearse *Am* ❷ (*sich auflehnen*) rebelarse (*gegen* contra)

**auf|bauschen** ['aʊfbaʊʃən] *vt* ❶ (*aufblähen*) inflar ❷ (*übertreiben*) exagerar

**auf|begehren*** *vi* rebelarse (*gegen* contra)

**auf|behalten*** *irr vt* (*fam*) dejar puesto

**auf|bekommen*** *irr vt* (*fam*) ❶ (*öffnen können*) lograr abrir ❷ (*Aufgabe*) tener que hacer

**auf|bereiten*** *vt* ❶ (*Trinkwasser*) purificar, depurar; (*behandeln*) tratar ❷ (*Rohstoffe*) preparar, procesar; **wieder ~** reciclar ❸ (*Daten*) elaborar

**Aufbereitung** *f* <-en> ❶ (*von Trinkwasser*) purificación *f*, depuración *f;* (*Behandlung*) tratamiento *m* ❷ (*von Rohstoffen*) preparación *f*, elaboración *f* ❸ (*von Daten*) elaboración *f*

**auf|bessern** *vt* ❶ (*Gehalt*) aumentar ❷ (*Kenntnisse*) perfeccionar

**Aufbesserung** *f* <-en> mejora *f;* (*Gehalt, Zulage*) aumento *m*, subida *f*

**auf|bewahren*** *vt* guardar; (*Lebensmittel*) conservar

**Aufbewahrung** *f ohne pl* ❶ (*das Aufbewahren*) conservación *f* ❷ (*Bewachen*) custodia *f* ❸ (*Ort*) depósito *m;* (*für Garderobe*) guardarropa *m;* (*für Gepäck*) consigna *f*

**auf|bieten** *irr vt* ❶ (*einsetzen*) emplear ❷ (*Brautpaar*) amonestar

**auf|binden** *irr vt* ❶ (*Schnürsenkel*) desatar ❷ (*Schleife*) soltar ❸ (*fam: weismachen*): **jdm einen Bären ~** contar a alguien un cuento chino

**auf|blähen I.** *vt* (*aufschwellen*) inflar **II.** *vr:* **sich ~** ❶ (*Segel*) inflarse ❷ (*abw: sich großtun*) engreírse

**auf|blasen** *irr* **I.** *vt* (*mit Luft*) hinchar, inflar **II.** *vr:* **sich ~** (*fam: sich wichtig tun*) hincharse

**auf|bleiben** *irr vi sein* ❶ (*Person*) no acostarse, quedarse levantado ❷ (*Geschäft, Tür*) quedar abierto

**auf|blenden** *vi* ❶ (AUTO) poner las luces largas ❷ (FILM, FOTO) abrir el diafragma

**auf|blicken** *vi* ❶ (*hochschauen*) alzar la vista (*zu* hacia) ❷ (*bewundernd*) admirar (*zu* a)

**auf|blitzen** *vi* ❶ (*aufleuchten*) encenderse [*o* iluminarse] de pronto ❷ *sein* (*Idee*) ocurrirse (*in* a)

**auf|blühen** *vi sein* ❶ (*Blumen*) abrirse ❷ (*sich entfalten*) florecer, prosperar

**auf|brauchen** *vt* consumir

**auf|brausen** *vi sein* (*wütend werden*) encolerizarse

**aufbrausend** *adj* (*Temperament*) colérico; (*stürmisch*) tempestuoso; **mit ~em Beifall** con una atronadora ovación

**auf|brechen** *irr* **I.** *vi sein* ❶ (*Knospen*) abrirse ❷ (*weggehen*) marcharse **II.** *vt* ❶ (*Straßendecke*) abrir ❷ (*Schloss, Auto*) forzar

**auf|brezeln** *vr:* **sich ~** (*fam*) ponerse

guapo

**auf|bringen** *irr vt* ① (*Geld, Geduld*) reunir; **sie brachte nicht den Mut auf es ihm zu sagen** no reunió el valor suficiente para decírselo ② (*in Wut bringen*) enfurecer ③ (*Gerücht*) hacer correr

**Aufbruch**[1] *m* <-(e)s, -brüche> (*geh: geistiges Erwachen*) resurgimiento *m*, auge *m*

**Aufbruch**[2] *m* <-(e)s, *ohne pl*> (*Abreise*) partida *f*, salida *f*

**Aufbruchsstimmung** *f ohne pl* (*vor dem Aufbrechen*) nerviosismo *m;* (*vor einer Erneuerung*) excitación *f*

**auf|brühen** *vt* (*Tee, Kaffee*) hacer, preparar

**auf|brummen** *vt* (*fam*): **jdm etw** ~ endilgar algo a alguien

**auf|bürden** ['aʊfbʏrdən] *vt* (*geh*) cargar (con); **jdm etw** ~ cargarle algo a alguien

**auf|decken** *vt* ① (*Zusammenhänge*) descubrir ② (*Bett*) abrir ③ (*Karten*) enseñar ④ (*Topf*) destapar ⑤ (*enthüllen*) revelar

**auf|donnern** *vr:* **sich** ~ (*fam abw*) emperejilarse

**auf|drängen** **I.** *vt* (*aufzwingen*) imponer **II.** *vr:* **sich** ~ ① (*Gedanke*) imponerse ② (*zudringlich sein*) importunar, agobiar

**auf|drehen** **I.** *vi* ① (*fam: beschleunigen*) acelerar ② (*fam: in Stimmung kommen*) ponerse a tono **II.** *vt* ① (*fam: Wasserhahn*) abrir ② (*Schraubverschluss*) desenroscar ③ (*Schraube*) aflojar ④ (*fam: Radio*) subir el volumen (de)

**aufdringlich** ['aʊfdrɪŋlɪç] *adj* (*Person*) pesado, molesto; (*Geruch*) intenso

**Aufdringlichkeit** *f* <-en> (*einer Person*) importunidad *f;* (*eines Geruchs*) intensidad *f*

**auf|drücken** *vt* ① (*Tür*) abrir ② (*Pickel*) apretar ③ (*aufprägen*) estampar

**aufeinander** [aʊfaɪ'nandɐ] *adv* ① (*räumlich*) uno encima del otro; (**sich**) ~ **häufen** amontonar(se), acumular(se) ② (*zeitlich*) uno tras otro; ~ **folgen** sucederse ③ (*gegen*) uno contra el otro; ~ **stoßen** chocar (uno con otro); (*sich zufällig begegnen*) encontrarse

**Aufenthalt** ['aʊfənthalt] *m* <-(e)s, -e> ① (*kurze Anwesenheit*) estancia *f* ② (*kurze Unterbrechung*) parada *f* ③ (*Wohnort*) domicilio *m*, residencia *f;* **Aufenthaltserlaubnis** *f* permiso *m* de residencia; **Aufenthaltsgenehmigung** *f* permiso *m* de residencia; **Aufenthaltsort** *m* paradero *m;* (*ständiger*) lugar *m* de residencia; **Aufenthaltsraum** *m* sala *f* de descanso; (*Warteraum*) sala *f* de espera

**auf|erlegen*** *vt* (*geh*) ① (*Strafe*) imponer, inflingir ② (*Steuern*) gravar (con)

**auf|erstehen*** *irr vi sein* (REL) resucitar

**Auferstehung** *f* <-en> (REL) resurrección *f*

**auf|essen** *irr* **I.** *vi* comer(se) todo **II.** *vt* comerse

**auf|fahren** *irr* **I.** *vi sein* ① (*aufprallen*) chocar (*auf* contra) ② (*dicht anschließen*) acercarse ③ (*aufschrecken*) levantarse sobresaltado ④ (*wütend werden*) encolerizarse ⑤ (MIL) ponerse en posición **II.** *vt* (*fam: Speisen*) poner en la mesa

**Auffahrt** *f* <-en> ① (*das Hinauffahren*) subida *f* ② (*Zufahrt*) entrada *f;* (*Rampe*) rampa *f* de acceso; (*zur Autobahn*) acceso *m* a la autopista

**Auffahrunfall** ['aʊffaːɐʔʊnfal] *m* choque *m* frontal

**auf|fallen** *irr vi sein* llamar la atención; (*bemerkt werden*) notarse; **unangenehm** ~ causar mala impresión

**auffallend** *adj* (*auffällig*) vistoso, llamativo; (*beeindruckend*) espectacular; (*sonderbar*) raro

**auffällig** ['aʊffɛlɪç] *adj* ① (*prunkvoll*) ostentoso ② (*außergewöhnlich*) extraño, que llama la atención ③ (*Farben*) llamativo

**auf|fangen** *irr vt* ① (*Ball*) recoger ② (*Gesprächsfetzen*) pillar ③ (*Schlag*) parar ④ (*Stoß, Aufprall*) amortiguar ⑤ (*Flüssigkeit*) recoger ⑥ (*negative Auswirkungen*) mitigar

**Auffanglager** *nt* campo *m* de acogida

**auf|fassen** *vt* ① (*auslegen*) interpretar ② (*begreifen*) entender

**Auffassung** *f* <-en> ① (*Ansicht*) opinión *f*, parecer *m;* **er ist der ~, dass ...** opina que... ② (*Deutung*) interpretación *f;* **Auffassungsgabe** *f ohne pl* entendimiento *m*

**auffindbar** *adj* localizable; **meine Brille ist nicht** ~ no puedo encontrar mis gafas

**auf|finden** *irr vt* encontrar

**auf|fliegen** *irr vi sein* ① (*Vogel*) echarse a volar ② (*Tür*) abrirse de golpe ③ (*fam: scheitern*) irse a pique

**auf|fordern** *vt* ① (*bitten*) pedir (a), requerir (*zu* para); **er forderte sie zum Tanz auf** la sacó a bailar ② (*befehlen*) mandar (a), exigir (a/de) ③ (*ermuntern*) animar

**Aufforderung** *f* <-en> ① (*freundlich*) invitación *f* (*zu* a); (*stärker*) requerimiento *m* (*zu* de) ② (*streng*) exhortación *f* (*zu* a) ③ (*Befehl*) mandato *m* (*zu* de), exigencia *f* (*zu* de)

**auf|forsten** ['aʊffɔrstən] *vt* repoblar

**Aufforstung** *f* <-en> repoblación *f* forestal, reforestación *f*

**auf|fressen** *irr vt* (*Futter*) comer(se)

**auf|frischen** **I.** *vi* (*Wind*) soplar más fuerte **II.** *vt* ① (*Farbe*) renovar ② (*Kenntnisse*)

A

refrescar ❸ (*Impfung*) renovar
**Auffrischungskurs** *m* (SCH) curso *m* para refrescar los conocimientos
**auf|führen** **I.** *vt* ❶ (*Theaterstück, Oper*) representar ❷ (*darlegen*) presentar; (*Zeugen*) nombrar; (*Beispiele*) dar **II.** *vr:* **sich** ~ (*sich benehmen*) (com)portarse
**Aufführung** *f* <-en> (THEAT) representación *f;* (FILM) proyección *f;* (MUS) actuación *f*
**auf|füllen** *vt* ❶ (*Behälter*) rellenar (*mit* de/con) ❷ (*Flüssigkeit*) echar ❸ (*Vorräte*) reponer
**Aufgabe** ['aʊfga:bə] *f* <-n> ❶ (*Auftrag*) tarea *f;* (*Pflicht*) obligación *f,* deber *m* ❷ (*Hausaufgaben*) deberes *mpl;* (*Übung*) ejercicio *m;* (MATH) problema *m* ❸ (*Aufhören*) cese *m;* (*eines Geschäftes*) liquidación *f* ❹ (MIL) rendición *f;* (SPORT) retirada *f* ❺ (*Verzicht*) abandono *m* (*von* de) ❻ (*von Gepäck*) facturación *f;* (*eines Pakets*) expedición *f;* (*einer Anzeige*) inserción *f*
**auf|gabeln** *vt* (*fam*) pescar, pillar
**Aufgabenbereich** *m,* **Aufgabengebiet** *nt* área *f* de actividades
**Aufgang** *m* <-(e)s, -gänge> ❶ (*eines Gestirns*) salida *f* ❷ (*Aufstieg*) subida *f* (*zu* a); (*Zugang*) acceso *m* (*zu* a); (*Treppe*) escalera *f* (*zu* a)
**auf|geben** *irr* **I.** *vi* (*sich geschlagen geben*) darse por vencido, rendirse **II.** *vt* ❶ (*Paket, Telegramm*) expedir; (*Koffer*) facturar; (*Anzeige*) poner ❷ (*Widerstand*) abandonar; (*Hoffnung*) perder; (*Beruf*) dejar
**aufgeblasen** **I.** *pp von* **aufblasen** **II.** *adj* (*fam*) arrogante; (*angeberisch*) fanfarrón, engreído
**Aufgebot** *nt* <-(e)s, -e> ❶ (*Anzahl*) cantidad *f* ❷ (*Heiratsankündigung*) publicación *f* de las amonestaciones
**aufgebracht** **I.** *pp von* **aufbringen** **II.** *adj* (*wütend*) enojado, furioso
**aufgedreht** *adj* (*fam: lebhaft*) pasado de rosca
**aufgedunsen** ['aʊfgədʊnzən] *adj* (*Körper*) abotargado, abultado; (*Gesicht*) hinchado
**auf|gehen** *irr vi sein* ❶ (*Gestirn*) salir ❷ (*Tür, Vorhang, Reißverschluss*) abrirse; (*Armband*) desabrocharse ❸ (*Saat*) brotar, salir ❹ (*Rechnung*) no dejar resto ❺ (*Hefeteig*) subir ❻ (*Wend*): **in der Arbeit** ~ vivir sólo para el trabajo
**aufgehoben** *pp von* **aufheben**
**auf|geilen** **I.** *vt* (*fam*) poner caliente **II.** *vr:* **sich** ~ (*fam*) ponerse caliente (*an* con)
**aufgeklärt** ['aufgəklɛ:ɐt] *adj* (PHILOS) ilustrado
**aufgekratzt** *adj* (*fam: lebhaft*) pasado de rosca
**aufgelegt** ['aʊfgəle:kt] *adj:* **gut/schlecht** ~ **sein** estar de buen/mal humor
**aufgelöst** ['aʊfgəlø:st] *adj* ❶ (*verwirrt*) confuso; (*außer sich*) fuera de sí ❷ (*erschöpft*) agotado; (*benommen*) deshecho
**aufgeregt** ['aʊfgəre:kt] *adj* excitado, agitado; (*nervös*) nervioso
**aufgeschlossen** ['aʊfgəʃlɔsən] **I.** *pp von* **aufschließen** **II.** *adj* (*offen*) abierto; (*aufnahmefähig*) receptivo; (*mitteilsam*) comunicativo; (*zugänglich*) accesible; ~ **für etw sein** ser receptivo a algo; **etw** *dat* ~ **gegenüberstehen** estar abierto a algo
**Aufgeschlossenheit** *f ohne pl* (*Aufnahmefähigkeit*) receptividad *f;* (*Mitteilsamkeit*) comunicabilidad *f*
**aufgeschmissen** ['aʊfgəʃmɪsən] *adj* (*fam*): **ohne sie sind wir völlig** ~ sin ella estamos perdidos
**aufgesetzt** *adj* (*Verhalten*) forzado; **seine Anteilnahme wirkt völlig** ~ su condolencia resulta totalmente falsa
**aufgeweckt** ['aʊfgəvɛkt] *adj* (*geistig*) despierto, bagre *AmC;* (*Kind*) avispado
**auf|gießen** *irr vt* ❶ (*Tee, Kaffee*) hacer ❷ (*Wasser*) echar
**auf|gliedern** *vt* (sub)dividir; (*a.* WIRTSCH) desglosar
**Aufgliederung** *f* <-en> (sub)división *f;* (*a.* WIRTSCH) desglose *m*
**auf|greifen** *irr vt* ❶ (*Idee*) retomar ❷ (*festnehmen*) capturar, aprehender
**aufgrund** [aʊfˈgrʊnt] *präp +gen* a causa de, por
**Aufguss** *m* <-es, -güsse> ❶ (*Lösung*) infusión *f* ❷ (*Sauna*) humidificación *f;* (*fig, abw: Abklatsch*) refrito *m*
**auf|haben** *irr* **I.** *vi* (*Geschäfte*) estar abierto **II.** *vt* ❶ (*Hut, Brille*) tener puesto ❷ (*fam: Schulaufgaben*) tener que hacer
**auf|halsen** ['aʊfhalzən] *vt* (*fam*): **jdm etw** ~ endosar algo a alguien
**auf|halten** *irr* **I.** *vt* ❶ (*zurückhalten*) detener; (*Entwicklung*) impedir; (*Verkehr*) parar ❷ (*stören*) molestar; (*bei der Arbeit*) no dejar trabajar ❸ (*Tür*) mantener abierto **II.** *vr:* **sich** ~ ❶ (*bleiben*) quedarse; (*wohnen*) encontrarse ❷ (*Zeit verschwenden*) demorarse, dilatarse *Am*
**auf|hängen** **I.** *vi* (*Telefongespräch beenden*) colgar **II.** *vt* ❶ (*Bild, Mantel, Telefonhörer*) colgar (*an* de/en); (*Wäsche*) tender ❷ (*töten*) colgar **III.** *vr:* **sich** ~ ahorcarse
**Aufhänger** *m* <-s, -> ❶ (*für Kleider*) cinta *f* ❷ (*Anlass*) motivo *m*
**auf|heben** *irr vt* ❶ (*aufbewahren*) guardar; **gut aufgehoben sein** estar en buenas manos ❷ (*Gesetz*) derogar, anular; (*Urteil*)

revocar ❸ (*Verbot, Sitzung*) levantar ❹ (*vom Boden*) recoger (*von* de) ❺ (*ausgleichen*) compensar; (*Wirkung*) neutralizar

**Aufheben** *nt ohne pl* (*geh*): **viel ~(s) von etw machen** meter mucho ruido a propósito de algo

**Aufhebung** *f* <-en> ❶ (*Abschaffung*) abolición *f*, supresión *f* ❷ (*Beendigung*) levantamiento *m;* (*eines Streiks*) desconvocatoria *f;* (*einer Wirkung*) neutralización *f* ❸ (JUR: *eines Urteils*) revocación *f;* (*eines Gesetzes*) derogación *f*

**auf|heitern** ['aʊfhaɪtɐn] **I.** *vt* (*Person*) animar **II.** *vr:* **sich ~** (*Himmel*) despejarse

**Aufheiterung** *f* <-en> ❶ (METEO) despejo *m* ❷ (*Erheiterung*) animación *f*

**auf|hellen I.** *vt* (*Haar*) aclarar **II.** *vr:* **sich ~** ❶ (*Gesicht*) alegrarse ❷ (*Himmel*) despejarse

**auf|hetzen** *vt* ❶ (*aufwiegeln*) incitar (*gegen* contra), ahuchar *Col, Mex* ❷ (*aufstacheln*) instigar (*zu* a), incitar (*zu* a)

**auf|holen I.** *vi* (SPORT) ganar terreno **II.** *vt* ❶ (*Verspätung, Lernstoff*) recuperar ❷ (*Anker*) levar

**auf|horchen** *vi* aguzar los oídos; **diese Nachricht ließ alle ~** esta noticia les llamó la atención a todos

**auf|hören** *vi* terminar; **hör doch endlich auf!** ¡déjalo ya!; **da hört sich doch alles auf!** (*fam*) ¡es el colmo!

**auf|kaufen** *vt* acaparar

**auf|keimen** *vi sein* ❶ (*Saatgut*) (empezar a) germinar ❷ (*Hoffnung, Liebe*) nacer, surgir

**aufklappbar** *adj* (des)plegable

**auf|klappen** *vt* (*Koffer, Buch*) abrir; (*hochschlagen*) levantar

**auf|klären I.** *vt* ❶ (*Missverständnis, Irrtum*) clarificar, poner en claro; (*Verbrechen*) esclarecer ❷ (*belehren*) informar (*über* de/sobre); (*sexuell*) instruir en el terreno sexual ❸ (MIL) explorar **II.** *vr:* **sich ~** ❶ (*Fall, Rätsel*) resolverse ❷ (*Himmel*) despejarse

**Aufklärer** *m* <-s, -> (MIL) avión *m* de reconocimiento

**Aufklärung**[1] *f* <-en> ❶ (*völlige Klärung*) aclaración *f*, esclarecimiento *m;* (*Fall, Verbrechen*) resolución *f* ❷ (MIL) exploración *f*

**Aufklärung**[2] *f ohne pl* ❶ (PHILOS) Ilustración *f* ❷ (*Belehrung*) instrucción *f* (*über* de/sobre); **sexuelle ~** educación sexual

**Aufklärungsbedarf** *m* necesidad *f* de aclaración; **Aufklärungskampagne** *f* campaña *f* informativa

**auf|klatschen** *vt* (*sl: verprügeln*): **jdn ~** darle una paliza a alguien

**auf|kleben** *vt* pegar (*auf* a/en)

**Aufkleber** *m* <-s, -> adhesivo *m*, pegatina *f fam*

**auf|knöpfen** *vt* desabotonar, desabrochar

**auf|kochen I.** *vi sein* romper a hervir **II.** *vt* ❶ (*zum Kochen bringen*) llevar a ebullición ❷ (*kurz kochen*) dar un hervor (a)

**auf|kommen** *irr vi sein* ❶ (*entstehen*) surgir, aparecer; (*Gewitter, Wind*) levantarse; **keine Zweifel ~ lassen** no dejar lugar a dudas ❷ (*sich ausbreiten*) propagarse ❸ (*bezahlen*) pagar (*für*); (*unterhalten*) mantener (*für*); **sie muss für ihren Mann ~** tiene que mantener a su marido ❹ (*haften*) responder (*für* de) ❺ (*landen*) aterrizar

**Aufkommen** *nt* <-s, -> ❶ (METEO) formación *f* ❷ (*von Schadstoffen*) propagación *f;* (*von Verkehr*) formación *f*

**auf|kratzen** *vt* (*Wunde*) abrir (al rascarla); **nachts hat er sich (die Wunde) wieder aufgekratzt** por la noche se ha abierto otra vez la herida

**auf|kreischen** *vi* lanzar un chillido; (*fig: Bremse, Maschine*) chirriar (de repente)

**auf|krempeln** *vt* arremangar(se)

**auf|kreuzen** *vi sein* (*fam*) aparecer (*in/bei* en/por)

**auf|kriegen** *vt* (*fam*) *s.* **aufbekommen**

**Aufl.** *Abk. von* **Auflage** ed.

**auf|lachen** *vi* echarse a reír

**auf|laden** *irr* **I.** *vt* ❶ (*Batterie*) recargar; **wieder aufladbar sein** ser recargable ❷ (*Ladegut*) cargar ❸ (*fam: aufbürden*): **jdm etw ~** cargar a alguien con algo **II.** *vr:* **sich ~** (*sich elektrisch laden*) cargarse

**Auflage** *f* <-n> ❶ (*eines Buchs*) edición *f;* (*einer Zeitung*) tirada *f* ❷ (*Bedingung*) condición *f;* **mit der ~, dass ...** a condición de que... +*subj;* **es wurde ihm zur ~ gemacht sein Haus nicht zu verlassen** se le puso la condición de que no abandonara su casa ❸ (*Überzug*) capa *f*, recubrimiento *f;* **Auflagenhöhe** *f* tirada *f*

**auf|lassen** *irr vt* (*fam*) ❶ (*Tür*) dejar abierto ❷ (*Mütze, Brille*) dejar puesto

**auf|lauern** *vi:* **jdm ~** acechar a alguien

**Auflauf** *m* <-(e)s, -läufe> ❶ (*Menschen~*) gentío *m* ❷ (*Speise*) gratinado *m*

**auf|laufen** *irr vi sein* ❶ (*Zinsen*) acumularse ❷ (NAUT) encallar

**auf|leben** *vi sein* ❶ (*Mensch*) despabilar(se) ❷ (*Bräuche*) reavivarse

**auf|legen I.** *vi* (*Telefongespräch beenden*) colgar **II.** *vt* ❶ (*Tischdecke, Schallplatte*) poner ❷ (*Kompresse, Make-up*) aplicar ❸ (*Hörer*) colgar ❹ (*Buch*) editar; **neu ~**

reeditar

**auf|lehnen** *vr:* **sich ~** sublevarse (*gegen* contra), alzarse *Am*

**auf|lesen** *irr vt* recoger (*von* de)

**auf|leuchten** *vi* destellar; (*Blitz*) fulgurar; (*Augen*) iluminarse

**auf|listen** ['aʊflɪstən] *vt* listar

**auf|lockern** **I.** *vt* ① (*Boden*) ahuecar ② (*Programm*) variar ③ (*Atmosphäre*) relajar **II.** *vr:* **sich ~** (*Bewölkung*) despejarse, aclararse

**Auflockerung** *f* <-en> ① (*Boden*) mullimiento *m* ② (*Unterricht, Muskeln*) relajación *f* ③ (*Bewölkung*) despejo *m*

**auf|lösen** **I.** *vt* ① (*Pulver*) disolver ② (MATH) reducir ③ (*Haushalt*) liquidar; (*Versammlung*) disolver; (*Ehe*) anular; (*Verlobung*) deshacer; (*Demonstration*) dispersar; (*Konto*) cancelar ④ (*Schwierigkeiten, Rätsel*) resolver; (*Widerspruch*) clarificar **II.** *vr:* **sich ~** ① (*Nebel*) disiparse ② (*Menschenmenge*) disolverse ③ (*in Flüssigkeit*) disolverse ④ (*sich zersetzen*) descomponerse (*in* en)

**Auflösung** *f* <-en> ① (*eines Vertrags, einer Einrichtung, des Nebels*) disolución *f* ② (*Zerlegung*) desintegración *f* ③ (*Lösung*) (re)solución *f* ④ (*Bildqualität, a.* INFOR) definición *f*

**auf|machen** **I.** *vi* (*fam: Geschäfte, Banken*) abrir **II.** *vt* (*fam*) ① (*Tür, Geschenk*) abrir; (*Haarknoten*) soltar; (*Knoten*) deshacer ② (*gründen*) poner ③ (PUBL: *gestalten*) componer; (*darstellen*) representar **III.** *vr:* **sich ~** (*aufbrechen*) irse (*zu* a)

**Aufmachung** *f* <-en> presentación *f*

**aufmerksam** ['aʊfmɛrkza:m] *adj* ① (*konzentriert*) atento; (*wachsam*) alerta; **jdn auf jdn/etw ~ machen** llamar la atención de alguien sobre alguien/algo; **~ zuhören** escuchar con atención ② (*höflich*) atento, cortés; **vielen Dank, sehr ~ von Ihnen!** ¡muchas gracias, es Ud. muy amable!

**Aufmerksamkeit** *f* <-en> ① (*Wachsamkeit*) atención *f*; **darf ich um Ihre ~ bitten!** ruego su atención ② (*Zuvorkommenheit*) amabilidad *f*; (*Geschenk*) obsequio *m*

**auf|mischen** *vt* (*sl: verprügeln*) sacudir

**auf|möbeln** *vt* (*fam*) ① (*aufmuntern*) levantar la moral ② (*beleben*) animar

**auf|mucken** *vi* (*fam*) respingar; (*mit Verneinung*) (re)chistar

**auf|mucksen** *vi* (*fam*) respingar; (*mit Verneinung*) (re)chistar

**auf|muntern** ['aʊfmʊntɐn] *vt* (*fam*) reconfortar; (*ermutigen*) animar

**aufmunternd** **I.** *adj* (*ermunternd*) reconfortante; **ein ~er Blick** una mirada reconfortante **II.** *adv* (*ermunternd*) de ánimo; **jdm ~ zulächeln** sonreír a alguien para darle ánimos

**Aufmunterung** *f* <-en> ① (*Aufheiterung*) animación *f*; **der kleine Scherz war als ~ gemeint** con la bromita pretendía animar ② (*Ermutigung*) estímulo *m*

**aufmüpfig** ['aʊfmʏpfɪç] *adj* (*fam*) gruñón

**Aufnahme** ['aʊfna:mə] *f* <-n> ① (*Empfang*) recibimiento *m*, acogida *f*; (*Beherbergung*) alojamiento *m*; (*Empfangsraum im Krankenhaus*) recepción *f* ② (*Zulassung*) admisión *f* (*in* en); (*in eine Schule, Partei*) ingreso *m* (*in* en) ③ (*Eingliederung*) incorporación *f* (*in* en) ④ (*auf Tonband*) grabación *f*; (FOTO) foto *f*; (FILM) toma *f* ⑤ (*Beginn*) comienzo *m*; **die ~ von diplomatischen Beziehungen** el establecimiento de relaciones diplomáticas; **aufnahmefähig** *adj* receptivo; **Aufnahmegebühr** *f* cuota *f* de ingreso; **Aufnahmelager** *nt* campo *m* de acogida; **Aufnahmeprüfung** *f* prueba *f* de acceso

**auf|nehmen** *irr vt* ① (*beginnen*) comenzar, iniciar; (*Verhandlungen*) entablar; **ein Gespräch wieder ~** reanudar una conversación ② (*Gedanke*) retomar ③ (*aufsaugen*) absorber; (*Nahrung*) ingerir; (*geistig*) comprender ④ (*Kredit*) pedir ⑤ (*hochnehmen*) recoger (*von* de) ⑥ (*auf Tonband*) grabar (*auf* en) ⑦ (*empfangen*) acoger; (*über Nacht*) hospedar; (*im Krankenhaus*) ingresar (*in* en); (*im Verein*) admitir (*in* en); **wieder aufgenommen werden** ser readmitido ⑧ (*sich messen*): **es mit jdm/etw ~ können** (poder) medirse con alguien/algo

**auf|nötigen** *vt* obligar a aceptar

**auf|opfern** *vr:* **sich ~** sacrificarse (*für* por)

**aufopfernd** *adj s.* **aufopferungsvoll**

**Aufopferung** *f* <-en> (*Hingebung*) (espíritu *m* de) sacrificio *m*, altruismo *m*

**aufopferungsvoll** *adj* abnegado

**auf|passen** *vi* ① (*aufmerksam sein*) tener cuidado; **aufgepasst!** ¡atención! ② (*beaufsichtigen*) cuidar

**Aufpasser(in)** *m(f)* <-s, -; -nen> (*abw*) ① (*Spitzel*) confidente *mf* ② (*Wächter*) guardián, -ana *m, f*

**auf|peitschen** *vt* ① (*Meer*) picar ② (*Menschen, Sinne*) excitar

**auf|peppen** ['aʊfpɛpən] *vt* (*fam*) dar(le) un toque

**auf|platzen** *vi sein* (*Naht*) reventar; (*Wunde*) abrirse

**auf|plustern** ['aʊfplu:stɐn] **I.** *vt* (*Gefieder*) ahuecar **II.** *vr:* **sich ~** (*Vogel*) hincharse; (*abw: Mensch*) pavonearse

**Aufprall** ['aʊfpral] *m* <-(e)s, -e> choque *m* (*auf* con/contra/en); (*Ball*) bote *m* (*auf* en/contra)

**auf|prallen** *vi sein* chocar (*auf* con/contra/en), rebotar (*auf* en/contra)

**Aufpreis** *m* <-es, -e> recargo *m*, sobreprecio *m*; **gegen ~** pagando un sobreprecio

**auf|probieren*** *vt* probarse; **am besten, Sie probieren den Hut einmal auf** lo mejor es que se pruebe el sombrero

**auf|pumpen** *vt* inflar

**auf|putschen** *vt* (*abw*) ❶ (*erregen*) excitar ❷ (*aufhetzen*) acalorar

**Aufputschmittel** *nt* estimulante *m*

**auf|quellen** *irr vi sein* hincharse

**auf|raffen** **I.** *vt* (*aufheben*) recoger (*von* de) **II.** *vr:* **sich ~** ❶ (*sich entschließen*) animarse (*zu* a) ❷ (*mühsam aufstehen*) levantarse a duras penas

**auf|ragen** ['aʊfra:gən] *vi* elevarse

**auf|rappeln** ['aʊfrapəln] *vr:* **sich ~** (*fam*) ❶ (*sich überwinden*) sacar fuerzas de flaqueza ❷ (*nach Krankheit*) reanimarse

**auf|räumen** **I.** *vi* ❶ (*ordnen*) ordenar ❷ (*beenden*): **mit etw ~** acabar con algo **II.** *vt* (*Zimmer*) arreglar

**Aufräumungsarbeiten** *fpl* trabajos *mpl* de descombro

**aufrecht** ['aʊfrɛçt] *adj* ❶ (*gerade*) erguido ❷ (*ehrlich*) íntegro, correcto

**aufrecht|erhalten*** *irr vt* mantener

**Aufrechterhaltung** *f ohne pl* mantenimiento *m*

**auf|regen** **I.** *vt* (*erregen*) alterar; (*ärgern*) irritar; (*empören*) exaltar; (*stärker*) exasperar **II.** *vr:* **sich ~** alterarse (*über* por), excitarse (*über* por), volarse *Am;* (*sich ärgern*) irritarse (*über* por); (*sich empören*) exaltarse (*über* por); (*stärker*) exasperarse (*über* por)

**aufregend** *adj* excitante

**Aufregung** *f* <-en> excitación *f*, agitación *f*, batifondo *m CSur;* (*Sorge*) zozobra *f*

**aufreibend** *adj* (*zermürbend*) agotador

**auf|reihen** **I.** *vt* (*Dinge*) colocar en fila **II.** *vr:* **sich ~** (*Personen*) ponerse en fila

**auf|reißen** *irr* **I.** *vi sein* (*Naht*) romperse **II.** *vt* ❶ (*Tür, Fenster*) abrir de un golpe ❷ (*durch Reißen öffnen*) rasgar ❸ (*beschädigen*) romper, desgarrar ❹ (*Straße*) abrir ❺ (*fam: anmachen*): **jdn ~** pescar a alguien

**auf|reizen** *vt* provocar

**aufreizend** *adj* provocador; (*erregend*) excitante

**auf|richten** **I.** *vt* ❶ (*gerade stellen*) enderezar, poner derecho ❷ (*seelisch*) fortalecer **II.** *vr:* **sich ~** ❶ (*hinsetzen*) enderezarse ❷ (*hinstellen*) ponerse de pie

**aufrichtig** *adj* sincero

**Aufrichtigkeit** *f ohne pl* sinceridad *f*

**auf|rollen** **I.** *vt* ❶ (*zusammenrollen*) enrollar ❷ (*auseinander rollen*) desenrollar ❸ (*Prozess, Problem*) desarrollar, retomar **II.** *vr:* **sich ~** enrollarse

**auf|rücken** *vi sein* ❶ (*zusammenrücken*) correrse ❷ (*befördert werden*) ascender (*zu* a)

**Aufruf** *m* <-(e)s, -e> ❶ (*das Aufrufen*) llamamiento *m*, llamada *f* ❷ (INFOR) llamada *f* ❸ (*öffentlicher Appell*) llamamiento *m* (*zu* a); (*zum Streik*) convocatoria *f* (*zu* de)

**auf|rufen** *irr vt* ❶ (*Schüler, Zeugen*) llamar ❷ (INFOR: *Programm*) acceder (a) ❸ (*auffordern*) llamar (*zu* a); **zum Streik ~** convocar una huelga

**Aufruhr** ['aʊfru:ɐ] *m* <-(e)s, *ohne pl*> ❶ (*Revolte*) rebelión *f;* (*Tumult*) tumulto *m* ❷ (*Erregung*) agitación *f*, irritación *f*

**aufrührerisch** *adj* insurrecto

**auf|runden** *vt* redondear

**auf|rüsten** *vt* ❶ (MIL) rearmar ❷ (TECH: *Computer*) armar

**Aufrüstung** *f* <-en> rearme *m*

**auf|rütteln** *vt* sacudir (*aus* de); (*fig*) arrancar (*aus* de)

**aufs** [aʊfs] (*fam*) = **auf das** *s.* **auf**

**auf|sagen** *vt* decir (de memoria); (*Gedicht*) recitar

**auf|sammeln** *vt* recoger

**aufsässig** ['aʊfzɛsɪç] *adj* rebelde

**Aufsatz** *m* <-es, -sätze> ❶ (*in der Schule*) redacción *f;* (*Abhandlung*) artículo *m* ❷ (*Aufbau*) elemento *m* sobrepuesto

**auf|saugen** *vt* (*Flüssigkeit*) absorber, chupar

**auf|schauen** *vi* alzar la vista (*zu* hacia)

**auf|scheuchen** *vt* espantar

**auf|schichten** *vt* apilar

**auf|schieben** *irr vt* ❶ (*öffnen*) abrir (empujando), correr ❷ (*verzögern*) aplazar

**Aufschlag** *m* <-(e)s, -schläge> ❶ (*das Aufschlagen*) golpe *m* (*auf* contra/en), choque *m* ❷ (SPORT) saque *m* ❸ (*Verteuerung*) subida *f*, aumento *m;* (*Zuschlag*) suplemento *m* (*auf* sobre), recargo *m* (*auf* con/contra/en) ❹ (*an Kleidung*) vuelta *f*

**auf|schlagen** *irr* **I.** *vi* ❶ *sein* (*anschlagen*) dar (*auf* contra/en) ❷ (SPORT) sacar **II.** *vt* ❶ (*Buch, Augen*) abrir; (*Bettdecke*) quitar; (*Ei*) romper ❷ (*Zelt*) montar ❸ (*verletzen*) abrirse; **ich habe mir das Knie aufgeschlagen** me he abierto la rodilla ❹ (COM: *hinzurechnen*) añadir (*auf* a)

**auf|schließen** *irr* **I.** *vi* (SPORT) avanzar **II.** *vt* (*öffnen*) abrir (con llave)

**auf|schlitzen** ['aʊfʃlɪtsən] *vt* abrir (con cuchillo)

**Aufschluss** *m* <-es, -schlüsse> información *f;* (*Erklärung*) explicación *f;* **jdm ~ über etw geben** dar información a alguien acerca de algo

**auf|schlüsseln** ['aʊfʃlʏsəln] *vt* repartir

**aufschlussreich** *adj* revelador; (*lehrreich*) instructivo

**auf|schnappen** *vt* (*fam*) coger al vuelo

**auf|schneiden** *irr* **I.** *vi* (*fam abw: prahlen*) fanfarronear, blofear *AmC, Mex* **II.** *vt* ❶ (*Verpackung*) cortar; (*Geschwür*) abrir ❷ (*Braten*) trinchar; (*Torte*) cortar

**Aufschneider(in)** *m(f)* <-s, -; -nen> fanfarrón, -ona *m, f,* blofista *m AmC*

**Aufschnitt** *m* <-(e)s, *ohne pl*> fiambre *m,* embutido *m*

**auf|schnüren** *vt* desatar

**auf|schrauben** *vt* ❶ (*öffnen: Gefäß*) abrir; (*Deckel*) desenroscar ❷ (*befestigen: Schild*) atornillar

**auf|schrecken**[1] <schreckt *o* schrickt auf, schreckte *o* schrak auf, aufgeschreckt> *vi sein:* **aus dem Schlaf ~** despertarse sobresaltado

**auf|schrecken**[2] *vt* espantar, asustar

**Aufschrei** *m* <-(e)s, -e> grito *m*

**auf|schreiben** *irr vt* ❶ (*notieren*) apuntar ❷ (*verordnen*) recetar

**auf|schreien** *irr vi* gritar

**Aufschrift** *f* <-en> ❶ (*Etikett*) etiqueta *f* ❷ (*Beschriftung*) inscripción *f*

**Aufschub** *m* <-(e)s, -schübe> (*Verzögerung*) demora *f;* (*Verschiebung*) aplazamiento *m;* (*einer Frist*) prórroga *f*

**auf|schütten** *vt* (*Wasser*) echar; (*Sand*) amontonar, acumular; (*Damm*) construir, levantar (acumulando tierra)

**auf|schwatzen** *vt* endilgar, endosar

**Aufschwung** *m* <-(e)s, -schwünge> ❶ (*innerer Antrieb*) impulso *m* ❷ (WIRTSCH) auge *m* ❸ (SPORT) elevación *f*

**auf|sehen** *irr vi* ❶ (*hochschauen*) alzar la vista (*zu* hacia) ❷ (*bewundernd*) admirar (*zu* a)

**Aufsehen** *nt* <-s, *ohne pl*> sensación *f;* (*negativ*) escándalo *m;* **~ erregend** llamativo; (*negativ*) escandaloso

**Aufseher(in)** *m(f)* <-s, -; -nen> ❶ (*Wächter*) vigilante *mf* ❷ (*über Arbeiter*) capataz(a) *m(f)* ❸ (*in Museen*) celador(a) *m(f)*

**aufseiten** *adv:* **~ der Schwächeren** de parte de los más débiles

**auf|setzen** **I.** *vi* (*Flugzeug*) aterrizar **II.** *vt* ❶ (*Essen*) poner al fuego ❷ (*Brille, Hut*) ponerse; **eine unfreundliche Miene ~** poner cara de disgusto ❸ (*Fuß*) pisar (*auf* en) ❹ (*Text*) redactar; (*Urkunde*) extender ❺ (*darauf bauen*) agregar (*auf* a) ❻ (*aufnähen*) coser (*auf* sobre), aplicar (*auf* a) **III.** *vr:* **sich ~** (*sich aufrichten*) incorporarse, sentarse

**Aufsicht**[1] *f ohne pl* ❶ (*Überwachung*) vigilancia *f;* **unter ~ stehen** estar bajo vigilancia ❷ (*Kontrolle*) control *m,* inspección *f*

**Aufsicht**[2] *f* <-en> ❶ (*Leitung*) dirección *f* ❷ (*Person*) vigilante *mf* ❸ (*Draufsicht: Perspektive*) vista *f* en planta

**Aufsichtspflicht** *f ohne pl* (JUR) deber *m* de vigilancia; **Aufsichtsrat** *m* consejo *m* de administración

**auf|sitzen** *irr vi sein* ❶ (*aufsteigen*) montar (*auf* en) ❷ (*hereinfallen*): **einem Betrüger ~** dejarse engañar por un estafador

**auf|spannen** *vt* (*Schirm*) abrir; (*Saite*) poner

**auf|sparen** *vt* (*Geld*) ahorrar; (*Vorräte*) dejar para más adelante

**auf|sperren** *vt* ❶ (*fam: weit öffnen*) abrir de par en par ❷ (*südd, Österr: aufschließen*) abrir con llave

**auf|spielen** **I.** *vi* (*zum Tanz*) tocar **II.** *vr:* **sich ~** (*fam: angeben*) darse (mucho) tono

**auf|spießen** *vt* ❶ (*mit der Gabel*) pinchar; (*auf einen Spieß*) ensartar ❷ (*auf Hörner*) empitonar; (*Stier*) coger

**auf|springen** *irr vi sein* ❶ (*hochspringen*) saltar; (*vom Sitz*) levantarse de repente; (*Ball*) botar ❷ (*sich plötzlich öffnen*) abrirse de golpe ❸ (*auf ein Fahrzeug*) saltar (*auf* a) ❹ (*Haut*) agrietarse; (*Knospen*) abrirse

**auf|spüren** *vt* detectar

**auf|stacheln** ['aʊfʃtaxəln] *vt* ❶ (*aufwiegeln*) incitar (*zu* a) ❷ (*anspornen*) pinchar (*zu* para), estimular (*zu* a)

**Aufstand** *m* <-(e)s, -stände> levantamiento *m,* sublevación *f*

**aufständisch** ['aʊfʃtɛndɪʃ] *adj* sedicioso

**Aufständische(r)** *mf* <-n, -n; -n> (POL) insurrecto, -a *m, f,* rebelde *mf*

**auf|stapeln** *vt* apilar

**auf|stauen** **I.** *vt* (*Fluss*) embalsar **II.** *vr:* **sich ~** acumularse; (*Wasser*) estancarse

**auf|stehen** *irr vi* ❶ *sein* (*sich erheben*) ponerse de pie; (*morgens aus dem Bett*) levantarse ❷ (*offen stehen*) estar abierto

**auf|steigen** *irr vi sein* ❶ (*Nebel, Rauch*) subir; (*Gewitter*) levantarse; (*Flugzeug*) tomar altura; (*Ballon*) ascender ❷ (*beruflich*) ascender (*zu* a); (SPORT) pasar a una categoría superior, ascender (*in* a) ❸ (*auf ein Pferd, Fahrrad*) montar(se) (*auf* en) ❹ (*Gedanken*) ocurrir; (*Bedenken*) surgir

**auf|stellen** **I.** *vt* ❶ (*aufbauen*) poner, colocar; (*Denkmal*) erigir; (*Zelt*) montar; (*Maschine*) instalar; (*in einer Reihe*) alinear ❷ (*aufrichten*) levantar ❸ (*Mannschaft*) alinear; (*Regierung, Truppen*) formar; (*Liste, Bilanz*) hacer ❹ (*Kandidat*) designar ❺ (*Rekord, Regel*) establecer; (*Theorie*) formular; (*Bedingung*) fijar; (*Plan*) trazar **II.** *vr:* **sich ~** (*sich postieren*) apostarse, ponerse; (*in einer Reihe*) ponerse en fila

**Aufstellung** *f* <-en> ❶ (*Regel, Plan*) establecimiento *m;* (*Schild, Denkmal*) colocación *f;* (*Maschine*) instalación *f* ❷ (*Mannschafts~*) alineación *f* ❸ (*Truppen~*) formación *f* ❹ (*Kandidaten*) designación *f* ❺ (*Liste*) relación *f,* lista *f;* (*Tabelle*) tabla *f*

**Aufstieg** ['aʊfʃti:k] *m* <-(e)s, -e> ❶ (*das Aufsteigen*) ascenso *m;* (*eines Ballons*) ascensión *f;* (*beim Bergsteigen*) escalada *f* ❷ (*Weg*) subida *f* ❸ (*beruflich, sportlich*) ascenso *m;* **Aufstiegschance** *f* oportunidad *f* de ascenso; **Aufstiegsmöglichkeit** *f* oportunidad *f* de ascenso

**auf|stöbern** ['aʊfʃtø:bɐn] *vt* ❶ (*Wild*) levantar, rastrear ❷ (*entdecken*) descubrir, encontrar

**auf|stocken** ['aʊfʃtɔkən] *vt* ❶ (*Vorräte*) aumentar ❷ (*Kapital*) ampliar (*um* con), aumentar (*um* en) ❸ (*Gebäude*) añadir un piso (a)

**auf|stoßen** *irr* **I.** *vi* ❶ (*rülpsen*) eructar ❷ *sein* (*fam: missfallen*) molestar ❸ (*hart aufsetzen*) golpear (*auf* contra/en) **II.** *vt* ❶ (*öffnen*) abrir de un empujón ❷ (*verletzen*): **ich habe mir den Ellbogen aufgestoßen** me he dado un golpe en el codo

**auf|stützen** **I.** *vt* (*Ellbogen, Kopf*) apoyar (*auf* en/sobre) **II.** *vr:* **sich ~** apoyarse (*auf* en/sobre)

**auf|suchen** *vt* (*Bekannte*) ir a ver; (*Arzt*) consultar

**Auftakt** *m* <-(e)s, -e> ❶ (*Beginn*) comienzo *m* ❷ (MUS) anacrusa *f*

**auf|tanken** *vt* ❶ (*Auto, Flugzeug*) repostar (combustible) ❷ (*fig: sammeln*) tomar

**auf|tauchen** *vi sein* ❶ (*Taucher, U-Boot*) emerger, salir a la superficie ❷ (*Person*) presentarse; (*Gegenstand*) aparecer ❸ (*Zweifel*) surgir

**auf|tauen** **I.** *vi sein* ❶ (*Eis, Schnee*) derretirse; (*Fluss, See*) deshelarse ❷ (*gesprächig werden*) soltarse **II.** *vt* descongelar

**auf|teilen** *vt* ❶ (*verteilen*) repartir (*unter* entre, *an* a) ❷ (*unterteilen*) dividir (*in* en, *nach* según)

**Aufteilung** *f* <-en> ❶ (*Verteilung*) distribución *f* ❷ (*Unterteilung*) división *f*

**auf|tischen** ['aʊftɪʃən] *vt* ❶ (*Speisen*) servir ❷ (*fam abw*): **jdm Lügen ~** (*fam fig*) meter una bola a alguien

**Auftrag** ['aʊftra:k, *pl:* 'aʊftrɛ:gə] *m* <-(e)s, -träge> ❶ (*Anweisung*) orden *f;* **einen ~ erteilen** dar una orden; **im ~ von ...** por orden de... ❷ (*Bestellung*) pedido *m,* encargo *m;* **etw in ~ geben** encomendar algo ❸ (*Aufgabe*) misión *f,* comisión *f* ❹ (*Farbe*) mano *f,* capa *f*

**auf|tragen** *irr* **I.** *vt* ❶ (*geh: servieren*) servir ❷ (*Salbe, Make-up*) darse (*auf* en), ponerse (*auf* en); **Farbe ~** pintar; **dick ~** (*fam fig*) cargar las tintas ❸ (*Kleidung*) gastar ❹ (*beauftragen*) encargar **II.** *vi* (*Kleidungsstück*) hacer gordo

**Auftraggeber(in)** *m(f)* <-s, -; -nen> comitente *mf,* mandante *mf;* (*Kunde*) cliente *mf*

**Auftragslage** *f* (COM) situación *f* de pedidos

**auf|treiben** *irr vt* (*fam*) encontrar; (*Geld*) reunir

**auf|trennen** *vt* deshacer, descoser

**auf|treten** *irr* **I.** *vi sein* ❶ (*mit den Füßen*) pisar ❷ (*erscheinen*) presentarse; (*Schauspieler*) actuar; **er tritt als Zeuge auf** declara como testigo ❸ (*sich benehmen*) comportarse; **sicher ~** actuar con aplomo ❹ (*sich zeigen*) surgir, aparecer **II.** *vt* (*öffnen*) abrir a patadas

**Auftreten** *nt* <-s, *ohne pl*> ❶ (*Erscheinung*) aparición *f;* (*Schauspieler*) actuación *f* ❷ (*Benehmen*) conducta *f;* **ein sicheres ~ haben** tener aplomo

**Auftrieb** *m* <-(e)s, *ohne pl*> ❶ (PHYS) fuerza *f* ascensional ❷ (*Schwung*) ánimo(s) *m(pl),* estímulo *m*

**Auftritt** *m* <-(e)s, -e> ❶ (THEAT: *Auftreten*) salida *f* a escena, entrada *f* en escena; (*Vorstellung*) actuación *f* ❷ (*Streit*) escena *f*

**auf|trumpfen** *vi* demostrar su superioridad

**auf|tun** **I.** *vt* (*fam: entdecken*) descubrir **II.** *vr:* **sich ~** (*geh*) ❶ (*sich öffnen*) abrirse ❷ (*sich darbieten*) ofrecerse, presentarse

**auf|wachen** *vi sein* despertar(se) (*aus* de)

**auf|wachsen** *irr vi sein* criarse

**auf|wallen** ['aʊfvalən] *vi sein* (*a. fig*) hervir

**Aufwand** ['aʊfvant] *m* <-(e)s, *ohne pl*> ❶ (*Einsatz*) esfuerzo *m* ❷ (*Prunk*) pompa *f,* suntuosidad *f;* **viel ~ mit etw treiben** hacer mucha ceremonia con algo ❸ (*Kosten*) gastos *mpl*

**aufwändig** *adj* (*kostspielig*) costoso; (*luxuriös*) lujoso

**Aufwandsentschädigung** *f* reembolso *m* de los gastos

**auf|wärmen** **I.** *vt* ❶ (*Essen*) recalentar

❷ (*Erinnerungen*) rememorar **II.** *vr:* **sich ~** ❶ (SPORT) calentar, hacer un precalentamiento ❷ (*sich wärmen*) calentarse

**aufwärts** ['aʊfvɛrts] *adv* (hacia) arriba; **von einem bestimmten Betrag ~** a partir de una determinada cantidad; **Aufwärtsentwicklung** *f* desarrollo *m* ascendente; **aufwärtskompatibel** *adj* (INFOR) compatible hacia arriba; **Aufwärtstrend** *m* tendencia *f* ascendente

**Aufwasch** *m* <-(e)s, *ohne pl*> ❶ (*Teller*) platos *mpl* (sucios); **den ~ stehen lassen** dejar los cacharros sin fregar ❷ (*Reinigung*) fregado *m*

**auf|wecken** *vt* despertar

**auf|weichen** ['aʊfvaɪçən] **I.** *vi sein* (*weich werden*) reblandecer **II.** *vt* (*Boden, Brot*) ablandar, reblandecer

**auf|weisen** ['aʊfvaɪzən] *irr vt* ❶ (*erkennen lassen*) mostrar, tener ❷ (*aufzeigen*) presentar, exponer

**auf|wenden** *irr vt* (*Zeit*) dedicar, invertir; (*Kraft*) poner; (*Energie, Geld*) emplear, gastar

**aufwendig** *adj s.* **aufwändig**

**auf|werfen** *irr vt* ❶ (*Damm*) levantar ❷ (*Tür*) abrir bruscamente ❸ (*Probleme*) plantear

**auf|werten** *vt* ❶ (*Währung*) revalorizar ❷ (*Ansehen*) mejorar

**Aufwertung** *f* <-en> revalorización *f*

**auf|wickeln** *vt* devanar

**auf|wiegeln** ['aʊfvi:gəln] *vt* incitar (*gegen* contra, *zu* a); (*Truppen*) amotinar, sublevar

**auf|wiegen** *irr vt* contrapesar; (*ausgleichen*) compensar

**Aufwind** *m* <-(e)s, -e> ❶ (METEO) corriente *f* ascendente, viento *m* ascendente ❷ (*fig: Auftrieb*) impulso *m,* estímulo *m*

**auf|wirbeln** *vt* arremolinar; **viel Staub ~** (*a. fig*) levantar una gran polvareda

**auf|wischen** *vt* ❶ (*Raum*) fregar ❷ (*Flüssigkeit*) limpiar (con un trapo)

**auf|wühlen** *vt* ❶ (*Erde*) (re)mover, escarbar; (*Meer*) agitar ❷ (*erregen*) emocionar

**auf|zählen** *vt* enumerar; (*einzeln*) detallar

**Aufzählung** *f* <-en> enumeración *f,* relación *f;* (*Liste*) lista *f*

**auf|zäumen** ['aʊftsɔɪmən] *vt* embridar

**auf|zeichnen** *vt* ❶ (*Plan, Muster*) dibujar, trazar ❷ (*Sendung*) grabar

**Aufzeichnung** *f* <-en> ❶ *pl* (*Notizen*) apuntes *mpl* ❷ (*Bild-, Tonaufnahme*) grabación *f*

**auf|zeigen** *vt* (*geh: darlegen*) mostrar; (*klarmachen*) demostrar, evidenciar

**auf|ziehen** *irr* **I.** *vi sein* ❶ (*Gewitter*) levantarse ❷ (MIL: *Truppen*) desplegarse **II.** *vt* ❶ (*hochziehen*) subir, levantar; (*Flagge*) izar ❷ (*öffnen*) abrir (tirando); (*Vorhang*) descorrer; (*Schleife*) deshacer ❸ (*Uhr*) dar cuerda (a) ❹ (*Kind, Tier*) criar; (*Pflanze*) cultivar ❺ (*fam: organisieren*) organizar, montar ❻ (*Foto*) fijar (*auf* en); (*Saiten*) poner (*auf* a) ❼ (*Spritze, Serum*) preparar ❽ (*fam: verspotten*): **jdn ~** tomar el pelo a alguien

**Aufzucht** *f ohne pl* ❶ (*von Tieren*) crianza *f* ❷ (*von Pflanzen*) cultivo *m*

**Aufzug** *m* <-(e)s, -züge> ❶ (*das Aufmarschieren*) despliegue *m;* (*das Herankommen*) acercamiento *m,* llegada *f* ❷ (*Lift*) ascensor *m,* elevador *m AmC;* (*für Lasten*) montacargas *m inv* ❸ (*abw: Kleidung*) pinta *f* ❹ (THEAT) escena *f,* acto *m*

**auf|zwingen** *irr vt:* **jdm etw ~** imponer algo a alguien

**Augapfel** *m* globo *m* ocular [*o* del ojo]; **etw wie seinen ~ hüten** guardar algo como la niña de sus ojos

**Auge** ['aʊgə] *nt* <-s, -n> ❶ (*Sehorgan*) ojo *m;* (*Sehvermögen*) vista *f;* **~ in ~ mit jdm** cara a cara con alguien; **vor aller ~n** a la vista de todos; **ein blaues ~ haben** tener un ojo a la funerala; **mit bloßem ~** a simple vista; **große ~n machen** (*fam*) poner ojos como platos; **die ~n offen halten** mantener los ojos abiertos; **jdm die ~n öffnen** (*fig*) abrir a alguien los ojos; **sich** *dat* **etw vor ~n führen** (*fig*) tener algo presente; **etw ins ~ fassen** (*fig*) proponerse hacer algo; **etw im ~ haben** (*fig*) tener la intención de hacer algo; **beide ~n zudrücken** (*fig*) hacer la vista gorda; **so weit das ~ reicht** hasta donde alcanza la vista; **sie traute ihren ~n nicht** no daba crédito a sus ojos; **jdn nicht aus den ~n lassen** no quitar a alguien los ojos de encima; **jdn unter vier ~n sprechen** hablar a alguien a solas; **etw springt ins ~** (*fig*) algo salta a la vista; **ins ~ gehen** (*fam fig*) acabar mal; **ich habe die ganze Nacht kein ~ zugetan** (*fig*) no he pegado ojo en toda la noche; **mir wurde schwarz vor ~n** perdí el sentido; **das passt wie die Faust aufs ~** (*fam*) viene como a un Santo Cristo un par de pistolas; **jdm schöne ~n machen** (*fam*) poner ojitos a alguien; **mit einem blauen ~ davonkommen** (*fam fig*) salir bien parado; **aus den ~n, aus dem Sinn** (*prov*) ojos que no ven, corazón que no siente ❷ (*beim Würfel*) punto *m* ❸ (*Fett~*) ojo *m* ❹ (*einer Kartoffel*) grillo *m* ❺ (*eines Taifuns*) ojo *m;* **Augenarzt, -ärztin** *m, f* oculista *mf;* **Augenaufschlag** *m* mirada *f*

A

**Augenblick** *m* momento *m,* instante *m;* **er wird jeden ~ hier eintreffen** llegará de un momento a otro

**augenblicklich** I. *adj* ❶ (*gegenwärtig*) momentáneo, actual ❷ (*unverzüglich*) inmediato II. *adv* (*gegenwärtig*) de [*o* por el] momento

**Augenbraue** ['aʊgənbraʊə] *f* ceja *f;* **die ~n hochziehen** arquear las cejas

**augenfällig** ['aʊgənfɛlɪç] *adj* obvio, manifiesto

**Augenfarbe** *f* color *m* de los ojos; **Augenheilkunde** ['aʊgənhaɪlkʊndə] *f* (MED) oftalmología *f;* **Augenhöhe** *f ohne pl:* **in ~** a la altura de los ojos; **Augenhöhle** *f* órbita *f* ocular, cuenca *f* del ojo; **Augenklappe** *f* anteojera *f;* **Augenlicht** *nt ohne pl* (*geh*) vista *f;* **Augenlid** *m* párpado *m;* **Augenmaß** *nt ohne pl* sentido *m* de la proporción

**Augenmerk** ['aʊgənmɛrk] *nt ohne pl:* **sein ~ auf etw/jdn richten** fijar la atención en algo/alguien

**Augenoptiker(in)** *m(f)* óptico, -a *m, f;* **Augenränder** ['aʊgənrɛndɐ] *mpl* bordes *mpl* de los párpados; **Augenringe** *mpl* ojeras *fpl;* **Augenschein** *m* <-(e)s, *ohne pl*> (*geh*) vista *f;* (*Anschein*) apariencia *f;* **etw in ~ nehmen** examinar algo

**augenscheinlich** I. *adj* evidente, patente II. *adv* por lo visto

**Augentropfen** *mpl* (MED) colirio *m;* **Augenweide** *f ohne pl* deleite *m* para los ojos; **Augenwinkel** *m* rabillo *m* del ojo; **jdn aus den ~n anschauen** mirar a alguien por el rabillo del ojo; **Augenwischerei** [aʊgənvɪʃə'raɪ] *f* <-en> patraña *f;* **Augenzeuge, -in** *m, f* testigo *mf* ocular; **Augenzwinkern** *nt* guiño *m;* **augenzwinkernd** *adv* guiñando un ojo; **sie sahen sich ~ an** se hicieron un guiño

**August** [aʊ'gʊst] *m* <-(e)s, -e> agosto *m; s. a.* **März**

**Auktion** [aʊk'tsjo:n] *f* <-en> subasta *f,* remate *m Am*

**Auktionator(in)** [aʊktsjo'na:to:ɐ] *m(f)* <-s, -en; -nen> subastador(a) *m(f)*

**Auktionshaus** *nt* casa *f* de subastas

**Aula** ['aʊla] *f* <Aulen> salón *m* de actos; (*einer Universität*) paraninfo *m*

**Aupairmädchen** *nt,* **Au-pair-Mädchen** *nt* au pair *f*

**Aura** ['aʊra] *f ohne pl* (*geh*) aura *f*

**aus** [aʊs] I. *präp +dat* ❶ (*heraus*) de, por; **er sah ~ dem Fenster** miró por la ventana; **~ der Flasche trinken** beber de la botella; **~ der Mode kommen** pasar de moda; **~ dem Gleichgewicht kommen** perder el equilibrio ❷ (*herkommend von*) de; **er ist ~ Leipzig** es de Leipzig ❸ (*beschaffen*) de; **~ Glas** de cristal ❹ (*mittels*) de, por; **~ Erfahrung** por experiencia; **~ dem Gedächtnis** de memoria ❺ (*infolge von*) de, por; **~ Angst** por miedo; **~ dem (einfachen) Grunde, dass ...** por el (simple y sencillo) motivo de que...; **~ diesem Anlass** por este motivo II. *adv* ❶ (*fam: vorbei*): **das Spiel ist ~** el partido ha terminado; **zwischen ihnen ist es ~** han cortado; **~ und vorbei** se acabó ❷ (*ausgeschaltet*) apagado; **Licht ~!** ¡apaguen la luz! ❸ (SPORT) fuera; **der Ball war ~** la pelota fue fuera de juego ❹ (*Wend*): **~ sein** (*fam: sich vergnügen*) haber salido; (*zu Ende sein*) haberse acabado; **auf etw ~ sein** ir detrás de algo; **von hier ~** desde aquí; **von sich** *dat* **~** por iniciativa propia; **von mir ~** (*fam: okay*) por mí

**Aus** *nt* <-, *ohne pl*> ❶ (SPORT) fuera *m* de banda ❷ (*Ende*) final *m*

**aus|arbeiten** *vt* (*Plan*) elaborar; (*Vortrag*) redactar

**aus|arten** ['aʊsartən] *vi sein* degenerar (*in* en)

**aus|atmen** *vi, vt* espirar

**aus|baden** *vt* (*fam*): **es ~ müssen** tener que pagar los platos rotos

**Ausbau** *m* <-(e)s, *ohne pl*> ❶ (*Erweiterung*) ampliación *f* ❷ (*Abbau*) desmontaje *m* ❸ (*Intensivierung*) intensificación *f*

**aus|bauen** *vt* ❶ (*herausmontieren*) desmontar, sacar ❷ (*Gebäude, Organisation*) ampliar; (*verbreitern*) ensanchar ❸ (*weiterentwickeln*) desarrollar; (*vertiefen*) intensificar

**ausbaufähig** *adj* ampliable; (*weiterentwickelbar*) desarrollable

**aus|beißen** *irr vt:* **sich** *dat* **einen Zahn ~** romperse un diente (al morder); **ich habe mir daran die Zähne ausgebissen** (*fig*) me dejé los cuernos en ello

**aus|bessern** *vt* reparar; (*Kleidung*) arreglar; (*flicken*) remendar

**Ausbesserung** *f* <-en> reparación *f;* (FOTO) retoque *m*

**aus|beulen** *vt* ❶ (*Ärmel, Hose*) deformar ❷ (*Kotflügel*) desabollar

**Ausbeute** *f ohne pl* ❶ (*Ertrag*) producto *m,* rendimiento *m* ❷ (WIRTSCH) beneficio *m*

**aus|beuten** *vt* explotar

**Ausbeuter(in)** *m(f)* <-s, -; -nen> (*abw*) explotador(a) *m(f),* negrero, -a *m, f CSur*

**Ausbeutung** *f ohne pl* explotación *f*

**aus|bezahlen*** *vt* (*Geld*) pagar

**aus|bilden** I. *vt* ❶ (*Lehrling*) formar ❷ (*Fähigkeiten, Stimme*) desarrollar, cultivar

**II.** *vr:* **sich** ~ (*entstehen*) desarrollarse, formarse

**Ausbilder(in)** *m(f)* <-s, -; -nen> instructor(a) *m(f)*

**Ausbildung** *f* <-en> (*beruflich*) formación *f* profesional; **Ausbildungsplatz** *m* puesto *m* de aprendizaje

**aus|blasen** *irr vt* apagar (de un soplo); **die Kerze** ~ soplar la vela

**aus|bleiben** *irr vi sein* ❶ (*nicht eintreten*) no haber, no darse ❷ (*fernbleiben*) no venir, no aparecer

**aus|blenden** **I.** *vt* (*Musik*) quitar; (*Ton*) suprimir; (FILM: *Szene*) hacer un fundido **II.** *vr:* **sich** ~ (TV, RADIO) desconectarse (*aus* de), salirse de la emisión

**Ausblick** *m* <-(e)s, -e> ❶ (*in die Ferne*) vista *f* (*auf* de) ❷ (*in die Zukunft*) perspectiva *f* (*auf* de)

**aus|borgen** **I.** *vt* (*reg: verleihen*) prestar **II.** *vr:* **sich** *dat* **etw** ~ (*reg: sich ausleihen*) tomar prestado algo

**aus|brechen** *irr vi sein* ❶ (*Sturm*) estallar; (*Krieg*) estallar, declararse; (*Streik*) producirse; (*Vulkan*) entrar en erupción; (*Feuer, Epidemie*) declararse ❷ (*sich befreien*) escapar(se) (*aus* de) ❸ (*Gefühl zeigen*) prorrumpir (*in* en), estallar (*in* en); **in Tränen** ~ romper a llorar

**Ausbrecher(in)** *m(f)* <-s, -; -nen> (*fam: Gefangener*) fugitivo, -a *m, f*

**aus|breiten** **I.** *vt* ❶ (*Landkarte*) abrir; (*Decke*) extender ❷ (*Arme*) extender; (*Flügel*) desplegar ❸ (*einzelne Gegenstände*) exponer, presentar; **sein Leben vor jdm** ~ (*fig*) contarle a alguien toda su vida **II.** *vr:* **sich** ~ ❶ (*Nachricht, Feuer*) propagarse ❷ (*sich erstrecken*) extenderse

**Ausbreitung** *f* <-en> ❶ (*Nachricht, Feuer*) propagación *f;* (*Rassismus*) expansión *f* ❷ (*Größe*) ampliación *f* ❸ (*eines Plans, Details*) exposición *f*

**Ausbruch** *m* <-(e)s, -brüche> ❶ (*Flucht*) evasión *f* (*aus* de), fuga *f* (*aus* de) ❷ (*Beginn*) comienzo *m;* **zum** ~ **kommen** declararse ❸ (*Eruption*) erupción *f;* (*Gefühlsentladung*) arrebato *m*

**aus|brüten** *vt* ❶ (*Eier*) incubar, empollar ❷ (*fam: Plan*) urdir, tramar

**aus|büchsen** *vi sein* (*fam: ausreißen*) largarse, pirárselas

**aus|bügeln** *vt* (*fam*) arreglar

**Ausbund** *m ohne pl* (*a. iron*): **ein** ~ **an etw sein** ser un modelo de algo

**aus|bürgern** ['aʊsbʏrgɐn] *vt* expatriar, desterrar

**Ausbürgerung** *f* <-en> expatriación *f,* destierro *m*

**aus|bürsten** *vt* cepillar; **sich** *dat* **die Haare** ~ cepillarse el pelo

**Auschwitzlüge** ['aʊʃvɪtsly:gə] *f negación del genocidio nazi*

**Ausdauer** *f ohne pl* (*Beharrlichkeit*) constancia *f,* perseverancia *f;* (*körperlich*) resistencia *f;* (*anhaltender Fleiß*) tesón *m;* (*Geduld*) paciencia *f;* (*Zähigkeit*) tenacidad *f*

**ausdauernd** *adj* (*beharrlich*) perseverante, constante

**aus|dehnen** **I.** *vt* ❶ (*dehnen*) ensanchar ❷ (*erweitern*) ampliar ❸ (*verlängern*) prolongar **II.** *vr:* **sich** ~ ❶ (*größer werden*) dilatarse, extenderse ❷ (*zeitlich*) prolongarse

**Ausdehnung** *f* <-en> ❶ (*Größe, Umfang*) extensión *f* ❷ (*Erweiterung, a. physikalisch*) expansión *f;* (*des Umfangs*) ampliación *f;* (*Dehnung*) dilatación *f*

**aus|denken** *irr vt* ❶ (*überlegen*) concebir ❷ (*vorstellen, erfinden*) imaginar, inventar

**aus|dienen** *vi* (*fam*): **jd/etw hat ausgedient** alguien/algo ya no sirve; **der alte Stuhl hat langsam ausgedient** la vieja silla ha quedado inservible con el tiempo

**aus|diskutieren*** *vt* discutir hasta llegar a un acuerdo

**aus|drehen** *vt* ❶ (*Licht, Radio*) apagar ❷ (*Gas, Wasserhahn*) cerrar

**Ausdruck**[1] *m* <-(e)s, -drücke> (*Wort*) término *m,* palabra *f;* (*Wendung*) expresión *f,* giro *m;* **sich im** ~ **vergreifen** equivocarse de tono

**Ausdruck**[2] *m* <-(e)s, -e> (*a.* INFOR, TYPO) impreso *m*

**Ausdruck**[3] *m* <-(e)s, *ohne pl*> ❶ (*Stil*) expresión *f* ❷ (*Bekundung*) manifestación *f,* expresión *f;* **etw zum** ~ **bringen** expresar algo

**aus|drucken** *vt* (*a.* INFOR, TYPO) imprimir

**aus|drücken** **I.** *vt* ❶ (*Schwamm*) estrujar; (*Frucht*) exprimir ❷ (*Zigarette*) apagar ❸ (*äußern*) expresar **II.** *vr:* **sich** ~ (*sich äußern*) expresarse

**ausdrücklich** ['aʊsdrʏklɪç, -'--] *adj* expreso, explícito; (*Verbot*) categórico

**ausdruckslos** *adj* inexpresivo

**ausdrucksvoll** *adj* expresivo, lleno de expresividad

**Ausdrucksweise** *f* forma *f* de expresión

**auseinander** [aʊsaɪ'nandɐ] *adv* separadamente; ~ **brechen** (*zerbrechen*) romper(se); (*Partei*) dividirse; ~ **bringen** (*fam: trennen*) separar; (*entzweien*) enemistar; ~ **fallen** (*zerfallen*) caerse en pedazos; (*Familie, Partei*) desintegrarse; ~ **falten** desdoblar; ~ **gehen** (*sich trennen*) separarse; (*sich verzweigen*) bifurcarse; (*Meinungen*) discrepar, diferir; (*fam: kaputtgehen*) romperse; (*fam: dick werden*) echar carnes; ~ **halten** distinguir; ~ **nehmen** (*Motor*) desmontar; (*Radio*) desarmar; ~ **setzen** (*erklären*) explicar; **sich mit etw ~ setzen** (*beschäftigen*) ocuparse de algo; (*streiten*) discutir algo; **dieses Wort schreibt man ~** esta palabra se escribe separada; **die beiden sind ein Jahr ~** (*vom Alter her*) se llevan un año

**Auseinandersetzung** *f* <-en> ① (*Beschäftigung*) análisis *m inv* (*mit* de) ② (*Diskussion*) discusión *f* (*über* acerca de), disputa *f* (*über* acerca de), quimba *f Col* ③ (*Streit*) conflicto *m*

**auserkoren** ['aʊsɛɐko:rən] *adj* (*geh*) elegido; **er ist von Gott dazu ~, uns zu erlösen** ha sido elegido por Dios para redimirnos

**auserlesen** ['aʊsɛɐle:zən] *adj* (*geh*) selecto

**aus|erwählen*** ['aʊsɛɐvɛ:lən] *vt* (*geh*) elegir

**ausfahrbar** ['aʊsfa:ɐba:ɐ] *adj* (TECH) replegable; (*Antenne*) extensible

**aus|fahren** *irr* **I.** *vi sein* (*hinausfahren*) salir; (*Schiff*) zarpar **II.** *vt* ① (*verteilen*) repartir ② (*spazieren fahren*) pasear ③ (TECH) desplegar; **das Fahrgestell ~** desplegar el tren de aterrizaje

**Ausfahrt** *f* <-en> salida *f*; **bitte die ~ freihalten!** ¡por favor, dejar la salida libre!

**Ausfall**[1] *m* <-(e)s, *ohne pl*> ① (*Haare, Zähne*) caída *f* ② (*Maschine*) avería *f*

**Ausfall**[2] *m* <-(e)s, -fälle> ① (MIL) ataque *m* ② (*Veranstaltung*) suspensión *f*; (*Verdienst*) pérdida *f*, merma *f*

**aus|fallen** *irr vi sein* ① (*herausfallen*) caerse ② (*nicht stattfinden*) no tener lugar, suspenderse; **die Schule fällt aus** no hay clase ③ (*durch Krankheit*) estar de baja ④ (*nicht funktionieren*) fallar ⑤ (*beschaffen sein*) resultar, quedar

**ausfallend** *adj* ① (*grob*) agresivo ② (*beleidigend*) insultante, grosero

**Ausfallstraße** *f* carretera *f* de salida

**aus|fechten** *irr vt* combatir hasta el fin

**aus|fegen** *vt* (*reg: Raum*) barrer; (*Schmutz*) recoger

**aus|feilen** *vt* (*Text*) pulir, perfeccionar

**aus|fertigen** *vt* (*Pass*) expedir; (*Dokument*) extender; (*Zahlungsanweisungen*) librar

**Ausfertigung** *f* <-en> ① (*Vorgang*) redacción *f*; (*amtlich*) despacho *m* ② (*Schriftstück*) documento *m*; (*zweite*) copia *f*; **in doppelter ~** por duplicado

**ausfindig** ['aʊsfɪndɪç] *adv*: **jdn/etw ~ machen** localizar a alguien/algo

**aus|fließen** *irr vi sein* derramarse

**aus|flippen** ['aʊsflɪpən] *vi sein* (*fam*) ① (*durch Drogen*) fliparse ② (*durchdrehen*) flipar

**Ausflucht** ['aʊsflʊxt, *pl:* 'aʊsflʏçtə] *f* <-flüchte> excusa *f*

**Ausflug** *m* <-(e)s, -flüge> excursión *f*

**Ausflügler(in)** ['aʊsfly:klɐ] *m(f)* <-s, -; -nen> excursionista *mf*

**Ausflugslokal** *nt* merendero *m*; **Ausflugsort** *m* lugar *m* turístico, centro *m* turístico

**Ausfluss** *m* <-es, -flüsse> ① (*das Auslaufen*) salida *f* ② (*Abfluss*) desagüe *m* ③ (MED) flujo *m*

**aus|formulieren*** *vt* formular (con todo detalle); (*Text*) redactar

**aus|fragen** *vt*: **jdn (über etw) ~** interrogar a alguien (sobre algo)

**aus|fransen** ['aʊsfranzən] *vi sein* deshilacharse

**aus|fressen** *irr vt* (*fam*): **etw ~** hacer algo malo

**Ausfuhr** ['aʊsfu:ɐ] *f* <-en> (COM) exportación *f*

**Ausfuhrbestimmungen** *fpl* (COM) reglamentos *mpl* de exportación

**aus|führen** *vt* ① (*spazieren führen*) llevar de paseo ② (*exportieren*) exportar ③ (*durchführen*) llevar a cabo; (*Auftrag*) ejecutar, cumplir; (*Verbrechen*) cometer ④ (SPORT: *Ecke*) sacar; (*Schuss*) efectuar ⑤ (*erklären*) exponer, explicar; (*im Einzelnen*) detallar

**ausführlich** ['aʊsfy:ɐlɪç, -'--] **I.** *adj* detallado **II.** *adv* con todo detalle

**Ausführlichkeit** [-'---] *f ohne pl* detalle *m*; **in aller ~** con todo detalle

**Ausführung** *f* <-en> ① (*das Realisieren*) realización *f*, ejecución *f*; (*Befehl, Auftrag*) cumplimiento *m*; (*Verbrechen*) perpetración *f*; **zur ~ gelangen** llevarse a cabo ② (SPORT) ejecución *f* ③ (*Typ*) modelo *m*, tipo *m* ④ *pl* (*Darlegung*) declaraciones *fpl*, explicaciones *fpl*; (*Vortrag*) intervención *f*

**Ausfuhrzoll** *m* (COM) derechos *mpl* de exportación

**aus|füllen** *vt* ① (*Loch*) llenar ② (*Formular*) (re)llenar, cumplimentar ③ (*befriedigen*) satisfacer

**Ausgabe**[1] *f ohne pl* ① (*das Verteilen*) distribución *f*; (*von Waren*) entrega *f* ② (*von Banknoten*) emisión *f*

**Ausgabe**[2] *f* <-n> ① (*Ausgabestelle*) despacho *m* ② (*eines Buches*) edición *f*; (*Zeitschrift*) número *m* ③ (TV: *Sendung*) emisión *f* ④ (INFOR) salida *f* ⑤ *pl* (*Kosten*)

gastos *mpl*

**Ausgabegerät** *nt* (INFOR) dispositivo *m* de salida

**Ausgabenbeleg** *m* justificante *m* de gastos

**Ausgang**[1] *m* <-(e)s, -gänge> ❶ (*Tür*) (puerta *f* de) salida *f* ❷ (*an einem Organ*) boca *f* ❸ (*Spaziergang*) paseo *m* ❹ (*freier Tag*) (día *m* de) salida *f*; ~ **haben** tener permiso de salida

**Ausgang**[2] *m* <-(e)s, *ohne pl*> ❶ (*Ergebnis*) resultado *m*, desenlace *m*; (*erfolgreich*) éxito *m* ❷ (*Anfang*) origen *m*, punto *m* de partida

**Ausgangsbasis** *f* punto *m* de partida; **Ausgangsposition** *f* posición *f* de partida; **Ausgangspunkt** *m* punto *m* de partida; **Ausgangssperre** *f* toque *m* de queda

**aus|geben** *irr* **I.** *vt* ❶ (*austeilen*) distribuir; (*Fahrkarten*) expender; **einen** ~ (*fam*) invitar (a una ronda) ❷ (INFOR) imprimir ❸ (FIN: *Aktien*) emitir ❹ (*Befehl, Parole*) dar ❺ (*Geld*) gastar (*für* en) **II.** *vr:* **sich** ~ (*so tun als ob*) hacerse pasar (*als/für* por)

**ausgebrannt** ['aʊsgəbrant] **I.** *pp von* **ausbrennen** **II.** *adj* (*körperlich erschöpft*) rendido; (*geistig erschöpft*) saturado

**ausgebucht** ['aʊsgəbu:xt] *adj* completo

**ausgebufft** ['aʊsgəbʊft] *adj* (*fam: trickreich*) mañoso; (*abw*) taimado

**Ausgeburt** *f* <-en> (*geh abw*) engendro *m*

**ausgedehnt** *adj* ❶ (*zeitlich*) amplio, extenso ❷ (*räumlich*) extenso, vasto

**ausgefallen** **I.** *pp von* **ausfallen** **II.** *adj* (*ungewöhnlich*) extravagante

**ausgeglichen** ['aʊsgəglɪçən] **I.** *pp von* **ausgleichen** **II.** *adj* equilibrado

**Ausgeglichenheit** *f ohne pl* equilibrio *m*

**aus|gehen** *irr vi sein* ❶ (*weggehen*) salir ❷ (*erlöschen*) apagarse ❸ (*Haare, Zähne*) caerse ❹ (*abzweigen*) salir (*von* de) ❺ (*seinen Ursprung nehmen*) partir (*von* de), basarse (*von* en); **wir können davon ~, dass ...** podemos partir de la base de que... ❻ (*enden*) salir, acabar; **leer** ~ irse con las manos vacías ❼ (*zu Ende gehen*) acabarse

**ausgehungert** *adj* (*hungrig*) hambriento; (*Hunger leidend*) famélico

**ausgeklügelt** ['aʊsgəkly:gəlt] *adj* (*fam*) ingenioso, bien pensado

**ausgekocht** *adj* (*fam abw*) cuco, taimado

**ausgelassen** **I.** *pp von* **auslassen** **II.** *adj* muy alegre; (*Kind*) travieso, retozón

**Ausgelassenheit** *f ohne pl* (*auf einem Fest*) alegría *f*; (*der Stimmung*) desenfado *m*

**ausgemacht** *adj* ❶ (*abgemacht*) convenido, acordado; (*entschieden*) decidido ❷ (*vollkommen*) de remate, redomado

**ausgemergelt** ['aʊsgəmɛrgəlt] *adj* demacrado

**ausgenommen** ['aʊsgənɔmən] **I.** *pp von* **ausnehmen** **II.** *präp +akk* a excepción de; **Anwesende** ~ a excepción de los presentes **III.** *konj:* **~, dass ...** a no ser que... *+subj*

**ausgepowert** [aʊsgə'paʊɐt] *adj* (*fam*) agotado

**ausgeprägt** *adj* (*deutlich*) pronunciado, marcado

**ausgerechnet** ['--'--] *adv* (*fam*) precisamente, justamente; **muss das ~ heute sein?** ¿tiene que ser precisamente hoy?

**ausgeschlafen** **I.** *pp von* **ausschlafen** **II.** *adj* (*fam*) (d)espabilado

**ausgeschlossen** ['aʊsgəʃlɔsən] **I.** *pp von* **ausschließen** **II.** *adj* (*unmöglich*) imposible; **es ist nicht ~, dass ...** no se excluye que... *+subj*

**ausgeschnitten** ['aʊsgəʃnɪtən] **I.** *pp von* **ausschneiden** **II.** *adj* (*dekolletiert*) escotado

**ausgesprochen** ['aʊsgəʃprɔxən] **I.** *pp von* **aussprechen** **II.** *adj* (*ausgeprägt*) pronunciado, marcado; (*offensichtlich*) manifiesto, patente **III.** *adv* (*sehr*) realmente

**ausgestorben** ['aʊsgəʃtɔrbən] **I.** *pp von* **aussterben** **II.** *adj* ❶ (*Volk, Pflanzen, Tiere*) extinguido ❷ (*Ort*) desierto

**ausgesucht** ['aʊsgəzu:xt] *adj* ❶ (*hervorragend*) selecto, escogido ❷ (*ausgesprochen*) pronunciado

**ausgewachsen** **I.** *pp von* **auswachsen** **II.** *adj* ❶ (*voll entwickelt*) formado, desarrollado; (*erwachsen*) adulto ❷ (*vollkommen*) puro, de tomo y lomo

**ausgewogen** ['aʊsgəvo:gən] **I.** *pp von* **auswiegen** **II.** *adj* (*ausgeglichen*) armonioso, equilibrado

**ausgezeichnet** ['----, '--'--] *adj* (*hervorragend*) excelente, magnífico

**ausgiebig** ['aʊsgi:bɪç] **I.** *adj* abundante; (*Essen*) opulento; **einen ~en Mittagsschlaf halten** echarse una larga siesta **II.** *adv* con abundancia

**aus|gießen** *irr vt* ❶ (*Gefäß*) vaciar ❷ (*Flüssigkeit*) echar ❸ (*verschütten*) derramar, verter

**Ausgleich** ['aʊsglaɪç] *m* <-(e)s, *ohne pl*> compensación *f* (*für* por); (*Entschädigung*) indemnización (*für* por); (SPORT) empate *m*; **als ~ für etw** como compensación por algo

**aus|gleichen** *irr* **I.** *vi* (SPORT) igualar, empatar **II.** *vt* ❶ (*Unterschiede*) nivelar ❷ (FIN) saldar, liquidar ❸ (*Konflikt*) equilibrar ❹ (*Mangel*) compensar **III.** *vr:* **sich** ~

compensarse

**Ausgleichstor** *nt* (SPORT) gol *m* del empate;

**Ausgleichstreffer** *m* (SPORT) tanto *m* del empate; (*Tor*) gol *m* del empate

**aus|graben** *irr vt* ❶ (*Altertümer, Schätze*) desenterrar ❷ (*Vergessenes*) desempolvar

**Ausgrabung** *f* <-en> ❶ (*das Ausgraben*) excavación *f* ❷ (*Fundstätte, Fund*) excavación *f* arqueológica

**aus|grenzen** *vt* excluir

**Ausgrenzung** *f* <*ohne pl*> marginación *f* (*aus* de)

**aus|gucken** *vt* (*fam: aussuchen*): **sich** *dat* **etw/jdn ~** escoger algo/a alguien

**Ausguss** *m* <-es, -güsse> ❶ (*Becken*) pila *f* ❷ (*reg: Tülle*) pitorro *m*

**aus|haben** *irr* **I.** *vi* (*fam: Schluss haben*) terminar **II.** *vt* (*fam*) ❶ (*Kleidung*) haberse quitado ❷ (*Buch*) haber terminado (de leer)

**aus|halten** *irr* **I.** *vi* (*durchhalten*) aguantar **II.** *vt* ❶ (*ertragen*) soportar, aguantar; **das ist ja nicht auszuhalten!** ¡esto es insoportable! ❷ (*standhalten*) resistir ❸ (*fam abw: Lebensunterhalt bezahlen*) mantener, sostener

**aus|handeln** *vt* regatear; (*Vertrag, Löhne*) negociar

**aus|händigen** ['aʊshɛndɪgən] *vt* ❶ (*Preis*) hacer entrega (de) ❷ (*Urkunde, Geld, Schreiben*) entregar

**Aushang** *m* <-(e)s, -hänge> anuncio *m*, aviso *m Am*

**aus|hängen**[1] *irr vi* (*aufgehängt sein*) estar colgado (en el tablón de anuncios)

**aus|hängen**[2] *vt* ❶ (*aufhängen*) publicar, hacer público ❷ (*Tür, Fenster*) desquiciar

**Aushängeschild** *nt* rótulo *m*

**aus|harren** ['aʊsharən] *vi* (*geh*) perseverar, aguantar

**aus|hauchen** *vt* (*geh: Atem, Rauch*) expirar, exhalar

**aus|heben** *irr vt* ❶ (*Graben*) excavar ❷ (*Verbrechernest*) descubrir ❸ (*Schweiz: Truppen, Rekruten*) reclutar

**aus|hecken** ['aʊshɛkən] *vt* (*fam*) tramar, maquinar

**aus|helfen** *irr vi* ayudar; **sie half ihm mit Werkzeug aus** le ayudó aportando herramientas

**aus|heulen** *vr:* **sich ~** (*fam*) desahogarse (llorando) (*bei* con)

**Aushilfe** *f* <-n> ❶ (*das Aushelfen*) ayuda *f* ❷ (*Person*) auxiliar *mf*, suplente *mf*

**aushilfsweise** *adv* temporalmente

**aus|höhlen** *vt* ❶ (*hohlmachen*) ahuecar ❷ (*schwächen*) minar

**aus|holen** *vi* ❶ (*Schwung*) tomar impulso (*zu* para); **mit dem Arm ~** levantar el brazo (para golpear) ❷ (*zurückgreifen*) divagar; **bei einer Erzählung weit ~** empezar con Adán y Eva

**aus|horchen** *vt* tantear

**aus|kehren** *vt* (*reg*) *s.* **ausfegen**

**aus|kennen** *irr vr:* **sich ~** conocer bien; (*in einem Fach*) estar versado (*in/mit* en); **damit kenne ich mich gar nicht aus** de eso no entiendo nada

**aus|kippen** *vt* verter

**aus|klammern** *vt* dejar de lado

**Ausklang** *m* <-(e)s, -klänge> (*geh: Ende*) final *m*

**ausklappbar** *adj* plegable; (*Platte*) abatible

**aus|klappen** *vt* plegar; (*Platte*) abatir

**aus|kleiden** **I.** *vt* ❶ (*geh: entkleiden*) desvestir ❷ (*Raum, Wand*) revestir (*mit* de); (*mit Holz ~*) entarimar **II.** *vr:* **sich ~** desvestirse

**aus|klingen** *irr vi sein* ❶ (*Tag, Fest*) terminar ❷ (*Ton*) acabar de sonar

**aus|klopfen** *vt* (*Teppich*) sacudir

**aus|klügeln** ['aʊskly:gəln] *vt* idear

**aus|knipsen** *vt* (*fam*) apagar

**aus|knobeln** *vt* (*fam: ausklügeln*) discurrir; **wir haben einen guten Plan ausgeknobelt** hemos ideado un buen plan

**aus|kochen** *vt* ❶ (GASTR) cocer ❷ (*sterilisieren*) esterilizar

**aus|kommen** *irr vi sein* ❶ (*sich vertragen*) entenderse; **wir kommen gut miteinander aus** nos llevamos bien; **mit ihm kann man nicht ~** no hay quien le aguante ❷ (*mit etw zurechtkommen*) arreglarse; (*ausreichend haben*) alcanzar

**Auskommen** *nt* <-s, *ohne pl*> (*Einkommen*) ingresos *mpl*, sustento *m*; **sein ~ haben** arreglárselas para vivir; **sein ~ finden** sacarse lo suficiente para vivir

**aus|kosten** *vt* (*geh*) disfrutar (de)

**aus|kotzen** **I.** *vt* (*fam*) ❶ (*erbrechen*) potar ❷ (*aussprechen*) desembuchar; **ein Problem ~** despachar un problema **II.** *vr:* **sich ~** (*fam: erbrechen*) cambiar la peseta; **ich habe mich bei meinem Chef ausgekotzt** (*fig*) le he soltado todo a mi jefe

**aus|kramen** *vt* (*fam*) desenterrar

**aus|kratzen** *vt* rascar; (*Speisereste*) rebañar; **jdm die Augen ~** sacar(le) los ojos a alguien

**aus|kriegen** *vt* (*fam: ausziehen können*) conseguir quitarse; **kriegst du die Skistiefel alleine aus?** ¿te puedes quitar las botas de esquiar sin ayuda?

**aus|kugeln** *vt* dislocar, zafar *Am*

**aus|kundschaften** ['aʊskʊntʃaftən] *vt* indagar; (*Gegend*) explorar

**Auskunft** ['aʊskʊnft, *pl:* 'aʊskʏnftə] *f* <-künfte> ① (*Information*) información *f;* (*über eine Person*) referencias *fpl* (*über* de); **jdm (eine) ~ geben** proporcionar a alguien (una) información ② (*~sstelle*) información *f*

**aus|kuppeln** *vi* (AUTO) desembragar

**aus|kurieren*** **I.** *vt* (*fam*) curar (completamente) **II.** *vr:* **sich ~** (*fam*) curarse (completamente)

**aus|lachen** *vt* reírse (de), burlarse (de)

**aus|laden** *irr vt* ① (*Fracht, Fahrzeug*) descargar ② (*Einladung zurücknehmen*): **jdn ~** retirar a alguien la invitación

**Auslage** *f* <-n> ① (*von Waren*) exposición *f,* muestra *f* ② (*Schaufenster*) escaparate *m,* vidriera *f Am* ③ *pl* (*Geldbetrag*) desembolso *m*

**Ausland** *nt* <-(e)s, *ohne pl*> (país *m*) extranjero *m*

**Ausländer(in)** *m(f)* <-s, -; -nen> extranjero, -a *m, f;* **Ausländerbeauftrage(r)** *mf* encargado, -a *m, f* de asuntos de inmigración; **ausländerfeindlich** *adj* xenófobo; **Ausländerfeindlichkeit** *f ohne pl* xenofobia *f*

**Ausländerin** *f* <-nen> *s.* **Ausländer**

**Ausländerpolitik** *f* política *f* de extranjería; **Ausländerwahlrecht** *nt* (POL) derecho *m* a voto de los extranjeros; **Ausländerwohnheim** *nt* residencia *f* para extranjeros

**ausländisch** *adj* extranjero

**Auslandsaufenthalt** *m* estancia *f* en el extranjero; **Auslandsbeziehungen** *fpl* (POL) relaciones *fpl* con el extranjero; **die ~ zu einem Land abbrechen** romper las relaciones con un país; **Auslandsgespräch** *nt* (TEL) conferencia *f* internacional; **Auslandskorrespondent(in)** *m(f)* corresponsal *mf* en el extranjero; **Auslandskrankenschein** *m* (MED) ≈ cartilla *f* de desplazamiento al extranjero

**aus|lassen** *irr* **I.** *vt* ① (*Wort*) omitir ② (*Butter*) derretir ③ (*fam: Radio, Licht*) dejar apagado ④ (*abreagieren*) descargar (*an* sobre), desahogarse (*an* con) **II.** *vr:* **sich ~** (*sich mitteilen*) manifestarse (*über* sobre); (*lästern*) criticar (*über*); **er hat sich nicht näher darüber ausgelassen** no entró en detalles

**Auslassung** *f* <-en> ① (*Weggelassenes*) omisión *f,* supresión *f* ② *pl* (*abw: Äußerungen*) comentarios *mpl;* **Auslassungspunkte** *mpl* (LING) puntos *mpl* suspensivos

**aus|lasten** *vt* ① (*Maschine*) utilizar a pleno rendimiento ② (*Person*) ocupar en su totalidad

**Auslauf** *m* <-(e)s, -läufe> ① (*Ausfluss*) derrame *m* ② (*der Tiere*) corral *m*

**aus|laufen** *irr vi sein* ① (*Flüssigkeit*) derramarse; (*Gefäß*) vaciarse ② (*in See stechen*) zarpar ③ (*aufhören*) terminar; (*Vertrag*) expirar

**Ausläufer** *m* <-s, -> (GEO) estribación *f*

**Auslaufmodell** *nt* (COM) modelo *m* fuera de producción

**aus|laugen** *vt* (*Nährstoffe entziehen*) dejar sin sustancias nutritivas; (*erschöpfen*) agotar

**Auslaut** *m* <-(e)s, -e> (LING) sonido *m* final; **im ~** a final de la palabra

**aus|leben** *vr:* **sich ~** gozar de la vida, vivir la vida

**aus|leeren** *vt* ① (*Gefäß*) vaciar ② (*Flüssigkeit*) echar, verter

**aus|legen** *vt* ① (*Köder*) poner ② (*Leitungen, Kabel*) tender ③ (*Waren im Schaufenster*) exponer ④ (*Geld*) adelantar ⑤ (*auskleiden*) revestir (*mit* con/de) ⑥ (*bedecken*) cubrir (*mit* de/con); (*mit Teppich ~*) enmoquetar, alfombrar ⑦ (*Worte, Text*) interpretar

**Auslegung** *f* <-en> interpretación *f;* **Auslegungssache** *f* cuestión *f* de interpretación

**aus|leiern** **I.** *vi sein* (*fam*) dar(se) de sí; (*Gewinde*) pasarse de rosca **II.** *vt* (*fam*) deformar; (*Gewinde*) pasar de rosca

**Ausleihe** ['aʊslaɪə] *f* <-n> ① (*das Ausleihen*) préstamo *m* ② (*Raum*) sección *f* de préstamos

**aus|leihen** *irr vt* (*verleihen*) prestar; (*sich borgen*) tomar prestado; **jdm etw ~** prestar algo a alguien

**aus|lernen** *vi* terminar el aprendizaje; **man lernt nie aus** siempre se aprende algo nuevo

**Auslese** ['aʊsle:zə] *f* <-n> ① (*Auswahl*) selección *f* ② (*Wein*) vino *m* de uvas escogidas

**aus|lesen** *irr vt* ① (*Buch*) terminar (de leer) ② (*aussondern*) separar; (*entfernen*) sacar ③ (INFOR) seleccionar

**aus|liefern** *vt* entregar; (JUR) extraditar; **ich bin ihr völlig ausgeliefert** (*fam*) estoy en sus manos

**Auslieferung** *f* <-en> entrega *f;* (JUR) extradición *f*

**aus|liegen** *irr vi* ① (*Zeitschriften*) estar a disposición (de los lectores) ② (*Schlingen, Netze*) estar expuesto

**aus|loben** *vt:* **etw für etw ~** ofrecer algo como recompensa por algo

**aus|löffeln** *vt* sacar a cucharadas; **die**

**Suppe** ~ comerse la sopa (a cucharadas)

**aus|löschen** *vt* ❶ (*Licht*) apagar; (*Feuer*) extinguir ❷ (*Schrift, Spuren*) borrar ❸ (*geh: Menschenleben*) apagar, extinguir

**aus|losen** ['aʊsloːzən] *vt* rifar, sortear

**aus|lösen** *vt* ❶ (*Schuss*) disparar ❷ (*hervorrufen*) producir, provocar ❸ (*befreien*) rescatar, pagar el rescate (de/por)

**Auslöser** *m* <-s, -> ❶ (TECH) mecanismo *m* de disparo ❷ (*Anlass*) (factor *m*) desencadenante *m* (*für* de)

**Auslosung** *f* <-en> sorteo *m*

**aus|machen** *vt* ❶ (*fam: Radio, Licht, Feuer*) apagar ❷ (*vereinbaren*) concertar ❸ (*klären*) resolver, arreglar ❹ (*erkennen*) divisar ❺ (*darstellen*) constituir; **ihm fehlt alles, was einen Wissenschaftler ausmacht** le falta todo aquello que constituye un científico ❻ (*betragen*) elevarse (a) ❼ (*bedeuten*) importar; **macht es Ihnen etwas aus, wenn ...?** ¿le importa que...+*subj*?

**aus|malen** **I.** *vt* (*mit Farbe*) pintar (*mit* de), colorear (*mit* de) **II.** *vr:* **sich** *dat* **etw** ~ (*fig: sich vorstellen*) imaginarse algo

**Ausmaß** *nt* <-es, -e> ❶ (*räumlich*) dimensión *f*, extensión *f* ❷ (*Grad, Umfang*) dimensión *f*; **bis zu einem gewissen** ~ hasta (un) cierto punto; **in großem** ~ a gran escala

**aus|merzen** ['aʊsmɛrtsən] *vt* ❶ (*Ungeziefer*) exterminar, eliminar ❷ (*Fehler*) subsanar ❸ (*Missstände*) eliminar

**aus|messen** *irr vt* medir, tomar la medida (de)

**aus|misten** *vt* ❶ (*Stall*) sacar el estiércol (de) ❷ (*fam: Schrank, Zimmer*) poner en orden

**aus|mustern** *vt* ❶ (*aussortieren*) desechar ❷ (MIL) declarar inútil

**Ausnahme** *f* <-n> excepción *f*; **eine** ~ **machen** hacer una excepción; **mit** ~ **von ...** a excepción de...; **ohne** ~ sin excepción; **Ausnahmefall** *m* caso *m* excepcional, excepción *f*; **Ausnahmegenehmigung** *f* autorización *f* especial; **Ausnahmesituation** *f* situación *f* excepcional, estado *f* de emergencia; **Ausnahmezustand** *m* estado *m* de excepción

**ausnahmslos** *adj* sin excepción

**ausnahmsweise** ['----, '--'--] *adv* excepcionalmente, como excepción

**aus|nehmen** *irr* **I.** *vt* ❶ (*Fisch*) limpiar ❷ (*Kaninchen, Geflügel*) destripar ❸ (*ausschließen*) exceptuar (*von* de) ❹ (*fam abw: Geld abnehmen*) desplumar, desvalijar **II.** *vr:* **sich** ~ (*geh: wirken*) hacer efecto

**ausnehmend** *adv* (*geh*) extraordinariamente

**aus|nüchtern** *vi* desemborracharse *fam;* **hast du schon ausgenüchtert?** ¿ya se te ha pasado la borrachera?

**aus|nutzen** *vt* ❶ (*Gelegenheit, Situation*) aprovechar, sacar provecho de ❷ (*Stellung, Notlage*) aprovecharse (de)

**aus|packen** **I.** *vt* ❶ (*Koffer*) deshacer ❷ (*Geschenk*) abrir, desenvolver ❸ (*Waren, Paket*) desembalar, abrir **II.** *vi* (*fam: erzählen, verraten*) cantar, irse de la lengua

**aus|peitschen** *vt* azotar, latiguear *Am*

**aus|pfeifen** *irr vt* abuchear, silbar

**aus|plaudern** *vt* divulgar

**aus|plündern** *vt* ❶ (*Dorf, Laden*) saquear ❷ (*fam: Kühlschrank*) vaciar

**aus|posaunen*** *vt* (*fam*) pregonar, decir a los cuatro vientos

**aus|pressen** *vt* (*Saft*) extraer; (*Frucht*) exprimir

**aus|probieren*** *vt* probar

**Auspuff** ['aʊspʊf] *m* <-(e)s, -e> (AUTO) escape *m;* **Auspuffrohr** *nt* (AUTO) tubo *m* de escape

**aus|pumpen** *vt* ❶ (*Wasser*) bombear; (*leeren*) vaciar bombeando; **völlig ausgepumpt sein** (*fam fig*) estar hecho polvo ❷ (*fam: ausleihen*) prestar

**aus|quartieren*** ['aʊskvartiːrən] *vt* desalojar

**aus|quetschen** *vt* ❶ (*Frucht*) exprimir, estrujar ❷ (*fam: ausfragen*) acosar a preguntas

**aus|radieren*** *vt* ❶ (*Geschriebenes*) borrar ❷ (*abw: zerstören*) destruir, arrasar

**aus|rangieren*** ['aʊsraŋʒiːrən] *vt* (*fam*) desechar

**aus|rasten** *vi sein* ❶ (TECH) soltarse, desclavarse ❷ (*fam: zornig werden*) enfurecerse

**aus|rauben** *vt* desvalijar

**aus|raufen** *vt* arrancar

**aus|räumen** *vt* ❶ (*Schrank*) vaciar; (*Bücher*) sacar; (*Zimmer*) desamueblar ❷ (*Missverständnis*) arreglar ❸ (*Schwierigkeit*) allanar ❹ (*Zweifel*) disipar

**aus|rechnen** *vt* (*Summe*) calcular

**Ausrede** *f* <-n> excusa *f*; (*Vorwand*) pretexto *m;* (*Ausflüchte*) evasiva *f*

**aus|reden** **I.** *vi* (*zu Ende reden*) acabar de hablar **II.** *vt* (*umstimmen*): **jdm etw** ~ disuadir a alguien de algo **III.** *vr:* **sich** ~ (*Österr: sich aussprechen*) desahogarse

**aus|reichen** *vt* bastar, ser suficiente

**ausreichend** *adj* ❶ (*genug*) bastante, suficiente ❷ (*Schulnote*) suficiente

**Ausreise** *f* <-n> salida *f* (*aus* de); **Ausreiseerlaubnis** *f* permiso *m* de salida

**aus|reisen** *vi sein* salir (*aus* de)

**Ausreisevisum** *nt* visado *m* de salida

**aus|reißen** *irr* **I.** *vi sein* ❶ (*abreißen*) arrancarse ❷ (*fam: weglaufen*) huir, escapar(se) **II.** *vt* (*entfernen*) arrancar

**Ausreißer(in)** *m(f)* <-s, -; -nen> (*fam*) fugitivo, -a *m, f*

**aus|reiten** *irr vi* salir a caballo

**aus|renken** ['aʊsrɛŋkən] *vt* dislocar, zafar *Am*

**aus|richten** **I.** *vt* ❶ (*Nachricht*) dar; **soll ich ihr etwas ~?** ¿quiere que le dé algún recado? ❷ (*einstellen*) ajustar (a), adaptar (*auf* a) ❸ (*erreichen*) conseguir; **ich konnte bei ihm nichts ~** no pude conseguir nada de él ❹ (*veranstalten*) organizar **II.** *vr:* **sich ~** orientarse (*auf* a/hacia)

**Ausrichtung** *f ohne pl* ❶ (*Sicheinstellen*) ajuste *m* (*auf* a) ❷ (*Veranstalten*) organización *f* ❸ (*Orientierung*) orientación *f*

**Ausritt** *m* <-(e)s, -e> paseo *m* a caballo

**aus|rollen** *vt* ❶ (*Teppich*) desenrollar ❷ (*Teig*) extender con el rodillo

**aus|rotten** ['aʊsrɔtən] *vt* ❶ (*Tiere, Volk*) exterminar ❷ (*Unsitte*) erradicar

**Ausrottung** *f* <-en> ❶ (*Tiere, Volk*) exterminación *f* ❷ (*Unsitte*) erradicación *f*

**aus|rücken** **I.** *vi sein* ❶ (MIL) salir (del cuartel), marcharse ❷ (*Feuerwehr*) salir ❸ (*fam: ausreißen*) escapar(se) **II.** *vt* (TYPO) sangrar

**Ausruf** *m* <-(e)s, -e> exclamación *f*

**aus|rufen** *irr vt* ❶ (*rufend nennen*) llamar; (*Abflug, Abfahrt*) anunciar (por altavoz) ❷ (*Streik*) convocar ❸ (*Notstand, Republik*) proclamar

**Ausrufezeichen** *nt* signo *m* de exclamación, (signo *m* de) admiración *f*

**Ausrufungszeichen** *nt*, **Ausrufzeichen** *nt* (*Schweiz*) *s.* **Ausrufezeichen**

**aus|ruhen** *vi, vr:* **sich ~** descansar (*von* de), reposar

**aus|rüsten** *vt* ❶ (*Person*) equipar (*mit* de/con), abastecer (*mit* de/con) ❷ (*Flugzeug, Expedition*) equipar, dotar

**Ausrüstung** *f* <-en> equipo *m*

**aus|rutschen** *vi sein* resbalar

**Ausrutscher** *m* <-s, -> (*fam: Fauxpas*) desliz *m*

**Aussaat** *f* <-en> ❶ (*Aussäen*) siembra *f* ❷ (*Saatgut*) semillas *fpl*

**aus|säen** *vt* sembrar

**Aussage** ['aʊsza:gə] *f* <-n> ❶ (JUR) declaración *f;* **eine ~ machen** prestar declaración; **die ~ verweigern** negarse a declarar ❷ (*Inhalt*) mensaje *m;* (LING) enunciado *m;* **aussagekräftig** *adj* (de gran valor) informativo

**aus|sagen** **I.** *vi* (JUR) declarar **II.** *vt* (*ausdrücken*) expresar

**Aussatz** *m* <-es, *ohne pl*> (MED) lepra *f*

**Aussätzige(r)** *mf* <-n, -n; -n> (*a. fig*) leproso, -a *m, f*

**aus|saugen** *vt* (*Frucht, Wunde*) chupar; (*Kolonie*) explotar

**aus|schalten** *vt* ❶ (*Motor, Licht*) apagar ❷ (*Konkurrenz, Gegner*) eliminar

**Ausschank** ['aʊsʃaŋk] *m* <-(e)s, *ohne pl*> (*Tätigkeit*) despacho *m* de bebidas

**Ausschau** *f ohne pl:* **nach jdm/etw** *dat* **~ halten** buscar a alguien/algo con la vista

**aus|schauen** *vi* ❶ (*Ausschau halten*) buscar con la vista (*nach*) ❷ (*südd, Österr: Eindruck erwecken*) parecer

**aus|scheiden** *irr* **I.** *vi sein* ❶ (*aus einem Amt, einer Firma*) dimitir (*aus* de), retirarse (*aus* de) ❷ (*aus einem Club*) darse de baja (*aus* de/en) ❸ (SPORT) ser eliminado (*aus* de) ❹ (*Bewerber*) no entrar en consideración ❺ (*Möglichkeit*) quedar excluido **II.** *vt* ❶ (MED) segregar ❷ (*aussondern*) excluir

**Ausscheidung** *f* <-en> ❶ (MED) excreción *f* ❷ (SPORT) eliminatoria *f*

**aus|schenken** *vt* ❶ (*gießen*) echar ❷ (*im Lokal*) vender

**aus|scheren** ['aʊsʃe:rən] *vi sein* salirse (de la fila)

**aus|schimpfen** *vt* reprender, reñir

**aus|schlachten** *vt* (*fam*) ❶ (*Fahrzeug*) desguazar ❷ (*ausnutzen*) sacar provecho (de)

**aus|schlafen** *irr* **I.** *vi, vr:* **sich ~** dormir a su gusto **II.** *vt:* **seinen Rausch ~** dormir la mona

**Ausschlag** *m* <-(e)s, -schläge> ❶ (MED) erupción *f* cutánea ❷ (*der Waage*) caída *f;* (*des Pendels*) oscilación *f;* (*der Magnetnadel*) desviación *f;* **den ~ geben** ser decisivo

**aus|schlagen** *irr* **I.** *vi* ❶ (*Pferd*) cocear ❷ *haben o sein* (*Baum*) brotar, retoñar ❸ *haben o sein* (*Zeiger*) oscilar; (*Kompassnadel*) desviarse **II.** *vt* ❶ (*Angebot*) rehusar ❷ (*Zahn*) partir ❸ (*mit Stoff*) forrar (*mit* de/con), revestir (*mit* de/con)

**ausschlaggebend** *adj* decisivo (*für* para)

**aus|schließen** *irr vt* ❶ (*Zweifel, Irrtum*) descartar; **es ist nicht auszuschließen, dass ...** no se puede descartar la posibilidad de que... +*subj* ❷ (*im Widerspruch stehen*) excluir; **das eine schließt das andere nicht aus** lo uno no excluye lo otro ❸ (JUR: *Öffentlichkeit*) excluir ❹ (*aus einer Gemeinschaft*) expulsar (*aus* de)

**ausschließlich** **I.** *adj* (*alleinig*) exclusivo

**II.** *adv* únicamente; (*nur*) sólo **III.** *präp* +*gen* con exclusión de, excluido
**aus|schlüpfen** *vi sein* salir del huevo
**Ausschluss** *m* <-es, -schlüsse> exclusión *f* (*aus* de); (SPORT) descalificación *f;* **unter ~ der Öffentlichkeit** (JUR) a puerta cerrada
**aus|schmücken** *vt* ❶ (*Raum*) adornar, decorar ❷ (*Geschichte*) adornar, embellecer
**aus|schneiden** *irr vt* ❶ (*Bild*) recortar (*aus* de) ❷ (*Büsche*) podar
**Ausschnitt** *m* <-(e)s, -e> ❶ (*Teil*) parte *f,* fragmento *m* ❷ (*aus einem Film*) escena *f* ❸ (MATH) sector *m* ❹ (*bei Kleidung*) escote *m* ❺ (*aus einer Zeitung*) recorte *m*
**aus|schöpfen** *vt* ❶ (*Flüssigkeit*) sacar, extraer ❷ (*Gefäß*) vaciar ❸ (*Möglichkeiten*) aprovechar; (*Reserven*) agotar
**aus|schreiben** *irr vt* ❶ (*Wort*) escribir entero; (*Zahl*) escribir en letra ❷ (*Wettbewerb, Wahlen*) convocar; (*Stelle*) sacar a concurso ❸ (*Rechnung*) hacer; (*Scheck*) extender
**Ausschreibung** *f* <-en> convocatoria *f;* (*von Stellen*) concurso *m*
**Ausschreitungen** ['aʊsʃraɪtʊŋən] *fpl* disturbios *mpl*
**Ausschuss**[1] *m* <-es, -schüsse> (*Komitee*) comisión *f*
**Ausschuss**[2] *m* <-es, *ohne pl*> (*minderwertige Ware*) desecho *m*
**aus|schütteln** *vt* sacudir
**aus|schütten** *vt* ❶ (*Flüssigkeit*) verter, derramar ❷ (*Gefäß*) vaciar; **jdm sein Herz ~** (*fig*) abrir su corazón a alguien ❸ (*Dividende*) repartir
**Ausschüttung** *f* <-en> (FIN) reparto *m*
**ausschweifend** ['aʊsʃvaɪfənt] *adj* ❶ (*Leben*) libertino, disoluto ❷ (*Fantasie*) desenfrenado
**Ausschweifung** *f* <-en> desenfreno *m*
**aus|schweigen** *irr vr:* **sich ~** guardar silencio (*über* sobre)
**aus|schwenken** *vt* ❶ (*Kran*) girar hacia fuera; **nach links ~** girar a la izquierda ❷ (*Wäsche*) aclarar
**aus|schwitzen** *vt* sudar
**aus|sehen** *irr vi* parecer, tener aspecto (*nach* de); **gut ~** tener buen aspecto; (*Sache*) ser bonito; (*Person*) estar guapo; **gut ~d** bien parecido; **es sieht nach Regen aus** parece que va a llover; **wie sieht's aus?** (*fam*) ¿qué tal van las cosas?; **es sieht so au, als ob ...** parece como si ... +*subj;* **er sieht aus wie sein Vater** se parece a su padre
**Aussehen** *nt* <-s, *ohne pl*> aspecto *m*
**außen** ['aʊsən] *adv* fuera; **von ~** por fuera; **den Schein nach ~ hin wahren** guardar las apariencias; **~ vor sein** quedar fuera;
**Außenbeleuchtung** *f* (*Gebäude, Park*) iluminación *f* exterior; (*Auto*) alumbrado *m* exterior; **Außenbezirk** *m* barrio *m* periférico, extrarradio *m;* **Außenbordmotor** *m* motor *m* fuera borda
**aus|senden** *irr vt* ❶ (*Expedition, Boten*) enviar ❷ (*Strahlen, Signale*) emitir
**Außendienst** *m* <-(e)s, *ohne pl*> servicio *m* externo; **Außenhandel** *m* (COM) comercio *m* exterior; **Außenminister(in)** *m(f)* (POL) ministro, -a *m, f* de Asuntos Exteriores, canciller *m Am;* **Außenministerium** *nt* (POL) Ministerio *m* de Asuntos Exteriores, cancillería *f Am;* **Außenpolitik** *f* (POL) política *f* exterior; **außenpolitisch** *adj* (POL) referente a la política exterior; **Außenseite** *f* (parte *f*) exterior *m;* **Außenseiter(in)** *m(f)* <-s, -; -nen> marginado, -a *m, f;* (SPORT) outsider *mf;* **Außenspiegel** *m* (AUTO) espejo *m* retrovisor exterior; **Außenstände** *mpl* (WIRTSCH, FIN) atrasos *mpl;* **Außenstehende(r)** *mf* <-n, -n; -n> persona *f* ajena, profano, -a *m, f;* **Außenstelle** *f* agencia *f;* **Außenstürmer(in)** *m(f)* (SPORT) extremo, -a *m, f* delantero, -a; **Außentemperatur** *f* temperatura *f* exterior; **Außenwelt** *f ohne pl* mundo *m* exterior; **Außenwirtschaft** *f ohne pl* (WIRTSCH) economía *f* exterior
**außer** ['aʊsɐ] **I.** *präp* +*dat* ❶ (*räumlich*) fuera de; **~ Sicht sein** no ser visible; **~ Haus** fuera de casa ❷ (*Zustand*) fuera de; **~ Betrieb/Gefahr** fuera de servicio/de peligro; **~ Dienst sein** estar retirado; **~ Atem** sin aliento; **sie war ~ sich vor Freude** estaba fuera de sí de alegría ❸ (*ausschließlich*) excepto, a excepción de ❹ (*abgesehen von*) aparte de **II.** *präp* +*gen* (*räumlich*) fuera de; **~ Landes** fuera del país **III.** *konj* excepto, a excepción de; **~ dass** excepto que +*subj;* **~ wenn** excepto si
**außerdem** ['aʊsɐde:m, --'-] *adv* además, aparte
**äußere(r, s)** *adj* exterior, externo
**Äußere(s)** *nt* <-n, *ohne pl*> aspecto *m;* (*Gesicht, Körper*) físico *m*
**außerehelich** ['aʊsɐ'ʔe:əlɪç] *adj* ❶ (*Beziehung*) extramatrimonial ❷ (*Kind*) natural, ilegítimo; **außereuropäisch** *adj* extraeuropeo; **außergerichtlich** *adj* (JUR) extrajudicial; **außergewöhnlich** *adj* excepcional; (*ungewöhnlich*) desacostumbrado
**außerhalb** **I.** *präp* +*gen* fuera de; **~ der Stadt** fuera de la ciudad **II.** *adv* fuera; **wir wohnen ~** vivimos en las afueras

**außerirdisch** *adj* extraterrestre

**äußerlich** ['ɔɪsɐlɪç] *adj* ❶ (*außen*) externo; **nur ~ anwenden** (*Aufschrift auf Medikamenten*) sólo para uso externo; **rein ~ betrachtet** visto solamente por fuera ❷ (*oberflächlich*) superficial ❸ (*scheinbar*) aparente

**Äußerlichkeit** *f* <-en> apariencia *f*

**äußern** ['ɔɪsɐn] **I.** *vt* expresar; **seine Meinung ~** dar su opinión **II.** *vr:* **sich ~** ❶ (*seine Meinung sagen*) pronunciarse ❷ (*sich zeigen*) mostrarse

**außerordentlich** **I.** *adj* extraordinario, excepcional **II.** *adv* (*sehr*) sumamente, mucho; **etw ~ schätzen** apreciar algo extraordinariamente

**außerorts** *adv* (*Schweiz, Österr*) en las afueras

**außerplanmäßig** *adj* extraordinario, fuera de norma

**äußerst** ['ɔɪsɐst] *adv* muy, extraordinariamente

**außerstande** [aʊsɐ'ʃtandə] *adv:* **~ sein etw zu tun** no estar en condiciones de hacer algo

**äußerste(r, s)** *adj* ❶ (*weit entfernt*) extremo; **am ~n Ende der Stadt** en el límite de la ciudad ❷ (*größtmöglich*) máximo, sumo

**Äußerste(s)** *nt:* **jdm das ~ abverlangen** exigir lo máximo de alguien; **sein ~s geben** dar el máximo de sí; **auf das ~ gefasst sein** estar preparado para lo peor

**äußerstenfalls** ['ɔɪsɐstən'fals] *adv* a lo sumo

**außertariflich** *adj* (WIRTSCH) fuera de tarifa

**Äußerung** ['ɔɪsərʊŋ] *f* <-en> declaración *f;* (*Bemerkung*) observación *f*

**aus|setzen** **I.** *vi* ❶ (*Atmung, Herz*) cesar ❷ (*unterbrechen*) interrumpirse; **zwei Runden ~** pasar dos turnos; **ohne auszusetzen** sin parar **II.** *vt* ❶ (*Tier*) abandonar ❷ (JUR: *Verhandlung*) aplazar; **die Strafe wurde zur Bewährung ausgesetzt** le concedieron remisión condicional de la pena ❸ (*bemängeln*) criticar, poner reparos (a) ❹ (*Belohnung*) ofrecer; (*Preis*) fijar ❺ (*preisgeben*): **jdn etw** *dat* **~** exponer a alguien a algo

**Aussetzer** *m* <-s, -> (*fam*): **einen ~ haben** quedarse en blanco

**Aussicht** *f* <-en> ❶ (*Blick*) vista *f* (*auf* de), panorama *m* (*auf* de) ❷ (*Zukunftsmöglichkeit*) perspectiva *f* (*auf* de), esperanza *f* (*auf* de); **etw in ~ haben** tener algo en perspectiva; **etw hat ~ auf Erfolg** algo tiene probabilidad de éxito; **jdm etw in ~ stellen** prometer algo a alguien; **gute ~en haben** tener buenas perspectivas

**aussichtslos** *adj* sin esperanza; (*verzweifelt*) desesperado; (*unnütz*) inútil

**Aussichtslosigkeit** *f ohne pl* falta *f* de perspectivas

**Aussichtspunkt** *m* mirador *m;* **aussichtsreich** *adj* prometedor; **Aussichtsturm** *m* mirador *m*

**aus|sieben** **I.** *vt* ❶ (*mit einem Sieb*) colar; **Klumpen aus der Soße ~** colar la salsa (para quitar los grumos) ❷ (*durch Auswahl*) cribar **II.** *vi* hacer una criba; **bei der Zwischenprüfung wird ausgesiebt** el examen de diplomatura es una criba

**aus|siedeln** *vt* evacuar

**Aussiedler(in)** *m(f)* <-s, -; -nen> expatriado, -a *m, f*

**aus|sitzen** *irr vt* (*fam*) dejar pasar

**aus|söhnen** ['aʊszøːnən] *vr:* **sich ~** (re)conciliarse

**Aussöhnung** *f* <-en> reconciliación *f*

**aus|sondern** *vt* apartar

**aus|sorgen** *vi:* **damit habe ich ausgesorgt** con eso tengo ya el porvenir asegurado

**aus|sortieren*** *vt* desechar, separar

**aus|spannen** **I.** *vi* (*sich erholen*) descansar **II.** *vt* ❶ (*Netz*) (ex)tender ❷ (*Pferde*) desenganchar ❸ (*fam*): **jdm den Freund ~** quitar(le) a alguien el novio

**aus|sperren** **I.** *vt* ❶ (*aus der Wohnung*) cerrar la puerta (a, *aus* de) ❷ (*Arbeiter*) dejar en la calle mediante un lock-out **II.** *vr:* **sich ~** (*aus der Wohnung*) quedarse fuera sin llaves (*aus* de)

**Aussperrung** *f* <-en> cierre *m,* lock-out *m*

**aus|spielen** **I.** *vt* ❶ (*Karte*) jugar ❷ (SPORT: *Gegenspieler*) regatear ❸ (*aufwiegeln*): **jdn gegen jdn ~** aprovecharse de la rivalidad entre dos personas **II.** *vi* (*beim Kartenspiel*) salir

**aus|spionieren*** *vt* espiar

**Aussprache** *f* <-n> ❶ (*Artikulation*) pronunciación *f* ❷ (*Akzent*) acento *m* ❸ (*Unterredung*) discusión *f,* debate *m;* **eine ~ mit jdm haben** hablar francamente con alguien

**aus|sprechen** *irr* **I.** *vi* (*zu Ende sprechen*) terminar (la frase) **II.** *vt* ❶ (*Wörter, Laute*) pronunciar ❷ (*Lob, Verdächtigung*) expresar; **sie sprachen der Regierung ihr Vertrauen aus** expresaron su confianza al gobierno ❸ (*Verbot*) notificar **III.** *vr:* **sich ~** ❶ (*sein Herz ausschütten*) desahogarse (*bei* con) ❷ (*befürworten*) abogar (*für* por)

**Ausspruch** *m* <-(e)s, -sprüche> dicho *m,* frase *f* ingeniosa

**aus|spucken** *vi, vt* escupir

**aus|spülen** *vt* enjuagar

**aus|staffieren*** ['aʊsʃtafiːrən] *vt* ataviar (*mit* con/de), proveer (*mit* de)

**Ausstand** *m* <-(e)s, *ohne pl*> ❶ (*Streik*) huelga *f* ❷ (*Schweiz: Ausscheiden*) retirada *f* (*aus* de); **seinen ~ geben** celebrar su despedida del trabajo

**aus|statten** ['aʊsʃtatən] *vt* proveer (*mit* de), dotar (*mit* con/de)

**Ausstattung** *f* <-en> ❶ (*mit Geräten*) equipo *m* ❷ (*eines Buches*) presentación *f*

**aus|stechen** *irr vt* ❶ (*Unkraut*) extraer (con una pala); (*Auge*) vaciar ❷ (*übertreffen*) aventajar

**aus|stehen** *irr* **I.** *vi* (*fehlen*) faltar, estar pendiente **II.** *vt* (*ertragen*) aguantar, soportar; **ich kann ihn nicht ~** no le soporto

**aus|steigen** *irr vi sein* ❶ (*aus einem Fahrzeug*) bajar (*aus* de) ❷ (*fam: aufhören*) retirarse (*aus* de), abandonar (*aus*)

**aus|stellen** *vt* ❶ (*Waren, Bilder*) exhibir, exponer ❷ (*Bescheinigung, Zeugnis*) expedir; (*Scheck*) extender (*über* por) ❸ (*Gerät*) apagar

**Aussteller(in)** *m(f)* <-s, -; -nen> ❶ (*bei Ausstellungen*) expositor(a) *m(f)* ❷ (*von Urkunden*) otorgante *mf* ❸ (*von Wechseln*) librador(a) *m(f)*

**Ausstellung** *f* <-en> ❶ (*Veranstaltung*) exposición *f* ❷ (*von Schriftstücken*) expedición *f* ❸ (*von Schecks*) extensión *f* (*über* por); **Ausstellungshalle** *f* pabellón *m* de exposiciones

**aus|sterben** *irr vi sein* (*Pflanze, Tierart, Sprache*) desaparecer; (*Brauch*) perderse, caer en desuso; **wie ausgestorben** (*Ort*) desierto

**Aussteuer** *f ohne pl* ajuar *m*, canastilla *f Arg, PRico;* (*Geld*) dote *f*

**Ausstieg** ['aʊsʃtiːk] *m* <-(e)s, -e> ❶ (*das Heraussteigen*) bajada *f* ❷ (*Ausgang*) salida *f* ❸ (*fam: Beendigung*) abandono *m*

**aus|stopfen** *vt* rellenar; (*Tier*) disecar

**aus|stoßen** *irr vt* ❶ (*Atem, Abgase*) expulsar; (*Dampf, Rauchwolken*) expeler; (*Lava*) arrojar ❷ (*Seufzer*) lanzar ❸ (*produzieren*) producir ❹ (*ausschließen*) expulsar (*aus* de)

**aus|strahlen** *vt* ❶ (*Licht, Wärme*) emitir; (*Ruhe, Heiterkeit*) irradiar ❷ (RADIO) emitir, radiar; (TV) televisar

**Ausstrahlung** *f* <-en> ❶ (RADIO, TV) emisión *f* ❷ (*Charisma*) carisma *m*

**aus|strecken** **I.** *vt* (*Beine*) estirar **II.** *vr:* **sich ~** estirarse

**aus|streichen** *irr vt* (*durchstreichen*) borrar, tachar

**aus|streuen** *vt* esparcir, dispersar; (*Gerüchte*) difundir

**aus|strömen** **I.** *vi sein* (*Wasser*) derramarse; (*Gas, Dampf*) escaparse, salir **II.** *vt* (*Duft*) despedir, exhalar; (*Wärme*) despedir

**aus|suchen** *vt* escoger, elegir

**Austausch** *m* <-(e)s, *ohne pl*> (inter)cambio *m;* **im ~ für etw** a cambio de algo

**austauschbar** *adj* (inter)cambiable; (*ersetzbar*) sustituible

**aus|tauschen** **I.** *vt* ❶ (*auswechseln*) cambiar ❷ (*Erfahrungen, Erinnerungen*) intercambiar ❸ (*Schüler*) intercambiar; (*Gefangene*) canjear **II.** *vr:* **sich untereinander/mit jdm ~** cambiar impresiones uno con otro/con alguien

**Austauschschüler(in)** *m(f)* alumno, -a *m, f* de intercambio (*dentro de un convenio internacional*)

**aus|teilen** *vt* repartir (*an* a, *unter* entre); (*Ohrfeige, Karten*) dar, repartir

**Auster** ['aʊstɐ] *f* <-n> ostra *f*

**Austernpilz** *m* champiñón *m* chino

**aus|toben** *vr:* **sich ~** (*Kinder*) desfogarse; (*beim Spielen*) jugar a lo loco

**aus|tragen** *irr vt* ❶ (*Briefe*) repartir ❷ (*Konflikt*) poner en claro ❸ (*Wend*): **ein Kind ~** (decidir) tener el niño

**Australien** [aʊs'traːliən] *nt* <-s> Australia *f*

**Australier(in)** *m(f)* <-s, -; -nen> australiano, -a *m, f*

**australisch** *adj* australiano

**aus|treiben** *irr* **I.** *vt* ❶ (*Vieh*) sacar a pastar ❷ (*Teufel*) exorcizar ❸ (*Blüten*) echar ❹ (*abgewöhnen*): **jdm etw ~** quitar a alguien algo de la cabeza **II.** *vi* (*Pflanze*) echar hojas

**Austreibung** *f* <-en> ❶ (*von Menschen*) expulsión *f* ❷ (*vom Teufel*) exorcismo *m*

**aus|treten** *irr* **I.** *vi sein* ❶ (*Gas*) escaparse (*aus* por); (*Blut*) salir(se) (*aus* de) ❷ (*aus der Kirche, Partei*) salir (*aus* de); (*aus einem Verein*) darse de baja (*aus* en) ❸ (*fam: zur Toilette gehen*) ir al servicio **II.** *vt* ❶ (*Treppenstufen*) gastar; (*Schuhe*) (des)gastar ❷ (*Feuer*) apagar con los pies; (*Zigarette*) pisar

**aus|tricksen** ['aʊstrɪksən] *vt* (*fam*) engañar

**aus|trinken** *irr vi, vt* terminar(se) de beber

**Austritt** *m* <-(e)s, -e> ❶ (*aus einer Organisation*) abandono *m*, dimisión *f* ❷ (*von Flüssigkeit*) salida *f;* (*von Gas*) escape *m*

**aus|trocknen** **I.** *vi sein* (re)secarse **II.** *vt* secar

**aus|tüfteln** ['aʊstʏftəln] *vt* (*fam*) idear

**aus|üben** *vt* ❶ (*Beruf, Macht*) ejercer; (*Amt*) desempeñar ❷ (*Druck, Einfluss*) ejercer (*auf* sobre)

**Ausübung** *f ohne pl* ❶ (*Beruf*) ejercicio *m*

❷ (*Dienst, Pflicht*) cumplimiento *m*

**aus|ufern** *vi sein* (*Gewässer*) desbordarse; (*Diskussion*) salirse del tema

**Ausverkauf** *m* <-(e)s, -käufe> rebajas *fpl*

**ausverkauft** *adj* agotado

**Auswahl**[1] *f ohne pl* (*Wahl*) selección *f*; **die (freie) ~ haben** poder escoger a su gusto; **zur ~** a escoger

**Auswahl**[2] *f* <-en> ❶ (*Angebot*) surtido *m* ❷ (SPORT) selección *f*

**aus|wählen** *vt* elegir (*aus* de), escoger (*unter* de/entre)

**Auswahlmenü** *nt* (INFOR) menú *m* de opciones; **Auswahlverfahren** *nt* proceso *m* de selección

**Auswanderer, -in** *m, f* <-s, -; -nen> emigrante *mf*

**aus|wandern** *vi sein* emigrar (*aus* de, *nach* a)

**Auswanderung** *f* <-en> emigración *f* (*aus* de, *nach* a)

**auswärtig** ['aʊsvɛrtɪç] *adj* ❶ (*nicht einheimisch*) forastero, de fuera; (*ausländisch*) extranjero ❷ (*das Ausland betreffend*) exterior; **der ~e Dienst** el servicio exterior

**auswärts** ['aʊsvɛrts] *adv* ❶ (*nach außen*) hacia fuera ❷ (*nicht zu Hause*) fuera (de casa); **von ~** de fuera; **Auswärtsspiel** *nt* (SPORT) partido *m* fuera de casa

**aus|waschen** *irr vt* lavar, limpiar; (GEO) erosionar

**auswechselbar** *adj* (inter)cambiable

**aus|wechseln** *vt* cambiar; (TECH) (re)cambiar

**Auswechselspieler(in)** *m(f)* (SPORT) jugador(a) *m(f)* reserva

**Auswechs(e)lung** *f* <-en> cambio *m*; (TECH) (re)cambio *m*

**Ausweg** *m* <-(e)s, -e> salida *f* (*aus* de), solución *f* (*aus* para)

**ausweglos** *adj* sin salida, sin solución; (*verzweifelt*) desesperado

**aus|weichen** *irr vi sein*: **jdm ~** hacer sitio a alguien; **etw** *dat* **~** (*fig*) evitar algo; **eine ~de Antwort geben** responder con una evasiva; **auf etw anderes ~** decidirse por otra cosa

**Ausweichmanöver** *nt* ❶ (AUTO) maniobra *f* de elusión ❷ (*fam: Ausflüchte*) evasiva *f*; **Ausweichmöglichkeit** *f* alternativa *f*

**aus|weinen** *vr*: **sich ~** desahogarse (llorando); **sich bei jdm ~** desahogarse con alguien

**Ausweis** ['aʊsvaɪs] *m* <-es, -e> documento *m*, cartilla *f Am*; (*Studenten~*) carnet *m* de estudiante; (*Personal~*) documento *m* nacional de identidad

**aus|weisen** ['aʊsvaɪzən] *irr* **I.** *vt* ❶ (*fortschicken*) expulsar (*aus* de) ❷ (*identifizieren*) identificar (*als* como/de), probar la identidad (*als* de/como) **II.** *vr*: **sich ~** (*Ausweis zeigen*) identificarse

**Ausweiskontrolle** *f* control *m* de pasaportes; **Ausweispapiere** *ntpl* documentación *f*

**Ausweisung** *f* <-en> (POL) expulsión *f*

**aus|weiten** **I.** *vt* (*vergrößern*) ampliar **II.** *vr*: **sich ~** ❶ (*weiter werden*) ensancharse, ampliarse ❷ (*sich auswachsen*) llegar a convertirse (*zu* en)

**Ausweitung** *f* <-en> ❶ (*Ausdehnung*) ensanchamiento *m*; **die ~ der Handelsbeziehungen** la ampliación de los contratos comerciales ❷ (*Auswachsen*) aumento *m*; **eine ~ der Unruhen soll verhindert werden** se ha de evitar que los disturbios vayan a más

**auswendig** ['aʊsvɛndɪç] *adv* de memoria; **etw ~ können** saberse algo de memoria

**aus|werfen** *irr vt* ❶ (*Anker, Netz*) echar ❷ (*geh: Blut, Schleim*) escupir ❸ (*produzieren*) fabricar, producir ❹ (INFOR: *Daten*) emitir, arrojar

**aus|werten** *vt* ❶ (*analysieren*) analizar ❷ (*verwerten*) utilizar

**Auswertung** *f* <-en> ❶ (*Bewertung*) evaluación *f*, análisis *m inv* ❷ (*Verwertung*) utilización *f*

**aus|wickeln** *vt* desenvolver

**aus|wirken** *vr*: **sich ~** repercutir (*auf* en)

**Auswirkung** *f* <-en> repercusión *f* (*auf* en), consecuencia *f* (*auf* en/para)

**aus|wischen** *vt* ❶ (*Staub*) quitar ❷ (*Glas, Schrank*) limpiar ❸ (*Wend*): **jdm eins ~** (*fam*) jugar(le) a alguien una mala pasada

**aus|wringen** ['aʊsvrɪŋən] *irr vt* escurrir, retorcer

**Auswuchs** ['aʊsvu:ks, *pl*: 'aʊsvy:ksə] *m* <-es, -wüchse> ❶ (MED) excrecencia *f*; (*Geschwulst*) tumor *m* ❷ *pl* (*Übersteigerung*) aberración *f*

**Auswurf**[1] *m* <-(e)s, *ohne pl*> (*das Auswerfen*) expulsión *f*

**Auswurf**[2] *m* <-(e)s, -würfe> (MED) esputo *m*

**aus|zahlen** **I.** *vt* pagar **II.** *vr*: **sich ~** merecer la pena

**aus|zählen** *vt* ❶ (*Stimmen*) escrutar ❷ (*beim Boxen*) contar al límite

**Auszahlung** *f* <-en> pago *m*

**aus|zeichnen** **I.** *vt* ❶ (*kennzeichnen, a. Waren*) marcar ❷ (*hervorheben*) distinguir ❸ (*ehren*) honrar **II.** *vr*: **sich ~** destacarse (*durch* por)

**Auszeichnung** *f* <-en> ❶ (*Ehrung*) distinción *f;* (SCH) matrícula *f* de honor; **mit ~** con mención honorífica ❷ (MIL) condecoración *f,* distinción *f*

**Auszeit** *f* (SPORT) tiempo *m* muerto

**ausziehbar** *adj* extensible

**aus|ziehen** *irr* **I.** *vi sein* (*Wohnung räumen*) mudarse, cambiar(se) de casa **II.** *vt* ❶ (*Kleidung ablegen*) quitar; (*entkleiden*) desnudarse ❷ (*Tisch*) alargar **III.** *vr:* **sich ~** (*Kleidung*) desnudarse, quitarse la ropa, encuerarse *Am*

**Ausziehtisch** *m* mesa *f* extensible

**Auszubildende(r)** *mf* <-n, -n; -n> aprendiz(a) *m(f)*

**Auszug** *m* <-(e)s, -züge> ❶ (*aus der Wohnung*) mudanza *f* (*aus* de) ❷ (*Weggang*): **der ~ aus Ägypten** el éxodo de Egipto ❸ (*Extrakt*) extracto *m* ❹ (*aus einem Buch*) fragmento *m,* extracto *m*

**auszugsweise** *adv* en extracto; (*zusammengefasst*) en resumen

**autark** [aʊˈtark] *adj* autárquico

**Autarkie** *f* <-n> autarquía *f*

**authentisch** [aʊˈtɛntɪʃ] *adj* auténtico

**Authentizität** [aʊtɛntitsiˈtɛːt] *f ohne pl* autenticidad *f*

**Auto** [ˈaʊto] *nt* <-s, -s> coche *m,* auto *m Am;* **mit dem ~ fahren** ir en coche; **Autoatlas** *m* mapa *m* de carreteras

**Autobahn** *f* autopista *f*

**i Land & Leute**

Una vía rápida con más de un carril en cada dirección en la que no está permitido circular a menos de 60 km/h se llama **Autobahn**. Se caracteriza por no tener ningún cruce a nivel y por estar separados los dos sentidos de la circulación por una mediana que normalmente tiene algún tipo de vegetación. En las autopistas alemanas no hay límite de velocidad. En Austria la velocidad máxima permitida a los automóviles es de 130 km/h mientras que en Suiza es de 120 km/h.

**Autobahnauffahrt** *f* entrada *f* a la autopista; **Autobahnausfahrt** *f* salida *f* de la autopista; **Autobahndreieck** *nt* cruce *m* de autopista; **Autobahngebühr** *f* peaje *m;* **Autobahnkreuz** *nt* cruce *m* de autopista; **Autobahnraststätte** *f* área *f* de servicio

**Autobatterie** *f* batería *f* de coche

**Autobiografie** [aʊtobiograˈfiː] *f* <-n> autobiografía *f*

**autobiografisch** *adj* autobiográfico

**Autobiographie** *f* <-n> *s.* **Autobiografie**

**autobiographisch** *adj s.* **autobiografisch**

**Autobombe** *f* (*sl*) coche-bomba *m;* **Autobus** [ˈaʊtobʊs] *m* autobús *m;* **Autocar** [ˈaʊtokaːɐ] *m* <-s, -s> (*Schweiz*) autocar *m*

**Autodidakt(in)** [autodiˈdakt] *m(f)* <-en, -en; -nen> autodidacta *mf*

**autodidaktisch** *adj* autodidáctico

**Autofahrer(in)** *m(f)* conductor(a) *m(f),* automovilista *mf,* volante *mf Am;* **Autofahrt** *f* viaje *m* en coche, paseo *m* en auto; **Autofriedhof** *m* (*fam*) cementerio *m* de coches

**autogen** [aʊtoˈgeːn] *adj* ❶ (TECH) autógeno ❷ (MED): **~es Training** técnica *f* de autorrelajación

**Autogramm** [aʊtoˈgram] *nt* <-s, -e> autógrafo *m*

**Autohändler(in)** *m(f)* vendedor(a) *m(f)* de automóviles; **Autokarte** *f* mapa *m* de carreteras; **Autokino** *nt* auto-cine *m*

**Autokrat(in)** [aʊtoˈkraːt] *m(f)* <-en, -en; -nen> autócrata *mf*

**Autokratie** [aʊtokraˈtiː] *f* <-n> autocracia *f*

**Autokratin** *f* <-nen> *s.* **Autokrat**

**autokratisch** *adj* autocrático

**Automat** [aʊtoˈmaːt] *m* <-en, -en> autómata *m;* (*Getränke~, Tabak~*) distribuidor *m* automático, máquina *f fam;* (*Geld~*) cajero *m* (automático)

**Automatik** [aʊtoˈmaːtɪk] *f* <-en> (TECH) automatismo *m;* **ein Fotoapparat mit ~** una cámara fotográfica automática

**automatisch** *adj* automático

**automatisieren*** *vt* automatizar

**Automatisierung** *f* <-en> automatización *f*

**Automechaniker(in)** *m(f)* mecánico, -a *m, f* de coches

**Automobil** [aʊtomoˈbiːl] *nt* <-s, -e> automóvil *m;* **Automobilindustrie** *f* industria *f* del automóvil

**autonom** [aʊtoˈnoːm] *adj* autónomo

**Autonome(r)** *mf* <-n, -n; -n> autonomista *mf*

**Autonomie** [aʊtonoˈmiː] *f* <-n> autonomía *f;* **Autonomieverhandlungen** *fpl* (POL) negociaciones *fpl* de autonomía

**Autonummer** *f* matrícula *f* del coche

**Autopilot** *m* (TECH) piloto *m* automático

**Autopsie** [aʊtɔˈpsiː] *f* <-n> (MED) autopsia *f*

**Autor(in)** [ˈaʊtoːɐ] *m(f)* <-s, -en; -nen> autor(a) *m(f)*

**Autoradio** *nt* autorradio *f;* **Autoreifen** *m*

neumático *m* del coche, caucho *m* *Col, Ven;* **Autorennen** *nt* carrera *f* de coches [*o* de automóviles]

**Autorin** [aʊ'to:rɪn] *f* <-nen> *s.* **Autor**

**autorisieren*** *vt* autorizar (*zu* para/a)

**autoritär** [aʊtori'tɛ:ɐ] *adj* autoritario

**Autoritarismus** *m* <-, *ohne pl*> (POL) autoritarismo *m*

**Autorität** *f* <-en> autoridad *f*

**Autoschlange** *f* caravana *f* de coches; **Autoschlosser(in)** *m(f)* mecánico, -a *m, f* de coches; **Autoschlüssel** *m* llave *f* del coche; **Autoskooter** ['aʊtosku:tɐ] *m* <-s, -> autochoque *m;* **Autostopp** *m ohne pl:* **per ~ fahren** hacer auto(e)stop

**Autosuggestion** [aʊtozʊgɛs'tjo:n] *f ohne pl* autosugestión *f*

**Autotelefon** *nt* teléfono *m* de automóvil; **Autounfall** *m* accidente *m* de automóvil; **Autoverleih** *m* alquiler *m* de coches, establo *m Cuba;* **Autovermietung** *f* alquiler *m* de coches; **Autowerkstatt** *f* taller *m* de coches

**autsch** [aʊtʃ] *interj* ay

**avancieren*** [avã'si:rən] *vi sein* ascender (*zu* a)

**Avantgarde** [avã'gardə] *f* <-n> vanguardia *f*

**avantgardistisch** [avãgar'dɪstɪʃ] *adj* vanguardista, de vanguardia

**Aversion** [avɛr'zjo:n] *f* <-en> aversión *f* (*gegen* contra)

**Avocado** [avo'ka:do] *f* <-s> aguacate *m,* palta *f Am,* ahuacatl *m Mex*

**axial** *adj* (TECH) axial

**Axiom** [aksi'o:m] *nt* <-s, -e> axioma *m*

**Axt** [akst, *pl:* 'ɛkstə] *f* <Äxte> hacha *f*

**Azalee** [atsa'le:ə] *f* <-n> azalea *f*

**Azeton** *nt* <-s, *ohne pl*> (CHEM) acetona *f*

**Azoren** [a'tso:rən] *pl:* **die ~** las Azores

**Azteke, -in** [ats'te:kə] *m, f* <-n, -n; -nen> azteca *mf*

**Azubi** [a'tsu:bi] *mf* <-s, -s; -s> (*fam*) *Abk. von* **Auszubildende(r)** aprendiz(a) *m(f)*

# Bb

**B, b** [be:] *nt* <-, -> ① (*Buchstabe*) B, b *f;* **~ wie Berta** B de Barcelona ② (MUS: *Ton*) si *m* bemol ③ (MUS: *Erniedrigungszeichen*) bemol *m*

**B** *f Abk. von* **Bundesstraße** (*in Deutschland*) carretera *f* federal; (*in Spanien*) ≈N *f*

**babbeln** **I.** *vi* (*reg*) ① (*Baby*) balbucear ② (*abw: schwatzen*) parlotear **II.** *vt* (*reg: reden*) decir; **sie babbelt ununterbrochen Unsinn** se pasa el día soltando tonterías

**Baby** ['be:bi, 'bɛɪbi] *nt* <-s, -s> bebé *m*

**babysitten** ['be:bisɪtən] *vi* (*fam*) hacer de babysitter

**Babysitter(in)** *m(f)* <-s, -; -nen> babysitter *mf,* canguro *mf*

**Babyspeck** *m* (*fam*) redondez *f* de recién nacido; **Babystrich** *m* (*fam*) prostitución *f* de menores; **Babytragetasche** *f* portabebés *m inv;* **Babyzelle** *f* pila *f* eléctrica baby

**Bach** [bax, *pl:* 'bɛçə] *m* <-(e)s, Bäche> arroyo *m,* quebrada *f Am*

**Bachstelze** *f* <-n> (ZOOL) lavandera *f*

**Backblech** *nt* bandeja *f* de horno

**Backbord** ['bakbɔrt] *nt* <-(e)s, *ohne pl*> (NAUT, AERO) babor *m*

**backbord(s)** *adv* (NAUT, AERO) a babor

**Backe** ['bakə] *f* <-n> ① (*fam: Wange*) carrillo *m;* (*Pausbacke*) moflete *m* ② (*fam: Hinterbacke*) moflete *m* ③ (TECH: *einer Bremse*) zapata *f;* (*eines Schraubstocks*) mandíbula *f*

**backen** ['bakən] <backt *o* bäckt, backte, gebacken> **I.** *vi* (*gar werden*) cocer **II.** *vt* (*Brot, Kuchen*) hacer (en el horno)

**Backenknochen** *m* pómulo *m;* **Backenzahn** *m* muela *f*

**Bäcker(in)** ['bɛkɐ] *m(f)* <-s, -; -nen> ① (*Person*) panadero, -a *m, f* ② (*Geschäft*) panadería *f*

**Bäckerei** *f* <-en> panadería *f*

**Bäckerin** *f* <-nen> *s.* **Bäcker**

**Bäckermeister(in)** *m(f)* maestro, -a *m, f* panadero, -a

**Backfisch** *m* ① (GASTR) pescad(it)o *m* frito ② (*junges Mädchen*) pollita *f;* **Backform** *f* molde *m* de horno

**Background** ['bɛkgraʊnt] *m* <-s, -s> ① (*geh fig: Hintergrund*) tra(n)sfondo *m* ② (*Wissen*) base *f;* (*Bildung*) bagaje *m* cultural ③ (*geh: Herkunft*) origen *m* ④ (FILM, FOTO) (tras)fondo *m*

**Backmischung** *f* preparado *m* para un pastel; **Backofen** *m* horno *m*

**Backpfeife** *f* (*reg*) bofetada *f,* torta *f*

**Backpulver** *nt* levadura *f* en polvo; **Backröhre** *f* horno *m*

**Backslash** ['bɛkslɛʃ] *m* <-s, -s> (INFOR) barra *f* inversa, barra *f* de directorio (*en MS-DOS*)

**Backstein** *m* ladrillo *m;* **Backstube** *f* horno *m* de pan, tahona *f*

**bäckt** [bɛkt] *3. präs von* **backen**

**Backup** [bɛk'ʔap] *nt* <-s, -s> (INFOR) backup *m*

**Backwaren** *fpl* productos *mpl* de panificación y pastelería

**Bad** [ba:t, *pl:* 'bɛ:dɐ] *nt* <-(e)s, Bäder> ❶ (*das Baden*) baño *m*, bañada *f Am;* **ein ~ nehmen** tomar un baño ❷ (*Badewasser*) (agua *m* para el) baño *m;* **sich ein ~ einlassen** prepararse un baño ❸ (*Badezimmer*) (cuarto *m* de) baño *m*, lavatorio *m Am* ❹ (*Heil~, See~*) balneario *m* ❺ (CHEM) baño *m*

**Badeanstalt** *f* piscina *f* (municipal); **Badeanzug** *m* traje *m* de baño, mallas *fpl Am;* **Badehose** *f* bañador *m*, entrepierna *f Chil;* **Badekappe** *f* gorro *m* de baño; **Badelatschen** *mpl* (*fam*) chancletas *fpl;* **Bademantel** *m* albornoz *m;* **Bademeister(in)** *m(f)* bañero, -a *m, f*

**baden** ['ba:dən] **I.** *vi* ❶ (*schwimmen*) bañarse ❷ (*ein Bad nehmen*) tomar un baño **II.** *vt* (*waschen*) bañar

**Baden-Württemberg** *nt* <-s> Baden-Wurtemberg *m*

**Badeort** *m* (*Seebad*) lugar *m* de vacaciones (*en la costa*); (*Kurort*) balneario *m;* **Badeschuhe** *mpl* chancletas *fpl* de baño; **Badetuch** *nt* toalla *f* de baño; **Badewanne** *f* bañera *f*, bañadera *f Am;* **Badewasser** *nt ohne pl* agua *f* para el baño; **Badezimmer** *nt* cuarto *m* de baño, lavatorio *m Am*

**Badminton** ['bɛtmɪntən] *nt* <-, *ohne pl*> (SPORT) bádminton *m*

**baff** [baf] *adj* (*fam*): **~ sein** quedar(se) boquiabierto

**Bafög** ['ba:føːk], **BAföG** *nt* <-(s)> *Abk. von* **Bundesausbildungsförderungsgesetz** Ley *f* Federal de Promoción de la Enseñanza (*crédito oficial a estudiantes para sufragar los estudios*)

**Bagatelle** [baga'tɛlə] *f* <-n> bagatela *f*

**bagatellisieren*** *vt* quitar importancia (a)

**Bagatellschaden** *m* daño *m* insignificante; (JUR) siniestro *m* leve

**Bagdad** ['bakdat] *nt* <-s> Bagdad *m*

**Bagger** ['bagɐ] *m* <-s, -> excavadora *f*

**baggern** *vi* ❶ (*graben*) excavar, dragar ❷ (*Volleyball*) rematar

**Baggersee** *m* lago *m* (artificial)

**Baguette** [ba'gɛt] *nt* <-s, -s> barra *f* de pan (*blanco, estilo francés*)

**Bahamas** [ba'ha:mas] *pl:* **die ~** las Bahamas

**Bahn** [ba:n] *f* <-en> ❶ (*Weg*) camino *m*, paso *m;* **freie ~ haben** tener vía libre; **etw verläuft in gewohnten ~en** algo sigue su ritmo normal; **auf die schiefe ~ geraten** ir por mal camino ❷ (*Zug*) tren *m;* (*Eisenbahn*) ferrocarril *m;* **mit der ~ fahren** ir en tren ❸ (*aus Stoff*) tira *f* ❹ (SPORT) calle *f*, vía *f* ❺ (ASTR: *von Planeten*) órbita *f* ❻ (*einer Rakete*) trayectoria *f;* **Bahnbeamte(r)** *mf*, **-beamtin** *f* (empleado, -a *m, f*) ferroviario, -a *m, f*

**bahnbrechend** *adj* revolucionario

**Bahnbus** *m* autobús *m* de la compañía ferroviaria; **BahnCard** *f* <-s> *tarjeta anual con cuya adquisición se obtiene una reducción en todos los trenes alemanes*

**i Land & Leute**

Con una **BahnCard**, carnet expedido por la *Deutsche Bahn – empresa ferroviaria alemana*, los costes de los viajes en tren se reducen durante un año hasta en un 25%.

**Bahndamm** *m* terraplén *m* de vías férreas

**bahnen** ['ba:nən] *vt* (*Weg*) abrir; **jdm den Weg ~** (*fig*) preparar(le) el camino a alguien

**Bahnfahrt** *f* viaje *m* en tren; **Bahngleis** *nt* raíl *m*, vía *f*

**Bahnhof** *m* estación *f* (de ferrocarril); **Bahnhofshalle** *f* vestíbulo *m* de la estación; **Bahnhofsvorsteher(in)** *m(f)* jefe, -a *m, f* de estación

**Bahnlinie** *f* línea *f* ferroviaria; **Bahnpolizei** *f ohne pl* servicio *m* de seguridad de la estación; **Bahnschranke** *f* barrera *f* de un paso a nivel

**Bahnsteig** ['ba:nʃtaɪk] *m* <-(e)s, -e> andén *m;* **Bahnsteigkante** *f* borde *m* del andén

**Bahnübergang** *m* paso *m* a nivel; **Bahnunterführung** *f* paso *m* subterráneo; **Bahnverbindung** *f* comunicación *f* ferroviaria; **Bahnwärter(in)** *m(f)* guardabarros *mf inv*

**Bahre** ['ba:rə] *f* <-n> ❶ (*Trage*) parihuela *f;* (*Liege*) camilla *f* ❷ (*für Tote*) féretro *m*

**Bai** [baɪ] *f* <-en> bahía *f*

**Baiser** [bɛ'ze:] *nt* <-s, -s> (GASTR) merengue *m*

**Baisse** ['bɛ:s(ə)] *f* <-n> (FIN) baja *f*, caída *f;* **auf ~ spekulieren** jugar a la baja

**Bajonett** [bajo'nɛt] *nt* <-(e)s, -e> bayoneta *f*

**Bakterie** [bak'te:riə] *f* <-n> (BIOL, MED) bacteria *f*

**bakteriell** *adj* (BIOL, MED) bacterial, bactérico

**Bakteriologe, -in** [bakterio'lo:gə] *m, f*

<-n, -n; -nen> bacteriólogo, -a *m, f*
**Bakteriologie** *f ohne pl* bacteriología *f*
**Bakteriologin** *f* <-nen> *s.* **Bakteriologe**
**bakteriologisch** *adj* bacteriológico
**Balance** [ba'lã:s(ə)] *f* <-n> equilibrio *m*
**balancieren*** I. *vi sein* hacer equilibrios II. *vt* (*im Gleichgewicht halten*) equilibrar
**bald** [balt] <eher, am ehesten> *adv* ❶ (*in Kürze*) pronto, en breve; **so ~ wie möglich** cuanto antes; **~ darauf** poco después; **bis ~!** ¡hasta pronto! ❷ (*fam: beinahe*) casi, por poco; **ich wäre ~ hingefallen** por poco me caigo ❸ (*einmal*): **~ regnete es, ~ schien die Sonne** tan pronto llovía como salía el sol
**Baldachin** ['baldaxi:n] *m* <-s, -e> ❶ (*Schutzdach*) baldaquín *m*, baldaquino *m;* (*Betthimmel*) dosel *m* ❷ (*bei Prozessionen*) palio *m*
**Bälde** ['bɛldə] *f:* **in ~** en breve
**baldig** ['baldɪç] *adj* pronto; **baldigst** ['baldɪkst] *adv*, **baldmöglichst** *adv* lo antes posible
**Baldrian** ['baldria:n] *m* <-s, -e> valeriana *f*
**Balearen** [bale'a:rən] *pl:* **die ~** las Baleares
**Balg**[1] [balk, *pl:* 'bɛlgə] *m* <-(e)s, Bälge> ❶ (*Fell*) piel *f*, pellejo *m* ❷ (*Blasebalg*) fuelle *m*
**Balg**[2] [balk, *pl:* 'bɛlgɐ] *m o nt* <-(e)s, Bälger> (*fam abw: Kind*) diablillo *m*, concho *m CSur*
**balgen** ['balgən] *vr:* **sich ~** pelearse (*um* por)
**Balgerei** *f* <-en> pelea *f*
**Balkan** ['balka:n] *m* <-s>: **der ~** los Balcanes; **auf dem ~** en los Balcanes; **Balkanländer** *ntpl* países *mpl* balcánicos
**Balken** ['balkən] *m* <-s, -> ❶ (*aus Holz, Stahl*) viga *f* ❷ (SPORT: *Schwebe~*) barra *f* de equilibrio ❸ (TYPO: *dicker Strich*) raya *f;* **Balkendecke** *f* techo *m* de trabes; **Balkenwaage** *f* balanza *f* (de brazos)
**Balkon** [bal'kɔŋ, bal'ko:n] *m* <-s, -e *o* -s> ❶ (ARCHIT) balcón *m* ❷ (THEAT) palco *m;* **Balkonpflanze** *f* planta *f* de balcón; **Balkontür** *f* puerta *f* del balcón
**Ball** [bal, *pl:* 'bɛlə] *m* <-(e)s, Bälle> ❶ (SPORT) pelota *f*, balón *m;* **~ spielen** jugar a la pelota; **am ~ bleiben** (*fam*) no perder de vista ❷ (*Tanzveranstaltung*) baile *m*
**Ballade** [ba'la:də] *f* <-n> balada *f;* (LIT) romance *m*
**Ballast** ['balast, -'-] *m* <-(e)s, -e> (*a.* NAUT, AERO) carga *f;* **Ballaststoffe** [-'---] *mpl* (MED) fibras *fpl* vegetales
**ballen** ['balən] I. *vt* (*Faust*) apretar, empuñar *Chil;* **die Hand zur Faust ~** cerrar los puños II. *vr:* **sich ~** ❶ (*Menschenmenge*) aglomerarse ❷ (*Wolken*) acumularse ❸ (*Verkehr*) concentrarse
**Ballen** *m* <-s, -> ❶ (*Stoff~*) paca *f* ❷ (*an Hand-, Fußflächen*) pulpejo *m* ❸ (*einer Pflanze*) cepellón *m*
**Ballerina** [balə'ri:na] *f* <Ballerinen> bailarina *f*
**ballern** ['balɐn] I. *vi* (*fam: mehrmals schießen*) tirotear, abalear *Am* II. *vt* (*fam*): **jdm eine ~** sacudir(le) una bofetada a alguien
**Ballett** [ba'lɛt] *nt* <-(e)s, -e> ballet *m;* **Balletttänzer(in)** *m(f)* bailarín, -ina *m, f* de ballet
**Balljunge** *m* (SPORT) recogepelotas *m inv*
**Ballkleid** *nt* traje *m* de fiesta
**Ballon** [ba'lɔŋ, ba'lo:n] *m* <-s, -s *o* -e> ❶ (AERO) globo *m* ❷ (*Glasbehälter*) balón *m* ❸ (*fam: Kopf*) coco *m;* **Ballonfahrt** *f* viaje *m* en globo
**Ballsaal** *m* salón *m* de baile
**Ballspiel** *nt* juego *m* de pelota; **Ballspielen** *nt* jugar *m* a la pelota; **„~ verboten“** “prohibido jugar a la pelota”
**Ballung** ['balʊŋ] *f* <-en> aglomeración *f;* **Ballungsgebiet** *nt* zona *f* de aglomeración; **Ballungsraum** *m* zona *f* de aglomeración; **Ballungszentrum** *nt* (centro *m* de) aglomeración *f;* **städtisches ~** megaciudad *f*
**Ballwechsel** *m* (SPORT) juego *m* (*de la pelota*)
**Balsam** ['balza:m] *m* <-s, *ohne pl*> bálsamo *m*
**balsamieren*** *vt* embalsamar
**Balte, -in** ['baltə] *m, f* <-n, -n; -nen> báltico, -a *m, f*
**Baltikum** ['baltikʊm] *nt* <-s> países *mpl* bálticos
**Baltin** ['baltɪn] *f* <-nen> *s.* **Balte**
**baltisch** *adj* báltico
**Balustrade** [balʊs'tra:də] *f* <-n> balaustrada *f*
**balzen** ['baltsən] *vi* estar en (época de) celo
**Bambus** ['bambʊs] *m* <-(ses), -se> bambú *m;* **Bambusrohr** *nt* caña *f* de bambú; **Bambussprossen** *fpl* (GASTR) brotes *mpl* tiernos de bambú
**Bammel** ['baməl] *m* <-s, *ohne pl*> (*fam*) miedo *m*
**banal** [ba'na:l] *adj* banal
**banalisieren*** *vt* (*geh*) trivializar
**Banalität** [banali'tɛ:t] *f* <-en> banalidad *f*
**Banane** [ba'na:nə] *f* <-n> plátano *m*, banana *f Am;* **Bananenschale** *f* cáscara *f* de plátano, cáscara *f* de banana *Am*
**Banause** [ba'naʊzə] *m* <-n, -n> (*abw*) inculto, -a *m, f*

**band** [bant] *3. imp von* **binden**

**Band**[1] [bɛnt] *f* <-s> (*Musikgruppe*) grupo *m;* (*in Kennerkreisen*) banda *f*

**Band**[2] [bant, *pl:* 'bɛndə] *m* <-(e)s, Bände> (*Buch*) tomo *m,* volumen *m;* **dein Gesicht spricht Bände** (*fam*) tu cara lo dice todo

**Band**[3] [bant, *pl:* 'bɛndɐ] *nt* <-(e)s, Bänder> ❶ (*Stoff~*) cinta *f,* lazo *m;* (*Auszeichnung*) banda *f* ❷ (*Fließ~*) cadena *f* de fabricación; **am ~ arbeiten** trabajar en la cadena de montaje; **am laufenden ~** (*fam*) continuamente ❸ (TECH: *Ton~*) cinta *f* magnetofónica; (*Farb~*) cinta *f* mecanográfica; (*Maß~*) cinta *f* métrica; (*Klebe~*) cinta *f* adhesiva; **ich habe dir aufs ~ gesprochen** (*fam*) te dejé un mensaje (en el contestador) ❹ (*am Gelenk*) ligamento *m* ❺ (*Frequenzbereich*) banda *f* de frecuencia

**Bandage** [ban'da:ʒə] *f* <-n> vendaje *m*

**bandagieren*** [banda'ʒi:rən] *vt* vendar

**Bandaufnahme** *f* grabación *f* en cinta (magnetofónica); **Bandbreite** *f* ❶ (RADIO) anchura *f* de banda ❷ (*fig: Vielfalt*) diversidad *f* ❸ (FIN) margen *m o f* de fluctuación

**Bande** ['bandə] *f* <-n> ❶ (*abw: Gruppe*) banda *f,* trinca *f And, CSur* ❷ (*Umrandung*) banda *f*

**Banderole** [bandə'ro:lə] *f* <-n> precinto *m*

**Bänderriss** ['bɛndɐrɪs] *m* (MED) rotura *f* de ligamentos

**bändigen** ['bɛndɪgən] *vt* ❶ (*Tier*) domar; (*Mensch*) calmar ❷ (*Gefühle*) refrenar

**Bandit(in)** [ban'di:t] *m(f)* <-en, -en; -nen> bandido, -a *m, f*

**Bandmaß** *nt* cinta *f* métrica; **Bandnudel** *f* tallarín *m*

**Bandscheibe** *f* (MED) disco *m* intervertebral

**Bandwurm** *m* tenia *f*

**bang(e)** *adj* (*reg*) miedoso; **es ist mir ~ (zumute)** tengo miedo

**Bange** *f ohne pl* (*reg*) temor *m* (*vor* a), miedo *m* (*vor* de/a)

**bangen** ['baŋən] **I.** *vi* (*geh*) ❶ (*Angst haben*) tener miedo (*vor* a) ❷ (*sich sorgen*) temer (*um* por) **II.** *vt* (*geh*) temer **III.** *vunpers:* **mir bangt davor** lo temo

**Bank**[1] [baŋk, *pl:* 'bɛŋkə] *f* <Bänke> ❶ (*Sitz~*) banco *m;* (SPORT) banquillo *m;* **durch die ~** sin excepción; **etw auf die lange ~ schieben** dar largas a algo ❷ (*Sand~*) banco *m* de arena

**Bank**[2] [baŋk, *pl:* 'baŋkən] *f* <-en> ❶ (*Kreditinstitut*) banco *m* ❷ (*beim Spiel*) banca *f;* **die ~ sprengen** saltar la banca

**Bankangestellte(r)** *mf* empleado, -a *m, f* de banco; **Bankautomat** *m* cajero *m* automático; **Bankdirektor(in)** *m(f)* director(a) *m(f)* de banco, jefe, -a *m, f* de banco

**Banker** ['bɛŋkɐ] *m* <-s, -; -nen> (WIRTSCH) banquero *m*

**Bankett** [baŋ'kɛt] *nt* <-(e)s, -e> festín *m,* banquete *m*

**Bankette** [baŋ'kɛtə] *f* <-n> arcén *m;* **„~ nicht befahrbar"** "arcén no transitable"

**Bankgeheimnis** *nt* secreto *m* bancario; **Bankgeschäft** *nt* negocio *m* bancario; (*Transaktion*) transacción *f* bancaria

**Bankier** [baŋ'kje:] *m* <-s, -s> banquero, -a *m, f*

**Bankkauffrau** *f* empleada *f* titulada bancaria; **Bankkaufmann** *m* empleado *m* titulado bancario; **Bankkonto** *nt* cuenta *f* bancaria; **Bankkredit** *m* crédito *m* bancario; **Bankleitzahl** *f* código *m* de identificación bancaria; **Banknote** *f* billete *m* de banco; **Bankraub** *m* robo *m* de banco; **Bankräuber(in)** *m(f)* atracador(a) *m(f)* de bancos

**bankrott** [baŋk'rɔt] *adj* en bancarrota, en quiebra

**Bankrott** *m* <-(e)s, -e> bancarrota *f,* quiebra *f;* **~ machen** ir a la quiebra

**Bankschließfach** *nt* casilla *f* bancaria; **Banküberfall** *m* atraco *m* a un banco; **Banküberweisung** *f* transferencia *f* bancaria; **Bankverbindung** *f* cuenta *f* bancaria; **Bankwesen** *nt* (WIRTSCH) banca *f*

**Bann** [ban] *m* <-(e)s, -e> ❶ (REL) excomunión *f* ❷ (*geh: Zauber*) encantamiento *m,* hechizo *m;* **jdn in seinen ~ ziehen** cautivar a alguien; **in jds ~ geraten** estar hechizado por alguien

**bannen** ['banən] *vt* ❶ (*Gefahr, Geister*) conjurar ❷ (*Zuschauer*) cautivar ❸ (*festhalten*) dejar inmóvil (como por encanto) (*auf* en); **wie gebannt zuhören** escuchar como hechizado ❹ (*den Bann aussprechen*) excomulgar

**Banner** ['banɐ] *nt* <-s, -> estandarte *m*

**bar** [ba:ɐ] *adj* ❶ (FIN) en efectivo; **etw (in) ~ bezahlen** pagar algo al contado ❷ (*geh: rein*) puro, verdadero; **das ist ~er Unsinn/Zufall** esto es pura sandez/coincidencia

**Bar**[1] [ba:ɐ] *f* <-s> ❶ (*Lokal*) bar *m;* (*Nachtlokal*) boite *f,* club *m* nocturno ❷ (*Theke*) barra *f*

**Bar**[2] *nt* <-s, -s> (PHYS) bar(o) *m*

**Bär(in)** [bɛ:ɐ] *m(f)* <-en, -en; -nen> oso, -a *m, f;* **jdm einen ~en aufbinden** (*fig fam*) contar a alguien un cuento chino

**Baracke** [ba'rakə] *f* <-n> barraca *f,* chabo-

B

la *f*

**Barbar(in)** [bar'ba:ɐ] *m(f)* <-en, -en; -nen> bárbaro, -a *m, f*

**Barbarei** [barba'raɪ] *f* <-en> barbarie *f*

**Barbarin** *f* <-nen> *s.* **Barbar**

**barbarisch** *adj* bárbaro

**Barbe** ['barbə] *f* <-n> (GASTR, ZOOL) barbo *m*

**bärbeißig** *adj* (*fam: Mensch*) gruñón; (*Miene*) arisco

**Barbier** [bar'bi:ɐ] *m* <-s, -e> barbero *m*

**Bardame** *f* camarera *f* de un club nocturno

**Bärendienst** ['bɛ:rən-] *m:* **jdm einen ~ erweisen** hacer un flaco servicio a alguien; **Bärenhunger** *m* (*fam*) hambre *f* canina; **einen ~ haben** tener un hambre de lobo; **Bärenkräfte** *fpl* (*gewaltige Kräfte*) fuerza *f* hercúlea; **bärenstark** ['--'-] *adj* (*fam*) fuerte como un toro

**Barett** [ba'rɛt] *nt* <-(e)s, -e *o* -s> boina *f;* (*Geistlicher*) birreta *f;* (*Richter, Professor*) birrete *m*

**barfuß** *adj* descalzo

**barg** [bark] *3. imp von* **bergen**

**Bargeld** *nt* dinero *m* al contado; **bargeldlos** *adj* por cheque, por transacción; **~er Zahlungsverkehr** pagos por giro o cheque; **Bargeldumstellung** *f* proceso *m* de cambio para las transacciones en efectivo

**Barhocker** *m* taburete *m* de bar

**Bärin** ['bɛ:rɪn] *f* <-nen> *s.* **Bär**

**Bariton** ['ba:ritɔn, *pl:* 'ba:rito:nə] *m* <-s, -e> (MUS) barítono *m*

**Barium** ['ba:riʊm] *nt* <-s, *ohne pl*> (CHEM) bario *m*

**Barkasse** [bar'kasə] *f* <-n> barcaza *f,* lancha *f*

**Barkauf** *m* compra *f* al contado

**Barke** ['barkə] *f* <-n> barca *f*

**Barkeeper** ['ba:ɐki:pɐ] *m* <-s, -> barman *m*

**barmherzig** [barm'hɛrtsɪç] *adj* misericordioso, caritativo

**Barmherzigkeit** *f ohne pl* misericordia *f*

**Barmixer** *m* <-s, -> barman *m*

**barock** *adj* barroco

**Barock** [ba'rɔk] *m o nt* <-s, *ohne pl*> barroco *m*

**Barometer** [baro'me:tɐ] *nt* <-s, -> barómetro *m*

**Baron(in)** [ba'ro:n] *m(f)* <-s, -e; -nen> barón, -onesa *m, f*

**Barren** ['barən] *m* <-s, -> ❶ (*Metall*) barra *f* ❷ (SPORT) (barras *fpl*) paralelas *fpl*

**Barriere** [ba'rje:rə] *f* <-n> barrera *f*

**Barrikade** [bari'ka:də] *f* <-n> barricada *f;* **für etw auf die ~n gehen** (*fig*) luchar por algo

**barsch** [barʃ] *adj* rudo, áspero

**Barsch** [barʃ] *m* <-(e)s, -e> (ZOOL, GASTR) perca *f*

**Barscheck** *m* cheque *m* abierto

**barst** [barst] *3. imp von* **bersten**

**Bart** [ba:ɐt, *pl:* 'bɛrtə] *m* <-(e)s, Bärte> ❶ (*bei Männern*) barba *f;* **sich einen ~ wachsen lassen** dejarse crecer la barba; **etw in den ~ murmeln** (*fam*) murmurar algo entre dientes; **jdm um den ~ gehen** (*fam*) hacer la pelotilla a alguien ❷ (*Katze, Robbe*) bigote(s) *m(pl)* ❸ (*Schlüssel~*) paletón *m*

**bärtig** ['bɛrtɪç, 'bɛ:ɐtɪç] *adj* barbudo

**bartlos** *adj* sin barba; **Bartstoppeln** *fpl* cañones *mpl* de la barba; **Bartwuchs** *m* barba *f;* **er hat einen starken ~** le crece mucho la barba

**Barvermögen** *nt* (FIN) activo *m;* **Barzahlung** *f* pago *m* al contado

**Basar** [ba'za:ɐ] *m* <-s, -e> bazar *m*

**Base** ['ba:zə] *f* <-n> ❶ (*südd: Cousine*) prima *f* ❷ (*Schweiz: Tante*) tía *f* ❸ (CHEM) base *f*

**Baseball**[1] *m* <-s, *ohne pl*> (SPORT: *Spiel*) béisbol *m;* **~ spielen** jugar al béisbol

**Baseball**[2] *m* <-s, -s> (SPORT: *Ball*) pelota *f* de béisbol

**Basel** ['ba:zəl] *nt* <-s> Basilea *f*

**Bas(e)ler(in)** *m(f)* <-s, -; -nen> habitante *mf* de Basilea

**Basen** *pl von* **Base, Basis**

**basieren*** [ba'zi:rən] *vi* basarse (*auf* en), fundarse (*auf* en)

**Basilika** [ba'zi:lika, *pl:* ba'zi:likən] *f* <Basiliken> basílica *f*

**Basilikum** [ba'zi:likʊm] *nt* <-s, *ohne pl*> albahaca *f*

**Basis** ['ba:zɪs] *f* <Basen> ❶ (*Grundlage*) base *f* ❷ (ARCHIT, POL, MATH) base *f* ❸ (MIL) base *f* militar

**basisch** *adj* (CHEM) básico

**Basiswissen** *nt* conocimientos *mpl* básicos

**Baske, -in** ['baskə] *m, f* <-n, -n; -nen> vasco, -a *m, f;* **Baskenland** *nt* <-(e)s> País *m* Vasco, Euskadi *m;* **Baskenmütze** *f* chapela *f,* boina *f* vasca

**Basketball**[1] ['ba:skətbal] *m* <-(e)s, *ohne pl*> (*Sportart*) baloncesto *m*

**Basketball**[2] *m* <-(e)s, -bälle> (*Ball*) pelota *f* de baloncesto

**Baskin** *f* <-nen> *s.* **Baske**

**baskisch** *adj* vasco; (*Sprache*) vascuence, euskera

**Basler(in)** ['ba:zlɐ] *m(f)* <-s, -; -nen> *s.* **Bas(e)ler**

**Bass** [bas, *pl:* 'bɛsə] *m* <-es, Bässe> ❶ (*Stimmlage, Sänger*) bajo *m* ❷ (*Instrument*) contrabajo *m;* (*elektrisch verstärkt*) bajo *m*

**Bassin** [ba'sɛ̃:] *nt* <-s, -s> depósito *m* de agua

**Bassist(in)** [ba'sɪst] *m(f)* <-en, -en; -nen> ① (*Sänger*) bajo *m* ② (*Bassspieler*) contrabajo *mf;* (*elektrisch verstärkt*) bajo *mf*

**Bassschlüssel** *m* (MUS) clave *f* de fa

**Bast** [bast] *m* <-(e)s, -e> rafia *f*

**basta** ['basta] *interj* basta; **du kommst, (und damit)** ~**!** ¡vienes, y no se hable más!

**Bastard** ['bastart] *m* <-(e)s, -e> bastardo *m;* (BIOL) híbrido *m*

**basteln** ['bastəln] **I.** *vi* ① (*handarbeiten*) hacer trabajos manuales; (*heimwerken*) dedicarse al bricolaje ② (*reparieren*) (intentar) arreglar (*an*) **II.** *vt* hacer (a mano)

**Bastion** [bas'tjo:n] *f* <-en> bastión *m*

**Bastler(in)** ['bastlɐ] *m(f)* <-s, -; -nen> aficionado, -a *m, f* a las manualidades

**bat** [ba:t] *3. imp von* **bitten**

**Bataillon** [batal'jo:n] *nt* <-s, -e> (MIL) batallón *m*

**Batik** ['ba:tɪk] *f* <-en> batik *m* (*método de teñir tejidos*)

**Batist** [ba'tɪst] *m* <-(e)s, -e> batista *f*

**Batterie** [batə'ri:] *f* <-n> ① (*Stromspeicher*) pila *f* ② (AUTO, MIL) batería *f* ③ (*fam: Anzahl*) pila *f;* **eine ganze** ~ **(von) Maßnahmen** una artillería de medidas; **Batteriebetrieb** *m* (ELEK) alimentación *f* a pilas; **Batterie- und Netzbetrieb** alimentación a pilas y por red; **batteriebetrieben** *adj* accionado por batería; **ein** ~**es Radiogerät** una radio a pilas

**Batzen** ['batsən] *m* <-s, -> (*Klumpen*) grumo *m;* (*Brocken*) pedazo *m;* **ein schöner** ~ **Geld** (*fam*) un dineral

**Bau**[1] [baʊ] *m* <-(e)s, *ohne pl*> ① (*das Bauen*) construcción *f;* (*von Gebäuden*) edificación *f;* **sich im** ~ **befinden** estar en construcción ② (*fam: Baustelle*) construcción *f,* obra *f;* **auf dem** ~ **arbeiten** trabajar en la construcción ③ (*sl: Gefängnis*) chirona *f* ④ (*Konstitution*) constitución *f*

**Bau**[2] *m* <-(e)s, Bauten> (*Gebäude*) edificio *m*

**Bau**[3] *m* <-(e)s, -e> (*Erdhöhle*) madriguera *f*

**Bauabschnitt** *m* tramo *m* en construcción; **Bauamt** *nt* oficina *f* de obras y construcciones; **Bauarbeiten** *fpl* obras *fpl* de construcción; **Bauarbeiter(in)** *m(f)* obrero, -a *m, f* de la construcción

**Bauch** [baʊx, *pl:* 'bɔɪçə] *m* <-(e)s, Bäuche> ① (*bei Mensch, Tier*) vientre *m,* barriga *f,* tripa *f fam,* timba *f Am;* **mein Vater hat einen** ~ **bekommen** mi padre ha echado barriga; **sich** *dat* **den** ~ **mit etw voll schlagen** (*fam*) darse una panzada de algo; **etw aus dem** ~ **heraus entscheiden** (*fam fig*) decidir algo por intuición ② (*bei Flasche, Vase*) vientre *m,* panza *f;* (*bei Schiff, Flugzeug*) casco *m;* **Bauchbinde** *f* ① (MED) faja *f* ② (*Zigarre*) vitola *f* ③ (*Buch*) tira *f*

**Bauchfell** *nt* (ANAT) peritoneo *m;* **Bauchfellentzündung** *f* (MED) peritonitis *f inv*

**Bauchfleisch** *nt* (GASTR) panceta *f;* **Erbseneintopf mit** ~ potaje de guisantes con panceta

**Bauchhöhle** *f* (ANAT) cavidad *f* abdominal

**bauchig** ['baʊxɪç] *adj* barrigudo; (*Gefäß*) abombado

**Bauchladen** *m* buhonería *f;* **Bauchlandung** *f* (AERO) aterrizaje *m* ventral; **Bauchnabel** *m* ombligo *m;* **Bauchredner(in)** *m(f)* ventrílocuo, -a *m, f;* **Bauchschmerzen** *mpl* dolores *mpl* de barriga; **Bauchspeck** *m* (GASTR) panceta *f;* **Bauchspeicheldrüse** *f* páncreas *m inv;* **Bauchtanz** *m* danza *f* oriental; **Bauchtänzerin** *f* danzarina *f* oriental; **Bauchweh** *nt* <-s, *ohne pl*> (*fam*) dolor *m* de barriga

**Baudenkmal** *nt* monumento *m* conmemorativo

**bauen** ['baʊən] **I.** *vt* ① (*errichten*) construir; (*Gebäude*) edificar; (*Nest*) hacer ② (*fam: verursachen*) hacer; (*Unfall*) tener; **da hast du Mist gebaut** (*fam*) has metido la pata **II.** *vi* ① (*vertrauen*) confiar (*auf* en) ② (*sich verlassen*) contar (*auf* con)

**Bauer**[1] *m o nt* <-s, -> (*Vogelkäfig*) jaula *f*

**Bauer**[2] ['baʊɐ] *m,* **Bäuerin** *f* <-n *o* -s, -; -nen> ① (*Landwirt*) agricultor(a) *m(f);* (*Landarbeiter*) labrador(a) *m(f),* campesino, -a *m, f,* concho, -a *m, f AmC* ② (*abw: ungebildeter Mensch*) paleto, -a *m, f,* rural *mf Am* ③ (*Schachfigur*) peón *m* ④ (*Spielkarte*) ≈sota *f*

**Bäuerchen** ['bɔɪɐçən] *nt* <-s, -> (*fam*) regüeldo *m,* eructo *m;* **ein** ~ **machen** soltar un eructo

**Bäuerin** ['bɔɪərɪn] *f* <-nen> *s.* **Bauer**[2]

**bäuerlich** *adj* campesino, jíbaro *Am;* (*abw*) rústico

**Bauernfänger(in)** *m(f)* <-s, -; -nen> (*abw*) estafador(a) *m(f),* engañabobos *mf inv*

**Bauernhaus** *nt* casa *f* de labranza; **Bauernhof** *m* granja *f;* **Bauernregel** *f* almanaque *m* campesino; **bauernschlau** *adj* astuto; **Bauernschläue** *f* <-, *ohne pl*> agudeza *f;* **Bauernverband** *m* asociación *f* de agricultores

**baufällig** *adj* ruinoso, en ruina

B

**Baufirma** *f* empresa *f* constructora; **Baugelände** *nt* zona *f* de edificación; **Baugenehmigung** *f* permiso *m* de edificación; **Baugerüst** *nt* andamio *m;* **Baugesellschaft** *f* empresa *f* constructora; **Baugewerbe** *nt ohne pl* ramo *m* de la construcción; **Baugrube** *f* zanja *f* (de una obra); **Baugrundstück** *nt* solar *m;* **Bauherr(in)** *m(f)* propietario, -a *m, f;* **Bauholz** *nt* madera *f* de construcción; **Bauingenieur(in)** *m(f)* ingeniero, -a *m, f* civil; **Baujahr** *nt* ❶ (*von Gebäuden*) año *m* de construcción ❷ (*von Fahrzeugen*) año *m* de fabricación; **Baukasten** *m* juego *m* de construcción (con cubos); **Bauklotz** *m* cubo *m* aplicable; **Bauklötze staunen** (*fam*) quedarse atónito; **Bauland** *nt ohne pl* terreno *m* de edificación; **Baulärm** *m* ruido *m* provocado por la construcción; **Bauleiter(in)** *m(f)* director(a) *m(f)* de la obra

**baulich** *adj* arquitectónico; **~e Veränderungen vornehmen** realizar cambios arquitectónicos

**Baum** [baʊm, *pl:* 'bɔɪmə] *m* <-(e)s, Bäume> ❶ (BOT) árbol *m;* **stark wie ein ~** (*fam fig*) fuerte como un roble; **Bäume ausreißen können** (*fam fig*) rebosar de vitalidad ❷ (INFOR: *Struktur*) árbol *m*

**Baumarkt** *m* mercado *m* de materiales para la construcción; **Baumaterial** *nt* material *m* de construcción

**Baumbestand** *m* arbolado *m*

**Baumeister(in)** *m(f)* (*Erbauer*) constructor(a) *m(f);* (*Beruf*) arquitecto, -a *m, f* técnico, -a

**baumeln** ['baʊməln] *vi* (*fam*) bambolearse

**Baumgrenze** *f* límite *m* de la arboleda; **Baumkrone** *f* copa *f;* **Baumrinde** *f* corteza *f;* **Baumschule** *f* plantel *m,* semillero *m;* **Baumstamm** *m* tronco *m;* **Baumsterben** *nt* muerte *f* de los bosques; **Baumstruktur** *f* (INFOR) estructura *f* en árbol; **Baumstumpf** *m* tocón *m;* (*Ballen*) cepellón *m;* **Baumwipfel** *m* cima *f* de un árbol

**Baumwolle** *f ohne pl* algodón *m*

**Baumzucht** *f ohne pl* (AGR) arboricultura *f*

**Bauordnung** *f* (ADMIN) ordenanza *f* de construcciones; **Bauplan** *m* ❶ (*Entwurf*) plan *m* de ejecución de las obras ❷ (*Bauvorhaben*) proyecto *m* de construcción; **Bauplanung** *f* planificación *f* de construcciones; **Bauplatz** *m* solar *m;* **Bauruine** *f* (*fam*) construcción *f* sin terminar

**Bausch** [baʊʃ] *m* <-(e)s, -e *o* Bäusche> (*Watte*) pelota *f* (de algodón); **in ~ und Bogen** a bulto

**bauschig** *adj* ❶ (*weich, füllig*) mullido ❷ (*weit, gewölbt*) abombado

**Bauschutt** *m* escombros *mpl*

**bausparen** *vi* ahorrar para vivienda

**Bausparkasse** *f* caja *f* de ahorro(s) para la construcción; **Bausparvertrag** *m* cuenta-vivienda *f*

**Baustein** *m* ❶ (ARCHIT) piedra *f* de construcción ❷ (*Bestandteil*) componente *m;* **elektronischer ~** (INFOR) chip *m;* **Baustelle** *f* obras *fpl;* **Betreten der ~ verboten!** ¡prohibida la entrada a toda persona ajena a las obras!; **Baustil** *m* (ARCHIT) estilo *m* arquitectónico; **Baustoff** *m* ❶ (*Baumaterial*) material *m* de construcción ❷ (BIOL) substancia *f* orgánica; **Bausubstanz** *f ohne pl* estructura *f* (del edificio); **Bauteil** *nt* (*Teil zum Bauen*) elemento *m;* (*Teil einer Maschine*) componente *m* (de una máquina)

**Bauten** ['baʊtən] *pl von* **Bau**²

**Bauunternehmen** *nt* compañía *f* de construcciones; **Bauunternehmer(in)** *m(f)* contratista *mf* de obras; **Bauvorhaben** *nt* proyecto *m* de construcción; **Bauweise** *f* método *m* constructivo; (*Stil*) estilo *m;* **Bauwerk** *nt* edificio *m,* construcción *f*

**Bauxit** [baʊ'ksiːt] *m* <-s, -e> bauxita *f*

**Bayer(in)** ['baɪɐ] *m(f)* <-n, -n; -nen> bávaro, -a *m, f*

**bay(e)risch** *adj* bávaro

**Bayern** ['baɪɐn] *nt* <-s> Baviera *f*

**bayrisch** *adj s.* **bay(e)risch**

**Bazillus** [ba'tsɪlʊs] *m* <-, Bazillen> bacilo *m*

**Bd.** *Abk. von* **Band** t., vol.

**B-Dur** *nt* <-s, *ohne pl*> (MUS) si *m* bemol mayor

**beabsichtigen*** *vt* tener la intención (de); **das war nicht beabsichtigt!** ¡no fue intencionado!

**beachten*** *vt* ❶ (*Aufmerksamkeit schenken*) prestar atención (a); (*Rat*) seguir; **nicht ~** pasar por alto ❷ (*Vorschrift*) cumplir (con) ❸ (*berücksichtigen*) tener en cuenta, considerar ❹ (*bemerken*) fijarse (en); **beachtenswert** *adj* notable

**beachtlich** *adj* ❶ (*beträchtlich*) considerable ❷ (*wichtig*) importante

**Beachtung** *f ohne pl* atención *f;* (*der Gesetze*) observancia *f;* **etw** *dat* **(keine) ~ schenken** (no) hacer caso a algo

**Beamte(r)** *mf* <-n, -n; -n>, **Beamtin** *f* <-nen> funcionario, -a *m, f* del Estado; **richterlicher ~r** oficial de justicia; **ein hoher ~r** un alto funcionario del Estado; **Beamtenbeleidigung** *f* desacato *m* a la autoridad; **Beamtenlaufbahn** *f* (ADMIN) carrera *f* de funcionario

**Beamtentum** *nt* <-s, *ohne pl*> funcionariado *m*

**Beamtenverhältnis** *nt:* **im ~ stehen** tener calidad de funcionario

**beamtet** *adj* empleado como funcionario

**Beamtin** *f* <-nen> *s.* **Beamte(r)**

**beängstigen*** [bəˈʔɛŋstɪgən] *vt* atemorizar, dar miedo

**beängstigend** *adj* alarmante

**beanspruchen*** [bəˈʔanʃprʊxən] *vt* ① (*fordern*) exigir, reclamar ② (*Zeit, Platz*) exigir, requerir ③ (*Hilfe*) recurrir (a) ④ (*Geduld*) poner a prueba; (*Maschine*) usar; (*Person*) ocupar

**Beanspruchung** *f* <-en> ① (*das Inanspruchnehmen*) utilización *f;* (*Benutzung*) empleo *m* ② (*eines Menschen*) exigencia *f* ③ (*Abnutzung*) desgaste *m*

**beanstanden*** *vt* poner reparos (a), objetar

**Beanstandung** *f* <-en> objeción *f,* reparo *m*

**beantragen*** *vt* solicitar

**beantworten*** [bəˈʔantvɔrtən] *vt* responder; (*Brief*) contestar

**Beantwortung** *f* <-en> respuesta *f;* **in ~ Ihres Schreibens vom ...** en respuesta a su carta del...

**bearbeiten*** *vt* ① (*behandeln*) tratar, trabajar; (*Stein*) labrar; (*Rohstoffe*) elaborar ② (*sich befassen mit*) ocuparse (de); (*Fall, Antrag*) tramitar ③ (*Musikstück*) transcribir; (*Thema*) trabajar; (*Text*) revisar; (*für den Film*) adaptar ④ (*schlagen*) pegar ⑤ (*fam: einreden*): **jdn ~** tratar de persuadir a alguien

**Bearbeiter(in)** *m(f)* <-s, -; -nen> ① (*Sachbearbeiter*) encargado, -a *m, f* ② (*Text*) autor(a) *m(f),* corrector(a) *m(f);* (MUS) arreglista *mf,* adaptador(a) *m(f)*

**Bearbeitung** *f* <-en> ① (*das Bearbeiten*) (trabajo *m* de) elaboración *f;* (*Buch*) revisión *f;* **etw ist in ~** algo está en tramitación ② (*überarbeitete Fassung*) adaptación *f* ③ (MUS) transcripción *f;* **Bearbeitungsgebühr** *f* (ADMIN) tarifa *f* de tramitación

**beargwöhnen*** [bəˈʔarkvøːnən] *vt* (*geh*) sospechar (de), desconfiar (de)

**Beat** [biːt] *m* <-(s), *ohne pl*> (MUS) beat *m*

**beatmen*** *vt* (MED) practicar la respiración artificial

**beaufsichtigen*** *vt* ① (*Schüler*) vigilar ② (*Arbeit, Bau*) controlar, supervisar

**beauftragen*** *vt* encargar, encomendar; **jdn mit etw ~** encomendar algo a alguien

**Beauftragte(r)** *mf* <-n, -n; -n> encargado, -a *m, f,* comisionado, -a *m, f*

**beäugen*** *vt* escrutar; **jdn vorsichtig ~** examinar cuidadosamente a alguien

**bebauen*** *vt* ① (*mit Gebäuden*) edificar (en); (*verstädten*) urbanizar ② (*Acker*) cultivar

**Bebauung** *f* <-en> edificación *f,* urbanización *f*

**beben** [ˈbeːbən] *vi* temblar

**Beben** *nt* <-s, -> seísmo *m,* terremoto *m*

**bebildern*** *vt* ilustrar

**Becher** [ˈbɛçɐ] *m* <-s, -> vaso *m;* (*Joghurt~*) tarrina *f*

**bechern** [ˈbɛçɐn] *vi* (*fam*) empinar el codo

**becircen*** [bəˈtsɪrtsən] *vt* (*fam*) embelesar

**Becken** [ˈbɛkən] *nt* <-s, -> ① (*Wasch~*) lavabo *m;* (*Spül~*) pila *f;* (*Schwimm~*) piscina *f* ② (ANAT) pelvis *f inv* ③ (MUS) platillos *mpl* ④ (GEO) cuenca *f*

**bedacht** [bəˈdaxt] *adj* (*umsichtig*) cuidadoso; (*überlegt*) deliberado; **~ handeln** actuar premeditadamente; **darauf ~ sein, dass ...** cuidar de que +*subj*

**Bedacht** *m ohne pl* (*geh*): **etw mit ~ tun** (*überlegt*) hacer algo deliberadamente; (*vorsichtig*) hacer algo con cuidado

**bedächtig** [bəˈdɛçtɪç] *adj* ① (*langsam*) mesurado, lento ② (*vorsichtig*) prudente

**bedanken*** *vr:* **sich bei jdm für etw ~** dar las gracias a alguien por algo

**Bedarf** [bəˈdarf] *m* <-(e)s, *ohne pl*> ① (*Bedürfnis*) necesidad *f,* falta *f;* **bei ~** cuando sea necesario; **(je) nach ~** según las necesidades; **danke, kein ~!** (*fam*) ¡gracias, no me interesa! ② (COM) demanda *f,* necesidad *f;* **den ~ an etw decken** satisfacer la demanda de algo; **Bedarfsfall** *m:* **im ~** en caso de necesidad

**bedauerlich** [bəˈdaʊɐlɪç] *adj* lamentable, lastimoso

**bedauerlicherweise** [-ˈ----ˈ--] *adv* lamentablemente

**bedauern*** [bəˈdaʊɐn] *vt* ① (*Verlust*) lamentar; **wir ~ Ihnen mitteilen zu müssen, dass ...** lamentamos tener que comunicarle(s) que...; **bedaure!** ¡lo lamento! ② (*Mensch*) compadecer (a)

**Bedauern** *nt* <-s, *ohne pl*> pesar *m;* (*für einen Menschen*) compasión *f;* **zu meinem größten ~ ...** muy a pesar mío...

**bedauernd** **I.** *adj* compasivo; **eine ~e Miene aufsetzen** poner gesto compasivo **II.** *adv* compasivamente; **jdn ~ anschauen** mirar a alguien compasivamente

**bedauernswert** *adj* ① (*Sache*) lamentable ② (*Mensch*) digno de lástima

**bedecken*** *vt* cubrir (*mit* de/con)

**bedeckt** *adj* (*Himmel*) encapotado

**Bedeckung** *f* <-en> cubierta *f;* (MIL) escolta *f*

**bedenken*** *irr vt* ❶ (*überlegen*) pensar(se) ❷ (*beachten*) considerar, tener en cuenta; **wenn man es recht bedenkt** considerándolo bien; **zu ~ geben, dass ...** señalar que...

**Bedenken**[1] *nt* <-s, *ohne pl*> (*das Überlegen*) reflexión *f;* **nach kurzem ~** después de una breve reflexión

**Bedenken**[2] *ntpl* (*Zweifel*) duda *f;* (*Einwand*) reparo *m;* **ohne ~** sin reparos

**bedenkenlos** *adj* ❶ (*ohne zu zögern*) sin vacilar; **da kannst du ~ hingehen** no dudes en pasarte por allí ❷ (*ohne Überlegung*) irreflexivo ❸ (*skrupellos*) sin escrúpulos

**bedenkenswert** *adj* digno de consideración; **dein Vorschlag ist ~** tu propuesta merece ser tomada en cuenta

**bedenklich** *adj* ❶ (*zweifelhaft*) dudoso, sospechoso ❷ (*Besorgnis erregend*) preocupante ❸ (*besorgt*) preocupado

**Bedenkzeit** *f ohne pl* tiempo *m* de reflexión

**bedeuten*** *vt* ❶ (*bezeichnen, meinen*) significar, querer decir; **das hat nichts zu ~** no quiere decir nada ❷ (*wichtig sein*) significar ❸ (*geh: zu verstehen geben*) dar a entender

**bedeutend** **I.** *adj* ❶ (*wichtig*) importante ❷ (*bemerkenswert*) notable, notorio ❸ (*bedeutsam*) significativo ❹ (*beachtlich*) considerable **II.** *adv* (*beträchtlich*) bastante, notoriamente

**bedeutsam** *adj* (*wichtig*) importante; (*viel sagend*) significativo

**Bedeutung**[1] *f* <-en> (*Sinn*) significado *m,* sentido *m;* **in übertragener/wörtlicher ~** en sentido figurado/literal

**Bedeutung**[2] *f ohne pl* (*Wichtigkeit*) importancia *f;* **etw ist von ~** algo es de importancia

**bedeutungslos** *adj* insignificante; **Bedeutungslosigkeit** *f ohne pl* insignificancia *f;* **bedeutungsvoll** *adj s.* **bedeutsam**; **Bedeutungswandel** *m* (LING) cambio *m* semántico

**bedienen*** **I.** *vt* ❶ (*im Geschäft*) atender; (*im Restaurant*) servir; **werden Sie schon bedient?** ¿ya le atienden?; **damit ist er noch gut bedient** (*fam*) con ello puede darse por satisfecho; **ich bin bedient!** (*fam*) ¡estoy servido! ❷ (*beim Kartenspiel*) servir ❸ (*Maschinen*) manejar ❹ (FIN: *Schulden*) saldar **II.** *vr:* **sich ~** (*geh: benutzen*): **sich einer Sache ~** servirse de algo; **~ Sie sich!** ¡sírvase usted mismo!

**bedienerfreundlich** *adj* de fácil manejo

**Bedienstete(r)** *mf* <-n, -n; -n> ❶ (ADMIN: *Beschäftigter*) empleado, -a *m, f;* (*Beamter*) funcionario, -a *m, f* ❷ (*Dienstbote*) sirviente *mf*

**Bedienung**[1] *f* <-en> (*Kellner*) camarero, -a *m, f;* **hallo, ~!** ¡(oiga,) camarero!

**Bedienung**[2] *f ohne pl* ❶ (*eines Gastes*) servicio *m* ❷ (*eines Gerätes*) manejo *m*

**Bedienungsanleitung** *f* instrucciones *fpl* de manejo; **Bedienungsfehler** *m* fallo *m* operacional

**bedingen*** [bəˈdɪŋən] **I.** *vt* ❶ (*bewirken*) causar, producir; (*bestimmen*) condicionar ❷ (*voraussetzen*) suponer ❸ (*erfordern*) requerir **II.** *vr:* **sich ~** condicionarse

**bedingt** **I.** *adj* ❶ (*von Bedingungen abhängig*) relativo; (*beschränkt*) limitado; **~ durch ...** debido a... ❷ (JUR) condicionado **II.** *adv* ❶ (*teilweise*): **das ist nur ~ richtig** esto sólo es correcto hasta cierto punto ❷ (JUR) a condición

**Bedingung** *f* <-en> ❶ (*Voraussetzung*) condición *f;* **etw zur ~ machen** poner algo como condición; **unter der ~, dass ...** a condición de que... *+subj;* **unter keiner ~ werde ich das tun** no lo haré por nada del mundo ❷ (*Forderung*) condiciones *fpl;* **~en stellen** poner condiciones ❸ *pl* (*Umstände*) condiciones *fpl;* **unter erschwerten ~en arbeiten** trabajar bajo condiciones difíciles

**bedingungslos** *adj* sin condiciones

**bedrängen*** *vt* ❶ (*Gegner*) acosar ❷ (*belästigen*) importunar

**Bedrängnis** *f* <-se> (*geh*) apuro *m;* **in ~ geraten** verse en un apuro; **jdn in ~ bringen** poner a alguien en un apuro

**bedrohen*** *vt* amenazar

**bedrohlich** *adj* amenazante, amenazador

**Bedrohung** *f* <-en> amenaza *f*

**bedrucken*** *vt* estampar (*mit* con)

**bedrücken*** *vt* oprimir

**bedrückend** *adj* opresivo; (*beklemmend*) oprimente

**bedrückt** *adj* deprimido, apolismado *Mex, Ven*

**Beduine, -in** [beduˈiːnə] *m, f* <-n, -n; -nen> beduino, -a *m, f*

**bedürfen*** *irr vi* (*geh*) necesitar (de), requerir (de); **das bedarf keiner weiteren Erklärung** eso no requiere (de) más explicaciones

**Bedürfnis** *nt* <-ses, -se> necesidad *f;* **ein ~ verspüren etw zu tun** sentir la necesidad de hacer algo; **jds ~se befriedigen** satisfacer las necesidades de alguien; **Bedürfnisanstalt** *f:* **öffentliche ~** retrete *m* público

**bedürftig** *adj* menesteroso, necesitado

**Bedürftigkeit** *f* <-, *ohne pl*> indigencia *f*
**Beefsteak** ['bi:fste:k] *nt* bistec *m*
**beehren*** **I.** *vt* (*geh*) honrar; **jdn mit einem Besuch** ~ conceder a alguien el honor de su visita **II.** *vr:* **sich** ~ **etw zu tun** tener el honor de hacer algo
**beeiden*** [bə'ʔaɪdən] *vt* (*Aussage*) jurar
**beeidigen*** [bə'ʔaɪdɪgən] *vt* (JUR) juramentar
**beeilen*** *vr:* **sich** ~ darse prisa, apurarse *Am*
**beeindrucken*** *vt* impresionar
**beeindruckend** *adj* impresionante
**beeinflussbar** [bə'ʔaɪnflʊsbaːɐ] *adj* (*Person*) influenciable
**beeinflussen*** [bə'ʔaɪnflʊsən] *vt* influir (en/sobre), ejercer una influencia (sobre)
**Beeinflussung** *f* <-en> influjo *m*
**beeinträchtigen*** [bə'ʔaɪntrɛçtɪgən] *vt* ❶ (*vermindern*) disminuir ❷ (*stören*) dañar, perjudicar
**Beeinträchtigung** *f* <-en> perjuicio *m;* (*Verminderung*) merma *f;* ~ **der Fahrtüchtigkeit** reducción del buen estado de marcha
**beenden*** *vt* acabar (con), terminar (con); (INFOR) terminar; **die Sitzung** ~ finalizar la reunión
**Beendigung** *f ohne pl* término *m,* fin *m;* **nach** ~ **des Kurses** al finalizar el curso
**Beendung** *f ohne pl* conclusión *f*
**beengen*** [bə'ɛŋən] *vt* (*Kleidung*) apretar; (*Umgebung*) cohibir; **beengt wohnen** vivir estrechos; **sich beengt fühlen** sentirse cohibido
**beerben*** *vt* heredar
**beerdigen*** [bə'ʔeːɐdɪgən] *vt* enterrar
**Beerdigung** *f* <-en> entierro *m;* **Beerdigungsfeier** *f* funerales *mpl;* **Beerdigungsinstitut** *nt* funeraria *f*
**Beere** ['beːrə] *f* <-n> baya *f;* **Beerenauslese** *f* vendimia *f* de uvas seleccionadas
**Beet** [beːt] *nt* <-(e)s, -e> (*mit Gemüse*) bancal *m,* cantero *m Am;* (*mit Blumen*) arriate *m,* macizo *m*
**Beete** *f* <-n>: **Rote** ~ remolacha *f* (colorada), betarraga *f Am*
**befähigen*** [bə'fɛːɪgən] *vt* capacitar (*zu* para); **er ist dazu befähigt** está capacitado para ello
**befähigt** *adj* capacitado
**Befähigung** *f* <-en> ❶ (*Fähigkeit*) capacidad *f;* (*Qualifikation*) cualificación *f;* **dazu fehlt ihr die** ~ para ello no está capacitada ❷ (*Begabung*) talento *m*
**befahl** *3. imp von* **befehlen**
**befahrbar** *adj* transitable
**befahren*** *irr vt* circular (por); (*Schiff*) navegar (por); **die Strecke wird wenig/stark** ~ este trecho está poco/muy transitado
**Befall** *m* <-(e)s, *ohne pl*> ataque *m;* (*mit Schädlingen*) plaga *f*
**befallen*** *irr vt* ❶ (*geh: Angst*) invadir ❷ (*geh: Krankheit*) acometer; (*Hunger, Müdigkeit*) entrar ❸ (*Schädlinge*) infestar
**befangen** *adj* ❶ (*schüchtern*) tímido; (*gehemmt*) apocado, inhibido ❷ (JUR) parcial
**Befangenheit** *f ohne pl* ❶ (*Schüchternheit*) timidez *f;* (*Gehemmtsein*) apocamiento *m* ❷ (JUR) parcialidad *f*
**befassen*** **I.** *vr:* **sich** ~ ❶ (*Angelegenheit*) ocuparse (*mit* de), dedicarse (*mit* a) ❷ (*handeln von*) tratar (*mit* de) **II.** *vt* (*beauftragen*) encargar (*mit* de)
**Befehl** [bə'feːl] *m* <-(e)s, -e> orden *f;* (MIL) mando *m;* (INFOR) orden *f,* comando *m;* **einen** ~ **ausführen** (*a.* INFOR) ejecutar una orden; **den** ~ **geben zu ...** dar la orden de...; **auf jds** ~ **handeln** actuar por orden de alguien; ~ **von oben** órdenes superiores; **zu** ~**!** ¡a sus órdenes!
**befehlen** <befiehlt, befahl, befohlen> *vi, vt* mandar, ordenar; **er hat befohlen, dass ...** ha ordenado que... +*subj*
**befehligen*** *vt* (MIL) mandar, capitanear
**Befehlsempfänger(in)** *m(f)* destinatario, -a *m, f* de la orden; **jdn zum** ~ **degradieren** reducir a alguien a mero receptor de órdenes; **Befehlsform** *f* (LING) modo *m* imperativo; **befehlsgemäß** *adv* con respecto a las órdenes; **Befehlsgewalt** *f ohne pl* mando *m* (*über* de); **Befehlshaber(in)** *m(f)* <-s, -; -nen> (MIL) comandante *mf,* capitán *mf;* **Befehlsverweigerung** *f* (MIL) desobediencia *f* a una orden; **Befehlszeile** *f* (INFOR) línea *f* de programación
**befeinden*** [bə'faɪndən] *vt* enemistar
**befestigen*** *vt* ❶ (*Haken*) sujetar (*an* a), empatar *CRi* ❷ (*Straße*) reforzar ❸ (MIL) fortificar
**Befestigung** *f* <-en> ❶ (*einer Straße, eines Dammes*) refuerzo *m* ❷ (MIL) fortificación *f,* cota *f Fili* ❸ (*Vorrichtung*) fijación *f* (de un dispositivo)
**befeuchten*** *vt* humedecer
**befiehlt** [bə'fiːlt] *3. präs von* **befehlen**
**befinden*** *irr* **I.** *vr:* **sich** ~ encontrarse; (*sein*) estar; **meine Wohnung befindet sich im zweiten Stock** mi apartamento está en el segundo piso; **sich auf dem Weg der Besserung** ~ encontrarse en vías de mejora **II.** *vi* (*entscheiden*) decidir (*über* sobre) **III.** *vt* (*geh: erachten*) consi-

derar (*für*); **jdn für schuldig** ~ declarar culpable a alguien

**Befinden** *nt* <-s, *ohne pl*> ❶ (*Gesundheitszustand*) (estado *m* de) salud *f* ❷ (*geh: Meinung*) parecer *m*

**befindlich** [bəˈfɪntlɪç] *adj* (*Ort, Zustand*) situado, existente; **ein in Haft ~er Mann** un hombre en prisión

**Befindlichkeit** *f* <-en> estado *m* de ánimo [*o* de salud]

**befingern*** *vt* (*fam*) toquetear; (*sexuell*) meter mano

**beflaggen*** *vt* embanderar

**beflecken*** *vt* ❶ (*mit Flecken*) manchar ❷ (*geh: entehren*) deshonrar; **jds Ehre/Ruf** ~ manchar el honor/el nombre de alguien

**befleißigen*** *vr:* **sich** ~ aplicarse; **Sie sollten sich größerer Zurückhaltung** ~ debería usted esforzarse en ser más discreto

**beflissen** [bəˈflɪsən] *adj* aplicado; (*hilfsbereit*) servicial

**Beflissenheit** *f ohne pl* empeño *m*, dedicación *f*

**beflügeln*** *vt* (*geh*) hacer volar; **die Angst beflügelte seine Schritte** el miedo aligeraba sus pasos

**befohlen** [bəˈfoːlən] *pp von* **befehlen**

**befolgen*** *vt* (*Befehl*) cumplir; (*Ratschlag*) seguir; (*Gesetz*) obedecer

**befördern*** *vt* ❶ (*Waren*) transportar; **jdn an die frische Luft** ~ (*fam*) mandar a alguien a tomar viento fresco ❷ (*im Beruf*) ascender (*zu* a); **sie wurde zur Abteilungsleiterin befördert** ascendió a directora de sección

**Beförderung** *f* <-en> ❶ (*Transport*) transporte *m* ❷ (*beruflich*) ascenso *m*; **Beförderungsmittel** *nt* medio *m* de transporte

**befrachten*** *vt* ❶ (*beladen*) cargar (*mit* con) ❷ (*geh: Rede*) cargar (*mit* de)

**befragen*** *vt* interrogar; (*Arzt, Karten*) consultar (*wegen* por)

**Befragte(r)** *mf* <-n, -n; -n> interrogado, -a *m, f*

**Befragung** *f* <-en> ❶ (JUR) interrogatorio *m* ❷ (*Umfrage*) encuesta *f*

**befreien*** **I.** *vt* ❶ (*Volk*) liberar (*aus/von* de); **jdn aus einer schwierigen Lage** ~ sacar a alguien de un aprieto ❷ (*Gefangene*) poner en libertad, liberar (*aus/von* de) ❸ (*freistellen*) liberar (*von* de), dispensar (*von* de); (*vom Militärdienst*) eximir ❹ (*von Schmerzen, Angst*) liberar (*von* de), quitar (*von* de); **ein ~des Lachen** una risa abierta ❺ (*von Schmutz*) limpiar **II.** *vr:* **sich** ~ ❶ (*Volk*) liberarse ❷ (*entkommen*) escaparse, evadirse

**Befreier(in)** *m(f)* <-s, -; -nen> libertador(a) *m(f)*

**Befreiung** *f* <-en> ❶ (*eines Landes, Menschen*) liberación *f*; **etw als ~ empfinden** considerar algo como una liberación; **die ~ der Frau** la emancipación de la mujer ❷ (*von einer Pflicht*) exención (*von* de); **Befreiungsbewegung** *f* movimiento *m* de liberación; **Befreiungsfront** *f* frente *m* de liberación; **Befreiungskampf** *m* lucha *f* por la libertad (política); **Befreiungsorganisation** *f* organización *f* para la liberación

**befremden*** [bəˈfrɛmdən] *vt* extrañar; **es befremdet mich, dass ...** me extraña que... +*subj*

**Befremden** *nt* <-s, *ohne pl*> asombro *m*, extrañeza *f*

**befremdend** *adj* sorprendente

**befremdlich** *adj* (*geh*) extraño; (*erstaunlich*) sorprendente; (*ungewöhnlich*) insólito

**befreunden*** [bəˈfrɔɪndən] *vr:* **sich mit jdm** ~ hacerse amigo de alguien

**befreundet** *adj* amigo (*mit* de); **sie sind** (**eng**) ~ son amigos (íntimos); **mit jdm ~ sein** ser amigo de alguien; **ein ~es Paar** una pareja amiga

**befrieden*** [bəˈfriːdən] *vt* (POL: *Land, geh*) pacificar, llevar la paz a

**befriedigen*** [bəˈfriːdɪgən] **I.** *vt* satisfacer **II.** *vr:* **sich** ~ (*masturbieren*) masturbarse

**befriedigend** *adj* satisfactorio; (*Schulnote*) ≈bien

**Befriedigung** *f* <-en> satisfacción *f*; **sie stellte mit ~ fest, dass ...** comprobó con satisfacción que...

**befristen*** *vt* fijar un plazo (para), limitar (*auf* a/hasta)

**befristet** *adj* limitado; **jdn ~ einstellen** contratar a alguien por un plazo limitado

**Befristung** *f* <-en> limitación *f*

**befruchten*** *vt* ❶ (BIOL) fecundar; (*Blüten*) polinizar ❷ (*geh: geistig anregen*) fructificar

**Befruchtung** *f* <-en> (BIOL) fecundación *f*; **künstliche** ~ inseminación artificial

**Befugnis** [bəˈfuːknɪs] *f* <-se> autorización *f*; **keine ~ zu etw haben** no estar autorizado para algo

**befugt** *adj:* **zu etw** (**nicht**) ~ **sein** (no) estar autorizado para hacer algo

**befühlen*** *vt* palpar, tocar

**Befund** *m* <-(e)s, -e> (MED) diagnóstico *m*; **ohne** ~ sin diagnóstico

**befunden** *pp von* **befinden**

**befürchten*** *vt* temer; **es ist zu ~, dass**

... es de temer que... +*subj*

**Befürchtung** *f* <-en> temor *m;* (*Vermutung*) sospecha *f;* **die ~ haben, dass ...** sospechar que...

**befürworten*** [bəˈfyːɐvɔrtən] *vt* (*dafür sein*) aprobar, defender; (*empfehlen*) recomendar

**Befürworter(in)** *m(f)* <-s, -; -nen> defensor(a) *m(f),* adicto, -a *m, f CSur*

**begabt** [bəˈgaːpt] *adj* dotado; **hoch ~** muy inteligente; (*Wunderkind*) superdotado; **durchschnittlich/vielseitig ~ sein** tener un talento medio/polifacético

**Begabung** [bəˈgaːbʊŋ] *f* <-en> ❶ (*Anlage*) talento *m,* dotes *fpl* ❷ (*begabter Mensch*) talento *m*

**begangen** *pp von* **begehen**

**begann** [bəˈgan] *3. imp von* **beginnen**

**begatten*** *vt, vr:* **sich ~** (ZOOL) aparear(se)

**begeben*** *irr* **I.** *vr:* **sich ~** (*geh*) ❶ (*stattfinden*) ocurrir ❷ (*beginnen*) empezar (*an* a); **sich an die Arbeit ~** ponerse a trabajar ❸ (*gehen*) dirigirse (*zu/in* a), irse (*zu/in* a); **sich zu Bett ~** irse a la cama; **sich in ärztliche Behandlung ~** ponerse bajo tratamiento médico; **sich auf den Heimweg ~** dirigirse a casa; **sich in Gefahr ~** ponerse en peligro **II.** *vt* (FIN: *Wertpapiere*) emitir

**Begebenheit** *f* <-en> suceso *m,* acontecimiento *m*

**begegnen*** [bəˈgeːgnən] *vi sein* ❶ (*treffen*): **jdm ~** encontrarse a alguien; **einander ~** encontrarse ❷ (*stoßen auf*): **etw** *dat* **~** encontrarse con algo ❸ (*widerfahren*) suceder, pasar; **so etwas ist mir ja noch nie begegnet!** ¡en mi vida (no) me pasó semejante cosa! ❹ (*geh: behandeln*) tratar; **man begegnete ihr mit Achtung** la trataban con respeto

**Begegnung** *f* <-en> (*a.* SPORT) encuentro *m;* **Begegnungsstätte** *f* sitio *m* de encuentro

**begehbar** *adj* transitable

**begehen*** *irr vt* ❶ (*Weg*) transitar (por); **eine Baustelle ~** entrar en una obra ❷ (*Fehler*) cometer; **Selbstmord ~** suicidarse; **ein Verbrechen/einen Mord ~** cometer un crimen/un asesinato ❸ (*geh: Jubiläum*) celebrar

**begehren*** [bəˈgeːrən] *vt* (*geh*) ❶ (*wünschen*) ansiar, anhelar; (*habgierig*) codiciar; (*sexuell*) desear ❷ (*fordern*) pedir, solicitar

**Begehren** *nt* <-s, *ohne pl*> (*geh*) ansia *f,* anhelo *m;* (*Wunsch*) deseo *m;* **begehrenswert** *adj* deseable

**begehrlich** *adj* (*geh: heftig wünschend*) ansioso

**begehrt** *adj* (*Person, Freundschaft, Ware*) solicitado; (*Ferienort*) popular

**begeistern*** [bəˈgaɪstɐn] **I.** *vt* entusiasmar (*für* por), apasionar (*für* por/con) **II.** *vr:* **sich ~** entusiasmarse (*für* por/con), apasionarse (*für* por)

**begeistert** *adj* entusiasmado (*von* con/por); **~er Beifall** aplausos entusiasmados

**Begeisterung** *f ohne pl* entusiasmo *m* (*für* por); **in ~ geraten** entusiasmarse; **etw mit ~ tun** hacer algo con entusiasmo; **begeisterungsfähig** *adj* entusiasta; **Begeisterungssturm** *m* estallido *m* de entusiasmo; **ein ~ brach los** estalló el entusiasmo

**Begierde** [bəˈgiːɐdə] *f* <-n> ansias *fpl* (*nach* de), avidez *f* (*nach* de)

**begierig** *adj* ávido (*auf* de), ansioso (*auf* de/por)

**begießen*** *irr vt* ❶ (*Pflanzen*) regar ❷ (*fam: feiern*) celebrar con una copa

**Beginn** [bəˈgɪn] *m* <-(e)s, *ohne pl*> comienzo *m,* inicio *m;* **zu ~** al inicio

**beginnen** <beginnt, begann, begonnen> **I.** *vi* comenzar (a), empezar (a); **es beginnt zu regnen** comienza a llover **II.** *vt* comenzar, empezar

**beginnend** *adj* (*a.* MED) incipiente; **es könnte sich um eine ~e Infektion handeln** podría tratarse de un principio de infección; **im ~en 20. Jahrhundert** en el entrante siglo XX

**beglaubigen*** [bəˈglaʊbɪgən] *vt* ❶ (*Urkunde*) certificar (de); (*Kopie*) compulsar ❷ (*Diplomaten*) acreditar

**Beglaubigung** *f* <-en> ❶ (*Schriftstück*) certificación *f;* (*einer Kopie*) autentificación *f* ❷ (POL) acreditación *f*

**begleichen*** *irr vt* (*geh*) saldar

**Begleitbrief** *m* carta *f* adjunta

**begleiten*** *vt* (*a.* MUS) acompañar

**Begleiter(in)** *m(f)* <-s, -; -nen> acompañante *mf;* (*Gefährte*) compañero, -a *m, f*

**Begleiterscheinung** *f* efecto *m* secundario; **Begleitmusik** *f* música *f* de acompañamiento; **Begleitperson** *f* acompañante *mf,* compañía *f;* **Begleitumstände** *mpl* (JUR) circunstancias *fpl* concomitantes

**Begleitung** *f* <-en> ❶ (*a.* MUS) acompañamiento *m;* **sie kam in ~ eines Freundes** vino acompañada de un amigo ❷ (*Begleiter*) acompañante *mf;* (*Gefolge*) séquito *m*

**beglichen** *pp von* **begleichen**

**beglücken*** *vt* (*geh*) deleitar (*mit* con), satisfacer (*mit* con); **ein ~des Gefühl** una sensación satisfactoria

**beglückt** **I.** *adj* alegre **II.** *adv* con alegría

B

**beglückwünschen*** *vt* felicitar (*zu* por); **er beglückwünschte sie zum Geburtstag/zur bestandenen Prüfung** la felicitó por su cumpleaños/por haber aprobado el examen

**begnadet** [bəˈgnaːdət] *adj* altamente dotado

**begnadigen*** *vt* indultar

**Begnadigung** *f* <-en> (POL) amnistía *f;* **Begnadigungsgesuch** *nt* (JUR) petición *f* de indulto

**begnügen*** [bəˈgnyːgən] *vr:* **sich ~** conformarse (*mit* con)

**Begonie** [beˈgoːniə] *f* <-n> (BOT) begonia *f*

**begonnen** [bəˈgɔnən] *pp von* **beginnen**

**begossen** *pp von* **begießen**

**begraben*** *irr vt* ① (*Tote*) enterrar ② (*verschütten*) sepultar ③ (*Streit*) poner fin (a); (*Hoffnung*) renunciar (a); **lass uns unseren Streit ~** echemos tierra a nuestra disputa

**Begräbnis** [bəˈgrɛːpnɪs] *nt* <-ses, -se> entierro *m,* ancuviña *f Chil*

**begradigen*** [bəˈgraːdɪgən] *vt* (*Fluss*) encauzar; (*Straße*) rectificar

**begreifbar** *adj* comprensible; **wie kann ich es dir ~ machen?** ¿cómo puedo hacértelo entender?

**begreifen*** *irr* **I.** *vt* comprender; **es ist einfach nicht zu ~, dass ...** es sencillamente inconcebible que... +*subj* **II.** *vr:* **sich ~** (*sich auffassen*) considerarse (*als*); **er begreift sich als Experte** se considera un experto

**begreiflich** *adj* comprensible; **es ist einfach nicht ~, wie er so etwas tun konnte** es sencillamente incomprensible cómo pudo hacer algo parecido

**begreiflicherweise** [-ˈ---ˈ--] *adv* comprensiblemente

**begrenzen*** *vt* ① (*Gebiet*) delimitar ② (*beschränken*) limitar (*auf* a)

**begrenzt** *adj* limitado; **er hat einen ~en Horizont** tiene una visión limitada

**Begrenztheit** *f* <-en> (*Möglichkeiten*) restricción *f,* limitación *f*

**Begrenzung** *f* <-en> ① (*das Begrenzen*) limitación *f,* restricción *f* ② (*Grenze*) límite *m*

**Begriff** *m* <-(e)s, -e> ① (*Ausdruck*) concepto *m* ② (*Vorstellung*) idea *f,* noción *f;* **sich** *dat* **einen ~ von etw machen** hacerse una idea de algo; **du machst dir keinen ~ davon, was heute los war** no te puedes imaginar lo que pasó hoy; **für meine ~e** en mi opinión; **das ist mir ein ~** me suena; **im ~ sein etw zu tun** estar a punto de hacer algo; **schwer von ~ sein** (*fam*) ser corto de mollera

**begriffen** **I.** *pp von* **begreifen** **II.** *adj* con intención (*zu* de); **die Gäste sind im Aufbruch ~** los invitados están a punto de marcharse

**begrifflich** *adj* conceptual

**begriffsstutzig** *adj* tardo (en comprender); **Begriffsstutzigkeit** *f* <-, *ohne pl*> cerrilismo *m*

**begründen*** *vt* ① (*Gründe aufführen*) justificar; **wie willst du das ~?** ¿cómo lo quieres justificar?; **womit willst du das ~?** ¿en qué lo quieres basar? ② (*gründen*) fundar; **wohl begründet** (*geh*) (muy) bien fundado

**Begründer(in)** *m(f)* <-s, -; -nen> iniciador(a) *m(f),* fundador(a) *m(f)*

**begründet** *adj* (*a.* JUR) fundado; **in etw ~ liegen** *dat* fundarse en algo; **ich habe den ~en Verdacht, dass ...** tengo la fundada sospecha de que...

**Begründung** *f* <-en> ① (*Grund*) motivo *m,* causa *f* ② (*Gründung*) fundación *f*

**begrünen*** *vt* ajardinar

**begrüßen*** *vt* ① (*Gast*) saludar; **ich würde mich sehr freuen, Sie bei mir ~ zu dürfen** estaría encantado de poder recibirle en mi casa ② (*Vorschlag*) celebrar; **wir ~ es sehr, dass ...** celebramos mucho que... +*subj;* **ich würde es ~, wenn ...** celebraría que... +*subj;* **begrüßenswert** *adj* plausible; **es ist ~, dass ...** celebramos que... +*subj*

**Begrüßung** *f* <-en> saludo *m;* (*Empfang*) recibimiento *m;* **Begrüßungsansprache** *f* discurso *m* de bienvenida; **Begrüßungsgeld** *nt* dinero *m* de bienvenida

**begucken*** *vt* (*fam*) mirar

**begünstigen*** [bəˈgʏnstɪgən] *vt* ① (*förderlich sein*) favorecer; **er war vom Schicksal begünstigt** era un hombre de suerte ② (JUR: *Verbrechen*) encubrir ③ (*bevorzugen*) favorecer, privilegiar

**Begünstigung** *f* <-en> ① (*Förderung*) favorecimiento *m* ② (JUR) encubrimiento *m* ③ (*Bevorzugung*) trato *m* preferente

**begutachten*** *vt* emitir un dictamen (sobre)

**Begutachtung** *f* <-en> dictamen *m;* (*Untersuchung*) inspección *f*

**begütert** [bəˈgyːtɐt] *adj* acaudalado, adinerado

**behaart** [bəˈhaːɐt] *adj* peludo, velludo

**Behaarung** *f* <-en> vellosidad *f,* pelo *m;* (*Tiere*) pelaje *m*

**behäbig** [bəˈhɛːbɪç] *adj* (*beleibt*) corpulento; (*phlegmatisch*) indolente

**behaftet** [bəˈhaftət] *adj:* **mit etw** *dat* **~**

**sein** tener algo; **mit einem Mangel ~ sein** tener un defecto

**behagen*** [bə'ha:gən] *vi:* **etw behagt jdm** algo agrada a alguien

**Behagen** *nt* <-s, *ohne pl*> gusto *m,* satisfacción *f*

**behaglich** [bə'ha:klɪç] *adj* ❶ (*Wärme*) agradable ❷ (*bequem*) cómodo, confortable; (*Leben*) desahogado, placentero

**Behaglichkeit** *f ohne pl* confort *m,* comodidad *f*

**behalten*** *irr vt* ❶ (*nicht wegwerfen*) conservar, guardar ❷ (*Glanz, gute Laune, Wert*) mantener; (*Geheimnis*) guardar; **die Nerven ~** no perder los nervios ❸ (*sich merken*) retener (en la cabeza) ❹ (*nicht abgeben*) quedarse (con); (*Hut*) dejar puesto; **der Kranke kann nichts bei sich ~** el enfermo no puede retener alimento alguno; **~ Sie** (**doch**) **Platz!** ¡no se levante!; **er muss immer seinen Willen ~** siempre quiere salirse con la suya

**Behälter** [bə'hɛltɐ] *m* <-s, -> ❶ (*Gefäß*) recipiente *m* ❷ (*Container*) contenedor *m*

**behämmert** [bə'hɛmɐt] *adj* (*fam*) idiota, lelo

**behänd**(**e**) *adj* (*flink*) ágil; (*gewandt*) hábil

**behandeln*** *vt* ❶ (*Mensch, Thema, Material*) tratar (*mit* con); **das Gericht behandelt heute den Fall X gegen Y** el tribunal se ocupa hoy del caso X contra Y; **er behandelt sie gut/schlecht** la trata bien/mal ❷ (*Krankheit*) tratar; (*heilen*) curar

**behändigen*** [bə'hɛndɪgən] *vt* (*Schweiz: ergreifen*) coger

**Behandlung** *f* <-en> ❶ (*Umgang*) trato *m* ❷ (*Therapie*) tratamiento *m;* (*Betreuung*) asistencia *f* médica; **ambulante/stationäre ~** tratamiento ambulatorio/hospitalario; **bei wem sind Sie in ~?** ¿con quién está usted en tratamiento? ❸ (*eines Themas*) tratamiento *m* ❹ (TECH) tratamiento *m;* **Behandlungskosten** *pl* costes *mpl* del tratamiento; **Behandlungsmethode** *f* método *m* terapéutico; **Behandlungsraum** *m,* **Behandlungszimmer** *nt* sala *f* de curas

**behängen*** **I.** *vt* decorar (*mit* con) **II.** *vr:* **sich ~** (*fam abw*) llenarse (*mit* de)

**beharren*** [bə'harən] *vi* insistir (*auf* en); **er beharrte darauf, dass ...** insistía en que...; **er muss aber auch immer bei seiner Meinung ~** pero es que siempre tiene que aferrarse a su opinión

**beharrlich** *adj* (*nachdrücklich*) insistente; (*standhaft*) constante, perseverante

**Beharrlichkeit** *f ohne pl* ❶ (*Standhaftigkeit*) constancia *f,* perseverancia *f* ❷ (*Nachdruck*) insistencia *f*

**behauen** <behaut, behaute, behauen> *vt* tallar

**behaupten*** [bə'haʊptən] **I.** *vt* ❶ (*These*) afirmar; **es wird** (**von ihm**) **behauptet, dass ...** se dice (de él) que... ❷ (*Platz, Stelle*) defender **II.** *vr:* **sich ~** ❶ (*sich durchsetzen*) afirmarse; **sich gegen jdn ~** vencer a alguien ❷ (*Preise*) mantenerse firme

**Behauptung** *f* <-en> afirmación *f;* **eine ~ aufstellen** sostener una afirmación

**Behausung** [bə'haʊzʊŋ] *f* <-en> (*geh*) morada *f*

**beheben*** *irr vt* ❶ (*beseitigen*) eliminar; (*Missstand*) remediar; (*Schaden*) reparar ❷ (*Österr: abheben*) retirar

**Behebung**[1] *f ohne pl* (*Beseitigung*) eliminación *f;* (*eines Schadens*) reparación *f;* **die ~ einer technischen Störung** la reparación de un fallo técnico

**Behebung**[2] *f* <-en> (*Österr:* FIN) retirada *f;* **die ~ einer großen Summe von einem Konto** la retirada de una gran suma de una cuenta

**beheimatet** [bə'haɪma:tət] *adj* ❶ (*gebürtig*) oriundo (*in* de), natural (*in* de) ❷ (*wohnhaft*) establecido (*in* en)

**beheizen*** *vt* calentar

**Behelf** [bə'hɛlf] *m* <-(e)s, -e> recurso *m,* solución *f* de emergencia

**behelfen*** *irr vr:* **sich ~** defenderse (*mit* con, *ohne* sin), arreglárselas (*mit* con, *ohne* sin) *fam*

**behelfsmäßig** *adj* provisorio, provisional

**behelligen*** [bə'hɛlɪgən] *vt* molestar (*mit* con)

**beherbergen*** [bə'hɛrbɛrgən] *vt* alojar

**beherrschen*** **I.** *vt* ❶ (*Macht haben*) dominar; (*regieren*) gobernar ❷ (*zügeln*) controlar, dominar ❸ (*Handwerk, Sprache, Instrument*) conocer a fondo, dominar; (*Situation*) ser dueño (de), dominar **II.** *vr:* **sich ~** (*sich zügeln*) contenerse, dominarse

**beherrscht** *adj* controlado

**Beherrschung** *f ohne pl* ❶ (*Selbst~*) autocontrol *m;* **die ~ verlieren** perder el control ❷ (*Wissen, Können*) dominio *m*

**beherzigen*** [bə'hɛrtsɪgən] *vt* tomar en consideración

**beherzt** [bə'hɛrtst] *adj* resuelto, audaz

**behilflich** *adj:* **jdm** (**bei etw**) **~ sein** ayudar(le) a alguien (en algo)

**behindern*** *vt* ❶ (*stören*) molestar, estorbar (*bei* en); (*Verkehr*) impedir; (*Sicht*) dificultar ❷ (*verhindern*) entorpecer

B

**behindert** *adj* (*körperlich*) minusválido; (*geistig*) retrasado

**Behinderte(r)** *mf* <-n, -n; -n> minusválido, -a *m, f;* **behindertengerecht** *adj* acondicionado para disminuidos; **Behindertenparkplatz** *m* aparcamiento *m* para minusválidos

**Behinderung** *f* <-en> ① (*des Verkehrs*) impedimento *m;* (*einer Sache*) estorbo *m* ② (MED) minusvalía *f*

**behoben** *pp von* **beheben**

**beholfen** *pp von* **behelfen**

**Behörde** [bə'høːɐdə] *f* <-n> ① (*Amt*) autoridad *f* ② (*Gebäude*) administración *f*

**behördlich** [bə'høːɐtlɪç] *adj* oficial

**behüten*** *vt* (*schützen*) proteger (*vor* de); **Gott behüte!** ¡no lo quiera Dios!, ¡Dios nos libre!

**behutsam** [bə'huːtzaːm] **I.** *adj* (*sorgsam*) cuidadoso, concienzudo; (*rücksichtsvoll*) atento **II.** *adv* con cautela, con precaución

**Behutsamkeit** *f ohne pl* prudencia *f,* precaución *f*

**bei** [baɪ] *präp +dat* ① (*in der Nähe von*) cerca de, junto a; **in Unna ~ Dortmund** en Unna cerca de Dortmund; **die Schlacht ~ Leipzig** la batalla de Leipzig; **dicht ~ der Fabrik** junto a la fábrica; **ich saß ~ ihm** estuve sentado a su lado; **~ Tisch** a la mesa; **~m Bäcker** en la panadería ② (*für Firmen*) en; **sie arbeitet ~ der Bahn** trabaja en la compañía ferroviaria ③ (*für Wohnbereich*) en casa de, con; **wir sind ~ Susanne zum Abendessen eingeladen** estamos invitados a cenar en casa de Susanne; **er wohnt ~ seinen Eltern** vive con sus padres ④ (*an sich tragend*) encima; **ich habe kein Geld ~ mir** no llevo dinero encima ⑤ (*während*) durante, en; **~ der Arbeit** durante el trabajo; **~ Nacht** durante la noche; **vorsicht ~m Aussteigen!** ¡cuidado al bajar!; **~ Gelegenheit** en alguna ocasión; **~m Lesen des Artikels** al leer el artículo; **~ näherer Betrachtung** en un examen más detallado ⑥ (*jemanden betreffend*): **das kommt oft ~ ihm vor** esto le sucede a menudo; **~ Kräften sein** estar robusto; **du bist nicht recht ~ Trost** (*fam*) no estás en tus cabales ⑦ (*mit*) con; **~ offenem Fenster schlafen** dormir con la ventana abierta; **~ seinen Fähigkeiten** con sus aptitudes ⑧ (*falls*) en caso de; **~ Nebel** en caso de niebla; **„~ Feuer Scheibe einschlagen“** “en caso de incendio, rómpase el cristal”

**bei|behalten*** *irr vt* mantener, conservar

**Beibehaltung** *f ohne pl* conservación *f*

**Beiboot** *nt* (NAUT) bote *m* de servicio

**bei|bringen** *irr vt* ① (*beschaffen*) aportar ② (*lehren*) enseñar; **jdm etw ~** enseñar algo a alguien ③ (*mitteilen*) decir, comunicar ④ (*zufügen*): **jdm etw ~** causar algo a alguien

**Beichte** ['baɪçtə] *f* <-n> (*a.* REL) confesión *f*

**beichten** *vi, vt* confesar(se)

**Beichtgeheimnis** *nt* (REL) secreto *m* de confesión; **Beichtstuhl** *m* (REL) confes(i)onario *m;* **Beichtvater** *m* (REL) confesor *m*

**beide** ['baɪdə] *adj* los dos, ambos; **ihr habt ~ Recht** los/las dos tenéis razón; **wie geht es euch ~n ?** ¿como estáis vosotros dos?; **alle ~** ambos, los dos; **keiner von ~n** ninguno de los dos; **ihre ~n Schwestern** sus dos hermanas; **~ Mal** en ambas ocasiones

**beiderlei** ['baɪdɐlaɪ, '--'-] *adj inv* de los dos, de ambos; **~ Geschlechts** de ambos sexos

**beiderseitig** *adj* de ambas partes; (*gegenseitig*) recíproco, mutuo; **in ~em Einvernehmen** de mutuo acuerdo

**beiderseits** **I.** *präp +gen* a ambos lados de; **~ des Rheins** a ambos lados del Rhin **II.** *adv* de ambas partes; (*gegenseitig*) mutuamente, recíprocamente; **sie haben ~ versprochen nichts zu sagen** ambos/ambas prometieron no decir nada por su parte

**beidseitig** ['baɪtzaɪtɪç] *adj* de doble lado; (MED) de doble cara; **zur ~en Zufriedenheit** para satisfacción de ambas partes

**beieinander** [--'--] *adv* junto, reunido

**Beifahrer(in)** *m(f)* <-s, -; -nen> acompañante *mf,* copiloto *mf;* **Beifahrerairbag** *m* (AUTO) airbag *m* para el acompañante; (*Lastwagen*) airbag *m* para el segundo conductor; **Beifahrersitz** *m* asiento *m* de copiloto

**Beifall** *m* <-(e)s, *ohne pl*> ① (*Applaus*) ovación *f;* (*Akklamation*) aclamación *f;* **jdm ~ spenden** conceder una ovación a alguien ② (*Zustimmung*) aprobación *f,* favor *m;* **jds ~ finden** lograr la aprobación de alguien; **~ klatschen** aplaudir

**beifällig** ['baɪfɛlɪç] *adj* aprobatorio; **~ nicken** hacer un gesto aprobatorio con la cabeza

**Beifallssturm** *m* salva *f* de aplausos

**bei|fügen** *vt* ① (*Unterlagen*) incluir, adosar *Am* ② (*dazusagen*) añadir

**Beigabe** *f* <-n> añadido *m*

**beige** [beːʃ] *adj* beige

**bei|geben** *irr* **I.** *vi* (*geh: sich fügen*) doblegarse, someterse (a); **klein ~** ceder **II.** *vt* (*geh: hinzufügen*): **etw** *dat* **etw ~** añadir algo a algo

**Beigeschmack** *m* <-(e)s, *ohne pl*> gustillo *m*

**Beiheft** *nt* <-(e)s, -e> suplemento *m*

**Beihilfe**[1] *f* <-n> (*finanzielle Unterstützung*) ayuda *f* (económica), subsidio *m;* (*zum Studium*) beca *f*

**Beihilfe**[2] *f ohne pl* (JUR) complicidad *f;* ~ **zum Mord** complicidad en el asesinato

**bei|kommen** *irr vi sein* ❶ (*zu fassen bekommen*): **jdm** ~ coger a alguien; **ihr ist einfach nicht beizukommen** no hay modo de acercarse a ella ❷ (*bewältigen*): **etw** *dat* ~ resolver algo

**beil.** *Abk. von* **beiliegend** adjunto

**Beil** [baɪl] *nt* <-(e)s, -e> ❶ (*Axt*) hacha *f* ❷ (*Fall~*) guillotina *f*

**Beilage** *f* <-n> ❶ (PUBL) suplemento *m* ❷ (GASTR) guarnición *f*

**beiläufig** [ˈbaɪlɔɪfɪç] **I.** *adj* (*Frage*) casual **II.** *adv* de paso; ~ **gesagt** dicho sea de paso

**bei|legen** *vt* ❶ (*aus der Welt schaffen*) poner fin (a), concluir ❷ (*hinzulegen*) adjuntar, adosar *Am;* **er legte dem Brief ein Foto bei** adjuntó una foto a la carta ❸ (*zuschreiben*) conceder, otorgar; **etw** *dat* **Gewicht/Wert** ~ otorgarle peso/valor a algo

**Beilegung** *f* <-en>: ~ **eines Konflikts** arreglo *m* de un conflicto

**beileibe** [baɪˈlaɪbə] *adv:* ~ **nicht** en ningún caso

**Beileid** *nt* <-(e)s, *ohne pl*> pésame *m;* **mein aufrichtiges** ~ mi más sincero pésame; **jdm sein** ~ **ausdrücken** dar el pésame a alguien; **Beileidskarte** *f* tarjeta *f* de condolencia

**bei|liegen** *irr vi* estar incluido

**beiliegend** *adj* adjunto

**beim** [baɪm] = **bei dem** *s.* **bei**

**bei|mengen** *vt* añadir

**bei|messen** *irr vt* atribuir, conceder

**bei|mischen** *vt* añadir, agregar

**Bein** [baɪn] *nt* <-(e)s, -e> ❶ (*Körperteil*) pierna *f;* **die** ~**e übereinander schlagen** cruzar las piernas; **er stellt ihm ein** ~ le pone la zancadilla; **sich** *dat* **(k)ein** ~ **ausreißen** (*fam fig*) (no) matarse trabajando; **mit einem** ~ **im Grab stehen** (*fam fig*) estar con un pie en la tumba; **sich** *dat* **die** ~**e in den Bauch stehen** (*fam fig*) estar de plantón; **mit beiden** ~**en im Leben stehen** (*fam fig*) tener los pies en el suelo; **jdm** ~**e machen** (*fam fig*) echar a alguien; **die** ~**e in die Hand nehmen** (*fam fig*) salir disparado; **etw auf die** ~**e stellen** (*fam fig*) montar algo; **er ist schon wieder auf den** ~**en** (*fam*) ya se ha recuperado totalmente ❷ (*eines Tieres, Stuhls*) pata *f* ❸ (*geh: Knochen*) hueso *m;* **etw geht jdm durch Mark und** ~ (*fam*) algo le parte el alma a alguien

**beinah(e)** *adv* casi, por poco

**Beiname** *m* <-ns, -n> sobrenombre *m*

**Beinbruch** *m* fractura *f* de la pierna; **das ist (doch) kein** ~**!** (*fam*) ¡no es para tanto!; **Hals- und** ~**!** ¡(buena) suerte!

**beinhalten*** [bəˈɪnhaltən] *vt* incluir, contener

**Beinprothese** *f* (MED) prótesis *f inv* de la pierna, pierna *f* artificial

**bei|ordnen** *vt* ❶ (LING) coordinar ❷ (*beigeben*) agregar

**Beipackzettel** *m* hoja *f* de instrucciones

**bei|pflichten** [ˈbaɪpflɪçtən] *vi:* **jdm** ~ secundar a alguien; **einem Vorhaben** ~ apoyar un proyecto

**Beirat** [ˈbaɪraːt] *m* consejo *m* consultivo

**beirren*** [bəˈɪrən] *vt* desconcertar, confundir; **lass dich dadurch nicht** ~**!** ¡no te dejes confundir por eso!

**Beirut** [baɪˈruːt, ˈ--] *nt* <-s> Beirut *m*

**beisammen** [baɪˈzamən] *adv* ❶ (*zusammen*) juntos, reunidos ❷ (*in guter Verfassung*): ~ **sein** (*körperlich*) estar fuerte; (*geistig*) estar cuerdo; **er ist noch gut** ~ aún está en sus cabales

**Beisammensein** *nt* <-s, *ohne pl*> reunión *f*

**Beischlaf** *m* <-(e)s, *ohne pl*> (*geh*) coito *m;* (JUR) cohabitación *f;* **außerehelicher** ~ adulterio *m*

**Beisein** [ˈbaɪzaɪn] *nt:* **in/ohne jds** ~ en presencia/sin la presencia de alguien

**beiseite** [baɪˈzaɪtə] *adv* a un lado, aparte; **Geld** ~ **legen** ahorrar dinero; **Spaß** ~**!** ¡bromas aparte!; **jdn** ~ **nehmen** hablar a solas con alguien

**bei|setzen** *vt* (*geh*) inhumar

**Beisetzung** *f* <-en> (*geh*) inhumación *f*

**Beisitzer(in)** *m(f)* <-s, -; -nen> ❶ (*am Gericht*) asesor(a) *m(f)* ❷ (*eines Ausschusses*) vocal *mf*

**Beispiel** *nt* <-(e)s, -e> ejemplo *m;* **(wie) zum** ~ (como) por ejemplo; **jdm ein** ~ **geben** dar ejemplo a alguien; **an ihm kannst du dir ein** ~ **nehmen** puedes tomar ejemplo de él; **mit gutem** ~ **vorangehen** predicar con el ejemplo

**beispielhaft** *adj* ejemplar, modelo

**beispiellos** *adj* sin precedente; (*unerhört*) inaudito; (*unvergleichbar*) sin igual, sin par

**Beispielsatz** *m* ejemplo *m*

**beispielsweise** *adv* por ejemplo

**beißen** [ˈbaɪsən] <beißt, biss, gebissen> **I.** *vi, vt* (*zubeißen*) morder; **in den Apfel** ~ morder la manzana; **ich habe mir auf**

die Zunge gebissen me mordí la lengua; **nichts zu ~ haben** (*fam*) no tener nada que llevarse a la boca **II.** *vi* (*Geruch, Geschmack*) picar; **der Rauch beißt in den Augen** me pican los ojos del humo **III.** *vr:* **sich** ~ (*fam: Farben*) desentonar, no armonizar

**beißend** *adj* (*Geschmack*) picante, mordaz; (*Geruch, Qualm*) fuerte, picante; (*Spott*) mordaz, agudo

**Beißzange** *f* tenazas *fpl*

**Beistand** *m* <-(e)s, -stände> ❶ (*geh: Hilfe*) ayuda *f;* (*Unterstützung*) apoyo *m;* **jdm ~ leisten** prestar ayuda a alguien ❷ (JUR) asistencia *f;* (*Beratung*) asesoramiento *m;* **rechtlicher ~** asistencia jurídica

**bei|stehen** *irr vi:* **jdm ~** apoyar a alguien, ayudar a alguien

**bei|steuern** *vt* contribuir con (*zu* a)

**bei|stimmen** *vi* aprobar

**Beistrich** *m* <-(e)s, -e> (*Österr: Komma*) coma *f*

**Beitrag** ['baɪtra:k] *m* <-(e)s, -träge> ❶ (*Anteil, Mitwirkung*) contribución *f;* **seinen ~ zu etw leisten** contribuir a algo ❷ (*Geldbetrag*) cuota *f* ❸ (*Aufsatz, Artikel*) artículo *m*

**bei|tragen** *irr vt* contribuir (*zu* a), ayudar (*zu* a)

**beitragspflichtig** *adj* sujeto a pago; **Beitragssatz** *m* (FIN) cuota *f;* **Beitragszeit** *f* periodo *m* de cotización

**bei|treten** *irr vi sein* ❶ (*einem Pakt*) adherirse (a) ❷ (*einer Organisation*) ingresar (en); (*einer Partei*) afiliarse (a)

**Beitritt** *m* <-(e)s, -e> adhesión *f* (*zu* a), ingreso *m* (*zu* en); (*zu einer Partei*) afiliación *f* (*zu* a); **seinen ~ erklären** ingresar; **Beitrittserklärung** *f* declaración *f* de ingreso

**Beiwagen** *m* <-s, -> sidecar *m*

**Beiwerk** *nt* <-(e)s, -e> (*geh*) accesorio *m*

**bei|wohnen** *vi* (*geh*) asistir (a), presenciar

**Beize** ['baɪtsə] *f* <-n> ❶ (*für Metall*) decapante *m;* (*für Textilien*) mordiente *m* ❷ (*für Holz*) barniz *m* ❸ (*zum Gerben*) adobo *m* ❹ (GASTR) escabeche *m*

**beizeiten** [baɪ'tsaɪtən] *adv* a tiempo

**beizen** ['baɪtsən] *vt* ❶ (*Metall*) decapar; (*Textilien*) tratar con mordiente ❷ (*Holz*) barnizar ❸ (GASTR) adobar, escabechar

**bejahen*** [bə'ja:ən] *vt* ❶ (*Frage*) contestar afirmativamente ❷ (*Leben, Vorschlag*) decir que sí (a)

**bejahend** *adj* afirmativo

**bejahrt** [bə'ja:ɐt] *adj* (*geh*) entrado en años

**bejammern*** *vt* lamentar

**bejammernswert** *adj* lamentable, deplorable

**bejubeln*** *vt* ovacionar, vitorear

**bekakeln*** *vt* (*reg: fam*) hablar (de); **das müssen wir noch ~** eso tenemos que hablarlo todavía

**bekämpfen*** *vt* combatir

**Bekämpfung** *f* <-en> lucha *f* (*von* contra)

**bekannt** [bə'kant] **I.** *pp von* **bekennen** **II.** *adj* ❶ (*Person*) conocido; (*Sache*) conocido; **~ geben** dar a conocer; (*veröffentlichen*) hacer público; **~ machen** hacer saber; (*öffentlich*) publicar, (llegar a) conocerse; **wohl ~** (*geh*) muy [*o* bien] conocido; **das ist uns wohl ~** lo conocemos muy bien; **als ~ voraussetzen** dar por sabido; **das kommt mir ~ vor** me suena de algo; **darf ich Sie mit Herrn X ~ machen?** ¿puedo presentarle al señor X? ❷ (*berühmt*) famoso (*für* por)

**Bekannte(r)** *mf* <-n, -n; -n> conocido, -a *m, f;* **Bekanntenkreis** *m* (círculo *m* de) conocidos *mpl*

**bekanntermaßen** *adv s.* **bekanntlich**

**Bekanntgabe** *f* <-n> notificación *f;* (*in einer Zeitung*) publicación *f*

**Bekanntheit** *f ohne pl* popularidad *f;* **ein Name von großer ~** un nombre muy popular; **die ~ von Fakten** el conocimiento de los hechos; **Bekanntheitsgrad** *m* (grado *m* de) familiaridad *f;* **einen hohen/niedrigen ~ haben** tener mucha/poca familiaridad

**bekanntlich** *adv* como es sabido

**Bekanntmachung** *f* <-en> ❶ (*Veröffentlichung*) publicación *f;* (*eines Gesetzes*) promulgación *f* ❷ (*amtlicher Anschlag*) edicto *m,* bando *m*

**Bekanntschaft** *f* <-en> ❶ (*persönliche Beziehung*) amistad *f;* **jds ~ machen** conocer a alguien ❷ (*Bekannter*) conocido, -a *m, f*

**bekehren*** **I.** *vt* ❶ (REL) convertir (*zu* a) ❷ (*zu einer Ansicht*) hacer adoptar **II.** *vr:* **sich ~** convertirse (*zu* a)

**Bekehrung** *f* <-en> (REL) conversión *f*

**bekennen*** *irr* **I.** *vt* (*zugeben*) reconocer; (*Attentat*) reivindicar; **Farbe ~** (*fam*) quitarse la careta **II.** *vr:* **sich ~** ❶ (*eintreten für*) declararse (*zu* en favor de) ❷ (*einstehen für*) confesar, declararse; **ich bekenne mich schuldig** me confieso culpable

**Bekenntnis** *nt* <-ses, -se> (*a.* REL) confesión *f;* (*Erklärung*) declaración *f* (*zu* en favor de)

**bekieken*** *vt* (*nordd*) contemplar

**beklagen*** **I.** *vt* (*Unglück, Schaden*)

lamentar **II.** *vr:* **sich** ~ lamentarse (*über* de); (*sich beschweren*) quejarse (*über* de); **ich kann mich nicht** ~ no me puedo quejar

**beklagenswert** *adj* lamentable, deplorable

**Beklagte(r)** *mf* <-n, -n; -n> (JUR) demandado, -a *m, f*

**beklauen*** *vt* (*fam*) robar; **jdn** ~ mangar a alguien

**bekleckern*** **I.** *vt* (*fam*) manchar (*mit* con/de); (*beschmieren*) pringar (*mit* con/de) **II.** *vr:* **sich** ~ mancharse (*mit* de), pringarse (*mit* de); **er hat sich nicht gerade mit Ruhm bekleckert** (*iron*) no se ha cubierto de gloria precisamente

**beklecksen*** **I.** *vt* pringar (*mit* de/con) *fam;* **etw mit Farbe** ~ manchar algo de pintura **II.** *vr:* **sich** ~ ensuciarse (*mit* de/con), pringarse (*mit* de) *fam*

**bekleiden*** *vt* ❶ (*geh: Amt, Rang*) ocupar ❷ (*anziehen*) vestir; **leicht bekleidet** con ropa ligera ❸ (*bedecken*) revestir (*mit* de)

**Bekleidung**[1] *f ohne pl* (*eines Amtes*) ejercicio *m* (de cargo)

**Bekleidung**[2] *f* <-en> ❶ (*Kleidung*) ropa *f* ❷ (*Bedeckung*) revestimiento *m*

**Bekleidungsstück** *nt* prenda *f* de vestir

**beklemmend** *adj* angustioso; (*bedrückend*) oprimente

**Beklemmung** *f* <-en> agobio *m,* angustia *f,* prendimiento *m Chil;* (*physisch*) opresión *f*

**beklommen** [bəˈklɔmən] *adj* agobiado; (*bedrückt*) abatido

**Beklommenheit** *f* <-en> opresión *f,* angustia *f*

**bekloppt** [bəˈklɔpt] *adj* (*fam*) como una cabra [*o* una chota]; ~ **sein** estar pirado

**Bekloppte(r)** *mf* <-n, -n; -n, -n> (*fam*) loco, -a *m, f*

**beknackt** *adj* (*fam*) ido, alelado

**beknien*** *vt* (*fam*) pedir de rodillas

**bekochen*** *vt* cocinar; **am Wochenende bekocht mich mein Mann** el fin de semana cocina mi marido para mí

**bekommen*** *irr* **I.** *vt* ❶ (*erhalten*) recibir; (*Recht, Einblick*) obtener, conseguir; **was** ~ **Sie (dafür)?** ¿cuánto le debo?; **sie bekommt 20 DM (für) die Stunde** le pagan 20 marcos la hora; **etw zu essen** ~ recibir algo de comer; **ich habe es geschenkt** ~ me lo han regalado; **eine Ohrfeige** ~ recibir una bofetada; **er bekam ein Jahr Gefängnis** le cayó un año de cárcel ❷ (*Zug*) coger, alcanzar, pillar *argot;* **wenn ich ihn zu fassen bekomme** como le coja ❸ (*Krankheit*) contraer; (*Komplexe*) desarrollar; (*Zähne*) echar, salir; **ein Kind** ~ tener un hijo; **er bekommt graue Haare** le salen canas; **er bekommt eine Glatze** se está quedando calvo; **wir** ~ **anderes Wetter** tendremos un cambio de tiempo; **er bekam Hunger/Angst** le entró hambre/miedo; **er bekam Lust schwimmen zu gehen** le entraron ganas de ir a nadar; **ich bekomme ihn nicht dazu mir zu helfen** no consigo que me ayude **II.** *vi* ❶ (*bedient werden*) estar atendido; ~ **Sie es schon?** ¿ya le atienden? ❷ *sein* (*Speisen*): **jdm gut/schlecht** ~ sentar(le) bien/mal a alguien; **wohl bekomm's!** ¡que aproveche!

**bekömmlich** [bəˈkœmlɪç] *adj* (*Speisen*): **leicht** ~ fácil de digerir, ligero; **schwer** ~ indigesto

**beköstigen*** [bəˈkœstɪgən] *vt* alimentar

**bekräftigen*** *vt* confirmar, afirmar

**Bekräftigung** *f* <-en> apoyo *m,* confirmación *f*

**bekränzen*** [bəˈkrɛntsən] *vt* coronar (*mit* de), enguirnaldar

**bekreuzigen*** *vr:* **sich** ~ santiguarse

**bekriegen*** *vt* hacer la guerra (a); (*bekämpfen*) combatir, luchar (contra)

**bekritteln*** [bəˈkrɪtəln] *vt* (*abw*) chismorrear

**bekritzeln*** *vt* garabatear (en)

**bekümmern*** *vt* (*besorgt machen*) preocupar; (*beunruhigen*) intranquilizar

**bekümmert** *adj* (*besorgt*) preocupado (*über* por); (*betrübt*) afligido (*über* por)

**bekunden*** [bəˈkʊndən] *vt* ❶ (*geh: Absicht, Mitgefühl*) mostrar, manifestar ❷ (JUR: *bezeugen*) testificar

**belächeln*** *vt* mofarse (de)

**belachen*** *vt* reír; (*verspotten*) burlarse (de); **diese nette Anekdote wurde von allen belacht** todos rieron la simpática anécdota

**beladen*** *irr* **I.** *vt* cargar (*mit* de/con) **II.** *vr:* **sich** ~ cargar (*mit* con), cargarse (*mit* de)

**Belag** [bəˈlaːk, *pl:* bəˈlɛːgə] *m* <-(e)s, -läge> (*Zungen~*) saburra *f;* (*Zahn~*) sarro *m;* (*Straßen~, Fußboden~*) pavimento *m;* (*Brems-, Fußboden~*) revestimiento *m*

**Belagerer, -in** [bəˈlaːgərɐ] *m, f* <-s, -; -nen> sitiador(a) *m(f)*

**belagern*** [bəˈlaːgɐn] *vt* ❶ (MIL) sitiar, cercar ❷ (*fam: sich drängen*) rodear, acorralar

**Belagerung** *f* <-en> (MIL) sitio *m;* **Belagerungszustand** *m* (JUR) estado *m* de sitio

**belämmert** [bəˈlɛmɐt] *adj* (*fam*) ❶ (*verlegen*) confuso; (*eingeschüchtert*) intimidado ❷ (*scheußlich*) horrible; (*abstoßend*) repugnante

**Belang** [bəˈlaŋ] *m* <-(e)s, *ohne pl*>

B

(*Bedeutung*) importancia *f;* **etw ist von/ohne ~ für jdn/etw** algo es de/carece de importancia para alguien/algo

**Belange** *mpl* (*Angelegenheiten*) intereses *mpl*

**belangen*** *vt* (JUR) demandar judicialmente

**belanglos** *adj* sin importancia

**Belanglosigkeit** *f* <-en> insignificancia *f;* **über ~en sprechen** hablar de naderías

**belassen*** *irr vt* dejar; **wir wollen es dabei ~** dejémoslo así

**belastbar** *adj* ① (*Material*) resistente; **eine bis zu zehn Tonnen ~e Brücke** un puente con una capacidad de carga de diez toneladas ② (*Mensch*) fuerte, resistente; **die Umwelt ist nicht weiter ~** no se puede sobrecargar más el medio ambiente

**Belastbarkeit** *f ohne pl* (capacidad *f* de) resistencia *f,* aguante *m fam*

**belasten*** **I.** *vt* ① (JUR: *beschuldigen*) imputar, incriminar; **~des Material** material incriminatorio ② (*mit Gewicht*) cargar ③ (*bedrücken*) pesar; (*nervlich*) agobiar ④ (ÖKOL) contaminar ⑤ (FIN: *Grundstück*) hipotecar; (*Konto*) debitar **II.** *vr:* **sich ~** ① (JUR) endeudarse, empeñarse ② (*sich aufbürden*): **sich mit etw ~** cargarse de algo

**belästigen*** [bəˈlɛstɪgən] *vt* molestar (*mit* con)

**Belästigung** *f* <-en> molestia *f,* odiosidad *f Am;* **sexuelle ~** acoso sexual

**Belastung** [bəˈlastʊŋ] *f* <-en> ① (PSYCH) carga *f* ② (JUR) cargo *m* ③ (ÖKOL) perjuicio *m* para el medio ambiente ④ (MED: *Kreislauf, Organ*) sobrecarga *f* ⑤ (FIN) carga *f;* **Belastungsmaterial** *nt ohne pl* (JUR) pruebas *fpl* de cargo; **Belastungsprobe** *f* ① (TECH: *Material, Brücke*) prueba *f* de carga ② (MED) prueba *f* de esfuerzo ③ (*Ehe, Koalition*) prueba *f* de resistencia; **Belastungszeuge, -in** *m, f* (JUR) testigo *mf* de cargo

**belaubt** [bəˈlaʊpt] *adj* cubierto de hojas

**belauern*** *vt* acechar

**belaufen*** *irr vr:* **sich ~** elevarse (*auf* a), ascender (*auf* a)

**belauschen*** *vt* escuchar; (*spionieren*) espiar

**beleben*** **I.** *vt* estimular, reanimar, vitalizar *Am;* **wieder ~** (*Person*) reanimar; (*Wirtschaft*) reactivar **II.** *vr:* **sich ~** (*Straße*) animarse, cobrar vida

**belebend** *adj* estimulante; (*stärker*) excitante

**belebt** *adj* ① (*lebendig*) animado ② (*Straße*) concurrido

**Belebung** *f* <-en> vivificación *f*

**Beleg** [bəˈleːk] *m* <-(e)s, -e> ① (*Quittung*) recibo *m* ② (*Beweis*) prueba *f*

**belegen*** *vt* ① (*Platz*) reservar, ocupar ② (*Seminar*) inscribirse (en) ③ (SPORT) ocupar; **er belegte den zweiten Platz** ocupó el segundo puesto ④ (*Behauptung*) documentar ⑤ (*Brot, Fußboden*) cubrir (*mit* con) ⑥ (*mit Zoll, Bußgeld*) cargar (*mit* de/con), gravar (*mit* con)

**Belegexemplar** *nt* (*Zeitschrift, Buch*) original *m*

**Belegschaft** *f* <-en> personal *m,* plantel *m Arg*

**belegt** *adj* ① (*Hotel*) completo; (*Zimmer, Platz*) ocupado ② (*Stimme*): **~e Stimme** voz tomada ③ (*Brot*) untado; **~es Brötchen** bocadillo ④ (*Zunge*) saburroso

**belehren*** *vt* instruir (*über* sobre)

**belehrend** *adj* instructivo

**Belehrung** *f* <-en> ① (*Erklärung*) instrucción *f* ② (*Zurechtweisung*) reprimenda *f* ③ (JUR) informe *m*

**beleibt** [bəˈlaɪpt] *adj* corpulento

**beleidigen*** [bəˈlaɪdɪgən] *vt* ofender, insultar

**beleidigend** *adj* ofensivo

**Beleidigung** *f* <-en> ofensa *f,* insulto *m*

**beleihen*** *irr vt* (*Haus*) hipotecar; (*Wertpapiere*) pignorar

**belesen** *adj* (*Person*) leído, culto

**beleuchten*** *vt* ① (*mit Licht*) iluminar, alumbrar ② (*Frage*) analizar

**Beleuchtung** *f* <-en> iluminación *f,* luz *f*

**Belgien** [ˈbɛlgiən] *nt* <-s> Bélgica *f*

**Belgier(in)** *m(f)* <-s, -; -nen> belga *mf*

**belgisch** *adj* belga

**Belgrad** [ˈbɛlgraːt] *nt* <-s> Belgrado *m*

**belichten*** *vt* (FOTO) exponer (a la luz)

**Belichtung** *f* <-en> (FOTO) exposición *f;* **Belichtungsmesser** *m* fotómetro *m;* **Belichtungszeit** *f* tiempo *m* de exposición

**belieben*** **I.** *vi* (*geh*) desear; **wann es Ihnen beliebt** cuando Ud. guste **II.** *vunpers:* **es beliebte ihm bei uns vorbeizukommen** le entraron deseos de pasar a visitarnos

**Belieben** *nt* <-s, *ohne pl*> voluntad *f,* gusto *m;* **nach ~** al gusto

**beliebig** **I.** *adj* cualquiera; **jede ~e Arbeit annehmen** aceptar cualquier trabajo; **in ~er Reihenfolge** por el orden que se desee **II.** *adv* a gusto, a voluntad

**beliebt** *adj* (*Person*) estimado, apreciado; (*Ware*) solicitado; (*Thema*) popular; **sich ~ machen** hacerse querer

**Beliebtheit** *f ohne pl* popularidad *f* (*bei* entre); **jd/etw erfreut sich großer ~** alguien/algo goza de gran popularidad

**beliefern*** *vt* suministrar, abastecer (*mit* con)

**Belieferung** *f* <-en> suministro *m,* entrega *f*

**beliehen** *pp von* **beleihen**

**bellen** ['bɛlən] *vi* ladrar

**Belletristik** [bɛle'trɪstɪk] *f ohne pl* bellas letras *fpl*

**belogen** *pp von* **belügen**

**belohnen*** *vt* recompensar (*für* por); (*mit einem Preis*) premiar (*für* por)

**Belohnung** *f* <-en> recompensa *f;* (*Preis*) premio *m;* **eine ~ aussetzen** ofrecer una recompensa

**belüften*** *vt* airear; **dieses Zimmer ist schlecht belüftet** esta habitación está mal ventilada

**Belüftung** *f* <-en> ventilación *f;* **Belüftungsanlage** *f* sistema *m* de ventilación; **Belüftungsschacht** *m* (BERGB) túnel *m* de ventilación

**belügen*** *irr vt* mentir

**belustigen*** **I.** *vt* (*zum Lachen bringen*) divertir **II.** *vr:* **sich ~** (*geh: sich lustig machen*) reírse (*über* de)

**belustigt** *adj* divertido; **eine ~e Miene ziehen** poner una cara divertida

**Belustigung** *f ohne pl* (*Erheiterung*) divertimiento *m;* **der öffentlichen ~ dienen** servir de público regocijo

**bemächtigen*** [bə'mɛçtɪgən] *vr* (*geh*): **sich etw** *gen*/**jds ~** apoderarse de algo/alguien

**bemäkeln*** [bə'mɛ:kəln] *vt* (*fam*) meterse (con)

**bemalen*** **I.** *vt* pintar **II.** *vr:* **sich ~** pintarse

**Bemalung** *f* <-en> pintura *f;* (*Graffiti*) pintada *f;* (*Kriegs~*) pintura *f* (de guerra)

**bemängeln*** [bə'mɛŋəln] *vt* censurar, criticar

**bemannt** [bə'mant] *adj* (*Raumschiff*) tripulado

**bemerkbar** *adj* perceptible; **sich ~ machen** hacerse notar; (*durch Gesten*) atraer la atención

**bemerken*** *vt* ❶ (*wahrnehmen*) notar, darse cuenta (de) ❷ (*äußern*) decir, observar; (*erwähnen*) mencionar; **nebenbei bemerkt** dicho sea de paso; **bemerkenswert** *adj* notable

**Bemerkung** *f* <-en> comentario *m,* observación *f*

**bemessen*** *irr* **I.** *vt* (*messen*) medir, calcular; **meine Zeit ist knapp ~** estoy corto de tiempo **II.** *vr:* **sich ~** (*sich bestimmen*) tasarse (*nach* de acuerdo con)

**Bemessung** *f* <-en> (*Steuer, Honorar*) cálculo *m;* **Bemessungsgrundlage** *f* base *f* de cálculo

**bemitleiden*** [bə'mɪtlaɪdən] *vt* compadecer; **sich selbst ~** autocompadecerse; **bemitleidenswert** *adj* deplorable

**bemühen*** [bə'my:ən] **I.** *vr:* **sich ~** (*sich Mühe geben*) esforzarse (*um* por), esmerarse (*um* por); **bitte ~ Sie sich nicht!** ¡por favor, no se moleste!; **sich um etw ~** esforzarse para conseguir algo; **sich um jdn ~** esforzarse por alguien; **wärst du so freundlich dich zu mir zu ~?** ¿serías tan amable de pasarte por mi casa? **II.** *vt* (*geh: bitten*) pedir; (*benutzen*) servirse (de); **er bemühte sie zu sich** le pidió que fuera a verle

**Bemühen** *nt* <-s, *ohne pl*> (*geh*) empeño *m;* **jds ~** (**um jdn/etw**) los esfuerzos de alguien (por alguien/algo)

**bemüht** *adj* esforzado; **~ sein etw zu tun** molestarse en hacer algo; **um etw/jdn ~ sein** esforzarse por algo/alguien

**Bemühung** *f* <-en> ❶ (*Anstrengung*) molestia *f* ❷ *pl* (*Dienstleistungen*) diligencia *f*

**bemüßigt** [bə'my:sɪçt] *adj:* **sich ~ fühlen etw zu tun** (*geh*) sentirse obligado a hacer algo

**bemuttern*** [bə'mʊtɐn] *vt* mimar

**benachbart** [bə'naxba:ɐt] *adj* vecino

**benachrichtigen*** [bə'na:xrɪçtɪgən] *vt* informar (*von* de), avisar (*von* de)

**Benachrichtigung** *f* <-en> aviso *m;* (*offiziell*) parte *m;* (*Warnung*) advertencia *f*

**benachteiligen*** [bə'na:xtaɪlɪgən] *vt* perjudicar, discriminar (*wegen* por)

**Benachteiligte(r)** *mf* perjudicado, -a *m, f*

**Benachteiligung** *f* <-en> perjuicio *m,* discriminación *f*

**benannt** *pp von* **benennen**

**benebeln*** *vt* (*fam*) nublar; (*verwirren*) ofuscar; (*Alkohol*) embriagar; **ein ~der Duft durchzog den Raum** un perfume embriagador cruzó la sala

**benebelt** *adj* (*fam*) mareado; (*vom Alkohol*) achispado

**Benefizkonzert** [bene'fi:ts-] *nt* concierto *m* de beneficencia

**benehmen*** *irr vr:* **sich ~** (com)portarse (*wie* como); **benimm dich!** ¡pórtate bien!

**Benehmen** *nt* <-s, *ohne pl*> ❶ (*Verhalten*) comportamiento *m* ❷ (*Manieren*) modales *mpl;* **kein ~ haben** no tener modales

**beneiden*** [bə'naɪdən] *vt* envidiar (*um* por); **er ist nicht zu ~** no es de envidiar; **ich beneide dich um dein Glück** envidio tu suerte; **beneidenswert** *adj* envidiable

**Beneluxländer** *ntpl* (POL) (Estados *mpl* del) Benelux *m*

**benennen*** *irr vt* ❶ (*Namen geben*) nombrar, poner nombre (*nach* de) ❷ (*Kandidaten*) designar

**Benennung** *f* <-en> nombramiento *m*

**benetzen*** *vt* (*geh*) humedecer

**Bengel** ['bɛŋəl] *m* <-s, -(s)> (*fam*) ❶ (*frecher Bursche*) granujilla *m* ❷ (*kleiner Junge*) chaval *m*, pendejo *m* *CSur*

**Benimm** [bə'nɪm] *m* <-s, *ohne pl*> (*fam*) modales *mpl*; **der Kerl hat einfach keinen ~!** ¡este tipo no tiene modales!; **Benimmregeln** *fpl* reglas *fpl* de comportamiento

**benommen** [bə'nɔmən] **I.** *pp von* **benehmen** **II.** *adj* aturdido (*von* por), abombado (*von* por) *AmS*

**Benommenheit** *f ohne pl* estupor *m*; (*Ohnmacht*) vahído *m*

**benoten*** *vt* calificar, poner nota

**benötigen*** [bə'nø:tɪgən] *vt* necesitar

**benutzen*** *vt* ❶ (*gebrauchen*) usar; (*verwenden*) emplear; (*Zug, Bus*) tomar ❷ (*ausnutzen*) aprovechar; **er benutzte die Gelegenheit um zu fliehen** aprovechó la ocasión para escapar; **etw als Vorwand ~** poner algo como excusa; **ich fühle mich (von ihr) benutzt** me siento utilizado (por ella)

**benützen*** *vt* (*reg*) *s.* **benutzen**

**Benutzer(in)** *m(f)* <-s, -; -nen> (*a.* INFOR) usuario, -a *m, f*; **benutzerdefiniert** [-'--defini:ɐt] *adj* (INFOR) definido por el usuario; **Benutzerebene** *f* (INFOR): **auf ~** a nivel de usuario; **benutzerfreundlich** *adj* de fácil manejo para el usuario; **Benutzerhandbuch** *nt* (INFOR) manual *m* de usuarios

**Benutzerin** *f* <-nen>, **Benützerin** *f* <-nen> *s.* **Benutzer**

**Benutzerkonto** *nt* (INFOR) cuenta *f* de usuario; **Benutzername** *m* (INFOR) nombre *m* de usuario; **Benutzeroberfläche** *f* (INFOR) superficie *f* de utilización; **benutzerunfreundlich** *adj* (*a.* INFOR) de difícil manejo para el usuario

**Benutzung** *f* <-en> uso *m*, empleo *m*; **etw in ~ haben/nehmen** tener/tomar algo en uso; **Benutzungsgebühr** *f* tasa *f* de utilización; (*für Straßen*) peaje *m*

**Benzin** [bɛn'tsi:n] *nt* <-s, -e> gasolina *f*, nafta *f* *CSur*; **Benzinfeuerzeug** *nt* encendedor *m* de gasolina; **Benzinkanister** *m* bidón *m* de gasolina; **Benzinpreis** *m* precio *m* de la gasolina; **Benzinpumpe** *f* (AUTO) bomba *f* de gasolina; **benzinsparend** *adj*: **~es Auto** automóvil económico en gasolina; **Benzintank** *m* (AUTO) tanque *m* de gasolina; **Benzinverbrauch** *m* (AUTO) consumo *m* de gasolina

**Benzol** [bɛn'tso:l] *nt* <-s, -e> (CHEM) benzol *m*

**beobachtbar** *adj* observable; (*wahrnehmbar*) apreciable; **(nicht) mit bloßem Auge ~** (no) apreciable a simple vista

**beobachten*** [bə'ʔo:baxtən] *vt* ❶ (*betrachten*) observar ❷ (*überwachen*) vigilar ❸ (*bemerken*) observar (*an* en), notar (*an* en)

**Beobachter(in)** *m(f)* <-s, -; -nen> observador(a) *m(f)*

**Beobachtung** *f* <-en> observación *f*; **~en anstellen** hacer observaciones; **Beobachtungsgabe** *f* capacidad *f* de observación; **sie hat eine gute ~** tiene buenas dotes de observación

**beordern*** *vt* ordenar

**bepacken*** *vt* cargar (*mit* con)

**bepflanzen*** *vt* plantar (*mit* de)

**bepissen*** *vt* (*fam*) mear

**bequatschen*** *vt* (*fam*) ❶ (*besprechen*) conversar ❷ (*überreden*) convencer, persuadir

**bequem** [bə'kve:m] *adj* ❶ (*Möbel*) cómodo; **machen Sie es sich ~!** ¡póngase cómodo! ❷ (*abw: Person*) comodón

**bequemen*** *vr*: **sich ~** (*geh abw*) dignarse (*zu* a)

**Bequemlichkeit**[1] *f* <-en> (*Komfort*) comodidad *f*

**Bequemlichkeit**[2] *f ohne pl* (*Trägheit*) pereza *f*; **aus (purer) ~** por (pura) pereza

**berappen*** [bə'rapən] *vt, vi* (*fam: Zeche, Steuer*) soltar la pasta *fam*

**beraten*** *irr* **I.** *vt* ❶ (*Rat geben*) aconsejar; (*fachlich*) asesorar ❷ (*besprechen*) deliberar (*über* sobre), discutir **II.** *vr*: **sich ~** (*sich besprechen*) asesorarse (*mit* con), consultarse (*mit* con)

**beratend** *adj* consultivo

**Berater(in)** *m(f)* <-s, -; -nen> consejero, -a *m, f*, asesor(a) *m(f)*

**beratschlagen*** [-'---] *vi, vt* aconsejar

**Beratung** *f* <-en> ❶ (*Ratschlag*) consejo *m*; (*fachlich*) asesoramiento *m* ❷ (*Besprechung*) deliberación *f*; **Beratungsstelle** *f* consultorio *m*

**berauben*** *vt* robar; (*eines Rechtes*) privar (de)

**berauschen*** **I.** *vt* (*geh: Alkohol, Droge*) embriagar **II.** *vr*: **sich ~** (*geh: sich betrinken*) embriagarse (*an* con); (*fig*) extasiarse (*an* ante)

**berauschend** *adj* (*Alkohol, Droge*) embriagador; **diese Aussichten sind nicht gerade ~** las perspectivas no son precisamente muy risueñas
**Berber**[1] *m* <-s, -> (*Teppich*) alfombra *f* berberisca
**Berber(in)**[2] [ˈbɛrbɐ] *m(f)* <-s, -; -nen> ❶ (*Volk*) beréber *mf,* berberisco, -a *m, f* ❷ (*fam: Nichtsesshafte*) vagabundo, -a *m, f*
**berechenbar** [bəˈrɛçənbaːɐ] *adj* (*Kosten*) calculable; (*Verhalten*) previsible
**Berechenbarkeit** *f* <-en> previsibilidad *f*
**berechnen*** *vt* ❶ (*Preis, Zinsen, Entfernung*) calcular ❷ (*kalkulieren*) calcular, evaluar ❸ (*in Rechnung stellen*) cobrar (*für* por)
**berechnend** *adj* (*abw*) calculador
**Berechnung** *f* <-en> ❶ (*von Kosten*) cálculo *m* ❷ (*abw: Eigennutz*) interés *m;* **etw aus ~ tun** hacer algo en su propio interés
**berechtigen*** [bəˈrɛçtɪgən] *vt* autorizar (*zu* para); **das berechtigt zu der Annahme, dass ...** esto nos permite suponer que...; **berechtigt sein etw zu tun** tener derecho a hacer algo
**berechtigt** *adj* ❶ (*befugt*) autorizado (*zu* para) ❷ (*Zweifel*) fundado
**berechtigterweise** [-ˈ---ˈ--] *adv* justificadamente, de manera justificada
**Berechtigung** *f ohne pl* ❶ (*Recht*) derecho *m* (*zu* a); (*Befugnis*) autorización *f* (*zu* para); (*Befähigung*) habilitación *f* (*zu* para) ❷ (*Rechtmäßigkeit*) legitimidad *f*
**bereden*** **I.** *vt* ❶ (*besprechen*) hablar (*mit* con) ❷ (*überreden*) persuadir (de) **II.** *vr:* **sich ~** (*beraten*) hablar
**Beredsamkeit** *f ohne pl* elocuencia *f*
**beredt** [bəˈreːt] *adj* (*Person*) elocuente
**Bereich** [bəˈraɪç] *m* <-(e)s, -e> ❶ (*Gebiet*) zona *f,* área *f;* **das liegt (nicht) im ~ des Möglichen** esto (no) está dentro de lo posible ❷ (*Sachgebiet*) terreno *m,* sector *m* ❸ (*Zuständigkeit*) competencia *f*
**bereichern*** **I.** *vt* (*vergrößern*) enriquecer (*mit* con) **II.** *vr:* **sich ~** (*Gewinn machen*) enriquecerse (*an* con)
**Bereicherung** *f* <-en> enriquecimiento *m*
**bereifen*** *vt* (AUTO) poner neumáticos
**Bereifung** *f* <-en> (AUTO) neumáticos *mpl*
**bereinigen*** *vt* (*Missverständnis*) aclarar; (*Angelegenheit*) arreglar
**bereisen*** *vt* viajar (por); (*a.* COM) recorrer
**bereit** [bəˈraɪt] *adj* ❶ (*fertig*) preparado (*zu/für* para) ❷ (*gewillt*) dispuesto (*zu* para/a +*inf*); **sich ~ erklären etw zu tun** mostrarse dispuesto a hacer algo
**bereiten*** *vt* ❶ (*Speisen, Bad*) preparar ❷ (*Überraschung, Ärger*) dar, causar; (*Schwierigkeiten*) crear; (*Empfang*) dispensar; **das bereitet mir großes Vergnügen** esto me causa un gran placer; **etw** *dat* **ein Ende ~** poner fin a algo
**bereit|halten** *irr* **I.** *vt* tener preparado **II.** *vr:* **sich ~** estar a disposición; **bereit|legen** *vt* preparar, disponer; **bereit|liegen** *irr vi* estar preparado, estar listo; **bereit|machen** *vt, vr:* **sich ~** preparar(se) (*für* para)
**bereits** [bəˈraɪts] *adv* ya
**Bereitschaft** *f* <-en> disposición *f;* **in ~ sein** (MIL) estar en alerta; **~ haben** (*Arzt*) estar de servicio; (*Apotheke*) estar de guardia; **Bereitschaftsarzt, -ärztin** *m, f* médico, -a *m, f* de guardia; **Bereitschaftsdienst** *m* servicio *m* de urgencia; **~ haben** estar de guardia
**bereit|stehen** *irr vi* estar preparado, estar listo; **bereit|stellen** *vt* ❶ (*vorbereiten*) preparar ❷ (*zur Verfügung stellen*) poner a disposición
**Bereitstellung** *f* <-en> puesta *f* a disposición; **~ von Kapital** provisión de capital
**bereitwillig** **I.** *adj* solícito **II.** *adv* de buena gana
**Bereitwilligkeit** *f* <-en> buena voluntad *f*
**bereuen*** [bəˈrɔɪən] *vt* arrepentirse (de)
**Berg** [bɛrk] *m* <-(e)s, -e> ❶ (*Erhebung*) monte *m,* montaña *f;* **in die ~e fahren** ir a la montaña; **jdm stehen die Haare zu ~e** (*fig fam*) se le ponen los pelos de punta a alguien; **heute bin ich nicht auf dem ~** (*fig fam*) hoy no estoy muy católico; **(noch nicht) über den ~ sein** (*fig fam*) (no) haber superado (aún) las dificultades; **längst über alle ~e sein** (*fig fam*) haber puesto pies en polvorosa; **mit etw hinter dem ~ halten** (*fig fam*) ocultar algo; **~e versetzen (können)** (*fig fam*) (poder) mover montañas ❷ (*Menge*) montón *m,* volcán *m Am*
**bergab** [bɛrkˈʔap] *adv* cuesta abajo; **~ gehen** (*Weg*) ir cuesta abajo; (*Geschäft*) ir de mal en peor; **es geht ~ mit ihm** (*fam*) va de mal en peor
**Bergabhang** *m* falda *f* de la montaña
**Bergamotte** [bɛrgaˈmɔtə] *f* <-n> (BOT) bergamota *f*
**Bergarbeiter(in)** *m(f)* minero, -a *m, f*
**bergauf** [bɛrkˈʔaʊf] *adv* cuesta arriba; **es geht steil ~** es una subida empinada; **langsam geht es wieder ~ mit ihm** (*fam*) se va recuperando poco a poco
**Bergbahn** *f* ferrocarril *m* de montaña
**Bergbau** *m* <-(e)s, *ohne pl*> minería *f*
**Bergbesteigung** *f* <-en> escalamiento *m*

de una montaña; **Bergbewohner(in)** *m(f)* montañero, -a *m, f;* **Bergdorf** *nt* aldea *f* de montaña

**bergen** ['bɛrgən] <birgt, barg, geborgen> *vt* ❶ (*retten*) rescatar ❷ (*geh: enthalten*) albergar, contener; (*verbergen*) esconder ❸ (*schützen*) proteger (*vor* de)

**Bergführer(in)** *m(f)* <-s, -; -nen> guía *mf* (de montaña); **Berggipfel** *m* cima *f,* pico *m;* **Berghütte** *f* refugio *m* (de montaña)

**bergig** *adj* montañoso

**Bergkette** *f* cadena *f* montañosa; (*Gebirge*) sierra *f;* **Bergland** *nt* <-(e)s, -länder> montaña *f;* **Bergpredigt** *f ohne pl* (REL) Sermón *m* de la Montaña; **Bergrücken** *m* cresta *f* (de la montaña); **Bergrutsch** *m* desprendimiento *m;* **Bergschuh** *m* bota *f* de montaña; **Bergsteigen** *nt* <-s, *ohne pl*> alpinismo *m,* montañismo *m,* andinismo *m Am;* **Bergsteiger(in)** *m(f)* <-s, -; -nen> alpinista *mf,* andinista *mf Am;* **Bergtour** *f* excursión *f* por la montaña; **Berg-und-Tal-Fahrt** [--'--] *f viaje lleno de subidas y bajadas*

**Bergung** ['bɛrgʊŋ] *f* <-en> salvamento *m,* rescate *m;* **Bergungsarbeiten** *fpl* trabajos *mpl* de rescate; **Bergungsmannschaft** *f* equipo *m* de salvamento

**Bergwacht** *f ohne pl* servicio *m* de salvamento de montaña; **Bergwand** *f* peña *f;* **Bergwanderung** *f* caminata *f* por la montaña

**Bergwerk** *nt* (BERGB) mina *f*

**Bericht** [bə'rɪçt] *m* <-(e)s, -e> informe *m;* (TV, RADIO) reportaje *m;* (MIL, MED) parte *m;* **jdm über etw ~ erstatten** informar a alguien sobre algo

**berichten*** *vi, vt* ❶ (*informieren*) informar (*über* sobre/de), reportar (*über* sobre/de) *Am* ❷ (*erzählen*) narrar, contar (*von* de) ❸ (*mitteilen*) comunicar, informar; **uns wird soeben berichtet, dass ...** nos acaban de informar de que...

**Berichterstatter(in)** *m(f)* <-s, -; -nen> reportero, -a *m, f*

**Berichterstattung** *f* información *f*

**berichtigen*** [bə'rɪçtɪgən] *vt* rectificar, corregir

**Berichtigung** *f* <-en> rectificación *f*

**berieseln*** *vt* rociar; **sich mit Musik ~ lassen** (*fam fig*) bañarse en música

**Berieselung** *f* <-en> (*mit Wasser*) riego *m* (*mit* con); (*fig: mit Musik*) baño *m* (*mit* en); (*fam: mit Werbung*) bombardeo *m* (*mit* de)

**beritten** [bə'rɪtən] *adj* montado, a caballo

**Berlin** [bɛr'li:n] *nt* <-s> Berlín *m*

**Berliner(in)** [bɛr'li:nɐ] *m(f)* <-s, -; -nen> berlinés, -esa *m, f*

**i Land & Leute**

Los **Berliner Filmfestspiele**, también conocidos como Berlinale, se vienen celebrando desde 1951. Allí alcanzaron el éxito Ingmar Bergman, Roman Polanski, François Truffaut, Jaen-Luc Godard y Claude Chabrol. En el festival no todas las películas se exhiben con la misma finalidad. Algunas compiten por los premios en la sección oficial del festival mientras que otras simplemente se presentan fuera de concurso en la sección de exhibición. Las películas ganadoras en el festival de Berlín reciben el Oso de Oro o de Plata, así como desde 1986 la cámara de la Berlinale.

**berlinerisch** *adj* (*fam*) berlinés

**Bermudas** [bɛr'mu:das] *pl* ❶ (*Inselgruppe*) Islas *fpl* Bermudas ❷ (*Hose*) bermudas *mpl o fpl*

**Bermudashorts** [bɛr'mu:da'ʃo:ɐts] *pl* bermudas *mpl o fpl*

**Bern** [bɛrn] *nt* <-s> Berna *f*

**Berner(in)** *m(f)* <-s, -; -nen> habitante *mf* de Berna

**Bernhardiner** [bɛrnhar'di:nɐ] *m* <-s, -> ❶ (*Mönch*) (monje *m*) bernardino *m* ❷ (*Hund*) (perro *m* de) San Bernardo *m*

**Bernstein** ['bɛrnʃtaɪn] *m* <-(e)s, -e> ámbar *m*

**Berserker** [bɛr'zɛrkɐ, '---] *m* <-s, -> (*Hüne*) gigante *m;* **wie ein ~ toben** ponerse hecho un energúmeno

**bersten** ['bɛrstən] <birst, barst, geborsten> *vi sein* (*a. fig*) estallar; **zum B~ voll sein** estar lleno a reventar; **vor Zorn ~** estallar en ira

**berüchtigt** [bə'rʏçtɪçt] *adj* de mala fama

**berücksichtigen*** [bə'rʏkzɪçtɪgən] *vt* tener en cuenta; **man muss dabei ~, dass ...** en esto hay que tener en cuenta que...

**Berücksichtigung** *f ohne pl* consideración *f;* **unter ~ aller Umstände** considerando todas las circunstancias

**Beruf** [bə'ru:f] *m* <-(e)s, -e> profesión *f;* **er ist Bäcker von ~** es panadero de profesión; **von ~s wegen** profesionalmente

**berufen**[1] *adj* competente; **sich zu etw ~ fühlen** sentirse designado para algo; **sich ~ fühlen zu helfen** sentirse llamado a ayudar

**berufen²*** *irr* **I.** *vt* ❶ (*ernennen*) nombrar; (*in ein Amt*) designar; **sie haben ihn zum Minister ~** lo han nombrado ministro ❷ (*beschwören*) conjurar **II.** *vr:* **sich ~** (*sich stützen*) remitirse (*auf* a)

**beruflich** *adj* profesional; **ihr ~er Werdegang** su carrera profesional; **was macht er ~?** ¿a qué se dedica profesionalmente?

**Berufsarmee** *f* (MIL) ejército *m* profesional; **Berufsausbildung** *f* formación *f* profesional; **Berufsaussichten** *fpl* perspectivas *fpl* profesionales; **berufsbedingt** *adj* debido a la profesión; **Berufsberater(in)** *m(f)* asesor(a) *m(f)* de orientación profesional; **Berufsberatung** *f* orientación *f* profesional; **Berufsbezeichnung** *f* denominación *f* de la profesión; **berufsbezogen** **I.** *adj* ❶ (*orientiert*) orientado a la práctica profesional; **~er Unterricht** una clase orientada a la práctica profesional ❷ (*zusammenhängend*) relacionado con el ejercicio de la profesión **II.** *adv* enfocado a la práctica profesional; **Berufsbild** *nt* configuración *f* de una profesión; **berufserfahren** *adj* con experiencia profesional; **Berufserfahrung** *f* experiencia *f* profesional; **berufsfremd** *adj* extraño a la profesión; **er übt eine ~e Tätigkeit aus** ejerce una actividad ajena a su profesión; **Berufsgeheimnis** *nt* secreto *m* profesional; **Berufsgenossenschaft** *f* cooperativa *f* para la prevención y el seguro de accidentes laborales; **Berufsgruppe** *f* grupo *m* de profesionales; **Berufskleidung** *f* ropa *f* de trabajo; **Berufskrankheit** *f* enfermedad *f* causada por el trabajo; **Berufsleben** *nt ohne pl* vida *f* profesional; **noch im ~ stehen** estar todavía en activo

**berufsmäßig** *adj* profesional; **etw ~ betreiben** dedicarse profesionalmente a algo

**Berufspraxis** *f ohne pl* práctica *f* en la profesión; **Berufsrisiko** *nt* riesgo *m* profesional; **Berufsschule** *f* escuela *f* de formación profesional; **Berufssoldat(in)** *m(f)* (MIL) soldado *m* profesional; **Berufssportler(in)** *m(f)* deportista *mf* profesional; **berufstätig** *adj:* **~ sein** trabajar; **halbtags ~ sein** trabajar media jornada; **Berufstätige(r)** *mf* <-n, -n; -n> empleado, -a *m, f,* activo, -a *m, f;* **berufsunfähig** *adj* incapacitado profesionalmente; **Berufsunfähigkeit** *f* incapacidad *f* profesional; **Berufsunfall** *m* accidente *m* laboral [*o* de trabajo]; **Berufsverband** *m* asociación *f* de profesionales; **Berufsverbot** *nt* inhabilitación *f* profesional; **Berufsverkehr** *m* tráfico *m* en las horas punta; **Berufswahl** *f ohne pl* elección *f* de la profesión; **Berufswechsel** *m* cambio *m* de profesión

**Berufung** [bəˈruːfʊŋ] *f* <-en> ❶ (*Befähigung, innerer Auftrag*) vocación *f* ❷ (*Ernennung*) nombramiento *m* ❸ (JUR) apelación *f;* **er legte gegen das Urteil ~ ein** apeló contra la sentencia; **in die ~ gehen** interponer un recurso de apelación; **Berufungsinstanz** *f* (JUR) instancia *f* de apelación; **Berufungsklage** *f* apelación *f*

**beruhen*** *vi* basarse (*auf* en); **unser Vertrauen beruht auf Gegenseitigkeit** nuestra confianza es mutua; **etw auf sich ~ lassen** dejar las cosas como están

**beruhigen*** [bəˈruːɪgən] **I.** *vt* tranquilizar, calmar **II.** *vr:* **sich ~** (*Mensch, Tier*) tranquilizarse, calmarse; (*Meer*) calmarse, sosegarse; (*Sturm*) ceder; (*Lage*) estabilizarse

**beruhigend** **I.** *adj* ❶ (*ruhig machend*) tranquilizador; (*entspannend*) relajante; **~e Worte** palabras tranquilizadoras ❷ (PHARM) calmante; (*gegen Nervosität*) tranquilizante; **ich gebe Ihnen eine ~e Spritze** le voy a poner una inyección sedante **II.** *adv* ❶ (*entlastend*) tranquilizadoramente; **auf jdn ~ einsprechen** hablar tranquilizadoramente con alguien ❷ (PHARM) con efectos calmantes; **~ wirken** tener efectos calmantes

**beruhigt** **I.** *adj* tranquilizado; **dann bin ich ~!** ¡me quedo tranquilo! **II.** *adv* con tranquilidad; **jetzt kannst du ~ einschlafen!** ¡ahora ya puedes dormirte tranquilo!

**Beruhigung** *f* <-en> apaciguamiento *m;* (*der Lage*) estabilización *f;* **zu Ihrer ~ kann ich sagen ...** para su tranquilidad le puedo decir...; **Beruhigungsmittel** *nt* tranquilizante *m,* calmante *m;* **Beruhigungspille** *f* (PHARM) (pastilla *f*) tranquilizante *m*

**berühmt** [bəˈryːmt] *adj* famoso (*für* por); **über Nacht ~ werden** hacerse famoso de la noche a la mañana; **deine Leistungen waren nicht gerade ~** (*fam abw*) lo que hiciste no fue nada del otro mundo; **berühmt-berüchtigt** *adj* tristemente célebre

**Berühmtheit¹** *f ohne pl* (*das Berühmtsein*) fama *f*

**Berühmtheit²** *f* <-en> (FILM) estrella *f;* (SPORT) as *m*

**berühren*** *vt* ❶ (*anfassen*) tocar; (*streifen*) rozar ❷ (*betreffen, bewegen*) conmover ❸ (*Thema*) mencionar, tocar de pasada

**Berührung** *f* <-en> ❶ (*das Anfassen*)

toque *m;* (*Streifen*) roce *m* ② (*Kontakt*) contacto *m;* **mit etw** *dat*/**jdm in ~ kommen** entrar en contacto con algo/alguien; **Berührungsangst** *f* (PSYCH) hafefobia *f;* **Berührungsbildschirm** *m* (INFOR, TECH) pantalla *f* sensorial; **Berührungsfläche** *f* área *f* de contacto; **Berührungspunkt** *m* punto *m* de contacto

**bes.** *Abk. von* **besonders** particularmente

**besagen*** *vt* ① (*ausdrücken*) (querer) decir ② (*bedeuten*) significar; **das hat nichts zu ~** esto no significa nada

**besagte**(**r, s**) *adj* antes mencionado, susodicho

**besaiten*** *vt* poner cuerdas (a); **zart besaitet sein** (*Person*) ser sensible

**besamen*** *vt* inseminar

**besänftigen*** [bəˈzɛnftɪgən] *vt* calmar, tranquilizar

**besänftigend** *adj* (*beruhigend*) apaciguante; (MED: *schmerz~*) calmante

**Besänftigung** *f* <-en> apaciguamiento *m*

**Besatz** *m* <-es, -sätze> (*Borte*) ribete *m*

**Besatzung** *f* <-en> ① (*Garnison*) guarnición *f;* (*Truppen*) tropas *fpl* de ocupación ② (NAUT, AERO) tripulación *f;* **Besatzungsgebiet** *nt* (MIL) territorio *m* ocupado; **Besatzungsmacht** *f* potencia *f* ocupante; **Besatzungszone** *f* (MIL) zona *f* de ocupación

**besaufen*** *irr vr:* **sich ~** (*fam*) emborracharse

**Besäufnis** [bəˈzɔɪfnɪs] *nt* <-ses, -se> (*fam*) borrachera *f,* bebedera *f Mex*

**besäuselt** *adj* (*fam*) achispado

**beschädigen*** *vt* deteriorar, dañar

**Beschädigung** *f* <-en> deterioro *m;* (*leicht*) desperfecto *m*

**beschaffen**[1] *adj:* **gut/schlecht ~ sein** estar en buenas/malas condiciones; **so ~ sein, dass ...** estar hecho de manera que...

**beschaffen***[2] *vt* procurar, proporcionar

**Beschaffenheit** *f ohne pl* (*Zustand*) estado *m,* calidad *f;* (*Art*) naturaleza *f;* (*Zusammensetzung*) composición *f*

**Beschaffung** *f ohne pl* provisión *f,* aprovisionamiento *m*

**beschäftigen*** [bəˈʃɛftɪgən] **I.** *vt* ① (*einstellen*) emplear ② (*mit einer Aufgabe*) ocupar (*mit* en/con); (*mit einem Spiel*) entretener (*mit* con) ③ (*gedanklich*) preocupar **II.** *vr:* **sich ~** (*sich befassen*) dedicarse (*mit* a)

**beschäftigt** *adj* ① (*befasst*) ocupado (*mit* con), atareado; **viel ~** muy ocupado ② (*angestellt*) empleado (*bei* en)

**Beschäftigte**(**r**) *mf* <-n, -n; -n, -n> empleado, -a *m, f;* **nicht ständig ~r** trabajador eventual

**Beschäftigung** *f* <-en> ① (*Tätigkeit*) ocupación *f,* actividad *f* ② (*geistige Auseinandersetzung*) dedicación *f* (*mit* a) ③ (*Beruf*) trabajo *m;* (*Anstellung*) empleo *m;* **Beschäftigungslage** *f* (WIRTSCH) situación *f* laboral; **beschäftigungslos** *adj* desempleado, parado; **Beschäftigungsmaßnahme** *f* (WIRTSCH) medida *f* ocupacional; **Beschäftigungspolitik** *f* política *f* laboral; **Beschäftigungstherapie** *f* (MED) ergoterapia *f,* terapia *f* ocupacional; **das ist die reinste ~!** (*fam*) ¡esto es matar el tiempo!

**beschämen*** *vt* avergonzar; (*demütigen*) humillar; **das beschämt mich sehr** me avergüenza mucho

**beschämend** *adj* vergonzoso; (*demütigend*) humillante

**beschämt** *adj* avergonzado, escurrido *Mex, PRico;* (*gedemütigt*) humillado

**beschatten*** *vt* vigilar

**Beschattung** *f* <-en> (ADMIN, MIL) vigilancia *f* (secreta), observación *f* (secreta)

**beschauen*** *vt* (*reg*) mirar; (*genau*) examinar

**beschaulich** *adj* (*ruhig*) tranquilo; (*friedlich*) apacible

**Beschaulichkeit** *f ohne pl* tranquilidad *f*

**Bescheid** [bəˈʃaɪt] *m* <-(e)s, -e> (*Auskunft*) información *f;* (*Nachricht*) aviso *m;* (*Antwort*) respuesta *f;* **~ sagen, dass .../ob ...** avisar que.../si...; **Sie bekommen ~** le informaremos; **er weiß gut ~** está bien informado; **damit du ~ weißt!** ¡para que te enteres!

**bescheiden**[1] *adj* ① (*anspruchslos*) modesto, humilde; **in ~en Verhältnissen leben** vivir modestamente ② (*einfach*) sencillo ③ (*fam: schlecht*) asqueroso

**bescheiden***[2] *irr* **I.** *vt* (ADMIN: *mitteilen*) comunicar; **das Gesuch wurde abschlägig beschieden** la petición fue rechazada **II.** *vr:* **sich ~** (*geh: sich begnügen*) darse por satisfecho (*mit* con)

**Bescheidenheit** *f ohne pl* modestia *f,* humildad *f;* **nur keine falsche ~!** ¡todo, menos falsa modestia!

**bescheinigen*** [bəˈʃaɪnɪgən] *vt* certificar, atestar; **den Empfang von etw ~** acusar recibo de algo

**Bescheinigung** *f* <-en> ① (*Vorgang*) certificación *f* ② (*Schriftstück*) certificado *m*

**bescheißen*** *irr vt* (*fam*) clavar, estafar

**beschenken*** *vt* regalar, obsequiar (*mit* con)

**bescheren*** [bəˈʃeːrən] *vt* regalar

**Bescherung** *f* <-en> ① (*zu Weihnachten*)

reparto *m* de regalos ❷ (*fam iron: Missgeschick*) sorpresa *f* desagradable; **das ist ja eine schöne ~!** ¡maldita la gracia!

**i Land & Leute**

La **Bescherung** es la ceremonia de apertura de los regalos que esperan bajo el árbol de Navidad en Nochebuena. En muchas familias se permite a los niños abrir los regalos después de la cena, una vez que Papá Noel o el Niño Jesús hayan llegado.

**bescheuert** [bəˈʃɔɪɐt] *adj* (*fam*) como una cabra; **eine ~e Situation** una situación sin pies ni cabeza

**beschichten*** *vt* (TECH) revestir (*mit* de)

**Beschichtung** *f* <-en> (TECH) recubrimiento *m*

**beschieden** *pp von* **bescheiden[2]**

**beschießen*** *irr vt* tirotear, balear *AmS;* (PHYS: *Atomkern*) bombardear

**beschildern*** *vt* señalizar

**Beschilderung** *f* <-en> (AUTO) señalización *f*

**beschimpfen*** *vt* insultar

**Beschimpfung** *f* <-en> insulto *m*

**Beschiss** [bəˈʃɪs] *m* <-es, *ohne pl*> (*fam*) timo *m;* **das ist ja ~!** ¡qué timo!

**beschissen** [bəˈʃɪsən] **I.** *pp von* **bescheißen II.** *adj* (*fam*) hecho un asco; **so ein ~es Wetter!** ¡qué tiempo más asqueroso!; **gestern ging es mir ~** ayer estaba hecho una mierda

**Beschlag** *m* <-(e)s, -schläge> ❶ (*Metallstück*) herraje *m* ❷ (*Hufeisen*) herradura *f* ❸ (*auf Glas*) empaño *m;* **jdn/etw in ~ nehmen** acaparar a alguien/algo; **etw mit ~ belegen** monopolizar algo

**beschlagen[1]** *adj* (*fam*) entendido (*in* en), versado (*in* en)

**beschlagen*[2]** *irr* **I.** *vi sein* (*Glas*) empañarse; (*Metall*) perder brillo **II.** *vt* ❶ (*Möbel*) guarnecer ❷ (*Huftiere*) herrar

**beschlagnahmen*** *vt* ❶ (JUR: *Vermögen*) confiscar ❷ (*fam: in Anspruch nehmen*) retener, apropiarse (de)

**Beschlagnahmung** *f* <-en> (JUR, ADMIN) confiscación *f*

**beschleichen*** *irr vt* (*geh: Gefühle*) apoderarse (de)

**beschleunigen*** [bəˈʃlɔɪnɪɡən] **I.** *vi* acelerar **II.** *vt* ❶ (*Tempo*) acelerar; **den Schritt ~** acelerar el paso ❷ (*Entwicklung*) activar **III.** *vr:* **sich ~** (*Tempo*) aumentar

**Beschleunigung** *f* <-en> aceleración *f*

**beschlichen** *pp von* **beschleichen**

**beschließen*** *irr vt* ❶ (*entscheiden*) decidir; (*gemeinsam*) acordar ❷ (*beenden*) terminar

**beschlossen I.** *pp von* **beschließen II.** *adj:* **etw liegt** [*o* **ist**] **in etw** *dat* **~** algo está comprendido [*o* contenido] en algo

**Beschluss** *m* <-es, -schlüsse> decisión *f,* resolución *f;* **einen ~ fassen** tomar una decisión; **beschlussfähig** *adj* (JUR, POL) capacitado para tomar acuerdos; **beschlussunfähig** *adj* (JUR) sin reunir (el) quórum

**beschmieren*** *vt* ❶ (*Brot*) untar, empavonar *Am* ❷ (*Kleidung, Person*) ensuciar; (*mit Fett*) pringar; (*mit Dreck*) enlodar ❸ (*abw: voll schreiben*) garabatear

**beschmutzen*** *vt* manchar (*mit* de), ensuciar (*mit* de)

**beschneiden*** *irr vt* ❶ (*stutzen*) cortar; (*Bäume*) podar ❷ (*Ausgaben, Löhne*) reducir, recortar; (*Freiheit*) limitar ❸ (MED) circuncidar

**Beschneidung** *f* <-en> ❶ (BOT) poda *f* ❷ (*von Rechten, Ausgaben*) reducción *f,* recorte *m* ❸ (MED) circuncisión *f*

**beschnitten I.** *pp von* **beschneiden II.** *adj* (MED) circunciso

**beschnüffeln*** *vt* (*a. fig*) husmear, olfatear

**beschnuppern*** *vt* olfatear, olisquear

**beschönigen*** [bəˈʃøːnɪɡən] *vt* disimular

**beschossen** *pp von* **beschießen**

**beschränken*** [bəˈʃrɛŋkən] **I.** *vt* limitar (*auf* a) **II.** *vr:* **sich ~** limitarse (*auf* a)

**beschränkt** *adj* ❶ (*eingeschränkt*) limitado, escaso ❷ (*abw: dumm*) de pocas luces ❸ (*engstirnig*) limitado

**Beschränkung** *f* <-en> restricción *f* (*auf* a), limitación *f* (*auf* a)

**beschreiben*** *irr vt* ❶ (*darstellen*) describir ❷ (*vollführen*) describir, ejecutar ❸ (*voll schreiben*) escribir (en)

**Beschreibung** *f* <-en> ❶ (*Darstellung*) descripción *f* ❷ (*Gebrauchsanleitung*) instrucciones *fpl* de uso

**beschreiten*** *irr vt* (*geh*) seguir

**beschrieben** *pp von* **beschreiben**

**beschriften*** [bəˈʃrɪftən] *vt* rotular; (*mit Etikett*) etiquetar

**Beschriftung** *f* <-en> rótulo *m;* (*Aufschrift*) inscripción *f;* (*mit Etikett*) etiquetado *m*

**beschritten** *pp von* **beschreiten**

**beschuldigen*** [bəˈʃʊldɪɡən] *vt* acusar, inculpar; **er wurde des Diebstahls beschuldigt** fue acusado de robo

**Beschuldigte(r)** *mf* <-n, -n; -n> (JUR) acusado, -a *m, f*

**Beschuldigung** *f* <-en> acusación *f*

**Beschuss** *m* <-es, *ohne pl*> ❶ (MIL) fuego *m*, ametrallamiento *m*; **jdn unter ~ nehmen** (*a. fig*) apuntar contra alguien; **unter ~ geraten** (*fam*) ser blanco de críticas ❷ (PHYS: *durch Neutronen*) bombardeo *m*

**beschützen*** *vt* proteger (*vor* de/contra)

**Beschützer(in)** *m(f)* <-s, -; -nen> protector(a) *m(f)*

**beschwatzen*** *vt* (*fam*) ❶ (*überreden*) engatusar (*zu* para que +*subj*) ❷ (*Thema*) charlar (sobre)

**Beschwerde** [bəˈʃveːɐdə] *f* <-n> ❶ *pl* (MED) molestia *f* ❷ (*Klage*) queja *f*, protesta *f*; **~ einlegen/einreichen** elevar/formular una protesta; **beschwerdefrei** *adj* (MED) sin molestias; **~ sein** no tener molestias; **Beschwerdeführer(in)** *m(f)* (JUR) querellante *mf*

**beschweren*** [bəˈʃveːrən] **I.** *vt* poner un peso; (*Briefe*) poner un pisapapeles **II.** *vr*: **sich ~** (*sich beklagen*) quejarse (*über* de); (*protestieren*) protestar (*über* contra)

**beschwerlich** *adj* (*mühsam*) pesado; (*lästig*) molesto

**beschwichtigen*** [bəˈʃvɪçtɪgən] *vt* tranquilizar, calmar

**beschwichtigend** **I.** *adj* apaciguador **II.** *adv* en tono conciliador; **~ auf jdn einreden** mantener con alguien una conversación conciliadora

**Beschwichtigung** *f* <-en> apaciguamiento *m*

**beschwindeln*** *vt* (*fam: belügen*) mentir; (*betrügen*) engañar, embaucar

**beschwingen*** *vt* animar; (*Hoffnung*) dar alas; **diese flotte Musik beschwingt einen so richtig!** ¡esta música tan viva le anima a uno de verdad!

**beschwingt** [bəˈʃvɪŋt] *adj* animado, alegre; **mit ~en Schritten** con paso ligero

**beschwipsen*** *vr*: **sich ~** achisparse

**beschwipst** [bəˈʃvɪpst] *adj* (*fam*) achispado, abombado *Chil*

**beschwören*** *irr vt* ❶ (*beeiden*) jurar ❷ (*anflehen*) suplicar, implorar ❸ (*Erinnerung*) evocar ❹ (*bannen*) conjurar

**beseelen*** *vt* animar, alentar

**besehen*** *irr vt* mirar; (*genau*) examinar

**beseitigen*** [bəˈzaɪtɪgən] *vt* ❶ (*Schmutz, Gegenstand*) quitar; (*Verdacht*) eliminar; (*Schaden*) reparar; (*Zweifel*) disipar ❷ (*fam: umbringen*) eliminar

**Beseitigung** *f* <-en> ❶ (*das Entfernen*) eliminación *f*; (*von Schaden*) arreglo *m* ❷ (*Ermordung*) eliminación *f*

**Besen** [ˈbeːzən] *m* <-s, -> escoba *f*; **ich fresse einen ~, wenn das stimmt** (*fam*) ¡juro en chino si es verdad!; **Besenstiel** *m* mango *m* de la escoba

**besessen** [bəˈzɛsən] **I.** *pp von* **besitzen** **II.** *adj* (*von einer Idee*) obsesionado (*von* con), poseído (*von* por); **wie vom Teufel ~** como un endemoniado

**Besessenheit** *f ohne pl* obsesión *f*, posesión *f*

**besetzen*** *vt* ❶ (*Sitzplatz, Stelle, a.* MIL) ocupar; **besetzt!** ¡ocupado!; **es ist besetzt** (TEL) está comunicando ❷ (*Haus*) okupar (*argot*) ❸ (*Amt*) cubrir (*mit* con); (*Rolle*) repartir (los papeles) ❹ (*verzieren*) (re)cubrir (*mit* de)

**Besetztzeichen** *nt* (TEL) señal *f* de ocupado

**Besetzung** *f* <-en> ❶ (*Zustand*) ocupación *f* ❷ (*einer Stelle*) provisión *f* ❸ (THEAT) reparto *m* ❹ (SPORT) alineación *f*; (*Mannschaft*) equipo *m*

**besichtigen*** [bəˈzɪçtɪgən] *vt* (*Wohnung*) examinar; (*Stadt*) visitar

**Besichtigung** *f* <-en> ❶ (*von Sehenswürdigkeiten*) visita *f* ❷ (*Begutachtung*) inspección *f*

**besiedeln*** *vt* poblar, colonizar

**Besied(e)lung** *f* <-en> (*a.* GEO) colonización *f*

**besiegeln*** *vt* sellar; **damit war ihr Schicksal besiegelt** con esto firmó su propia sentencia

**besiegen*** *vt* ❶ (*Gegner*) vencer, derrotar ❷ (*Müdigkeit*) vencer; (*Schwierigkeiten*) superar

**Besiegte(r)** *mf* <-n, -n; -n> vencido, -a *m, f*

**besinnen*** *irr vr*: **sich ~** ❶ (*überlegen*) reflexionar; **sie besann sich eines Besseren** cambió de opinión ❷ (*sich erinnern*) acordarse (*auf* de), recordar

**besinnlich** *adj* contemplativo; (*nachdenklich*) pensativo

**Besinnung** *f ohne pl* ❶ (*Verstand*) juicio *m*; **die ~ verlieren** perder el juicio ❷ (*Nachdenken*) reflexión *f*

**besinnungslos** *adj* sin conocimiento

**Besinnungslosigkeit** *f ohne pl* (MED) desmayo *m*

**Besitz** *m* <-es, *ohne pl*> posesión *f*; (*Eigentum*) propiedad *f*; (*Güter*) bienes *mpl*; (*von Waffen*) tenencia *f*; **von etw ~ ergreifen** tomar posesión de algo

**besitzen*** *irr vt* poseer, tener

**Besitzer(in)** *m(f)* <-s, -; -nen> (*von Immobilien*) dueño, -a *m, f*, propietario, -a *m, f*; (*von Aktien, Werten*) tenedor(a) *m(f)*

**besitzergreifend** *adv* posesivo

**Besitzerin** *f* <-nen> *s.* **Besitzer**

**besitzlos** *adj* sin bienes

**Besitztum** *nt* <-s, -tümer> ❶ (*Eigentum*)

propiedades *fpl* ❷ (*Landgut*) finca *f*

**besoffen** [bəˈzɔfən] **I.** *pp von* **besaufen** **II.** *adj* (*fam*) como una cuba, jumo *Am*

**Besoffene(r)** *mf* <-n, -n; -n, -n> (*fam*) borracho, -a *m, f*

**besohlen*** [bəˈzoːlən] *vt* poner suelas

**besolden*** [bəˈzɔldən] *vt* pagar el sueldo

**Besoldung** *f* <-en> (*das Besolden*) soldada *f;* (*das Gehalt*) sueldo *m*

**besondere(r, s)** *adj* ❶ (*speziell*) especial, particular; **im B~n** en particular; **nichts B~s** nada de particular ❷ (*eigentümlich*) singular, peculiar ❸ (*außergewöhnlich*) extraordinario

**Besonderheit** *f* <-en> ❶ (*Eigentümlichkeit*) peculiaridad *f,* singularidad *f* ❷ (*Kennzeichen*) particularidad *f*

**besonders** [bəˈzɔndɐs] *adv* ❶ (*außerordentlich*) particularmente, especialmente; **wie geht es dir? – nicht ~** ¿cómo estás? – regular; **ich finde das nicht ~ lustig** no lo encuentro especialmente divertido ❷ (*vor allem*) especialmente, en particular

**besonnen** [bəˈzɔnən] **I.** *pp von* **besinnen** **II.** *adj* sensato, juicioso; (*vorsichtig*) prudente; (*rücksichtsvoll*) considerado

**Besonnenheit** *f ohne pl* buen juicio *m;* (*Verständigkeit*) sensatez *f;* (*Vorsicht*) prudencia *f*

**besorgen*** *vt* ❶ (*beschaffen*) proporcionar, conseguir; (*kaufen*) comprar ❷ (*erledigen*) despachar

**Besorgnis** [bəˈzɔrknɪs] *f* <-se> preocupación *f,* inquietud *f;* **besorgniserregend** *adj* preocupante; **höchst ~** muy preocupante

**besorgt** [bəˈzɔrkt] *adj* preocupado (*über/wegen* por)

**Besorgung¹** *f* <-en> (*Einkauf*) compra *f;* **~en machen** hacer compras

**Besorgung²** *f ohne pl* (*von Geschäften*) despacho *m*

**bespannen*** *vt* (*mit Stoff*) revestir (*mit* de); (*mit Saiten*) encordar (*mit* de)

**bespielbar** *adj* ❶ (RADIO, TV) que se puede grabar; **eine CD-ROM ist nicht ~** en un CD-ROM no se puede grabar ❷ (SPORT) apto para el juego; **ein gut ~er Rasen** un césped en condiciones para jugar

**bespielen*** *vt* ❶ (*Kassette*) registrar ❷ (*Sportplatz*) jugar (en)

**bespitzeln*** *vt* espiar

**besprechen*** *irr* **I.** *vt* ❶ (*Angelegenheit*) hablar (de), discutir; **wie besprochen** según lo convenido ❷ (*Film, Buch*) reseñar ❸ (*Tonband*) grabar **II.** *vr:* **sich ~** (*sich beraten*) conversar (*mit* con)

**Besprechung** *f* <-en> ❶ (*Unterredung*) conferencia *f;* (*Sitzung*) reunión *f;* (*Gespräch*) entrevista *f* ❷ (*Rezension*) reseña *f,* crítica *f*

**bespritzen*** *vt* (*nass machen*) mojar (*mit* con); (*schmutzig machen*) salpicar (*mit* de)

**besprochen** *pp von* **besprechen**

**besser** [ˈbɛsɐ] *adj kompar von* **gut** mejor (*als* que); **~ Verdienende** persona mejor remunerada; **jdn eines B~en belehren** abrirle los ojos a alguien; **hast du nichts B~es zu tun?** (*fam*) ¿no tienes nada mejor que hacer?; **das gefällt mir ~** eso me gusta más; **~ gehen** estar mejor; **~ werden** mejorar; **alles ~ wissen** saberlo todo mejor; **es kommt noch ~** ahora viene algo mejor; **das ist auch ~ so** es mejor así; **~ gesagt** mejor dicho; **Bessergestellte(r)** *mf* <-n, -n; -n, -n> (persona *f*) pudiente *mf*

**bessern** **I.** *vt* (*besser machen*) mejorar **II.** *vr:* **sich ~** (*moralisch*) cambiar (de vida), componerse *Am;* (*Wetter*) mejorar(se)

**Besserung** *f ohne pl* mejora *f;* (*gesundheitlich*) mejoría *f,* restablecimiento *m;* **er befindet sich auf dem Wege der ~** se encuentra en vías de restablecimiento; **gute ~!** ¡que se mejore!, ¡que te mejores!; **Besserungsanstalt** *f* correccional *m*

**Besserverdienende(r)** *mf* <-n, -n; -n> persona *f* mejor remunerada

**Besserwisser(in)** *m(f)* <-s, -; -nen> sabelotodo *mf,* pendejo, -a *m, f CSur*

**Besserwisserei** *f ohne pl* (*abw*) sabihondez *f*

**Besserwisserin** *f* <-nen> *s.* **Besserwisser**

**besserwisserisch** **I.** *adj* (*abw*) sabihondo; **ich habe seine ~e Art endgültig satt!** ¡estoy más que harto de su pedantería! **II.** *adv* (*abw*) con pedantería; **er tut immer so ~!** ¡se comporta siempre de un modo tan pedante!

**Bessrung** *f ohne pl s.* **Besserung**; **Bessrungsanstalt** *f s.* **Besserungsanstalt**

**Bestand¹** [bəˈʃtant] *m* <-(e)s, *ohne pl*> (*Bestehen*) existencia *f;* (*Fortdauer*) duración *f,* continuidad *f;* **~ haben** perdurar

**Bestand²** *m* <-(e)s, -stände> (*Vorrat*) existencias *fpl* (*an* en); (*Kassen~*) efectivo *m* en caja

**bestanden** **I.** *pp von* **bestehen** **II.** *adj* (SCH, UNIV) aprobado

**beständig** *adj* ❶ (*dauernd*) permanente, continuo ❷ (*Material*) consistente, resistente (*gegen* a/contra); (*gegen Hitze*) refractario ❸ (*Wetter*) estable

**Beständigkeit** *f ohne pl* ❶ (*Dauerhaftigkeit*) duración *f,* continuidad *f* ❷ (*Aus-*

*dauer*) constancia *f* ❸ (*von Material*) resistencia *f*

**Bestandsaufnahme** *f* inventario *m* de las existencias

**Bestandteil** *m* <-(e)s, -e> componente *m;* (*Einzelteil*) parte *f;* **etw löst sich in seine ~e auf** algo se descompone; **etw in seine ~e zerlegen** desmontar algo

**bestärken*** *vt* reforzar, fortalecer; (*unterstützen*) consolidar; **das hat mich in meinem Verdacht bestärkt, dass ...** esto ha reforzado mi sospecha de que...

**Bestärkung** *f* <-en> ❶ (*Unterstützung*) apoyo *m* ❷ (*Verstärkung: eines Zweifels, Verdachts*) confirmación *f,* reafirmación *f*

**bestätigen*** [bəˈʃtɛːtɪgən] *vt* ❶ (*These, Urteil*) confirmar, probar ❷ (*amtlich*) certificar; **hiermit wird bestätigt, dass ...** por la presente se certifica que... ❸ (*anerkennen*) ratificar, revalidar; **jdn im Amt ~** ratificar a alguien en el cargo

**Bestätigung** *f* <-en> ❶ (*einer These*) confirmación *f* ❷ (*Bescheinigung*) certificado *m;* (*Empfangs~*) (acuse *m* de) recibo *m;* **Bestätigungsschreiben** *nt* carta *f* de confirmación

**bestatten*** [bəˈstatən] *vt* (*geh*) dar sepultura

**Bestattung** *f* <-en> (*geh*) sepelio *m,* ancuviña *f Chil;* **Bestattungsinstitut** *nt,* **Bestattungsunternehmen** *nt* funeraria *f*

**bestäuben*** [bəˈʃtɔɪbən] *vt* (BIOL) polinizar

**Bestäubung** *f* <-en> (BOT) polinización *f*

**bestaunen*** *vt* contemplar con asombro

**bestbezahlt** *adj* más cotizado; **er ist einer der ~en Mitarbeiter** es uno de los empleados mejor pagados

**beste(r, s)** *adj superl von* **gut** mejor, óptimo; **ich will nur dein B~s** sólo deseo lo mejor para ti; **sein B~s geben** dar lo mejor de sí mismo; **ich werde mein B~s tun** haré todo lo que pueda; **der/die/das erste B~** el primero/la primera/lo primero que se presente; **etw zum B~n geben** contar algo; **in den ~n Jahren sein** estar en sus mejores años; **mit den ~n Wünschen** con los mejores deseos; **ich halte es für das B~, wenn wir gehen** considero que lo mejor es que nos vayamos; **wir wollen das B~ hoffen** esperemos lo mejor

**bestechen*** *irr* **I.** *vt* (*mit Geld*) sobornar; (*Beamte*) cohechar, corromper **II.** *vi* (*beeindrucken*) impresionar (*durch* por), convencer (*durch* por)

**bestechend** *adj* (*durch Schönheit*) cautivador; **das ist ein ~es Angebot** es una oferta tentadora

**bestechlich** [bəˈʃtɛçlɪç] *adj* sobornable, corruptible

**Bestechlichkeit** *f ohne pl* corruptibilidad *f,* venalidad *f*

**Bestechung** *f* <-en> soborno *m,* corrupción *f,* acomodo *m Am;* (*von Beamten*) cohecho *m;* **Bestechungsgeld** *nt* soborno *m,* mordido *m Am;* **Bestechungsversuch** *m* intento *m* de soborno

**Besteck** [bəˈʃtɛk] *nt* <-(e)s, -e> ❶ (*Ess~*) cubiertos *mpl;* **silbernes ~** cubertería de plata ❷ (MED) instrumental *m* ❸ (NAUT) estima *f*

**bestehen*** *irr* **I.** *vi* ❶ (*existieren*) existir; **es besteht keine Möglichkeit** no existe ninguna posibilidad; **~ bleiben** mantenerse ❷ (*sich zusammensetzen*) constar (*aus* de), consistir (*in* en); **unsere Artikel ~ alle aus natürlichen Materialien** todos nuestros productos están hechos de materiales naturales; **worin besteht das Problem?** ¿en qué consiste el problema? ❸ (*beharren*) insistir (*auf* en), empeñarse (*auf* en) **II.** *vt* ❶ (*Prüfung*) aprobar; **nicht ~** suspender ❷ (*Gefahr, Krise*) superar

**Bestehen** *nt* <-s, *ohne pl*> ❶ (*Vorhandensein*) existencia *f;* **seit ~ der Firma** desde la fundación de la empresa ❷ (*einer Prüfung*) aprobado *m*

**bestehend** *adj* ❶ (*geltend*) vigente; **sich an ~e Gesetze/Vorschriften halten** atenerse a las leyes/disposiciones vigentes ❷ (*existierend*) existente; **die ~e Gesellschaftsordnung** el orden social existente

**bestehlen*** *irr vt* robar; **jdn um 100 DM ~** robar a alguien 100 marcos

**besteigen*** *irr vt* subir (a); **den Thron ~** subir al trono

**bestellen*** *vt* ❶ (*Essen, Waren*) pedir; **haben Sie schon bestellt?** ¿ya han pedido? ❷ (*kommen lassen*) hacer venir, llamar; (*mit Termin*) citar; **dastehen wie bestellt und nicht abgeholt** estar plantado como un pasmarote ❸ (*reservieren*) reservar ❹ (*ausrichten*): **jdm Grüße ~** dar(le) recuerdos a alguien; **sie lässt ~, dass ...** ha dado recado de que... ❺ (*Acker*) labrar, cultivar ❻ (*ernennen*) nombrar

**Bestellnummer** *f* número *m* de pedido; **Bestellschein** *m* hoja *f* de pedido

**Bestellung** *f* <-en> (*Auftrag*) encargo *m;* (*bestellte Ware*) pedido *m;* **eine ~ aufgeben** hacer un pedido

**besten** *superl von* **gut**: **am ~** lo (que) mejor; **am ~n würden wir gleich gehen** lo mejor sería que nos fuéramos enseguida

**bestenfalls** *adv* en el mejor de los casos; (*höchstens*) como mucho

**bestens** ['bɛstəns] *adv* estupendamente

**besteuern*** *vt* (WIRTSCH) gravar (con impuestos)

**Besteuerung** *f* <-en> (WIRTSCH) imposición *f* fiscal

**Bestform** *f ohne pl* (SPORT) mejor forma *f*

**bestialisch** [bɛs'tja:lɪʃ] *adj* bestial

**Bestialität** [bɛstjali'tɛ:t] *f* <-en> bestialidad *f*

**besticken*** *vt* bordar

**Bestie** ['bɛstjə] *f* <-n> bestia *f*, fiera *f*

**bestimmen*** I. *vi* ① (*entscheiden*) decidir; (*befehlen*) mandar; **du hast hier nichts zu ~** tú aquí no tienes ni voz ni voto ② (*verfügen*) disponer (*über* de) II. *vt* ① (*Termin, Preis*) determinar, fijar ② (*Stadtbild, Epoche*) caracterizar ③ (*ernennen*) nombrar ④ (*ausersehen*) destinar (*für/zu* para); **wir waren füreinander bestimmt** estábamos destinados el uno para el otro ⑤ (*Begriff*) definir; (*festlegen*) determinar; (*zuordnen*) clasificar ⑥ (CHEM) analizar, determinar

**bestimmend** *adj* ① (*entscheidend*) determinante; **für jdn/etw ~ sein** ser determinante para alguien/algo ② (GRAM) determinante

**bestimmt** I. *adj* ① (*feststehend*) determinado; (*sicher*) seguro, concreto; **niemand weiß etwas B~es** nadie sabe nada concreto ② (*entschieden*) decidido, impositivo *CSur;* **höflich, aber ~** amable pero decidido II. *adv* (*sicherlich*) seguro, seguramente

**Bestimmtheit** *f ohne pl* ① (*Gewissheit*) certeza *f;* **das kann ich nicht mit ~ sagen** no lo puedo decir con certeza ② (*Entschiedenheit*) resolución *f*, firmeza *f*

**Bestimmung** *f* <-en> ① (*Festsetzung*) fijación *f* ② (*Vorschrift*) disposición *f;* **gesetzliche ~en** disposiciones oficiales; **nach den geltenden ~en** según las disposiciones vigentes ③ (*eines Begriffes*) definición *f;* (LING) complemento *m* ④ (CHEM) análisis *m inv* ⑤ (*Schicksal*) destino *m;* **Bestimmungsort** *m* lugar *m* de destino

**Bestleistung** *f* (SPORT) mejor marca *f*

**bestmögliche(r, s)** *adj* el mejor posible; **sein B~s tun** hacer todo lo que está al alcance de su mano

**Best.-Nr.** *Abk. von* **Bestellnummer** número *m* de pedido

**bestochen** *pp von* **bestechen**

**bestrafen*** *vt* castigar (*mit* con, *wegen* por); (*mit Geld*) imponer una multa

**Bestrafung** *f* <-en> castigo *m*, sanción *f*

**bestrahlen*** *vt* ① (*beleuchten*) iluminar, alumbrar ② (MED) radiar

**Bestrahlung** *f* <-en> ① (*Bühne*) iluminación *f* ② (MED) radiación *f;* (*mit Röntgenstrahlen*) tratamiento *m* con rayos X

**Bestreben** *nt* <-s, *ohne pl*> empeño *m*, afán *m;* **das ~ haben, etw zu tun** empeñarse en hacer algo

**bestrebt** [bə'ʃtre:pt] *adj* afanado, esforzado; **wir sind ~, unser Bestmögliches zu tun** nos esforzamos por hacer todo cuanto esté en nuestras manos

**bestreichen*** *irr vt* (*mit Butter*) untar (*mit* con); (*mit Farbe*) cubrir (*mit* con)

**bestreiken*** *vt* boicotear (con huelgas)

**bestreitbar** *adj* (*Behauptung*) discutible; **es handelt sich um nicht ~e Fakten** se trata de hechos indiscutibles

**bestreiten*** *irr vt* ① (*abstreiten*) negar, refutar ② (*Unterhalt*) cargar con; **sie bestreitet ihren Unterhalt selbst** se mantiene por su propia cuenta ③ (*Gespräch*) mantener, llevar

**bestreuen*** *vt* espolvorear (*mit* con)

**bestrichen** *pp von* **bestreichen**

**bestritten** *pp von* **bestreiten**

**Bestseller** ['bɛstsɛlɐ] *m* <-s, -> best seller *m;* **Bestsellerautor(in)** *m(f)* autor(a) *m(f)* de best-sellers; **Bestsellerliste** *f* lista *f* de los libros más vendidos [*o* de best-sellers]

**bestürmen*** *vt* ① (*Festung*) asaltar ② (*bedrängen*) asediar (*mit* con), acosar (*mit* con); **jdn mit Fragen ~** asediar a alguien a preguntas

**bestürzen*** *vt* consternar; **eine ~de Nachricht** una noticia consternadora

**bestürzt** [bə'ʃtʏrtst] *adj* atónito; (*verblüfft*) desconcertado

**Bestürzung** *f ohne pl* (*Fassungslosigkeit*) consternación *f;* (*Schrecken*) sobresalto *m*

**Bestzeit** *f* (SPORT) mejor tiempo *m;* **er lief seine persönliche ~** batió su propio récord

**Besuch** [bə'zu:x] *m* <-(e)s, -e> ① (*das Besuchen*) visita *f;* (*der Schule*) asistencia *f;* **jdm einen ~ abstatten** hacer una visita a alguien; **bei jdm zu ~ sein** estar de visita en casa de alguien ② (*Person*) visita *f;* **~ haben/bekommen** tener/recibir visita

**besuchen*** *vt* ① (*Person, Ort*) visitar, ir a ver ② (*Veranstaltung*) asistir (a); **gut besucht** muy concurrido; **eine Schule ~** ir a un colegio

**Besucher(in)** *m(f)* <-s, -; -nen> visitante *mf*

**Besuchszeit** *f* hora *f* de visita, horario *m* de visita

**besudeln*** [bə'zu:dəln] *vt* ensuciar (*mit* de/con), manchar (*mit* de/con); (*abw*) pringar (*mit* de/con) *fam*

**betagt** [bə'ta:kt] *adj* (*geh*) de avanzada edad

**betasten*** *vt* palpar

**Betastrahlung** *f* (PHYS) emisión *f* de rayos beta

**betätigen*** [bə'tɛ:tɪgən] **I.** *vt* (*Hebel, Maschine*) accionar, poner en funcionamiento **II.** *vr* (*tätig sein*): **sich politisch ~** dedicarse a la política; **sich als Künstlerin/Sportler ~** trabajar como artista/deportista

**Betätigung[1]** *f ohne pl* (*einer Maschine*) puesta *f* en marcha

**Betätigung[2]** *f* <-en> (*Tätigkeit*) actividad *f*, función *f*

**Betätigungsfeld** *nt* campo *m* de actividades

**betatschen*** *vt* (*fam abw*) sobar; (*sexuell*) meter mano

**betäuben*** [bə'tɔɪbən] *vt* ensordecer; (MED) anestesiar; (*Schmerz*) mitigar, aliviar; (*benommen machen*) aturdir; **ein ~der Duft** un perfume embriagador; **er betäubte seinen Kummer mit Alkohol** ahogó sus penas en alcohol

**Betäubung** *f* <-en> ❶ (MED) anestesia *f*; **örtliche ~** anestesia local ❷ (*Benommenheit*) aturdimiento *m*; **Betäubungsmittel** *nt* anestésico *m*; (*a. Rauschgift*) narcótico *m*

**Bete** ['be:tə] *f* <-n>: **Rote ~** remolacha *f* (colorada), betarraga *f Am*

**beteiligen*** [bə'taɪlɪgən] **I.** *vt* (*teilhaben lassen*) hacer participar (*an/bei* en) **II.** *vr:* **sich ~** (*teilnehmen*) participar (*an* en); (*sich einsetzen*) implicarse (*an* en); (*finanziell*) contribuir (*an* a)

**beteiligt** *adj* ❶ (*Plan, Unfall*) implicado (*an* en) ❷ (*Konzern, Umsatz*) partícipe, participante; **sie ist mit 49% an seiner Firma ~** participa en su empresa con un 49%

**Beteiligte(r)** *mf* <-n, -n; -n> participante *mf*; (*an Verbrechen*) implicado, -a *m, f*; (JUR) parte *f* interesada

**Beteiligung** *f* <-en> ❶ (*an einer Veranstaltung*) participación *f*; (*Mitwirken*) colaboración *f*; (*Einsatz*) implicación *f*; **eine schwache ~** poca concurrencia ❷ (COM) participación *f* ❸ (JUR) implicación *f*

**beten** ['be:tən] *vi, vt* rezar (*für* por, *um* por, *zu* a)

**beteuern*** [bə'tɔɪɐn] *vt* proclamar, reiterar

**Beteuerung** *f* <-en> aseveración *f*

**Bethlehem** ['be:tlehɛm] *nt* <-s> Belén *m*

**betiteln*** *vt* titular (*als* de)

**Beton** [be'tɔŋ] *m* <-s, -s *Österr:* -e> hormigón *m*, concreto *m Am*

**betonen*** [bə'to:nən] *vt* ❶ (*Silbe, Note*) acentuar; **auf der zweiten Silbe ~** acentuar en la segunda sílaba ❷ (*nachdrücklich*) subrayar; (*hervorheben*) poner de relieve

**betonieren*** [beto'ni:rən] *vt* hormigonar

**Betonklotz** *m* (*abw*) mole *f* de cemento; **Betonmischer** *m* <-s, -> (TECH) mezcladora *f* de hormigón

**betont** [bə'to:nt] *adj* marcado, manifiesto

**Betonung** *f* <-en> ❶ (*Akzent*) acento *m* (prosódico), acentuación *f* ❷ (*einer Tatsache*) insistencia *f*

**betören*** [bə'tø:rən] *vt* (*geh*) ❶ (*entzücken*) fascinar, perturbar ❷ (*verführen*) seducir, embriagar

**betörend** *adj* embriagador; (*faszinierend*) fascinador; **ein ~er Duft lag in der Luft** en el aire flotaba un perfume embriagador

**betr.** (COM) *Abk. von* **betrifft, betreffs, betreffend** respecto a

**Betracht** [bə'traxt] *m:* **etw in ~ ziehen** tomar algo en consideración; **etw außer ~ lassen** dejar algo de lado; (**nicht**) **in ~ kommen** (no) entrar en consideración

**betrachten*** *vt* ❶ (*anschauen*) contemplar; (*genau*) examinar; **genau betrachtet** mirándolo bien; **etw aus der Nähe ~** examinar algo de cerca ❷ (*einschätzen*) considerar (*als* como)

**Betrachter(in)** *m(f)* <-s, -; -nen> observador(a) *m(f)*

**beträchtlich** [bə'trɛçtlɪç] *adj* considerable

**Betrachtung[1]** *f ohne pl* (*eines Bildes*) contemplación *f*; **bei näherer/flüchtiger ~** mirándolo de cerca/por encima

**Betrachtung[2]** *f* <-en> (*Überlegung*) reflexión *f*; **philosophische ~en anstellen** hacer reflexiones filosóficas

**Betrachtungsweise** *f* visión *f*

**Betrag** [bə'tra:k, *pl:* bə'trɛ:gə] *m* <-(e)s, -träge> importe *m*; (*Gesamtbetrag*) total *m*; **~ dankend erhalten** importe recibido, pagado, cobrado

**betragen*** *irr* **I.** *vi* (*sich belaufen auf*) ascender (a); (*Rechnung*) elevarse (a) **II.** *vr:* **sich ~** (*sich benehmen*) comportarse

**Betragen** *nt* <-s, *ohne pl*> comportamiento *m*

**betrauen*** *vi* encomendar, confiar; **jdn mit etw ~** encomendar algo a alguien

**betrauern*** *vt* deplorar

**Betreff** [bə'trɛf] *m* <-(e)s, -e> (*Briefkopf*)

asunto *m*
**betreffen*** *irr vt* ① (*angehen*) concernir, referirse (a); **was mich betrifft ...** en lo que a mí se refiere... ② (*seelisch*) afectar
**betreffend** *adj* respectivo, en cuestión; **der oder die B~e möge sich bitte melden** que se presente la persona en cuestión; **unser letztes Schreiben ~ ...** respecto a nuestro último escrito...
**Betreffende(r)** *mf* <-n, -n; -n, -n> persona *f* en cuestión
**betreffs** *präp +gen* en relación a
**betreiben*** *irr vt* ① (*Studien, Politik*) dedicarse (a) ② (SPORT) practicar ③ (*Handwerk*) ejercer ④ (*Geschäft*) regentar ⑤ (JUR): **einen Prozess ~** seguir una causa ⑥ (*Angelegenheit*) gestionar; **auf jds B~ hin** por iniciativa de alguien
**Betreiber(in)** *m(f)* <-s, -; -nen> (*Firma, Träger*) explotador(a) *m(f)*
**betreten**[1] *adj* (*verlegen*) turbado, cortado *fam;* **es herrschte ~es Schweigen** reinaba un silencio embarazoso
**betreten***[2] *irr vt* (*Raum, Gebäude*) entrar (en); (*Rasen*) pisar; (*Podium*) subir (a); (*Spielfeld*) hacer su entrada (en); **B~ verboten!** ¡prohibida la entrada!
**betreuen*** [bəˈtrɔɪən] *vt* (*Kranke*) cuidar; (*Reisegruppe*) acompañar; **ein Projekt ~** dirigir un proyecto
**Betreuer(in)** *m(f)* <-s, -; -nen> tutor(a) *m(f);* (*Assistent*) asistente *mf;* (*Berater*) asesor(a) *m(f)*
**Betreuung** *f ohne pl* asistencia *f;* (SCH, UNIV) tutoría *f*
**Betrieb**[1] *m* <-(e)s, -e> ① (*Unternehmen*) empresa *f;* (*handwerklich*) taller *m* ② (*Belegschaft*) personal *m*
**Betrieb**[2] *m* <-(e)s, *ohne pl*> ① (*Tätigkeit*) marcha *f,* funcionamiento *m;* **in ~ sein** estar en funcionamiento; **etw in ~ nehmen** poner algo en marcha; **etw außer ~ setzen** poner algo fuera de servicio ② (*fam: Treiben*) tumulto *m*
**betrieben** *pp von* **betreiben**
**betrieblich** *adj* empresarial
**betriebsam** *adj* activo
**Betriebsamkeit** *f* <-en> actividad *f*
**Betriebsangehörige(r)** *mf* miembro *m* de la empresa; **Betriebsanleitung** *f* instrucciones *fpl* de servicio; **Betriebsarzt, -ärztin** *m, f* médico, -a *m, f* de empresa; **Betriebsausflug** *m* excursión *f* con la empresa; **betriebsbedingt** *adj* relativo a la empresa; **betriebsbereit** *adj* (TECH) listo para el servicio; **betriebseigen** *adj* perteneciente a la empresa; **Betriebsferien** *pl* vacaciones *fpl* colectivas de la empresa; **betriebsfertig** *adj* listo para la puesta en marcha; **Betriebsfest** *nt* fiesta *f* de la empresa; **Betriebsgeheimnis** *nt* secreto *m* empresarial [*o* de producción]; **Betriebsgelände** *nt* terreno *m* de la empresa; **Betriebshof** *m* cocheras *fpl;* **betriebsintern** *adj* interno (de la empresa); **Betriebsklima** *nt* ambiente *m* en la empresa; **Betriebskosten** *pl* gastos *mpl* de producción; **Betriebsleitung** *f* dirección *f* de una empresa; **Betriebsprüfung** *f* (WIRTSCH) revisión *f* (de empresa)
**Betriebsrat**[1] *m* <-(e)s, -räte> (*Organ*) comité *m* de empresa
**Betriebsrat, -rätin**[2] *m, f* <-(e)s, -räte; -nen> (*Mitglied*) representante *mf* del comité de empresa
**Betriebsschließung** *f* (WIRTSCH) cierre *m* de una empresa; **Betriebsschluss** *m ohne pl* fin *m* de la jornada laboral; **nach ~** después del trabajo; **Betriebsstilllegung** *f* (WIRTSCH) cierre *m* de una empresa; **Betriebsstörung** *f* (TECH) perturbación *f* en el funcionamiento; **Betriebssystem** *nt* (INFOR) sistema *m* operativo; **Betriebsunfall** *m* accidente *m* de trabajo; **Betriebsversammlung** *f* asamblea *f* general de la empresa; **Betriebswirt(in)** *m(f)* (técnico, -a *m, f*) economista *mf*
**Betriebswirtschaft** *f ohne pl* ciencias *fpl* empresariales
**betriebswirtschaftlich** *adj* de la economía de la empresa
**Betriebswirtschaftslehre** *f ohne pl* economía *f* industrial
**betrinken*** *irr vr:* **sich ~** emborracharse, jalarse *Am*
**betroffen** [bəˈtrɔfən] **I.** *pp von* **betreffen** **II.** *adj* ① (*von Maßnahmen*) afectado (*von* por) ② (*bestürzt*) consternado
**Betroffene(r)** *mf* <-n, -n; -n> afectado, -a *m, f*
**Betroffenheit** *f ohne pl* consternación *f*
**betrogen** *pp von* **betrügen**
**betrüben*** *vt* afligir
**betrüblich** [bəˈtry:plɪç] *adj* triste
**Betrübnis** *f* <-se> aflicción *f*
**betrübt** *adj* (*geh*) afligido (*über* de/por); **tief ~** profundamente afligido
**Betrug** [bəˈtru:k] *m* <-(e)s, *ohne pl*> engaño *m;* (JUR) fraude *m;* (*beim Spiel*) trampa *f*
**betrügen*** [bəˈtry:gən] *irr* **I.** *vt* engañar, morder *Am;* **sich um etw betrogen fühlen/sehen** sentirse/verse decepcionado por algo; **jahrelang betrog sie ihn mit ihrem Zahnarzt** durante años lo engañaba con su dentista **II.** *vr:* **sich (selbst) ~** enga-

ñarse (a sí mismo)

**Betrüger(in)** *m(f)* <-s, -; -nen> estafador(a) *m(f)*; (*beim Spiel*) tramposo, -a *m, f*

**Betrügerei** *f* <-en> estafa *f*, fraude *m*

**Betrügerin** *f* <-nen> *s.* **Betrüger**

**betrügerisch** *adj* fraudulento, dañero *Ven*

**betrunken** [bəˈtrʊŋkən] **I.** *pp von* **betrinken II.** *adj* borracho, bolo *Am*

**Betrunkene(r)** *mf* <-n, -n; -n> borracho, -a *m, f*, bolo, -a *m, f Am*

**Bett** [bɛt] *nt* <-(e)s, -en> ① (*Möbelstück*) cama *f*; **das ~ machen** hacer la cama; **im ~ liegen** estar en (la) cama; **ans ~ gefesselt sein** estar postrado en cama; **ins** [*o* **zu**] **~ gehen** ir(se) a la cama; **das ~ hüten müssen** tener que guardar cama; **mit jdm ins ~ gehen** (*fam*) acostarse con alguien; **an jds ~ sitzen** estar sentado junto al lecho de alguien; **er macht ins ~** (*fam*) se mea en la cama; **sich ins gemachte ~ legen** (*fig*) encontrárselo todo hecho ② (*Fluss~*) cauce *m*, lecho *m* ③ (*Feder~*) edredón *m*; **Bettbezug** *m* funda *f* de edredón; **Bettcouch** *f* sofá-cama *m*; **Bettdecke** *f* ① (*Tagesdecke*) colcha *f* ② (*Federbett*) edredón *m*

**bettelarm** [ˈ--ˈ-] *adj* pobre como una rata

**Bettelei** *f* <-en> (*abw*) pordiosería *f*

**Bettelmönch** *m* fraile *m* mendicante

**betteln** *vi* pedir limosna, mendigar

**Bettelstab** *m*: **jdn an den ~ bringen** arruinar económicamente a alguien

**betten** *vt* (*geh*) recostar; **jdn zur letzten Ruhe ~** sepultar a alguien

**Bettgeflüster** *nt* (*fam: Klatsch*) rumor *m*; **Bettgeschichte** *f* lío *m* de cama; **Bettgestell** *nt* armadura *f* de cama; **Betthupferl** [ˈbɛthʊpfɐl] *nt* <-s, -> (*reg*) *dulce que se da a los niños antes de acostarse;* **Bettkante** *f* borde *m* de la cama

**bettlägerig** [ˈbɛtlɛːgərɪç] *adj* postrado en cama

**Bettlaken** *nt* sábana *f*; **Bettlektüre** *f* lectura *f* entretenida (*para antes de dormir*)

**Bettler(in)** [ˈbɛtlɐ] *m(f)* <-s, -; -nen> mendigo, -a *m, f*

**Bettnässer(in)** *m(f)* <-s, -; -nen> (*fam*) meón, -ona *m, f* (*niño o niña que sufre de incontinencia nocturna de orina*)

**bettreif** *adj* (*fam*) con ganas de irse a dormir; **Bettruhe** *f* reposo *m* en cama; **Bettschwere** *f*: **die erforderliche ~ haben** (*fam*) estar a punto para la cama; **Betttuch** [ˈbɛttuːx] *nt* sábana *f*; **Bettwäsche** *f* ropa *f* de cama, sábanas *fpl*, cobija *f Am*; **Bettzeug** *nt* (*fam*) ropa *f* de cama, sábanas *fpl*

**betucht** [bəˈtuːxt] *adj* (*fam*) adinerado, fondeado *Am*; **gut ~ sein** estar forrado (de dinero)

**betulich** [bəˈtuːlɪç] *adj* (*hilfsbereit*) solícito; (*abw*) exageradamente atento

**betuppen*** *vt* (*reg*) timar (*um* con)

**Beugehaft** *f* (JUR) arresto *m* reflexivo

**beugen** [ˈbɔɪgən] **I.** *vt* ① (*Arm*) doblar; **den Kopf ~** inclinar la cabeza; **vor Kummer gebeugt sein** estar postrado por las penas ② (*Recht*) violar ③ (LING: *Verb*) conjugar; (*Substantiv*) declinar **II.** *vr:* **sich ~** ① (*sich neigen*) inclinarse (*über* sobre); **er beugte sich leicht nach vorn/zu mir** se inclinó ligeramente hacia delante/hacia mí ② (*sich fügen*) someterse (a)

**Beugung** *f* <-en> ① (ANAT, LING) flexión *f* ② (PHYS: *Licht*) difracción *f*

**Beule** [ˈbɔɪlə] *f* <-n> ① (*Verletzung*) chichón *m* ② (*Delle*) abolladura *f* ③ (MED) buba *f*; **Beulenpest** *f* (MED) peste *f* bubónica

**beunruhigen*** [bəˈʔʊnruːɪgən] **I.** *vt* inquietar **II.** *vr:* **sich ~** preocuparse (*über* de), inquietarse (*über* con/por), indigestarse (*über* con/de/por) *Am*

**beunruhigend** *adj* inquietante

**Beunruhigung** *f* <-en> inquietud *f*

**beurkunden*** *vt* dar fe (de), documentar

**beurlauben*** *vt* ① (*Urlaub geben*) conceder vacaciones; (MIL) dar permiso ② (*von Amtspflichten*) dar licencia; **beurlaubt sein** tener licencia ③ (UNIV): **sich ~ lassen** tomarse un semestre libre

**Beurlaubung** *f* <-en> excedencia *f*

**beurteilen*** *vt* juzgar; (*schätzen*) valorar, estimar

**Beurteilung** *f* <-en> ① (*Einschätzung*) juicio *m*, apreciación *f* ② (*Gutachten*) dictamen *m*

**Beute** [ˈbɔɪtə] *f ohne pl* ① (*Fang*) botín *m*; (*eines Tieres*) presa *f*; **reiche ~ machen** (*fam*) sacar un buen botín ② (*geh: Opfer*) víctima *f*; **leichte ~ für jdn sein** ser una víctima fácil para alguien

**Beutel** [ˈbɔɪtəl] *m* <-s, -> ① (*Behältnis*) bolsa *f* ② (ZOOL: *des Kängurus*) marsupio *m*, bolsa *f* ③ (*fam: Geldbeutel*) monedero *m*

**beuteln** **I.** *vt* ① (*Österr, südd: schütteln*) sacudir ② (*Österr, südd: mitnehmen*) estremecer; **vom Leben gebeutelt, zog er sich immer mehr zurück** castigado por la vida, vivía cada vez más apartado ③ (*reg: ausnehmen*) limpiar; **die haben dich aber ganz schön gebeutelt** ésos te han limpiado todo el dinero **II.** *vi* (*sich ausbeulen*) dar(se) de sí; **Beuteltier** *nt* (ZOOL) marsupial *m*

**bevölkern*** [bəˈfœlkɐn] *vt* poblar; **ein dicht/dünn bevölkertes Gebiet** una zona densamente/poco poblada

**Bevölkerung** *f* <-en> población *f;* **die einheimische/ländliche ~** la población nacional/rural; **Bevölkerungsdichte** *f ohne pl* densidad *f* de (la) población; **Bevölkerungsentwicklung** *f* desarrollo *m* demográfico; **Bevölkerungsexplosion** *f* explosión *f* demográfica; **Bevölkerungsgruppe** *f* población *f;* **Bevölkerungsrückgang** *m* regresión *f* de la población; **Bevölkerungsschicht** *f* nivel *m* social; **Bevölkerungszahl** *f* población *f,* número *m* de habitantes; **Bevölkerungszuwachs** *m* aumento *m* de (la) población

**bevollmächtigen*** [bəˈfɔlmɛçtɪgən] *vt* apoderar (*zu* a), autorizar (*zu* para), capacitar (*zu* para) *Am*

**Bevollmächtigte(r)** *mf* <-n, -n; -n> mandatario, -a *m, f,* capacitado, -a *m, f Am*

**Bevollmächtigung** *f* <-en> autorización *f,* capacitación *f Am*

**bevor** [bəˈfoːɐ] *konj* antes de +*inf,* antes de que +*subj;* **gieß bitte die Blumen, ~ du gehst** por favor, riega las plantas antes de irte; **ich will mit dem Essen fertig sein, ~ sie kommen** quiero haber terminado con la comida antes de que lleguen

**bevormunden*** [bəˈfɔːɐmʊndən] *vt* poner bajo tutela

**Bevormundung** *f* <-en> tutela *f*

**bevor|stehen** *irr vi* ser inminente; **der ~de Krieg** la guerra inminente; **es steht uns noch sehr viel Arbeit bevor** aún nos queda mucho trabajo por delante; **die Wahlen stehen unmittelbar bevor** las elecciones están muy próximas

**bevorzugen*** [bəˈfoːɐtsuːgən] *vt* preferir, favorecer

**bevorzugt** **I.** *adj* ❶ (*privilegiert*) favorecido; **eine ~e Behandlung** un trato de favor ❷ (*beliebteste*) preferido **II.** *adv* preferentemente; (*privilegiert*) de favor; **jdn ~ behandeln** dar a alguien un trato de favor

**Bevorzugung** *f* <-en> preferencia *f*

**bewachen*** *vt* vigilar, custodiar

**bewachsen** [bəˈvaksən] *adj* cubierto (*mit* de)

**Bewachung** *f* <-en> ❶ (*das Bewachen*) custodia *f,* vigilancia *f* ❷ (*Wache*) guardia *f*

**bewaffnen*** [bəˈvafnən] *vt* armar (*mit* con); **er war bis an die Zähne bewaffnet** estaba armado hasta los dientes

**Bewaffnung** *f* <-en> ❶ (*Vorgang*) armamento *m* ❷ (*Waffen*) armas *fpl*

**bewahren*** [bəˈvaːrən] *vt* ❶ (*beschützen*) proteger (*vor* de); **Gott bewahre!** ¡Dios me [*o* nos] libre! ❷ (*Stillschweigen*) guardar; (*in Erinnerung*) recordar; **bitte ~ Sie Ruhe!** ¡guarde(n) calma, por favor!; **seine gute Laune ~** conservar su buen humor ❸ (*geh: aufbewahren*) guardar

**bewähren*** [bəˈvɛːrən] *vr:* **sich ~** (*Person*) acreditarse; (*Sache*) dar buen resultado

**bewahrheiten*** [bəˈvaːɐhaɪtən] *vr:* **sich ~** confirmarse

**bewährt** [bəˈvɛːɐt] *adj* acreditado; (*Mittel, Methode*) probado

**Bewährung** *f* <-en> prueba *f;* (JUR) libertad *f* condicional; **er bekam drei Jahre mit/ohne ~** le condenaron a tres años con/sin libertad condicional; **Bewährungsfrist** *f* (JUR) período *m* de prueba; **Bewährungshelfer(in)** *m(f)* asistente *mf* durante el plazo de prueba; **Bewährungsprobe** *f* prueba *f*

**bewältigen*** [bəˈvɛltɪgən] *vt* (*Problem*) vencer, superar; (*Aufgabe*) llevar a cabo

**Bewältigung** *f* <-en> (*eines Problems, Erlebnisses*) superación *f;* (*einer Aufgabe*) (re)solución *f;* **sie arbeitete an der ~ dieser Erlebnisse** se esforzaba por superar aquellas experiencias

**bewandert** [bəˈvandɐt] *adj* experto (*in* en)

**Bewandtnis** [bəˈvantnɪs] *f* <-se> motivo *m,* explicación *f;* **damit hat es folgende ~** el caso es el siguiente

**bewässern*** [bəˈvɛsɐn] *vt* regar

**Bewässerung** *f* <-en> riego *m;* (AGR) irrigación *f*

**Bewässrung** *f* <-en> *s.* **Bewässerung**

**bewegen**[1] [bəˈveːgən] <bewegt, bewog, bewogen> *vt* (*veranlassen*) inducir (*zu* a), mover (*zu* a); **was hat dich dazu bewogen?** ¿qué te movió a hacerlo?

**bewegen***[2] **I.** *vt* ❶ (*Arm, Lippen*) mover; (*in Gang setzen*) poner en marcha; **er konnte den Koffer kaum von der Stelle ~** casi no podía mover del lugar la maleta ❷ (*innerlich*) conmover, emocionar **II.** *vr:* **sich ~** ❶ (*Fahrzeug, Person*) moverse; **endlich bewegt sich etwas!** ¡por fin ocurre algo! ❷ (*schwanken*) variar (*um* en), oscilar (*um* alrededor de, *zwischen* entre); **die Preise ~ sich um die 100 Euro** los precios se sitúan sobre los 100 euros ❸ (*Erde, Sonne*) girar (*um* alrededor de)

**Beweggrund** *m* motivo *m*

**beweglich** [bəˈveːklɪç] *adj* ❶ (*flexibel*) móvil; (*geistig*) flexible; **sie ist geistig noch sehr ~** todavía tiene la mente muy viva ❷ (*bewegbar*) movible; **~e Habe** bienes muebles

**Beweglichkeit** *f ohne pl* ❶ (*geistige Wendigkeit*) flexibilidad *f* ❷ (*bewegliche Beschaffenheit*) movilidad *f* ❸ (*Mobilität*) libertad *f* de movimiento

**bewegt** [bəˈveːkt] *adj* ❶ (*See, Wasser*) agitado ❷ (*fig: Person*) conmovido; (*Leben, Zeiten*) turbulento; **tief** ~ profundamente conmovido

**Bewegung** *f* <-en> ❶ (*a.* POL) movimiento *m;* **etw in ~ bringen** poner algo en marcha; **sich** *dat* ~ **verschaffen** hacer ejercicio; **keine ~!** ¡que nadie se mueva!; **in ~ sein** estar en movimiento; **alle Hebel in ~ setzen** tocar todos los resortes ❷ (*Anteilnahme*) emoción *f;* **Bewegungsablauf** *m* transcurso *m* del movimiento; **Bewegungsarmut** *f* (MED) pobreza *f* cinética; **Bewegungsfreiheit** *f ohne pl* libertad *f* de acción; (*Platz*) libertad *f* de movimiento; **bewegungslos** *adj* inmóvil; **Bewegungsmangel** *m ohne pl* falta *f* de movimiento; **Bewegungsmelder** *m* <-s, -> avisador *m* de movimientos; **bewegungsunfähig** *adj* incapaz de moverse

**beweihräuchern*** [bəˈvaɪrɔɪçən] **I.** *vt* ❶ (*mit Weihrauch umgehen*) incensar *fam pey* ❷ (*verherrlichen*) ensalzar (excesivamente) **II.** *vr:* **sich selbst** ~ (*fam abw*) ensalzarse

**beweinen*** *vt* llorar (a/por)

**Beweis** [bəˈvaɪs] *m* <-es, -e> prueba *f;* **aus Mangel an ~en** por falta de pruebas; **als** ~ como prueba; **etw unter ~ stellen** dar prueba de algo; **den ~ antreten/erheben** presentar/administrar pruebas; **Beweisaufnahme** *f* (JUR) registro *m* de pruebas

**beweisbar** *adj* probable, demostrable

**beweisen*** *irr vt* probar, demostrar (de); **man konnte ihm die Tat nicht** ~ no se pudo demostrar que hubiera sido él

**Beweisführung** *f* <-en> (JUR) argumentación *f;* **Beweiskraft** *f ohne pl* (JUR) fuerza *f* probatoria; **beweiskräftig** *adj* concluyente; **Beweislage** *f* (JUR) situación *f* probatoria; **Beweismaterial** *nt* material *m* de prueba; **Beweisstück** *nt* (JUR) pieza *f* justificativa

**bewenden** *vi:* **es bei etw ~ lassen** darse por satisfecho con algo

**bewerben*** *irr* **I.** *vr:* **sich** ~ solicitar (*um* a/para, *bei* en), postular *Am;* **sich als Sekretärin** ~ solicitar un puesto de secretaria **II.** *vt* (*Produkt*) promocionar

**Bewerber(in)** *m(f)* <-s, -; -nen> solicitante *mf;* (*um eine Stelle*) aspirante *mf*

**Bewerbung** *f* <-en> solicitud *f;* **eine schriftliche** ~ una solicitud por escrito; **Bewerbungsgespräch** *nt* entrevista *f* personal; **Bewerbungsschreiben** *nt* solicitud *f* de trabajo; **Bewerbungsunterlagen** *fpl* papeles *mpl* para una solicitud (de trabajo); **Bewerbungsverfahren** *nt* (ADMIN) tramitación *f* de solicitudes

**bewerfen*** *irr vt* arrojar (*mit*); **jdn mit Schmutz** ~ (*fig*) vilipendiar a alguien

**bewerkstelligen*** [bəˈvɛrkʃtɛlɪgən] *vt* realizar, efectuar

**bewerten*** *vt* evaluar, valorar; (*Arbeit*) calificar

**Bewertung** *f* <-en> evaluación *f;* (*einer Arbeit*) calificación *f;* (SPORT) puntuación *f;* **Bewertungsmaßstab** *m* escala *f* de valoración

**bewiesen** *pp von* **beweisen**

**bewilligen*** [bəˈvɪlɪgən] *vt* autorizar; (*Kredit*) conceder; (*Antrag*) aprobar

**Bewilligung** *f* <-en> concesión *f;* (*eines Antrags*) aprobación *f*

**bewirken*** *vt* ❶ (*verursachen*) provocar, causar ❷ (*erreichen*) conseguir

**bewirten*** [bəˈvɪrtən] *vt* atender, festinar *Am;* **wir wurden fürstlich bewirtet** nos trataron a cuerpo de rey

**bewirtschaften*** *vt* ❶ (*Gaststätte, Hof*) administrar ❷ (*Acker*) cultivar ❸ (*kontrollieren*) controlar

**Bewirtschaftung** *f* <-en> ❶ (WIRTSCH: *Nutzung*) explotación *f;* (*Verwaltung*) administración *f* ❷ (AGR: *Anbau*) cultivo *m*

**Bewirtung** *f* <-en> (*das Bewirten*) agasajo *m*

**bewog** [bəˈvoːk] *3. imp von* **bewegen**[1]

**bewogen** [bəˈvoːgən] *pp von* **bewegen**[1]

**bewohnbar** *adj* habitable

**bewohnen*** *vt* habitar

**Bewohner(in)** *m(f)* <-s, -; -nen> habitante *mf*

**bewölken*** [bəˈvœlkən] *vr:* **sich** ~ nublarse; (*mit dunklen Wolken*) encapotarse

**bewölkt** *adj* nublado, nuboso

**Bewölkung** *f ohne pl* nubosidad *f*

**beworben** *pp von* **bewerben**

**beworfen** *pp von* **bewerfen**

**Bewunderer, -in** *m, f* <-s, -; -nen> admirador(a) *m(f)*

**bewundern*** *vt* admirar (*wegen* por);

**bewundernswert, bewundernswürdig** *adj* admirable

**Bewunderung** *f ohne pl* admiración *f;* **voller** ~ lleno de admiración

**bewusst** [bəˈvʊst] **I.** *adj* ❶ (*wissend*) consciente; (**sich** *dat*) ~ **machen** concienciar(se); **sich** *dat* **etw** *gen* ~ **sein/werden** ser consciente/tomar conciencia de algo;

**ich bin mir keiner Schuld** ~ no me siento culpable; **es war ihm ~, dass ...** era consciente de que... ② (*besagt*) consabido, en cuestión; **es war an jenem ~en Tag** ocurrió aquel día en cuestión ③ (*absichtlich*) intencionado **II.** *adv* ① (*absichtlich*) a propósito ② (*überlegt*) conscientemente

**bewusstlos** *adj* sin conocimiento; ~ **werden** perder el conocimiento

**Bewusstlosigkeit** *f ohne pl* pérdida *f* del conocimiento; (*Ohnmacht*) desmayo *m*

**Bewusstsein** *nt* <-s, *ohne pl*> conciencia *f*, conocimiento *m*; **mir ist erst jetzt zu(m) ~ gekommen, dass ...** ahora mismo me he dado cuenta de que...; **sich** *dat* **etw ins ~ rufen** traer algo a la memoria; **das ~ verlieren** perder el conocimiento; **wieder zu ~ kommen** recobrar el conocimiento; **Bewusstseinsstörung** *f* (PSYCH) perturbación *f* del conocimiento; **Bewusstseinsveränderung** *f* (PSYCH) cambio *m* de la personalidad

**bez.** ① *Abk. von* **bezahlt** pagado ② *Abk. von* **bezüglich** referente a

**bezahlbar** *adj* pagadero, pagable

**bezahlen*** *vt* pagar; **gut bezahlt** bien pagado; **hoch bezahlt** muy bien remunerado; **sich (nicht) bezahlt machen** (no) valer la pena

**Bezahlung** *f ohne pl* ① (*einer Rechnung*) pago *m* ② (*Lohn*) paga *f*; (*Vergütung*) remuneración *f*; **gegen** ~ por dinero

**bezähmen*** **I.** *vt* (*Hunger, Neugier*) dominar, contener **II.** *vr:* **sich** ~ (*sich zurückhalten*) dominarse, contenerse

**bezaubern*** *vt* fascinar (*durch* por); **ein ~des Mädchen** una chica encantadora

**bezeichnen*** *vt* ① (*beschreiben*) describir ② (*nennen*) designar (*als* como); (*benennen*) denominar (*als* como); **wie bezeichnet man es, wenn ...?** ¿cómo se dice cuando...?

**bezeichnend** *adj* típico (*für* de), característico (*für* de)

**bezeichnenderweise** *adv* significativamente

**Bezeichnung** *f* <-en> denominación *f*

**bezeugen*** [bəˈtsɔɪgən] *vt* atestiguar; (JUR) testificar; **er konnte ~, dass ...** pudo atestiguar que...

**bezichtigen*** [bəˈtsɪçtɪgən] *vt* acusar; **jdn ~ etw zu tun** acusar a alguien de hacer algo

**beziehen*** *irr* **I.** *vt* ① (*überziehen*) revestir (*mit* de); (*Bett*) poner ropa limpia (a) ② (*Wohnung, Haus*) instalarse (en) ③ (*Einkommen*) cobrar; **Prügel** ~ (*fam*) recibir una paliza ④ (*kaufen*) adquirir; (*Zeitung*) estar suscrito (a) ⑤ (*in Beziehung setzen*) relacionar (*auf* con), referir (*auf* a); **diese Bemerkung brauchst du nicht auf dich zu ~** no tienes que darte por aludido por esta observación ⑥ (*Posten*) ocupar **II.** *vr:* **sich** ~ ① (*Himmel*) nublarse; (*mit dunklen Wolken*) encapotarse ② (*sich berufen*) referirse (*auf* a)

**Bezieher(in)** *m(f)* <-s, -; -nen> (*Einkommen*) beneficiario, -a *m, f*; (*Zeitung*) su(b)scriptor(a) *m(f)*; (*Ware*) comprador(a) *m(f)*

**Beziehung** *f* <-en> ① *pl* (*Kontakt*) relación *f*; **gute ~en haben** tener buenas relaciones; **seine ~en spielen lassen** (*fam*) tocar todos los resortes; **diplomatische ~en** relaciones diplomáticas ② (*Hinsicht*) aspecto *m*; **er hat in mancher/jeder ~ Recht** tiene razón en algunos/en todos los aspectos ③ (*Verhältnis*) relación *f* (*zwischen* entre); (*Liebes~*) relación *f* amorosa; **in ~ stehen zu etw** estar relacionado con algo; **zwei Dinge zueinander in ~ setzen** relacionar una cosa con otra; **eine ~ eingehen** empezar una relación; **er hat keine ~ zur Literatur** no le dice nada la literatura; **Beziehungskiste** *f* (*fam*) relación *f* amorosa; **beziehungslos** *adj* sin relación

**beziehungsweise** *konj* ① (*genauer gesagt*) por lo menos, mejor dicho ② (*oder, und*) respectivamente; **die Karten zu 50 ~ zu 30 DM sind schon ausverkauft** las entradas a 50 y 30 marcos respectivamente ya se agotaron

**beziffern*** [bəˈtsɪfɐn] **I.** *vt* (*schätzen*) cifrar (*auf* en) **II.** *vr:* **sich** ~ (*sich belaufen*) cifrarse (*auf* en)

**Bezirk** [bəˈtsɪrk] *m* <-(e)s, -e> ① (*Gebiet*) comarca *f* ② (*Stadtbezirk*) barrio *m* ③ (ADMIN) distrito *m*

**bezirzen*** [bəˈtsɪrtsən] *vt* (*fam*) embelesar

**bezogen** *pp von* **beziehen**

**Bezug**[1] [bəˈtsuːk] *m* <-(e)s, -züge> ① (*Überzug*) funda *f* ② *pl* (*Gehalt*) sueldo *m*

**Bezug**[2] *m* <-(e)s, *ohne pl*> ① (*Kauf*) adquisición *f*; (*von Zeitschriften*) suscripción *f* ② (*Beziehung nehmen*) referencia *f*; **in ~ auf** (con) respecto a; **mit ~ auf Ihr Schreiben vom ...** con referencia a su carta del...; **auf etw ~ nehmen** remitirse a algo; **den ~ zu etw herstellen** establecer la relación hacia algo

**bezüglich** [bəˈtsyːklɪç] **I.** *adj* al respecto; **alle darauf ~en Fragen** todas las cuestiones al respecto **II.** *präp +gen* en relación a, respecto a; ~ **Ihres Schreibens vom ...**

en relación a su escrito del...
**Bezugnahme** [bəˈtsuːknaːmə] *f* <-n>: **unter ~ auf** con referencia a
**bezugsfertig** *adj* (*Haus*) llave en mano
**Bezugsperson** *f* persona *f* de referencia
**Bezugsquelle** *f* (WIRTSCH) suministradores *mpl*
**bezuschussen*** [bəˈtsuːʃʊsən] *vt* conceder una subvención
**bezwecken*** [bəˈtsvɛkən] *vt* perseguir; **was willst du damit ~?** ¿qué persigues con esto?
**bezweifeln*** *vt* poner en duda, dudar
**bezwingen*** *irr vt* vencer; (*zügeln*) dominar; (*besiegen*) derrotar
**bezwungen** *pp von* **bezwingen**
**BGB** [beːgeːˈbeː] *nt* <-, *ohne pl*> (JUR) *Abk. von* **Bürgerliches Gesetzbuch** Código *m* Civil
**BH** [beːˈhaː] *m* <-s, -s> (*fam*) *Abk. von* **Büstenhalter** sujetador *m*, brasier *m Am*
**Bhagvan** [ˈbakvan] *m* <-s, *ohne pl*>, **Bhagwan** *m* <-s, *ohne pl*> Bhagwan *m*
**Bhf.** *Abk. von* **Bahnhof** estación *f* de ferrocarril
**bi** [biː] *adj* (*fam*) bisexual
**Biathlon** [ˈbiːatlɔn] *nt* <-s, -s> (SPORT) biatlón *m*
**bibbern** [ˈbɪbɐn] *vi* (*fam*) tiritar
**Bibel** [ˈbiːbəl] *f* <-n> Biblia *f*; **bibelfest** *adj* versado en la Biblia; **Bibelstelle** *f* pasaje *m* bíblico
**Biber** [ˈbiːbɐ] *m* <-s, -> (*Tier, Pelz*) castor *m*
**Bibliografie** [bibliograˈfiː] *f* <-n> bibliografía *f*
**bibliografieren*** *vt* (*Buch, Titel*) registrar bibliográficamente
**Bibliographie** [bibliograˈfiː] *f* <-n> *s.* **Bibliografie**
**bibliographieren*** *vt s.* **bibliografieren**
**Bibliothek** [biblioˈteːk] *f* <-en> biblioteca *f*
**Bibliothekar(in)** [biblioteˈkaːɐ] *m(f)* <-s, -e; -nen> bibliotecario, -a *m, f*
**biblisch** [ˈbiːblɪʃ] *adj* bíblico; **ein ~es Alter haben** tener una edad bíblica
**Bidet** [biˈdeː] *nt* <-s, -s> bidé *m*
**bieder** [ˈbiːdɐ] *adj* (*abw*) conservador; **Biedermann** *m* (*abw*) burgués *m*
**biegen** [ˈbiːgən] <biegt, bog, gebogen> **I.** *vi sein* (*Kurve machen*) torcer; (*mit dem Auto*) girar; **um die Ecke ~** doblar la esquina; **auf B~ und Brechen** (*fam*) a toda costa **II.** *vt* ❶ (*Zweige, Glieder*) doblar ❷ (*Österr: flektieren*) declinar **III.** *vr:* **sich ~** (*krumm werden*) doblarse; **sie bog sich vor Lachen** (*fam*) se partió de (la) risa
**biegsam** *adj* flexible
**Biegsamkeit** *f ohne pl* flexibilidad *f*
**Biegung** *f* <-en> curvatura *f*; (*Kurve*) curva *f*
**Biene** [ˈbiːnə] *f* <-n> abeja *f*, colmena *f Mex;* **Bienenhonig** *m* miel *f* de abejas; **Bienenkönigin** *f* abeja *f* reina; **Bienenschwarm** *m* enjambre *m;* **Bienenstich** *m* ❶ (*Verletzung*) picadura *f* de abeja ❷ (GASTR) *pastel relleno con crema de vainilla y recubierto de una capa de almendras, mantequilla y azúcar;* **Bienenstock** *m* colmena *f*; **Bienenvolk** *nt* colmena *f*; **Bienenwabe** *f* panal *m;* **Bienenwachs** *nt* cera *f* de abejas; **Bienenzucht** *f ohne pl* apicultura *f*; **Bienenzüchter(in)** *m(f)* apicultor(a) *m(f)*
**Biennale** [biɛˈnaːlə] *f* <-n> (KUNST, FILM) bienal *f*
**Bier** [biːɐ] *nt* <-(e)s, -e> cerveza *f*; **alkoholfreies ~** cerveza sin; **dunkles/helles ~** cerveza rubia/negra; **das ist nicht mein ~** (*fig fam*) eso no es asunto mío; **Bierbauch** *m* (*fam*) panza *f*; **Bierbrauerei** *f* fábrica *f* de cerveza; **Bierdeckel** *m* posavasos *m inv* de cartón; **Bierdose** *f* lata *f* de cerveza; **bierernst** [ˈ-ˈ-] *adj* (*fam*) exageradamente serio; **Bierfass** *nt* barril *m* de cerveza; **Bierflasche** *f* botella *f* de cerveza; **Biergarten** *m* cervecería *f* al aire libre

**i Land & Leute**

Las largas y cálidas tardes y noches de verano se prestan para encontrarse con los amigos al aire libre, a la sombra de un árbol, sentados en bancos alrededor de una mesa. Además de conversar, se merienda o se cena y se puede tomar una cerveza (u otra bebida). Desde mayo a septiembre, los **Biergärten** forman parte del paisaje del sur de Alemania.

**Bierglas** *nt* vaso *m* para cerveza; **Bierhefe** *f ohne pl* levadura *f* de cerveza; **Bierkneipe** *f* cervecería *f*; **Bierkrug** *m* jarra *f* de cerveza; **Bierlaune** *f* alegría *f* desbordante; **Bierleiche** *f* persona *f* borracha hasta la inconsciencia; **Bierschaum** *m ohne pl* espuma *f* de la cerveza; **Bierschinken** *m* (GASTR) *tipo de embutido;* **Bierzelt** *nt tienda en la que se vende y bebe cerveza en las romerías*
**Biest** [biːst] *nt* <-(e)s, -er> (*fam*) ❶ (*Tier*) bicho *m;* (*abw*) bestia *f* ❷ (*Mensch*) mal bicho *m*
**biestig** *adj* infame

**bieten** [biːtən] <bietet, bot, geboten> **I.** *vt* ① (*Anblick, Gelegenheit*) ofrecer, presentar; **sie boten ein trauriges Bild** ofrecían un triste aspecto; **das lasse ich mir nicht ~** esto no se lo permito a nadie; **jdm die Stirn ~** hacer frente a alguien ② (*anbieten*) ofrecer (*für* para) **II.** *vi* (*bei Versteigerung*) pujar, dar; **wer bietet mehr?** ¿quién da más? **III.** *vr:* **sich ~** (*sich anbieten*) presentarse; **bei der nächsten sich ~den Gelegenheit** en la próxima ocasión que se presente

**Bigamie** [bigaˈmiː] *f* <-n> bigamia *f*

**Bigamist(in)** *m(f)* bígamo, -a *m, f*

**bigott** [biˈgɔt] *adj* (*frömmig*) beato; (*scheinheilig*) mojigato

**Bikini** [biˈkiːni] *m* <-s, -s> biquini *m*

**Bilanz** [biˈlants] *f* <-en> (*a.* WIRTSCH) balance *m;* **eine ~ aufstellen** confeccionar un balance; **die ~ ziehen** hacer (el) balance; **~ machen** revisar el dinero que se tiene en mano

**bilanzieren*** *vt* (FIN: *Konto*) hacer (el) balance (de)

**Bilanzprüfer(in)** *m(f)* (WIRTSCH) revisor(a) *m(f)* de balances

**bilateral** [ˈbiːlateraːl, ---ˈ-] *adj* bilateral

**Bild** [bɪlt] *nt* <-(e)s, -er> ① (*Gemälde*) cuadro *m,* pintura *f;* (*Abbildung*) ilustración *f;* (*beim Kartenspiel*) figura *f;* (*im Spiegel*) imagen *f;* **ein ~ von einem Mann/einer Frau** una belleza escultural; **ein ~ für die Götter** (*fam*) una escena graciosísima; **ein ~ des Jammers bieten** ofrecer un aspecto desolador ② (TV) imagen *f;* (FOTO) foto *f;* **ein ~ machen** sacar una foto ③ (*Vorstellung*) idea *f;* **sich** *dat* **ein ~ von etw machen** hacerse una idea de algo ④ (*Ansicht*) aspecto *m* ⑤ (*Metapher*) metáfora *f* ⑥ (*auf dem Laufenden*): **im ~e sein** estar al corriente; **jdn ins ~ setzen über etw** poner al corriente a alguien sobre algo; **Bildband** *m* libro *m* con fotos; **Bilddatei** *f* (INFOR) fichero *m* gráfico

**bilden** [ˈbɪldən] **I.** *vt* ① (*Menschen*) educar ② (*formen*) formar; (*künstlerisch*) modelar; **~de Kunst** artes plásticas; **sich** *dat* **eine Meinung über etw ~** formarse una opinión sobre algo ③ (*Regierung*) formar, crear; (*Mannschaft*) integrar, formar ④ (*Höhepunkt, Ausnahme*) ser, constituir **II.** *vr:* **sich ~** ① (*entstehen*) formarse ② (*lernen*) educarse, formarse

**Bilderbogen** [ˈbɪldɐ-] *m* hoja *f* con dibujos; **Bilderbuch** *nt* libro *m* de dibujos; **ein Wetter wie im ~** un tiempo de película; **Bildergalerie** *f* pinacoteca *f;* **Bildergeschichte** *f* historieta *f;* **Bilderrahmen** *m* marco *m* para cuadros; **Bilderrätsel** *nt* jeroglífico *m;* **Bilderschrift** *f* escritura *f* ideográfica, pictografía *f;* **Bilderstreit** *m* (HIST) iconoclasmo *m;* **Bildersturm** *m* (HIST) iconoclas(t)ia *f,* luchas *fpl* iconoclastas

**Bildfläche** *f* plano *m* de la imagen; **auf der ~ erscheinen** (*fam*) aparecer en pantalla; **von der ~ verschwinden** (*fam*) desaparecer del mapa; **Bildfunk** *m* (TEL) radiofoto(grafía) *f*

**bildhaft** *adj* plástico, gráfico

**Bildhauer(in)** [ˈbɪlthaʊɐ] *m(f)* <-s, -; -nen> escultor(a) *m(f)*

**Bildhauerei** *f ohne pl* escultura *f*

**Bildhauerin** *f* <-nen> *s.* **Bildhauer**

**bildhübsch** [ˈ-ˈ-] *adj* precioso, guapísimo

**Bildlaufleiste** *f* (INFOR) barra *f* de desplazamiento; **Bildlaufpfeil** *m* (INFOR) flecha *f* de desplazamiento

**bildlich** *adj* ① (*Darstellung*) gráfico, plástico ② (*Sinn*) figurado; (*Ausdruck*) metafórico

**Bildnis** [ˈbɪltnɪs] *nt* <-ses, -se> (*geh*) imagen *f;* (*Foto*) retrato *m*

**Bildqualität** *f* (TV) calidad *f* de la imagen; **Bildreportage** *f* reportaje *m* gráfico; **Bildröhre** *f* (TV) tubo *m* de imagen; **Bildschärfe** *f* (TV) nitidez *f* de la imagen

**Bildschirm** *m* (*a.* INFOR) pantalla *f;* (*Monitor*) monitor *m;* **Bildschirmarbeit** *f* (INFOR, TEL) trabajo *m* frente a un monitor; **Bildschirmgerät** *nt* (INFOR) unidad *f* de pantalla; **Bildschirmschoner** *m* (INFOR) salvapantallas *m inv;* **Bildschirmtext** *m ohne pl* (TEL, INFOR) teletexto *m*

**bildschön** [ˈ-ˈ-] *adj* bellísimo, hermosísimo

**Bildstelle** *f* fototeca *f;* **Bildstörung** *f* (TV) interrupción *f* de la imagen; **Bildtelefon** *nt* (TEL) videoteléfono *m*

**Bildung** [ˈbɪldʊŋ] *f ohne pl* ① (*Schaffung*) creación *f;* (*Gründung*) fundación *f;* (*Gestaltung*) formación *f,* constitución *f* ② (*Erziehung*) educación *f;* (*Allgemeinwissen*) formación *f,* cultura *f;* **höhere ~** formación superior; **Bildungsbürger(in)** *m(f)* burgués, -esa *m, f* culto, -a; **Bildungseinrichtung** *f* centro *m* de enseñanza; **Bildungsgut** *nt* patrimonio *m* cultural; **Bildungslücke** *f* laguna *f* cultural; **Bildungsniveau** *nt* nivel *m* de educación; **Bildungspolitik** *f* (POL) política *f* educativa; **Bildungsreform** *f* (POL) reforma *f* educativa; **Bildungsreise** *f* viaje *m* de estudios y de formación; **bildungssprachlich** *adj* de lenguaje culto; **Bildungsstand** *m s.* **Bildungsniveau**; **Bildungssystem** *nt* (POL) sistema *m* de educación; **Bildungsurlaub** *m* vacaciones *fpl* de formación; **Bildungsweg** *m* vía *f* de formación; **auf dem zweiten** ~ en vía subsidiaria de formación

**Bildverarbeitung** *f* (INFOR) procesamiento *m* de imágenes; **Bildzuschrift** *f* carta *f* con foto (*como respuesta a un anuncio*)

**bilingual** ['bi:lɪngua:l, ---'-] *adj* bilingüe

**Billard** ['bɪljart] *nt* <-s, *ohne pl*> billar *m;* ~ **spielen** jugar al billar, taquear *Am;* **Billardkugel** *f* bola *f* de billar; **Billardstock** *m* taco *m;* **Billardtisch** *m* (mesa *f* de) billar *m*

**Billett** [bɪl'jɛt] *nt* <-(e)s, -e *o* -s> ❶ (*Schweiz: Fahr- oder Eintrittskarte*) billete *m* ❷ (*Österr: Brief*) esquela *f*, billete *m*

**Billiarde** [bɪ'ljardə] *f* <-n> mil billones *mpl*

**billig** ['bɪlɪç] *adj* ❶ (*preiswert*) barato; ~ **abzugeben** se vende barato; ~ **davonkommen** (*fam*) salir bien parado ❷ (*abw: minderwertig*) barato; (*Ausrede*) poco convincente; **das ist ein** ~**er Trost** es poco consuelo; **Billiganbieter** *m* oferente *m* de mercancías a bajo precio; **Billigarbeiter(in)** *m(f)* (WIRTSCH) mano *f* de obra barata

**billigen** ['bɪlɪgən] *vt* aprobar; **etw stillschweigend** ~ admitir algo tácitamente

**Billigflug** *m* vuelo *m* chárter; **Billigprodukt** *nt* producto *m* barato

**Billigung** *f ohne pl* aprobación *f;* **jds** ~ **finden** contar con la aprobación de alguien

**Billigware** *f* producto *m* rebajado

**Billigwaren** *fpl* (WIRTSCH) mercancías *fpl* baratas

**Billion** [bɪ'ljo:n] *f* <-en> billón *m*

**Bimbam** ['bɪm'bam] *m:* (**ach**) **du heiliger** ~**!** ¡(ay) Dios mío!

**Bimmel** ['bɪməl] *f* <-n> (*fam*) campanilla *f*

**bimmeln** *vi* (*fam: Glocke*) repicar; (*Telefon*) sonar

**Bimsstein** *m* piedra *f* pómez, pumita *f*

**bin** [bɪn] *1. präs von* **sein**

**binär** [bi'nɛ:ɐ] *adj* (MATH, INFOR) binario

**Binde** ['bɪndə] *f* <-n> ❶ (*Verband*) venda *f* ❷ (*Armschlinge*) cabestrillo *m* ❸ (*Monats~*) compresa *f* ❹ (*Wend*): **sich** *dat* **einen hinter die** ~ **kippen** (*fam fig*) empinar el codo

**Bindegewebe** *nt* tejido *m* conjuntivo

**Bindeglied** *nt* vínculo *m;* (*einer Kette*) eslabón *m*

**Bindehaut** *f* (MED) conjuntiva *f;* **Bindehautentzündung** *f* (MED) conjuntivitis *f inv*

**Bindemittel** *nt* aglutinante *m*

**binden** ['bɪndən] <bindet, band, gebunden> **I.** *vt* ❶ (*zusammenbinden*) atar; (*Strauß*) hacer; (*Buch*) encuadernar; **mir sind die Hände gebunden** (*fig*) tengo las manos atadas ❷ (*befestigen*) sujetar; (*Krawatte*) anudar ❸ (GASTR) espesar ❹ (*verpflichten*) comprometer, vincular; **eine** ~**de Zusage** una promesa vinculante ❺ (CHEM, PHYS) ligar, fijar ❻ (*Laute*) rimar **II.** *vr:* **sich** ~ (*sich verpflichten*) vincularse (*an* a), comprometerse (*an* a)

**bindend** *adj* ❶ (*fig*) vinculante (*für* para) ❷ (*Leim*) aglutinante ❸ (JUR) vinculatorio

**Bindestrich** *m* guión *m;* **Bindewort** *nt* (LING) conjunción *f*

**Bindfaden** *m* cordón *m;* **es regnet Bindfäden** (*fig*) llueve a cántaros

**Bindung** ['bɪndʊŋ] *f* <-en> ❶ (*Partnerschaft*) relación *f;* (*feste Beziehung*) compromiso *m* ❷ (*an Heimat, Person*) apego *m* ❸ (*am Ski*) fijación *f* ❹ (CHEM) enlace *m*

**binnen** ['bɪnən] *präp +dat, geh: gen* en (el transcurso de); (COM) en el término de; ~ **kurzem** en breve; ~ **einiger Stunden** en algunas horas

**Binnengewässer** *nt* aguas *fpl* continentales; **Binnenhafen** *m* puerto *m* fluvial; **Binnenland** *nt* país *m* sin acceso al mar; **Binnenmarkt** *m* mercado *m* interior; **Europäischer** ~ mercado único europeo; **Binnenmeer** *nt* mar *m* interior; **Binnenschifffahrt** *f* navegación *f* fluvial; **Binnensee** *m* lago *m* (continental)

**Binse** ['bɪnzə] *f* <-n> junco *m;* **etw geht in die** ~**n** (*fam*) algo se echa a perder; **Binsenwahrheit** *f*, **Binsenweisheit** *f* perogrullada *f*

**bioaktiv** [bioʔak'ti:f] *adj* (ÖKOL) biológicamente activo; **Biobrennstoff** ['bi:o-] *m* (ÖKOL) biocombustible *m;* **Biochemie** [bioçe'mi:] *f* (CHEM) bioquímica *f;* **biochemisch** *adj* (CHEM) bioquímico; **Biochip** ['bi:o-] *m* (INFOR) biochip *m;* **biodynamisch** [---'--] *adj* biodinámico; **Bioelektrizität** *f ohne pl* bioelectricidad *f;* **Bioenergie** *f* bioenergía *f;* **Bioethik** ['----] *f ohne pl* (PHILOS) bioética *f;* **Biogas** ['---] *nt* (ÖKOL) biogas *m*

**Biografie** [biogra'fi:] *f* <-n> biografía *f*

**biografisch** *adj* biográfico

**Biographie** *f* <-n> *s.* **Biografie**

**biographisch** *adj s.* **biografisch**

**Biokost** ['---] *f* alimentación *f* biológica; **Bioladen** ['----] *m* (*fam*) tienda *f* de productos naturales

**i Land & Leute**

En un **Bioladen** se pueden encontrar todo tipo de productos biológicos, es decir, aquellos que – tras severos controles de calidad – obtienen la calificación de cultivos ecológicos. Naturalmente estos productos, que en la mayoría de los casos se venden en pequeñas tiendas, tienen un precio de venta al público algo más elevado, debido a su vez a su mayor coste de producción.

**Biologe**, **-in** [bio'lo:gə] *m, f* <-n, -n; -nen> biólogo, -a *m, f*

**Biologie** [biolo'gi:] *f ohne pl* biología *f*

**Biologin** *f* <-nen> *s.* **Biologe**

**biologisch** *adj* biológico; ~ **abbaubar** biodegradable

**Biomechanik** *f* biomecánica *f;* **Biomüll** ['---] *m* (ÖKOL) basura *f* orgánica, compost *m;* **Biophysik** [---'-] *f* (PHYS) biofísica *f;* **Biorhythmus** ['----] *m* (BIOL) biorritmo *m;* **Biosphäre** [--'--] *f ohne pl* (GEO, BIOL) biosfera *f;* **Biotechnik** ['----] *f ohne pl* (MED, BIOL) biotecnología *f;* **Biotonne** ['----] *f* (ÖKOL) contenedor *m* para la basura orgánica

**Biotop** [bio'to:p] *nt o m* <-s, -e> (BIOL) biótopo *m*

**Biotreibstoff** ['----] *m* (ÖKOL) biocarburante *m;* **Biowaschmittel** ['-----] *nt* (ÖKOL) detergente *m* biodegradable

**BIP** [be:ʔi:'pe:] *nt* <-, *ohne pl*> (WIRTSCH) *Abk. von* **Bruttoinlandsprodukt** PIB *m*

**birgt** [bɪrkt] *3. präs von* **bergen**

**Birke** ['bɪrkə] *f* <-n> (BOT) abedul *m*

**Birkhuhn** *nt* (ZOOL) gallo *m* lira

**Birma** ['bɪrma] *nt* <-s> Birmania *f*

**Birnbaum** *m* peral *m*

**Birne** ['bɪrnə] *f* <-n> ① (*Frucht*) pera *f* ② (*Glüh~*) bombilla *f* ③ (*fam: Kopf*) coco *m*

**birnenförmig** *adj* en forma de pera, piriforme

**birst** [bɪrst] *3. präs von* **bersten**

**bis** [bɪs] **I.** *präp +akk* ① (*räumlich, zeitlich*) hasta; **von ... ~ ...** de... a..., desde... hasta...; ~ **wohin fahren Sie?** ¿hasta dónde va Ud.?; ~ **Seite 30** hasta la página 30; **ich habe ~ drei Uhr gewartet** esperé hasta las tres; **von Freitag ~ Sonntag** de viernes a domingo; **von 9 ~ 11 Uhr** de 9 a 11; ~ **morgen/Montag!** ¡hasta mañana/el lunes!; ~ **bald/später!** ¡hasta pronto/luego!; ~ **jetzt** hasta ahora; ~ **dahin** hasta ahí; **noch fünf Minuten ~ zur Pause** faltan cinco minutos para el intermedio; **Jugendliche ~ zu 18 Jahren** jóvenes hasta los 18 años ② (*außer*): ~ **auf** excepto, aparte de; ~ **auf ihren Bruder waren alle da** aparte de su hermano estaban todos ③ (*nicht mehr als*): ~ **zu** como máximo, hasta; ~ **zu 50.000 Menschen passen in das Stadion** en el estadio caben como máximo 50.000 personas ④ (*Zahlenangabe*) de... a..., entre... y...; **das kostet zwei- ~ dreihundert Euro** cuesta entre dos(cientos) y trescientos euros; **drei ~ vier Tage** de tres a cuatro días **II.** *konj* (~ *zu einem Zeitpunkt*) hasta +*inf*, hasta que +*subj;* **ich sage lieber nichts, ~ ich ihn persönlich kennen lerne** prefiero no decir nada hasta conocerlo personalmente; **ich warte, ~ er zurückkommt** espero hasta que vuelva **III.** *adv* (MUS) bis

**Bisam** ['bi:zam] *m* <-s, -e *o* -s> ① (*Moschus*) almizcle *m* ② (*Pelz*) castor *m;* **Bisamratte** *f* rata *f* almizclera

**Biscaya** *f s.* **Biskaya**

**Bischof** ['bɪʃɔf, *pl:* 'bɪʃø:fə] *m*, **Bischöfin** *f* <-s, Bischöfe; -nen> obispo, -a *m, f*

**bischöflich** *adj* obispal, episcopal

**Bischofsamt** *nt* (REL) obispado *m;* **Bischofssitz** *m* sede *f* episcopal; **Bischofsstab** *m* (REL) báculo *m* pastoral

**bisexuell** ['bi:sɛksuɛl, 'bi:zɛksuɛl] *adj* bisexual

**bisher** [bɪs'he:ɐ] *adv* hasta ahora

**bisherige**(**r**, **s**) *adj* antecedente, anterior; **der ~ Minister** el ex-ministro; **sein ~s Verhalten** su comportamiento hasta ese momento

**Biskaya** [bɪs'ka:ja] *f* Golfo *m* de Vizcaya

**Biskuit** [bɪs'kvi:t] *nt o m* <-(e)s, -e *o* -s> bizcocho *m*

**bislang** [bɪs'laŋ] *adv s.* **bisher**

**Bismarckhering** ['bɪsmark-] *m* (GASTR) arenque *m* (sin espinas) en escabeche

**Bison** ['bi:zɔn] *m* <-s, -s> bisonte *m*

**biss** [bɪs] *3. imp von* **beißen**

**Biss** [bɪs] *m* <-es, -e> ① (*das Zubeißen*) mordisco *m* ② (*Bisswunde*) mordedura *f*

**bisschen** ['bɪsçən] *adj inv:* **ein ~** un poco, un poquito; **ein kleines ~** un poquitín; **ich habe kein ~ Zeit für dich** no tengo nada de tiempo para ti; **nicht ein ~ mehr** ni una pizca más; **es geht mir kein ~ besser** no me encuentro ni un poquito mejor; **das ist ein ~ wenig** es muy poco; **ach du liebes ~!** ¡ay, Dios mío!

**Bissen** ['bɪsən] *m* <-s, -> bocado *m*

**bissig** *adj* (*Hund*) mordedor; (*Bemerkung*) mordaz

**Bisswunde** *f* (*von einer Schlange*) mordedura *f;* (*von einem Hund*) mordisco *m*

**bist** [bɪst] *2. präs von* **sein**

**Bistum** ['bɪstu:m, *pl:* 'bɪsty:mɐ] *nt* <-s, Bistümer> obispado *m*

**bisweilen** [bɪsˈvaɪlən] *adv* de vez en cuando, a veces

**Bit** [bɪt] *nt* <-(s), -(s)> (INFOR) bit *m*

**bitte** *adv* por favor; ~ **sehr!**, ~ **schön!** (*anbietend*) ¡tome!; (*auf Dank*) ¡de nada!; **Entschuldigung! – ~!** ¡perdone! – ¡no ha sido nada!; (**wie**) ~**?** ¿cómo dice?; **ja, ~?** ¿diga?; ~ **nach Ihnen!** ¡por favor, Ud. primero!; **zahlen ~!** ¡por favor, la cuenta!; **na ~!** ¿lo ves?; ~**, wie du willst** bueno, como quieras

**Bitte** *f* <-n> ruego *m;* (*Ersuchen*) solicitud *f,* aplicación *f Am;* **auf ihre ~ hin** a su ruego; **ich habe eine große ~ an dich** quisiera pedirte un favor muy grande; **ich habe nur die eine ~, dass ...** quiero pedirte únicamente que... *+subj*

**bitten** [ˈbɪtən] <bittet, bat, gebeten> *vt* ① (*Wunsch äußern*) pedir, rogar; **er bat um Geduld/Verzeihung** pidió paciencia/disculpas; **es wird gebeten nicht zu rauchen** se ruega no fumar; **wenn ich ~ darf** si me permite; **er lässt sich nicht lange ~** no se hace de rogar; **ich muss doch sehr ~!** ¡pero por favor!; **darum möchte ich gebeten haben** (*geh*) eso se sobreentiende; **darf ich um Aufmerksamkeit ~** ruego que presten atención ② (*auffordern*) hacer pasar; (*als Gast*) invitar; **darf ich Sie in mein Büro ~?** ¿quiere pasar a mi despacho, por favor?; **ich lasse ~** que entre ③ (*anflehen*) suplicar

**bitter** [ˈbɪtɐ] *adj* ① (*Geschmack, Wahrheit, Klage*) amargo ② (*Kälte*) intenso, fuerte; (*Unrecht*) grande; **~e Armut** extremada pobreza; **es ist mir ~er Ernst** estoy hablando muy en serio; **sich** *dat* **~e Vorwürfe machen** hacerse vivos reproches; **etw ~ bereuen** arrepentirse amargamente de algo; **etw ~ nötig haben** estar necesitadísimo de algo

**bitterböse** [ˈ--ˈ--] *adj* furioso, muy enojado; **bitterernst** [ˈ--ˈ-] *adj* totalmente serio; **bitterkalt** [ˈ--ˈ-] *adj* friísimo, terriblemente frío

**Bitterkeit** *f ohne pl* ① (*Geschmack*) amargor *m* ② (*Verbitterung*) amargura *f*

**Bitter lemon** [ˈbɪtɐ ˈlɛmən] *nt* <- -(s), - -> bitter lemon *m*

**bitterlich** **I.** *adj* amargo; (*Beigeschmack*) amarguillo **II.** *adv:* ~ **weinen** llorar amargamente; (*Kind*) llorar a moco tendido

**Bitternis** *f* <-se> amargura *f*

**Bitterstoff** *m* substancia *f* amarga; **bittersüß** [ˈ--ˈ-] *adj* dulceamargo; (*süßsauer*) agridulce

**Bittschrift** *f* petición *f*

**Bittsteller(in)** *m(f)* <-s, -; -nen> peticionario, -a *m, f*

**Biwak** [ˈbiːvak] *nt* <-s, -s *o* -e> vivac *m*

**bizarr** [biˈtsar] *adj* (*seltsam*) raro; (*wunderlich*) extravagante, estrafalario

**Bizeps** [ˈbiːtsɛps] *m* <-(es), -e> bíceps *m inv*

**BKA** [beːkaːˈʔaː] *nt* <-, *ohne pl*> *Abk. von* **Bundeskriminalamt** Oficina *f* Federal de Investigación Criminal

**Blabla** [blaˈblaː] *nt* <-s, *ohne pl*> (*fam*) blablá *m*

**Blackout** [blɛkˈʔaʊt, ˈ--] *nt o m* <-(s), -s>, **Black-out** *nt o m* <-(s), -s> ① (MED: *Gedächtnislücke*) laguna *f;* (*Gedächtnisverlust*) pérdida *f* de memoria; **ein ~ haben** quedarse en blanco ② (*Stromausfall*) apagón *m*

**Blag** *nt* <-s, -en> (*fam abw*), **Blage** [ˈblaːgə] *f* <-n> (*fam abw*) mocoso, -a *m, f* (impertinente)

**blähen** [ˈblɛːən] **I.** *vt* hinchar **II.** *vr:* **sich ~** hincharse **III.** *vi* (MED) provocar gases

**Blähung** *f* <-en> flato *m,* gases *mpl fam*

**blamabel** [blaˈmaːbəl] *adj* vergonzoso

**Blamage** [blaˈmaːʒə] *f* <-n> plancha *f fam*

**blamieren*** **I.** *vt* poner en ridículo **II.** *vr:* **sich ~** hacer el ridículo

**blanchieren*** [blãˈʃiːrən] *vt* (GASTR) escaldar

**blank** [blaŋk] *adj* ① (*glänzend*) reluciente ② (*unbedeckt*) desnudo; **ich bin völlig ~** (*fam*) estoy sin blanca; **auf dem ~en Boden schlafen** dormir en el suelo raso ③ (*rein*) puro; **das ist ~er Unsinn** eso es un solemne disparate

**Blankoscheck** [ˈblaŋko-] *m* cheque *m* en blanco; **Blankovollmacht** *f* carta *f* blanca

**Blase** [ˈblaːzə] *f* <-n> ① (*Luft~*) burbuja *f* ② (*Haut~*) ampolla *f,* yuyo *m AmC* ③ (*Harn~*) vejiga *f*

**Blasebalg** *m* fuelle *m*

**blasen** [ˈblaːzən] <bläst, blies, geblasen> **I.** *vi* (*Wind*) soplar **II.** *vt* ① (*Glas*) soplar ② (MUS) tocar (un instrumento de viento) ③ (*fam*): **jdm was ~** (*jdm die Meinung sagen*) decirle cuatro verdades a alguien ④ (*vulg*): **jdm einen ~** mamársela a alguien

**Blasenentzündung** *f* (MED) cistitis *f inv;* **Blasenschwäche** *f* (MED) incontinencia *f* de orina; **Blasentee** *m* (MED) infusión *f* para la vejiga

**Bläser(in)** [ˈblɛːzɐ] *m(f)* <-s, -; -nen> músico, -a *m, f* (*que toca un instrumento de viento*)

**blasiert** [blaˈziːɐt] *adj* (*abw*) altanero, engreído

**Blasinstrument** [ˈblaːs-] *nt* instrumento *m* de viento; **Blaskapelle** *f* (MUS) orquesta *f* de instrumentos de viento; **Blasmusik** *f* *ohne pl* música *f* de instrumentos de viento

**Blasphemie** [blasfe'mi:] *f* <-n> blasfemia *f*

**Blasrohr** *nt* (*Waffe*) cerbatana *f;* (*Düse*) tobera *f*

**blass** [blas] *adj* pálido, niste *Nic;* (*weißlich*) blanquecino; ~ **werden** palidecer; **keinen ~en Schimmer von etw haben** (*fam*) no tener ni idea de algo

**Blässe** ['blɛsə] *f ohne pl* palidez *f*

**blässlich** *adj* paliducho

**bläst** [blɛ:st] *3. präs von* **blasen**

**Blatt** [blat, *pl:* 'blɛtɐ] *nt* <-(e)s, Blätter> ① (BOT) hoja *f;* **kein ~ vor den Mund nehmen** (*fam fig*) no tener pelos en la lengua ② (*Papier*) hoja *f;* (*Buchseite*) página *f;* (*Zeitung*) periódico *m;* (*Zeitschrift*) revista *f;* **lose Blätter** hojas sueltas; **das steht auf einem anderen ~** (*fam*) eso es harina de otro costal; **ein unbeschriebenes ~ sein** (*fam fig*) ser una persona sin antecedentes; **vom ~ spielen/singen** repentizar/cantar a primera vista ③ (*Spielkarten*) carta *f;* **ein gutes ~ (auf der Hand) haben** tener un buen juego ④ (*von einer Säge*) hoja *f* ⑤ (*an Ruder, Propeller*) pala *f;* **Blattader** *f* (BOT) vena *f* de las hojas

**Blättchen** ['blɛtçən] *nt* <-s, -> (*Zigarettenpapier*) papelillo *m*

**blättern** ['blɛtɐn] *vi* hojear; **in einem Buch ~** hojear un libro

**Blätterteig** *m* hojaldre *m,* hojuela *f Cuba, Guat*

**Blattfall** *m ohne pl* (ÖKOL) caída *f* de las hojas; **Blattgold** *nt* (KUNST) oro *m* batido, pan *m* de oro; **Blattgrün** *nt ohne pl* (BOT) clorofila *f;* **Blattlaus** *f* (ZOOL) pulgón *m;* **Blattpflanze** *f* (BOT) planta *f* de hojas; **Blattsalat** *m* (GASTR) lechuga *f;* **Blattstiel** *m* (BOT) pecíolo *m;* **Blattwerk** *nt ohne pl* (BOT) follaje *m*

**blau** [blaʊ] *adj* ① (*Farbe*) azul; (*Lippen*) amoratado; **~es Auge** ojo morado; **~er Fleck** moratón *m;* **du wirst noch dein ~es Wunder erleben** (*fam*) te vas a llevar la sorpresa de tu vida ② (*fam: betrunken*) borracho, jumo *Am*

**blauäugig** ['blaʊʔɔɪgɪç] *adj* ① (*mit blauen Augen*) de ojos azules ② (*leichtgläubig*) confiado

**Blaubeere** *f* arándano *m*

**Blaue** ['blaʊə] *nt* <-n> azul *m;* **das ~ vom Himmel versprechen** (*fam*) prometer el oro y el moro; **eine Fahrt ins ~ machen** (*fam*) hacer un viaje al azar; **ins ~ hinein reden** (*fam*) hablar sin ton ni son

**Blaufuchs** *m* (ZOOL) zorro *m* azul; **blaugrau** *adj* gris azulado; **blaugrün** *adj* verde azulado

**Blauhelm** *m* (*UNO-Soldat*) casco *m* azul

**Blaukraut** *nt ohne pl* (*südd, Österr: Rotkohl*) (col *f*) lombarda *f*

**bläulich** ['blɔɪlɪç] *adj* azulado

**Blaulicht** *nt* sirena *f;* **blau|machen** *vi* (*fam: Schule*) fumarse la clase; (*Arbeit*) no ir al trabajo; **Blaumann** *m* (*fam: Arbeitsanzug*) mono *m* azul; **Blaumeise** *f* (ZOOL) herrerillo *m;* **Blausäure** *f ohne pl* (CHEM) ácido *m* cianhídrico

**Blauschimmelkäse** *m* (GASTR) queso *m* azul

**blauschwarz** *adj* negro azulado; **Blauwal** *m* (ZOOL) ballena *f* azul

**Blazer** ['ble:zɐ, 'blɛɪzɐ] *m* <-s, -> blazer *m*

**Blech**[1] [blɛç] *nt* <-(e)s, *ohne pl*> (*fam: Unsinn*) disparates *mpl,* tontería *f*

**Blech**[2] *nt* <-(e)s, -e> ① (*Metallplatte*) chapa *f* de metal; (*Weiß~*) (hoja)lata *f* ② (*Back~*) bandeja *f* del horno

**Blechblasinstrument** *nt* instrumento *m* de metal; **Blechdose** *f* lata *f*

**blechen** ['blɛçən] *vi, vt* (*fam*) apoquinar

**blechern** ['blɛçɐn] *adj* ① (*Material*) de hojalata ② (*Klang*) metálico

**Blechlawine** *f* (*fam*) caravana *f;* **Blechschaden** *m* (AUTO) daños *mpl* de carrocería; **Blechtrommel** *f* tambor *m* de hojalata

**Blei** [blaɪ] *nt* <-(e)s, *ohne pl*> (CHEM) plomo *m;* **es liegt mir wie ~ im Magen** me ha caído como una piedra en el estómago; (*fig*) tengo un gran pesar sobre mí

**Bleibe** ['blaɪbə] *f* <-n> alojamiento *m*

**bleiben** ['blaɪbən] <bleibt, blieb, geblieben> *vi sein* ① (*nicht weggehen*) quedarse; **~ Sie am Apparat!** ¡no cuelgue!; **hängen ~** (*an einem Ort*) quedarse; (*Wissen*) quedar en la memoria; (*Schüler*) suspender; **an etw hängen ~** (*kleben*) pegarse en algo; (*sich verhaken*) engancharse en algo; **wo bleibt er nur so lange?** ¿dónde se ha metido todo este rato?; **das bleibt unter uns!** ¡esto queda entre nosotros!; **sieh zu, wo du bleibst!** ¡apáñatelas como puedas! ② (*nicht ändern*) mantener(se); (*beharren*) perseverar; **gleich ~** no cambiar; **gleich ~d** constante; (*beständig*) permanente; **er bleibt bei seiner Behauptung, dass ...** mantiene su afirmación de que...; **es bleibt dabei** no hay cambios; **hier ist alles beim Alten geblieben** aquí sigue todo como antes; **die Frage blieb unbeantwortet** la pregunta quedó sin respuesta; **er ist derselbe geblieben** no ha cambiado; **er ist und bleibt ein Ganove** ha sido y es un bandido; **am Leben** ~ quedar con vida; **liegen** ~ (*Person*) quedarse tumbado; (*nicht verkauft werden*) no venderse; (*Auto*) quedar tirado; (*Arbeit*) quedar sin hacer; **offen** ~ (*Tür, Fenster*) quedar abierto; (*Frage*) quedar pendiente; ~ **Sie doch sitzen!** ¡quédese sentado!; **stehen** ~ quedarse de pie; (*anhalten*) detenerse; **stecken** ~ (*festsitzen*) quedar fijo; (*im Schlamm*) quedar atascado; (*fam: beim Sprechen*) atascarse ❸ (*anhalten*) seguir, continuar; **das bleibt abzuwarten** hay que esperar; **es bleibt mir nichts weiter zu tun, als ...** no me queda otro remedio que...

**bleibend** *adj* duradero, persistente; **von** ~**em Wert** de valor duradero

**Bleiberecht** *nt ohne pl* (POL) derecho *m* de permanencia

**bleich** [blaɪç] *adj* pálido

**bleichen** I. *vt* (*Wäsche*) blanquear; (*entfärben*) desteñir; (*Haare*) oxigenar II. *vi* (*seine Farbe verlieren*) desteñirse

**Bleichgesicht** *nt* (*fam: blasser Mensch*) persona *f* pálida; (*Weißer*) rostro *m* pálido; **Bleichmittel** *nt* descolorante *m*

**bleiern** ['blaɪɐn] *adj* ❶ (*Material*) de plomo ❷ (*Langeweile*) pesado ❸ (*geh: bleifarben*) plomizo

**bleifrei** *adj* sin plomo; **Super** ~ gasolina super sin plomo

**bleihaltig** *adj* plomífero

**Bleikristall** *nt ohne pl* cristal *m* de Bohemia; **bleischwer** *adj* pesado como el plomo

**Bleistift** *m* lápiz *m*; **Bleistiftspitzer** *m* afilalápices *m inv*; **Bleistiftzeichnung** *f* dibujo *m* a lápiz

**Blende** ['blɛndə] *f* <-n> ❶ (*Lichtschutz*) pantalla *f* ❷ (FOTO) diafragma *m* ❸ (*an Fassaden: Tür*) puerta *f* ciega; (*Fenster*) ventana *f* ciega; (*an Kleidung*) tira *f* de tela (de adorno)

**blenden** ['blɛndən] I. *vi* (*Licht, Sonne*) cegar II. *vt* ❶ (*beeindrucken*) impresionar, deslumbrar ❷ (*blind machen*) cegar

**blendend** *adj* ❶ (*großartig*) estupendo; **sich** ~ **amüsieren/unterhalten** entretenerse/divertirse estupendamente ❷ (*strahlend*) deslumbrante, cegador; ~ **weiß** blanco deslumbrante

**Blender(in)** *m(f)* <-s, -; -, -nen> efectista *mf*

**Blendung** *f* <-en> deslumbramiento *m*

**Blesse** ['blɛsə] *f* <-n> estrella *f*, lucero *m*

**Blessur** [blɛ'suːɐ] *f* <-en> (*geh*) herida *f*

**Blick**[1] [blɪk] *m* <-(e)s, -e> (*Hinsehen, Ausdruck*) mirada *f*; (*kurz*) vistazo *m*; **alles auf einen** ~ todo de una sola mirada; **einen** ~ **auf etw werfen** echar un vistazo a algo; **einen guten** ~ **für etw haben** tener buen ojo para algo; **keinen** ~ **für etw haben** no entender de algo; **auf den ersten** ~ a primera vista; **jdn keines** ~**es würdigen** hacer caso omiso de alguien; **sie erwiderte seine** ~**e** le devolvió la mirada

**Blick**[2] *m* <-(e)s, *ohne pl*> (*Aussicht*) vista *f*, panorama *m*; **mit** ~ **auf den Dom** con vistas a la catedral

**blicken** ['blɪkən] *vi* mirar; **weit** ~**d** previsor; (*scharfsinnig*) clarividente; **sich** ~ **lassen** aparecer

**Blickfang** *m* <-(e)s, -fänge> centro *m* de atención; **Blickfeld** *nt* campo *m* visual; **Blickkontakt** *m* contacto *m* visual; **Blickpunkt** *m* centro *m* de interés; (*Gesichtspunkt*) punto *m* de vista; **Blickrichtung** *f* ❶ (*des Blicks*) dirección *f*; **in** ~ **(nach) Süden** en dirección sur ❷ (*Aspekt*) perspectiva *f*; **die** ~ **wechseln** cambiar de perspectiva; **Blickwinkel** *m* punto *m* de vista

**blieb** [bliːp] *3. imp von* **bleiben**

**blies** [bliːs] *3. imp von* **blasen**

**blind** [blɪnt] *adj* ❶ (*a. fig: ohne Sehvermögen*) ciego; ~ **werden** perder la vista; **auf einem Auge** ~ tuerto; ~**er Gehorsam** obediencia ciega; **jdm** ~ **vertrauen** confiar en alguien ciegamente; ~ **vor Wut** ciego de ira; ~ **vor Eifersucht/Hass** cegado por los celos/el odio ❷ (*maßlos*) desmedido, sin límites ❸ (*Spiegel*) empañado

**Blindbewerbung** *f* solicitud *f* enviada a ciegas; **Blinddarm** *m* (ANAT) apéndice *m*; **Blinddarmentzündung** *f* apendicitis *f inv*

**Blind Date** [blaɪnt dɛɪt] *nt* <- -(s), - -s> cita *f* a ciegas

**Blinde(r)** *mf* <-n, -n; -n> ciego, -a *m, f*

**Blindekuh** ['---] *f ohne pl*: ~ **spielen** jugar a la gallina ciega

**Blindenhund** *m* (perro *m*) lazarillo *m*; **Blindenschrift** *f ohne pl* (alfabeto *m*) Braille *m*

**Blindflug** *m* vuelo *m* sin visibilidad; **Blindgänger** ['blɪntgɛŋɐ] *m* <-s, -> ❶ (*Geschoss*) proyectil *m* sin estallar ❷ (*fam: Versager*) fracasado *m*

**blindgläubig** I. *adj* llevado por una fe ciega II. *adv* con fe ciega; ~ **führten sie seine Befehle aus** ejecutaron sus órdenes con una fe ciega

**Blindheit** *f ohne pl* ceguera *f*; **mit** ~ **geschlagen sein** tener una venda en los ojos

**blindlings** ['blɪntlɪŋs] *adv* (*unvorsichtig*) sin precaución; (*unüberlegt*) a ciegas; (*ins Ungewisse*) al azar

**Blindschleiche** ['blɪntʃlaɪçə] *f* <-n> lución *m*

**blindwütig** *adj* rabioso

**blinken** ['blɪŋkən] *vi* ① (*funkeln*) fulgurar; (*Stern*) centellear ② (*Blinkzeichen geben*) destellar ③ (AUTO) poner el intermitente

**Blinker** *m* <-s, -> (AUTO) intermitente *m*; (*zum Angeln*) cebo *m* metálico destellante

**Blinklicht** *nt* (luz *f*) intermitente *m*; **Blinkzeichen** *nt* señal *f* (luminosa) intermitente; ~ **geben** dar el intermitente

**blinzeln** ['blɪntsəln] *vi* parpadear

**Blitz** [blɪts] *m* <-es, -e> ① (PHYS, METEO) rayo *m*; (*zwischen Wolken*) relámpago *m*; **die Nachricht schlug wie ein ~ ein** (*fam fig*) la noticia cayó como un rayo; **wie vom ~ getroffen** (*fam fig*) como tocado por el rayo ② (FOTO) flash *m*; **Blitzableiter** *m* pararrayos *m inv*; **Blitzaktion** *f* acción *f* relámpago

**blitzartig** *adj* fulminante

**blitzblank** ['-'-] *adj* reluciente, resplandeciente

**blitzen** *vi* ① (*strahlen*) brillar, relucir ② (*beim Gewitter*) relampaguear; **es blitzt und donnert** hay truenos y relámpagos

**Blitzesschnelle** *f ohne pl* rapidez *f* del rayo; **in/mit ~** como un rayo

**Blitzgerät** *nt* (FOTO) flash *m*

**blitzgescheit** *adj* (*fam*) agudo

**Blitzlicht** *nt* (FOTO) flash *m*

**blitzsauber** ['-'--] *adj* (*fam*) limpio como una patena

**Blitzschlag** *m* rayo *m*

**blitzschnell** ['-'-] *adj* (*fam*) (rápido) como un rayo

**Blizzard** ['blɪzɐt] *m* <-s, -s> ventisca *f*

**Block¹** [blɔk, *pl:* blœkə] *m* <-(e)s, Blöcke> ① (*Stein*) bloque *m* ② (POL) bloque *m*

**Block²** *m* <-(e)s, -s *o* Blöcke> ① (*Häuser~*) manzana *f*, bloque *m* ② (*Schreib~*) bloc *m*

**Blockade** [blɔ'ka:də] *f* <-n> bloqueo *m*

**blocken** *vi, vt* (SPORT) blocar

**Blockflöte** *f* flauta *f* dulce

**Blockfreiheit** *f ohne pl* (POL) no alineación *f*

**Blockhütte** *f* cabaña *f* de madera

**blockieren*** [blɔ'ki:rən] **I.** *vi* (*Räder, Bremsen*) bloquear **II.** *vt* (*Zugang, Verkehr*) cerrar, bloquear

**Blocksatz** *m ohne pl* (TYPO) composición *f* en forma de bloque; **Blockschrift** *f ohne pl* letra *f* de imprenta

**blöd(e)** *adj* (*fam*) ① (*dumm*) tonto, apantallado *Mex* ② (*unangenehm*) fastidioso; **lass dich nicht ~ anmachen!** (*fam*) ¡no te dejes enrollar mal!

**Blödelei¹** *f* <-en> (*fam: Bemerkung*) sandez *f*, chorrada *f*

**Blödelei²** *f ohne pl* (*fam: das Blödeln*) hacer el chorra *m*; **lass endlich diese ~!** ¡deja de hacer el chorra de una vez!

**blödeln** ['blø:dəln] *vi* hacer el tonto

**blöderweise** ['blø:dɐ'vaɪzə] *adj* desgraciadamente

**Blödheit** *f* <-en> estupidez *f*, tontería *f*

**Blödian** ['blø:dia:n] *m* <-s, -e> (*fam*) tonto *m* perdido

**Blödmann** *m* imbécil *m*; (*Schimpfwort*) gilipollas *m inv*; **Blödsinn** *m* <-(e)s, *ohne pl*> (*fam*) disparate *m*, tontería *f*, pavada *f CSur*; **mach keinen ~!** ¡no hagas tonterías!

**blödsinnig** *adj* ① (*schwachsinnig*) imbécil ② (*fam: blöd*) idiota

**blöken** ['blø:kən] *vi* balar

**blond** [blɔnt] *adj* rubio

**blondieren*** *vt* teñir de rubio

**Blondine** [blɔn'di:nə] *f* <-n> rubia *f*

**bloß** [blo:s] **I.** *adj* ① (*unbedeckt*) descubierto; (*nackt*) desnudo ② (*nichts als*) puro, mero; **mit ~em Auge** a simple vista; **der ~e Gedanke macht mich nervös** sólo pensar en ello, me pone nervioso; **aus ~er Neugier** por pura curiosidad **II.** *adv* (*fam: nur*) únicamente, sólo; **lass das ~!** ¡no se te ocurra meterte en eso!; **was hast du ~?** ¿pero qué te pasa?; **sag ~!** ¡no me digas!

**Blöße** ['blø:sə] *f* <-n> ① (*geh: Nacktheit*) desnudez *f* ② (*Schwachstelle*) punto *m* débil; **sich eine ~ geben** mostrar su punto débil

**bloß|legen** *vt* descubrir; (*enthüllen*) sacar a la luz; **bloß|stellen** **I.** *vt* (*Person*) desenmascarar, zarandear *Am* **II.** *vr:* **sich ~** exponerse

**blubbern** ['blʊbɐn] *vi* (*fam*) burbujear

**Bluejeans** *fpl*, **Blue Jeans** ['blu:'dʒi:ns] *fpl* vaquero(s) *m(pl)*, tejano(s) *m(pl)*

**Blues** [blu:s] *m* <-, -> (MUS) blues *m inv*

**Bluff** [blʊf] *m* <-s, -s> (*abw*) fanfarronada *f*, bolazo *m RíoPl*

**bluffen** ['blʊfən, 'blœfən] *vi* (*abw*) fanfarronear, blofear *AmC, Mex*

**blühen** ['bly:ən] *vi* ① (*Pflanzen*) florecer, florear *Am* ② (*Geschäft*) prosperar, florear *Am* ③ (*fam: bevorstehen*) suceder; **das kann mir auch noch ~** esto también me puede suceder a mí

**blühend** ['bly:ənt] *adj* ① (*Pflanze, Sprache*) florido; (*Frau*) fresco; (*Gesichtsfarbe*) saludable ❷ (*Geschäft, Stadt*) próspero; (*Fantasie*) exuberante; **sie starb im ~en Alter** murió en la flor de la vida

**Blume** ['blu:mə] *f* <-n> ❶ (BOT) flor *f*; **~n planzen/pflücken/säen** plantar/coger/sembrar flores; **er hat es ihr durch die ~ gesagt** le soltó una indirecta ❷ (*von Wein*) bouquet *m*, aroma *m* ❸ (*auf Bier*) espuma *f*; **Blumenbeet** *nt* arriate *m*, macizo *m* de flores; **Blumenerde** *f* tierra *f* para plantas; **Blumenkasten** *m* jardinera *f*, macetero *m Am;* **Blumenkohl** *m* coliflor *f*; **Blumenladen** *m* floristería *f*; **Blumenstrauß** *m* ramo *m* de flores, maceta *f Chil;* **Blumentopf** *m* maceta *f*, tiesto *m;* **Blumenvase** *f* florero *m;* **Blumenzwiebel** *f* bulbo *m*

**blumig** ['blu:mɪç] *adj* ❶ (*Wein*) con bouquet ❷ (*Stil*) florido; (*abw*) amanerado

**Bluse** ['blu:zə] *f* <-n> blusa *f*

**Blut** [blu:t] *nt* <-(e)s, *ohne pl*> sangre *f*; **blaues ~ haben** tener sangre azul; **jdm ~ abnehmen** sacar sangre a alguien; **ruhig ~ bewahren** guardar la sangre fría; **~ vergießen** derramar sangre; **jdn bis aufs ~ reizen** (*fam*) pudrirle [*o* quemarle] la sangre a alguien; **etw liegt jdm im ~** alguien lleva algo en la sangre; **~ und Wasser schwitzen** (*fam*) sudar la gota gorda; **jdm gefriert das ~ in den Adern** (*fig*) a alguien se le hiela la sangre en las venas; **er hat ~ geleckt** (*fam*) ha tomado gusto; **Blutabnahme** *f* extracción *f* de sangre; **Blutalkoholspiegel** *m* (MED) prueba *f* de alcoholemia; **blutarm** *adj* (MED) anémico; **Blutarmut** *f* (MED) anemia *f*; **Blutbad** *nt* derramamiento *m* de sangre; **Blutbahn** *f* (ANAT) sistema *m* circulatorio; (*Adern*) vasos *mpl* sanguíneos; **Blutbank** *f* (MED) banco *m* de sangre; **Blutbild** *nt* (MED) cuadro *m* sanguíneo; **Blutbildung** *f* (MED) formación *f* de sangre; **Blutblase** *f* ampolla *f* sanguinolenta

**Blutdruck** *m ohne pl* (MED) tensión *f* arterial; **hohen/niedrigen ~ haben** tener la tensión alta/baja; **den ~ messen** tomar la tensión; **Blutdruckmessgerät** *nt* (MED) esfigmomanómetro *m*

**Blüte**[1] ['bly:tə] *f* <-n> ❶ (BOT) flor *f* ❷ (*fam: Banknote*) billete *m* falso

**Blüte**[2] *f ohne pl* ❶ (*das Blühen*) floración *f*; **in voller ~ stehen** estar en plena floración ❷ (*Wohlstand*) prosperidad *f*, florecimiento *m* ❸ (*Höhepunkt*) florecimiento *m*, apogeo *m*

**Blutegel** ['blu:tʔe:gəl] *m* sanguijuela *f*

**bluten** ['blu:tən] *vi* sangrar; **mir blutet das Herz** (*fig*) se me rompe el corazón

**Blütenblatt** *nt* (BOT) pétalo *m;* **Blütenkelch** *m* (BOT) cáliz *m;* **Blütenstaub** *m* (BOT) polen *m*

**Blutentnahme** *f* (MED) extracción *f* de sangre

**blütenweiß** *adj* blanquísimo

**Bluter(in)** ['blu:tɐ] *m(f)* <-s, -; -nen> (MED) hemofílico, -a *m, f*

**Bluterguss** ['blu:tʔɛɐgʊs] *m* (MED) derrame *m* sanguíneo

**Bluterin** *f* <-nen> *s.* **Bluter**

**Bluterkrankheit** ['blu:tɐ-] *f* (MED) hemofilia *f*

**Blütezeit** *f* floración *f*; (*fig*) apogeo *m*

**Blutfaktor** *m* (MED) factor *m* sanguíneo; **Blutfleck** *m* mancha *f* de sangre; **Blutgefäß** *nt* (ANAT) vaso *m* sanguíneo; **Blutgerinnsel** *nt* (MED) coágulo *m* de sangre; **Blutgerinnung** *f* (MED) coagulación *f* de la sangre; **Blutgruppe** *f* (MED) grupo *m* sanguíneo; **Bluthochdruck** *m* (MED) hipertensión *f* arterial; **Bluthund** *m* perro *m* de presa

**blutig** *adj* ❶ (*blutbefleckt*) ensangrentado ❷ (*Kampf*) sangriento ❸ (*verstärkend*) muy, mucho; **ein ~er Anfänger** un novato

**blutjung** ['-'-] *adj* muy joven

**Blutkonserve** *f* (MED) conserva *f* de sangre; **Blutkörperchen** ['blu:tkœrpɐçən] *nt* <-s, -> (MED) glóbulo *m* de sangre, hematocito *m;* **Blutkrebs** *m* (MED) leucemia *f*; **Blutkreislauf** *m* (MED) circulación *f* sanguínea; **Blutlache** *f* charco *m* de sangre; **blutleer** *adj* exangüe, desangrado; **Blutorange** *f* sanguina *f*; **Blutplasma** *nt* (MED) plasma *m* sanguíneo; **Blutplättchen** ['blu:tplɛtçən] *nt* <-s, -> (MED) trombocito *m;* **Blutprobe** *f* (MED) prueba *f* de sangre; **Blutrache** *f* vendetta *f*; **blutrot** ['-'-] *adj* rojo vivo

**blutrünstig** ['blu:trʏnstɪç] *adj* sangriento

**Blutsauger** *m* ❶ (*Tier*) sanguijuela *f* ❷ (*abw: Mensch*) sanguijuela *f*, vampiro *m*

**Blutsbruder** *m* amigo *m* íntimo (*con el que la amistad se selló con sangre*); **Blutsbrüderschaft** *f* hermandad *f* de sangre; **~ schließen** sellar la hermandad con sangre

**Blutschande** *f* incesto *m;* **Blutspende** *f* (MED) donación *f* de sangre; **Blutspender(in)** *m(f)* donante *mf* de sangre; **Blutspur** *f* huella *f* de sangre

**blutstillend** *adj* hemostático

**Blutstropfen** *m* (MED) gota *f* de sangre; **blutsverwandt** *adj* consanguíneo; **Blutsverwandte(r)** *mf* pariente *mf* consanguíneo, -a; **Blutsverwandtschaft** *f* parentesco *m* por consanguinidad

**Bluttat** ['blu:tta:t] *f* acto *m* cruento; (*Mord*) asesinato *m;* **Bluttest** *m* análisis *m inv* de sangre; **Bluttransfusion** *f* (MED) transfusión *f* de sangre; **blutüberströmt** ['blu:ty:bɐ(')strø:mt] *adj* bañado en sangre

**Blutung** *f* <-en> hemorragia *f;* **die monatliche ~** la menstruación

**blutunterlaufen** ['blu:tʊntɐ(')laʊfən] *adj* inyectado en sangre; **Blutuntersuchung** *f* (MED) análisis *m inv* de sangre; **Blutvergießen** *nt* <-s, *ohne pl*> (*geh*) derramamiento *m* de sangre; **Blutvergiftung** *f* (MED) intoxicación *f* de la sangre; **Blutverlust** *m* (MED) pérdida *f* de sangre; **Blutwäsche** *f* (MED) depuración *f* de la sangre; **Blutwurst** *f* (GASTR) morcilla *f;* **Blutzuckerspiegel** *m* (MED) nivel *m* de azúcar en la sangre; **einen hohen ~ haben** tener el azúcar muy alto

**Blutzuckerwert** *m* (MED) nivel *m* de azúcar en la sangre

**BLZ** [be:ʔɛl'tsɛt] (FIN) *Abk. von* **Bankleitzahl** código *m* de identificación bancaria

**b-Moll** *nt* <-s, *ohne pl*> (MUS) si *m* bemol menor

**Bö** [bø:] *f* <-en> racha *f*

**Boa** ['bo:a] *f* <-s> (*a.* ZOOL) boa *f*

**Bob** [bɔp] *m* <-s, -s> bob(sleigh) *m*

**Bock** [bɔk, *pl:* 'bœkə] *m* <-(e)s, Böcke> ① (ZOOL) macho *m;* (*Ziegen~*) macho *m* cabrío; **einen ~ schießen** (*fig*) meter la pata ② (*fam: Mensch*) tío *m,* tipo *m;* **er ist ein sturer ~** es un tío tozudo ③ (*fam: Lust*) gana(s) *f(pl)* (*auf* de) ④ (SPORT) potro *m* ⑤ (*Gestell*) caballete *m* ⑥ (*Hebe~*) cabria *f;* (AUTO) gato *m* ⑦ (*Kutsch~*) pescante *m*

**Bockbier** *nt* cerveza *f* fuerte

**bocken** *vi* ① (*Kind, Tier*) ponerse terco ② (*Motor*) andar a trancas y barrancas

**bockig** *adj* tozudo, cabezota

**Bockmist** *m* (*fam*) chorradas *fpl;* **~ machen** (*Unsinn machen*) hacer tonterías; (*etw verbocken*) joder el invento *vulg*

**Bockshorn** ['bɔkshɔrn] *nt ohne pl* (*fam*): **jdn ins ~ jagen** intimidar a alguien

**Bockspringen** *nt* <-s, *ohne pl*> (SPORT) salto *m* de potro

**Bockwurst** *f* salchicha *f* cocida

**Boden** ['bo:dən, *pl:* 'bø:dən] *m* <-s, Böden> ① (*Erd~*) tierra *f;* (*Fuß~*) suelo *m;* (*Gelände*) terreno *m;* **auf italienischem ~** en territorio italiano; **zu ~ fallen** caer al suelo; **an ~ gewinnen** ganar terreno; **(wieder) festen ~ unter den Füßen haben** (*fig*) (volver a) tener el porvenir asegurado; **den ~ unter den Füßen verlieren** perder pie; **jdm den ~ unter den Füßen wegziehen** privar a alguien de su base existencial; **am ~ zerstört sein** estar con el ánimo por los suelos ② (*von Gefäß, Meer*) fondo *m* ③ (*Dach~*) desván *m;* (*Dachwohnung*) ático *m* ④ (*Grundlage*) base *f,* fundamento *m;* **auf dem ~ der Tatsachen stehen** estar con los pies en el suelo ⑤ (*eines Regals*) balda *f;* **Bodenbelag** *m* pavimento *m;* **Bodenbelastung** *f* contaminación *f* del suelo; **Bodenerosion** *f* (ÖKOL) erosión *f* del suelo; **Bodenfrost** *m* helada *f* del suelo; **Bodenhaftung** *f* (AUTO) adherencia *f* de las ruedas al suelo

**bodenlos** *adj* ① (*tief*) sin fondo ② (*fam: unerhört*) increíble; **eine ~e Frechheit** una desfachatez sin nombre; **Bodennebel** *m* neblina *f;* **Bodenpersonal** *nt* (AERO) personal *m* de tierra; **Bodenprobe** *f* (AGR, ÖKOL) prueba *f* del suelo; **Bodenreform** *f* (JUR) reforma *f* agraria; **Bodensatz** *m* poso *m,* sedimento *m;* **Bodenschätze** *mpl* riquezas *fpl* naturales

**Bodensee** *m* <-s> lago *m* de Constanza

**bodenständig** *adj* arraigado

**Bodenstation** *f* (TEL) estación *f* de tierra; **Bodenstreitkräfte** *fpl* (MIL) infantería *f;* **Bodenturnen** *nt* <-s, *ohne pl*> (SPORT) gimnasia *f* de suelo; **Bodenuntersuchung** *f* (AGR, ÖKOL) examinación *f* de la composición del suelo

**Body** ['bɔdi] *m* <-s, -s> (*Kleidungsstück*) body *m;* **Bodybuilding** ['bɔdibɪldɪŋ] *nt* <-s, *ohne pl*> bodybuilding *m,* culturismo *m*

**Böe** ['bø:ə] *f* <-n> ráfaga *f,* racha *f*

**bog** [bo:k] *3. imp von* **biegen**

**Bogen** ['bo:gən, *pl:* 'bø:gən] *m* <-s, - *südd, Österr:* Bögen> ① (*Kurve*) curva *f;* **einen großen ~ um jdn/etw machen** (*fam*) evitar a alguien/algo; **er hat den ~ raus** (*fam*) ya sabe por dónde van los tiros; **jdn in hohem ~ hinauswerfen** (*fam*) mandar a alguien a freír espárragos ② (*Sportgerät*) arco *m;* **den ~ überspannen** (*fam*) ir demasiado lejos ③ (ARCHIT, MUS, MATH) arco *m* ④ (*Blatt Papier*) hoja *f,* pliego *m*

**bogenförmig** ['bo:gənfœrmɪç] *adj* arqueado

**Bogengang** *m* (ARCHIT) arcada *f;* **Bogenschießen** *nt ohne pl* (SPORT) tiro *m* de arco; **Bogenschütze, -in** *m, f* (SPORT) arquero, -a *m, f*

**Böhmen** ['bø:mən] *nt* <-s> Bohemia *f*

**böhmisch** ['bø:mɪʃ] *adj* bohemio; **das sind ~e Dörfer für mich** (*fam*) esto me suena

B

a chino

**Bohne** ['bo:nə] *f* <-n> ① (BOT) judía *f,* poroto *m AmS;* **grüne ~n** judías verdes, ejotes *mpl AmC* ② (*Kaffee~*) grano *m* de café; **nicht die ~!** (*fam*) ¡ni pizca!; **Bohnenkaffee** *m* café *m* en grano; **Bohnenstange** *f* rodrigón *m;* **Bohnensuppe** *f* sopa *f* de alubias

**bohnern** ['bo:nɐn] *vi, vt* encerar

**Bohnerwachs** *nt* cera *f* para el piso

**bohren** ['bo:rən] **I.** *vt* ① (*Loch*) perforar, hacer; (*Brunnen*) (ex)cavar; **ein Loch ~** hacer un agujero ② (*mit Bohrer in Material*) taladrar, barrenar; **in der Nase ~** meterse el dedo en la nariz; **~de Zweifel** dudas atormentadoras **II.** *vi* ① (*fam: fragen*) insistir ② (*Öl, Wasser*) buscar (*nach*) ③ (*Zahnarzt*) taladrar **III.** *vr:* **sich in etw ~** penetrar en algo

**bohrend** *adj:* **ein ~er Schmerz** un dolor lacerante; **~e Zweifel** dudas atormentadoras

**Bohrer** *m* <-s, -> taladro *m,* barrena *f*

**Bohrinsel** ['bo:ɐʔɪnzəl] *f* plataforma *f* de sondeo; **Bohrloch** *nt* agujero *m* de perforación; (*für Erdöl*) pozo *m* de sondeo; **Bohrmaschine** *f* taladradora *f;* **Bohrturm** *m* castillete *m* de sondeo

**Bohrung** *f* <-en> ① (*das Bohren*) perforación *f* ② (*Bohrloch*) agujero *m* de perforación

**böig** ['bø:ɪç] *adj* racheado

**Boiler** ['bɔɪlɐ] *m* <-s, -> calentador *m* (de agua), calefón *m Arg*

**Boje** ['bo:jə] *f* <-n> (NAUT) boya *f*

**Bolero** [bo'le:ro] *m* <-s, -s> ① (*Tanz*) bolero *m* ② (*Jäckchen*) torera *f*

**Bolivianer(in)** [boli'vja:nɐ] *m(f)* <-s, -; -nen> boliviano, -a *m, f*

**bolivianisch** *adj* boliviano

**Bolivien** [bo'li:viən] *nt* <-s> Bolivia *f*

**Böller** *m* <-s, -> (*fam*) petardo *m*

**Bollwerk** ['bɔlvɛrk] *nt* <-(e)s, -e> ① (NAUT) muelle *m* ② (*fig: Festung*) baluarte *m*

**Bolschewismus** [bɔlʃe'vɪsmʊs] *m* <-, *ohne pl*> bolchevismo *m*

**bolschewistisch** *adj* bolchevique

**Bolzen** ['bɔltsən] *m* <-s, -> perno *m,* clavija *f*

**Bombardement** [bɔmbardə'mã:] *nt* <-s, -s *Schweiz:* -e> (MIL) bombardeo *m*

**bombardieren*** [bɔmbar'di:rən] *vt* ① (MIL) bombardear ② (*fam: überhäufen*) acribillar (*mit* a)

**Bombardierung** *f* <-en> ① (MIL) bombardeo *m;* **die Stadt hielt der schweren ~ stand** la ciudad resistió el intenso bombardeo ② (*fam: Überhäufung*) bombardeo *m* (*mit* de); **eine ~ mit Fragen/Vorwürfen** un bombardeo de preguntas/de reproches

**bombastisch** [bɔm'bastɪʃ] *adj* (*abw*) rimbombante

**Bombe** ['bɔmbə] *f* <-n> bomba *f;* **eine ~ legen** poner una bomba; **Bombenangriff** *m* (MIL) bombardeo *m;* **Bombenanschlag** *m* (MIL) atentado *m* con bomba(s); **Bombenattentat** *nt* atentado *m* con bomba; **Bombendrohung** *f* amenaza *f* de bomba; **die Polizei erhielt telefonisch eine ~** la policía recibió una amenaza telefónica de bomba; **Bombenerfolg** ['---'-] *m* (*fam*) éxito *m* rotundo; **Bombengeschäft** ['---'-] *nt* (*fam*) negocio *m* redondo; **bombensicher** ['--'--] *adj* ① (TECH) a prueba de bomba; (*fig*) infalible ② (*fam*) totalmente seguro; **Bombenstimmung** ['--'--] *f ohne pl* (*fam*) ambiente *m* fantástico

**Bomber** ['bɔmbɐ] *m* <-s, -> (MIL) bombardero *m*

**bombig** *adj* (*fam*) fantástico, magnífico

**Bon** [bɔŋ, bõ:] *m* <-s, -s> ① (*Gutschein*) vale *m* ② (*Kassenzettel*) tiquet *m*

**Bonbon** [bɔŋ'bɔŋ, bõ'bõ:] *m o nt* <-s, -s> caramelo *m*

**Bongo** *nt* <-(s), -s>, *f* <-s> bongó *m*

**Boni** *pl von* **Bonus**

**Bonn** [bɔn] *nt* <-s> Bonn *m*

**Bonner(in)** *m(f)* <-s, -; -nen> habitante *mf* de Bonn

**Bonsai** ['bɔnzaɪ] *m* <-(s), -s> bonsai *m*

**Bonus** ['bo:nʊs] *m* <- *o* Bonusses, - *o* Bonusse *o* Boni> (COM) gratificación *f*

**Bonze** ['bɔntsə] *m* <-n, -n> (*abw*) cacique *m*

**Boom** [bu:m] *m* <-s, -s> boom *m*

**boomen** ['bu:mən] *vi* (WIRTSCH: *fam: Geschäft*) prosperar; (*Literatur, Mode*) experimentar un auge

**Boot** [bo:t] *nt* <-(e)s, -e> barca *f;* **wir sitzen alle im gleichen ~** (*fam*) todos tiramos de una cuerda; **Bootsfahrt** *f* viaje *m* en barca; **Bootsflüchtling** *m* balsero, -a *m, f;* **Bootshaus** *nt* casa *f* guardabotes; **Bootsmann** *m* <-(e)s, -leute> (NAUT) contramaestre *m;* **Bootsverleih** *m* alquiler *m* de barcas

**Bor** [bo:ɐ] *nt* <-s, *ohne pl*> (CHEM) boro *m*

**Bord¹** [bɔrt] *m* <-(e)s, *ohne pl*> (NAUT) borda *f;* (*äußerlich*) bordo *m;* **an ~** a bordo; **alle Mann an ~!** ¡todos a bordo!; **über ~ gehen** caer por la borda; **von ~ gehen** desembarcar; **an ~ gehen** embarcarse; **alle Bedenken über ~ werfen** olvidarse de todas las dudas

**Bord²** *nt* <-(e)s, -e> ① (*Wandbrett*)

estante *m* ❷ (*Schweiz: Rand, Böschung*) borde *m*

**Bordbuch** *nt* libro *m* de a bordo; **Bordcomputer** *m* ordenador *m* de a bordo

**Bordell** [bɔrˈdɛl] *nt* <-s, -e> burdel *m*

**Bordkarte** *f* (AERO) tarjeta *f* de embarque; **Bordpersonal** *nt* (AERO) tripulación *f*

**Bordstein** *m* bordillo *m*, cordón *m* *CSur*; **Bordsteinkante** *f* bordillo *m*

**Bordüre** [bɔrˈdyːrə] *f* <-n> (*Stoff*) ribete *m*

**borgen** [ˈbɔrgən] *vt* ❶ (*ausleihen*) tomar prestado ❷ (*verleihen*) prestar

**Borke** [ˈbɔrkə] *f* <-n> (*nordd*) ❶ (*Rinde*) corteza *f* ❷ (*Kruste einer Wunde*) costra *f*; **Borkenkäfer** *m* escarabajo *m* de la corteza

**borniert** [bɔrˈniːɐt] *adj* (*abw*) estrecho de miras

**Börse** [ˈbœrzə] *f* <-n> (FIN) bolsa *f*; **Börsenbericht** *m* (FIN) informe *m* bursátil; **Börsengang** *m* cotización *f* en bolsa; **Börsenkrach** *m* (FIN) caída *f* de la bolsa; **Börsenkurs** *m* (FIN) cotización *f* bursátil; **Börsenmakler(in)** *m(f)* corredor(a) *m(f)* de bolsa

**börsennotiert** *adj* (FIN: *Firma*) que cotiza en bolsa

**Börsenspekulant(in)** *m(f)* (FIN) especulador(a) *m(f)* de bolsa; **Börsenstart** *m* (FIN) inicio *m* de la cotización bursátil

**Börsianer(in)** [bœrˈzjaːnɐ] *m(f)* <-s, -; -nen> (*fam*) bolsista *mf*

**Borste** [ˈbɔrstə] *f* <-n> (ZOOL: *künstlich*) cerda *f*

**borstig** *adj* hirsuto

**Borte** [ˈbɔrtə] *f* <-n> ribete *m*

**Borwasser** *nt* agua *f* boricada

**bösartig** [ˈbøːsʔaːɐtɪç] *adj* ❶ (*Mensch, Tier*) malo, malvado, canijo *Am*; (*Bemerkung*) malicioso ❷ (*Krankheit*) pernicioso; (*Geschwulst*) maligno; (*Fieber, Husten*) fuerte

**Böschung** [ˈbœʃʊŋ] *f* <-en> ❶ (*an der Straße*) terraplén *m* ❷ (*Abhang*) declive *m*

**böse** [ˈbøːzə] **I.** *adj* ❶ (*schlecht*) malo; (*Kind*) maleducado ❷ (*unangenehm*) malo; **ein ~s Erwachen geben** una gran desilusión; **das wird ~ Folgen haben** eso tendrá graves consecuencias ❸ (*verärgert*) enfadado (*auf/mit* con), enojado (*auf/mit* con); **im B~n auseinander gehen** separarse por las malas; **ich bin (mit) ihm** [*o* **auf ihn**] ~ estoy enojado con él **II.** *adv* mal; **es wird ~ enden** eso terminará mal; **das sieht ~ aus** eso tiene mal aspecto; **Bösewicht** [ˈbøːzəvɪçt] *m* <-(e)s, -e *o* -er> bribón *m*, malvado *m*

**boshaft** [ˈboːshaft] *adj* malvado

**Bosheit** *f* <-en> maldad *f*, malicia *f*

**Bosnien** [ˈbɔsniən] *nt* <-s> Bosnia *f*; **Bosnien-Herzegowina** *nt* <-s> Bosnia-Herzegovina *f*

**Bosnier(in)** [ˈbɔsniɐ] *m(f)* <-s, -; -nen> bosnio, -a *m, f*

**Boss** [bɔs] *m* <-es, -e> jefe *m*, trompa *m* *CSur: fam*

**böswillig** **I.** *adj* malévolo **II.** *adv* con mala intención

**Böswilligkeit** *f* <-en> malevolencia *f*

**bot** [boːt] *3. imp von* **bieten**

**Botanik** [boˈtaːnɪk] *f ohne pl* botánica *f*

**botanisch** *adj* botánico

**Bote, -in** [ˈboːtə] *m, f* <-n, -n; -nen> recadero, -a *m, f*; **Botengang** *m* recado *m*

**Botin** [ˈboːtɪn] *f* <-nen> *s.* **Bote**

**Botschaft** [ˈboːtʃaft] *f* <-en> ❶ (*geh: Nachricht*) mensaje *m* ❷ (POL) embajada *f*

**Botschafter(in)** *m(f)* <-s, -; -nen> (POL) embajador(a) *m(f)*

**Bottich** [ˈbɔtɪç] *m* <-(e)s, -e> cuba *f*, tina *f*

**Bouillon** [bʊlˈjɔŋ, bʊlˈjõː] *f* <-s> (GASTR, MED) caldo *m*

**Boulevard** [buləˈvaːɐ] *m* <-s, -s> bulevar *m*; **Boulevardpresse** *f ohne pl* prensa *f* sensacionalista [*o* amarilla]; **Boulevardzeitung** *f* periódico *m* sensacionalista

**Bourgeoisie** [bʊrʒoaˈziː] *f* <-n> (*geh*) burguesía *f*

**Boutique** [buˈtiːk] *f* <-n> boutique *f*

**Bowle** [ˈboːlə] *f* <-n> (GASTR) ponche *m* (*bebida hecha de vino, champán, azúcar y frutas*)

**Bowling** [ˈboːlɪŋ, ˈbɔʊlɪŋ] *nt* <-s, *ohne pl*> bowling *m*

**Box** [bɔks] *f* <-en> ❶ (*für Pferde, Rennwagen*) box *m* ❷ (*Lautsprecher*) bafle *m* ❸ (*Behälter*) caja *f*

**boxen** [ˈbɔksən] **I.** *vi* (SPORT) boxear **II.** *vt* (*schlagen*) pegar **III.** *vr:* **sich gegenseitig** ~ boxearse

**Boxen** *nt* <-s, *ohne pl*> (SPORT) boxeo *m*

**Boxer**[1] *m* (*Hund*) bóxer *m*

**Boxer(in)**[2] *m(f)* <-s, -; -nen> (*Sportler*) boxeador(a) *m(f)*

**Boxershorts** *pl*, **Boxer-Shorts** *pl* shorts *mpl*

**Boxhandschuh** *m* guante *m* de boxeo; **Boxkampf** *m* combate *m* de boxeo, box *m* *Am*

**Boykott** [bɔrˈkɔt] *m* <-(e)s, -e *o* -s> boicot *m*

**boykottieren*** *vt* boicotear

**brabbeln** [ˈbrabəln] *vt* (*fam*) mascullar

**brach** [braːx] **I.** *3. imp von* **brechen** **II.** *adj* yermo

**brachial** [braˈxjaːl] *adj* (*geh: Gewalt*) brutal, violento

**Brachland** *nt* <-(e)s, *ohne pl*> (AGR) barbecho *m*

**brach|liegen** *irr vi* ❶ (*Acker*) estar en barbecho ❷ (*Talent*) estar desaprovechado

**brachte** ['braxtə] *3. imp von* **bringen**

**Braindrain** ['brɛɪndrɛɪn] *m* <-s, *ohne pl*> fuga *f* de cerebros

**Brainstorming** ['brɛɪnstɔ:mɪŋ] *nt* <-s, *ohne pl*> brainstorming *m*

**Branche** ['brã:ʃə] *f* <-n> ramo *m;* **Branchenbuch** *nt* guía *f* sectorial; **Branchenverzeichnis** *nt* (TEL) páginas *fpl* amarillas

**Brand**[1] [brant, *pl:* 'brɛndə] *m* <-(e)s, Brände> (*Feuer*) fuego *m,* incendio *m;* **etw in ~ setzen/stecken** pegar/prender fuego a algo; **in ~ geraten** (empezar a) arder

**Brand**[2] *m* <-(e)s, *ohne pl*> ❶ (*fam: Durst*) sed *f* abrasadora ❷ (MED) gangrena *f*

**brandaktuell** ['---'-] *adj* de gran actualidad; **Brandanschlag** *m* atentado *m* de incendio; **Brandblase** *f* ampolla *f* de quemadura

**brandeilig** ['-'--] *adj* (*fam*) urgentísimo

**branden** ['brandən] *vi* (*geh: Wellen*) romper (*an/gegen* contra)

**Brandenburg** ['brandənbʊrk] *nt* <-s> Brandeburgo *m*

**Brandherd** *m* foco *m* del incendio; **Brandkatastrophe** *f* catástrofe *f* causada por un incendio; **Brandmal** *nt* <-(e)s, -e *o* -mäler> (*geh*) señal *f* de quemadura; (*bei Zuchtvieh*) marca *f*

**brandmarken** ['brantmarkən] *vt* denunciar públicamente

**brandneu** ['-'-] *adj* (*fam*) novísimo, flamante

**Brandsatz** *m* bomba *f* incendiaria; **Brandschaden** *m* daño *m* causado por un incendio; **Brandschutz** *m* protección *f* contra incendios; **Brandstifter(in)** *m(f)* incendiario, -a *m, f;* **Brandstiftung** *f* incendio *m* provocado

**Brandung** ['brandʊŋ] *f* <-en> oleaje *m*

**Brandursache** *f* causa *f* de un incendio; **die ~ ist noch ungeklärt** aún no se han aclarado las causas del incendio; **Brandwunde** *f* quemadura *f*

**Brandy** ['brɛndi] *m* <-s, -s> brandi *m*

**brannte** ['brantə] *3. imp von* **brennen**

**Branntwein** *m* aguardiente *m*

**Brasilianer(in)** [brazi'lja:nɐ] *m(f)* <-s, -; -nen> brasileño, -a *m, f*

**brasilianisch** *adj* brasileño

**Brasilien** [bra'zi:liən] *nt* <-s> Brasil *m*

**brät** [brɛ:t] *3. präs von* **braten**

**Bratapfel** *m* manzana *f* asada

**braten** ['bra:tən] <brät, briet, gebraten> *vt* asar; (*in der Pfanne*) freír

**Braten** *m* <-s, -> asado *m;* **Bratensaft** *m* jugo *m* del asado; **Bratensoße** *f* salsa *f* del asado

**Brathähnchen** *nt* pollo *m* asado; **Brathering** *m* arenque *m* frito; **Bratkartoffeln** *fpl patatas cocidas y después salteadas con cebolla y especias;* **Bratpfanne** *f* sartén *f;* **Bratrost** *m* parrilla *f*

**Bratsche** ['bra:tʃə] *f* <-n> (MUS) viola *f*

**Bratwurst** *f* salchicha *f* frita

### i Land & Leute

En privado o en una fiesta, cualquier ocasión es buena para tomarse una **Bratwurst**. Las **Bratwürste** se elaboran embutiendo carne picada en tripas, y se recomienda consumirlas fritas o asadas. En cada región su sabor varía un poco, debido a la mezcla de especias. Muy conocidas son las *Nürnberger, Frankfurter* o *Thüringer Bratwürste.*

**Brauch** [braʊx, *pl:* 'brɔɪçə] *m* <-(e)s, Bräuche> costumbre *f,* uso *m*

**brauchbar** *adj* ❶ (*nützlich*) útil ❷ (*geeignet*) apropiado; (*Schüler*) capaz

**brauchen** ['braʊxən] *vt* ❶ (*benötigen*) necesitar; (*Zeit*) llevar; **wie lange brauchst du dafür** [*o* **dazu**]**?** ¿cuánto tiempo necesitas para esto? ❷ (*fam: gebrauchen*) utilizar, emplear; **kannst du die Sachen ~?** ¿te sirven estas cosas? ❸ (*verbrauchen*) gastar, consumir ❹ (*müssen*) hacer falta (*zu +inf, dass* que *+subj*), ser necesario (*zu +inf, dass* que *+subj*); **du brauchst nicht gleich zu schreien** no es necesario que te pongas a chillar enseguida; **ich brauche heute nicht zu arbeiten** hoy no tengo que trabajar

**Brauchtum** *nt* <-s, -tümer> costumbres *fpl*

**Braue** ['braʊə] *f* <-n> ceja *f*

**brauen** ['braʊən] *vt* ❶ (*Bier*) hacer ❷ (*fam: Kaffee*) preparar

**Brauer(in)** *m(f)* <-s, -; -nen> cervecero, -a *m, f*

**Brauerei** *f* <-en>, **Brauhaus** *nt* cervecería *f,* fábrica *f* de cerveza

**Brauerin** *f* <-nen> *s.* **Brauer**

**braun** [braʊn] *adj* ❶ (*Farbe*) marrón, pancho *Chil;* (*Haare*) castaño; (*Augen*) marrón; (*Teint*) moreno; **~ werden** ponerse moreno ❷ (*abw: nationalsozialistisch*) nazi

**Braunbär** *m* oso *m* pardo

**Bräune** ['brɔɪnə] *f ohne pl* bronceado *m*

**bräunen** I. *vt* ① (*Körper*) broncear ② (GASTR) dorar II. *vr*: **sich ~** (*sich sonnen*) broncearse

**Braunkohle** *f ohne pl* lignito *m*

**Brause** ['braʊzə] *f* <-n> ① (*Dusche*) ducha *f* ② (*Limonade*) (limonada *f*) gaseosa *f*

**brausen** *vi* ① (*Wind*) bramar; **~der Beifall** aplauso cerrado ② *sein* (*rasen*) ir a toda velocidad

**Brausetablette** *f* pastilla *f* efervescente

**Braut** [braʊt, *pl*: 'brɔɪtə] *f* <Bräute> novia *f*; **Brautführer** *m* padrino *m* de bodas

**Bräutigam** ['brɔɪtigam] *m* <-s, -e> novio *m*

**Brautjungfer** *f* doncella *f* de honor; **Brautkleid** *nt* traje *m* de novia; **Brautleute** *pl s.* **Brautpaar**; **Brautpaar** *nt* (*verlobt*) novios *mpl*; (*verheiratet*) pareja *f* de recién casados; **Brautschau** *f*: **auf ~ gehen** (*hum*) ir a buscar novia

**brav** [bra:f] *adj* ① (*Kind, Tier*) bueno; (*gut erzogen*) bien educado ② (*Kleidung*) serio; (*fade*) soso

**bravo** ['bra:vo] *interj* bravo, bien

**Bravour** [bra'vu:ɐ] *f ohne pl*, **Bravur** *f ohne pl* ① (*Tapferkeit*) bravura *f* ② (*Brillanz*) brillantez *f*; **etw mit ~ bestehen** pasar [*o* acabar] algo con brillantez

**BRD** [be:ʔɛr'de:] *f* (POL) *Abk. von* **Bundesrepublik Deutschland** RFA *f*

**Breakdance** ['brɛɪkdɛ:ns] *m* <-(s), *ohne pl*> (MUS) breakdance *m*

**Brechdurchfall** *m* (MED) cólera *m* nostras

**Brecheisen** *nt* palanqueta *f*

**brechen** ['brɛçən] <bricht, brach, gebrochen> I. *vi* ① *sein* (*zerbrechen*) romperse; **mir bricht das Herz** (*fig*) se me parte el corazón; **auf Biegen und B~** a toda costa ② (*Freundschaft*) romper (*mit* con) ③ (*fam: erbrechen*) vomitar II. *vt* ① (*durchbrechen*) romper, partir; **in Stücke ~** romper en pedazos; **sich** *dat* **einen Arm/ein Bein ~** romperse un brazo/una pierna; **den Waffenstillstand ~** romper el alto el fuego; **das Eis ~** (*fig*) romper el hielo ② (*Widerstand*) romper; (*Rekord*) batir ③ (*nicht einhalten*) violar, quebrantar; (*Gesetz*) infringir; (*Streik*) boicotear; **die Ehe ~** cometer adulterio; **sein Wort ~** faltar a su palabra ④ (*Wellen*) romper; (*Licht*) refractar ⑤ (*geh: Blume*) arrancar III. *vr*: **sich ~** ① (*Licht*) refractarse ② (*Wellen*) romperse

**Brecher** ['brɛçɐ] *m* <-s, -> cachón *m*, ola *f* grande

**Brechmittel** *nt* vomitivo *m*; **Brechreiz** *m* náuseas *fpl*

**Brechung** *f* <-en> ① (MED) fractura *f* ② (PHYS) refracción *f*

**Brei** [braɪ] *m* <-(e)s, -e> (*für Kinder*) papilla *f*; (*Kartoffel~*) puré *m*; **jdn zu ~ schlagen** (*fam*) moler a alguien a palos; **um den heißen ~ herumreden** (*fam*) andarse con rodeos

**breiig** ['braɪɪç] *adj* pastoso

**breit** [braɪt] *adj* ancho; (*ausgedehnt*) amplio; **etw weit und ~ verkünden** pregonar algo a los cuatro vientos; **der Fluss ist 20 m ~** el río tiene 20 m de ancho; **die ~e Öffentlichkeit** el gran público; **sich ~ machen** (*sich ausbreiten*) extenderse; (*fam: Platz beanspruchen*) acomodarse; (*sich niederlassen*) instalarse; **~ sein** (*reg: fam*) estar borracho

**breitbeinig** *adj* despatarrado

**Breite** ['braɪtə] *f* <-n> ancho *m*, anchura *f*; (*Ausdehnung*) extensión *f*; (GEO) latitud *f*; **in voller ~** extensamente; **in die ~ gehen** (*fam*) engordar; **Breitengrad** *m* (GEO) grado *m* de latitud

**breitrandig** *adj* con borde ancho

**breit|schlagen** *irr vt* (*fam*) engatusar; **du hast dich schon wieder von ihm ~ lassen** te has vuelto a dejar engatusar por él

**breitschult(e)rig** *adj* ancho de hombros

**breit|treten** *irr vt* (*fam: Thema*) tratar detallada y repetidamente; (*Nichtigkeiten*) dar más importancia de lo necesario; **breit|walzen** *vt* (*fam abw*) *s.* **breittreten**

**Bremen** ['bre:mən] *nt* Brema *f*

**Bremer(in)** ['bre:mɐ] *m(f)* <-s, -; -nen> habitante *mf* de Brema

**Bremsbacke** *f* (AUTO) zapata *f* de freno

**Bremse** ['brɛmzə] *f* <-n> ① (AUTO) freno *m* ② (ZOOL) tábano *m*

**bremsen** *vi, vt* ① (*Fahrzeug*) frenar; **scharf ~** frenar con fuerza ② (*fam: Entwicklung*) refrenar; **er ist nicht zu ~** no hay quien le pare

**Bremsflüssigkeit** *f* (AUTO) líquido *m* de frenos; **Bremsklotz** *m* zapata *f* de freno; **Bremslicht** *nt* luz *f* de freno; **Bremspedal** *nt* pedal *m* de freno; **Bremsspur** *f* huella *f* de frenado

**Bremsung** *f* <-en> frenado *m*

**Bremsweg** *m* distancia *f* de frenado

**brennbar** *adj* combustible; (*leicht entzündbar*) inflamable

**Brennelement** *nt* elemento *m* combustible

**brennen** ['brɛnən] <brennt, brannte, gebrannt> I. *vi* ① (*Feuer*) arder; (*Material*) quemarse, arder; (*Zigarette, Licht*) estar encendido; **es brennt!** ¡hay un incendio!; **lichterloh** ~ arder en llamas; **wo brennt's denn?** (*fam*) ¿cuál es el problema?; **darauf ~, etw zu tun** morirse por hacer algo ② (*Wunde*) arder; (*Augen*) escocer; (*Gewürz*) picar ③ (*Sonne*) quemar **II.** *vt* ① (*Ziegel*) cocer ② (*Schnaps*) destilar ③ (*Kaffee*) tostar

**brennend** *adj* ① (*Holz*) ardiente; (*in Flammen*) en llamas ② (*Schmerz*) agudo ③ (*Frage*) candente; (*Interesse*) vivo; **das interessiert mich** ~ me interesa vivamente

**Brenner** *m* <-s, -> quemador *m*

**Brennerei** *f* <-en> destilería *f*

**Brennglas** *nt* vidrio *m* ustorio; **Brennholz** *nt ohne pl* leña *f;* **Brennmaterial** *nt* combustible(s) *m(pl);* **Brennnessel** ['brɛnnɛsəl] *f* <-n> ortiga *f;* **Brennpunkt** *m* ① (PHYS) foco *m* ② (*Mittelpunkt*) centro *m,* primer plano *m;* **im ~ stehen** figurar en el primer plano; **Brennspiritus** *m* alcohol *m* para quemar; **Brennstab** *m* (PHYS) barra *f* de combustible nuclear; **Brennstoff** *m* combustible *m;* **Brennweite** *f* (PHYS, FOTO) distancia *f* focal

**brenzlig** ['brɛntslɪç] *adj* (*fam*) crítico, delicado

**Bresche** ['brɛʃə] *f* <-n> brecha *f;* **eine ~ schlagen** abrir una brecha

**Bretagne** [bre'tanjə] *f* Bretaña *f*

**Bretone, -in** [bre'to:nə] *m, f* bretón, -ona *m, f*

**bretonisch** *adj* bretón

**Brett** [brɛt] *nt* <-(e)s, -er> ① (*aus Holz*) tabla *f;* **schwarzes** ~ cartelera *f;* (*Schaukasten*) tablón de anuncios; **ein ~ vor dem Kopf haben** (*fam*) no ver más allá de sus narices ② (*Spiel~*) tablero *m* ③ *pl* (*Skier*) esquí(e)s *mpl*

**brettern** *vi sein* (*fam*) conducir como un loco; **mit dem Motorrad durch die Gegend** ~ ir con la moto por ahí a toda pastilla

**Bretterzaun** *m* valla *f*

**Brettspiel** *nt* juego *m* de tablero

**Brezel** ['bre:tsəl] *f* <-n> *rosquilla salada típica del sur de Alemania*

**i Land & Leute**

Los **Brezel** son una especialidad suaba que se obtiene a partir de una masa de pan blanca. Sin embargo su color final es marrón, lo cual se debe a que la masa es introducida, antes de ser horneada, en una solución sódica. Los **Brezel** se espolvorean con sal y se venden, bien tal cual, o bien con mantequilla, en cualquier panadería o puesto de venta ambulante.

**bricht** [brɪçt] *3. präs von* **brechen**

**Bridge** [brɪtʃ] *nt* <-, *ohne pl*> bridge *m*

**Brief** [bri:f] *m* <-(e)s, -e> carta *f;* **ein offener/versiegelter** ~ una carta abierta/lacrada; **einen ~ zustellen/aufgeben** entregar/enviar una carta; **Briefbeschwerer** ['bri:fbəʃve:rɐ] *m* <-s, -> pisapapeles *m inv;* **Briefblock** *m* bloc *m* de cartas; **Briefbogen** *m* pliego *m* de papel de cartas; **Briefbombe** *f* carta *f* bomba, carta-bomba *f;* **Brieffreund(in)** *m(f)* amigo, -a *m, f* por correspondencia; **Briefgeheimnis** *nt ohne pl* secreto *m* postal

**Briefing** ['bri:fɪŋ] *nt* <-s, -s> ① (MIL) breve conferencia *f* sobre la situación ② (*Informationsgespräch*) briefing *m*

**Briefkasten** *m* buzón *m;* **elektronischer** ~ buzón *m* electrónico; **Briefkastenfirma** *f* empresa *f* buzón, compañía *f* fantasma

**Briefkopf** *m* membrete *m*

**brieflich** *adj* por carta, por escrito

**Briefmarke** *f* sello *m,* estampilla *f Am;* **Briefmarkenautomat** *m* expendedor *m* de sellos de correo; **Briefmarkensammler(in)** *m(f)* filatelista *mf;* **Briefmarkensammlung** *f* colección *f* de sellos de correo [*o* de estampillas]

**Brieföffner** *m* abrecartas *m inv;* **Briefpapier** *nt* papel *m* de cartas; **Briefroman** *m* novela *f* epistolar; **Brieftasche** *f* cartera *f,* billetera *f AmC, Arg, Chil;* **Brieftaube** *f* paloma *f* mensajera; **Briefträger(in)** *m(f)* <-s, -; -nen> cartero, -a *m, f;* **Briefumschlag** *m* sobre *m,* cierro *m Chil;* **Briefwaage** *f* pesacartas *m inv;* **Briefwahl** *f* voto *m* por correo; **Briefwechsel** *m* correspondencia *f,* carteo *m;* **in ~ mit jdm stehen** cartearse con alguien

**briet** [bri:t] *3. imp von* **braten**

**Brigade** [bri'ga:də] *f* <-n> (MIL) brigada *f*

**Brikett** [bri'kɛt] *nt* <-s, -s> briqueta *f*

**brillant** [brɪ'ljant] *adj* excelente, magnífico

**Brillant** [brɪ'ljant] *m* <-en, -en> brillante *m*

**Brillantine** [brɪljan'ti:nə] *f* <-n> brillantina *f*

**Brillanz** [brɪ'ljants] *f ohne pl* brillantez *f*

**Brille** ['brɪlə] *f* <-n> (*Augenglas*) gafas *fpl,* anteojos *mpl Am;* **etw durch eine rosarote/schwarze ~ sehen** ver algo de color de rosa/negro; **Brillenetui** *nt* estuche *m* para gafas; **Brillengestell** *nt* montura *f* de las gafas; **Brillenglas** *nt* cristal *m* de gafas; **Brillenschlange** *f* ① (ZOOL) cobra *f* ② (*fam abw: Brillenträger*) cuatrojos *mf inv;* **Brillenträger(in)** *m(f)* <-s, -; -nen> persona *f* que lleva gafas

**brillieren*** [brɪl'ji:rən] *vi* (*geh*) brillar (*mit* con)

**Brimborium** [brɪm'bo:riʊm] *nt* <-s, *ohne pl*> (*fam abw*) ① (*Drumherum*) historias *fpl* ② (*Aufheben*) montaje *m;* **ein ~ um etw machen** hacer un mundo de algo

**bringen** ['brɪŋən] <bringt, brachte, gebracht> *vt* ① (*herbringen*) traer; (*hinbringen*) llevar; (*befördern*) transportar; (*begleiten*) acompañar; **das Essen auf den Tisch ~** poner la comida en la mesa; **etw in Ordnung ~** poner algo en orden; **jdn vor Gericht ~** llevar a alguien a juicio; **Ärger ~** traer problemas; **Glück ~** traer buena suerte; **jdn in Verlegenheit ~** poner a alguien en un apuro; **etw an den Tag ~** revelar algo; **jdm etw nahe ~** despertar el interés de alguien por algo; **jdn auf die Palme ~** (*fam*) enfurecer a alguien; **jdn auf Touren ~** acuciar a alguien; **jdn aus dem Konzept ~** confundir a alguien; **etw zur Sprache ~** hablar de algo; **etw zu Papier ~** anotar algo; **etw auf den Markt ~** lanzar algo al mercado; **ein Kind zur Welt ~** dar a luz un niño; **es zu etwas ~** hacer carrera; **etw an sich ~** apoderarse de algo; **etw mit sich ~** traer algo consigo; **etw hinter sich ~** conseguir terminar algo; **sie wollen sie unbedingt unter die Haube ~** la quieren casar a toda costa; **seine Schäfchen ins Trockene ~** (*fig*) llevar el agua a su molino; **jdn um die Ecke ~** (*fam*) cargarse a alguien ② (*Ertrag, Gewinn*) rendir; **das bringt's!** (*fam*) ¡esto es!; **was bringt das?** ¿qué se consigue con esto?; **das bringt doch überhaupt nichts!** esto no conduce a nada ③ (*fam: veröffentlichen*) traer, publicar; (*Wetterbericht, Nachrichten*) emitir ④ (*wegnehmen*) quitar (*um*); **jdn ums Leben ~** matar a alguien; **jdn um den Verstand** volver loco a alguien ⑤ (*bekommen*) conseguir (*zu +inf*); **jdn zum Lachen ~** hacer reír a alguien; **etw nicht übers Herz ~** no ser capaz de hacer algo; **du bringst mich nicht dazu, das zu tun** no vas a conseguir que lo haga

**brisant** [bri'zant] *adj* explosivo; **ein ~es Thema** un tema explosivo

**Brisanz¹** [bri'zants] *f ohne pl* (*Aktualität*) actualidad *f*

**Brisanz²** *f* <-en> (*Sprengkraft*) fuerza *f* explosiva

**Brise** ['bri:zə] *f* <-n> brisa *f*

**Britannien** [bri'tanjən] *nt* <-s> Gran Bretaña *f*

**Brite, -in** ['brɪtə, 'bri:tə] *m, f* <-n, -n; -nen> británico, -a *m, f*

**britisch** ['brɪtɪʃ] *adj* británico

**Britpop** ['brɪtpɔp] *m* <-s, *ohne pl*> (MUS) britpop *m*

**bröckelig** *adj* quebradizo, deleznable

**bröckeln** ['brœkəln] *vi sein* (*Steine*) desmoronarse; (*Putz, Lehm*) desmoronar; (*Brot*) desmigajarse

**Brocken** ['brɔkən] *m* <-s, -> trozo *m*, pedazo *m;* **ein paar ~ Spanisch verstehen** entender un poco de español; **die Prüfung ist ein harter ~ für ihn** el examen es muy duro para él

**bröcklig** *adj s.* **bröckelig**

**brodeln** ['bro:dəln] *vi* ① (*Wasser*) hervir a borbotones ② (*Österr: fam: trödeln*) obrar con cachaza

**Brokat** [bro'ka:t] *m* <-(e)s, -e> brocado *m*

**Broker(in)** ['bro:kɐ] *m(f)* <-s, -; -nen> (FIN) broker *mf*

**Brokkoli** ['brɔkoli] *pl* brécol *m*, bróculi *m*

**Brom** [bro:m] *nt* <-s, *ohne pl*> (CHEM) bromo *m*

**Brombeere** ['brɔmbe:rə] *f* <-n> (zarza)mora *f*

**Brombeerstrauch** *m* zarzal *m*

**Bronchialkatarr** *m*, **Bronchialkatarrh** *m* (MED) catarro *m* bronquial

**Bronchie** ['brɔnçiə] *f* <-n> (ANAT) bronquio *m*

**Bronchitis** [brɔn'çi:tɪs] *f* <Bronchitiden> (MED) bronquitis *f inv*

**Bronze** ['brõ:sə] *f* <-n> bronce *m*

**bronzefarben** *adj* bronceado

**Bronzemedaille** *f* (SPORT) medalla *f* de bronce

**bronzen** *adj* de bronce

**Bronzezeit** *f ohne pl* Edad *f* del Bronce

**Brosche** ['brɔʃə] *f* <-n> broche *m*

**Broschüre** [brɔ'ʃy:rə] *f* <-n> folleto *m*

**Brösel** ['brø:zəl] *m* <-s, -> miga *f*

**Brot** [bro:t] *nt* <-(e)s, -e> pan *m;* **ein Laib ~** un pan; **sich** *dat* **sein ~ verdienen** ganarse el pan; **Brotaufstrich** *m todo cuanto se puede untar en el pan;* **Brotbelag** *m ohne pl fiambre, queso, chocolate... para poner en el pan*

**Brötchen** ['brø:tçən] *nt* <-s, -> panecillo *m;* **belegte ~** bocadillos *mpl;* **kleine ~ backen** (*fig*) conformarse con poco; **Brötchengeber(in)** *m(f)* <-s, -; -nen> (*fam*) patrono, -a *m, f*

**Broteinheit** *f* (MED) unidad *f* alimenticia

**Broterwerb** *m* sustento *m;* **etw zum ~ betreiben** dedicarse a un negocio para ganar el pan; **Brotkasten** *m* panera *f;* **Brotkorb** *m* cesta *f* del pan; **Brotkrume** *f*, **Brotkrümel** *m* miga *f* de pan, borona *f* *Am*

**brotlos** *adj:* **eine ~e Kunst** una profesión poco lucrativa

**Brotmesser** *nt* cuchillo *m* del pan; **Brotrinde** *f* corteza *f* de pan; **Brotschneidemaschine** *f* máquina *f* de cortar pan; **Brotzeit** *f* (*reg*) hora *m* del bocadillo; **~ machen** hacer una pausa para comer un bocadillo

**Browser** ['braʊzɐ] *m* <-s, -> (INFOR, TEL) browser *m,* navegador *m,* visualizador *m;* **~ für das Internet** explorador de Internet

**Bruch** [brʊx, *pl:* 'brʏçə] *m* <-(e)s, Brüche> ① (*das Zerbrechen*) rotura *f,* fractura *f;* **zu ~ gehen** hacerse añicos; **ihre Ehe ging in die Brüche** su matrimonio fracasó ② (*Zerbrochenes*) despojos *mpl* ③ (MED: *Knochen*) fractura *f;* (*Eingeweide*) hernia *f;* **sich** *dat* **einen ~ heben** herniarse, quebrarse ④ (MATH) fracción *f* ⑤ (*eines Verhältnisses, Vertrages*) ruptura *f;* (*Gesetz*) infracción *f;* (*Eid*) perjurio *m;* (*Vertrauen*) indiscreción *f,* abuso *m* de confianza; **Bruchbude** *f* (*fam abw*) ruina *f;* **bruchfest** *adj* irrompible

**brüchig** ['brʏçɪç] *adj* ① (*Gestein*) quebradizo; (*Glas*) frágil ② (*Stoff, Stimme*) cascado

**Bruchlandung** *f* aterrizaje *m* forzoso

**Bruchrechnen** *nt* (MATH) cálculo *m* de fracciones

**Bruchstück** *nt* fragmento *m,* trozo *m*

**bruchstückhaft** *adj* fragmentario

**Bruchteil** *m* fracción *f;* **im ~ einer Sekunde** en una fracción de segundo; **Bruchzahl** *f* (MATH) número *m* fraccionario

**Brücke** ['brʏkə] *f* <-n> ① (ARCHIT, MED, SPORT, NAUT) puente *m;* **alle ~n hinter sich abbrechen** (*fig*) quemar las naves ② (*Teppich*) alfombra *f* corta; **Brückenbau** *m* *ohne pl* construcción *f* de puentes; **Brückenpfeiler** *m* pilar *m* de puente; **Brückenschlag** *m* <-(e)s, -schläge> (*fig*) puente *m;* **das war ein historischer ~** se tendió un puente histórico; **Brückentag** *m* (día *m* de) puente *m;* **da nehme ich mir den ~ frei** voy a hacer puente

**Bruder** ['bruːdɐ, *pl:* 'bryːdɐ] *m* <-s, Brüder> ① (*Verwandter*) hermano *m;* **mein großer/kleiner ~** mi hermano mayor/menor ② (*Ordens~*) fraile *m;* (*vor dem Namen*) fray *m* ③ (*fam abw: Kerl*) tipo *m;* **Bruderkrieg** *m* guerra *f* entre hermanos

**brüderlich** *adj* fraterno, fraternal

**Brüderlichkeit** *f* *ohne pl* hermandad *f*

**Brudermord** *m* fratricidio *m*

**Bruderschaft** *f* <-en> hermandad *f;* (REL) congregación *f*

**Brüderschaft** *f* *ohne pl* relación *f* amistosa; **mit jdm ~ trinken** ofrecerle el tuteo a alguien (*tomando una copa*)

**Brühe** ['bryːə] *f* <-n> ① (GASTR) caldo *m* ② (*abw: Schmutzwasser*) agua *f* sucia

**brühen** *vt* (GASTR) escaldar

**brühwarm** ['-'-] *adj:* **jdm eine Nachricht ~ weitererzählen** (*fam*) ir con la noticia fresca a alguien; **Brühwürfel** *m* pastilla *f* para caldo, cubito *m* de caldo

**brüllen** ['brʏlən] *vi* ① (*Stier*) bramar; (*Raubtier*) rugir; (*Kalb*) berrear ② (*Mensch*) gritar, vociferar

**Brummbär** *m* (*fam*) gruñón *m*

**brummeln** *vi:* **etw vor sich hin ~** refunfuñar algo

**brummen** ['brʊmən] **I.** *vi* ① (*Bär, Mensch*) gruñir; (*Fliege, Motor*) zumbar; **mir brummt der Schädel** tengo la cabeza como un bombo ② (*fam: in Haft sein*) estar en chirona **II.** *vt* refunfuñar

**Brummer** *m* <-s, -> (*fam*) ① (*Fliege*) moscardón *m* ② (*LKW*) camión *m* pesado

**brummig** *adj* (*fam*) gruñón

**Brummschädel** *m* (*fam*) dolor *m* de cabeza

**Brunch** [brantʃ] *m* <-(e)s, -(e)s *o* -e> brunch *m* (*combinación entre desayuno y almuerzo*)

**brunchen** ['brantʃən] *vi* *combinar el desayuno con el almuerzo*

**brünett** [bry'nɛt] *adj* (*Mensch*) moreno, morocho *CSur*

**Brunnen** ['brʊnən] *m* <-s, -> ① (*Schöpf~*) pozo *m,* cachimba *f* *Urug* ② (*Spring~*) fuente *f* ③ (*Heilquelle*) fuente *f;* **Brunnenschacht** *m* pozo *m*

**Brunst** [brʊnst, *pl:* 'brʏnstə] *f* <Brünste> (época *f* de) celo *m*

**brünstig** ['brʏnstɪç] *adj* en celo, alunado *CRi*

**brüsk** [brʏsk] *adj* brusco; (*unhöflich*) descortés

**brüskieren*** *vt* ofender, tratar con brusquedad

**Brüssel** ['brʏsəl] *nt* <-s> Bruselas *f*

**Brüsseler** *adj inv* bruselense; **~ Spitzen** encajes de Bruselas

**Brust** [brʊst, *pl:* 'brʏstə] *f* <Brüste> pecho *m;* (*Busen*) seno *m,* casco *m* *Peru;* (*Geflügel~*) pechuga *f;* **mit (vor Stolz) geschwellter ~** lleno de orgullo; **jdn an die ~ drücken** estrechar a alguien contra el pecho; **aus voller ~ singen** cantar a pleno pulmón; **dem Säugling die ~ geben** dar el pecho al bebé; **Brustbein** *nt* (ANAT) esternón *m;* **Brustbeutel** *m monedero colgado del cuello*

**brüsten** ['brʏstən] *vr:* **sich ~** (*abw*) presumir (*mit* de)

**Brustfell** *nt* (ANAT) pleura *f;* **Brustkasten** *m* (ANAT) tórax *m inv;* **Brustkorb** *m* (ANAT) tórax *m inv;* **Brustkrebs** *m* cáncer *m* de mama; **Brustmuskel** *m* (ANAT) músculo *m* pectoral; **Brustschwimmen** *nt* (SPORT) estilo *m* braza; **Brusttasche** *f* bolsillo *m* interior; **Brustumfang** *m* ancho *m* del pecho

**Brüstung** ['brʏstʊŋ] *f* <-en> ① (*Balkon~*) pretil *m* ② (*Fenster~*) antepecho *m*

**Brustwarze** *f* (*bei Frauen*) pezón *m;* (*bei Männern*) tetilla *f*

**Brut**[1] ['bru:t] *f* <-en> ① (*das Brüten*) incubación *f* ② (*Vogeljunge*) nidada *f;* (*Fische*) freza *f*

**Brut**[2] *f ohne pl* (*abw: Gesindel*) gentuza *f*

**brutal** [bru'ta:l] *adj* brutal

**Brutalität** [brutali'tɛ:t] *f* <-en> brutalidad *f*

**Brutapparat** *m* (AGR, MED) incubadora *f*

**brüten** ['bry:tən] *vi* ① (*Vögel*) empollar ② (*geh: Sonne*) quemar; **~de Hitze** calor aplastante ③ (*nachgrübeln*) meditar (*über* sobre), reflexionar (*über* sobre)

**Brüter** *m* <-s, -> (PHYS) reactor *m* (reproductor); **schneller ~** reactor rápido

**Brutkasten** *m* (MED) incubadora *f;* **Brutplatz** *m* (ZOOL) nidal *m;* **Brutstätte** *f* lugar *m* de incubación

**brutto** ['brʊto] *adv* bruto; **Bruttoeinkommen** *nt* (WIRTSCH) ingresos *mpl* brutos; **Bruttogehalt** *nt* (WIRTSCH) sueldo *m* bruto; **Bruttogewinn** *m* (WIRTSCH) ganancia *f* bruta; **Bruttoinlandsprodukt** *nt* (WIRTSCH) producto *m* interior bruto; **Bruttolohn** *m* (WIRTSCH) salario *m* bruto; **Bruttosozialprodukt** *nt* (WIRTSCH) producto *m* nacional bruto

**brutzeln** ['brʊtsəln] **I.** *vi* freírse **II.** *vt* (*fam*) freír

**BSE** [be:ʔɛs'ʔe:] *Abk. von* **Bovine Spongiforme Encephalopathie** (**Rinderwahnsinn**) encefalopatía *f* espongiforme bovina

**BSP** [be:ʔɛs'pe:] *nt* <-, *ohne pl*> (WIRTSCH) *Abk. von* **Bruttosozialprodukt** PNB *m*

**bt** (INFOR) *Abk. von* **Bit** bit *m*

**btto** *Abk. von* **brutto** bruto

**Btx** [be:te:'ʔɪks] *nt* <-, *ohne pl*> (TEL, INFOR) *Abk. von* **Bildschirmtext** videotexto *m*

**Bub** [bu:p] *m* <-en, -en> (*südd, Österr, Schweiz*) niño *m,* chico *m*

**Bube** ['bu:bə] *m* <-n, -n> (*Spielkarte*) sota *f*

**Bubenstreich** *m* chiquillada *f*

**Buch** [bu:x, *pl:* 'by:çɐ] *nt* <-(e)s, Bücher> ① (LIT) libro *m;* (*Dreh~*) guión *m;* **ein Gentleman wie er im ~e steht** un caballero como Dios manda; **er ist ein ~ mit sieben Siegeln für mich** es un enigma para mí; **das ~ der Bücher** la Biblia; **er redet wie ein ~** (*fam*) habla como un libro; **das Goldene ~ der Stadt** el libro de oro de la ciudad ② (FIN) libro(s) *m(pl);* **über etw ~ führen** llevar la contabilidad de algo; **etw schlägt zu ~e** (*fig*) algo tiene consecuencias; **Buchbinder(in)** *m(f)* <-s, -; -nen> encuadernador(a) *m(f),* empastador(a) *m(f) Am;* **Buchbinderei** *f* <-en> taller *m* de encuadernación

**Buchbinderin** *f* <-nen> *s.* **Buchbinder**; **Buchdruck** *m ohne pl* tipografía *f;* **Buchdrucker(in)** *m(f)* <-s, -; -nen> tipógrafo, -a *m, f*

**Buche** ['bu:xə] *f* <-n> haya *f*

**Buchecker** ['bu:xʔɛkɐ] *f* <-n> hayuco *m*

**buchen** ['bu:xən] *vt* ① (*Reise, Platz*) reservar ② (COM) contabilizar ③ (*fig*): **das kannst du als Erfolg für dich ~** puedes apuntarte un tanto

**Buchenholz** *nt* (madera *f* de) haya *f*

**Bücherbrett** *nt* estante *m*

**Bücherei** *f* <-en> biblioteca *f*

**Bücherregal** *nt* estantería *f* de libros; **Bücherschrank** *m* biblioteca *f;* **Büchersendung** *f* envío *m* de libros; **Bücherwurm** *m* (*fam*) ratón *m* de biblioteca

**Buchfink** *m* pinzón *m*

**Buchführung** *f* <-en> (COM) contabilidad *f*

**Buchhalter(in)** *m(f)* <-s, -; -nen> (COM) contable *mf*

**buchhalterisch** *adj* (COM) relativo a la contabilidad

**Buchhaltung** *f ohne pl* (COM) contabilidad *f*

**Buchhandel** *m* librería(s) *f(pl);* **im ~ erhältlich** de venta en librerías; **Buchhändler(in)** *m(f)* librero, -a *m, f;* **Buchhandlung** *f* librería *f*

**Buchmacher(in)** *m(f)* <-s, -; -nen> corredor(a) *m(f)* de apuestas

**Buchmesse** *f* feria *f* del libro; **Buchprüfer(in)** *m(f)* revisor(a) *m(f)* de cuentas; **Buchprüfung** *f* revisión *f* de cuentas

**Buchsbaum** ['bʊksbaʊm] *m* boj *m*

**Buchse** ['bʊksə] *f* <-n> ① (TECH) cojinete *m* ② (ELEK) enchufe *m*

**Büchse** ['bʏksə] *f* <-n> ① (*Behälter*) bote *m* ② (*Konservendose*) lata *f* ③ (*fam: Sammel~*) hucha *f* ④ (*Gewehr*) escopeta *f;* **Büchsenmilch** *f* leche *f* condensada; **Büchsenöffner** *m* abrelatas *m inv*

**Buchstabe** ['bu:xʃta:bə] *m* <-n(s), -n> letra

*f;* **nach dem ~n des Gesetzes** según lo que dice la ley; **buchstabengetreu** *adj* al pie de la letra

**buchstabieren*** [buːxʃta'biːrən] *vi, vt* deletrear

**buchstäblich** ['buːxʃtɛːplɪç] *adj* literal, textual; **ich war ~ in Schweiß gebadet** estaba literalmente empapado en sudor

**Buchstütze** *f* atril *m*

**Bucht** [bʊxt] *f* <-en> (GEO) bahía *f;* (*Meeresbusen*) golfo *m*

**Buchung** ['buːxʊŋ] *f* <-en> ① (FIN) asiento *m* ② (*Reservierung*) reserva *f*

**Buchweizen** *m* alforfón *m*

**Buckel** ['bʊkəl] *m* <-s, -> ① (*fam: Rücken*) espalda *f,* chepa *f fam;* **er kann mir den ~ runterrutschen** (*fam fig*) se puede ir a freír espárragos; **seine 80 Jahre auf dem ~ haben** (*fam fig*) tener 80 años a cuestas ② (ANAT) joroba *f*

**buckelig** *adj* (*Mensch*) jorobado, cheposo *fam*

**Buckelige(r)** *mf* <-n, -n; -n> jorobado, -a *m, f*

**buckeln** *vi* (*fam*) ① (*Katze*) encorvarse ② (*abw: unterwürfig sein*) someterse (*vor* a); (*fig*) humillarse (*vor* ante)

**bücken** ['bʏkən] *vr:* **sich ~** (*nach unten*) agacharse; (*nach vorne*) inclinarse; **sich nach etw ~** agacharse para recoger algo

**bucklig** *adj s.* **buckelig**

**Bucklige(r)** *mf* <-n, -n; -n> *s.* **Buckelige(r)**

**Bückling** *m* <-s, -e> ① (*Fisch*) arenque *m* ahumado ② (*fam: Verbeugung*) reverencia *f*

**Budapest** ['buːdapɛst] *nt* <-s> Budapest *m*

**buddeln** ['bʊdəln] *vt* (*fam*) cavar

**Buddhismus** [bʊ'dɪsmʊs] *m* <-, *ohne pl*> budismo *m*

**Buddhist(in)** *m(f)* <-en, -en; -nen> budista *mf*

**buddhistisch** *adj* budista

**Bude** ['buːdə] *f* <-n> ① (*Kiosk*) chiringuito *m,* trucha *f AmC* ② (*fam abw: Laden*) tenducho *m* ③ (*fam: Zimmer*) habitación *f,* cuarto *m;* **Leben in die ~ bringen** (*fam*) animar el ambiente

**Budget** [by'dʒeː, bʏ'dʒeː] *nt* <-s, -s> (POL, COM) presupuesto *m*

**budgetieren*** [bydʒe'tiːrən, bʏdje'tiːrən] *vi, vt* (POL, COM) elaborar un presupuesto

**Büfett** [bʏ'fɛt, bʏ'feː] *nt* <-(e)s, -e *o* -s> ① (*Anrichte*) bufet *m;* **kaltes ~** bufet frío ② (*Theke*) mostrador *m*

**Büffel** ['bʏfəl] *m* <-s, -> búfalo *m*

**büffeln** ['bʏfəln] *vi, vt* (*fam*) empollar, chapar

**Buffett** *nt* <-s, -s>, **Büffett** *nt* <-s, -s> (*Österr, Schweiz*) *s.* **Büfett**

**Bug**[1] [buːk] *m* <-(e)s, -e> ① (NAUT) proa *f* ② (AERO) morro *m*

**Bug**[2] *m* <-s, -s> (INFOR) defecto *m*

**Bügel** ['byːgəl] *m* <-s, -> ① (*Kleider~*) percha *f* ② (*Griff*) manija *f,* asa *f* ③ (*Brillen~*) patilla *f* ④ (*Steig~*) estribo *m* ⑤ (*Geldbörse, Reisetasche*) estribo *m* ⑥ (*Gewehr*) fiador *m* ⑦ (*am Schlepplift*) estribo *m*

**Bügelbrett** *nt* tabla *f* de planchar; **Bügeleisen** *nt* plancha *f;* **Bügelfalte** *f* raya *f* del pantalón

**bügelfrei** *adj* no necesita plancha

**bügeln** *vi, vt:* (**glatt**) **~** planchar

**bugsieren*** [bʊ'ksiːrən] *vt* ① (NAUT: *schleppen*) sirgar ② (*fam: befördern*) empujar

**buh** [buː] *interj* fuera

**buhen** ['buːən] *vi* (*fam*) abuchear

**buhlen** ['buːlən] *vi* (*geh abw*) luchar (*um* por)

**Buhmann** ['buːman] *m* (*fam*) oveja *f* negra

**Bühne** ['byːnə] *f* <-n> ① (THEAT) escenario *m;* **etw über die ~ bringen** (*fam*) llevar algo a cabo; **etw geht gut über die ~** (*fam*) algo se resuelve sin problemas ② (*Schauspielhaus*) teatro *m* ③ (*Hebe~*) plataforma *f* elevadora; **Bühnenbearbeitung** *f* adaptación *f* a la escena; **Bühnenbild** *nt* decorado *m,* escenografía *f;* **Bühnenbildner(in)** ['byːnənbɪltnɐ] *m(f)* escenógrafo, -a *m, f;* **bühnenreif** *adj* maduro para ser puesto en escena; **dein Auftritt war wirklich ~** (*iron*) tu actuación ha sido realmente digna de ser puesta en escena; **Bühnenstück** *nt* pieza *f* de teatro; **bühnenwirksam** *adj* con gran efecto teatral

**Buhruf** ['buːruːf] *m* abucheo *m*

**Bukarest** ['buːkarɛst] *nt* <-s> Bucarest *m*

**Bukett** [bu'kɛt] *nt* <-(e)s, -e *o* -s> ① (*geh: Blumenstrauß*) ramo *m* ② (*von Wein*) bouquet *m*

**Bulette** [bu'lɛtə] *f* <-n> (*reg*) albóndiga *f*

**Bulgare, -in** [bʊl'gaːrə] *m, f* <-n, -n; -nen> búlgaro, -a *m, f*

**Bulgarien** [bʊl'gaːriən] *nt* <-s> Bulgaria *f*

**Bulgarin** *f* <-nen> *s.* **Bulgare**

**bulgarisch** *adj* búlgaro

**Bullauge** ['bʊlʔaʊgə] *nt* <-s, -n> (NAUT) portilla *f*

**Bulldogge** *f* <-n> (ZOOL) bulldog *m,* perrón *m* de presa

**Bulldozer** ['bʊldoːzɐ] *m* <-s, -> bulldozer *m*

**Bulle** ['bʊlə] *m* <-n, -n> ① (*Rind*) toro *m* ② (*fam abw: Mann*) tiarrón *m* ③ (*fam abw: Polizist*) madero *m*

**Bullenhitze** ['--'--] *f* (*fam*) calor *m* sofocante

**bullenstark** ['--'-] *adj* (*fam*) súper

**Bullerei** *f ohne pl* (*fam abw: Polizei*) maderos *mpl*, poli *f*

**Bulletin** [bʏl'tɛ̃:] *nt* <-s, -s> boletín *m*

**bullig** *adj* (*fam*) ❶ (*gedrungen*) fornido ❷ (*Hitze*) sofocante

**Bumerang** ['bʊməraŋ, 'bu:məraŋ] *m* <-s, -s *o* -e> bumerán *m*

**Bummel** ['bʊməl] *m* <-s, -> (*fam*) vuelta *f*; **einen kleinen ~ durch die Stadt machen** dar una vuelta por la ciudad

**Bummelei** *f* <-en> (*fam*) ❶ (*Trödelei*) lentitud *f* ❷ (*Faulenzerei*) holgazanería *f*

**bummeln** *vi* ❶ *sein* (*fam: spazieren gehen*) dar una vuelta, remoler *Chil, Peru* ❷ (*fam abw: trödeln*) remolonear

**Bummelstreik** *m* huelga *f* de celo; **Bummelzug** *m* (*fam*) *tren que para en todas las estaciones*

**bums** [bʊms] *interj* zas, cataplún

**bumsen** ['bʊmzən] *vi* ❶ *sein* (*anprallen*) darse (*gegen* contra) ❷ (*schlagen, klopfen*) dar (*gegen* contra) ❸ (*dumpf dröhnen*): **an der Ecke hat es gebumst** (*fam*) hubo un accidente en la esquina ❹ (*vulg: Geschlechtsverkehr haben*) follar, coger *Am*

**Bund**[1] [bʊnt, *pl:* 'bʏndə] *m* <-(e)s, Bünde> ❶ (*Vereinigung*) unión *f*; (*Pakt*) alianza *f*; **den ~ fürs Leben schließen** (*geh*) casarse; **mit jdm im ~e sein** estar aliado con alguien ❷ (*an Hosen*) pretina *f*

**Bund**[2] [bʊnt] *m* <-(e)s, -e> (*Karotten*) manojo *m*

**Bund**[3] *m* <-(e)s, *ohne pl*> ❶ (POL) Estado *m* federal, confederación *f*; **~ und Länder** el Estado federal y los Länder ❷ (*fam: Bundeswehr*) mili *f*

**BUND** [be:ʔu:ʔɛn'de:] *m* <-, *ohne pl*> (ÖKOL) *Abk. von* **Bund für Umwelt und Naturschutz Deutschland** Liga *f* Alemana para la Protección del Medio Ambiente y de la Naturaleza

**Bündchen** ['bʏntçən] *nt* <-s, -> (*Ärmel*) puño *m*; (*Halsausschnitt*) cuello *m*

**Bündel** ['bʏndəl] *nt* <-s, -> ❶ (*Packen*) lío *m*; (*Ballen*) fardo *m*; (*von Holz, Stroh*) haz *m*; **ein ~ an Maßnahmen** un paquete de medidas; **jeder hat sein ~ zu tragen** cada uno tiene que cargar con lo suyo ❷ (*von Akten*) legajo *m* ❸ (*Geldscheine*) fajo *m*

**bündeln** *vt* ❶ (*zusammenschnüren*) hacer fardos (de); (*Stroh*) agavillar ❷ (*Strahlen*) enfocar

**Bundesanstalt** *f* instituto *m* federal; **die ~ für Arbeit** el instituto federal (para mediación) del trabajo; **Bundesausbildungsförderungsgesetz** *nt* (JUR) Ley *f* Federal de Promoción de la Enseñanza (*crédito oficial a estudiantes para sufragar los estudios*); **Bundesbahn** *f* (EISENB) Ferrocarriles *mpl* Federales; **Bundesbank** *f ohne pl* (ADMIN, FIN) Banco *m* Federal; **Bundesbehörde** *f* (ADMIN) autoridad *f* federal; **Bundesbürger(in)** *m(f)* ciudadano, -a *m, f* de la República Federal de Alemania; **Bundesgebiet** *nt ohne pl* territorio *m* federal; **Bundesgenosse** *m* (POL) confederado *m*, aliado *m*

**Bundesgericht** *nt* (*Schweiz:* ADMIN, JUR) Tribunal *m* de la Confederación Helvética; **Bundesgerichtshof** [---'--] *m ohne pl* (ADMIN, JUR) Tribunal *m* Federal Supremo

**Bundesgesetzblatt** *nt* (ADMIN, JUR) Boletín *m* Oficial del Estado; **Bundesgrenzschutz** *m* (ADMIN) policía *f* de fronteras de la República Federal de Alemania; **Bundeshauptstadt** *f* (ADMIN) capital *f* federal; **Bundesinnenminister(in)** [--'-----] *m(f)* (ADMIN) ministro, -a *m, f* de asuntos interiores

**Bundeskanzler(in)** *m(f)* (ADMIN) canciller *mf* federal

**i Land & Leute**

En Alemania, el **Bundeskanzler** es elegido por el parlamento y a continuación nombrado por el Presidente de la República. Es la cabeza de gobierno. En Austria, el partido con más escaños en la cámara alta propone al canciller y el Presidente de la República procede a su nombramiento. Sus obligaciones consisten en presidir el gobierno y dirigir la cancillería federal. En Suiza, el canciller dirige la cancillería que, a su vez, está subordinada al Presidente de la Confederación.

**Bundeskanzleramt** *nt* (ADMIN) Cancillería *f* Federal

**Bundeskartellamt** *nt* (ADMIN) servicio *m* federal de defensa de la competencia; **Bundesland** *nt* (ADMIN) estado *m* federal, land *m*

**i Land & Leute**

La República Federal de Alemania consta, tras la reunificación, de 16 **Bundesländer**. Austria, a su vez, está constituida por 9 estados federales. En ambos casos, cada uno de ellos tiene una capital que acoge los órganos de gobierno regionales.

**Bundesliga** ['bʊndəsli:ga] *f* (SPORT) primera división *f*; **Bundesminister(in)** *m(f)* (ADMIN) ministro, -a *m, f* federal; **Bundesministerium** *nt* (ADMIN) ministerio *m* federal; **Bundespost** *f* Correos *mpl* Federales; **Bundespräsident(in)** *m(f)* (ADMIN) ❶ (*in Deutschland*) Presidente, -a *m, f* de la República Federal de Alemania; (*in Österreich*) Presidente, -a *m, f* de la República ❷ (*Vorsitzender des Bundesrates in der Schweiz*) Presidente, -a *m, f* de la Confederación

**i Land & Leute**

En Alemania y Austria el Jefe del Estado recibe el nombre de **Bundespräsident**. Éste ostenta funciones principalmente representativas. No así en Suiza, donde el **Bundespräsident** es el que dirige el equipo de gobierno formado por siete personas y conocido con el nombre de Consejo Federal. El Consejo Federal nombra con carácter anual a uno de sus miembros **Bundespräsident** – *Presidente de la Confederación*, que hace las veces de primus inter pares.

**Bundesrat** *m ohne pl* (ADMIN) ❶ (*in Deutschland*) Bundesrat *m*, Cámara *f* Alta de la República Federal; (*in Österreich*) Cámara *f* de Representantes ❷ (*zentrale Regierung in der Schweiz*) Consejo *m* Federal

**i Land & Leute**

En Alemania la cámara que acoge a los representantes de los gobiernos regionales se llama **Bundesrat**. Esta cámara interviene en la función legislativa. El número de diputados por cada *Bundesland – estado federal* depende del tamaño de cada región. En Austria, el **Bundesrat** es una parte del parlamento en la que están representados las *Länder – distintas regiones* según su número de habitantes. El número exacto de los representantes lo determina el Presidente de la República basándose en el censo nacional. En Suiza, sin embargo, la expresión **Bundesrat** se usa para referirse al gabinete de gobierno, formado por siete miembros y elegido cada cuatro años. A la cabeza del equipo de gobierno está el Presidente de la Confederación.

**Bundesregierung** *f* (ADMIN) gobierno *m* federal; **Bundesrepublik** *f ohne pl* (ADMIN): ~ **Deutschland** República Federal de Alemania; **Bundesstaat** *m* (ADMIN) ❶ (*Mitgliedsstaat in einem Bund*) estado *m* (con)federado [*o* federal] ❷ (*Staatenbund*) confederación *f*; **Bundesstraße** *f* carretera *f* federal; (*in Spanien*) ≈carretera *f* nacional

**Bundestag** *m ohne pl* (ADMIN) Cámara *f* Baja del Parlamento alemán, Bundestag *m*

**i Land & Leute**

En la RFA los representantes del pueblo son elegidos en elecciones libres y secretas por un periodo de cuatro años. El **Bundestag** elige al canciller y participa en la elaboración de proyectos de ley.

**Bundestagsabgeordnete(r)** *mf* diputado, -a *m, f* en el Bundestag; **Bundestagswahl** *f* (ADMIN) elección *f* al Parlamento alemán

**Bundestrainer(in)** *m(f)* (SPORT) entrenador(a) *m(f)* de la selección nacional; **Bundesverdienstkreuz** [---'--] *nt* (ADMIN) Cruz *f* Federal del Mérito; **Bundesverfassungsgericht** [---'----] *nt ohne pl* (ADMIN, JUR) Tribunal *m* Constitucional Federal; **Bundesversammlung** *f ohne pl* (ADMIN) Asamblea *f* Federal; **Bundeswehr** *f ohne pl* (MIL) ejército *m* de la República Federal de Alemania; **bundesweit** *adj* en todo el territorio federal

**Bundfaltenhose** *f* pantalón *m* de pinzas

**bündig** ['bʏndɪç] *adj* ❶ (*kurz*) conciso; (*bestimmt*) preciso; **kurz und** ~ sin rodeos ❷ (*überzeugend*) convincente

**Bündnis** [bʏntnɪs] *nt* <-ses, -se> (POL) alianza *f*; **Bündnisgrüne(r)** *mf* (POL) partidario, -a *m, f* de Los Verdes

**Bungalow** ['bʊŋgalo] *m* <-s, -s> bungalow *m*, bóngalo *m Am*

**Bungeejumping** ['bandʒidʒampɪŋ] *nt* <-s, *ohne pl*>, **Bungeespringen** ['bandʒiʃprɪŋən] *nt* <-s, *ohne pl*> salto *m* elástico, puenting *m*

**Bunker** ['bʊnkɐ] *m* <-s, -> búnker *m*

**bunkern** *vt* almacenar

**bunt** [bʊnt] *adj* ❶ (*mehrfarbig*) de varios colores; ~ **kariert** de cuadros multicolores; **er ist bekannt wie ein ~er Hund** (*fam*) está más visto que el tebeo ❷ (*abwechslungsreich*): ~ **gemischt** variado; **eine ~e Menge** una multitud abigarrada; **das wird ein ~er Abend** será una noche muy variada; **ein ~es Durcheinander** una mezcla ❸ (*wirr*) desordenado; **jetzt wird's mir aber zu ~!** (*fam*) ¡eso pasa de castaño oscuro!

**Buntsandstein** *m* (GEO) arenisca *f* abigarrada

**Buntspecht** *m* pico *m* picapinos; **Buntstift** *m* lápiz *m* de color; **Buntwäsche** *f ohne pl* ropa *f* de color

**Bürde** ['bʏrdə] *f* <-n> (*geh*) carga *f*

**Burg** [bʊrk] *f* <-en> castillo *m*

**Bürge, -in** ['bʏrgə] *m, f* <-n, -n; -nen> fiador(a) *m(f)*

**bürgen** *vi* garantizar, avalar; **ich bürge für ihn** respondo de él

**Bürger(in)** ['bʏrgɐ] *m(f)* <-s, -; -nen> ❶ (*Staats~*) ciudadano, -a *m, f* ❷ (*Einwohner*) habitante *mf* ❸ (*Bourgeois*) burgués, -esa *m, f*; **Bürgerbegehren** *nt* petición *f* cívica; **Bürgerbewegung** *f* movimiento *m* ciudadano [*o* cívico]; **bürgerfern** *adj* alejado de los ciudadanos; **Bürgerinitiative** *f* iniciativa *f* ciudadana

**Bürgerkrieg** *m* guerra *f* civil; **bürgerkriegsähnlich** *adj* similar a una guerra civil; **Bürgerkriegsflüchtling** *m* refugiado *m* de la guerra civil

**bürgerlich** *adj* ❶ (*Schicht, Einstellung*) burgués ❷ (JUR) civil; **das B~e Gesetzbuch** el Código Civil

**Bürgermeister(in)** *m(f)* alcalde(sa) *m(f)*, regente *mf Mex*; **bürgernah** *adj* cerca del pueblo; **Bürgernähe** *f* proximidad *f* al pueblo; **Bürgerpflicht** *f* deber *m* cívico; **Bürgerrecht** *nt* derecho *m* civil; **Bürgerrechtler(in)** *m(f)* <-s, -; -nen> defensor(a) *m(f)* de los derechos humanos y civiles

**Bürgerrechtsbewegung** *f* movimiento *m* por los derechos civiles

**Bürgerschaft** *f ohne pl* ciudadanía *f*; (*Bevölkerung*) población *f*; **Bürgersteig** ['bʏrgɐʃtaɪk] *m* <-(e)s, -e> acera *f*, vereda *f Am*

**Bürgertum** *nt* <-(e)s, *ohne pl*> burguesía *f*

**Bürgerversammlung** *f* (ADMIN) reunión *f* vecinal

**Bürgin** ['bʏrgɪn] *f* <-nen> *s.* **Bürge**

**Burgruine** *f* castillo *m* en ruinas

**Bürgschaft** ['bʏrkʃaft] *f* <-en> ❶ (JUR) aval *m*, garantía *f*; **für jdn eine ~ leisten** hacerse garante de alguien ❷ (*Betrag*) fianza *f*

**Burgund** [bʊr'gʊnt] *nt* <-s> Borgoña *f*

**burgundisch** *adj* borgoñón

**burlesk** [bʊr'lɛsk] *adj* burlesco, jocoso

**Büro** [by'ro:] *nt* <-s, -s> oficina *f*, archivo *m Col*; **Büroangestellte(r)** *mf* empleado, -a *m, f* de oficina, oficinista *mf*; **Büroarbeit** *f* trabajo *m* de oficina; **Bürobedarf** *m* material *m* de oficina; **Bürogebäude** *nt* edificio *m* de oficinas; **Bürohaus** *nt* edificio *m* de oficinas; **Bürokauffrau** *f* administrativa *f*; **Bürokaufmann** *m* administrativo *m*; **Büroklammer** *f* sujetapapeles *m inv*, ataché *m AmC*

**Bürokrat(in)** [byro'kra:t] *m(f)* <-en, -en; -nen> (*abw*) burócrata *mf*

**Bürokratie** [byrokra'ti:] *f ohne pl* burocracia *f*, oficialismo *m Arg*

**Bürokratin** *f* <-nen> *s.* **Bürokrat**

**bürokratisch** *adj* burocrático, oficialista *Am*

**Büroraum** *m* oficina *f*; **Bürostunden** *fpl* horas *fpl* de despacho; **Bürozeit** *f* horario *m* de oficina; **außerhalb der ~** fuera del horario de oficina

**Bursche** ['bʊrʃə] *m* <-n, -n> chico *m*, chaval *m*

**Burschenschaft** *f* <-en> (*Studentenverbindung*) asociación *f* de estudiantes

**burschikos** [bʊrʃi'ko:s] *adj* (*Person*) campechano; (*ungezwungen*) desenvuelto

**Bürste** ['bʏrstə] *f* <-n> cepillo *m*

**bürsten** *vt* cepillar; **sich** *dat* **die Haare ~** cepillarse el pelo

**Bus** [bʊs] *m* <-ses, -se> ❶ (*Fahrzeug*) bus *m*, guagua *f Cuba, PRico* ❷ (INFOR) conductor *m* común; **Busbahnhof** *m* estación *f* de autobuses

**Busch** [bʊʃ, *pl:* 'bʏʃə] *m* <-(e)s, Büsche> ❶ (*Strauch*) arbusto *m*, mata *f*; **hier ist etwas im ~** (*fam*) aquí hay gato encerrado; **sich in die Büsche schlagen** (*fam*) desaparecer a la chita callando; **mit etw hinterm ~ halten** (*fam*) callar algo ❷ (*in den Tropen*) selva *f* ❸ (*Feder~*) penacho *m*; **Buschbohne** *f* (BOT) judía *f* enana

**Büschel** ['bʏʃəl] *nt* <-s, -> (*Gras, Heu*) haz *m*; (*Haare*) mechón *m*

**büschelweise** *adv* (*Gras, Heu*) en haces; (*Haare*) a mechones; **die Haare sind ihm**

B

~ **ausgegangen** el pelo se le cayó a mechones

**buschig** *adj* peludo

**Buschmesser** *nt* machete *m,* colín *m AmC, Ant*

**Busen** ['bu:zən] *m* <-s, -> seno *m;* (*Brust*) pecho *m;* **Busenfreund(in)** *m(f)* amigo, -a *m, f* íntimo, -a

**Busfahrer(in)** *m(f)* conductor(a) *m(f)* de autobús; **Bushaltestelle** *f* parada *f* de autobuses; **Buslinie** *f* línea *f* de autobuses

**Bussard** ['bʊsart] *m* <-s, -e> águila *f* ratonera

**Buße** ['bu:sə] *f* <-n> ❶ (REL) penitencia *f;* ~ **tun** hacer penitencia ❷ (*a. Schweiz:* JUR) multa *f*

**Bussel** ['bʊsəl] *nt* <-s, - *o* -n> (*südd, Österr*) *s.* **Busserl**

**büßen** ['by:sən] *vt* ❶ (REL) expiar ❷ (*Tat*) pagar; **das wirst du mir** ~ esto me lo vas a pagar ❸ (*Schweiz: mit Geldbuße belegen*) multar

**Büßer(in)** *m(f)* <-s, -; -nen> (REL) penitente, -a *m, f*

**Busserl** ['bʊsɐl] *nt* <-s, -(n)> (*südd, Österr*) beso *m*

**Bußgeld** ['bu:s-] *nt* (JUR) multa *f;* **Bußgeldbescheid** *m* (JUR) aviso *m* de multa

**Bussi** ['bʊsi] *nt* <-s, -s> (*fam*) besito *m*

**Bußtag** *m* (REL) día *m* de penitencia; **Buß- und Bettag** día de ayuno

**Büste** ['bʏstə] *f* <-n> busto *m*

**Büstenhalter** *m* <-s, -> sostén *m,* corpiño *m CSur*

**Büstier** [bys'tje:] *nt* <-s, -s> bustier *m*

**Busverbindung** *f* enlace *m* de autobús; **auf dem Land sind die ~en nicht gut** en el campo no hay un buen servicio de autobuses

**Butangas** *nt ohne pl* gas *m* butano

**Butt** [bʊt] *m* <-(e)s, -e> (*Scholle*) platija *f;* (*Stein~*) rodaballo *m*

**Bütte** ['bʏtə] *f* <-n> tina *f;* **Büttenrede** *f* (*reg*) discurso *m* carnavalesco

**Butter** ['bʊtɐ] *f ohne pl* mantequilla *f;* **es ist alles in** ~ (*fam*) todo está en orden; **er gönnt ihm nicht die ~ auf dem Brot** le envidia todo

**Butterblume** *f* (BOT) botón *m* de oro

**Butterbrot** *nt* (rebanada *f* de) pan *m* con mantequilla; **etw für ein ~ bekommen** (*fam*) recibir algo por un pedazo de pan; **für ein ~ arbeiten** (*fam*) trabajar por un pedazo de pan; **Butterbrotpapier** *nt* papel *m* pergamino

**Buttermilch** *f* leche *f* batida; **Butterschmalz** *nt* mantequilla *f* derretida; **butterweich** ['--'-] *adj* (*Frucht*) como manteca; (*Metall, Plastik*) muy dúctil; (*Landung*) muy suave

**Button** ['batən] *m* <-s, -s> insignia *f*

**Butzenscheibe** ['bʊtsən-] *f vidrio abombado en el centro con el que se construyen ventanas emplomadas*

**BVG** [be:faʊ'ge:] *nt* <-, *ohne pl*> (JUR) *Abk. von* **Bundesverfassungsgericht** Tribunal *m* Constitucional Federal

**b.w.** *Abk. von* **bitte wenden** continúa al dorso

**BWL** [be:ve:'ʔɛl] *Abk. von* **Betriebswirtschaftslehre** teoría *f* de la empresa, economía *f* industrial

**Byte** [baɪt] *nt* <-s, -s> (INFOR) byte *m*

**byzantinisch** [bytsan'ti:nɪʃ] *adj* (HIST) bizantino

**Byzanz** [by'tsants] *nt* <-> Bizancio *m*

**bzw.** *Abk. von* **beziehungsweise** o sea, respectivamente

## Cc

**C, c** [tse:] *nt* <-, -> ❶ (*Buchstabe*) C, c *f;* ~ **wie Cäsar** C de Carmen ❷ (MUS) do *m*

**ca.** *Abk. von* **circa** cerca de, aproximadamente

**Cabrio** ['ka:brio] *nt* <-s, -s>, **Cabriolet** [kabrio'le:] *nt* <-s, -s> cabriolé *m,* descapotable *m*

**Café** [ka'fe:] *nt* <-s, -s> café *m*

**Cafeteria** [kafete'ri:a] *f* <Cafeterien> cafetería *f*

**Calcium** ['kaltsiʊm] *nt* <-s, *ohne pl*> (CHEM) calcio *m*

**Callboy** ['kɔ:lbɔɪ] *m* <-s, -s> call-boy *m;* **Callgirl** ['kɔ:lgœ:l] *nt* <-s, -s> call-girl *f*

**Camcorder** ['kɛmkɔrdɐ] *m* <-s, -> camcórder *m*

**Camembert** ['kamãbɛ:ɐ, 'kaməmbe:ɐ] *m* <-s, -s> (GASTR) queso *m* camembert

**Camion** [ka'mjõ] *m* <-s, -s> (*Schweiz*) camión *m*

**Camp** [kɛmp] *nt* <-s, -s> campamento *m*

**campen** ['kɛmpən] *vi* (a)campar, hacer camping

**campieren*** *vi* acampar

**Camping** ['kɛmpɪŋ] *nt* <-s, *ohne pl*> camping *m;* **Campingausrüstung** *f* equipo *m* de camping; **Campingbus** *m* caravana *f;* **Campingplatz** *m* camping *m*

**Cannabis** ['kanabɪs] *m* <-, *ohne pl*> (BOT)

cáñamo *m;* (*sl: Haschisch*) hachís *m inv*

**Cappuccino** [kapu'tʃi:no] *m* <-(s), -(s)> capuchino *m*

**Car** [ka:ɐ] *m* <-s, -s> (*Schweiz*) autocar *m*

**Caravan** ['karavan] *m* <-s, -s> ① (*Kombiwagen*) vehículo *m* compacto de carga, pick-up *m* ② (*Wohnwagen*) caravana *f*

**Carsharing** ['ka:ɐʃɛ:rɪŋ] *nt* <-(s), *ohne pl*> carsharing *m,* coche *m* compartido

**Cartoon** ['ka:ɐtu:n] *m* <-(s), -s> ① (*Karikatur*) caricatura *f* ② (*Bildgeschichte*) historieta *f* de dibujos animados

**Casanova** [kaza'nɔ:va] *m* <-s, -s> casanova *m;* **er bricht alle Frauenherzen, dieser ~!** ¡este casanova es un rompecorazones!

**cash** ['kɛʃ] *adv* en metálico

**Cash** *nt ohne pl* dinero *m* en metálico; **ich gebe dir lieber ~ als einen Scheck** prefiero pagarte en metálico que con (un) cheque

**Casino** [ka'zi:no] *nt* <-s, -s> casino *m*

**Castortransport** *m* transporte *m* Castor

**Cayennepfeffer** [ka'jɛn-] *m* pimienta *f* de Cayena, ají *m AmS, Ant*

**CB-Funk** *m* citizen band *f*

**CD** [tse:'de:] *f* <-(s)> *Abk. von* **Compact Disk** CD *m;* **CD-Brenner** *m* <-s, -> grabador *m* de CD, (re)grabadora *f* de compacts; **CD-Player** *m* <-s, -> compact disc *m*

**CD-ROM** *f* <-(s)> (INFOR) CD-ROM *m,* cederrón *m;* **CD-ROM-Laufwerk** *nt* (INFOR) lector *m* de CD-ROM, reproductor *m* de CD-ROM

**CD-Spieler** *m s.* **CD-Player**

**CDU** [tse:de:'ʔu:] *f Abk. von* **Christlich Demokratische Union (Deutschlands)** Partido *m* de la Unión Demócratacristiana de Alemania

**C-Dur** *nt* <-, *ohne pl*> (MUS) do *m* mayor

**Celli** *pl von* **Cello**

**Cellist(in)** [tʃɛ'lɪst] *m(f)* <-en, -en; -nen> violonc(h)elista *mf*

**Cello** ['tʃɛlo, *pl:* 'tʃɛli, 'tʃɛlos] *nt* <-s, -s *o* Celli> violonc(h)elo *m*

**Cellophan**® [tsɛlo'fa:n] *nt* <-s, *ohne pl*> celofán® *m*

**Celsius** ['tsɛlziʊs]: **30 Grad ~** 30 grados centígrados

**Cembalo** ['tʃɛmbalo, *pl:* 'tʃɛmbali, tʃɛmbalos] *nt* <-s, -s *o* Cembali> clavecín *m*

**Cent** [sɛnt] *m* <-(s), -(s)> (*Euro*) céntimo *m*

**Ces** [tsɛs] *nt* <-, -> (MUS) do *m* bemol

**Ceylon** ['tsaɪlɔn] *nt* <-s> (HIST) Ceilán *m*

**Chamäleon** [ka'mɛ:leɔn] *nt* <-s, -s> (ZOOL: *a. fig*) camaleón *m*

**Champagner** [ʃam'panjɐ] *m* <-s, -> champán *m*

**Champignon** ['ʃampɪnjɔŋ] *m* <-s, -s> champiñón *m*

**Champion** ['tʃɛmpjən] *m* <-s, -s> (SPORT) campeón, -ona *m, f*

**Chance** ['ʃã:s(ə)] *f* <-n> ① (*Gelegenheit*) oportunidad *f* (*zu* de), ocasión *f* (*zu* de); **eine ~ wahrnehmen** aprovechar una ocasión; **ich gebe dir noch eine letzte ~** aún te doy una última oportunidad ② (*Aussicht*) perspectiva *f* (*auf/zu* de); (*Möglichkeit*) posibilidad *f* (*auf/zu* de); **sich** *dat* **gute ~n ausrechnen** contar con buenas posibilidades; **~n auf einen Gewinn** perspectivas de ganar; **~n bei jdm haben** (*fam*) tener buenas posibilidades con alguien; **Chancengleichheit** *f ohne pl* igualdad *f* de oportunidades; **chancenlos** *adj* (*ohne Aussichten*) sin perspectivas; (*ohne Möglichkeiten*) sin posibilidades

**Chanson** [ʃã'sõ:] *nt* <-s, -s> canción *f*

**Chaos** ['ka:ɔs] *nt* <-, *ohne pl*> caos *m inv,* desorden *m;* **Ordnung in das ~ bringen** poner orden en el caos; **auf der Straße herrscht ein ziemliches ~** en la calle hay una gran confusión; **ein ~ im Kopf haben** tener un bollo mental *fam*

**Chaot(in)** [ka'o:t] *m(f)* <-en, -en; -nen> ① (*unbeherrschter Mensch*) persona *f* caótica ② (*abw: Radikaler*) extremista *mf*

**chaotisch** [ka'o:tɪʃ] *adj* caótico; (*unordentlich*) desordenado; **es geht ~ zu** es un caos

**Charakter** [ka'raktɐ, *pl:* karak'te:rə] *m* <-s, -e> carácter *m;* **er hat ~** tiene carácter; **sie sind ganz gegensätzliche ~e** son de naturaleza totalmente contraria; **die Unterredung hatte vertraulichen ~** la conversación ha sido de carácter confidencial; **Charaktereigenschaft** *f* rasgo *m* característico; **Charakterfehler** *m* defecto *m* (de carácter); **charakterfest** *adj* de carácter firme

**charakterisieren*** [karakteri'zi:rən] *vt* caracterizar (*als* de); **dieser Film charakterisiert das 18. Jahrhundert** esta película caracteriza el siglo XVIII; **Stress und Lärm ~ das Stadtleben** el estrés y el ruido caracterizan la vida en las ciudades

**Charakterisierung** *f* <-en> caracterización *f*

**Charakteristik** [karakte'rɪstɪk] *f* <-en> característica *f*

**Charakteristikum** [karakte'rɪstɪkʊm] *nt* <-s, Charakteristika> (*geh*) rasgo *m* característico

**charakteristisch** *adj* característico (*für* de); (*typisch*) típico (*für* de)

**charakterlich** *adj* de carácter; **er hat**

**einige ~e Schwächen** tiene algunos defectos de carácter
**charakterlos** *adj* sin carácter
**Charakterschwäche** *f* debilidad *f* de carácter; **Charakterschwein** *nt* (*fam*) cerdo *m;* **Charakterstärke** *f* fuerza *f* de carácter; **Charakterzug** *m* rasgo *m* de carácter
**charmant** [ʃar'mant] *adj* encantador
**Charme** [ʃarm] *m* <-s, *ohne pl*> encanto *m;* **seinen ganzen ~ aufbieten** servirse de todo su encanto
**Charmeur** [ʃar'mø:ɐ] *m* <-s, -e> lisonjero *m*
**Charta** ['karta] *f* <-s> (POL) carta *f* constitucional
**Charter** ['tʃa:ɐtɐ] *m* <-s, -s> (*a.* WIRTSCH) fletamento *m;* **Charterflug** *m* (AERO) (vuelo *m*) chárter *m;* **Charterflugzeug** *nt* (AERO) (avión *m*) chárter *m*
**chartern** ['tʃa:ɐtɐn] *vt* fletar
**Charts** ['tʃa:ɐts] *pl* (MUS) (listas *fpl* de) superventas *mpl;* (**ganz oben**) **in den ~ sein** estar en los primeros puestos de los superventas
**Chassis** [ʃa'si:] *nt* <-, -> ❶ (AUTO) chasis *m inv* ❷ (ELEK) placa *f* de base
**Chat** [tʃɛt] *m* <-s, -s> (INFOR, TEL: *sl*) charla *f* (*por Internet*)
**chatten** ['tʃɛtən] *vi* (INFOR): (**mit jdm**) ~ chatear (con alguien)
**Chauffeur(in)** [ʃɔ'fø:ɐ] *m(f)* <-s, -e; -nen> chófer *mf*
**chauffieren*** *vt* conducir
**Chaussee** *f* <-n> avenida *f*
**Chauvi** ['ʃo:vi] *m* <-s, -s> (*fam*) machista *m*
**Chauvinismus** [ʃovi'nɪsmʊs] *m* <-, *ohne pl*> (*abw*) ❶ (*Nationalismus*) chovinismo *m* ❷ (*Sexismus*) machismo *m*
**Chauvinist** *m* <-en, -en> (*abw: Sexist*) machista *m*
**chauvinistisch** *adj* (*abw*) ❶ (*nationalistisch*) chovinista ❷ (*frauenfeindlich*) machista
**checken** ['tʃɛkən] *vt* ❶ (*überprüfen*) revisar, chequear *Am* ❷ (*fam: kapieren*) captar ❸ (*Eishockey*) empujar
**Check-in** *m o nt* <-s, -s> (AERO) facturación *f;* **um 15.00 Uhr beginnt der ~** a las tres se empieza a facturar (el equipaje)
**Checkliste** *f* ❶ (*Notizzettel*) recordatorio *m* ❷ (AERO) lista *f* de embarque
**Check-up** *m* <-s, -s> (MED) chequeo *m*
**Chef(in)** [ʃɛf] *m(f)* <-s, -s; -nen> jefe, -a *m, f;* **Chefarzt, -ärztin** *m, f* (MED: *eines Krankenhauses*) director(a) *m(f);* (*einer Station*) médico, -a *m, f* jefe; **Chefetage** *f* departamento *m* de ejecutivos
**Chefin** *f* <-nen> *s.* **Chef**
**Chefkoch, -köchin** *m, f* cocinero, -a *m, f* jefe; **Chefredakteur(in)** *m(f)* redactor(a) *m(f)* jefe; **Chefsekretär(in)** *m(f)* secretario, -a *m, f* de dirección
**Chemie** [çe'mi:] *f ohne pl* química *f;* **Chemiefaser** *f* fibra *f* sintética; **Chemiekonzern** *m* empresa *f* multinacional química; **Chemiemüll** *m* residuos *mpl* químicos
**Chemikalie** [çemi'ka:liə] *f* <-n> sustancia *f* química
**Chemiker(in)** ['çe:mikɐ] *m(f)* <-s, -; -nen> químico, -a *m, f*
**chemisch** *adj* químico; **~e Reinigung** limpieza en seco
**Chemotherapie** [çemotera'pi:] *f* (MED) quimioterapia *f*
**chic** [ʃɪk] *adj* elegante, paquete *Arg;* **sich ~ machen** vestirse elegantemente; **es gilt als ~, in dieses Lokal zu gehen** está de moda ir a este local
**Chicorée** [ʃiko're:] *m* <-s, *ohne pl*>, *f ohne pl* achicoria *f* (amarga)
**Chiffre** ['ʃɪfrə] *f* <-n> cifra *f*
**chiffrieren*** [ʃɪ'fri:rən] *vt* cifrar
**Chile** ['çi:le, 'tʃi:le] *nt* <-s> Chile *m*
**Chilene, -in** [çi'le:nə] *m, f* <-n, -n; -nen> chileno, -a *m, f*
**chilenisch** *adj* chileno
**Chili** ['tʃili] *m* <-s, *ohne pl*> (GASTR: *Pfefferschote*) chile *m,* chilli *m Mex;* (*Pfeffersoße*) ají *m;* **Chili-Sauce** *f* (GASTR) chilmole *m*
**China** ['çi:na] *nt* <-s> China *f;* **Chinakohl** *m* col *f* rizada; **Chinarestaurant** *nt* restaurante *m* chino
**Chinese, -in** [çi'ne:zə] *m, f* <-n, -n; -nen> chino, -a *m, f*
**chinesisch** *adj* chino
**Chip** [tʃɪp] *m* <-s, -s> ❶ (*Spielmarke*) ficha *f* ❷ *pl* (*gebackene Kartoffelscheiben*) patatas *fpl* fritas ❸ (INFOR) chip *m;* **Chipkarte** *f* (INFOR) tarjeta *f* chip
**Chirurg(in)** [çi'rʊrk] *m(f)* <-en, -en; -nen> cirujano, -a *m, f*
**Chirurgie**[1] [çirʊr'gi:] *f ohne pl* (*Fach*) cirugía *f*
**Chirurgie**[2] *f* <-n> (*Abteilung*) sección *f* de cirugía
**Chirurgin** *f* <-nen> *s.* **Chirurg**
**chirurgisch** *adj* quirúrgico
**Chlor** [klo:ɐ] *nt* <-s, *ohne pl*> (CHEM) cloro *m*
**chloren** ['klo:rən] *vt* clorar
**Chlorid** *nt* <-(e)s, -e> (CHEM) cloruro *m*
**Chloroform** [kloro'fɔrm] *nt* <-s, *ohne pl*> (CHEM) cloroformo *m*
**Chlorophyll** [kloro'fʏl] *nt* <-s, *ohne pl*> (BOT) clorofila *f*

**Chlorwasserstoff** *m* (CHEM) ácido *m* clorhídrico
**Choke** [tʃo:k] *m* <-s, -s> (AUTO) aire *m*, estárter *m*; **den ~ ziehen** sacar el aire
**Cholera** ['ko:lera, 'kɔlərа] *f ohne pl* (MED) cólera *m*; **Choleraepidemie** *f* epidemia *f* de cólera
**Choleriker(in)** [ko'le:rikɐ] *m(f)* <-s, -; -nen> colérico, -a *m, f*
**cholerisch** *adj* colérico, furioso
**Cholesterin** [kolɛste'ri:n] *nt* <-s, *ohne pl*> (MED) colesterol *m*; **Cholesterinspiegel** *m* (MED) nivel *m* de colesterol
**Chopsuey** *nt* <-(s), -s> (GASTR) chop suey *m*
**Chor** [ko:ɐ, *pl:* 'kø:rə] *m* <-(e)s, Chöre> (MUS, ARCHIT) coro *m*; **im ~ sprechen/singen** hablar/cantar a coro
**Choral** [ko'ra:l, *pl:* ko'rɛ:lə] *m* <-s, Choräle> (MUS) cántico *m*, (composición *f*) coral *m*
**Choreograf(in)** [koreo'gra:f] *m(f)* <-en, -en; -nen> coreógrafo, -a *m, f*
**Choreografie** [koreogra'fi:] *f* <-n> coreografía *f*
**Choreografin** *f* <-nen> *s.* **Choreograf**
**choreografisch** *adj* coreográfico
**Choreograph(in)** *m(f)* <-en, -en; -nen> *s.* **Choreograf**
**Choreographie** *f* <-n> *s.* **Choreografie**
**Choreographin** *f* <-nen> *s.* **Choreograf**
**choreographisch** *adj s.* **choreografisch**
**Chorknabe** *m* (MUS) niño *m* de coro
**Chose** ['ʃo:zə] *f* <-n> (*fam*) ① (*Angelegenheit*) asunto *m* ② (*Dinge*) chismes *mpl*; **die ganze ~** todos los trastos
**Chr.** *Abk. von* **Christus, Christi** Cristo *m*
**Christ(in)** [krɪst] *m(f)* <-en, -en; -nen> cristiano, -a *m, f*
**Christbaum** *m* árbol *m* de Navidad
**Christenheit** *f ohne pl* cristiandad *f*
**Christentum** *nt* <-s, *ohne pl*> cristianismo *m*
**Christi** *gen von* **Christus: vor ~ Geburt** antes de Cristo
**Christin** *f* <-nen> *s.* **Christ**
**Christkind** *nt ohne pl* niño *m* Jesús
**christlich** *adj* cristiano
**Christmesse** *f* (REL), **Christmette** ['krɪstmɛtə] *f* <-n> (REL) misa *f* de(l) gallo
**Christus** ['krɪstʊs] *m* <Christi> Cristo *m*; **vor ~** antes de Cristo
**Chrom** [kro:m] *nt* <-s, *ohne pl*> (CHEM) cromo *m*
**chromatisch** *adj* (PHYS, MUS) cromático
**Chromosom** [kromo'zo:m] *nt* <-s, -en> (BIOL) cromosoma *m*
**Chronik** ['kro:nɪk] *f* <-en> crónica *f*
**chronisch** *adj* crónico, pasmuno *PRico*
**Chronist(in)** [kro'nɪst] *m(f)* <-en, -en; -nen> cronista *mf*
**Chronologie** [kronolo'gi:] *f* <-n> cronología *f*
**chronologisch** [krono'lo:gɪʃ] *adj* cronológico; **in ~er Reihenfolge** por orden cronológico
**Chronometer** *m* <-s, -> (TECH) cronómetro *m*
**Chrysantheme** [kryzan'te:mə] *f* <-n> crisantemo *m*
**circa** ['tsɪrka] *adv* cerca de, aproximadamente; **~ drei Stunden/150 DM** tres horas/150 marcos aproximadamente; **~ ein km** cerca de un km
**Circus** *m* <-, -se> *s.* **Zirkus**
**Cis** [tsɪs] *nt* <-, -> (MUS) do *m* sostenido
**City** ['sɪti] *f* <-s> centro *m* económico y financiero (de una ciudad)
**cl** *Abk. von* **Zentiliter** cl
**Clan** *m* <-s, -s> clan *m*
**clean** [kli:n] *adj* (*sl: nicht mehr drogenabhängig*): **~ werden** desengancharse
**Clementine** [klemɛn'ti:nə] *f* <-n> clementina *f*
**clever** ['klɛvɐ] *adj* (*fam*) hábil y astuto
**Clinch** [klɪntʃ] *m* <-(e)s, *ohne pl*> (*fam*) disputa *f*; **mit jdm im ~ liegen** (*fam*) andar a la greña con alguien
**Clip** [klɪp] *m* <-s, -s> ① (*Schmuck*) clip *m* ② (*Verschluss*) cierre *m* ③ (*Video~*) videoclip *m*
**Clique** ['klɪkə] *f* <-n> ① (*Freunde*) pandilla *f*, percha *f Mex* ② (*abw: in der Politik*) camarilla *f*
**Clou** [klu:] *m* <-s, -s> (*fam*) atracción *f* principal; **das war der ~** eso fue lo mejor
**Clown** [klaʊn] *m* <-s, -s> payaso *m*, clown *m*; **den ~ spielen** (*fam*) hacer el payaso
**Club** [klʊp] *m* <-s, -s> club *m*
**cm** *Abk. von* **Zentimeter** cm
**c-Moll** *nt* <-, *ohne pl*> (MUS) do *m* menor
**Coach** [kɔʊtʃ] *m* <-(s), -s> entrenador(a) *m(f)*
**Coca** ['ko:ka] *f* <-(s)>, *nt* <-(s), -(s)> (*fam*), **Coca-Cola®** *f* <-(s)>, *nt* <-(s), -(s)> refresco *m* de cola
**Cockpit** ['kɔkpɪt] *nt* <-s, -s> (AERO, AUTO) cabina *f* de pilotaje
**Cocktail** ['kɔktɛɪl] *m* <-s, -s> (*Party*) cóctel *m*; (*Getränk*) cóctel *m*, copetín *m Arg*; **Cocktailbar** *f* coctelería *f*
**Code** [ko:t] *m* <-s, -s> código *m*
**Codex**[1] ['ko:dɛks] *m* <-es, -e *o* Codizes> (HIST) códice *m*
**Codex**[2] *m* <-es, -e> ① (JUR) código *m* ② (*alte Handschriften*) códice *m*
**codieren*** [ko'di:rən] *vt* ① (TECH) cifrar ② (LING) codificar

**Codierung** *f* <-en> codificación *f*
**Codizes** *pl von* **Codex**[1]
**Cognac®** *m* <-s, -s> coñac *m*
**Coiffeur, -euse** [koa'føːɐ] *m, f* <-s, -e; -n> (*Schweiz*) peluquero, -a *m, f*
**Cola** ['koːla] *f* <-(s)> o *nt* <-(s), -(s)> (*fam*) (refresco *m* de) cola *f*
**Collage** [kɔ'laːʒə] *f* <-n> colage *m*
**College** *nt* <-(s), -s> (SCH, UNIV) instituto *m*
**Colt®** [kɔlt] *m* <-s, -s> revólver *m*
**Comeback** [kam'bɛk] *nt* <-(s), -s>, **Come-back** *nt* <-(s), -s> vuelta *f,* regreso *m;* **sie feiert ihr ~** está celebrando sus nuevos éxitos
**Comic** ['kɔmɪk] *m* <-s, -s> cómic *m,* cartón *m Am;* **Comicheft** *nt* cómic *m,* tebeo *m*
**Compact Disc** *f* <- -s> disco *m* compacto, compact disc *m*
**Computer** [kɔm'pjuːtɐ] *m* <-s, -> ordenador *m,* computador *m,* computadora *f Am;* **auf ~ umstellen** informatizar; **computergesteuert** *adj* controlado por ordenador; **computergestützt** *adj* informatizado, asistido por ordenador; **~es Lernen** enseñanza asistida por ordenador
**computerisieren*** *vt* (INFOR) computerizar
**computerlesbar** *adj* legible para el ordenador; **Computerlinguist(in)** *m(f)* linguista *mf* informático, -a; **Computerlinguistik** *f* procesamiento *m* lingüístico de datos; **Computerlinguistin** *f s.* **Computerlinguist**
**computern*** *vi* (*fam*) trabajar con (el) ordenador
**Computerprogramm** *nt* programa *m* de ordenador; **Computersimulation** *f* simulación *f* por ordenador; **Computerspiel** *nt* juego *m* de ordenador; **Computersystem** *nt* (INFOR) sistema *m* de ordenadores; **computerunterstützt** *adj* asistido por ordenadores; **Computervirus** *m* (INFOR) virus *m inv* informático
**Comtesse** [kɔm'tɛs] *f* <-n> condesa *f*
**Conférencier** [kõferã'sjeː] *m* <-s, -s> presentador(a) *m(f),* animador(a) *m(f)*
**Consulting** [kɔn'saltɪŋ] *nt* <-s, *ohne pl*> (WIRTSCH) consulting *m,* asesoría *f*
**Container** [kɔn'teːnɐ] *m* <-s, -> contenedor *m,* container *m;* **Containerschiff** *nt* portacontenedores *m inv*
**cool** [kuːl] *adj* (*fam*) tranqui
**Copilot(in)** ['koːpiloːt] *m(f)* copiloto *mf*
**Copyright** ['kɔpiraɪt] *nt* <-s, -s> copyright *m*
**Cord** [kɔrt] *m* <-(e)s, -e *o* -s> pana *f*
**Cordon bleu** [kɔrdõ'bløː] *nt* <- -, -s -s> (GASTR) cordon bleu *m*
**Corner** ['kɔːnɐ] *m* <-s, -> (*Schweiz, Österr: Eckstoß im Fußball*) córner *m*
**Cornflakes** ['kɔːnflɛɪks] *pl* cereales *mpl*
**Cornichon** [kɔrni'ʃõː] *nt* <-s, -s> (GASTR) pepinillo *m*
**Cortison** [kɔrti'zoːn] *nt* <-s, *ohne pl*> (MED) cortisona *f*
**Costa Rica** ['kɔsta 'riːka] *nt* <- -s> Costa Rica *f*
**Costaricaner(in)** [kɔstari'kaːnɐ] *m(f)* <-s, -; -nen> costarricense *mf,* costarriqueño, -a *m, f*
**costaricanisch** *adj* costarricense, costarriqueño
**Couch** [kaʊtʃ] *f* <-s *o* -en> diván *m;* **Couchgarnitur** *f* tresillo *m;* **Couchtisch** *m* mesilla *f* de tresillo
**Countdown** ['kaʊnt'daʊn] *m* <-s, -s>, **Count-down** *m* <-s, -s> cuenta *f* atrás; **der ~ läuft** ha empezado la cuenta atrás
**Coup** [kuː] *m* <-s, -s> golpe *m;* **einen ~ landen** dar el golpe
**Coupé** [ku'peː] *nt* <-s, -s> ❶ (AUTO) cupé *m* ❷ (*Österr: Zugabteil*) compartimiento *m*
**Coupon** [ku'põː] *m* <-s, -s> ❶ (*Beleg*) resguardo *m* ❷ (FIN) cupón *m* ❸ (*Stoffabschnitt*) retal *m*
**Courage** [kʊ'raʒə] *f ohne pl* (*fam*) valor *m;* **dazu fehlt ihm die ~** para eso le falta el valor
**couragiert** [kura'ʒiːɐt] *adj* valiente
**Cousin(e)** [ku'zɛ̃ː] *m(f)* <-s, -s; -n> primo, -a *m, f*
**Couvert** [ku'veːɐ] *nt* <-s, -s> ❶ (*Bettbezug*) funda *f* (para el edredón) ❷ (*reg: Briefumschlag*) sobre *m* ❸ (*geh: Gedeck*) cubierto *m*
**Cover** ['kavɐ] *nt* <-s, -> (*Schallplatte, Buch, Zeitschrift*) portada *f;* **Coverversion** *f* (MUS) coverversion *f*
**Cowboy** ['kaʊbɔɪ] *m* <-s, -s> cowboy *m,* vaquero *m*
**Crack**[1] [krɛk] *m* <-s, -s> (*Sportler*) deportista *mf* de primera
**Crack**[2] [krɛk] *nt* <-s, *ohne pl*> (*Rauschgift*) crack *m*
**Crashkurs** ['krɛʃkʊrs] *m* (*Schnellkurs*) cursillo *m* intensivo
**Creme** *f* <-s> (*a.* GASTR) crema *f*
**cremefarben** *adj* de color crema
**Cremetorte** *f* (GASTR) tarta *f* de crema
**cremig** ['kreːmɪç] *adj* cremoso
**Crêpe**[1] [krɛp] *f* <-s> (GASTR) crepe *f,* panqueque *m Am*
**Crêpe**[2] *m* <-s, -> (*Stoff*) crespón *m;* **~ de Chine** crespón de China
**Crew** [kruː] *f* <-s> (NAUT, AERO) tripulación *f*
**Croissant** [kroa'sõː] *nt* <-s, -s> cruasán *m,* medialuna *f Am*

**Croupier** [kru'pje:] *m* <-s, -s> crupier *m*
**C-Schlüssel** *m* (MUS) clave *f* de do
**CSU** [tse:ʔɛs'ʔu:] *f Abk. von* **Christlich Soziale Union** (**Deutschlands**) Partido *m* de la Unión Cristiano-Social de Alemania
**Cup** [kap] *m* <-s, -s> (SPORT) copa *f*
**Curry** ['kœri] *m o nt* <-s, -s> curry *m;* **Currywurst** ['kœrivʊrst] *f* salchicha *f* con salsa de curry
**Cursor** ['kœ:zɐ] *m* <-s, -s> (INFOR) cursor *m*
**Cutter(in)** ['katɐ] *m(f)* <-s, -; -nen> montador(a) *m(f)*
**CVP** [tse:faʊ'pe:] *f* (POL: *in der Schweiz*) *Abk. von* **Christlichdemokratische Volkspartei** Partido *m* Popular Cristiano-Demócrata
**Cybercafé** ['saɪbɐkafe:] *nt* ciberbar *m;* **Cybercash** ['saɪbɐkɛʃ] *nt* <-, *ohne pl*>, **Cybergeld** *nt ohne pl* (INFOR) dinero *m* electrónico, cybercash *m;* **Cyberpatrol** ['saɪbɐpɛtrəl] *m* <-(s), -s> (INFOR, TEL) ciberpatrulla *f;* **Cybersex** ['saɪbɐsɛks] *m* cibersexo *m,* sexo *m* virtual; **Cyberspace** ['saɪbɐspɛɪs] *m* <-, *ohne pl*> (INFOR) ciberespacio *m*

# Dd

**D, d** [de:] *nt* <-, -> ❶ (*Buchstabe*) D, d *f;* ~ **wie Dora** D de Dolores ❷ (MUS) re *m*
**da** [da:] **I.** *adv* ❶ (*dort*) allí, allá; (*hier*) ahí, aquí; ~ **draußen** allí fuera; ~ **kommt er** allí viene; ~**, wo ...** allí donde...; ~ **drüben** allí enfrente; ~ **oben/unten** aquí arriba/abajo; **gehen sie** ~ **herum** vaya por allí; ~ **ist/sind ...** aquí hay...; **gibst du mir bitte mal das Buch? – ~!** por favor, ¿me das el libro? – ¡aquí tienes! ❷ (*zeitlich*) entonces; **es ist zwei Jahre her,** ~ **haben sie die Kirche restauriert** han pasado dos años desde que restauraron la iglesia; **als ich das machte,** ~ **...** mientras estaba haciendo esto...; ~ **fällt mir gerade ein, ...** a todo esto se me acaba de ocurrir que...; **von** ~ **an** desde entonces ❸ (*in diesem Falle*) en este caso; ~ **haben Sie aber nicht Recht** pero en este caso Ud. no tiene razón; **und** ~ **wagst du es noch zu kommen?** ¿y después de todo esto aún te atreves a venir? ❹ (*vorhanden*): ~ **sein** estar presente; (*vorrätig*) haber; **es ist niemand** ~ no hay nadie; **ich bin gleich wieder** ~ vuelvo enseguida; **war Thomas gestern** ~ ¿estuvo Tomás ayer?; **ist noch Milch ~?** ¿queda leche todavía?; **das stellt alles** ~ **Gewesene in den Schatten** esto es algo que no tiene precedentes; ~ **ist er** aquí está ❺ (*zur Verfügung*): ~ **sein für jdn** estar a disposición de alguien; **er ist immer für mich** ~ siempre está ahí cuando lo necesito **II.** *konj* ❶ (*weil*) ya que, como; **es geht nicht,** ~ **die Zeit nicht reicht** no se puede hacer, ya que no llega el tiempo ❷ (*geh: als, wenn*) cuando; **sehnsüchtig erwartet er die Stunde,** ~ **sie bei ihm sein wird** ansiosamente espera la hora en la que ella estará junto a él
**da|behalten*** *irr vt* quedarse (con); **jdn** ~ retener a alguien; **sie haben sie in der Klinik gleich** ~ la ingresaron en la clínica en el acto
**dabei** [da'baɪ, 'da:baɪ] *adv* ❶ (*örtlich*) incluido; **sind die Lösungen ~?** ¿trae las soluciones incluidas? ❷ (*währenddessen*) al mismo tiempo; **er arbeitete und hörte** ~ **Radio** trabajaba y escuchaba la radio al mismo tiempo; **sie fühlt sich wohl** ~ se siente a gusto haciendo esto ❸ (*bei dieser Sache*) en esto, en ello; **ich bleibe ~, dass ...** mantengo que...; **wichtig** ~ **ist, dass ...** lo importante en esto es que... +*subj;* **was hast du dir denn** ~ **gedacht?** ¿qué te imaginaste con esto?; ~ **darf man nicht vergessen, dass ...** en ello no se puede olvidar que... ❹ (*außerdem*) además; (*gleichzeitig*) a la vez; **sie ist reich und** ~ **bescheiden** es rica y a la vez modesta ❺ (*obgleich*) aunque; **er ist traurig,** ~ **hat er gar keinen Grund dazu** está triste sin tener motivo para estarlo ❻ (*Wend*): **bei etw** ~ **sein** (*anwesend sein*) asistir a algo; (*mitmachen*) participar en algo; ~ **sein etw zu tun** estar haciendo algo; **dabei|bleiben** *irr vi* (*Tätigkeit*) continuar (*bei* con); (*Mitgliedschaft*) permanecer (*bei* en); **dabei|haben** *irr vt* (*Gegenstand*) tener consigo; **jdn bei etw** ~ **wollen** querer que alguien esté presente en [*o* durante] algo; **dabei|stehen** *irr vi* estar (ahí)
**da|bleiben** *irr vi sein* quedarse (ahí)
**Dach** [dax, *pl:* 'dɛçɐ] *nt* <-(e)s, Dächer> techo *m;* (*Ziegel~*) tejado *m;* (AUTO) cubierta *f;* **unterm** ~ **wohnen** vivir en la buhardilla; **etw unter** ~ **und Fach bringen** (*fam fig*) rematar algo; **ein** ~ **über dem Kopf haben** (*fam fig*) tener una vivienda; **mit jdm unter einem** ~ **wohnen** (*fam fig*) vivir bajo un mismo techo

con alguien; **eins aufs ~ kriegen** (*fam fig*) recibir una reprimenda; **jdm aufs ~ steigen** (*fam fig*) decir a alguien cuatro verdades; **Dachbalken** *m* viga *f;* **Dachboden** *m* desván *m;* **Dachdecker(in)** *m(f)* <-s, -; -nen> tejador(a) *m(f);* **Dachfenster** *nt* tragaluz *m;* **Dachfirst** *m* caballete *m* del tejado; **Dachgepäckträger** *m* (AUTO) baca *f,* portaequipajes *m inv;* **Dachgeschoss** *nt* ático *m;* **Dachkammer** *f* guardilla *f;* **Dachlawine** *f nieve que se cae del tejado de una casa;* **Dachrinne** *f* canalón *m*

**Dachs** [daks] *m* <-es, -e> tejón *m*

**Dachschaden** *m ohne pl:* **einen ~ haben** (*fam*) no estar bien de la cabeza

**Dachstuhl** *m* entramado *m* del tejado

**dachte** ['daxtə] *3. imp von* **denken**

**Dachverband** *m* federación *f* central, holding *m;* **Dachwohnung** *f* ático *m;* **Dachziegel** *m* teja *f*

**Dackel** ['dakəl] *m* <-s, -> perro *m* salchicha

**Dadaismus** [dada'ɪsmʊs] *m* <-, *ohne pl*> (KUNST) dadaísmo *m*

**dadurch** ['da:dʊrç] *adv* ❶ (*örtlich*) por allí, por ahí ❷ (*auf diese Weise*) con ello, de esta manera; **~, dass ...** dado que...

**dafür** ['da:fy:ɐ, da'fy:ɐ] *adv* ❶ (*für das*) de esto, para esto; **etwas/nichts ~ können** tener/no tener la culpa; **wir haben kein Geld ~** no tenemos dinero para esto; **der Grund ~ ist, dass ...** la razón de esto es que...; **ich bin ~** estoy a favor; **alles spricht ~** todo está a favor ❷ (*zum Ausgleich*) en cambio; **in Englisch ist sie schlecht, ~ ist sie gut in Mathematik** es mala en inglés, pero en cambio sabe mucho de matemáticas ❸ (*in Hinblick darauf*) teniendo en cuenta que; **~, dass er so klein ist, spielt er ganz gut Basketball** teniendo en cuenta lo bajo que es, juega muy bien al baloncesto ❹ (*weil*) por algo, para algo; **sie kannte sich in Grammatik aus, ~ war sie ja Linguistin** sabía mucho de gramática, por algo era lingüista

**dagegen** ['da:ge:gən, da'ge:gən] *adv* ❶ (*räumlich*) contra ello ❷ (*ablehnend*) en contra; **haben Sie was ~, wenn ich rauche?** ¿le molesta si fumo?; **~ ist nichts einzuwenden** no tengo nada en contra; **wer ist dafür und wer ~, dass ...?** ¿quién está a favor y quién en contra de que...? *+subj* ❸ (*als Gegenmaßnahme*) contra; **es gibt kein Mittel ~** contra eso no hay remedio ❹ (*verglichen mit*) en comparación; (*im Gegensatz*) en cambio; **es war dort unglaublich kalt, der Winter hier ist nichts ~** allí hacía un frío increíble, en comparación con eso el invierno aquí no es nada; **dagegen|halten** *irr vt* objetar; **da kann man nichts ~** no hay nada que oponer

**da|haben** *irr vt* ❶ (*fam: vorrätig*) tener; **haben wir genug Getränke für die Party da?** ¿tenemos suficientes bebidas para la fiesta? ❷ (*zu Besuch, im Haus*) tener (en casa); **wir haben heute Abend Freunde (zum Abendessen) da** esta noche tenemos amigos en casa (para cenar)

**daheim** [da'haɪm] *adv* (*südd*) en casa; **bei uns ~** en nuestra casa

**daher** ['da:he:ɐ, da'he:ɐ] *adv* ❶ (*von dort her*) de ahí; **das kommt ~, dass ...** esto viene de que... ❷ (*deshalb*) por eso; **von ~** de ahí que *+subj;* **er hat viel gelesen, ~ weiß er das** ha leído mucho, por eso lo sabe; **dahergelaufene(r, s)** *adj* (*abw*) cualquiera; **daher|reden** *vi, vt* (*fam*) hablar sin ton ni son; **red doch nicht so blöd daher!** ¡no digas tantos disparates!

**dahin** ['da:hɪn, da'hɪn] *adv* ❶ (*an diesen Ort*) allí, ahí; **~ gehe ich nie wieder** allí no vuelvo nunca más ❷ (*in diese Richtung*) hacia allí, hacia ahí; **seine Bemühungen gehen ~, dass ...** todos sus esfuerzos van encaminados a... *+inf;* **~ gehend, dass** en el sentido de que ❸ (*so weit*) a tal extremo, a tal punto; **es ist ~ gekommen, dass ...** se ha llegado a tal punto que...; **er wird es ~ bringen, dass ...** va a llegar a tal extremo que... ❹ (*zeitlich*): **bis ~** hasta entonces ❺ (*Wend*): **~ sein** estar perdido; **dahingestellt** [-'---] *adj* indeciso; **etw bleibt ~** algo está en tela de juicio; **lassen wir es ~ (sein), ob ...** nos abstenemos de decidir si...; **dahin|raffen** *vt* (*geh*) aniquilar; **dahin|sagen** [-'---] *vt:* **etw nur so ~** no decir algo en serio; **dahin|schleppen** [-'---] *vr:* **sich ~** (*Mensch*) arrastrarse; (*Zeit*) no pasar; (*Verhandlungen*) no avanzar

**dahinten** [da'hɪntən] *adv* allí atrás, allá atrás

**dahinter** [da'hɪntɐ] *adv* detrás; **~ kommen** (*fam: herausfinden*) averiguar; (*verstehen*) caer en la cuenta; **es wird vermutet, dass die Mafia ~ steckt** (*fam*) se supone que la Mafia tiene algo que ver con eso; **er redet viel, aber es steckt nichts ~** (*fam*) habla mucho, pero todo es paja; **da steckt doch was ~** (*fam fig*) aquí hay gato encerrado; **da ist nichts ~** (*fam fig*) eso no tiene fondo

**dahin|vegetieren*** *vi* vegetar

**Dahlie** ['da:liə] *f* <-n> (BOT) dalia *f*

**da|lassen** *irr vt* (*fam*) dejar; (*hier*) dejar

aquí; (*dort*) dejar allí

**dalli** ['dali] *adv* (*fam*) dale; **jetzt aber ~!** ¡vamos, de prisa!

**damalige(r, s)** *adj* de entonces, de aquel tiempo

**damals** ['da:ma:ls] *adv* entonces, en aquel tiempo; **seit ~** desde entonces; **~, als ...** en aquel tiempo, cuando...

**Damast** [da'mast] *m* <-(e)s, -e> damasco *m* de seda

**Dame**[1] ['da:mə] *f ohne pl* (*Brettspiel*) juego *m* de damas

**Dame**[2] *f* <-n> ❶ (*Frau*) señora *f;* **meine ~n und Herren** señoras y señores; **die ~ des Hauses** el ama (de la casa) ❷ (*im Schach, beim Damespiel, Spielkarte*) dama *f*

**Damebrett** *nt* tablero *m* de damas

**Damenbegleitung** *f ohne pl:* **in ~** en compañía de una señora; **Damenbekanntschaft** *f* amistad *f* femenina; **~en haben** tener relaciones con mujeres; **Damenbesuch** *m* visita *f* femenina; **Damenbinde** *f* compresa *f;* **Damenfahrrad** *nt* bicicleta *f* de señora; **Damenfriseur(in)** *m(f)* peluquero, -a *m, f* de señoras

**damenhaft** *adj* mujeril

**Damenmannschaft** *f* (SPORT) equipo *m* femenino; **Damenmode** *f* moda *f* femenina; **Damenoberbekleidung** *f ohne pl* ropa *f* de mujer; **Damensitz** *m ohne pl* silla *f* de amazona, galápago *m Hond, Peru, Ven;* **im ~ reiten** montar a mujeriegas; **Damentoilette** *f* lavabo *m* para señoras; **Damenwahl** *f ohne pl baile en el cual son las mujeres las que sacan a bailar a los hombres*

**Damespiel** *nt* juego *m* de damas; **Damestein** *m* peón *m*

**Damhirsch** ['damhɪrʃ] *m* (ZOOL) gamo *m*

**damisch** ['da:mɪʃ] *adj* (*südd, Österr*) ❶ (*fam: dumm*) tonto, baboso *Am* ❷ (*fam: schwindlig*) atolondrado

**damit** ['da:mɪt, da'mɪt] **I.** *adv* con ello; **was soll ich ~?** ¿qué hago yo con esto?; **~ befasse ich mich nicht** no me ocupo de esto; **es fing ~ an, dass ...** empezó con que...; **weg ~!** ¡fuera con esto!; **hör ~ auf!** ¡deja eso!; **ich bin ~ zufrieden, dass ...** estoy contento de que... +*subj* **II.** *konj* para +*inf*, para que +*subj*

**dämlich** ['dɛ:mlɪç] *adj* (*fam*) tonto, baboso *Am*

**Dämlichkeit**[1] *f* <-en> (*fam abw: Handlung*) tontería *f;* **lass doch diese ~en sein!** ¡déjate de bobadas!

**Dämlichkeit**[2] *f ohne pl* (*fam abw: Art, Verhalten*) tontería *f;* **deine ~ geht mir auf die Nerven!** ¡tu estupidez me saca de quicio!

**Damm** [dam, *pl:* 'dɛmə] *m* <-(e)s, Dämme> ❶ (*Bahn~, Straßen~*) terraplén *m;* **wieder auf dem ~ sein** (*fam fig*) sentirse bien de nuevo ❷ (*Deich*) dique *m* ❸ (ANAT) perineo *m*

**dämmen** *vt* ❶ (*geh: aufstauen*) estancar ❷ (TECH: *Schall*) absorber

**dämmerig** *adj* crepuscular; **es wird ~** (*morgens*) amanece; (*abends*) atardece

**Dämmerlicht** ['dɛmɐ-] *nt ohne pl* penumbra *f*

**dämmern** ['dɛmɐn] **I.** *vi* ❶ (*anbrechen*): **der Abend dämmert** cae el día; **der Morgen dämmert** apunta el día ❷ (*fam: bewusst werden*) darse cuenta; **es dämmert ihm, dass ...** se está dando cuenta de que... **II.** *vunpers:* **es dämmert** (*morgens*) amanece; (*abends*) atardece

**Dämmerung** ['dɛmərʊŋ] *f* <-en> crepúsculo *m;* (*Abend~*) ocaso *m;* (*Morgen~*) alba *f;* **in der ~** en el crepúsculo

**dämmrig** *adj s.* **dämmerig**

**Dämon** ['dɛ:mɔn, *pl:* dɛ'mo:nən] *m* <-s, -en> demonio *m*

**dämonisch** *adj* endemoniado

**Dampf** [dampf, *pl:* 'dɛmpfə] *m* <-(e)s, Dämpfe> vapor *m;* **unter ~ stehen** (*fam*) estar bajo presión; **jdm ~ machen** (*fam*) meter prisa a alguien; **~ ablassen** (*fam fig*) desahogarse; **Dampfbad** *nt* baño *m* de vapor; **Dampfbügeleisen** *nt* plancha *f* de vapor; **Dampfdruck** *m* presión *f* del vapor

**dampfen** ['dampfən] *vi* ❶ (*Speisen*) echar humo, humear ❷ *sein* (*fahren*) salir echando humo

**dämpfen** ['dɛmpfən] *vt* ❶ (GASTR) cocinar al vapor ❷ (*Licht*) atenuar; (*Lärm*) rebajar; (*Schall, Stoß*) amortiguar; (*Stimme*) bajar ❸ (*Ärger*) calmar; (*Schmerzen*) mitigar

**Dampfer** ['dampfɐ] *m* <-s, -> buque *m* de vapor; **auf dem falschen/richtigen ~ sein** (*fam fig*) estar equivocado/en lo cierto

**Dämpfer** ['dɛmpfɐ] *m* <-s, -> (MUS) sordina *f;* **einen ~ bekommen** (*fam*) llevarse un chasco

**Dampfkochtopf** *m* olla *f* a presión; **Dampfkraftwerk** *nt* (TECH) central *f* termoeléctrica; **Dampflokomotive** *f* (EISENB) locomotora *f* de vapor; **Dampfmaschine** *f* (TECH) máquina *f* de vapor; **Dampfschiff** *nt* (NAUT) buque *m* de vapor; **Dampfturbine** *f* (TECH) turbina *f* a vapor; **Dampfwalze** *f* apisonadora *f* de vapor

**danach** ['da:na:x, da'na:x] *adv* ① (*zeitlich*) despúes; (*später*) más tarde; (*anschließend*) a continuación; ~ **bin ich dran** después me toca a mí ② (*räumlich*) después, detrás; **sie griff** ~ lo cogió ③ (*dementsprechend*) como corresponde; **es sieht ganz ~ aus, als ob ...** tiene todo el aspecto como si... +*subj;* **richte dich bitte ~!** ¡compórtate de acuerdo con eso!

**Däne, -in** ['dɛ:nə] *m, f* <-n, -n; -nen> danés, -esa *m, f*

**daneben** [da'ne:bən, 'da:ne:bən] *adv* ① (*räumlich*) al lado; **links/rechts** ~ al lado a la izquierda/derecha; **im Haus** ~ en la casa de al lado ② (*verglichen mit*) por el contrario ③ (*außerdem*) además; (*gleichzeitig*) al mismo tiempo ④ (*Wend*): ~ **sein** (*fam: verwirrt sein*) estar atontado; **daneben|benehmen*** *irr vr:* **sich** ~ (*fam*) meter la pata; **daneben|gehen** [-'----] *irr vi sein* ① (*Schuss*) errar el blanco ② (*fam: scheitern*) irse al traste, chingarse *Am;* **daneben|liegen** *irr vi* (*fam*) estar equivocado

**Dänemark** ['dɛ:nəmark] *nt* <-s> Dinamarca *f*

**Dänin** *f* <-nen> *s.* **Däne**

**dänisch** *adj* danés

**dank** [daŋk] *präp* +*gen/dat* gracias a, merced a

**Dank** *m* <-(e)s, *ohne pl*> gracias *fpl;* **besten ~!** ¡muchas gracias!; **das ist nun der ~ dafür** así me lo pagan; **zum ~ für ...** en recompensa de...; **jdm ~ schulden** quedar agradecido a alguien; **ich bin Ihnen zu ~ verpflichtet** le estoy agradecido

**dankbar** *adj* ① (*Mensch*) agradecido; **ich bin Ihnen sehr** ~ se lo agradezco mucho ② (*Aufgabe*) satisfactorio ③ (*fam: strapazierfähig*) resistente

**Dankbarkeit** *f ohne pl* agradecimiento *m,* gratitud *f*

**danke** *interj* gracias; ~ **schön/vielmals!** ¡muchas/muchísimas gracias!; **nein, ~!** no ¡gracias!

**danken** **I.** *vi* (*Dank aussprechen*) dar las gracias (*für* por), agradecer (*für*); **wir ~ für die Einladung** agradecemos la invitación; **~d annehmen/ablehnen** aceptar/rechazar agradecido; **nichts zu ~!** ¡no hay de qué! **II.** *vt* agradecer; **die ganze Mühe dankt dir keiner** nadie te agradece el esfuerzo; **dankenswert** *adj* digno de agradecimiento

**Dankeschön** *nt* <-s, *ohne pl*> gracias *fpl;* **ein herzliches ~ sagen** dar las gracias de corazón

**Danksagung** *f* <-en> agradecimiento *m*

**dann** [dan] *adv* ① (*danach*) luego; (*später*) más tarde; (*Zeitpunkt*) entonces; ~ **und wann** de vez en cuando; **und was ~?** ¿y entonces qué?; **bis ~!** ¡hasta luego! ② (*zu dem Zeitpunkt*) en aquel momento; **das Telefon klingelt immer ~, wenn ich gerade dusche** el teléfono suena siempre cuando me estoy duchando ③ (*außerdem*) además ④ (*unter diesen Umständen*) entonces; ~ **eben nicht!** ¡entonces no!; **selbst ~, wenn ...** incluso si... (+*subj*); **wenn nicht er, wer ~?** ¿si no él, quién entonces?

**daran** [da'ran, 'da:ran] *adv* ① (*räumlich*) al lado, por allí; **nahe** ~ muy cerca; **wir kommen häufig ~ vorbei** pasamos muchas veces por allí; **du kannst dich ~ lehnen** puedes apoyarte en esto ② (*zeitlich*): **im Anschluss** ~ a continuación; **er war nahe ~ das zu tun** estuvo a punto de hacerlo ③ (*an dieses, an diesem*) en esto; **ich muss immer ~ denken** pienso continuamente en esto; ~ **wird sich nichts ändern** esto no cambiará; **er ist ~ schuld** él tiene la culpa (de esto); **daran|gehen** [-'---] *irr vi sein* ponerse (*zu* a); **daran|machen** [-'---] *vr:* **sich** ~ (*fam*) ponerse (*zu* a); **daran|setzen** [-'---] **I.** *vt* (*einsetzen*) hacer; **du musst alles ~, um ...** tienes que hacer todo lo posible para... **II.** *vr:* **sich** ~ (*fam: in Angriff nehmen*) ponerse (*zu* a)

**darauf** ['da:raʊf, da'raʊf] *adv* ① (*räumlich*) encima; **im Zimmer stand ein Tisch, ~ lagen Bücher** en la habitación había una mesa con libros encima ② (*zeitlich*) después; **bald** ~ poco después; **am ~ folgenden Tag** al día siguiente; ~ **sagte er ...** a lo que dijo... ③ (*deshalb*) por lo que, en consecuencia ④ (*auf dieses*): **ich bin stolz ~, dass ...** estoy orgulloso de que... (+*subj*); **sich ~ verlassen, dass ...** contar con que... (+*subj*); **das kommt ~ an** depende; **lasst uns ~ anstoßen** brindemos por ello; **daraufhin** ['---] *adv* ① (*danach*) a continuación ② (*infolgedessen*) en consecuencia, a lo cual

**daraus** ['da:raʊs, da'raʊs] *adv* de ello; ~ **folgt, dass ...** de esto se deduce que...; **ich mache mir nichts ~** (*fam*) esto me importa un comino

**dar|bieten** ['da:ɐbi:tən] *irr* **I.** *vt* (*geh: vorführen*) (re)presentar **II.** *vr:* **sich** ~ (*geh: Gelegenheit*) presentarse; (*sich anbieten*) ofrecerse

**Darbietung** *f* <-en> ① (*geh: das Darbieten*) presentación *f* ② (*Darstellung*) representación *f;* (*Vorstellung*) función *f*

**darf** [darf] *3. präs von* **dürfen**

**darin** ['da:rɪn, da'rɪn] *adv* ❶ (*räumlich*) dentro ❷ (*in dieser Beziehung*) en esto, en eso; ~ **ist er ganz groß** es un experto en esto; **wir stimmen ~ überein, dass ...** estamos de acuerdo en que...

**dar|legen** ['da:ɐle:gən] *vt* ❶ (*Plan, Ansichten*) explicar ❷ (*Gründe*) exponer

**Darlehen** ['da:ɐle:ən] *nt* <-s, -> préstamo *m*, avío *m Cuba, Chil, Peru;* **ein ~ aufnehmen/gewähren** tomar/conceder un préstamo

**Darm** [darm, *pl:* 'dɛrmə] *m* <-(e)s, Därme> intestino *m;* **Darmgrippe** *f* (MED) gripe *f* intestinal; **Darmverschluss** *m* (MED) oclusión *f* intestinal

**dar|reichen** ['da:ɐraɪçən] *vt* (*geh: Speisen*) servir; (*anbieten*) ofrecer; (*Hand*) dar

**dar|stellen** ['da:ɐʃtɛlən] **I.** *vt* ❶ (*schildern*) exponer, presentar; (*beschreiben*) describir; (*schematisch*) esquematizar; (*durch Symbole*) simbolizar ❷ (*abbilden*) representar ❸ (THEAT) hacer el papel (de) ❹ (*bedeuten*) significar **II.** *vr:* **sich ~** (*zeigen*) plantearse; **so wie sich mir die Sache darstellt** tal como se me plantea el asunto

**Darsteller(in)** *m(f)* <-s, -; -nen> actor *m*, actriz *f*

**Darstellung** *f* <-en> ❶ (THEAT: *Wiedergabe*) representación *f* ❷ (*Schilderung*) exposición *f;* (*Beschreibung*) descripción *f*

**darüber** ['da:rybɐ, da'ry:bɐ] *adv* ❶ (*räumlich*) encima; **die Wohnung ~ steht leer** la vivienda de arriba está vacía; ~ **stehen** (*fig*) estar por encima ❷ (*mehr*) más; ~ **hinaus möchte ich noch bemerken, dass ...** además quisiera resaltar que... ❸ (*zeitlich*) en esto, mientras tanto; ~ **verging die Zeit** en esto se nos pasó el tiempo ❹ (*über eine Angelegenheit*) de esto, sobre esto; **er hat sich ~ beschwert** se quejó de esto; ~ **nachdenken** pensarlo

**darum** ['da:rʊm, da'rʊm] *adv* ❶ (*deshalb*) por eso; **sie hat es nur ~ getan, weil ...** sólo lo hizo porque...; **warum? – ~!** ¿por qué? – ¡porque sí! ❷ (*räumlich*) en torno a, alrededor ❸ (*um diese Angelegenheit*): **es handelt sich ~, dass ...** se trata de que...; **red nicht lange ~ herum!** ¡no te vayas por otro camino!; ~ **geht es mir gar nicht** no es eso lo que me importa; **ich bitte dich ~** te lo pido

**darunter** ['da:rʊntɐ, da'rʊntɐ] *adv* ❶ (*räumlich*) debajo; **die Wohnung ~ steht leer** la vivienda de abajo está vacía ❷ (*weniger*) menos ❸ (*dabei*) entre ellos; **es waren viele Kinder ~** había muchos niños entre ellos ❹ (*unter dieser Angelegenheit*): **er litt ~, dass ...** le apesadumbraba el que... *+subj;* **was versteht man ~?** ¿qué quiere decir esto?

**das** [das] *art best o pron dem o pron rel s.* **der, die, das**

**da|sein** *irr vi sein s.* **da I.4., I.5.**

**Dasein** ['da:zaɪn] *nt* <-s, *ohne pl*> ❶ (*Vorhandensein*) existencia *f* ❷ (*Leben*) vida *f* ❸ (*Anwesenheit*) presencia *f;* **Daseinsberechtigung** *f* (*von Personen*) derecho *m* de vivir; (*von Dingen*) razón *f* de ser

**da|sitzen** *irr vi* estar sentado

**dasjenige** ['dasje:nɪgə] *pron dem s.* **derjenige, diejenige, dasjenige**

**dass** [das] *konj* que; **bis ~** hasta que *+subj;* **ohne ~** sin que *+subj;* **so ~** de modo que (*+subj*); **so ..., ~ ...** tan(to)... que...; ~ **er nicht zur Hilfe kam, ist nicht zu entschuldigen** el que no viniera a ayudar no tiene disculpa; **es begann damit, ~ ...** empezó con que...; ~ **du mir pünktlich nach Hause kommst!** ¡que vuelvas pronto a casa!

**dasselbe** [das'zɛlbə] *pron dem s.* **derselbe, dieselbe, dasselbe**

**? Grammatik**

**dasselbe** significa idéntico: *Heute trägt Anja dasselbe Kleid wie gestern. – Anja lleva hoy el mismo vestido que ayer.*

**das gleiche** significa parecido e indica una persona o cosa que se parece mucho a la mencionada antes, pero que no es idéntica a ella: *Anja trägt das gleiche Kleid wie ihre Schwester Susanne. – Anja lleva el mismo vestido que su hermana Susana.* A veces pueden coincidir la semejanza y la identidad; entonces se puede utilizar cualquiera de las dos: *Wir sind derselben/der gleichen Meinung. – Somos de la misma opinión.*

**da|stehen** *irr vi* ❶ (*örtlich*) estar allí (de pie) ❷ (*in einer Situation*) estar; **gut/schlecht ~** (*Geschäft*) marchar bien/mal; **er steht gut da** está en una buena posición

**Datei** [da'taɪ] *f* <-en> (INFOR) fichero *m*, archivo *m;* **Dateiname** *m* (INFOR) nombre *m* del fichero

**Daten** ['da:tən] *pl* ❶ *pl von* **Datum** ❷ (*Angaben, a.* INFOR) datos *mpl*

**Datenabruf** *m* (INFOR) consulta *f* de datos; **Datenaufbereitung** *f* (INFOR) elaboración *f* de datos; **Datenautobahn** *f* (INFOR,

TEL) autopista *f* de datos; **Datenbank** *f* (INFOR) banco *m* de datos; **Dateneingabe** *f* (INFOR) entrada *f* de datos; **Datenerfassung** *f* (INFOR) registro *m* de datos; **Datenfernübertragung** *f* (INFOR, TEL) transmisión *f* de datos; **Datenflut** *f* (INFOR) flujo *m* de datos; **Datenformat** *nt* (INFOR) formato *m* de datos; **Datenhandschuh** *m* (INFOR) guante *m* cibernético; **Datenklau** *m ohne pl* (INFOR: *fam*) robo *m* de datos; **Datenmissbrauch** *m* (INFOR) abuso *m* de datos informáticos; **Datennetz** *nt* (INFOR) red *f* de datos; **Datenpflege** *f* (INFOR) mantenimiento *m* de datos; **Datensatz** *m* (INFOR) juego *m* de datos

**Datenschutz** *m* (JUR) protección *f* de datos; **Datenschutzbeauftragte(r)** *mf* encargado, -a *m, f* de la protección de datos

**Datenschützer(in)** *m(f)* (*fam*) *s.* **Datenschutzbeauftragte(r)**

**Datensicherheit** *f ohne pl* (INFOR) seguridad *f* de datos; **Datensicherung** *f ohne pl* (INFOR) aseguramiento *m* de datos; **Datenträger** *m* <-s, -> (INFOR) soporte *m* de datos; **Datentypist(in)** *m(f)* <-en, -en; -nen> (INFOR) operador(a) *m(f)* de un terminal (de datos)

**Datenübertragung** *f* (INFOR) transmisión *f* de datos; **Datenübertragungsrate** *f* velocidad *f* de transmisión de datos

**Datenverarbeitung** *f* (INFOR) tratamiento *m* de datos; **elektronische ~** tratamiento electrónico de datos

**datieren*** [da'ti:rən] **I.** *vt* fechar, datar; **datiert sein auf ...** llevar fecha de... **II.** *vi* datar (*aus* de)

**Dativ** ['da:ti:f] *m* <-s, -e> (LING) dativo *m;* **Dativobjekt** *nt* (LING) complemento *m* indirecto

**dato** ['da:to] *adv:* **bis ~** hasta la fecha (de hoy)

**Dattel** ['datəl] *f* <-n> (BOT, GASTR) dátil *m;* **Dattelpalme** *f* (BOT) palma *f* datilera

**Datum** ['da:tʊm] *nt* <-s, Daten> fecha *f;* **das Werk ist jüngeren ~s** la obra es de fecha reciente; **welches ~ haben wir heute?** ¿a qué fecha estamos hoy?; **mit ~ vom 10. Oktober** con fecha del 10 de octubre; **~ des Poststempels** fecha del matasellos

**Dauer** ['daʊɐ] *f ohne pl* duración *f;* (*Zeitspanne*) período *m;* **für die ~ eines Jahres** por un período de un año; **das war nicht von ~** esto no duró mucho; **auf die ~** a la larga; **Dauerarbeitslosigkeit** *f* paro *m* de larga duración; **Dauerauftrag** *m* (FIN) orden *f* permanente; **Dauerbeschäftigung** *f* puesto *m* permanente; **Dauerbetrieb** *m ohne pl* (TECH) régimen *m* continuo; **Dauerbrenner** *m* ❶ (*Ofen*) estufa *f* de combustión lenta ❷ (*fam: Erfolg*) éxito *m* permanente; **Dauererfolg** *m* éxito *m* permanente; **Dauerfrost** *m* helada *f* persistente

**dauerhaft** *adj* duradero; (*beständig*) permanente

**Dauerkarte** *f* (billete *m* de) abono *m;* **Dauerlauf** *m* (SPORT) carrera *f* de resistencia

**dauern** ['daʊɐn] **I.** *vi* durar; (*lange*) tardar; **das dauert und dauert** tarda horas y horas; **das dauert wieder!** ¡cómo tarda!; **das dauert mir zu lange** tarda demasiado; **wie lange dauert es denn noch?** ¿cuánto tiempo más va durar eso?; **es dauerte nicht lange, bis sie zurückkehrte** no tardó en volver; **die Verhandlungen ~ schon drei Tage** las negociaciones duran ya tres días **II.** *vt* (*geh: leid tun*) dar pena

**dauernd** ['daʊɐnt] *adv* a cada momento; (*unaufhörlich*) sin cesar

**dauernde(r, s)** *adj* constante; (*ständig*) permanente

**Dauerschaden** *m* (MED) daño *m* permanente; **Dauerstellung** *f* empleo *m* fijo; **Dauerstress** *m* estrés *m* permanente; **im ~ sein** estar permanentemente estresado; **Dauerthema** *nt* tema *m* permanente; **Dauerwelle** *f* permanente *f;* **Dauerwirkung** *f* efecto *m* duradero; **Dauerzustand** *m* estado *m* permanente

**Däumchen** ['dɔɪmçən] *nt* <-s, ->: **~ drehen** (*fam*) aburrirse

**Daumen** ['daʊmən] *m* <-s, -> (dedo *m*) pulgar *m;* **am ~ lutschen** chupar el dedo; **jdm die ~ drücken** (*fam*) desearle suerte a alguien

**Daune** ['daʊnə] *f* <-n> plumón *m;* **Daunendecke** *f* edredón *m*

**Daviscup** *m* <-s, *ohne pl*> (SPORT) copa *f* Davis

**davon** ['da:fɔn, da'fɔn] *adv* ❶ (*räumlich*) de aquí, de allí; **nicht weit ~** no muy lejos de aquí; **einige Meter ~ entfernt** a unos metros de aquí; **er ist auf und ~** tomó las de Villadiego ❷ (*Anteil*) de esto; **die Hälfte ~** la mitad de esto ❸ (*damit*) de esto; **~ kann man eine Suppe kochen** de esto se puede preparar una sopa ❹ (*Angelegenheit*) de ello, de esto; **hast du dich ~ erholt?** ¿te has recuperado de ello?; **das hängt ~ ab, ob ...** esto depende de si...; **was habe ich denn ~?** ¿qué saco yo de esto? ❺ (*dadurch*): **~ kannst du krank werden** con eso te puedes enfermar; **ich bin ~ aufgewacht** me desperté por eso;

**das kommt ~, dass ...** esto viene de que...; **davon|fliegen** [-ˈ---] *irr vi* alzar el vuelo, echar a volar; **davon|gehen** *irr vi sein* marcharse; **davon|jagen** **I.** *vi sein* (*sich entfernen*) salir pitando **II.** *vt* (*vertreiben*) echar; **davon|kommen** *irr vi sein* librarse; (*mit dem Leben*) salvarse; **mit einem blauen Auge ~** (*fig*) salir sin mayores perjuicios; **mit dem Schrecken ~** llevarse (sólo) un susto; **du kommst mir nicht ungeschoren davon** no te vas a librar (del castigo); **davon|laufen** *irr vi sein* ① (*weglaufen*) echar a correr; (*fliehen*) huir ② (*fam: verlassen*) escaparse; **von zu Hause ~** escaparse de casa; **davon|machen** *vr:* **sich ~** (*fam*) largarse; **davon|schleichen** *irr* **I.** *vi sein* escurrirse; **bedrückt ist er davongeschlichen** se escabulló abatido de allí **II.** *vr:* **sich ~** escurrirse; **sich auf leisen Sohlen ~** irse de puntillas; **davon|stehlen** *irr vr:* **sich ~** (*geh*) escabullirse; **davon|tragen** *irr vt* ① (*Dinge*) llevarse ② (*geh: Sieg*) conseguir ③ (*Verletzungen*) sufrir

**davor** [ˈdaːfoːɐ, daˈfoːɐ] *adv* ① (*räumlich*) delante ② (*zeitlich*) antes; **kurz ~** poco antes ③ (*im Hinblick auf*) de esto, de ello; **er hat mich ~ gewarnt** me previno acerca de esto; **sie hat keine Angst ~** esto no le da miedo

**dazu** [ˈdaːtsu, daˈtsuː] *adv* ① (*räumlich*) a esto; **wozu gehört das? – ~** ¿a qué pertenece esto? – a esto ② (*außerdem*) además; **noch ~, wo ...** y además porque... ③ (*dafür*) para esto, para eso; **ich brauche ~ einen Hammer** para esto me hace falta un martillo; **er/das ist ~ da, um ...** él/esto está para...; **ich habe keine Lust ~** no tengo ganas ④ (*darüber*) al respecto; **was meinst du ~?** ¿qué opinas al respecto? ⑤ (*Wend*): **das führt ~, das ...** esto lleva a que... +*subj;* **wie komme ich denn ~?** (*warum bekomme ich das?*) ¿de dónde me viene eso?; (*warum sollte ich es tun?*) ¿porqué (diablos) lo voy a hacer?; **dazu|geben** [-ˈ---] *irr vt* añadir (*zu* a); **dazu|gehören*** *vi* formar parte (*zu* de); **das gehört eben auch dazu** esto también forma parte del asunto; **es gehört schon einiges dazu** se requiere cierta valentía para hacerlo

**dazugehörige(r, s)** *adj* correspondiente

**dazu|gesellen*** *vr:* **sich ~** unirse (*zu* a); **dazu|kommen** *irr vi sein* ① (*ankommen*) llegar (en el momento en que) ② (*hinzugefügt werden*) agregarse (*zu* a); **dazu kommt noch, dass er gelogen hat** y a esto hay que añadir que mintió; **dazu|lernen** *vt* aprender (algo nuevo); **dazu|rechnen** *vt* añadir; **dazu|setzen** **I.** *vt* ① (*zu jdm setzen*) sentar al lado; **darf ich meine Tochter ~?** ¿puedo sentar a mi hija a su lado? ② (*dazuschreiben*) añadir; **möchtest du auf dieser Karte einen Gruß ~?** ¿quieres añadir un saludo en la postal? **II.** *vr:* **sich ~** sentarse al lado; **dazu|tun** *irr vt* añadir; **Dazutun** [-ˈ--] *nt:* **ohne sein ~** sin su ayuda

**dazwischen** [ˈdaːtsvɪʃən, daˈtsvɪʃən] *adv* ① (*räumlich*) en medio ② (*zeitlich*) en medio, de por medio; **es liegen einige Jahre ~** hay un par de años de por medio; **dazwischen|fahren** [-ˈ----] *irr vi sein* (*eingreifen*) interferir; (*unterbrechen*) interrumpir; **dazwischen|funken** [-ˈ----] *vi* (*fam*) interrumpir; **dazwischen|kommen** *irr vi sein* ① (*hineinreichen*) caber; **mit der Hand komme ich dazwischen** me cabe la mano ② (*Ereignis*) ocurrir; (*Problem, Aufgabe*) surgir; **mir ist leider etwas dazwischengekommen** desgraciadamente me ha surgido un imprevisto; **dazwischen|reden** *vi* interrumpir; **dazwischen|treten** *irr vi* imponerse; (*eingreifen*) intervenir

**DB** [deːˈbeː] *f Abk. von* **Deutsche Bahn** Ferrocarriles *mpl* Alemanes

**DDR** [deːdeːˈʔɛr] *f* (HIST) *Abk. von* **Deutsche Demokratische Republik** RDA *f*

**D-Dur** *nt* <-, *ohne pl*> (MUS) re *m* mayor

**deaktivieren*** [deːʔaktiˈviːrən] *vt* desactivar

**Deal** [ˈdiːl] *m* <-s, -s> (*sl*) acuerdo *m;* (*Geschäft*) negocio *m*

**dealen** [ˈdiːlən] *vi* traficar

**Dealer(in)** *m(f)* <-s, -; -nen> (*Drogen~*) traficante *mf* de droga(s), camello *m fam*

**Debakel** [deˈbaːkəl] *nt* <-s, -> (*geh*) desastre *m*

**Debatte** [deˈbatə] *f* <-n> (*a.* POL) debate *m;* **etw zur ~ stellen** poner algo a debate; **was steht zur ~?** ¿qué tenemos en el programa?

**debattieren*** *vi, vt* debatir (*über* sobre)

**Debüt** [deˈbyː] *nt* <-s, -s> estreno *m,* debut *m;* **sein ~ geben** hacer su debut

**dechiffrieren*** [deʃɪˈfriːrən] *vt* descifrar

**Deck** [dɛk] *nt* <-(e)s, -s> (NAUT) cubierta *f;* **alle Mann an ~!** ¡todo el mundo a cubierta!

**Deckblatt** *nt* ① (PUBL: *Titelblatt*) portada *f* ② (BOT) bráctea *f*

**Decke** [ˈdɛkə] *f* <-n> ① (*Woll~*) manta *f* (de lana); (*Bett~*) manta *f,* cobertor *m;* (*Tages~*) colcha *f;* (*Pferde~*) manta *f* (para caballerías); **mit jdm unter einer ~ ste-**

D

**cken** (*fam fig*) hacer causa común con alguien ❷ (*Tisch~*) mantel *m* ❸ (*Zimmer~*) techo *m;* **an die ~ gehen** (*fam fig*) subirse a la parra; **jdm fällt die ~ auf den Kopf** (*fam fig*) a alguien se le cae la casa encima ❹ (*Asphalt~*) pavimento *m* (de asfalto) ❺ (*Mantel eines Autoreifens*) cubierta *f*

**Deckel** ['dɛkəl] *m* <-s, -> ❶ (*von Gefäßen*) tapa *f,* tapadera *f* ❷ (*Buch~*) tapa *f* ❸ (*fam: Hut*) sombrero *m;* **eins auf den ~ kriegen** (*fam fig*) llevarse una bronca

**decken** ['dɛkən] **I.** *vt* ❶ (*be~*) cubrir; (*zu~*) tapar; **ein Tuch über etw ~** cubrir algo con un paño ❷ (*Bedarf*) cubrir; (*Nachfrage*) satisfacer ❸ (*Tisch*) poner; **den Tisch ~** poner la mesa ❹ (SPORT) marcar ❺ (*ein Verbrechen*) cubrir ❻ (FIN: *Scheck*) cubrir; **der Scheck ist nicht gedeckt** el cheque no está cubierto ❼ (ZOOL: *weibliche Tiere*) cubrir; (*Stuten*) acaballar **II.** *vr:* **sich ~** (*übereinstimmen*) coincidir

**Deckenbeleuchtung** *f* alumbrado *m* de techo

**Deckmantel** *m* pretexto *m;* **unter dem ~ ...** *+gen* bajo pretexto de...; **Deckname** *m* nombre *m* falso

**Deckung** ['dɛkʊŋ] *f ohne pl* ❶ (MIL) defensa *f;* **jdm ~ geben** cubrir a alguien; **in ~ gehen** ponerse a cubierto ❷ (*eines Verbrechers*) encubrimiento *m* ❸ (*von Bedarf, Scheck*) cobertura *f* ❹ (*Übereinstimmung*) armonía *f;* **unterschiedliche Standpunkte zur ~ bringen** armonizar diferentes puntos de vista ❺ (SPORT: *der Spieler*) marcaje *m;* (*Verteidigung*) defensa *f;* **deckungsgleich** *adj* congruente

**Decoder** [de'ko:dɐ] *m* <-s, -> (INFOR, TV) descodificador *m*

**Deeskalation** [deʔɛskala'tsjo:n] *f* (MIL) reducción *f* escalonada del armamento militar

**deeskalierend** [de:ʔɛska'li:rənt] *adv:* **Frauen wirken in Reibereien meist ~** las mujeres acostumbran a poner paz [*o* tratan de rebajar la tensión] cuando se producen enfrentamientos

**de facto** [de: 'fakto] *adv* de facto

**defekt** [de'fɛkt] *adj* defectuoso; (*nicht funktionstüchtig*) averiado

**Defekt** *m* <-(e)s, -e> ❶ (TECH) avería *f* ❷ (MED) defecto *m*

**defensiv** [defɛn'zi:f] *adj* defensivo

**Defensive** [defɛn'zi:və] *f* <-n> defensiva *f;* **in die ~ gehen** ponerse a la defensiva

**definieren*** [defi'ni:rən] *vt* definir

**Definition** [defini'tsjo:n] *f* <-en> definición *f*

**definitiv** [defini'ti:f] *adj* definitivo

**Defizit** ['de:fitsɪt] *nt* <-s, -e> ❶ (WIRTSCH) déficit *m inv* ❷ (*Mangel*) falta *f* (*an* de); **die Partei hat ein ~ an Popularität** el partido carece de popularidad

**Deflation** [defla'tsjo:n] *f* <-en> (WIRTSCH) deflación *f*

**deformieren*** [defɔr'mi:rən] *vt* deformar

**deftig** ['dɛftɪç] *adj* ❶ (*Essen: kräftig*) fuerte; (*nahrhaft*) substancioso ❷ (*Spaß*) fuerte; (*anzüglich*) verde

**Degen** ['de:gən] *m* <-s, -> espada *f*

**degenerieren*** [degene'ri:rən] *vi sein* (*a.* BIOL, MED) degenerar

**degradieren*** [degra'di:rən] *vt* (*a.* MIL) degradar (*zu* a)

**dehnbar** ['de:nba:ɐ] *adj* ❶ (*Material*) elástico; (*in die Länge*) extensible; (PHYS) dilatable ❷ (*Begriff*) vago

**dehnen** ['de:nən] **I.** *vt* ❶ (*Material*) estirar; (PHYS) dilatar; (MED: *Bänder*) extender ❷ (*Laute*) alargar **II.** *vr:* **sich ~** ❶ (*weiter werden*) ensancharse ❷ (*sich recken*) estirarse ❸ (*lange dauern*) dilatarse

**Deich** [daɪç] *m* <-(e)s, -e> dique *m*

**Deichsel** ['daɪksəl] *f* <-n> lanza *f*

**deichseln** *vt* (*fam*) arreglar; **ich werde das schon ~** ya lo arreglaré

**dein, deine, dein** [daɪn] *pron poss* (*adjektivisch*) tu, tus *pl;* **~ Mantel/Buch** tu abrigo/libro; **~e Freunde/Eltern** tus amigos/padres; **viele Grüße, ~ Peter** muchos saludos, Peter; **du rauchst wohl auch so ~e drei Schachteln am Tag** tú también te fumarás unos tres paquetes al día

**deine(r, s)** *pron poss* (*substantivisch*) (el) tuyo *m,* (la) tuya *f,* (los) tuyos *mpl,* (las) tuyas *fpl;* **der Wagen in der Einfahrt, ist das ~r?** el coche que está en la entrada, ¿es tuyo?; *s. a.* **dein, deine, dein**

**deiner** *pron pers gen von* **du** de ti; **wir werden stets ~ gedenken** (*geh*) siempre pensaremos en ti

**deinerseits** ['daɪnɐzaɪts] *adv* de tu parte

**deinesgleichen** ['daɪnəs'glaɪçən] *pron indef* de tu condición, tus semejantes; **~ kenne ich schon allzu gut** a los de tu calaña los conozco muy bien

**deinetwegen** *adv* por ti; (*negativ*) por tu culpa

**deinetwillen** ['daɪnət'vɪlən] *adv:* **um ~** en consideración a ti, por ti

**deinige** ['daɪnɪgə] *pron poss:* **der/die/das ~** *geh für* **deine(r, s)** el tuyo/la tuya; **die ~n** los tuyos, las tuyas

**deins** *pron poss s.* **deine(r, s)**

**Déjà-vu-Erlebnis** [deʒa'vy:-] *nt* (PSYCH) sensación *f* de haber vivido una situación ya una vez

**Dekade** [de'ka:də] *f* <-n> década *f*

**dekadent** [deka'dɛnt] *adj* decadente

**Dekadenz** *f ohne pl* decadencia *f*; (LIT) decadentismo *m*

**Dekan**[1] [de'ka:n] *m* <-s, -e> (REL) deán *m*

**Dekan(in)**[2] [de'ka:n] *m(f)* <-s, -e; -nen> (UNIV) decano, -a *m, f*

**Dekanat** [deka'na:t] *nt* <-(e)s, -e> (UNIV, REL) decanato *m*

**Dekanin** *f* <-nen> *s.* **Dekan**[2]

**deklamieren*** [dekla'mi:rən] *vt* declamar

**deklarieren*** [dekla'ri:rən] *vt* declarar

**Deklination** [deklina'tsjo:n] *f* <-en> (*a.* LING) declinación *f*

**deklinieren*** [dekli'ni:rən] *vt* (LING) declinar

**dekodieren*** [deko'di:rən] *vt* (INFOR) descodificar

**Dekolleté** *nt* <-s, -s>, **Dekolletee** [dekɔl'te:] *nt* <-s, -s> escote *m*

**Dekor** [de'ko:ɐ] *m o nt* <-s, -s *o* -e> decoración *f*

**Dekorateur(in)** [dekora'tø:ɐ] *m(f)* <-s, -e; -nen> decorador(a) *m(f)*

**Dekoration** [dekora'tsjo:n] *f* <-en> decoración *f*

**dekorativ** [dekora'ti:f] *adj* decorativo

**dekorieren*** [deko'ri:rən] *vt* decorar

**Dekret** [de'kre:t] *nt* <-(e)s, -e> decreto *m*

**Delegation** [delega'tsjo:n] *f* <-en> delegación *f*

**delegieren*** [dele'gi:rən] *vt* delegar (*an* en)

**Delegierte(r)** *mf* <-n, -n; -n> delegado, -a *m, f*

**Delfin** *m* <-s, -e> *s.* **Delphin**

**delikat** [deli'ka:t] *adj* (*geh*) ❶ (*wohlschmeckend*) delicioso; (*auserlesen*) exquisito ❷ (*heikel*) delicado

**Delikatesse** [delika'tɛsə] *f* <-n> ❶ (*Leckerbissen*) exquisitez *f* ❷ (*geh: Zartgefühl*) delicadeza *f*; **Delikatessengeschäft** *nt* tienda *f* de exquisiteces

**Delikt** [de'lɪkt] *nt* <-(e)s, -e> (JUR) delito *m*, felonía *f Am*

**Delinquent(in)** [delɪŋ'kvɛnt] *m(f)* <-en, -en; -nen> (*geh*) delincuente *mf*

**Delirium** [de'li:riʊm] *nt* <-s, Delirien> delirio *m*

**Delle** ['dɛlə] *f* <-n> (*reg*) abolladura *f*

**Delphin** [dɛl'fi:n] *m* <-s, -e> (ZOOL) delfín *m*, bufeo *m Ant, Hond, Mex*

**Delta**[1] ['dɛlta] *nt* <-s, -s *o* Delten> (GEO) delta *m*

**Delta**[2] *nt* <-(s), -s> (*griechischer Buchstabe*) delta *f*

**Delten** *pl von* **Delta**[1]

**dem** [de(:)m] *art best o pron dem o pron rel dat von* **der, das** *s.* **der, die, das**

**Demagoge, -in** [dema'go:gə] *m, f* <-n, -n; -nen> (*abw*) demagogo, -a *m, f*

**Demagogie** [demago'gi:] *f* <-n> (*abw*) demagogia *f*

**Demagogin** *f* <-nen> *s.* **Demagoge**

**demagogisch** *adj* (*abw*) demagógico

**demaskieren*** [demas'ki:rən] *vt* desenmascarar

**Dementi** [de'mɛnti] *nt* <-s, -s> mentís *m inv*

**dementieren*** *vt* desmentir

**dementsprechend** ['de:mʔɛnt'ʃprɛçənt] **I.** *adj* correspondiente **II.** *adv* conforme a, por consiguiente; **sie wurden ~ behandelt** los trataron conforme a lo ocurrido; **~ war sie als Erste zu Hause** por consiguiente fue la primera en llegar a casa

**demgegenüber** ['---'--] *adv* por el contrario; **sie behauptete ~, dass ...** afirmó por el contrario que...

**Demission** [demɪ'sjo:n] *f* <-en> (POL: *Rücktritt*) demisión *f*

**demnach** ['--] *adv* por lo tanto; **es ist ~ unmöglich, dass ...** por lo tanto es imposible que... +*subj*

**demnächst** [de:m'nɛ:kst] *adv* próximamente, dentro de poco

**Demo** ['de:mo] *f* <-s> (*fam*) mani *f*

**Demokrat(in)** [demo'kra:t] *m(f)* <-en, -en; -nen> demócrata *mf*

**Demokratie** [demokra'ti:] *f* <-n> democracia *f*

**Demokratin** *f* <-nen> *s.* **Demokrat**

**demokratisch** [demo'kra:tɪʃ] *adj* democrático; (*Person*) demócrata

**demokratisieren*** [demokrati'zi:rən] *vt* democratizar

**Demokratisierung** *f* <-en> democratización *f*

**demolieren*** [demo'li:rən] *vt* demoler

**Demonstrant(in)** [demɔn'strant] *m(f)* <-en, -en; -nen> manifestante *mf*

**Demonstration** [demɔnstra'tsjo:n] *f* <-en> ❶ (*Protestmarsch*) manifestación *f* (*für* a favor de, *gegen* en contra de) ❷ (*geh: Bekundung*) demostración *f*

**demonstrativ** [demɔnstra'ti:f] **I.** *adj* demostrativo **II.** *adv* ostensivamente; **Demonstrativpronomen** *nt* (LING) pronombre *m* demostrativo

**demonstrieren*** **I.** *vi* (*protestieren*) manifestarse (*für* a favor de, *gegen* en contra de) **II.** *vt* (*bekunden*) demostrar

**demontieren*** *vt* desmontar, desarmar

**demoralisieren*** [demorali'zi:rən] *vt* desmoralizar

**demotivieren*** *vt* (PSYCH: *geh*) desmotivar

**demotiviert** *adj* (PSYCH) desmotivado

**demselben** *pron dem dat von* **derselbe, dasselbe** *s.* **derselbe**, **dieselbe**, **dasselbe**

**Demut** ['de:mu:t] *f ohne pl* humildad *f;* **in ~** con humildad

**demütig** ['de:my:tɪç] *adj* humilde; (*unterwürfig*) sumiso

**demütigen** *vt* humillar

**Demütigung** *f* <-en> humillación *f*

**demzufolge** ['--'--] *adv* (*folglich*) por lo tanto, por consiguiente

**den** *art best o pron dem o pron rel akk von* **der** *dat von pl* **die** *s.* **der**, **die**, **das**

**denen** *pron dem o pron rel dat von pl* **die** *s.* **der**, **die**, **das**

**Den Haag** *nt* <- -s> La Haya *f*

**Denkanstoß** *m* estímulo *m* para reflexionar

**denkbar I.** *adj* posible **II.** *adv* (*sehr*) sumamente; **ein ~ günstiges Angebot** una oferta sumamente favorable

**denken** ['dɛŋkən] <denkt, dachte, gedacht> **I.** *vi* ❶ (*überlegen*) pensar (*an* en, *über/von* de); (*logisch*) razonar; **laut ~** (*fam*) pensar en voz alta; **das gibt mir zu ~** esto me da que pensar; **solange ich ~ kann** hasta donde mi memoria alcanza; **ich denke nicht daran, dass zu tun!** ¡no pienso hacerlo!; **ich darf gar nicht daran ~** no quiero ni pensarlo; **wie denkst du darüber?** ¿qué piensas tú de eso? ❷ (*sich erinnern*) acordarse (*an* de), recordar (*an*); **denk daran!** ¡recuérdalo!; **wenn ich so an früher denke** al recordar los tiempos pasados ❸ (*annehmen*) pensar, suponer; **wer hätte das gedacht** quién lo hubiera pensado; **man sollte ~, dass ...** debería suponerse que...; **ich denke schon** creo que sí; **denkste!** (*fam*) ¡y un jamón!; **wo ~ Sie hin!** ¿qué se ha figurado Ud.? ❹ (*wollen*) querer; **ganz wie Sie ~** como Ud. quiera **II.** *vt* (*sich vorstellen*) imaginarse, figurarse; **was denkst du gerade?** ¿qué estás pensando?; **das hätte ich nicht von ihm gedacht!** ¡no me hubiera imaginado esto de él!; **wie hast du dir das gedacht?** ¿cómo te lo has figurado?; **das kann ich mir ~** ya me lo imagino; **das hast du dir wohl so gedacht!** ¡eso te gustaría!; **ich habe mir nichts Böses dabei gedacht** no lo hice con mala intención; **für jdn/etw gedacht sein** ser para alguien/algo

**Denken** *nt* <-s, *ohne pl*> ❶ (*Nach~*) reflexión *f* ❷ (*logisches ~*) raciocinio *m;* **positives ~** pensamiento positivo

**Denker(in)** *m(f)* <-s, -; -nen> pensador(a) *m(f)*

**denkfaul** *adj* lerdo; **Denkfehler** *m* error *m* de lógica

**Denkmal** ['dɛŋkma:l] *nt* <-s, -mäler *o* -e> monumento *m;* **jdm ein ~ setzen** erigir un monumento a alguien; **Denkmal(s)schutz** *m* protección *f* de monumentos; **etw unter ~ stellen** declarar algo monumento nacional

**Denkpause** *f* pausa *f* para reflexionar; **eine ~ einlegen** hacer una pausa para la reflexión; **Denksportaufgabe** *f* rompecabezas *m inv;* **Denkweise** *f* modo *m* de pensar; **denkwürdig** *adj* memorable; **Denkzettel** *m* lección *f;* **jdm einen ~ verpassen** dar a alguien una lección

**denn** [dɛn] **I.** *part* pues; **was ist ~ passiert?** ¿qué ha pasado, pues?; **warum/wo ~?** pues ¿por qué/dónde?; **wieso ~ nicht?** ¡cómo que no!; **kannst du ~ nicht aufpassen?** ¿pero no puedes prestar atención?; **geschweige ~** y menos **II.** *konj* ❶ (*weil*) pues, porque; **ich wollte gehen, ~ es wurde schon dunkel** quería irme, pues se estaba haciendo de noche; **es sei ~, dass ...** a no ser que... +*subj* ❷ (*geh: als*) que; **mehr ~ je** más que nunca

**dennoch** ['dɛnɔx] *adv* a pesar de todo, no obstante

**Denominierung** *f* <-en> denominación *f*

**denselben** *pron dem o pron dem akk von* **derselbe** *dat von* **dieselben** *s.* **derselbe, dieselbe, dasselbe**

**Denunziant(in)** [denʊn'tsjant] *m(f)* <-en, -en; -nen> (*abw*) denunciante *mf*

**denunzieren*** [denʊn'tsi:rən] *vt* (*abw*) denunciar, batir *CSur*

**Deo** ['de:o] *nt* <-s, -s>, **Deodorant** [deodo'rant] *nt* <-s, -e *o* -s> desodorante *m;* **Deoroller** *m* desodorante *m* de bola; **Deospray** *m* desodorante *m* atomizador

**Departement** [departə'mã:] *nt* <-s, -s> (ADMIN: *Frankreich, Schweiz*) departamento *m*

**Depesche** [de'pɛʃə] *f* <-n> telegrama *m*

**Deponie** [depo'ni:] *f* <-n> vertedero *m*

**deponieren*** *vt* depositar

**deportieren*** [depɔr'ti:rən] *vt* deportar

**Depot** [de'po:] *nt* <-s, -s> ❶ (*für Waren, Wertsachen*) depósito *m* ❷ (*Fahrzeugpark*) terminal *m* ❸ (GASTR: *bei Wein*) bodega *f* ❹ (*Schweiz: Flaschenpfand*) fianza *f* para el casco

**Depp** [dɛp] *m* <-en *o* -s, -e(n)> (*abw*) tonto, -a *m, f*

**Depression** [deprɛ'sjo:n] *f* <-en> (PSYCH, WIRTSCH, GEO) depresión *f*

**depressiv** *adj* ❶ (*Stimmung*) depresivo ❷ (WIRTSCH) recesivo
**deprimieren*** [depri'mi:rən] *vt* deprimir
**Deputierte(r)** *mf* <-n, -n; -n> (POL) diputado, -a *m, f*
**der** *art best o pron dem gen/dat von* **die** *gen von pl* **die** *s.* **der, die, das**
**der, die, das** [de:ɐ, di:, das] <die> **I.** *art best* el *m,* la *f,* los *mpl,* las *fpl* **II.** *pron dem* ❶ (*adjektivisch: hier*) este, -a *m, f,* estos *mpl,* estas *fpl;* (*da*) ese, -a *m, f,* esos *mpl,* esas *fpl;* **das Kind dort** aquel niño ❷ (*substantivisch*) éste, -a *m, f,* esto *nt,* éstos *mpl,* éstas *fpl;* **was ist das?** ¿qué es eso?; **das hier/da** esto (de aquí)/eso (de ahí); ~**/die dort** el/la de allí; **das bin ich** éste soy yo; ~ **mit dem Koffer** ése de la maleta; **ist das Ihr Auto?** ¿es (éste) su coche?; **wie dem auch sei** sea como sea; **ich bin mir dessen bewusst** soy consciente de esto; **nach dem, was ich gehört habe** según lo que me han dicho; *s. a.* **diese(r, s), jene(r, s), derjenige III.** *pron rel* que, quien, quienes *pl,* el/la cual, los/las cuales *pl;* **der Mensch,** ~ **das getan hat** la persona que lo ha hecho; **der Mann, bei dem er wohnt** el hombre con quien [*o* con el cual] vive; **der Nachbar, dessen Hund so oft bellt** el vecino cuyo perro ladra tan a menudo
**derart** ['--] *adv* de tal manera, tanto; ~**, dass ...** de tal manera que...
**derartig I.** *adj* de este tipo, semejante **II.** *adv* de tal manera, tanto; **er schnarchte** ~**, dass ...** roncaba de tal manera que...
**derb** [dɛrp] *adj* ❶ (*kräftig*) recio ❷ (*stabil*) sólido ❸ (*Ausdruck*) vulgar ❹ (*Person*) grosero, pelado *Mex*
**Derby** ['dɛrbi] *nt* <-s, -s> (SPORT) derby *m*
**deregulieren*** *vt* (*Markt, Arbeitsverhältnisse*) desregular
**deren** ['de:rən] *pron dem o pron rel gen von* **die** *s.* **der, die, das**
**derentwegen** ['de:rənt've:gən] *adv* (*relativisch*) por los cuales; (*demonstrativisch*) por causa de ellos; **derentwillen** ['de:rənt'vɪlən] *adv:* **um** ~ (*ihr zuliebe*) por ella; (*ihnen zuliebe*) por ellos
**derer** ['de:rɐ] *pron dem gen von pl* **die** *s.* **der, die, das**
**dergestalt** ['---] *adv* (*geh*) de tal manera; ~**, dass ...** de tal manera que...
**dergleichen** ['-'--] *pron dem inv* semejante, parecido; **und** ~ **mehr** y más cosas parecidas
**derjenige, diejenige, dasjenige** ['de:ɐje:nɪgə, 'di:je:nɪgə, 'dasje:nɪgə] <diejenigen> *pron dem* (*hier*) el *m,* la *f,* lo *nt;* (*weiter entfernt*) aquel *m,* aquella *f,* aquello *nt;* ~**, der am lautesten schreit** el que más alto grita; ~ **Schüler, der das getan hat** aquel alumno que lo haya hecho; **ist das** ~**, welcher ...?** (*fam*) ¿es aquél que...?
**derjenigen** *pron dem dat/gen von* **diejenige** *gen von* **diejenigen** *s.* **derjenige, diejenige, desjenige**
**derlei** ['de:ɐ'laɪ] *pron dem inv s.* **dergleichen**
**dermaßen** ['de:ɐ'ma:sən] *adv* tanto, de tal modo; ~**, dass ...** de tal modo que...; **die Freude war** ~ **groß** la alegría fue tan grande
**derselbe, dieselbe, dasselbe** [de:r'zɛlbə, di:'zɛlbə, das'zɛlbə] <dieselben> *pron dem* el mismo, la misma, lo mismo (*wie* que); **er ist immer noch ganz** ~ es el mismo de siempre; **das ist doch ein und dasselbe** pero si es exactamente lo mismo
**derweil(en) I.** *adv* mientras tanto, entretanto **II.** *konj* mientras (que)
**derzeit** ['--] *adv* actualmente; **die** ~ **beste Methode** el mejor método actualmente
**derzeitig** *adj* actual; **der** ~**e Regierungschef** el actual jefe de gobierno
**des** [dɛs] *art best gen von* **der, das** *s.* **der, die, das**
**Des** [dɛs] *nt* <-, *ohne pl*> (MUS) re *m* bemol
**Desaster** [de'zastɐ] *nt* <-s, -> desastre *m*
**Deserteur(in)** [dezɛr'tø:ɐ] *m(f)* <-s, -e; -nen> desertor(a) *m(f)*
**desertieren*** *vi haben o sein* desertar
**desgleichen** [dɛs'glaɪçən] *adv* asimismo, igualmente
**deshalb** ['--] *adv* por eso; **ich habe das** ~ **getan, weil ...** lo hice porque...; ~ **frage ich ja** por eso pregunto; **gerade** ~ por eso mismo
**Design** [di'zaɪn] *nt* <-s, -s> diseño *m*
**Designer(in)** *m(f)* <-s, -; -nen> diseñador(a) *m(f);* **Designerdroge** *f* (*synthetische Droge*) droga *f* de diseño
**Designerin** *f* <-nen> *s.* **Designer**
**Designermode** *f* moda *f* de diseñador
**Desinfektion** [dezɪnfɛk'tsjo:n] *f* <-en> desinfección *f;* **Desinfektionsmittel** *nt* desinfectante *m*
**desinfizieren*** *vt* desinfectar
**Desinteresse** ['dɛsʔɪntərɛsə] *nt* <-s, *ohne pl*> desinterés *m* (*an/für* por)
**desinteressiert** ['dɛsʔɪntərɛsi:ɐt] *adj* desinteresado (*an/für* por)
**desorientiert** *adj* desorientado, desubicado *Am*
**Desorientierung** ['dɛsʔoriɛnti:rʊŋ] *f*

D

<-en> desorientación *f*
**Despot(in)** [dɛsˈpoːt] *m(f)* <-en, -en; -nen> déspota *mf*
**despotisch** *adj* despótico
**desselben** [-ˈ--] *pron dem gen von* **derselbe, dasselbe** *s.* **derselbe, dieselbe, dasselbe**
**dessen** [ˈdɛsən] *pron dem o pron rel gen von* **der, das** *s.* **der, die, das**
**Dessert** [dɛˈsɛːɐ] *nt* <-s, -s> postre *m*
**Dessous** [dɛˈsuː] *nt* <-, -> ropa *f* interior
**destabilisieren*** [de-] *vt* desestabilizar
**Destillat** [dɛstɪˈlaːt] *nt* <-(e)s, -e> (CHEM) (producto *m*) destilado *m*
**destillieren*** [dɛstɪˈliːrən] *vt* (CHEM) destilar
**desto** [ˈdɛsto] *konj* (tanto) más, tanto; ~ **besser!** ¡tanto mejor!; **je mehr ... ~ mehr ...** cuanto más... (tanto) más...; **je früher, ~ besser** cuanto antes, mejor
**destruktiv** [destrʊkˈtiːf, ˈ---] *adj* destructivo
**deswegen** [ˈdɛsˈveːgən] *adv s.* **deshalb**
**Detail** [deˈtaɪ, deˈtaːj] *nt* <-s, -s> detalle *m;* **ins ~ gehen** entrar en detalles
**detailliert** [detaˈjiːrt] **I.** *adj* detallado **II.** *adv* en detalles, con pormenores
**Detektei** *f* <-en> agencia *f* de informes
**Detektiv(in)** [detɛkˈtiːf] *m(f)* <-s, -e; -nen> detective *mf*
**detektivisch** *adj* detectivesco
**Detektivroman** *m* (LIT) novela *f* detectivesca
**Detonation** [detonaˈtsjoːn] *f* <-en> detonación *f*
**detonieren*** *vi sein* detonar
**Deut** [dɔɪt] *m:* **keinen ~** ni pizca
**deuten** [ˈdɔɪtən] **I.** *vi* ❶ (*zeigen*) señalar (*auf*) ❷ (*hinweisen*) indicar (*auf*); **alles deutet darauf hin, dass ...** todo indica que... **II.** *vt* (*Text*) interpretar; (*Sterne*) leer (en)
**deutlich** [ˈdɔɪtlɪç] **I.** *adj* ❶ (*klar*) claro; (*Handschrift*) legible; **jdm etw ~ machen** explicar algo a alguien; **jdm etw klar und ~ sagen** decir algo a alguien clara e inteligiblemente ❷ (*eindeutig*) obvio; **es wurde ~, dass ...** fue obvio que... **II.** *adv* (*spürbar*) bastante; **hier ist es ~ kälter** aquí hace bastante más frío
**Deutlichkeit** *f ohne pl* ❶ (*Klarheit*) claridad *f* ❷ (*Nachdruck*) franqueza *f;* **etw mit aller ~ sagen** decir algo con toda franqueza
**deutsch** [dɔɪtʃ] *adj* alemán; **D~e Mark** marco alemán
**Deutsch** *nt* <-, *ohne pl*> alemán *m;* **~ sprechen/lernen** hablar/aprender alemán; **etw ins ~e/aus dem ~en übersetzen** traducir algo al alemán/del alemán; **wir haben uns auf ~ unterhalten** conversamos en alemán; **auf gut ~ gesagt** dicho llanamente
**Deutsche(r)** *mf* <-n, -n; -n> alemán, -ana *m, f*
**Deutschland** *nt* <-s> Alemania *f;* **das vereinte/vereinigte ~** la Alemania unida/reunificada
**deutschsprachig** [ˈdɔɪtʃʃpraːxɪç] *adj* de habla alemana; **deutschsprachlich** *adj* de habla alemana; **~er Unterricht** clases en alemán; **deutschstämmig** [ˈdɔɪtʃʃtɛmɪç] *adj* de origen alemán
**Deutung** *f* <-en> interpretación *f*
**Devise** [deˈviːzə] *f* <-n> ❶ (*Wahlspruch*) lema *m* ❷ *pl* (*Währung*) divisas *fpl;* **Devisenhandel** *m* (FIN) comercio *m* de divisas
**Dezember** [deˈtsɛmbɐ] *m* <-(s), -> diciembre *m; s. a.* **März**
**dezent** [deˈtsɛnt] *adj* ❶ (*taktvoll*) decente ❷ (*Farbe*) discreto
**dezentral** *adj* descentralizado
**dezentralisieren*** [de-] *vt* descentralizar
**Dezernat** [detsɛrˈnaːt] *nt* <-(e)s, -e> negociado *m*
**Dezernent(in)** [detsɛrˈnɛnt] *m(f)* <-en, -en; -nen> jefe, -a *m, f* de negociado
**Deziliter** [ˈdeːtsiliːtɐ, detsiˈliːtɐ] *m o nt* <-s, -> decilitro *m*
**dezimal** [detsiˈmaːl] *adj* decimal; **Dezimalstelle** *f* (MATH) parte *f* decimal; **Dezimalsystem** *nt ohne pl* (MATH) sistema *m* decimal
**Dezimeter** [ˈdeːtsimeːtɐ, detsiˈmeːtɐ] *m o nt* <-s, -> decímetro *m*
**dezimieren*** [detsiˈmiːrən] *vt* diezmar
**DFÜ** [deːʔɛfʔyː] *f* (INFOR, TEL) *Abk. von* **Datenfernübertragung** transmisión *f* de datos
**DGB** [deːgeːˈbeː] *m* <-> *Abk. von* **Deutscher Gewerkschaftsbund** Confederación *f* de los Sindicatos Alemanes
**d.h.** *Abk. von* **das heißt** o sea, esto es
**Dia** [ˈdiːa] *nt* <-s, -s> diapositiva *f*
**Diabetes** [diaˈbeːtɛs] *m* <-, *ohne pl*> (MED) diabetes *f inv*
**Diabetiker(in)** [diaˈbeːtikɐ] *m(f)* <-s, -; -nen> (MED) diabético, -a *m, f*
**diabolisch** [diaˈboːlɪʃ] *adj* (*geh*) diabólico
**Diadem** [diaˈdeːm] *nt* <-s, -e> diadema *f*
**Diagnose** [diaˈgnoːzə] *f* <-n> (MED, PSYCH) diagnóstico *m;* **eine ~ stellen** establecer un diagnóstico
**diagnostizieren*** [diagnɔstiˈtsiːrən] *vt* diagnosticar
**diagonal** [diagoˈnaːl] *adj* diagonal
**Diagonale** *f* <-n> línea *f* diagonal
**Diagramm** [diaˈgram] *nt* <-s, -e> diagra-

ma *m*

**Diakon**[1] [dia'ko:n] *m* <-s *o* -en, -e *o* -en> (*katholisch, orthodox, anglikanisch*) diácono *m*

**Diakon(in)**[2] *m(f)* <-s *o* -en, -e *o* -en; -nen> (*evangelisch*) hermano, -a *m, f* de la caridad

**Diakonie** *f ohne pl* (REL) diaconía *f*

**Diakonin** *f* <-nen> *s.* **Diakon**[2]

**Diakonissin** *f* <-nen> diaconisa *f*

**Dialekt** [dia'lɛkt] *m* <-(e)s, -e> dialecto *m*

**dialektal** *adj* (LING) dialectal

**Dialektik** *f ohne pl* (PHILOS) dialéctica *f*

**Dialog** [dia'lo:k] *m* <-(e)s, -e> (*a.* INFOR) diálogo *m;* **Dialogbereitschaft** *f* disposición *f* a dialogar; **Dialogfenster** *nt* (INFOR) ventana *f* de diálogo

**Diamant** [dia'mant] *m* <-en, -en> diamante *m;* **Diamantring** *m* anillo *m* de diamantes

**Diaprojektor** ['-----] *m* (FOTO) proyector *m* de diapositivas

**Diät** [di'ɛ:t] *f* <-en> ❶ (*Abmagerungskur*) dieta *f*, régimen *m;* **streng ~ leben** seguir un régimen estricto; **eine ~ machen** hacer una dieta; **jdn auf ~ setzen** poner a alguien a dieta ❷ *pl* (POL) dietas *fpl*

**diätetisch** *adj* (*a.* MED) dietético

**Diätkur** *f* (MED) régimen *m* dietético

**Diavortrag** *m* conferencia *f* con diapositivas

**dich** [dɪç] **I.** *pron pers akk von* **du** te; (*betont*) a ti (te); (*mit Präposition*) ti; **ich sehe ~ nachher** luego te veo; **~ wollte ich fragen** a ti quería preguntarte; **es geht um ~** se trata de ti; **pass auf ~ auf!** ¡cuídate! **II.** *pron refl akk von* **du** te; **benimm ~!** ¡compórtate!

**dicht** [dɪçt] **I.** *adj* ❶ (*Wald, Verkehr, Nebel*) denso; (*Haar*) tupido; **~ gedrängt** apretado ❷ (*undurchlässig*) hermético; (*wasser~*) impermeable ❸ (*fam: geschlossen*) cerrado ❹ (*Wend*): **nicht ganz ~ sein** (*fam fig*) no estar muy bien de la cabeza **II.** *adv* (*nahe*): **~ an** [*o* **bei**] cerca de; **~ an ~ stehen** estar uno junto al otro; **~ davor/daneben** justo delante/al lado

**Dichte** *f* <-n> (*a.* PHYS) densidad *f*

**dichten** ['dɪçtən] *vi, vt* ❶ (*verfassen*) componer ❷ (*Leck*) tapar

**Dichter(in)** *m(f)* <-s, -; -nen> poeta *m*, poetisa *f*

**dichterisch** *adj* poético

**dicht|halten** *irr vi* (*fam*) callarse; **er hat nicht dichtgehalten** se ha ido de la lengua; **dicht|machen** *vi, vt* (*fam: Laden, Fabrik*) cerrar; (*Grenze, Strecke*) bloquear

**Dichtung** *f* <-en> ❶ (*Gattung*) poesía *f* ❷ (*Gedicht*) poema *m* ❸ (TECH) junta *f*

**dick** [dɪk] *adj* ❶ (*von großer Masse*) gordo; (*beleibt*) grueso; (*umfangreich*) voluminoso; **~ werden** engordar; **ein ~es Fell haben** (*fig*) ser duro de pellejo; **~ auftragen** (*fam abw: überteiben*) exagerar ❷ (*fam: geschwollen*) hinchado ❸ (*Flüssigkeit*) espeso; (*Qualm, Nebel*) denso; **es herrscht ~e Luft** (*fam fig*) está la atmósfera cargada; **das ist ein ~er Hund!** (*fam fig*) ¡eso sí que es fuerte!; **sie sind ~ befreundet** (*fam*) son íntimos amigos; **dickbäuchig** ['dɪkbɔɪçɪç] *adj* barrigudo, pipón *Ant, Arg, Ecua: fam;* **Dickdarm** *m* (ANAT) intestino *m* grueso

**Dicke** ['dɪkə] *f* <-n> (*von Feststoffen*) grosor *m;* (*von Flüssigkeiten*) espesor *m*

**dickfellig** ['dɪkfɛlɪç] *adj* (*fam: unempfindlich*) insensible; (*gleichgültig*) indiferente

**dickflüssig** *adj* espeso

**Dickhäuter** ['dɪkhɔɪtɐ] *m* <-s, -> (*Tier*) paquidermo *m;* (*fam: Mensch*) persona *f* insensible

**Dickicht** ['dɪkɪçt] *nt* <-s, -e> maleza *f*

**Dickkopf** *m* (*fam: Mensch*) cabezota *mf;* **einen ~ haben** ser un cabezota

**dickköpfig** *adj* (*fam*) cabezota

**dicklich** *adj* gordezuelo

**Dickschädel** *m s.* **Dickkopf**; **Dickwanst** *m* (*fam abw*) panzudo, -a *m, f*

**Didaktik** [di'daktɪk] *f ohne pl* didáctica *f*

**didaktisch** *adj* didáctico

**die** [di(:)] *art best o pron dem o pron rel s.* **der, die, das**

**Dieb(in)** [di:p, 'di:bɪn] *m(f)* <-(e)s, -e; -nen> ladrón, -ona *m, f*, chorro, -a *m, f* *CSur: fam;* **haltet den ~!** ¡al ladrón!

**diebisch** *adj* ❶ (*Mensch*) ladrón ❷ (*Vergnügen*) enorme

**Diebstahl** *m* <-(e)s, -stähle> robo *m;* **Diebstahlsicherung** *f* aseguramiento *m* contra robos

**diejenige(n)** *pron dem s.* **derjenige, diejenige, dasjenige**

**Diele** ['di:lə] *f* <-n> ❶ (*Brett*) tabla *f* del suelo ❷ (*Vorraum*) vestíbulo *m*

**dienen** ['di:nən] *vi* ❶ (*nützlich sein*) servir (*zu* para, *als* de); **das dient einem guten Zweck** esto es para una buena causa; **damit ist mir nicht gedient** esto no me sirve de ayuda; **womit kann ich ~?** ¿en qué puedo servirle?; **ich weiß nicht, wozu das ~ soll** no sé de qué sirve eso ❷ (MIL) hacer el servicio militar

**Diener**[1] *m* <-s, -> (*fam: Verbeugung*) reverencia *f*

**Diener(in)**[2] *m(f)* <-s, -; -nen> criado, -a *m, f;* (*Hausangestellte*) sirviente, -a *m, f,*

D

mucamo, -a *m, f Am*

**Dienerschaft** *f* <-en> criados *mpl;* (*Hausangestellte*) servidumbre *f*

**dienlich** *adj* útil; **jdm/etw ~ sein** ser útil a alguien/algo

**Dienst** [di:nst] *m* <-(e)s, -e> servicio *m;* (*Amt*) función *f;* (*Aufgabe*) oficio *m;* (*Arbeitsschicht*) turno *m;* (MIL) retirado *m;* **öffentlicher ~** servicio público; **außer ~** jubilado; **zum ~ gehen** ir al trabajo; **~ haben** estar de servicio; **~ habend** (MIL) de servicio; (*Arzt*) de turno; **den ~ antreten** (*Schicht*) empezar el turno; (*Amt*) entrar en funciones; **den ~ quittieren** dimitir del cargo; **in jds ~en stehen** estar al servicio de alguien; **jdm einen schlechten ~ erweisen** hacerle a alguien un flaco favor; **sich in den ~ einer Sache stellen** ponerse al servicio de una causa; **seine Beine versagten ihm den ~** ya no pudo mantenerse de pie

**Dienstag** ['di:nsta:k] *m* <-(e)s, -e> martes *m; s. a.* **Montag**

**dienstagabends** *adv* los martes por la noche

**dienstags** *adv* los martes

**Dienstanweisung** *f* instrucción *f;* **Dienstausweis** *m* tarjeta *f* de identidad; **Dienstbote, -in** *m, f* doméstico, -a *m, f;* **Diensteifer** *m* celo *m;* **dienstfrei** *adj* libre; **Dienstgeheimnis** *nt* secreto *m* profesional; **Dienstgrad** *m* (MIL) grado *m*

**Dienstjahr** *nt* año *m* de servicio [*o* de trabajo]; **Dienstleistung** *f* (prestación *f* de) servicio *m;* **Dienstleistungsabend** *m* (WIRTSCH) *horario comercial prolongado en Alemania;* **Dienstleistungsberuf** *m* profesión *f* en el sector servicios; **Dienstleistungsgesellschaft** *f* (SOZIOL) sociedad *f* de servicios (*sociedad actual en la que las empresas del sector terciario juegan un papel fundamental*); **Dienstleistungsgewerbe** *nt* (industria *f* del) sector *m* terciario

**dienstlich** *adj* oficial; **~ unterwegs sein** estar de viaje por razones de trabajo

**Dienstmädchen** *nt* criada *f,* muchacha *f Am,* china *f And, CSur;* **Dienstpersonal** *nt* personal *m* de servicio; **Dienstplan** *m* (*a.* MIL) horario *f* de servicio; **einen ~ aufstellen** establecer un horario de servicio; **Dienstreise** *f* viaje *m* de trabajo; **Dienstschluss** *m ohne pl* hora *f* de cierre; **Dienststelle** *f* departamento *m;* **die zuständige ~** el departamento correspondiente; **Dienststunden** *fpl* horas *fpl* de servicio; (*einer Behörde*) horas *fpl* de oficina; **Dienstvorschrift** *f* (ADMIN, MIL) instrucción *f;* **Dienstwagen** *m* coche *m* de servicio; **Dienstzeit** *f* ❶ (*Arbeitszeit*) horario *m* de trabajo ❷ (*Amtsdauer*) años *mpl* de servicio

**dies** [di:s] *pron dem s.* **diese(r, s)**

**diesbezüglich** ['----] **I.** *adj* correspondiente **II.** *adv* en relación a esto

**diese(r, s)** <diese> *pron dem* ❶ (*adjektivisch*) este *m,* esta *f;* (*weiter entfernt*) ese *m,* esa *f;* **Anfang ~s Jahres** a principios de este año ❷ (*substantivisch*) éste *m,* ésta *f,* esto *nt;* (*weiter entfernt*) ése *m,* ésa *f,* eso *nt;* **~r hier** éste de aquí; **dies und das** esto y lo otro; **~s und jenes** esto y aquello

**Diesel**[1] ['di:zəl] *m* <-s, *ohne pl*> (*fam*) gasoil *m*

**Diesel**[2] *m* <-(s), -> (*fam: Motor, Auto*) diesel *m*

**dieselbe(n)** *pron dem s.* **derselbe, dieselbe, dasselbe**

**Dieselmotor** *m* motor *m* diesel; **Dieselöl** *nt* gasóleo *m*

**diesig** ['di:zɪç] *adj* brumoso

**diesjährige(r, s)** *adj* de este año

**diesmal** *adv* esta vez

**diesseits** ['di:szaɪts] **I.** *präp +gen* a este lado de; (*bei Flüssen*) a esta orilla de **II.** *adv* a este lado

**Diesseits** *nt* <-, *ohne pl*> este mundo *m*

**Dietrich** ['di:trɪç] *m* <-s, -e> (TECH) ganzúa *f*

**Differential** [dɪfərɛn'tsja:l] *nt* <-s, -e> *s.* **Differenzial**; **Differentialrechnung** *f s.* **Differenzialrechnung**

**Differenz** [dɪfə'rɛnts] *f* <-en> ❶ (*Unterschied*) diferencia *f;* (COM) déficit *m inv* ❷ (*Streit*) disputa *f*

**Differenzial** [dɪfərɛn'tsja:l] *nt* <-s, -e> (MATH) diferencial *f;* **Differenzialrechnung** *f* (MATH) cálculo *m* diferencial

**differenzieren*** *vt, vi* (*a.* MATH) diferenciar

**differenziert** *adj* (*geh: fein unterscheidend*) detallado

**digital** [digi'ta:l] *adj* digital; **~es Fernsehen** televisión digital

**digitalisieren*** *vt* (INFOR) digitalizar

**Digitalkamera** *f* cámara *f* digital

**Diktat** [dɪk'ta:t] *nt* <-(e)s, -e> ❶ (*Nachschrift*) dictado *m;* **nach ~ schreiben** escribir al dictado ❷ (*Befehl*) imposición *f;* (POL) tratado *m* impuesto

**Diktator(in)** [dɪk'ta:to:ɐ] *m(f)* <-s, -en; -nen> dictador(a) *m(f)*

**diktatorisch** *adj* dictatorial

**Diktatur** [dɪkta'tu:ɐ] *f* <-en> dictadura *f*

**diktieren*** *vt* ❶ (*Text*) dictar ❷ (*geh: aufzwingen*) imponer

**Diktiergerät** *nt* dictáfono *m*

**Dilemma** [di'lɛma] *nt* <-s, -s *o* Dilemmata> dilema *m*

**Dilettant(in)** [dilɛ'tant] *m(f)* <-en, -en; -nen> ❶ (*Laie*) diletante *mf* ❷ (*abw: Stümper*) chapucero, -a *m, f*

**dilettantisch** *adj* ❶ (*laienhaft*) diletante ❷ (*abw: stümperhaft*) chapucero

**Dill** [dɪl] *m* <-s, -e> eneldo *m*

**Dimension** [dimɛn'zjo:n] *f* <-en> dimensión *f*

**DIN** [di:n, dɪn] *f Abk. von* **Deutsche Industrie-Norm(en)** normas *fpl* DIN

**Dinar** [di'na:ɐ] *m* <-s, -e> dinar *m*

**Ding**[1] [dɪŋ] *nt* <-(e)s, -e> ❶ (*Gegenstand*) objeto *m;* (*Sache*) cosa *f;* **aller guten ~e sind drei** (*prov*) a la tercera va la vencida ❷ (*Angelegenheit*) asunto *m;* **vor allen ~en** sobre todo; **guter ~e sein** (*geh*) tener buen humor; **das geht nicht mit rechten ~en zu** aquí hay gato encerrado; **das ist ein ~ der Unmöglichkeit** es algo imposible; **so wie die ~e liegen ...** tal y como están las cosas...

**Ding**[2] *nt* <-(e)s, -er> (*fam: unbestimmte Sache*) cosa *f;* **krumme ~er** negocios turbios; **ein junges ~** una jovencilla inocente

**dingfest** *adj:* **jdn ~ machen** arrestar a alguien

**Dings**[1] [dɪŋs] *mf* <-, *ohne pl*> (*fam: Person*) fulano, -a *m, f*

**Dings**[2] *nt* <-, *ohne pl*> (*fam: Sache*) cosa *f*

**Dingsbums** ['dɪŋsbʊms] *nt* <-, *ohne pl*> *s.* **Dings**

**Dingsda**[1] ['dɪŋsda:] *mf* <-, *ohne pl*> *s.* **Dings**

**Dingsda**[2] ['dɪŋsda:] *nt* <-, *ohne pl*> *s.* **Dings**

**Dinosaurier** [dino'zaʊriɐ] *m* <-s, -> dinosaurio *m*

**Diode** [di'o:də] *f* <-n> (ELEK) diodo *m*

**Dioptrie** [diɔp'tri:, *pl:* diɔp'tri:ən] *f* <-n> (*Optik*) dioptría *f*

**Diphtherie** [dɪfte'ri:] *f* <-n> (MED) difteria *f*

**Diphthong** [dɪf'tɔŋ] *m* <-s, -e> (LING) diptongo *m*

**Dipl.** *Abk. von* **Diplom** diplomado *m*

**Dipl.-Ing.** *Abk. von* **Diplomingenieur(in)** ingeniero, -a *m, f* diplomado, -a

**Diplom** [di'plo:m] *nt* <-s, -e> diploma *m;* **sein ~ machen (in etw)** licenciarse (en algo); **Diplomarbeit** *f* tesina *f*

**Diplomat(in)** [diplo'ma:t] *m(f)* <-en, -en; -nen> diplomático, -a *m, f*

**Diplomatie** [diploma'ti:] *f ohne pl* diplomacia *f*

**Diplomatin** *f* <-nen> *s.* **Diplomat**

**diplomatisch** *adj* diplomático; **~e Beziehungen zu ... unterhalten** mantener relaciones diplomáticas con...

**Diplomingenieur(in)** *m(f)* ingeniero, -a *m, f* diplomado, -a; **Diplomprüfung** *f* examen *m* de diplomatura; (*Universitätszeugnis*) examen *m* de licenciatura

**dir** [di:ɐ] **I.** *pron pers dat von* **du** te; (*betont*) a ti (te); (*mit Präposition*) ti; **ich habe ~ etwas mitgebracht** te he traído una cosa; **~ verrate ich nicht, was ich vorhabe!** ¡a ti no te contaré mis planes!; **hinter/vor/unter/über ~** detrás de/delante de/debajo de/encima de ti; **ein Freund von ~** un amigo tuyo **II.** *pron refl dat von* **du** te; **was hast du ~ gekauft?** ¿qué te has comprado?

**direkt** [di'rɛkt] **I.** *adj* ❶ (*ohne Umweg, unmittelbar*) directo; (*Frage*) sin rodeos; **~e Rede** (LING) estilo directo; **~ am Bahnhof** en la misma estación; **~ vor dem Haus** justo delante de la casa ❷ (*unverzüglich*) inmediato **II.** *adv* ❶ (*ohne Umweg*) derecho; **die Straße führt ~ ins Zentrum** la calle lleva directamente al centro; **~ übertragen** (RADIO, TV) tra(n)smitir en directo ❷ (*unverzüglich*) enseguida, directamente ❸ (*fam: ausgesprochen*) realmente; **das ist ja ~ gefährlich, was du machst** es realmente peligroso lo que haces

**Direktbank** *f* (FIN) banco *m* directo, banco *m* por Internet; **Direktflug** *m* vuelo *m* directo

**Direktion** [dirɛk'tsjo:n] *f* <-en> ❶ (*Leitung*) dirección *f* ❷ (*Schweiz: kantonales Ministerium*) departamento *m* cantonal

**Direktor(in)** *m(f)* <-s, -en; -nen> director(a) *m(f)*

**Direktorium** [dirɛk'to:riʊm, *pl:* dirɛk'to:riən] *nt* <-s, Direktorien> directorio *m*

**Direktrice** [dirɛk'tri:sə] *f* <-n> sastra-directriz *f*

**Direktübertragung** *f* transmisión *f* en directo; **Direktverbindung** *f* (EISENB, AERO) comunicación *f* directa; **Direktzugriff** *m* (INFOR) acceso *m* directo

**Dirigent(in)** [diri'gɛnt] *m(f)* <-en, -en; -nen> (*a.* MUS) director(a) *m(f)* de orquesta

**dirigieren*** *vt* (*a.* MUS) dirigir

**Dirndl** ['dɪrnd(ə)l] *nt* <-s, -> (*österreichisch*) traje *m* tradicional tirolés; (*bayrisch*) vestido *m* tradicional bávaro

**Dirne** ['dɪrnə] *f* <-n> prostituta *f*

**Dis** [dɪs] *nt* <-, -> (MUS) re *m* sostenido

**Disco** *f* <-s> disco *f*

**Disken** *pl von* **Diskus**

**Diskette** [dɪs'kɛtə] *f* <-n> (INFOR) disquete *m;* **Diskettenlaufwerk** *nt* (INFOR) disque-

D

tera *f*
**Diskjockey** ['dɪskdʒɔki] *m* pinchadiscos *mf inv*, disc-jockey *mf*
**Disko** ['dɪsko] *f* <-s> disco *f*
**Diskont** [dɪs'kɔnt] *m* <-s, -e> (FIN) descuento *m;* **Diskontsatz** *m* (FIN) tipo *m* de descuento
**Diskothek** [dɪsko'te:k] *f* <-en> discoteca *f*
**Diskrepanz** [dɪskre'pants] *f* <-en> discrepancia *f*
**diskret** [dɪs'kre:t] *adj* discreto
**Diskretion** [dɪskre'tsjo:n] *f ohne pl* discreción *f;* (WIRTSCH) confidencialidad *f*
**diskriminieren*** [dɪskrimi'ni:rən] *vt* discriminar
**diskriminierend** *adj* discriminatorio
**Diskriminierung** *f* <-en> discriminación *f*
**Diskus** ['dɪskʊs] *m* <- *o* -ses, -se *o* Disken> (SPORT) disco *m*
**Diskussion** [dɪskʊ'sjo:n] *f* <-en> discusión *f*, argumento *m Am;* **ein Thema zur ~ stellen** poner un tema a debate
**Diskuswerfen** *nt* <-s, *ohne pl*> (SPORT) lanzamiento *m* de disco
**diskutieren*** [dɪsku'ti:rən] *vi, vt* discutir (*über* de/sobre)
**Display** [dɪs'plɛɪ] *nt* <-s, -s> (INFOR) display *m*
**Dispokredit** ['dɪspokredi:t] *m* (*fam*) *s.* **Dispositionskredit**
**disponieren*** [dɪspo'ni:rən] *vi* (*geh*) disponer (*über* de)
**Disposition** [dɪspozi'tsjo:n] *f* <-en> (*geh*) ❶ (*Verwendung*) disposición *f;* (**jdm**) **zur ~ stehen** estar a disposición (de alguien) ❷ (*Planung*) planes *mpl* ❸ (MED: *Anlage*) predisposición *f;* **Dispositionskredit** *m* (FIN) crédito *m* disponible
**Disput** [dɪs'pu:t] *m* <-(e)s, -e> (*geh*) disputa *f*
**Disqualifikation** [dɪskvalifika'tsjo:n] *f* <-en> (*a.* SPORT) descalificación *f*
**disqualifizieren*** [dɪskvalifi'tsi:rən] *vt* (*a.* SPORT) descalificar
**Dissertation** [dɪsɛrta'tsjo:n] *f* <-en> tesis *f inv* doctoral
**Dissident(in)** [dɪsi'dɛnt] *m(f)* <-en, -en; -nen> disidente *mf*
**Dissonanz** [dɪso'nants] *f* <-en> (*a.* MUS) disonancia *f*
**Distanz** [dɪs'tants] *f* <-en> distancia *f;* **~ wahren** guardar las distancias
**distanzieren*** *vr:* **sich ~** distanciarse
**distanziert** **I.** *adj* (*geh*) distante; **~ sein** ser distante **II.** *adv* (*geh*) de manera distante; **sie verhält sich ~** se comporta de un modo distante
**Distel** ['dɪstəl] *f* <-n> (BOT) cardo *m*
**Distrikt** [dɪs'trɪkt] *m* <-(e)s, -e> distrito *m*
**Disziplin** [dɪstsi'pli:n] *f* <-en> disciplina *f*
**disziplinarisch** [dɪstsipli'na:rɪʃ] *adj* disciplinario
**Disziplinarverfahren** *nt* (ADMIN) procedimiento *m* disciplinario
**diszipliniert** *adj* disciplinado
**disziplinlos** *adj* indisciplinado
**Diva** ['di:va] *f* <-s *o* Diven> diva *f*
**Divergenz** *f* <-en> (*a.* MATH) divergencia *f*
**divergieren*** [divɛr'gi:rən] *vi* (*a.* MATH) divergir
**divers(e)** *adj* (*geh*) ❶ (*mehrere*) diverso ❷ (*verschiedene*) diferente; **~er Ansicht sein** tener una opinión diferente
**Dividende** [divi'dɛndə] *f* <-n> (FIN, WIRTSCH) dividendo *m;* **eine ~ ausschütten** repartir un dividendo
**dividieren*** *vt* (MATH) dividir (*durch* por)
**Division** [divi'zjo:n] *f* <-en> (MATH, MIL) división *f* (*durch* por)
**Diwan** ['di:va:n] *m* <-s, -e> (*Liegesofa*) diván *m*
**DKP** [de:ka:'pe:] *f Abk. von* **Deutsche Kommunistische Partei** Partido *m* Comunista Alemán
**dm** *Abk. von* **Dezimeter** dm
**DM** *f inv Abk. von* **Deutsche Mark** marco *m* alemán
**d-Moll** *nt* (MUS) re *m* menor
**D-Netz** *nt* (TEL: *europaweites Mobilfunknetz*) sistema *m* de comunicación móvil europeo
**DNS** [de:ʔɛn'ʔɛs] *f Abk. von* **Desoxyribonukleinsäure** A.D.N. *m*
**doch** [dɔx] **I.** *adv* ❶ (*dennoch*) sin embargo, a pesar de todo; **er hatte ~ Recht** a pesar de todo tenía razón ❷ (*aber*) pero; **du weißt ~, wie ich das meine** pero ya sabes qué quiero decir; **das habe ich mir ~ gedacht** ya me lo había imaginado ❸ (*denn*) pues; **er sagte nichts, wusste er ~, dass sie Recht hatte** no dijo nada pues sabía que ella tenía razón ❹ (*Antwort*) sí, claro que sí; **kommst du nicht mit? – ~!** ¿no vienes? – ¡pues claro que sí! ❺ (*Betonung*) sí que...; **es schmeckt ~** sí que está bueno **II.** *part* ❶ (*verstärkend*) pero, pues; **das ist ~ die Höhe!** ¡esto sí que es el colmo!; **nehmen Sie ~ Platz!** ¡pero tome asiento!; **du hast ~ nicht etwa ...?** ¿no habrás...?; **wie hieß er ~ gleich?** ¿cómo se llamaba? ❷ (*auffordernd*): **gib ~ mal her!** ¡dámelo de una vez!; **soll er ~!** ¡que lo haga si quiere! ❸ (*Zustimmung fordernd*) ¿verdad?; **hier darf man ~ rauchen?** aquí se puede fumar, ¿verdad? **III.** *konj* (*aber*)

pero; **ich würde es gern tun, ~ ich traue mich nicht** me gustaría hacerlo pero no me atrevo

**? Grammatik**

**doch** se emplea como respuesta positiva, en lugar de *ja*, a una pregunta negativa con *nicht, kein* u otra negación: *Hast du keinen größeren Koffer? Doch, ich habe einen, aber dieser ist praktischer. – ¿No tienes una maleta más grande? Sí, tengo una, pero ésta es más cómoda. Bist du nie in Dänemark gewesen? Doch, ich war letztes Jahr dort im Urlaub. – ¿No has estado nunca en Dinamarca? Sí, estuve allí el año pasado de vacaciones.*

**Docht** [dɔxt] *m* <-(e)s, -e> mecha *f*
**Dock** [dɔk] *nt* <-(e)s, -s> dique *m;* **das Schiff liegt im** ~ el barco se encuentra en dique
**Dogge** ['dɔgə] *f* <-n> (perro *m*) dogo *m*
**Dogma** ['dɔgma] *nt* <-s, Dogmen> dogma *m*
**dogmatisch** *adj* dogmático
**Dogmen** *pl von* **Dogma**
**Dohle** ['do:lə] *f* <-n> (ZOOL) grajilla *f*
**Doktor(in)** ['dɔkto:ɐ] *m(f)* <-s, -en; -nen> doctor(a) *m(f);* (*a.* MED) médico, -a *m, f;* **Herr/Frau** ~ doctor/doctora; **sie ist** ~ **der Philosophie** es doctora en filosofía; **den** ~ **machen** hacer el doctorado
**Doktorand(in)** [dɔkto'rant] *m(f)* <-en, -en; -nen> doctorando, -a *m, f*
**Doktorarbeit** *f* tesis *f inv* doctoral
**Doktorin** *f* <-nen> *s.* **Doktor**; **Doktortitel** *m* doctorado *m;* **den** ~ **erwerben** doctorarse
**Doktrin** [dɔk'tri:n] *f* <-en> doctrina *f*
**Dokument** [doku'mɛnt] *nt* <-(e)s, -e> documento *m*
**Dokumentarfilm** *m* (película *f*) documental *m*
**Dokumentarin** *f* <-nen> *s.* **Dokumentar**
**dokumentarisch** *adj* documental
**Dokumentation** [dokumɛnta'tsjo:n] *f* <-en> documentación *f*
**dokumentieren*** *vt* documentar
**Dolch** [dɔlç] *m* <-(e)s, -e> puñal *m*
**Dollar** ['dɔla:ɐ] *m* <-(s), -s> dólar *m;* **Dollarkurs** *m* (FIN) cotización *f* del dólar
**dolmetschen** ['dɔlmɛtʃən] **I.** *vi* hacer de intérprete **II.** *vt* traducir (oralmente)
**Dolmetscher(in)** *m(f)* <-s, -; -nen> intérprete *mf*
**Dolomiten** [dolo'mi:tən] *pl:* **die** ~ los Dolomitas
**Dom** [do:m] *m* <-(e)s, -e> (*Kathedrale*) catedral *f*
**Domäne** [do'mɛ:nə] *f* <-n> ❶ (*Staatsgut*) finca *f* estatal ❷ (*Betätigungsfeld*) esfera *f;* (*Spezialgebiet*) especialidad *f*
**dominant** [domi'nant] *adj* dominante
**Dominante** *f* <-n> (MUS) dominante *f*
**Dominanz** [domi'nants] *f* <-en> (*a.* BIOL) dominancia *f*
**dominieren*** **I.** *vi* (*vorherrschen*) (pre)dominar **II.** *vt* (*beherrschen*) dominar
**Dominikanische Republik** *f* República *f* Dominicana
**Domino** ['do:mino] *nt* <-s, -s> dominó *m*
**Domizil** [domi'tsi:l] *nt* <-s, -e> (*geh*) domicilio *m*
**Dompfaff** ['do:mpfaf] *m* <-s *o* -en, -en> (ZOOL) pardillo *m*
**Dompteur, -euse** [dɔmp'tø:ɐ] *m, f* <-s, -e; -n> domador(a) *m(f)*
**Donau** ['do:naʊ] *f:* **die** ~ el Danubio
**Donner** ['dɔnɐ] *m* <-s, -> trueno *m,* pillán *m Chil;* **wie vom** ~ **gerührt** atónito
**donnern** ['dɔnɐn] **I.** *vunpers* (METEO) tronar; **es donnert** truena **II.** *vi* (*lärmen*) retumbar
**Donnerstag** ['dɔnɐsta:k] *m* <-(e)s, -e> jueves *m; s. a.* **Montag**
**donnerstagabends** *adv* los jueves por la noche
**donnerstags** *adv* los jueves
**Donnerwetter** ['-'--] *nt* <-s, -> (*fam*) bronca *f;* **zum** ~**!** ¡diablos!; ~**, das ist eine Leistung!** ¡caramba, vaya rendimiento!
**doof** [do:f] <doofer *o* döfer, am doofsten *o* döfsten> *adj* (*fam abw*) tonto, estúpido, upa *Ecua, Peru;* **so was D~es!** ¡qué estupidez!; **unser** ~**er Englischlehrer** el estúpido de nuestro profesor de inglés
**Doofheit**[1] *f* <-en> (*fam abw: Handlung*) bobada *f;* (*stärker*) estupidez *f*
**Doofheit**[2] *f ohne pl* (*fam abw: Art*) bobería *f;* (*stärker*) estupidez *f*
**Doofkopp** *m* <-s, -köppe> (*fam*), **Doofmann** *m* <-(e)s, -männer> (*fam*) tonto *m,* estúpido *m*
**Dope** [do:p] *nt* <-s, *ohne pl*> (*sl: Haschisch*) chocolate *m*
**dopen** ['do:pən] **I.** *vt* (SPORT) dopar **II.** *vi, vr:* **sich** ~ (SPORT) doparse
**Doping** ['do:pɪŋ] *nt* <-s, -s> (SPORT) doping *m,* dopaje *m;* **Dopingkontrolle** *f* (SPORT) control *m* antidoping
**Doppel** ['dɔpəl] *nt* <-s, -> ❶ (*Kopie*) copia *f;* (*Duplikat*) duplicado *m* ❷ (SPORT) dobles

*mpl;* **gemischtes** ~ dobles mixtos; **Doppelbelastung** *f* doble carga *f;* **Doppelbett** *nt* cama *f* de matrimonio

**Doppeldecker** *m* <-s, -> ❶ (AERO) biplano *m* ❷ (*fam: Bus*) omnibús *m* de dos pisos

**doppeldeutig** ['dɔpəldɔɪtɪç] *adj* ambiguo, equívoco

**Doppelgänger(in)** *m(f)* <-s, -; -nen> doble *mf*

**Doppelglasfenster** *nt* (ARCHIT) ventana *f* de doble cristal; **Doppelhaus** *nt* dos casas *fpl* adosadas; **Doppelkinn** *nt* papada *f;* **doppel|klicken** *vt* (INFOR) hacer doble clic; **Doppelleben** *nt* doble vida *f;* **ein ~ führen** llevar una doble vida; **Doppelmoral** *f ohne pl* doble moral *f;* **Doppelmord** *m* doble asesinato *m* (*an* de); **Doppelname** *m* nombre *m* compuesto; **Doppelpunkt** *m* dos puntos *mpl;* **Doppelstecker** *m* (ELEK) enchufe *m* doble

**doppelt** ['dɔpəlt] **I.** *adj* doble; **in ~er Ausführung** por duplicado; **ich bin ~ so alt wie Hans** le doblo la edad a Hans; **auf das D~ steigen** duplicarse; **um das D~ erhöhen** doblar; **mit jdm ein ~es Spiel treiben** hacer doble juego con alguien **II.** *adv* repetido, dos veces; **die Briefmarke habe ich ~** tengo este sello repetido; **~ so viel** el doble; **~ sehen** ver doble; **alles ~ und dreifach sagen müssen** tener que repetir todo treinta mil veces; **~ genäht hält besser!** (*prov*) lo que abunda no daña

**Doppelverdiener(in)** *m(f)* ❶ (*Einzelperson*) persona *f* con dos sueldos ❷ *pl* (*Paar*) matrimonio *m* con dos sueldos

**Doppelwährungsphase** *f* (FIN) período *m* de doble circulación

**Doppelzentner** *m* quintal *m* métrico; **Doppelzimmer** *nt* habitación *f* doble

**Dorf** [dɔrf, *pl:* 'dœrfɐ] *nt* <-(e)s, Dörfer> pueblo *m,* aldea *f;* **das olympische ~** la ciudad olímpica; **auf dem ~ wohnen** vivir en el pueblo; **vom ~ kommen** ser de pueblo; **Dorfbewohner(in)** *m(f)* aldeano, -a *m, f,* pueblerino, -a *m, f*

**Dorfschaft** *f* <-en> (*Schweiz*) aldea *f,* pueblo *m*

**Dorftrottel** *m* tonto, -a *m, f* del pueblo

**Dorn**[1] [dɔrn] *m* <-(e)s, -en> (BOT) espina *f;* **er war dem Chef schon lange ein ~ im Auge** (*fig*) hace tiempo que el jefe se sentía disgustado por él

**Dorn**[2] *m* <-(e)s, -e> (TECH: *Metallstift*) espiga *m;* (*Werkzeug*) mandril *m;* (*zum Lochen*) punzón *m*

**Dornbusch** *m* zarzal *m*

**Dornenkrone** *f* corona *f* de espinas

**dornig** *adj* espinoso

**Dornröschen** [dɔrn'rø:sçən] *nt* <-s, *ohne pl*> la Bella Durmiente *f*

**dörren** ['dœrən] *vt* secar

**Dörrobst** *nt* (GASTR) frutos *mpl* secos

**Dorsch** [dɔrʃ] *m* <-(e)s, -e> (ZOOL) abadejo *m*

**dort** [dɔrt] *adv* allí, allá; **der Mann ~** el hombre allá; **~ oben/hinten** allí arriba/atrás; **ich komme gerade von ~** justamente vengo de allí; **dorther** ['-'-] *adv* de allí; **von ~** de allí; **dorthin** ['-'-] *adv* hasta allí, hacia ahí; **dorthinaus** ['--'-] *adv* por allí; **bis ~** (*fam*) hasta el no va más; **dorthinein** ['--'-] *adv* allí dentro

**dortige(r, s)** *adj* de allí

**Dose** ['do:zə] *f* <-n> ❶ (*mit Keksen*) caja *f;* (*Bier*) bote *m;* (*Konserven~*) lata *f* ❷ (*Steck~*) enchufe *m*

**Dosen** *pl von* **Dosis, Dose**

**dösen** ['dø:zən] *vi* (*fam*) dormitar

**Dosenbier** *nt* cerveza *f* en lata; **Dosenmilch** *f* leche *f* condensada; **Dosenmusik** *f* (*iron fam*) música *f* enlatada; **Dosenöffner** *m* abrelatas *m inv;* **Dosensuppe** *f* sopa de lata *f*

**dosieren*** [do'zi:rən] *vt* dosificar

**Dosierung**[1] *f ohne pl* (*das Dosieren*) dosificación *f*

**Dosierung**[2] *f* <-en> (*Dosis*) dosis *f inv*

**Dosis** ['do:zɪs, *pl:* 'do:zən] *f* <Dosen> dosis *f inv*

**Döskopp** *m* <-s, -köppe> (*nordd: fam*) tontorrón, -ona *m, f*

**Dossier** [dɔ'sje:] *nt* <-s, -s> expediente *m*

**Dotcom-Unternehmen** ['dɔtkɔm-] *nt* (INFOR: *sl*) empresa *f* puntocom

**dotieren*** [do'ti:rən] *vt* dotar (*mit* con/de); **gut dotiert** (*Stellung*) bien remunerado

**Dotter** ['dɔtɐ] *m o nt* <-s, -> yema *f*

**Dotterblume** *f* (BOT) calta *f*

**doubeln** ['du:bəln] *vi, vt* (FILM) hacer de doble (en un filme)

**Double** ['du:b(ə)l] *nt* <-s, -s> (FILM) doble *m*

**Downlink** ['daʊnlɪŋk] *nt* <-(s), -s> (TEL) enlace *m* descendente

**Download** ['daʊnlɔʊt] *nt* <-(s), -s> (INFOR) carga *f* descendente [*o* por teleproceso], download *m* (*transferencia de un ordenador a otro*)

**downloaden** ['daʊnlɔʊdən] *vt* (INFOR) descargar, bajar

**Downsyndrom** ['daʊnzʏndro:m] *nt ohne pl* (MED) mongolismo *m*

**Dozent(in)** [do'tsɛnt] *m(f)* <-en, -en; -nen> profesor(a) *m(f)* universitario, -a

**dozieren*** [do'tsi:rən] *vi* dar clases (magistrales) (*über* sobre)

**Dr.** *mf* <Dres.> *Abk. von* **Doktor** doctor(a) *m(f)*; **Herr/Frau ~ Müller** doctor/doctora Müller

**Drache** ['draxə] *m* <-n, -n> dragón *m*

**Drachen** *m* <-s, -> ① (*aus Papier*) cometa *f*, volantín *m Am*; **~ steigen lassen** echar (a volar) cometas ② (*fam abw: zänkische Frau*) furia *f*

**Drachenflieger(in)** *m(f)* (SPORT) deportista *mf* de ala delta

**Drachme** ['draxmə] *f* <-, -n> (FIN) dracma *f*

**Dragee** [dra'ʒe:] *nt* <-s, -s>, **Dragée** *nt* <-s, -s> (MED) gragea *f*

**Draht** [dra:t, *pl:* 'drɛ:tə] *m* <-(e)s, Drähte> alambre *m*, hilo *m* metálico; **einen ~ zu jdm haben** (*fam*) simpatizar con alguien; **auf ~ sein** (*fam*) estar en buena forma; **Drahtbürste** *f* cepillo *m* de púas de metal; **Drahtesel** *m* (*fam*) bici *f*; **Drahtgitter** *nt* alambrado *m*

**drahtig** *adj* (*Figur*) vigoroso

**drahtlos** **I.** *adj* inalámbrico **II.** *adv:* **~ telegrafieren** radiotelegrafiar

**Drahtseil** *nt* cable *m* metálico; **Drahtseilbahn** *f* teleférico *m*; **Drahtzaun** *m* alambrado *m*

**Drahtzieher(in)** *m(f)* <-s, -; -nen> instigador(a) *m(f)*

**drakonisch** [dra'ko:nɪʃ] *adj* draconiano

**drall** [dral] *adj* (*Person*) robusto; (*Körperteil*) regordete

**Drama** ['dra:ma, *pl:* 'dra:mən] *nt* <-s, Dramen> tragedia *f*, drama *m*

**Dramatiker(in)** [dra'ma:tikɐ] *m(f)* <-s, -; -nen> autor(a) *m(f)* dramático, -a

**dramatisch** *adj* (*a.* THEAT, LIT) dramático

**dramatisieren*** *vt* ① (*Roman*) adaptar a la escena ② (*aufbauschen*) dramatizar

**Dramaturg(in)** [drama'tʊrk] *m(f)* <-en, -en; -nen> (*a.* THEAT) asesor(a) *m(f)* artístico, -a

**Dramaturgie** [dramatʊr'gi:] *f* <-n> (*a.* THEAT) dramaturgia *f*, dramática *f*

**Dramaturgin** *f* <-nen> *s.* **Dramaturg**

**Dramen** *pl von* **Drama**

**dran** [dran] *adv* (*fam*): **du bist ~** es tu turno; **jetzt ist er ~** ahora le toca a él; **sind Sie noch ~?** (*Telefon*) ¿todavía está en la línea?; **er ist schlecht/gut ~** le va mal/bien; **früh/spät ~ sein** tener/no tener tiempo; **ich bin spät ~** ya no tengo tiempo; **da ist was ~** hay algo de verdad en ello; **an dem Radio ist alles ~, was man braucht** la radio tiene todo lo que se necesita; *s. a.* **daran**; **dran|bleiben** *irr vi sein* (*fam*) ① (*verfolgen*) no soltar (*an*), seguir la pista (*an* de) ② (*Telefon*) no colgar (*an*)

**drang** [draŋ] *3. imp von* **dringen**

**Drang** [draŋ] *m* <-(e)s, *ohne pl*> ① (*Trieb*) impulso *m*; (*Sehnsucht*) ansia *f* (*nach/zu* de); **aus innerem ~** por un impulso instintivo; **einen plötzlichen ~ nach etw verspüren** desear algo ardientemente ② (*Zwang*) apremio *m*

**dran|gehen** *irr vi sein* (*fam: in Angriff nehmen*) emprender (*an*)

**Drängelei** [drɛŋə'laɪ] *f* <-en> (*abw*) ① (*Schubsen*) apretujones *mpl* ② (*Bettelei*) ruegos *mpl* continuos y molestos

**drängeln** ['drɛŋəln] *vi, vt* (*fam*) ① (*schieben*) empujar; **nur nicht ~!** ¡no empujen! ② (*betteln*) apremiar

**drängen** ['drɛŋən] **I.** *vi* ① (*eilen*) urgir, correr prisa; **es drängt nicht** no corre prisa ② (*schieben*) empujar ③ (*fordern*) insistir (*auf* en); **er drängt zur Eile** mete prisa **II.** *vt* ① (*schieben*) empujar; (*durch die Menge*) abrirse paso ② (*antreiben*) apremiar (*zu* para que +*subj*) **III.** *vr:* **sich ~** apiñarse

**Drangsal** ['draŋza:l] *f* <-e> (*geh*) pena *f*, sufrimientos *mpl*

**drangsalieren*** [draŋza'li:rən] *vt* (*abw*) torturar

**dran|halten** *irr* **I.** *vt* (*fam: zum Vergleich*) acercar (para comparar) **II.** *vr:* **sich ~** (*sich beeilen*) apurarse, apresurarse; **dran|hängen** *irr* **I.** *vt* (*fam: an etw befestigen*) colgar (*an* en); (*verlängern*) prolongar (por); **wir können an unseren Urlaub noch eine Woche ~** podemos prolongar nuestras vacaciones por una semana **II.** *vi* (*fam: an etw hängen*) tener cariño [*o* apego] (*an* a) **III.** *vr:* **sich ~** (*fam: verfolgen*) perseguir (*an*); **dran|kommen** *irr vi sein* (*fam*) ① (*an die Reihe kommen*) tocar; **du kommst als Nächste dran** ahora te toca a ti ② (SCH: *aufgerufen werden*) ser llamado para decir la lección ③ (*abgefragt werden*) tocar; **welches Thema kommt denn dran?** ¿qué tema toca hoy? ④ (*erreichen*) alcanzar; **dran|kriegen** *vt* (*fam*): **jdn (schön) ~** (*zu einer Leistung*) no dejar que alguien escurra el bulto; (*reinlegen*) jugársela a alguien; **dran|lassen** *irr vt* (*fam*) dejar puesto (*an* en); **dran|nehmen** *irr vt* (*fam: Schüler*) preguntar; (*Kunden, Patienten*) atender; **dran|setzen** *vt* ① (*einsetzen*) arriesgar; **ich werde alles ~ um ...** haré todo lo posible para... ② (*beschäftigen*) ocupar; **da kann ich den Lehrling ~** esto se lo dejo hacer al aprendiz

**drapieren*** [dra'pi:rən] *vt* (*schmücken*) adornar; (*aufwändig falten*) drapear (*um* por)

**drastisch** ['drastɪʃ] *adj* drástico

**drauf** ['draʊf] *adv* (*fam*): **gut/schlecht ~ sein** estar de buenas/de mala leche; **wie ist der denn ~?** ¿a éste qué mosca le picó?; **~ und dran sein zu ...** estar a punto de...

**drauf|bekommen*** *irr vt* (*fam*) ① (*auf etw bekommen*) conseguir poner (*auf* a) ② (*Wend*): **eins ~** (*einen Klaps bekommen*) recibir un cachete; (*ausgeschimpft werden*) recibir una reprimenda

**Draufgänger(in)** ['draʊfgɛŋɐ] *m(f)* <-s, -; -nen> atrevido, -a *m, f*

**draufgängerisch** ['draʊfgɛŋərɪʃ] *adj* arrojado

**drauf|gehen** *irr vi sein* (*fam*) ① (*sterben*) palmarla ② (*Geld*) volar ③ (*Sache*) romperse; **drauf|haben** *irr vt* (*fam*): **etw ~** tener idea (de algo); **drauf|hauen** *irr vi* (*fam*) dar porrazos (*auf* a); **einen ~** juerguearse; **drauf|kommen** *irr vi sein* (*sich einfallen lassen*): **ich komme nicht drauf!** ¡no se me ocurre!; **drauf|kriegen** *vi* (*fam*): **eins ~** caerle a alguien una bronca; **drauf|lassen** *irr vt* (*fam*) dejar puesto (*auf* en); **drauf|legen** *vt* (*fam*) ① (*Betrag*) añadir (*auf* a) ② (*hinlegen*) poner encima (*auf* de)

**drauflos** [-'-] *adv* sin darle más vueltas; **drauflos|arbeiten** *vi* (*fam*) ponerse a trabajar sin plan previo; **drauflos|gehen** *irr vi sein* (*fam*) echar a andar sin rumbo fijo; **drauflos|reden** *vi* (*fam: unüberlegt*) hablar sin pensar; (*ohne Scheu*) hablar sin cortarse; **drauflos|schlagen** *irr vi* (*fam*) liarse a golpes

**drauf|machen** *vt* (*fam*): **einen ~** correrse una juerga; **Draufsicht** *f* <-en> vista *f* de arriba; (*Zeichnung*) proyección *f* horizontal; **drauf|stehen** *irr vi* (*fam*) ① (*auf etw stehen*) estar (puesto) encima (*auf* de); (*Mensch, Tier*) estar (subido) encima (*auf* de); **aua, du stehst genau auf meinem Fuß drauf!** ¡ay, me estás pisando el pie! ② (*geschrieben stehen*) estar puesto (*auf* en); **was steht auf dem Zettel drauf?** ¿qué pone en la nota?; **drauf|stoßen** *irr* **I.** *vi sein* (*fam*) llegar directamente (*auf* a), darse de narices (*auf* con) **II.** *vt haben* (*fam*): **jdn auf etw ~** servir algo en bandeja (de plata) a alguien; **drauf|zahlen** **I.** *vi* (*fam*) pagar más **II.** *vt* (*fam*) añadir

**draus** [draʊs] *adv* (*fam*) *s.* **daraus**

**draußen** ['draʊsən] *adv* ① (*außerhalb*) fuera; (*im Freien*) al aire libre; **nach ~** hacia fuera; **von ~** de fuera ② (*weit entfernt*) lejos (de aquí); **~ auf dem Lande** allá en el campo

**drechseln** ['drɛksəln] *vi, vt* tornear

**Drechsler(in)** ['drɛkslɐ] *m(f)* <-s, -; -nen> tornero, -a *m, f*

**Dreck** [drɛk] *m* <-(e)s, *ohne pl*> ① (*fam: Schmutz*) suciedad *f;* (*Schlamm*) lodo *m;* (*Abfall*) basura *f;* **jdn wie den letzten ~ behandeln** (*fam*) tratar a alguien como a un perro, basurear a alguien *Arg, Urug;* **er hat ~ am Stecken** (*fig*) tiene las manos sucias; **jdn in den ~ ziehen** (*fam fig*) poner verde a alguien ② (*abw fam: Kleinigkeit*) asuntillo *m;* **sich einen ~ um etw kümmern** importarle algo a alguien un comino; **die Nase in jeden ~ stecken** meter las narices en todas partes; **das geht dich einen ~ an** eso no te importa para nada

**Dreckarbeit** *f* (*abw*) *s.* **Drecksarbeit**; **Dreckfinger** *m* (*fam*) dedo *m* sucio; **fass mit deinen ~n bloß nichts an!** ¡no toques nada con esos dedos pringosos!; **Dreckfink** *m* (*fam*) guarro, -a *m, f*

**dreckig** *adj* (*fam*) ① (*schmutzig*) sucio, pichoso *Ven;* **sich ~ machen** ensuciarse ② (*unanständig*) obsceno ③ (*Wend*): **es geht mir ~** estoy fatal

**Dreckkerl** *m* (*fam abw*) *s.* **Dreckskerl**; **Dreckloch** *nt* (*fam abw*) pocilga *f;* **Drecknest** *nt* (*fam abw*) pueblo *m* de mala muerte; **Dreckpfote** *f* (*fam abw*) manaza *f;* **Drecksack** *m* (*fam abw*) tipo *m* asqueroso

**Drecksarbeit** *f* (*abw: die dreckig macht*) trabajo *m* sucio; (*die verabscheut wird*) trabajo *m* asqueroso

**Drecksau** *f* (*vulg*) cerdo, -a *m, f;* **Dreckschwein** *nt* (*vulg*) cerdo, -a *m, f*

**Dreckskerl** *m* (*fam abw*) sinvergüenza *m*

**Dreckspatz** *m* (*fam a. abw*) marrano, -a *m, f*

**Dreh** [dreː] *m* <-(e)s, -s *o* -e> (*fam*) truco *m;* **den ~ heraushaben** conocer el truco

**Dreharbeiten** *fpl* (FILM) rodaje *m*

**Drehbank** *f* torno *m*

**drehbar** *adj* giratorio

**Drehbleistift** *m* portaminas *m inv*

**Drehbuch** *nt* guión *m;* **Drehbuchautor(in)** *m(f)* guionista *mf*

**drehen** ['dreːən] **I.** *vt* ① (*um die Achse*) girar; (*Schraube*) enroscar; **den Kopf ~** volver la cabeza; **das Radio leiser ~** (*fam*) bajar la radio; **wie man es auch dreht und wendet** por más vueltas que se le dé ② (*Strick*) torcer; (*Faden*) hilar; (*Pillen*) fabricar; (*Zigarette*) liar ③ (FILM) rodar ④ (*fam abw: aussehen lassen*) influir (en); **vielleicht können wir die Sache so ~,**

**dass ...** tal vez podamos influir en el asunto de manera que... +*subj* **II.** *vi* ① (*Wind*) cambiar; (*Schiff*) virar; (*Auto*) dar la vuelta ② (*am Schalter, Steuerrad*) girar (*an*) **III.** *vr:* **sich** ~ ① (*rotieren*) girar, dar vueltas; **mir dreht sich alles im Kopf** la cabeza me da vueltas; **er drehte sich auf den Rücken** se puso boca arriba ② (*betreffen*) girar (*um* en torno a)

**Dreher(in)** *m(f)* <-s, -; -nen> tornero, -a *m, f*

**Drehkreuz** *nt* torniquete *m;* **Drehorgel** *f* organillo *m;* **Drehort** *m* (FILM) lugar *m* de rodaje; **Drehscheibe** *f* ① (EISENB) placa *f* giratoria ② (*des Töpfers*) torno *m;* **Drehstuhl** *m* silla *f* giratoria; **Drehtür** *f* puerta *f* giratoria

**Drehung** *f* <-en> giro *m;* (*Umdrehung*) vuelta *f;* (*um die Achse*) rotación *f;* **eine ~ um 180 Grad** un giro de 180 grados

**Drehwurm** *m:* **einen ~ kriegen** marearse

**Drehzahl** *f* número *m* de revoluciones

**drei** [draɪ] *adj inv* tres; **~ Viertel** tres cuartos; **es ist ~ viertel zwei** (*südd*) son las dos menos cuarto; **er tut so, als könne er nicht bis ~ zählen** (*fam*) hace como si ni supiera contar hasta diez; **aller guten Dinge sind ~** (*prov*) a la tercera va la vencida; *s. a.* **acht**[1]

**Drei** *f* <-en> tres *m;* (*Schulnote*) bien *m*

**dreidimensional** ['draɪdimɛnzjonaːl] *adj* tridimensional

**Dreieck** ['draɪʔɛk] *nt* <-(e)s, -e> triángulo *m*

**dreieckig** *adj* triangular

**Dreiecksverhältnis** *nt* ménage *m* à trois

**dreieinhalb** [draɪʔaɪn'halp] *adj inv* tres y medio

**Dreieinigkeit** [-'---] *f ohne pl* (REL) Trinidad *f*

**dreierlei** ['draɪɐ'laɪ] *adj inv* de tres clases diferentes, tres clases (diferentes) de; *s. a.* **achterlei**

**dreifach** ['draɪfax] **I.** *adj* triple; **in ~er Ausfertigung** por triplicado **II.** *adv* tres veces; *s. a.* **achtfach**

**Dreifaltigkeit** [draɪ'faltɪçkaɪt] *f ohne pl* (REL) Trinidad *f*

**dreihundert** ['-'--] *adj inv* trescientos; *s. a.* **achthundert**

**dreijährig** *adj* trienal

**Dreikampf** *m* (SPORT) triatlón *m*

**Dreikäsehoch** [-'---] *m* <-s, -s> (*fam*) taponcito *m*

**Dreikönige** [-'---] *pl:* **nach ~** después de Reyes

**Dreiländereck** [-'---] *nt ohne pl* punto *m* de encuentro de las fronteras de tres países

**dreimal** *adv* tres veces; **~ darfst du raten** (*fam*) ¿por qué preguntas si ya lo sabes?; *s. a.* **achtmal**

**drein** [draɪn] *adv* (*fam*) *s.* **darein**

**drein|blicken** *vi:* **finster ~** poner mala cara; **drein|reden** *vi* (*fam*) meterse (*in* en); **jdm während einer Rede ~** meterse [*o* meter baza] en el discurso de alguien; **drein|schauen** *vi s.* **dreinblicken**

**Dreirad** *nt* ① (*für Kinder*) triciclo *m* ② (*Lieferwagen*) camioneta *f* de tres ruedas; **Dreisatz** *m* (MATH) regla *f* de tres

**dreißig** ['draɪsɪç] *adj inv* treinta; *s. a.* **achtzig**

**dreißigjährig** ['draɪsɪçjɛːrɪç] *adj* de treinta años; **der D~e Krieg** la Guerra de los Treinta Años

**dreißigste(r, s)** *adj* trigésimo; *s. a.* **achtzigste(r, s)**

**dreist** [draɪst] *adj* (*unverschämt*) descarado; (*frech*) fresco

**dreistellig** *adj* de tres cifras

**Dreistigkeit** ['draɪstɪçkaɪt] *f* <-en> impertinencia *f,* insolencia *f*

**dreistimmig** *adj* (MUS) a tres voces

**Dreitagebart** [-'---] *m* barba *f* de tres días

**dreitausend** ['-'--] *adj inv* tres mil; *s. a.* **achttausend**

**dreiteilig** *adj* (*Service*) de tres piezas; (*Fernsehserie*) de tres capítulos

**dreiviertellang** *adj* (*Rock, Hose*) de tres cuartos; **Dreiviertelstunde** ['draɪvɪrtəl'ʃtʊndə] *f* tres cuartos *mpl* de hora; **in einer ~** en tres cuartos de hora; **Dreivierteltakt** [-'---] *m ohne pl* (MUS) compás *m* de tres por cuatro

**Dreizack** ['draɪtsak] *m* <-(e)s, -e> (*Stab mit drei Zinken*) tridente *m*

**dreizehn** ['--] *adj inv* trece; **jetzt schlägt's aber ~** (*fam*) esto es el colmo; *s. a.* **acht**[1]

**dreizehnte(r, s)** *adj* decimotercero; *s. a.* **achte(r, s)**

**Dreizimmerwohnung** [-'----] *f* piso *m* de tres habitaciones

**Dres.** *pl Abk. von* **Doctores** doctores *mpl,* doctoras *fpl*

**Dresche** ['drɛʃə] *f ohne pl* (*fam*): **~ bekommen** recibir una paliza

**dreschen** <drischt, drosch, gedroschen> *vt* ① (*Getreide*) trillar; **Phrasen ~** (*fam*) hablar con clichés ② (*verprügeln*) zurrar

**Dreschmaschine** *f* (AGR) trilladora *f*

**Dresden** ['dreːsdən] *nt* <-s> Dresde *m*

**dressieren*** [drɛ'siːrən] *vt* (*Tier*) adiestrar

**Dressing** *nt* <-s, -s> (GASTR) aliño *m*

**Dressman** ['drɛsmən] *m* <-s, -men> maniquí *m* masculino

**Dressur** [drɛ'suːɐ] *f* <-en> adiestramiento *m*

**dribbeln** ['drɪbəln] *vi* (SPORT) driblar

**driften** ['drɪftən] *vi sein* (*a.* NAUT) derivar (*nach* hacia)

**Drill** [drɪl] *m* <-(e)s, *ohne pl*> (MIL) entrenamiento *m*

**Drillbohrer** *m* (TECH) broca *f* espiral de Arquímedes

**drillen** ['drɪlən] *vt* ① (TECH) taladrar ② (MIL) instruir (*auf* en)

**Drilling** ['drɪlɪŋ] *m* <-s, -e> (*Kind*) trillizo *m*

**drin** [drɪn] *adv* (*fam*) dentro; **es ist noch alles ~** (*fig*) todavía todo está dentro de lo posible; **das ist nicht ~** (*fig*) esto no está previsto; *s. a.* **darin**

**dringen** ['drɪŋən] <dringt, drang, gedrungen> *vi* ① *sein:* **durch etw ~** atravesar algo; **in etw ~** penetrar en algo; **aus etw ~** (*Flüssigkeit, Gas*) salir de algo; (*Geräusch*) venir de algo; **in jdn ~** asediar a alguien; **bis zu etw ~** penetrar hasta algo; **an die Öffentlichkeit ~** trascender al público ② (*verlangen*): **auf etw ~** insistir en algo

**dringend** *adj* ① (*eilig*) urgente ② (*nachdrücklich*) enérgico; **~ davon abraten etw zu tun** desaconsejar seriamente de hacer algo; **~ verdächtig** altamente sospechoso

**dringlich** *adj* urgente

**Dringlichkeit** *f* <-en> urgencia *f*

**drin|hängen** *irr vi* (*fam*): **mit ~** (*ebenfalls beteiligt sein*) estar alguien (metido) en el ajo

**Drink** [drɪnk] *m* <-s, -s> trago *m*

**drinnen** ['drɪnən] *adv* dentro; **~ und draußen** dentro y fuera; **ich gehe nach ~** voy adentro

**drin|stecken** *vi* (*fam*) ① (*beschäftigt sein*) estar (muy) metido (*in* en) ② (*investiert sein*) costar; **da steckt eine Menge Arbeit drin** ha costado mucho trabajo ③ (*verwickelt sein*) estar metido (*in* en); **drin|stehen** *irr vi Österr, Schweiz, südd: sein* (*fam: in Raum*) estar (*in* en); (*in Buch*) poner (*in* en), decir (*in* en)

**drischt** [drɪʃt] *3. präs von* **dreschen**

**dritt** [drɪt] *adv:* **zu ~** los tres

**dritte(r, s)** *adj* tercero; **D~ Welt** tercer mundo; *s. a.* **achte(r, s)**

**drittel** *adj inv* tercio; *s. a.* **achtel**

**drittens** ['drɪtəns] *adv* en tercer lugar; (*bei Aufzählung*) tercero; *s. a.* **achtens**

**Dritte-Welt-Laden** *m negocio que vende productos de los países del tercer mundo;* **Dritte-Welt-Land** ['--'--] *nt* país *m* tercermundista

**drittklassig** *adj* (*abw*) malo; (*Beschaffenheit*) de mala calidad; **Drittländer** *ntpl* (EU) países *mpl* terceros; **Drittstaaten** *mpl* (EU) países *mpl* terceros

**DRK** [de:ʔɛr'ka:] *nt* <-> *Abk. von* **Deutsches Rotes Kreuz** Cruz *f* Roja Alemana

**droben** ['dro:bən] *adv* (*geh*) arriba; **da ~** ahí arriba

**Droge** ['dro:gə] *f* <-n> droga *f*, pichicata *f Arg;* **synthetische ~** droga sintética; **~n nehmen** tomar drogas, drogarse

**drogenabhängig** *adj* drogadicto; **Drogenabhängige(r)** *mf* drogadicto, -a *m, f;* **Drogenabhängigkeit** *f ohne pl* drogadicción *f;* **Drogenbekämpfung** *f* lucha *f* contra la droga; **Drogenhandel** *m* narcotráfico *m;* **Drogenkonsum** *m* consumo *m* de drogas; **Drogenkonsument(in)** *m(f)* consumidor(a) *m(f)* de drogas; **Drogenmissbrauch** *m* abuso *m* de drogas; **Drogensucht** *f s.* **Drogenabhängigkeit**; **drogensüchtig** *adj s.* **drogenabhängig**; **Drogensüchtige(r)** *mf s.* **Drogenabhängige(r)**; **Drogenszene** *f* ambiente *m* de las drogas; **Drogentote(r)** *mf* víctima *f* de drogas

**Drogerie** [drogə'ri:] *f* <-n> droguería *f*

**Drogist(in)** *m(f)* <-en, -en; -nen> droguero, -a *m, f*

**Drohbrief** *m* carta *f* conminatoria

**drohen** ['dro:ən] *vi* ① (*einschüchtern*) amenazar; **sie drohte ihm mit der Polizei** le amenazaba con llamar a la policía ② (*bevorstehen*) amenazar, ser inminente; **ihm droht Gefängnis** la condena es inminente ③ (*zu befürchten sein*): **er drohte einzuschlafen** era de temer que se durmiera

**drohend** *adj* ① (*Gebärde*) amenazador ② (*Gefahr*) inminente

**Drohne** ['dro:nə] *f* <-n> (ZOOL) zángano *m*

**dröhnen** ['drø:nən] *vi* (*Geräusch*) retumbar; (*Schritte*) resonar; (*Ohren*) zumbar; **mir dröhnt der Kopf** tengo la cabeza como un bombo

**Drohung** ['dro:ʊŋ] *f* <-en> amenaza *f*

**drollig** ['drɔlɪç] *adj* ① (*Geschichte*) gracioso ② (*Kind*) salado

**Dromedar** ['dro:meda:ɐ, drome'da:ɐ] *nt* <-s, -e> (ZOOL) dromedario *m*

**Drops** [drɔps] *m* <-, -> caramelo *m* ácido

**drosch** [drɔʃ] *3. imp von* **dreschen**

**Droschke** ['drɔʃkə] *f* <-n> coche *m* de plaza, simón *m*

**Drossel** ['drɔsəl] *f* <-n> (ZOOL) tordo *m*

**drosseln** ['drɔsəln] *vt* bajar; (*Tempo*) moderar; (*Inflation*) frenar; (*Ausgaben*) reducir

**drüben** ['dry:bən] *adv* al otro lado, enfrente; **hier/da ~** aquí/allá enfrente

**drüber** ['dry:bɐ] *adv* (*fam*) *s.* **darüber**

**Druck¹** [drʊk] *m* <-(e)s, *ohne pl*> ❶ (*das Drücken*) presión *f;* (*Beklemmung*) opresión *m;* **durch einen ~ auf den Knopf** pulsando el botón ❷ (*Zwang*) estrés *m;* **~ hinter etw machen** meter prisa a un asunto; **unter ~ stehen** estar en pleno estrés; **jdn unter ~ setzen** presionar a alguien ❸ (*das Drucken*) impresión *f;* **in ~ gehen** ser imprimido

**Druck²** *m* <-(e)s, Drücke> ❶ (PHYS) presión *f* ❷ (*sl: Schuss Rauschgift*) pinchazo *m*

**Druck³** *m* <-(e)s, -e> (KUNST) grabado *m*

**Druckbleistift** *m* portaminas *m inv;* **Druckbuchstabe** *m* letra *f* de imprenta

**Drückeberger(in)** ['drʏkəbɛrgɐ] *m(f)* <-s, -; -nen> (*fam abw*) gandul(a) *m(f)*

**drucken** ['drʊkən] *vt* (TYPO) imprimir (*auf* en); **klein gedruckt** impreso en letras pequeñas; **das klein Gedruckte** la letra pequeña

**drücken** ['drʏkən] **I.** *vt* ❶ (*pressen*) apretar, trincar *Am;* (*Schalter*) pulsar; **jdm die Hand ~** estrecharle la mano a alguien; **jdm etw in die Hand ~** dar algo a alguien ❷ (*wegschieben*) empujar, apartar; **er drückte sie zur Seite** la empujó a un lado; **„~"** (*an einer Tür*) "empujar" ❸ (*Kleidung*) apretar ❹ (*umarmen*) apretar entre los brazos ❺ (*Preise*) bajar **II.** *vi* (*Kleidung, Last*) apretar; (*Hitze*) pesar; **das trübe Wetter drückt auf die Stimmung** el tiempo nubloso agobia **III.** *vr:* **sich ~** (*fam*) escaquearse (*vor* de); **sie hat sich vor der** [*o* **um die**] **Arbeit gedrückt** se ha escaqueado del trabajo

**drückend** *adj* (*Sorgen, Last*) abrumador; (*Wetter*) bochornoso; (*Hitze*) agobiante

**Drucker¹** *m* <-s, -> (INFOR) impresora *f*

**Drucker(in)²** *m(f)* <-s, -; -nen> impresor(a) *m(f);* (*Buch~*) tipógrafo, -a *m, f*

**Drücker** *m* <-s, -> ❶ (*Klinke*) picaporte *m* ❷ (*Tür~*) portero *m* automático ❸ (*am Gewehr*) gatillo *m;* **am ~ sitzen** (*fam*) tener la decisión en la propia mano; **auf den letzten ~** (*fam*) en el último momento

**Druckerei** *f* <-en> imprenta *f;* (*für Bücher*) tipografía *f*

**Druckerin** *f* <-nen> *s.* **Drucker²**

**Druckerlaubnis** *f* permiso *m* de impresión

**Druckerschwärze** ['drʊkɐʃvɛrtsə] *f* (TYPO) tinta *f* de imprenta; **Druckertreiber** *m* <-s, -> (INFOR) controlador *m* de impresora

**Druckerzeugnis** *nt* (TYPO) impreso *m;* **Druckfehler** *m* (TYPO) errata *f;* **druckfrisch** *adj* (TYPO) recién impreso; **Druckkabine** *f* (AERO) cabina *f* presurizada; **Druckknopf** *m* (TECH) botón *m* pulsador; **Druckkosten** *pl* (PUBL) gastos *mpl* de imprenta; **Druckluft** *f ohne pl* (PHYS) aire *m* presión; **Druckmaschine** *f* (TYPO) máquina *f* de imprimir; **Druckmesser** *m* (PHYS) manómetro *m;* **Druckmittel** *nt* (*Maßnahme*) medida *f* de presión; **druckreif** *adj* listo para la imprenta; **Drucksache** *f* (*a.* TYPO) impreso *m;* **Druckschrift** *f* (TYPO) letra *f* de imprenta

**drucksen** ['drʊksən] *vi* (*fam*) titubear, hacerse el remolón

**Druckstelle** *f* huella *f* de presión; **Druckverband** *m* (MED) vendaje *m* compresivo

**Druckwelle** *f* (PHYS) onda *f* expansiva; (*bei einer Explosion*) onda *f* explosiva

**drum** [drʊm] *adv* (*fam*): **sei's ~** sea; **mit allem D~ und Dran** con pelos y señales; *s. a.* **darum**

**Drumherum** [--'-] *nt* <-s, *ohne pl*> (*fam*): **das ganze ~** todo lo que hace parte

**drunten** ['drʊntən] *adv* (*südd, Österr*) abajo

**drunter** ['drʊntɐ] *adv* (*fam*): **es ging alles ~ und drüber** estaba todo revuelto; *s. a.* **darunter**

**Drüse** ['dry:zə] *f* <-n> glándula *f*

**Dschungel** ['dʒʊŋəl] *m* <-s, -> jungla *f*

**Dschunke** ['dʒʊŋkə] *f* <-n> junco *m*

**dt.** *Abk. von* **deutsch** alemán

**du** [du:] *pron pers 2. sg* tú; **bist ~ es?** ¿eres tú?; **wenn ich ~ wäre** yo que tú

**Du** *nt* <-(s), -(s)> tú *m;* **jdm das ~ anbieten** ofrecerle el tuteo a alguien; **mit jdm per ~ sein** tutear a alguien

**Dualsystem** *nt* (*a.* MATH) sistema *m* binario

**Dübel** ['dy:bəl] *m* <-s, -> taco *m*

**dubios** [du'bjo:s] *adj* dudoso

**ducken** ['dʊkən] **I.** *vt* (*abw: demütigen*) humillar **II.** *vr:* **sich ~** ❶ (*sich bücken*) agacharse; (*niederkauern*) agazaparse ❷ (*unterwürfig sein*) doblegarse

**Duckmäuser** ['dʊkmɔɪzɐ] *m* <-s, -> (*fam*) acoquinado, -a *m, f*

**dudeln** ['du:dəln] *vi* (*fam*) ❶ (RADIO) sonar ❷ (*musizieren*) tocar un instrumento

**Dudelsack** ['du:dəlzak] *m* gaita *f*

**Duell** [du'ɛl] *nt* <-s, -e> ❶ (*mit Waffen*) duelo *m;* **jdn zum ~ fordern** retar a alguien a duelo ❷ (SPORT) competición *f*

**duellieren*** *vr:* **sich ~** batirse en duelo

**Duett** [du'ɛt] *nt* <-(e)s, -e> (MUS) dueto *m*

**Duft** [dʊft, *pl:* 'dʏftə] *m* <-(e)s, Düfte> olor *m;* (*angenehm*) aroma *m;* (*unangenehm*) hedor *m*

**dufte** *adj* (*reg: fam*) guay

**duften** ['dʊftən] *vi* oler (*nach* a)

**duftend** *adj* oloroso; (*parfümiert*) perfu-

D

mado

**Duftstoff** *m* sustancia *f* aromática; **Duftwolke** *f* (*iron: Parfüm*) nube *f* de perfume; **sie ist immer in eine ~ gehüllt** va siempre envuelta en un halo de perfume

**dulden** ['dʊldən] *vt* ❶ (*zulassen*) tolerar; (*Widerspruch*) admitir; **die Sache duldet keinen Aufschub** el asunto no admite prórroga ❷ (*geh: ertragen*) soportar

**duldsam** [dʊltza:m] *adj* (*nachsichtig*) indulgente (*gegen* con/para/para con); (*tolerant*) tolerante (*gegen* con)

**Duldung** *f* <-en> tolerancia *f*

**dumm** [dʊm] *adj* <dümmer, am dümmsten> ❶ (*einfältig*) tonto, estúpido, pendejo *Am,* acicuatado *Ant, Mex,* upa *Ecua, Peru;* **~es Zeug reden** decir disparates; **sich ~ anstellen** hacerse el tonto; **ein ~es Gesicht machen** (*fam*) poner cara de bobo; **das ist gar nicht so ~** no es ninguna tontería; **jdn für ~ verkaufen** (*fam*) tratar a alguien como un tonto ❷ (*unwissend*) ignorante ❸ (*unangenehm*) fastidioso; **jdm ~ kommen** (*fam*) fastidiar a alguien; **so etwas D~es!** ¡qué fastidio!; **dummdreist** **I.** *adj* descarado; **~ sein** ser (un) descarado **II.** *adv* con descaro; **er grinste ~** se sonrió con descaro

**Dumme(r)** *mf* <-n, -n; -n, -n> (*fam*) tonto, -a *m, f;* **einen ~n finden** encontrar un tonto; **der ~ sein** ser el tonto

**Dummejungenstreich** *m* (*fam*) pillería *f;* **das geht zu weit, das ist kein ~ mehr!** ¡esto va demasiado lejos, es más que una pillería!

**dümmer** ['dʏmɐ] *adj kompar von* **dumm**

**dummerweise** *adv* desafortunadamente

**Dummheit**[1] *f ohne pl* (*Mangel an Intelligenz*) estupidez *f;* (*Unwissenheit*) ignorancia *f*

**Dummheit**[2] *f* <-en> (*Handlung*) tontería *f,* estupidez *f,* pendejada *f Am*

**Dummkopf** *m* (*abw*) tonto, -a *m, f,* estúpido, -a *m, f,* merlo *m Am*

**dümmste(r, s)** ['dʏmstə, -tɐ, -təs] *adj superl von* **dumm**

**dumpf** [dʊmpf] *adj* ❶ (*Geräusch*) sordo ❷ (*stumpfsinnig*) apático ❸ (*Ahnung*) vago; (*Schmerz*) sordo ❹ (*muffig*) enmohecido

**Dumpingpreis** *m* (WIRTSCH) precio *m* dumping

**Düne** ['dy:nə] *f* <-n> duna *f*

**Dung** [dʊŋ] *m* <-(e)s, *ohne pl*> estiércol *m*

**Düngemittel** *nt* abono *m;* (*künstlich*) fertilizante *m*

**düngen** ['dʏŋən] *vt* abonar, fertilizar

**Dünger** ['dʏŋɐ] *m* <-s, -> abono *m;* (*künstlich*) fertilizante *m*

**dunkel** ['dʊŋkəl] *adj* ❶ (*finster*) oscuro; **es wird ~** está oscureciendo; **im D~n** a oscuras; **im D~n tappen** andar a tientas ❷ (*Farbe*) oscuro ❸ (*Ton*) bajo; (*Stimme*) grave ❹ (*unbestimmt*) vago; **sich ~ an etw erinnern** acordarse vagamente de algo; **etw liegt noch im D~n** algo está por aclarar ❺ (*rätselhaft*) misterioso ❻ (*abw: zwielichtig*) oscuro; (*verdächtig*) sospechoso; **eine dunkle Vergangenheit haben** tener un pasado oscuro

> **? Grammatik**
>
> El adjetivo **dunkel** pierde la 'e' de la sílaba final cuando se declina para facilitar la pronunciación: *Der Mann auf dem Foto hat eine dunkle Vergangenheit. – El hombre de la foto tiene un pasado oscuro.* Ocurre lo mismo con el adjetivo **miserabel**: *Er hat eine miserable Aussprache im Englischen. – Tiene una pésima pronunciación en inglés.*

**Dunkel** *nt* <-s, *ohne pl*> (*a. fig*) oscuridad *f*

**dunkelblau** *adj* azul oscuro; **dunkelblond** *adj* rubio oscuro; **dunkelgrün** *adj* verde oscuro

**dunkelhaarig** *adj* moreno

**dunkelhäutig** ['dʊnkəlhɔɪtɪç] *adj* moreno

**Dunkelheit** *f ohne pl* oscuridad *f;* **bei Einbruch der ~** al anochecer

**Dunkelkammer** *f* (FOTO) laboratorio *m*

**dunkelrot** *adj* rojo oscuro; **Dunkelziffer** *f* cifra *f* negra

**dünn** [dʏn] *adj* ❶ (*Ast, Scheibe*) fino; **ein ~es Buch** un librito ❷ (*schlank*) delgado; (*mager*) flaco; **sie ist sehr ~ geworden** ha adelgazado mucho ❸ (*spärlich*) escaso; (*Haar*) ralo; **Butter ~ auftragen** poner un poco de mantequilla ❹ (*fein, zart*) fino; (*Stimme*) débil ❺ (*Suppe*) aguado; (*Kaffee*) flojo

**Dünndarm** *m* (ANAT) intestino *m* delgado

**dünne|machen** *vr s.* **dünnmachen**

**dünnflüssig** *adj* (muy) fluido

**dünn|machen** *vr:* **sich ~** (*fam*) pirarse; **da kommen die Bullen, ich mach mich lieber dünn!** ¡ahí vienen los maderos, mejor será que me pire!

**Dünnpfiff** *m* <-(e)s, *ohne pl*> (*fam*) cagalera *f;* **Dünnschiss** *m* <-es, *ohne pl*> (*fam*) cagalera *f*

**Dunst**[1] [dʊnst, *pl:* 'dʏnstə] *m* <-(e)s,

Dünste> (*Dampf*) vapor *m;* (*Ausdünstung*) vaho *m;* (*Rauch*) humo *m*

**Dunst²** *m* <-(e)s, *ohne pl*> (*Nebel*) neblina *f*

**Dunstabzugshaube** *f* campana *f* extractora de humos

**dünsten** ['dʏnstən] *vt* (GASTR) rehogar

**Dunstglocke** *f* smog *m*

**dunstig** ['dʊnstɪç] *adj* ❶ (*neblig*) nebuloso ❷ (*verräuchert*) cargado de humo

**Dunstkreis** *m* (*geh: jds Umgebung*) ambiente *m;* **Dunstschleier** *m* velo *m* de niebla; **Dunstwolke** *f* (*Ausdünstung*) vaharada *f;* (*Rauchwolke*) humareda *f*

**Duo** ['du:o] *nt* <-s, -s> (MUS) dúo *m*

**Duplikat** [dupli'ka:t] *nt* <-(e)s, -e> duplicado *m*

**Dur** [du:ɐ] *nt* <-, *ohne pl*> (MUS) tono *m* mayor

**durch** [dʊrç] **I.** *präp* +*akk* ❶ (*örtlich*) por, a través de; ~ **eine Straße gehen** ir por una calle; ~ **das Fenster schauen** mirar por la ventana ❷ (*mittels*) por (medio de); ~ **Zufall** por casualidad ❸ (*infolge von*) a causa de, por; ~ **das viele Rauchen** por fumar tanto ❹ (*zeitlich*) durante; **die ganze Nacht** ~ durante toda la noche ❺ (*teilen*) por; (MATH) dividido por; ~ **drei teilen** dividir por tres ❻ (*Agens*) por; **das Fahrzeug wird** ~ **Motoren getrieben** el vehículo es impulsado por motores **II.** *adv* (*fam*): **es ist schon drei Uhr** ~ ya son las tres pasadas; **der Zug ist gerade** ~ el tren acaba de pasar; **das Fleisch ist** ~ la carne está a punto; **die Sohle ist** ~ la suela está gastada; ~ **und** ~ completamente

**durch|ackern** **I.** *vt* (*fam*) estudiar(se) entero [*o* de cabo a rabo] **II.** *vr:* **sich** ~ (*fam*) currarse (*durch*)

**durch|arbeiten** **I.** *vt* (*Buch*) estudiar a fondo **II.** *vi* (*ohne Pause*) trabajar sin descanso **III.** *vr:* **sich** ~ (*Haufen Arbeit*) vencer (*durch*), acabar (*durch*); (*Dschungel*) abrirse paso (*durch* por/a través de)

**durch|atmen** *vi* respirar hondo

**durchaus** ['--, -'-] *adv* ❶ (*völlig*) absolutamente; ~ **nicht** en absoluto; **das ist** ~ **nicht leicht** no es nada fácil ❷ (*unbedingt*) de todas formas

**durch|beißen** *irr* **I.** *vt* (*zerbeißen*) partir con los dientes **II.** *vr:* **sich** ~ (*fam: Widerstände überwinden*) abrirse paso (*durch* por/a través de)

**durch|bekommen*** *irr vt* (*fam*) ❶ (*entzweimachen*) (conseguir) partir; **das Seil bekommst du mit der Schere nicht durch** no puedes cortar esa cuerda con las tijeras ❷ (*durch Öffnung*) (conseguir) meter ❸ (*durch Kontrolle*) (conseguir) pasar ❹ (*durch eine Prüfung*) hacer pasar

**durch|biegen** *irr vr:* **sich** ~ (*Brett*) doblarse

**durch|blättern** *vt* hojear

**Durchblick** *m* <-(e)s, -e> (*fam: Überblick*) visión *f* de conjunto; **den** ~ **haben** estar al corriente

**durch|blicken** *vi* ❶ (*durchschauen*) mirar (*durch* por) ❷ (*fam: verstehen*) entender; **etw** ~ **lassen** (*andeuten*) dejar entrever algo; (*zu verstehen geben*) dar algo a entender

**durchbluten*** *vt* irrigar; **gut durchblutet werden** tener buena circulación

**Durchblutung** *f* <-en> riego *m* sanguíneo; **Durchblutungsstörung** *f* trastorno *m* circulatorio

**durchbohren*¹** *vt* (*durchdringen*) atravesar; **von Kugeln durchbohrt** acribillado a balas

**durch|bohren²** *vt* (*Loch bohren*) taladrar

**durch|boxen** **I.** *vt* (*fam: durchsetzen*) imponer **II.** *vr:* **sich** ~ (*fam*) ❶ (*sich durchsetzen*) imponerse ❷ (*einen Weg bahnen*) abrirse paso (*durch* por)

**durch|braten** *irr vt* (GASTR) asar bien; (*in der Pfanne*) freír bien

**durchbrechen*¹** *irr vt* ❶ (*durchdringen*) romper; (*Hindernis*) derribar ❷ (*Prinzip*) quebrantar

**durch|brechen²** *irr* **I.** *vi sein* ❶ (*entzweigehen*) romperse ❷ (*Zähne, Sonne*) salir ❸ (*Hass, Wut*) manifestarse **II.** *vt* (*zerbrechen*) romper

**durch|brennen** *irr vi sein* ❶ (*Birne, Sicherung*) fundirse ❷ (*fam: ausreißen*) escaparse

**durch|bringen** *irr vt* ❶ (*Kranke*) curar ❷ (*Prüfling*): **jdn** ~ conseguir que apruebe alguien ❸ (*ernähren*) sustentar; (*Kinder*) sacar adelante ❹ (*vergeuden*) derrochar

**durchbrochen** **I.** *pp von* **durchbrechen¹** **II.** *adj* (*Spitze*) quebrado

**Durchbruch** ['--] *m* <-(e)s, -brüche> ❶ (*eines Zahns*) aparición *f;* (*des Blinddarms*) rotura *f* ❷ (MIL) irrupción *f* ❸ (*Erfolg*) éxito *m;* **jdm/etw zum** ~ **verhelfen** fomentar el éxito de alguien/algo ❹ (*Stelle*) brecha *f*

**durch|checken** *vt* ❶ (AERO: *bis zum Zielort abfertigen*) facturar hasta el destino ❷ (*fam: Patient*) chequear; (*Liste*) repasar

**durchdacht** *pp von* **durchdenken**

**durchdenken*** *irr vt* examinar a fondo; **wohl durchdacht** (*geh*) (muy) bien reflexionado

**durch|diskutieren*** *vt* discutir a fondo

D

**durch|dränge(l)n** *vr:* **sich** ~ (*fam*) abrirse paso (a empujones)

**durch|drehen** **I.** *vi* ❶ *sein* (*Räder*) derrapar ❷ *haben o sein* (*fam: die Nerven verlieren*) volverse loco **II.** *vt:* **das Fleisch durch den Wolf** ~ pasar la carne por la máquina de picar

**durchdringen***[1] *irr vt* ❶ (*durchstoßen*) atravesar; (*Flüssigkeit*) penetrar, atravesar ❷ (*erfüllen*) llenar; (*in seinen Bann schlagen*) obsesionar; **er ist von der Idee durchdrungen, dass ...** está obsesionado con la idea que...

**durch|dringen**[2] *irr vi sein* ❶ (*Flüssigkeit, Kälte*) atravesar, penetrar; (*Gerücht*) trascender; (*Sonne*) salir; **die Nachricht ist bis zu uns durchgedrungen** la noticia ha trascendido hasta nosotros ❷ (*hingelangen*) llegar (*bis zu* a)

**durchdringend** *adj* (*Kälte, Geruch*) penetrante; (*Schrei*) estridente

**durch|drücken** *vt* ❶ (*Knie*) estirar ❷ (*fam: durchsetzen*) imponer ❸ (*durch ein Sieb*) pasar (*durch* por)

**durchdrungen** *pp von* **durchdringen**[1]

**durch|dürfen** *irr vi* (*fam*) poder pasar; **darf ich bitte mal durch?** ¿puedo pasar, por favor?

**durcheinander** [dʊrçʔaɪ'nandɐ] *adv* (*unordentlich*) revuelto, mezclado; (*verwirrt*) confuso; ~ **bringen** (*in Unordnung bringen*) revolver; (*verwechseln*) confundir; (*verwirren*) desconcertar; ~ **laufen** correr a trochemoche; ~ **reden** hablar todos a la vez

**Durcheinander** ['----] *nt* <-s, *ohne pl*> ❶ (*Unordnung*) desorden *m*, despelote *m Am* ❷ (*Verwirrung*) confusión *f*

**durchfahren***[1] *irr vt* ❶ (*bereisen*) recorrer ❷ (*durchqueren*) atravesar; (*Meer*) surcar ❸ (*durchzucken*): **ein Schreck durchfuhr ihn** se estremeció del susto

**durch|fahren**[2] *irr vi sein* ❶ (*ohne Pause*) no parar; **die ganze Nacht** ~ conducir sin parar durante toda la noche; **bis zur nächsten Ampel** ~ seguir hasta el próximo semáforo ❷ (*durchqueren*) pasar (*durch* por)

**Durchfahrt** ['--] *f* <-en> paso *m;* (*das Durchfahren*) pasaje *m;* ~ **freihalten!** ¡prohibido aparcar!; ~ **verboten!** ¡se prohibe el paso!; **auf der** ~ **sein** estar de paso; **Durchfahrtsstraße** *f* calle *f* de tránsito

**Durchfall** *m* <-(e)s, *ohne pl*> (MED) diarrea *f*, obradera *f Col, Guat, Pan*

**durch|fallen** *irr vi sein* ❶ (*durch ein Loch*) caer (*durch* por) ❷ (*fam: keinen Erfolg haben*) fracasar ❸ (*durch eine Prüfung*) suspender (*durch*)

**durch|feiern** *vi* (*fam: ohne Pause feiern*) festejar sin parar

**durch|finden** *irr vr:* **sich** ~ ❶ (*zum Ziel*) encontrar (*zu*) ❷ (*sich zurechtfinden*): **bei diesem Durcheinander finde ich mich nicht mehr durch** en medio de este desorden no sé por donde empezar

**durch|fliegen** *irr vi sein* ❶ (*ohne Pause*) volar sin hacer escala ❷ (*durch Wolken*) atravesar (volando) (*durch*) ❸ (*fam: bei einer Prüfung*) catear (*in*)

**durchfließen***[1] *irr vt* pasar (por)

**durch|fließen**[2] *irr vi sein* pasar (*durch* por), correr (*durch* por)

**durchflossen** *pp von* **durchfließen**[1]

**durchforschen*** *vt* ❶ (*wissenschaftlich*) investigar a fondo ❷ (*Taschen*) registrar ❸ (*Land*) explorar a fondo

**durchforsten*** *vt* (*fam: eingehend durchsehen*) examinar

**durch|fragen** *vr:* **sich** ~ abrirse camino a preguntas

**durch|fressen** *irr vr:* **sich** ~ ❶ (*Korrosion*) corroer (*durch*) ❷ (*Nagetier, Ungeziefer*) atravesar royendo (*durch*) ❸ (*fam: schmarotzen*): **sich** ~ vivir de gorra

**durchführbar** *adj* realizable

**durch|führen** **I.** *vi* (*Weg*) llevar (*durch* por); (*verlaufen*) ir (*durch* por) **II.** *vt* ❶ (*ausführen*) llevar a cabo, implementar *Am;* (*verwirklichen*) realizar ❷ (*veranstalten*) efectuar ❸ (*geleiten*) guiar (*durch* por)

**Durchführung** *f* <-en> ejecución *f;* (*Verwirklichung*) realización *f;* **zur** ~ **gelangen** llevarse a cabo

**durch|füttern** *vt* (*fam*) dar de comer (a)

**Durchgang**[1] *m* <-(e)s, *ohne pl*> (*das Durchgehen*) paso *m;* ~ **verboten!** ¡prohibido el paso!

**Durchgang**[2] *m* <-(e)s, -gänge> ❶ (*Weg*) pasaje *m*, paso *m;* **den** ~ **versperren** cortar el paso ❷ (*einer Wahl, eines Wettkampfs*) vuelta *f*

**durchgängig** **I.** *adj* general **II.** *adv* en general

**Durchgangslager** *nt* campo *m* de tránsito; **Durchgangsstraße** *f* carretera *f* de tránsito; **Durchgangsverkehr** *m* (tráfico *m* de) tránsito *m*

**durch|geben** *irr vt* dar (*durch* por); (*übermitteln*) tra(n)smitir (*durch* por)

**durchgefroren** *adj* completamente helado

**durch|gehen** *irr sein* **I.** *vi* ❶ (*durch Tür*) pasar (*durch* por); **der Zug geht durch** es un tren directo ❷ (*Gesetz, Antrag*) ser aprobado ❸ (*toleriert werden*) ser tolerado; **wir lassen das nicht länger** ~ ya no lo toleramos más ❹ (*weglaufen*) escaparse; (*Pferd*) desbocarse, disparar *Am* ❺ (*gehalten werden für*) pasar (*für* por) ❻ (*fam: dazwischenpassen*) caber (*durch/unter* por) **II.** *vt* (*Text: prüfen*) examinar; (*überarbeiten*) revisar

**durchgehend** *adj* (*Zug*) directo; (*Öffnungszeiten*) continuo; ~ **geöffnet** horario continuo

**durchgeknallt** *adj* (*fam: übergeschnappt*) tocado

**durch|greifen** *irr vi* ❶ (*einschreiten*) intervenir (enérgicamente) ❷ (*mit der Hand*) pasar la mano (*durch* por)

**durchgreifend** *adj* radical

**durch|gucken** *vi* (*fam*) mirar (*durch* por)

**durch|haben** *irr vt* (*fam*) ❶ (*durchgelesen haben*) haber acabado (de leer); **gibst du mir das Buch, wenn du es durchhast?** ¿me das el libro cuando lo hayas acabado? ❷ (*durchgearbeitet haben*) haber acabado (de estudiar) ❸ (*durchtrennt haben*): **mit einer Kettensäge hat man einen Ast schnell durch** con una sierra mecánica se corta rápidamente una rama

**durch|halten** *irr vi, vt* aguantar

**Durchhaltevermögen** *nt* capacidad *f* de resistencia

**durch|hängen** *irr vi* ❶ (*Seil*) combarse ❷ (*fam: erschlafft sein*) estar fatigado; (*deprimiert sein*) estar desanimado

**Durchhänger** *m* <-s, -> (*fam*) mala racha *f*

**durch|hauen** <haut durch, hieb *o* haute durch, durchgehauen> **I.** *vt* ❶ (*durch Schlagen zerteilen*) partir a golpes; (*durchschneiden*) cortar; **mit einem einzigen Schlag haute er das Brett durch** con un solo golpe partió la tabla ❷ (*fam: verprügeln*) dar una paliza **II.** *vr:* **sich** ~ abrirse paso (*durch* por/a través de)

**durch|helfen** *irr vi* ❶ (*durch eine Öffnung*) ayudar a pasar (*durch* por) ❷ (*durch eine Notlage*) ayudar a sobrevivir (*durch* en); **ihr Onkel half ihr durch die schwierige Zeit durch** su tío la ayudó a pasar los tiempos difíciles

**durch|hören** *vt* ❶ (*heraushören*) sobr(e)entender(se), notar (en el tono de voz) ❷ (*durch etw hindurch*) oír

**durchkämmen***[1] *vt* (*Gelände*) registrar (a fondo)

**durch|kämmen**[2] *vt* (*Haare*) peinar

**durch|kämpfen** **I.** *vt* (*durchsetzen*) lograr imponer; **sein Recht/einen Anspruch** ~ hacer valer su derecho/una reclamación **II.** *vr:* **sich** ~ ❶ (*a. fig: sich einen Weg bahnen*) abrirse paso; **wir müssen uns bis zur nächsten Stadt** ~ tenemos que conseguir llegar a la próxima ciudad ❷ (*sich behaupten*) abrirse paso (luchando); **sich im Leben** ~ abrirse paso en la vida ❸ (*sich entschließen*) decidirse (tras una lucha interior) (*zu* a); **ich kann mich einfach nicht dazu** ~ no logro decidirme a hacerlo

**durch|kauen** *vt* ❶ (*essen*) masticar bien ❷ (*fam: besprechen*) dar vueltas; **wir haben das doch bereits tausendmal durchgekaut!** ¡pero si ya le hemos dado mil vueltas a esto!

**durch|kommen** *irr vi sein* ❶ (*durch einen Ort, die Menge*) pasar (*durch* por) ❷ (*fam: bei einer Prüfung*) aprobar; (*Antrag*) ser aprobado ❸ (*durchpassen*) caber (*durch* por) ❹ (*fam: überleben*) salvarse ❺ (*Erfolg haben*) tener éxito (*mit* con); **damit kommst du bei mir nicht durch** (*fam*) con esto no logras nada conmigo

**durch|können** *irr vi* (*fam*) *s.* **durchdürfen**

**durchkreuzen*** *vt* cruzar; (*Pläne*) contrariar

**durch|kriechen** *irr vi sein* arrastrarse (*durch* por/a través de)

**durch|kriegen** *vt* (*fam*) *s.* **durchbekommen**

**durch|lassen** *irr vt* ❶ (*Person, Licht*) dejar pasar ❷ (*fam: Taten*) dejar pasar; (*tolerieren*) tolerar; **das kann ich ihm nicht** ~ (*fam*) no se lo puedo tolerar

**durchlässig** ['dʊrçlɛsɪç] *adj* (*für Flüssigkeiten*) permeable; (*für Licht*) tra(n)slúcido

**durchlaufen**[1]* *irr vt* ❶ (*Strecke*) recorrer ❷ (*absolvieren: Schule*) ir (a); (*Lehre*) hacer

**durch|laufen**[2] *irr* **I.** *vi sein* ❶ (*durch Tür, Ort*) pasar (corriendo) (*durch* por) ❷ (*ohne Unterbrechung*) correr (sin pausa) ❸ (*Flüssigkeit*) colarse; (*durchsickern*) filtrarse **II.** *vt* (*Schuhe*) (des)gastar

**durchleben*** *vt* vivir, pasar

**durchleiden*** *irr vt* (*geh*) sufrir, pasar

**durch|lesen** *irr vt* leer

**durchleuchten*** *vt* ❶ (*Licht*) alumbrar ❷ (MED) examinar con rayos X ❸ (*Angelegenheit*) analizar

**durchlitten** *pp von* **durchleiden**

**durch|lüften** *vt, vi* ventilar

**durch|machen** **I.** *vi* (*fam*) ❶ (*durcharbeiten*) trabajar sin descanso ❷ (*durchfeiern*) festejar sin descanso **II.** *vt* (*fam*) ❶ (*erleiden*) sufrir ❷ (*Kurs*) seguir

**Durchmarsch** *m* (MIL) marcha *f;* **auf dem** ~ **sein** estar de paso

**durch|marschieren*** *vi sein* pasar (*durch* por)

D

**Durchmesser** *m* <-s, -> (MATH) diámetro *m;* **ein Meter im** ~ un metro de diámetro
**durch|mogeln** *vr:* **sich** ~ (*fam abw*) apañarse
**durch|müssen** *irr vi* (*fam*) ❶ (*durchgelangen*) pasar (*durch* por); **wir mussten durch das Kriegsgebiet durch** tuvimos que pasar por la zona en guerra ❷ (*durchmachen*) pasar (*durch* por)
**durchnässen*** *vt* empapar, ensopar *Am;* **ich bin völlig durchnässt** estoy calado hasta los huesos
**durch|nehmen** *irr vt* (*Lektion, Thema*) estudiar, tratar
**durch|nummerieren*** *vt* numerar
**durch|pausen** ['dʊrçpaʊzən] *vt* calcar
**durch|probieren*** *vt* (*testen*) probar uno a uno
**durchqueren*** [dʊrç'kveːrən] *vt* atravesar
**durch|rasseln** *vi sein* (*fam: bei einer Prüfung*) suspender
**durch|rechnen** *vt* calcular detalladamente
**durch|regnen** *vunpers* ❶ (*den ganzen Tag*) no cesar de llover ❷ (*durch etw*) entrar agua (*durch* por); **es regnet durchs Dach durch** tenemos una gotera en el techo
**Durchreise** ['---] *f* tránsito *m* (*durch* por); **auf der** ~ **sein** estar de paso
**durchreisen***[1] *vt* recorrer
**durch|reisen**[2] *vi sein* pasar sin detenerse (*durch* por)
**durch|reißen** *irr* **I.** *vi sein* romperse, desgarrarse **II.** *vt* romper, desgarrar
**durch|ringen** *irr vr:* **sich** ~ decidirse finalmente (*zu* a); **sich zu einem Entschluss** ~ llegar a tomar una decisión
**durch|rosten** *vi sein* oxidarse (por completo)
**durch|rufen** *irr vi* (*fam: anrufen*) telefonear
**durch|rühren** *vt* mezclar bien
**durch|rütteln** *vt* sacudir bien
**durchs** [dʊrçs] = **durch das** *s.* **durch**
**Durchsage** ['dʊrçzaːgə] *f* <-n> aviso *m;* (*Mitteilung*) comunicado *m*
**durch|sagen** *vt* anunciar; (*im Radio*) tra(n)smitir
**durch|sägen** *vt* serrar
**durchschaubar** [-'--] *adj* (*verständlich*) comprensible; **ein schwer/leicht** ~**er Mensch** una persona difícil/fácil de comprender
**durchschauen***[1] *vt:* **jds Absichten** [*o* **jdn**] ~ descubrir(le) a alguien el juego
**durch|schauen**[2] *vi, vt* (*reg*) *s.* **durchsehen**
**durch|scheinen** *irr vi* ❶ (*Licht*) filtrarse (*durch* por) ❷ (*Schrift, Muster*) tra(n)parentarse
**durch|schieben** *irr vt* deslizar (*durch* por, *unter* por debajo de)
**durch|schlafen** *irr vi* dormir sin despertarse
**Durchschlag** ['--] *m* <-(e)s, -schläge> ❶ (*Kopie*) copia *f* ❷ (*Sieb*) colador *m*
**durchschlagen***[1] *irr vt* romper, atravesar
**durch|schlagen**[2] *irr* **I.** *vi sein* ❶ (*Sicherung*) fundirse ❷ (*Feuchtigkeit*) filtrarse ❸ (*Eigenschaft*) salir **II.** *vt* ❶ (*entzweischlagen*) partir (en dos) ❷ (*durch ein Sieb*) pasar (*durch* por) ❸ (*Wand*) abrir **III.** *vr:* **sich** ~ (*durchkommen*) ir tirando, rebuscárselas *Arg, Chil, Par*
**durchschlagend** *adj* (*Beweis*) irrefutable; (*Erfolg*) arrollador; (*Sieg*) aplastante; (*Maßnahme*) eficaz; (*Argument*) contundente
**Durchschlagpapier** *nt* papel *m* carbón
**Durchschlagskraft** *f* (*Geschoss*) fuerza *f* de percusión; (*Argument*) eficacia *f*
**durch|schlängeln** ['dʊrçʃlɛŋəln] *vr:* **sich** ~ abrirse paso (*durch* a través de); (*fig*) mantenerse a flote
**durch|schleusen** *vt* ❶ (*Schiff*) hacer pasar por una esclusa ❷ (*durch eine Kontrolle*) infiltrar (*durch* por), colar (*durch* por)
**durchschneiden***[1] *irr vt* ❶ (*geh: Meer*) surcar ❷ (*mit einem Messer*) cortar ❸ (*Schrei*) romper
**durch|schneiden**[2] *irr vt* cortar; **er schnitt das Blatt in der Mitte durch** cortó la hoja por la mitad
**Durchschnitt** ['dʊrçʃnɪt] *m* <-(e)s, -e> promedio *m;* **im** ~ por término medio; **über/unter dem** ~ **liegen** estar por encima/por debajo del promedio
**durchschnitten** *pp von* **durchschneiden**[1]
**durchschnittlich** ['dʊrçʃnɪtlɪç] **I.** *adj* ❶ (*im Durchschnitt*) medio ❷ (*mittelmäßig*) mediano ❸ (*gewöhnlich*) corriente **II.** *adv* por término medio; **er arbeitet** ~ **acht Stunden am Tag** por término medio trabaja ocho horas al día
**Durchschnittsalter** *nt* promedio *m* de edad; **Durchschnittseinkommen** *nt* ingreso(s) *m(pl)* medio(s); **Durchschnittsgeschwindigkeit** *f* velocidad *f* media; **Durchschnittsmensch** *m* persona *f* adocenada; **Durchschnittstemperatur** *f* temperatura *f* media
**Durchschrift** *f* copia *f;* **Durchschuss** *m* <-es, -schüsse> ❶ (*Kugel*) penetración *f* ❷ (TYPO: *Zeilenzwischenraum*) espacio *m* interlineal ❸ (*Schussfaden*) trama *f*

**durch|schütteln** *vt* (*Kissen, Person*) sacudir (bien); (*Mischung*) agitar (bien)

**durch|schwitzen** *vt* empapar de sudor

**durch|sehen** *irr* **I.** *vi* (*hindurchschauen*) mirar (*durch* por) **II.** *vt* ① (*überprüfen*) revisar ② (*durchblättern*) hojear

**durchsetzen**[1]* *vt* (*mit Fehlern*) (entre)mezclar (*mit* con/de)

**durch|setzen**[2] **I.** *vt* (*verwirklichen*) realizar; (*erreichen*) lograr; (*Willen*) imponer; **sie muss immer ihren Kopf ~** siempre quiere salirse con la suya **II.** *vr:* **sich ~** (*Person, Trend*) imponerse; **du musst dich gegen ihn ~** tienes que imponerte a él

**Durchsetzungsvermögen** *nt* capacidad *f* de imponerse

**Durchsicht** *f ohne pl* revisión *f*; **zur ~** para revisión

**durchsichtig** *adj* ① (*Material*) tra(n)sparente ② (*Lügen*) manifiesto

**durch|sickern** *vi sein* ① (*Nachricht*) trascender ② (*Flüssigkeit*) filtrarse (*durch* por/a través de)

**durch|spielen** *vt* reconstruir; (*simulieren*) simular

**durch|sprechen** *irr vt* discutir punto por punto

**durchstechen*** *irr vt* perforar

**durch|stehen** *irr vt* ① (*Prüfung, Krankheit*) aguantar ② (*Qualen*) sufrir

**durch|steigen** *irr vi sein* ① (*durch eine Öffnung*) pasar (*durch* por) ② (*fam: begreifen*) entender (*durch*); (*sich zurechtfinden*) aclararse; **da steigt ja kein Mensch durch** esto no lo entiende nadie

**durch|stellen** *vi, vt* (*verbinden*) comunicar; **einen Moment noch, ich stelle Sie durch** un momento, ahora le comunico

**durchstöbern*** *vt* (*fam: durchsuchen*) registrar

**durchstochen** *pp von* **durchstechen**

**durchstoßen***[1] *irr vt* (*stoßend durchdringen*) penetrar

**durch|stoßen**[2] *irr* **I.** *vi sein* (MIL) avanzar (*zu* hasta) **II.** *vt* (*Gegenstand*) atravesar (*durch* por)

**durchstreichen***[1] *vt* (*geh*) *s.* **durchstreifen**

**durch|streichen**[2] *irr vt* tachar

**durchstreifen*** *vt* ① (*wandern*) vagar (por); (*ablaufen*) recorrer ② (*Polizei*) rastrear

**durchstrichen** *pp von* **durchstreichen**[1]

**durchströmen*** *vt* (*geh: Gefühl, Energie*) invadir

**durchsuchen*** [dʊrçˈzuːxən] *vt* ① (*Person*) cachear ② (*Gebäude, Gepäck*) registrar

**Durchsuchung** [-ˈ--] *f* <-en> ① (*von Personen*) cacheo *m* ② (*von Gebäuden*) registro *m*

**durchtrainiert** *adj* bien entrenado

**durch|treten** *irr* **I.** *vi sein* ① (*Gas, Flüssigkeit*) salir (*durch* por) ② (*fam: hineingehen*) pasar **II.** *vt* (*Pedal*) pisar a fondo

**durchtrieben** [dʊrçˈtriːbən] *adj* astuto

**durchwachsen** [dʊrçˈvaksən] *adj* ① (*Speck*) entreverado ② (*fam: mittelmäßig*) mediocre

**Durchwahl** *f ohne pl* (TEL) ① (*Möglichkeit*) comunicación *f* automática, discado *m* directo *Am* ② (*fam: ~nummer*) número *m* directo

**durch|wählen** *vi* (TEL) marcar directamente

**durchweg** [ˈ--, -ˈ-] *adv* sin excepción, en su totalidad

**durchwegs** *adv* (*Österr: fam*) *s.* **durchweg**

**durchwühlen***[1] *vt* ① (*Erde*) revolver ② (*Gepäck*) revolver (en); (*durchsuchen*) registrar

**durch|wühlen**[2] **I.** *vt* (*Zimmer, Haus*) poner patas arriba **II.** *vr:* **sich ~** (*fam: sich durcharbeiten*) abrirse paso (*durch* por entre)

**durch|wurschteln** *vr:* **sich ~** (*fam*), **durch|wursteln** *vr:* **sich ~** (*fam*) ir tirando

**durch|zählen** **I.** *vi* (*abzählen*) hacer un recuento **II.** *vt* (*zählen*) contar

**durchziehen***[1] *irr vt* ① (*Land*) recorrer; (*durchqueren*) atravesar ② (*sich erstrecken*) extenderse (por)

**durch|ziehen**[2] *irr* **I.** *vt* ① (*hindurchziehen*) hacer pasar (*durch* por) ② (*fam: beenden*) acabar **II.** *vi sein* (*durchqueren*) atravesar, pasar (*durch* por)

**durchzogen** *pp von* **durchziehen**[1]

**durchzucken*** *vt* ① (*Blitz*) cruzar ② (*Gedanke*) venir (*a*)

**Durchzug**[1] *m* <-(e)s, -züge> (*das Durchqueren*) paso *m*

**Durchzug**[2] *m* <-(e)s, *ohne pl*> (*Luftzug*) corriente *f* de aire

**dürfen**[1] [ˈdʏrfən] <darf, durfte, dürfen> *vt Modalverb* ① (*Erlaubnis haben*) poder, tener permiso (de/para); **darf ich etwas fragen?** ¿puedo preguntar una cosa?; **darf man hier rauchen?** ¿está permitido fumar aquí?; **wenn ich bitten darf** si me permite/permiten; **ich darf wohl sagen, dass ...** se me permitirá decir que... ② (*sollen*) deber, poder; **was darf es sein?** ¿qué desea?; **du darfst ihm das nicht übel nehmen** no debes tomárselo a mal; **das darf doch nicht wahr sein!** ¡no puede ser cierto!; **das dürfte wohl das Beste sein** esto sería lo mejor

**dürfen²** ['dʏrfən] <darf, durfte, gedurft> *vi* poder, tener permiso; **ich habe nicht gedurft** no me han dejado

> **? Grammatik**
>
> **dürfen** significa poder, tener permiso: *Darf ich heute Abend in die Disco gehen? – ¿Puedo ir esta noche a la disco(teca)?*
>
> **können** significa poder o ser capaz: *Kannst du schwimmen? – ¿Sabes nadar?*

**durfte** ['dʊrftə] *3. imp von* **dürfen**

**dürftig** ['dʏrftɪç] *adj* ① (*Unterkunft*) pobre, mísero; (*Gehalt*) miserable ② (*Beweis, Kenntnisse*) insuficiente; (*Beleuchtung*) débil

**dürr** [dʏr] *adj* ① (*vertrocknet*) seco ② (*Boden*) árido ③ (*mager*) flaco

**Dürre** ['dʏrə] *f* <-n> aridez *f;* (*Trockenheit*) sequía *f;* **Dürrekatastrophe** *f* catástrofe *f* de la sequía

**Durst** [dʊrst] *m* <-(e)s, *ohne pl*> sed *f;* **ich habe ~** tengo sed; **seinen ~ löschen/stillen** apagar/calmar su sed; **einen über den ~ trinken** (*fam*) beber más de la cuenta

**dursten** *vi* (*geh*) estar sediento

**dürsten** ['dʏrstən] *vunpers, vi* (*geh*) ① (*Verlangen haben*) estar sediento (*nach* de) ② (*Durst haben*) tener sed; **mich dürstet** tengo sed

**durstig** *adj* sediento (*nach* de); **~ sein** tener sed

**durstlöschend** *adj*, **durststillend** *adj* que apaga la sed; **Durststrecke** *f* período *m* difícil

**Dusche** ['du:ʃə, 'dʊʃə] *f* <-n> ducha *f,* regadera *f Col, Mex,* lluvia *f Chil, Arg, Nic;* **unter die ~ gehen** ir a ducharse; **eine ~ nehmen** tomar una ducha

**duschen** ['du:ʃən, 'dʊʃən] **I.** *vi, vr:* **sich ~** duchar(se) **II.** *vt* duchar

**Duschgel** ['du:ʃge:l] *nt* gel *m* de ducha; **Duschkabine** *f* cabina *f* de ducha

**Düse** ['dy:zə] *f* <-n> (*beim Flugzeug*) tobera *f;* (*Rohrstück*) boquilla *f*

**Dusel** ['du:zəl] *m* <-s, *ohne pl*> (*fam: Glück*) suerte *f*

**düsen** *vi sein* (*fam*) ir a toda mecha

**Düsenantrieb** *m* propulsión *f* reacción; **mit ~** con turbopropulsor; **Düsenflugzeug** *nt* avión *m* a reacción

**dusselig** *adj*, **dusslig** *adj* (*fam*) ① (*einfältig*) simple; (*dumm*) bobo ② (*reg: benommen*) atontado

**düster** ['dy:stɐ] *adj* ① (*dunkel*) oscuro ② (*Ort*) sombrío; (*Zukunft*) negro ③ (*Wesen*) melancólico; (*Stimmung*) tétrico

**Dutzend** ['dʊtsənt] *nt* <-s, -e> docena *f;* **ein halbes ~** media docena; **~e von Büchern** montones de libros

**dutzendfach** **I.** *adj* una y mil veces **II.** *adv* a docenas

**dutzendmal** *adv* docenas de veces

**dutzendweise** *adv* ① (*im Dutzend*) por docenas ② (*fam: in Mengen*) a docenas

**duzen** ['du:tsən] **I.** *vt* tutear; **ich duze sie** la tuteo **II.** *vr:* **sich ~** tutearse; **ich duze mich mit ihm** me tuteo con él

**DV** [de:'faʊ] *f* (INFOR) *Abk. von* **Datenverarbeitung** procesamiento *m* de datos

**DVD-Player** [de:faʊ'de:-] *m* <-s, -> lector *m* de DVD

**Dynamik** [dy'na:mɪk] *f ohne pl* (*a.* PHYS) dinámica *f*

**dynamisch** *adj* (*a.* PHYS) dinámico

**Dynamit** [dyna'mi:t, dyna'mɪt] *nt* <-s, *ohne pl*> dinamita *f*

**Dynamo** ['dy:namo] *m* <-s, -s> dinamo *f,* dínamo *f*

**Dynastie** [dynas'ti:] *f* <-n> dinastía *f*

**D-Zug** *m* tren *m* rápido

# E e

**E, e** [e:] *nt* <-, -> ① (*Buchstabe*) E, e *f;* **~ wie Emil** E de España ② (MUS) mi *m*

**Eau de Cologne** [o: də ko'lɔnjə] *nt o f* <- - -, Eaux de Cologne> agua *f* de colonia

**Ebbe** ['ɛbə] *f* <-n> marea *f* baja, bajamar *f;* **es ist ~** la marea está baja

**eben** ['e:bən] **I.** *adj* ① (*flach*) llano ② (*glatt*) liso **II.** *adv* ① (*in diesem Augenblick*) en este momento; **ich wollte dich ~ anrufen** estaba a punto de llamarte por teléfono ② (*gerade vorhin*) hace un momento; **sie sind ~ angekommen** acaban de llegar ③ (*kurz*) un momento; **hilfst du mir ~ mal?** ¿me ayudas un momento? ④ (*knapp*) justo; **mit seinem Lohn kommt er so ~ aus** su sueldo le alcanza justo ⑤ (*nun mal*): **~!** ¡justamente!; **das ist ~ so** esto es así; **er ist ~ ein Idiot** es que es un idiota; **gut, dann ~ nicht** bien,

pues entonces nada
**Ebenbild** *nt* fiel retrato *m*
**ebenbürtig** ['e:bənbʏrtɪç] *adj* igual; **sie ist ihm an Ausdauer** ~ es igual de perseverante que él
**ebenda** ['e:bən'da:] *adv* (*in Verweisen*) íbidem; (*geh: genau dort*) allí mismo; **ebendarum** ['e:bənda'rʊm] *adv* por esto; **ebendas** ['--'-] *pron dem s.* **ebender, ebendie, ebendas**; **ebender**, **ebendie**, **ebendas** <ebendie> *pron dem* (*genau der/die/das*) precisamente él/ella/eso; **ebendeshalb** ['---'-] *adv s.* **ebendarum**; **ebendeswegen** ['---'--] *adv s.* **ebendarum**; **ebendie** ['--'-] *pron dem s.* **ebender, ebendie, ebendas**; **ebendiese**(**r, s**) *pron dem* (*geh: genau dieser/diese/dieses: adjektivisch*) precisamente es(t)e/es(t)a; (*substantivisch*) precisamente és(t)e/és(t)a/es(t)o
**Ebene** ['e:bənə] *f* <-n> ① (*Flachland*) llanura *f* ② (*Niveau*) nivel *m* ③ (MATH) plano *m*
**ebenfalls** *adv* igualmente, asimismo
**Ebenmaß** *nt* <-es, -e> ① (*harmonisches Verhältnis*) armonía *f* ② (TECH) proporción *f*
**ebenmäßig** *adj* proporcionado
**ebenso** ['---] *adv* igualmente, del mismo modo; ~ **wie** así como; ~ **gern** de igual manera; ~ **gern wie** igual que; ~ **gut** de igual manera; ~ **gut wie** igual (de bien) que; ~ **lang**(**e**) **wie** tan largo como; ~ **oft wie** con la misma frecuencia que; ~ **schön wie** tan bonito como; ~ **sehr** indistintamente; ~ **sehr wie** tanto como; ~ **viel wie** tanto como; ~ **wenig wie** tan poco como
**Eber** ['e:bɐ] *m* <-s, -> cerdo *m* macho
**ebnen** ['e:bnən] *vt* allanar
**E-Business** ['i:-bɪznɪs] *nt ohne pl* (INFOR) comercio *m* electrónico
**EC** [e:'tse:] *m* <-(s), -s> ① (EISENB) *Abk. von* **Eurocity**(**zug**) Eurocity *m* ② (FIN) *Abk. von* **Eurocheque** eurocheque *m*
**E-Cash** *nt ohne pl* (FIN) dinero *m* electrónico, moneda *f* electrónica
**Echo** ['ɛço] *nt* <-s, -s> eco *m;* **sein Vorschlag fand ein lebhaftes** ~ su propuesta tuvo un gran eco; **Echolot** *nt* (NAUT) sonar *m*
**Echse** ['ɛksə] *f* <-n> (ZOOL) lagarto *m*
**echt** [ɛçt] **I.** *adj* ① (*Dokument, Geldschein*) auténtico; (*Haar, Perle*) natural; (*Kunstwerk*) original; (*Farbe*) sólido; ~ **golden** de oro legítimo ② (*Freundschaft, Problem*) auténtico ③ (*typisch*) típico **II.** *adv* (*fam*) realmente; ~**?** ¿de verdad?
**Echtheit** *f ohne pl* ① (*von Dokument*) autenticidad *f* ② (*von Gefühlen*) pureza *f* ③ (*von Farben*) solidez *f*
**Eck** [ɛk] *nt* <-(e)s, -e> ① (*Österr, südd: Ecke*) esquina *f;* **über** ~ en triángulo ② (SPORT: *des Tores*) ángulo *m*
**EC-Karte** *f* (FIN) tarjeta *f* para eurocheques
**Eckball** *m* (SPORT) saque *m* de esquina, córner *m*
**Ecke** ['ɛkə] *f* <-n> ① (*außen*) esquina *f;* **er wohnt gleich um die** ~ vive a la vuelta de la esquina; **jdn um die** ~ **bringen** (*fam*) cargarse a alguien; **an allen** ~**n und Enden wird gespart** se ahorra en todas partes ② (*innen*) rincón *m;* **sich nicht in eine bestimmte** ~ **stellen lassen** no dejarse encajonar ③ (SPORT) córner *m* ④ (*reg: Gegend*) parte *f*
**eckig** *adj* ① (*Gegenstand*) cuadrado; (*Gesicht*) anguloso ② (*Bewegungen*) brusco
**Eckpfeiler** *m* (ARCHIT) pilastra *f* angular; (*eines Bogens*) estribo *m;* **Eckstein** *m* ① (ARCHIT) piedra *f* angular; (*Prellstein*) guardacantón *m* ② (*Markstein*) hito *m;* **Eckzahn** *m* colmillo *m*
**ECOFIN-Rat** *m ohne pl* consejo *m* ECOFIN
**Ecu** *m* <-(s), -(s)> (FIN), **ECU** *m* <-(s), -(s)> (FIN) *Abk. von* **European Currency Unit** (**europäische Währungseinheit**) ECU *m,* ecu *m*
**Ecuador** [ekua'do:ɐ] *nt* <-s> Ecuador *m*
**Ecuadorianer**(**in**) [ekuadori'a:nɐ] *m(f)* <-s, -; -nen> ecuatoriano, -a *m, f*
**ecuadorianisch** *adj* ecuatoriano
**edel** ['e:dəl] *adj* ① (*Tier*) de pura raza ② (*geh: Mensch, Tat*) noble ③ (*Stein*) precioso; (*Holz*) noble; **Edelfrau** *f* (HIST) noble *f;* **Edelgas** *nt* (CHEM) gas *m* noble; **Edelkastanie** *f* (BOT: *Baum*) castaño *m* (común); (*Frucht*) castaña *f* comestible; **Edelmann** *m* <-(e)s, -leute> (HIST) noble *m;* **Edelmetall** *nt* metal *m* noble; **Edelmut** *m* (*geh*) generosidad *f,* nobleza *f,* distinción *f*
**edelmütig** ['e:dəlmy:tɪç] *adj* generoso
**Edelstahl** *m* acero *m* fino; **Edelstein** *m* piedra *f* preciosa; **Edeltanne** *f* (BOT) abeto *m* blanco; **Edelweiß** *nt* <-(es), -e> (BOT) leontopodio *m*
**Edikt** [e'dɪkt] *nt* <-(e)s, -e> (HIST) edicto *m*
**editieren*** [edi'ti:rən] *vt* (INFOR) editar
**Edition** [edi'tsjo:n] *f* <-en> edición *f*
**Editor**[1] *m* <-s, -en> (INFOR) editor *m*
**Editor**(**in**)[2] ['e:dito:ɐ] *m(f)* <-s, -en; -nen> (PUBL) editor(a) *m(f)*
**E-Dur** *nt* <-, *ohne pl*> (MUS) mi *m* mayor
**Edutainment** ['ɛdjutɛɪnmənt] *nt* <-s, *ohne*

*pl>* (INFOR) edutainment *m*, edutenimiento *m*

**EDV** [eːdeːˈfaʊ] *f ohne pl* (INFOR) *Abk. von* **elektronische Datenverarbeitung** proceso *m* electrónico de datos; **EDV-gestützt** *adj* (INFOR) asistido por ordenador

**Efeu** [ˈeːfɔɪ] *m <-s, ohne pl>* (BOT) hiedra *f*

**Effeff** [ɛfˈʔɛf] (*fam*): **etw aus dem ~ können** saber algo al dedillo

**Effekt** [ɛˈfɛkt] *m <-(e)s, -e>* efecto *m;* (*Ergebnis*) resultado *m*

**Effekten** [ɛˈfɛktən] *pl* (FIN) valores *mpl*

**effektiv** [ɛfɛkˈtiːf] *adj* ❶ (*wirksam*) efectivo ❷ (*tatsächlich*) real, definitivo

**Effektivität** [ɛfɛktiviˈtɛːt] *f ohne pl* efectividad *f*

**effektvoll** *adj* de gran efecto

**effizient** [ɛfiˈtsjɛnt] *adj* (*geh*) eficiente

**EG** [eːˈgeː] *f Abk. von* **Europäische Gemeinschaft** CE *f*

**egal** [eˈgaːl] *adj* igual; **das ist mir ganz ~** (*fam*) me da lo mismo; **~ wie** (*fam*) sea como sea; **~ wer** (*fam*) sea quien sea; **~ was** (*fam*) sea lo que sea

**Egge** [ˈɛgə] *f <-n>* grada *f*, rastra *f*

**Egoismus** [egoˈɪsmʊs] *m <-, ohne pl>* egoísmo *m*

**Egoist(in)** *m(f) <-en, -en; -nen>* egoísta *mf*, gorrón, -ona *m, f AmC*

**egoistisch** *adj* egoísta

**Egotrip** *m <-s, -s>* (*fam*) egocentrismo *m;* **auf dem ~ sein** comportarse egocéntricamente

**Egozentriker(in)** [egoˈtsɛntrikɐ] *m(f) <-s, -; -nen>* egocéntrico, -a *m, f*

**egozentrisch** *adj* egocéntrico

**EG-Staat** *m* estado *m* comunitario

**eh** [eː] **I.** *konj s.* **ehe II.** *adv* ❶ (*schon immer*): **seit ~ und je** desde siempre ❷ (*Österr, südd: fam: sowieso*) de todas formas **III.** *interj* (*fam*) eh

**ehe** [ˈeːə] *konj* antes de *+inf*, antes de que *+subj;* **~ ich es vergesse** antes de que se me olvide

**Ehe** *f <-n>* matrimonio *m;* **~ ohne Trauschein** pareja de hecho; **meine Kinder aus erster ~** los hijos de mi primer matrimonio; **in wilder ~ leben** vivir amancebados; **mit jdm die ~ schließen** contraer matrimonio con alguien; **die ~ brechen** cometer adulterio; **eheähnlich** *adj* (JUR) similar al matrimonio; **~e Gemeinschaft** cohabitación como marido y mujer; **Ehebett** *nt* lecho *m* matrimonial; (*Doppelbett*) cama *f* de matrimonio

**Ehebrecher(in)** *m(f) <-s, -; -nen>* adúltero, -a *m, f*

**Ehebruch** *m* adulterio *m;* **~ begehen** cometer adulterio; **Ehefrau** *f* esposa *f*, mujer *f;* **Ehegatte, -in** *m, f* (*geh*) esposo, -a *m, f;* (JUR) cónyuge *mf;* **Ehegatten-Splitting** *nt <-s, ohne pl>* partición *f* de los impuestos entre cónyuges (*pagando cada uno de ellos sólo la mitad del impuesto sobre la renta*); **Ehegattin** *f s.* **Ehegatte; Ehekrach** *m* disputa *f* matrimonial; **Eheleben** *nt ohne pl* vida *f* matrimonial; **Eheleute** *pl* cónyuges *mpl*

**ehelich** *adj* matrimonial; (JUR) conyugal; (*Kind*) legítimo; **nicht ~** ilegítimo

**ehelos** *adj* soltero

**ehemalige(r, s)** *adj* antiguo, ex

**ehemals** [ˈeːəmaːls] *adv* antiguamente, antes

**Ehemann** *m* esposo *m*, marido *m;* **Ehepaar** *nt* matrimonio *m*

**eher** [ˈeːɐ] *adv kompar von* **bald** ❶ (*früher*) antes (*als* que), más temprano; **ich komme nicht ~ als bis ...** no vengo antes de que... *+subj* ❷ (*lieber*) antes (*als* que); **ich würde ~ zu Fuß gehen als den Bus zu nehmen** preferiría ir andando antes que tomar el autobús ❸ (*vielmehr*) más bien

**Ehering** *m* alianza *f;* **Ehescheidung** *f* (JUR) divorcio *m;* **Eheschließung** *f* casamiento *m*

**ehest** [ˈeːəst] *adv* (*Österr: baldigst*) lo antes posible

**ehesten** *superl von* **bald: am ~** (*frühestmöglich*) lo más pronto posible; (*am wahrscheinlichsten*) lo más probable; (*am liebsten*) lo más preferible

**ehestens** [ˈeːəstəns] *adv* (*frühestens*) lo antes posible

**Ehevermittlung** *f* tramitación *f* matrimonial; **Eheversprechen** *nt* promesa *f* de matrimonio; **Ehevertrag** *m* (JUR) contrato *m* matrimonial; **einen ~ machen** concertar un contrato matrimonial

**ehrbar** [ˈeːɐbaːɐ] *adj* honorable; (*achtbar*) respetable; (*ehrlich*) honrado

**Ehrbegriff** *m* concepto *m* del honor

**Ehre** [ˈeːrə] *f <-n>* honor *m;* (*Ruhm*) honra *f;* **das Werk macht ihm alle ~** la obra le honra; **auf ~ und Gewissen** por mi palabra y honor; **dir zu ~n** para honrarte; **es ist mir eine große ~ Sie kennen zu lernen** es un gran honor para mí conocerle; **mit wem habe ich die ~?** ¿con quién tengo el honor?; **etw in ~n halten** honrar algo; **jdm die letzte ~ erweisen** rendirle a alguien el último homenaje; **wir geben uns die ~ zu ...** nos permitimos...; **was verschafft mir die ~?** ¿a qué debo el honor (de esta visita)?

**ehren** *vt* honrar; (*achten*) respetar; **sehr geehrte Damen und Herren** distinguidos señores y señoras; (*Briefanrede*) muy señores míos; **ich fühle mich sehr geehrt** me siento muy honrado

**Ehrenamt** *nt* cargo *m* honorífico; **ehrenamtlich** *adj* honorífico; **Ehrenbürger(in)** *m(f)* ciudadano, -a *m, f* de honor; **Ehrendoktor** *m* doctor *m* honoris causa; **Ehrengast** *m* invitado, -a *m, f* de honor

**ehrenhaft** *adj* honorable

**Ehrenmal** *nt* monumento *m* conmemorativo; **Ehrenmann** *m* hombre *m* de honor; **Ehrenplatz** *m* puesto *m* de honor; **Ehrenrettung** *f* salvación *f* del honor; **zu seiner ~ muss ich einräumen, dass ...** debo reconocer en su favor que...; **Ehrenrunde** *f* (SPORT) vuelta *f* de honor; **eine ~ drehen** (*die Schulklasse wiederholen*) tener que repetir el curso; **Ehrensache** *f* cuestión *f* de honor; **Ehrentag** *m* día *m* memorable; **Ehrenurkunde** *f* diploma *m* de honor; **ehrenvoll** *adj* honroso; **ehrenwert** *adj* honorable; **Ehrenwort** *nt* palabra *f* de honor

**ehrerbietig** ['eːɐʔɛɐbiːtɪç] *adj* respetuoso

**Ehrfurcht** *f* (*Achtung*) profundo respeto *m* (*vor* hacia); (*Verehrung*) veneración *f* (*vor* por); **vor etw** *dat* **~ haben** respetar algo

**ehrfurchtgebietend** *adj s.* **Ehrfurcht**

**ehrfürchtig** ['eːɐfʏrçtiç] *adj*, **ehrfurchtsvoll** *adj* respetuoso

**Ehrgefühl** *nt ohne pl* sentimiento *m* del honor

**Ehrgeiz** *m* ambición *f;* **ehrgeizig** *adj* ambicioso

**ehrlich** *adj* honrado; (*aufrichtig*) sincero; **er meint es ~ mit uns** obra de buena fe con nosotros; **~ gesagt** a decir verdad; **ich war krank, ~** (*fam*) estuve enfermo, de verdad; **wir haben ~ geteilt** compartimos honradamente

**Ehrlichkeit** *f ohne pl* honradez *f;* (*Aufrichtigkeit*) sinceridad *f*

**ehrlos** *adj* deshonrado

**Ehrlosigkeit** *f ohne pl* falta *f* de honor

**Ehrung** ['eːrʊŋ] *f* <-en> homenaje *m* (a)

**Ehrwürden**: **Euer ~** Reverendo Padre

**ehrwürdig** *adj* venerable; (*achtbar*) respectable

**Ei** [aɪ] *nt* <-(e)s, -er> ❶ (*Vogel~, Hühner~*) huevo *m,* blanquillo *m Guat, Mex;* **ein hartes/weiches ~** un huevo duro/pasado por agua; **wie aus dem ~ gepellt** (*fam*) de punta en blanco; **jdn wie ein rohes ~ behandeln** (*fig*) tratar a alguien con guante de seda; **sich** *dat* **gleichen wie ein ~ dem anderen** parecerse como dos gotas de agua ❷ (*Keimzelle*) óvulo *m* ❸ *pl* (*vulg: Hoden*) huevos *mpl* ❹ *pl* (*fam: Geld*) pelas *fpl*

**Eibe** ['aɪbə] *f* <-n> tejo *m*

**Eiche** ['aɪçə] *f* <-n> roble *m*

**Eichel** ['aɪçəl] *f* <-n> ❶ (BOT) bellota *f* ❷ (ANAT) glande *m*

**eichen** ['aɪçən] *vt* (*Maße*) contrastar; (*Instrumente*) calibrar; (*Fässer*) marcar; (*Messglas*) graduar

**Eichhörnchen** *nt* (ZOOL) ardilla *f*

**Eid** [aɪt] *m* <-(e)s, -e> juramento *m;* **an ~es statt erklären** (JUR) declarar bajo juramento; **unter ~ stehen** estar bajo juramento; **einen ~ ablegen** prestar juramento; **eidbrüchig** *adj* perjuro; **~ werden** perjurar

**Eidechse** ['aɪdɛksə] *f* <-n> (ZOOL) lagarto *m,* iguana *f Am*

**eidesstattlich** *adj* (JUR) jurado; **~e Erklärung** declaración jurada; **etw ~ erklären** declarar algo bajo juramento

**Eidgenosse, -in** *m, f* confederado, -a *m, f;* (*Schweizer Bürger*) suizo, -a *m, f;* **Eidgenossenschaft** *f* confederación *f;* **Schweizerische ~** Confederación Helvética; **Eidgenossin** *f s.* **Eidgenosse**; **eidgenössisch** *adj* (*schweizerisch*) suizo; (*im Gegensatz zu kantonal*) confederado

**eidlich I.** *adj* jurado **II.** *adv* bajo juramento

**Eidotter** ['aɪdɔtɐ] *nt o m* yema *f* de huevo

**Eierbecher** *m* huevero *m;* **Eierkohle** *f* carbón *m* ovoide; **Eierkuchen** *m* (*Pfannkuchen*) ≈torta *f* (de huevo); (*Omelett*) tortilla *f* francesa; (*süß*) crepe *f;* **Eierlikör** *m* licor *m* de huevo

**eiern** ['aɪɐn] *vi* (*fam*) ❶ *sein* (*Person*) tambalearse ❷ (*Sache*): **das Rad eiert** la rueda está torcida

**Eierschale** *f* cáscara *f* de huevo

**Eierstock** *m* (ANAT) ovario *m*

**Eiertanz** *m* (*fam*): **mach nicht so einen ~!** ¡déjate de comedias!; **Eieruhr** *f* reloj *m* de arena (*para medir el tiempo de cocción de los huevos*)

**Eifer** ['aɪfɐ] *m* <-s, *ohne pl*> afán *m;* (*Streben*) empeño *m;* **im ~ des Gefechts** en el calor de la disputa

**eifern** ['aɪfɐn] *vi* ❶ (*geh: streben*) ambicionar (*nach*) ❷ (*schmähen*) clamar (*gegen* contra)

**Eifersucht** *f ohne pl* celos *mpl;* **aus ~** por celos; **eifersüchtig** *adj* celoso (*auf* de); **jdn ~ machen** poner celoso a alguien; **auf jdn ~ sein** tener celos de alguien

**Eifersuchtsszene** *f* escena *f* de celos; **jdm eine ~ machen** montarle a alguien una escena de celos

E

**Eiffelturm** ['aɪfəl-] *m* torre *f* Eiffel

**eifrig** ['aɪfrɪç] **I.** *adj* apasionado; (*emsig*) diligente; (*fleißig*) aplicado **II.** *adv* con empeño

**Eigelb** *nt* <-(e)s, -e, *nach Zahlen:* -> yema *f*

**eigen** ['aɪgən] *adj* ① (*zugehörig*) propio; **etw mit ~en Augen gesehen haben** haber visto algo con sus propios ojos; **etw sein E~ nennen** (*geh*) declarar algo de su propiedad; **in ~er Person** personalmente ② (*persönlich*) propio; (*unabhängig*) independiente; (*gesondert*) aparte; **eine ~e Meinung haben** tener una opinión propia; **sein ~er Herr sein** ser independiente ③ (*charakteristisch*) característico (de); (*typisch*) típico (de); **mit dem ihm ~en Zynismus** con el cinismo que le caracteriza ④ (*wunderlich*) raro

**Eigenart[1]** *f ohne pl* (*Eigentümlichkeit*) particularidad *f*

**Eigenart[2]** *f* ① (*Besonderheit*) singularidad *f* ② (*Wesenszug*) característica *f*

**eigenartig** *adj* raro

**Eigenbedarf** *m* (*an Gütern*) consumo *m* propio; (*einer Wohnung*) necesidad *f* propia

**Eigenbrötler(in)** ['aɪgənbrø:tlɐ] *m(f)* <-s, -; -nen> (*abw*) tipo, -a *m, f* raro, -a

**eigenbrötlerisch** *adj* solitario

**Eigendynamik** *f* dinámica *f* propia; **eigenhändig** ['aɪgənhɛndɪç] **I.** *adj* (*Unterschrift*) de su puño y letra; (*Testament*) (h)ológrafo **II.** *adv* con sus propias manos; **Eigenheim** *nt* casa *f* propia

**Eigenheit** *f* <-en> *s.* **Eigenart[2]**

**Eigeninitiative** *f* iniciativa *f* propia; **Eigenkapital** *nt* (FIN) capital *m* propio; **Eigenliebe** *f* amor *m* propio; **eigenmächtig** **I.** *adj* arbitrario **II.** *adv* por cuenta propia; **~ handeln** obrar por cuenta propia; **Eigenname** *m* nombre *m* propio

**Eigennutz** ['aɪgənnʊts] *m* <-es, *ohne pl*> interés *m* personal

**eigennützig** ['aɪgənnʏtsɪç] **I.** *adj* interesado; (*egoistisch*) egoísta **II.** *adv* por interés

**eigens** ['aɪgəns] *adv* expresamente

**Eigenschaft** *f* <-en> cualidad *f;* (*Merkmal*) característica *f;* **in seiner ~ als Vorsitzender** en su calidad de presidente; **Eigenschaftswort** *nt* adjetivo *m*

**eigensinnig** *adj* testarudo

**eigenständig** *adj* independiente

**eigentlich** ['aɪgəntlɪç] **I.** *adj* ① (*wirklich*) verdadero; (*eigen*) propio; **sein ~er Name lautet ...** su verdadero nombre es... ② (*ursprünglich*) original **II.** *adv* (*tatsächlich*) en realidad; (*ehrlich gesagt*) a decir verdad; (*im Grunde genommen*) en el fondo; **was willst du ~?** ¿qué es lo que quieres en realidad?

**Eigentor** *nt* <-(e)s, -e> (SPORT) gol *m* en propia puerta

**Eigentum** *nt* <-s, *ohne pl*> propiedad *f;* **geistiges ~** propiedad intelectual

**Eigentümer(in)** ['aɪgənty:mɐ] *m(f)* <-s, -; -nen> propietario, -a *m, f*

**eigentümlich** *adj* ① (*charakteristisch*) característico; (*typisch*) típico ② (*sonderbar*) curioso

**Eigentümlichkeit[1]** *f* <-en> (*Charakteristikum*) característica *f*

**Eigentümlichkeit[2]** *f ohne pl* (*Sonderbarkeit*) particularidad *f*

**Eigentumswohnung** *f* piso *m* propio, condominio *m Am*

**eigenverantwortlich** **I.** *adj* de responsabilidad propia **II.** *adv* por propia cuenta (y riesgo); **~ handeln** obrar por cuenta propia; **Eigenverantwortung** *f ohne pl* responsabilidad *f* propia; **etw in ~ tun** hacer algo bajo su propia responsabilidad; **eigenwillig** *adj* ① (*egoistisch*) egoísta ② (*sonderbar*) particular; (*unkonventionell*) original ③ (*eigensinnig*) caprichoso ④ (*störrisch*) testarudo

**eignen** ['aɪgnən] *vr:* **sich für etw** [*o* **zu etw** *dat*] **~** (*Person*) reunir las cualidades necesarias para algo; (*Sache*) prestarse para algo, ser apropiado para algo

**Eignung** *f ohne pl* aptitud *f;* **Eignungstest** *m* prueba *f* de aptitud

**Eilbote, -in** *m, f* mensajero, -a *m, f;* **per ~** exprés; **Eilbrief** *m* carta *f* urgente

**Eile** ['aɪlə] *f ohne pl* (*Hast*) prisa *f,* apuro *m Am;* (*Dringlichkeit*) urgencia *f;* **in ~ sein** tener prisa, estar apurado *Am;* **das hat keine ~** eso no corre prisa; **in aller ~** a toda prisa

**Eileiter** *m* <-s, -> (ANAT) trompa *f* (de Falopio)

**eilen** ['aɪlən] *vi* ① (*dringend sein*) correr prisa; **eilt!** ¡urgente!; **damit eilt es nicht** esto no corre prisa ② *sein* (*Mensch*) ir corriendo (*zu* a); (*sich beeilen*) apresurarse; **jdm zu Hilfe ~** acudir corriendo en socorro de alguien

**Eilgut** *nt* mercancías *fpl* urgentes

**eilig** ['aɪlɪç] *adj* ① (*schnell*) rápido, apurado *Am;* **es ~ haben** tener prisa, estar apurado *Am* ② (*dringend*) urgente

**Eiltempo** *nt* a toda velocidad; **etw im ~ erledigen** hacer algo a toda velocidad; **Eilzug** *m* (tren *m*) expreso *m*

**Eimer** ['aɪmɐ] *m* <-s, -> cubo *m;* **im ~ sein** (*fig*) haberse ido al traste

**ein** [aɪn] *adv:* **E~/Aus** (*auf Geräten*) on/off; **bei jdm ~ und aus gehen** entrar como Pedro por su casa; **nicht mehr ~ noch aus wissen** estar totalmente desconcertado

**ein**, **eine**, **ein** **I.** *adj* (*Zahlwort*) un, una; **das kostet ~en Euro** cuesta un euro; **es ist ~ Uhr** es la una; **sie ist sein E~ und Alles** ella lo es todo para él; **das ist doch ~ und dasselbe** pero si es exactamente lo mismo; **~ für allemal** de una vez por todas; **in ~em fort** de un tirón **II.** *art unbest* un, una; **~es Tages** un día; **was für ~e Hitze!** ¡qué calor!

**Einakter** ['aɪnʔaktɐ] *m* <-s, -> pieza *f* (de teatro) en un acto

**einander** [aɪ'nandɐ] *pron refl* el uno al otro, mutuamente; (*wechselseitig*) recíprocamente; **sie helfen ~** se ayudan mutuamente; **zwei ~ widersprechende Aussagen** dos declaraciones contradictorias

**ein|arbeiten** **I.** *vt* ❶ (*Mitarbeiter*) iniciar (*in* en) ❷ (*einfügen*) introducir (*in* en) **II.** *vr:* **sich ~** integrarse (*in* en)

**Einarbeitungszeit** *f* período *m* de adaptación

**einarmig** *adj* manco

**ein|äschern** ['aɪnʔɛʃɐn] *vt* (*Leichnam*) incinerar

**ein|atmen** **I.** *vi* respirar **II.** *vt* inspirar; (MED) inhalar

**einäugig** ['aɪnʔɔɪgɪç] *adj* tuerto

**Einbahnstraße** *f* calle *f* de sentido único

**ein|balsamieren*** *vt* (*Leiche*) embalsamar

**Einband** *m* <-(e)s, -bände> encuadernación *f*

**einbändig** ['aɪnbɛndɪç] *adj* en [*o* de] un tomo

**Einbau**[1] ['aɪnbaʊ] *m* <-(e)s, *ohne pl*> (*Montage*) montaje *m;* (*Installation*) instalación *f*

**Einbau**[2] *m* <-(e)s, -ten> (*Teil*) módulos *mpl*

**ein|bauen** *vt* ❶ (*hineinmontieren*) montar (*in* en); (*eingliedern*) incorporar (*in* en); (*installieren*) instalar (*in* en) ❷ (*einfügen*) insertar (*in* en)

**Einbauküche** *f* cocina *f* de módulos (intercambiables); **Einbauschrank** *m* armario *m* empotrado

**ein|behalten*** *irr vt* retener

**ein|berufen*** ['aɪnbəru:fən] *irr vt* ❶ (*Versammlung*) convocar (*zu* a) ❷ (MIL) llamar a filas

**Einberufung** *f* <-en> ❶ (*einer Versammlung*) convocatoria *f* (*zu* a) ❷ (MIL) llamamiento *m* a filas

**ein|betten** *vt* intercalar (*in* en)

**Einbettzimmer** *nt* habitación *f* de una cama

**ein|beziehen*** *irr vt* incluir (*in* en)

**ein|biegen** *irr vi sein* doblar; (*beim Fahren*) girar; **nach links ~** doblar a la izquierda

**ein|bilden** *vr:* **sich ~** ❶ (*sich vorstellen*): **sich** *dat* **etw ~** imaginarse algo; **was bildest du dir eigentlich ein?** (*fam*) ¿qué te crees? ❷ (*stolz sein*): **sich** *dat* **etwas ~ auf** estar orgulloso de

**Einbildung**[1] *f* <-en> (*Trugbild*) ilusión *f*, quimera *f*

**Einbildung**[2] *f ohne pl* ❶ (*Vorstellung*) imaginación *f* ❷ (*Überheblichkeit*) presunción *f*

**Einbildungskraft** *f ohne pl* (poder *m* de) imaginación *f*

**ein|binden** *irr vt* ❶ (*Buch*) encuadernar ❷ (*einbeziehen*) incluir (*in* en)

**ein|blenden** **I.** *vt* (*Musik*) intercalar (*in* en) **II.** *vr:* **sich ~** (TV, RADIO) conectar (*in* con)

**Einblick** *m* <-(e)s, -e> ❶ (*Aussicht*) vista *f* ❷ (*prüfendes Einsehen*) inspección *f*; **jdm ~ in etw gewähren** permitir a alguien que se entere de algo ❸ (*Einsicht*) idea *f*; **einen ~ in etw gewinnen** formarse una idea de algo

**ein|brechen** *irr vi* ❶ *sein* (*stürzen*) hundirse; **sie ist auf dem Eis eingebrochen** se hundió en el hielo ❷ *sein* (*Dunkelheit*) irrumpir ❸ *haben o sein* (*eindringen*) entrar a robar

**Einbrecher(in)** *m(f)* <-s, -; -nen> ladrón, -ona *m, f*

**ein|bringen** *irr* **I.** *vt* ❶ (*Ernte*) recolectar ❷ (*Gewinn*) rendir; (*Zinsen*) producir; (*Werte*) aportar (*in* a) ❸ (*Antrag*) presentar; (*Vorschläge, Ideen*) aportar (*in* a) **II.** *vr:* **sich ~** participar (*in* en)

**ein|brocken** ['aɪnbrɔkən] *vt* (*fam*): **jdm etwas ~** meter a alguien en un lío

**Einbruch** *m* <-(e)s, -brüche> ❶ (*in Gebäude*) robo *m* ❷ (*Beginn*) comienzo *m;* **bei ~ der Dämmerung** a la caída de la tarde ❸ (*Einsturz*) derrumbamiento *m;* (*des Bodens*) hundimiento *m* ❹ (*Niederlage*) derrota *f*

**ein|buchten** ['aɪnbʊxtən] *vt* (*fam*) encarcelar

**ein|buddeln** **I.** *vt* (*fam*) enterrar **II.** *vr:* **sich ~** (*fam*) enterrarse

**ein|bürgern** **I.** *vt* ❶ (*Person*) naturalizar ❷ (*Tiere, Pflanzen*) aclimatar ❸ (*Brauch*) introducir **II.** *vr:* **sich ~** (*Brauch, Fremdwort*) generalizarse

**Einbürgerung** *f* <-en> nacionalización *f*

E

**Einbuße** *f* <-n> pérdida *f;* **~n an etw** *dat* **erleiden** sufrir pérdidas de algo

**ein|büßen** *vt* perder (*an* parte de)

**ein|checken** **I.** *vi* (AERO: *Passagiere*) embarcar **II.** *vt* (AERO: *Gepäck*) embarcar

**ein|cremen** ['aɪnkreːmən] **I.** *vt* aplicar [*o* dar] crema (en) **II.** *vr:* **sich ~** darse crema

**ein|dämmen** *vt* ❶ (*beschränken*) restringir ❷ (*Fluss*) encauzar

**ein|decken** **I.** *vt* (*fam: überhäufen*) colmar (*mit* de), llenar (*mit* de) **II.** *vr:* **sich ~** (*versorgen*) aprovisionarse (*mit* de), premunirse (*mit* de) *Am*

**eindeutig** ['aɪndɔɪtɪç] *adj* ❶ (*unmissverständlich*) inequívoco ❷ (*deutlich*) claro

**ein|deutschen** *vt* alemanizar

**ein|dicken** **I.** *vt* (GASTR: *sämiger machen*) (dejar) espesar, amelcochar *Arg, Mex, Par* **II.** *vi sein* (*zähflüssiger werden*) espesar

**eindimensional** ['aɪndimɛnzjonaːl] *adj* unidimensional

**ein|dösen** *vi sein* (*fam*) adormecerse

**ein|drängen** *vi sein:* **auf jdn ~** acosar a alguien; (*fig: Erinnerungen*) volver a la memoria a alguien

**ein|dringen** ['aɪndrɪŋən] *irr vi sein* penetrar (*in* en), entrar (*in* en/a); (MIL) invadir (*in*); **auf jdn ~** amenazar a alguien

**eindringlich** **I.** *adj* insistente **II.** *adv* con insistencia

**Eindringling** *m* <-s, -e> intruso, -a *m, f,* quitagusto *m Ecua, Peru*

**Eindruck** *m* <-(e)s, -drücke> ❶ (*Wirkung*) impresión *f;* **ich habe den ~, dass ...** tengo la impresión de que...; **den ~ erwecken, dass ...** dar la impresión de que...; **~ (auf jdn) machen** impresionar (a alguien) ❷ (*Druckstelle*) impresión *f;* (*Spur*) huella *f*

**ein|drücken** *vt* (*Blech*) abollar; (*Scheibe*) romper

**eindrücklich** *adj* (*Schweiz*), **eindrucksvoll** *adj* impresionante

**eine** ['aɪnə] **I.** *adj o art unbest s.* **ein, eine, ein** **II.** *pron indef s.* **eine(r, s)**

**eine(r, s)** *pron indef* uno, una; **weder der ~ noch der andere** ni el uno ni el otro; **das ~ sag' ich dir ...** (*fam*) te digo una cosa...

**ein|ebnen** *vt* nivelar; (*Gelände*) allanar

**eineiig** ['aɪnʔaɪɪç] *adj* univitelino

**eineinhalb** ['aɪnʔaɪn'halp] *adj inv* uno y medio; **es hat ~ Stunden gedauert** ha durado hora y media

**ein|engen** *vt* ❶ (*Kleidung*) apretar ❷ (*beschränken*) coartar; (*einschränken*) limitar

**einer** **I.** *art unbest gen/dat von* **eine** *s.* **ein, eine, ein** **II.** *pron indef gen/dat von* **eine** *s.* **eine(r, s)**

**Einer** *m* <-s, -> ❶ (MATH) unidad *f* ❷ (SPORT) esquife *m*

**einerlei** *adj inv* ❶ (*gleichgültig*) igual; **das ist mir ganz ~** me es igual ❷ (*gleichartig*) de la misma clase; *s. a.* **achterlei**

**Einerlei** ['aɪnɐ'laɪ] *nt* <-s, *ohne pl*> monotonía *f*

**einerseits** *adv* por una parte, por un lado; **~ bin ich neugierig, andererseits habe ich Angst davor** por una parte tengo curiosidad, por la otra tengo miedo

**einfach** ['aɪnfax] **I.** *adj* ❶ (*nur einmal*) simple; **eine ~e Fahrkarte** un billete de ida ❷ (*leicht*) fácil; **du machst es dir zu ~** te lo haces demasiado fácil ❸ (*schlicht*) modesto, sencillo **II.** *adv* simplemente; **es klappt ~ nicht** sencillamente no funciona; **du kannst doch nicht ~ verschwinden** no puedes irte así como así

**Einfachheit** *f ohne pl* simplicidad *f;* (*Schlichtheit*) sencillez *f;* **der ~ halber** para simplificar

**ein|fädeln** ['aɪnfɛːdəln] **I.** *vt* ❶ (*Nadel*) enhebrar ❷ (*fam: anbahnen*) urdir **II.** *vr:* **sich ~** (*im Verkehr*) integrarse (*in* en)

**ein|fahren** *irr* **I.** *vi sein* (*Zug, Schiff*) entrar (*in* a/en) **II.** *vt* ❶ (*beschädigen*) derribar ❷ (*Ernte, Fahrwerk*) recoger ❸ (*Auto*) rodar **III.** *vr:* **sich ~** (*sich einspielen*) normalizarse

**Einfahrt**[1] *f ohne pl* (*eines Zuges*) entrada *f* (*in* a/en); (*Ankunft*) llegada *f* (*in* a)

**Einfahrt**[2] *f* <-en> (*Weg*) entrada *f;* **~ freihalten!** ¡prohibido estacionar!

**Einfall** *m* <-(e)s, -fälle> ❶ (*Idee*) idea *f,* ocurrencia *f* ❷ (*von Licht*) incidencia *f* ❸ (MIL) invasión *f* (*in*)

**ein|fallen** *irr vi sein* ❶ (*in den Sinn kommen*) ocurrir; **was fällt Ihnen ein!** ¡qué se cree Ud.!; **du musst dir etwas ~ lassen** tienes que pensar algo ❷ (*in Erinnerung kommen*) venir a la memoria ❸ (*zusammenstürzen*) derrumbarse ❹ (*Gesicht, Wangen*) hundirse ❺ (MIL) invadir (*in* en) ❻ (*einstimmen*) acompañar (*in*) ❼ (*Licht*) entrar

**einfallslos** *adj* sin imaginación; (*langweilig*) aburrido; **einfallsreich** *adj* ocurrente; **Einfallsreichtum** *m ohne pl* riqueza *f* de ideas

**Einfalt** ['aɪnfalt] *f ohne pl* (*Naivität*) ingenuidad *f;* (*Dummheit*) simpleza *f*

**einfältig** ['aɪnfɛltɪç] *adj* ❶ (*töricht*) simple; (*Dummkopf*) mentecato, pendejo *Am* ❷ (*naiv*) ingenuo

**Einfaltspinsel** *m* (*fam abw*) panoli *mf,*

guanaco, -a *m, f Am*

**Einfamilienhaus** *nt* casa *f* unifamiliar

**ein|fangen** *irr vt* (*Tier, Verbrecher*) atrapar; **sich** *dat* **eine Ohrfeige/Erkältung** ~ (*fam*) ganarse una bofetada/pillar un resfriado

**einfarbig** *adj* unicolor; (*Tier*) tapado *Am*

**ein|fassen** *vt* ❶ (*Gebiet*) limitar ❷ (*mit Borte*) orlar ❸ (*Edelstein*) engastar

**ein|fetten** *vt* engrasar

**ein|finden** *irr vr:* **sich** ~ presentarse (*in* en)

**ein|fließen** *irr vi sein* (*Gelder*) entrar; (*Kaltluft*) entrar; ~ **lassen, dass ...** decir de pasada que...

**ein|flößen** *vt* ❶ (*Medizin*) administrar ❷ (*Bewunderung*) causar; (*Furcht*) infundir; (*Vertrauen*) inspirar

**Einflugschneise** ['aɪnflu:kʃnaɪzə] *f* (AERO) corredor *m* de entrada

**Einfluss** *m* <-es, -flüsse> ❶ (*Einwirkung*) influencia *f* (*auf* sobre); **einen guten ~ auf jdn ausüben** ejercer una buena influencia sobre alguien ❷ (*Wirkung*) efecto *m;* **unter dem ~ von Alkohol stehen** estar bajo los efectos del alcohol ❸ (*Ansehen*) prestigio *m*

**einflussreich** *adj* influyente, cogotudo *AmC, Ant*

**ein|fordern** *vt* (*geh*) reclamar

**einförmig** ['aɪnfœrmɪç] *adj* uniforme; (*monoton*) monótono

**ein|frieden** ['aɪnfri:dən] *vt* (*mit Mauer*) cercar; (*mit Grenzstein*) acotar

**ein|frieren** *irr* **I.** *vi sein* (*Wasserrohr*) congelarse **II.** *vt* (*Lebensmittel, Löhne*) congelar; **das E~ der Gehälter** la congelación salarial

**ein|fügen** **I.** *vt* ❶ (*einarbeiten*) insertar (*in* en) ❷ (*bemerken*) añadir (*in* a) ❸ (INFOR) intercalar **II.** *vr:* **sich** ~ (*anpassen*) adaptarse (*in* a); (*sich integrieren*) integrarse (*in* en)

**ein|fühlen** *vr:* **sich** ~ (*in eine Situation*) compenetrarse (*in* con); (*in einen Menschen*) identificarse (*in* con)

**einfühlsam** *adj* (*Mensch*) comprensivo; (*Worte*) sugestivo

**Einfühlungsvermögen** *nt* sensibilidad *f*

**Einfuhr** ['aɪnfu:ɐ] *f* <-en> importación *f;* **Einfuhrbestimmung** *f* régimen *m* de importación

**ein|führen** *vt* ❶ (*anleiten*) iniciar (*in* en) ❷ (*hineinschieben*) introducir (*in* en) ❸ (COM) importar (*nach* a) ❹ (*bekannt machen*) presentar (*bei* a) ❺ (*etw Neues*) introducir (*in* en); (*Ware*) lanzar (*in* a); (*System*) establecer (*in* en) ❻ (*Wend*): **wieder** ~ (*Brauch*) restablecer; (*Ware*) reimportar

**Einführung** *f* <-en> ❶ (*Hineinschieben*) introducción *f* ❷ (*von Maßnahmen*) adopción *f;* (*von Steuern*) imposición *f* ❸ (*Anleitung*) introducción *f* ❹ (*Vorstellung*) presentación *f;* **Einführungspreis** *m* precio *m* de lanzamiento

**Einfuhrzoll** *m* (COM) derechos *mpl* de importación

**Eingabe** *f* <-n> ❶ (*Antrag*) petición *f,* solicitud *f* ❷ (INFOR) entrada *f* de datos; **Eingabedaten** *pl* (INFOR) datos *mpl* de entrada; **Eingabetaste** *f* (INFOR) tecla *f* de entrada

**Eingang**[1] *m* <-(e)s, -gänge> ❶ (*Tür*) entrada *f* ❷ *pl* (*Geld*) entradas *fpl;* (*Post*) correspondencia *f*

**Eingang**[2] *m* <-(e)s, *ohne pl*> (*von Post*) llegada *f;* (*von Geld*) entrada *f*

**eingängig** ['aɪngɛŋɪç] *adj* (*Erklärung*) clara; (*Melodie*) pegadizo

**eingangs** ['aɪngaŋs] **I.** *präp +gen* al principio de **II.** *adv* al principio

**Eingangshalle** *f* vestíbulo *m;* **Eingangskontrolle** *f* control *m* de entrada

**ein|geben** *irr vt* ❶ (INFOR) introducir (*in* en) ❷ (*Arznei*) administrar ❸ (*geh: Idee*) sugerir

**eingebildet** *adj* (*abw*) ❶ (*hochmütig*) presuntuoso; (*eitel*) presumido, facistol *Am;* (*anmaßend*) engreído ❷ (*nicht wirklich*) imaginario

**eingeboren** *adj* indígena

**Eingeborene(r)** *mf* <-n, -n; -n> indígena *mf*

**Eingebung** ['aɪnge:bʊŋ] *f* <-en> (*geh*) inspiración *f*

**eingefahren** *adj* arraigado

**eingefallen** *adj* enflaquecido; **~e Wangen** mejillas hundidas

**eingefleischt** ['aɪngəflaɪʃt] *adj* arraigado; **ein ~er Junggeselle** un solterón empedernido

**ein|gehen** *irr sein* **I.** *vi* ❶ (*sich auseinander setzen*) ocuparse (*auf* de); **auf diese Frage gehe ich später näher ein** me ocuparé de esta pregunta más adelante ❷ (*zustimmen*) aceptar (*auf*); **auf einen Vorschlag** ~ aceptar una propuesta ❸ (*Post*) llegar ❹ (*Kleidung*) encoger ❺ (*fam: sterben*) morir(se); (*Betrieb*) cerrar ❻ (*fam: verstehen*) entrar; **es geht mir nicht ein, dass ...** no me entra que... +*subj* ❼ (*Wend*): **in die Geschichte** ~ pasar a la historia **II.** *vt* ❶ (*Vertrag*) ultimar ❷ (*Risiko*) correr; **ich gehe jede Wette ein, dass er gewinnt** apuesto lo que sea a que gana él ❸ (*Ehe*) contraer

**eingehend** *adj* (*ausführlich*) exhaustivo;

E

(*in allen Einzelheiten*) detallado
**Eingemachte(s)** *nt* <-n, *ohne pl*> confituras *fpl;* **ans ~ gehen** (*fam fig*) ir al grano
**eingeschnappt** *adj* (*fam abw*) mosqueado
**eingeschrieben** *adj* (*Brief*) certificado
**eingespannt** *adj* (*beschäftigt*) ocupado
**eingespielt** *adj:* **aufeinander ~ sein** entenderse bien
**Eingeständnis** *nt* <-ses, -se> confesión *f*
**ein|gestehen*** *irr vt* confesar; (*zugeben*) admitir
**eingestellt** *adj:* **auf etw ~ sein** estar preparado para (hacer) algo; **ich bin nicht auf Besuch ~** no estoy preparado para recibir visita; **mein ganzes Leben ist auf die Kinder ~** toda mi vida gira alrededor de los niños
**eingetragen** *adj* (*Mitglied*) inscrito; (*Verein*) registrado
**Eingeweide** ['aɪngəvaɪdə] *ntpl* vísceras *fpl*
**Eingeweihte(r)** *mf* <-n, -n; -n> iniciado, -a *m, f*
**ein|gewöhnen*** *vr:* **sich ~** acostumbrarse (*in* a)
**Eingewöhnung** *f ohne pl* adaptación *f*
**ein|gießen** *irr vt* echar (*in* en)
**eingleisig** ['aɪnglaɪzɪç] *adj* de una sola vía
**ein|gliedern** *vt* incorporar (*in* a); (*integrieren*) integrar (*in* en)
**Eingliederung** *f* <-en> (*Sozialisierung*) (re)integración *f* (*in* en); (ADMIN: *Behörden, besetzte Gebiete*) integración *f* (*in* en)
**ein|graben** *irr* **I.** *vt* (*vergraben*) enterrar (*in* en) **II.** *vr:* **sich ~** (*Tier*) esconderse bajo tierra; **etw gräbt sich ins Gedächtnis ein** (*fig*) algo se graba en la memoria
**ein|gravieren*** *vt* grabar (*in* en)
**ein|greifen** *irr vi* ❶ (*Einfluss nehmen*) intervenir (*in* en) ❷ (TECH) engranar (*in* en)
**Eingreiftruppe** *f:* **schnelle ~n (der NATO)** tropas *fpl* de intervención rápida (de la OTAN)
**ein|grenzen** *vt* (*Problem*) delimitar
**Eingriff** *m* <-(e)s, -e> ❶ (MED) intervención *f* ❷ (*Übergriff*) intromisión *f* (*in* en)
**ein|haken I.** *vi* (*fam: in Gespräch*) intervenir **II.** *vt* (*befestigen*) enganchar (*in* en) **III.** *vr:* **sich bei jdm ~** tomar a alguien de brazo
**Einhalt** (*geh*): **jdm/etw** *dat* **~ gebieten** poner coto a alguien/a algo
**ein|halten** *irr* **I.** *vt* (*Termin*) atenerse (a); (*Bedingung*) respetar; (*Versprechen*) cumplir (con); (*Richtung, Diät*) seguir; (*Abstand*) mantener **II.** *vi* (*geh: aufhören*) parar; **mit der Arbeit ~** parar de trabajar
**Einhaltung** *f ohne pl* cumplimiento *m*
**ein|handeln** *vr* (*fam*): **sich** *dat* **etw ~** recibir algo
**einhändig** ['aɪnhɛndɪç] *adj* manco, con una sola mano
**ein|hängen I.** *vi* (*Hörer*) colgar **II.** *vt* (*Tür, Fenster*) enquiciar **III.** *vr:* **sich bei jdm ~** tomar a alguien de brazo
**ein|heften** *vt* archivar
**einheimisch** ['aɪnhaɪmɪʃ] *adj* (*Bevölkerung, Pflanzen*) autóctono, nativo *Am;* (*Produkt*) nacional
**Einheimische(r)** *mf* <-n, -n; -n> autóctono, -a *m, f,* nativo, -a *m, f Am*
**ein|heiraten** *vi* emparentar (*in* con)
**Einheit** ['aɪnhaɪt] *f* <-en> (*a.* MIL) unidad *f;* (TEL) paso *m* de contador

**i Land & Leute**

A partir del 3 de octubre de 1990 la RDA se convirtió en una parte de la RFA. El 12 de septiembre las cuatro potencias vencedoras de la II Guerra Mundial, la RFA y el presidente de gobierno de la RDA habían firmado en Moscú el acuerdo sobre la última regulación en relación con Alemania. Desde entonces el 3 de octubre se celebra el **Tag der deutschen Einheit**.

**einheitlich** *adj* ❶ (*in sich geschlossen*) unitario; (*homogen*) uniforme ❷ (*genormt*) estandarizado
**Einheitspreis** *m* precio *m* único; **Einheitswährung** *f* (FIN, POL) moneda *f* unitaria
**ein|heizen I.** *vi* (*fam: mahnen*): **jdm ~** cantar(le) a alguien las cuarenta **II.** *vt* (*Ofen, Zimmer*) calentar
**einhellig** ['aɪnhɛlɪç] **I.** *adj* unánime **II.** *adv* por unanimidad
**ein|holen** *vt* ❶ (*erreichen*) alcanzar ❷ (*wettmachen*) recuperar ❸ (*Netz*) recoger; (*Fahne, Segel*) arriar ❹ (*Auskunft*) pedir ❺ (*fam: einkaufen*) comprar
**Einhorn** *nt* <-(e)s, -hörner> unicornio *m*
**ein|hüllen** *vt* envolver (*in* en/con)
**einhundert** ['-'--] *adj inv* cien; *s. a.* **achthundert**
**einig** ['aɪnɪç] *adj* ❶ (*geeint*) unido ❷ (*einer Meinung*) acorde; **sich** *dat* **über etw ~ sein/werden** estar/ponerse de acuerdo sobre algo
**einige(r, s)** *pron indef* algún *m,* alguno, -a *m, f,* algunos *mpl,* algunas *fpl;* **in ~n Tagen** dentro de algunos días; **nach ~r Zeit** después de algún tiempo; **in ~r Entfernung** a cierta distancia; **~ glaubten,**

**dass ...** algunos pensaron que...; **das wird ~s kosten** esto va costar bastante

**einigen** ['aɪnɪgən] **I.** *vt* (*einig machen*) unificar; (*aussöhnen*) conciliar **II.** *vr:* **sich ~** llegar a un acuerdo (*über* sobre)

**einigermaßen** ['aɪnɪgɐ'ma:sən] *adv* hasta cierto punto; (*ziemlich*) bastante

**Einigkeit** *f ohne pl* unidad *f;* (*Übereinstimmung*) concordia *f,* conformidad *f;* **in diesem Punkt herrschte ~** hubo conformidad sobre este punto

**Einigung** *f* <-en> ❶ (*Übereinstimmung*) acuerdo *m;* (*Versöhnung*) conciliación *f;* **zu einer ~ kommen** llegar a un acuerdo ❷ (*Vereinigung*) unificación *f*

**ein|impfen** *vt* (*fam*): **jdm etw ~** inculcar algo a alguien

**ein|jagen** *vt* dar, meter; **jdm Angst ~** meterle miedo a alguien

**einjährig** ['aɪnjɛ:rɪç] *adj* ❶ (*Kind, Kurs*) de un año ❷ (*Pflanze*) anual

**ein|kalkulieren*** *vt* contar (con)

**ein|kassieren*** *vt* ❶ (*Geld*) cobrar ❷ (*fam: festnehmen*) detener ❸ (*fam: wegnehmen*) mangar

**Einkauf** *m* <-(e)s, -käufe> (*Kauf*) compra *f;* **Einkäufe machen** hacer compras

**ein|kaufen** **I.** *vi, vt* (*Waren*) comprar; **~ gehen** ir de compras **II.** *vr:* **sich ~** (*Teilhaber werden*) adquirir una parte (*in* de)

**Einkäufer(in)** *m(f)* <-s, -; -nen> comprador(a) *m(f)*

**Einkaufsbummel** *m* vuelta *f* por las tiendas; **einen ~ machen** ir de tiendas; **Einkaufspassage** *f* galería *f* comercial; **Einkaufspreis** *m* precio *m* de compra; **Einkaufstasche** *f* bolsa *f* de la compra; **Einkaufswagen** *m* carrito *m* de la compra; **Einkaufszeile** *f* calle *f* comercial; (*Haupteinkaufsstraße*) calle *f* principal; **Einkaufszentrum** *nt* centro *m* comercial; **virtuelles ~** centro comercial virtual; **Einkaufszettel** *m* lista *f* de la compra

**ein|kehren** *vi sein* ❶ (*geh: Ruhe*) llegar ❷ (*in Gasthof*) ir a tomar algo

**ein|klagen** *vt* (JUR) demandar

**ein|klammern** *vt* poner entre paréntesis

**Einklang** *m* <-(e)s, *ohne pl*> ❶ (MUS) unisonancia *f* ❷ (*geh: Harmonie*) armonía *f;* **in ~ mit etw** *dat* **stehen** armonizar con algo

**ein|kleben** *vt* pegar (*in* en)

**ein|kleiden** *vt* ❶ (*Person*) vestir ❷ (*Rekruten*) equipar

**ein|klemmen** *vt* pillar; **sich den Finger in der Tür ~** pillarse el dedo con la puerta

**ein|kochen** **I.** *vi sein* (*Soße*) espesarse (al fuego) **II.** *vt* (*Obst*) confitar

**Einkommen** *nt* <-s, -> sueldo *m;* (*Einkünfte*) ingresos *mpl;* **einkommensschwach** *adj* (WIRTSCH) de pocos ingresos; **einkommensstark** *adj* (WIRTSCH) de ingresos altos; **Einkommen(s)steuer** *f* impuesto *m* sobre la renta

**ein|kreisen** *vt* cercar, rodear

**ein|kriegen** *vr:* **sich ~** (*fam*) dominarse; **sie kriegte sich vor Lachen gar nicht mehr ein** no consiguió contener su risa

**Einkünfte** ['aɪnkʏnftə] *pl* ingresos *mpl*

**ein|laden** *irr vt* ❶ (*Gäste*) invitar (*zu* a) ❷ (*Ladung*) cargar (*in* en)

**einladend** *adj* (*verlockend*) tentador; (*verführerisch*) seductor

**Einladung** *f* <-en> invitación *f* (*zu* a)

**Einlage** *f* <-n> ❶ (*im Schuh*) plantilla *f* ortopédica ❷ (*Zahn~*) empaste *m* provisional ❸ (*Slip~*) salvaslip *m* ❹ (*in der Zeitung*) suplemento *m* ❺ (THEAT) actuación *f* estelar ❻ (FIN: *Spar~*) depósito *m;* (*Kapital~*) inversión *f*

**ein|lagern** *vt* almacenar

**Einlass** ['aɪnlas] *m* <-es, *ohne pl*> entrada *f;* (*Zutritt*) admisión *f;* **sich** *dat* **~ in etw verschaffen** ser admitido en un lugar

**ein|lassen** *irr* **I.** *vt* ❶ (*hereinlassen*) dejar entrar (*in* en); **sich** *dat* **ein Bad ~** prepararse un baño ❷ (*zulassen*) admitir ❸ (*einpassen*) empotrar (*in* en) **II.** *vr:* **sich ~** ❶ (*Umgang pflegen*) mezclarse (*mit* con) ❷ (*mitmachen*) comprometerse (*auf* a); **ich lasse mich auf keine Diskussion ein** no quiero discutir el tema para nada

**Einlauf** *m* <-(e)s, -läufe> ❶ (MED) lavativa *f* ❷ (SPORT) llegada *f* (a la línea de meta)

**ein|laufen** *irr* **I.** *vi sein* ❶ (*Schiff, a.* SPORT) entrar (*in* en/a); (*Zug*) llegar (*in* a) ❷ (*Kleidung*) encoger **II.** *vt* (*Schuhe*) adaptar al pie **III.** *vr:* **sich ~** (SPORT) hacer ejercicios de precalentamiento

**ein|leben** *vr:* **sich ~** aclimatarse (*in* a)

**ein|legen** *vt* ❶ (*hineintun*) meter; (*Film*) poner ❷ (FIN) depositar ❸ (*Berufung, Protest*) interponer; (*Pause*) intercalar; **ein gutes Wort für jdn ~** hablar en favor de alguien ❹ (*Haare*) marcar ❺ (GASTR) macerar; (*marinieren*) marinar; (*in Tunke*) adobar; (*in Essig*) escabechar ❻ (KUNST: *intarsieren*) incrustar

**ein|leiten** *vt* ❶ (*beginnen*) comenzar; **die entsprechenden Schritte ~ um zu ...** hacer las gestiones correspondientes para ... ❷ (*vorbereiten*) preparar; (*Geburt*) provocar; (*Verhandlungen*) entablar; (*Prozess, Untersuchung*) instruir ❸ (*Flüssigkeit*) verter (*in* en/a)

**einleitend** **I.** *adj* preliminar; (*einführend*)

introductorio **II.** *adv:* ~ **möchte ich erwähnen, dass ...** para empezar quisiera mencionar que...

**Einleitung** *f* <-en> ❶ (*eines Textes, im Buch*) introducción *f* ❷ (*Eröffnung*) comienzo *m*

**ein|lenken** *vi* (*nachgeben*) ceder

**ein|leuchten** *vi* ser obvio; **das will mir nicht** ~ esto no me convence

**einleuchtend** *adj* (*offensichtlich*) obvio, evidente; (*überzeugend*) convincente

**ein|liefern** *vt* entregar; (*Person*) ingresar (*in* en)

**Einlieferung** *f* <-en> entrega *f;* (*ins Krankenhaus*) ingreso *m* (*in* en); (*ins Gefängnis*) entrada *f* (*in* en)

**ein|lochen** *vt* ❶ (*fam: inhaftieren*) enchironar ❷ (*Golfball*) meter en el hoyo

**ein|loggen** ['aɪnlɔgən] *vr:* **sich** ~ (INFOR) entrar (*in* en)

**ein|lösen** *vt* ❶ (*Pfand*) desempeñar ❷ (*Scheck*) cobrar; (*Gutschein*) canjear ❸ (*geh: Versprechen*) cumplir

**ein|lullen** *vt* (*fam*) ❶ (*schläfrig machen*) arrullar ❷ (*willfährig machen*) aquietar

**ein|machen** *vt* ❶ (*Obst*) confitar ❷ (*in Essig*) poner en vinagre

**Einmachglas** *nt* tarro *m* para conservas

**einmal** ['aɪnma:l] *adv* ❶ (*ein Mal*) una vez; **noch** ~ otra vez; ~ **eins ist eins** uno por uno es uno; **auf** ~ de repente; ~ **ist keinmal** una vez no cuenta; **ich möchte erst** ~ **hier bleiben** por ahora quiero quedarme aquí ❷ (*früher*) antes; **es war** ~ **...** érase una vez... ❸ (*irgendwann*) un día ❹ (*verstärkend*): **er hat sie nicht** ~ **besucht** ni siquiera la fue a visitar; **das ist nun** ~ **so** ¡qué se le va a hacer!; **wieder** ~ nuevamente

**Einmaleins** [aɪnma:l'ʔaɪns] *nt* <-, *ohne pl*> tabla *f* de multiplicar

**einmalig** ['---, -'--] *adj* ❶ (*außergewöhnlich*) excepcional ❷ (*einzigartig*) único

**Einmalspritze** *f* jeringuilla *f* de un solo uso

**Einmannbetrieb** ['----, -'---] *m* ❶ (WIRTSCH) empresa *f* unipersonal ❷ (*Fahrer*) agente *mf* único, -a

**Einmarsch** *m* <-(e)s, -märsche> entrada *f* (*in* en); (MIL) ocupación *f* (*in* de); **ein|marschieren*** *vi sein* ❶ (*hineingehen*) entrar (*in* en) ❷ (*gewaltsam*) invadir (*in*)

**ein|mischen** *vr:* **sich** ~ (entro)meterse (*in* en); **Einmischung** *f* <-en> intromisión *f*

**einmotorig** ['aɪnmoto:rɪç] *adj* (AERO) monomotor

**ein|münden** *vi haben o sein* desembocar; **Einmündung** *f* <-en> (*a.* GEO) desembocadura *f*

**einmütig** ['aɪnmy:tɪç] **I.** *adj* unánime **II.** *adv* por unanimidad

**Einnahme**[1] ['aɪnna:mə] *f ohne pl* (MIL, MED) toma *f*

**Einnahme**[2] *f* <-n> (*Geld*) ingresos *mpl*

**Einnahmequelle** *f* fuente *f* de ingresos

**ein|nehmen** *irr vt* ❶ (*Geld*) cobrar; (*Steuern*) recaudar ❷ (*Arznei, Mahlzeit*) tomar ❸ (*Standpunkt*) adoptar; (*Stellung, Posten*) ocupar; **seinen Platz** ~ tomar asiento ❹ (*erobern*) tomar ❺ (*beanspruchen*) ocupar ❻ (*Wend*): **jdn für sich** ~ ganarse las simpatías de alguien; **von sich** *dat*/**jdm eingenommen sein** tener un alto concepto de sí mismo/de alguien

**einnehmend** *adj* simpático; **sie hat etwas sehr E~es** es una mujer que tiene gancho

**ein|nicken** *vi sein* (*fam*) echar una cabezada

**ein|nisten** *vr:* **sich** ~ anidar; (*abw: Person*) apalancarse (*bei* en casa de)

**Einöde** ['aɪnʔø:də] *f* <-n> soledad *f;* (*Wüste*) desierto *m*

**ein|ordnen** **I.** *vt* ordenar; (*in Regal*) poner en su sitio; (*in Gruppen*) clasificar; (*einfügen*) meter (*in* en) **II.** *vr:* **sich** ~ ❶ (*sich unterordnen*) integrarse (*in* en) ❷ (AUTO) situarse en un carril; **sich links/falsch** ~ situarse en el carril de la izquierda/equivocarse de carril

**ein|packen** **I.** *vt* ❶ (*Koffer*) meter (*in* en); (*in Papier*) envolver (*in* en); (*zum Versand*) empaquetar ❷ (*fam: warm anziehen*) abrigar **II.** *vi* (*fam fig*): **dann können wir** ~ en este caso apaga y vámonos

**ein|parken** *vt, vi* aparcar

**ein|passen** *vt* (*einsetzen*) encajar (*in* en); (*passend machen*) ajustar (*in* a)

**ein|pendeln** *vr:* **sich** ~ estabilizarse

**ein|pennen** *vi sein* (*fam*) quedarse dormido

**Einpersonenhaushalt** [--'----] *m* hogar *m* formado por una persona

**ein|pferchen** ['aɪnpfɛrçən] *vt* (*Vieh*) acorralar

**ein|pflanzen** *vt* ❶ (*Pflanze*) plantar ❷ (MED) implantar

**ein|planen** *vt* tener en cuenta (con); **das war nicht eingeplant** no contábamos con eso

**ein|prägen** **I.** *vt* (*ins Bewusstsein*) inculcar; **sich** *dat* **etw** ~ grabarse algo en la memoria **II.** *vr:* **sich** ~ (*Eindruck hinterlassen*) grabarse

**einprägsam** ['aɪnprɛ:kza:m] *adj* fácil de retener; (*Melodie*) pegadizo

**ein|prügeln** **I.** *vi* (*fam*): **auf jdn** ~ golpear a alguien **II.** *vt* (*fam*): **jdm etw** ~ hacerle entrar algo a alguien a base de bastonazos

**ein|quartieren*** ['aɪnkvarti:rən] **I.** *vt* ❶ (MIL) acuartelar ❷ (*unterbringen*) alojar (*bei* en casa de) **II.** *vr:* **sich ~** hospedarse (*bei* en casa de)

**ein|rahmen** *vt* enmarcar

**ein|rasten** *vi sein* encajar

**ein|räumen** *vt* ❶ (*Bücher*) guardar (*in* en); (*Wohnung*) amueblar ❷ (*zugestehen*) admitir; (*Kredit*) conceder

**ein|rechnen** *vt* incluir (en una cuenta); **ihn (mit) eingerechnet** él incluido

**ein|reden I.** *vi:* **auf jdn ~** tratar de convencer a alguien **II.** *vt:* **jdm etw ~** hacer creer algo a alguien; **sich** *dat* **etw ~** meterse algo en la cabeza

**ein|reiben** *irr vt* aplicar (en); (*mit Sonnenöl*) poner; **jdn mit etw** *dat* **~** dar a alguien fricciones con algo

**ein|reichen** *vt* (*Unterlagen*) presentar; (*übergeben*) entregar; (*Scheidung*) pedir

**ein|reihen I.** *vt* incluir (*in* en) **II.** *vr:* **sich ~** unirse (*in* a)

**Einreise** *f* entrada *f;* **Einreisegenehmigung** *f* permiso *m* de entrada

**ein|reisen** *vi sein* entrar (*in/nach* en)

**Einreiseverbot** *nt* prohibición *f* de entrada en un país; **Einreisevisum** *nt* visado *m* de entrada

**ein|reißen** *irr* **I.** *vi sein* ❶ (*Papier*) romperse ❷ (*Übel*) echar raíces; **so etwas darf man erst gar nicht ~ lassen** no debe permitirse que una cosa así se generalice **II.** *vt* ❶ (*Papier*) rasgar ❷ (*Haus*) derribar

**ein|renken** ['aɪnrɛŋkən] *vt* ❶ (MED) componer ❷ (*fam: in Ordnung bringen*) arreglar

**ein|rennen** *irr vt* ❶ (*Tor*) derribar ❷ (*fam: sich anstoßen*): **sich** *dat* **etw ~** golpearse algo (*an* con)

**ein|richten I.** *vt* ❶ (*gründen*) crear, fundar; (*Konto*) abrir ❷ (*Wohnung*) equipar; (*möblieren*) amueblar ❸ (*einstellen*) ajustar (*auf* a) ❹ (*arrangieren*) arreglar; (*Termin*) organizar ❺ (MED) reducir **II.** *vr:* **sich ~** (*sich anpassen*) acomodarse (*auf* a); (*sich einstellen*) prepararse (*auf* para)

**Einrichtung[1]** *f* <-en> ❶ (*Mobiliar*) mobiliario *m;* (*Ausrüstung*) equipamiento *m* ❷ (*Institution*) institución *f* ❸ (*Anlage*) instalación *f*

**Einrichtung[2]** *f ohne pl* (*Gründung*) fundación *f;* (*einer Verkehrslinie*) apertura *f;* **für die ~ eines Kontos** para abrir una cuenta

**Einrichtungsgegenstand** *m* mueble *m*

**ein|rollen I.** *vt* enrollar **II.** *vr:* **sich ~** enrollarse

**ein|rosten** *vi sein* ❶ (*Schraube*) oxidarse ❷ (*fam: Knochen*) entumecerse ❸ (*fam: geistig*) anquilosarse

**ein|rücken I.** *vi sein* (MIL) ❶ (*einmarschieren*) entrar (*in* en) ❷ (*eingezogen werden*) ser llamado a filas **II.** *vt* ❶ (TYPO, INFOR) sangrar ❷ (*Anzeige*) insertar

**eins** [aɪns] *adj inv* ❶ (*Zahl*) uno; **Punkt ~** primer punto; *s. a.* **acht[1]** ❷ (*Uhrzeit*): **sie kam um (Punkt) ~** vino a la una (en punto); *s. a.* **acht[1]** ❸ (*verbunden*): **sie fühlen sich ~ miteinander** están totalmente de acuerdo el uno con el otro ❹ (*einerlei*): **das ist ~** (*fam*) da lo mismo

**Eins** *f* <-en> uno *m;* (*Schulnote*) sobresaliente *m*

**einsam** ['aɪnza:m] *adj* ❶ (*allein*) solo; (*verlassen*) abandonado; **sich ~ fühlen** sentirse solo ❷ (*abgelegen*) aislado; **~e Spitze sein** ser genial ❸ (*menschenleer*) desierto

**Einsamkeit** *f ohne pl* soledad *f*

**ein|sammeln** *vt* recoger; (*Spenden*) recaudar

**Einsatz[1]** *m* <-es, -sätze> ❶ (*Teil*) pieza *f* insertada ❷ (*Geld*) apuesta *f* ❸ (MUS) entrada *f* ❹ (MIL) (entrada *f* en) acción *f*

**Einsatz[2]** *m* <-es, *ohne pl*> ❶ (*von Polizei*) movilización *f;* (SPORT) alineación *f;* **im ~** en acción; **zum ~ kommen** entrar en acción ❷ (*Engagement*) esfuerzo *m;* **unter ~ seines Lebens** arriesgando su vida

**einsatzbereit** *adj* listo; (TECH) dispuesto para funcionar; (MIL) listo para el combate; **Einsatzbereitschaft** *f ohne pl* disponibilidad *f;* **Einsatzfreude** *f ohne pl* espíritu *m* emprendedor; **Einsatzwagen** *m* (*der Polizei*) coche *m* celular

**ein|saugen** *irr vt* (*Luft*) aspirar; (*Flüssigkeit*) absorber, chupar

**ein|scannen** ['aɪnskɛnən] *vt* (INFOR) escanear

**ein|schalten I.** *vt* ❶ (*Radio*) poner; (*Maschine*) poner en marcha; (*Licht*) encender, prender *Am* ❷ (*hinzuziehen*) recurrir (a) **II.** *vr:* **sich ~** ❶ (*angehen*) ponerse en funcionamiento; (*Licht*) encenderse ❷ (*sich einmischen*) intervenir (*in* en)

**Einschaltquote** *f* (RADIO, TV) índice *m* de audiencia

**ein|schärfen** *vt* inculcar

**ein|schätzen** *vt* valorar; **wie ich die Lage einschätze** tal como yo veo la situación; **etw/jdn hoch ~** estimar algo/a alguien en mucho; **Einschätzung** *f* <-en> ❶ (*Meinung*) parecer *m* ❷ (*Bewertung*) evaluación *f;* **nach meiner ~** según mis estimaciones

**ein|schenken** *vt* servir

**ein|schicken** *vt* enviar (*an* a)

**ein|schieben** *irr vt* ① (*hineinschieben*) meter (*in* en) ② (*einfügen*) intercalar (*in* en)

**ein|schiffen** I. *vt* embarcar II. *vr:* **sich ~** embarcarse (*nach* para)

**einschl.** *Abk. von* **einschließlich** inclusive

**ein|schlafen** *irr vi sein* ① (*Person, Gliedmaßen*) dormirse ② (*Freundschaft*) entibiarse

**ein|schläfern** ['aɪnʃlɛːfɐn] *vt* ① (*zum Schlafen bringen*) adormecer ② (*narkotisieren*) narcotizar ③ (*Tier*) matar

**einschläfernd** *adj* ① (*Geräusch*) adormecedor; (*Substanz*) soporífero ② (MED) somnífero

**Einschlag** *m* <-(e)s, -schläge> ① (*eines Geschosses, Blitzes*) impacto *m* ② (*Anteil*) matiz *m;* **ein|schlagen** *irr* I. *vi* ① (*Blitz, Bombe*) caer; (*Geschoss*) hacer impacto; **auf jdn ~** golpear a alguien ② (*Anklang finden*) tener eco; **das hat wie eine Bombe eingeschlagen** esto cayó como una bomba ③ (*Lenkrad*) girar el volante II. *vt* ① (*Tür*) romper; (*Zähne*) partir; (*Schädel*) romper ② (*Nagel*) clavar (*in* en) ③ (*einwickeln*) envolver (*in* en) ④ (*Lenkrad*) girar ⑤ (*Richtung*) tomar ⑥ (*Stoff*) doblar

**einschlägig** ['aɪnʃlɛːgɪç] *adj* correspondiente; **~e Literatur** bibliografía especializada

**ein|schleichen** *irr vr:* **sich ~** (*Person*) entrar a hurtadillas (*in* en); (*unbemerkt eindringen*) colarse (*in* en); (*Verdacht*) surgir (*in* en); (*Fehler*) escaparse (*in* en)

**ein|schleppen** *vt* ① (*Krankheit*) introducir ② (NAUT) remolcar

**ein|schließen** *irr* I. *vt* ① (*einsperren*) encerrar (*in* en); (*Gegenstand*) guardar bajo llave ② (*umgeben*) rodear; (*umzäunen*) cercar ③ (*mit einbeziehen*) incluir (*in* en) II. *vr:* **sich ~** encerrarse

**einschließlich** ['---] I. *präp +gen/dat* inclusive, incluido; **~ Frank** incluido Frank; **~ Büchern und Briefen** libros y cartas inclusive II. *adv* inclusive, incluido; **geöffnet vom 3. bis 8. Mai ~** abierto del 3 al 8 de mayo inclusive; **bis Nr. 50 ~** hasta el nº 50 incluido

**ein|schmeicheln** *vr:* **sich ~** engatusar (*bei* a) *fam*

**einschmeichelnd** *adj* insinuante

**ein|schmieren** I. *vt* (*fam: mit Fett*) untar (*mit* con) II. *vr:* **sich** (**mit Creme**) **~** (*fam*) darse crema

**ein|schnappen** *vi sein* ① (*Tür*) encajar ② (*fam abw: beleidigt sein*) mosquearse

**ein|schneiden** *irr* I. *vi* (*in Haut*) clavarse (*in* en) II. *vt* (*schneiden*) cortar

**einschneidend** *adj* incisivo; (*drastisch*) drástico

**Einschnitt** *m* <-(e)s, -e> ① (*Schnitt*) corte *m;* (MED) incisión *f* ② (*im Leben*) hito *m*

**ein|schränken** ['aɪnʃrɛŋkən] I. *vt* restringir; (*reduzieren*) reducir; (*Freiheit*) coartar; **dem kann ich nur eingeschränkt zustimmen** sólo lo puedo aceptar con reservas II. *vr:* **sich ~** (*sparsam leben*) economizar

**Einschränkung** *f* <-en> ① (*Verringerung*) reducción *f;* (*von Rechten*) limitación *f* ② (*das Einsparen*) restricción *f* ③ (*Vorbehalt*) reserva *f;* **ohne/mit ~** sin/con reservas

**ein|schreiben** *irr* I. *vt* (*eintragen*) apuntar (*in* en); (*in Liste*) inscribir (*in* en) II. *vr:* **sich ~** (SCH, UNIV) matricularse (*in* en)

**Einschreiben** *nt* <-s, -> certificado *m;* **etw per ~ schicken** mandar algo certificado

**Einschreibung** *f* <-en> inscripción *f;* (SCH, UNIV) matrícula *f*

**ein|schreiten** *irr vi sein* intervenir

**Einschub** *m* <-(e)s, -schübe> inserción *f,* intercalación *f*

**ein|schüchtern** *vt* intimidar

**Einschüchterungsversuch** *m* intento *m* de intimidación

**ein|schulen** *vt* escolarizar

**Einschuss** *m* <-es, -schüsse> (*von Geschoss*) impacto *m*

**ein|schweißen** *vt* (*in Folie*) plastificar; (TECH) soldar

**einsehbar** *adj* (*Gelände, Raum*) visible

**ein|sehen** *irr vt* ① (*Raum*) ver ② (*Schriftstücke*) echar un vistazo (a); (*prüfen*) examinar ③ (*verstehen*) comprender; (*Irrtum, Notwendigkeit*) reconocer; **ich sehe nicht ein, warum ich das tun soll** no veo por qué he de hacerlo; (**k**)**ein E~** (**für jdn/etw**) **haben** (no) mostrar comprensión (por alguien/algo)

**ein|seifen** *vt* (*mit Seife*) enjabonar; (*mit Schnee*) restregar (con nieve)

**einseitig** ['aɪnzaɪtɪç] *adj* ① (POL) unilateral; (*nur eine Person betreffend*) unipersonal ② (*Muster, Lähmung*) de un lado ③ (*parteiisch*) parcial; **eine ~e Sicht der Dinge** una visión unilateral del asunto ④ (*Ernährung*) incompleto

**Einseitigkeit** *f* <-en> parcialidad *f;* (*der Ernährung*) desequilibrio *m*

**ein|senden** *irr vt* enviar (*an* a), remitir (*an* a)

**Einsender(in)** *m(f)* <-s, -; -nen> remitente *mf*

**Einsendeschluss** *m ohne pl* plazo *m* de envío

**einsetzbar** *adj* utilizable

**ein|setzen** **I.** *vi* (*beginnen*) empezar **II.** *vt* ① (*einfügen*) colocar (*in* en); (*Pflanze*) plantar (*in* en) ② (*ernennen*) designar; (*als Erben*) instituir; (*in ein Amt*) instalar (*in* en); (*Ausschuss*) constituir; **wieder** ~ reinstalar ③ (*Hilfsmittel, Maschine*) emplear; (*Bus, Zug*) poner ④ (*Polizei*) movilizar ⑤ (*Geld*) poner en juego; (*Leben*) jugarse **III.** *vr:* **sich** ~ (*sich anstrengen*) emplearse a fondo; **sich für etw/jdn** ~ interceder a favor de algo/alguien

**Einsicht**[1] *f ohne pl* (*in Akten*) vista *f* (*in* de); (*Einsichtnahme*) inspección *f* (*in* de); **jdm** ~ **in etw gewähren** permitir a alguien el examen de algo

**Einsicht**[2] *f* <-en> ① (*Verständnis*) comprensión *f;* (*Vernunft*) razón *f* ② (*Erkenntnis*): **ich bin zu der** ~ **gekommen, dass ...** he llegado a la conclusión de que...; **neue** ~**en gewinnen** obtener nuevos conocimientos

**einsichtig** *adj* ① (*vernünftig*) razonable; (*verständnisvoll*) comprensivo ② (*verständlich*) comprensible; (*überzeugend*) convincente

**Einsichtnahme** ['aɪnzɪçtna:mə] *f* <-n> (*formal*) inspección *f* (*in* de)

**Einsiedler(in)** *m(f)* <-s, -; -nen> eremita *mf*

**einsilbig** ['aɪnzɪlbɪç] *adj* ① (LING) monosilábico ② (*wortkarg*) seco, de pocas palabras

**ein|sinken** *irr vi sein* hundirse (*in* en)

**ein|sortieren*** *vt* ordenar (*in* en)

**ein|spannen** *vt* ① (*Blatt*) introducir (*in* en); (*Werkstück*) sujetar ② (*Zugtiere*) uncir ③ (*fam: arbeiten lassen*) hacer trabajar; **er hat ihn für seine Zwecke eingespannt** se ha valido de él para sus propios fines

**ein|sparen** *vt* ahorrar

**Einsparung** *f* <-en> economía *f;* (*Verminderung*) reducción *f*

**ein|sperren** *vt* ① (*einschließen*) encerrar (*in* en) ② (*fam: ins Gefängnis*) meter en chirona

**ein|spielen** **I.** *vt* ① (FILM, THEAT: *Geld*) rentar ② (RADIO, TV: *Beitrag*) intercalar **II.** *vr:* **sich** ~ ① (MUS, SPORT) ejercitarse ② (*zur Gewohnheit werden*) normalizarse ③ (*gut zusammenwirken*) compenetrarse

**einsprachig** *adj* (*Wörterbuch*) monolingüe

**ein|springen** *irr vi sein:* **für jdn** ~ reemplazar a alguien

**Einspruch** *m* <-(e)s, -sprüche> ① (*Protest*) protesta *f* ② (POL) veto *m* ③ (JUR) recurso *m* (*bei* ante); ~ **erheben** protestar; ~ **einlegen** interponer recurso; **einem** ~ **stattgeben** admitir (el) recurso

**einspurig** ['aɪnʃpu:rɪç] *adj* ① (*Eisenbahn*) de una sola vía; (*Straße*) de un solo carril ② (*abw: Denken*) de ideas fijas

**einst** ['aɪnst] *adv* (*geh*) ① (*früher*) antiguamente ② (*zukünftig*) algún día

**Einstand**[1] *m* <-(e)s, -stände> (*Arbeitsstelle*) ingreso *m;* **seinen** ~ **geben** celebrar su ingreso

**Einstand**[2] *m ohne pl* (SPORT: *Tennis*) empate *m*

**ein|stecken** *vt* ① (*hineinstecken*) meter (*in* en); (*Stecker*) enchufar ② (*mitnehmen*) llevar ③ (*fam: Brief*) echar ④ (*fam: überlegen sein*) superar ⑤ (*ertragen*) tragar(se)

**ein|stehen** *irr vi* ① (*verantworten*) hacerse responsable (*für* de) ② (*sich verbürgen*): **für etw/jdn** ~ garantizar algo/responder de alguien

**ein|steigen** *irr vi sein* ① (*in Fahrzeug*) subir (*in* a) ② (*fam: sich beteiligen*) contribuir (*mit* con) ③ (*anfangen*) entrar (*in* en); **er ist in die Politik eingestiegen** se ha metido en política

**einstellbar** *adj* (*Sitz*) ajustable; (*Temperatur, Zeit*) graduable

**ein|stellen** **I.** *vt* ① (*hineinstellen*) poner (*in* en) ② (*anstellen*) contratar, conchabar *Am* ③ (*beenden*) parar; (*Kämpfe, Zahlung, Arbeit*) suspender; (JUR: *Verfahren*) sobreseer; **die Arbeit** ~ dejar de trabajar; **das Feuer** ~ dar el alto el fuego ④ (*regulieren*) ajustar; (*Sender*) sintonizar; (FOTO) enfocar ⑤ (SPORT: *Rekord*) igualar **II.** *vr:* **sich** ~ ① (*erscheinen*) aparecer; (*Folgen*) hacerse sentir; (*Personen*) acudir ② (*sich richten nach*) adaptarse (*auf* a) ③ (*sich vorbereiten*) prepararse (*auf* para)

**einstellig** *adj* de una cifra

**Einstellung** *f* <-en> ① (*Anstellung*) contratación *f* ② (*Beendigung*) suspensión *f* ③ (JUR: *Verfahren*) sobreseimiento *m* ④ (*Regulierung*) ajuste *m* ⑤ (FILM) enfoque *m* ⑥ (*Gesinnung*) opinión *f*

**Einstich** *m* <-(e)s, -e> pinchazo *m*

**Einstieg** ['aɪnʃti:k] *m* <-(e)s, -e> ① (*das Einsteigen*) entrada *f* (*in* en); (*in den Zug*) subida *f* (*in* a) ② (*in ein Thema*) acceso *m* (*in* a); **Einstiegsdroge** *f* primera droga *f* (*que lleva a una posterior adicción*)

**einstige(r, s)** *adj* anterior

**ein|stimmen** **I.** *vi* (MUS) unir su voz (*in* a) **II.** *vt* ① (*Instrument*) afinar ② (*vorbereiten*) preparar (*auf* para)

**einstimmig** I. *adj* ❶ (MUS) unísono ❷ (*ohne Gegenstimme*) unánime II. *adv* ❶ (MUS) al unísono ❷ (*ohne Gegenstimme*) por unanimidad

**einstöckig** ['aɪnʃtœkɪç] *adj* de un piso

**Einstrahlung** *f* <-en> (METEO) insolación *f*

**ein|streuen** *vt* esparcir; (*Bemerkungen*) entremezclar

**ein|studieren** *vt* (*Rolle, Antwort*) estudiar

**ein|stufen** *vt* clasificar (*in* en), encasillar (*in* en)

**einstündig** ['aɪnʃtʏndɪç] *adj* de una hora

**Einsturz** *m* <-es, -stürze> derrumbamiento *m;* **ein|stürzen** *vi sein* (*Gebäude*) derrumbarse; (*Dach*) hundirse; **auf jdn ~** (*Ereignisse*) precipitarse sobre alguien

**Einsturzgefahr** *f ohne pl* peligro *m* de derrumbamiento

**einstweilen** ['aɪnst'vaɪlən] *adv* ❶ (*im Moment*) por el momento, por ahora ❷ (*unterdessen*) mientras tanto

**einstweilig** ['aɪnst'vaɪlɪç] *adj* temporal; (*provisorisch*) provisional

**eintägig** ['aɪntɛːgɪç] *adj* de un día

**Eintagsfliege** ['----] *f* ❶ (ZOOL) efímera *f* ❷ (*fam: kurzer Erfolg*) flor *f* de un día

**ein|tauchen** I. *vi sein* (*untertauchen*) sumergirse (*in* en) II. *vt* sumergir (*in* en); (*eintunken*) mojar (*in* en)

**ein|tauschen** *vt* cambiar (*gegen* por)

**eintausend** ['-'--] *adj inv* mil; *s. a.* **achttausend**

**ein|teilen** *vt* ❶ (*untergliedern*) dividir (*in* en); (*in Klassen*) clasificar (*in* en) ❷ (*für Aufgabe*) asignar (*zu*); **er wurde zum Nachtdienst eingeteilt** le asignaron el turno de noche ❸ (*Geld, Arbeit, Zeit*) repartir

**Einteilung** *f* <-en> ❶ (*Untergliederung*) división *f;* (*Einsortierung*) clasificación *f* ❷ (*von Vorräten*) organización *f;* (*Verteilung*) reparto *m* ❸ (*für Arbeit*) designación *f*

**ein|tippen** *vt* (*in Computer, Kasse*) entrar (*in* en)

**eintönig** ['aɪntøːnɪç] *adj* monótono

**Eintönigkeit** *f ohne pl* monotonía *f*

**Eintopf** *m* <-(e)s, -töpfe> (GASTR) potaje *m,* hervido *m AmS*

**Eintracht** ['aɪntraxt] *f ohne pl* concordia *f*

**einträchtig** ['aɪntrɛçtɪç] I. *adj* concorde II. *adv* en armonía

**Eintrag** ['aɪntraːk, *pl:* 'aɪntrɛːgə] *m* <-(e)s, -träge> ❶ (*in Liste*) inscripción *f;* (*im Wörterbuch*) entrada *f* ❷ (*Vermerk*) nota *f*

**ein|tragen** *irr* I. *vt* ❶ (*einschreiben*) apuntar (*in* en); (*in eine Liste*) inscribir (*in* en); (*einzeichnen*) marcar (*in* en) ❷ (ADMIN) registrar; **eingetragener Verein** asociación registrada ❸ (*Gewinn*) producir; (*Kritik*) originar II. *vr:* **sich ~** inscribirse (*in* en)

**einträglich** ['aɪntrɛːklɪç] *adj* lucrativo

**Eintragung** *f* <-en> ❶ (*das Eintragen*) inscripción *f;* (ADMIN) registro *m* ❷ (*Vermerk*) nota *f*

**ein|treffen** *irr vi sein* ❶ (*ankommen*) llegar (*in* a) ❷ (*sich bewahrheiten*) hacerse realidad; (*in Erfüllung gehen*) cumplirse

**ein|treiben** *irr vt* ❶ (*Schulden*) cobrar; (*Steuern*) recaudar ❷ (*hineinschlagen*) clavar (*in* en)

**ein|treten** *irr* I. *vi sein* ❶ (*hineingehen*) entrar (*in* a/en) ❷ (*Ereignis*) suceder, ocurrir ❸ (*Mitglied werden*) ingresar (*in* en) ❹ (*sich einsetzen*) abogar (*für* por) II. *vt* (*zertrümmern*) derribar a patadas

**ein|trichtern** *vt* (*fam*): **jdm etw ~** meter algo a alguien con cuchara

**Eintritt** *m* <-(e)s, -e> ❶ (*in Zimmer*) entrada *f* ❷ (*in Armee*) incorporación *f;* (*in Verein*) ingreso *m* ❸ (*Beginn*) comienzo *m* ❹ (*~sgebühr*) entrada *f;* **~ frei!** ¡entrada libre!; **Eintrittsbedingung** *f* condición *f* de entrada; **Eintrittskarte** *f* entrada *f,* boleto *m Am;* **Eintrittspreis** *m* precio *m* de entrada

**ein|trudeln** *vi sein* (*fam*) aparecer

**ein|tunken** *vt* (*reg*) mojar (*in* en)

**ein|üben** *vt* practicar; (THEAT, MUS) ensayar

**ein|verleiben*** ['aɪnfɛɐlaɪbən] *vr:* **sich** *dat* **~** ❶ (*Besitz*) apropiarse (de) ❷ (*Speisen*) comerse

**Einvernehmen** ['aɪnfɛɐneːmən] *nt* <-s, *ohne pl*> acuerdo *m;* (*Einigkeit*) conformidad *f;* **im ~ mit jdm** de acuerdo con alguien

**einverstanden** ['aɪnfɛɐʃtandən] *adj* de acuerdo (*mit* con), conforme (*mit* con); **~!** ¡de acuerdo!, ¡aceptado! *Am;* **sich mit etw** *dat* **~ erklären** declararse conforme con algo

**Einverständnis** ['aɪnfɛɐʃtɛntnɪs] *nt* <-ses, -se> ❶ (*Billigung*) conformidad *f;* (*Einigkeit*) acuerdo *m;* **in gegenseitigem ~** de mutuo acuerdo ❷ (*Übereinstimmung*) consentimiento *m*

**Einwahlknoten** *m* (INFOR, TEL) nodo *m* de conmutación

**Einwand** ['aɪnvant, *pl:* 'aɪnvɛndə] *m* <-(e)s, -wände> objeción *f* (*gegen* a); (*Bedenken*) reparo *m* (*gegen* a); **Einwände gegen etw erheben** poner reparos a algo

**Einwanderer, -wanderin** *m, f* <-s, -; -nen> inmigrante *mf*

**ein|wandern** *vi sein* inmigrar

**Einwanderung** *f* <-en> inmigración *f;*

**Einwanderungsgesetz** *nt* leyes *fpl* de inmigración; **Einwanderungspolitik** *f* política *f* de inmigración

**einwandfrei** *adj* ① (*fehlerlos*) correcto ② (*tadellos*) impecable ③ (*eindeutig*) claro; **es steht ~ fest, dass ...** está claro que...

**Einwandrerin** ['aɪnvandrərɪn] *f* <-nen> *s.* Einwanderer

**einwärts** ['aɪnvɛrts] *adv* hacia dentro

**ein|wechseln** *vt* cambiar (*gegen* por)

**Einwegflasche** *f* botella *f* no retornable

**ein|weichen** *vt* poner en remojo, ensopar *AmS*

**ein|weihen** *vt* ① (*eröffnen*) inaugurar ② (*fam: erstmalig benutzen*) estrenar ③ (*vertraut machen*) poner al corriente (*in* de); **sie ist eingeweiht** está al corriente

**Einweihung** *f* <-en> ① (*Eröffnung*) inauguración *f* ② (*in Geheimnis*) revelación *f* (*in* de); **Einweihungsfeier** *f* fiesta *f* de inauguración

**ein|weisen** *irr vt* ① (*in Tätigkeit*) instruir (*in* en) ② (*Fahrzeug*) dirigir (*in* a) ③ (*ins Krankenhaus*) hospitalizar

**ein|wenden** *irr vt* objetar (*gegen* a); (*entgegenhalten*) oponer (*gegen* a); **dagegen lässt sich nichts ~** no hay nada que objetar a esto

**ein|werfen** *irr vt* ① (*Brief*) echar (*in* en); (*Geld*) introducir (*in* en) ② (*zertrümmern*) destrozar; (*Scheibe*) romper ③ (*bemerken*) mencionar ④ (SPORT) sacar de banda

**ein|wickeln** *vt* ① (*einpacken*) envolver (*in* en) ② (*fam: überreden*) embaucar

**ein|willigen** ['aɪnvɪlɪgən] *vi* consentir (*in* en)

**Einwilligung** *f* <-en> consentimiento *m* (*in* para)

**ein|wirken** *vi* actuar (*auf* sobre); (*beeinflussen*) influir (*auf* en)

**Einwirkung** *f* <-en> influencia *f* (*auf* en/sobre)

**Einwohner(in)** *m(f)* <-s, -; -nen> habitante *mf;* **Einwohnermeldeamt** ['---'---] *nt* oficina *f* de empadronamiento; **Einwohnerzahl** *f* número *m* de habitantes

**Einwurf** *m* <-(e)s, -würfe> ① (*das Hineinwerfen*) inserción *f* ② (*Bemerkung*) observación *f* ③ (*für Münzen*) ranura *f* ④ (SPORT) saque *m* de banda

**Einzahl** *f* <-en> (LING) (número *m*) singular *m*

**ein|zahlen** *vt* pagar (*auf* a); (*überweisen*) ingresar (*auf* en), enterar *Col, Mex, CRi;* **Geld aufs Konto ~** ingresar dinero en la cuenta

**Einzahlung** *f* <-en> pago *m* (*auf* a); (*Überweisung*) ingreso *m* (*auf* en)

**ein|zäunen** ['aɪntsɔɪnən] *vt* cercar, vallar

**ein|zeichnen** *vt* marcar

**Einzel** ['aɪntsəl] *nt* <-s, -> (SPORT) (partido *m*) individual *m;* **Einzelfahrschein** *m* billete *m* sencillo; **Einzelfall** *m* <-(e)s, -fälle> ① (*konkreter Fall*) caso *m* particular ② (*Ausnahme*) caso *m* especial; **Einzelfrage** *f* pregunta *f* concreta

**Einzelgänger(in)** ['aɪntsəlgɛŋɐ] *m(f)* <-s, -; -nen> solitario, -a *m, f*

**Einzelhaft** *f* detención *f* en régimen de incomunicación; **Einzelhandel** *m* comercio *m* al por menor

**Einzelhändler(in)** *m(f)* minorista *mf*

**Einzelheit** *f* <-en> ① (*einzelnes Teil*) elemento *m* ② (*Detail*) detalle *m;* **in allen ~en** con pelos y señales

**Einzelkind** *nt* hijo, -a *m, f* único, -a

**einzeln** ['aɪntsəln] *adv* uno por uno; (*getrennt*) por separado; **~ aufführen** enumerar uno por uno; **etw im E~en besprechen** discutir algo detalladamente

**einzelne(r, s)** *adj* ① (*allein*) único, solo; **jeder/jede E~** cada uno/una; **jede ~ Schülerin** cada una de las alumnas ② (*verschieden*) diferente; **die ~n Teile** las diferentes partes ③ (*speziell*) particular ④ (*separat*) separado ⑤ *pl* (*einige*) algunos

**Einzelperson** *f* persona *f* sola; **Einzelstück** *nt* pieza *f* única; **Einzelteil** *nt* elemento *m;* (*Bestandteil*) componente *m;* **etw in seine ~e zerlegen** desmontar algo en todos sus componentes; **Einzelzimmer** *nt* habitación *f* individual

**ein|ziehen** *irr* **I.** *vi sein* ① (*beziehen*) instalarse (*in* en) ② (*Einzug halten*) entrar (*in* a/en) ③ (*Creme*) ser absorbido (*in* por); (*Flüssigkeit*) penetrar (*in* en) **II.** *vt* ① (*Segel, Flagge*) arriar; (*Fahrgestell*) replegar; (*Kopf*) bajar; (*Bauch*) meter; (*Bein*) recoger; (*Fühler, Krallen*) retraer; (*Papier*) sangrar ② (*Schulden*) cobrar; (*Steuern*) recaudar ③ (*beschlagnahmen*) confiscar; (*Führerschein, Geld*) retirar ④ (*Wand*) levantar; (*Decke*) construir; (*Balken*) poner ⑤ (*Rekruten*) llamar a filas ⑥ (*Erkundigungen*) pedir

**einzig** ['aɪntsɪç] *adj* único, solo; **~ und allein** únicamente; **das ist das ~ Wahre** esta es la única verdad; **ein ~es Mal** una sola vez

**einzigartig** *adj* único

**Einzigartigkeit** *f ohne pl* unicidad *f*

**Einzug** *m* <-(e)s, -züge> ① (*von Steuern*) recaudación *f* ② (*das Hineingehen*) entrada *f* (*in* en); (*ins Parlament*) ingreso *m* (*in* en); **beim ~ in die neue Wohnung**

al instalarse en el nuevo piso ❸ (*Papier*) sangría *f*

**ein|zwängen** ['aɪntsvɛŋən] *vt* meter apretando

**Eis** [aɪs] *nt* <-es, *ohne pl*> ❶ (*gefrorenes Wasser*) hielo *m;* ~ **laufen** patinar sobre hielo; **etw auf ~ legen** (*fig*) suspender algo; **das ~ brechen** (*fig*) romper el hielo ❷ (*Speise~*) helado *m;* **ein ~ am Stiel** un polo, una paleta *AmC, Mex;* **Eisbahn** *f* pista *f* de patinaje sobre hielo; **Eisbär** *m* oso *m* polar; **Eisbecher** *m* copa *f* de helado; **Eisbein** *nt* lacón *m;* **Eisberg** *m* iceberg *m;* **Eisblume** *f* escarcha *f* en forma de flor (en las ventanas); **Eisbrecher** *m* rompehielos *m inv*

**Eischnee** *m* (GASTR) clara *f* a punto de nieve

**Eiscreme** *f* helado *m;* **Eisdiele** *f* heladería *f*

**Eisen** ['aɪzən] *nt* <-s, -> hierro *m,* fierro *m Am;* **zwei ~ im Feuer haben** (*fam fig*) encender una vela a Dios y otra al diablo; **zum alten ~ gehören** (*fam fig*) ser de la vieja guardia; **ein heißes ~ anfassen** (*fig*) tocar un tema delicado; **man muss das ~ schmieden, solange es heiß ist** (*prov*) al hierro caliente, batir de repente

**Eisenbahn** *f* ferrocarril *m,* carril *m Chil;* **Eisenbahnbrücke** *f* ❶ (*für die Eisenbahn*) puente *m* de ferrocarril ❷ (*für Fußgänger*) puente *m* peatonal

**Eisenbahner(in)** *m(f)* <-s, -; -nen> ferroviario, -a *m, f*

**Eisenbahnfähre** *f* tra(n)sbordador *m* de trenes; **Eisenbahnnetz** *nt* red *f* ferroviaria; **Eisenbahntunnel** *m* túnel *m* del tren; **Eisenbahnüberführung** *f* paso *m* elevado de un tren; **Eisenbahnunterführung** *f* paso *m* inferior de un tren; **Eisenbahnwagen** *m* vagón *m*

**eisenhaltig** ['aɪzənhaltɪç] *adj* (*Flüssigkeit*) ferruginoso; (*Feststoff*) ferroso; **Eisenindustrie** *f* industria *f* del hierro; **Eisenmangel** *m* falta *f* de hierro; **Eisenstange** *f* vara *f* de hierro; **Eisenträger** *m* <-s, -> soporte *m* de hierro

**Eisenwaren** *fpl* utensilios *mpl* de ferretería; **Eisenwarenhandlung** *f* ferretería *f,* abarrotería *f Am*

**eisern** ['aɪzɐn] *adj* ❶ (*aus Eisen*) de hierro, férreo ❷ (*unnachgiebig*) rígido; ~**e Disziplin** disciplina férrea ❸ (*Wend*): ~**e Reserve** última reserva

**Eiseskälte** ['aɪzəs'kɛltə] *f* frío *m* glacial

**Eisfach** *nt* congelador *m* (del frigorífico); **Eisfläche** *f* superficie *f* helada; **eisfrei** *adj* libre de hielo(s); **eisgekühlt** *adj* helado; **Eisglätte** *f* hielo *m;* **Eisheiligen** *mpl:* **die (drei) ~** (*fechas del 11 al 13 de mayo*)

**i Land & Leute**

Reza el refranero popular que entre el 11 y 13 de mayo todavía pueden descender tanto las temperaturas como para que caigan fuertes heladas. Si tras estas fechas, llamadas **Eisheiligen** (literalmente, santos del hielo) ya no vuelve a helar, las plantas se salvarán de secarse o morir heladas.

**Eishockey** ['aɪshɔki] *nt* (SPORT) hockey *m* sobre hielo

**eisig** ['aɪzɪç] *adj* (*Wasser*) helado; (*Kälte, a. fig*) glacial

**Eiskaffee** *m* café *m* frío con helado y nata montada

**i Land & Leute**

El **Eiskaffe** se bebe principalmente en los meses de primavera y verano y se vende en heladerías y cafeterías. También se puede encontrar en restaurantes, donde no suele faltar de la carta de los postres fríos. Se trata de un café solo frío servido con una bola de helado de vainilla dentro y a veces nata.

**eiskalt** ['-'-] **I.** *adj* (*a. fig*) helado **II.** *adv* con frialdad; **jdm ~ die Meinung sagen** (*fam*) decirle cuatro verdades a alguien; **Eiskratzer** *m* <-s, -> espátula *f* de rascar hielo

**Eiskunstlauf** *m* <-(e)s, *ohne pl*> (SPORT) patinaje *m* artístico (sobre hielo)

**Eisläufer(in)** *m(f)* <-s, -; -nen> patinador(a) *m(f)* sobre hielo; **Eismeer** *nt* (GEO) océano *m* glacial; **Eispickel** *m* picahielo *m*

**Eisprung** *m* (ZOOL, MED) ovulación *f*

**Eisregen** *m* (METEO) lluvia *f* helada; **Eisschnelllauf** *m* <-(e)s, *ohne pl*> (SPORT) patinaje *m* de velocidad; **Eisscholle** *f* témpano *m* de hielo; **Eisschrank** *m* frigorífico *m;* **Eiswürfel** *m* cubito *m* de hielo; **Eiszapfen** *m* carámbano *m;* **Eiszeit** *f* era *f* glacial

**eitel** ['aɪtəl] *adj* vanidoso, vano

**Eitelkeit** *f* <-en> vanidad *f*

**Eiter** ['aɪtɐ] *m* <-s, *ohne pl*> pus *m,* postema *f Mex,* maleza *f Arg, Chil*

**eiterig** *adj* purulento

**eitern** ['aɪtɐn] *vi* supurar

**eitrig** *adj* purulento

**Eiweiß** *nt* <-es, -e *nach Zahlen:* -> ❶ (*vom Ei*) clara *f* ❷ (CHEM) albúmina *f* ❸ (BIOL) proteína *f*

**Eizelle** *f* óvulo *m*

**Ejakulation** [ejakula'tsjo:n] *f* <-en> eyaculación *f*

**ejakulieren*** [ejaku'li:rən] *vi* eyacular

**Ekel**[1] ['e:kəl] *m* <-s, *ohne pl*> asco (*vor* a); (*Widerwille*) repugnancia *f* (*vor* a/de); ~ **erregen** dar asco; ~ **erregend** asqueroso, bascoso *Ecua, Col*

**Ekel**[2] *nt* <-s, -> (*fam: Person*) asqueroso, -a *m, f*

**ekelerregend** *adj s.* **Ekel**[1]

**ekelhaft** *adj*, **ekelig** *adj* asqueroso, bascoso *Ecua, Col*

**ekeln** I. *vr:* **er ekelt sich vor Ratten** las ratas le dan asco II. *vunpers:* **es ekelt mich davor** me da asco

**EKG** [e:ka:'ge:] *nt* <-s, -s> (MED) *Abk. von* **Elektrokardiogramm** electrocardiograma *m*

**Eklat** [e'kla:] *m* <-s, -s> escándalo *m;* **es kam zum ~ als ...** el escándalo surgió cuando...

**eklatant** [ekla'tant] *adj* ❶ (*offensichtlich*) evidente ❷ (*Aufsehen erregend*) sensacional

**eklig** *adj s.* **ekelig**

**Eklipse** [ɛk'lɪpsə, e'klɪpsə] *f* <-n> (ASTR) eclipse *m*

**Ekstase** [ɛk'sta:zə] *f* <-n> éxtasis *m inv*

**Ekzem** [ɛk'tse:m] *nt* <-s, -e> (MED) eczema *m*

**Elan** [e'la:n] *m* <-s, *ohne pl*> (*geh*) ímpetu *m*

**elastisch** [e'lastɪʃ] *adj* elástico

**Elastizität** [elastitsi'tɛ:t] *f* <-en> elasticidad *f*

**Elbe** ['ɛlbə] *f* (*Fluss*) Elba *m*

**Elch** [ɛlç] *m* <-(e)s, -e> (ZOOL) alce *m*

**Electronic Cash** [ɛlək'trɔnɪk kɛʃ] *nt* <- -s, *ohne pl*> (FIN) efectivo *m* electrónico, moneda *f* electrónica; **Electronic Publishing** [ɛlək'trɔnɪk 'pablɪʃɪŋ] *nt* <- -s, *ohne pl*> (PUBL) autoedición *f* electrónica

**Elefant** [ele'fant] *m* <-en, -en> elefante *m*

**elegant** [ele'gant] *adj* elegante

**Eleganz** *f ohne pl* elegancia *f*

**elektrifizieren*** [elɛktrifi'tsi:rən] *vt* electrificar

**Elektrik** [e'lɛktrɪk] *f* <-en> sistema *m* eléctrico

**Elektriker(in)** [e'lɛktrikɐ] *m(f)* <-s, -; -nen> electricista *mf*

**elektrisch** [e'lɛktrɪʃ] *adj* eléctrico

**elektrisieren*** [elɛktri'zi:rən] *vt* (*a. fig*) electrizar

**Elektrizität** [elɛktritsi'tɛ:t] *f ohne pl* electricidad *f;* **Elektrizitätswerk** *nt* central *f* eléctrica, usina *f Am*

**Elektroauto** *nt* coche *m* eléctrico

**Elektrode** [elɛk'tro:də] *f* <-n> electrodo *m*

**Elektrogerät** *nt* aparato *m* eléctrico; (*Haushaltsgerät*) electrodoméstico *m;* **Elektrogeschäft** *nt* tienda *f* de electrodomésticos; **Elektroherd** *m* cocina *f* eléctrica; **Elektroingenieur(in)** *m(f)* ingeniero, -a *m, f* electrotécnico, -a; **Elektroinstallateur(in)** *m(f)* electricista *mf;* **Elektrokardiogramm** [------'-] *nt* <-s, -e> (MED) electrocardiograma *m;* **Elektrolok** [e'lɛktrolɔk] *f* (EISENB) locomotora *f* eléctrica; **Elektromagnet** [-'----] *m* electroimán *m;* **elektromagnetisch** [-'---'--] *adj* electromagnético; **Elektromotor** [-'----] *m* (TECH) electromotor *m*

**Elektron** ['e:lɛktrɔn, elɛk'tro:n] *nt* <-s, -en> (PHYS) electrón *m;* **Elektronenmikroskop** *nt* microscopio *m* electrónico

**Elektronik** [elɛk'tro:nɪk] *f ohne pl* electrónica *f*

**elektronisch** [elɛk'tro:nɪʃ] *adj* electrónico; ~**es Banking** banking electrónico; ~**es Geld** dinero electrónico; ~**e Publikation** publicación electrónica; ~**e Unterschrift** firma electrónica; ~**er Zahlungsverkehr** movimiento de pagos electrónico [*o* computerizado]; ~**e Zeitschrift** revista electrónica en el internet

**Elektrorasierer** *m* maquina *f* de afeitar; **Elektroschock** *m* (MED) electrochoque *m;* **Elektrosmog** *m* electrosmog *m;* **Elektrotechnik** *f ohne pl* electrotécnica *f,* electrotecnia *f;* **Elektrotechniker(in)** *m(f)* electrotécnico *mf*

**Element** [ele'mɛnt] *nt* <-(e)s, -e> elemento *m*

**elementar** [elemɛn'ta:ɐ] *adj* elemental; (*grundlegend*) fundamental

**elend** *adj* ❶ (*armselig*) miserable ❷ (*abw: gemein*) vil, miserable ❸ (*krank*) enfermizo

**Elend** ['e:lɛnt] *nt* <-(e)s, *ohne pl*> miseria *f;* **das heulende ~ haben** (*fam*) estar depre

**Elendsviertel** *nt* barrio *m* de chabolas, barrio *m* joven *Am*

**elf** [ɛlf] *adj inv* once; *s. a.* **acht**[1]

**Elf** *f* <-en> (*Zahl, Fußballmannschaft*) once *m*

**Elfe** ['ɛlfə] *f* <-n> sílfide *f*

**Elfenbein** ['ɛlfənbaɪn] *nt* <-(e)s, *ohne pl*> marfil *m;* **elfenbeinfarben** *adj* de color marfil; **Elfenbeinküste** *f* Costa *f* de Marfil

**Elfmeter** [ɛlf'me:tɐ] *m* <-s, -> (SPORT) penalti *m;* **Elfmeterschießen** *nt* (SPORT) tanda *f*

de penaltis

**elfte(r, s)** *adj* undécimo; *s. a.* **achte(r, s)**

**eliminieren*** [elimi'ni:rən] *vt* eliminar

**elitär** [eli'tɛ:ɐ] *adj* elitista

**Elite** [e'li:tə] *f* <-n> élite *f;* **Eliteeinheit** *f* (MIL), **Elitetruppe** *f* (MIL) tropa *f* de elite

**Elixier** [elɪ'ksi:ɐ] *nt* <-s, -e> elixir *m*

**Ellbogen** ['ɛl-] *m* <-s, -> codo *m;* **die ~ aufstützen** apoyar los codos; **Ellbogengesellschaft** *f* sociedad *f* caracterizada por la ley de la selva; **Ellbogenmensch** *m* (*abw*) arribista *mf*

**Elle** ['ɛlə] *f* <-n> ① (MED) cúbito *m* ② (*Maß*) yarda *f*

**Ellenbogen** ['ɛlən-] *m* <-s, -> *s.* **Ellbogen**; **Ellenbogengesellschaft** *f s.* **Ellbogengesellschaft**; **Ellenbogenmensch** *m* (*abw*) *s.* **Ellbogenmensch**

**ellenlang** *adj* (*fam*) larguísimo

**Ellipse** [ɛ'lɪpsə] *f* <-n> ① (MATH) elipse *f* ② (LING) elipsis *f inv*

**elliptisch** [ɛ'lɪptɪʃ] *adj* (MATH, LING) elíptico

**E-Lok** *f* <-s> (EISENB) *Abk. von* **elektrische Lokomotive** locomotora *f* eléctrica

**El Salvador** [ɛl zalva'do:ɐ] *nt* <- -s> El Salvador *m*

**Elsass** ['ɛlzas] *nt* <-(es)> Alsacia *f*

**Elsässer(in)** ['ɛlzɛsɐ] *m(f)* <-s, -; -nen> alsaciano, -a *m, f*

**elsässisch** ['ɛlzɛsɪʃ] *adj* alsaciano

**Elsass-Lothringen** *nt* <-s> Alsacia-Lorena *f*

**Elster** ['ɛlstɐ] *f* <-n> (ZOOL) urraca *f*

**elterlich** ['ɛltɐlɪç] *adj* paterno, de los padres

**Eltern** ['ɛltɐn] *pl* padres *mpl;* **Elternhaus** *nt* casa *f* paterna; **Elternteil** *m* progenitor(a) *m(f);* **ein ~** uno de los padres

**Email** [e'maɪ] *nt* <-s, -s> esmalte *m*

**E-Mail** *f* <-s> (INFOR) correo *m* electrónico, e-mail *m;* **eine Nachricht per ~ verschicken** [*o* **übermitteln**] enviar [*o* transmitir] una noticia por correo electrónico; **E-Mail-Adresse** *f* dirección *f* de correo electrónico, dirección *f* electrónica

**Emaille** [e'maljə, e'maɪ] *f* <-n> *s.* **Email**

**E-Mail-Programm** *nt* (INFOR, TEL) programa *m* de e-mail

**Emanze** [e'mantsə] *f* <-n> (*fam abw*) feminista *f*

**Emanzipation** [emantsipa'tsjo:n] *f* <-en> emancipación *f*

**emanzipatorisch** *adj* emancipatorio

**emanzipieren*** *vr:* **sich ~** emanciparse (*von* de)

**emanzipiert** *adj* emancipado

**Embargo** [ɛm'bargo] *nt* <-s, -s> embargo *m*

**Emblem** [ɛm'ble:m] *nt* <-s, -e *o* Emblemata> emblema *m*

**Embolie** [ɛmbo'li:] *f* <-n> (MED) embolia *f*

**Embryo** ['ɛmbryo] *m* <-s, -nen *o* -s> (MED, BIOL) embrión *m*

**embryonal** *adj* (MED, BIOL) embrional

**Embryonen** *pl von* **Embryo**

**Emigrant(in)** [emi'grant] *m(f)* <-en, -en; -nen> (*aus politischen Gründen*) emigrado, -a *m, f;* (*aus wirtschaftlichen Gründen*) emigrante *mf*

**Emigration** [emigra'tsjo:n] *f* <-en> emigración *f*

**emigrieren*** *vi sein* emigrar

**Emirat** [emi'ra:t] *nt* <-(e)s, -e> emirato *m;* **Vereinigte Arabische ~e** Emiratos Árabes Unidos

**Emission** [emɪ'sjo:n] *f* <-en> (FIN, PHYS) emisión *f*

**emittieren*** [emɪ'ti:rən] *vt* (ÖKOL: *Abgase, Schadstoffe*) emitir

**Emmentaler** ['ɛmənta:lɐ] *m* <-s, -> (GASTR) queso *m* em(m)ental

**e-Moll** *nt* <-, *ohne pl*> (MUS) mi *m* menor

**Emoticon** [e'mo:tikon] *nt* <-s, -s> (INFOR) emoticón *m*

**Emotion** [emo'tsjo:n] *f* <-en> emoción *f*

**emotional** [emotsjo'na:l] *adj* emocional

**emotionell** [emotsjo'nɛl] *adj* emocional

**emotionsgeladen** *adj* emotivo; (*Atmosphäre*) cargado; (*Diskussion*) emocional; **emotionslos** *adj* insensible

**empfahl** [ɛm'pfa:l] *3. imp von* **empfehlen**

**empfand** [ɛm'pfant] *3. imp von* **empfinden**

**Empfang** [ɛm'pfaŋ, *pl:* ɛm'pfɛŋə] *m* <-(e)s, -fänge> ① (*im Hotel*) recepción *f* ② (TECH, RADIO, TV) recepción *f* ③ (*von Waren*): **etw in ~ nehmen** recibir algo; **den ~ bestätigen** acusar recibo ④ (*Feier*) recepción *f* ⑤ (*Begrüßung*) recibimiento *m;* (*Aufnahme*) acogida *f*

**empfangen** <empfängt, empfing, empfangen> *vt* ① (*Waren, a.* RADIO, TV) recibir ② (*Gast*) recibir; (*aufnehmen*) acoger

**Empfänger**[1] *m* <-s, -> (RADIO, TV) (aparato *m*) receptor *m*

**Empfänger(in)**[2] [ɛm'pfɛŋɐ] *m(f)* <-s, -; -nen> receptor(a) *m(f);* (*von Post*) destinatario, -a *m, f;* (*einer Summe*) perceptor(a) *m(f);* (*einer Unterstützung*) beneficiario, -a *m, f;* (*von Waren*) consignatario, -a *m, f;* **~ unbekannt/verzogen** destinatario desconocido/ausente sin señas

**empfänglich** *adj* sensible (*für* a)

**Empfängnis** *f ohne pl* concepción *f;* **Empfängnisverhütung** *f* anticoncepción *f*

**Empfangsbescheinigung** *f* acuse *m* de recibo; **Empfangschef(in)** *m(f)* jefe, -a *m, f* de recepción; **Empfangsdame** *f* recepcionista *f*

**empfängt** [ɛmˈpfɛŋt] *3. präs von* **empfangen**

**empfehlen** [ɛmˈpfeːlən] <empfiehlt, empfahl, empfohlen> **I.** *vt* (*raten*) recomendar **II.** *vr:* **sich ~** ❶ (*geh: sich verabschieden*) despedirse ❷ (*geeignet sein*) ser apto (*als/für* para); **es empfiehlt sich das zu tun** conviene hacerlo; **empfehlenswert** *adj* recomendable

**Empfehlung** *f* <-en> ❶ (*Fürsprache*) recomendación *f;* **auf ~ von jdm** por recomendación de alguien ❷ (*geh: Gruß*) saludo *m* respetuoso; **mit den besten ~en** con mis mejores saludos; **Empfehlungsschreiben** *nt* carta *f* de recomendación

**empfiehlt** [ɛmˈpfiːlt] *3. präs von* **empfehlen**

**empfinden** [ɛmˈpfɪndən] <empfindet, empfand, empfunden> *vt* sentir

**empfindlich** [ɛmˈpfɪntlɪç] *adj* ❶ (*Person, Gerät*) sensible (*gegen* a); (*krankheitsanfällig, zerbrechlich*) delicado ❷ (*reizbar*) susceptible; **jdn an seiner ~en Stelle treffen** tocar a alguien en su punto débil; **sei nicht so ~!** ¡no seas tan susceptible! ❸ (*Kälte*) penetrante ❹ (*Verlust*) doloroso

**Empfindlichkeit** *f ohne pl* ❶ (*Feinfühligkeit*) sensibilidad *f* ❷ (*Reizbarkeit*) susceptibilidad *f* ❸ (*Anfälligkeit*) propensión *f* (*gegen* a)

**empfindsam** [ɛmˈpfɪntzaːm] *adj* sensible

**Empfindung** *f* <-en> ❶ (*Wahrnehmung*) sensación *f* ❷ (*Gefühl*) sentimiento *m*

**empfing** [ɛmˈpfɪŋ] *3. imp von* **empfangen**

**empfohlen** [ɛmˈpfoːlən] *pp von* **empfehlen**

**empfunden** [ɛmˈpfʊndən] *pp von* **empfinden**

**empor** [ɛmˈpoːɐ] *adv* (*geh*) hacia arriba; **emporarbeiten** *vr:* **sich ~** (*geh*) ascender (*zu* a)

**Empore** [ɛmˈpoːrə] *f* <-n> galería *f*

**empören*** [ɛmˈpøːrən] **I.** *vt* indignar; **ich bin empört** estoy indignado **II.** *vr:* **sich ~** ❶ (*sich aufregen*) indignarse (*über* por) ❷ (*sich auflehnen*) sublevarse (*gegen* contra)

**empörend** *adj* indignante; (*skandalös*) escandaloso

**Emporkömmling** [ɛmˈpoːɐkœmlɪŋ] *m* <-s, -e> (*abw*) advenedizo, -a *m, f,* arribista *mf*

**emporragen** *vi* (*geh*) sobresalir; **emporsteigen** *irr* **I.** *vi sein* (*Rauch*) subir; (*Zweifel*) aparecer (*in* en) **II.** *vt sein* (*Stufen*) subir

**empört** [ɛmˈpøːɐt] *adj* indignado

**Empörung¹** [ɛmˈpøːrʊŋ] *f ohne pl* (*Entrüstung*) indignación *f* (*über jdn* con alguien, *über etw* por algo)

**Empörung²** *f* <-en> (*Aufstand*) sublevación *f* (*gegen* contra)

**emsig** [ˈɛmzɪç] *adj* laborioso; (*unermüdlich*) asiduo

**Emu** [ˈeːmu] *m* <-s, -s> (ZOOL) emú *m*

**Endabrechnung** *f* (FIN) saldo *m* final; **Endbetrag** *m* total *m*

**Ende¹** [ˈɛndə] *nt ohne pl* ❶ (*Endpunkt*) final *m;* (*Abschluss*) término *m;* (*Film, Buch*) fin *m;* **bis ans ~ der Welt** hasta el fin del mundo ❷ (*zeitlich*) fin *m;* **~ des Jahres** a fines de año; **~ Mai** a fines de mayo ❸ (*Wend*): **zu ~** finalizado; **der Film ist zu ~** la película se ha acabado; **ein Buch zu ~ lesen** terminar de leer un libro; **der Tag geht zu ~** el día llega a su fin; **er ist ~ vierzig** tiene los cuarenta largos; **am ~ sein** (*fam*) estar en las últimas; **letzten ~s** al fin y al cabo; **bis zum bitteren ~** hasta el triste final; **ein gutes/böses ~ nehmen** acabar bien/mal; **am ~ seiner Kräfte sein** estar al límite de sus fuerzas; **etw** *dat* **ein ~ machen** (*geh*) poner fin a algo; **kein ~ finden** no acabar nunca; **kein ~ absehen** no ver el final; **seinem ~ zugehen** irse acabando; **das dicke ~ kommt noch** (*fam*) aún queda el rabo por desollar; **~ gut, alles gut!** (*prov*) bien está lo que bien acaba

**Ende²** *nt* <-s, -n> (*Endstück*) extremo *m;* (*Geweihspitze*) punta *f;* **am vorderen/hinteren ~ der Reihe** en el extremo superior/inferior de la hilera; **am anderen ~ der Stadt** en el otro extremo de la ciudad

**Endeffekt** *m* resultado *m;* **im ~** al fin y al cabo

**enden** [ˈɛndən] *vi* terminar, acabar; (*Frist*) vencer; **nicht ~ wollender Beifall** aplauso ininterrumpido; **wie wird das mit ihm ~?** ¿cómo va a acabar lo suyo?

**Endergebnis** *nt* resultado *m* final; **endgültig** *adj* definitivo; **jetzt ist ~ Schluss** ahora se acabó definitivamente; **Endgültigkeit** *f ohne pl* carácter *m* definitivo; **Endhaltestelle** *f* estación *f* final

**Endivie** [ɛnˈdiːviə] *f* <-n> escarola *f;* **Endiviensalat** *m* ensalada *f* de escarola

**Endkampf** *m* (SPORT) final *f;* **Endlager** *nt* depósito *m* final; **~ für atomare Abfälle** cementerio nuclear; **endlagern** *vt* depositar [*o* almacenar] (definitivamente); **Endlagerung** *f* <-en> almacenamiento *m* definitivo

E

**endlich** ['ɛntlɪç] **I.** *adj* ① (*begrenzt*) limitado ② (MATH) finito **II.** *adv* por fin; (*schließlich*) finalmente; **hör ~ damit auf!** ¡deja eso de una vez!

**endlos** *adj* inacabable; (*unbegrenzt*) ilimitado

**Endlosigkeit** *f ohne pl* (*räumlich*) infinito *m;* (*zeitlich*) eternidad *f*

**Endlospapier** *nt* (INFOR) papel *m* continuo

**Endphase** *f* fase *f* final; **Endprodukt** *nt* producto *m* final; **Endrunde** *f* (SPORT) finalísima *f;* **Endsilbe** *f* (LING) última sílaba *f;* **Endspiel** *nt* (SPORT) final *f;* **Endspurt** *m* <-(e)s, -s *o* -e> (SPORT) sprint *m* final; **Endstadium** *nt* última fase *f;* **Endstation** *f* (estación *f*) terminal *f;* **Endsumme** *f* suma *f* total

**Endung** *f* <-en> (LING) desinencia *f*

**Endverbraucher(in)** *m(f)* consumidor(a) *m(f)* final; **Endziffer** *f* última cifra *f;* **Endzustand** *m* estado *m* final; **im ~** terminado

**Energie** [enɛr'giː] *f* <-n> energía *f;* **alternative ~n** energías alternativas; **erneuerbare ~n** energías renovables; **~ sparen** ahorrar energía; **Energiebedarf** *m* demanda *f* energética

**Energiedrink** *m* <-s, -s> bebida *f* energética; **Energiegewinnung** *f* <-en> obtención *f* de energía; **Energiequelle** *f* fuente *f* energética; **Energiesparen** *nt* <-s, *ohne pl*> ahorro *m* de energía

**Energiesparlampe** *f* lámpara *f* que ahorra energía; **Energiesparmaßnahme** *f* (WIRTSCH, ÖKOL) medida *f* para ahorrar energía

**Energieverbrauch** *m* consumo *m* de energía; **Energieverschwendung** *f* despilfarro *m* de energía; **Energieversorgung** *f* abastecimiento *m* de energía; **Energievorkommen** *nt* recursos *mpl* energéticos; **Energievorräte** *mpl* reservas *fpl* de energía; **nicht erneuerbare ~** reservas agotables de energía

**energisch** [e'nɛrgɪʃ] *adj* enérgico; (*entschlossen*) decidido

**eng** [ɛŋ] **I.** *adj* ① (*Straße*) estrecho ② (*Kleidung*) ajustado; **~ anliegend** (*Kleid*) ceñido; **sich** *dat* **ein Kleid ~er machen** estrecharse un vestido ③ (*dicht*) denso; (*gedrängt*) apretado ④ (*eingeschränkt*) estricto; (*begrenzt*) limitado; **im ~eren Sinne** en sentido estricto; **in die ~ere Wahl kommen** llegar a la última selección ⑤ (*Beziehung*) íntimo; **~ befreundet sein** ser íntimos amigos **II.** *adv:* **die Hose sitzt sehr ~** los pantalones quedan apretados; **sie sitzen ~ beieinander** están sentados muy juntos; **sieh das doch nicht so ~** no seas tan estricto

**Engagement¹** [ãgaʒə'mãː] *nt ohne pl* compromiso *m;* (*Begeisterung*) entusiasmo *m*

**Engagement²** *nt* <-s, -s> (THEAT) contrata *f*

**engagieren*** [ãga'ʒiːrən] **I.** *vt* (*Künstler*) contratar **II.** *vr:* **sich ~** comprometerse (*in* en); (*sich einsetzen*) intervenir (*für* a favor de); **er hat sich dafür engagiert, dass ...** intervino a favor de que... +*subj*

**engagiert** *adj* comprometido

**Enge** ['ɛŋə] *f ohne pl* (*räumlich*) estrechez *f;* **jdn in die ~ treiben** poner a alguien entre la espada y la pared

**Engel** ['ɛŋəl] *m* <-s, -> ángel *m;* **Engelsgeduld** ['---'-] *f ohne pl* paciencia *f* de santo; **Engelszungen** *fpl:* **mit ~** con persuasión

**engherzig** *adj* mezquino

**England** ['ɛŋlant] *nt* <-s> Inglaterra *f*

**Engländer(in)** ['ɛŋlɛndɐ] *m(f)* <-s, -; -nen> inglés, -esa *m, f*

**englisch** ['ɛŋlɪʃ] *adj* inglés

**engmaschig** *adj* de malla estrecha

**Engpass** *m* ① (*Stelle*) paso *m* estrecho; (*eines Flusses*) pongo *m Ecua, Peru* ② (*in Versorgung*) dificultades *fpl*

**engstirnig** *adj* (*abw*) estrecho de miras

**Enkel(in)** ['ɛŋkəl] *m(f)* <-s, -; -nen> nieto, -a *m, f;* **Enkelkind** *nt* nieto, -a *m, f;* **Enkelsohn** *m* nieto *m;* **Enkeltochter** *f* nieta *f*

**enorm** [e'nɔrm] *adj* enorme

**en passant** [ãpa'sã] *adv* ① (*beiläufig*) de paso ② (*im Vorübergehen*) al pasar (por ahí)

**Ensemble** [ã'sãːbəl] *nt* <-s, -s> ① (THEAT) compañía *f* de teatro; (MUS) orquesta *f* ② (*Kleidungsstück*) conjunto *m*

**entarten*** [ɛnt'ʔartən] *vi sein* degenerar

**entbehren*** [ɛnt'beːrən] **I.** *vt* ① (*geh: vermissen*) echar de menos ② (*verzichten*) prescindir (de) **II.** *vi* (*geh: fehlen*) carecer (+*gen* de)

**entbehrlich** [ɛnt'beːɐlɪç] *adj* prescindible; (*überflüssig*) superfluo

**Entbehrung** *f* <-en> privación *f*

**entbinden*** *irr* **I.** *vi* (*gebären*) dar a luz, acostar *AmC, Mex* **II.** *vt* ① (*von einer Pflicht*) eximir (*von* de) ② (*Frau*) asistir en el parto

**Entbindung** *f* <-en> (MED) parto *m;* **Entbindungsstation** *f* (MED) sala *f* de maternidad

**entblößen*** [ɛnt'bløːsən] **I.** *vt* (*Körperteil*) descubrir **II.** *vr:* **sich ~** (*sich ausziehen*) desnudarse

**entbrannt** *pp von* **entbrennen**

**entbrennen*** *irr vi sein* (*geh: Kampf, Streit*) desencadenarse

**entbunden** *pp von* **entbinden**
**entdecken*** *vt* ❶ (*Unbekanntes*) descubrir ❷ (*finden*) encontrar, hallar; **etw wieder ~** redescubrir algo
**Entdecker(in)** *m(f)* <-s, -; -nen> descubridor(a) *m(f)*
**Entdeckung** *f* <-en> descubrimiento *m;* **Entdeckungsreise** *f* viaje *m* de exploración
**Ente** ['ɛntə] *f* <-n> ❶ (ZOOL) pato *m* ❷ (*Zeitungs~*) camelo *m,* borrego *m Am* ❸ (AUTO) dos caballos *m inv*
**entehren*** [ɛnt'ʔe:rən] *vt* deshonrar; (*herabwürdigen*) desprestigiar
**enteignen*** [ɛnt'ʔaɪgnən] *vt* expropiar
**Enteignung** *f* <-en> expropiación *f*
**enterben*** *vt* desheredar
**Enterich** ['ɛntərɪç] *m* <-s, -e> pato *m* macho
**entern** ['ɛntɐn] *vt* abordar
**Entertainer(in)** ['ɛntɐte:nɐ, 'ɛntɐtɛɪnɐ] *m(f)* <-s, -; -nen> animador(a) *m(f)*
**Enter-Taste** *f* (INFOR) tecla *f* return
**entfachen*** [ɛnt'faxən] *vt* (*geh*) ❶ (*Feuer*) atizar ❷ (*Leidenschaft, Hass*) encender; (*Krieg*) provocar
**entfahren*** *irr vi sein* (*Worte*) escaparse
**entfallen*** *irr vi sein* ❶ (*wegfallen*) suprimirse ❷ (*erhalten*) tocar; (*zukommen*) corresponder; **auf die Losnummer 113 ~ 100.000 Euro** al número 113 le corresponden 100.000 euros ❸ (*geh: entgleiten*) escaparse ❹ (*vergessen*) olvidarse
**entfalten*** **I.** *vt* ❶ (*Serviette*) desdoblar ❷ (*Gedankengang*) explicar ❸ (*Talent*) revelar; (*beweisen*) mostrar **II.** *vr:* **sich ~** ❶ (*Knospe, Fallschirm*) abrirse ❷ (*Fähigkeiten*) desarrollar(se)
**Entfaltung** *f* <-en> desarrollo *m*
**entfärben*** *vt* desteñir
**entfernen*** [ɛnt'fɛrnən] **I.** *vt* ❶ (*Schmutz*) quitar (*aus* de) ❷ (MED) extirpar ❸ (*abbringen*) alejar **II.** *vr:* **sich ~** ❶ (*weggehen*) alejarse; (*verlassen*) irse; **die Schritte entfernten sich langsam** los pasos se alejaron lentamente ❷ (*vom Thema*) alejarse; (*abkommen*) apartarse
**entfernt** [ɛnt'fɛrnt] *adj* ❶ (*fern*) distante; (*abgelegen*) alejado; **300 Meter von hier ~** a 300 metros de aquí; **nicht im E~esten** en absoluto ❷ (*weitläufig*) lejano; **er ist ~ mit mir verwandt** es un pariente lejano ❸ (*Ähnlichkeit*) vago
**Entfernung** *f* <-en> ❶ (*Abstand*) distancia *f;* **aus der ~** de lejos ❷ (*Wegnahme*) eliminación *f;* (*aus dem Amt*) destitución *f*
**entfesseln*** *vt* desencadenar, desatar
**Entfeuchter** *m* <-s, -> deshumificador *m*
**entflammen*** **I.** *vi sein* ❶ (*Streit*) desencadenarse ❷ (*sich begeistern*) apasionarse (*für* por) **II.** *vt* (*Hass, Liebe*) provocar **III.** *vr:* **sich ~** (*Gas*) inflamarse
**entfliehen*** *irr vi sein* huir (*aus* de); **entflohene Sträflinge** presos fugados
**entflohen** *pp von* **entfliehen**
**entfremden*** [ɛnt'frɛmdən] *vt* ❶ (*Person*) distanciar; **etw seinem Zweck ~** hacer mal uso de algo ❷ (PHILOS) alienar
**Entfremdung** *f* <-en> ❶ (*Abstand*) distancia *f* ❷ (PHILOS) alienación *f*
**entführen*** *vt* secuestrar, plagiar *Am*
**Entführer(in)** *m(f)* <-s, -; -nen> secuestrador(a) *m(f)*
**Entführung** *f* <-en> secuestro *m,* rapto *m,* plagio *m Am;* **~ durch Außerirdische** abducción *f*
**entgangen** *pp von* **entgehen**
**entgegen** [ɛnt'ge:gən] **I.** *adv* ❶ (*Richtung*) en la dirección (de); **der Zukunft ~** hacia el futuro ❷ (*zuwider*) en contra **II.** *präp +dat* (*im Gegensatz*) en oposición a, en contra de
**entgegen|bringen** *irr vt* (*Interesse*) mostrar; **entgegen|fahren** *irr vi sein:* **jdm ~** ir (en coche) en dirección hacia alguien; **jdm entgegengefahren kommen** llegar (en coche) de la dirección contraria; **entgegen|fiebern** *vi* esperar con gran impaciencia; **entgegen|gehen** *irr vi sein* (*einer Person*) avanzar (hacia); **dem Ende ~** ir terminando
**entgegengesetzt** *adj* ❶ (*gegenteilig*) contrario; **in ~er Richtung** en sentido contrario; **am ~en Ende der Stadt** en el otro extremo de la ciudad ❷ (*widersprechend*) contradictorio
**entgegen|halten** *irr vt* ❶ (*darbieten*) ofrecer; (*entgegenstrecken*) extender; **jdm die Hand ~** (*a. fig*) tender la mano a alguien ❷ (*einwenden*) oponer; **entgegen|kommen** *irr vi sein* ❶ (*sich nähern: Person*) salir al encuentro (de); (*Fahrzeug*) venir de frente ❷ (*nachgeben*) hacer concesiones ❸ (*entsprechen*) convenir; **Entgegenkommen** *nt* <-s, *ohne pl*> ❶ (*Haltung*) buena voluntad *f* ❷ (*Zugeständnis*) deferencia *f;* **entgegenkommend** *adj* ❶ (*gefällig*) complaciente; (*zuvorkommend*) servicial ❷ (*aufmerksam*) atento ❸ (*Fahrzeug*) en sentido opuesto; **entgegen|laufen** *irr vi sein* ❶ (*zulaufen*): **jdm ~** ir corriendo al encuentro de alguien ❷ (*im Gegensatz stehen*): **etw** *dat* **~** ser contrario a algo; **entgegen|nehmen** *irr vt* (*Waren*) recibir; (*Aufgabe*) hacerse cargo (de); **entgegen|schlagen**

E

*irr vi sein:* **jdm** ~ ir en dirección hacia alguien; **aus dem Keller schlug ihr eisige Kälte entgegen** notaba un frío helado que venía del sótano; **entgegen|sehen** *irr vi* aguardar; **entgegen|setzen** *vt* oponer (a); **entgegen|stehen** *irr vi* ❶ (*hinderlich sein*) obstaculizar ❷ (*im Gegensatz stehen*) oponerse (a); **dem steht nichts entgegen** no hay inconvenientes; **entgegen|stellen** *vr:* **sich jdm/etw** *dat* ~ (*sich in den Weg stellen*) oponerse a alguien/a algo; **entgegen|steuern** *vi:* **einer Sache** *dat* ~ (*Entwicklung, Trend*) contrarrestar el efecto de una cosa; **entgegen|treten** *irr vi sein:* **jdm** ~ ir hacia alguien; **entgegen|wirken** *vi* contrarrestar

**entgegnen*** [ɛntˈgeːgnən] *vt* contestar; (*schärfer*) replicar

**Entgegnung** *f* <-en> respuesta *f;* (*Erwiderung*) réplica *f*

**entgehen*** *irr vi sein* ❶ (*einer Strafe*) escapar(se) (+*dat* a) ❷ (*unbemerkt bleiben*) escaparse ❸ (*Wend*): **sich** *dat* **etw** (**nicht**) ~ **lassen** (no) perderse algo

**entgeistert** [ɛntˈgaɪstɐt] *adj* atónito

**Entgelt** [ɛntˈgɛlt] *nt* <-(e)s, -e> ❶ (*Bezahlung*) retribución *f;* **ohne/gegen** ~ gratis/pagando ❷ (*Entschädigung*) indemnización *f* ❸ (*Gebühr*) tasa *f*

**entgiften*** *vt* desintoxicar; (*reinigen*) purificar

**entgleisen*** [ɛntˈglaɪzən] *vi sein* ❶ (*Zug*) descarrilar, desrielar *Am* ❷ (*Mensch*) salirse de tono

**Entgleisung** *f* <-en> ❶ (*eines Zuges*) descarrilamiento *m* ❷ (*des Benehmens*) desliz *m*

**entgleiten*** *irr vi sein* (*geh*) escurrirse; **jdm entgleitet die Kontrolle über etw** alguien pierde el control sobre algo

**entglitten** *pp von* **entgleiten**

**entgräten*** [ɛntˈgrɛːtən] *vt* quitar las espinas (a/de)

**enthaaren*** [ɛntˈhaːrən] **I.** *vt* depilar **II.** *vr:* **sich** ~ depilarse

**Enthaarung** *f* <-en> depilación *f;* **Enthaarungscreme** *f* crema *f* depilatoria

**enthalten*** *irr* **I.** *vt* (*beinhalten*) contener; (*einschließen*) incluir; **Frühstück ist im Preis** ~ el desayuno está incluido en el precio **II.** *vr:* **sich** ~ (*geh a.* POL) abstenerse (de); (*verzichten*) contener; **sie enthielt sich** (**der Stimme**) se abstuvo (en la votación)

**enthaltsam** [ɛntˈhaltzaːm] *adj* abstinente; (*vom Alkohol*) abstemio; (*sexuell*) continente

**Enthaltsamkeit** *f ohne pl* abstinencia *f;* (*sexuell*) continencia *f*

**Enthaltung** *f* <-en> abstención *f*

**enthärten*** *vt* (*Wasser*) rebajar el grado hidrométrico

**enthaupten*** [ɛntˈhaʊptən] *vt* decapitar

**entheben*** *irr vi* (*geh*): **jdn seines Amtes** ~ suspender a alguien de su cargo

**enthemmen*** *vi, vt* desinhibir

**enthemmt** *adj* (*Person*) desinhibido

**enthoben** *pp von* **entheben**

**enthüllen*** *vt* ❶ (*Denkmal*) descubrir ❷ (*geh: Geheimnis*) revelar; (*Skandal*) destapar

**Enthüllung** *f* <-en> ❶ (*von Denkmal*) inauguración *f* ❷ (*von Geheimnis*) revelación *f;* **Enthüllungsjournalismus** *m* periodismo *m* de investigación

**Enthusiasmus** [ɛntuziˈasmʊs] *m* <-, *ohne pl*> entusiasmo *m*

**enthusiastisch** **I.** *adj* entusiasta **II.** *adv* con entusiasmo

**entjungfern*** *vt* desvirgar; (MED) desflorar

**entkalken*** *vt* descalcificar

**entkernen*** *vt* ❶ (*Kirschen*) deshuesar; (*Wassermelone*) quitar las pepitas (a/de) ❷ (ARCHIT) hacer más espacioso (quitando edificios)

**entknoten*** *vt* desanudar

**entkoffeiniert** [ɛntkɔfeiˈniːɐt] *adj* descafeinado

**entkommen*** *irr vi sein* escaparse (*aus* de); (*fliehen*) huir (*aus* de); **jdm** ~ escapar(se) de alguien

**Entkommen** *nt ohne pl* huida *f;* **es gibt kein** ~ no hay posibilidad de huida; **aus der Lage gab es kein** ~ no había salida a la situación

**entkorken*** *vt* descorchar

**entkräften*** [ɛntˈkrɛftən] *vt* ❶ (*Person*) debilitar ❷ (*Verdacht*) anular; (*Behauptung*) invalidar

**entladen*** *irr* **I.** *vt* (*LKW, Schiff*) descargar **II.** *vr:* **sich** ~ (*Batterie, Zorn*) descargarse

**entlang** [ɛntˈlaŋ] **I.** *präp* +*gen/dat* a lo largo de; ~ **des Weges** [*o* **dem Weg**] a lo largo del camino **II.** *präp* +*akk* a lo largo de; **die Wand** ~ a lo largo de la pared **III.** *adv:* **am Fluss** ~ a lo largo del río; **hier** ~ (siguiendo) por aquí; **entlang|fahren** *irr* **I.** *vi sein:* **an etw** *dat* ~ pasar a lo largo de algo **II.** *vt sein* (*Straße*) seguir; **entlang|gehen** *irr* **I.** *vi sein:* **an etw** *dat* ~ caminar a lo largo de algo **II.** *vt sein* (*Straße*) pasar (por); (*folgen*) seguir

**entlarven*** [ɛntˈlarfən] *vt* descubrir

**entlassen*** *irr vt* ❶ (*kündigen*) despedir, fletar *Arg, Chil, Urug;* **er wurde fristlos** ~ fue despedido sin previo aviso ❷ (*aus Kran-*

*kenhaus*) dar de alta; (*aus Gefängnis*) soltar; (*aus Armee*) licenciar; (*aus Schule*) dejar; (*aus Vertrag*) librar

**Entlassung** *f* <-en> ❶ (*aus Arbeitsverhältnis*) despido *m* ❷ (*aus Gefängnis*) excarcelación *f*; **Entlassungsgrund** *m* causa *f* del despido

**entlasten*** *vt* ❶ (*Balken, Achse*) descargar; (*Telefonleitung, Verkehr*) descongestionar; (*Person, Gewissen*) aliviar; **er sollte den Chef etwas ~** tendría que quitar trabajo al jefe ❷ (*Angeklagte*) exculpar

**Entlastung** *f* <-en> ❶ (JUR) exculpación *f* ❷ (*des Verkehrsaufkommens*) descongestión *f*

**entlaufen*** *irr vi sein* (*Mensch*) escaparse; (*Tier*) extraviarse

**entlausen*** *vt* despiojar

**entledigen*** [ɛnt'le:dɪgən] *vr* (*geh*): **sich etw** *gen* **~** deshacerse de algo; (*einer Verpflichtung*) librarse de algo

**entleeren*** *vt* vaciar

**entlegen** [ɛnt'le:gən] *adj* (*entfernt*) distante; (*abgelegen*) retirado

**entleihen*** *irr vt* tomar prestado

**entliehen** *pp von* **entleihen**

**entlocken*** *vt*: **jdm etw ~** arrebatar algo a alguien

**entlohnen*** *vt* remunerar

**Entlohnung** *f* <-en> ❶ (*das Entlohnen*) remuneración *f* ❷ (*Lohn*) salario *m*

**entmachten*** [ɛnt'maxtən] *vt* derrocar

**entmilitarisieren*** *vt* desmilitarizar

**entmündigen*** [ɛnt'mʏndɪgən] *vt* poner bajo tutela

**Entmündigung** *f* <-en> incapacitación *f*

**entmutigen*** [ɛnt'mu:tɪgən] *vt* desanimar

**Entnahme** [ɛnt'na:mə] *f* <-n> toma *f*

**entnehmen*** *irr vt* ❶ (*herausnehmen*) tomar, sacar ❷ (*folgern*) deducir; **ich entnahm seiner Äußerung, dass ...** deduje de su observación que...

**entnervt** *adj* (*Blick*) tenso; (*Mensch*) nervioso; **ich bin völlig ~!** ¡estoy hasta las narices!

**entnommen** *pp von* **entnehmen**

**entpuppen*** [ɛntpʊpən] *vr*: **sich ~** descubrirse (*als* como); **er hat sich als Betrüger entpuppt** resultó ser un estafador

**entrahmen*** *vt* (GASTR) desnatar

**entreißen*** *irr vt* ❶ (*wegreißen*): **jdm etw ~** arrancar algo a alguien ❷ (*geh: retten*): **jdn einer Gefahr ~** salvar a alguien de un peligro

**entrichten*** *vt* abonar, pagar

**entrinnen*** *irr vi sein* (*geh: sich retten*) salvarse (+*dat* de); (*entfliehen*) escaparse (+*dat* de)

**Entrinnen** *nt* <-s, *ohne pl*> salvación *f*; **es gibt kein ~** no hay escapatoria

**entrissen** *pp von* **entreißen**

**entronnen** *pp von* **entrinnen**

**entrückt** [ɛnt'rʏkt] *adj* (*Mensch*) ensimismado; (*Blick*) extasiado

**entrümpeln*** [ɛnt'rʏmpəln] *vt* quitar los trastos viejos (de)

**entrüsten*** [ɛnt'rʏstən] **I.** *vt* indignar **II.** *vr*: **sich ~** indignarse (*über* por)

**entrüstet** *adj* indignado (*über* por)

**Entrüstung** *f* <-en> indignación *f* (*über* por); (*Ärger*) enojo *m* (*über* por/contra)

**entsagen*** *vi* (*geh*) abstenerse (+*dat* de); (*verzichten*) renunciar (+*dat* a)

**entsandt** *pp von* **entsenden**

**entschädigen*** *vt* indemnizar (*für* por)

**Entschädigung** *f* <-en> indemnización *f* (*für* por)

**entschärfen*** *vt* ❶ (*Bombe*) desactivar ❷ (*Streit, Krise*) apaciguar

**entscheiden*** *irr* **I.** *vi, vt* (*bestimmen*) decidir (*über* sobre); **ich habe das nicht zu ~** no lo decido yo **II.** *vi* (JUR) dictar una sentencia **III.** *vr*: **sich ~** decidirse (*für* por, *gegen* en contra de)

**entscheidend** *adj* decisivo; (*wichtig*) crucial; **im ~en Augenblick** en el momento decisivo

**Entscheidung** *f* <-en> decisión *f*; (JUR) fallo *m*; **eine ~ treffen/fällen** tomar/adoptar una decisión; **vor einer ~ stehen** estar a las puertas de una decisión; **entscheidungsfreudig** *adj* decidido

**entschieden** [ɛnt'ʃi:dən] **I.** *pp von* **entscheiden II.** *adj* (*entschlossen*) decidido, impositivo *CSur*; (*nachdrücklich*) rotundo

**Entschiedenheit** *f* <-en> firmeza *f*; **etw mit aller ~ zurückweisen** rechazar algo categóricamente

**entschlacken*** *vt* (MED) desintoxicar

**entschließen*** *irr vr*: **sich ~** decidirse (*zu* a); **sich anders ~** cambiar de opinión

**Entschließung** *f* <-en> decisión *f*

**entschlossen** [ɛnt'ʃlɔsən] **I.** *pp von* **entschließen II.** *adj* decidido, abicado *CSur*; **kurz ~** sin vacilar; **fest ~** absolutamente decidido; **sie war zu allem ~** estaba dispuesta a todo

**Entschlossenheit** *f ohne pl* resolución *f*; (*Entschiedenheit*) firmeza *f*

**entschlüpfen*** *vi sein* salir del huevo; (*fig*) escaparse

**Entschluss** *m* <-es, -schlüsse> decisión *f*; **einen ~ fassen** tomar una decisión

**entschlüsseln*** *vt* descifrar

**entschlussfreudig** *adj* decidido

**entschuldbar** *adj* disculpable, perdonable

**entschuldigen*** [ɛntˈʃʊldɪgən] **I.** *vt* ❶ (*verzeihen*) disculpar, perdonar; (*rechtfertigen*) justificar; ~ **Sie bitte!** ¡disculpe Ud., por favor! ❷ (*um Verzeihung bitten*) disculpar (*bei* ante, *für* por); (*rechtfertigen*) justificar (*bei* ante); **meine Frau lässt sich ~** mi mujer pide disculpas por no haber podido venir **II.** *vr:* **sich ~** disculparse (*für* por, *bei* ante)

**entschuldigend** *adj* de disculpa

**Entschuldigung** *f* <-en> disculpa *f;* (*Vorwand*) pretexto *m;* (*Bescheinigung für die Schule*) justificante *m;* ~! ¡perdón!; **jdn für etw um ~ bitten** pedir disculpas a alguien por algo; **was haben Sie zu Ihrer ~ vorzubringen?** ¿qué puede aducir en su defensa?

**entschwinden*** *irr vi sein* (*geh*) ❶ (*Person*) alejarse; (*aus dem Blickfeld*) perderse ❷ (*Zeit*) volar

**entschwunden** *pp von* **entschwinden**

**entsenden*** *irr vt* (*geh*) enviar

**Entsendung** *f* <-en> (*a.* POL) envío *m*

**entsetzen*** *vt* horrorizar; **ich war völlig entsetzt** me quedé totalmente horrorizado

**Entsetzen** *nt* <-s, *ohne pl*> horror *m*

**entsetzlich** [ɛntˈzɛtslɪç] **I.** *adj* horrible **II.** *adv* (*fam: sehr*) terriblemente; ~ **viel Geld** un dineral terrible

**entsetzt** [ɛntˈzɛtst] *adj* horrorizado (*über* por); **ich bin ~!** ¡estoy horrorizado!

**entsichern*** *vt* (*Waffe*) quitar el seguro (a/de)

**entsinnen*** [ɛntˈzɪnən] *irr vr:* **sich (jds) ~** recordar (a alguien)

**entsonnen** *pp von* **entsinnen**

**entsorgen*** *vt* (*Müll*) eliminar; (*Fabrik*) eliminar los desechos (de)

**Entsorgung** [ɛntˈzɔrgʊŋ] *f* <-en> eliminación *f* de desechos

**entspannen*** **I.** *vt* ❶ (*Körper*) relajar ❷ (*Lage*) calmar **II.** *vr:* **sich ~** ❶ (*Mensch*) relajarse; (*sich ausruhen*) descansar ❷ (*Lage*) normalizarse ❸ (*Muskeln*) relajarse

**Entspannung** *f* <-en> ❶ (*von Mensch*) relajación *f* ❷ (POL) distensión *f;* **Entspannungsübung** *f* ejercicio *m* de relajación

**entsprechen*** *irr vi* ❶ (*übereinstimmen*) corresponder (+*dat* a); **das entspricht nicht den Tatsachen** esto no corresponde a los hechos ❷ (*Bitte*) acceder (+*dat* a); (*Anforderungen*) satisfacer (+*dat*)

**entsprechend** **I.** *adj* ❶ (*übereinstimmend*) correspondiente; (*sinngemäß*) análogo; (*jeweilig*) respectivo ❷ (*angemessen*) adecuado; (*gleichwertig*) acorde (con) **II.** *adv* debidamente; (*angemessen*) adecuadamente **III.** *präp* +*dat* según, conforme a

**Entsprechung** *f* <-en> (*Übereinstimmung*) correspondencia *f;* (*Analogie*) analogía *f;* (*Äquivalent*) equivalente *m*

**entspringen*** *irr vi sein* ❶ (*Fluss*) nacer (*in* en) ❷ (*herrühren*) resultar (+*dat* de)

**entsprochen** *pp von* **entsprechen**

**entsprungen** *pp von* **entspringen**

**entstammen*** *vi sein* proceder (+*dat* de); (*einer Familie*) descender (+*dat* de)

**entstanden** *pp von* **entstehen**

**entstehen*** *irr vi sein* ❶ (*Gerücht*) surgir (*aus* de); (*Streit*) originarse (*aus* de); (*Gebäude*) construirse; (*Feuer*) producirse; **es werden für Sie keine Kosten daraus ~** a Ud. no le producirá gasto alguno; **für den entstandenen Schaden** por el daño ocasionado; **die Sache ist im E~ begriffen** el asunto está en pañales ❷ (*sich herleiten*) derivarse (*aus* de)

**Entstehung** *f* <-en> ❶ (*Ursprung*) origen *m;* (*Anfang*) comienzo *m* ❷ (*das Werden*) formación *f*

**entsteigen*** *irr vi sein* salir (+*dat* de); (*dem Wasser*) surgir (+*dat* de)

**entstellen*** *vt* ❶ (*verunstalten*) desfigurar; **bis zur Unkenntlichkeit entstellt** totalmente desfigurado ❷ (*Text, Sinn*) tergiversar

**Entstellung** *f* <-en> ❶ (*von Menschen*) desfiguración *f* ❷ (*von Sachverhalten*) tergiversación *f*

**entstiegen** *pp von* **entsteigen**

**entstören*** *vt* (RADIO, TEL, TECH) eliminar las interferencias (de)

**entströmen*** *vi sein* (*geh: Flüssigkeit*) fluir (+*dat* de); (*Gas*) escapar (+*dat* de); (*Menschen*) salir (+*dat* de)

**enttäuschen*** *vt* decepcionar; (*desillusionieren*) desilusionar; (*Hoffnung*) frustrar; **ich muss Sie leider ~** desgraciadamente tengo que desilusionarle

**enttäuschend** *adj* decepcionante

**enttäuscht** *adj* decepcionado; (*desillusioniert*) desilusionado

**Enttäuschung** *f* <-en> decepción *f;* (*Desillusion*) desilusión *f;* **jdm eine ~ bereiten** desilusionar a alguien

**entthronen*** *vt* (*geh*) destronar

**entwaffnen*** [ɛntˈvafnən] *vt* (*a. fig*) desarmar

**entwaffnend** *adj* (*fig*) encantador

**Entwarnung** *f* <-en> cese *m* de alarma

**entwässern*** [ɛntˈvɛsɐn] *vt* (*Gelände*) drenar; (MED) drenar; (*dehydratisieren*) deshidratar

**Entwässerung** *f* <-en> (*a.* MED), **Entwäss-**

**rung** *f* <-en> drenaje *m;* (*Dehydratation*) deshidratación *f*

**entweder** ['ɛntveːdɐ, -'--] *konj:* ~ **... oder ...** o (bien)... o...

**entweichen*** *irr vi sein* (*Person, Gas*) escapar (*aus* de)

**entweihen*** *vt* profanar

**entwenden*** *vt* (*geh*) sustraer; (*stehlen*) robar

**entwerfen*** *irr vt* ❶ (*in Gedanken*) proyectar; (*zeichnerisch*) diseñar; (*Plan*) trazar ❷ (*schriftlich*) hacer un borrador (de)

**entwerten*** *vt* ❶ (*Fahrschein*) cancelar ❷ (*im Wert mindern*) devaluar

**Entwertung** *f* <-en> ❶ (*Wertminderung*) devaluación *f* ❷ (*von Fahrkarten*) cancelación *f,* picado *m fam*

**entwichen** *pp von* **entweichen**

**entwickeln*** **I.** *vt* ❶ (*Theorie*) desarrollar ❷ (FOTO) revelar **II.** *vr:* **sich** ~ desarrollarse (*aus* de); (*sich fort~*) evolucionar (*aus* de); (*Rauch*) producirse; **sich zu etw** *dat* ~ transformarse en algo

**Entwickler** *m* <-s, -> (FOTO) revelador *m*

**Entwicklung** *f* <-en> ❶ (*Wachstum*) desarrollo *m;* (*Fort~*) evolución *f;* **sich in der ~ befinden** estar en estado de desarrollo ❷ (*von Rauch*) formación *f* ❸ (*einer Theorie*) desarrollo *m* ❹ (FOTO) revelado *m* ❺ (*neues Produkt*) desarrollo *m;* (*Herstellung*) creación *f;* **Entwicklungshelfer(in)** *m(f)* voluntario, -a *m, f* en los países en (vías de) desarrollo; **Entwicklungshilfe** *f ohne pl* ayuda *f* al desarrollo; **Entwicklungsland** *nt* país *m* en (vías de) desarrollo; **Entwicklungsstufe** *f* grado *m* de desarrollo

**entwirren*** [ɛnt'vɪrən] *vt* (*geh*) ❶ (*Fäden*) desenredar ❷ (*Unklarheiten*) aclarar

**entwischen*** [ɛnt'vɪʃən] *vi sein* (*fam*) escapar(se)

**entwöhnen*** [ɛnt'vøːnən] *vt* ❶ (*Säugling*) destetar ❷ (*geh: abbringen*) deshabituar

**entworfen** *pp von* **entwerfen**

**entwürdigen*** *vt* humillar

**entwürdigend** *adj* humillante

**Entwurf** *m* <-(e)s, -würfe> ❶ (*Konzept*) borrador *m,* machote *m Am;* (*Projekt*) proyecto *m* ❷ (*Zeichnung*) diseño *m* ❸ (*Skizze*) bosquejo *m*

**entwurzeln*** *vt* arrancar de raíz; (*Mensch*) desarraigar

**entziehen*** *irr* **I.** *vt* ❶ (*Erlaubnis*) quitar; (*Wort, Führerschein*) retirar ❷ (*Nährstoffe*) extraer ❸ (*Hand*) quitar **II.** *vr:* **sich** ~ ❶ (*einer Verpflichtung*) sustraerse (a) ❷ (*einer Person*) rehuir; (*einer Umarmung*) evitar ❸ (*verborgen bleiben*) escaparse (a); **das entzieht sich meiner Kenntnis** esto se escapa a mi conocimiento **III.** *vi* (*fam: Süchtige*) desintoxicarse

**Entziehungskur** *f* cura *f* de desintoxicación

**entziffern*** [ɛnt'tsɪfɐn] *vt* descifrar

**entzogen** *pp von* **entziehen**

**entzücken*** *vt* encantar; (*begeistern*) entusiasmar

**Entzücken** [ɛn'tsʏkən] *nt* <-s, *ohne pl*> (*geh*) encanto *m;* **jdn in ~ versetzen** encantar a alguien

**entzückend** *adj* encantador

**Entzug** *m* <-(e)s, *ohne pl*> ❶ (*von Rauschgift*) desintoxicación *f* ❷ (*des Führerscheins*) retirada *f;* (*von Unterstützung*) supresión *f* ❸ (*von Flüssigkeit*) extracción *f;* **Entzugserscheinung** *f* síntoma *m* de abstinencia

**entzündbar** [ɛnt'tsʏntbaːɐ] *adj* inflamable

**entzünden*** **I.** *vr:* **sich** ~ ❶ (*Feuer fangen*) incendiarse ❷ (MED) inflamarse ❸ (*hervorgerufen werden*) producirse (*an* por) **II.** *vt* (*geh: Feuer, Kerze, Leidenschaft*) encender

**entzündet** *adj* inflamado

**entzündlich** *adj* ❶ (MED: *entzündet*) inflamado; (*zu entzünden*) inflamatorio ❷ (*Brennstoff*) inflamable

**Entzündung** *f* <-en> (MED) inflamación *f*

**entzwei** [ɛnt'tsvaɪ] *adj inv* ❶ (*kaputt*) roto ❷ (*gespalten*) partido

**entzweien*** **I.** *vt* (*Freunde*) enemistar **II.** *vr:* **sich** ~ (*uneins werden*) enemistarse (*mit* con)

**entzwei|gehen** *irr vi sein* romperse (en pedazos)

**Enzian** ['ɛntsiaːn] *m* <-s, -e> ❶ (BOT) genciana *f* ❷ (*Schnaps*) licor *m* de genciana

**Enzyklopädie** [ɛntsyklopɛ'diː] *f* <-n> enciclopedia *f*

**enzyklopädisch** [ɛntsyklo'pɛːdɪʃ] *adj* enciclopédico

**Enzym** [ɛn'tsyːm] *nt* <-s, -e> enzima *f*

**Epen** *pl von* **Epos**

**Epidemie** [epide'miː] *f* <-n> epidemia *f*

**Epilepsie** [epilɛ'psiː] *f* <-n> (MED) epilepsia *f*

**Epileptiker(in)** [epi'lɛptikɐ] *m(f)* <-s, -; -nen> epiléptico, -a *m, f*

**epileptisch** [epi'lɛptɪʃ] *adj* epiléptico

**Epilog** [epi'loːk] *m* <-s, -e> epílogo *m*

**episch** ['eːpɪʃ] *adj* épico

**Episode** [epi'zoːdə] *f* <-n> episodio *m*

**Epizentrum** [epi'tsɛntrʊm] *nt* (GEO) epicentro *m*

**Epoche** [e'pɔxə] *f* <-n> época *f*

**Epos** ['eːpɔs] *nt* <-, Epen> (LIT) epopeya *f*

**er** [eːɐ] *pron pers 3. sg m* él; **da ist ~ ja!** ¡allí viene!; **wenn ich ~ wäre** si yo fuera él
**erachten*** [ɛɐˈʔaxtən] *vt* (*geh*) considerar (*für/als*); (*schätzen*) estimar (*für/als* como)
**Erachten** *nt* <-s, *ohne pl*>: **meines ~s** en mi opinión
**erahnen*** *vt* entrever; (*erraten*) adivinar
**erarbeiten*** *vt* ❶ (*erstellen*) elaborar ❷ (*erlangen*): **sich** *dat* **~** (*Position*) lograr; (*Wissen*) adquirir
**Erbanlage** *f* (BIOL) factor *m* hereditario
**erbarmen*** [ɛɐˈbarmən] *vr:* **sich (jds) ~** compadecerse (de alguien)
**Erbarmen** [ɛɐˈbarmən] *nt* <-s, *ohne pl*> compasión *f;* **mit jdm ~ haben** compadecerse de alguien
**erbärmlich** [ɛɐˈbɛrmlɪç] *adj* ❶ (*elend*) miserable, pingucho *Chil;* (*jämmerlich*) lamentable ❷ (*schlecht*) espantoso; **es tat ~ weh** dolió espantosamente ❸ (*gemein*) infame
**erbarmungslos** *adj* despiadado
**erbauen*** **I.** *vt* ❶ (*Gebäude*) construir ❷ (*geh: erfreuen*) deleitar **II.** *vr:* **sich ~** (*geh: erfreuen*) encontrar placer (*an* en)
**Erbauer(in)** *m(f)* <-s, -; -nen> constructor(a) *m(f)*
**erbaulich** *adj* (*Literatur*) edificante
**Erbauung** *f* <-en> edificación *f*
**Erbe¹** *nt* <-s, *ohne pl*> herencia *f;* **das ~ antreten** tomar posesión de la herencia
**Erbe, -in²** [ˈɛrbə] *m, f* <-n, -n; -nen> heredero, -a *m, f;* **jdn als ~n einsetzen** constituir heredero a alguien
**erbeben*** [-ˈ--] *vi sein* temblar
**erben** [ˈɛrbən] *vi, vt* heredar (*von* de)
**erbeuten*** [ɛɐˈbɔɪtən] *vt* apresar; (MIL) tomar como botín
**Erbfaktor** *m* (BIOL) factor *m* hereditario; **Erbfehler** *m* (BIOL) defecto *m* hereditario, vicio *m* hereditario; **Erbfolge** *f* sucesión *f;* **Erbgut** *nt* <-(e)s, *ohne pl*> (BIOL) patrimonio *m* hereditario, herencia *f*
**Erbin** [ˈɛrbɪn] *f* <-nen> *s.* **Erbe²**
**erbittert** *adj* (*Kampf, Diskussion*) enconado
**Erbitterung** *f ohne pl* exasperación *f*
**Erbkrankheit** *f* enfermedad *f* hereditaria
**erblassen*** *vi sein* palidecer (*vor* de)
**Erblasser(in)** [ˈɛrplasɐ] *m(f)* <-s, -; -nen> (JUR) testador(a) *m(f)*
**erbleichen*** *vi sein* palidecer
**erblich** [ˈɛrplɪç] *adj* hereditario
**erblicken*** *vt* (*geh*) ver; (*in der Ferne*) divisar, visualizar *Am*
**erblinden*** *vi sein* quedarse ciego
**Erblindung** *f* <-en> pérdida *f* de la vista
**erblühen*** *vi sein* florecer; (*Blüte*) abrirse
**Erbmasse** [ˈɛrpmasə] *f* ❶ (JUR) (conjunto *m* de) bienes *mpl* de la herencia ❷ (BIOL) genotipo *m;* **Erbonkel** *m* (*fam*) tío *m* rico
**erbost** [ɛɐˈboːst] *adj* (*geh*) furioso (*über* por)
**erbracht** *pp von* **erbringen**
**erbrechen*** *irr* **I.** *vi* vomitar, debocar *Arg, Bol;* **bis zum E~** (*fam*) hasta la saciedad **II.** *vt* (*geh: Siegel*) romper; (*Schloss*) forzar
**Erbrecht** *nt* (JUR) derecho *m* de sucesión
**erbringen*** *irr vt* (*Gewinne*) producir; (*Beweise*) aducir
**erbrochen** *pp von* **erbrechen**
**Erbschaft** *f* <-en> herencia *f;* **eine ~ machen** heredar
**Erbschleicher(in)** *m(f)* <-s, -; -nen> heredípeta *mf*
**Erbse** [ˈɛrpsə] *f* <-n> guisante *m,* arveja *f Am;* **Erbsensuppe** *f* (GASTR) sopa *f* de guisantes; **Erbsenzähler(in)** *m(f)* (*abw sl*) rata *mf*
**Erbsünde** *f* (REL) pecado *m* original; **Erbtante** *f* (*fam*) tía *f* rica
**Erdachse** [ˈeːɐtʔaksə] *f ohne pl* eje *m* terrestre
**erdacht** *pp von* **erdenken**
**Erdanziehung** *f ohne pl* gravedad *f;* **Erdapfel** *m* (*Österr, südd: Kartoffel*) patata *f,* papa *f Am;* **Erdatmosphäre** *f ohne pl* atmósfera *f* terrestre; **Erdball** *m ohne pl* globo *m* terrestre; **Erdbeben** *nt* terremoto *m;* **Erdbeere** *f* fresa *f;* **Erdbevölkerung** *f* población *f* mundial; **Erdboden** *m ohne pl* tierra *f,* suelo *m;* **wie vom ~ verschluckt** como si se lo/la hubiera tragado la tierra; **eine Stadt dem ~ gleich machen** no dejar piedra sobre piedra
**Erde¹** [ˈeːɐdə] *f ohne pl* ❶ (*Welt*) tierra *f;* **auf der ~** en la tierra ❷ (*Boden*) suelo *m,* tierra *f;* **auf die ~ fallen** caer al suelo; **unter der ~** subterráneo
**Erde²** *f* <-n> ❶ (*Erdreich*) tierra *f;* **jdn unter die ~ bringen** (*fam*) causar la muerte de alguien ❷ (ELEK) toma *f* de tierra
**erden** *vt* (ELEK) colocar una toma de tierra (en)
**erdenken*** *irr vt* imaginar; (*ausdenken*) idear; (*erfinden*) inventar
**erdenklich** *adj* concebible; (*vorstellbar*) imaginable; **sich** *dat* **alle ~e Mühe geben** hacer todo lo posible
**erdfarben** [ˈeːɐtfarbən] *adj* de color tierra
**Erdgas** *nt* gas *m* natural
**Erdgeschoss** *nt* planta *f* baja
**erdichten*** *vt* (*geh*) inventar
**erdig** [ˈeːɐdɪç] *adj* ❶ (*erdhaltig*) terroso

❷ (*Geschmack, Geruch*) a tierra
**Erdkugel** *f ohne pl* globo *m* terráqueo; **Erdkunde** *f ohne pl* geografía *f;* **Erdnuss** *f* cacahuete *m;* **Erdoberfläche** *f ohne pl* superficie *f* terrestre
**Erdöl** *nt* petróleo *m,* canfín *m AmC;* (WIRTSCH) crudo *m;* **Erdölvorkommen** *nt* yacimento *m* petrolífero
**Erdreich** *nt* tierra *f*
**erdreisten*** [ɛɐ'draɪstən] *vr:* **sich** ~ (*geh*) tener la desfachatez (*zu* de)
**erdröhnen*** *vi sein* retumbar
**erdrosseln*** *vt* estrangular
**erdrücken*** *vt* ❶ (*zu Tode*) aplastar ❷ (*Sorgen*) abrumar; ~**de Beweise** pruebas contundentes
**Erdrutsch** ['eːɐtrʊtʃ] *m* desprendimiento *m* de tierras; **Erdstoß** *m* seísmo *m;* **Erdteil** *m* continente *m*
**erdulden*** *vt* aguantar; (*aushalten*) soportar
**Erdumdrehung** *f* rotación *f* de la tierra; **Erdumkreisung** *f* <-en> vuelo *m* orbital; **Erdumlaufbahn** *f* órbita *f* de la tierra; **Erdumsegelung** *f* <-en> vuelta *f* al mundo en velero
**Erdung** ['eːɐdʊŋ] *f* <-en> (ELEK) toma *f* de tierra
**ereifern*** [ɛɐ'ʔaɪfɐn] *vr:* **sich** ~ apasionarse (*über* con); (*sich erwärmen*) acalorarse (*über* por)
**ereignen*** [ɛɐ'ʔaɪgnən] *vr:* **sich** ~ suceder, ocurrir
**Ereignis** *nt* <-ses, -se> acontecimiento *m;* **ein freudiges** ~ un fausto acontecimiento
**ereignislos** *adj* sin incidentes
**ereignisreich** *adj* rico en acontecimientos; (*bewegt*) movido
**ereilen*** *vt* (*geh*) alcanzar
**Erektion** [erɛk'tsjoːn] *f* <-en> erección *f*
**Eremit(in)** [ere'miːt] *m(f)* <-en, -en; -nen> eremita *mf*
**erfahren**[1] **I.** *pp von* **erfahren**[2] **II.** *adj* experimentado; (*auf einem Fachgebiet*) entendido (*in* en)
**erfahren***[2] *irr vt* ❶ (*Nachricht*) (llegar a) saber, enterarse (de); **wir haben ~, dass ...** supimos que... ❷ (*geh: erleben*) experimentar; (*durchleben*) vivir; (*Leid*) padecer
**Erfahrung** *f* <-en> experiencia *f;* (*praktische*) práctica *f;* **aus (eigener)** ~ por experiencia (propia); **die ~ machen, dass ...** comprobar que...; **etw in ~ bringen** enterarse de algo; **Erfahrungsaustausch** *m* intercambio *m* de experiencias; **erfahrungsgemäß** *adv* por experiencia; ~ **ist es ...** según muestra la experiencia, ...; **Erfahrungswert** *m* valor *m* empírico
**erfassen*** *vt* ❶ (*mit Händen*) agarrar ❷ (*mitreißen*) arrastrar; **er wurde von einem Auto erfasst** fue arrastrado por un coche ❸ (*Angst*) sobrevenir ❹ (*begreifen*) concebir; (*verstehen*) comprender ❺ (*registrieren*) registrar; (*Daten*) meter ❻ (*einbeziehen*) incluir; (*berücksichtigen*) considerar
**Erfassung** *f* <-en> ❶ (*das Verstehen*) comprensión *f* ❷ (*das Registrieren*) registro *m;* (*von Bewohnern*) empadronamiento *m;* (MIL) alistamiento *m* ❸ (INFOR: *von Daten*) registro *m*
**erfinden*** *irr vt* inventar
**Erfinder(in)** *m(f)* <-s, -; -nen> inventor(a) *m(f)*
**erfinderisch** *adj* ingenioso
**Erfindung** *f* <-en> invención *f;* (*Produkt*) invento *m;* **eine ~ machen** inventar algo; **Erfindungsgabe** *f* inventiva *f*
**Erfolg** [ɛɐ'fɔlk] *m* <-(e)s, -e> éxito *m;* (*Ergebnis*) resultado *m;* (*Folge*) consecuencia *f;* (*Wirkung*) efecto *m;* ~ **versprechend** prometedor; **ein voller** ~ un éxito completo; **mit dem ~, dass ...** con el efecto de que...; **von ~ gekrönt** coronado por el éxito
**erfolgen*** *vi sein* (*geschehen*) suceder; (*stattfinden*) realizarse; (*Zahlung, Beitritt*) efectuarse; **die Antwort erfolgte sofort** contestaron en seguida
**erfolglos** **I.** *adj* infructuoso; (*nutzlos*) ineficaz **II.** *adv* sin éxito; (*vergeblich*) en vano
**Erfolglosigkeit** *f ohne pl* fracaso *m*
**erfolgreich** **I.** *adj* (*Person*) triunfante; (*Maßnahme*) eficaz **II.** *adv* con éxito
**Erfolgsaussicht** *f* perspectiva *f* de éxito; **Erfolgsautor(in)** *m(f)* autor(a) *m(f)* de éxito; **Erfolgsbilanz** *f* balance *m* de resultados; **Erfolgsdenken** *nt* manera *f* de pensar orientada hacia el éxito; **Erfolgserlebnis** *nt* (sensación *f* de) éxito *m;* **Erfolgsmensch** *m* triunfador(a) *m(f);* **Erfolgsrezept** *nt* receta *f* para el éxito
**erfolgversprechend** *adj* prometedor; **höchst ~e Maßnahmen** medidas muy prometedoras
**erforderlich** [ɛɐ'fɔrdɐlɪç] *adj* necesario; **unbedingt** ~ indispensable; **es ist ~, dass ...** es necesario que... +*subj*
**erfordern*** *vt* requerir
**Erfordernis** *nt* <-ses, -se> necesidad *f;* (*Voraussetzung*) requisito *m*
**erforschen*** *vt* investigar; (*Weltraum*) explorar; (*Meinung*) sondear
**Erforschung** *f* <-en> investigación *f;* (*von Land*) exploración *f;* (*von Meinung*) sondeo *m*

E

**erfragen*** *vt* preguntar; (*ausfindig machen*) averiguar

**erfreuen*** **I.** *vt* (*Freude bereiten*) alegrar; **sehr erfreut!** ¡encantado!; **über jdn/etw erfreut sein** alegrarse por alguien/por algo **II.** *vr:* **sich ~** ❶ (*sich freuen*) alegrarse (*an* ante) ❷ (*geh: genießen*) gozar (de)

**erfreulich** *adj* agradable; (*Nachricht*) grato; (*befriedigend*) satisfactorio

**erfreulicherweise** [-'---'--] *adv* afortunadamente

**erfrieren*** *irr vi sein* ❶ (*Person, Tier*) morir(se) de frío ❷ (*Körperteil*) congelarse; (*Pflanze*) helarse

**erfrischen*** **I.** *vi, vt* refrescar **II.** *vr:* **sich ~** refrescarse

**erfrischend** *adj* (*Brise, Getränk*) refrescante; (*Naivität*) encantador

**Erfrischung** *f* <-en> ❶ (*das Erfrischen*) refrigeración *f* ❷ (*Getränk*) refresco *m*, fresco *m Am;* **Erfrischungsgetränk** *nt* refresco *m;* **Erfrischungstuch** *nt* toallita *f* refrescante

**erfroren** *pp von* **erfrieren**

**erfüllen*** **I.** *vt* ❶ (*aus-, anfüllen*) llenar (*mit* de) ❷ (*Bedingung*) cumplir (con); (*Versprechen*) cumplir; (*Wunsch*) corresponder (a); (*Erwartungen*) satisfacer; (*Aufgabe*) desempeñar, implementar *Am;* **das Gerät erfüllt seinen Zweck** el aparato cumple con su cometido **II.** *vr:* **sich ~** (*wahr werden*) realizarse

**Erfüllung** *f* <-en> ❶ (*Befriedigung*) satisfacción *f* ❷ (*einer Aufgabe*) desempeño *m;* (*eines Vertrages, einer Pflicht*) cumplimiento *m;* (*eines Planes*) realización *f;* **in ~ gehen** cumplirse

**erfunden** *pp von* **erfinden**

**ergangen** *pp von* **ergehen**

**ergänzen*** [ɛɐ'gɛntsən] **I.** *vt* (*vervollständigen*) complementar; (*hinzufügen*) añadir **II.** *vr:* **sich ~** (*zusammenpassen*) complementarse

**ergänzend** **I.** *adj* adicional; **erlauben Sie mir eine ~e Bemerkung** permítame añadir algo **II.** *adv:* **ich möchte ~ darauf hinweisen, dass ...** quisiera señalar, además, que...

**Ergänzung** *f* <-en> ❶ (*Vervollständigung*) complemento *m* ❷ (*Zusatz*) añadidura *f;* **zur ~ sei noch gesagt, dass ...** añádase a esto que... ❸ (LING) complemento *m*

**ergattern*** [ɛɐ'gatɐn] *vt* (*fam*) pescar

**ergaunern*** *vt* timar

**ergeben**[1] **I.** *pp von* **ergeben**[2] **II.** *adj* ❶ (*untertänig*) sumiso; (*demütig*) devoto ❷ (*treu*) leal

**ergeben***[2] *irr* **I.** *vt* (*Ergebnis*) dar como resultado; (MATH) dar por resultado; (*Bilanz*) arrojar; (*Untersuchungen*) demostrar **II.** *vr:* **sich ~** ❶ (*kapitulieren*) rendirse ❷ (*sich herausstellen*) producirse; (*Schwierigkeit*) surgir ❸ (*folgen*) resultar (*aus* de); (*sich ableiten*) deducirse (*aus* de); **daraus ergibt sich, dass ...** de esto resulta que... ❹ (*sich hingeben*): **sich etw** *dat*/**jdm ~** entregarse a algo/a alguien

**Ergebenheit** *f ohne pl* ❶ (*Anhänglichkeit*) afección *f* ❷ (*Treue*) lealtad *f* ❸ (*Fügsamkeit*) devoción *f*

**Ergebnis** [ɛɐ'ge:pnɪs] *nt* <-ses, -se> resultado *m;* (*Folge*) consecuencia *f;* **wir sind zu dem ~ gekommen, dass ...** hemos llegado a la conclusión de que...

**ergebnislos** *adj* sin resultado

**ergehen*** *irr* **I.** *vi sein* (*geh: Gesetz*) publicarse; (*Einladung*) ser enviado **II.** *vunpers sein* (*geschehen*): **ihr ist es dort gut/schlecht ergangen** le ha ido bien/mal allí; **etw über sich ~ lassen** soportar algo **III.** *vr:* **sich ~** (*äußern*) explayarse (*in* sobre)

**ergiebig** [ɛɐ'gi:bɪç] *adj* productivo; (*Geschäft*) lucrativo; (*Boden*) fértil

**ergießen*** *irr vr:* **sich ~** derramarse (*auf* por, *über* sobre); (*münden*) desembocar (*in* en); (*ins Meer*) desaguar (*in* en)

**ergossen** *pp von* **ergießen**

**ergötzen*** [ɛɐ'gœtsən] **I.** *vt* (*geh: vergnügen*) divertir **II.** *vr:* **sich ~** divertirse (*an* en/con)

**ergrauen*** [ɛɐ'graʊən] *vi sein* encanecer

**ergreifen*** *irr vt* ❶ (*fassen*) coger; (*Furcht, Ahnung*) acometer; (*Maßnahmen, Partei*) tomar; (*Gelegenheit*) aprovechar; **sie ergriff das Wort** tomó la palabra ❷ (*festnehmen*) detener ❸ (*erschüttern*) conmover

**ergreifend** *adj* conmovedor, emocionante

**Ergreifung** *f* <-en> captura *f*

**ergriffen** [ɛɐ'grɪfən] **I.** *pp von* **ergreifen** **II.** *adj* conmovido, emocionado

**ergründen*** *vt* averiguar

**Erguss** [ɛɐ'gʊs, *pl:* ɛɐ'gʏsə] *m* <-es, -güsse> ❶ (MED) derrame *m* ❷ (*abw: Redeschwall*) verborrea *f* ❸ (*Samen~*) eyaculación *f*

**erhaben** [ɛɐ'ha:bən] *adj* ❶ (*erhöht*) elevado ❷ (*überlegen*) por encima (*über* de); **über jeden Verdacht ~ sein** estar por encima de cualquier sospecha ❸ (*feierlich*) sublime

**Erhabenheit** *f ohne pl* elevación *f;* (*Feierlichkeit*) sublimidad *f*

**Erhalt** *m* <-(e)s, *ohne pl*> (*formal*) ❶ (*Empfang*) recibo *m* ❷ (*Instandhaltung*) mantenimiento *m*

**erhalten*** *irr vt* ❶ (*bekommen*) recibir; (*Genehmigung*) obtener; (*Gehalt*) cobrar; (*Geldstrafe*) recibir ❷ (*bewahren*) conservar; (*aufrechterhalten*) mantener; **jdn am Leben ~** mantener a alguien con vida; **etw ist gut ~** algo está bien conservado

**erhältlich** [ɛɐ'hɛltlɪç] *adj* conseguible; (*käuflich*) en venta

**Erhaltung** *f ohne pl* conservación *f*; (*Unterhaltung*) mantenimiento *m*

**erhängen*** **I.** *vt* ahorcar **II.** *vr:* **sich ~** ahorcarse

**erhärten*** *vt* ❶ (*Material*) endurecer ❷ (*Vermutung*) confirmar

**erhaschen*** [ɛɐ'haʃən] *vt* (*Blick, Wort*) captar

**erheben*** *irr* **I.** *vt* ❶ (*hochheben*) alzar; (*aufrichten*) erguir; **er erhob sein Glas** alzó su vaso; **ein ~der Augenblick** un momento edificante ❷ (*Steuern*) imponer; (*Eintritt*) cobrar ❸ (*Geschrei, Protest*) levantar; **die Stimme ~** (*geh*) levantar la voz ❹ (*Daten*) hacer constar ❺ (*Einwände*) poner (*gegen* a); (*Forderungen*) formular **II.** *vr:* **sich ~** ❶ (*aufstehen*) levantarse; (*sich aufrecht halten*) erguirse ❷ (*Flugzeug, Vogel*) emprender el vuelo ❸ (*geh: Sturm*) levantarse; (*Frage*) plantearse ❹ (*sich auflehnen*) sublevarse (*gegen* contra)

**erhebend** *adj* (*geh*) edificante; **ein ~er Augenblick** un momento edificante

**erheblich** [ɛɐ'he:plɪç] *adj* notable; (*wichtig*) importante; **~ besser** mucho mejor

**Erhebung** *f* <-en> ❶ (*Anhöhe*) elevación *f*; (*Hügel*) colina *f* ❷ (*Aufstand*) sublevación *f* ❸ (FIN: *von Abgaben*) cobro *m* ❹ (*Umfrage*) sondeo *m*

**erheitern*** [ɛɐ'haɪtɐn] **I.** *vt* (*geh*) regocijar **II.** *vr:* **sich ~** (*geh*) regocijarse

**Erheiterung** *f* <-en> diversión *f*

**erhellen*** **I.** *vt* ❶ (*Raum*) iluminar ❷ (*Zusammenhänge*) aclarar **II.** *vr:* **sich ~** ❶ (*Himmel*) despejarse ❷ (*Gesicht*) iluminarse

**erhitzen*** [ɛɐ'hɪtsən] **I.** *vt* ❶ (*Speisen*) calentar ❷ (*erregen*) excitar **II.** *vr:* **sich ~** ❶ (*Speisen*) calentarse ❷ (*sich erregen*) excitarse

**erhoben** *pp von* **erheben**

**erhoffen*** *vt* esperar

**erhöhen*** [ɛɐ'hø:ən] **I.** *vt* ❶ (*Mauer*) elevar (*um* en) ❷ (*Spannung*) aumentar ❸ (*Geschwindigkeit*) aumentar; (*Preis*) subir; **den Preis auf vier Euro/um vier Euro ~** subir el precio a cuatro euros/en cuatro euros ❹ (MUS: *um einen Halbton*) elevar en un semitono **II.** *vr:* **sich ~** (*Gehalt, Spannung*) aumentar

**erhöht** *adj* (*Wert, Blutdruck*) alto

**Erhöhung** *f* <-en> ❶ (*einer Mauer*) elevación *f* ❷ (*der Preise, Geschwindigkeit*) aumento *m*

**erholen*** *vr:* **sich ~** ❶ (*ausspannen*) reponerse (*von* de); (*von Krankheit*) restablecerse (*von* de) ❷ (COM) recuperarse

**erholsam** [ɛɐ'ho:lza:m] *adj* tranquilo

**Erholung** *f ohne pl* ❶ (*Ruhe*) descanso *m* ❷ (*Genesung*) restablecimiento *m*; **Erholungsgebiet** *nt* zona *f* de descanso; **Erholungswert** *m* (ÖKOL) valor *m* recreativo

**erhören*** *vt* (*geh: Bitte*) atender

**erigieren*** [eri'gi:rən] *vi sein* ponerse erecto; **ein erigierter Penis** un pene erecto

**erinnern*** [ɛɐ'ʔɪnɐn] **I.** *vi, vt* recordar (*an* a); **ich sollte dich daran ~, dass ...** te tenía que recordar que... **II.** *vr:* **sich ~** acordarse (*an* de); (*an weit zurückliegendes*) recordar (*an*); **soweit ich mich ~ kann** por lo que yo recuerdo

**Erinnerung** *f* <-en> ❶ (*Gedächtnis*) memoria *f*; **etw in guter ~ behalten** guardar buena memoria de algo ❷ (*Zurückdenken*) recuerdo *m* (*an* de) ❸ (*Mahnung*) advertencia *f* ❹ (*Andenken*) recuerdo *m*; **zur ~ an jdn** en recuerdo de alguien

**erkälten*** [ɛr'kɛltən] *vr:* **sich ~** resfriarse, afluxionarse *Col, Cuba*

**erkältet** *adj* resfriado

**Erkältung** *f* <-en> resfriado *m*; **eine ~ bekommen** resfriarse, afluxionarse *Col, Cuba*; **Erkältungskrankheit** *f* (MED) catarro *m*

**erkämpfen*** *vt* luchar (por)

**erkannt** *pp von* **erkennen**

**erkaufen*** *vt* pagar (por); **das hast du dir teuer erkauft** has pagado un alto precio por ello

**erkennbar** *adj* reconocible (*an* por); (*wahrnehmbar*) perceptible

**erkennen*** *irr* **I.** *vt* ❶ (*wahrnehmen*) ver; (*ausmachen*) distinguir ❷ (*identifizieren*) reconocer (*an* por); **jdn an etw** *dat* **wieder ~** reconocer a alguien por algo; **er war nicht wieder zu ~** había cambiado totalmente; **sich zu ~ geben** identificarse ❸ (*Irrtum*) reconocer **II.** *vi* (JUR) condenar (*auf* a)

**erkenntlich** [ɛɐ'kɛntlɪç] *adj:* **sich (bei jdm) ~ zeigen** mostrarse agradecido (a alguien)

**Erkenntnis** *f* <-se> conocimiento(s) *m(pl)*; (*Einsicht*) comprensión *f*; **zu der ~ kommen, dass ...** llegar a la conclusión de que...

**Erkennungszeichen** *nt* contraseña *f*

**Erker** ['ɛrkɐ] *m* <-s, -> saledizo *m,* voladizo *m*

**erklärbar** [ɛɐ'klɛːɐbaːɐ] *adj* explicable

**erklären*** **I.** *vt* ① (*erläutern*) explicar; (*deuten*) interpretar ② (*Krieg*) declarar; (*Rücktritt*) presentar; **jdn für schuldig/vermisst/tot** ~ declarar a alguien culpable/desaparecido/muerto; **etw für ungültig** ~ declarar algo no válido **II.** *vr:* **sich** ~ ① (*folgen*) explicarse (*aus* por) ② (*sagen*) manifestarse (*für* a favor de, *gegen* contra); **sich einverstanden** ~ manifestarse de acuerdo

**erklärend** **I.** *adj* explicativo; **einige** ~**e Worte sprechen** decir una palabras aclaratorias **II.** *adv:* **... fügte sie** ~ **hinzu** ...añadió a modo de aclaración

**erklärlich** *adj* claro; (*verständlich*) comprensible

**erklärt** *adj* (*Gegner, Favorit*) declarado

**Erklärung** *f* <-en> ① (*Erläuterung*) explicación *f;* (*Deutung*) interpretación *f;* (*Grund*) motivo *m* ② (*Verlautbarung*) declaración *f;* **eine** ~ **abgeben** prestar declaración

**erklingen*** *irr vi sein* sonar

**erklungen** *pp von* **erklingen**

**erkranken*** *vi sein* enfermar (*an* de)

**Erkrankung** *f* <-en> enfermedad *f*

**erkunden*** [ɛɐ'kʊndən] *vt* (*Geheimnis*) averiguar; (*Lage*) sondear; (*Gelände*) explorar

**erkundigen*** [ɛɐ'kʊndɪgən] *vr:* **sich** ~ informarse (*nach/über* sobre); (*nach dem Weg*) preguntar (*nach/über* por)

**Erkundigung** *f* <-en> investigación *f;* ~**en** (**über jdn/etw**) **einziehen** informarse (sobre alguien/algo)

**Erkundung** *f* <-en> exploración *f*

**erlangen*** [ɛɐ'laŋən] *vt* (*bekommen*) obtener; (*erreichen*) alcanzar

**Erlass** [ɛɐ'las] *m* <-es, -e> ① (*Verfügung*) orden *f;* (*eines Gesetzes*) promulgación *f* ② (*von Schulden*) condonación *f* ③ (*einer Strafe*) remisión *f*

**erlassen*** *irr vt* ① (*Gesetz, Haftbefehl*) promulgar; (*Amnestie*) declarar ② (*befreien von*): **jdm etw** ~ (*Pflicht*) eximir a alguien de algo; (*Strafe, Schulden*) condonar algo a alguien

**erlauben*** [ɛɐ'laʊbən] *vt* permitir; (*behördlich*) autorizar; ~ **Sie mal!** (*fam*) ¡pero qué se ha creído!; **sich** *dat* **etw** ~ permitirse algo; **wenn ich mir die Bemerkung** ~ **darf** si se me permite la observación

**Erlaubnis** *f* <-se> permiso *m;* (*behördlich*) autorización *f;* **jdn um** ~ **bitten** pedir permiso a alguien

**erlaucht** [ɛɐ'laʊxt] *adj* ilustre

**erläutern*** [ɛɐ'lɔɪtɐn] *vt* explicar

**erläuternd** **I.** *adj* aclaratorio; **eine** ~**e Zeichnung ist beigefügt** se añade un dibujo ilustrativo **II.** *adv* aclarativamente

**Erläuterung** *f* <-en> explicación *f;* (*Kommentar*) comentario *m*

**Erle** ['ɛrlə] *f* <-n> (BOT) aliso *m*

**erleben*** *vt* ① (*Freude*) vivir; (*Niederlage*) sufrir; (*Enttäuschung*) llevarse ② (*mit~*) vivir; **wenn du das tust, kannst du was** ~ (*fam*) si lo haces te vas a acordar ③ (*kennen lernen*) ver; **so habe ich ihn noch nie erlebt** nunca le he visto así

**Erlebnis** *nt* <-ses, -se> vivencia *f;* (*Erfahrung*) experiencia *f;* (*Ereignis*) acontecimiento *m*

**erledigen*** [ɛɐ'leːdɪgən] **I.** *vt* ① (*Auftrag*) hacer; (*Angelegenheit*) resolver; **ich habe noch etwas zu** ~ aún tengo que hacer algo; **die Sache ist für mich erledigt** para mí el asunto está concluido ② (*sl: töten*) liquidar; (*ruinieren*) arruinar **II.** *vr:* **sich** ~ arreglarse

**erledigt** [ɛɐ'leːdɪçt] *adj* (*fam*) cansado; **ich bin völlig** ~ estoy hecho polvo

**Erledigung**[1] *f* <-en> (*Besorgung*) compra *f;* ~**en machen** hacer compras

**Erledigung**[2] *f ohne pl* (*das Erledigen*) arreglo *m;* (*Abwicklung*) tramitación *f*

**erlegen**[1] *pp von* **erliegen**

**erlegen***[2] [ɛɐ'leːgən] *vt* (*geh*) matar

**erleichtern*** [ɛɐ'laɪçtɐn] *vt* aliviar; (*um Gewicht*) aligerar; (*Arbeit, Verständnis*) facilitar; **sein Herz** ~ desahogarse; **erleichtert atmete er auf** respiró con alivio; **die Nachricht erleichterte ihn** la noticia lo alivió; **jdn um 100 DM** ~ (*fam*) mangarle a alguien 100 marcos

**Erleichterung** *f ohne pl* alivio *m;* **zu meiner großen** ~ para mi gran alivio

**erleiden*** *irr vt* (*Schmerzen*) soportar; (*Niederlage*) sufrir

**erlernen*** *vt* aprender

**erlesen** *adj* selecto

**erleuchten*** *vt* iluminar

**Erleuchtung** *f* <-en> iluminación *f;* (*Inspiration*) inspiración *f*

**erliegen*** *irr vi sein* (*einer Versuchung*) sucumbir (+*dat* a); (*einem Irrtum*) caer (+*dat* en); **zum E~ kommen** quedar paralizado

**erlischt** *3. präs von* **erlöschen**

**erlitten** *pp von* **erleiden**

**Erlös** [ɛɐ'løːs] *m* <-es, -e> ingreso *m;* (*für wohltätige Zwecke*) beneficio *m*

**erlosch** *3. imp von* **erlöschen**

**erloschen** *pp von* **erlöschen**

**erlöschen** <erlischt, erlosch, erloschen> *vi sein* ❶ (*Vulkan*) extinguirse ❷ (*Anspruch*) prescribir; (*Interesse*) desaparecer

**erlösen*** *vt* librar (*von* de); (REL) redimir

**erlösend** **I.** *adj* aliviante **II.** *adv* que procura alivio

**Erlösung** *f* <-en> (*Rettung*) salvación *f;* (*Befreiung*) liberación *f;* (REL) redención *f*

**ermächtigen*** [ɛɐ'mɛçtɪgən] *vt* autorizar (*zu* para)

**Ermächtigung** *f* <-en> (JUR) autorización *f* (*zu* para)

**ermahnen*** *vt* exhortar (*zu* a); (*tadeln*) reprender; (*warnen*) advertir

**Ermahnung** *f* <-en> exhortación *f;* (*Warnung*) advertencia *f*

**Ermangelung** *f ohne pl* (*geh*): **in ~ einer Lösung** a falta de una solución

**ermäßigen*** [ɛɐ'mɛːsɪgən] *vt* reducir

**Ermäßigung** *f* <-en> ❶ (*Senkung*) reducción *f* ❷ (*Preisnachlass*) rebaja *f*

**ermatten*** [ɛɐ'matən] **I.** *vi sein* (*geh*) perder las fuerzas **II.** *vt haben* (*geh*) agotar; (**von etw** *dat*) **ermattet sein** estar agotado (por algo)

**ermattet** *adj* cansado

**ermessen*** *irr vt* juzgar; (*schätzen*) evaluar

**Ermessen** *nt* <-s, *ohne pl*> parecer *m,* juicio *m;* **nach menschlichem ~** según el parecer común; **in jds ~ liegen** quedar al libre albedrío de alguien; **Ermessensfrage** *f* cuestión *f* de libre albedrío; **Ermessensspielraum** *m* (JUR) margen *m* de evaluación

**ermitteln*** [ɛɐ'mɪtəln] **I.** *vi* (JUR) proseguir las diligencias (*gegen* contra) **II.** *vt* ❶ (*Täter*) averiguar ❷ (*Sieger*) determinar ❸ (MATH) calcular

**Ermittlung** *f* <-en> ❶ (*polizeilich*) pesquisa *f* ❷ (*Feststellung*) descubrimiento *m;* **Ermittlungsverfahren** *nt* (JUR) sumario *m*

**ermöglichen*** [ɛɐ'møːklɪçən] *vt* hacer posible, posibilitar

**ermorden*** *vt* asesinar

**Ermordung** *f* <-en> asesinato *m*

**ermüden*** [ɛɐ'myːdən] **I.** *vi sein* ❶ (*Person*) cansarse ❷ (TECH) fatigarse **II.** *vt* (*Person*) cansar

**ermüdend** *adj* fatigoso, cansador *Arg*

**Ermüdung** *f* <-en> cansancio *m;* (*a.* TECH) fatiga *f;* **Ermüdungserscheinung** *f* síntoma *m* de cansancio

**ermuntern*** [ɛɐ'mʊntɐn] *vt* estimular (*zu* a); (*aufmuntern*) animar (*zu* a)

**Ermunterung** *f* <-en> ❶ (*das Ermuntern*): **zu jds ~** para levantarle el ánimo a alguien ❷ (*ermunternde Worte*) palabras *fpl* de ánimo

**ermutigen*** [ɛɐ'muːtɪgən] *vt* alentar (*zu* a)

**ermutigend** **I.** *adj* que anima; **danke für deine ~en Worte** gracias por tus palabras de ánimo **II.** *adv* para animar; **er nickte ihr ~ zu** le hizo una seña para darle ánimos

**Ermutigung** *f* <-en> ánimo(s) *m(pl);* **er sprach einige Worte der ~** pronunció unas palabras de aliento

**ernähren*** **I.** *vt* ❶ (*mit Nahrung*) alimentar ❷ (*sorgen für*) mantener; (*unterhalten*) sustentar **II.** *vr:* **sich ~** alimentarse (*von* de)

**Ernährer(in)** *m(f)* <-s, -; -nen> sustentador(a) *m(f)* de la familia

**Ernährung** *f ohne pl* ❶ (*Nahrung*) alimentación *f* ❷ (*Unterhalt*) sustento *m;* **Ernährungsgewohnheiten** *fpl* (MED) costumbres *fpl* alimenticias; **Ernährungswissenschaft** *f ohne pl* ciencia *f* de la nutrición; **Ernährungswissenschaftler(in)** *m(f)* experto, -a *m, f* en nutrición, nutricionista *mf*

**ernannt** *pp von* **ernennen**

**ernennen*** *irr vt* nombrar; (*für ein Amt*) designar

**Ernennung** *f* <-en> nombramiento *m* (*zu* para); (*für ein Amt*) designación *f* (*zu* para)

**erneuerbar** [ɛɐ'nɔɪɐbaːɐ] *adj* renovable; **~e Energiequellen** fuentes de energía renovables

**erneuern*** [ɛɐ'nɔɪɐn] *vt* ❶ (*Vertrag*) renovar; (*Maschinenteil*) cambiar ❷ (*Gebäude*) restaurar ❸ (*Freundschaft*) reavivar; (*Beziehungen*) reanudar

**Erneuerung** *f* <-en> ❶ (*das Auswechseln*) cambio *m* ❷ (*Renovierung, Restaurierung*) renovación *f* ❸ (*Verlängerung der Gültigkeit*) renovación *f*

**erneut** [ɛɐ'nɔɪt] *adv* de nuevo

**erniedrigen*** [ɛɐ'niːdrɪgən] **I.** *vt* ❶ (*demütigen*) humillar ❷ (*Druck*) disminuir; (*Preise*) bajar ❸ (MUS) abemolar **II.** *vr:* **sich ~** humillarse (*vor* ante); (*sich herabwürdigen*) rebajarse (*vor* ante), achicarse (*vor* ante) *Am*

**Erniedrigung** *f* <-en> ❶ (*Demütigung*) humillación *f* ❷ (MUS) abemolado *m*

**ernst** [ɛrnst] *adj* ❶ (*Mensch*) serio; (*Absicht*) firme; **jdn/etw ~ nehmen** tomar a alguien/algo en serio; **etw ~ meinen** decir algo en serio ❷ (*Lage, Krankheit*) grave ❸ (*feierlich*) solemne

**Ernst** *m* <-es, *ohne pl*> ❶ (*Strenge*) severidad *f* ❷ (*ernster Wille*) seriedad *f;* **das ist**

E

**mein voller** ~ (*fam*) lo digo muy en serio; **im** ~ en serio; **allen** ~**es** con toda seriedad ❸ (*Gewichtigkeit*) gravedad *f*

**Ernstfall** *m* caso *m* de urgencia

**ernsthaft** *adj* ❶ (*Verletzung*) grave ❷ (*Miene, Angebot*) serio

**Ernsthaftigkeit** *f ohne pl* seriedad *f*

**ernstlich** I. *adj* ❶ (*Bedenken*) serio; (*Gefahr*) grave ❷ (*Absicht*) firme II. *adv* ❶ (*ermahnen*) en serio ❷ (*krank sein*) gravemente

**Ernte** ['ɛrntə] *f* <-n> ❶ (*Vorgang*) recolección *f;* (*von Mais*) pizca *f Mex* ❷ (*das Geerntete*) cosecha *f*

**Erntedankfest** [-–'--] *nt* Día *m* de Acción de Gracias

**ernten** ['ɛrntən] *vt* (*a. fig*) cosechar; (*Mais*) pizcar *Mex*

**ernüchtern*** [ɛɐ'nʏçtɐn] *vt* ❶ (*Betrunkene*) desembriagar ❷ (*enttäuschen*) desilusionar

**Ernüchterung** *f* <-en> desilusión *f*

**Eroberer, -in** [ɛɐ'ʔo:bəre] *m, f* <-s, -; -nen> conquistador(a) *m(f)*

**erobern*** [ɛɐ'ʔo:bɐn] *vt* (*a. fig*) conquistar

**Eroberung** *f* <-en> conquista *f*

**eröffnen*** I. *vt* ❶ (*Konto, Geschäft*) abrir; (*einweihen*) inaugurar; (*Verhandlung*) dar comienzo (a) ❷ (*Testament*) leer ❸ (JUR: *Verfahren*) establecer ❹ (MIL: *Angriff*) abrir ❺ (*mitteilen*): **jdm etw** ~ comunicar algo a alguien II. *vr:* **sich** ~ (*Perspektiven*) abrirse

**Eröffnung** *f* <-en> ❶ (*Öffnung*) apertura *f;* (*Einweihung*) inauguración *f* ❷ (*Mitteilung*) confidencia *f*

**erogen** [ero'ge:n] *adj* erógeno; ~**e Zone** zona erógena

**erörtern*** [ɛɐ'œrtɐn] *vt* discutir, debatir

**Erörterung** *f* <-en> ❶ (*das Erörtern*) discusión *f* ❷ (*Text*) comentario *m*

**Erosion** [ero'zjo:n] *f* <-en> (GEO) erosión *f*

**Erotik** [e'ro:tɪk] *f ohne pl* erotismo *m*

**erotisch** *adj* erótico

**Erpel** ['ɛrpəl] *m* <-s, -> pato *m* macho

**erpicht** [ɛɐ'pɪçt] *adj:* **auf etw** ~ **sein** estar ansioso por algo

**erpressen*** *vt* ❶ (*Person*) chantajear (*mit* con) ❷ (*Lösegeld, Geständnis*) extorsionar

**Erpresser(in)** *m(f)* <-s, -; -nen> chantajista *mf,* extorsionista *mf*

**erpresserisch** *adj* extorsionista

**Erpressung** *f* <-en> chantaje *m;* **Erpressungsversuch** *m* (JUR) intento *m* de extorsión

**erproben*** *vt* probar

**erprobt** *adj* probado; **das Gerät ist noch nicht** ~ el aparato no ha sido probado todavía; **er ist in solchen Dingen** ~ tiene experiencia en esas cosas

**Erprobung** *f* <-en> prueba *f*

**erquicklich** *adj* (*geh*) agradable

**erraten*** [ɛɐ'ra:tən] *irr vt* adivinar

**errechnen*** *vt* calcular

**erregbar** [ɛɐ're:kba:ɐ] *adj* irritable; (*sexuell*) excitable

**erregen*** [ɛɐ're:gən] I. *vt* ❶ (*emotional, sexuell*) excitar ❷ (*hervorrufen*) provocar; (*Interesse*) despertar; (*Ärger*) desatar ❸ (*Fantasie*) estimular II. *vr:* **sich** ~ excitarse (*über* con); (*Gemüter*) acalorarse

**Erreger** *m* <-s, -> (MED) germen *m* patógeno

**Erregung** *f* <-en> excitación *f,* prendimiento *m Col, Ven*

**erreichbar** *adj* alcanzable; (*Ort*) accesible

**erreichen*** *vt* ❶ (*Person*) localizar ❷ (*Zug, Alter*) alcanzar; (*Ort*) llegar (a) ❸ (*erlangen*) conseguir; (*zustande bringen*) lograr

**errichten*** *vt* ❶ (*Gebäude*) levantar; (*bauen*) construir; (*Denkmal*) erigir ❷ (*gründen*) establecer

**erringen*** *irr vt* conseguir; (*Erfolg*) obtener

**erröten*** [ɛɐ'rø:tən] *vi sein* sonrojarse

**errungen** *pp von* **erringen**

**Errungenschaft** [ɛɐ'rʊŋənʃaft] *f* <-en> logro *m;* (*Eroberung*) conquista *f;* (*der Technik*) adelanto *m*

**Ersatz** [ɛɐ'zats] *m* <-es, *ohne pl*> ❶ (*Auswechselung*) sustitución *f* ❷ (*Entschädigung*) indemnización *f;* (*Belohnung*) recompensa *f;* **Ersatzbefriedigung** *f* (PSYCH) satisfacción *f* sustitutoria; **Ersatzdienst** *m* prestación *f* sustitutoria; **Ersatzdroge** *f* (MED) sustitutivo *m* de la droga; **Ersatzlösung** *f* solución *f* sustitutiva; **Ersatzmann** *m* suplente *m;* (SPORT) reserva *m;* **Ersatzmittel** *nt* sustitutivo *m;* **Ersatzreifen** *m* rueda *f* de recambio; **Ersatzschlüssel** *m* llave *m* de repuesto; **Ersatzspieler(in)** *m(f)* reserva *mf,* suplente *mf;* **Ersatzteil** *nt* (pieza *f* de) repuesto *m;* **ersatzweise** [ɛɐ'zatsvaɪzə] *adv* como alternativa

**ersaufen*** *irr vi sein* (*fam*) ahogarse, morir ahogado

**erschaffen*** *irr vt* (*geh*) crear

**Erschaffung** *f ohne pl* (*geh*) creación *f*

**erschaudern*** *vi sein* (*geh*) sentir un escalofrío

**erscheinen*** *irr vi sein* ❶ (*sichtbar werden*) aparecer ❷ (*sich einfinden*) presentarse ❸ (*Buch*) publicarse ❹ (*sich darstellen, scheinen*) parecer; **es erscheint mir wünschenswert, dass ...** me parece conveniente que... +*subj*

**Erscheinen** *nt* <-s, *ohne pl*> ❶ (*Gäste*) asistencia *f* ❷ (*das Sichtbarwerden*) aparición *f* ❸ (*Buch*) publicación *f*

**Erscheinung** *f* <-en> ❶ (*Tatsache*) fenómeno *m*; **in ~ treten** manifestarse ❷ (*Gestalt*) figura *f*; (*äußere*) apariencia *f*; **seiner äußeren ~ nach** según su apariencia ❸ (*Vision*) visión *f*; (*Gespenst*) aparición *f*;

**Erscheinungsbild** *nt* imagen *f*; (*Aussehen*) aspecto *m*

**erschienen** *pp von* **erscheinen**

**erschießen*** *irr vt* matar de un tiro, balear *AmS*, tronar *Mex*; (*hinrichten*) fusilar

**Erschießung** *f* <-en> ejecución *f*; (*Hinrichtung*) fusilamiento *m*

**erschlaffen*** [ɛɐ'ʃlafən] *vi sein* (*Muskeln*) relajarse

**erschlagen**[1] **I.** *pp von* **erschlagen**[2] **II.** *adj* (*fam*) ❶ (*erschöpft*) hecho polvo ❷ (*fassungslos*) atónito

**erschlagen***[2] *irr vt* matar a golpes

**erschleichen*** *irr vt* (*abw: durch Täuschung*) conseguir capciosamente; (*durch List*) obtener por astucia

**erschlichen** *pp von* **erschleichen**

**erschließen*** *irr vt* ❶ (*Land*) explotar; (*Märkte*) abrir; (*Baugelände*) urbanizar ❷ (*folgern*) deducir

**Erschließung** *f* <-en> ❶ (*von Bodenschätzen*) aprovechamiento *m* ❷ (*von Märkten*) apertura *f* ❸ (*von Baugelände*) urbanización *f*

**erschlossen** *pp von* **erschließen**

**erschöpfen*** **I.** *vt* ❶ (*verbrauchen*) gastar; (*aufbrauchen*) agotar ❷ (*ermüden*) cansar ❸ (*Thema*) tratar exhaustivamente **II.** *vr*: **sich ~** ❶ (*Gesprächsstoff*) agotarse ❷ (*beschränkt sein*) reducirse (*in* a)

**erschöpfend** *adj* agotador; **ein Thema ~ behandeln** tratar un tema a fondo

**Erschöpfung** *f* <-en> agotamiento *m*

**erschossen** *pp von* **erschießen**

**erschrak** *3. imp von* **erschrecken**[2], **erschrecken**[3]

**erschrecken***[1] *vt* asustar

**erschrecken**[2] <erschrickt, erschrak, erschrocken> *vi sein* asustarse (*über/vor* de)

**erschrecken**[3] <erschreckt *o* erschrickt, erschreckte *o* erschrak, erschreckt *o* erschrocken> *vr*: **sich ~** (*fam*) asustarse (*über/vor* de)

**Erschrecken** *nt* <-s, *ohne pl*> terror *m*

**erschreckend** *adj* alarmante; (*Angst einflößend*) espantoso

**erschrickt** *3. präs von* **erschrecken**[2], **erschrecken**[3]

**erschrocken** [ɛɐ'ʃrɔkən] **I.** *pp von* **erschrecken**[2], **erschrecken**[3] **II.** *adj* asustado

**erschüttern*** [ɛɐ'ʃʏtɐn] *vt* ❶ (*Erdbeben, Explosion*) hacer temblar ❷ (*Glauben, Gesundheit*) quebrantar; (*Vertrauen*) poner en duda ❸ (*Nachricht*) conmover (profundamente); (*stärker*) conmocionar

**erschütternd** *adj* conmovedor

**erschüttert** *adj* conmovido

**Erschütterung** *f* <-en> ❶ (*Beben*) sacudida *f* ❷ (*Ergriffenheit*) conmoción *f*

**erschweren*** [ɛɐ'ʃveːrən] *vt* dificultar; **unter erschwerten Bedingungen** bajo condiciones difíciles

**erschwerend** **I.** *adj* agravante; **~e Umstände** circunstancias agravantes **II.** *adv*: **~ kommt hinzu, dass ...** por si fuera poco...

**erschwindeln*** *vt* estafar

**erschwinglich** [ɛɐ'ʃvɪŋlɪç] *adj* asequible

**ersehen*** *irr vt* sacar (*aus* de); (*folgern*) deducir (*aus* de)

**ersehnen*** *vt* suspirar (por); **der ersehnte Augenblick** el momento anhelado

**ersetzbar** *adj* sustituible; **jeder Mensch ist ~** cualquier persona es sustituible

**ersetzen*** *vt* ❶ (*Teil*) reemplazar (*durch* por); (*Person*) sustituir (*durch* por) ❷ (*auswechseln*) cambiar (*durch* por) ❸ (*Ausgaben*) reembolsar ❹ (*a.* FIN: *Verlust*) indemnizar (*durch* por); **jdm einen Schaden ~** indemnizar a alguien por un daño

**ersichtlich** [ɛɐ'zɪçtlɪç] *adj* evidente; **ohne ~en Grund** sin motivo aparente; **hieraus ist ~, dass ...** de aquí se deduce que...

**ersoffen** *pp von* **ersaufen**

**ersparen*** *vt* ❶ (*Ärger*) evitar, ahorrar; **ihr bleibt aber auch nichts erspart** (*fam*) a ella le toca todo ❷ (*Geld*) ahorrar

**Ersparnis** *f* <-se> ahorro *m* (*an* de)

**Ersparte(s)** *nt* <-n, *ohne pl*> (FIN) ahorros *mpl*

**erst** [eːɐst] **I.** *adv* ❶ (*zuerst*) primero; (*an ~er Stelle*) en primer lugar ❷ (*zu Beginn*) al principio ❸ (*nicht früher als*) no hasta; **er kam ~ gestern** no vino hasta ayer ❹ (*nur*) sólo, solamente **II.** *part*: **da ging's ~ richtig los** entonces empezó la fiesta de verdad; **gerade ~** ahora mismo; **~ gestern fragte sie ...** ayer mismo preguntó...; **jetzt ~ recht!** ¡ahora más que nunca!; **wenn sie ~ weg sind** cuando hayan partido

**erstanden** *pp von* **erstehen**

**erstarren*** *vi sein* ❶ (*vor Kälte*) helarse ❷ (*Lava*) solidificar(se); (*Wasser*) helarse ❸ (*vor Schreck*) quedarse de piedra; (*Blut*) helarse

**erstatten*** [ɛɐ'ʃtatən] *vt* (*Kosten*) reembolsar

**Erstattung** *f* <-en> (*Rückzahlung*) reembolso *m;* (*Rückgabe*) restitución *f*

**Erstaufführung** *f* (THEAT) estreno *m*

**erstaunen*** **I.** *vi sein* sorprenderse, quedar asombrado (*über* de/por) **II.** *vt* sorprender

**Erstaunen** *nt* <-s, *ohne pl*> (*Verwunderung*) asombro *m;* (*Überraschung*) sorpresa *f;* (*Befremden*) extrañeza *f;* **zu meinem größten ~** para mi gran sorpresa

**erstaunlich** *adj* (*verwunderlich*) asombroso; (*überraschend*) sorprendente, sorpresivo *Am;* (*bewundernswert*) admirable

**erstaunlicherweise** [-'---'--] *adv* sorprendentemente

**erstaunt** **I.** *adj* de sorpresa; **~ sein** estar sorprendido (*über* por) **II.** *adv* sorprendido; **~ sah sie ihn an** le miraba sorprendida

**erstbeste(r, s)** *adj:* **die ~ Gelegenheit** la primera ocasión (que se presente); **der/die/das E~** el primero/la primera/lo primero (que aparezca)

**erste(r, s)** *adj* primero; **als E~s muss ich sagen ...** primero tengo que decir...; **das ~ Mal** la primera vez; **zum ~n Mal** por primera vez; **fürs E~** de momento; **~ Hilfe** primeros auxilios; **~ Klasse** primera clase; *s. a.* **achte(r, s)**

**erstechen*** *irr vt* acuchillar, carnear *Mex*

**erstehen*** *irr vt* adquirir

**Erste-Hilfe-Kasten** *m* (MED) botiquín *m* (de primeros auxilios)

**ersteigern*** *vt* comprar en subasta

**erstellen*** *vt* ❶ (*bauen*) edificar ❷ (*Gutachten*) hacer; (*erarbeiten*) elaborar ❸ (INFOR) crear; **neu ~** recrear

**erstens** ['e:ɐstəns] *adv* en primer lugar; (*bei Aufzählung*) primero; *s. a.* **achtens**

**erster** ['e:ɐstɐ] *adj s.* **erste(r, s)**

**erstere(r, s)** *adj* (*erstgenannt*) primero; **der/die/das E~** el primero/la primera/lo primero

**erstes** *adj s.* **erste(r, s)**

**ersticken*** [ɛɐ'ʃtɪkən] **I.** *vi sein* (*Person*) ahogarse, asfixiarse **II.** *vt* ❶ (*töten*) ahogar, asfixiar ❷ (*Aufruhr*) sofocar ❸ (*Feuer*) extinguir

**Erstickung** *f* <-en> (MED) asfixia *f*

**erstklassig** ['e:ɐstklasɪç] *adj* ❶ (*ausgezeichnet*) excelente, chévere *Am* ❷ (SPORT) de primera categoría

**Erstkontakt** *m* (WIRTSCH) primer contacto *m*

**erstmalig** ['e:ɐstma:lɪç] **I.** *adj* primero **II.** *adv* por primera vez

**erstmals** ['e:ɐstma:ls] *adv* por primera vez

**erstochen** *pp von* **erstechen**

**erstrangig** ['e:ɐstraŋɪç] *adj* de primera clase; (FIN) preferente

**erstreben*** *vt* (*geh*) ambicionar; (*eine Stellung*) aspirar (a); **erstrebenswert** *adj* que vale la pena

**erstrecken*** *vr:* **sich ~** ❶ (*betreffen*) referirse (*auf* a) ❷ (*räumlich*) extenderse (*über* por) ❸ (*zeitlich*) durar (*über*)

**erstunken** [ɛɐ'ʃtʊŋkən] *adj* (*fam*): **das ist ~ und erlogen** eso es una solemne mentira

**ersuchen*** *vt:* **jdn um etw ~** pedir algo a alguien

**ertappen*** *vt* pillar; (*überraschen*) sorprender; **jdn auf frischer Tat ~** sorprender a alguien en flagrante

**erteilen*** *vt* (*Erlaubnis*) conceder; (*Rat*) dar; (*Unterricht, Befehl*) impartir; **sie erteilte ihm das Wort** le concedió la palabra

**ertönen*** [ɛɐ'tø:nən] *vi sein* sonar

**Ertrag** [ɛɐ'tra:k, *pl:* ɛɐ'trɛ:gə] *m* <-(e)s, -träge> ❶ (*Produktmenge*) rendimiento *m* ❷ (*Gewinn*) beneficio *m,* ganancia *f* ❸ (AGR) cosecha *f;* **~ abwerfen** producir una cosecha

**ertragen*** *irr vt* soportar; (*aushalten*) aguantar

**erträglich** [ɛɐ'trɛ:klɪç] *adj* ❶ (*zu ertragen*) soportable, aguantable ❷ (*fam: recht gut*) pasable

**ertragreich** *adj* productivo

**ertränken*** *vt* ahogar

**erträumen*** *vt* soñar (con)

**ertrinken*** *irr vi sein* ahogarse, morir ahogado

**ertrotzen*** *vt* (*geh*) conseguir por obstinación

**ertrunken** *pp von* **ertrinken**

**erübrigen*** [ɛɐ'y:brɪgən] **I.** *vt* ❶ (*übrig behalten*) ahorrar ❷ (*haben*) tener **II.** *vr:* **sich ~** (*unnötig sein*) sobrar; (*überflüssig sein*) ser superfluo; **das hat sich jetzt alles erübrigt** esto resulta superfluo ahora

**eruieren*** [eru'i:rən] *vt* (*geh: Sachverhalt*) averiguar; (*Österr, Schweiz: Täter, Halter*) seguir la pista (de)

**erwachen*** *vi sein* (*geh*) despertar; **das wird ein böses E~ geben** va a ser un duro despertar

**erwachsen**[1] [ɛɐ'vaksən] **I.** *pp von* **erwachsen**[2] **II.** *adj* adulto

**erwachsen***[2] *irr vi sein* (*entstehen*) crecer; (*hervorgehen*) surgir (*aus* de)

**Erwachsene(r)** *mf* <-n, -n; -n> adulto, -a *m, f;* **Erwachsenenbildung** *f* educación *f* de adultos

**erwägen** [ɛɐ'vɛ:gən] <erwägt, erwog, erwogen> *vt* considerar

**Erwägung** *f* <-en> consideración *f;* **etw in**

~ **ziehen** tomar algo en consideración
**erwähnen*** [ɛɐ'vɛːnən] *vt* mencionar; **unten erwähnt** abajo citado; **erwähnenswert** *adj* digno de mención; ~ **wäre noch, dass ...** aún habría que mencionar que...
**Erwähnung** *f* <-en> mención *f*
**erwärmen*** **I.** *vt* calentar **II.** *vr:* **sich** ~ ❶ (*warm werden*) calentarse ❷ (*sich begeistern*) entusiasmarse (*für* con)
**Erwärmung** *f* <-en> calentamiento *m*
**erwarten*** *vt* ❶ (*warten, hoffen*) esperar; **sie kann es kaum noch** ~ casi no puede aguardar; **das war zu** ~ esto era de esperar ❷ (*verlangen*) exigir ❸ (*erhoffen*) esperar; **er erwartet von uns, dass wir gehorchen** espera de nosotros que le obedezcamos; **es wurde wider E~ ein schöner Tag** al contrario de lo que parecía hizo un día agradable
**Erwartung** *f* <-en> expectativa *f;* (*Hoffnung*) esperanza *f;* **den ~en entsprechen** ser conforme a lo esperado; **Erwartungsdruck** *m* presión *f* de las expectativas; **erwartungsgemäß** *adv* según lo esperado; **Erwartungshaltung** *f* esperanza *f;* **Erwartungshorizont** *m ohne pl* expectativas *fpl;* **erwartungsvoll** **I.** *adj* ilusionado **II.** *adv* lleno de expectación
**erwecken*** *vt* ❶ (*geh: aufwecken*) despertar ❷ (*hervorrufen*) producir; (*Zweifel*) dar lugar (a); (*Vertrauen*) inspirar; **Vertrauen ~d** que inspira confianza; **das erweckte den Anschein, als ob ...** esto produjo la impresión como si... +*subj*
**erweichen*** [ɛɐ'vaɪçən] *vt* ablandar
**erweisen*** [ɛɐ'vaɪzən] *irr* **I.** *vt* ❶ (*nachweisen*) comprobar, confirmar; **es gilt als erwiesen, dass ...** se da por confirmado el hecho de que... +*subj* ❷ (*Gefallen*) hacer; (*Dankbarkeit*) mostrar **II.** *vr:* **sich** ~ (*sich zeigen*) demostrar; (*sich herausstellen*) resultar; **sie hat sich als sehr zuverlässig erwiesen** ha demostrado ser de fiar
**erweitern*** [ɛɐ'vaɪtɐn] **I.** *vt* ❶ (*Anlage, Kenntnisse*) ampliar; (*Straße*) ensanchar (*um* en) ❷ (*vermehren*) aumentar (*um* en) **II.** *vr:* **sich** ~ ampliarse (*um* en); (*Straße*) ensancharse; (*Blutgefäße, Pupille*) dilatarse
**Erweiterung** *f* <-en> ❶ (*Anlage, Kenntnisse*) ampliación *f* ❷ (*Kapazität*) aumento *m* ❸ (*Pupillen, Gefäße*) dilatación *f* ❹ (INFOR) ampliación *f*
**Erwerb** [ɛɐ'vɛrp] *m* <-(e)s, -e> ❶ (*Kauf*) compra *f;* (*Anschaffung*) adquisición *f* ❷ (*Verdienst*) ganancia *f* ❸ (*Arbeit*) trabajo *m*
**erwerben*** *irr vt* ❶ (*Waren, Kenntnisse*) adquirir; **etw käuflich** ~ comprar algo ❷ (*Anerkennung*) ganarse
**erwerbsfähig** *adj* capaz de ejercer una profesión
**erwerbslos** *adj* parado, cesante *Am*
**erwerbstätig** *adj* activo; ~ **sein** estar en activo
**Erwerbstätigkeit** *f* actividad *f* remunerada; **erwerbsunfähig** *adj* incapaz de ejercer una profesión
**erwidern*** [ɛɐ'viːdɐn] *vt* ❶ (*antworten*) contestar (*auf* a); (*entgegnen*) replicar (*auf* a) ❷ (*Gruß, Besuch*) devolver
**Erwiderung** *f* <-en> ❶ (*Antwort*) respuesta *f* ❷ (*von Gefühlen*) reciprocidad *f*
**erwiesen** *pp von* **erweisen**
**erwiesenermaßen** [ɛɐ'viːzənɐ'maːsən] *adv* como ha sido comprobado
**erwirtschaften*** *vt* producir
**erwischen*** *vt* (*fam*) ❶ (*ergreifen*) pescar; **es muss ausgerechnet immer mich** ~ es que siempre me tiene que tocar a mí ❷ (*ertappen*) pillar, acapillar *Mex*
**erwog** [ɛɐ'voːk] *3. imp von* **erwägen**
**erwogen** [ɛɐ'voːgən] *pp von* **erwägen**
**erworben** [ɛɐ'vɔrbən] **I.** *pp von* **erwerben** **II.** *adj* adquirido
**erwünscht** [ɛɐ'vʏnʃt] *adj* deseado; **Spanischkenntnisse** ~ se requieren conocimientos de español
**erwürgen*** [ɛɐ'vʏrgən] *vt* estrangular
**Erz** [eːɐts, ɛrts] *nt* <-es, -e> mineral *m*
**erzählen*** *vt* contar, narrar; **etw wieder** ~ recontar algo; **mir kannst du nichts** ~ (*fam*) a mí no me puedes engañar
**Erzähler(in)** *m(f)* <-s, -; -nen> narrador(a) *m(f)*
**Erzählung** *f* <-en> ❶ (LIT) narración *f* ❷ (*Bericht*) relato *m*
**Erzbischof, -bischöfin** ['ɛrts-] *m, f* arzobispo *mf;* **Erzengel** *m* arcángel *m*
**erzeugen*** *vt* ❶ (*herstellen*) producir; (*fertigen*) fabricar; (CHEM, PHYS) generar ❷ (*hervorrufen*) provocar
**Erzeuger(in)** *m(f)* <-s, -; -nen> ❶ (BIOL) progenitor(a) *m(f)* ❷ (AGR) productor(a) *m(f)*
**Erzeugnis** *nt* <-ses, -se> producto *m*
**Erzeugung** *f* <-en> producción *f*
**Erzfeind(in)** ['ɛrts-] *m(f)* enemigo, -a *m, f* mortal
**Erzgebirge** ['eːɐts-, 'ɛrts-] *nt* <-s, *ohne pl*> Montes *mpl* Metálicos
**Erzherzog(in)** ['ɛrts-] *m(f)* (HIST) archiduque(sa) *m(f)*
**erziehbar** *adj* educable; **schwer** ~ difícil de educar

**erziehen*** *irr vt* educar (*zu* para)
**Erzieher(in)** *m(f)* <-s, -; -nen> educador(a) *m(f)*; (*Kindergärtner*) maestro, -a *m, f* de un jardín de infancia, educador(a) *m(f)* de párvulos *Am*
**erzieherisch** *adj* educador
**Erziehung** *f ohne pl* educación *f*; **erziehungsberechtigt** *adj* titular de la patria potestad; **Erziehungsberechtigte(r)** *mf* <-n, -n; -n> titular *mf* de la patria potestad; **Erziehungsgeld** *nt ohne pl ayuda familiar por hijos*

**i Land & Leute**

En caso de que el padre o la madre de un recién nacido opte por dedicarse de pleno o parcialmente a la educación de su hijo, el estado le concederá una ayuda económica, el llamado **Erziehungsgeld**. Con este subsidio, se pretende que especialmente las familias monoparentales pueden ocuparse al menos los primeros años personalmente de sus hijos.

**Erziehungsjahr** *nt* (*Mutter*) baja *f* de un año por maternidad; (*Vater*) baja *f* de un año por paternidad; **Erziehungsmethode** *f* método *m* educativo; **Erziehungsurlaub** *m* (*Mutter*) baja *f* por maternidad; (*Vater*) baja *f* por paternidad; **Erziehungswissenschaft** *f ohne pl* pedagogía *f*; **Erziehungswissenschaftler(in)** *m(f)* pedagogo, -a *m, f*
**erzielen*** *vt* obtener; (*Tor*) marcar; **eine Einigung** ~ llegar a un acuerdo
**erzkonservativ** *adj* ultraconservador
**erzogen** *pp von* **erziehen**
**erzürnen*** [ɛɐ'tsʏrnən] *vt* (*geh: zornig machen*) irritar, encolerizar
**erzwingen*** *irr vt* conseguir por la fuerza; (*Entscheidung*) forzar
**erzwungen** *pp von* **erzwingen**
**es** [ɛs] **I.** *pron pers 3. sg nt* ❶ *nom* ello; (*Mensch*) él, ella; ~ **ist sehr hübsch** es muy bonito ❷ *akk* lo; **ich weiß** ~ **nicht** no lo sé **II.** (*unpers*): ~ **gibt nichts mehr zu tun** no hay nada más que hacer; **ihr wurde** ~ **schlecht** se puso mala; ~ **freut mich, dass ...** me alegra que... +*subj*; ~ **wurde getanzt** se bailó; ~ **ist vier Uhr** son las cuatro; ~ **hat geläutet** ha sonado el timbre; ~ **regnet** llueve; **ich bin** ~ soy yo
**Es** *nt* <-, -> (MUS) mi *m* bemol
**Esche** ['ɛʃə] *f* <-n> (BOT) fresno *m*
**Esel(in)** ['e:zəl] *m(f)* <-s, -; -nen> ❶ (ZOOL) burro, -a *m, f* ❷ (*fam: Mensch*) estúpido, -a *m, f*
**Eselsbrücke** *f* (*fam fig*) regla *f* mnemotécnica; **Eselsohr** *nt* (*fam fig*) doblez *m*
**Eskalation** [ɛskala'tsjo:n] *f* <-en> escalada *f*; (POL) escalación *f*
**eskalieren*** [ɛska'li:rən] *vi sein* agravarse
**Eskapade** [ɛska'pa:də] *f* <-n> aventura *f*
**Eskimo** ['ɛskimo] *m* <-s, -s> esquimal *m*; **Eskimofrau** *f* esquimal *f*
**Eskorte** [ɛs'kɔrtə] *f* <-n> escolta *f*
**Esoterik** [ezo'te:rɪk] *f ohne pl* esoterismo *m*
**esoterisch** *adj* esotérico
**Espe** ['ɛspe] *f* <-n> (BOT) álamo *m* temblón; **Espenlaub** *nt*: **wie** ~ **zittern** (*fam*) temblar como una hoja
**Esperanto** [ɛspe'ranto] *nt* <-(s), *ohne pl*> esperanto *m*
**Espresso** [ɛs'prɛso] *m* <-(s), -s *o* Espressi *nach Zahlen*: -> café *m* solo
**Esprit** [ɛs'pri:] *m* <-s, *ohne pl*> ingenio *m*
**Essay** ['ɛse, 'ɛsɛɪ] *m o nt* <-s, -s> (LIT) ensayo *m*
**essbar** ['ɛsba:ɐ] *adj* comestible
**essen** ['ɛsən] <isst, aß, gegessen> *vi, vt* comer; **zu Mittag/Abend** ~ almorzar/cenar; ~ **gehen** ir a comer (a un restaurante); **das ist gegessen!** (*fam*) ¡ya está!
**Essen** *nt* <-s, -> comida *f*; (*Gericht*) plato *m*; **Essen(s)marke** *f* bono *m* para (la) comida, ficha *f* para (la) comida; **Essenszeit** *f* (*mittags*) hora *f* de comer; (*abends*) hora *f* de cenar
**essentiell** [ɛsɛn'tsjɛl] *adj s.* **essenziell**
**Essenz** [ɛ'sɛnts] *f* <-en> esencia *f*
**essenziell** [ɛsɛn'tsjɛl] *adj* esencial
**Essgewohnheiten** *fpl* hábitos *mpl* alimentarios
**Essig** ['ɛsɪç] *m* <-s, -e> vinagre *m*; **Essiggurke** *f* pepinillo *m* en vinagre; **Essigsäure** *f ohne pl* ácido *m* acético
**Esskastanie** *f* castaña *f*
**Esslöffel** *m* cuchara *f*; **ein** ~ **Mehl** una cucharada de harina
**Esssucht** *f ohne pl* (MED) bulimia *f*
**Esswaren** *fpl* comestibles *mpl*
**Esszimmer** *nt* comedor *m*
**Este, -in** ['e:stə] *m, f* <-n, -n; -nen> estonio, -a *m, f*
**Estland** ['ɛstlant] *nt* <-s> Estonia *f*
**estnisch** ['ɛstnɪʃ] *adj* estonio
**Estragon** ['ɛstragɔn] *m* <-s, *ohne pl*> estragón *m*
**Estremadura** [ɛstrema'du:ra] *f* Extremadura *f*
**ESZB** [e:ʔɛstsɛt'be:] *nt* <-(s), *ohne pl*> *Abk. von* **Europäisches System der Zentralbanken** SEBC *m*

**etablieren*** [eta'bli:rən] **I.** *vt* establecer **II.** *vr:* **sich** ~ establecerse

**etabliert** *adj* establecido

**Etablissement** [etablɪsə'mã:] *nt* <-s, -s> (*geh: Lokal*) establecimiento *m*

**Etage** [e'ta:ʒə] *f* <-n> piso *m;* **Etagenbett** *nt* litera *f;* **Etagenwohnung** *f* apartamento *m*

**Etappe** [e'tapə] *f* <-n> ❶ (*a.* SPORT: *räumlich, zeitlich*) etapa *f* ❷ (MIL) retaguardia *f*

**Etat** [e'ta:] *m* <-s, -s> presupuesto *m*

**etc.** [e:te:'tse:] *Abk. von* **et cetera** etc.

**etepetete** ['e:təpə'te:tə] *adj inv* (*fam*) de mírame y no me toques

**Ethik** ['e:tɪk] *f ohne pl* ética *f*

**ethisch** *adj* ético

**ethnisch** ['ɛtnɪʃ] *adj* étnico

**Ethnologe, -in** [ɛtno'lo:gə] *m, f* <-n, -n; -nen> etnólogo, -a *m, f*

**Ethnologie** [ɛtnolo'gi:] *f ohne pl* etnología *f*

**Ethnologin** *f* <-nen> *s.* **Ethnologe**

**Etikett** [eti'kɛt] *nt* <-(e)s, -e(n)> etiqueta *f,* rótulo *m*

**Etikette** [eti'kɛtə] *f* <-n> etiqueta *f*

**etikettieren*** *vt* ❶ (*Dosen, Flaschen*) etiquetar ❷ (*fig: betiteln*) tachar (*als* de)

**etliche(r, s)** *pron indef* (*geh*) algunos *mpl,* algunas *fpl;* ~ **unter den Zuschauern** algunos espectadores; **er ist um ~s älter als ich** es bastante mayor que yo

**Etui** [ɛt'vi:, ety'i:] *nt* <-s, -s> estuche *m*

**etwa** ['ɛtva] **I.** *adv* ❶ (*ungefähr*) aproximadamente ❷ (*beispielsweise*) por ejemplo; **wie ~ in diesem Fall** como por ejemplo en este caso ❸ (*Schweiz: ab und zu*) de vez en cuando **II.** *part* (*vielleicht*) quizá, tal vez; **willst du ~ schon gehen?** ¿es que te quieres ir ya?; **du willst doch nicht ~ behaupten, dass ...?** ¿no querrás decir que...?; **... oder ~ nicht?** ..., ¿o acaso no?

**etwaige(r, s)** *adj* eventual

**etwas** ['ɛtvas] *pron indef* algo; (*ein bisschen*) un poco; **hast du noch ~ Geld?** ¿te queda algo de dinero?; **ohne ~ zu sagen** sin decir nada; **das ist ~ anderes** esto es otra cosa; **sie hat ~ mit ihm** (*fam*) está liada con él; **die Sache hat ~ für sich** el asunto tiene algo

**Etwas** *nt ohne pl* algo; **sie hat das gewisse ~** tiene un no sé qué

**Etymologie** [etymolo'gi:] *f* <-n> etimología *f*

**etymologisch** [etymo'lo:gɪʃ] *adj* etimológico

**EU** [e:'ʔu:] *f Abk. von* **Europäische Union** UE *f;* **EU-Beitritt** *m* ingreso *m* en la UE; **EU-Bürger(in)** *m(f)* ciudadano, -a *m, f* de la UE

**euch** [ɔɪç] **I.** *pron pers mfpl dat/akk von* **ihr** os; (*betont*) a vosotros/vosotras... (os); (*mit Präposition*) vosotros/vosotras; **wie habt ihr ~ in China verständigt?** ¿cómo os habéis entendido en China?; ~ **würde es gefallen** a vosotros/vosotras os gustaría; **Blumen für ~!** ¡flores para vosotros/vosotras!; **ein Freund von ~** un amigo vuestro; **gehören ~ die Räder?** ¿son vuestras las bicis? **II.** *pron refl mfpl dat/akk von* **ihr** os; **setzt ~!** ¡sentaos!

**euer** ['ɔɪɐ] *pron pers pl gen von* **ihr** de vosotros/vosotras

**euer, euere, euer** *pron poss* (*adjektivisch*) vuestro, -a *m, f,* vuestros *mpl,* vuestras *fpl;* ~ **Sohn** vuestro hijo; **eure Wohnung/Freunde/Blumen** vuestro piso/vuestros amigos/vuestras flores

**euere(r, s)** *pron poss* (*substantivisch*) (el) vuestro *m,* (la) vuestra *f,* (los) vuestros *mpl,* (las) vuestras *fpl;* **das große Stück ist eures** [*o* **euers**] el trozo grande es (el) vuestro; *s. a.* **euer, euere, euer**

**EU-Gipfel** *m* <-s, -> cumbre *f* comunitaria

**Eukalyptus** [ɔɪka'lʏptʊs] *m* <-, Eukalypten *o* -> (BOT) eucalipto *m*

**EU-Kommission** *f ohne pl* Comisión *f* de la UE; **EU-Land** *nt* país *m* comunitario

**Eule** ['ɔɪlə] *f* <-n> (ZOOL) lechuza *f*

**EU-Mitgliedsland** *nt* país *m* miembro de la UE

**Eunuch** [ɔɪ'nu:x] *m* <-en, -en> eunuco *m*

**Euphorie** [ɔɪfo'ri:] *f* <-n> euforia *f*

**euphorisch** [ɔɪ'fo:rɪʃ] *adj* eufórico

**Euratom** [ɔɪra'to:m] *f Abk. von* **Europäische Atomgemeinschaft** Euratom *m*

**eure(r, s)** *pron poss o pron pers s.* **euer**

**eurer** ['ɔɪrɐ] *pron poss o pron pers s.* **euer**

**eurerseits** ['ɔɪrezaɪts] *adv* por vuestra parte

**eures** ['ɔɪrəs] *pron poss o pron pers s.* **euer**

**euresgleichen** ['--'--] *pron indef* de vuestra condición

**euretwegen** ['ɔɪrətve:gən] *adv* por vosotros; (*negativ*) por vuestra culpa

**euretwillen** ['ɔɪrətvɪlən] *adv:* **um ~** por vosotros

**eurige(r, s)** *pron poss geh für* **eu(e)re(r, s)**: **der/die/das ~** el vuestro/la vuestra; **die ~n** los vuestros/las vuestras

**Euro** ['ɔɪro] *m* <-(s), -(s)> (EU) euro *m;* **die Einführung des ~** la introducción del euro; **die Festsetzung des Wertes des ~** la fijación del valor del euro

**? Grammatik**

El sustantivo **Euro** es masculino e invariable en plural: *Ein Kilo Kartoffeln* *kostet ein Euro. – Un kilo de patatas cuesta un euro. Ich habe achtzig Euro fünfzig (Cent(s)) für diese Schuhe bezahlt. – He pagado ochenta euros y/con cincuenta (céntimos) por estos zapatos.*

**Eurobanknote** *f* billete *m* de euro; **Eurocent** *m* <-(s), -(s)> céntimo *m* de euro; **Eurocheque** *m* eurocheque *m*

**Eurocityzug** [ɔɪroˈsɪtitsuːk] *m* (EISENB) Eurocity *m* (*tren equivalente al Intercity que cubre también recorridos fuera de Alemania*)

**Euro-Einführungsgesetz** *nt* ley *f* de introducción del euro; **Eurogeld** *nt* dinero *m* europeo

**Eurokratie** *f* <-n> (POL) eurocracia *f;* **Euromark** *f ohne pl* (FIN) euromarco *m;* **Euromünze** *f* moneda de *f* euro

**Europa** [ɔɪˈroːpa] *nt* <-s> Europa *f;* **Europaabgeordnete(r)** *mf* eurodiputado, -a *m, f*

**Europäer(in)** [ɔɪroˈpɛːɐ] *m(f)* <-s, -; -nen> europeo, -a *m, f*

**Europafrage** *f* (POL) cuestión *f* europea

**europäisch** *adj* europeo; **E~er Binnenmarkt** Mercado único europeo; **E~er Rechnungshof** Tribunal Europeo de Cuentas; **E~es System der Zentralbanken** Sistema Europeo de Bancos Centrales; **E~e Union** Unión Europea; **E~e Währungseinheit** unificación monetaria europea; **E~es Währungssystem** Sistema Monetario Europeo; **E~e Wirtschafts- und Währungsunion** Unión Económica y Monetaria Europea; **E~e Zentralbank** Banco Central Europeo

**Europäisierung** *f ohne pl* (POL) europeización *f*

**Europameister(in)** *m(f)* (SPORT) campeón, -ona *m, f* de Europa; **Europameisterschaft** *f* (SPORT) campeonato *m* de Europa; **Europaparlament** *nt ohne pl* Parlamento *m* Europeo; **Europapokal** *m* (SPORT) copa *f* de Europa; **Europarat** *m ohne pl* Consejo *m* de Europa; **Europawahlen** *fpl* elecciones *fpl* europeas

**Europol** [ˈɔɪropoːl] *f* <-en> (POL) *Abk. von* **Europa-Polizei** Europol *f*

**Euroskeptiker(in)** *m(f)* (POL) euroscéptico, -a *m, f;* **Eurotunnel** *m ohne pl* eurotúnel *m;* **Eurovision** [---ˈ-] *f ohne pl* Eurovisión *f*

**Euro-Währung** *f* (EU) moneda *f* europea

**Euter** [ˈɔɪtɐ] *m* <-s, -> ubre *f*

**Euthanasie** [ɔɪtanaˈziː] *f ohne pl* eutanasia *f*

**EU-Verordnung** *f* (EU) reglamento *m* europeo, decreto-(ley) *m* europeo; **EU-Vertrag** *m* (EU) tratado *m* de la Unión Europea

**ev.** (REL) *Abk. von* **evangelisch** protestante

**e.V., E.V.** *Abk. von* **eingetragener Verein** sociedad *f* registrada

**evakuieren*** [evakuˈiːrən] *vt* evacuar

**Evakuierung** *f* <-en> evacuación *f*

**Evangelien** *pl von* **Evangelium**

**evangelisch** [evaŋˈgeːlɪʃ] *adj* evangélico, protestante

**Evangelium** [evaŋˈgeːliʊm] *nt* <-s, Evangelien> evangelio *m*

**Eventualität** [evɛntualiˈtɛːt] *f* <-en> eventualidad *f*

**eventuell** [evɛntuˈɛl] *adj* eventual

**Evolution** [evoluˈtsjoːn] *f* <-en> evolución *f*

**evtl.** *Abk. von* **eventuell** eventual

**E-Werk** *nt Abk. von* **Elektrizitätswerk** central *f* eléctrica

**EWI** [eːveːˈʔiː] *nt* <-s, *ohne pl*> (EU) *Abk. von* **Europäisches Währungsinstitut** IME *m*

**ewig** [ˈeːvɪç] *adj* ❶ (*unendlich*) eterno; **für immer und ~** para siempre jamás ❷ (*fam: ständig*) continuo; (*endlos*) infinito; **das dauert ja ~ (und drei Tage)** esto dura una eternidad

**Ewiggestrige(r)** [ˈeːvɪçgɛstrɪgɐ] *mf* <-n, -n; -n, -n> persona *f* que vive anclada en el pasado

**Ewigkeit** *f* <-en> eternidad *f;* **bis in alle ~** (*fam*) para siempre

**EWS** [eːveːˈʔɛs] *nt* <-, *ohne pl*> (EU) *Abk. von* **Europäisches Währungssystem** SME *m*

**EWU** [eːveːˈʔuː] *f* <-, *ohne pl*> (EU) *Abk. von* **Europäische Währungsunion** UME *f*

**EWWU** [eːveːveːˈʔuː] *f ohne pl* (EU) *Abk. von* **Europäische Wirtschafts- und Währungsunion** UEME *f;* **EWWU-Teilnehmerland** *nt* país *m* miembro de la UEME; **EWWU-Teilnehmerstaat** *m* estado *m* miembro de la UEME

**ex** [ɛks] *adv* (*fam*): **etw auf ~ trinken** beber algo de un trago

**Ex** *mf* <-, -; -> (*fam*) ex *mf*

**exakt** [ɛˈksakt] *adj* exacto; (*Uhrzeit*) en punto; (*sorgfältig*) esmerado

**Examen** [ɛˈksaːmən, *pl:* ɛˈksaːmina] *nt* <-s, - *o* Examina> examen *m;* **~ machen** examinarse

**Examina** *pl von* **Examen**

**exekutieren*** [ɛksekuˈtiːrən] *vt* ejecutar

**Exekution** [ɛksekuˈtsjoːn] *f* <-en> ejecución *f*

**Exekutive** [ɛksekuˈtiːvə] *f* <-n> (JUR, POL) ejecutivo *m*

**Exempel** [ɛˈksɛmpəl] *nt* <-s, -> (*geh*) ejemplo *m;* **ein ~ statuieren** instituir un ejemplo

**Exemplar** [ɛksɛmˈplaːɐ] *nt* <-s, -e> ejemplar *m*

**exemplarisch** [ɛksɛmˈplaːrɪʃ] *adj* (*geh*) ejemplar

**exerzieren*** [ɛksɛrˈtsiːrən] *vi* (MIL) hacer maniobras

**Exhibitionismus** [ɛkshibitsjoˈnɪsmʊs] *m* <-, *ohne pl*> exhibicionismo *m*

**Exhibitionist(in)** *m(f)* <-en, -en; -nen> exhibicionista *mf*

**exhumieren*** [ɛkshuˈmiːrən] *vt* exhumar

**Exil** [ɛˈksiːl] *nt* <-s, -e> exilio *m;* **ins ~ gehen** exiliarse

**Existentialismus** [ɛksɪstɛntsjaˈlɪsmʊs] *m* <-, *ohne pl*> *s.* **Existenzialismus**

**existentiell** [ɛksɪstɛnˈtsjɛl] *adj s.* **existenziell**

**Existenz**[1] [ɛksɪsˈtɛnts] *f ohne pl* (*Dasein*) existencia *f*

**Existenz**[2] *f* <-en> ❶ (*berufliche Stellung*) sustento *m;* **sich** *dat* **eine ~ aufbauen** montar un negocio ❷ (*abw: Mensch*) individuo *m;* **eine gescheiterte ~** un fracaso (de persona)

**Existenzangst** *f* angustia *f* existencial; **Existenzberechtigung** *f* autojustificación *f;* **Existenzgründer(in)** *m(f)* fundador(a) *m(f)* de un negocio; **Existenzgrundlage** *f* base *f* de vida

**Existenzialismus** [ɛksɪstɛntsjaˈlɪsmʊs] *m* <-, *ohne pl*> (PHILOS) existencialismo *m*

**existenziell** *adj* existencial

**Existenzkampf** *m* lucha *f* por la existencia; **Existenzminimum** *nt* mínimo *m* vital; **Existenzsicherung** *f ohne pl* aseguramiento *m* de los medios de vida

**existieren*** [ɛksɪsˈtiːrən] *vi* ❶ (*vorhanden sein*) existir ❷ (*auskommen*) vivir (*von* de)

**exklusiv** [ɛkskluˈziːf] *adj* exclusivo

**exkommunizieren*** *vt* (REL) excomulgar

**Exkremente** [ɛkskreˈmɛntə] *ntpl* (*geh*) excrementos *mpl*

**Exkurs** [ɛksˈkʊrs] *m* <-es, -e> excurso *m*

**Exkursion** [ɛkskʊrˈzjoːn] *f* <-en> excursión *f*

**Exmatrikulation** [ɛksmatrikulaˈtsjoːn] *f* <-en> exmatriculación *f*

**exmatrikulieren*** *vt* borrar de la matrícula (de estudiantes)

**Exot(in)** [ɛˈksoːt] *m(f)* <-en, -en; -nen> ❶ (*Tier*) animal *m* exótico; (*Pflanze*) planta *f* exótica; (*Mensch*) persona *f* de un país exótico ❷ (*fam: kauziger Typ*) bicho *m* raro

**exotisch** [ɛˈksoːtɪʃ] *adj* exótico

**expandieren*** [ɛkspanˈdiːrən] *vi* (COM) expandir; (PHYS) dilatarse

**Expansion** [ɛkspanˈzjoːn] *f* <-en> (*a.* POL, WIRTSCH) expansión *f*

**Expedition** [ɛkspediˈtsjoːn] *f* <-en> expedición *f*

**Experiment** [ɛksperiˈmɛnt] *nt* <-(e)s, -e> experimento *m*

**experimentell** [ɛksperimenˈtɛl] *adj* experimental

**experimentieren*** *vi* experimentar (*mit* con)

**Experte, -in** [ɛksˈpɛrtə] *m, f* <-n, -n; -nen> experto, -a *m, f;* (*Sachkundige*) perito, -a *m, f;* **Experteneinschätzung** *f* estimación *f* de expertos; **Expertengruppe** *f* grupo *m* de expertos

**Expertin** *f* <-nen> *s.* **Experte**

**Expertise** [ɛkspɛrˈtiːzə] *f* <-n> peritaje *m*

**explizit** [ɛkspliˈtsiːt] *adj* explícito

**explodieren*** [ɛksploˈdiːrən] *vi sein* ❶ (*Bombe, a. fig*) explotar ❷ (*Preise, Kosten*) dispararse; (*Bevölkerungszahl*) explotar

**Explosion** [ɛksploˈzjoːn] *f* <-en> (*a. fig*) explosión *f*

**explosionsartig** *adj* ❶ (*einer Explosion ähnlich*) como una explosión ❷ (*rapide*) rápido

**Explosionsgefahr** *f* peligro *m* de explosión

**explosiv** [ɛksploˈziːf] *adj* explosivo

**Exponat** [ɛkspoˈnaːt] *nt* <-(e)s, -e> (KUNST) obra *f* expuesta

**Exponent** [ɛkspoˈnɛnt] *m* <-en, -en> (MATH) exponente *m*

**Export** [ɛksˈpɔrt] *m* <-(e)s, -e> (*a.* INFOR) exportación *f;* **Exportartikel** *m* artículo *m* de exportación

**Exporteur(in)** [ɛkspɔrˈtøːɐ, *pl:* ɛkspɔrˈtøːrə] *m(f)* <-s, -e; -nen> exportador(a) *m(f)*

**Exportfirma** *f* casa *f* exportadora, empresa *f* exportadora

**exportieren*** [ɛkspɔrˈtiːrən] *vt* (*a.* INFOR) exportar

**Exportschlager** *m* gran éxito *m* de exportación

**Express** [ɛksˈprɛs] *m* <-es, *ohne pl*> (tren *m*) expreso *m;* **per ~** urgente

**Expressionismus** [ɛksprɛsjoˈnɪsmʊs] *m* <-, *ohne pl*> (KUNST, MUS, LIT) expresionismo *m*

**expressionistisch** *adj* (KUNST, MUS, LIT) expresionista

**Expressstraße** *f* (*Schweiz: Schnellstraße*) autovía *f*

**exquisit** [ɛkskviˈziːt] *adj* exquisito

**Extension** [ɛkstɛnˈzjoːn] *f* <-en> (INFOR) extensión *f*

E

**extern** [ɛks'tɛrn] *adj* externo

**extra** ['ɛkstra] **I.** *adj inv* (*fam*) ❶ (*zusätzlich*) adicional; **eine ~ Belohnung** una recompensa adicional ❷ (*gesondert*) aparte, separado; **auf einem ~ Blatt** en hoja aparte **II.** *adv* ❶ (*gesondert*) aparte, separado ❷ (*zusätzlich*) extra ❸ (*eigens*) especialmente; **das hast du ~ gemacht** (*fam*) esto lo has hecho a propósito

**Extra** *nt* <-s, -s> extra *m*

**Extrablatt** *nt* edición *f* extra

**Extrakt** [ɛks'trakt] *m o nt* <-(e)s, -e> extracto *m*, esencia *f*

**extravagant** ['ɛkstravagant, ---'-] *adj* extravagante

**Extravaganz** ['ɛkstravagants, ---'-] *f* <-en> extravagancia *f*

**extravertiert** [ɛkstravɛr'tiːɐt] *adj* (PSYCH) *s.* **extrovertiert**

**Extrawurst** *f* (*fam*): **Mensch, du kriegst immer eine ~!** ¡chico, a ti hay que echarte de comer aparte!

**extrem** [ɛks'treːm] **I.** *adj* extremo **II.** *adv* en extremo

**Extrem** *nt* <-s, -e> extremo *m*; **Extremfall** *m* caso *m* extremo; **im ~** en último extremo

**Extremismus** [ɛkstre'mɪsmʊs] *m* <-, Extremismen> (POL) extremismo *m*

**Extremist(in)** *m(f)* <-en, -en; -nen> extremista *mf*, ultra *mf fam*

**extremistisch** *adj* extremista, ultra

**Extremitäten** [ɛkstremi'tɛːtən] *fpl* extremidades *fpl*

**Extremsport** *m*, **Extremsportart** *f* deporte *m* de alto riesgo

**extrovertiert** [ɛkstrovɛr'tiːɐt] *adj* extravertido, extrovertido

**exzellent** [ɛkstsɛ'lɛnt] *adj* excelente

**Exzellenz** [ɛkstsɛ'lɛnts] *f* <-en> Excelencia *f*; (**Euer**) **~** (Su) Excelencia

**exzentrisch** [ɛks'tsɛntrɪʃ] *adj* (*a.* MATH) excéntrico

**Exzess** [ɛks'tsɛs] *m* <-es, -e> exceso *m*; **etw bis zum ~ treiben** excederse en algo

**exzessiv** [--'-] *adj* (*geh*) excesivo

**Eyeliner** ['aɪlaɪnɐ] *m* <-s, -> delineador *m* de ojos

**EZB** [eːtsɛt'beː] *f ohne pl* (EU) *Abk. von* **Europäische Zentralbank** Banco *m* Central Europeo

**EZU** [eːtsɛt'ʔuː] *f ohne pl* (POL, WIRTSCH) *Abk. von* **Europäische Zahlungsunion** UEP *f*

**E-Zug** *m* (EISENB) *Abk. von* **Eilzug** (tren *m*) expreso *m*

# Ff

**F, f** [ɛf] *nt* <-, -> ❶ (*Buchstabe*) F, f *f*; **~ wie Friedrich** F de Francia ❷ (MUS) fa *m*

**f.** ❶ *Abk. von* **folgende** (**Seite**) y (página) siguiente ❷ *Abk. von* **für** para

**Fa.** *Abk. von* **Firma** firma *f*, casa *f*

**Fabel** ['faːbəl] *f* <-n> fábula *f*

**fabelhaft** *adj* fabuloso, formidable, fain *Am*

**Fabeltier** *nt* animal *m* fabuloso

**Fabrik** [fa'briːk] *f* <-en> fábrica *f*

**Fabrikant(in)** [fabri'kant] *m(f)* <-en, -en; -nen> fabricante *mf*

**Fabrikarbeiter(in)** *m(f)* obrero, -a *m, f* de fábrica

**Fabrikat** [fabri'kaːt] *nt* <-(e)s, -e> producto *m*

**Fabrikation** [fabrika'tsjoːn] *f* <-en> fabricación *f*; **Fabrikationsfehler** *m* defecto *m* de fabricación

**Fabrikgelände** *nt* terreno *m* de la fábrica; **Fabrikhalle** *f* nave *f* industrial; **fabrikneu** *adj* (totalmente) nuevo; (*fam*) flamante

**fabrizieren*** [fabri'tsiːrən] *vt* (*fam*) fabricar, hacer

**fabulieren*** [fabu'liːrən] *vi* ❶ (*erzählen*) contar cuentos ❷ (*lügen*) contar cuentos (chinos)

**Facette** [fa'sɛtə] *f* <-n> faceta *f*

**Fach** [fax, *pl:* 'fɛçɐ] *nt* <-(e)s, Fächer> ❶ (*in einer Tasche*) bolsillo *m*; (*im Schrank*) casilla *f*; (*Schublade*) cajón *m*; (*Post~*) casilla *f* ❷ (*Berufszweig*) ramo *m*; (*Wissensgebiet*) campo *m*; (*Unterrichts~*) materia *f*, asignatura *f*; **vom ~ sein** ser del ramo; **Facharbeiter(in)** *m(f)* obrero, -a *m, f* cualificado, -a; **Facharzt, -ärztin** *m, f* (médico, -a *m, f*) especialista *mf*; **Fachausdruck** *m* término *m* técnico

**fächeln** ['fɛçəln] **I.** *vt* abanicar **II.** *vr:* **sich ~** abanicarse

**Fächer**[1] ['fɛçɐ] *m* <-s, -> abanico *m*

**Fächer**[2] *pl von* **Fach**

**Fachfrau** *f* especialista *f*, experta *f*; **fachfremd** *adj* lego en la materia; **Fachgebiet** *nt* especialidad *f*; **Fachgeschäft** *nt* tienda *f* especializada (*für* en); **Fachhandel** *m* comercio *m* especializado; **Fachhändler(in)** *m(f)* comerciante *mf* especializado, -a; **Fachhochschule** *f* escuela *f* técnica superior

**i Land & Leute**

Para acceder a la **Fachhochschule** es requisito indispensable estar en posesión de la *Hochschulreife – equivalente de la selectividad para carreras técnicas.* En estas escuelas universitarias es posible cursar una carrera técnica o artística. El título que se obtiene tras completar los estudios puede ser, por ejemplo, *Diplom-Ingenieur* que equivale al título de Ingeniero Superior. En Austria también se puede obtener el título de *Magister.*

**Fachidiot(in)** *m(f)* (*abw*) especialista *mf* (*limitado, -a a su campo laboral*)

**Fachkenntnisse** *fpl* conocimientos *mpl* técnicos; **Fachkraft** *f* experto, -a *m, f,* especialista *mf;* **fachkundig** ['faxkʊndɪç] *adj* competente; **Fachleute** *pl von* **Fachmann**

**fachlich** *adj* profesional, técnico; **dafür ist er ~ nicht qualifiziert** para ello no está cualificado

**Fachliteratur** *f ohne pl* literatura *f* técnica; **Fachmann** *m* <-(e)s, -leute *o* -männer> especialista *m,* experto *m*

**fachmännisch** ['faxmɛnɪʃ] *adj* competente, profesional

**Fachpresse** *f ohne pl* prensa *f* especializada; **Fachrichtung** *f* rama *f,* especialización *f* (académica); **die ~ Physik an der Universität Köln** la facultad de física de la universidad de Colonia

**Fachschaft** *f* <-en> ① (UNIV) organización *f* estudiantil ② (*Berufsgruppe*) organización *f* profesional

**Fachschule** *f* instituto *m* de formación profesional; **fachsimpeln** ['-zɪmpəln] *vi* (*fam*) hablar de asuntos profesionales; **Fachsprache** *f* lenguaje *m* técnico; **fachübergreifend** *adj* interdisciplinario

**Fachwerk** *nt* <-(e)s, -e> entramado *m;* **Fachwerkhaus** *nt* casa *f* de paredes entramadas

**i Land & Leute**

Desde la Edad Media y hasta entrado el siglo XX, tanto en las ciudades como en el campo, en toda Alemania se encuentran los llamados **Fachwerkhäuser**, es decir, casas construidas sobre un entramado o estructura de madera, cuyos huecos se rellenaban con maderos, adobe y ladrillos.

**Fachwissen** *nt s.* **Fachkenntnisse**; **Fachwort** *nt* término *m* técnico; **Fachwörterbuch** *nt* diccionario *m* técnico [*o* de tecnicismos]; **Fachzeitschrift** *f* revista *f* especializada

**Fackel** ['fakəl] *f* <-n> antorcha *f*

**fackeln** *vi* (*fam*) vacilar, titubear; **da wird nicht lange gefackelt** ahí no se andan con contemplaciones

**fad(e)** *adj* (*abw*) ① (*Speise*) soso ② (*langweilig*) aburrido

**Faden** ['fa:dən, *pl:* 'fɛ:dən] *m* <-s, Fäden> ① (*Näh~*) hilo *m;* **der rote ~** (*fig*) el hilo conductor; **die Fäden in der Hand halten** (*fig*) tener la sartén por el mango; **sein Schicksal hängt am seidenen ~** (*fig*) su vida pende de un hilo; **den ~ verlieren** (*fig*) perder el hilo; **nach Strich und ~** (*fig fam*) totalmente ② (MED) punto *m*

**fadenscheinig** ['fa:dənʃaɪnɪç] *adj* (*abw: Argument*) poco convincente

**Fadheit** *f ohne pl* insipidez *f*

**Fagott** [fa'gɔt] *nt* <-(e)s, -e> fagot *m*

**fähig** ['fɛ:ɪç] *adj* ① (*imstande*) capaz (*zu* de); **zu allem ~ sein** ser capaz de todo ② (*begabt*) inteligente ③ (*geschickt*) hábil ④ (*befähigt*) cualificado (*zu* para) ⑤ (*geeignet*) idóneo (*zu* para)

**Fähigkeit[1]** *f ohne pl* (*das Imstandesein*) capacidad *f* (*zu* para); (*Geschicklichkeit*) habilidad *f* (*zu* para)

**Fähigkeit[2]** *f* <-en> (*Begabung*) talento *m;* (*geistig*) facultad *f*

**fahl** [fa:l] *adj* (*Farbe*) pálido; (*Gesichtsfarbe*) lívido; (*Licht*) mortecino

**fahnden** ['fa:ndən] *vi:* **nach etw** *dat*/**jdm ~** buscar algo/a alguien

**Fahndung** *f* <-en> búsqueda *f* (*nach* de); **Fahndungsfoto** *nt* foto *f* de búsqueda, foto *f* de: se busca *fam;* **Fahndungsliste** *f* lista *f* de personas buscadas

**Fahne[1]** ['fa:nə] *f* <-n> ① (*Flagge*) bandera *f;* (NAUT) pabellón *m;* **mit fliegenden ~n** con las banderas desplegadas ② (TYPO) galerada *f*

**Fahne[2]** *f ohne pl* (*fam: Atem*) tufo *m* a alcohol; **eine ~ haben** apestar a alcohol

**Fahneneid** *m* (MIL) jura *f* de la bandera; **Fahnenflucht** *f ohne pl* (MIL) deserción *f;* **fahnenflüchtig** *adj* (MIL) desertor; **~ werden** desertar; **Fahnenmast** *m* asta *f* de la bandera

**Fahrausweis** *m* ① (*Fahrkarte*) billete *m,* boleto *m Am* ② (*Schweiz: Führerschein*)

carné *m* de conducir; **Fahrbahn** *f* vía *f;* **von der ~ abkommen** salirse de la carretera

**fahrbar** *adj* (TECH) móvil, con ruedas *fam;* **ein ~er Untersatz** (*fam*) *bicicleta, coche u otro vehículo*

**Fähre** ['fɛːrə] *f* <-n> transbordador *m,* ferry *m*

**fahren** ['faːrən] <fährt, fuhr, gefahren> **I.** *vi sein* ❶ (*los~*) salir; **der Zug fährt in 5 Minuten** el tren sale dentro de 5 minutos ❷ (*sich fortbewegen*) ir (*mit* en); (*Fahrzeug*) estar en marcha; **mit dem Motorrad ~** ir en moto; **Rollschuh ~** patinar; **Ski ~** esquiar; **Karusell ~** montar(se) en el tiovivo; **geradeaus ~** seguir recto ❸ (*verkehren*) circular; **die Züge ~ nicht am Wochenende** los trenes no circulan los fines de semana ❹ (*reisen*) ir (*nach* a) ❺ (*berühren*): **sie fuhr ihm durch die Haare** le pasó la mano por el pelo ❻ (*fam: zurechtkommen*) llevarse bien; **er ist mit ihm immer gut ge~** siempre se ha llevado bien con él ❼ (*durchzucken*): **der Schreck fuhr ihm in die Glieder** el susto le atravesó de parte a parte **II.** *vt* ❶ *haben o sein* (*Straße, Umleitung*) ir (por) ❷ (*befördern*) transportar; (*Personen*) llevar; **ich fahre dich nach Hause** te llevo a casa ❸ (*steuern*) conducir, manejar *Am;* **lass mich ~** déjame conducir a mí ❹ (SPORT): **ein Rennen ~** participar en una carrera (de automóviles); **eine gute Zeit ~** conseguir buenos resultados en una carrera

**Fahrer(in)** ['faːrɐ] *m(f)* <-s, -; -nen> (*Auto~, Bus~*) conductor(a) *m(f);* (*Chauffeur*) chófer *mf;* (*Motorrad~*) motociclista *mf;* (*Fahrrad~*) ciclista *mf;* **Fahrerflucht** *f ohne pl huida del lugar del accidente* (*y omisión de socorro*)*;* **~ begehen** huir del lugar del accidente

**Fahrerin** *f* <-nen> *s.* **Fahrer**

**Fahrerlaubnis** *f* (*formal*) ❶ (*Genehmigung*) permiso *m* de conducir ❷ (*Führerschein*) carné *m* de conducir

**Fahrersitz** *m* (AUTO, EISENB) asiento *m* del conductor

**Fahrgast** *m* pasajero, -a *m, f;* **Fahrgeld** *nt ohne pl* precio *m* del billete, tarifa *f;* **Fahrgelegenheit** *f* ❶ (*zum Mitfahren*) *oportunidad de viajar con alguien en su coche* ❷ (*Verkehrsverbindung*) comunicación *f;* **Fahrgemeinschaft** *f grupo de personas que se juntan para ir al trabajo en un sólo vehículo, para economizar gasolina y proteger el medio ambiente;* **Fahrgestell** *nt* ❶ (AUTO) chasis *m inv* ❷ (AERO) tren *m* de aterrizaje

**fahrig** ['faːrɪç] *adj* ❶ (*unruhig*) inquieto ❷ (*zerstreut*) distraído

**Fahrkarte** *f* billete *m,* boleto *m Am;* **eine ~ hin und zurück** un billete de ida y vuelta; **Fahrkartenautomat** *m* distribuidor *m* automático de billetes; **Fahrkartenschalter** *m* ventanilla *f* de venta de billetes, despacho *m* de billetes

**fahrlässig** ['faːɐlɛsɪç] *adj* descuidado; (*nachlässig*) negligente; **~e Tötung** (JUR) homicidio imprudente

**Fahrlässigkeit** *f* <-en> descuido *m;* (*Nachlässigkeit*) negligencia *f;* (JUR) imprudencia *f*

**Fahrlehrer(in)** *m(f)* profesor(a) *m(f)* de autoescuela

**Fährmann** ['fɛːɐ-] *m* <-(e)s, -männer *o* -leute> barquero *m*

**Fahrplan** *m* horario *m*

**fahrplanmäßig** *adj* conforme al horario previsto

**Fahrpraxis** *f ohne pl* experiencia *f* en conducir con el coche; **er hat erst wenig ~** aún tiene poca práctica con el coche

**Fahrpreis** *m* precio *m* del trayecto; **Fahrpreisermäßigung** *f* rebaja *f* en el precio del billete

**Fahrprüfung** *f* (examen *m*) práctico *m* de conducir

**Fahrrad** ['faːɐraːt] *nt* bicicleta *f,* ciclo *m Cuba;* **Fahrradfahrer(in)** *m(f)* ciclista *mf;* **Fahrradkette** *f* cadena *f* de la bicicleta; **Fahrradkurier** *m* mensajero, -a *m, f* exprés en bicicleta; **Fahrradständer** *m* aparcamiento *m* para bicicletas; **Fahrradweg** *m* carril *m* para bicicletas

**Fahrschein** *m s.* **Fahrkarte**; **Fahrscheinautomat** *m* distribuidor *m* automático de billetes

**Fahrschule** *f* autoescuela *f;* **Fahrschüler(in)** *m(f)* persona *f* que está sacando el permiso de conducir; **Fahrspur** *f* (AUTO) vía *f;* **Fahrstil** *m* estilo *m* de conducción; **Fahrstuhl** *m* ascensor *m;* (*für Lasten*) montacargas *m inv;* **Fahrstunde** *f* clase *f* de conducir

**Fahrt** [faːɐt] *f* <-en> ❶ (*Reise*) viaje *m;* (*Ausflug*) excursión *f;* (*Strecke*) trayecto *m;* **auf der ~** durante el viaje; **eine ~ antreten** irse de viaje; **gute ~!** ¡buen viaje!; **freie ~ haben** tener el paso libre ❷ (*Geschwindigkeit*) velocidad *f;* **in voller ~** a toda velocidad; **er kommt richtig in ~** (*fam fig*) se está animando

**fährt** [fɛːɐt] *3. präs von* **fahren**

**fahrtauglich** *adj* en condiciones de conducir; **~ sein** estar en condiciones de conducir

**Fährte** ['fɛːɐtə] *f* <-n> rastro *m*, pista *f*; **jdn auf die richtige ~ bringen** (*fig*) poner a alguien sobre la buena pista

**Fahrtenbuch** *nt* (AUTO) libro *m* de ruta; **Fahrtenschreiber** *m* <-s, -> (AUTO) tacógrafo *m*

**Fahrtkosten** *pl* gastos *mpl* de viaje

**Fahrtrichtung** *f* sentido *m* de marcha; **in ~ Süden** en dirección al Sur

**fahrtüchtig** *adj* ❶ (*Person*) capaz de conducir ❷ (*Fahrzeug*) en buen estado

**Fahrtwind** *m* (*Gegenwind*) viento *m* en contra

**fahruntüchtig** ['faːɐʔʊntʏçtɪç] *adj* ❶ (*Person*) incapaz de conducir ❷ (*Fahrzeug*) no apto para el transporte; **Fahrverbot** *nt* retirada *f* del permiso de conducir; **Fahrverhalten** *nt* ❶ (*Person*) conducta *f* en el tráfico ❷ (*Fahrzeug*) cualidades *fpl* ruteras; **Fahrwasser** *nt ohne pl* aguas *fpl* navegables; (*Durchfahrt*) canal *m* de navegación; **Fahrwerk** *nt* (AERO) tren *m* de aterrizaje; **Fahrzeit** *f* duración *f* del trayecto; **nach einer ~ von drei Stunden** después de tres horas de viaje

**Fahrzeug** *nt* <-(e)s, -e> vehículo *m*; **Fahrzeugbrief** *m* permiso *m* de circulación; **Fahrzeughalter(in)** *m(f)* titular *mf* del vehículo; **Fahrzeugpapiere** *ntpl* documentación *f* del vehículo, papeles *mpl* del coche *fam*; **Fahrzeugschein** *m* documentación *f* del vehículo

**Faible** ['fɛɪbəl] *nt* <-s, -s> (*geh*) afición *f* (*für* a); (*Neigung*) inclinación *f* (*für* por)

**fair** [fɛːɐ] *adj* (*anständig*) correcto; (*gerecht*) justo; (SPORT) limpio

**Fairness** ['fɛːɐnɛs] *f ohne pl* comportamiento *m* leal; (SPORT) juego *m* limpio; **Fairplay** ['fɛːɐ'plɛɪ] *nt ohne pl* (*a.* SPORT) fair play *m*

**Fakir** [fa'kiːɐ] *m* <-s, -e> faquir *m*

**Faksimile** [fak'ziːmile] *nt* <-s, -s> facsímil *m*

**Fakten** ['faktən] *pl von* **Faktum**

**faktisch** ['faktɪʃ] **I.** *adj* real **II.** *adv* de hecho

**Faktor** ['faktoːɐ] *m* <-s, -en> (*Umstand, a.* MATH) factor *m*

**Faktum** ['faktʊm] *nt* <-s, Fakten> hecho *m*; **sich auf die Fakten stützen** basarse en los hechos

**Fakultät** [fakʊl'tɛːt] *f* <-en> ❶ (UNIV) facultad *f* ❷ (MATH) factorial *f*

**fakultativ** [fakʊlta'tiːf] *adj* (*geh*) facultativo

**Falke** ['falkə] *m* <-n, -n> halcón *m*

**Fall**[1] [fal] *m* <-(e)s, *ohne pl*> (*das Fallen, a.* PHYS) caída *f*; **zu ~ kommen** (*fig*) fracasar

**Fall**[2] [fal, *pl:* 'fɛlə] *m* <-(e)s, Fälle> ❶ (*Umstand, a.* MED, LING, JUR) caso *m*; **für den ~, dass ...** en caso de que... +*subj*; **gesetzt den ~, dass ...** pongamos por caso que... +*subj*; **auf gar keinen ~** de ninguna manera; **auf jeden ~** en cualquier caso; **im schlimmsten/günstigsten ~** en el peor/mejor de los casos; **er ist ein hoffnungsloser ~** es un caso perdido; **in diesem ~** en este caso; **von ~ zu ~** caso por caso; **auf alle Fälle** de todas maneras; **für alle Fälle** por si acaso ❷ (JUR: *Rechtssache*) causa *f*

**Fallbeil** *nt* guillotina *f*

**Falle** ['falə] *f* <-n> ❶ (*Hinterhalt, Fanggerät*) trampa *f*; **in der ~ sitzen** haber caído en la trampa; **jdm eine ~ stellen** tender(le) a alguien una trampa ❷ (*Schweiz: Türklinke*) picaporte *m* ❸ (*fam: Bett*) catre *m*

**fallen** ['falən] <fällt, fiel, gefallen> *vi sein* ❶ (*hinab~, sich stürzen, a.* MIL) caer; **~ lassen** (*Dinge*) dejar caer; (*Masche*) dejar escapar; (*Plan*) abandonar; (*Person*) abandonar (en la estacada); **es fällt Schnee** nieva; **es fällt Regen** llueve; **sie fiel in tiefen Schlaf** cayó en un profundo sueño; **jdm um den Hals ~** echar(le) los brazos al cuello a alguien; **er fiel ihr ins Wort** la interrumpió; **sie ist nicht auf den Mund ge~** (*fam fig*) tiene buenas salidas; **sie ist nicht auf den Kopf ge~** (*fam fig*) no tiene un pelo de tonta ❷ (*sinken*) bajar, descender; **die Temperatur ist um 10 Grad ge~** la temperatura descendió 10 grados; **im Preis ~** bajar de precio ❸ (*sich richten, treffen*) recaer (*auf* sobre, *an* en); **die Wahl fiel auf ihn** salió elegido él ❹ (*erfasst werden*) entrar (*in/unter* en); **das fällt auch in diese Kategorie** esto también entra en esta categoría ❺ (*Licht*) penetrar ❻ (*Entscheidung*) ser tomado; (*Urteil*) ser fallado ❼ (*verlauten*): **eine Bemerkung ~ lassen** dejar caer un comentario; **sein Name ist nicht ge~** su nombre no fue mencionado ❽ (*sich ereignen*): **kurz danach fiel das Tor zum 3:0** poco después se produjo el gol del 3 a 0; **sein Geburtstag fällt auf einen Montag** su cumpleaños cae en lunes; **es fielen drei Schüsse** se oyeron tres disparos ❾ (*sein*): **das fällt ihm schwer/leicht** esto le resulta difícil/fácil

**fällen** ['fɛlən] *vt* ❶ (*Baum, Holz*) talar, tumbar *Am* ❷ (*Entscheidung*) tomar; **ein Urteil über jdn ~** juzgar a alguien ❸ (MATH: *Lot*) trazar; **das Lot auf einer Geraden ~** trazar la perpendicular sobre una recta

**Fallensteller(in)** *m(f)* <-s, -; -nen> caza-

F

dor(a) *m(f)* que utiliza trampas

**Fallgeschwindigkeit** *f* (PHYS) velocidad *f* de caída; **Fallgrube** *f* trampa *f*, hoyo *m*

**fällig** ['fɛlɪç] *adj* ❶ (FIN: *Zinsen*) pagadero, vencido; **morgen wird die Zahlung ~** mañana se cumple el plazo; **am** [*o* **zum**] **20. Oktober ~ sein** vencer el 20 de octubre ❷ (*notwendig*) necesario

**Fälligkeit** *f* <-en> (FIN) vencimiento *m;* **bei/nach/vor ~** al/después del/antes del vencimiento

**Fallobst** *nt* frutas *fpl* caídas (del árbol)

**falls** [fals] *konj* en caso de que +*subj,* si

**Fallschirm** *m* paracaídas *m inv;* **mit dem ~ abspringen** lanzarse en paracaídas; **Fallschirmspringen** *nt* <-s, *ohne pl*> paracaidismo *m;* **Fallschirmspringer(in)** *m(f)* <-s, -; -nen> paracaidista *mf*

**fällt** [fɛlt] *3. präs von* **fallen**

**Falltür** *f* trampilla *f;* (NAUT) escotilla *f*

**falsch** [falʃ] **I.** *adj* ❶ (*verkehrt*) equivocado, erróneo; **~er Alarm** falsa alarma; **bei jdm an den F~en geraten** equivocarse con alguien; **etw in den ~en Hals bekommen** malentender algo y tomarlo a mal ❷ (*gefälscht*) falsificado; (*Schmuck*) falso; (*Zähne*) postizo ❸ (*unpassend*) erróneo, falso ❹ (*hinterhältig*) falso; **~e Versprechungen machen** hacer promesas en vano **II.** *adv* mal; **Sie sind ~ verbunden** (TEL) se ha equivocado Ud. de número; **das hast du ~ verstanden** lo has entendido mal; **das hat er ~ aufgefasst** esto le ha sentado mal *fam;* **damit liegst du ~** estás equivocado; **~ parken** aparcar en lugar prohibido; **da sind Sie hier ~** se ha equivocado Ud. de lugar

**Falschaussage** *f* (JUR) falso testimonio *m*

**fälschen** ['fɛlʃən] *vt* falsificar

**Fälscher(in)** *m(f)* <-s, -; -nen> falsificador(a) *m(f)*

**Falschfahrer(in)** *m(f)* conductor(a) *m(f)* suicida; **Falschgeld** *nt* dinero *m* falso

**Falschheit** *f* <-en> falsedad *f;* (*Hinterhältigkeit*) alevosía *f*

**fälschlich** ['fɛlʃlɪç] *adj* erróneo, equivocado; **~ beschuldigt werden** ser culpado injustamente

**fälschlicherweise** ['---'--] *adv* ❶ (*irrtümlicherweise*) por error ❷ (*zu Unrecht*) injustamente

**Falschmeldung** *f* noticia *f* errónea, borrego *m Am;* **Falschmünzer(in)** ['falʃmʏntsɐ] *m(f)* <-s, -; -nen> (JUR) falsificador(a) *m(f)* de monedas; **Falschparker** ['falʃparkɐ] *m* <-s, -> persona *f* que aparca en zona prohibida; **Falschspieler(in)** *m(f)* tahúr, -ura *m, f*

**Fälschung** ['fɛlʃʊŋ] *f* <-en> falsificación *f;* **fälschungssicher** *adj* que no se puede falsificar; **ein ~er Ausweis** un documento de identificación infalsificable

**Faltblatt** *nt* folleto *m*

**Falte** ['faltə] *f* <-n> ❶ (*in Stoff, Papier*) pliegue *m;* **etw in ~n legen** doblar algo; **~n werfen** hacer pliegues ❷ (*Haut~*) arruga *f;* **die Stirn in ~n legen** fruncir el ceño

**falten** ['faltən] *vt* ❶ (*Papier*) doblar; (*Stoff*) plegar ❷ (*Hände*) juntar

**faltenfrei** *adj* (*Gesicht*) sin arrugas; (*Stoffart*) que no se arruga; **Faltenrock** *m* falda *f* plisada; **Faltenwurf** *m* <-(e)s, *ohne pl*> (*Stoff*) caída *f*

**Falter** ['faltɐ] *m* <-s, -> (ZOOL) mariposa *f*

**faltig** *adj* ❶ (*Gesicht*) arrugado ❷ (*Stoff*) con muchos pliegues; (*zerknittert*) arrugado

**falzen** ['faltsən] *vt* ❶ (*Papier*) plegar ❷ (*Holz*) ensamblar

**familiär** [fami'ljɛːɐ] *adj* familiar

**Familie** [fa'miːljə] *f* <-n> familia *f;* **eine ~ gründen** fundar un hogar; **das liegt in der ~** es cosa de familia; **das kommt in den besten ~n vor** (*fig*) en todos los sitios cuecen habas; **Familienangehörige(r)** *mf* familiar *mf,* pariente *mf;* **Familienanschluss** *m ohne pl* acogida *f* (de un extraño) en una familia; **Familienfeier** *f* fiesta *f* familiar; **Familienkreis** *m* familia *f,* seno *m* de la familia; **im engsten ~** (*privat*) en la más estricta intimidad; **Familienleben** *nt ohne pl* vida *f* familiar; **Familienmitglied** *nt* miembro *m* de la familia; **Familienname** *m* apellido *m;* **Familienoberhaupt** *nt* cabeza *f* de familia; **Familienplanung** *f ohne pl* planificación *f* familiar; **Familienstand** *m ohne pl* estado *m* civil; **Familienvater** *m* padre *m* de familia; **Familienzusammenführung** *f* reunificación *f* de la familia; **Familienzuwachs** *m* aumento *m* de la familia; **wir bekommen ~** vamos a tener familia

**famos** [fa'moːs] *adj* (*fam*) estupendo, excelente

**Fan** [fɛn, fɛːn] *m* <-s, -s> fan *mf;* (*Fußball~*) hincha *mf*

**Fanatiker(in)** [fa'naːtikɐ] *m(f)* <-s, -; -nen> fanático, -a *m, f*

**fanatisch** [fa'naːtɪʃ] *adj* fanático

**Fanatismus** [fana'tɪsmʊs] *m* <-, *ohne pl*> fanatismo *m*

**Fanclub** *m* club *m* de fans

**fand** [fant] *3. imp von* **finden**

**Fanfare** [fan'faːrə] *f* <-n> clarín *m*

**Fang** [faŋ] *m* <-(e)s, *ohne pl*> ❶ (*von Vierbeinern*) caza *f;* (*von Fischen*) pesca *f*

❷ (*Beute*) presa *f;* (*Fische*) redada *f;* **einen guten ~ machen** hacer una buena presa

**Fangarm** *m* tentáculo *m*

**Fänge** ['fɛŋə] *mpl* (*Fangarme*) tentáculos *mpl;* (*Krallen*) garras *fpl;* (*Reißzähne*) colmillos *mpl;* **in jds ~ geraten** (*fam*) caer en manos de alguien

**fangen** ['faŋən] <fängt, fing, gefangen> **I.** *vt* ❶ (*Ball*) coger, agarrar *Am;* **jdn durch Versprechungen ~** ganarse a alguien con promesas; **du wirst dir gleich eine ~** (*fam fig*) te vas a ganar una bofetada ❷ (*Tier*) cazar; (*Fisch*) pescar ❸ (*Verbrecher*) apresar, coger **II.** *vr:* **sich ~** (*Gleichgewicht wieder finden*) mantener el equilibrio; (*seelisch*) dominarse

**Fangflotte** *f* (NAUT) flota *f* de pesca; **Fangfrage** *f* pregunta *f* capciosa

**Fangschaltung** *f* (TEL) dispositivo *m* de intercepción

**fängt** [fɛŋt] *3. präs von* **fangen**

**Fanklub** *m* club *m* de fans

**Fantasie** [fanta'ziː] *f* <-n> fantasía *f;* (*Vorstellungskraft*) imaginación *f;* **seine ~ spielen lassen** echar su imaginación a volar; **Fantasiegebilde** *nt* fantasía *f;* (*Hirngespinst*) quimera *f;* **fantasielos** *adj* sin imaginación; **Fantasielosigkeit** *f ohne pl* falta *f* de imaginación

**fantasieren*** [fanta'ziːrən] *vi* fantasear; (*träumen*) soñar (*von* con); (MED) delirar

**fantasievoll** *adj* con mucha imaginación

**Fantast(in)** [fan'tast] *m(f)* <-en, -en; -nen> (*abw*) soñador(a) *m(f)*

**Fantasterei** *f* <-en> (*abw*) ilusiones *fpl,* fantasías *fpl*

**Fantastin** *f* <-nen> *s.* **Fantast**

**fantastisch** *adj* ❶ (*nicht realistisch*) fantástico ❷ (*fam: großartig*) fantástico, estupendo; (*unglaublich*) increíble

**FAQ** *fpl* (INFOR) *Abk. von* **Frequently Asked Questions** FAQ *fpl*

**Farbabzug** *m* (FOTO) copia *f* en color; **Farbband** *nt* cinta *f* mecanográfica

**Farbbildschirm** *m* (INFOR, TV) monitor *m* en color; **Farbdruck** *m* (TYPO) impresión *f* en color

**Farbe** ['farbə] *f* <-n> ❶ (*Farbton*) color *m;* (*Gesichts~*) tez *f;* **~ bekommen** ponerse moreno ❷ (*zum Anstreichen*) pintura *f* ❸ (*zum Färben*) tinte *m* ❹ (*Spielkarten~*) palo *m;* **~ bekennen** (*fig*) quitarse la careta

**farbecht** *adj* (de color) sólido

**Färbemittel** *nt* tinte *m,* (sustancia *f*) colorante *m*

**färben** ['fɛrbən] **I.** *vi* (*ab~*) desteñir **II.** *vt* (*Stoff, Haare*) teñir; **rot ~** teñir de rojo **III.** *vr:* **sich ~** (*Laub, Himmel*) teñirse (de); **die Pflaumen ~ sich schon** las ciruelas están tomando color

**farbenblind** *adj* daltónico; **Farb(en)kasten** *m* caja *f* de colores; **Farb(en)lehre** *f* (KUNST, PHYS) teoría *f* de los colores; **Farbenpracht** *f* riqueza *f* de colores; **Farbenspiel** *nt* juego *m* de colores

**Färber(in)** ['fɛrbɐ] *m(f)* <-s, -; -nen> tintorero, -a *m, f*

**Färberei** *f* <-en> tintorería *f,* batán *m Chil*

**Färberin** *f* <-nen> *s.* **Färber**

**Farbfernsehen** *nt* televisión *f* en color; **Farbfilm** *m* (FILM) película *f* en color; (FOTO) carrete *m* de color; **Farbfoto** *nt* foto *f* en color

**farbig** ['farbɪç] *adj* ❶ (*bunt*) de [*o* en] color ❷ (*Hautfarbe*) de color, trigueño *Am* ❸ (*lebhaft*) pintoresco, vivo

**Farbige(r)** *mf* <-n, -n; -n> ciudadano, -a *m, f* de color, trigueño, -a *m, f Am*

**Farbkasten** *m s.* **Farb(en)kasten**; **Farbkopierer** *m* (foto)copiadora *f* en color; **Farblehre** *f s.* **Farb(en)lehre**

**farblich** **I.** *adj* relativo a los colores **II.** *adv* de los colores; **Rock und Bluse waren nicht ~ aufeinander abgestimmt** el color de la falda no armonizaba [*o* no hacía juego] con el de la blusa; **farblos** *adj* ❶ (*ohne Farbe*) descolorido; (*blass*) pálido; (*Lack*) tra(n)sparente ❷ (*langweilig*) aburrido; **Farbscanner** *m* escáner *m* de [*o* en] color; **Farbskala** *f* gama *f* de colores; **Farbstift** *m* lápiz *m* de color; **Farbstoff** *m* colorante *m;* **Farbton** *m* matiz *m* (de color), tono *m*

**Färbung** ['fɛrbʊŋ] *f* <-en> ❶ (*das Färben*) teñido *m* ❷ (*Tönung*) matiz *m,* tinte *m* ❸ (POL) tendencia *f* política

**Farce** [fars] *f* <-n> (THEAT) farsa *f*

**Farm** [farm] *f* <-en> finca *f,* hacienda *f Am*

**Farmer(in)** *m(f)* <-s, -; -nen> ganadero, -a *m, f,* ranchero, -a *m, f Am,* estanciero, -a *m, f Am*

**Farn** [farn] *m* <-(e)s, -e> helecho *m*

**Fasan** [fa'zaːn] *m* <-s, -e *o* -en> faisán *m*

**Fasching** ['faʃɪŋ] *m* <-s, -s *o* -e> (*Österr, südd*) carnaval *m*

**Faschismus** [fa'ʃɪsmʊs] *m* <-, *ohne pl*> (POL) fascismo *m*

**Faschist(in)** [fa'ʃɪst] *m(f)* <-en, -en; -nen> fascista *mf*

**faschistisch** *adj* fascista

**Faselei** [faːzə'laɪ] *f* <-en> (*fam abw*) sandeces *fpl*

**faseln** ['faːzəln] **I.** *vi* (*fam abw*) decir tonterías (*von/über* de), desvariar **II.** *vt* (*fam abw*): **dummes Zeug ~** decir tonterías

**Faser** ['fa:zɐ] *f* <-n> fibra *f*
**faserig** *adj* ① (*voller Fasern*) fibroso ② (*zerfasert*) deshilachado
**Faserstift** *m* rotulador *m* de fibra, marcador *m Arg*
**fasrig** *adj s.* **faserig**
**Fass** [fas, *pl:* 'fɛsɐ] *nt* <-es, Fässer> barril *m;* (*größer*) tonel *m;* (*kleiner*) cuba *f;* (*für Chemikalien*) bidón *m;* **Bier vom ~** cerveza de barril; **ein ~ ohne Boden** (*fig*) un pozo sin fondo; **voll wie ein ~ sein** (*fam fig*) estar borracho como una cuba; **das schlägt dem ~ den Boden aus** eso pasa de castaño oscuro
**Fassade** [fa'sa:də] *f* <-n> fachada *f*
**fassbar** *adj* concreto; (*verständlich*) comprensible
**Fassbier** *nt* cerveza *f* de barril
**fassen** ['fasən] **I.** *vt* ① (*ergreifen*) coger, agarrar *Am;* **jdn bei der Hand ~** tomar a alguien de la mano; **sich an den Kopf ~** (*fam*) llevarse las manos a la cabeza ② (*festnehmen*) detener ③ (*aufnehmen*) tener capacidad (para) ④ (*Vertrauen*) coger; **Mut ~** armarse de valor ⑤ (*Vorsatz, Entschluss*) tomar; **ich kann keinen klaren Gedanken ~** no puedo pensar con claridad; **etw ins Auge ~** tomar algo en consideración ⑥ (*begreifen*) comprender, entender; **es ist nicht zu ~!** ¡es increíble! ⑦ (*Edelstein*) engastar; (*Bild*) enmarcar ⑧ (*ausdrücken*) expresar (*in* con) **II.** *vr:* **sich ~** (*sich beruhigen*) calmarse
**Fassette** *f* <-n> *s.* **Facette**
**Fasson** [fa'sõ:] *f* <-s> (*normale Form*) forma *f;* (*Machart*) hechura *f*
**Fassung**[1] ['fasʊŋ] *f* <-en> ① (*eines Edelsteins*) engaste *m;* (*Brille*) montura *f* ② (*Glühbirne*) portalámparas *m inv* ③ (*Text, Buch*) versión *f*
**Fassung**[2] *f ohne pl* (*Beherrschung*) serenidad *f;* **die ~ verlieren/bewahren** perder/guardar calma; **etw mit ~ tragen** llevar algo con serenidad; **jdn aus der ~ bringen** sacar de quicio a alguien; **völlig außer ~ geraten** salirse completamente de sus casillas
**fassungslos** *adj* desconcertado; (*perplex*) perplejo; (*außer sich*) fuera de sí; (*verwirrt*) confuso; **Fassungslosigkeit** *f ohne pl* perplejidad *f;* **Fassungsvermögen** *nt* ① (*Auffassungsgabe*) capacidad *f* de comprensión ② (*räumlich*) capacidad *f*
**fast** [fast] *adv* casi; **~ nie** casi nunca; **~ nichts** casi nada; **~ alle** casi todos
**fasten** ['fastən] *vi* ayunar; **Fastenkur** *f* régimen *m* (alimenticio); **Fastenzeit** *f* período *m* de ayuno; (*im Christentum*) cuaresma *f*
**Fastfood** *nt* <-, -(s)> comida *f* rápida, fast food *m o f inv*
**Fastnacht** *f ohne pl* carnaval *m*

**i Land & Leute**

La **Fastnacht** (o *Fasching* o *Karneval*) empieza oficialmente el undécimo día del undécimo mes, es decir, el 11 del 11 o el 11 de noviembre, y acaba el *Aschermittwoch – miércoles de ceniza*, con el comienzo de la cuaresma cristiana. A la **Fastnacht** también se la conoce como la quinta estación del año; su punto más álgido lo alcanza la semana previa a la Cuaresma. El *Rosenmontag – lunes de carnaval* es cuando tienen lugar, de acuerdo con la tradición, los desfiles de carrozas. Los Carnavales más famosos son los de *Köln, Mainz, Düsseldorf* y *Aachen.*

**Faszination** [fatsina'tsjo:n] *f ohne pl* fascinación *f*
**faszinieren*** [fastsi'ni:rən] *vt* fascinar
**faszinierend** *adj* fascinante
**fatal** [fa'ta:l] *adj* fatal
**Fatalismus** [fata'lɪsmʊs] *m* <-, *ohne pl*> fatalismo *m*
**fatalistisch** [fata'lɪstɪʃ] *adj* fatalista
**Fata Morgana** ['fa:ta mɔr'ga:na] *f* <- -s *o* Morganen> espejismo *m*
**Fatzke** ['fatskə] *m* <-n *o* -s, -n *o* -s> (*fam abw*) vano, -a *m, f,* vanidoso, -a *m, f*
**fauchen** ['faʊxən] *vi* ① (*Katze*) bufar ② (*abw: Mensch*) refunfuñar
**faul** [faʊl] *adj* ① (*verdorben*) podrido; (*verwesend*) putrefacto; (*Zahn*) cariado ② (*träge*) perezoso, bausán *Am;* **sich auf die ~e Haut legen** (*fig*) tumbarse a la bartola ③ (*fam abw: zweifelhaft*) sospechoso; **an der Sache ist was ~** aquí hay gato encerrado; **eine ~e Ausrede** una excusa ridícula ④ (FIN: *Kunde, Kredit*) moroso
**Fäule** ['fɔɪlə] *f ohne pl* (*geh*) putrefacción *f*
**faulen** ['faʊlən] *vi haben o sein* pudrirse; (*Zahn*) cariarse
**faulenzen** ['faʊlɛntsən] *vi* holgazanear, achancharse *AmS*
**Faulenzer(in)** *m(f)* <-s, -; -nen> holgazán, -ana *m, f,* vago, -a *m, f,* manganzón, -ona *m, f Am*
**Faulenzerei** *f ohne pl* holgazanería *f*
**Faulenzerin** *f* <-nen> *s.* **Faulenzer**
**Faulheit** *f ohne pl* pereza *f;* **aus ~ etw**

**nicht tun** no hacer algo por pereza

**faulig** *adj* podrido; (*Obst*) picado

**Fäulnis** ['fɔɪlnɪs] *f ohne pl* podredumbre *f*

**Faulpelz** *m* (*fam abw*) perezoso, -a *m, f,* vago, -a *m, f;* **Faultier** *nt* ❶ (ZOOL) perezoso *m,* aí *m Arg, Par* ❷ (*fam: Faulpelz*) vago, -a *m, f*

**Fauna** ['faʊna] *f* <Faunen> fauna *f*

**Faust** [faʊst, *pl:* 'fɔɪstə] *f* <Fäuste> puño *m;* **die ~ ballen** cerrar el puño; **auf eigene ~ handeln** actuar por su propia cuenta; **das passt wie die ~ aufs Auge** (*fam*) eso no pega ni con cola

**Fäustchen** ['fɔɪstçən] *nt* <-s, ->: **sich** *dat* **ins ~ lachen** reírse taimadamente

**faustdick** ['-'-] *adj* (*fam*): **es ~ hinter den Ohren haben** no haber nacido ayer; **eine ~e Lüge** una mentira como una casa

**Fausthandschuh** *m* manopla *f*

**Faustregel** *f* regla *f* general; **Faustschlag** *m* puñetazo *m,* impacto *m Am*

**Fauxpas** [fo'pa] *m* <-, -> metedura *f* de pata, falta *f* de tacto; **einen ~ begehen** meter la pata

**favorisieren*** [favori'ziːrən] *vt* (*bevorzugen*) favorecer, preferir

**Favorit(in)** [favo'riːt] *m(f)* <-en, -en; -nen> favorito, -a *m, f*

**Fax** ['faks] *nt* <-, -(e)> (TEL) fax *m inv*

**faxen** **I.** *vi* (TEL) mandar un fax **II.** *vt* (TEL) mandar por fax, faxear

**Faxen** ['faksən] *fpl* (*fam*) aspavientos *mpl,* payasadas *fpl;* **mach bloß keine ~!** ¡déjate de bromas!

**Faxmodem** *nt* (TEL) fax-módem *m*

**Fazit** ['faːtsɪt] *nt* <-s, -s> (*Ergebnis*) resultado *m;* (*Schlussfolgerung*) conclusión *f;* **das ~ aus etw ziehen** sacar las conclusiones de algo

**FCKW** [ɛftseːkaː'veː] *nt Abk. von* **Fluorchlorkohlenwasserstoff** CFC *m;* **FCKW-frei** *adj* sin CFC

**FDP** [ɛfdeː'peː] *f* ❶ (*Deutschland*) *Abk. von* **Freie Demokratische Partei** Partido *m* Demócrata Liberal (de Alemania) ❷ (*Schweiz*) *Abk. von* **Freisinnig-Demokratische Partei** Partido *m* Demócrata Liberal (de Suiza)

**F-Dur** *nt* <-, *ohne pl*> (MUS) fa *m* mayor

**Februar** ['feːbruaːɐ] *m* <-(s), -e> febrero *m; s. a.* **März**

**fechten** ['fɛçtən] <ficht, focht, gefochten> *vi* ❶ (SPORT) practicar la esgrima ❷ (*kämpfen*) luchar (*gegen* contra)

**Fechter(in)** *m(f)* <-s, -; -nen> esgrimidor(a) *m(f)*

**Fechtmeister(in)** *m(f)* (SPORT) profesor(a) *m(f)* de esgrima

**Feder** ['feːdɐ] *f* <-n> ❶ (*eines Vogels*) pluma *f;* **~n lassen** (*fam fig*) salir perjudicado; **in den ~n liegen** (*fam*) estar en la cama; **sich mit fremden ~n schmücken** (*fig*) adornarse con los méritos de otros ❷ (*Schreibgerät*) pluma *f* ❸ (TECH) resorte *m;* (*Sprung~*) muelle *m*

**Federball**[1] *m* <-(e)s, *ohne pl*> (SPORT) badminton *m*

**Federball**[2] *m* <-(e)s, -bälle> (*Ball*) pelota *f* de badminton

**Federbett** *nt* edredón *m,* plumón *m;* **Federbusch** *m* plumero *m;* **federführend** *adj* responsable; (*kompetent*) competente; **Federgewicht** *nt ohne pl* peso *m* pluma; **Federhalter** *m* <-s, -> portaplumas *m inv;* **federleicht** ['--'-] *adj* ligero como una pluma; **Federlesen** *nt:* **um etw nicht viel ~(s) machen** tratar un asunto sin mucha ceremonia

**federn** **I.** *vi* (*schwingen*) ser elástico **II.** *vt* ❶ (AUTO) equipar con una suspensión ❷ (*rupfen*) desplumar

**federnd** *adj* elástico; (*Gang*) ligero

**Federung** *f* <-en> ❶ (*bei Möbeln*) muelles *mpl* ❷ (AUTO) suspensión *f*

**Federvieh** *nt* (*fam*) volatería *f*

**Federzeichnung** *f* dibujo *m* a pluma

**Fee** [feː, *pl:* 'feːən] *f* <-n> hada *f*

**Feedback** *nt* <-s, -s>, **Feed-back** *nt* <-s, -s> feed-back *m*

**Feeling** ['fiːlɪŋ] *nt* <-s, -s> feeling *m* (*für* por); **gutes ~** buenas vibraciones

**Fegefeuer** ['feːgə-] *nt ohne pl* (REL) purgatorio *m*

**fegen** ['feːgən] **I.** *vi* ❶ (*kehren*) barrer; (*Schweiz: feucht wischen*) fregar ❷ *sein* (*rasen*) ir a toda mecha; (*Wind*) soplar con fuerza **II.** *vt* ❶ (*Zimmer, Straße*) barrer; (*Schweiz: feucht wischen*) fregar ❷ (*Schornstein*) deshollinar

**Fehde** ['feːdə] *f* <-n> querella *f*

**fehl** [feːl] *adv:* **~ am Platz sein** (*Person*) estar de más; (*Bemerkung*) no venir al caso

**Fehlalarm** *m* falsa alarma *f;* **Fehlanzeige** *f* (*fam*) resultado *m* negativo; **hast du sie gefunden? – nein, ~!** ¿la encontraste? – no, falsa alarma; **Fehlbetrag** *m* déficit *m inv;* **Fehlbildung** *f* (BIOL) formación *f* defectuosa; **Fehldiagnose** *f* diagnóstico *m* erróneo; **Fehleinschätzung** *f* estimación *f* falsa

**fehlen** ['feːlən] **I.** *vi* ❶ (*abwesend sein*) faltar, estar ausente ❷ (*nicht vorhanden sein, mangeln*) faltar; **es fehlte nicht viel, und ...** no faltó mucho para que... +*subj* ❸ (*vermisst werden*) ser echado de menos; **du hast mir sehr gefehlt** te he echado mucho de menos; **das hat uns gerade noch gefehlt!** (*fam*) ¡lo que nos faltaba! ④ (*gesundheitlich*) pasar; **was fehlt dir?** ¿qué te pasa? ⑤ (*geh*): **weit gefehlt!** ¡nada al derecho! **II.** *vunpers* faltar; **es fehlt an allen Ecken und Kanten** falta de todo; **es soll ihr an nichts ~** (*geh*) que no le falte de nada

**Fehlentscheidung** *f* decisión *f* equivocada

**Fehler** ['fe:lɐ] *m* <-s, -> ① (*Irrtum*) error *m*, falta *f*; (*Tipp~*) errata *f*; **einen ~ machen** cometer un error ② (*Mangel*) defecto *m* ③ (*Schuld*) culpa *f*; **das war nicht dein ~** no fue culpa tuya; **fehlerfrei** *adj* correcto, sin faltas; (*makellos*) perfecto, impecable

**fehlerhaft** *adj* ① (*kaputt*) defectuoso ② (*falsch*) incorrecto; **fehlerlos** *adj s.* **fehlerfrei**; **Fehlermeldung** *f* (INFOR) aviso *m* de error; **Fehlerquelle** *f* fuente *f* de errores; **Fehlersuche** *f* (*a.* INFOR) búsqueda *f* de errores

**Fehlfunktion** *f* (TECH) mal funcionamiento *m*; **Fehlgeburt** *f* aborto *m* involuntario; **eine ~ haben** abortar involuntariamente; **fehl|gehen** *irr vi sein* (*geh*) equivocarse; **in einer Annahme ~** no acertar al suponer algo; **Fehlgriff** *m* medida *f* equivocada; **Fehlinformation** *f* falsa información *f*; **Fehlinvestition** *f* (WIRTSCH) inversión *f* equivocada; **Fehlkonstruktion** *f* (*abw*) construcción *f* defectuosa; **Fehlplanung** *f* planificación *f* incorrecta; **Fehlschlag** *m* (*Misserfolg*) fracaso *m*; **fehl|schlagen** *irr vi sein* fracasar; **Fehlschluss** *m* falsa conclusión *f*, conclusión *f* equivocada; **Fehlstart** *m* (TECH, SPORT) salida *f* nula; **Fehltritt** *m* paso *m* en falso; **Fehlverhalten** *nt* comportamiento *m* incorrecto; **Fehlzündung** *f* (TECH) encendido *m* defectuoso

**Feier** ['faɪɐ] *f* <-n> ① (*Fest*) fiesta *f*; **zur ~ des Tages** para celebrar el día ② (*Zeremonie*) festividad *f*, acto *m* solemne

**Feierabend** *m* fin *m* del trabajo; (*von Geschäften*) hora *f* de cierre; **am ~** después del trabajo; **~ haben** salir del trabajo

**feierlich** *adj* solemne; (*förmlich*) formal; **das ist schon nicht mehr ~** (*fam*) esto ya pasa de castaño oscuro

**Feierlichkeit** *f* <-en> (*Fest*) acto *m* solemne; (*feierlich sein*) solemnidad *f*

**feiern** ['faɪɐn] **I.** *vt* ① (*Party, Weihnachten*) celebrar ② (*umjubeln*) elogiar, aplaudir **II.** *vi* estar de fiesta

**Feiertag** *m* día *m* festivo

**feiertags** *adv* los festivos; **sonn- und ~** domingos y festivos

**feig(e)** *adj* (*abw: ohne Mut*) cobarde, flojo *Am*

**Feige** ['faɪgə] *f* <-n> higo *m*; **Feigenbaum** *m* (BOT) higuera *f*; **Feigenblatt** *nt* (BOT) hoja *f* de higuera

**Feigheit** ['faɪkhaɪt] *f ohne pl* cobardía *f*, pendejada *f Am: fam*

**Feigling** ['faɪklɪŋ] *m* <-s, -e> (*abw*) cobarde *mf*, gallina *mf*, naco *m AmC*

**Feile** ['faɪlə] *f* <-n> lima *f*

**feilen** ['faɪlən] *vt* limar; (*vervollkommnen*) retocar

**feilschen** ['faɪlʃən] *vi* (*abw*) regatear (*um*)

**Feilspäne** *mpl* (TECH) limaduras *fpl*

**fein** [faɪn] *adj* ① (*zart*) fino; (*empfindlich*) delicado; (*Strich*) delgado; (*Gewebe*) fino ② (*Sand, Staub, Regen*) menudo; (*Nebel*) poco espesa ③ (*exquisit*) exquisito; (*erlesen*) selecto; **dieser Wein ist vom F~sten** este es un vino selecto ④ (*feinsinnig, vornehm*) fino; (*elegant*) elegante ⑤ (*genau*) preciso; **~ säuberlich** nítidamente; **eine ~e Nase haben** tener un olfato muy fino ⑥ (*fam: erfreulich, anständig*) bueno; **~!** ¡maravilloso!; **~, dass du wieder da bist** qué bien que ya hayas vuelto ⑦ (*Wend*): **er ist jetzt ~ heraus** le han salido bien las cosas; **ein ~er Kerl** un gran tipo

**Feind(in)** [faɪnt] *m(f)* <-(e)s, -e; -nen> enemigo, -a *m, f*; **sich** *dat* **jdn zum ~ machen** enemistarse con alguien; **Feindbild** *nt concepto de lo que consideramos enemigo*

**Feindin** *f* <-nen> *s.* **Feind**

**feindlich** *adj* enemigo, hostil

**Feindschaft** *f ohne pl* enemistad *f*

**feindselig** ['-ze:lɪç] *adj* hostil

**Feindseligkeit** *f ohne pl* hostilidad *f*

**Feindseligkeiten** *fpl* hostilidades *fpl*

**feinfühlend** *adj* con tacto

**feinfühlig** *adj* sensible, delicado

**Feingefühl** *nt ohne pl* tacto *m*, sensibilidad *f*

**feinglied(e)rig** *adj* gracil, fino

**Feinheit¹** *f ohne pl* ① (*Beschaffenheit, Qualität*) finura *f* ② (*Vornehmheit*) distinción *f*

**Feinheit²** *f* <-en> ① (*Nuance*) detalle *m* ② (*Subtilität*) sutileza *f*

**feinkörnig** *adj* de grano fino; **Feinkostgeschäft** *nt* tienda *f* de ultramarinos de primera calidad; **Feinmechanik** *f ohne pl* (TECH) mecánica *f* de precisión; **Feinschmecker(in)** *m(f)* <-s, -; -nen> gourmet *mf*; **feinsinnig** ['faɪnzɪnɪç] *adj* sensible, refinado; **Feinwäsche** *f* ropa *f* delicada; **Feinwaschmittel** *nt* detergente *m* suave

**feist** [faɪst] *adj* gordo, obeso

**feixen** ['faɪksən] *vi* reír sarcásticamente

**Feld** [fɛlt] *nt* <-(e)s, -er> ① (*Acker, Bereich*) campo *m*, tablón *m Am;* **auf freiem ~** en pleno campo; **das ist ein weites ~** (*fig*) ese es un tema que da mucho de sí ② (MIL) campo *m* de batalla; **das ~ räumen** dejar el campo libre ③ (*auf einem Spielbrett, Formular*) casilla *f;* (*auf dem Schachbrett*) escaque *m* ④ (INFOR: *Teil des Datensatzes*) campo *m* ⑤ (SPORT: *Spiel~*) terreno *m* de juego ⑥ (ELEK) campo *m;* **Feldarbeit** *f* (AGR) faena *f;* **Feldbett** *nt* somier *m* plegable; (MIL) cama *f* de campaña; **Feldflasche** *f* cantimplora *f;* **Feldforschung** *f* estudio *m* de campo; **~ betreiben** realizar estudios de campo; **Feldfrucht** *f* (AGR) fruto *m* del campo; **Feldherr** *m* comandante *m* (en jefe); (*Stratege*) estratega *m;* **Feldküche** *f* (MIL) cocina *f* de campo; **Feldlager** *nt* (*a.* MIL) campamento *m;* **Feldlazarett** *nt* (MIL) hospital *m* de primera sangre; **Feldmarschall** *m* (MIL) mariscal *m* de campo; **Feldmaus** *f* (ZOOL) ratón *m* de campo; **Feldpost** *f* (MIL) correo *m* militar; **Feldsalat** *m* ruiponce *m;* **Feldstecher** ['fɛltʃtɛçɐ] *m* <-s, -> prismáticos *mpl;* **Feldwebel** ['fɛltve:bəl] *m* <-s, -> sargento *m* (mayor); **Feldweg** *m* camino *m* vecinal; **Feldzug** *m* <-(e)s, -züge> (*a. fig*) campaña *f;* (MIL) expedición *f* militar; **einen ~ gegen etw/jdn unternehmen** lanzar una campaña contra algo/alguien

**Felge** ['fɛlgə] *f* <-n> ① (*vom Rad*) llanta *f* ② (SPORT) molinete *m*

**Fell** [fɛl] *nt* <-(e)s, -e> piel *f*, pellejo *m;* **ein dickes ~ haben** (*fam fig*) tener una coraza en lugar de piel; **jdm das ~ über die Ohren ziehen** (*fam fig*) engañar a alguien

**Fellatio** [fɛ'la:tsjo] *f ohne pl* felación *f*

**Fels**[1] [fɛls] *m* <-ens, -en> (*geh: Felsen*) roca *f;* (*größer*) peñasco *m*

**Fels**[2] *m* <-, *ohne pl*> (*Gestein*) roca *f*

**Felsblock** *m* roca *f*

**Felsen** ['fɛlzən] *m* <-s, -> *s.* **Fels; felsenfest** ['--'-] *adj* firme; **ich bin ~ davon überzeugt, dass ...** estoy firmemente convencido de que...

**Felsgestein** *nt* roca *f*

**felsig** ['fɛlzɪç] *adj* ① (*mit Felsen*) rocoso ② (*aus Felsgestein*) rocoso

**Felsspalte** *f* grieta *f* (entre las rocas); **Felsvorsprung** *m* saliente *m* de una roca; **Felswand** *f* pared *f* de una roca

**feminin** [femi'ni:n] *adj* femenino

**Feminismus** [femi'nɪsmʊs] *m* <-, *ohne pl*> feminismo *m*

**Feminist(in)** [femi'nɪst] *m(f)* <-en, -en; -nen> feminista *mf*

**feministisch** *adj* feminista

**Fenchel** ['fɛnçəl] *m* <-s, -> hinojo *m*

**Fenster** ['fɛnstɐ] *nt* <-s, -> ① (*in Gebäuden, a.* INFOR) ventana *f;* (*an Fahrzeugen*) ventanilla *f;* **zum ~ hinausschauen** mirar por la ventana; **jd ist weg vom ~** (*fig*) alguien ha desaparecido del panorama ② (*eines Briefumschlags*) ventanilla *f;* **Fensterbank** *f*, **Fensterbrett** *nt* antepecho *m;* **Fensterbriefumschlag** *m* sobre *m* de ventanilla; **Fensterflügel** *m* hoja *f* de la ventana; **Fensterglas** *nt ohne pl* vidrio *m;* **Fensterheber** ['fɛnstɐhe:bɐ] *m* <-s, -> (AUTO) elevalunas *m inv;* **elektrischer ~** elevalunas automático; **Fensterladen** *m* contraventana *f;* **Fensterleder** *nt* gamuza *f*

**fensterln** ['fɛnstɐln] *vi* (*südd, Österr*) pelar la pava (*colarse el amante en la habitación de su amada por la ventana*)

**Fensterplatz** *m* asiento *m* de ventanilla; **Fensterputzer(in)** *m(f)* <-s, -; -nen> limpiador(a) *m(f)* de cristales; **Fensterrahmen** *m* marco *m* de la ventana; **Fensterscheibe** *f* vidrio *m*, cristal *m;* (*Auto, Schaufenster*) luna *f*

**Ferien** ['fe:riən] *pl* vacaciones *fpl;* **die großen ~** las vacaciones de verano; **in die ~ fahren** ir(se) de vacaciones; **~ machen/haben** estar de/tener vacaciones; **Feriengast** *m* turista *mf;* **Ferienhaus** *nt* chalet *m* para las vacaciones; **Ferienkurs** *m* curso *m* de vacaciones; **Ferienlager** *nt* campamento *m* de vacaciones; **Ferienort** *m* centro *m* turístico; **Ferientag** *m* día *m* de vacaciones; **Ferienwohnung** *f* apartamento *m* para las vacaciones; **Ferienzeit** *f ohne pl* (época *f* de) vacaciones *fpl*

**Ferkel** ['fɛrkəl] *nt* <-s, -> ① (ZOOL) lechón *m* ② (*fam: Mensch*) cochino, -a *m, f*

**Ferkelei** *f* <-en> (*fam abw*) cochinada *f*

**ferkeln** *vi* ① (ZOOL) parir [*o* tener cochinillos] (la cerda) ② (*fam abw: Dreck machen*) hacer cochinadas; (*stärker*) hacer guarradas [*o* el guarro]

**Ferment** [fɛr'mɛnt] *nt* <-(e)s, -e> (BIOL) fermento *m*

**fern** [fɛrn] **I.** *adj* (*räumlich, zeitlich*) lejano; **der F~e Osten** el Extremo Oriente **II.** *adv* lejos; **von ~** de lejos; **~ von hier** lejos de aquí; **(sich) ~ halten von etw/jdm** (*geh*) mantener(se) alejado de algo/alguien; **etwas liegt jdm ~** alguien no quiere algo en absoluto; **es liegt mir ~, zu ...** no tengo la intención de...; **nichts liegt mir ~er, als ...** nada más lejos de mi voluntad que...; **etw** *dat* **~ stehen** (*geh*) sentir desapego hacia algo; **einem Plan ~ stehen** distanciarse de un plan; **jdm ~ stehen** no tener relación con alguien; **Fernbedienung** *f* mando *m* a distancia; **fern|bleiben** *irr vi sein* (*geh*) no asistir (a); **Fernblick** *m ohne pl* vista *f* panorámica

**Ferne** ['fɛrnə] *f ohne pl* (*räumlich, zeitlich*) lejanía *f*, distancia *f*; **aus der ~ betrachtet** visto de lejos; **in weiter ~ liegen** estar lejos

**ferner** ['fɛrnɐ] **I.** *konj* (*außerdem*) aparte de eso, además **II.** *adv* (*künftig*) en adelante

**Fernfahrer(in)** *m(f)* camionero, -a *m, f*; **Fernflug** *m* (AERO) vuelo *m* de (larga) distancia; **Ferngespräch** *nt* (*Inland*) llamada *f* interurbana; (*Ausland*) llamada *f* internacional; **ferngesteuert** ['fɛrngəʃtɔɪɐt] *adj* teledirigido; **Fernglas** *nt* prismáticos *mpl*

**fern|gucken** *vi* (*fam*) mirar la tele; **Fernheizung** *f* (sistema *m* de) calefacción *f* a distancia; **Fernkopie** *f* (TEL) telecopia *f*; **Fernkursus** *m* (SCH) curso *m* por correspondencia; **Fernleitung** *f* línea *f* a gran distancia; **fern|lenken** *vt* teledirigir; **Fernlenkung** *f* <-en> telemando *m*; **Fernlicht** *nt ohne pl* (AUTO) luz *f* larga [*o* de carretera]

**Fernmeldeamt** *nt* (TEL) central *f* telefónica; **Fernmeldedienst** *m* (TEL) servicio *m* de telecomunicación; **Fernmeldetechnik** *f ohne pl* (TEL) técnica *f* de telecomunicaciones; **Fernmeldewesen** *nt ohne pl* (TEL) telecomunicaciones *fpl*

**fernmündlich** *adj* (TEL) por teléfono; **Fernost** [fɛrn'ʔɔst] *m* Extremo Oriente *m*; **fernöstlich** ['-'--] *adj* del Extremo Oriente; **Fernrohr** *nt* telescopio *m*; **Fernschreiben** *nt* (*Text*) télex *m inv*; **Fernschreiber** *m* <-s, -> (*Apparat*) télex *m inv*; **fernschriftlich** *adj* (TEL) (transmitido) por télex

**Fernsehansager(in)** *m(f)* locutor(a) *m(f)* de televisión; **Fernsehanstalt** *f* cadena *f* de televisión; **Fernsehantenne** *f* antena *f* de televisión; **Fernsehapparat** *m* televisor *m*

**Fernsehen** *nt* <-s, *ohne pl*> televisión *f*; **im ~ übertragen** televisar, transmitir por televisión

**fern|sehen** *irr vi* ver la tele(visión)

**Fernseher** *m* <-s, -> (*fam: Gerät*) tele *f*

**Fernsehfilm** *m* película *f* de televisión; **Fernsehgebühr** *f* impuesto *m* por el uso de un televisor; **Fernsehgerät** *nt* televisor *m*; **Fernsehinterview** *nt* entrevista *f* en televisión; **Fernsehjournalist(in)** *m(f)* periodista *mf* de televisión; **Fernsehkamera** *f* cámara *f* de televisión; **Fernsehmüll** *m* (*fam*) telebasura *f*; **Fernsehnachrichten** *fpl* (TV) noticias *fpl* de la televisión [*o* televisadas]; **Fernsehprediger(in)** *m(f)* telepredicador(a) *m(f)*; **Fernsehprogramm** *nt* programa *m* de televisión; **Fernsehsender** *m* canal *m* de televisión; **Fernsehsendung** *f* emisión *f* de televisión; **Fernsehspiel** *nt* telefilm *m*; **Fernsehturm** *m* torre *f* de televisión, pirulí *m fam*; **Fernsehübertragung** *f* retransmisión *f* televisiva; **Fernsehzeitschrift** *f* revista *f* de televisión

**Fernsicht** *f* vista *f* panorámica

**Fernsprechamt** *nt* central *f* telefónica; **Fernsprechanlage** *f* instalación *f* telefónica; **Fernsprechansagedienst** *m* servicio *m* de anuncios telefónicos; **Fernsprecher** *m* <-s, -> teléfono *m*; **Fernsprechgebühr** *f* tarifa *f* telefónica; **Fernsprechteilnehmer(in)** *m(f)* usuario, -a *m, f* de la red telefónica

**fern|steuern** *vt* teledirigir; **Fernsteuerung** *f* telemando *m*; **Fernstraße** *f* (AUTO) ≈carretera *f* nacional; **Fernstudium** *nt* carrera *f* a distancia; **Fernuniversität** *f* universidad *f* a distancia; **Fernverkehr** *m* ❶ (*Eisenbahn*) servicio *m* de largo recorrido; (*Auto*) tráfico *m* interurbano ❷ (*Telefon*) servicio *m* interurbano; **Fernwärme** *f* sistema *m* de calefacción a distancia; **Fernweh** ['fɛrnve:] *nt* <-(e)s, *ohne pl*> (*geh*) nostalgia *f* de países lejanos; **Fernziel** *nt* (*fig*) objetivo *m* a largo plazo

**Ferse** ['fɛrzə] *f* <-n> (*a. Strumpf~*) talón *m*; **jdm (dicht) auf den ~n sein** ir pisando los talones a alguien

**fertig** ['fɛrtɪç] *adj* ❶ (*beendet*) terminado, acabado; (*vollendet*) listo; **halb ~** a medio hacer; **das Essen ist ~** la comida está lista; **mit dir bin ich endgültig ~** (*fam*) no quiero tener nada más que ver contigo; **etw ~ bekommen** [*o* **bringen**] (*fam: vollenden*) terminar algo; **der bringt es nicht ~, ihm das zu sagen** (*fam*) no es capaz de decírselo; **etw ~ machen** (*beenden*) acabar [*o* finalizar] algo; **etw ~ stellen** concluir algo; **wirst du rechtzeitig ~?** ¿acabarás a tiempo?; **mit jdm ~ werden** (*fam*) arreglárselas con alguien; **sieh zu, wie du damit ~ wirst** (*fam fig*) arréglatelas como puedas ❷ (*bereit*) listo (*zu* para), preparado (*zu* para); **(sich) ~ machen** (*fam*) arreglar(se), preparar(se); **auf die Plätze, ~, los!** ¡preparados, listos, ya!

③ (*fam: erschöpft*) rendido; **jdn ~ machen** acabar con alguien; **mit den Nerven ~ sein** tener los nervios destrozados; **ich bin völlig** [*o* **fix und**] **~** estoy hecho polvo

**Fertigbau** *m*, **Fertigbauweise** *f ohne pl* construcción *f* prefabricada

**fertigen** ['fɛrtɪgən] *vt* elaborar, fabricar

**Fertiggericht** *nt* plato *m* precocinado; **Fertighaus** *nt* casa *f* prefabricada

**Fertigkeit** *f* <-en> ① (*Geschicklichkeit*) habilidad *f*, destreza *f* ② *pl* (*Fähigkeit*) aptitudes *fpl*; (*Kenntnis*) conocimientos *mpl*

**Fertignahrung** *f* comida *f* precocinada; **Fertigprodukt** *nt* (WIRTSCH) producto *m* elaborado [*o* manufacturado]

**Fertigstellung** *f* conclusión *f*

**Fertigteil** *nt* elemento *m* prefabricado

**Fertigung** *f* <-en> fabricación *f*, producción *f*

**Fes** [fɛs] *nt* <-, -> (MUS) fa *m* bemol

**fesch** [fɛʃ] *adj* ① (*fam: schick*) elegante; (*hübsch*) guapo ② (*Österr: nett*) amable

**Fessel** ['fɛsəl] *f* <-n> ① (*zum Festbinden*) atadura *f*; (*Kette*) cadena *f*, hierros *mpl*; **jdm ~n anlegen** poner a alguien los grilletes ② (ANAT: *vom Pferd*) espolón *m* ③ (ANAT: *beim Menschen*) empeine *m* (del pie)

**fesseln** ['fɛsəln] *vt* ① (*festbinden*) atar; (*an den Händen*) maniatar; **jdn an Händen und Füßen ~** atar a alguien de manos y pies; **ans Bett gefesselt sein** (*fig*) tener que guardar cama ② (*faszinieren*) fascinar

**fesselnd** *adj* (*faszinierend: Bericht, Erzählung*) fascinante; (*Mensch*) atractivo, cautivador

**fest** *adj* ① (*kompakt*) sólido; (*hart*) duro ② (*stabil*) robusto ③ (*stark, kräftig*) fuerte; **die Tür ~ schließen** cerrar la puerta con fuerza; **~ schlafen** dormir profundamente ④ (*unerschütterlich*) firme; **sie ist ~ entschlossen** está firmemente decidida; **sich** *dat* **etw ~ vornehmen** tener la firme intención de hacer algo; **etw ~ versprechen** prometer algo solemnemente ⑤ (*ständig*) fijo; (*dauerhaft*) permanente, constante; **~ angestellt** con empleo fijo; **einen ~en Wohnsitz haben** tener un domicilio fijo; **es gibt dafür keine ~en Regeln** para esto no existen reglas fijas; **er ist in ~en Händen** (*fam*) tiene novia

**Fest** [fɛst] *nt* <-(e)s, -e> fiesta *f*, pachanga *f Am: fam*; **Frohes ~!** ¡Felices Fiestas!

**Festakt** *m* acto *m* solemne

**Festangestellte(r)** *mf* empleado, -a *m*, *f* fijo, -a; **Festanstellung** *f* contrato *m* indefinido, empleo *m* fijo

**fest|beißen** *irr vr:* **sich ~** ① (*Hund*): **sich an der Beute ~** morder y no soltar la presa ② (*nicht weiterkommen*) atascarse (*an* en); **fest|binden** *irr vt* atar (*an* a), pegar *Mex*

**feste** *adv* (*fam: nach Kräften: feiern*) de lo lindo; (*arbeiten, mithelfen*) de firme

**Festessen** *nt* banquete *m*

**fest|fahren** *irr vr:* **sich ~** ① (*stecken bleiben*) atascarse (*in* en); (*Schiff*) embarrancar ② (*Verhandlungen*) estancarse; **fest|frieren** *irr vi sein* estar helado [*o* congelado] y pegarse (*an* a)

**Festgeld** *nt* (FIN) depósito *m* a término [*o* a plazo fijo]; **Festgeldkonto** *nt* (FIN) cuenta *f* de depósito a término

**fest|haken** **I.** *vt* enganchar (*an* en), sujetar (*an* en) **II.** *vr:* **sich ~** engancharse, quedarse enredado; **fest|halten** *irr* **I.** *vi* aferrarse (*an* a); **er hält an seiner Meinung fest** no da su brazo a torcer **II.** *vt* ① (*halten*) sujetar ② (*zurückhalten*) detener ③ (*aufzeichnen*) retener; (*mit Kamera*) fotografiar; (*mit Tonband*) grabar **III.** *vr:* **sich ~** sujetarse (*an* en/a), agarrarse (*an* a)

**festigen** ['fɛstɪgən] **I.** *vt* reforzar, consolidar; **ein gefestigter Charakter** un carácter estable **II.** *vr:* **sich ~** reforzarse, consolidarse

**Festiger** *m* <-s, -> (*Haar~*) fijador *m* (para el pelo)

**Festigkeit** *f ohne pl* ① (*Widerstandsfähigkeit*) solidez *f*; (*Stabilität*) estabilidad *f* ② (*Entschlossenheit*) firmeza *f* ③ (*Standhaftigkeit*) perseverancia *f*

**Festival** ['fɛstivəl] *nt* <-s, -s> festival *m*

**fest|klammern** **I.** *vt* sujetar (con pinzas); **die Wäsche (an der Leine) ~** sujetar [*o* tender] la ropa (en la cuerda) con pinzas **II.** *vr:* **sich ~** agarrarse (*an* a/en); **fest|kleben** **I.** *vi sein* estar pegado (*an* en/a) **II.** *vt* pegar (*an* a/en)

**Festland¹** *nt* <-(e)s, -länder> (*Kontinent*) continente *m*

**Festland²** *nt* <-(e)s, *ohne pl*> (*im Gegensatz zum Meer*) tierra *f* firme

**fest|legen** **I.** *vt* ① (*bestimmen*) fijar, establecer ② (FIN) invertir a plazo fijo ③ (*verpflichten*) comprometer (*auf* a) **II.** *vr:* **sich ~** (*sich binden*) comprometerse (*auf* a)

**festlich** ['fɛstlɪç] *adj* de fiesta; (*feierlich*) solemne, ceremonioso; **~ geschmückt** decorado de fiesta; **etw ~ begehen** celebrar algo

**Festlichkeit** *f* <-en> festividad *f*, acto *m* solemne

**fest|liegen** *irr vi* ① (*bestimmt sein*) estar fijado; **der Termin liegt nun fest** la fecha ya está fijada ❷ (NAUT) embarrancar ❸ (FIN) estar inactivo; **fest|machen** **I.** *vi* (NAUT) amarrar **II.** *vt* ❶ (*vereinbaren*) concertar ❷ (*befestigen*) fijar (*an* en/a), sujetar (*an* en/a)

**Festmahl** *nt* (*geh*) banquete *m*

**fest|nageln** *vt* ❶ (*Bretter*) clavar (*an* a/en) ❷ (*fam: festlegen*) comprometer (*an* a)

**Festnahme** ['fɛstna:mə] *f* <-n> detención *f*; **vorläufige ~** detención provisional

**fest|nehmen** *irr vt* detener; **jdn vorläufig ~** detener provisionalmente a alguien

**Festplatte** *f* (INFOR) disco *m* duro; **etw auf der ~ abspeichern** grabar algo en el disco duro; **Festplattenlaufwerk** *nt* (INFOR) unidad *f* del disco duro

**Festrede** *f* discurso *m* solemne; **Festsaal** *m* salón *m* de fiestas

**fest|schnallen** *vr:* **sich ~** amarrar el cinturón; **fest|schrauben** *vt* apretar los tornillos

**Festschrift** *f* escrito-homenaje *m*

**fest|setzen** **I.** *vt* ❶ (*bestimmen*) fijar ❷ (*festnehmen*) arrestar, encarcelar **II.** *vr:* **sich ~** ❶ (*Schmutz*) pegarse (*auf* a, *in* en) ❷ (*Gedanke*) arraigarse; **fest|sitzen** *irr vi* ❶ (*befestigt sein*) estar fijo, estar bien sujeto ❷ (*Schmutz*) estar pegado (*auf* a) ❸ (*Fahrzeug*) estar atascado (*in* en); (*Schiff*) estar encallado; (*Person*) no poder moverse (del sitio)

**Festspiele** *ntpl* festival *m*; **Festspielhaus** *nt* gran teatro *m* (apropiado para festivales)

**fest|stehen** *irr vi* ❶ (*festgelegt sein*) estar decidido ❷ (*sicher sein*) ser seguro; **fest steht, dass ...** lo que es seguro es que...; **feststellbar** *adj* comprobable; **fest|stellen** *vt* ❶ (*arretieren*) fijar ❷ (*ermitteln*) averiguar; (*Personalien*) tomar; (*Krankheit*) diagnosticar; **das wird sich ~ lassen** eso ya se averiguará ❸ (*bemerken*) notar ❹ (*sagen*) manifestar

**Feststellung** *f* ❶ (*Ermittlung*) averiguación *f* ❷ (*Konstatierung*) comprobación *f*; (*Beobachtung*) observación *f*; **die ~ machen, dass ...** comprobar que... ❸ (*Aussage*) declaración *f*

**Festtag** *m* día *m* festivo; **Festtagsstimmung** *f ohne pl* ambiente *m* de domingo; **in ~ sein** tener cara de domingo

**Festung** ['fɛstʊŋ] *f* <-en> fortaleza *f*

**festverzinslich** ['fɛstfɛɐtsɪnslɪç] *adj* (FIN) a renta fija; **fest|ziehen** *irr vt* asegurar, fijar; **Festzins** *m* (FIN) intereses *mpl* fijos

**Festzug** *m* <-(e)s, -züge> desfile *m*

**Fete** ['fe:tə, 'fɛ:tə] *f* <-n> (*fam*) guateque *m*, fiesta *f*

**Fetisch** ['fe:tɪʃ] *m* <-(e)s, -e> fetiche *m*

**Fetischismus** *m* <-, *ohne pl*> fetichismo *m*

**Fetischist(in)** *m(f)* <-en, -en; -nen> fetichista *mf*

**fett** *adj* ❶ (*Speisen*) graso; **~ essen** comer comidas grasas ❷ (*Mensch*) gordo ❸ (*ertragreich*) abundante; **~e Beute machen** (*fig fam*) conseguir un gran botín ❹ (TYPO) en negrilla; **~ gedruckt** (impreso) en negrilla

**Fett** *nt* <-(e)s, -e> grasa *f*; **sein ~ abkriegen** (*fam*) recibir su merecido; **~ ansetzen** (*fam*) echar tripa; **fettarm** *adj* pobre en grasas; **Fettauge** *nt* ojo *m* de grasa

**Fettdruck** *m ohne pl* (TYPO) impresión *f* en negrilla

**fetten** **I.** *vi* ser grasiento **II.** *vt* engrasar

**Fettfleck** *m* mancha *f* de grasa

**Fettgehalt** *m* contenido *m* en grasa

**fetthaltig** *adj* graso

**fettig** *adj* graso, grasiento; (*schmierig*) pringoso

**Fettkloß** *m* (*fam*) gordo, -a *m, f*

**fettleibig** ['fɛtlaɪbɪç] *adj* obeso

**Fettleibigkeit** *f ohne pl* obesidad *f*

**fettlöslich** *adj* soluble en grasa; **Fettnäpfchen** ['fɛtnɛpfçən] *nt* <-s, -> (*fam*): **ins ~ treten** meter la pata; **Fettpolster** *nt* (ANAT) panículo *m*; **Fettsack** *m* (*fam abw: fetter Mensch*) seboso *m*; **Fettsäure** *f* ácido *m* graso; **Fettschicht** *f* capa *f* de grasa; (ANAT) panículo *m* adiposo; **Fettsucht** *f ohne pl* (MED) obesidad *f*, adiposis *f inv*; **Fettwanst** ['fɛtvanst] *m* (*fam abw*) barrigón, -ona *m, f*

**fetzen** **I.** *vi* (*fam*) ❶ (*abreißen*) arrancar (*von* de) ❷ (*Musik*) molar **II.** *vr:* **sich ~** (*fam: sich streiten*) pelearse

**Fetzen** ['fɛtsən] *m* <-s, -> ❶ (*Stoff~*) jirón *m*; (*Papier~*) pedazo *m*, jirón *m*; **er riss es in ~** lo hizo trizas ❷ (*Gesprächs~*) pedazo *m*

**fetzig** *adj* (*fam: Musik*) marchoso

**feucht** [fɔɪçt] *adj* húmedo; **~ werden** humedecerse; **eine ~e Aussprache haben** (*fam*) escupir al hablar; **feuchtfröhlich** *adj* (*fam*) alegre y animado; **eine ~e Party** una fiesta con buen ambiente y con bebidas (alcohólicas)

**Feuchtigkeit** *f ohne pl* humedad *f*; **Feuchtigkeitscreme** *f* crema *f* hidratante; **Feuchtigkeitsgehalt** *m* grado *m* de humedad; **Feuchtigkeitslotion** *f* loción *f* hidratante

**feuchtkalt** ['-'-] *adj* de frío húmedo; **feuchtwarm** ['-'-] *adj* de calor húmedo; (*schwül*) bochornoso; **Feuchtwiese** *f* pradera *f* húmeda

**feudal** [fɔɪ'da:l] *adj* ❶ (POL) feudal ❷ (*fam:*

*prächtig*) bien, elegante; **Feudalherr** *m* señor *m* feudal

**Feudalismus** [fɔɪda'lɪsmʊs] *m* <-, *ohne pl*> feudalismo *m*

**Feuer**[1] ['fɔɪɐ] *nt* <-s, *ohne pl*> ❶ (MIL) fuego *m;* **das ~ eröffnen** abrir fuego; **das ~ einstellen** cesar el fuego ❷ (*Temperament*): **dieses Pferd hat viel ~** este caballo tiene mucho temperamento

**Feuer**[2] *nt* <-s, -> ❶ (*vom Menschen kontrolliert*) fuego *m;* **das olympische ~** la llama olímpica; **~ speiend** (*Drache, Vulkan*) que escupe fuego; **haben Sie ~?** ¿tiene fuego?; **jdm ~ geben** dar fuego a alguien; **mit dem ~ spielen** (*fig*) jugar con fuego; **für jdn/etw seine Hand ins ~ legen** poner la mano en el fuego por alguien/algo; **jdm ~ unterm Hintern machen** (*fam*) meter prisa a alguien ❷ (*Brand*) fuego *m,* incendio *m;* **~ an etwas legen** incendiar algo; **~ und Flamme für etw sein** (*fam*) entusiasmarse por algo; **für jdn durchs ~ gehen** dejarse matar por alguien; **~ fangen** (*in Brand geraten*) incendiarse; (*sich begeistern*) entusiasmarse; **gebranntes Kind scheut das ~** (*prov*) gato escaldado del agua fría huye

**Feueralarm** *m* alarma *f* de incendio; **Feuerbefehl** *m* (MIL) orden *f* de fuego; **feuerbeständig** *adj* resistente al fuego; **Feuerbestattung** *f* cremación *f,* incineración *f;* **Feuereifer** *m* celo *m,* fervor *m;* **etw mit ~ betreiben** hacer algo con mucho entusiasmo; **feuerfest** *adj* a prueba de fuego; (*beständig*) resistente al fuego; (PHYS, CHEM) incombustible; (*Stein*) refractario; **Feuergefahr** *f* peligro *m* de incendio; **feuergefährlich** *adj* inflamable; **Feuergefecht** *nt* (MIL) tiroteo *m;* **Feuerleiter** *f* ❶ (*am Haus*) escalera *f* de incendios ❷ (*der Feuerwehr*) escalera *f* de bomberos; **Feuerlöscher** *m* <-s, -> extintor *m* de incendios; **Feuermelder** *m* <-s, -> teléfono *m* para avisar a los bomberos

**feuern** **I.** *vi* ❶ (*schießen*) disparar ❷ (*heizen*) calentar **II.** *vt* ❶ (*einheizen*) calentar ❷ (*fam: entlassen*) despedir con cajas destempladas ❸ (*fam: hinschleudern*) tirar ❹ (*fam*): **jdm eine ~** pegarle a alguien una bofetada

**Feuerpause** *f* (MIL) alto *m* el fuego; **Feuerprobe** *f* prueba *f* del fuego; **feuerrot** ['--'-] *adj* rojo encendido; **er wurde ~** se puso más colorado que un tomate

**Feuerschlucker(in)** *m(f)* <-s, -; -nen> hombre *m* tragafuegos, mujer *f* tragafuegos; **feuersicher** *adj* ❶ (*feuerfest*) resistente al fuego ❷ (*geschützt*) protegido contra el fuego; **Feuerstein** *m* (*Gesteinsart*) pedernal *m;* (*im Feuerzeug*) piedra *f* de mechero; **Feuerstelle** *f* (*am Herd*) fogón *m,* brasero *m Am;* **Feuertaufe** *f* (MIL) bautismo *m* de fuego

**Feuerung** *f ohne pl* fuego *m*

**Feuerversicherung** *f* seguro *m* contra incendios; **Feuerwache** *f* puesto *m* de bomberos; **Feuerwaffe** *f* arma *f* de fuego; **Feuerwasser** *nt ohne pl* (*fam*) aguardiente *m*

**Feuerwehr** ['fɔɪɐveːɐ] *f* <-en> ❶ (*Institution*) cuerpo *m* de bomberos ❷ (*fam: ~einheit*) bomberos *mpl;* **Feuerwehrauto** *nt* coche *m* de los bomberos; (*groß*) camión *m* de los bomberos; **Feuerwehrfrau** *f* bombera *f;* **Feuerwehrleiter** *f* escalera *f* de bomberos; **Feuerwehrmann** *m* <-(e)s, -männer *o* -leute> bombero *m*

**Feuerwerk** *nt* fuegos *mpl* artificiales; **Feuerwerkskörper** *m* (*Rakete*) cohete *m;* (*Knallkörper*) petardo *m*

**Feuerzeug** *nt* <-(e)s, -e> encendedor *m,* mechero *m*

**Feuilleton** [fœjə'tõː] *nt* <-s, -s> ❶ (*Zeitungsteil*) suplemento *m* cultural ❷ (*Artikel*) artículo *m* para el suplemento cultural

**feurig** ['fɔɪrɪç] *adj* ❶ (*temperamentvoll*) impetuoso; (*leidenschaftlich*) apasionado ❷ (*Rede*) vehemente ❸ (*Auge*) centelleante

**ff.** *Abk. von* **folgende (Seiten)** y (páginas) siguientes

**FH** [ɛf'haː] *f* <-s> *Abk. von* **Fachhochschule** escuela *f* técnica superior

**Fiasko** ['fjasko] *nt* <-s, -s> fracaso *m*

**ficht** [fɪçt] *3. präs von* **fechten**

**Fichte** ['fɪçtə] *f* <-n> abeto *m* rojo

**Fick** [fɪk] *m* <-s, -s> (*vulg*) polvo *m*

**ficken** ['fɪkən] *vi, vt* (*vulg*) joder, coger *Am*

**fick(e)rig** *adj* (*reg: fam*) inquieto, nervioso

**fidel** [fi'deːl] *adj* (*fam*) alegre

**Fidschiinseln** ['fɪtʃiʔɪnzəln] *fpl* Islas *fpl* Fidji

**Fieber** ['fiːbɐ] *nt* <-s, -> fiebre *f;* **(40 Grad) ~ haben** tener (40 grados de) fiebre; **Fieberanfall** *m* ataque *m* de fiebre; **Fieberblasen** *fpl* ampollas *fpl* de la fiebre; **fieberfrei** *adj* sin fiebre

**fieberhaft** *adj* febril; **wir haben ~ nach ihm gesucht** lo hemos buscado como locos

**fieb(e)rig** *adj* febril

**Fieberkurve** *f* curva *f* de (la) temperatura

**fiebern** *vi* ❶ (*Fieber haben*) tener fiebre ❷ (*verlangen*) temblar de ansiedad (*nach*

F

por)

**fiebersenkend** *adj* antipirético; **Fieberthermometer** *nt* termómetro *m*

**fiebrig** *adj s.* **fieb(e)rig**

**Fiedel** ['fi:dəl] *f* <-n> (MUS) violín *m*

**fiedeln** *vi, vt* (*abw*) rascar (un violín)

**fiel** [fi:l] *3. imp von* **fallen**

**fies** [fi:s] *adj* (*fam*) ❶ (*abstoßend*) repugnante ❷ (*charakterlich*) asqueroso; (*lästig*) pesado

**Fiesling** ['fi:slɪŋ] *m* <-s, -e> (*fam abw*) tipo *m* asqueroso

**fifty-fifty** ['fɪfti'fɪfti] *adv* (*fam*): ~ **machen** hacer mitad y mitad

**Figur** [fi'gu:ɐ] *f* <-en> ❶ (*Gestalt*) figura *f*; **auf seine ~ achten** cuidar la línea; **er machte eine gute ~** causó una buena impresión ❷ (*Persönlichkeit, a.* LIT) personaje *m* ❸ (*Spielstein*) pieza *f* ❹ (*Abbildung*) ilustración *f*

**figurativ** [figura'ti:f] *adj* figurado; (KUNST) figurativo

**Fiktion** [fɪk'tsjo:n] *f* <-en> ficción *f*

**fiktiv** [fɪk'ti:f] *adj* ficticio

**Filet** [fi'le:] *nt* <-s, -s> (GASTR) filete *m*; **Filetsteak** *nt* (GASTR) solomillo *m*, bife *m* de lomo *Arg*

**Filiale** [fi'lja:lə] *f* <-n> sucursal *f*; **Filialleiter(in)** *m(f)* jefe, -a *m, f* de sucursal

**Film¹** [fɪlm] *m* <-(e)s, -e> ❶ (*dünne Schicht*) película *f* ❷ (FOTO) carrete *m* ❸ (TV) película *f*, filme *m*; **in einen ~ gehen** ir a ver una película; **einen ~ vorführen/anschauen** proyectar/ver una película

**Film²** *m* <-(e)s, *ohne pl*> (*Branche*) cine *m*; **sie ist beim ~** trabaja en el cine

**Filmarchiv** *nt* archivo *m* de películas; **Filmatelier** *nt* estudio *m* cinematográfico

**Filmemacher(in)** *m(f)* <-s, -; -nen> director(a) *m(f)* de cine

**filmen** ['fɪlmən] *vi, vt* rodar (una película), filmar

**Filmfestspiele** *ntpl* festival *m* de cine; **Filmgeschäft** *nt ohne pl* industria *f* cinematográfica

**filmisch** *adj* cinematográfico

**Filmkamera** *f* cámara *f* de cine; **Filmmusik** *f* banda *f* sonora (de una película); **Filmproduzent(in)** *m(f)* productor(a) *m(f)* cinematográfico, -a; **Filmprojektor** *m* proyector *m* de cine; **Filmregisseur(in)** *m(f)* director(a) *m(f)* de cine; **Filmriss** *m* ❶ (TV) corte *m* de la película ❷ (*Black-out*) fallo *m* repentino de la memoria; **ich hatte einen ~** (*fam*) me quedé en blanco, me falló la memoria

**Filmschauspieler(in)** *m(f)* actor *m* de cine, actriz *f* de cine; **Filmstar** *m* estrella *f* de cine; **Filmtheater** *nt* cine *m*; **Filmverleih** *m* distribuidora *f* cinematográfica; **Filmvorführer(in)** *m(f)* <-s, -; -nen> operador(a) *m(f)* de cine; **Filmvorführung** *f* presentación *f* de película; **Filmvorschau** *f* tráiler *m*

**Filter** ['fɪltɐ] *m* <-s, -> filtro *m*; **Filteranlage** *f* (TECH) instalación *f* de filtraje; **Filterkaffee** *m ohne pl* café *m* de filtro; **Filtermundstück** *nt* boquilla *f*

**filtern** *vt* filtrar

**Filterpapier** *nt* (papel *m* de) filtro *m*; **Filtertüte** *f* filtro *m*; **Filterzigarette** *f* cigarrillo *m* con filtro

**filtrieren*** [fɪl'tri:rən] *vt* (TECH) filtrar

**Filz** [fɪlts] *m* <-es, -e> ❶ (*Gewebe*) fieltro *m* ❷ (POL) nepotismo *m*

**filzen** ['fɪltsən] **I.** *vi* (*Wolle*) apelmazarse **II.** *vt* (*fam*) ❶ (*durchsuchen*) registrar, cachear ❷ (*bestehlen*) dejar limpio

**Filzhut** *m* sombrero *m* de fieltro, callampa *f Chil*; **Filzlaus** *f* ladilla *f*; **Filzpantoffel** *m* pantufla *f* de fieltro; **Filzstift** *m* rotulador *m*

**Fimmel** ['fɪməl] *m* <-s, -> (*fam abw*) manía *f*; (*fixe Idee*) idea *f* fija

**Finale** [fi'na:lə] *nt* <-s, -> final *f*; (SPORT A.) finalísima *f*; **ins ~ kommen** llegar a la final

**Finanzamt** [fi'nants-] *nt* Delegación *f* de Hacienda, impositiva *f Am*; **Finanzausgleich** *m* compensación *f* financiera, ajuste *m* financiero; **Finanzbeamte(r)** *mf*, **-beamtin** *f* agente *mf* fiscal; **Finanzberater(in)** *m(f)* asesor(a) *m(f)* fiscal y financiero, -a

**Finanzen** [fi'nantsən] *pl* finanzas *fpl*

**Finanzgericht** *nt* (JUR) tribunal *m* de Hacienda

**finanziell** [finan'tsjɛl] *adj* financiero, económico

**Finanzier** [finan'tsje:] *m* <-s, -s> financero, -a *m, f*

**finanzierbar** *adj* financiable

**finanzieren*** [finan'tsi:rən] *vt* financiar

**Finanzierung** *f* <-en> financiación *f*

**finanzkräftig** *adj* con capacidad financiera; **Finanzmarkt** *m* mercado *m* financiero; **Finanzminister(in)** *m(f)* ministro, -a *m, f* de Hacienda; **Finanzministerium** *nt* ministerio *m* de Hacienda; **Finanzplanung** *f* planificación *f* financiera; **Finanzpolitik** *f* (*a.* WIRTSCH) política *f* financiera; **finanzschwach** *adj* sin capacidad económica; **Finanzspritze** *f* apoyo *m* financiero; **Finanzverwaltung** *f* administración *f* financiera; **Finanzwirtschaft** *f ohne pl* (WIRTSCH) economía *f* financiera

**Findelkind** ['fɪndəlkɪnt] *nt* expósito, -a *m, f*
**finden** ['fɪndən] <findet, fand, gefunden> **I.** *vt* ❶ (*allgemein*) encontrar; (*unvermutet*) dar con; **wieder ~** (*Dinge*) encontrar; (*Person*) reencontrar; (*Mut, Sprache*) recobrar; **er war nirgends zu ~** no lo encontramos en ninguna parte; **ihr Haus ist gut/schlecht zu ~** su casa es fácil/difícil de encontrar; **Anklang ~** encontrar aprobación; **Beachtung ~** recibir atención; **ich muss zu mir selbst ~** necesito un momento de tranquilidad; **sie fand keine Ruhe** no halló reposo; **sie findet Freude an der Arbeit** le gusta su trabajo; **ich finde nichts Schlimmes dabei** no encuentro nada de malo en ello; **kein Ende ~** no acabar nunca; **Verwendung ~** poder ser utilizado; **wer sucht, der findet** (*prov*) quién busca encuentra ❷ (*meinen*) opinar; **ich finde, dass ...** opino que...; **ich finde es gut, dass ...** me parece bien que... +*subj* **II.** *vr:* **sich ~** ❶ (*zum Vorschein kommen*) aparecer; **der Schlüssel wird sich schon (wieder) ~** ya aparecerá la llave ❷ (*in Ordnung kommen*) arreglarse; **das wird sich alles ~** todo se arreglará
**Finder(in)** *m(f)* persona *f* que encuentra algo; **Finderlohn** *m ohne pl* gratificación *f*
**findig** *adj* ingenioso, listo
**fing** [fɪŋ] *3. imp von* **fangen**
**Finger** ['fɪŋɐ] *m* <-s, -> dedo *m;* **der kleine ~** el (dedo) meñique; **mit dem ~ auf jdn zeigen** señalar con el dedo a alguien; **jdm auf die ~ klopfen** (*fam fig*) echar a alguien un rapapolvo; **das kann man sich doch an den (fünf) ~n abzählen!** (*fam*) ¡es evidente!; **~ weg!** ¡no lo toques!; **er hat überall die ~ drin** (*fam fig*) mete sus narices en todo; **da solltest du lieber die ~ von lassen** (*fam fig*) será mejor que no te metas en esto; **jdm (genau) auf die ~ schauen** (*fig*) controlar a alguien; **jdn in die ~ bekommen** coger a alguien; **sich** *dat* **etw aus den ~n saugen** sacarse algo de la manga; **jdn um den ~ wickeln** (*fam*) ganarse a alguien; **sich** *dat* **die ~ nach etw lecken** (*fam*) morirse de ganas por obtener algo; (*beim Essen*) chuparse los dedos por algo; **keinen ~ krumm machen** (*fam*) no dar ni golpe; **Fingerabdruck** *m* huella *f* digital, impresión *f* dactilar; **genetischer ~** característica genética; **Fingerbreit** *m:* **keinen ~ nachgeben** no ceder ni un ápice; **fingerdick** ['--'-] *adj* del grueso de un dedo; **Fingerfarbe** *f* pintura *f* para pintar con los dedos; **fingerfertig** *adj* hábil, mañoso; **Fingerfertigkeit** *f ohne pl* habilidad *f* manual; **Fingerhut** *m* ❶ (*beim Nähen*) dedal *m* ❷ (BOT) dedalera *f;* **Fingerkuppe** *f* yema *f* (del dedo)
**fingern** **I.** *vi* manosear (*an*) **II.** *vt* (*fam*) hurgar
**Fingernagel** *m* uña *f*
**Fingerspitze** *f* punta *f* del dedo; **Fingerspitzengefühl** *nt ohne pl* tacto *m;* (*Diplomatie*) diplomacia *f*
**Fingerzeig** ['fɪŋɐtsaɪk] *m* <-s, -e> señal *f*
**fingieren*** [fɪŋ'giːrən] *vt* fingir
**Fink** [fɪŋk] *m* <-en, -en> (ZOOL) pinzón *m*
**Finne, -in** ['fɪnə] *m, f* <-n, -n; -nen> finlandés, -esa *m, f*
**finnisch** *adj* finlandés
**Finnland** ['fɪnlant] *nt* <-s> Finlandia *f*
**finster** ['fɪnstɐ] *adj* ❶ (*dunkel*) oscuro; (*düster*) tenebroso; **es sieht ~ aus** tiene muy mal aspecto; **im F~n tappen** andar a tientas ❷ (*anrüchig*) dudoso ❸ (*mürrisch*) huraño, ceñudo
**Finsternis** *f* <-se> oscuridad *f*
**Finte** ['fɪntə] *f* <-n> ❶ (*Vorwand*) artimaña *f* ❷ (SPORT) finta *f*
**Firlefanz** ['fɪrləfants] *m* <-es, *ohne pl*> (*fam: Krempel*) cachivache *m*
**firm** [fɪrm] *adj:* **in etw ~ sein** estar versado en algo
**Firma** ['fɪrma, *pl:* 'fɪrmən] *f* <Firmen> empresa *f;* (*Fabrik*) fábrica *f*
**Firmament** [fɪrma'mɛnt] *nt* <-(e)s, *ohne pl*> (*geh*) firmamento *m*
**firmen** ['fɪrmən] *vt* (REL) confirmar
**Firmen** *pl von* **Firma**
**firmeneigen** *adj* perteneciente a la empresa; **Firmengründung** *f* fundación *f* de empresa; **Firmeninhaber(in)** *m(f)* titular *mf* de una empresa; **Firmenleitung** *f* gerencia *f;* **Firmenwagen** *m* coche *m* de la empresa; **Firmenzeichen** *nt* marca *f* de una fábrica
**Firmling** ['fɪrmlɪŋ] *m* <-s, -e> (REL) confirmando, -a *m, f*
**Firmung** ['fɪrmʊŋ] *f* <-en> (REL) confirmación *f*
**Firn** [fɪrn] *m* <-(e)s, *ohne pl*> ❶ (*Schnee*) nieve *f* endurecida ❷ (*Gletscher*) ventisquero *m*
**Firnis** ['fɪrnɪs] *m* <-ses, -se> barniz *m*
**First** [fɪrst] *m* <-(e)s, -e> ❶ (*Dach*) caballete *m* ❷ (*Gipfel*) cumbre *f*
**Fis** [fɪs] *nt* <-, -> (MUS) fa *m* sostenido
**Fisch** [fɪʃ] *m* <-(e)s, -e> ❶ (ZOOL) pez *m;* (*Ware, Gericht*) pescado *m;* **stumm sein wie ein ~** no decir esta boca es mía; **sich wie ein ~ im Wasser fühlen** sentirse como pez en el agua; **das ist weder ~**

F

noch Fleisch (*fam fig*) esto está a medias; **das sind kleine ~e für mich** (*fam*) eso está chupado; **ein dicker ~ sein** (*fam fig*) ser un pez gordo ❷ (ASTR) piscis *m inv;* **Fischauge** *nt* ❶ (ZOOL) ojo *m* del pez ❷ (FOTO) ojo *m* de pez; **Fischdampfer** *m* vapor *m* pesquero

**fischen** *vi, vt* pescar; **im Trüben ~** pescar en río revuelto

**Fischer(in)** *m(f)* <-s, -; -nen> pescador(a) *m(f);* **Fischerboot** *nt* barco *m* pesquero; **Fischerdorf** *nt* pueblo *m* que vive de la pesca

**Fischerei** *f ohne pl* pesca *f*

**Fischerin** *f* <-nen> *s.* **Fischer**

**Fischernetz** *nt* red *f* para pescar

**Fischfang** *m* pesca *f;* **auf ~ gehen** ir de pesca; **Fischfilet** *nt* (GASTR) filete *m* de pescado, lomo *m* de pescado; **Fischgründe** *mpl* caladero *m;* **Fischhändler(in)** *m(f)* pescadero, -a *m, f;* **Fischkonserve** *f* conserva *f* de pescado; **Fischkutter** *m* cúter *m* pesquero; **Fischmehl** *nt* harina *f* de pescado; **Fischmesser** *nt* cuchillo *m* para el pescado; **Fischotter** *m* <-s, -> nutria *f;* **fischreich** *adj* rico en pesca; **Fischstäbchen** ['fɪʃʃtɛ:pçən] *nt* (GASTR) barrita *f* de pescado; **Fischsterben** *nt* mortandad *f* piscícola; **Fischsuppe** *f* sopa *f* de pescado; **Fischzucht** *f ohne pl* piscicultura *f*

**fiskalisch** [fɪs'ka:lɪʃ] *adj* fiscal

**Fiskus** ['fɪskʊs] *m* <-, *ohne pl*> Hacienda *f,* fisco *m*

**Fisolen** [fi'zo:lən] *fpl* (*Österr: grüne Bohnen*) judías *fpl,* frijoles *mpl Am*

**fit** [fɪt] *adj* en (buena) forma

**Fitness** ['fɪtnɛs] *f ohne pl* buena forma *f;* **Fitnesscenter** ['fɪtnɛssɛntɐ] *nt* <-s, -> gimnasio *m;* **Fitnessstudio** *nt* gimnasio *m*

**Fittich** ['fɪtɪç] *m* <-(e)s, -e> (*geh*) ala *f;* **jdn unter seine ~e nehmen** ocuparse de alguien

**fix** [fɪks] *adj* ❶ (*Gehalt, Kosten*) fijo; **eine ~e Idee** una obsesión ❷ (*fam: schnell*) rápido; (*gewandt*) vivo; **~ und fertig sein** estar para el arrastre; **jdn ~ und fertig machen** hacer polvo a alguien ❸ (*reg: abw: bei Verstand*): **nicht ganz ~ sein** no estar en su (sano) juicio

**Fixa** *pl von* **Fixum**

**fixen** ['fɪksən] *vi* (*sl*) pincharse

**Fixer(in)** *m(f)* <-s, -; -nen> (*sl*) drogadicto, -a *m, f*

**fixieren*** [fɪ'ksi:rən] *vt* ❶ (*a.* FOTO) fijar (*an* a/en) ❷ (*schriftlich festhalten*) concertar; **jdn ~** clavar los ojos en alguien; **auf etw fixiert sein** (PSYCH) depender emocionalmente de algo

**Fixierung** *f* <-en> fijación *f*

**Fixkosten** *pl* costes *mpl* fijos; **Fixpunkt** *m* punto *m* fijo

**Fixum** ['fɪksʊm, *pl:* 'fɪksa] *nt* <-s, Fixa> sueldo *m* fijo

**Fjord** [fjɔrt] *m* <-(e)s, -e> fiordo *m*

**FKK** [ɛfka:'ka:] *Abk. von* **Freikörperkultur** nudismo *m;* **FKK-Strand** *m* playa *f* nudista

**flach** [flax] *adj* ❶ (*eben*) llano, plano; **mit der ~en Hand** con la palma de la mano; **auf dem ~en Land** en el campo ❷ (*niedrig*) bajo, playo *CSur;* (*Gewässer*) poco profundo; (*Teller*) llano ❸ (*abw: oberflächlich*) banal; **Flachbildschirm** *m* (INFOR, TV) pantalla *f* plana; **flachbrüstig** *adj* de pecho plano; **Flachdach** *nt* tejado *m* plano; **Flachdruck** *m* (TYPO) impresión *f* plana

**Fläche** ['flɛçə] *f* <-n> ❶ (*Gebiet*) superficie *f;* (*Bauwesen*) terreno *m* ❷ (MATH: *Grund~*) plano *m;* (*eines Würfels*) cara *f;* **Flächenausdehnung** *f* extensión *f* de la superficie; **flächendeckend** *adj* que cubre totalmente un campo determinado; **Flächeninhalt** *m* (MATH) área *f;* **Flächenmaß** *nt* (MATH) medida *f* de superficie; **Flächenstilllegung** *f* (ADMIN, AGR) reducción *f* de las áreas agrarias

**flach|fallen** *irr vi sein* (*fam*) suspenderse

**flächig** ['flɛçɪç] *adj* llano, plano

**Flachland** *nt ohne pl* llanura *f;* **flach|legen** **I.** *vt* (*fam: hinstrecken*) echar al suelo **II.** *vr:* **sich ~** (*fam*) echarse un rato a dormir; **flach|liegen** *irr vi* (*fam: krank sein*) estar enfermo; **Flachmann** *m* (*fam*) botellín *m* de aguardiente para el bolsillo

**Flachs** [flaks] *m* <-es, *ohne pl*> ❶ (BOT) lino *m* ❷ (*fam: Spaß*) burla *f;* **flachsblond** ['-'-] *adj* rubio platino

**flackern** ['flakɐn] *vi* ❶ (*Feuer*) llamear ❷ (*Licht*) centellear

**Fladen** ['fla:dən] *m* <-s, -> ❶ (*Pfannkuchen*) filloa *f* ❷ (*Kuhdung*) boñigo *m;* **Fladenbrot** *nt* pan *m* árabe

**Flagge** ['flagə] *f* <-n> bandera *f;* **das Schiff fährt unter spanischer ~** el barco navega con pabellón español

**flaggen** *vi:* **halbmast ~** ondear la bandera a media asta

**Flaggschiff** ['flak-] *nt* (MIL) buque *m* insignia

**flagranti** [fla'granti]: **in ~** con las manos en la masa

**Flair** [flɛ:ɐ] *nt o m* <-s, *ohne pl*> (*von Menschen*) encanto *m,* aire *m;* (*von Sachen*) atmósfera *f*

**Flakon** [fla'kõ:] *m o nt* <-s, -s> (*geh*) frasco *m*

**flambieren*** [flam'biːrən] *vt* flamear

**Flame, -in** ['flaːmə] *m, f* <-n, -n; -nen> flamenco, -a *m, f;* **Flämin** ['flɛːmɪn] *f* <-nen> flamenca *f*

**Flamingo** [fla'mɪŋgo] *m* <-s, -s> (ZOOL) flamenco *m*

**flämisch** ['flɛːmɪʃ] *adj* flamenco

**Flamme** ['flamə] *f* <-n> ① (*vom Feuer*) llama *f;* **in ~n aufgehen** arder; **in ~n stehen** estar en llamas ② (*Gas~*) fuego *m;* **etw auf kleiner ~ kochen** cocinar algo a fuego lento ③ (*am Gasherd*) fogón *m* de gas

**flammend** *adj* (*Inferno*) ardiente; (*Worte, Blicke*) apasionado

**Flammenwerfer** *m* <-s, -> (MIL) lanzallamas *m inv*

**Flandern** ['flandɐn] *nt* <-s> Flandes *m*

**Flanell** [fla'nɛl] *m* <-s, -e> franela *f*

**flanieren*** [fla'niːrən] *vi haben o sein* callejear

**Flanke** ['flaŋkə] *f* <-n> ① (ANAT) flanco *m;* (*Pferd*) ijada *f,* verija *f Am* ② (MIL) flanco *m* ③ (SPORT: *Sprung*) volteo *m;* (*Pass*) entrega *f,* pase *m*

**flankieren*** *vt* acompañar, flanquear

**Flansch** [flanʃ] *m* <-(e)s, -e> (TECH) brida *f*

**flapsig** ['flapsɪç] *adj* (*fam*) fresco

**Flasche** ['flaʃə] *f* <-n> ① (*Gefäß*) botella *f;* (*für Babys*) biberón *m,* mamadera *f Am;* **aus der ~ trinken** beber de la botella; **zur ~ greifen** (*fig*) darse a la bebida ② (*fam: Versager*) cero *m* a la izquierda; **Flaschenbier** *nt* cerveza *f* en botella(s); **Flaschengärung** *f* fermentación *f* en botella; **Flaschengestell** *nt* botellero *m;* **Flaschenhals** *m* gollete *m;* **Flaschenöffner** *m* abrebotellas *m inv;* **Flaschenpfand** *nt* (precio *m* del) envase *m;* **Flaschenpost** *f* botella *f* arrojada al mar (con un mensaje); **Flaschenzug** *m* <-(e)s, -züge> sistema *m* de poleas

**Flaschner(in)** ['flaʃnɐ] *m(f)* <-s, -; -nen> (*südd, Schweiz*) fontanero, -a *m, f*

**Flatter** ['flatɐ] *f:* **die ~ machen** pirárselas

**flatterhaft** *adj* (*abw*) veleidoso

**Flatterhaftigkeit** *f ohne pl* veleidad *f*

**Flattermann** *m* (*fam*) ① (*Hähnchen*) pollo *m* asado ② (*nervöser Mensch*) persona *f* nerviosa, neura *mf* ③ (*Nervosität*) neura *f,* nerviosismo *m;* **vor der nächsten Prüfung bekommt er wieder einen ~** en el próximo examen estará otra vez con la neura

**flattern** ['flatɐn] *vi* ① *sein* (*Tier*) revolotear ② (*Hände*) temblar ③ *sein* (*Fahne*) ondear; (*Papier*) revolotear

**Flattersatz** *m ohne pl* (TYPO) composición *f* a pedazos

**flau** [flaʊ] *adj* ① (*schwach*) débil; **mir ist ~ im Magen** me mareo ② (FIN) flojo

**Flaum** [flaʊm] *m* <-(e)s, *ohne pl*> ① (*Federn*) plumón *m* ② (*Härchen*) pelusilla *f;* (*Bartwuchs*) bozo *m*

**Flausch** [flaʊʃ] *m* <-(e)s, -e> flojel *m*

**flauschig** *adj* blando, suave

**Flause** *f* <-n> (*fam*) ① (*Unsinn*) tontería *f;* **sie hat nur ~n im Kopf** no tiene más que pájaros en la cabeza ② (*Ausflucht*) pretexto *m*

**Flaute** ['flaʊtə] *f* <-n> ① (NAUT) calma *f* chicha ② (FIN) periodo *m* de crisis; **es herrscht absolute ~** el negocio está paralizado ③ (*Wend*): **die Party war eine ~** (*fam*) la fiesta fue un chasco

**Flechte** ['flɛçtə] *f* <-n> ① (BOT) liquen *m* ② (MED) herpes *m o f*

**flechten** ['flɛçtən] <flicht, flocht, geflochten> *vt* tejer; (*Haare*) trenzar; **einen Blumenkranz ~** hacer una corona de flores

**Flechtwerk** *nt* malla *f*

**Fleck** [flɛk] *m* <-(e)s, -e> ① (*Schmutz~, Farb~*) mancha *f;* **ein blauer ~** un moratón ② (*fam: Stelle*) lugar *m,* sitio *m;* **nicht vom ~ kommen** no avanzar; **das Herz auf dem rechten ~ haben** tener el corazón en su sitio

**Fleckchen** *nt* <-s, -> (*Gegend*) lugar *m*

**Flecken** ['flɛkən] *m* <-s, -> ① (*Schmutz~, Farb~*) mancha *f* ② (*Dorf*) pueblo *m;* **Fleckenwasser** *nt* quitamanchas *m inv*

**fleckig** ['flɛkɪç] *adj* con manchas; (*Obst*) picado; (*Tierfell*) a pintas

**Fledermaus** ['fleːdɐmaʊs] *f* murciélago *m*

**Fleece** *nt* <-, *ohne pl*> fleece *m*

**Flegel** ['fleːgəl] *m* <-s, -> (*abw*) grosero, -a *m, f*

**Flegelei** *f* <-en> (*abw*) grosería *f*

**flegelhaft** *adj* (*abw: Benehmen*) grosero; (*Kind*) mal educado

**Flegeljahre** *ntpl* edad *f* del pavo

**flehen** ['fleːən] *vi* implorar, suplicar; **um Gnade ~** implorar el perdón

**flehentlich** ['fleːəntlɪç] *adv* (*geh*) encarecidamente; **jdn ~ bitten** rogar encarecidamente a alguien

**Fleisch** [flaɪʃ] *nt* <-(e)s, *ohne pl*> carne *f;* (*Frucht~*) pulpa *f;* **~ fressend** carnívoro; **vom ~ fallen** (*fam*) quedarse en los huesos; **sich** *dat/akk* **ins eigene ~ schneiden** (*fig*) echar piedras contra el propio tejado

**Fleischbrühe** *f* caldo *m* de carne

**Fleischer(in)** *m(f)* <-s, -; -nen> carnicero, -a *m, f*

**Fleischerei** *f* <-en> carnicería *f*
**Fleischerin** *f* <-nen> *s.* **Fleischer**
**fleischfarben** *adj* color carne
**fleischig** *adj* carnoso; (*Frucht*) pulposo; (*Person*) rollizo
**Fleischkäse** *m* queso *m* de cerdo

**i Land & Leute**

En su origen, se trata de una especialidad culinaria bávara, consistente en una masa elaborada a base de carne molida muy finamente, huevos y diferentes especias, que se cocinan en un molde alargado. Posteriormente se corta el **Fleischkäse** en lonchas y se come más bien caliente, o bien en bocadillo, opcionalmente con mostaza o ketchup.

**Fleischklößchen** ['flaɪʃklø:sçən] *nt* albóndiga *f*
**fleischlich** *adj* ① (*Kost*) cárnico, de carne ② (*Begierde*) carnal
**Fleischpastete** *f* (GASTR) paté *m* de carne; **Fleischspieß** *m* pincho *m* moruno, anticucho *m Peru;* **Fleischtomate** *f* tomate *m* de ensalada; **Fleischwolf** *m* <-(e)s, -wölfe> máquina *f* de picar carne; **Fleischwunde** *f* herida *f* profunda; **Fleischwurst** *f* embutido *m*
**Fleiß** [flaɪs] *m* <-es, *ohne pl*> aplicación *f;* (*Eifer*) empeño *m;* **ohne ~ kein Preis** (*prov*) no hay atajo sin trabajo
**fleißig** **I.** *adj* ① (*arbeitsam*) aplicado ② (*fam: regelmäßig*) regular **II.** *adv* ① (*arbeitsam*) con empeño ② (*fam: regelmäßig*) a menudo
**flennen** ['flɛnən] *vi* (*fam abw*) llorar
**fletschen** ['flɛtʃən] *vt:* **die Zähne ~** regañar los dientes
**flexibel** [flɛ'ksi:bəl] *adj* flexible
**flexibilisieren*** [fleksibili'zi:rən] *vt* flexibilizar
**Flexibilität** [flɛksibili'tɛ:t] *f ohne pl* flexibilidad *f*
**Flexion** [flɛ'ksjo:n] *f* <-en> (LING) flexión *f*
**flicht** [flɪçt] *3. präs von* **flechten**
**flicken** ['flɪkən] *vt* (*Reifen*) echar parches (a); (*Kleidung*) remendar
**Flicken** *m* <-s, -> remiendo *m*
**Flickwerk** *nt* <-(e)s, *ohne pl*> (*abw*) chapuza *f;* **Flickzeug** *nt* (*allgemein*) estuche *m* de reparación; (*Fahrrad, Reifen*) caja *f* de parches; (*Nähzeug*) avíos *mpl* de coser
**Flieder** ['fli:dɐ] *m* <-s, -> (BOT) lila *f*
**fliederfarben** *adj* (color) lila
**Fliege** ['fli:gə] *f* <-n> ① (ZOOL) mosca *f;* **er tut keiner ~ was zuleide** [*o* **zu Leide**] no es capaz de hacerle daño ni a una mosca; **zwei ~n mit einer Klappe schlagen** (*fam*) matar dos pájaros de un tiro; **die ~ machen** (*fam*) largarse ② (*Krawatte*) pajarita *f*
**fliegen** ['fli:gən] <fliegt, flog, geflogen> **I.** *vi sein* ① (*Tier, Flugzeug*) volar; (*Person*) ir en avión; **wann fliegt die nächste Maschine?** ¿cuándo sale el próximo avión?; **wie lange fliegt man von Wien nach Buenos Aires?** ¿cuánto tiempo tarda el vuelo de Viena a Buenos Aires? ② (*Ball, Stein*) volar; (*geworfen werden*) ser lanzado; **der Ball flog über das Tor** la pelota voló por encima de la portería; **in die Luft ~** estallar por los aires; **sie flog ihm um den Hals** se le echó al cuello ③ (*fam: hinausgeworfen werden*): **ich bin geflogen** me han echado ④ (*fam: durchfallen*): **durchs Examen ~** cargar el examen ⑤ (*fam: angezogen werden*) pirrarse (*auf* por); **er fliegt auf neue Autos** se pirra por coches nuevos **II.** *vt* ① (*Flugzeug*) pilotar ② (*Güter, Passagiere*) transportar por aire ③ (*Route*) cubrir
**fliegend** *adj* volante; **in ~er Eile** volando; **~e Händler** vendedores *mpl* ambulantes; **der F~e Holländer** (*Sage*) el holandés errante; (*Oper*) el buque fantasma
**Fliegenfänger** *m* <-s, -> atrapamoscas *m inv;* **Fliegengewicht** *nt* peso *m* mosca; **Fliegengitter** *nt* alambrera *f;* **Fliegenklatsche** ['fli:gənklatʃə] *f* matamoscas *m inv;* **Fliegenpilz** *m* amanita *f* muscaria
**Flieger** ['fli:gɐ] *m* <-s, -> ① (*Pilot*) piloto *m* ② (*fam: Flugzeug*) avión *m;* **Fliegeralarm** *m* alarma *f* aérea; **Fliegerstaffel** *f* (MIL) escuadrilla *f*
**fliehen** ['fli:ən] <flieht, floh, geflohen> *vi sein* huir (*vor* de); (*aus dem Gefängnis*) escaparse (*aus* de); **zu jdm ~** refugiarse en casa de alguien
**Fliehkraft** *f* (PHYS) fuerza *f* centrífuga
**Fliese** ['fli:zə] *f* <-n> (*aus Stein*) baldosa *f;* (*Kachel*) azulejo *m*
**fliesen** ['fli:zn] *vt* (*Fußboden*) (em)baldosar; (*Wand*) cubrir con azulejos, azulejar; **Fliesenleger(in)** *m(f)* <-s, -; -nen> solador(a) *m(f)*, embaldosador(a) *m(f)*
**Fließband** *nt* cadena *f* de fabricación; **am ~ arbeiten** trabajar en la cadena; **wie am ~** en cadena; **Fließbandarbeit** *f* trabajo *m* en cadena (de fabricación)
**fließen** ['fli:sən] <fließt, floss, geflossen> *vi sein* (*Fluss, Gelder, Spenden, Verkehr*) fluir; (*Tränen*) correr; (*heraus~*) salir; **die**

# Das Bad

# El baño

| | | | | | |
|---|---|---|---|---|---|
| 1 | der Duschkopf | la ducha de mano | 16 | das Badetuch | la toalla de baño |
| 2 | die Stange | la barra | 17 | der Spülkasten | la cisterna, el estanque (*Am*) |
| 3 | das Fenster | la ventana | 18 | das Toilettenpapier | el papel higiénico |
| 4 | das Rollo | el estor, la persiana | 19 | die Badewanne | la bañera, la bañadera (*Am*) |
| 5 | die Kachel | el azulejo | 20 | der Abfluss | el desagüe |
| 6 | der Schlauch | el tubo del agua | 21 | die Seife | el jabón |
| 7 | das Deospray | el (e)spray de desodorante | 22 | die Toilettenbürste | el cepillo del wáter |
| 8 | der Körperpuder | el talco | 23 | die Toilettenschüssel | la taza del wáter, el inodoro |
| 9 | die Slipeinlagen | los protegeslips, los protectores | 24 | der Deckel | la tapa |
| 10 | der Bademantel | el albornoz, la salida de baño (*Am*) | 25 | der Toilettensitz | el asiento del wáter |
| 11 | das Shampoo | el champú | 26 | der Wäschekorb | el cesto/canasto de la ropa sucia |
| 12 | das Duschgel | el gel de ducha | 27 | der Hocker | el taburete, el pisito (*Am*) |
| 13 | der Schwamm | la esponja | 28 | die Hausschuhe | las zapatillas de casa |
| 14 | der Wasserhahn | el grifo, la llave (*Am*) | 29 | die Bademattе | la alfombrilla, el felpudo (*Am*) |
| 15 | der Duschvorhang | la cortina de la ducha | | | |

| | | |
|---|---|---|
| 1 | der Rasierapparat | la máquina de afeitar |
| 2 | der Rasierpinsel | la brocha de afeitar |
| 3 | der Rasierschaum | la espuma de afeitar |
| 4 | der Rasierer | la maquinilla de afeitar |
| 5 | der Spiegel | el espejo |
| 6 | die Stirn | la frente |
| 7 | das Auge | el ojo |
| 8 | die Wange, die Backe | la mejilla, el carrillo |
| 9 | der Mund | la boca |
| 10 | die Augenbrauen | las cejas |
| 11 | die Nase | la nariz |
| 12 | das Ohr | la oreja |
| 13 | der Kopf | la cabeza |
| 14 | der Ellenbogen | el codo |
| 15 | der Lockenstab | el rizador de pelo |
| 16 | die Wattestäbchen | los bastoncillos de algodón |
| 17 | die Zahnbürste | el cepillo de dientes |
| 18 | die Haarbürste | el cepillo del pelo |
| 19 | die Hand | la mano |
| 20 | die Brust | el pecho |
| 21 | der Bauch | el vientre |
| 22 | der Bauchnabel | el ombligo |
| 23 | die Zahnpasta | la pasta de dientes, el dentífrico |
| 24 | der Rücken | la espalda |
| 25 | der Arm | el brazo |
| 26 | der Schalter | el interruptor |
| 27 | der Föhn | el secador de pelo |
| 28 | das Regal | el estante, la repisa |
| 29 | der Waschlappen | la manopla/el guante de baño |
| 30 | der Wasserhahn | el grifo del agua, la canilla (*Am*) |
| 31 | das Waschbecken | el lavabo, el lavatorio (*Am*) |
| 32 | der Oberschenkel | el muslo |
| 33 | der Po | el trasero |
| 34 | das Knie | la rodilla |
| 35 | das Handtuch | la toalla |
| 36 | der Handtuchhalter | el toallero, la toallera (*Am*) |
| 37 | der Pantoffel | la zapatilla |
| 38 | der Fuß | el pie |
| 39 | der Knöchel | el tobillo |
| 40 | die Wade | la pantorrilla |
| 41 | die Ferse | el talón |
| 42 | der Fußboden | el suelo, el piso (*Am*) |

**Elbe fließt in die Nordsee** el Elba desemboca en el Mar del Norte; **der Sekt floss in Strömen** el champán corrió a litros; **es ist genug Blut geflossen** ya se ha derramado bastante sangre

**fließend** **I.** *adj* ❶ (*Wasser*) corriente; **~er Verkehr** tráfico fluido ❷ (*Grenze, Übergang*) difuso **II.** *adv* con fluidez; **sie spricht ~ Katalanisch** habla catalán con fluidez

**flimmerfrei** *adj* (*Bildschirm*) sin centelleo; **Flimmerkiste** *f* (*fam abw*) tele *f*, caja *f* tonta

**flimmern** ['flɪmɐn] *vi* brillar, relucir; (*Sterne*) centellear; **es flimmert mir vor den Augen** se me va la vista

**flink** [flɪŋk] *adj* ❶ (*lebhaft*) despabilado ❷ (*schnell*) rápido ❸ (*geschickt*) hábil

**Flinte** ['flɪntə] *f* <-n> escopeta *f*; **die ~ ins Korn werfen** (*fam fig*) arrojar la toalla

**Flipper** ['flɪpɐ] *m* <-s, -> (*fam*) flipper *m*, flíper *m*

**flippern** *vi* (*fam*) jugar al flipper

**flippig** ['flɪpɪç] *adj* (*fam*) pasota

**Flirt** [flɪrt, flœrt] *m* <-s, -s> ligue *m*

**flirten** ['flɪrtən, 'flœrtən] *vi* flirtear

**Flittchen** ['flɪtçən] *nt* <-s, -> (*fam abw*) mujerzuela *f*

**Flitter**[1] ['flɪtɐ] *m* <-s, -> (*Paillette*) lentejuela *f*

**Flitter**[2] *m* <-s, *ohne pl*> (*abw: Tand*) oropel *m*

**Flitterwochen** *fpl* luna *f* de miel

**flitzen** ['flɪtsən] *vi sein* (*fam*) ir pitando

**flocht** [flɔxt] *3. imp von* **flechten**

**Flocke** ['flɔkə] *f* <-n> copo *m*

**flockig** *adj* coposo

**flog** [flo:k] *3. imp von* **fliegen**

**floh** [flo:] *3. imp von* **fliehen**

**Floh** [flo:, *pl:* 'flø:ə] *m* <-(e)s, Flöhe> ❶ (ZOOL) pulga *f*; **jdm einen ~ ins Ohr setzen** (*fam*) ponerle a alguien la mosca detrás de la oreja; **die Flöhe husten hören** (*fam*) sentir crecer la hierba ❷ *pl* (*fam: Geld*) pelas *fpl*; **Flohmarkt** *m* rastro *m*, mercadillo *m*

**Flop** [flɔp] *m* <-s, -s> fracaso *m*

**Floppydisk** *f* <-s> (INFOR) disco *m* flexible

**Flora** ['flo:ra, *pl:* 'flo:rən] *f* <Floren> flora *f*

**Florenz** [flo'rɛnts] *nt* <-> Florencia *f*

**Florett** [flo'rɛt] *nt* <-(e)s, -e> florete *m*; **~ fechten** practicar esgrima de florete

**florieren*** [flo'ri:rən] *vi* florecer, prosperar

**Florist(in)** [flo'rɪst] *m(f)* <-en, -en; -nen> florista *mf*

**Floskel** ['flɔskəl] *f* <-n> fórmula *f* de cortesía

**floss** [flɔs] *3. imp von* **fließen**

**Floß** [flo:s, *pl:* 'flø:sə] *nt* <-es, Flöße> balsa *f*

**Flosse** ['flɔsə] *f* <-n> ❶ (*vom Fisch, Taucher*) aleta *f* ❷ (NAUT) orza *f* fija ❸ (*fam: Hand*) mano *f*

**Flöte** ['flø:tə] *f* <-n> ❶ (MUS) flauta *f* ❷ (*Sektglas*) copa *f* de champán

**flöten** **I.** *vi* ❶ (*Flöte spielen*) tocar la flauta; (*Vogel, Mensch*) gorjear ❷ (*fam: verloren gehen*): **~ gehen** irse al traste **II.** *vt* (*auf der Flöte spielen*) tocar con la flauta; (*pfeifen*) silbar; **Flötenspieler(in)** *m(f)* flautista *mf*; **Flötenton** *m*: **jdm die Flötentöne beibringen** (*fig*) inculcar a alguien los buenos modales

**Flötist(in)** [flø'tɪst] *m(f)* <-en, -en; -nen> (MUS) flautista *mf*

**flott** [flɔt] *adj* ❶ (*fam: rasch*) rápido; **aber ein bisschen ~!** ¡date prisa! ❷ (*fam: Person*) atractivo; (*Kleidung*) de moda; (*Musik*) marchoso ❸ (*lebenslustig*) alegre ❹ (*einsatzbereit*) a punto; (NAUT) a flote

**Flotte** ['flɔtə] *f* <-n> flota *f*; **Flottenabkommen** *nt* (POL) acuerdo *m* naval; **Flottenstützpunkt** *m* (MIL) base *f* naval

**flott|machen** *vt* ❶ (*Schiff*) desencallar ❷ (*fam: Fahrzeug*) poner a punto

**flottweg** *adv* (*fam*) de una tirada, de un tirón, sin interrupción

**Flöz** [flø:ts] *nt* <-es, -e> (BERGB) filón *m*

**Fluch** [flu:x, *pl:* 'fly:çə] *m* <-(e)s, Flüche> ❶ (*Verwünschung*) maldición *f*; **einen ~ ausstoßen** lanzar una maldición ❷ (*Schimpfwort*) taco *m*

**fluchen** ['flu:xən] *vi* soltar tacos; **auf** [*o* **über**] **etw ~** maldecir algo

**Flucht**[1] [flʊxt] *f ohne pl* (*das Fliehen*) huida *f* (*aus/vor* de), fuga *f* (*aus* de); **vor jdm/etw** *dat* **die ~ ergreifen** huir de alguien/algo; **jdn in die ~ schlagen** hacer que alguien emprenda la huida; **auf der ~ sein** andar fugitivo, andar de agache *Col*; **die ~ nach vorn antreten** emprender una huida hacia delante

**Flucht**[2] *f* <-en> ❶ (ARCHIT) punto *m* de fuga ❷ (*geh: Zimmer~*) serie *f* de habitaciones

**fluchtartig** **I.** *adj* precipitado **II.** *adv* de prisa y corriendo

**flüchten** ['flʏçtən] **I.** *vi sein* huir (*aus/vor* de), fugarse (*aus* de); (*aus dem Gefängnis*) evadirse (*aus* de) **II.** *vr*: **sich ~** (*Schutz suchen*) refugiarse (*in* en); **sich in den Alkohol ~** refugiarse en la bebida

**Fluchtfahrzeug** *nt* vehículo *m* utilizado en la huida; **Fluchtgefahr** *f ohne pl* peligro *m* de fuga; **Fluchthilfe** *f* ayuda *f* para huir

**flüchtig** ['flʏçtɪç] *adj* ❶ (*flüchtend*) fugitivo ❷ (*kurz*) rápido; **einen ~en Blick auf**

**jdn/etw werfen** echar un vistazo a alguien/algo ❸ (*oberflächlich*) superficial; **etw ~ lesen** leer algo por encima ❹ (CHEM) volátil

**Flüchtigkeit** *f ohne pl* ❶ (*Oberflächlichkeit*) superficialidad *f* ❷ (*Ungenauigkeit*) imprecisión *f* ❸ (CHEM) volatilidad *f* ❹ (*~sfehler*) descuido *m;* **Flüchtigkeitsfehler** *m* olvido *m*

**Flüchtling** *m* <-s, -e> refugiado, -a *m, f,* corrido, -a *m, f And;* **politischer ~** refugiado político; **Flüchtlingslager** *nt* campo *m* de refugiados; **Flüchtlingsstrom** *m* flujo *m* de refugiados

**Fluchtpunkt** *m* punto *m* de fuga; **Fluchtversuch** *m* tentativa *f* de evasión; **Fluchtweg** *m* ❶ (*Verbrecher*) camino *m* de fuga ❷ (*in Schulen, Firmen*) lugar *m* destinado a la huida en caso de fuego

**Flug** [flu:k, *pl:* 'fly:gə] *m* <-(e)s, Flüge> vuelo *m;* **die Zeit verging wie im ~(e)** el tiempo pasó volando

**Flugabwehr** *f* (MIL) defensa *f* antiaérea; **Flugabwehrrakete** *f* (MIL) cohete *m* antiaéreo

**Flugangst** *f* miedo *m* a volar; **Flugaufkommen** *nt* <-s, *ohne pl*> (AERO) volumen *m* de vuelos; **Flugbahn** *f* trayectoria *f;* **Flugbegleiter(in)** *m(f)* auxiliar *mf* de vuelo; **Flugblatt** *nt* octavilla *f,* volante *m;* **Flugdatenschreiber** *m* <-s, -> (AERO) caja *f* negra; **Flugdauer** *f* duración *f* del vuelo

**Flügel** ['fly:gəl] *m* <-s, -> ❶ (*eines Vogels, Flugzeugs*) ala *f;* **mit den ~n schlagen** batir las alas, aletear; **etw verleiht jdm ~** (*fig*) algo da alas a alguien; **jdm die ~ stutzen** (*fig*) cortar las alas a alguien ❷ (*von Gebäude, Truppe, Spielfeld, Partei*) ala *f* ❸ (*einer Windmühle*) aspa *f;* (*eines Propellers*) pala *f* ❹ (*Fenster~, Tür~*) hoja *f* ❺ (MUS) piano *m* de cola; **auf dem ~ spielen** tocar el piano; **Flügelmutter** *f* <-n> tuerca *f* de mariposa; **Flügelschlag** *m* aletazo *m,* aleteo *m;* **Flügelschraube** *f* tornillo *m* de mariposa; **Flügeltür** *f* puerta *f* de dos hojas

**Flugfeld** *nt* campo *m* de aviación; **Fluggast** *m* pasajero, -a *m, f* de un avión

**flügge** ['flʏgə] *adj* ❶ (*Vogel*) volantón ❷ (*fam: Kind*): **~ werden** independizarse

**Fluggeschwindigkeit** *f* velocidad *f* de vuelo; **Fluggesellschaft** *f* compañía *f* aérea; **Flughafen** *m* aeropuerto *m;* **auf dem ~** en el aeropuerto; **Flughöhe** *f* altura *f* de vuelo; **Flugkapitän** *m* comandante *mf* (de un avión); **Flugkörper** *m* misil *m;* **Fluglehrer(in)** *m(f)* instructor(a) *m(f)* de vuelo; **Flugleitung** *f* control *m* de tráfico aéreo; **Fluglinie** *f* línea *f* aérea; **Fluglotse, -in** *m, f* controlador(a) *m(f)* aéreo, -a; **Flugobjekt** *nt* objeto *m* volante; **Flugplan** *m* horario *m* de vuelos; **Flugplatz** *m* aeródromo *m;* **Flugreise** *f* viaje *m* en avión

**flugs** [flu:ks] *adv* (*geh*) en seguida

**Flugschein** *m* ❶ (*Lizenz*) carné *m* de piloto ❷ (*Flugticket*) billete *m* de avión, pasaje *m* de avión *Am;* **Flugschneise** *f* corredor *m* aéreo; **Flugschreiber** *m* <-s, -> registrador *m* de datos de vuelo; **Flugsicherheit** *f ohne pl* seguridad *f* de vuelo; **Flugsicherung** *f* protección *f* de vuelo; **Flugsimulator** *m* simulador *m* de vuelos; **Flugstrecke** *f* tramo *m* de vuelo; **flugtauglich** *adj* apto para el vuelo; **Flugticket** *nt* billete *m* de avión, pasaje *m* de avión *Am;* **Flugverbindung** *f* (AERO) línea *f* aérea

**Flugverbot** *nt* prohibición *f* de vuelo; **Flugverbotszone** *f* zona *f* de exclusión aérea

**Flugverkehr** *m* tráfico *m* aéreo; **Flugwaffe** *f* (*Schweiz: Luftwaffe*) aviación *f;* **Flugzeit** *f* duración *f* del vuelo

**Flugzeug** ['flu:ktsɔɪk] *nt* <-(e)s, -e> avión *m;* **mit dem/im/per ~** en/en el/por avión; **Flugzeugabsturz** *m* accidente *m* de aviación; **Flugzeugbau** *m ohne pl* construcción *f* aeronáutica; **Flugzeugbesatzung** *f* tripulación *f;* **Flugzeugentführer(in)** *m(f)* pirata *mf* aéreo, -a; **Flugzeugentführung** *f* secuestro *m* de un avión; **Flugzeughalle** *f* hangar *m;* **Flugzeugkatastrophe** *f* catástrofe *f* aérea; **Flugzeugträger** *m* <-s, -> portaaviones *m inv;* **Flugzeugunglück** *nt* accidente *m* aéreo

**Fluktuation** [flʊktua'tsjo:n] *f* <-en> fluctuación *f*

**fluktuieren*** [flʊktu'i:rən] *vi* fluctuar

**Flunder** ['flʊndɐ] *f* <-n> (ZOOL) platija *f*

**Flunkerei** [flʊŋkə'raɪ] *f* <-en> (*fam*) trola *f,* pepa *f And*

**flunkern** ['flʊŋkɐn] *vi* (*fam*) contar una trola

**Flunsch** [flʊnʃ] *m* <-(e)s, -e> (*fam*): **einen ~ machen** [*o* **ziehen**] poner cara de circunstancias, poner mala cara

**Fluor** ['flu:oɐ] *nt* <-s, *ohne pl*> (CHEM) flúor *m*

**Fluorchlorkohlenwasserstoff** *m* (CHEM) hidrocarburo *m* fluoroclorado

**Fluoreszenz** [fluorɛs'tsɛnts] *f ohne pl* fluorescencia *f*

**fluoreszieren*** [fluorɛs'tsi:rən] *vi* brillar

**fluoreszierend** *adj* (CHEM) fluorescente
**Fluorid** [fluo'ri:t] *nt* <-(e)s, -e> fluoruro *m*
**Fluorkohlenwasserstoff** *m* (CHEM) fluorocarbono *m*
**Flur**[1] [flu:ɐ] *m* <-(e)s, -e> (*im Haus*) pasillo *m*
**Flur**[2] *f* <-en> (*geh: Land*) campo *m,* campiña *f;* **Feld und ~** los campos
**Flurbereinigung** *f* <-en> concentración *f* parcelaria; **Flurschaden** *m* daño *m* de las cosechas
**Fluse** ['flu:zə] *f* <-n> pelusa *f*
**Fluss**[1] [flʊs, *pl:* 'flʏsə] *m* <-es, Flüsse> (*Gewässer*) río *m*
**Fluss**[2] *m* <-es, *ohne pl*> (*das Fließen*) flujo *m;* (*Verlauf*) curso *m;* **in ~ kommen** ponerse en marcha
**flussabwärts** [-'--] *adv* río abajo; **Flussarm** *m* brazo *m* de río; (*Zufluss*) afluente *m;* **flussaufwärts** [-'--] *adv* río arriba; **Flussbegradigung** *f* <-en> encauzamiento *m;* **Flussbett** *nt* cauce *m*
**Flussdiagramm** *nt* (INFOR) diagrama *m* de flujo
**flüssig** ['flʏsɪç] *adj* ❶ (*nicht fest*) líquido; **~ machen** licuefacer ❷ (*Stil, Verkehr*) fluido ❸ (*Kapital*) disponible; **~ machen** liquidar; **ich bin im Moment nicht ~** (*fam*) de momento no tengo capital disponible; **Flüssiggas** *nt* gas *m* licuado (de petróleo)
**Flüssigkeit**[1] *f* <-en> (*Stoff*) líquido *m*
**Flüssigkeit**[2] *f ohne pl* (*Zustand*) fluidez *f*
**Flüssigseife** *f* jabón *m* líquido
**Flusskrebs** *m* cangrejo *m* de río, jaiba *f Am;* **Flusslauf** *m* <-(e)s, -läufe> curso *m* de un río; **Flussmündung** *f* desembocadura *f* (de un río), bocana *f Am;* **Flussniederung** *f* vega *f;* **Flusspferd** *nt* hipopótamo *m;* **Flussschifffahrt** *f* navegación *f* fluvial; **Flussufer** *nt* orilla *f* de un río
**flüstern** ['flʏstɐn] *vi, vt* susurrar, cuchichear; **das kann ich dir ~** (*fam*) puedes confiar en ello; **dem werde ich was ~** (*fam*) a este le voy a cantar las cuarenta
**Flüsterton** *m ohne pl* voz *f* baja; **im ~ reden** hablar en voz baja
**Flut**[1] [flu:t] *f ohne pl* (*im Gezeitenwechsel*) marea *f* alta, pleamar *f;* **es ist ~** hay marea alta; **die ~ geht zurück** la marea está bajando
**Flut**[2] *f* <-en> ❶ (*geh: Wassermassen*) raudal *m;* (*Wellen*) olas *fpl* ❷ (*Menge*) aluvión *m;* **eine ~ von Briefen** una montaña de cartas
**fluten** **I.** *vi sein* (*geh: Wasser, Licht*) inundar **II.** *vt* (NAUT) anegar
**Flutkatastrophe** *f* inundación *f;* **Flutlicht** *nt ohne pl* iluminación *f* con proyectores
**flutschen** ['flʊtʃən] *vi sein* (*fam*) ❶ (*Tätigkeit*) ir a las mil maravillas ❷ (*Gegenstand*): **aus der Hand ~** resbalarse de la mano
**Flutwelle** *f* ola *f* de pleamar
**f-Moll** *nt* <-, *ohne pl*> (MUS) fa *m* menor
**focht** [fɔxt] *3. imp von* **fechten**
**Föderalismus** [fødera'lɪsmʊs] *m* <-, *ohne pl*> (POL) federalismo *m*
**föderalistisch** *adj* (POL) federalista
**Föderation** [fødera'tsjo:n] *f* <-en> (POL) federación *f*
**fohlen** ['fo:lən] *vi* (ZOOL) parir un potro
**Fohlen** ['fo:lən] *nt* <-s, -> potro *m*
**Föhn** [fø:n] *m* <-(e)s, -e> ❶ (METEO) *viento cálido al norte y sur de los Alpes* ❷ (*Haartrockner*) secador *m* de pelo
**föhnen** ['fø:nən] *vt* secar (con el secador)
**Fokus** ['fo:kʊs] *m* <-, -se> (*Brennpunkt*) foco *m;* (*Krankheitsherd*) foco *m* (infeccioso)
**Folge** ['fɔlgə] *f* <-n> ❶ (*Wirkung*) consecuencia *f;* (*Ergebnis*) resultado *m;* **dies hatte zur ~, dass ...** esto tuvo como consecuencia que... *+subj;* **sie muss die ~n tragen** tiene que cargar con las consecuencias; **an den ~n einer Krankheit sterben** morir de enfermedad; **einem Befehl ~ leisten** (*formal*) cumplir una orden ❷ (RADIO, TV) capítulo *m;* (*Zeitung*) número *m* ❸ (*Aufeinander~*) serie *f;* **in rascher ~** sucesivamente; **Folgeerscheinung** *f* consecuencia *f;* (MED) secuela *f*
**folgen** ['fɔlgən] *vi* ❶ *sein* (*nachgehen*) seguir; **können Sie mir ~?** ¿me comprende?; **er folgte ihrem Rat** siguió su consejo ❷ *sein* (*zeitlich*) seguir, continuar; **Fortsetzung folgt** continuará; **wie folgt** como sigue ❸ *sein* (*sich ergeben*) deducirse (*aus* de); **daraus folgt, dass ...** de ahí se deduce que... ❹ (*gehorchen*) obedecer
**folgend** *adj* siguiente; **es handelt sich um F~es** se trata de lo siguiente; **im F~en** a continuación, en lo sucesivo
**folgendermaßen** ['fɔlgəndɐ(')ma:sən] *adv* de la siguiente manera
**folgenlos** *adj* sin consecuencias
**folgenschwer** *adj* de graves consecuencias
**folgerichtig** *adj* consecuente
**folgern** ['fɔlgɐn] *vt* deducir (*aus* de), sacar la conclusión (*aus* de)
**Folgerung** *f* <-en> conclusión *f* (*aus* de), deducción *f* (*aus* de)
**Folgeschaden** *m* daño *m* resultante
**Folgezeit** *f ohne pl* porvenir *m;* **in der ~** en lo sucesivo
**folglich** ['fɔlklɪç] *adv* en consecuencia, por lo tanto

**folgsam** ['fɔlkza:m] *adj* obediente; (*gefügig*) dócil
**Folie** ['fo:liə] *f* <-n> (*Plastik~*) plástico *m* (*para alimentos, etc*); (*aus Metall*) lámina *f*
**Folklore** [fɔlk'lo:rə] *f ohne pl* folclore *m*
**folkloristisch** [fɔlklo'rɪstɪʃ] *adj* folclórico
**Folter** ['fɔltɐ] *f* <-n> tortura *f*; **jdn auf die ~ spannen** (*fig*) tener a alguien en vilo; **Folterbank** *f* caballete *m* de tortura; **Folterkammer** *f* cámara *f* de tortura
**foltern** *vt* torturar
**Folterung** *f* <-en> tortura *f*
**Fon** *nt* <-s, -s> *s.* **Phon**
**Fön®** *m* <-(e)s, -e> secador *m* de pelo
**Fonds** [fõ:(s)] *m* <-, -> ❶ (*Geldreserve*) fondo *m* ❷ *pl* (FIN: *Schuldverschreibung*) obligación *f*; **Fondsmanager(in)** *m(f)* (WIRTSCH, FIN) gestor(a) *m(f)* de fondos de inversión
**Fondue** [fõ'dy:] *nt* <-s, -s> (GASTR) fondue *f*
**Fonotypist(in)** *m(f)* <-en, -en; -nen> *s.* **Phonotypist**
**Fön®** *m* <-(e)s, -e> secador *m* de pelo
**Font** [fɔnt] *m* <-s, -s> (INFOR, TYPO) grupo *m* de caracteres
**Fontäne** [fɔn'tɛ:nə] *f* <-n> ❶ (*Wasserstrahl*) surtidor *m* ❷ (*Springbrunnen*) fuente *f*
**foppen** ['fɔpən] *vt* tomar el pelo (a)
**Fora** *pl von* **Forum**
**forcieren*** [fɔr'si:rən] *vt* ❶ (*steigern*) aumentar ❷ (*erzwingen*) forzar
**Förde** ['fø:ɐdə] *f* <-n> (GEO) ría *f*
**Förderband** *nt* (TECH) cinta *f* transportadora
**Förderer, -in** *m, f* <-s, -; -nen> patrocinador(a) *m(f)*; (LIT, KUNST) mecenas *mf inv*
**Fördergelder** *pl* (ADMIN) fondos *mpl* de desarrollo; **Förderkorb** *m* (BERGB) jaula *f* de extracción
**förderlich** *adj* conveniente (para), favorable (a)
**Fördermittel** *ntpl* (WIRTSCH) subvenciones *fpl*
**fordern** ['fɔrdɐn] *vt* ❶ (*verlangen*) exigir (*von* de); **der Unfall forderte fünf Menschenleben** el accidente costó la vida a cinco personas ❷ (*Leistung*) exigir ❸ (*Rechte*) reivindicar
**fördern** ['fœrdɐn] *vt* ❶ (*Bodenschätze*) extraer ❷ (*unterstützen*) promover, pilotear *Am*; (*Künstler*) patrocinar; (*Talent*) activar; (*Umsatz*) potenciar, impulsar; (*begünstigen*) favorecer
**fordernd** *adj* (*Haltung, Beruf*) exigente
**Förderschacht** *m* (BERGB) pozo *m* de extracción; **Förderturm** *m* (BERGB) torre *f* de extracción
**Forderung** *f* <-en> ❶ (*Anspruch*) exigencia *f*; **hohe ~en an etw/jdn stellen** ser muy exigente con algo/alguien ❷ (FIN, WIRTSCH: *Betrag*) deuda *f* ❸ (*von Rechten*) reivindicación *f*
**Förderung** *f* <-en> ❶ (*von Bodenschätzen*) extracción *f* ❷ (*Unterstützung*) promoción *f*; (*finanziell*) subsidio *m*
**Forelle** [fo'rɛlə] *f* <-n> trucha *f*; **~ blau** (GASTR) trucha cocida
**Foren** *pl von* **Forum**
**Form¹** [fɔrm] *f* <-en> ❶ (*Gestalt*) forma *f*; **etw in ~ bringen** dar forma a algo; **aus der ~ geraten** deformarse; **das Projekt nimmt feste ~en an** el proyecto se está concretando ❷ (*Art und Weise*) manera *f*, forma *f* ❸ (*Back-, Gieß~*) molde *m* ❹ (*Umgangs~*) formas *fpl*, modales *mpl*; **die ~ wahren** guardar las formas; **der ~ halber** por mor a las formalidades; **in aller ~** en debida forma
**Form²** *f ohne pl* (*Kondition*) forma *f*; **in ~ kommen/sein** ponerse/estar en forma
**formal** [fɔr'ma:l] *adj* formal
**Formalie** [fɔr'ma:ljə] *f* <-n> formalidad *f*
**Formalität** [fɔrmali'tɛ:t] *f* <-en> formalidad *f*
**Format¹** [fɔr'ma:t] *nt* <-(e)s, -e> (*Größe*) formato *m*; **im DIN-A4-~** en formato DIN A4
**Format²** *nt* <-(e)s, *ohne pl*> ❶ (*Persönlichkeit*) personalidad *f*; **sie hat ~** tiene personalidad ❷ (*Niveau*) nivel *m*; (*Bedeutung*) importancia *f*
**formatieren*** [fɔrma'ti:rən] *vt* (INFOR) formatear
**Formatierung** *f* <-en> (INFOR) formateo *m*
**Formation** [fɔrma'tsjo:n] *f* <-en> formación *f*
**formbar** *adj* moldeable
**formbeständig** *adj* de forma estable
**Formel** ['fɔrməl] *f* <-n> (*a.* MATH, CHEM) fórmula *f*; (*Redewendung*) modismo *m*; **etw auf eine ~ bringen** (*fig*) resumir algo
**formell** [fɔr'mɛl] *adj* formal
**formen** ['fɔrmən] *vt* formar
**Formenlehre** *f* (LING, MUS, BIOL) morfología *f*
**Formfehler** *m* defecto *m* de forma
**formieren*** [fɔr'mi:rən] *vt* formar
**Formierung** *f* <-en> formación *f*
**förmlich** ['fœrmlɪç] **I.** *adj* ❶ (*offiziell*) formal, oficial ❷ (*steif*) formal **II.** *adv* (*regelrecht*) casi, por así decirlo
**Förmlichkeit** *f* <-en> formalidad *f*; **bitte nur keine ~en!** ¡por favor, no se anden con muchos cumplidos!

**formlos** *adj* ❶ (*ohne Form*) informe ❷ (*zwanglos*) informal, sin ceremonias; (*Antrag*) informal

**Formsache** *f* formalidad *f;* **das ist reine ~** eso es pura formalidad; **formschön** *adj* de forma elegante; **Formtief** *nt* (SPORT) baja forma *f;* **sich in einem ~ befinden** encontrarse bajo de forma

**Formular** [fɔrmu'laːɐ] *nt* <-s, -e> formulario *m,* impreso *m,* esqueleto *m Am*

**formulieren*** [fɔrmu'liːrən] *vt* formular, expresar

**Formulierung** *f* <-en> ❶ (*Vorgang*) redacción *f* ❷ (*Ergebnis*) formulación *f,* expresión *f*

**formvollendet** *adj* de forma perfecta

**forsch** [fɔrʃ] *adj* enérgico

**forschen** ['fɔrʃən] *vi* investigar; **nach etw ~** indagar algo

**forschend** **I.** *adj* escrutador, escudriñador; **er musterte ihn mit einem ~en Blick** le examinó con una escudriñadora mirada **II.** *adv* escrutadoramente

**Forscher(in)** *m(f)* <-s, -; -nen> investigador(a) *m(f)*

**Forschung** *f* <-en> investigación *f;* **Forschungsarbeit** *f* trabajo *m* de investigación (científica); **Forschungsergebnis** *nt* resultado *m* de la investigación; **Forschungslabor** *nt* laboratorio *m* de investigación; **Forschungsreise** *f* viaje *m* de exploración; **Forschungszentrum** *nt* centro *m* de investigación

**Forst** [fɔrst] *m* <-(e)s, -e(n)> bosque *m;* **Forstamt** *nt* dirección *f* general de la política forestal

**Förster(in)** ['fœrstɐ] *m(f)* <-s, -; -nen> guardabosque(s) *mf*

**Forsthaus** *nt* casa *f* del guardabosque; **Forstwirt(in)** *m(f)* ingeniero, -a *m, f* de montes; **Forstwirtschaft** *f ohne pl* silvicultura *f*

**fort** [fɔrt] *adv* ❶ (*weg*) fuera; (*verschwunden*) desaparecido; (*verloren*) perdido; **er will ~ von uns** quiere irse de nuestro lado; **~ mit ihm!** ¡fuera con él!; **seine Freunde sind schon ~** sus amigos ya se han ido; **weit ~** muy lejos ❷ (*weiter*): **und so ~** etcétera; **in einem ~** continuamente, sin parar

**Fort** [foːɐ] *nt* <-s, -s> fuerte *m*

**fortan** [fɔrt'ʔan] *adv* de aquí en adelante

**Fortbestand** *m* <-(e)s, *ohne pl*> continuidad *f;* (*der Arten*) perpetuación *f*

**fort|bestehen*** *irr vi* persistir, perdurar

**fort|bewegen*** **I.** *vt* desplazar **II.** *vr:* **sich ~** desplazarse

**Fortbewegung** *f* locomoción *f;* **Fortbewegungsmittel** *nt* medio *m* de locomoción

**fort|bilden** **I.** *vt* perfeccionar **II.** *vr:* **sich ~** perfeccionarse

**Fortbildung** *f* <-en> perfeccionamiento *m;* **Fortbildungskurs** *m* curso *m* de capacitación

**fort|bleiben** *irr vi sein* no volver; **nur kurz/jahrelang ~** estar fuera por poco tiempo/durante años; **fort|bringen** *irr vt* llevar(se); **Fortdauer** *f ohne pl* perduración *f,* continuación *f;* **fort|dauern** *vi* persistir, continuar; **fortdauernd** *adv* continuamente

**forte** ['fɔrtə] *adv* (MUS) forte

**fort|entwickeln*** **I.** *vt* seguir desarrollando **II.** *vr:* **sich ~** continuar desarrollándose, seguir evolucionando; **Fortentwicklung** *f ohne pl* evolución *f;* **fort|fahren** *irr* **I.** *vi sein* ❶ (*wegfahren*) marcharse ❷ (*weitermachen*) continuar **II.** *vt* (*wegtransportieren*) llevar(se); **fort|fallen** *irr vi sein* suprimirse; **fort|fliegen** *irr vi sein* salir [*o* escaparse] volando; **fort|führen** *vt* ❶ (*wegbringen*) llevar(se) ❷ (*fortsetzen*) continuar; **Fortgang** *m ohne pl* ❶ (*das Weggehen*) salida *f,* partida *f* ❷ (*der Verlauf*) marcha *f,* curso *m;* **fort|gehen** *irr vi sein* ❶ (*weggehen*) partir, marcharse ❷ (*sich fortsetzen*) continuar

**fortgeschritten** ['fɔrtgəʃrɪtən] **I.** *pp von* **fortschreiten** **II.** *adj* avanzado; (*entwickelt*) desarrollado; **zu ~er Stunde** a altas horas de la mañana; **Fortgeschrittene(r)** *mf* <-n, -n; -n, -n> (SCH, UNIV) estudiante *mf* avanzado, -a; **Deutschkurs für ~** curso superior de alemán; **Kurse für Anfänger und ~** cursos para principiantes y avanzados; **Fortgeschrittenenkurs** *m* (SCH, UNIV) curso *m* para avanzados

**fortgesetzt** ['fɔrtgəsɛtst] *adj* continuo, repetido; **fort|jagen** *vt* ❶ (*Person*) echar ❷ (*Tier*) ahuyentar; **fort|kommen** *irr vi sein* ❶ (*wegkommen*) irse, marcharse; **mach, dass du fortkommst!** ¡lárgate! ❷ (*weggebracht werden*) ser llevado ❸ (*Fortschritte machen*) avanzar ❹ (*abhanden kommen*) perderse; **Fortkommen** *nt* <-s, *ohne pl*>: **berufliches ~** desarrollo profesional; **fort|können** *irr vi* poder ir(se) [*o* marchar(se)]; **kann ich jetzt endlich fort?** ¿puedo irme ya de una vez?; **fort|lassen** *irr vt* ❶ (*weggehen lassen*) dejar ir(se) ❷ (*auslassen*) suprimir, omitir; **fort|laufen** *irr vi sein* ❶ (*weglaufen*) echar a correr ❷ (*ausreißen*) escaparse (*von* de); **fortlaufend** **I.** *adj* (*aufeinander folgend*) consecutivo; (*ununter-*

F

*brochen*) continuo **II.** *adv* sin cesar; **fort|leben** *vi* seguir (viviendo); **fort|müssen** *irr vi* ❶ (*weggehen müssen*) tener que marcharse [*o* salir] ❷ (*weggebracht werden müssen: Brief*) tener que echar al correo; **die Briefe müssen heute noch fort** tengo que ir a echar las cartas (al correo) hoy sin falta

**fort|pflanzen** *vr:* **sich** ~ ❶ (*Menschen, Tiere*) reproducirse ❷ (*Schall*) propagarse; (*Gedanke*) transmitirse

**Fortpflanzung** *f ohne pl* reproducción *f;* **fortpflanzungsfähig** *adj* capaz de reproducirse

**fort|räumen** *vt* quitar, recoger, guardar; **fort|reißen** *irr vt* llevarse [*o* arrastrar] (consigo); **das Haus wurde von der Flut fortgerissen** la inundación se llevó la casa por delante; **fort|rennen** *irr vi sein* irse [*o* marcharse] corriendo; **fort|schaffen** *vt* quitar [*o* sacar] (de en medio); **fort|scheren** ['fɔrtʃeːrən] *vr:* **sich** ~ (*fam*) marcharse volando; **scher dich fort!** ¡desaparece!; **fort|schicken** *vt* (*Person*) echar; (*Post*) enviar; **fort|schreiten** *irr vi sein* ❶ (*vorangehen*) avanzar; (*Zeit*) pasar; (*Entwicklung*) seguir ❷ (*Verschmutzung*) extenderse

**Fortschritt** *m* progreso *m;* **gute ~e machen** hacer importantes progresos

**fortschrittlich** *adj* progresista

**Fortschrittlichkeit** *f ohne pl* (*Einstellung*) ideas *fpl* progresistas [*o* avanzadas]

**fortschrittsfeindlich** *adj* antiprogresista; **eine ~e Einstellung** ideas antiprogresistas

**fort|setzen I.** *vt* (*weitermachen*) proseguir, continuar **II.** *vr:* **sich** ~ (*sich räumlich ausdehnen*) extenderse; (*zeitlich*) prolongarse

**Fortsetzung** *f* <-en> continuación *f;* **~ folgt** continuará; **Fortsetzungsroman** *m* novela *f* por entregas

**fort|stehlen** *irr vr:* **sich** ~ escabullirse; **fort|tragen** *irr vt* trasladar; **fort|treiben** *irr* **I.** *vi sein* ser arrastrado (por la corriente); **das Boot trieb immer weiter fort** la corriente arrastraba el bote cada vez más y más lejos **II.** *vt haben* (*verjagen*) expulsar; **er trieb die Hunde fort** ahuyentó a los perros

**fortwährend I.** *adj* continuo **II.** *adv* sin cesar

**fort|werfen** *irr vt* tirar, botar *Am;* **fort|wollen** *irr vi* querer marcharse [*o* salir] (*aus/von* de); **fort|ziehen** *irr* **I.** *vi sein* (*umziehen*) mudarse, trasladarse **II.** *vt* (*wegzerren*) apartar, arrastrar

**Forum** ['foːrʊm] *nt* <-s, Foren *o* Fora> foro *m*

**fossil** [fɔ'siːl] *adj* (GEO) fósil

**Fossil** [fɔ'siːl, *pl:* fɔ'siːljən] *nt* <-s, -ien> fósil *m*

**Föten** *pl von* **Fötus**

**Foto**[1] ['foːto] *nt* <-s, -s> (*Bild*) foto *f*

**Foto**[2] *m* <-s, -s> (*fam:* ~*apparat*) máquina *f* (fotográfica)

**Fotoalbum** *nt* álbum *m* de fotos; **Fotoapparat** *m* cámara *f* fotográfica; **Foto-CD** *f* disco *m* compacto para fotos

**fotogen** [foto'geːn] *adj* fotogénico

**Fotograf(in)** [foto'graːf] *m(f)* <-en, -en; -nen> fotógrafo, -a *m, f*

**Fotografie** [fotogra'fiː] *f* <-n> fotografía *f*

**fotografieren*** *vi, vt* fotografiar

**Fotografin** *f* <-nen> *s.* **Fotograf**

**fotografisch** *adj* fotográfico

**Fotokopie** [fotoko'piː] *f* fotocopia *f;* **fotokopieren*** *vi, vt* fotocopiar; **Fotokopierer** *m* fotocopiadora *f;* **Fotolabor** *nt* laboratorio *m* fotográfico; **Fotomodell** *nt* modelo *mf* de fotos; **Fotomontage** [---'--] *f* montaje *m* fotográfico

**Fotosynthese** [foto-] *f ohne pl* (BIOL) fotosíntesis *f*

**Fötus** ['føːtʊs] *m* <-(ses), -se *o* Föten> (MED) feto *m*

**Fotze** ['fɔtsə] *f* <-n> (*vulg*) coño *m,* conejo *m*

**Foul** [faʊl] *nt* <-s, -s> (SPORT) falta *f,* penal *m Am*

**foulen** ['faʊlən] *vt, vi* (SPORT) hacer una falta; **jdn** ~ hacerle una falta a alguien

**Foyer** [foa'jeː] *nt* <-s, -s> vestíbulo *m*

**Fr.** *Abk. von* **Frau** Sra.

**Fracht** [fraxt] *f* <-en> ❶ (*Ladung*) carga *f;* (NAUT) cargamento *m,* flete *m* ❷ (*Gebühr*) porte *m;* **Frachtbrief** *m* carta *f* de porte; (NAUT) guía *f* de carga

**Frachter** *m* <-s, -> buque *m* de carga

**Frachtgut** *nt* carga *f,* flete *m Am;* **etw als ~ schicken** mandar algo en [*o* por] pequeña velocidad; **Frachtkosten** *pl* (WIRTSCH) portes *mpl;* **Frachtraum** *m ohne pl* bodega *f* de carga; **Frachtschiff** *nt* buque *m* de carga, carguero *m;* **Frachtverkehr** *m* tráfico *m* de mercancías

**Frack** [frak, *pl:* 'frɛkə] *m* <-(e)s, Fräcke> frac *m;* **Fracksausen** *nt:* ~ **haben/bekommen** (*fam: Angst*) tener [*o* pasar] canguelo [*o* canguis]

**Frage** ['fraːgə] *f* <-n> pregunta *f;* (*Problem*) cuestión *f;* **eine ~ zu etw haben** tener una pregunta con respecto a algo; **jdm eine ~ stellen** hacer una pregunta a alguien; **auf eine ~ antworten** responder a una pregunta; **eine ~ beantworten** contestar una pregunta; **vor der ~ stehen, ob ...** encontrarse ante la cuestión, de si...; **das kommt nicht in ~!** ¡ni hablar!, ¡de eso nada!; **das ist die (große) ~** esa es la cuestión; **das steht außer ~** de eso no cabe duda; **gibt es noch ~n?** ¿queda alguna pregunta?; **eine gute ~!** ¡buena pregunta!; **~ und Antwort stehen** rendir cuentas; **das ist eine ~ des Geldes** es una cuestión de dinero; **(das ist) ohne ~ eine gute Idee!** ¡sin duda (es) una buena idea!; **Fragebogen** *m* cuestionario *m*

**fragen** ['fra:gən] **I.** *vi, vt* preguntar (*nach* por); **jdn nach dem Weg ~** preguntar a alguien por el camino; **um Erlaubnis/Rat ~** pedir permiso/un consejo; **sie warf mir einen ~den Blick zu** me miró interrogativamente; **ohne viel zu ~** sin muchos rodeos; **~ kostet nichts** preguntar no cuesta nada; **da fragst du mich zu viel** (*fam*) a eso no te puedo contestar; **jdm Löcher in den Bauch ~** acribillar a alguien a preguntas; **sein Typ ist sehr gefragt** es una persona muy requerida **II.** *vr:* **sich ~** preguntarse; **ich frage mich, wie er das gemeint hat** me pregunto qué es lo que ha querido expresar con eso; **es fragt sich, ob ...** habría que ver si...

**Fragerei** [fra:gə'raɪ] *f* <-en> (*abw*) interrogatorio *m*

**Fragesatz** *m* frase *f* interrogativa; **Fragestellung** *f* ❶ (*Formulierung*) planteamiento *m* de un problema ❷ (*Problem*) problema *m;* **Fragewort** *nt* partícula *f* interrogativa; **Fragezeichen** *nt* (signo *m* de) interrogación *f*

**fragil** [fra'gi:l] *adj* (*geh*) frágil

**fraglich** ['fra:klɪç] *adj* ❶ (*zweifelhaft*) dudoso; (*ungewiss*) incierto; **es ist ~, ob ...** no se sabe si... ❷ (*betreffend*) en cuestión

**fraglos** *adv* sin duda alguna

**Fragment** [fra'gmɛnt] *nt* <-(e)s, -e> fragmento *m*

**fragmentarisch** [fragmɛn'ta:rɪʃ] *adj* fragmentario

**fragwürdig** *adj* dudoso; (*verdächtig*) sospechoso

**Fraktion** [frak'tsjo:n] *f* <-en> ❶ (CHEM, MATH) fracción *f* ❷ (POL) grupo *m* parlamentario; **Fraktionsvorsitzende(r)** *mf* presidente, -a *m, f* de un grupo parlamentario

**Frame** [frɛɪm] *m o nt* <-s, -s> (INFOR) estructura *f* de subventanas, frame *m*

**Franc** [frã:] *m* <-(s), -s> franco *m*

**frank** [fraŋk] *adv:* **~ und frei** con toda sinceridad

**Franke** ['fraŋkə] *m,* **Fränkin** *f* <-n, -n; -nen> franco, -a *m, f*

**Franken**[1] ['fraŋkən] *nt* <-s> Franconia *f*

**Franken**[2] ['fraŋkən] *m* <-s, -> (*Währung*) franco *m* suizo

**Frankfurt** ['fraŋkfʊrt] *nt* <-s> Francfort *m*

**frankieren*** [fraŋ'ki:rən] *vt* franquear

**Frankierung** *f* <-en> franqueo *m*

**Fränkin** *f* <-nen> *s.* **Franke**

**fränkisch** ['frɛŋkɪʃ] *adj* franco

**franko** ['fraŋko] *adv* (COM) porte pagado

**Frankreich** ['fraŋkraɪç] *nt* <-s> Francia *f*

**Franse** ['franzə] *f* <-n> ❶ (*Decke*) fleco *m* ❷ (*Haar*) flequillo *m*

**fransig** *adj* ❶ (*mit Fransen*) con flecos ❷ (*ausgefranst*) deshilachado

**Franzose, -zösin** [fran'tso:zə] *m, f* <-n, -n; -nen> francés, -esa *m, f*

**französisch** [fran'tsø:zɪʃ] *adj* francés

**frappieren*** [fra'pi:rən] *vt* ❶ (*überraschen*) asombrar, sorprender ❷ (GASTR) helar

**fräsen** ['frɛ:zən] *vt* fresar

**Fräsmaschine** *f* (máquina *f*) fresadora *f*

**fraß** [fra:s] *3. imp von* **fressen**

**Fraß** [fra:s] *m* <-es, -e> ❶ (*für Raubtiere*) comida *f* ❷ (*fam abw: Essen*) bazofia *f*

**Fratze** ['fratsə] *f* <-n> (*fam*) ❶ (*abw: Gesicht*) facha *f* ❷ (*Grimasse*) mueca *f;* **eine ~ schneiden** hacer muecas

**frau** [fraʊ] *pron indef* una; **da braucht ~ nichts mehr dazu zu sagen** a eso una ya no tiene que añadir nada más

**Frau** [fraʊ] *f* <-en> ❶ (*allgemein*) mujer *f;* **eine ~ von Welt** una mujer de mundo ❷ (*Ehe~*) esposa *f* ❸ (*Anrede: vor dem Nachnamen*) señora *f;* (*vor dem Vornamen*) doña *f;* **~ Doktor** doctora; **Frauenarzt, -ärztin** *m, f* ginecólogo, -a *m, f;* **Frauenbewegung** *f* movimiento *m* feminista; **frauenfeindlich** *adj* misógino; **Frauenförderung** *f ohne pl* fomento *m* de las mujeres; **Frauengruppe** *f* (*Verband*) organización *f* feminista; **Frauenhaus** *nt* casa *f* refugio para mujeres (maltratadas); **Frauenheilkunde** *f* (MED) ginecología *f;* **Frauenheld** *m* tenorio *m;* **Frauenklinik** *f* clínica *f* ginecológica; **Frauenquote** *f* cuota *f* femenina; **Frauenrechtler(in)** ['fraʊənrɛçtlɐ] *m(f)* <-s, -; -nen> feminista *mf;* **Frauentaxi** *nt* taxi *m* para mujeres; **Frauenwahlrecht** *nt* derecho *m* de voto de la mujer; **Frauenzimmer** *nt* (*abw*) mujerzuela *f,* chancleta *f Am*

**Fräulein** ['frɔɪlaɪn] *nt* <-s, -> señorita *f*

**i Land & Leute**

La palabra **Fräulein** se utilizaba antiguamente para dirigirse a una mujer soltera. Sin embargo el movimiento feminista luchó desde los años 70 contra esta fórmula de tratamiento ya que no existe en alemán un equivalente masculino *Herrlein* – *señorito*. En la actualidad no se hace diferencia en el estado civil de la mujer a la hora de dirigirse a ella. La fórmula normal de tratamiento para todas las mujeres es *Frau* – *señora*.

**fraulich** *adj* femenino

**Freak** [friːk] *m* <-s, -s> (*fam*) pasota *mf*

**freakig** *adj* (*fam*) pasota; (*spleenig*) tocado; (*exzentrisch*) extravagante; (*seltsam*) raro

**frech** [frɛç] *adj* ❶ (*respektlos*) impertinente, conchudo *Am;* ~ **werden** ponerse impertinente; **jdm ~ kommen** ser descarado con alguien; **sich ~ benehmen** ser insolente ❷ (*keck*) atrevido; (*Kleidung*) descocado; **Frechdachs** *m* (*fam*) fresco, -a *m, f*

**Frechheit** *f* <-en> impertinencia *f,* desfachatez *f,* concha *f Am;* **die ~ besitzen zu ...** tener la cara de...

**Freeclimbing** *nt* <-s, *ohne pl*>, **Free Climbing** ['friː klaɪmɪŋ] *nt* <- -s, *ohne pl*> escalada *f* libre

**Fregatte** [fre'gatə] *f* <-n> (MIL) fragata *f*

**frei** [fraɪ] *adj* ❶ (*unabhängig*) libre; (*in Freiheit*) en libertad; **~er Mitarbeiter** colaborador; **das ist alles ~ erfunden** eso es pura invención; **jdm ~e Hand lassen** dejar vía libre a alguien; **aus ~en Stücken** voluntariamente; **~ sprechen** hablar sin papeles; **sie kann ~ wählen** puede escoger libremente; **~ laufende Hühner** gallinas criadas en libertad; **der Verbrecher läuft noch ~ herum** el criminal anda suelto todavía; **~ für Kinder ab 12 Jahren** permitido para niños a partir de los 12 años; **sich** *dat* **einen Tag ~ nehmen** tomar un día libre ❷ (*befreit*) libre (*von* de), exento (*von* de); **sie ist ~ von Vorurteilen** está libre de prejuicios; **für etw ~e Fahrt geben** dar luz verde a algo; **jdn auf ~en Fuß setzen** (*fig*) poner a alguien en libertad ❸ (*offen*) descubierto; **unter ~em Himmel** al aire libre; **~ lassen** (*nicht besetzen*) dejar libre; (*nicht beschreiben*) dejar en blanco; **~ stehen** (*Haus, Baum*) estar aislado; (*Spieler*) estar descubierto ❹ (*Stuhl*) libre; (*Arbeitsstelle*) vacante; **ist hier ~?** ¿está libre?; **Zimmer ~!** ¡se alquila habitación!; **einen Platz ~ machen** hacer sitio ❺ (*kosten*) gratuito; **Eintritt ~** entrada gratuita; **~ Haus** franco domicilio ❻ (*Ansichten*) liberal ❼ (*~ mütig*) franco; **ich bin so ~** me tomo la libertad

**Freibad** *nt* piscina *f* (descubierta); **frei|bekommen*** *irr* **I.** *vi* (*Freizeit*) tener (el día) libre **II.** *vt* (conseguir) liberar; **einen Gefangenen ~** liberar a un prisionero; **Freiberufler(in)** *m(f)* <-s, -; -nen> profesional *mf* libre; **freiberuflich** *adj* de profesión liberal; **Freibetrag** *m* importe *m* libre de impuestos; **Freibier** *nt ohne pl* cerveza *f* gratuita; **Freibrief** *m:* **kein ~ für etw sein** no ser una carta blanca para algo

**Freie** ['fraɪə] *nt* <-n, *ohne pl*> aire *m* libre; **im ~n** al aire libre

**Freier** ['fraɪɐ] *m* <-s, -> (*fam*) cliente *m* de una prostituta

**Freiexemplar** *nt* ejemplar *m* gratuito

**Freigänger(in)** ['fraɪgɛŋɐ] *m(f)* <-s, -; -nen> (JUR) recluso, -a *m, f* en régimen abierto

**frei|geben** *irr* **I.** *vt* ❶ (*Gefangene*) poner en libertad ❷ (*Guthaben*) desbloquear ❸ (*Straße*) abrir al tráfico; **den Weg ~** franquear el paso ❹ (*Arzneimittel, Film*) autorizar; **etw zum Verkauf ~** autorizar la venta de algo ❺ (*Preise*) liberalizar **II.** *vi:* **jdm ~** dar libre a alguien

**freigebig** ['fraɪgeːbɪç] *adj* desprendido, generoso

**Freigebigkeit** *f ohne pl* generosidad *f*

**frei|haben** *irr vi* (*fam*) tener libre

**Freihafen** *m* puerto *m* franco

**frei|halten** *irr vt* ❶ (*reservieren*) guardar ❷ (*Durchgang*) dejar libre ❸ (*Zeche*) pagar, cargar con los gastos

**Freihandel** *m* (WIRTSCH) comercio *m* libre; **Freihandelszone** *f* (WIRTSCH) zona *f* de libre comercio

**freihändig** ['fraɪhɛndɪç] *adj* (*Fahrrad fahren*) sin manos; (*schießen*) sin apoyo

**Freiheit** ['fraɪhaɪt] *f* <-en> libertad *f;* (*Unabhängigkeit*) independencia *f;* **alle ~en haben** tener todas las libertades; **sich** *dat* **die ~ nehmen etw zu tun** tomarse la libertad de hacer algo

**freiheitlich** *adj* liberal

**Freiheitsberaubung** *f* (JUR) privación *f* de la libertad individual; **Freiheitsdrang** *m* sed *f* de libertad; **Freiheitskampf** *m* lucha *f* por la independencia; **Freiheitsstatue** *f:* **die (amerikanische) ~** la estatua de la libertad; **Freiheitsstrafe** *f* (JUR) reclusión *f;* **er muss eine ~ von drei Jahren abbüßen** le condenaron a tres años de prisión

**freiheraus** *adv* directamente, sin tapujos; **etw ~ sagen** decir algo con toda franqueza

**Freikarte** *f* entrada *f* gratuita

**frei|kaufen** *vt* pagar el rescate (para); **frei|kommen** *irr vi sein* ser puesto en libertad (*aus* de)

**Freikörperkultur** *f ohne pl* nudismo *m*

**Freiland** *nt* <-(e)s, *ohne pl*> (AGR) campo *m* (de cultivo); **Freilandgemüse** *nt* (AGR) hortalizas *fpl* cultivadas al descubierto

**frei|lassen** *irr vt* dejar en libertad; (*loslassen*) soltar

**Freilassung** *f* <-en> puesta *f* en libertad; (*Befreiung*) liberación *f*

**Freilauf** *m* <-(e)s, -läufe> (TECH: *Werkzeug*) rueda *f* libre; (*Auto, Fahrrad*) piñón *m* libre

**frei|legen** *vt* poner al descubierto

**Freileitung** *f* cable *m* de alta tensión (aéreo)

**freilich** ['fraɪlɪç] *adv* ❶ (*allerdings*) sin embargo ❷ (*südd: selbstverständlich*) naturalmente

**Freilichtbühne** *f* teatro *m* al aire libre

**Freilos** *nt* <-es, -e> ❶ (SPORT) exento *m* ❷ (*Lotterielos*) billete *m* de lotería gratuito

**frei|machen** **I.** *vt* ❶ (*frankieren*) franquear ❷ (*fam: nicht arbeiten*) tomar vacaciones; **eine Woche ~** tomar una semana de vacaciones **II.** *vr:* **sich ~** (*beim Arzt*) desnudarse

**Freimaurer** *m* masón *m*

**freimütig** ['fraɪmy:tɪç] **I.** *adj* franco **II.** *adv* con franqueza

**Freimütigkeit** *f ohne pl* franqueza *f*

**frei|nehmen** *irr vt, vi* tomarse libre; (**sich** *dat*) **eine Woche ~** tomar(se) una semana libre

**Freiraum** *m ohne pl* (PSYCH) libertad *f* de movimiento [*o* de acción]

**freischaffend** *adj* independiente

**frei|schaufeln** *vt* abrir a golpe de pala; (*einen Gegenstand*) sacar a golpe de pala; **einen verschütteten Eingang ~** desembarazar de escombros una entrada; **frei|schwimmen** *irr vr:* **sich ~** (*selbständig werden*) independizarse; **frei|setzen** *vt* (*Energie*) liberar; **Freisetzung** *f* <-en> liberación *f;* **frei|sprechen** *irr vt* (JUR) absolver, declarar inocente; **Freisprechmikrofon** *nt* (TECH) micrófono *m* inalámbrico; **Freispruch** *m* absolución *f;* **Freistaat** *m* estado *m* libre; **frei|stehen** *irr vi* ❶ (*leer stehen*) estar desocupado; (*unbewohnt*) estar deshabitado ❷ (*überlassen sein*) ser libre de decidir; **es steht Ihnen frei das zu tun** Ud. es el que decide si hacerlo o no; **frei|stellen** *vt* ❶ (*befreien*) eximir (*von* de), dispensar (*von* de) ❷ (*anheim stellen*) dejar elegir; **jdm ~ etw zu tun** dejar elegir a alguien si quiere hacer algo o no; **Freistoß** *m* (SPORT) (lanzamiento *m* de) falta *f*

**Freitag** ['fraɪta:k] *m* <-(e)s, -e> ❶ (*Wochentag*) viernes *m; s. a.* **Montag** ❷ (*Schweiz: Feiertag*) día *m* festivo

**freitags** *adv* los viernes

**Freitod** *m* suicidio *m;* **Freitreppe** *f* (ARCHIT) escalinata *f;* **Freiübung** *f* (SPORT) gimnasia *f* (sin aparatos); **freiweg** *adv* (*fam*) directamente, con franqueza; **sag mir nur ~, was los ist** dime sin ambages [*o* sin rodeos] qué es lo que pasa; **Freiwild** *nt* caza *f* libre

**freiwillig** *adj* voluntario; **etw ~ tun** hacer algo voluntariamente

**Freiwillige(r)** *mf* <-n, -n; -n> voluntario, -a *m, f*

**Freiwilligkeit** *f ohne pl* espontaneidad *f;* **Freiwurf** *m* (SPORT) tiro *m* libre; **Freizeichen** *nt* (TEL) señal *f* para marcar

**Freizeit**[1] *f ohne pl* (*arbeitsfreie Zeit*) tiempo *m* libre

**Freizeit**[2] *f* <-en> (*Zeltlager*) campamento *m*

**Freizeitaktivität** *f* actividad *f* de tiempo libre; **Freizeit(be)kleidung** *f* ropa *f* de andar por casa *fam;* **Freizeiteinrichtungen** *fpl* centros *mpl* de ocio; **Freizeitgesellschaft** *f ohne pl* (SOZIOL) sociedad *f* del ocio; **Freizeitgestaltung** *f* planificación *f* del tiempo libre; **Freizeitindustrie** *f* industria *f* del ocio; **Freizeitkleidung** *f* ropa *f* de andar por casa *fam;* **Freizeitpark** *m* parque *m* de atracciones

**freizügig** ['fraɪtsy:gɪç] *adj* ❶ (*großzügig*) generoso ❷ (*Film, Buch*) liberal

**Freizügigkeit** *f ohne pl* ❶ (*Großzügigkeit*) generosidad *f*, desprendimiento *m* ❷ (*Ungezwungenheit: im Umgang*) desenfado *m*, desparpajo *m;* (*des Moralbegriffs*) liberalidad *f;* (*der Kleidung*) atrevimiento *m*

**fremd** [frɛmt] *adj* ❶ (*ausländisch*) extranjero; (*aus anderem Ort*) forastero; **ich bin hier ~** no soy de aquí ❷ (*anderen gehörend*) ajeno; **sich in ~e Angelegenheiten einmischen** meterse en asuntos ajenos; **ohne ~e Hilfe** sin ayuda de otro(s) ❸ (*unbekannt*) desconocido; **das ist mir ~** no lo conocía ❹ (*~ artig*) extraño

**fremdartig** ['frɛmta:ɐtɪç] *adj* (*ungewöhnlich*) extraño; (*fremd*) extranjero

F

**Fremdartigkeit** *f ohne pl* extrañeza *f*, exotismo *m*

**fremdbestimmmt** *adj* determinado por fuerzas ajenas

**Fremde**[1] ['frɛmdə] *f ohne pl* (*geh: Land*) (país *m*) extranjero *m;* **in der ~** en el extranjero

**Fremde(r)**[2] *mf* <-n, -n; -n> ❶ (*aus einem anderem Land*) extranjero, -a *m, f;* (*aus einem anderem Ort*) forastero, -a *m, f* ❷ (*Unbekannter*) desconocido, -a *m, f*

**fremdenfeindlich** *adj* xenófobo; **Fremdenfeindlichkeit** *f ohne pl* xenofobia *f*

**Fremdenführer**[1] *m* <-s, -> (*Buch*) guía *f* turística

**Fremdenführer(in)**[2] *m(f)* <-s, -; -nen> (*Person*) guía *mf* turístico, -a

**Fremdenlegion** *f ohne pl* legión *f* extranjera

**Fremdentsorger** *m* <-s, -> empresa *f* de terceros que elimina residuos

**Fremdenverkehr** *m* turismo *m;* **Fremdenverkehrsamt** *nt*, **Fremdenverkehrsverein** *m* oficina *f* de turismo; **Fremdenzimmer** *nt* habitación *f* de huéspedes

**fremd|gehen** *irr vi sein* (*fam*) ser infiel

**Fremdheit** *f ohne pl* extrañeza *f*

**Fremdherrschaft** *f* (POL) dominación *f* extranjera; **Fremdkörper** *m* (MED, BIOL) cuerpo *m* extraño; **fremdländisch** ['frɛmtlɛndɪʃ] *adj* extranjero; (*exotisch*) exótico

**Fremdsprache** *f* lengua *f* extranjera; **Fremdsprachenkorrespondent(in)** *m(f)* secretario, -a *m, f* con idiomas; **Fremdsprachensekretär(in)** *m(f)* secretario, -a *m, f* con idiomas

**fremdsprachig** *adj* (*Literatur*) escrito en otro idioma; (*Mensch*) que habla un idioma extranjero; (*Unterricht*) en un idioma extranjero; **fremdsprachlich** *adj* (*Wort*) extranjero; (*Unterricht*) de idioma extranjero; **Fremdverschulden** *nt* (JUR) culpa *f* ajena; **Fremdwort** *nt* extranjerismo *m;* **Höflichkeit ist für ihn ein ~** (*fig*) no sabe lo que es la cortesía; **Fremdwörterbuch** *nt* diccionario *m* de extranjerismos

**frequentieren*** [frekvɛn'tiːrən] *vt* (*geh*) frecuentar

**Frequenz** [fre'kvɛnts] *f* <-en> ❶ (PHYS, MED) frecuencia *f* ❷ (*einer Veranstaltung*) asistencia *f*

**Fresko** ['frɛsko] *nt* <-s, Fresken> (KUNST) fresco *m*

**Fressalien** [frɛ'saːliən] *pl* (*fam*) vituallas *fpl*

**Fresse** ['frɛsə] *f* <-n> (*fam: Mund, Gesicht*) jeta *f;* **die ~ halten** (*fig*) cerrar el pico; **eine große ~ haben** (*fig*) ser un farolero

**fressen** ['frɛsən] <frisst, fraß, gefressen> **I.** *vi, vt* ❶ (*Tier*) comer; (*fam: Mensch: gierig*) tragar, devorar; **sich voll ~** (*Tier*) hartarse; (*fam: Person*) llenarse la panza; **den habe ich ge~** (*fam fig*) no lo puedo tragar; **jdn zum F~ gern haben** (*fam*) querer mucho a alguien ❷ (*Benzin, Zeit, Geld*) tragar **II.** *vr:* **sich ~** (*Bohrer*) penetrar (*in* en, *durch* por); (*Säure, Rost*) corroer (*durch*)

**Fressen** ['frɛsən] *nt* <-, *ohne pl*> ❶ (*Futter*) pasto *m;* **das ist ein gefundenes ~ für ihn** (*fam fig*) esto le viene a las mil maravillas ❷ (*fam abw: Essen*) bodrio *m*

**Fresserei** *f* <-en> (*fam abw: Gelage*) comilona *f*

**Fresskorb** ['frɛs-] *m* (*fam: Picknick*) cesta *f* de picnic; (*Geschenk*) cesta *f* de regalo (con comestibles); **Fressnapf** *m* comedero *m;* **Fresssack** *m* (*fam abw*) glotón, -ona *m, f*

**Frettchen** ['frɛtçən] *nt* <-s, -> hurón *m*

**Freude** ['frɔɪdə] *f ohne pl* (*Fröhlichkeit*) alegría *f* (*über* por); (*Wonne*) gozo *m;* (*innere ~*) satisfacción *f;* **~ an etw haben** alegrarse de algo; **jdm eine ~ bereiten/machen** causarle/darle una alegría a alguien; **das ist aber eine ~!** ¡pero qué alegría!; **vor ~ an die Decke springen** (*fam*) dar botes de alegría; **jdm die ~ verderben** aguar la fiesta a alguien; **zu meiner größten ~** para mi gran satisfacción; **aus Spaß an der ~** (*fam*) por pura alegría; **es ist mir eine ~, Sie hier begrüßen zu dürfen** es una gran placer para mí el poderle saludar aquí

**Freuden** *fpl* (*geh: Vergnügung*) placer *m;* **die kleinen ~ des Lebens** los pequeños placeres de la vida; **Freudenfest** *nt* celebración *f;* **Freudengeschrei** *nt* gritos *mpl* de alegría; **Freudenhaus** *nt* casa *f* de citas; **Freudenmädchen** *nt* (*geh*) prostituta *f;* **Freudensprung** *m* salto *m* de alegría; **Freudentanz** *m:* **einen ~ aufführen** saltar y brincar de alegría; **Freudentränen** *fpl* lágrimas *fpl* de alegría

**freudestrahlend** *adj* radiante (de alegría)

**freudig** ['frɔɪdɪç] **I.** *adj* ❶ (*froh*) contento; (*fröhlich*) alegre ❷ (*Ereignis*) feliz **II.** *adv* (*begeistert*) con alegría; (*erfreut*) de buen grado; **jdn ~ stimmen** alegrar a alguien

**freudlos** ['frɔɪtloːs] *adj* triste

**freuen** ['frɔɪən] **I.** *vr:* **sich ~** alegrarse; **ich freue mich sehr über dein Geschenk** tu regalo me gusta mucho; **ich freue mich, dass du kommst** me alegro de que vengas; **ich freue mich darauf, dich wieder zu sehen** tengo ilusión de verte; **ich freue mich mit dir** comparto tu alegría; **ich freue mich für dich** me alegro por ti; **sie freute sich schon sehr auf das Fest** esperaba ansiosamente que llegara el día de la fiesta **II.** *vt* alegrar; **es freut mich, Sie kennen zu lernen** encantado de conocerle; **es freut mich zu sehen, dass ...** me alegra ver que... *+subj*

**Freund(in)** [frɔɪnt] *m(f)* <-(e)s, -e; -nen> ① (*Kamerad*) amigo, -a *m, f*, chamaco, -a *m, f Mex;* **unter ~en** entre amigos; **gute ~e werden** hacerse buenos amigos; **jdn zum ~ gewinnen** trabar amistad con alguien; **ein schöner ~!** (*iron*) ¡vaya amigo!; **mein lieber ~!** (*iron*) ¡amigo mío! ② (*fester ~*) novio, -a *m, f* ③ (*Anhänger, Förderer*) amigo, -a *m, f;* (KUNST, SPORT) aficionado, -a *m, f* (*von* a)

**Freundeskreis** ['frɔɪndəs-] *m* grupo *m* de amigos; **wir feiern nur im engsten ~** celebramos sólo con los amigos más íntimos; **einen großen ~ haben** tener muchos amigos

**Freundin** *f* <-nen> *s.* **Freund**

**freundlich** ['frɔɪntlɪç] *adj* ① (*liebenswürdig*) amable; (*herzlich*) cordial; **jdm ~ gesinnt sein** ser amable con alguien; **das ist sehr ~ von Ihnen** esto es muy amable de su parte; **seien Sie bitte so ~ und kommen Sie zu mir** hágame el favor de venir a verme ② (*angenehm*) agradable; (*Zimmer*) acogedor; (*Gegend*) ameno; (*Wetter, Himmel*) claro ③ (FIN) favorable

**freundlicherweise** ['---'--] *adv* amablemente; **sie kam mich ~ besuchen** tuvo la amabilidad de venir a visitarme

**Freundlichkeit¹** *f ohne pl* (*Verhalten*) cordialidad *f*, amabilidad *f;* **würden Sie (wohl) die ~ haben das zu tun?** ¿tendría Ud. la amabilidad de hacer eso?

**Freundlichkeit²** *f* <-en> (*Handlung*) favor *m;* (*Bemerkung*) amabilidad *f*

**Freundschaft** *f* <-en> amistad *f;* **mit jdm ~ schließen** trabar amistad con alguien; **jdm die ~ kündigen** romper la amistad con alguien

**freundschaftlich** *adj* amistoso; **jdm ~ gesinnt sein** querer bien a alguien

**Freundschaftsdienst** *m* favor *m* (entre amigos); **jdm einen ~ erweisen** hacer un favor a alguien; **Freundschaftspreis** *m* precio *m* de amigo; **Freundschaftsspiel** *nt* (SPORT) partido *m* amistoso

**Frevel** ['fre:fəl] *m* <-s, -> (*geh*) crimen *m;* (REL) sacrilegio *m*, profanación *f*

**frevelhaft** *adj* (*geh: verbrecherisch*) criminal; (REL) sacrílego

**Frevler(in)** ['fre:flɐ] *m(f)* <-s, -; -nen> criminal *mf;* (REL) sacrílego, -a *m, f*

**Friede** *m* <-ns, *ohne pl*>: **~ sei mit Euch!** (REL) ¡la paz sea con vosotros!; **~ seiner Asche!** (REL) ¡descanse en paz!; *s. a.* **Frieden**

**Frieden** *m* <-s, *ohne pl*> paz *f;* **~ schließen** hacer las paces; **~ stiften** poner paz; **in ~ leben** vivir en paz; **lasst mich doch in ~!** (*fam*) ¡dejádme en paz!; **Friedensbemühungen** *fpl* (POL) esfuerzos *mpl* por la paz; **Friedensbewegung** *f* movimiento *m* pacifista; **Friedensbruch** *m* violación *f* de la paz; **Friedensgespräche** *ntpl* negociaciones *fpl* de paz; **Friedenskonferenz** *f* conferencia *f* sobre la paz; **Friedensmarsch** *m* marcha *f* por la paz; **Friedensnobelpreis** *m* premio *m* Nobel de la paz; **Friedenspfeife** *f* pipa *f* de la paz; **Friedenspolitik** *f* política *f* en pro de la paz; **Friedensprozess** *m* proceso *m* de paz; **Friedensrichter(in)** *m(f)* ① (JUR) juez *mf* de paz ② (*Schweiz: Laienrichter*) juez *mf* sin la formación jurídica universitaria; **Friedenssicherung** *f* mantenimiento *m* de la paz, consolidación *f* de la paz; **Friedenstaube** *f* paloma *f* de la paz; **Friedenstruppe** *f* tropa *f* pacificadora; **Friedensverhandlung** *f* negociación *f* de paz; **Friedensvertrag** *m* tratado *m* de paz; **Friedenszeit** *f* período *m* de paz; **in ~en** en tiempos de paz

**friedfertig** ['fri:tfɛrtɪç] *adj* pacífico

**Friedfertigkeit** *f ohne pl* carácter *m* apacible

**Friedhof** ['fri:tho:f] *m* cementerio *m*, panteón *m Am*

**friedlich** *adj* pacífico; (*ruhig*) tranquilo

**friedliebend** ['fri:tli:bənt] *adj* pacífico

**frieren** [fri:rən] <friert, fror, gefroren> **I.** *vi* ① *sein* (*Wasser*) helarse ② (*Mensch*) tener frío; **ich friere** tengo frío **II.** *vunpers* helar; **mich friert** me estoy helando; **es hat heute Nacht gefroren** esta noche ha helado

**Fries** [fri:s] *m* <-es, -e> (ARCHIT) friso *m*

**Friese, -in** ['fri:zə] *m, f* <-n, -n; -nen> frisón, -ona *m, f*

**friesisch** *adj* frisón

**Friesland** ['fri:slant] *nt* <-s> Frisia *f*

**frigid(e)** *adj* (MED) frígido

**Frikadelle** [frika'dɛlə] *f* <-n> (GASTR) albóndiga *f*

**Frikassee** [frika'se:] *nt* <-s, -s> (GASTR) fricasé *m*

**frisch** [frɪʃ] **I.** *adj* ① (*Lebensmittel, Wind, Erinnerung*) fresco; (*Kräfte*) nuevo; **~e**

**Luft schnappen** tomar aire fresco; ~ **und munter sein** (*fam*) estar rebosando de salud; ~ **gewagt ist halb gewonnen** (*prov*) obra empezada, medio acabada ② (*sauber*) limpio; **das Bett ~ beziehen** mudar la cama; **sich ~ machen** asearse ③ (*fam: unbenutzt*) nuevo ④ (*Farbe*) vivo **II.** *adv* (*eben erst*) recién; (*Ehemann*) recién casado; ~ **gebackenes Brot** pan recién salido del horno; ~ **gebacken** (*fig*) flamante

**Frische** ['frɪʃə] *f ohne pl* ① (*Kühle*) frescura *f;* **in alter ~** (*iron*) tan frescos y sanos como siempre ② (*von Farben*) viveza *f*

**Frischfleisch** *nt* carne *f* fresca

**Frischhaltebox** *f* fresquera *f;* **Frischhaltefolie** *f* celofán® *m*

**Frischkäse** *m* queso *m* fresco; **Frischmilch** *f* leche *f* fresca

**frischweg** *adv* despreocupadamente

**Friseur(in)** [fri'zøːɐ] *m(f)* <-s, -e; -nen> peluquero, -a *m, f;* **zum ~ gehen** ir a la peluquería; **Friseursalon** *m* peluquería *f*

**Friseuse** [fri'zøːzə] *f* <-n> peluquera *f*

**frisieren*** [fri'ziːrən] *vt* ① (*kämmen*) peinar ② (*fam: ändern*) retocar ③ (AUTO: *fam*) aumentar la cilindrada (de)

**Frisiersalon** *m* (*alt*) peluquería *f*

**Frisör** *m*, **Frisöse** *f* <-s, -e; -n> *s.* **Friseur**

**frisst** [frɪst] *3. präs von* **fressen**

**Frist** [frɪst] *f* <-en> ① (*Zeitraum*) plazo *m;* **Sie haben eine ~ von sieben Tagen** tiene un plazo de siete días; **eine ~ festsetzen/verlängern/verstreichen lassen** fijar/prolongar/dejar pasar un plazo; **innerhalb kürzester ~** en el más breve plazo ② (*Aufschub*) prórroga *f* ③ (*Zeitpunkt*) fecha *f*

**fristen** ['frɪstən] *vt:* **sein Leben ~** ir tirando

**fristlos** *adj* inmediato; **jdn ~ entlassen** despedir a alguien de inmediato

**Frisur** [fri'zuːɐ] *f* <-en> peinado *m*

**Fritten** ['frɪtən] *fpl* (*fam: Pommes frites*) patatas *fpl* fritas, papas *fpl* fritas *Am*

**frittieren*** [fri'tiːrən] *vt* (GASTR) freír (con mucho aceite)

**frivol** [fri'voːl] *adj* ① (*leichtfertig*) frívolo ② (*anzüglich*) picante

**Frl.** *Abk. von* **Fräulein** Srta.

**froh** [froː] *adj* ① (*fröhlich*) alegre; (*glücklich*) feliz; **F~e Weihnachten!** ¡Feliz Navidad! ② (*fam: zufrieden*) contento; ~ **über etw sein** estar contento por algo; **du kannst ~ sein, dass ...** puedes estar contento de que... *+subj;* **seines Lebens nicht mehr ~ werden** no hallar sosiego ③ (*erfreulich*) bueno

**fröhlich** ['frøːlɪç] *adj* alegre

**Fröhlichkeit** *f ohne pl* alegría *f*

**Frohnatur** *f* persona *f* alegre [*o* risueña]; **Frohsinn** *m* <-(e)s, *ohne pl*> alegría *f*

**fromm** [frɔm] *adj* <frommer *o* frömmer, am frommsten *o* frömmsten> devoto, piadoso

**Frömmelei** [frœmə'laɪ] *f* <-en> (*abw*) santurronería *f*

**frömmeln** ['frœməln] *vi* (*abw*) santurronear

**frömmer** *adj kompar von* **fromm**

**Frömmigkeit** ['frœmɪçkaɪt] *f ohne pl* religiosidad *f,* devoción *f*

**frömmste(r, s)** *adj superl von* **fromm**

**Fron** [froːn] *f ohne pl* ① (*geh: Arbeit*) trabajo *m* ímprobo ② (HIST) servidumbre *f* feudal; **Fronarbeit** *f ohne pl* (HIST) prestación *f* personal; (*fig*) servidumbre *f*

**frönen** ['frøːnən] *vi* (*geh*) entregarse (a)

**Fronleichnam** [froːn'laɪçnaːm] *m* <-(e)s, *ohne pl*> (REL) Corpus *m* Christi

**Front** [frɔnt] *f* <-en> ① (ARCHIT) frente *m* ② (MIL, METEO) frente *m* ③ *pl* (*Position*) posiciones *fpl;* (*Haltung*) posturas *fpl;* **klare ~en schaffen** establecer posiciones claras

**frontal** [frɔn'taːl] *adj* frontal, de frente; **Frontalzusammenstoß** *m* colisión *f* frontal

**Frontantrieb** *m* (AUTO) tracción *f* delantera; **Frontscheibe** *f* parabrisas *m inv;* **Frontwechsel** *m* cambio *m* de bando

**fror** [froːɐ] *3. imp von* **frieren**

**Frosch** [frɔʃ, *pl:* 'frœʃə] *m* <-(e)s, Frösche> rana *f;* **einen ~ im Hals haben** (*fam*) estar ronco; **sei kein ~!** (*fam*) ¡no seas gallina!; **Froschkönig** *m* príncipe *m* encantado; **Froschmann** *m* hombre-rana *m;* **Froschperspektive** *f* vista *f* desde abajo; **Froschschenkel** *m* (GASTR) anca *f* de rana

**Frost** [frɔst, *pl:* 'frœstə] *m* <-(e)s, Fröste> helada *f;* **es herrscht strenger ~** hay fuertes heladas; **Frostbeule** *f* sabañón *m;* **Frostboden** *m* suelo *m* helado

**frösteln** ['frœstəln] *vi* tiritar de frío; **es fröstelt mich** tengo frío

**frostig** *adj* ① (*Wetter*) helado, frío ② (*unfreundlich*) frío, glacial

**Frostschaden** *m* daño *m* causado por la helada; **Frostschutzmittel** *nt* anticongelante *m*

**Frotté** *m o nt* <-(s), -s>, **Frottee** ['frɔteː] *m o nt* <-(s), -s> rizo *m*

**frottieren*** [frɔ'tiːrən] *vt* frotar, restregar

**frotzeln** ['frɔtsəln] *vi* (*fam*) meterse (*über* con)

**Frucht** [frʊxt, *pl:* 'frʏçtə] *f* <Früchte> ① (BOT) fruto *m;* (*Obst*) fruta *f;* **Früchte**

**tragen** dar fruto ❷ (*Ergebnis*) fruto *m*, resultado *m*
**fruchtbar** *adj* fecundo; (*Mensch*) fértil
**Fruchtbarkeit** *f ohne pl* fecundidad *f;* (*eines Menschen*) fertilidad *f*
**Fruchtblase** *f* (ANAT) bolsa *f* amniótica, amnios *m inv*
**fruchten** ['frʊxtən] *vi* ser útil; **all das fruchtet doch sowieso nichts** todo eso es en vano
**Fruchtfleisch** *nt* pulpa *f*
**fruchtig** *adj* con olor [*o* sabor] a fruta
**fruchtlos** *adj* inútil; **Fruchtsaft** *m* zumo *m* de frutas
**Fruchtwasser** *nt ohne pl* (MED) líquido *m* amniótico
**Fruchtzucker** *m* fructosa *f*
**früh** [fry:] **I.** *adj* ❶ (*nicht spät*) temprano; **in ~ester Kindheit** a temprana edad; **~ am Morgen** de madrugada; **es ist noch ~** todavía es temprano; **~er geht's nicht** no es posible antes; **so ~ wie möglich** cuanto antes ❷ (*~ zeitig*) prematuro; **ein ~er Tod** una muerte prematura; **~er oder später** tarde o temprano; **er hat schon ~ erkannt, dass ...** muy pronto se dió cuenta de (que)... **II.** *adv* (*morgens*) (por la) mañana; **heute ~** esta mañana; **Dienstag ~** el martes por la mañana; **um 6 Uhr ~** a las 6 de la mañana
**Frühaufsteher(in)** *m(f)* <-s, -; -nen> madrugador(a) *m(f);* **Frühdienst** *m* turno *m* de mañana
**Frühe** ['fry:ə] *f ohne pl:* **in aller ~** de madrugada
**früher** ['fry:ɐ] **I.** *kompar von* **früh** **II.** *adj* ❶ (*ehemalig*) ex, antiguo; (*vorhergehend*) anterior; **seine ~en Freunde** sus antiguos amigos ❷ (*vergangen*) pasado; **in ~en Zeiten** en tiempos pasados **III.** *adv* ❶ (*vorher*) antes, anteriormente; **wir kennen uns von ~** nos conocemos de antes ❷ (*ehemals*) antiguamente
**Früherkennung** *f* (MED) diagnóstico *m* precoz
**frühestens** ['fry:əstəns] *adv* como muy temprano; **~ in einer Woche** en una semana como muy temprano
**frühestmöglich** ['fry:əstmø:klɪç] *adj* (*Termin*) cuanto antes (posible)
**Frühgeburt** *f* ❶ (*Geburt*) parto *m* prematuro ❷ (*Kind*) (niño, -a *m, f*) prematuro, -a *m, f*
**Frühjahr** *nt* primavera *f;* **Frühjahrsmüdigkeit** *f* cansancio *m* primaveral
**frühkindlich** *adj* (PSYCH) de la primera infancia
**Frühling** ['fry:lɪŋ] *m* <-s, -e> primavera *f;* **Frühlingsanfang** *m* comienzo *m* de la primavera; **Frühlingsgefühle** *ntpl:* **~ bekommen** enamorarse (a una edad ya avanzada); **frühlingshaft** *adj* primaveral
**Frühlingsrolle** *f* (GASTR) rollito *m* de primavera (*masa frita rellena de legumbres y carne o pescado*)*;* **Frühlingssuppe** *f* (GASTR) sopa *f* de verduras
**frühmorgens** [fry:'mɔrgəns] *adv* de madrugada; **Frühnebel** *m* neblina *f* matutina; **Frühpensionierung** *f* jubilación *f* anticipada; **frühreif** *adj* ❶ (*Kind*) precoz ❷ (*Obst*) temprano; **Frührentner(in)** *m(f)* pensionista *mf* que cobra la renta antes de lo que le correspondería; **Frühschicht** *f* turno *m* de mañana; **Frühschoppen** *m* aperitivo *m;* **Frühsport** *m* deporte *m* matinal; **Frühstadium** *nt* fase *f* inicial; **einen Tumor im ~ erkennen** detectar un tumor en estadio temprano; **Frühstart** *m* (SPORT) salida *f* en falso
**Frühstück** *nt* desayuno *m*
**frühstücken** *vi, vt* desayunar
**Frühstücksfernsehen** *nt* programación *f* televisiva matinal; **Frühstückspause** *f* hora *f* del desayuno
**Frühwerk** *nt* obra *f* temprana; **Frühzeit** *f ohne pl* comienzos *mpl;* **frühzeitig** **I.** *adj* ❶ (*früh*) temprano ❷ (*vorzeitig*) prematuro; (*voreilig*) precipitado **II.** *adv* (*vorzeitig*) antes de tiempo
**Frust** [frʊst] *m* <-(e)s, *ohne pl*> (*fam*) chasco *m*
**frusten** *vt* (*fam*) frustrar, decepcionar
**Frustration** [frʊstra'tsjo:n] *f* <-en> (*a.* PSYCH) frustración *f*
**frustrieren*** [frʊs'tri:rən] *vt* (*a.* PSYCH) frustrar
**frustrierend** *adj* (*a.* PSYCH) frustrante
**F-Schlüssel** *m* (MUS) clave *f* de fa
**Fuchs** [fʊks, *pl:* 'fʏksə] *m* <-es, Füchse> ❶ (*Tier*) zorro *m*, grulla *f Mex* ❷ (*Pelz*) piel *f* de zorro ❸ (*fam: Person*) zorro, -a *m, f;* **ein alter ~ sein** ser zorro viejo; **schlau wie ein ~ sein** ser más listo que un coyote ❹ (*Pferd*) alazán *m;* **Fuchsbau** *m* <-(e)s, -e> zorrera *f*
**fuchsen** ['fʊksən] *vi* fastidiar
**Füchsin** ['fʏksɪn] *f* <-nen> zorra *f*
**fuchsrot** *adj* fucsia; **Fuchsschwanz** *m* ❶ (*eines Fuchses*) cola *f* de zorro ❷ (*Werkzeug*) serrucho *m*
**fuchsteufelswild** ['-'--'-] *adj* (*fam*) rabioso
**Fuchtel** ['fʊxtəl] *f ohne pl* (*fam*): **unter jds ~ stehen** estar bajo la férula de alguien
**fuchteln** *vi* (*fam*) gesticular; **mit den Armen ~** bracear
**fuffzig** ['fʊftsɪç] *adj inv* (*reg*) cincuenta

F

**Fug** [fu:k] *m:* **mit ~ und Recht** con todo el derecho del mundo

**Fuge** ['fu:gə] *f* <-n> ❶ (*Ritze*) ranura *f;* **aus den ~n geraten sein** estar fuera de quicio ❷ (MUS) fuga *f*

**fügen** ['fy:gən] **I.** *vr:* **sich ~** ❶ (*unterordnen*) someterse (a) ❷ (*passen*) ajustarse (*in* a) ❸ (*geh: geschehen*) suceder; **es fügte sich, dass ...** sucedió que... +*subj* **II.** *vt* juntar (*an/in* con/en); (*ineinander*) encajar

**fügsam** *adj* dócil

**Fügung** *f* <-en> coincidencia *f;* (*göttlich*) providencia *f;* **das war eine ~ des Schicksals** fue un lance de fortuna

**fühlbar** *adj* ❶ (*merklich*) notable ❷ (*tastbar*) palpable

**fühlen** ['fy:lən] **I.** *vt, vi* ❶ (*empfinden*) sentir ❷ (*tasten*) palpar, tocar **II.** *vr:* **sich ~** ❶ (*empfinden*) sentirse; **sich für jdn/etw verantwortlich ~** sentirse responsable de alguien/algo; **sich versucht ~ etw zu tun** sentir la tentación de hacer algo ❷ (*sich halten für*) tenerse (*als* por), creerse (*als*)

**Fühler** *m* <-s, -> antena *f;* **seine ~ ausstrecken** (*fam fig*) tantear el terreno

**fuhr** [fu:ɐ] *3. imp von* **fahren**

**Fuhre** ['fu:rə] *f* <-n> ❶ (*Ladung*) carga *f* ❷ (*Taxieinsatz*) viaje *m* (en taxi)

**führen** ['fy:rən] **I.** *vi* ❶ (*in Führung liegen*) ir a la cabeza; (SPORT) llevar ventaja; **X führt 1:0 (gegen Y)** X va ganando por 1:0 (a Y) ❷ (*verlaufen*) ir, llevar; **diese Straße führt nach Münster** esta carretera lleva a Münster ❸ (*ergeben*) llevar (*zu* a), conducir (*zu* a); **das führt doch zu nichts** esto no lleva a nada; **das führt zu weit** esto va demasiado lejos **II.** *vt* ❶ (*leiten*) dirigir; (*Mannschaft*) encabezar; (*Gruppe*) guiar ❷ (*geleiten*) llevar, guiar; (*begleiten*) acompañar; **was führt Sie zu mir?** ¿qué le trae por aquí? ❸ (*Auto*) conducir, manejar *Am* ❹ (*hinbewegen*) llevar (*zu/in* a); **in den Ruin ~** llevar a la ruina; **etw mit sich** *dat* **~** llevar algo consigo ❺ (*Titel*) tener; (*Namen*) llevar ❻ (*Geschäftsbücher, Tagebuch*) llevar ❼ (*Waren*) vender ❽ (*Gespräch*) sostener, tener; **Verhandlungen ~** negociar; **(bei etwas) Regie ~** dirigir (algo) **III.** *vr:* **sich ~** (*sich benehmen*) comportarse

**führend** *adj* primero; **~e Persönlichkeiten** altos cargos; **die Firma ist ~ auf ihrem Gebiet** esta empresa es la primera de su ramo

**Führer**[1] *m* <-s, -> (*Buch*) guía *f*

**Führer(in)**[2] ['fy:rɐ] *m(f)* <-s, -; -nen> ❶ (*Leiter*) líder *mf,* capo *m Arg* ❷ (*Fremden~*) guía *mf* (turístico, -a)

**Führerhaus** *nt* cabina *f* del conductor

**Führerin** *f* <-nen> *s.* **Führer**[2]

**Führerschein** *m* permiso *m* de conducir, licencia *f Am;* **den ~ machen** sacar el carné (de conducir); **Führerscheinentzug** *m* privación *f* del permiso de conducir

**Fuhrpark** *m* parque *m* móvil

**Führung**[1] ['fy:rʊŋ] *f ohne pl* ❶ (*Leitung*) dirección *f;* **unter jds ~** bajo la dirección de alguien ❷ (SPORT): **in ~ liegen** estar a la cabeza; **in ~ gehen** llevar la delantera ❸ (*Benehmen*) comportamiento *m*

**Führung**[2] *f* <-en> (*Besichtigung*) visita *f* (guiada)

**Führungsebene** *f* dirección *f;* **Führungselite** *f* (POL) elite *f* dirigente; **Führungskraft** *f* directivo, -a *m, f;* **Führungsqualitäten** *fpl* dotes *fpl* de liderazgo; **Führungsspitze** *f* ❶ (*Unternehmen*) altos ejecutivos *mpl* ❷ (*Partei*) ejecutiva *f;* **Führungsstil** *m* estilo *m* de dirección; **Führungszeugnis** *nt* certificado *m* de buena conducta

**Fuhrunternehmen** *nt* empresa *f* de transportes; **Fuhrwerk** *nt* carruaje *m*

**Fülle** ['fʏlə] *f ohne pl* ❶ (*Körper~*) corpulencia *f* ❷ (*Menge*) montón *m,* cardume(n) *m CSur;* **in Hülle und ~** a montones

**füllen** ['fʏlən] **I.** *vt* ❶ (*voll machen*) llenar (*mit* de/con) ❷ (GASTR) rellenar (*mit* de/con) ❸ (*ein~*) echar (*in* en); **Wein in Flaschen ~** embotellar vino ❹ (*Zahn*) empastar **II.** *vr:* **sich ~** (*voll werden*) llenarse (*mit* de/con)

**Füller** ['fʏlɐ] *m* <-s, -> (*fam*) pluma *f,* lapicera *f Arg*

**Füllfederhalter** *m* pluma *f* estilográfica

**Füllgewicht** *nt* peso *m* neto

**füllig** *adj* relleno; (*Haar*) voluminoso

**Füllsel** ['fʏlzəl] *nt* <-s, -> ❶ (*Material*) relleno *m* ❷ (*Wort*) ripio *m*

**Füllung** *f* <-en> ❶ (*Zahn~*) empaste *m,* emplomadura *f Am* ❷ (GASTR) relleno *m* ❸ (*für Polster*) relleno *m* ❹ (*bei Türen*) entrepaño *m*

**Fummel** ['fʊməl] *m* <-s, -> (*fam*) harapos *mpl*

**Fummelei** *f* <-en> (*fam: umständliche Handhabung*) manejo *m* fastidioso

**fummeln** ['fʊməln] *vi* ❶ (*fam: herumtasten*) manosear (*an*), jugar (*an* con) ❷ (*fam: streicheln*) meter mano

**Fund**[1] [fʊnt] *m* <-(e)s, -e> (*~stück*) hallazgo *m;* **einen ~ machen** hacer un hallazgo

**Fund**[2] *m* <-(e)s, *ohne pl*> (*das Finden*)

hallazgo *m;* (*Entdecken*) descubrimiento *m*

**Fundament** [fʊnda'mɛnt] *nt* <-(e)s, -e> ❶ (ARCHIT) cimientos *mpl* ❷ (*Grundlage*) fundamento *m,* base *f;* **die ~e für etw schaffen/zu etw legen** crear/construir las bases para algo

**fundamental** *adj* fundamental

**Fundamentalismus** [fʊndamɛnta'lɪsmʊs] *m* <-, *ohne pl*> fundamentalismo *m*

**fundamentalistisch** *adj* fundamentalista

**Fundbüro** *nt* oficina *f* de objetos perdidos; **Fundgrube** *f* mina *f*

**fundieren*** [fʊn'di:rən] *vt* fundamentar; **eine fundierte Beurteilung** una valoración bien fundada

**fündig** ['fʏndɪç] *adj:* **~ werden** descubrir lo que se quería saber, encontrar lo que se buscaba

**Fundsache** *f* objeto *m* perdido

**fünf** [fʏnf] *adj inv* cinco; **~ Minuten vor zwölf** las doce menos cinco; **~(e) gerade sein lassen** (*fam*) hacer la vista gorda; **das kannst du dir an deinen ~ Fingern abzählen** (*fam*) eso está más claro que el agua; *s. a.* **acht**[1]

**Fünf** *f* <-, -en> ❶ (*Zahl, Buslinie, Würfelaugen*) cinco *m* ❷ (SCH: *mangelhaft*) insuficiente *m*

**Fünfer** ['fʏnvɐ] *m* <-s, -> (*fam*) ❶ (*Fünfpfennigstück*) moneda *f* de cinco pfennigs ❷ (*Fünfmarkstück*) moneda *f* de cinco marcos

**fünferlei** ['fʏnvɐlaɪ] *adj inv* de cinco clases diferentes, cinco clases (diferentes) de; *s. a.* **achterlei**

**fünffach** **I.** *adj* quíntuplo **II.** *adv* cinco veces; *s. a.* **achtfach**

**fünfhundert** ['-'--] *adj inv* quinientos; *s. a.* **achthundert**

**Fünfling** *m* <-s, -e> quintillizo *m*

**fünfmal** *adv* cinco veces; *s. a.* **achtmal**

**Fünfmarkstück** [-'--] *nt* moneda *f* de cinco marcos

**Fünfpfennigstück** [-'---] *nt* moneda *f* de cinco pfennigs [*o* peniques]

**Fünfprozenthürde** ['--'---] *f* (POL) obstáculo *m* (de la cláusula) del cinco por ciento

**Fünftagewoche** [-'----] *f* semana *f* laboral de cinco días

**fünftausend** ['-'--] *adj inv* cinco mil; *s. a.* **achttausend**

**fünfte(r, s)** *adj* quinto; **das ~ Rad am Wagen sein** ir de pegote; *s. a.* **achte(r, s)**

**fünftel** *adj inv* quinto; *s. a.* **achtel**

**fünftens** ['fʏnftəns] *adv* en quinto lugar; (*bei einer Aufzählung*) quinto; *s. a.* **achtens**

**Fünfunddreißigstundenwoche** [----'----] *f* semana *f* laboral de treinta y cinco horas

**fünfzehn** *adj inv* quince; *s. a.* **acht**[1]

**fünfzehnte(r, s)** *adj* decimoquinto; *s. a.* **achte(r, s)**

**fünfzig** ['fʏnftsɪç] *adj inv* cincuenta; *s. a.* **achtzig**

**Fünfziger** ['fʏnftsɪgɐ] *m* <-s, -> (*fam*) ❶ (*Fünfzigmarkschein*) billete *m* de cincuenta marcos ❷ (*Fünfzigpfennigstück*) moneda *f* de cincuenta pfennigs

**Fünfzigmarkschein** [--'--] *m* billete *m* de cincuenta marcos

**Fünfzigpfennigstück** [--'---] *nt* moneda *f* de cincuenta pfennigs

**fünfzigste(r, s)** *adj* quincuagésimo; *s. a.* **achtzigste(r, s)**

**fungieren*** [fʊŋ'gi:rən] *vi* hacer (*als* de)

**Fungizid** [fʊŋgi'tsi:t] *nt* <-(e)s, -e> fungicida *m*

**Funk** [fʊŋk] *m* <-s, *ohne pl*> radio *f;* **Funkamateur(in)** *m(f)* radioaficionado, -a *m, f;* **Funkausstellung** *f* exposición *f* de radio y televisión

**Fünkchen** *nt:* **ein/kein ~ ...** una/ni una pizca de...

**Funke** ['fʊŋkə] *m* <-ns, -n> chispa *f;* **~n sprühen** echar chispas; **der zündende ~** la chispa; **ein ~ Hoffnung** un rayito de esperanza; **keinen ~n Anstand im Leib haben** no tener ni pizca de educación

**funkeln** ['fʊŋkəln] *vi* brillar, resplandear

**funkelnagelneu** ['--'--'-] *adj* (*fam*) flamante

**funken** ['fʊŋkən] **I.** *vt* (*Nachricht*) radiar **II.** *vi* ❶ (*Funken sprühen*) chispear ❷ (*fam: verstehen*) hacerse la luz; **endlich hat es bei ihm gefunkt** por fin se le encendió la bombilla

**Funken** *m* <-s, -> *s.* **Funke**

**Funker(in)** *m(f)* <-s, -; -nen> radiotelegrafista *mf*

**Funkgerät** *nt* aparato *m* de radio; **Funkhaus** *nt* emisora *f* de radio(difusión); **Funksignal** *nt* señal *f* radioeléctrica; **Funksprechgerät** *nt* transmisor-receptor *m* radiofónico; **Funkspruch** *m* mensaje *m* de radio; **Funkstation** *f* estación *f* radiotelegráfica; (*Sendestation*) estación *f* emisora; (*Empfangsstation*) estación *f* receptora; **Funkstille** *f* ❶ (*Sendepause*) silencio *m* de radio ❷ (*fam: im zwischenmenschlichen Bereich*) silencio *m;* **Funkstreife** *f* radiopatrulla *f;* **Funktaxi** *nt* radiotaxi *m;* **Funktechnik** *f ohne pl* radiotécnica *f;* **Funktelefon** *nt* teléfono *m* celular

**Funktion**[1] [fʊŋk'tsjo:n] *f ohne pl* (*einer Maschine*) funcionamiento *m;* **in ~ treten**

ponerse en funcionamiento

**Funktion²** *f* <-en> ❶ (*Amt, Aufgabe*) cargo *m;* (*Ausübung eines Amtes*) función *f;* **eine ~ haben/ausüben** tener/ejercer un cargo ❷ (*Zweck, Leistungsmerkmal, a.* TECH, INFOR, MATH) función *f*

**funktional** [fʊŋktsjo'naːl] *adj* funcional

**Funktionär(in)** [fʊŋktsjo'nɛːɐ] *m(f)* <-s, -e; -nen> funcionario, -a *m, f*

**funktionell** *adj* (*a.* MED) funcional

**funktionieren*** *vi* funcionar

**funktionsfähig** *adj* apto para funcionar

**Funktionstaste** *f* (INFOR) tecla *f* de función; **funktionstüchtig** *adj* que funciona bien; **Funktionsweise** *f* funcionamiento *m;* **die ~ des Gehirns** el funcionamiento del cerebro

**Funkturm** *m* torre *f* de radiodifusión; **Funkverbindung** *f* comunicación *f* por radio; **Funkverkehr** *m* radiocomunicaciones *fpl*

**für** [fyːɐ] *präp +akk* ❶ (*zugunsten von*) para, por; **~ mich** para mí; **kann ich noch etw ~ Sie tun?** ¿puedo hacer algo más por Ud.?; **ich bin ~ deine Idee** estoy a favor de tu idea; **sich ~ etw entscheiden** decidirse por algo; **die Sache hat was ~ sich** el asunto tiene un algo especial ❷ (*im Verhältnis zu*) para; **er ist sehr groß ~ sein Alter** está muy alto para su edad; **das ist eine Sache ~ sich** esto es cosa aparte ❸ (*zeitlich*) por; **ich gehe ~ zwei Jahre ins Ausland** me voy por dos años al extranjero; **~ immer** para siempre; **~s Erste** por ahora ❹ (*wegen*) a causa de, por; **ich ~ meine Person** en cuanto a mí ❺ (*zum Zweck*) para; **ein Mittel ~ Kopfschmerzen** (*fam*) un remedio contra el dolor de cabeza; **~ nichts und wieder nichts** absolutamente para nada ❻ (*im Austausch*) por; (*anstelle von*) en lugar de; **ich bin ~ ihn eingesprungen** fui en su lugar; **was verlangen Sie ~ den Anzug?** ¿cuánto pide por el traje? ❼ (*mit Fragepronomen*): **was ~ ...?** ¿qué...?; **was ~ ein Pilz ist das?** ¿qué clase de seta es?; **was ~ eine komische Idee!** ¡menuda ocurrencia!

**Für** *nt:* **das ~ und Wider** el pro y el contra, los pros y los contras

**Fürbitte** ['---] *f* (*Bitte*) intercesión *f* (*für* a favor de), intervención *f* (*für* a favor de); (REL) ruego *m*

**Furche** ['fʊrçə] *f* <-n> ❶ (*Acker~*) surco *m* ❷ (*im Gesicht*) arruga *f*

**furchen** *vt* (*geh: Boden*) surcar

**Furcht** [fʊrçt] *f ohne pl* temor *m* (*vor* a/de); (*stärker*) terror *m* (*vor* a/de); **~ erregend** espantoso; **jdm ~ einflößen** infundir miedo a alguien

**furchtbar** I. *adj* ❶ (*schrecklich*) horroroso ❷ (*fam: sehr groß*) enorme II. *adv* (*fam: sehr*) muy; **~ nett** simpatiquísimo

**furchteinflößend** *adj s.* **Furcht**

**fürchten** ['fʏrçtən] I. *vi* (*sich sorgen*) temer (*um/für* por); **ich fürchte um sein Leben** temo por su vida; **zum F~ aussehen** tener un aspecto espantoso II. *vt, vr:* **sich ~** temer, corcovear *Mex;* **ich fürchte, dass ...** temo que...

**fürchterlich** ['fʏrçtɐlɪç] *adj s.* **furchtbar**

**furchterregend** *adj s.* **Furcht**

**furchtlos** *adj* sin temor, intrépido

**Furchtlosigkeit** *f ohne pl* intrepidez *f*

**furchtsam** *adj* miedoso

**Furchtsamkeit** *f ohne pl* temor *m,* pendejada *f Am: fam*

**füreinander** [fyːɐʔaɪ'nandɐ] *adv* uno para el otro; **~ da sein** estar el uno para el otro

**Furie** ['fuːriə] *f* <-n> furia *f*

**Furnier** [fʊr'niːɐ] *nt* <-s, -e> chapa *f* de madera

**furnieren*** [fʊr'niːrən] *vt* chapear

**Furore** [fu'roːrə] *f ohne pl:* **~ machen** causar sensación

**Fürsorge** ['---] *f ohne pl* ❶ (*Betreuung*) asistencia *f* ❷ (*fam: finanzielle Unterstützung*) pensión *f;* **von der ~ leben** vivir de la asistencia social; **Fürsorgepflicht** *f ohne pl* (JUR) deber *f* de protección

**fürsorglich** *adj* cuidadoso, cariñoso

**Fürsorglichkeit** *f ohne pl* atención *f,* cuidado *m*

**Fürsprache** *f* intercesión *f;* **für jdn ~ einlegen** interceder a favor de alguien

**Fürsprecher(in)** *m(f)* intercesor(a) *m(f)*

**Fürst(in)** [fʏrst] *m(f)* <-en, -en; -nen> príncipe *m,* princesa *f*

**Fürstentum** *nt* <-s, -tümer> principado *m*

**Fürstin** *f* <-nen> *s.* **Fürst**

**fürstlich** *adj* ❶ (*prächtig*) regio; (*Essen*) opíparo ❷ (*einen Fürsten betreffend*) principesco

**Furt** [fʊrt] *f* <-en> vado *m*

**Furunkel** [fu'rʊŋkəl] *m o nt* <-s, -> forúnculo *m*

**fürwahr** *adv* (*geh, alt*) en verdad, realmente

**Furz** [fʊrts, *pl:* 'fʏrtsə] *m* <-es, Fürze> (*fam*) pedo *m*

**furzen** *vi* (*fam*) soltar un pedo

**Fusel** ['fuːzəl] *m* <-s, *ohne pl*> (*fam abw: Branntwein*) matarratas *m inv*

**Fusion** [fu'zjoːn] *f* <-en> fusión *f*

**fusionieren*** [fuzjo'niːrən] *vi* fusionarse

**Fuß** [fuːs, *pl:* 'fyːsə] *m* <-es, Füße> pie *m;*

am ~ **des Berges** al pie de la montaña; **zu ~ gehen** ir andando; **gut zu ~ sein** poder caminar bien; **sich** *dat* **die Füße wund laufen** despellejarse los pies; **die Sache hat Hand und ~** el asunto tiene pies y cabeza; **auf großem ~ leben** vivir a lo grande; **auf eigenen Füßen stehen** (*fig*) ser independiente; **mit jdm auf gutem ~e stehen** llevarse bien con alguien; **das Publikum lag ihr zu Füßen** (*geh*) el público estaba a sus pies; **er bekam kalte Füße** (*fam fig*) le entró miedo; **jdm etw vor die Füße werfen** (*fig*) tirarle algo a alguien a la cara; **~ fassen** consolidarse; **jdn auf freien ~ setzen** liberar a alguien; **die Strafe folgte auf dem ~e** no tardó en llegar el castigo; **bei ~!** (*perro*) ¡aquí!

**Fußball¹** *m* <-(e)s, *ohne pl*> (SPORT) fútbol *m;* **~ spielen** jugar al fútbol

**Fußball²** *m* <-(e)s, -bälle> (*Ball*) pelota *f* de fútbol

**Fußballer(in)** *m(f)* <-s, -; -nen> futbolista *mf,* jugador(a) *m(f)* de fútbol

**Fußballfan** *m* hincha *mf;* **Fußballmannschaft** *f* equipo *m* de fútbol; **Fußballplatz** *m* campo *m* de fútbol; **Fußballspiel** *nt* partido *m* de fútbol; **Fußballspieler(in)** *m(f)* futbolista *mf,* jugador(a) *m(f)* de fútbol; **Fußballstadion** *nt* estadio *m* de fútbol; **Fußballverein** *m* club *m* de fútbol; **Fußballweltmeisterschaft** *f* copa *f* mundial de fútbol

**Fußbank** *f* banquillo *m*

**Fußboden** *m* suelo *m,* piso *m;* **Fußbodenbelag** *m* pavimiento *m*

**Fußbreit** *m* <-, *ohne pl*> pie *m;* **er wich keinen ~ zurück** no retrocedió ni un palmo; **Fußbremse** *f* freno *m* de pie

**Fussel** ['fʊsəl] *m* <-s, ->, **Fussel** *f* <-n> pelusa *f*

**fusselig** *adj* ❶ (*fusselnd*) que deja pelusas ❷ (*voller Fusseln*) lleno de pelusas ❸ (*ausgefranst*) deshilachado; **sich** *dat* **den Mund ~ reden** (*fam*) gastar saliva en balde

**fusseln** *vi* soltar pelo

**fußen** ['fu:sən] *vi* (*sich stützen*) apoyarse (*auf*en); (*basieren*) basarse (*auf*en)

**Fußende** *nt* pie *m* de la cama

**Fußgänger(in)** ['fu:sgɛŋɐ] *m(f)* <-s, -; -nen> peatón, -ona *m, f;* **Fußgängerbrücke** *f* puente *m* peatonal

**Fußgängerin** *f* <-nen> *s.* **Fußgänger**

**Fußgängerüberweg** *m* paso *m* de peatones; **Fußgängerzone** *f* zona *f* peatonal

**Fußgelenk** *nt* articulación *f* del pie; **fußläufig** *adj* (*zu Fuß*) a pie

**fusslig** *adj s.* **fusselig**

**Fußmarsch** *m* caminata *f;* **Fußmatte** *f* estera *f;* **Fußnagel** *m* uña *f* del pie; **Fußnote** *f* nota *f* a pie de página; **Fußpflege** *f* pedicura *f;* **Fußpilz** *m ohne pl* (MED) micosis *f inv* en los pies; **Fußsohle** *f* planta *f* del pie; **Fußspitze** *f* punta *f* del pie; **Fußspur** *f* huella *f* del pie; **Fußstapfen** *m* <-s, -> pisada *f;* **in jds ~ treten** seguir el ejemplo de alguien; **Fußtritt** *m* (*von Menschen*) puntapié *m;* (*von Tieren*) coz *f;* **Fußvolk** *nt ohne pl* ❶ (MIL) peonaje *m* ❷ (*abw: breite Masse*) masa *f;* **Fußweg** *m* ❶ (*Weg*) camino *m,* vereda *f Am;* (*Bürgersteig*) acera *f,* vereda *f Am* ❷ (*Entfernung*) camino *m;* **15 Minuten ~** 15 minutos andando; **Fußzeile** *f* (INFOR) pie *m* de página

**futsch** [fʊtʃ] *adj inv* (*fam*) perdido

**Futter¹** ['fʊtɐ] *nt* <-s, *ohne pl*> (*Nahrung*) comida *f*

**Futter²** *nt* <-s, -> ❶ (*in Kleidung, Briefumschlag*) forro *m* ❷ (*Tür~*) revestimiento *m*

**Futteral** [fʊtə'ra:l] *nt* <-s, -e> funda *f*

**füttern** ['fʏtɐn] *vt* ❶ (*Tier, Baby*) dar de comer (a) ❷ (*Computer*) alimentar ❸ (*Kleidung*) forrar

**futtern** ['fʊtɐn] *vi, vt* (*fam*) papar

**Futternapf** *m* comedero *m;* **Futterpflanze** *f* (AGR) planta *f* forrajera

**Fütterung¹** ['fʏtərʊŋ] *f* <-en> (*Tier~*) forraje *m*

**Fütterung²** *f ohne pl* (*das Auskleiden*) revestimiento *m*

**Futterzusatz** *m* (AGR) aditivo *m* para piensos

**Futur** [fu'tu:ɐ] *nt* <-s, -e> (LING) futuro *m*

**Futurismus** [futu'rɪsmʊs] *m* <-, *ohne pl*> (LIT, KUNST, POL) futurismo *m*

**futuristisch** *adj* futurista

# Gg

**G, g** [ge:] *nt* <-, -> G, g *f;* **~ wie Gustav** G de Granada

**g** *Abk. von* **Gramm** gr

**gab** [ga:p] *3. imp von* **geben**

**Gabe** ['ga:bə] *f* <-n> ❶ (*Geschenk*) regalo *m;* **milde ~** limosna *f* ❷ (*Talent*) don *m* ❸ (MED) dosis *f inv* ❹ (*Schweiz: Preis*) premio *m*

**Gabel** ['ga:bəl] *f* <-n> ❶ (*vom Besteck*) tenedor *m* ❷ (*vom Telefon, Fahrrad*) horquilla *f* ③ (AGR) horca *f*

**gabeln** ['ga:bəln] *vr:* **sich** ~ bifurcarse

**Gabelstapler** *m* <-s, -> carretilla *f* elevadora (de horquilla)

**Gabelung** *f* <-en> bifurcación *f*

**gackern** ['gakɐn] *vi* ① (*Huhn*) cacarear ② (*fam: Mensch*) reírse

**gaffen** ['gafən] *vi* (*abw*) mirar boquiabierto

**Gaffer(in)** *m(f)* <-s, -; -nen> (*abw*) papamoscas *mf inv,* papanatas *mf inv*

**Gag** [gɛk] *m* <-s, -s> ① (FILM) truco *m,* gag *m* ② (*Witz*) salida *f* chistosa

**Gage** ['ga:ʒə] *f* <-n> honorario *m*

**gähnen** ['gɛ:nən] *vi* bostezar

**Gala** ['ga:la] *f ohne pl* vestido *m* de gala; **sich in ~ werfen** engalanarse

**galaktisch** [ga'laktɪʃ] *adj* galáctico

**galant** [ga'lant] *adj* galante

**Galaxie** [gala'ksi:] *f* <-n> (ASTR) galaxia *f*

**Galeere** [ga'le:rə] *f* <-n> galera *f*

**Galerie** [galə'ri:] *f* <-n> galería *f*

**Galerist(in)** [galə'rɪst] *m(f)* <-en, -en; -nen> galerista *mf*

**Galgen** ['galgən] *m* <-s, -> patíbulo *m;* **Galgenfrist** *f* plazo *m* perentorio; **Galgenhumor** *m* humor *m* negro

**Galicien** [ga'li:tsiən] *nt* <-s> Galicia *f*

**Galicier(in)** *m(f)* <-s, -; -nen> gallego, -a *m, f*

**galicisch** *adj* gallego

**Galiläa** [gali'lɛ:a] *nt* <-s> (HIST) Galilea *f*

**Galle** ['galə] *f* <-n> ① (*menschliches Sekret*) bilis *f inv;* (*tierisches Sekret*) hiel *f* ② (ANAT: *Organ*) vesícula *f* biliar

**Gallenblase** *f* (ANAT) vesícula *f* biliar; **Gallenstein** *m* cálculo *m* vesícula

**gallertartig** ['galɐtʔa:ɐtɪç] *adj* gelatinoso

**Gallien** ['galjən] *nt* <-s> (HIST) Galia *f*

**gallisch** ['galɪʃ] *adj* galo

**Galopp** [ga'lɔp] *m* <-s, -e *o* -s> galope *m*

**galoppieren*** *vi haben o sein* galopar

**galt** [galt] *3. imp von* **gelten**

**galvanisch** [gal'va:nɪʃ] *adj* galvánico

**galvanisieren*** [galvani'zi:rən] *vt* galvanizar

**Gameboy®** ['gɛɪmbɔɪ] *m* <-s, -s> gameboy® *m;* **Gameshow** *f* <-s> (TV) programa-concurso *m,* concurso *m* televisivo; **eine ~ leiten** presentar un concurso en televisión

**Gamma** ['gama] *nt* <-(s), -s> gamma *f;* **Gammastrahlung** *f* (PHYS) radiación *f* (de rayos) gamma

**gamm(e)lig** *adj* (*fam*) ① (*Nahrungsmittel*) malo, podrido ② (*Kleidung*) desaliñado

**gammeln** ['gaməln] *vi* (*fam*) ① (*Lebensmittel*) estropearse ② (*Person*) gandulear

**gammlig** *adj s.* **gamm(e)lig**

**Gämse** ['gɛmzə] *f* <-n> (ZOOL) gamuza *f*

**gang** [gaŋ]: ~ **und gäbe** usual, corriente

**Gang**[1] [gaŋ, *pl:* 'gɛŋə] *m* <-(e)s, Gänge> ① (*Gehweise*) (modo *m* de) andar *m* ② (*Spazier~*) paseo *m;* (*Weg*) camino *m;* **auf ihrem ~ zum Arzt sah sie ...** (de) camino al médico vio...; **ein schwerer ~** un paso difícil ③ (*Betrieb*) marcha *f;* **eine Maschine in ~ setzen** poner en marcha una máquina; **Verhandlungen in ~ bringen** iniciar negociaciones ④ (*Ablauf*) curso *m,* marcha *f;* **der ~ der Ereignisse** la marcha de los acontecimientos; **es ist etwas im ~e** algo flota en el aire; **etw ist in vollem ~(e)** algo está en plena marcha ⑤ (TECH, AUTO) marcha *f;* **im zweiten ~ fahren** ir en segunda ⑥ (*Flur*) pasillo *m* ⑦ (GASTR) plato *m*

**Gang**[2] [gɛŋ] *f* <-s> banda *f*

**Gangart** *f* (modo *m* de) andar *m*

**gangbar** *adj* (*Weg*) transitable; (*Lösung*) viable

**gängeln** ['gɛŋəln] *vt* (*fam abw*) tener bajo su tutela

**gängig** ['gɛŋɪç] *adj* ① (*üblich*) usual; (*geläufig*) corriente ② (*viel gekauft*) de buena venta

**Gangschaltung** *f* (*Auto*) (caja *f* de) cambios *mpl;* (*Fahrrad*) marchas *fpl*

**Gangster** ['gɛŋstɐ] *m* <-s, -> (*abw*) gángster *m*

**Gangway** *f* <-s> escalera *f* (para subir a bordo)

**Ganove, -in** [ga'no:və] *m, f* <-n, -n; -nen> (*fam abw*) tunante *mf*

**Gans** [gans, *pl:* 'gɛnzə] *f* <Gänse> (ZOOL) ganso *m;* (*Weibchen*) oca *f;* **blöde ~** tía idiota

**Gänseblümchen** ['gɛnzəbly:mçən] *nt* (BOT) maya *f;* **Gänsefüßchen** ['gɛnzəfy:sçən] *nt* <-s, -> (*fam*) comilla *f;* **in ~** entre comillas; **Gänsehaut** *f ohne pl* carne *f* de gallina

**Gänseleberpastete** *f* (GASTR) paté *m* de ganso

**Gänsemarsch** *m ohne pl:* **im ~** en fila india

**Gänserich** ['gɛnzərɪç] *m* <-s, -e> (ZOOL) ganso *m* macho

**ganz** [gants] **I.** *adj* ① (*gesamt*) todo; (*vollständig*) completo; **die ~e Zeit über** durante todo el tiempo; **die ~e Wahrheit** toda la verdad; **eine ~e Zahl/Note** un número entero/una nota redonda; **eine ~e Drehung** un giro completo; **eine ~e Menge/Weile** bastante; **das dauert eine ~e Weile** esto dura bastante; **im G~en war ich dreimal hier** en total he estado tres veces aquí ② (*fam: unbeschädigt*) intacto; **etw wieder ~ machen** reparar algo ❸ (*fam: bloß*) sólo; **das Buch hat ~e drei Euro gekostet** el libro ha costado sólo tres euros **II.** *adv* ❶ (*völlig*) totalmente; **~ allein** totalmente solo; **das ist ~ meine Meinung** comparto totalmente esta opinión; **das ist etwas ~ anderes** esto es algo totalmente distinto; **~ und gar** completamente; **~ im Gegenteil** todo lo contrario ❷ (*vollständig*) del todo; **etw ~ aufessen** comerse algo del todo; **~ hinten/vorn** detrás/delante del todo; **~ wie Sie meinen** como Ud. quiera; **~ gleich, wie es ist** sea como sea; **du hast ~ Recht** tienes toda la razón ❸ (*ziemlich*) bastante; **das gefällt mir ~ gut** esto me gusta bastante ❹ (*sehr*) muy; **~ klein** minúsculo; **ein ~ klein wenig** muy poco; **~ viel** muchísimo

**Ganze(s)** *nt* <-n, *ohne pl*> total *m;* **das ist nichts Halbes und nichts ~s** esto no es ni fu ni fa; **aufs ~ gehen** (*fam*) jugarse el todo por el todo; **es geht ums ~** todo está en juego

**Ganzheit** *f* <-en> totalidad *f*

**ganzheitlich** *adj* global

**gänzlich** ['gɛntslɪç] **I.** *adj* total, completo **II.** *adv* del todo, por completo

**ganztägig** ['gantstɛːgɪç] **I.** *adj* de todo el día **II.** *adv* todo el día

**Ganztagsschule** *f* colegio *m* de jornada completa

**gar** [gaːɐ] **I.** *adj* (*Speise*) hecho (a punto) **II.** *adv* ❶ (*überhaupt*): **~ nichts** nada de nada; **~ keiner** ninguno; **auf ~ keinen Fall** en ningún caso; **das ist ~ nicht schlecht** no está nada mal ❷ (*sogar*) incluso; **du hast doch nicht ~ die Polizei angerufen?** ¿no habrás llamado a la policía?

**Garage** [ga'raːʒə] *f* <-n> garaje *m*

**Garant(in)** [ga'rant] *m(f)* <-en, -en; -nen> garante *mf*

**Garantie** [garan'tiː] *f* <-n> garantía *f;* **ein Jahr ~** un año de garantía

**garantieren*** *vi, vt* garantizar (*für*); **glaubst du er kommt? – garantiert!** ¿crees que vendrá? – ¡seguro!

**Garantieschein** *m* (resguardo *m* de) garantía *f*

**Garantin** *f* <-nen> *s.* **Garant**

**Garaus** ['gaːɐʔaʊs] *m* (*fam*): **jdm/etw** *dat* **den ~ machen** cargarse a [*o* acabar con] alguien/algo

**Garbe** ['garbə] *f* <-n> ❶ (*von Korn*) haz *m,* gavilla *f* ❷ (*von Schüssen*) ráfaga *f*

**Garde** ['gardə] *f* <-n> guardia *f*

**Garderobe[1]** [gardə'roːbə] *f ohne pl* (*Kleidung*) ropa *f*

**Garderobe[2]** *f* <-n> ❶ (*Kleiderablage*) perchero *m* ❷ (*Raum*) guardarropa *m* ❸ (*Ankleideraum*) vestuario *m*

**Garderobenständer** *m* percha *f*

**Gardine** [gar'diːnə] *f* <-n> cortina *f;* **hinter schwedischen ~n** (*fam*) entre rejas

**garen** ['gaːrən] *vt* cocer

**gären** ['gɛːrən] <gärt, gärte *o* gor, gegärt *o* gegoren> **I.** *vi haben o sein* fermentar **II.** *vt* fermentar

**Garn** [garn] *nt* <-(e)s, -e> hilo *m*

**Garnele** [gar'neːlə] *f* <-n> (ZOOL) gamba *f;* (*kleiner*) camarón *m*

**garnieren*** [gar'niːrən] *vt* guarnecer; (GASTR) adornar

**Garnitur** [garni'tuːɐ] *f* <-en> juego *m,* conjunto *m*

**garstig** ['garstɪç] *adj* ❶ (*frech*) desvergonzado ❷ (*hässlich*) feo; (*abstoßend*) asqueroso

**Garten** ['gartən, *pl:* 'gɛrtən] *m* <-s, Gärten> jardín *m;* (*Nutz~*) huerto *m;* **botanischer/zoologischer ~** jardín botánico/parque zoológico; **Gartenarbeit** *f* trabajo *m* en el jardín; **Gartenarchitekt(in)** *m(f)* arquitecto, -a *m, f* de jardines; **Gartenbau** *m ohne pl* jardinería *f,* horticultura *f;* **Gartenfest** *nt* fiesta *f* en el jardín; **Gartenhaus** *nt* pabellón *m;* **Gartenlaube** *f* cenador *m;* **Gartenlokal** *nt* restaurante *m* con terraza; **Gartenschere** *f* tijeras *fpl* de podar, podadora *f;* **Gartenzaun** *m* seto *m;* **Gartenzwerg** *m enanito de decoración que se pone en el jardín*

**i Land & Leute**

Por algunos apreciados como objetos decorativos, por otros rechazados por horterada o cursilería, los **Gartenzwerge** son pequeños personajes de larga barba y gorra, de cerámica o plástico, pintados habitualmente con colores llamativos. Los primeros **Gartenzwerge**, procedentes de *Thüringen*, datan de 1880.

**Gärtner(in)** ['gɛrtnɐ] *m(f)* <-s, -; -nen> jardinero, -a *m, f*

**Gärtnerei** [gɛrtnə'raɪ] *f* <-en> jardinería *f;* (*für Nutzpflanzen*) establecimiento *m* de horticultura

**Gärtnerin** *f* <-nen> *s.* **Gärtner**

**Gärung** ['gɛːrʊŋ] *f* <-en> fermentación *f*

**Gas[1]** [gaːs] *nt* <-es, -e> (CHEM) gas *m*

**Gas[2]** *nt* <-es, *ohne pl*> (AUTO): **~ geben**

acelerar

**Gasbrenner** *m* <-s, -> mechero *m* de gas; **Gasfeuerzeug** *nt* mechero *m* de gas; **Gasflamme** *f* llama *f* de gas; **Gasflasche** *f* bombona *f* de gas; **gasförmig** *adj* gaseoso, gaseiforme

**Gashahn** *m* llave *f* del gas; **Gasheizung** *f* calefacción *f* de gas; **Gasherd** *m* cocina *f* de gas; **Gaskammer** *f* cámara *f* de gas; **Gaskocher** *m* hornillo *m* de gas; **Gaslaterne** *f* farol *m* de gas; **Gasleitung** *f* conducción *f* del gas; **Gasmann** *m* (*fam*) gasista *m;* (*Ableser*) verificador *m;* **Gasmaske** *f* máscara *f* antigás; **Gasofen** *m* horno *m* de gas

**Gaspedal** *nt* acelerador *m*

**Gaspistole** *f* pistola *f* de gas

**Gasse** ['gasə] *f* <-n> ① (*kleine Straße*) callejón *m* ② (*Österr: Straße*) calle *f*

**Gast** [gast, *pl:* 'gɛstə] *m* <-(e)s, Gäste> huésped *mf;* (*eingeladener*) invitado, -a *m, f;* (*von Lokal*) cliente *mf;* **ungebetene Gäste** intrusos *mpl;* **bei jdm zu ~ sein** estar invitado a casa de alguien; **Gastarbeiter(in)** *m(f)* trabajador, -a *m, f* extranjero, -a

**i Land & Leute**

Término eufemístico empleado para designar a todos aquellos extranjeros que emigraron sobre todo en los años sesenta y setenta a la República Federal de Alemania. En principio, los llamados **Gastarbeiter** tenían la intención de trabajar allí únicamente durante un espacio de tiempo limitado para regresar luego con algunos pequeños ahorros a sus respectivas patrias. Por ello se acuñó el término mencionado, que literalmente significa "trabajador invitado".

**Gästebuch** *nt* libro *m* de huéspedes; **Gästezimmer** *nt* cuarto *m* de huéspedes

**gastfreundlich** *adj* hospitalario; **Gastfreundschaft** *f ohne pl* hospitalidad *f;* **jdm ~ gewähren** ofrecer hospitalidad a alguien; **Gastgeber(in)** *m(f)* <-s, -; -nen> anfitrión, -ona *m, f;* **Gastgewerbe** *nt* hostelería *f* y restauración; **Gasthaus** *nt*, **Gasthof** *m* ① (*zum Übernachten*) fonda *f;* (*höhere Kategorie*) hostal *m* ② (*nur Essen*) mesón *m*

**gastieren*** [gas'tiːrən] *vi* actuar (como compañía de teatro invitada)

**Gastland** *nt* país *m* de acogida

**gastlich** *adj* hospitalario; **jdn ~ aufnehmen** acoger a alguien cordialmente

**Gastritis** [gas'triːtɪs] *f* <Gastritiden> gastritis *f inv*

**Gastronomie** [gastrono'miː] *f ohne pl* gastronomía *f*

**gastronomisch** [gastro'noːmɪʃ] *adj* gastronómico

**Gastspiel** *nt* actuación *f* de una compañía teatral invitada; **Gaststätte** *f* <-n> restaurante *m;* **Gastwirt(in)** *m(f)* dueño, -a *m, f* de un restaurante, fondista *mf Am;* **Gastwirtschaft** *f* mesón *m*, fonda *f Am*

**Gasvergiftung** *f* intoxicación *f* por gas [*o* de gas]; **Gaswerk** *nt* central *f* de gas, usina *f Am;* **Gaszähler** *m* contador *m* de gas

**Gatte, -in** ['gatə] *m, f* <-n, -n; -nen> (*geh*) esposo, -a *m, f*

**Gatter** ['gatɐ] *nt* <-s, -> vallado *m*

**Gattin** ['gatɪn] *f* <-nen> *s.* **Gatte**

**Gattung** ['gatʊŋ] *f* <-en> ① (BIOL) especie *f* ② (MUS, LIT) género *m;* (KUNST) estilo *m*

**GAU** [gaʊ] *m* <-(s), -s> *Abk. von* **größter anzunehmender Unfall** máximo accidente *m* previsible

**Gaucho** ['gaʊtʃo] *m* <-(s), -s> gaucho *m*

**Gaudi** ['gaʊdi] *f ohne pl* (*fam*) jolgorio *m;* (*Lärm*) bulla *f*

**Gaukler(in)** ['gaʊklɐ] *m(f)* <-s, -; -nen> prestidigitador(a) *m(f);* (*Betrüger*) estafador(a) *m(f)*

**Gaul** [gaʊl, *pl:* 'gɔɪlə] *m* <-(e)s, Gäule> (*abw*) rocín *m*

**Gaumen** ['gaʊmən] *m* <-s, -> paladar *m;* **Gaumenfreude** *f* delicia *f*

**Gauner(in)** ['gaʊnɐ] *m(f)* <-s, -; -nen> ① (*abw: Betrüger*) estafador(a) *m(f);* (*Dieb*) bribón, -ona *m, f,* ficha *f Am* ② (*fam: durchtriebener Mensch*) pícaro, -a *m, f*

**Gaunerei** *f* <-en> ① (*Betrug*) estafa *f* ② (*Machenschaften*) picaresca *f* ③ (*böser Streich*) mala jugada *f*

**Gaunerin** *f* <-nen> *s.* **Gauner**

**Gazelle** [ga'tsɛlə] *f* <-n> (ZOOL) gacela *f*

**G-Dur** *nt* <-, *ohne pl*> (MUS) sol *m* mayor

**geartet** [gə'ʔaːɐtət] *adj* constituido; **das Problem ist so ~, dass ...** el problema es de tal índole que...

**Geäst** [gə'ʔɛst] *nt* <-(e)s, *ohne pl*> ramaje *m*

**geb.** *Abk. von* **geboren** nacido; **Luise Reimann, ~ Klein** Luise Reimann, de soltera Klein

**Gebäck** [gə'bɛk] *nt* <-(e)s, -e> (*Kekse*) galletas *fpl,* factura *f Arg;* (*Tee~*) pastas *fpl*

**gebacken** [gə'bakən] *pp von* **backen**

**Gebälk** [gəˈbɛlk] *nt* <-(e)s, -e> vigas *fpl*

**geballt** [gəˈbalt] *adj* concentrado

**gebannt** [gəˈbant] *adj* fascinado, cautivado; **sie starrten mich an wie ~** me miraban como embobados

**gebar** [gəˈbaːɐ] *3. imp von* **gebären**

**Gebärde** [gəˈbɛːɐdə] *f* <-n> gesto *m*

**gebärden*** *vr:* **sich ~** comportarse

**gebären** [gəˈbɛːrən] <gebärt *o* gebiert, gebar, geboren> *vt* parir; (*Mensch*) dar a luz; **lebend ~d** (ZOOL) vivíparo; **wo sind Sie geboren?** ¿dónde nació Ud.?

**gebärfähig** [gəˈbɛːɐ-] *adj* fecundo; **im ~en Alter** en edad fecunda

**Gebärmutter** *f* matriz *f*

**gebauchpinselt** *adj* (*fam*): **sich ~ fühlen** sentirse halagado

**Gebäude** [gəˈbɔɪdə] *nt* <-s, -> ① (*Bauwerk*) edificio *m* ② (*Gefüge*) sistema *m*

**gebaut** *adj:* **gut/muskulös ~ sein** tener una buena constitución física/una constitución musculosa

**Gebeine** [gəˈbaɪnə] *ntpl* (*geh*) osamenta *f*

**Gebell** *nt* <-(e)s, *ohne pl*> (*fam abw*) ladridos *mpl*

**geben** [ˈgeːbən] <gibt, gab, gegeben> **I.** *vt* ① (*reichen*) dar; (*aushändigen*) entregar; (*verteilen*) repartir; (*schenken*) regalar; (*beim Telefonieren*) pasar; **ich gab nichts auf sein Gerede** no hice caso a lo que dijo; **er würde viel darum ~, wenn ...** lo que daría él por... +*inf;* **jdm etw zu verstehen ~** dar a entender algo a alguien; **etw von sich** *dat* **~** decir algo ② (*gewähren*) dar; (*Kredit*) conceder; **jdm Recht ~** dar(le) la razón a alguien ③ (*ergeben*) dar, producir; **das gibt keinen Sinn** esto no tiene (ningún) sentido ④ (*veranstalten*) hacer, dar; (TV) poner ⑤ (*unterrichten*) enseñar, dar (clases de) **II.** *vunpers* (*existieren*) haber; **was gibt's?** (*fam*) ¿qué hay?; **es gibt heute Fisch** hoy hay pescado; **das gibt's doch gar nicht!** ¡imposible!; **was es nicht alles gibt!** ¡lo que hay que ver!; **das hat es ja noch nie ge~!** ¡eso no ha pasado nunca!; **gibt es noch Eintrittskarten?** ¿quedan todavía entradas? **III.** *vi* ① (*bei Kartenspiel*) dar ② (SPORT: *Aufschlag haben*) sacar **IV.** *vr:* **sich ~** ① (*nachlassen*) pasar ② (*sich benehmen*) dárselas (*als* de)

**Gebet** [gəˈbeːt] *nt* <-(e)s, -e> oración *f;*
**Gebetbuch** *nt* devocionario *m*

**gebeten** [gəˈbeːtən] *pp von* **bitten**

**gebetsmühlenhaft** **I.** *adj* (*fam abw*) continuo **II.** *adv* (*fam abw*) de forma continua, sin parar

**gebiert** [gəˈbiːɐt] *3. präs von* **gebären**

**Gebiet** [gəˈbiːt] *nt* <-(e)s, -e> ① (*Fläche: Gesamt~*) territorio *m;* (*Teil~*) zona *f* ② (*Sachbereich*) campo *m;* **auf diesem ~** en este campo

**gebieten*** [gəˈbiːtən] *irr* **I.** *vt* (*geh*) ① (*befehlen*) mandar ② (*verlangen*) requerir; **besondere Aufmerksamkeit ~** requerir especial atención **II.** *vi* (*geh*) ① (*verfügen*) disponer (*über* de) ② (*befehlen*) mandar (*über*)

**Gebieter(in)** *m(f)* <-s, -; -nen> señor(a) *m(f);* (HIST: *Regent*) soberano, -a *m, f*

**gebieterisch** *adj* (*geh*) imperioso

**Gebilde** [gəˈbɪldə] *nt* <-s, -> ① (*Bild*) figura *f,* imagen *f* ② (*Form*) forma *f* ③ (*Schöpfung*) creación *f* ④ (*Gefüge*) estructura *f* ⑤ (*der Fantasie*) producto *m*

**gebildet** [gəˈbɪldət] *adj* culto

**Gebirge** [gəˈbɪrgə] *nt* <-s, -> sierra *f,* montaña *f;* **im/ins ~** en/a la sierra

**gebirgig** *adj* montañoso

**Gebiss** [gəˈbɪs] *nt* <-es, -e> dentadura *f;* (*künstliches*) dentadura *f* postiza

**gebissen** [gəˈbɪsən] *pp von* **beißen**

**geblasen** [gəˈblaːzən] *pp von* **blasen**

**geblieben** [gəˈbliːbən] *pp von* **bleiben**

**gebogen** [gəˈboːgən] **I.** *pp von* **biegen** **II.** *adj* doblado; (*krumm*) torcido

**geboren** [gəˈboːrən] **I.** *pp von* **gebären** **II.** *adj:* **ich bin ein ~er Dortmunder** soy natural de Dortmund; **er ist der ~e Wissenschaftler** nació para (ser) científico; **~e Schulze** de soltera Schulze

**geborgen** [gəˈbɔrgən] **I.** *pp von* **bergen** **II.** *adj* protegido, a salvo

**Geborgenheit** *f ohne pl* seguridad *f,* (sensación *f* de) protección *f*

**geborsten** [gəˈbɔrstən] *pp von* **bersten**

**Gebot** [gəˈboːt] *nt* <-(e)s, -e> ① (*Grundsatz*) mandamiento *m;* (*Vorschrift*) precepto *m;* (*Befehl*) orden *f;* **die Zehn ~e** los Diez Mandamientos; **Sicherheit ist oberstes ~** la seguridad ante todo ② (*Erfordernis*) necesidad *f* ③ (*bei Auktion*) oferta *f*

**geboten** [gəˈboːtən] **I.** *pp von* **bieten, gebieten** **II.** *adj* (*ratsam*) aconsejable; **erhöhte Vorsicht ist ~** aconsejamos mucha precaución

**Gebrabbel** *nt* <-s, *ohne pl*> (*fam abw*) farfulla *f*

**gebracht** [gəˈbraxt] *pp von* **bringen**

**gebrannt** [gəˈbrant] **I.** *pp von* **brennen** **II.** *adj* ① (*Mandel*) garapiñado ② (*prov*): **~es Kind scheut das Feuer** gato escaldado del agua fría huye

**gebraten** [gəˈbraːtən] *pp von* **braten**

**Gebräu** [gəˈbrɔɪ] *nt* <-(e)s, -e> (*abw*) bre-

G

baje *m,* mejunje *m*

**Gebrauch** [gəˈbraʊx] *m* <-(e)s, *ohne pl*> (*Benutzung*) uso *m;* (*Verwendung*) empleo *m;* **für den eigenen ~** de uso personal; **von etw** *dat* **~ machen** hacer uso de algo; **vor ~ gut schütteln** agítese antes de usar

**Gebräuche** [gəˈbrɔɪçə] *mpl* costumbres *fpl;* **Sitten und ~** usos y costumbres

**gebrauchen*** [gəˈbraʊxən] *vt* ❶ (*Werkzeug*) usar, utilizar; (*Verstand*) emplear; **Gewalt ~** recurrir a la fuerza ❷ (*nützlich sein*) servir; **das kann ich gut/gar nicht ~** esto me sirve de mucho/no me sirve de nada

**gebräuchlich** [gəˈbrɔɪçlɪç] *adj* común, corriente; **nicht mehr ~** fuera de uso

**Gebrauchsanweisung** *f* instrucciones *fpl* de uso; **Gebrauchsgegenstand** *m* artículo *m* de uso

**gebraucht** [gəˈbraʊxt] *adj* usado; (*aus zweiter Hand*) de segunda mano; **Gebrauchtwagen** *m* coche *m* de segunda mano

**Gebrechen** *nt* <-s, -> (*geh*) achaque *m*

**gebrechlich** [gəˈbrɛçlɪç] *adj* (*schwach*) débil; (*altersschwach*) decrépito

**gebrochen** [gəˈbrɔxən] **I.** *pp von* **brechen** **II.** *adj* (*Mensch*) afligido; (*Stimme*) entrecortado; **~ deutsch sprechen** chapurrear el alemán

**Gebrüder** [gəˈbryːdɐ] *mpl* hermanos *mpl*

**Gebrüll** [gəˈbrʏl] *nt* <-(e)s, *ohne pl*> (*von Menschen*) vocerío *m;* (*von Tieren*) rugido *m*

**Gebühr** [gəˈbyːɐ] *f* <-en> tasa *f;* (*Abgabe*) derechos *mpl;* (*Telefon~*) tarifa *f;* (*Post~*) porte *m;* (*Vermittlungs~*) comisión *f;* (*Autobahn~*) peaje *m;* **eine ~ erheben** introducir una tasa; **~ zahlt Empfänger** porte a cargo del destinatario

**gebühren*** [gəˈbyːrən] **I.** *vi* (*geh*) corresponder; **seiner Leistung gebührt Anerkennung** su rendimiento merece ser reconocido **II.** *vr:* **sich ~** (*geh*) ser apropiado; **wie es sich gebührt** tal como debe ser

**gebührend** **I.** *adj* debido, conveniente **II.** *adv* como es debido

**gebührenfrei** *adj* exento de tasas; **gebührenpflichtig** *adj* sujeto a tasas; (*Autobahn*) de peaje

**gebunden** [gəˈbʊndən] **I.** *pp von* **binden** **II.** *adj* ❶ (*einer Sache verpflichtet*) sujeto (*an* a); (*an einen Ort*) ligado (*an* a) ❷ (*Preise*) controlado

**Geburt** [gəˈbuːɐt] *f* <-en> ❶ (*Entbindung*) parto *m* ❷ (*das Geborenwerden*) nacimiento *m;* **blind von ~ an** ciego de nacimiento; **vor/nach Christi ~** antes/después de Cristo ❸ (*Abstammung*) origen *m;* **von hoher ~** de noble cuna; **Geburtenkontrolle** *f ohne pl* control *m* de natalidad; **Geburtenrückgang** *m* descenso *m* del número de nacimientos; **geburtenschwach** *adj* (de tasa) de natalidad baja; **geburtenstark** *adj* (de tasa) de natalidad alta; **Geburtenziffer** *f* índice *m* de natalidad

**gebürtig** [gəˈbʏrtɪç] *adj* natural (*aus* de); **die ~en Kölner** los naturales de Colonia

**Geburtsdatum** *nt* fecha *f* de nacimiento; **Geburtshilfe** *f ohne pl* asistencia *f* médica en el parto; **Geburtsjahr** *nt* año *m* de(l) nacimiento; **Geburtsort** *m* lugar *m* de nacimiento; **Geburtsstation** *f* maternidad *f,* nursery *f Arg*

**Geburtstag** *m* ❶ (*Jahrestag*) cumpleaños *m inv;* **herzlichen Glückwunsch zum ~!** ¡feliz cumpleaños!; **~ feiern** celebrar el cumpleaños ❷ (*Tag der Geburt*) fecha *f* de nacimiento; **Geburtstagsgeschenk** *nt* regalo *m* de cumpleaños; **Geburtstagskind** *nt* persona *f* que cumple años

**Geburtstermin** *m* fecha *f* del parto; **Geburtsurkunde** *f* acta *f* de nacimiento

**Gebüsch** [gəˈbʏʃ] *nt* <-(e)s, -e> matorral *m;* (*Dickicht*) maleza *f*

**gedacht** [gəˈdaxt] *pp von* **denken, gedenken**

**Gedächtnis** [gəˈdɛçtnɪs] *nt* <-ses, -se> ❶ (*Erinnerungsvermögen*) memoria *f;* **aus dem ~** de memoria; **ein gutes/schlechtes ~ haben (für etw)** tener buena/mala memoria (para algo); **jdn/etw im ~ behalten** retener a alguien/algo en la memoria; **sich** *dat* **etw ins ~ zurückrufen** recordar algo; **sein ~ verlieren** perder la memoria ❷ (*Gedenken*) recuerdo *m* (*an* de), memoria *f* (*an* de); **ein Mahnmal zum ~ an die Toten** un monumento en memoria de los muertos; **Gedächtnisverlust** *m* pérdida *f* de memoria

**gedämpft** [gəˈdɛmpft] *adj* (*Geräusch*) apagado; (*Licht*) suave; **mit ~er Stimme** en voz baja

**Gedanke** [gəˈdaŋkə] *m* <-ns, -n> ❶ (*Absicht*) idea *f;* (*Einfall*) ocurrencia *f;* **sich mit dem ~n tragen etw zu tun** (*geh*) abrigar la idea de hacer algo; **sie kam auf den ~n, dass ...** se le ocurrió que...; **mit dem ~n spielen zu ...** jugar con la idea de...; **jdn auf einen ~n bringen** hacer pensar a alguien en algo; **auf dumme ~n kommen** hacer disparates ❷ (*Überlegung*) pensamiento *m;* **sich** *dat* **~n machen** pensar; **in ~n vertieft** absorto en sus pensamientos; **jdn auf andere ~n bringen** distraer a alguien ❸ (*Begriff*) concepto *m*

**Gedankenaustausch** *m* intercambio *m* de ideas; **Gedankenfreiheit** *f ohne pl* libertad *f* de pensamiento; **Gedankengang** *m* razonamiento *m,* raciocinio *m;* **gedankenlos** *adj* ❶ (*unüberlegt*) irreflexivo ❷ (*zerstreut*) distraído; **Gedankenstrich** *m* guión *m,* raya *f;* **Gedankenübertragung** *f ohne pl* telepatía *f;* **gedankenverloren** *adj* ensimismado (en sus ideas)

**gedanklich** *adj* mental

**Gedärm** [gəˈdɛrm] *nt* <-(e)s, -e> intestinos *mpl*

**Gedeck** [gəˈdɛk] *nt* <-(e)s, -e> cubierto *m;* (*Kaffee~*) servicio *m* de café

**gedeckt** [gəˈdɛkt] *adj* (*Farbe*) apagado

**Gedeih** [gəˈdaɪ]: **auf ~ und Verderb** pase lo que pase, para bien o para mal

**gedeihen** [gəˈdaɪən] <gedeiht, gedieh, gediehen> *vi sein* ❶ (*Pflanze*) crecer; (*Kinder*) desarrollarse bien ❷ (*vorankommen*) avanzar; (*Geschäft*) prosperar

**gedenken*** *irr vi* (*geh*) ❶ (*erinnern*) recordar (+*gen*); (*feierlich*) conmemorar (+*gen*); **der Toten ~** recordar a los muertos ❷ (*vorhaben*) tener la intención (de)

**Gedenken** *nt* <-s, *ohne pl*> recuerdo *m* (*an* de), conmemoración *f* (*an* de)

**Gedenkfeier** *f* acto *m* conmemorativo; **Gedenkminute** *f* minuto *m* de silencio; **eine ~ einlegen** guardar un minuto de silencio; **Gedenkstätte** *f* lugar *m* conmemorativo; **Gedenkstunde** *f* acto *m* conmemorativo [*o* solemne]; **Gedenktag** *m* aniversario *m*

**Gedicht** [gəˈdɪçt] *nt* <-(e)s, -e> poema *m*

**gediegen** [gəˈdiːgən] *adj* ❶ (*von guter Qualität*) bien hecho ❷ (*Charakter*) íntegro; (*Kenntnisse*) sólido ❸ (*rein*) puro; (*Gold*) de ley

**gedieh** [gəˈdiː] *3. imp von* **gedeihen**

**gediehen** [gəˈdiːən] *pp von* **gedeihen**

**Gedöns** [gəˈdœːns] *nt* <-es, *ohne pl*> (*reg*) ❶ (*Getue*) aspaviento *m* ❷ (*Zeug, Ding*) trasto *m*

**Gedränge** [gəˈdrɛŋə] *nt* <-s, *ohne pl*> ❶ (*Drängelei*) apreturas *fpl* ❷ (*Menschenmenge*) gentío *m*

**gedroschen** [gəˈdrɔʃən] *pp von* **dreschen**

**gedrungen** [gəˈdrʊŋən] **I.** *pp von* **dringen** **II.** *adj* regordete

**Geduld** [gəˈdʊlt] *f ohne pl* paciencia *f;* **die ~ verlieren** perder la paciencia; **mit jdm/etw ~ haben** tener paciencia con alguien/algo; **jds ~ auf die Probe stellen** poner a prueba la paciencia de alguien

**gedulden*** [gəˈdʊldən] *vr:* **sich ~** tener paciencia; (*warten*) esperar

**geduldig** **I.** *adj* paciente **II.** *adv* con paciencia

**Geduldsfaden** *m:* **jetzt reißt mir aber der ~!** (*fam*) ¡ahora se me acabó la paciencia!; **Geduldsprobe** *f* prueba *f* de paciencia

**gedurft** [gəˈdʊrft] *pp von* **dürfen**

**geehrt** [gəˈʔeːɐt] *adj* (*in Briefen*) estimado; **sehr ~er Herr X** estimado Sr. X; (**meine**) **sehr ~e(n) Damen und Herren** muy Sres. míos

**geeignet** [gəˈʔaɪgnət] *adj* ❶ (*Mensch*) apto (*für* para); **jdn für ~ halten** considerar a alguien competente ❷ (*Material*) adecuado (*für* para) ❸ (*zweckmäßig*) oportuno

**Gefahr** [gəˈfaːɐ] *f* <-en> peligro *m* (*für* para); (*Wagnis*) riesgo *m;* **in ~ schweben** correr peligro; **außer ~ sein** estar fuera de peligro; **auf eigene ~** por propia cuenta y riesgo; **~ laufen etw zu tun** correr el riesgo de hacer algo; **auf die ~ hin, dass ...** a riesgo de que... +*subj*

**gefährden*** [gəˈfɛːɐdən] *vt* poner en peligro; (*bedrohen*) amenazar; (*aufs Spiel setzen*) arriesgar

**Gefährdung** *f* <-en> amenaza *f* (*für* para, *durch* a causa de/por parte de)

**gefahren** [gəˈfaːrən] *pp von* **fahren**

**Gefahrenherd** *m* foco *m* de peligro

**gefährlich** [gəfɛːɐlɪç] *adj* peligroso; (*gewagt*) arriesgado; (*Krankheit*) grave

**gefahrlos** *adj* sin peligro

**Gefährte, -in** [gəˈfɛːɐtə] *m, f* <-n, -n; -nen> (*geh*) compañero, -a *m, f*

**Gefälle** [gəˈfɛlə] *nt* <-s, -> ❶ (*Neigung*) pendiente *f* ❷ (*Unterschied*) diferencia *f*

**gefallen**[1] [gəˈfalən] **I.** *pp von* **fallen, gefallen** **II.** *adj* (*gestorben*) caído

**gefallen** *[2] *irr vi* gustar; **es gefällt mir gar nicht, dass ...** no me gusta nada que... +*subj;* **sich** *dat* **etw ~ lassen** (*fam*) aguantar algo

**? Grammatik**

El verbo **gefallen** significa gustar en general o desde un punto de vista estético: *Der Freund deiner Schwester gefällt mir gar nicht. – El novio de tu hermana no me gusta en absoluto. Dein neuer Rock gefällt mir sehr. – Me gusta mucho tu falda nueva.*

**schmecken** – *gustar* se usa con comida o bebida: *Schmeckt dir die Fischsuppe?– ¿Te gusta la sopa de pescado?*

*Dieser Wein schmeckt ausgezeichnet. – Este vino tiene un sabor excelente.*

**Gefallen**[1] *nt* <-s, *ohne pl*> (*Freude*) gusto *m;* **an etw** *dat/***jdm ~ finden** tomarle gusto a algo/encontrar a alguien simpático
**Gefallen**[2] *m* <-s, -> (*Gefälligkeit*) favor *m;* **jdm einen ~ tun** hacer un favor a alguien
**Gefallene(r)** *mf* <-n, -n; -n> (soldado *mf*) caído, -a *m, f*
**gefällig** [gəˈfɛlɪç] *adj* ❶ (*hilfsbereit*) servicial; **jdm ~ sein** ser servicial con alguien ❷ (*ansprechend*) agradable ❸ (*erwünscht*): **ein Stück Kuchen ~?** ¿le apetece un trozo de tarta?
**Gefälligkeit**[1] *f* <-en> favor *m;* **jdm eine ~ erweisen** hacer un favor a alguien
**Gefälligkeit**[2] *f ohne pl* amabilidad *f;* (*Entgegenkommen*) deferencia *f;* **etw aus reiner ~ tun** hacer algo por complacer
**gefälligst** [gəˈfɛlɪçst, gəˈfɛlɪkst] *adv* (*fam*): **lass mich ~ in Ruhe!** ¡haz el favor de dejarme en paz!
**gefangen** [gəˈfaŋən] **I.** *pp von* **fangen II.** *adj* ❶ (*in Gefangenschaft*): **~ halten** tener encarcelado; **~ nehmen** tomar preso; (*Kriegsgefangene*) hacer prisionero ❷ (*gebannt*) cautivado; **jds Aufmerksamkeit ~ halten** (*geh*) cautivar la atención de alguien
**Gefangene(r)** *mf* <-n, -n; -n> ❶ (*Kriegs~*) prisionero, -a *m, f* de guerra ❷ (*Häftling*) preso, -a *m, f*
**Gefangennahme** [gəˈfaŋənna:mə] *f ohne pl* detención *f,* captura *f*
**Gefangenschaft** *f* <-en> prisión *f*
**Gefängnis** [gəˈfɛŋnɪs] *nt* <-ses, -se> ❶ (*Gebäude*) cárcel *f;* **ins ~ kommen** ir a la cárcel; **im ~ sitzen** estar en la cárcel ❷ (*Strafe*) prisión *f;* **ein Jahr ~ bekommen** ser condenado a un año de cárcel; **Gefängnisstrafe** *f* pena *f* de cárcel; **jdn zu einer ~ verurteilen** condenar a alguien a prisión; **Gefängniswärter(in)** *m(f)* carcelero, -a *m, f*
**Gefasel** [gəˈfa:zəl] *nt* <-s, *ohne pl*> (*fam abw*) sandeces *fpl*
**Gefäß** [gəˈfɛ:s] *nt* <-es, -e> ❶ (*Behälter*) vasija *f,* recipiente *m* ❷ (MED) vaso *m*
**gefasst** [gəˈfast] *adj* ❶ (*beherrscht*) contenido, sereno ❷ (*eingestellt*) preparado (*auf* para); **sich auf etw ~ machen** prepararse para algo
**Gefäßverkalkung** *f* (MED) arterioesclerosis *f inv*
**Gefecht** [gəˈfɛçt] *nt* <-(e)s, -e> combate *m*
**gefeit** [gəˈfaɪt] (*geh*): **gegen etw ~ sein** estar a salvo de algo
**Gefieder** [gəˈfi:dɐ] *nt* <-s, -> plumaje *m*
**gefiedert** *adj* con plumas
**Geflecht** [gəˈflɛçt] *nt* <-es, -e> (*Netz*) red *f;* (*Korb~*) labor *f* de mimbre
**geflissentlich** [gəˈflɪsəntlɪç] *adv* a propósito, adrede; **etw ~ überhören** hacerse el sordo a propósito
**geflochten** [gəˈflɔxtən] *pp von* **flechten**
**geflogen** [gəˈflo:gən] *pp von* **fliegen**
**geflohen** [gəˈflo:ən] *pp von* **fliehen**
**geflossen** [gəˈflɔsən] *pp von* **fließen**
**Geflügel** *nt* <-s, *ohne pl*> ❶ (*als Haustiere*) aves *fpl* de corral ❷ (*Fleisch*) carne *f* de ave
**geflügelt** *adj* alado, con alas; **ein ~es Wort** un dicho
**Geflüster** [gəˈflʏstɐ] *nt* <-s, *ohne pl*> cuchicheo *m*
**gefochten** [gəˈfɔxtən] *pp von* **fechten**
**Gefolge** *nt* <-s, -> séquito *m*
**Gefolgschaft**[1] *f ohne pl* (*Treue*) vasallaje *m*
**Gefolgschaft**[2] *f* <-en> (*Anhänger*) seguidores *mpl;* (SPORT) aficionados *mpl*
**gefragt** [gəˈfra:kt] *adj* (*Künstler*) solicitado; (*Ware*) de gran demanda
**gefräßig** [gəˈfrɛ:sɪç] *adj* (*abw*) voraz; (*verfressen*) glotón, comilón
**gefressen** [gəˈfrɛsən] *pp von* **fressen**
**gefrieren*** [gəˈfri:rən] *irr vi sein* helarse; (*in Kühltruhe*) congelarse
**Gefrierfach** *nt* congelador *m;* **gefriergetrocknet** *adj* liofilizado; **Gefrierpunkt** *m* punto *m* de congelación; **Temperaturen um den/unter dem/über dem ~** temperaturas alrededor de/bajo/sobre cero grados; **Gefrierschrank** *m* congelador *m;* **Gefriertruhe** *f* congelador *m*
**gefroren** [gəˈfro:rən] **I.** *pp von* **frieren, gefrieren II.** *adj* helado; **hart ~** congelado
**Gefüge** [gəˈfy:gə] *nt* <-s, -> ❶ (*Struktur*) estructura *f;* (*System*) sistema *m* ❷ (*das Zusammengefügte*) construcción *f*
**gefügig** *adj* (*abw*) dócil, sumiso; **sich** *dat* **jdn ~ machen** doblegarse a alguien
**Gefühl**[1] [gəˈfy:l] *nt* <-(e)s, -e> ❶ (*körperlich*) sensación *f;* **ohne ~** insensible; **kein ~ in den Fingern haben** no tener sensibilidad en los dedos; **etw mit ~ machen** hacer algo con finura ❷ (*seelisch*) sentimiento *m;* **das Höchste der ~e** el non plus ultra; **sie erwiderte seine ~e nicht** no respondía a sus sentimientos
**Gefühl**[2] *nt* <-(e)s, *ohne pl*> ❶ (*Ahnung*) sensación *f;* (*Eindruck*) impresión *f;* **ich habe das ~, dass er lügt** tengo la sensación de que miente; **etw im ~ haben**

intuir algo ❷ (*Sinn*) sentido *m;* **ein ~ für Gerechtigkeit** sentido de la justicia

**gefühllos** *adj* insensible; (*hartherzig*) impasible

**Gefühlsausbruch** *m* arrebato *m* de sentimientos; **gefühlsbetont** *adj* sentimental; **Gefühlsduselei** [gəfy:lsdu:zə'laɪ] *f* <-en> (*fam abw*) sentimentalismo *m;* **gefühlskalt** *adj* frío, impasible; **gefühlsmäßig** *adj* ❶ (*seelisch*) sentimental ❷ (*intuitiv*) intuitivo; **Gefühlsregung** *f* emoción *f;* **Gefühlssache** *f* sensación *f;* **das ist reine ~** se trata de una mera sensación

**gefühlvoll** *adj* sentimental; (*empfindsam*) sensible; (*liebevoll*) cariñoso

**Gefummel** *nt* <-s, *ohne pl*> (*fam*) ❶ (*schwierige Arbeit*) trabajo *m* (fastidioso) ❷ (*Berührung*) toqueteo *m;* (*sexuell*) manoseo *m,* sobe *m*

**gefunden** [gə'fʊndən] *pp von* **finden**

**gegangen** [gə'gaŋən] *pp von* **gehen**

**gegeben** [gə'ge:bən] **I.** *pp von* **geben** **II.** *adj* ❶ (*vorhanden*) dado; **unter den ~en Umständen** dadas las circunstancias ❷ (*geeignet*) apropiado, oportuno; **zu ~er Zeit** en el momento oportuno

**gegebenenfalls** [gə'ge:bənənfals] *adv* dado el caso

**Gegebenheit** *f* <-en> hecho *m;* (*Umstand*) circunstancia *f*

**gegen** ['ge:gən] **I.** *präp +akk* ❶ (*entgegen*) en contra de, contra; (*im Gegensatz zu*) contrario a; **ich habe nichts ~ dich** no tengo nada en contra tuya; **das ist ~ das Gesetz** esto va contra la ley ❷ (*angelehnt*) contra; **~ die Wand** contra la pared ❸ (*zur Bekämpfung von*) contra; **etwas ~ Kopfschmerzen** algo contra el dolor de cabeza ❹ (*Richtung*) hacia ❺ (*verglichen mit*) en comparación con ❻ (*im Austausch für*) contra, por; **Lieferung nur ~ bar** entrega contra pago al contado; **~ Vorlage des Personalausweises** presentando el carné de identidad ❼ (*zeitlich*) sobre; **~ Abend** al anochecer **II.** *adv* (*etwa*) alrededor de

**Gegenangriff** *m* ❶ (MIL) contraofensiva *f* ❷ (SPORT) contraataque *m;* **Gegenanzeige** *f* (MED) contraindicación *f;* **Gegenargument** *nt* contraargumento *m;* **Gegenbeispiel** *nt* contraejemplo *m;* **Gegenbeweis** *m* prueba *f* en contra; **den ~ erbringen** probar lo contrario

**Gegend** ['ge:gənt] *f* <-en> ❶ (*Gebiet*) región *f,* zona *f;* (*Stadtviertel*) barrio *m;* **in der ~ von Hamburg** cerca de Hamburgo ❷ (*Umgebung*) alrededores *mpl;* **die ~ um Madrid** los alrededores de Madrid ❸ (*Wend*): **durch die ~ laufen** (*fam*) dar un paseo; **in die ~ gucken** (*fam*) dejar vagar la mirada

**Gegendarstellung** *f* rectificación *f*

**gegeneinander** [ge:gən?aɪ'nandɐ] *adv* uno contra otro; **zwei Dinge ~ abgrenzen** fijar los límites de algo

**Gegenfahrbahn** *f* carril *m* contrario; **Gegengewicht** *nt* contrapeso *m;* **als ~ zu etw** *dat* como contrapeso a algo; **Gegengift** *nt* antídoto *m*

**gegenläufig** *adj* (*Entwicklung*) contrario; (TECH) en sentido contrario

**Gegenleistung** *f* contrapartida *f;* **als ~ für etw** como contrapartida a algo; **Gegenliebe** *f* amor *m* recíproco; **auf (wenig) ~ stoßen** ser (poco) correspondido; **Gegenmaßnahme** *f* contramedida *f;* **Gegenmittel** *nt* (MED, PHARM: *gegen eine Krankheit*) vacuna *f* (*gegen* contra); (*gegen ein Gift*) antídoto *m* (*gegen* contra); **Gegenoffensive** *f* contraofensiva *f;* **Gegenreformation** *f* (HIST) Contrarreforma *f;* **Gegenrichtung** *f* dirección *f* opuesta

**Gegensatz** *m* ❶ (*Verschiedenheit*) oposición *f;* **im ~ zu etw** *dat* **stehen** estar en oposición con algo; **im ~ zu dir** a diferencia de ti ❷ (*Unterschied*) contraste *m;* **einen ~ zu etw** *dat* **bilden** contrastar con algo; **Gegensätze ziehen sich an** los extremos se atraen ❸ (*Widerspruch*) contradicción *f* (*zu* con)

**gegensätzlich** ['--zɛtslɪç] *adj* (*entgegengesetzt*) contrario; (*widersprüchlich*) opuesto

**Gegensätzlichkeit** *f ohne pl* divergencia *f*

**Gegenschlag** *m* contragolpe *m,* contraataque *m;* **Gegenseite** *f* ❶ (*räumlich*) lado *m* opuesto ❷ (POL) (partido *m* de la) oposición *f* ❸ (JUR) parte *f* contraria

**gegenseitig** ['ge:gənzaɪtɪç] *adj* mutuo, recíproco; **in ~em Einverständnis** de mutuo acuerdo; **sich** *dat* **~ helfen** ayudarse el uno al otro

**Gegenseitigkeit** *f ohne pl* reciprocidad *f;* **das beruht auf ~** esto es recíproco

**Gegenspieler(in)** *m(f)* contrincante *mf;* **Gegensprechanlage** *f* interfono *m,* dúplex *m*

**Gegenstand** *m* <-(e)s, -stände> ❶ (*Körper*) objeto *m;* (*Ding*) cosa *f* ❷ (*Thema*) tema *m,* objeto *m*

**gegenständlich** ['ge:gənʃtɛntlɪç] *adj* (KUNST) figurativo

**gegenstandslos** *adj* ❶ (*hinfällig*) sin validez; (*überflüssig*) superfluo ❷ (*unbegründet*) sin fundamento ❸ (KUNST) abstracto

**Gegenstück** *nt* ❶ (*Gegensatz*) lo contrario (*zu* de) ❷ (*Pendant*) equivalente *m* (*zu*

G

de); **Gegenteil** *nt* lo contrario (*von* de); (**ganz**) **im** ~**!** ¡al contrario!
**gegenteilig** *adj* contrario, opuesto
**gegenüber** [gegən'ʔy:bɐ] **I.** *präp* +*dat* ❶ (*örtlich*) frente a, enfrente de; **er wohnt mir** ~ vive enfrente de mí ❷ (*einer Person*) frente a; (*in Gegenwart*) delante de; (*angesichts*) ante; **das wäre ihm** ~ **unfair** sería injusto por lo que a él respecta ❸ (*im Vergleich zu*) en comparación con **II.** *adv* enfrente
**Gegenüber** *nt* <-s, -> el *m* de enfrente, la *f* de enfrente
**gegenüberliegend** *adj* de enfrente; **auf der** ~**en Seite** en el lado opuesto; **gegenüber|stehen** *irr vi:* **jdm positiv/negativ** ~ tener simpatía/antipatía hacia alguien; **etw** *dat* **positiv/negativ** ~ defender/rechazar algo; **gegenüber|stellen** *vt* ❶ (*Person*) confrontar (+*dat* con); (JUR) carear (+*dat* con) ❷ (*vergleichen*) comparar (+*dat* con); **Gegenüberstellung** *f* ❶ (*von Personen*) confrontación *f;* (JUR) careo *m* ❷ (*Vergleich*) comparación *f*
**Gegenverkehr** *m* tráfico *m* en contra; **Gegenvorschlag** *m* contrapropuesta *f,* contraproposición *f*
**Gegenwart** ['ge:gənvart] *f ohne pl* ❶ (*Jetztzeit*) presente *m;* **die Kunst der** ~ el arte contemporáneo ❷ (LING) presente *m* ❸ (*Anwesenheit*) presencia *f*
**gegenwärtig** ['ge:gənvɛrtɪç] *adj* presente; (*aus dieser Zeit*) contemporáneo; **etw ist jdm nicht** ~ alguien no tiene presente algo
**Gegenwehr** *f* (*Verteidigung*) defensa *f;* (*Widerstand*) resistencia *f;* ~ **leisten** ofrecer resistencia; **Gegenwert** *m* contravalor *m;* **Gegenwind** *m* viento *m* en contra; **gegen|zeichnen** *vt* refrendar; **Gegenzug** *m* ❶ (*Schach*) (jugada *f* de) respuesta *f* ❷ (*Reaktion*) reacción *f* a la contra; **im** ~ (**zu**) como compensación (por)
**gegessen** [gə'gɛsən] *pp von* **essen**
**geglichen** [gə'glɪçən] *pp von* **gleichen**
**geglitten** [gə'glɪtən] *pp von* **gleiten**
**geglommen** [gə'glɔmən] *pp von* **glimmen**
**Gegner(in)** ['ge:gnɐ] *m(f)* <-s, -; -nen> adversario, -a *m, f,* oponente *mf*
**gegnerisch** *adj* contrario; **die** ~**en Parteien** los partidos contrarios
**Gegnerschaft** *f* <-en> oposición *f*
**gegolten** [gə'gɔltən] *pp von* **gelten**
**gegoren** [gə'go:rən] *pp von* **gären**
**gegossen** [gə'gɔsən] *pp von* **gießen**
**gegraben** [gə'gra:bən] *pp von* **graben**
**gegriffen** [gə'grɪfən] *pp von* **greifen**
**Gegröle** [gə'grø:lə] *nt* <-s, *ohne pl*> (*fam abw*) griterío *m,* vocerío *m*
**Gehabe** [gə'ha:bə] *nt* <-s, *ohne pl*> (*abw*) pose *f;* (*Gestik*) ademanes *mpl*
**Gehackte(s)** *nt* <-n, *ohne pl*> carne *f* picada
**Gehalt**[1] [gə'halt] *m* <-(e)s, -e> ❶ (*Anteil*) contenido *m* (*an* de); (*prozentual*) porcentaje *m;* (CHEM) grado *m* ❷ (*Alkohol*~) grados *mpl* ❸ (*geistig*) sustancia *f*
**Gehalt**[2] [gə'halt, *pl:* gə'hɛltɐ] *nt* <-(e)s, Gehälter> salario *m*
**gehalten** [gə'haltən] *pp von* **halten**
**gehaltlos** *adj* ❶ (*Metall*) pobre (*an* en); (*Essen*) sin sustancia ❷ (*oberflächlich*) insignificante
**Gehaltsabrechnung** *f* liquidación *f* de la nómina; **Gehaltsempfänger(in)** *m(f)* asalariado, -a *m, f;* **Gehaltserhöhung** *f* aumento *m* salarial; **Gehaltskonto** *nt* cuenta-salario *f;* **Gehaltsvorstellung** *f* aspiraciones *fpl* económicas
**gehaltvoll** *adj* ❶ (*Essen*) sustancioso ❷ (*Buch*) valioso
**gehandikapt** [gə'hɛndikɛpt] *adj o adj* en desventaja
**gehangen** [gə'haŋən] *pp von* **hängen**[1]
**gehässig** [gə'hɛsɪç] *adj* (*abw*) lleno de odio; (*böswillig*) malévolo; (*feindselig*) hostil
**Gehässigkeit**[1] *f ohne pl* (*Böswilligkeit*) malevolencia *f;* (*Feindseligkeit*) hostilidad *f*
**Gehässigkeit**[2] *f* <-en> (*Bemerkung*) grosería *f*
**gehauen** [gə'haʊən] *pp von* **hauen**
**gehäuft** [gə'hɔɪft] *adj* ❶ (*Auftreten*) frecuente ❷ (*voll*) lleno; **ein** ~**er Löffel** una cucharada colmada
**Gehäuse** [gə'hɔɪzə] *nt* <-s, -> carcasa *f;* (*von Uhr*) caja *f;* (AUTO) cárter *m;* (INFOR) caja *f;* (*vom Obst*) corazón *m*
**gehbehindert** ['ge:bəhɪndɐt] *adj* inválido
**Gehege** [gə'he:gə] *nt* <-s, -> cercado *m*
**geheim** [gə'haɪm] *adj* secreto; (*Kräfte*) oculto; (*vertraulich*) confidencial; **streng** ~ altamente secreto; **etw** ~ **halten** mantener algo en secreto; **etw vor jdm** ~ **halten** ocultar algo a alguien; **Geheimagent(in)** *m(f)* agente *mf* secreto, -a; **Geheimdienst** *m* servicio *m* secreto
**Geheimnis** *nt* <-ses, -se> secreto *m;* (*Unerforschtes*) misterio *m;* **jdm ein** ~ **anvertrauen** confiar a alguien un secreto; **ein** ~ **verraten** revelar un secreto; **ein offenes** ~ un secreto a voces; **ein** ~ **vor jdm haben** ocultarle algo a alguien; **er macht kein** ~ **daraus, dass ...** no oculta que...; **Geheimniskrämer(in)** *m(f)* (*fam abw*) secretista *mf;* **Geheimniskrämerei** *f* (*fam abw*) secreteo *m;* **Geheimniskrä-**

**merin** *f s.* Geheimniskrämer; **geheimnisvoll** *adj* misterioso

**Geheimnummer** *f* número *m* secreto; **Geheimpolizei** *f* policía *f* secreta; **Geheimsache** *f* asunto *m* confidencial; **Geheimschrift** *f* escritura *f* cifrada; **Geheimtipp** *m* soplo *m;* **Geheimtür** *f* puerta *f* secreta; **Geheimzahl** *f* número *m* secreto

**Geheiß** [gəˈhaɪs] *nt* <-es, *ohne pl*> (*geh*) orden *f;* **etw auf jds ~ tun** hacer algo por orden de alguien

**geheißen** *pp von* **heißen**

**gehemmt** **I.** *adj* cohibido **II.** *adv* cohibidamente, con inseguridad

**gehen** [ˈgeːən] <geht, ging, gegangen> **I.** *vi sein* ❶ (*allgemein*) ir; (*zu Fuß*) andar; **zu Fuß ~** ir a pie; **ich gehe jetzt zum Arzt** ahora me voy al médico; **es geht immer geradeaus** es todo seguido; **aufs Gymnasium/in die Schule ~** ir al instituto/al colegio; **sie ging zum Film** se hizo actriz; **ins Bett ~** irse a la cama; **tanzen/schwimmen/schlafen ~** ir a bailar/a nadar/a dormir; **an Land ~** bajar a tierra; **an die Arbeit ~** empezar a trabajar; **das geht zu weit** eso pasa de la raya; **wie war der Film? – es geht** (*fam*) ¿qué tal la película? – regular; **bist du wieder gesund? – es geht** (*fam*) ¿ya estás bien? – voy tirando; **darum geht es mir nicht** eso no me interesa; **wie geht's?** ¿qué tal?; **es geht mir gut** me va bien; **lass es dir gut ~!** ¡que te vaya bien!; **sie ließen es sich** *dat* **gut ~** se permitieron algunos lujos; **es geht mir schlecht** (*körperlich*) me encuentro mal; (*finanziell*) estoy mal de dinero; **wie ~ die Geschäfte?** ¿qué tal andan los negocios?; **mir ist es genauso gegangen** me pasó lo mismo; **ich hörte, wie die Tür ging** escuché la puerta; **so geht das nicht weiter** esto no puede seguir así; **das geht über meine Kräfte** esto sobrepasa mis fuerzas; **mir geht nichts über meinen Urlaub** para mí no hay nada más importante que las vacaciones; **in Zivil/in Schwarz ~** ir de paisano/de luto; **das geht in die Tausende** esto asciende a varios miles; **in Stücke ~** romperse; **in sich ~** reflexionar sobre sí mismo; **mit der Zeit ~** estar al día; **er ist von uns gegangen** (*geh*) nos ha dejado; **das Essen geht auf mich** la comida corre de mi cuenta; **das Fenster geht aufs Meer** la ventana da al mar; **wenn es nach mir ginge, ...** si dependiera de mí...; **gehst du noch mit ihm?** (*fam*) ¿todavía sales con él?; **über Leichen ~** (*fig*) no tener escrúpulos; **wo sie geht und steht** (*fam*) a todas partes; **vor sich ~** (*fam*) ocurrir ❷ (*weg~*) irse; (*Zug*) salir (*um* a, *nach* para) ❸ (*funktionieren*) funcionar; (*Uhr*) andar; **die Uhr geht** (**falsch**) el reloj anda (mal); **gut ~** ir bien; **ich zeige dir, wie das geht** te enseño cómo se hace; **kann ich helfen? – danke, es geht schon** ¿le ayudo? – gracias, ya está; **hoffentlich geht das gut!** ¡ojalá salga bien!; **das ist ja noch mal gut gegangen** ha resultado bien otra vez; **wenn alles gut geht, ...** si todo va bien...; **schief ~** (*fam*) fracasar; **wird schon schief ~!** (*fam iron*) ¡todo se arreglará! ❹ (*sich gut verkaufen*) tener buena salida; **gut ~d** floreciente ❺ (*Teig*) subir ❻ (*Wind*) soplar ❼ (*reichen*) llegar (*bis* hasta) ❽ (*hindurchpassen*) caber (*durch* por, *in* en); **das geht nicht in meinen Kopf** no me cabe en la cabeza ❾ (*andauern*) durar ❿ (*möglich sein*) ser posible; **es wird schon ~** todo saldrá bien; **nichts geht mehr** (*im Kasino*) no va más ⓫ (*betreffen*) tratarse (*um* de); **worum geht's denn?** ¿de qué se trata? ⓬ (*urteilen*) juzgar (*nach* por/según); **danach kann man nicht ~** uno no se puede guiar por eso ⓭ (*Wend*): **~ lassen** (*fam: in Ruhe lassen*) dejar tranquilo; **sich ~ lassen** descuidarse, abandonarse **II.** *vt* ❶ *sein* (*Strecke*) recorrer ❷ (*Wend*): **sie ist gegangen worden** (*fam*) la han echado a la calle

**geheuer** [gəˈhɔɪɐ] *adj:* **nicht** (**ganz**) **~ sein** (*verdächtig*) ser sospechoso; **das ist mir nicht ~** (*unheimlich*) me da algo de miedo

**Gehilfe, -in** [gəˈhɪlfə] *m, f* <-n, -n; -nen> ayudante *mf*

**Gehirn** [gəˈhɪrn] *nt* <-(e)s, -e> cerebro *m;* **gehirnamputiert** *adj* (*fam: sehr dämlich*) tonto de remate; **Gehirnerschütterung** *f* (MED) conmoción *f* cerebral; **Gehirnhautentzündung** *f* (MED) meningitis *f inv;* **Gehirnschlag** *m* (MED) derrame *m* cerebral; **Gehirntumor** *m* (MED) tumor *m* cerebral; **Gehirnwäsche** *f* lavado *m* de cerebro; **Gehirnzelle** *f* (ANAT) célula *f* cerebral

**gehoben** [gəˈhoːbən] **I.** *pp von* **heben** **II.** *adj* ❶ (*Stellung*) elevado; **~er Dienst** funcionariado de alto grado ❷ (*Ausdrucksweise*) culto ❸ (*Stimmung*) festivo

**Gehöft** [gəˈhøːft] *nt* <-(e)s, -e> granja *f*

**geholfen** [gəˈhɔlfən] *pp von* **helfen**

**Gehör** [gəˈhøːɐ] *nt* <-(e)s, *ohne pl*> ❶ (*Hörvermögen*) oído *m;* **nach dem ~ spielen** tocar de oído ❷ (*Aufmerksamkeit*) atención *f;* **jdm ~ schenken** prestar atención a alguien; **sich** *dat* **~ verschaf-**

**fen** hacerse escuchar

**gehorchen*** *vi* obedecer; **jdm nicht ~** desobedecer a alguien; **seine Stimme/seine Hand gehorchte ihm nicht** su voz/su mano no le respondió

**gehören*** **I.** *vi* ① (*als Eigentum*) pertenecer (a), ser (de); **das Auto gehört ihm** el coche es suyo ② (*zugewandt sein*) ser partidario (de); **sein Herz gehört dem Rennsport** su corazón está en las carreras ③ (*zählen zu*) formar parte (*zu* de); **er gehört jetzt zur Familie** ahora forma parte de la familia ④ (*seinen Platz haben*) tener su sitio (*in* en); **wo gehört das hin?** ¿dónde se pone esto? ⑤ (*nötig sein*) hacer falta, requerir; **dazu gehört Mut** esto requiere valentía; **er gehört verprügelt** se merece una paliza **II.** *vr:* **sich ~** ser conveniente; **das gehört sich nicht** esto no se hace; **wie es sich gehört** como es debido

**gehörig** **I.** *adj* ① (*gehörend*) perteneciente (*zu* a); **nicht zur Sache ~** que no corresponde al asunto ② (*angemessen*) debido; (*erforderlich*) necesario ③ (*fam: gründlich*) fuerte; **eine ~e Tracht Prügel** una buena paliza **II.** *adv* ① (*gebührend*) como es debido; **ich habe ihm ~ die Meinung gesagt** le dije mi opinión como se merecía ② (*gründlich*) mucho; **er wurde ~ verprügelt** le dieron una soberana paliza

**Gehörlose(r)** *mf* <-n, -n; -n> sordo, -a *m, f*

**gehorsam** *adj* obediente

**Gehorsam** [gə'hoːɐzaːm] *m* <-s, *ohne pl*> obediencia *f*

**Gehsteig** ['geːʃtaɪk] *m* <-(e)s, -e> acera *f*, vereda *f Am*

**Gehupe** [gə'huːpə] *nt* <-s, *ohne pl*> pitada *f*

**Gehweg** *m* ① (*Bürgersteig*) acera *f* ② (*Fußweg*) camino *m*

**Geier** ['gaɪɐ] *m* <-s, -> (ZOOL) buitre *m*

**Geige** ['gaɪgə] *f* <-n> violín *m;* **die erste ~ spielen** (*fam fig*) llevar la voz cantante; **nach jds ~ tanzen** (*fam fig*) bailar al son que toca alguien

**geigen** *vi* (*fam*) tocar el violín; **jdm seine Meinung ~** decirle a alguien cuatro verdades

**Geiger(in)** *m(f)* <-s, -; -nen> violinista *mf*

**Geigerzähler** ['gaɪgɐ-] *m* <-s, -> (PHYS) contador *m* (de) Geiger

**geil** [gaɪl] *adj* ① (*fam: großartig*) guay ② (*vulg: lüstern*) cachondo; **~ werden/machen** ponerse/poner cachondo; **der ist doch bloß ~ auf dich** solamente te tiene ganas

**Geisel** ['gaɪzəl] *f* <-n> rehén *mf;* **~n nehmen** tomar rehenes; **Geiselnahme** ['--naːmə] *f* <-n> toma *f* de rehenes; **Geiselnehmer(in)** *m(f)* <-s, -; -nen> secuestrador(a) *m(f)*

**Geiß** [gaɪs] *f* <-en> (*südd, Österr, Schweiz: Ziege*) cabra *f*

**Geißbock** *m* (*südd, Österr, Schweiz: Ziegenbock*) macho *m* cabrío

**Geißel** ['gaɪsəl] *f* <-n> (*fig*) azote *m*

**geißeln** **I.** *vt* fustigar **II.** *vr:* **sich ~** fustigarse

**Geist**[1] [gaɪst] *m* <-(e)s, -er> ① (*Denker*) espíritu *m* ② (*Gespenst*) fantasma *m;* **von allen guten ~ern verlassen sein** (*fam*) perder la cabeza

**Geist**[2] *m* <-(e)s, *ohne pl*> ① (*Verstand*) mente *f;* **etw im ~e vor sich** *dat* **sehen** imaginarse algo vivamente ② (*Scharfsinn*) espíritu *m;* (*Witz*) gracia *f* ③ (*Seele*) espíritu *m;* **der Heilige ~** el Espíritu Santo; **den ~ aufgeben** (*fam*) estropearse, chingarse *Am*

**Geisterbahn** *f* tren *m* fantasma; **Geisterfahrer(in)** *m(f)* conductor(a) *m(f)* (de coche) kamikaze; **geisterhaft** *adj* misterioso; **Geisterhand** *f:* **wie von ~** como por arte de magia

**geistern** *vi sein* ① (*herumgehen*): **durch etw ~** deambular por algo, rondar por algo ② (*spuken*): **der Film geistert mir immer noch durch den Kopf** la película no deja de rondarme por la cabeza

**Geisterstunde** *f* hora *f* bruja

**geistesabwesend** ['gaɪstəs-] *adj* distraído; **Geistesblitz** *m* (*fam*) ocurrencia *f;* **Geistesgegenwart** *f* presencia *f* de ánimo; **geistesgegenwärtig** *adj* animoso, con presencia de ánimo; **geistesgestört** *adj* perturbado mental; **Geisteshaltung** *f* mentalidad *f;* **geisteskrank** *adj* enfermo mental; **Geisteskrankheit** *f* enfermedad *f* mental; **geistesverwandt** *adj* congenial; **Geisteswissenschaften** *fpl* ciencias *fpl* humanas, letras *fpl fam;* **Geisteswissenschaftler(in)** *m(f)* hombre *m* de letras, mujer *f* de letras; **Geisteszustand** *m ohne pl* estado *m* mental

**geistig** ['gaɪstɪç] *adj* ① (*Kräfte*) mental; **~ behindert** deficiente mental ② (*Mensch*) intelectual

**geistlich** ['gaɪstlɪç] *adj* espiritual; (*klerikal*) clerical; (*kirchlich*) eclesiástico; **~e Musik** música sacra; **~er Beistand** apoyo espiritual

**Geistliche(r)** *m* <-n, -n> eclesiástico *m*

**geistlos** *adj* insustancial; (*einfallslos*) poco ingenioso; (*dumm*) tonto; (*langweilig*) sin gracia

**geistreich** *adj* ingenioso, con gracia

**Geiz** [gaɪts] *m* <-es, *ohne pl*> avaricia *f*,

tacañería *f*
**geizen** *vi* cicatear (*mit* con)
**Geizhals** *m* (*abw*) avaro, -a *m, f,* tacaño, -a *m, f*
**geizig** *adj* avaro, tacaño
**Geizkragen** *m* (*fam abw*) *s.* **Geizhals**
**Gejammer** [gəˈjamɐ] *nt* <-s, *ohne pl*> (*fam abw*) quejas *fpl*
**gekannt** [gəˈkant] *pp von* **kennen**
**Gekicher** [gəˈkɪçɐ] *nt* <-s, *ohne pl*> (*fam abw*) risitas *fpl*
**Gekläff(e)** *nt* <-(e)s, *ohne pl*> (*fam abw*) ladridos *mpl*
**Geklapper** [gəˈklapɐ] *nt* <-s, *ohne pl*> (*fam abw*) traqueteo *m*
**Geklirr** [gəˈklɪr] *nt* <-s, *ohne pl*> (*abw*) retintín *m*
**geklommen** *pp von* **klimmen**
**geklungen** [gəˈklʊŋən] *pp von* **klingen**
**geknickt** [gəˈknɪkt] *adj* (*fam: niedergeschlagen*) deprimido, afligido
**gekniffen** [gəˈknɪfən] *pp von* **kneifen**
**gekommen** [gəˈkɔmən] *pp von* **kommen**
**gekonnt** [gəˈkɔnt] **I.** *pp von* **können** **II.** *adj* bien hecho
**Gekritzel** [gəˈkrɪtsəl] *nt* <-s, *ohne pl*> (*abw*) garabatos *mpl*
**gekrochen** [gəˈkrɔxən] *pp von* **kriechen**
**gekünstelt** [gəˈkʏnstəlt] *adj* (*abw*) amanerado; (*Stil*) rebuscado; (*Lächeln*) artificial
**Gel** [geːl] *nt* <-s, -e> gel *m*
**Gelaber** [gəˈlaːbɐ] *nt* <-s, *ohne pl*> (*abw*) palabrería *f*
**Gelächter** [gəˈlɛçtɐ] *nt* <-s, -> risa *f,* carcajada *f*
**gelackmeiert** [gəˈlakmaɪɐt] *adj* (*fam*) embromado
**geladen** [gəˈlaːdən] **I.** *pp von* **laden** **II.** *adj* (*fam: zornig*) furioso; **eine ~e Atmosphäre** un ambiente cargado
**Gelage** [gəˈlaːgə] *nt* <-s, -> comilona *f*
**gelähmt** [gəˈlɛːmt] *adj* paralizado
**Gelände** [gəˈlɛndə] *nt* <-s, -> terreno *m,* playa *f Am;* (*Ausstellungs~*) recinto *m;* (*Fabrik~*) zona *f* industrial
**Geländer** [gəˈlɛndɐ] *nt* <-s, -> barandilla *f,* baranda *f;* (*Treppen~*) pasamanos *m inv*
**Geländerennen** *nt* (SPORT) carrera *f* a campo travieso; **Geländewagen** *m* (vehículo *m*) todo terreno *m*
**gelang** [gəˈlaŋ] *3. imp von* **gelingen**
**gelangen*** [gəˈlaŋən] *vi sein* ❶ (*ankommen*) llegar (*zu/nach/an* a) ❷ (*erreichen*) lograr (*zu*); **zu einer Überzeugung ~** llegar a una conclusión ❸ (*Schweiz: sich wenden*) dirigirse (*an* a)
**gelangweilt** [gəlaŋvaɪlt] **I.** *adj* aburrido **II.** *adv* (*dasitzen, zuhören*) con aburrimiento; **er gähnte ~** bostezó de aburrimiento
**gelassen** [gəˈlasən] **I.** *pp von* **lassen** **II.** *adj* (*ruhig*) sereno; (*unerschütterlich*) imperturbable **III.** *adv* con calma; **~ bleiben** no perder la calma
**Gelassenheit** *f ohne pl* sosiego *m,* serenidad *f*
**Gelatine** [ʒelaˈtiːnə] *f ohne pl* gelatina *f*
**gelaufen** [gəˈlaʊfən] *pp von* **laufen**
**geläufig** [gəˈlɔɪfɪç] *adj* corriente; **dieses Wort ist mir nicht ~** no conozco esta palabra
**gelaunt** [gəˈlaʊnt] *adj:* **übel ~** malhumorado; **gut/schlecht ~ sein** estar de buen/mal humor
**Geläut(e)** *nt* <-(e)s, *ohne pl*> repique *m* de campanas
**gelb** [gɛlp] *adj* amarillo; **das ist nicht das G~e vom Ei** (*fam*) eso no es lo mejor
**Gelb** *nt* <-s, -> amarillo *m;* **die Ampel stand auf ~** el semáforo estaba en amarillo; **Gelbfieber** *nt* (MED) fiebre *f* amarilla
**gelblich** *adj* amarillento
**Gelbsucht** *f ohne pl* (MED) ictericia *f*
**Geld** [gɛlt] *nt* <-(e)s, *ohne pl*> dinero *m,* plata *f Am;* **etw zu ~ machen** sacar dinero de algo; **um ~ spielen** jugar por dinero; **das geht ganz schön ins ~** esto cuesta un montón; **~ locker machen** (*fam*) soltar la mosca; **im ~ schwimmen** (*fam fig*) nadar en oro; **das ~ zum Fenster rauswerfen** (*fam fig*) tirar los cuartos por la ventana; **jdm das ~ aus der Tasche ziehen** (*fam fig*) timar a alguien; **~ waschen** (*fig*) blanquear dinero; **sie hat ~ wie Heu** (*fam fig*) le sale el dinero hasta por las orejas; **Geldangelegenheit** *f* asunto *m* de dinero; **Geldanlage** *f* inversión *f* de capital; **Geldautomat** *m* cajero *m* automático; **Geldbetrag** *m* suma *f,* importe *m;* **Geldbeutel** *m* monedero *m,* portamonedas *m inv Chil, Ven;* **tief in den ~ greifen** (*fam*) sacudirse el bolsillo; **Geldbörse** *f s.* **Geldbeutel**; **Geldbuße** *f* multa *f;* **Geldentwertung** *f* devaluación *f* monetaria [*o* de la moneda], desmonetización *f*
**Gelder** *ntpl* (*Mittel*) fondos *mpl;* **öffentliche ~** fondos públicos
**Geldgeber(in)** *m(f)* <-s, -; -nen> financiero, -a *m, f;* **geldgierig** *adj* (*abw*) codicioso; **Geldinstitut** *nt* (FIN, WIRTSCH) institución *f* bancaria; **Geldmacherei** *f* <-, *ohne pl*> (*abw fam*) enriquecimiento *m* (sin escrúpulos); **Geldquelle** *f* fuente *m* de financiación; **Geldschein** *m* billete *m* de banco; **Geldschrank** *m* caja *f* de caudales; **Geldschwierigkeiten** *fpl:* **in ~**

sein [*o* **stecken**] tener problemas *mpl* económicos; **Geldsorgen** *fpl* problemas *mpl* financieros; **Geldspende** *f* donativo *m;* **Geldspielautomat** *m* tragaperras *f inv;* **Geldstrafe** *f* multa *f;* **zu einer ~ verurteilen** poner una multa; **Geldstück** *nt* moneda *f;* **Geldverlegenheit** *f* apuros *mpl* (económicos); **in ~ sein** estar en un apuro, pasar estrecheces; **Geldverschwendung** *f* despilfarro *m* (de dinero); **Geldwäsche** *f* (*fam*) blanqueo *m* de dinero; **Geldwechsel** *m* (FIN) cambio *m;* **Geldwert** *m ohne pl* valor *m* monetario

**Gelee** [ʒe'le:] *m o nt* <-s, -s> jalea *f*

**gelegen** [gə'le:gən] **I.** *pp von* **liegen II.** *adj* ① (*örtlich*) situado; **gut/zentral ~** bien situado/céntrico ② (*passend*) conveniente, oportuno **III.** *adv* a propósito; **Ihr Angebot kommt mir sehr ~** su oferta me viene muy a propósito; **mir ist viel/wenig daran ~, dass ...** considero muy/poco importante que... +*subj*

**Gelegenheit** *f* <-en> ocasión *f* (*zu* para); (*günstige*) oportunidad *f;* **die ~ haben etw zu tun** tener la ocasión de hacer algo; **bei dieser ~** en esta ocasión; **wenn sich die ~ bietet** si se presenta la oportunidad; **die ~ beim Schopfe fassen** aprovechar la ocasión; **Gelegenheitsarbeit** *f* trabajo *m* ocasional, changa *f Arg;* **Gelegenheitsarbeiter(in)** *m(f)* obrero, -a *m, f* de ocasión, changador(a) *m(f) Arg;* **Gelegenheitskauf** *m* (COM) ocasión *f,* ganga *f fam*

**gelegentlich I.** *adj* ocasional **II.** *adv* ① (*bei Gelegenheit*) cuando sea oportuno ② (*manchmal*) de vez en cuando

**gelehrig** [gə'le:rɪç] *adj* que aprende fácilmente

**gelehrt** [gə'le:ɐt] *adj* erudito

**Gelehrte(r)** *mf* <-n, -n; -n> erudito, -a *m, f;* (*Wissenschaftler*) científico, -a *m, f*

**Geleit** [gə'laɪt] *nt* <-(e)s, -e> ① (*geh: Begleitung*) acompañamiento *m;* **freies ~** salvoconducto *m;* **jdm das letzte ~ geben** asistir al entierro de alguien ② (*Eskorte*) escolta *f*

**geleiten*** *vt* (*geh: begleiten*) acompañar; (*eskortieren*) escoltar

**Geleitschutz** *m* escolta *f;* **~ geben** escoltar; **Geleitwort** *nt* prefacio *m*

**Gelenk** [gə'lɛnk] *nt* <-(e)s, -e> (ANAT, TECH) articulación *f;* **Gelenkentzündung** *f* (MED) artritis *f inv*

**gelenkig** *adj* (*Person*) ágil

**gelernt** *adj* (*Arbeiter*) cualificado, especializado

**gelesen** [gə'le:zən] *pp von* **lesen**

**Geliebte(r)** *mf* <-n, -n; -n> amante *mf*

**geliefert** [gə'li:fɐt] *adj* (*fam*): **~ sein** estar jodido *vulg*

**geliehen** [gə'li:ən] *pp von* **leihen**

**gelind(e)** *adj* ① (*geh: mild*) suave ② (*fam: Wut*) moderado; **~e gesagt** dicho con buenas palabras

**gelingen** [gə'lɪŋən] <gelingt, gelang, gelungen> *vi sein* salir (bien), lograr; **ich hoffe, es gelingt mir** espero lograrlo

**Gelingen** *nt* <-s, *ohne pl*> éxito *m;* **auf gutes ~!** ¡por el éxito!

**gelitten** [gə'lɪtən] *pp von* **leiden**

**gell(e)** *interj* (*südd, Schweiz*) verdad

**gellen** ['gɛlən] *vi* retumbar

**gellend** *adj* penetrante

**geloben*** *vt* (*geh: versprechen*) prometer (solemnemente); (*schwören*) jurar

**Gelöbnis** [gə'lø:pnɪs] *nt* <-ses, -se> (*geh*) promesa *f* solemne; **ein ~ ablegen** prometer solemnemente

**gelogen** [gə'lo:gən] *pp von* **lügen**

**gelöst** [gə'lø:st] *adj* relajado

**gelten** ['gɛltən] <gilt, galt, gegolten> *vi* ① (*gültig sein*) ser válido; (JUR) estar en vigor; **die Wette gilt** la apuesta es válida; **etw ~ lassen** dejar pasar algo; **das gilt nicht** eso no vale ② (*zutreffen*) valer (*für* para) ③ (*eingeschätzt werden*) ser considerado (*als* como); **es gilt als sicher, dass ...** es seguro que... ④ (*bestimmt sein*) estar destinado (+*dat* a); **~ für jdn/für etw** (*betreffen*) afectar a alguien/a algo; **und das gilt auch für dich** y esto también va por ti

**geltend** *adj* (*üblich*) general; (JUR) vigente; **Gründe für etw ~ machen** alegar razones para algo; **Forderungen ~ machen** formular demandas

**Geltung** *f ohne pl* ① (*Gültigkeit*) validez *f;* **~ haben** ser válido ② (*Bedeutung*) importancia *f;* (*Ansehen*) prestigio *m;* **sich** *dat/* **etw** *dat* **~ verschaffen** hacerse respetar/hacer respetar algo; **zur ~ kommen** resaltar; **etw zur ~ bringen** acentuar algo

**Geltungsbedürfnis** *nt ohne pl* afán *m* de notoriedad; **Geltungsdrang** *m* (PSYCH) necesidad *f* de reconocimiento

**Gelübde** [gə'lʏpdə] *nt* <-s, -> (*geh*) voto *m*

**gelungen** [gə'lʊŋən] **I.** *pp von* **gelingen II.** *adj* (*gut*) estupendo; (*erfolgreich*) exitoso; **etw ist gut/schlecht ~** algo ha salido bien/mal

**GEMA** ['ge:ma] *f Abk. von* **Gesellschaft für musikalische Aufführungs- und mechanische Vervielfältigungsrechte** *sociedad alemana para derechos de ejecución musical y reproducción mecánica*

**gemächlich** [gə'mɛ(:)çlɪç] *adj* (*ruhig*) tranquilo; (*langsam*) parsimonioso

**Gemahl(in)** [gəˈmaːl] *m(f)* <-(e)s, -e; -nen> (*geh*) esposo, -a *m, f*

**gemahlen** [gəˈmaːlən] *pp von* **mahlen**

**Gemahlin** *f* <-nen> *s.* **Gemahl**

**Gemälde** [gəˈmɛːldə] *nt* <-s, -> cuadro *m;* **Gemäldegalerie** *f* pinacoteca *f*

**gemäß** [gəˈmɛːs] **I.** *präp +dat* según, conforme a; ~ **der Information** según la información; ~ **Art. 5 des Gesetzes** conforme al art. 5 de la ley **II.** *adj* conforme a; **eine den Umständen ~e Reaktion** una reacción conforme a las circunstancias

**gemäßigt** [gəˈmɛːsɪçt] *adj* moderado; (*Klima*) templado

**Gemäuer** [gəˈmɔɪɐ] *nt* <-s, -> (*geh*) murallas *fpl* en ruina

**Gemecker** [gəˈmɛkɐ] *nt* <-(e)s, *ohne pl*> ❶ (*fam abw: von Mensch*) critiqueo *m* ❷ (*von Ziege*) balido *m*

**gemein** [gəˈmaɪn] *adj* ❶ (*niederträchtig*) infame; (*hinterhältig*) pérfido; (*unverschämt*) descarado; **das war ~** eso fue una canallada; **so ein ~er Kerl!** ¡qué canalla! ❷ (*gemeinsam*) común; **etw mit jdm ~ haben** tener algo en común con alguien

**Gemeinde** [gəˈmaɪndə] *f* <-n> ❶ (ADMIN) municipio *m,* comuna *f Am;* (*Einwohner*) comunidad *f* ❷ (REL) parroquia *f;* (*Menschen*) feligreses *mpl;* **Gemeindehaus** *nt* casa *f* parroquial; **Gemeindeordnung** *f* reglamento *m* municipal

**Gemeinderat**[1] *m* <-(e)s, -räte> concejo *m* municipal, consistorio *m reg;* (*a.* REL) cabildo *m*

**Gemeinderat, -rätin**[2] *m, f* <-(e)s, -räte; -nen> (*Person*) concejal(a) *m(f)*

**Gemeindeschwester** *f* diaconisa *f;* **Gemeindeverwaltung** *f* administración *f* municipal; **Gemeindezentrum** *nt* (*der Kirche*) centro *m* parroquial; (*der Kommune*) centro *m* municipal

**Gemeineigentum** *nt* (POL, WIRTSCH) propiedad *f* pública

**gemeingefährlich** *adj* que constituye un peligro público

**Gemeingut** *nt ohne pl* (*geh*) patrimonio *m* público

**Gemeinheit**[1] *f ohne pl* (*Gesinnung*) infamia *f*

**Gemeinheit**[2] *f* <-en> (*Handlung*) canallada *f;* **so eine ~!** ¡qué canallada!

**gemeinhin** [-ˈ--] *adv* generalmente

**gemeinnützig** *adj* de utilidad pública

**Gemeinplatz** *m* tópico *m,* lugar *m* común

**gemeinsam** **I.** *adj* común; **~er Markt** mercado común **II.** *adv* en común; (*zusammen*) juntos; **etw ~ benutzen** utilizar algo conjuntamente; **sie haben viel ~** tienen mucho en común

**Gemeinsamkeit** *f* <-en> característica *f* común

**Gemeinschaft** *f* <-en> comunidad *f;* (*Verbindung*) unión *f;* **die Europäische ~** la Comunidad Europea; **in ~ mit jdm** en cooperación con alguien

**gemeinschaftlich** **I.** *adj* común **II.** *adv* conjuntamente, en común

**Gemeinschaftsarbeit** *f* trabajo *m* en equipo; **Gemeinschaftsgefühl** *nt ohne pl* sentimiento *m* de comunidad; **Gemeinschaftskunde** *f ohne pl* sociología *f;* **Gemeinschaftspraxis** *f* consultorio *m* colectivo; **Gemeinschaftsproduktion** *f* coproducción *f;* **Gemeinschaftsraum** *m* sala *f* común

**gemeinverständlich** *adj* inteligible

**Gemeinwohl** *nt* bien *m* común

**Gemenge** [gəˈmɛŋə] *nt* <-s, -> mezcla *f;* (*von Menschen*) multitud *f*

**gemessen** [gəˈmɛsən] **I.** *pp von* **messen** **II.** *adj* (*geh*) parsimonioso; **~en Schrittes** a paso lento

**Gemetzel** [gəˈmɛtsəl] *nt* <-s, -> (*abw*) matanza *f*

**gemieden** [gəˈmiːdən] *pp von* **meiden**

**Gemisch** [gəˈmɪʃ] *nt* <-(e)s, -e> mezcla *f*

**gemischt** [gəˈmɪʃt] *adj* mezclado, mixto; **mit ~en Gefühlen** con sentimientos encontrados

**gemocht** [gəˈmɔxt] *pp von* **mögen**

**gemolken** [gəˈmɔlkən] *pp von* **melken**

**gemoppelt** [gəˈmɔpəlt] (*fam*): **das ist doppelt ~** eso es una redundancia

**Gemotze** [gəˈmɔtsə] *nt* <-s, *ohne pl*> (*fam abw*) crítica *f*

**Gemunkel** [gəˈmʊŋkəl] *nt* <-s, *ohne pl*> rumores *mpl*

**Gemurmel** [gəˈmʊrməl] *nt* <-s, *ohne pl*> murmullo *m*

**Gemüse** [gəˈmyːzə] *nt* <-s, -> verdura *f,* hortalizas *fpl;* **das junge ~** (*fig fam*) la gente menuda; **Gemüseanbau** *m* (AGR) cultivo *m* de hortalizas; **Gemüsegarten** *m* huerto *m;* **Gemüsehändler(in)** *m(f)* verdulero, -a *m, f;* **Gemüseschäler** *m* <-s, -> pelaverduras *m inv*

**gemusst** [gəˈmʊst] *pp von* **müssen**

**gemustert** [gəˈmʊstɐt] *adj* estampado

**Gemüt** [gəˈmyːt] *nt* <-(e)s, -er> ❶ (*Psyche*) ánimo *m;* **die Entscheidung erregte die ~er** la decisión excitó los ánimos ❷ (*Charakter*) carácter *m,* naturaleza *f* ❸ (*Seele*) alma *f,* corazón *m;* **das ist ihm aufs ~ geschlagen** esto le ha deprimido; **das ist etwas fürs ~** es algo para el corazón; **sich** *dat* **etw zu ~e führen** (*etw beherzigen*) tomar algo en consideración; (*fam: sich etw gönnen*) obsequiarse con algo

**gemütlich** I. *adj* ❶ (*angenehm*) agradable; (*einladend*) acogedor; (*bequem*) cómodo; **mach's dir ~** ponte cómodo ❷ (*gemächlich*) tranquilo; **in ~em Tempo** a un ritmo agradable II. *adv* a gusto

**Gemütlichkeit** *f ohne pl* (*Bequemlichkeit*) comodidad *f;* (*Behaglichkeit*) bienestar *m;* **in aller ~** a sus anchas

**Gemütsbewegung** *f* emoción *f;* **gemütskrank** *adj* con trastornos mentales; **Gemütsmensch** *m* (*fam*) buenazo, -a *m, f;* **Gemütsregung** *f* <-en> *s.* **Gemütsbewegung**; **Gemütsruhe** *f* serenidad *f* de ánimo; **in aller ~** con toda tranquilidad; **Gemütsverfassung** *f* estado *m* de ánimo; **Gemütszustand** *m* estado *m* de ánimo

**Gen** [geːn] *nt* <-s, -e> (BIOL) gen(e) *m*

**genannt** [gəˈnant] *pp von* **nennen**

**genas** [gəˈnaːs] *3. imp von* **genesen**

**genau** [gəˈnaʊ] I. *adj* ❶ (*exakt*) exacto ❷ (*sorgfältig*) escrupuloso ❸ (*ausführlich*) detallado; **ich weiß nichts G~eres darüber** no sé nada más concreto acerca de ello II. *adv* (*exakt*) exactamente; (*Uhrzeit*) en punto; **~ dasselbe** exactamente lo mismo; **~ das Gegenteil** justo lo contrario; **ihn kenne ich ~** le conozco como si le hubiera parido; **es ist ~ 10 Uhr** son las diez en punto; **so ~ wollte ich es nicht wissen!** ¡tan detalladamente no quería saberlo!; **etw ~ nehmen** tomar algo al pie de la letra; **~ genommen ist das nicht richtig** en sentido estricto esto no es correcto

**Genauigkeit** *f ohne pl* ❶ (*Exaktheit*) exactitud *f,* precisión *f* ❷ (*Sorgfalt*) esmero *m*

**genauso** [gəˈnaʊzoː] *adv* de igual modo; **~ gut** (*mit dem gleichen Ergebnis*) de la misma manera; (*auch*) igualmente; **~ gut könnte ich behaupten, dass ...** de manera análoga podría afirmar que...; **du hättest ~ gut zu Hause bleiben können** lo mismo hubieses podido quedarte en casa; **~ gut wie** igual de bien que; **~ viel wie** tanto como; **sie verdient ~ viel** ella gana lo mismo; **~ wenig wie** tan poco como; **er verdient ~ wenig** él tampoco gana más; **man kann ~ wenig behaupten, dass ...** tampoco se puede afirmar que... *+subj;* **~ wie** así como

**Gendarm** [ʒanˈdarm] *m* <-en, -en> (*Österr*) gendarme *m*

**Gendarmerie** [ʒandarməˈriː] *f* <-n> (*Österr*) gendarmería *f*

**genehm** [gəˈneːm] *adj* (*geh*) grato; **ist es (Ihnen) ~, wenn ...?** ¿sería de su agrado si... (*+subj*)?

**genehmigen*** [gəˈneːmɪgən] *vt* autorizar; (*Antrag*) aprobar; **sich** *dat* **etw ~** (*fam*) permitirse algo

**Genehmigung** *f* <-en> autorización *f;* (*eines Antrags*) aprobación *f*

**geneigt** [gəˈnaɪkt] *adj:* **zu etw** *dat* **~ sein** estar dispuesto a hacer algo

**Genera** *pl von* **Genus**

**General(in)** [genəˈraːl] *m(f)* <-s, -e *o* -räle; -nen> general *mf*

**Generaldirektor(in)** *m(f)* director(a) *m(f)* general

**Generalin** *f* <-nen> *s.* **General**

**Generalkonsulat** *nt* (POL) consulado *m* general; **Generalprobe** *f* (THEAT) ensayo *m* general; **Generalsekretär(in)** *m(f)* (POL) secretario, -a *m, f* general; **Generalstab** *m* (MIL) Estado *m* Mayor; **Generalstreik** *m* huelga *f* general; **Generalüberholung** *f* (TECH) revisión *f* general; **Generaluntersuchung** *f* (MED) examen *m* general, chequeo *m Am;* **Generalversammlung** *f* asamblea *f* general

**Generation** [genəraˈtsjoːn] *f* <-en> generación *f;* **Generationenvertrag** *m ohne pl* contrato *m* generacional

**Generationskonflikt** *m* conflicto *m* generacional; **Generationswechsel** *m* (BIOL) generación *f* alternante

**Generator** [genəˈraːtoːɐ] *m* <-s, -en> generador *m*

**generell** [genəˈrɛl] I. *adj* general II. *adv* en lo general

**generieren*** *vt* (INFOR: *hervorbringen*) generar

**genesen** [gəˈneːzən] <genest, genas, genesen> *vi sein* (*geh*) sanar (*von* de), convalecer

**Genesung** *f* <-en> (*geh*) convalecencia *f*

**Genetik** [geˈneːtɪk] *f ohne pl* (BIOL) genética *f*

**genetisch** [geˈneːtɪʃ] *adj* (BIOL) genético; **~es Profil** perfil genético

**Genf** [gɛnf] *nt* <-s> Ginebra *f*

**Genforscher(in)** *m(f)* genetista *mf;* **Genforschung** *f ohne pl* investigación *f* genética

**genial** [geˈnjaːl] *adj* genial

**Genialität** *f ohne pl* genialidad *f*

**Genick** [gəˈnɪk] *nt* <-(e)s, -e> nuca *f;* **das bricht ihm das ~** (*fam*) esto le va a matar

**Genie** [ʒeˈniː] *nt* <-s, -s> genio *m*

**genieren*** [ʒeˈniːrən] *vr:* **sich ~** avergonzarse

**genießbar** *adj* comestible; **etw ist nicht ~** algo no sabe bien

**genießen** [gəˈniːsən] <genießt, genoss, genossen> *vt* ❶ (*auskosten*) disfrutar (de); **jds Vertrauen ~** gozar de la confianza de alguien ❷ (*essen*) comer; (*trinken*) beber; (*mit Genuss*) saborear; **das ist mit Vorsicht zu ~** hay que tener cuidado con esto ❸ (*Erziehung*) recibir

**Genießer(in)** *m(f)* <-s, -; -nen> sibarita *mf*

**genießerisch** *adj* con placer

**Geniestreich** [ʒeˈniː-] *m* genialidad *f*

**genital** [geniˈtaːl] *adj* (MED) genital; **Genitalbereich** *m* zona *f* genital, genitales *mpl*

**Genitalien** [geniˈtaːliən] *ntpl* (MED) (órganos *mpl*) genitales *mpl*

**Genitiv** [ˈgeːnitiːf] *m* <-s, -e> (LING) genitivo *m*

**Genmanipulation** *f* (BIOL) manipulación *f* genética

**genommen** [gəˈnɔmən] *pp von* **nehmen**

**genormt** [gəˈnɔrmt] *adj* estandarizado

**genoss** [gəˈnɔs] *3. imp von* **genießen**

**Genosse, -in** [gəˈnɔsə] *m, f* <-n, -n; -nen> compañero, -a *m, f*

**genossen** [gəˈnɔsən] *pp von* **genießen**

**Genossenschaft** *f* <-en> cooperativa *f*

**genossenschaftlich** *adj* cooperativo

**Genossin** *f* <-nen> *s.* **Genosse**

**genötigt** *adj:* **~ sein etw zu tun** estar obligado a hacer algo; **sich ~ sehen etw zu tun** verse obligado [*o* forzado] a hacer algo

**Genre** [ˈʒãːrə] *nt* <-s, -s> género *m*

**Gensoja** *nt ohne pl* soja *f* transgénica; **Gentechnik** *f ohne pl* (BIOL) ingeniería *f* genética; **Gentechniker(in)** *m(f)* (BIOL) genetista *mf;* **gentechnisch** *adj* (BIOL) tecnogenético; **Gentechnologie** *f ohne pl* (BIOL) ingeniería *f* genética

**genug** [gəˈnuːk] *adv* bastante, suficiente; **es ist ~ Platz** hay sitio suficiente; **dazu bin ich alt ~** soy lo suficientemente mayor para esto; **jetzt ist es aber ~!** ¡ya basta!; **ich habe ~ von der ewigen Schufterei** ya estoy harto de tanto curre

**Genüge** [gəˈnyːgə]: **zur ~** bastante

**genügen*** [gəˈnyːgən] *vi* bastar, ser suficiente; **den Anforderungen ~** satisfacer las exigencias

**genügend** *adj* bastante, suficiente

**genügsam** *adj* contentadizo, modesto

**Genugtuung** [gəˈnuːktuːʊŋ] *f* <-en> satisfacción *f*

**genuin** [genuˈiːn] *adj* (*geh*) genuino

**Genus** [ˈgɛnʊs, ˈgeːnʊs] *nt* <-, Genera> (LING) género *m*

**Genuss[1]** [gəˈnʊs] *m* <-es, *ohne pl*> ❶ (*Konsum*) consumo *m* ❷ (*Nutznießung*) usufructo *m;* **in den ~ von etw** *dat* **kommen** (llegar a) disfrutar de algo

**Genuss[2]** [gəˈnʊs, *pl:* gəˈnʏsə] *m* <-es, -nüsse> (*Vergnügen*) placer *m;* (*stärker*) deleite *m*

**genüsslich** **I.** *adj* gozoso **II.** *adv* con fruición

**Genussmittel** *nt* estimulante *m*

**genussvoll** *adj* con placer

**Geograf(in)** *m(f)* <-en, -en; -nen> *s.* **Geograph**

**Geografie** *f ohne pl s.* **Geographie**

**Geografin** *f* <-nen> *s.* **Geograf**

**geografisch** *adj s.* **geographisch**

**Geograph(in)** [geoˈgraːf] *m(f)* <-en, -en; -nen> geógrafo, -a *m, f*

**Geographie** [geograˈfiː] *f ohne pl* geografía *f*

**Geographin** *f* <-nen> *s.* **Geograph**

**geographisch** *adj* geográfico

**Geologe, -in** [geoˈloːgə] *m, f* <-n, -n; -nen> geólogo, -a *m, f*

**Geologie** [geoloˈgiː] *f ohne pl* geología *f*

**Geologin** *f* <-nen> *s.* **Geologe**

**geologisch** *adj* geológico

**Geometrie** [geomeˈtriː] *f ohne pl* geometría *f*

**geometrisch** [geoˈmeːtrɪʃ] *adj* geométrico

**Geoökologie** *f ohne pl* (GEO) geoecología *f*

**Geophysik** *f* (PHYS) geofísica *f*

**Georgien** [geˈɔrgiən] *nt* <-s> Georgia *f*

**Georgier(in)** *m(f)* <-s, -; -nen> georgiano, -a *m, f*

**georgisch** *adj* georgiano

**Geothermik** *f ohne pl* (GEO) geotermia *f*

**Gepäck** [gəˈpɛk] *nt* <-(e)s, *ohne pl*> equipaje *m,* bultos *mpl fam;* **sein ~ aufgeben** facturar su equipaje

**Gepäckabfertigung** *f* taquilla *f* de facturación; **Gepäckablage** *f* portaequipaje(s) *m inv;* **Gepäckannahme** *f* depósito *m* de equipajes; **Gepäckaufbewahrung** *f* consigna *f;* **Gepäckausgabe** *f* entrega *f* de equipajes; **Gepäckkontrolle** *f* control *m* de equipajes; **Gepäcknetz** *nt* rejilla *f* portaequipajes; **Gepäckstück** *nt* bulto *m*

**Gepäckträger[1]** *m* <-s, -> (*am Fahrrad*) portaequipajes *m inv*

**Gepäckträger(in)[2]** *m(f)* <-s, -; -nen> (*Person*) mozo, -a *m, f* de equipajes

**Gepäckwagen** *m* ❶ (*im Bahnhof*) carrito *m* portaequipajes ❷ (*des Zuges*) furgón *m* de equipajes

**Gepard** [ˈgeːpart] *m* <-s, -e> (ZOOL) guepardo *m*

**gepfeffert** [gəˈpfɛfɐt] *adj* (*fam*) ❶ (*Preise*) exorbitante ❷ (*Kritik*) duro; (*Strafe*) severo

**gepfiffen** [gəˈpfɪfən] *pp von* **pfeifen**

**gepflegt** [gəˈpfleːkt] *adj* cuidado; (*Restaurant, Kleidung*) elegante; (*Ausdrucksweise*) culto; ~ **essen gehen** ir a comer a un restaurante de lujo

**Gepflogenheit** [gəˈpfloːgənhaɪt] *f* <-en> (*geh*) costumbre *f*

**gepierct** [gəˈpiːɐst] *adj* perforado

**Geplänkel** [gəˈplɛŋkəl] *nt* <-s, -> escaramuza *f*

**Geplapper** [gəˈplapɐ] *nt* <-s, *ohne pl*> (*fam*) cháchara *f*

**Geplärre** *nt* <-s, *ohne pl*> (*fam: abw*) ❶ (*Weinen, Klagen*) lloriqueo *m*, gimoteo *m*; **hör endlich mit dem ~ auf!** ¡deja de lloriquear de una vez! ❷ (*Geschrei*) berridos *mpl* ❸ (*eines Radios*) pitido *m*

**Geplätscher** [gəˈplɛtʃɐ] *nt* <-s, *ohne pl*> (*des Wassers*) murmullo *m*

**Geplauder** [gəˈplaʊdɐ] *nt* <-s, *ohne pl*> charla *f*, conversación *f*

**gepriesen** [gəˈpriːzən] *pp von* **preisen**

**gepunktet** [gəˈpʊŋktət] *adj* (*Linie*) de puntos; (*Muster*) con puntos

**gequält** [gəˈkvɛːlt] *adj* (*Lächeln*) forzado

**Gequassel** *nt* <-s, *ohne pl*> (*fam abw*) habladurías *fpl*

**Gequatsche** [gəˈkvatʃə] *nt* <-s, *ohne pl*> (*fam abw*) cháchara *f*, palique *m*

**gequollen** [gəˈkvɔlən] *pp von* **quellen**

**gerade** [gəˈraːdə] **I.** *adj* ❶ (*geradlinig*) recto ❷ (*aufrecht*) derecho; ~ **stehen** tenerse derecho ❸ (*Charakter*) sincero, franco ❹ (MATH) par; **die ~n Zahlen** los números pares **II.** *adv* ❶ (*soeben*) ahora mismo; **er ist ~ eben gekommen** acaba de llegar; **sie duscht ~** se está duchando; **wo Sie ~ da sind ...** ya que está Ud. aquí... ❷ (*knapp*) justo; **er kam ~ noch rechtzeitig** llegó justo a tiempo; **das hat mir ~ noch gefehlt!** ¡lo que me faltaba! ❸ (*ausgerechnet, genau*) precisamente; **das ist es ja ~!** ¡eso es precisamente!; **er ist nicht ~ eine Schönheit** (*fam*) no es precisamente una belleza

**Gerade** [gəˈraːdə] *f* <-n> ❶ (MATH) (línea *f*) recta *f* ❷ (SPORT) recta *f* ❸ (*Boxen*) directo *m*

**geradeaus** [---ˈ-] *adv* seguido, recto; **immer ~** todo seguido

**gerade|biegen** *irr vt* (*fam: in Ordnung bringen*) arreglar

**geradeheraus** [-ˈ---ˈ-] *adv* (*fam*) francamente

**gerädert** [gəˈrɛːdɐt] *adj* (*fam*) hecho polvo; **wie ~ sein** estar hecho polvo

**gerade|stehen** *irr vi:* **für etw ~** responder de algo

**geradewegs** [-ˈ---] *adv* directamente

**geradezu** [-ˈ---] *adv* realmente

**Geradheit** *f ohne pl* franqueza *f*

**geradlinig** [gəˈraːtliːnɪç] *adj* (*Straße*) recto; (*Abstammung*) directo; (*Charakter*) franco

**gerammelt** [gəˈraməlt] *adv* (*fam*): ~ **voll** atestado, hasta los topes

**Gerangel** *nt* <-s, *ohne pl*> (*fam*) ❶ (*Balgerei*) peleas *fpl* (*um* por) ❷ (*fig: Kampf*) forcejeo *m* (*um* por) ❸ (*abw: Diskussion*) tira y afloja *m* (*um* por)

**Geranie** [geˈraːniə] *f* <-n> (BOT) geranio *m*

**gerann** [gəˈran] *3. imp von* **gerinnen**

**gerannt** [gəˈrant] *pp von* **rennen**

**gerät** *3. präs von* **geraten²**

**Gerät¹** [gəˈrɛːt] *nt* <-(e)s, -e> ❶ (*allgemein*) utensilio *m*, implemento *m Am* ❷ (TECH: *Apparat*) aparato *m*; (*Instrument*) instrumento *m* ❸ (SPORT) aparato *m* de gimnasia

**Gerät²** *nt* <-(e)s, *ohne pl*> útiles *mpl*; (*Ausrüstung*) equipo *m*

**geraten¹** [gəˈraːtən] *pp von* **geraten²**, **raten**

**geraten²** <gerät, geriet, geraten> *vi sein* ❶ (*gelangen*) llegar (*nach* a); **in Verlegenheit ~** sentir vergüenza; **in Brand ~** incendiarse; **in Schwierigkeiten ~** caer en una situación difícil; **unter ein Auto ~** ser atropellado por un coche; **er ist an den Falschen ~** dio con alguien que no era; **in Vergessenheit ~** caer en el olvido; **in Not ~** verse en apuros; **ins Stocken ~** (*beim Sprechen*) perder el hilo; (*Verkehr*) quedarse parado; **außer sich** *dat/akk* ~ salirse de sus casillas ❷ (*gelingen*) salir; **gut/schlecht ~** salir bien/mal; **das ist etwas lang/kurz ~** eso ha quedado algo largo/corto; **nach jdm ~** salir a alguien

**Geratewohl** [gəˈraːtəvoːl, ---ˈ-] *nt* (*fam*): **aufs ~** al azar, a destajo *Arg, Chil*

**geraum** [gəˈraʊm] *adj* (*geh*): **seit ~er Zeit** desde hace algún tiempo

**geräumig** [gəˈrɔɪmɪç] *adj* espacioso, amplio

**Geräusch** [gəˈrɔɪʃ] *nt* <-(e)s, -e> ruido *m*; **geräuscharm** *adj* de poco ruido; **geräuschempfindlich** *adj* sensible al ruido; **Geräuschkulisse** *f* ruido *m* ambiente; **geräuschlos** *adj* silencioso; **geräuschvoll** **I.** *adj* ruidoso **II.** *adv* con mucho ruido

**gerben** [ˈgɛrbən] *vt* curtir

**Gerber(in)** *m(f)* <-s, -; -nen> curtidor(a) *m(f)*

**Gerberei** *f* <-en> curtiduría *f*, curtiembre *f Am*

**Gerberin** *f* <-en> *s.* **Gerber**

**gerecht** [gəˈrɛçt] *adj* ❶ (*Person, Urteil*) justo; (*Strafe*) merecido ❷ (*berechtigt*) justificado; **jdm/etw** *dat* ~ **werden** valorar debidamente a alguien/corresponder a algo

**gerechtfertigt** *adj* justificado

**Gerechtigkeit** *f ohne pl* justicia *f*; **jdm ~ widerfahren lassen** hacer justicia a alguien; **das ist ausgleichende** ~ esto hace justicia (a una injusticia anterior); **Gerechtigkeitssinn** *m ohne pl* sentido *m* de la justicia

**Gerede** [gəˈreːdə] *nt* <-s, *ohne pl*> ❶ (*Geschwätz*) perorata *f*, pelambre *m Am* ❷ (*Klatsch*) habladurías *fpl*

**geregelt** *adj* (*geordnet: Mahlzeiten*) regular; (*Leben*) ordenado

**gereizt** [gəˈraɪtst] *adj* irritado; (*nervös*) nervioso

**Gericht** [gəˈrɪçt] *nt* <-(e)s, -e> ❶ (*Speise*) plato *m* ❷ (*Institution*) tribunal *m* (de justicia); **jdn/einen Fall vor ~ bringen** llevar a alguien/un caso a los tribunales; **Hohes** ~ Tribunal Supremo; **das Jüngste** ~ (REL) el Juicio Final; **mit jdm ins ~ gehen** (*fig*) criticar a alguien ❸ (*Gebäude*) palacio *m* de justicia

**gerichtlich** *adj* judicial; **jdn ~ verfolgen** iniciar un pleito contra alguien

**Gerichtsakte** *f* expediente *m* judicial

**Gerichtsbarkeit** *f ohne pl* (JUR) jurisdicción *f*

**Gerichtsbeschluss** *m* sentencia *f*; **Gerichtsdiener(in)** *m(f)* ujier *m*; **Gerichtshof** *m* tribunal *m* de justicia, corte *f Am*; **der Europäische** ~ el Tribunal Europeo de Justicia; **der Oberste** ~ el Tribunal Supremo; **Gerichtskosten** *pl* gastos *mpl* judiciales; **Gerichtsmedizin** *f ohne pl* medicina *f* forense; **Gerichtssaal** *m* sala *f* de audiencia; **Gerichtsstand** *m* (JUR) jurisdicción *f*; **Gerichtsverfahren** *nt* pleito *m* judicial; **gegen jdn ein ~ einleiten** abrir un pleito contra alguien; **Gerichtsverhandlung** *f* juicio *m*; **Gerichtsvollzieher(in)** *m(f)* agente *mf* ejecutivo, -a

**gerieben** [gəˈriːbən] *pp von* **reiben**

**geriet** *3. imp von* **geraten**²

**gering** [gəˈrɪŋ] *adj* ❶ (*klein*) pequeño; (*wenig*) poco; (*knapp*) escaso; (*beschränkt*) limitado; (*Preis, Temperatur*) bajo; (*Entfernung*) corto; **von ~er Qualität** de baja calidad; **etw/jdn ~ schätzen** menospreciar algo/a alguien; (*verachten*) despreciar algo/a alguien ❷ (*unbedeutend*) insignificante, mínimo; **die ~ste Kleinigkeit regt ihn auf** la pequeñez más nimia le enfada; **das stört mich nicht im G~sten** no me molesta lo más mínimo

**geringfügig** [gəˈrɪŋfyːgɪç] **I.** *adj* mínimo **II.** *adv* ligeramente

**Geringfügigkeit** *f* <-en> nimiedad *m*

**geringschätzig** *adj* despectivo

**Geringschätzung** *f ohne pl* desprecio *m*, menosprecio *m*

**gerinnen** [gəˈrɪnən] <gerinnt, gerann, geronnen> *vi sein* (*Milch*) cuajar(se); (*Blut*) coagular(se)

**Gerinnsel** [gəˈrɪnzəl] *nt* <-s, -> coágulo *m* (de sangre)

**Gerinnung** *f* <-en> coagulación *f*

**Gerippe** [gəˈrɪpə] *nt* <-s, -> ❶ (*Skelett*) esqueleto *m* ❷ (*von Schiff*) armazón *m o f*; (*von Flugzeug*) costilla *f*

**gerissen** [gəˈrɪsən] **I.** *pp von* **reißen II.** *adj* (*fam: schlau*) astuto

**Gerissenheit** *f ohne pl* astucia *f*, zorrería *f*

**geritten** [gəˈrɪtən] *pp von* **reiten**

**Germane, -in** [gɛrˈmaːnə] *m, f* <-n, -n; -nen> germano, -a *m, f*

**germanisch** *adj* (HIST, LING) germánico

**Germanistik** [gɛrmaˈnɪstɪk] *f ohne pl* germanística *f*, filología *f* alemana

**gern(e)** <lieber, am liebsten> *adv* con (mucho) gusto; **sehr ~!** ¡con mucho gusto!; **ich möchte zu ~ wissen, ob ...** me gustaría muchísimo saber si...; **sie liest** ~ le gusta leer; **er hat es ~, wenn ...** le gusta que... +*subj*; **ein ~ gesehener Gast** un invitado bienvenido; **~ geschehen!** ¡no hay de qué!; **das glaube ich** ~ sí que me lo creo; **du kannst ~ mitkommen** puedes venir si te apetece; **ich hätte ~ den Chef gesprochen** quisiera hablar con el jefe; **du kannst mich mal ~ haben** (*fam*) no te quiero ver ni en pintura

**gerochen** [gəˈrɔxən] *pp von* **riechen**

**Geröll** [gəˈrœl] *nt* <-(e)s, -e> grava *f*, gravilla *f*; (*Rollsteine*) cantos *mpl* rodados; (*Kiesel*) guijarros *mpl*; (*Reste*) rocalla *f*

**geronnen** [gəˈrɔnən] *pp von* **gerinnen, rinnen**

**Gerste** [ˈgɛrstə] *f* <-n> cebada *f*; **Gerstenkorn** *nt* ❶ (BOT) grano *m* de cebada ❷ (MED) orzuelo *m*

**Gerte** [ˈgɛrtə] *f* <-n> (*Stock*) vara *f*; (*Peitsche*) fusta *f*

**Geruch** [gəˈrʊx, *pl:* gəˈrʏçə] *m* <-(e)s, Gerüche> olor *m* (*nach* a)

**geruchlos** *adj* sin olor

**Geruchsbelästigung** *f* molestia *f* por malos olores; **Geruchssinn** *m ohne pl* olfato *m*

**Gerücht** [gəˈrʏçt] *nt* <-(e)s, -e> rumor *m*,

boquilla *f Ecua;* **es geht das ~, dass ...** circula el rumor de que...; **ein ~ in die Welt setzen** difundir un rumor; **Gerüchteküche** *f* fábrica *f* de rumores

**gerufen** [gəˈruːfən] *pp von* **rufen**

**geruhsam** [gəˈruːzaːm] *adj* sosegado, tranquilo

**Gerümpel** [gəˈrʏmpəl] *nt* <-s, *ohne pl*> (*abw*) trastos *mpl*

**Gerundium** [geˈrʊndiʊm, *pl:* geˈrʊndiən] *nt* <-s, Gerundien> (LING) gerundio *m*

**gerungen** [gəˈrʊŋən] *pp von* **ringen**

**Gerüst** [gəˈrʏst] *nt* <-(e)s, -e> ❶ (*Bau~*) andamio *m* ❷ (*Aufbau*) estructura *f*

**Ges** [gɛs] *nt* <-, -> (MUS) sol *m* bemol

**gesalzen** [gəˈzaltsən] **I.** *pp von* **salzen** **II.** *adj* (*fam*) ❶ (*mit Salz*) salado ❷ (*Preis*) exorbitante ❸ (*Brief*) duro

**gesamt** [gəˈzamt] *adj* todo; (*völlig*) total; (*vollständig*) completo

**Gesamtansicht** *f* vista *f* general; **Gesamtausgabe** *f* obras *fpl* completas; **Gesamtbetrag** *m* importe *m* total; **Gesamtbild** *nt* visión *f* de conjunto, idea *f* general; **gesamtdeutsch** *adj* de toda Alemania; **Gesamteindruck** *m* impresión *f* final; **Gesamtergebnis** *nt* resultado *m* final; **im ~** en total; **Gesamtgewicht** *nt* peso *m* bruto

**Gesamtheit** *f ohne pl* totalidad *f;* **in seiner/ihrer ~** en su totalidad

**Gesamtkosten** *pl* (WIRTSCH) costes *mpl* totales; **Gesamtschule** *f* escuela *f* integrada

**i Land & Leute**

La **Gesamtschule** representa una alternativa al sistema escolar tradicional. En este sistema escolar alternativo hay asignaturas troncales, obligatorias para todos los alumnos, otras de carácter optativo, de entre las cuales los alumnos eligen las que prefieran, otras asignaturas destinadas a desarrollar aquellos aspectos que más interesan a los alumnos, así como cursos especiales. Dependiendo de sus capacidades, los alumnos alcanzan un título u otro al finalizar sus estudios. Este sistema escolar no se ha impuesto de forma definitiva ni en Alemania, ni en Austria ni en Suiza.

**Gesamtsumme** *f* importe *m* total; **Gesamtübersicht** *f* vista *f* general; **Gesamtverbrauch** *m* consumo *m* global; **Gesamtwerk** *nt* obra *f* completa; **Gesamtwert** *m* valor *m* total; **Gesamtzusammenhang** *m* conexión *f* total

**gesandt** [gəˈzant] *pp von* **senden**

**Gesandte(r)** *mf* <-n, -n; -n> enviado, -a *m, f;* (HIST) legado, -a *m, f*

**Gesandtschaft** *f* <-en> legación *f*

**Gesang**[1] [gəˈzaŋ] *m* <-(e)s, *ohne pl*> (*das Singen*) canto *m*

**Gesang**[2] [gəˈzaŋ, *pl:* gəˈzɛŋə] *m* <-(e)s, -sänge> (*Lied*) canto *m;* (REL) cántico *m;* **gregorianische Gesänge** canto gregoriano

**Gesangbuch** *nt* libro *m* de cánticos; **Gesangverein** *m* orfeón *m*

**Gesäß** [gəˈzɛːs] *nt* <-es, -e> trasero *m*

**geschaffen** [gəˈʃafən] *pp von* **schaffen**[1]

**Geschäft**[1] [gəˈʃɛft] *nt* <-(e)s, -e> ❶ (*Handel*) negocio *m;* **wie gehen die ~e?** ¿cómo van los negocios?; **mit jdm ~e machen** hacer negocios con alguien; **mit jdm ins ~ kommen** establecer relaciones comerciales con alguien ❷ (*Firma*) empresa *f* comercial; **morgen gehe ich nicht ins ~** (*fam*) mañana no voy al trabajo ❸ (*Laden*) negocio *m* ❹ (*Aufgabe*) trabajo *m;* **seinen ~en nachgehen** atender sus negocios ❺ (*fam: Notdurft*): **sein ~ verrichten** [*o* **machen**] hacer sus necesidades

**Geschäft**[2] *nt* <-(e)s, *ohne pl*> (*Gewinn*) negocio *m;* **ein gutes/schlechtes ~ machen** hacer un buen/mal negocio

**geschäftig** *adj* diligente

**geschäftlich** *adj* comercial, de negocios; **~ unterwegs sein** estar en viaje de negocios

**Geschäftsabschluss** *m* transacción *f,* cierre *m* de un negocio; **Geschäftsbedingungen** *fpl* (COM) términos *mpl* comerciales; **allgemeine ~** condiciones generales de contrato; **Geschäftsbericht** *m* (COM) informe *m* comercial; **Geschäftsbrief** *m* carta *f* comercial; **Geschäftsbücher** *ntpl* libros *mpl* de cuentas; **Geschäftsessen** *nt* comida *f* de negocios; **geschäftsfähig** *adj* (JUR) capaz; **Geschäftsfrau** *f* mujer *f* de negocios; **Geschäftsfreund(in)** *m(f)* colega *mf,* compañero, -a *m, f;* **geschäftsführend** *adj* gestor; **Geschäftsführer(in)** *m(f)* ❶ (*von Unternehmen*) gerente *mf* ❷ (*von Organisation*) secretario, -a *m, f* general; **Geschäftsführung** *f ohne pl* ❶ (*Vorgang*) gerencia *f* ❷ (*Personal*) gerentes *mpl;* **Geschäftsjahr** *nt* año *m* económico; **Geschäftskosten** *pl* gastos *mpl* comerciales; **auf ~** a cuenta de la empresa; **Geschäftsleben** *nt ohne pl* vida *f* comercial; **Geschäftsleitung** *f* gerencia *f;* **Geschäftsmann** *m* <-(e)s, -leute *o* -männer> hombre *m* de negocios; **Geschäftsordnung** *f* reglamento *m;* **Geschäftspartner(in)** *m(f)* ❶ (*Beteiligter*) socio, -a *m, f* ❷ (*Handelspartner*) socio, -a *m, f* comercial; **Geschäftsreise** *f* viaje *m* de negocios; **geschäftsschädigend** *adj* perjudicial para el negocio; **Geschäftsschluss** *m ohne pl* (hora *f* de) cierre *m* de los comercios; **nach** ~ después del cierre de los comercios; **Geschäftssinn** *m ohne pl* habilidad *f* para los negocios; **Geschäftsstelle** *f* (*Büro*) despacho *m;* (*Filiale*) sucursal *f;* (*Gericht*) secretaría *f* del juzgado; **Geschäftsstunden** *fpl* horas *fpl* de oficina; **geschäftstüchtig** *adj* hábil para el comercio; **Geschäftsverbindung** *f* (WIRTSCH) relación *f* comercial; **Geschäftsviertel** *nt* zona *f* comercial; **Geschäftswagen** *m* coche *m* de la empresa; **Geschäftszeit** *f* horario *m* comercial; **Geschäftszimmer** *nt* oficina *f*

**geschah** [gəˈʃaː] *3. imp von* **geschehen**

**geschehen** [gəˈʃeːən] <geschieht, geschah, geschehen> *vi sein* pasar, ocurrir; **als ob nichts ~ wäre** como si no hubiera pasado nada; **was geschieht mit diesen Flaschen?** ¿qué hacemos con estas botellas?; **es ist um jdn ~** alguien está perdido; **er wusste nicht wie ihm geschah, als ...** no sabía lo que estaba sucediendo cuando...

**Geschehen** *nt* <-s, -> (*geh*) acontecimientos *mpl*

**gescheit** [gəˈʃaɪt] *adj* listo; (*vernünftig*) sensato

**Geschenk** [gəˈʃɛŋk] *nt* <-(e)s, -e> regalo *m;* **ein ~ des Himmels** un regalo llovido [*o* caído] del cielo; **jdm ein ~ machen** regalar algo a alguien; **Geschenkgutschein** *m* vale *m* de regalo; **Geschenkpapier** *nt* papel *m* de regalo

**Geschichte**[1] [gəˈʃɪçtə] *f ohne pl* (*Entwicklungsprozess*) historia *f;* **Alte/Mittlere/Neue ~** Historia Antigua/de la Edad Media/Moderna

**Geschichte**[2] *f* <-n> ❶ (*Erzählung*) cuento *m* ❷ (*fam: Angelegenheit*) asunto *m,* cuestión *f Am;* **was machst du für ~n?** ¿pero qué estás haciendo?; **mach keine ~n!** ¡no hagas tonterías!

**geschichtlich** *adj* histórico

**Geschichtsbuch** *nt* libro *m* de historia; **Geschichtsschreibung** *f ohne pl* historiografía *f*

**Geschick** [gəˈʃɪk] *nt* <-(e)s, -e> (*geh: Schicksal*) suerte *f*

**Geschicklichkeit** *f ohne pl* habilidad *f*

**geschickt** *adj* hábil, mañoso *fam;* **sich bei etw** *dat* **~ anstellen** ser hábil en algo

**geschieden** [gəˈʃiːdən] *pp von* **scheiden**

**geschieht** [gəˈʃiːt] *3. präs von* **geschehen**

**geschienen** [gəˈʃiːnən] *pp von* **scheinen**

**Geschirr**[1] [gəˈʃɪr] *nt* <-(e)s, -e> ❶ (*Ess~*) vajilla *f;* (*Kaffee~*) juego *m* de café ❷ (*Pferde~*) arreos *mpl*

**Geschirr**[2] *nt* <-(e)s, *ohne pl*> (*Gesamtheit*) platos *mpl*

**Geschirrschrank** *m* aparador *m;* **Geschirrspülmaschine** *f* lavavajillas *m inv;* **Geschirrspülmittel** *nt* (líquido *m*) lavavajillas *m inv;* **Geschirrtuch** *nt* paño *m* de cocina

**geschissen** [gəˈʃɪsən] *pp von* **scheißen**

**geschlafen** [gəˈʃlaːfən] *pp von* **schlafen**

**geschlagen** [gəˈʃlaːgən] *pp von* **schlagen**

**Geschlecht**[1] [gəˈʃlɛçt] *nt* <-(e)s, *ohne pl*> (BIOL) sexo *m;* **beiderlei ~s** de ambos sexos

**Geschlecht**[2] *nt* <-(e)s, -er> ❶ (*Gesamtheit der Lebewesen*): **das andere ~** el otro sexo; **das schwache/starke ~** (*fam*) el sexo débil/fuerte ❷ (*Gattung, a.* LING) género *m* ❸ (*Familie*) familia *f* ❹ (*Generation*) generación *f*

**geschlechtlich** *adj* sexual

**Geschlechtsakt** *m* acto *m* sexual; **Geschlechtshormon** *nt* hormona *f* sexual; **Geschlechtskrankheit** *f* enfermedad *f* venérea; **Geschlechtsleben** *nt ohne pl* vida *f* sexual; **Geschlechtsorgan** *nt* órgano *m* sexual; **Geschlechtsreife** *f* madurez *f* sexual; **Geschlechtsteil** *nt* órgano *m* sexual [*o* genital]; **Geschlechtstrieb** *m* (BIOL) instinto *m* sexual; **Geschlechtsumwandlung** *f* cambio *m* de sexo, operación *f* de sexo; **Geschlechtsverkehr** *m* relaciones *fpl* sexuales

**geschlichen** [gəˈʃlɪçən] *pp von* **schleichen**

**geschliffen** [gəˈʃlɪfən] **I.** *pp von* **schleifen**[2] **II.** *adj* (*Ausdrucksweise*) pulido

**geschlossen** [gəˈʃlɔsən] **I.** *pp von* **schließen** **II.** *adj* ❶ (*zusammenhängend*) compacto; **~e Gesellschaft** reunión privada ❷ (*Vokal*) cerrado **III.** *adv* colectivamente; **wir standen ~ hinter ihm** le apoyamos colectivamente; **~ für/gegen etw stimmen** votar por unanimidad a favor de/contra algo

**geschlungen** [gəˈʃlʊŋən] *pp von* **schlingen**

**Geschmack**[1] [gəˈʃmak] *m* <-(e)s, *ohne pl*> (*~sinn*) gusto *m*

**Geschmack**[2] *m* <-(e)s, -schmäcke *fam*:

-schmäcker> ❶ (*einer Speise*) sabor *m* (*nach* a) ❷ (*ästhetisches Empfinden*) gusto *m;* **für meinen ~** para mi gusto; **das ist nicht nach meinem ~** no es de mi gusto; **an etw** *dat* **~ finden** cogerle el gusto a algo; **über ~ lässt sich (nicht) streiten** (*prov*) para gustos se hicieron los colores

**geschmacklich I.** *adj* de gusto, de sabor **II.** *adv* en lo referente al gusto [*o* al sabor]

**geschmacklos** *adj* ❶ (*Speisen*) sin sabor ❷ (*taktlos*) de mal gusto

**Geschmacklosigkeit**[1] *f* <-en> (*Bemerkung*) comentario *m* de mal gusto

**Geschmacklosigkeit**[2] *f ohne pl* (*Eigenschaft*) falta *f* de gusto

**geschmacksneutral** *adj* (GASTR) insípido; **Geschmack(s)sache** *f* cuestión *f* de gusto; **das ist reine ~** es pura cuestión de gusto; **Geschmacksverirrung** *f* (*abw*) mal gusto *m*

**geschmackvoll I.** *adj* de buen gusto **II.** *adv* con gusto

**geschmeidig** [gəˈʃmaɪdɪç] *adj* ❶ (*biegsam*) elástico; (*weich*) suave ❷ (*Körper*) ágil

**geschmissen** [gəˈʃmɪsən] *pp von* **schmeißen**

**geschmolzen** [gəˈʃmɔltsən] *pp von* **schmelzen**

**Geschnetzelte(s)** [gəˈʃnɛtsəltəs] *nt* <-n, *ohne pl*> (*reg:* GASTR) *especie de ragú servido con una salsa espesa*

**geschniegelt** [gəˈʃniːgəlt] *adj* (*fam abw*) emperifollado; **~ und gestriegelt** [*o* **gebügelt**] de punta en blanco

**geschnitten** [gəˈʃnɪtən] *pp von* **schneiden**

**geschoben** [gəˈʃoːbən] *pp von* **schieben**

**gescholten** [gəˈʃɔltən] *pp von* **schelten**

**Geschöpf** [gəˈʃœpf] *nt* <-(e)s, -e> criatura *f*

**geschoren** [gəˈʃoːrən] *pp von* **scheren**[1]

**Geschoss** [gəˈʃɔs] *nt* <-es, -e> ❶ (*von Waffen*) proyectil *m* ❷ (*Etage*) piso *m*

**geschossen** [gəˈʃɔsən] *pp von* **schießen**

**geschraubt** [gəˈʃraʊpt] *adj* (*fam abw: Stil*) rebuscado

**Geschrei** *nt* <-s, *ohne pl*> griterío *m*

**geschrieben** [gəˈʃriːbən] *pp von* **schreiben**

**geschrie(e)n** *pp von* **schreien**

**geschritten** [gəˈʃrɪtən] *pp von* **schreiten**

**geschunden** [gəˈʃʊndən] *pp von* **schinden**

**Geschütz** [gəˈʃʏts] *nt* <-es, -e> cañón *m;* **schweres ~ auffahren** (*fam*) disparar toda la artillería

**Geschwafel** [gəˈʃvaːfəl] *nt* <-s, *ohne pl*> (*fam abw*) palabrería *f,* verborrea *f*

**Geschwätz** [gəˈʃvɛts] *nt* <-es, *ohne pl*> (*fam abw*) ❶ (*Gerede*) palabrería *f* ❷ (*Klatsch*) cotilleo *m*

**geschwätzig** *adj* (*abw*) chismoso

**Geschwätzigkeit** *f ohne pl* (*abw*) verborrea *f,* verbosidad *f*

**geschweige** [gəˈʃvaɪgə] *konj:* **~ denn** ni mucho menos

**geschwiegen** [gəˈʃviːgən] *pp von* **schweigen**

**geschwind** [gəˈʃvɪnt] *adj* (*reg*) rápido

**Geschwindigkeit** [gəˈʃvɪndɪçkaɪt] *f* <-en> velocidad *f,* viada *f And;* **Geschwindigkeitsbeschränkung** *f* limitación *f* de velocidad; **Geschwindigkeitsüberschreitung** *f* exceso *m* de velocidad

**Geschwister** [gəˈʃvɪstɐ] *pl* hermanos *mpl;* (*Schwestern*) hermanas *fpl*

**geschwollen** [gəˈʃvɔlən] **I.** *pp von* **schwellen II.** *adj* (*abw: Stil*) ampuloso

**geschwommen** [gəˈʃvɔmən] *pp von* **schwimmen**

**geschworen** [gəˈʃvoːrən] *pp von* **schwören**

**Geschworene(r)** *mf* <-n, -n; -n> jurado, -a *m, f*

**Geschwulst** [gəˈʃvʊlst] *f* <-schwülste> tumor *m;* (*Schwellung*) tumefacción *f*

**geschwunden** [gəˈʃvʊndən] *pp von* **schwinden**

**geschwungen** [gəˈʃvʊŋən] *pp von* **schwingen**

**Geschwür** [gəˈʃvyːɐ] *nt* <-(e)s, -e> (MED) úlcera *f*

**gesehen** [gəˈzeːən] *pp von* **sehen**

**Geselle, -in** [gəˈzɛlə] *m, f* <-n, -n; -nen> (*Handwerker*) oficial *mf*

**gesellen*** [gəˈzɛlən] *vr:* **sich ~** juntarse (*zu* con)

**Gesellenprüfung** *f* examen *m* para obtener el título de oficial

**gesellig** *adj* (*Mensch*) sociable, comunicativo

**Geselligkeit** *f ohne pl* (*eines Menschen*) sociabilidad *f*

**Gesellin** *f* <-nen> *s.* **Geselle**

**Gesellschaft** [gəˈzɛlʃaft] *f* <-en> ❶ (SOZIOL, WIRTSCH) sociedad *f* ❷ (*Organisation*) asociación *f* ❸ (*Begleitung*) compañía *f;* **jdm ~ leisten** hacer compañía a alguien; **er ist in schlechte ~ geraten** ha caído en malas compañías ❹ (*Fest*) fiesta *f;* (*Gäste*) círculo *m*

**Gesellschafter(in)** *m(f)* <-s, -; -nen> (WIRTSCH) socio, -a *m, f*

**gesellschaftlich** *adj* social

**gesellschaftsfähig** *adj* ❶ (*Mensch*) presentable ❷ (*Benehmen*) socialmente aceptable; **Gesellschaftsschicht** *f* capa *f* social; **Gesellschaftsspiel** *nt* juego *m* de sociedad; **Gesellschaftsvertrag** *m* (WIRTSCH, JUR) contrato *m* social

**gesessen** [gəˈzɛsən] *pp von* **sitzen**

**Gesetz** [gəˈzɛts] *nt* <-es, -e> ley *f;* **Gesetzbuch** *nt* código *m;* **Bürgerliches ~** código civil; **Gesetzentwurf** *m* proyecto *m* de ley

**gesetzestreu** *adj* fiel a la ley

**Gesetzesvorlage** *f* proyecto *m* de ley

**gesetzgebend** [gəˈzɛtsge:bənt] *adj* legislativo; **Gesetzgeber** *m* <-s, -> legislador *m;* **Gesetzgebung** *f ohne pl* legislación *f*

**gesetzlich** *adj* legal; (*rechtmäßig*) legítimo; **~er Feiertag** fiesta oficial

**gesetzlos** *adj* anárquico

**gesetzmäßig** *adj* ① (*rechtmäßig*) legal ② (*regelmäßig*) regular

**Gesetzmäßigkeit**[1] *f ohne pl* (JUR) legalidad *f*

**Gesetzmäßigkeit**[2] *f* <-en> (*Regelmäßigkeit*) regularidad *f*

**gesetzt** [gəˈzɛtst] *adj* ① (*ruhig*) sosegado; (*ernst*) serio ② (*Wend*): **~ den Fall, dass ...** suponiendo que... +*subj*

**gesetzwidrig** *adj* ilegal

**gesichert** [gəˈzɪçɐt] *adj* asegurado

**Gesicht** [gəˈzɪçt] *nt* <-(e)s, -er> ① (*Körperteil, Miene*) cara *f;* **sein wahres ~ zeigen** quitarse la careta; **etw zu ~ bekommen** llegar a ver algo; **das ~ wahren** salvar la cara; **sein ~ verlieren** perder prestigio; **es steht ihm ins ~ geschrieben** lo lleva escrito en la frente; **jdm etw ins ~ sagen** decirle a alguien algo a la cara; **jdm wie aus dem ~ geschnitten sein** ser el vivo retrato de alguien; **der Realität ins ~ sehen** ver las cosas como son; **ein langes ~ machen** poner cara larga ② (*Anblick*) aspecto *m;* **Gesichtsausdruck** *m* (expresión *f* de la) cara *f;* **Gesichtsfarbe** *f* color *m* del rostro; (*Teint*) tez *f;* **Gesichtspunkt** *m* punto *m* de vista; **unter diesem ~** desde este punto de vista; **Gesichtswasser** *nt* loción *f* para la cara; **Gesichtszüge** *mpl* facciones *fpl*

**Gesims** [gəˈzɪms] *nt* <-es, -e> moldura *f*

**Gesindel** [gəˈzɪndəl] *nt* <-s, *ohne pl*> (*abw*) gentuza *f,* pacotilla *f Am*

**gesinnt** [gəˈzɪnt] *adj:* **gleich ~** de la misma manera de pensar; **jdm freundlich/übel ~ sein** sentir simpatía/antipatía por alguien

**Gesinnung** [gəˈzɪnʊŋ] *f* <-en> (*Denkart*) ideas *fpl;* (*Überzeugung*) convicciones *fpl;* **politische ~** credo político; **Gesinnungswandel** *m* cambio *m* de opinión

**gesittet** [gəˈzɪtət] *adj* (*anständig*) decente; (*gut erzogen*) bien educado

**gesoffen** [gəˈzɔfən] *pp von* **saufen**

**gesogen** [gəˈzo:gən] *pp von* **saugen**

**gesondert** [gəˈzɔndɐt] **I.** *adj* separado, aparte **II.** *adv* por separado

**gesonnen** [gəˈzɔnən] **I.** *pp von* **sinnen** **II.** *adj:* **~ sein etw zu tun** tener la intención de hacer algo

**gesotten** [gəˈzɔtən] *pp von* **sieden**

**gespalten** [gəˈʃpaltən] *pp von* **spalten**

**Gespann** [gəˈʃpan] *nt* <-(e)s, -e> ① (*Wagen*) tiro *m;* (*Ochsen und Joch*) yunta *f* ② (*Personen*) pareja *f*

**gespannt** [gəˈʃpant] *adj* ① (*neugierig*) curioso (*auf* por); **ich bin ~, was daraus wird** tengo mucha curiosidad por ver qué pasa con esto ② (*aufmerksam*) atento ③ (*Lage*) tenso

**Gespenst** [gəˈʃpɛnst] *nt* <-(e)s, -er> fantasma *m,* espanto *m Am*

**gespenstisch** *adj* fantasmal

**gespie(e)n** *pp von* **speien**

**gespielt** [gəˈʃpi:lt] *adj* (*vorgetäuscht*) simulado, fingido

**gespien** [gəˈʃpi:n] *pp von* **speien**

**gesponnen** [gəˈʃpɔnən] *pp von* **spinnen**

**Gespött** [gəˈʃpœt] *nt* <-(e)s, *ohne pl*> burla *f;* **sich zum ~ der Leute machen** ser el hazmerreír de la gente

**Gespräch** [gəˈʃprɛ:ç] *nt* <-(e)s, -e> ① (*Unterhaltung*) conversación *f* (*über* de/sobre); (*Plauderei*) charla *f* (*über* sobre); (**mit jdm**) **ein ~ führen** conversar (con alguien); **mit jdm ins ~ kommen** trabar conversación con alguien; **im ~ sein** estar en boca de todos ② (TEL) conferencia *f*

**gesprächig** *adj* comunicativo, locuaz

**gesprächsbereit** *adj* dispuesto a conversar; **Gesprächspartner(in)** *m(f)* interlocutor(a) *m(f);* **Gesprächsstoff** *m* tema *m* de conversación; **Gesprächsthema** *nt* tema *m* de conversación

**gesprenkelt** [gəˈʃprɛŋkəlt] *adj* moteado

**gesprochen** [gəˈʃprɔxən] *pp von* **sprechen**

**gesprossen** [gəˈʃprɔsən] *pp von* **sprießen**

**gesprungen** [gəˈʃprʊŋən] *pp von* **springen**

**Gespür** [gəˈʃpy:ɐ] *nt* <-s, *ohne pl*> sentido *m* (*für* de)

**Gestalt** [gəˈʃtalt] *f* <-en> ① (*äußere Erscheinung*) aspecto *m;* (*Wuchs*) estatura *f* ② (*Form*) forma *f;* **~ annehmen** tomar cuerpo; **in ~ von** en forma de ③ (*Persönlichkeit*) personaje *m;* **eine düstere ~** un personaje tenebroso ④ (*Person*) persona *f*

**gestalten*** **I.** *vt* ① (*Wohnung*) distribuir; (*Unterricht*) elaborar; (*Freizeit*) organizar

❷ (ARCHIT, KUNST) formar; (*Entwurf*) hacer, crear **II.** *vr:* **sich** ~ (*geh*) formarse; **der Ablauf wird sich folgendermaßen** ~ el desarrollo será de la siguiente manera; **die Bergung gestaltete sich schwierig** el rescate resultó difícil

**gestalterisch** *adj* creativo

**Gestaltung** *f* <-en> (*Wohnung*) distribución *f;* (*von Thema*) presentación *f;* (*Freizeit*) organización *f;* (*Aufbau*) estructuración *f;* (*schöpferisch*) creación *f*

**gestand** *3. imp von* **gestehen**

**gestanden** [gəˈʃtandən] *pp von* **stehen, gestehen**

**geständig** [gəˈʃtɛndɪç] *adj* confeso; ~ **sein** confesar

**Geständnis** [gəˈʃtɛntnɪs] *nt* <-ses, -se> confesión *f;* **ein** ~ **ablegen** confesar

**Gestank** [gəˈʃtaŋk] *m* <-(e)s, *ohne pl*> (*abw*) hedor *m,* peste *f fam*

**gestatten*** [gəˈʃtatən] *vt* permitir; (*offiziell*) autorizar; **jdm etw** ~ autorizar a alguien (para) algo; **wenn ich mir die Bemerkung** ~ **darf** si me permite la observación; **Sie** ~**?** (con) permiso

**Geste** [ˈgeːstə, ˈgɛstə] *f* <-n> gesto *m*

**gestehen** <gesteht, gestand, gestanden> *vt* ❶ (JUR) confesar ❷ (*zugeben*) admitir; **offen gestanden weiß ich es nicht** a decir verdad no lo sé

**Gestein** [gəˈʃtaɪn] *nt* <-(e)s, -e> mineral *m;* (*Fels*) roca *f*

**Gestell** [gəˈʃtɛl] *nt* <-(e)s, -e> ❶ (*Unterbau*) armazón *m o f;* (*Stütze*) soporte *m* ❷ (AUTO) chasis *m inv* ❸ (*Brillen~*) montura *f*

**gestellt** [gəˈʃtɛlt] *adj* (*Szene*) montado; (*Foto*) poco natural

**gestern** [ˈgɛstɐn] *adv* ayer; ~ **Abend/Morgen** ayer por la noche/por la mañana; ~ **vor einer Woche** ayer hace ocho días; **ich bin doch nicht von** ~ (*fam*) no nací ayer

**gestiegen** [gəˈʃtiːgən] *pp von* **steigen**

**Gestik** [ˈgeːstɪk, ˈgɛstɪk] *f ohne pl* gestos *mpl,* ademanes *mpl*

**gestikulieren*** [gɛstikuˈliːrən, gestiˈkuˈliːrən] *vi* gesticular, hacer gestos

**Gestirn** [gəˈʃtɪrn] *nt* <-(e)s, -e> astro *m*

**gestoben** [gəˈʃtoːbən] *pp von* **stieben**

**gestochen** [gəˈʃtɔxən] **I.** *pp von* **stechen II.** *adj* (*sorgfältig*) esmerado; (*Handschrift*) claro; ~ **scharf** (*Foto*) muy nítido

**gestohlen** [gəˈʃtoːlən] *pp von* **stehlen**

**gestorben** [gəˈʃtɔrbən] *pp von* **sterben**

**gestört** [gəˈʃtøːɐt] *adj* (PSYCH: *Verhältnis*) perturbado; (*Kind*) problemático

**gestoßen** [gəˈʃtoːsən] *pp von* **stoßen**

**Gestotter** *nt* <-s, *ohne pl*> (*fam abw*) tartamudeo *m*

**gestreift** [gəˈʃtraɪft] *adj* a rayas

**gestresst** [gəˈʃtrɛst] *adj* estresado

**gestrichen** [gəˈʃtrɪçən] **I.** *pp von* **streichen II.** *adj* (*Maßangabe*) raso, rasado; **ein** ~**er Teelöffel voll Zucker** una cucharilla rasa de azúcar; **ich hab die Schnauze** ~ **voll** (*fam*) estoy hasta las narices

**gestrig** [ˈgɛstrɪç] *adj* de ayer

**gestritten** [gəˈʃtrɪtən] *pp von* **streiten**

**Gestrüpp** [gəˈʃtrʏp] *nt* <-(e)s, -e> broza *f,* pajonal *m Am*

**gestunken** [gəˈʃtʊŋkən] *pp von* **stinken**

**Gestüt** [gəˈʃtyːt] *nt* <-(e)s, -e> criadero *m* de caballos

**Gesuch** [gəˈzuːx] *nt* <-(e)s, -e> solicitud *f,* aplicación *f Am;* **ein** ~ **einreichen** presentar una solicitud

**gesucht** [gəˈzuːxt] *adj* ❶ (*gekünstelt*) rebuscado ❷ (*begehrt*) solicitado

**Gesülze** *nt* <-s, *ohne pl*> (*fam abw*) conversación *f* que carece de fundamento

**gesund** [gəˈzʊnt] *adj* <gesünder, am gesündesten> sano; (*heilsam*) saludable; ~**e Ernährung** alimentación sana; **wieder** ~ **werden** recobrar la salud; **ich bin** ~ **und munter** estoy sano y salvo; **Vitamin C ist** ~ la vitamina C es buena para la salud; ~ **aussehen** tener buen aspecto; ~**e Anschauungen haben** tener ideas sanas

**gesunden*** [gəˈzʊndən] *vi sein* (*geh: Mensch*) sanar; (*Wirtschaft*) recuperarse

**gesünder** [gəˈzʏndɐ] *adj kompar von* **gesund**

**gesündeste(r, s)** [gəˈzʏndəstə, -tɐ, -təs] *adj superl von* **gesund**

**Gesundheit** *f ohne pl* salud *f;* **auf Ihre** ~**!** ¡a su salud!; **bei guter** ~ **sein** gozar de buena salud; ~**!** (*beim Niesen*) ¡Jesús!, ¡salud!

**gesundheitlich** *adj* ❶ (*die Gesundheit betreffend*) de salud; (*Institution*) sanitario; **aus** ~**en Gründen** por razones de salud ❷ (*der Gesundheit dienend*) saludable

**Gesundheitsamt** *nt* Departamento *m* de Sanidad; **gesundheitsbewusst** *adj* consciente de la salud; **gesundheitsschädlich** *adj* perjudicial para la salud; **Gesundheitszustand** *m* estado *m* de salud

**gesund|schreiben** *irr vt* dar de alta

**gesungen** [gəˈzʊŋən] *pp von* **singen**

**gesunken** [gəˈzʊŋkən] *pp von* **sinken**

**getan** *pp von* **tun**

**Getöse** [gəˈtøːzə] *nt* <-s, *ohne pl*> estruendo *m,* chivateo *m Am*

**getragen** [gəˈtraːgən] **I.** *pp von* **tragen II.** *adj* ❶ (*Musik*) lento ❷ (*Kleidung*)

usado
**Getränk** [gə'trɛŋk] *nt* <-(e)s, -e> bebida *f;* **Getränkeautomat** *m* máquina *f* automática de bebidas; **Getränkedose** *f* lata *f* de bebida
**Getratsch(e)** [gə'tra:tʃ(ə)] *nt* <-(e)s, *ohne pl*> (*fam abw*) chismorreo *m,* chismes *mpl*
**getrauen*** *vr:* **sich** ~ atreverse (*zu* a)
**Getreide** [gə'traɪdə] *nt* <-s, -> cereales *mpl o fpl;* **Getreidemühle** *f* molino *m* harinero
**getrennt** [gə'trɛnt] **I.** *adj* separado **II.** *adv* por separado; ~ **leben** vivir separados; **schreibt man das ~?** ¿eso se escribe separado?
**getreten** *pp von* **treten**
**getreu** [gə'trɔɪ] **I.** *adj* (*geh*) fiel **II.** *präp* +*dat* fiel a; ~ **den Regeln** fiel a las reglas
**Getriebe** [gə'tri:bə] *nt* <-s, -> (*an Maschine*) engranaje *m;* (AUTO) caja *f* de cambios
**getrieben** *pp von* **treiben**
**getroffen** *pp von* **treffen**
**getrogen** *pp von* **trügen**
**getrost** [gə'tro:st] *adv* sin miedo, tranquilamente
**getrübt** [gə'try:pt] *adj* enturbiado
**getrunken** *pp von* **trinken**
**Getto** ['gɛto] *nt* <-s, -s> gueto *m*
**gettoisieren*** *vt* ❶ (*zum Getto machen*) convertir en un gueto ❷ (*geh: absondern*) aislar
**Getue** [gə'tu:ə] *nt* <-s, *ohne pl*> (*fam abw*) pose *f;* **ein zimperliches** ~ remilgos *mpl*
**getüpfelt** [gə'tʏpfəlt] *adj* moteado
**Getuschel** *nt* <-s, *ohne pl*> (*fam abw*) cuchicheos *mpl* (*über* sobre)
**geübt** [gə'ʔy:pt] *adj* (*erfahren*) experto; (*geschickt*) hábil; **im Reden ~ sein** tener facilidad de palabra
**Gewächs** [gə'vɛks] *nt* <-es, -e> ❶ (*Pflanze*) planta *f* ❷ (*Geschwulst*) tumor *m*
**gewachsen** [gə'vaksən] **I.** *pp von* **wachsen**[1] **II.** *adj:* **jdm/etw** *dat* ~ **sein** estar a la altura de alguien/algo
**Gewächshaus** *nt* invernadero *m*
**gewagt** [gə'va:kt] *adj* ❶ (*riskant*) arriesgado ❷ (*moralisch bedenklich*) atrevido
**gewählt** [gə'vɛ:lt] *adj* (*Stil*) culto; (*elegant*) elegante
**Gewähr** [gə'vɛ:ɐ] *f ohne pl* garantía *f;* **ohne** ~ sin garantía; **jdm die ~ dafür bieten, dass ...** garantizarle a alguien que...
**gewähren*** [gə'vɛ:rən] **I.** *vt* (*bewilligen*) conceder; (*geben*) dar, proporcionar; (*erlauben*) permitir **II.** *vi:* **jdn ~ lassen** dejar plena libertad a alguien
**gewährleisten*** *vt* asegurar, garantizar
**Gewährleistung** *f* <-en> ❶ (*Sicherstellung, Mängelhaftung*) garantía *f* ❷ (*Schweiz: Genehmigung*) permiso *m*
**Gewahrsam** [gə'va:ɐza:m] *m* <-s, *ohne pl*> ❶ (*Obhut*) custodia *f;* **etw in ~ nehmen** tomar algo en custodia ❷ (*Gefangenschaft*) arresto *m;* **jdn in ~ nehmen** arrestar a alguien
**Gewährung** *f* <-en> concesión *f;* (*Erlaubnis*) permiso *m*
**Gewalt**[1] [gə'valt] *f* <-en> (*Macht*) poder *m;* **elterliche** ~ patria potestad; **höhere** ~ (caso de) fuerza mayor; **sich in der ~ haben** dominarse; **jdn in seiner ~ haben** tener a alguien en su poder; **in jds ~ geraten** caer en poder de alguien; **er verlor die ~ über seinen Wagen** perdió el control de su coche; **mit aller** ~ a toda costa
**Gewalt**[2] *f ohne pl* ❶ (~*tätigkeit*) violencia *f;* **mit** ~ por fuerza, a la brava *Am;* ~ **anwenden** recurrir a la fuerza; **sich** *dat* ~ **antun** forzarse ❷ (*Heftigkeit*) fuerza *f,* vehemencia *f*
**gewaltbereit** *adj* dispuesto a la violencia; **Gewaltbereitschaft** *f* disposición *f* a la violencia
**Gewaltenteilung** *f ohne pl* separación *f* de poderes
**gewaltfrei** **I.** *adj* no violento **II.** *adv* sin violencia
**Gewaltherrschaft** *f* tiranía *f*
**gewaltig** **I.** *adj* ❶ (*mächtig*) poderoso ❷ (*riesig*) enorme **II.** *adv* (*fam: sehr*) tremendamente
**gewaltlos** *adj* sin violencia, pacífico
**Gewaltlosigkeit** *f ohne pl* renuncia *f* a la violencia
**gewaltsam** **I.** *adj* violento **II.** *adv* a viva fuerza; **eine Tür ~ öffnen** forzar una puerta
**Gewalttat** *f* acto *m* violento; (*Verbrechen*) crimen *m;* **Gewalttäter(in)** *m(f)* criminal *mf* peligroso, -a; **gewalttätig** *adj* violento; **Gewalttätigkeit** *f ohne pl* violencia *f;* **Gewaltverbrechen** *nt* crimen *m* violento; **Gewaltverbrecher(in)** *m(f) s.* **Gewalttäter**
**Gewand** [gə'vant, *pl:* gə'vɛndɐ] *nt* <-(e)s, -wänder> ❶ (*geh: Kleidungsstück*) vestimenta *f;* (*Umhang*) manto *m* ❷ (*Schweiz: Kleidung*) vestido *m*
**gewandt** [gə'vant] **I.** *pp von* **wenden**[2] **II.** *adj* hábil; (*Auftreten*) seguro; (*Stil*) fluido
**gewann** [gə'van] *3. imp von* **gewinnen**
**Gewäsch** [gə'vɛʃ] *nt* <-(e)s, *ohne pl*> (*fam abw*) tonterías *fpl,* bobadas *fpl*
**gewaschen** [gə'vaʃən] *pp von* **waschen**

G

**Gewässer** [gəˈvɛsɐ] *nt* <-s, -> agua(s) *f(pl)*; **Gewässerreinhaltung** *f* (ÖKOL) protección *f* de aguas

**Gewebe** [gəˈveːbə] *nt* <-s, -> (*a.* MED, BIOL) tejido *m*

**Gewehr** [gəˈveːɐ] *nt* <-(e)s, -e> fusil *m*; **Gewehrlauf** *m* <-(e)s, -läufe> cañón *m* del fusil

**Geweih** [gəˈvaɪ] *nt* <-(e)s, -e> cornamenta *f*

**Gewerbe¹** [gəˈvɛrbə] *nt* <-s, -> (*Tätigkeit*) oficio *m*, profesión *f*; **ein ~ (be)treiben** dedicarse a un oficio

**Gewerbe²** *nt* <-s, *ohne pl*> (*Betrieb*) empresa *f* (mediana)

**Gewerbeaufsichtsamt** *nt* Departamento *m* de Inspección Industrial; **Gewerbegebiet** *nt* polígono *m* industrial; **Gewerbeordnung** *f* reglamento *m* industrial; **Gewerbeschein** *m* licencia *f* profesional; **Gewerbesteuer** *f* impuesto *m* industrial; **Gewerbetreibende(r)** *mf* <-n, -n; -n> industrial *mf*

**gewerblich** [gəˈvɛrplɪç] *adj* comercial; (*industriell*) industrial; (*beruflich*) profesional; **etw ~ nutzen** usar algo con fines comerciales

**Gewerkschaft** [gəˈvɛrkʃaft] *f* <-en> sindicato *m*

**Gewerkschaft(l)er(in)** *m(f)* <-s, -; -nen> sindicalista *mf*

**gewerkschaftlich** *adj* sindical

**Gewerkschaftsbund** *m* confederación *f* de sindicatos; **Gewerkschaftsführer(in)** *m(f)* líder *m* sindical; **Gewerkschaftsmitglied** *nt* sindicalista *mf*

**gewesen** [gəˈveːzən] *pp von* **sein**

**gewichen** [gəˈvɪçən] *pp von* **weichen**

**Gewicht¹** [gəˈvɪçt] *nt* <-(e)s, *ohne pl*> ❶ (*Schwere, a.* PHYS) peso *m*; **sein ~ halten** mantener su peso ❷ (*Bedeutung*) importancia *f*; **(nicht) ins ~ fallen** (no) tener importancia; **auf etw ~ legen** dar importancia a algo

**Gewicht²** *nt* <-(e)s, -e> (*für Waage, a.* SPORT) pesa *f*

**gewichten*** *vt* (*Bedeutung beimessen*) atribuir la debida importancia (a)

**Gewichtheben** *nt* <-s, *ohne pl*> (SPORT) levantamiento *m* de pesas

**gewichtig** *adj* ❶ (*bedeutungsvoll*) importante ❷ (*iron: dick*) obeso

**Gewichtsverlust** *m* pérdida *f* de peso; **Gewichtszunahme** *f* aumento *m* de peso

**gewieft** [gəˈviːft] *adj* (*fam*) astuto

**gewiesen** [gəˈviːzən] *pp von* **weisen**

**gewillt** [gəˈvɪlt] *adj*: **~ sein etw zu tun** estar dispuesto a hacer algo

**Gewimmel** *nt* <-s, *ohne pl*> gentío *m*

**Gewinde** [gəˈvɪndə] *nt* <-s, -> (TECH) rosca *f*

**Gewinn¹** [gəˈvɪn] *m* <-(e)s, -e> ❶ (WIRTSCH) beneficio *m*, ganancia *f*; **~ machen** obtener beneficios ❷ (*in Lotterie*) premio *m*

**Gewinn²** *m* <-(e)s, *ohne pl*> (*Nutzen*) provecho *m*; **~ bringend** lucrativo; (*vorteilhaft*) ventajoso; **aus etw** *dat* **~ schlagen** sacar provecho de algo

**Gewinnbeteiligung** *f* participación *f* en los beneficios; **gewinnbringend** *adj* lucrativo; (*vorteilhaft*) ventajoso; **Gewinnchance** *f* oportunidad *f* de ganar

**gewinnen** [gəˈvɪnən] <gewinnt, gewann, gewonnen> **I.** *vt* ❶ (*Spiel*) ganar ❷ (*erhalten*) ganar, obtener; **Zeit/Boden ~** ganar tiempo/terreno; **Abstand ~** distanciarse; **jdn zum Freund ~** ganarse la amistad de alguien; **jdn für etw ~** ganar(se) a alguien para algo; **wie gewonnen, so zerronnen** (*prov*) lo que el agua trae, el agua se lleva ❸ (*Rohstoff*) sacar, obtener; (*erzeugen*) elaborar; (*Energie*) producir; (*Kohle*) extraer; **aus diesen Trauben wird Wein gewonnen** de estas uvas se hace vino **II.** *vi* ❶ (*siegen*) ganar (*bei* en); **die Mannschaft gewann 1:3** el equipo ganó por 1 a 3 ❷ (*besser werden*) ganar (*an* en); **an Höhe/an Bedeutung ~** ganar en altura/en importancia ❸ (*besser wirken*) ganar (*durch* con), mejorar (*durch* con)

**gewinnend** *adj* (*Wesen*) agradable

**Gewinner(in)** *m(f)* <-s, -; -nen> ganador(a) *m(f)*; (*Lotto*) acertante *mf*; (*Sieger*) vencedor(a) *m(f)*

**Gewinnlos** *nt* boleto *m* premiado; **Gewinnmarge** [-marʒə] *f* (WIRTSCH) margen *m* de beneficios; **Gewinnnummer** *f* número *m* ganador; **Gewinnspanne** *f* (WIRTSCH) margen *m* de beneficio

**Gewinnung** *f* <-en> ❶ (*von Rohstoffen*) explotación *f*; (*von Kohle*) extracción *f* ❷ (*Erzeugung*) producción *f*

**Gewinnzahl** *f* número *m* premiado

**Gewinsel** *nt* <-s, *ohne pl*> (*abw*) aullido *m*

**Gewirr** [gəˈvɪr] *nt* <-(e)s, *ohne pl*> maraña *f*; (*von Stimmen*) confusión *f*; (*von Straßen*) laberinto *m*

**gewiss** [gəˈvɪs] **I.** *adj* ❶ (*sicher*) seguro; **sich** *dat* **einer Sache ~ sein** (*geh*) estar seguro de una cosa ❷ (*bestimmt*) tal, cierto; **ein ~er Herr Müller** un tal Señor Müller; **in ~em Maße** en cierta medida **II.** *adv* (*sicher*) seguramente; (*zweifellos*) indudablemente; **aber ~ doch!** ¡seguro que sí!

**Gewissen** [gəˈvɪsən] *nt* <-s, -> conciencia *f*; **ein gutes/schlechtes ~ haben** tener buena/mala conciencia; **jdn/etw auf dem ~ haben** tener a alguien/algo sobre su conciencia; **jdm ins ~ reden** apelar a la conciencia de alguien; **sein ~ erleichtern** descargar la conciencia

**gewissenhaft** *adj* concienzudo; (*penibel*) escrupuloso

**gewissenlos** *adj* sin escrúpulo(s); ~ **handeln** obrar de mala fe

**Gewissenlosigkeit** *f ohne pl* falta *f* de conciencia

**Gewissensbisse** *mpl* remordimientos *mpl* (de conciencia); **Gewissensentscheidung** *f* cuestión *f* de conciencia; **Gewissensfrage** *f* cuestión *f* de conciencia; **Gewissensfreiheit** *f ohne pl* libertad *f* de conciencia; **Gewissensgründe** *mpl* razones *fpl* de conciencia; **Gewissenskonflikt** *m* conflicto *m* de conciencia, problema *m* de conciencia

**gewissermaßen** [-'--'--] *adv* en cierto sentido

**Gewissheit** *f* <-en> certeza *f*; ~ **haben über etw** estar seguro de algo; **sich** *dat* ~ **über etw verschaffen** cerciorarse de algo

**Gewitter** [gə'vɪtɐ] *nt* <-s, -> tormenta *f*

**gewitt(e)rig** *adj* tormentoso

**gewittern*** *vunpers* haber tormenta

**Gewitterregen** *m* lluvia *f* tormentosa; **Gewitterstimmung** *f* cerrazón *f*; **Gewitterwolke** *f* nubarrón *m*

**gewittrig** *adj s.* **gewitt(e)rig**

**gewitzt** [gə'vɪtst] *adj* listo

**gewoben** [gə'vo:bən] *pp von* **weben²**

**gewogen** [gə'vo:gən] **I.** *pp von* **wiegen²** **II.** *adj* (*geh*): **etw** *dat* ~ **sein** ser propicio a algo; **jdm ~ sein** tener simpatía por alguien

**gewöhnen*** [gə'vø:nən] **I.** *vt* acostumbrar (*an* a); (*an Klima*) aclimatar (*an* a) **II.** *vr:* **sich ~** acostumbrarse (*an* a); (*vertraut machen*) familiarizarse (*an* con); (*an Klima*) aclimatarse (*an* a)

**Gewohnheit** [gə'vo:nhaɪt] *f* <-en> costumbre *f*; **aus (alter) ~** por (pura) costumbre

**Gewohnheitsmensch** *m* persona *f* rutinaria; **Gewohnheitsrecht** *nt* (JUR) derecho *m* consuetudinario; **Gewohnheitstäter(in)** *m(f)* delincuente *mf* habitual; **Gewohnheitstier** *nt* (*iron*) persona *f* de costumbres; **Gewohnheitstrinker(in)** *m(f)* bebedor(a) *m(f)* habitual; **Gewohnheitsverbrecher(in)** *m(f)* delincuente *mf* habitual

**gewöhnlich** [gə'vø:nlɪç] **I.** *adj* ① (*gewohnt*) habitual ② (*alltäglich*) corriente ③ (*ordinär*) ordinario **II.** *adv* (*normalerweise*) normalmente; **wie ~** como siempre; **für ~** normalmente

**gewohnt** [gə'vo:nt] *adj* ① (*daran gewöhnt*) acostumbrado; **ich bin es ~ lange zu arbeiten** estoy acostumbrado a trabajar hasta tarde ② (*vertraut*) familiar

**Gewöhnung** [gə'vø:nʊŋ] *f ohne pl* habituación *f* (*an* a); (*an Klima*) aclimatación *f* (*an* a)

**gewöhnungsbedürftig** *adj* que requiere un cierto tiempo (para acostumbrarse); **Gewöhnungssache** *f ohne pl* cuestión *f* de costumbre

**Gewölbe** [gə'vœlbə] *nt* <-s, -> bóveda *f*

**gewölbt** [gə'vœlpt] *adj* arqueado; (*Decke*) abovedado

**gewonnen** [gə'vɔnən] *pp von* **gewinnen**

**geworben** [gə'vɔrbən] *pp von* **werben**

**geworden** [gə'vɔrdən] *pp von* **werden¹**

**geworfen** [gə'vɔrfən] *pp von* **werfen**

**gewrungen** [gə'vrʊŋən] *pp von* **wringen**

**Gewühl** [gə'vy:l] *nt* <-(e)s, *ohne pl*> (*Gedränge*) multitud *f*, mogollón *m fam*

**gewunden** [gə'vʊndən] **I.** *pp von* **winden** **II.** *adj* (*Flusslauf, Straße*) sinuoso; (*Ausdrucksweise*) retorcido

**gewunken** [gə'vʊŋkən] *pp von* **winken**

**Gewürz** [gə'vʏrts] *nt* <-es, -e> especia *f*; **Gewürzgurke** *f* pepinillo *m* en vinagre; **Gewürzpflanze** *f* planta *f* aromática, especia *f*

**Gewusel** [gə'vu:zl] *nt* <-s, *ohne pl*> (*reg*) *s.* **Gewimmel**

**gewusst** [gə'vʊst] *pp von* **wissen**

**gez.** *Abk. von* **gezeichnet** fdo.

**i Land & Leute**

Las emisoras de radio y televisión públicas en Alemania se financian, entre otros ingresos, a través de un impuesto específico, recaudado por la **GEZ**, siglas que pertenecen a la *Gebühreneinzugszentrale*. Toda persona, propietaria de una radio y/o televisión debe pagar semestralmente este impuesto, que a su vez es redistribuido entre las distintas emisoras públicas.

**gezackt** [gə'tsakt] *adj* con picos; (TECH, BOT) dentado

**Gezanke** *nt* <-s, *ohne pl*> (*abw*) pelea *f*, riña *f*

**gezeichnet** [gə'tsaɪçnət] *adj* ① (*im Brief*) firmado ② (*von Krankheit*): **von etw** *dat* ~ **sein** estar marcado por algo

**Gezeiten** [gə'tsaɪtən] *fpl* marea *f*; **Gezeitenstrom** *m* corriente *f* de marea; **Gezei-**

**tenwechsel** *m* cambio *m* de marea

**Gezeter** [gə'tse:tɐ] *nt* <-s, *ohne pl*> (*abw*) alboroto *m*

**gezielt** [gə'tsi:lt] *adj* dirigido a un fin; ~ **nachfragen** preguntar con precisión

**geziemen*** [gə'tsi:mən] *vr:* **sich** ~ convenir; **das geziemt sich nicht!** ¡eso no se hace!

**geziert** [gə'tsi:ɐt] *adj* (*abw*) afectado

**gezogen** [gə'tso:gən] *pp von* **ziehen**

**Gezwitscher** [gə'tsvɪtʃɐ] *nt* <-s, *ohne pl*> gorjeo *m*

**gezwungen** [gə'tsvʊŋən] **I.** *pp von* **zwingen II.** *adj* forzado

**gezwungenermaßen** [-'---'--] *adv* forzosamente

**ggf.** *Abk. von* **gegebenenfalls** en su caso, en caso necesario

**Ghana** ['ga:na] *nt* <-s> Ghana *f*

**Ghanaer(in)** ['ga:naɐ] *m(f)* <-s, -; -nen> ghanés, -esa *m, f*

**ghanaisch** ['ga:naɪʃ] *adj* ghanés

**Ghetto** ['gɛto] *nt* <-s, -s> *s.* **Getto**

**ghettoisieren*** *vt s.* **gettoisieren**

**Gibraltar** [gi'bralta:ɐ, --'-] *nt* <-s> Gibraltar *m*

**Gibraltarer(in)** [gibral'ta:rɐ] *m(f)* <-s, -; -nen> gibraltareño, -a *m, f*

**gibt** [gi:pt] *3. präs von* **geben**

**Gicht** [gɪçt] *f ohne pl* (MED) gota *f*

**Giebel** ['gi:bəl] *m* <-s, -> (ARCHIT) frontón *m;* **Giebeldach** *nt* (ARCHIT) tejado *m* a dos vertientes

**Gier** [gi:ɐ] *f ohne pl* avidez *f* (*nach* de), codicia *f* (*nach* de); (*Fress~*) voracidad *f*

**gieren** ['gi:rən] *vi* (*geh*) codiciar (*nach*)

**gierig** *adj* ávido (*nach* de); (*hab~*) codicioso; (*gefräßig*) voraz; ~ **essen/trinken** comer/beber con gula

**gießen** ['gi:sən] <gießt, goss, gegossen> **I.** *vt* ① (*Pflanzen*) regar ② (*Metall*) fundir ③ (*Kerzen*) hacer ④ (*hinein~*) echar; **voll** ~ llenar (hasta el borde) ⑤ (*verschütten*) verter **II.** *vunpers* (*fam: regnen*) llover mucho; **es gießt in Strömen** llueve a cántaros

**Gießerei** *f* <-en> (taller *m* de) fundición *f*

**Gießkanne** *f* regadera *f*

**Gift** [gɪft] *nt* <-(e)s, -e> veneno *m;* (MED) tóxico *m;* **darauf kannst du ~ nehmen** (*fam*) apuesto la cabeza; **sein ~ verspritzen** (*fam*) hablar con lengua viperina; ~ **und Galle spucken** (*fam*) echar sapos y culebras; **Giftgas** *nt* gas *m* tóxico; **giftgrün** *adj* verde cardenillo

**giftig** *adj* ① (*Substanz*) venenoso; (MED) tóxico ② (*fam: boshaft*) mordaz

**Giftmüll** *m* (ÖKOL) desechos *mpl* tóxicos, residuos *mpl* tóxicos; **Giftmüllexport** *m* (ÖKOL) exportación *f* de residuos tóxicos; **Giftmüllverbrennungsanlage** *f* (ÖKOL) planta *f* incineradora de residuos tóxicos

**Giftnudel** *f* (*fam: gehässiger Mensch*) víbora *f;* **Giftpilz** *m* (BOT) seta *f* venenosa; **Giftschlange** *f* serpiente *f* venenosa; **Giftspritze** *f* (*fam*) *s.* **Giftnudel**; **Giftstoff** *m* sustancia *f* tóxica; **Giftwolke** *f* nube *f* tóxica; **Giftzwerg** *m* (*fam abw*) víbora *f*

**Gigabyte** ['gi:gabaɪt] *nt* <-(s), -(s)> (INFOR) gigabyte *m*

**Gigant(in)** [gi'gant] *m(f)* <-en, -en; -nen> gigante, -a *m, f*

**gigantisch** *adj* gigantesco, gigante

**gilt** [gɪlt] *3. präs von* **gelten**

**Gin** [dʒɪn] *m* <-s, -s> ginebra *f;* ~ **Tonic** gin tonic

**ging** [gɪŋ] *3. imp von* **gehen**

**Ginster** ['gɪnstɐ] *m* <-s, -> (BOT) retama *f*

**Gipfel** ['gɪpfəl] *m* <-s, -> ① (*von Berg*) cumbre *f,* cima *f* ② (*Höhepunkt*) apogeo *m;* **das ist doch der ~!** ¡esto es el colmo! ③ (POL) cumbre *f;* **Gipfelkonferenz** *f* (POL) (conferencia *f*) cumbre *f*

**gipfeln** *vi* culminar (*in* en)

**Gipfelpunkt** *m* punto *m* culminante; **Gipfeltreffen** *nt* (POL) (reunión *f*) cumbre *f*

**Gips** [gɪps] *m* <-es, -e> ① (*Baumaterial*) yeso *m* ② (MED) escayola *f;* **er hat den Fuß in ~** tiene el pie enyesado; **Gipsabdruck** *m* (*durch Eindrücken*) impresión *f* en yeso; (*Abguss*) moldeado *m* en yeso; **Gipsarm** *m* (*fam*) brazo *m* enyesado; **Gipsbein** *nt* (*fam*) pierna *f* enyesada

**gipsen** *vt* enyesar

**Gipsverband** *m* escayola *f*

**Giraffe** [gi'rafə] *f* <-n> jirafa *f*

**Girlande** [gɪr'landə] *f* <-n> guirnalda *f*

**Giro** ['ʒi:ro] *nt* <-s, -s> (FIN) giro *m;* **Girokonto** ['ʒi:rokɔnto] *nt* cuenta *f* corriente

**Gis** [gɪs] *nt* <-, -> (MUS) sol *m* sostenido

**Gischt** [gɪʃt] *f* <-en> espuma *f* de las olas

**Gitarre** [gi'tarə] *f* <-n> guitarra *f*

**Gitarrist(in)** *m(f)* <-en, -en; -nen> guitarrista *mf*

**Gitter** ['gɪtɐ] *nt* <-s, -> ① (*Fenster~, Tür~*) reja *f;* (*für Pflanzen*) enrejado *m;* **hinter ~ kommen** (*fam*) ir a la cárcel ② (CHEM) red *f* cristalina, retículo *m* cristalino ③ (GEO, MATH) cuadrícula *f;* **Gitterfenster** *nt* ventana *f* enrejada; **Gitterrost** *m* (*an Ofen*) parrilla *f;* (*Abdeckung*) reja *f*

**Glace** [gla:s] *f* <-n> (*Schweiz: Speiseeis*) helado *m*

**Glaceehandschuh** *m,* **Glacéhandschuh**

[gla'se:hantʃu:] *m* guante *m* de cabritilla; **jdn mit ~en anfassen** (*fam fig*) tratar a alguien con guante de seda

**Glanz** [glants] *m* <-es, *ohne pl*> ❶ (*von Fläche, Haaren, Augen*) brillo *m;* (*Schimmer*) resplandor *m* ❷ (*Pracht*) esplendor *m*

**glänzen** ['glɛntsən] **I.** *vi* ❶ (*Glanz haben*) brillar; (*strahlen*) resplandecer ❷ (*in einem Fach*) brillar (*durch* por); **durch Abwesenheit ~** brillar por su ausencia **II.** *vt* (*Schweiz: zum G~ bringen*) dar brillo (a)

**glänzend I.** *adj* ❶ (*Lack, Augen*) brillante; (*Foto*) en brillo ❷ (*fam: sehr gut*) espléndido **II.** *adv* de maravilla; **wir haben uns ~ amüsiert** nos divertimos de lo lindo

**Glanzleistung** *f* actuación *f* brillante

**glanzvoll** *adj* ❶ (*ausgezeichnet*) espléndido ❷ (*prunkhaft*) suntuoso

**Glanzzeit** *f* época *f* de esplendor

**Glas**[1] [gla:s] *nt* <-es, *ohne pl*> (*Material*) vidrio *m,* cristal *m;* **Vorsicht ~!** ¡frágil!

**Glas**[2] [gla:s, *pl:* 'glɛ:zɐ] *nt* <-es, Gläser> ❶ (*Trinkgefäß*) vaso *m;* (*mit Stiel*) copa *f;* (*~behälter*) frasco *m;* (*Schraub~*) tarro *m;* **ein ~ über den Durst trinken** (*fam*) tomar una copa de más; **zu tief ins ~ gucken** (*fam fig*) empinar el codo ❷ (*Fern~*) prismáticos *mpl* ❸ (*Brillen~*) cristal *m*

**Glasauge** *nt* ojo *m* de cristal; **Glasbläser(in)** *m(f)* vidriero, -a *m, f;* **Glascontainer** *m* (*für Altglas*) contenedor *m* de vidrio

**Glaser(in)** *m(f)* <-s, -; -nen> cristalero, -a *m, f*

**Glaserei** *f* <-en> (*Betrieb*) cristalería *f*

**Glaserin** *f* <-nen> *s.* **Glaser**

**gläsern** ['glɛ:zɐn] *adj* de vidrio; (*feiner*) de cristal; (*fig: transparent*) transparente

**Glasfaser** *f* fibra *f* de vidrio; **Glasfaserkabel** *nt* (TECH) cable *m* fibroóptico

**Glashaus** *nt* invernadero *m;* **Glashütte** *f* taller *m* de vidrio, vidriería *f*

**glasieren*** [gla'zi:rən] *vt* ❶ (*Keramik*) vidriar ❷ (GASTR) glasear

**glasig** ['gla:zɪç] *adj* ❶ (*Blick*) vidrioso ❷ (GASTR) sofrito

**Glaskasten** *m* vitrina *f;* **glasklar** ['-'-] *adj* ❶ (*durchsichtig*) claro ❷ (*deutlich*) claro como el agua; **Glasmalerei** *f ohne pl* pintura *f* sobre vidrio

**Glasnost** ['glasnɔst] *f ohne pl* (POL) glasnost *f*

**Glasperle** *f* perla *f* de vidrio; **Glasscheibe** *f* cristal *m,* vidrio *m;* **Glasscherbe** *f* fragmento *m* de vidrio; **~n** vidrios rotos; **Glastür** *f* puerta *f* vidriera, mampara *f Peru*

**Glasur** [gla'zu:ɐ] *f* <-en> ❶ (*auf Keramik*) esmalte *m* ❷ (GASTR: *aus Schokolade*) cobertura *f* de chocolate

**Glaswolle** *f ohne pl* lana *f* de vidrio

**glatt** [glat] **I.** *adj* ❶ (*eben*) plano; (*nicht rau*) liso; (*Haut*) suave; (*Haare*) liso ❷ (*rutschig*) resbaladizo ❸ (*reibungslos*) perfecto ❹ (*fam: eindeutig*) claro, rotundo; **das macht ~e 100 Euro** son exactamente 100 euros ❺ (*Typ*) empalagoso **II.** *adv* ❶ (*problemlos*) sin problemas, sin obstáculos ❷ (*rundweg*) rotundamente; (*einfach*) sencillamente

**Glätte** ['glɛtə] *f ohne pl* ❶ (*Ebenheit*) llanura *f;* (*nicht rau*) lisura *f* ❷ (*von Straßen*) estado *m* resbaladizo

**Glatteis** *nt* hielo *m;* **jdn aufs ~ führen** (*fig*) poner a alguien en un aprieto; **Glatteisgefahr** *f ohne pl* peligro *m* de (formación de) hielo

**glätten** ['glɛtən] **I.** *vt* ❶ (*eben machen*) alisar; **die Wogen ~** (*fig*) calmar los ánimos ❷ (*Schweiz: bügeln*) planchar **II.** *vr:* **sich ~** (*Meer, Sturm*) calmarse

**glattweg** ['glatvɛk] *adv* (*fam: rundweg*) rotundamente; (*völlig*) completamente

**Glatze** ['glatsə] *f* <-n> calva *f,* pelada *f CSur;* **eine ~ haben/bekommen** ser/quedarse calvo

**Glatzkopf** *m* (*fam*) calvo, -a *m, f*

**glatzköpfig** ['glatskœpfɪç] *adj* calvo

**Glaube** ['glaʊbə] *m* <-ns, *ohne pl*> ❶ (REL) fe *f* (*an* en), creencias *fpl;* **der christliche ~** la fe cristiana; **jüdischen ~ns** de religión judía ❷ (*Vertrauen*) creencia *f,* crédito *m;* (*Meinung*) opinión *f;* (*Überzeugung*) convicción *f;* **in dem ~n sein, dass ...** estar en la creencia de que...; **jdn in dem ~n belassen, dass** dejar a alguien creyendo que; **etw** *dat* **~n/keinen ~n schenken** dar/no dar crédito a algo; **in gutem ~n handeln** actuar de buena fe ❸ (*Zuversicht*) confianza *f* (*an* en)

**glauben** ['glaʊbən] **I.** *vt* ❶ (*meinen*) creer(se); **ich glaube nicht, dass das geht** no creo que se pueda hacer esto; **sie glaubte ihn in Schwierigkeiten** (*geh*) le creía en dificultades; **einer musste daran ~** (*fam fig*) uno estiró la pata ❷ (*für wahr halten*) creer(se); **das glaubst du doch selber nicht** eso no te lo crees ni tú; **es ist nicht zu ~!** ¡es increíble!; **ich glaube dir** te creo; **ob du es glaubst oder nicht, ich habe gewonnen** te lo creas o no, he ganado **II.** *vi* (*a.* REL) creer (*an* en); **ich glaube an Gott** creo en Dios

**Glauben** *m* <-s, *ohne pl*> *s.* **Glaube;**

G

**Glaubensbekenntnis** *nt* (REL, POL) credo *m;* **Glaubensfreiheit** *f ohne pl* libertad *f* de culto(s); **Glaubensgemeinschaft** *f* comunidad *f* de creyentes

**glaubhaft** *adj* creíble; (*glaubwürdig*) fidedigno; **jdm etw ~ machen** presentar algo de forma convincente a alguien

**Glaubhaftigkeit** *f ohne pl* credibilidad *f*

**gläubig** ['glɔɪbɪç] *adj* (REL) creyente

**Gläubige(r)** *mf* <-n, -n; -n> (REL) creyente *mf*

**Gläubiger(in)** *m(f)* <-s, -; -nen> (WIRTSCH) acreedor(a) *m(f)*

**glaubwürdig** *adj* digno de crédito, creíble

**Glaubwürdigkeit** *f ohne pl* credibilidad *f*

**gleich** [glaɪç] **I.** *adj* ① (*a.* MATH: *~wertig*) igual; (*identisch*) idéntico; **der/die/das G~e** el mismo/la misma/lo mismo; **zu ~en Teilen** a partes iguales; **in ~er Weise** de la misma manera; **zur ~en Zeit** a la misma hora; **G~es mit G~em vergelten** pagar con la misma moneda; **zwei mal zwei (ist) ~ vier** dos por dos (es) igual a cuatro ② (*ähnlich*) parecido; **G~ und G~ gesellt sich gern** cada oveja con su pareja ③ (*~gültig*): **es ist mir ~, ob ...** me da lo mismo si...; **ganz ~ was er sagt** no importa lo que él diga **II.** *adv* ① (*sofort*) ahora mismo, inmediatamente; (*demnächst*) pronto; **ich komme ~** ahora voy; **bis ~** hasta ahora; **~ darauf** al poco rato; **~ heute** hoy mismo; **habe ich es nicht ~ gesagt?** ¿qué te dije?; **das dachte ich mir ~** ya me lo imaginaba; **wie hieß sie doch ~?** ¿cómo se llamaba? ② (*dicht daneben*) justo, directamente; **der Schrank steht ~ neben der Tür** el armario está justo al lado de la puerta; **~ hier** aquí mismo ③ (*ebenso*) igual; **~ schnell** igual de rápido; **~ groß** del mismo tamaño; **~ viel** la misma cantidad; **du musst sie beide ~ behandeln** los debes tratar igual **III.** *präp +dat* (*geh: wie*) igual a; **~ einem Schmetterling** cual una mariposa

**gleichaltrig** ['glaɪçaltrɪç] *adj* de la misma edad; **gleichartig** *adj* de la misma especie; **gleichbedeutend** *adj* equivalente (*mit* a); **Gleichbehandlung** *f ohne pl* igualdad *f* de trato; **gleichberechtigt** *adj* con los mismos derechos; **Gleichberechtigung** *f ohne pl* igualdad *f* de derechos

**gleichen** ['glaɪçən] <gleicht, glich, geglichen> *vi* parecerse (a)

**gleichermaßen** ['--'--] *adv* de la misma manera, igualmente

**gleichfalls** *adv* igualmente; **danke ~!** ¡gracias, igualmente!; **gleichförmig** *adj* uniforme, igual; **gleichgeschlechtlich** *adj* ① (*von gleichem Geschlecht*) del mismo sexo ② (*homosexuell*) homosexual

**Gleichgewicht** *nt* <-(e)s, *ohne pl*> (*a.* PSYCH) equilibrio *m;* **aus dem ~ kommen/bringen** perder el equilibrio/desequilibrar; **im ~ sein** estar equilibrado; **Gleichgewichtsstörung** *f* (MED) perturbación *f* del sentido del equilibrio

**gleichgültig** *adj* ① (*ohne Anteilnahme*) indiferente (*gegenüber* a) ② (*unwichtig*) insignificante; **das ist mir ~** eso me da igual

**Gleichgültigkeit** *f ohne pl* indiferencia *f* (*gegenüber* frente a); (*Desinteresse*) desinterés *m* (*gegenüber* frente a)

**Gleichheit** *f ohne pl* igualdad *f;* (*Übereinstimmung*) conformidad *f;* **Gleichheitszeichen** *nt* signo *m* de igualdad

**gleich|kommen** *irr vi sein* ① (*gleichen*) equivaler (a) ② (*mit Leistung*) igualar (*an* en); **gleich|machen** *vt* igualar, nivelar; **etw dem Erdboden ~** arrasar algo

**gleichmäßig** *adj* ① (*gleichförmig*) uniforme ② (*regelmäßig*) regular ③ (*ausgeglichen*) equilibrado ④ (*ebenmäßig*) simétrico

**Gleichmäßigkeit** *f ohne pl* ① (*Gleichförmigkeit*) uniformidad *f* ② (*Regelmäßigkeit*) regularidad *f* ③ (*Ausgeglichenheit*) equilibrio *m* ④ (*in der Form*) simetría *f*

**Gleichnis** *nt* <-ses, -se> parábola *f*

**gleichrangig** ['glaɪçraŋɪç] *adj* de igual categoría; (*gleichwertig*) equivalente

**gleichsam** *adv* (*geh*) en cierto modo; **~ als ob ...** como si... *+subj*

**gleichschenk(e)lig** *adj* (MATH): **~es Dreieck** triángulo *m* isósceles

**Gleichschritt** *m* <-(e)s, *ohne pl*> marcha *f* al compás; **im ~ marschieren** marchar al compás; **gleichseitig** *adj* (MATH) equilátero; **gleich|setzen** *vt* ① (*vergleichen*) equiparar (*mit* a/con) ② (*als gleichwertig einstufen*) igualar (*mit* a/con); **Gleichstand** *m* <-(e)s, *ohne pl*> (SPORT) empate *m;* **gleich|stellen** *vt* igualar (*mit* a/con); (JUR) conceder los mismos derechos (*mit* que a); **Gleichstellung** *f ohne pl* igualdad *f;* **die ~ der Frau mit dem Mann** la equiparación de la mujer con el hombre; **Gleichstrom** *m* (ELEK) corriente *f* continua; **gleich|tun** *irr vt:* **es jdm ~** (*nachahmen*) imitar a alguien (en algo); (*in Leistung*) competir con alguien

**Gleichung** *f* <-en> (MATH) ecuación *f*

**gleichwertig** *adj* equivalente

**gleichwohl** ['-'-] *adv* no obstante

**gleichzeitig** **I.** *adj* simultáneo **II.** *adv* al mismo tiempo, simultáneamente

**gleich|ziehen** *irr vi* igualar, alcanzar

**Gleis** [glaɪs] *nt* <-es, -e> vía *f;* **auf ~ zehn** en la vía diez; **aus dem ~ geraten** (*fig*) perder el ritmo acostumbrado; **die Sache kommt schon wieder ins rechte ~** las aguas vuelven a su cauce

**gleiten** ['glaɪtən] <gleitet, glitt, geglitten> *vi* ❶ *sein* (*fliegen*) planear ❷ *sein* (*rutschen*) deslizarse ❸ *sein* (*sich bewegen*) deslizarse (*über* por); (*Blick, Hand*) pasar (*über* por)

**Gleitflugzeug** *nt* planeador *m;* **Gleitmittel** *nt* (MED) lubricante *m*

**Gleitschirmfliegen** *nt* (SPORT) parapente *m*

**Gleitzeit** *f ohne pl* horario *m* (de trabajo) flexible

**Gletscher** ['glɛtʃɐ] *m* <-s, -> glaciar *m;* **Gletscherspalte** *f* grieta *f* de glaciar

**glich** [glɪç] *3. imp von* **gleichen**

**Glied** [gliːt] *nt* <-(e)s, -er> ❶ (*Körperteil*) miembro *m;* **der Schreck saß ihm in den ~ern** el susto le llegó hasta la médula ❷ (*Finger~*) falange *f* ❸ (*Penis*) miembro *m* (viril) ❹ (*Ketten~*) eslabón *m* ❺ (*Teil*) miembro *m*

**gliedern** ['gliːdɐn] **I.** *vt* ❶ (*ordnen*) clasificar ❷ (*unterteilen*) (sub)dividir (*in* en) **II.** *vr:* **sich ~** (*sich teilen*) dividirse (*in* en)

**Gliederschmerz** *m* dolor *m* articular

**Gliederung** *f* <-en> ❶ (*das Gliedern*) clasificación *f;* (*Einteilung*) división *f* (*in* en) ❷ (*Aufbau*) estructura *f*

**Gliedmaßen** ['gliːtmaːsən] *fpl* extremidades *fpl*

**glimmen** ['glɪmən] <glimmt, glomm, geglommen> *vi* arder (sin llama)

**Glimmstängel** *m* (*fam*) pitillo *m*

**glimpflich** ['glɪmpflɪç] **I.** *adj* (*mild*) suave; (*Strafe*) leve **II.** *adv* (*ohne Schaden*) bien parado; **wir sind noch ~ davongekommen** aún salimos bien parados del asunto

**glitschig** ['glɪtʃɪç] *adj* (*fam: Weg*) resbaladizo; (*Fisch*) escurridizo

**glitt** [glɪt] *3. imp von* **gleiten**

**glitzern** ['glɪtsɐn] *vi* centellear

**global** [glo'baːl] *adj* global

**Globalisierung** *f* <-en> globalización *f*

**Globetrotter(in)** ['gloːbətrɔtɐ] *m(f)* <-s, -; -nen> trotamundos *mf inv*

**Globus** ['gloːbʊs] *m* <-(ses), -se *o* Globen> globo *m*

**Glocke** ['glɔkə] *f* <-n> ❶ (*in Kirchen*) campana *f;* **etwas an die große ~ hängen** (*fam fig*) echar las campanas al vuelo ❷ (*reg: Klingel*) timbre *m* ❸ (*Käse~*) quesera *f;* **Glockenblume** *f* campanilla *f;* **glockenförmig** *adj* acampanado; **Glockengeläut(e)** *nt* <-s, *ohne pl*> toque *m* de campanas; **Glockenschlag** *m* campanada *f;* **Glockenspiel** *nt* carillón *m;* **Glockenturm** *m* campanario *m*

**glomm** [glɔm] *3. imp von* **glimmen**

**Glorie** ['gloːriə] *f ohne pl* (*geh: Ruhm*) gloria *f*

**glorifizieren*** [glorifi'tsiːrən] *vt* glorificar

**glorios** [glo'rioːs] *adj,* **glorreich** ['gloːɐraɪç] *adj* glorioso

**Glossar** [glɔ'saːɐ] *nt* <-s, -e> glosario *m*

**Glosse** ['glɔsə] *f* <-n> glosa *f*

**Glotzaugen** *ntpl* (*fam*) ojos *mpl* saltones

**Glotze** *f* <-n> (*fam*) tele *f,* caja *f* tonta

**glotzen** ['glɔtsən] *vi* (*fam*) ❶ (*schauen*) mirar; (*anstarren*) clavar la vista (*auf* en) ❷ (*fernsehen*) ver la tele

**Glück** [glʏk] *nt* <-(e)s, *ohne pl*> suerte *f,* pegada *f CSur;* (*Glücklichsein*) felicidad *f;* **~ haben** tener suerte, pegarla *Am: argot;* **kein ~ haben** tener mala suerte; **sein ~ versuchen** probar fortuna; **jdm ~ bringen** traer suerte a alguien; **sie kann von ~ sagen, dass nichts passiert ist** ha tenido la suerte de que no ha pasado nada; **zum ~** por suerte; **~ auf!** (*Bergarbeitergruß*) ¡buena suerte!; **viel ~!** ¡mucha suerte!; **ein ~!** (*fam*) ¡qué suerte!; (**das ist**) **dein ~!** (*fam*) ¡vaya suerte la tuya!; **sie weiß noch nichts von ihrem ~** todavía no sabe la que le ha caído en suerte; **~ im Unglück haben** dentro de lo malo, lo mejor; **auf gut ~** (*fam*) a la buena de Dios; **jeder ist seines ~es Schmied** (*prov*) cada uno es el artífice de su ventura

**Glucke** ['glʊkə] *f* <-n> (gallina *f*) clueca *f*

**glücken** ['glʏkən] *vi sein* salir (bien)

**gluckern** ['glʊkɐn] *vi* hacer gluglú

**glücklich** **I.** *adj* ❶ (*vom Glück begünstigt*) afortunado; **die ~e Gewinnerin** la afortunada ganadora; **ein ~er Zufall** una feliz coincidencia; **wer ist der/die G~e ?** ¿quién es el afortunado/la afortunada? ❷ (*froh*) feliz; **sie kann sich ~ schätzen, dass ...** puede considerarse satisfecha de que... +*subj* **II.** *adv* (*mit Glück*) felizmente; (*gut*) bien; **~ verheiratet sein** estar felizmente casado

**glücklicherweise** ['---'--] *adv* por suerte

**Glücksbringer** *m* <-s, -> talismán *m;* **Glücksfall** *m* golpe *m* de fortuna; **Glücksgriff** *m* (*Handlung*) acción *f* afortunada; (*Entscheidung*) decisión *f* afortunada; **Glückskind** *nt* afortunado, -a *m, f;* **Glückspilz** *m* (*fam*) suertudo, -a *m, f;* **Glücksrad** *nt* rueda *f* de la fortuna; **Glückssache** *f ohne pl* cuestión *f* de suerte; **Glücksspiel** *nt* juego *m* de azar;

**Glückssträhne** *f* racha *f* de suerte; **Glückstag** *m* día *m* de suerte; **Glückstreffer** *m* golpe *m* de suerte, batacazo *m CSur;* **Glückszahl** *f* número *m* de la suerte

**Glückwunsch** *m* (*~karte*) felicitación *f;* (*als Wunsch*) enhorabuena *f;* **herzlichen ~!** ¡felicidades!; **herzlichen ~ zum Geburtstag!** ¡feliz cumpleaños!; **Glückwunschkarte** *f* tarjeta *f* de felicitación

**Glühbirne** *f* bombilla *f,* foco *m Am*

**glühen** ['gly:ən] *vi* ❶ (*Kohlen*) arder (sin llama) ❷ (*Metall*) ponerse al rojo (vivo); (*Körper*) arder ❸ (*geh: erregt sein*) arder (*vor* de)

**glühend** *adj* (*Metall*) candente; (*Wangen*) enrojecido; (*Hass, Verehrer*) ardiente; **~ heiß** abrasador; **rot ~** candente; **weiß ~** incandescente

**Glühlampe** *f* lámpara *f* incandescente; **Glühwein** *m vino tinto caliente aromatizado con especias*

**i Land & Leute**

Durante el invierno es muy frecuente encontrar, sobre todo en mercadillos de Navidad y estaciones de esquí, esta bebida consistente en vino tinto caliente especiado con canela, anís y clavo. Dado que el **Glühwein** es bastante fuerte, en los mismos lugares se suele vender una variante sin alcohol a base de té caliente mezclado con zumo de frutas.

**Glühwürmchen** ['-vʏrmçən] *nt* luciérnaga *f,* cocuyo *m Am*

**Glupschauge** ['glʊpʃaʊgə] *nt* (*nordd*) ojo *m* saltón

**Glut** [glu:t] *f* <-en> (*von Kohlen*) brasa *f;* (*von Zigarette*) ceniza *f* ardiente; **glutrot** ['-'-] *adj* rojo candente

**Glyzerin** [glytse'ri:n] *nt* <-s, *ohne pl*> (CHEM) glicerina *f*

**GmbH** [ge:ʔɛmbe:'ha:] *f* <-s> *Abk. von* **Gesellschaft mit beschränkter Haftung** S.L. *f*

**g-Moll** *nt* <-, *ohne pl*> (MUS) sol *m* menor

**Gnade** ['gna:də] *f* <-n> ❶ (*a.* REL) gracia *f* ❷ (*Barmherzigkeit*) misericordia *f* ❸ (*Milde*) clemencia *f;* (*Nachsicht*) indulgencia *f;* **für jdn um ~ bitten** pedir clemencia para alguien; **~ vor Recht ergehen lassen** optar por la clemencia; **von Gottes ~n** por la gracia de Dios; **Gnadenfrist** *f* plazo *m* de gracia; **gnadenlos** *adj* sin piedad; **Gnadenstoß** *m* golpe *m* de gracia

**gnädig** ['gnɛ:dɪç] *adj* ❶ (*gütig*) benigno; (*barmherzig*) misericordioso; (*wohlwollend*) benévolo ❷ (*mild*) clemente; (*nachsichtig*) indulgente ❸ (*Wend*): **~es Fräulein/~e Frau/~er Herr** señorita/señora/señor

**Gnom** [gno:m] *m* <-en, -en> gnomo *m*

**Gnu** [gnu:] *nt* <-s, -s> (ZOOL) ñu *m*

**Goal** [go:l] *nt* <-s, -s> (*Österr, Schweiz:* SPORT: *Tor*) gol *m*

**Gockel** ['gɔkəl] *m* <-s, -> (*südd: fam*) gallo *m*

**Gokart** *m* <-(s), -s>, **Go-Kart** *m* <-(s), -s> ❶ (SPORT: *Rennwagen*) cart *m,* kart *m* ❷ (*für Kinder*) coche *m* de juguete con pedales

**Gold** [gɔlt] *nt* <-(e)s, *ohne pl*> oro *m;* **~ wert sein** valer su peso en oro; **nicht für alles ~ der Welt** ni por todo el oro del mundo; **es ist nicht alles ~, was glänzt** (*prov*) no es oro todo lo que reluce; **Goldader** *f* filón *m* de oro; **Goldbarren** *m* lingote *m* de oro; **Golddoublé** ['gɔltduble:] *nt* <-s, -s>, **Golddublee** *nt* <-s, -s> oro *m* chapado

**golden** ['gɔldən] *adj* ❶ (*aus Gold*) de oro; **die ~e Mitte wählen** optar por el justo medio ❷ (*goldfarben*) dorado

**goldfarben** *adj* dorado

**Goldfisch** *m* (ZOOL) pez *m* rojo, ciprino *m* dorado; **Goldgehalt** *m* contenido *m* en oro; **goldgelb** *adj* amarillo dorado; **Goldgräber(in)** ['-grɛ:bɐ] *m(f)* <-s, -; -nen> buscador(a) *m(f)* de oro; **Goldgrube** *f* (*a. fig fam*) mina *f* de oro; **Goldhamster** *m* hámster *m*

**goldig** *adj* (*fam: niedlich*) mono

**Goldmedaille** *f* (SPORT) medalla *f* de oro; **Goldmine** *f* mina *f* de oro; (*gutes Geschäft*) mina *f* de dinero, tronchado *m Mex;* **Goldmünze** *f* moneda *f* de oro; **Goldregen** *m* (BOT) borne *m;* **goldrichtig** ['-'--] *adj* (*fam*) absolutamente correcto; **Goldschatz** *m* ❶ (*Schatz*) tesoro *m* de oro ❷ (*Kosewort*) tesoro *m;* **Goldschmied(in)** *m(f)* orfebre *mf;* **Goldschmiedekunst** *f ohne pl* orfebrería *f*

**Goldschmiedin** *f s.* **Goldschmied; Goldschnitt** *m* canto *m* dorado; **Goldstück** *nt* ❶ (*Münze*) moneda *f* de oro ❷ (*fam: Mensch*) tesoro *m;* **Goldwaage** *f* balanza *f* para oro; **jedes Wort auf die ~ legen** (*fam*) tomar todo lo que se dice al pie de la letra; **Goldwährung** *f* (WIRTSCH) patrón-oro *m*

**Golf[1]** [gɔlf] *m* <-(e)s, -e> (GEO) golfo *m*

**Golf²** *nt* <-s, *ohne pl*> (SPORT) golf *m*
**Golfkrieg** *m* guerra *f* del Golfo
**Golfplatz** *m* campo *m* de golf; **Golfschläger** *m* palo *m* de golf; **Golfspieler(in)** *m(f)* jugador(a) *m(f)* de golf
**Golfstaat** *m* Estado *m* del Golfo; **Golfstrom** *m ohne pl* (GEO) corriente *f* del golfo
**Gondel** ['gɔndəl] *f* <-n> ❶ (*Boot*) góndola *f* ❷ (*am Ballon*) barquilla *f*; (*von Seilbahn*) cabina *f*
**Gong** [gɔŋ] *m* <-s, -s> gong *m*
**gönnen** ['gœnən] *vt* conceder de buen grado; **das gönne ich ihm** se lo merece; **jdm etw nicht** ~ envidiar algo a alguien; **ich gönne ihr, dass sie eine Stelle gefunden hat** me alegro que haya encontrado trabajo; **sich** *dat* **etw** ~ permitirse algo
**Gönner(in)** *m(f)* <-s, -; -nen> patrocinador(a) *m(f)*; (*von Künstler*) mecenas *mf inv*
**gönnerhaft** *adj* (*abw*) displicente
**Gönnerin** *f* <-nen> *s.* **Gönner**
**Gönnermiene** *f* (*abw*) displicencia *f*, aire *m* de superioridad
**gor** [go:ɐ] *3. imp von* **gären**
**Göre** ['gø:rə] *f* <-n> (*nordd*) ❶ (*Kind*) chiquillo, -a *m, f* ❷ (*freches Mädchen*) mocosa *f*
**Gorilla** [go'rɪla] *m* <-s, -s> gorila *m*
**Gospel** ['gɔspəl] *m o nt* <-s, -s> (REL, MUS) gospel *m*
**goss** [gɔs] *3. imp von* **gießen**
**Gosse** ['gɔsə] *f* <-n> arroyo *m*; **in der ~ landen** acabar en el arroyo
**Gotik** ['go:tɪk] *f ohne pl* gótico *m*
**gotisch** *adj* gótico
**Gott¹** [gɔt] *m* <-es, *ohne pl*> (*monotheistisch*) Dios *m*; **mit ~es Hilfe** con la ayuda de Dios; **grüß ~!** (*reg*) ¡buenos días!, ¡buenas tardes!, ¡buenas noches!; **mein ~!** ¡Dios mío!; **um ~es willen!** ¡por (el amor de) Dios!; ~ **sei Dank!** (*fam*) ¡gracias a Dios!; ~ **hab ihn selig** Dios le tenga en su gloria; **ich schwöre bei** ~ lo juro por Dios; **weiß ~ nicht** (*fam*) Dios sabe que no; **in ~es Namen** (*fam*) por Dios; **leider ~es** (*fam*) por desgracia; ~ **bewahre!** (*fam*) ¡no lo quiera Dios!; **über ~ und die Welt reden** hablar de lo divino y de lo humano; **leben wie ~ in Frankreich** (*fam*) vivir a cuerpo de rey
**Gott²** [gɔt, *pl:* 'gœtɐ] *m*, **Göttin** *f* <-es, Götter; -nen> (*polytheistisch*) dios(a) *m(f)*; **die griechischen/römischen Götter** los dioses griegos/romanos; **ein Bild für die Götter** (*fam*) un espectáculo divino
**Götterspeise** *f* gelatina *f*
**Gottesanbeterin** *f* <-nen> (ZOOL) mantis *f inv* religiosa; **Gottesdienst** *m* culto *m*; (*evangelisch*) servicio *m* religioso; (*katholisch*) misa *f*
**gottesfürchtig** *adj* temeroso de Dios
**Gotteshaus** *nt* (REL) casa *f* de Dios; (*Kirche*) iglesia *f*; **Gotteslästerung** *f* blasfemia *f*
**Gottheit** *f* <-en> deidad *f*
**Göttin** ['gœtɪn] *f* <-nen> *s.* **Gott²**
**göttlich** *adj* divino
**gottlob** ['gɔtlo:p] *adv* gracias a Dios
**gottlos** *adj* ❶ (*Gott nicht achtend*) impío ❷ (*atheistisch*) ateísta
**gottserbärmlich** **I.** *adj* (*fam*) espantoso **II.** *adv* (*fam*) muchísimo
**gottverdammt** *adj* (*fam*) maldito, jodido *vulg*; **gottverlassen** *adj* (*fam*) abandonado; **Gottvertrauen** *nt* confianza *f* en Dios
**Götze** ['gœtsə] *m* <-n, -n> ídolo *m*; **Götzendienst** *m ohne pl* (REL) idolatría *f*
**Gouverneur(in)** [guvɛr'nø:ɐ, guvɐ'nø:ɐ] *m(f)* <-s, -e; -nen> gobernador(a) *m(f)*
**Grab** [gra:p, *pl:* 'grɛ:bɐ] *nt* <-(e)s, Gräber> sepultura *f*, tumba *f*; (*~mal*) sepulcro *m*; **jdn zu ~e tragen** (*geh*) dar sepultura a alguien; **verschwiegen wie ein ~ sein** (*fam*) ser callado como una tumba; **mit einem Bein im ~ stehen** (*fig*) estar con un pie en el hoyo; **er würde sich im ~ umdrehen** (*fig*) se revolvería en su tumba; **ein Geheimnis mit ins ~ nehmen** (*fig*) llevarse un secreto a la tumba; **sich** *dat* **sein eigenes ~ schaufeln** (*fig*) cavar su propia tumba
**graben** ['gra:bən] <gräbt, grub, gegraben> **I.** *vi* ❶ (*um~*) cavar ❷ (*nach Gold*) buscar (*nach*) **II.** *vt* (*ausheben*) cavar; (*Brunnen*) abrir **III.** *vr:* **sich jdm ins Gedächtnis ~** grabarse en la memoria de alguien
**Graben** ['gra:bən] *m* <-s, Gräben> ❶ (*für Rohr*) zanja *f*; (*Bewässerungs~*) acequia *f*; (*Straßen~*) cuneta *f* ❷ (GEO) fosa *f* ❸ (*Burg~*, *Orchester~*) foso *m* ❹ (*Schützen~*) trinchera *f*
**Grabkammer** *f* cámara *f* mortuoria; **Grabmal** *nt* <-(e)s, -e *o* -mäler> sepulcro *m*; **Grabrede** *f* responso *m*; **Grabschändung** *f* violación *f* de sepulturas; **Grabstein** *m* lápida *f*
**gräbt** [grɛ:pt] *3. präs von* **graben**
**Grad** [gra:t] *m* <-(e)s, -e> grado *m*; **akademischer ~** título académico; **ein Winkel von 60 ~** un ángulo de 60 grados; **bei fünf ~ Kälte** a cinco grados bajo cero; **Ver-**

G

**wandte zweiten ~es** parientes de segundo grado; **er war im höchsten ~ nervös** estaba sumamente nervioso; **bis zu einem gewissen ~** hasta cierto punto

**grade** *adj o adv* (*fam*) *s.* **gerade**; **Gradmesser** *m* <-s, -> escala *f* graduada; **die Popularität ist kein ~ für Qualität** la popularidad no es sinónimo de calidad

**Graf** [gra:f] *m*, **Gräfin** *f* <-en, -en; -nen> conde(sa) *m(f)*

**Graffito** [gra'fi:to, *pl:* gra'fi:ti] *m o nt* <-(s), Graffiti> grafito *m*

**Grafik**[1] ['gra:fɪk] *f ohne pl* (KUNST) artes *fpl* gráficas

**Grafik**[2] *f* <-en> ❶ (*Kunstwerk*) dibujo *m* gráfico ❷ (*Schaubild*) gráfico *m*

**Grafikbildschirm** *m* (INFOR) pantalla *f* gráfica

**Grafiker(in)** ['gra:fikɐ] *m(f)* <-s, -; -nen> grafista *mf*

**Grafikkarte** *f* (INFOR) tarjeta *f* gráfica [*o* de gráficos]

**Gräfin** ['grɛ:fɪn] *f* <-nen> *s.* **Graf**

**grafisch** *adj* gráfico

**Grafit** *m* <-s, -e> *s.* **Graphit**

**Grafschaft** *f* <-en> condado *m*

**Gram** [gra:m] *m* <-(e)s, *ohne pl*> (*geh*) aflicción *f*

**grämen** ['grɛ:mən] *vr:* **sich ~** (*geh*) afligirse (*über* por)

**Gramm** [gram] *nt* <-s, -e *nach Zahlen:* -> gramo *m*

**Grammatik** [gra'matɪk] *f* <-en> (LING) gramática *f*

**grammatikalisch** [gramati'ka:lɪʃ] *adj* (LING) gramatical

**grammatisch** *adj* (LING) gramatical; **~ richtig** gramaticalmente correcto

**Grammofon** *nt* <-s, -e>, **Grammophon**® [gramo'fo:n] *nt* <-s, -e> gramófono *m*

**Granat** [gra'na:t] *m* <-(e)s, -e> ❶ (*Garnele*) cigala *f* ❷ (*Mineral*) granate *m*

**Granatapfel** *m* (BOT) granada *f*

**Granate** [gra'na:tə] *f* <-n> (MIL) granada *f*

**Granatfeuer** *nt ohne pl* (MIL) fuego *m* de granadas

**Grandhotel** ['grã:hotɛl] *nt* hotel *m* de lujo

**grandios** [gran'djo:s] *adj* grandioso

**Grand Prix** [grã'pri:] *m* <- -, - -> (SPORT) gran premio *m*

**Granit** [gra'ni:t] *m* <-s, -e> granito *m*

**granteln** ['grantəln] *vi* (*südd: fam*) refunfuñar

**grantig** ['grantɪç] *adj* (*reg: fam*) malhumorado, gruñón

**Grapefruit** ['gre:pfru:t, 'grɛɪpfru:t] *f* <-s> (BOT) pomelo *m*, toronja *f Am*

**Graphik** ['gra:fɪk] *f s.* **Grafik**

**graphisch** *adj s.* **grafisch**

**Graphit** [gra'fi:t] *m* <-s, -e> grafito *m*

**grapschen** **I.** *vt* (*fam*) ❶ (*nehmen*) agarrar, pillar; **sich** *dat* **etw ~** agarrar algo, cogerse algo ❷ (*südd: stehlen*) escamotear, mangar ❸ (*packen*) agarrar, pillar; (*festnehmen*) echar el guante (a) **II.** *vi* ❶ (*greifen*) agarrar; **nach etw ~** echar mano a algo ❷ (*anfassen*) agarrar; (*abw: betatschen*) toquetear; (*sexuell*) meter mano

**Gras**[1] [gra:s, *pl:* 'grɛ:zɐ] *nt* <-es, Gräser> (*Pflanze*) hierba *f*

**Gras**[2] *nt* <-es, *ohne pl*> (*Wiese*) hierba *f*; (*Rasen*) césped *m*; **das ~ wachsen hören** (*fam fig*) tener un sexto sentido; **über etw ~ wachsen lassen** (*fig fam*) echar tierra sobre algo; **ins ~ beißen** (*fam fig*) irse al otro barrio

**grasen** ['gra:zən] *vi* pacer

**grasgrün** ['-'-] *adj* verde intenso; **Grashalm** *m* paja *f*; **Grashüpfer** ['gra:shʏpfɐ] *m* <-s, -> (*fam*) saltamontes *m inv*

**grassieren*** [gra'si:rən] *vi* extenderse; (*Gerücht*) propagarse

**grässlich** ['grɛslɪç] *adj* (*schrecklich*) horrible; (*abscheulich*) atroz

**Grat** [gra:t] *m* <-(e)s, -e> (*a.* ARCHIT) cresta *f*

**Gräte** ['grɛ:tə] *f* <-n> espina *f*

**gratinieren*** [grati'ni:rən] *vt* (GASTR) gratinar

**gratis** ['gra:tɪs] *adv* gratis, de coca *Mex: fam*; **Gratisprobe** *f* muestra *f* gratuita

**Gratulant(in)** [gratu'lant] *m(f)* <-en, -en; -nen> felicitante *mf*

**Gratulation** [gratula'tsjo:n] *f* <-en> felicitación *f*

**gratulieren*** *vi* dar la enhorabuena (*zu* por); **gratuliere!** ¡enhorabuena!

**grau** [graʊ] *adj* ❶ (*Farbe*) gris; **~e Haare** canas *fpl* ❷ (*trostlos*) monótono; **der ~e Alltag** la monotonía cotidiana ❸ (*ungewiss*) incierto; **in ~er Vorzeit** en un pasado remoto

**grauäugig** ['graʊʔɔɪgɪç] *adj* de ojos grises

**graubraun** ['-'-] *adj* marrón gris; **Graubrot** *nt* (*reg*) pan *m* moreno

**Graubünden** [graʊ'bʏndən] *nt* <-s> (GEO) cantón *m* de los Grisones

**Gräuel** ['grɔɪəl] *m* <-s, -> (*geh*) ❶ (*Abscheu*) horror *m* ❷ (*Tat*) atrocidad *f*; **Gräueltat** *f* atrocidad *f*

**grauen** ['graʊən] *vunpers* horrorizar; **mir graut vor der Prüfung** el examen me horroriza

**Grauen**[1] ['graʊən] *nt* <-s, *ohne pl*> espanto *m*; **~ erregend** horroroso, espantoso

**Grauen[2]** *nt* <-s, -> horror *m;* **die ~ des Krieges** los horrores de la guerra

**grauenerregend** *adj* horroroso, espantoso

**grauenhaft** *adj*, **grauenvoll** *adj* ❶ (*Anblick*) aterrador ❷ (*fam: unangenehm*) espantoso

**grauhaarig** *adj* canoso

**gräulich[1]** ['grɔɪlɪç] *adj* grisáceo

**gräulich[2]** *adj s.* **grässlich**

**Graupel** ['graʊpəl] *f* <-n> granizo *m* fino; **Graupelschauer** *m* granizada *f*

**grausam** ['graʊza:m] *adj* cruel

**Grausamkeit** *f* <-en> crueldad *f*

**grausen** ['graʊzən] *vunpers* dar miedo, espantar; **es graust ihn vor Ratten** tiene miedo a las ratas

**Grausen** ['graʊzən] *nt* <-s, *ohne pl*> horror *m,* espanto *m*

**Grauzone** *f zona intermedia entre legalidad e ilegalidad*

**gravieren*** [gra'vi:rən] *vt* grabar (*in* en)

**gravierend** *adj* (*Umstände*) agravante; (*Fehler*) grave

**Gravierung** *f* <-en> grabado *m*

**Gravitation** [gravita'tsjo:n] *f ohne pl* (PHYS) gravitación *f*

**Gravur** [gra'vu:ɐ] *f* <-en> grabado *m*

**Grazie** ['gra:tsjə] *f ohne pl* gracia *f,* quimba *f Am*

**grazil** [gra'tsi:l] *adj* grácil

**graziös** [gra'tsjø:s] *adj* garboso, airoso

**Greenpeace-Aktivist(in)** *m(f)* activista *mf* de Greenpeace

**gregorianisch** [gregori'a:nɪʃ] *adj* (MUS) gregoriano

**greifbar** *adj* ❶ (*zur Hand*) a mano ❷ (*konkret*) concreto

**greifen** ['graɪfən] <greift, griff, gegriffen> **I.** *vi* ❶ (TECH) engarzar; **ineinander ~** engranar ❷ (*wirksam werden*) surtir efecto; **tief ~d** profundo; **um sich ~** propagarse, extenderse ❸ (*fassen*) agarrar (*nach*); (*ergreifen*) echar mano (*zu* de/a); (*zu bestimmten Mitteln*) recurrir (*zu* a); **zum G~ nah** a un paso; **zu einem Buch ~** echar mano a un libro; **zu den Waffen ~** recurrir a las armas; **das ist aus der Luft gegriffen** esto carece de base; **sich** *dat* **an den Kopf ~** llevarse las manos a la cabeza **II.** *vt* (*nehmen*) coger, tomar *Am;* (*packen*) agarrar

**Greis(in)** [graɪs] *m(f)* <-es, -e; -nen> (*geh*) anciano, -a *m, f*

**grell** [grɛl] *adj* (*Stimme, Farbe*) chillón; (*Schrei*) estridente

**Gremium** ['gre:miʊm] *nt* <-s, Gremien> gremio *m*

**Grenze** ['grɛntsə] *f* <-n> ❶ (*Staats~*) frontera *f* (*zu* con); **die ~ zu Belgien** la frontera con Bélgica; **grüne ~** paso de frontera no vigilado ❷ (*Begrenzung*) límite *m;* **etw** *dat* **~n setzen** poner límites a algo; **das liegt an der ~ des Erlaubten** esto roza la ilegalidad; **sich in ~n halten** mantenerse dentro de los límites

**grenzen** *vi* ❶ (*Grenze haben*) limitar (*an* con); (*an~*) lindar (*an* con) ❷ (*fig: nahe kommen*) rozar (*an*)

**grenzenlos** *adj* ❶ (*räumlich*) sin límites, ilimitado ❷ (*sehr groß*) inmenso

**Grenzfall** *m* caso *m* extremo; **Grenzgänger(in)** ['-gɛŋɐ] *m(f)* <-s, -; -nen> trabajador(a) *m(f)* fronterizo, -a; **Grenzgebiet** *nt* zona *f* fronteriza; **Grenzkonflikt** *m* (POL) conflicto *m* fronterizo; **Grenzkontrolle** *f* control *m* de fronteras; **Grenzlinie** *f* línea *f* fronteriza; (SPORT) línea *f;* **Grenzpfahl** *m* mojón *m;* **Grenzschutz** *m* protección *f* de la frontera; **Grenzsituation** *f* (*fig*) situación *m* límite; **Grenzstein** *m* hito *m* (fronterizo); **Grenzstreitigkeit** *f* (POL) conflicto *m* fronterizo; **Grenzübergang** *m* paso *m* fronterizo; **grenzüberschreitend** *adj* (*Handel, Verkehr*) internacional; **Grenzübertritt** *m* paso *m* de frontera(s); **Grenzwert** *m* (MATH) valor *m* límite

**Griebe** ['gri:bə] *f* <-n> chicharrón *m*

**Grieche, -in** ['gri:çə] *m, f* <-n, -n; -nen> griego, -a *m, f*

**Griechenland** *nt* <-s> Grecia *f*

**Griechin** *f* <-nen> *s.* **Grieche**

**griechisch** *adj* griego

**Griesgram** ['gri:sgra:m] *m* <-(e)s, -e> (*abw*) cascarrabias *mf inv*

**griesgrämig** **I.** *adj* huraño; (*Miene*) avinagrado **II.** *adv* con gesto huraño

**Grieß** [gri:s] *m* <-es, -e> sémola *f;* **Grießbrei** *m* papilla *f* de sémola

**griff** [grɪf] *3. imp von* **greifen**

**Griff** [grɪf] *m* <-(e)s, -e> ❶ (*das Greifen*) agarre *m;* **etw im ~ haben** dominar algo; **etw in den ~ bekommen** conseguir dominar algo ❷ (*Messer~*) mango *m;* (*Fenster~*) tirador *m;* (*Klinke*) picaporte *m;* (*Henkel*) asa *f;* (*Knauf, Fahrrad~*) puño *m* ❸ (*Hand~*) maniobra *f* ❹ (MUS: *Fingerstellung*) digitación *f* ❺ (SPORT) presa *f*

**griffbereit** *adj* al alcance de la mano

**Griffel** ['grɪfəl] *m* <-s, -> ❶ (*Stift*) estilete *m* ❷ (BOT) estilo *m*

**griffig** *adj* ❶ (*Maschine*) manejable ❷ (*Boden*) antideslizante ❸ (*Gewebe*) agradable al tacto

**Grill** [grɪl] *m* <-s, -s> (*a.* AUTO) parrilla *f;* **vom ~** a la parrilla

G

**Grille** ['grɪlə] *f* <-n> (ZOOL) grillo *m*

**grillen** ['grɪlən] **I.** *vt* asar a la parrilla **II.** *vi* hacer una barbacoa

**Grimasse** [gri'masə] *f* <-n> mueca *f;* **~n schneiden** hacer muecas

**grimmig** *adj* ① (*Person*) furioso; (*stärker*) rabioso ② (*Kälte*) crudo

**grinsen** ['grɪnzən] *vi* sonreír(se)

**Grinsen** *nt* <-s, *ohne pl*> (*spöttisch*) sonrisa *f* burlona; (*ironisch*) sonrisa *f* irónica

**grippal** [grɪ'pa:l] *adj* (MED) gripal

**Grippe** ['grɪpə] *f* <-n> gripe *f;* (**die**) **~ haben** tener (la) gripe; **Grippemittel** *nt* (MED) antigripal *m;* **Grippevirus** *m o nt* (MED) virus *m inv* de la gripe; **Grippewelle** *f* epidemia *f* de gripe

**Grips** [grɪps] *m* <-es, -e> (*fam*) sesos *mpl;* **seinen ~ anstrengen** estrujarse los sesos

**grob** [gro:p] *adj* <gröber, am gröbsten> ① (*Sand, Kaffee*) grueso; (*Papier*) áspero; (*Gewebe*) basto; **~ gemahlen** de grano grueso ② (*Gesichtszüge*) tosco; (*Arbeit*) sucio ③ (*Fehler*) grave; **~er Unfug** abuso grave; **aus dem Gröbsten heraus sein** (*fam*) haber pasado lo peor ④ (*ungefähr*) aproximativo; **~ gerechnet** contado aproximadamente; **in ~en Zügen** a grandes rasgos ⑤ (*abw: barsch*) basto, concho *AmC,* guaso *AmS;* **sei nicht so ~ zu mir** no seas tan grosero conmigo

**gröber** ['grø:bɐ] *adj kompar von* **grob**

**Grobheit**[1] *f* <-en> (*Äußerung, Benehmen*) grosería *f*

**Grobheit**[2] *f ohne pl* (*Art*) tosquedad *f*

**Grobian** ['gro:bia:n] *m* <-(e)s, -e> (*abw*) grosero *m*

**grobkörnig** *adj* de grano grueso

**gröblich** ['grø:plɪç] *adj* (*geh*) grave; **jdn ~ beleidigen** injuriar groseramente a alguien

**gröbste(r, s)** ['grø:pstə, -tɐ, -təs] *adj superl von* **grob**

**Grog** [grɔk] *m* <-s, -s> grog *m*

**groggy** ['grɔgi] *adj* (*fam*) grogui, hecho polvo

**grölen** ['grø:lən] *vi* (*fam abw*) gritar, chillar

**Groll** [grɔl] *m* <-(e)s, *ohne pl*> (*geh*) rencor *m;* **einen ~ gegen jdn hegen** guardar rencor a alguien

**grollen** *vi* (*geh*) ① (*Donner*) retumbar ② (*Person*) estar enfadado (+*dat* con); **sie grollt** (**mit**) **ihrem Bruder** está enfadada con su hermano

**Grönland** ['grø:nlant] *nt* <-s> Groenlandia *f*

**Grönländer(in)** ['grø:nlɛndɐ] *m(f)* <-s, -; -nen> groenlandés, -esa *m, f*

**grönländisch** *adj* groenlandés

**Gros** [gro:, *pl:* gro:s] *nt* <-, -> mayoría *f*

**Groschen** ['grɔʃən] *m* <-s, -> (*fam*) moneda *f* de diez pfennigs; **der ~ ist bei ihm gefallen** (*fam*) ha caído en la cuenta

**groß** [gro:s] <größer, am größten> *adj* ① (*allgemein*) gran(de); (*geräumig*) espacioso; (*Fläche*) extenso; (*dick*) grueso; **eine ~e Koalition** una gran coalición; **mit dem größten Vergnügen** con el mayor placer; **~en Wert auf etw legen** dar gran importancia a algo; **sie war seine ~e Liebe** fue su gran amor; **~ in Mode sein** estar muy de moda; **ich habe ~e Lust zu gehen** tengo muchas ganas de irme; **was soll ich ~ dazu sagen?** (*fam*) ¿qué quieres que te diga?; **er hat es mir ~ und breit erzählt** (*fam*) me lo ha contado con pelos y señales ② (*hoch, hoch gewachsen*) alto; **er ist fast zwei Meter ~** mide casi dos metros ③ (*zeitlich*) largo; **die ~en Ferien** las vacaciones de verano ④ (*älter*) mayor; (*erwachsen*) adulto; **meine ~e Schwester** mi hermana mayor; **wenn ich ~ bin** cuando sea mayor; **ein Vergnügen für G~ und Klein** una diversión para grandes y pequeños ⑤ (*Menge*) numeroso; **eine ~e Familie** una familia numerosa; **im G~en und Ganzen** en general ⑥ (*bedeutend*) grande; (*wichtig*) importante; **etw ~ schreiben** (*fig*) conceder gran importancia a algo; **~e Reden schwingen** (*fam: angeben*) presumir; (*versprechen*) prometer el oro y el moro; **ganz ~ rauskommen** (*fam*) hacerse famoso; **Karl der G~e** Carlomagno; **sein Geburtstag wurde ~ gefeiert** (*fam*) su cumpleaños fue celebrado por todo lo alto;

> **? Grammatik**
>
> **groß** – *grande, alto* se refiere al tamaño o a la altura: *Die Hose ist mir zwei Nummern zu groß. – El pantalón es dos tallas demasiado grande para mí. Mein jüngerer Cousin ist viel größer als ich. – Mi primo menor es mucho más alto que yo.*
>
> **alt** – *viejo* se refiere a la edad: *Mein Bruder ist 25 Jahre alt. – Mi hermano tiene 25 años. Er ist zehn Jahre älter als ich. – Es diez años mayor que yo.*

**Großalarm** *m* alarma *f* general; **großartig** *adj* grandioso; (*prächtig*) magnífico; (*ausgezeichnet*) excelente; **das ist ja ~!** ¡eso (sí que) es excelente!; **Großaufnahme** *f* ① (FOTO) foto *f* de primer plano

❷ (FILM) primer plano *m;* **Großbetrieb** *m* ❶ (WIRTSCH) gran empresa *f* ❷ (AGR) explotación *f* a gran escala; **Großbildschirm** *m* (INFOR) pantalla *f* grande

**Großbritannien** [gro:sbri'tanjən] *nt* Gran Bretaña *f*

**Großbuchstabe** *m* (letra *f*) mayúscula *f,* letra *f* capital *Am;* **in ~n** en mayúsculas; **Großbürgertum** *nt* alta burguesía *m*

**Größe** ['grø:sə] *f* <-n> ❶ (*Ausdehnung*) dimensión *f;* (*Format*) tamaño *m;* (*Rauminhalt*) volumen *m;* **das hängt von der ~ der Gruppe ab** esto depende de lo grande que sea el grupo; **in voller ~** (*Mensch*) de cuerpo entero ❷ (*Höhe*) altura *f;* (*Körper~*) estatura *f;* **eine Frau mittlerer ~** una mujer de mediana estatura ❸ (*für Kleidung*) talla *f;* (*Schuhe*) número *m* ❹ (PHYS, MATH) magnitud *f;* **unbekannte ~** magnitud desconocida ❺ (*Bedeutsamkeit*) importancia *f;* (*Großartigkeit*) grandeza *f* ❻ (*Persönlichkeit*) autoridad *f*

**Großeinkauf** *m* compra *f* en grandes cantidades; **Großeinsatz** *m* gran operación *f,* despliegue *m;* **Großeltern** *pl* abuelos *mpl;* **Großenkel(in)** *m(f)* bisnieto, -a *m, f*

**Größenordnung** *f* <-en> dimensión *f*

**großenteils** ['gro:sən(')taɪls] *adv* en su mayor parte

**Größenwahn** *m* (*abw*) megalomanía *f;* **größenwahnsinnig** *adj* megalómano

**größer** ['grø:sɐ] *adj kompar von* **groß**

**Großfahndung** *f* gran redada *f;* **Großfamilie** *f* familia *f* numerosa; **Großgrundbesitzer(in)** [-'----] *m(f)* latifundista *mf;* **Großhandel** *m* comercio *m* al por mayor; **Großhändler(in)** *m(f)* comerciante *mf* al por mayor, mayorista *mf*

**großherzig** *adj* (*geh*) magnánimo

**Großherzigkeit** *f ohne pl* generosidad *f*

**Großherzog(in)** *m(f)* gran duque(sa) *m(f)*

**Großherzogtum** *nt* gran ducado *m*

**Großhirn** *nt* (ANAT) cerebro *m;* **Großhirnrinde** *f* (ANAT) corteza *f* cerebral

**Großkind** *nt* (*Schweiz: Enkelkind*) nieto, -a *m, f*

**großkotzig** ['gro:skɔtsɪç] *adj* (*fam abw*) farolero

**Großmacht** *f* gran potencia *f;* **Großmarkt** *m* mercado *m* central, mercado *m* de abasto *Arg;* **Großmaul** *nt* (*fam abw*) farolero, -a *m, f;* **großmäulig** *adj* (*fam abw*) fanfarrón; **~e Ankündigungen** fanfarronadas *fpl;* **Großmut** *f* generosidad *f,* magnanimidad *f*

**großmütig** ['gro:smy:tɪç] *adj* generoso

**Großmutter** *f* abuela *f,* nanoya *f Guat;* **Großneffe** *m* sobrino *m* nieto; **Großnichte** *f* sobrina *f* nieta; **Großonkel** *m* tío *m* abuelo

**Großraum** *m* área *f;* **im ~ Köln** en el área de Colonia; **Großraumabteil** *nt* (EISENB) compartim(i)ento *m* colectivo; **Großraumbüro** *nt* oficina *f* colectiva

**großräumig** ['gro:srɔɪmɪç] *adj* (*geräumig*) amplio; (*großflächig*) grande

**Großrechner** *m* (INFOR) macrocomputador *m;* **Großreinemachen** [-'----] *nt* <-s, *ohne pl*> (*fam*) limpieza *f* general; **Großschnauze** *f* (*fam*) jactancioso, -a *m, f,* bravucón, -ona *m, f;* **groß|schreiben** *irr vt* escribir con mayúsculas; **Großschreibung** *f* (empleo *m* de) mayúsculas *fpl;* **Großsprecher(in)** *m(f)* (PSYCH: *abw geh: Angeber, Aufschneider*) bocazas *mf inv*

**großspurig** ['gro:sʃpu:rɪç] *adj* (*abw*) arrogante; (*eingebildet*) presumido

**Großstadt** *f* metrópoli(s) *f inv;* **großstädtisch** *adj* metropolitano; **Großtante** *f* tía *f* abuela

**größte(r, s)** ['grø:stə, -tɐ, -təs] *adj superl von* **groß**; **Großteil** *m* mayor parte *f,* mayoría *f;* **zu einem ~** en su mayor parte

**größtenteils** ['grø:stən(')taɪls] *adv* en su mayor parte, mayoritariamente

**größtmöglich** *adj* (el, la) mayor posible

**Großtuerei** [gro:stu:ə'raɪ] *f ohne pl* (*abw*) fanfarronería *f;* (*Angeberei*) aires *mpl* de grandeza

**groß|tun** *irr* **I.** *vi* (*abw*) fanfarronear **II.** *vr:* **sich ~** (*abw*) darse importancia (*mit* de)

**Großunternehmen** *nt* (WIRTSCH) empresa *f* grande; **Großunternehmer(in)** *m(f)* gran empresario, -a *m, f;* **Großvater** *m* abuelo *m;* **Großveranstaltung** *f* acto *m* multitudinario; **Großverdiener(in)** *m(f)* persona *f* con altos ingresos

**groß|ziehen** *irr vt* criar

**großzügig** ['gro:stsy:gɪç] *adj* ❶ (*freigebig*) generoso ❷ (*tolerant*) tolerante ❸ (*weiträumig*) amplio

**Großzügigkeit** *f ohne pl* ❶ (*Freigebigkeit*) generosidad *f* ❷ (*Toleranz*) tolerancia *f*

**grotesk** [gro'tɛsk] *adj* grotesco

**Grotte** ['grɔtə] *f* <-n> gruta *f*

**Groupie** ['gru:pi] *nt* <-s, -s> groupie *f*

**grub** [gru:p] *3. imp von* **graben**

**Grübchen** ['gry:pçən] *nt* <-s, -> hoyuelo *m*

**Grube** ['gru:bə] *f* <-n> fosa *f;* (BERGB) mina *f;* **wer andern eine ~ gräbt, fällt selbst hinein** (*prov*) quien fosa cava, en ella caerá

**Grübelei** *f* <-en> cavilación *f*

**grübeln** ['gry:bəln] *vi* cavilar

**Grubenarbeiter(in)** *m(f)* (BERGB) minero, -a *m, f;* **Grubenunglück** *nt* accidente *m* minero

**grüblerisch** ['gry:blərɪʃ] *adj* caviloso, pensativo

**grüezi** ['gry:ɛtsi] *interj* (*Schweiz*) hola

**Gruft** [grʊft, *pl:* 'grʏftə] *f* <Grüfte> (*geh*) panteón *m;* (*in der Kirche*) cripta *m*

**grummeln** ['grʊməln] *vi* ① (*Mensch*) gruñir ② (*Donner*) bramar

**grün** [gry:n] *adj* ① (*Farbe, a.* POL) verde; **G~er Punkt** (ÖKOL) el punto verde (*marca de materiales reciclables*)*;* **jdn ~ und blau schlagen** (*fam*) moler a alguien a palos; **sich ~ und blau ärgern** (*fam*) ponerse furioso; **~es Licht geben** (*fam*) dar luz verde; **auf keinen ~en Zweig kommen** (*fig*) no salir adelante ② (*unreif*) inmaduro, verde ③ (*abw: unerfahren*) novato, bisoño; **ein ~er Junge** un mozalbete

**i Land & Leute**

El **grüner Punkt** sirve para señalar y distinguir aquellos envases como cartones, latas, botellas o tarrinas de yogur que son recogidas, clasificadas y reutilizadas por el sistema dual de reciclaje. Con este sistema se trata de evitar la formación de grandes montañas de basura.

**Grün¹** *nt* <-s, -> (*Farbe*) verde *m;* **die Ampel steht auf ~** el semáforo está en verde; (**das ist**) **dasselbe in ~** (eso es) prácticamente lo mismo

**Grün²** *nt* <-s, *ohne pl*> ① (*Pflanzen*) verde *m;* (*~fläche*) zona *f* verde ② (*junge Triebe*) verdor *m*

**grün-alternativ** *adj* (POL) de los Verdes-alternativos

**Grünanlage** *f* parque *m*

**grünblau** ['-'-] *adj* verde azulado

**Grund¹** [grʊnt] *m* <-(e)s, *ohne pl*> ① (*Erdboden*) suelo *m;* **~ und Boden** terrenos *mpl;* **jdn in ~ und Boden reden** abrumar a alguien con argumentos ② (*eines Gewässers*) fondo *m;* **auf ~ laufen** encallar; **im ~e** (**genommen**) en el fondo; **im ~e seines Herzens** en el fondo de su corazón; **zu ~e gehen** irse a pique, fundirse *Am;* **etw** *dat* **auf den ~ gehen** averiguar algo; **jdn/etw zu ~e richten** arruinar a alguien/estropear algo ③ (*Grundlage*) fundamento *m,* base *f;* **den ~ zu etw** *dat* **legen** sentar las bases de algo; **von ~ auf** desde el principio; **etw zu ~e legen** tomar algo por base; **zu ~e liegen** basarse en

**Grund²** [grʊnt, *pl:* 'grʏndə] *m* <-(e)s, Gründe> (*Ursache*) razón *f,* motivo *m;* **es besteht kein ~ zur Klage** no hay motivo de queja; **aus gesundheitlichen Gründen** por razones de salud; **aus dem einfachen ~e, dass ...** por la simple razón de que...; **ohne ~** sin razón; **auf ~ von** a causa de; **aus gutem ~** por una buena razón

**grundanständig** ['-'---] *adj* muy honrado; **Grundausbildung** *f* (MIL) instrucción *f* militar; **Grundbedeutung** *f* ① (LING) significado *m* primitivo ② (*Hauptaussage*) idea *f* fundamental, significado *m* básico; **Grundbedingung** *f* condición *f* básica; **Grundbegriff** *m* ① (*Begriff*) término *m* básico ② *pl* (*Grundlagen*) elementos *mpl* fundamentales

**Grundbesitz** *m* bienes *mpl* raíces; **Grundbesitzer**(**in**) *m*(*f*) latifundista *mf;* **Grundbuch** *nt* (ADMIN, JUR) registro *m* de la propiedad; **grundehrlich** *adj* absolutamente sincero

**gründen** ['grʏndən] **I.** *vt* ① (*Institution*) fundar; (*schaffen*) crear ② (*stützen*) apoyar (*auf* en) **II.** *vr:* **sich ~** basarse (*auf* en)

**Gründer**(**in**) *m*(*f*) <-s, -; -nen> fundador(a) *m*(*f*)

**grundfalsch** ['-'-] *adj* absolutamente falso; **Grundfarbe** *f* ① (*Rot, Gelb, Blau*) color *m* primario [*o* fundamental] ② (*Untergrund*) fondo *m;* **Grundfesten** ['grʊntfɛstən] *pl:* **an den ~ von etw** *dat* **rütteln, etw bis in die ~ erschüttern** hacer tambalear las bases de algo; **Grundfläche** *f* (*eines Körpers*) base *f;* (*eines Gebietes*) superficie *f;* **Grundform** *f* (*elementare Form*) forma *f* elemental; (LING) forma *f* primitiva; (*des Verbes*) infinitivo *m;* **Grundgebühr** *f* tarifa *f* básica; **Grundgedanke** *m* idea *f* fundamental; **Grundgesetz** *nt ohne pl* (POL) ley *f* orgánica; (*Verfassung*) Constitución *f*

**Grundhaltung** *f* <-en> posición *f* fundamental

**grundieren*** [grʊn'di:rən] *vt* dar la primera capa (a)

**Grundierung** *f* <-en> (*Grundfarbe*) capa *f* de fondo

**Grundkenntnisse** *fpl* conocimientos *mpl* básicos; **Grundkonsens** *m* (POL) consenso *m* básico; **Grundkurs** *m* ① (SCH) ≈asignatura *f* optativa (en BUP y COU) ② (*in einer Fremdsprache*) curso *m* elemental; **Grundlage** *f* base *f,* fundamento *m;* **die ~n für etw schaffen** sentar las bases para algo

**grundlegend** ['grʊntle:gənt] *adj* fundamental

**gründlich** ['grʏntlɪç] **I.** *adj* (*sorgfältig*) cuidadoso; (*eingehend*) detenido; (*gewissenhaft*) concienzudo **II.** *adv* (*fam: sehr*) a fondo, profundamente; **da hat sie sich ~ getäuscht** ahí se ha equivocado del todo

**Gründlichkeit** *f ohne pl* (*Genauigkeit*) minuciosidad *f;* (*Sorgfalt*) esmero *m*

**Grundlinie** *f* ① (SPORT) línea *f* de fondo ② (*Geometrie*) base *f;* **Grundlohn** *m* sueldo *m* base

**grundlos** *adj* inmotivado

**Grundmauer** *f* cimientos *mpl;* **Grundnahrungsmittel** *nt* producto *m* alimenticio básico

**Gründonnerstag** [-'---] *m* Jueves *m* Santo

**Grundpfeiler** *m* ① (*tragender Pfeiler*) puntal *m,* pilar *m* de fundamento, pilote *m* de fundamento ② (*wesentliches Element*) piedra *f* angular; **Grundrechenart** *f* (MATH) regla *f* aritmética; **Grundrecht** *nt* derecho *m* fundamental; **Grundregel** *f* regla *f* fundamental; **Grundriss** *m* ① (ARCHIT) planta *f* ② (*kurze Abhandlung*) esbozo *m* ③ (*Lehrbuch*) manual *m;* **Grundsatz** *m* principio *m;* **sich** *dat* **etw zum ~ machen** tomar algo como divisa

**grundsätzlich** ['grʊntzɛtslɪç] **I.** *adj* ① (*Frage*) fundamental ② (*aus Prinzip*) de principio **II.** *adv* (*immer*) por principio; (*eigentlich*) en principio

**Grundschule** *f* escuela *f* primaria; **Grundschullehrer(in)** *m(f)* (SCH) maestro, -a *m, f* de escuela primaria

**Grundstein** *m* base *f,* cimientos *mpl;* **den ~ zu etw** *dat* **legen** sentar las bases de algo; **Grundsteuer** *f* (FIN) impuesto *m* territorial; **Grundstoff** *m* (*Rohstoff*) materia *f* prima; (*Element*) elemento *m;* (*Zutaten*) ingrediente *m*

**Grundstück** *nt* terreno *m;* **Grundstücksmakler(in)** *m(f)* agente *mf* inmobiliario, -a

**Grundton** *m* ① (MUS) tono *m* fundamental ② (*Farbe*) fondo *m;* **Grundübel** *nt* fuente *f* de todos los males

**Gründung** ['grʏndʊŋ] *f* <-en> ① (*eines Unternehmens, einer Familie*) fundación *f;* (*Schaffung*) creación *f* ② (*Gebäudeteil*) cimientos *mpl*

**grundverschieden** ['--'--] *adj* radicalmente diferente

**Grundwasser** *nt ohne pl* aguas *fpl* freáticas; **Grundwasserspiegel** *m* nivel *m* de aguas freáticas; **Grundwortschatz** *m* (LING) vocabulario *m* básico; **Grundzug** *m* <-(e)s, -züge> rasgo *m* fundamental

**Grüne(r)** *mf* <-n, -n; -n> (POL) miembro *m* del Partido Ecologista; **die ~n** los Verdes

**Grüne(s)** *nt* <-n, *ohne pl*> ① (*fam: Rohkost*) verduras *fpl* ② (*Natur*) naturaleza *f;* **ins ~ fahren** ir al campo

**grünen** *vi* (*geh*) verdecer

**Grünfink** *m* (ZOOL) verderón *m* común; **Grünfläche** *f* zona *f* verde; **Grünfutter** *nt* (AGR) herbaje *m*

**Grunge** [grantʃ] *m* <-, *ohne pl*> (MUS) grunge *m*

**Grüngürtel** *m* cinturón *m* verde

**Grünkern** *m* (GASTR) harina *f* de escanda; **Grünkohl** *m* (GASTR) col *f* rizada

**grünlich** *adj* verdoso

**Grünschnabel** *m* (*abw*) mocoso, -a *m, f;* **Grünspan** *m* <-(e)s, *ohne pl*> verdete *m;* **Grünstreifen** *m* franja *f* de césped

**grunzen** ['grʊntsən] *vi* (*a. Mensch*) gruñir

**Grünzeug** *nt* (*fam*) ① (*Kräuter*) hierbas *fpl* ② (*Rohkost*) verdura *f* fresca

**Gruppe** ['grʊpə] *f* <-n> (*von Leuten*) grupo *m,* tropilla *f CSur;* (*Arbeits~*) equipo *m;* (*Kategorie*) grupo *m;* **Gruppenarbeit** *f ohne pl* trabajo *m* en grupo; **Gruppenbild** *nt* retrato *m* de grupo; **Gruppendynamik** *f* (PSYCH) dinámica *f* de grupo(s); **Gruppenleiter(in)** *m(f)* (*in Firma*) jefe, -a *m, f;* (*Jugendgruppe*) monitor(a) *m(f);* **Gruppenreise** *f* viaje *m* en grupo; **Gruppensex** *m* cama *f* redonda; **Gruppentherapie** *f* (PSYCH, MED) terapia *f* de grupo; **gruppenweise** *adv* por [*o* en] grupos

**gruppieren*** [grʊ'pi:rən] **I.** *vt* agrupar **II.** *vr:* **sich ~** agruparse

**Gruppierung** *f* <-en> agrupación *f*

**Gruselfilm** *m* película *f* de horror

**Gruselgeschichte** *f* historia *f* de miedo

**grus(e)lig** *adj* horripilante

**gruseln** **I.** *vr:* **sich ~** horrorizarse (*vor* de); **ich grusel mich vor Spinnen** las arañas me producen horror **II.** *vunpers:* **jdn** [*o* **jdm**] **gruselt** (**es**) **vor etw** *dat* a alguien le horroriza algo; **gruselt** (**es**) **dich** [*o* **dir**] **auch?** ¿a ti también te da miedo?

**Gruß** [gru:s, *pl:* 'gry:sə] *m* <-es, Grüße> saludo *m;* **jdm die Hand zum ~ reichen** estrecharle a alguien la mano para saludarle; **viele Grüße an deine Eltern!** ¡recuerdos a tus padres!; **jdm Grüße bestellen** saludar a alguien; **mit freundlichen Grüßen** atentamente

**grüßen** ['gry:sən] *vt* saludar; **grüß deinen Vater von uns** saluda a tu padre de nuestra parte; **grüß dich!** ¡hola!; **sie lässt** (**dich**) **schön ~** te manda saludos

**Grußwort** *nt* saludo *m*

**Grütze** ['grʏtsə] *f* <-n> (GASTR) sémola *f;* **rote** ~ *especie de jalea de frutas*

**Guatemala** [guate'ma:la] *nt* <-s> Guatemala *f*

**Guatemalteke, -in** [guatemal'te:kə] *m, f* <-n, -n; -nen> guatemalteco, -a *m, f*

**guatemaltekisch** *adj* guatemalteco

**gucken** ['gʊkən, 'kʊkən] **I.** *vi* (*fam*) mirar; (*hervor~*) asomar; **guck mal!** ¡mira! **II.** *vt* (*fam*) ver; **Fernsehen** ~ ver la televisión

**Guckloch** *nt* mirilla *f*

**Guerilla** [ge'rɪlja] *f* <-s> guerrilla *f;* **Guerillakämpfer(in)** *m(f)* guerrillero, -a *m, f;* **Guerillakrieg** *m* guerra *f* de guerrillas

**Guillotine** [gɪljo'ti:nə, gijo'ti:nə] *f* <-n> guillotina *f*

**Guinea** [gi'ne:a] *nt* <-s> Guinea *f*

**Guineer(in)** [gi'ne:ɐ] *m(f)* guineano, -a *m, f*

**guineisch** [gi'ne:ɪʃ] *adj* guineano

**Gulasch** ['gʊlaʃ] *m o nt* <-(e)s, -e *o* -s> (GASTR) gulasch *m,* estofado *m* de carne; **Gulaschsuppe** *f* sopa *f* húngara

**Gulden** ['gʊldən] *m* <-s, -> florín *m*

**Gully** ['gʊli] *m o nt* <-s, -s> sumidero *m*

**gültig** ['gʏltɪç] *adj* válido; (*Gesetz*) vigente; (*Münze*) de curso legal; ~ **sein** ser válido; **die Fahrkarte ist nicht mehr** ~ el billete está caducado

**Gültigkeit** *f ohne pl* ① (*von Geld, Fahrkarte*) validez *f* ② (*von Gesetz, Vertrag*) vigencia *f*

**Gummi¹** ['gʊmi] *m o nt* <-s, -(s)> (*Material*) goma *f*

**Gummi²** *m o nt* <-s, -s> (*fam: Kondom*) goma *f*

**Gummi³** *m* <-s, -s> (*Radier~*) goma *f* (de borrar)

**Gummi⁴** *nt* <-s, -s> (*fam: ~band*) goma *f*

**Gummiband** *nt* cinta *f* elástica; **Gummibaum** *m* ① (*Kautschukbaum*) árbol *m* del caucho, gomero *m Am* ② (*Zierpflanze*) ficus *m inv;* **Gummihandschuh** *m* guante *m* de goma; **Gummiknüppel** *m* porra *f;* **Gummireifen** *m* (AUTO) neumático *m;* **Gummisohle** *f* suela *f* de goma; **Gummistiefel** *m* bota *f* de goma; **Gummizelle** *f* celda *f* de seguridad; **Gummizug** *m* <-(e)s, -züge> goma *f* (elástica)

**Gunst** [gʊnst] *f ohne pl* (*Wohlwollen*) favor *m;* **zu ~en ...** *+gen* a favor de ..; (**hoch**) **in jds ~ stehen** gozar (mucho) de las simpatías de alguien; **er erkannte die ~ der Stunde** supo aprovechar el momento

**günstig** ['gʏnstɪç] *adj* favorable; (*Augenblick*) oportuno; **es trifft sich ~, dass ...** resulta oportuno que... *+subj;* **im ~sten Fall** en el mejor de los casos

**günstigstenfalls** *adv* en el mejor de los casos

**Günstling** ['gʏnstlɪŋ] *m* <-s, -e> (*abw*) favorito, -a *m, f;* **Günstlingswirtschaft** *f ohne pl* (*abw*) favoritismo *m*

**Gurgel** ['gʊrgəl] *f* <-n> gaznate *m;* **jdm an die ~ springen** (*fam fig*) saltar al cuello de alguien

**gurgeln** *vi* ① (*Wasser*) borbotear ② (*Person*) gargarear *And*

**Gurke** ['gʊrkə] *f* <-n> pepino *m;* **saure ~n** pepinillos en vinagre

**gurren** ['gʊrən] *vi* (*a. Mensch*) arrullar

**Gurt** [gʊrt] *m* <-(e)s, -e> (*Riemen*) correa *f;* (*Sicherheits~*) cinturón *m;* (*Sattel~*) cincha *f;* **den ~ anlegen** abrocharse el cinturón

**Gürtel** ['gʏrtəl] *m* <-s, -> ① (*an Kleidung*) cinturón *m;* **den ~ enger schnallen** (*fam*) apretarse el cinturón ② (*Zone*) cinturón *m,* zona *f;* **Gürtellinie** *f ohne pl* cintura *f;* **ein Schlag unter die ~** (*fam a. fig*) un golpe bajo; **Gürtelrose** *f ohne pl* (MED) culebrilla *f;* **Gürtelschnalle** *f* hebilla *f* de cinturón

**Gürteltasche** *f* riñonera *f;* **Gürteltier** *nt* (ZOOL) armadillo *m,* peludo *m CSur*

**Gurtpflicht** *f ohne pl* obligatoriedad *f* del uso del cinturón de seguridad

**Guru** ['gu:ru] *m* <-s, -s> ① (REL) gurú *m* ② (*fam*) líder *m*

**Guss** [gʊs, *pl:* 'gʏsə] *m* <-es, Güsse> ① (*von Metall*) fundición *f;* **wie aus einem ~** como de una pieza ② (*fam: Regen~*) chaparrón *m* ③ (*Zucker~*) baño *m* de azúcar; **Gusseisen** *nt* hierro *m* fundido; **Gussform** *f* molde *m* de fundición

**gut** [gu:t] <besser, am besten> **I.** *adj* ① (*allgemein*) buen(o); **ein ~er Freund** un buen amigo; **~e Besserung!** ¡que te mejores!; **ist die Milch noch ~?** ¿está buena la leche todavía?; **er ist in Mathe sehr ~** es muy bueno en mates; **das ist ja alles ~ und schön, aber ...** (*fam*) todo esto está muy bien pero...; **es wird wieder ~** todo se arreglará; **G~ und Böse auseinander halten** separar el bien del mal; **die G~en und die Bösen** los buenos y los malos; **findest du Strandurlaub ~?** ¿te gusta pasar las vacaciones en la playa?; **lassen wir es damit ~ sein** (*fam*) dejémoslo estar ② (*Mensch*) bondadoso; **sei so ~ und ...** haz el favor de... *+inf;* **~ zu jdm sein** ser bueno con alguien ③ (*richtig*) correcto ④ (*nützlich*) útil; **wer weiß, wozu das ~ ist?** ¿quién sabe para qué sirve esto? ⑤ (*für Gesundheit*) saludable (*für* para); **das ist ~ gegen Husten** esto es bueno contra la tos ⑥ (*vorteilhaft*) ventajoso ❼ (*angemessen*) adecuado; **das ist auch ~ so** así es como debe ser; **er ist immer für eine Überraschung ~** (*fam*) siempre está dispuesto a dar una sorpresa ❽ (*reichlich*) buen; **eine ~e Stunde** una hora larga; **ein ~es Pfund Mehl** medio kilo de harina bien pesado ❾ (SCH: *Note*) notable **II.** *adv* bien; **schon ~!** ¡bueno, está bien!; **das schmeckt ~** esto sabe bien; **sein Geschäft geht nicht ~** el negocio le va mal; **etw ~ können** saber hacer algo bien; **er hat es dort ~** allí le va bien; **~ so!** ¡así está bien!; **~ gemacht!** ¡bien hecho!; **du bist ~!** ¡ésta sí que es buena!; **das kann ~ sein** es posible; **du hast ~ reden** (*fam*) tú bien puedes hablar; **so ~ wie nichts** (*fam*) casi nada; **mach's ~!** ¡que te vaya bien!; **er stellt sich ~ mit dir, weil er dein Auto braucht** te hace la rosca porque necesita tu coche; **du tust ~ daran, hier erst mal zu verschwinden** más vale que te largues de aquí

**Gut** *nt* <-(e)s, Güter> ❶ (*Besitz*) bienes *mpl;* **mein Hab und ~** todo lo que poseo ❷ (*Land~*) finca *f,* hacienda *f Am* ❸ (*Ware*) mercancía *f*

**Gutachten** ['gu:tʔaxtən] *nt* <-s, -> dictamen *m* (pericial), peritaje *m;* **ein ~ erstellen** emitir un dictamen

**Gutachter(in)** *m(f)* <-s, -; -nen> perito, -a *m, f*

**gutartig** *adj* ❶ (*Wesen, Tier*) bueno ❷ (MED) benigno; **gutbürgerlich** ['-'---] *adj* (*a.* GASTR) burgués

**Gutdünken** ['gu:tdʏŋkən] *nt* <-s, *ohne pl*>: **nach ~ (verfahren)** (proceder) a discreción

**Gute(s)** *nt* <-n, *ohne pl*> bueno *nt;* **das ~ im Menschen** lo bueno de la persona; **~s tun** hacer el bien; **das ~ daran** lo bueno de eso; **alles ~!** ¡que vaya bien!; **es hat alles auch sein ~s** (*prov*) todo tiene su lado bueno

**Güte** ['gy:tə] *f ohne pl* ❶ (*Freundlichkeit*) bondad *f;* **wenn Sie die ~ hätten mir zu helfen** si tuviese la bondad de ayudarme; **ach du liebe ~!** (*fam*) ¡ay, Dios mío! ❷ (*Qualität*) calidad *f;* **das war ein Reinfall erster ~** (*fam*) fue un fracaso de primera

**Gutenachtgeschichte** [--'----] *f* cuento *m* para dormir; **Gutenachtkuss** *m* beso *m* de buenas noches

**Güterbahnhof** *m* estación *f* para trenes de carga; **Gütergemeinschaft** *f* (JUR) comunidad *f* de bienes; **Gütertrennung** *f* (JUR) separación *f* de bienes; **Güterwagen** *m* vagón *m* de carga; **Güterzug** *m* tren *m* de carga, tren *m* carguero *CSur*

**Gütezeichen** *nt* etiqueta *f* de calidad

**gutgläubig** *adj* de buena fe; **Gutgläubigkeit** *f* buena fe *f;* **gut|haben** *irr vt:* **etw ~ (bei jdm)** poder pedir algo (a alguien) (*porque con anterioridad se le ha hecho algún favor*); **Guthaben** ['gu:tha:bən] *nt* <-s, -> (FIN) haber *m;* **gut|heißen** *irr vt* aprobar, dar por bueno; **gutherzig** *adj* bondadoso

**gütig** ['gy:tɪç] *adj* bondadoso; (*freundlich*) amable; (*nachsichtig*) indulgente

**gütlich** ['gy:tlɪç] *adj* amistoso; **sich ~ einigen** llegar a un acuerdo amistoso

**gut|machen** *vt* (*Schaden*) reparar; (*Fehler*) enmendar; **wieder ~** enmendar, subsanar; (*Verlust*) resarcir; **das ist gar nicht wieder gutzumachen** esto apenas se puede enmendar; **ich habe einiges bei dir gutzumachen** tengo que devolverte algunos favores

**gutmütig** ['gu:tmy:tɪç] *adj* bondadoso

**Gutmütigkeit** *f ohne pl* bondad *f*

**Gutsbesitzer(in)** *m(f)* terrateniente *mf*

**Gutschein** *m* vale *m;* **gut|schreiben** *irr vt* abonar, acreditar; **Gutschrift** *f* abono *m* en cuenta

**Gutsherr(in)** *m(f)* hacendado, -a *m, f;* **Gutshof** *m* granja *f,* hacienda *f Am*

**Gutsverwalter(in)** *m(f)* administrador(a) *m(f)*

**gutwillig** **I.** *adj* complaciente **II.** *adv* de buena voluntad

**Gymnasiallehrer(in)** *m(f)* (SCH) profesor(a) *m(f)* de Enseñanza Media

**Gymnasiast(in)** [gʏmnazi'ast] *m(f)* <-en, -en; -nen> alumno, -a *m, f* de Enseñanza Media

**Gymnasium** [gʏm'na:ziʊm] *nt* <-s, Gymnasien> instituto *m* de Enseñanza Media, liceo *m Am*

**i Land & Leute**

Los alumnos alemanes que tras la *Grundschule – escuela de primaria* acceden al **Gymnasium** tienen la posibilidad de obtener, al finalizar sus estudios de secundaria, la *Hochschulreife – especie de selectividad que capacita para una carrera universitaria.* El itinerario educativo en el **Gymnasium** abarca desde el quinto curso (que los alumnos cursan con diez u once años) hasta el decimotercero (en el que los alumnos cumplen 18 o 19 años). En Austria este tipo de enseñanza secundaria abarca ocho cursos y en Suiza,

G

dependiendo de los cantones, los alumnos estudian en la *Maturitätsschule* (equivalente suizo del **Gymnasium**) durante ocho o nueve años. Tradicionalmente se distinguen distintos tipos de **Gymnasium** según las disciplinas: el **Gymnasium** humanístico (especializado en el estudio de las lenguas clásicas), el **Gymnasium** en lenguas modernas (con o sin latín), el **Gymnasium** científico-matemático, el de economía y el especializado en música.

**Gymnastik** [gʏm'nastɪk] *f ohne pl* gimnasia *f*

**Gynäkologe, -in** [gynɛko'lo:gə] *m, f* <-n, -n; -nen> (MED) ginecólogo, -a *m, f*

**Gynäkologie** [gynɛkolo'gi:] *f ohne pl* (MED) ginecología *f*

**Gynäkologin** *f* <-nen> (MED) *s.* **Gynäkologe**

**gynäkologisch** *adj* (MED) ginecológico

# H h

**H, h** [ha:] *nt* <-, -> ① (*Buchstabe*) H, h *f;* ~ **wie Heinrich** H de Huelva ② (MUS) si *m*

**ha**[1] [ha, ha:] *interj* ja, ah

**ha**[2] *Abk. von* **Hektar** hectárea *f*

**Haar** [ha:ɐ] *nt* <-(e)s, -e> ① (*Kopf~*) pelo *m,* cabello *m,* moño *m Chil;* (*Körper~, Tier~*) pelo *m;* **sich** *dat* **die ~e schneiden lassen** cortarse el pelo; **mir stehen die ~e zu Berge** (*fam fig*) se me ponen los pelos de punta; **kein gutes ~ an jdm lassen** (*fam*) poner a alguien de vuelta y media; **sich** *dat* **in den ~en liegen** (*fam*) andar a la greña; **sich** *dat* **aufs ~ gleichen** (*fam*) parecerse como un huevo a otro; **sich** *dat* **die ~e raufen** (*fam*) tirarse de los pelos; **deswegen lasse ich mir keine grauen ~e wachsen** (*fam*) eso me tiene sin cuidado; **jdm die ~e vom Kopf fressen** (*fam*) salir a alguien caro; **~e auf den Zähnen haben** (*fam fig*) no tener pelos en la lengua; **jdm kein ~ krümmen** (*fam*) no tocar (ni) un pelo a alguien; **das ist an den ~en herbeigezogen** (*fam*) esto no tiene ni pies ni cabeza; **immer ein ~ in der Suppe finden** (*fam*) poner pegas a todo ② (*fig: ein bisschen*) ni un pelo; **um kein ~ besser** (*fam*) ni una pizca mejor; **um ein ~** (*fam*) por los pelos; **Haarausfall** *m ohne pl* caída *f* del cabello; (MED) alopecia *f;* **Haarband** *nt* cinta *f* para el pelo; **Haarbürste** *f* cepillo *m* del pelo; **Haarbüschel** *nt* mechón *m* de pelo

**haaren** ['ha:rən] *vi, vr:* **sich ~** (*Tier*) perder el pelo

**Haaresbreite** *f:* **um ~** por un pelo

**Haarfarbe** *f* color *m* del pelo; **Haarfestiger** *m* fijador *m* para el pelo; **haargenau** ['--'-] *adv* (*fam*) exactamente; (*ausführlich*) con pelos y señales; **stimmt ~!** ¡justamente eso!

**haarig** ['ha:rɪç] *adj* ① (*behaart*) peludo ② (*heikel*) peliagudo, peludo *AmC: fam*

**haarklein** ['-'-] *adv* con pelos y señales; **Haarlack** *m* laca *f* para el pelo; **Haarnadel** *f* horquilla *f* (de moño), gancho *m Am;* **Haarnetz** *nt* redecilla *f* para el pelo; **Haarreif** *m* diadema *f;* **haarscharf** ['-'-] **I.** *adj* (*genau*) muy exacto **II.** *adv* ① (*nahe*) muy cerca ② (*präzise*) exactamente; **Haarschnitt** *m* corte *m* de pelo; **Haarspalterei** [---'-] *f* <-en> (*abw*) sutileza *f;* ~ **betreiben** rizar el rizo; **Haarspange** *f* pasador *m* (para el pelo); **Haarspray** *m o nt* laca *f;* **Haarsträhne** *f* mechón *m,* guedeja *f;* **haarsträubend** ['ha:ɐʃtrɔɪbənt] *adj* espeluznante, horripilante; **Haartrockner** *m* secador *m* (de mano); **Haarwaschmittel** *nt* champú *m;* **Haarwasser** *nt* loción *f* capilar

**Haarwuchs** *m* ① (*das Wachsen*) crecimiento *m* del pelo ② (*Haare*) cabellera *f;* **Haarwuchsmittel** *nt* regenerador *m* del pelo

**Haarwurzel** *f* (ANAT) raíz *f* capilar

**Hab** [ha:p]: ~ **und Gut** (*geh*) todos los bienes

**Habe** ['ha:bə] *f ohne pl* (*geh*) bienes *mpl*

**haben** ['ha:bən] <hat, hatte, gehabt> **I.** *vt* ① (*besitzen*) tener, poseer; (*erhalten*) recibir (*von* de); **lieber ~** preferir; **hier hast du das Buch** aquí tienes el libro; **er hat außergewöhnliche Fähigkeiten** posee facultades extraordinarias; **Zeit ~** tener tiempo; **Hunger/Durst ~** tener hambre/sed; **Fieber ~** tener fiebre; **kann ich bitte den Zucker ~?** ¿me das el azúcar, por favor?; **ich habe kein Geld dabei** no llevo dinero; **wir ~ heute schönes Wetter** hoy hace buen tiempo; **den Wievielten ~ wir heute?** ¿a cuántos estamos hoy?; **morgen ~ wir Mittwoch** mañana es miércoles; **sie hat es weit nach Hause** tiene un largo camino hasta su casa; **sie**

**hat es nicht leicht mit ihm** no lo tiene fácil con él; **schön hast du es hier** lo tienes todo muy bonito; **das Haus hat was von einem Schloss** la casa tiene un algo de castillo; **und was habe ich davon?** ¿y qué saco yo de eso?; **das hast du jetzt davon!** ¿ves? ¡eso es lo que has sacado!; **was hast du?** ¿qué te pasa?; **ich hab's an der Blase** (*fam*) estoy enferma de la vejiga; **das hat das Meer so an sich, dass es salzig ist** (*iron*) el mar suele ser salado; **er ist noch zu ~** (*fam*) aún está libre; **dafür ist er nicht zu ~** eso no le va; **da ~ wir den Salat/die Bescherung** (*fam*) aquí tenemos el lío/el embrollo; **etw dagegen ~** estar en contra de algo; **nichts dagegen ~** no tener nada en contra; **etw ~ wollen** querer algo; **ich kann das nicht ~** (*fam*) eso no lo soporto; **was hat es damit auf sich?** ¿qué significa esto?; **der Vorschlag hat etwas für sich** es una buena propuesta; **das hat es in sich** (*fam*) es un asunto difícil; **dieser Wein hat es in sich** este vino es bastante fuerte; **etw hinter sich ~** haber superado algo; **ich habe noch viel vor mir** aún me queda mucho; **du hast noch das ganze Leben vor dir** tienes toda la vida por delante; **sie hat etwas mit dem Tennislehrer** tiene un lío (amoroso) con el profesor de tenis; **ich hab's!** ¡ya lo tengo!; **ich hätte gerne ...** quisiera...; **wie gehabt** como de costumbre; **wer hat, der hat** (*prov*) quien tiene dinero, tiene todo ❷ (*müssen, sollen*) deber, tener que; **ich habe noch sehr viel zu tun** aún tengo mucho que hacer; **hier hat er nichts zu suchen** aquí no tiene nada que hacer; **jetzt hast du zu schweigen** ahora lo que tienes que hacer es callarte **II.** *vr:* **sich ~** (*fam abw: sich anstellen*) andar con remilgos; **hab dich nicht so** no te pongas así; **damit hat sich die Sache** (*fam*) con esto se acabó **III.** *aux* haber; **ich will nichts gesagt ~, aber ...** no quiero decir nada, pero...; **das hätten wir (geschafft)!** ¡ya está (listo)!

**? Grammatik**

Algunos verbos como *sitzen, stehen, liegen* pueden formar el pretérito perfecto con **haben** y con **sein**. Se trata entonces de diferencias regionales. Alemania del Norte: *Ich habe gesessen/gestanden/gelegen. – He estado sentado/de pie/tumbado.* Austria, Suiza y Alemania del Sur: *Ich bin gesessen/gestanden/gelegen. – He estado sentado/de pie/tumbado.*

**Haben** *nt* <-s, *ohne pl*> (WIRTSCH) haber *m*

**Habenichts** ['ha:bənɪçts] *m* <-(es), -e> (*abw*) muerto, -a *m, f* de hambre

**Habgier** *f* (*abw*) codicia *f*, angurria *f Am*

**habgierig** *adj* (*abw*) codicioso, angurriento *Am*

**habhaft** *adj* (*geh*): **etw** *gen* **~ werden** apropiarse de algo

**Habicht** ['ha:bɪçt] *m* <-s, -e> (ZOOL) azor *m* (común)

**Habsburger(in)** ['ha:psbʊrgɐ] *m(f)* <-s, -; -nen> (HIST) Habsburgo *mf*

**Habseligkeiten** ['ha:pze:lɪçkaɪtən] *fpl* efectos *mpl* personales

**Habsucht** *f ohne pl* (*abw*) codicia *f*, angurria *f Am*

**habsüchtig** *adj* (*abw*) codicioso, angurriento *Am*

**Hackbraten** *m* (GASTR) asado *m* de carne picada

**Hacke** ['hakə] *f* <-n> ❶ (*Gartengerät*) azada *f* ❷ (*reg: Ferse, am Strumpf*) talón *m* ❸ (*reg: am Schuh*) tacón *m*

**hacken** ['hakən] **I.** *vt* ❶ (*Holz*) cortar, partir; (*Zwiebeln*) picar ❷ (*Garten*) mullir; (*Loch*) cavar **II.** *vi* ❶ (*Vogel*) picotear ❷ (INFOR) violar datos

**Hacker** ['hakɐ, 'hɛkɐ] *m* <-s, -> (INFOR) hacker *m*, intruso *m* informático, cracker *m*

**Hackfleisch** *nt* carne *f* picada

**Häcksel** ['hɛksəl] *m o nt* <-s, *ohne pl*> (AGR) paja *f* cortada

**hadern** ['ha:dɐn] *vi* (*geh*) ❶ (*streiten*) reñir (*mit* con); **mit dem Schicksal ~** luchar contra su destino ❷ (*unzufrieden sein*) estar descontento (*mit* con/de); **mit seinem Schicksal ~** estar descontento de su destino

**Hafen** ['ha:fən, *pl:* 'hɛ:fən] *m* <-s, Häfen> puerto *m;* **in den ~ einlaufen** entrar en el puerto; **aus dem ~ auslaufen** salir del puerto; **Hafenarbeiter(in)** *m(f)* obrero, -a *m, f* portuario, -a; **Hafenbehörde** *f* junta *f* del puerto; **Hafeneinfahrt** *f* entrada *f* del puerto; **Hafengebühr** *f* anclaje *m;* **Hafenrundfahrt** *f* vuelta *f* por el puerto; **Hafenstadt** *f* ciudad *f* portuaria

**Hafer** ['ha:fɐ] *m* <-s, -> (BOT, GASTR) avena *f;* **Haferflocke** *f* (GASTR) copo *m* de avena; **Haferschleim** *m* (GASTR) papilla *f* de avena

**Haft** [haft] *f ohne pl* arresto *m;* **in ~ sein/nehmen** estar en/poner bajo arresto; **jdn**

**aus der ~ entlassen** poner en libertad a alguien; **Haftanstalt** *f* penitenciaría *f*

**haftbar** *adj:* **jdn für etw ~ machen** hacer a alguien responsable de algo

**Haftbefehl** *m* (JUR) orden *f* de detención, requisitoria *f Arg;* **einen ~ gegen jdn ausstellen** dictar auto de prisión contra alguien

**haften** ['haftən] *vi* ❶ (*kleben*) pegar (*an* a/en) ❷ (*Schmutz*) pegarse (*an* a/en) ❸ (JUR: *aufkommen*) responder (*für* de/por, *mit* con); **für Garderobe wird nicht gehaftet** la dirección no se responsabiliza del guardarropa

**Haftentlassung** *f* puesta *f* en libertad

**Häftling** ['hɛftlɪŋ] *m* <-s, -e> preso, -a *m, f*

**Haftnotiz** *f* "post-it" *m*

**Haftpflicht** *f ohne pl* responsabilidad *f* civil; **haftpflichtig** *adj* responsable; **Haftpflichtversicherung** *f* seguro *m* de responsabilidad civil

**Haftrichter(in)** *m(f)* juez(a) *m(f)* de instrucción

**Haftschale** *f* lente *f* de contacto

**Haftstrafe** *f* (JUR) condena *f*

**Haftung**[1] *f ohne pl* (TECH, PHYS) adherencia *f*

**Haftung**[2] *f* <-en> (JUR) responsabilidad *f;* **die ~ übernehmen** asumir la responsabilidad

**Hafturlaub** *m* (JUR) permiso *m* eventual

**Hagebutte** ['haːgəbʊtə] *f* <-n> (BOT) (fruto *m* del) escaramujo *m,* tapaculo *m fam*

**Hagel** ['haːgəl] *m* <-s, -> granizo *m;* (*Schauer*) granizada *f;* **Hagelkorn** *nt* ❶ (METEO) granizo *m* ❷ (MED: *Geschwulst*) chalazión *m*

**hageln** ['haːgəln] **I.** *vunpers* granizar; **es hagelt** graniza **II.** *vi, vunpers* (*Vorwürfe*) llover

**hager** ['haːgɐ] *adj* flaco, flamenco *Hond, PRico*

**haha** [ha'ha(ː)] *interj* ❶ (*Lachen*) ja ja ja ❷ (*aha*) ajá

**Hahn** [haːn, *pl:* 'hɛːnə] *m* <-(e)s, Hähne> ❶ (*Tier*) gallo *m;* **er ist der ~ im Korb** (*fam*) es el dueño del cotarro; **nach jdm/etw** *dat* **kräht kein ~ mehr** (*fam*) alguien/algo ya no le interesa a nadie ❷ (*Wasser~*) grifo *m,* bitoque *m Mex, RíoPl;* (*Gas~*) llave *f* ❸ (*an Schusswaffen*) gatillo *m*

**Hähnchen** ['hɛːnçən] *nt* <-s, -> pollo *m*

**Hahnenfuß** *m ohne pl* (BOT) francesilla *f,* marimoña *f*

**Hai** [haɪ] *m* <-(e)s, -e>, **Haifisch** *m* tiburón *m*

**Hain** [haɪn] *m* <-(e)s, -e> (*geh*) soto *m;* (*Wäldchen*) bosquecillo *m*

**Haiti** [ha'iːti] *nt* <-s> Haití *m*

**Haitianer(in)** [hai'tjaːnɐ] *m(f)* <-s, -; -nen> haitiano, -a *m, f*

**haitianisch** *adj* haitiano

**häkeln** ['hɛːkəln] **I.** *vi* hacer ganchillo **II.** *vt* hacer a ganchillo

**Häkelnadel** *f* (aguja *f* de) ganchillo *m*

**Haken** ['haːkən] *m* <-s, -> ❶ (*zum Aufhängen*) gancho *m;* (*spitz zulaufend*) garfio *m;* (*Zeichen*) gancho *m;* **einen ~ schlagen** (*Hase*) huir en zigzag; (*fig*) cambiar (repentinamente) de rumbo ❷ (*Boxen*) gancho *m* ❸ (*fam: Schwierigkeit*) inconveniente *m,* intríngulis *m inv;* **die Sache hat nur einen ~** es que la cosa tiene un inconveniente; **Hakenkreuz** *nt* cruz *f* gamada; **Hakennase** *f* nariz *f* aguileña

**halb** [halp] **I.** *adj* medio; **eine ~e Stunde** media hora; **eine ~e Note** (MUS) una nota blanca; **ein ~er Ton** un semitono; **eine ~e Stelle** (trabajo de) media jornada; **die ~e Wahrheit** la verdad a medias; **sich auf ~em Wege treffen** encontrarse a medio camino; **zum ~en Preis** a mitad de precio; **es ist ~ drei** son las dos y media; **~ Hamburg** medio Hamburgo; **nichts H~es und nichts Ganzes** (*fam*) ni chicha ni limoná; **keine ~en Sachen machen** (*fam*) no hacer las cosas a medias; **das dauert ja eine ~e Ewigkeit** (*fam*) esto tarda una eternidad; **~ und ~** mitad y mitad; **mit jdm ~e-~e machen** (*fam*) ir a medias con alguien **II.** *adv* a medias, medio; **nur ~ zuhören** escuchar sólo a medias; **~ öffnen** entreabrir; **das Zimmer ist ~ so groß/so teuer wie das andere** el cuarto es la mitad de grande/cuesta la mitad que el otro; **das ist ~ so schlimm** no es para tanto; **sie ist ~ taub** está medio sorda; **sich ~ totlachen** morirse de risa

**? Grammatik**

El adjetivo **halb** se declina y se usa con el artículo determinado o indeterminado: *Wir haben den Kühlschrank zum halben Preis gekauft. – Hemos comprado el frigorífico a mitad de precio. Ich wartete eine halbe Stunde. – Esperé media hora. Er war ein halbes Jahr im Ausland. – Estuvo medio año en el extranjero.* Cuando **halb** sigue a un número entero, el conjunto se escribe en una sola palabra y no se declina. Si no se trata de medidas, el sustantivo está en plural: *Die Fahrt* *dauerte 6 1/2 (sechseinhalb) Stunden – El viaje duró seis horas y media. Wir haben zweieinhalb Kilo Zwiebeln gekauft. – Hemos comprado dos kilos y medio de cebollas.*

**halbamtlich** *adj* (POL, PUBL) semioficial; **halbautomatisch** *adj* semiautomático; **Halbbruder** *m* hermanastro *m;* **Halbdunkel** *nt* penumbra *f;* **Halbedelstein** *m* piedra *f* semipreciosa

**halbe-halbe** *adv* mitad y mitad

**halber** ['halbɐ] *präp +gen* (*geh*) por, por causa de; **der Ordnung** ~ por el orden

**Halbfinale** *nt* (SPORT) semifinal *f;* **Halbgeschwister** *ntpl* hermanastros *mpl;* **Halbgott, -göttin** *m, f* (*a. fig*) semidiós, -osa *m, f*

**halbherzig** *adj* poco decidido

**halbieren*** [hal'bi:rən] *vt* ❶ (*teilen*) dividir (en dos partes iguales) ❷ (*reduzieren*) reducir a la mitad

**Halbinsel** *f* península *f;* **Halbjahr** *nt* semestre *m;* **das erste** ~ la primera mitad del año; **halbjährig** *adj* (*ein halbes Jahr dauernd*) semestral; (*ein halbes Jahr alt*) de seis meses; **halbjährlich I.** *adj* semestral **II.** *adv* cada seis meses; **Halbkanton** *m* (*Schweiz:* POL) semicantón *m;* **Halbkreis** *m* semicírculo *m;* **Halbkugel** *f* ❶ (MATH) semiesfera *f* ❷ (GEO) hemisferio *m;* **die nördliche/südliche** ~ el hemisferio norte/sur; **halblang** *adj* (*Rock*) que llega a media pierna; (*Haar*) media melena; **halblaut** *adj* a media voz; **Halbleiter** *m* (ELEK, INFOR) semiconductor *m;* **halbmast** *adv:* **auf** ~ a media asta; ~ **flaggen** poner la bandera a media asta; **Halbmesser** *m* (*Radius*) radio *m;* **Halbmetall** *nt* (CHEM) semimetal *m;* **Halbmond** *m* media luna *f;* **Halbpension** *f ohne pl* media pensión *f;* **halbrund** *adj* semicircular; **Halbschatten** *m* (*a.* ASTR) penumbra *f;* **Halbschlaf** *m* duermevela *f;* **im** ~ **liegen** estar en duermevela; **Halbschuh** *m* zapato *m* abotinado; **Halbschwester** *f* hermanastra *f;* **Halbstarke(r)** *mf* (*fam abw*) gamberro, -a *m, f;* **halbstündig** ['halpʃtʏndɪç] *adj* de media hora; **halbstündlich** ['halpʃtʏntlɪç] *adj* cada media hora

**halbtags** ['halpta:ks] *adv* media jornada; ~ **arbeiten** trabajar media jornada; **Halbtagsbeschäftigung** *f* trabajo *m* de media jornada; **Halbtagskraft** *f* empleado, -a *m, f* de media jornada

**Halbton** *m* (MUS) semitono *m;* **Halbwaise** *f* huérfano, -a *m, f* (de padre o de madre); **halbwegs** ['halpve:ks] *adv* más o menos, casi; **Halbwelt** *f ohne pl* bajos fondos *mpl;* **Halbwertszeit** *f* (PHYS) vida *f* media radiactiva; **Halbwüchsige(r)** *mf* <-n, -n; -n> adolescente *mf;* **Halbzeit** *f* (SPORT): **erste/zweite** ~ primer/segundo tiempo *m;* **in der** ~ en el descanso

**Halde** ['haldə] *f* <-n> (BERGB: *Abraum~*) escombrera *f;* (*Kohle~*) existencias *fpl* de carbón en bocamina; (*Müll~*) montaña *f* de desperdicios

**half** [half] *3. imp von* **helfen**

**Hälfte** ['hɛlftə] *f* <-n> mitad *f;* **um die** ~ **größer/ kleiner** la mitad más grande/ pequeño; **meine bessere** ~ (*fam*) mi media naranja; **auf der** ~ **des Weges** a mitad de camino

**Halfter¹** ['halftɐ] *m o nt* <-s, -> (*für Pferd, Rind*) cabestro *m,* bozal *m Am*

**Halfter²** *nt* <-s, ->, *f* <-n> (*für Pistole*) pistolera *f,* cañonera *f Am*

**Hall** [hal] *m* <-(e)s, -e> (*Klang, Echo*) resonancia *f*

**Halle** ['halə] *f* <-n> (*Fabrik~, Lager~*) nave *f;* (*Bahnhofs~*) vestíbulo *m;* (*Flughafen~*) terminal *f;* (*Hangar*) hangar *m;* (*Ausstellungs~*) pabellón *m;* (*Messe~*) recinto *m* ferial; (*Hotel~*) hall *m;* (*Turn~*) gimnasio *m*

**hallen** ['halən] *vi* resonar

**Hallenbad** *nt* piscina *f* cubierta; **Hallensport** *m* deporte *m* en pista cubierta

**hallo** ['halo, ha'lo:] *interj* ❶ (*Gruß*) hola ❷ (*Zuruf*) oiga, eh; ~**, Sie!** ¡oiga Ud.!

**Hallo** ['halo, ha'lo:] *nt* <-s, -s> ❶ (*Freude*) alegría *f* ❷ (*reg: Aufsehen*) barullo *m,* jaleo *m;* **es gab ein großes** ~ había un gran barullo

**Halluzination** [halutsina'tsjo:n] *f* <-en> alucinación *f*

**Halm** [halm] *m* <-(e)s, -e> paja *f*

**Halogenbirne** *f* bombilla *f* halógena

**Hals** [hals, *pl:* 'hɛlzə] *m* <-es, Hälse> ❶ (ANAT) cuello *m;* (*Kehle*) garganta *f;* **den** ~ **recken** estirar el cuello; ~ **über Kopf** (*fam: plötzlich*) de golpe y porrazo; (*unüberlegt*) de cabeza; **jdm um den** ~ **fallen** arrojarse al cuello de alguien; **sich jdm an den** ~ **werfen** (*fam*) pegarse a alguien; **sich** *dat* **den** ~ **brechen** (*fam*) romperse el cuello; (*fig*) estrellarse; **sich** *dat* **jdn/etw vom** ~ **schaffen** (*fam*) quitarse a alguien/algo de encima; **aus vollem** ~ a grito pelado; **das Wort blieb ihm im** ~**(e) stecken** la palabra se le quedó atragantada en la garganta; **er hat viel am** ~ (*fam*) tiene muchas preocupaciones; **bleib mir mit deinen Problemen vom** ~**!** (*fam*) ¡déjame tranquilo con tus proble-

H

mas!; **das hängt mir zum ~ heraus** (*fam*) estoy hasta el gorro; **etw in den falschen ~ bekommen** (*fam*) entender mal algo; **sie kann den ~ nicht voll kriegen** (*fam*) no se conforma con nada ❷ (*Flaschen~*) cuello *m* ❸ (*von Instrument*) mango *m*

**Halsabschneider(in)** *m(f)* <-s, -; -nen> (*fam abw*) usurero, -a *m, f;* **Halsband** *nt* ❶ (*für Hunde, Katzen*) collar *m* ❷ (*Samt~*) gargantilla *f;* **halsbrecherisch** ['halsbrɛçərɪʃ] *adj* peligrosísimo, arriesgado; **Halsentzündung** *f* inflamación *f* de garganta; **Halskette** *f* collar *m;* (*Kollier*) gargantilla *f;* **Hals-Nasen-Ohren-Arzt, -Ärztin** *m, f* otorrinolaringólogo, -a *m, f;* **Halsschlagader** *f* (arteria *f*) carótida *f;* **Halsschmerzen** *mpl* dolor *m* de garganta; **halsstarrig** *adj* (*abw*) tozudo; **Halstuch** *nt* pañuelo *m* (del cuello), golilla *f Bol, Urug;* (*Foulard*) fular *m*

**halt** [halt] **I.** *adv* (*Schweiz, Österr, südd: eben*) pues; **wir müssen es ~ versuchen** pues no tenemos más remedio que intentarlo **II.** *interj* ❶ (*zum Anhalten*) alto ❷ (*zum Aufhören*) basta

**Halt**[1] *m* <-(e)s, *ohne pl*> (*Stütze*) apoyo *m;* **~ suchen/finden** buscar/encontrar apoyo; **den ~ verlieren** perder el equilibrio

**Halt**[2] *m* <-(e)s, -e *o* -s> ❶ (*Stopp*) parada *f;* **~ machen** parar; **vor nichts ~ machen** (*fam*) no retroceder ante nada ❷ (*Schweiz: Grundstücksgröße*) área *f* (de superficie)

**hält** [hɛlt] *3. präs von* **halten**

**haltbar** *adj* ❶ (*Lebensmittel*) conservable; **mindestens ~ bis 10. August** consumir preferentemente antes del 10 de agosto ❷ (*strapazierfähig*) resistente; (*beständig*) duradero ❸ (*Theorie*) sostenible ❹ (SPORT: *Schuss*) parable

**Haltbarkeit** *f ohne pl* ❶ (*von Lebensmitteln*) tiempo *m* de conservación, durabilidad *f* ❷ (*Strapazierfähigkeit*) resistencia *f;* **Haltbarkeitsdatum** *nt* fecha *f* de caducidad

**halten** ['haltən] <hält, hielt, gehalten> **I.** *vi* ❶ (*anhalten*) parar; (*stehen bleiben*) detenerse ❷ (*festsitzen*) estar fijo ❸ (*widerstandsfähig sein*) resistir; **Sport hält jung** el deporte mantiene en forma ❹ (*dauern*) durar; (*Stoff, Konserven*) conservarse; (*Wetter*) mantenerse; **zu jdm ~** apoyar a alguien; **an sich ~** contenerse **II.** *vt* ❶ (*fest~*) sostener, sujetar; **die Beine ins Wasser ~** meter las piernas en el agua; **etw offen ~** dejar algo abierto; **halt den Mund!** (*fam*) ¡cierra el pico! ❷ (*zurück~*) retener; (*auf~*) detener; (SPORT) parar ❸ (*besitzen*) tener ❹ (*Rekord, Kontakt, Gebiet*) mantener; **ein Land besetzt ~** mantener ocupado un país ❺ (*Versprechen*) cumplir; (*Rede*) pronunciar; (*Unterricht*) dar, dictar *Am;* **was man verspricht, muss man auch ~** lo prometido es deuda ❻ (*gestalten*) decorar; **das Zimmer ganz in Weiß ~** decorar la habitación de blanco ❼ (*erachten*): **etw/jdn für etw ~** tener algo/a alguien por algo; **ich halte ihn für ziemlich intelligent** le considero bastante inteligente; **viel/nichts von jdm ~** tener mucha/no tener ninguna fe en alguien; **wofür ~ Sie mich?** ¿por quién me toma Ud.?; **was ~ Sie davon?** ¿qué le parece? **III.** *vr:* **sich ~** ❶ (*bleiben*) mantenerse; (*haltbar sein*) conservarse; **dein Vater hat sich aber gut ge~** tu padre se ha conservado muy bien ❷ (*sich orientieren*) atenerse (*an* a); **~ Sie sich links/Richtung Norden** siga por la izquierda/en dirección norte ❸ (*sich aufrecht ~*) mantenerse; (*fest~*) agarrarse; **sich auf den Beinen ~** tenerse en pie

**Halter(in)** *m(f)* <-s, -; -nen> (*Fahrzeug~, Tier~*) dueño, -a *m, f*

**Halterung** *f* <-en> soporte *m*

**Haltestelle** *f* parada *f;* **Halteverbot** *nt* estacionamiento *m* prohibido; (*Stelle*) zona *f* prohibida

**haltlos** *adj* ❶ (*Mensch*) inconstante ❷ (*Theorie*) inconsistente; (*Argument*) endeble; (*Behauptung*) insostenible

**Haltung**[1] *f ohne pl* ❶ (*Fassung*) serenidad *f;* **~ bewahren** mantener la serenidad ❷ (*von Tieren*) tenencia *f;* (*Tierzucht*) cría *f*

**Haltung**[2] *f* <-en> ❶ (*Körper~*) postura *f;* (*Stellung*) posición *f* ❷ (*Einstellung*) posición *f,* actitud *f;* **eine klare ~ zu einer Frage einnehmen** adoptar una posición clara frente a una cuestión ❸ (*Benehmen*) comportamiento *m*

**Haltungsfehler** *m* ❶ (SPORT) postura *f* errónea ❷ (MED) mala postura *f*

**Halunke** [ha'lʊŋkə] *m* <-n, -n> (*fam a. abw*) canalla *m*

**Hamburg** ['hambʊrk] *nt* <-s> Hamburgo *m*

**Hamburger**[1] *m* <-s, -> (GASTR) hamburguesa *f*

**Hamburger(in)**[2] ['hambʊrgɐ] *m(f)* <-s, -; -nen> hamburgués, -esa *m, f*

**hämisch** ['hɛːmɪʃ] *adj* malicioso

**Hammel** ['haməl] *m* <-s, -> ❶ (*Schafbock*) carnero *m* ❷ (*vulg: Mensch*) imbécil *mf;*

**Hammelfleisch** *nt* carne *f* de carnero

**Hammer** ['hamɐ, *pl:* 'hɛmɐ] *m* <-s, Hämmer> ❶ (*Werkzeug, a.* SPORT) martillo *m;* **unter den ~ kommen** subastarse ❷ (ANAT) martillo *m* ❸ (MUS) macillo *m* ❹ (*fam: Fehler*) error *m* garrafal ❺ (*fam: Zumutung*): **das ist ja der ~!** ¡esto es el colmo!

**hämmern** ['hɛmɐn] **I.** *vi* ❶ (*Maschine, Person*) martillear ❷ (*Herz*) palpitar ❸ (*mit den Fäusten*) golpear **II.** *vt* martillear

**Hammerwerfen** *nt* <-s, *ohne pl*> (SPORT) lanzamiento *m* de martillo

**Hämorrhoiden** [hɛmoro'iːdən] *pl,* **Hämorriden** *pl* (MED) hemorroides *fpl*

**Hampelmann** ['hampəlman] *m* ❶ (*Spielzeug*) *muñeco de madera que mueve brazos y piernas al tirar de un cordel* ❷ (*fam abw: Mensch*) mamarracho *m*

**hampeln** *vi* (*fam*) no parar quieto; **hör auf zu ~!** ¡estáte quieto!

**Hamster** ['hamstɐ] *m* <-s, -> (ZOOL) hámster *m;* **Hamsterbacken** *fpl* (*fam*) mofletes *mpl;* **Hamsterkauf** *m* acaparamiento *m*

**hamstern** *vt* acaparar

**Hand** [hant, *pl:* 'hɛndə] *f* <Hände> mano *f;* **an ~ von** por medio de; **von ~** a mano; **jdm die ~ geben/schütteln** dar/estrechar la mano a alguien; **linker/rechter ~** a mano izquierda/derecha; **linker/rechter ~ sehen Sie ...** a su izquierda/derecha pueden observar...; **aus erster/zweiter ~** de primera/segunda mano; **eine ~ voll** un puñado; **alle Hände voll zu tun haben** (*fam*) estar agobiado de trabajo; **etw aus der ~ legen** soltar algo; **etw in die ~ nehmen** coger algo; (*fig*) hacerse cargo de algo; **in die Hände klatschen** dar palmadas; **etw zur ~ haben** tener algo a mano; **jds rechte ~ sein** (*fig*) ser el brazo derecho de alguien; **zwei linke Hände haben** (*fam*) ser un manazas; **sich mit Händen und Füßen verständigen** (*fam*) entenderse por señas; **sich mit Händen und Füßen gegen etw wehren** (*fam*) defenderse con uñas y dientes contra algo; **ein gutes Blatt auf der ~ haben** tener buenas cartas; **~ und Fuß haben** tener pies y cabeza; **seine Hände in Unschuld waschen** (*geh*) lavarse las manos; **die Hände über dem Kopf zusammenschlagen** (*fam*) llevarse las manos a la cabeza; **die ~ im Spiel haben** andar en el ajo; **es lässt sich nicht von der ~ weisen, dass ...** no se puede negar que...; **~ in ~** (cogidos) de la mano; **~ in ~ mit jdm arbeiten** trabajar mano a mano con alguien; **freie ~ zu etw haben** tener plena libertad para algo; **das liegt auf der ~** es obvio; **man konnte nicht die ~ vor Augen sehen** estaba tan oscuro que no se podía ver ni la mano delante de los ojos; **für etw/jdn die ~ ins Feuer legen** (*fig*) poner la mano en el fuego por algo/alguien; **von der ~ in den Mund leben** vivir al día; **er ist bei ihnen in guten Händen** con ellos está en buenas manos; **in festen Händen sein** (*fam*) estar comprometido; **etw von langer ~ planen** planear algo con mucha antelación; **etw unter der ~ verkaufen** vender algo bajo mano; **mit etw** *dat* **schnell bei der ~ sein** (*fam*) no vacilar en hacer o decir algo; **jdm etw zu treuen Händen übergeben** encomendar algo a alguien; **jdm etw in die ~ drücken** ponerle a alguien algo en la mano; **jdm in die Hände fallen** caer en manos de alguien; **etw aus der ~ geben** dejar algo en manos de otro; **jdn in der ~ haben** tener a alguien en un puño; **jdm aus der ~ lesen** leer la mano a alguien; **jdm die ~ auflegen** bendecir a alguien; **an jdn ~ anlegen** pegar a alguien; **in die Hände spucken** (*fig*) poner manos a la obra; **jdn auf Händen tragen** llevar en palmas a alguien; **zu jds Händen** a la atención de alguien; **Hände hoch!** ¡manos arriba!; **Hände weg!** ¡quita las manos de ahí!; **eine ~ wäscht die andere** (*prov*) amor con amor se paga

**Handarbeit[1]** *f ohne pl* (*Tätigkeit*) trabajo *m* manual; **etw in ~ anfertigen** hacer algo a mano; **Handarbeit[2]** *f* ❶ (*Gegenstand*) objeto *m* hecho a mano; (*kunstgewerblich*) artesanía *f* ❷ (*textile ~*) labores *fpl*

**Handball** *m ohne pl* (*Spiel*) balonmano *m;* **Handbewegung** *f* movimiento *m* de la mano; **Handbreit** *f* <-> palmo *m;* **Handbremse** *f* (AUTO) freno *m* de mano; **die ~ ziehen** echar el freno de mano; **Handbuch** *nt* manual *m*

**Händchen** ['hɛntçən] *nt* <-s, -> (*fam*): **~ halten** hacer manitas

**Handcreme** *f* crema *f* de manos

**Händedruck** *m* apretón *m* de manos

**Handel** ['handəl] *m* <-s, *ohne pl*> ❶ (*Gewerbe*) comercio *m;* (*Markt*) mercado *m;* (*verbotener ~*) tráfico *m;* **etw in den ~ bringen** sacar algo al mercado; **etw aus dem ~ ziehen** retirar algo del mercado; **mit etw** *dat*/**jdm ~ treiben** comerciar con algo/alguien; **im ~ sein** estar a la venta ❷ (*Geschäft*) negocio *m*

**handeln** ['handəln] **I.** *vi* ❶ (*agieren*) actuar,

H

obrar ❷ (*Handel treiben*) comerciar (*mit* con); (*unerlaubt*) traficar (*mit* con); **er handelt mit Drogen** trafica con drogas ❸ (*feilschen*) regatear; **da lasse ich nicht mit mir ~** yo no regateo ❹ (*Buch*) tratar (*von* de, *über* sobre) **II.** *vunpers:* **sich ~** tratarse (*um* de); **worum handelt es sich?** ¿de qué se trata? **III.** *vt* vender; **diese Aktien werden nicht an der Börse gehandelt** estas acciones no se cotizan en bolsa; **der Spinat wird für zwei Euro gehandelt** las espinacas se venden a dos euros

**Handelsabkommen** *nt* convenio *m* comercial; **Handelsartikel** *m* género *m* mercantil; **Handelsbank** *f* (WIRTSCH) banco *m* comercial; **Handelsbeziehungen** *fpl* relaciones *fpl* comerciales; **Handelsbilanz** *f* balanza *f* comercial; **Handelsdefizit** *nt* (WIRTSCH) déficit *m inv* comercial; **handelseinig** *adj:* **~ sein/werden** estar/ponerse de acuerdo; **Handelsflotte** *f* flota *f* mercante; **Handelsfreiheit** *f* (WIRTSCH) libertad *f* de comercio; **Handelsgesellschaft** *f* sociedad *f* mercantil; **offene ~** sociedad colectiva; **Handelskammer** *f* Cámara *f* de Comercio; **Industrie- und ~** Cámara de Industria y Comercio; **Handelsmarke** *f* marca *f* registrada; **Handelsrecht** *nt ohne pl* derecho *m* mercantil; **Handelsregister** *nt* registro *m* mercantil; **Eintragung ins ~** inscripción en el registro mercantil; **Handelsschiff** *nt* barco *m* mercante; **Handelsschule** *f* academia *f* de comercio; **handelsüblich** *adj* habitual en el comercio; **Handelsvertrag** *m* tratado *m* comercial; **Handelsvertreter(in)** *m(f)* representante *mf* (comercial); **Handelsware** *f* mercancía *f;* **Handelszentrum** *nt* centro *m* comercial

**Handeltreibende(r)** *mf* <-n, -n; -n> (WIRTSCH) comerciante *mf*

**händeringend** ['hɛndərɪŋənd] *adj* desesperado; **Händetrockner** *m* secador *m* de manos

**Handfeger** ['-fe:gɐ] *m* <-s, -> escobilla *f;* **Handfertigkeit** *f* habilidad *f* manual; **handfest** *adj* ❶ (*Mensch*) robusto ❷ (*Mahlzeit*) fuerte; (*nahrhaft*) sustancioso ❸ (*Argument*) contundente; (*Krach*) tremendo ❹ (*Vorschlag*) concreto; **Handfeuerwaffe** *f* arma *f* de fuego portátil; **Handfläche** *f* palma *f* (de la mano); **handgearbeitet** ['hantgəʔarbaɪtət] *adj* hecho a mano; **Handgelenk** *nt* muñeca *f;* **etw aus dem ~ schütteln** (*fam*) hacer algo con soltura; **Handgemenge** *nt* pelea *f,* bulla *f AmS;* **in ein ~ geraten** llegar a las manos; **Handgepäck** *nt* equipaje *m* de mano; **handgeschrieben** *adj* escrito a mano; **Handgranate** *f* granada *f* de mano

**handgreiflich** *adj* ❶ (*gewalttätig*) violento; **~ werden** llegar a las manos ❷ (*Erfolg*) evidente; (*Beweis*) palmario

**Handgreiflichkeit** *f* <-en> violencia *f*

**Handgriff** *m* ❶ (*zum Festhalten, Tragen*) asidero *m;* (*Stiel*) mango *m* ❷ (*Bewegung*) maniobra *f;* **mit ein paar ~en** con pocas maniobras

**Handhabe** *f* <-n> motivo *m*

**handhaben** ['hantha:bən] *vt* ❶ (*Gesetz*) aplicar ❷ (*bedienen*) manejar; (*gebrauchen*) usar ❸ (*verfahren*) proceder

**Handhabung** *f* <-en> ❶ (*Bedienung*) manejo *m* ❷ (*Anwendung*) aplicación *f*

**Handicap** ['hɛndikɛp] *nt* <-s, -s>, **Handikap** *nt* <-s, -s> hándicap *m*

**Handkoffer** *m* maleta *f* pequeña; **Handkuss** *m* besamanos *m inv;* **Handlanger(in)** ['-laŋɐ] *m(f)* <-s, -; -nen> ❶ (*Hilfsarbeiter*) obrero, -a *m, f* no cualificado, -a ❷ (*abw: Verbündeter*) cómplice *mf;* **Handlangerdienst** *m* (*abw*) trabajo *m* sucio; **jdm ~e leisten** prestar ayuda a alguien (en un asunto sucio); **Handlangerin** *f* <-nen> *s.* **Handlanger**

**Händler(in)** ['hɛndlɐ] *m(f)* <-s, -; -nen> comerciante *mf;* (*Verkäufer*) vendedor(a) *m(f);* **fliegender ~** vendedor ambulante

**handlich** ['hantlɪç] *adj* manejable

**Handlung** ['handlʊŋ] *f* <-en> ❶ (*Tat*) acción *f* ❷ (*von Buch, Film*) argumento *m;* **Handlungsbedarf** *m* (*a.* POL) necesidad *f* de actuar; **Handlungsbevollmächtigte(r)** *mf* apoderado, -a *m, f;* **handlungsfähig** *adj* capaz de actuar; **Handlungsfreiheit** *f ohne pl* libertad *f* de acción; **Handlungsspielraum** *m* libertad *f* de acción; **handlungsunfähig** *adj* incapaz de actuar; **Handlungsweise** *f* modo *m* de actuar; (*Vorgehensweise*) procedimiento *m*

**Handrücken** *m* dorso *m* de la mano; **Handschellen** *fpl* esposas *fpl;* **jdm ~ anlegen** esposar a alguien; **Handschlag** *m* apretón *m* de manos; **keinen ~ tun** (*fam*) no mover un dedo; **durch ~ besiegeln** sellar con un apretón de manos; **Handschrift** *f* ❶ (*von Person*) letra *f* ❷ (*Text*) manuscrito *m;* **handschriftlich** **I.** *adj* escrito a mano **II.** *adv* a mano, por escrito

**Handschuh** *m* guante *m;* **Handschuhfach** *nt* guantera *f*

**Handstand** *m* <-(e)s, -stände> pino *m;* **Handtasche** *f* bolso *m* de mano; **Handteller** *m* palma *f* de la mano; **Handtuch** *nt* toalla *f,* enjugamanos *m inv Am;* **das ~ werfen** (*fam*) tirar la toalla; **Handumdrehen** *nt:* **im ~** en un santiamén; **Handwäsche** *f* (*Waschen*) lavado *m* a mano; (*Wäsche*) ropa *f* para lavar a mano

**Handwerk¹** *nt* <-(e)s, -e> (*Beruf*) oficio *m* (manual); **jdm das ~ legen** poner fin a las actividades de alguien; **jdm ins ~ pfuschen** hacer la competencia a alguien

**Handwerk²** *nt* <-(e)s, *ohne pl*> (*~erschaft*) artesanado *m*

**Handwerker(in)** *m(f)* <-s, -; -nen> trabajador(a) *m(f)* manual; (*Kunst~*) artesano, -a *m, f*

**handwerklich** *adj* artesanal

**Handwerksbetrieb** *m* taller *m* (de artesanía); **Handwerkskammer** *f* Cámara *f* de Artesanía; **Handwerkszeug** *nt* herramientas *fpl*

**Handwurzel** *f* (ANAT) carpo *m*

**Handy** ['hɛndi] *nt* <-s, -s> (teléfono *m*) móvil *m*

**Handzeichen** *nt* señal *f* que se da con la mano; (*Schriftzug*) rúbrica *f;* **Handzettel** *m* volante *m*

**hanebüchen** ['ha:nəby:çən] *adj* (*geh fig*) inaudito

**Hanf** [hanf] *m* <-(e)s, *ohne pl*> cáñamo *m*

**Hang¹** [haŋ, *pl:* 'hɛŋə] *m* <-(e)s, Hänge> (*Abhang*) pendiente *f,* cuesta *f,* guindo *m Guat*

**Hang²** *m* <-(e)s, *ohne pl*> (*Tendenz*) inclinación *f;* (*Neigung*) propensión *f;* **einen ~ zu etw** *dat* **haben** tener propensión a algo

**Hängebrücke** *f* puente *m* colgante; **Hängelampe** *f* lámpara *f* colgante; **Hängematte** *f* hamaca *f*

**hangen** ['haŋən] *vi* (*Schweiz*) *s.* **hängen**

**hängen¹** ['hɛŋən] <hängt, hing, gehangen> *vi* ① (*herunter~*) colgar (*an* de/en), pender (*an* de); **Spannung hing in der Luft** la tensión flotaba en el ambiente; **an der Flasche/vor dem Fernseher ~** (*fam*) estar colgado de la botella/de la tele ② (*haften*) estar adherido (*an* a); **an jdm ~** querer a alguien; **sich an jdn ~** pegarse a alguien ③ (*schief sein*) estar inclinado (*nach* hacia)

**hängen²** *vt* ① (*auf~*) colgar; **die Fahne nach dem Wind ~** arrimarse al sol que más calienta ② (*befestigen*) fijar; (*an Haken*) enganchar ③ (*Verbrecher*) colgar

**Hannover** [ha'no:fɐ] *nt* <-s> Hannóver *m*

**Hansdampf** [hans'damf] *m* <-(e)s, -e>: **~ (in allen Gassen)** (*fam*) metomentodo *m*

**hanseatisch** [hanze'a:tɪʃ] *adj* (h)anseático

**Hänselei** *f* <-en> guasa *f,* pitorreo *m*

**hänseln** ['hɛnzəln] *vt:* **jdn ~** burlarse de alguien

**Hansestadt** ['hanzə-] *f* ciudad *f* (h)anseática

**i Land & Leute**

Originariamente la Hansa era una agrupación de ciudades que estaban situadas a lo largo de importantes rutas comerciales. El objetivo de las **Hansestädte** era regular el comercio de mercancías lo mejor posible. La Hansa alemana ostentó el monopolio del comercio en el Mar Báltico durante doscientos años. Hoy en día, todavía en siete ciudades del norte de Alemania, el título de ciudad hanseática acompaña al nombre de la ciudad. Es el caso de: *Bremen, Lübeck, Greifswald, Rostock, Stralsund, Wismar* y *Hamburgo.*

**Hanswurst** [-'-, '--] *m* <-(e)s, -e *o* -würste> ① (THEAT) arlequín *m* ② (*Narr*) payaso *m*

**Hantel** ['hantəl] *f* <-n> pesas *fpl*

**hantieren*** [han'ti:rən] *vi* trabajar (*mit* con)

**hapern** ['ha:pɐn] *vi* ① (*fehlen*) faltar (*an* de) ② (*schlecht sein*) tener dificultades (*mit* con)

**häppchenweise** ['hɛpçənvaɪzə] *adv* (*fam*) a bocados

**Happen** ['hapən] *m* <-s, -> (*fam*) bocado *m,* puntal *m Am*

**Happening** ['hɛpənɪŋ] *nt* <-s, -s> happening *m*

**happig** ['hapɪç] *adj* (*fam*) exagerado; (*Preis*) exorbitante

**happy** ['hɛpi] *adj inv* (*fam*) feliz y contento; **Happyend** *nt* <-(s), -s>, **Happy End** [hɛpi'ʔɛnt] *nt* <- -(s), - -s> final *m* feliz; **Happyhour** *f* <-s>, **Happy Hour** [hɛpi'(ʔ)aʊɐ] *f* <- -s> hora *f* feliz

**Harddisk** *f* <-s>, **Hard Disk** ['ha:tdɪsk] *f* <- -s> (INFOR) disco *m* duro; **Hardliner** ['ha:tlaɪnɐ] *m* <-s, -> (persona *f*) intransigente *mf;* **Hardrock** *m* <-s, *ohne pl*>, **Hard Rock** ['ha:trɔk] *m* <- -s, *ohne pl*> (MUS) rock *m* duro; **Hardware** ['ha:twɛ:ɐ] *f* <-s> (INFOR) hardware *m,* equipo *m* físico

**Harem** ['ha:rɛm] *m* <-s, -s> harén *m*

**Harfe** ['harfə] *f* <-n> arpa *f*

**Harke** ['harkə] *f* <-n> rastrillo *m*

**Harlekin** ['harleki:n] *m* <-s, -e> arlequín *m*

**harmlos** ['harmlo:s] *adj* inofensivo; (*arglos*) inocente; (*Krankheit*) leve; (*Tier*) manso; (*Medikament*) inocuo; **es fing alles ganz ~ an** todo empezó sin ningún problema

**Harmonie** [harmo'ni:] *f* <-n> armonía *f*

**Harmonien** *pl von* **Harmonie, Harmonium**

**harmonieren*** *vi* armonizar (*mit* con)

**Harmonika** [har'mo:nika] *f* <-s *o* Harmoniken> (MUS: *Mund~*) armónica *f*; (*Zieh~*) acordeón *m*

**harmonisch** [har'mo:nɪʃ] *adj* ❶ (MUS) armónico ❷ (*zusammenpassend*) armonioso

**harmonisieren*** *vt* armonizar

**Harmonium** [har'mo:niʊm] *nt* <-s, -s *o* Harmonien> (MUS) armonio *m*

**Harn** [harn] *m* <-(e)s, -e> orina *f*; **Harnblase** *f* (ANAT) vejiga *f* de la orina; **Harnleiter** *m* (ANAT) uréter *m*; **Harnröhre** *f* (ANAT) uretra *f*; **Harnsäure** *f* ácido *m* úrico; **harntreibend** *adj* diurético

**Harpune** [har'pu:nə] *f* <-n> arpón *m*; (*Haken*) garfio *m*

**harpunieren*** [harpu'ni:rən] *vt* arponear

**harren** ['harən] *vi* (*geh*) esperar (con impaciencia) (+*gen*)

**hart** [hart] <härter, am härtesten> **I.** *adj* ❶ (*nicht weich*) duro; **~e Drogen** drogas duras; **~ werden** endurecerse; (*Brot*) ponerse duro; (*Mensch*) volverse duro ❷ (*Währung*) estable ❸ (*Wasser*) duro ❹ (*widerstandsfähig*) resistente; **~ im Nehmen sein** encajar bien los golpes ❺ (*schwer*) duro, difícil; (*Aufprall*) fuerte ❻ (*~herzig*) duro, insensible; **jdn ~ anfassen** tratar a alguien con dureza ❼ (*streng*) riguroso; **~ durchgreifen** adoptar medidas rigurosas; **~ bleiben** mantenerse firme; **jdm ~ zusetzen** apremiar a alguien; **es geht ~ auf ~** luchan a brazo partido **II.** *adv* (*nahe*) muy cerca (*an* de)

**Härte** ['hɛrtə] *f* <-n> ❶ (*Festigkeit*) dureza *f* ❷ (*Stabilität*) estabilidad *f* ❸ (*Kalkgehalt*) dureza *f* ❹ (*Widerstandsfähigkeit*) resistencia *f* ❺ (*Schwierigkeitsgrad*) dureza *f*, dificultad *f* ❻ (*Strenge*) rigor *m* ❼ (*Gefühllosigkeit*) insensibilidad *f*; (*Grausamkeit*) crueldad *f* ❽ (*Heftigkeit*) violencia *f*, fuerza *f*; **Härtefall** *m* caso *m* extremo

**härten** ['hɛrtən] **I.** *vi, vt* endurecer **II.** *vr:* **sich ~** endurecerse

**härter** ['hɛrtɐ] *adj kompar von* **hart**

**härteste(r, s)** *adj superl von* **hart**

**Härtetest** *m* prueba *f* de resistencia

**Hartgeld** *nt* moneda *f* en metálico

**hartgesotten** ['hartgəzɔtən] *adj* ❶ (*unsensibel*) duro ❷ (*verstockt*) duro de pelar

**hartherzig** *adj* duro de corazón

**hartnäckig** ['hartnɛkɪç] *adj* ❶ (*stur*) terco ❷ (*ausdauernd*) tenaz ❸ (*Krankheit*) pertinaz; (*Fleck*) resistente

**Hartnäckigkeit** *f ohne pl* ❶ (*Sturheit*) terquedad *f* ❷ (*Ausdauer*) tenacidad *f*, remache *m Col* ❸ (*von Krankheit*) pertinacia *f*

**Harz**[1] [ha:ɐts] *nt* <-es, -e> resina *f*

**Harz**[2] *m* <-es> (GEO): **der ~** el Harz

**harzig** *adj* ❶ (*Harz enthaltend*) resinoso ❷ (*Schweiz: mühsam*) dificultoso

**Hasch** [haʃ] *nt* <-s, *ohne pl*> (*fam*) hachís *m inv*

**Haschee** [ha'ʃe:] *nt* <-s, -s> (GASTR) carne *f* picada en salsa

**haschen** ['haʃən] *vi* (*fam*) fumar porros

**Haschisch** ['haʃɪʃ] *m o nt* <-(s), *ohne pl*> hachís *m inv*

**Hase** ['ha:zə] *m* <-n, -n> liebre *f*; **falscher ~** (*Hackbraten*) asado de carne picada; **wissen, wie der ~ läuft** (*fam*) saber por donde van los tiros; **da liegt der ~ im Pfeffer** (*fam*) ahí está la madre del cordero

**Haselnuss** ['ha:zəlnʊs] *f* <-nüsse> avellana *f*

**Hasenpfeffer** *m* (GASTR) lebrada *f*

**Häsin** ['hɛ:zɪn] *f* <-nen> liebre *f* hembra

**Hass** [has] *m* <-es, *ohne pl*> odio *m*; **~ auf jdn haben** odiar a alguien

**hassen** ['hasən] *vt* odiar; **hassenswert** *adj* odioso

**hasserfüllt** *adj* lleno de odio

**hässlich** ['hɛslɪç] *adj* ❶ (*Aussehen*) feo, macaco *Cuba, Chil*; (*Wetter*) malo ❷ (*gemein*) feo, malo; **~ von jdm sprechen** hablar mal de alguien ❸ (*unangenehm*) desagradable

**Hässlichkeit**[1] *f ohne pl* (*von Aussehen*) fealdad *f*

**Hässlichkeit**[2] *f* <-en> (*Gemeinheit*) maldad *f*

**Hassliebe** *f* amor-odio *m*; **hassverzerrt** *adj:* **ein ~es Gesicht** una cara descompuesta de ira

**Hast** [hast] *f ohne pl* (*Eile*) prisa *f*; (*Überstürzung*) precipitación *f*

**hasten** ['hastən] *vi sein* (*geh*) ir a toda prisa; (*sich überstürzen*) precipitarse

**hastig** **I.** *adj* (*eilig*) apresurado; (*überstürzt*) precipitado **II.** *adv* (*schnell*) a toda prisa; (*überstürzt*) precipitadamente; **nicht so ~!** ¡no tan de prisa!

**hat** [hat] *3. präs von* **haben**

**hätscheln** ['hɛ(:)tʃəln] *vt* ❶ (*liebkosen*) acariciar ❷ (*abw: bevorzugen*) mimar

**hatschi** [ha'tʃi(:), 'hatʃi] *interj* achís

**hatte** ['hatə] *3. imp von* **haben**

**Haube** ['haʊbə] *f* <-n> ❶ (*Kopfbedeckung*) cofia *f*; **jdn unter die ~ bringen**

(*fam*) casar a alguien ❷ (AUTO) capó *m* ❸ (*von Vögeln*) copete *m* ❹ (*Trocken~*) secador *m*

**Hauch** [haʊx] *m* <-(e)s, -e> (*geh*) ❶ (*Atem*) aliento *m* ❷ (*Luftzug*) soplo *m*, aire *m* ❸ (*Anflug, Duft*) matiz *m*, toque *m*

**hauchdünn** ['-'-] *adj* finísimo

**hauchen** ['haʊxən] **I.** *vi* (*ausatmen*) espirar **II.** *vt* (*Worte*) susurrar

**Haue**[1] ['haʊə] *f ohne pl* (*fam: Schläge*) paliza *f*; ~ **kriegen** recibir una paliza

**Haue**[2] *f* <-n> (*südd, Österr, Schweiz: Hacke*) azada *f*

**hauen**[1] ['haʊən] <haut, haute *o* hieb, gehauen> **I.** *vt* (*fam: schlagen*) sacudir; (*verprügeln*) dar una paliza **II.** *vi* (*schlagen*): **mit der Faust auf den Tisch** ~ (*a. fig*) pegar un puñetazo en la mesa

**hauen**[2] ['haʊən] <haut, haute, gehauen> **I.** *vi* (*Wend*): **auf die Pauke** ~ (*fig*) ir de juerga **II.** *vt* ❶ (*meißeln*) esculpir ❷ (*fam: Nagel*) clavar (*in* en) ❸ (BERGB) extraer **III.** *vr:* **sich** ~ (*fam*) pegarse (*mit* con)

**Hauer** *m* <-s, -> ❶ (*Bergmann*) picador *m* (de minas) ❷ (*Eckzahn*) colmillo *m*

**Häufchen** ['hɔɪfçən] *nt* <-s, -> montoncito *m*; **er kam wie ein ~ Elend nach Hause** volvió a casa hecho una miseria [*o* una lástima]

**Haufen** ['haʊfən] *m* <-s, -> ❶ (*Anhäufung*) montón *m*, cerro *m And;* (*Stapel*) pila *f*; **jdn über den ~ rennen/fahren** (*fam*) tumbar/derribar a alguien; **etw über den ~ werfen** (*fam*) arrojar por la borda algo ❷ (*fam: Menge*) montón *m*, percha *f CSur;* **einen ~ Arbeit haben** tener un montón de trabajo ❸ (*Schar*) gentío *m;* (*Gruppe*) cuadrilla *f*

**häufen** ['hɔɪfən] **I.** *vt* amontonar; (*ansammeln*) acumular; **zwei gehäufte Esslöffel Zucker** dos cucharadas colmadas de azúcar **II.** *vr:* **sich** ~ amontonarse; (*sich ansammeln*) acumularse

**haufenweise** *adv* (*fam*) a montones

**häufig** ['hɔɪfɪç] **I.** *adj* frecuente; (*wiederholt*) repetido **II.** *adv* a menudo, con frecuencia

**Häufigkeit** *f* <-en> frecuencia *f*

**Haupt** [haʊpt, *pl:* 'hɔɪptɐ] *nt* <-(e)s, Häupter> (*geh*) ❶ (*Kopf*) cabeza *f*; **gesenkten/erhobenen ~es** cabizbajo/con la cabeza alta ❷ (*Anführer*) jefe, -a *m, f*; **Hauptaltar** *m* altar *m* mayor; **hauptamtlich** *adj* de carrera; (*angestellt*) contratado; **Hauptaspekt** *m* aspecto *m* principal; **Hauptaufgabe** *f* tarea *f* principal; **Hauptaugenmerk** *nt:* **sein ~ auf etw/jdn richten** fijarse especialmente en algo/alguien; **Hauptausgang** *m* salida *f* principal; **Hauptbahnhof** *m* estación *f* central; **Hauptbelastungszeuge, -zeugin** *m, f* (JUR) testigo *mf* de cargo principal; **hauptberuflich I.** *adj* profesional **II.** *adv* profesionalmente; **Hauptdarsteller(in)** *m(f)* protagonista *mf;* **Haupteingang** *m* entrada *f* principal; **Hauptfach** *nt* (SCH, UNIV) asignatura *f* principal; **Hauptfigur** *f* personaje *m* principal; **Hauptfilm** *m* película *f* principal; **Hauptgang** *m* (GASTR) segundo plato *m;* **im ~ servieren wir ...** de segundo plato tenemos...; **Hauptgebäude** *nt* edificio *m* principal; **Hauptgericht** *nt* plato *m* principal; **Hauptgeschäftszeit** *f* (WIRTSCH) horas *fpl* punta; **Hauptgewicht** *nt* énfasis *m inv* principal; **Hauptgewinn** *m* primer premio *m*, gordo *m fam;* **Haupthahn** *m* grifo *m* principal, llave *f* principal

**Hauptleute** *pl von* **Hauptmann**

**Häuptling** ['hɔɪptlɪŋ] *m* <-s, -e> cacique *m*

**Hauptmahlzeit** *f* comida *f* principal

**Hauptmann** *m* <-(e)s, -leute> ❶ (MIL) capitán *m* ❷ (*Schweiz: Gemeindevorsteher*) alcalde *m*

**Hauptmenü** *nt* (INFOR) menú *m* principal; **Hauptmerkmal** *nt* característica *f* principal; **Hauptperson** *f* personaje *m* principal; **Hauptpost** *f* central *f* de correos; **Hauptproblem** *nt* problema *m* principal; **Hauptquartier** *nt* (MIL) cuartel *m* general; **Hauptrolle** *f* papel *m* principal; **Hauptsache** *f* punto *m* principal; **die ~ ist, dass ...** lo principal es que... +*subj;* **in der ~** principalmente; **zur ~ kommen** llegar a lo principal

**hauptsächlich** ['haʊptzɛçlɪç] **I.** *adj* principal; (*wesentlich*) esencial **II.** *adv* principalmente; ~ **deshalb, weil ...** principalmente porque...

**Hauptsaison** *f* temporada *f* alta; **Hauptsatz** *m* (LING) oración *f* principal; **Hauptschalter** *m* (ELEK) interruptor *m* principal; **Hauptschlagader** *f* (ANAT) aorta *f;* **Hauptschlüssel** *m* llave *f* maestra; **Hauptschulabgänger(in)** *m(f)* ≈graduado, -a *m, f* escolar; **Hauptschuldige(r)** *mf* culpable *mf* principal; **Hauptschule** *f* ≈escuela *f* de Enseñanza General Básica (*formación escolar mínima obligatoria que comprende entre los 10 y los 16 años de edad*)

**i Land & Leute**

Una vez que el alumno alemán ha completado el primer tramo de la enseñanza obligatoria en la **Grundschule** – *escuela primaria o básica*, dependiendo de su rendimiento académico, accederá a la **Hauptschule**, **Realschule** – *escuela secundaria de grado intermedio* o al **Gymnasium** – *escuela secundaria de grado superior*. En Alemania este primer tramo del itinerario educativo obligatorio que se realiza en la **Grundschule** abarca desde el quinto curso hasta el noveno (en el noveno curso los alumnos tienen aproximadamente diez años). La **Hauptschule** está pensada para aquellos alumnos que han tenido un rendimiento peor en la **Grundschule**. Son, por tanto, los que no accederán ni a la **Realschule** ni al **Gymnasium**. A los 16 años los alumnos finalizan su itinerario educativo obligatorio con un certificado de la **Hauptschule**. En Austria existe la posibilidad de acceder al **Gymnasium** desde la **Hauptschule** si se tiene un buen rendimiento académico en ésta.

**Hauptschüler(in)** *m(f)* ≈alumno, -a *m, f* de Enseñanza General Básica; **Hauptschwierigkeit** *f* dificultad *f* principal; **Hauptsitz** *m* sede *f* principal; **Hauptspeise** *f* (GASTR) plato *m* principal; **Hauptstadt** *f* capital *f*; **Hauptstraße** *f* calle *f* principal, ≈Calle *f* Mayor; **Haupttreffer** *m s.* **Hauptgewinn**; **Hauptursache** *f* motivo *m* principal; **Hauptverhandlung** *f* (JUR) juicio *m* oral

**Hauptverkehrsstraße** *f* calle *f* principal; **Hauptverkehrszeit** *f* hora *f* punta

**Hauptversammlung** *f* asamblea *f* general; **Hauptverwaltung** *f* administración *f* central; **Hauptwaschgang** *m* fase *f* principal de lavado; **Hauptwohnsitz** *m* domicilio *m* principal; **Hauptwort** *nt* (LING) sustantivo *m*

**Haus** [haʊs, *pl:* ˈhɔɪzɐ] *nt* <-es, Häuser> ❶ (*Wohn~, Heim*) casa *f*; (*Gebäude*) edificio *m*; **von ~ zu ~ gehen** ir de casa en casa; **wir wohnen ~ an ~** vivimos puerta con puerta; **aus dem ~ gehen** salir de casa; **der Herr des ~es** el señor de la casa; **außer ~ essen** comer fuera (de casa); **etw steht ins ~** algo está al caer; **~ und Hof verspielen** perder hasta la camisa; **nirgendwo zu ~e sein** ser un extraño en todas partes; **fühlen Sie sich wie zu ~e!** ¡siéntase como en su casa!; **nach ~e kommen** volver a casa; **er ist nicht zu ~e** no está en casa; **bei uns zu ~e** en nuestra casa; **in etw** *dat* **zu ~e sein** (*fam*) conocer bien algo; **vor ausverkauftem ~ spielen** actuar con el teatro repleto de público; **frei ~** (COM) franco (a) domicilio; **hallo, altes ~!** (*fam*) ¡hola, amigote! ❷ (*geh: Herkunft*) familia *f*, casa *f*; **er ist aus gutem ~e** es de buena familia; **von ~e aus** originalmente ❸ (*Unternehmen*) casa *f*, empresa *f*; **das erste ~ am Platz** la empresa de mejor reputación ❹ (*Dynastie*) casa *f*, dinastía *f* ❺ (*Schnecken~*) casita *f* del caracol ❻ (ASTR) casa *f* (celeste) ❼ (POL) Cámara *f* ❽ (*Wend*): **~ halten** economizar; **Hausangestellte(r)** *mf* empleado, -a *m, f* (del hogar); **Hausapotheke** *f* botiquín *m*; **Hausarbeit** *f* ❶ (*im Haushalt*) quehaceres *mpl* domésticos ❷ (SCH) deberes *mpl*; (UNIV) trabajo *m* escrito (hecho en casa); **Hausarrest** *m* arresto *m* domiciliario; **Hausarzt, -ärztin** *m, f* médico, -a *m, f* de cabecera; **Hausaufgabe** *f* trabajo *m* para casa; **~n** (SCH) deberes *mpl*; **hausbacken** *adj* ❶ (*Hausmittel*) casero ❷ (*abw: bieder*) aburguesado; (*langweilig*) aburrido; **Hausbesetzer(in)** *m(f)* <-s, -; -nen> okupa *mf argot*; **Hausbesetzung** *f* <-en> okupación *f*; **Hausbesitzer(in)** *m(f)* propietario, -a *m, f* de una casa; **Hausbesuch** *m* visita *f* domiciliaria; **Hausbewohner(in)** *m(f)* vecino, -a *m, f* de una casa; **Hausboot** *nt* barco *m* vivienda

**Häuschen** [ˈhɔɪsçən] *nt* <-s, -> casita *f*; **ganz aus dem ~ sein** (*fam*) estar completamente fuera de sí

**Hauseingang** *m* entrada *f* de la casa

**hausen** [ˈhaʊzən] *vi* (*fam*) ❶ (*abw: wüten*) causar estragos (*in* en) ❷ (*wohnen*) vivir (*in* en)

**Häuserblock** *m* manzana *f*, cuadra *f Am*

**Hausflur** *m* pasillo *m*; **Hausfrau** *f* ❶ (*Haushalt führende Frau*) ama *f* de casa ❷ (*Österr, südd: Zimmerwirtin*) alquiladora *f* de cuartos; **Hausfreund** *m* ❶ (*der Familie*) amigo *m* de la casa ❷ (*Geliebter*) alegraesposas *m inv*; **Hausfriedensbruch** *m* (JUR) allanamiento *m* de morada; **Hausgebrauch** *m* uso *m* doméstico; **für den ~** para uso doméstico

**Haushalt** [ˈhaʊshalt] *m* <-(e)s, -e> ❶ (*Hausgemeinschaft*) casa *f*; **jdm den ~ führen** llevar(le) la casa a alguien; **einen ~ gründen/auflösen** poner/levantar casa ❷ (*Familie*) hogar *m*; **die privaten ~e** los hogares ❸ (POL: *Etat*) presupuesto *m*

**haus|halten** *irr vi* economizar (*mit*)

**Haushälterin** [ˈhaʊshɛltərɪn] *f* <-nen>

ama *f* de llaves

**Haushaltsabfall** *m* basura *f* doméstica, residuos *mpl* domésticos; **Haushaltsdebatte** *f* (POL) debate *m* sobre el presupuesto; **Haushaltsgeld** *nt* dinero *m* para los gastos domésticos; **Haushaltsgerät** *nt* aparato *m* doméstico; **Haushaltshilfe** *f* empleada *f* de hogar, asistenta *f;* **Haushaltsplan** *m* (POL) presupuesto *m*

**Hausherr(in)** *m(f)* dueño, -a *m, f* de la casa, señor(a) *m(f)* de la casa; **haushoch** ['-'-] *adj* (*groß*) como una casa; (*außergewöhnlich*) descomunal; **jdm ~ überlegen sein** dar(le) cien vueltas a alguien; **jdn ~ schlagen** derrotar a alguien aplastantemente

**hausieren*** [haʊ'ziːrən] *vi* ir vendiendo de casa en casa; **mit etw** *dat* **~ gehen** (*fam*) contar algo a todo el mundo

**Hausierer(in)** *m(f)* <-s, -; -nen> vendedor(a) *m(f)* ambulante, pacotillero, -a *m, f Am*

**Hauslehrer(in)** *m(f)* preceptor *m,* institutriz *f;* (*Privatlehrer*) profesor(a) *m(f)* particular

**häuslich** ['hɔɪslɪç] *adj* ❶ (*Arbeiten, Pflichten*) doméstico; (*Familie betreffend*) familiar ❷ (*Familienleben liebend*) casero; **sich ~ niederlassen** (*fam*) poner casa

**Hausmädchen** *nt* sirvienta *f*

**Hausmann** *m* amo *m* de casa; **Hausmannskost** *f* comida *f* casera

**Hausmarke** *f* ❶ (*einer Einzelhandelsfirma*) marca *f* de la casa ❷ (*fam: bevorzugte Marke*) marca *f* favorita; **Hausmeister(in)** *m(f)* ❶ (*in Wohnhaus*) conserje *mf;* (*in öffentlichen Gebäuden*) bedel(a) *m(f)* ❷ (*Schweiz: Hausbesitzer*) propietario, -a *m, f* de la casa; **Hausmittel** *nt* remedio *m* casero; **Hausmüll** *m* basura *f* doméstica; **Hausnummer** *f* número *m* de (la) casa; **Hausordnung** *f* reglamento *m* de la casa

**Hausrat** *m ohne pl* menaje *m;* **Hausratversicherung** *f* seguro *m* del hogar

**Hausschlüssel** *m* llave *f* de (la) casa; **Hausschuh** *m* zapatilla *f*

**Hausse** [hoːs, 'hoːsə, oːs] *f* <-n> (FIN) alza *f;* **auf ~ spekulieren** jugar al alza

**Haussegen** *m:* **der ~ hängt (bei jdm) schief** (*fam*) alguien tiene líos en casa

**haussieren** [(h)o'siːrən] *vi* (FIN: *Markt, Börse*) estar en alza

**Haussuchung** *f* <-en> (JUR) registro *m* domiciliario; **Haustier** *nt* animal *m* doméstico; **Haustür** *f* puerta *f* de (la) casa; **Hausverbot** *nt prohibición de entrar en un sitio determinado;* **Hauswirt(in)** *m(f)* propietario, -a *m, f* de una casa; **Hauswirtschaft** *f ohne pl* economía *f* doméstica; **Hauswirtschafter(in)** *m(f)* <-s, -; -nen> encargado, -a *m, f* de la casa

**Haut** [haʊt, *pl:* 'hɔɪtə] *f* <Häute> ❶ (*von Mensch, Tier, Obst*) piel *f,* pellejo *m pey;* (*Gesichts~*) cutis *m inv;* **nur ~ und Knochen sein** (*fam*) estar en los huesos; **versuchen, seine ~ zu retten** (*fig fam*) intentar salvar el pellejo; **aus der ~ fahren** (*fig fam*) salirse de sus casillas; **er kann nicht aus seiner ~ heraus** (*fig fam*) la cabra siempre tira al monte; **ihm ist nicht wohl in seiner ~** (*fam fig*) no se siente a gusto; **in ihrer ~ möchte ich nicht stecken** (*fam fig*) no quisiera estar en su pellejo; **mit heiler ~ davonkommen** (*fam fig*) salvar la piel; **mit ~ und Haaren** (*fam fig*) completamente; **das geht (mir) unter die ~** (*fam fig*) esto me llega al alma; **auf der faulen ~ liegen** (*fam fig*) estar tumbado a la bartola; **eine ehrliche ~** (*fam fig*) una persona honrada ❷ (*auf Flüssigkeit*) tela *f;* **Hautabschürfung** *f* excoriación *f;* **Hautarzt, -ärztin** *m, f* dermatólogo, -a *m, f;* **Hautausschlag** *m* (MED) erupción *f* cutánea, alfombrilla *f Cuba;* **Hautcreme** *f* crema *f* para la piel

**häuten** ['hɔɪtən] **I.** *vt* despellejar **II.** *vr:* **sich ~** (*Reptilien*) mudar la piel; (*fam: Mensch*) pelarse

**hauteng** ['-'-] *adj* muy ceñido; **Hautfarbe** *f* color *m* de la piel; (*Teint*) tez *f;* **Hautkrankheit** *f* enfermedad *f* de la piel; **hautnah** ['-'-] **I.** *adj* (*fam: Schilderung*) muy realista **II.** *adv* desde muy cerca; **etw ~ miterleben** presenciar algo desde muy cerca; **Hautpflege** *f* cuidado *m* de la piel

**Häutung** *f* <-en> (ZOOL) muda *f*

**Havarie** [hava'riː] *f* <-n> (AERO, NAUT) avería *f*

**Hazienda** [ha'tsjɛnda] *f* <-s> hacienda *f,* estancia *f Am*

**Hbf.** *Abk. von* **Hauptbahnhof** estación *f* central

**h.c.** *Abk. von* **honoris causa** honoris causa

**HD-Diskette** *f* (INFOR) disquete *m* HD

**H-Dur** *nt* (MUS) si *m* mayor

**he** [heː] *interj* eh, oiga

**Headhunter(in)** ['hɛthantɐ] *m(f)* <-s, -; -nen> (WIRTSCH) cazacerebros *mf inv*

**heavy** ['hɛvɪ] *adj inv* (*sl*) fuerte; **Heavymetal** *nt* <-(s), *ohne pl*> (MUS) heavy metal *m;* **Heavymetalfan** *m* fan *mf* del heavy metal, heavy *mf*

**Hebamme** ['heːbamə] *f* <-n> comadrona *f*

**Hebebühne** *f* (TECH) plataforma *f* elevadora

**Hebel** ['he:bəl] *m* <-s, -> palanca *f;* **alle ~ in Bewegung setzen** (*fam*) tocar todas las teclas; **am längeren ~ sitzen** (*fam*) tener la sartén por el mango

**heben** ['he:bən] <hebt, hob, gehoben> **I.** *vt* ❶ (*hoch~*) alzar, levantar; (*Schatz, Wrack*) subir; **die Stimme ~** levantar la voz; **einen ~ gehen** (*fam*) ir de copas ❷ (*steigern*) aumentar; (*verbessern*) mejorar ❸ (*südd: halten*) sujetar **II.** *vr:* **sich ~** ❶ (*Nebel, Vorhang*) levantarse ❷ (*sich verbessern*) mejorarse **III.** *vi* (*südd: haltbar sein*) conservarse

**Hebräer(in)** [he'brɛ:ɐ] *m(f)* <-s, -; -nen> hebreo, -a *m, f*

**hebräisch** [he'brɛ:ɪʃ] *adj* hebreo, hebraico

**Hebung** ['he:bʊŋ] *f* <-en> ❶ (*das Hinaufbefördern*) levantamiento *m;* (*Anstieg*) mejora *f* ❷ (LIT: *Versmaß*) sílaba *f* marcada ❸ (GEO) elevación *f*

**hecheln** ['hɛçəln] *vi* (*Hund*) jadear

**Hecht** [hɛçt] *m* <-(e)s, -e> ❶ (*Fisch*) lucio *m* ❷ (*fam: Mann*): **ein toller ~!** ¡vaya tío!

**Heck** [hɛk] *nt* <-(e)s, -e *o* -s> (NAUT) popa *f;* (AUTO, AERO) parte *f* trasera

**Hecke** ['hɛkə] *f* <-n> seto *m*

**Heckenrose** *f* rosal *m* silvestre; **Heckenschere** *f* cortasetos *m inv;* **Heckenschütze, -in** *m, f* francotirador(a) *m(f)*

**Heckklappe** *f* (AUTO) puerta *f* del maletero; **Heckmotor** *m* (TECH) motor *m* trasero; **Heckscheibe** *f* (AUTO) luneta *f* trasera

**heda** ['he:da] *interj* eh

**Heer** [he:ɐ] *nt* <-(e)s, -e> ❶ (MIL) ejército *m* ❷ (*Menge*) sinnúmero *m;* **Heerscharen** *fpl* (*fam: große Anzahl*) multitudes *fpl*

**Hefe** ['he:fə] *f* <-n> levadura *f;* **Hefeteig** *m* masa *f* de levadura

**Heft** [hɛft] *nt* <-(e)s, -e> ❶ (*Schreib~*) cuaderno *m* ❷ (*einer Zeitschrift*) número *m* ❸ (*Broschüre*) folleto *m* ❹ (*geh: von Waffen*) puño *m;* **das ~ in die Hand nehmen** (*fig*) tomar las riendas

**heften** ['hɛftən] **I.** *vt* ❶ (*anbringen*) fijar (*an* en); (*mit Heftklammer*) grapar ❷ (*Buch*) encuadernar ❸ (*Stoffe*) hilvanar ❹ (*Blick, Augen*) clavar (*auf* en); **er heftete seine Augen auf ihr Gesicht** clavó la mirada en su cara ❺ (*Schweiz: Wunde: nähen*) suturar; (*verbinden*) vendar; (*pflastern*) poner una tirita **II.** *vr:* **sich ~** (*Blick*) clavarse (*auf* en); (*Verfolger*) pegarse (*an* a); **sich an jds Fersen ~** pegarse a los talones de alguien

**Hefter** *m* <-s, -> ❶ (*Mappe*) clasificador *m* ❷ (*Heftmaschine*) grapadora *f*

**heftig** ['hɛftɪç] *adj* ❶ (*stark*) fuerte; (*gewaltig*) vehemente; (*ungestüm*) impetuoso; (*Leidenschaft*) ardiente; (*Kälte*) intenso; (*Sehnsucht, Abneigung*) profundo; (*Widerstand*) duro; (*Kampf*) encarnizado ❷ (*unbeherrscht*) colérico; (*Ton*) duro

**Heftigkeit** *f ohne pl* ❶ (*Wucht*) violencia *f;* (*Ungestüm*) vehemencia *f* ❷ (*Ungestüm*) ímpetu *m*

**Heftklammer** *f* ❶ (*für Heftmaschine*) grapa *f* ❷ (*Büroklammer*) clip *m;* **Heftpflaster** *nt* tirita *f;* **Heftzwecke** *f* <-n> chincheta *f,* chinche *f*

**Hegemonie** [hegemo'ni:] *f* <-n> hegemonía *f*

**hegen** ['he:gən] *vt* ❶ (*Wild, Pflanzen*) guardar ❷ (*geh*) abrigar; **Misstrauen/Zweifel/Hoffnungen ~** abrigar desconfianza/dudas/esperanzas; **für etw/jdn Achtung ~** estimar algo/a alguien

**Hehl** [he:l] *m o nt:* **kein(en) ~ aus etw** *dat* **machen** no hacer un secreto de algo

**Hehler(in)** *m(f)* <-s, -; -nen> encubridor(a) *m(f)*

**Hehlerei** *f* <-en> encubrimiento *m*

**Heide**[1] *f* <-n> (*Landschaft*) brezal *m*

**Heide, -in**[2] ['haɪdə] *m, f* <-n, -n; -nen> (REL) pagano, -a *m, f*

**Heidekraut** *nt ohne pl* (BOT) brezo *m*

**Heidelbeere** ['haɪdəlbe:rə] *f* arándano *m*

**Heidenangst** ['--'-] *f ohne pl* (*fam*) miedo *m* cerval; **Heidengeld** ['--'-] *nt ohne pl* (*fam*) dineral *m;* **Heidenlärm** ['--'-] *m* (*fam*) ruido *m* infernal; **Heidenspaß** ['--'-] *m* (*fam*) jolgorio *m;* **einen ~ haben** pasarlo bomba

**Heidentum** *nt* <-s, *ohne pl*> paganismo *m*

**Heidin** *f* <-nen> *s.* **Heide**[2]

**heidnisch** ['haɪdnɪʃ] *adj* pagano

**heikel** ['haɪkəl] *adj* ❶ (*Angelegenheit*) delicado ❷ (*reg: wählerisch*) exigente; (*schwer zufrieden zu stellen*) difícil de contentar

**heil** [haɪl] *adj* ❶ (*unverletzt*) ileso; (*unversehrt*) sano y salvo; **~ ankommen** llegar sano y salvo; **mit ~er Haut davonkommen** salir bien librado ❷ (*wieder gesund*) curado ❸ (*intakt*) intacto; **etw wieder ~ machen** reparar algo; **die ~e Welt** el mundo intacto

**Heil** *nt* <-(e)s, *ohne pl*> ❶ (*Wohlergehen*) prosperidad *f;* (*Glück*) fortuna *f* ❷ (REL: *Erlösung*) salvación *f*

**Heiland** ['haɪlant] *m* <-(e)s, *ohne pl*> (REL): **der/unser ~** El Salvador/nuestro Redentor

**Heilanstalt** *f* ❶ (*Sanatorium*) sanatorio *m* ❷ (*Irrenanstalt*) clínica *f* (p)siquiátrica; **Heilbad** *nt* ❶ (*medizinisches Bad*) baño *m* medicinal ❷ (*Kurort*) estación *f* hidro-

termal; **heilbar** *adj* curable
**Heilbutt** ['haɪlbʊt] *m* (ZOOL) rodaballo *m*
**heilen** ['haɪlən] **I.** *vi sein* (*Wunde*) cicatrizarse; (*Verletzung*) curarse **II.** *vt* (*Verletzung*) curar (*von* de); (*Patient*) sanar (*mit* con)
**Heilfasten** *nt* (MED) ayuno *m* terapéutico;
**heilfroh** ['-'-] *adj* (*fam*) contentísimo
**heilig** ['haɪlɪç] *adj* (*Person*) santo; (*Ort*) sagrado; **die H~e Jungfrau** (REL) la Santísima Virgen; **der H~e Geist/der ~e Vater** (REL) el Espíritu Santo/el Santo Padre; ~ **sprechen** (REL) canonizar; **dir ist aber auch nichts ~** para ti no hay nada sagrado; **etw hoch und ~ versprechen** prometer algo por lo más sagrado; **Heiligabend** [haɪlɪç'ʔa:bənt] *m* Nochebuena *f*
**Heilige(r)** *mf* <-n, -n; -n> santo, -a *m, f*
**heiligen** ['haɪlɪgən] *vt* santificar; **der Zweck heiligt die Mittel** el fin justifica los medios
**Heiligenschein** *m* aureola *f*
**Heiligtum** *nt* <-(e)s, -tümer> santuario *m;* (*Reliquie*) reliquia *f;* (*a. fig*) objeto *m* de culto
**Heilkraft** *f* fuerza *f* curativa; **Heilkraut** *nt* hierba *f* medicinal; **Heilkunde** *f ohne pl* (ciencia *f* de la) medicina *f;* **heillos** *adj* terrible; **Heilmittel** *nt* remedio *m;* (*Medizin*) medicina *f;* **Heilpflanze** *f* planta *f* medicinal; **Heilpraktiker(in)** *m(f)* <-s, -; -nen> médico, -a *m, f* homeopático, -a; **Heilquelle** *f* aguas *fpl* medicinales
**heilsam** *adj* (*Methode*) curativo
**Heilung** *f* <-en> cura *f*
**heim** [haɪm] *adv* a casa
**Heim** *nt* <-(e)s, -e> ① (*Zuhause*) hogar *m,* casa *f* ② (*Studenten~, Alters~*) residencia *f;* (*Obdachlosen~*) asilo *m;* (*Kinder~*) hogar *m* ③ (*Erholungs~*) sanatorio *m*
**Heimat** ['haɪma:t] *f* <-en> ① (*~land*) patria *f;* (*~region*) tierra *f* (natal) ② (*Herkunftsland*) país *m* de origen; **Heimatfilm** *m* película *f* popular; **Heimatland** *nt* patria *f*
**heimatlich** *adj* ① (*aus der Heimat*) de la patria ② (*an Heimat erinnernd*) que recuerda la patria
**heimatlos** *adj* sin patria
**Heimatlose(r)** *mf* <-n, -n; -n> apátrida *mf*
**Heimatort** *m* lugar *m* de nacimiento, pago *m Arg, Peru;* **Heimatstadt** *f* ciudad *f* de origen; **heim|bringen** *irr vt* ① (*begleiten*) llevar a casa ② (*mitbringen*) traer a casa
**Heimchen** ['haɪmçən] *nt* <-s, -> ① (ZOOL) grillo *m* doméstico ② (*Wend*): ~ **am Herd** (*abw*) ama *f* de casa
**Heimcomputer** *m* (INFOR) ordenador *m* personal; **heim|fahren** *irr* **I.** *vi sein* ir a casa; (*zurückfahren*) regresar a casa **II.** *vt* llevar a casa; **Heimfahrt** *f* regreso *m* a casa; **heim|gehen** *irr vi sein* volver a casa
**heimisch** *adj* ① (*einheimisch*) del país ② (*vertraut*) familiarizado; **sich ~ fühlen** sentirse como en su casa
**Heimkehr** ['haɪmke:ɐ] *f ohne pl* regreso *m* a casa
**heim|kehren** *vi sein* volver a casa
**Heimkind** *nt* expósito, -a *m, f*
**heim|kommen** *irr vi sein* volver a casa
**heimlich** ['haɪmlɪç] **I.** *adj* secreto; (*unerlaubt*) clandestino; (*verstohlen*) furtivo **II.** *adv* en secreto; (*versteckt*) a escondidas; ~ **tun** (*abw*) andar con tapujos
**Heimlichkeit**[1] *f* <-en> (*Geheimnis*) secreto *m*
**Heimlichkeit**[2] *f ohne pl* (*Verborgenheit*) clandestinidad *f*
**Heimlichtuerei** [----'-] *f* <-en> (*abw*) secreteo *m*
**heim|müssen** *irr vi* tener que ir a casa; **Heimreise** *f* viaje *m* de regreso; **die ~ antreten** emprender el viaje de regreso; **heim|schicken** *vt* enviar a casa; **Heimspiel** *nt* (SPORT) partido *m* en casa; **heim|suchen** *vt* (*Krankheit*) atacar; (*Katastrophe*) devastar; (*Alpträume*) invadir; **heim|trauen** *vr:* **sich ~** atreverse a volver a casa
**heimtückisch** *adj* pérfido; (*bösartig*) malicioso; (JUR) alevoso
**heimwärts** ['haɪmvɛrts] *adv* (en dirección) a casa; **Heimweg** *m* camino *m* de regreso; **sich auf den ~ machen** emprender el camino de regreso; **Heimweh** *nt* <-s, *ohne pl*> nostalgia *f* (*nach* de), morriña *f reg;* **Heimwerker(in)** *m(f)* <-s, -; -nen> artesano, -a *m, f* aficionado, -a; **heim|wollen** *irr vi* querer ir a casa; **heim|zahlen** *vt* vengarse; **das zahl ich dir heim!** ¡me las pagarás!
**Heirat** ['haɪra:t] *f* <-en> matrimonio *m;* (*Hochzeit*) boda *f*
**heiraten** ['haɪra:tən] *vi, vt* casarse (con), amarrarse *Am;* **kirchlich ~** casarse por la iglesia
**Heiratsantrag** *m* propuesta *f* de matrimonio; **Heiratsanzeige** *f* ① (*Bekanntgabe*) anuncio *m* de boda ② (*für Partnersuche*) anuncio *m* matrimonial; **Heiratsschwindler(in)** *m(f)* estafador(a) *m(f)* matrimonial; **Heiratsurkunde** *f* partida *f* de matrimonio; **Heiratsvermittlung** *f* (*das Vermitteln*) arreglo *m* de casamientos; (*Vermittlungsinstitut*) agencia *f* matrimonial

**heiser** ['haɪzɐ] *adj* ronco; (*stimmlos*) afónico

**Heiserkeit** *f ohne pl* ronquera *f;* (*Stimmlosigkeit*) afonía *f*

**heiß** [haɪs] *adj* ❶ (*von hoher Temperatur*) caliente; (*Wetter*) caluroso; (GEO) cálido; **brütend ~** (*fam*) achicharrante; **es ist** (**brütend**) **~** hace (un) calor (achicharrante); **mir ist ~** tengo calor; **Vorsicht, das ist ~!** ¡cuidado, que quema!; **das Essen ~ machen** calentar la comida; **der ~e Draht** el teléfono rojo; **es wird nichts so ~ gegessen, wie es gekocht wird** (*prov*) no es tan fiero el león como lo pintan ❷ (*Kampf*) encarnizado; (*Debatte*) fuerte; **sich** *dat* **die Köpfe ~ reden** (*fam*) discutir ardientemente ❸ (*leidenschaftlich*) ardiente; **jdn ~ und innig lieben** (*fam*) querer a alguien ardientemente; **er ist ganz ~ darauf, diesen Film zu sehen** (*fam*) se muere de ganas de ver esta película ❹ (*fam: heikel*) delicado; **~e Ware** (*fig*) contrabando *m;* **ein ~es Eisen anfassen** (*fig*) tocar una cuestión delicada ❺ (*fam: läufig*) en celo ❻ (*fam: großartig*) de putamadre *argot;* **~e Rhythmen** (*fig*) ritmos calientes; **ein ~er Schlitten** (*fig*) un cochazo

**heißblütig** ['haɪsbly:tɪç] *adj* (*leidenschaftlich*) ardiente; (*impulsiv*) impetuoso

**heißen** ['haɪsən] <heißt, hieß, geheißen> **I.** *vi* ❶ (*Namen haben*) llamarse; **wie ~ Sie?** ¿cómo se llama Ud.?; **was heißt „Kuss" auf griechisch?** ¿cómo se dice "beso" en griego? ❷ (*bedeuten*) significar, querer decir; **das heißt** es decir; **was soll das ~?** ¿qué significa esto?; **das heißt so viel wie ...** lo cual viene a significar que... ❸ (*geh: behauptet werden*) decirse; (*verlauten*) correr la voz; (*zu lesen sein*) estar escrito; **es heißt, er sei sehr krank** se dice que está muy enfermo; **auf Seite acht heißt es: „..."** en la página ocho pone lo siguiente: "..." **II.** *vt* (*geh*) ❶ (*nennen*) llamar; (*bezeichnen*) calificar (de), tachar (de); **sie hieß ihn einen Lügner** le llamó mentiroso ❷ (*befehlen*) ordenar; **sie hieß ihn schweigen** le ordenó que se callara **III.** *vunpers* (*geh: nötig sein*) haber que; **nun heißt es schnell handeln** ahora hay que obrar rápidamente

**Heißhunger** *m* hambre *f* canina; **heiß|laufen** *irr vi sein* (TECH) recalentarse; **Heißluft** *f ohne pl* aire *m* caliente; **Heißsporn** *m* <-(e)s, -e> persona *f* impetuosa; **Heißwasserspeicher** *m* depósito *m* de agua caliente

**heiter** ['haɪtɐ] *adj* ❶ (*fröhlich*) alegre; (*lustig*) divertido; **das kann ja ~ werden** (*fam*) esto se puede poner bien ❷ (*unbeschwert*) sereno; (*Tag, Himmel*) despejado; **~ bis wolkig** nubosidad con claros; **wie aus ~em Himmel** (*plötzlich*) de golpe y porrazo; (*unerwartet*) como caído del cielo

**Heiterkeit** *f ohne pl* alegría *f;* (*Ausgeglichenheit*) serenidad *f,* elación *f Am*

**Heizanlage** *f* (instalación *f* de) calefacción *f;* **Heizdecke** *f* manta *f* eléctrica

**heizen** ['haɪtsən] **I.** *vi* encender la calefacción; **wir ~ mit Gas** tenemos calefacción a gas **II.** *vt* (*Raum*) calentar

**Heizkessel** *m* caldera *f* de calefacción; **Heizkissen** *nt* almohadilla *f* eléctrica; **Heizkörper** *m* radiador *m;* **Heizkosten** *pl* gastos *mpl* de calefacción; **Heizlüfter** *m* termoventilador *m,* calefactor *m* de aire caliente; **Heizmaterial** *nt* combustible *m;* **Heizöl** *nt ohne pl* fuel *m* combustible; **Heizstrahler** *m* radiador *m* eléctrico

**Heizung**[1] *f ohne pl* (*das Heizen*) calefacción *f*

**Heizung**[2] *f* <-en> ❶ (*fam: Heizkörper*) radiador *m* ❷ *s.* **Heizanlage**

**Heizungskeller** *m* cuarto *m* de calderas (*espacio en el sótano donde se encuentra la instalación de calefacción*)*;* **Heizungsrohr** *nt* tubo *m* de calefacción

**Hektar** ['hɛkta:ɐ] *nt o m* <-s, -e, *nach Zahlen:* ->, **Hektare** ['hɛkta:rə] *f* <-n> (*Schweiz*) hectárea *f*

**Hektik** ['hɛktɪk] *f ohne pl* ajetreo *m;* **nur keine ~!** ¡con calma!

**hektisch** ['hɛktɪʃ] *adj* (*unruhig*) inquieto; (*nervös*) nervioso

**Hektoliter** ['hɛktoli:tɐ] *m o nt* hectolitro *m*

**Held(in)** [hɛlt] *m(f)* <-en, -en; -nen> héroe *m,* heroína *f;* **den ~en spielen** dárselas de valiente; **heldenhaft** *adj* heroico; **Heldenmut** *m* heroismo *m;* **Heldensage** *f* leyenda *f* heroica; **Heldentat** *f* heroicidad *f,* gracia *f Col;* **Heldentod** *m* (*geh*) muerte *m* heroica; **Heldentum** *nt* <-s, *ohne pl*> heroísmo *m*

**Heldin** *f* <-nen> *s.* **Held**

**helfen** ['hɛlfən] <hilft, half, geholfen> *vi* ❶ (*Hilfe leisten*) ayudar (+*dat* a alguien, *bei* en); (*in Not*) auxiliar (+*dat*); (*beistehen*) asistir (+*dat*); **kann ich Ihnen ~?** ¿le puedo ayudar?; **ihm ist nicht zu ~** no tiene remedio; **die Ärzte können ihr nicht ~** los médicos no pueden hacer nada por ella; **ich kann mir nicht ~, aber ...** no hay más vuelta de hoja, pero...; **man muss sich** *dat* **zu ~ wissen** hay que saber salir del paso; **ich weiß mir vor lauter**

**Arbeit nicht zu** ~ no sé qué hacer con tanto trabajo; **dir werde ich ~!** ¡ya te apañaré yo! ❷ (*heilsam sein*) ser bueno (*gegen* para) ❸ (*nützen*) servir (+*dat*); **es hilft uns nicht, wenn ...** no nos sirve de nada, si...; **es hilft alles nichts** no hay remedio ❹ (*Schweiz: mitmachen*) participar

**Helfer(in)** *m(f)* <-s, -; -nen> ayudante *mf;* **ein ~ in der Not** un salvador; **Helfershelfer(in)** *m(f)* (JUR) cómplice *mf* (encubridor(a))

**Helfersyndrom** *nt* manía *f* de querer siempre ayudar

**Helgoland** ['hɛlgolant] *nt* <-s> Hel(i)goland *f*

**Helikopter** [heli'kɔptɐ] *m* <-s, -> helicóptero *m*

**Helium** ['he:liʊm] *nt* <-s, *ohne pl*> (CHEM) helio *m*

**hell** [hɛl] *adj* ❶ (*Licht, Farbe, Haut, Augen*) claro; **es wird ~** amanece ❷ (*voller Licht*) luminoso; (*erleuchtet*) iluminado ❸ (*Ton*) agudo ❹ (*klug*) listo, inteligente; **ein ~er Kopf** una cabeza inteligente ❺ (*fam: völlig*): **der ~e Wahnsinn** una locura absoluta; **in ~en Scharen** en masa; **von etw** *dat* **~ begeistert sein** estar totalmente entusiasmado por algo; **seine ~e Freude an etw** *dat* **haben** disfrutar mucho con algo

**hellauf** ['hɛl'ʔaʊf] *adv* totalmente, absolutamente

**hellblau** ['-'-] *adj* azul claro; **hellblond** ['-'-] *adj* rubio claro

**Helle**[1] ['hɛlə] *f ohne pl* (*geh*) claridad *f*

**Helle(s)**[2] *nt* <-n, -n, *nach Zahlen:* -> (GASTR) cerveza *f* dorada

**hellhäutig** ['-hɔɪtɪç] *adj* de piel blanca

**hellhörig** *adj* ❶ (*Raum*) de paredes finas ❷ (*Mensch*) con buen oído; **~ werden** aguzar el oído

**Helligkeit** *f ohne pl* ❶ (*Helle*) claridad *f* ❷ (*Lichtstärke*) luminosidad *f*

**helllicht** ['hɛlɪçt] *adj:* **am ~en Tag** en pleno día

**hellsehen** *vi* prever (el futuro)

**Hellseher(in)** *m(f)* vidente *mf*

**hellwach** ['-'-] *adj* totalmente despierto

**Helm** [hɛlm] *m* <-(e)s, -e> (*Schutz~, Sturz~*) casco *m;* **Vorrichtung für den ~ Helm** (AUTO) portacasco *m;* **Helmpflicht** *f ohne pl* obligatoriedad *f* del uso del casco

**Helvetien** [hɛl've:tsiən] *nt* <-s> Helvecia *f*

**Hemd** [hɛmt] *nt* <-(e)s, -en> camisa *f*

**hemdsärmelig** *adj* en mangas de camisa; (*fig*) desenfadado

**Hemisphäre** [hemi'sfɛ:rə] *f* <-n> hemisferio *m;* **die nördliche/südliche ~** el hemisferio norte/sur

**hemmen** ['hɛmən] *vt* ❶ (*aufhalten*) detener ❷ (*hindern*) obstaculizar, impedir; **jdn in seiner Entwicklung ~** impedir el desarrollo de alguien ❸ (PSYCH) inhibir

**Hemmnis** *nt* <-ses, -se> obstáculo *m*

**Hemmschwelle** *f* barrera *f* (p)sicológica

**Hemmung** *f* <-en> ❶ (*Beeinträchtigung*) impedimento *m* ❷ (PSYCH) inhibición *f* ❸ (*Bedenken*) escrúpulos *mpl;* **~en haben** tener escrúpulos

**hemmungslos** *adj* ❶ (*zügellos*) desenfrenado ❷ (*bedenkenlos*) sin escrúpulos

**Hengst** [hɛŋst] *m* <-(e)s, -e> semental *m,* padrillo *m AmS*

**Henkel** ['hɛŋkəl] *m* <-s, -> asa *f*

**Henker** ['hɛnkɐ] *m* <-s, -> verdugo *m;* **Henkersmahlzeit** *f* última comida *f* del condenado a muerte; (*fam*) comida *f* de despedida

**Henne** ['hɛnə] *f* <-n> gallina *f*

**Hepatitis** [hepa'ti:tɪs, *pl:* hepati'ti:dən] *f* <Hepatitiden> (MED) hepatitis *f inv*

**her** [he:ɐ] *adv* ❶ (*räumlich*) hacia aquí [*o* acá]; **von weit ~** de muy lejos; **komm ~!** ¡ven aquí!; **gib ~!** ¡trae!; **Geld ~!** (*fam*) ¡el dinero!; **~ damit!** (*fam*) ¡dámelo! ❷ (*zeitlich*) hace; **ich kenne ihn von früher ~** le conozco de antes; **das ist schon lange ~** de eso hace ya tiempo ❸ (*Wend*): **von ... ~** (*betreffend*) en cuanto a...; **von der Idee ~ ist das nicht schlecht** en cuanto a la idea, no está mal

**herab** [hɛ'rap] *adv* (*geh*) (hacia) abajo; **von oben ~** (*fig*) despectivamente; **herab|blicken** *vi* (*geh*) mirar (hacia) abajo; **auf jdn ~** (*fig*) mirar a alguien por encima del hombro; **herab|fallen** *irr vi sein* caerse; **herab|lassen** *irr* **I.** *vt* (*geh*) bajar; (*an Seil*) descolgar **II.** *vr:* **sich ~** ❶ (*an Seil*) descolgarse ❷ (*sich bereit erklären*) rebajarse (*zu* a)

**herablassend I.** *adj* desdeñoso **II.** *adv* con aire de desprecio

**herab|sehen** *vi s.* **herabblicken**; **herab|setzen** *vt* ❶ (*reduzieren*) reducir; (*senken*) bajar ❷ (*schmälern*) desprestigiar; **herab|würdigen** *vt* denigrar

**heran** [hɛ'ran] *adv* por aquí; **heran|bringen** *irr vt* (*Dinge*) acercar; **heran|fahren** *irr vi sein* acercarse (*an* a); **heran|führen** *vt* ❶ (*näher bringen*) conducir (*an* hasta), llevar (*an* hasta) ❷ (*an Thema*) iniciar (*an* en); **heran|gehen** *irr vi sein* ❶ (*näher treten*) aproximarse (*an* a), acercarse (*an* a) ❷ (*an Problem*) abordar; (*an Aufgabe*) acometer; **Herangehensweise** *f* forma *f* de proceder; **heran|kommen** *irr vi sein* ① (*sich nähern*) acercarse (*an* a); **etw an sich ~ lassen** (*a. fig*) dejar que llegue algo; **nichts an sich ~ lassen** (*a. fig*) no dejarse afectar por nada ② (*heranreichen*) alcanzar ③ (*Zugang haben*) tener acceso (*an* a); (*kaufen*) poder adquirir; **heran|machen** *vr:* **sich ~** (*fam*) ① (*beginnen*) ponerse (a +*inf*) ② (*an Person*) rondar; **heran|reichen** *vi* ① (*an Regal*) alcanzar ② (*gleichkommen*) igualarse (*an* a); **heran|tasten** *vr:* **sich ~** tantear; **sich an etw ~** acercarse a algo con mucho cuidado; **heran|wachsen** *irr vi sein* crecer

**Heranwachsende(r)** *mf* <-n, -n; -n> semiadulto, -a *m, f;* (*Teenager*) adolescente *mf*

**heran|wagen** *vr:* **sich ~** ① (*räumlich*) atreverse a acercarse (*an* a) ② (*an Problem*) atreverse a abordar (*an*); (*an Aufgabe*) atreverse a acometer (*an*); **heran|ziehen** *irr* **I.** *vi sein* (*näher kommen*) acercarse **II.** *vt* ① (*näher holen*) acercar(se); **er zog den Hocker zu sich heran** (se) acercó el taburete ② (*Sachverständige*) consultar; (*Sache*) recurrir (a); **etw zum Vergleich ~** establecer una comparación con algo ③ (*Kind, Tier*) criar; (*Pflanze*) cultivar ④ (*ausbilden*) preparar (*zu* para)

**herauf** [hɛ'raʊf] *adv* hacia arriba; **hier ~!** ¡por aquí arriba!; **den Berg ~** cuesta arriba; **herauf|beschwören*** *irr vt* ① (*Erinnerung*) evocar ② (*verursachen*) provocar; **herauf|kommen** *irr vi sein* (*Person*) subir; **herauf|ziehen** *irr* **I.** *vi sein* (*Gewitter*) levantarse **II.** *vt* subir (tirando)

**heraus** [hɛ'raʊs] *adv* (hacia) fuera, afuera; **~ da!** ¡fuera de ahí!; **~ mit ihm!** ¡afuera con él!; **von innen ~** desde dentro; **aus einer Notlage ~** debido a un apuro; **~ mit der Sprache!** ¡suelta la lengua!; **das ist noch nicht ~** eso no se sabe todavía; **heraus|bekommen*** *irr vt* ① (*Wechselgeld*) recibir la vuelta; **Sie bekommen noch 80 Cent heraus** tenga, 80 céntimos de vuelta ② (*Rätsel, Aufgabe*) resolver; (*Geheimnis*) descubrir; (MATH: *fam*) sacar ③ (*Fleck*) poder quitar; (*Nagel*) poder sacar ④ (*erfahren*) llegar a saber; **heraus|bilden** *vr:* **sich ~** formarse (*aus* de); **heraus|bringen** *irr vt* ① (*nach draußen bringen*) sacar, llevar afuera ② (*Buch*) publicar; (*Ware*) sacar al mercado; **wir bringen dich ganz groß heraus** (*fam*) te promocionaremos por todo lo alto ③ (*erfahren*) llegar a saber; **aus ihm war nichts herauszubringen** no hubo forma de sacarle nada; **heraus|finden** *irr vt* ① (*aus Gebäude, Ort*) saber salir ② (*entdecken*) descubrir

**Herausforderer, -in** *m, f* <-s, -; -nen> desafiador(a) *m(f);* (*Provokateur*) provocador(a) *m(f)*

**heraus|fordern** *vt* (*a.* SPORT) desafiar; (*provozieren*) provocar (*zu* a)

**herausfordernd** *adj* desafiante; (*provozierend*) provocador

**Herausforderung** *f* (*a.* SPORT) desafío *m;* (*Provokation*) provocación *f;* (*Bewährungsprobe*) prueba *f;* **eine ~ annehmen** responder a un reto; **sich einer ~ stellen** enfrentarse a un desafío

**Herausgabe** *f ohne pl* ① (*Übergabe*) entrega *f* ② (*eines Buches*) edición *f* ③ (*von Aktien*) emisión *f* ④ (JUR) restitución *f*

**heraus|geben** *irr vt* ① (*herausreichen*) entregar, dar ② (*aushändigen*) entregar ③ (*Wechselgeld*) dar la vuelta; **sie haben mir falsch herausgegeben** me han dado mal la vuelta ④ (*Buch*) editar ⑤ (*Aktien*) emitir ⑥ (JUR) restituir

**Herausgeber(in)** *m(f)* <-s, -; -nen> ① (*von Buch*) editor(a) *m(f)* ② (*von Zeitung*) director(a) *m(f)*

**heraus|gehen** *irr vi sein* (*Person, Fleck*) salir (*aus* de); (*Fenster*) dar (*auf* a); **aus sich** *dat* **~** abrirse; **heraus|greifen** *irr vt* entresacar; **heraus|haben** *irr vt* (*fam: Splitter, Trick, Lösung*) haber sacado; **ich habe es heraus!** ¡ya lo tengo!; **heraus|halten** *irr* **I.** *vt* ① (*nach draußen halten*) sacar ② (*fam: fern halten*) mantener alejado **II.** *vr:* **sich ~** mantenerse alejado (*aus* de); **sich aus etw** *dat* **~** no meterse en algo; **heraus|hängen** *vt* (*fam*): **etw ~** dárselas de algo; **heraus|heben** *irr vt* ① (TECH) sacar (*aus* de) ② (*hervorheben*) poner de relieve; **heraus|holen** *vt* ① (*nach draußen holen, befreien*) sacar (*aus* de); **das Letzte aus sich** *dat* **~** dar lo máximo ② (*Vorteil ziehen*) sacar provecho (*aus* de) ③ (*fam: erfahren*) sacar (*aus* de) ④ (SPORT: *Zeit*) recuperar; (*guten Platz*) conseguir; **heraus|hören** *vt* (*Stimme, Instrument*) oír entre otros sonidos; (*Enttäuschung*) percibir en el tono de voz; **heraus|kommen** *irr vi sein* ① (*aus Haus, Krankenhaus*) salir (*aus* de); **sie kam aus dem Lachen nicht mehr heraus** no pudo parar de reír ② (*fam: Resultat sein*) ser el resultado (*bei* de); (*sich ergeben*) resultar (*bei* de); **was soll dabei ~?** ¿qué va a resultar de ello?; **es kommt nichts dabei heraus** no conduce a nada; **es kommt auf dasselbe heraus**

da lo mismo ③ (*fam: Geheimnis*) llegarse a saber; **wenn das herauskommt, ...** si esto sale a la luz...; **ganz groß ~** tener mucho éxito; **mit der Sprache ~** desembuchar ④ (*Modell, Buch*) salir ⑤ (*Kartenspiel*) ser mano; **heraus|kriegen** *vt* (*fam*) *s.* **herausbekommen**; **heraus|lesen** *irr vt* (*aus Text, Miene*) descubrir (*aus* en); **heraus|nehmen** *irr vt* sacar (*aus* de); **sich** *dat* **den Blinddarm ~ lassen** operarse del apéndice; **sich** *dat* **~ etw zu tun** tomarse la libertad de hacer algo; **heraus|platzen** *vi sein* (*fam*) ① (*lachen*) prorrumpir en risas ② (*spontan sagen*): **mit etw** *dat* **~** salir [*o* descolgarse] con algo; **heraus|putzen** **I.** *vt* (*schmücken*) acicalar **II.** *vr:* **sich ~** acicalarse, engalanarse, empavonarse *AmC;* **heraus|ragen** *vi* sobresalir (*aus* de); (*in seiner Bedeutung*) destacarse (*aus* de); **heraus|reden** *vr:* **sich ~** (*fam*) poner excusas; **heraus|reißen** *irr vt* arrancar; **heraus|rücken** **I.** *vi sein* (*fam: zugeben*) soltar, desembuchar; **rück mit der Wahrheit heraus!** ¡desembucha ya! **II.** *vt* (*fam: hergeben*) soltar; **rück mal etwas Geld heraus!** ¡suelta un par de duros!; **heraus|rutschen** *vi sein* salirse; (*Wort*) escaparse; **das ist mir nur so herausgerutscht** (*fam*) se me escapó; **heraus|schauen** *vi* ① (*aus Fenster*) mirar (*aus* por) ② (*fam: bei Geschäft*) salir (*bei* de); **was schaut für mich dabei heraus?** ¿qué saco yo de esto?; **heraus|schneiden** *irr vt* recortar; (MED) extirpar; **heraus|schreien** *irr vt* gritar; **seine Wut/seine Angst ~** gritar de rabia/de miedo

**heraußen** [hɛˈraʊsən] *adv* (*südd, Österr: hier draußen*) aquí afuera

**heraus|springen** *irr vi sein* ① (*nach draußen springen*) saltar afuera; **aus dem Fenster ~** tirarse por la ventana ② (*Sicherung*) saltar ③ (*fam: Gewinn*) sacar provecho (*bei* de); **und was springt dabei für mich heraus?** ¿y qué saco yo de esto?; **heraus|spritzen** *vi sein* salir a chorro; **heraus|stellen** **I.** *vt* ① (*nach draußen stellen*) sacar, poner afuera ② (*hervorheben*) destacar **II.** *vr:* **sich ~** (*sich erweisen*) resultar, comprobarse; **die Vermutung hat sich als richtig herausgestellt** la suposición resultó ser cierta; **es stellte sich heraus, dass ...** se ha comprobado que...; **heraus|streichen** *irr vt* ① (*durchstreichen*) tachar ② (*loben*) poner de relieve; **heraus|suchen** *vt* escoger, seleccionar; **heraus|treten** *irr vi sein* salir (*aus* de); **heraus|wagen** *vr:* **sich ~** atreverse a salir (*aus* de); **heraus|werfen** *irr vt* echar; (*hinauswerfen*) echar fuera; **heraus|winden** *irr vr:* **sich ~** salir (*aus* de); **heraus|ziehen** *irr vt* sacar (*aus* de)

**herb** [hɛrp] *adj* ① (*Geschmack*) acerbo; (*Wein*) seco ② (*Enttäuschung*) amargo; (*Verlust*) doloroso ③ (*Charakter*) rudo ④ (*Kritik*) duro

**herbei** [hɛɐˈbaɪ] *adv* por aquí, hacia aquí; **herbei|eilen** *vi sein* venir corriendo; **herbei|führen** *vt* causar, provocar; (*Gelegenheit*) proporcionar; **herbei|rufen** *irr vt* llamar; (*kommen lassen*) hacer venir; **herbei|sehnen** *vt:* **jdn/etw ~** sentir la ausencia de [*o* añoranza por] alguien/algo; **herbei|strömen** *vi sein* acudir en masa

**her|bekommen*** *irr vt* (*fam*) conseguir, procurar

**Herberge** [ˈhɛrbɛrgə] *f* <-n> albergue *m*

**her|bestellen*** [ˈheːɐ-] *vt* hacer venir, citar

**her|bringen** *irr vt* traer

**Herbst** [hɛrpst] *m* <-(e)s, -e> otoño *m*

**herbstlich** *adj* otoñal

**Herbstzeitlose** *f* <-n> (BOT) cólquico *m*

**Herd** [heːɐt] *m* <-(e)s, -e> ① (*in Küche*) cocina *f* ② (*Brand~, a.* MED) foco *m*

**Herde** [ˈheːɐdə] *f* <-n> (*Schafe, Rinder*) rebaño *m;* (*Schweine*) piara *f;* (*wilde Tiere*) manada *f;* **Herdentier** *nt* ① (*Tier*) animal *m* gregario ② (*abw: Person*) persona *f* gregaria

**Herdplatte** *f* placa *f* (eléctrica)

**herein** [hɛˈraɪn] *adv* adentro, hacia dentro; **~!** ¡adelante!; **herein|bekommen*** *irr vt* (*fam: Ware, Sender*) recibir; **herein|bitten** *irr vt* hacer pasar; **herein|brechen** *irr vi sein* ① (*Wassermassen*) irrumpir ② (*geh: Unglück*) sobrevenir; (*Nacht*) caer (*über* sobre); **herein|bringen** *irr vt* ① (*nach drinnen bringen*) entrar, llevar adentro ② (*fam: Unkosten, Verluste*) eliminar; **herein|dürfen** *irr vi* (*fam*) poder entrar (*in* en); **herein|fallen** *irr vi sein* ① (*in Loch*) caer (*in* en); (*Licht*) entrar (*in* en/a) ② (*fam: sich täuschen lassen*) dejarse engañar (*auf* por) ③ (*fam: erfolglos sein*) llevarse un chasco (*mit* con); **herein|holen** *vt* entrar, meter; **jdn ~** hacer entrar a alguien; **herein|kommen** *irr vi sein* entrar (*in* a/en); **bitte kommen Sie doch herein!** ¡entre, por favor!; **herein|lassen** *irr vt* dejar entrar; **herein|legen** *vt* ① (*nach drinnen legen*) poner adentro ② (*fam: betrügen*) engañar, carnear *Chil;* **herein|platzen** *vi sein* (*fam*) entrar de sorpresa y sin previo aviso (*in* en), irrumpir (*in* en); **herein|spazieren*** *vi sein* (*fam*) ir entrando (*in* en)

H

**her|fahren** *irr* **I.** *vi sein* ① (*gefahren kommen*) venir (en un vehículo), llegar (en un vehículo) ② (*entlangfahren*): **hinter jdm/etw** *dat* ~ seguir (en un vehículo) detrás de alguien/algo, perseguir (en un vehículo) a alguien/algo; **vor jdm/etw** *dat* ~ conducir delante de alguien/de algo **II.** *vt haben:* **jdn/etw** ~ traer a alguien/algo (en un vehículo)

**Herfahrt** ['he:ɐ-] *f* <-en> venida *f;* **auf der** ~ a la venida

**her|fallen** *irr vi sein* (*a. fig: angreifen*) atacar (*über*); (*mit Fragen*) acosar a preguntas (*über*); **über etw** ~ caer sobre algo

**her|finden** *irr vi* encontrar el camino

**Hergang** ['he:ɐ-] *m* <-(e)s, -gänge> acontecimientos *mpl;* **den** ~ **schildern** contar lo que pasó

**her|geben** *irr* **I.** *vt* ① (*herausgeben*) dar, entregar; **gib her!** ¡dame! ② (*taugen*) valer **II.** *vr:* **sich** ~ prestarse (*für* a); **gib dich für so etwas nicht her!** ¡no te prestes a una cosa así!

**hergebracht** ['he:ɐgəbraxt] *adj* tradicional

**her|gehen** *irr vi sein* ① (*begleiten*): **neben/vor/hinter jdm** ~ ir al lado de/delante de/detrás de alguien; **es ging hoch her** hubo mucho jaleo ② (*südd, Österr*) *s.* **herkommen**

**her|haben** *irr vt* (*fam*) haber sacado; **her|halten** *irr* **I.** *vt* acercar **II.** *vi* servir (*als* de); **er muss immer** ~ siempre tiene que pagar el pato; **her|holen** *vt* ir a buscar, ir (por); **der Vergleich ist weit hergeholt** el ejemplo es muy rebuscado; **her|hören** *vi* escuchar

**Hering** ['he:rɪŋ] *m* <-s, -e> ① (*Fisch*) arenque *m* ② (*Zeltpflock*) estaquilla *f*

**herinnen** [hɛ'rɪnən] *adv* (*südd, Österr: drinnen, innen*) aquí adentro

**her|kommen** *irr vi sein* ① (*hierher kommen*) venir; (*sich nähern*) acercarse ② (*stammen*) ser (*aus* de); **wo kommen Sie her?** ¿de dónde es Ud.? ③ (*herrühren*) venir (*von* de)

**herkömmlich** ['he:ɐkœmlɪç] *adj* tradicional; (*konventionell*) convencional

**Herkunft** ['he:ɐkʊnft] *f ohne pl* origen *m;* **arabischer** ~ de origen árabe; **Herkunftsland** *nt* país *m* de origen

**her|laufen** *irr vi sein* ① (*entlanglaufen*) pasar, recorrer ② (*gelaufen kommen*) venir corriendo (*zu* a/hacia) ③ (*begleiten*): **hinter/neben/vor jdm** ~ correr detrás de/al lado de/delante de alguien; **her|leiten** **I.** *vt* (*ableiten*) derivar (*aus* de) **II.** *vr:* **sich** ~ (*herrühren*) derivar (*aus* de); **her|machen** **I.** *vi* importar; **das macht viel her** esto causa buena impresión **II.** *vr:* **sich** ~ (*fam*) emprender (*über*); **sich über die Arbeit** ~ poner manos a la obra; **sich über das Essen** ~ abalanzarse sobre la comida

**Hermelin** [hɛrmə'li:n] *m* <-s, -e> (ZOOL) armiño *m*

**hermetisch** [hɛr'me:tɪʃ] *adj* hermético

**her|nehmen** *irr vt* tomar, sacar

**Heroin** [hero'i:n] *nt* <-s, *ohne pl*> heroína *f*

**heroisch** [he'ro:ɪʃ] *adj* (*geh*) heroico

**Herold** ['he:rɔlt] *m* <-(e)s, -e> (*a.* HIST) heraldo *m*

**Herpes** ['hɛrpɛs] *m* <-, *ohne pl*> (MED) herpe(s) *m* (*inv*)

**Herr**[1] *m* <-(e)n, -en> ① (*Mann*) señor *m;* (*beim Tanz*) caballero *m;* **den großen** ~**en markieren** darse aires de gran señor; **„Herren“** “caballeros” ② (*Anrede*) señor *m;* ~ **Meier** el señor Meier; **der** ~ **wünschen?** ¿qué desea el señor?; ~ **Ober!** ¡camarero! ③ (REL) Señor *m*

**Herr(in)**[2] [hɛr] *m(f)* <-(e)n, -en; -nen> (*Gebieter*) amo, -a *m, f;* (*Arbeitgeber*) patrón, -ona *m, f;* ~ **im Hause sein** llevar la batuta en casa; **er war nicht** ~ **der Lage** no era dueño de la situación; ~ **seiner Sinne sein** ser dueño de sí mismo; **sein eigener** ~ **sein** ser su propio amo; **aus aller** ~**en Länder** de todos los países

**Herrenausstatter** *m* <-s, -> tienda *f* de ropa de caballero; **Herrenbegleitung** *f* compañía *f* masculina; **in** ~ en compañía masculina; **Herrenbekanntschaft** *f:* **eine** ~ **machen** (*fam*) conocer a un hombre; **Herrenbekleidung** *f* ropa *f* de caballero; **Herrenbesuch** *m* ① (*Besucher*) visitante *m* (masculino) ② (*Besuch*) visita *f* (masculina); **Herrenfahrrad** *nt* bicicleta *f* de señor; **Herrenfriseur(in)** *m(f)* peluquero, -a *m, f* para caballeros; **Herrenhaus** *nt* casa *f* señorial; **herrenlos** *adj* sin dueño, realengo *Am;* **Herrenmode** *f* moda *f* masculina; **Herrentoilette** *f* servicio *m* de caballeros

**Herrgott** ['-'-] *m* <-(e)s> Señor *m,* Dios Nuestro Señor *m;* ~ **noch mal!** (*fam*) ¡Dios mío!; **Herrgottsfrühe** *f:* **in aller** ~ (*fam*) de madrugada

**her|richten** *vt* ① (*vorbereiten*) preparar ② (*reparieren*) arreglar

**Herrin** ['hɛrɪn] *f* <-nen> *s.* **Herr**[2]

**herrisch** *adj* imperioso

**herrje(h)** *interj* por Dios

**herrlich** *adj* espléndido; (*wunderbar*) maravilloso; (*ausgezeichnet*) excelente

**Herrlichkeit** *f* <-en> esplendor *m;* (*Pracht*) suntuosidad *f;* (*Großartigkeit*)

magnificencia *f*

**Herrschaft** *f ohne pl* ❶ (*Macht*) dominio *m* (*über* sobre); (*Befehlsgewalt*) poder *m* (*über* sobre); (*Regierung*) gobierno *m* ❷ (*Kontrolle*) control *m* (*über* de)

**Herrschaften** *fpl* señores *mpl;* **die ~ wollen zahlen?** ¿los señores desean la cuenta?

**herrschaftlich** *adj* señorial

**herrschen** ['hɛrʃən] *vi* ❶ (*Macht haben*) dominar; (*regieren*) gobernar; (*König*) reinar (*über* en/sobre) ❷ (*bestehen*) existir; (*Freude, Angst, Chaos*) reinar; (*Not, Nebel, Verkehr*) haber; (*Meinung*) predominar; **im Zimmer herrschte bedrückende Stille** en la habitación reinaba un silencio opresivo

**herrschend** *adj* reinante; (*Meinung*) dominante

**Herrscher(in)** *m(f)* <-s, -; -nen> soberano, -a *m, f;* **Herrscherhaus** *nt* (POL, HIST) dinastía *f*

**Herrscherin** *f* <-nen> *s.* **Herrscher**

**Herrschsucht** *f ohne pl* despotismo *m;* **herrschsüchtig** *adj* despótico

**her|rufen** *irr vt* ❶ (*herbeirufen*) llamar (para que venga) ❷ (*nachrufen*): **etw hinter jdm ~** gritar algo detrás de alguien

**her|rühren** *vi* resultar (*von* de)

**her|schicken** *vt* ❶ (*zu jdm schicken*) mandar (a alquien que vaya) (*zu* a) ❷ (*nachschicken*): **jdn hinter jdm/etw** *dat* ~ mandar a alguien que vaya a por alguien/algo; **her|schieben** *irr vt* arrimar empujando; **etw vor sich** *dat* ~ dejar algo para otro día

**her|stammen** *vi* ser (*aus* de), ser oriundo [*o* natural] (*aus* de)

**her|stellen** *vt* ❶ (*erzeugen*) producir; (*in Fabrik*) fabricar ❷ (*schaffen*) crear; (*Verbindung*) establecer ❸ (*an einen Ort*) poner

**Hersteller(in)** *m(f)* <-s, -; -nen> productor(a) *m(f);* (*in Fabrik*) fabricante *mf;* (*in Verlag*) encargado, -a *m, f* de la producción de libros

**Herstellung** *f ohne pl* producción *f;* (*in Fabrik*) fabricación *f;* **Herstellungsland** *nt* país *m* productor

**her|trauen** *vr:* **sich ~** atreverse a ir (*zu* hacia), atreverse a venir (*zu* hacia/a casa de)

**Hertz** [hɛrts] *nt* <-, -> (PHYS) hertz *m*

**herüben** [hɛ'ry:bən] *adv* (*südd, Österr: auf dieser Seite*) aquí

**herüber** [hɛ'ry:bɐ] *adv* hacia aquí, hacia acá

**herum** [hɛ'rʊm] *adv* ❶ (*rings*) alrededor, en los alrededores; **um ... ~** alrededor de...; **die Gegend um Berlin ~** los alrededores de Berlín; **hier ~** por aquí; **links/rechts ~** por la izquierda/derecha ❷ (*fam: ziellos*) por ahí ❸ (*fam*): **um ... ~** (*ungefähr*) alrededor de...; (*Menge, Alter*) aproximadamente; (*Uhrzeit*) sobre; **herum|albern** *vi* hacer el bobo, tontear; **herum|ärgern** *vr:* **sich ~** (*fam*) enfadarse (*mit* con); (*sich anstrengen*) fastidiarse (*mit* con); **herum|bekommen*** *irr vt* (*fam: überreden*) convencer, hacer cambiar de opinión; **herum|brüllen** *vi* (*fam*) dar gritos, vociferar; **herum|bummeln** *vi* (*fam*) ❶ *sein* (*spazieren*) callejear ❷ (*faulenzen*) gandulear; **herum|doktern** *vi* (*fam*) ❶ (*zu kurieren versuchen*): **an jdm ~** tratar de curar a alguien ❷ (*zu reparieren versuchen*): **an etw** *dat* ~ tratar (infructuosamente) de reparar [*o* arreglar] algo; **herum|drehen I.** *vt* (*wenden*) dar vuelta(s) (a); (*Kopf*) volver; **jdm das Wort im Mund ~** dar la vuelta a las palabras de alguien; **den Schlüssel zweimal ~** dar dos vueltas a la llave **II.** *vr:* **sich ~** darse la vuelta; **herum|drucksen** *vi* (*fam*) andarse con rodeos; **herum|erzählen*** *vt* (*fam*) ir contando; **herum|fahren** *irr* **I.** *vi sein* ❶ (*umfahren*) dar la vuelta (*um* a); (*um eine Ecke*) doblar ❷ (*fam: ziellos*) dar una vuelta ❸ (*sich umdrehen*) volverse (de repente) **II.** *vt* (*fam: umherfahren*) pasear (en coche) (*in* por); **herum|fuchteln** *vi* (*fam*) gesticular; **mit etw** *dat* ~ no parar quieto con algo; **mit den Armen ~** bracear; **herum|führen I.** *vi* (*Straße, Mauer*) rodear (*um*) **II.** *vt:* **jdn ~** (*als Führer*) hacer de guía para alguien; **jdn an der Nase ~** (*fam*) tomar el pelo a alguien; **herum|fuhrwerken** *vi* (*fam*): **mit etw** *dat* ~ manejar algo, manipular algo; **herum|fummeln** *vi* (*fam: anfassen*): **an etw** *dat*/**jdm ~** sobar algo/a alguien; **herum|geben** *irr vt* pasar, hacer circular; **herum|gehen** *irr vi sein* ❶ (*herumspazieren*) dar una vuelta (*um* por); (*fam: ziellos*) pasearse; **das geht mir schon lange im Kopf herum** hace tiempo que esto me da vueltas en la cabeza ❷ (*fam: Zeit*) pasar ❸ (*fam: Gerücht*) circular; **herum|geistern** [-'gaɪstɐn] *vi sein* (*fam*) andar pululando; **herum|hacken** *vi* (*fam*): **auf jdm ~** meterse con alguien, criticar constantemente a alguien; **herum|hängen** *irr vi* (*fam*) estar colgado; **in der Gegend ~** estar tirado por ahí; **herum|irren** *vi sein* errar, vagar; **herum|kommandieren*** *vt* (*fam*) mandonear

**herum|kommen** *irr vi sein* (*fam*) ❶ (*reisen*) viajar; **sie ist viel in der Welt**

H

**herumgekommen** ha corrido mucho mundo ❷ (*vermeiden können*) poder evitar (*um*); **darum ~ etw zu tun** poder evitar hacer algo ❸ (*umgehen*): **um die Ecke ~** doblar la esquina

**herum|krebsen** *vi* (*fam*) ir tirando (más mal que bien); **herum|kriegen** *vt* (*fam*) ❶ (*Zeit*) pasar ❷ (*überreden*): **jdn ~** convencer a alguien ❸ (*verführen*) ligarse; **sie hat ihn gleich herumgekriegt** se lo ha ligado enseguida; **herum|kutschieren*** *vt* (*fam*) dar una vuelta (*in* por), llevar en coche (*in* por); **herum|laufen** *irr vi sein* ❶ (*fam: ziellos*) correr de un lado para otro; (*spazieren gehen*) dar una vuelta (por); **so kannst du doch nicht ~!** (*fam*) ¡así no puedes andar por ahí! ❷ (*um etw*) correr (*um* alrededor de); **herum|liegen** *irr vi* (*fam*) ❶ (*Sache*) estar tirado ❷ (*Person*) estar tumbado; **herum|lungern** [-ˈlʊŋɐn] *vi* (*fam*) haraganear; **herum|machen I.** *vi* (*fam*) ❶ (*herumtasten*): **an etw** *dat* **~** toquetear algo ❷ (*herumnörgeln*): **an jdm/etw** *dat* **~** meterse con alguien/algo **II.** *vt* (*fam*): **etw um etw ~** poner algo alrededor de algo; **herum|meckern** *vi* (*fam*) quejarse por todo, poner reparos a todo; **herum|nörgeln** *vi* (*fam*) meterse (*an* con), poner reparos (*an* a); **herum|quälen** *vr:* **sich ~** (*fam*) ❶ (*sich qualvoll befassen*): **sich mit jdm/etw** *dat* **~** tener que aguantar a alguien/romperse los cascos [*o* la cabeza] con algo ❷ (*qualvoll leiden*) atormentarse (*mit* con); **herum|reden** *vi* (*fam*) ❶ (*belangloses Zeug reden*) decir simplezas [*o* necedades] ❷ (*ausweichend reden*): **um etw ~** hablar con rodeos de algo; **herum|reichen** *vt* hacer circular; (*Speisen*) ofrecer; **herum|reiten** *irr vi sein* (*fam*) ❶ (*ziellos*) pasear a caballo ❷ (*auf etw bestehen*) emperrarse (*auf* en); **herum|schlagen** *irr vr* (*fam*): **sich mit jdm/etw** *dat* **~** luchar con alguien/algo; **herum|schnüffeln** *vi* (*fam abw*) husmear, hurguetear *Am;* **im Haus ~** husmear por la casa; **herum|schreien** *irr vi* (*fam*) pegar gritos

**herum|sitzen** *irr vi* ❶ (*fam: untätig dasitzen*) estar (sentado) sin hacer nada ❷ (*im Kreis sitzen*): **um jdn/etw ~** estar sentado alrededor de alguien/algo; **herum|spielen** *vi:* **mit etw** *dat* **~** andar jugueteando con algo; **herum|sprechen** *irr vr:* **sich ~** (*Nachricht*) divulgarse; **herum|stehen** *irr vi* (*fam*) estar por ahí (*um* alrededor de); **um jdn ~** rodear a alguien; **herum|suchen** *vi* (*fam*) rebuscar; **ich habe schon überall herumgesucht** ya he rebuscado por todas partes; **herum|toben** *vi* (*fam*) ❶ *sein o haben* (*ausgelassen spielen*) retozar; (*lauter*) alborotar ❷ *haben* (*schimpfen*) hacer ruido y bramar; **herum|treiben** *irr vr:* **sich ~** (*fam abw*) vagabundear; (*auf der Straße*) callejear; **wo hast du dich wieder herumgetrieben?** ¿por dónde te has metido?

**Herumtreiber(in)** *m(f)* <-s, -; -nen> (*fam*) vagabundo, -a *m, f,* merodeador(a) *m(f)*

**herum|werfen** *irr vt* ❶ (*Dinge*) desparramar ❷ (*Kopf*) volver; **das Ruder/Steuer ~** dar un golpe de timón/de volante; **herum|ziehen** *irr vi sein* (*fam: ziellos*) vagar, vagabundear; **in der Welt ~** vagar por el mundo

**herunten** [hɛˈrʊntən] *adv* (*südd, Österr: hier unten*) aquí abajo

**herunter** [hɛˈrʊntɐ] *adv* (hacia) abajo; **den Berg ~** monte abajo; **herunter|bringen** *irr vt* ❶ (*Gegenstand*) bajar ❷ (*fam: ruinieren*) arruinar; **herunter|fallen** *irr vi sein* caerse; **herunter|gehen** *irr vi sein* (*a. Preis, Temperatur*) bajar

**heruntergekommen** *adj* (*fam*) venido a menos

**herunter|handeln** *vt* (*fam*) regatear; **herunter|hängen** *irr vi* (*Lampe, Haare*) colgar; **herunter|hauen** <haut herunter, haute *o* hieb herunter, heruntergehauen> *vi* (*fam*): **jdm eine ~** soltar a alguien un sopapo; **herunter|klappen** *vt* plegar hacia abajo; **herunter|kommen** *irr vi sein* ❶ (*nach unten kommen*) bajar ❷ (*fam: verwahrlosen*) venir a menos; (*Person*) hundirse; (*Gesundheit*) deteriorarse; **herunter|laden** *irr vt* (INFOR) descargar, bajar; **herunter|machen** *vt* (*fam: kritisieren*) criticar; (*schlecht machen*) difamar; **jdn ~** dejar a alguien como un trapo; **herunter|purzeln** *vi sein* (*fam*) caer (de lo alto); **herunter|reißen** *irr vt* arrancar; **herunter|schlucken** *vt* (*fam*) ❶ (*Bissen*) tragar ❷ (*Wut*) tragarse; **herunter|spielen** *vt* (*Problem*) relativizar; **herunter|springen** *irr vi sein* saltar (*von* de); (*aus großer Höhe*) tirarse (*von* de); **herunter|werfen** *irr vt* tirar abajo; **herunter|wirtschaften** *vt* (*fam abw: Firma, Staat*) arruinar (económicamente)

**hervor** [hɛɐˈfoːɐ] *adv* (*geh*) hacia delante; (*heraus*) fuera; **hervor|bringen** *irr vt* ❶ (*erzeugen*) producir ❷ (*Wort*) decir; (*Melodie*) tocar; **hervor|gehen** *irr vi sein* (*geh: sich ergeben*) deducirse (*aus* de); **sie ging als Siegerin aus dem Wettkampf**

**hervor** resultó vencedora en el campeonato; **hervor|gucken** *vi* (*fam*) (sobre)salir; **das Hemd guckt aus der Hose hervor** la camisa sobresale del pantalón; **das Kind guckt hinter seiner Mutter hervor** el niño se asoma por detrás de su madre; **hervor|heben** *irr vt* poner de relieve; **hervor|holen** *vt* sacar (*aus* de); **hervor|kommen** *irr vi sein* salir; **unter dem Tisch ~** salir de debajo de la mesa; **hervor|locken** *vt* hacer salir; **hervor|ragen** *vi* ① (*räumlich*) sobresalir ② (*Person*) distinguirse (*durch* por)

**hervorragend** *adj* ① (*räumlich*) saliente ② (*ausgezeichnet*) excelente

**hervor|rufen** *irr vt* (*bewirken*) provocar; (*Bewunderung*) causar; (*Protest*) promover; **hervor|treten** *irr vi sein* ① (*heraustreten*) salir (*hinter* de detrás de) ② (*Kontraste*) destacarse; (*Umrisse*) dibujarse; (*Ader*) marcarse; **~de Augen** ojos saltones; **hervor|tun** *irr vr:* **sich ~** ① (*durch Leistung*) distinguirse ② (*angeben*) darse importancia (*mit* con); **hervor|wagen** *vr:* **sich ~** atreverse a salir

**her|wagen** *vr:* **sich ~** atreverse a venir aquí

**Herz[1]** [hɛrts] *nt* <-ens, -en> ① (*Organ*) corazón *m;* (*Seele*) alma *f;* **im Grunde seines ~ens** en el fondo de su corazón; **von ~en gern** con mil amores; **mir blutet das ~** (*fig*) se me parte el corazón; **ich tue es leichten ~ens** lo haré con mucho gusto; **schweren ~ens** sintiéndolo en el alma; **das ~ schlägt ihm bis zum Halse** tiene el corazón en un puño; **ein ~ und eine Seele sein** (*fig*) ser uña y carne; **ein gutes/goldenes ~ haben** tener un gran corazón/un corazón de oro; **sich** *dat* **etw zu ~en nehmen** (*fam*) tomarse algo a pecho; **etw nicht über's ~ bringen** no ser capaz de algo; **etw auf dem ~en haben** estar afligido por algo; **etw auf ~ und Nieren prüfen** (*fam*) examinar algo detenidamente; **jdm sein ~ ausschütten** (*fig*) abrir el corazón a alguien; **jdm das ~ brechen** (*geh*) partir el corazón a alguien; **aus ganzem ~en** de todo corazón; **mir ist ein Stein vom ~en gefallen** (*fig*) se me quitó un peso de encima; **ihr wurde warm ums ~** se emocionó; **mir fällt das ~ in die Hose** (*fam fig*) se me cae el alma a los pies; **sich** *dat* **ein ~ fassen** hacer de tripas corazón; **jdm etw ans ~ legen** entregar algo al cuidado personal de alguien; **jdm am ~en liegen** ser muy importante para alguien; **jdn ins ~ schließen** cogerle cariño a alguien ② (*Kern*) corazón *m;* (*Zentrum*) centro *m;* (*Inneres*) núcleo *m;* **sie stießen zum ~en des Kontinents vor** avanzaron hasta el corazón del continente ③ (*~form*) forma *f* de corazón

**Herz[2]** *nt* <-ens, -> (*Kartenspiel*) ≈copas *fpl;* **~ ist Trumpf** pinta en copas

**Herzanfall** *m* (MED) ataque *m* cardíaco; **Herzbeschwerden** *fpl* (MED) trastornos *mpl* cardíacos; **herzbewegend** *adj* conmovedor

**her|zeigen** *vt* (*fam*) dejar ver, mostrar

**herzen** ['hɛrtsən] *vt* (*geh*) acariciar, mimar

**Herzensangelegenheit** *f* ① (*wichtiges Anliegen*) cuestión *f* importante ② (*Liebesangelegenheit*) asunto *m* del corazón; **Herzensbedürfnis** *nt:* **jdm ein ~ sein** ser un asunto de gran importancia para alguien; **Herzensbrecher(in)** *m(f)* <-s, -; -nen> rompecorazones *mf inv;* **herzensgut** ['--'-] *adj* (*fam*) muy bondadoso; **Herzenslust** *f ohne pl:* **nach ~** a placer; **Herzenswunsch** *m* sueño *m* dorado

**herzergreifend** *adj* conmovedor; **herzerweichend** *adj* conmovedor

**Herzfehler** *m* (MED) lesión *f* cardíaca

**herzhaft** *adj* (*a.* GASTR: *kräftig*) fuerte; (*deftig*) sabroso; **~ lachen** reírse con ganas

**her|ziehen** *irr* **I.** *vi sein* ① (*umziehen*) venirse a vivir aquí ② (*gehen*): **hinter/vor/neben jdm/etw** *dat* **~** ir detrás de/delante de/al lado de alguien/algo ③ (*fam: reden über*): **über jdn ~** hablar mal de alguien **II.** *vt* (*fam: heranziehen*) acercar (*zu* a); **etw hinter sich** *dat* **~** arrastrar algo detrás de sí

**herzig** ['hɛrtsɪç] *adj* mono

**Herzinfarkt** *m* (MED) infarto *m* de miocardio; **Herzkammer** *f* (ANAT) ventrículo *m* (del corazón)

**Herzklappe** *f* (ANAT) válvula *f* del corazón; **Herzklappenfehler** *m* (MED) lesión *f* valvular

**Herzklopfen** *nt* latido *m* del corazón, palpitaciones *fpl;* **~ haben** sentir palpitaciones; **herzkrank** *adj* enfermo del corazón; **Herz-Kreislauf-Erkrankung** *f* (MED) trastorno *m* cardiovascular; **Herzleiden** *nt* (MED) enfermedad *f* cardíaca

**herzlich** **I.** *adj* (*liebevoll*) cariñoso; (*Gruß*) cordial; **~en Dank** muchísimas gracias **II.** *adv* de todo corazón; **~ willkommen!** ¡bienvenido!; **~ gern!** ¡con mucho gusto!

**Herzlichkeit** *f ohne pl* cordialidad *f*

**herzlos** *adj* sin corazón; (*grausam*) cruel

**Herzlosigkeit** *f ohne pl* insensibilidad *f;* (*Grausamkeit*) crueldad *f*

**Herzmuskel** *m* (ANAT) miocardio *m*

**Herzog(in)** ['hɛrtso:k] *m(f)* <-s, -zöge; -nen> duque(sa) *m(f)*

**Herzogtum** *nt* <-s, -tümer> ducado *m*
**Herzschlag** *m* ① (*einzelner Schlag*) latido *m* cardíaco ② (*Herzstillstand*) ataque *m* cardíaco; **Herzschrittmacher** *m* (MED) marcapasos *m inv;* **Herzstillstand** *m* (MED) paro *m* cardíaco; **Herzstück** *nt* parte *f* central, corazón *m;* **Herztod** *m* (MED) muerte *f* cardíaca; **Herzton** *m* (MED) sonido *m* cardíaco; **Herztransplantation** *f* (MED) tra(n)splante *m* de corazón; **Herzversagen** *nt* (MED) fallo *m* cardíaco
**herzzerreißend** **I.** *adj* desgarrador **II.** *adv* que le parte a uno el corazón
**Hesse, -in** ['hɛsə] *m, f* <-n, -n; -nen> habitante *mf* de Hesse
**Hessen** *nt* <-s> Hesse *f*
**Hessin** *f* <-nen> *s.* **Hesse**
**hessisch** *adj* de Hesse
**heterogen** [hetero'ge:n] *adj* heterogéneo
**Heterosexualität** *f* heterosexualidad *f*
**heterosexuell** [heterozɛksu'ɛl, heterosɛksu'ɛl] *adj* heterosexual
**Hetze** ['hɛtsə] *f ohne pl* ① (*Eile*) prisa *f* ② (*abw: Hetzkampagne*) campaña *f* de difamación
**hetzen** ['hɛtsən] **I.** *vi* ① *sein* (*sich beeilen*) darse prisa ② (*abw: aufwiegeln*) agitar los ánimos (*gegen* contra) **II.** *vt* ① (*jagen*) acosar ② (*antreiben*) meter prisa **III.** *vr:* **sich ~** darse prisa
**Hetzerei**[1] *f* <-en> (*fam abw: Hetzreden*) instigación *f,* difamación *f*
**Hetzerei**[2] *f ohne pl* (*Eile*) prisas *fpl*
**hetzerisch** *adj* difamador
**Hetzjagd** *f* ① (*Verfolgung*) persecución *f* ② (*Jagd*) caza *f* de acoso ③ (*große Eile*) prisas *fpl;* **Hetzkampagne** *f* campaña *f* difamatoria
**Heu** [hɔɪ] *nt* <-(e)s, *ohne pl*> (AGR) heno *m;* **Heuboden** *m* (AGR) henil *m*
**Heuchelei** [hɔɪçə'laɪ] *f* <-en> (*abw*) hipocresía *f,* fallutería *Arg, Urug: fam;* (*Scheinheiligkeit*) mojigatería *f*
**heucheln** ['hɔɪçəln] *vi, vt* fingir
**Heuchler(in)** ['hɔɪçlɐ] *m(f)* <-s, -; -nen> hipócrita *mf;* (*Scheinheiliger*) mojigato, -a *m, f*
**heuchlerisch** *adj* hipócrita
**heuer** ['hɔɪɐ] *adv* (*Schweiz, Österr, südd*) este año
**Heuhaufen** *m* (AGR) montón *m* de heno
**heulen** ['hɔɪlən] *vi* ① (*fam: weinen*) llorar ② (*Tier, Motor, Sirene, Wind*) aullar
**Heulsuse** ['hɔɪlzu:zə] *f* <-n> (*fam abw*) llorona *f*
**Heuschnupfen** *m* alergia *f* al polen; **Heuschrecke** ['hɔɪʃrɛkə] *f* <-n> saltamontes *m inv*
**heute** ['hɔɪtə] *adv* hoy; (*heutzutage*) hoy (en) día; **~ Morgen/Abend** esta mañana/noche; **~ Nacht habe ich schlecht geträumt** anoche tuve pesadillas; **~ Nacht soll es regnen** dicen que esta noche va a llover; **Schluss für ~** basta por hoy; **~ vor acht Tagen** hace ocho días; **von ~ auf morgen** de la noche a la mañana; **lieber ~ als morgen** mejor hoy que mañana
**heutig** ['hɔɪtɪç] *adj* de hoy; (*gegenwärtig*) actual; **unser ~es Schreiben** nuestra carta de hoy; **am ~en Tag** en el día de hoy; **am ~en Abend** esta noche; **in der ~en Zeit** en nuestros tiempos; **mit dem ~en Datum** con fecha de hoy
**heutzutage** ['hɔɪttsuta:gə] *adv* hoy (en) día
**Hexe** ['hɛksə] *f* <-n> bruja *f*
**hexen** ['hɛksən] *vi* hacer brujerías; **ich kann doch nicht ~** (*fam*) no puedo hacer milagros
**Hexenschuss** *m* <-es, *ohne pl*> (*fam*) lumbago *m*
**Hexenverbrennung** *f* (HIST) quema *f* de brujas
**Hexer** *m* <-s, -> brujo *m*
**Hexerei** *f* <-en> brujería *f,* payé *m CSur*
**Hg.** *Abk. von* **Herausgeber(in)** (*von Buch*) editor(a) *m(f);* (*von Zeitung*) director(a) *m(f)*
**Hickhack** ['hɪkhak] *m o nt* <-s, -s> (*fam*) discusión *f* estéril
**hieb** [hi:p] *3. imp von* **hauen**
**Hieb** [hi:p] *m* <-(e)s, -e> ① (*Schlag*) golpe *m;* (*mit Peitsche*) latigazo *m;* (*mit Faust*) puñetazo *m* ② (*Wunde*) herida *f* ③ *pl* (*fam: Prügel*) paliza *f* ④ (*Bemerkung*) pulla *f*
**hieb- und stichfest** *adj* (*fig*) contundente
**hielt** [hi:lt] *3. imp von* **halten**
**hier** [hi:ɐ] *adv* ① (*räumlich*) aquí; (*bei Aufruf*) ¡presente!; **~ bin ich!** ¡aquí estoy!; **~ entlang** por aquí; **das Haus ~** esta casa; **~ in der Nähe** aquí cerca; **~ und da** aquí y allá; **dieser ~** éste de aquí; **~ oben/unten/hinten** aquí arriba/abajo/atrás; **~ bleiben** quedarse aquí; **ich bin nicht von ~** no soy de aquí ② (*zeitlich*) ahora; **von ~ an** desde ahora ③ (*an diesem Punkt*) en este punto; **~ muss ich dir Recht geben** en este punto te tengo que dar la razón
**hieran** ['hi:ran, '-'-] *adv* ① (*räumlich*) aquí (mismo) ② (*an dieser Sache*) en esto, en ello; **~ sieht man, dass ...** en esto se ve que...; **~ werde ich mich noch lange erinnern** de esto me acordaré por mucho tiempo
**Hierarchie** [hierar'çi:] *f* <-n> jerarquía *f*
**hierarchisch** [hie'rarçɪʃ] *adj* jerárquico

**hierauf** ['hi:raʊf, '-'-] *adv* ❶ (*räumlich*) sobre esto ❷ (*sodann*) a continuación

**hieraus** ['hi:raʊs, '-'-] *adv* ❶ (*räumlich*) de aquí ❷ (*aus dieser Sache*) de esto, de ello

**hierbei** ['hi:ɐbaɪ] *adv* ❶ (*währenddessen*) en esto, con esto ❷ (*in diesem Fall*) en este caso

**hierdurch** ['hi:ɐdʊrç, '-'-] *adv* ❶ (*räumlich*) por aquí ❷ (*auf Grund*) por ello, a causa de esto

**hierfür** ['hi:ɐfy:ɐ, '-'-] *adv* ❶ (*zu diesem Zweck*) para esto ❷ (*als Gegenwert*) por ello, a cambio

**hierher** ['hi:ɐhe:ɐ, '-'-] *adv* (hacia) aquí; (*örtlich*) para acá; ~**!** ¡aquí!; **bis ~ und nicht weiter!** ¡hasta aquí y ni un paso más!; **das gehört nicht ~** esto no entra aquí

**hierherum** ['hi:ɐhɛrʊm, '--'-] *adv* por aquí

**hierhin** ['hi:ɐhɪn, '-'-] *adv* aquí; **bis ~** hasta aquí

**hierin** ['hi:rɪn, '-'-] *adv* ❶ (*örtlich*) aquí dentro ❷ (*in dieser Beziehung*) en este punto

**hiermit** ['hi:ɐmɪt, '-'-] *adv* con esto; (*im Brief*) por la presente

**hierüber** ['hi:ry:bɐ, '-'--] *adv* ❶ (*örtlich*) encima de esto; (*Richtung*) por aquí ❷ (*ein Thema betreffend*) sobre esto

**hierunter** ['hi:rʊntɐ, '-'--] *adv* ❶ (*örtlich*) debajo de esto ❷ (*wegen*) a causa de esto ❸ (*in dieser Gruppe*) entre estas cosas ❹ (*Wend*): **~ versteht man ...** esto quiere decir...

**hiervon** ['hi:ɐfɔn, '-'-] *adv* de esto

**hierzu** ['hi:ɐtsu:, '-'-] *adv* ❶ (*für diesen Zweck*) para ello ❷ (*betreffend*) con respecto a esto; **~ möchte ich sagen, dass ...** con respecto a esto quisiera decir que... ❸ (*zugehörig*) a esto, a ello

**hierzulande** ['hi:ɐtsu(')landə] *adv* en este país, aquí

**hiesig** ['hi:zɪç] *adj* de aquí

**hieß** [hi:s] *3. imp von* **heißen**

**Hi-Fi-Anlage** *f* equipo *m* de alta fidelidad

**high** [haɪ] *adj inv* (*berauscht*) colocado; (*mit Drogen*) moco; **Highsociety** *f ohne pl*, **High Society** *f ohne pl* alta sociedad *f*; **Hightech** *nt o f* <-(s), *ohne pl*>, **High-Tech** *nt o f* <-(s), *ohne pl*> alta tecnología *f*

**hihi** [hi'hi:, 'hi'hi] *interj* je, je

**Hilfe** ['hɪlfə] *f* <-n> ayuda *f*; (*~leistung*) socorro *m*, auxilio *m*; (INFOR) ayuda *f*; **~!** ¡socorro!; **erste ~** primeros auxilios; **jdn um ~ bitten** pedir ayuda a alguien; **~ leisten** prestar ayuda; **jdm zu ~ kommen** acudir en auxilio de alguien; **etw zu ~ nehmen** ayudarse con algo; **um ~ rufen** pedir socorro; **du warst mir eine/keine große ~** fuiste/no fuiste una gran ayuda; **mit ~ von** con ayuda de; **Hilfeleistung** *f* prestación *f* de auxilio; **Hilfemenü** *nt* (INFOR) menú *m* de ayuda; **Hilferuf** *m* grito *m* de socorro; **Hilfeschrei** *m* grito *m* de socorro [*o* de auxilio]; **Hilfestellung** *f* (SPORT) ayuda *f*; (*Anleitung, Unterstützung*) apoyo *m*

**hilflos** *adj* (*allein*) desamparado; (*ratlos*) desorientado; (*unbeholfen*) torpe

**Hilflosigkeit** *f ohne pl* desamparo *m*; (*Ratlosigkeit*) desorientación *f*

**hilfreich** *adj* (*geh*) ❶ (*hilfsbereit*) servicial ❷ (*nützlich*) útil; **er/es war uns sehr ~** nos sirvió de mucha ayuda

**Hilfsaktion** *f* acción *f* de socorro; **Hilfsarbeiter(in)** *m(f)* trabajador(a) *m(f)* auxiliar; **hilfsbedürftig** *adj* necesitado; **hilfsbereit** *adj* servicial, dispuesto a ayudar, comedido *Am*; **Hilfsbereitschaft** *f ohne pl* solicitud *f*, comedimiento *m Am*; **Hilfskraft** *f* ayudante *mf*; (*Aushilfskraft*) auxiliar *mf*; **studentische ~** ayudante estudiantil; **Hilfsmittel** *nt* recurso *m*; **Hilfsprogramm** *nt* programa *m* de ayuda; **Hilfsverb** *nt* (LING) verbo *m* auxiliar; **Hilfswerk** *nt* institución *f* benéfica

**hilft** [hɪlft] *3. präs von* **helfen**

**Himbeere** ['hɪmbe:rə] *f* <-n> frambuesa *f*; **Himbeergeist** ['hɪmbe:ɐ-] *m* <-(e)s, *ohne pl*> aguardiente *m* de frambuesa; **Himbeersaft** *m* zumo *m* de frambuesa

**Himmel** ['hɪməl] *m* <-s, -> ❶ (METEO, ASTR, REL) cielo *m*; **am ~** en el cielo; **im ~** en la gloria; **der Opa ist im ~** (*Kindersprache*) el abuelito está en el cielo; **in den ~ kommen** ir al cielo; **~ und Hölle** (*Kinderspiel*) ≈rayuela *f*; **~ und Hölle in Bewegung setzen** (*fam*) remover el cielo y la tierra; **aus heiterem ~** (*plötzlich*) de golpe y porrazo; (*unerwartet*) inesperadamente; **unter freiem ~** a cielo raso; **im siebten ~ sein** (*fam*) estar en el séptimo cielo; **dieses Unrecht schreit zum ~** esa injusticia clama al cielo; **um ~s willen!** ¡cielo santo!; **dem ~ sei Dank!** ¡gracias a Dios!; **~, Arsch und Zwirn!** (*vulg*) ¡me cago en diez! ❷ (*beim Bett, Thron*) dosel *m*; **himmelangst** *adj*: **jdm ist ~** alguien está muerto de miedo; **jdm wird ~** a alguien le entra un miedo de muerte; **Himmelbett** *nt* cama *f* con dosel; **himmelblau** ['--'-] *adj* azul cielo; **Himmelfahrt** *f ohne pl* (REL): **Christi ~** Ascensión *f* (de Nuestro Señor); **Mariä ~** (fiesta de la) Asunción; **Himmelreich** *nt ohne pl* (REL) reino *m* de los cielos; **himmelschreiend** *adj* que clama al cielo

**Himmelskörper** *m* (ASTR) cuerpo *m* celeste; **Himmelsrichtung** *f* punto *m* cardinal

**himmelweit** ['--'-] *adj* (*fam*) enorme, inmenso

**himmlisch** ['hɪmlɪʃ] *adj* celestial; (*göttlich*) divino; (*wunderbar*) maravilloso

**hin** [hɪn] **I.** *adv* ❶ (*in Richtung auf*) hacia allá; (*entlang*) a lo largo; **bis ...** ~ hasta...; **zum Haus** ~ hacia la casa; **nichts wie** ~! ¡en marcha!; ~ **und zurück** (*Fahrkarte*) ida y vuelta; ~ **und her** de un lado para otro; **die Schlafzimmer liegen zur Straße** ~ los dormitorios dan a la calle; **wo ist sie** ~? (*fam*) ¿adónde se ha ido? ❷ (*zeitlich*): **das ist noch lange** ~ aún falta mucho tiempo; **zum Frühjahr/Jahresende** ~ para la primavera/para fin de año; ~ **und wieder** de vez en cuando ❸ (*daraufhin*): **auf ...** ~ en relación a...; **auf die Gefahr** ~, **dass ...** a riesgo de que... +*subj* **II.** *adj* (*fam: kaputt*) roto; **sein guter Ruf ist** ~ su buena reputación está arruinada

**Hin** [hɪn] *nt:* ~ **und Her** ir y venir *m;* (*Hickhack*) tira y afloja *m;* **nach langem** ~ **und Her** después de darle muchas vueltas

**hinab** [hɪ'nap] *adv* (hacia) abajo; **den Berg** ~ monte abajo

**hin|arbeiten** *vi:* **auf etw** ~ aspirar a algo

**hinauf** [hɪ'naʊf] *adv* arriba; **da** ~! ¡por allí arriba!; **den Fluss** ~ río arriba; **hinauf|fahren** *irr* **I.** *vi sein* subir **II.** *vt* subir; **hinauf|führen** **I.** *vi* (*Weg*) subir **II.** *vt* llevar arriba; **hinauf|gehen** *irr vi sein* subir; **hinauf|steigen** *irr vi sein* subir

**hinaus** [hɪ'naʊs] *adv* fuera, afuera; ~ **mit dir!** ¡fuera contigo!; **zur Tür** ~ por la puerta; **wo geht es** ~? ¿por dónde se sale?; **dort** ~ saliendo por allí; **auf Jahre** ~ durante años; **über das Ziel** ~ más allá de lo previsto; **über die Dreißig** ~ por encima de los treinta; **darüber** ~ aparte de esto; **hinaus|befördern*** *vt* llevar hacia fuera; (*hinauswerfen*) echar fuera; **hinaus|begleiten*** *vt* acompañar hacia fuera; **hinaus|bringen** *irr vt* ❶ (*Person*) acompañar afuera ❷ (*Gegenstand*) sacar afuera; **hinaus|dürfen** *irr vi* poder salir (*aus* de); **hinaus|ekeln** *vt* (*fam*): **jdn** ~ hacer la vida imposible a alguien (hasta que se va); **hinaus|finden** *irr vi* encontrar la salida (*aus* de); **hinaus|fliegen** *irr vi sein* ❶ (*Vogel*) salir volando (*aus* de) ❷ (*fam: Person*) ser echado (*aus* de); **hinaus|gehen** *irr vi sein* ❶ (*aus Raum*) salir (*aus* de) ❷ (*Zimmer, Fenster*) dar (*auf* a) ❸ (*überschreiten*) sobrepasar (*über*); **hinaus|lassen** *irr vt* ❶ (*nach draußen lassen*) dejar salir (afuera) (*aus* de) ❷ (*hinausbegleiten*) acompañar afuera; **hinaus|laufen** *irr vi sein* ❶ (*nach draußen laufen*) salir (corriendo) (*aus* de) ❷ (*als Ergebnis haben*) terminar (*auf* en), acabar (*auf* en); **es läuft darauf hinaus, dass ...** esto terminará en que...; **hinaus|lehnen** *vr:* **sich** ~ asomarse (*aus* por); **hinaus|posaunen*** *vt* (*fam*) propagar a los cuatro vientos; **hinaus|schicken** *vt:* **jdn** ~ mandar salir a alguien; **hinaus|schieben** *irr vt* ❶ (*Termin*) aplazar, prorrogar ❷ (*Person, Gegenstand*) sacar empujando; **hinaus|schmeißen** *irr vt* (*fam*) echar (*aus* de); **hinaus|stürmen** *vi sein* salir corriendo; **hinaus|wachsen** *irr vi sein:* **über sich selbst** ~ superarse a sí mismo; **hinaus|werfen** *irr vt* ❶ (*Sache*) tirar (*zu/aus* por); **einen Blick** ~ echar un vistazo por la ventana; **Geld zum Fenster** ~ (*fam*) echar la casa por la ventana ❷ (*Person*) echar (*aus* de), fletar *Arg, Chil;* **hinaus|wollen** *irr vi* (*fam*) ❶ (*abzielen*) pretender (*auf*); **worauf willst du hinaus?** ¿qué es lo que pretendes?; **hoch** ~ tener grandes ambiciones ❷ (*nach draußen wollen*) querer salir (*aus* de); **hinaus|zögern** **I.** *vt* aplazar **II.** *vr:* **sich** ~ retrasarse, atrasarse

**hin|bekommen*** *irr vt s.* **hinkriegen**

**hin|biegen** *irr vt* (*fam*) amañar; **das biegen wir schon hin** ya nos las arreglaremos para conseguirlo

**Hinblick** *m:* **im** ~ **auf ...** (*in Bezug auf*) en cuanto a...; (*angesichts*) con vistas a...; **im** ~ **darauf, dass ...** considerando que...

**hin|bringen** *irr vt* llevar; (*a. Waren*) transportar

**hin|denken** *irr vi:* **wo denkst du hin!** ¡pero tú qué te crees!

**hinderlich** ['hɪndɐlɪç] *adj* molesto; ~ **sein** ser un estorbo (*für* para)

**hindern** ['hɪndɐn] *vt* ❶ (*abhalten*) impedir; **ich will Sie nicht daran** ~ no quiero ponerle trabas ❷ (*behindern*) estorbar

**Hindernis** ['hɪndɐnɪs] *nt* <-ses, -se> (*a.* SPORT) obstáculo *m;* **ein** ~ **überwinden** salvar un obstáculo; **jdm** ~ **se in den Weg legen** poner trabas a alguien; **Hindernislauf** *m* (SPORT) carrera *f* de obstáculos

**Hinderungsgrund** *m* impedimento *m*

**hin|deuten** *vi* ❶ (*zeigen*) señalar (con el dedo) (*auf*) ❷ (*hinweisen*) indicar (*auf*); **nichts deutet darauf hin, dass ...** nada indica que... +*subj*

**hin|drehen** *vt* (*fam*) arreglar, montarse; **er dreht immer alles so hin, wie es ihm**

**passt** se lo monta [*o* se las arregla] siempre de la manera que le conviene

**Hindu** ['hɪndu] *m* <-(s), -(s)> hindú *mf*

**Hinduismus** [hɪndu'ɪsmʊs] *m* <-, *ohne pl*> hinduismo *m*

**hinduistisch** *adj* hinduista

**hindurch** [hɪn'dʊrç] *adv* ① (*räumlich*) por en medio, a través; **mitten** ~ por el mismo medio ② (*zeitlich*) durante

**hinein** [hɪ'naɪn] *adv* (hacia) adentro; **da** ~ (por) allí adentro; **er fiel mitten in die Pfütze** ~ se cayó en medio del charco; **bis tief in die Nacht** ~ hasta bien entrada la noche; **hinein|denken** *irr vr:* **sich in jdn** [*o* **jds Lage**] ~ ponerse en el lugar [*o* la situación] de alguien; **hinein|fressen** *irr* **I.** *vt* (*fam*): **etw in sich** ~ devorar algo; (*Gefühle*) reprimir algo **II.** *vr:* **sich in etw** ~ carcomer algo; **hinein|gehen** *irr vi sein* ① (*eintreten*) entrar (*in* en/a) ② (*hineinpassen*) caber (*in* en); **hinein|geraten*** *irr vi sein* ir a parar (*in* a); **hinein|lassen** *irr vt* dejar entrar (*in* a/en); **hinein|legen** *vt* ① (*nach innen legen*) meter (*in* en); (*aufbewahren*) guardar (*in* en) ② (*fam: betrügen*) engañar ③ (*Gefühl*) poner; **hinein|passen** *vi* ① (*Platz haben*) caber (*in* en) ② (*passend sein*) encajar (*in* en) ③ (*in Gruppe, Umgebung*) armonizar (*in* con); **hinein|pfuschen** *vi* (*fam*) meterse, entrometerse (*in* en); **hinein|reden** *vi* ① (*unterbrechen*) interrumpir ② (*abw: sich einmischen*) meterse (en asuntos de otros); **hinein|schlingen** *irr vt* (*Essen*) engullir, devorar; **hinein|spazieren*** *vi sein* entrar (*in* en); **hinein|stecken** *vt* (*fam*) ① (*hineinlegen, -stellen*) meter (*in* en) ② (*investieren*) invertir (*in* en); **hinein|steigern** *vr:* **sich** ~ (*in Kummer, Wut*) dejarse llevar (*in* por); (*in Vorstellung*) obsesionarse (*in* con); (*in Streit, Problem*) enfrascarse (*in* en); **er hat sich in den Gedanken so hineingesteigert, dass ...** se obsesionó tanto con la idea que...; **hinein|versetzen*** *vr:* **sich in jdn** ~ ponerse en el lugar de alguien; **versetz dich doch mal in meine Lage hinein!** ¡pero intenta ponerte en mi lugar!; **hinein|wachsen** *irr vi sein* acostumbrarse (*in* a), familiarizarse (*in* con)

**hin|fahren** *irr* **I.** *vi sein* ir (en coche) **II.** *vt* llevar, conducir

**Hinfahrt** *f* <-en> (viaje *m* de) ida *f*; **Hin- und Rückfahrt** (viaje *m* de) ida y vuelta *f*; **auf der** ~ a la ida

**hin|fallen** *irr vi sein* caerse; **er fiel der Länge nach hin** se cayó cuan largo era

**hinfällig** *adj* ① (*gebrechlich*) caduco; (*schwach*) débil ② (*ungültig*) nulo

**hin|finden** *irr vi* saber llegar, encontrar (el camino)

**Hinflug** *m* <-(e)s, -flüge> vuelo *m* de ida

**hin|führen** *vi, vt* llevar, conducir; **wo soll das** ~**?** ¿adónde irá a parar esto?

**hing** [hɪŋ] *3. imp von* **hängen**

**Hingabe** *f ohne pl* ① (*Begeisterung*) entusiasmo *m* ② (*Selbstlosigkeit*) entrega *f*

**hin|geben** *irr* **I.** *vt* (*geh: opfern*) sacrificar **II.** *vr:* **sich** ~ (*sich widmen*) entregarse; **sich falschen Hoffnungen** ~ abrigar falsas esperanzas

**Hingebung** *f ohne pl* entrega *f*; **hingebungsvoll** *adj* (*selbstlos*) abnegado

**hingegen** [-'--] *adv* en cambio

**hin|gehen** *irr vi sein* ① (*an Ort*) ir (*zu* a); **wo geht es hier hin?** ¿adónde se va por aquí? ② (*Zeit*) pasar, transcurrir; **hin|gehören*** *vi* (*fam*) tener su sitio (*zu* en), pertenecer (*zu* a); **hin|geraten*** *irr vi sein* ir a parar; **wo bin ich denn hier** ~**?** (*fam: was geht hier vor?*) ¿pero qué demonios pasa aquí?

**hingerissen** ['hɪngərɪsən] *adj* encantado; **er war ganz** ~ estaba totalmente pasmado

**hin|gucken** *vi* (*fam*) mirar; **guck mal genau hin!** ¡míralo bien!

**hin|halten** *irr vt* ① (*Gegenstand*) ofrecer; (*Hand*) tender; **sie hielt mir die Hand hin** me tendió la mano ② (*warten lassen*) dar largas, hacer esperar

**Hinhaltetaktik** *f* táctica *f* dilatoria

**hin|hauen** <haut hin, haute hin, hingehauen> **I.** *vi* (*fam: klappen*) funcionar **II.** *vt* (*fam abw: Arbeit*) chapucear **III.** *vr:* **sich** ~ (*fam: schlafen legen*) acostarse

**hin|hören** *vi* escuchar

**hinken** ['hɪŋkən] *vi* cojear; **er hinkt auf dem linken Fuß** cojea del pie izquierdo

**hin|knien** *vi, vr:* **sich** ~ arrodillarse (*auf* en, *vor* ante); **hin|kommen** *irr vi sein* ① (*an Ort*) llegar, ir ② (*fam: stimmen*) ser correcto; **das kommt ungefähr hin** es más o menos así ③ (*fam: auskommen*) alcanzar; **hin|kriegen** *vt* (*fam*) ① (*fertig bringen*) lograr; **das hast du toll hingekriegt!** ¡qué bien te ha salido! ② (*in Ordnung bringen*) arreglar

**hinlänglich** *adj* suficiente; ~ **bekannt sein** ser suficientemente conocido

**hin|lassen** *irr vt* (*fam*) dejar ir; **hin|laufen** *irr vi sein* ① (*rennen*) correr, ir corriendo (hacia) ② (*reg: fam: zu Fuß gehen*) ir(se) andando, ir(se) a pie; **hin|legen** **I.** *vt* ① (*Dinge*) poner ② (*Kind*) acostar ③ (*fam: darbieten*) ejecutar grandiosamente; **sie hat einen tollen Tanz hingelegt** ejecutó un baile fantástico **II.** *vr:* **sich ~** ❶ (*auf Boden*) tumbarse (*auf* en) ❷ (*ins Bett gehen*) acostarse ❸ (*fam: hinfallen*) caerse; **hin|nehmen** *irr vt* (*Tatsache*) aceptar; (*erdulden*) aguantar; (*tolerieren*) tolerar

**hinreichend** ['hɪnraɪçənt] *adj* suficiente

**Hinreise** *f* <-n> (viaje *m* de) ida *f*

**hin|reißen** *irr vt:* **sich dazu ~ lassen etw zu tun** dejarse convencer a hacer algo

**hinreißend** *adj* fascinante; **~ schön** de una belleza fascinante

**hin|rennen** *irr vi sein* correr (*zu* hacia)

**hin|richten** *vt* ajusticiar, ejecutar

**Hinrichtung** *f* <-en> ejecución *f*

**hin|schauen** *vi* mirar (*zu* a); **wenn man genau hinschaut, sieht man den Fehler** si uno se fija bien se ve la falta; **hin|scheiden** *irr vi sein* (*geh*) fallecer; **hin|schicken** *vt* mandar (*zu* a); **hin|schmeißen** *irr vt* (*fam*) ❶ (*hinwerfen*) arrojar al suelo ❷ (*aufgeben*) abandonar; **hin|sehen** *irr vi* mirar (*zu* hacia); **bei genauerem H~** mirándolo de cerca; **hin|setzen I.** *vt* ❶ (*abstellen*) poner, colocar ❷ (*Kind*) sentar **II.** *vr:* **sich ~** sentarse; **setz dich gerade hin!** ¡siéntate derecho!

**Hinsicht** *f* <-en>: **in ~ auf ...** en cuanto a...; **in dieser ~** en relación a esto; **in jeder/gewisser ~** a todas luces/en cierto modo; **in finanzieller/beruflicher ~** con respecto al dinero/a la profesión

**hinsichtlich** *präp +gen* en cuanto a

**hin|stellen I.** *vt* ❶ (*Gegenstand*) poner, colocar ❷ (*bezeichnen*) calificar (*als* de) **II.** *vr:* **sich ~** ponerse; **stell dich gerade hin!** ¡ponte derecho!

**hinten** ['hɪntən] *adv* atrás, detrás; (*im hinteren Teil*) en la parte posterior; (*im Hintergrund*) al fondo; **ein Schlag von ~** un golpe por detrás; **von ~ anfangen** empezar desde atrás; **sich ~ anstellen** ponerse a la cola; **ganz ~ im Buch** al final del libro; **das stimmt ~ und vorne nicht** (*fam fig*) esto es una mentira de cabo a rabo; **ihr Gehalt reicht vorne und ~ nicht** (*fam*) su sueldo no alcanza para nada; **ich weiß schon nicht mehr, wo ~ und vorne ist** (*fam*) ya no sé si voy o vengo; **hintendran** [--'-] *adv* (*fam: hinten an etw*) detrás; **hintendrauf** [--'-] *adv* (*fam: hinten auf etw*) atrás; **er kriegt noch eins ~** le van a dar (un azote) en el culo; **hintenherum** ['----] *adv* ❶ (*gehen, kommen*) por detrás ❷ (*fam: heimlich*) por detrás; (*illegal*) clandestinamente; **hintenrum** ['---] *adv* (*fam*) *s.* **hintenherum**

**hinter** ['hɪntɐ] **I.** *präp +dat* ❶ (*da~*) detrás de, tras; (*am Ende von*) al final de; **drei Kilometer ~ Granada** a tres kilómetros de Granada; **das Schlimmste hast du schon ~ dir** ya has pasado lo peor; **~ etw kommen** (*fam*) descubrir algo ❷ (*zeitlich*) después de ❸ (*Reihenfolge*) atrás; **er ließ ihn weit ~ sich** *dat* le dejó muy atrás **II.** *präp +akk* (hacia) atrás, detrás de; **stell das Buch ~ die anderen** pon el libro detrás de los otros; **Hinterachse** *f* (AUTO) eje *m* trasero; **Hinterausgang** *m* salida *f* trasera; **Hinterbacke** *f* (*fam*) nalga *f;* **Hinterbänkler(in)** *m(f)* <-s, -; -nen> (*abw fam* POL) *diputado sin cargo específico ni en el gobierno ni en la oposición;* **Hinterbein** *nt* pata *f* trasera; **sich auf die ~e stellen** (*fam fig*) mostrar los dientes

**Hinterbliebene(r)** *mf* <-n, -n; -n> pariente *mf* del difunto; **wir ~n** los que aquí quedamos

**hintere(r, s)** *adj* de atrás, trasero

**hintereinander** [hɪntɐʔaɪ'nandɐ] *adv* ❶ (*räumlich*) uno detrás de otro ❷ (*zeitlich*) uno después de otro; **vier Wochen ~** cuatro semanas seguidas

**Hintereingang** *m* entrada *f* trasera, puerta *f* de atrás

**hinterfotzig** *adj* (*reg: vulg*) venenoso, con mala leche

**hinterfragen*** *vt* indagar

**hintergangen** *pp von* **hintergehen**

**Hintergedanke** *m* segunda intención *f*

**hintergehen*** *irr vt* engañar

**Hintergrund** *m* fondo *m;* (*Ursache*) causas *fpl;* **in den ~ treten** perder importancia; **im ~ bleiben/stehen** mantenerse/permanecer en la sombra; **der politische/soziale ~** el fondo político/social; **vor dem ~ dieser Ereignisse** con estos hechos de fondo

**hintergründig** ['--gʏndɪç] *adj* enigmático

**Hinterhalt** *m* <-(e)s, -e> emboscada *f;* **jdn in einen ~ locken** meter a alguien en una emboscada

**hinterhältig** ['hɪntɐhɛltɪç] *adj* alevoso

**Hinterhältigkeit** *f ohne pl* alevosía *f,* felonía *f*

**hinterher** [--'-, '---] *adv* ❶ (*räumlich*) detrás ❷ (*zeitlich*) después, posteriormente; **hinterher|fahren** [hɪntɐ'heːɐ-] *irr vi sein* seguir (con el coche), ir detrás (con el coche); **hinterher|hecheln** *vi* (*abw fam*) intentar alcanzar (a alguien); **hinterher|laufen** *irr vi sein* (*dahinter gehen*) ir detrás (de); (*folgen*) seguir; (*rennen*) correr detrás (de)

**Hinterhof** *m* patio *m* trasero; **Hinterkopf** *m* cogote *m;* **etw im ~ haben** tener algo

en (la) mente; **Hinterland** *nt ohne pl* interior *m* de un país
**hinterlassen*** *irr vt* dejar; ~**e Werke** obras póstumas
**Hinterlassenschaft** *f* <-en> herencia *f*
**hinterlegen*** *vt* depositar
**Hinterlist** *f* insidia *f*
**hinterlistig** *adj* insidioso
**hinterm** ['hɪntɐm] (*fam*) = **hinter dem** detrás de
**Hintermann** *m* <-(e)s, -männer> ❶ (*räumlich*) persona *f* que está [*o* va] detrás ❷ (*Drahtzieher*) maquinador *m*
**hintern** ['hɪntɐn] (*fam*) = **hinter den** detrás de
**Hintern** ['hɪntɐn] *m* <-s, -> (*fam*) trasero *m*, culo *m*; **jdm in den ~ kriechen** lamer a alguien el culo; **ich könnte mir** [*o* **mich**] **in den ~ beißen!** ¡tengo una rabia!
**Hinterrad** *nt* rueda *f* trasera; **Hinterradantrieb** *m* (AUTO) tracción *f* trasera
**hinterrücks** ['hɪntɐrʏks] *adv* (*abw*) por la espalda
**hinters** ['hɪntɐs] (*fam*) = **hinter das** detrás de
**hintersinnig** *adj* críptico; **Hintersitz** *m* asiento *m* trasero
**hinterste(r, s)** *adj superl von* **hintere(r, s)**
**Hinterteil** *nt* ❶ (*fam: Gesäß*) trasero *m* ❷ (*Teil*) parte *f* trasera; **Hintertreffen** *nt* (*fam*): **ins ~ geraten** perder terreno; **Hintertreppe** *f* escalera *f* de servicio; **Hintertür** *f* ❶ (*Tür*) puerta *f* trasera ❷ (*Ausweg*) puerta *f* de atrás; **sich** *dat* **eine ~ offen halten** asegurarse una salida; **durch die ~** (*auf illegalen Umwegen*) con medios ilegales; **Hinterwäldler(in)** ['hɪntɐvɛltlɐ] *m(f)* <-s, -; -nen> (*abw*) provinciano, -a *m, f*; **hinterwäldlerisch** *adj* (*abw*) provinciano
**hinterziehen*** *irr vt* (*Steuern*) defraudar
**Hinterzimmer** *nt* habitación *f* de atrás
**hinterzogen** *pp von* **hinterziehen**
**hin|tun** *irr vt* (*fam*) poner, meter
**hinüber** [hɪ'ny:bɐ] *adv* ❶ (*gegenüber*) al otro lado, enfrente; (*nach dort*) hacia allá; **da ~!** ¡(por) allí enfrente! ❷ (*Wend*): **~ sein** (*fam: verdorben*) estar pasado; (*kaputt*) estar estropeado, estar chingado *Am: fam*; (*ganz hingerissen sein*) quedarse maravillado; (*tot sein*) estar muerto
**Hinundhergerede** *nt* (*a. abw*) parloteo *m*, charloteo *m*
**hinunter** [hɪ'nʊntɐ] *adv* (hacia) abajo; **bis ~ zum Fluss** hasta (abajo) el río; **den Berg ~** monte abajo; **hinunter|fahren** *irr* **I.** *vi sein* bajar **II.** *vt* bajar; **hinunter|fallen** *irr vi sein* caerse; **die Treppe ~** caerse por la escalera; **hinunter|gehen** *irr vi sein* bajar; **hinunter|schlucken** *vt* ❶ (*Speise*) tragar ❷ (*Kritik*) tragarse; **hinunter|spülen** *vt* (*fam: hinunterschlucken*) tragar; (*Ärger*) tragarse; **etw den Ausguss ~** verter algo por el desagüe; **hinunter|werfen** *irr vt* tirar; **hinunter|würgen** *vt* (*Essen*) tragar a duras penas
**hin|wagen** *vr:* **sich ~** atreverse a ir (*zu* a)
**hinweg** [hɪn'vɛk] *adv* (*geh*) ❶ (*räumlich*) fuera; **~ mit euch!** ¡fuera con vosotros!; **über jdn/etw ~** por encima de alguien/algo ❷ (*zeitlich*) durante
**Hinweg** ['hɪnve:k] *m* ida *f*; **auf dem ~** a la ida
**hinweg|gehen** *irr vi sein:* **über etw ~** pasar algo por alto; **hinweg|helfen** *irr vi:* **jdm über etw ~** ayudarle a alguien a superar algo; **hinweg|kommen** *irr vi sein:* **über etw ~** olvidar algo; **hinweg|sehen** *irr vi* ❶ (*schauen*): **über etw ~** mirar por encima de algo ❷ (*nicht beachten*) no hacer caso de algo; **er sah darüber hinweg, dass ...** hizo la vista gorda a que... +*subj*; **hinweg|setzen** *vr:* **sich über etw ~** no hacer caso a algo
**Hinweis** ['hɪnvaɪs] *m* <-es, -e> ❶ (*Tipp*) indicación *f*; (*Rat*) advertencia *f*; **unter ~ auf ...** refiriéndose a... ❷ (*Anzeichen*) indicio *m*; **es gibt nicht den geringsten ~ dafür, dass ...** no existe el más pequeño indicio de que...
**hin|weisen** *irr* **I.** *vi:* **ausdrücklich darauf ~, dass ...** advertir expresamente que... **II.** *vt:* **jdn auf etw ~** indicar algo a alguien
**Hinweisschild** *nt* letrero *m* indicador
**hin|werfen** *irr* **I.** *vt* ❶ (*wegwerfen*) tirar ❷ (*fam: aufgeben*) abandonar ❸ (*Bemerkung*) hacer ❹ (*Zeichnung*) esbozar **II.** *vr:* **sich ~** tirarse al suelo; **hin|wollen** *irr vi* (*fam*) querer ir (*zu* a); **hin|ziehen** *irr* **I.** *vt* ❶ (*heranziehen*) atraer, tirar (*zu* hacia); **sich zu jdm hingezogen fühlen** sentirse atraído por alguien ❷ (*verzögern*) atrasar **II.** *vr:* **sich ~** ❶ (*andauern*) ir para largo ❷ (*sich erstrecken*) extenderse (*bis* hasta) **III.** *vi sein* (*umziehen*) irse a vivir (a);
**hin|zielen** *vi* ❶ (*anspielen*): **auf etw ~** hacer alusión a algo ❷ (*anstreben*): **auf etw ~** aspirar a algo
**hinzu** [hɪn'tsu:] *adv* aparte de esto; (*überdies*) además; **hinzu|fügen** *vt* añadir (*zu* a); **hinzu|kommen** *irr vi sein* ❶ (*Person*) venir ❷ (*Sache*) agregarse (*zu* a); **kommt noch etwas hinzu?** ¿desea algo más?; **es kommt noch hinzu, dass ...** hay que añadir que...; **hinzu|zählen** *vt* añadir, sumar; **hinzu|ziehen** *irr vt* (*einbeziehen*) incluir

H

(*zu* en); (*um Rat fragen*) consultar

**Hiobsbotschaft** ['hiːɔps-] *f* mala noticia *f*

**Hip-Hop** *m* <-s, *ohne pl*> (MUS) hip-hop *m*

**Hippie** ['hɪpi] *m* <-s, -s> hippy *mf*

**Hirn** [hɪrn] *nt* <-(e)s, -e> ① (GASTR) sesos *mpl* ② (*fam: Verstand*) cerebro *m*

**Hirngespinst** ['hɪrngəʃpɪnst] *nt* <-(e)s, -e> (*abw*) quimera *f*

**Hirnhaut** *f* (ANAT) meninge *f;* **Hirnhautentzündung** *f* (MED) meningitis *f inv*

**hirnrissig** ['-rɪsɪç] *adj* (*fam*) descabellado

**Hirnschlag** *m* (MED) derrame *m* cerebral; **Hirntod** *m* (MED) muerte *f* cerebral

**hirnverbrannt** *adj* (*abw*) descerebrado

**Hirsch** [hɪrʃ] *m* <-(e)s, -e> (ZOOL) ciervo *m;* **Hirschgeweih** *nt* cornamenta *f* del ciervo; **Hirschkäfer** *m* (ZOOL) ciervo *m* volante; **Hirschkuh** *f* (ZOOL) cierva *f*

**Hirse** ['hɪrzə] *f* <-n> mijo *m*

**Hirte**, **-in** ['hɪrtə] *m, f* <-n, -n; -nen> pastor(a) *m(f);* **Hirtenbrief** *m* (REL) carta *f* pastoral

**his** *nt*, **His** [hɪs] *nt* <-, -> (MUS) si *m* sostenido

**Hispanist(in)** [hɪspa'nɪst] *m(f)* <-en, -en; -nen> hispanista *mf*

**Hispanistik** *f ohne pl* filología *f* hispánica, Hispánicas *fpl*

**Hispanistin** *f* <-nen> *s.* **Hispanist**

**hissen** ['hɪsən] *vt* izar; (*schwingen*) enarbolar

**Histamin** [hɪsta'miːn] *nt* <-s, -e> (MED) histamina *f*

**Historiker(in)** [hɪs'toːrikɐ] *m(f)* <-s, -; -nen> historiador(a) *m(f)*

**historisch** [hɪs'toːrɪʃ] *adj* histórico

**Hit** [hɪt] *m* <-(s), -s> (*fam*) ① (MUS) éxito *m* (musical), hit *m* ② (INFOR) hit *m;* **Hitliste** *f* lista *f* de éxitos; **Hitparade** *f* (*Musiksendung*) programa *m* de éxitos musicales; (*Hitliste*) lista *f* de éxitos musicales

**Hitze** ['hɪtsə] *f ohne pl* ① (*Temperatur*) calor *m;* **eine drückende ~** un calor agobiante; **etw bei starker/mittlerer ~ backen** cocer algo a horno fuerte/moderado ② (*Erregung*) acaloramiento *m;* **hitzebeständig** *adj* resistente al calor

**i Land & Leute**

En la escuela alemana se habla de **hitzefrei** cuando el termómetro marca a las once de la mañana una temperatura de 30°C. Cuando esto sucede se suspenden las clases durante el resto del día. Desde la introducción de las vacaciones de verano, esto se produce muy raramente.

**Hitzewallungen** *fpl* (MED) sofocos *mpl;* **Hitzewelle** *f* ola *f* de calor

**hitzig** ['hɪtsɪç] *adj* ① (*leidenschaftlich*) apasionado; (*jähzornig*) colérico; (*heftig*) vehemente ② (*Debatte*) acalorado

**Hitzkopf** *m* botafuego *mf*

**hitzköpfig** *adj* exaltado

**Hitzschlag** *m* (MED) insolación *f*

**HIV** [haːʔiː'faʊ] *nt* <-(s), *ohne pl*> (MED) *Abk. von* **human immunodeficiency virus** VIH *m;* **HIV-infiziert** *adj* (MED) seropositivo; **HIV-Test** *m* (MED) test *m* del SIDA

**Hiwi** ['hiːvi] *mf* <-s, -s; -s> (UNIV: *fam*) *Abk. von* **Hilfswissenschaftler(in)** asistente *mf* científico, -a

**Hl.** *Abk. von* **Heilige(r)** Sto., Sta.

**hm** [hm] *part* (*Zustimmung auf Frage*) sí, hum; (*im Gespräch*) ya, ya

**H-Milch** *f* leche *f* U.H.T.

**h-Moll** *nt* (MUS) si *m* menor

**HNO-Arzt**, **-Ärztin** *m, f* otorrino, -a *m, f*

**hob** [hoːp] *3. imp von* **heben**

**Hobby** ['hɔbi] *nt* <-s, -s> hobby *m*

**Hobel** ['hoːbəl] *m* <-s, -> cepillo *m* de carpintero; **Hobelbank** *f* banco *m* de carpintero

**hobeln** ['hoːbəln] *vi, vt* ① (*Bretter*) cepillar ② (GASTR) partir en láminas, rallar

**hoch** [hoːx] <höher, am höchsten> **I.** *adj* ① (*räumlich, Geschwindigkeit, Temperatur, Lebensstandard*) alto; **das ist drei Meter ~** tiene una altura de tres metros; **ein hohes Amt** un alto cargo; **ein hoher Beamter** un alto funcionario; **im hohen Norden** en el extremo norte; **das hohe Haus** la Cámara Alta; **ein hohes Tier** (*fam*) un pez gordo; **das ist mir zu ~** (*fam*) eso no me cabe en la cabeza ② (*Ton*) agudo ③ (*Zahl, Preis*) elevado; (*Alter*) avanzado; (*Geldstrafe*) fuerte; **in hohem Alter sein** ser de edad avanzada; **hohe Steuern** impuestos altos ④ (*Bedeutung*) grande; **hoher Besuch** una visita importante; **hohe Ehre** un gran honor; **hohe Ansprüche stellen** tener grandes exigencias **II.** *adv* ① (*nach oben*) (hacia) arriba; **~ hinauswollen** (*fam*) tener altas miras; **wenn es ~ kommt** (*fam*) como mucho ② (*in einiger Höhe*) en lo alto; **~ am Himmel** en lo alto del cielo; **~ oben** muy arriba; **es geht ~ her** hay mucho jaleo; **~ pokern** (*fig*) arriesgarse mucho; **~ setzen** pujar alto ③ (*sehr*) muy, mucho; (*stark*) altamente; (*äußerst*) sumamente; **das rechne ich dir ~ an** valoro mucho esto (que has hecho); **etw ~ und heilig versprechen** (*fam*) prometer solemnemente algo ❹ (MATH) elevado; **drei ~ sieben** tres elevado a siete

**? Grammatik**

El adjetivo **hoch** pierde la 'c' cuando se declina para facilitar la pronunciación: *der hohe Turm – la torre alta, die hohe Wand – la pared alta, das hohe Gebäude – el edificio alto.*

**Hoch** *nt* <-s, -s> ❶ (*~ ruf*) viva *m inv;* **ein ~ auf jdn ausbringen** dar una viva en honor de alguien ❷ (METEO) altas presiones *fpl*

**Hochachtung** *f* gran aprecio *m;* (*Respekt*) respeto *m;* **mit vorzüglicher ~** atentamente; **hochachtungsvoll** *adv* (*im Brief*) atentamente

**hochaktuell** ['---'-] *adj* de gran actualidad; **Hochaltar** *m* altar *m* mayor; **hochangesehen** ['-'----] *adj* de gran prestigio; **hochanständig** ['-'---] *adj* (*Handlung*) muy noble; **hoch|arbeiten** *vr:* **sich ~** ascender (a fuerza de trabajo); **Hochbahn** *f* tren *m* elevado

**Hochbau¹** *m* <-(e)s, *ohne pl*> (*Bauwesen*) construcción *f* sobre tierra

**Hochbau²** *m* <-(e)s, -ten> (*Bauwerk*) edificio *m* alto

**hochberühmt** ['--'-] *adj* muy famoso; **hochbetagt** ['--'-] *adj* de edad avanzada; **Hochbetrieb** *m ohne pl* (*fam*) intensa actividad *f;* **es herrschte ~** reinaba intensa actividad; **Hochburg** *f* <-en> baluarte *m;* **hochdeutsch** *adj* alto alemán; **Hochdruck** *m ohne pl* ❶ (TYPO: *Verfahren*) impresión *f* en relieve ❷ (PHYS) presión *f* alta ❸ (METEO) altas presiones *fpl;* **Hochebene** *f* meseta *f*

**hocherfreut** ['--'-] *adj* encantado

**hoch|fahren** *irr* **I.** *vi sein* ❶ (*fam: nach oben fahren*) subir ❷ (*aufbrausen*) subirse a la parra ❸ (*aufschrecken*) sobresaltarse **II.** *vt* ❶ (TECH: *Maschine*) cebar ❷ (*fam*) subir; **Hochform** *f ohne pl* plena forma *f;* **in ~ sein** estar en plena forma; **Hochformat** *nt* formato *m* vertical; **Hochfrequenz** *f* (PHYS) alta frecuencia *f;* **Hochgarage** *f* garaje *m* elevado; **Hochgebirge** *nt* alta montaña *f;* **Hochgefühl** *nt* exaltación *f;* **hoch|gehen** *irr vi sein* ❶ (*Vorhang*) levantarse; (*Person, Preise*) subir ❷ (*fam: Bombe*) estallar ❸ (*fam: gefasst werden*) ser descubierto; **Hochgenuss** *m* delicia *f;* **es ist mir ein ~** es una delicia para mí; **Hochgeschwindigkeitszug** *m* tren *m* de alta velocidad

**hochgestochen** *adj* (*fam abw: Stil, Rede*) rebuscado; (*Person*) pretencioso

**Hochglanz** *m* brillo *m* intenso; **etw auf ~ bringen** dar lustre a algo

**hochgradig** ['ho:xgra:dɪç] *adj* extremo; **hochhackig** ['ho:xhakɪç] *adj* de tacones altos; **hoch|halten** *irr vt* ❶ (*in die Höhe halten*) mantener en lo alto; (*hochheben*) levantar ❷ (*schätzen*) estimar (mucho); (*bewahren*) conservar; **Hochhaus** *nt* edificio *m* alto, casa *f* de altos *RíoPl, Hond, PRico;* (*Wolkenkratzer*) rascacielos *m inv;* **hoch|heben** *irr vt* levantar, alzar; **hochintelligent** ['----'-] *adj* muy inteligente; **hochinteressant** ['----'-] *adj* muy interesante; **hoch|jubeln** *vt* ❶ (*fam*) ensalzar [*o* elogiar] exageradamente ❷ (TECH: *sl*): **einen Motor ~** dar gas a tope (con el coche parado)

**hochkant** ['ho:xkant] *adv* de canto; **jdn ~ rauswerfen** (*fam*) echar a alguien con cajas destempladas

**hochkantig** *adv* de canto; **jdn ~ rauswerfen** (*fam*) echar a alguien con cajas destempladas

**Hochkonjunktur** *f* (WIRTSCH) coyuntura *f* favorable; **hoch|krempeln** *vt* arremangar; **hoch|kriegen** *vt* (*fam*) ❶ (*heben können*) poder levantar ❷ (*Wend*): **einen/keinen ~** (*fam euph*) empalmarse/no empalmarse; **Hochkultur** *f* civilización *f* muy desarrollada; **Hochland** *nt* altiplano *m*

**Hochleistung** *f* alto rendimiento *m;* **Hochleistungssport** *m* deporte *m* de alto rendimiento

**hochmodern** ['--'-] *adj* supermoderno

**Hochmut** *m* soberbia *f;* (*Arroganz*) arrogancia *f*

**hochmütig** ['-my:tɪç] *adj* soberbio; (*herablassend*) desdeñoso

**hochnäsig** ['-nɛ:zɪç] *adj* (*fam abw: eingebildet*) engreído, creído; (*arrogant*) arrogante

**Hochnebel** *m* (METEO) niebla *f* de altura; **hoch|nehmen** *irr vt* ❶ (*heben*) levantar ❷ (*fam: necken*) meterse (con); **Hochofen** *m* (TECH) altos hornos *mpl*

**hochprozentig** *adj* (*Säure*) de alta concentración; (*Alkohol*) de alta graduación; **hochrangig** *adj* de alto rango

**hoch|rechnen** *vt* (*Statistik*) computar aproximadamente; **Hochrechnung** *f* cómputo *m* aproximado

**hochrot** *adj* rojo encendido, rojo vivo; **Hochsaison** *f* temporada *f* alta

**Hochschulabschluss** *m* título *m* universitario; **Hochschulabsolvent(in)** *m(f)* licenciado, -a *m, f* (universitario, -a), egre-

H

sado, -a *m, f Arg, Chil*

**Hochschule** *f* escuela *f* superior, colegio *m* mayor *Am;* **Hochschüler(in)** *m(f)* (estudiante *mf*) universitario, -a *m, f;* **Hochschullehrer(in)** *m(f)* profesor(a) *m(f)* universitario, -a; **Hochschulreife** *f especie de selectividad que capacita para una carrera técnica;* **Hochschulstudium** *nt ohne pl* estudios *mpl* superiores

**hochschwanger** *adj* en avanzado estado de gestación

**Hochsee** *f ohne pl* alta mar *f;* **Hochseefischerei** *f* pesca *f* de altura

**hochsensibel** ['--'--] *adj* muy sensible, hipersensible; **Hochsitz** *m* (*Jagd*) mirador *m* (de cazadores); **Hochsommer** *m* pleno verano *m*

**Hochspannung** *f* (ELEK) alta tensión *f;* **Hochspannungsleitung** *f* (ELEK) línea *f* de alta tensión; **Hochspannungsmast** *m* (ELEK) poste *m* de alta tensión

**Hochsprache** *f* (LING) lenguaje *m* culto; **Hochsprung** *m ohne pl* (SPORT) salto *m* de altura

**höchst** [hø:kst, hø:çst] *adv* altamente, sumamente; **Höchstalter** *nt* edad *f* máxima

**Hochstapler(in)** *m(f)* <-s, -; -nen> impostor(a) *m(f);* (*Betrüger*) estafador(a) *m(f)*

**Höchstbetrag** *m* importe *m* máximo

**höchste(r, s)** *adj superl von* **hoch** ❶ (*räumlich*) más alto; **am ~n** lo más alto ❷ (*in Hierarchie*) superior; **die ~ Instanz** la instancia suprema ❸ (*äußerst*) extremo; **in ~m Maß(e)** extremadamente; **das ist das H~ der Gefühle** esto es lo máximo

**hoch|steigen** *irr vi sein* subir; (*in die Luft*) elevarse, ascender

**höchstens** ['hø:kstəns, 'hø:çstəns] *adv* ❶ (*nicht mehr als*) como mucho, no más de; **es waren ~ zehn Minuten** fueron como mucho diez minutos ❷ (*außer*) excepto, en todo caso; **~ wenn ...** a no ser que... *+subj*

**Höchstfall** *m:* **im ~** como máximo; **Höchstgebot** *nt* mayor postura *f;* **Höchstgeschwindigkeit** *f* velocidad *f* máxima

**Hochstimmung** *f ohne pl* entusiasmo *m,* euforia *f*

**Höchstleistung** *f* rendimiento *m* máximo; (SPORT) récord *m;* **Höchstmaß** *nt* máximo *m* (*an* de); **höchstpersönlich** ['--'--] *adv* en persona; **Höchstpreis** *m* precio *m* máximo; **Höchststand** *m* altura *f* máxima; **Höchststrafe** *f* pena *f* máxima; **höchstwahrscheinlich** ['--'--] *adv* con toda probabilidad, muy probablemente; **höchstzulässig** ['-'---] *adj* máximo permitido; **~es Gesamtgewicht** tara máxima (permitida)

**Hochtechnologie** *f* (TECH) alta tecnología *f;* **Hochtour** *f* ❶ (*Bergtour*) excursión *f* alpina ❷ (*Höchstmaß*): **auf ~en laufen** trabajar a toda marcha; **jd/etw auf ~en bringen** (*fam*) calentar a alguien/algo al máximo; **hochtrabend** ['-tra:bənt] *adj* (*abw*) altisonante; **hoch|treiben** *irr vt* (*Kosten*) hacer subir; **hochverehrt** *adj* muy estimado; **Hochverrat** *m* (JUR) alta traición *f;* **Hochwasser** *nt* ❶ (*bei Flut*) marea *f* alta ❷ (*eines Flusses*) crecida *f;* **der Fluss führt ~** el río ha sufrido una crecida ❸ (*Überschwemmung*) inundación *f;* **hochwertig** *adj* de alta calidad

**Hochzeit** ['hɔxtsaɪt] *f* <-en> ❶ (*Heirat*) boda *f;* **silberne/goldene/diamantene ~ feiern** celebrar las bodas de plata/de oro/de diamante ❷ (*geh: Blütezeit*) apogeo *m,* auge *m;* **Hochzeitsfeier** *f* boda *f;* **Hochzeitskleid** *nt* vestido *m* de novia; **Hochzeitsnacht** *f* noche *f* de bodas; **Hochzeitsreise** *f* viaje *m* de luna de miel; **Hochzeitstag** *m* ❶ (*Tag der Heirat*) día *m* de la boda ❷ (*Jahrestag*) aniversario *m* de boda

**hoch|ziehen** *irr vt* ❶ (*emporziehen*) subir; (*Nase*) aspirar; (*Augenbrauen*) enarcar ❷ (*fam: Gebäude, Wand*) levantar

**Hocke** ['hɔkə] *f* <-n> posición *f* en cuclillas; **in die ~ gehen** acuclillarse

**hocken** ['hɔkən] *vi* ❶ (*in Hocke*) estar en cuclillas ❷ (*fam: sitzen*) estar sentado ❸ (SPORT: *hockend springen*) saltar agachado (*über*)

**Hocker** ['hɔkɐ] *m* <-s, -> taburete *m*

**Höcker** ['hœkɐ] *m* <-s, -> ❶ (*bei Kamelen*) joroba *f* ❷ (*im Gelände*) elevación *f*

**Hockey** ['hɔki] *nt* <-s, *ohne pl*> hockey *m*

**Hoden** ['ho:dən] *m* <-s, -> testículo *m;* **Hodensack** *m* escroto *m*

**Hof** [ho:f, *pl:* 'hø:fə] *m* <-(e)s, Höfe> ❶ (*Innen~, Hinter~*) patio *m* (interior) ❷ (*Bauern~*) finca *f,* granja *f* ❸ (*Gerichts~, Königs~*) corte *f;* **bei ~e** en la corte ❹ (*um Sonne, Mond*) halo *m*

**hoffen** ['hɔfən] *vi, vt* esperar; (*vertrauen*) confiar (*auf* en); **~ wir das Beste!** ¡esperemos lo mejor!; **es bleibt zu ~, dass ...** queda por esperar que... *+subj;* **wir ~, dass ...** esperamos que... *+subj;* **ich will nicht ~, dass ...** espero que no... *+subj*

**hoffentlich** ['hɔfəntlɪç] *adv* ojalá *+subj;* **du bist mir doch ~ nicht böse?** espero que no estés enfadado conmigo

**Hoffnung** ['hɔfnʊŋ] *f* <-en> esperanza *f;* **in**

**der ~, dass ...** con la esperanza de que... *+subj;* **jdm/sich** *dat* **~en machen** dar esperanzas a alguien/tener esperanzas; **mach dir keine ~en** no te hagas ilusiones; **die ~ aufgeben/verlieren** abandonar/perder la esperanza; **seine ~en auf jdn/etw setzen** depositar sus esperanzas en alguien/algo; **sich falschen ~en hingeben** hacerse falsas esperanzas; **du bist meine einzige/letzte ~** eres mi única/última esperanza

**hoffnungslos** *adj* ❶ (*verzweifelt*) sin esperanza; (*aussichtslos*) desesperado ❷ (*fam: unverbesserlich*) sin remedio; **du bist ~** no tienes remedio

**Hoffnungslosigkeit** *f ohne pl* desesperación *f*

**Hoffnungsschimmer** *m* rayo *m* de esperanza; **hoffnungsvoll** *adj* ❶ (*zuversichtlich*) lleno de esperanza ❷ (*Erfolg versprechend*) esperanzador

**höfisch** ['hø:fɪʃ] *adj* (HIST) de la corte, cortesano

**höflich** ['hø:flɪç] *adj* cortés; (*liebenswürdig*) amable

**Höflichkeit** *f* <-en> cortesía *f;* **aus reiner ~** por pura cortesía; **Höflichkeitsfloskel** *f* fórmula *f* de cortesía

**Höfling** ['hø:flɪŋ] *m* <-s, -e> cortesano *m*

**Hofnarr** *m* <-en, -en> (HIST) bufón *m*

**hohe(r, s)** *adj s.* **hoch**

**Höhe** ['hø:ə] *f* <-n> ❶ (*räumlich, a.* MUS) altura *f;* **an ~ gewinnen/verlieren** ganar/perder altura; **auf gleicher ~** a la misma altura; **in die ~ gehen** (*Preise*) subir; (*fam*) enfurecerse; **die ~n und Tiefen des Lebens** los altibajos de la vida; **~n und Bässe** altos y bajos; **auf der ~ der Zeit sein** estar al día; **auf der ~ sein** (*fam*) estar en plena forma; **das ist doch die ~!** (*fam*) ¡esto es el colmo! ❷ (*An~*) alto *m,* elevación *f* ❸ (*Betrag*) importe *m;* **bis zur ~ von 1.000 DM** hasta el importe de 1.000 marcos; **das hängt von der ~ der Temperatur/des Gehaltes ab** depende de la temperatura/del sueldo ❹ (*~punkt*) cima *f*

**Hoheit** ['ho:haɪt] *f ohne pl* ❶ (*Staatsgewalt*) soberanía *f;* (*Würde*) grandeza *f* ❷ (*Anrede*) Alteza; **Königliche ~** Alteza Real; **Hoheitsgebiet** *nt* territorio *m* nacional; **Hoheitsgewässer** *ntpl* aguas *fpl* territoriales; **Hoheitsrecht** *nt* (derecho *m* de) soberanía *f*

**Höhenangst** *f* vértigo *m;* **Höhenmesser** *m* <-s, -> altímetro *m;* **Höhensonne** *f* lámpara *f* ultravioleta; **Höhenunterschied** *m* diferencia *f* de altura; **höhenverstellbar** *adj* de altura regulable

**Höhepunkt** *m* ❶ (*allgemein*) punto *m* culminante; (*Gipfel*) cima *f;* (*eines Dramas*) clímax *m inv;* (*eines Himmelskörpers*) cenit *m;* **den ~ erreichen** culminar ❷ (*Orgasmus*) orgasmo *m;* **zum ~ kommen** alcanzar el orgasmo

**höher** ['hø:ɐ] *adj kompar von* **hoch** más alto (*als* que); (*Stellung*) superior (*als* a); (*vor Zahlen*) más (*als* de)

**hohl** [ho:l] *adj* ❶ (*leer*) hueco ❷ (*konkav*) cóncavo; (*Wangen*) hundido ❸ (*Klang, Stimme*) hueco ❹ (*abw: geistlos*) vacío; **~es Geschwätz** conversación vacía

**Höhle** ['hø:lə] *f* <-n> ❶ (*in Felsen*) cueva *f;* (*Grotte*) gruta *f;* (*Hohlraum*) hueco *m* ❷ (*Augen~*) órbita *f* ❸ (*Tier~*) madriguera *f;* **sich in die ~ des Löwen begeben** (*fam*) meterse en la boca del lobo; **Höhlenmalerei** *f* pintura *f* rupestre; **Höhlenmensch** *m* (HIST) cavernícola *m*

**Hohlkopf** *m* (*abw*) cabeza *mf* hueca; **Hohlkörper** *m* cuerpo *m* hueco; **Hohlkreuz** *nt* lordosis *f inv;* **Hohlmaß** *nt* medida *f* de capacidad; **Hohlraum** *m* cavidad *f;* **Hohlspiegel** *m* espejo *m* cóncavo

**Hohn** [ho:n] *m* <-(e)s, *ohne pl*> (*Spott*) burla *f,* pifia *f And;* (*bitterer ~*) sarcasmo *m;* (*Verachtung*) desprecio *m;* **das ist der reinste ~** es una verdadera ironía

**höhnen** ['hø:nən] **I.** *vi* (*geh*) burlarse **II.** *vt* (*geh*) burlarse (de), guasearse (de)

**höhnisch** ['hø:nɪʃ] *adj* burlón, sarcástico

**hoi** [hɔɪ] *interj* (*Schweiz: hallo*) hola

**Hokuspokus** [ho:kʊs'po:kʊs] *m* <-, *ohne pl*> ❶ (*Zauberwort*) abracadabra *m* ❷ (*Trick*) juego *m* de manos ❸ (*abw: Getue*) farsa *f*

**Holdinggesellschaft** *f* (WIRTSCH) holding *m*

**holen** ['ho:lən] *vt* ❶ (*herbringen*) (ir a) buscar; (*herbeischaffen*) traer; (*wegschaffen*) recoger; (*Arzt, Polizei*) llamar; **jdn aus dem Bett ~** sacar a alguien de la cama; **Luft ~** coger aire; **bei ihm ist nichts zu ~** no se puede conseguir nada de él; **sich** *dat* **bei jdm einen Rat ~** pedir un consejo a alguien ❷ (*fam: zuziehen*) coger, pillar; **sich eine Erkältung ~** coger un catarro

**Holland** ['hɔlant] *nt* <-s> Holanda *f*

**Holländer(in)** ['hɔlɛndɐ] *m(f)* <-s, -; -nen> holandés, -esa *m, f*

**holländisch** *adj* holandés

**Hölle** ['hœlə] *f ohne pl* infierno *m;* **die ~ auf Erden** la miseria absoluta; **in die ~ kommen** ir al infierno; **es war die (reinste) ~** fue un (verdadero) infierno; **jdm das**

H

Leben zur ~ machen hacer a alguien la vida imposible; **jdm die ~ heiß machen** (*fam*) atormentar a alguien; **fahr zur ~!** ¡vete al diablo!; **Höllenangst** ['--'-] *f* (*fam*) miedo *m* cerval; **Höllenlärm** ['--'-] *m* (*fam*) ruido *m* infernal; **Höllenqual** ['--'-] *f* (*fam*) tormenta *f*, tortura *f*

**höllisch** *adj* ❶ (*die Hölle betreffend*) infernal; **das tut ~ weh** (*Schmerz*) esto duele endemoniadamente; **~e Angst haben** tener un miedo infernal ❷ (*fam: groß*) enorme, tremendo; **~ aufpassen** prestar extremada atención

**Holm** [hɔlm] *m* <-(e)s, -e> ❶ (*Geländer, Barren*) madero *m* de cabeza ❷ (*Axt*) mango *m* del hacha ❸ (*Leiter*) larguero *m* de la escalera ❹ (TECH) larguero *m*

**Holocaust** ['ho:lokaʊst] *m* <-(s), -s> holocausto *m*

**Hologramm** [holo'gram] *nt* <-s, -e> (PHYS) holograma *m*

**holperig** *adj* ❶ (*Weg*) lleno de baches ❷ (*Stil*) tosco; **~ lesen** leer a trancas y barrancas

**holpern** ['hɔlpɐn] *vi* ❶ (*Auto*) ir a trompicones ❷ (*beim Lesen, Sprechen*) atrancarse

**holprig** *adj s.* **holperig**

**Holunder** [ho'lʊndɐ] *m* <-s, -> saúco *m*

**Holz**[1] [hɔlts] *nt* <-es, *ohne pl*> (*Material*) madera *f*; (*Brenn~*) leña *f*; **~ hacken/sägen** cortar leña/serrar madera

**Holz**[2] [hɔlts, *pl:* 'hœltsɐ] *nt* <-es, Hölzer> palo *m*

**Holzbein** *nt* pierna *f* de palo; **Holzblasinstrument** *nt* (MUS) instrumento *m* de viento madera

**hölzern** ['hœltsɐn] *adj* ❶ (*aus Holz*) de madera ❷ (*Bewegung*) torpe

**Holzfäller(in)** ['hɔltsfɛlɐ] *m(f)* <-s, -; -nen> leñador(a) *m(f)*

**Holzhammer** *m* mazo *m* de madera; **Holzhammermethode** *f:* **mit der ~** (*gewaltsam*) a golpes, a patadas; (*plump*) a puñetazos

**holzig** ['hɔltsɪç] *adj* (*Gemüse*) lleno de hebras

**Holzklotz** *m* bloque *m* de madera; **Holzkohle** *f ohne pl* carbón *m* vegetal; **Holzschuh** *m* zueco *m*

**Holzschutzmittel** *nt* impregnante *m* para madera

**Holzstich** *m* <-(e)s, -e> (KUNST) grabado *m* en madera; **Holzweg** *m:* **auf dem ~ sein** estar equivocado; **Holzwurm** *m* (ZOOL) carcoma *f*

**Homecomputer** ['hɔʊmkɔmpju:tɐ] *m* (INFOR) ordenador *m* para el hogar; **Homepage** ['hoʊmpeɪdʒ] *f* <-s> (INFOR) Home Page *f*, página *f* principal [*o* inicial]; **Hometrainer** *m* <-s, ->, **Home-Trainer** *m* <-s, -> (SPORT) entrenador *m* domicilario, bicicleta *f* estática

**Homo** ['ho:mo] *m* <-s, -s> (*fam*) homosexual *m*

**homogen** [homo'ge:n] *adj* homogéneo

**homogenisieren*** [homogeni'zi:rən] *vt* homogeneizar

**Homöopath(in)** [homøo'pa:t] *m(f)* <-en, -en; -nen> homeópata *mf*

**Homöopathie** [homøopa'ti:] *f ohne pl* homeopatía *f*

**Homöopathin** *f* <-nen> *s.* **Homöopath**

**homöopathisch** [homøo'pa:tɪʃ] *adj* homeopático

**Homosexualität** *f* homosexualidad *f*; **homosexuell** *adj* homosexual

**Homosexuelle(r)** *mf* <-n, -n; -n> homosexual *mf*

**Honduraner(in)** [hɔndu'ra:nɐ] *m(f)* <-s, -; -nen> hondureño, -a *m, f*

**honduranisch** *adj* hondureño

**Honduras** [hɔn'du:ras] *nt* <-> Honduras *m*

**Honig** ['ho:nɪç] *m* <-s, -e> miel *f*; **jdm ~ um den Bart schmieren** (*fam*) lisonjear a alguien; **Honigbiene** *f* abeja *f* (obrera)

**Honigkuchen** *m* bizcocho *m* de miel; **Honigkuchenpferd** *nt:* **wie ein ~ grinsen** [*o* **strahlen**] (*fam hum*) sonreír de oreja a oreja

**Honiglecken** *nt:* **etw ist kein ~** (*fam*) no ser plato de gusto, no ser algo para chuparse los dedos; **Honigmelone** *f* melón *m*; **honigsüß** ['--'-] *adj* (*abw, a. fig*) empalagoso; (*Stimme*) melifluo; **Honigwabe** *f* panal *m*

**Honorar** [hono'ra:ɐ] *nt* <-s, -e> honorarios *mpl*; **gegen ~ arbeiten** trabajar a destajo

**honorieren*** [hono'ri:rən] *vt* ❶ (*anerkennen*) reconocer ❷ (*bezahlen*) remunerar

**Hooligan** ['hu:ligən] *m* <-s, -s> (*Fußballrowdy*) hincha *mf*

**Hopfen** ['hɔpfən] *m* <-s, -> lúpulo *m*; **bei jdm ist ~ und Malz verloren** (*fam*) alguien es un caso perdido

**hopp** [hɔp] *interj* (*fam: los, rasch*) vamos; **~, ~!** ¡de prisa!

**hoppeln** ['hɔpəln] *vi sein* (*Hase*) brincar

**hoppla** ['hɔpla] *interj* (*beim Stolpern*) ay

**hopsen** ['hɔpsən] *vi sein* dar saltos

**hops|gehen** *irr vi sein* (*fam: sterben*) morirse; (*verloren gehen*) perderse

**hörbar** ['hø:ɐba:ɐ] *adj* audible

**horchen** ['hɔrçən] *vi* escuchar (*an* en); (*angestrengt*) aguzar el oído

**Horde** ['hɔrdə] *f* <-n> ❶ (*Volksstamm, wilde Schar*) horda *f*; (*Tiere*) banda *f*

❷ (*Obstlattengestell*) rejilla *f*

**hören** ['hø:rən] **I.** *vi, vt* ❶ (*allgemein*) oír; **man höre und staune!** ¡se queda uno boquiabierto!; **na, ~ Sie mal!** ¡pero, oiga!; **hör mal, ...** oye, ...; **wie ich höre, sind Sie auch eingeladen** según he oído, también le han invitado a Ud.; **das lässt sich schon eher ~** (*fam*) eso ya suena mejor ❷ (*zu~, hin~*) escuchar; **Radio ~** escuchar la radio; **eine Vorlesung ~** asistir a una conferencia ❸ (*erfahren*) (llegar a) saber, enterarse; **du hast lange nichts mehr von dir ~ lassen** hace mucho que no tenemos noticias tuyas; **von etw** *dat* **nichts ~ wollen** no querer saber nada de algo ❹ (*erkennen*) notar (*an* por); **woran hörst du das?** ¿cómo lo notas? **II.** *vi* (*gehorchen*) obedecer; (*auf Rat*) hacer caso (*auf* a); **der Hund hört auf den Namen Bello** el perro responde al nombre de Bello; **wer nicht ~ will, muss fühlen** (*prov*) a oídos sordos palos de ciego

**Hörensagen** ['----] *nt:* **vom ~** de oídas

**Hörer**[1] *m* <-s, -> auricular *m,* audífono *m Am;* **den ~ abnehmen/auflegen** contestar/colgar

**Hörer(in)**[2] *m(f)* <-s, -; -nen> oyente *mf;* (*Radio~*) radioyente *mf*

**Hörerschaft** *f* <-en> oyentes *mpl*

**Hörfehler** *m* defecto *m* en el oído; **Hörfunk** *m* radio *f;* **Hörgerät** *nt* audífono *m*

**hörig** *adj:* **jdm ~ sein** ser dependiente de alguien; (*sexuell*) estar encoñado con alguien *vulg*

**Horizont** [hori'tsɔnt] *m* <-(e)s, -e> horizonte *m;* **am ~** en el horizonte; **einen engen ~ haben** ser de estrechos horizontes; **das geht über meinen ~** eso está fuera de mis alcances

**horizontal** [horitsɔn'ta:l] *adj* horizontal

**Horizontale** *f* <-n> ❶ (MATH) línea *f* horizontal ❷ (*Lage*) posición *f* horizontal

**Hormon** [hɔr'mo:n] *nt* <-s, -e> hormona *f;* **mit ~en behandeln** hormonar

**hormonell** [hɔrmo'nɛl] *adj* hormonal

**Hörmuschel** *f* auricular *m*

**Horn**[1] [hɔrn, *pl:* 'hœrnɐ] *nt* <-(e)s, Hörner> ❶ (*beim Tier*) cuerno *m;* **jdm Hörner aufsetzen** (*fig fam*) poner los cuernos a alguien; **sich** *dat* **die Hörner abstoßen** (*fig fam*) sentar la cabeza ❷ (MUS) cuerno *m,* trompa *f;* **ins gleiche ~ stoßen** (*fam*) estar de acuerdo ❸ (AUTO) bocina *f*

**Horn**[2] *nt* <-(e)s, -e> (*Material*) concha *f*

**Hornbrille** *f* gafas *fpl* de concha

**Hörnchen** ['hœrnçən] *nt* <-s, -> ❶ (*Gebäck*) cruasán *m* ❷ (ZOOL: *Erd~*) perrito *m* de la pradera

**Horngestell** *nt* (*Brille*) montura *f* de concha

**Hornhaut** *f* ❶ (*Schwiele*) callo(s) *m(pl),* callosidad *f* ❷ (*am Auge*) córnea *f*

**Hornisse** [hɔr'nɪsə] *f* <-n> avispón *m*

**Hornist(in)** *m(f)* <-en, -en; -nen> (MUS) trompa *mf*

**Hornochse** *m* (*fam*) estúpido *m,* imbécil *m*

**Horoskop** [horo'sko:p] *nt* <-s, -e> horóscopo *m*

**horrend** [hɔ'rɛnt] *adj* exagerado; **~er Preis** precio exorbitante

**Horror** ['hɔro:ɐ] *m* <-s, *ohne pl*> horror *m* (*vor* a); **Horrorfilm** *m* película *f* de terror; **Horrortrip** *m* (*fam*) viaje *m* infernal

**Hörsaal** *m* aula *f* (universitaria); **Hörspiel** *nt* pieza *f* radiofónica

**Horst** [hɔrst] *m* <-(e)s, -e> (*Greifvogelnest*) nido *m* de aves de rapiña

**Hörsturz** *m* (MED) pérdida *f* (repentina) del oído

**Hort** [hɔrt] *m* <-(e)s, -e> ❶ (*geh: Zufluchtsort*) refugio *m* ❷ (*Kinder~*) guardería *f*

**horten** ['hɔrtən] *vt* acopiar

**Hortensie** [hɔr'tɛnzjə] *f* <-n> (BOT) hortensia *f*

**Hörweite** *f* alcance *m* del oído; **sich in/außer ~ befinden** estar al alcance/fuera del alcance del oído

**Hose** ['ho:zə] *f* <-n> pantalón *m,* calzones *mpl Am;* **kurze ~n** pantalones cortos; **sie hat die ~n an** (*fam*) ella lleva los pantalones; **etw geht in die ~** (*fam*) algo sale mal; **sich** *dat* **vor Angst in die ~ machen** (*fam*) cagarse de miedo; **das ist Jacke wie ~** (*fam*) da lo mismo; **hier ist heute tote ~** (*sl*) aquí no hay marcha hoy; **Hosenanzug** *m* traje *m* de chaqueta y pantalón; **Hosenbein** *nt* pernera *f* (del pantalón); **Hosenboden** *m* <-s, -böden> fondillos *mpl* (del pantalón); **jdm den ~ versohlen** (*fam*) calentarle las posaderas a alguien; **sich auf den ~ setzen** (*fam*) ponerse a trabajar; **Hosenrock** *m* falda-pantalón *f;* **Hosenscheißer** *m* <-s, -> (*vulg*) cobarde *mf,* cagueta *mf;* **Hosenschlitz** *m* bragueta *f;* **Hosenstall** *m* (*fam hum*) bragueta *f;* **Hosentasche** *f* bolsillo *m* del pantalón; **Hosenträger** *mpl* tirantes *mpl,* tiradores *mpl Arg, Urug*

**Hospital** [hɔspi'ta:l, *pl:* hɔspi'tɛ:lɐ] *nt* <-s, -e *o* Hospitäler> hospital *m*

**Hostess** [hɔs'tɛs] *f* <-en> azafata *f* de congreso

**Hostie** ['hɔstjə] *f* <-n> (REL) hostia *f*

**Hotdog** *m o nt* <-s, -s>, **Hot Dog** ['hɔt 'dɔ(:)k] *m o nt* <- -s, - -s> perro *m* caliente,

H

perrito *m* caliente, hot dog *m*

**Hotel** [ho'tɛl] *nt* <-s, -s> hotel *m;* **Hotelboy** [-'-bɔɪ] *m* <-s, -s> botones *m inv;* **Hotelfachschule** *f* Escuela *f* Superior de Hostelería; **Hotelgewerbe** *nt* hostelería *f*

**Hotelier** [hotə'lje:, hotɛ'lje:] *m* <-s, -s> hotelero *m*

**Hotelzimmer** *nt* habitación *f* de hotel

**Hotline** ['hɔtlaɪn] *f* <-s> línea *f* caliente

**Hr.** *Abk. von* **Herr** Sr.

**Hrsg.** *Abk. von* **Herausgeber(in)** editor(a) *m(f),* director(a) *m(f)*

**HTML** (INFOR) *Abk. von* **Hypertext Markup Language** HTML

**HTTP** (INFOR, TEL) *Abk. von* **Hypertext Transport Protokoll** HTTP

**Hub** [hu:p, *pl:* 'hy:bə] *m* <-(e)s, Hübe> (TECH) elevación *f*

**Hubbel** ['hʊbəl] *m* <-s, -> (*reg*) bache *m*

**Hubraum** *m* (TECH) cilindrada *f*

**hübsch** [hʏpʃ] **I.** *adj* ❶ (*Aussehen*) guapo; (*schön*) bonito; (*niedlich*) mono; **sich ~ machen** ponerse guapo ❷ (*fam: beträchtlich*) bonito; **ein ~es Sümmchen** una bonita suma ❸ (*iron: unangenehm*): **eine ~e Bescherung!** ¡bonita sorpresa! **II.** *adv* (*ziemlich*) bastante; **sei ~ artig!** ¡pórtate bien!; **das wirst du ~ bleiben lassen!** ¡deja eso!; **immer ~ der Reihe nach!** ¡así, uno detrás del otro!

**Hubschrauber** *m* <-s, -> helicóptero *m*

**huch** [hʊx, hu(:)x] *interj* huy

**Hucke** ['hʊkə] *f* <-n> carga *f;* **ich hau dir die ~ voll** (*fam*) te voy a medir las costillas

**huckepack** ['hʊkəpak] *adv* (*fam*): **jdn/etw ~ nehmen** llevar a alguien/algo a caballito

**Huf** [hu:f] *m* <-(e)s, -e> (*der Pferde*) casco *m,* pecueca *f Col, Ecua, Ven;* (*der Spalthufer*) pezuña *f*

**Hufeisen** *nt* herradura *f;* **hufeisenförmig** *adj* en forma de herradura

**Hufnagel** *m* clavo *m* de herradura; **Hufschmied** *m* herrador *m*

**Hüfte** ['hʏftə] *f* <-n> cadera *f;* **die Arme in die ~n stemmen** poner los brazos en jarras; **die ~n wiegen** mover las caderas

**Hüftgelenk** *nt* (ANAT) articulación *f* de la cadera; **Hüfthalter** *m* <-s, -> faja *f;* **Hüftsteak** *nt* (GASTR) filete *m* de cadera

**Hügel** ['hy:gəl] *m* <-s, -> colina *f*

**hüg(e)lig** *adj* con colinas

**Huhn** [hu:n, *pl:* 'hy:nɐ] *nt* <-(e)s, Hühner> ❶ (*Gattung, Gericht*) pollo *m;* **da lachen ja die Hühner** (*fam*) esto es ridículo; **mit den Hühnern aufstehen/zu Bett gehen** levantarse/acostarse con las gallinas ❷ (*Henne*) gallina *f;* **freilaufende Hühner** gallinas criadas en el campo; **ein verrücktes ~ sein** (*fam*) estar más loco que una cabra

**Hühnchen** ['hy:nçən] *nt* <-s, -> (GASTR) pollo *m;* **mit jdm ein ~ rupfen** (*fam*) cantar las cuarenta a alguien

**Hühnerauge** *nt* (MED) callo *m;* **Hühnerbrühe** *f* (GASTR) caldo *m* de pollo; **Hühnerbrust** *f* ❶ (GASTR) pechuga *f* de pollo ❷ (MED) pecho *m* de gallina; **Hühnerei** ['hy:nɐʔaɪ] *nt* (GASTR) huevo *m* de gallina, blanquillo *m Guat, Mex;* **Hühnerfarm** *f* granja *f* avícola; **Hühnerstall** *m* gallinero *m,* paraíso *m Mex;* **Hühnerstange** *f* percha *f* del gallinero

**huldigen** ['hʊldɪgən] *vi* (*geh*) ❶ (*anhängen*) rendir homenaje (+*dat* a) ❷ (*frönen*) entregarse (+*dat* a)

**Huldigung** *f* <-en> homenaje *m*

**Hülle** ['hʏlə] *f* <-n> funda *f;* **die ~n fallen lassen** (*fam*) desvestirse; **in ~ und Fülle** (*fam*) a porrillo, a patadas

**hüllen** ['hʏlən] *vt* (*geh*) envolver (*in* en); **sich in Schweigen ~** guardar silencio

**hüllenlos** *adj* (*fam*) en cueros

**Hülse** ['hʏlzə] *f* <-n> ❶ (*Etui*) estuche *m;* (*Geschoss~*) cartucho *m* ❷ (BOT) vaina *f;* **Hülsenfrucht** *f* (*Pflanze*) planta *f* leguminosa; (*Frucht*) legumbre *f*

**human** [hu'ma:n] *adj* humano

**Humanismus** [huma'nɪsmʊs] *m* <-, *ohne pl*> humanismo *m*

**humanistisch** *adj* humanista

**humanitär** [humani'tɛ:ɐ] *adj* humanitario

**Humanität** *f ohne pl* humanidad *f*

**Humbug** ['hʊmbu:k] *m* <-s, *ohne pl*> (*fam abw: Unsinn*) tontería *f;* (*Schwindel*) patraña *f*

**Hummel** ['hʊməl] *f* <-n> abejorro *m*

**Hummer** ['hʊmɐ] *m* <-s, -> langosta *f*

**Humor** [hu'mo:ɐ] *m* <-s, *ohne pl*> humor *m;* **schwarzer ~** humor negro; **er hat (keinen) Sinn für ~** (no) tiene sentido del humor

**humoristisch** [humo'rɪstɪʃ] *adj* humorístico

**humorlos** *adj* sin humor

**humorvoll** *adj* lleno de humor; (*witzig*) jocoso

**humpeln** ['hʊmpəln] *vi sein* cojear

**Humus** ['hu:mʊs] *m* <-, *ohne pl*> humus *m*

**Hund** [hʊnt] *m,* **Hündin** *f* <-(e)s, -e; -nen> perro, -a *m, f;* **Vorsicht, bissiger ~!** ¡cuidado con el perro!; **sie sind wie ~ und Katze** (*fam*) se llevan como el perro y el gato; **auf den ~ gekommen sein** (*fam*) estar hecho polvo; **vor die ~e gehen** (*fam*) arruinarse; **da liegt der ~ begraben** (*fam*) ahí está el quid de la cuestión;

**damit lockt man keinen ~ hinterm Ofen hervor** (*fam*) con eso no se logrará llamar la atención de nadie; **keine schlafenden ~e wecken** no llamar la atención sobre hechos que podrían traer desventajas; **bekannt sein wie ein bunter ~** (*fam*) estar más visto que el tebeo; **das ist ja ein dicker ~!** (*fam*) esto sí que es fuerte; **ein falscher/feiger ~** (*fam*) un falso/cobarde; **~e, die bellen, beißen nicht** (*prov*) perro ladrador poco mordedor; **hundeelend** ['--'--] *adj* (*fam*): **mir ist ~** me siento fatal; **Hundefutter** *nt* alimento *m* para perros; **Hundehütte** *f* caseta *f* del perro; **Hundekuchen** *m* galleta *f* para perros; **Hundeleben** *nt ohne pl* (*fam abw*) vida *f* de perro; **Hundeleine** *f* correa *f* del perro; **hundemüde** ['--'--] *adj* (*fam*) muerto de cansancio; **Hunderasse** *f* raza *f* canina

**hundert** ['hʊndɐt] *adj inv* cien, ciento; **einige ~ Menschen** algunos cientos de personas; **einer unter ~** uno entre cien; **da war ich auf ~** (*fam*) estaba a cien; *s. a.* **achthundert**

**Hundert** *nt* <-s, -> (*Maßeinheit*) centenar *m;* **zehn vom ~** diez por ciento

**Hunderte** *ntpl* (*große Anzahl*) cientos *mpl;* **~ von Menschen** cientos de personas; **sie kamen zu ~n** llegaron a centenares

**Hunderter** *m* <-s, -> ① (MATH) centena *f* ② (*fam: Geldschein*) billete *m* de cien

**Hundertjahrfeier** [--'---] *f* centenario *m*

**hundertjährig** *adj* (*hundert Jahre alt*) centenario, de cien años; (*hundert Jahre dauernd*) de cien años de duración

**Hundertjährige(r)** *mf* <-n, -n; -n> centenario, -a *m, f*

**hundertmal** *adv* cien veces

**Hundertmarkschein** [--'--] *m* billete *m* de cien marcos

**hundertprozentig** ['---(')--] **I.** *adj* ① (*als Anteil*) del cien por cien; (*Alkohol*) puro ② (*fam: völlig*) total; (*zuverlässig*) seguro **II.** *adv* al cien por cien, completamente

**Hundertstel** *nt* <-s, -> centésima *f;* **Hundertstelsekunde** ['----(')--] *f* centésima *f* de segundo

**hunderttausend** ['--'--] *adj inv* cien mil

**Hundescheiße** *f* (*vulg*) caca *f* de perro; **Hundeschlitten** *m* trineo *m* de perros; **Hundesohn** *m* (*abw*) hijo *m* de perra; **Hundewetter** *nt* (*fam*) tiempo *m* de perros

**Hündin** ['hʏndɪn] *f* <-nen> *s.* **Hund**

**hundsgemein** *adj* (*fam*) infame, canalla; **es tut ~ weh** duele horrores; **hundsmiserabel** *adj* (*fam*) ① (*niederträchtig*) despreciable ② (*schlecht*) fatal, malísimo; **sich ~ fühlen** sentirse fatal [*o* de pena]; **Hundstage** *mpl* canícula *f,* caniculares *mpl*

**Hüne** ['hy:nə] *m* <-n, -n> gigante *m*

**hünenhaft** *adj* gigantesco

**Hunger** ['hʊŋɐ] *m* <-s, *ohne pl*> hambre *f;* **~ haben** tener hambre; **ich habe ~ auf Schokolade** me apetece chocolate; **~ wie ein Wolf haben** tener un hambre canina; **ich bekomme ~** me está entrando hambre; **seinen ~ stillen** matar el hambre; **ich sterbe vor ~** me muero de hambre; **~ leiden** sufrir hambre; **Hungerkur** *f* dieta *f* absoluta; **Hungerlohn** *m* (*abw*) (sueldo *m* de) miseria *f*

**hungern** ['hʊŋɐn] *vi* ① (*Hunger leiden*) pasar hambre ② (*fasten*) ayunar; (*um abzunehmen*) hacer una dieta ③ (*geh: sich sehnen*) anhelar (*nach*), estar ávido (*nach* de); **er hungert nach Anerkennung** anhela que reconozcan su mérito

**Hungersnot** *f* hambre *f,* hambruna *f Am*

**Hungerstreik** *m* huelga *f* de hambre; **in den ~ treten** declararse en huelga de hambre; **Hungertuch** *nt:* **am ~ nagen** (*fam*) morirse de hambre

**hungrig** ['hʊŋrɪç] *adj* hambriento; **~ nach etw** *dat* **sein** tener hambre de algo

**Hupe** ['hu:pə] *f* <-n> bocina *f*

**hupen** ['hu:pən] *vi* tocar la bocina

**hüpfen** ['hʏpfən] *vi sein* saltar

**Hürde** ['hʏrdə] *f* <-n> (SPORT: *a. fig*) valla *f;* **eine ~ nehmen** saltar una valla; (*fig*) superar una dificultad; **Hürdenlauf** *m* (SPORT) carrera *f* de vallas

**Hure** ['hu:rə] *f* <-n> (*vulg*) puta *f;* **Hurenbock** *m* (*vulg*) putero *m;* **Hurensohn** *m* (*vulg*) hijo *m* de puta

**hurra** [hʊ'ra:, hʊ'ra:] *interj* hurra

**Hurrikan** ['hʊrika(:)n] *m* <-s, -e *o* -s> huracán *m*

**huschen** ['hʊʃən] *vi sein* deslizarse rápidamente

**hüsteln** ['hy:stəln] *vi* toser ligeramente

**husten** ['hu:stən] *vi* toser; **denen werde ich was ~** (*fam*) ya se pueden ir preparando

**Husten** ['hu:stən] *m* <-s, -> tos *f;* **Hustenanfall** *m* ataque *m* de tos; **Hustenbonbon** *nt* caramelo *m* contra la tos; **Hustenreiz** *m ohne pl* picor *m* de garganta; **Hustensaft** *m* jarabe *m* contra la tos

**Hut**[1] [hu:t, *pl:* 'hy:tə] *m* <-(e)s, Hüte> ① (*Kopfbedeckung*) sombrero *m;* **mir geht der ~ hoch** (*fam*) esto ya pasa de la raya; **seinen ~ nehmen** (*fam*) dimitir;

**alles unter einen ~ bringen** (*fam*) compaginar todo; **das ist ein alter ~** (*fam*) es lo de siempre; **mit etw** *dat*/**jdm nichts am ~ haben** (*fam*) no (querer) tener nada que ver con algo/alguien; **das kannst du dir an den ~ stecken** (*fam*) te lo puedes meter donde te quepa ❷ (*von Pilzen*) sombrerete *m*

**Hut²** [hu:t] *f ohne pl* (*geh: Schutz*) protección *f;* **vor jdm/etw** *dat* **auf der ~ sein** tener cuidado con alguien/algo

**hüten** ['hy:tən] **I.** *vt* (*Vieh*) cuidar; (*Kinder*) cuidar, achichiguar *Mex;* (*Geheimnis*) guardar; **das Haus/Bett ~** cuidar la casa/guardar cama **II.** *vr:* **sich ~** (*sich vorsehen*) tener cuidado (*vor* con); **hüte dich das zu tun!** ¡ni se te ocurra hacerlo!; **ich werde mich ~!** (*fam*) ¡me cuidaré mucho!

**Hüter(in)** *m(f)* <-s, -; -nen> (*geh*) guardián, -ana *m, f;* **der ~ des Gesetzes** el guardián de la ley

**Hutgeschäft** *nt* sombrerería *f;* **Hutkrempe** *f* ala *f* de sombrero; **Hutmacher(in)** *m(f)* <-s, -; -nen> sombrerero, -a *m, f*

**Hütte** ['hʏtə] *f* <-n> ❶ (*Haus*) cabaña *f;* (*Ski~*) refugio *m* ❷ (*Industrieanlage*) planta *f* siderúrgica; **Hüttenindustrie** *f* industria *f* siderúrgica; **Hüttenkäse** *m* queso *m* fresco granulado

**H-Vollmilch** *f* leche *f* U.H.T.

**Hyäne** [hy'ɛ:nə] *f* <-n> (ZOOL) hiena *f*

**Hyazinthe** [hya'tsɪntə] *f* <-n> jacinto *m*

**Hydrant** [hy'drant] *m* <-en, -en> boca *f* de riego

**Hydraulik** [hy'draʊlɪk] *f ohne pl* (TECH) hidráulica *f*

**hydraulisch** *adj* (TECH) hidráulico

**Hydrodynamik** ['hy:drodyna:mɪk, hydrody'na:mɪk] *f* (PHYS) hidrodinámica *f;* **Hydrokultur** ['----, ---'-] *f* hidrocultivo *m;* **Hydrotherapie** ['-----, ----'-] *f* (MED) hidroterapia *f*

**Hygiene** [hy'gje:nə] *f ohne pl* higiene *f*

**hygienisch** *adj* higiénico

**Hymne** ['hʏmnə] *f* <-n> himno *m*

**hyperaktiv** ['hy:pɐ-] *adj* hiperactivo

**Hyperbel** [hy'pɛrbəl] *f* <-n> ❶ (MATH) hipérbola *f* ❷ (*a.* LING) hipérbole *f*

**hyperkorrekt** ['hy:pɐkɔrɛkt] *adj* supercorrecto; (LING) hipercorrecto; **Hyperlink** ['haɪpɐlɪŋk, 'hy:pɐ-] *m* <-s, -s> (INFOR, TEL) hiperenlace *m,* hyperlink *m;* **Hypermedia** ['haɪpɐmi:dia] *ntpl* (INFOR) hipermedios *mpl;* **hypermodern** [hypɐmo'dɛrn, 'hy:pɐmodɛrn] **I.** *adj* (*fam*) supermoderno, hipermoderno, ultramoderno **II.** *adv* (*fam*) de forma supermoderna [*o* hipermoderna]; **ihr seid wirklich ~ eingerichtet!** ¡os habéis montado la casa en plan auténticamente moderno!; **hypersensibel** ['hy:pɐ-] *adj* hipersensible; **Hypertext** ['hy:pɐ-] *m* <-es, -e> (INFOR) hipertexto *m*

**Hypnose** [hʏp'no:zə] *f* <-n> hipnosis *f inv;* **unter ~ stehen** estar bajo hipnosis

**hypnotisch** [hʏp'no:tɪʃ] *adj* hipnótico

**hypnotisieren*** [hʏpnoti'zi:rən] *vt* hipnotizar

**Hypochonder** [hypo'xɔndɐ] *m* <-s, -> hipocondríaco, -a *m, f*

**Hypophyse** [hypo'fy:zə] *f* <-n> (ANAT) hipófisis *f inv*

**Hypothek** [hypo'te:k] *f* <-en> (FIN) hipoteca *f;* **eine ~ aufnehmen** imponer una hipoteca; **das Haus mit einer ~ belasten** hipotecar la casa; **Hypothekenbank** *f* banco *m* hipotecario; **Hypothekenbrief** *m* título *m* hipotecario

**Hypothese** [hypo'te:zə] *f* <-n> hipótesis *f inv;* **eine ~ aufstellen/widerlegen** formular/rebatir una hipótesis

**hypothetisch** [hypo'te:tɪʃ] *adj* hipotético

**Hysterie** [hʏste'ri:] *f* <-n> histeria *f*

**hysterisch** [hʏs'te:rɪʃ] *adj* histérico

**Hz** *Abk. von* **Hertz** hz

# I i

**I, i** [i:] *nt* <-, -> I, i *f;* **~ wie Ida** I de Inés

**i** [i:] *interj* puaj; **~ wo!** ¡ni en sueños!

**i.A.** *Abk. von* **im Auftrag** p.o.

**i.Allg.** *Abk. von* **im Allgemeinen** en general

**iberisch** [i'be:rɪʃ] *adj* ibérico; **die I~e Halbinsel** la Península Ibérica

**IC** [i:'tse:] *m* <-(s), -s> *Abk. von* **Intercity(zug)** Intercity *m*

**ICE** [i:tse:'ʔe:] *m* <-(s), -s> *Abk. von* **Intercityexpress** ≈AVE *m* (*tren de alta velocidad*)

**ich** [ɪç] *pron pers 1. sg* yo; **~ Idiot!** ¡idiota de mí!; **immer ~!** ¡siempre yo!

**Ich** *nt* <-(s), -s> yo *m;* **mein anderes/zweites/besseres ~** mi otro/segundo/mejor yo; **Icherzählung** *f,* **Ich-Erzählung** *f* (LIT) narrativa *f* escrita en primera persona; **Ichform** *f* (LING, LIT) primera persona *f*

**Icon** ['aɪkən] *nt* <-s, -s> (INFOR) icono *m*

**ideal** [ide'a:l] *adj* ideal

**Ideal** *nt* <-s, -e> ideal *m;* **Idealfall** *m* caso *m* ideal; **Idealgewicht** *nt* peso *m* ideal

**idealisieren*** [ideali'zi:rən] *vt* idealizar

**Idealismus** [idea'lɪsmʊs] *m* <-, *ohne pl*> idealismo *m*

**Idealist(in)** *m(f)* <-en, -en; -nen> idealista *mf*

**idealistisch** *adj* idealista

**Ideallösung** *f* solución *f* ideal; **idealtypisch** *adj* (PHILOS: *geh*) ideal; **Idealvorstellung** *f* concepto *m* ideal

**Idee** [i'de:, *pl:* i'de:ən] *f* <-n> ❶ (*Einfall*) idea *f;* **gute ~!** ¡buena idea!; **wie kommst du denn auf die ~?** ¿cómo se te ocurre esto?; **ich habe eine ~** tengo una idea; **jdn auf die ~ bringen etw zu tun** dar a alguien la idea de hacer algo; **jdn auf andere ~n bringen** distraer a alguien; **ich habe nicht die leiseste ~ davon** (*fam*) no tengo ni la más remota idea de esto; **das ist bei ihm eine fixe ~** eso es una obsesión suya ❷ (*fam: ein bisschen*) pizca *f;* **keine ~ besser** ni una pizca mejor

**ideell** [ide'ɛl] *adj* ideal

**ideenlos** *adj* (*Mensch*) sin ideas; (*Gestaltung*) poco innovador; **ideenreich** [i'de:ən-] *adj* creativo; **Ideenreichtum** *m ohne pl* inventiva *f*

**Identifikation** [idɛntifika'tsjo:n] *f* <-en> (PSYCH) identificación *f;* **Identifikationsfigur** *f* (PSYCH) personaje *m* de identificación

**identifizieren*** [idɛntifi'tsi:rən] **I.** *vt* identificar **II.** *vr:* **sich ~** identificarse

**Identifizierung** *f* <-en> identificación *f*

**identisch** [i'dɛntɪʃ] *adj* idéntico (*mit* a), individual (*mit* a) *And, CSur*

**Identität** [idɛnti'tɛ:t] *f* <-en> identidad *f;* **Identitätskarte** *f* (*Schweiz: Personalausweis*) carné *m* de identidad; **Identitätskrise** *f* crisis *f inv* de identidad

**Ideologe, -in** [ideo'lo:gə] *m, f* <-n, -n; -nen> ideólogo, -a *m, f*

**Ideologie** [ideolo'gi:] *f* <-n> ideología *f*

**Ideologin** *f* <-nen> *s.* **Ideologe**

**ideologisch** *adj* ideológico

**idiomatisch** [idjo'ma:tɪʃ] *adj* (LING) idiomático

**Idiot(in)** [i'djo:t] *m(f)* <-en, -en; -nen> (*fam abw*) idiota *mf,* merlo *m Am*

**idiotensicher** **I.** *adj* (*fam hum: Verschluss*) superfácil de manejar **II.** *adv* (*fam hum*) sin problemas

**Idiotie** [idjo'ti:] *f* <-n> ❶ (MED) idiocia *f,* idiotez *f* ❷ (*fam abw: Dummheit*) idiotez *f*

**Idiotin** *f* <-nen> *s.* **Idiot**

**idiotisch** *adj* (*fam abw*) idiota

**Idol** [i'do:l] *nt* <-s, -e> ídolo *m*

**Idylle** [i'dʏlə] *f* <-n> idilio *m*

**idyllisch** *adj* idílico

**Igel** ['i:gəl] *m* <-s, -> (ZOOL) erizo *m*

**igitt(igitt)** *interj* (*reg*) qué asco

**Iglu** ['i:glu] *m o nt* <-s, -s> iglú *m*

**Ignorant(in)** [igno'rant, ɪgno'rant] *m(f)* <-en, -en; -nen> (*abw*) ignorante *mf*

**Ignoranz** *f ohne pl* (*abw*) ignorancia *f*

**ignorieren*** *vt* ignorar

**Iguana** [i'gua:na] *f* (ZOOL) iguana *f,* caimán *m Bol*

**IHK** [i:ha:'ka:] *f Abk. von* **Industrie- und Handelskammer** Cámara *f* de Industria y Comercio

**ihm** [i:m] *pron pers dat von* **er, es** le; (*betont: Mensch*) a él... (le); (*mit Präposition: Mensch*) él; **sie hat ~ nichts gesagt** no le ha dicho nada; **hinter/vor/unter/über ~** detrás/delante/debajo/encima de él; **ein Freund von ~** un amigo suyo

**ihn** [i:n] *pron pers 3. sg m akk von* **er** lo; (*betont: Mensch*) a él... (lo, le); **ich treffe ~ heute Abend** le [*o* lo] veo esta noche; **das ist für ~** esto es para él

**ihnen** ['i:nən] *pron pers mfpl dat von* **sie** les; (*betont: Mensch*) a ellos/ellas... (les); (*mit Präposition: Menschen*) ellos/ellas; **niemand half ~** no les ayudó nadie; **~ wäre das zu teuer** a ellos/ellas les resultaría demasiado caro; **hinter/vor/unter/über ~** detrás/delante/debajo/encima de ellos/ellas; **ein Freund von ~** un amigo suyo

**Ihnen** *pron pers* (*Höflichkeitsform*) *dat von* **Sie** le *sg,* les *pl;* (*betont*) a usted... (le)/a ustedes... (les), a Ud. ... (le)/a Uds. ... (les); (*mit Präposition*) usted/ustedes, Ud./Uds.; **wir wollten ~ eine Freude machen** queríamos darle/darles una alegría; **~ hätte es bestimmt auch gefallen** a Ud./Uds. seguro que también le/les habría gustado; **hinter/vor/unter/über ~** detrás/delante/debajo/encima de Ud./Uds.; **ein Freund von ~** un amigo suyo

**ihr** [i:ɐ] **I.** *pron pers* ❶ *2. pl mf* vosotros *mpl,* vosotras *fpl,* ustedes *Am;* **~ beiden/drei** vosotros/vosotras dos/tres; **~ Lieben!** ¡queridos/queridas! ❷ *dat von sg* **sie** le; (*betont: Mensch*) a ella... (le); (*mit Präposition: Mensch*) ella; **ich habe ~ noch nichts gegeben** todavía no le he dado nada; **~ solltest du was Besseres anbieten** a ella deberías ofrecerle algo mejor; **hinter/vor/unter/über ~** detrás/delante/debajo/encima de ella; **ein Freund von ~** un amigo suyo **II.** *pron poss s.* **ihr, ihre, ihr**

**ihr, ihre, ihr** *pron poss* (*adjektivisch*) su *sg,* sus *pl;* (*einer Frau*) de ella; (*mehrerer*

I

*Menschen*) de ellos/ellas; ~ **Unterricht/Projekt** su clase/proyecto; ~**e Tochter/Bekannten** su hija/sus conocidos

**Ihr, Ihre, Ihr** *pron poss* (*adjektivisch: Höflichkeitsform*) su *sg,* sus *pl;* (*einer Person*) de usted, de Ud.; (*mehrerer Menschen*) de ustedes, de Uds.; ~ **Beruf/Kind** su profesión/hijo; ~**e Zeit/Schuhe** su tiempo/sus zapatos

**ihre(r, s)** *pron poss substantivisch* (el) suyo *m,* (la) suya *f,* (los) suyos *mpl,* (las) suyas *fpl;* (*einer Frau*) de ella; (*mehrerer Menschen*) de ellos/ellas; **dieses Geschenk ist** ~**s** este regalo es (el) suyo; *s. a.* **ihr, ihre, ihr**

**Ihre(r, s)** *pron poss* (*substantivisch: Höflichkeitsform*) (el) suyo *m,* (la) suya *f,* (los) suyos *mpl,* (las) suyas *fpl;* (*einer Person*) de usted, de Ud.; (*mehrerer Menschen*) de ustedes, de Uds.; **ist dieser Wagen** ~**r?** ¿es suyo este coche?; *s. a.* **Ihr, Ihre, Ihr**

**ihrer** ['i:rɐ] *pron pers* ❶ *gen von sg* **sie** de ella ❷ *pl gen von pl* **sie** de ellos/ellas

**Ihrer** *pron pers gen von* **Sie** (*Höflichkeitsform*) de usted *sg,* de ustedes *pl*

**ihrerseits** ['i:rɐzaɪts] *adv* ❶ *sg* por parte de ella, por su parte; **sie hat sich** ~ **anders entschlossen** ella por su parte ha tomado otra decisión ❷ *pl* por parte de ellos/de ellas, por su parte; **wenn sie** ~ **nichts dagegen einzuwenden haben** si ellos/ellas por su parte no tienen nada que objetar

**Ihrerseits** *adv* ❶ *sg* por parte de usted, por su parte ❷ *pl* por parte de ustedes, por su parte

**ihresgleichen** ['--'--] *pron indef* sus semejantes, de su condición; **er hatte noch nie** ~ **kennen gelernt** nunca había conocido a una chica como ella

**Ihresgleichen** *pron indef* sus semejantes, de su condición; ~ **benimmt sich anders** las personas como Ud./Uds. se comportan de otra manera

**ihretwegen** ['i:rət'veːgən] *adv* ❶ *sg* por ella; **ich habe es nur** ~ **getan** lo hice solamente por ella ❷ *pl* por ellos, por ellas; **es ist** ~ **geschehen** pasó por culpa de ellos/de ellas, pasó por su culpa

**Ihretwegen** *adv* ❶ *sg* por usted ❷ *pl* por ustedes

**ihretwillen** ['i:rət'vɪlən] *adv* ❶ *sg:* **um** ~ por consideración a ella, por ella ❷ *pl:* **um** ~ por consideración a ellos/a ellas, por ellos/por ellas

**Ihretwillen** *adv* ❶ *sg:* **um** ~ por consideración a usted, por usted ❷ *pl:* **um** ~ por consideración a ustedes, por ustedes

**ihrige** *pron poss geh für* **ihre(r, s): der/die/das** ~ el suyo/la suya; (*einer Frau*) el/la de ella; (*mehrerer Menschen*) el/la de ellos/ellas; **die** ~**n** los suyos/las suyas; (*einer Frau*) los/las de ella; (*mehrerer Menschen*) los/las de ellos/ellas

**Ihrige** *pron poss* (*Höflichkeitsform*) *geh für* **Ihre(r, s): der/die/das** ~ el suyo/la suya, el/la de usted *sg,* el/la de ustedes *pl;* **die** ~**n** los suyos/las suyas, los/las de usted *sg,* los/las de ustedes *pl*

**Ikone** [i'ko:nə] *f* <-n> icono *m*

**illegal** ['ɪlega:l] *adj* ilegal

**Illegalität** *f* <-en> ilegalidad *f*

**illegitim** ['ɪlegiti:m] *adj* ilegítimo

**illoyal** ['ɪlɔɪa:l] *adj* desleal

**illuminieren*** *vt* (*a.* KUNST) iluminar

**Illusion** [ɪlu'zjo:n] *f* <-en> ilusión *f;* **sich der** ~ **hingeben, dass ...** hacerse la ilusión de que...; **sich** *dat* **über etw (keine)** ~**en machen** (no) hacerse ilusiones sobre algo

**illusionär** [ɪluzjo'nɛ:ɐ] *adj* utópico

**illusorisch** [ɪlu'zo:rɪʃ] *adj* ilusorio; (*trügerisch*) engañoso; **es ist völlig** ~ **zu glauben, dass ...** es totalmente ilusorio pensar que... +*ind/subj*

**Illustration** [ɪlʊstra'tsjo:n] *f* <-en> ilustración *f*

**illustrieren*** [ɪlʊs'tri:rən] *vt* ilustrar

**Illustrierte** [ɪlʊs'tri:ɐtə] *f* <-n> revista *f*

**Iltis** ['ɪltɪs] *m* <-ses, -se> (ZOOL) turón *m*

**im** [ɪm] = **in dem** en el/en la; *s. a.* **in**

**Image** ['ɪmɪtʃ] *nt* <-(s), -s> imagen *f* (pública); **Imagepflege** *f* cuidado *m* de la imagen; **Imageverlust** *m* pérdida *f* de la imagen [*o* del prestigio]

**imaginär** [imagi'nɛ:ɐ] *adj* imaginario

**Imbiss** ['ɪmbɪs] *m* <-es, -e> ❶ (*Häppchen*) piscolabis *m inv,* ≈tapa *f,* causa *f Chil, Peru* ❷ (*Verkaufsstelle*) snack-bar *m;* **Imbissstand** *m* chiringuito *m;* **Imbissstube** *f* bar *m,* snack-bar *m*

**Imitat** [imi'ta:t] *nt* <-(e)s, -e> imitación *f*

**Imitation** [imita'tsjo:n] *f* <-en> imitación *f*

**Imitator(in)** [imi'ta:to:ɐ] *m(f)* <-s, -en; -nen> imitador(a) *m(f)*

**imitieren*** [imi'ti:rən] *vt* imitar

**Imker(in)** ['ɪmkɐ] *m(f)* <-s, -; -nen> apicultor(a) *m(f)*

**Immatrikulation** [ɪmatrikula'tsjo:n] *f* <-en> matriculación *f*

**immatrikulieren*** [ɪmatriku'li:rən] **I.** *vt* ❶ (UNIV: *einschreiben*) matricular (*für* en) ❷ (*Schweiz: Fahrzeug zulassen*) matricular **II.** *vr:* **sich** ~ (UNIV) matricularse (*für* en)

**immens** [ɪ'mɛns] *adj* inmenso

**immer** ['ɪmɐ] *adv* siempre; (*unaufhörlich*)

continuamente; **es ist ~ dasselbe** siempre ocurre lo mismo; **für ~** para siempre; **~ mit der Ruhe!** ¡con calma!; **~ geradeaus** todo seguido; **er ist ~ noch nicht da** aún [*o* todavía] no ha llegado; **~ wenn ...** siempre que...; **~ wieder** siempre de nuevo; **wie ~** como siempre; **~ mehr** cada vez más; **wer auch ~ ...** quienquiera que... *+subj;* **was auch ~** sea lo que sea; **wo/wie auch ~ ...** dondequiera/comoquiera que... *+subj;* **~ mal** (*fam*) de vez en cuando; **immerfort** ['--'-] *adv* continuamente, ininterrumpidamente; **immergrün** *adj* perenne; **immerhin** ['--'-] *adv* al fin y al cabo, por lo menos; **immerwährend** *adj* (*geh*) perpetuo; **immerzu** ['-'-] *adv* (*fam*) continuamente

**Immigrant(in)** [ɪmi'grant] *m(f)* <-en, -en; -nen> inmigrante *mf*

**Immigration** [ɪmigra'tsjo:n] *f* <-en> inmigración *f*

**immigrieren*** *vi sein* inmigrar

**Immissionen** [ɪmɪ'sjo:nən] *fpl* inmisiones *fpl*

**Immissionsschaden** *m* (ÖKOL) daño *m* por inmisión

**Immobilien** [ɪmo'bi:liən] *fpl* (bienes *mpl*) inmuebles *mpl;* **Immobilienmakler(in)** *m(f)* agente *mf* inmobiliario, -a; **Immobilienmarkt** *m* mercado *m* inmobiliario

**immun** [ɪ'mu:n] *adj* (MED, JUR) inmune (*gegen* a/contra)

**immunisieren*** [ɪmuni'zi:rən] *vt* (MED) inmunizar (*gegen* contra)

**Immunität** *f* <-en> (MED, JUR) inmunidad *f* (*gegen* a/contra)

**Immunschwäche** *f* (MED) inmunodeficiencia *f;* **Immunschwächekrankheit** *f* (MED) enfermedad *f* por inmunodeficiencia

**Immunserum** *nt* <-s, -sera *o* -seren> (MED) suero *m* inmune; **Immunsystem** *nt* (MED) sistema *m* inmunológico

**Imperativ** ['ɪmperati:f] *m* <-s, -e> (LING) imperativo *m*

**Imperator** [ɪmpe'ra:to:ɐ] *m* <-s, -en> (HIST) emperador *m*

**Imperfekt** ['ɪmpɛrfɛkt] *nt* <-s, -e> (LING) imperfecto *m*

**Imperialismus** [ɪmperia'lɪsmʊs] *m* <-, *ohne pl*> imperialismo *m*

**imperialistisch** *adj* imperialista

**Imperium** [ɪm'pe:riʊm, *pl:* ɪm'pe:riən] *nt* <-s, Imperien> (*geh*) imperio *m*

**impertinent** [ɪmpɛrti'nɛnt] *adj* (*geh*) impertinente

**Impertinenz** [ɪmpɛrti'nɛnts] *f* <-en> (*geh*) insolencia *f,* impertinencia *f*

**impfen** ['ɪmpfən] *vt* vacunar (*gegen* contra)

**Impfpass** *m* (MED) carnet *m* de vacunación; **Impfstoff** *m* vacuna *f*

**Impfung** *f* <-en> vacunación *f*

**Implantat** [ɪmplan'ta:t] *nt* <-(e)s, -e> (MED) injerto *m*

**implantieren*** [ɪmplan'ti:rən] *vt* (TECH, MED) implantar

**implizieren*** [ɪmpli'tsi:rən] *vt* implicar

**implizit** [ɪmpli'tsi:t] *adj* implícito

**implodieren*** *vi sein* (TECH) implotar

**imponieren*** [ɪmpo'ni:rən] *vi* imponer, impresionar

**imponierend** *adj* (*Mensch*) impresionante, imponente

**Imponiergehabe** [ɪmpo'ni:ɐ-] *nt* pavoneo *m;* (*Angeberei*) presunción *f*

**Import** [ɪm'pɔrt] *m* <-(e)s, -e> ❶ (*Wareneinfuhr*) importación *f* ❷ (*Waren*) importaciones *fpl* ❸ (INFOR) importación *f*

**Importeur(in)** [ɪmpɔr'tø:ɐ] *m(f)* <-s, -e; -nen> importador(a) *m(f)*

**importieren*** [ɪmpɔr'ti:rən] *vt* importar

**imposant** [ɪmpo'zant] *adj* impresionante, imponente; (*iron*) ridículo

**impotent** ['ɪmpotɛnt] *adj* impotente

**Impotenz** ['ɪmpotɛnts] *f ohne pl* impotencia *f*

**imprägnieren*** [ɪmprɛ'gni:rən] *vt* impregnar; (*Stoff*) impermeabilizar

**Impressen** *pl von* **Impressum**

**Impressionismus** [ɪmprɛsjo'nɪsmʊs] *m* <-, *ohne pl*> (KUNST) impresionismo *m*

**impressionistisch** *adj* (KUNST) impresionista

**Impressum** [ɪm'prɛsʊm] *nt* <-s, Impressen> (PUBL) pie *m* de imprenta

**Improvisation** [ɪmproviza'tsjo:n] *f* <-en> (*a.* MUS) improvisación *f*

**improvisieren*** [ɪmprovi'zi:rən] *vt* improvisar

**Impuls** [ɪm'pʊls] *m* <-es, -e> impulso *m*

**impulsiv** [ɪmpʊl'zi:f] *adj* impulsivo

**imstande** [ɪm'ʃtandə] *adv* capaz; **~ sein etw zu tun** ser capaz de hacer algo

**in** [ɪn] **I.** *präp +dat* ❶ (*wo*) en; (*darin*) dentro de; **~ Magdeburg/~ diesem Buch** en Magdeburgo/en este libro; **~ der Hand** en la mano; **~ der Schule** en el colegio; **~ Mathe ist er schwach** está flojo en mates; **gibt es das Kleid auch ~ Grün?** ¿tienen el vestido también en verde?; **~ einer bestimmten Absicht** con una intención determinada; **~ dieser Situation** en esta situación; **die Klausur/der Schnaps hat es ~ sich** *dat* es todo un examen/un aguardiente ❷ (*zeitlich: während*) en, durante; (*binnen*) dentro de, en; **~ den Ferien** en las vacaciones; **~ drei Tagen**

**kommt ihr Mann wieder** su marido vuelve dentro de tres días; ~ **drei Jahren lernt man sich gut kennen** en tres años uno se llega a conocer bien; ~ **der nächsten Woche** la semana que viene; ~ **vierzehn Tagen** dentro de quince días; **im Jahr(e) 1977** en (el año) 1977; ~ **der Nacht** por la noche; **im Januar** en enero **II.** *präp +akk* (*Richtung*) a; ~ **die Schweiz/~s Ausland fahren** ir a Suiza/al extranjero; **wir ziehen ~ eine andere Stadt** nos mudamos a otra ciudad; **sie geht ~ den Garten/~s Kino** va al jardín/al cine; **ich gehe jetzt ~s Bett** me voy a la cama; ~ **(den) Urlaub fahren** ir(se) de vacaciones; ~ **Gefahr/~ eine Falle geraten** correr peligro/caer en una trampa; **~s Rutschen geraten** resbalar **III.** *adj* (*fam*): ~ **sein** estar de moda

**inaktiv** ['ɪnʔakti:f] *adj* inactivo

**inakzeptabel** *adj* inaceptable

**Inanspruchnahme** [-'----] *f* <-n> (*eines Gerätes*) uso *m;* (*eines Hilfsmittels*) empleo *m;* (*eines Menschen*) ocupación *f*

**Inbegriff** ['ɪnbəgrɪf] *m* <-(e)s, -e> encarnación *f*

**inbegriffen** ['----] *adj* incluido

**Inbetriebnahme** [--'---] *f* <-n> puesta *f* en servicio; (*einer Maschine*) puesta *f* en marcha

**Inbrunst** ['ɪnbrʊnst] *f ohne pl* (*geh*) fervor *m*

**inbrünstig** ['ɪnbrʏnstɪç] *adj* (*geh*) fervoroso

**indem** [ɪn'de:m] *konj* ❶ (*während*) mientras, al +*inf* ❷ (*dadurch dass*): **sie sparte Geld, ~ sie ihre Kleidung selbst machte** ahorraba dinero haciéndose ella misma la ropa

**Inder(in)** ['ɪndɐ] *m(f)* <-s, -; -nen> indio, -a *m, f* (de la India)

**indessen** [ɪn'dɛsən] *adv* ❶ (*inzwischen*) entretanto ❷ (*jedoch*) sin embargo

**Index¹** ['ɪndɛks, *pl:* 'ɪnditse:s, 'ɪndɛkse] *m* <-(es), -e *o* Indizes> (*Register*) índice *m*

**Index²** ['ɪndɛks, *pl:* 'ɪnditse:s] *m* <-(es), Indizes> (WIRTSCH, MATH, PHYS, LING) índice *m*

**Index³** ['ɪndɛks] *m* <-(es), -e> (REL) índice *m* (expurgatorio); **auf dem ~ stehen** figurar en el índice de los libros prohibidos

**Indianer(in)** [ɪndi'a:nɐ] *m(f)* <-s, -; -nen> indio, -a *m, f* (americano, -a)

**indianisch** *adj* indio

**Indien** ['ɪndiən] *nt* <-s> (la) India *f*

**indigoblau** ['---'-] *adj* azul índigo

**Indikativ** ['ɪndikati:f] *m* <-s, -e> (LING) indicativo *m*

**Indikator** [ɪndi'ka:to:ɐ] *m* <-s, -en> indicador *m* (*für* de)

**Indio** ['ɪndjo] *m* <-s, -s> indio *m* (americano)

**indirekt** ['ɪndirɛkt] *adj* indirecto

**indisch** ['ɪndɪʃ] *adj* indio

**indiskret** ['ɪndɪskre:t] *adj* indiscreto

**Indiskretion** ['----, ---'-] *f* <-en> indiscreción *f*

**indiskutabel** ['-----, ---'--] *adj* indiscutible

**Individualismus** [ɪndividua'lɪsmʊs] *m* <-, *ohne pl*> individualismo *m*

**Individualist(in)** [ɪndividua'lɪst] *m(f)* <-en, -en; -nen> individualista *mf*

**individualistisch** *adj* individualista

**Individualität** *f* <-en> individualidad *f*

**individuell** [ɪndividu'ɛl] *adj* individual

**Individuum** [ɪndi'vi:duʊm, *pl:* ɪndi'vi:duən] *nt* <-s, Individuen> individuo *m*

**Indiz** [ɪn'di:ts] *nt* <-es, -ien> indicio *m* (*für* de)

**Indizes** *pl von* **Index¹, Index²**

**Indochina** [ɪndo'çi:na] *nt* <-s> Indochina *f*

**indogermanisch** ['---'--] *adj* (LING, HIST) indogermánico

**Indonesien** [ɪndo'ne:ziən] *nt* <-s> Indonesia *f*

**Indonesier(in)** *m(f)* <-s, -; -nen> indonesio, -a *m, f*

**indonesisch** *adj* indonesio

**industrialisieren*** [ɪndʊstriali'zi:rən] *vt* industrializar

**Industrialisierung** *f* <-en> industrialización *f*

**Industrie** [ɪndʊs'tri:] *f* <-n> industria *f;* **Industrieabwasser** *nt* aguas *fpl* residuales de la industria; **Industriebetrieb** *m* empresa *f* industrial; **Industriegebiet** *nt* zona *f* industrial; **Industriegesellschaft** *f* sociedad *f* industrial; **Industriekauffrau** *f* perito *f* industrial; **Industriekaufmann** *m* perito *m* industrial; **Industrieland** *nt* país *m* industrial

**industriell** [ɪndʊstri'ɛl] *adj* industrial

**Industrielle(r)** *mf* <-n, -n; -n> industrial *mf*

**Industriemüll** *m* residuos *mpl* industriales; **Industriestandort** *m* punto *m* (de concentración) industrial; **Industrie- und Handelskammer** *f* Cámara *f* de Industria y Comercio; **Industriezweig** *m* ramo *m* de (la) industria, sector *m* industrial

**ineffektiv** ['ɪn-] *adj* inefectivo

**ineffizient** *adj* ineficiente

**ineinander** [ɪn(ʔ)aɪ'nandɐ] *adv* uno en otro; **sich ~ verlieben** enamorarse uno del otro

**infam** [ɪn'fa:m] *adj* (*abw*) infame

**Infanterie** [ɪnfantəˈriː, ˈ----] *f* <-n> (MIL) infantería *f*

**Infanterist** [ɪnfantəˈrɪst] *m* <-en, -en> (MIL) soldado *m* de infantería

**infantil** [ɪnfanˈtiːl] *adj* (PSYCH) infantil; (*abw*) infantiloide

**Infarkt** [ɪnˈfarkt] *m* <-(e)s, -e> (MED) infarto *m*

**Infekt** [ɪnˈfɛkt] *m* <-(e)s, -e> (MED) infección *f;* **ein grippaler ~** una infección gripal

**Infektion** [ɪnfɛkˈtsjoːn] *f* <-en> (MED) infección *f;* **Infektionskrankheit** *f* (MED) enfermedad *f* infecciosa

**Inferno** [ɪnˈfɛrno] *nt* <-s, *ohne pl*> infierno *m*

**infiltrieren*** [ɪnfɪlˈtriːrən] *vt* (*geh a.* MED, TECH) infiltrar(se) (en)

**Infinitiv** [ˈɪnfiniti:f] *m* <-s, -e> (LING) infinitivo *m*

**infizieren*** [ɪnfiˈtsiːrən] **I.** *vt* (MED) infectar; (INFOR) contaminar (*con un virus informático*) **II.** *vr:* **sich ~** (MED) ❶ (*krank werden*) contagiarse ❷ (*sich anstecken*) coger *fam;* **sie hat sich mit Aids infiziert** ha cogido el sida

**in flagranti** [ɪn flaˈgranti] *adv* in fraganti

**Inflation** [ɪnflaˈtsjoːn] *f* <-en> (WIRTSCH) inflación *f*

**Info** *f* <-s> (*fam*) *Abk. von* **Information** información *f*

**infolge** [ɪnˈfɔlgə] *präp +gen* a consecuencia de; **infolgedessen** [---ˈ--] *adv* en consecuencia, por consiguiente

**Informant(in)** [ɪnfɔrˈmant] *m(f)* <-en, -en; -nen> informante *mf*

**Informatik** [ɪnfɔrˈmaːtɪk] *f ohne pl* informática *f*

**Informatiker(in)** [ɪnfɔrˈmaːtikɐ] *m(f)* <-s, -; -nen> informático, -a *m, f*

**Information** [ɪnfɔrmaˈtsjoːn] *f* <-en> ❶ (*Nachricht*) información *f* (*über* sobre); **zu Ihrer ~** para su información ❷ (*Empfang*) información *f;* **wenden Sie sich bitte an die ~** diríjase a información, por favor

**Informationsaustausch** *m* intercambio *m* de informaciones; **Informationsfluss** *m ohne pl* flujo *m* de comunicaciones; **Informationsflut** *f* avalancha *f* de informaciones; **Informationsgesellschaft** *f* sociedad *f* de información; **Informationsmaterial** *nt* material *m* informativo

**informativ** [---ˈ-] *adj* informativo

**informell** [ˈɪnfɔrmɛl, --ˈ-] *adj* ❶ (*ohne Formalitäten*) informal ❷ (*informatorisch*) informativo

**informieren*** [ɪnfɔrˈmiːrən] **I.** *vt* informar (*über* sobre/de) **II.** *vr:* **sich ~** informarse (*über* sobre/de); **ich werde mich darüber ~** me informaré sobre esto

**Infotainment** [ɪnfoˈtɛɪnmənt] *nt* <-s, -s> infotainment *m*

**infrage**: **~ kommen** entrar en consideración; **das kommt nicht ~** (*ist ungeeignet*) esto no se puede tomar en cuenta; **etw ~ stellen** poner algo en duda

**infrarot** [ɪnfraˈroːt] *adj* (PHYS) infrarrojo; **Infrarotlicht** *nt ohne pl* luz *f* infrarroja; **Infrarotstrahlen** *mpl* rayos *mpl* infrarrojos

**Infrastruktur** [ˈ----] *f* infraestructura *f*

**Infusion** [ɪnfuˈzjoːn] *f* <-en> (MED) transfusión *f*

**Ing.** *Abk. von* **Ingenieur(in)** ing.

**Ingenieur(in)** [ɪnʒeˈnjøːɐ] *m(f)* <-s, -e; -nen> ingeniero, -a *m, f*

**Ingwer** [ˈɪŋvɐ] *m* <-s, *ohne pl*> jengibre *m*

**Inh.** ❶ *Abk. von* **Inhaber(in)** propietario, -a *m, f* ❷ *Abk. von* **Inhalt** contenido *m*

**Inhaber(in)** [ˈɪnhaːbɐ] *m(f)* <-s, -; -nen> (*Eigentümer*) propietario, -a *m, f;* (*eines Kontos, Amtes, Passes*) titular *mf;* (*von Aktien*) tenedor(a) *m(f)*

**inhaftieren*** [ɪnhafˈtiːrən] *vt* detener, encarcelar

**inhalieren*** [ɪnhaˈliːrən] **I.** *vt* inhalar **II.** *vi* hacer inhalaciones

**Inhalt** [ˈɪnhalt] *m* <-(e)s, -e> ❶ (*allgemein*) contenido *m* ❷ (MATH: *Fläche*) área *f;* (*Raum*) volumen *m*

**inhaltlich** **I.** *adj* del contenido **II.** *adv* en cuanto al contenido

**Inhaltsangabe** *f* resumen *m;* **inhaltslos** *adj* sin contenido; **inhaltsreich** *adj* de mucho contenido; (*dicht*) denso; **Inhaltsstoff** *m* contenido *m;* **Inhaltsverzeichnis** *nt* tabla *f* de materias, índice *m*

**inhuman** *adj* (*geh*) inhumano

**Initiale** [initsjˈaːlə] *f* <-n> (letra *f*) inicial *f*

**initialisieren*** [initsjaliˈziːrən] *vt* (INFOR) inicializar

**Initiation** [initsjaˈtsjoːn] *f* <-en> (*a.* REL, SOZIOL) iniciación *f*

**Initiative** [initsjaˈtiːvə] *f* <-n> ❶ (*allgemein*) iniciativa *f;* **die ~ ergreifen** tomar la iniciativa; **etw aus eigener ~ tun** hacer algo por iniciativa propia ❷ (*Schweiz: Volksbegehren*) iniciativa *f* popular

**Initiator(in)** [iniˈtsjaːtoːɐ] *m(f)* <-s, -en; -nen> iniciador(a) *m(f)*

**initiieren*** [initsiˈiːrən] *vt* iniciar

**Injektion** [ɪnjɛkˈtsjoːn] *f* <-en> (MED) inyección *f*

**injizieren*** [ɪnjiˈtsiːrən] *vt* (MED) inyectar

**Inka** [ˈɪŋka] *mf* <-(s), -(s); -(s)> (HIST)

I

inca *mf*

**Inkasso** [ɪn'kaso] *nt* <-s, -s *o* Inkassi> (FIN) cobro *m*

**inkl.** *Abk. von* **inklusive** inclusive, incluido

**inklusive** [ɪnklu'zi:və] **I.** *präp +gen* inclusive, incluido **II.** *adv* inclusive, incluido; **bis 28. November** ~ hasta el 28 de noviembre inclusive; **alles** ~ todo incluido

**Inkognito** *nt* <-s, -s> (*geh*) incógnito *m;* **sein** ~ **wahren** guardar el anonimato

**inkognito** *adv* (*geh*) de incógnito

**inkompatibel** ['-----, ---'--] *adj* (INFOR, JUR) incompatible

**inkompetent** ['ɪnkɔmpetɛnt] *adj* incompetente

**Inkompetenz** ['ɪnkɔmpetɛnts] *f* <-en> incompetencia *f*

**inkonsequent** *adj* inconsecuente

**Inkonsequenz** ['----, ---'-] *f* <-en> inconsecuencia *f*

**inkorrekt** ['---] *adj* incorrecto

**Inkrafttreten** [-'---] *nt* <-s, *ohne pl*>, **In-Kraft-Treten** *nt* <-s, *ohne pl*> entrada *f* en vigor

**Inkubationszeit** *f* (MED) tiempo *m* de incubación

**Inland** ['ɪnlant] *nt* <-(e)s, *ohne pl*> ❶ (*Gegensatz zu Ausland*) país *m;* **im In- und Ausland** dentro y fuera del país ❷ (*Gegensatz zu Küste*) interior *m* (del país); **Inlandflug** *m* vuelo *m* nacional

**inländisch** ['ɪnlɛndɪʃ] *adj* interior; (*Waren*) nacional

**Inlandsmarkt** *m* (WIRTSCH) mercado *m* nacional

**Inliner** ['ɪnlaɪnɐ] *m* <-s, ->, **Inlineskate** ['ɪnlaɪnskɛɪt] *m* <-s, -s> patín *m* en línea [*o* in-line]

**inmitten** [ɪn'mɪtən] *präp +gen* (*geh*) en medio de

**inne|haben** ['ɪnə-] *irr vt* (*Amt*) ocupar; (*geh: besitzen*) poseer

**inne|halten** *irr vi* interrumpir; (*in Bewegung*) detenerse

**innen** ['ɪnən] *adv* (por) dentro; ~ **drin** dentro; ~ **und außen** por dentro y por fuera; **die Tür geht nach** ~ **auf** la puerta se abre hacia dentro; **Innenansicht** *f* vista *f* interior; **Innenarchitekt(in)** *m(f)* arquitecto, -a *m, f* de interiores; **Innenarchitektur** *f* arquitectura *f* de interiores; **Innenbeleuchtung** *f* (*Raum*) iluminación *f* interior; (*Fahrzeug*) luz *f* interior; **Innendienst** *m* servicio *m* interno; **Inneneinrichtung** *f* decoración *f* de interiores; **Innenhof** *m* patio *m,* solar *m AmC, Ant;* **Innenleben** *nt ohne pl* ❶ (*eines Menschen*) vida *f* interior ❷ (*fam: eines Gerätes*) interiores *mpl;* **Innenminister(in)** *m(f)* (POL) ministro, -a *m, f* del Interior; **Innenministerium** *nt* (POL) Ministerio *m* del Interior; **Innenpolitik** *f* política *f* interior; **innenpolitisch** *adj* de la política interior; **Innenraum** *m* (espacio *m*) interior *m;* **Innenseite** *f* (parte *f*) interior *m;* **Innenspiegel** *m* (AUTO) espejo *m* retrovisor; **Innenstadt** *f* centro *m* de la ciudad; **Innentasche** *f* bolsillo *m* interior; **Innentemperatur** *f* temperatura *f* interior

**innerbetrieblich** ['ɪnɐ-] *adj* intraempresarial

**innere(r, s)** *adj* ❶ (*räumlich*) interior, interno; **Einmischung in die** ~**n Angelegenheiten** intromisión en asuntos internos ❷ (MED) interno ❸ (*geistig, seelisch*) interior

**Innere(s)** *nt* <-n, *ohne pl*> interior *m;* **in ihrem tiefsten** ~**n** en su más hondo

**Innereien** [ɪnə'raɪən] *pl* vísceras *fpl,* achuras *fpl CSur, Bol;* (*bei Geflügel*) menudillos *mpl*

**innerhalb** ['ɪnɐhalp] **I.** *präp +gen* ❶ (*örtlich*) dentro de ❷ (*zeitlich*) dentro de, en el plazo de **II.** *adv* dentro; ~ **von** dentro de

**innerlich** *adj* ❶ (*innen*) por dentro; (MED) interno; ~ **anzuwenden** para uso interno ❷ (*geistig, seelisch*) interior

**Innerlichkeit** *f ohne pl* intimidad *f*

**innerorts** *adj* (*Schweiz*) dentro del pueblo [*o* de la ciudad]

**innerste(r, s)** *adj superl von* **innere(r, s)** el/la/lo más interior; (*fig*) el más íntimo/la más íntima/lo más íntimo; **sein** ~**s Wesen** su naturaleza más íntima

**Innerste(s)** *nt* <-n, *ohne pl*> (*bei Personen*) lo más íntimo, corazón *m;* (*bei Dingen*) fondo *m;* **ihr** ~**s blieb ihm verborgen** lo más íntimo de su ser le quedó oculto

**inne|wohnen** ['ɪnə-] *vi* (*geh*): **jdm/etw** *dat* ~ ser inherente a alguien/algo

**innig** ['ɪnɪç] *adj* (*tief*) profundo; (*herzlich*) cordial; (*inbrünstig*) ferviente, ardiente; **jdn heiß und** ~ **lieben** amar a alguien con toda el alma

**Innovation** [ɪnova'tsjo:n] *f* <-en> innovación *f*

**innovativ** [ɪnova'ti:f] *adj* (*Denken*) innovador

**Innung** ['ɪnʊŋ] *f* <-en> corporación *f*

**inoffiziell** ['ɪnʔɔfitsjɛl] *adj* extraoficial

**inoperabel** *adj* (MED) inoperable

**in petto** [ɪn 'pɛto] *adv* (*fam*): **etw (gegen jdn)** ~ **haben** tener algo en la manga (para utilizarlo contra alguien)

**in puncto** [ɪn 'pʊŋkto] *präp +nom/gen* en

[*o* por] lo que se refiere a

**Input** ['ɪnpʊt] *m o nt* <-s, -s> (INFOR) input *m*, inducto *m*

**Inquisition** [ɪnkvizi'tsjo:n] *f* <-en> (HIST) Inquisición *f*

**ins** [ɪns] = **in das** al/a la; *s. a.* **in**

**Insasse**, **-in** ['ɪnzasə] *m, f* <-n, -n; -nen> (*eines Fahrzeugs*) ocupante *mf*; (*eines Heims*) residente *mf*; (*eines Gefängnisses*) preso, -a *m, f*

**insbesondere** [ɪnsbə'zɔndərə] *adv* especialmente, en particular

**Inschrift** ['--] *f* <-en> inscripción *f*

**Insekt** [ɪn'zɛkt] *nt* <-(e)s, -en> insecto *m*

**Insektenstich** *m* picadura *f* de (un) insecto; **Insektenvernichtungsmittel** *nt*, **Insektizid** [ɪnzɛkti'tsi:t] *nt* <-s, -e> insecticida *m*

**Insel** ['ɪnzəl] *f* <-n> isla *f*; **die Kanarischen ~n** las Islas Canarias; **Inselgruppe** *f* archipiélago *m*

**Inserat** [ɪnze'ra:t] *nt* <-(e)s, -e> (PUBL) anuncio *m*, aviso *m Am*; **ein ~ aufgeben** poner un anuncio

**inserieren*** [ɪnze'ri:rən] *vi* (PUBL) poner un anuncio (*in* en)

**insgeheim** ['--'-] *adv* en secreto

**insgesamt** ['--'-] *adv* en total

**Insider(in)** ['ɪnsaɪdɐ] *m(f)* <-s, -; -nen> persona *f* enterada

**insistieren*** [ɪnzɪs'ti:rən] *vi* (*geh*) insistir (*auf* en)

**inskünftig** ['ɪnskʏnftɪç] *adv* (*Schweiz: künftig*) en el futuro

**insofern** [--'-, -'--] **I.** *adv* en este sentido; **~ sind wir einverstanden** hasta ahí estamos de acuerdo; **er hat ~ Recht, als ...** tiene razón en el sentido de que... **II.** *konj* ❶ (*für den Fall*) con tal que +*subj*, siempre que +*subj* ❷ (*in dem Maß*) en la medida que +*subj*

**insoweit** [--'-, -'--] *adv o konj s.* **insofern**

**in spe** [ɪn 'spe:] *adj inv* futuro; **meine Schwiegereltern ~** mis futuros suegros

**Inspektion** [ɪnspɛk'tsjo:n] *f* <-en> ❶ (*allgemein*) inspección *f*, chequeo *m Am* ❷ (AUTO) revisión *f*

**Inspektor(in)** [ɪn'spɛktɔ:ɐ] *m(f)* <-s, -en; -nen> inspector(a) *m(f)*

**Inspiration** [ɪnspira'tsjo:n] *f* <-en> inspiración *f*

**inspirieren*** [ɪnspi'ri:rən] *vt* inspirar (*zu* a)

**inspizieren*** [ɪnspi'tsi:rən] *vt* inspeccionar

**instabil** ['---, --'-] *adj* inestable

**Installateur(in)** [ɪnstala'tø:ɐ] *m(f)* <-s, -; -nen> instalador(a) *m(f)*; (*Klempner*) fontanero, -a *m, f*

**Installation** [ɪnstala'tsjo:n] *f* <-en> (*a.* INFOR, TECH) instalación *f*

**installieren*** [ɪnsta'li:rən] *vt* (TECH) instalar, montar; (INFOR) instalar

**instand** [ɪn'ʃtant] *adv*: **etw ~ setzen/halten** arreglar/conservar algo; **gut ~ sein** estar en buen estado; **Instandhaltung** *f* mantenimiento *m*, conservación *f*

**inständig** ['ɪnʃtɛndɪç] **I.** *adj* ❶ (*dringlich*) urgente ❷ (*nachdrücklich*) fervoroso **II.** *adv* encarecidamente, insistentemente

**Instanz** [ɪn'stants] *f* <-en> ❶ (*Behörde*) autoridad *f* competente ❷ (JUR) instancia *f*; **in erster/zweiter ~** en primera/segunda instancia; **bis zur letzten ~ gehen** ir hasta la última instancia

**Instinkt** [ɪn'stɪŋkt] *m* <-(e)s, -e> instinto *m*

**instinktiv** [ɪnstɪŋk'ti:f] *adj* instintivo

**Institut** [ɪnsti'tu:t] *nt* <-(e)s, -e> instituto *m*

**Institution** [ɪnstitu'tsjo:n] *f* <-en> institución *f*

**institutionell** [ɪnstitutsjo'nɛl] *adj* institucional

**instruieren*** [ɪnstru'i:rən] *vt* ❶ (*informieren*) informar ❷ (*anweisen*) dar instrucciones

**Instruktion** [ɪnstrʊk'tsjo:n] *f* <-en> ❶ (*Anweisung*) directiva *f*, orden *f* ❷ (*Anleitung*) instrucción *f*

**instruktiv** [ɪnstruk'ti:f] *adj* instructivo

**Instrument** [ɪnstru'mɛnt] *nt* <-(e)s, -e> (*a.* MUS) instrumento *m*

**instrumental** [ɪnstrumɛn'ta:l] *adj* (*a.* MUS) instrumental

**instrumentalisieren*** *vt* (*geh*) instrumentalizar

**Instrumentarium** [ɪnstrumɛn'ta:riʊm, *pl:* ɪnstrumɛn'ta:riən] *nt* <-s, Instrumentarien> (*a.* MUS) instrumental *m*

**Insulaner(in)** [ɪnzu'la:nɐ] *m(f)* <-s, -; -nen> isleño, -a *m, f*, insular *mf*

**Insulin** [ɪnzu'li:n] *nt* <-s, *ohne pl*> (MED) insulina *f*

**inszenieren*** [ɪnstse'ni:rən] *vt* (THEAT) poner en escena

**Inszenierung** *f* <-en> ❶ (THEAT) puesta *f* en escena ❷ (*abw: in Politik, Öffentlichkeit*) trama *f*

**intakt** [ɪn'takt] *adj* intacto

**integer** [ɪn'te:gɐ] *adj* (*geh*) íntegro

**Integration** [ɪntegra'tsjo:n] *f* <-en> (*a.* MATH) integración *f*

**integrieren*** [ɪnte'gri:rən] *vt* (*a.* MATH) integrar; **wieder in die Gesellschaft ~** reintegrar en la sociedad

**Integrität** [ɪntegri'tɛ:t] *f ohne pl* integridad *f*

**Intellekt** [ɪntɛ'lɛkt] *m* <-(e)s, *ohne pl*>

intelecto *m*

**intellektuell** [ɪntɛlɛktu'ɛl] *adj* intelectual

**Intellektuelle(r)** *mf* <-n, -n; -n> intelectual *mf*

**intelligent** [ɪntɛli'gɛnt] *adj* inteligente

**Intelligenz** [ɪntɛli'gɛnts] *f ohne pl* ① (*Denkfähigkeit*) inteligencia *f*; **künstliche ~** (INFOR) inteligencia artificial ② (*Gebildete*) intelectuales *mpl;* **Intelligenzbestie** *f* (*fam*) genio *m*, monstruo *m* de inteligencia; **Intelligenzquotient** *m* cociente *m* intelectual, coeficiente *m* de inteligencia

**Intendant(in)** [ɪntɛn'dant] *m(f)* <-en, -en; -nen> (RADIO, TV, THEAT) director(a) *m(f)* artístico, -a

**Intendanz** [ɪntɛn'dants] *f* <-en> (RADIO, TV, THEAT: *Amt*) cargo *m* de director(a) artístico, -a; (*Büro*) oficina *f* del director artístico/de la directora artística

**Intensität** [ɪntɛnzi'tɛ:t] *f* <-en> intensidad *f*

**intensiv** [ɪntɛn'zi:f] *adj* ① (*gründlich*) intensivo ② (*Farbe, Schmerz*) intenso

**intensivieren*** [ɪntɛnzi'vi:rən] *vt* intensificar

**Intensivierung** *f* <-en> intensificación *f*

**Intensivkurs** *m* curso *m* intensivo; **Intensivstation** *f* (MED) unidad *f* de cuidados intensivos

**Intention** [ɪntɛn'tsjo:n] *f* <-en> intención *f*

**interaktiv** [ɪntɐʔak'ti:f] *adj* (*a.* INFOR) interactivo

**Intercity** [ɪntɐ'sɪti] *m* <-s, -s> (EISENB) tren *m* rápido interurbano; **Intercityexpress** *m* <-es, -e> (EISENB) ≈AVE *m*

**interessant** [ɪnt(ə)rɛ'sant] *adj* interesante; **sich ~ machen** hacerse el interesante

**interessanterweise** [ɪnt(ə)rɛ'santɐ'vaɪzə] *adv* curiosamente

**Interesse** [ɪntə'rɛsə, ɪn'trɛsə] *nt* <-s, -n> interés *m* (*an/für* en/por); **~ haben/zeigen** tener/mostrar interés; **es liegt in deinem eigenen ~** es en tu propio interés; **im ~ des Friedens** en beneficio de la paz; **er vertritt meine ~n** defiende mis intereses; **mit wachsendem ~** con creciente interés; **jds ~ für etw gewinnen** despertar el interés de alguien por algo

**interessehalber** [ɪntə'rɛsəhalbɐ, ɪn'trɛsə-] *adv* por interés

**interesselos** *adj* sin interés

**Interessengemeinschaft** *f* comunidad *f* de intereses; **Interessenkonflikt** *m* conflicto *m* de intereses

**Interessent(in)** [ɪnt(ə)rɛ'sɛnt] *m(f)* <-en, -en; -nen> interesado, -a *m, f* (*an/für* en/por)

**interessieren*** [ɪnt(ə)rɛ'si:rən] **I.** *vr:* **sich ~** interesarse (*für* por), tener interés (*für* en/por) **II.** *vt* interesar; **jdn für etw ~** despertar el interés de alguien por algo

**interessiert** [ɪnt(ə)rɛ'si:ɐt] **I.** *adj* interesado; **kulturell ~ sein** tener intereses intelectuales; **an etw** *dat*/**jdm ~ sein** estar interesado en algo/alguien; **sich ~ zeigen** mostrarse interesado; **ich bin nicht daran ~, dass ...** no me interesa que... +*subj* **II.** *adv* con interés

**Interface** ['ɪntɐfɛɪs] *nt* <-, -s> (INFOR) interfase *f*

**Interferenz** [ɪntɐfe'rɛnts] *f* <-en> (PHYS, TECH) interferencia *f*

**Interieur** [ɛ̃te'rjø:ɐ] *nt* <-s, -s *o* -e> interior *m*

**Interimslösung** ['ɪntərɪms-] *f* solución *f* interina [*o* provisional]; **Interimsregelung** *f* reglamentación *f* interina [*o* provisional]; **Interimsregierung** *f* (POL) gobierno *m* interino [*o* provisional]

**Interjektion** [ɪntɐjɛk'tsjo:n] *f* <-en> (LING) interjección *f*

**interkontinental** [ɪntɐ-] *adj* intercontinental

**interkulturell** *adj* intercultural

**Intermezzo** [ɪntɐ'mɛtso] *nt* <-s, -s *o* -mezzi> (*a.* MUS, THEAT) intermezzo *m*

**intern** [ɪn'tɛrn] *adj* interno

**Interna** *pl* (*geh*) información *f* restringida [*o* reservada]

**Internat** [ɪntɐ'na:t] *nt* <-(e)s, -e> internado *m*

**international** [ɪntɐnatsjo'na:l] *adj* internacional

**internationalisieren*** [ɪntɐnatsjonali'zi:rən] *vt* (POL, JUR) internacionalizar

**Internet** ['ɪntɐnɛt] *nt* <-s, -s> (INFOR) Internet *f*; **Internetadresse** *f* (INFOR) dirección *f* en Internet; **Internetcafé** *nt* (INFOR) cibercafé *m*, café *m* Internet, Internet café *m;* **Internetprovider** *m* <-s, -> (INFOR) proveedor *m* de Internet; **Internetsurfer(in)** *m(f)* (INFOR) internauta *mf*, navegante *mf* de Internet; **Internet-Terminal** *nt* <-s, -s> (INFOR) terminal *m* de Internet

**internieren*** [ɪntɐ'ni:rən] *vt* internar

**Internierung** *f* <-en> ① (MIL) internamiento *m* ② (MED) ingreso *m;* **Internierungslager** *nt* campo *m* de concentración

**Internist(in)** [ɪntɐ'nɪst] *m(f)* <-en, -en; -nen> (MED) internista *mf*

**Interpol** ['ɪntɐpo:l] *f* Interpol *f*, Organización *f* Internacional de Policía Criminal

**Interpret(in)** [ɪntɐ'pre:t] *m(f)* <-en, -en; -nen> (MUS) intérprete *mf*

**Interpretation** [ɪntɐpreta'tsjo:n] *f* <-en>

interpretación *f*

**interpretatorisch** [ɪntɐpreta'to:rɪʃ] *adj* interpretatorio

**interpretieren*** [ɪntɐpre'ti:rən] *vt* interpretar

**Interpretin** *f* <-nen> *s.* **Interpret**

**Interpunktion** [ɪntɐpʊŋk'tsjo:n] *f ohne pl* (LING) puntuación *f;* **Interpunktionszeichen** *nt* signo *m* de puntuación

**Interregio** [ɪntɐ're:gio] *m* <-s, -s> (EISENB) tren *m* rápido interregional

**Intervall** [ɪntɐ'val] *nt* <-s, -e> (*a.* MUS) intervalo *m*

**intervenieren*** [ɪntɐve'ni:rən] *vi* (MIL, POL) intervenir

**Intervention** [ɪntɐvɛn'tsjo:n] *f* <-en> (MIL, POL) intervención *f*

**Interview** [ɪntɐ'vju:, 'ɪntɐvju] *nt* <-s, -s> entrevista *f;* **ein ~ geben/machen** conceder/hacer una entrevista

**interviewen*** [ɪntɐ'vju:ən] *vt* entrevistar, reportear *Am*

**Interviewer(in)** [ɪntɐ'vju:ɐ] *m(f)* <-s, -; -nen> entrevistador(a) *m(f)*

**intim** [ɪn'ti:m] *adj* íntimo; **mit jdm ~ werden** tener relaciones sexuales con alguien; **Intimbereich** *m* zona *f* íntima

**Intimität** [ɪntimi'tɛ:t] *f* <-en> intimidad *f*

**Intimsphäre** *f* esfera *f* íntima, intimidad *f* personal; **Intimverkehr** *m* relaciones *fpl* íntimas

**intolerant** ['----] *adj* intolerante

**Intoleranz** ['----] *f ohne pl* intolerancia *f*

**Intonation** [ɪntona'tsjo:n] *f* <-en> (MUS, LING) entonación *f*

**Intranet** ['ɪntranɛt] *nt* <-, *ohne pl*> (INFOR) Intranet *f* (*difusión de información dentro de una compañía*)

**intransitiv** ['----] *adj* (LING) intransitivo

**intrigant** [ɪntri'gant] *adj* intrigante

**Intrigant(in)** [--'-] *m(f)* <-en, -en; -nen> intrigante *mf*

**Intrige** [ɪn'tri:gə] *f* <-n> intriga *f;* **~n spinnen** urdir intrigas

**intrigieren*** [ɪntri'gi:rən] *vi* intrigar (*gegen* contra)

**introvertiert** ['ɪntrovɛrti:ɐt] *adj* introvertido

**Intuition** [ɪntui'tsjo:n] *f* <-en> intuición *f*

**intuitiv** [ɪntui'ti:f] *adj* intuitivo

**intus** ['ɪntʊs] *adj inv* (*fam*): **etw ~ haben** (*auswendig können*) tener algo memorizado; (*verstanden haben*) haber comprendido algo; (*zu sich genommen haben*) haber tomado algo, haber bebido [*o* comido] algo

**invalid(e)** *adj* inválido

**Invalide** *m*, **Invalidin** *f* <-n, -n; -nen> inválido, -a *m, f,* minusválido, -a *m, f;* **Invalidenrente** *f* pensión *f* de invalidez

**Invalidin** *f* <-nen> *s.* **Invalide**

**Invalidität** [ɪnvalidi'tɛ:t] *f ohne pl* invalidez *f*

**invariabel** ['ɪnvaria:bəl] *adj* invariable

**Invasion** [ɪnva'zjo:n] *f* <-en> invasión *f*

**Inventar** [ɪnvɛn'ta:ɐ] *nt* <-s, -e> ❶ (COM: *Firmenvermögen*) bienes *mpl* de una empresa; (*Gegenstände*) mobiliario *m;* **lebendes/totes ~** (COM) inventario vivo/muerto ❷ (*Verzeichnis*) inventario *m;* **etw ins ~ aufnehmen** incluir algo en el inventario

**Inventur** [ɪnvɛn'tu:ɐ] *f* <-en> inventario *m;* **~ machen** inventariar

**investieren*** [ɪnvɛs'ti:rən] *vt* invertir (*in* en)

**Investition** [ɪnvɛsti'tsjo:n] *f* <-en> inversión *f;* **Investitionsgüter** *ntpl* (WIRTSCH) bienes *mpl* de capital

**Investment** [ɪn'vɛstmənt] *nt* <-s, -s> (FIN) inversión *f;* **Investmentfonds** *m* (FIN) fondo *m* de inversión

**Investor(in)** [ɪn'vɛsto:ɐ] *m(f)* <-s, -en; -nen> (WIRTSCH) inversionista *mf*

**involvieren*** [ɪnvɔl'vi:rən] *vt* incluir (*in* en)

**inwendig** ['ɪnvɛndɪç] **I.** *adj* interior **II.** *adv* por dentro; **etw in- und auswendig kennen** (*fam*) conocer algo al dedillo

**inwiefern** [--'-], **inwieweit** [--'-] *adv* en qué medida, hasta qué punto

**Inzest** ['ɪntsɛst] *m* <-(e)s, -e> incesto *m*

**Inzucht** ['ɪntsʊxt] *f* <-en> procreación *f* consanguínea

**inzwischen** [-'--] *adv* entretanto, mientras tanto

**Ion** [i'o:n] *nt* <-s, -en> (PHYS, CHEM) ion *m*

**ionisch** [i'o:nɪʃ] *adj* (CHEM) iónico

**ionisieren*** [ioni'zi:rən] *vi, vt* (CHEM) ionizar

**i-Punkt** *m* (LING) punto *m* sobre la i; **bis auf den ~** hasta (en) el más mínimo detalle

**IQ** [i:'ku:] *m* <-(s), -(s)> *Abk. von* **Intelligenzquotient** CI *m*

**Irak** [i'ra:k] *m* <-s> Iraq *m,* Irak *m*

**Iraker(in)** *m(f)* <-s, -; -nen> iraquí *mf*

**irakisch** *adj* iraquí

**Iran** [i'ra:n] *m* <-s> Irán *m*

**Iraner(in)** *m(f)* <-s, -; -nen> iraní *mf*

**iranisch** *adj* iraní

**irden** ['ɪrdən] *adj* de barro

**irdisch** ['ɪrdɪʃ] *adj* ❶ (*zur Erde gehörend*) terrestre ❷ (*Gegensatz zum Himmel*) terrenal

**Ire, -in** ['i:rə] *m, f* <-n, -n; -nen> irlandés, -esa *m, f*

**irgend** ['ɪrgənt] *adv:* **... oder ~ so etwas ...** o cualquier cosa por el estilo; **wenn ~**

**möglich** a ser posible; **irgendein** ['---] *pron indef s.* **irgendeine(r)**; **irgendeine(r)** *pron indef* ❶ (*einer*) algún, alguno *m,* alguna *f;* **haben Sie noch ~n Wunsch?** ¿tiene algún otro deseo? ❷ (*ein beliebiges*) cualquier(a); **ich gehe nicht mit ~m aus** yo no salgo con cualquiera; **irgendeins** *pron indef s.* **irgendeine(r)**; **irgendetwas** ['--'--] *pron indef* algo; **ohne ~** sin nada; **irgendjemand** ['--'--] *pron indef* alguien; **irgendwann** ['--'-] *adv* algún día, en cualquier momento; **~ einmal** alguna vez; **~ nächste Woche** en cualquier momento la semana que viene; **irgendwas** ['--'-] *pron indef* (*fam*) ❶ (*etwas*) algo; **fällt dir noch ~ ein?** ¿se te ocurre alguna otra cosa? ❷ (*Beliebiges*) cualquier cosa; **irgendwelche** ['--'--] *pron indef* ❶ (*manche*) algunos *mpl,* algunas *fpl;* **~ Leute meinten ...** algunos opinaron... ❷ (*beliebige*) cualquier(a); **solltest du ~ Probleme haben ...** si tienes cualquier problema...; **irgendwer** ['--'-] *pron indef* ❶ (*jemand*) alguien ❷ (*eine beliebige Person*) cualquier persona, cualquiera; **er ist schließlich nicht ~** no es un cualquiera; **irgendwie** ['--'-] *adv* de alguna manera, de una forma o de otra; **irgendwo** ['--'-] *adv* en alguna parte; **irgendwoher** ['---'-] *adv* de cualquier parte; **irgendwohin** ['---'-] *adv* a cualquier parte

**Iriden, Irides** *pl von* **Iris**[2]

**Irin** ['i:rɪn] *f* <-nen> *s.* **Ire**

**Iris**[1] ['i:rɪs] *f* <-> (BOT) iris *m,* lirio *m*

**Iris**[2] *f* <- *o* Iriden *o* Irides> (MED: *des Auges*) iris *m*

**irisch** ['i:rɪʃ] *adj* irlandés

**Irland** ['ɪrlant] *nt* <-s> Irlanda *f*

**Ironie** [iro'ni:] *f* <-n> ironía *f*

**ironisch** [i'ro:nɪʃ] *adj* irónico

**irr** *adj s.* **irre**

**irrational** ['----, ---'-] *adj* irracional

**irre** ['ɪrə] *adj* ❶ (*verwirrt*) confuso; **du machst mich ganz ~** (*fam*) me vuelves loco ❷ (*geistesgestört*) loco; **jdn für ~ halten** tomar a alguien por loco ❸ (*fam: toll*) loco, de putamadre *argot;* **~ gut/hübsch** súper bien/guapo

**Irre**[1] ['ɪrə] *f ohne pl:* **jdn in die ~ führen** (*betrügen*) engañar a alguien; (*falschen Weg angeben*) despistar a alguien

**Irre(r)**[2] *mf* <-n, -n; -n> (*Geistesgestörte*) loco, -a *m, f*

**irreal** ['---, --'-] *adj* irreal

**irre|führen** ['ɪrə-] *vt* engañar; **irreführend** *adj* que conduce a error; (*missverständlich*) equívoco; (*betrügerisch*) engañoso; **Irreführung** *f* <-en> engaño *m*

**irregulär** ['ɪregulɛ:ɐ, ---'-] *adj* irregular

**irrelevant** ['ɪrelevant] *adj* irrelevante

**irre|machen** *vt* (*unsicher machen*) desconcertar; (*durcheinander bringen*) confundir; (*nervös machen*) poner de los nervios *fam*

**irren** ['ɪrən] **I.** *vr:* **sich ~** equivocarse; **ich habe mich im Tag geirrt** me he equivocado de día; **Sie ~ sich** está Ud. equivocado; **sie haben sich in ihm geirrt** se han equivocado con él; **wenn ich mich nicht irre** si no me equivoco; **I~ ist menschlich** (*prov*) errar es humano **II.** *vi sein* (*umherstreifen*) errar (*durch* por), vagar (*durch* por)

**Irrenanstalt** *f,* **Irrenhaus** *nt* manicomio *m*

**irreparabel** ['ɪrepara:bəl] *adj* irreparable

**irreversibel** ['ɪrevɛrzi:bəl, ---'--] *adj* irreversible

**Irrfahrt** ['ɪr-] *f* odisea *f;* **Irrgarten** *m* laberinto *m;* **Irrglaube(n)** *m* ❶ (*falsche Auffassung*) opinión *f* errónea ❷ (REL) heterodoxia *f*

**irrig** ['ɪrɪç] *adj* equivocado, erróneo

**Irritation** [ɪrita'tsjo:n] *f* <-en> (*geh*) irritación *f*

**irritieren*** [ɪri'ti:rən] *vt* desconcertar; (*stören*) molestar

**Irrläufer** *m* <-s, -> envío *m* equivocado; **Irrlehre** *f* <-n> (*a.* PHILOS) doctrina *f* errónea; (REL) doctrina *f* herética; **Irrlicht** *nt* fuego *m* fatuo, luz *f* mala *Arg, Urug;* **Irrsinn** *m* <-s, *ohne pl*> locura *f*

**irrsinnig** *adj* ❶ (*verrückt*) loco ❷ (*fam: groß*) tremendo; (*toll*) de putamadre *argot*

**Irrtum** *m* <-s, -tümer> error *m,* equívoco *m Am;* **einen ~ einsehen/erkennen** reconocer/percibir un error; **einem ~ unterliegen** incurrir en error; **ihr ist ein ~ unterlaufen** cometió un error; **sich im ~ befinden** estar en un error

**irrtümlich** ['ɪrty:mlɪç] **I.** *adj* erróneo **II.** *adv* por error

**irrtümlicherweise** *adv* ❶ (*sich irrend*) equivocadamente, erróneamente ❷ (*aus Versehen*) por error, por equivocación

**Irrweg** *m* camino *m* equivocado

**Ischias** ['ɪʃias] *m o nt* <-, *ohne pl*> (MED) ciática *f*

**ISDN** [i:ʔɛsde:'ʔɛn] *nt* (TEL) *Abk. von* **Integrated Services Digital Network** ISDN *m;* **ISDN-Anschluss** *m* (TEL) conexión *f* ISDN

**Islam** [ɪs'la:m] *m* <-(s), *ohne pl*> (REL) islam *m*

**islamisch** *adj* (REL) islámico

**Islamist(in)** <-en, -en; -nen> *m(f)* islamista *mf*

**islamistisch** *adj* islamista

**Island** ['i:slant] *nt* <-s> Islandia *f*

**Isländer(in)** ['i:slɛndɐ] *m(f)* <-s, -; -nen> islandés, -esa *m, f*

**isländisch** *adj* islandés

**Isolation** [izola'tsjo:n] *f* <-en> (*allgemein*) aislamiento *m;* (*von Gefangenen*) incomunicación *f;* **Isolationshaft** *f ohne pl* incomunicación *f;* **in ~ sein** estar incomunicado

**Isolierband** [izo'li:ɐ-] *nt* cinta *f* aislante

**isolieren*** [izo'li:rən] *vt* ① (*absondern*) aislar (*von* de); (*Häftlinge*) incomunicar ② (*abdichten*) aislar (*gegen* contra)

**Isolierkanne** *f* termo *m;* **Isoliermaterial** *nt* (material *m*) aislante *m*

**isoliert** **I.** *adj* aislado, fuera de contexto **II.** *adv* ① (*abgeschlossen*) aislado; **sie lebte ganz ~ auf einem Bauernhof** vivía totalmente aislada en una casa de campo ② (*zusammenhanglos*) fuera de contexto

**Isolierung** *f* <-en> aislamiento *m* (*gegen* contra); (*von Gefangenen*) incomunicación *f*

**Israel** ['i:srae:l, 'ɪsrae:l] *nt* <-s> Israel *m*

**Israeli** *mf* <-(s), -(s); -(s)> israelí *mf*

**israelisch** [isra'e:lɪʃ, ɪsra'e:lɪʃ] *adj* israelí

**Israelit(in)** [israe'li:t, ɪsrae'li:t] *m(f)* <-en, -en; -nen> israelita *mf*

**israelitisch** *adj* israelita

**isst** [ɪst] *3. präs von* **essen**

**ist** [ɪst] *3. präs von* **sein**

**Italien** [i'ta:liən] *nt* <-s> Italia *f*

**Italiener(in)** [ita'lje:nɐ] *m(f)* <-s, -; -nen> italiano, -a *m, f*

**italienisch** *adj* italiano

**Italowestern** *m* <-s, -> (FILM) espagueti-western *m,* italowestern *m*

**i-Tüpfelchen** *nt* <-s, -> punto *m* sobre la i; (*Krönung*) remate *m*

**i.V.** *Abk. von* **in Vertretung** p.d.

**IWF** [i:ve:'ʔɛf] *m* <-(s)> *Abk. von* **Internationaler Währungsfonds** FMI *m*

# J j

**J, j** [jɔt] *nt* <-, -> J, j *f;* **~ wie Julius** J de Juan

**ja** [ja:] *adv* ① (*zustimmend*) sí; **zu etw** *dat* **~ sagen** decir sí a algo; **ich glaube ~** creo que sí; **wenn ~, dann ...** en caso afirmativo...; **ach ~** ah sí; **aber ~** pero claro que sí; **~ doch!** ¡que sí!; **zu allem ~ und amen sagen** decir que sí a todo ② (*fragend*) sí; **du bist also einverstanden, ~?** o sea que estás de acuerdo, ¿sí? ③ (*doch*): **es ist ~ bekannt, dass ...** pues ya se sabe que...; **das sage ich ~** eso es precisamente lo que yo digo; **da kommt er ~** ahí viene ④ (*aber*): **das ist ~ fürchterlich** pero eso es realmente terrible; **es ist ~ noch früh** pero si aún es temprano; **~, weißt du das denn nicht?** ¡oye!, ¿es que no lo sabes? ⑤ (*bloß*): **komm ~ pünktlich!** ¡que llegues puntual!

**Ja** *nt* <-(s), -(s)> sí *m;* **eine Frage mit ~ beantworten** contestar una pregunta con un sí

**Jacht** [jaxt] *f* <-en> yate *m*

**Jacke** ['jakə] *f* <-n> chaqueta *f;* (*für Herren*) americana *f,* saco *m Am;* (*Wind~*) cazadora *f*

**Jackentasche** *f* bolsillo *m* de la chaqueta

**Jackett** [ʒa'kɛt] *nt* <-s, -s> americana *f,* saco *m Am*

**Jackpot** ['dʒɛkpɔt] *m* <-s, -s> (*im Lotto*) bote *m*

**Jagd** [ja:kt] *f* <-en> ① (*von Wild, a. fig*) caza *f;* **auf der ~ sein** estar de caza; **er ist auf der ~ nach einer guten Stelle** anda a la caza de un buen puesto ② *s.* **Jagdrevier;** **Jagdbeute** *f* (presa *f* de) caza *f;* **Jagdbomber** *m* (MIL) (bombardero *m*) caza *m;* **Jagdflugzeug** *nt* (MIL) avión *m* de caza; **Jagdgewehr** *nt* escopeta *f* de caza; **Jagdhaus** *nt* cabaña *f* de caza; **Jagdhund** *m* perro *m* de caza; **Jagdrevier** *nt* coto *m* de caza; **Jagdschein** *m* licencia *f* de caza

**jagen** ['ja:gən] **I.** *vt* ① (*Tier*) cazar; (*Mensch*) perseguir; **sich** *dat* **eine Kugel durch den Kopf ~** (*fam*) pegarse un tiro (en la cabeza) ② (*ver~*) ahuyentar; **jdn in die Flucht/aus dem Haus ~** poner a alguien en fuga/echar a alguien de casa; **mit Fleisch kann man ihn ~** (*fam*) la carne le repele **II.** *vi* ① (*auf Jagd gehen*) ir de caza ② *sein* (*rasen*) correr a toda velocidad ③ (*ersehnen*) ansiar; **nach Geld/Ruhm ~** ansiar dinero/la gloria

**Jäger**[1] ['jɛ:gɐ] *m* <-s, -> (MIL) (bombardero *m*) caza *m*

**Jäger(in)**[2] ['jɛ:gɐ] *m(f)* <-s, -; -nen> (*Person*) cazador(a) *m(f)*

**Jägerschnitzel** *nt* (GASTR) *escalope* (*sin rebozar*) *con salsa de champiñones*

**Jaguar** ['ja:gua:ɐ] *m* <-s, -e> jaguar *m,* tigre *m Am*

**jäh** [jɛ:] *adj* (*geh*) ① (*plötzlich*) repentino; (*überstürzt*) precipitado; (*Entschluss*) rápido ❷ (*Abgrund*) escarpado

**Jahr** [ja:ɐ] *nt* <-(e)s, -e> año *m;* **das alte/neue** ~ el año viejo/nuevo; **die neunziger** ~**e** los años noventa; **alle** ~**e wieder** todos los años; **einmal im** ~ una vez al año; **jedes zweite/dritte** ~ cada dos/tres años; **auf** ~**e hinaus** para (muchos) años; **das ganze** ~ (**über**) (durante) todo el año; **nächstes/vergangenes** ~ el año próximo/pasado; **von** ~ **zu** ~ de año en año; **vor einem** ~ hace un año; **jdm ein frohes neues** ~ **wünschen** desear a alguien (un) feliz año nuevo; **in jungen** ~**en** de joven; **sie ist 18** ~**e alt** tiene 18 años; **mit 30** ~**en** a los 30 años; **in die** ~**e kommen** entrar en años; **in den besten** ~**en sein** estar en la flor de la vida

**jahraus** [ja:ɐ'ʔaʊs] *adv:* ~, **jahrein** año tras año

**Jahrbuch** *nt* anuario *m*

**jahrelang** ['ja:rəlaŋ] **I.** *adj* de muchos años **II.** *adv* durante (muchos) años

**jähren** ['jɛ:rən] *vr:* **sich** ~ celebrarse el aniversario (de); **es jährt sich heute zum 10. Mal, dass ...** hoy hace 10 años que...

**Jahresanfang** *m* principios *mpl* del año; **Jahresbeginn** *m s.* **Jahresanfang**; **Jahresbeitrag** *m* cuota *f* anual; **Jahresdurchschnitt** *m* promedio *m* anual; **Jahreseinkommen** *nt* renta *f* anual; **Jahresende** *nt ohne pl* fin *m* de año; **Jahresetat** *m* (WIRTSCH) presupuesto *m* anual; **Jahresfrist** *f ohne pl* (JUR) plazo *m* de un año; **Jahresgehalt** *nt* salario *m* anual; **Jahresring** *m* (BOT) anillo *m* anual; **Jahrestag** *m* aniversario *m;* **Jahresurlaub** *m* vacaciones *fpl* del año; **Jahreswechsel** *m* año *m* nuevo; **Jahreswende** *f* cambio *m* de año; **Jahreszahl** *f* año *m;* (*Datum*) fecha *f;* **Jahreszeit** *f* estación *f* (del año); **jahreszeitlich** *adj* de la temporada

**Jahrgang** *m* <-(e)s, -gänge> ❶ (*Geburtsjahr*) año *m* natal; **er ist** ~ **1970** nació en el año 1970; **er ist mein/wir sind ein** ~ somos de la misma generación ❷ (*von Wein*) cosecha *f* ❸ (*von Zeitschrift*) año *m* ❹ (UNIV) promoción *f*

**Jahrhundert** [-'--] *nt* <-s, -e> siglo *m*

**jahrhundertelang** *adj* (*Entwicklung, Tradition*) secular, de (muchos) siglos

**Jahrhundertwende** *f* fin *m* de siglo

**jährlich** ['jɛ:ɐlɪç] *adj* anual

**Jahrmarkt** *m* feria *f*

**Jahrtausend** [-'--] *nt* <-s, -e> milenio *m;* **Jahrtausendwende** *f* fin *m* de milenio

**Jahrzehnt** [ja:ɐ'tse:nt] *nt* <-s, -e> década *f,* decenio *m*

**jahrzehntelang** *adj* de varias décadas, de muchos decenios

**Jähzorn** ['jɛ:tsɔrn] *m* <-(e)s, *ohne pl*> ❶ (*Eigenschaft*) iracundia *f* ❷ (*Anfall*) arrebato *m* de cólera; **jähzornig** *adj* iracundo, berrinchudo *Am*

**Jalousie** [ʒalu'zi:, *pl:* ʒalu'zi:ən] *f* <-n> persiana *f*

**Jammer** ['jamɐ] *m* <-s, *ohne pl*> ❶ (*Wehklagen*) lamento *m,* llanto *m* ❷ (*Elend*) miseria *f;* **es ist ein** ~**, dass ...** (*fam*) es una lástima que... +*subj;* **Jammerlappen** *m* (*fam abw*) calzonazos *m inv,* persona *f* apocada [*o* pusilánime]

**jämmerlich** ['jɛmɐlɪç] *adj* (*Zustand*) lamentable; (*elend*) miserable; (*herzzerreißend*) desgarrador

**jammern** ['jamɐn] *vi* lamentarse (*über* de); (*klagen*) quejarse (*über* de); **nach jdm/etw** *dat* ~ preguntar lloriqueando por alguien/pedir algo lloriqueando

**jammerschade** ['--'--] *adj:* ~ **sein** (*fam*) ser una verdadera pena

**Jänner** ['jɛnɐ] *m* <-s, -> (*Österr: Januar*) enero *m; s. a.* **März**

**Januar** ['janua:ɐ] *m* <-(s), -e> enero *m; s. a.* **März**

**Japan** ['ja:pan, 'ja:pa:n] *nt* <-s> Japón *m*

**Japaner(in)** [ja'pa:nɐ] *m(f)* <-s, -; -nen> japonés, -esa *m, f*

**japanisch** *adj* japonés

**Jargon** [ʒar'gõ:] *m* <-s, -s> jerga *f,* jerigonza *f*

**Jasager(in)** ['ja:za:gɐ] *m(f)* <-s, -; -nen> (*abw*) conformista *mf*

**Jasmin** [jas'mi:n] *m* <-s, -e> jazmín *m*

**Jastimme** ['ja:ʃtɪmə] *f* voto *m* afirmativo

**jäten** ['jɛ:tən] *vt* escardar; **Unkraut** ~ arrancar las malas hierbas

**Jauche** ['jaʊxə] *f* <-n> purín *m*

**jauchzen** ['jaʊxtsən] *vi* lanzar gritos de júbilo

**jaulen** ['jaʊlən] *vi* (*Hund*) aullar

**jawohl** [ja'vo:l] *part* claro, cierto

**Jawort** ['ja:vɔrt] *nt* <-(e)s, -e> consentimiento *m;* **jdm das** ~ **geben** dar el sí a alguien

**Jazz** [dʒɛ:s] *m* <-, *ohne pl*> jazz *m;* **Jazzgymnastik** *f* gym-jazz *m*

**je** [je:] **I.** *adv* ❶ (*jemals*) alguna vez; **wer hätte das** ~ **gedacht!** ¡quién lo hubiera imaginado!; **es ist schlimmer denn** ~ es peor que nunca; **seit eh und** ~ desde tiempos inmemoriales ❷ (*jeweils*) cada; **ich gebe euch** ~ **zwei Stück** os doy dos trozos a cada uno; **es können** ~ **zwei Personen eintreten** pueden entrar de dos en dos; ~ **beteiligter Student** por cada estudiante que participe **II.** *präp* +*akk* (*pro*) por; ~ **Erwachsenen** por (cada) adulto **III.** *konj* cuanto; **er wird vernünftiger, ~ älter er wird** cuanto mayor se hace, más sensato se vuelve; ~ **nachdem(, ob/wie ...)** según (si/cómo...); ~ **nach Größe** según el tamaño; ~ **eher ihr kommt, desto** [*o* **um so**] **besser** cuanto antes vengáis, (tanto) mejor; ~ **eher, desto** [*o* **um so**] **lieber** cuanto antes mejor **IV.** *interj:* **oh ~!** ¡madre mía!

**Jeans** [dʒiːns] *fpl inv* vaqueros *mpl,* tejanos *mpl,* jeans *mpl Am;* **Jeanshose** *f* pantalón *m* vaquero; **Jeansjacke** *f* chaqueta *f* vaquera, cazadora *f* vaquera

**jede(r, s)** *pron indef* ❶ (*substantivisch*) cada uno/una; **~r von uns** cada uno de nosotros; **ein ~r** cualquiera; **~m das seine** a cada cual lo suyo; ~ **zweite** una de cada dos; **~r für sich** cada uno para sí; **~r gegen ~n** todos contra todos ❷ (*adjektivisch*) cada; (*all*) todo; (*ein beliebiges*) cualquier(a); **auf ~n Fall** en todo caso; **ohne ~n Grund** sin ninguna razón; **um ~n Preis** a toda costa; **es kann ~n Augenblick passieren** puede suceder en cualquier momento; **ohne ~ Hoffnung** sin esperanza alguna

**jedenfalls** ['jeːdənfals] *adv* en todo caso, sea como sea

**jedermann** ['---] *pron indef* todos, cada uno; **das ist nicht ~s Sache** esto no es para todos los gustos

**jederzeit** ['--'-] *adv* siempre, a cualquier hora

**jedesmal** ['--'-] *adv* cada vez, siempre; **~, wenn ...** cada vez que...

**jedoch** [je'dɔx] *konj* pero, sin embargo

**Jeep®** [dʒiːp] *m* <-s, -s> jeep *m*

**jegliche(r, s)** *pron indef* cualquier tipo de

**jeher** ['jeːheːɐ, '-'-] *adv:* **von** [*o* **seit**] ~ desde siempre

**jemals** ['jeːmaːls] *adv* alguna vez, jamás; **hat man ~ so etwas gesehen?** ¿habráse visto semejante cosa?

**jemand** ['jeːmant] *pron indef* alguien; (*verneint*) nadie; **ist hier ~?** ¿hay alguien aquí?; ~ **anderes** otra persona

**Jena** ['jeːna] *nt* <-s, *ohne pl*> Jena *f*

**jene(r, s)** *pron dem* (*geh*) ❶ (*adjektivisch: da*) ese, esa; (*dort*) aquel, aquella; **in ~n Tagen** en aquellos días ❷ (*substantivisch: da*) ése, ésa, eso; (*dort*) aquél, aquélla, aquello

**jenseits** ['jeːnzaɪts] **I.** *präp +gen* al otro lado de, más allá de **II.** *adv* al otro lado, más allá; ~ **von Gut und Böse** más allá del bien y del mal

**Jenseits** *nt* <-, *ohne pl*> más allá *m*

**Jerusalem** [je'ruːzalɛm] *nt* <-s> Jerusalén *m*

**Jesuit** [jezu'iːt] *m* <-en, -en> (REL) jesuita *m*

**Jesus** ['jeːzʊs] *m* <Jesu> (REL) Jesús *m;* ~ **Christus** Jesucristo *m*

**Jet** [dʒɛt] *m* <-(s), -s> jet *m,* avión *m* a reacción; **Jetlag** ['dʒɛtlɛk] *m* <-s, -s> (AERO) jet lag *m;* **Jetset** *m* <-s, -s>, **Jet-set** *m* <-s, -s> alta sociedad *f*

**jetten** ['dʒɛtən] *vi* (*fam*) viajar en jet

**jetzige(r, s)** *adj* actual

**jetzt** [jɛtst] *adv* ahora; (*augenblicklich*) en este momento; ~ **gleich** ahora mismo; **bis ~** hasta ahora; ~ **oder nie** ahora o nunca; **von ~ an** a partir de ahora

**jeweilige(r, s)** *adj* correspondiente, respectivo; (*augenblicklich*) actual

**jeweils** ['jeːvaɪls] *adv* (*jedesmal*) cada vez; ~ **am Monatsersten** cada primero de mes; **die ~ Größten aus jeder Gruppe** los más altos de cada grupo; ~ **vier Personen** cada vez cuatro personas

**Jh.** *Abk. von* **Jahrhundert** siglo *m*

**JH** *Abk. von* **Jugendherberge** albergue *m* juvenil

**Job** [dʒɔp] *m* <-s, -s> ❶ (*fam: Arbeit*) trabajo *m,* pega *f CSur, Mex* ❷ (INFOR) tarea *f*

**jobben** ['dʒɔbən] *vi* (*fam*) currar (*als* de)

**Jobsharing** ['dʒɔpʃɛːrɪŋ] *nt* <-(s), *ohne pl*> jobsharing *m;* **Jobsuche** *f* (*fam*) búsqueda *f* de trabajo

**Joch** [jɔx] *nt* <-(e)s, -e> (*Last*) yugo *m*

**Jockei** *m* <-s, -s>, **Jockey** ['dʒɔki] *m* <-s, -s> (SPORT) yoquei *m*

**Jod** [joːt] *nt* <-(e)s, *ohne pl*> (*a.* CHEM) yodo *m*

**jodeln** ['joːdəln] *vi* cantar a la tirolesa

**Jodler(in)** ['joːdlɐ] *m(f)* <-s, -; -nen> (MUS) cantador(a) *m(f)* a la tirolesa

**Jodsalz** *nt ohne pl* sal *f* yodada

**Joga** ['joːga] *m o nt* <-(s), *ohne pl*> yoga *m*

**joggen** ['dʒɔgən] *vi sein* hacer footing

**Jogger(in)** *m(f)* <-s, -; -nen> persona *f* que practica footing

**Jogging** ['dʒɔgɪŋ] *nt* <-s, *ohne pl*> footing *m;* **Jogginganzug** *m* chándal *m*

**Joghurt** ['joːgʊrt] *m o nt* <-(s), -(s)>, **Jogurt** *m o nt* <-(s), -(s)> yogur *m*

**Johannisbeere** [jo'hanɪsbeːrə] *f* grosella *f;* **schwarze ~** casis *f inv*

**johlen** ['joːlən] *vi* (*abw*) gritar

**Joint** [dʒɔɪnt] *m* <-s, -s> (*fam*) porro *m*

**Jo-jo** *nt* <-s, -s> yoyó *m*

**Joker** ['dʒoːkɐ] *m* <-s, -> comodín *m*

**Jongleur(in)** [ʒõ'gløːɐ, ʒɔŋ'løːɐ] *m(f)* <-s, -e; -nen> malabarista *mf*

**jonglieren*** **I.** *vt* hacer juegos malabares (con) **II.** *vi* hacer juegos malabares; (*fig:*

J

*mit Begriffen, Formeln*) manejar con mucha habilidad

**Jordan** ['jɔrdan] *m* <-s> Jordán *m;* **über den** ~ **gehen** (*euph*) irse de este mundo

**Jordanien** [jɔr'da:niən] *nt* <-s> Jordania *f*

**Jordanier(in)** *m(f)* <-s, -; -nen> jordano, -a *m, f*

**jordanisch** *adj* jordano

**Joule** [dʒu:l, dʒaʊl] *nt* <-(s), -> (PHYS) julio *m*

**Journal** [ʒʊr'na:l] *nt* <-s, -e> ① (PUBL: *geh*) revista *f* ② (NAUT) diario *m* de a bordo ③ (WIRTSCH) diario *m*

**Journalismus** [ʒʊrna'lɪsmʊs] *m* <-, *ohne pl*> periodismo *m*

**Journalist(in)** *m(f)* <-en, -en; -nen> periodista *mf*

**journalistisch** *adj* periodístico

**jovial** [jo'vja:l] *adj* alegre, jovial

**Joystick** ['dʒɔɪstɪk] *m* <-s, -s> (INFOR) palanca *f* de mando, joystick *m*

**jr.** *Abk. von* **junior** júnior *m,* hijo *m*

**Jubel** ['ju:bəl] *m* <-s, *ohne pl*> júbilo *m,* elación *f Am;* ~, **Trubel, Heiterkeit** alborozo y alegría; **Jubelgeschrei** *nt* grito *m* de júbilo

**jubeln** ['ju:bəln] *vi* dar gritos de júbilo

**Jubelruf** *m* grito *m* de júbilo

**Jubiläen** *pl von* **Jubiläum**

**Jubilar(in)** [jubi'la:ɐ] *m(f)* <-s, -e; -nen> homenajeado, -a *m, f*

**Jubiläum** [jubi'lɛ:ʊm] *nt* <-s, Jubiläen> aniversario *m;* **zehnjähriges** ~ décimo aniversario; **fünfzigjähriges** ~ cincuentenario *m*

**jubilieren*** *vi* (*geh*) ① (*jubeln*) gritar de júbilo (*über* por) ② (*frohlocken*) alegrarse (*über* de)

**juchzen** ['jʊxtsən] *vi* (*fam*) soltar un grito de alegría

**jucken** ['jʊkən] **I.** *vi, vt* ① (*Juckreiz verursachen*) picar ② (*fam: reizen*) tener ganas, apetecer **II.** *vt* (*fam: reizen*) apetecer; (*kümmern*) interesar **III.** *vr:* **sich** ~ (*fam*) rascarse **IV.** *vunpers* tener ganas; **mir juckt es in den Fingern zu ...** tengo unas ganas enormes de...

**Juckreiz** *m* picor *m*

**Jude** ['ju:də] *m,* **Jüdin** *f* <-n, -n; -nen> judío, -a *m, f*

**Judentum** *nt* <-s, *ohne pl*> judaísmo *m*

**Judenverfolgung** *f* (HIST) persecución *f* de los judíos; **Judenvernichtung** *f* (HIST) exterminio *m* de los judíos

**Jüdin** ['jy:dɪn] *f* <-nen> *s.* **Jude**

**jüdisch** ['jy:dɪʃ] *adj* judío

**Judo** ['ju:do] *nt* <-(s), *ohne pl*> (SPORT) yudo *m*

**Jugend** ['ju:gənt] *f ohne pl* ① (*Altersstufe*) juventud *f;* (~ *alter*) adolescencia *f;* **von** ~ **an** desde joven; **seine früheste** ~ los primeros años de su adolescencia ② (*junge Leute*) juventud *f,* jóvenes *mpl;* **die heutige** ~ la juventud de hoy; **Jugendamt** *nt* oficina *f* de protección de menores; **Jugendarbeit** *f ohne pl* trabajo *m* con jóvenes; **Jugendarbeitslosigkeit** *f* paro *m* juvenil; **Jugendbande** *f* tribu *f* urbana; **Jugendbuch** *nt* libro *m* juvenil; **jugendfrei** *adj* apto para menores; (FILM) apto para todos los públicos; **Jugendfreund(in)** *m(f)* amigo, -a *m, f* de juventud; **jugendgefährdend** *adj* no apto para menores; **Jugendgruppe** *f* grupo *m* juvenil; **Jugendherberge** *f* albergue *m* juvenil; **Jugendkriminalität** *f* delincuencia *f* juvenil

**jugendlich** *adj* ① (*Altersstufe*) joven, adolescente ② (*jung wirkend*) juvenil; **sich** ~ **kleiden** vestirse de forma juvenil

**Jugendliche(r)** *mf* <-n, -n; -n> joven *mf;* (*Heranwachsende*) adolescente *mf;* ~ **unter 16 Jahren** menores de 16 años

**Jugendliebe** *f* amor *m* juvenil; **Jugendschutz** *m* protección *f* de menores

**Jugendstil** *m ohne pl* (KUNST, ARCHIT) Modernismo *m*

**Jugendstrafe** *f* (JUR) pena *f* juvenil [*o* de prisión para menores]; **Jugendsünde** *f* pecado *m* de juventud; **Jugendtraum** *m* sueño *m* de juventud; **Jugendzeit** *f ohne pl* tiempo *m* de la juventud, juventud *f;* **Jugendzentrum** *nt* centro *m* juvenil

**Jugoslawe, -in** [jugo'sla:və] *m, f* <-n, -n; -nen> yugoslavo, -a *m, f*

**Jugoslawien** [jugo'sla:viən] *nt* <-s> Yugoslavia *f*

**Jugoslawin** *f* <-nen> *s.* **Jugoslawe**

**jugoslawisch** *adj* yugoslavo

**Juli** ['ju:li] *m* <-(s), -s> julio *m; s. a.* **März**

**jun.** *Abk. von* **junior** júnior *m,* hijo *m*

**jung** [jʊŋ] *adj* <jünger, am jüngsten> joven; **J~ und Alt** jóvenes y viejos; **von** ~ **auf** desde joven; **sie ist 18 Jahre** ~ sólo tiene 18 años

**Junge**[1] ['jʊŋə] *m* <-n, -n> ① (*Knabe*) niño *m,* gurrumino *m Mex* ② (*junger Mann*) muchacho *m,* chico *m,* pibe *m Arg;* **alter** ~**!** (*fam*) ¡hombre!; ~, ~**!** (*fam*) ¡vaya, vaya!

**Junge(s)**[2] *nt* <-n, -n> cría *f;* (*von Hunden, Raubtier*) cachorro *m;* (*von Vögeln*) pollo *m*

**jünger** ['jʏŋɐ] *adj kompar von* **jung** más joven; (*Geschwister*) menor; ~ **sein als** ser más joven que; **ihr** ~**er Bruder** su hermano menor; ~**en Datums sein** ser de fecha reciente; **sich** ~ **machen** quitarse años

**Jünger(in)** ['jʏŋɐ] *m(f)* <-s, -; -nen> discípulo, -a *m, f*

**Jungfernfahrt** *f* viaje *m* inaugural; **Jungfernhäutchen** [-hɔɪtçən] *nt* <-s, -> (ANAT) himen *m*

**Jungfrau** *f* <-en> ① (*Frau*) virgen *f* ② (ASTR) Virgo *m*

**jungfräulich** ['jʊŋfrɔɪlɪç] *adj* (*a. fig*) virgen

**Jungfräulichkeit** *f ohne pl* virginidad *f;* (*Reinheit*) pureza *f*

**Junggeselle, -in** *m, f* soltero, -a *m, f;* **eingefleischter** ~ solterón empedernido

**Jüngling** ['jʏŋlɪŋ] *m* <-s, -e> (*abw*) mozalbete *m*

**jüngst** [jʏŋst] *adv* (*geh*) recientemente

**jüngste(r, s)** *adj superl von* **jung** menor; **die** ~ **Entwicklung hat gezeigt, dass ...** los últimos acontecimientos han demostrado que...; **die** ~ **deutsche Literatur** la literatura alemana actual; **das J~ Gericht** el Juicio Final; **der J~ Tag** el Día del Juicio

**Jungtier** *nt* animal *m* joven

**Juni** ['ju:ni] *m* <-(s), -s> junio *m; s. a.* **März**

**junior** ['ju:nio:ɐ, 'ju:njo:ɐ] *adj* (*geh*) júnior, hijo; **Peter Müller** ~ Peter Müller, hijo

**Junior(in)** *m(f)* <-s, -en; -nen> ① (*fam*) hijo, -a *m, f* ② (SPORT) júnior *mf;* **Juniorchef(in)** *m(f)* hijo, -a *m, f* del jefe

**Juniorin** *f* <-nen> *s.* **Junior**

**Junkfood** ['dʒankfu:t] *nt* <-s, *ohne pl*> comida *f* basura

**Junkie** ['dʒaŋki] *m* <-s, -s> (*fam*) yonqui *mf*

**Jupiter** ['ju:pitɐ] *m* <-s> (*a.* ASTR) Júpiter *m*

**Jura**[1] ['ju:ra] *m* <-s, *ohne pl*> (GEO) ① (*Formation*) jurásico *m* ② (*Gebirge, Schweizer Kanton*) Jura *m*

**Jura**[2] (JUR) Derecho *m;* ~ **studieren** estudiar Derecho

**Jurisprudenz** [ju:rɪspru'dɛnts] *f ohne pl* (*geh*) jurisprudencia *f*

**Jurist(in)** [ju'rɪst] *m(f)* <-en, -en; -nen> jurista *mf*

**Juristerei** *f ohne pl* (*iron: Rechtswissenschaft*) jurisprudencia *f*

**Juristin** *f* <-nen> *s.* **Jurist**

**juristisch** [ju'rɪstɪʃ] *adj* jurídico; **die** ~**e Fakultät** la Facultad de Derecho; ~**e Person** persona jurídica

**Juror(in)** ['ju:ro:ɐ] *m(f)* <-s, -en; -nen> (miembro *m* de un) jurado *m*

**Jury** [ʒy'ri:, 'ʒy:ri] *f* <-s> jurado *m*

**just** [jʊst] *adv* justo, justamente

**justieren*** [jʊs'ti:rən] *vt* (TECH, PHYS) ajustar

**Justiz** [jʊs'ti:ts] *f ohne pl* justicia *f;* **Justizbeamte(r)** *mf,* **-beamtin** *f* empleado, -a *m, f* de la justicia; **Justizbehörde** *f* autoridad *f* judicial [*o* jurídica], justicia *f;* **Justizgebäude** *nt* palacio *m* de justicia; **Justizirrtum** *m* equivocación *f* judicial; **Justizminister(in)** *m(f)* ministro, -a *m, f* de Justicia; **Justizministerium** *nt* Ministerio *m* de Justicia; **Justizvollzugsanstalt** *f* establecimiento *m* penitenciario

**Jute** ['ju:tə] *f ohne pl* yute *m*

**Juwel** [ju've:l] *m o nt* <-s, -en> joya *f*

**Juwelier**[1] [juve'li:ɐ] *m* <-s, -e> (*Geschäft*) joyería *f*

**Juwelier(in)**[2] [juve'li:ɐ] *m(f)* <-s, -e; -nen> joyero, -a *m, f*

**Jux** [jʊks] *m* <-es, -e> (*fam*) juerga *f,* cachondeo *m argot;* **aus** ~ **und Tollerei** de cachondeo *argot;* **sich** *dat* **einen** ~ **aus etw** *dat* **machen** cachondearse de algo *argot*

# K k

**K, k** [ka:] *nt* <-, -> K, k *f;* ~ **wie Kaufmann** K de Kenia

**Kabarett** [kaba'rɛt, kaba're:] *nt* <-s, -s> café-teatro *m*

**Kabarettist(in)** [kabarɛ'tɪst] *m(f)* <-en, -en; -nen> artista *mf* de café-teatro

**kabbeln** ['kabəln] *vr:* **sich** ~ (*nordd*) pelearse

**Kabel** ['ka:bəl] *nt* <-s, -> cable *m;* **Kabelanschluss** *m* toma *f* de la televisión por cable; **Kabelfernsehen** *nt* <-s, *ohne pl*> televisión *f* por cable

**Kabeljau** ['ka:bəljaʊ] *m* <-s, -s *o* -e> bacalao *m*

**Kabine** [ka'bi:nə] *f* <-n> cabina *f;* (*Umkleide~*) vestuario *m;* (*Schiffs~*) camarote *m;* (AERO) carlinga *f*

**Kabinett** [kabi'nɛt] *nt* <-s, -e> (POL) gabinete *m*

**Kabrio** ['ka:brio] *nt* <-(s), -s>, **Kabriolett** ['ka:briole, kabrio'le:, kabrio'lɛt] *nt* <-s, -s> (coche *m*) descapotable *m*

**Kachel** ['kaxəl] *f* <-n> azulejo *m*

**kacheln** *vt* poner azulejos

**Kachelofen** *m* estufa *f* (de) cerámica

**Kacke** ['kakə] *f ohne pl* (*vulg*) ① (*Kot*) caca *f* ② (*Angelegenheit*) mierda *f*

**kacken** *vi* (*vulg*) cagar

**Kadaver** [ka'da:vɐ] *m* <-s, -> cadáver *m* (de un animal)

**Kader** ['ka:dɐ] *m Schweiz: nt* <-s, -> (POL, SPORT) cuadro *m*

**Kadmium** ['katmiʊm] *nt* <-s, *ohne pl*> (CHEM) cadmio *m*

**Käfer** ['kɛ:fɐ] *m* <-s, -> (*a.* AUTO) escarabajo *m*

**Kaff** [kaf] *nt* <-s, -s *o* -e *o* Käffer> (*fam abw*) pueblucho *m*, pueblo *m* de mala muerte

**Kaffee** ['kafe, ka'fe:] *m* <-s, -s> café *m*; ~ **kochen** hacer café; (**einen**) ~ **trinken** tomar (un) café; **schwarzer/starker/dünner** ~ café solo/fuerte/flojo; ~ **mit Milch/ohne Zucker** café con leche/sin azúcar; **das ist kalter** ~ (*fam*) eso lo sabe todo el mundo; **Kaffeeautomat** *m* máquina *f* de café; **Kaffeebohne** *f* grano *m* de café; **kaffeebraun** *adj* color café

**i Land & Leute**

**Kaffeefahrten**, que podría traducirse por "viajes con café incluido", se denominan las excursiones organizadas para presentar en las mismas algún tipo de producto. Esta estrategia de marketing se dirige especialmente a personas de la tercera edad. En autobús se les lleva a alguna localidad turística, donde se les invita a tomar *Kaffee und Kuchen – un café y un trozo de tarta o pastel.* Allí mismo es expuesto el producto en cuestión para animarles a adquirirlo en un ambiente distendido.

**Kaffeefilter** *m* filtro *m* de café; **Kaffeehaus** *nt* café *m*; **Kaffeekanne** *f* cafetera *f*; **Kaffeeklatsch** *m* (*fam*) tertulia *f*; **Kaffeelöffel** *m* cucharilla *f* de café; **Kaffeemaschine** *f* cafetera *f* eléctrica, greca *f Am*; **Kaffeemühle** *f* molinillo *m* de café; **Kaffeepause** *f* pausa *f* (para tomar un café); **Kaffeesatz** *m* <-es, *ohne pl*> poso *m* del café; **Kaffeetasse** *f* taza *f* de café

**Käffer** *pl von* **Kaff**

**Käfig** ['kɛ:fɪç] *m* <-s, -e> jaula *f*; **goldener** ~ (*fig*) jaula de oro

**kahl** [ka:l] *adj* ❶ (*ohne Haar*) calvo; ~ **geschoren** pelado al rape ❷ (*ohne Vegetation, Wand*) pelado ❸ (*ohne Blätter*) deshojado; **Kahlkopf** *m* (*fam*) calvo, -a *m, f*

**kahlköpfig** ['ka:lkœpfɪç] *adj* pelado

**Kahlschlag** *m* ❶ (*Fällen*) desmonte *m* completo ❷ (*Schlagfläche*) claro *m*

**Kahn** [ka:n, *pl:* 'kɛ:nə] *m* <-(e)s, Kähne> ❶ (*kleines Boot*) bote *m* ❷ (*Lastschiff*) gabarra *f*

**Kai** [kaɪ] *m* <-s, -s> muelle *m*

**Kaiman** ['kaɪman] *m* <-s, -e> caimán *m*, lagarto *m Am*

**Kaiser(in)** ['kaɪzɐ] *m(f)* <-s, -; -nen> emperador *m*, emperatriz *f*

**kaiserlich** *adj* imperial

**Kaiserreich** *nt* imperio *m*

**Kaiserschmarr(e)n** *m* (*Österr:* GASTR) *tortilla desmenuzada con azúcar y pasas*

**i Land & Leute**

En Austria, el sur de Alemania y Suiza está muy extendida una especialidad gastronómica, cuyo origen se remonta a la emperatriz Elisabeth de Austria. La **Kaiserschmarren** es una especie de tortilla desmenuzada sobre la que se espolvorea azúcar. A veces también lleva pasas.

**Kaiserschnitt** *m* (MED) cesárea *f*

**Kajak** ['ka:jak] *m o nt* <-s, -s> (SPORT) kayac *m*

**Kajüte** [ka'jy:tə] *f* <-n> camarote *m*

**Kakadu** ['kakadu] *m* <-s, -s> cacatúa *f*

**Kakao** [ka'kaʊ] *m* <-s, -s> ❶ (*Pulver, Pflanze*) cacao *m*, cacahuatl *m Mex* ❷ (*Getränk*) chocolate *m*; **jdn durch den ~ ziehen** (*fam*) tomar el pelo a alguien; **Kakaobohne** *f* grano *m* de cacao; **Kakaobutter** *f* manteca *f* de cacao; **Kakaopulver** *nt* cacao *m* en polvo

**Kakerlak** ['ka:kɐlak] *m* <-s *o* -en, -en> cucaracha *f*

**Kaktus** ['kaktʊs, *pl:* kak'te:ən] *m* <-ses, Kakteen> cactus *m inv*

**Kalb** [kalp, *pl:* 'kɛlbɐ] *nt* <-(e)s, Kälber> ternero, -a *m, f*

**kalben** ['kalbən] *vi* (*Kuh*) parir (un ternero)

**Kalbfleisch** *nt* (carne *f* de) ternera *f*

**Kalbsbraten** *m* (GASTR) asado *m* de ternera, ternera *f* asada; **Kalbskotelett** *nt* (GASTR) chuleta *f* de ternera; **Kalbsschnitzel** *nt* (GASTR) escalope *m* de ternera

**Kaldaunen** [kal'daʊnən] *fpl* (GASTR: *Kutteln*) callos *mpl*

**Kaleidoskop** [kalaɪdo'sko:p] *nt* <-(e)s, -e> caleidoscopio *m*

**Kalender** [ka'lɛndɐ] *m* <-s, -> calendario *m*; (*Taschen~*) agenda *f*; **Kalenderjahr** *nt* año *m* natural

**Kali** ['ka:li] *nt* <-s, -s> (CHEM: *Kalisalz*) sal *f* potásica

**Kaliber** [ka'li:bɐ] *nt* <-s, -> (*a. fig*) calibre *m*

**Kalif** [ka'li:f] *m* <-en, -en> (REL) califa *m*
**Kalium** ['ka:liʊm] *nt* <-s, *ohne pl*> (CHEM) potasio *m*
**Kalk** [kalk] *m* <-(e)s, -e> ❶ (*~stein, Baustoff*) cal *f*; **gebrannter/gelöschter** ~ cal viva/muerta ❷ (*Kalzium*) calcio *m*; **Kalkboden** *m* suelo *m* calizo
**kalken** *vt* ❶ (*tünchen*) encalar ❷ (*düngen*) abonar con cal
**kalkhaltig** *adj* calizo
**Kalkstein** *m* (GEO) piedra *f* caliza
**Kalkulation** [kalkula'tsjo:n] *f* <-en> cálculo *m*; **nach meiner** ~ según mis cálculos
**kalkulierbar** [kalku'li:ɐba:ɐ] *adj* calculable
**kalkulieren*** [kalku'li:rən] *vt* calcular
**Kalorie** [kalo'ri:, *pl:* kalo'ri:ən] *f* <-n> caloría *f*; **kalorienarm** *adj* bajo en calorías; **Kalorienbombe** *f* (*fam*) plato *m* que engorda mucho; **Kaloriengehalt** *m* <-(e)s, -e> contenido *m* calórico; **kalorienreich** *adj* rico en calorías
**kalt** [kalt] *adj* <kälter, am kältesten> ❶ (*allgemein*) frío; (*eis~*) helado; **mir ist/wird** ~ tengo frío/me entra frío; **es ist** ~ hace frío; **abends essen wir** ~ por la noche tomamos una cena fría; **das Essen wird** ~ la comida se enfría; **etw** ~ **stellen** poner algo a enfriar; **es überlief ihn** ~ (*fam*) le entró miedo; **mit der Frage hat er mich** ~ **erwischt** (*fam*) con la pregunta me pilló desprevenido ❷ (*gefühllos*) frío; (*gleichgültig*) indiferente
**kaltblütig** [-bly:tɪç] **I.** *adj* (*unerschrocken*) intrépido; (*skrupellos*) sin escrúpulos **II.** *adv* a sangre fría
**Kaltblütigkeit** *f ohne pl* sangre *f* fría
**Kälte** ['kɛltə] *f ohne pl* ❶ (*Temperatur*) frío *m*; **bei dieser** ~ con este frío; **es herrschte eine eisige** ~ hacía un frío intenso; **drei Grad** ~ tres grados bajo cero ❷ (*Gefühlsarmut*) frialdad *f*; (*Gleichgültigkeit*) indiferencia *f*; **kältebeständig** *adj* (TECH) resistente al frío; **Kälteeinbruch** *m* (METEO) llegada *f* del frío; **kälteempfindlich** *adj* sensible al frío; **Kältegrad** *m* grado *m* bajo cero; **Kälteperiode** *f* período *m* de frío
**kälter** ['kɛltɐ] *adj kompar von* **kalt**
**Kälteschutzmittel** *nt* (TECH) anticongelante *m*
**kälteste(r, s)** ['kɛltəstə, -tɐ, -təs] *adj superl von* **kalt**
**Kältewelle** *f* ola *f* de frío
**Kaltfront** *f* (METEO) frente *m* frío; **kaltgepresst** [-gəprɛst] *adj* (*Öl*) prensado en frío; **Kaltluft** *f ohne pl* (METEO) aire *m* frío; **kalt|machen** *vt* (*sl*) liquidar; **Kaltmiete** *f* alquiler *m* sin los gastos de calefacción
**kaltschnäuzig** ['kaltʃnɔɪtsɪç] *adj* (*fam*) frío; (*gleichgültig*) indiferente; (*frech*) impertinente
**Kaltstart** *m* ❶ (AUTO) arranque *m* en frío ❷ (INFOR) *nuevo arranque del programa sin desconectar el ordenador;* **kalt|stellen** *vt* (*fam: Person*) eliminar
**Kalzium** ['kaltsiʊm] *nt* <-s, *ohne pl*> (CHEM) calcio *m*
**kam** [ka:m] *3. imp von* **kommen**
**Kamel** [ka'me:l] *nt* <-(e)s, -e> ❶ (*Tier*) camello *m* ❷ (*fam abw: Mensch*) tonto, -a *m, f*; **Kamelhaar** *nt ohne pl* pelo *m* de camello
**Kamelie** [ka'me:ljə] *f* <-n> (BOT) camelia *f*
**Kamellen** *pl:* **das sind alte** [*o* **olle**] ~ (*fam*) esta historia se la sabe ya todo quisqui
**Kameltreiber(in)** *m(f)* <-s, -; -nen> camellero, -a *m, f*
**Kamera** ['kamərа] *f* <-s> ❶ (FILM, TV) cámara *f*; **vor der** ~ **stehen** estar delante de la cámara ❷ (FOTO) máquina *f* fotográfica
**Kamerad(in)** [kamə'ra:t] *m(f)* <-en, -en; -nen> camarada *mf*, cuate, -a *m, f Guat, Mex*
**Kameradschaft** *f ohne pl* camaradería *f*
**kameradschaftlich** *adj* de camaradería; **eine ~e Geste** un gesto de camaradería
**Kameradschaftsgeist** *m ohne pl* espíritu *m* de camaradería
**Kamerafrau** *f* operadora *f*, camerógrafa *f*; **Kameramann** *m* <-(e)s, -männer *o* -leute> operador *m*, camerógrafo *m*
**Kamerun** ['kaməru:n, --'-] *nt* <-s> (el) Camerún *m*
**Kameruner(in)** ['----, --'--] *m(f)* <-s, -; -nen> camerunense *mf*
**kamerunisch** ['----, --'--] *adj* camerunense
**Kamille** [ka'mɪlə] *f* <-n> manzanilla *f*; **Kamillentee** *m* (infusión *f* de) manzanilla *f*
**Kamin** [ka'mi:n] *m Schweiz: nt* <-s, -e> (*a. im Berg*) chimenea *f*; **Kaminfeger(in)** *m(f)* <-s, -; -nen> (*reg*) limpiachimeneas *m inv*
**Kamm** [kam, *pl:* 'kɛmə] *m* <-(e)s, Kämme> ❶ (*zum Kämmen*) peine *m*; **alles über einen** ~ **scheren** (*fig*) medirlo todo por el mismo rasero ❷ (*Hahnen~, Gebirgs~, Wellen~*) cresta *f* ❸ (GASTR: *Nackenstück*) morrillo *m*
**kämmen** ['kɛmən] *vt* peinar
**Kammer** ['kamɐ] *f* <-n> ❶ (*für Vorräte*) despensa *f*; (*für Besen*) escobero *m* ❷ (POL) Cámara *f*; (*in Spanien*) Congreso *m* de los

K

Diputados ❸ (JUR) sala *f* ❹ (*Ärzte~*) colegio *m;* **Kammerdiener(in)** *m(f)* (HIST) ayuda *m* de cámara; **Kammerjäger(in)** *m(f)* desinsectador(a) *m(f);* **Kammermusik** *f* música *f* de cámara; **Kammerton** *m* (MUS) diapasón *m* normal; **Kammerzofe** *f* (HIST) doncella *f,* camarera *f*

**Kampagne** [kam'panjə] *f* <-n> campaña *f*

**Kampf** [kampf, *pl:* 'kɛmpfə] *m* <-(e)s, Kämpfe> ❶ (*allgemein*) lucha *f;* **ein ~ auf Leben und Tod** una lucha a muerte; **der ~ ums Überleben** la lucha por la supervivencia; **der ~ für/gegen etw** la lucha por/contra algo; **jdm/etw** *dat* **den ~ ansagen** declarar la guerra a alguien/algo ❷ (*~handlung*) combate *m;* **auf in den ~!** ¡al ataque!; **er ist im ~ gefallen** cayó en combate ❸ (*Box~*) combate *m;* **Kampfansage** *f* reto *m*

**kämpfen** ['kɛmpfən] *vi* luchar (*um/für* por, *gegen* contra); (MIL) combatir; **mit etw** *dat* **zu ~ haben** (*a. fig*) tener problemas con algo; **sie kämpfte um ihr Leben** luchó por su vida; **sie kämpfte mit dem Tod** se debatió entre la vida y la muerte; **er kämpfte mit den Tränen** intentó contener las lágrimas; **ich habe lange mit mir ~ müssen** he tenido que luchar durante mucho tiempo contra mí mismo

**Kampfer** ['kampfɐ] *m* <-s, *ohne pl*> (BOT) alcanfor *m*

**Kämpfer(in)** *m(f)* <-s, -; -nen> ❶ (MIL) combatiente *mf* ❷ (SPORT: *a. fig*) luchador(a) *m(f),* faite *m Am*

**kämpferisch** *adj* luchador; (*kampflustig*) combativo; (POL) militante

**Kämpfernatur** *f* carácter *m* luchador

**kampferprobt** *adj* (MIL) aguerrido; **Kampfflugzeug** *nt* (MIL) avión *m* de combate; **Kampfgas** *nt* (MIL) gas *m* mostaza; **Kampfgeist** *m* <-(e)s, *ohne pl*> espíritu *m* combativo; **Kampfhandlung** *f* (MIL) operación *f* militar; **die ~en einstellen** cesar las operaciones militares; **Kampfhund** *m* perro *m* de pelea

**kampflos** *adj* (*widerstandslos*) sin resistencia

**Kampfplatz** *m* (MIL) lugar *m* de combate; **Kampfrichter(in)** *m(f)* (SPORT) árbitro, -a *m, f;* **Kampfsport** *m* deporte *m* de combate; **kampfunfähig** *adj* (SPORT, MIL) fuera de combate

**kampieren*** [kam'pi:rən] *vi* acampar

**Kanada** ['kanada] *nt* <-s> (el) Canadá *m*

**Kanadier(in)** [ka'na:diɐ] *m(f)* <-s, -; -nen> canadiense *mf*

**kanadisch** *adj* canadiense

**Kanaille** [ka'naljə] *f* <-n> (*abw*) canalla *m*

**Kanake, -in** [ka'na:kə] *m, f* <-n, -n; -nen> ❶ (*Südseeinsulaner*) canaco, -a *m, f* ❷ (*fam abw: Immigrant in Deutschland*) extranjero, -a *m, f* (*aplícase sobre todo a los inmigrantes turcos en Alemania*)

**Kanal** [ka'na:l, *pl:* ka'nɛ:lə] *m* <-s, Kanäle> ❶ (*Wasserlauf*) canal *m;* **der ~** (*Ärmelkanal*) (el Canal de) la Mancha ❷ (*Abwasser~*) alcantarillado *m;* (*Bewässerungs~*) acequia *f* ❸ (RADIO, TV) canal *m;* **Kanaldeckel** *m* tapa *f* de alcantarillado; **Kanalinseln** *fpl* (GEO) islas *fpl* del Canal

**Kanalisation** [kanaliza'tsjo:n] *f* <-en> canalización *f;* (*für Abwässer*) alcantarillado *m*

**kanalisieren*** *vt* canalizar

**Kanaltunnel** *m* túnel *m* del Canal de la Mancha

**Kanaren** [ka'na:rən] *pl:* **die ~** (las) Canarias *fpl*

**Kanarienvogel** [ka'na:riənfo:gəl] *m* canario *m*

**Kanarier(in)** [ka'na:riɐ] *m(f)* <-s, -; -nen> canario, -a *m, f*

**kanarisch** [ka'na:rɪʃ] *adj* canario; **die K~en Inseln** las Islas Canarias

**Kandare** [kan'da:rə] *f* <-n> (*Zaumzeug*) bocado *m;* **jdn an die ~ nehmen** meter a alguien en cintura

**Kandidat(in)** [kandi'da:t] *m(f)* <-en, -en; -nen> ❶ (*für eine Wahl*) candidato, -a *m, f;* **jdn (für etw) als ~en aufstellen** presentar a alguien como candidato (para algo) ❷ (*Prüfling*) examinando, -a *m, f*

**Kandidatur** [kandida'tu:ɐ] *f* <-en> candidatura *f;* **seine ~ anmelden/zurückziehen** presentar/retirar su candidatura

**kandidieren*** [kandi'di:rən] *vi* presentarse como candidato

**kandiert** [kan'di:ɐt] *adj* escarchado; **~e Früchte** frutas escarchadas

**Kandiszucker** *m* azúcar *m* cande

**Känguru** ['kɛŋguru] *nt* <-s, -s> canguro *m*

**Kaninchen** [ka'ni:nçən] *nt* <-s, -> conejo *m*

**Kanister** [ka'nɪstɐ] *m* <-s, -> bidón *m*

**kann** [kan] *3. präs von* **können**

**Kännchen** ['kɛnçən] *nt* <-s, -> jarrita *f*

**Kanne** ['kanə] *f* <-n> jarra *f,* jarro *m;* (*Milch~*) lechera *f;* (*Tee~*) tetera *f;* (*Kaffee~*) cafetera *f;* (*Gieß~*) regadera *f;* **volle ~** (*fam*) a toda mecha

**Kannibale, -in** [kani'ba:lə] *m, f* <-n, -n; -nen> caníbal *mf*

**Kannibalismus** [kaniba'lɪsmʊs] *m* <-, *ohne pl*> canibalismo *m*

**kannte** ['kantə] *3. imp von* **kennen**

**Kanon** ['ka:nɔn] *m* <-s, -s> (*a.* MUS) canon *m*

**Kanone** [ka'no:nə] *f* <-n> ❶ (*Geschütz*) cañón *m* ❷ (*fam: Könner*) as *m* ❸ (*fam: Revolver*) pistola *f* ❹ (*Wend*): **unter aller ~ sein** (*fam*) no poder ser peor

**Kanonenkugel** *f* bala *f* de cañón; **Kanonenrohr** *nt* tubo *m* de cañón

**Kantabrer(in)** [kan'ta:brɐ] *m(f)* <-s, -; -nen> cántabro, -a *m, f*

**Kantabrien** [kan'ta:briən] *nt* <-s> Cantabria *f*

**kantabrisch** *adj* (*aus Kantabrien*) cántabro; (*vom nördlichen Küstengebiet*) cantábrico; **K~es Meer** Mar Cantábrico

**Kante** ['kantə] *f* <-n> (*Rand*) borde *m;* (*Ecke*) canto *m;* **Geld auf die hohe ~ legen** (*fam*) hacer economías

**kantig** *adj* esquinado; (*Gesicht*) anguloso

**Kantine** [kan'ti:nə] *f* <-n> cantina *f*

**Kanton** [kan'to:n] *m* <-s, -e> cantón *m*

**i Land & Leute**

Suiza está formada por 26 **Kantone**, de los cuales tres, Unterwalden, Basilea y Appenzell, son semicantones. Los cantones eligen en total a 46 representantes que forman el *Ständerat – cámara de los representantes cantonales suizos*, una de las dos cámaras del legislativo suizo. Los cantones mayores son: el cantón de los Grisones, Berna y Waadt.

**kantonal** [kanto'na:l] *adj* cantonal

**Kanu** ['ka:nu, ka'nu:] *nt* <-s, -s> (SPORT) piragua *f*, bongo *m Am*, chalupa *f Mex*

**Kanüle** [ka'ny:lə] *f* <-n> (MED) cánula *f*, bitoque *m Am*

**Kanzel** ['kantsəl] *f* <-n> ❶ (*in Kirche*) púlpito *m* ❷ (AERO) cabina *f*

**Kanzlei** [kants'laɪ] *f* <-en> ❶ (*Büro*) despacho *m;* (*von Rechtsanwalt*) bufete *m;* (*von Notar*) notaría *f* ❷ (*Staats~*) cancillería *f*

**Kanzler(in)** ['kantslɐ] *m(f)* <-s, -; -nen> ❶ (POL) canciller *mf*, presidente, -a *m, f* del Gobierno (*en Alemania y Austria*) ❷ (UNIV) rector(a) *m(f);* **Kanzleramt** *nt ohne pl* cancillería *f*, presidencia *f* del Gobierno (*en Alemania y Austria*)

**Kanzlerin** *f* <-nen> *s.* **Kanzler**

**Kanzlerkandidat(in)** *m(f)* candidato, -a *m, f* a la cancillería, candidato, -a *m* a la presidencia de Gobierno (*en Alemania y Austria*)

**Kap** [kap] *nt* <-s, -s> cabo *m;* **das ~ der Guten Hoffnung** el Cabo de Buena Esperanza

**Kap.** *Abk. von* **Kapitel** cap.

**Kapazität** [kapatsi'tɛ:t] *f* <-en> ❶ (*Fassungsvermögen, a.* WIRTSCH) capacidad *f* ❷ (*Experte*) experto, -a *m, f*

**Kapelle** [ka'pɛlə] *f* <-n> ❶ (*Bau*) capilla *f* ❷ (MUS) orquesta *f*

**Kapellmeister(in)** *m(f)* (MUS) director(a) *m(f)* de orquesta

**Kaper**[1] ['ka:pɐ] *f* <-n> (GASTR) alcaparra *f*

**Kaper**[2] *m* <-s, -> (NAUT) corsario *m*

**kapern** ['ka:pɐn] *vt* (NAUT) apresar, tomar como botín

**kapieren*** [ka'pi:rən] *vt* (*fam*) captar; **kapiert?** ¿ya?

**Kapital** [kapi'ta:l, *pl:* kapi'ta:le, kapi'ta:liən] *nt* <-s, -e *o* -ien> capital *m;* **~ aufnehmen** tomar dinero a préstamo; **~ aus etw** *dat* **schlagen** sacar provecho de algo; **totes ~** (*fig*) conocimientos no utilizados; **Kapitalabwanderung** *f* (FIN) fuga *f* de capitales; **Kapitalanlage** *f* (FIN) inversión *f* de capital; **Kapitalaufwand** *m* (FIN) gastos *mpl* de capital; **Kapitalertrag** *m* (FIN) rendimiento *m* del capital; **Kapitalgesellschaft** *f* (FIN) sociedad *f* de capital

**Kapitalien** *pl von* **Kapital**

**Kapitalismus** [kapita'lɪsmʊs] *m* <-, *ohne pl*> capitalismo *m*

**Kapitalist(in)** [kapita'lɪst] *m(f)* <-en, -en; -nen> capitalista *mf*

**kapitalistisch** *adj* capitalista

**kapitalkräftig** *adj* adinerado

**Kapitalverbrechen** *nt* (JUR) crimen *m* capital

**Kapitän(in)** [kapi'tɛ:n] *m(f)* <-s, -e; -nen> ❶ (NAUT, SPORT) capitán, -ana *m, f* ❷ (AERO) comandante *mf*

**Kapitel** [ka'pɪtəl] *nt* <-s, -> (*a.* REL) capítulo *m;* **dieses ~ ist für mich erledigt** este capítulo queda zanjado para mí

**Kapitell** [kapi'tɛl] *nt* <-s, -e> (ARCHIT) capitel *m*

**Kapitulation** [kapitula'tsjo:n] *f* <-en> (*a.* MIL) capitulación *f* (*vor* ante)

**kapitulieren*** [kapitu'li:rən] *vi* (*a.* MIL) capitular (*vor* ante)

**Kaplan** [ka'pla:n, *pl:* ka'plɛ:nə] *m* <-s, Kapläne> capellán *m*

**Kapo** ['kapo] *m* <-s, -s> (*südd: fam: Vorarbeiter*) capataz *m*

**Kappe** ['kapə] *f* <-n> ❶ (*Kopfbedeckung*) gorra *f;* **etw auf seine ~ nehmen** (*fam*) asumir la responsabilidad de algo; **das geht auf ihre ~** eso corre de su cuenta ❷ (*Verschluss*) tapa *f;* (*von Stift*) capuchón *m* ❸ (*am Schuh*) refuerzo *m;* (*hinten*) contrafuerte *m;* (*vorne*) puntera *f*

**kappen** ['kapən] *vt* ❶ (*Seil*) cortar ❷ (*Fi-

*nanzmittel*) reducir

**Kappes** ['kapəs] *m* <-, *ohne pl*> (*reg: fam*) tonterías *fpl;* ~ **reden** decir bobadas

**Käppi** ['kɛpi] *nt* <-s, -s> quepis *m inv*

**Kapriole** [kapri'o:lə] *f* <-n> ① (*Luftsprung, im Reitsport*) cabriola *f* ② (*Streich, Laune*) capricho *m*

**kapriziös** [kapri'tsjø:s] *adj* (*geh*) caprichoso

**Kapsel** ['kapsəl] *f* <-n> ① (*Behälter*) recipiente *m* ② (BOT, MED) cápsula *f* ③ (*Raumfahrt*) cápsula *f* espacial

**kaputt** [ka'pʊt] *adj* (*fam*) ① (*entzwei*) roto; (*nicht mehr funktionsfähig*) estropeado ② (*erschöpft*) hecho polvo; **ein ~er Typ** (*sl*) un tipo reventado; **kaputt|gehen** *irr vi sein* ① (*fam: entzweigehen*) romperse (*von* por); (*nicht mehr funktionieren*) estropearse (*von* por) ② (*fam: Beziehung, Nerven*) arruinarse, destruirse (*an* por); (*Pflanze*) marchitarse (*an* por) ③ (*fam: Firma*) quebrar ④ (*sl: sich psychisch erschöpfen*) destrozarse; **kaputt|lachen** *vr:* **sich** ~ troncharse de risa (*über* por); **kaputt|machen** **I.** *vt* (*fam*) ① (*zerbrechen*) romper; (*zerstören*) destrozar ② (*ruinieren*) arruinar ③ (*psychisch erschöpfen*) destrozar; **der Stress macht ihn kaputt** el estrés lo mata **II.** *vr:* **sich** ~ (*fam*) matarse

**Kapuze** [ka'pu:tsə] *f* <-n> capucha *f*

**Kapuziner**[1] *m* <-s, -> (*Österr:* GASTR: *Milchkaffee*) café *m* con leche

**Kapuziner(in)**[2] [kapu'tsi:nɐ] *m(f)* <-s, -; -nen> (REL) capuchino, -a *m, f*

**Karabiner** [kara'bi:nɐ] *m* <-s, -> ① (*Gewehr*) carabina *f* ② (*Österr:* ~*haken*) mosquetón *m;* **Karabinerhaken** *m* mosquetón *m*

**Karacho** [ka'raxo] *nt:* **mit** ~ (*fam*) a toda mecha

**Karaffe** [ka'rafə] *f* <-n> garrafa *f*

**Karambolage** [karambo'la:ʒə] *f* <-n> colisión *f* en cadena

**Karamell** [kara'mɛl] *m, Schweiz: nt* <-s, *ohne pl*> caramelo *m*

**Karaoke** [kara'o:kə] *nt* <-(s), *ohne pl*> karaoke *m*

**Karat** [ka'ra:t] *nt* <-(e)s, -e> quilate *m*

**Karate** [ka'ra:tə] *nt* <-(s), *ohne pl*> kárate *m*

**Karawane** [kara'va:nə] *f* <-n> caravana *f*

**Kardamom** [karda'mo:m] *m o nt* <-s, -e(n)> (BOT) cardamomo *m*

**Kardanwelle** *f* (TECH) árbol *m* de cardán

**Kardinal** [kardi'na:l, *pl:* kardi'nɛ:lə] *m* <-s, Kardinäle> (REL) cardenal *m*

**Kardinalfrage** *f* (*geh*) cuestión *f* cardinal; **Kardinalzahl** *f* número *m* cardinal

**Kardiogramm** [kardio'gram] *nt* <-s, -e> (MED) cardiograma *m*

**Karenztag** *m* día *m* de carencia (salarial); **Karenzzeit** *f* tiempo *m* de carencia

**Karfiol** [kar'fjo:l] *m* <-s, *ohne pl*> (*Österr:* GASTR) coliflor *f*

**Karfreitag** [ka:ɐ'fraɪta:k] *m* (REL) Viernes *m* Santo

**karg** [kark] *adj* ① (*gering*) escaso; (*armselig*) pobre; (*Essen*) frugal ② (*Wand*) pelado ③ (*unfruchtbar*) árido

**kärglich** ['kɛrklɪç] *adj* escaso; (*Gehalt*) miserable; (*Essen*) frugal

**Karibik** [ka'ri:bɪk] *f* (el) Caribe *m*

**karibisch** *adj* caribeño

**kariert** [ka'ri:ɐt] *adj* (*Stoff*) a cuadros; (*Papier*) cuadriculado; **klein** ~ (*Stoff*) a cuadros pequeños; (*kleinlich*) de miras estrechas

**Karies** ['ka:riɛs] *f ohne pl* (MED) caries *f inv*

**Karikatur** [karika'tu:ɐ] *f* <-en> caricatura *f*

**Karikaturist(in)** [karikatu'rɪst] *m(f)* <-en, -en; -nen> caricaturista *mf*

**karikieren*** [kari'ki:rən] *vt* caricaturizar

**kariös** [kari'ø:s] *adj* (MED) cariado

**karitativ** [karita'ti:f] *adj* caritativo

**karminrot** [kar'mi:n-] *adj* carmín

**Karneval** ['karnəval] *m* <-s, -e *o* -s> carnaval *m*

**Karnickel** [kar'nɪkəl] *nt* <-s, -> (*reg*) conejo *m*

**Kärnten** ['kɛrntən] *nt* <-s> Carintia *f*

**Karo** ['ka:ro] *nt* <-s, -s> ① (*Viereck*) cuadrado *m;* (*Raute*) rombo *m;* (*auf Kleidung*) cuadro *m* ② (*spanisches Kartenspiel*) oros *mpl;* (*französisches Kartenspiel*) diamantes *mpl*

**Karolinger** ['ka:rolɪŋɐ] *mpl* (HIST) Carolingios *mpl*

**Karomuster** *nt* dibujo *m* a cuadros; **ein Rock mit** ~ una falda a cuadros

**Karosse** [ka'rɔsə] *f* <-n> ① (*Kutsche*) carroza *f* ② (*fam: Karosserie*) carrocería *f*

**Karosserie** [karɔsə'ri:] *f* <-n> carrocería *f*

**Karotte** [ka'rɔtə] *f* <-n> zanahoria *f*

**Karpfen** ['karpfən] *m* <-s, -> (ZOOL) carpa *f*

**Karre** ['karə] *f* <-n> *s.* **Karren**

**Karree** [ka're:] *nt* <-s, -s> ① (*Viereck*) cuadrado *m* ② (*Häuserblock*) manzana *f,* cuadra *f Am;* **ums** ~ **gehen** dar una vuelta a la manzana ③ (*Österr:* GASTR: *Rippenstück*) chuleta *f*

**Karren** ['karən] *m* <-s, -> ① (*Wagen*) carro *m;* **für jdn den ~ aus dem Dreck ziehen** (*fam*) sacarle a alguien las castañas del fuego; **jdm an den ~ fahren** (*fam*) poner a alguien como un trapo ② (*abw: Auto*) carraca *f*

**Karriere** [ka'rje:rə] *f* <-n> carrera *f* (profesional); ~ **machen** hacer carrera; **Karrierefrau** *f* arribista *f*

**Karsamstag** [ka:ɐ'zamsta:k] *m* (REL) Sábado *m* Santo

**Karst** [karst] *m* <-(e)s, -e> (GEO) carst *m*

**Karte** ['kartə] *f* <-n> ① (*Visiten~, Kredit~*) tarjeta *f;* **die gelbe/rote** ~ (SPORT) la tarjeta amarilla/roja ② (*Ansichts~*) (tarjeta *f*) postal *f;* **eine ~ schreiben** escribir una postal ③ (*Speise~*) carta *f* (del menú) ④ (*Land~*) mapa *m* ⑤ (*Fahr~*) billete *m,* boleto *m Am;* (*Eintritts~*) entrada *f* ⑥ (*Spiel~*) naipe *m,* carta *f;* **jdm die ~n legen** echar las cartas a alguien; **~n spielen** jugar a las cartas; **mit offenen/verdeckten ~n spielen** (*a. fig*) enseñar las cartas/ocultar el juego; **alles auf eine ~ setzen** (*a. fig*) jugarse el todo por el todo a una carta; **sich** *dat* **nicht in die ~n sehen lassen** (*fig*) esconder la bola ⑦ (INFOR) tarjeta *f* gráfica

**Kartei** [kar'taɪ] *f* <-en> fichero *m;* **eine ~ über jdn/etw führen** tener a alguien/algo fichado; **Karteikarte** *f* ficha *f;* **Karteikasten** *m* fichero *m*

**Kartell** [kar'tɛl] *nt* <-s, -e> (WIRTSCH) cártel *m;* **Kartellamt** *nt* (WIRTSCH) autoridad *f* de vigilancia de los cárteles

**Kartenhaus** *nt* ① (*Figur aus Spielkarten*) castillo *m* de naipes; **alle ihre Pläne fielen in sich zusammen wie ein ~** todos sus planes se desmoronaron como un castillo de naipes ② (NAUT: *Raum für Seekarten*) caseta *f* de derrota; **Kartenlegen** *nt* <-s, *ohne pl*> cartomancia *f;* **Kartenleger(in)** *m(f)* <-s, -; -nen> cartomántico, -a *m, f*

**Kartenlesegerät** *nt* (INFOR) lector *m* de tarjetas

**Kartenspiel** *nt* ① (*Spiel*) juego *m* de naipes ② (*Spielkarten*) baraja *f;* **Kartenspieler(in)** *m(f)* jugador(a) *m(f)* de cartas; **Kartentelefon** *nt* teléfono *m* de tarjeta(s)

**Kartenvorverkauf** *m* venta *f* anticipada de localidades; **Kartenvorverkaufsstelle** *f* taquilla *f* de venta anticipada de localidades, boletería *f Am*

**kartieren*** [kar'ti:rən] *vt* ① (GEO) cartografiar ② (*in Kartei*) fichar

**Kartoffel** [kar'tɔfəl] *f* <-n> patata *f,* papa *f Am;* **jdn fallen lassen wie eine heiße ~** (*fam*) dejar a alguien en la estacada; **Kartoffelbrei** *m* (GASTR) puré *m* de patatas; **Kartoffelchip** *m* (GASTR) patata *f* frita; **Kartoffelkäfer** *m* (ZOOL) escarabajo *m* de la patata; **Kartoffelkloß** *m* croqueta *f* de patata; **Kartoffelpuffer** *m* (GASTR) *fritura de patatas ralladas*

**i Land & Leute**

Para elaborar **Kartoffelpuffer**, en primer lugar hay que rallar las patatas y ablandar la masa resultante en agua. Seguidamente se forman las piezas aplastando esta masa entre las palmas de las manos, similar a la forma de una hamburguesa. Finalmente se fríen en abundante aceite caliente hasta que toman color. Se suelen comer acompañadas de compota de manzana o simplemente con azúcar y canela.

**Kartoffelpüree** *nt* (GASTR) puré *m* de patata, naco *m Col;* **Kartoffelsalat** *m* (GASTR) ensalada *f* de patatas; **Kartoffelschäler** *m* <-s, -> pelador *m* de patatas

**Karton** [kar'tɔŋ] *m* <-s, -s> ① (*Material*) cartón *m;* (*Foto~*) cartulina *f* ② (*Behälter*) caja *f*

**kartoniert** [karto'ni:ɐt] *adj* (*Buch*) empastado

**Kartusche** [kar'tʊʃə] *f* <-n> ① (TECH: *Behälter*) cartucho *m;* (*Tonerpatrone*) tóner *m* ② (MIL: *Geschosshülse*) cartucho *m;* (*leere Geschosshülle*) casquillo *m* ③ (KUNST: *Zierornament*) voluta *f*

**Karussell** [karʊ'sɛl] *nt* <-s, -s *o* -e> tiovivo *m*

**Karwoche** ['ka:ɐvɔxə] *f* (REL) Semana *f* Santa

**Karzinom** [kartsi'no:m] *nt* <-s, -e> (MED) carcinoma *m*

**Kasachstan** ['kazaxsta:n] *nt* <-s> Kazajstán *m*

**Kaschemme** [ka'ʃɛmə] *f* <-n> (*fam abw*) barucho *m*

**kaschieren*** [ka'ʃi:rən] *vt* ocultar

**Kaschmir**[1] ['kaʃmi:ɐ] *m* <-s, -e> (*Wolle, Gewebe*) cachemir *m*

**Kaschmir**[2] *nt* <-s> Cachemira *m*

**Käse** ['kɛ:zə] *m* <-s, -> ① (GASTR) queso *m* ② (*fam abw: Unsinn*) tonterías *fpl;* **das ist doch alles ~, was du erzählst!** ¡no dices más que bobadas!

**Käseblatt** *nt* (*fam abw*) periodicucho *m*

**Käseglocke** *f* quesera *f;* **Käsekuchen** *m* tarta *f* de queso

**Käserei** *f* <-en> quesería *f*

**Kaserne** [ka'zɛrnə] *f* <-n> cuartel *m*

**käseweiß** *adj* (*fam*), **käsig** ['kɛ:zɪç] *adj* (*fam*) descolorido; (*Hautfarbe*) pálido

**Kasino** [ka'zi:no] *nt* <-s, -s> ① (MIL) comedor *m* de oficiales ② (*Spiel~*) casino *m,* casa *f* de juego

**Kaskade** [kas'ka:də] *f* <-n> cascada *f*
**Kaskoversicherung** ['kasko-] *f* seguro *m* contra todo riesgo
**Kasper(le)** *m* <-s, -> títere *m;* **Kasper(le)theater** *nt* guiñol *m*
**kaspern** ['kaspɐn] *vi* (*fam*) payasear
**Kassa** ['kasa] *f* <Kassen> (*Österr*) caja *f*
**Kassandraruf** *m* (*geh*) advertencia *f* (*de que ocurrirá una catástrofe*)
**Kasse** ['kasə] *f* <-n> ❶ (*Behälter, Zahlstelle*) caja *f;* ~ **machen** hacer la caja; **jdn zur** ~ **bitten** (*fam*) reclamar dinero a alguien ❷ (*Bargeld*) efectivo *m* en caja; **knapp/gut bei** ~ **sein** (*fam*) andar mal/bien de dinero; **wir haben getrennte** ~**n** hacemos cuentas separadas ❸ (*für Eintritts-, Fahrkarten*) taquilla *f* ❹ (*fam: Bank*) caja *f*
**Kassel** ['kasəl] *nt* <-s> Kassel *m*
**Kasseler** ['kasəlɐ] *nt* <-s, -> (GASTR) *carne de cerdo cocida y ahumada, similar al lacón*
**Kassenarzt, -ärztin** *m, f* médico, -a *m, f* de la Seguridad Social
**Kassenautomat** *m* cajero *m* automático; **Kassenbestand** *m* efectivo *m* en caja; **Kassenbon** *m* tíquet *m* de compra
**Kassenpatient(in)** *m(f)* paciente *mf* de la Seguridad Social
**Kassenschlager** *m* (*fam*) superventas *m inv;* (*Film*) película *f* taquillera; **Kassenstunden** *fpl* (WIRTSCH) horas *fpl* de caja; **Kassensturz** *m:* ~ **machen** contar el dinero; **Kassenzettel** *m* ❶ (*Quittung*) factura *f* ❷ *s.* **Kassenbon**
**Kassette** [ka'sɛtə] *f* <-n> ❶ (*für Geld*) cajita *f;* (*für Schmuck*) joyero *m* ❷ (*Schutzhülle*) estuche *m* ❸ (*Musik~, Video~*) cas(s)et(t)e *m;* **Kassettendeck** *nt* (platina *f*) cas(s)et(t)e *m;* **Kassettenrekorder** *m* <-s, -> cas(s)et(t)e *m*
**kassieren*** [ka'si:rən] **I.** *vi* ❶ (*Kellner*) cobrar ❷ (*fam: Geld einnehmen*) ganar **II.** *vt* ❶ (*einnehmen*) cobrar (*von/bei* de) ❷ (*fam: sich aneignen*) quedarse (con); (*wegnehmen*) quitar ❸ (*fam: einstecken müssen*) tragarse ❹ (JUR: *aufheben*) casar
**Kassierer(in)** *m(f)* <-s, -; -nen> cajero, -a *m, f;* (*im Verein*) tesorero, -a *m, f*
**Kassler** ['kaslɐ] *nt* <-s, -> *s.* **Kasseler**
**Kastagnette** [kasta'njɛtə] *f* <-n> castañuela *f*
**Kastanie** [kas'ta:niə] *f* <-n> ❶ (*Baum*) castaño *m* ❷ (*Frucht*) castaña *f;* **für jdn die** ~**n aus dem Feuer holen** (*fam*) sacarle a alguien las castañas del fuego; **kastanienbraun** *adj* castaño
**Kästchen** ['kɛstçən] *nt* <-s, -> ❶ (*Behälter*) cajita *f* ❷ (*auf Papier*) cuadrícula *f*
**Kaste** ['kastə] *f* <-n> casta *f*
**kasteien*** [kas'taɪən] *vr:* **sich** ~ mortificarse
**Kastell** [kas'tɛl] *nt* <-s, -e> castillo *m*
**Kasten** ['kastən, *pl:* 'kɛstən] *m* <-s, Kästen> ❶ (*Kiste*) caja *f;* (*größerer*) cajón *m;* **etwas auf dem** ~ **haben** (*fam*) ser listo ❷ (*Schau~*) vitrina *f* de exposición ❸ (*fam: Brief~*) buzón *m* ❹ (*fam abw: Radio*) aparato *m;* (*Fernseher*) caja *f* tonta ❺ (*Turngerät*) plinto *m* ❻ (*fam abw: Gebäude*) caserón *m* ❼ (*Österr, Schweiz: Schrank*) armario *m*
**Kastilien** [kas'ti:liən] *nt* <-s> Castilla *f*
**Kastilier(in)** *m(f)* <-s, -; -nen> castellano, -a *m, f*
**kastilisch** *adj* castellano
**kastrieren*** [kas'tri:rən] *vt* castrar
**Kasus** ['ka:zʊs] *m* <-, -> (LING) caso *m*
**Kat** [kat] *m* <-s, -s> (CHEM, AUTO) *Abk. von* **Katalysator** catalizador *m*
**Katakomben** [kata'kɔmbən] *fpl* catacumbas *fpl*
**Katalane, -in** [kata'la:nə] *m, f* <-n, -n; -nen> catalán, -ana *m, f*
**katalanisch** *adj* catalán
**Katalog** [kata'lo:k] *m* <-(e)s, -e> catálogo *m*
**katalogisieren*** [katalogi'zi:rən] *vt* catalogar
**Katalonien** [kata'lo:niən] *nt* <-s> Cataluña *f*
**Katalysator** [kataly'za:to:ɐ] *m* <-s, -en> (CHEM, AUTO) catalizador *m;* **geregelter** ~ catalizador regulado
**katapultieren*** [katapʊl'ti:rən] *vt* (AERO: *a. fig*) catapultar
**Katarr** [ka'tar] *m* <-s, -e> (MED), **Katarrh** *m* <-s, -e> (MED) catarro *m*
**katastrophal** [katastro'fa:l] *adj* catastrófico
**Katastrophe** [katas'tro:fə] *f* <-n> ❶ (*Unglück*) catástrofe *f* ❷ (*fig*) desastre *m;* **Katastrophenalarm** *m* alerta *f* roja; **Katastrophengebiet** *nt* zona *f* catastrófica; **Katastrophenhilfe** *f* ayuda *f* en caso de catástrofes; **Katastrophenopfer** *nt* víctima *f* de una catástrofe; **Katastrophenschutz** *m* medidas *fpl* de protección contra catástrofes; **Katastrophenstimmung** *f* catastrofismo *m*
**Katechismus** [katɛ'çɪsmʊs] *m* <-, Katechismen> (REL) catecismo *m*
**Kategorie** [katego'ri:] *f* <-n> categoría *f;* **etw in verschiedene** ~**n einteilen** clasificar algo
**kategorisch** [kate'go:rɪʃ] *adj* categórico
**Kater** ['ka:tɐ] *m* <-s, -> ❶ (*Tier*) gato *m;* **der gestiefelte** ~ el gato con botas

② (*fam: Unwohlsein*) resaca *f*, goma *f Am*; **einen ~ haben** tener resaca

**Katerfrühstück** *nt* (*fam*) desayuno *m* para superar una resaca (*compuesto normalmente de pepinos y arenques*)

**kath.** *Abk. von* **katholisch** católico

**Kathedrale** [kate'dra:lə] *f* <-n> catedral *f*

**Katheter** [ka'te:tɐ] *m* <-s, -> (MED) catéter *m*

**Kathode** [ka'to:də] *f* <-n> (PHYS) cátodo *m*

**Katholik(in)** [kato'li:k] *m(f)* <-en, -en; -nen> católico, -a *m, f*

**katholisch** [ka'to:lɪʃ] *adj* católico

**Katholizismus** [katoli'tsɪsmʊs] *m* <-, *ohne pl*> catolicismo *m*

**Katz** [kats] *f*: **~ und Maus mit jdm spielen** (*fam*) jugar al gato y al ratón con alguien

**katzbuckeln** ['---] *vi* (*abw*) arrastrarse; **vor jdm ~** arrastrarse a los pies de alguien

**Katze** ['katsə] *f* <-n> ① (*Haus~*) gato *m*, cucho *m Chil*; (*weiblich*) gata *f*, cucha *f Chil*; **wie die ~ um den heißen Brei schleichen** (*fam*) andarse con rodeos; **die ~ im Sack kaufen** (*fam*) comprar a ciegas; **die ~ aus dem Sack lassen** (*fam*) destapar un secreto; **meine Arbeit war für die Katz** (*fam*) todo mi trabajo ha sido para nada; **bei Nacht sind alle ~n grau** (*prov*) de noche todos los gatos son pardos; **die ~ lässt das Mausen nicht** (*prov*) el hijo de la gata, ratones mata ② (*Raubtierart*) felino *m*

**Katzenauge** *nt* ① (*Mineral*) crisoberilo *m* ② (*fam: Rückstrahler*) catafaro *m*

**katzenhaft** *adj* felino, gatuno

**Katzenjammer** *m* (*fam*) moral *f* baja; **am nächsten Tag war der ~ groß** al día siguiente tenía la moral por los suelos; **Katzensprung** *m*: **es ist nur ein ~ (von hier)** (*fam*) está a dos pasos (de aquí); **Katzenwäsche** *f* (*fam*) lavoteo *m*; **~ machen** lavotearse

**Katz-und-Maus-Spiel** *nt* juego *m* del gato y el ratón

**Kauderwelsch** ['kaʊdɐvɛlʃ] *nt* <-(s), *ohne pl*> galimatías *m inv*

**kauen** ['kaʊən] *vi, vt* masticar; **an den Nägeln ~** comerse las uñas

**kauern** ['kaʊɐn] **I.** *vi* estar en cuclillas **II.** *vr*: **sich ~** acuclillarse

**Kauf** [kaʊf, *pl*: 'kɔɪfə] *m* <-(e)s, Käufe> compra *f* (*von* de); (*Erwerb*) adquisición *f* (*von* de); **etw zum ~ anbieten** poner algo en venta; **ein ~ in Raten/auf Kredit** una compra a plazos/a crédito; **etw in ~ nehmen** asumir algo

**kaufen** ['kaʊfən] *vt* (*Ware, bestechen*) comprar; (*erwerben*) adquirir; **etw auf Raten ~** comprar algo a plazos; **dafür kann ich mir nichts ~** (*fam*) esto no me sirve de nada; **den kaufe ich mir** (*fam*) éste me lo compro

**Käufer(in)** ['kɔɪfɐ] *m(f)* <-s, -; -nen> comprador(a) *m(f)*; (*Kunde*) cliente, -a *m, f*

**Kauffrau** *f* perita *f* comercial; (*Händlerin*) comerciante *f*

**Kaufhaus** *nt* grandes almacenes *mpl*, emporio *m AmC*; **Kaufhausdetektiv(in)** *m(f)* detective *mf* de grandes almacenes

**Kaufkraft** *f ohne pl* (WIRTSCH) poder *m* adquisitivo; **Kaufladen** *m* (*Spielzeug*) tienda *f* de juguete; **Kaufleute** *pl s.* **Kaufmann**

**käuflich** ['kɔɪflɪç] *adj* ① (*Waren*) comprable; **etw ~ erwerben** adquirir algo ② (*bestechlich*) sobornable

**Kaufmann** *m* <-(e)s, -leute> perito *m* comercial; (*Händler*) comerciante *m*; (HIST) mercader *m*

**kaufmännisch** [-mɛnɪʃ] *adj* comercial

**Kaufpreis** *m* precio *m* de compra; **Kaufrausch** *m* fiebre *f* compradora; **Kaufvertrag** *m* contrato *m* de compraventa; **Kaufzwang** *m* obligación *f* de comprar; **ohne ~** sin compromiso

**Kaugummi** *m o nt* <-s, -s> chicle *m*

**Kaukasus** ['kaʊkazʊs] *m* <-> Cáucaso *m*

**Kaulquappe** ['kaʊlkvapə] *f* <-n> renacuajo *m*

**kaum** [kaʊm] *adv* ① (*wahrscheinlich nicht*) probablemente no; **ich glaube ~, dass ...** no creo que... +*subj* ② (*noch nicht einmal*) apenas; **~ jemand** casi nadie; **sie war ~ hereingekommen, als ...** apenas había entrado cuando...; **es dauerte ~ drei Stunden** apenas duró tres horas

**kausal** [kaʊ'za:l] *adj* causal; **Kausalkette** *f* (*geh: kausaler Zusammenhang*) relación *f* causa-efecto; **Kausalsatz** *m* (LING) oración *f* causal; **Kausalzusammenhang** *m* relación *f* causal

**Kautabak** ['kaʊ-] *m* tabaco *m* de mascar, breva *f Am*

**Kaution** [kaʊ'tsjo:n] *f* <-en> ① (JUR) fianza *f*; **gegen ~** bajo fianza ② (*bei Mieten*) garantía *f*

**Kautschuk** ['kaʊtʃʊk] *m* <-s, -e> caucho *m*, hule *m Am*

**Kauz** [kaʊts, *pl*: 'kɔɪtsə] *m* <-es, Käuze> (ZOOL) mochuelo *m*; **ein komischer ~** (*fam*) un tío raro

**kauzig** *adj* raro

**Kavalier** [kava'li:ɐ] *m* <-s, -e> caballero *m*; **Kavaliersdelikt** *nt* peccata minuta *pl*

**Kavalierstart** *m* arrancada *f* (del coche) haciendo patinar las ruedas

K

**Kavallerie** [kavalə'riː, '----] *f* <-n> (HIST) caballería *f*

**Kaviar** ['kaːviaːɐ] *m* <-s, -e> caviar *m*

**KB** [kaː'beː] *Abk. von* **Kilobyte** Kb

**Kebab** [ke'ba(ː)p] *m* <-(s), -s> (GASTR) kébab *m*

**keck** [kɛk] *adj* fresco

**Kegel** ['keːgəl] *m* <-s, -> ❶ (*Geometrie, a. Berg~, Licht~*) cono *m* ❷ (*Spielfigur*) bolo *m;* **Kegelbahn** *f* bolera *f*

**kegelförmig** [-fœrmɪç] *adj* cónico

**kegeln** ['keːgəln] *vi* jugar a los bolos

**Kehle** ['keːlə] *f* <-n> garganta *f;* **jdm die ~ durchschneiden** degollar a alguien; **jdm an die ~ springen** (*fam fig*) saltarle a alguien a la chepa; **aus voller ~ singen** cantar a grito pelado; **mir war die ~ wie zugeschnürt** (*fig*) se me hizo un nudo en la garganta

**Kehlkopf** *m* (ANAT) laringe *f*

**Kehrbesen** ['keːɐ-] *m* (*reg*) escoba *f;* **Kehrblech** *nt* (*reg*) recogedor *m*

**kehren** ['keːrən] **I.** *vt* ❶ (*drehen*) dar la vuelta, volver; **die Innenseite nach außen ~** volver del revés; **er ist in sich gekehrt** está totalmente encerrado en sí mismo ❷ (*fegen*) barrer **II.** *vr:* **sich ~** ❶ (*sich wenden*) volverse ❷ (*sich kümmern*) preocuparse (*an* de) **III.** *vi* ❶ (*fegen*) barrer ❷ (*Schweiz: drehen: Wind, Trend*) cambiar; (*Auto*) virar

**Kehricht** ['keːrɪçt] *m o nt* <-s, *ohne pl*> (*geh*) basura *f;* **das geht dich einen feuchten ~ an!** (*fam*) ¡eso te importa un comino!

**Kehrmaschine** *f* barredora *f*

**Kehrreim** *m* estribillo *m*

**Kehrschaufel** *f* recogedor *m*

**Kehrseite** *f* ❶ (*Rückseite*) reverso *m;* **die ~ der Medaille** la otra cara de la moneda ❷ (*Rücken*) espalda *f* ❸ (*Nebenerscheinung*) aspecto *m* negativo

**kehrt|machen** *vi* (*fam*) ❶ (*sich umdrehen*) dar la vuelta; (*umkehren*) volver ❷ (*aufgeben*) volverse atrás; **Kehrtwendung** *f* media vuelta *f*

**Kehrwoche** *f* (*südd*) *semana en la que la limpieza de la escalera corresponde a uno de los inquilinos*

**i Land & Leute**

La **Kehrwoche** es un invento típicamente suabo. Los inquilinos de una casa se reparten en turnos semanales la limpieza de la acera y de las escaleras comunes de la vivienda.

**keifen** ['kaɪfən] *vi* (*abw*) berrear

**Keil** [kaɪl] *m* <-(e)s, -e> ❶ (*Werkzeug*) cuña *f* ❷ (*Bremsklotz*) zapata *f* en cuña

**keilen** ['kaɪlən] *vr:* **sich ~** (*fam*) pelearse

**Keiler** *m* <-s, -> (ZOOL) jabalí *m* macho

**Keilerei** *f* <-en> (*fam*) camorra *f*

**keilförmig** [-fœrmɪç] *adj* cuneiforme

**Keilriemen** *m* (TECH) correa *f* trapezoidal

**Keim** [kaɪm] *m* <-(e)s, -e> ❶ (BOT) germen *m;* **etw im ~ ersticken** sofocar algo en su origen ❷ (*Embryo*) embrión *m* ❸ (*Krankheitserreger*) germen *m* (infeccioso); **Keimdrüse** *f* (ANAT, ZOOL) glándula *f* sexual

**keimen** *vi* ❶ (BOT) brotar ❷ (*Verdacht*) surgir; (*Hoffunug*) nacer

**keimfrei** *adj* aséptico; (*steril*) esterilizado

**Keimling** *m* <-s, -e> (BOT) brote *m*

**keimtötend** *adj* antiséptico; **Keimzelle** *f* ❶ (BIOL) célula *f* germinal ❷ (*Anfang*) germen *m*

**kein, keine, kein** [kaɪn, 'kaɪnə, kaɪn] *pron indef* ❶ (*nicht ein, nichts an*) no; (*~ Einziger*) ningún *m,* ninguna *f;* **ich habe ~e Zeit** no tengo tiempo; **~ einziges Mal** ni una sola vez; **in ~ster Weise** de ninguna manera; **~ Mensch** nadie; **~e Ahnung!** ¡ni idea! ❷ (*nicht einmal*) ni (siquiera); **das ist ~e 200 Meter von hier** no está ni a 200 metros de aquí

**keine(r, s)** *pron indef* nadie, ninguno; **ich kenne ~n, der das kann** no conozco a nadie que sepa hacerlo; **es war ~r da** no había nadie; **~r von uns** ninguno de nosotros

**keinerlei** ['--'-] *adj inv* ningún, de ningún tipo; **ich mache mir ~ Gedanken darüber** esto no me preocupa lo más mínimo

**keinesfalls** ['--'-] *adv* de ningún modo; **er darf mich ~ hier sehen** de ningún modo me debe ver aquí

**keineswegs** ['--'-] *adv* en absoluto; **sie ist ~ dumm** no es nada tonta

**keinmal** *adv* ninguna vez

**keins** [kaɪns] *pron indef s.* **keine(r, s)**

**Keks** [keːks] *m o nt* <-(es), -(e)> (*Gebäck*) galleta *f;* **jdm auf den ~ gehen** (*fam*) poner negro a alguien

**Kelch** [kɛlç] *m* <-(e)s, -e> ❶ (*Glas*) copa *f;* (REL) cáliz *m;* **den bitteren ~ (bis zur Neige) leeren** (*geh fig*) apurar el cáliz de la amargura (hasta las heces) ❷ (BOT) cáliz *m*

**Kelle** ['kɛlə] *f* <-n> ❶ (*Schöpflöffel*) cucharón *m* ❷ (*Signalstab*) disco *m* ❸ (*Maurer~*) palustre *m*

**Keller** ['kɛlɐ] *m* <-s, -> sótano *m;* **Kellerassel** ['kɛlɐʔasəl] *f* (ZOOL) cochinilla *f*

**Kellerei** *f* <-en> bodega *f;* (*Sekt~*) cava *f*
**Kellerfenster** *nt* tragaluz *m;* **Kellergeschoss** *nt* sótano *m*
**Kellner(in)** ['kɛlnɐ] *m(f)* <-s, -; -nen> camarero, -a *m, f*
**kellnern** *vi* (*fam*) trabajar de camarero/camarera
**Kelte, -in** ['kɛltə] *m, f* <-n, -n; -nen> (HIST) celta *mf*
**Kelterei** *f* <-en> lagar *m*
**keltern** ['kɛltɐn] *vt* prensar
**Keltin** *f* <-nen> *s.* **Kelte**
**keltisch** ['kɛltɪʃ] *adj* celta
**Kenia** ['ke:nia] *nt* <-s> Kenia *f*
**Kenianer(in)** [keni'a:nɐ] *m(f)* <-s, -; -nen> keniata *mf*
**kenianisch** *adj* keniata
**kennen** ['kɛnən] <kennt, kannte, gekannt> *vt* conocer; (*wissen*) saber; **~ Sie Herrn X?** ¿conoce al señor X?; **~ Sie ihren Namen?** ¿sabe cómo se llama?; **kennst du mich noch?** ¿te acuerdas de mí?; **jdn ~ lernen** conocer a alguien; **es freut mich Sie ~ zu lernen** encantado de conocerle; **wenn du nicht sofort kommst, kannst du mich mal ~ lernen** (*fam*) si no vienes en seguida, ya verás; **wie ich ihn kenne ...** tal y como le conozco...; **da kennst du mich aber schlecht** no me conoces bien; **sie ~ ihn als zuverlässigen Kollegen** le tienen por un colega fiable; **er kennt kein Erbarmen** no tiene compasión; **da kenne ich nichts!** ¡me da lo mismo!; **ich kenne sie vom Sehen** la conozco de vista

**? Grammatik**

**kennen** – *conocer* expresa las experiencias de una persona: *Ich kenne den Zugfahrplan genau. – Conozco el horario de trenes perfectamente. Er kennt den Schaffner. – Conoce al revisor.*

**wissen** – *saber* significa estar informado y expresa los conocimientos de una persona sobre un hecho: *Ich weiß den Preis der Fahrkarte. – Sé el precio del billete. Er weiß, wie teuer sie ist. – Él sabe cuánto cuesta (el billete).*

**Kenner(in)** *m(f)* <-s, -; -nen> ❶ (*Sachverständiger*) experto, -a *m, f* ❷ (*Autorität*) conocedor(a) *m(f);* **Kennerblick** *m* mirada *f* experta; **etw mit ~ betrachten** mirar algo con ojo de buen cubero
**Kennerin** *f* <-nen> *s.* **Kenner**
**kenntlich** ['kɛntlɪç] *adj:* **etw ~ machen** marcar algo
**Kenntnis** ['kɛntnɪs] *f ohne pl* (*das Bekanntsein*) conocimiento *m;* **von etw** *dat* **~ haben/erhalten** tener noticia de algo/llegar a saber algo; **jdn von etw** *dat* **in ~ setzen** poner a alguien en conocimiento de algo; **etw/jdn zur ~ nehmen** tomar nota de algo/prestar atención a alguien
**Kenntnisnahme** *f ohne pl* (*formal*): **zur ~** para su conocimiento
**Kenntnisse** *fpl* (*Wissen*) conocimientos *mpl*
**Kennwort** *nt* (*Losung*) contraseña *f;* (*Kode*) código *m;* **Kennzahl** *f s.* **Kennziffer**; **Kennzeichen** *nt* ❶ (*Merkmal*) característica *f;* (*zur Unterscheidung*) distintivo *m;* **besondere ~** rasgos distintivos ❷ (*Markierung*) señal *f* ❸ (AUTO) matrícula *f;* **kennzeichnen** *vt* ❶ (*markieren*) señalar; **etw als zerbrechlich ~** señalar algo como frágil ❷ (*charakterisieren*) caracterizar (*als* de)
**kennzeichnend** *adj* característico
**Kennziffer** *f* ❶ (*als Kennzeichen*) número *m* indicador ❷ (MATH) característica *f*
**kentern** ['kɛntɐn] *vi sein* zozobrar
**Keramik** [ke'ra:mɪk] *f* <-en> cerámica *f*
**Kerbe** ['kɛrbə] *f* <-n> (*Einschnitt*) muesca *f;* (*in Holz, Metall*) entalladura *f;* (*Zeichen*) marca *f;* **in dieselbe ~ schlagen** (*fam*) llover sobre mojado
**Kerbholz** *nt* (*fam*): **etwas auf dem ~ haben** no tener la conciencia limpia
**Kerker** ['kɛrkɐ] *m* <-s, -> ❶ (HIST) calabozo *m* ❷ (*Österr: Zuchthaus*) penitenciaría *f*
**Kerl** [kɛrl] *m* <-s, -e> (*fam*) tío *m,* pisco *m Col: pey;* **er ist ein ganzer ~** es todo un hombre; **er/sie ist ein feiner ~** es un buen chico/una buena chica
**Kern** [kɛrn] *m* <-(e)s, -e> ❶ (*von Apfel, Birne*) pepita *f,* pepa *f Am;* (*von Pfirsich, Pflaume*) hueso *m;* (*von Sonnenblume, Melone*) pipa *f* ❷ (BIOL, PHYS) núcleo *m* ❸ (*Mittelpunkt*) centro *m* ❹ (*das Wesentliche*) fondo *m,* parte *f* esencial; **jedes Märchen hat einen wahren ~** cada cuento tiene algo de verdad; **in ihr steckt ein guter ~** (*fam*) tiene un buen corazón; **schließlich war nur noch der harte ~ übrig** (*fam*) al final sólo quedaron los últimos fieles; **Kernarbeitszeit** *f* (WIRTSCH) horas *fpl* fijas de trabajo; **Kernenergie** *f ohne pl* energía *f* nuclear; **Kernenergieausstieg** *m* (POL) abandono *m* de la energía nuclear; **Kernexplosion** *f* explosión *f* nuclear
**Kernforschung** *f ohne pl* investigación *f* nuclear; **Kernforschungszentrum** *nt*

K

centro *m* de investigación de física nuclear

**Kernfrage** *f* cuestión *f* fundamental; **Kerngedanke** *m* pensamiento *m* central; **Kerngehäuse** *nt* corazón *m;* **kerngesund** ['--'-] *adj* rebosante de salud

**kernig** ['kɛrnɪç] *adj* ❶ (*urwüchsig*) robusto; (*kraftvoll*) fuerte ❷ (*Obst*) lleno de pepitas

**Kernkraft** *f ohne pl* energía *f* nuclear; **Kernkraftbefürworter(in)** *m(f)* partidario, -a *m, f* de la energía nuclear; **Kernkraftgegner(in)** *m(f)* detractor(a) *m(f)* de la energía nuclear; **Kernkraftwerk** *nt* central *f* nuclear

**Kernobst** *nt* fruta *f* de pepita; **Kernphysik** *f* (PHYS) física *f* nuclear; **Kernproblem** *nt* cuestión *f* crucial; **Kernpunkt** *m* punto *m* clave; **Kernreaktion** *f* (PHYS) reacción *f* nuclear; **Kernreaktor** *m* (PHYS) reactor *m* nuclear

**Kernseife** *f* jabón *m* duro

**Kernspaltung** *f* (PHYS) fisión *f* nuclear; **Kernstück** *nt* parte *f* esencial; **Kerntechnik** *f* (PHYS) técnica *f* nuclear; **Kernteilung** *f* (BIOL: *direkt*) amitosis *f inv;* (*indirekt*) mitosis *f inv;* **Kernverschmelzung** *f* (PHYS) fusión *f* nuclear

**Kernwaffen** *fpl* (MIL) armas *fpl* nucleares; **Kernwaffenversuch** *m* (MIL) prueba *f* nuclear

**Kerosin** [kero'ziːn] *nt* <-s, *ohne pl*> queroseno *m*

**Kerze** ['kɛrtsə] *f* <-n> ❶ (*aus Wachs*) vela *f* ❷ (*Zünd~*) bujía *f* ❸ (SPORT) clavo *m;* **eine ~ machen** hacer el clavo; **kerzengerade** ['---'--] *adj* derecho como una vela; **~ sitzen** estar sentado más derecho que una vela; **Kerzenleuchter** *m* (*für mehrere Kerzen*) candelabro *m,* candil *m Mex;* (*für eine Kerze*) candelero *m;* (*mit Griff*) palmatoria *f;* **Kerzenlicht** *nt ohne pl* luz *f* de vela; **bei ~** a la luz de la vela; **Kerzenständer** *m* candelero *m*

**kess** [kɛs] *adj* ❶ (*vorlaut*) fresco ❷ (*Kleidung*) moderno

**Kessel** ['kɛsəl] *m* <-s, -> ❶ (*Dampf~*) caldera *f,* tacho *m Am;* (*Wasser~*) hervidor *m* ❷ (*Tal*) valle *m* cerrado ❸ (MIL) cerco *m* ❹ (*Schweiz: Eimer*) cubo *m*

**Ketchup** ['kɛtʃap] *m o nt* <-(s), -s>, **Ketschup** ['kɛtʃap] *m o nt* <-(s), -s> catchup *m*

**Kette** ['kɛtə] *f* <-n> ❶ (*Eisen~, Hotel~, Menschen~, Fahrrad~*) cadena *f;* **jdn in ~n legen** encadenar a alguien; (*fig*) privar a alguien de su libertad; **seine ~n sprengen** romper sus cadenas; (*fig*) liberarse de la opresión ❷ (*Hals~*) collar *m* ❸ (*Reihe*) serie *f*

**ketten** *vt* encadenar (*an* a), poner cadenas (*an* a)

**Kettenfahrzeug** *nt* (MIL, TECH) vehículo *m* oruga; **Kettenraucher(in)** *m(f)* fumador(a) *m(f)* empedernido, -a; **Kettenreaktion** *f* (CHEM, PHYS) reacción *f* en cadena

**Ketzer(in)** ['kɛtsɐ] *m(f)* <-s, -; -nen> hereje *mf*

**Ketzerei** [kɛtsə'raɪ] *f* <-en> herejía *f*

**Ketzerin** *f* <-nen> *s.* **Ketzer**

**ketzerisch** *adj* herético

**keuchen** ['kɔɪçən] *vi* jadear

**Keuchhusten** *m* tos *f* ferina

**Keule** ['kɔɪlə] *f* <-n> ❶ (*Waffe, Sportgerät*) maza *f* ❷ (*Tier~*) pierna *f;* (*Geflügel~*) muslo *m*

**keusch** [kɔɪʃ] *adj* casto; (*schamhaft*) púdico

**Keuschheit** *f ohne pl* castidad *f*

**Keyboard** ['kiːbɔːt] *nt* <-s, -s> teclado *m*

**Kfz** *nt* <-(s), -(s)> *Abk. von* **Kraftfahrzeug** automóvil *m*

**kg** *Abk. von* **Kilogramm** kg

**KG** [kaː'geː] *f* <-s> *Abk. von* **Kommanditgesellschaft** sociedad comanditaria *f*

**kHz** (PHYS) *Abk. von* **Kilohertz** khz

**KI** [kaː'ʔiː] (INFOR) *Abk. von* **künstliche Intelligenz** inteligencia *f* artificial

**Kichererbse** ['kɪçɐ-] *f* garbanzo *m*

**kichern** ['kɪçɐn] *vi* reírse para dentro

**kicken** ['kɪkən] **I.** *vi* (*fam: Fußball spielen*) jugar al fútbol **II.** *vt* (*fam: Ball*) chutar

**Kicker(in)** *m(f)* <-s, -(s); -nen> (*fam*) futbolista *mf*

**Kickstarter** ['kɪkʃtartɐ] *m* <-s, -> (AUTO) pedal *m* de arranque

**Kid** [kɪt] *nt* <-s, -s> ❶ (*Glacéleder*) cabritilla *f* ❷ (*sl: Kind, Jugendlicher*) chaval(a) *m(f)*

**kidnappen** ['kɪtnɛpən] *vt* secuestrar

**Kidnapper(in)** ['kɪtnɛpɐ] *m(f)* <-s, -; -nen> secuestrador(a) *m(f)*

**Kidnapping** ['kɪtnɛpɪŋ] *nt* <-s, -s> secuestro *m*

**kiebig** ['kiːbɪç] *adj* (*reg*) ❶ (*frech*) impertinente ❷ (*aufgebracht*) furioso

**Kiebitz** ['kiːbɪts] *m* <-es, -e> ❶ (*Vogel*) avefría *f* ❷ (*fam: Person*) mirón, -ona *m, f*

**kiebitzen** ['kiːbɪtsən] *vi* (*fam*) observar

**Kiefer[1]** ['kiːfɐ] *f* <-n> (BOT) pino *m*

**Kiefer[2]** *m* <-s, -> (ANAT) mandíbula *f*

**Kiefernnadel** *f* (BOT) pinocha *f;* **Kiefernwald** *m* (BOT) bosque *m* de pinos, pinedo *m AmC*

**Kieferorthopäde, -in** *m, f* (MED) ortopedista *mf* maxilar

**kieken** ['kiːkən] *vi* (*nordd: fam: gucken*) mirar

**Kiel** [kiːl] *m* <-(e)s, -e> ❶ (*Schiffsteil*)

quilla *f;* **ein Schiff auf ~ legen** poner un barco en grada ❷ (*an Vogelfeder*) cañón *m;* **Kielraum** *m* cala *f;* **Kielwasser** *nt ohne pl* estela *f;* **in jds ~ schwimmen** seguir la corriente a alguien

**Kieme** ['ki:mə] *f* <-n> branquia *f*

**Kies¹** [ki:s] *m* <-es, -e> (*Steine*) grava *f*

**Kies²** *m* <-es, *ohne pl*> (*fam: Geld*) pasta *f*

**Kieselerde** *f ohne pl* sílice *f;* **Kieselstein** *m* guijarro *m*

**Kiesgrube** *f* gravera *f,* guijarral *m;* **Kiesweg** *m* camino *m* pedregoso

**Kiew** ['ki:ɛf] *nt* <-s> Kiev *m*

**kiffen** ['kɪfən] *vi* (*sl*) fumar porros

**Kiffer(in)** ['kɪfɐ] *m(f)* <-s, -; -nen> (*fam*) grifota *mf*

**kikeriki** [kikəri'ki:] *interj* quiquiriquí

**killen** ['kɪlən] *vt* (*fam*) asesinar

**Killer(in)** ['kɪlɐ] *m(f)* <-s, -; -nen> (*fam*) asesino, -a *m, f*

**Kilo** ['ki:lo] *nt* <-s, -(s)> (*fam*) kilo *m*

**? Grammatik**

**Kilo** se usa siempre sin preposición:
*Ich hätte gerne zwei Kilo Mandarinen.*
*– Quisiera dos kilos de mandarinas.*

**Kilobyte** ['ki:lobaɪt] *nt* (INFOR) kilobyte *m;* **Kilogramm** *nt* kilogramo *m;* **Kilohertz** [-hɛrts] *nt* (PHYS) kilohercio *m;* **Kilojoule** *nt* (PHYS) kilojulio *m;* **Kilokalorie** *f* (PHYS) kilocaloría *f*

**Kilometer** [--'--, '----] *m* kilómetro *m;* **160 ~ pro Stunde fahren** ir a 160 kilómetros por hora; **Kilometergeld** *nt* kilometraje *m;* **kilometerlang** [--'--'-] *adj* kilométrico; **Kilometerstand** *m* (AUTO) kilometraje *m;* **Kilometerstein** *m* mojón *m* kilométrico; **kilometerweit** [--'--'-] **I.** *adj* de muchos kilómetros **II.** *adv* muchos kilómetros; **Kilometerzähler** *m* <-s, -> cuentakilómetros *m inv*

**Kilovolt** *nt* (PHYS) kilovoltio *m*

**Kilowatt** *nt* <-s, -> (PHYS, TECH) kilovatio *m;* **Kilowattstunde** *f* (PHYS, ELEK) kilovatio *m* hora

**Kind** [kɪnt] *nt* <-(e)s, -er> ❶ (*Junge, Mädchen*) niño, -a *m, f;* (*kleineres*) chiquillo, -a *m, f,* pipiolo, -a *m, f Mex;* **von ~ auf** desde niño; **das weiß doch jedes ~** eso lo sabe hasta un niño; **das ~ mit dem Bade ausschütten** condenar por igual a justos y a pecadores; **sich bei jdm lieb ~ machen** (*fam*) congraciarse con alguien; **das ~ im Manne** el niño que se esconde en cada hombre; **das ~ beim rechten Namen nennen** (*fam*) llamar al pan, pan y al vino, vino; **wir werden das ~ schon schaukeln** (*fam*) ya nos apañaremos; **ein gebranntes ~ sein** (*fig*) estar escaldado ❷ (*Nachwuchs*) hijo, -a *m, f;* **ein ~ erwarten** esperar un hijo; **ein ~ bekommen** dar a luz un hijo; **ein ~ seiner Zeit** hijo de su tiempo; **jdn an ~es statt annehmen** adoptar a alguien; **sie ist kein ~ von Traurigkeit** (*fam*) es una persona alegre; **mit ~ und Kegel** (*fam*) con toda la familia

**Kinderarbeit** ['kɪndɐ-] *f ohne pl* trabajo *m* infantil; **Kinderarzt, -ärztin** *m, f* pediatra *mf;* **Kinderbuch** *nt* libro *m* infantil; **Kinderdorf** *nt* aldea *f* infantil

**Kinderei** *f* <-en> chiquillada *f*

**Kindererziehung** *f* educación *f* de los niños; **kinderfeindlich** *adj* hostil hacia los niños; **kinderfreundlich** *adj* amable con los niños; **Kindergarten** *m* guardería *f,* kindergarten *m Am*

**i Land & Leute**

En Alemania, el **Kindergarten** es un centro público, ubicado generalmente en un local o edificio del municipio o vecindario, al que acuden niños en edad preescolar. Pasan allí entre cuatro y seis horas al día, cuidados por educadores que se preocupan de estimular su desarrollo. En general, en Alemania, cualquier niño de tres años tiene derecho a una plaza en un jardín de infancia.

**Kindergärtner(in)** *m(f)* maestro, -a *m, f* de un jardín de infancia, educador(a) *m(f)* de párvulos *Am;* **Kindergeburtstag** *m* cumpleaños *m inv* de un niño; **Kindergeld** *nt* subsidio *m* familiar por hijos

**i Land & Leute**

El **Kindergeld** es un subsidio familiar que el estado alemán concede a las familias por cada uno de sus hijos. De esta manera se intenta fomentar la natalidad. Por cada hijo o hija, las familias perciben una cantidad determinada de dinero mensual. La unidad familiar tiene derecho a este subsidio hasta que los hijos o bien se integran en el mundo laboral o bien concluyen sus estudios.

**Kinderheim** *nt* ❶ (*Erholungsheim*) colonia *f* de vacaciones ❷ (*für ständige Unter-*

K

*bringung*) casa *f* cuna; **Kinderhort** *m* guardería *f* para niños en edad escolar; **Kinderklinik** *f* clínica *f* pediátrica; **Kinderkrankheit** *f* ❶ (MED) enfermedad *f* infantil ❷ (*fig: Anfangsschwierigkeit*) dificultad *f* inicial; **Kinderkriegen** *nt* <-s, *ohne pl*> (*fam*) tener *m* niños; **Kinderkrippe** *f* guardería *f* infantil; **Kinderlähmung** *f* polio(mielitis) *f inv;* **kinderleicht** ['--'-] *adj* (*fam*) facilísimo; **das ist doch ~** eso está chupado; **kinderlieb** *adj* niñero; **Kinderlied** *nt* canción *f* infantil; **kinderlos** *adj* sin hijos; **Kindermädchen** *nt* niñera *f*, nurse *f Am*, cuidadora *f Mex*, china *f AmS;* **Kindermärchen** *nt* (*fam: Hirngespinst*) cuento *m* chino; **Kinderpornografie** *f*, **Kinderpornographie** *f* pornografía *f* infantil; **Kinderprogramm** *nt* programa *m* infantil; **kinderreich** *adj* con muchos hijos; **~e Familie** familia numerosa; **Kinderschänder(in)** *m(f)* <-s, -; -nen> (*abw*) corruptor(a) *m(f)* de menores; **Kinderschar** *f* grupo *m* de niños; **Kinderschreck** *m ohne pl* coco *m;* **Kinderschuh** *m* zapato *m* de niño; **etw steckt noch in den ~en** algo está aún en mantillas; **Kindersicherung** *f* seguro *m* a prueba de niños; **Kindersitz** *m* sillín *m* de niño

**Kinderspiel** *nt* juego *m* de niños; **das ist doch ein ~ für sie** para ella es un juego de niños; **Kinderspielplatz** *m* parque *m* infantil

**Kindersterblichkeit** *f* mortalidad *f* infantil; **Kinderstube** *f ohne pl* educación *f;* **er hatte eine gute ~** tiene buenos modales; **Kindertagesstätte** *f* guardería *f* infantil; **Kinderteller** *m* plato *m* de niños; **Kinderwagen** *m* cochecito *m* para niños; **Kinderzimmer** *nt* cuarto *m* de los niños

**Kindesalter** *nt* infancia *f;* **im ~** en la infancia; **Kindesbeine** *ntpl:* **von ~n an** desde niño; **Kindesentführung** *f* secuestro *m* de niños; **Kindesmissbrauch** *m ohne pl* (JUR) corrupción *f* de menores; **Kindesmisshandlung** *f* malos tratos *mpl* a niños; **Kindestötung** *f* (JUR) infanticidio *m*

**kindgemäß** *adj* apropiado para los niños

**Kindheit** *f ohne pl* infancia *f;* **seit frühester ~** desde la más tierna infancia; **Kindheitserinnerung** *f* recuerdo *m* de la infancia; **Kindheitserlebnis** *nt* acontecimiento *m* de la infancia; **Kindheitstraum** *m* sueño *m* de infancia; **sich** *dat* **einen ~ erfüllen** realizar un sueño de infancia

**kindisch** *adj* infantil, achiquillado *Mex;* (*Greis*) chocho; **sich ~ benehmen** comportarse como un niño

**kindlich** *adj* ❶ (*kindgemäß*) de niño; (*Gesicht*) aniñado ❷ (*naiv*) infantil; (*unbefangen*) ingenuo

**Kindskopf** *m* niño, -a *m, f*

**Kindtaufe** *f* (REL) bautizo *m* de un recién nacido

**King** [kɪŋ] *m* <-(s), -s>: **der ~ sein** (*fam*) ser el rey

**Kinkerlitzchen** ['kɪŋkɐlɪtsçən] *pl* (*fam*) pequeñeces *fpl*

**Kinn** [kɪn] *nt* <-(e)s, -e> barbilla *f;* **Kinnhaken** *m* (*Boxen*) gancho *m* (a la mandíbula); **Kinnlade** *f* <-n> (ANAT) mandíbula *f*

**Kino** ['ki:no] *nt* <-s, -s> cine *m;* **Kinobesucher(in)** *m(f)* espectador(a) *m(f);* **Kinofilm** *m* película *f* de cine; **Kinogänger(in)** [-gɛŋɐ] *m(f)* <-s, -; -nen> cineasta *mf;* **Kinoprogramm** *nt* ❶ (*zu einem Film*) programa *m* de la película ❷ (*eines Kinos*) (programa *m* de las) películas *fpl* en cartel; **Kinovorstellung** *f* sesión *f*

**Kiosk** ['ki:ɔsk] *m* <-(e)s, -e> quiosco *m*, casilla *f Mex*

**Kipfer(l)** *nt* <-s, -(n)> (*Österr*) *pasta parecida a un croissant*

**Kippe** ['kɪpə] *f* <-n> ❶ (*fam: Zigarettenstummel*) colilla *f;* (*Zigarette*) pitillo *m* ❷ (*Abraumhalde*) escombrera *f* ❸ (*Müll~*) vertedero *m* ❹ (SPORT) báscula *f* ❺ (*fam*): **es steht noch auf der ~** aún no está decidido

**kippen** ['kɪpən] **I.** *vi sein* ❶ (*umfallen*) caerse; (*Fahrzeug*) volcar ❷ (*Kurse, Statistik*) caer ❸ (*Gewässer, Ökosystem*) perder el equilibrio natural **II.** *vt* ❶ (*um~*) volcar ❷ (*schräg stellen*) inclinar ❸ (*scheitern lassen*) frustrar ❹ (*ausschütten*) verter; **einen ~** (*fam*) echarse una al coleto

**Kippfenster** *nt* ventana *f* basculante

**Kirche**[1] ['kɪrçə] *f* <-n> ❶ (*Gebäude*) iglesia *f* ❷ (*Institution*) Iglesia *f;* **aus der ~ austreten** darse de baja (oficialmente) de la iglesia

**Kirche**[2] *f ohne pl* (*Gottesdienst*) misa *f;* **in die ~ gehen** ir a misa

**Kirchenasyl** *nt* (POL, REL) asilo *m* eclesiástico; **Kirchenbann** *m ohne pl* (REL) excomunión *f;* **Kirchenbesuch** *m* asistencia *f* a misa; **Kirchenbuch** *nt* registro *m* parroquial; **Kirchenchor** *m* coro *m* de iglesia; **Kirchenfenster** *nt* vitral *m;* **Kirchenfest** *nt* (REL) fiesta *f* eclesiástica; **Kirchengemeinde** *f* parroquia *f;* **Kirchenglocke** *f* campana *f* de iglesia; **Kirchenjahr** *nt* año *m* eclesiástico; **Kirchenlied** *nt* cántico *m*, himno *m* sagrado; **Kirchenmaus** *f:* **arm wie eine ~ sein** (*fam*) ser más pobre que las ratas; **Kirchenschiff** *nt* (ARCHIT) nave *f;* **Kirchenstaat** *m ohne pl* (HIST) Estados *mpl* Pontificios; **Kirchensteuer** *f* impuesto *m* eclesiástico

**i Land & Leute**

El **Kirchensteuer** supone, aproximadamente, un 8% de la declaración de la renta. Lo pagan todos aquellos que pertenecen a la iglesia católica o evangélica. El impuesto es distribuido a las respectivas iglesias desde el Ministerio de Hacienda. En Austria la contribución económica a la iglesia es recogida directamente por las iglesias y su cuantía es variable, mientras que en Suiza dicho impuesto se realiza según lo establecido en cada cantón.

**Kirchenvolk** *nt* miembros *mpl* de la iglesia

**kirchlich** *adj* eclesiástico; (*kirchenrechtlich*) canónico; **sich ~ trauen lassen** casarse por la iglesia

**Kirchplatz** *m* plaza *f* delante de la iglesia; **Kirchturm** *m* torre *f* de iglesia; (*Glockenturm*) campanario *m*

**Kirmes** ['kɪrməs, 'kɪrmɛs] *f* <-sen> (*reg*) feria *f*

**kirre** ['kɪrə] *adj* (*fam*): **jdn ~ machen** (*gefügig*) meter en cintura a alguien; (*verrückt*) volver loco a alguien; **~ sein** estar hecho un lío

**Kirschbaum** *m* cerezo *m*

**Kirsche** ['kɪrʃə] *f* <-n> ❶ (*Frucht*) cereza *f;* **mit jdm ist nicht gut ~n essen** (*fam*) alguien tiene malas pulgas ❷ (*Baum*) cerezo *m*

**Kirschkern** *m* hueso *m* de la cereza; **Kirschwasser** *nt* <-s, -wässer> kirsch *m*

**Kissen** ['kɪsən] *nt* <-s, -> (*Kopf~*) almohada *f;* (*Sofa~*) cojín *m;* **Kissenbezug** *m* funda *f* de la almohada

**Kiste** ['kɪstə] *f* <-n> ❶ (*Behälter, Getränke~*) caja *f;* (*größer*) cajón *m* ❷ (*fam: Bett*) catre *m* ❸ (*fam: Fernseher*) caja *f* tonta ❹ (*fam: Fahrzeug*) cacharro *m,* carro *m Am* ❺ (*fam: Angelegenheit*) asunto *m*

**Kitsch** [kɪtʃ] *m* <-(e)s, *ohne pl*> cursilería *f*

**kitschig** *adj* cursi; (*geschmacklos*) hortera; (*rührselig*) sentimental

**Kitt** [kɪt] *m* <-(e)s, -e> masilla *f*

**Kittchen** ['kɪtçən] *nt* <-s, -> (*fam*) chirona *f,* bote *m Mex;* **ins ~ kommen** ir a chirona

**Kittel** ['kɪtəl] *m* <-s, -> ❶ (*Arbeits~*) bata *f* ❷ (*südd: Jacke*) rebeca *f* ❸ (*Schweiz: Jackett*) chaqueta *f*

**kitten** ['kɪtən] *vt* ❶ (*kleben*) pegar (con masilla) ❷ (*reparieren*) rehacer

**Kitz** [kɪts] *nt* <-es, -e> ❶ (*Zicklein*) cabrito, -a *m, f* ❷ (*Reh~*) corcino, -a *m, f*

**Kitzel** ['kɪtsəl] *m* <-s, -> ❶ (*Juckreiz*) comezón *f* ❷ (*Lust*) deseo *m* irresistible (*nach* de/por)

**kitzelig** *adj* ❶ (*Mensch*): **~ sein** tener cosquillas ❷ (*Angelegenheit*) delicado

**kitzeln** ['kɪtsəln] **I.** *vi* hacer cosquillas, cosquillear; **das kitzelt** esto hace cosquillas **II.** *vt* ❶ (*Person*) hacer cosquillas, cosquillear ❷ (*reizen*) apetecer; **es kitzelt mich, das zu tun** me apetece hacerlo

**Kitzler** ['kɪtslɐ] *m* <-s, -> clítoris *m inv*

**kitzlig** *adj s.* **kitz(e)lig**

**Kiwi** ['ki:vi] *f* <-s> kiwi *m*

**kJ** *Abk. von* **Kilojoule** kj

**KKW** [ka:ka:'ve:] *nt* <-s, -s> *Abk. von* **Kernkraftwerk** central *f* nuclear

**Klacks** [klaks] *m* <-es, -e> (*fam*) ❶ (*Senf, Marmelade*) cucharada *f* ❷ (*Kleinigkeit*) minucia *f;* **das ist doch ein ~ für sie** esto es moco de pavo para ella

**klaffen** ['klafən] *vi* abrirse

**kläffen** ['klɛfən] *vi* (*abw*) ladrar

**Kläffer** *m* <-s, -> (*abw*) perro *m* ladrador

**Klage** ['kla:gə] *f* <-n> ❶ (*Beschwerde*) queja *f;* **~n vorbringen** presentar quejas; **(k)einen Grund zur ~ haben** (no) tener razones para quejarse ❷ (*geh: Weh~*) lamento *m* ❸ (JUR) demanda *f;* **eine ~ gegen jdn erheben** presentar demanda contra alguien; **Klagelaut** *m* gemido *m;* **Klagelied** *nt* treno *m*

**klagen** ['kla:gən] **I.** *vi* ❶ (*jammern*) lamentarse (*über* de); (*sich beschweren*) quejarse (*über* de); **ich kann nicht ~** no me puedo quejar ❷ (JUR) demandar; **er klagt auf Schadensersatz** demanda daños y perjuicios **II.** *vt* ❶ (*äußern*): **jdm sein Leid ~** contarle a alguien sus penas ❷ (*Österr: ver~*) entablar un pleito (*auf* por)

**klagend** *adj* ❶ (*jammernd*) quejumbroso ❷ (JUR) demandante

**Kläger(in)** ['klɛ:gɐ] *m(f)* <-s, -; -nen> (JUR) demandante *mf*

**Klageschrift** *f* (JUR) (escrito *m* de) demanda *f*

**kläglich** ['klɛ:klɪç] *adj* ❶ (*mitleiderregend*) lamentable; **sich in einem ~en Zustand befinden** encontrarse en un estado lamentable ❷ (*jämmerlich*) miserable; **er hat ~ versagt** falló totalmente

**klaglos** *adv* sin quejas

**Klamauk** [kla'maʊk] *m* <-s, *ohne pl*> (*fam*) ❶ (*Lärm*) jaleo *m* ❷ (*abw: Komik*)

K

astracanada *f*

**klamm** [klam] *adj* ❶ (*feuchtkalt*) húmedo (y frío); (*Finger*) entumecido (por el frío) ❷ (*sl: knapp bei Kasse*) con apuros (de dinero)

**Klammer** ['klamɐ] *f* <-n> ❶ (*Wäsche~*) pinza *f;* (*Büro~*) clip *m;* (*Heft~, Wund~*) grapa *f;* (*Zahn~*) aparato *m* (de ortodoncia) ❷ (*im Text*) paréntesis *m inv;* **eckige ~** corchete *m;* **geschweifte ~** llave *f;* **„~ auf/zu"** "abrir/cerrar paréntesis"; **in ~(n) setzen** poner entre paréntesis; **Klammeraffe** *m* (INFOR: *fam*) arroba *f*

**klammern** ['klamɐn] **I.** *vt* ❶ (*befestigen*) sujetar (con pinzas, etc) ❷ (*Wunde*) unir con pinzas **II.** *vr:* **sich ~** agarrarse (*an* a); (*an Hoffnung, Partner*) aferrarse (*an* a)

**klammheimlich** ['-'--] *adv* (*fam*) a la chita callando

**Klamotten** [kla'mɔtən] *fpl* (*fam*) ❶ (*Kleidung*) trapos *mpl* ❷ (*Zeug*) cachivaches *mpl*

**Klan** [kla:n] *m* <-s, -e> clan *m*

**klang** [klaŋ] *3. imp von* **klingen**

**Klang** [klaŋ, *pl:* 'klɛŋə] *m* <-(e)s, Klänge> (*Ton*) sonido *m;* (*der Stimme*) tono *m;* (*eines Instruments*) son *m;* **einen guten ~ haben** (MUS) tener buen sonido; **Klangfarbe** *f* (MUS) timbre *m*

**klanglos** *adj* (*Stimme*) apagado; **sang- und ~ verschwinden** (*fam*) despedirse a la francesa

**klangvoll** *adj* ❶ (*Stimme, Ton*) sonoro ❷ (*berühmt*) prestigioso

**Klappbett** *nt* cama *f* plegable

**Klappe** ['klapə] *f* <-n> ❶ (*Deckel*) tapa *f;* (*an Musikinstrumenten*) pistón *m;* (*am Ofen, Herd*) puerta *f* ❷ (FILM) claqueta *f* ❸ (*fam: Mund*) pico *m;* **halt die ~!** ¡cierra el pico!; **eine große ~ haben** ser un bocazas

**klappen** ['klapən] **I.** *vi* (*fam: funktionieren*) ir bien, funcionar; **es klappt alles wie am Schnürchen** todo sale que ni bordado **II.** *vt* (*auf~*) abrir; (*zu~*) cerrar; (*hoch~*) levantar; (*herunter~*) bajar

**klapperdürr** ['klapɐ'dʏr] *adj* (*fam*) esquelético; **Klappergestell** *nt* (*fam hum*) fideo *m;* **nach ihrer Diät war sie bloß noch ein ~** después de la dieta se había quedado en los huesos

**klapperig** *adj* ❶ (*Auto, Möbel*) desvencijado ❷ (*fam: Person*) muy débil

**Klapperkasten** ['klapɐ-] *m* (*fam*) tartana *f;* **Klapperkiste** *f* (*fam: Auto*) cacharro *m*

**klappern** ['klapɐn] *vi* (*Kisten*) traquetear; (*Fensterladen*) golpetear; **im Wind ~** golpetear con el viento; **er klapperte vor Kälte mit den Zähnen** le castañeaban los dientes de frío

**Klapperschlange** *f* serpiente *f* de cascabel, crótalo *m;* **Klapperstorch** *m* (*fam*) cigüeña *f*

**Klapp(fahr)rad** *nt* bicicleta *f* plegable; **Klappmesser** *nt* navaja *f;* **Klapprad** *nt* bicicleta *f* plegable

**klapprig** *adj s.* **klapperig**

**Klappsitz** *m* asiento *m* plegable; **Klappstuhl** *m* silla *f* plegable; **Klapptisch** *m* mesa *f* plegable

**Klaps** [klaps] *m* <-es, -e> (*fam*) ❶ (*Schlag*) cachete *m* ❷ (*Verrücktheit*) locura *f;* **einen ~ haben** estar chiflado; **Klapsmühle** *f* (*fam*) manicomio *m*

**klar** [kla:ɐ] *adj* ❶ (*allgemein*) claro; **etw ~ und deutlich sagen** decir algo claramente; **~ sehen** (*fam*) ver claro; **mir ist nicht ~, wie ...** no entiendo muy bien cómo...; **na ~!** ¡claro que sí!; **das ist doch ~!** ¡eso está claro!; **sich** *dat* **über etw ~ werden** darse cuenta de algo; **du musst dir darüber ~ werden, ob/dass ...** tienes que saber si/que...; **sich** *dat* **über etw im K~en sein** tener algo claro ❷ (*Himmel*) despejado; (*durchsichtig*) transparente; **~e Sicht haben** tener buena visibilidad ❸ (*Umrisse*) nítido ❹ (*eindeutig*) evidente ❺ (*vernünftig*) claro, lúcido; **keinen ~en Gedanken fassen können** no poder pensar con claridad; **einen ~en Kopf behalten** no perder la cabeza ❻ (*fertig*) listo

**Kläranlage** ['klɛ:ɐ-] *f* depuradora *f* (de aguas residuales), planta *f* de depuración (de aguas residuales)

**Klare(r)** *m* <-n, -n> (*fam: Schnaps*) aguardiente *m*

**klären** ['klɛ:rən] **I.** *vt* ❶ (*Abwässer*) depurar ❷ (*Frage*) aclarar **II.** *vr:* **sich ~** (*Angelegenheit*) aclararse

**klar|gehen** *irr vi sein* (*fam*) ir bien; **ist mit der Prüfung alles klargegangen?** ¿ha ido todo bien en el examen?

**Klarheit** *f ohne pl* ❶ (*allgemein*) claridad *f;* **sich** *dat* **~ über etw verschaffen** sacar algo en claro; **für ~ sorgen** poner algo en claro; **jdm etw in aller ~ sagen** decirle algo a alguien sin pelos en la lengua ❷ (*Durchsichtigkeit*) transparencia *f* ❸ (*Deutlichkeit*) nitidez *f*

**Klarinette** [klari'nɛtə] *f* <-n> clarinete *m*

**klar|kommen** *irr vi sein* (*fam: mit Person*) entenderse (*mit* con); (*mit Dingen*) entender (*mit*); **klar|machen** *vt* ❶ (NAUT) preparar ❷ (*fam: erklären*) explicar; **sich** *dat* **etw ~** aclararse en algo

**Klärschlamm** *m* lodo *m* activado
**Klarsichtfolie** *f* celofán® *m;* **Klarsichthülle** *f* funda *f* transparente
**klar|stellen** *vt* aclarar
**Klarstellung** *f* <-en> clarificación *f*
**Klartext** *m* texto *m* sin codificar; **mit jdm ~ reden** (*fam*) hablar con alguien sin rodeos
**Klärung** *f* <-en> ① (*von Problem*) aclaración *f* ② (*von Abwasser*) depuración *f*
**klasse** ['klasə] *adj inv* (*fam*) estupendo, cojonudo *vulg*
**Klasse** ['klasə] *f* <-n> ① (*Gruppe, a.* BIOL, SOZIOL) clase *f;* **erster/zweiter ~ fahren** ir en primera/segunda clase ② (*Schul~*) clase *f;* (*~nstufe*) curso *m* ③ (*Gütestufe*) categoría *f* ④ (*Lotterie*) clase *f;* **Klassenarbeit** *f* (SCH) examen *m* (*in* de); **eine ~ schreiben** hacer un examen; **Klassenkamerad(in)** *m(f)* (SCH) compañero, -a *m, f* de clase; **Klassenkampf** *m* (POL) lucha *f* de clases; **Klassenlehrer(in)** *m(f)* (SCH) tutor(a) *m(f)* de curso; **klassenlos** *adj* sin clases; **Klassensprecher(in)** *m(f)* (SCH) delegado, -a *m, f* de la clase; **Klassenzimmer** *nt* (SCH) (aula *f* de) clase *f*
**klassifizieren*** [klasifi'tsi:rən] *vt* clasificar (*nach* según, *als* como)
**Klassik** ['klasɪk] *f ohne pl* ① (*klassisches Altertum*) época *f* clásica ② (KUNST) (neo)clasicismo *m* ③ (MUS) música *f* clásica
**Klassiker(in)** ['klasikɐ] *m(f)* <-s, -; -nen> (autor(a) *m(f)*) clásico, -a *m, f*
**klassisch** *adj* clásico
**Klassizismus** [klasi'tsɪsmʊs] *m* <-, *ohne pl*> (ARCHIT) clasicismo *m*
**klassizistisch** *adj* (ARCHIT) clasicista
**Klatsch**[1] [klatʃ] *m* <-(e)s, -e> (*Geräusch*) batacazo *m*
**Klatsch**[2] *m* <-(e)s, *ohne pl*> (*fam: Geschwätz*) cotilleo *m,* bochinche *m Col, PRico;* **~ und Tratsch** cotilleo y chismorreo
**Klatschbase** *f* (*fam abw*) chismosa *f,* alilaya *f Mex*
**klatschen** ['klatʃən] **I.** *vi* ① *sein* (*aufschlagen*) caerse (produciendo un chasquido); (*Regen*) golpear (*gegen* contra) ② (*applaudieren*) aplaudir; **in die Hände ~** tocar palmas ③ (*fam abw: tratschen*) cotillear **II.** *vt:* **den Takt ~** seguir el ritmo con las palmas
**Klatschmaul** *nt* (*fam abw*) cotilla *mf*
**Klatschmohn** *m ohne pl* (BOT) amapola *f*
**klatschnass** ['-'-] *adj* (*fam*) hecho una sopa
**Klatschspalte** *f* (*fam abw*) columna *f* de cotilleo; **Klatschtante** *f* (*fam abw*), **Klatschweib** *nt* (*fam abw*) cotorra *f,* cotilla *f,* maruja *f*
**klauben** ['klaʊbən] *vt* (*südd, Österr, Schweiz*) ① (*pflücken*) coger (*von* de) ② (*sammeln*) recoger (*in* en) ③ (*auslesen*) separar (*aus* de)
**Klaue** ['klaʊə] *f* <-n> ① (*von Raubtieren, -vögeln*) garra *f;* (*von Huftieren*) pezuña *f* ② (*fam: Hand*) garra *f;* **sich in jds ~n befinden** encontrarse en las garras de alguien ③ (*fam abw: Handschrift*) garabatos *mpl,* mala letra *f*
**klauen** ['klaʊən] *vi, vt* (*fam*) mangar, raspar *Am,* nagualear *Mex*
**Klausel** ['klaʊzəl] *f* <-n> cláusula *f*
**Klaustrophobie** [klaʊstrofo'bi:] *f* <-n> (PSYCH) claustrofobia *f*
**Klausur** [klaʊ'zu:ɐ] *f* <-en> ① (UNIV) examen *m* ② (*im Kloster*) clausura *f*
**Klavier** [kla'vi:ɐ] *nt* <-s, -e> piano *m* (vertical); **Klavierlehrer(in)** *m(f)* profesor(a) *m(f)* de piano; **Klavierspieler(in)** *m(f)* pianista *mf*
**Klebeband** *nt* cinta *f* adhesiva
**kleben** ['kle:bən] **I.** *vi* ① (*haften*) estar pegado; **das Hemd klebte ihm am Körper** la camisa se le pegaba al cuerpo; **an seinen Händen klebt Blut** tiene las manos manchadas de sangre ② (*klebrig sein*) pringar, estar pringoso ③ (*klebefähig sein*) pegar **II.** *vt* pegar (*an* a); **jdm eine ~** (*fam*) largar una bofetada a alguien
**Kleber** *m* <-s, -> ① (*fam: Klebstoff*) pegamento *m* ② (*Schweiz: Aufkleber*) pegatina *f*
**Klebestift** *m* barra *f* de pegamento; **Klebestreifen** *m* cinta *f* adhesiva
**klebrig** ['kle:brɪç] *adj* pegajoso
**Klebstoff** *m* pegamento *m;* (*Leim*) cola *f*
**Klebstreifen** *m* cinta *f* adhesiva
**Kleckerbetrag** *m* (*fam*) cantidad *f* insignificante
**kleckern** ['klɛkɐn] *vi* (*fam*) manchar; **Wein über die Tischdecke ~** manchar el mantel con vino
**kleckerweise** *adv* (*fam abw*) poco a poco
**Klecks** [klɛks] *m* <-es, -e> ① (*Fleck*) mancha *f;* (*Tinten~*) borrón *m* ② (*fam: Portion*) cucharadita *f*
**klecksen** ['klɛksən] **I.** *vi* ① *haben* (*Person*) manchar (*mit* con) ② *haben* (*Stift*) emborronar; **mein Füller kleckst** mi pluma emborrona **II.** *vt haben* (*fam*) dejar caer (*auf* en)
**Klee** [kle:] *m* <-s, *ohne pl*> (BOT) trébol *m;* **Kleeblatt** *nt* (BOT) hoja *f* de trébol; **vierblättriges ~** trébol de cuatro hojas
**Kleid** [klaɪt] *nt* <-(e)s, -er> ① (*Damen~*) vestido *m* ② *pl* (*Kleidung*) ropa *f;* **~er**

K

**machen Leute** (*prov*) el traje hace al hombre

**kleiden** ['klaɪdən] **I.** *vt* ① (*anziehen*) vestir; **etw in (schöne) Worte ~** expresar algo (con palabras bonitas) ② (*stehen*): **die Bluse kleidet dich gut/schlecht** la blusa te queda bien/mal **II.** *vr:* **sich ~** vestirse

**Kleiderbügel** *m* percha *f;* **Kleiderbürste** *f* cepillo *m* para la ropa; **Kleiderhaken** *m* colgadero *m;* **Kleiderschrank** *m* armario *m* ropero

**kleidsam** *adj* elegante

**Kleidung** *f* <-en> ropa *f;* **warme ~** ropa de abrigo; **Kleidungsstück** *nt* prenda *f* (de vestir)

**Kleie** ['klaɪə] *f* <-n> (AGR, GASTR) salvado *m*

**klein** [klaɪn] *adj* ① (*allgemein*) pequeño; (*Körpergröße*) bajo; **die Hose ist ihm zu ~** el pantalón le queda demasiado pequeño; **von ~ auf** desde niño; **ich habe es (nicht) ~** (*fam*) (no) lo tengo suelto; **ein ~ bisschen** un poquito; **(ganz) ~ anfangen** empezar sin nada; **~ beigeben** ceder; **~(er) stellen** bajar; **~er werden** disminuir; **beim ~sten Geräusch** al mínimo ruido; **der ~e Mann** (*fig*) el hombre de la calle ② (*kurz*) breve; **einen ~en Augenblick bitte** un momentito, por favor ③ (*jünger*) menor ④ (*unbedeutend*) insignificante; (*bescheiden*) modesto; (*beschränkt*) limitado; **etw ~ schreiben** (*fig*) restar importancia a algo

**? Grammatik**

> **klein** – *pequeño, bajo* se refiere al tamaño o a la altura: *Die Hose ist mir zu klein. – El pantalón me queda demasiado pequeño. Ich bin viel kleiner als mein Cousin. – Soy mucho más bajo que mi primo.*
>
> **jung** – *joven* se refiere a la edad: *Ich bin zehn Jahre jünger als mein Onkel. – Soy diez años más joven/menor que mi tío.*

**Kleinaktionär(in)** *m(f)* pequeño, -a accionista *mf;* **Kleinanzeige** *f* anuncio *m* breve; **Kleinarbeit** *f ohne pl* trabajo *m* minucioso; **etw in mühsamer ~ erledigen** realizar algo con minuciosidad; **Kleinasien** [-'--] *nt* Asia *f* Menor; **Kleinbauer, -bäuerin** *m, f* (AGR) minifundista *mf*

**Kleinbildkamera** *f* (FOTO) cámara *f* fotográfica de pequeña imagen

**Kleinbuchstabe** *m* (letra *f*) minúscula *f;* **in ~n** en minúsculas; **kleinbürgerlich** *adj* pequeñoburgués; **Kleinbürgertum** *nt* pequeña burguesía *f;* **Kleinfamilie** *f* familia *f* reducida; **Kleinformat** *nt* tamaño *m* pequeño; **ein Bild in ~** una foto de pequeño formato; **Kleingedruckte(s)** *nt ohne pl* letra *f* pequeña; **kleingeistig** *adj* (*abw*) estrecho de miras; **~ sein** ser estrecho de miras; **Kleingeld** *nt* calderilla *f,* sencillo *m Am,* morralla *f Mex;* **kleingläubig** *adj* (*abw*) inseguro; **Kleinhirn** *nt* (ANAT) cerebelo *m;* **Kleinholz** *nt ohne pl* leña *f* menuda; **aus etw** *dat* **~ machen** (*fam*) hacer pedazos algo; **aus jdm ~ machen** (*fam*) partirle la cara a alguien

**Kleinigkeit** ['klaɪnɪçkaɪt] *f* <-en> pequeñez *f;* **eine ~ essen** (*fam*) comer una cosita; **das kostet aber eine ~** (*fam iron*) esto vale un dineral; **die Prüfung war keine ~** (*fam*) el examen no fue ninguna tontería; **er gibt sich nicht mit ~en ab** no se para en pequeñeces

**kleinkariert** *adj* (*fam abw: Ansichten*) de miras estrechas; **Kleinkind** *nt* niño, -a *m, f* pequeño, -a; **Kleinkram** *m* (*fam*) ① (*Dinge*) cosillas *fpl* ② (*Angelegenheit*) nimiedad *f;* **Kleinkrieg** *m* ① (MIL) guerra *f* de guerrillas ② (*Streit*) guerra *f* privada

**klein|kriegen** *vt* (*fam*) ① (*zerkleinern*) lograr partir ② (*kaputtmachen*) hacer pedazos; **etw ist nicht kleinzukriegen** no se puede acabar con algo ③ (*Geld*) (mal)gastar ④ (*gefügig machen*) doblar la voluntad (de); (*müde machen*) agotar; **Kleinkriminelle(r)** *mf* pequeño,-a delincuente *mf*

**kleinlaut** *adj* apocado

**kleinlich** *adj* (*pedantisch*) minucioso; (*engstirnig*) de miras estrechas; (*geizig*) mezquino

**Kleinlichkeit** *f* <-en> mezquindad *f*

**klein|schreiben** *irr vt* escribir con minúscula; **Kleinschreibung** *f* uso *m* de minúsculas al principio de palabra

**Kleinstadt** *f* ciudad *f* pequeña; **kleinstädtisch** *adj* ① (*einer Kleinstadt entsprechend*) de una pequeña ciudad ② (*abw: beengt*) provinciano; **Kleinwagen** *m* (coche *m*) utilitario *m;* **kleinwüchsig** [-vy:ksɪç] *adj* de baja estatura

**Kleister** ['klaɪstɐ] *m* <-s, -> engrudo *m,* almidón *m Mex*

**Klemme** ['klɛmə] *f* <-n> ① (*zum Festklemmen*) pinza *f;* (*für Haar*) horquilla *f;* (MED) laña *f* ② (*fam: Notlage*) apuro *m,* aprieto *m;* **in der ~ sitzen** encontrarse en un apuro; **jdm aus der ~ helfen** sacar a alguien de un aprieto

**klemmen** **I.** *vi* (*Tür, Schloss*) estar atrancado **II.** *vt* ❶ (*befestigen*) sujetar; **sich** *dat* **etw unter den Arm** ~ ponerse algo debajo del brazo ❷ (*dazwischen~*) meter **III.** *vr* (*fam*): **sich hinter etw** ~ aferrarse a algo

**Klempner(in)** ['klɛmpnɐ] *m(f)* <-s, -; -nen> fontanero, -a *m, f,* latero, -a *m, f Am*

**Klempnerei** *f* <-en> fontanería *f*

**Klempnerin** *f* <-nen> *s.* **Klempner**

**Kleriker** ['kle:rikɐ] *m* <-s, -> clérigo *m*

**Klerus** ['kle:rʊs] *m* <-, *ohne pl*> clero *m*

**Klette** ['klɛtə] *f* <-n> ❶ (BOT) lampazo *m* ❷ (*fam: Person*) lapa *f*

**klettern** ['klɛtɐn] *vi sein* ❶ (*steigen*) trepar (*auf* a); (*Temperatur*) subir (*auf* a); **auf Bäume** ~ trepar a los árboles; **die Preise** ~ **in die Höhe** los precios se disparan ❷ (*bergsteigen*) hacer alpinismo, hacer andinismo *Am* ❸ (*fam: heraussteigen*) salir (*aus* de); (*hineinsteigen*) entrar (*in* en)

**Kletterpflanze** *f* planta *f* trepadora

**Klettverschluss** *m* cierre *m* adhesivo, velcro® *m*

**klicken** ['klɪkən] *vi* ❶ (INFOR) activar (*auf*) ❷ („*klick*" *machen*) clicar

**Klient(in)** [kli'ɛnt] *m(f)* <-en, -en; -nen> cliente, -a *m, f*

**Klientel** [kliɛn'te:l] *f* <-en> clientela *f*

**Klientin** *f* <-nen> *s.* **Klient**

**Klima** ['kli:ma] *nt* <-s, -s *o* -te> clima *m;* **Klimaanlage** *f* (instalación *f* de) aire *m* acondicionado; **Klimaschutz** *m* (ÖKOL) prevención *f* del cambio climático

**klimatisch** [kli'ma:tɪʃ] *adj* climático

**klimatisiert** *adj* climatizado

**Klimaveränderung** *f* cambio *m* climático; **Klimawechsel** *m* cambio *m* de aires, temperación *f Am;* **Klimazone** *f* zona *f* climática

**klimmen** ['klɪmən] <klimmt, klomm *o* klimmte, geklommen *o* geklimmt> *vi sein* (*geh*) trepar

**Klimmzug** *m* <-(e)s, -züge> tracción *f;* **Klimmzüge machen** (SPORT) hacer flexiones de brazos; (*fig*) hacer esfuerzos

**klimpern** ['klɪmpɐn] *vi* ❶ (*Geld etc.*) tintinear ❷ (*fam: auf Klavier*) aporrear; (*auf Gitarre*) rasgar

**Klinge** ['klɪŋə] *f* <-n> cuchilla *f;* **jdn über die** ~ **springen lassen** (*fam fig*) pasar a cuchillo a alguien

**Klingel** ['klɪŋəl] *f* <-n> timbre *m;* **Klingelknopf** *m* botón *m* del timbre

**klingeln** *vi* ❶ (*Person: rufen*) llamar; (*Klingel betätigen*) tocar el timbre ❷ (*Klingel, Telefon*) sonar; **es hat geklingelt** han llamado; **hat es bei dir jetzt endlich geklingelt?** (*fam*) ¿te suena por fin?

**Klingelzeichen** *nt* sonido *m* del timbre; **auf jds** ~ **hin** (**die Tür öffnen**) (abrir la puerta) cuando alguien toca el timbre

**klingen** ['klɪŋən] <klingt, klang, geklungen> *vi* sonar; (*Gläser*) tintinear; **das klingt ja, als ob ...** esto suena como si... +*subj*

**Klinik** ['kli:nɪk] *f* <-en> clínica *f*

**klinisch** *adj* (MED) clínico; ~ **tot** clínicamente muerto

**Klinke** ['klɪŋkə] *f* <-n> picaporte *m*

**Klinkerstein** *m* ladrillo *m* recocido

**klipp** [klɪp] *adv* (*fam*): ~ **und klar** sin rodeos

**Klippe** ['klɪpə] *f* <-n> ❶ (*Fels*) arrecife *m* ❷ (*fig: Hindernis*) obstáculo *m*

**klirren** ['klɪrən] *vi* (*Gläser*) tintinear; (*Fensterscheibe*) vibrar; (*Waffen*) sonar; ~**de Kälte** frío tremendo

**Klischee** [kli'ʃe:] *nt* <-s, -s> (*a.* TYPO) clisé *m,* cliché *m;* (*Stereotyp*) tópico *m;* **in** ~**s denken** pensar de una manera estereotipada

**klischeehaft** *adj* tópico

**Klitoris** ['kli:torɪs] *f* <- *o* Klitorides> (ANAT) clítoris *m inv*

**klitschnass** ['klɪtʃ'nas] *adj* (*fam*) calado hasta los huesos

**klitzeklein** ['klɪtsə'klaɪn] *adj* (*fam*) diminuto

**Klo** [klo:] *nt* <-s, -s> (*fam*) retrete *m,* wáter *m;* **ich muss aufs** ~ tengo que ir al wáter

**Kloake** [klo'a:kə] *f* <-n> (*a.* ZOOL) cloaca *f*

**klobig** ['klo:bɪç] *adj* (*Sache*) macizo; (*Mensch*) fortachón

**Klobrille** *f* (*fam*) asiento *m* del wáter; **Klobürste** *f* (*fam*) escobilla *f* del retrete; **Klodeckel** *m* (*fam*) tapa *f* del wáter

**klomm** *3. imp von* **klimmen**

**Klon** [klo:n] *m* <-s, -e> (BIOL) clon *m;* (INFOR) copia *f*

**klonen** [klo:nən] *vt* (BIOL) clonar

**klönen** ['klø:nən] *vi* (*nordd*) charlar

**Klopapier** *nt* (*fam*) papel *m* del wáter

**klopfen** ['klɔpfən] **I.** *vi* ❶ (*schlagen*) golpear; (*Herz*) palpitar ❷ (*an~*) llamar; **es klopft** han llamado **II.** *vt* (*Teppich*) sacudir; (*Steine*) picar; (*Fleisch*) macerar; **den Takt** ~ marcar el compás

**Klopfzeichen** *nt* toque *m* en la puerta

**Kloppe** ['klɔpə] *f:* ~ **kriegen** (*nordd*) recibir una paliza

**Klöppel** ['klœpəl] *m* <-s, -> ❶ (*Glockenschwengel*) badajo *m* ❷ (*Xylophonschlägel*) palillo *m* ❸ (*Spitzen~*) bolillo *m*

**klöppeln** *vi* (*Handarbeit*) hacer encaje de bolillos

**kloppen** ['klɔpən] *vr:* **sich** ~ (*nordd*)

K

pegarse

**Klopperei** *f* <-en> (*nordd: fam*) pelea *f*

**Klops** [klɔps] *m* <-es, -e> (*nordd, ostd*) ❶ (GASTR) albóndiga *f* ❷ (*fam: Fehler*) metedura *f* de pata

**Klosett** [klo'zɛt] *nt* <-s, -s *o* -e> servicio(s) *m(pl)*

**Kloß** [klo:s, *pl:* 'klø:sə] *m* <-es, Klöße> (GASTR: *Fleisch~*) albóndiga *f;* (*Kartoffel~, Grieß~*) *especie de albóndiga cocida hecha de una masa de patatas, miga de pan, sémola etc;* **einen ~ im Hals haben** (*fam*) tener un nudo en la garganta

**Kloster** ['klo:stɐ, *pl:* 'klø:stɐ] *nt* <-s, Klöster> (REL) convento *m,* monasterio *m;* **ins ~ gehen** entrar en un convento

**Klöten** ['klø:tən] *pl* (*nordd: fam*) huevos *mpl*

**Klotz** [klɔts, *pl:* 'klœtsə] *m* <-es, Klötze> ❶ (*allgemein*) bloque *m;* (*Spielzeug~*) cubo *m* de madera; **er ist (mir) ein ~ am Bein** (*fam*) me molesta ❷ (*fam abw: Person*) palurdo, -a *m, f*

**klotzen** *vi* (*reg*) ❶ (*arbeiten*) trabajar duro ❷ (*protzen*) darse bombo

**klotzig** *adj* (*klobig*) tosco; (*aufwändig*) aparatoso

**Klub** [klʊp] *m* <-s, -s> club *m*

**Kluft**[1] [klʊft, *pl:* klʏftə] *f* <Klüfte> abismo *m*

**Kluft**[2] *f* <-en> (*fam*) ropa *f;* (*einheitlich*) uniforme *m*

**klug** [klu:k] *adj* <klüger, am klügsten> inteligente; (*schlau*) listo; (*vernünftig*) sensato; (*scharfsinnig*) sagaz; **aus etw** *dat* **nicht ~ werden** no acabar de entender algo; **der Klügere gibt nach** (*prov*) ceder es cosa de sabios

**klüger** ['kly:gɐ] *adj kompar von* **klug**

**klugerweise** ['klu:gɐ'vaɪzə] *adv* por prudencia

**Klugheit** *f ohne pl* inteligencia *f;* (*Scharfsinn*) perspicacia *f;* (*Vernunft*) sensatez *f*

**Klugscheißer(in)** *m(f)* (*fam abw*) sabelotodo *mf inv*

**klügste(r, s)** ['kly:kstə, -tɐ, -təs] *adj superl von* **klug**

**Klumpatsch** ['klʊmpatʃ] *m* <-(es), *ohne pl*> (*fam abw*) cachivaches *mpl*

**klumpen** ['klʊmpən] *vi* formarse grumos

**Klumpen** ['klʊmpən] *m* <-s, -> pedazo *m,* trozo *m;* (*in Soße*) grumo *m;* (*Erd~*) terrón *m;* (*Gold~*) pepita *f*

**klumpig** *adj* grumoso

**Klüngel** ['klʏŋəl] *m* <-s, -> (*abw*) camarilla *f*

**Klüngelei**[1] *f* <-en> (*abw: Vetternwirtschaft*) nepotismo *m*

**Klüngelei**[2] *f ohne pl* (*reg: abw: Trödelei*) roncería *f*

**Klunker** ['klʊŋkɐ] *m* <-s, -> (*fam: Edelstein*) brillante *m*

**km** *Abk. von* **Kilometer** km

**km/h** *Abk. von* **Kilometer pro Stunde** km/h

**knabbern** ['knabɐn] *vi, vt* (*nagen*) roer; (*essen*) picar; **etw zum K~** algo para picar; **daran wirst du noch lange zu ~ haben** (*fam fig*) eso es duro de roer

**Knabe** ['kna:bə] *m* <-n, -n> (*geh*) muchacho *m;* **na, alter ~!** (*fam*) ¡hola, tío!

**Knäckebrot** ['knɛkə-] *nt pan en láminas muy crujiente de origen escandinavo*

**knacken** ['knakən] **I.** *vi* ❶ (*Holz*) crujir ❷ (*knistern*) chasquear; (*Radio*) crepitar; **an etw** *dat* **zu ~ haben** (*fam*) sufrir las duras consecuencias de algo ❸ (*fam: schlafen*) dormir **II.** *vt* ❶ (*Nüsse*) partir ❷ (*fam: Aufgabe*) resolver; (*Kode*) descifrar ❸ (*fam: aufbrechen*) forzar

**Knacker** *m* <-s, -> (*fam*) ❶ (*abw*): **alter ~** viejo *m* decrépito ❷ *s.* **Knackwurst**

**Knacki** ['knaki] *m* <-s, -s> (*sl: Gefängnisinsasse*) presidiario *m;* (*ehemaliger Insasse*) ex presidiario *m*

**knackig** *adj* (*Salat*) fresco; (*knusprig*) crujiente; (*a. fig*) apetitoso; **ein ~er Typ** un tío bueno

**Knackpunkt** *m* (*fam*) punto *m* clave

**Knacks** [knaks] *m* <-es, -e> ❶ (*Geräusch*) crujido *m* ❷ (*fam: Riss*) grieta *f* ❸ (*fam: seelisch*) daño *m* psíquico; (*körperlich*) daño *m* físico; **einen ~ bekommen** trastornarse

**Knackwurst** *f* (GASTR) salchicha *f* "knacker" (*salchicha ahumada para calentar*)

**Knall** [knal] *m* <-(e)s, -e> estallido *m;* (*Peitschen~*) chasquido *m;* (*von Korken*) taponazo *m;* (*von Tür*) portazo *m;* (*von Schuss*) estampido *m;* **es kam zum großen ~** (*fam*) se armó un escándalo; **er hat einen ~** (*fam*) está chiflado; **~ auf Fall** (*fam*) repentinamente

**knallen** **I.** *vi* ❶ (*allgemein*) estallar; (*Tür*) cerrarse de golpe; (*Peitsche*) producir un chasquido; (*Schuss*) oírse; (*Korken*) saltar; **mit der Peitsche ~** chasquear el látigo ❷ *sein* (*stoßen*) chocar (*auf/gegen* contra) ❸ (*fam: schießen*) disparar ❹ (*fam: Sonne*) pegar fuerte ❺ *sein* (*Reifen*) reventar **II.** *vt* ❶ (*Tür*) dar un portazo (a) ❷ (*werfen*) tirar (violentamente); **den Hörer auf die Gabel ~** colgar con un fuerte golpe; **jdm eine ~** (*fam*) soltar una bofetada a alguien

**knalleng** *adj* (*fam*) a estallar; **die Jeans sitzt (am Po) ~** los vaqueros quedan superajustados (al trasero)

**Knallerbse** *f* (*fam*) garbanzo *m* de pega; **Knallfrosch** *m* (*fam*) petardo *m;* **Knallgas** *nt* (CHEM) gas *m* fulminante; **knallhart** ['-'-] *adj* (*fam: Arbeit*) duro; (*Film, Typ*) brutal; **jdm ~ seine Meinung sagen** decir a alguien cuatro verdades

**knallig** *adj* (*fam: Farbe*) chillón

**Knallkopf** *m*, **Knallkopp** *m* <-(e)s, -köppe> (*fam*) imbécil *m*, capullo *m*, inflagaitas *m inv;* **pass auf wo du hintrittst, du ~!** ¡mira por dónde pisas, imbécil!; **Knallkörper** *m* petardo *m;* **knallrot** ['-'-] *adj* (*fam*) rojo vivo

**knapp** [knap] **I.** *adj* ❶ (*spärlich*) escaso; (*beschränkt*) limitado; **~ bei Kasse sein** andar justo de dinero; **die Zeit ist ~** tenemos el tiempo justo; **das Wasser wurde ~** se produjo una escasez de agua; **mit ~er Mehrheit** por escasa mayoría ❷ (*Kleidung*) justo ❸ (*kaum*) escaso; (*vor Zahlen*) poco menos de; **eine ~e Stunde** una hora escasa ❹ (*Stil*) conciso; **in ~en Worten** en pocas palabras **II.** *adv* ❶ (*kaum*) apenas ❷ (*gerade so*) (muy) justo; **das Auto fuhr ~ an mir vorbei** el coche pasó muy cerca de mí; **~ sein** escasear

**Knappe** ['knapə] *m* <-n, -n> ❶ (HIST: *Edelknabe*) doncel *m* ❷ (*Bergmann*) minero *m*

**Knappheit** *f ohne pl* ❶ (*Mangel*) escasez *f* (*an* de) ❷ (*Kürze*) concisión *f*

**Knarre** ['knarə] *f* <-n> ❶ (*fam: Gewehr*) trabuco *m*, chumbo *m Arg* ❷ (*Spielzeug*) matraca *f*

**knarren** ['knarən] *vi* crujir

**Knast**[1] [knast] *m* <-(e)s, -e *o* Knäste> (*fam: Gefängnis*) chirona *f*, cupo *m Mex;* **im ~ sitzen** estar en chirona

**Knast**[2] *m* <-(e)s, *ohne pl*> (*fam: Freiheitsstrafe*) chirona *f;* **er hat drei Jahre ~ bekommen** le han condenado a tres años en chirona

**Knatsch** [kna:tʃ] *m* <-(e)s, *ohne pl*> (*reg*) pique *m;* **die beiden haben ~** andan de pique

**knatschig** *adj* (*fam*) ❶ (*weinerlich*) gimoteador; **~ sein** ser un llorica ❷ (*ärgerlich*) malhumorado

**knattern** ['knatɐn] *vi* (*Motorrad, Auto*) petardear; (*Presslufthammer*) martillear; (*Maschinengewehr*) tabletear

**Knäuel** ['knɔɪəl] *m o nt* <-s, -> ovillo *m*, bodoque *m Mex*

**Knauf** [knaʊf, *pl:* 'knɔɪfə] *m* <-(e)s, Knäufe> (*am Stock, Schwert*) puño *m;* (*an der Tür*) pomo *m*

**knauserig** *adj* (*fam abw*) rácano

**knausern** ['knaʊzɐn] *vi* (*fam abw*) cicatear

**knausrig** *adj s.* **knauserig**

**knautschen** ['knaʊtʃən] **I.** *vt* (*fam*) arrugar **II.** *vi* (*fam*) arrugarse

**Knautschzone** *f* (AUTO) zona *f* de absorción de impactos

**Knebel** ['kne:bəl] *m* <-s, -> mordaza *f*

**knebeln** *vt* amordazar

**Knecht** [knɛçt] *m* <-(e)s, -e> ❶ (HIST: *landwirtschaftlicher Helfer*) mozo *m* de labranza, peón *m Am* ❷ (*abw: Befehlsempfänger*) siervo *m*

**Knechtschaft** *f* <-en> (*abw*) servidumbre *f;* (*Versklavung*) esclavización *f*

**kneifen** ['knaɪfən] <kneift, kniff, gekniffen> **I.** *vt* (*in die Haut*) pellizcar (*in* en) **II.** *vi* ❶ (*Kleidung*) apretar ❷ (*fam abw: sich drücken*) rajarse

**Kneifzange** *f* tenazas *fpl*

**Kneipe** ['knaɪpə] *f* <-n> (*fam*) bar *m*, bochinche *m Mex;* **Kneipenbummel** *m* ronda *f* por los bares; **einen ~ machen** ir de copas; **Kneipenwirt(in)** *m(f)* propietario, -a *m, f* de un bar

**Knete** ['kne:tə] *f ohne pl* (*fam*) ❶ (*Knetmasse*) plastilina® *f*, pasta *f* de modelar ❷ (*Geld*) pasta *f*

**kneten** ['kne:tən] *vt* ❶ (*Teig, Ton*) amasar ❷ (*Figuren formen*) modelar

**Knetmasse** *f* plastilina® *f*

**Knick** [knɪk] *m* <-(e)s, -e> ❶ (*Falte*) pliegue *m;* (*in Papier*) doblez *m* ❷ (*Biegung*) recodo *m*

**knicken** *vt* ❶ (*falten*) plegar; (*Papier*) doblar; **nicht ~!** ¡no doblar! ❷ (*brechen*) romper; (*Pflanze*) tronchar

**knick(e)rig** *adj* (*fam abw*) tacaño

**Knicks** [knɪks] *m* <-es, -e> reverencia *f* (*flexión de las piernas*)

**Knie** [kni:, *pl:* 'kni:ə] *nt* <-s, -> ❶ (*Körperteil*) rodilla *f;* **auf ~n** de rodillas; **weiche ~ bekommen** (*fam*) amedrentarse; **auf die ~ fallen** ponerse de rodillas; **jdn übers ~ legen** (*fam*) pegar un palizón a alguien; **etw übers ~ brechen** (*fam*) forzar algo; **jdn in die ~ zwingen** (*fig*) subyugar a alguien ❷ (*Biegung*) recodo *m* ❸ (*am Rohr*) codo *m;* **Kniebeuge** *f* <-n> ❶ (SPORT) flexión *f* de rodillas ❷ (REL) genuflexión *f;* **Kniebundhose** *f* pantalón *m* abrochado en la rodilla; **Kniegelenk** *nt* (ANAT) articulación *f* de la rodilla; **Kniekehle** *f* (ANAT) corva *f*

**knien** ['kni:ən, kni:n] **I.** *vi haben o sein* estar de rodillas **II.** *vr:* **sich ~** arrodillarse; **sich in die Arbeit ~** (*fam*) meterse de lleno en el trabajo

**Knies** [kni:s] *m* <-, *ohne pl*> (*fam*) *s.* **Knatsch**

**Kniescheibe** *f* rótula *f;* **Knieschützer** *m*

K

(SPORT) rodillera *f;* **Kniestrumpf** *m* media *f* calcetín

**kniff** [knɪf] *3. imp von* **kneifen**

**Kniff** [knɪf] *m* <-(e)s, -e> ① (*Kneifen*) pellizco *m* ② (*Falte*) pliegue *m;* (*in Papier*) doblez *m* ③ (*Trick*) truco *m*

**kniff(e)lig** *adj* complicado; (*schwierig*) difícil; (*heikel*) delicado

**Knilch** [knɪlç] *m* <-s, -e> (*fam abw*) patán *m*

**knipsen** ['knɪpsən] **I.** *vi* (*fam: schnalzen*) chasquear **II.** *vt* (*fam*) ① (*fotografieren*) sacar una foto (de) ② (*Fahrkarte*) picar

**Knirps** [knɪrps] *m* <-es, -e> (*fam*) ① (*Junge*) renacuajo *m* ② (*abw: Mann*) arrancapinos *m inv*

**knirschen** ['knɪrʃən] *vi* crujir; **mit den Zähnen** ~ rechinar los dientes

**knistern** ['knɪstɐn] *vi* (*Feuer*) crepitar; (*Seide, Papier*) crujir; (*vor Spannung*) chisporrotear; **im Gerichtssaal knisterte es vor Spannung** en la sala el ambiente era muy tenso

**knitterfrei** *adj* inarrugable

**knittern** ['knɪtɐn] **I.** *vt* (*Stoff, Papier*) arrugar **II.** *vi* arrugarse

**knobeln** ['kno:bəln] *vi* ① (*würfeln*) jugar a los dados (*um* por) ② (*fam: nachdenken*) romperse la cabeza (*an* con)

**Knoblauch** ['kno:blaʊx] *m* <-(e)s, *ohne pl*> ajo *m;* **Knoblauchpresse** *f* exprimidera *f* de ajo; **Knoblauchzehe** *f* diente *m* de ajo

**Knöchel** ['knœçəl] *m* <-s, -> ① (*am Fuß*) tobillo *m;* **sich** *dat* **den** ~ **verstauchen** dislocarse el tobillo ② (*am Finger*) nudillo *m*

**Knochen** ['knɔxən] *m* <-s, -> hueso *m;* **sich** *dat* **die** ~ **brechen** (*fam*) romperse los huesos; **der Schreck fuhr ihm in die** ~ (*fam*) se llevó un susto enorme; **bis auf die** ~ **nass werden** (*fam*) calarse hasta los huesos; **Knochenarbeit** *f ohne pl* (*fam*) trabajo *m* de negros, pela *f Mex;* **Knochenbruch** *m* fractura *f* de hueso; **Knochengerüst** *nt* esqueleto *m*

**Knochenmark** *nt* <-(e)s, *ohne pl*> (ANAT) médula *f* ósea; **Knochenmarktransplantation** *f* (MED) trasplante *m* de médula ósea

**Knochenschwund** *m* (MED) atrofia *f* ósea; **knochentrocken** ['-'--] *adj* (*fam: Brot, Humor*) muy seco

**knochig** ['knɔxɪç] *adj* huesudo; (*Gesicht*) descarnado

**knock-out** *adj,* **knockout** [nɔk'ʔaʊt] *adj* (*a.* SPORT) knock-out; ~ **gehen** quedar k.o.

**Knödel** ['knø:dəl] *m* <-s, -> (*Österr, südd*) *especie de albóndiga cocida hecha de una masa de patatas o miga de pan*

**i Land & Leute**

La palabra **Knödel** se utiliza en el sur de Alemania y Austria como sinónimo de *Kloß.* Es una especialidad gastronómica consistente en una bola de distintos tipos de masa que se cuece en agua y se sirve como acompañamiento de la carne. Las hechas con patata – *Kartoffelknödel* y miga de pan – *Semmelknödel* están especialmente extendidas en el sur.

**Knöllchen** ['knœlçən] *nt* <-s, -> (*fam: Strafzettel*) multa *f*

**Knolle** ['knɔlə] *f* <-n> ① (BOT) tubérculo *m* ② (*fam: rundliche Verdickung*) bulto *m;* **Knollenblätterpilz** [--'---] *m* (BOT) amanita *f;* **Knollengemüse** *nt* (BOT) verdura *f* tuberosa

**Knopf** [knɔpf, *pl:* 'knœpfə] *m* <-(e)s, Knöpfe> ① (*a.* ELEK, MUS) botón *m;* **einen** ~ **annähen/verlieren** coser/perder un botón; **auf den** ~ **drücken** pulsar el botón ② (*Schweiz, südd*) nudo *m*

**knöpfen** ['knœpfən] *vt* abotonar

**Knopfloch** *nt* ojal *m*

**Knorpel** ['knɔrpəl] *m* <-s, -> cartílago *m*

**knorp(e)lig** *adj* cartilaginoso

**knorrig** ['knɔrɪç] *adj* (*Baum*) nudoso

**Knospe** ['knɔspə] *f* <-n> (*Blüten~*) capullo *m;* (*von Blatt, Zweig*) yema *f;* ~**n treiben** brotar

**knospen** *vi* brotar

**knoten** *vt* hacer un nudo (en); (*befestigen*) fijar con un nudo; (*Krawatte*) anudar

**Knoten** ['kno:tən] *m* <-s, -> ① (*bei Fäden, a.* NAUT, BOT) nudo *m* ② (*Frisur*) moño *m* ③ (MED) nudosidad *f;* **Knotenpunkt** *m* nudo *m* de comunicaciones

**knotig** *adj* nudoso

**Know-how** *nt* <-(s), *ohne pl*> conocimientos *mpl* (de la tecnología)

**Knubbel** ['knʊbəl] *m* <-s, -> (*reg: rundliche Verdickung*) bulto *m*

**knuddeln** ['knʊdəln] *vt* (*reg*) achuchar (y besuquear)

**knülle** ['knʏlə] *adj* (*fam*) borracho como una cuba

**knüllen** ['knʏlən] **I.** *vi* (*knittern*) arrugarse **II.** *vt* (*Papier*) estrujar

**Knüller** ['knʏlɐ] *m* <-s, -> (*fam*) sensación *f*

**knüpfen** ['knʏpfən] *vt* ① (*knoten*) anudar ② (*Netz*) hacer ③ (*Freundschaft*) trabar;

**große Erwartungen an etw** ~ poner grandes esperanzas en algo; **Bedingungen an etw** ~ poner algo por condición

**Knüppel** ['knʏpəl] *m* <-s, -> ❶ (*Stock*) garrote *m*, mamón *m Guat, Hond*, tocho *m Arg;* (*von Polizei*) porra *f;* **jdm einen ~ zwischen die Beine werfen** (*fam*) poner cortapisas a alguien ❷ (AERO) palanca *f* de mando; **knüppeldick** ['--'-] *adv* (*fam fig*) muy fuerte; **es kam ~** sucedió lo peor; **er trug ~ auf** exageró a más no poder

**knurren** ['knʊrən] *vi* ❶ (*Hund, Mensch*) gruñir (*über* a causa de) ❷ (*Magen*) sonar; **mir knurrt der Magen** me suenan las tripas

**knurrig** *adj* gruñón

**knusp(e)rig** *adj* crujiente

**knutschen** ['knuːtʃən] *vi* (*fam*) besuquearse

**Knutschfleck** *m* (*fam*) chupetón *m*

**k.o.** [kaː'ʔoː] *adj* (*a.* SPORT) *Abk. von* **knockout** k.o.; **~ gehen** quedar k.o.

**Koalabär** *m* (ZOOL) koala *m*

**koalieren*** [koa'liːrən] *vi* (POL) formar una coalición

**Koalition** [koali'tsjoːn] *f* <-en> (POL) coalición *f;* **eine ~ bilden** formar una coalición; **Koalitionspartner** *m* (POL) socio *m* de coalición; **Koalitionsregierung** *f* (POL) gobierno *m* de coalición

**Kobalt** ['koːbalt] *nt* <-s, *ohne pl*> (CHEM) cobalto *m*

**Koblenz** ['koːblɛnts] *nt* <-> Coblenza *f*

**Kobold** ['koːbɔlt] *m* <-(e)s, -e> duende *m*

**Kobra** ['koːbra] *f* <-s> cobra *f*

**Koch** [kɔx, *pl:* 'kœçə] *m*, **Köchin** *f* <-(e)s, Köche; -nen> cocinero, -a *m, f*

**Kochbuch** *nt* libro *m* de cocina

**kochen** ['kɔxən] **I.** *vi* ❶ (*Wasser, Speisen*) hervir; (*Kühler*) echar humo; **etw zum K~ bringen** hacer hervir algo ❷ (*Speisen zubereiten*) cocinar ❸ (*fam: wütend sein*) estar furioso; **er kocht vor Wut** está furioso **II.** *vt* ❶ (*garen*) cocer; **hart gekocht** (*Ei*) duro; **weich gekocht** (*Gemüse*) cocido (hasta que esté tierno); (*Ei*) pasado por agua ❷ (*zubereiten*) hacer, preparar ❸ (*heiß waschen*) lavar a 90 grados

**Kocher** *m* <-s, -> hornillo *m*

**kochfest** *adj* (*Wäsche*) lavable a 90 grados

**Köchin** ['kœçɪn] *f* <-nen> *s.* **Koch**

**Kochkunst** *f ohne pl* arte *m* culinario; **Kochlöffel** *m* cuchara *f* de palo; **Kochnische** *f* cocinita *f;* **Kochplatte** *f* fogón *m;* **Kochrezept** *nt* receta *f* de cocina; **Kochsalz** *nt ohne pl* sal *f* común; **Kochtopf** *m* olla *f;* **Kochwäsche** *f* colada *f* a 90 grados

**kodd(e)rig** ['kɔd(ə)rɪç] *adj* (*nordd: fam*) ❶ (*unverschämt*) impertinente ❷ (*unwohl*) indispuesto; **jdm ist ~** alguien siente náuseas

**Kode** ['koːdə, koːt] *m* <-s, -s> código *m*

**Köder** ['køːdɐ] *m* <-s, -> cebo *m*

**ködern** *vt* ❶ (*Tiere*) echar el cebo (a) ❷ (*Personen*) engatusar

**Kodex**[1] ['koːdɛks] *m* <-(es), -e *o* Kodizes> (HIST) códice *m*

**Kodex**[2] ['koːdɛks] *m* <-(es), -e> (*Regelung*) código *m*

**kodieren*** [ko'diːrən] *vt* codificar

**Kodierung** *f* <-en> codificación *f*

**Kodizes** *pl von* **Kodex**[1]

**Koexistenz** [koʔɛksɪs'tɛnts] *f ohne pl* (*a.* POL) coexistencia *f*

**koexistieren*** *vi* (*geh*) coexistir

**Koffein** [kɔfe'iːn] *nt* <-s, *ohne pl*> cafeína *f;* **koffeinfrei** *adj* descafeinado; **koffeinhaltig** *adj* con cafeína

**Koffer** ['kɔfɐ] *m* <-s, -> maleta *f*, valija *f Am*, chácara *f And;* **die ~ packen/auspacken** hacer/deshacer las maletas; **Kofferradio** *nt* radio *f* portátil; **Kofferraum** *m* maletero *m*, baúl *m Am*, cofre *m Mex*

**Kognak** ['kɔnjak] *m* <-s, -s> coñac *m*

**kohärent** [kohɛ'rɛnt] *adj* coherente

**Kohärenz** [kohɛ'rɛnts] *f ohne pl* coherencia *f*

**Kohl** [koːl] *m* <-(e)s, *ohne pl*> ❶ (*Gemüse*) col *f;* **das macht den ~ auch nicht fett** (*fam*) ya no importa ❷ (*fam abw: Unsinn*) bobadas *fpl*

**Kohldampf** *m* <-(e)s, *ohne pl*> (*fam*): **~ haben** tener un hambre de mil demonios

**Kohle**[1] ['koːlə] *f* <-n> (*Brennstoff, Zeichen~*) carbón *m;* (**wie**) **auf glühenden ~n sitzen** (*fig fam*) estar sobre ascuas

**Kohle**[2] *f ohne pl* (*fam: Geld*) pasta *f*

**kohlehaltig** *adj* carbonoso

**Kohlehydrat** *nt* <-(e)s, -e> (CHEM) hidrato *m* de carbono; **Kohlekraftwerk** *nt* central *f* térmica carbonera

**Kohlenbergwerk** *nt* mina *f* de carbón; **Kohlendioxid** [--'---] *nt* <-(e)s, *ohne pl*> (CHEM) anhídrido *m* carbónico; **Kohlengrube** *f* mina *f* de carbón; **Kohlenhydrat** *nt* <-(e)s, -e> (CHEM) hidrato *m* de carbono; **Kohlenkeller** *m* carbonera *f;* **Kohlenmonoxid** [-'---] *nt* <-(e)s, *ohne pl*> (CHEM) monóxido *m* de carbono; **Kohlenofen** *m* estufa *f* de carbón; **Kohlenpott** *m* <-(e)s, *ohne pl*> (*fam*) Cuenca *f* del Ruhr

**Kohlensäure** *f ohne pl* ❶ (CHEM) ácido *m* carbónico ❷ (*in Getränken*) gas *m;* **Mineralwasser mit ~** agua mineral con gas; **kohlensäurehaltig** *adj* con gas; **dieses**

K

**Mineralwasser ist nicht** ~ esta agua mineral no tiene gas

**Kohlenstoff** *m* <-(e)s, *ohne pl*> (CHEM) carbono *m;* **Kohlenwasserstoff** [--'---] *m* (CHEM) hidrocarburo *m*

**Kohleofen** *m* estufa *f* de carbón; **Kohlepapier** *nt* papel *m* carbón; **Kohlestift** *m* carboncillo *m,* carbonilla *f Am;* **Kohletablette** *f* pastilla *f* de carbono; **Kohlezeichnung** *f* dibujo *m* al carbón

**Kohlkopf** *m* repollo *m;* **Kohlmeise** *f* (ZOOL) herrerillo *m;* **kohl(pech)rabenschwarz** *adj* negro como el azabache

**Kohlrabi** [ko:l'ra:bi] *m* <-(s), -(s)> colinabo *m*

**Kohlroulade** *f* (GASTR) *hoja de col rellena*

**Kohlweißling** [-'--] *m* <-s, -e> mariposa *f* blanca de la col

**koitieren*** [koi'ti:rən] *vi* copular

**Koitus** ['ko:itʊs] *m* <-, -(se)> coito *m*

**Koje** ['ko:jə] *f* <-n> ❶ (NAUT) litera *f* ❷ (*fam: Bett*) cama *f*

**Kojote** [ko'jo:tə] *m* <-n, -n> coyote *m*

**Kokain** [koka'i:n] *nt* <-s, *ohne pl*> cocaína *f;* **kokainsüchtig** *adj* cocainómano; ~ **sein** ser un cocainómano

**kokeln** ['ko:kəln] *vi* (*fam*) jugar con el fuego

**kokett** [ko'kɛt] *adj* coqueto

**Koketterie** [kokɛtə'ri:] *f ohne pl* coquetería *f*

**kokettieren*** [kokɛ'ti:rən] *vi* coquetear; (*flirten*) flirtear

**Kokolores** [koko'lo:rɛs] *m* <-, *ohne pl*> (*fam*) tonterías *fpl;* **mach keinen ~!** ¡no hagas tonterías!

**Kokon** [ko'kõ:] *m* <-s, -s> capullo *m*

**Kokosfett** *nt* grasa *f* de coco; **Kokosflocken** *fpl* coco *m* rallado; **Kokosmilch** *f* leche *f* de coco; **Kokosnuss** *f* coco *m;* **Kokosöl** *nt* (GASTR) aceite *m* de coco; **Kokospalme** *f* (BOT) cocotero *m*

**Koks** [ko:ks] *m* <-es, *ohne pl*> ❶ (*Brennstoff*) coque *m* ❷ (*fam: Unsinn*) tonterías *fpl* ❸ (*sl: Kokain*) coca *f,* perico *m*

**koksen** *vi* ❶ (*sl: Kokain schnupfen*) esnifar cocaína ❷ (*fam: schlafen*) sobar

**Kola** ['ko:la] *f* <-> (*fam*) (coca-)cola *f*

**Kolben** ['kɔlbən] *m* <-s, -> ❶ (TECH) pistón *m* ❷ (CHEM) matraz *m* ❸ (*beim Gewehr*) culata *f* ❹ (BOT) espádice *m* ❺ (*fam: Nase*) narizón *m,* narizota *f;* **Kolbenmotor** *m* (AUTO) motor *m* de pistón; **Kolbenstange** *f* (AUTO) biela *f*

**Kolchose** [kɔl'ço:zə] *f* <-n> koljós *m*

**Kolibakterien** [koli-] *fpl* colibacilos *mpl*

**Kolibri** ['ko:libri] *m* <-s, -s> (ZOOL) colibrí *m,* chupaflor *m AmC*

**Kolik** ['ko:lɪk, ko'li:k] *f* <-en> cólico *m*

**kollabieren*** [kɔla'bi:rən] *vi sein* (*zusammenbrechen*) colapsar; (FIN: *Kurs*) caer

**Kollaborateur(in)** [kɔlabora'tø:ɐ] *m(f)* <-s, -e; -nen> (POL) colaboracionista *mf*

**kollaborieren*** [kɔlabo'ri:rən] *vi* (POL) colaborar (con el enemigo)

**Kollaps** ['kɔlaps, -'-] *m* <-es, -e> (MED) colapso *m*

**Kolleg** [kɔ'le:k] *nt* <-s, -s> (*Studien~*) academia *f*

**Kollege, -in** [kɔ'le:gə] *m, f* <-n, -n; -nen> colega *mf;* (*Arbeits~*) compañero, -a *m, f* de trabajo; (*Amts~, a.* POL) homólogo, -a *m, f*

**kollegial** [kɔle'gja:l] *adj* solidario

**Kollegialität** [kɔlegjali'tɛ:t] *f ohne pl* solidaridad *f* profesional

**Kollegin** *f* <-nen> *s.* **Kollege**

**Kollegium** [kɔ'le:giʊm] *nt* <-s, Kollegien> colegas *mpl;* (*bei Lehrern*) cuerpo *m* docente

**Kollekte** [kɔ'lɛktə] *f* <-n> colecta *f*

**Kollektion** [kɔlek'tsjo:n] *f* <-en> colección *f*

**Kollektiv** [kɔlɛk'ti:f] *nt* <-s, -e *o* -s> colectivo *m*

**Koller**[1] ['kɔlɐ] *m* <-s, -> (*fam: Wutausbruch*) estallido *m* de cólera; **ich kriegte/hatte einen** ~ me dio/tenía un ataque de cólera

**Koller**[2] *nt* <-s, -> canesú *m*

**kollidieren*** [kɔli'di:rən] *vi* ❶ *sein* (*zusammenstoßen*) colisionar (*mit* contra) ❷ (*in Konflikt geraten*) chocar (*mit* con); (*zeitlich*) coincidir (*mit* con)

**Kollier** [kɔ'lje:] *nt* <-s, -s> collar *m*

**Kollision** [kɔli'zjo:n] *f* <-en> colisión *f*

**Kolloquium** [kɔ'lo:kviʊm] *nt* <-s, Kolloquien> coloquio *m*

**Köln** [kœln] *nt* <-s> Colonia *f*

**Kölnischwasser** *nt,* **kölnisch Wasser** *nt* agua *f* de Colonia

**kolonial** [kolo'nja:l] *adj* colonial; **Kolonialherrschaft** *f* dominio *m* colonial

**Kolonialismus** [kolonja'lɪsmʊs] *m* <-, *ohne pl*> colonialismo *m*

**Kolonialmacht** *f* potencia *f* colonial

**Kolonie** [kolo'ni:] *f* <-n> colonia *f*

**Kolonisation** [koloniza'tsjo:n] *f* <-en> colonización *f*

**kolonisieren*** [koloni'zi:rən] *vt* colonizar

**Kolonne** [ko'lɔnə] *f* <-n> ❶ (*einer Tabelle, a.* TYPO, MIL) columna *f* ❷ (*Fahrzeug~*) caravana *f;* (MIL) convoy *m* ❸ (*Arbeitergruppe*) brigada *f*

**kolorieren*** [kolo'ri:rən] *vt* colorear

**Kolorit** [kolo'ri:t] *nt* <-(e)s, -e *o* -s> (KUNST, MUS: *a. fig*) colorido *m*

**Koloss** [koˈlɔs] *m* <-es, -e> coloso *m*

**kolossal** [kolɔˈsaːl] *adj* colosal

**Kölsch** [kœlʃ] *nt* <-(s), *ohne pl*> ❶ (*Kölner Bier*) cerveza *f* de Colonia ❷ (*Kölner Mundart*) habla *f* de Colonia

**Kolumbianer(in)** [kolʊmˈbjaːnɐ] *m(f)* <-s, -; -nen> colombiano, -a *m, f*

**kolumbianisch** [kolʊmˈbjaːnɪʃ] *adj* colombiano

**Kolumbien** [koˈlʊmbiən] *nt* <-s> Colombia *f*

**Kolumbus** [koˈlʊmbʊs] *m* <-> (HIST) Colón *m*

**Kolumne** [koˈlʊmnə] *f* <-n> (*Spalte*) columna *f*

**Kolumnist(in)** [kolʊmˈnɪst] *m(f)* <-en, -en; -nen> (PUBL) columnista *mf*

**Koma** [ˈkoːma] *nt* <-s, -s *o* -ta> (MED) coma *m;* **im ~ liegen** estar en (estado de) coma

**Kombi** [ˈkɔmbi] *m* <-s, -s> (*fam*) combi *m*

**Kombination** [kɔmbinaˈtsjoːn] *f* <-en> ❶ (*Verbindung*) combinación *f* ❷ (*Vermutung*) suposición *f* ❸ (*Kostüm*) conjunto *m;* (*Arbeitsanzug*) mono *m;* **Kombinationsgabe** *f ohne pl* talento *m* para combinar

**kombinieren*** [kɔmbiˈniːrən] **I.** *vi* (*folgern*) deducir **II.** *vt* combinar

**Kombiwagen** *m* coche *m* furgoneta

**Kombüse** [kɔmˈbyːzə] *f* <-n> (NAUT) cocina *f* de un barco

**Komet** [koˈmeːt] *m* <-en, -en> cometa *m*

**Komfort** [kɔmˈfoːɐ] *m* <-s, *ohne pl*> confort *m*

**komfortabel** [kɔmfɔrˈtaːbəl] *adj* confortable

**Komik** [ˈkoːmɪk] *f ohne pl* comicidad *f;* **einen Sinn für ~ haben** tener sentido para lo cómico

**Komiker(in)** [ˈkoːmikɐ] *m(f)* <-s, -; -nen> cómico, -a *m, f*

**komisch** *adj* ❶ (*ulkig*) cómico ❷ (*seltsam*) raro; **das kam mir ~ vor** me pareció raro

**komischerweise** [ˈkoːmɪʃɐˈvaɪzə] *adv* curiosamente

**Komitee** [komiˈteː, kɔmiˈteː] *nt* <-s, -s> comité *m*

**Komma** [ˈkɔma] *nt* <-s, -s *o* -ta> coma *f*

**Kommandant(in)** [kɔmanˈdant] *m(f)* <-en, -en; -nen> (MIL) comandante *mf*

**kommandieren*** [kɔmanˈdiːrən] **I.** *vt* ❶ (*Einheit, Flotte*) comandar ❷ (*ab~*) destacar; **jdn an die Front ~** destacar a alguien al frente ❸ (*befehlen*) ordenar **II.** *vi* ordenar

**Kommando¹** [kɔˈmando] *nt* <-s, -s> ❶ (*Befehl*) orden *f;* **auf ~** al dar la orden ❷ (*Gruppe*) comando *m*

**Kommando²** *nt* <-s, *ohne pl*> (*Befehlsgewalt*) mando *m;* **das ~ haben** tener el mando (*über* sobre)

**Kommandobrücke** *f* (NAUT) puente *m* de mando

**Kommata** *pl von* **Komma**

**kommen** [ˈkɔmən] <kommt, kam, gekommen> *vi sein* ❶ (*her~*) venir (*von* de); (*hin~*) ir; (*an~*) llegar; (*zurückkehren*) volver (*von* de); **da kommt er ja!** ¡ahí viene!; **ich komme schon** ya voy; **gut, dass du kommst** me alegro de que vengas; **ein Taxi ~ lassen** llamar a un taxi; **er kam von einer Reise** volvió de un viaje; **angelaufen ~** venir corriendo; **zu spät ~** llegar tarde; **du sollst zum Direktor ~** que vengas a ver al director; **wie komme ich nach ...?** ¿por dónde se va a...?; **sie kam zu der Überzeugung, dass ...** llegó a la conclusión de que...; **wir müssen langsam zu einem Ende ~** tenemos que acabar ya; **nicht von der Stelle ~** no avanzar nada; **ich halte die Zeit für ge~** pienso que ha llegado el momento; **ein einziges K~ und Gehen** un ir y venir continuo; **jetzt komme ich** (**an die Reihe**) ahora me toca a mí; **das kommt später** (eso) viene más tarde; **der kommt mir nicht ins Haus!** ¡ése no pone un pie en mi casa!; **in die Schule/ins Krankenhaus ~** ir a la escuela/al hospital; **der Fall kommt vor Gericht** el caso se llevará a los tribunales; **sein Vorschlag kam mir sehr gelegen** su propuesta me vino muy a propósito; **du kommst mir gerade recht!** (*fam*) ¡eres justo lo que me faltaba!; **das kommt mir wie gerufen** me viene de perlas; **komme, was da wolle** pase lo que pase; **jdm ~ die Tränen** a alguien se le saltan las lágrimas; **so weit kommt es noch** (*fam*) hasta ahí podíamos llegar; **zum Stehen ~** pararse; **man kommt hier zu nichts** aquí no se tiene tiempo para nada; **es kam zu einem Streit** se armó la de San Quintín; **dazu kommt noch, dass ...** hay que añadir que...; **zur Sache ~** ir al grano; **wieder zu sich ~** volver en sí; **zu Wort ~** (conseguir) hablar; **zu Schaden ~** sufrir un daño; **wie käme ich dazu, das zu machen?** ¿por qué iba a hacerlo?; **wie komme ich zu der Ehre?** (*iron*) ¿a qué debo el honor?; **ums Leben ~** perder la vida; **das kommt zusammen auf 20 Euro** (*fam*) todo junto hace 20 euros; **ich komme auf 1.200 Euro im Monat** (*fam*) saco unos 1200 euros al mes; **hast du richtig gezählt? ich komme nur auf 15** ¿has contado bien? a mí me da sólo 15; **kommt man hier**

K

**leicht an frisches Gemüse?** ¿es fácil conseguir aquí verduras frescas?; **ich kam nicht auf seinen Namen** no caía en su nombre; **wie kommst du darauf?** ¿cómo se te ocurre?; **wohin kämen wir, wenn das jeder machen würde** adonde iríamos a parar si todos hiciesen lo mismo; **da könnte ja jeder ~** sí hombre, por tu cara bonita; **sie lässt nichts auf ihn ~** no consiente que lo critiquen; **auf die Welt ~** nacer; **auf etw/jdn zu sprechen ~** hablar de algo/de alguien; **hinter etw ~** descubrir algo; **durch den Zoll/eine Prüfung ~** pasar la aduana/un examen; **Jeans sind wieder im K~** los vaqueros se ponen otra vez de moda; **aus der Mode ~** pasar de moda; **aus dem Takt ~** perder el compás; **aus dem Konzept ~** perder el hilo; **komm, wir gehen!** (*fam*) ¡venga, vámonos!; **nun komm schon!** (*fam*) ¡venga ya!; **komm mir bloß nicht damit** (*fam*) no me vengas con esas; **kommt Zeit, kommt Rat** (*prov*) el tiempo aclara las cosas; **wer zuerst kommt, mahlt zuerst** (*prov*) el que primero llega, ése la calza ❷ (*herbei~*) acercarse (*zu* a), acudir (*zu* a); **etw** *dat*/**jdm nahe** [*o* **näher**] **~** acercarse a algo; **das kommt meinen Vorstellungen sehr nahe** esto casi coincide con mis planes; **sich** *dat* **nahe ~** intimar; **sie kamen sich näher** se conocieron mejor ❸ (*geschehen*) pasar; **ich habe es ~ sehen** ya me lo veía venir; **dazu kam es gar nicht mehr** ya no hubo tiempo para eso; **es kam eins zum anderen** fue una reacción en cadena; **das musste ja so ~** tenía que pasar; **es kam, wie es ~ musste** pasó lo que tenía que pasar; **die Hochzeit kam für alle überraschend** la boda fue una sorpresa para todos; **das Schlimmste/Beste kommt erst noch** y ahora viene lo peor/lo mejor; **wie kommt es, dass du ...?** ¿cómo es que tú...?; **wenn es kommt, kommt's dick** (*fam*) las desgracias nunca vienen solas; **es kommt immer anders, als man denkt** (*prov*) las cosas nunca pasan como uno se piensa ❹ (*stammen*) ser (*aus* de); **ich komme aus Dortmund** soy de Dortmund ❺ (*durchqueren*) pasar (*über/durch* por); **über Münster ~** pasar por Münster ❻ (*entfallen*) corresponder (*auf* a); **auf zwei Deutsche kommt ein Auto** cada dos alemanes tienen un coche ❼ (*berühren*) tocar; (*streifen*) rozar ❽ (*herrühren*) deberse (*von* a); **das kommt davon, dass ...** eso se debe a...; **der Vorschlag kam von mir** la propuesta era mía; **das kommt davon!** ¡esa es la consecuencia!; **das kommt vom Rauchen** eso pasa por fumar ❾ (*hingehören*) ponerse; **das Geschirr kommt in den Schrank** los platos se ponen en el armario ❿ (*Bedenken*) surgir; (*Idee*) ocurrir ⓫ (*anfangen*): **in Gang ~** ponerse en movimiento ⓬ (*fam: Orgasmus haben*) correrse

**kommend** *adj* venidero; (*zukünftig*) futuro; **die ~en Jahre** los años venideros; **~e Woche** la semana que viene

**Kommentar** [kɔmɛnˈtaːɐ̯] *m* <-(e)s, -e> comentario *m*; **kein ~!** ¡sin comentarios!; **einen ~ zu etw** *dat* **abgeben** hacer un comentario respecto a algo

**kommentarlos** *adj* sin comentario

**Kommentator(in)** [kɔmɛnˈtaːtoːɐ̯] *m(f)* <-s, -en; -nen> comentarista *mf*

**kommentieren*** [kɔmɛnˈtiːrən] *vt* ❶ (*Stellung nehmen*) comentar ❷ (*Text*) glosar; **kommentierte Ausgabe** edición anotada

**kommerzialisieren*** [kɔmɛrtsjaliˈziːrən] *vt* comercializar

**kommerziell** [kɔmɛrˈtsjɛl] *adj* comercial

**Kommilitone, -in** [kɔmiliˈtoːnə] *m, f* <-n, -n; -nen> compañero, -a *m, f* de estudios

**Kommissar(in)** [kɔmɪˈsaːɐ̯] *m(f)* <-s, -e; -nen> ❶ (ADMIN) comisario, -a *m, f*, comisionado, -a *m, f Am* ❷ (*Polizeibeamter*) comisario, -a *m, f* de policía

**Kommissär(in)** [kɔmɪˈsɛːɐ̯] *m(f)* <-s, -e; -nen> (*Österr, Schweiz: Polizeibeamter*) comisario, -a *m, f* de policía

**Kommissariat** [kɔmɪsariˈaːt] *nt* <-s, -e> ❶ (*Amtszimmer*) despacho *m* ❷ (*Österr: Polizeidienststelle*) comisaría *f* (de policía)

**Kommissarin** *f* <-nen> *s.* **Kommissar**

**Kommissärin** *f* <-nen> *s.* **Kommissär**

**kommissarisch** [kɔmɪˈsaːrɪʃ] *adj* provisional; **etw ~ verwalten** administrar algo provisionalmente

**Kommission** [kɔmɪˈsjoːn] *f* <-en> (*a.* COM) comisión *f*; **etw in ~ geben/nehmen** (COM) dar/tomar algo en comisión

**Kommode** [kɔˈmoːdə] *f* <-n> cómoda *f*

**kommunal** [kɔmuˈnaːl] *adj* municipal; **Kommunalpolitik** *f* política *f* municipal; **Kommunalwahl** *f* elecciones *fpl* municipales

**Kommune** [kɔˈmuːnə] *f* <-n> (ADMIN) municipio *m*, comuna *f Am*

**Kommunikation** [kɔmunikaˈtsjoːn] *f ohne pl* comunicación *f*; **Kommunikationsmittel** *nt* medio *m* de comunicación; **Kommunikationssystem** *nt* sistema *m* de comunicación; **Kommunikationsweg** *m* método *m* de comunicación; **neue ~e erschließen** desarrollar nuevas formas de comunicación

**Kommunikee** *nt* <-s, -s> *s.* **Kommuniqué**

**Kommunion** [kɔmu'njo:n] *f* <-en> (REL) ❶ (*Abendmahl*) comunión *f* ❷ (*Erst~*) primera comunión *f*

**Kommuniqué** [kɔmyni'ke:] *nt* <-s, -s> comunicado *m*

**Kommunismus** [kɔmu'nɪsmʊs] *m* <-, *ohne pl*> comunismo *m*

**Kommunist(in)** [kɔmu'nɪst] *m(f)* <-en, -en; -nen> comunista *mf*

**kommunistisch** *adj* comunista

**kommunizieren*** [kɔmuni'tsi:rən] *vi* ❶ (*reden*) comunicarse ❷ (REL) comulgar

**Komödiant(in)** [komø'djant] *m(f)* <-en, -en; -nen> comediante *mf*

**Komödie** [ko'mø:djə] *f* <-n> comedia *f*

**Kompagnon** ['kɔmpanjɔŋ, kɔmpan'jõ:] *m* <-s, -s> (WIRTSCH) socio, -a *m, f*

**kompakt** [kɔm'pakt] *adj* ❶ (*Material*) compacto ❷ (*fam: Person, Statur*) macizo

**Kompanie** [kɔmpa'ni:] *f* <-n> compañía *f*

**Komparativ** ['kɔmparati:f] *m* <-s, -e> (LING) comparativo *m*

**Komparse, -in** [kɔm'parzə] *m, f* <-n, -n; -nen> comparsa *mf*

**Kompass** ['kɔmpas] *m* <-es, -e> brújula *f;* (NAUT) compás *m*

**kompatibel** [kɔmpa'ti:bəl] *adj* (*a.* INFOR) compatible

**Kompatibilität** [kɔmpatibili'tɛ:t] *f* <-en> (*a.* INFOR) compatibilidad *f*

**Kompensation** [kɔmpɛnza'tsjo:n] *f* <-en> compensación *f*

**kompensieren*** [kɔmpɛn'zi:rən] *vt* compensar

**kompetent** [kɔmpe'tɛnt] *adj* competente

**Kompetenz** [kɔmpe'tɛnts] *f* <-en> competencia *f;* **seine ~en überschreiten** sobrepasar sus competencias; **das liegt nicht in meiner ~** esto no es de mi competencia; **Kompetenzstreitigkeiten** *fpl* conflicto *m* competencial; **Kompetenzüberschreitung** *f* extralimitación *f*

**Komplementärfarbe** *f* color *m* complementario

**komplett** [kɔm'plɛt] **I.** *adj* completo **II.** *adv* por completo

**komplettieren*** [kɔmplɛ'ti:rən] *vt* completar

**komplex** [kɔm'plɛks] *adj* complejo

**Komplex** [kɔm'plɛks] *m* <-es, -e> (*a.* PSYCH) complejo *m;* **~e haben** tener complejos

**Komplexität** [kɔmplɛksi'tɛ:t] *f ohne pl* complejidad *f*

**Komplikation** [kɔmplika'tsjo:n] *f* <-en> complicación *f;* **zu ~en führen** causar complicaciones

**Kompliment** [kɔmpli'mɛnt] *nt* <-(e)s, -e> cumplido *m,* piropo *m;* **jdm ~e machen** decirle piropos a alguien; **mein ~!** ¡felicidades!

**Komplize, -in** [kɔm'pli:tsə] *m, f* <-n, -n; -nen> (*abw*) cómplice *mf*

**komplizieren*** [kɔmpli'tsi:rən] **I.** *vt* complicar **II.** *vr:* **sich ~** complicarse

**kompliziert** [kɔmpli'tsi:ɐt] *adj* (*schwierig*) complicado; (*komplex*) complejo

**Komplizin** [kɔm'pli:tsɪn] *f* <-nen> *s.* **Komplize**

**Komplott** [kɔm'plɔt] *nt* <-(e)s, -e> complot *m;* **ein ~ schmieden** tramar un complot

**Komponente** [kɔmpo'nɛntə] *f* <-n> componente *m*

**komponieren*** [kɔmpo'ni:rən] *vi, vt* (*a.* MUS) componer

**Komponist(in)** [kɔmpo'nɪst] *m(f)* <-en, -en; -nen> (MUS) compositor(a) *m(f)*

**Komposita** *pl von* **Kompositum**

**Komposition** [kɔmpozi'tsjo:n] *f* <-en> (*a.* MUS) composición *f*

**Kompositum** [kɔm'po:zitʊm, *pl:* kɔm'po:zita] *nt* <-s, Komposita> (LING) palabra *f* compuesta

**Kompost** [kɔm'pɔst] *m* <-(e)s, -e> compost *m;* **Komposthaufen** *m* montón *m* de compost

**Kompostieranlage** [kɔmpɔs'ti:ɐ-] *f* (AGR) planta *f* de elaboración de compost

**kompostieren*** [kɔmpɔs'ti:rən] *vt* (AGR) ❶ (*zu Kompost verarbeiten*) convertir en compost ❷ (*düngen*) abonar con compost

**Kompostierung** *f* <-en> (AGR) ❶ (*Verarbeitung*) compostaje *m* ❷ (*Düngung*) abonado *m*

**Kompott** [kɔm'pɔt] *nt* <-(e)s, -e> compota *f*

**Kompresse** [kɔm'prɛsə] *f* <-n> (MED) compresa *f*

**komprimieren*** [kɔmpri'mi:rən] *vt* comprimir

**Kompromiss** [kɔmpro'mɪs] *m* <-es, -e> compromiso *m;* (*mittlere Lösung*) solución *f* intermedia; **ein fauler ~** un compromiso barato; **mit jdm einen ~ schließen** llegar a un acuerdo con alguien; **kompromissbereit** *adj* dispuesto a ceder; **Kompromissbereitschaft** *f ohne pl* disposición *f* a transigir; **kompromisslos** *adj* intransigente; **Kompromisslösung** *f* solución *f* de compromiso; **Kompromissvorschlag** *m* propuesta *f* de acuerdo

**kompromittieren*** [kɔmpromɪ'ti:rən] *vt* comprometer

**Kondensator** [kɔndɛn'za:to:ɐ] *m* <-s, -en> (ELEK, TECH) condensador *m*

**kondensieren*** [kɔndɛn'zi:rən] **I.** *vt* (*a.* PHYS) condensar **II.** *vi sein:* **der Dampf kondensiert an den Wänden** el vapor se condensa en las paredes

**Kondensmilch** [kɔn'dɛns-] *f* leche *f* condensada; **Kondensstreifen** *m* estela *f* (de gases condensados); **Kondenswasser** *nt ohne pl* agua *f* de condensación

**Kondition**[1] [kɔndi'tsjo:n] *f* <-en> (WIRTSCH) condición *f*

**Kondition**[2] *f ohne pl* (*körperliche Verfassung*) condición *f* (física); **eine gute ~ haben** estar en buena forma

**Konditionalsatz** [kɔnditsjo'na:l-] *m* (LING) oración *f* condicional

**Konditionstraining** *nt* (SPORT) entrenamiento *m* físico

**Konditor(in)** [kɔn'di:to:ɐ] *m(f)* <-s, -en; -nen> pastelero, -a *m, f*

**Konditorei** [kɔndito'raɪ] *f* <-en> pastelería *f*

**Konditorin** *f* <-nen> *s.* **Konditor**

**Kondolenz** [kɔndo'lɛnts] *f* <-en> pésame *m;* **Kondolenzschreiben** *nt* carta *f* de pésame

**kondolieren*** [kɔndo'li:rən] *vi* dar el pésame (*zu* por)

**Kondom** [kɔn'do:m] *nt o m* <-s, -e> condón *m*

**Kondor** ['kɔndo:ɐ] *m* <-s, -e> cóndor *m*

**Konfekt** [kɔn'fɛkt] *nt* <-(e)s, -e> dulces *mpl*

**Konfektion** [kɔnfɛk'tsjo:n] *f* <-en> ❶ (*Herstellung*) confección *f* ❷ (*Kleidung*) ropa *f* de confección; **Konfektionsgröße** *f* talla *f* de confección

**Konferenz** [kɔnfe'rɛnts] *f* <-en> conferencia *f;* (*Besprechung*) reunión *f;* **Konferenzsaal** *m* sala *f* de conferencias; **Konferenzschaltung** *f* (RADIO, TV) conexión *f* de conferencias simultáneas

**konferieren*** [kɔnfe'ri:rən] *vi* ❶ (*beraten*) conferenciar (*über* sobre) ❷ (*bei Veranstaltung*) presentar

**Konfession** [kɔnfɛ'sjo:n] *f* <-en> confesión *f*

**konfessionell** [kɔnfɛsjo'nɛl] *adj* confesional

**konfessionslos** *adj* aconfesional

**Konfetti** [kɔn'fɛti] *nt* <-(s), *ohne pl*> confeti *m*

**Konfiguration** [kɔnfigura'tsjo:n] *f* <-en> (INFOR) configuración *f*

**konfigurieren*** *vt* (INFOR) configurar

**Konfirmand(in)** [kɔnfɪr'mant] *m(f)* <-en, -en; -nen> confirmando, -a *m, f*

**Konfirmation** [kɔnfɪrma'tsjo:n] *f* <-en> confirmación *f*

**konfirmieren*** [kɔnfɪr'mi:rən] *vt* confirmar

**konfiszieren*** [kɔnfɪs'tsi:rən] *vt* confiscar

**Konfitüre** [kɔnfi'ty:rə] *f* <-n> confitura *f*

**Konflikt** [kɔn'flɪkt] *m* <-(e)s, -e> conflicto *m;* **mit dem Gesetz in ~ geraten** infringir las leyes; **Konfliktherd** *m* (POL) foco *m* de tensiones; **Konfliktlösung** *f* (POL) solución *f* de conflictos; **Konfliktstoff** *m* motivo *m* de conflicto

**Konföderation** [kɔnfødera'tsjo:n] *f* <-en> confederación *f*

**konform** [kɔn'fɔrm] *adj* conforme; **mit jdm ~ gehen** estar de acuerdo con alguien

**konformistisch** *adj* (*geh*) conformista

**Konfrontation** [kɔnfrɔnta'tsjo:n] *f* <-en> confrontación *f;* **Konfrontationskurs** *m ohne pl* confrontación *f;* **auf ~ gehen** (*fam*) ir por las malas

**konfrontieren*** [kɔnfrɔn'ti:rən] **I.** *vt* confrontar (*mit* con) **II.** *vr:* **sich ~** enfrentarse (*mit* con/a)

**konfus** [kɔn'fu:s] **I.** *adj* confuso; **jdn ~ machen** desconcertar a alguien **II.** *adv* confuso; **das klingt ziemlich ~** suena muy confuso

**Konfusion** [kɔnfu'zjo:n] *f* <-en> confusión *f*

**Kongress** [kɔŋ'grɛs, kɔn'grɛs] *m* <-es, -e> congreso *m;* **Kongresshalle** *f* palacio *m* de congresos

**kongruent** [kɔŋgru'ɛnt, kɔngru'ɛnt] *adj* ❶ (MATH) congruente ❷ (LING) concordante

**König(in)** ['kø:nɪç] *m(f)* <-s, -e; -nen> ❶ (*Monarch*) rey *m,* reina *f;* **die Heiligen Drei ~e** los Reyes Magos ❷ (*beim Schach*) rey *m*

**königlich** [kø:nɪklɪç] **I.** *adj* ❶ (*auf König bezogen*) real ❷ (*hoheitsvoll*) majestuoso **II.** *adv* (*fam: außerordentlich*) mucho; **sich ~ amüsieren** pasarlo bomba

**Königreich** *nt* reino *m;* **das Vereinigte ~** el Reino Unido

**königstreu** *adj* monárquico

**Königtum** *nt* <-s, -tümer> monarquía *f*

**Konjugation** [kɔnjuga'tsjo:n] *f* <-en> (LING) conjugación *f*

**konjugieren*** [kɔnju'gi:rən] *vt* (LING) conjugar

**Konjunktion** [kɔnjʊŋk'tsjo:n] *f* <-en> (LING, ASTR) conjunción *f*

**Konjunktiv** ['kɔnjʊŋkti:f] *m* <-s, -e> (LING) subjuntivo *m*

**Konjunktur** [kɔnjʊŋk'tu:ɐ] *f* <-en> (WIRTSCH) coyuntura *f;* **steigende/fallende ~** coyuntura alcista/bajista; **Konjunkturbelebung** *f* (WIRTSCH) reanimación *f* coyuntural; **Konjunktureinbruch** *m* (WIRTSCH) retroceso *m* económico

**konjunkturell** [kɔnjʊŋktu'rɛl] *adj* (WIRTSCH) coyuntural

**Konjunkturindex** *m* (WIRTSCH) índice *m* coyuntural; **Konjunkturlage** *f ohne pl* (WIRTSCH) situación *f* coyuntural; **Konjunkturpolitik** *f* (WIRTSCH) política *f* coyuntural; **Konjunkturspritze** *f* (*fam*) ayuda *f* económica; **Konjunkturtief** *nt* (WIRTSCH) estancamiento *m* económico

**konkav** [kɔn'ka:f] *adj* cóncavo

**Konkordanz** [kɔnkɔr'dants] *f* <-en> (*a.* GEO) concordancia *f*

**konkret** [kɔŋ'kre:t, kɔn'kre:t] **I.** *adj* concreto **II.** *adv* en concreto

**konkretisieren*** [kɔŋkreti'zi:rən, kɔn-] *vt* concretar

**Konkubine** [kɔŋku'bi:nə, kɔn-] *f* <-n> concubina *f*

**Konkurrent(in)** [kɔŋkʊ'rɛnt] *m(f)* <-en, -en; -nen> competidor(a) *m(f)*

**Konkurrenz**[1] [kɔŋkʊ'rɛnts, kɔn-] *f ohne pl* (*Konkurrieren, Konkurrent*) competencia *f;* **jdm ~ machen** hacer la competencia a alguien

**Konkurrenz**[2] *f* <-en> (*Wettkampf*) concurso *m;* **außer ~** fuera de concurso; **Konkurrenzdruck** *m* (WIRTSCH) presión *f* competitiva; **konkurrenzfähig** *adj* competitivo; **Konkurrenzkampf** *m* competición *f*, rivalidad *f*

**konkurrenzlos** **I.** *adj* sin competencia **II.** *adv* fuera de (toda) competencia; **~ billig** a precios sin competencia

**konkurrieren*** [kɔŋkʊ'ri:rən, kɔn-] *vi* competir (*um* por, *mit* con); **miteinander ~** hacerse la competencia

**Konkurs** [kɔŋ'kʊrs, kɔn-] *m* <-es, -e> quiebra *f*, falencia *f Am;* **das Unternehmen ist in ~ gegangen/steht vor dem ~** la empresa ha quebrado/está a punto de quebrar; **~ anmelden** declararse en quiebra; **Konkursmasse** *f* masa *f* activa, activo *m* de la quiebra; **Konkursverfahren** *nt* juicio *m* de quiebra

**können**[1] ['kœnən] <kann, konnte, können> *Modalverb* ❶ (*vermögen, dürfen*) poder *+inf;* (*in der Lage sein*) estar en condiciones (de *+inf*); **kann ich etwas für Sie tun?** ¿puedo ayudarle en algo?; **~ Sie mir sagen, wie spät es ist?** ¿podría decirme la hora?; **wer kann das gewesen sein?** ¿quién puede haber sido?; **ich könnte mir vorstellen, dass ...** podría imaginarme que... *+subj;* **das hätte ich dir gleich sagen ~!** ¡ya lo sabía yo!; **er kann einem Leid tun** (*fam*) es para darle pena a uno; **da kann man nichts mehr machen!** ¡qué se le va a hacer!; **man kann annehmen, dass ...** se puede suponer que...; **du kannst mich mal!** (*vulg*) ¡que te den por el culo! ❷ (*möglich sein*) poder, ser posible; **du könntest Recht haben** puede que tengas razón; **das kann noch dauern** esto puede tardar todavía; **kann sein** es posible; **das kann nicht sein** no puede ser; **das kann passieren** puede pasarle a cualquiera; **es kann sein, dass ...** puede que... *+subj*

**können**[2] ['kœnən] <kann, konnte, gekonnt> **I.** *vt* (*beherrschen*) saber; **was ~ Sie?** ¿qué sabe Ud. hacer?; **sie kann gut Spanisch** habla bien español; **er hat es (nicht) gekonnt** (no) pudo hacerlo **II.** *vi* poder (hacer); **ich kann nichts dafür** (*fam*) no es culpa mía; **ich kann nicht mehr vor Lachen** (*fam*) me muero de risa; **ich kann nicht mehr** (*fam*) ya no puedo más; **morgen kann ich nicht** mañana no puedo; **nicht anders ~ als ...** no tener otro remedio que...; **uns** *dat* **kann keiner!** (*fam*) ¡no hay quien pueda con nosotros!; **wie konntest du nur!** ¡cómo has podido!; **er schrie, was er konnte** gritaba a más no poder; **so schnell sie konnte** lo más rápido que pudo

**Können** *nt* <-s, *ohne pl*> ❶ (*Wissen*) saber *m* ❷ (*Fähigkeit*) capacidad *f*

**Könner(in)** *m(f)* <-s, -; -nen> experto, -a *m, f;* **auf seinem Gebiet ist er ein ~** es un gran entendido en su campo

**konnte** ['kɔntə] *3. imp von* **können**

**Konsekutivdolmetschen** [kɔnzeku'ti:f-] *nt* interpretación *f* consecutiva; **Konsekutivsatz** ['-----, ---'--] *m* (LING) oración *f* consecutiva, proposición *f* consecutiva

**Konsens** [kɔn'zɛns] *m* <-es, -e> consenso *m;* **einen ~ erzielen** ponerse de acuerdo; **Konsensgespräch** *nt* (POL) conversación *f* de consenso

**konsequent** [kɔnze'kvɛnt] **I.** *adj* consecuente **II.** *adv* de forma consecuente; **~ durchgreifen** proceder enérgicamente; **etw ~ verfolgen** perseguir algo con perseverancia

**Konsequenz**[1] [kɔnze'kvɛnts] *f* <-en> ❶ (*Folgerichtigkeit*) lógica *f*, coherencia *f;* **das bedeutet in letzter ~, dass ...** lo cual significa en último término que... ❷ (*Folge*) consecuencia *f;* **die ~en tragen** asumir las consecuencias; **das wird ernste ~en haben** esto va a tener graves consecuencias

**Konsequenz**[2] *f ohne pl* (*Unbeirrbarkeit*) perseverancia *f*

**konservativ** ['kɔnzɛrvati:f, ---'-] *adj* conservador

**Konserve** [kɔn'zɛrvə] *f* <-n> conserva *f;* **Konservenbüchse** *f*, **Konservendose** *f* lata *f* de conservas

**konservieren*** [kɔnzɛr'vi:rən] *vt* conservar

**Konservierung** *f* <-en> conservación *f;* **Konservierungsmittel** *nt* conservante *m*

**Konsistenz** [kɔnzɪs'tɛnts] *f ohne pl* consistencia *f*

**Konsole** [kɔn'zo:lə] *f* <-n> ❶ (ARCHIT) repisa *f* ❷ (*Möbel*) consola *f* ❸ (INFOR) consola *f*

**Konsonant** [kɔnzo'nant] *m* <-en, -en> (LING) consonante *f*

**Konsorten** [kɔn'zɔrtən] *mpl* (*abw*) consortes *mpl;* **das haben wieder Meyer und ~ ausgefressen** ya se lo han zampado Meyer y compañía otra vez

**Konsortium** [kɔn'zɔrtsiʊm] *nt* <-s, Konsortien> (WIRTSCH) consorcio *m*

**konspirativ** [kɔnspira'ti:f] *adj* de conspiración

**konstant** [kɔn'stant] **I.** *adj* constante **II.** *adv* ❶ (*dauernd*) constantemente ❷ (*beharrlich*) insistentemente

**Konstante** [kɔn'stantə] *f* <-n> (MATH, PHYS) constante *f*

**konstatieren*** [kɔnsta'ti:rən] *vt* constatar

**Konstellation** [kɔnstɛla'tsjo:n] *f* <-en> constelación *f*

**konsternieren*** [kɔnstɛr'ni:rən] *vt* consternar; **er war völlig konsterniert deswegen** se quedó completamente consternado

**konstituieren*** [kɔnstitu'i:rən] *vt* constituir

**Konstitution** [kɔnstitu'tsjo:n] *f* <-en> constitución *f*

**konstitutionell** [kɔnstitutsjo'nɛl] *adj* (POL, MED) constitucional; **~e Monarchie** monarquía constitucional

**konstruieren*** [kɔnstru'i:rən] *vt* ❶ (*a.* MATH, LING) construir ❷ (*abw*) enrevesar

**Konstrukteur(in)** [kɔnstrʊk'tø:ɐ] *m(f)* <-s, -e; -nen> constructor(a) *m(f)*

**Konstruktion** [kɔnstrʊk'tsjo:n] *f* <-en> construcción *f;* **Konstruktionsfehler** *m* defecto *m* de construcción

**konstruktiv** [kɔnstrʊk'ti:f] *adj* constructivo

**Konsul(in)** ['kɔnzʊl] *m(f)* <-s, -n; -nen> cónsul *mf*

**Konsulat** [kɔnzu'la:t] *nt* <-(e)s, -e> consulado *m*

**Konsulin** *f* <-nen> *s.* **Konsul**

**konsultieren*** [kɔnzʊl'ti:rən] *vt* consultar

**Konsum** [kɔn'zu:m] *m* <-s, *ohne pl*> consumo *m*

**Konsument(in)** [kɔnzu'mɛnt] *m(f)* <-en, -en; -nen> consumidor(a) *m(f)*

**Konsumgesellschaft** *f* sociedad *f* de consumo; **Konsumgüter** *ntpl* bienes *mpl* de consumo

**konsumieren*** [kɔnzu'mi:rən] *vt* consumir

**konsumorientiert** *adj* consumista

**Konsumverhalten** *nt ohne pl* actitud *f* consumista

**Kontakt** [kɔn'takt] *m* <-(e)s, -e> (*a.* ELEK) contacto *m;* **körperlicher ~** contacto físico; **sexuelle ~e** relaciones sexuales; **mit jdm in ~ kommen/stehen** entrar/estar en contacto con alguien; **wir sollten in ~ bleiben** deberíamos mantenernos en contacto; **stehst du noch in ~ mit ihr?** ¿sigues teniendo contacto con ella?; **sie unterhalten geschäftliche ~e zu unserer Firma** tienen negocios con nuestra empresa; **Kontaktadresse** *f* dirección *f* a contactar; **Kontaktanzeige** *f* anuncio *m* de contacto; **kontaktarm** *adj* ❶ (*schwer Kontakt findend*) con dificultades para relacionarse; **er ist ausgesprochen ~** tiene enormes dificultades para relacionarse ❷ (*kaum Kontakt habend*) con pocas amistades; **sie ist sehr ~** tiene muy pocas amistades; **Kontaktaufnahme** *f* toma *f* de contacto; **Kontaktbildschirm** *m* (INFOR) pantalla *f* de contacto; **kontaktfreudig** *adj* sociable; **Kontaktlinse** *f* lente *f* de contacto, lentilla *f;* **Kontaktmann** *m* <(e)s, -männer *o* -leute> persona *f* de contacto; **Kontaktperson** *f* (MED) contacto *m*

**Kontamination** [kɔntamina'tsjo:n] *f* <-en> contaminación *f*

**kontaminieren*** [kɔntami'ni:rən] *vt* (*a.* LING) contaminar

**Konten** *pl von* **Konto**

**Konter** ['kɔntɐ] *m* <-s, -> (SPORT) contraataque *m*

**Konterfei** ['kɔntɐfaɪ] *nt* <-s, -s *o* -e> retrato *m*

**kontern** ['kɔntɐn] **I.** *vt* (SPORT) contraatacar **II.** *vi* (*zurückweisen*) replicar

**Konterrevolution** *f* contrarrevolución *f*

**Kontext** ['kɔntɛkst] *m* <-(e)s, -e> contexto *m*

**Kontinent** ['kɔntinɛnt, --'-] *m* <-(e)s, -e> continente *m*

**kontinental** [kɔntinɛn'ta:l] *adj* continental

**Kontingent** [kɔntɪŋ'gɛnt] *nt* <-(e)s, -e> contingente *m*

**kontinuierlich** [kɔntinu'i:ɐlɪç] *adj* continuo

**Kontinuität** [kɔntinui'tɛ:t] *f ohne pl* continuidad *f*

**Konto** ['kɔnto] *nt* <-s, Konten> cuenta *f;* **ein ~ eröffnen/auflösen** abrir/cerrar una cuenta; **das ~ überziehen** sobrepasar la cuenta; **das geht auf mein ~** (*fam*) esto va de mi cuenta; **Kontoauszug** *m* extracto *m* de cuenta; **Kontoführung** *f* administración *f* de la cuenta; **Kontoinhaber(in)** *m(f)* titular *mf* de una cuenta; **Kontonummer** *f* número *m* de (la) cuenta; **Kontostand** *m* estado *m* de (la) cuenta

**kontra** ['kɔntra] **I.** *präp +akk* (JUR: *a. fig*) contra **II.** *adv* (*dagegen*) en contra

**Kontrabass** ['kɔntra-] *m* contrabajo *m*

**Kontrahent(in)** [kɔntra'hɛnt] *m(f)* <-en, -en; -nen> ❶ (*Gegner*) adversario, -a *m, f* ❷ (*Vertragspartner*) parte *f* contratante

**kontrahieren*** [kɔntra'hiːrən] *vi* contraer

**Kontraktion** [kɔntrak'tsjoːn] *f* <-en> (GEO, MED, PHYS, LING) contracción *f*

**kontraproduktiv** ['-----] *adj* contraproducente; **Kontrapunkt** ['---] *m* (*a.* MUS) contrapunto *m*

**konträr** [kɔn'trɛːɐ] *adj* contrario, opuesto

**Kontrast** [kɔn'trast] *m* <-(e)s, -e> contraste *m;* **in** [*o* **im**] **~ zu etw** *dat* **stehen** estar en contraste con algo

**kontrastieren*** [kɔntras'tiːrən] *vi* contrastar

**Kontrastprogramm** *nt* programa *m* alternativo

**kontrastreich** *adj* rico en contrastes

**Kontrollabschnitt** *m* matriz *f* de talonario

**Kontrolle** [kɔn'trɔlə] *f* <-n> ❶ (*Beherrschung, Pass~, Polizei~*) control *m;* **über jdn/etw die ~ verlieren** perder el control sobre alguien/algo; **jdn/etw unter ~ haben** controlar a alguien/algo; **alles unter ~!** ¡todo bajo control!; **sein Auto geriet außer ~** perdió el control del coche ❷ (*Prüfung*) control *m;* (*Inspektion*) inspección *f;* (*Überwachung*) vigilancia *f*

**Kontrolleur(in)** [kɔntrɔ'løːɐ] *m(f)* <-s, -e; -nen> controlador(a) *m(f)*

**Kontrollfunktion** *f* función *f* de control; **eine ~ ausüben** ejercer el control

**kontrollierbar** [kɔntrɔ'liːɐbaːɐ] *adj* controlable

**kontrollieren*** [kɔntrɔ'liːrən] *vt* ❶ (*allgemein*) controlar; (*überprüfen*) inspeccionar; (*Gepäck*) registrar ❷ (*überwachen*) vigilar ❸ (*beherrschen*) dominar

**Kontrolllampe** *f* piloto *m;* **Kontrollturm** *m* (AERO) torre *f* de control

**kontrovers** [kɔntro'vɛrs] **I.** *adj* ❶ (*entgegengesetzt*) contrario ❷ (*bestreitbar*) cuestionable ❸ (*umstritten*) controvertido **II.** *adv* de forma polémica

**Kontroverse** [kɔntro'vɛrzə] *f* <-n> controversia *f*

**Kontur** [kɔn'tuːɐ] *f* <-en> contorno *m;* (*Profil*) perfil *m;* **etw verliert an/gewinnt ~** algo pierde perfil/se perfila

**Konvention** [kɔnvɛn'tsjoːn] *f* <-en> (*Abkommen, Norm*) convención *f*

**Konventionalstrafe** *f* (JUR) multa *f* convencional

**konventionell** [kɔnvɛntsjo'nɛl] *adj* convencional

**Konvergenzkriterium** *nt* (EU) criterio *m* de convergencia; **Konvergenzphase** *f* (EU, POL) fase *f* de convergencia; **Konvergenzpolitik** *f ohne pl* política *f* de convergencia; **Konvergenzprogramm** *nt* (EU, POL) programa *m* de convergencia

**Konversation** [kɔnvɛrza'tsjoːn] *f* <-en> conversación *f;* **~ machen** conversar

**Konversion** [kɔnvɛr'zjoːn] *f* <-en> (REL, INFOR, WIRTSCH) conversión *f;* **Konversionskurse** *mpl* (FIN) precio *m* de conversión; **die ~ zwischen dem Euro und den nationalen Währungseinheiten** el precio de conversión del euro y las respectivas monedas nacionales

**konvertieren*** [kɔnvɛr'tiːrən] **I.** *vi haben o sein* (REL) convertirse (*zu* a) **II.** *vt* (WIRTSCH, INFOR) convertir

**konvex** [kɔn'vɛks] *adj* convexo

**Konvoi** [kɔn'vɔɪ, '--] *m* <-s, -s> convoy *m;* **im ~ fahren** viajar en convoy

**Konzentrat** [kɔntsɛn'traːt] *nt* <-(e)s, -e> concentrado *m*

**Konzentration** [kɔntsɛntra'tsjoːn] *f* <-en> (*a.* CHEM) concentración *f;* **Konzentrationsfähigkeit** *f ohne pl* capacidad *f* de concentración; **Konzentrationslager** *nt* campo *m* de concentración; **Konzentrationsschwäche** *f* (MED, PSYCH) deficiencias *fpl* en la (facultad de) concentración; **Konzentrationsstörung** *f* dificultad *f* de concentración

**konzentrieren*** [kɔntsɛn'triːrən] **I.** *vt* (*bündeln*) concentrar (*auf* en); (*ausrichten*) centrar (*auf* en) **II.** *vr:* **sich ~** concentrarse (*auf* en)

**konzentriert** [kɔntsɛn'triːɐt] *adj* concentrado

**konzentrisch** [kɔn'tsɛntrɪʃ] *adj* concéntrico

**Konzept** [kɔn'tsɛpt] *nt* <-(e)s, -e> ❶ (*Rohfassung*) borrador *m;* **aus dem ~ kommen** perder el hilo; **jdn aus dem ~ bringen** desconcertar a alguien ❷ (*Programm*) plan *m;* **das passt mir nicht ins ~** eso no cuadra con mis planes

**Konzeption** [kɔntsɛp'tsjoːn] *f* <-en> concepción *f*

**Konzeptpapier** *nt* borrador *m*

**Konzern** [kɔn'tsɛrn] *m* <-s, -e> (WIRTSCH) consorcio *m*

**Konzert** [kɔn'tsɛrt] *nt* <-(e)s, -e> concierto *m;* **Konzertflügel** *m* piano *m* de concierto; **Konzertsaal** *m* sala *f* de conciertos

**Konzession** [kɔntsɛ'sjo:n] *f* <-en> ❶ (*Zugeständnis*) concesión *f;* **er ist (nicht) zu ~en bereit** (no) está dispuesto a hacer concesiones ❷ (*Genehmigung*) licencia *f;* **jdm die ~ entziehen** retirar la licencia a alguien

**Konzessivsatz** [kɔntsɛ'si:f-] *m* (LING) oración *f* concesiva

**Konzil** [kɔn'tsi:l] *nt* <-s, -e *o* -ien> concilio *m*

**konzipieren*** [kɔntsi'pi:rən] *vt* planear, concebir

**Kooperation** [koʔopera'tsjo:n] *f* <-en> cooperación *f*

**kooperativ** [koʔopera'ti:f] *adj* cooperativo

**kooperieren*** [koʔope'ri:rən] *vi* cooperar

**Koordinate** [koʔɔrdi'na:tə] *f* <-n> (MATH) coordenada *f*

**Koordination** [koʔɔrdina'tsjo:n] *f* <-en> coordinación *f*

**Koordinator(in)** [koʔɔrdi'na:to:ɐ] *m(f)* <-s, -en; -nen> coordinador(a) *m(f)*

**koordinieren*** [koʔɔrdi'ni:rən] *vt* coordinar

**Kopenhagen** [ko:pən'ha:gən] *nt* <-s> Copenhague *m*

**Kopf** [kɔpf, *pl:* 'kœpfə] *m* <-(e)s, Köpfe> ❶ (*Körperteil, Nagel~, Nadel~*) cabeza *f;* **zehn DM pro ~** diez marcos por cabeza; **~ an ~** codo con codo; **aus dem ~** de memoria; **~ hoch!** ¡ánimo!; **auf dem ~** cabeza abajo; **etw auf den ~ stellen** poner algo patas arriba; **sie stellten das ganze Haus auf den ~** revolvieron la casa de arriba a abajo; **~ und Kragen riskieren** jugarse la vida; **sich** *dat* **etw aus dem ~ schlagen/in den ~ setzen** quitarse algo de/meterse algo en la cabeza; **das will mir nicht in den ~** no me entra en la cabeza; **das kann ich im ~ rechnen** puedo hacer la cuenta de cabeza; **mit rotem ~ dastehen** estar con la cara enrojecida; **von ~ bis Fuß** de pies a cabeza; **sie ist ein kluger ~** tiene una buena cabeza; **sie hat ihren eigenen ~** ella sabe lo que quiere; **er ist nicht auf den ~ gefallen** no tiene un pelo de tonto; **den ~ in den Sand stecken** esconder la cabeza como el avestruz; **mit dem ~ durch die Wand wollen** querer lo imposible; **es kann nicht immer nur nach deinem ~ gehen** no puede ser siempre lo que tú quieras; **wir redeten uns** *dat* **die Köpfe heiß** nos dijimos todo lo dicho y por decir; **einen kühlen ~ bewahren** mantener la calma; **nicht ganz richtig im ~ sein** (*fam*) no estar bien de la cabeza; **das geht mir durch den ~** esto me ronda por la cabeza; **wo hast du nur deinen ~ gelassen?** ¿dónde tienes la cabeza?; **mir brummt/raucht der ~** (*fam*) tengo la cabeza como un bombo/me echa humo la cabeza; **der Erfolg ist ihm zu ~(e) gestiegen** se le ha subido el éxito a la cabeza; **die Tatsachen auf den ~ stellen** (*fam*) tergiversar los hechos; **ich war wie vor den ~ gestoßen** me quedé parado; **~ stehen** (*fam*) estar fuera de quicio; **jdm den ~ verdrehen** (*fam*) robarle el sentido a alguien; **das Ganze wächst ihm über den ~** es superior a sus fuerzas; **sich** *dat* **den ~ zerbrechen** (*fam*) romperse la cabeza; **sich** *dat* **an den ~ fassen** (*fam*) llevarse las manos a la cabeza; **jdn einen ~ kürzer machen** (*sl*) decapitar a alguien; **das kann dich den ~ kosten** (*a. fig*) te puede costar la vida; **er hat sein ganzes Geld auf den ~ gehauen** (*fam*) ha tirado todo su dinero por la ventana ❷ (*Brief~*) encabezamiento *m;* (*bei Münze*) cara *f;* **~ oder Zahl?** ¿cara o cruz?

**Kopf-an-Kopf-Rennen** *nt* carrera *f* codo con codo

**Kopfarbeit** *f ohne pl* trabajo *m* intelectual; **Kopfball** *m* (SPORT) cabezazo *m;* **ein Tor durch ~ erzielen** meter un gol de cabeza; **Kopfbedeckung** *f* sombrero *m;* **Kopfbewegung** *f* movimiento *m* de la cabeza

**Köpfchen** ['kœpfçən] *nt* <-s, -> (*fam*) pesquis *m inv;* **~ haben** ser listo

**köpfen** ['kœpfən] *vt* ❶ (*enthaupten*) decapitar ❷ (SPORT) cabecear; (*Tor*) rematar de cabeza

**Kopfende** *nt* cabecera *f;* **Kopfgeburt** *f* (*fig, abw fam*) fantasía *f*

**Kopfgeldjäger** *m* cazador *m* de recompensas

**Kopfhaar** *nt* <-(e)s, *ohne pl*> cabello *m;* **Kopfhaut** *f* cuero *m* cabelludo; **Kopfhörer** *m* <-s, -> auricular(es) *m(pl);* **Kopfkissen** *nt* almohada *f;* **Kopflaus** *f* piojo *m*

**kopflos** *adj* ❶ (*Lebewesen*) sin cabeza ❷ (*verwirrt*) aturdido

**Kopfmensch** *m* (PSYCH: *fam*) persona *f* cerebral; **Kopfnicken** *nt* <-s, *ohne pl*> señal *f* afirmativa (con la cabeza); **Kopfnuss** *f* (*fam*) ❶ (*Schlag*) coscorrón *m* ❷ (*Aufgabe*) rompecabezas *m inv;* **Kopfrechnen** *nt* cálculo *m* mental; **Kopfsalat** *m* lechuga *f*

**kopfscheu** *adj:* **jdn ~ machen** desconcertar a alguien

**Kopfschmerz** *m* dolor *m* de cabeza; **Kopf-**

**schmerztablette** *f* pastilla *f* contra el dolor de cabeza
**Kopfschuppen** *fpl* caspa *f;* **Kopfschütteln** *nt* <-s, *ohne pl*> cabeceo *m;* **kopfschüttelnd** **I.** *adj* que mueve la cabeza (en señal de desaprobación) **II.** *adv* moviendo la cabeza (en señal de desaprobación); **Kopfschutz** *m* casco *m* protector; **Kopfsprung** *m* zambullida *f* de cabeza; **einen ~ machen** tirarse de cabeza; **Kopfstand** *m* <-(e)s, -stände> pino *m;* **einen ~ machen** hacer el pino
**Kopfsteinpflaster** *nt* adoquinado *m*
**Kopfstimme** *f* falsete *m;* **Kopfstütze** *f* reposacabezas *m inv;* **Kopftuch** *nt* pañuelo *m* de cabeza
**kopfüber** [-'--] *adv* de cabeza
**Kopfweh** *nt* <-(e)s, -e> dolor *m* de cabeza; **Kopfzeile** *f* (INFOR) encabezamiento *m;* **mit ~** encabezado; **Kopfzerbrechen** *nt* <-s, *ohne pl*> quebradero *m* de cabeza; **sich** *dat* **~ über etw machen** romperse la cabeza por algo
**Kopie** [ko'pi:] *f* <-n> ❶ (*a.* INFOR) copia *f;* (*Foto~*) fotocopia *f* ❷ (*Nachahmung*) imitación *f*
**kopieren*** [ko'pi:rən] *vt* ❶ (*a.* INFOR) copiar; (*Fotokopien machen*) fotocopiar ❷ (*nachahmen*) imitar
**Kopierer** *m* <-s, -> (*fam*) fotocopiadora *f*
**Kopiergerät** [ko'pi:ɐ-] *nt* fotocopiadora *f;* **Kopierschutz** *m,* **Kopiersperre** *f* (INFOR) protección *f* anticopia, protector *m* contra copias
**Kopilot(in)** ['ko:pilo:t] *m(f)* (AERO) copiloto *mf*
**Koppel** ['kɔpəl] *f* <-n> (*Weideland*) dehesa *f*
**koppeln** ['kɔpəln] *vt* ❶ (*Tiere: hintereinander*) reatar; (*nebeneinander*) uncir ❷ (*Fahrzeuge*) enganchar; (*Raumschiffe*) acoplar; (*Geräte*) acoplar (*an* a)
**Kopp(e)lung** *f* <-en> acoplamiento *m*
**Koproduktion** ['ko:-] *f* coproducción *f*
**Kopulation** [kopula'tsjo:n] *f* <-en> (BIOL) cópula *f*
**kopulieren*** [kopu'li:rən] *vi* (BIOL) copular
**Koralle** [ko'ralə] *f* <-n> coral *m;* **Korallenriff** *nt* arrecife *m* coralino
**Koran** [ko'ra:n] *m* <-s, *ohne pl*> Corán *m*
**Korb** [kɔrp, *pl:* 'kœrbə] *m* <-(e)s, Körbe> ❶ (*Behälter*) cesta *f;* (*größer*) cesto *m;* (*mit Henkeln*) canasta *f* ❷ (*~geflecht*) mimbre *m;* **ein Sessel aus ~** un sillón de mimbre ❸ (SPORT) canasta *f;* **einen ~ erzielen** meter una canasta ❹ (*Abfuhr*) negativa *f;* **jdm einen ~ geben** dar calabazas a alguien
**Korbball** *m ohne pl* (SPORT) baloncesto *m*
**Korbflasche** *f* damajuana *f;* **Korbmöbel** *ntpl* muebles *mpl* de mimbre
**Kord** [kɔrt] *m* <-(e)s, -e *o* -s> pana *f*
**Kordel** ['kɔrdəl] *f* <-n> cordel *m*
**Kordhose** *f* pantalón *m* de pana
**Korea** [ko're:a] *nt* <-s> Corea *f*
**Koreaner(in)** [kore'a:nɐ] *m(f)* <-s, -; -nen> coreano, -a *m, f*
**koreanisch** *adj* coreano
**Koriander** [kori'andɐ] *m* <-s, -> (BOT) cilantro *m*
**Korinthe** [ko'rɪntə] *f* <-n> (GASTR) pasa *f* de Corinto; **Korinthenkacker(in)** [-kakɐ] *m(f)* (*vulg abw*) petimetre *mf*
**Kork** [kɔrk] *m* <-(e)s, -e> (*Material*) corcho *m;* **Korkeiche** *f* alcornoque *m*
**Korken** ['kɔrkən] *m* <-s, -> (*Verschluss*) corcho *m*
**Korkenzieher** *m* <-s, -> sacacorchos *m inv*
**Korn¹** [kɔrn, *pl:* 'kœrnɐ] *nt* <-(e)s, Körner> (*Teilchen, Samen~*) grano *m*
**Korn²** *m* <-(e)s, -> (*fam: Branntwein*) aguardiente *m* de trigo
**Korn³** *nt* <-(e)s, -e> ❶ (*Getreide*) cereales *mpl* ❷ (*am Gewehr*) (punto *m* de) mira *f;* **jdn aufs ~ nehmen** tomarla con alguien
**Korn⁴** *nt* <-(e)s, *ohne pl*> (FOTO: *Feinstruktur*) grano *m*
**Kornblume** *f* (BOT) aciano *m*
**Körnchen** ['kœrnçən] *nt* <-s, -> granito *m;* **ein ~ Wahrheit** un átomo de verdad
**Kornfeld** *nt* campo *m* de cereales
**körnig** ['kœrnɪç] *adj* granuloso
**Kornkammer** *f* granero *m*
**Körper** ['kœrpɐ] *m* <-s, -> cuerpo *m;* **ein fester/flüssiger/gasförmiger ~** un cuerpo sólido/líquido/gaseoso; **er zitterte am ganzen ~** le temblaba todo el cuerpo; **Körperbau** *m* <-(e)s, *ohne pl*> constitución *f* física; **Körperbeherrschung** *f* control *m* del cuerpo; **körperbehindert** *adj* minusválido; **Körperbehinderte(r)** *mf* minusválido, -a *m, f;* **körperbetont** *adj* que resalta la figura; **körpereigen** *adj* (BIOL) que produce el propio cuerpo; **Körperfülle** *f* corpulencia *f;* **Körpergeruch** *m* olor *m* del cuerpo; (*Schweißgeruch*) olor *m* a sudor; **Körpergewicht** *nt ohne pl* peso *m* corporal; **Körpergröße** *f* talla *f,* estatura *f;* **Körperhaltung** *f* postura *f;* (*fig*) porte *m;* **Körperkontakt** *m* contacto *m* físico
**körperlich** *adj* corporal; (*a. geschlechtlich*) físico; **harte ~e Arbeit** duro trabajo físico
**Körperlotion** *f* loción *f* para el cuerpo; **Körperpflege** *f* aseo *m* personal

**Körperschaft** *f* <-en> (JUR) corporación *f*, cuerpo *m*; ~ **des öffentlichen Rechts** corporación administrativa; **Körperschaftssteuer** *f* impuesto *m* sobre ingresos de sociedades y empresas

**Körpersprache** *f ohne pl* lenguaje *m* gestual; **Körperteil** *m* parte *f* del cuerpo; **Körperverletzung** *f* lesión *f* física; **fahrlässige** ~ lesiones físicas por imprudencia; **schwere** ~ lesión grave

**Korps** [ko:ɐ] *nt* <-, -> (MIL) cuerpo *m*

**korpulent** [kɔrpu'lɛnt] *adj* corpulento, obeso

**Korpulenz** [kɔrpu'lɛnts] *f ohne pl* corpulencia *f*

**korrekt** [kɔ'rɛkt] *adj* correcto

**korrekterweise** [kɔ'rɛktɐ'vaɪzə] *adv* como corresponde

**Korrektheit** *f ohne pl* corrección *f*; (*Genauigkeit*) exactitud *f*; (*im Benehmen*) conducta *f* correcta

**Korrektor(in)** [kɔ'rɛkto:ɐ] *m(f)* <-s, -en; -nen> (TYPO) corrector(a) *m(f)* (tipográfico, -a)

**Korrektur** [kɔrɛk'tu:ɐ] *f* <-en> corrección *f*; **Korrekturtaste** *f* tecla *f* de correción; **Korrekturzeichen** *nt* signo *m* de corrección

**Korrespondent(in)** [kɔrɛspɔn'dɛnt] *m(f)* <-en, -en; -nen> corresponsal *mf*

**Korrespondenz** [kɔrɛspɔn'dɛnts] *f* <-en> correspondencia *f*; **mit jdm in** ~ **stehen/treten** mantener/entablar correspondencia con alguien

**korrespondieren*** [kɔrɛspɔn'di:rən] *vi* ❶ (*brieflich*) mantener correspondencia (*mit* con) ❷ (*entsprechen*) corresponder (*mit* a)

**Korridor** ['kɔrido:ɐ] *m* <-s, -e> corredor *m*

**korrigierbar** *adj* corregible; **dieser Fehler ist** ~ este error se puede corregir

**korrigieren*** [kɔri'gi:rən] *vt* corregir; (*verbessern*) enmendar

**korrupt** [kɔ'rʊpt] *adj* corrupto

**Korruption** [kɔrʊp'tsjo:n] *f* <-en> corrupción *f*

**Korse, -in** ['kɔrzə] *m, f* <-n, -n; -nen> corso, -a *m, f*

**Korsett** [kɔr'zɛt] *nt* <-s, -s *o* -e> corsé *m*; (MED) corsé *m* ortopédico

**Korsika** ['kɔrzika] *nt* <-s> Córcega *f*

**Korsin** ['kɔrzɪn] *f* <-nen> *s.* **Korse**

**korsisch** *adj* corso

**Korvette** [kɔr'vɛtə] *f* <-n> (MIL) corbeta *f*

**Koryphäe** [kory'fɛ:ə] *f* <-n> corifeo *m*

**Kosak(in)** [ko'zak] *m(f)* <-en, -en; -nen> cosaco, -a *m, f*

**koscher** ['ko:ʃɐ] *adj* ❶ (REL) permitido por la religión judía ❷ (*fam: einwandfrei*) limpio; **der Kerl ist nicht ganz** ~ este tipo no es (del todo) de fiar

**Kosename** *m* apodo *m* cariñoso; **Kosewort** *nt* palabra *f* cariñosa

**Kosinus** ['ko:zinʊs] *m* <-, -(se)> (MATH) coseno *m*

**Kosmetik** [kɔs'me:tɪk] *f ohne pl* cosmética *f*

**Kosmetika** *pl* (productos *mpl*) cosméticos *mpl*

**Kosmetiker(in)** [kɔs'me:tikɐ] *m(f)* <-s, -; -nen> esteticista *mf*

**kosmetisch** *adj* cosmético

**kosmisch** ['kɔsmɪʃ] *adj* cósmico

**Kosmonaut(in)** [kɔsmo'naʊt] *m(f)* <-en, -en; -nen> cosmonauta *mf*

**Kosmopolit(in)** [kɔsmopo'li:t] *m(f)* <-en, -en; -nen> cosmopolita *mf*

**Kosmos** ['kɔsmɔs] *m* <-, *ohne pl*> cosmos *m inv*, universo *m*

**Kosovo** ['kɔsovo] *m* <-(s)> Kósovo *m*

**Kost** [kɔst] *f ohne pl* ❶ (*Nahrung*) alimentos *mpl*; ~ **und Logis** comida y alojamiento; **das ist schwere** ~ (*fig*) es difícil de comprender ❷ (*Ernährung*) alimentación *f*

**kostbar** *adj* valioso

**Kostbarkeit¹** *f ohne pl* (*Wert*) valor *m*

**Kostbarkeit²** *f* <-en> (*Gegenstand*) objeto *m* de gran valor

**kosten** ['kɔstən] *vt* ❶ (*probieren*) probar ❷ (*Preis haben*) costar, valer; **wie viel/was kostet das?** ¿cuánto/qué vale?; **koste es, was es wolle** cueste lo que cueste; **das kostet ihn den Kopf** (*fam*) eso le va a costar la cabeza; **das lasse ich mir etwas** ~ (*fam*) para esto no reparo en gastos ❸ (*erfordern*) requerir, costar; **das kostet Zeit** eso requiere tiempo; **das kostet mich einige Überwindung** el hacerlo me cuesta cierto esfuerzo

**Kosten** ['kɔstən] *pl* gastos *mpl*; (COM) coste(s) *m(pl)*; **keine** ~ **scheuen** no reparar en gastos; ~ **verursachen** causar gastos; **die** ~ **für etw tragen** pagar los gastos de algo; **die** ~ **decken** cubrir los gastos; **auf** ~ **des Waldes/seiner Gesundheit** a costa del bosque/de su salud; **das geht auf meine** ~ esto corre de mi cuenta; **auf seine** ~ **kommen** estar contento; **Kostenbeteiligung** *f* participación *f* en costos; **kostendeckend** I. *adj* (WIRTSCH) que cubre los gastos II. *adv* de saldo neutro; ~ **wirtschaften** administrar para cubrir gastos; **Kostenerstattung** *f* reembolso *m*, restitución *f* de gastos; **Kostenfrage** *f* cuestión *f* de coste; **kostengünstig** *adj* (WIRTSCH) rentable; **kostenintensiv** *adj*

(WIRTSCH) de costos extremadamente altos
**kostenlos** **I.** *adj* gratuito, gratis **II.** *adv* gratis
**Kostenvoranschlag** ['--'---, '-----] *m* (WIRTSCH) presupuesto *m* de (los) gastos; **einen ~ machen** hacer un presupuesto (de los gastos)
**Kostgeld** *nt* pensión *f*
**köstlich** ['kœstlɪç] *adj* ① (*Speise*) delicioso ② (*amüsant*) divertido; **ich habe mich ~ amüsiert** me lo he pasado bomba
**Kostprobe** *f* ① (*von Speise*) bocadito *m;* (*von Getränk*) sorbo *m* ② (*Beispiel*) muestra *f;* **eine ~ seiner Kunst geben** dar una muestra de su arte
**kostspielig** *adj* costoso
**Kostüm** [kɔs'ty:m] *nt* <-s, -e> ① (*Damen~*) traje *m* chaqueta ② (THEAT) traje *m* ③ (*Verkleidung*) disfraz *m;* **Kostümball** *m* baile *m* de disfraces
**kostümieren*** [kɔsty'mi:rən] *vr:* **sich ~** disfrazarse (*als* de)
**Kot** [ko:t] *m* <-(e)s, -e *o* -s> (*geh*) excrementos *mpl*
**Kotelett** ['kɔtlɛt, kɔt'lɛt] *nt* <-s, -s> chuleta *f*
**Koteletten** [kɔt'lɛtən] *pl* patillas *fpl*
**Köter** ['kø:tɐ] *m* <-s, -> (*abw*) chucho *m*
**Kotflügel** *m* (AUTO) guardabarros *m inv*
**Kotzbrocken** *m* (*fam abw*) tipo *m* asqueroso
**Kotze** ['kɔtsə] *f ohne pl* (*vulg*) pota *f*
**kotzen** *vi* (*vulg*) echar la pota; **das ist zum K~** es un coñazo
**kotzübel** ['-'--] *adj* (*vulg*): **mir ist/wird ~** tengo/me están dando ganas de echar la pota
**KP** [ka:'pe:] *f* <-s> *Abk. von* **Kommunistische Partei** PC *m*
**Krabbe** ['krabə] *f* <-n> (ZOOL) cangrejo *m* de mar
**krabbeln** ['krabəln] *vi sein* ① (*Kind*) andar a gatas ② (*Käfer*) correr
**Krach[1]** [krax, *pl:* 'krɛçə] *m* <-(e)s, Kräche> ① (*Knall*) estallido *m* ② (*fam: Auseinandersetzung*) bronca *f;* **mit jdm ~ haben** tener una bronca con alguien; **~ schlagen** armar escándalo ③ (*fam: Börsen~*) crac *m*
**Krach[2]** *m* <-(e)s, *ohne pl*> (*Lärm*) ruido *m,* batifondo *m CSur*
**krachen** *vi* ① (*platzen*) estallar; (*Holz*) crujir; (*Schuss*) estallar; (*Donner*) retumbar; (*Tür*) cerrarse de golpe; **auf dieser Autobahn kracht es dauernd** (*fam*) en esta autopista siempre hay accidentes; **hör sofort auf damit, sonst kracht's** (*fam*) deja de hacer eso o te vas a enterar ② *sein* (*fam: kaputtgehen*) romperse ③ *sein* (*fam: aufprallen*) chocar (*gegen/auf* contra)
**krächzen** ['krɛçtsən] *vi* ① (*Vogel*) graznar ② (*Mensch*) hablar con voz ronca
**kraft** [kraft] *präp +gen* (*geh*) en virtud de
**Kraft** [kraft, *pl:* 'krɛftə] *f* <Kräfte> ① (*a.* PHYS) fuerza *f;* **seine/neue Kräfte sammeln** reunir sus/nuevas fuerzas; **unter Aufbietung aller Kräfte** reuniendo todas las fuerzas; **mit aller ~** con todas sus fuerzas; **mit letzter ~** con las últimas fuerzas; (**nicht**) **bei Kräften sein** (no) tener fuerzas; **wieder zu Kräften kommen** recobrar fuerza(s); **aus eigener ~** por propio esfuerzo; **sie tat, was in ihren Kräften stand** hizo cuanto estaba en su mano; **mit vereinten Kräften** en un esfuerzo común; **mit frischer ~ ans Werk gehen** ponerse a trabajar con nuevas fuerzas; **das geht über meine Kräfte** eso es demasiado para mí; **die treibende ~** la fuerza motriz ② (*Wirksamkeit*) eficacia *f* ③ (*Arbeits~*) mano *f* de obra ④ (JUR): **in ~ sein/treten** estar en/entrar en vigor; **außer ~ setzen** anular; (*zeitweilig*) suspender; **außer ~ sein** estar sin vigencia; **Kraftakt** *m* esfuerzo *m* físico; **Kraftanstrengung** *f*, **Kraftaufwand** *m ohne pl* esfuerzo *m;* **Kraftaufwand** *m* esfuerzo *m;* **Kraftausdruck** *m* palabrota *f*
**Kräfteverfall** *m* pérdida *f* de fuerzas; (MED) marasmo *m*
**Kraftfahrer(in)** *m(f)* conductor(a) *m(f)*
**Kraftfahrzeug** *nt* (*formal*) automóvil *m;* **Kraftfahrzeugbrief** *m* carta *f* de vehículo; **Kraftfahrzeugmechaniker(in)** *m(f)* mecánico, -a *m, f* de automóviles; **Kraftfahrzeugpapiere** *ntpl* documentación *f* del vehículo; **Kraftfahrzeugschein** *m* permiso *m* de circulación; **Kraftfahrzeugsteuer** *f* impuesto *m* sobre automóviles; **Kraftfahrzeugversicherung** *f* seguro *m* de automóviles
**Kraftfeld** *nt* (PHYS) campo *m* de fuerza; **Kraftfutter** *nt ohne pl* (AGR) forraje *m* (concentrado)
**kräftig** ['krɛftɪç] **I.** *adj* ① (*stark*) fuerte; (*stabil*) robusto ② (*Farbe*) fuerte; (*Geruch, Geschmack*) fuerte ③ (*Essen*) sustancioso **II.** *adv* (*sehr*) mucho; **es schneite ~** nevó mucho; **~ schütteln** agitar bien; **jdm ~ die Meinung sagen** cantarle las cuarenta a alguien
**kräftigen** ['krɛftɪgən] *vt* fortalecer, vitalizar *Am*
**kraftlos** *adj* sin fuerza, débil
**Kraftlosigkeit** *f ohne pl* debilidad *f*
**Kraftprobe** *f* prueba *f* de fuerza; **Kraftprotz** *m* (*fam*) cachas *m inv;* **Kraftrad** *nt* (*formal*) motocicleta *f;* **Kraftreserve** *f*

reserva *f* de fuerza; **Kraftstoff** *m* carburante *m;* **Krafttraining** *nt* (SPORT) entrenamiento *m* de fuerza; **Kraftübertragung** *f* transmisión *f* de fuerza

**kraftvoll** I. *adj* fuerte II. *adv* con fuerza

**Kraftwagen** *m* (*formal*) automóvil *m*

**Kraftwerk** *nt* central *f* energética

**Kragen** ['kra:gən] *m* <-s, -> cuello *m;* **jdn beim** [*o* **am**] ~ **packen** (*fam*) coger a alguien por el cuello; **mir platzt gleich der** ~ (*fam*) estoy a punto de reventar; **es geht ihm an den** ~ (*fam*) le van a echar una bronca; **Kragenweite** *f* medida *f* del cuello; **das ist nicht meine** ~ (*fam*) eso no me va

**Krähe** ['krɛ:ə] *f* <-n> corneja *f*

**krähen** *vi* ❶ (*Hahn*) cantar ❷ (*Kind*) berrear

**Krähenfüße** *mpl* (*fam*) ❶ (*Augenfalten*) patas *fpl* de gallo ❷ (*unleserliche Schrift*) garabatos *mpl*

**Krakauer** ['kra:kaʊɐ] *f* <-> (GASTR) salchicha *f* de Cracovia

**Krake** ['kra:kə] *m* <-n, -n> (ZOOL) pulpo *m*

**krakeelen*** [kra'ke:lən] *vi* (*fam*) ❶ (*lärmen*) vociferar ❷ (*streiten*) armar bronca

**Krakelei** [kra:kə'laɪ] *f* <-en> (*fam abw*) garabatos *mpl*

**krakelig** ['kra:kəlɪç] *adj* garabatoso

**Kralle** ['kralə] *f* <-n> garra *f;* **jdm die ~n zeigen** (*fam*) mostrar las uñas a alguien; **jdn in seine ~n kriegen** (*fam*) echarle la garra a alguien

**krallen** I. *vt* ❶ (*Finger*) clavar (*in* en) ❷ (*fam: sich aneignen*) agarrar, pillar; **er krallte sich** *dat* **den Auftrag** agarró el pedido II. *vr:* **sich** ~ ❶ (*Katze*) echar la garra (*an* a) ❷ (*Mensch*) agarrarse (*an* a/de)

**Kram** [kra:m] *m* <-(e)s, *ohne pl*> (*fam*) ❶ (*Gerümpel*) trastos *mpl,* trastes *mpl Am,* chécheres *mpl Col, CRi* ❷ (*Angelegenheit*) chisme *m;* **kümmere dich um deinen eigenen** ~ (*fam*) ocúpate de tus asuntos; **jdm passt etw nicht in den** ~ (*fam*) algo no le viene bien a alguien; **den ganzen** ~ **hinschmeißen** (*fam*) tirar todo por la borda

**kramen** I. *vi* (*fam: stöbern*) revolver (*in* por entre) II. *vt* (*fam: hervorholen*) sacar (*aus* de)

**Krampf** [krampf, *pl:* 'krɛmpfə] *m* <-(e)s, Krämpfe> ❶ (MED) calambre *m;* **einen** ~ **bekommen** dar (un) calambre, acalambrarse *Am* ❷ (*fam abw: Unsinn*) tonterías *fpl* ❸ (*Schweiz: Straftat*) delito *m*

**Krampfader** *f* variz *f*

**krampfen** I. *vt* empuñar convulsivamente (*um*) II. *vi* (*Schweiz*) esforzarse en vano III. *vr:* **sich** ~ ❶ (*sich im Krampf zusammenziehen*) sufrir convulsiones ❷ (*umschließen*) empuñar (*um*) ❸ (*reg: sich etwas krallen*) agarrar

**krampfhaft** *adj* ❶ (MED) convulsivo ❷ (*verbissen*) obstinado; (*Anstrengung*) desesperado; ~ **an etw** *dat* **festhalten** agarrarse a algo obstinadamente

**krampflösend** *adj* (MED) antiespasmódico

**Kran** [kra:n, *pl:* 'krɛ:nə] *m* <-(e)s, -e *o* Kräne> grúa *f;* **Kranführer(in)** *m(f)* conductor(a) *m(f)* de grúa

**Kranich** ['kra:nɪç] *m* <-s, -e> grulla *f*

**krank** [kraŋk] *adj* <kränker, am kränksten> enfermo (*an* de); **schwer** ~ **sein** estar gravemente enfermo; ~ **werden** caer enfermo; **das macht mich** ~ esto me pone enfermo; **du bist wohl ~?** (*fam iron*) ¿te has vuelto loco?

**Kranke(r)** *mf* <-n, -n; -n> enfermo, -a *m, f*

**kränkeln** ['krɛŋkəln] *vi* ❶ (*Person*) estar achacoso ❷ (*Wirtschaft, Firma*) ir cuesta abajo

**kranken** ['kraŋkən] *vi* adolecer (*an* de); **das krankt daran, dass ...** esto adolece de que...

**kränken** ['krɛŋkən] *vt* ofender

**Krankenbesuch** *m* visita *f* a un enfermo; **Krankenbett** *nt* cama *f* del enfermo; **am** ~ al lado de la cama del enfermo; **Krankengeld** *nt* subsidio *m* de enfermedad; **Krankengymnastik** *f* fisioterapia *f;* **Krankenhaus** *nt* hospital *m,* nosocomio *m Am;* **er kam gestern ins** ~ ayer lo ingresaron en el hospital; **jdn ins** ~ **einweisen** hospitalizar a alguien; **krankenhausreif** *adj:* **jdn** ~ **schlagen** dejar a alguien medio muerto de una paliza; **Krankenkasse** *f* caja *f* del seguro; **Krankenkost** *f* (MED) dieta *f;* **Krankenpflege** *f* asistencia *f* médica; **Krankenpfleger(in)** *m(f)* enfermero, -a *m, f,* cuidador(a) *m(f) Arg,* barchilón, -ona *m, f Peru;* **Krankenschein** *m* volante *m* de asistencia médica; **Krankenschwester** *f* enfermera *f,* nurse *f Am;* **Krankenversichertenkarte** *f* cartilla *f* sanitaria; **Krankenversicherung** *f* seguro *m* de enfermedad; **gesetzliche/private** ~ seguro de enfermedad obligatorio/privado

**i Land & Leute**

En Alemania, todos los asalariados, exceptuando los empresarios y los trabajadores por cuenta propia, tienen que estar **krankenversichert**, es decir, están obligados a cotizar a la Seguridad Social. En Austria, esta obligación afecta a todos los asalariados, mientras que en Suiza el seguro médico es voluntario. Sin embargo, el 95% de los suizos están asegurados.

**Krankenwagen** *m* ambulancia *f*

**kränker** ['krɛŋkɐ] *adj kompar von* **krank**

**krank|feiern** *vi* (*fam*) *faltar al trabajo fingiendo estar enfermo*

**krankhaft** **I.** *adj* enfermizo; (*pathologisch*) patológico **II.** *adv* desmesuradamente; ~ **ehrgeizig/eifersüchtig** desmesuradamente ambicioso/celoso

**Krankheit** *f* <-en> enfermedad *f*, maleza *f Nic;* **wegen ~ geschlossen** cerrado por enfermedad; **eine ~ bekommen** contraer una enfermedad; **Krankheitsbild** *nt* cuadro *m* clínico; **krankheitserregend** *adj* (MED) patógeno; **Krankheitserreger** *m* germen *m* patógeno

**krank|lachen** *vr:* **sich ~** (*fam*) morirse de risa

**kränklich** ['krɛŋklɪç] *adj* enfermizo, aciguatado *Mex, Par, Ven*

**krank|machen** *vi* (*fam*) *s.* **krankfeiern**

**krank|melden** *vr:* **sich ~** darse de baja por enfermedad; **Krankmeldung** *f* baja *f* por enfermedad; **krank|schreiben** *irr vt* dar de baja por enfermedad

**kränkste(r, s)** ['krɛŋkstə, -tɐ, -təs] *adj superl von* **krank**

**Kränkung** ['krɛŋkʊŋ] *f* <-en> ofensa *f;* (*Demütigung*) humillación *f*

**Kranwagen** *m* coche *m* grúa

**Kranz** [krants, *pl:* 'krɛntsə] *m* <-es, Kränze> corona *f;* **Kranzniederlegung** *f* depósito *m* (solemne) de una corona

**Krapfen** ['krapfən] *m* <-s, -> (GASTR) ❶ (*salzig*) boladillo *m* ❷ (*süß*) buñuelo *m* (relleno de mermelada)

**krass** [kras] *adj* ❶ (*extrem*) extremo; **das ~e Gegenteil von etw** *dat* **sein** ser el extremo opuesto de algo ❷ (*auffallend*) llamativo; (*Unterschied*) grande

**Krater** ['kraːtɐ] *m* <-s, -> cráter *m*

**Kratzbürste** *f* (*fam*) erizo *m*

**kratzbürstig** *adj* (*fam*) rebelde; **warum bist du immer so ~?** ¿por qué tienes que llevar siempre la contraria?

**Krätze** ['krɛtsə] *f ohne pl* (MED) sarna *f*

**kratzen** ['kratsən] **I.** *vt* ❶ (*Person*) rascar; (*Katze*) arañar ❷ (*leicht verletzen*) rasguñar ❸ (*einritzen*) grabar (*in* en) ❹ (*ab~*) raspar (*von* de) ❺ (*fam: stören*) importar; **das kratzt mich nicht** no me importa nada **II.** *vi* ❶ (*brennen*) irritar (*in*); (*jucken*) picar (*in* en) ❷ (*Pullover*) picar ❸ (*Feder*) raspar ❹ (*beeinträchtigen*) perjudicar (*an* en) **III.** *vr:* **sich ~** ❶ (*bei Juckreiz*) rascarse ❷ (*sich verletzen*) rasguñarse

**Kratzer** *m* <-s, -> ❶ (*Schramme*) arañazo *m* ❷ (*Schaber*) rascador *m*

**kraulen** ['kraʊlən] **I.** *vi, vt haben o sein* (SPORT) nadar (a) crol **II.** *vt* (*streicheln*) acariciar

**kraus** [kraʊs] *adj* ❶ (*Haar*) rizado; (*Stoff*) arrugado; **die Nase/Stirn ~ ziehen** arrugar la nariz/fruncir el ceño ❷ (*abw: verwirrt*) confuso

**kräuseln** ['krɔɪzəln] **I.** *vt* (*Haar*) rizar; (*Stoff, Stirn, Lippen*) fruncir **II.** *vr:* **sich ~** (*Wasser*) encresparse; (*Haare*) rizarse

**Krauskopf** *m* ❶ (*mit krausem Haar*) persona *f* de pelo rizado ❷ (*abw: Wirrkopf*) persona *f* confusa ❸ (TECH) avellanador *m*

**Kraut**[1] [kraʊt, *pl:* 'krɔɪtɐ] *nt* <-(e)s, Kräuter> ❶ (*Pflanze*) hierba *f;* **dagegen ist kein ~ gewachsen** (*fam*) eso no tiene remedio ❷ (*fam: Tabak*) tabaco *m*

**Kraut**[2] *nt* <-(e)s, *ohne pl*> ❶ (*von Rüben*) hojas *fpl* ❷ (*Kohl*) col *f;* (*Weiß~*) repollo *m;* **wie ~ und Rüben** (*fam*) de manera caótica

**Kräutermischung** *f* mezcla *f* de hierbas; **Kräutertee** *m* tisana *f;* **Kräutertherapie** *f* herboterapia *f*

**Krautkopf** *m* (*südd, Österr*) repollo *m;* **Krautsalat** *m* ensalada *f* de repollo

**Krawall**[1] [kra'val] *m* <-s, -e> (*Tumult*) tumulto *m*, disturbio *m*

**Krawall**[2] *m* <-s, *ohne pl*> (*fam: Lärm*) alboroto *m*, escándalo *m*

**Krawallmacher(in)** *m(f)* <-s, -; -nen> (*fam*) ❶ (*Aufwiegler*) amotinado, -a *m, f* ❷ (*Krachmacher*) alborotador(a) *m(f)*

**Krawatte** [kra'vatə] *f* <-n> corbata *f;* **die ~ binden** anudar la corbata; **Krawattennadel** *f* alfiler *m* de corbata

**Kreation** [krea'tsjoːn] *f* <-en> creación *f*

**kreativ** [krea'tiːf] *adj* creativo; **Kreativdirektor(in)** *m(f)* director(a) *m(f)* creativo, -a

**Kreativität** [kreativi'tɛːt] *f ohne pl* creatividad *f*

**Kreatur** [krea'tuːɐ] *f* <-en> criatura *f*

**Krebs** [kreːps] *m* <-es, -e> ❶ (ZOOL) cangrejo *m* ❷ (MED) cáncer *m;* **~ erregend** cancerígeno ❸ (ASTR) Cáncer *m;* **krebserregend** *adj* cancerígeno; **~ wirken** tener efecto cancerígeno; **Krebserreger** *m* (MED) agente *m* patógeno del cáncer; **Krebsforschung** *f ohne pl* (MED) cancerología *f;* **Krebsfrüherkennung** *f* (MED) diagnóstico *m* precoz del cáncer; **Krebsgeschwür** *nt* (MED) carcinoma *m;* **krebskrank** *adj* que tiene cáncer; **Krebskranke(r)** *mf* canceroso, -a *m, f,* enfermo, -a *m, f* de cáncer; **Krebsoperation** *f* (MED) operación *f* de cáncer

**krebsrot** ['-'-] *adj* rojo como un cangrejo

**Krebsvorsorge** *f* prevención *f* del cáncer; **Krebsvorsorgeuntersuchung** *f* chequeo *m* oncológico

**Krebszelle** *f* (MED) célula *f* cancerosa

**Kredit** [kre'di:t] *m* <-(e)s, -e> crédito *m;* **auf ~** a crédito; **ein ~ über 5000 DM** un crédito de 5000 marcos; **einen ~ aufnehmen** pedir un préstamo; **er hat bei uns/bei der Bank ~** tiene crédito con nosotros/en el banco; **Kreditbrief** *m* (FIN) carta *f* de crédito; **Kredithai** *m* (*fam abw*) usurero *m*

**kreditieren*** [kredi'ti:rən] *vt* (WIRTSCH) acreditar en cuenta

**Kreditinstitut** *nt* (FIN) instituto *m* de crédito; **Kreditkarte** *f* (FIN) tarjeta *f* de crédito; **kreditwürdig** *adj* (FIN) solvente

**Kreide**[1] ['kraɪdə] *f ohne pl* (*Kalkstein*) creta *f*

**Kreide**[2] *f* <-n> (*zum Schreiben*) tiza *f;* **bei jdm (tief) in der ~ stehen** (*fam*) deber (mucho) dinero a alguien

**kreidebleich** ['--'-] *adj* blanco como la pared; **Kreidefelsen** *m* roca *f* cretácea; **kreideweiß** *adj s.* **kreidebleich**; **Kreidezeichnung** *f* dibujo *m* de tiza; **Kreidezeit** *f ohne pl* (GEO) (período *m*) cretácico *m*

**kreieren*** [kre'i:rən] *vt* crear

**Kreis** [kraɪs] *m* <-es, -e> ❶ (*a.* MATH) círculo *m;* (*~umfang*) circunferencia *f;* (*Rand*) cerco *m;* **sich im ~ drehen** dar vueltas; **im ~ stehen** hacer corro; **mir dreht sich alles im ~e** todo me da vueltas; **der Skandal zieht ~e** el escándalo se propaga ❷ (*Bereich*) sector *m;* **weite ~e der Bevölkerung** amplios sectores de la población; **eine Frau aus den besten ~en** una mujer de la alta sociedad; **wie aus informierten ~en verlautete** como señalaron fuentes informadas ❸ (*Personen~*) círculo *m;* **der ~ seiner Leser** el círculo de sus lectores; **im ~e von Freunden/seiner Familie** entre amigos/en el seno de la familia; **eine Feier im kleinen/engen ~e** una fiesta en familia/en la más estricta intimidad ❹ (ADMIN) distrito *m;* **im ~ Fulda** en el distrito de Fulda; **Kreisbahn** *f* (ASTR, MATH) órbita *f;* **Kreisbewegung** *f* movimiento *m* giratorio; **Kreisbogen** *m* (MATH) arco *m* circular

**kreischen** ['kraɪʃən] *vi* ❶ (*schreien*) chillar ❷ (*quietschen*) chirriar

**Kreisel** ['kraɪzəl] *m* <-s, -> ❶ (*Spielzeug*) peonza *f,* trombo *m Am* ❷ (TECH) giroscopio *m* ❸ (*Kreisverkehr*) rotonda *f*

**kreisen** ['kraɪzən] *vi haben o sein* ❶ (*sich drehen*) girar (*um* alrededor de); **das Gespräch kreiste um ...** la conversación se concentraba en...; **etw ~ lassen** hacer circular algo ❷ (*Vögel, a.* AERO) dar vueltas (*über* sobre) ❸ (*Blut, Geld*) circular (*in* por)

**Kreisfläche** *f* círculo *m*

**kreisförmig** [-fœrmɪç] *adj* circular

**Kreisinsel** *f* (AUTO) rotonda *f*

**Kreislauf** *m* ❶ (*Zyklus*) ciclo *m* ❷ (*Blut~*) circulación *f;* **Kreislaufstörung** *f* (MED) trastorno *m* de la circulación

**Kreissäge** *f* sierra *f* circular

**Kreißsaal** ['kraɪs-] *m* sala *f* de partos

**Kreisstadt** *f* capital *f* de distrito [*o* de comarca]

**Kreisumfang** *m* perímetro *m* de la circunferencia; **Kreisverkehr** *m* rotonda *f*

**Krematorium** [krema'to:riʊm] *nt* <-s, Krematorien> crematorio *m*

**kremig** ['kre:mɪç] *adj* cremoso

**Kreml** ['kre:m(ə)l] *m* <-s>: **der ~** el Kremlin

**Krempe** ['krɛmpə] *f* <-n> ala *f* del sombrero

**Krempel** ['krɛmpəl] *m* <-s, *ohne pl*> (*fam abw*) cachivaches *mpl;* **ich werfe den ganzen ~ hin** no pienso seguir con esto

**krepieren*** [kre'pi:rən] *vi sein* ❶ (*fam: sterben*) reventar (*an* de), palmarla; **hoffentlich krepiert er!** ¡ojalá reviente! ❷ (*Geschoss*) estallar

**Krepp**[1] [krɛp] *f* <-s> (GASTR) crepe *f,* panqueque *m Am*

**Krepp**[2] *m* <-s, -s *o* -e> crespón *m*

**Kresse** ['krɛsə] *f* <-n> (BOT) berro *m*

**Kreta** ['kre:ta] *nt* <-s> Creta *f*

**Kreter(in)** ['kre:tɐ] *m(f)* <-s, -; -nen> cretense *mf*

**kretisch** ['kre:tɪʃ] *adj* cretense

**kreuz** [krɔɪts] *adv:* **~ und quer** a diestro y siniestro

**Kreuz**[1] [krɔɪts] *nt* <-es, -e> ❶ (*a.* REL) cruz *f;* **das Rote ~** la Cruz Roja; **zu ~e kriechen** darse por vencido; **ich mache drei ~e, wenn er geht** (*fam*) le pongo una vela al santo si se va; **etw über(s) ~ legen** entrecruzar algo ❷ (*spanisches Kartenspiel*) naipe *m* de bastos; (*französisches Kartenspiel*) naipe *m* de trébol ❸ (*Autobahn~*) cruce *m* de autopistas ❹ (*Rücken-*

*bereich*) región *f* lumbar; (*fam*) espalda *f*; **ich hab's im ~** (*fam*) me duele la espalda; **jdn aufs ~ legen** (*fam*) tirar a alguien de espaldas; (*hereinlegen*) timar a alguien ⑤ (MUS) sostenido *m*

**Kreuz²** *nt* <-es, *ohne pl*> (*Leid*) cruz *f*; **sein ~ auf sich nehmen** cargar con su cruz; **es ist ein ~ mit jdm/etw** *dat* (*fam*) alguien/algo es una cruz

**kreuzen** **I.** *vi haben o sein* (NAUT) ① (*ziellos fahren*) cruzar ② (*gegen den Wind fahren*) dar bordadas **II.** *vt* ① (*Wege*) cruzar; **die Arme ~** cruzarse de brazos ② (*überqueren*) cruzar, atravesar; **eine Straße ~** cruzar una calle ③ (BIOL) cruzar **III.** *vr:* **sich ~** ① (*sich überschneiden*) cruzarse ② (*entgegengesetzt sein*) contraponerse

**Kreuzer** *m* <-s, -> (MIL, NAUT) crucero *m*

**Kreuzfahrt** *f* crucero *m*

**Kreuzfeuer** *nt:* **ins ~ der Kritik geraten** exponerse a violentas críticas

**Kreuzgang** *m* (ARCHIT) claustro *m*; **Kreuzgewölbe** *nt* (ARCHIT) bóveda *f* de crucero

**kreuzigen** ['krɔɪtsɪgən] *vt* crucificar

**Kreuzigung** *f* <-en> crucifixión *f*

**Kreuzotter** *f* (ZOOL) víbora *f* común; **Kreuzschlüssel** *m* (TECH) llave *f* cruciforme; **Kreuzspinne** *f* (ZOOL) araña *f* de jardín

**Kreuzung** *f* <-en> (*a.* BIOL) cruce *m*

**Kreuzverhör** *nt* interrogatorio *m* cruzado, preguntadera *f* *Col*; **jdn ins ~ nehmen** contrainterrogar a alguien; **Kreuzweg** *m* ① (*Kreuzung*) encrucijada *f*; **am ~ stehen** hallarse ante una alternativa ② (REL) vía crucis *m*

**kreuzweise** *adv* en forma de cruz; **du kannst mich mal ~!** (*vulg*) ¡deja de joder!

**Kreuzworträtsel** *nt* crucigrama *m*

**Kreuzzug** *m* (*a. fig* HIST) cruzada *f*

**kribbelig** *adj* (*fam*) nervioso; **ich habe so ein ~es Gefühl im Bauch** tengo los nervios en el estómago

**kribbeln** ['krɪbəln] *vi* ① (*jucken*) picar ② *sein* (*wimmeln*) hormiguear

**kribblig** *adj s.* **kribbelig**

**Kricket** ['krɪkət] *nt* <-s, *ohne pl*> (SPORT) criquet *m*

**kriechen** [kri:çən] <kriecht, kroch, gekrochen> *vi sein* ① (*Mensch*) arrastrarse; (*Tier*) reptar; (*Schlange*) deslizarse ② (*Fahrzeug*) avanzar lentamente ③ (*abw: unterwürfig sein*) humillarse (*vor* ante)

**Kriecher(in)** *m(f)* <-s, -; -nen> (*abw*) pelota *mf*

**kriecherisch** *adj* (*abw*) pelota

**Kriechtier** *nt* reptil *m*

**Krieg** [kri:k] *m* <-(e)s, -e> guerra *f*; **im ~ fallen** caer en la guerra; **jdm/etw** *dat* **den ~ erklären** declarar la guerra a alguien/algo; **in den ~ ziehen** ir a la guerra; **~ führen gegen jdn** estar en guerra con alguien

**kriegen** ['kri:gən] **I.** *vt* (*fam*) ① (*bekommen*) obtener; (*erreichen*) conseguir; (*Krankheit*) pillar; **ein Kind ~** estar embarazada; **sie hat ein Kind gekriegt** ha tenido un niño; **wie viel ~ Sie?** ¿cuánto le debo?; **~ Sie es schon?** ¿ya le atienden?; **sie kriegt 15 DM die Stunde** le pagan 15 marcos la hora; **einen Schreck ~** asustarse; **Besuch ~** tener visita; **keine Arbeit ~** no encontrar trabajo; **jdn weich ~** debilitar la resistencia de alguien; **wie hast du sie nur dazu gekriegt?** ¿cómo la has convencido?; **du kriegst es gleich mit mir zu tun!** ¡te vas a enterar de quién soy yo!; **ich krieg' heute nichts mehr geregelt** (*fam*) hoy ya no me sale nada ② (*ergreifen*) pillar, agarrar *Am*; **wenn ich dich kriege!** ¡si te pillo! **II.** *vr:* **sich ~** (*fam*) ① (*heiraten*) casarse ② (*sich streiten*): **sich in die Haare ~** pelearse

**Krieger(in)** ['kri:gɐ] *m(f)* <-s, -; -nen> guerrero, -a *m, f*

**kriegerisch** *adj* ① (*kämpferisch*) guerrero ② (*militärisch*) bélico; **~e Auseinandersetzungen** acciones bélicas

**Kriegführung** *f* (MIL) táctica *f* de guerra

**Kriegsausbruch** *m* estallido *m* de la guerra; **Kriegsbeginn** *m* comienzo *m* de la guerra; **Kriegsbeil** *nt* hacha *f* de guerra; **das ~ begraben** (*fig*) enterrar el hacha de guerra; **Kriegsbemalung** *f* pintura *f* de guerra; **in voller ~** (*fig, iron: bei Soldaten*) lleno de condecoraciones; (*bei Frauen*) pintada como una mona; **Kriegsberichterstatter(in)** *m(f)* corresponsal *mf* de guerra; **Kriegsbeschädigte(r)** *mf* mutilado, -a *m, f* de guerra

**Kriegsdienstverweigerer** *m* <-s, -> objetor *m* de conciencia

**Kriegsende** *nt* fin *m* de (la) guerra; **Kriegserklärung** *f* declaración *f* de guerra; **Kriegsfall** *m* caso *m* de guerra; **für den/im ~** para el/en caso de guerra; **Kriegsfilm** *m* película *f* de guerra; **Kriegsflüchtling** *m* (POL) refugiado *m* de guerra; **Kriegsführung** *f* táctica *f* de guerra; **Kriegsfuß** *m* (*fam*): **mit jdm/etw** *dat* **auf ~ stehen** estar en pie de guerra con alguien/algo; **Kriegsgefahr** *f* peligro *m* de guerra; **Kriegsgefangene(r)** *mf* prisionero, -a *m, f* de guerra; **Kriegsgefangenschaft** *f* cautiverio *m*; **Kriegsgegner(in)** *m(f)* ① (*Feind*) adversario, -a

K

*m, f* ❷ (*Pazifist*) pacifista *mf;* **Kriegsgericht** *nt* (MIL) consejo *m* de guerra; **Kriegsindustrie** *f* (MIL, POL) industria *f* de guerra; **Kriegsopfer** *nt* víctima *f* de la guerra; **Kriegsschauplatz** *m* escenario *m* bélico; **Kriegsschiff** *nt* buque *m* de guerra; **Kriegsspielzeug** *nt* juguete *m* bélico; **Kriegstanz** *m* danza *f* de guerra; **Kriegsverbrechen** *nt* crimen *m* de guerra; **Kriegsverbrecher(in)** *m(f)* criminal *mf* de guerra; **Kriegsverletzung** *f* herida *f* de guerra; **Kriegszustand** *m* *ohne pl* estado *m* de guerra; **sich im ~ befinden** estar en guerra

**Krimi** ['krɪmi] *m* <-s, -s> (*fam*) género *m* negro; *s. a.* **Kriminalfilm, Kriminalroman**

**Kriminalbeamte(r)** *mf,* **-beamtin** *f* agente *mf* de la policía judicial; **Kriminalfilm** *m* película *f* policíaca; (*Gattung*) cine *m* negro

**Kriminalistik** [krimina'lɪstɪk] *f ohne pl* criminalística *f*

**kriminalistisch** *adj* criminalista

**Kriminalität** [kriminali'tɛ:t] *f ohne pl* criminalidad *f*

**Kriminalkommissar(in)** *m(f)* policía *mf* judicial; **Kriminalpolizei** *f* Brigada *f* de Investigación Criminal, Investigaciones *fpl* *Chil;* **Kriminalroman** *m* novela *f* policíaca; (*Gattung*) novela *f* negra

**kriminell** [krimi'nɛl] *adj* (*a. fig*) criminal; **~ werden** convertirse en un criminal; **das finde ich ~!** ¡qué criminal!

**Kriminelle(r)** *mf* <-n, -n; -n> criminal *mf*

**Krimskrams** ['krɪmskrams] *m* <-, *ohne pl*> (*fam*) cachivaches *mpl*

**Kringel** ['krɪŋəl] *m* <-s, -> (*Gebäck*) rosquilla *f*

**kringeln** *vr:* **sich ~** enroscarse; **sich vor Lachen ~** (*fam*) desternillarse de risa

**Kripo** ['kri:po] *f* <-s> *s.* **Kriminalpolizei**

**Krippe** ['krɪpə] *f* <-n> ❶ (*Futter~*) pesebre *m* ❷ (*Weihnachts~*) nacimiento *m* ❸ (*Kinderhort*) guardería *f*

**Krise** ['kri:zə] *f* <-n> crisis *f inv;* **ich krieg' die ~!** (*sl*) ¡me va a dar un ataque!

**kriseln** ['kri:zəln] *vi* haber crisis; **es kriselt** hay crisis

**krisenanfällig** *adj* sensible a la crisis; **krisenfest** *adj* a prueba de crisis; **Krisengebiet** *nt* región *f* en crisis; **Krisenherd** *m* zona *f* conflictiva; **Krisenmanagement** *nt* gestión *f* de la crisis; **Krisenstab** *m* estado *m* mayor de emergencia; **Krisenzeit** *f* época *f* de crisis

**Kristall**[1] [krɪs'tal] *m* <-s, -e> cristal *m*

**Kristall**[2] *nt* <-s, *ohne pl*> ❶ (*Glas*) cristal *m* ❷ (*Gegenstände*) cristalería *f*

**Kristallglas**[1] *nt ohne pl* (*Kristall*) cristal *m*

**Kristallglas**[2] *nt* (*Gefäß*) vaso *m* de cristal

**kristallisieren*** [krɪstali'zi:rən] **I.** *vi* (CHEM) cristalizar **II.** *vr:* **sich ~** cristalizarse (*zu* en)

**kristallklar** ['-'-] *adj* cristalino

**Kristallnacht** *f* (HIST) *pogromo contra los judíos alemanes en la noche del 10.11.1938*

**Kriterium** [kri'te:riʊm] *nt* <-s, Kriterien> criterio *m*

**Kritik** [kri'ti:k, kri'tɪk] *f* <-en> crítica *f;* (*Rezension*) reseña *f;* **an jdm/etw** *dat* **~ üben** criticar a alguien/algo; **unter aller ~** (*fam*) pésimo; **eine gute ~ haben/bekommen** tener/recibir buenas críticas

**Kritiker(in)** ['kri:tikɐ] *m(f)* <-s, -; -nen> crítico, -a *m, f*

**kritiklos** **I.** *adj* sin espíritu crítico **II.** *adv* sin crítica (alguna)

**kritisch** ['kri:tɪʃ, 'krɪtɪʃ] *adj* crítico; **es wird ~** la situación se pone crítica

**kritisieren*** [kriti'zi:rən] *vt* criticar; (*Buch*) reseñar; **er hat an allem etwas zu ~** lo critica todo

**Kritzelei** [krɪtsə'laɪ] *f* <-en> garabato *m*

**kritzeln** ['krɪtsəln] *vi, vt* garabatear

**Kroate, -in** [kro'a:tə] *m, f* <-n, -n; -nen> croata *mf*

**Kroatien** [kro'a:tsiən] *nt* <-s> Croacia *f*

**Kroatin** *f* <-nen> *s.* **Kroate**

**kroatisch** *adj* croata

**kroch** [krɔx] *3. imp von* **kriechen**

**Krokant** [kro'kant] *m* <-s, *ohne pl*> crocante *m*

**Krokette** [kro'kɛtə] *f* <-n> (GASTR) croqueta *f* (*de puré de patata*), bigote *m Am*

**Krokodil** [kroko'di:l] *nt* <-s, -e> cocodrilo *m;* **Krokodilsträne** *f* (*fam*) lágrima *f* de cocodrilo

**Krokus** ['kro:kʊs] *m* <-, -(se)> croco *m*

**Krone** ['kro:nə] *f* <-n> ❶ (*Königs~, Zahn~, Währung*) corona *f;* **dabei fällt dir kein Zacken aus der ~** (*fam*) por eso no se te van a caer los anillos; **einen in der ~ haben** (*fam*) estar bebido ❷ (*Baum~*) copa *f;* (*einer Welle*) cresta *f* ❸ (*Höhepunkt*) colmo *m;* **das setzt dem Ganzen die ~ auf!** ¡esto es el colmo!

**krönen** ['krø:nən] *vt* ❶ (*König*) coronar; **jdn zum König ~** coronar rey a alguien ❷ (*beenden*) coronar, rematar; **ein ~der Abschluss** un glorioso final; **von Erfolg gekrönt sein** ser coronado por el éxito

**Kronenkorken** *m,* **Kronkorken** ['kro:n-] *m* chapa *f*

**Kronleuchter** *m* araña *f* de cristal; **Kronprinz, -prinzessin** *m, f* príncipe *m* heredero, princesa *f* real

**Krönung** ['krøːnʊŋ] *f* <-en> coronación *f;* **das ist ja die ~!** (*fam*) ¡esto es el colmo!

**Kronzeuge, -in** *m, f* (JUR) testigo *mf* principal

**Kropf** [krɔpf, *pl:* 'krœpfə] *m* <-(e)s, Kröpfe> ① (MED) bocio *m,* coto *m AmS* ② (*bei Vögeln*) buche *m;* **unnötig sein wie ein ~** (*fam*) ser más innecesario que nada

**kross** [krɔs] *adj* bastante hecho; **~ gebraten** bien asado

**Krösus** ['krøːzʊs] *m* <-, -se> creso *m;* **ich bin doch kein ~** (*fam*) que yo no soy el banco

**Kröte** ['krøːtə] *f* <-n> ① (*Tier*) sapo *m* ② (*fam: Kind*) chiquillo, -a *m, f* ③ *pl* (*fam: Geld*) perras *fpl*

**Krücke** ['krʏkə] *f* <-n> ① (*zum Gehen*) muleta *f;* **an ~n gehen** andar con muletas ② (*Griff*) puño *m* ③ (*fam abw: Versager*) inútil *mf*

**Krückstock** *m* muletilla *f*

**Krug** [kruːk, *pl:* 'kryːgə] *m* <-(e)s, Krüge> ① (*Gefäß*) jarro *m;* (*Bier~*) jarra *f;* **der ~ geht so lange zum Brunnen, bis er bricht** (*prov*) tanto va el cántaro a la fuente, que al fin se rompe ② (*nordd: Wirtshaus*) taberna *f*

**Krume** ['kruːmə] *f* <-n> (*Brot~*) miga *f*

**Krümel** ['kryːməl] *m* <-s, -> ① (*von Brot*) miga *f* ② (*fam: Kind*) chiquitín, -ina *m, f*

**krümelig** *adj* ① (*Brot*) desmigajado ② (*voller Krümel*) lleno de migas

**krümeln** *vi* ① (*Brot*) desmigajarse ② (*Person*) llenar (un sitio) de migas

**krümlig** *adj s.* **krümelig**

**krumm** [krʊm] *adj* ① (*verbogen*) torcido; (*gebogen*) curvado; (*Rücken*) encorvado; **eine ~e Nase haben** tener la nariz torcida; **sitz nicht so ~ da!** ¡ponte derecho!; **sich ~ und schief lachen** (*fam*) partirse de risa ② (*fam: unehrlich*) deshonesto; **ein ~es Ding drehen** hacerle a alguien una faena; **mach keine ~en Touren!** (*fam*) ¡no te metas en jaleos!

**krümmen** ['krʏmən] **I.** *vt* (*krumm machen*) encorvar; (*biegen*) doblar; **er krümmt ihnen kein Haar** no les toca un pelo (de la ropa) **II.** *vr:* **sich ~** ① (*sich winden*) retorcerse; **er krümmte sich vor Lachen** (*fam*) se tronchó de risa ② (*Straße, Fluss*) serpentear

**krumm|lachen** *vr:* **sich ~** troncharse de risa

**Krümmung** ['krʏmʊŋ] *f* <-en> curvatura *f;* (*des Körpers*) encorvadura *f*

**Krüppel** ['krʏpəl] *m* <-s, -> lisiado, -a *m, f;* (*durch Unfall*) mutilado, -a *m, f;* **jdn zum ~ schlagen** lisiar a alguien

**Kruste** ['krʊstə] *f* <-n> costra *f;* (*vom Brot*) corteza *f*

**Krustentier** *nt* (ZOOL) crustáceo *m*

**Kruzifix** ['kruːtsifɪks, krutsi'fɪks] *nt* <-es, -e> crucifijo *m*

**Kruzitürken** [krutsi'tʏrkən] *interj* (*fam*) ¡maldita sea!

**Krypta** ['krʏpta] *f* <Krypten> cripta *f*

**KSZE** [kaːʔɛstsɛt'ʔeː] *f ohne pl Abk. von* **Konferenz über Sicherheit und Zusammenarbeit in Europa** CSCE *f*

**Kto** *Abk. von* **Konto** cuenta *f*

**Kuba** ['kuːba] *nt* <-s> Cuba *f*

**Kubaner(in)** [ku'baːnɐ] *m(f)* <-s, -; -nen> cubano, -a *m, f*

**kubanisch** *adj* cubano

**Kübel** ['kyːbəl] *m* <-s, -> cubeta *f;* (*Eimer*) cubo *m;* (*Bottich*) tina *f;* **es regnet wie aus ~n** (*fam*) llueve a cántaros

**Kuben** *pl von* **Kubus**

**Kubikmeter** [ku'biːk-] *m o nt* metro *m* cúbico; **Kubikwurzel** *f* (MATH) raíz *f* cúbica; **Kubikzahl** *f* (MATH) cubo *m;* **Kubikzentimeter** *m o nt* centímetro *m* cúbico

**kubisch** ['kuːbɪʃ] *adj* cúbico

**Kubismus** [ku'bɪsmʊs] *m* <-, *ohne pl*> (KUNST) cubismo *m*

**kubistisch** *adj* (KUNST) cubista

**Kubus** ['kuːbʊs] *m* <-, Kuben> (MATH) cubo *m*

**Küche** ['kʏçə] *f* <-n> cocina *f*

**Kuchen** ['kuːxən] *m* <-s, -> pastel *m,* cake *m Am;* **Kuchenblech** *nt* bandeja *f* de horno

**Küchenchef(in)** *m(f)* jefe, -a *m, f* de cocina

**Kuchenform** *f* molde *m* para pasteles; **Kuchengabel** *f* tenedor *m* de postre

**Küchenherd** *m* cocina *f,* brasero *m Am;* **Küchenmaschine** *f* robot *m* de cocina; **Küchenmesser** *nt* cuchillo *m* de cocina; **Küchenschabe** *f* (ZOOL) cucaracha *f*

**Kuchenteig** *m* masa *f* para pasteles

**Kücken** ['kʏkən] *nt* <-s, -> (*Österr*) polluelo *m*

**kucken** ['kʊkən] *vi* (*nordd: fam*) mirar; (*hervorschauen*) asomar; **kuck mal!** ¡mira!

**kuckuck** ['kʊkʊk] *interj* cucú

**Kuckuck** ['kʊkʊk] *m* <-s, -e> ① (*Vogel*) cuco *m;* **weiß der ~!** (*fam*) ¡y yo qué demonios sé!; **zum ~ (noch mal)!** (*fam*) ¡maldita sea! ② (*fam: Siegel*) sello *m* de embargo; **Kuckucksei** *nt* ① (*Ei eines Kuckucks*) huevo *m* del cuco ② (*fam: Überraschung*) sorpresa *f* desagradable;

**da hat man dir ja wohl ein ~ untergeschoben!** ¡vaya jugada te han hecho!; **Kuckucksuhr** *f* reloj *m* de cuco

**Kuddelmuddel** ['kʊdəl'mʊdəl] *m o nt* <-s, *ohne pl*> (*fam*) lío *m*

**Kufe** ['ku:fə] *f* <-n> (*Schlitten~*) patín *m;* (*Schlittschuh~*) cuchilla *f*

**Kugel** ['ku:gəl] *f* <-n> ❶ (*runder Körper*) bola *f,* bomba *f Am;* (MATH) esfera *f;* (SPORT) peso *m;* **eine ruhige ~ schieben** (*fam*) no dar el callo ❷ (*fam: Gewehr~*) bala *f,* chumbo *m Arg;* **sich** *dat* **die Kugel geben** pegarse un tiro

**kugelförmig** [-fœrmɪç] *adj* redondo, esférico

**Kugelgelenk** *nt* ❶ (ANAT) diartrosis *f inv* ❷ (TECH) articulación *f* esférica; **Kugellager** *nt* rodamiento *m* de bolas

**kugeln** ['ku:gəln] *vi sein* rodar; **das/der ist ja zum K~!** ¡es para morirse de risa!

**kugelrund** ['-'-] *adj* redondo (como una bola); **Kugelschreiber** *m* bolígrafo *m,* birome *f Arg;* **kugelsicher** *adj* a prueba de balas, antibalas; **~e Weste** chaleco antibalas; **Kugelstoßen** *nt* <-s, *ohne pl*> (SPORT) lanzamiento *m* de peso

**Kuh** [ku:, *pl:* ky:ə] *f* <Kühe> ❶ (*weibliches Rind*) vaca *f* ❷ (*weibliches Tier*) hembra *f* ❸ (*fam: Person*) idiota *f;* **du blöde ~!** ¡idiota!; **Kuhdorf** *nt* (*fam abw*) pueblo *m* de mala muerte; **Kuhfladen** *m* boñigo *m,* bosta *f Bol, CSur;* **Kuhhandel** *m* (*fam abw*) chanchullo *m;* **Kuhhaut** *f* piel *f* de vaca; **das geht auf keine ~** (*fam*) esto ya pasa de la raya; **Kuhhirte, -in** *m, f* vaquero, -a *m, f*

**kühl** [ky:l] *adj* ❶ (*Wetter etc.*) fresco; **bitte ~ lagern** por favor, guárdese en lugar fresco; **einen ~en Kopf bewahren** no perder la cabeza; **mir ist ~** tengo frío ❷ (*abweisend*) frío

**Kühlanlage** *f* instalación *f* frigorífica; **Kühlbox** *f* nevera *f* portátil

**Kühle** ['ky:lə] *f ohne pl* ❶ (*Frische*) frescura *f* ❷ (*Zurückhaltung*) frialdad *f*

**Kuhle** ['ku:lə] *f* <-n> (*fam*) hoyo *m*

**kühlen** ['ky:lən] **I.** *vi* refrescar **II.** *vt* ❶ (*Temperatur senken*) refrigerar ❷ (*Getränke*) (poner a) enfriar

**Kühler** *m* <-s, -> ❶ (AUTO) radiador *m* ❷ (*für Sekt*) enfriadera *f;* **Kühlerhaube** *f* (AUTO) capó *m*

**Kühlflüssigkeit** *f* (TECH) líquido *m* refrigerante; **Kühlhaus** *nt* almacén *m* frigorífico; **Kühlraum** *m* cámara *f* frigorífica; **Kühlschrank** *m* frigorífico *m,* frigo *m fam;* **Kühltasche** *f* nevera *f* portátil; **Kühltruhe** *f* congelador *m;* **Kühlturm** *m* (TECH) torre *f* de refrigeración

**Kühlung**[1] *f* <-en> (*Vorrichtung, Vorgang*) refrigeración *f*

**Kühlung**[2] *f ohne pl* (*frische Luft*) fresco *m;* **sich** *dat* **~ verschaffen** refrescarse

**Kühlwagen** *m* camión *m* frigorífico; **Kühlwasser** *nt ohne pl* aguas *fpl* de refrigeración

**Kuhmilch** *f* leche *f* de vaca; **Kuhmist** *m* boñiga *f*

**kühn** [ky:n] *adj* audaz; (*wagemutig*) atrevido; (*dreist*) temerario; **eine ~e Behauptung** una tesis muy atrevida

**Kühnheit** *f ohne pl* (*Mut*) audacia *f;* (*Dreistigkeit*) temeridad *f*

**Kuhstall** *m* establo *m* para las vacas

**Küken** ['ky:kən] *nt* <-s, -> polluelo *m*

**kulant** [ku'lant] *adj* (*Person*) complaciente; (*Preis*) aceptable

**Kulanz** [ku'lants] *f ohne pl* complacencia *f;* (*Liebenswürdigkeit*) amabilidad *f*

**Kuli** ['ku:li] *m* <-s, -s> ❶ (*Person*) culí *m* ❷ (*fam: Kugelschreiber*) boli *m*

**kulinarisch** [kuli'na:rɪʃ] *adj* culinario

**Kulisse** [ku'lɪsə] *f* <-n> bastidores *mpl;* **einen Blick hinter die ~n werfen** mirar entre bastidores; **das ist doch nur ~** (*fam abw*) es pura fachada

**Kulleraugen** *ntpl* (*fam*) ojos *mpl* grandes; **~ machen** mirar con fascinación

**kullern** ['kʊlɐn] *vi sein* (*fam*) rodar; **die Murmel kullert direkt ins Loch!** ¡la canica va directa al agujero!

**Kult** [kʊlt] *m* <-(e)s, -e> culto *m;* **einen ~ mit jdm/etw** *dat* **treiben** rendir culto a alguien/algo; **Kultfigur** *f* ídolo *m;* **Kultfilm** *m* película *f* de culto

**kultisch** *adj* del culto

**kultivieren*** [kʊlti'vi:rən] *vt* cultivar

**kultiviert** [kʊlti'vi:ɐt] *adj* ❶ (*Mensch*) educado; (*gebildet*) culto ❷ (*gepflegt*) refinado

**Kultivierung** *f* <-en> cultivo *m*

**Kultstätte** *f* lugar *m* de culto

**Kultur** [kʊl'tu:ɐ] *f* <-en> ❶ (*geistig, künstlerisch*) cultura *f;* (*menschliche ~*) civilización *f* ❷ (*von Person*) cultura *f,* educación *f* ❸ (AGR, BIOL) cultivo *m*

**Kulturaustausch** *m* intercambio *m* cultural; **Kulturbanause, -in** *m, f* (*abw*) persona *f* sin interés cultural; **Kulturbeutel** *m* neceser *m;* **Kulturdenkmal** *nt* testimonio *m* cultural

**kulturell** [kʊltu'rɛl] *adj* cultural

**Kulturgeschichte** *f ohne pl* historia *f* de la civilización; **Kulturgut** *nt* patrimonio *m* cultural; **Kulturkreis** *m* etnia *f,* grupo *m* étnico; **Kulturlandschaft** *f* paisaje *m* modificado por el hombre; **Kulturpolitik** *f* política *f* cultural; **Kulturschock** *m* choque *m* cultural; **Kulturstufe** *f* grado *m* de civilización; **Kulturvolk** *nt* pueblo *m* civilizado; **Kulturzentrum** *nt* centro *m* cultural

**Kultusminister(in)** ['kʊltʊs-] *m(f)* ministro, -a *m, f* de Educación y Ciencia; **Kultusministerium** *nt* Ministerio *m* de Educación y Ciencia

**Kümmel** ['kʏməl] *m* <-s, -> ① (*Pflanze, Gewürz*) comino *m* ② (*Schnaps*) cúmel *m*

**Kummer** ['kʊmɐ] *m* <-s, *ohne pl*> pena *f;* (*Sorge*) preocupación *f;* **vor/aus ~** de/por pena; **der ~ um jdn** la preocupación por alguien; **jdm ~ bereiten** causar pena a alguien; **hast du ~?** ¿te preocupa algo?

**kümmerlich** ['kʏmɐlɪç] *adj* ① (*elend*) miserable; (*ärmlich*) pobre ② (*schwächlich*) débil

**kümmern** ['kʏmɐn] **I.** *vr:* **sich ~** ① (*sich beschäftigen*) preocuparse (*um* de), ocuparse (*um* de); **sich darum ~, dass ...** preocuparse de que... +*subj;* **er kümmert sich nicht darum, was die Leute denken** no le importa lo que piense la gente ② (*sorgen*) cuidar (*um* de); **ich kümmere mich um die Kinder** yo cuido a los niños; **kümmer dich ein bisschen um sie!** ¡ocúpate un poco de ella! **II.** *vt* (*angehen*) importar; (*interessieren*) interesar; **das kümmert mich nicht** eso no me interesa; **was kümmert Sie das?** ¿a Ud. qué le importa?

**Kummerspeck** *m* (*fam*) kilos *mpl* (ganados durante una depresión)

**kummervoll** *adj* afligido

**Kumpan(in)** [kʊm'pa:n] *m(f)* <-s, -e; -nen> (*fam*) ① (*Kamerad*) camarada *mf* ② (*abw: Mittäter*) compinche *mf*

**Kumpel** ['kʊmpəl] *m* <-s, -> ① (*Bergarbeiter*) minero, -a *m, f* ② (*fam: Kamerad*) compañero, -a *m, f,* pipe *m AmC*

**kündbar** ['kʏntba:ɐ] *adj* cancelable; (*Vertrag*) rescindible

**Kunde[1]** *f* <-n> (*geh: Nachricht*) noticia *f;* **von etw** *dat* **~ erhalten** recibir noticia de algo

**Kunde, -in[2]** ['kʊndə] *m, f* <-n, -n; -nen> cliente, -a *m, f*

**Kundenberatung** *f* servicio *m* de información de los clientes

**Kundendienst[1]** *m ohne pl* (*Service*) atención *f* al cliente

**Kundendienst[2]** *m* (*Reparaturdienst*) servicio *m* técnico

**Kundenkarte** *f* (WIRTSCH) tarjeta *f* de cliente; **Kundennummer** *f* (WIRTSCH) número *m* del cliente; **Kundenstamm** *m* (WIRTSCH) clientela *f* fija

**kund|geben** *irr vt* (*geh*) dar a conocer; (*öffentlich machen*) hacer público

**Kundgebung** *f* <-en> manifestación *f*

**kundig** *adj* (*erfahren*) experimentado; (*sachverständig*) experto; **einer Sache ~ sein** (*geh*) ser experto en una materia; **sich ~ machen** ponerse al día

**kündigen** ['kʏndɪgən] **I.** *vt* ① (*Vertrag*) rescindir; (*Wohnung*) anunciar el desalojamiento (de); **jdm die Freundschaft ~** romper con alguien ② (*Arbeitsstelle*) presentar su dimisión **II.** *vi* ① (*einem Arbeitnehmer*) despedir; (*als Arbeitnehmer*) presentar su dimisión; **zum ersten November ~** presentar la dimisión para el primero de noviembre ② (*einem Mieter*) desahuciar

**Kündigung** *f* <-en> ① (*eines Vertrages*) rescisión *f;* (*eines Abonnements*) anulación *f* del abono; (*Wohnung durch Mieter*) aviso *m* de desalojamiento; (*durch Vermieter*) aviso *m* de desahucio; **Vertrag mit halbjähriger ~** contrato con medio año de aviso ② (*einer Stelle*) autodespido *m;* (*vom Arbeitgeber*) despido *m;* **fristlose ~** despido sin preaviso; **Kündigungsfrist** *f* plazo *m* de despido; **Kündigungsgrund** *m* ① (*Arbeitsrecht*) causa *f* de despido ② (*bei Mietsachen*) causa *f* de desahucio

**Kundin** *f* <-nen> *s.* **Kunde[2]**

**Kundschaft** *f ohne pl* clientela *f*

**Kundschafter(in)** *m(f)* <-s, -; -nen> (*Gesandter*) enviado, -a *m, f;* (*Spion*) espía *mf,* bombero *m RíoPl*

**kund|tun** *irr vt* (*fam*) manifestar

**künftig** ['kʏnftɪç] **I.** *adj* futuro; **meine ~e Frau** mi futura esposa **II.** *adv* de ahora en adelante

**Kunst** [kʊnst, *pl:* 'kʏnstə] *f* <Künste> arte *m o f;* **die schönen Künste** las Bellas Artes; **die bildende ~** las Artes Plásticas; **das ist keine ~!** (*fam*) ¡eso lo hace cualquiera!; **die ~ besteht darin ...** el arte está en...; **nach allen Regeln der ~** según las reglas del oficio; (*fig*) como Dios manda; **Kunstakademie** *f* Academia *f* de Bellas Artes; **Kunstausstellung** *f* exposición *f* de arte; **Kunstdenkmal** *nt* monumento *m* artístico

**Kunstdünger** *m* abono *m* químico

**Kunstfaser** *f* fibra *f* sintética; **Kunstfehler** *m* error *m* quirúrgico; **kunstfertig** *adj* hábil, mañoso; **Kunstfertigkeit** *f ohne pl* habilidad *f;* **Kunstgattung** *f* género *m* artístico; **Kunstgegenstand** *m* objeto *m* de arte; **Kunstgeschichte** *f ohne pl* historia *f* del Arte; **Kunstgewerbe** *nt ohne pl* artesanía *f;* **Kunstgriff** *m* artificio *m;* **Kunsthandel** *m* comercio *m* con objetos de arte; **Kunsthändler(in)** *m(f)* comerciante *mf* de objetos de arte; **Kunsthandwerk** *nt ohne pl* artesanía *f;* **Kunsthistoriker(in)** *m(f)* historiador(a) *m(f)* del arte; **Kunstleder** *nt* cuero *m* artificial

**Künstler(in)** ['kʏnstlɐ] *m(f)* <-s, -; -nen> artista *mf*

**künstlerisch** ['kʏnstlərɪʃ] *adj* artístico; ~ **begabt sein** tener talento artístico

**Künstlername** *m* nombre *m* artístico; **Künstlerpech** *nt* (*fam*) mala pata *f*

**künstlich** *adj* artificial; (*Zähne*) postizo; **sich ~ aufregen** poner el grito en el cielo; **jdn ~ ernähren** alimentar a alguien con sonda

**kunstlos** *adj* simple, sencillo

**Kunstpause** *f* pausa *f* intencionada; **Kunstrichtung** *f* estilo *m;* **Kunstsammlung** *f* colección *f* (de objetos) de arte; **Kunstseide** *f* seda *f* artificial; **Kunststoff** *m* materia *f* plástica, plástico *m;* **aus ~** de plástico; **Kunststück** *nt* truco *m;* (*akrobatisch*) acrobacia *f,* maroma *f Am;* **das ist kein ~!** (*fam*) ¡eso lo hace cualquiera!; **Kunstturnen** *nt* gimnasia *f* artística; **kunstverständig** *adj* entendido en arte; **kunstvoll** *adj* muy artístico; **Kunstwerk** *nt* obra *f* de arte

**kunterbunt** ['kʊntɐ'bʊnt] **I.** *adj* ❶ (*farbig*) abigarrado ❷ (*durcheinander*) revuelto **II.** *adv* abigarradamente; (*durcheinander*) sin orden ni concierto; **hier geht es ~ zu** menudo jaleo hay aquí; **~ zusammengewürfelt** todo revuelto

**Kupfer** ['kʊpfɐ] *nt* <-s, *ohne pl*> (CHEM) cobre *m;* **Kupferbergwerk** *nt* mina *f* de cobre; **Kupferdraht** *m* hilo *m* de cobre

**kupferhaltig** *adj* cobrizo

**kupfern** ['kʊpfɐn] *adj* de cobre

**Kupferschmiede** *f* forja *f* de cobre; **Kupferstich** *m* grabado *m* en cobre

**Kupon** [ku'põ:] *m* <-s, -s> (*abtrennbarer Zettel, Zinsabschnitt*) cupón *m;* (*Talon*) talón *m*

**Kuppe** ['kʊpə] *f* <-n> ❶ (*Berg~*) cima *f* ❷ (*Finger~*) yema *f* del dedo

**Kuppel** ['kʊpəl] *f* <-n> cúpula *f*

**Kuppelei** [kʊpə'laɪ] *f* <-en> alcahuetería *f;* (JUR) proxenetismo *m*

**kuppeln** ['kʊpəln] **I.** *vi* ❶ (AUTO) embragar ❷ (*als Kuppler*) alcahuetear **II.** *vt* ❶ (*Fahrzeuge*) acoplar (*an* a) ❷ (*Geräte*) conectar

**Kuppler(in)** *m(f)* <-s, -; -nen> alcahuete, -a *m, f;* (JUR) proxeneta *mf*

**Kupplung** *f* <-en> ❶ (*das Verbinden*) acoplamiento *m* ❷ (*Vorrichtung*) enganche *m* ❸ (AUTO) embrague *m*

**Kur** [ku:ɐ] *f* <-en> ❶ (*Heilverfahren*) cura *f;* (*Behandlung*) tratamiento *m* ❷ (*Aufenthalt*) tratamiento *m* balneoterapéutico; **zur ~ fahren** ir a tomar las aguas

**Kür** [ky:ɐ] *f* <-en> (SPORT) ejercicio *m* libre

**Kuraufenthalt** *m* estancia *f* en una estación termal

**Kurbel** ['kʊrbəl] *f* <-n> manivela *f*

**kurbeln** **I.** *vi* darle a la manivela **II.** *vt* (*nach oben*) subir (girando la manivela); (*nach unten*) bajar (girando la manivela)

**Kurbelwelle** *f* (TECH) cigüeñal *m*

**Kürbis** ['kʏrbɪs] *m* <-ses, -se> calabaza *f,* zapallo *m AmC,* ayote *m AmC;* **Kürbiskern** *m* pepita *f* de calabaza

**Kurde, -in** ['kʊrdə] *m, f* <-n, -n; -nen> kurdo, -a *m, f*

**kurdisch** *adj* kurdo

**Kurdistan** ['kʊrdɪsta:n] *nt* <-s> Kurdistán *m*

**küren** ['ky:rən] *vt* (*geh*) elegir (*zu* como)

**Kurfürst** ['ku:ɐ-] *m* (HIST) príncipe *m* elector

**Kurgast** *m* huésped(a) *m(f)* de un balneario; **Kurhaus** *nt* casino *m* (en un balneario)

**Kurier** [ku'ri:ɐ] *m* <-s, -e> correo *m;* **Kurierdienst** *m* servicio *m* de correo

**kurieren*** [ku'ri:rən] *vt* (*behandeln*) curar; (*heilen*) sanar (*von*)

**kurios** [kuri'o:s] *adj* curioso

**Kuriosität**[1] [kuriozi'tɛ:t] *f ohne pl* (*Eigenart*) singularidad *f*

**Kuriosität**[2] *f* <-en> (*Gegenstand*) curiosidad *f*

**Kurort** *m* balneario *m*

**Kurpfalz** ['ku:ɐpfalts] *f* Electorado *m* del Palatinado

**Kurpfuscher(in)** ['ku:ɐpfʊʃɐ] *m(f)* ❶ (*fam abw*) curandero, -a *m, f,* curioso, -a *m, f Am,* compositor(a) *m(f) CSur* ❷ (*Arzt*) matasanos *mf inv*

**Kurs** [kʊrs] *m* <-es, -e> ❶ (*Richtung*) rumbo *m;* **~ auf Hamburg nehmen** poner rumbo a Hamburgo; **auf ~ bleiben** mantener el rumbo; **vom ~ abkommen** perder el rumbo; **einen harten (politischen) ~ einschlagen** adoptar una línea (política) dura ❷ (SCH, UNIV) curso *m;* (*Intensiv~*) cursillo *m;* **einen ~ besuchen** asistir a un curso ❸ (WIRTSCH) cotización *f;* (*von Devisen*) cambio *m;* **die ~e fallen/steigen** las cotizaciones bajan/suben; **bei jdm hoch im ~ stehen** gozar de prestigio ante alguien; **Kursbuch** *nt* guía *f* oficial de ferrocarriles

**Kurse** *pl von* **Kurs, Kursus**

**Kurseinbruch** *m* (WIRTSCH) fuerte retroceso *m* de las cotizaciones; **Kursgewinn** *m* (FIN) beneficios *mpl* arrojados por las acciones

**kursieren*** [kʊrˈziːrən] *vi haben o sein* ❶ (*Geld*) circular ❷ (*Gerücht*) correr

**kursiv** [kʊrˈziːf] *adj* (TYPO) en cursiva; **Kursivschrift** *f* (TYPO) (letra *f*) cursiva *f*

**Kursnotierung** *f* (WIRTSCH) cotización *f* de cambios

**kursorisch** [kʊrˈzoːrɪʃ] **I.** *adj* (*geh*) superficial **II.** *adv* (*geh*) por encima; **einen Artikel ~ lesen** hacer una lectura rápida de un artículo; **Kursschwankung** *f* (WIRTSCH) fluctuación *f* de las cotizaciones; (*von Devisen*) oscilación *f* de los cambios

**Kursteilnehmer(in)** *m(f)* participante *mf* en un curso; (*an Wochenendkurs*) cursillista *mf*

**Kursus** [ˈkʊrzʊs, *pl:* ˈkʊrzə] *m* <-, Kurse> curso *m*

**Kursverlust** *m* (WIRTSCH) pérdida *f* en bolsa; **Kurswechsel** *m* (POL) cambio *m* de rumbo

**Kurtisane** [kʊrtiˈzaːnə] *f* <-n> cortesana *f;* (*Geliebte*) favorita *f*

**Kurve** [ˈkʊrvə] *f* <-n> (*a.* MATH) curva *f;* **die ~ schneiden** cortar la curva; **sich in die ~ legen** inclinarse al tomar la curva; **die ~ kratzen** (*fam*) desaparecer rápido; **nicht die ~ kriegen** (*fam*) fracasar

**kurven** *vi sein* (*fam*) viajar (*durch* por), andar (*durch* por)

**kurvenreich** *adj* con muchas curvas

**kurvig** *adj* ❶ (*gekrümmt*) curvado; (*bogenförmig*) arqueado ❷ (*kurvenreich*) de muchas curvas

**kurz** [kʊrts] *adj* <kürzer, am kürzesten> ❶ (*zeitlich*) corto, breve; **ein ~er Blick** una ojeada; **ich will es ~ machen** seré breve; **mit ein paar ~en Worten** en unas pocas palabras; **über ~ oder lang** tarde o temprano; **in kürzester Zeit** en breves momentos; **sich ~ fassen** ser conciso; **~ und bündig** conciso; **~ und gut** resumiendo; **~ und schmerzlos** (*fam*) sin rodeos; **seit ~em** desde hace poco (tiempo); **vor ~em** hace poco; **~ entschlossen** resuelto; **ich habe ihn nur ~ gesehen** le he visto sólo un momento; **~ darauf** poco después; **ich bleibe nur für ~e Zeit** sólo me quedo por poco tiempo; **ich komme ~ vorbei** me paso un momento; **~ hintereinander** al poco rato ❷ (*räumlich*) corto; **~e Hosen** pantalones cortos; **~ vor Köln** poco antes de Colonia; **den Kürzeren ziehen** (*fam*) salir perdiendo; **zu ~ kommen** quedarse con las ganas de hacer algo; **etw ~ und klein hauen** (*fam*) no dejar títere con cabeza ❸ (*Wend*): **jdn ~ halten** (*fig*) tener a alguien (bien) derecho; **~ treten** (*sich einschränken*) ahorrar; (*sich schonen*) reservar las (propias) fuerzas

**Kurzarbeit** *f ohne pl* (trabajo *m* a) jornada *f* reducida

**kurz|arbeiten** *vi* trabajar a jornada reducida

**kurzärm(e)lig** *adj* de manga corta

**kurzatmig** [ˈ-ʔaːtmɪç] *adj* corto de respiración

**Kürze** [ˈkʏrtsə] *f ohne pl* ❶ (*räumlich*) corta distancia *f* ❷ (*zeitlich*) brevedad *f;* **in ~** dentro de poco ❸ (*im Ausdruck*) concisión *f;* **in aller ~** en pocas palabras

**Kürzel** [ˈkʏrtsəl] *nt* <-s, -> abreviatura *f;* (*in der Stenografie*) signo *m* taquigráfico

**kürzen** [ˈkʏrtsən] *vt* ❶ (*allgemein*) hacer más corto; (*Rede, Text*) acortar (*um* en, *auf* a); (*abkürzen*) abreviar; (FILM) cortar; **einen Text um/auf 40 Prozent ~** acortar un texto en un/a un 40 por ciento ❷ (*verringern*) reducir (*um* en, *auf* a) ❸ (MATH) simplificar

**kürzer** [ˈkʏrtsɐ] *adj kompar von* **kurz**

**kurzerhand** [ˈkʊrtsɐˈhant] *adv* sin vacilar

**kürzeste(r, s)** [ˈkʏrtsəstə, -tɐ, -təs] *adj superl von* **kurz**

**Kurzfassung** *f* versión *f* reducida; **Kurzfilm** *m* cortometraje *m;* **Kurzform** *f* (LING) forma *f* abreviada

**kurzfristig** **I.** *adj* ❶ (*kurze Zeit dauernd*) por poco tiempo; (*Vertrag*) a corto plazo ❷ (*ohne Vorbereitung*) repentino ❸ (*in kurzer Zeit*) a corto plazo **II.** *adv* ❶ (*in kurzer Zeit*) en (cuestión de) poco tiempo ❷ (*ohne Vorbereitung*) en el último momento

**Kurzgeschichte** *f* (LIT) cuento *m*

**kurzhaarig** *adj* de pelo corto

**kurzlebig** *adj* ❶ (*Tier, Pflanze*) de corta vida ❷ (*Mode etc.*) efímero; (*vorübergehend*) pasajero

**kürzlich** [ˈkʏrtslɪç] *adv* hace poco, recién *Am*

**Kurznachrichten** *fpl* noticias *fpl* breves; **Kurzreise** *f* viaje *m* corto

**kurz|schließen** *irr* **I.** *vt* poner en cortocircuito **II.** *vr:* **sich ~** (*fam*) ponerse en contacto

**Kurzschluss** *m* ❶ (ELEK) cortocircuito *m* ❷ (*falsche Schlussfolgerung*) conclusión *f* errónea; **Kurzschlusshandlung** *f* acto *m* irreflexivo; **Kurzschlussreaktion** *f* acto *m* irreflexivo

**Kurzschrift** *f ohne pl* taquigrafía *f*

**kurzsichtig** *adj* miope

**Kurzsichtigkeit** *f ohne pl* ❶ (MED) miopía *f* ❷ (*im Denken*) estrechez *f* de miras

**Kurzstreckenflug** *m* vuelo *m* a corta distancia

**kurzum** [kʊrtsˈʔʊm, ˈ-ˈ-] *adv* en una palabra

**Kürzung** [ˈkʏrtsʊŋ] *f* <-en> ❶ (*finanziell*) reducción *f* ❷ (*von Text*) abreviación *f*; ~**en vornehmen** (*im Text*) abreviar; (*im Etat*) reducir

**Kurzurlaub** *m* vacaciones *fpl* breves

**Kurzwaren** *fpl* artículos *mpl* de mercería; **Kurzwarengeschäft** *nt* mercería *f*, bonetería *f Chil, Mex, RíoPl*

**kurzweilig** *adj* entretenido

**Kurzwelle** *f* (PHYS, RADIO) onda *f* corta; **auf** ~ en onda corta

**Kurzzeitgedächtnis** *nt* memoria *f* corta

**kurzzeitig** *adj* por poco tiempo

**kuschelig** [ˈkʊʃəlɪç] *adj* acogedor

**kuscheln** [ˈkʊʃəln] **I.** *vr:* **sich** ~ (*fam*) acurrucarse (*in* en); **sich an jdn** ~ acurrucarse contra alguien **II.** *vi* hacerse mimos

**Kuscheltier** *nt* animal *m* de peluche

**kuschen** [ˈkʊʃən] *vi* ❶ (*sich fügen*) someterse ❷ (*Hund*) echarse

**Kusine** [kuˈziːnə] *f* <-n> prima *f*

**Kuss** [kʊs, *pl:* ˈkʏsə] *m* <-es, Küsse> beso *m*, pico *m Col: fam;* **jdm einen** ~ **geben** dar un beso a alguien; **kussecht** *adj* (*Lippenstift*) que no mancha

**küssen** [ˈkʏsən] **I.** *vt* besar (*auf* en) **II.** *vr:* **sich** ~ besarse

**Küste** [ˈkʏstə] *f* <-n> costa *f*; **eine felsige/zerklüftete** ~ una costa rocosa/brava; **an der** ~ **entlangfahren** (*Schiff*) navegar a lo largo de la costa; (*an Land*) ir a lo largo de la costa; **Küstenbewohner(in)** *m(f)* costeño, -a *m, f*; **Küstengebiet** *nt* litoral *m*; **Küstengewässer** *nt* aguas *fpl* costeras; **Küstenschifffahrt** *f* cabotaje *m*, navegación *f* costera; **Küstenschutz** *m* protección *f* de la costa

**Küster(in)** [ˈkʏstɐ] *m(f)* <-s, -; -nen> sacristán, -ana *m, f*

**Kutsche** [ˈkʊtʃə] *f* <-n> ❶ (*Pferdewagen*) carruaje *m* ❷ (*fam: Auto*) cafetera *f*

**Kutscher(in)** *m(f)* <-s, -; -nen> cochero, -a *m, f*

**kutschieren*** [kʊˈtʃiːrən] **I.** *vi sein* (*fam*) ir en coche; **durch die Gegend** ~ dar vueltas con el coche **II.** *vt* (*fam*) llevar en coche; **jdn nach Hause/durch die Gegend** ~ llevar a alguien a casa/a dar vueltas con el coche

**Kutte** [ˈkʊtə] *f* <-n> (*eines Pfarrers*) sotana *f*; (*eines Mönches*) hábito *m*

**Kutteln** [ˈkʊtəln] *pl* (*Österr, Schweiz, südd:* GASTR) callos *mpl*

**Kutter** [ˈkʊtɐ] *m* <-s, -> ❶ (*Segelschiff*) cúter *m* ❷ (*Fisch~*) barca *f* de pesca ❸ (*Rettungsboot*) esquife *m*

**Kuvert** [kuˈveːɐ] *nt* <-s, -s> ❶ (*reg: Briefumschlag*) sobre *m* ❷ (*geh: Gedeck*) cubierto *m*

**Kuwait** [ˈkuːvaɪt, kuˈvaɪt] *nt* <-s> Kuwait *m*

**Kuwaiter(in)** [kuˈvaɪtɐ] *m(f)* <-s, -; -nen> kuwaití *mf*

**kuwaitisch** [kuˈvaɪtɪʃ, ˈkuːvaɪtɪʃ] *adj* kuwaití

**kV** (ELEK) *Abk. von* **Kilovolt** kv

**kW** (PHYS, TECH) *Abk. von* **Kilowatt** kW

**KW** [kaːˈveː] (PHYS, RADIO) *Abk. von* **Kurzwelle** o.c.

**kWh** (PHYS, ELEK) *Abk. von* **Kilowattstunde** kWh

**Kybernetik** [kybɛrˈneːtɪk] *f ohne pl* cibernética *f*

**KZ** [kaːˈtsɛt] *nt* <-(s), -(s)> *Abk. von* **Konzentrationslager** campo *m* de concentración

# L

**L, l** [ɛl] *nt* <-, -> L, l *f*; ~ **wie Ludwig** L de Lisboa

**l** *Abk. von* **Liter** l

**labb(e)rig** [ˈlab(ə)rɪç] *adj* (*fam*) ❶ (*fad*) soso ❷ (*schlaff*) fofo

**laben** [ˈlaːbən] *vr:* **sich** ~ (*geh*) saborear (*an*)

**labern** [ˈlaːbɐn] *vi* (*fam abw*) soltar el rollo (*über* sobre); **Blödsinn** ~ decir tonterías

**labil** [laˈbiːl] *adj* lábil; (*Gesundheit*) frágil

**Labilität** [labiliˈtɛːt] *f ohne pl* labilidad *f*; (*gesundheitlich*) fragilidad *f*

**Labor** [laˈboːɐ] *nt* <-s, -s *o* -e> laboratorio *m*

**Laborant(in)** [laboˈrant] *m(f)* <-en, -en; -nen> ayudante *mf* de laboratorio

**Laboratorium** [laboraˈtoːriʊm] *nt* <-s, Laboratorien> laboratorio *m*

**Labyrinth** [labyˈrɪnt] *nt* <-(e)s, -e> laberinto *m*

**Lache**[1] [ˈlaːxə] *f* <-n> (*Pfütze*) charco *m*

**Lache**[2] [ˈlaxə] *f* <-n> (*fam abw*) risa *f*

**lächeln** [ˈlɛçəln] *vi* ❶ (*lachen*) sonreír ❷ (*sich lustig machen*) burlarse (*über* de)

**Lächeln** *nt* <-s, *ohne pl*> sonrisa *f*

**lachen** [ˈlaxən] *vi* reír(se) (*über* de); **jdn zum L~ bringen** hacer reír a alguien; **aus vollem Halse** ~ reírse a carcajadas; **sie**

**lachte über das ganze Gesicht** sonrió de oreja a oreja; **dass ich nicht lache!** (*iron*) ¡no me haga(s) reír!; **du hast gut ~!** (*fam*) ¡bien puedes tú reírte!; **da gibt es nichts zu ~** esto no tiene ninguna gracia; **das wäre doch gelacht, wenn wir das nicht könnten!** ¡sería ridículo si no pudiéramos hacerlo!; **mir ist durchaus nicht zum L~ (zumute)** no estoy en absoluto para bromas; **du wirst ~, (aber) ...** (*fam*) te parecerá ridículo, (pero)...; **wer zuletzt lacht, lacht am besten** (*prov*) quien ríe el último, ríe mejor

**Lachen** *nt* <-s, *ohne pl*> risa *f*; **dir wird das ~ noch vergehen** (*fam*) ya se te pasará la risa; **sich biegen vor ~** (*fam*) troncharse de risa

**Lacher** *m* <-s, -> (*Gelächter*) risa *f*

**Lacherfolg** *m:* **mit seiner neuen Show erzielte er tolle ~e beim Publikum** con su nuevo espectáculo conseguía provocar la hilaridad del público

**lächerlich** ['lɛçɐlɪç] **I.** *adj* ridículo; **jdn/etw ~ machen** poner a alguien/algo en ridículo; **sich ~ machen** hacer el ridículo; **~e drei Zuschauer waren da** (*fam*) asistieron (sólo) tres gatos **II.** *adv* de forma ridícula

**Lächerlichkeit**[1] *f* <-en> (*abw: Geringfügigkeit*) ridiculez *f*

**Lächerlichkeit**[2] *f ohne pl* (*das Lächerlichsein*) lo ridículo; **etw/jdn der ~ preisgeben** poner algo/a alguien en ridículo

**Lachgas** *nt* gas *m* hilarante

**lachhaft** *adj* (*abw*) ridículo

**Lachkrampf** *m* ataque *m* de risa; **wir bekamen einen ~** nos entró un ataque de risa

**Lachs** [laks] *m* <-es, -e> salmón *m;* **lachsfarben** *adj* de color salmón; **Lachsforelle** *f* trucha *f* asalmonada

**Lack** [lak] *m* <-(e)s, -e> laca *f;* (*Holz~*) barniz *m;* (*Auto~*) pintura *f*

**Lackaffe** *m* (*fam abw*) petimetre *m*

**lackieren*** [la'ki:rən] *vt* ❶ (*Holz*) barnizar; (*Auto*) pintar (con pistola) ❷ (*Fingernägel*) pintar

**Lackierung** *f* <-en> ❶ (*das Lackieren*) barnizado *m* ❷ (*Lack*) barnizado *m;* (*Auto~*) pintura *f*

**Lackleder** *nt* charol *m*

**Lackmus** ['lakmʊs] *m o nt* <-, *ohne pl*> (CHEM) tornasol *m;* **Lackmuspapier** *nt ohne pl* (CHEM) papel *m* de tornasol

**Lackschaden** *m* desperfecto *m* en la pintura; **Lackschuh** *m* zapato *m* de charol

**Ladefläche** *f* superficie *f* de carga; **Ladegerät** *nt* (PHYS) cargador *m*

**laden** ['la:dən] <lädt, lud, geladen> *vt* ❶ (*Fracht, Batterie, Pistole*) cargar; **die Koffer in das/aus dem Auto ~** meter/sacar las maletas en el/del coche; **alle Schuld auf sich ~** (*fig*) cargar con todas las culpas; **sieh dich vor, er ist heute total ge~** (*fam fig*) ándate con cuidado, hoy está a punto de explotar; **er hat wieder schwer ge~** (*fam iron*) ha vuelto a coger una mona ❷ (JUR: *vor~*) citar; **ge~e Gäste** invitados *mpl* ❸ (INFOR) cargar

**Laden**[1] ['la:dən] *m* <-s, Läden> ❶ (*Kauf~*) tienda *f;* (*Geschäft*) negocio *m;* **der ~ läuft** (*fam*) los negocios van bien; **Schwung in den ~ bringen** (*fam*) animar el cotarro; **sie allein schmeißt den ganzen ~** (*fam*) ella solita lo lleva todo adelante; **den (ganzen) ~ hinschmeißen** (*fam*) tirar la toalla ❷ (*Fenster~*) postigo *m* ❸ (*Roll~*) persiana *f*

**Laden**[2] *nt* <-s, *ohne pl*> (INFOR) carga *f*

**Ladenbesitzer(in)** *m(f)* dueño, -a *m, f* de una tienda

**Ladendieb(in)** *m(f)* ladrón, -ona *m, f* de tiendas, mechero, -a *m, f fam;* **Ladendiebstahl** *m* robo *m* en tiendas

**Ladenhüter** *m* (*fig*) artículo *m* que no se vende; **Ladenkette** *f* cadena *f* de tiendas; **Ladenpreis** *m* precio *m* de venta al público

**Ladenschluss** *m* <-es, *ohne pl*> (hora *f* de) cierre *m* de los comercios; **nach/vor ~** después de/antes de cerrar los negocios; **Ladenschlussgesetz** *nt ley que regula los horarios comerciales*

**Ladentisch** *m* mostrador *m;* **etw unter dem ~ verkaufen** (*fam*) vender algo bajo mano

**Laderampe** *f* rampa *f* de carga; **Laderaum** *m* espacio *m* de carga

**lädieren*** [lɛ'di:rən] *vt* ❶ (*Sachen*) dañar ❷ (*Personen*) lesionar; **du siehst ganz schön lädiert aus** pareces hecho polvo

**lädt** [lɛ:t] *3. präs von* **laden**

**Ladung** *f* <-en> ❶ (*Fracht, Munition*) carga *f* ❷ (PHYS) carga *f* (eléctrica) ❸ (JUR: *Vor~*) citación *f* ❹ (*fam: Menge*) montón *m*

**Ladyshaver** ['lɛɪdɪʃɛɪvɐ] *m* <-s, -> depiladora *f*

**Laffe** ['lafə] *m* <-n, -n> (*alt abw*) petimetre *m*

**lag** [la:k] *3. imp von* **liegen**

**Lage** ['la:gə] *f* <-n> ❶ (*Stelle*) sitio *m;* (GEO) zona *f;* **in günstiger ~** en buena zona ❷ (*Position*) posición *f;* **in der glücklichen ~ sein etw zu tun** tener la suerte de poder hacer algo; **siehst du dich in der ~**

**uns zu helfen?** ¿te parece que estás en condiciones de ayudarnos? ❸ (*Situation*) situación *f;* **dazu bin ich nicht in der ~** no estoy en condiciones de hacerlo; **Herr der ~ sein** dominar la situación; **versetz dich doch einmal in meine ~** intenta ponerte en mi lugar; **nach ~ der Dinge** dadas las circunstancias; **der Ernst der ~** la gravedad de la situación; **die ~ peilen** (*fam*) explorar la situación ❹ (*Schicht*) capa *f* ❺ (MUS: *Stimm~*) registro *m* ❻ (*fam: Runde*) ronda *f;* **Lagebericht** *m* informe *m* sobre la situación; **Lagebesprechung** *f* análisis *m inv* de la situación, discusión *f* sobre la situación

**Lager** ['la:gɐ] *nt* <-s, -> ❶ (*Zelt~, Ferien~*) campamento *m;* (*Gefangenen~, Flüchtlings~*) campo *m;* **ein ~ aufschlagen** acampar; **das ~ abbrechen** levantar el campamento ❷ (*Vorrats~*) almacén *m,* depósito *m,* barraca *f Am,* despensa *f Arg;* (*Vorrat*) existencias *fpl;* **etw auf ~ haben** tener algo en depósito; **sie hat immer ein paar Witze auf ~** (*fam*) siempre tiene un par de chistes a punto ❸ (*Partei, Seite*) campo *m;* (*Gruppe*) grupo *m;* **ins gegnerische ~ überlaufen** (*fig*) pasarse al campo contrario; **die Partei spaltete sich in mehrere ~** el partido se escindió en varios grupos ❹ (TECH) cojinete *m* ❺ (GEO) yacimiento *m;* **Lagerbestand** *m* existencias *fpl* en almacén; **Lagerfeuer** *nt* hoguera *f,* fogón *m Arg, CRi, Urug;* **Lagerhalle** *f* almacén *m;* **Lagerhaltung** *f ohne pl* almacenamiento *m;* **Lagerhaus** *nt* almacén *m*

**Lagerist(in)** [la:gə'rɪst] *m(f)* <-en, -en; -nen> almacenista *mf*

**lagern** ['la:gɐn] **I.** *vi* ❶ (*kampieren*) acampar ❷ (*Waren*) estar almacenado; (*Esswaren*) conservarse; (*Wein*) reposar **II.** *vt* ❶ (*aufbewahren: Waren*) almacenar; (*Esswaren*) conservar; **kühl ~** consérvese en lugar fresco ❷ (*legen*) poner; **das Bein hoch ~** poner la pierna en alto; **dieser Fall ist anders gelagert** es un caso distinto

**Lagerraum** *m* depósito *m;* **Lagerstätte** *f* (GEO) yacimiento *m*

**Lagerung** *f* <-en> ❶ (*von Waren, Gegenständen*) almacenamiento *m* ❷ (TECH) cojinete *m*

**Lagune** [la'gu:nə] *f* <-n> laguna *f*

**lahm** [la:m] *adj* ❶ (MED) paralítico; (*hinkend*) cojo; **auf einem Bein ~ sein** cojear de una pierna ❷ (*wie gelähmt*) entumecido; **~ legen** paralizar ❸ (*fam abw: langsam*) lento; (*langweilig*) pesado

**Lahmarsch** *m* (*vulg*) soso, -a *m, f*

**lahmarschig** *adj* (*vulg*) sumamente lento

**lahmen** *vi* cojear (*auf* de)

**lähmen** ['lɛ:mən] *vt* paralizar

**Lähmung** ['lɛ:mʊŋ] *f* <-en> ❶ (MED) parálisis *f inv* ❷ (*der Industrie*) paralización *f*

**Laib** [laɪp] *m* <-(e)s, -e>: **ein ~ Brot** un pan

**Laich** [laɪç] *m* <-(e)s, -e> desove *m*

**laichen** *vi* desovar

**Laie, -in** ['laɪə] *m, f* <-n, -n; -nen> ❶ (*Nichtfachmann*) profano, -a *m, f* ❷ (REL) laico, -a *m, f;* **Laiendarsteller(in)** *m(f)* (THEAT) actor(a) *m(f)* aficionado, -a

**laienhaft** *adj* profano

**Laienspiel** *nt* (THEAT) representación *f* de aficionados

**Laiin** *f* <-nen> *s.* **Laie**

**Lakai** [la'kaɪ] *m* <-en, -en> (*abw*) lacayo *m*

**Lake** ['la:kə] *f* <-n> salmuera *f*

**Laken** ['la:kən] *nt* <-s, -> sábana *f*

**lakonisch** [la'ko:nɪʃ] *adj* lacónico

**Lakritze** [la'krɪtsə] *f* <-n> regaliz *m*

**lallen** ['lalən] *vi, vt* balbucear, balbucir

**Lama**[1] ['la:ma] *nt* <-s, -s> (ZOOL) llama *f*

**Lama**[2] ['la:ma] *m* <-(s), -s> (REL) lama *m*

**Lamäng** [la'mɛŋ] *f:* **aus der ~** (*fam hum*) sin prepararlo

**Lamelle** [la'mɛlə] *f* <-n> ❶ (TECH) lámina *f* ❷ (BOT) laminilla *f*

**lamentieren*** [lamɛn'ti:rən] *vi* (*fam abw*) quejarse (*über* de)

**Lamento** [la'mɛnto] *nt* <-s, -s> (*fam abw*) lamento *m;* **ein ~ anstimmen** emitir un amargo lamento

**Lametta** [la'mɛta] *nt* <-s, *ohne pl> tiras de color plata que se usan como adorno navideño*

**Lamm** [lam, *pl:* 'lɛmɐ] *nt* <-(e)s, Lämmer> cordero *m;* **Lammfell** *nt* piel *f* de cordero; **Lammfleisch** *nt* (carne *f* de) cordero *m;* **lammfromm** ['-'-] *adj* manso como un cordero; **Lammkotelett** *nt* (GASTR) chuleta *f* de cordero

**Lampe** ['lampə] *f* <-n> lámpara *f*

**Lampenfieber** *nt* (*fam*) mieditis *f inv*

**Lampenschirm** *m* pantalla *f*

**Lampion** ['lampjɔŋ, -'-] *m* <-s, -s> farolillo *m*

**lancieren*** [lã'si:rən] *vt* ❶ (*Produkt*) lanzar ❷ (*Künstler*) promocionar

**Land**[1] [lant, *pl:* 'lɛndɐ] *nt* <-(e)s, Länder> ❶ (*Staat*) país *m;* **~ und Leute kennen lernen** conocer gente y costumbres; **das Gelobte ~** la tierra prometida; **aus aller Herren Länder** de todas las partes del mundo; **hier zu ~e** en este país; **andere Länder, andere Sitten** (*prov*) cada tierra, su uso ❷ (*Bundes~*) estado *m* federado, land *m;* **das ~ Hessen** el estado federado de Hesse

**Land²** *nt* <-(e)s, -e> (*geh*) campaña *f;* **Wein aus deutschen ~en** vino alemán; **durch die ~e ziehen** vagar por el mundo; **drei Jahre gingen ins ~** (*geh*) pasaron tres años

**Land³** *nt* <-(e)s, *ohne pl*> ❶ (*Fest~*) tierra *f;* **~ in Sicht!** ¡tierra a la vista!; **an ~ gehen** desembarcar; (**wieder**) **~ sehen** (*fig*) ver el cielo abierto; **etw an ~ ziehen** (*fam*) conseguir algo ❷ (*dörfliche Gegend*) campo *m,* verde *m AmC, Ant, Mex;* **auf dem ~ wohnen** vivir en el campo ❸ (*Ackerboden*) terreno *m,* tierra *f;* **das ~ bestellen** cultivar la tierra

**Landadel** *m* nobleza *f* provincial; **Landarbeit** *f* faenas *fpl* del campo; **Landarbeiter(in)** *m(f)* campesino, -a *m, f*

**landauf** [-'-] *adv:* **~, landab** (*geh*) por todo el país

**Landbesitz** *m* tierras *fpl,* fincas *fpl* rústicas; **Landbevölkerung** *f ohne pl* población *f* rural

**Landebahn** *f* pista *f* de aterrizaje; **Landeerlaubnis** *f* permiso *m* de aterrizaje

**landeinwärts** [-'--] *adv* tierra adentro

**landen** ['landən] *vi sein* ❶ (*Flugzeug*) aterrizar; (*auf dem Mond*) alunizar; (*auf dem Wasser*) amerizar; **weich ~** realizar un aterrizaje suave; **mit deinen Komplimenten kannst du bei mir nicht ~** (*fam*) tus piropos no me impresionan para nada ❷ (*Schiff*) tomar tierra ❸ (*fam: ankommen*) acabar (*in* en); **schließlich landeten sie im Kino** al final acabaron en el cine; **auf dem 5. Platz ~** (SPORT) clasificarse en quinto lugar

**Landeplatz** *m* ❶ (AERO) pista *f* de aterrizaje ❷ (NAUT) embarcadero *m*

**Ländereien** [lɛndə'raɪən] *fpl* tierras *fpl*

**Länderspiel** *nt* (SPORT) partido *m* internacional

**Landesebene** *f* (ADMIN): **auf ~** en un land; **Landesfarben** *fpl* (POL) colores *fpl* nacionales; **Landesgrenze** *f* frontera *f;* **Landeshauptmann** *m* (*Österr*) presidente *m* de un estado federado; **Landeshauptstadt** *f* capital *f;* **Landesinnere(s)** *nt* interior *m* del país; **Landeskunde** *f ohne pl* cultura *f* y civilización; **Landesmeister(in)** *m(f)* (SPORT) campeón, -ona *m, f* nacional; **Landesrat, -rätin** *m, f* (*Österr*) ≈ministro, -a *m* de un estado federado; **Landesregierung** *f* gobierno *m* de un land; **Landessprache** *f* idioma *m* nacional; **Landesteil** *m* región *f;* **Landestracht** *f* traje *m* regional; **landesüblich** *adj* habitual en un país; **Landesverrat** *m* (JUR) alta traición *f;* **Landeswährung** *f* moneda *f* nacional

**Landeverbot** *nt* prohibición *f* de aterrizar

**Landflucht** *f ohne pl* éxodo *m* del campo a la ciudad

**Landfriedensbruch** *m* (JUR) perturbación *f* del orden público

**Landgang** *m* (NAUT) permiso *m* de tierra; **Landgericht** *nt* ≈Audiencia *f* Provincial; **Landgut** *nt* finca *f,* hacienda *f Am;* **Landhaus** *nt* casa *f* de campo, estancia *f Am;* **Landkarte** *f* mapa *m;* **Landkreis** *m* distrito *m* administrativo

**landläufig** *adj* (*allgemein*) general; (*allgemein verbreitet*) común; (*gängig*) corriente

**Landleben** *nt ohne pl* vida *f* rural

**ländlich** ['lɛntlɪç] *adj* rural, del campo, jíbaro *Am*

**Landluft** *f ohne pl* aire *m* del campo; **Landplage** *f* plaga *f*

**Landrat¹** *m* (*Schweiz*) *parlamento de ciertos cantones*

**Landrat, -rätin²** *m, f* jefe, -a *m, f* de distrito

**Landratsamt** *nt* (ADMIN) prefectura *f* de distrito

**Landratte** *f* (*fam*) marinero, -a *m, f* de agua dulce

**Landschaft** *f* <-en> paisaje *m*

**landschaftlich** *adj* paisajístico; **~ reizvoll** de atractivo paisaje

**Landschaftsgärtner(in)** *m(f)* paisajista *mf*

**Landschaftsschutz** *m* protección *f* de la naturaleza; **Landschaftsschutzgebiet** *nt* parque *m* nacional

**Landsitz** *m* finca *f,* casa *f* de campo

**Landsmann, -männin** *m, f* <-(e)s, -leute; -nen> compatriota *mf*

**Landstraße** *f* carretera *f* nacional

**Landstreicher(in)** *m(f)* <-s, -; -nen> vagabundo, -a *m, f,* bagamán *m Col, DomR*

**Landstrich** *m* región *f,* comarca *f*

**Landtag** *m* (POL) parlamento *m* de un land

**i Land & Leute**

Los parlamentos regionales en Alemania y Austria reciben el nombre de **Landtage**. En algunas regiones de estos dos estados reciben otros nombres, por ejemplo, en Hamburgo y Bremen se le llama *Bürgerschaft*, en Berlín *Abgeordnetenhaus*, y en Viena, *Gemeinderat*. En Suiza, los parlamentos regionales reciben diversos nombres según los cantones: *Kantonrat, Großer Rat* o *Landrat*.

**Landung** ['landʊŋ] *f* <-en> ① (*von Flugzeug*) aterrizaje *m;* (*Mond~*) alunizaje *m* ② (*von Schiff*) desembarque *m* ③ (*von Truppen*) desembarco *m;* **Landungsbrücke** *f* desembarcadero *m*

**Landurlaub** *m* permiso *m* para ir a tierra; **Landvermessung** *f* (AGR, GEO) agrimensura *f;* **Landweg** *m:* **auf dem ~** por tierra; **Landwein** *m* vino *m* del país; **Landwirt(in)** *m(f)* agricultor(a) *m(f)*

**Landwirtschaft**[1] *f* <-en> (*Betrieb*) granja *f* agrícola

**Landwirtschaft**[2] *f ohne pl* (*Ackerbau*) agricultura *f*

**landwirtschaftlich** *adj* agrícola, agrario

**Landzunge** *f* (GEO) lengua *f* de tierra

**lang** [laŋ] <länger, am längsten> **I.** *adj* ① (*allgemein*) largo; **das Bett ist 2 Meter ~** la cama tiene 2 metros de largo; **seit ~em** desde hace mucho (tiempo); **~ und breit** detalladamente; **gleich ~** igual de largo; **ohne ~es Nachdenken** sin pensarlo mucho; **ein ~es Gesicht machen** poner (una) cara larga ② (*fam: groß gewachsen*) alto **II.** *adv* ① (*Dauer*) durante; **einen Augenblick ~** durante un momento; **mein ~ ersehnter Wunsch** el sueño de mi vida ② (*reg: entlang*) por; **hier geht's ~** vamos por aquí

**langärm(e)lig** *adj* de manga larga

**langatmig** ['-ʔa:tmɪç] *adj* (excesivamente) detallado

**langbeinig** *adj* de piernas largas

**lange** ['laŋə] <länger, am längsten> *adv* mucho tiempo; **ich habe nicht ~ gebraucht** no me ha llevado mucho tiempo; **wie ~ bist du schon hier?** ¿cuánto tiempo hace ya que estás aquí?; **das ist schon ~ her** ya hace mucho tiempo; **das heißt noch ~ nicht, dass ich aufgebe** eso no quiere decir ni mucho menos que vaya a rendirme; **~ brauchen (um ... zu** *+inf*) tardar mucho (en... *+inf*); **so ~ bis ...** hasta que... *+subj;* **das ist noch ~ hin** falta mucho (tiempo) todavía; **das ist noch ~ nicht genug** esto no basta de ninguna manera; **da kannst du ~ warten!** ¡puedes esperar sentado!; **er macht es nicht mehr ~** (*fam*) la va a palmar

**Länge** ['lɛŋə] *f* <-n> ① (*räumlich*) longitud *f;* (*von Kleidung*) largo *m;* **der ~ nach** a lo largo; **ein Seil von zehn Meter ~** una cuerda de diez metros de largo; **ein Stau von 10 km ~** un atasco de 10 km ② (*zeitlich*) duración *f;* **etw zieht sich in die ~** algo tarda mucho tiempo; **die Verhandlungen in die ~ ziehen** dilatar las negociaciones; **wir haben den Film in voller ~ gesehen** hemos visto la película entera ③ (SPORT) largo *m;* **mit einer ~ Vorsprung gewinnen** ganar con un largo de ventaja ④ *pl* (*langweilige Stelle*) pasaje *m* prolijo ⑤ (GEO) longitud *f;* **zwanzig Grad östlicher ~** veinte grados de longitud este

**langen** ['laŋən] **I.** *vi* (*fam*) ① (*ausreichen*) bastar; **jetzt langt's (mir) aber!** ¡basta ya! ② (*sich erstrecken*) llegar (*bis* (*zu*) hasta) ③ (*anfassen*) tocar (*an*); (*hinein~*) meter la mano (*in* en) **II.** *vt* (*fam*) coger, agarrar *Am;* **jdm eine ~** pegar una bofetada a alguien

**Längeneinheit** *f* unidad *f* de longitud; **Längengrad** *m* (GEO) grado *m* de longitud; **Längenmaß** *nt* medida *f* de longitud

**länger** ['lɛŋɐ] **I.** *adj kompar von* **lang II.** *adv kompar von* **lange**

**längerfristig** *adj* a largo plazo

**Langeweile** ['laŋəvaɪlə] *f* aburrimiento *m;* **~ haben** aburrirse; **aus** [*o* **vor**] **~** de puro aburrimiento

**Langfinger** *m* (*fam*) caco *m,* malabarista *m Chil,* maletero *m Chil*

**langfristig** *adj* a largo plazo

**lang|gehen** *irr vi* (*fam*) andar (*an* a lo largo de); **wir gehen am Bach lang** andamos a lo largo del arroyo; **er weiß nicht mehr, wo's langgeht** (*fig*) ya no sabe por dónde van a salir los tiros

**langhaarig** *adj* de pelo largo

**langjährig** *adj* de muchos años

**Langlauf** *m ohne pl* (SPORT) esquí *m* de fondo

**langlebig** *adj* ① (*Person*) longevo; (*a. Tier*) de larga vida ② (*Material*) duradero

**lang|legen** *vr:* **sich ~** (*fam*) acostarse

**länglich** ['lɛŋlɪç] *adj* alargado, oblongo

**Langmut** *f ohne pl* (*geh*) longanimidad *f;* (*Geduld*) paciencia *f*

**längs** [lɛŋs] **I.** *präp +gen* a lo largo de **II.** *adv* a lo largo

**langsam** ['laŋza:m] **I.** *adj* ① (*Geschwindigkeit*) lento ② (*allmählich*) paulatino **II.** *adv* ① (*Geschwindigkeit*) despacio; **~ sprechen/fahren** hablar/conducir despacio; **immer schön ~!** ¡despacito!; **~, aber sicher** (*fam*) despacio, pero seguro ② (*allmählich*) poco a poco; **es wird ~ Zeit** ya va siendo hora; **~ reicht es mir** (*fam*) me estoy hartando

**Langsamkeit** *f ohne pl* lentitud *f*

**Langschläfer(in)** *m(f)* dormilón, -ona *m, f*

**Langspielplatte** *f* elepé *m*
**Längsschnitt** *m* corte *m* longitudinal
**längst** [lɛŋst] *adv* ❶ (*zeitlich*) hace tiempo ❷ (*bei weitem*) ni mucho menos; **und das ist noch ~ nicht alles** y esto no es todo, ni mucho menos
**längste(r, s)** ['lɛŋstə, -tɐ, -təs] *adj superl von* **lang**
**längstens** ['lɛŋstəns] *adv* (*fam*) ❶ (*höchstens*) como mucho ❷ (*spätestens*) a más tardar; **in ~ zwei Wochen** a más tardar en dos semanas
**Langstreckenflug** *m* vuelo *m* de larga distancia; **Langstreckenlauf** *m* (SPORT) carrera *f* de fondo
**Languste** [laŋ'gʊstə] *f* <-n> (ZOOL) langosta *f*
**langweilen** ['laŋvaɪlən] **I.** *vt* aburrir **II.** *vr:* **sich ~** aburrirse, enfadarse *Am;* **sich zu Tode ~** morirse de aburrimiento
**Langweiler(in)** *m(f)* <-s, -; -nen> (*fam abw*) ❶ (*jd, der langweilt*) soso, -a *m, f* ❷ (*langsamer Mensch*) tortuga *f*
**langweilig** *adj* ❶ (*uninteressant*) aburrido ❷ (*fam: zeitraubend*) pesado
**Langwelle** *f* (RADIO, PHYS) onda *f* larga
**langwierig** ['laŋviːrɪç] *adj* largo; (*mühselig*) arduo
**Langzeitarbeitslose(r)** *mf* parado, -a *m, f* (durante largo tiempo); **Langzeitarbeitslosigkeit** *f* paro *m* de larga duración, cesantía *f* prolongada *Am;* **Langzeitgedächtnis** *nt* (PSYCH) memoria *f* larga; **Langzeitstudie** *f* estudio *m* a largo plazo; (*Forschungen*) investigaciones *fpl* de larga duración; (WIRTSCH) análisis *m inv* a largo plazo
**Lanze** ['lantsə] *f* <-n> lanza *f*, picana *f AmS;* **für jdn eine ~ brechen** (*fig*) romper una lanza por alguien
**lapidar** [lapi'daːɐ] *adj* lapidario
**Lappalie** [la'paːliə] *f* <-n> bagatela *f*, guinda *f Chil*
**Lappe, -in** ['lapə] *m, f* <-n, -n; -nen> lapón, -ona *m, f*
**Lappen** ['lapən] *m* <-s, -> ❶ (*Stoff~, Putz~*) trapo *m*, limpión *m Am;* **etw geht jdm durch die ~** (*fam*) algo se le escapa a alguien de las manos ❷ (*fam: Geldschein*) billete *m*
**läppern** ['lɛpɐn] *vr:* **sich ~** (*fam*) amontonarse; **es läppert sich allmählich** poco a poco se va amontonando
**lappig** ['lapɪç] *adj* (*fam*) ❶ (*schlaff*) flojo ❷ (*geringfügig*) irrisorio
**Lappin** ['lapɪn] *f* <-nen> *s.* **Lappe**
**lappisch** ['lapɪʃ] *adj* lapón
**läppisch** ['lɛpɪʃ] *adj* (*abw*) ❶ (*kindisch*) infantil ❷ (*gering*) insignificante
**Lappland** ['laplant] *nt* Laponia *f*
**Lapsus** ['lapsʊs, *pl:* 'lapsuːs] *m* <-, -> lapsus *m inv*
**Laptop** ['lɛptɔp] *m* <-s, -s> ordenador *m* portátil
**Lärche** ['lɛrçə] *f* <-n> (BOT) alerce *m*
**Larifari** [lari'faːri] *nt* <-s, *ohne pl*> (*fam*) bobadas *fpl*, tonterías *fpl*
**Lärm** [lɛrm] *m* <-(e)s, *ohne pl*> ruido *m*, chivateo *m Am*, batifondo *m CSur;* **~ schlagen** (*fam*) armar un cisco; **viel ~ um nichts** mucho ruido y pocas nueces; **Lärmbelästigung** *f* molestia *f* por ruido, contaminación *f* acustica; **lärmempfindlich** *adj* sensible a los ruidos
**lärmen** ['lɛrmən] *vi* hacer ruido, meter ruido *fam*
**lärmend I.** *adj* ruidoso **II.** *adv* con (mucho) estrépito
**Lärmkulisse** *f* ruidos *mpl* de fondo; **Lärmpegel** *m* nivel *m* de ruidos; **Lärmschutz** *m* protección *f* contra el ruido; (*an Straßen*) pantalla *f* antirruido
**Larve** ['larfə] *f* <-n> ❶ (ZOOL) larva *f* ❷ (*reg: Maske*) antifaz *m*
**las** [laːs] *3. imp von* **lesen**
**Lasagne** [la'zanjə] *pl* (GASTR) lasaña *f*
**lasch** [laʃ] *adj* (*schlaff*) laxo, flojo; (*fade*) soso
**Lasche** ['laʃə] *f* <-n> ❶ (TECH) cubrejunta *m* ❷ (*am Schuh*) lengüeta *f;* (*an Schachtel, Heftchen*) solapa *f;* (*an Taschen*) presilla *f;* (*an Dosen*) anillo *m*
**Laser** ['leːzɐ, 'lɛɪzɐ] *m* <-s, -> (PHYS) láser *m;* **Laserdrucker** *m* (INFOR) impresora *f* láser; **Laserstrahl** *m* (PHYS) rayo *m* láser
**lassen**[1] ['lasən] <lässt, ließ, gelassen> *vt* ❶ (*unverändert ~, unter~*) dejar; **lass doch das Gejammer!** ¡deja de lamentarte!; **~ wir das!** ¡dejémoslo!; **lass mich (in Ruhe)!** ¡déjame (en paz)!; **er kann es einfach nicht ~** siempre está con lo mismo; **tu, was du nicht ~ kannst!** (*fam*) ¡haz lo que mejor te parezca!; **~ wir es dabei** dejémoslo así ❷ (*zurück~*) dejar; **sein Leben ~** (*geh*) perder la vida ❸ (*zugestehen*): **jdm Zeit ~** dar tiempo a alguien; **jdm seinen Willen ~** respetar la voluntad de alguien; **das muss man ihr ~** hay que reconocérselo ❹ (*irgendwohin ~*): **Wasser in die Wanne ~** preparar el baño; **jdm die Luft aus den Reifen ~** desinflarle las ruedas a alguien; **lass mich mal vorbei** déjame pasar ❺ (*Wend*): **kalt ~** dejar frío; **offen ~** (*Tür, Fenster*) dejar abierto; (*beim Schreiben*) dejar en blanco; (*Entscheidung*) dejar pendiente; **wir soll-**

L

**ten nichts unversucht** ~ tenemos que agotar todas las posibilidades

**lassen**[2] ['lasən] <lässt, ließ, lassen> *vt mit einem Infinitiv* ❶ (*erlauben*) dejar; (*zulassen*) tolerar, permitir +*inf;* **lass mich nur machen!** ¡ya lo hago yo!; **lass hören!** ¡empieza ya!; **so kannst du dich sehen** ~ así estás guapo; **lass dir das gesagt sein!** ¡date por advertido!; ~ **Sie sich gesagt sein, dass ...** dése por enterado de que...; **sich nicht stören** ~ no molestarse; ~ **Sie das nur meine Sorge sein** no se preocupe, yo me ocuparé de ello; ~ **Sie mich bitte ausreden** déjeme acabar de hablar; **einen fahren** ~ (*fam*) tirarse un pedo; **jdn laufen** ~ (*fam*) soltar a alguien; **etw geschehen** ~ dejar pasar algo; **lass ihn nur kommen!** ¡déjale que venga!; **sich** *dat* **einen Bart stehen** ~ dejarse crecer la barba ❷ (*veranlassen*) hacer +*inf;* **sich scheiden** ~ divorciarse; **sich** *dat* **die Haare schneiden** ~ (ir a) cortarse el pelo; **ich lasse bitten** hágale pasar; **er lässt dich grüßen** te manda saludos; **ich habe mir sagen** ~, **dass ...** me dijeron que... ❸ (*unverändert* ~): **etw sein** [*o* **bleiben**] ~ dejar algo; **jdn hängen** ~ dejar a alguien plantado; **sich hängen** ~ dejarse ir; **etw liegen** ~ (*nicht wegnehmen*) dejar algo; (*vergessen*) olvidar algo; (*unerledigt lassen*) interrumpir algo; **jdn links liegen** ~ pasar de largo a alguien; **stecken** ~ no sacar; (*Schlüssel*) dejar puesto; **lass dein Geld stecken!** ¡déjalo (yo pago)!; **stehen** ~ (*nicht wegnehmen, vergessen*) dejar; (*nicht zerstören*) conservar; (*Essen*) dejar en el plato; (*sich abwenden*) dejar plantado; (*bei einem Termin*) dar plantón ❹ (*Imperativ*): **lass uns gehen!** ¡vámonos!; **lasset uns beten** oremos; **lass es dir schmecken** que aproveche; **lass es dir gut gehen** que te vaya bien ❺ (*lassen + sich: möglich sein*) poderse; **das wird sich einrichten** ~ esto se arreglará; **das lässt sich nicht vermeiden** esto no se puede evitar; **ich will sehen, was sich tun lässt** voy a ver qué es lo que podemos hacer; **der Wein lässt sich trinken** el vino se puede beber; **das lässt sich hören** no está mal

**lässig** ['lɛsɪç] *adj* ❶ (*ungezwungen*) desenfadado ❷ (*fam: leicht*) fácil; (*ohne Anstrengung*) sin esfuerzo

**Lässigkeit** *f ohne pl* desenfado *m*

**Lasso** ['laso] *nt* <-s, -s> lazo *m*

**lässt** [lɛst] *3. präs von* **lassen**

**Last** [last] *f* <-en> ❶ (*a. fig*) carga *f;* (*Gewicht*) peso *m;* **jdm zur** ~ **fallen** ser una carga para alguien; **jdm etw zur** ~ **legen** acusar a alguien de algo; **das geht zu deinen** ~**en** eso queda de tu cuenta ❷ *pl* (*Abgaben*) cargas *fpl*

**lasten** ['lastən] *vi* pesar (*auf* sobre)

**Lastenaufzug** *m* montacargas *m inv,* elevador *m Arg*

**lastend** *adj* (*geh*) agobiante

**Laster**[1] *m* <-s, -> (*fam*) camión *m*

**Laster**[2] *nt* <-s, -> vicio *m*

**Lästerer, -in** ['lɛstərɐ] *m, f* <-s, -; -nen> cotilla *mf*

**lasterhaft** *adj* vicioso

**Lasterhöhle** *f* (*fam abw*) antro *m* de corrupción

**Lästerin** *f* <-nen> *s.* **Lästerer**

**Lästermaul** *nt* (*fam*) cotilla *mf*

**lästern** ['lɛstɐn] *vi* (*abw*): **über jdn** ~ poner verde a alguien

**lästig** ['lɛstɪç] *adj* pesado, odioso *Am,* espeso *Arg, Peru, Ven,* molón *Guat, Ecua, Mex;* **jdm** ~ **sein** molestar a alguien

**Last(kraft)wagen** *m* camión *m*

**Lasttier** *nt* bestia *f* de carga; **Lastwagen** *m* camión *m;* **Lastzug** *m* camión *m* con remolque

**Lasur** [la'zuːɐ] *f* <-en> barniz *m*

**lasziv** [las'tsiːf] *adj* lascivo

**Latein** [la'taɪn] *nt* <-s, *ohne pl*> latín *m;* **mit seinem** ~ **am Ende sein** no saber cómo continuar

**Lateinamerika** [---'---] *nt* Latinoamérica *f;* **Lateinamerikaner(in)** [-----'--] *m(f)* latinoamericano, -a *m, f;* **lateinamerikanisch** [-----'--] *adj* latinoamericano

**lateinisch** [la'taɪnɪʃ] *adj* latino

**latent** [la'tɛnt] *adj* latente; ~ **vorhanden sein** estar latente

**Laterne** [la'tɛrnə] *f* <-n> linterna *f;* (*Straßen~*) farola *f;* **Laternenpfahl** *m* poste *m* de farola

**Latex** ['laːtɛks, *pl:* 'laːtitseːs] *m* <-, Latizes> látex *m inv*

**Latsche** ['laːtʃə] *f* <-n> ❶ (BOT) pino *m* carrasco ❷ (*fam: Schuh*) zapato *m* (viejo); (*Hausschuh*) zapatilla *f*

**latschen** ['laːtʃən] *vi sein* (*fam*) ❶ (*gehen*) andar; (*zu Fuß gehen*) ir a pie ❷ (*schlurfen*) arrastrar los pies ❸ (*rücksichtslos trampeln*) pisotear (*über*)

**Latschen** ['laːtʃən] *m* <-s, -> (*fam*) zapato *m* viejo, ojota *f Am;* **aus den** ~ **kippen** (*fam: ohnmächtig werden*) desmayarse; (*sehr überrascht sein*) quedarse asombradísimo

**Latte** ['latə] *f* <-n> ❶ (*Brett*) tabla *f;* **eine lange** ~ **sein** (*fam*) ser un fideo ❷ (SPORT: *am Tor*) larguero *m;* (*Hochsprung*) listón *m* ❸ (*fam: Menge*): **eine ganze ~ von ...** (*fam*) una gran cantidad de... ❹ (*fam: erigierter Penis*) estaca *f*

**Lattenzaun** *m* empalizada *f*

**Latz** [lats, *pl:* 'lɛtsə] *m* <-es, Lätze> ❶ (*Lätzchen*) babero *m* ❷ (*an Kleidung*) peto *m;* **Latzhose** *f* pantalón *m* de peto

**lau** [laʊ] *adj* tibio

**Laub** [laʊp] *nt* <-(e)s, *ohne pl*> fronda *f,* follaje *m;* **Laubbaum** *m* árbol *m* de hoja caduca

**Laube** ['laʊbə] *f* <-n> cenador *m*

**Laubfrosch** *m* (ZOOL) rana *f* de zarzal; **Laubsäge** *f* segueta *f;* **Laubwald** *m* bosque *m* caducifolio

**Lauch** [laʊx] *m* <-(e)s, -e> puerro *m*

**Lauer** ['laʊɐ] *f ohne pl:* **auf der ~ liegen** (*fam*) estar al acecho

**lauern** ['laʊɐn] *vi* (*fam*) ❶ (*warten*) acechar (*auf* a), pispar (*auf* a) *Arg* ❷ (*ungeduldig warten*) esperar con impaciencia (*auf* a)

**Lauf**[1] [laʊf, *pl:* 'lɔɪfə] *m* <-(e)s, Läufe> ❶ (SPORT) carrera *f* ❷ (*Gewehr~*) cañón *m*

**Lauf**[2] *m* <-(e)s, *ohne pl*> ❶ (*a.* ASTR: *das ~en*) carrera *f* ❷ (*Ver~*) (trans)curso *m,* rumbo *m;* **die Sache nimmt ihren ~** el asunto toma su rumbo; **im ~e eines Gesprächs** en el transcurso de una conversación; **das ist der ~ der Dinge** es el rumbo de las cosas; **seiner Fantasie freien ~ lassen** dar rienda suelta a su fantasía ❸ (*von Maschinen*) marcha *f* ❹ (*Fluss~*) curso *m*

**Laufbahn** *f* ❶ (*beruflich*) carrera *f* (profesional) ❷ (SPORT) pista *f;* **Laufbursche** *m* (*abw*) chico *m* de los recados; (*in Büro*) botones *m inv*

**laufen** ['laʊfən] <läuft, lief, gelaufen> **I.** *vi sein* ❶ (*rennen, fließen*) correr; **der Wasserhahn läuft** el grifo está abierto ❷ (*fam: gehen*) andar, caminar; **er lief mir direkt in die Arme** tropecé con él; **jdm über den Weg ~** cruzarse con alguien ❸ (*in Betrieb sein*) funcionar; (*Motor*) estar en marcha; **das Radio lief** tenían puesta la radio ❹ (*undicht sein*) gotear; (*fam: Käse, Butter*) derretirse ❺ (FILM) estar en cartelera; (*Vorführung*) empezar ❻ (*Prozess, Bewerbung*) estar en trámite; (*Vertrag, Abkommen*) estar vigente; (*fam: Geschäft*) ir bien; **der Wagen läuft auf seinen Namen** el coche está a su nombre; **das läuft unter „Sonderausgaben"** esto se declara como "gastos especiales"; **die Sache ist ge~** (*fam*) se acabó ❼ (*ver~*) ir, correr; (*Fluss, Weg*) ir; **auf Rollen ~** tener ruedas; **auf Schienen ~** correr sobre vías; **ein Murmeln lief durch die Menge** un rumor corrió por la multitud; **es läuft mir eiskalt über den Rücken** me dan escalofríos **II.** *vt* ❶ *sein* (*Strecke*) recorrer; **Ski/Rollschuh/Schlittschuh ~** esquiar/patinar/patinar sobre hielo; **er ist Weltrekord ge~** hizo el récord mundial; **einen Umweg ~** dar un rodeo ❷ *haben:* **ich habe mir Blasen ge~** tengo ampollas de tanto andar **III.** *vunpers:* **in den Schuhen läuft es sich gut** se anda bien con estos zapatos

**laufend** **I.** *adj* corriente; **im ~en Jahr** en el año corriente; **am ~en Band** sin interrupción **II.** *adv* (*ständig*) continuamente; **auf dem L~en sein** estar al día; **jdn auf dem L~en halten** poner a alguien al corriente

**Läufer**[1] *m* <-s, -> ❶ (*Teppich*) alfombra *f* ❷ (*Schachfigur*) alfil *m* ❸ (TECH) rotor *m*

**Läufer(in)**[2] ['lɔɪfɐ] *m(f)* <-s, -; -nen> (SPORT) corredor(a) *m(f)*

**Lauffeuer** *nt* fuego *m* devorador; **etw verbreitet sich wie ein ~** algo corre como un reguero de pólvora

**läufig** ['lɔɪfɪç] *adj* en celo, alunado *CRi*

**Laufkundschaft** *f* clientela *f* de paso; **Laufmasche** *f* carrera *f;* **Laufpass** *m:* **jdm den ~ geben** (*fam*) mandar a alguien a freír espárragos; **den ~ bekommen** ser despedido; **Laufschritt** *m:* **im ~** a paso ligero; **Laufstall** *m* parque *m;* **Laufsteg** *m* pasarela *f*

**läuft** [lɔɪft] *3. präs von* **laufen**

**Laufwerk** *nt* (INFOR) unidad *f;* **Laufzeit** *f* ❶ (FIN) plazo *m* ❷ (*von Verträgen*) duración *f*

**Lauge** ['laʊgə] *f* <-n> (*a.* CHEM) lejía *f*

**Laune** ['laʊnə] *f* <-n> ❶ (*Einfall*) capricho *m,* birria *f Col;* **aus einer ~ heraus** por puro capricho ❷ (*Stimmung*) humor *m;* **schlechte/gute ~ haben** estar de mal/de buen humor; **jdn bei ~ halten** seguirle el humor a alguien; **seine ~n an jdm auslassen** descargar su mal humor en alguien

**launenhaft** *adj* caprichoso; (*Wetter*) variable

**launig** *adj* divertido

**launisch** *adj* (*abw*) caprichoso

**Laus** [laʊs, *pl:* 'lɔɪzə] *f* <Läuse> piojo *m;* **ihm ist eine ~ über die Leber gelaufen** (*fam*) le ha picado una mosca

**Lausbub** *m* (*fam*) pillo *m*

**lauschen** ['laʊʃən] *vi* ❶ (*zuhören*) escuchar atentamente ❷ (*heimlich zuhören*) estar a la escucha; **er lauschte an der Tür** estuvo a la escucha en la puerta

**lauschig** *adj* acogedor

**Lausebengel** ['laʊzə-] *m* (*fam*) pillo *m*

**lausen** ['laʊzən] *vt* despiojar

**lausig** *adj* (*fam*) ❶ (*abw: unangenehm*) miserable; ~ **spielen** jugar miserablemente ❷ (*abw: wenig*) ridículo ❸ (*groß*) tremendo; **eine ~e Kälte** un frío tremendo

**laut** [laʊt] **I.** *adj* ❶ (*allgemein*) alto; (*~ stark*) fuerte; **das Radio ~er stellen** poner la radio más alta; ~ **lesen/denken** leer/pensar en voz alta ❷ (*lärmerfüllt*) ruidoso; **er wird dann immer gleich** ~ siempre tiende a levantar la voz; **es wurden Beschwerden** ~ hubo quejas **II.** *präp +gen/dat* según, conforme (a)

**Laut** [laʊt] *m* <-(e)s, -e> sonido *m;* **keinen ~ von sich** *dat* **geben** no decir ni pío

**Laute** [laʊtə] *f* <-n> (MUS) laúd *m*

**lauten** [laʊtən] *vi* (*besagen*) decir; **gleich ~d** (*im Klang*) homófono; (*im Wortlaut*) idéntico *pl;* **dieser Paragraph lautet wörtlich: ...** este artículo dice literalmente: ...; **der Pass lautet auf den Namen ...** el pasaporte está expedido a nombre de...; **wie lautet ihr Name?** ¿cómo se llama?; **Ihr Auftrag lautet ...** su tarea consiste en...; **die Anklage lautet auf Erpressung** se le acusa de chantaje

**läuten** ['lɔɪtən] **I.** *vi* ❶ (*an der Tür*) tocar (el timbre) ❷ (*Telefon, Glocke*) sonar; **es hat geläutet** llaman (a la puerta); **von etw ~ hören** oír campanas y no saber dónde **II.** *vt* (*Glocken*) tocar

**lauter** ['laʊtɐ] *adj* ❶ (*geh: Mensch*) sincero ❷ *inv* (*nur*) sólo; (*viel(e)*) mucho(s); **vor ~ Kummer** de pura pena

**läutern** ['lɔɪtɐn] *vt* ❶ (*reinigen*) purificar ❷ (*bessern*) mejorar

**Läuterung** *f* <-en> depuración *f*

**lauthals** ['--] *adv* a grito pelado

**Lautlehre** *f ohne pl* (LING) fonética *f*

**lautlich** *adj* fonético

**lautlos** **I.** *adj* silencioso **II.** *adv* sin ruido, en silencio

**Lautschrift** *f* (LING) transcripción *f* fonética

**Lautsprecher** *m* altavoz *m,* altoparlante *m Am;* **Lautsprecherbox** *f* bafle *m*

**lautstark** ['--] *adj* fuerte; (*heftig*) enérgico

**Lautstärke** *f* volumen *m;* **bei voller ~** a todo volumen; **Lautstärkeregler** *m* regulador *m* de volumen

**lauwarm** ['-'-] *adj* tibio

**Lava** ['la:va] *f* <Laven> (GEO) lava *f*

**Lavendel** [la'vɛndəl] *m* <-s, -> lavanda *f*

**lavieren*** [la'vi:rən] *vt* ❶ (*a. fig* NAUT) bordear ❷ (KUNST) lavar

**Lawine** [la'vi:nə] *f* <-n> alud *m,* avalancha *f;* **eine ~ ins Rollen bringen** desencadenar una avalancha; **Lawinengefahr** *f* peligro *m* de aludes

**lax** [laks] *adj* (*abw*) descuidado

**Layout** *nt* <-s, -s>, **Lay-out** *nt* <-s, -s> (TYPO) composición *f*

**layouten*** *vt* (TYPO) maquetar

**Layouter(in)** [lɛɪ'ʔaʊtɐ] *m(f)* <-s, -; -nen> maquetista *mf*

**Lazarett** [latsa'rɛt] *nt* <-(e)s, -e> hospital *m* militar

**LCD** [ɛltse:'de:] *nt* <-s, -s> *Abk. von* **liquid crystal display** pantalla *f* de cristal líquido

**leasen** ['li:zən] *vt* alquilar con opción de compra; **ein geleastes Auto** un coche adquirido por leasing

**Leasing** ['li:zɪŋ] *nt* <-s, -s> (WIRTSCH) leasing *m*

**Lebedame** *f* (*abw*) mujer *f* de la vida; **Lebemann** *m* (*abw*) vividor *m*

**leben** ['le:bən] *vi, vt* vivir; **bei jdm ~** vivir en casa de alguien; **er hat nicht mehr lange zu ~** no le queda mucho tiempo de vida; **genug zum L~ haben** tener suficiente para vivir; **man lebt nur einmal!** ¡sólo se vive una vez!; **leb wohl!** ¡que te vaya bien!; **es lebe ...!** ¡viva...!; **allein ~** vivir solo; **er lebt über seine Verhältnisse** gasta más de lo que gana; **er lebt von seiner Rente** vive de su pensión; **damit kann ich ~** me las puedo apañar con eso; **damit muss ich ~** tengo que aceptarlo

**Leben** *nt* <-s, -> vida *f;* (*Existenz*) existencia *f;* (*Bewegtheit*) movimiento *m;* **etw ins ~ rufen** dar vida a algo; **am ~ sein** estar con vida; **das tue ich für mein ~ gern** me encanta hacerlo; **nie im ~** en mi vida; **es geht um ~ und Tod** es un asunto de vida o muerte; **der Mann/die Frau meines ~s** el hombre/la mujer de mi vida; **ums ~ kommen** morir; **mit dem ~ davonkommen** escapar con vida; **etw mit dem ~ bezahlen** pagar algo con la propia vida; **sich** *dat* **das ~ schwer machen** complicarse la vida; **sich mit Betteln durchs ~ schlagen** vivir de la limosna; **am ~ hängen** amar la vida; **um sein ~ laufen** correr para salvar el pellejo; **sich** *dat* **das ~ nehmen** quitarse la vida; **jdm das ~ retten** salvar la vida a alguien; **Geld oder ~!** ¡la bolsa o la vida!; **das öffentliche ~** la vida pública; **das ist wie im richtigen ~** esto parece tomado de la vida real; **~ in etw bringen** animar algo; **daran wird sie zeit ihres ~s denken** se acordará toda su vida

**lebend** *adj* vivo

**lebendig** [le'bɛndɪç] *adj* ❶ (*lebend*) vivo; **er ist mehr tot als ~** está más muerto que vivo; ~ **begraben werden** ser enterrado vivo; **Szenen aus seiner Jugendzeit wurden wieder** ~ los recuerdos de su juventud cobraron vida de nuevo ❷ (*lebhaft*) vivo, lleno de vida

**Lebendigkeit** *f ohne pl* vivacidad *f*

**Lebensabend** *m* (*geh*) vejez *f;* **Lebensabschnitt** *m* período *m* de la vida; **Lebensalter** *nt* edad *f;* **Lebensaufgabe** *f* tarea *f* de toda una vida; **sich** *dat* **etw zur** ~ **machen** dedicar su vida a algo; **Lebensbedingungen** *fpl* condiciones *fpl* de vida; **lebensbedrohend** *adj* muy peligroso; **lebensbejahend** *adj* optimista, positivo; **Lebensdauer** *f* ❶ (*von Mensch*) vida *f* ❷ (*von Material, Maschine*) durabilidad *f;* **Lebenselixier** *nt* elixir *m* de la vida; **der Fußball war sein** ~ (*fig*) el fútbol era su vida; **Lebensende** *nt* término *m* de la vida; **bis an mein** ~ hasta el fin de mis días; **Lebenserfahrung** *f ohne pl* experiencia *f* de la vida; **Lebenserinnerungen** *fpl* memorias *fpl;* **Lebenserwartung** *f ohne pl* vida *f* media; **lebensfähig** *adj* viable; **Lebensform** *f* forma *f* de vida; **Lebensfreude** *f* alegría *f* de vivir; **lebensfroh** *adj* contento de la vida; **Lebensgefahr** *f ohne pl* peligro *m* de muerte; **in** ~ **schweben** estar entre la vida y la muerte; **es besteht** ~ existe peligro de muerte; **außer** ~ **sein** estar fuera de peligro; **lebensgefährlich** **I.** *adj* muy peligroso; (*Verletzung*) mortal **II.** *adv* con peligro de muerte; ~ **verletzt sein** estar seriamente herido; **Lebensgefährte, -in** *m, f* compañero, -a *m, f* de vida; **Lebensgefühl** *nt* estado *m* de ánimo; **Lebensgeister** *mpl:* **jds** ~ **(er)wecken** levantar los ánimos de alguien; **Lebensgemeinschaft** *f* ❶ (*Ehe*) vida *f* conyugal ❷ (*nichtehelich*) convivencia *f;* **Lebensgeschichte** *f* historia *f* de una vida; **Lebensgewohnheiten** *fpl* hábitos *mpl;* **lebensgroß** *adj* de tamaño natural

**Lebenshaltungskosten** *pl* coste *m* de la vida

**Lebensjahr** *nt* año *m* (de vida); **im zwanzigsten** ~ a los veinte años de edad; **mit vollendetem 18.** ~ con dieciocho años cumplidos; **Lebenslage** *f* situación *f* de la vida; **in jeder** ~ en todas las situaciones de la vida; **lebenslang** *adj* durante toda la vida, de por vida

**lebenslänglich** *adj* (*Strafe*) perpetuo; **„~"bekommen** ser condenado a cadena perpetua

**Lebenslauf** *m* currículum *m* vitae; ~ **des beruflichen Werdegangs** el currículum profesional; **Lebenslust** *f ohne pl* ganas *fpl* de vivir; **lebenslustig** *adj* vivo

**Lebensmittel** *ntpl* comestibles *mpl,* alimentos *mpl,* abarrotes *mpl Mex, Cuba;* **Lebensmittelallergie** *f* alergia *f* alimentaria; **Lebensmittelgeschäft** *nt* tienda *f* de comestibles, pulpería *f Am,* abarrote *m Cuba, Mex,* abarrotería *f Guat,* almacén *m CSur;* **Lebensmittelvergiftung** *f* (MED) intoxicación *f* alimenticia

**lebensmüde** *adj* cansado de la vida; **du bist wohl ~!** (*fam*) ¿pero es que quieres matarte?; **Lebensmut** *m* ánimo *m* para seguir viviendo; **lebensnah** *adj* realista; **Lebensnerv** *m* nervio *m* vital; **lebensnotwendig** *adj* vital; **Lebenspartner(in)** *m(f)* compañero, -a *m, f;* **Lebensqualität** *f ohne pl* calidad *f* de vida; **Lebensraum** *m* espacio *m* vital; (BIOL) biotopo *m;* **Lebensretter(in)** *m(f)* salvador(a) *m(f)* (de una vida); **Lebensstandard** *m* nivel *m* de vida; **Lebensstil** *m* estilo *m* de vida; **Lebensunterhalt** *m* subsistencia *f,* sustento *m;* **seinen** ~ **verdienen** ganarse la vida; **Lebensversicherung** *f* seguro *m* de vida; **Lebenswandel** *m* (modo *m* de) vida *f;* **einen zweifelhaften** ~ **führen** llevar una vida sospechosa; **Lebensweg** *m* vida *f;* **jdm alles Gute für den weiteren** ~ **wünschen** desear a alguien lo mejor para el futuro; **Lebensweise** *f* modo *m* de vivir; **Lebensweisheit** *f* máxima *f;* **Lebenswerk** *nt* obra *f* de la vida; **lebenswert** *adj* que vale la pena vivir; **für jdn ist das Leben nicht mehr** ~ alguien cree que ya no vale la pena seguir viviendo; **lebenswichtig** *adj* vital; (*Güter*) de primera necesidad; **Lebenswille** *m* deseo *m* de vivir; **Lebenszeichen** *nt* señal *f* de vida; **(k)ein** ~ **(von sich** *dat*) **geben** (no) dar señales de vida; **Lebenszeit** *f ohne pl* (duración *f* de la) vida *f;* **er ist Beamter auf** ~ es funcionario vitalicio; **Lebensziel** *nt* objetivo *m* vital

**Leber** ['le:bɐ] *f* <-n> hígado *m;* **frisch von der** ~ **weg reden** (*fam*) hablar con toda franqueza; **Leberfleck** *m* lunar *m;* **Leberkäse** *m* (GASTR) paté *m* de carne horneada; **Leberknödel** *m* (GASTR) albóndiga *f* de hígado; **Leberpastete** *f* (paté *m* de) foie-gras *m;* **Lebertran** ['--tra:n] *m* <-s, *ohne pl*> aceite *m* de hígado de bacalao; **Leberwert** *m* (MED) índice *m* hepático; **Leberwurst** *f* paté *m* de hígado; **die beleidigte** ~ **spielen** (*fam*) dárselas de ofendido

**Lebewesen** *nt* ser *m* vivo

**Lebewohl** [--'-] *nt* <-(e)s, -s *o* -e> (*geh*) adiós *m;* **jdm** ~ **sagen** despedirse de al-

L

guien

**lebhaft** *adj* ❶ (*Mensch, Augen*) vivaz; (*Unterhaltung*) animado; (*Interesse, Temperament, Farbe*) vivo ❷ (*Verkehr, Handel*) intenso; **es geht ~ zu** hay una gran actividad ❸ (*klar, deutlich*) claro; **ich kann mich noch ~ daran erinnern, dass ...** aún puedo acordarme vivamente de que...

**Lebhaftigkeit** *f ohne pl* viveza *f*, vivacidad *f*

**Lebkuchen** *m* pan *m* de especias

**i Land & Leute**

Una oblea con forma circular o rectangular sirve de base al **Lebkuchen**. Entre otros ingredientes, la masa del **Lebkuchen** se compone de diferentes especias, como anís, clavo, jengibre y canela, además pueden añadirse opcionalmente frutos secos, como avellanas y almendras, y frutas confitadas. Todo ello le confiere el característico color marrón oscuro. Después de hornearlos se pueden cubrir con chocolate o azúcar glaseado.

**leblos** *adj* sin vida, inanimado

**Lebtag** *m* (*fam*): **mein ~** toda mi vida; **mein ~ nicht** en mi vida; **Lebzeiten** *pl*: **zu jds ~** en vida de alguien

**lechzen** ['lɛçtsən] *vi* (*geh*) ansiar (*nach*)

**leck** [lɛk] *adj* agujereado; (*Schiff*) que hace agua

**Leck** [lɛk] *nt* <-(e)s, -e> vía *f* de agua

**lecken** ['lɛkən] **I.** *vi* ❶ (*Gefäß*) perder agua ❷ (*Schiff*) hacer agua **II.** *vt* lamer; **sich** *dat* **die Finger nach etw** *fam* **~** chuparse los dedos por algo

**lecker** ['lɛkɐ] *adj* rico; **Leckerbissen** *m* exquisitez *f*

**Leckerei** [lɛkə'raɪ] *f* <-en> (GASTR) exquisitez *f*; (*süß*) golosina *f*

**Leckermaul** *nt* (*fam*) goloso, -a *m, f*

**Leder** ['le:dɐ] *nt* <-s, -> ❶ (*Tierhaut*) cuero *m* ❷ (*fam: Fußball*) cuero *m*; **Lederhose** *f* pantalón *m* de cuero; **Lederjacke** *f* chaqueta *f* de cuero

**ledern** ['le:dɐn] *adj* de cuero

**Lederriemen** *m* correa *f* de cuero, tiento *m Am*; **Lederwaren** *fpl* artículos *mpl* de cuero

**ledig** ['le:dɪç] *adj* ❶ (*unverheiratet*) soltero ❷ (*geh: frei*) libre (+*gen* de)

**lediglich** ['le:dɪklɪç] *adv* sólo, únicamente

**leer** [le:ɐ] *adj* ❶ (*ohne Inhalt*) vacío; (*unbeschrieben*) en blanco; (*Zimmer*) no amueblado; **mit ~en Händen dastehen** encontrarse con las manos vacías; **den Teller ~ essen** vaciar el plato; **~ ausgehen** quedarse con las ganas; **mit ~em Magen** en ayunas ❷ (*nichts sagend*) vano

**Leere** ['le:rə] *f ohne pl* vacío *m*; (*Substanzlosigkeit*) vacuidad *f*; **es herrschte gähnende ~** no había ni un alma; **ins ~ starren** mirar al vacío

**leeren** ['le:rən] **I.** *vt* (*Behälter*) vaciar; (*Glas*) apurar; (*Briefkasten*) recoger las cartas; **die Essensreste in den Mülleimer ~** echar los restos de comida a la basura **II.** *vr*: **sich ~** vaciarse

**Leergut** *nt ohne pl* envase *m* retornable, casco *m fam*; **Leerlauf** *m ohne pl* (*a. fig* AUTO) punto *m* muerto; **Leertaste** *f* espaciador *m*

**Leerung** *f* <-en> vaciado *m*; (*von Briefkästen*) recogida *f*

**Lefze** ['lɛftsə] *f* <-n> belfo *m*

**legal** [le'ga:l] *adj* legal

**legalisieren*** [legali'zi:rən] *vt* legalizar

**Legalität** [legali'tɛ:t] *f ohne pl* legalidad *f*; **außerhalb der ~ liegen** estar al margen de la legalidad

**Legastheniker(in)** [legas'te:nikɐ] *m(f)* <-s, -; -nen> disléxico, -a *m, f*

**legen** ['le:gən] **I.** *vt* ❶ (*allgemein*) poner; (*hin~*) colocar (horizontalmente); **das Buch auf den Tisch ~** poner el libro encima de la mesa; **er legte ihm den Arm um die Schultern** le echó el brazo por encima del hombro; **er legte die Stirn in Falten** frunció el ceño; **etw aus der Hand ~** soltar algo ❷ (*Fliesen*) poner; (*Leitungen*) instalar; (*Schienen, Minen*) colocar ❸ (*Feuer*) prender; (*Karten*) echar; (*Eier*) poner; **waschen und ~** (*Haare*) lavar y marcar ❹ (*Wend*): **jdm etw nahe ~** (*vorschlagen*) sugerir algo a alguien; (*empfehlen*) recomendar algo a alguien **II.** *vr*: **sich ~** ❶ (*sich hin~*) tenderse; **sich schlafen ~** acostarse; **sich in die Sonne ~** tenderse al sol; **sich ins Bett ~** acostarse; **sich auf den Bauch/auf den Rücken ~** ponerse boca abajo/boca arriba ❷ (*Lärm, Kälte*) disminuir; (*Zorn, Begeisterung*) amainar; (*Sturm*) calmarse ❸ (*befallen*) depositarse (*auf* en)

**legendär** [legɛn'dɛ:ɐ] *adj* legendario

**Legende** [le'gɛndə] *f* <-n> leyenda *f*

**leger** [le'ʒe:ɐ] *adj* desenvuelto

**Leggings** ['lɛgɪŋs] *pl* leggings *mpl*

**Legierung** *f* <-en> aleación *f*

**Legion** [le'gjo:n] *f* <-en> legión *f*

**Legionär** [legjo'nɛ:ɐ] *m* <-s, -e> legionario *m*

**Legislative** [legɪsla'tiːvə] *f* <-n> (POL) ❶ (*gesetzgebende Gewalt*) poder *m* legislativo ❷ (*Versammlung*) asamblea *f* legislativa

**Legislaturperiode** [legɪsla'tuːɐ-] *f* legislatura *f*

**legitim** [legi'tiːm] *adj* legítimo

**Legitimation** [legitima'tsjoːn] *f* <-en> ❶ (*Berechtigung*) legitimación *f* ❷ (*Erlaubnis*) autorización *f*

**legitimieren*** [legiti'miːrən] **I.** *vt* ❶ (*legitim erklären*) legitimar ❷ (*erlauben*) autorizar **II.** *vr:* **sich ~** identificarse

**Legitimität** [legitimi'tɛːt] *f ohne pl* legitimidad *f*

**Leguan** ['leːguaːn] *m* <-s, -e> (ZOOL) iguana *f,* basilisco *m Am*

**Lehm** [leːm] *m* <-(e)s, -e> barro *m*

**lehmig** *adj* barroso

**Lehne** ['leːnə] *f* <-n> apoyo *m;* (*Arm~*) brazo *m;* (*Rücken~*) respaldo *m*

**lehnen** ['leːnən] **I.** *vi* estar apoyado (*an* en) **II.** *vt* apoyar (*an/gegen* en) **III.** *vr:* **sich ~** apoyarse (*an/gegen* en), arrimarse (*an/gegen* a); **er lehnt sich aus dem Fenster** se asoma por la ventana

**Lehnstuhl** *m* butaca *f*

**Lehramt** ['leːɐ-] *nt* docencia *f,* carrera *f* docente; **auf ~ studieren** estudiar para ser profesor de enseñanza media; **Lehranstalt** *f* (*formal*) instituto *m* de enseñanza; **Lehrbeauftragte(r)** *mf* encargado, -a *m, f* de (un) curso; **Lehrberuf** *m* profesión *f* docente; **Lehrbuch** *nt* libro *m* de texto

**Lehre** ['leːrə] *f* <-n> ❶ (*Ausbildung*) aprendizaje *m;* **in der ~ sein** estar de aprendiz ❷ (*Theorie*) teoría *f;* (*Wissenschaft*) ciencia *f;* (REL, PHILOS) doctrina *f* ❸ (*Erfahrung*) lección *f;* **eine ~ aus etw** *dat* **ziehen** sacar una conclusión de algo; **lass dir das eine ~ sein** que te sirva esto de lección ❹ (TECH) calibrador *m*

**lehren** ['leːrən] *vt* (*beibringen*) enseñar; (*unterrichten*) instruir; (SCH, UNIV) dar clases (de); **er lehrt die Kinder das Malen** instruye a los niños en pintura; **die Geschichte lehrt uns, dass ...** la historia nos enseña que...

**Lehrer(in)** *m(f)* <-s, -; -nen> profesor(a) *m(f)*

**Lehrfach** *nt* asignatura *f;* **Lehrgang** *m* <-(e)s, -gänge> curso *m,* cursillo *m;* **er ist auf einem ~** está haciendo un cursillo

**Lehrgeld** *nt:* **~ zahlen** pagar caro el aprendizaje

**lehrhaft** *adj* educativo; (*didaktisch*) didáctico

**Lehrjahr** *nt* año *m* de aprendizaje; **er ist im zweiten ~** está en el segundo año de aprendizaje; **Lehrkörper** *m* cuerpo *m* docente; **Lehrkraft** *f* profesor(a) *m(f)*

**Lehrling** *m* <-s, -e> aprendiz(a) *m(f),* cadete *mf CSur,* peón *m Mex*

**Lehrmittel** *ntpl* (SCH) material *m* didáctico; **Lehrplan** *m* plan *m* de estudios; **lehrreich** *adj* instructivo; **Lehrsatz** *m* teorema *m;* **Lehrstelle** *f* puesto *m* de aprendiz; **Lehrstoff** *m* materia *f* de enseñanza; **Lehrstuhl** *m* cátedra *f* (*für* de); **Lehrvertrag** *m* contrato *m* de aprendizaje; **Lehrzeit** *f* tiempo *m* de aprendizaje

**Leib** [laɪp] *m* <-(e)s, -er> (*geh*) ❶ (*Körper*) cuerpo *m;* **bei lebendigem ~e** en vivo; **etw am eigenen ~e erfahren** vivir algo en su propia piel; **jdm auf den ~ rücken** (*fam*) acosar a alguien; **mit ~ und Seele** con apasionamiento; **sich** *dat* **jdn vom ~e halten** (*fam*) mantener a alguien a distancia; **sich** *dat* **jdn vom ~e schaffen** (*fam*) quitarse de encima a alguien; **die Rolle ist ihr wie auf den ~ geschrieben** el papel le viene a la medida; **einer Aufgabe zu ~e rücken** poner manos a la obra ❷ (*Bauch*) vientre *m;* **Leibarzt, -ärztin** *m, f* médico, -a *m, f* de cámara

**leiben** ['laɪbən] *vi:* **wie er/sie leibt und lebt** tal como lo/la conocemos

**Leibeskräfte** *fpl:* **aus/nach ~n** a más no poder; **Leibesübungen** *fpl* (*formal*) (clase *f* de) deporte *m;* **Leibesvisitation** *f* cacheo *m*

**Leibgarde** *f* guardia *f* de corps; **Leibgericht** *nt* plato *m* favorito

**leibhaftig** [-'--] *adj* en persona; **der L~e** el diablo

**leiblich** *adj* ❶ (*körperlich*) corporal, físico; **das ~e Wohl** el bienestar físico ❷ (*blutsverwandt*) carnal

**Leibspeise** *f* plato *m* favorito; **Leibwache** *f* guardia *f* personal; **Leibwächter(in)** *m(f)* guardaespaldas *mf inv,* capanga *m CSur*

**Leiche** ['laɪçə] *f* <-n> cadáver *m;* **er geht über ~n** (*abw*) no tiene escrúpulos; **Leichenbegräbnis** *nt* entierro *m;* **Leichenbeschauer(in)** *m(f)* <-s, -; -nen> forense *mf;* **Leichenbittermiene** *f* (*fam*) cara *f* larga; **leichenblass** ['--'-] *adj* pálido como un muerto; **Leichenhalle** *f* depósito *m* de cadáveres; **Leichenschändung** *f* profanación *f* de cadáveres

**Leichenschauhaus** *nt* morgue *f,* afanaduría *f Mex*

**Leichenschmaus** *m* convite *m* del funeral; **Leichenstarre** *f* rigidez *f* cadavérica; **Lei-**

**chenverbrennung** *f* incineración *f* de cadáveres; **Leichenwagen** *m* coche *m* fúnebre; **Leichenzug** *m* (*geh*) cortejo *m* fúnebre

**Leichnam** ['laɪçnaːm] *m* <-s, -e> (*geh*) cadáver *m*

**leicht** [laɪçt] **I.** *adj* ❶ (*an Gewicht*) ligero; ~ **gekleidet sein** ir vestido con ropa ligera; ~**e Kost** comida ligera; **etw ~en Herzens tun** hacer algo a la ligera ❷ (*unkompliziert*) fácil; (*einfach*) sencillo; **etw mit ~er Hand erledigen** efectuar algo con facilidad; **nichts ~er als das!** ¡nada más fácil! ❸ (*schwach*) leve; **ein ~er Regen** una lluvia fina **II.** *adv* ❶ (*schnell*) con facilidad; (*einfach*) fácil; **er ist ~ beleidigt** se ofende con facilidad; ~ **zerbrechlich** muy frágil; ~ **zu bedienen** de fácil manejo; **sich** *dat* **etw zu ~ machen** tomarse algo a la ligera; **das passiert mir so ~ nicht wieder** eso no me volverá a ocurrir con tanta facilidad; **so ~ kriegt ihr mich nicht** no me vais a pillar tan fácilmente; **du hast ~ reden** tú (bien) puedes hablar; **das ist ~er gesagt als getan** eso se dice pronto ❷ (*gering*) poco; ~ **gesalzen** poco salado; ~ **erkältet** levemente acatarrado

**Leichtathlet(in)** *m(f)* atleta *mf*

**Leichtathletik** *f ohne pl* atletismo *m*

**Leichtathletin** *f s.* **Leichtathlet**

**leichtfertig** *adj* (*abw*) frívolo; (*unvorsichtig*) imprudente; (*gedankenlos*) temerario; (*unüberlegt*) irreflexivo; **etw ~ aufs Spiel setzen** poner algo en juego sin pensar; **Leichtgewicht** *nt* (SPORT) peso *m* ligero; **leichtgläubig** *adj* crédulo; **Leichtgläubigkeit** *f ohne pl* credulidad *f*

**leichthin** ['-'-] *adv* sin pensar, a la ligera

**Leichtigkeit** *f ohne pl* ❶ (*Gewicht*) poco peso *m* ❷ (*Mühelosigkeit*) facilidad *f;* **mit ~** con facilidad

**leichtlebig** *adj* frívolo; (*unbekümmert*) despreocupado

**Leichtmetall** *nt* metal *m* ligero; **Leichtsinn** *m ohne pl* (*Unvorsichtigkeit*) imprudencia *f;* (*Unbesonnenheit*) irreflexión *f;* **leichtsinnig** **I.** *adj* (*unverantwortlich*) irresponsable; (*sorglos*) despreocupado; (*unklug*) insensato **II.** *adv* sin cuidado; ~ **mit etw** *dat* **umgehen** tratar algo sin cuidado; **Leichtsinnigkeit** *f ohne pl s.* **Leichtsinn**

**leid** [laɪt] *adv:* **ich bin es ~** (*fam*) estoy harto

**Leid** [laɪt] *nt* <-(e)s, *ohne pl*> ❶ (*Kummer*) pena *f;* (*Leiden*) sufrimiento *m;* **Freud und ~ miteinander teilen** compartir lo bueno y lo malo; **jdm sein ~ klagen** confiar a alguien sus penas ❷ (*Unglück*) desgracia *f;* (*Unrecht*) mal *m;* **jdm ein ~ zufügen** causar daño a alguien ❸ (*Wend*): **es tut mir ~, dass ...** siento que... +*subj;* **tut mir ~!** ¡lo siento!; **er tut mir ~** me da pena; **das wird dir noch ~ tun** esto lo vas a sentir

**leiden** ['laɪdən] <leidet, litt, gelitten> **I.** *vi* sufrir (*an* de, *unter* con) **II.** *vt* (*erdulden*) sufrir; **Hunger ~** pasar hambre; **Not ~** vivir en la miseria; **ich kann sie (nicht) ~** (no) me cae bien; **das kann ich nicht ~!** ¡eso no me gusta!; **er kann es nicht ~, wenn ...** no le gusta que... +*subj*

**Leiden** ['laɪdən] *nt* <-s, -> ❶ (*allgemein*) sufrimiento *m,* padecimiento *m;* (*Schmerz*) dolor *m* ❷ (*Krankheit*) enfermedad *f,* maleza *f Nic*

**leidend** *adj* ❶ (*geplagt*) atormentado; **der Kranke warf mir einen ~en Blick zu** el enfermo me miró con cara de sufrimiento ❷ (*chronisch krank*): ~ **sein** padecer una enfermedad crónica

**Leidenschaft** *f* <-en> ❶ (*emotional*) pasión *f* (*für* por) ❷ (*für Tätigkeit*) afición *f;* **Gärtner aus ~** jardinero por afición

**leidenschaftlich** **I.** *adj* apasionado; (*begeistert*) entusiasmado **II.** *adv* con pasión; **jdn ~ lieben** amar apasionadamente a alguien; ~ **gern Fahrrad fahren** ser un ciclista apasionado

**leidenschaftslos** *adj* ❶ (*emotional*) desapasionado ❷ (*sachlich*) objetivo

**Leidensgefährte, -in** *m, f* compañero, -a *m, f* de infortunio; **Leidensgenosse, -in** *m, f* compañero, -a *m, f* de fatigas; **Leidensmiene** *f* cara *f* de pena; **eine ~ aufsetzen** poner cara de pena

**leider** ['laɪdɐ] *adv* por desgracia; **ich kann ~ nicht kommen** desgraciadamente no puedo ir; ~ **Gottes!** ¡por desgracia!

**leidig** *adj* (*ärgerlich*) enojoso; (*lästig*) molesto; (*unangenhem*) desagradable; **das ~e Geld** el maldito dinero

**Leidtragende(r)** *mf* <-n, -n; -n> perjudicado, -a *m, f;* (*Opfer*) víctima *f*

**leidvoll** *adj* (*geh*) doloroso

**Leidwesen** *nt:* **zu meinem ~** muy a pesar mío

**Leier** ['laɪɐ] *f* <-n> ❶ (MUS) lira *f* ❷ (*abw: Klage*) cantinela *f;* **es ist immer die alte ~** (*fam*) es siempre la misma canción; **Leierkasten** *m* (*fam*) organillo *m*

**leiern** ['laɪɐn] *vt* (*fam: Gedichte*) recitar de carretilla

**Leihbibliothek** *f,* **Leihbücherei** *f* biblioteca *f* de préstamo

**leihen** ['laɪən] <leiht, lieh, geliehen> *vt*

❶ (*aus~*) prestar; **kannst du mir 20 Euro ~?** ¿me puedes prestar 20 euros? ❷ (*ent~*) tomar prestado (*von* de)

**Leihfrist** *f* plazo *m* de préstamo; **Leihgabe** *f* préstamo *m;* **Leihgebühr** *f* alquiler *m,* flete *m Am;* **Leihhaus** *nt* monte *m* de piedad, agencia *f Chil;* **Leihmutter** *f* madre *f* de alquiler; **Leihwagen** *m* coche *m* de alquiler

**leihweise** *adv* como préstamo

**Leim** [laɪm] *m* <-(e)s, -e> cola *f,* almidón *m Mex;* **aus dem ~ gehen** (*fam*) romperse; **auf den ~ gehen** (*fam*) caer en la trampa

**leimen** *vt* ❶ (*kleben*) encolar, pegar ❷ (*fam: hereinlegen*) engañar

**Leine** ['laɪnə] *f* <-n> cuerda *f;* (*Wäsche~*) cuerda *f* de tender; (*Hunde~*) correa *f;* **zieh ~!** (*fam*) ¡lárgate!

**leinen** ['laɪnən] *adj* de lino

**Leinen** *nt* <-s, -> ❶ (*Faser*) hilaza *f;* (*Gewebe*) lino *m;* **aus ~** de lino ❷ (*Bucheinband*) tela *f*

**Leinsamen** *m* linaza *f*

**Leintuch** *nt* (*reg*) sábana *f*

**Leinwand¹** *f* ❶ (*zum Malen*) lienzo *m* ❷ (FILM) pantalla *f*

**Leinwand²** *f ohne pl* (*Gewebe*) tela *f* de lino

**Leipzig** ['laɪptsɪç] *nt* <-s> Leipzig *m*

**leise** ['laɪzə] **I.** *adj* ❶ (*still*) silencioso; (*Radio, Stimme*) bajo; (*Geräusch, Schritt*) ligero; **bei der ~sten Berührung** con el menor roce ❷ (*in Andeutungen*) vago; **nicht die ~ste Ahnung haben** no tener ni la más remota idea **II.** *adv* ❶ (*still*) sin (hacer) ruido; (*mit ~r Stimme*) en voz baja; **sprich etwas ~r!** ¡habla un poco más bajo!; **das Radio ~r stellen** bajar la radio ❷ (*sanft*) suavemente

**Leiste** ['laɪstə] *f* <-n> ❶ (*Rand~*) filete *m;* (*Fuß~*) zócalo *m;* (*Zier~*) listel *m* ❷ (ANAT) ingle *f*

**leisten** ['laɪstən] *vt* ❶ (*tun, schaffen*) hacer; (*hervorbringen*) producir; **gute Arbeit ~** hacer un buen trabajo ❷ (*Maschine, Motor*) rendir ❸ (*Hilfe, Eid*) prestar; (*Zahlung*) efectuar; **eine Unterschrift ~** firmar algo; **jdm Gesellschaft ~** hacer compañía a alguien ❹ (*fam: sich gönnen*) comprar(se); **sich** *dat* **etw ~ können** poder permitirse algo ❺ (*Frechheit*) permitir(se); (*Fehler*) cometer

**Leistenbruch** *m* (MED) hernia *f* inguinal

**Leistung¹** *f ohne pl* (*Ausführung*) ejecución *f;* (*Bezahlung*) pago *m*

**Leistung²** *f* <-en> ❶ (SPORT: *das Geleistete*) rendimiento *m;* (*Arbeit*) trabajo *m;* (*Ergebnis*) resultado *m;* **eine große ~ vollbringen** conseguir un resultado excelente; **seine schulischen ~en haben nachgelassen** su rendimiento escolar ha disminuido; **die Bezahlung erfolgt nach ~** se paga a destajo ❷ (*von Maschine, Fabrik*) prestación *f;* (*von Motor*) potencia *f* ❸ (*Wirksamkeit*) eficacia *f* ❹ (*Betrag*) contribución *f*

**Leistungsdruck** *m* estrés *m;* **hohem ~ ausgesetzt sein** tener mucho stress; **leistungsfähig** *adj* productivo; (*tüchtig*) eficiente; (*Motor*) potente; **Leistungsfähigkeit** *f ohne pl* eficiencia *f;* (*von Motor*) potencia *f;* (*von Fabrik*) productividad *f;* **Leistungsgesellschaft** *f* sociedad *f* competitiva; **Leistungskurs** *m* (SCH) asignatura *f* principal, ≈optativa *f;* **Leistungsnachweis** *m* (SCH, UNIV) certificado *m;* **leistungsschwach** *adj* de bajo rendimiento; **Leistungssport** *m* deporte *m* de competición; **leistungsstark** *adj* potente

**Leistungsträger¹** *m* (WIRTSCH) entidad *f* prestataria

**Leistungsträger(in)²** *m(f)* (SPORT) jugador(a) *m(f)* decisivo, -a

**Leistungsvermögen** *nt* (WIRTSCH) capacidad *f* de rendimiento

**Leitartikel** *m* (PUBL) editorial *m;* **Leitbild** *nt* ideal *m,* modelo *m*

**leiten** ['laɪtən] *vt* ❶ (*verantwortlich ~*) dirigir; (*Vorsitz haben*) presidir; (*Diskussion*) moderar ❷ (*führen*) llevar; (*um~*) desviar; **etw in die Wege ~** iniciar los trámites de algo; **sich von etw** *dat*/**jdm ~ lassen** dejarse llevar por algo/alguien ❸ (TECH, PHYS) conducir

**leitend** *adj* ❶ (*führend*) director, dirigente; **~e Position** cargo dirigente; **~er Angestellter** miembro de la directiva; **der ~e Gedanke** la idea central ❷ (PHYS) conductor; **nicht ~** no conductor

**Leiter¹** *f* <-n> escalera *f;* (*Steh~*) escalera *f* de tijera; (*Tritt~*) escalerilla *f;* (*Strick~*) escala *f* de cuerda; **auf eine ~ steigen** subir a una escalera

**Leiter²** ['laɪtɐ] *m* <-s, -> (PHYS, TECH) conductor *m*

**Leiter(in)³** *m(f)* <-s, -; -nen> director(a) *m(f);* (*Kurs~*) profesor(a) *m(f);* **kaufmännische/technische ~in** directora comercial/técnica; **der ~ der Diskussion** el moderador del debate

**Leitfaden** *m* manual *m;* **Leitfähigkeit** *f ohne pl* (PHYS: *für Wärme*) conductibilidad *f;* (*für Strom*) conductividad *f;* **Leitgedanke** *m* idea *f* central; **Leithammel** *m* ❶ (*von Herde*) (carnero *m*) manso *m* ❷ (*abw: Anführer*) cabecilla *mf;* **Leit-**

**linie**[1] *f* (POL, WIRTSCH) línea *f* maestra; **Leitlinie**[2] *f* (*Grundsatz*) pauta *f;* **Leitmotiv** *nt* leitmotiv *m;* **Leitplanke** *f* valla *f* protectora; **Leitsatz** *m* principio *m;* **Leitspruch** *m* lema *m;* **Leitstelle** *f* central *f*

**Leitung**[1] *f* <-en> ① (*Rohr~*) tuberías *fpl;* (*Wasser~*) cañerías *fpl* ② (ELEK, TEL) línea *f;* (*Kabel*) cable *m;* **eine lange ~ haben** (*fam*) tener malas entendederas ③ (*Führungsgruppe*) junta *f* directiva

**Leitung**[2] *f ohne pl* (*Führung*) dirección *f;* (*Geschäfts~*) gerencia *f;* (*Vorsitz*) presidencia *f;* **unter der ~ von ...** bajo la dirección de...

**Leitungskabel** *nt* (ELEK) cable *m* conductor; **Leitungsrohr** *nt* tubo *m;* **Leitungswasser** *nt ohne pl* agua *f* del grifo

**Leitwährung** *f* (WIRTSCH) dinero *m* patrón; **Leitwolf** *m* (*fig*) líder *mf;* **Leitzins** *m* (WIRTSCH) interés *m* básico

**Lektion** [lɛk'tsjoːn] *f* <-en> lección *f;* **jdm eine ~ erteilen** dar una lección a alguien

**Lektor(in)** ['lɛktoːɐ] *m(f)* <-s, -en; -nen> (*Verlag, a.* SCH, UNIV) lector(a) *m(f)*

**Lektorat** [lɛkto'raːt] *nt* <-(e)s, -e> (*Verlag, a.* SCH, UNIV) lectorado *m*

**Lektorin** *f* <-nen> *s.* **Lektor**

**Lektüre** [lɛk'tyːrə] *f ohne pl* lectura *f*

**Lende** ['lɛndə] *f* <-n> ① (ANAT) región *f* lumbar ② (*beim Schlachtvieh*) lomo *m;* **Lendenschurz** [-ʃʊrts] *m* taparrabos *m inv;* **Lendenstück** *nt* (GASTR) solomillo *m*

**lenkbar** *adj* ① (*Gegenstände*) dirigible ② (*Menschen*) dócil

**lenken** ['lɛŋkən] *vt* ① (*Fahrzeug*) conducir, manejar *Am;* (*Schiff*) gobernar; (*Flugzeug*) pilotar ② (*führen*) dirigir; (*Staat*) gobernar ③ (*steuern*) dirigir; (*in bestimmte Richtung*) encauzar; **ein Gespräch auf ein anderes Thema ~** llevar una conversación por otros derroteros; **die Aufmerksamkeit auf sich ~** dirigir la atención sobre sí mismo; **jds Blicke auf sich ~** atraer las miradas de alguien (sobre sí)

**Lenker**[1] *m* <-s, -> (AUTO) volante *m;* (*am Fahrrad*) manillar *m,* manubrio *m Arg*

**Lenker(in)**[2] *m(f)* <-s, -; -nen> conductor(a) *m(f)*

**Lenkrad** *nt* volante *m,* guía *f PRico;* **Lenkstange** *f* manillar *m*

**Lenkung**[1] *f* <-en> (AUTO) dirección *f*

**Lenkung**[2] *f ohne pl* (*das Lenken*) manejo *m;* (*eines Staates*) gobierno *m*

**Lenz** [lɛnts] *m* <-es, -e> (*geh*) primavera *f;* **sich** *dat* **einen schönen ~ machen** (*fam abw*) no dar palo (al agua)

**Leopard** [leo'part] *m* <-en, -en> (ZOOL) leopardo *m*

**Lepra** ['leːpra] *f ohne pl* lepra *f;* **Leprakranke(r)** *mf* leproso, -a *m, f*

**lepros** *adj*, **leprös** *adj* leproso

**Lerche** ['lɛrçə] *f* <-n> (ZOOL) alondra *f*

**lernbegierig** *adj* aplicado; **lernbehindert** *adj* impedido para aprender; **Lerneifer** *m* aplicación *f*

**lernen** ['lɛrnən] **I.** *vi* ① (*Erfahrung sammeln*) aprender (*aus* de) ② (*Wissen aneignen*) estudiar; **ich muss noch für die Prüfung ~** aún tengo que estudiar para el examen **II.** *vt* ① (*Fertigkeit*) aprender (*von* de); **Schreibmaschine/Spanisch ~** aprender mecanografía/español; **etw auswendig ~** aprender algo de memoria; **schwimmen/tanzen ~** aprender a nadar/a bailar; **gelernt ist gelernt** lo aprendido queda para siempre; **das will gelernt sein!** ¡espera que lo aprendas!; **von dem kannst du noch etwas ~** éste te puede servir de ejemplo; **der wird's nie ~!** ¡no aprenderá en la vida! ② (*Beruf, Handwerk*) aprender (para); (*einzelner Beruf*) estudiar (para)

**lernfähig** *adj* capaz de aprender

**Lernfähigkeit** *f* capacidad *f* de aprendizaje; **Lernprogramm** *nt* (INFOR) programa *m* tutor; **Lernprozess** *m* proceso *m* de aprendizaje; **Lernsoftware** *f* (INFOR) *s.* **Lernprogramm**; **Lernziel** *nt* objetivo *m* del aprendizaje

**Lesart** ['leːsʔaːɐt] *f* <-en> ① (*Fassung*) versión *f;* (*andere ~*) variante *f* ② (*Deutung*) versión *f*

**lesbar** *adj* legible

**Lesbe** ['lɛsbə] *f* <-n>, **Lesbierin** ['lɛsbiəriːn] *f* <-nen> lesbiana *f*

**lesbisch** *adj* lesbio

**Lese** ['leːzə] *f* <-n> cosecha *f;* (*Wein~*) vendimia *f*

**Lesebrille** *f* gafas *fpl* para leer; **Lesebuch** *nt* libro *m* de lectura; **Lesegerät** *nt* (INFOR) dispositivo *m* de lectura; **Leselampe** *f* lámpara *f* para lectura

**lesen** ['leːzən] <liest, las, gelesen> **I.** *vi* ① (*allgemein*) leer; **fließend ~** leer de corrido; **jdm aus der Hand ~** leer(le) a alguien la mano ② (UNIV) dar clase (*über* de) **II.** *vt* ① (*allgemein*) leer; (*Messe*) celebrar; **Zeitung ~** leer el periódico; **in der Zeitung ist zu ~, dass ...** en el periódico pone que...; **jds Gedanken ~** leer el pensamiento de alguien ② (*ernten*) (re)coger; **Trauben ~** vendimiar

**lesenswert** *adj* digno de leer

**Leser(in)** *m(f)* <-s, -; -nen> lector(a) *m(f)*

**Leseratte** *f* (*fam*) ratón *m* de biblioteca

**Leserbrief** *m* carta *f* al director

**Leserin** *f* <-nen> *s.* **Leser**
**Leserkreis** *m* círculo *m* de lectores
**leserlich** *adj* legible; **gut ~e Schrift** letra clara
**Leserschaft** *f* <-en> lectores *mpl*
**Lesesaal** *m* sala *f* de lectura; **Lesestoff** *m* lectura *f*; **Lesezeichen** *nt* señal *f* de lectura; (INFOR) marcador *m*, marca *f*; **Lesezirkel** *m* círculo *m* de lectores
**Lesung** *f* <-en> (*a.* POL) lectura *f*
**Lette, -in** ['lɛtə] *m, f* <-n, -n; -nen> letón, -ona *m, f*
**Letter** ['lɛtɐ] *f* <-n> ❶ (*Druckbuchstabe*) letra *f* de molde ❷ (TYPO) tipo *m* (de imprenta)
**Lettin** *f* <-nen> *s.* **Lette**
**lettisch** *adj* letón
**Lettland** *nt* Letonia *f*
**Letzt** [lɛtst] *f*: **zu guter ~** por último
**letzte(r, s)** *adj* ❶ (*in Reihenfolge*) último; (*abschließend*) final; **L~r werden** quedar el último; **als L~r ankommen/weggehen/fertig werden** llegar/salir/terminar el último; **auf dem ~n Platz liegen** estar en último lugar; **du bist der L~, dem ich es sagen würde** eres el último a quien se lo diría; **der L~ des Monats** el último día del mes; **den L~n beißen die Hunde** (*prov*) a los últimos les toca la peor parte; **die L~n werden die Ersten sein** (*prov*) los últimos serán los primeros ❷ (*äußerste, neueste, zeitlich*) último; **in ~r Zeit** últimamente; **der ~ Schrei** (*fig*) el último grito; **bis aufs L~** totalmente; **etw bis ins L~ kennen** conocer algo como la palma de la mano; **bis zum L~n gehen** dar lo máximo ❸ (*schlecht*) peor; **das ist doch das L~!** (*fam*) ¡es lo último!
**letztendlich** ['-'--] *adv* a fin de cuentas, finalmente
**letztens** ['lɛtstəns] *adv* ❶ (*kürzlich*) hace poco (tiempo) ❷ (*zum Schluss*) por último; **drittens und ~** tercero y último
**letztlich** *adv* por último
**letztmalig** **I.** *adj* último **II.** *adv* por última vez
**Leuchtboje** *f* (NAUT) boya *f* luminosa
**Leuchte** ['lɔɪçtə] *f* <-n> ❶ (*Lampe*) lámpara *f* ❷ (*fam: kluger Mensch*) lumbrera *f*
**leuchten** ['lɔɪçtən] *vi* ❶ (*Licht geben*) dar luz; (*Lampe*) estar encendido ❷ (*erhellen*) iluminar; (*be~*) alumbrar (*in*); **leuchte hierher!** ¡ilumina aquí!; **leuchte einmal (mit der Lampe) in die Ecke** alumbra el rincón (con la lámpara) ❸ (*glänzen*) resplandecer; (*strahlen*) brillar; (*Farbe*) ser brillante
**leuchtend** *adj* luminoso; (*glänzend*) brillante; (*strahlend*) radiante; **ein ~es Beispiel** un ejemplo magnífico
**Leuchter** *m* <-s, -> (*Kerzen~*) candelabro *m*; (*Kron~*) araña *f*
**Leuchtfarbe** *f* color *m* fosforescente; **Leuchtfeuer** *nt* fanal *m*; **Leuchtkäfer** *m* (ZOOL) luciérnaga *f*, cocuyo *m Am*; **Leuchtkraft** *f ohne pl* luminosidad *f*; **Leuchtrakete** *f* cohete *m* de señalización; **Leuchtreklame** *f* anuncio *m* luminoso; **Leuchtschrift** *f* letra *f* luminosa; **Leuchtsignal** *nt* señal *f* luminosa; **Leuchtturm** *m* faro *m*; **Leuchtziffernblatt** *nt* esfera *f* luminosa
**leugnen** ['lɔɪgnən] *vi, vt* negar; **es ist nicht zu ~, dass ...** no se puede negar que...
**Leugnung** *f* <-en> negación *f*
**Leukämie** [lɔɪkɛ'mi:] *f* <-n> (MED) leucemia *f*
**Leumund** *m ohne pl* reputación *f*
**Leute** ['lɔɪtə] *pl* gente *f*; **arme/reiche ~** gente pobre/rica; **es waren kaum ~ da** no había casi nadie; **es waren ungefähr 30 ~ da** había unas 30 personas; **etw unter die ~ bringen** (*fam*) divulgar algo; **du solltest mal wieder unter die ~ gehen** deberías tratar con gente; **ich kenne meine ~** conozco a mi gente; **die kleinen ~** la gente de la calle; **was sollen die ~ denken?** (*fam*) ¿qué va a pensar la gente?
**Leuteschinder(in)** *m(f)* (*abw*) negrero, -a *m, f fam*
**Leutnant** ['lɔɪtnant] *m* <-s, -s> (MIL) subteniente *m*
**leutselig** ['lɔɪtze:lɪç] *adj* campechano
**Level** ['lɛvəl] *m* <-s, -s> (*geh*) rango *m*, nivel *m*
**Leviten** [le'vi:tən] *pl* (*fam*): **jdm die ~ lesen** cantar a alguien las cuarenta
**Lexika** *pl von* **Lexikon**
**lexikalisch** [lɛksi'ka:lɪʃ] *adj* ❶ (*das Lexikon betreffend*) enciclopédico ❷ (LING) lexicológico
**Lexiken** *pl von* **Lexikon**
**Lexikon** ['lɛksikɔn] *nt* <-s, Lexika *o* Lexiken> enciclopedia *f*; **ein wandelndes ~ sein** ser una enciclopedia viviente
**lfd.** *Abk. von* **laufend** en curso
**Liaison** [ljɛ'zõ:] *f* <-s> ❶ (*geh: Liebesverhältnis*) lío *m* (amoroso) ❷ (LING) enlace *m*
**Liane** [li'a:nə] *f* <-n> (BOT) liana *f*
**Libanese, -in** [liba'ne:zə] *m, f* <-n, -n; -nen> libanés, -esa *m, f*
**libanesisch** *adj* libanés
**Libanon** ['li:banɔn] *m* <-s> (el) Líbano *m*
**Libelle** [li'bɛlə] *f* <-n> ❶ (ZOOL) libélula *f*, aguacil *m CSur* ❷ (*an Wasserwaage*) nivel

*m* de burbuja

**liberal** [libe'ra:l] *adj* liberal

**liberalisieren*** [liberali'zi:rən] *vt* liberalizar

**Liberalisierung** *f* <-en> liberalización *f*

**Liberalismus** [libera'lɪsmʊs] *m* <-, *ohne pl*> liberalismo *m*

**Liberia** [li'be:ria] *nt* <-s> Liberia *f*

**Liberianer(in)** [liberi'a:nɐ] *m(f)* <-s, -; -nen> liberiano, -a *m, f*

**liberianisch** *adj* liberiano

**Libero** ['li:bero] *m* <-s, -s> (*Fußball*) líbero *m*

**Libido** [li'bi:do, '---] *f ohne pl* (PSYCH) libido *f*

**Libyen** ['li:byən] *nt* <-s> Libia *f*

**Libyer(in)** *m(f)* <-s, -; -nen> libio, -a *m, f*

**libysch** ['li:bʏʃ] *adj* libio

**licht** [lɪçt] *adj* ❶ (*geh: hell*) claro, luminoso; **am ~en Tag** (*geh*) en pleno día ❷ (*Haar*) ralo ❸ (TECH) interior

**Licht** [lɪçt] *nt* <-(e)s, -er> luz *f;* **das ~ anmachen/ausmachen** encender/apagar la luz; **das ~ der Welt erblicken** (*geh*) venir al mundo, ver la luz; **das ~ der Öffentlichkeit scheuen** evitar la publicidad; **sein ~ unter den Scheffel stellen** quitarse méritos; **~ in eine Sache bringen** aclarar un asunto; **etw ans ~ bringen** sacar algo a la luz; **für etw grünes ~ geben** (*fig*) dar luz verde a algo, dar el okey a algo *Am;* **etw ins rechte ~ rücken** poner algo de relieve; **so erscheint die Sache in einem (ganz) anderen ~** viéndolo de esta manera la cosa cambia mucho; **jdn hinters ~ führen** engañar a alguien; **das ewige ~** (REL) la luminaria; **Lichtanlage** *f* (ELEK) instalación *f* del alumbrado; **Lichtbild** *nt* (*formal*) foto(grafía) *f;* **Lichtblick** *m* rayo *m* de esperanza; **lichtdurchlässig** *adj* transparente; **Lichteffekt** *m* (PHYS) efecto *m* de la luz; **Lichteinwirkung** *f* (PHYS, TECH) influjo *m* de la luz; **lichtempfindlich** *adj* ❶ (*Haut*) sensible a la luz ❷ (FOTO) fotosensible

**lichten** ['lɪçtən] **I.** *vt* ❶ (*Wald*) aclarar ❷ (NAUT): **die Anker ~** levar anclas **II.** *vr:* **sich ~** (*Nebel, Wolken*) disiparse; (*Bestände*) disminuir; (*Haare*) ralear; (*Angelegenheit*) aclarar; **die Reihen ~ sich** las filas se ven diezmadas

**Lichterkette** *f* (POL) *cadena humana con velas en signo de protesta*

**lichterloh** ['lɪçtɐ'lo:] *adv:* **~ brennen** arder en llamas

**Lichtermeer** *nt* mar *m* de luces

**Lichtgeschwindigkeit** *f ohne pl* velocidad *f* de la luz; **Lichtgriffel** *m* <-s, -> (INFOR) lápiz *m* óptico [*o* ratón]; **Lichthupe** *f* avisador *m* luminoso; **Lichtjahr** *nt* (ASTR) año *m* luz; **Lichtmaschine** *f* (AUTO) dínamo *f;* **Lichtmast** *m* poste *m* de la luz

**Lichtmess** ['lɪçtmɛs] *ohne art inv* (REL) (fiesta *f* de la) candelaria *f*

**Lichtorgel** *f* batería *f* (de luces); **Lichtquelle** *f* fuente *f* de luz; **Lichtreklame** *f* publicidad *f* luminosa; **Lichtschacht** *m* pozo *m* de luz; **Lichtschalter** *m* interruptor *m* de la luz; **lichtscheu** *adj* que huye de la luz; **~es Gesindel** gentuza *f;* **Lichtschranke** *f* barrera *f* de luz

**Lichtschutzfaktor** *m* factor *m* de protección solar

**Lichtstärke** *f* (PHYS) intensidad *f* de la luz; **Lichtstrahl** *m* rayo *m* de luz; **lichtundurchlässig** *adj* (PHYS) opaco

**Lichtung** *f* <-en> (*im Wald*) calvero *m,* abra *f CSur, Mex,* abierto *m Col*

**Lichtverhältnisse** *ntpl* condiciones *fpl* luminosas

**Lid** [li:t] *nt* <-(e)s, -er> párpado *m;* **Lidschatten** *m* sombra *f* de ojos; **Lidstrich** *m* raya *f* con el lápiz de ojos

**lieb** [li:p] *adj* ❶ (*geliebt*) querido; **~e Maria/Frau X** querida María/señora X; **mein L~es** cariño mío; **das ~e Geld** el maldito dinero; **jdn ~ gewinnen/haben** tomarle/tenerle cariño a alguien ❷ (*liebenswürdig*) amable; (*nett*) simpático; **viele ~e Grüße sendet dir ...** muchos saludos cariñosos te manda... ❸ (*brav*) bueno; **sei so ~ und mach das Fenster auf!** ¡sé bueno y abre la ventana! ❹ (*angenehm*) agradable; **es wäre mir ~, wenn ...** me gustaría que... *+subj;* **am ~sten würde ich jetzt schwimmen gehen** lo que más me gustaría hacer ahora sería ir a nadar; **den ~en langen Tag** (*fam*) todo el santo día

**liebäugeln** ['li:pʔɔɪgəln] *vi:* **mit etw** *dat* **~** acariciar la idea de *+inf*

**Liebe** ['li:bə] *f ohne pl* (*allgemein*) amor *m;* (*Zuneigung*) cariño *m;* **aus ~ zu ...** por amor a...; **in ~** con cariño; **~ auf den ersten Blick** amor a primera vista; **bei aller ~, aber ...** sintiéndolo mucho, pero...; **~ macht blind** el amor es ciego; **käufliche ~** amor que se compra; **mit jdm ~ machen** (*fam*) hacer el amor con alguien

**Liebelei** [li:bə'laɪ] *f* <-en> flirteo *m*

**lieben** ['li:bən] *vt* ❶ (*Liebe empfinden*) querer; **viel geliebt** muy querido; **was sich liebt, das neckt sich** (*prov*) porque te quiero te aporreo ❷ (*Geschlechtsverkehr haben*) hacer el amor (con) ❸ (*mögen*) gustar; **sie liebt es nicht, wenn ...** no le gusta que... *+subj*

**Liebende(r)** *mf* <-n, -n; -n> amante *mf*

**liebenswert** *adj* simpático; (*bezaubernd*) encantador

**liebenswürdig** *adj* amable; (**das ist**) **sehr ~** (**von Ihnen**) (es) muy amable (de su parte); **wären Sie so ~ und ...?** ¿sería tan amable de *+inf?*

**liebenswürdigerweise** ['-----'--] *adv* amablemente

**Liebenswürdigkeit** *f* <-en> amabilidad *f*; **würden Sie die ~ haben mir zu helfen?** ¿tendría Ud. la amabilidad de ayudarme?; **sie ist die ~ in Person** es la amabilidad en persona

**lieber** ['li:bɐ] *adv kompar von* **gern: mir wäre es ~, du würdest bleiben** preferiría que te quedaras; **ich schweige ~** prefiero callarme; **nichts ~ als das!** ¡con muchísimo gusto!

**Liebesabenteuer** *nt* aventura *f* amorosa; **Liebesaffäre** *f* amorío *m;* **Liebesbeziehung** *f* relación *f* amorosa; **Liebesbrief** *m* carta *f* de amor; **Liebeserklärung** *f* declaración *f* de amor; **jdm eine ~ machen** declarar(le) a alguien su amor; **Liebesfilm** *m* película *f* de amor; **Liebesgeschichte** *f* historia *f* de amor; **Liebeskummer** *m* mal *m* de amores; **Liebesleben** *nt ohne pl* vida *f* amorosa; **Liebeslied** *nt* canción *f* de amor; **Liebesmüh(e)** *f*: **das ist vergebliche** [*o* **verlorene**] **~** no merece la pena; **Liebespaar** *nt* (pareja *f* de) enamorados *mpl,* novios *mpl;* **Liebesroman** *m* novela *f* de amor, novela *f* rosa *pey;* **liebestoll** *adj* loco de amor; **~ sein/werden** estar/volverse loco de amor

**liebevoll I.** *adj* (*zärtlich*) cariñoso, amoroso *Am* **II.** *adv* (*sorgfältig*) con amor, con cariño

**Liebhaber(in)** *m(f)* <-s, -; -nen> amante *mf*

**Liebhaberei** *f* <-en> afición *f*; **aus** (**reiner**) **~** por (el mero) gusto

**Liebhaberin** *f* <-nen> *s.* **Liebhaber**

**Liebhaberwert** *m ohne pl* valor *m* entre aficionados

**liebkosen*** [li:p'ko:zən] *vt* (*geh*) acariciar

**Liebkosung** *f* <-en> caricia *f*, ayuyunes *mpl Chil*

**lieblich** ['li:plɪç] *adj* (*Duft*) suave; (*Landschaft*) ameno; (*Wein*) dulce

**Liebling** ['li:plɪŋ] *m* <-s, -e> ❶ (*Kosewort*) cariño, -a *m, f,* negro, -a *m, f Arg,* ñato, -a *m, f Bol* ❷ (*bevorzugter Mensch*) favorito, -a *m, f*; **Lieblingsbeschäftigung** *f* ocupación *f* favorita

**lieblos** *adj* (*ohne Liebe, Sorgfalt*) poco cariñoso; (*gefühllos*) insensible

**Lieblosigkeit** *f* <-en> falta *f* de cariño; (*Gefühllosigkeit*) insensibilidad *f*; (*Härte*) dureza *f*

**Liebschaft** *f* <-en> amorío *m*

**liebste(r, s)** *adj* (muy) querido, queridísimo; **mein ~r Freund** mi querido amigo

**Liebste(r)** *mf* <-n, -n; -n> querido, -a *m, f*

**liebsten** *superl von* **gern: am ~ würde ich hier bleiben** lo que más me gustaría sería quedarme aquí

**Liebstöckel** ['li:pʃtœkəl] *m o nt* <-s, -> (BOT) levística *f*

**Liechtenstein** ['lɪçtənʃtaɪn] *nt* <-s> Liechtenstein *m*

**Liechtensteiner(in)** *m(f)* <-s, -; -nen> ciudadano, -a *m, f* de Liechtenstein

**Lied** [li:t] *nt* <-(e)s, -er> canción *f*; **es ist immer das alte ~ mit ihm** (*fam*) ya está otra vez con la misma canción; **davon kann ich ein ~ singen** (*fam*) lo sé de sobra; **Liederbuch** *nt* cancionero *m*

**liederlich** ['li:dɐlɪç] *adj* ❶ (*unordentlich*) desordenado; (*nachlässig*) descuidado, chancho *Am* ❷ (*abw: unmoralisch*) licencioso

**Liedermacher(in)** *m(f)* <-s, -; -nen> cantautor(a) *m(f)*

**lief** [li:f] *3. imp von* **laufen**

**Lieferant(in)** [lifə'rant] *m(f)* <-en, -en; -nen> proveedor(a) *m(f)*

**lieferbar** *adj* disponible, suministrable

**Lieferbedingungen** *fpl* condiciones *fpl* de entrega; **Lieferfrist** *f* plazo *m* de entrega

**liefern** ['li:fɐn] *vt* ❶ (*zustellen*) entregar; (*be~*) suministrar; **die bestellte Ware frei Haus ~** entregar el pedido a domicilio sin recargo ❷ (*erzeugen*) producir; **für etw Beweise ~** aportar pruebas de algo; **ich bin geliefert** (*fam*) estoy perdido

**Lieferschein** *m* (COM) albarán *m* de entrega; **Lieferstopp** *m* (WIRTSCH) suspensión *f* del suministro; **Liefertermin** *m* fecha *f* de entrega; **festgesetzter ~** plazo de entrega prefijado

**Lieferung** *f* <-en> ❶ (*das Liefern*) entrega *f*; (*das Beliefern*) suministro *m* ❷ (*Ware*) envío *m*

**Lieferwagen** *m* camioneta *f*; **Lieferzeit** *f* plazo *m* de entrega

**Liege** ['li:gə] *f* <-n> ❶ (*Garten~*) tumbona *f* ❷ (*im Liegewagen*) litera *f*

**liegen** ['li:gən] <liegt, lag, gelegen> *vi haben o sein* ❶ (*Person*) estar acostado, estar tumbado; **hart/weich ~** estar acostado sobre una superficie dura/blanda; **im Bett ~** estar (tumbado) en la cama; **auf dem Rücken/auf dem Bauch ~** estar boca arriba/boca abajo; **er liegt ihr zu Füßen** está a sus pies; **die Römer aßen im L~** los romanos comían tumbados ❷ (*sich befinden*) estar; (*Zimmer*) dar (a); **das Buch liegt auf dem Tisch** el libro está en la mesa; **wo liegt Durango?** ¿dónde se encuentra Durango?; **an der Elbe** ~ estar a orillas del Elba; **das Zimmer liegt nach Süden** la habitación da al sur; **das liegt auf dem Weg** está de camino; **der Ort liegt sehr idyllisch** el lugar está situado en un paraje idílico; **es lag kein Schnee** no había nieve; **der Unterschied liegt darin, dass ...** la diferencia está en que...; **das Essen liegt mir schwer im Magen** la comida se me ha asentado en el estómago; **die Preise ~ zwischen 50 und 70 Euro** los precios andan entre 50 y 70 euros; **die Betonung liegt auf der letzten Silbe** la entonación recae en la última sílaba; **die Prüfung liegt noch vor mir** aún tengo el examen por delante; **das lag nicht in meiner Absicht** no era mi intención ❸ (*zusagen*) gustar; (*interessieren*) interesar; **Englisch liegt mir nicht** el inglés no me va; **es liegt mir viel/nichts daran** me importa mucho/no me importa nada ❹ (*abhängen*) depender (*an/bei* de); **die Entscheidung liegt bei euch** la decisión es vuestra; **an wem liegt das?** ¿quién es el/la responsable? ❺ (*begründet sein*) ser debido (*an* a); **woran liegt es?** ¿a qué se debe?; **an mir soll's nicht** ~ por mí que no quede; **so wie die Dinge ~ ...** en estas circunstancias...; **nahe** ~ ser de suponer; **es liegt nahe, dass sie uns besuchen kommt** es de suponer que vendrá a visitarnos; **nahe ~d sein** estar claro

**Liegenschaften** *fpl* (JUR) bienes *mpl* inmuebles

**Liegesitz** *m* asiento *m* reclinable; **Liegestuhl** *m* tumbona *f*

**Liegestütz** ['--ʃtʏts] *m* <-es, -e> flexión *f*

**Liegewagen** *m* (EISENB) coche *m* litera; **Liegewiese** *f* terreno *m* con césped (donde tumbarse)

**lieh** [liː] *3. imp von* **leihen**

**ließ** [liːs] *3. imp von* **lassen**

**liest** [liːst] *3. präs von* **lesen**

**Lift** [lɪft] *m* <-(e)s, -e *o* -s> ❶ (*Fahrstuhl*) ascensor *m* ❷ (*Ski~*) telesquí *m*; (*Sessel~*) telesilla *m*; **Liftboy** ['lɪftbɔɪ] *m* <-s, -s> ascensorista *m*

**liften** ['lɪftən] **I.** *vi sein* subir en telesquí **II.** *vt* ❶ (MED) hacer el estirado (de), hacer un lifting (de) ❷ (TECH) subir

**Liga** ['liːga] *f* <Ligen> ❶ (POL) liga *f* ❷ (SPORT) división *f*

**light** [laɪt] *adj* (GASTR) ligero; **Lightprodukt** *nt* (GASTR) producto *m* bajo en calorías

**liieren*** [li'iːrən] *vr:* **sich** ~ (*geh*) comprometerse; **ich bin liiert** estoy comprometido

**Likör** [li'køːɐ] *m* <-s, -e> licor *m*

**lila** ['liːla] *adj* (*hell*) lila; (*dunkel*) morado

**Lilie** ['liːliə] *f* <-n> (BOT) lirio *m*; (*weiße*) azucena *f*

**Liliputaner(in)** [lilipu'taːnɐ] *m(f)* <-s, -; -nen> liliputiense *mf*

**Limit** ['lɪmɪt] *nt* <-s, -s *o* -e> límite *m*; **jdm ein ~ setzen** poner un límite a alguien

**limitieren*** [limi'tiːrən] *vt* limitar

**Limo** ['lɪmo] *f* <-(s)> (*fam*), **Limonade** [limo'naːdə] *f* <-n> limonada *f*

**Limousine** [limu'ziːnə] *f* <-n> limusina *f*

**Linde** ['lɪndə] *f* <-n> tilo *m*

**Lindenblütentee** *m* tila *f*

**lindern** ['lɪndɐn] *vt* aliviar

**Linderung** *f ohne pl* alivio *m*

**Lineal** [line'aːl] *nt* <-s, -e> regla *f*

**linear** [line'aːɐ] *adj* lineal

**Linguist(in)** [lɪŋgu'ɪst] *m(f)* <-en, -en; -nen> lingüista *mf*

**Linguistik** [lɪŋgu'ɪstɪk] *f ohne pl* lingüística *f*

**Linguistin** *f* <-nen> *s.* **Linguist**

**linguistisch** *adj* lingüístico

**Linie** ['liːniə] *f* <-n> línea *f*; **~n ziehen** trazar líneas; **gestrichelte** ~ línea punteada; **eine politische ~ verfolgen** seguir una línea política; **in vorderster ~ stehen/kämpfen** estar/luchar en primera línea; **in erster** ~ en primer lugar; **auf der ganzen** ~ en toda la línea; **auf die schlanke ~ achten** guardar la línea; **Linienbus** *m* autobús *m* de línea; **Linienflug** *m* vuelo *m* regular; **Linienrichter(in)** *m(f)* (SPORT) juez(a) *m(f)* de línea

**lini(i)ert** *adj* con líneas

**link** [lɪŋk] *adj* (*fam*) engañoso

**Link** *m* <-s, -s> (INFOR, TEL) unión *f*, vínculo *m*

**linke(r, s)** *adj* ❶ (*räumlich*) izquierdo; **die ~ Seite/Hand** el lado izquierdo/la mano izquierda; **~r Hand** a mano izquierda; **zwei ~ Hände haben** (*fam*) ser un manazas ❷ (POL) de izquierda(s)

**Linke** *f* <-n> ❶ (*Boxen*) izquierda *f* ❷ (POL) izquierda *f*; **die extreme** ~ la extrema izquierda; **die gemäßigte** ~ la izquierda moderada ❸ (*Hand*) (mano *f*) izquierda *f*; **zu seiner ~n** a su izquierda

**linken** *vt* (*fam*) engañar

**linkisch** *adj* (*abw*) torpe, desmañado

**links** [lɪŋks] **I.** *adv* a la izquierda; ~ **davon** a la izquierda; **nach** ~ hacia la izquierda; **von** ~ **kommen** venir por la izquierda; **oben/unten** ~ arriba/abajo a la izquierda; **von** ~ **nach rechts** de izquierda a derecha; **sich** ~ **halten/einordnen** mantenerse a su izquierda/situarse en el carril izquierdo; ~ **um!** (MIL) ¡izquierda!; ~ **stricken** hacer punto del revés; ~ **stehen** (POL) ser de izquierdas; ~ **wählen** votar a la izquierda; ~ **schreiben** escribir con la (mano) izquierda; **etw mit** ~ **machen** (*fam*) hacer algo con los ojos cerrados; **jdn** ~ **liegen lassen** hacer caso omiso de alguien **II.** *präp +gen* a la izquierda de; **Linksaußen** [-'--] *m* <-, -> (SPORT) extremo *m* izquierda; **linksbündig** ['-bʏndɪç] *adj* (INFOR, TYPO) justificado a la izquierda

**linksextrem** *adj* (POL) de la extrema izquierda; **Linksextremismus** *m* (POL) extremismo *m* de izquierda(s); **Linksextremist(in)** *m(f)* (POL) extremista *mf* de izquierda; **linksextremistisch** *adj* (POL) de la extrema izquierda; **linksgerichtet** *adj* (POL) izquierdista

**Linkshänder(in)** ['-hɛndɐ] *m(f)* <-s, -; -nen> zurdo, -a *m, f*

**linkshändig** *adj* zurdo

**linksherum** ['lɪŋkshɛrʊm] *adv* a la izquierda; **sich** ~ **drehen** girar a la izquierda

**Linkskurve** *f* curva *f* a la izquierda; **linksradikal** *adj* (POL) extremista de izquierdas

**linksrum** *adv* (*fam*) *s.* **linksherum**

**linksseitig** *adj* del lado izquierdo; ~ **gelähmt** paralizado del lado izquierdo

**Linksverkehr** *m* circulación *f* por la izquierda

**Linoleum** [li'no:leʊm] *nt* <-s, *ohne pl*> linóleo *m;* (*Bodenbelag*) sintasol® *m*

**Linolschnitt**[1] [li'no:l-] *m ohne pl* (*Technik*) (técnica *f* del) linóleo *m*

**Linolschnitt**[2] *m* (*Abzug*) grabado *m* en linóleo

**Linse** ['lɪnzə] *f* <-n> ❶ (BOT, GASTR) lenteja *f* ❷ (*Optik*) lente *m o f*

**Lipgloss** ['lɪpglɔs] *m* <-, -> brillo *m* de labios

**Lippe** ['lɪpə] *f* <-n> labio *m;* **er bringt kein Wort über die** ~**n** es de pocas palabras; **an jds** ~**n hängen** estar absorto escuchando a alguien; **jdm jeden Wunsch von den** ~**n ablesen** leerle a alguien los deseos en la cara; **Lippenbekenntnis** *nt* (*abw*) declaración *f* falsa; **ein** ~ **ablegen** decir algo de dientes afuera; **Lippenkonturenstift** *m* delineador *m* de labios; **Lippenstift** *m* barra *f* de labios

**liquid(e)** [li'kvi:də] *adj* ❶ (WIRTSCH: *verfügbar*) líquido ❷ (WIRTSCH: *zahlungsfähig*) solvente ❸ (CHEM, LING) líquido

**liquidieren*** [likvi'di:rən] *vt* (*a.* WIRTSCH) liquidar

**Liquidität** [likvidi'tɛ:t] *f ohne pl* (WIRTSCH) liquidez *f*

**lispeln** ['lɪspəln] *vi* cecear

**Lissabon** ['lɪsabɔn, --'-] *nt* <-s> Lisboa *f*

**List**[1] [lɪst] *f* <-en> (*Trick*) artimaña *f*

**List**[2] *f ohne pl* (*Wesensart*) astucia *f;* **mit** ~ **und Tücke** (*fam*) con todas las mañas posibles

**Liste** ['lɪstə] *f* <-n> lista *f;* **auf einer** ~ **stehen** figurar en una lista; **jdn auf die schwarze** ~ **setzen** (*fam*) poner a alguien en la lista negra

**listig** *adj* astuto

**Litanei** [lita'naɪ] *f* <-en> (*a.* REL) letanía *f;* **immer dieselbe** ~ (*abw*) el estribillo de siempre

**Litauen** ['lɪtaʊən] *nt* <-s> Lituania *f*

**Litauer(in)** *m(f)* <-s, -; -nen> lituano, -a *m, f*

**litauisch** *adj* lituano

**Liter** ['li:tɐ, 'lɪtɐ] *m o nt* <-s, -> litro *m;* **zwei** ~ **Milch** dos litros de leche

**? Grammatik**

El sustantivo **Liter** es invariable y se usa siempre sin preposición: *Bei mir zu Hause werden zehn Liter Milch pro Woche getrunken. – En mi casa bebemos diez litros de leche a la semana.*

**literarisch** [lɪtə'ra:rɪʃ] *adj* literario

**Literat(in)** [lɪtə'ra:t] *m(f)* <-en, -en; -nen> literato, -a *m, f*

**Literatur** [lɪtəra'tu:ɐ] *f* <-en> literatura *f;* **Literaturangaben** *fpl* notas *fpl* bibliográficas; **Literaturkritik** *f ohne pl* crítica *f* literaria; **Literaturpreis** *m* premio *m* de literatura; **Literaturwissenschaft** *f* ciencia *f* de la literatura; **literaturwissenschaftlich** *adj* relativo a la ciencia de la literatura

**literweise** *adv* por [*o* a] litros

**Litfaßsäule** ['lɪtfaszɔɪlə] *f* columna *f* de anuncios

**Lithografie** *f* <-n>, **Lithographie** [litogra'fi:] *f* <-n> litografía *f*

**litt** [lɪt] *3. imp von* **leiden**

**Liturgie** [litʊr'gi:] *f* <-n> (REL) liturgia *f*

**liturgisch** [li'tʊrgɪʃ] *adj* (REL) litúrgico

**live** [laɪf] *adj inv* (RADIO, TV) ❶ (*Sendung*) en directo ❷ (*direkt anwesend*) en vivo;

**Livesendung** *f*, **Live-Sendung** *f* (RADIO, TV) (re)transmisión *f* en directo

**i Land & Leute**

Los estudiantes suizos obtienen al finalizar sus estudios universitarios el título de **Lizentiat**. Es el primer título académico que se puede alcanzar en la universidad. Posteriormente se pueden realizar estudios de posgrado o cursar un doctorado con vistas a obtener el título de doctor.

**Lizenz** [li'tsɛnts] *f* <-en> (*a.* SPORT) licencia *f*; **jdm eine ~ erteilen** conceder a alguien una licencia; **etw in ~ herstellen** producir algo con licencia; **Lizenzausgabe** *f* edición *f* bajo licencia; **Lizenzgebühr** *f* derecho *m* de licencia

**Lkw, LKW** ['ɛlka:ve:] *m* <-(s), -(s)> *Abk. von* **Lastkraftwagen** camión *m*

**Lob** [lo:p] *nt* <-(e)s, -e> elogio *m*; **jdm ein ~ aussprechen** elogiar a alguien; **er ist des ~es voll über dich** está lleno de elogios para contigo

**Lobby** ['lɔbi] *f* <-s> lobby *m*

**loben** ['lo:bən] *vt* elogiar; (*überschwänglich*) alabar (*für* por); **das lob' ich mir!** ¡así me gusta!; **etw ~d erwähnen** aludir elogiosamente a algo

**lobenswert** *adj*, **löblich** ['lø:plɪç] *adj* loable, digno de encomio

**Loblied** *nt*: **ein ~ auf jdn/etw singen** hacer elogios de alguien/algo; **Lobrede** *f* elogio *m*; **eine ~ auf etw halten** hacer elogios de algo

**Loch** [lɔx, *pl:* 'lœçə] *nt* <-(e)s, Löcher> ❶ (*allgemein*) agujero *m*, buraco *m CSur*; (*Öffnung*) abertura *f*; (*Vertiefung, beim Golf*) hoyo *m*; (*Hohlraum*) hueco *m*; **ein schwarzes ~** (ASTR) un agujero negro; **jdm ein ~ in den Bauch fragen** (*fam*) atosigar a alguien a preguntas; **Löcher in die Luft starren** (*fam*) estar en Babia; **wie ein ~ saufen** (*fam*) beber como un cosaco; **aus dem letzten ~ pfeifen** estar en las últimas ❷ (*fam abw: Wohnung*) cuchitril *m* ❸ (*fam: Gefängnis*) chirona *f*

**lochen** *vt* ❶ (*Papier*) perforar ❷ (*entwerten*) picar

**Locher** *m* <-s, -> (*a.* INFOR) perforadora *f*

**löcherig** *adj* agujereado, perforado

**löchern** ['lœçɐn] *vt* (*fam*) atosigar (*mit* a)

**Lochkarte** *f* (INFOR) tarjeta *f* perforada

**löchrig** *adj s.* **löcherig**

**Locke** ['lɔkə] *f* <-n> rizo *m*

**locken** ['lɔkən] **I.** *vt* ❶ (*Tier*) llamar ❷ (*anziehen*) atraer; (*ver~*) seducir; **jdn in eine Falle ~** tender a alguien una trampa **II.** *vr:* **sich ~** (*Haare*) rizarse

**lockend** *adj* tentador; (*ver~*) seductor

**Lockenstab** *m* moldeador *m* eléctrico;

**Lockenwickler** *m* rulo *m*, bigudí *m*

**locker** ['lɔkɐ] *adj* ❶ (*Schraube, Knoten, Verband*) flojo; (*wackelnd*) suelto; **~ werden** (*Knoten*) aflojarse; (*Teil*) desprenderse; **~ sitzen** estar flojo ❷ (*Teig, Backwaren*) esponjoso; (*Reis*) suelto; (*Boden*) mullido ❸ (*Haltung*) relajado; **etw ~ handhaben** no ser muy severo con algo ❹ (*Lebenswandel*) libertino; **das mach' ich doch ~** (*fam*) eso lo hago con facilidad; **ein ~es Mundwerk haben** (*fam*) tener mala lengua

**locker-flockig** **I.** *adj* (*fam*) desenfadado; **er hat immer ein paar ~e Sprüche auf Lager** siempre tiene preparadas algunas salidas **II.** *adv* (*fam*) desenfadadamente; **sie spricht immer ~ daher** siempre habla de una manera muy enrollada

**Lockerheit** *f ohne pl* (*legere Art*) desenvoltura *f*

**locker|lassen** *irr vi* (*fam*): **nicht ~** no ceder; **locker|machen** *vt* (*fam*): **Geld ~** aflojar el bolsillo; **sie hat 20 Euro für mich lockergemacht** me ha prestado 20 euros

**lockern** ['lɔkɐn] **I.** *vt* ❶ (*Schraube, Seil*) aflojar ❷ (*Muskeln, Gesetze*) relajar ❸ (*Boden*) mullir ❹ (*Embargo*) retirar **II.** *vr:* **sich ~** ❶ (*Nagel, Schraube, Seil*) aflojarse ❷ (*Verkrampfung*) relajarse

**lockig** *adj* rizado

**Lockmittel** *nt* ❶ (*für Tiere*) anzuelo *m* ❷ (*Anreiz*) cebo *m*

**Lockung** *f* <-en> ❶ (*Reiz*) atracción *f* ❷ (*Versuchung*) tentación *f*

**Lockvogel** *m* (*a. fig*) señuelo *m*

**lodern** ['lo:dɐn] *vi* (*a. fig*) arder

**Löffel** ['lœfəl] *m* <-s, -> ❶ (*Ess~*) cuchara *f*; (*~ voll*) cucharada *f* ❷ (*Hasenohren*) oreja *f*; **schreib dir das hinter die ~!** (*fam*) ¡recuerda mis palabras!; **den ~ abgeben** (*fam*) diñarla

**löffeln** ['lœfəln] *vt* ❶ (*essen*) comer con cuchara ❷ (*verteilen*) repartir

**löffelweise** *adv* a cucharadas

**log** *3. imp von* **lügen**

**Logarithmus** [loga'rɪtmʊs] *m* <-, Logarithmen> (MATH) logaritmo *m*

**Logbuch** *nt* (NAUT) cuaderno *m* de bitácora

**Loge** ['lo:ʒə] *f* <-n> ❶ (THEAT) palco *m* ❷ (*Pförtner~*) portería *f* ❸ (*Freimaurer~*) logia *f*

**logieren*** [lo'ʒiːrən] **I.** *vi* alojarse **II.** *vt* (*Schweiz*) alojar

**Logik** ['lɔgɪk] *f ohne pl* lógica *f*

**Logis** [lo'ʒiː] *nt* <-, -> alojamiento *m*

**logisch** ['loːgɪʃ] *adj* lógico

**logischerweise** *adv* como es lógico, lógicamente

**Logistik** [lo'gɪstɪk] *f ohne pl* logística *f*

**logistisch** *adj* logístico

**logo** ['lɔːgo] *adj inv* (*fam*) lógico

**Logo** ['loːgo] *m o nt* <-s, -s> emblema *m*

**Logopäde**, **-in** [logo'pɛːdə] *m, f* <-n, -n; -nen> logopeda *mf*

**Lohn** [loːn, *pl:* 'løːnə] *m* <-(e)s, Löhne> ① (*Arbeitsentgelt*) salario *m;* (*Tages~*) jornal *m;* **Löhne und Gehälter** sueldos y salarios ② (*Belohnung*) recompensa *f;* **als ~ für ...** en recompensa por...; **Lohnabbau** *m* reducción *f* de salarios; **Lohnabrechnung** *f* hoja *f* de pagos; **Lohnausfall** *m* pérdida *f* salarial; **Lohnausgleich** *m* ajuste *m* salarial; **verkürzte Arbeitszeit bei vollem ~** jornada de trabajo reducida con el mismo sueldo; **Lohnempfänger(in)** *m(f)* asalariado, -a *m, f*

**lohnen** ['loːnən] **I.** *vt* ① (*wert sein*) valer la pena; **das Museum lohnt einen Besuch** vale la pena visitar el museo ② (*be~*): **jdm etw ~** recompensar a alguien por algo **II.** *vr:* **sich ~** valer la pena; **der Auftrag hat sich für uns finanziell gelohnt** el encargo nos ha salido rentable

**löhnen** ['løːnən] *vi* (*fam*) pagar

**lohnend** *adj* que vale la pena; (*einträglich*) rentable

**lohnenswert** *adj* útil; (*nutzbringend*) provechoso

**Lohnerhöhung** *f* aumento *m* salarial; **Lohnforderung** *f* reivindicación *f* salarial; **Lohnfortzahlung** *f ohne pl* pago *m* continuado del salario; **Lohngruppe** *f* grupo *m* salarial; **Lohnkosten** *pl* coste *m* salarial; **Lohnkürzung** *f* reducción *f* del salario

**Lohnsteuer** *f* impuesto *m* sobre el salario; **Lohnsteuerjahresausgleich** ['---'----] *m* ajuste *m* anual de impuestos sobre el salario; **Lohnsteuerkarte** *f* tarjeta *f* de impuesto sobre el salario

**Lok** [lɔk] *f* <-s> locomotora *f*

**lokal** [lo'kaːl] *adj* local

**Lokal** [lo'kaːl] *nt* <-(e)s, -e> local *m;* (*Kneipe*) pub *m;* (*Restaurant*) restaurante *m;* **Lokalblatt** *nt* periódico *m* local, noticiero *m* local *Am*

**lokalisieren*** [lokali'ziːrən] *vt* localizar, ubicar *Am*

**Lokalität** [lokali'tɛːt] *f* <-en> localidad *f*

**Lokalkolorit** [lo'kaːlkoloriːt] *nt* colorido *m* local; **Lokalnachrichten** *fpl* noticias *fpl* locales; **Lokalpatriotismus** *m* patriotismo *m* de campanario; **Lokalseite** *f* crónica *f* local; **Lokaltermin** *m* inspección *f* del lugar del hecho; **Lokalverbot** *nt* prohibición *f* de entrada a un local público

**Lokführer(in)** *m(f)* maquinista *mf*

**Lokomotive** [lokomo'tiːvə] *f* <-n> locomotora *f;* **Lokomotivführer(in)** *m(f)* maquinista *mf*

**Lokus** ['loːkʊs] *m* <- *o* -ses, - *o* -se> (*fam*) excusado *m*

**Lolli** ['lɔli] *m* <-s, -s> chupa-chups® *m inv*

**London** ['lɔndɔn] *nt* <-s> Londres *m*

**Londoner(in)** *m(f)* <-s, -; -nen> londinense *mf*

**Longdrink** ['lɔŋdrɪŋk] *m* copa *f* (*a la que se añade p. ej. soda, agua, hielo*)

**Look** [lʊk] *m* <-s, -s> estilo *m,* look *m*

**Looping** ['luːpɪŋ] *m o nt* <-s, -s> (AERO) looping *m*

**Lorbeer** ['loːɐbeːɐ] *m* <-s, -en> laurel *m;* **sich auf seinen ~en ausruhen** (*fam*) dormirse en los laureles; **Lorbeerblatt** *nt* hoja *f* de laurel; **Lorbeerkranz** *m* corona *f* de laureles

**Lord** [lɔrt] *m* <-s, -s> lord *m*

**los** [loːs] **I.** *adj* ① (*nicht befestigt*) suelto; **der Hund ist ~** el perro anda suelto ② (*locker*) flojo; **jdn/etw ~ sein** haberse librado de alguien/algo; **ich bin mein ganzes Geld ~** me he quedado sin blanca ③ (*geschehen*): **~ sein** pasar; **es ist nichts ~** no pasa nada; **was ist ~ mit ihm?** ¿qué le pasa?; **mit dem ist heute nichts ~** hoy no hay nada que hacer con él; **in Granada ist abends viel ~** en Granada hay mucha marcha por la noche; **was ist (hier) ~?** ¿qué pasa (aquí)?; **wenn ihr heute nicht rechtzeitig kommt, dann ist 'was ~!** (*fam*) si no llegáis a tiempo hoy se va a armar la gorda **II.** *adv* ① (*schnell*) ya; **~!** ¡venga!; **Achtung, fertig, ~!** ¡preparados, listos, ya! ② (*fam: weg*): **sie sind schon ~** ya se fueron

**Los** [loːs] *nt* <-es, -e> ① (*für Entscheidung*) sorteo *m;* **etw durch das ~ entscheiden** echar algo a suerte(s); **das ~ ist auf mich gefallen** me ha tocado ② (*Lotterie~*) billete *m* de lotería, boleto *m;* **das große ~ ziehen** (*a. fig*) tocar(le) a alguien el gordo ③ (*geh: Schicksal*) destino *m;* **ein hartes/schweres ~** un destino difícil/oneroso

**lösbar** *adj* ① (*Aufgabe*) resoluble ② (*löslich*) soluble

**los|binden** *irr vt* soltar, desatar; **los|brechen** *irr* **I.** *vt* romper **II.** *vi sein* (*Gelächter,*

*Sturm*) estallar; (*Gewitter*) desencadenarse

**Löschblatt** *nt* (papel *m*) secante *m*

**löschen** ['lœʃən] **I.** *vi* (*Brand*) apagar un incendio **II.** *vt* ❶ (*Licht, Feuer, Durst*) apagar ❷ (*Tonband, a.* INFOR) borrar ❸ (*Konto, Schuld, Eintragung*) cancelar ❹ (NAUT) desembarcar

**Löschfahrzeug** *nt* coche *m* de bomberos; **Löschmannschaft** *f* equipo *m* de bomberos (en acción); **Löschpapier** *nt* (papel *m*) secante *m;* **Löschtaste** *f* (INFOR) tecla *f* para borrar

**Löschung** *f* <-en> ❶ (*Tilgung*) amortización *f* ❷ (NAUT: *Entladung*) descarga *f*

**lose** ['lo:zə] *adj* ❶ (*Seil, Knoten*) flojo ❷ (*unverpackt*) a granel; (*stückweise*) por unidad; ~ **Blätter** hojas sueltas; **ein ~s Mundwerk haben** (*fam*) tener la lengua larga

**Lösegeld** *nt* rescate *m;* **Lösegeldforderung** *f* exigencia *f* de rescate

**los|eisen** *vt* (*fam*) liberar (de las garras) (*von* de); **bei jdm etwas Geld ~** sacarle algo de dinero a alguien

**Lösemittel** *nt* disolvente *m*

**losen** ['lo:zən] *vi* echar a suerte(s); **um die Eintrittskarten ~** rifar las entradas

**lösen** ['lø:zən] **I.** *vt* ❶ (*abtrennen*) despegar (*von/aus* de) ❷ (*losmachen*) soltar; (*lockern*) aflojar; (*Schraube*) destornillar; (*Knoten*) deshacer; (*Verspannung*) eliminar; **die Handbremse ~** soltar el freno de mano ❸ (*Aufgabe*) resolver; (*Geheimnis*) descubrir; (*Verwicklung*) aclarar ❹ (*Ehe, Verbindung*) anular; (*Vertrag*) rescindir ❺ (*Eintritts-, Fahrkarte*) sacar ❻ (*zergehen lassen*) disolver (*in* en) **II.** *vr:* **sich ~** ❶ (*abgehen*) desprenderse (*von* de) ❷ (*Schraube*) aflojarse; (*Husten, Krampf*) calmarse ❸ (*sich klären*) resolverse ❹ (*sich frei machen*) liberarse (*aus/von* de); (*sich trennen*) separarse (*von* de); **sie löste sich aus seiner Umarmung** se desprendió de su abrazo ❺ (*Schuss*) dispararse; **ein Schuss hatte sich gelöst** se había disparado el arma ❻ (*zergehen*) disolverse (*in* en)

**los|fahren** ['lo:s-] *irr vi sein* salir; (*Fahrzeug*) ponerse en marcha; **auf jdn ~** arremeter contra alguien

**los|gehen** *irr vi sein* ❶ (*weggehen*) irse; **lass uns endlich ~!** ¡vámonos ya! ❷ (*fam: anfangen*) empezar; **gleich geht's los** enseguida empieza; **jetzt geht das schon wieder los!** (*fam*) ¡oh no, empieza de nuevo! ❸ (*Schuss, Gewehr*) dispararse ❹ (*angreifen*) abalanzarse (*auf* sobre)

**los|heulen** *vi* ❶ (*fam: weinen*) echarse a llorar ❷ (*Tiere, Sturm, Wind*) empezar a gemir

**los|kaufen** *vt* rescatar

**los|kommen** *irr vi sein* (*fam*) ❶ (*wegkommen*) poder irse ❷ (*sich befreien*) librarse (*von* de); (*von Drogen*) desengancharse (*von* de)

**los|kriegen** *vt* (*fam*) ❶ (*lockern*) conseguir soltar; **einen Aufkleber ~** conseguir despegar un adhesivo; **ein festgefahrenes Fahrzeug ~** conseguir soltar un coche atascado ❷ (*sich entledigen*) librarse (de); **jdn ~** librarse de alguien

**los|lachen** *vi* echarse a reír

**los|lassen** *irr vt* ❶ (*nicht mehr festhalten*) soltar; **die Frage lässt mich nicht mehr los** la pregunta no se me quita de la cabeza ❷ (*Hund*) soltar (*auf* contra) ❸ (*fam: sagen*) soltar; (*Beschwerde*) lanzar

**los|laufen** *irr vi sein* echar a correr

**los|legen** *vi* (*fam*) ponerse a hacer algo con ímpetu; **ihr könnt sofort ~!** ¡podéis empezar enseguida!

**löslich** ['lø:slɪç] *adj* soluble (*in* en)

**los|lösen** *vt, vr:* **sich ~** desprender(se) (*von* de); **los|machen I.** *vt* (*fam*) soltar **II.** *vr:* **sich ~** (*fam: von Kette*) soltarse (*von* de); (*von Verpflichtungen*) sustraerse (*von* a)

**los|müssen** *irr vi* (*fam*) tener que irse; **los|reißen** *irr* **I.** *vt* arrancar **II.** *vr:* **sich ~** soltarse; **er konnte sich nicht von dem Anblick ~** no podía apartar la vista

**los|rennen** *irr vi sein* echar a correr (*auf* hacia)

**Löss** [lœs] *m* <-es, -e> (GEO), **Löß** [lø:s] *m* <-es, -e> (GEO) loess *m*

**los|sagen** *vr:* **sich ~** renegar (*von* de)

**los|schicken** *vt* enviar

**Losung** ['lo:zʊŋ] *f* <-en> ❶ (*Motto*) lema *m* ❷ (MIL) consigna *f* ❸ (*vom Wild*) excrementos *mpl*

**Lösung** ['lø:zʊŋ] *f* <-en> ❶ (*Ergebnis*) solución *f* (*von* de) ❷ (*Los~*) desprendimiento *m* (*von* de) ❸ (*Aufhebung*) anulación *f* (*von* de) ❹ (CHEM, PHYS: *Flüssigkeit*) solución *f;* (*Auf~*) disolución *f* (*in* en)

**Lösungsmittel** *nt* disolvente *m*

**los|werden** *irr vt sein* ❶ (*Person*) deshacerse (de); (*Arbeit, Erkältung*) quitarse de encima; **jdn ~** librarse de alguien; **ich werde den Gedanken nicht los, dass ...** no me puedo quitar de la cabeza que... +*subj* ❷ (*fam: verlieren*) perder ❸ (*fam: verkaufen*) vender

**los|wollen** *irr vi* (*fam*) querer irse

**los|ziehen** *irr vi sein* (*fam*) echar a andar

**Lot** [lo:t] *nt* <-(e)s, -e> ① (ARCHIT) plomada *f;* **etw wieder ins (rechte) ~ bringen** arreglar algo; **(nicht) im ~ sein** (*Person*) (no) estar bien; (*Sache*) (no) estar en orden ② (NAUT) sonda *f* ③ (MATH) perpendicular *f;* **auf eine Gerade das ~ fällen** abatir una perpendicular sobre una línea recta

**loten** ['lo:tən] *vt* ① (ARCHIT) echar una plomada ② (NAUT) sondear

**löten** ['lø:tən] *vt* (TECH) soldar

**Lothringen** ['lo:trɪŋən] *nt* <-s> Lorena *f*

**Lothringer(in)** *m(f)* <-s, -; -nen> lorenés, -esa *m, f*

**lothringisch** *adj* lorenés

**Lotion** [lo'tsjo:n] *f* <-en> loción *f*

**Lötkolben** *m* (TECH) soldador *m*

**Lotosblume** *f* (BOT) flor *f* de loto

**Lotse, -in** ['lo:tsə] *m, f* <-n, -n; -nen> ① (NAUT) práctico *mf* ② (AERO) controlador(a) *m(f)* aéreo, -a ③ (*Schüler~*) patrullero, -a *m, f* escolar (*guardia en los cruces de las calles*)

**lotsen** *vt* ① (*allgemein*) llevar, conducir ② (NAUT) pilotar ③ (AERO) dirigir

**Lotsin** ['lo:tsɪn] *f* <-nen> *s.* **Lotse**

**Lötstelle** *f* (TECH) soldadura *f*

**Lotterie** [lɔtə'ri:] *f* <-n> lotería *f,* quiniela *f CSur;* **~ spielen** jugar a la lotería; **Lotterielos** *nt* billete *m* de lotería

**Lotterleben** ['lɔtɐ-] *nt ohne pl* (*abw*) vida *f* licenciosa

**Lotto** ['lɔto] *nt* <-s, -s> lotería *f* primitiva; **im ~ spielen** jugar a la (lotería) primitiva; **ich habe im ~ gewonnen!** ¡me ha tocado la primitiva!; **Lottoschein** *m* billete *m* de la (lotería) primitiva; **Lottozahlen** *fpl* números *mpl* de la (lotería) primitiva; **die Ziehung der ~** el sorteo de la (lotería) primitiva

**Lotus** ['lo:tʊs] *m* <-, -> (BOT) loto *m*

**Löwe** *m* <-n, -n> ① (ZOOL) león *m;* **sich in die Höhle des ~n begeben** (*fam*) meterse en la boca del lobo ② (ASTR) Leo *m;* **Löwenanteil** *m* parte *f* del león; **Löwenzahn** *m ohne pl* (BOT) diente *m* de león

**loyal** [lɔɪ'a:l] *adj* leal; **sich ~ verhalten** comportarse lealmente

**Loyalität** [lɔɪali'tɛ:t] *f ohne pl* lealtad *f* (*gegenüber* (frente) a/para con)

**LP** [ɛl'pi:] *f* <-(s)> *Abk. von* **Langspielplatte** elepé *m*

**lt.** *Abk. von* **laut** según

**Luchs** [lʊks] *m* <-es, -e> (ZOOL) lince *m*

**Lücke** ['lʏkə] *f* <-n> (*Loch*) agujero *m;* (*Zwischenraum, Leere*) vacío *m;* (*Hohlraum*) hueco *m;* (*Gedächtnis~*) laguna *f;* **eine ~ füllen** tapar un hueco; (*fig*) ocupar un vacío

**Lückenbüßer(in)** *m(f)* suplente *m*

**lückenhaft** *adj* ① (*mit Lücken*) lleno de huecos ② (*unvollständig*) incompleto

**lückenlos** *adj* completo, íntegro

**lud** [lu:t] *3. imp von* **laden**

**Luder** ['lu:dɐ] *nt* <-s, -> (*fam*) mal bicho *m*

**Luft**[1] [lʊft] *f ohne pl* ① (*Gasgemisch, Atem~*) aire *m;* **an die (frische) ~ gehen** tomar el aire (fresco); **die ~ aus etw** *dat* **herauslassen** desinflar algo; **die ~ ist rein** (*fam*) no hay moros en la costa; **es herrscht dicke ~** (*fam*) el ambiente está cargado; **aus etw** *dat* **ist die ~ raus** (*fam*) algo ya no tiene importancia; **er ist ~ für mich** (*fam*) ése para mí no existe; **sich in ~ auflösen** (*fam*) desvanecerse en el aire; **jdn wie ~ behandeln** (*fam*) tratar a alguien como si no existiera; **jdn an die (frische) ~ setzen** (*fam*) mandar a alguien a tomar viento ② (*Atem*) respiración *f,* aliento *m;* **nach ~ schnappen** jadear; **die ~ anhalten** contener la respiración; **(tief) ~ holen** respirar (hondo); **keine ~ bekommen** asfixiarse, sofocarse; **mir blieb vor Schreck die ~ weg** (*fam*) del susto me quedé sin aliento; **von ~ und Liebe leben** (*fam*) vivir de milagro ③ (*fam: Spielraum*) espacio *m* libre; **seinem Ärger ~ machen** desahogarse

**Luft**[2] [lʊft, *pl:* 'lʏftə] *f* <Lüfte> ① (*Raum über dem Erdboden*) aire *m;* **etw in die ~ sprengen** hacer saltar algo por los aires; **vor Freude in die ~ springen** dar saltos de alegría; **es liegt etwas in der ~** hay algo en el aire; **das ist völlig aus der ~ gegriffen** es pura invención; **in der ~ hängen** (*fam*) estar en el aire; **schnell in die ~ gehen** (*fam*) enfadarse enseguida; **ich könnte ihn in der ~ zerreißen** (*fam*) le podría hacer pedazos ② (*schwacher Wind*) aire(cito) *m;* **es weht eine kalte ~** corre una brisa fría

**Luftabwehr** *f* (MIL) defensa *f* aérea; **Luftangriff** *m* (MIL) ataque *m* aéreo; **Luftballon** *m* globo *m;* **Luftbild** *nt* vista *f* aérea; **Luftblase** *f* burbuja *f* de aire; **Luftbrücke** *f* puente *m* aéreo; **luftdicht** *adj* hermético; **Luftdruck** *m ohne pl* (PHYS) presión *f* atmosférica

**lüften** ['lʏftən] *vt* ① (*Kleider*) airear; (*Zimmer*) ventilar ② (*Deckel*) quitar ③ (*Geheimnis*) revelar

**Luftentfeuchter** *m* <-s, -> deshumificador *m;* **Luftfahrt** *f ohne pl* aeronáutica *f,* aviación *f;* **Luftfeuchtigkeit** *f* (METEO) humedad *f* del aire; **Luftfilter** *m o nt* (TECH) filtro *m* de aire; **Luftfracht** *f* flete *m* aéreo; **Luftgewehr** *nt* escopeta *f* de aire compri-

L

mido

**luftig** *adj* ❶ (*Kleidung*) ligero ❷ (*Zimmer*) bien ventilado

**Luftikus** ['lʊftikʊs] *m* <-(ses), -se> (*fam abw*) tarambana *m*

**Luftkissenboot** *nt* aerodeslizador *m*

**Luftkühlung** *f ohne pl* (TECH) refrigeración *f* por aire; **Luftkurort** *m* balneario *m* climatológico; **luftleer** *adj* vacío, sin aire; **wir leben doch nicht im ~en Raum** no somos los únicos en la tierra; **Luftlinie** *f ohne pl* línea *f* recta; **Luftloch** *nt* ❶ (TECH) respiradero *m* ❷ (*fam: beim Fliegen*) bache *m* de aire; **Luftmatratze** *f* colchoneta *f*; **Luftpirat(in)** *m(f)* pirata *mf* aéreo, -a; **Luftpost** *f* correo *m* aéreo; **mit** [*o* **per**] **~** por avión; **Luftpumpe** *f* bomba *f* de aire; **Luftraum** *m* espacio *m* aéreo; **Luftröhre** *f* (ANAT) tráquea *f*; **Luftschicht** *f* (METEO) capa *f* de aire; **Luftschiff** *nt* (globo *m*) dirigible *m*; **Luftschlange** *f* serpentina *f* de papel; **Luftschloss** *nt*: **Luftschlösser bauen** hacer castillos en el aire; **Luftschutzbunker** *m* refugio *m* antiaéreo; **Luftsprung** *m* salto *m* en el aire; **vor Freude einen ~ machen** dar un salto de alegría; **Luftstrom** *m* corriente *f* de aire; **Luftstützpunkt** *m* (MIL) base *f* aérea; **Lufttemperatur** *f* (METEO) temperatura *f* del aire; **Lufttransport** *m* transporte *m* aéreo

**Luft- und Raumfahrtindustrie** *f* industria *f* aeronáutica y astronáutica

**Lüftung** ['lʏftʊŋ] *f* <-en> ventilación *f*; **Lüftungsschacht** *m* pozo *m* de ventilación

**Luftveränderung** *f* cambio *m* de aires; **Luftverkehr** *m* tráfico *m* aéreo; **Luftverschmutzung** *f ohne pl* contaminación *f* del aire; **Luftwaffe** *f* (MIL) fuerza *f* aérea

**Luftweg[1]** *m* (*Atemwege*) vías *fpl* respiratorias

**Luftweg[2]** *m ohne pl* (*im Gegensatz zum Landweg*) vía *f* aérea; **auf dem ~** por vía aérea

**Luftzufuhr** *f* provisión *f* de aire; **Luftzug** *m* corriente *f* de aire

**Lüge** ['ly:gə] *f* <-n> mentira *f*, guayaba *f Am*, pegada *f CSur*; **jdm ~n auftischen** (*fam*) mentir a alguien; **jdn ~n strafen** coger a alguien que ha mentido; **~n haben kurze Beine** (*prov*) se agarra antes a un mentiroso que a un cojo

**lügen** ['ly:gən] <lügt, log, gelogen> *vi* mentir, macanear *CSur*, nagualear *Mex*; **er lügt wie gedruckt** (*fam*) miente más que habla

**Lügenbold** *m* <-(e)s, -e> (*fam*) trolero *m*; **Lügendetektor** *m* detector *m* de mentiras; **Lügengeschichte** *f* mentira *f*, pepa *f And*

**lügenhaft** *adj* mentiroso; **eine ~e Geschichte** una historia basada en mentiras

**Lügenmärchen** *nt* mentira *f*

**Lügner(in)** ['ly:gnɐ] *m(f)* <-s, -; -nen> mentiroso, -a *m, f*

**lügnerisch** ['ly:gnərɪʃ] *adj* (*abw*) mentiroso, embustero

**Luke** ['lu:kə] *f* <-n> ❶ (*Dach~*) tragaluz *m* ❷ (*Schiffs~*) escotilla *f*

**lukrativ** [lukra'ti:f] *adj* lucrativo

**Lulatsch** ['lu:la(:)tʃ] *m* <-(e)s, -e> (*fam*) grandullón, -ona *m, f*

**Lümmel** ['lʏməl] *m* <-s, -> (*abw*) sinvergüenza *m*

**Lump** [lʊmp] *m* <-en, -en> (*abw*) canalla *mf*

**lumpen** *vi* (*fam*): **sich nicht ~ lassen** no ser cutre

**Lumpen** ['lʊmpən] *m* <-s, -> ❶ (*Stofffetzen*) harapo *m* ❷ (*reg: Putzlappen*) bayeta *f*; **Lumpengesindel** *nt* (*abw*) chusma *f*; **Lumpenhändler(in)** *m(f)* trapero, -a *m, f*; **Lumpenpack** *nt* (*abw*) chusma *f*

**lumpig** *adj* ❶ (*abw: niederträchtig*) vil, miserable ❷ (*fam abw: geringfügig*) miserable; **~e zehn Euro** diez euros de mierda *vulg*

**Lunch** [lantʃ] *m* <-(e)s *o* -, -(e)s *o* -e> almuerzo *m*, lunch *m Am*

**lunchen** ['lantʃən] *vi, vt* almorzar

**Lunge** ['lʊŋə] *f* <-n> (ANAT) pulmón *m*; **sich** *dat* **die ~ aus dem Hals schreien** (*fam*) gritar a todo pulmón; **Lungenbläschen** *nt* (MED) alvéolo *m* pulmonar; **Lungenentzündung** *f* (MED) neumonía *f*, pulmonía *f*; **Lungenflügel** *m* (ANAT) lóbulo *m* pulmonar; **lungenkrank** *adj* enfermo del pulmón; **Lungenzug** *m* inhalación *f* del humo; **einen ~ machen** inhalar el humo

**lungern** ['lʊŋɐn] *vi* (*fam*) holgazanear

**Lunte** ['lʊntə] *f* <-n>: **~ riechen** (*fam*) olerse algo; **die ~ ans Pulverfass legen** descubrir el pastel

**Lupe** ['lu:pə] *f* <-n> lupa *f*; **jdn/etw unter die ~ nehmen** (*fam*) examinar a alguien/algo de cerca

**Lurch** [lʊrç] *m* <-(e)s, -e> (ZOOL) batracio *m*

**Lurker** ['lœ:kɐ] *m* <-s, -> (INFOR) mirón *m*

**Lust[1]** [lʊst, *pl:* 'lʏstə] *f* <Lüste> (*geh: sexuelles Verlangen*) deseo *m*; (*Wollust*) voluptuosidad *f*; **~ auf jdn/etw** ganas de alguien/de algo

**Lust[2]** *f ohne pl* ❶ (*Verlangen*) gana(s) *f(pl)*; **zu etw** *dat* [*o* **auf etw**] **~ haben** tener ganas de algo; **die ~ an etw** *dat* **verlieren**

perder las ganas de hacer algo; **hast du ~?** ¿te apetece?; **ich habe keine ~** no me apetece; **mach, wie du ~ hast** hazlo como te apetezca ❷ (*Vergnügen*) placer *m;* (*Genuss*) gozada *f;* **nach ~ und Laune** a placer; **es ist eine (wahre) ~ ihm zuzusehen** es un (verdadero) placer mirarle; **mit ~ und Liebe** con mil amores

**lüstern** ['lʏstɐn] *adj* (*geh*) lascivo

**Lustgefühl** *nt* sensación *f* de placer

**lustig** ['lʊstɪç] *adj* ❶ (*vergnügt*) alegre ❷ (*belustigend*) divertido, cómico; **sich über jdn/etw ~ machen** burlarse de alguien/algo; **du bist vielleicht ~!** (*iron*) ¡mira qué gracioso!; **das wird ja immer ~er!** (*iron*) ¡cada vez se pone mejor la cosa!

**Lüstling** ['lʏstlɪŋ] *m* <-s, -e> (*abw*) sátiro *m*

**lustlos** *adj* (*Person*) desanimado, sin ganas

**Lustmolch** *m* (*fam*) libertino *m;* **Lustmord** *m* asesinato *m* por impulso sexual; **Lustschloss** *nt* palacio *m* de recreo; **Lustspiel** *nt* comedia *f;* **lustvoll** *adj* (*geh*) lleno de ganas

**lutschen** ['lʊtʃən] *vi, vt* chupar

**Lutscher** *m* <-s, -> ❶ (*Süßigkeit*) piruleta *f,* chupete *m Am;* (*kugelförmig*) chupa-chups® *m inv* ❷ (*fam: Schnuller*) chupete *m*

**Luxemburg** ['lʊksəmbʊrk] *nt* <-s> Luxemburgo *m*

**Luxemburger(in)** ['lʊksəmbʊrgɐ] *m(f)* <-s, -; -nen> luxemburgués, -esa *m, f*

**luxemburgisch** *adj* luxemburgués

**luxuriös** [lʊksuri'øːs] *adj* lujoso

**Luxus** ['lʊksʊs] *m* <-, *ohne pl*> lujo *m;* **im ~ leben** vivir en el lujo; **Luxusartikel** *m* artículo *m* de lujo; **Luxusausführung** *f* modelo *m* de lujo; **Luxushotel** *nt* hotel *m* de lujo

**Luzern** [lu'tsɛrn] *nt* <-s> Lucerna *f*

**Luzifer** ['luːtsifɐ] *m* <-s> Lucifer *m*

**LW** [ɛl'veː] (PHYS, RADIO) *Abk. von* **Langwelle** o.l.

**Lymphe** ['lʏmfə] *f* <-n> (MED) linfa *f*

**Lymphknoten** *m* (ANAT) ganglio *m* linfático

**lynchen** ['lʏnçən] *vt* linchar

**Lynchjustiz** *f* linchamiento *m*

**Lyoner** ['ljoːnɐ] *f* <-> (GASTR) *embutido de carne aderezada*

**Lyrik** ['lyːrɪk] *f ohne pl* (poesía *f*) lírica *f*

**Lyriker(in)** ['lyːrikɐ] *m(f)* <-s, -; -nen> (poeta, -isa *m, f*) lírico, -a *m, f*

**lyrisch** *adj* lírico

# M m

**M, m** [ɛm] *nt* <-, -> M, m *f;* **~ wie Martha** M de María

**m** *Abk. von* **Meter** m

**MA** *Abk. von* **Mittelalter** Edad *f* Media

**Maastricht** ['maːstrɪçt] *nt* <-(e)s, *ohne pl*> Maastricht *m;* **~er Vertrag** Tratado *m* de Maastricht

**Machart** *f* hechura *f*

**machbar** *adj* factible

**Mache** ['maxə] *f ohne pl* ❶ (*fam abw: Vortäuschung*) comedia *f;* **das ist doch reine ~** es pura comedia ❷ (*fam: Wend*): **etw in der ~ haben** estar haciendo algo

**machen** ['maxən] **I.** *vt* ❶ (*tun*) hacer; **eine Bemerkung ~** hacer un comentario; **einen Spaziergang ~** dar un paseo; **er macht mir den Garten** me arregla el jardín; **etw klein ~** (*fam: zerkleinern: Holz*) partir algo; (*Kräuter*) picar algo; **kannst du mir den Schein klein ~?** (*fam*) ¿me puedes cambiar el billete (en monedas)?; **ich will es kurz ~** seré breve; **wird gemacht!** ¡se hará!; **gut gemacht!** ¡bien hecho!; **ein erstauntes Gesicht ~** poner cara de asombro; **die Katze macht „miau"** (*fam*) el gato hace "miau"; **ein Spiel ~** jugar; **das lässt sich ~** esto se puede arreglar; **was soll man ~?** ¿qué le vamos a hacer?; **da ist nichts zu ~** no hay remedio; **mach, dass er wieder gesund wird!** ¡haz que se cure!; **was ~ Sie beruflich?** ¿cuál es su profesión?; **was macht dein Bruder?** ¿cómo le va a tu hermano?; **sie machte ihm schöne Augen** ligó con él; **lass mich nur ~!** ¡ya lo hago yo!; **mach's gut!** (*fam: Abschiedsgruß*) ¡qué te vaya bien!; **mit mir könnt ihr's ja ~** (*fam*) conmigo lo podéis hacer; **warum lässt du das mit dir ~?** ¿por qué lo consientes?; **ein gemachter Mann** un hombre hecho; **etwas aus sich** *dat* **~** arreglarse; **er wird es nicht mehr lange ~** (*fam: sterben*) la va a palmar pronto; **nun mach schon!** (*fam: beeilen*) ¡date prisa!; **mach, dass du wegkommst!** (*fam*) ¡lárgate de una vez!; **ich mach ja schon!** (*fam: komme*) ¡ya voy!; **er macht auf lässig** (*fam*) va de despreocupado; **ins Bett/in die Hose ~** (*fam*) hacerse en la cama/en el pantalón; **etw voll ~** (*fam: füllen*) llenar algo (hasta arriba); (*vervollständigen*) completar algo; (*fam: beschmutzen*) ensuciar algo; **sich** *dat* **vor Angst die Hosen voll ~** (*fam*) cagarse de miedo ❷ (*herstellen*) producir; (*anfertigen*) fabricar; (*Speisen*) hacer, preparar; (*Licht*) encender; **ein Foto/Abzüge ~** sacar una foto/copias; **sie ließ sich beim Friseur/von einer Freundin die Haare ~** el peluquero/una amiga le arregló el pelo; **dafür ist er wie gemacht** está hecho para ello ❸ (*verursachen*) causar; (*Lärm*) hacer; **Eindruck ~** causar impresión; **das macht mir Sorge** esto me preocupa; **einen Fleck auf etw ~** manchar algo; **macht nichts!** (*fam*) ¡no importa!; **was macht das schon?** ¿qué más da? ❹ (*in einen Zustand versetzen*) poner, hacer; **das macht mich nervös/verrückt** eso me pone nervioso/me vuelve loco; **das Kleid macht (sie) alt** el vestido (la) hace mayor; **jdm etw leicht ~** facilitar algo a alguien; **jdm das Leben schwer ~** complicarle la vida a alguien; **jdn schlecht ~** dejar mal a alguien; **Joggen macht fit** correr mantiene la forma física ❺ (*ernennen*) nombrar ❻ (*umwandeln*) convertir (*zu* en) ❼ (*fam: kosten*) costar, ser; **was macht das?** ¿cuánto es? ❽ (*fam: ergeben*) dar; **das macht zusammen 14** todo junto da 14 **II.** *vr:* **sich ~** ❶ (*sich in einen Zustand versetzen*): **sich hübsch ~** ponerse guapo; **sich klein ~** (*ducken*) agacharse; **sich lächerlich ~** hacer el ridículo; **sich beliebt ~** ganarse las simpatías (*bei* de); **sich wichtig ~** darse humos; **sich verständlich ~** comunicarse; **~ Sie sich's bequem!** ¡póngase cómodo!; **sie macht es sich nicht leicht** no se lo pone fácil ❷ (*fam: gedeihen*) progresar; **der Junge macht sich** el niño hace progresos ❸ (*passen*) quedar; **sich gut ~** quedar bien ❹ (*beginnen*) ponerse (*an* a); **sich an die Arbeit ~** ponerse a trabajar; **sich auf den Weg ~** ponerse en camino ❺ (*sich bereiten*) hacerse; **~ Sie sich nur keine Umstände wegen mir!** ¡no se tome la molestia por mí!; **sich** *dat* **falsche Hoffnungen ~** crearse falsas esperanzas ❻ (*Wend*): **sich** *dat* **nichts aus etw ~** (*fam*) importar(le) algo nada a alguien; **sie macht sich nichts aus Eis** (*fam*) no le gustan los helados

**Machenschaften** *fpl* (*abw*) manejos *mpl*

**Macher** *m* <-s, -> (*fam*) hombre *m* de acción

**Macho** ['matʃo] *m* <-s, -s> (*fam*) machista *m*

**Macht[1]** [maxt, *pl:* 'mɛçtə] *f* <Mächte> (*Staat*) potencia *f;* **geheime Mächte** poderes secretos

**Macht[2]** *f ohne pl* poder *m;* (*Kraft*) fuerza *f;* **mit aller ~** con todas las fuerzas; **wir tun alles, was in unserer ~ steht** hacemos todo lo que está a nuestro alcance; **es liegt in deiner ~, die Zustände zu ändern** está en tu poder, el cambiar la situación; **~ über jdn haben** tener poder sobre alguien; **an die ~ kommen/gelangen** subir/llegar al poder; **die ~ ergreifen/an sich reißen** asumir/usurpar el poder

**machtbewusst** *adj* (POL) con afán de poder; **Machtergreifung** *f* <-en> (POL) toma *f* de poder; **Machtfrage** *f* (POL) cuestión *f* de poder; **Machthaber(in)** *m(f)* <-s, -; -nen> (POL) gobernante *mf*

**mächtig** ['mɛçtɪç] **I.** *adj* ❶ (*machtvoll*) poderoso; **einer Sprache ~ sein** (*geh*) dominar un idioma ❷ (*sehr groß*) enorme **II.** *adv* (*sehr*) enormemente; **sich ~ anstrengen** esforzarse enormemente; **~ viel** un montón

**Machtkampf** *m* lucha *f* por el poder

**machtlos** *adj* impotente; **~ gegen etw sein** no poder hacer nada contra algo

**Machtlosigkeit** *f ohne pl* impotencia *f*

**Machtmissbrauch** *m* abuso *m* del poder; **Machtpolitik** *f* política *f* imperialista; **Machtprobe** *f* prueba *f* de fuerza; **Machtstellung** *f* (*eines Staates*) poderío *m;* (*einer Person*) autoridad *f;* **Machtübernahme** *f* (POL) subida *f* al poder; **machtvoll** *adj* poderoso; **Machtwechsel** *m* (POL) cambio *m* de gobierno; **Machtwort** *nt* sentencia *f* terminante; **ein ~ sprechen** hacer valer su autoridad

**Machwerk** *nt* (*abw*) chapuza *f,* churro *m fam*

**Macke** ['makə] *f* <-n> ❶ (*Fehler*) defecto *m;* (*Beule*) abolladura *f* ❷ (*fam: Tick*) manía *f;* **du hast doch eine ~!** ¡estás chiflado!

**Macker** ['makɐ] *m* <-s, -> (*sl*) ❶ (*Typ*) tío *m* ❷ (*Freund*) ligue *m*

**Madagaskar** [mada'gaska:ɐ] *nt* <-s> Madagascar *m*

**Madagasse, -in** [mada'gasə] *m, f* <-n, -n; -nen> malgache *mf*

**madagassisch** *adj* malgache

**Mädchen** ['mɛ:tçən] *nt* <-s, -> ❶ (*Kind*) niña *f,* tripona *f Mex;* (*Jugendliche*) chica *f,* chamaca *f Mex,* piba *f Arg;* **leichtes ~** chica fácil ❷ (*Hausangestellte*) chica *f,* mucama *f Am;* **~ für alles** (*fam*) chica para todo

**mädchenhaft** **I.** *adj* de niña **II.** *adv* como una niña

**Mädchenname** *m* ❶ (*Vorname*) nombre *m* de chica ❷ (*vor der Heirat*) apellido *m* de soltera

**Made** ['ma:də] *f* <-n> cresa *f*; **wie die ~ im Speck leben** (*fam*) vivir en abundancia

**Madeira** [ma'de:ra] *nt* <-s> Madera *f*

**Mädel** ['mɛ:dəl] *nt* <-s, -(s)> (*fam*) niña *f*

**madig** *adj* lleno de cresas; **jdm etw ~ machen** (*fam*) quitar(le) a alguien las ganas de algo

**Madonna** [ma'dɔna] *f ohne pl* Virgen *f* (Santísima)

**Madrid** [ma'drɪt] *nt* <-s> Madrid *m*

**Madrider(in)** [ma'drɪtɐ] *m(f)* <-s, -; -nen> madrileño, -a *m, f*

**Mafia** ['mafja] *f* <-s> mafia *f*

**mag** [ma:k] *3. präs von* **mögen**

**Magazin** [maga'tsi:n] *nt* <-s, -e> ❶ (*Lager*) almacén *m* ❷ (*an Waffen*) cargador *m* ❸ (*Zeitschrift*) revista *f* ❹ (*Radio-, Fernsehsendung*) programa *m* ❺ (*für Dias*) cartucho *m*

**Magd** [ma:kt, *pl:* 'mɛ:kdə] *f* <Mägde> criada *f*

**Magdeburg** ['makdəbʊrk] *nt* <-s> Magdeburgo *m*

**Magen** ['ma:gən, *pl:* 'mɛ:gən] *m* <-s, Mägen> estómago *m*; **auf nüchternen ~** en ayunas; **mir knurrt der ~** me crujen las tripas; **sich** *dat* **den ~ verderben** ponerse malo del estómago; **Magenbitter** *m* <-s, -> estomacal *m*; **Magengeschwür** *nt* (MED) úlcera *f* gástrica; **Magengrube** *f* epigastrio *m*; **Magenknurren** *nt* borborigmo *m*; **Magenkrampf** *m* (MED) gastroespasmo *m*; **Magenleiden** *nt* enfermedad *f* del estómago; **Magenmittel** *nt* remedio *m* para el dolor de estómago; **Magensäure** *f* (MED) ácido *m* gástrico; **Magenschmerzen** *mpl* dolores *mpl* de estómago; **Magenverstimmung** *f* indigestión *f*

**mager** ['ma:gɐ] *adj* ❶ (*Fleisch, Boden*) magro ❷ (*Mensch, Tier*) flaco ❸ (*dürftig*) insuficiente ❹ (*Buchstabe, Schrift*) fino

**Magermilch** *f* leche *f* desnatada; **Magersucht** *f ohne pl* (MED) anorexia *f* nerviosa; **magersüchtig** *adj* (MED) anoréxico

**Magie** [ma'gi:] *f ohne pl* magia *f*

**Magier(in)** ['ma:giɐ] *m(f)* <-s, -; -nen> mago, -a *m, f*

**magisch** ['ma:gɪʃ] *adj* mágico; **~e Kräfte** fuerzas mágicas; **~ von etw** *dat* **angezogen werden** ser atraído mágicamente por algo

**Magister** [ma'gɪstɐ] *m* <-s, -> ❶ (*Universitätsgrad*) *grado académico correspondiente a algunas carreras universitarias en Alemania;* **~ Artium** magister artium ❷ (*Österr: Apotheker*) farmaceútico, -a *m, f*

**i Land & Leute**

El grado académico de **Magister (Mag.)**, en Alemania también llamado **Magister Artium (M.A.)**, se corresponde con el *Diplom* – *licenciado* pero obtenido en disciplinas humanísticas. En Austria este título lo obtienen también los que han estudiado Farmacia.

**Magistrat¹** [magɪs'tra:t] *m* <-(e)s, -e> ❶ (*Obrigkeit*) autoridad *f* pública ❷ (*Stadtverwaltung*) administración *f* municipal

**Magistrat²** *m* <-en, -en> (*Schweiz*) *miembro del gobierno o de las autoridades*

**Magma** ['magma] *nt* <-s, Magmen> (GEO) magma *m*

**Magnesium** [ma'gne:ziʊm] *nt* <-s, *ohne pl*> (CHEM) magnesio *m*

**Magnet** [ma'gne:t] *m* <-en *o* -(e)s, -e *o* -en> imán *m*; **Magnetband** *nt* (*a.* INFOR) cinta *f* magnética; **Magnetfeld** *nt* (PHYS) campo *m* magnético

**magnetisch** *adj* magnético; (*~ gemacht*) imantado; **eine ~e Anziehungskraft auf jdn ausüben** ejercer un poder irresistible sobre alguien

**magnetisieren*** [magneti'zi:rən] *vt* (*Gegenstände*) imantar; (*Menschen*) magnetizar

**Magnetnadel** *f* brújula *f*; **Magnetschwebebahn** *f* tren *m* de suspensión magnética, aerotrén *m*; **Magnetstreifen** *m* banda *f* magnética

**Magnolie** [ma'gno:ljə] *f* <-n> (BOT) magnolia *f*

**Mahagoni** [maha'go:ni] *nt* <-s, *ohne pl*> caoba *f*

**Mähdrescher** ['mɛ:-] *m* <-s, -> (AGR) cosechadora *f*

**mähen** ['mɛ:ən] *vt* (*Getreide*) segar; (*Rasen*) cortar; (*mit der Sense*) guadañar

**Mahl** [ma:l] *nt* <-(e)s, Mähler *o* -e> (*geh*) comida *f*

**mahlen** ['ma:lən] <mahlt, mahlte, gemahlen> *vt* moler

**Mähler** *pl von* **Mahl**

**Mahlzeit** *f* <-en> comida *f*; **~!** ¡que aproveche!

**Mähne** ['mɛ:nə] *f* <-n> ❶ (*bei Tieren*) melena *f* ❷ (*fam: bei Menschen*) pelambrera *f*

**mahnen** ['ma:nən] *vt* ❶ (*erinnern*) recordar; (*warnend*) advertir; (*Schuldner*) exigir el pago de una deuda (de) ❷ (*auffordern*) requerir (*zu* para que +*subj*)

M

**Mahngebühr** *f* gasto *m* de requerimiento; **Mahnmal** *nt* monumento *m* conmemorativo

**Mahnung** *f* <-en> ❶ (*Er~*) requerimiento *m* ❷ (*Mahnschreiben*) recordatorio *m*

**Mahnwache** *f* piquete *m*

**Mai** [maɪ] *m* <-(e)s, -e> mayo *m*; *s. a.* **März**; **Maiglöckchen** ['maɪglœkçən] *nt* (BOT) lirio *m* de los valles; **Maikäfer** *m* (ZOOL) escarabajo *m* de San Juan

**Mailand** ['maɪlant] *nt* <-s> Milán *m*

**Mailbox** ['mɛɪlbɔks] *f* (INFOR) buzón *m* (electrónico)

**mailen** ['mɛɪlən] *vt* (INFOR: *fam*) pasar un emilio

**Main** [maɪn] *m* <-s> Meno *m*

**Mainz** [maɪnts] *nt* <-> Maguncia *f*

**Mais** [maɪs] *m* <-es, -e> maíz *m*, milpa *f Am*, capi *m AmS*; **Maiskolben** *m* mazorca *f*, choclo *m Am*, elote *m AmC, Mex*

**Majestät** [majɛs'tɛ:t] *f* <-en> majestad *f*; **Seine/Ihre** ~ Su Majestad

**majestätisch** *adj* majestuoso

**Majonäse** [majɔ'nɛ:zə] *f* <-n> mayonesa *f*

**Major** [ma'jo:ɐ] *m* <-s, -e> (MIL) comandante *m*

**Majoran** ['ma:joran] *m* <-s, -e> mejorana *f*

**makaber** [ma'ka:bɐ] *adj* macabro

**Makel** ['ma:kəl] *m* <-s, -> (*geh*) defecto *m*

**Mäkelei** [mɛ:kə'laɪ] *f ohne pl* (*abw*) afán *m* de criticar

**makellos** *adj* íntegro, sin tacha

**mäkeln** ['mɛ:kəln] *vi* (*abw*) criticar (*an*)

**Make-up** *nt* <-s, -s> maquillaje *m*; **Make-up-Entferner** *m* <-s, -> desmaquillante *m*

**Makkaroni** [maka'ro:ni] *pl* macarrones *mpl*

**Makler(in)** ['ma:klɐ] *m(f)* <-s, -; -nen> agente *mf* inmobiliario, -a; **Maklergebühr** *f* corretaje *m*

**Makrele** [ma'kre:lə] *f* <-n> caballa *f*

**Makro** ['ma:kro] *nt* <-s, -s> (INFOR) macroinstrucción *f*

**Makrone** [ma'kro:nə] *f* <-n> (*aus Mandeln*) almendrado *m*; (*aus Kokos*) galleta *f* de coco

**mal** [ma:l] *adv* ❶ (MATH) por; **zwei ~ zwei ist vier** dos por dos son cuatro ❷ (*fam: ein Mal*) una vez; **noch** ~ otra vez; **erst** ~ por ahora ❸ (*fam: früher*) antes; **warst du schon ~ hier?** ¿ya has estado aquí antes? ❹ (*fam: irgendwann*) alguna vez, un día; **besuchen Sie mich doch ~!** ¡venga a verme un día! ❺ (*fam: verstärkend*): **sag ~, stimmt das?** dime en serio, ¿es eso verdad?; **er hat sie nicht ~ besucht** ni siquiera la fue a visitar; **komm ~ her!** ¡ven aquí!

**Mal**[1] [ma:l] *nt* <-(e)s, -e> ❶ (*Zeitpunkt*) vez *f*; **voriges/nächstes** ~ la última/próxima vez; **das erste/zweite** ~ la primera/segunda vez; **Millionen** ~ un millón de veces; **ich sage das zum letzten** ~ lo digo por última vez; **ein anderes** ~ otra vez; **sie kam das eine oder andere ~ dorthin** estuvo allí una que otra vez; **mit einem** ~ (*plötzlich*) de una vez; **von ~ zu** ~ cada vez; **ein für alle** ~ de una vez para siempre ❷ (SPORT: *Markierung*) línea *f* de demarcación

**Mal**[2] [ma:l, *pl:* 'ma:lə, 'mɛ:lɐ] *nt* <-(e)s, -e *o* Mäler> (*Wund~*) estigma *m*; (*Mutter~*) lunar *m*

**malad(e)** [ma'la:t, ma'la:də] *adj* enfermo; ~ **sein** encontrarse mal

**Malaise** [ma'lɛ:zə] *f* (*geh: unbefriedigende Situation*) malestar *m*

**Malaria** [ma'la:ria] *f ohne pl* paludismo *m*, malaria *f*

**Malaysia** [ma'laɪzia] *nt* <-s> Malasia *f*

**Malaysier(in)** [ma'laɪziɐ] *m(f)* <-s, -; -nen> malayo, -a *m, f*

**malaysisch** *adj* malayo

**Malbuch** *nt* libro *m* para colorear

**malen** ['ma:lən] *vt* ❶ (*allgemein*) pintar; (*zeichnen*) dibujar; (*porträtieren*) retratar; **ein Bild** ~ hacer un dibujo ❷ (*reg: anstreichen*) pintar; **weiß** ~ pintar de blanco

**Maler(in)** *m(f)* <-s, -; -nen> (*a.* KUNST) pintor(a) *m(f)*

**Malerei** *f* <-en> ❶ (*Kunstgattung*) pintura *f* ❷ (*Gemälde*) cuadro *m*

**Malerin** *f* <-nen> *s.* **Maler**

**malerisch** *adj* pintoresco

**Malheur** [ma'lø:ɐ] *nt* <-s, -e *o* -s> (*fam*) percance *m*

**Malkasten** *m* caja *f* de pinturas

**mal|nehmen** *irr vt* multiplicar (*mit* por)

**Maloche** [ma'lɔxə, ma'lo:xə] *f ohne pl* (*fam*) curro *m*

**malochen*** [ma'lo:xən] *vi* (*fam*) currar

**Malstift** *m* lápiz *m* de color(es)

**Malta** ['malta] *nt* <-s> Malta *f*

**Malteser(in)** [mal'te:zɐ] *m(f)* <-s, -; -nen> maltés, -esa *m, f*

**maltesisch** *adj* maltés

**malträtieren*** [maltrɛ'ti:rən] *vt* maltratar

**Malve** ['malvə] *f* <-n> malva *f*

**Malz** [malts] *nt* <-es, *ohne pl*> malta *f*; **Malzbier** *nt* cerveza *f* de malta; **Malzkaffee** *m* café *m* de malta

**Mama** ['mama] *f* <-s> (*fam*) mamá *f*

**Mami** ['mami] *f* <-s> mami *f*, mamita *f*

**Mammon** ['mamɔn] *m* <-s, *ohne pl*> (*abw*) dinero *m*; **des schnöden ~s wegen** por el vil metal

**Mammut** ['mamʊt] *nt* <-s, -e *o* -s> mamut *m;* **Mammutveranstaltung** *f* acto *m* con una multitud de participantes

**mampfen** ['mampfən] *vt, vi* (*fam*) jalar

**man**[1] [man] *pron indef* (*allgemein*) se; (*ich, wir*) uno *m,* una *f;* **das tut ~ nicht** eso no se hace; **~ hat mir gesagt, dass ...** me han dicho que...; **~ sagt, dass ...** se dice que...

**man**[2] *adv* (*nordd: fam*): **denn ~ los!** ¡vamos!

**Management**[1] ['mɛnɪtʃmənt] *nt* <-s, *ohne pl*> (*das Leiten*) management *m,* gestión *f* empresarial

**Management**[2] *nt* <-s, -s> (*Führungskräfte*) junta *f* directiva

**managen** ['mɛnɪtʃən] *vt* ❶ (*Künstler, Sportler*) ser el manager (de) ❷ (*fam: bewältigen*) apañar; **das hat er gut gemanagt** lo ha apañado a las mil maravillas

**Manager(in)** ['mɛnɪtʃɐ, 'mɛnətʃɐ] *m(f)* <-s, -; -nen> manager *mf,* gerente *mf*

**manch** *pron indef:* **~ einer** alguno que otro; *s. a.* **manche(r, s)**

**manche(r, s)** **I.** *pron indef* más de un(o), alguno que otro; **so ~s Mal** alguna que otra vez; **in ~m hat er Recht** en algunos puntos tiene razón **II.** *adj* algunos; **~ von uns** algunos de nosotros

**mancherlei** ['mançɐ'laɪ] *adj inv* diversos

**manchmal** ['mançma:l] *adv* ❶ (*gelegentlich*) a veces ❷ (*Schweiz: oft*) a menudo

**Mandant(in)** [man'dant] *m(f)* <-en, -en; -nen> (JUR) mandante *mf*

**Mandarine** [manda'ri:nə] *f* <-n> mandarina *f*

**Mandat** [man'da:t] *nt* <-(e)s, -e> ❶ (JUR) mandato *m;* **ein ~ übernehmen** tomar posesión de un mandato ❷ (*Abgeordnetensitz*) escaño *m*

**Mandel** ['mandəl] *f* <-n> ❶ (BOT) almendra *f;* **gebrannte ~n** almendras garapiñadas ❷ (MED) amígdala *f*

**Mandelbaum** *m* (BOT) almendro *m*

**Mandelentzündung** *f* (MED) amigdalitis *f inv*

**mandelförmig** [-fœrmɪç] *adj* almendrado

**Mandoline** [mando'li:nə] *f* <-n> (MUS) mandolina *f*

**Manege** [ma'ne:ʒə] *f* <-n> pista *f* del circo

**Mangan** [maŋ'ga:n] *nt* <-s, *ohne pl*> (CHEM) manganeso *m*

**Mangel**[1] ['maŋəl, *pl:* 'mɛŋəl] *m* <-s, Mängel> (*Fehler*) defecto *m;* (*Unzulänglichkeit*) deficiencia *f*

**Mangel**[2] ['maŋəl] *m* <-s, *ohne pl*> (*Fehlen*) falta *f* (*an* de), carencia *f;* (*Knappheit*) escasez *f* (*an* de); **aus ~ an Beweisen freisprechen** absolver por falta de pruebas; **~ haben an etw** *dat* carecer de algo

**Mangel**[3] *f* <-n> (*Wäsche~*) calandria *f;* **jdn in die ~ nehmen** (*fam fig*) apretarle a alguien las cuerdas

**Mangelerscheinung** *f* (MED) síntoma *m* de deficiencia

**mangelhaft** *adj* (*fehlerhaft*) deficiente; (SCH: *unzureichend*) insuficiente

**mangeln**[1] ['maŋəln] *vunpers* (*fehlen*) faltar, carecer; **es mangelt ihm an Selbstvertrauen** le falta la confianza en sí mismo

**mangeln**[2] *vt* (*Wäsche*) calandrar

**mangelnd** *adj* escaso; **wegen ~er Vorbereitung** por falta de preparación

**mangels** ['maŋəls] *präp* +*gen/dat* (*formal*) por falta de

**Mangelware** *f ohne pl* artículo *m* escaso; **~ sein** escasear

**Mango** ['maŋgo] *f* <-s *o* -nen> mango *m*

**Mangold** ['maŋgɔlt] *m* <-(e)s, -e> acelga *f*

**Manie** [ma'ni:] *f* <-n> manía *f*

**Manier** [ma'ni:ɐ] *f* <-en> ❶ (*Art*) manera *f;* **in überzeugender ~** de manera convincente ❷ *pl* (*Benehmen*) modales *mpl;* **gute/schlechte ~en haben** tener buenos/malos modales

**Manierismus** [mani'rɪsmʊs] *m* <-, *ohne pl*> (KUNST, LIT) manierismo *m*

**manierlich** [ma'ni:ɐlɪç] *adj* con buenos modales; **sich ~ benehmen** comportarse bien

**Manifest** [mani'fɛst] *nt* <-(e)s, -e> manifiesto *m*

**manifestieren*** [manifɛs'ti:rən] **I.** *vr:* **sich ~** manifestarse (*in* en) **II.** *vi* (*Schweiz*) manifestarse

**Maniküre** [mani'ky:rə] *f* <-n> manicura *f*

**maniküren*** *vt* hacer la manicura

**Manipulation** [manipula'tsjo:n] *f* <-en> manipulación *f*

**manipulierbar** [manipu'li:ɐ-] *adj* manipulable; **beliebig/leicht/kaum ~** totalmente/fácilmente/apenas manejable

**manipulieren*** [manipu'li:rən] **I.** *vt* manipular **II.** *vi* manipular (*an*)

**manisch** ['ma:nɪʃ] *adj* (*a.* PSYCH) maníaco; **manisch-depressiv** *adj* (*a.* PSYCH) maníaco-depresivo

**Manko** ['maŋko] *nt* <-s, -s> ❶ (*Nachteil*) desventaja *f* ❷ (WIRTSCH) déficit *m inv*

**Mann** [man, *pl:* 'mɛnɐ] *m* <-(e)s, Männer> ❶ (*Erwachsener*) hombre *m;* **ein junger ~** un joven; **ein gestandener ~** un hombre hecho y derecho; **selbst ist der ~** hay que ayudarse a sí mismo; **ein ~ von Welt** un hombre de mundo; **ein ~, ein Wort** palabra de honor; **bis zum letzten ~**

**kämpfen** luchar hasta el último hombre; **~ über Bord!** (NAUT) ¡hombre al agua!; **alle ~ an Deck!** (NAUT) ¡todo el mundo en pie!; **der kleine ~** (*Mensch*) el hombre de pocos recursos; (*fam: Penis*) el pito; **der ~ auf der Straße** (*fig*) el hombre de la calle; **ein gemachter ~ sein** (*fam*) ser hombre de provecho; **etw an den ~ bringen** (*fam*) vender algo; **seinen ~ stehen** cumplir con sus obligaciones; **wenn Not am ~ ist** en caso de necesidad; **von ~ zu ~** de hombre a hombre; **mein lieber ~!** (*fam*) ¡madre mía!; **~, oh ~!** (*fam*) ¡hombre!; **mach schnell, ~!** (*fam*) ¡date prisa, hombre! ❷ (*Ehe~*) marido *m;* **mein geschiedener ~** mi ex-marido; **ihr verstorbener/erster ~** su difunto/primer marido

**Männchen** ['mɛnçən] *nt* <-s, -> ❶ (*kleiner Mann*) hombrecito *m;* **~ machen** ponerse sobre las patas traseras ❷ (ZOOL) macho *m*

**Mannen** ['manən] *mpl* vasallos *mpl;* **seine ~ um sich scharen** (*iron*) rodearse de admiradores

**Mannequin** [manə'kɛ̃:, 'manəkɛ̃] *nt* <-s, -s> maniquí *mf*

**Männerbekanntschaft** *f:* **eine ~ machen** conocer a un hombre; **männerdominiert** *adj* dominado por el hombre; **Männersache** *f* cosa *f* de hombres

**Mannesalter** *nt* edad *f* adulta del varón; **im besten ~ sein** estar en su mejor momento

**mannigfach** ['manɪçfax] *adj,* **mannigfaltig** *adj* (*geh*) ❶ (*abwechslungsreich*) vario, diverso ❷ (*vielfach*) múltiple

**männlich** ['mɛnlɪç] *adj* (*a.* LING, BOT) masculino; (ZOOL) macho

**Männlichkeit** *f ohne pl* virilidad *f;* **Männlichkeitsritual** *nt* ritual *m* de hombría

**Mannsbild** *nt* (*fam*) hombre *m*

**Mannschaft** *f* <-en> ❶ (SPORT) equipo *m* ❷ (NAUT, AERO) tripulación *f* ❸ (MIL) tropa *f* ❹ (*fam: Arbeitsteam*) equipo *m,* elenco *m Chil, Peru*

**mannshoch** ['-'-] *adj* tan alto como un hombre; **mannstoll** *adj* (*fam*) ninfómana

**Mannweib** *nt* (*abw*) marimacho *m*

**Manometer¹** [mano'me:tɐ] *nt* <-s, -> (PHYS) manómetro *m*

**Manometer²** ['--'--] *interj* (*fam*) vaya

**Manöver** [ma'nø:vɐ] *nt* <-s, -> ❶ (*Richtungsänderung, taktisches Vorgehen*) maniobra *f* ❷ (MIL: *Übung*) maniobras *fpl*

**manövrieren*** [manø'vri:rən] **I.** *vi* maniobrar **II.** *vt* (*manipulieren*) manipular; (*lenken*) dirigir

**Mansarde** [man'zardə] *f* <-n> desván *m,* buhardilla *f*

**Manschette** [man'ʃɛtə] *f* <-n> ❶ (*an Kleidung*) puño *m* ❷ (TECH) arandela *f* de cierre; **Manschettenknopf** *m* gemelo *m,* mancuerna *f Am, Fili*

**Mantel** ['mantəl, *pl:* 'mɛntəl] *m* <-s, Mäntel> ❶ (*Kleidungsstück*) abrigo *m,* tapado *m Am;* **den ~ nach dem Wind hängen** (*abw fig*) bailar al son que tocan ❷ (TECH) revestimiento *m;* (*vom Reifen*) cubierta *f* ❸ (MATH) superficie *f* convexa

**manuell** [manu'ɛl] **I.** *adj* manual **II.** *adv* con la mano

**Manufaktur** [manufak'tu:ɐ] *f* <-en> manufactura *f*

**Manuskript** [manu'skrɪpt] *nt* <-(e)s, -e> manuscrito *m*

**Mappe** ['mapə] *f* <-n> ❶ (*Tasche*) portafolios *m inv* ❷ (*Ordner*) carpeta *f*

**Mär** [mɛ:ɐ] *f* <-en> cuento *m*

**Maracuja** [mara'ku:ja] *f* <-s> maracuyá *m*

**Marathon** ['maratɔn] *m* <-s, -s>, **Marathonlauf** *m* (SPORT) (carrera *f* de) maratón *m*

**Märchen** ['mɛ:ɐçən] *nt* <-s, -> cuento *m* (de hadas), chile *m Guat;* **Märchenbuch** *nt* libro *m* de cuentos

**märchenhaft** *adj* fabuloso

**Märchenland** *nt ohne pl* país *m* de las maravillas; **Märchenprinz** *m* príncipe *m* azul

**Marder** ['mardɐ] *m* <-s, -> marta *f*

**Margarine** [marga'ri:nə] *f* <-n> margarina *f*

**Margerite** [margə'ri:tə] *f* <-n> margarita *f*

**marginalisieren*** [marginali'zi:rən] *vt* (*geh*) marginalizar

**Marienkäfer** [ma'ri:ən-] *m* mariquita *f*

**Marihuana** [marihu'a:na] *nt* <-s, *ohne pl*> marihuana *f*

**Marille** [ma'rɪlə] *f* <-n> (*Österr*) albaricoque *m*

**Marinade** [mari'na:də] *f* <-n> escabeche *m*

**Marine** [ma'ri:nə] *f* <-n> (MIL) marina *f;* **marineblau** *adj* azul marino

**marinieren*** [mari'ni:rən] *vt* poner en escabeche

**Marionette** [marjo'nɛtə] *f* <-n> títere *m;* **Marionettentheater** *nt* teatro *m* de títeres

**Mark¹** [mark] *nt* <-(e)s, *ohne pl*> (*Knochen~*) médula *f;* **das geht mir durch ~ und Bein** (*fig*) esto me llega hasta la médula

**Mark²** [mark] *f ohne pl* (*Währung*) marco *m;* **Deutsche ~** marco alemán

**Mark³** [mark] *f* <-, -en> (*Grenzgebiet*) marca *f*

**markant** [mar'kant] *adj* (*ausgeprägt*) marcado; (*auffallend*) notable

**markdurchdringend** *adj* espeluznante

**Marke** ['markə] *f* <-n> ❶ (*Herstellerzeichen*) marca *f*; ~ **Eigenbau** (*fam*) marca la pava ❷ (*Wert~*) timbre *m*; (*Brief~*) sello *m* ❸ (*Garderoben~, Spiel~*) ficha *f* ❹ (*Erkennungs~*) chapa *f* de identificación ❺ (*Rekord~*) marca *f*; **Markenartikel** *m* artículo *m* de marca; **Markenname** *m* (nombre *m* de una) marca *f*; **Markenzeichen** *nt* emblema *m*

**Marker** ['markɐ] *m* <-s, - *o* -s> (*Markierstift*) marcador *m*

**markerschütternd** *adj* estremecedor

**Marketing** ['markətɪŋ] *nt* <-s, *ohne pl*> (WIRTSCH) marketing *m*; **Marketingmanager(in)** *m(f)* ejecutivo, -a *m, f* de marketing

**markieren*** [mar'ki:rən] *vt* ❶ (*kennzeichnen*) señalizar (*mit/durch* con), marcar (*mit/durch* con) ❷ (*fam: vortäuschen*) simular, fingir; **er markiert den starken Mann** se hace el fuerte

**Markierung** *f* <-en> ❶ (*Vorgang*) señalización *f* ❷ (*Zeichen*) marca *f*

**Markise** [mar'ki:zə] *f* <-n> toldo *m*, marquesina *f*

**Markstein** *m* hito *m*

**Markstück** *nt* moneda *f* de un marco

**Markt** [markt, *pl:* 'mɛrktə] *m* <-(e)s, Märkte> (*a.* WIRTSCH) mercado *m*; **auf den ~ gehen** ir al mercado; **der Gemeinsame ~** (EU) el Mercado Común; **der schwarze ~** el mercado negro; **neue Märkte erschließen** abrir nuevos mercados; **auf dem ~ sein** estar a la venta; **Marktanalyse** *f* (WIRTSCH) análisis *m inv* del mercado; **Marktanteil** *m* (WIRTSCH) participación *f* en el mercado; **Marktbude** *f* puesto *m* de mercado, carpa *f Am*, ramada *f Chil*; **Marktforschung** *f* (WIRTSCH) estudio *m* de mercado; **Marktfrau** *f* vendedora *f* de mercado; **Marktführer** *m* (WIRTSCH) empresa *f* líder en el mercado; **Markthalle** *f* mercado *m*; **Marktlage** *f* (WIRTSCH) situación *f* en el mercado; **Marktlücke** *f* (WIRTSCH) hueco *m* en el mercado; **eine ~ entdecken** dar con un hueco en el mercado; **in eine ~ stoßen** cubrir un hueco en el mercado; **Marktplatz** *m* plaza *f* del mercado; **Marktpreis** *m* (WIRTSCH) precio *m* de mercado; **Marktstand** *m* puesto *m* de mercado; **Marktstellung** *f ohne pl* (WIRTSCH) posición *f* en el mercado; **Marktwert** *m ohne pl* (WIRTSCH) valor *m* mercantil; **Marktwirtschaft** *f ohne pl* (WIRTSCH) economía *f* de mercado; **freie ~** economía de mercado libre; **soziale ~** economía social de(l) mercado

**Marmelade** [marmə'la:də] *f* <-n> mermelada *f*

**Marmor** ['marmo:ɐ] *m* <-s, -e> mármol *m*

**marmorieren*** [marmo'ri:rən] *vt* (GASTR, KUNST) vetear

**marmoriert** [marmo'ri:ɐt] *adj* (GASTR, KUNST) veteado

**Marmorkuchen** *m* pastel *m* de molde con chocolate

**marmorn** ['marmo:ɐn] *adj* marmóreo

**Marokkaner(in)** [marɔ'ka:nɐ] *m(f)* <-s, -; -nen> marroquí *mf*

**marokkanisch** *adj* marroquí

**Marokko** [ma'rɔko] *nt* <-s> Marruecos *m*

**Marone** [ma'ro:nə] *f* <-n> ❶ (*Esskastanie*) castaña *f* ❷ (*Pilz*) boleto *m*

**Marotte** [ma'rɔtə] *f* <-n> manía *f*, moño *m Col*

**Mars** [mars] *m* <-> (ASTR) Marte *m*

**marsch** [marʃ] *interj* ❶ (MIL): **vorwärts ~!** ¡andando! ❷ (*fam*) venga; **~ ins Bett!** ¡venga, a la cama!

**Marsch¹** [marʃ, *pl:* 'mɛrʃə] *m* <-(e)s, Märsche> (*a.* MUS) marcha *f*; **sich in ~ setzen** ponerse en marcha

**Marsch²** [marʃ] *f* <-en> marisma *f* (*en la costa del mar del Norte*)

**Marschall** ['marʃal, *pl:* 'marʃɛlə] *m* <-s, Marschälle> (MIL) mariscal *m*

**Marschbefehl** *m* (MIL) orden *f* de marcha

**marschieren*** [mar'ʃi:rən] *vi sein* ❶ (MIL) marchar ❷ (*gehen*) caminar

**Marschmusik** *f ohne pl* música *f* militar; **Marschrichtung** *f* (MIL) dirección *f* de la marcha

**Marslandung** *f* amartizaje *m*; **Marsmensch** *m* marciano, -a *m, f*

**Marter** ['martɐ] *f* <-n> (*geh*) martirio *m*

**martern** ['martɐn] *vt* (*geh*) torturar; (*seelisch*) atormentar

**Marterpfahl** *m* poste *m* de tortura

**Märtyrer(in)** ['mɛrtyrɐ] *m(f)* <-s, -; -nen> mártir *mf*

**Martyrium** [mar'ty:riʊm] *nt* <-s, -rien> martirio *m*

**Marxismus** [mar'ksɪsmʊs] *m* <-, *ohne pl*> (POL) marxismo *m*

**Marxist(in)** [mar'ksɪst] *m(f)* <-en, -en; -nen> (POL) marxista *mf*

**marxistisch** *adj* (POL) marxista

**März** [mɛrts] *m* <-(es), -e> marzo *m*; **im (Monat) ~** en (el mes de) marzo; **vergangenen ~** el marzo pasado; **heute ist der erste ~** (hoy) estamos a primero de marzo; **Berlin, den 10. ~ 1988** Berlín, a diez de marzo de 1988; **am 20. ~** el 20 de marzo;

M

**Anfang/Ende/Mitte** ~ a principios/finales/mediados de marzo; **Ostern fällt dieses Jahr in den** ~ la Semana Santa cae este año en marzo; **in diesem** ~ **hat es viel geregnet** este año ha llovido mucho en marzo

**Marzipan** [martsi'pa:n, '---] *nt* <-s, -e> mazapán *m*

**Masche** ['maʃə] *f* <-n> ❶ (*bei Handarbeit*) punto *m;* **eine** ~ **fallen lassen** menguar un punto; **durch die** ~**n des Gesetzes schlüpfen** burlar la justicia ❷ (*fam: Trick*) truco *m* ❸ (*Österr, Schweiz, südd: Schleife*) lazo *m;* **Maschendraht** *m* tela *f* metálica

**Maschine** [ma'ʃi:nə] *f* <-n> ❶ (*Schreib~, Näh~, Wasch~*) máquina *f;* **etw mit der** ~ **schreiben** escribir algo a máquina ❷ (*Flugzeug*) avión *m* ❸ (*fam: Motorrad*) moto *f*

**maschinell** [maʃi'nɛl] **I.** *adj* mecánico **II.** *adv* a máquina

**Maschinenbau** *m ohne pl* ❶ (*das Bauen*) construcción *f* de máquinas ❷ (*Lehrfach*) ingeniería *f* mecánica; **Maschinenöl** *nt* aceite *m* lubrificante; **Maschinenpistole** *f* metralleta *f;* **Maschinenraum** *m* sala *f* de máquinas; **Maschinenschlosser(in)** *m(f)* mecánico, -a *m, f,* montador(a) *m(f);* **Maschinenschrift** *f* letra *f* de máquina; **Maschinenstürmer(in)** *m(f)* (*abw*) persona que está contra el progreso tecnológico

**Maschinerie** [maʃinə'ri:] *f* <-n> ❶ (*a.* TECH) maquinaria *f* ❷ (THEAT) tramoya *f*

**Maschinist(in)** [maʃi'nɪst] *m(f)* <-en, -en; -nen> maquinista *mf*

**Masern** ['ma:zɐn] *pl* (MED) sarampión *m*

**Maserung** ['ma:zərʊŋ] *f* <-en> (*in Holz, Stein*) vetas *fpl*

**Maske** ['maskə] *f* <-n> ❶ (*für das Gesicht*) máscara *f* ❷ (INFOR) pantalla *f;* **Maskenball** *m* baile *m* de máscaras; **Maskenbildner(in)** *m(f)* <-s, -; -nen> maquillador(a) *m(f)*

**maskenhaft** *adj* inmóvil

**Maskerade** [maskə'ra:də] *f* <-n> mascarada *f*

**maskieren*** [mas'ki:rən] **I.** *vt* enmascarar; (*reg: kostümieren*) disfrazar (*als* de) **II.** *vr:* **sich** ~ enmascararse; (*reg: sich kostümieren*) disfrazarse (*als* de)

**Maskottchen** [mas'kɔtçən] *nt* <-s, -> mascota *f*

**maskulin** [masku'li:n] *adj* (*a.* LING) masculino

**Masochismus** *m* <-, *ohne pl*> masoquismo *m*

**Masochist(in)** [mazo'xɪst] *m(f)* <-en, -en; -nen> masoquista *mf*

**masochistisch** *adj* masoquista

**maß** [ma:s] *3. imp von* **messen**

**Maß¹** [ma:s] *nt* <-es, -e> medida *f;* (*Aus~*) dimensión *f;* **bei jdm** ~ **nehmen** tomar las medidas a alguien; **sich** *dat* **etw nach** ~ **anfertigen lassen** hacerse algo a medida; **das** ~ **aller Dinge** la medida de todas las cosas; **das** ~ **ist voll** ya basta; **in dem** ~**e wie** en la medida que; **in besonderem** ~(**e**) especialmente; **in gewissem** ~(**e**) en cierta medida; **in hohem** ~**e** en alto grado; **über alle** ~**en** sobremanera; **das übersteigt jedes** ~ excede (todos) los límites; **sie kennt weder** ~ **noch Ziel** no tiene sentido de la medida; **bei** [*o* **in**] **etw** ~ **halten** ser moderado con algo; **ein gewisses** ~ **an Vertrauen** cierto grado de confianza; **in** ~**en** sin exceder la medida; **mit zweierlei** ~ **messen** medir por distintos raseros

**Maß²** [ma:s] *f* <-(e)> (*Österr, südd*) litro *m* (de cerveza)

**Massage** [ma'sa:ʒə] *f* <-n> masaje *m*

**Massaker** [ma'sa:kɐ] *nt* <-s, -> masacre *f*

**massakrieren*** [masa'kri:rən] *vt* masacrar

**Maßangabe** *f* indicación *f* de la medida; **Maßanzug** *m* traje *m* a medida; **Maßarbeit** *f* trabajo *m* a medida; **Maßband** *nt* cinta *f* métrica

**Masse** ['masə] *f* <-n> ❶ (*a.* PHYS) masa *f;* **die breite** ~ **der Bevölkerung** la gran masa de la población ❷ (*Menge*) cantidad *f;* (*große*) montón *m;* (*Menschen~*) muchedumbre *f;* **in** ~**n** a montones

**Maßeinheit** *f* unidad *f* de medida

**Massenandrang** *m* afluencia *f* masiva; **Massenarbeitslosigkeit** *f* paro *m* masivo; **Massenartikel** *m* artículo *m* de gran consumo; **Massenbewegung** *f* movimiento *m* de masas; **Massenentlassung** *f* despido *m* en masa; **Massenflucht** *f ohne pl* huida *f* en masa; **Massengrab** *nt* fosa *f* común

**massenhaft** *adj* (*fam*) en masa

**Massenhysterie** *f* histeria *f* colectiva; **Massenkarambolage** *f* colisión *f* múltiple; **Massenkundgebung** *f* manifestación *f* multitudinaria; **Massenmedium** *nt* medio *m* de masas; **Massenmord** *m* asesinato *m* en masa; **Massenmörder(in)** *m(f)* asesino, -a *m, f* múltiple; **Massenproduktion** *f* producción *f* en gran escala; **Massentierhaltung** *f ohne pl* cría *f* de animales en gran escala; **Massentourismus** *m* turismo *m* de masas; **Massenveranstaltung** *f* acto *m* multitudinario

**massenweise** *adv* a montones, en masa

**Masseur(in)** [ma'sø:ɐ] *m(f)* <-s, -e; -nen> masajista *mf*

**Masseuse** [ma'sø:zə] *f* <-n> ❶ (*Prostituierte*) prostituta *f* (en un salón de masajes) ❷ (*Masseurin*) masajista *f*

**Maßgabe** *f* <-n>: **mit der ~, dass ...** con la condición de que... +*subj*

**maßgebend, maßgeblich** **I.** *adj* (*bestimmend*) determinante; (*ausschlaggebend*) decisivo **II.** *adv* de manera decisiva

**maßgeschneidert** *adj* (*Kleidung*) cortado a medida; (*fig*) hecho a medida; **ein ~er Anzug** un traje a medida

**massieren*** [ma'si:rən] *vt* ❶ (*Körper*) dar un masaje (a) ❷ (*Truppen*) concentrar

**massig** ['masɪç] **I.** *adj* (*wuchtig*) voluminoso **II.** *adv* (*fam: viel*) a montones, a porrillo

**mäßig** ['mɛ:sɪç] *adj* ❶ (*gemäßigt*) moderado; (*Lebensweise*) sobrio ❷ (*mittel~*) mediocre

**mäßigen** ['mɛ:sɪgən] **I.** *vt* moderar **II.** *vr:* **sich ~** ❶ (*sich beherrschen*) moderarse ❷ (*Orkan*) calmarse

**Mäßigung** *f ohne pl* moderación *f*

**Massiv** [ma'si:f] *nt* <-s, -e> macizo *m*

**massiv** [ma'si:f] *adj* ❶ (*Gegenstand*) macizo; (*stabil*) sólido, compacto ❷ (*Kritik, Drohung*) masivo; **er wurde schließlich ~** por último se puso violento

**Maßkleidung** *f* ropa *f* a medida

**Maßkrug** *m* jarra *f* de un litro

**maßlos** **I.** *adj* desmesurado **II.** *adv* enormemente; **sich ~ ärgern** enfadarse enormemente

**Maßlosigkeit** *f ohne pl* ❶ (*Übermaß*) exorbitancia *f* ❷ (*ohne Maß*) desmesura *f* (*in* de)

**Maßnahme** *f* <-n> medida *f*; **~n ergreifen** tomar medidas

**Maßregel** *f* regla *f*, norma *f*

**maßregeln** ['---] *vt* (*rügen*) reprender; (*strafen*) castigar

**Maßstab** *m* ❶ (*Norm*) norma *f*; **neue Maßstäbe setzen** sentar nuevas bases; **einen bestimmten ~ an etw anlegen** aplicar ciertas normas a algo ❷ (*bei Karten*) escala *f*; **eine Karte im ~ 1 : 20.000** un mapa de escala 1 : 20.000; **maßstabsgerecht** *adj* a escala

**maßvoll** *adj* moderado, comedido; **~ in seinen Ansprüchen/Wünschen sein** ser comedido con sus demandas/deseos

**Mast¹** [mast] *m* <-(e)s, -e(n)> ❶ (NAUT) mástil *m* ❷ (*Telefon~, Leitungs~*) poste *m*; (*Fahnen~*) asta *f*

**Mast²** [mast] *f* <-en> (*von Tieren*) cebadura *f*

**Mastdarm** *m* (ANAT) recto *m*

**mästen** ['mɛstən] *vt* cebar

**masturbieren*** [mastʊr'bi:rən] *vi* masturbarse

**Mastvieh** *nt ohne pl* ganado *m* de engorde, animales *mpl* de engorde

**Match** [mɛtʃ] *nt* <-(e)s, -s *o* -e> (SPORT) partido *m*, match *m*

**Mate** *m* <-, *ohne pl*> mate *m*, verde *m* *CSur*, yerba *f* *RíoPl*

**Material** [materi'a:l] *nt* <-s, -ien> material *m*; **Materialfehler** *m* defecto *m* del material

**Materialismus** [materia'lɪsmʊs] *m* <-, *ohne pl*> materialismo *m*

**Materialist(in)** [materia'lɪst] *m(f)* <-en, -en; -nen> materialista *mf*

**materialistisch** *adj* materialista

**Materialkosten** *pl* gastos *mpl* de material

**Materie¹** [ma'te:riə] *f* <-n> (*Thema*) materia *f*, tema *m*

**Materie²** *f ohne pl* (*a.* PHYS, CHEM, PHILOS) materia *f*

**materiell** [materi'ɛl] *adj* ❶ (*stofflich*) material ❷ (*finanziell*) financiero; (*wirtschaftlich*) económico

**Mathematik** [matema'ti:k] *f ohne pl* matemáticas *fpl*

**mathematisch** [mate'ma:tɪʃ] *adj* matemático

**Matjeshering** *m* arenque *m* fresco

**Matratze** [ma'tratsə] *f* <-n> colchón *m*

**Mätresse** [mɛ'trɛsə] *f* <-n> querida *f*

**matriarchalisch** [matriar'ça:lɪʃ] *adj* matriarcal

**Matriarchat** [matriar'ça:t] *nt* <-(e)s, -e> matriarcado *m*

**Matrikel** [ma'tri:kəl] *f* <-n> ❶ (*Verzeichnis*) matrícula *f* ❷ (*Österr: Standesamt*) ≈registro *m* civil

**Matrix** ['ma:trɪks, *pl:* ma'tri:tsən] *f* <Matrizen *o* Matrizes> (MATH, BIOL, LING) matriz *f*; **Matrixdrucker** *m* (INFOR) impresora *f* de matrices

**Matrize** [ma'tri:tsə] *f* <-n> ❶ (TYPO) matriz *f* ❷ (*für Vervielfältigung*) cliché *m* ❸ (TECH) troquel *m*

**Matrizen** *pl von* **Matrix, Matrize**

**Matrizes** *pl von* **Matrix**

**Matrone** [ma'tro:nə] *f* <-n> matrona *f*

**Matrose** [ma'tro:zə] *m* <-n, -n> marinero *m*

**Matsch** [matʃ] *m* <-(e)s, *ohne pl*> (*fam*) ❶ (*Schlamm*) lodo *m* ❷ (*zerdrücktes Obst*) puré *m*

**matschig** *adj* (*fam*) ❶ (*Obst*) pasado; (*Schnee*) medio derretido ❷ (*schlammig*) fangoso

M

**matt** [mat] *adj* ❶ (*erschöpft*) cansado; (*schwach*) débil ❷ (*Stimme*) débil; (*Lichtschein, Glasscheibe*) opaco ❸ (*glanzlos*) mate; (*Farbe, Blick*) apagado ❹ (*Schach*): **jdn ~ setzen** dar jaque mate a alguien

**Matte** ['matə] *f* <-n> ❶ (*Stroh~*) estera *f* ❷ (SPORT) colchoneta *f* ❸ (*Österr, Schweiz: Bergwiese*) pradera *f*

**Mattscheibe** *f* (*fam*) pantalla *f*; **vor der ~ sitzen** estar sentado delante de la pantalla; **~ haben** estar atontado

**Matura** [ma'tu:ra] *f ohne pl* (*Österr, Schweiz*) ≈bachillerato

**Mätzchen** ['mɛtsçən] *pl* (*fam: Getue*) tonterías *fpl*; (*Tricks*) trucos *mpl*

**Mauer** ['maʊɐ] *f* <-n> ❶ (*aus Steinen*) muro *m*; (*aus Lehm*) tapia *f*; (*zur Verteidigung*) muralla *f*; **eine ~ des Schweigens** (*fig*) un muro de silencio; **gegen eine ~ reden** (*fig*) hablar con una pared ❷ (SPORT) barrera *f*; **Mauerblümchen** [-bly:mçən] *nt* (*fam*) patito *m* feo

**mauern** ['maʊɐn] **I.** *vt* construir **II.** *vi* ❶ (*bauen*) construir ❷ (SPORT) jugar a la defensiva ❸ (*zurückhaltend sein*) cerrarse por banda

**Maueröffnung** *f ohne pl* caída *f* del Muro de Berlín; **Mauersegler** *m* <-s, -> (ZOOL) vencejo *m*; **Mauerwerk** *nt* mampostería *f*

**Maul** [maʊl, *pl:* 'mɔɪlɐ] *nt* <-(e)s, Mäuler> ❶ (*bei Tieren*) boca *f*; (*Hund*) hocico *m*; (*Wiederkäuer*) morro *m* ❷ (*fam abw: Mund*) morro *m*; **jdm übers ~ fahren** cortarle a alguien la palabra; **ein großes ~ haben** ser un bocazas; **jdm das ~ stopfen** taparle el pico a alguien; **darüber werden sich die Leute das ~ zerreißen** esto va a dar mucho que hablar; **halt's ~ !** ¡cierra el pico!

**maulen** ['maʊlən] *vi* (*fam abw*) estar de morros

**Mäuler** *pl von* **Maul**

**Maulesel** *m* mulo *m*; **maulfaul** *adj* (*fam*) callado; **~ sein** no abrir el pico; **Maulheld** *m* (*fam abw*) fanfarrón *m*; **Maulkorb** *m* bozal *m*; **Maultaschen** *fpl* (GASTR) ❶ (*Teigtaschen*) *pasta rellenada de carne picada y/o verduras* ❷ (*Gericht*) *plato suabo con esta pasta* (*rellenada*)

**i Land & Leute**

Las **Maultaschen** son una especialidad suaba consistente en pasta rellena de carne picada y/o verduras. Antiguamente eran un plato característico del *Fastenzeit– tiempo de Cuaresma.* Hoy en día no faltan en ninguna cocina bien en la sopa o bien salteadas con huevo y cebolla en la sartén.

**Maultier** *nt* mulo *m*

**Maulwurf** *m* topo *m*; **Maulwurfshaufen** *m* topera *f*

**Maurer(in)** ['maʊrɐ] *m(f)* <-s, -; -nen> albañil *mf*; **Maurerkelle** *f* paleta *f* (de albañil)

**Mauretanien** [maʊre'ta:niən] *nt* <-s> Mauritania *f*

**Mauretanier(in)** *m(f)* <-s, -; -nen> mauritano, -a *m, f*

**mauretanisch** *adj* mauritano

**maurisch** ['maʊrɪʃ] *adj* moro, árabe

**Maus** [maʊs, *pl:* 'mɔɪzə] *f* <Mäuse> ❶ (ZOOL, INFOR) ratón *m*; **weiße Mäuse sehen** (*fam fig*) ver elefantes volando ❷ *pl* (*fam: Geld*) perras *fpl*

**mauscheln** ['maʊʃəln] *vi* (*fam abw*) trucar

**Mäuschen** ['mɔɪsçən] *nt* <-s, -> (*fam*): **da möchte ich mal ~ sein** [*o* **spielen**] me pica la curiosidad

**Mäusebussard** *m* ratonero *m* común

**Mausefalle** *f* ratonera *f*; **Mauseloch** *nt* ratonera *f*

**mausen** ['maʊzən] **I.** *vi* (*reg: Mäuse fangen*) cazar ratones; **die Katze lässt das M~ nicht** (*prov*) el hijo de la gata, ratones mata **II.** *vt* (*fam hum: stibitzen*) mangar

**Mauser** ['maʊzɐ] *f ohne pl* (BIOL) muda *f*; **in der ~ sein** estar de muda

**mausern** ['maʊzɐn] *vr:* **sich ~** ❶ (*Vogel*) mudar el plumaje ❷ (*fam: sich entwickeln*) convertirse (*zu* en)

**mausetot** *adj* (*fam*) muerto y requetemuerto

**Mausklick** ['maʊsklɪk] *m* (INFOR) click *m* del ratón

**Mausoleum** [maʊzo'le:ʊm] *nt* <-s, Mausoleen> mausoleo *m*

**Maussteuerung** *f* (INFOR) (control *m* con el) ratón

**Maut** [maʊt] *f* <-en> peaje *m*; **Mautgebühr** *f* (*Österr*) derechos *mpl* de peaje; **Mautstelle** *f* (*Österr*) puesto *m* de peaje

**Maxima** *pl von* **Maximum**

**maximal** [maksi'ma:l] **I.** *adj* máximo **II.** *adv* como máximo

**Maxime** [ma'ksi:mə] *f* <-n> máxima *f*

**maximieren*** [maksi'mi:rən] *vt* (*a.* MATH) elevar al máximo

**Maximum** ['maksimʊm] *nt* <-s, Maxima> máximo *m* (*an* de)

**Mayonnaise** [majɔ'nɛ:zə] *f* <-n> mayonesa *f*

**Mazedonien** [matse'do:niən] *nt* <-s> Macedonia *f*
**Mäzen(in)** [mɛ'tse:n] *m(f)* <-s, -e; -nen>, **Mäzenatin** *f* <-nen> mecenas *mf inv*
**MB** [ɛm'be:] (INFOR) *Abk. von* **Megabyte** MB
**m. E.** *Abk. von* **meines Erachtens** en mi opinión
**Mechanik** [me'ça:nɪk] *f ohne pl* mecánica *f*
**Mechaniker(in)** [me'ça:nikɐ] *m(f)* <-s, -; -nen> mecánico, -a *m, f*
**mechanisch** [me'ça:nɪʃ] *adj* mecánico
**Mechanisierung** *f* <-en> mecanización *f*
**Mechanismus** [meça'nɪsmʊs] *m* <-, Mechanismen> mecanismo *m*
**Meckerei** [mɛkə'raɪ] *f ohne pl* (*fam abw*) critiqueo *m*
**Meckerfritze** *m* <-n, -n> (*fam abw*) gruñón *m;* **Meckerliese** *f* <-n> (*fam abw*) gruñona *f*, quejicona *f*
**meckern** ['mɛkɐn] *vi* ① (*Ziege*) balar ② (*fam abw: nörgeln*) criticar (*über* a)
**Mecklenburg** ['mɛklənbʊrk] *nt* Mecklemburgo *m*
**mecklenburgisch** ['mɛklənbʊrgɪʃ] *adj* de Mecklemburgo
**Mecklenburg-Vorpommern** *nt* <-s> Mecklemburgo-Pomerania *m* occidental
**Medaille** [me'daljə] *f* <-n> medalla *f*
**Medaillon** [medal'jõ:] *nt* <-s, -s> ① (*Schmuckstück*) medallón *m*, relicario *m Am* ② (GASTR) medallón *m*
**Medien** ['me:diən] *pl von* **Medium**: **die ~** los medios de comunicación; **Medienereignis** *nt* gran acontecimiento *m* en los medios de comunicación; **Medienforschung** *f ohne pl* investigación *f* de los medios de comunicación; **mediengerecht** *adj* que tiene efecto mediático; **Mediengesellschaft** *f* sociedad *f* mediática; **Medienlandschaft** *f ohne pl* medios *mpl* de comunicación; **Medienrummel** *m* (*fam*) jaleo *m* provocado por los medios de comunicación; **Medienspektakel** *nt* (PUBL) espectáculo *m* mediático; **medienwirksam** *adj* (*Person*) con gran poder de comunicación
**Medikament** [medika'mɛnt] *nt* <-(e)s, -e> medicamento *m*, pichicata *f Arg;* **Medikamentenmissbrauch** *m* (MED) abuso *m* de medicamentos; **Medikamentensucht** *f ohne pl* dependencia *f* de los medicamentos
**medikamentös** [medikamɛn'tø:s] *adj* (MED) con medicamentos
**Meditation** [medita'tsjo:n] *f* <-en> meditación *f*
**mediterran** [medite'ra:n] *adj* mediterráneo
**meditieren*** [medi'ti:rən] *vi* meditar (*über* sobre)
**Medium** ['me:diʊm] *nt* <-s, Medien> (*a.* PHYS, CHEM) medio *m;* (*Parapsychologie*) médium *m o f*
**Medizin**[1] [medi'tsi:n] *f ohne pl* (*Wissenschaft*) medicina *f*
**Medizin**[2] *f* <-en> (*Medikament*) medicamento *m*
**Mediziner(in)** [medi'tsi:nɐ] *m(f)* <-s, -; -nen> médico, -a *m, f;* (*Student*) estudiante *mf* de medicina
**medizinisch** *adj* (*ärztlich*) médico; (*arzneilich*) medicinal; **jdn/etw ~ behandeln** impartir tratamiento medicinal a alguien/a algo
**Medizinmann** *m* curandero *m*, brujo *m Am*, nagual *m AmC, Mex;* **Medizinstudent(in)** *m(f)* estudiante *mf* de medicina
**Meer** [me:ɐ] *nt* <-(e)s, -e> mar *m;* **das Rote/Schwarze ~** el Mar Rojo/Negro; **am ~** en el mar; **ans ~ fahren** ir al mar; **ein ~ von Licht und Farbe** (*geh*) un derroche de luces y colores; **Meerbusen** *m* bahía *f;* **Meerenge** *f* <-n> estrecho *m*
**Meeresalge** *f* alga *f* marina; **Meeresarm** *m* brazo *m* de mar; **Meeresfrüchte** *fpl* (GASTR) mariscos *mpl;* **Meeresgrund** *m ohne pl* fondo *m* del mar; **Meereskunde** *f ohne pl* oceanografía *f;* **Meeresspiegel** *m ohne pl* nivel *m* del mar; **über/unter dem ~** sobre/bajo el nivel del mar
**Meerkatze** *f* (ZOOL) macaco *m;* **Meerrettich** *m* (BOT, GASTR) rábano *m;* **Meerschweinchen** *nt* <-s, -> (ZOOL) conejillo *m* de Indias, cobaya *f*, cuy(e) *m And;* **Meerwasser** *nt ohne pl* agua *f* de mar
**Meeting** ['mi:tɪŋ] *nt* <-s, -s> (*a.* POL) mitin *m*
**Megabyte** ['me:gabaɪt] *nt* <-(s), -(s)> (INFOR) megabyte *m*
**Megafon** *nt* <-s, -e> *s.* **Megaphon**
**Megahertz** ['me:gahɛrts] *nt* <-, -> (PHYS) megahertzio *m*
**Megaphon** [mega'fo:n] *nt* <-s, -e> megáfono *m*
**Megawatt** *nt* <-s, -> (PHYS) megavatio *m*
**Mehl** [me:l] *nt* <-(e)s, -e> harina *f*
**mehlig** *adj* harinoso
**Mehlschwitze** *f* <-n> (GASTR) *harina que se fríe para preparar salsas y sopas;* **Mehlwurm** *m* (ZOOL) gusano *m* de la harina
**mehr** [me:ɐ] **I.** *adv o pron indef kompar von* **viel** más (*als* que); (*vor Zahlen*) más (*als* de); (*vor Verben*) más (*als* de lo que); **sie hat ~ gegessen als er** ha comido más que él; **~ als nötig** más de lo necesario; **~ als sie erhofft hatte** más de lo que había esperado; **wir brauchen ~ Geld** necesita-

mos más dinero; **immer** ~ cada vez más; **etwas** ~ un poco más; ~ **als genug** más que suficiente; **noch** ~ todavía más; ~ **und** ~ más y más; **nicht** ~ **und nicht weniger als ...** ni más ni menos que...; ~ **oder weniger** más o menos; **um so** ~ tanto más; **viel** ~ mucho más; **sie ist** ~ **Künstlerin als Wissenschaftlerin** es más bien artista que científica **II.** *adv* (+ *Negation, ein Ende ausdrückend*): **nicht** ~ ya no; **ich habe kein Geld** ~ ya no tengo (más) dinero; **nichts** ~ nada más; **kein Wort** ~**!** ¡ni una palabra más!; **es war niemand** ~ **da** ya no había nadie más

**Mehr** [meːɐ] *nt* <-(s), *ohne pl*> ① (*Überschuss*) excedente *m* (*an* de); **ein** ~ **an Zeit/Kosten aufwenden** invertir más tiempo/costes ② (*Schweiz: Stimmenmehrheit*) mayoría *f* (de votos) ③ (*Schweiz: Mehrheitsbeschluss*) acuerdo *m* adoptado por la mayoría; **Mehraufwand** *m* (*an Geld*) gastos *mpl* adicionales; **Mehrausgabe** *f* gastos *mpl* suplementarios

**mehrbändig** [-bɛndɪç] *adj* en varios tomos

**Mehrbelastung** *f* sobrecarga *f;* **Mehrbetrag** *m* excedente *m*

**mehrdeutig** [ˈmeːɐdɔɪtɪç] *adj* (*interpretierbar*) ambiguo; (*missverständlich*) equívoco

**Mehrdeutigkeit** *f ohne pl* ambigüedad *f*

**mehrdimensional** *adj* multidimensional; **Mehreinnahme** *f* superávit *m inv*

**mehren** [ˈmeːrən] *vt, vr:* **sich** ~ (*geh*) aumentar

**mehrere** [ˈmeːrərə] *pron indef* varios; (*verschiedene*) diferentes; **zu** ~**n** entre varios; **sie waren zu** ~**n da** eran varios

**mehrfach** [ˈmeːɐfax] **I.** *adj* múltiple **II.** *adv* repetidas veces; **Mehrfachsteckdose** *f* (caja *f* de) enchufe *m* múltiple; **Mehrfachstecker** *m* ficha *f* múltiple

**Mehrfamilienhaus** *nt* casa *f* de vecindad

**mehrfarbig** *adj* multicolor, de varios colores

**Mehrheit** *f* <-en> mayoría *f;* **mit einer Stimme** ~ con mayoría por un voto; **in der** ~ mayoritariamente; **in der** ~ **sein** ser mayoría; **die schweigende** ~ la mayoría silenciosa

**mehrheitlich** *adj* por mayoría; **der Antrag wurde** ~ **angenommen** la solicitud fue aceptada con la mayoría de votos

**Mehrheitsbeschluss** *m* decisión *f* mayoritaria; **Mehrheitswahlrecht** *nt ohne pl* sistema *m* mayoritario

**mehrjährig** *adj* (*a.* BOT) plurienal; **Mehrkosten** *pl* gastos *mpl* adicionales

**mehrmalig** [ˈmeːɐmaːlɪç] *adj* repetido

**mehrmals** [ˈmeːɐmaːls] *adv* repetidas veces

**Mehrparteiensystem** *nt* (POL) sistema *m* pluralista (de partidos)

**mehrsilbig** *adj* polisílabo

**mehrsprachig** *adj* políglota; (*Mensch*) multilingüe

**mehrstimmig I.** *adj* (MUS) de varias voces **II.** *adv* (MUS) a varias voces

**mehrstöckig** [-ʃtœkɪç] *adj* de varios pisos

**mehrstündig** [-ʃtʏndɪç] *adj* de varias horas

**mehrtägig** [-tɛːgɪç] *adj* de varios días

**Mehrverbrauch** *m* exceso *m* del consumo (*an* de)

**Mehrweg-** retornable; **Mehrwegflasche** *f* botella *f* retornable; **Mehrwegverpackung** *f* envase *m* retornable

**Mehrwert** *m ohne pl* ① (WIRTSCH) mayor valía *f* ② (*marxistisch*) plusvalía *f;* **Mehrwertsteuer** *f* (WIRTSCH) impuesto *m* sobre el valor añadido

**mehrwöchig** [-vœçɪç] *adj* de varias semanas

**Mehrzahl** *f ohne pl* ① (LING) plural *m* ② (*Mehrheit*) mayoría *f;* **in der** ~ **der Fälle** en la mayoría de los casos; **wir sind in der** ~ somos mayoría

**meiden** [ˈmaɪdən] <meidet, mied, gemieden> *vt* (*geh*) rehuir

**Meile** [ˈmaɪlə] *f* <-n> legua *f;* (NAUT) milla *f;* **das riecht man drei** ~**n gegen den Wind** (*abw*) eso se huele a la legua; **Meilenstein** *m* piedra *f* miliar; (*wichtiger Einschnitt*) hito *m;* **meilenweit** *adj* a varias leguas de distancia; ~ **entfernt sein** estar muy lejos

**Meiler** [ˈmaɪlɐ] *m* <-s, -> ① (*Kohlen~*) carbonera *f* ② (*Atom~*) reactor *m*

**mein, meine, mein** [maɪn, ˈmaɪnə, maɪn] *pron poss* (*adjektivisch*) mi, mis *pl;* ~ **Haus/Freund** mi casa/mi novio; ~**e Damen und Herren!** ¡señoras y señores!

**meine(r, s)** *pron poss* (*substantivisch*) (el) mío *m,* (la) mía *f,* (los) míos *mpl,* (las) mías *fpl;* **das Haus in der Mitte ist** ~**s** la casa del centro es (la) mía; *s. a.* **mein, meine, mein**

**Meineid** *m* perjurio *m;* **einen** ~ **schwören** perjurar

**meineidig** *adj* perjuro

**meinen** [ˈmaɪnən] *vt* ① (*denken*) pensar; (*glauben*) creer; (*Meinung vertreten*) opinar; **man sollte** ~**, dass ...** se podría pensar que...; **was meinst du dazu?** ¿qué opinas al respecto?; ~ **Sie nicht?** ¿no le parece?; **wenn Sie** ~ si Ud. cree; **(ganz) wie Sie** ~**!** ¡como Ud. quiera!; **das will ich** ~ (*fam*) ya lo creo ② (*sich beziehen* *auf*) referirse (a); **du warst nicht gemeint** no se refería a ti; **ja, dich habe ich damit gemeint** sí, tú ❸ (*sagen*) decir; **was meinten Sie?** ¿qué decía Ud.?; **meinst du das im Ernst?** ¿lo dices en serio? ❹ (*sagen wollen*) querer decir; **was meinst du damit?** ¿qué quieres decir con eso? ❺ (*beabsichtigen*): **wohl gemeint** bien intencionado; **so war es nicht gemeint** no fue con esa intención; **ein gut gemeinter Rat** un consejo con buena intención; **er meint es doch nur gut mit dir** si sólo tiene buenas intenciones contigo

**meiner** *pron pers gen von* **ich** de mí

**meinerseits** *adv* por mi parte; **ganz ~!** ¡el gusto es mío!

**meinesgleichen** ['--'--] *pron indef inv* de mi condición, mis semejantes; **ich wollte unter ~ sein** quería estar con mis semejantes

**meinetwegen** ['--'--] *adv* por mí; (*negativ*) por mi culpa; **bemühe dich nicht ~** no te esfuerces por mí

**meinetwillen** ['maɪnət'vɪlən] *adv:* **um ~** por mí

**meinige** *pron poss geh für* **meine(r, s)**: **der/die/das ~** [*o* **M~**] el mío/la mía/lo mío; **die ~n** [*o* **M~n**] los míos/las mías

**Meinung** ['maɪnʊŋ] *f* <-en> opinión *f;* **meiner ~ nach** en mi opinión; **ich bin der ~, dass ...** soy de la opinión de que...; **seine ~ ändern** cambiar de opinión; **einer ~ sein** ser de la misma opinión; **ich bin anderer ~** no estoy de acuerdo; **die öffentliche ~** la opinión pública; **ganz meine ~!** ¡totalmente de acuerdo!; **darüber kann man geteilter ~ sein** las opiniones pueden diferir en ese punto; **jdm (gehörig) die ~ sagen** (*fam*) cantar las cuarenta a alguien; **Meinungsäußerung** *f* (expresión *f* de una) opinión *f;* **Meinungsaustausch** *m* intercambio *m* de opiniones; **Meinungsforschung** *f ohne pl* sondeo *m* de opinión; **Meinungsfreiheit** *f ohne pl* libertad *f* de expresión; **Meinungsumfrage** *f* encuesta *f;* **Meinungsverschiedenheit** *f* ❶ (*in der Beurteilung*) disparidad *f* de opiniones ❷ (*Streit*) pelea *f*, querella *f*

**Meise** ['maɪzə] *f* <-n> paro *m;* **du hast doch 'ne ~!** (*fam*) ¡estás chiflado!

**Meißel** ['maɪsəl] *m* <-s, -> cincel *m*

**meißeln** *vi, vt* (*bearbeiten*) cincelar; (*schaffen*) esculpir; **eine Inschrift in einen Stein ~** grabar una inscripción en una roca

**meist** [maɪst] *adv s.* **meistens**

**meistbietend** *adv:* **etw ~ versteigern** subastar algo al mejor postor

**meiste(r, s)** *pron indef superl von* **viel** ❶ (*größte Anzahl*): **die ~n** la mayoría; **die ~n Leute glauben, dass ...** la mayoría de la gente cree que... ❷ (*größte Menge*): **das ~** lo más; **das ~ war interessant** la mayor parte fue interesante; **die ~ Zeit** la mayor parte del tiempo; **sie hat das ~ Geld** ella es la que más dinero tiene

**meisten** *superl von* **viel**: **am ~** (+ *Verb*) lo (que) más; **Hans arbeitet am ~** Hans es el que más trabaja

**meistens** ['maɪstəns] *adv* la mayoría de las veces

**meistenteils** *adv* la mayoría de las veces, por lo general; **sie kommt ~ zu spät** por lo general llega tarde

**Meister(in)** ['maɪstɐ] *m(f)* <-s, -; -nen> ❶ (*im Handwerk*) maestro, -a *m, f;* **seinen ~ machen** (*fam*) presentarse al examen de maestría ❷ (*Könner*) maestro, -a *m, f;* **er ist ein ~ seines Faches** es un experto en su campo; **es ist noch kein ~ vom Himmel gefallen** (*prov*) la práctica hace al maestro ❸ (SPORT) campeón, -ona *m, f;* **Meisterbrief** *m* diploma *m* de maestría

**meisterhaft** **I.** *adj* magistral, perfecto **II.** *adv* con maestría

**Meisterin** *f* <-nen> *s.* **Meister**

**Meisterleistung** *f* obra *f* maestra; **das war nicht gerade eine ~** (*iron*) no ha sido nada del otro mundo

**meistern** ['maɪstɐn] *vt* ❶ (*Werkzeug, Instrument*) dominar ❷ (*Schwierigkeit*) superar; (*Situation*) controlar

**Meisterprüfung** *f* examen *m* de maestría

**Meisterschaft[1]** *f ohne pl* (*Können*) maestría *f;* (*Vollkommenheit*) perfección *f;* **es zu wahrer ~ in etw bringen** conseguir verdadera maestría en algo

**Meisterschaft[2]** *f* <-en> (SPORT) campeonato *m*

**Meisterstück** *nt* ❶ (*Werkstück*) pieza *f* de(l) examen de oficial ❷ (*Meisterleistung*) obra *f* maestra; **Meisterwerk** *nt* (*a.* KUNST) obra *f* maestra

**Mekka** ['mɛka] *nt* <-s> Meca *f*

**Melancholie** [melaŋko'li:] *f ohne pl* melancolía *f*, flato *m Am*

**melancholisch** [melaŋ'ko:lɪʃ] *adj* melancólico

**Meldeamt** *nt* oficina *f* de empadronamiento; **Meldefrist** *f* (*für Anmeldung*) plazo *m* de inscripción; (*für Verbrechen*) plazo *m* de denuncia

**melden** ['mɛldən] **I.** *vt* ❶ (*berichten*) informar (de); (*mitteilen*) comunicar, reportar *Am;* (*förmlich*) notificar; **jdm etw ~** comunicar algo a alguien; **du hast**

M

**hier(bei) überhaupt nichts zu ~** (*fam*) tú no tienes ni voz ni voto en este asunto ❷ (*anzeigen*) dar parte (de); **etw bei der Polizei ~** dar parte de algo a la policía; **er ist als vermisst gemeldet** fue dado por desaparecido ❸ (*ankündigen*) anunciar; **wen darf ich ~?** ¿a quién debo anunciar? **II.** *vr:* **sich ~** ❶ (*an~*) registrarse ❷ (*sich zur Verfügung stellen*) presentarse; (*auf eine Anzeige*) responder (*auf* a) ❸ (*das Wort erbitten*) pedir la palabra; (*in der Schule*) levantar la mano; **er meldete sich zu Wort** pidió la palabra ❹ (*von sich hören lassen*) dar señal de vida; **melde dich mal wieder (bei mir)** llámame alguna vez; **er hat sich nie wieder (bei uns) gemeldet** nunca más supimos nada de él ❺ (*am Telefon*) responder al teléfono; **es meldet sich niemand** no responde nadie

**Meldepflicht** *f ohne pl* (*für Dinge*) declaración *f* obligatoria; (*für Personen*) registro *m* obligatorio; **meldepflichtig** *adj* sujeto a declaración obligatoria; (*Krankheit*) de declaración obligatoria

**Meldung** *f* <-en> ❶ (*Bericht*) información *f;* (*Mitteilung*) comunicación *f;* (*Ankündigung*) aviso *m;* (*für die Presse*) comunicado *m;* (*bei der Polizei*) denuncia *f* ❷ (*Radio~, Fernseh~*) noticia *f* ❸ (*dienstlich*) informe *m;* **eine ~ machen** hacer un informe

**meliert** [me'liːɐt] *adj* (*Wolle*) mezclado; (*Haar*) entrecano

**Melisse** [me'lɪsə] *f* <-n> (BOT) melisa *f*

**melken** ['mɛlkən] <melkt, melkte, gemelkt *o* gemolken> *vi, vt* (AGR) ordeñar

**Melkmaschine** *f* (AGR) ordeñadora *f*

**Melodie** [melo'diː] *f* <-n> melodía *f*

**melodisch** [me'loːdɪʃ] *adj* melódico

**Melodrama** [melo'draːma] *nt* melodrama *m;* **melodramatisch** [melodra'maːtɪʃ] *adj* (*geh a. iron*) melodramático

**Melone** [me'loːnə] *f* <-n> ❶ (*Honig~*) melón *m;* (*Wasser~*) sandía *f* ❷ (*fam: Hut*) (sombrero *m*) hongo *m,* tongo *m Chil, Peru*

**Membran** [mɛm'braːn] *f* <-e(n)> ❶ (TECH) diafragma *m* ❷ (BIOL) membrana *f*

**Memo** ['meːmo] *nt* <-s, -s> ❶ (*Memorandum*) memorándum *m* ❷ (*a.* INFOR: *Merkzettel*) nota *f*

**Memoiren** [memo'aːrən] *pl* memorias *fpl*

**Memorandum** [memo'randʊm] *nt* <-s, Memoranden *o* Memoranda> memorándum *m*

**Menge** ['mɛŋə] *f* <-n> ❶ (*Anzahl*) cantidad *f* ((*an*) de); (*große*) montón *m* ((*an*) de); **eine ~ Zeit** un montón de tiempo; **eine ~ lernen** aprender un montón; **Bücher in ~n** montones de libros; **in rauhen ~n** (*fam*) a montones; **es gab eine ~ zu sehen** había mucho que ver ❷ (*Menschen~*) multitud *f* ❸ (MATH) conjunto *m*

**mengen** ['mɛŋən] **I.** *vt* mezclar **II.** *vr:* **sich ~** (*fam*) mezclarse (*unter* entre)

**Mengenlehre** *f ohne pl* (MATH) teoría *f* de conjuntos; **mengenmäßig** *adj* cuantitativo; **Mengenrabatt** *m* (WIRTSCH) rebaja *f* por cantidad

**Meniskus** [me'nɪskʊs] *m* <-, Menisken> (ANAT, MED) menisco *m*

**Mensa** ['mɛnza] *f* <Mensen *o* -s> comedor *m* universitario

**Mensch** [mɛnʃ] *m* <-en, -en> hombre *m,* ser *m* humano; (*Person*) persona *f;* **kein ~** nadie; **jeder ~** cada uno; **er ist auch nur ein ~** él también sólo es un ser humano; **~!** (*fam*) ¡hombre!; **du stellst dich an wie der erste ~!** (*fam*) ¡qué torpe que eres!; **von ~ zu ~** de persona a persona; **Menschenaffe** *m* (ZOOL) antropoide *m;* **Menschenalter** *nt* generación *f;* **Menschenansammlung** *f* concentración *f* de personas; **Menschenauflauf** *m s.* **Menschenansammlung**; **Menschenfeind(in)** *m(f)* misántropo, -a *m, f;* **Menschenfresser** *m* <-s, -> antropófago, -a *m, f;* **Menschenfreund(in)** *m(f)* filántropo, -a *m, f;* **Menschengedenken** ['---'--] *nt:* **seit ~** desde tiempos inmemoriales; **Menschenhandel** *m* trata *f* de seres humanos; (*mit Frauen*) trata *f* de blancas; **Menschenkenner(in)** *m(f)* buen psicólogo *m,* buena psicóloga *f;* **Menschenkenntnis** *f ohne pl* conocimiento *m* de la naturaleza humana; **Menschenkette** *f* cadena *f* humana; **Menschenleben** *nt* ❶ (*Leben*) vida *f* humana ❷ (*Opfer*) víctima *f;* **menschenleer** ['--'-] *adj* (*Gebiet*) despoblado; (*Straße*) desierto; (*Raum*) vacío; **Menschenliebe** *f* filantropía *f;* **aus reiner ~** por amor al prójimo; **Menschenmasse** *f* masa *f* de gente; **Menschenmenge** *f* gentío *m,* bola *f* de gente *Mex;* **menschenmöglich** ['--'--] *adj* humanamente posible; **alles M~e tun** hacer todo lo humanamente posible

**Menschenrechte** *ntpl* derechos *mpl* humanos; **Menschenrechtsverletzung** *f* violación *f* de los derechos humanos

**menschenscheu** *adj* (*schüchtern*) tímido; (*ungesellig*) huraño; **Menschenschlag** *m ohne pl* tipo *m* de gente; **Menschenseele** ['--'--] *f* alma *f* humana; **keine ~** (*fig*) ni un alma

# Obst und Gemüse — Fruta y verdura

| | | |
|---|---|---|
| 1 | der Apfel | la manzana |
| 2 | der Pfirsich | el melocotón, el durazno (*Am*) |
| 3 | die Birne | la pera |
| 4 | der Kopfsalat | la lechuga |
| 5 | die Kirschen | las cerezas |
| 6 | der Lauch | el puerro |
| 7 | die Erdbeere | la fresa, la frutilla (*Am*) |
| 8 | der Maiskolben | la mazorca de maíz/ de choclo (*Am*) |
| 9 | die Trauben | las uvas |
| 10 | die Zitrone | el limón |
| 11 | die Orange | la naranja |
| 12 | die Mandarine | la mandarina |
| 13 | die Karotte | la zanahoria |
| 14 | der Blumenkohl, der Karfiol Ⓐ | la coliflor |
| 15 | die Zwiebel | la cebolla |
| 16 | der Knoblauch | el ajo |
| 17 | der Stangensellerie | el apio en rama |
| 18 | die Aubergine, die Melanzani Ⓐ | la berenjena |
| 19 | die Banane | el plátano, la banana (*Am*) |
| 20 | der Kohl | la col, el repollo (*Am*) |
| 21 | die Gurke | el pepino |
| 22 | die Kartoffel, der Erdapfel Ⓐ | la patata, la papa (*Am*) |
| 23 | die Tomate, der Paradeiser Ⓐ | el tomate |
| 24 | der Rosenkohl | la col/ el repollo (*Am*) de Bruselas |

| | | |
|---|---|---|
| 1 | die Klingel | la campana, la campanilla |
| 2 | die Wanduhr | el reloj de pared |
| 3 | die Weltkarte | el mapamundi |
| 4 | die Tafel | la pizarra, el pizarrón (*Am*) |
| 5 | die Tür | la puerta |
| 6 | der Wasserhahn | el grifo, la llave (*Am*) |
| 7 | das Waschbecken | el lavabo, el lavatorio (*Am*) |
| 8 | der Schwamm | la esponja |
| 9 | der Wischer | el borrador |
| 10 | die Kreide | la tiza |
| 11 | der Abfalleimer | el cubo de la basura |
| 12 | der Kartenständer | el caballete para los mapas |
| 13 | das Lehrerpult | el pupitre del profesor |
| 14 | die Schultasche | la cartera |
| 15 | der Tisch | la mesa |
| 16 | der Stuhl | la silla |

**Menschenskind** ['--'-] *interj* (*fam*) hombre

**menschenunmöglich** *adj* humanamente imposible; **das M~e** lo (humanamente) imposible

**menschenunwürdig** ['--'---] *adj* ① (*eines Menschens nicht würdig*) indigno de un ser humano ② (*die Menschenwürde verletzend*) inhumano

**menschenverachtend** *adj* inhumano

**Menschenverachtung** *f ohne pl* desprecio *m* a la humanidad; **Menschenverstand** *m*: **der gesunde ~** el sentido común; **Menschenwürde** *f ohne pl* dignidad *f* humana

**menschenwürdig** *adj* ① (*eines Menschens würdig*) digno (del hombre) ② (*der Menschenwürde entsprechend*) humano

**Menschheit** *f ohne pl* humanidad *f*

**menschlich** *adj* humano

**Menschlichkeit** *f ohne pl* humanidad *f*

**Mensen** *pl von* **Mensa**

**Menstruation** [mɛnstrua'tsjo:n] *f* <-en> (MED) menstruación *f*

**menstruieren*** [mɛnstru'i:rən] *vi* (MED) tener la menstruación

**mental** [mɛn'ta:l] *adj* mental

**Mentalität** [mɛntali'tɛ:t] *f* <-en> mentalidad *f*

**Menthol** [mɛn'to:l] *nt* <-s, *ohne pl*> (CHEM) mentol *m*

**Menü** [me'ny:] *nt* <-s, -s> (INFOR, GASTR) menú *m*; **Menüleiste** *f*, **Menüzeile** *f* (INFOR) línea *f* del menú, barra *f* del menú

**Meridian** [meri'dja:n] *m* <-s, -e> (GEO, ASTR) meridiano *m*

**Merkblatt** *nt* hoja *f* informativa

**merken** ['mɛrkən] *vt* ① (*wahrnehmen*) darse cuenta (de), realizar *Am*; **er merkte nicht, dass ...** no se dio cuenta de que...; **woran hast du das gemerkt?** ¿cómo te has dado cuenta?; **lass ihn das nicht ~!** ¡procura que no se dé cuenta!; **du merkst aber auch alles!** (*fam iron*) por fin, te has dado cuenta ② (*be~, an~*) notar ③ (*spüren*) sentir; **man merkt, dass ...** se siente que... ④ (*behalten*) retener; **merke: ...** recuerde: ...; **sich** *dat* **etw ~** recordar algo; **merk dir das!** ¡fíjate en mis palabras!

**merklich** *adj* (*beträchtlich*) considerable; (*fühlbar*) perceptible; (*deutlich*) evidente

**Merkmal** *nt* <-s, -e> rasgo *m*, característica *f*; **Merksatz** *m* (*Merkhilfe*) sentencia *f*

**Merkur** [mɛr'ku:ɐ] *m* <-s> (ASTR) Mercurio *m*

**merkwürdig** *adj* curioso, raro; **es ist auf einmal ~ still** de pronto reina un silencio extraño

**merkwürdigerweise** ['----'--] *adv* curiosamente

**meschugge** [me'ʃʊgə] *adj* (*fam*) chiflado

**Mesner(in)** ['mɛsnɐ] *m(f)* <-s, -; -nen> (*reg*) sacristán, -ana *m, f*

**messbar** ['mɛsba:ɐ] *adj* (con)mensurable

**Messbecher** *m* vaso *m* medidor

**Messdiener(in)** *m(f)* (REL) monaguillo, -a *m, f*

**Messe** ['mɛsə] *f* <-n> ① (REL) misa *f*; **in die ~ gehen** ir a misa; **eine ~ lesen** oficiar una misa ② (*Ausstellung*) feria *f*; **auf der ~ sein** estar en la feria ③ (NAUT: *Schiffskantine*) cámara *f* de oficiales; **Messegelände** *nt* recinto *m* ferial; **Messehalle** *f* pabellón *m* de la feria

**messen** ['mɛsən] <misst, maß, gemessen> **I.** *vt* medir (*an* en relación con); **die Zeit ~** medir el tiempo; **sieben Meter ~** medir siete metros **II.** *vr*: **sich ~** (*geh*) medirse; **mit dem kannst du dich nicht ~** no puedes competir con él

**Messer** ['mɛsɐ] *nt* <-s, -> cuchillo *m*; (TECH) cuchilla *f*; **jdm das ~ an die Kehle setzen** (*fam fig*) poner(le) a alguien la pistola en el pecho; **jdn ans ~ liefern** (*fam fig*) denunciar a alguien; **unters ~ kommen** (*fam: Operation*) ser operado; **ins offene ~ laufen** (*fam fig*) meterse en la boca del lobo; **messerscharf** *adj* afilado, filudo *Am*; (*Verstand*) agudo; **daraus schloss ich ~, dass ...** y de ahí saqué la tajante conclusión, de que...; **Messerspitze** *f* punta *f* del cuchillo; **eine ~ Pfeffer** una pizca de pimienta; **Messerstecherei** [-ʃtɛçə'raɪ] *f* <-en> (*abw*) riña *f* a cuchilladas; **Messerstich** *m* cuchillada *f*

**Messestand** *m* stand *m* (de feria)

**Messias** [mɛ'si:as] *m* <-, *ohne pl*> (REL) Mesías *m*

**Messing** ['mɛsɪŋ] *nt* <-s, *ohne pl*> latón *m*

**Messinstrument** *nt* instrumento *m* de medición; **Messlatte** *f* (TECH) mira *f*

**Messner(in)** *m(f)* <-s, -; -nen> *s.* **Mesner**

**Messtechnik**[1] *f ohne pl* metrología *f*

**Messtechnik**[2] *f* (*Methode*) técnica *f* de medición

**Messung** *f* <-en> medición *f*

**Messwert** *m* valor *m* registrado

**Mestize, -in** [mɛs'ti:tsə] *m, f* <-n, -n; -nen> mestizo, -a *m, f*, cholo, -a *m, f Am*

**MESZ** [ɛmʔe:ʔɛs'tsɛt] *Abk. von* **mitteleuropäische Sommerzeit** horario *m* de verano para Europa Central

**Metall** [me'tal] *nt* <-s, -e> metal *m*; **Metallarbeiter(in)** *m(f)* (obrero, -a *m, f*) metalúrgico, -a *m, f*

**metallic** [me'talɪk] *adj inv* metálico

**metallisch** *adj* metálico, de metal; **~ klin-**

M

**gen/schimmern** tener un sonido/brillo metálico

**Metallurgie** [metalʊrˈgiː] *f ohne pl* metalurgia *f*

**Metallverarbeitung** *f ohne pl* elaboración *f* de metales

**Metamorphose** [metamɔrˈfoːzə] *f* <-n> (*a.* BOT, ZOOL) metamorfosis *f inv*

**Metapher** [meˈtafɐ] *f* <-n> (LING) metáfora *f*

**metaphorisch** [metaˈfoːrɪʃ] *adj* (LING) metafórico

**Metaphysik** [metafyˈziːk] *f* metafísica *f*; **metaphysisch** [metaˈfyːzɪʃ] *adj* metafísico

**Metastase** [metaˈstaːzə] *f* <-n> (MED) metástasis *f inv*

**Meteorit** [meteoˈriːt] *m* <-en, -en> (ASTR) meteorito *m*

**Meteorologe**, **-in** [meteoroˈloːgə] *m, f* <-n, -n; -nen> meteorólogo, -a *m, f*

**Meteorologie** [meteoroloˈgiː] *f ohne pl* meteorología *f*

**Meteorologin** *f* <-nen> *s.* **Meteorologe**

**meteorologisch** [meteoroˈloːgɪʃ] *adj* meteorológico

**Meter** [ˈmeːtɐ] *m o nt* <-s, -> metro *m*; **drei ~ hoch/lang** tres metros de alto/de largo; **der laufende ~** (COM) el metro; **am laufenden ~** (*fam*) sin parar; **Metermaß** *nt* (*Stab*) metro *m* plegable; (*Band*) cinta *f* métrica

**meterweise** *adv* por metros

**Methadon** [metaˈdoːn] *nt* <-s, *ohne pl*> metadona *f*

**Methode** [meˈtoːdə] *f* <-n> método *m*

**Methodik** [meˈtoːdɪk] *f* <-en> metodología *f*

**methodisch** *adj* metódico

**Metier** [meˈtjeː] *nt* <-s, -s> profesión *f*

**Metrik** [ˈmeːtrɪk] *f ohne pl* (LIT) métrica *f*

**metrisch** [ˈmeːtrɪʃ] *adj* (LIT) métrico

**Metro** [ˈmeːtro] *f* <-s> metro *m*

**Metronom** [metroˈnoːm] *nt* <-s, -e> (MUS) metrónomo *m*

**Metropole** [metroˈpoːlə] *f* <-n> metrópoli *f*

**Mett** [mɛt] *nt* <-(e)s, *ohne pl*> (*reg*) *plato de carne picada de cerdo cruda y condimentada con especias*

**Mettwurst** *f embutido de carne de cerdo cruda picada y condimentada con especias*

**Metzelei** [mɛtsəˈlaɪ] *f* <-en> (*abw*) carnicería *f*

**Metzger(in)** [ˈmɛtsgɐ] *m(f)* <-s, -; -nen> carnicero, -a *m, f*

**Metzgerei** [mɛtsgəˈraɪ] *f* <-en> carnicería *f*, chanchería *f Am*

**Metzgerin** *f* <-nen> *s.* **Metzger**

**Meuchelmord** [ˈmɔɪçəl-] *m* (*abw*) asesinato *m* con alevosía; **Meuchelmörder(in)** *m(f)* (*abw*) asesino, -a *m, f* alevoso, -a

**Meute** [ˈmɔɪtə] *f* <-n> ❶ (*Jagdhunde*) jauría *f* ❷ (*fam: Menschen*) turba *f*

**Meuterei** [mɔɪtəˈraɪ] *f* <-en> amotinamiento *m*

**Meuterer**, **-in** *m, f* <-s, -; -nen> amotinador(a) *m(f)*

**meutern** [ˈmɔɪtɐn] *vi* ❶ (*rebellieren*) amotinarse ❷ (*fam: meckern*) rebelarse

**Mexikaner(in)** [mɛksiˈkaːnɐ] *m(f)* <-s, -; -nen> mejicano, -a *m, f*

**mexikanisch** *adj* mejicano

**Mexiko** [ˈmɛksiko] *nt* <-s> Méjico *m*, México *m*

**MEZ** [ɛmʔeːˈtsɛt] *Abk. von* **mitteleuropäische Zeit** hora *f* de la Europa Central

**mg** *Abk. von* **Milligramm** mg

**MHz** *Abk. von* **Megahertz** mh.

**miauen*** [miˈaʊən] *vi* maullar

**mich** [mɪç] **I.** *pron pers akk von* **ich** me; (*betont*) a mí (me); (*mit Präposition*) mí; **rufst du ~ an?** ¿me llamas?; **~ interessiert es nicht** a mí no me interesa; **meinst du ~?** ¿estás hablando conmigo? **II.** *pron refl akk von* **ich** me; **ich halte ~ da raus** yo no me meto

**? Grammatik**

El pronombre reflexivo **mich** (acusativo) se utiliza cuando no hay en la frase otro complemento directo en acusativo: *Ich dusche mich jeden Morgen. – Me ducho cada mañana.*

**mir** (dativo) se utiliza como pronombre reflexivo cuando ya existe en la frase un complemento directo en acusativo: *Morgen kaufe ich mir das neue Auto. – Mañana voy a comprarme el coche nuevo.*

**mick(e)rig** *adj* (*fam abw: Sache*) pobre; (*Person*) enclenque

**Midlifecrisis** *f* <->, **Midlife-Crisis** [ˈmɪdlaɪfˈkraɪsɪs] *f* <-> (*geh*) crisis *f inv* de los cuarenta

**mied** [miːt] *3. imp von* **meiden**

**Mieder** [ˈmiːdɐ] *nt* <-s, -> ❶ (*Unterkleidung*) corpiño *m* ❷ (*einer Tracht*) faja *f*; **Miederwaren** *fpl* corsetería *f*

**Mief** [miːf] *m* <-s, *ohne pl*> (*fam abw*) mal olor *m*

**miefen** *vi* (*fam abw*) apestar

**Miene** [ˈmiːnə] *f* <-n> cara *f*; **ohne eine ~ zu verziehen** sin pestañear; **gute ~ zum**

**bösen Spiel machen** poner a mal tiempo buena cara; **Mienenspiel** *nt ohne pl* mímica *f*

**mies** [miːs] *adj* (*fam abw*) miserable, malo; **etw/jdn ~ machen** hablar mal de algo/de alguien

**Miese** [ˈmiːzə] *pl* (*fam*): **in den ~n sein** estar en números rojos

**Miesepeter** [ˈmiːzəpeːtɐ] *m* <-s, -> (*fam*) cascarrabias *mf inv*

**miesepet(e)rig** [ˈmiːzəpeːt(ə)rɪç] *adj* (*fam*) malhumorado; ~ **sein** estar de mal café

**Miesmacher(in)** *m(f)* <-s, -; -nen> (*fam abw*) aguafiestas *mf inv*

**Miesmuschel** *f* mejillón *m*

**Mietauto** *nt* coche *m* de alquiler

**Miete** [ˈmiːtə] *f* <-n> ❶ (*Wohnungs~*) alquiler *m;* **zur ~ wohnen** vivir en un piso de alquiler ❷ (AGR: *Lagergrube*) hacina *f*

**mieten** [ˈmiːtən] *vt* alquilar, rentar *Am*

**Mieter(in)** *m(f)* <-s, -; -nen> (*einer Wohnung*) inquilino, -a *m, f*

**Mieterhöhung** *f* aumento *m* del alquiler

**Mieterin** *f* <-nen> *s.* **Mieter**

**Mieterschutz** *m* protección *f* al inquilino

**mietfrei** *adj* libre de alquiler; **Mietrückstand** *m* alquiler *m* atrasado

**Mietshaus** *nt* casa *f* de alquiler

**Mietspiegel** *m* media *f* del alquiler; **Mietvertrag** *m* contrato *m* de alquiler; **Mietwagen** *m* coche *m* de alquiler; **Mietwohnung** *f* piso *m* de alquiler

**Miezekatze** *f* (*fam*) gatito *m*

**Migräne** [miˈgrɛːnə] *f ohne pl* jaqueca *f*

**Migration** [migraˈtsjoːn] *f* <-en> (GEO, BIOL, SOZIOL) migración *f*

**Mikro** [ˈmikro] *nt* <-s, -s> micro *m*

**Mikrobe** [miˈkroːbə] *f* <-n> (BIOL) microbio *m*

**Mikrobiologie** *f* microbiología *f;* **Mikrochip** [ˈmiːkro-] *m* (ELEK) microchip *m;* **Mikroelektronik** *f* microelectrónica *f;* **Mikrofaser** [ˈ----] *f* microfibra *f;* **Mikrofiche** [ˈmiːkrofiːʃ, mikroˈfiːʃ] *nt o m* microficha *f;* **Mikrofilm** [ˈmiːkro-] *m* microfilm(e) *m*

**Mikrofon** [mikroˈfoːn] *nt* <-s, -e> micrófono *m*

**Mikrokosmos** [ˈmiːkrokɔsmɔs, mikroˈkɔsmɔs] *m* (BIOL, PHILOS, PHYS) microcosmo(s) *m inv;* **Mikroorganismus** [ˈ------, ----ˈ--] *m* (BIOL) microorganismo *m*

**Mikrophon** [mikroˈfoːn] *nt* <-s, -e> *s.* **Mikrofon**

**Mikroprozessor** [ˈ-----] *m* (INFOR) microprocesador *m*

**Mikroskop** [mikroˈskoːp] *nt* <-s, -e> microscopio *m*

**mikroskopisch** [mikroˈskoːpɪʃ] *adj* microscópico; ~ **klein** de tamaño microscópico

**Mikrowelle** [ˈ----] *f* ❶ (*~nherd*) (horno *m*) microondas *m inv* ❷ (ELEK) microonda *f;* **Mikrowellenherd** *m* (horno *m*) microondas *m inv*

**Milan** [ˈmiːlan, miˈlaːn] *m* <-s, -e> (ZOOL) milano *m*

**Milbe** [ˈmɪlbə] *f* <-n> (ZOOL) ácaro *m*

**Milch** [mɪlç] *f ohne pl* (*a.* BOT) leche *f;* **Milchbar** *f bar donde se sirven fundamentalmente batidos,* fresquería *f Am;* **Milchflasche** *f* ❶ (*Babyflasche*) biberón *m* ❷ (*für den Verkauf*) botella *f* de leche; **Milchglas** *nt ohne pl* (*Material*) vidrio *m* opalino

**milchig** [ˈmɪlçɪç] *adj* lechoso

**Milchkaffee** *m* café *m* con leche; **Milchkanne** *f* (*zum Transport*) bidón *m* de leche; (*kleine ~*) lechera *f;* **Milchkuh** *f* vaca *f* lechera

**Milchmädchenrechnung** *f* cuenta *f* de la lechera

**Milchprodukt** *nt* producto *m* lácteo; **Milchpulver** *nt* leche *f* en polvo; **Milchreis** *m* arroz *m* con leche, arequipa *f Col, Mex;* **Milchschokolade** *f* chocolate *m* con leche; **Milchstraße** *f ohne pl* (ASTR) vía *f* láctea; **Milchtüte** *f* bolsa *f* de leche; **Milchzahn** *m* diente *m* de leche

**mild(e)** *adj* ❶ (*sanft, Luft*) suave; (*Klima*) templado ❷ (*nachsichtig*) indulgente; (*gütig*) benigno; (*Strafe*) leve; **eine ~e Gabe** una limosna; **jdn ~(e) stimmen** calmar a alguien ❸ (*Tabak, Speisen*) suave

**Milde** [ˈmɪldə] *f ohne pl* ❶ (*Nachsicht*) indulgencia *f,* clemencia *f;* (*Güte*) benevolencia *f* ❷ (*Sanftheit*) suavidad *f;* (*des Klimas*) templanza *f* ❸ (*im Geschmack, Geruch*) suavidad *f*

**mildern** [ˈmɪldɐn] **I.** *vt* (*Zorn*) calmar; (*Schmerz, Wirkung*) atenuar; (*Aufprall*) suavizar; **~de Umstände** circunstancias atenuantes **II.** *vr:* **sich ~** disminuir

**Milderung** *f ohne pl* ❶ (*von Schmerz*) mitigación *f* ❷ (*Mäßigung*) moderación *f;* **Milderungsgrund** *m* circunstancia *f* atenuante

**mildtätig** *adj* (*geh*) caritativo

**Mildtätigkeit** *f ohne pl* caridad *f*

**Milieu** [miˈljøː] *nt* <-s, -s> (medio *m*) ambiente *m;* **milieugeschädigt** *adj* psíquicamente afectado por el entorno (social)

**militant** [miliˈtant] *adj* militante

**Militär**[1] [miliˈtɛːɐ] *m* <-s, -s> (*Offizier*) militar *m*

**Militär**[2] *nt* <-s, *ohne pl*> (*Heer*) ejército *m;* **er ist beim ~** (*als Berufssoldat*) es militar; (*als Wehrdienstleistender*) hace el servicio militar

**Militärdienst** *m ohne pl* servicio *m* militar, mili *f fam;* **Militärdiktatur** *f* dictadura *f* militar; **Militärgericht** *nt* tribunal *m* militar

**militärisch** [miliˈtɛːrɪʃ] *adj* militar

**Militarismus** [militaˈrɪsmʊs] *m* <-, *ohne pl*> (*abw*) militarismo *m*

**militaristisch** *adj* militarista

**Militärpolizei** *f* policía *f* militar; **Militärputsch** *m* golpe *m* militar; **Militärregierung** *f* gobierno *m* militar; **Militärzeit** *f ohne pl* tiempo *m* del servicio militar

**Miliz** [miˈliːts] *f* <-en> milicia *f*

**Mille** [ˈmɪlə] *nt* <-, -> (*fam*) mil marcos *mpl*

**Millennium** [mɪˈlɛniʊm, *pl:* mɪˈlɛniən] *nt* <-s, Millennien> (*geh*) milenio *m*

**Milliardär(in)** [mɪljarˈdɛːɐ] *m(f)* <-s, -e; -nen> multimillonario, -a *m, f*

**Milliarde** [mɪˈljardə] *f* <-n> mil millones *mpl;* **Milliardenbetrag** *m* (suma *f* de) miles *mpl* de millones; **milliardenschwer** *adj* (*Unternehmen, Projekt, Vermögen*) multimillonario

**Millibar** [ˈmɪlibaːɐ] *nt* <-s, -s> (METEO) milibar *m,* milibara *f Am;* **Milligramm** [ˈmɪligram] *nt* miligramo *m;* **Milliliter** *m o nt* <-s, -> mililitro *m*

**Millimeter** [mɪliˈmeːtɐ, ˈ----] *m o nt* milímetro *m;* **Millimeterpapier** [--ˈ----] *nt* papel *m* milimetrado

**Million** [mɪˈljoːn] *f* <-en> millón *m*

**? Grammatik**

**Million**, después de una cifra, se usa sin preposición: *Zwei Millionen Personen nahmen letzte Woche an dem Generalstreik teil. – Dos millones de personas participaron la semana pasada en la huelga general.* Sin embargo, con el plural **Millionen**, cuando no le antecede ninguna cifra, se utiliza la preposición 'von': *Millionen von Menschen auf der Welt haben nie einen Computer verwendet. – Millones de personas en el mundo no han utilizado nunca un ordenador.*

**Millionär(in)** [mɪljoˈnɛːɐ] *m(f)* <-s, -e; -nen> millonario, -a *m, f*

**Millionengeschäft** *nt* negocio *m* de (varios) millones; **Millionengewinn** *m* premio *m* millonario; **millionenschwer** *adj* (*fam*) forrado de millones; **Millionenstadt** *f* ciudad *f* de más de un millón de habitantes

**Milz** [mɪlts] *f* <-en> (ANAT) bazo *m*

**mimen** [ˈmiːmən] *vt* (*fam abw*) fingir; **den Ahnungslosen** ~ hacerse el inocente

**Mimik** [ˈmiːmɪk] *f ohne pl* mímica *f*

**mimisch** [ˈmiːmɪʃ] *adj* mímico

**Mimose** [miˈmoːzə] *f* <-n> ❶ (BOT) sensitiva *f,* dormilona *f AmC* ❷ (*Mensch*) hipersensible *mf*

**min.**, **Min.** *Abk. von* **Minute(n)** m

**minder** [ˈmɪndɐ] *adv* (*geh*) *kompar von* **wenig** menos (*als* que); **minderbegabt** *adj* menos dotado; **minderbemittelt** *adj* económicamente débil; (*arm*) necesitado; **geistig** ~ (*fam abw*) cerrado de mollera

**mindere(r, s)** *adj* menor; (*minderwertig*) inferior; **von ~r Qualität** de calidad inferior

**Minderheit** *f* <-en> minoría *f;* **in der ~ sein** estar en minoría; **Minderheitenschutz** *m* (POL) protección *f* a las minorías

**minderjährig** *adj* menor de edad

**Minderjährige(r)** *mf* <-n, -n; -n> menor *mf* de edad

**mindern** [ˈmɪndɐn] *vt* (*geh*) disminuir (*um* en, *auf* a); (*Verdienste*) desvalorar

**Minderung** *f* <-en> ❶ (*Wert~*) disminución *f* (*um* en); (*Preis*) rebaja *f* ❷ (*Herabsetzung*) reducción *f*

**minderwertig** *adj* (de calidad) inferior

**Minderwertigkeit** *f ohne pl* inferioridad *f;* **Minderwertigkeitsgefühl** *nt* (PSYCH) complejo *m* de inferioridad; **Minderwertigkeitskomplex** *m* (PSYCH) complejo *m* de inferioridad

**Minderzahl** *f ohne pl* minoría *f;* **in der ~ sein** estar en minoría

**Mindestabstand** *m* distancia *f* mínima; **Mindestalter** *nt* edad *f* mínima; **Mindestanforderung** *f* requisito *m* mínimo

**mindeste(r, s)** *adj* menor, mínimo; **nicht die ~ Ahnung haben** no tener la menor idea; **ich verstehe nicht das ~ davon** no entiendo ni lo más mínimo de eso; **das wäre wohl das ~ gewesen** eso hubiera sido lo mínimo; **das bezweifle ich nicht im M~n** de eso no tengo la menor duda

**Mindesteinkommen** *nt* ingreso *m* mínimo

**mindesten** *s.* **mindeste(r, s)**

**mindestens** [ˈmɪndəstəns] *adv* por lo menos

**Mindestgebot** *nt* (WIRTSCH) oferta *f* mínima; **Mindestgeschwindigkeit** *f* velocidad *f* mínima; **Mindesthaltbarkeitsdatum** *nt* fecha *f* mínima de caducidad; **Mindestmaß** *nt* mínimo *m* (*an* de);

**sich auf das ~ beschränken** limitarse al mínimo; **Mindestreservesystem** *nt* (WIRTSCH) sistema *m* de [*o* sobre] reservas mínimas; **Mindeststrafe** *f* pena *f* mínima

**Mine** ['mi:nə] *f* <-n> (*a.* BERGB, MIL) mina *f;* **~n legen** colocar minas; **Minenfeld** *nt* (MIL) zona *f* minada; **Minenwerfer** *m* <-s, -> (MIL) lanzaminas *m inv*

**Mineral** [mine'ra:l] *nt* <-s, -e *o* -ien> mineral *m;* **Mineralbad** *nt* baño *m* de aguas minerales

**mineralisch** *adj* mineral

**Mineralogie** [mineralo'gi:] *f ohne pl* mineralogía *f*

**Mineralöl** *nt* ❶ (*destilliertes Erdöl*) aceite *m* mineral ❷ (*Erdöl*) petróleo *m;* **Mineralölsteuer** *f* impuesto *m* sobre el aceite mineral

**Mineralstoffe** *mpl* elementos *mpl* minerales; **Mineralwasser** *nt* <-s, -wässer> agua *f* mineral

**i Land & Leute**

En Austria es normal beber agua del grifo, no así en Suiza y Alemania, donde habitualmente se consume **Mineralwasser** embotellada. Esta agua es rica en minerales y contiene además gas carbónico.

**Mini** ['mɪni, 'mini] *m* <-s, -s> (*fam*) minifalda *f*

**Miniatur** [minia'tu:ɐ] *f* <-en> miniatura *f*

**Minibar** ['mɪni-] *f* minibar *m;* **Minigolf** *nt ohne pl* minigolf *m;* **Minikleid** *nt* vestido *m* mini

**Minima** *pl von* **Minimum**

**minimal** [mini'ma:l] *adj* (*wenig*) mínimo; (*unbedeutend*) insignificante

**minimieren*** [mini'mi:rən] *vt* minimalizar

**Minimum** ['mi:nimʊm, *pl:* 'mi:nima] *nt* <-s, Minima> mínimo *m* (*an* de)

**Minipille** *f* (*fam*) píldora *f* anticonceptiva de menor contenido hormonal; **Minirock** *m* minifalda *f*

**Minister(in)** [mi'nɪstɐ] *m(f)* <-s, -; -nen> ministro, -a *m, f*

**ministeriell** [minɪsteri'ɛl] *adj* ministerial

**Ministerin** *f* <-nen> *s.* **Minister**

**Ministerium** [minɪs'te:riʊm] *nt* <-s, Ministerien> ministerio *m,* secretaría *f Am*

**Ministerkonferenz** *f* conferencia *f* de ministros; **Ministerpräsident(in)** *m(f)* ❶ (*eines Staates*) presidente, -a *m, f* del Gobierno ❷ (*eines Bundeslandes*) presidente, -a *m, f* del land

**i Land & Leute**

Con el nombre de **Ministerpräsident** se designa en Alemania al jefe de gobierno regional de cada uno de los estados federales en que se organiza la RFA. En Austria este mismo cargo recibe el nombre de *Landeshauptmann* y en Suiza *Kantonalpräsident.*

**Ministerrat** *m* consejo *m* de ministros

**Ministrant(in)** [minɪs'trant] *m(f)* <-en, -en; -nen> (REL) monaguillo, -a *m, f*

**Minnesänger** *m* (HIST) trovador *m*

**Minorität** [minori'tɛ:t] *f* <-en> minoría *f*

**minus** ['mi:nʊs] *adv* ❶ (MATH) menos ❷ (*Temperatur*) bajo cero; **15 Grad ~ 15** grados bajo cero ❸ (ELEK) negativo

**Minus** ['mi:nʊs] *nt* <-, *ohne pl*> ❶ (*Fehlbetrag*) déficit *m inv;* **~ machen** sacar pérdidas ❷ (*Nachteil*) desventaja *f;* **Minuspol** *m* (ELEK, PHYS) polo *m* negativo; **Minuspunkt** *m* punto *m* negativo; **Minuszeichen** *nt* signo *m* de substracción

**Minute** [mi'nu:tə] *f* <-n> minuto *m;* **auf die ~ (pünktlich)** en punto; **in letzter ~** en último minuto; **fünf ~n vor/nach drei** las tres menos/y cinco; **minutenlang** **I.** *adj* de varios minutos **II.** *adv* durante algunos minutos; **Minutenzeiger** *m* minutero *m*

**minutiös** [minu'tsjø:s] *adj* (*geh*), **minuziös** [minu'tsjø:s] *adj* (*geh*) minucioso

**Minze** ['mɪntsə] *f* <-n> menta *f*

**mir** [mi:ɐ] **I.** *pron pers dat von* **ich** me; (*betont*) a mí (me); (*mit Präposition*) mí; **sie haben ~ ein Buch geschenkt** me han regalado un libro; **~ gefällt das sehr gut** a mí me gusta mucho; **hinter/vor/unter/über ~** detrás de/delante de/debajo de/encima de mí; **mit ~** conmigo; **ein Freund von ~** un amigo mío; **von ~ aus** por mí; **~ nichts, dir nichts** sin más ni más; **du bist ~ einer!** (*fam*) ¡mira que eres! **II.** *pron refl dat von* **ich** me; **ich will ~ noch die Haare waschen** todavía quiero lavarme el pelo

**Mirabelle** [mira'bɛlə] *f* <-n> ciruela *f* amarilla

**Mischbrot** *nt pan de centeno y trigo;* **Mischehe** *f* matrimonio *m* mixto

**mischen** ['mɪʃən] **I.** *vt* ❶ (*vermengen*) mezclar; (*Karten*) barajar ❷ (*Cocktail, Gift*) preparar ❸ (FILM, RADIO, TV) mezclar **II.** *vr:* **sich ~** ❶ (*sich ein~*) meterse (*in* en); **misch dich nicht in meine Angelegenheiten!** ¡no te metas en mis asuntos!

M

❷ (*sich vermengen*) mezclarse ❸ (*unter Menschen*) mezclarse (*unter* entre) **III.** *vi* (*Karten*) barajar

**Mischform** *f* mezcla *f;* **Mischgewebe** *nt* tejido *m* de mezcla; **Mischhaut** *f ohne pl* piel *f* mixta

**Mischling** *m* <-s, -e> ❶ (*Mensch*) mestizo, -a *m, f* ❷ (*Tier*) mezcla *f;* **Mischlingskind** *nt* niño, -a *m, f* mestizo, -a

**Mischmasch** ['mɪʃmaʃ] *m* <-(e)s, -e> (*fam a. abw*) mezcolanza *f*

**Mischmaschine** *f* mezcladora *f;* **Mischpult** *nt* (RADIO, FILM, TV) mesa *f* de mezclas

**Mischung** *f* <-en> mezcla *f;* **Mischungsverhältnis** *nt* proporción *f* de la mezcla

**Mischwald** *m* bosque *m* mixto

**miserabel** [mize'ra:bəl] *adj* miserable

**Misere** [mi'ze:rə] *f* <-n> miseria *f*

**missachten*** [mɪs'ʔaxtən] *vt* ❶ (*verachten*) despreciar ❷ (*ignorieren*) ignorar; (*Anweisung, Gesetz*) desacatar; **Missachtung** [-'--, '---] *f* ❶ (*Nichtbefolgung*) desacato *m* ❷ (*Geringschätzung*) desprecio *m;* **missbehagen*** *vi* (*geh*) desagradar; **Missbehagen** ['----] *nt* desagrado *m;* **Missbildung** ['---] *f* <-en> deformación *f;* **missbilligen*** [mɪs'bɪlɪgən] *vt* desaprobar; (*stärker*) condenar; **missbilligend** **I.** *adj* de desaprobación **II.** *adv* de forma desaprobatoria; **Missbilligung** [-'---, '----] *f* desaprobación *f;* (*stärker*) condenación *f;* **Missbrauch** ['--] *m* abuso *m;* **sexueller ~** abuso sexual; **missbrauchen*** [-'--] *vt* (*Person, Vertrauen*) abusar (de)

**missbräuchlich** ['mɪsbrɔɪçlɪç] *adj* abusivo

**missdeuten*** [mɪs'dɔɪtən] *vt* interpretar mal; (*absichtlich*) tergiversar; **Missdeutung** [-'--, '---] *f* mala interpretación *f;* (*absichtliche ~*) tergiversación *f*

**missen** ['mɪsən] *vt* (*geh*) prescindir (de)

**Misserfolg** ['---] *m* fracaso *m;* **Missernte** ['---] *f* mala cosecha *f*

**Missetat** ['mɪsəta:t] *f* fechoría *f;* (REL) pecado *m*

**Missetäter(in)** *m(f)* ❶ (*hum: jd, der etw angestellt hat*) autor(a) *m(f)* de un destrozo ❷ (*alt geh: Übeltäter*) malhechor(a) *m(f)*

**missfallen*** [mɪs'falən] *irr vi* (*geh*) desagradar

**Missfallen** *nt* <-s, *ohne pl*> desagrado *m;* **jds ~ erregen** provocar el disgusto de alguien

**missgebildet** *adj* malformado; **Missgeburt** ['---] *f* (MED) criatura *f* deforme; **missgelaunt** *adj* (*geh*) de mal humor; **Missgeschick** ['---] *nt* percance *m;* **mir ist ein ~ passiert** tuve un percance; **missgestaltet** *adj* deforme; **missgestimmt** *adj* de mal humor; **missglücken*** [mɪs'glʏkən] *vi sein* salir mal; **missgönnen*** [mɪs'gœnən] *vt* envidiar; **Missgriff** ['--] *m* <-(e)s, -e> desacierto *m,* error *m;* **einen ~ tun** cometer un error; **Missgunst** ['--] *f* envidia *f;* **missgünstig** *adj* (*neidisch*) envidioso; (*eifersüchtig*) celoso; **misshandeln*** [mɪs'handəln] *vt* maltratar; **Misshandlung** [-'--] *f* mal(os) trato(s) *m(pl);* **missinterpretieren*** *vt* malinterpretar

**Mission**[1] [mɪ'sjo:n] *f* <-en> (*Auftrag*) misión *f;* **in geheimer ~** con una misión secreta

**Mission**[2] *f ohne pl* (REL) misión *f*

**Missionar(in)** [mɪsjo'na:ɐ] *m(f)* <-s, -e; -nen> misionero, -a *m, f*

**missionarisch** [mɪsjo'na:rɪʃ] *adj* misionario

**missionieren*** [mɪsjo'ni:rən] *vt* evangelizar

**Missklang** ['--] *m* disonancia *f;* **Misskredit** ['---] *m:* **in ~ geraten** caer en descrédito; **jdn/etw in ~ bringen** desacreditar a alguien/algo

**misslang** [mɪs'laŋ] *3. imp von* **misslingen**

**misslich** ['mɪslɪç] *adj* (*unangenehm*) desagradable; (*ärgerlich*) molesto

**missliebig** *adj* mal visto

**misslingen** [mɪs'lɪŋən] <misslingt, misslang, misslungen> *vi sein* fracasar; **der Kuchen ist misslungen** el pastel salió mal

**Misslingen** [-'--] *nt* <-s, *ohne pl*> fracaso *m,* malogro *m*

**misslungen** [mɪs'lʊŋən] *pp von* **misslingen**

**Missmut** ['--] *m* mal humor *m;* (*Unzufriedenheit*) descontento *m;* **missmutig** *adj* malhumorado; **missraten*** [mɪs'ra:tən] *irr vi sein* salir mal, malograrse; **ein ~es Kind** un niño maleducado; **Missstand** ['--] *m* <-(e)s, -stände> (*Fehler*) defecto *m;* (*Lage*) situación *f* penosa; **soziale Missstände** injusticias sociales; **Missstimmung** ['---] *f ohne pl* mal humor *m;* (*Unzufriedenheit*) descontento *m*

**misst** [mɪst] *3. präs von* **messen**

**misstrauen*** [mɪs'traʊən] *vi* desconfiar (de)

**Misstrauen** *nt* <-s, *ohne pl*> desconfianza *f;* **gegen jdn/etw ~ hegen** desconfiar de alguien/de algo; **Misstrauensantrag** *m* (POL) moción *f* de censura; **Misstrauensvotum** *nt* (POL) voto *m* de censura

**misstrauisch** ['mɪstraʊɪʃ] *adj* desconfiado

**Missverhältnis** ['----] *nt* desproporción *f;* (*Ungleichgewicht*) desequilibrio *m;* **missverständlich** ['----] *adj* equívoco, ambiguo; **sich ~ ausdrücken** expresarse ambiguamente; **Missverständnis** ['----] *nt* <-ses, -se> malentendido *m;* **missverstehen*** ['----] *irr vt* entender mal, malinterpretar; **Misswahl** ['mɪsva:l] *f* certamen *m* de belleza; **Misswirtschaft** ['---] *f ohne pl* desgobierno *m*

**Mist** [mɪst] *m* <-(e)s, *ohne pl*> ❶ (*Tierkot*) excrementos *mpl;* (*Dünger*) estiércol *m* ❷ (*fam abw: Schund*) porquería *f* ❸ (*fam abw: Unsinn*) tonterías *fpl;* ~ **bauen** meter la pata; ~ **machen/reden** hacer/decir tonterías ❹ (*fam abw: Ärgernis*): **so ein ~!** ¡qué mierda!

**Mistel** ['mɪstəl] *f* <-n> (BOT) muérdago *m*

**Mistgabel** *f* bieldo *m;* **Misthaufen** *m* estercolero *m;* **Mistkäfer** *m* (ZOOL) geotrupo *m;* **Mistkerl** *m* (*fam abw*) guarro *m,* cabrón *m;* **Miststück** *nt* (*fam abw*) canalla *mf;* **Mistvieh** *nt ohne pl* (*fam abw*) ❶ (*gemeiner Mann*) cabrón *m;* (*gemeine Frau*) bruja *f* ❷ (*böses Tier*) animal *m* de mierda; **Mistwetter** *nt* (*fam*) tiempo *m* de perros

**mit** [mɪt] **I.** *präp +dat* ❶ (*in Begleitung von*) con; ~ **mir/dir/ihm** conmigo/contigo/con él; **Kaffee ~ Milch** café con leche ❷ (~ *Hilfe von*) a, con; (*Verkehrsmittel*) en; ~ **der Bahn/dem Flugzeug kommen** llegar en tren/en avión; ~ **Gewalt** a la fuerza; ~ **der Post** por correo; ~ **der Maschine schreiben** escribir a máquina; ~ **etwas Glück** con un poco de suerte; ~ **der Strömung** con la corriente ❸ (*Alter, Zeitpunkt*) a, con; ~ **dreißig** (**Jahren**) a los treinta (años); ~ **dem heutigen Tag** a partir de hoy; ~ **einem Mal** de repente; ~ **der Zeit** con el tiempo ❹ (*Eigenschaft*) con, de; **ein Mädchen ~ blonden Haaren** una chica de pelo rubio ❺ (*Art und Weise*) con, a; ~ **Interesse** con interés; ~ **Bedauern musste ich feststellen ...** desgraciadamente tuve que constatar...; ~ **lauter Stimme** en voz muy alta; **sie gewannen ~ vier zu eins** ganaron (con un resultado de) cuatro a uno; ~ **80 Stundenkilometern** a 80 kilómetros por hora **II.** *adv* (*ebenfalls*): **etw ~ berücksichtigen** considerar algo; (**bei einer Gruppe**) ~ **dabei sein** formar parte (de un grupo); **im Preis ~ einbegriffen** incluido en el precio; **er ist ~ von der Partie** también forma parte del grupo; **er ist ~ einer der besten** (*fam*) es uno de los mejores; **ich habe kein Geld ~** (*fam*) no llevo dinero

**Mitangeklagte(r)** *mf* (JUR) coacusado, -a *m, f;* **Mitarbeit** *f ohne pl* colaboración *f* (*an/bei* en); **unter ~ von ...** en colaboración con...; **mit|arbeiten** *vi* colaborar (*an/bei* en); **Mitarbeiter(in)** *m(f)* ❶ (*Betriebsangehöriger, Arbeiter*) trabajador(a) *m(f);* (*Angestellter*) empleado, -a *m, f;* **ehrenamtlicher** ~ voluntario *m* ❷ (*einer Zeitung*) colaborador(a) *m(f);* **freie ~in** colaboradora *f;* **mit|bekommen*** *irr vt* ❶ (*Verpflegung*) recibir ❷ (*hören, erfahren*) enterarse (de) ❸ (*fam: vererbt bekommen*) heredar; **mit|benutzen*** *vt,* **mit|benützen*** *vt* (*reg*) emplear en común; **mit|bestimmen*** *vi* participar (*bei* en); (**in einem Unternehmen**) ~ participar en la cogestión

**Mitbestimmung** *f ohne pl* cogestión *f;* ~ **am Arbeitsplatz** participación de los trabajadores; **das Recht zur ~ bei Entscheidungen** el derecho de cogestión en decisiones; **Mitbestimmungsrecht** *nt* derecho *m* de cogestión

**Mitbewerber(in)** *m(f)* competidor(a) *m(f);* **Mitbewohner(in)** *m(f)* (*in einer Wohnung*) compañero, -a *m, f* de piso; (*in einem Haus*) vecino, -a *m, f;* **mit|bringen** *irr vt* ❶ (*an einen Ort*) traer ❷ (*Voraussetzung*) reunir

**Mitbringsel** ['mɪtbrɪŋzəl] *nt* <-s, -> (*fam*) regalito *m;* (*von einer Reise*) recuerdo *m*

**Mitbürger(in)** *m(f)* (*formal*) conciudadano, -a *m, f;* **mit|denken** *irr vi* (*folgen*) seguir la argumentación; (*aufmerksam sein*) estar atento; **mit|dürfen** *irr vi* (*fam*): (**mit jdm**) ~ tener permiso para acompañar a alguien; **Miteigentümer(in)** *m(f)* (JUR) copropietario, -a *m, f*

**miteinander** [mɪtʔaɪ'nandɐ] *adv* ❶ (*einer mit dem anderen*) el uno con el otro; ~ **reden** hablar; **gut ~ auskommen** llevarse bien ❷ (*zusammen*) juntos; **alle ~** todos juntos

**Miteinander** [mɪtʔaɪ'nandɐ] *nt* <-s, *ohne pl*>: **sie führen ein friedliches ~** llevan una vida común muy tranquila

**Miterbe, -in** *m, f* coheredero, -a *m, f*

**mit|erleben*** *vt* presenciar

**mit|essen** *irr vi, vt* comer; **möchtest du bei mir etwas ~?** ¿no quieres comer un poco de lo mío?

**Mitesser** *m* <-s, -> (MED) espinilla *f*

**mit|fahren** *irr vi sein* ir (*bei/mit* con); **möchtest du** (**bei mir**) **~?** (*im Auto*) ¿quieres que te lleve?; **möchtest du** (**mit mir**) **~?** (*auf eine Reise*) ¿quieres venir conmigo?

**Mitfahrer(in)** *m(f)* compañero, -a *m, f* de viaje

**Mitfahrgelegenheit** *f* contacto *m* para un viaje; **Mitfahrzentrale** *f* agencia *f* de contacto para viajes

M

**mit|fühlen** I. *vt* participar (en) II. *vi:* **mit jdm ~** compartir los sentimientos de alguien

**mitfühlend** *adj* compasivo, de compasión

**mit|führen** *vt* ① (*Waren, Papiere*) llevar (consigo) ② (*Fluss*) acarrear

**mit|geben** *irr vt* dar; **sie gab mir einige Ratschläge mit** me dio algunos consejos

**Mitgefangene(r)** *mf* compañero, -a *m, f* de prisión

**Mitgefühl** *nt ohne pl* (*Verständnis*) simpatía *f* (*für* por); (*Mitleid*) compasión *f* (*für* por)

**mit|gehen** *irr vi sein* ① (*begleiten*) acompañar; **etw ~ lassen** (*fam*) mangar algo ② (*sich begeistern*) participar

**mitgenommen** I. *pp von* **mitnehmen** II. *adj* ① (*Dinge*) gastado ② (*Person*) rendido; **sie sieht ~ aus** parece algo desmejorada

**Mitgift** ['mɪtgɪft] *f* <-en> dote *m o f*

**Mitglied** *nt* <-(e)s, -er> miembro *m;* (*einer Partei*) afiliado, -a *m, f* (a); (*eines Vereins*) socio, -a *m, f;* **die ~er der EU** los miembros comunitarios; **ordentliches ~** miembro ordinario

**Mitgliederversammlung** *f* asamblea *f* general

**Mitgliedsausweis** *m* carnet *m* de socio; **Mitgliedsbeitrag** *m* cuota *f* de socio

**Mitgliedschaft** *f* <-en> pertenencia *f;* **die ~ in einer Partei/in einem Verein** la pertenencia a un partido/a un club; **die ~ beantragen** solicitar la admisión

**Mitgliedsland** *nt* país *m* miembro; **Mitgliedsstaat** *m* (POL) Estado *m* miembro

**mit|haben** *irr vt* (*fam*) llevar (consigo); **ich habe kein Geld mit** no llevo dinero; **mit|halten** *irr vi* seguir (*bei*); **ich konnte nicht bei ihnen ~** no pude seguirles el ritmo; **mit|helfen** *irr vi* ayudar (*bei* en)

**mithilfe** *präp +gen* con ayuda de

**Mithilfe** *f ohne pl* asistencia *f* (*bei* en); (*Mitarbeit*) cooperación *f* (*bei* a/en)

**mit|hören** *vt* escuchar

**Mitinhaber(in)** *m(f)* (JUR, WIRTSCH) (socio, -a *m, f*) copropietario, -a *m, f*

**mit|klingen** *irr vi* resonar; **in seinen Worten klang Enttäuschung mit** en sus palabras se entreveía decepción

**mit|kommen** *irr vi sein* ① (*mitgehen*) venir(se) (*mit* con); (*begleiten*) acompañar (*mit* a); **kommst du mit ins Theater?** ¿te vienes al teatro? ② (*fam: Schritt halten*) (poder) seguir (*bei*); **da komme ich nicht mehr mit!** (*fam*) ¡eso ya no lo entiendo!

**mit|können** *irr vi* (*fam*) ① (*mitgehen können*) poder ir ② (*mithalten können*) poder seguir (*bei*)

**mit|kriegen** *vt* (*fam*) *s.* **mitbekommen**

**mit|laufen** *irr vi sein* ① (*laufen*) correr (junto a alguien); **beim Marathonlauf sind über 500 Leute mitgelaufen** más de 500 personas han participado en la maratón ② (*in Betrieb sein*) funcionar (al mismo tiempo)

**Mitläufer(in)** *m(f)* (*abw*) simpatizante *mf*

**Mitlaut** *m* (LING) consonante *f*

**Mitleid** *nt* compasión *f* (*mit* de/por); **~ erregen** causar compasión; **~ mit jdm haben** sentir compasión de alguien; **etw aus ~ tun** hacer algo por compasión

**Mitleidenschaft** *f ohne pl:* **etw/jdn in ~ ziehen** afectar a algo/alguien

**mitleiderregend** *adj* que da lástima

**mitleidig** *adj* compasivo, piadoso

**mitleid(s)los** *adj* despiadado, sin compasión; **~ sein** no tener compasión

**mitleid(s)voll** *adj s.* **mitleidig**

**mit|machen** I. *vi* participar (*bei* en); **machst du mit?** ¿te apuntas?; **wenn das Wetter mitmacht** si el tiempo nos es favorable; **meine Beine machen nicht mehr mit** (*fam*) mis piernas no aguantan más II. *vt* ① (*teilnehmen*) participar (en); (*Mode*) seguir ② (*fam: ertragen*) soportar; (*erleiden*) sufrir; **sie hat viel mitgemacht** ha sufrido mucho

**Mitmensch** *m* prójimo, -a *m, f*

**mitmenschlich** *adj* humano

**mit|mischen** *vi* (*fam*) meter baza (*bei* en); **er will überall ~** quiere meter baza en todas partes

**mit|müssen** *irr vi:* **mit jdm ~** tener que ir con alguien

**Mitnahmemarkt** *m* (*für Möbel*) mueblería *f* sin servicio a domicilio

**mit|nehmen** *irr vt* ① (*allgemein*) llevar (consigo); (*herbringen*) traer (consigo); **zum M~** para llevar; **ich habe ihn im Auto mitgenommen** me lo traje conmigo en el coche ② (*stehlen*) robar ③ (*fam: wahrnehmen*) aprovechar ④ (*psychisch*) afectar; (*erschöpfen*) agotar; (*schwächen*) debilitar

**mitnichten** [mɪt'nɪçtən] *adv* (*geh*) de ninguna manera

**mit|rechnen** I. *vt* incluir en la cuenta II. *vi* calcular (*junto con otro para verificar el resultado*)

**mit|reden** *vi* ① (*im Gespräch*) tomar parte (en la conversación) ② (*mitbestimmen*) tener voz; **da habe ich auch noch ein Wörtchen mitzureden** en este asunto yo también tengo voz

**Mitreisende(r)** *mf* compañero, -a *m, f* de

viaje

**mit|reißen** *irr vt* ❶ (*Fluss, Lawine*) arrastrar ❷ (*begeistern*) apasionar, arrebatar; **die Musik war sehr ~d** la música era arrebatadora

**mitsamt** [mɪt'zamt] *präp +dat* junto con

**mit|schicken** *vt* (*Sache*) incluir en el envío; (*beilegen*) adjuntar; (*Person*) mandar

**mit|schleifen** *vt* arrastrar; **sie schleifte ihn auf die Party mit** (*fam*) se lo llevó a la fiesta

**mit|schleppen** *vt* (*fam*) ❶ (*etwas*) arrastrar ❷ (*jemanden*) llevar consigo

**mit|schreiben** *irr* **I.** *vi* tomar apuntes **II.** *vt* ❶ (*notieren*) apuntar ❷ (*Prüfung, Klausur*) tomar parte (en)

**Mitschuld** *f ohne pl* responsabilidad *f* (*an* en); (*an Verbrechen*) complicidad *f* (*an* en)

**mitschuldig** *adj* implicado (*an* en); **an etw ~ sein** estar implicado en algo; **er hat sich ~ gemacht** se convirtió en cómplice

**Mitschuldige(r)** *mf* consorte *mf*

**Mitschüler(in)** *m(f)* compañero, -a *m, f* de clase

**mit|schwingen** *irr vi* resonar; **in seinen Worten schwingt Stolz mit** en sus palabras se nota el orgullo

**mit|singen** *irr vi, vt* cantar; **in einem Chor ~** cantar en un coro

**mit|spielen I.** *vi* ❶ (*bei einem Spiel*) participar (*bei* en); (*in einer Mannschaft*) jugar (*in* en); (THEAT) actuar (*bei* en, *in* en); (MUS) tocar (*in* en); **spielst du mit?** ¿juegas?; **hoffentlich spielt das Wetter mit** (*fam*) espero que el tiempo esté de nuestra parte; **da spiele ich nicht mit!** (*fam*) ¡a mí eso no me parece bien! ❷ (*Gründe*) influir (*bei* en) ❸ (*Wend*): **jdm übel ~** jugar(le) una mala pasada a alguien **II.** *vt* jugar; **spielst du eine Partie Schach (mit uns) mit?** ¿juegas una partida de ajedrez con nosotros?

**Mitspieler(in)** *m(f)* ❶ (SPORT: *a. beim Spiel*) compañero, -a *m, f* de juego ❷ (THEAT) compañero, -a *m, f* de reparto

**Mitsprache** *f ohne pl* participación *f* (en una decisión); **Mitspracherecht** *nt ohne pl* derecho *m* de intervención (*bei* en); **jdm ein ~ einräumen** conceder a alguien el derecho de intervención

**mit|sprechen** *irr* **I.** *vi* (*mitreden*) opinar; **da kann ich nicht ~** no puedo opinar al respecto **II.** *vt* decir conjuntamente

**Mitstreiter(in)** *m(f)* <-s, -; -nen> combatiente *mf*

**Mittag**[1] ['mɪta:k] *m* <-s, -e> mediodía *m;* **gestern/heute/morgen ~** ayer/hoy/mañana al mediodía; **jeden ~** siempre al mediodía; **gegen ~** hacia el mediodía; **zu ~ essen** almorzar

**Mittag**[2] *m* <-s, *ohne pl*> (*fam*) almuerzo *m;* **was gibt es heute zu ~?** ¿qué hay hoy para almorzar?; **~ machen** (*fam*) ir a almorzar

**Mittagessen** *nt* almuerzo *m*

**mittäglich** ['mɪtɛ:klɪç] *adj* de mediodía

**mittags** ['mɪta:ks] *adv* al mediodía; **mittwochs ~** los miércoles al mediodía; **~ um eins** a la una de la tarde

**Mittagspause** *f* hora *f* de almorzar; **Mittagsruhe** *f ohne pl* siesta *f;* **~ halten** echarse una siesta; **Mittagsschlaf** *m* siesta *f;* **einen ~ machen** dormir la siesta; **Mittagsstunde** *f* mediodía *m;* **in der/um die ~** a/hacia mediodía; **Mittagstisch** *m ohne pl* almuerzo *m;* **Mittagszeit** *f* hora *f* de comer; **zur ~** al mediodía; **in der ~** a mediodía

**Mittäter(in)** *m(f)* cómplice *mf;* **Mittäterschaft** *f ohne pl* complicidad *f*

**Mitte** ['mɪtə] *f* <-n> ❶ (*räumlich*) medio *m;* (*einer Strecke*) mitad *f;* (*Mittelpunkt*) centro *m;* **ein Mann aus unserer ~** un hombre de nuestras filas; **etw in der ~ durchtrennen** cortar algo por la mitad; **die goldene ~** el justo medio; **ab durch die ~!** (*fam: verschwinde*) ¡lárgate! ❷ (*zeitlich*): **~ des Jahres/Monats** a mediados del año/del mes; **sie ist ~ dreißig** anda por los treinta pasados ❸ (POL) centro *m;* **links von der ~** centro izquierda

**mit|teilen I.** *vt* comunicar (de); **ich muss Ihnen leider ~, dass ...** desgraciadamente tengo que comunicarle que... **II.** *vr:* **sich ~** (*geh: kommunizieren*) comunicarse (con); (*sich anvertrauen*) confiarse (a); **er teilte sich ihnen durch Gebärden mit** se comunicaba con ellos por medio de gestos

**mitteilsam** *adj* comunicativo

**Mitteilung** *f* <-en> comunicación *f,* aviso *m;* (*amtlich*) comunicado *m;* **jdm eine ~ über etw machen** comunicar algo a alguien; **vertrauliche ~** confidencia *f;* **Mitteilungsblatt** *nt* (*eines Verbandes*) boletín *m* informativo

**Mittel** ['mɪtəl] *nt* <-s, -> ❶ (*Hilfs~*) medio *m;* (*Maßnahme*) medida *f;* **~ und Wege finden** hallar medios; **als letztes ~** como última medida; **zu anderen ~n greifen** usar otros medios; **ihr ist jedes ~ recht** no tiene escrúpulos; **~ zum Zweck** medio para lograr un fin determinado ❷ (*Medikament*) remedio *m* ❸ *pl* (*Gelder*) fondos *mpl*, recursos *mpl;* **aus öffentlichen ~n** con fondos públicos; **ohne ~ dastehen** estar sin recursos ④ (*Durchschnitt*) media *f*

**Mittelalter** *nt* Edad *f* Media

**mittelalterlich** *adj* medieval

**Mittelamerika** ['---'---] *nt* América *f* Central; **Mittelamerikaner(in)** ['-----'--] *m(f)* centroamericano, -a *m, f;* **mittelamerikanisch** ['-----'--] *adj* centroamericano

**mittelbar** ['mɪtəlbaːɐ] *adj* indirecto; **~ betroffen sein** estar afectado indirectamente

**Mittelding** *nt* <-(e)s, *ohne pl*> (*fam*) cosa *f* intermedia (*zwischen* entre); **Mitteleuropa** ['---'--] *nt* Europa *f* Central; **Mitteleuropäer(in)** ['----'--] *m(f)* centroeuropeo, -a *m, f;* **mitteleuropäisch** ['----'--] *adj* centroeuropeo; **Mittelfeld** *nt* (SPORT: *Spielfeld*) centro *m* del campo; (*Radsport*) pelotón *m;* **Mittelfinger** *m* dedo *m* (del) corazón

**mittelfristig** *adj* (WIRTSCH, FIN) a medio plazo

**Mittelgebirge** *nt* montaña *f* de media altura; **Mittelgewicht** *nt* (SPORT) peso *m* medio; **mittelgroß** *adj* (*Ding*) (de tamaño) mediano; (*Person*) de estatura mediana

**Mittelklasse** *f* ① (*Soziologie*) clase *f* media ② (*bei Waren*) categoría *f* media; (*Auto*) utilitario *m;* **Mittelklassewagen** *m* coche *m* utilitario

**Mittellinie** *f* ① (SPORT) línea *f* de centro ② (*Straße*) línea *f*

**mittellos** *adj* sin recursos

**Mittellosigkeit** *f ohne pl* falta *f* de recursos

**Mittelmaß** *nt ohne pl* media *f;* **mittelmäßig** *adj* mediano; (*abw*) mediocre; **Mittelmäßigkeit** *f* medianía *f;* (*abw*) mediocridad *f*

**Mittelmeer** *nt* (Mar *m*) Mediterráneo *m;* **Mittelmeerraum** *m ohne pl* región *f* mediterránea

**mittelprächtig** *adj* (*fam*) regular; **Mittelpunkt** *m* centro *m;* (*a.* MATH) punto *m* central; **im ~ (des Interesses) stehen** ser el centro (de interés)

**mittels** ['mɪtəls] *präp +gen* (*geh*) por medio de, mediante

**Mittelschicht** *f* (SOZIOL) clase *f* media; **Mittelschiff** *nt* (ARCHIT) nave *f* central

**Mittelsmann** *m* <-(e)s, -männer *o* -leute> (POL) mediador *m;* **Mittelsperson** *f* intermediario, -a *m, f*

**Mittelstand** *m ohne pl* clase *f* media

**mittelständisch** *adj* de la clase media; **~es Unternehmen** mediana empresa

**Mittelstreckenrakete** *f* misil *m* de alcance medio

**Mittelstreifen** *m* franja *f* del centro; **Mittelstufe** *f* (SCH) grados *mpl* intermedios (del colegio); **Mittelstürmer(in)** *m(f)* (SPORT) centrodelantero, -a *m, f;* **Mittelweg** *m* término *m* medio; **der goldene ~** el justo medio; **Mittelwelle** *f* (RADIO, PHYS) onda *f* media; **Mittelwert** *m* (*a.* MATH) promedio *m*

**mitten** ['mɪtən] *adv:* **~ in/auf/bei/an** en medio de; **~ aus** de en medio de; **~ durch** por en medio de; **~ im Winter** en pleno invierno; **~ unter uns** entre nosotros; **etw ~ durchbrechen** romper algo por la mitad; **mittendrin** ['--'-] *adv* en el medio; **mittendurch** ['--'-] *adv* por el medio; (*in der Hälfte*) por la mitad

**Mitternacht** ['mɪtɐnaxt] *f ohne pl* medianoche *f*

**mitternächtlich** *adj* de medianoche

**mittlere(r, s)** *adj* ① (*räumlich*) (del) medio, central ② (*durchschnittlich*) mediano; **der ~ Wert** la media; **ein Mann ~n Alters** un hombre de mediana edad; **von ~r Qualität** de calidad regular

**mittlerweile** ['--'--] *adv* entretanto

**Mittwoch** ['mɪtvɔx] *m* <-(e)s, -e> miércoles *m; s. a.* **Montag**

**mittwochs** ['mɪtvɔxs] *adv* los miércoles

**mitunter** [mɪt'ʔʊntɐ] *adv* de vez en cuando

**mitverantwortlich** *adj* corresponsable

**mit|verdienen*** *vi* sacarse (también) un sueldo

**Mitverfasser(in)** *m(f)* coautor(a) *m(f)*

**mit|versichern*** *vt* coasegurar; **ich bin bei meinem Vater mitversichert** estoy dentro del seguro de mi padre

**mit|wirken** *vi* ① (*teilnehmen*) participar (*in* en), intervenir (*in* en); (THEAT) actuar (*in* en); **es wirkten mit: ...** intervinieron: ... ② (*mitarbeiten*) cooperar (*an/bei* a/en) ③ (*beeinflussen*) jugar un papel

**Mitwirkende(r)** *mf* <-n, -n; -n, -n> colaborador(a) *m(f);* (FILM, THEAT) actor *m*, actriz *f*

**Mitwirkung** *f ohne pl* (*Mitarbeit*) cooperación *f* (*an/bei* en/a); (*Teilnahme*) participación *f* (*an/bei* en); **unter ~ von ...** con la colaboración de...

**Mitwissen** *nt:* **ohne mein ~** sin saberlo yo

**Mitwisser(in)** *m(f)* <-s, -; -nen> consabidor(a) *m(f);* (*Vertrauter*) confidente *mf;* (*Mitschuldiger*) cómplice *mf;* **jdn zum ~ machen** hacer a alguien su confidente

**mit|wollen** *irr vi* (*fam*): (**mit jdm**) **~** querer ir con alguien

**mit|zählen** **I.** *vi* contar **II.** *vt* incluir (en la cuenta), contar

**mit|ziehen** *irr vi* ① *sein* (*in einem Umzug*) participar (*in* en) ② *haben* (*fam: mitmachen*) participar (*bei* en)

**Mix** [mɪks] *m* <-, -e> mezcla *f*

**mixen** ['mɪksən] *vt* (*a.* FILM, RADIO, TV) mezclar

**Mixer**[1] *m* <-s, -> (*Gerät*) batidora *f*

**Mixer(in)**[2] *m(f)* <-s, -; -nen> ① (FILM, RADIO, TV) mezclador(a) *m(f)* de sonido ② (*Bar~*) camarero, -a *m, f* que sirve cócteles

**Mixgetränk** *nt* combinado *m*

**Mixtur** [mɪks'tuːɐ] *f* <-en> mixtura *f*

**mm** *Abk. von* **Millimeter** mm

**Mobbing** *nt* <-s, *ohne pl*> mobbing *m*

**Möbel** ['møːbəl] *nt* <-s, -> mueble *m;* **Möbelpacker** *m* hombre *m* de la mudanza; **Möbelpolitur** *f* limpiamuebles *m inv;* **Möbelspedition** *f* agencia *f* de mudanzas; **Möbelwagen** *m* coche *m* de la mudanza

**mobil** [mo'biːl] *adj* ① (*beweglich*) móvil; **gegen etw ~ machen** movilizar contra algo ② (WIRTSCH, JUR) mueble ③ (*fam: flink*) activo

**Mobile** ['moːbile] *nt* <-s, -s> móvil *m*

**Mobilfunk** *m ohne pl* servicios *mpl* de radio portátiles; **Mobilfunkgerät** *nt* (TEL) teléfono *m* móvil

**Mobiliar** [mobi'ljaːɐ] *nt* mobiliario *m*

**mobilisieren*** [mobili'ziːrən] *vt* movilizar

**Mobilität** [mobili'tɛːt] *f ohne pl* movilidad *f*

**Mobilmachung** *f* <-en> (MIL) movilización *f*

**Mobiltelefon** *nt* teléfono *m* portátil

**möblieren*** [mø'bliːrən] *vt* amueblar

**mochte** ['mɔxtə] *3. imp von* **mögen**

**Modalität** [modali'tɛːt] *f* <-en> modalidad *f*

**Modalverb** *nt* (LING) verbo *m* modal

**Mode** ['moːdə] *f* <-n> moda *f;* **in/aus der ~ kommen** ponerse/pasar de moda; **groß in ~ sein** estar muy de moda; **mit der ~ gehen** ir a la moda; **modebewusst** *adj* que sigue (estrictamente) la moda; **der ~e Herr trägt in diesem Sommer ...** el hombre que va a la moda lleva este verano...; **Modedesigner(in)** *m(f)* diseñador(a) *m(f)* de modas; **Modegeschäft** *nt* casa *f* de modas; **Modekrankheit** *f* enfermedad *f* de moda

**Model** ['mɔdəl] *nt* <-s, -s> (*Fotomodell*) modelo *mf*

**Modell** [mo'dɛl] *nt* <-s, -e> ① (*Vorbild, Muster, Entwurf*) modelo *m* ② (*Maler-/Foto-, Mannequin*) modelo *mf;* **jdm ~ stehen** hacer de modelo para alguien ③ (ARCHIT) maqueta *f*

**modellieren*** [modɛ'liːrən] *vt* (*Ton*) modelar

**Modellversuch** *m* experimento *m* piloto

**modeln** ['mɔdəln] *vi* trabajar de modelo

**Modem** ['moːdɛm] *nt o m* <-s, -s> (INFOR) modem *m*

**Modenschau** *f* desfile *m* de modas

**Modepuppe** *f* (*fam abw*) maniquí *m*

**Moder** ['moːdɐ] *m* <-s, *ohne pl*> ① (*Schimmel*) moho *m* ② (*Morast*) fango *m*

**moderat** [mode'raːt] *adj* moderado

**Moderation** [modera'tsjoːn] *f* <-en> (RADIO, TV) presentación *f*

**Moderator(in)** [modə'raːtoːɐ] *m(f)* <-s, -en; -nen> (RADIO, TV) presentador(a) *m(f)*

**moderieren*** [mode'riːrən] *vt* (RADIO, TV) presentar

**moderig** ['moːdərɪç] *adj* mohoso

**modern**[1] ['moːdɐn] *vi haben o sein* pudrirse

**modern**[2] [mo'dɛrn] *adj* moderno; **~ sein** estar de moda

**Moderne** [mo'dɛrnə] *f ohne pl* época *f* moderna

**modernisieren*** [modɛrni'ziːrən] *vt* (*Gebäude*) renovar; (*Betrieb, Methoden*) modernizar

**Modernisierung** *f* <-en> modernización *f*

**Modeschmuck** *m* bisutería *f;* **Modeschöpfer(in)** *m(f)* creador(a) *m(f)* de modas; **Modewort** *nt* (LING) palabra *f* de moda; **Modezeitschrift** *f* revista *f* de moda

**Modi** ['mɔdi, 'moːdi] *pl von* **Modus**

**modifizieren*** [modifi'tsiːrən] *vt* modificar

**modisch** ['moːdɪʃ] **I.** *adj* moderno **II.** *adv* a la moda

**modrig** *adj* mohoso

**Modul** [mo'duːl] *nt* <-s, -e> (INFOR, ELEK) módulo *m*

**Modus** ['mɔdʊs, 'moːdʊs] *m* <-, Modi> (*a.* LING, INFOR) modo *m*

**Mofa** ['moːfa] *nt* <-s, -s> moto(cicleta) *f*

**mogeln** ['moːgəln] *vi* hacer trampa

**Mogelpackung** *f* (WIRTSCH) engaño *m*

**mögen**[1] ['møːgən] <mag, mochte, gemocht> **I.** *vt* ① (*Gefallen finden*): **ich mag ihn nicht** me cae mal; **lieber ~** preferir ② (*wollen*) querer; (*wünschen*) desear; **was möchten Sie?** ¿qué desea? **II.** *vi* (*irgendwohin ~*): **ich möchte gern nach Hause** quisiera irme a casa

**mögen**[2] <mag, mochte, ~> *vt Modalverb* ① (*wollen*) querer; **ich möchte lieber hier bleiben** preferiría quedarme (aquí) ② (*sollen*): **Sie möchten zu Hause anru-**

fen que llame a su casa, por favor; **was mag das wohl heißen?** ¿qué querrá decir eso?; **man möchte meinen, dass ...** se diría que... ❸ (*können*) poder; **es mag wohl sein, dass ...** puede ser que... +*subj* ❹ (*möglich sein*) ser posible; **mag sein** es posible; **es ~ etwa fünf Stunden vergangen sein** habrán pasado como cinco horas; **wie dem auch sein mag** sea como fuere; **wie er auch heißen mag** se llame como se llame; **so schön sie auch sein mag** por guapa que sea ❺ (*reg, Schweiz: können*) poder; **ich mag's kaum erwarten** no puedo esperar más

**? Grammatik**

**möchte** (*Konjunktiv II* del verbo *mögen*) se utiliza como verbo modal para pedir algo amablemente o comprando: *Was möchten Sie (bitte)? Ich möchte 150 Gramm Schinken (kaufen). – ¿Qué desea? Quisiera (comprar) 150 gramos de jamón.* O para expresar un deseo: *Ich möchte einmal nach Japan (fliegen). – Me gustaría ir un día a Japón.*

Por el contrario, el verbo **wollen** – *querer* se utiliza en un ambiente más informal, ya que en algunos casos puede parecer poco amable.

**möglich** ['mø:klɪç] *adj* posible; **so bald wie ~** cuanto antes; (**das ist doch**) **nicht ~!** ¡no es posible!; **schon ~** (*fam*) puede ser; **du hältst es nicht für ~!** ¡no te lo puedes creer!; **er tat sein M~stes** hizo todo lo posible; **sie hat alles M~e erzählt** contó un montón de cosas; **es ist** (**gut**) **~, dass ...** es (muy) posible que... +*subj;* **so kurz wie ~** lo más corto posible; **falls es dir** (**irgend**) **~ ist** si te es posible

**möglicherweise** ['---'--] *adv* posiblemente

**Möglichkeit** *f* <-en> posibilidad *f* (*zu* de); (*Gelegenheit*) oportunidad *f* (*zu* de); **nach ~** a ser posible

**möglichst** ['mø:klɪçst] *adv* a ser posible, si es posible; **~ schnell** rápido a ser posible; **~ wenig/gut** lo menos/mejor posible

**Mohn** [mo:n] *m* <-(e)s, -e> ❶ (*Pflanzenfamilie*) papaverácea *f* ❷ (*Klatsch~*) amapola *f* ❸ (*Schlaf~*) adormidera *f;* **Mohnkuchen** *m* pastel *m* de adormidera

**Mohr**(**in**) [mo:ɐ] *m(f)* <-en, -en; -nen> moro, -a *m, f*

**Möhre** ['mø:rə] *f* <-n> zanahoria *f*

**Mohrin** *f* <-nen> *s.* **Mohr**

**Mohrrübe** *f* (*nordd*) zanahoria *f*

**mokieren*** [mo'ki:rən] *vr:* **sich ~** burlarse (*über* de)

**Mokka** ['mɔka] *m* <-s, -s> moca *m*

**Molch** [mɔlç] *m* <-(e)s, -e> (ZOOL) tritón *m*

**Moldawien** [mɔl'da:viən] *nt* <-s> Moldavia *f*

**Mole** ['mo:lə] *f* <-n> (*Hafen~*) muelle *m,* tajamar *m AmC, Chil*

**Molekül** [mole'ky:l] *nt* <-s, -e> (CHEM) molécula *f*

**Molke** ['mɔlkə] *f ohne pl* suero *m* de la leche

**Molkerei** *f* <-en> lechería *f*

**Moll** [mɔl] *nt* <-, *ohne pl*> (MUS) tono *m* menor

**mollig** ['mɔlɪç] *adj* ❶ (*behaglich*) agradable; (*warm*) calentito ❷ (*Person*) gordito

**Molotowcocktail** ['mɔlotɔf-, 'mo:lotɔf-] *m* cóctel *m* molotov

**Moment[1]** [mo'mɛnt] *m* <-(e)s, -e> (*Zeitpunkt*) momento *m;* **er kann jeden ~ kommen** puede llegar en cualquier momento; **im ~** de momento; **im ersten ~** en el primer momento; **einen ~, bitte!** ¡un momento, por favor!

**Moment[2]** [mo'mɛnt] *nt* <-(e)s, -e> ❶ (*Umstand*) factor *m,* momento *m* ❷ (PHYS) momento *m*

**momentan** [momɛn'ta:n] **I.** *adj* momentáneo **II.** *adv* por el momento, de momento

**Momentaufnahme** *f* (FOTO: *a. fig*) instantánea *f*

**Monaco** *nt* <-s> Mónaco *m*

**Monarch**(**in**) [mo'narç] *m(f)* <-en, -en; -nen> monarca *mf*

**Monarchie** [monar'çi:] *f* <-n> monarquía *f*

**Monarchin** *f* <-nen> *s.* **Monarch**

**monarchistisch** [monar'çɪstɪʃ] *adj* monárquico

**Monat** ['mo:nat] *m* <-(e)s, -e> mes *m;* **Anfang/Ende des ~s** a principios/finales de mes; **am Dritten dieses ~s** el día tres de este mes; **im sechsten ~** (**schwanger**) **sein** estar (embarazada) de seis meses; **1.000 Euro pro ~ verdienen** ganar 1.000 euros al mes; **im ~ Juni** el mes de junio

**monatelang** *adj* durante meses; **das kann ~ dauern** puede durar meses enteros

**monatlich** **I.** *adj* mensual **II.** *adv* todos los meses

**Monatsanfang** *m* principio *m* de(l) mes; **am ~** a principios de mes; **Monatsbinde** *f* compresa *f;* **Monatsblutung** *f* regla *f,* período *m;* **Monatseinkommen** *nt* ingreso *m* mensual; **Monatsende** *nt* fin *m* de mes; **am ~** a finales de mes; **Monats-**

**erste(r)** *m* primero *m* de mes; **Monatsgehalt** *nt* sueldo *m* mensual; **Monatskarte** *f* abono *m* mensual; **Monatsrate** *f* mensualidad *f*

**Mönch** [mœnç] *m* <-(e)s, -e> (REL) monje *m*

**Mond** [mo:nt] *m* <-(e)s, -e> luna *f;* **auf dem ~ landen** alunizar; **abnehmender/zunehmender ~** luna menguante/creciente; **hinter dem ~ leben** (*fam fig*) vivir en otra galaxia; **ich könnte ihn auf den ~ schießen** (*fam fig*) lo mandaría a la luna de una patada; **Mondbahn** *f* (ASTR) órbita *f* lunar; **Mondfinsternis** *f* (ASTR) eclipse *m* de luna; **Mondgesicht** *nt* (*fam*) cara *f* de bolla; **mondhell** *adj* iluminado por la luna; **in einer ~en Nacht** en una noche de luna clara; **Mondlandschaft** *f* paisaje *m* lunar; **Mondlandung** *f* alunizaje *m;* **Mondphase** *f* fase *f* lunar; **Mondrakete** *f* cohete *m* lunar

**Mondschein** *m ohne pl* luz *f* de la luna; **Mondscheintarif** *m* (TEL) tarifa *f* nocturna (reducida)

**Mondsonde** *f* sonda *f* lunar; **mondsüchtig** *adj* sonámbulo

**Monegasse, -in** [mone'gasə] *m, f* <-n, -n; -nen> monegasco, -a *m, f*

**Moneten** [mo'ne:tən] *pl* (*fam*) perras *fpl,* pelas *fpl,* plata *f Am*

**Mongole, -in** [mɔŋ'go:lə] *m, f* <-n, -n; -nen> mongol *mf*

**Mongolei** [mɔŋgo'laɪ] *f* Mongolia *f*

**Mongolin** *f* <-nen> *s.* Mongole

**mongolisch** *adj* mongólico, mogólico

**Mongolismus** [mɔŋgo'lɪsmʊs] *m* <-, *ohne pl*> (MED) mongolismo *m*

**mongoloid** [mɔŋgolo'i:t] *adj* (*a.* MED) mongoloide

**monieren*** [mo'ni:rən] *vt* reclamar

**Monitor** ['mo:nito:ɐ, 'mɔnito:ɐ] *m* <-s, -e(n)> ❶ (TV, INFOR) pantalla *f* ❷ (TECH, TV) monitor *m*

**mono** ['mo:no] *adj* mono

**monochrom** [mono'kro:m] *adj* monocromático, monocromo

**monogam** [mono'ga:m] *adj* monógamo

**Monogamie** [monoga'mi:] *f ohne pl* monogamia *f*

**Monografie** *f* <-n> *s.* Monographie

**Monogramm** [mono'gram] *nt* <-s, -e> monograma *m*

**Monographie** [monogra'fi:] *f* <-n> monografía *f*

**Monokel** [mo'nɔkəl] *nt* <-s, -> monóculo *m*

**Monokultur** ['mo:no-] *f* (AGR) monocultivo *m*

**Monolog** [mono'lo:k] *m* <-(e)s, -e> monólogo *m;* **einen ~ halten** monologar

**Monopol** [mono'po:l] *nt* <-s, -e> (*a.* WIRTSCH) monopolio *m;* **staatliches/unumschränktes ~** monopolio del Estado/absoluto; **das ~ auflösen** desmonopolizar; **das ~ auf** [*o* **für**] **eine Ware haben** tener el monopolio de una mercancía; **Monopolstellung** *f* (WIRTSCH) posición *f* de monopolio

**monotheistisch** [monote'ɪstɪʃ] *adj* monoteísta

**monoton** [mono'to:n] *adj* (*a.* MATH) monótono

**Monotonie** [monoto'ni:] *f* <-n> monotonía *f*

**Monster** ['mɔnstɐ] *nt* <-s, -> monstruo *m,* cuco *m Arg*

**Monstren** *pl von* Monstrum

**monströs** [mɔn'strø:s] *adj* monstruoso

**Monstrum** ['mɔnstrʊm] *nt* <-s, Monstren> monstruo *m*

**Monsun** [mɔn'zu:n] *m* <-s, -e> (METEO) monzón *m*

**Montag** ['mo:nta:k] *m* <-s, -e> lunes *m;* **am ~** el lunes; **den ganzen ~** (**über**) el lunes entero; **jeden** (**zweiten**) **~** (**im Monat**) cada (dos) lunes (del mes); **letzten ~** el lunes pasado; **nächsten/kommenden ~** el lunes que viene/próximo; **heute ist ~, der zehnte November** hoy es lunes (el) diez de noviembre; **einen blauen ~ machen** (*fam*) pasar de ir al trabajo el lunes

**montagabends** *adv* los lunes por la noche

**Montage** [mɔn'ta:ʒə] *f* <-n> (*a.* FILM, KUNST) montaje *m*

**montags** ['mo:nta:ks] *adv* los lunes; **~ abends/mittags/morgens/nachmittags** los lunes por la noche/al mediodía/por la mañana/por la tarde

**Monteur(in)** [mɔn'tø:ɐ] *m(f)* <-s, -e; -nen> montador(a) *m(f)*

**montieren*** [mon'ti:rən] *vt* (*a.* FILM) montar (*an* a/en)

**Montur** [mɔn'tu:ɐ] *f* <-en> ❶ (*fam: Kleidung*) atuendo *m* ❷ (*Uniform*) uniforme *m*

**Monument** [monu'mɛnt] *nt* <-(e)s, -e> monumento *m*

**monumental** [monumɛn'ta:l] *adj* monumental

**Moor** [mo:ɐ] *nt* <-(e)s, -e> pantano *m*

**moorig** ['mo:rɪç] *adj* pantanoso

**Moos**[1] [mo:s] *nt* <-es, -e> (*Pflanze*) musgo *m*

**Moos**[2] [mo:s] *nt* <-es, *ohne pl*> (*fam: Geld*) pasta *f,* plata *f Am*

**moosig** *adj* musgoso

M

**Moped** ['mo:pɛt] *nt* <-s, -s> ciclomotor *m*

**Mopp** [mɔp] *m* <-s, -s> fregona *f*

**Mops** [mɔps, *pl:* 'mœpsə] *m* <-es, Möpse> ① (ZOOL) doguillo *m* ② (*fig fam: kleine Person*) chaparro, -a *m, f*

**mopsen** ['mɔpsən] *vt* (*fam*) mangar

**Moral** [mo'ra:l] *f ohne pl* ① (*Sittlichkeit*) moral *f;* **eine doppelte ~ haben** tener una doble moral; **die ~ sinkt/steigt** los ánimos bajan/suben ② (*einer Fabel*) moraleja *f;* **Moralapostel** *m* moralista *mf*

**moralisch** *adj* moral

**Moralprediger(in)** *m(f)* (*abw*) moralista *mf;* **Moralpredigt** *f* sermón *m;* **jdm eine ~ halten** echarle a alguien un sermón; **Moralvorstellung** *f* concepto *m* moral

**Moräne** [mo'rɛ:nə] *f* <-n> (GEO) morrena *f*

**Morast¹** [mo'rast, *pl:* mo'rɛstə] *m* <-(e)s, -e *o* Moräste> (*Sumpfland*) pantano *m,* andurrial *m Arg, Ecua, Peru,* moca *m Ecua*

**Morast²** *m* <-(e)s, *ohne pl*> (*Schlamm*) lodo *m*

**Morchel** ['mɔrçəl] *f* <-n> (BOT) colmenilla *f*

**Mord** [mɔrt] *m* <-(e)s, -e> asesinato *m* (*an* de); **einen ~ begehen** cometer un asesinato; **wegen ~es** por asesinato; **versuchter ~** intento de homicidio; **das gibt ~ und Totschlag** (*fam fig*) se armará una bronca de padre y muy señor mío; **Mordanschlag** *m* atentado *m* (*auf* contra); **einen ~ auf jdn verüben** atentar contra la vida de alguien; **Morddrohung** *f* amenaza *f* de muerte

**morden** ['mɔrdən] **I.** *vi* cometer un asesinato **II.** *vt* asesinar

**Mörder(in)** ['mœrdɐ] *m(f)* <-s, -; -nen> asesino, -a *m, f,* victimario, -a *m, f Am*

**mörderisch** *adj* (*fam: abscheulich, groß*) terrible; (*Hitze*) sofocante; (*Geschwindigkeit*) loco

**Mordfall** *m* asesinato *m;* **Mordkommission** *f* brigada *f* de homicidios

**Mordsglück** ['-'-] *nt* (*fam*) suerte *f* loca; **Mordshunger** *m* (*fam*) hambre *f* canina; **Mordskerl** ['-'-] *m* (*fam*) gran tipo *m;* **Mordskrach** ['-'-] *m* (*fam*) ① (*Lärm*) ruido *m* de mil demonios ② (*Streit*) bronca *f;* **Mordslärm** ['-'-] *m* (*fam*) ruido *m* infernal; **mordsmäßig** *adj* (*fam*) terrible, tremendo; **Mordsschrecken** *m* (*fam*) susto *m* de muerte; **du hast mir einen ~ eingejagt!** ¡vaya susto de muerte que me has dado!; **Mordsspaß** ['-'-] *m* (*fam*) cachondeo *m;* **einen ~ haben** pasarlo bomba; **Mordswut** ['-'-] *f* (*fam*) rabia *f* loca

**Mordverdacht** *m* sospecha *f* de asesinato; **unter ~ stehen** ser sospechoso de asesinato; **Mordversuch** *m* tentativa *f* de asesinato; **Mordwaffe** *f* arma *f* homicida

**morgen** ['mɔrgən] *adv* ① (*am folgenden Tag*) mañana; **~ früh** mañana por la mañana; **~ Mittag/Abend** mañana al mediodía/por la tarde; **ab ~** a partir de mañana; **bis ~** hasta mañana; **lieber heute als ~** mejor hoy que mañana; **~ ist auch noch ein Tag** mañana es otro día ② (*zukünftig*) futuro; **an ~ denken** pensar en el futuro

**Morgen** *m* <-s, -> mañana *f;* **eines ~s** una (buena) mañana; **der ~ bricht an** amanece; **am/gegen ~** en/por la mañana; **heute ~** hoy por la mañana; **am nächsten ~** la mañana siguiente; **am frühen ~** temprano por la mañana; **guten ~!** ¡buenos días!; **bis in den frühen ~ hinein** hasta el amanecer; **Morgenausgabe** *f* edición *f* matutina; **Morgendämmerung** *f* alba *f,* amanezca *f Mex, Ant,* amanezquera *f Mex, Ant*

**morgendlich** ['mɔrgəntlɪç] *adj* matutino, matinal

**Morgenessen** *nt* (*Schweiz*) desayuno *m;* **Morgengrauen** ['--graʊən] *nt* amanecer *m;* **Morgenmantel** *m* bata *f;* **Morgenmuffel** *m* (*fam*): **ein ~ sein** estar de mal humor por las mañanas; **Morgenrock** *m* bata *f;* **Morgenrot** *nt ohne pl* aurora *f*

**morgens** ['mɔrgəns] *adv* por la mañana; **von ~ bis abends** desde la mañana hasta la noche; **um sieben Uhr ~** a las siete de la mañana

**morgige(r, s)** *adj* de mañana; **am ~n Tag** mañana

**Morphium** ['mɔrfiʊm] *nt* <-s, *ohne pl*> morfina *f*

**morsch** [mɔrʃ] *adj* (*Gestein*) fácilmente desmenuzable; (*Holz*) podrido

**Morsealphabet** ['mɔrzə-] *nt* (alfabeto *m*) morse *m*

**morsen** ['mɔrzən] *vt* transmitir (utilizando el alfabeto morse)

**Mörser** ['mœrzɐ] *m* <-s, -> ① (*Gefäß*) mortero *m,* molcajete *m Ecua, Mex* ② (MIL) lanzagranadas *m inv*

**Mörtel** ['mœrtəl] *m* <-s, -> mortero *m*

**Mosaik** [moza'i:k] *nt* <-s, -e(n)> mosaico *m*

**Mosambik** [mozam'bi:k] *nt* <-s> Mozambique *m*

**Mosambikaner(in)** [mozambi'ka:nɐ] *m(f)* <-s, -; -nen> mozambiqueño, -a *m, f*

**mosambikanisch** *adj* mozambiqueño

**Moschee** [mɔ'ʃe:, *pl:* mɔ'ʃe:ən] *f* <-n> mezquita *f*

**Moschus** ['mɔʃʊs] *m* <-, *ohne pl*> almizcle *m*

**Möse** ['mø:zə] *f* <-n> (*vulg*) coño *m*

**Mosel** ['mo:zəl] *f:* **die** ~ el (río *m*) Mosela

**mosern** ['mo:zɐn] *vi* (*fam*) critiquizar

**Moskau** ['mɔskaʊ] *nt* <-s> Moscú *m*

**Moskauer(in)** *m(f)* <-s, -; -nen> moscovita *mf*

**Moskito** [mɔs'ki:to] *m* <-s, -s> mosquito *m,* zancudo *m Am;* **Moskitonetz** *nt* mosquitero *m*

**Moslem** ['mɔslɛm] *m,* **Moslime** *f* <-s, -s; -n> musulmán, -ana *m, f*

**moslemisch** [mɔs'le:mɪʃ] *adj* musulmán

**Moslime** [mɔs'li:mə] *f* <-n> *s.* **Moslem**

**Most** [mɔst] *m* <-(e)s, -e> ❶ (*Trauben~*) mosto *m* de uva ❷ (*reg: Apfel~*) mosto *m* de manzana

**Motel** [mo'tɛl, 'mo:təl] *nt* <-s, -s> motel *m*

**Motiv** [mo'ti:f] *nt* <-s, -e> (*a.* LIT, MUS) motivo *m*

**Motivation** [motiva'tsjo:n] *f* <-en> (*a.* PSYCH) motivación *f*

**motivieren*** [moti'vi:rən] *vt* ❶ (*begründen*) justificar (*mit* con) ❷ (*anregen*) animar (*zu* para que *+subj*); **sich selbst** ~ automotivarse

**Motivierung** *f* <-en> (*geh*) motivación *f*

**Motor** ['mo:to:ɐ, mo'to:ɐ, *pl:* mo'to:rən] *m* <-s, -en> motor *m;* **Motorboot** *nt* lancha *f* a motor; **Motorhaube** *f* (AUTO) capó *m*

**Motorik** [mo'to:rɪk] *f ohne pl* (MED) motricidad *f*

**motorisch** [mo'to:rɪʃ] *adj* motor

**motorisieren*** [motori'zi:rən] *vt* motorizar

**Motoröl** *nt* aceite *m* de motor; **Motorpumpe** *f* bomba *f* a motor

**Motorrad** ['mo:to:ɐ-, mo'to:ɐ-] *nt* <-(e)s, -räder> moto(cicleta) *f;* **Motorradfahrer(in)** *m(f)* motociclista *mf*

**Motorroller** *m* escúter *m,* motoneta *f Am;* **Motorsäge** *f* motosierra *f;* **Motorschaden** *m* avería *f* del motor; **Motorsport** *m* motorismo *m*

**Motte** ['mɔtə] *f* <-n> polilla *f;* **Mottenkugel** *f* bola *f* de naftalina

**Motto** ['mɔto] *nt* <-s, -s> lema *m*

**motzen** ['mɔtsən] *vi* (*fam*) refunfuñar

**Mountainbike** ['maʊntənbaɪk] *nt* <-s, -s> bicicleta *f* de montaña

**Mousepad** ['maʊspɛt] *nt* <-s, -s> (INFOR) sendero *m* del ratón, alfombrilla *f*

**Möwe** ['mø:və] *f* <-n> gaviota *f*

**mozarabisch** [motsa'ra:bɪʃ] *adj* mozárabe

**MS** [ɛm'ʔɛs] (MED) *Abk. von* **Multiple Sklerose** esclerosis *f inv* múltiple

**mtl.** *Abk. von* **monatlich** mensual

**Mücke** ['mʏkə] *f* <-n> mosquito *m;* **aus einer** ~ **einen Elefanten machen** (*fam fig*) hacer de una pulga un camello

**mucken** ['mʊkən] *vi* (*fam*) rechistar; **ohne zu** ~ sin rechistar

**Mucken** ['mʊkən] *fpl* (*fam: Tücken*) mañas *fpl;* **der Computer hat seine** ~ el ordenador tiene sus pegas; **Mückenstich** *m* picadura *f* de mosquito

**Mucks** [mʊks] *m* <-es, -e> (*fam*): **keinen** ~ **sagen** no decir ni pío; **ohne einen** ~ muy quieto

**mucksmäuschenstill** ['mʊks'mɔɪsçən'ʃtɪl] *adj* (*fam*): ~ **sein** no decir ni pío; **es war** ~ no se oía ni una mosca

**müde** ['my:də] *adj* cansado; ~ **werden** cansarse; **keine** ~ **Mark** (*fam*) ni un puto marco; **es** ~ **sein etw zu tun** estar harto de hacer algo; **er wurde nicht** ~ **ihre Vorzüge zu rühmen** no se cansaba de alabar sus méritos; **da kann ich nur** ~ **lächeln** me importa un comino

**Müdigkeit** *f ohne pl* cansancio *m;* **vor** ~ **umfallen** caerse de cansancio

**Muff** [mʊf] *m* <-(e)s, -e> (*Pelz-*) manguito *m*

**Muffe** ['mʊfə] *f* <-n> ❶ (TECH) manguito *m* ❷ (*fam: Angst*) canguelo *m;* **mir geht die** ~ tengo canguelo

**Muffel** ['mʊfəl] *m* <-s, -> (*fam: Person*) aguafiestas *mfpl inv*

**muff(e)lig** *adj* (*fam*) *s.* **muffig**

**Muffensausen** ['mʊfənzaʊzən] *nt* <-s, *ohne pl*> (*fam*): ~ **haben** tener canguelo

**muffig** *adj* ❶ (*Geruch*) que huele a enmohecido; ~ **riechen** oler a moho ❷ (*fam: Person*) gruñón

**mufflig** *adj s.* **muff(e)lig**

**Mühe** ['my:ə] *f* <-n> (*Anstrengung*) esfuerzo *m,* pena *f,* costo *m Am;* (*Umstände*) molestia *f;* (*Arbeit*) trabajo *m;* **ohne** ~ sin esfuerzo; **nur mit** ~ a duras penas; **die** ~ **hat sich gelohnt** ha valido la pena; **sich** *dat* (**große**) ~ **geben** esforzarse (mucho) (*bei* en, *zu* para/por); **gib dir keine** ~**!** ¡no te molestes!; **das ist doch verlorene** ~ no vale la pena; **jdm** ~ **machen** ocasionar molestias a alguien; **sich** *dat* **die** ~ **machen etw zu tun** tomarse la molestia de hacer algo; **wenn es Ihnen keine** ~ **macht!** ¡si no es molestia para Ud.!; **mit** ~ **und Not** (*mit großen Schwierigkeiten*) a duras penas; (*gerade noch*) por los pelos

**mühelos I.** *adj* fácil **II.** *adv* con facilidad

**muhen** ['mu:ən] *vi* mugir

**mühen** ['my:ən] *vr:* **sich** ~ (*geh*) esforzarse

**mühevoll** *adj* penoso; (*schwierig*) difícil

**Mühle[1]** ['my:lə] *f* <-n> ❶ (*Gebäude*) molino *m;* **in die** ~ **der Verwaltung geraten** (*fig*) caer en las ruedas de la administración ❷ (*Haushaltsgerät*) molinillo *m* ❸ (*fam: Fahrzeug*) cacharro *m*

M

**Mühle**[2] *f ohne pl* (*Brettspiel*) tres *m* en raya

**Mühlrad** *nt* rueda *f* de molino; **Mühlstein** *m* muela *f* de molino

**Mühsal** ['my:za:l] *f* <-e> (*geh*) pena *f,* fatigas *fpl*

**mühsam**, **mühselig** **I.** *adj* penoso **II.** *adv* a duras penas

**Mulatte**, **-in** [mu'latə] *m, f* <-n, -n; -nen> mulato, -a *m, f,* pardo, -a *m, f Am*

**Mulde** ['mʊldə] *f* <-n> ❶ (*im Gelände*) hondonada *f;* (*Loch*) hoyo *m* ❷ (*nordd: Trog*) tinaja *f*

**Muli** ['mu:li] *nt* <-s, -s> (ZOOL) mulo, -a *m, f*

**Mull** [mʊl] *m* <-(e)s, -e> ❶ (*Gewebe*) gasa *f* ❷ (*nordd: Humusboden*) terreno *m* de humus

**Müll** [mʏl] *m* <-(e)s, *ohne pl*> basura *f;* (*Abfälle*) desperdicios *mpl;* **etw in den ~ werfen** tirar algo a la basura; **radioaktiver ~** residuos radi(o)activos

**Müllabfuhr** *f* recogida *f* de basuras

**Müllaufbereitung** *f* procesamiento *m* de basuras; **Müllaufbereitungsanlage** *f* planta *f* procesadora de basuras

**Müllberg** *m* montón *m* de basuras; **Müllbeseitigung** *f ohne pl* eliminación *f* de basuras; **Müllbeutel** *m* bolsa *f* de la basura

**Mullbinde** *f* venda *f* de gasa

**Müllcontainer** *m* contenedor *m* de basuras; **Mülldeponie** *f* vertedero *m* de basuras; **Mülleimer** *m* cubo *m* de (la) basura, tacho *m CSur*

**Müller(in)** ['mʏlɐ] *m(f)* <-s, -; -nen> molinero, -a *m, f*

**Müllhalde** *f* montaña *f* de basura; **Müllkippe** *f* vertedero *m* de basuras; **Müllkompostierung** *f* transformación *f* de los desperdicios orgánicos en compost; **Müllmann** *m* (*fam*) basurero *m;* **Müllsortieranlage** *f* instalación *f* de clasificación de basuras; **Mülltonne** *f* cubo *m* de (la) basura; **Mülltrennungssystem** *nt* recogida *f* selectiva de basuras

**Müllverbrennung** *f ohne pl* incineración *f* de desechos; **Müllverbrennungsanlage** *f* planta *f* incineradora de basuras

**Müllverwertung** *f* aprovechamiento *m* de basuras; **Müllwagen** *m* camión *m* de la basura

**mulmig** ['mʊlmɪç] *adj* (*fam*) desagradable; **ein ~es Gefühl haben** tener un mal presentimiento; **ihm war ~ zumute** tenía miedo

**Multi** ['mʊlti] *m* <-s, -s> (*fam*) (gran empresa *f*) multinacional *f*

**multikulturell** [mʊlti-] *adj* multicultural

**Multimediaanwendung** *f* aplicación *f* multimedia; **Multimediabereich** *m* sector *m* multimedia; **multimediafähig** *adj* multimediático, apto para multimedia

**multimedial** [mʊltime'dja:l] *adj* multimedia

**Multimedia-PC** *m* ordenador *m* multimedia; **Multimediasystem** *nt* sistema *m* multimedia; **Multimillionär(in)** *m(f)* multimillonario, -a *m, f*

**Multiple Sklerose** *f ohne pl* (MED) esclerosis *f inv* múltiple

**Multiplikation** [mʊltiplika'tsjo:n] *f* <-en> (MATH) multiplicación *f* (*mit* por)

**multiplizieren*** [mʊltipli'tsi:rən] *vt* (*a.* MATH) multiplicar (*mit* por), amuchar *Arg, Bol, Chil*

**Multitalent** ['mʊltitalɛnt] *nt* persona *f* polifacética

**Multitasking** ['maltitaskɪŋ] *nt* <-s, *ohne pl*> (INFOR) multitarea *f,* multiventana *f*

**Mumie** ['mu:miə] *f* <-n> momia *f*

**mumifizieren*** [mumifi'tsi:rən] *vt* momificar

**Mumm** [mʊm] *m* <-s, *ohne pl*> (*fam*) ❶ (*Tatkraft*) coraje *m;* (*Mut*) valor *m* ❷ (*Kraft*) fuerza(s) *f(pl);* **der hat ~ in den Knochen** tiene agallas

**Mumpitz** ['mʊmpɪts] *m* <-es, *ohne pl*> (*fam abw*) tonterías *fpl*

**Mumps** [mʊmps] *m* <-, *ohne pl*>, *f ohne pl* (MED) paperas *fpl*

**München** *nt* <-s> Munich *m*

**Münch(e)ner(in)** *m(f)* <-s, -; -nen> muniqués, -esa *m, f*

**Mund** *m* <-(e)s, Münder> boca *f;* **sein Name war in aller ~e** su nombre iba de boca en boca; **wie aus einem ~e** a la vez; **dieses Wort nehme ich nicht in den ~** no suelo usar esta palabra; **jdm über den ~ fahren** (*fam*) cortarle a alguien la palabra; **nicht auf den ~ gefallen sein** (*fam fig*) tener labia; **jdm den ~ wässrig machen** (*fam*) hacerle la boca agua a alguien; **halt den ~!** (*fam*) ¡calla la boca!; **ich werde ihm nicht nach dem ~ reden** no voy a decir lo que él quiere oír; **mit vollem ~ reden** hablar con la boca llena; **den ~ zu voll nehmen** (*fam fig*) fanfarronear

**Mundart** *f* <-en> dialecto *m*

**Mundddusche** *f* ducha *f* bucal

**Mündel** *nt o m* <-s, -> (JUR) pupilo, -a *m, f*

**munden** *vi* (*geh*) saber bien; **lasst es euch ~** que (os) aproveche

**münden** *vi haben o sein* ❶ (*Fluss, Straße*) desembocar (*in/auf* en) ❷ (*Gespräch*) acabar (*in* en)

**Münder** *pl von* **Mund**; **mundfaul** *adj*

(*fam*) poco comunicativo; **sei doch nicht so ~!** ¡habla de una vez!; **mundgerecht** I. *adj* pequeño (para que pueda comerse bien) II. *adv* en trozos pequeños (para que puedan comerse bien); **Mundgeruch** *m* aliento *m* fétido; (MED) halitosis *f inv;* **Mundharmonika** *f* armónica *f;* **Mundhöhle** *f* cavidad *f* bucal; **Mundhygiene** *f* higiene *f* bucal

**mündig** *adj* (JUR) mayor de edad

**mündlich** *adj* oral

**Mundpropaganda** *f* publicidad *f* transmitida de boca en boca; **Mundraub** *m* (JUR) hurto *m* famélico; **Mundstück** *nt* (*a.* MUS) boquilla *f*

**mundtot** *adj:* **jdn ~ machen** taparle la boca a alguien

**Mündung** *f* <-en> ❶(*eines Flusses*) desembocadura *f* ❷(*eines Gewehres*) boca *f*

**Mundwasser** *nt* <-s, -wässer> agua *f* dentífrica; **Mundwerk** *nt* (*fam*): **ein flinkes ~ haben** tener mucha labia; **Mundwinkel** *m* comisura *f* de la boca

**Mund-zu-Mund-Beatmung** *f* respiración *f* boca a boca

**Munition** *f* <-en> munición *f*

**munkeln** *vi, vt* (*fam*) rumorear; **man munkelt, dass ...** se rumorea [*o* corre el rumor] que...

**Münster** *nt* <-s, -> catedral *f*

**munter** *adj* ❶(*lebhaft*) vivaz, vivaracho; (*fröhlich*) alegre ❷(*wach*) despierto

**Muntermacher** *m* <-s, -> (*fam*) estimulante *m*

**Münzautomat** *m* distribuidor *m* automático

**Münze** *f* <-n> moneda *f;* **etw für bare ~ nehmen** tomar algo al pie de la letra; **es jdm mit gleicher ~ heimzahlen** pagarle a alguien con la misma moneda; **Münzeinwurf** *m* ranura *f*

**münzen** *vt* acuñar; **das ist auf ihn gemünzt** esto va por él

**Münzfernsprecher** *m* teléfono *m* público (con monedas)

**Muräne** *f* <-n> (ZOOL) morena *f*

**mürbe** *adj* ❶(*weich*) blando; (*Fleisch*) tierno ❷(*abgenutzt*) desgastado; (*zerbrechlich*) frágil ❸(*Person*): **jdn ~ machen** ablandar a alguien; **Mürbeteig** *m* pastaflora *f*

**Murks** [mʊrks] *m* <-es, *ohne pl*> (*fam abw*) chapucería *f;* **~ machen** poner remiendos

**murksen** ['mʊrksən] *vi* (*fam abw*) trabajar chapuceramente

**Murmel** *f* <-n> canica *f,* trinca *f CSur*

**murmeln** *vi, vt* murmurar, susurrar

**Murmeltier** *nt* marmota *f;* **schlafen wie ein ~** dormir como un tronco

**murren** *vi* refunfuñar

**mürrisch** I. *adj* malhumorado II. *adv* de mala gana

**Mus** *nt* <-es, -e> puré *m*

**Muschel** *f* <-n> ❶(ZOOL) lamelibranquio *m;* (*essbar*) marisco *m* ❷(*~schale*) concha *f*

**Muschi** *f* <-s> (*fam*) ❶(*Katze*) gatita *f* ❷(*Scheide*) chocho *m,* concha *f Am*

**Muse** *f* <-n> musa *f;* **er wurde von der ~ geküsst** le aparecieron las musas

**Museum** *nt* <-s, Museen> museo *m;* **Museumsführer(in)** *m(f)* guía *mf* de un museo; **museumsreif** *adj* (*fam*) anticuado

**Musical** *nt* <-s, -s> (espectáculo *m*) musical *m*

**Musik** *f* <-en> música *f;* **~ machen** tocar un instrumento; **Musikakademie** *f* conservatorio *m* de música

**musikalisch** *adj* musical; **~ veranlagt sein** tener talento musical

**Musikant(in)** *m(f)* <-en, -en; -nen> músico, -a *m, f*

**Musikbegleitung** *f* acompañamiento *m* musical; **Musikbox** *f* máquina *f* de discos, jukebox *m o f*

**Musiker(in)** *m(f)* <-s, -; -nen> músico, -a *m, f*

**Musikhochschule** *f* conservatorio *m* superior de música; **Musikinstrument** *nt* instrumento *m* de música; **Musikkapelle** *f* banda *f* de música; **Musikkassette** *f* cas(s)et(t)e *m o f;* **Musiklehrer(in)** *m(f)* profesor(a) *m(f)* de música; **Musikstück** *nt* obra *f* musical, pieza *f* de música; **Musikunterricht** *m* clase *f* de música; **Musikwissenschaft** *f* musicología *f*

**musisch** *adj* ❶(*Fächer, Schule*) artístico ❷(*Person*) con sensibilidad artística; **~ begabt sein** tener talento (artístico)

**musizieren*** *vi* tocar (piezas musicales)

**Muskat** *m* <-(e)s, -e> nuez *f* moscada

**Muskel** *m* <-s, -n> músculo *m;* **Muskelkater** *m* agujetas *fpl;* **Muskelkraft** *f ohne pl* fuerza *f* muscular; **Muskelprotz** *m* (*fam abw*) (hombre *m*) forzudo *m;* **Muskelzerrung** *f* (MED) distensión *f* de un músculo

**Musketier** *m* <-s, -e> (HIST) mosquetero *m*

**Muskulatur** *f* <-en> musculatura *f*

**muskulös** *adj* musculoso

**Müsli** *nt* <-s, -s> musli *m*

**Muslim(e)** *m(f)* <-s, -e *o* -s; -n> musulmán, -ana *m, f*

**muss** *3. präs von* **müssen**

**Muss** *nt* <-, *ohne pl*> obligación *f*

**Muße** *f ohne pl* (*geh*) ocio *m;* (*Ruhe*) tranquilidad *f*

**müssen**[1] <muss, musste, müssen> *vt Modalverb* ❶ (*Zwang*) tener que +*inf;* (*unpersönlich*) hay que +*inf;* **sie musste es tun** tuvo que hacerlo; **die Ausstellung muss man gesehen haben** hay que haber visto la exposición; **das muss sein** tiene que ser; **es kam, wie es kommen musste** sucedió como tenía que suceder ❷ (*Notwendigkeit*) tener que +*inf,* ser necesario +*inf;* **ich muss (schon) sagen ...** tengo que decir que...; **muss das sein?** ¿es necesario?; **warum muss es ausgerechnet heute regnen?** ¿por qué tiene que llover precisamente hoy?; **das muss nicht stimmen** no tiene por qué ser así; **wenn es (unbedingt) sein muss** si tiene que ser; **du musst das nicht so eng sehen** no lo tomes tan a pecho ❸ (*Vermutung*) deber +*inf,* tener que +*inf;* **er müsste schon da sein** ya tendría que estar aquí; **das müsstest du eigentlich wissen** en realidad deberías saberlo ❹ (*Wunsch*): **man müsste noch mal zwanzig sein!** ¡quien tuviera veinte años (otra vez)!

**müssen**[2] <muss, musste, gemusst> *vi* tener que +*inf;* **ich muss zur Post** tengo que ir a Correos; **ich muss mal** (*fam: aufs Klo*) tengo que ir al baño

**? Grammatik**

**müssen** expresa necesidad u obligación: *Wir müssen uns beeilen, weil es schon zu spät ist. – Tenemos que darnos prisa porque ya es tarde. Wir müssen die Rechnung spätestens morgen bezahlen. – Tenemos que pagar la factura mañana a más tardar.*

**sollen** no expresa la necesidad subjetiva, sino una necesidad motivada por otra persona, por un principio moral o una norma social: *Ich soll mehr Sport treiben. Das hat der Arzt mir gesagt. – Tengo que/Debo hacer más deporte. Me lo ha dicho el médico. Der Mensch soll solidarisch handeln. – El hombre debe actuar con solidaridad.*

**Mußestunde** *f* rato *m* de ocio

**müßig** *adj* (*geh*) ❶ (*untätig*) ocioso ❷ (*überflüssig*) inútil; **es ist ~, darüber nachzudenken** no vale la pena pensar en ello; **Müßiggang** *m* <-(e)s, *ohne pl*> (*geh*) ociosidad *f;* **~ ist aller Laster Anfang** (*prov*) la ociosidad es la madre de todos los vicios

**musste** *3. imp von* **müssen**

**Muster** *nt* <-s, -> ❶ (*Vorlage*) modelo *m;* (*Handarbeits~, Schnitt~*) patrón *m* ❷ (*Vorbild*) modelo *m;* **er ist das ~ eines Ehemannes** es un marido modelo; **sie ist ein ~ an Güte** su bondad es ejemplar ❸ (*Zeichnung*) dibujo *m* ❹ (*Probestück*) muestra *f;* **Musterbeispiel** *nt* modelo *m* ejemplar; **Musterbrief** *m* carta *f* modelo; **Musterexemplar** *nt* ❶ (*eines Buches*) ejemplar *m* de muestra ❷ (*Vorbild*) modelo *m;* **mustergültig** *adj,* **musterhaft** *adj* ejemplar, modelo; **Musterknabe** *m* (*abw*) niño *m* modelo

**mustern** *vt* ❶ (*betrachten*) examinar; **sie musterte ihn von oben bis unten** lo miraba de arriba abajo ❷ (MIL: *Wehrpflichtige*) reconocer; (*Truppen*) pasar revista (a)

**Musterschüler(in)** *m(f)* alumno, -a *m, f* ejemplar

**Musterung** *f* <-en> ❶ (*Betrachtung*) examen *m;* (*Prüfung*) inspección *f;* **nach eingehender ~** tras minuciosa inspección ❷ (MIL) reconocimiento *m* ❸ (*Muster*) dibujo *m;* **Musterungsbescheid** *m* (MIL) llamada *f* a revista

**Mut** *m* <-(e)s, *ohne pl*> valor *m;* **nur ~!** ¡ánimo!; **den ~ verlieren** desanimarse; **jdm ~ machen** animar a alguien; **~ fassen** cobrar valor; **guten ~es sein** (*geh*) estar optimista

**Mutation** *f* <-en> ❶ (BIOL) mutación *f* ❷ (MED: *Stimmwechsel*) cambio *m* de la voz ❸ (*Schweiz: Personalveränderung*) cambio *m* de personal

**mutieren*** *vi* ❶ (BIOL) mutar ❷ (MED: *Stimme*) cambiar la voz

**mutig** *adj* valiente, guapo *Am*

**mutlos** *adj* desalentado, desanimado

**Mutlosigkeit** *f ohne pl* desaliento *m*

**mutmaßen** *vt* suponer

**mutmaßlich** *adj* supuesto, presunto

**Mutmaßung** *f* <-en> suposición *f,* presunción *f*

**Mutprobe** *f* prueba *f* de valor

**Mutter**[1] *f* <Mütter> (*Frau*) madre *f;* **~ von vier Kindern** madre de cuatro hijos; **wie bei ~n** (*fam*) como en casa; **werdende ~** futura madre

**Mutter**[2] *f* <-n> (TECH) tuerca *f*

**Mütterberatungsstelle** *f* centro *m* de información maternal

**Muttergesellschaft** *f* (WIRTSCH) sociedad *f* matriz

**Muttergottes** *f* (REL) Nuestra Señora *f*
**Mutterinstinkt** *m* instinto *m* maternal; **Mutter-Kind-Pass** *m* carnet *m* de maternidad; **Mutterkuchen** *m* (MED) placenta *f;* **Mutterland** *nt* patria *f;* (*der Kolonien*) metrópoli *m;* **Mutterleib** *m ohne pl* seno *m* materno
**mütterlich** **I.** *adj* materno, maternal **II.** *adv* como una madre
**mütterlicherseits** *adv* por parte de la madre
**Mutterliebe** *f* cariño *m* materno; **Muttermal** *nt* lunar *m;* **Muttermilch** *f* leche *f* materna; **etw mit der ~ einsaugen** aprender algo desde la cuna; **Muttermund** *m ohne pl* (MED) orificio *m* uterino
**Mutterschaft** *f ohne pl* maternidad *f;* **Mutterschaftsurlaub** *m* permiso *m* por maternidad
**Mutterschiff** *nt* (NAUT) buque *m* nodriza; (AERO) nave *f* de abastecimiento
**Mutterschutz** *m* protección *f* a la (futura) madre
**mutterseelenallein** *adj* solo como la una
**Muttersöhnchen** *nt* (*fam abw*) hijo *m* de mamá; **Muttersprache** *f* lengua *f* materna
**Muttersprachler(in)** *m(f)* <-s, -; -nen> hablante *mf* nativo
**Muttertag** *m* día *m* de la madre; **Muttertier** *nt* (ZOOL) animal *m* madre
**Mutti** *f* <-s> (*fam*) mamá *f,* mamaíta *f*
**Mutwille** *m* <-ns, *ohne pl*> malicia *f;* **etw aus ~n tun** hacer algo a propósito
**mutwillig** **I.** *adj* (*böswillig*) malicioso; (*absichtlich*) intencionado **II.** *adv* (*absichtlich*) con intención
**Mütze** *f* <-n> gorro *m,* gorra *f;* **der kriegt was auf die ~!** (*fam*) ¡éste se va a llevar una buena (reprimenda)!
**MwSt, MWSt** *Abk. von* **Mehrwertsteuer** IVA *m*
**Myom** *nt* <-s, -e> (MED) mioma *m*
**Myriade** *f* <-n> miríada *f*
**Myrre** *f* <-n>, **Myrrhe** *f* <-n> mirra *f*
**Myrte** *f* <-n> mirto *m*
**Mysterien** *pl von* **Mysterium**
**mysteriös** *adj* misterioso
**Mysterium** *nt* <-s, Mysterien> misterio *m*
**Mystifizierung** *f* <-en> mistificación *f*
**Mystik** *f ohne pl* mística *f*
**mystisch** *adj* místico
**Mythen** *pl von* **Mythos**
**mythisch** *adj* mítico
**Mythologie** *f* <-n> mitología *f*
**Mythos** *m* <-, Mythen> mito *m*

# Nn

**N, n** *nt* <-, -> N, n *f;* **~ wie Nordpol** N de Navarra
**N** *Abk. von* **Norden** N
**na** *interj* (*fam*) ❶ (*fragend*) y; **~ und?** ¿y qué? ❷ (*auffordernd*) vamos; **~ und ob!** ¡y vaya que sí!; **~ so was!** ¡hay que ver! ❸ (*beschwichtigend*) bueno; **~ also!** ¡pues ya ves!; **~ ja** bueno; **~ gut** bueno, bien ❹ (*empört*) pero (bueno); **~, hör mal!** ¡pero oye, caramba!
**Nabel** *m* <-s, -> ombligo *m;* **der ~ der Welt** (*geh*) el ombligo del mundo; **Nabelschnur** *f* cordón *m* umbilical
**nach** **I.** *präp +dat* ❶ (*Richtung*) hacia, a; (*Länder-, Ortsnamen*) a; (*Zug, Flugzeug*) con destino a, para; **~ Berlin/~ Spanien** a Berlín/a España; **~ Norden/~ Süden** al norte/al sur; **~ oben/~ rechts** hacia arriba/hacia la derecha; **von links ~ rechts** de izquierda a derecha; **~ Hause** a casa ❷ (*Reihenfolge*) después de; **~ Christus** después de Cristo; **~ der Arbeit** después del trabajo; **sie kam ~ zehn Minuten** vino a los diez minutos; **~ allem, was geschehen ist** después de todo lo que ha pasado; **einer ~ dem anderen** primero uno, después otro; **~ Ihnen, bitte!** ¡después de Ud., por favor! ❸ (*Uhrzeit*) y; **es ist fünf (Minuten) ~ sechs** son las seis y cinco ❹ (*zufolge, gemäß*) según, conforme a; **je ~** según; **je ~ Größe** según el tamaño; **~ allem, was ich weiß** con todo lo que yo sé; **dem Alter ~** conforme a la edad; **allem Anschein ~** por lo que parece; **das ist nicht ~ meinem Geschmack** no es de mi gusto; **meiner Meinung ~** en mi opinión; **~ Art des Hauses** de la casa; **~ italienischer Art** a la italiana; **die Uhr ~ dem Radio stellen** poner el reloj en hora con la radio **II.** *adv:* (**alle**) **mir ~!** ¡seguidme todos!; **~ und ~** poco a poco; **~ wie vor** (al) igual que antes
**nach|äffen** *vt* (*abw*) remedar
**nach|ahmen** *vt* imitar; (*kopieren*) copiar; **nachahmenswert** *adj* digno de ser imitado; (*vorbildlich*) ejemplar
**Nachahmung** *f* <-en> imitación *f*
**nach|arbeiten** *vt* ❶ (*aufholen*) recuperar ❷ (*nachbearbeiten*) repasar ❸ (*nachbilden*) copiar
**Nachbar(in)** *m(f)* <-n *o* -s, -n; -nen> vecino, -a *m, f;* **Nachbarhaus** *nt* casa *f* vecina

**Nachbarin** *f* <-nen> *s.* **Nachbar**
**Nachbarland** *nt* país *m* vecino
**nachbarlich** *adj* ① (*benachbart*) vecino ② (*nachbarschaftlich*) vecinal
**Nachbarschaft** *f ohne pl* vecindario *m;* (*alle Nachbarn*) vecinos *mpl*
**Nachbau** *m* (ARCHIT, TECH) réplica *f*
**Nachbeben** *nt* terremoto *m* secundario
**nach|bereiten*** *vt* repasar
**nach|bessern** *vt* retocar
**nach|bestellen*** *vt* renovar un pedido
**Nachbestellung** *f* nuevo encargo *m*
**nach|bezahlen*** *vt* (*nachträglich*) pagar más tarde; (*einen Zuschlag*) pagar como suplemento
**nach|bilden** *vt* copiar
**Nachbildung** *f* <-en> copia *f*
**nach|datieren*** *vt* antedatar
**nachdem** *konj* ① (*zeitlich*) después de +*inf*, después de que +*subj;* ~ **sie mit ihm gesprochen hatte ...** después de haber hablado con él... ② (*Abhängigkeit*): **je ~** según; **je ~, ob/wie ...** depende de si/de cómo...
**nach|denken** *irr vi* reflexionar (*über* sobre), pensar (*über* en); **darüber darf man gar nicht ~** no se debería pensar en esto; **scharf ~** pensar con todas las fuerzas
**nachdenklich** *adj* pensativo; (*in Gedanken versunken*) ensimismado; **das macht mich ~** me da que pensar
**Nachdenklichkeit** *f ohne pl* ① (*nachdenkliche Stimmung*) estado *m* pensativo ② (*Versunkenheit*) ensimismamiento *m*
**Nachdruck**[1] *m* <-(e)s, *ohne pl*> (*Eindringlichkeit*) énfasis *m inv;* **etw mit ~ sagen** decir algo con énfasis; **ich weise mit allem ~ darauf hin, dass ...** hago hincapié en que...
**Nachdruck**[2] *m* <-(e)s, -e> (TYPO) reproducción *f;* (*Neuauflage*) reimpresión *f*
**nach|drucken** *vt* reimprimir
**nachdrücklich** I. *adj* insistente; (*energisch*) enérgico II. *adv* con insistencia
**Nachdurst** *m sed provocada por el consumo excesivo de alcohol*
**nach|eifern** *vi:* **jdm ~** emular a alguien
**nach|eilen** *vi sein:* **jdm/etw ~** correr detrás de alguien/de algo
**nacheinander** *adv* ① (*räumlicher Abstand*) sucesivamente, uno detrás de otro ② (*zeitlich*) seguido; **fünf Tage ~** cinco días seguidos; **sie kamen kurz ~** llegaron muy seguidos
**nach|empfinden*** *irr vt:* **das kann ich dir gut ~** te comprendo totalmente
**nach|erzählen*** *vt* repetir; (*erzählen*) contar
**Nacherzählung** *f* narración *f*
**Nachfahr(e)**, **-in** *m*, *f* <-en, -en; -nen> (*geh*) descendiente *mf;* **die ~en** (*Blutsverwandtschaft*) la descendencia; (*nächste Generationen*) la posteridad
**nach|fahren** *irr vi sein:* **jdm ~** seguir a alguien (en un vehículo)
**Nachfahrin** *f* <-nen> *s.* **Nachfahr(e)**
**nach|feiern** *vt* celebrar a posteriori
**Nachfolge** *f ohne pl* sucesión *f;* **jds ~ (in einem Amt) antreten** suceder a alguien (en un cargo)
**nachfolgend** *adj* siguiente
**Nachfolger(in)** *m(f)* <-s, -; -nen> sucesor(a) *m(f)*
**nach|forschen** *vi* investigar
**Nachforschung** *f* investigación *f;* (*amtliche ~*) pesquisa *f;* **in etw ~en anstellen** hacer pesquisas acerca de algo
**Nachfrage** *f* ① (WIRTSCH) demanda *f* (*nach* de); **die ~ sinkt/steigt** la demanda disminuye/aumenta ② (*Wend*): **danke der ~!** ¡gracias por el interés!
**nach|fragen** I. *vi* ① (*sich erkundigen*) preguntar (*wegen* por) ② (*nachsuchen*) solicitar II. *vt* (WIRTSCH) demandar
**nach|fühlen** *vt s.* **nachempfinden**
**nachfüllbar** *adj* rellenable; (*Patrone*) recargable
**nach|füllen** *vt* rellenar; (*Patrone*) recargar
**Nachfüllpackung** *f* empaque *m* rellenable
**nach|geben** *irr vi* ① (*zustimmen*) ceder, agacharse *Am;* **er gab ihren Bitten nach** cedió a sus súplicas ② (*Fundament*) ceder; (*Stoff*) dar de sí ③ (WIRTSCH, FIN) bajar
**Nachgebühr** *f* sobretasa *f*
**Nachgeburt** *f ohne pl* secundinas *fpl*
**nach|gehen** *irr vi sein* ① (*folgen*) seguir ② (*ergründen*) investigar; **einem Hinweis/einer Spur ~** seguir una pista/una huella ③ (*Uhr, Messgerät*) ir atrasado ④ (*einem Beruf*) dedicarse (a)
**Nachgeschmack** *m ohne pl* regusto *m;* (*schlechter ~*) resabio *m;* **das hinterlässt einen üblen ~** esto deja mal sabor de boca
**nachgewiesenermaßen** *adv* como queda comprobado
**nachgiebig** *adj* ① (*Mensch, Haltung*) transigente; **gegenüber jdm (zu) ~ sein** ser (demasiado) condescendiente con alguien ② (*Material*) flexible; (*Boden*) blando
**Nachgiebigkeit** *f ohne pl* ① (*Entgegenkommen*) complacencia *f;* (*Veranlagung*) docilidad *f* ② (*Beschaffenheit*) elasticidad *f*
**nach|gießen** *irr* I. *vt* ① (*einschenken*) servir más; **sich** *dat* **Wein ~** servirse más vino ② (*auffüllen*) rellenar; **jds Glas ~** rellenar

el vaso de alguien **II.** *vi* servir más bebida; **darf ich dir ~?** ¿te sirvo un poco más?

**nach|grübeln** *vi* cavilar (*über* sobre)

**nach|gucken** *vi* (*reg*) *s.* **nachsehen**

**nach|haken** *vi* (*fam*) porfiar; **bei jdm** (**mit einer Frage**) **~** preguntar a alguien con insistencia

**Nachhall** *m* reverberación *f*

**nach|hallen** *vi* reverberar

**nachhaltig** *adj* persistente; **~e Wirkung haben** ser muy eficaz

**nach|hängen** *irr vi* estar absorto (en); (*wehmütig*) acariciar; **seinen Gedanken ~** ensimismarse

**nachhause** *adv* (*Österr, Schweiz*) a casa

**Nachhauseweg** *m* camino *m* a casa; **auf dem ~** de camino a casa

**nach|helfen** *irr vi* echar una mano; **dem Glück ~** ayudar a la suerte

**nachher** *adv* ❶ (*danach*) después; (*später*) luego; **bis ~!** ¡hasta luego! ❷ (*reg: möglicherweise*) luego

**Nachhilfe** *f* clase *f* particular; **bei jdm ~ bekommen** dar clases particulares con alguien; **Nachhilfestunde** *f* clase *f* particular

**Nachhinein**: **im ~** posteriormente

**Nachholbedarf** *m* necesidad(es) *f(pl)* de recuperar (*an*)

**nach|holen** *vt* ❶ (*Person*) hacer venir; (*Dinge*) buscar más tarde ❷ (*Versäumnis*) recuperar

**Nachhut** *f* <-en> (MIL) retaguardia *f*

**nach|jagen** *vi sein:* **jdm ~** perseguir a alguien; **etw** *dat* **~** andar a la caza de algo

**nach|kaufen** *vt* comprar más tarde; **von diesem Service kann man Teile ~** este juego de mesa dispone de piezas de recambio

**Nachkomme** *m* <-n, -n> descendiente *mf*

**nach|kommen** *irr vi sein* ❶ (*später kommen*) venir más tarde; **ich komme gleich nach** ahora voy ❷ (*Schritt halten*) poder seguir; **er kommt mit der Arbeit nicht nach** no consigue sacar el trabajo adelante ❸ (*geh*): **etw** *dat* **~** (*einer Vorschrift*) acatar; (*einer Verpflichtung*) cumplir (con); (*einem Wunsch*) acceder (a) ❹ (*Schweiz: verstehen*) entender

**Nachkommenschaft** *f ohne pl* descendencia *f*

**Nachkömmling** *m* <-s, -e> ❶ (*Nachzügler*) rezagado, -a *m, f* ❷ (*Nachkomme*) descendiente *mf*

**nach|kontrollieren*** *vt* controlar; **die Reifen wurden auf Sicherheit nachkontrolliert** se comprobó que las ruedas fueran seguras

**Nachkriegszeit** *f* (época *f* de la) posguerra *f*

**Nachlass** *m* <-es, -lässe *o* -e> ❶ (*Erbschaft*) legado *m;* (*eines Künstlers*) obras *fpl* póstumas ❷ (*Rabatt*) rebaja *f*

**nach|lassen** *irr* **I.** *vi* (*allgemein*) disminuir; (*Schmerz*) calmarse; (*Interesse, Qualität, Eifer*) decaer; (*Fieber*) bajar; (*Regen*) cesar; **wir sollten nicht ~ in unserem Streben!** no debemos desistir en nuestro afán **II.** *vt* ❶ (*lockern*) aflojar ❷ (*vom Preis*) rebajar

**nachlässig I.** *adj* negligente, descuidado **II.** *adv* con negligencia; **~ arbeiten** ser negligente en el trabajo; **~ gekleidet sein** estar mal vestido

**Nachlässigkeit** *f* <-en> negligencia *f*

**nach|laufen** *irr vi sein:* **jdm/etw ~** ir detrás de alguien/de algo

**nach|lesen** *irr vt* (*Text*) releer

**nach|liefern** *vt* enviar más tarde

**nach|lösen** *vi, vt* comprar (el billete) al revisor

**nach|machen** *vt* (*fam*) ❶ (*nachahmen*) imitar; (*kopieren*) copiar; **das macht mir so schnell keiner nach** esto no lo hace cualquiera ❷ (*fälschen*) falsificar ❸ (*nachträglich erledigen*) hacer a posteriori

**nach|messen** *irr vi, vt* (volver a) medir

**Nachmieter(in)** *m(f)* siguiente inquilino, -a *m, f*

**Nachmittag** *m* <-(e)s, -e> tarde *f;* **am ~** por la tarde; **gestern ~** ayer por la tarde

**nachmittags** *adv* por la tarde; (*jeden Nachmittag*) por las tardes; **um vier Uhr ~** a las cuatro de la tarde

**Nachmittagsvorstellung** *f* función *f* de tarde, vermú *m And, CSur*

**Nachnahme** *f* <-n> reembolso *m;* **etw per ~ verschicken** mandar algo contra reembolso

**Nachname** *m* apellido *m*

**nach|plappern** *vt* (*fam*) repetir como un loro

**nachprüfbar** *adj* que se puede comprobar

**nach|prüfen** *vt* comprobar, verificar;

**nach|rechnen** *vi, vt* repasar la cuenta (de)

**Nachrede** *f:* **üble ~** (JUR) calumnia *f*

**nach|reden** *vt* ❶ (*wiederholen*) repetir ❷ (*klatschen*) hablar; **jdm Übles ~** hablar mal de alguien; **jdm ~, dass ...** decir de alguien que...

**nach|reichen** *vt* entregar en fecha posterior

**Nachricht** *f* <-en> ❶ (*allgemein*) noticia *f;* **eine ~ hinterlassen** dejar un recado; **~ von jdm haben** tener noticias de alguien; **jdm eine ~ überbringen** transmitir a al-

N

guien una noticia ❷ *pl* (TV, RADIO) noticias *fpl;* **Nachrichtenagentur** *f* agencia *f* de noticias; **Nachrichtendienst** *m* ❶ (*Geheimdienst*) servicio *m* de inteligencia ❷ (*Nachrichtenagentur*) agencia *f* de noticias; **Nachrichtenmagazin** *nt* (PUBL) revista *f* de actualidad; **Nachrichtensendung** *f* noticias *fpl,* noticiario *m Am;* **Nachrichtensperre** *f* bloqueo *m* informativo; **über irgendein Thema eine ~ verhängen** imponer un embargo informativo sobre algún tema; **Nachrichtensprecher(in)** *m(f)* locutor(a) *m(f)*

**Nachruf** *m* necrológica *f* (*auf* de)

**Nachruhm** *m* fama *f* póstuma

**nach|rüsten** **I.** *vi* (MIL) rearmarse **II.** *vt* (TECH, INFOR: *zusätzlich ausstatten*) equipar posteriormente

**Nachrüstung** *f* ❶ (MIL) rearme *m* ❷ (TECH, INFOR) modificación *f* retroactiva

**nach|sagen** *vt* repetir; **ihm wurde nachgesagt, dass ...** se dijo acerca de él que...

**Nachsaison** *f* temporada *f* baja

**nach|schauen** *vt s.* **nachsehen**

**nach|schenken** *vi, vt* (*geh*) *s.* **nachgießen**

**nach|schicken** *vt* (*Post*) reexpedir

**nach|schießen** *vt irr* (FIN: *fam: Geld*) aflojar más dinero

**Nachschlag** *m* (*zusätzliche Essensportion*) segunda ración *f*

**nach|schlagen** *irr* **I.** *vt* buscar **II.** *vi* ❶ (*nachlesen*) consultar; **in einem Lexikon ~** consultar una enciclopedia ❷ *sein* (*geh*): **jdm ~** parecerse a alguien

**Nachschlagewerk** *nt* obra *f* de consulta

**Nachschlüssel** *m* copia *f* de una llave

**Nachschub** *m* (MIL: *Versorgung*) suministro *m* (*an* de); (*Verpflegung*) avituallamiento *m;* (*Verstärkung*) reforzamiento *m*

**nach|sehen** *irr* **I.** *vi* ❶ (*hinterherblicken*): **jdm/etw ~** seguir a alguien/algo con la mirada ❷ (*zur Information*) ir a ver; **sieh mal nach, ob ...** vete a ver si... ❸ (*nachschlagen*) consultar (*in*) **II.** *vt* ❶ (*kontrollieren*) revisar ❷ (*nachschlagen*) buscar ❸ (*verzeihen*): **jdm etw ~** perdonar algo a alguien

**Nachsehen** *nt:* **das ~ haben** quedarse a la luna de Valencia (*bei/in* con)

**Nachsendeantrag** *m* solicitud *f* de reexpedición (del correo)

**nach|senden** *irr vt s.* **nachschicken**

**Nachsicht** *f* indulgencia *f;* **~ walten lassen** ser indulgente

**nachsichtig** *adj* indulgente (*mit* (para) con)

**Nachsilbe** *f* (LING) sufijo *m*

**nach|sinnen** *irr vi* recapacitar (*über* sobre)

**nach|sitzen** *irr vi* quedar castigado después de clase

**Nachspann** *m* <-(e)s, -e> (FILM, TV) portada *f* (final)

**Nachspeise** *f* (GASTR) postre *m*

**Nachspiel** *nt* ❶ (THEAT) epílogo *m;* (MUS) postludio *m* ❷ (*Folgen*) consecuencias *fpl*

**nach|spionieren*** *vi* espiar

**nach|sprechen** *irr vt:* **jdm etw ~** repetir lo dicho por alguien

**nächst** *präp +dat* (*geh*) ❶ (*örtlich*) junto a ❷ (*samt*) junto con; (*außer*) además de

**nächstbeste(r, s)** *adj:* **der/die/das ~** (*allgemein*) el primero/la primera/lo primero que se presente; (*bei Qualität*) el segundo/la segunda/lo segundo mejor; **bei der ~n Gelegenheit** en la primera oportunidad que se presente

**nächste(r, s)** *adj superl von* **nah(e)** ❶ (*räumlich, Reihenfolge*) siguiente, próximo; **der/die/das N~** el más próximo/la más próxima/lo más próximo; **aus ~r Nähe** muy de cerca; **die ~n Angehörigen** los más allegados ❷ (*zeitlich*) próximo; **das ~ Mal** la próxima vez; **in den ~n Tagen** en los próximos días; **ich rufe dich bei der ~n Gelegenheit an** te llamo en cuanto pueda

**Nächste(r)** *mf* <-n, -n; -n> ❶ (*geh: Mitmensch*) próximo, -a *m, f;* (REL) prójimo, -a *m, f* ❷ (*der/die Folgende*) siguiente *mf;* **der/die ~ bitte!** ¡el/la siguiente, por favor!

**nach|stehen** *irr vi:* **jdm an etw (nicht) ~** (no) quedarse atrás de alguien en cuanto a algo; **jdm in nichts ~** ser igual a alguien

**nach|stellen** **I.** *vt* ❶ (TECH) reajustar ❷ (*Uhr*) retrasar ❸ (LING) posponer **II.** *vi* (*geh*): **jdm ~** (*verfolgen*) perseguir a alguien; (*umwerben*) rondar a alguien

**nächsten** *superl von* **nah(e)**: **am ~** lo más cercano

**Nächstenliebe** *f* ❶ (*Barmherzigkeit*) caridad *f* ❷ (*Liebe zum Nächsten*) amor *m* al prójimo

**nächstens** *adv* pronto, dentro de poco

**nächstgelegen** *adj* más cercano

**nächstliegend** *adj* (*örtlich*) más cercano; (*fig*) más obvio; **nächstmöglich** *adj* próximo (posible); **zum ~en Termin** lo antes posible

**nach|suchen** *vi* ❶ (*suchen*) buscar por todas partes ❷ (*geh: beantragen*): **bei jdm um etw ~** solicitar algo ante alguien

**Nacht** *f* <Nächte> noche *f;* **Heilige ~** Nochebuena; **bei ~** de noche; **in der ~** por la noche; **in der ~ auf Mittwoch** la noche del martes al miércoles; **gestern** ~ ayer por la noche; **über** ~ **bleiben** pasar la noche (*bei* en casa de, *in* en); **als die** ~ **hereinbrach** cuando anocheció; **eines** ~**s** (*geh*) una noche; **bei** ~ **und Nebel** (*fig*) clandestinamente; **gute** ~**!** ¡buenas noches!; **jdm gute** ~ **sagen** dar(le) las buenas noches a alguien; **die** ~ **zum Tage machen** pasarse la noche de juerga; **zu** ~ **essen** (*südd, Österr*) cenar; **über** ~ (*ganz plötzlich*) de la noche a la mañana; **nachtaktiv** *adj* (ZOOL) nocturno; **nachtblind** *adj* hemerálope; **Nachtblindheit** *f* hemeralopía *f*; **Nachtdienst** *m* turno *m* de noche

**Nachteil** *m* <-(e)s, -e> inconveniente *m*, desventaja *f*; (*Schaden*) perjuicio *m*; ~**e durch etw haben** tener inconvenientes por algo; **jdm** ~**e bringen** perjudicar a alguien; **er hat sich zu seinem** ~ **verändert** ha cambiado para peor; **im** ~ **sein** estar en desventaja; **von** ~ **sein** ser desfavorable

**nachteilig** *adj* (*ungünstig*) desventajoso; (*schädlich*) perjudicial

**nächtelang** *adv* durante noches enteras

**Nachtessen** *nt* (*südd, Österr, Schweiz*) cena *f*; **Nachtfalter** *m* ❶ (ZOOL) mariposa *f* nocturna ❷ (*Person*) trasnochador(a) *m(f)*; **Nachtfrost** *m* helada *f* nocturna; **Nachthemd** *nt* camisón *f*, dormilona *f Ven*

**Nachtigall** *f* <-en> (ZOOL) ruiseñor *m*

**nächtigen** *vi* pasar la noche (*in* en); **bei jdm** ~ dormir en casa de alguien

**Nachtisch** *m ohne pl* postre *m*

**Nachtklub** *m* club *m* nocturno; **Nachtlager** *nt* alojamiento *m* para la noche; **sein** ~ **aufschlagen** hacerse una cama; **Nachtleben** *nt ohne pl* vida *f* nocturna

**nächtlich** *adj* nocturno

**Nachtmensch** *m* amante *mf* de la noche; (*Nachtschwärmer*) noctámbulo, -a *m, f*; **Nachtportier** *m* portero *m* de noche; **Nachtquartier** *nt* alojamiento *m* para dormir

**Nachtrag** *m* <-(e)s, -träge> adición *f* (*zu* a); (*im Brief*) posdata *f*; (*Anhang*) apéndice *m*

**nach|tragen** *irr vt* ❶ (*hinzufügen*) añadir; **bliebe noch nachzutragen, dass ...** sólo queda añadir que... ❷ (*verübeln*): **jdm etw** ~ guardar rencor a alguien por algo

**nachtragend** *adj* rencoroso

**nachträglich** **I.** *adj* posterior **II.** *adv* posteriormente

**nach|trauern** *vi*: **jdm/etw** ~ lamentar la pérdida de alguien/de algo

**Nachtruhe** *f* reposo *m* nocturno

**nachts** *adv* por la noche; (*jede Nacht*) por las noches; **spät** ~ muy entrada la noche; **um 2 Uhr** ~ a las dos de la madrugada

**Nachtschattengewächs** *nt* (BOT) solanácea *f*; **Nachtschicht** *f* turno *m* de noche; **Nachtschwärmer(in)** *m(f)* noctámbulo, -a *m, f*, farrista *mf CSur*; **Nachtschwester** *f* enfermera *f* de noche

**nachtsüber** *adv* de noche, por la noche

**Nachttarif** *m* tarifa *f* nocturna; **Nachttisch** *m* mesita *f* de noche, buró *m Am*; **Nachttopf** *m* orinal *m*, escupidera *f Am*

**Nacht-und-Nebel-Aktion** ['--'----] *f* operación *f* sorpresa; (*der Polizei*) redada *f* nocturna

**Nachtwache** *f* guardia *f* nocturna; ~ **haben** estar de guardia nocturna; **Nachtwächter(in)** *m(f)* guardia *mf* nocturno, -a, nochero, -a *m, f CSur*

**Nachuntersuchung** *f* (examen *m* de) control *m* posterior

**nachvollziehbar** *adj* comprensible; **es ist für mich (nicht)** ~**, warum ...** (no) comprendo por qué...

**nach|vollziehen*** *irr vt* comprender

**nach|wachsen** *irr vi sein* volver a crecer; (*sich erneuern*) reproducirse; ~**de Rohstoffe** materias primas renovables

**Nachwehen** *fpl* ❶ (MED) entuertos *mpl* uterinos ❷ (*geh fig: Folgen*) consecuencias *fpl*

**nach|weinen** *vi, vt*: **jdm** ~ llorar a alguien; **jdm/etw keine Träne** ~ no derramar ni una lágrima por alguien/por algo

**Nachweis** *m* <-es, -e> (*Beweis*) prueba *f*; (*Bescheinigung*) certificado *m*; **zum** ~ **von ...** como prueba de...

**nachweisbar** *adj* comprobable; (*Giftstoffe*) detectable; **etw ist** ~ algo se puede comprobar

**nach|weisen** *irr vt* ❶ (*beweisen*) comprobar, probar; **das lässt sich leicht** ~ es fácil comprobarlo; **jdm etw** ~ demostrar que alguien hizo algo ❷ (*Kenntnisse*) presentar un certificado (de)

**nachweislich** **I.** *adj* demostrable, comprobable **II.** *adv* como puede comprobarse

**Nachwelt** *f ohne pl* posteridad *f*

**nach|werfen** *irr vt* ❶ (*hinterherwerfen*): **jdm etw** ~ tirar algo detrás de alguien ❷ (*fam: leicht machen*): **jdm etw** ~ regalar algo a alguien

**nach|wirken** *vi* continuar causando efecto; (*Einfluss haben*) repercutir (*auf* en)

**Nachwirkung** *f* consecuencia *f*; (*Einfluss*) repercusión *f* (*auf* en); **unter den** ~**en leiden** (*fig*) sufrir las consecuencias

**Nachwort** *nt* epílogo *m*

N

**Nachwuchs** *m* ① (*fam: Nachkomme*) descendencia *f;* **sie haben ~ bekommen** han tenido un hijo/una hija ② (*am Arbeitsmarkt*) aprendices *mpl*

**nach|zahlen** *vt* (*später zahlen*) pagar más adelante; (*zusätzlich zahlen*) pagar extra

**nach|zählen** *vt* (volver a) contar

**Nachzahlung** *f* ① (*nachträglich*) pago *m* posterior ② (*zusätzlich*) pago *m* adicional

**nach|zeichnen** *vt* ① (*abzeichnen*) copiar ② (*schildern*) describir

**nach|ziehen** *irr* **I.** *vt* ① (*Umriss*) retocar; (*Lippen*) pintarse ② (*Schraube*) apretar ③ (*Bein*) arrastrar **II.** *vi sein:* **jdm ~** seguir a alguien

**Nachzügler(in)** *m(f)* <-s, -; -nen> rezagado, -a *m, f*

**Nackedei** ['nakədaɪ] *m* <-s, -s> (*fam*) ① (*nacktes Kind*) niño, -a *m, f* desnudo, -a ② (*nackte Person*) (cuerpo *m*) desnudo *m*

**Nacken** *m* <-s, -> nuca *f;* **einen steifen ~ haben** tener tortícolis; **mir sitzt die Angst im ~** tengo miedo

**nackend** ['nakənt] *adj* (*fam*) desnudo

**Nackenhaar** *nt* pelos *mpl* de la nuca

**Nackenstütze** *f* reposacabezas *m inv*

**nackig** ['nakɪç] *adj* (*fam*) desnudo

**nackt** *adj* (*a. fig*) desnudo; **halb ~** medio desnudo; **sich ~ ausziehen** desnudarse; **Nacktbadestrand** *m* playa *f* nudista

**Nacktheit** *f ohne pl* desnudez *f*

**Nadel** *f* <-n> (*Näh~, Strick~, an Messinstrumenten, a.* BOT) aguja *f;* (*Steck~*) alfiler *m;* (*Haar~*) horquilla *f;* **eine ~ im Heuhaufen suchen** (*fig*) buscar una aguja en el pajar; **an der ~ hängen** (*sl*) estar enganchado (a la heroína); **Nadelbaum** *m* conífera *f;* **Nadeldrucker** *m* impresora *f* de matriz de agujas; **Nadelkissen** *nt* acerico *m;* **Nadelöhr** *nt* ojo *m* de la aguja; (AUTO: *Engpass*) calle *f* muy estrecha; **Nadelstich** *m* ① (*Einstich*) pinchazo *m* ② (*Nähstich*) puntada *f* ③ (*fig*) alfilerazo *m*

**Nadelstreifenanzug** *m* traje *m* de mil rayas

**Nadelwald** *m* bosque *m* de coníferas, pinar *m*

**Nagel** *m* <-s, Nägel> ① (*Metallstift*) clavo *m;* **einen ~ einschlagen** clavar un clavo; **den ~ auf den Kopf treffen** (*fam a. fig*) dar en el clavo; **etw an den ~ hängen** (*fam fig*) dejar algo; **den Beruf an den ~ hängen** (*fam fig*) colgar los hábitos; **Nägel mit Köpfen machen** (*fam fig*) tomar una decisión ② (*Finger~*) uña *f;* **sich** *dat* **die Nägel schneiden** cortarse las uñas; **an den Nägeln kauen** comerse las uñas; **sich** *dat* **etw unter den ~ reißen** (*fam*) mangar algo; **das brennt uns unter den Nägeln** (*fam*) esto corre mucha prisa; **Nagelbürste** *f* cepillo *m* de uñas; **Nagelfeile** *f* lima *f* para las uñas

**Nagellack** *m* esmalte *m* de uñas; **Nagellackentferner** *m* quitaesmalte *m*

**nageln** *vt* clavar (*an/auf*en)

**nagelneu** *adj* (*fam*) flamante

**Nagelschere** *f* tijeras *fpl* de manicura

**nagen** **I.** *vi* ① (*Tier, Mensch*) roer (*an*) ② (*Rost, Wasser*) corroer (*an*) ③ (*quälen*) corroer; **das schlechte Gewissen nagte an ihr** le remordía la mala conciencia **II.** *vt* roer

**nagend** *adj* (*Sorgen*) roedor; **ein ~er Schmerz** un dolor punzante

**Nager** *m* <-s, ->, **Nagetier** *nt* roedor *m*

**nah(e)** <näher, am nächsten> **I.** *adj* ① (*räumlich*) cercano; **~ sein** estar cerca; **der N~e Osten** el Oriente Próximo; **von ~em** de cerca ② (*zeitlich*) próximo, inmediato; **die ~e Zukunft** el futuro próximo; **der ~e Aufbruch** la salida inmediata; **~ daran sein etw zu tun** estar a punto de hacer algo ③ (*direkt, eng*) cercano; **~e Verwandte** familiares cercanos **II.** *adv* ① (*räumlich, zeitlich*) cerca; **~ an** [*o* **bei**] cerca de; **~ beieinander** muy juntos; **von ~ und fern** de lejos y de cerca; **jdm zu ~e treten** ofender a alguien ② (*direkt, eng*): **mit jdm ~e verwandt sein** ser pariente cercano de alguien **III.** *präp +dat* (*geh*) cerca de

**Nahaufnahme** *f* ① (FOTO) vista *f* de cerca ② (FILM) primer plano *m*

**Nähe** *f ohne pl* ① (*räumlich*) cercanía *f,* proximidad *f;* **etw aus der ~ betrachten** mirar algo de cerca; **in der ~ der Stadt** cerca de la ciudad; **hier in der ~** aquí cerca; **in meiner ~** a mi lado; **aus nächster ~** muy de cerca; **gern in jds ~ sein** estar a gusto al lado de alguien ② (*zeitlich*) proximidad *f*

**nahebei** *adv* muy cerca

**nahen** *vi sein* (*geh*) acercarse; (*Ereignis*) aproximarse

**nähen** *vi, vt* ① (*Kleidung*) coser ② (*Wunde*) suturar; (*fam: Patient*) coser

**näher** *adj kompar von* **nah(e)** ① (*räumlich, zeitlich*) más próximo, más cercano; **~ wohnen** vivir más cerca; **in der ~en Umgebung** en las proximidades inmediatas; **~ rücken** acercarse; **tritt doch ~!** ¡acércate! ② (*fig: genauer*) más detallado; **~e Angaben** detalles; **etw ~ betrachten** mirar algo con detalle; **können sie mir N~es darüber erzählen?** ¿puede darme más detalles sobre ello? ③ (*enger*) más cercano; (*Freundschaft*) más íntimo; **die ~e Verwandtschaft** los parientes cercanos; **jdn ~ kennen lernen** conocer a alguien (más) de cerca ❹ (*Wend*): **jdm etw ~ bringen** explicarle algo a alguien

**Naherholungsgebiet** *nt* zona *f* recreativa

**Näherin** *f* <-nen> costurera *f*

**nähern** *vr:* **sich ~** acercarse (a); (*Ereignis*) aproximarse

**nahezu** *adv* casi

**Nähgarn** *nt* hilo *m* para coser

**Nahkampf** *m* (MIL, SPORT) lucha *f* cuerpo a cuerpo

**Nähkästchen** *nt:* **aus dem ~ plaudern** (*fam*) contar un secreto; **Nähkasten** *m* costurero *m*

**nahm** *3. imp von* **nehmen**

**Nähmaschine** *f* máquina *f* de coser; **Nähnadel** *f* aguja *f* de coser

**Nahost** *m* <-> Cercano Oriente *m*

**Nährboden** *m* sustrato *m*

**nähren** *vt* (*geh*) ❶ (*er~*) alimentar ❷ (*Hoffnung, Eifersucht*) nutrir

**nahrhaft** *adj* nutritivo

**Nährstoff** *m* su(b)stancia *f* nutritiva

**Nahrung** *f ohne pl* alimento *m;* **flüssige/feste ~** alimento líquido/sólido; **Nahrungskette** *f* (BIOL) cadena *f* alimenticia

**Nahrungsmittel** *nt* alimento *m;* **Nahrungsmittelallergie** *f* alergia *f* a productos alimenticios; **Nahrungsmittelindustrie** *f* industria *f* alimentaria; **Nahrungsmittelvergiftung** *f* (MED) intoxicación *f* alimentaria

**Nährwert** *m* valor *m* nutritivo

**Nähseide** *f* seda *f* para coser

**Naht** *f* <Nähte> ❶ (*an Kleidung*) costura *f* ❷ (MED) sutura *f* ❸ (TECH) soldadura *f;* **nahtlos** *adj* ❶ (*Kleidung, Strümpfe*) sin costura ❷ (TECH) sin soldadura ❸ (*Wend*): **~ ineinander übergehen** seguirse inmediatamente; **~ braun sein** estar moreno por todo el cuerpo

**Nahverkehr** *m* tráfico *m* de cercanías; **Nahverkehrsmittel** *nt* medio *m* de transporte de cercanías; **Nahverkehrszug** *m* tren *m* de cercanías

**Nähzeug** *nt* utensilios *mpl* de costura

**naiv** *adj* inocente, ingenuo; (KUNST) naif

**Naivität** *f ohne pl* inocencia *f,* ingenuidad *f*

**Name** *m* <-ns, -n> nombre *m;* (*Bezeichnung*) denominación *f;* (*Ruf*) fama *f;* **mein ~ ist ...** me llamo...; **auf den ~n von ...** a nombre de...; **in jds ~n sprechen** hablar en nombre de alguien; **ich kenne ihn nur dem ~n nach** no lo conozco más que de nombre; **im ~n des Volkes** en nombre del pueblo; **sich** *dat* **mit etw einen ~n machen** hacerse famoso con algo; **man muss die Dinge beim ~n nennen** ¡al pan pan y al vino vino!

**namenlos** *adj* ❶ (*Person*) sin nombre ❷ (*geh: sehr groß*) infinito

**namens** **I.** *adv* llamado **II.** *präp +gen* (*formal*) en nombre de

**Namensgedächtnis** *nt* memoria *f* para los nombres; **Namensschild** *nt* placa *f* (con nombre); **Namenstag** *m* (día *m* del) santo *m;* **Namensvetter** *m* tocayo *m*

**namentlich** **I.** *adj* nominal **II.** *adv* ❶ (*mit Namen*) por el nombre; **~ genannt werden** ser mencionado ❷ (*vor allem*) sobre todo; (*hauptsächlich*) principalmente

**namhaft** *adj* ❶ (*bekannt*) conocido; (*berühmt*) famoso ❷ (*beträchtlich*) importante

**nämlich** *adv* ❶ (*denn*) porque, es que; **sie fährt ~ immer nach Italien** es que siempre se va a Italia ❷ (*und zwar*) a saber, o sea

**nannte** *3. imp von* **nennen**

**nanu** *interj* hombre

**Napf** *m* <-(e)s, Näpfe> escudilla *f;* **Napfkuchen** *m* pastel *m* de molde

**Narbe** *f* <-n> ❶ (MED) cicatriz *f* ❷ (BOT) estigma *m*

**narbig** *adj* ❶ (*allgemein*) con cicatrices ❷ (*Leder*) granulado

**Narkose** *f* <-n> (MED) anestesia *f;* **Narkosemittel** *nt* (MED) anestésico *m*

**narkotisieren*** *vt* (MED) anestesiar

**Narr** *m,* **Närrin** *f* <-en, -en; -nen> ❶ (*Dummkopf*) necio, -a *m, f* ❷ (THEAT) gracioso, -a *m, f* ❸ (*Hof~*) bufón *m;* **jdn zum ~en halten** tomar(le) el pelo a alguien; **er hat einen ~en an ihr gefressen** (*fam*) se ha quedado con ella

**narren** ['narən] *vt* (*geh*) ❶ (*zum Narren halten*) tomar el pelo ❷ (*täuschen*) engañar

**Narrenfreiheit** *f ohne pl:* **~ haben** poder hacer todas las locuras; **Narrenhaus** *nt* (*alt*) manicomio *m;* **hier geht es (ja) zu wie im ~** (*fig*) esto parece un manicomio; **Narrenkappe** *f* gorro *m* de bufón; **narrensicher** *adj* (*fam hum*) nada complicado

**Närrin** *f* <-nen> *s.* **Narr**

**närrisch** *adj* loco; **auf jdn/etw ganz ~ sein** (*fam*) estar loco por alguien/algo

**Narzisse** *f* <-n> narciso *m*

**Narzissmus** *m* <-, *ohne pl*> narcisismo *m*

**narzisstisch** *adj* narcisista

**nasal** *adj* (MED, LING) nasal; **Nasallaut** *m* (LING) sonido *m* nasal

**naschen** **I.** *vi* (*Süßigkeiten essen*) tomar

N

chucherías; (*kleine Mengen essen*) picar **II.** *vt* comer; **hast du etwas zum N~?** ¿tienes algo para picar?

**naschhaft** *adj* goloso

**Naschkatze** *f* (*fam*) goloso, -a *m, f*

**Nase**[1] *f* <-n> (*Körperteil*) nariz *f*, narices *fpl fam*, ñata *f Am;* **pro ~** (*fam*) por cabeza; **immer der ~ nach** (*fam*) todo recto; **mir läuft die ~** me gotea la nariz; **sich** *dat* **die ~ putzen** sonarse; **die ~ rümpfen** arrugar la nariz; **auf die ~ fallen** (*fam*) darse de narices; (*fig*) fracasar; **jdm etw vor der ~ wegschnappen** (*fam*) quitarle algo a alguien delante de sus narices; **die ~ in ein Buch stecken** (*fam*) meter las narices en un libro; **etw vor der ~ haben** (*fam*) tener algo delante de las narices; **jdm etw auf die ~ binden** (*fam*) revelar(le) a alguien un secreto; **jdm etw aus der ~ ziehen** (*fam*) sonsacar algo a alguien; **jdm auf der ~ herumtanzen** (*fam*) traer a alguien al retortero; **jdm etw unter die ~ reiben** (*fam fig*) refregar por las narices algo a alguien; **sie sollten sich an die eigene ~ fassen** (*fam fig*) ¿quién le ha dado vela en este entierro?; **sich** *dat* **eine goldene ~ verdienen** hacerse de oro; **die ~ (von jdm/etw) voll haben** (*fam*) estar hasta las narices (de alguien/algo); **die ~ vorn haben** estar a la cabeza; **jdn an der ~ herumführen** (*fam*) tomar(le) el pelo a alguien; **er steckt seine ~ in alles** (*fam*) mete las narices en todo

**Nase**[2] *f ohne pl* (*Geruchs-, Spürsinn*) olfato *m;* **eine gute ~ für etw haben** tener un buen olfato para algo

**näseln** *vi* ganguear, hablar por la nariz

**Nasenbein** *nt* hueso *m* nasal; **Nasenbluten** *nt* <-s, *ohne pl*> hemorragia *f* nasal; **~ haben** sangrar por la nariz; **Nasenflügel** *m* aleta *f* nasal; **Nasenlänge** *f*: **jdm (immer) eine ~ voraus sein** llevarle (siempre) un poco de ventaja a alguien; **Nasenloch** *nt* ventana *f* de la nariz; **Nasenrücken** *m* dorso *m* de la nariz; **Nasenschleimhaut** *f* mucosa *f* nasal; **Nasenspitze** *f* punta *f* de la nariz; **man sieht es ihm an der ~ an** (*fam*) se le nota en la cara; **Nasenspray** *m o nt* espray *m* nasal; **Nasentropfen** *mpl* gotas *fpl* nasales; **Nasenwurzel** *f* (ANAT) raíz *f* de la nariz

**naseweis** *adj* fisgón

**Naseweis** *m* <-es, -e> (*fam*) preguntón, -ona *m, f*

**Nashorn** *nt* <-(e)s, -hörner> rinoceronte *m*

**nass** *adj* mojado; (*durchnässt*) empapado; (*Wetter, Farbe*) húmedo; **durch und durch ~ sein** estar calado hasta los huesos; **~ machen** mojar; **~ werden** mojarse

**Nassauer(in)** ['nasaʊɐ] *m(f)* <-s, -; -nen> (*fam*) gorrón, -ona *m, f*

**Nässe** *f ohne pl* humedad *f*

**nässen** *vi* segregar

**nasskalt** *adj* húmedo y frío; **es ist ~** hace un frío húmedo; **Nassrasur** *f* afeitado *m* a cuchillo; **Nasszelle** *f* (ARCHIT) cuarto *m* húmedo

**Nation** *f* <-en> nación *f;* **die Vereinten ~en** las Naciones Unidas

**national** *adj* nacional; **Nationalfeiertag** *m* fiesta *f* nacional; **Nationalhymne** *f* himno *m* nacional

**Nationalismus** *m* <-, *ohne pl*> nacionalismo *m*

**Nationalist(in)** *m(f)* <-en, -en; -nen> nacionalista *mf*

**nationalistisch** *adj* nacionalista

**Nationalität** *f* <-en> nacionalidad *f*

**Nationalmannschaft** *f* (SPORT) selección *f* nacional; **Nationalpark** *m* parque *m* nacional; **Nationalrat** *m ohne pl* (*Schweiz, Österr: Abgeordnetenhaus*) ≈Parlamento *m;* **Nationalsozialismus** *m* nacionalsocialismo *m;* **nationalsozialistisch** *adj* nacionalsocialista; **Nationalversammlung** *f* asamblea *f* nacional

**Nato**, **NATO** *f ohne pl Abk. von* **North Atlantic Treaty Organization** OTAN *f*

**Natrium** *nt* <-s, *ohne pl*> (CHEM) sodio *m*

**Natron** *nt* <-s, *ohne pl*> sosa *f*

**Natter** *f* <-n> culebra *f;* **eine ~ am Busen nähren** criar cuervos

**Natur** *f ohne pl* naturaleza *f;* (*Beschaffenheit*) índole *f*, carácter *m;* **in freier ~** en plena naturaleza; **von ~ aus** por naturaleza; **eine Frage allgemeiner ~** una pregunta de índole general; **das liegt in der ~ der Sache** es propio de la situación

**Naturalien** *fpl* productos *mpl* naturales; **in ~ bezahlen** pagar en especie

**Naturalismus** *m* <-, *ohne pl*> naturalismo *m*

**naturalistisch** *adj* naturalista

**Naturdenkmal** *nt* monumento *m* natural

**Naturell** *nt* <-s, -e> (*geh*) natural *m*

**Naturereignis** *nt* fenómeno *m* de la naturaleza; **naturfarben** *adj* de color natural; **Naturfaser** *f* fibra *f* natural; **Naturforscher(in)** *m(f)* naturalista *mf;* **Naturfreund(in)** *m(f)* amante *mf* de la naturaleza; **naturgemäß** *adj* de acuerdo con la naturaleza; **Naturgesetz** *nt* ley *f* natural; **naturgetreu** **I.** *adj* natural **II.** *adv* fiel al original; **etw ~ wiedergeben** reproducir

algo con fidelidad al original
**Naturheilkunde** *f* medicina *f* naturista; **Naturheilmittel** *nt* remedio *m* naturista
**Naturkatastrophe** *f* catástrofe *f* natural
**Naturkost** *f* alimentación *f* natural, dieta *f* natural; **Naturkostladen** *m* tienda *f* de productos naturales
**Naturkreislauf** *m* (ÖKOL) ciclo *m* natural; **Naturkunde** *f ohne pl* ciencias *fpl* naturales
**natürlich** **I.** *adj* ❶ (*allgemein*) natural; **in ~er Größe** de tamaño natural ❷ (*selbstverständlich*) natural **II.** *adv* naturalmente; **~ nicht!** ¡claro que no!; **das stimmt ~, aber ...** claro que es cierto, pero...
**Natürlichkeit** *f ohne pl* naturalidad *f*
**Naturpark** *m* parque *m* nacional; **Naturprodukt** *nt* producto *m* natural
**Naturschutz** *m* protección *f* de la naturaleza; **Naturschutzgebiet** *nt* parque *m* nacional; **Naturschutzpark** *m* parque *m* nacional
**Naturtalent** *nt* talento *m* (natural); **naturverbunden** *adj* amante de la naturaleza; **naturverträglich** *adj* compatible con la naturaleza; **Naturvolk** *nt* pueblo *m* primitivo; **Naturwissenschaft** *f* ciencias *fpl* naturales; **Naturwissenschaftler(in)** *m(f)* científico, -a *m, f*
**Nautik** *f ohne pl* náutica *f*
**Navigation** *f ohne pl* (NAUT, AERO) navegación *f*
**Nazi** *m* <-s, -s> (*abw*) nazi *mf*
**NC** *m* <-(s), -(s)> *Abk. von* **Numerus clausus** número *m* clauso
**n.Chr.** *Abk. von* **nach Christus** d.C.
**ne** (*fam*) no
**'ne** *art unbest* (*fam*) *Abk. von* **eine** *s.* **ein, eine, ein**
**Neandertaler** *m* <-s, -> (hombre *m* de) Neandertal *m*
**Nebel** *m* <-s, -> niebla *f*
**nebelig** *adj* nebuloso; **es ist ~** hace niebla
**Nebelscheinwerfer** *m* (AUTO) luz *f* antiniebla delantera; **Nebelschwaden** *fpl* velos *mpl* de niebla
**neben** **I.** *präp +dat* ❶ (*räumlich*) al lado de ❷ (*verglichen mit*) en comparación con ❸ (*außer*) además de; **~ anderen Dingen** entre otras cosas; **~ der Arbeit** además del trabajo **II.** *präp +akk* (*Richtung*) al lado de
**nebenan** *adv* al lado
**Nebenanschluss** *m* extensión *f;* **Nebenbedeutung** *f* significado *m* secundario
**nebenbei** *adv* ❶ (*gleichzeitig*) al mismo tiempo; (*außerdem*) aparte; **sie studiert und arbeitet ~** aparte de estudiar, trabaja ❷ (*beiläufig*) de pasada; **~ bemerkt** dicho (sea) de paso
**Nebenbemerkung** *f* comentario *m* al margen; **deine ~en kannst du dir sparen!** ¡ahórrate tus comentarios!; **Nebenberuf** *m* profesión *f* secundaria; **nebenberuflich** **I.** *adj* secundario **II.** *adv* como profesión secundaria; **Nebenbeschäftigung** *f* actividad *f* secundaria; **Nebenbuhler(in)** *m(f)* <-s, -; -nen> rival *mf*
**nebeneinander** *adv* uno al lado del otro; **~ bestehen** coexistir
**Nebeneingang** *m* entrada *f* lateral; **Nebenerscheinung** *f* efecto *m* secundario; **Nebenfach** *nt* (UNIV) segunda especialidad *f* (*que en el sistema universitario alemán complementa la especialidad principal*)*;* **Nebenfluss** *m* afluente *m;* **Nebengebäude** *nt* ❶ (*Nachbarhaus*) edificio *m* adyacente ❷ (*Anbau*) dependencia *f,* anexo *m;* **Nebengeräusch** *nt* ruido *m* ambiental; (TEL, RADIO) ruido *m* parásito; **Nebenhandlung** *f* acción *f* secundaria
**nebenher** *adv s.* **nebenbei**
**Nebenhoden** *m* (ANAT) epidídimo *m;* **Nebenhöhle** *f* (ANAT) seno *m* nasal lateral; **Nebenjob** *m* (*fam*) trabajillo *m;* **einen ~ haben** tener un trabajillo aparte; **Nebenklage** *f* (JUR) demanda *f* accesoria; **Nebenkläger(in)** *m(f)* (JUR) querellante *mf;* **Nebenkosten** *pl* gastos *mpl* adicionales; **Nebenmann** *m* <-(e)s, -männer *o* -leute> vecino *m;* **Nebenprodukt** *nt* subproducto *m;* **Nebenraum** *m* (*Raum nebenan*) habitación *f* de al lado; **Nebenrolle** *f* papel *m* secundario; **Nebensache** *f* cosa *f* de poca monta; **das ist ~** eso no tiene importancia; **nebensächlich** *adj* secundario; **Nebensächlichkeit** *f* <-en> minucia *f;* **Nebensaison** *f* temporada *f* baja; **Nebensatz** *m* ❶ (LING) oración *f* subordinada ❷ (*Bemerkung*) comentario *m* (dicho de paso); **Nebenstraße** *f* ❶ (*im Ort*) calle *f* lateral ❷ (*außerhalb*) carretera *f* secundaria; **Nebenverdienst** *m* ingresos *mpl* extra(ordinarios), pololeo *m Chil: fam;* **Nebenwirkung** *f* efecto *m* secundario; **Nebenzimmer** *nt* habitación *f* contigua
**neblig** *adj s.* **nebelig**
**nebst** *präp +dat* (junto) con
**nebulös** [nebu'løːs] *adj* nebuloso
**Necessaire** *nt* <-s, -s> bolsa *f* de aseo, neceser *m*
**necken** **I.** *vt* burlarse (de); **jdn mit etw ~** tomar el pelo a alguien a causa de algo **II.** *vr:* **sich ~** bromear
**neckisch** *adj* ❶ (*lustig*) chistoso ❷ (*kokett*) coqueto

**nee** (*fam*) no

**Neffe** *m* <-n, -n> sobrino *m*

**negativ** *adj* (*a.* PHYS, MATH, FOTO) negativo; **sich ~ zu etw äußern** expresar una opinión negativa sobre algo

**Negativ** *nt* <-s, -e> (FOTO) negativo *m*

**Neger(in)** *m(f)* <-s, -; -nen> (*a. abw*) negro, -a *m, f*

**Negerkuss** *m* (GASTR) merengue *m* cubierto de chocolate

**negieren*** *vt* desmentir, negar

**negroid** *adj* negroide

**nehmen** <nimmt, nahm, genommen> *vt* ① (*ergreifen*) coger, agarrar *Am;* **ich weiß nicht, was ich ~ soll** no sé qué elegir; **jdn zur Frau/zum Mann ~** tomar a alguien por esposa/por esposo ② (*an~*) aceptar, tomar; **man muss ihn ~, wie er ist** hay que aceptarle como es; **ich nehme alles, wie es kommt** tomo las cosas como se presentan ③ (*verlangen*) cobrar; **er nimmt 30 Euro die Stunde** cobra 30 euros la hora ④ (*weg~*) quitar; (*heraus~*) sacar; **du nimmst mir das Wort aus dem Mund** me quitas las palabras de la boca; **jdm etw ~** (*Glauben, Hoffnung, Angst*) quitar algo a alguien; **sich** *dat* **etw nicht ~ lassen** (*bestehen*) insistir en algo; **woher ~ und nicht stehlen?** (*fam*) ¿de dónde quieres que lo saque? ⑤ (*in Anspruch nehmen*) tomar; (*Bus, Zug*) coger, tomar *Am;* **du solltest dir einen Anwalt ~** deberías contratar a un abogado ⑥ (*ein~*) tomar; **etw zu sich ~** (*essen*) comer algo; (*trinken*) beber algo; **sie nimmt die Pille** toma la píldora; **ich nehme nie Zucker in den Kaffee** nunca tomo el café con azúcar; **~ Sie noch ein Stück Torte?** ¿quiere otro trozo de tarta? ⑦ (*Wend*): **etw an sich ~** tomar algo; **etw auf sich ~** hacerse cargo de algo; **jdn zu sich ~** albergar a alguien en casa; **etw krumm ~** (*fam*) tomar algo a mal; **jdn beim Wort ~** tomar(le) la palabra a alguien; **jdn (nicht) für voll ~** (no) tomar a alguien en serio; **sie nahmen ihn in die Mitte** lo colocaron en el centro; **er ist hart im N~** aguanta lo que le echen; **etw leicht ~** (*hinnehmen*) tomar algo bien; (*nicht ernst nehmen*) tomar algo a la ligera; **etw schwer ~** tomar algo en serio; **nimm's nicht so schwer!** ¡no te lo tomes tan a pecho!; **wie man's nimmt** según como se tome; **jdm etw übel ~** tomarle a mal algo a alguien

**Neid** *m* <-(e)s, *ohne pl*> envidia *f;* (*bei Kindern*) pelusa *f;* **~ erregen** dar envidia; **vor ~ platzen** (*fam fig*) reventar de envidia; **gelb vor ~ werden** (*fam*) ponerse verde de envidia; **vor ~ erblassen** (*fam*) palidecer de envidia; **er ist blind vor ~** (*fam*) la envidia le ciega

**neiden** *vt:* **jdm etw ~** envidiar algo a alguien

**Neider(in)** *m(f)* <-s, -; -nen> envidioso, -a *m, f*

**neiderfüllt** I. *adj* (*geh*) envidioso, lleno de envidia II. *adv* lleno de envidia

**Neidhammel** *m* (*fam abw*) envidioso *m*

**neidisch** *adj* envidioso; **auf jdn/etw ~ sein** tener envidia de alguien/algo; **er wurde ~, als er sah, dass ...** le dio envidia al ver que...

**neidlos** *adj* sin envidia; **etw ~ anerkennen** aceptar algo sin envidia alguna

**Neige** *f ohne pl* (*geh*) ① (*Rest*) resto *m;* **das Glas bis zur ~ leeren** apurar el vaso hasta la última gota ② (*Ende*) fin *m;* **das Jahr/das Geld geht zur ~** el año/el dinero llega a su fin

**neigen** I. *vt* inclinar; (*zur Seite*) ladear II. *vr:* **sich ~** ① (*allgemein*) inclinarse (*nach* hacia); (*Schiff*) escorar ② (*geh: enden*) declinar III. *vi:* **zu etw ~** tender a algo; **sie neigt zu der Ansicht, dass ...** tiende a pensar que...

**Neigung[1]** *f* <-en> ① (*Schräglage*) inclinación *f* ② (*Vorliebe*) afición *f* (*für* por); **etw aus ~ tun** hacer algo por afición ③ (*Zu~*) cariño *m* (*zu* por)

**Neigung[2]** *f ohne pl* (*Veranlagung*) disposición (*zu* para); **sie verspürte nicht die geringste ~ ihm zu glauben** no se le pasó por la cabeza la idea de creerle

**Neigungswinkel** *m* ángulo *m* de inclinación

**nein** no; **~ danke** no, gracias; **ich sage nicht ~** no digo que no; **~, ~ und nochmals ~!** ¡no y no!; **~, so was!** ¡no me digas!

**Nein** *nt* <-(s), -(s)> no *m;* **mit ~ antworten** contestar que no; **mit Ja oder ~ stimmen** votar a favor o en contra; **sie blieb bei ihrem ~** se mantuvo en su negativa; **Neinsager(in)** *m(f)* <-s, -; -nen> negador(a) *m(f)* total; **Neinstimme** *f* voto *m* en contra

**Nektar** *m* <-s, -e> néctar *m*

**Nektarine** *f* <-n> nectarina *f*

**Nelke** *f* <-n> ① (*Blume*) clavel *m* ② (*Gewürz*) clavo *m*

**'nen** *art unbest* (*fam*) *Abk. von* **einen** *s.* **ein, eine, ein**

**nennen** <nennt, nannte, genannt> I. *vt* ① (*be~*) llamar; **das nenne ich Mut** a esto llamo yo valor ② (*angeben*) decir; (*empfehlen*) recomendar; **kannst du mir Bei-**

**spiele dafür ~?** ¿me puedes decir algunos ejemplos para eso? ❸ (*erwähnen*) mencionar; **unten genannt** abajo mencionado ❹ (*bezeichnen*) llamar; **so genannt** así llamado; (*angeblich*) supuesto; **deine so genannten Freunde** tus supuestos amigos; **sie nannten ihn einen Lügner** le tacharon de mentiroso **II.** *vr:* **sich ~** llamarse; **und so was nennt sich Freund?** (*fam*) ¿eso es un amigo?

**nennenswert** *adj* digno de mención; (*beträchtlich*) considerable; **nichts N~es** nada de importancia

**Nenner** *m* <-s, -> (MATH) denominador *m;* **etw auf einen (gemeinsamen) ~ bringen** (*fig*) encontrar un denominador común para algo

**Nennung** *f* <-en> ❶ (*Nennen*) nombramiento *m* ❷ (*Erwähnung*) mención *f*

**Nennwert** *m* (FIN) valor *m* nominal

**Neofaschismus** *m* neofascismo *m*

**Neologismus** *m* <-, Neologismen> (LING) neologismo *m*

**Neon** *nt* <-s, *ohne pl*> (CHEM) neón *m*

**Neonazi** *m* <-s, -s> neonazi *mf*

**Neonlicht** *nt* luz *f* de neón; **Neonreklame** *f* publicidad *f* luminosa (de neón); **Neonröhre** *f* tubo *m* de neón

**Nepal** *nt* <-s> Nepal *m*

**Nepalese, -in** *m, f* <-n, -n; -nen> nepalés, -esa *m, f*

**nepalesisch** *adj* nepalés

**Nepp** *m* <-s, *ohne pl*> (*fam abw*) timo *m*

**neppen** *vt* (*fam abw*) timar, clavar

**Nerv** *m* <-s, -en> nervio *m;* **schwache/starke ~en haben** tener los nervios irritables/bien templados; **die ~en behalten** conservar la calma; **die ~en verlieren** perder los nervios; **du gehst mir auf die ~en** (*fam*) me estás dando la lata; **du hast (vielleicht) ~en!** (*fam*) ¡qué valor tienes!; **den ~ treffen** (*fig*) tocar la fibra sensible

**nerven** *vt* sacar de quicio; **du nervst!** (*fam*) ¡me sacas de quicio!; **ich bin total genervt!** (*fam*) ¡estoy hasta la coronilla!

**Nervenarzt, -ärztin** *m, f* neurólogo, -a *m, f;* **nervenaufreibend** *adj* enervante; **Nervenbelastung** *f* tensión *f* (nerviosa); **Nervenbündel** *nt* ❶ (ANAT) fascículo *m* nervioso ❷ (*fam: nervöser Mensch*) manojo *m* de nervios; **ein ~ sein** estar hecho un manojo de nervios; **Nervengas** *nt* gas *m* neurotóxico; **Nervenheilanstalt** *f* sanatorio *m* neurológico; **Nervenkitzel** *m* (*fam*) cosquilleo *m;* **Nervenkostüm** *nt* (*fam*) sistema *m* nervioso; **Nervenkrankheit** *f* neuropatía *f;* **Nervenkrieg** *m* guerra *f* de nervios; **Nervennahrung** *f* reconstituyente *m* para los nervios; **Schokolade ist eine gute ~** el chocolate va bien para los nervios; **Nervenprobe** *f* prueba *f* de resistencia nerviosa; **Nervensache** *f:* **(eine) reine ~ sein** (*fam*) ser una cuestión de nervios; **Nervensäge** *f* (*fam*) pelmazo, -a *m, f,* mangangá *m CSur;* **Nervensystem** *nt* (ANAT) sistema *m* nervioso; **Nervenzelle** *f* (ANAT) célula *f* nerviosa; **Nervenzentrum** *nt* (ANAT) centro *m* nervioso; **Nervenzusammenbruch** *m* crisis *f inv* nerviosa; **einen ~ haben** sufrir un ataque de nervios

**nervig** ['nɛrfɪç] *adj* (*fam: lästig*) enervante

**nervlich** *adj* nervioso; **~ am Ende sein** (*fam*) estar hecho polvo

**nervös** *adj* nervioso; **~ werden** ponerse nervioso

**Nervosität** *f ohne pl* nerviosismo *m*

**nervtötend** *adj* enervante

**Nerz** *m* <-es, -e> (ZOOL) visón *m*

**Nessel** *f* <-n> (*Pflanze*) ortiga *f;* **sich in die ~n setzen** (*fam fig*) meterse en un berenjenal

**Nessessär** *nt* <-s, -s> *s.* **Necessaire**

**Nest** *nt* <-(e)s, -er> ❶ (*von Tieren*) nido *m;* **sich ins gemachte ~ setzen** (*fam fig*) hacer buena boda; **das eigene ~ beschmutzen** (*Familie*) criticar a su familia ❷ (*fam abw: Dorf*) poblacho *m* ❸ (*fam: Schlupfwinkel*) nidal *m*

**Nesthäkchen** *nt* (*fam*) benjamín, -ina *m, f;* **Nestwärme** *f ohne pl* calor *m* hogareño

**Netikette** *f ohne pl,* **Netiquette** *f ohne pl* (INFOR) etiqueta *f* de la red

**nett** *adj* ❶ (*freundlich*) amable; **sei so ~ und räum auf** sé tan amable y recoge las cosas; **das war nicht ~ von ihm** no fue muy amable por su parte ❷ (*angenehm*) agradable; (*hübsch*) bonito; **sich ~ unterhalten** mantener una conversación agradable ❸ (*fam: groß, unangenehm*) bonito; **ein ~es Sümmchen** una bonita suma

**netterweise** ['--'--] *adv* amablemente

**Nettigkeit[1]** *f ohne pl* (*nette Art*) amabilidad *f*

**Nettigkeit[2]** *f* <-en> (*Kompliment*) cumplido *m*

**netto** *adv* neto; **Nettoeinkommen** *nt* ingresos *mpl* netos; **Nettogewicht** *nt* peso *m* neto

**Netz** *nt* <-es, -e> ❶ (*Fischer~, Straßen~, Strom~, a.* SPORT) red *f;* (*Haar~*) redecilla *f;* (*Gepäck~*) rejilla *f;* **das soziale ~** la red social; **jdm ins ~ gehen** caer en las redes de alguien ❷ (*Spinnen~*) telaraña *f;* **Netzanschluss** *m* (ELEK) conexión *f* a la red; **netzartig** *adj* reticular; **Netzauge** *nt*

N

(ZOOL) ojo *m* compuesto; **Netzgerät** *nt* (ELEK) aparato *m* alimentador; **Netzhaut** *f* (ANAT) retina *f;* **Netzhemd** *nt* camiseta *f* de malla; **Netzpirat** *m* (INFOR) ciberpirata *m;* **Netzstecker** *m* (ELEK) enchufe *m;* **Netzstrümpfe** *mpl* medias *fpl* de malla; **Netzsurfer(in)** *m(f)* (INFOR) cibernauta *mf;* **Netzwerk** *nt* red *f;* **lokales ~** red local

**neu** **I.** *adj* nuevo; **die N~e Welt** el Nuevo Mundo; **seit ~estem** desde hace poco; **die ~este Mode** la última moda; **was gibt's N~es?** ¿qué hay de nuevo?; **von ~em** de nuevo; **auf ein N~es** de nuevo, otra vez; **was ist das N~e daran?** ¿qué tiene de nuevo?; **ich bin hier ~** soy nuevo aquí; **das ist mir ~** esto me resulta nuevo **II.** *adv* (*kürzlich*) recién; (*noch einmal*) de nuevo; **etw ~ auflegen** reeditar algo; **~ anfangen** comenzar de nuevo; **Neuankömmling** *m* recién llegado, -a *m, f;* **Neuanschaffung** *f* nueva adquisición *f;* **neuartig** *adj* nuevo, novedoso *Am;* (*modern*) moderno; **Neuauflage** *f* reedición *f*

**Neubau[1]** *m* <-(e)s, *ohne pl*> (*das Bauen*) (re)construcción *f*

**Neubau[2]** *m* <-(e)s, -ten> (*Gebäude*) edificio *m* nuevo

**Neubaugebiet** *nt* barrio *m* nuevo; **Neubauwohnung** *f* piso *m* (en un edificio) nuevo

**Neubearbeitung** *f* (*eines Buches*) edición *f* revisada; (*eines Theaterstücks*) refundición *f;* **Neubeginn** *m ohne pl* nuevo comienzo *m;* **Neubewertung** *f* revaloración *f;* **Neubildung** *f* ❶ (*Entstehung*) reconstitución *f* ❷ (LING) neologismo *m* ❸ (*Umbildung*) remodelación *f*

**Neu-Delhi** *nt* <-s> Nueva Delhi *f*

**Neuentwicklung** *f* ❶ (*Vorgang*) desarrollo *m;* **technische ~en** avances tecnológicos ❷ (*Resultat*) último modelo *m*

**neuerdings** *adv* últimamente

**neuerlich** *adj* reiterado

**Neueröffnung** *f* apertura *f* (de algo nuevo); (*Wiedereröffnung*) reapertura *f;* **Neuerscheinung** *f* novedad *f*

**Neuerung** *f* <-en> innovación *f*

**Neufassung** *f* versión *f* revisada

**Neufundland** *nt* <-s> (Isla *f* de) Terranova *f*

**neugeboren** *adj* recién nacido; **sich wie ~ fühlen** sentirse como un recién nacido

**Neugeborene(s)** *nt* <-n, -n> recién nacido, -a *m, f*

**Neugier(de)** *f ohne pl* curiosidad *f* (*auf* por); **aus ~** por curiosidad

**neugierig** *adj* curioso (*auf* por), alcamonero *Ven;* **auf etw/jdn ~ sein** tener curiosidad por saber algo/por conocer a alguien; **sei nicht so ~** no seas tan curioso; **jdn ~ machen** despertar la curiosidad de alguien

**Neuheit** *f* <-en> novedad *f*

**Neuigkeit** *f* <-en> novedad *f*

**Neuinszenierung** *f* (THEAT) reposición *f*

**Neujahr** *nt* Año *m* Nuevo; **Prost ~!** ¡Feliz Año Nuevo!

**Neukaledonien** *nt* <-s> Nueva Caledonia *f*

**Neuland** *nt* <-(e)s, *ohne pl*> tierra *f* virgen; **~ betreten** (*fig*) abrir nuevos horizontes

**neulich** *adv* el otro día, hace poco

**Neuling** *m* <-s, -e> principiante *mf*

**neumodisch** **I.** *adj* modernísimo **II.** *adv* a la última moda; **Neumond** *m ohne pl* luna *f* nueva; **bei ~** con luna nueva

**neun** *adj inv* nueve; *s. a.* **acht[1]**

**neunerlei** *adj inv* de nueve clases diferentes, nueve clases (diferentes) de; *s. a.* **achterlei**

**neunfach** **I.** *adj* nueve veces; **das N~e (davon)** nueve veces tanto **II.** *adv* nueve veces; *s. a.* **achtfach**

**neunhundert** *adj inv* novecientos; *s. a.* **achthundert**

**neunmal** *adv* nueve veces; *s. a.* **achtmal**; **neunmalklug** *adj* sabelotodo

**neuntausend** *adj inv* nueve mil; *s. a.* **achttausend**

**neunte(r, s)** *adj* noveno; *s. a.* **achte(r, s)**

**neuntel** *adj inv* noveno; *s. a.* **achtel**

**neuntens** *adv* en noveno lugar; (*bei einer Aufzählung*) noveno; *s. a.* **achtens**

**neunzehn** *adj inv* diecinueve; *s. a.* **acht[1]**

**neunzehnte(r, s)** *adj* decimonoveno; *s. a.* **achte(r, s)**

**neunzig** *adj inv* noventa; *s. a.* **achtzig**

**neunzigste(r, s)** *adj* nonagésimo; *s. a.* **achtzigste(r, s)**

**Neuorientierung** *f ohne pl* reorientación *f*

**Neuregelung** *f* reorganización *f*

**neureich** *adj* (*abw*) nuevo rico; **Neureiche(r)** *mf* <-n, -n; -n> (*abw*) nuevo, -a rico, -a *m, f*

**Neurodermitis** *f* <Neurodermitiden> (MED) neurodermitis *f inv*

**Neurologe, -in** *m, f* <-n, -n; -nen> neurólogo, -a *m, f*

**Neurose** *f* <-n> (MED, PSYCH) neurosis *f inv*

**Neurotiker(in)** *m(f)* <-s, -; -nen> (MED, PSYCH) neurótico, -a *m, f*

**neurotisch** *adj* (MED, PSYCH) neurótico

**Neuschnee** *m* nieve *f* virgen

**Neuseeland** *nt* <-s> Nueva Zelanda *f*

**Neuseeländer(in)** *m(f)* <-s, -; -nen> neozelandés, -esa *m, f*

**neuseeländisch** *adj* neozelandés
**Neustart** *m* (*a.* INFOR) reanudación *f*
**Neutra** *pl von* **Neutrum**
**neutral** *adj* ❶ (*unparteiisch*) neutral; ~ **bleiben** mantenerse neutral ❷ (*Farbe, a.* CHEM, PHYS, LING) neutro
**neutralisieren*** *vt* (*a.* CHEM) neutralizar
**Neutralität** *f ohne pl* neutralidad *f*
**Neutren** *pl von* **Neutrum**
**Neutron** *nt* <-s, -en> (PHYS) neutrón *m*
**Neutrum** *nt* <-s, Neutra *o* Neutren> (LING) género *m* neutro
**Neuverschuldung** *f* (FIN) nuevo endeudamiento *m;* **Neuwahl** *f* reelección *f;* **neuwertig** *adj* como nuevo; **Neuzeit** *f ohne pl* Edad *f* Moderna
**Newbie** *m* <-s, -s> (INFOR) novato *m*
**Newsgroup** *f* <-s> (INFOR, TEL) foro *m* de discusión (*entre usuarios de Internet*)
**Nicaragua** *nt* <-s> Nicaragua *f*
**Nicaraguaner(in)** *m(f)* <-s, -; -nen> nicaragüense *mf*
**nicaraguanisch** *adj* nicaragüense
**nicht** **I.** *adv* no; ~ **viel später** poco después; ~ **mehr als** nada más que; ~ **mehr** ya no; **auch** ~ tampoco; ~ **einmal** ni siquiera; **bestimmt** ~ seguro que no; ~ **mehr und** ~ **weniger als ...** ni más ni menos que...; ~ **nur ..., sondern auch ...** no sólo... sino también...; **gar** ~ de ninguna manera; ~ **doch!** ¡que no!; **ich glaube** ~, **dass ...** no creo que... +*subj;* **ob du willst oder** ~ quieras o no; **bitte** ~**!** ¡por favor no!; **tu's** ~ no lo hagas; **hab ich's** ~ **gesagt?** ¿no lo he dicho?; **was Sie** ~ **sagen!** ¡no me diga!; **was es** ~ **alles gibt!** ¡habráse visto!; ~ **einer hat's geschafft** no lo logró ni uno **II.** (*Partikel*) verdad; ~ **wahr?** ¿no es verdad?; **Nichtachtung** *f* ❶ (*eines Gesetzes*) desacato *m* ❷ (*Mangel an Respekt*) falta *f* de respeto; **Nichtanerkennung** *f ohne pl* no reconocimiento *m*
**Nichtangriffspakt** *m* pacto *m* de no agresión
**Nichtbeachtung** *f ohne pl* no observancia *f;* (*einer Vorschrift*) violación *f*
**Nichte** *f* <-n> sobrina *f*
**nichtehelich** *adj* (JUR) ilegítimo; **Nichterscheinen** *nt* ausencia *f* (*zu/bei* a); (JUR) incomparecencia *f;* **Nichteuropäer(in)** *m(f)* no europeo, -a *m, f*
**nichtig** *adj* ❶ (JUR) nulo; **etw für** ~ **erklären** declarar algo nulo ❷ (*geh: unbedeutend*) insignificante
**Nichtigkeit**[1] *f ohne pl* ❶ (JUR) nulidad *f* ❷ (*Bedeutungslosigkeit*) insignificancia *f*
**Nichtigkeit**[2] *f* <-en> (*Kleinigkeit*) pequeñez *f*
**Nichtleiter** *m* (PHYS) aislador *m;* **nichtöffentlich** *adj* (a puerta) cerrada
**Nichtraucher(in)** *m(f)* no fumador(a) *m(f)*
**nichts** *pron indef* nada; **er hat** ~ **gesagt** no ha dicho nada; ~ **dergleichen** nada semejante; **alles oder** ~ todo o nada; **sonst** ~**?** ¿nada más?; **überhaupt** ~ nada de nada; ~ **Neues** nada nuevo; ~ **als Ärger** sólo disgustos; **ich kann** ~ **dafür** no es mi culpa; ~ **zu danken!** ¡no hay de qué!; **Entschuldigung! – macht** ~**!** ¡perdón! – ¡no pasa nada!; **er hat von** ~ **eine Ahnung** no tiene idea de nada; ~ **da!** (*fam*) ¡anda ya!; **für** ~ **und wieder** ~ (*fam*) en balde; **nach** ~ **aussehen** no lucir nada; **das tut** ~ **zur Sache!** ¡esto no viene al caso!; ~ **zu machen!** ¡no se puede hacer nada!; ~ **wie weg!** (*fam*) ¡nada como poner pies en polvorosa!; **mir** ~**, dir** ~ sin más ni más; **daraus wird** ~ de esto no va a resultar nada; **von** ~ **kommt** ~**!** ¡de donde no hay no se puede sacar!
**Nichts** *nt* <-, *ohne pl*> (*a.* PHILOS) nada *f;* **vor dem** ~ **stehen** estar completamente arruinado
**Nichtschwimmer(in)** *m(f)* no nadador(a) *m(f)*
**nichtsdestotrotz** *adv* (*fam*), **nichtsdestoweniger** *adv* no obstante, sin embargo
**Nichtsnutz** *m* <-es, -e> (*abw*) nulidad *f,* inútil *mf*
**nichtsnutzig** *adj* (*abw*) inútil; **er hat nur Unfug im Sinn, dieser** ~**e Junge!** ¡no piensa más que en bobadas, el inútil ese!
**Nichtstun** *nt* ❶ (*Faulenzen*) holgazanería *f,* bausa *f Peru* ❷ (*Muße*) ocio *m*
**nichtswürdig** *adj* (*geh abw*) vil
**Nichtwähler(in)** *m(f)* (POL) abstencionista *mf;* **Nichtzahlung** *f* impago *m;* (*bei Verweigerung*) denegación *f* del pago; **bei** ~ en caso de impago; **Nichtzutreffende(s)** *nt* <-n, *ohne pl*>: ~**s bitte streichen** táchese lo que no corresponda
**Nickel** *nt* <-s, *ohne pl*> (CHEM) níquel *m*
**nicken** *vi* ❶ (*zustimmend*) asentir con la cabeza; (*zum Gruß*) saludar con la cabeza ❷ (*fam: schlummern*) dar cabezadas
**Nickerchen** *nt* <-s, -> (*fam*) siestecita *f;* **ein** ~ **machen** echarse una siestecita
**nie** *adv* nunca, jamás; **noch** ~ nunca; ~ **mehr** nunca más; ~ **und nimmer** ni hablar; **besser spät als** ~ mejor tarde que nunca
**nieder** **I.** *adj* ❶ (*reg: gering*) bajo ❷ (*Rang*) inferior; (*Adel, Klasse*) baja ❸ (*niedrig*) vulgar **II.** *adv* abajo; ~ **mit dem König!** ¡abajo el rey!

N

**nieder|beugen** I. *vt* (*geh*) doblar (hacia abajo) II. *vr:* **sich ~** inclinarse (*zu* sobre); **nieder|brennen** *irr* I. *vi sein* (*Haus*) quemarse; (*Kerze*) consumirse II. *vt* prender fuego (a)

**niederdeutsch** *adj* (LING) bajo alemán

**Niederfrequenz** *f* (PHYS) baja frecuencia *f*

**Niedergang** *m* <-(e)s, *ohne pl*> (*geh: Untergang*) decadencia *f*

**niedergedrückt** *adj* deprimido

**niedergelassen** I. *pp von* **niederlassen** II. *adj* (*Schweiz*) residente

**niedergeschlagen** I. *pp von* **niederschlagen** II. *adj* (*bedrückt*) deprimido; **Niedergeschlagenheit** *f ohne pl* abatimiento *m*, depresión *f*

**nieder|knien** *vi sein* arrodillarse, ponerse de rodillas

**nieder|kommen** *irr vi sein* (*gebären*) parir, dar a luz (*mit* a)

**Niederkunft** *f* <-künfte> parto *m*

**Niederlage** *f* derrota *f*; **eine ~ erleiden** sufrir una derrota

**Niederlande** *pl* Países *mpl* Bajos

**Niederländer(in)** *m(f)* <-s, -; -nen> neerlandés, -esa *m, f*

**niederländisch** *adj* neerlandés

**nieder|lassen** *irr vr:* **sich ~** ❶ (*Wohnsitz nehmen*) establecerse; (*als Arzt*) abrir consulta; (*als Rechtsanwalt*) abrir bufete ❷ (*geh: sich setzen*) sentarse

**Niederlassung¹** *f ohne pl* (*das Sichniederlassen*) establecimiento *m;* (*als Arzt*) consulta *f;* (*als Rechtsanwalt*) bufete *m;* (MIL) base *f*

**Niederlassung²** *f* <-en> (WIRTSCH) sede *f;* (*Zweigstelle*) sucursal *f*

**nieder|legen** *irr* I. *vt* ❶ (*geh: hinlegen*) posar, depositar (en el suelo); **einen Kranz ~** depositar una corona; **die Waffen ~** deponer las armas ❷ (*Amt, Vorsitz*) dimitir (de); **die Arbeit ~** declararse en huelga ❸ (*schriftlich fixieren*) registrar II. *vr:* **sich ~** (*geh*) tenderse (*auf* en)

**Niederlegung** *f* <-en> ❶ (*eines Amtes*) resignación *f;* (*eines Mandats*) dimisión *f;* (*der Arbeit*) abandono *m;* (*der Krone*) abdicación *f* ❷ (*eines Kranzes*) colocación *f* ❸ (*schriftliche Fixierung*) (puesta *f* por) escrito *m*

**nieder|machen** *vt* (*fam*) hacer papilla

**Niederösterreich** *nt* Baja Austria *f*

**nieder|reißen** *irr vt* derribar

**Niedersachsen** *nt* Baja Sajonia *f*

**nieder|schießen** *irr* I. *vt* matar a tiros II. *vi sein* lanzarse (*auf* sobre)

**Niederschlag** *m* ❶ (METEO) precipitaciones *fpl* ❷ (CHEM) precipitado *m* ❸ (*Wend*): **seinen ~ in etw finden** reflejarse en algo

**nieder|schlagen** *irr* I. *vt* ❶ (*zu Boden schlagen*) tumbar ❷ (*Aufstand*) sofocar ❸ (JUR: *Prozess*) cancelar ❹ (*Augen*) bajar II. *vr:* **sich ~** ❶ (*Dampf*) condensarse (*auf/an* sobre); (CHEM) precipitarse ❷ (*zum Ausdruck kommen*) plasmarse (*in* en); **nieder|schmettern** *vt* ❶ (*durch einen Schlag*) derribar ❷ (*Ereignis*) deprimir

**niederschmetternd** *adj* deprimente

**nieder|schreiben** *irr vt* poner por escrito, apuntar; **Niederschrift** *f* escrito *m*

**Niederspannung** *f* (ELEK) baja tensión *f*

**nieder|stoßen** *irr* I. *vi sein* (*Raubvogel*) lanzarse (*auf* sobre) II. *vt* (*geh*) derribar

**Niedertracht** *f ohne pl* (*geh*) infamia *f*

**niederträchtig** *adj* infame

**Niederträchtigkeit¹** *f* <-en> (*Tat*) infamia *f*

**Niederträchtigkeit²** *f ohne pl* (*Charakter*) infamia *f*

**Niederung** *f* <-en> tierra *f* baja

**nieder|werfen** *irr* I. *vt* (*geh*) ❶ (*Gegner*) vencer ❷ (*Aufstand*) someter ❸ (*erschüttern*) consternar II. *vr:* **sich ~** postrarse (*vor* ante)

**niedlich** *adj* mono, lindo *Am*

**niedrig** *adj* ❶ (*gering, tief*) bajo; **etw/jdn ~ einschätzen** subestimar algo/a alguien ❷ (*Herkunft*) humilde ❸ (*Gesinnung*) vil

**niemals** *adv* nunca, jamás

**niemand** *pron indef* nadie; **es war ~ zu Hause** no había nadie en casa; **sonst ~** nadie más; **es war ~ anders als sein früherer Lehrer** no era otro que su antiguo profesor

**Niemandsland** *nt ohne pl* tierra *f* de nadie

**Niere** *f* <-n> (*a.* GASTR) riñón *m;* **das geht mir an die ~n** (*fam fig*) eso me aflige mucho; **Nierenbecken** *nt* (ANAT) pelvis *f inv* renal; **nierenförmig** *adj* reniforme; **Nierengurt** *m* cinturón *m* renal; **Nierenleiden** *nt* (MED) afección *f* renal; **Nierenstein** *m* (MED) cálculo *m* renal; **Nierenversagen** *nt* (MED) malfunción *f* de los riñones

**nieseln** *vunpers* lloviznar, pringar *Am*

**Nieselregen** *m* llovizna *f*

**niesen** *vi* estornudar

**Nießbrauch** *m* <-(e)s, *ohne pl*> (JUR) usufructo *m*

**Nießnutzer(in)** *m(f)* (JUR) usufructuario, -a *m, f*

**Niete** *f* <-n> ❶ (*in einer Lotterie*) billete *m* de lotería no premiado ❷ (*fam: Mensch*) inútil *mf* ❸ (TECH) remache *m*

**nieten** *vt* remachar

**niet- und nagelfest** *adj* (*fam*): **alles, was**

**nicht ~ ist** todo lo que no está clavado y bien clavado

**Nigeria** *nt* <-s> Nigeria *f*

**Nigerianer(in)** *m(f)* <-s, -; -nen> nigeriano, -a *m, f*

**nigerianisch** *adj* nigeriano

**Nihilismus** *m* <-, *ohne pl*> (PHILOS) nihilismo *m*

**nihilistisch** *adj* (PHILOS) nihilista

**Nikolaus** *m* <-, -e, *fam:* -läuse> ❶ (*Gestalt*) San Nicolás *m* ❷ (*~tag*) día *m* de San Nicolás (*seis de diciembre*)

**Nikotin** *nt* <-s, *ohne pl*> nicotina *f;* **nikotinfrei** *adj* sin nicotina; **Nikotinvergiftung** *f* nicoti(ni)smo *m*

**Nil** *m* <-s> Nilo *m;* **Nilpferd** *nt* hipopótamo *m*

**nimmer** *adv* (*südd, Österr*) ya no, no más

**Nimmersatt** *m* <-(e)s, -e> (*fam*) comilón, -ona *m, f*

**Nimmerwiedersehen** *nt* (*fam*): **auf ~!** ¡hasta nunca jamás!

**nimmt** *3. präs von* **nehmen**

**nippen** *vi* beber a sorbos (*an*)

**Nippes** *pl* chucherías *fpl*

**nirgends** *adv,* **nirgendwo** *adv* en ninguna parte

**nirgendwohin** ['nɪrgəntvo'hɪn] *adv* a ninguna parte

**Nische** *f* <-n> nicho *m;* **eine ökologische ~** (ÖKOL) un enclave ecológico

**nisten** *vi* anidar

**Nistkasten** *m* nidal *m*

**Nitrat** *nt* <-(e)s, -e> nitrato *m*

**Niveau** *nt* <-s, -s> nivel *m;* **auf gleichem ~ liegen** estar al mismo nivel; **kein ~ haben** ser de poca categoría

**niveaulos** *adj* sin nivel; (*mittelmäßig*) mediocre

**niveauvoll** *adj* de (alto) nivel

**nivellieren*** *vt* nivelar

**Nivellierung** *f* <-en> nivelación *f*

**nix** *pron indef* (*fam*) *s.* **nichts**

**Nixe** *f* <-n> ondina *f*

**Nizza** *nt* <-s> Niza *f*

**NO** *Abk. von* **Nordosten** NE

**nobel** *adj* ❶ (*geh: edelmütig*) noble ❷ (*elegant*) elegante; (*luxuriös*) lujoso ❸ (*fam: großzügig*) generoso; **Nobelkarosse** *f* (AUTO: *abw fam*) coche *m* de lujo, cochazo *m*

**Nobelpreis** *m* premio *m* Nobel; **Nobelpreisträger(in)** *m(f)* premio *mf* Nobel

**Nobody** ['noʊbədɪ] *m* <-s, -s> don nadie *m*

**noch** **I.** *adv* ❶ (*zeitlich*) aún, todavía; **sie schläft ~** aún duerme; **immer ~** todavía; **~ nicht** todavía no; **kaum ~** apenas; **nur ~** sólo; **~ nie** nunca; **er hat Geld ~ und ~** tiene dinero para dar y regalar; **~ heute** hoy mismo; **weißt du ~?** ¿te acuerdas todavía?; **ich sage dir ~ Bescheid** ya te avisaré; **er will ~ mehr (haben)** quiere (tener) aún más; **seien sie auch ~ so klein** por muy pequeños que sean; **das wäre ja ~ schöner!** (*iron*) ¡no faltaría más! ❷ (*zusätzlich*) otro, más; **wer war ~ da?** ¿quién más estuvo?; **~ ein paar Tage** un par de días más; **~ einmal** otra vez; **auch das ~!** ¡lo que faltaba! **II.** *konj:* **weder ... ~ ...** ni... ni...

**nochmalig** *adj* otro; (*wiederholt*) repetido

**nochmals** *adv* otra vez, de nuevo

**Nomade, -in** *m, f* <-n, -n; -nen> nómada *mf*

**Nomadentum** *nt* <-s, *ohne pl*> nomadismo *m*

**Nomadin** *f* <-nen> *s.* **Nomade**

**Nomen** *nt* <-s, Nomina *o* -> (LING) nombre *m*

**Nomenklatur** *f* <-en> nomenclatura *f*

**Nomina** *pl von* **Nomen**

**Nominativ** *m* <-s, -e> (LING) nominativo *m*

**nominieren*** *vt* nombrar

**Nominierung** *f* <-en> nombramiento *m*

**No-Name-Produkt** *nt* producto *m* de línea blanca

**nonkonformistisch** *adj* inconformista

**Nonne** *f* <-n> monja *f*

**Nonplusultra** [nɔnplʊs'ʔʊltra] *nt* <-s, *ohne pl*> (*geh*): **das ~** el no va más

**Nonsens** *m* <-(es), *ohne pl*> disparate *m,* sinsentido *m,* chorrada *f argot*

**nonstop** *adv* sin parar; (*fliegen*) directo

**Nord** *m* <-(e)s, *ohne pl*> (*a.* NAUT, METEO) norte *m;* **Nordamerika** *nt* América *f* del Norte, Norteamérica *f*

**norddeutsch** *adj* de Alemania del Norte; **Norddeutschland** *nt* Alemania *f* del Norte

**Norden** *m* <-s, *ohne pl*> norte *m;* **im ~** en el norte; **im ~ von ...** (*nördlich von*) al norte de...; (*im nördlichen Teil von*) en el norte de...; **nach ~** hacia el norte; **in den ~** hacia el norte; **von ~** del norte; **im hohen ~** muy al norte

**Nordeuropa** *nt* Europa *f* del Norte, norte *m* de Europa

**Nordhalbkugel** *f ohne pl* hemisferio *m* norte

**nordisch** *adj* nórdico

**Nordküste** *f* costa *f* (del) norte

**nördlich** **I.** *adj* del norte, septentrional; **in ~er Richtung** en dirección norte; **~ von Köln** al norte de Colonia; **52 Grad ~er Breite** 52 grados latitud norte **II.** *präp +gen* al norte de

**Nordlicht** *nt* ❶ (*Polarlicht*) aurora *f* boreal ❷ (*Mensch*) *persona* (*famosa*) *procedente del norte de Alemania;* **Nordosten** *m* nor(d)este *m;* **nordöstlich** **I.** *adj* del nor(d)este **II.** *präp +gen* al nor(d)este de; **Nordpol** *m ohne pl* polo *m* norte

**Nordrhein-Westfalen** *nt* Renania *f* del Norte-Westfalia

**Nordsee** *f* Mar *m* del Norte

**Nord-Süd-Gefälle** *nt ohne pl* (POL) tensiones *fpl* Norte-Sur

**Nordwesten** *m* noroeste *m;* **nordwestlich** **I.** *adj* del noroeste **II.** *präp +gen* al noroeste de; **Nordwind** *m* viento *m* (del) norte

**Nörgelei**[1] [nœrgəˈlaɪ] *f ohne pl* (*abw: das Nörgeln*) critiqueo *m;* (*nörgelnde Art*) afán *m* de criticar; **hat er immer noch nicht mit der ~ aufgehört?** (*fam*) ¿todavía sigue con el dale que te pega?

**Nörgelei**[2] *f* <-en> (*abw: Bemerkung*) queja; **~en** quejas *fpl* reiterativas

**nörgeln** *vi* (*abw*) criticar

**Nörgler(in)** *m(f)* <-s, -; -nen> (*abw*) criticón, -ona *m, f*

**Norm** *f* <-en> norma *f*

**normal** **I.** *adj* normal; (*gewöhnlich*) corriente **II.** *adv* (*fam: normalerweise*) normalmente; **Normalbenzin** *nt* gasolina *f* normal

**normalerweise** *adv* normalmente

**Normalfall** *m* caso *m* normal; **im ~** normalmente; **Normalgewicht** *nt* peso *m* normal

**normalisieren*** **I.** *vt* normalizar **II.** *vr:* **sich ~** normalizarse

**Normalisierung** *f* <-en> normalización *f*

**Normalität** *f ohne pl* normalidad *f*

**Normalverbraucher(in)** *m(f)* consumidor(a) *m(f)* medio, -a; **Otto ~** (*abw fam*) el consumidor medio; **Normalzustand** *m* estado *m* normal

**Normandie** *f* Normandía *f*

**normen** *vt*, **normieren*** *vt* normalizar

**Normierung** *f* <-en>, **Normung** *f* <-en> normalización *f*

**Norwegen** *nt* <-s> Noruega *f*

**Norweger(in)** *m(f)* <-s, -; -nen> noruego, -a *m, f*

**norwegisch** *adj* noruego

**Nostalgie** *f ohne pl* nostalgia *f*

**nostalgisch** *adj* nostálgico

**Not**[1] *f ohne pl* (*Mangel*) falta *f* (*an* de); (*Elend*) miseria *f;* (*Armut*) pobreza *f;* **~ leiden** (*geh*) estar en la miseria; **~ leidend** necesitado; **es tut ~, etw zu tun** (*geh*) es preciso hacer algo; **das geht zur ~** puede pasar; **jdm seine ~ klagen** contar(le) sus penas a alguien; **wenn ~ am Mann ist** cuando (la cosa) aprieta; **aus der ~ eine Tugend machen** hacer de tripas corazón; **~ macht erfinderisch** (*prov*) no hay mejor maestra que necesidad y pobreza

**Not**[2] *f* <Nöte> ❶ (*~lage*) apuro *m;* **in ~ sein/geraten** estar/verse en apuros ❷ (*Sorge, Mühe*) pena *f;* **er hat seine liebe ~ damit** le cuesta (trabajo); **mit knapper ~** por los pelos

**Notar(in)** *m(f)* <-s, -e; -nen> (JUR) notario, -a *m, f,* fedatario, -a *m, f Hond*

**Notariat** *nt* <-(e)s, -e> (JUR) notaría *f,* escribanía *f Am*

**notariell** *adj* (JUR) notarial, del notario

**Notarin** *f* <-nen> *s.* **Notar**

**Notarzt, -ärztin** *m, f* médico, -a *m, f* de urgencia; **Notaufnahme** *f* admisión *f* de urgencia; **Notausgang** *m* salida *f* de emergencia; **Notbehelf** *m* recurso *m* de urgencia; **Notbremse** *f* freno *m* de emergencia; **Notdienst** *m* servicio *m* de emergencia

**Notdurft** *f ohne pl* (*geh*) necesidades *fpl;* **seine ~ verrichten** hacer sus necesidades

**notdürftig** *adj* ❶ (*kaum ausreichend*) escaso ❷ (*behelfsmäßig*) provisional

**Note**[1] *f* <-n> ❶ (MUS) nota *f;* **eine ganze ~** una redonda; **eine halbe ~** una blanca ❷ (*Schul~*) nota *f* ❸ (*Bank~*) billete *m*

**i Land & Leute**

En el sistema de calificaciones de Austria y Alemania la peor nota se indica con un seis, que significa *"insuficiente"* – *"ungenügend"*. La mejor **Note** es el uno, *"sobresaliente"* – *"sehr gut"*. En Suiza, sin embargo, es al revés: el seis indica la mejor nota y el uno la peor.

**Note**[2] *f ohne pl* (*Eigenart*) toque *m;* **etw** *dat* **seine persönliche ~ geben** aportar a algo su toque personal

**Notenbank** *f* banco *m* emisor

**Notenblatt** *nt* (MUS) hoja *f* de música; **Notenschlüssel** *m* (MUS) clave *f;* **Notenständer** *m* (MUS) atril *m*

**Notfall** *m* (caso *m* de) emergencia *f;* **im ~** en caso de emergencia

**notfalls** *adv* en caso necesario

**notgedrungen** *adv* por la fuerza

**Notgroschen** *m* dinero *m* de reserva

**notieren*** **I.** *vi* (FIN) cotizar **II.** *vt* ❶ (FIN) cotizar ❷ (*aufschreiben*) anotar, apuntar

**Notierung** *f* <-en> (FIN) cotización *f*

**nötig** *adj* necesario, preciso; **unbedingt ~**

imprescindible; **es ist** (**nicht**) ~, **dass ...** (no) es necesario que... +*subj;* **wenn** ~ si es preciso; **ich habe es nicht** ~, **mir das sagen zu lassen** no tengo por qué permitir que me digan esas cosas; **du hast es gerade** ~**!** ¡mira quién fue a hablar!

**nötigen** *vt* (*drängen*) apremiar; (*zwingen*) obligar; (JUR) coaccionar

**nötigenfalls** *adv* en caso necesario

**Nötigung** *f ohne pl* (JUR) coacción *f*

**Notiz** *f* <-en> ① (*Vermerk*) nota *f;* **sich** *dat* ~**en machen** tomar apuntes; **von etw** ~ **nehmen** fijarse en algo ② (*Zeitungs~*) noticia *f;* **Notizblock** *m* bloc *m* de notas; **Notizbuch** *nt* libreta *f,* agenda *f;* **Notizzettel** *m* hoja *f* de papel

**Notlage** *f* apuro *m;* (*Krise*) crisis *f inv;* **sich in einer** ~ **befinden** verse en un apuro; **notlanden** *vi sein* realizar un aterrizaje forzoso; **Notlandung** *f* aterrizaje *m* forzoso; **Notlösung** *f* solución *f* de emergencia; **Notlüge** *f* mentira *f* inocente

**notorisch** *adj* (*abw*) notorio

**Notruf** *m* ① (*Hilferuf*) llamada *f* de socorro ② (~*nummer*) (número *m* de) teléfono *m* de emergencia; **Notrufnummer** *f* teléfono *m* de urgencias; **Notrufsäule** *f* poste *m* de socorro; **notschlachten** *vt* sacrificar (*un animal enfermo o herido*); **Notsignal** *nt* señal *f* de socorro; **Notsitz** *m* asiento *m* de reserva

**Notstand** *m* (JUR) estado *m* de emergencia; **Notstandsgebiet** *nt* zona *f* catastrófica

**Notunterkunft** *f* alojamiento *m* provisional; **Notwehr** *f ohne pl* (JUR) legítima defensa *f;* **in** [*o* **aus**] ~ en legítima defensa

**notwendig** *adj* ① (*nötig*) necesario; **unbedingt** ~ indispensable ② (*zwangsläufig*) inevitable

**notwendigerweise** *adv* por fuerza

**Notwendigkeit** *f* <-en> necesidad *f*

**Notzucht** *f ohne pl* (JUR) violación *f*

**Nougat** *m o nt* <-s, -s> *s.* **Nugat**

**Novelle** *f* <-n> ① (LIT) novela *f* corta; (*Erzählung*) cuento *m* ② (POL, JUR) enmienda *f* de ley

**November** *m* <-(s), -> noviembre *m; s. a.* **März**

**Novize**, **-in** *m, f* <-n, -n; -nen> (REL) novicio, -a *m, f*

**Nr.** *Abk. von* **Nummer** nº

**NS** ① *Abk. von* **Nachschrift** P.D. ② *Abk. von* **Nationalsozialismus** nacionalsocialismo *m*

**Nu** *m* (*fam*): **im** ~ en un abrir y cerrar de ojos

**Nuance** *f* <-n> matiz *m;* **eine** ~ **lauter** un punto más alto

**nüchtern** *adj* ① (*ohne Essen*) en ayunas; **auf** ~**en Magen** en ayunas ② (*nicht betrunken*) sobrio ③ (*sachlich*) objetivo ④ (*schmucklos*) sin adornos

**Nüchternheit** *f ohne pl* ① (*mit leerem Magen, nicht betrunken*) sobriedad *f* ② (*Sachlichkeit*) objetividad *f* ③ (*Schlichtheit*) sencillez *f*

**Nudel** *f* <-n> pasta *f;* **Nudelholz** *nt* rodillo *m;* **Nudelsuppe** *f* sopa *f* de pasta

**Nudist**(**in**) *m(f)* <-en, -en; -nen> nudista *mf*

**Nugat** *m o nt* <-s, -s> praliné *m*

**nuklear** *adj* nuclear; **Nuklearwaffe** *f* arma *f* nuclear

**null** *adj inv* ① (*Zahl*) cero; ~ **zu** ~ cero a cero; ~ **und nichtig** nulo y no avenido; **die Stunde** ~ la hora cero; **in** ~ **Komma nichts** (*fam*) en un dos por tres ② (*sl: kein*): ~ **Problemo** sin problemas; ~ **Bock auf etw haben** pasar de algo

**Null** *f* <-en> ① (*Zahl*) cero *m* ② (*fam abw: Versager*) cero *m* a la izquierda

**nullachtfünfzehn** *adj inv* (*fam*) común y corriente

**i Land & Leute**

Se trata de una expresión del lenguaje coloquial y familiar alemán: **Nullachtfünfzehn** designa cualquier cosa falta de originalidad, como por ejemplo, *Nullachtfünfzehn-Frisur – peinado "del montón", Nullachtfünfzehn-Auto – coche "del montón".* El origen de la expresión se remonta a principios del siglo XX, cuando los soldados del ejército alemán comenzaron a calificar su monótona formación militar **Nullachtfünfzehn**, que hasta aquel momento se reducía a la denominación del fusil que utilizaban habitualmente durante su instrucción.

**Nulldiät** *f* dieta *f* absoluta; **Nulllösung** *f ohne pl* (POL) opción *f* cero; **Nullpunkt** *m ohne pl* punto *m* cero; **den** ~ **erreicht haben** llegar a su punto más bajo; **Nullrunde** *f ronda de negociaciones salariales cuyo resultado es la renuncia a las exigencias originales;* **Nulltarif** *m ohne pl:* **zum** ~ gratis

**Numeri** *pl von* **Numerus**

**numerisch** *adj* (*a.* INFOR) numérico

**Numerus** *m* <-, Numeri> (LING) número *m;* ~ **clausus** número clauso

**i Land & Leute**

A través del **Numerus clausus** las universidades regulan el número de alumnos que acceden a determinadas carreras. De esta forma sólo se les permitirá el acceso a esas carreras a aquellos estudiantes cuya nota media sea igual o superior al numerus clausus, generalmente establecido en la nota *„sehr gut“ – “sobresaliente”.*

**Nummer** *f* <-n> ❶ (*Zahl*) número *m;* **Gesprächsthema ~ eins** tema principal; **auf ~ Sicher gehen** (*fam*) ir sobre seguro; **mit jdm eine ~ schieben** (*vulg*) echar un polvo con alguien ❷ (*Auto~*) matrícula *f;* (*Telefon~*) (número *m* de) teléfono *m* ❸ (*Größe*) talla *f*
**nummerieren*** *vt* numerar
**Nummernkonto** *nt* (FIN) cuenta *f* cifrada; **Nummernschild** *nt* (AUTO) matrícula *f*
**nun I.** *adv* ❶ (*jetzt*) ahora; **von ~ an** desde ahora; **was ~?** ¿y ahora qué?; **das hast du ~ davon** este es el resultado ❷ (*inzwischen*) entretanto **II.** *part* (*einleitend*) pues, bueno; (*weiterführend*) pues bien; **~ denn** bueno, entonces; **~ sag schon ...** bueno, habla de una vez...; **~ gut** pues bien; **das ist ~ mal so** esto es así
**nunmehr** *adv* (*geh*) ❶ (*jetzt*) ahora ❷ (*von jetzt an*) a partir de ahora
**nur I.** *adv* sólo, solamente; **~ noch** tan sólo; **~ schade, dass ...** es sencillamente una pena que... +*subj;* **alles, ~ das nicht!** ¡todo, menos eso!; **warum fragst du? – ~ so** ¿por qué preguntas? – por preguntar, nada más **II.** (*Partikel*): **so schnell er ~ konnte** tan rápido como pudo; **wo ist sie ~?** ¿dónde demonios está?; **~ zu!** ¡ánimo!; **sieh ~!** ¡mira!; **lass ihn ~ machen!** ¡déjale a él!; **was hat sie ~?** ¿pero qué le pasa?; **wenn sie ~ (endlich) anriefe!** ¡si llamara (de una vez)!; **~ her damit!** (*fam*) ¡trae para acá!
**Nürnberg** *nt* <-s> Nuremberg *m*
**nuscheln** *vi* (*fam*) mascullar
**Nuss** *f* <Nüsse> ❶ (*fruta*) nuez *f;* **jdm eine harte ~ zu knacken geben** (*fam fig*) dar(le) a alguien un hueso duro de roer ❷ (*fam: Kopf*) coco *m;* **eine taube ~** un tontorrón; **dumme ~!** (*fam*) ¡idiota! ❸ (*Österr*) *tacita para la moca;* **Nussbaum** *m* nogal *m*
**nussig** *adj* (GASTR) de nuez
**Nussknacker** *m* cascanueces *m inv;* **Nussschale** *f* ❶ (*Schale einer Nuss*) cáscara *f* (de nuez) ❷ (*iron: Boot*) barquillo *m;* **Nusstorte** *f* tarta *f* de nueces
**Nüster** *f* <-n> ollar *m*
**Nut(e)** *f* <-en> (TECH) ranura *f*
**Nutella®** *f ohne pl* nocilla® *f*
**Nutte** *f* <-n> (*fam abw*) puta *f*
**Nutz** *m:* **~ bringend** (*nützlich*) útil; (*Gewinn bringend*) provechoso, beneficioso; **sich** *dat* **etw zu ~e machen** aprovechar algo
**nutzbar** *adj* utilizable; **den Boden ~ machen** cultivar la tierra
**Nutzbarmachung** *f ohne pl* aprovechamiento *f*
**nutzbringend** *adj* (*nützlich*) útil; (*Gewinn bringend*) provechoso, beneficioso
**nütze**: **zu etw ~ sein** servir para algo
**nutzen, nützen I.** *vi* servir; **wozu soll das ~?** ¿para qué va a servir esto?; **jdm zu etw ~** ser provechoso para alguien; (*Gewinn bringen*) beneficiar a alguien **II.** *vt* ❶ (*Rohstoffe*) aprovechar ❷ (*Gelegenheit*) aprovechar
**Nutzen** *m* <-s, *ohne pl*> (*Nützlichkeit*) utilidad *f,* provecho *m;* (*Gewinn*) beneficio *m;* **zum ~ der Öffentlichkeit** en beneficio del público; **jdm von ~ sein** ser(le) útil a alguien; **~ aus etw ziehen** sacar provecho de algo
**Nutzerführung** ['nʊtse-] *f* (INFOR) guía *f* del usuario
**Nutzfahrzeug** *nt* vehículo *m* de servicio; **Nutzfläche** *f* superficie *f* útil
**nützlich** *adj* útil; **sich ~ machen** ser útil
**Nützlichkeit** *f ohne pl* utilidad *f*
**nutzlos** *adj* inútil; (*vergeblich*) infructuoso, vano
**Nutzlosigkeit** *f ohne pl* inutilidad *f;* (*Vergeblichkeit*) infructuosidad *f*
**Nutznießer(in)** *m(f)* <-s, -; -nen> usufructuario, -a *m, f*
**Nutzpflanze** *f* planta *f* útil
**Nutzung** *f ohne pl* utilización *f;* **Nutzungsrecht** *nt* (JUR) derecho *m* de usufructo
**NW** *Abk. von* **Nordwesten** NO
**Nylon®** *nt* <-s, *ohne pl*> nailon *m*
**Nymphe** *f* <-n> (*a.* ZOOL) ninfa *f*
**Nymphomanin** *f* <-nen> (MED, PSYCH) ninfómana *f*

# O o

**O, o** *nt* <-, -> O, o *f;* ~ **wie Otto** O de Oviedo

**o** *interj* oh

**O** *Abk. von* **Osten** E

**Oase** *f* <-n> oasis *m inv*

**ob** *konj* ❶ (*im indirekten Fragesatz*) si; **sie fragt, ~ Monika zu Hause ist** pregunta si Monika está en casa; ~ **er wohl kommen wird?** ¿vendrá o no (vendrá)? ❷ (*vergleichend*): **als ~** como si +*subj;* **als ~ nichts geschehen wäre** como si no hubiera pasado nada ❸ (*egal ~*) lo mismo da que +*subj;* ~ **arm,** ~ **reich** lo mismo pobres que ricos ❹ (*verstärkend*): **und ~!** ¡claro que sí!

**OB** *mf* <-(s), -(s)> *Abk. von* **Oberbürgermeister(in)** primer(a) alcalde(sa) *m(f)*

**Obdach** *nt ohne pl* refugio *m;* **jdm ~ gewähren** prestar refugio a alguien

**obdachlos** *adj* sin hogar

**Obdachlose(r)** *mf* <-n, -n; -n> desamparado, -a *m, f;* **Obdachlosenasyl** *nt,* **Obdachlosenheim** *nt* asilo *m* nocturno

**Obduktion** *f* <-en> (MED) autopsia *f*

**obduzieren*** *vt* hacer la autopsia (a)

**O-Beine** *ntpl* (*fam*) piernas *fpl* arqueadas

**oben** *adv* ❶ (*in der Höhe, im Text, a. fig*) arriba; **dort ~** allí arriba; **nach ~** hacia arriba; **von ~ bis unten** de arriba a abajo; **er behandelt die Leute von ~ herab** mira a la gente por encima del hombro; **ganz ~** arriba del todo; ~ **links/rechts** arriba a la izquierda/derecha; **siehe ~** véase arriba; ~ **erwähnt** arriba mencionado; (*bei Personen*) susodicho; **wie ~ erwähnt** como se ha mencionado anteriormente; **das steht mir bis hier ~** (*fam*) estoy harto de eso; ~ **ohne** (*fam*) en topless ❷ (*an der Oberfläche*) en la superficie; **obenan** *adv* de primero; **obenauf** *adv* (*gesund*) sano; (*gut gelaunt*) de buen humor; **obendrauf** *adv* encima; **obendrein** *adv* además

**obenherum** *adv* (*fam*) por arriba; **das Kleid ist ~ etwas zu weit** el vestido queda demasiado ancho de arriba

**obenhin** *adv* (*oberflächlich*) superficialmente; (*beiläufig*) de paso

**oben-ohne** *adv* en topless

**obenrum** ['o:bən'rʊm] *adv* (*fam*) *s.* **obenherum**

**Ober** *m* <-s, -> camarero *m;* **Herr ~!** ¡camarero!

**Oberarm** *m* brazo *m;* **Oberarzt, -ärztin** *m, f* médico, -a *m, f* jefe

**Oberbefehl** *m ohne pl* (MIL) mando *m* supremo; **Oberbefehlshaber(in)** *m(f)* (MIL) comandante *mf* en jefe

**Oberbegriff** *m* término *m* genérico; **Oberbekleidung** *f* ropa *f* exterior; **Oberbürgermeister(in)** *m(f)* primer(a) alcalde(sa) *m(f)*

**obere(r, s)** *adj* ❶ (*allgemein*) alto, de arriba ❷ (*in einer Hierarchie*) alto, superior

**oberfaul** ['o:bɐfaʊl] *adj* (*fam*) zángano rematado

**Oberfläche** *f* superficie *f*

**oberflächlich** *adj* superficial

**Oberflächlichkeit** *f ohne pl* superficialidad *f*

**Obergeschoss** *nt* planta *f* superior; **im zweiten ~** en el segundo piso; **Obergrenze** *f* límite *m* superior

**oberhalb** *präp +gen* por encima de

**Oberhand** *f ohne pl:* **die ~ gewinnen** imponerse; **Oberhaupt** *nt* (*geh*) jefe, -a *m, f;* **Oberhaus** *nt* (POL) Cámara *f* Alta; **Oberhemd** *nt* camisa *f*

**Oberin** *f* <-nen> ❶ (*im Krankenhaus*) enfermera *f* jefe ❷ (*im Kloster*) priora *f*

**oberirdisch** *adj* de superficie; **Oberkellner(in)** *m(f)* jefe, -a *m, f* de comedor; **Oberkiefer** *m* (ANAT) maxilar *m* superior; **Oberkommando** *nt* (MIL) mando *m* supremo; **Oberkörper** *m* busto *m;* **Oberleitung** *f* ❶ (*Führung*) dirección *f* (general) ❷ (*für Bus, Straßenbahn*) línea *f* eléctrica aérea; **Oberleutnant** *m* (MIL) teniente *m;* **Oberlicht** *nt* claraboya *f,* banderola *f CSur;* **Oberlippe** *f* labio *m* superior; **Obermaterial** *nt* material *m* superior

**Oberösterreich** *nt* Alta Austria *f*

**Oberschenkel** *m* muslo *m;* **Oberschicht** *f* ❶ (*der Gesellschaft*) clase *f* alta ❷ (*oberste Schicht*) capa *f* superior; **Oberschule** *f* (*fam*) instituto *m* de enseñanza secundaria; **Oberschwester** *f* enfermera *f* jefe; **Oberseite** *f* lado *m* superior

**Oberst** *m* <-en *o* -s, -en> coronel *m*

**Oberstaatsanwalt, -anwältin** *m, f* fiscal *mf* superior(a)

**oberste(r, s)** *adj superl von* **obere(r, s)** ❶ (*höher gelegen*) superior, más alto; (*Stockwerk*) último; (*zuoberst*) de arriba del todo ❷ (*in einer Hierarchie*) supremo; **der O~ Gerichtshof** el Tribunal Supremo ❸ (*wichtigste*) más importante; **das ~ Gebot** lo fundamental

**Oberstübchen** [-ʃty:pçən] *nt* (*fam*): **nicht ganz richtig im ~ sein** no estar bien del coco

**Oberstufe** *f los últimos tres años de enseñanza media;* **Oberteil** *nt* ❶ (*Möbel*) parte *f* superior; (*Haus*) piso *m* superior ❷ (*Kleidungsstück*) prenda *f* para arriba; **Obertrottel** *m* (*fam abw*) idiota *mf;* **Oberweite** *f* contorno *m* de pecho; **zu viel/zu wenig ~ haben** tener demasiado/demasiado poco pecho

**obgleich** *konj s.* **obwohl**

**Obhut** *f ohne pl* (*geh*) custodia *f;* (*Schutz*) protección *f;* **jdn in seine ~ nehmen** tomar a alguien bajo su protección

**obige(r, s)** *adj* arriba mencionado; (*bei Personen*) susodicho

**Objekt** *nt* <-(e)s, -e> ❶ (*Gegenstand*) objeto *m* ❷ (LING) complemento *m* ❸ (*Österr:* ADMIN: *Gebäude*) edificio *m*

**objektiv** *adj* objetivo; (*unparteiisch*) imparcial

**Objektiv** *nt* <-s, -e> objetivo *m*

**Objektivität** *f ohne pl* objetividad *f*

**Oblate** *f* <-n> ❶ (*für Gebäck*) oblea *f* ❷ (*Hostie*) hostia *f*

**obliegen** *irr vi* (*geh*): **jdm obliegt etw** algo le incumbe a alguien

**obligatorisch** *adj* obligatorio

**Oboe** *f* <-n> oboe *m*

**Obolus** ['o:bolʊs] *m* <-, -se> (*geh*) óbolo *m,* contribución *f*

**Obrigkeit** *f* <-en> autoridad *f*

**obschon** *konj* (*geh*) *s.* **obwohl**

**Observatorium** *nt* <-s, -ien> observatorio *m*

**observieren*** *vt* observar

**obskur** *adj* o(b)scuro; (*anrüchig*) de mala fama; (*zweifelhaft*) ambiguo

**Obst** *nt* <-(e)s, *ohne pl*> fruta *f;* **Obstanbau** *m* fruticultura *f;* **Obstbaum** *m* (árbol *m*) frutal *m;* **Obstgarten** *m* huerto *m* frutal; **Obsthandlung** *f* frutería *f;* **Obstkuchen** *m* pastel *m* de fruta; **Obstmesser** *nt* cuchillo *m* para fruta; **Obstsaft** *m* zumo *m* de fruta(s); **Obstsalat** *m* macedonia *f*

**obszön** *adj* obsceno

**Obszönität** *f* <-en> obscenidad *f*

**obwohl** *konj* aunque, a pesar de que; **~ es regnet, gehe ich aus** aunque está lloviendo, voy a salir

**Ochse** *m* <-n, -n> ❶ (*Tier*) buey *m* ❷ (*fam: Dummkopf*) estúpido, -a *m, f*

**Ochsenschwanzsuppe** *f* sopa *f* de rabo de buey

**Ocker** *m o nt* <-s, -> ocre *m*

**Ode** *f* <-n> oda *f*

**öde** *adj* ❶ (*verlassen*) desierto; (*unbewohnt*) despoblado ❷ (*unbebaut*) yermo ❸ (*langweilig*) aburrido

**Öde**[1] *f* <-n> ❶ (*Einsamkeit*) soledad *f* ❷ (*Land*) desierto *m*

**Öde**[2] *f ohne pl* (*Leere, Langeweile*) monotonía *f*

**oder** *konj* o; (*vor o, ho*) u; (*zwischen Zahlen*) ó; (*andernfalls*) si no; **er ~ sie** él o ella; **sieben ~ acht** siete u ocho; **10 ~ 12** 10 ó 12; **~ aber ...** o por el contrario...; **~ auch ...** o (bien)...; **~ etwa nicht?** ¿o no?; **entweder ... ~ ...** o... o...

**Ödipuskomplex** *m ohne pl* (PSYCH) complejo *m* de Edipo

**Ödland** *nt ohne pl* (AGR) yermo *m,* terreno *m* baldío

**Odyssee** *f* <-n> (*geh*) odisea *f*

**Ofen** *m* <-s, Öfen> ❶ (*Back~*) horno *m* ❷ (*Heiz~*) estufa *f;* **der ~ ist aus** (*fig fam*) se acabó; **ein heißer ~** (*fam: Auto*) un bólido; (*Motorrad*) una moto; **ofenfrisch** *adj* recién hecho; **auch sonntags servieren wir ~e Brötchen!** ¡los domingos también tenemos pan del día!; **Ofenheizung** *f ohne pl* calefacción *f* con estufa; **Ofenrohr** *nt* cañón *m* (de la estufa)

**offen** *adj* ❶ (*allgemein*) abierto; (*Haare*) suelto; (*ohne Deckel*) destapado; (*unverpackt*) a granel; **halb ~** medio abierto; **~er Wein** vino a granel; **auf ~er Straße** en plena calle; **mit ~em Mund dastehen** estar plantado con la boca abierta; **ein ~es Haus haben** (*fig*) ser hospitalario; **mit ~en Augen durch die Welt gehen** andar por el mundo con los ojos bien abiertos; **~ gegenüber allem Neuen sein** estar abierto a todo lo nuevo; **das ist noch völlig ~** eso todavía no se sabe; **die Post hat jetzt ~** Correos está ahora abierto ❷ (*Stelle*) vacante ❸ (*unerledigt*) pendiente; **~e Rechnung** cuenta pendiente ❹ (*aufrichtig*) franco, abierto; **~ seine Meinung sagen** decir su opinión abiertamente; **etw ~ zugeben** admitir algo abiertamente; **~ gestanden ...** (dicho) francamente...; **~ mit jdm reden** hablar francamente con alguien

**offenbar** **I.** *adj* manifiesto, evidente **II.** *adv* aparentemente

**offenbaren*** **I.** *vt* (*geh*) revelar, desvelar **II.** *vr:* **sich ~** (*geh*) ❶ (*sich erweisen*) mostrarse ❷ (*sich anvertrauen*) confiarse

**Offenbarung** *f* <-en> (*geh a.* REL) revelación *f;* **Offenbarungseid** *m* (JUR) juramento *m* declarativo; **einen ~ leisten** prestar juramento declarativo

**Offenheit** *f ohne pl* ❶ (*Aufgeschlossenheit*) espíritu *m* abierto; **seine ~ gegenüber allem Neuen** su espíritu abierto para todo lo nuevo ❷ (*Ehrlichkeit*) franqueza *f,* sinceridad *f;* **in** [*o* **mit**] **aller** ~ sinceramente

**offenherzig** *adj* abierto, franco

**offenkundig** *adj* manifiesto; (*offensichtlich*) evidente

**offensichtlich** I. *adj* evidente II. *adv* evidentemente

**offensiv** *adj* ofensivo

**Offensive** *f* <-n> ofensiva *f;* **in die ~ gehen** tomar la ofensiva

**öffentlich** I. *adj* público; **nicht** ~ a puerta cerrada II. *adv* en público; ~ **bekannt geben** publicar

**Öffentlichkeit** *f ohne pl* ① (*Gesamtheit der Menschen*) público *m;* **die ~ scheuen** temer al público; **in aller** ~ en público; **etw an die ~ bringen** hacer algo público ② (*das Öffentlichsein*) carácter *m* público; **Öffentlichkeitsarbeit** *f ohne pl* relaciones *fpl* públicas; **öffentlichkeitswirksam** *adj* de gran efectividad publicitaria

**öffentlich-rechtlich** *adj* (de derecho) público

**offerieren*** *vt* (COM) ofrecer

**Offerte** *f* <-n> (COM) oferta *f*

**offiziell** *adj* oficial; **etw ~ bekannt geben** dar a conocer algo oficialmente

**Offizier(in)** *m(f)* <-s, -e; -nen> oficial(a) *m(f)*

**offline** *adj* (INFOR) fuera de línea; **Offlinebetrieb** *m ohne pl* (INFOR) servicio *m* fuera de línea [*o* off-line], operación *f* fuera de línea

**öffnen** I. *vi, vt* abrir; **hier** ~ ábrase aquí II. *vr:* **sich** ~ abrirse

**Öffner** *m* <-s, -> abridor *m*

**Öffnung** *f* <-en> apertura *f;* (*Loch*) agujero *m;* **Öffnungspolitik** *f* política *f* de apertura; **Öffnungszeit** *f* horas *fpl* de apertura

**Offsetdruck** *m ohne pl* (TYPO: *Verfahren*) (impresión *f*) offset *m*

**oft** <öfter, am öftesten> *adv* a menudo; **wie ~?** ¿cuántas veces?; **sehr** ~ muy a menudo; **nicht** ~ pocas veces; **ziemlich** ~ bastante a menudo; ~ **genug** bastante (a menudo)

**öfter** *adv kompar von* **oft** con frecuencia; ~ **mal was Neues** hay que cambiar de vez en cuando; **des Öfteren** con (mucha) frecuencia

**öfters** *adv* con (mucha) frecuencia

**öftesten** *superl von* **oft**: **am** ~ lo (que) más a menudo

**oftmals** *adv* a menudo

**oh** *interj* oh, ah; ~, **wie schön!** ¡oh, qué bonito!; ~ **ja!** ¡ah, sí!; ~ **nein!** ¡oh, no!

**ohne** I. *präp +akk* sin; (*ausgenommen*) excepto; **das geschah ~ mein Wissen** esto pasó sin que yo lo supiera; ~ **Zweifel** sin duda; ~ **mich!** ¡no cuentes conmigo!; ~ **weiteres** sin más; **es geht auch** ~ no hace falta; **das ist nicht** ~ (*fam*) no es cosa fácil II. *konj:* ~ **dass ...** sin que... *+subj;* ~ **zu** sin

**ohnedies** *adv* de todos modos

**ohnegleichen** *adv* sin par, único

**ohnehin** *adv* de todos modos

**Ohnmacht** *f* <-en> ① (*Bewusstlosigkeit*) desvanecimiento *m;* **in ~ fallen** desmayarse ② (*Machtlosigkeit*) impotencia *f*

**ohnmächtig** *adj* ① (*bewusstlos*) desmayado; ~ **werden** desmayarse ② (*machtlos*) impotente

**Ohnmachtsanfall** *m* (MED) desmayo *m;* **einen ~ bekommen** perder el sentido

**Ohr** *nt* <-(e)s, -en> (*äußeres*) oreja *f;* (*inneres*) oído *m;* **es ist mir zu ~en gekommen, dass ...** he oído que...; **mir dröhnen/sausen die ~en** me suenan/zumban los oídos; **ich bin ganz** ~ soy todo oídos; **mit halbem ~ zuhören** escuchar a medias; **sich** *dat* **die ~en zuhalten** taparse los oídos; **etw noch im ~ haben** tener algo todavía en la cabeza; **jdm die ~en lang ziehen** (*fam fig*) dar un tirón de orejas a alguien; **auf dem ~ bin ich taub** (*fig*) no me doy por aludido; **die Melodie geht ins** ~ la melodía se pega; **jdn übers ~ hauen** engañar a alguien; **schreib dir das hinter die ~en!** (*fam*) ¡tenlo bien presente!; **etw geht zum einen ~ rein, zum anderen wieder heraus** (*fam fig*) algo entra por un oído y sale por el otro; **viel um die ~en haben** (*fam*) estar muy ocupado; **bis über beide ~en verliebt sein** (*fam fig*) estar enamorado hasta la médula; **die Situation/die Arbeit wächst mir über die ~en** (*fig*) la situación/el trabajo me desborda; **sich aufs ~ legen** (*fam fig*) planchar la oreja; **es faustdick hinter den ~en haben** (*fam fig*) tener muchas conchas

**Öhr** *nt* <-(e)s, -e> ojo *m* de la aguja

**Ohrenarzt, -ärztin** *m, f* otólogo, -a *m, f;* **ohrenbetäubend** *adj* (*fam*) ensordecedor; **Ohrenentzündung** *f* (MED) otitis *f inv;* **Ohrensausen** *nt* <-s, *ohne pl*> zumbido *m* en los oídos; **Ohrenschmalz** *nt* cerumen *m;* **Ohrenschmaus** *m* placer *m* para los oídos; **Ohrenschützer** *mpl* orejeras *fpl;* **Ohrentropfen** *mpl* gotas *fpl* para los oídos; **Ohrenzeuge, -in** *m, f* testigo *mf* auricular

**Ohrfeige** *f* bofetada *f,* bife *m Am,* biaba *f Arg, Urug*

O

**ohrfeigen** *vt* pegar una bofetada (a), virar *AmC, Ant;* **ich könnte mich ~, dass ...** (*fam*) me daría de tortas por...

**Ohrläppchen** *nt* lóbulo *m* de la oreja; **Ohrmuschel** *f* pabellón *m* de la oreja; **Ohrring** *m* pendiente *m,* aro *m Am;* **Ohrwurm** *m* ❶ (*Insekt*) tijereta *f* ❷ (*fam: Lied*) melodía *f* pegadiza

**oje** *interj* vaya(, qué pena)

**o.k., okay** **I.** (*fam: Partikel*) vale, de acuerdo, okey *Am* **II.** *adj* (*fam*): **~ sein** (*gut*) estar bien; (*in Ordnung*) estar en orden

**Okkultismus** *m* <-, *ohne pl*> ocultismo *m*

**Ökobauer, -bäuerin** *m, f* agricultor(a) *m(f)* ecológico, -a; **Ökoladen** *m* tienda *f* ecológica

**Ökologe, -in** *m, f* <-n, -n; -nen> ecologista *mf*

**Ökologie** *f ohne pl* ecología *f;* **Ökologiebewegung** *f ohne pl* movimiento *m* ecologista

**Ökologin** *f* <-nen> *s.* **Ökologe**

**ökologisch** *adj* ecologista, ecológico; **~es Gleichgewicht** equilibrio ecológico

**Ökonom(in)** *m(f)* <-en, -en; -nen> economista *mf*

**Ökonomie** *f* <-n> economía *f*

**Ökonomin** *f* <-nen> *s.* **Ökonom**

**ökonomisch** *adj* económico

**Ökopartei** *f* partido *m* ecológico; **Ökopaxbewegung** *f* (*sl*) ecopacifismo *m;* **Ökosteuer** *f* impuesto *m* ecológico; **Ökosystem** *nt* ecosistema *m;* **Ökotest** *m* ecotest *m*

**Oktaeder** *nt* <-s, -> (MATH) octaedro *m*

**Oktave** *f* <-n> (MUS) octava *f*

**Oktober** *m* <-(s), -> octubre *m; s. a.* **März**

**Ökumene** *f ohne pl* (REL) ❶ (*Christentum*) cristiandad *f* ❷ (*gemeinsames Handeln*) ecumenismo *m*

**Okzident** *m* <-s> Occidente *m*

**Öl** *nt* <-(e)s, -e> ❶ (*Speise~, Sonnen~, Schmier~*) aceite *m;* **pflanzliche ~e** aceites vegetales; **ätherisches ~** esencia *f* ❷ (*Erd~*) petróleo *m,* canfín *m AmC;* **~ ins Feuer gießen** (*fig*) echar leña al fuego ❸ (KUNST): **in ~ (malen)** (pintar) al óleo; **Ölbild** *nt* (cuadro *m* al) óleo *m*

**Oldie** *m* <-s, -s> (*fam*) ❶ (*Song, Film*) viejo éxito *m* ❷ (*Person*) persona *f* no tan joven

**Oldtimer** *m* <-s, -> (AUTO) coche *m* antiguo

**Oleander** *m* <-s, -> (BOT) adelfa *f*

**ölen** *vt* engrasar; (*mit Schmieröl*) lubrificar

**Ölfarbe** *f* color *m* preparado con aceite; (KUNST) pintura *f* al óleo; **Ölfleck** *m* mancha *f* de aceite; **Ölförderung** *f ohne pl* extracción *f* de petróleo; **Ölgemälde** *nt* pintura *f* al óleo; **Ölgötze** *m:* **wie ein ~** (*fam abw*) como un pasmarote

**ölhaltig** *adj* (*Pflanze*) oleaginoso

**Ölheizung** *f* calefacción *f* al fueloil

**ölig** *adj* ❶ (*voll Öl, wie Öl*) aceitoso, oleoso ❷ (*abw: Stimme, Lächeln*) empalagoso

**Oligarchie** *f* <-n> oligarquía *f*

**Olive** *f* <-n> aceituna *f,* oliva *f;* **Olivenbaum** *m* olivo *m;* **Olivenöl** *nt* aceite *m* de oliva

**olivgrün** *adj* verde oliva; (*Haut*) aceitunado

**Öljacke** *f* chaqueta *f* embreada (de pescador); **Ölkanne** *f* aceitera *f;* **Ölkonzern** *m* compañía *f* petrolífera; **Ölkrise** *f* crisis *f inv* petrolera; **Ölleitung** *f* oleoducto *m;* **Ölmessstab** *m* (AUTO) varilla *f* del nivel de aceite; **Ölpest** *f* marea *f* negra; **Ölplattform** *f* plataforma *f* petrolífera; **Ölpumpe** *f* bomba *f* de aceite; **Ölquelle** *f* pozo *m* de petróleo; **Ölraffinerie** *f* refinería *f* de petróleo; **Ölsardine** *f* sardina *f* en aceite; **sitzen wie die ~n** (*fig*) estar como sardinas en lata; **Ölscheich** *m* (*fam*) jeque *m* del petróleo; **Ölschicht** *f* capa *f* de aceite

**Ölschinken** *m* (*abw* KUNST) óleo *m* de dimensiones descomunales

**Ölstand** *m* (*a.* AUTO) nivel *m* del aceite; **Ölstandsmesser** *m* (*a.* AUTO) medidor *m* del nivel de aceite

**Öltanker** *m* <-s, -> petrolero *m;* **Ölteppich** *m* marea *f* negra

**Ölung** *f* <-en> ❶ (TECH) engrase *m;* (*mit Schmieröl*) lubricación *f* ❷ (REL) unción *f;* **die Letzte ~** la extremaunción

**Ölverbrauch** *m* (AUTO) gasto *m* de aceite; **Ölvorkommen** *nt* yacimiento *m* petrolífero; **Ölwechsel** *m* (AUTO) cambio *m* de aceite

**Olympiade** *f* <-n> olimpiada *f*

**Olympiasieger(in)** *m(f)* campeón, -ona *m, f* olímpico, -a

**Olympionike, -kin** <-n, -n; -nen> *m, f* (SPORT) atleta *mf* olímpico, -a

**olympisch** *adj* olímpico; **die O~en Spiele** los Juegos Olímpicos

**Ölzweig** *m* ramo *m* de olivo

**Oma** *f* <-s> (*fam*) abuela *f,* abuelita *f,* nanoya *f Guat*

**Omelett** *nt* <-(e)s, -e *o* -s> tortilla *f*

**Omen** *nt* <-s, - *o* Omina> agüero *m,* presagio *m;* **das ist ein gutes/schlechtes ~** es un buen/mal presagio

**ominös** *adj* (*geh*) ❶ (*unheilvoll*) de mal agüero ❷ (*zweifelhaft*) dudoso

**Omnibus** *m* <-ses, -se> (*in der Stadt*) autobús *m,* góndola *f Col, Chil;* (*Überland~*) autocar *m;* **Omnibushaltestelle** *f* parada

*f* de autobús
**onanieren*** *vi* masturbarse
**Onkel** *m* <-s, -> tío *m*
**online** *adj* (INFOR) en línea; **Onlinebetrieb** *m* <-(e)s, *ohne pl*> (INFOR) servicio *m* en línea [*o* on-line], operación *f* en línea; **Onlinechat** *m* <-, -s> (INFOR, TEL: *sl*) charla *f* en on-line; **Onlinedatenbankdienst** *m* (INFOR) servicio *m* de banco de datos on-line; **Onlinedienst** *m* (INFOR) servicio *m* en línea; **Onlinelernen** *nt ohne pl* aprendizaje *m* en línea; **Onlineshopping** *nt* compras *fpl* en línea
**OP** *m* <-(s), -(s)> (MED) *Abk. von* **Operationssaal** quirófano *m*
**Opa** *m* <-s, -s> (*fam*) abuelo *m*
**Oper** *f* <-n> ópera *f*; **in die ~ gehen** ir a la ópera
**Opera** *pl von* **Opus**
**Operation** *f* <-en> (MED, INFOR, MATH, MIL) operación *f*; **Operationssaal** *m* (MED) quirófano *m*; **Operationstisch** *m* (MED) mesa *f* de operaciones
**operativ** *adj* ① (MED) quirúrgico; **~er Eingriff** intervención quirúrgica ② (MIL) estratégico
**Operette** *f* <-n> opereta *f*
**operieren*** **I.** *vi* ① (MED, MIL) operar ② (*handeln*) proceder, operar **II.** *vt* (MED) operar (*an* de); **sich ~ lassen** operarse (*an* de)
**Opernglas** *nt* gemelos *mpl* (de teatro); **Opernhaus** *nt* ópera *f*; **Opernsänger(in)** *m(f)* cantante *mf* de ópera
**Opfer** *nt* <-s, -> ① (*~gabe*) ofrenda *f* ② (*Verzicht*) sacrificio *m* (*für* por); **~ bringen** hacer un sacrificio ③ (*Person*) víctima *f*; **die Überschwemmung forderte viele ~** la inundación causó muchas víctimas; **jdm/etw zum ~ fallen** ser víctima de alguien/de algo; **Opferbereitschaft** *f ohne pl* abnegación *f*; **Opfergabe** *f* ofrenda *f*
**opfern** **I.** *vt* sacrificar; **jdm viel Zeit ~** dedicar mucho tiempo a alguien **II.** *vr:* **sich ~** sacrificarse (*für* por)
**Opferung** *f* <-en> sacrificio *m*
**Opiat** *nt* <-(e)s, -e> remedio *m* opiáceo
**Opium** *nt* <-s, *ohne pl*> opio *m*
**Opponent(in)** *m(f)* <-en, -en; -nen> oponente *mf*, adversario, -a *m, f*
**opponieren*** [ɔpo'niːrən] *vi* oponerse (*gegen* a)
**opportun** *adj* oportuno
**Opportunismus** *m* <-, *ohne pl*> oportunismo *m*
**Opportunist(in)** *m(f)* <-en, -en; -nen> oportunista *mf*
**opportunistisch** *adj* oportunista
**Opposition** *f* <-en> (*a.* POL) oposición *f*; **in der ~ sein** estar en la oposición; **in ~ zu jdm stehen** ser oponente de alguien
**oppositionell** *adj* (*a.* POL) de (la) oposición
**Oppositionsführer(in)** *m(f)* (POL) líder *mf* de la oposición; **Oppositionspartei** *f* partido *m* de la oposición
**OP-Schwester** *f* enfermera *f* de quirófano
**optieren*** *vi* ① (*für eine Staatsangehörigkeit*) optar (*für* por) ② (JUR) optar (*auf* a)
**Optik** *f ohne pl* (*a.* PHYS) óptica *f*
**Optiker(in)** *m(f)* <-s, -; -nen> óptico, -a *m, f*
**Optima** *pl von* **Optimum**
**optimal** *adj* óptimo
**optimieren*** *vt* optimar
**Optimierung** *f* <-en> optimización *f*
**Optimismus** *m* <-, *ohne pl*> optimismo *m*
**Optimist(in)** *m(f)* <-en, -en; -nen> optimista *mf*
**optimistisch** *adj* optimista
**Optimum** *nt* <-s, Optima> (*geh*) grado *m* óptimo (*an* de); **ein ~ an Qualität erzielen** alcanzar el mayor grado de calidad
**Option** *f* <-en> (*a.* JUR) opción *f* (*für* por, *auf* a)
**optisch** *adj* óptico
**Opus** *nt* <-, Opera> ① (LIT) obra *f* ② (MUS) opus *m*
**Orakel** *nt* <-s, -> oráculo *m*; **das ~ befragen** consultar el oráculo
**oral** *adj* oral; **Oralverkehr** *m* sexo *m* oral
**orange** *adj* (de color) naranja
**Orange** *f* <-n> naranja *f*
**orangefarben** *adj* (de color) naranja
**Orangenbaum** *m* naranjo *m*; **Orangenhaut** *f ohne pl* celulitis *f inv*; **Orangensaft** *m* zumo *m* de naranja, jugo *m* de naranja *Am*; **Orangenschale** *f* cáscara *f* de naranja
**Orang-Utan** *m* <-s, -s> orangután *m*
**Oratorium** *nt* <-s, Oratorien> (*a.* MUS) oratorio *m*
**Orbit** *m* <-s, -s> órbita *f*
**Orchester** *nt* <-s, -> orquesta *f*
**Orchidee** *f* <-n> orquídea *f*
**Orden** *m* <-s, -> ① (REL) orden *f* (religiosa) ② (*Auszeichnung*) condecoración *f*
**ordentlich** **I.** *adj* ① (*Mensch, Zimmer*) ordenado ② (*Gericht*) ordinario; (*Mitglied*) numerario ③ (*anständig*) respetable; **etwas O~es lernen** estudiar algo de provecho ④ (*fam: tüchtig*) bueno; **eine ~e Tracht Prügel** una buena paliza ⑤ (*fam: ganz gut*) bastante bueno **II.** *adv* ① (*allgemein*) ordenadamente; (*Benehmen*) como es debido ② (*fam: ziemlich*) bastante; (*viel*) mucho; **sie verdient ganz**

O

~ gana bastante

**Order** *f* <-s> ❶ (*Befehl*) orden *f* ❷ (*Auftrag*) orden *f,* pedido *m*

**ordern** *vt* pedir, encargar

**Ordinalzahl** *f* número *m* ordinal

**ordinär** *adj* ❶ (*unfein*) vulgar ❷ (*gewöhnlich*) ordinario

**ordnen** *vt* ordenar, poner en orden; **alphabetisch** ~ ordenar alfabéticamente

**Ordner**[1] *m* <-s, -> (*Akten~*) archivador *m*

**Ordner(in)**[2] *m(f)* <-s, -; -nen> persona *f* del servicio de orden

**Ordnung** *f ohne pl* ❶ (*Zustand, An~, a.* BIOL, MATH) orden *m;* **öffentliche** ~ orden público; ~ **halten** mantener el orden; **jdn zur** ~ **rufen** llamar a alguien al orden; **für** ~ **sorgen** poner orden; **etw in** ~ **bringen** (*fam*) arreglar algo; **der** ~ **halber** para el buen orden; **ich finde es (ganz) in** ~**, dass ...** (*fam*) me parece (muy) bien que... +*subj;* **(das geht) in** ~ (*fam*) está bien; **der ist in** ~ (*fam: menschlich o.k*) es un buen tipo; **mit dem Wagen ist etwas nicht in** ~ (*fam*) el coche no funciona bien ❷ (*Vorschrift*) reglamento *m;* **sich an eine** ~ **halten** cumplir un reglamento; **Ordnungsamt** *nt* oficina *f* del orden público; **Ordnungsgeld** *nt* multa *f;* **ordnungsgemäß** **I.** *adj* reglamentario **II.** *adv* como es debido; **ordnungshalber** *adv* para el buen orden; **Ordnungshüter(in)** *m(f)* (*fam*) guardián, -ana *m, f* del orden; **Ordnungsliebe** *f* amor *m* al orden; **ordnungsliebend** *adj* ordenado; **Ordnungssinn** *m ohne pl* sentido *m* del orden; **Ordnungsstrafe** *f* (JUR) pena *f* reglamentaria; (*Geldstrafe*) multa *f;* **ordnungswidrig** *adj* (JUR) ilegal; **sich** ~ **verhalten** infringir los reglamentos; **Ordnungswidrigkeit** *f* (JUR) infracción *f* de reglamentos; **Ordnungszahl** *f* número *m* ordinal

**Oregano** *m* <-s, *ohne pl*> orégano *m*

**Organ** *nt* <-s, -e> ❶ (*a.* ANAT) órgano *m* ❷ (*fam: Stimme*) voz *f;* **ein lautes** ~ **haben** tener una voz fuerte; **Organbank** *f* (MED) banco *m* de órganos; **Organhandel** *m* comercio *m* con órganos humanos

**Organisation** *f* <-en> organización *f;* **Organisationstalent** *nt* talento *m* organizador

**Organisator(in)** *m(f)* <-s, -en; -nen> organizador(a) *m(f)*

**organisatorisch** *adj* organizador

**organisch** *adj* (*a.* CHEM, MED, BIOL) orgánico

**organisieren*** **I.** *vt* ❶ (*planen*) organizar ❷ (*fam: beschaffen*) proporcionar; (*stehlen*) robar **II.** *vr:* **sich** ~ organizarse; **sich gewerkschaftlich** ~ sindicarse

**Organismus** *m* <-, Organismen> organismo *m*

**Organist(in)** *m(f)* <-en, -en; -nen> organista *mf*

**Organspende** *f* (MED) donación *f* de órganos; **Organspender(in)** *m(f)* (MED) donante *mf* de órganos; **Organtransplantation** *f* (MED) trasplante *m* de órganos

**Orgasmus** *m* <-, Orgasmen> orgasmo *m*

**orgastisch** *adj* orgásmico

**Orgel** *f* <-n> órgano *m;* **Orgelkonzert** *nt* ❶ (*Musikstück*) concierto *m* para órgano ❷ (*Darbietung*) concierto *m* de órgano; **Orgelpfeife** *f* tubo *m* de órgano

**orgiastisch** *adj* orgiástico

**Orgie** *f* <-n> orgía *f*

**Orient** *m* <-s> Oriente *m;* **der Vordere** ~ el Cercano Oriente

**Orientale, -in** *m, f* <-n, -n; -nen> natural *mf* de Oriente Próximo

**orientalisch** *adj* natural de Oriente Próximo

**orientieren*** *vr:* **sich** ~ orientarse (*an/nach* por, *über* sobre); **ich orientierte mich an ihr** la tomé como ejemplo; **über etw orientiert sein** estar al corriente sobre algo; **er ist links orientiert** es de izquierdas

**Orientierung** *f ohne pl* orientación *f* (*an/nach* por, *über* sobre); **die** ~ **verlieren** perder la orientación; **Orientierungshilfe** *f* ❶ (*geografisch*) orientación *f* ❷ (*Leitfaden*) guía *f;* **Orientierungspunkt** *m* indicador *m;* **Orientierungssinn** *m ohne pl* sentido *m* de la orientación

**original** *adj* original; (*echt*) auténtico

**Original** *nt* <-s, -e> ❶ (*erstes Exemplar*) original *m* ❷ (*fam: Mensch*) persona *f* original; **Originalaufnahme** *f* (RADIO) grabación *f* original; (TV) película *f* original; **originalgetreu** *adj* idéntico al original

**Originalität** *f ohne pl* ❶ (*Echtheit*) originalidad *f* ❷ (*Einmaligkeit*) singularidad *f*

**originell** *adj* original; (*eigenartig*) singular; (*außergewöhnlich*) insólito

**Orkan** *m* <-s, -e> huracán *m*

**orkanartig** *adj* huracanado

**Ornament** *nt* <-(e)s, -e> ornamento *m*

**ornamental** *adj* ornamental

**Ornat** *m* <-(e)s, -e> traje *m* de ceremonia; (*kirchlich*) ornamentos *mpl* (sacerdotales)

**Ornithologe, -in** *m, f* <-n, -n; -nen> ornitólogo, -a *m, f*

**Oropax®** *nt* <-, -> tapón *m* (de cera) para el oído

**Ort** *m* <-(e)s, -e> ❶ (*Platz*) lugar *m;* ~ **der**

**Handlung** lugar de la acción; **am rechten ~** en el sitio adecuado; **an ~ und Stelle** a su debido tiempo; **vor ~** in situ; **vor ~ sein** estar en el lugar de los hechos ❷ (*Ortschaft*) población *f;* (*Dorf*) pueblo *m;* (*Stadt*) ciudad *f;* **von ~ zu ~** de pueblo en pueblo

**Örtchen** *nt* <-s, -> (*fam*): **stilles ~** excusado *m*, retrete *m*

**orten** *vt* (NAUT, AERO) localizar

**orthodox** *adj* (*a. fig*) ortodoxo

**Orthografie** *f* <-n> *s.* **Orthographie**

**orthografisch** *adj s.* **orthographisch**

**Orthographie** *f* <-n> ortografía *f*

**orthographisch** *adj* ortográfico

**Orthopäde, -in** *m, f* <-n, -n; -nen> ortopeda *mf;* (*Arzt*) ≈traumatólogo, -a *m, f*

**orthopädisch** *adj* ortopédico

**örtlich** *adj* local; **~ betäubt** con anestesia local

**Örtlichkeit** *f* <-en> localidad *f*

**Ortsangabe** *f* indicación *f* de lugar; **ortsansässig** *adj* (*Firma*) local; (*Person*) residente (en el lugar); **Ortsausgang** *m* salida *f* de la población; **Ortsbestimmung** *f* ❶ (GEO) determinación *f* de la posición geográfica ❷ (LING) complemento *m* de lugar

**Ortschaft** *f* <-en> población *f*

**Ortseingang** *m* entrada *f* a la población; **ortsfremd** *adj* forastero; **Ortsgespräch** *nt* (TEL) llamada *f* urbana; **Ortskenntnis** *f ohne pl* conocimiento *m* del lugar; **ortskundig** *adj* que conoce la localidad; **Ortskundige(r)** *mf* <-n, -n; -n, -n> conocedor(a) *m(f)* del lugar; **Ortsname** *m* nombre *m* de lugar

**Ortsnetz** *nt* (*a.* TEL) red *f* local; **Ortsnetzkennzahl** *f* (TEL) prefijo *m*

**Ortsschild** *nt* señal *f* indicadora de población; **Ortstarif** *m* (TEL) tarifa *f* urbana; **Ortsteil** *m* barrio *m;* **Ortswechsel** *m* cambio *m* de domicilio; **Ortszeit** *f* hora *f* local

**Ortung** *f* <-en> (AERO, NAUT) localización *f*

**Öse** *f* <-n> (*am Schuh*) ojete *m;* (*für Haken*) corchete *m*

**Oslo** *nt* <-s> Oslo *m*

**Osmane, -in** *m, f* <-n, -n; -nen> otomano, -a *m, f*

**Ossi** *mf* <-s, -s; -s> (*fam*) *habitante de los estados federales del este de Alemania*

**i Land & Leute**

El término **Ossi** surgió en el lenguaje coloquial a raíz de la caída del Muro de Berlín. Con frecuencia se utiliza con un matiz despectivo. Se emplea para designar a los ciudadanos de los nuevos estados federales de Alemania del Este.

**Ost** *m* <-(e)s, *ohne pl*> (*a.* NAUT, METEO) este *m;* **Ostasien** *nt* Asia *f* Oriental

**ostdeutsch** *adj* del este de Alemania; **Ostdeutschland** *nt* este *m* de Alemania

**Osten** *m* <-s, *ohne pl*> este *m*, oriente *m;* **im ~** en el este; **im ~ von ...** (*östlich von*) al este de...; (*im östlichen Teil von*) en el este de...; **nach ~** hacia el este; **in den ~** hacia el este; **von ~** del este; **der Nahe ~** el Cercano Oriente; **der Ferne ~** el Extremo Oriente; **der Mittlere ~** el Oriente Medio

**Osterei** *nt* huevo *m* de Pascua; **Osterglocke** *f* (BOT) narciso *m;* **Osterhase** *m conejo que el domingo de Resurrección trae huevos* (*de chocolate*) *a los niños*

**i Land & Leute**

El domingo de Resurrección los niños celebran la llegada del **Osterhase**. El Conejo de Pascua esconde conejos de chocolate, huevos de colorines y otras golosinas y regalos por el jardín y la casa. La diversión para los niños consiste en buscar los regalos por todos los sitios posibles hasta encontrarlos.

**Osterinsel** *f:* **die ~** (GEO) la Isla de Pascua; **Osterlamm** *nt* cordero *m* pascual

**österlich** *adj* pascual, de Pascua

**Ostermontag** *m* Lunes *m* de Pascua

**Ostern** *nt* <-, -> Pascua *f;* **Frohe ~!** ¡Felices Pascuas!

**Österreich** *nt* <-s> Austria *f*

**Österreicher(in)** *m(f)* <-s, -; -nen> austríaco, -a *m, f*

**österreichisch** *adj* austríaco

**Ostersonntag** *m* Domingo *m* de Pascua

**Osterweiterung** *f* (POL) extensión *f* hacia el Este

**Osterwoche** *f* Semana *f* Santa

**Osteuropa** *nt* Europa *f* Oriental; **Ostfriese, -in** *m, f* habitante *mf* de Frisia Oriental; **ostfriesisch** *adj* de Frisia Oriental

**Ostfriesland** *nt* Frisia *f* Oriental

**östlich I.** *adj* del este, oriental; **~ von Basel** al este de Basilea; **in ~er Richtung** en dirección este; **52 Grad ~er Länge** 52 grados longitud este **II.** *präp +gen* al este de

**Ostpreußen** *nt* (HIST) Prusia *f* Oriental

**Östrogen** *nt* <-s, -e> (MED) estrógeno *m*
**Ostsee** *f* Mar *m* Báltico; **Oststaaten** *mpl* (POL) Estados *mpl* del Este; **Ostverträge** *mpl* (POL) Tratados *mpl* con el Este
**Ost-West-Beziehungen** *fpl* relaciones *fpl* Este-Oeste
**Ostwind** *m* viento *m* (del) este
**OSZE** *f Abk. von* **Organisation für Sicherheit und Zusammenarbeit in Europa** Organización *f* para la Seguridad y la Cooperación en Europa
**oszillieren*** [ɔstsɪ'li:rən] *vi* (PHYS) oscilar
**Otter**[1] *m* <-s, -> (*Fisch~*) nutria *f*
**Otter**[2] *f* <-n> (*Schlange*) víbora *f*

**i Land & Leute**

Para designar al ciudadano medio, aquel que se ve fielmente reflejado en las encuestas y estadísticas oficiales, se usa la expresión irónica **Otto Normalverbraucher**. En español, una expresión equivalente podría ser la de “una persona del montón”.

**ÖTV** *f Abk. von* **Gewerkschaft Öffentliche Dienste, Transport und Verkehr** *sindicato alemán de las ramas de servicios públicos y transportes*
**out** [aʊt] *adj* (*fam*): ~ **sein** estar out
**Outfit** *nt* <-(s), -s> imagen *f;* **sein ~ verändern** cambiar de imagen
**Outing** *nt* <-s, *ohne pl*> manifestación *f* pública
**Output** *m o nt* <-s, -s> (INFOR) educto *m,* output *m*
**Outsourcing** *nt* <-(s), *ohne pl*> (WIRTSCH) *independización de un departamento de una empresa, dándole el carácter de empresa separada o independiente*
**Ouvertüre** *f* <-n> (MUS) obertura *f*
**oval** *adj* ovalado
**Oval** *nt* <-s, -e> óvalo *m*
**Ovation** *f* <-en> ovación *f;* **jdm ~en darbringen** ovacionar a alguien
**Overall** *m* <-s, -s> mono *m,* overol *m Am*
**Overheadprojektor** *m* retroproyector *m*
**ÖVP** *f Abk. von* **Österreichische Volkspartei** *Partido Popular Austríaco*
**Ovulation** *f* <-en> (MED, ZOOL) ovulación *f;* **Ovulationshemmer** *m* (MED) inhibidor *m* de la ovulación
**oxidieren*** [ɔksi'di:rən] **I.** *vi haben o sein* (CHEM) oxidar **II.** *vt* (CHEM) oxidar
**Oxyd** *nt* <-(e)s, -e> (CHEM) óxido *m*
**Oxydation** *f* <-en> (CHEM) oxidación *f*
**oxydieren*** **I.** *vi haben o sein* (CHEM) oxidar **II.** *vt* (CHEM) oxidar
**Ozean** *m* <-s, -e> océano *m;* **der Indische/Atlantische ~** el Océano Índico/Atlántico; **der Pazifische ~** el Océano Pacífico; **Ozeandampfer** *m* buque *m* transatlántico
**Ozon** *m o nt* <-s, *ohne pl*> ozono *m;* **Ozonalarm** *m* alarma *f* por ozono; **Ozongehalt** *m* nivel *m* de ozono; **Ozonloch** *nt ohne pl* agujero *m* (de la capa) de ozono; **Ozonschicht** *f ohne pl* (METEO) capa *f* de ozono; **Ozonsmog** *m* (ÖKOL) smog *m* de ozono

# P p

**P, p** *nt* <-, -> P, p *f;* ~ **wie Paula** P de París
**paar** *pron indef inv:* **ein ~** (*einige*) algunos; (*wenige*) unos pocos; **ein ~ ...** un par de...; **ein ~ Mal** un par de veces; **alle ~ Minuten** a cada rato; **vor ein ~ Tagen** hace unos días
**Paar** *nt* <-(e)s, -e> ❶ (*Lebewesen*) pareja *f* ❷ (*Dinge*) par *m;* **ein ~ Socken** un par de calcetines
**paaren** **I.** *vt* ❶ (*Zuchttiere*) aparear ❷ (*paarweise zusammenstellen*) parear **II.** *vr:* **sich ~** (*Tiere*) aparearse
**paarig** *adj* (BIOL, ANAT) par; **~e Organe** órganos pares
**Paarlauf** *m* patinaje *m* por parejas
**Paarung** *f* <-en> (*Tiere*) apareamiento *m;* **Paarungszeit** *f* (ZOOL) época *f* de apareamiento
**paarweise** *adv* por parejas, de dos en dos
**Pacht** *f* <-en> ❶ (*~zins*) arrendamiento *m* ❷ (*das Pachten*) arriendo *m;* **etw in ~ geben/nehmen** arrendar algo ❸ (*~vertrag*) contrato *m* de arrendamiento
**pachten** *vt* arrendar
**Pächter(in)** *m(f)* <-s, -; -nen> arrendatario, -a *m, f*
**Pack**[1] *nt* <-(e)s, *ohne pl*> (*fam abw*) gentuza *f*
**Pack**[2] *m* <-(e)s, -e *o* Päcke> montón *m*
**Packager** *m* <-s, -> (*in einem Reisebüro*) organizador(a) *m(f)* de viajes en automóvil
**Päckchen** *nt* <-s, -> paquete *m;* (*für Zigaretten*) cajetilla *f;* (*Postsendung*) pequeño paquete *m*
**Packeis** *nt* banquisa *f*
**packen** **I.** *vt* ❶ (*ergreifen*) agarrar (*an/bei*

por) ❷ (*ein~*) meter (*in* en); (*in Tonnen*) entonelar (*in* en); (*in Gefäße*) envasar (*in* en); (*in Papier*) envolver (*in* en); **den Koffer** ~ hacer la maleta; **seine Sachen** ~ preparar sus cosas ❸ (*mitreißen*) entusiasmar; (*fesseln*) cautivar; (*überkommen*) sobrecoger; **mich packt die Leidenschaft/die Reiselust/das Entsetzen** la pasión/el deseo de viajar/el espanto se apodera de mí; **dich hat es ja ganz schön gepackt!** (*fam*) ¡te ha dado fuerte! ❹ (*fam: schaffen*) conseguir; **hast du die Prüfung gepackt?** ¿has aprobado el examen? ❺ (*fam: begreifen*) entender, captar **II.** *vi* (*Koffer*) hacer las maletas

**Packen** *m* <-s, -> montón *m*

**packend** *adj* cautivador

**Packesel** *m* (*fam*) burro *m* de carga; **Packpapier** *nt* papel *m* de embalar

**Packung** *f* <-en> ❶ (*Paket*) paquete *m;* (*Pralinen~*) caja *f;* (*für Zigaretten*) cajetilla *f* ❷ (*Kosmetik*) mascarilla *f*

**Pad** *nt* <-s, -s> (*Watte~*) disco *m* de algodón

**Pädagoge, -in** *m, f* <-n, -n; -nen> pedagogo, -a *m, f*

**Pädagogik** *f ohne pl* pedagogía *f*

**Pädagogin** *f* <-nen> *s.* **Pädagoge**

**pädagogisch** *adj* pedagógico; **P~e Hochschule** Escuela Superior de Magisterio

**Paddel** *nt* <-s, -> canalete *m;* **Paddelboot** *nt* canoa *f*

**paddeln** *vi haben o sein* ir en canoa

**Paella** *f* <-s> paella *f*

**paffen** *vi, vt* (*fam*) fumar (sin tragar el humo)

**Page** *m* <-n, -n> paje *m;* (*Hotel~*) botones *m inv*

**Paillette** *f* <-n> lentejuela *f*

**Paket** *nt* <-(e)s, -e> paquete *m;* **Paketannahme** *f ohne pl* recepción *f* de paquetes; **Paketausgabe** *f ohne pl* entrega *f* de paquetes; **Paketbombe** *f* paquete *m* bomba; **Paketschalter** *m* despacho *m* de paquetes

**Pakistan** *nt* <-s> Paquistán *m*

**Pakistani** *mf* <-(s), -(s); -(s)> paquistaní *mf*

**pakistanisch** *adj* paquistaní

**Pakt** *m* <-(e)s, -e> pacto *m*

**paktieren*** *vi* pactar

**Palais** *nt* <-, -> palacio *m*

**Palast** *m* <-(e)s, -läste> palacio *m*

**Palästina** *nt* <-s> Palestina *f*

**Palästinenser(in)** *m(f)* <-s, -; -nen> palestino, -a *m, f;* **Palästinenserorganisation** *f* Organización *f* para la Liberación de Palestina

**palästinensisch** *adj* palestino

**Palaver** [pa'la:vɐ] *nt* <-s, -> (*fam abw*) parloteo *m*

**palavern*** [pa'la:vɐn] *vi* (*fam abw*) parlotear

**Palette** *f* <-n> ❶ (*Maler~*) paleta *f* ❷ (*Transport~*) tarima *f* ❸ (*Vielfalt*) gama *f*

**paletti** (*fam*): **alles** ~ ya está

**Palme** *f* <-n> palmera *f;* **jdn auf die ~ bringen** (*fam fig*) poner a alguien a cien por hora

**Palmsonntag** *m* Domingo *m* de Ramos

**Palmwedel** *m* palma *f*

**Pampa** *f* <-s> pampa *f*

**Pampe** *f ohne pl* papilla *f*

**Pampelmuse** *f* <-n> pomelo *m*

**Pampers®** *pl inv* ≈Dodotis® *mpl*

**Pamphlet** *nt* <-(e)s, -e> panfleto *m*

**pampig** *adj* ❶ (*nordd, ostd: breiig*) pastoso ❷ (*fam abw: frech*) descarado

**Panade** [pa'na:də] *f* <-n> (GASTR: *aus Mehl und Ei*) rebozado *m;* (*aus Semmelbröseln und Ei*) empanado *m*

**Panama** *nt* <-s> Panamá *m*

**Panamaer(in)** *m(f)* <-s, -; -nen> panameño, -a *m, f*

**panamaisch** *adj* panameño

**Panda** *m* <-s, -s> panda *m*

**panieren*** *vt* (GASTR: *mit Semmelbröseln*) empanar; (*mit Mehl*) rebozar; **paniertes Schnitzel** escalope empanado, milanesa *f*

**Paniermehl** *nt* pan *m* rallado

**Panik** *f* <-en> pánico *m;* **in ~ geraten** sentir pánico

**panikartig** **I.** *adj* pánico **II.** *adv* preso del pánico

**Panikkauf** *m* (WIRTSCH) compra *f* precipitada; **Panikmache** *f* (*abw*) alarmismo *m;* **Panikstimmung** *f* pánico *m* generalizado; **Panikverkauf** *m* (WIRTSCH) venta *f* precipitada

**panisch** *adj* de pánico; **eine ~e Reaktion** una reacción de pánico; **~e Angst vor etw haben** tener(le) pánico a algo

**Panne** *f* <-n> ❶ (*Schaden*) avería *f,* pana *f Am* ❷ (*Missgeschick*) contratiempo *m;* (*Ausrutscher*) plancha *f;* **mir ist eine ~ passiert** me tiré una plancha; **Pannendienst** *m* servicio *m* de auxilio en carretera

**Panorama** *nt* <-s, Panoramen> panorama *m*

**panschen** **I.** *vi* (*fam: mit Wasser*) chapotear **II.** *vt* (*Wein*) aguar, adulterar, terciar *Am*

**Panter** *m* <-s, ->, **Panther** *m* <-s, -> pantera *f*

**Pantoffel** *m* <-s, -n> zapatilla *f;* **Pantoffelheld** *m* (*fam abw*) calzonazos *m inv;*

**Pantoffeltierchen** *nt* (BIOL) paramecio *m*
**Pantomime**[1] *f* <-n> pantomima *f*
**Pantomime, -in**[2] *m, f* <-n, -n; -nen> (panto)mimo, -a *m, f*
**pantomimisch** *adj* pantomímico
**Panzer** *m* <-s, -> ❶ (*Fahrzeug*) tanque *m* ❷ (*Schutzplatte*) (plancha *f* de) blindaje *m* ❸ (*von Tieren*) caparazón *m;* **Panzerglas** *nt ohne pl* cristal *m* antibalas
**panzern** *vt* acorazar, blindar
**Panzerschrank** *m* caja *f* fuerte
**Panzerung** *f* <-en> (TECH) blindaje *m*
**Panzerwagen** *m* (MIL) tanque *m*
**Papa** *m* <-s, -s> (*fam*) papá *m*
**Papagei** *m* <-en *o* -s, -e(n) *o* -e> papagayo *m,* loro *m*
**Papaya** *f* <-s> ❶ (*Frucht*) papaya *f,* lechosa *f Am* ❷ (*Baum*) papayo *m,* lechoso *m Am*
**Paperback** ['pɛɪpɐbɛk] *nt* <-s, -s> edición *f* en rústica
**Papeterie** *f* <-n> (*Schweiz*) ❶ (*Geschäft*) papelería *f* ❷ (*Waren*) artículo *m* de papelería
**Papi** *m* <-s, -s> (*fam*) papi *m*
**Papier** *nt* <-s, -e> ❶ (*Material*) papel *m;* **ein Blatt** ~ una hoja de papel; **etw zu** ~ **bringen** poner algo por escrito ❷ (*Schriftstück*) documento *m* ❸ *pl* (*Ausweis*) papeles *mpl* ❹ (FIN) efecto *m;* **Papiereinzug** *m* dispositivo *m* de alimentación de papel; **Papierfabrik** *f* fábrica *f* de papel, papelera *f;* **Papierformat** *nt* formato *m* de papel; **Papiergeld** *nt* papel *m* moneda; **Papierhandtuch** *nt* toalla *f* de papel; **Papierkorb** *m* papelera *f;* **Papierkram** *m* (*fam abw*) papeleo *m;* **Papierkrieg** *m* (*fam abw*) papeleo *m;* **mit jdm einen** ~ **führen** estar de pleitos con alguien; **Papierstau** *m* atrancamiento *m* de papel; **Papiertaschentuch** *nt* pañuelo *m* de papel; **Papiertüte** *f* bolsa *f* de papel; **Papiervorschub** *m* avance *m* de papel
**Papillote** *f* <-n> papillote *m,* papelillo *m PRico*
**Pappbecher** *m* vaso *m* de cartón; **Pappdeckel** *m* tapa *f* de cartón
**Pappe** *f* <-n> cartón *m;* (*feiner*) cartulina *f*
**Pappel** *f* <-n> chopo *m*
**pappen** *vt* (*fam*) pegarse (*an/auf* a)
**Pappenheimer** *mpl* (*fam*): **seine** ~ **kennen** conocer a su gente
**Pappenstiel** *m* (*fam*): **kein** ~ **sein** no ser moco de pavo
**papperlapapp** *interj* y un rábano
**pappig** *adj* (*fam*) ❶ (*klebrig*) pegajoso ❷ (*breiig*) pastoso
**Pappkarton** *m* ❶ (*Material*) cartón *m* ❷ (*Schachtel*) caja *f* de cartón
**Pappmaché** *nt* <-s, -s>, **Pappmaschee** *nt* <-s, -s> cartón *m* piedra
**Pappschnee** *m* nieve *f* húmeda
**Pappteller** *m* plato *m* de cartón
**Paprika**[1] *m* <-s, -(s)> (*Pflanze, Schote*) pimiento *m*
**Paprika**[2] *f* <-(s)> (*Schote*) pimiento *m;* **gefüllte** ~ pimientos rellenos
**Paprika**[3] *m* <-s, *ohne pl*> (*Gewürz*) pimentón *m*
**Paprikaschote** *f* pimiento *m*
**Papst** *m* <-(e)s, Päpste> papa *m*
**päpstlich** *adj* papal
**Papstmobil** *nt* <-s, *ohne pl*> papamóvil *m;* **Papsttum** *nt* <-(e)s, *ohne pl*> papado *m*
**Papyrus** *m* <-, Papyri> papiro *m*
**Parabel** *f* <-n> (MATH, LIT) parábola *f*
**Parabolantenne** *f* (TECH) antena *f* parabólica
**Parade** *f* <-n> ❶ (MIL) desfile *m* ❷ (*Fußball*) parada *f;* **Paradebeispiel** *nt* ejemplo *m* clásico
**Paradeiser** *m* <-s, -> (*Österr*) tomate *m*
**Paradestück** *nt* atracción *f* principal; (*Werk*) obra *f* maestra
**Paradies** *nt* <-es, -e> paraíso *m;* **das** ~ **auf Erden** el paraíso terrenal
**paradiesisch** *adj* paradisíaco
**Paradiesvogel** *m* ave *f* del paraíso
**Paradigma** *nt* <-s, Paradigmen *o* Paradigmata> (*geh a.* LING) paradigma *m*
**paradox** *adj* paradójico
**paradoxerweise** *adv* paradójicamente
**Paraffin** *nt* <-s, -e> (CHEM) parafina *f*
**Paragliding** *nt* <-s, *ohne pl*> parapente *m*
**Paragraf** *m* <-en, -en> *s.* **Paragraph**; **Paragrafendschungel** *m o nt s.* **Paragraphendschungel**; **Paragrafenreiter(in)** *m(f) s.* **Paragraphenreiter**
**Paragraph** *m* <-en, -en> ❶ (JUR) artículo *m* ❷ (*~enzeichen*) párrafo *m;* **Paragraphendschungel** *m o nt* (*abw*) laberinto *m* judicial; **Paragraphenreiter(in)** *m(f)* (*fam abw*) leguleyo, -a *m, f*
**Paraguay** *nt* <-s> Paraguay *m*
**Paraguayer(in)** *m(f)* <-s, -; -nen> paraguayo, -a *m, f*
**paraguayisch** *adj* paraguayo
**parallel** *adj* paralelo (*zu* a)
**Parallele** *f* <-n> ❶ (MATH) paralela *f;* **eine** ~ **zu etw ziehen** trazar una paralela a algo ❷ (*Vergleich*) paralelo *m;* ~**n zwischen etw aufzeigen** establecer un paralelo entre algo
**Parallelität** *f* <-en> (*a.* MATH) paralelismo *m*
**Parallelklasse** *f* (SCH) clase *f* paralela

**Parallelogramm** *nt* (MATH) paralelogramo *m*

**Parallelschaltung** *f* (ELEK) conexión *f* en paralelo; **Parallelstraße** *f* calle *f* paralela; **Parallelumlauf** *m* (FIN) circulación *f* paralela (*de las monedas*)

**Parameter** *m* <-s, -> (MATH, MUS, INFOR) parámetro *m*

**paramilitärisch** ['pa:ramilitɛ:rɪʃ] *adj* paramilitar; ~**e Einheit** unidad paramilitar

**Paranoia** [para'nɔɪa] *f ohne pl* (MED) paranoia *f*

**paranoid** *adj* (MED, PSYCH) paranoico

**paranoisch** *adj* (MED) paranoico

**Paraphrase** *f* <-n> (LING) paráfrasis *f inv*

**paraphrasieren*** *vt* parafrasear

**Parapsychologie** *f* para(p)sicología *f*

**Parasit** *m* <-en, -en> parásito *m*

**parasitär** *adj* parasitario

**parat** *adj* a punto

**Pärchen** *nt* <-s, -> parejita *f*

**Pardon** *m o nt* <-s, *ohne pl*> perdón *m*; **da gibt's kein ~** no hay perdón; **sie kennt kein ~** es inflexible

**par excellence** [parɛksɛ'lã:s] *adv* (*geh*) por excelencia

**Parfüm** *nt* <-s, -e *o* -s> perfume *m*

**Parfümerie** *f* <-n> perfumería *f*

**parfümieren*** **I.** *vt* perfumar **II.** *vr:* **sich ~** perfumarse

**parieren*** **I.** *vi* obedecer **II.** *vt* (SPORT) parar

**Pariser**[1] *m* <-s, -> (*fam*) condón *m*

**Pariser(in)**[2] *m(f)* <-s, -; -nen> parisino, -a *m, f*, parisiense *mf*

**paritätisch** *adj* paritario

**Park** *m* <-s, -s, *Schweiz:* Pärke> parque *m*

**Park-and-ride-System** *nt sistema para evitar las aglomeraciones de circulación que consiste en aparcar el coche fuera de la ciudad e ir al centro en medios de transporte público*

**Parkbank** *f* banco *m* del parque

**parken** ['parkən] *vt, vi* aparcar, parquear *Am;* **ein ~des Auto** un coche estacionado; **„P~ verboten!“** “¡prohibido aparcar!”

**Parkett** [par'kɛt] *nt* <-(e)s, -e *o* -s> ① (*Fußboden*) parqué *m*; **eine heiße Sohle aufs ~ legen** (*fam*) bailar muy bien ② (*im Theater, Kino*) platea *f*; **Parkettfußboden** *m* entarimado *m*

**Parkgebühr** *f* tarifa *f* de aparcamiento; **Parkhaus** *nt* aparcamiento *m*, parking *m*

**Parkinsonkrankheit** ['pa:kɪnsən-] *f ohne pl* enfermedad *f* de Parkinson

**Parkkralle** *f* cepo *m*; **Parkleitsystem** *nt* (AUTO) sistema *m* viario para indicar las plazas libres de aparcamiento; **Parklücke** *f* hueco *m* para aparcar; **Parkmöglichkeit** *f* (posibilidad *f* de) aparcamiento *m*; **Parkplatz** *m* aparcamiento *m*, estacionamiento *m*, parqueadero *m Am;* **Parkscheibe** *f* disco *m* de estacionamiento

**Parkschein** *m* ticket *m* de estacionamiento; **Parkscheinautomat** *m* expendedor *m* de tickets de estacionamiento

**Parkstreifen** *m* arcén *m* para estacionar; **Parksünder(in)** *m(f)* (*fam*) *persona que aparca en zona prohibida;* **Parkuhr** *f* parquímetro *m*; **Parkverbot** *nt* prohibición *f* de estacionamiento; **hier ist ~** aquí no se puede aparcar

**Parkwächter(in)** *m(f)* ① (*im Park*) guarda *mf* en un parque ② (*im Parkhaus*) guardacoches *mf inv*

**Parlament** [parla'mɛnt] *nt* <-(e)s, -e> parlamento *m*, legislatura *f Arg, Mex, Peru;* **Europäisches ~** Parlamento Europeo; **ins ~ einziehen** entrar en el parlamento

**Parlamentarier(in)** [parlamɛn'ta:riɐ] *m(f)* <-s, -; -nen> parlamentario, -a *m, f*, legislador(a) *m(f) Am*

**parlamentarisch** *adj* parlamentario

**Parlamentarismus** [parlamɛnta'rɪsmʊs] *m* <-, *ohne pl*> parlamentarismo *m*

**Parlamentsausschuss** *m* comisión *f* parlamentaria; **Parlamentsbeschluss** *m* decisión *f* parlamentaria; **Parlamentsgebäude** *nt* (edificio *m* del) parlamento *m*; **Parlamentsmitglied** *nt* miembro *m* del parlamento; **Parlamentssitzung** *f* sesión *f* parlamentaria; **Parlamentswahlen** *fpl* elecciones *fpl* generales (al parlamento)

**Parmesan** [parme'za:n] *m* <-(s), *ohne pl*> (queso *m*) parmesano *m*

**Parodie** [paro'di:] *f* <-n> parodia *f* (*auf* de)

**parodieren*** [paro'di:rən] *vt* parodiar (de)

**parodistisch** [paro'dɪstɪʃ] *adj* paródico

**Parodontose** [parodɔn'to:zə] *f* <-n> (MED) paradontosis *f inv*

**Parole** [pa'ro:lə] *f* <-n> lema *m*, eslogan *m*

**Paroli** [pa'ro:li]: **jdm/etw ~ bieten** presentar cara a alguien/algo

**Parsing** ['parzɪŋ] *nt* <-s, *ohne pl*> (INFOR) análisis *m inv*

**Part** [part] *m* <-s, -s *o* -e> ① (MUS) parte *f* ② (THEAT) papel *m*

**Partei** [par'taɪ] *f* <-en> ① (POL) partido *m*; **in einer ~ sein** militar en un partido ② (JUR) parte *f*; **die streitenden ~en** las partes en litigio; **für jdn ~ ergreifen** tomar partido por alguien; **über den ~en stehen** ser imparcial ③ (*Miet~*) inquilino *m*; **Parteibuch** *nt* carnet *m* de partido; **das falsche/richtige ~ haben** (*fam*) pertenecer al partido equivocado/de los bue-

P

nos

**Parteienlandschaft** *f* (POL) espectro *m* de partidos políticos

**Parteifreund(in)** *m(f)* compañero, -a *m, f* de partido; **Parteiführung** *f ohne pl* dirección *f* del partido; **Parteigenosse, -in** *m, f* compañero, -a *m, f* del partido; (*Parteiangehöriger*) afiliado, -a *m, f* a un partido

**parteiisch** *adj* parcial

**parteilich** *adj* del partido; (*parteiisch*) parcial

**parteilos** *adj* independiente

**Parteimitglied** *nt* miembro *m* del partido

**Parteinahme** *f* <-n> toma *f* de partido

**Parteipolitik** *f* política *f* de partido; **Parteiprogramm** *nt* programa *m* de partido

**Parteispende** *f* donación *f* a un partido; **Parteispendenaffäre** *f* escándalo *m* de corrupción

**Parteitag** *m* congreso *m* del partido, convención *f Am;* **parteiübergreifend** *adj* (POL) apartidista; **Parteivorsitzende(r)** *mf* presidente, -a *m, f* del partido; **Parteizugehörigkeit** *f* afiliación *f* a un partido

**parterre** [parˈtɛr] *adv* en la planta baja; ~ **wohnen** vivir en la planta baja; **Parterrewohnung** *f* piso *m* de planta baja

**Partie** [parˈtiː] *f* <-n> ❶ (*Abschnitt, Teil*) parte *f* ❷ (*Spieldurchgang*) partida *f;* (*im Sport*) partido *m* ❸ (*Rolle*) papel *m* ❹ (WIRTSCH) lote *m* ❺ (*Wend*): **bei etw mit von der ~ sein** (*fam*) tomar parte en algo; **eine gute ~ machen** casarse ventajosamente

**partiell** [parˈtsjɛl] *adj* parcial

**Partikel[1]** [parˈtiːkəl] *f* <-n> (LING) partícula *f*

**Partikel[2]** *nt* <-s, ->, *f* <-n> (PHYS) partícula *f*

**Partisan(in)** [partiˈzaːn] *m(f)* <-s *o* -en, -en; -nen> guerrillero, -a *m, f*

**partitionieren*** *vt* (INFOR) subdividir

**Partitur** [partiˈtuːɐ] *f* <-en> (MUS) partitura *f*

**Partizip** [partiˈtsiːp] *nt* <-s, Partizipien> (LING) participio *m;* ~ **Perfekt** participio pasado

**partizipieren*** [partitsiˈpiːrən] *vi* participar (*an* en)

**Partner(in)** [ˈpartnɐ] *m(f)* <-s, -; -nen> ❶ (*Lebens~, Tanz~*) pareja *f;* (*Ehe~*) cónyuge *mf;* (*Gesprächs~*) interlocutor(a) *m(f);* (*im Sport, Spiel*) compañero, -a *m, f* de juego; (*im Film*) compañero, -a *m, f* de reparto ❷ (*Teilhaber*) socio, -a *m, f;* **Partnerlook** [-lʊk] *m* look *m* semejante de parejas; **im ~ gehen** salir dos personas vestidas de la misma manera

**Partnerschaft** *f* <-en> ❶ (*Zusammenarbeit*) cooperación *f,* colaboración *f;* (*Städte~*) hermanamiento *m* ❷ (*Zusammenleben*) convivencia *f;* (*Ehe*) matrimonio *m*

**partnerschaftlich** *adj* de camaradería; ~ **zusammenarbeiten** colaborar con compañerismo

**Partnerstadt** *f* ciudad *f* hermanada; **Partnertausch** *m* cambio *m* de pareja; **Partnervermittlung** *f* agencia *f* matrimonial [*o* de contactos]

**partout** [parˈtuː] *adv* (*fam: überhaupt*) absolutamente; (*unbedingt*) a toda costa; (*verneint*) de ninguna manera

**Party** [ˈpaːɐti] *f* <-s> fiesta *f;* **eine ~ geben** hacer una fiesta; **Partyservice** *m* servicio *m* a domicilio

**Parzelle** [parˈtsɛlə] *f* <-n> parcela *f*

**Pasch** [paʃ] *m* <-(e)s, -e *o* Päsche> parejas *fpl*

**Pascha** [ˈpaʃa] *m* <-s, -s> (*abw*) pachá *m*

**Pass** [pas, *pl:* ˈpɛsə] *m* <-es, Pässe> ❶ (*Ausweis*) pasaporte *m,* pase *m Am* ❷ (*Gebirgs~*) puerto *m* (de montaña) ❸ (SPORT) pase *m*

**passabel** [paˈsaːbəl] *adj* pasable; (*annehmbar*) aceptable

**Passage** [paˈsaːʒə] *f* <-n> ❶ (*Durchfahrt*) pasaje *m* ❷ (*Ladenstraße*) pasaje *m,* galerías *fpl* ❸ (*Überfahrt*) travesía *f* ❹ (*Textabschnitt*) pasaje *m,* fragmento *m*

**Passagier(in)** [pasaˈʒiːɐ] *m(f)* <-s, -e; -nen> pasajero, -a *m, f;* **ein blinder ~** un polizón; **Passagierflugzeug** *nt* avión *m* de pasajeros

**Passagierin** *f* <-nen> *s.* **Passagier**

**Passagierliste** *f* lista *f* de pasajeros

**Passant(in)** [paˈsant] *m(f)* <-en, -en; -nen> transeúnte *mf*

**Passbild** *nt* foto *f* de carnet

**passé** *adj,* **passee** [paˈseː] *adj* (*fam*) pasado de moda

**passen** [ˈpasən] **I.** *vi* ❶ (*in Größe, Form*) sentar bien; (*in der Menge*) caber (*in* en); (*hinein~*) entrar (*in* en); (*geeignet sein*) ajustarse (*auf* a); **das passt (mir) wie angegossen** (me) queda perfecto; **das passt nicht hierher** eso no viene al caso ❷ (*harmonieren*) pegar (*zu* con), encajar (*zu* con, *in* en); **sie ~ zueinander** hacen buena pareja; **die Schuhe ~ nicht zum Kleid** los zapatos no pegan con el vestido; **das passt zu ihm!** (*fam*) ¡es propio de él!; **die Beschreibung passt auf jdn/etw** la descripción encaja con alguien/algo ❸ (*genehm sein*) venir bien, convenir; **das**

**passt mir gar nicht** no me viene nada bien; **das könnte dir so ~!** ¡qué más quisieras!; **passt dir etwas an mir nicht?** ¿te disgusta algo de mí? ❹ (*Kartenspiel*) pasar; (**ich**) **passe!** ¡paso! ❺ (*fam: bei Fragen*) no poder contestar; **bei dieser Frage muss ich ~** no puedo contestar a esa pregunta **II.** *vt* (TECH) encajar

**passend** *adj* ❶ (*in Größe, Form*) que queda bien; **welches ist der ~e Schlüssel?** ¿cuál es la llave correcta?; **die Hose mache ich Ihnen ~** le arreglo el pantalón a su medida; **dazu ~** (*in der Farbe*) a juego ❷ (*treffend*) apropiado; (*genau*) justo; **die ~en Worte finden** encontrar las palabras apropiadas; **haben Sie es nicht ~?** (*fam*) ¿no lo tiene justo? ❸ (*angemessen*) adecuado

**Passepartout** [paspar'tu:] *nt, Schweiz: m* <-s, -s> marco *m* de cartón, passepartout *m*

**Passfoto** *nt* foto *f* de carnet

**passierbar** *adj* transitable

**passieren*** [pa'si:rən] **I.** *vi sein* ocurrir, pasar; **was ist denn passiert?** ¿qué ha pasado?; **das kann auch nur ihm ~!** ¡eso sólo le puede pasar a él!; **dass mir das nicht noch mal passiert!** ¡que no vuelva a pasar!; **... sonst passiert was!** (*fam*) ¡... o no respondo! **II.** *vt* ❶ (*Grenze, Zensur*) pasar; (*Fluss, Pass*) cruzar ❷ (GASTR) pasar

**Passierschein** *m* pase *m*

**Passion** [pa'sjo:n] *f* <-en> ❶ (*Leidenschaft*) pasión *f*; **er ist Angler aus ~** la pesca es su pasión; **eine ~ für etw haben** apasionarse por algo ❷ (REL) Pasión *f*

**passioniert** [pasjo'ni:ɐt] *adj* apasionado

**Passionsblume** [pa'sjo:ns-] *f* pasionaria *f*, granadilla *f AmC, Ant*, granadillo *m Col*; **Passionsfrucht** *f* granadilla *f*

**passiv** ['pasi:f, -'-] *adj* pasivo

**Passiv** ['pasi:f, -'-] *nt* <-s, -e> (LING) voz *f* pasiva

**Passiva** [pa'si:va] *ntpl* (WIRTSCH) pasivo *m*

**Passivität** [pasivi'tɛ:t] *f ohne pl* (*a.* CHEM) pasividad *f*

**Passivrauchen** *nt* inhalación *f* de humo

**Passkontrolle** *f* control *m* de pasaportes; **Passstelle** *f* oficina *f* de pasaportes

**Passstraße** *f* puerto *m* de montaña

**Passus** ['pasʊs] *m* <-, -> pasaje *m*; (*Abschnitt*) párrafo *m*

**Passwort** ['pasvɔrt] *nt* palabra *f* clave, contraseña *f*, santo *m* y seña

**Paste** ['pastə] *f* <-n> ❶ (*Lebensmittel*) pasta *f* ❷ (MED) ungüento *m*

**Pastell** [pas'tɛl] *nt* <-(e)s, -e> pastel *m*; **in ~ malen** pintar con colores pastel; **Pastellfarbe** *f* ❶ (*zum Malen*) pintura *f* al pastel ❷ (*Farbton*) color *m* pastel

**Pastete** [pas'te:tə] *f* <-n> volován *m*

**pasteurisieren*** [pastøri'zi:rən] *vt* paste(u)rizar

**Pastille** [pa'stɪlə] *f* <-n> pastilla *f*

**Pastor(in)** ['pasto:ɐ, pas'to:ɐ] *m(f)* <-s, -en; -nen> (*reg*) pastor(a) *m(f)*

**Pate, -in** ['pa:tə] *m, f* <-n, -n; -nen> padrino *m*, madrina *f*; **bei einem Kind ~ stehen** apadrinar a un niño; **Patenkind** *nt* ahijado, -a *m, f*; **Patenonkel** *m* padrino *m*

**Patenschaft** *f* <-en> padrinazgo *m*; **die ~ für ein Kind übernehmen** apadrinar a un niño

**Patenstadt** *f s.* **Partnerstadt**

**patent** [pa'tɛnt] *adj* (*fam*) ❶ (*Person*) ingenioso ❷ (*Lösung*) formidable

**Patent** [pa'tɛnt] *nt* <-(e)s, -e> ❶ (*amtlicher Schutz, Urkunde*) patente *f*; **etw zum ~ anmelden** solicitar la patente de algo ❷ (*Schweiz: staatliche Erlaubnis*) licencia *f*; **Patentamt** *nt* registro *m* de patentes

**Patentante** *f* madrina *f*

**patentieren*** [patɛn'ti:rən] *vt* patentar

**Patentlösung** *f* solución *f* definitiva; **Patentrecht** *nt* derecho *m* de patente; **Patentrezept** *nt* solución *f* ideal; **Patentverschluss** *m* cierre *m* patentado

**Pater** ['pa:tɐ] *m* <-s, -> (REL) padre *m*

**pathetisch** [pa'te:tɪʃ] *adj* patético

**Pathologe, -in** [pato'lo:gə] *m, f* <-n, -n; -nen> (MED) patólogo, -a *m, f*

**Pathologie** [patolo'gi:] *f ohne pl* (MED) patología *f*

**Pathologin** *f* <-nen> *s.* **Pathologe**

**pathologisch** [pato'lo:gɪʃ] *adj* (MED) patológico

**Pathos** ['pa:tɔs] *nt* <-, *ohne pl*> (*geh*) patetismo *m*

**Patient(in)** [pa'tsjɛnt] *m(f)* <-en, -en; -nen> paciente *mf*

**Patin** ['pa:tɪn] *f* <-nen> *s.* **Pate**

**Patina** ['pa:tina] *f ohne pl* pátina *f*

**Patisserie** [patɪsə'ri:] *f* <-n> (*Schweiz*) ❶ (*Konditorei*) confitería *f* ❷ (*Feingebäck*) dulces *mpl*

**Patriarch** [patri'arç] *m* <-en, -en> patriarca *m*

**patriarchalisch** [patriar'ça:lɪʃ] *adj* patriarcal

**Patriarchat** [patriar'ça:t] *nt* <-(e)s, -e> patriarcado *m*

**Patriot(in)** [patri'o:t] *m(f)* <-en, -en; -nen> patriota *mf*

**patriotisch** *adj* patriótico

P

**Patriotismus** [patrio'tɪsmʊs] *m* <-, *ohne pl*> patriotismo *m*

**Patrizier(in)** [pa'tri:tsiɐ] *m(f)* <-s, -; -nen> patricio, -a *m, f*

**Patron(in)** [pa'tro:n] *m(f)* <-s, -e; -nen> patrón, -ona *m, f*

**Patrone** [pa'tro:nə] *f* <-n> ① (*Geschosshülse*) cartucho *m* ② (*Filmbehälter*) cartucho *m* de la película ③ (*Tinten~*) cartucho *m* de tinta; **Patronenhülse** *f* casquillo *m* de bala, cachimba *f Am*

**Patronin** *f* <-nen> *s.* **Patron**

**Patrouille** [pa'trʊljə] *f* <-n> patrulla *f;* **auf ~ sein** andar de patrulla

**patrouillieren*** [patrʊl'ji:rən] *vi haben o sein* patrullar

**Patsche** ['patʃə] *f ohne pl* (*fam*) ① (*Matsch*) lodo *m* ② (*fig: Bedrängnis*) apuro *m;* **in der ~ sitzen** encontrarse en apuros; **jdm aus der ~ helfen** sacar a alguien de un apuro

**patschnass** ['-'-] *adj* (*fam*) empapado; (*Person*) calado hasta los huesos

**Pattsituation** *f* empate *m*

**Patzer** ['patsɐ] *m* <-s, -> ① (*fam: Fehler*) metedura *f* de pata ② (*Österr: Klecks*) pegote *m*

**patzig** ['patsɪç] *adj* (*fam abw: Person*) descarado; (*Antwort*) insolente

**Pauke** ['paʊkə] *f* <-n> timbal *m;* **mit ~n und Trompeten durchfallen** (*fam*) suspender con honores; **auf die ~ hauen** (*fam*) celebrar por todo lo alto

**pauken** I. *vi* ① (MUS) tocar el timbal ② (*fam: lernen*) empollar II. *vt* (*fam*) empollar

**Paukenschlag** *m* golpe *m* de timbal

**Pauker(in)** *m(f)* <-s, -; -nen> ① (*fam: Lehrer*) profe *mf* ② (MUS) timbalero, -a *m, f*

**Pausbacke** ['paʊs-] *f* (*fam*) moflete *m*, cachete *m*

**pausbäckig** ['paʊsbɛkɪç] *adj* mofletudo

**pauschal** [paʊ'ʃa:l] I. *adj* ① (*insgesamt*) global ② (*allgemein*) general II. *adv* ① (*zusammen*) en bloque; **~ 100 DM berechnen** cobrar 100 marcos, todo incluido ② (*allgemein*) en general; **das kann man so ~ nicht sagen** esto no se puede generalizar así; **Pauschalbetrag** *m* importe *m* global

**Pauschale** [paʊ'ʃa:lə] *f* <-n> importe *m* global

**pauschalisieren*** [paʊʃali'zi:rən] *vt* generalizar

**Pauschalpreis** *m* (WIRTSCH) precio *m* global; **Pauschalreise** *f* viaje *m* organizado; **Pauschalurlaub** *m* forfait *m;* **Pauschalurteil** *nt* (*abw*) juicio *m* general

**Pause** ['paʊzə] *f* <-n> ① (*Unterbrechung*) pausa *f;* (*in der Schule*) recreo *m;* (*im Theater, Kino*) intermedio *m;* **eine ~ machen** hacer una pausa ② (MUS) intervalo *m* ③ (*durchgepauste Kopie*) calco *m*

**pausen** ['paʊzən] *vt* calcar

**Pausenbrot** *nt* bocadillo *m* (para el recreo); **Pausenfüller** *m* <-s, -> intermedio *m;* **Pausenhof** *m* (SCH) patio *m* de recreo; **pausenlos** I. *adj* ininterrumpido II. *adv* sin pausa, ininterrumpidamente; **Pausenzeichen** *nt* ① (MUS) silencio *m* ② (RADIO, TV) sintonía *f*

**pausieren*** [paʊ'zi:rən] *vi* ① (*unterbrechen*) hacer una pausa ② (*ausruhen*) descansar

**Pauspapier** *nt ohne pl* papel *m* de calcar

**Pavian** ['pa:via:n] *m* <-s, -e> babuino *m*

**Pavillon** ['pavɪljõ] *m* <-s, -s> pabellón *m*

**Pay-TV** *nt* <-, *ohne pl*> televisión *f* privada de pago

**Pazifik** [pa'tsi:fɪk] *m* <-s> (Océano *m*) Pacífico *m*

**pazifisch** [pa'tsi:fɪʃ] *adj:* **der P~e Ozean** el Océano Pacífico

**Pazifist(in)** [patsi'fɪst] *m(f)* <-en, -en; -nen> pacifista *mf*

**pazifistisch** *adj* pacifista

**PC** [pe:'tse:] *m* <-(s), -(s)> (INFOR) *Abk. von* **Personalcomputer** ordenador *m* personal, computadora *f* personal *Am*

**PC-Station** *f* (INFOR) estación *f* de trabajo con ordenador personal

**PDS** [pe:de:'ʔɛs] *f ohne pl Abk. von* **Partei des Demokratischen Sozialismus** Partido *m* Socialista

**Peanuts** ['pi:nats] *pl* naderías *fpl*

**Pech[1]** [pɛç] *nt* <-(e)s, -e> (*Teer*) pez *f;* **die beiden halten zusammen wie ~ und Schwefel** (*fam*) son como uña y carne

**Pech[2]** *nt* <-(e)s, *ohne pl*> (*Unglück*) desgracia *f;* (*Missgeschick*) mala suerte *f;* **~ gehabt!** (*fam*) ¡mala suerte!

**pechschwarz** ['-'-] *adj* negro como la pez; **Pechsträhne** *f* racha *f* de mala suerte; **Pechvogel** *m* (*fam*) desgraciado, -a *m, f;* **ein ~ sein** tener mala suerte

**Pedal** [pe'da:l] *nt* <-s, -e> pedal *m;* (**fest**) **in die ~e treten** pedalear (fuerte)

**Pedant(in)** [pe'dant] *m(f)* <-en, -en; -nen> (*abw*) pedante *mf;* (*zimperlich*) tiquismiquis *mf inv*

**Pedanterie** [pedantə'ri:] *f ohne pl* pedantería *f*

**Pedantin** *f* <-nen> *s.* **Pedant**

**pedantisch** *adj* (*abw*) pedante

**Pediküre** [pedi'ky:rə] *f ohne pl* pedicura *f*

**Peeling** ['pi:lɪŋ] *nt* <-s, -s> peeling *m*, exfoliación *f*

**Peepshow** ['pi:pʃɔʊ] *f* peep-show *m*

**Pegel** ['pe:gəl] *m* <-s, -> ❶ (*Messgerät: Fluss*) fluviómetro *m;* (*Meer*) mareógrafo *m* ❷ (*Höhe*) nivel *m* del agua; **Pegelstand** *m* nivel *m* del agua

**peilen** ['paɪlən] *vt* ❶ (*Richtung bestimmen*) determinar; (NAUT) marcar ❷ (NAUT: *Wassertiefe bestimmen*) sondear ❸ (*fam: schauen*) mirar; **über den Daumen gepeilt** a ojo de buen cubero

**Peilgerät** *nt* radiogoniómetro *m*

**Pein** [paɪn] *f ohne pl* (*geh: Qual*) tormento *m,* suplicio *m;* (*Kummer*) pena *f*

**peinigen** ['paɪnɪgən] *vt* (*geh*) atormentar

**Peiniger(in)** *m(f)* <-s, -; -nen> (*geh*) torturador(a) *m(f)*

**peinlich** *adj* ❶ (*unangenehm*) desagradable; (*Situation*) embarazoso; (*Frage*) delicado; **es ist mir furchtbar ~, Ihnen das mitteilen zu müssen** me resulta terriblemente desagradable tener que comunicarle esto; **von etw ~ berührt sein** avergonzarse por algo ❷ (*genau*) meticuloso, minucioso; **~e Ordnung** orden meticuloso

**Peinlichkeit**[1] *f ohne pl* (*peinliche Art*) lo penoso; (*das Heikle*) lo delicado

**Peinlichkeit**[2] *f* <-en> (*etw Peinliches*) situación *f* lamentable

**Peitsche** ['paɪtʃə] *f* <-n> látigo *m,* chicote *m Am*

**peitschen I.** *vi* (*Regen*) golpear (*an/gegen* en) **II.** *vt* azotar

**Peitschenhieb** *m* latigazo *m*

**pejorativ** [pejora'ti:f] *adj* peyorativo

**Pekinese** [peki'ne:zə] *m* <-n, -n> pequinés *m*

**Peking** ['pe:kɪŋ] *nt* <-s> Pekín *m*

**Pelikan** ['pe:lika:n] *m* <-s, -e> pelícano *m,* pelicano *m*

**Pelle** ['pɛlə] *f* <-n> (*nordd*) piel *f;* **jdm auf die ~ rücken** (*fam*) pegarse a alguien

**pellen I.** *vt* (*nordd*) pelar; (*schälen*) mondar **II.** *vr:* **sich ~** (*nordd*) pelarse

**Pellkartoffel** *f* patata *f* cocida con piel

**Pelz** [pɛlts] *m* <-es, -e> piel *f*

**pelzig** *adj* peludo; (*reg: im Geschmack*) áspero

**Pelzkragen** *m* cuello *m* de piel; **Pelzmantel** *m* abrigo *m* de piel

**Pendant** [pã'dã:] *nt* <-s, -s> (*Gegenstück*) pareja *f* (*zu* de); (*Entsprechung*) correspondencia *f* (*zu* de); **das ~ zu etw** *dat* **bilden** hacer juego con algo

**Pendel** ['pɛndəl] *nt* <-s, -> péndulo *m*

**pendeln** ['pɛndəln] *vi* ❶ (*schwingen*) oscilar ❷ *sein* (*hin- und herfahren*) viajar (diariamente), ir y volver; **sie pendelt täglich nach Köln/zwischen Köln und Bonn** viaja diariamente a Colonia/de Colonia a Bonn

**Pendelverkehr** *m* tráfico *m* continuo de un punto a otro

**Pendler(in)** ['pɛndlɐ] *m(f)* <-s, -; -nen> viajero, -a *m, f* diario, -a, conmuter *mf*

**Penes** ['pe:ne:s] *pl von* **Penis**

**penetrant** [pene'trant] *adj* ❶ (*Geschmack, Geruch*) penetrante ❷ (*abw: aufdringlich*) molesto; (*Person*) pesado

**peng** [pɛŋ] *interj* pum

**penibel** [pe'ni:bəl] *adj* meticuloso (*in* con)

**Penicillin** [penitsɪ'li:n] *nt* <-s, -e> *s.* **Penizillin**

**Penis** ['pe:nɪs] *m* <-, -se *o* Penes> (*geh a.* MED) pene *m*

**Penizillin** [penitsɪ'li:n] *nt* <-s, -e> (MED) penicilina *f*

**Pennbruder** ['pɛn-] *m* (*fam abw*) ❶ (*Landstreicher*) vagabundo *m* ❷ (*Person, die viel schläft*) dormilón *m*

**Penne** ['pɛnə] *f* <-n> (*fam*) cole *m*

**pennen** ['pɛnən] *vi* (*fam*) ❶ (*schlafen*) dormir ❷ (*nicht aufpassen*) estar distraído

**Penner(in)** ['pɛnɐ] *m(f)* <-s, -; -nen> (*fam abw*) ❶ (*Stadtstreicher*) vagabundo, -a *m, f,* atorrante *mf CSur* ❷ (*Schlafmütze*) dormilón, -ona *m, f*

**Pensa, Pensen** ['pɛnzən] *pl von* **Pensum**

**Pension**[1] [pã'zjo:n, pɛn'zjo:n] *f* <-en> ❶ (*Rente*) jubilación *f,* pensión *f* ❷ (*Herberge*) pensión *f*

**Pension**[2] *f ohne pl* ❶ (*Ruhestand*) jubilación *f;* **in ~ gehen** jubilarse ❷ (*Unterkunft und Verpflegung*) pensión *f;* **halbe ~** media pensión; **volle ~** pensión completa

**Pensionär(in)** [pãzjo'nɛ:ɐ, pɛnzjo'nɛ:ɐ] *m(f)* <-s, -e; -nen> ❶ (*Ruheständler*) jubilado, -a *m, f* ❷ (*Schweiz: Pensionsgast*) huésped(a) *m(f)* de una pensión

**pensionieren*** [pãzjo'ni:rən, pɛnzjo'ni:rən] *vt* jubilar; **sich ~ lassen** jubilarse

**Pensionierung** *f* <-en> jubilación *f*

**Pensionsalter** [pã'zjo:ns-, pɛn'zjo:ns-] *nt* edad *f* de jubilación

**Pensum** ['pɛnzʊm] *nt* <-s, Pensen *o* Pensa> (cantidad *f* de) trabajo *m;* (*Aufgabe*) tarea *f;* **sein ~ erfüllen** cumplir con su tarea

**Pentagon** *nt* <-s, *ohne pl*> (*US-Verteidigungsministerium*) Pentágono *m*

**Penthaus** *nt,* **Penthouse** ['pɛnthaʊs] *nt* <-, -s> ático *m*

**Pep** [pɛp] *m* <-(s), *ohne pl*> chispa *f;* **~ haben** (*fam*) tener gancho

**Peperoni** [pepe'ro:ni] *f* <-> ❶ (*scharfe Paprika*) pimiento *m* picante ❷ (*Schweiz:*

*Gemüsepaprika*) pimiento *m*

**peppig** ['pɛpɪç] *adj* gracioso; (*Musik*) marchoso; (*Person*) salado, vivo

**per** [pɛr] *präp +akk* por; ~ **Kilo** por kilo; **er fährt** ~ **Anhalter** viaja a dedo; **sie ist** ~ **du mit ihm** se tutean

**perfekt** [pɛr'fɛkt] *adj* ❶ (*vollkommen*) perfecto; **sie spricht** ~ **Spanisch** habla perfectamente español ❷ (*fam: abgeschlossen*) arreglado; (*Vertrag*) firmado; **die Sache ist** ~ el asunto está arreglado

**Perfekt** ['pɛrfɛkt] *nt* <-s, -e> (LING) (pretérito *m*) perfecto *m*

**Perfektion** [pɛrfɛk'tsjo:n] *f ohne pl* perfección *f*; **etw bis zur** ~ **bringen** llevar algo a la perfección

**perfektionieren*** [pɛrfɛktsjo'ni:rən] *vt* perfeccionar

**Perfektionismus** [pɛrfɛktsjo'nɪsmʊs] *m* <-, *ohne pl*> perfeccionismo *m*

**Perfektionist(in)** [pɛrfɛktsjo'nɪst] *m(f)* <-en, -en; -nen> perfeccionista *mf*

**perfid(e)** *adj* pérfido

**perforieren*** [pɛrfo'ri:rən] *vt* perforar

**Pergament** [pɛrga'mɛnt] *nt* <-(e)s, -e> pergamino *m*; **Pergamentpapier** *nt* papel *m* de pergamino

**Periode** [peri'o:də] *f* <-n> ❶ (*Zeitabschnitt*) período *m*, época *f* ❷ (PHYS, MATH, GEO) período *m* ❸ (*Menstruation*) período *m*, regla *f*

**Periodensystem** *nt ohne pl* (CHEM) sistema *m* periódico de elementos

**periodisch** [peri'o:dɪʃ] *adj* periódico

**peripher** [peri'fe:ɐ] *adj* periférico

**Peripherie** [perife'ri:] *f* <-n> ❶ (*Randbezirke*) periferia *f* ❷ (MATH) periferia *f* ❸ (INFOR) periférico *m*

**Perle** ['pɛrlə] *f* <-n> ❶ (*der Perlmuschel*) perla *f*; (*aus Glas, Holz*) cuenta *f*; **künstliche** ~ perla artificial ❷ (*Luftblase*) burbuja *f*; (*Schweiß~*) gota *f* (de sudor) ❸ (*fam: Hausgehilfin*) alhaja *f*

**perlen** ['pɛrlən] *vi* ❶ *haben o sein* (*Perlen bilden*) formar gotas; (*Schweiß*) gotear ❷ (*Sekt*) burbujear

**Perlenkette** *f* collar *m* de perlas

**Perlhuhn** *nt* pintada *f*

**Perlmutt** ['pɛrlmʊt] *nt* <-s, *ohne pl*> nácar *m*

**Perlon®** ['pɛrlɔn] *nt* <-s, *ohne pl*> perlón® *m*

**permanent** [pɛrma'nɛnt] *adj* permanente

**perplex** [pɛr'plɛks] *adj* (*fam*) perplejo, asombrado

**Perser¹** *m* <-s, -> (*fam*), **Perserteppich** *m* alfombra *f* persa

**Perser(in)²** ['pɛrzɐ] *m(f)* <-s, -; -nen> persa *mf*

**Persien** ['pɛrziən] *nt* <-s> Persia *f*

**Persiflage** [pɛrzi'fla:ʒə] *f* <-n> parodia *f* (*auf* de)

**persisch** ['pɛrzɪʃ] *adj* persa; **der P~e Golf** el Golfo Pérsico

**Person** [pɛr'zo:n] *f* <-en> ❶ (*Individuum*) persona *f*; **pro** ~ por persona; **juristische** ~ (JUR) entidad legal; **natürliche** ~ (JUR) persona física; **ich für meine** ~ **...** en cuanto a mi persona...; **Angaben zur** ~ **machen** dar los datos personales; **er ist die Geduld in** ~ es la paciencia en persona; **jdn zur** ~ **vernehmen** pedir los datos personales a alguien ❷ (*Gestalt*) personaje *m*

**Personal** [pɛrzo'na:l] *nt* <-s, *ohne pl*> personal *m*; **Personalabbau** *m* reducción *f* de personal; **Personalabteilung** *f* sección *f* de personal; **Personalakte** *f* hoja *f* de servicios

**Personalausweis** *m* ≈carnet *m* de identidad

**Personalbüro** *nt* oficina *f* de personal; **Personalchef(in)** *m(f)* jefe, -a *m, f* de personal

**Personalcomputer** *m* ordenador *m* personal, computadora *f* personal *Am*

**Personalien** [pɛrzo'na:liən] *pl* datos *mpl* personales

**Personalkosten** *pl* (WIRTSCH) gastos *mpl* de personal

**Personalpronomen** *nt* (LING) pronombre *m* personal

**personell** [pɛrzo'nɛl] *adj* ❶ (*das Personal betreffend*) respecto al personal; ~**e Veränderungen** cambios en el personal ❷ (*die Person betreffend*) personal

**Personenaufzug** *m* ascensor *m*; **Personenbeförderung** *f ohne pl* transporte *m* de viajeros; **Personenbeschreibung** *f* descripción *f* de la persona; **Personengedächtnis** *nt* memoria *f* de personas; **Personenkraftwagen** *m* (*formal*) automóvil *m*; **Personenkreis** *m* círculo *m* de personas; **Personenkult** *m* (*abw*) culto *m* a la persona; **Personennahverkehr** *m* (AUTO) tráfico *m* de cercanías; **Personenschaden** *m* (JUR) daños *mpl* personales; **Unfall mit** ~ accidente con daños personales; **Personenschutz** *m* custodia *f* personal; **Personenverkehr** *m* transporte *m* de viajeros; **öffentlicher/privater** ~ transporte público/privado de viajeros; **Personenwaage** *f* báscula *f* de baño; **Personenwagen** *m* automóvil *m*

**Personifikation** [pɛrzonifika'tsjo:n] *f* <-en> personificación *f*

**personifizieren*** [pɛrzonifi'tsi:rən] *vt* personificar

**persönlich** [pɛr'zø:nlɪç] *adj* ❶ (*allgemein*) personal; **ein ~es Gespräch** una conversación personal; **etw ~ nehmen** tomarse algo a pecho ❷ (*selbst*) en persona; **die Ministerin ~** la ministra en persona; **ich ~** yo por mi parte; **jdn ~ kennen** conocer a alguien personalmente; **~ erscheinen** acudir personalmente

**Persönlichkeit** *f* <-en> personalidad *f*; **Persönlichkeitsentfaltung** *f* (PSYCH) desarrollo *m* de la personalidad; **Persönlichkeitsstörung** *f* (PSYCH) trastorno *m* de la personalidad

**Perspektive** [pɛrspɛk'ti:və] *f* <-n> perspectiva *f*; (*Blickwinkel*) punto *m* de vista; **aus meiner ~** desde mi punto de vista

**perspektivisch** *adj* en perspectiva; **~e Verkürzung** escorzo *m*

**perspektivlos** [pɛrspɛk'ti:f-] *adj* sin perspectivas

**Perspektivlosigkeit** *f ohne pl* falta *f* de perspectivas

**Peru** [pe'ru:] *nt* <-s> Perú *m*

**Peruaner(in)** [peru'a:nɐ] *m(f)* <-s, -; -nen> peruano, -a *m, f*

**peruanisch** *adj* peruano

**Perücke** [pe'rʏkə] *f* <-n> peluca *f*

**pervers** [pɛr'vɛrs] *adj* perverso

**Perversion** [pɛrvɛr'zjo:n] *f* <-en> perversión *f*

**Perversität** [pɛrvɛrzi'tɛ:t] *f* <-en> perversidad *f*

**pervertieren*** [pɛrvɛr'ti:rən] *vi, vt* pervertir (*zu* a)

**pesen** ['pe:zən] *vi* (*fam*) ir a toda mecha

**Pesete** [pe'ze:tə] *f* <-n> peseta *f*

**Pessar** [pɛ'sa:ɐ] *nt* <-s, -e> (MED) pesario *m*, óvalo *m Am*; (*zur Verhütung*) diafragma *m*

**Pessimismus** [pɛsi'mɪsmʊs] *m* <-, *ohne pl*> pesimismo *m*

**Pessimist(in)** [pɛsi'mɪst] *m(f)* <-en, -en; -nen> pesimista *mf*

**pessimistisch** *adj* pesimista

**Pest** [pɛst] *f ohne pl* peste *f*; **jdn wie die ~ hassen** (*fam*) odiar a alguien a muerte; **jdm die ~ an den Hals wünschen** (*fam*) desearle a alguien lo peor; **es stinkt wie die ~** (*fam*) huele que apesta

**Pestizid** [pɛsti'tsi:t] *nt* <-s, -e> pesticida *m*

**Petersilie** [petɐ'zi:ljə] *f ohne pl* perejil *m*

**Petition** [peti'tsjo:n] *f* <-en> petición *f*, solicitud *f*

**Petroleum** [pe'tro:leʊm] *nt* <-s, *ohne pl*> petróleo *m*; **Petroleumlampe** *f* lámpara *f* de petróleo

**Petting** ['pɛtɪŋ] *nt* <-(s), -s> magreo *m*, toqueteo *m Am*

**petto** ['pɛto] (*fam*): **etw in ~ haben** traer algo en la manga

**Petze** ['pɛtsə] *f* <-n> (*fam abw*) chivato, -a *m, f*

**petzen** ['pɛtsən] *vt* (*fam abw*) chivar(se) (*bei* a)

**Pf** *Abk. von* **Pfennig** pfennig *m*

**Pfad** [pfa:t] *m* <-(e)s, -e> ❶ (*Weg*) senda *f*, trilla *f Mex* ❷ (INFOR) camino *m*

**Pfadfinder(in)** *m(f)* explorador(a) *m(f)*, scout *mf*

**Pfaffe** ['pfafə] *m* <-n, -n> (*abw*) pastor *m*

**Pfahl** [pfa:l, *pl:* 'pfɛ:lə] *m* <-(e)s, Pfähle> palo *m*; (*Pfosten*) poste *m*; **Pfahlbau** *m* palafito *m*

**Pfalz** [pfalts] *f* Palatinado *m*

**Pfälzer(in)** ['pfɛltsɐ] *m(f)* <-s, -; -nen> palatino, -a *m, f*

**pfälzisch** ['pfɛltsɪʃ] *adj* palatino

**Pfand** [pfant, *pl:* 'pfɛndɐ] *m* <-(e)s, Pfänder> prenda *f*; (*~geld*) garantía *f*; (*für Flaschen*) dinero *m* por el envase; **ein ~ hinterlassen** dejar algo como prenda

**pfändbar** ['pfɛntba:ɐ] *adj* embargable

**Pfandbrief** *m* (FIN) cédula *f* hipotecaria

**pfänden** ['pfɛndən] *vt* embargar

**Pfandflasche** *f* botella *f* retornable; **Pfandgeld** *nt* fianza *f*; **Pfandhaus** *nt*, **Pfandleihe** *f* <-n> monte *m* de piedad; **Pfandschein** *m* papeleta *f* de empeño

**Pfändung** *f* <-en> embargo *m*

**Pfanne** ['pfanə] *f* <-n> ❶ (*Brat~*) sartén *f*, paila *f Am*; **jdn in die ~ hauen** (*fam: ausschimpfen*) echar una bronca a alguien; (*fertig machen*) dejar a alguien como un trapo ❷ (*Dach~*) teja *f* flamenca

**Pfannkuchen** *m* crepe *f*, panqueque *m Am*, panqué *m Cuba, Mex*

**Pfarramt** ['pfarʔamt] *nt* ❶ (*Amt*) curato *m* ❷ (*Dienststelle*) parroquia *f*; **Pfarrbezirk** *m* parroquia *f*

**Pfarrei** [pfa'raɪ] *f* <-en> parroquia *f*

**Pfarrer[1]** ['pfarɐ] *m* <-s, -> (*katholisch*) párroco *m*

**Pfarrer(in)[2]** *m(f)* <-s, -; -nen> pastor(a) *m(f)*

**Pfarrgemeinde** *f* parroquia *f*; **Pfarrhaus** *nt* casa *f* parroquial; **Pfarrkirche** *f* iglesia *f* parroquial

**Pfau** [pfaʊ] *m* <-(e)s, -en> (ZOOL) pavo *m* real; **Pfauenauge** *nt* (ZOOL) pavón *m*

**Pfeffer** ['pfɛfɐ] *m* <-s, -> pimienta *f*; **er kann hingehen, wo der ~ wächst** (*fam*) que se vaya al diablo; **Pfefferkorn** *nt* grano *m* de pimienta

**Pfefferminzbonbon** *nt* caramelo *m* de menta

P

**Pfefferminze** ['pfɛfɐ'mɪntsə] *f ohne pl* menta *f*, pepermín *m Am;* **Pfefferminztee** *m* té *m* de menta

**Pfeffermühle** *f* molinillo *m* de pimienta

**pfeffern** ['pfɛfɐn] *vt* ❶ (GASTR) sazonar con pimienta; **gepfefferte Preise** precios exorbitantes ❷ (*fam: werfen*) tirar con violencia; **ich habe ihm eine gepfeffert** le he pegado una bofetada

**Pfefferstreuer** *m* <-s, -> pimentero *m*

**Pfeife** ['pfaɪfə] *f* <-n> ❶ (MUS) pífano *m;* (*Signal~*) pito *m;* (*Orgel~*) tubo *m* (de órgano); **nach jds ~ tanzen** (*fam fig*) bailar al son de alguien ❷ (*Tabak~*) pipa *f*, cachimba *f Am* ❸ (*fam abw: Person*) inútil *mf*

**pfeifen** ['pfaɪfən] <pfeift, pfiff, gepfiffen> *vi, vt* silbar; **draußen pfiff der Wind** fuera silbaba el viento; **ich pfeife auf ...** ... me importa un bledo

**Pfeifenkopf** *m* cabeza *f* de la pipa; **Pfeifenreiniger** *m* limpiador *m* de pipa; **Pfeifenstopfer** *m* <-s, -> pisón *m* (para pipas); **Pfeifentabak** *m* tabaco *m* de pipa

**Pfeifkonzert** *nt* abucheo *m;* **Pfeifton** *m* silbido *m*

**Pfeil** [pfaɪl] *m* <-(e)s, -e> flecha *f*, jara *f Guat, Mex;* **~ und Bogen** arco y flechas

**Pfeiler** ['pfaɪlɐ] *m* <-s, -> (*a. fig*) pilar *m;* (*Brücken~*) pila *f*

**pfeilschnell** ['-'-] *adj* (rápido) como una flecha; **Pfeilspitze** *f* punta *f* de la flecha

**Pfennig** ['pfɛnɪç] *m* <-s, -e> pfennig *m*, ≈céntimo *m;* **ich habe keinen ~ dabei** estoy sin un duro; **sie dreht jeden ~ (dreimal) 'rum** (*fam*) gasta el dinero con cuentagotas; **das ist keinen ~ wert** esto no vale un duro

**Pfennigabsatz** *m* (*fam*) tacón *m* de aguja

**Pfennigfuchser(in)** [-fʊksɐ] *m(f)* <-s, -; -nen> (*fam*) tacaño, -a *m, f*

**pferchen** *vt* apretujar

**Pferd** [pfe:ɐt] *nt* <-(e)s, -e> ❶ (*Tier*) caballo *m*, pingo *m CSur;* **auf ein ~ steigen** montar sobre un caballo; **vom ~ steigen** desmontar; **ein ~ reiten** montar un caballo; **zu ~e** a caballo; **ich denk', mich tritt ein ~** (*fam*) esto es una sorpresa; **wie ein ~ arbeiten** (*fam*) trabajar como una bestia; **keine zehn ~e brächten ihn dahin/dazu** (*fam*) de ningún modo iría/lo haría; **das ~ am Schwanz aufzäumen** (*fam fig*) empezar la casa por el tejado; **mit ihr kann man ~e stehlen** (*fam*) se puede contar con ella para todo; **jetzt mach nicht die ~e scheu!** (*fam*) ¡no me alborotes el gallinero! ❷ (*Schachfigur*) caballo *m* ❸ (*Turngerät*) potro *m;* **Pferdeapfel** *m* bosta *f* (de caballo); **Pferdefuß** *m* ❶ (ZOOL) pie *m* de caballo ❷ (*Nachteil*) pero *m;* **Pferderennbahn** *f* hipódromo *m*, cancha *f Am;* **Pferderennen** *nt* carrera *f* de caballos, polla *f Arg*, burros *mpl Arg;* **Pferdeschwanz** *m* cola *f* de caballo; **Pferdestall** *m* cuadra *f*, caballeriza *f;* **Pferdestärke** *f* (TECH) caballo *m* de vapor; **Pferdewagen** *m* carruaje *m* de caballos; **Pferdezucht** *f* cría *f* de caballos

**pfiff** [pfɪf] *3. imp von* **pfeifen**

**Pfiff** [pfɪf] *m* <-(e)s, -e> silbido *m;* (*einer Pfeife*) pitido *m;* **etw hat ~** (*fam*) algo tiene un toque especial

**Pfifferling** ['pfɪfɐlɪŋ] *m* <-s, -e> cantarela *f;* **ihre Beteuerungen sind keinen ~ wert** (*fam*) sus afirmaciones no valen un pimiento

**pfiffig** ['pfɪfɪç] *adj* pillo; (*witzig*) con gracia

**Pfiffikus** ['pfɪfikʊs] *m* <-(ses), -se> (*fam*) perillán, -ana *m, f*

**Pfingsten** ['pfɪŋstən] *nt* <-, -> Pentecostés *m*

**Pfingstmontag** [-'--] *m* Lunes *m* de Pentecostés; **Pfingstrose** *f* peonia *f*, peonía *f;* **Pfingstsonntag** [-'--] *m* Domingo *m* de Pentecostés

**Pfirsich** ['pfɪrzɪç] *m* <-(e)s, -e> melocotón *m*, durazno *m Am;* **Pfirsichbaum** *m* melocotonero *m*, duraznero *m Am*

**Pflanze** ['pflantsə] *f* <-n> planta *f*

**pflanzen** *vt* plantar

**Pflanzenfaser** *f* fibra *f* vegetal; **Pflanzenfett** *nt* (GASTR) grasa *f* vegetal; **Pflanzenfresser** *m* <-s, -> (ZOOL) herbívoro *m;* **Pflanzenkunde** *f ohne pl* botánica *f;* **Pflanzenöl** *nt* (GASTR) aceite *m* vegetal; **Pflanzenreich** *nt ohne pl* reino *m* vegetal

**Pflanzenschutz** *m* protección *f* de las plantas; **biologischer ~** (medidas de) protección biológica de las plantas; **Pflanzenschutzmittel** *nt* pesticida *m;* **Pflanzenwelt** *f ohne pl* flora *f*

**pflanzlich** *adj* vegetal

**Pflanzung** *f* <-en> plantío *m;* (*Plantage*) plantación *f*

**Pflaster** ['pflastɐ] *nt* <-s, -> ❶ (*aus Asphalt*) pavimento *m;* (*Kopfstein~*) adoquinado *m;* **ein heißes ~** (*fam*) un lugar peligroso ❷ (*Verband*) esparadrapo *m;* (*Heft~*) tirita *f*

**pflastern** ['pflastɐn] *vt* pavimentar; (*mit Kopfsteinpflaster*) adoquinar; (*mit Steinplatten*) enlosar

**Pflasterstein** *m* adoquín *m*

**Pflaume** ['pflaʊmə] *f* <-n> ❶ (*Frucht*) ciruela *f* ❷ (*Baum*) ciruelo *m* ❸ (*fam abw:*

*Mensch*) pedazo *m* de alcornoque; **Pflaumenbaum** *m* ciruelo *m;* **Pflaumenmus** *nt* <-es, -e> mermelada *f* de ciruela

**Pflege** ['pfle:gə] *f ohne pl* ❶ (*Kranken~*) asistencia *f;* (*Körper~*) aseo *m;* (*von Kindern, Tieren*) cuidado *m;* **jdn/ein Tier bei jdm in ~ geben** entregar alguien/un animal al cuidado de alguien; **jdn/ein Tier in ~ nehmen** hacerse cargo (del cuidado) de alguien/de un animal ❷ (*Instandhaltung*) mantenimiento *m* ❸ (*von Beziehungen*) cultivo *m;* (*der Kunst, Wissenschaft*) fomento *m;* **pflegebedürftig** *adj* que necesita cuidados; **Pflegedienst** *m* servicio *m* asistencial; **Pflegeeltern** *pl* padres *mpl* tutelares; **Pflegefall** *m* enfermo, -a *m, f* bajo continua vigilancia médica; **Pflegeheim** *nt* residencia *f* asistida; **Pflegekind** *nt* niño, -a *m, f* en tutela; **pflegeleicht** *adj* ❶ (*Gegenstand*) de fácil cuidado; (*Mensch*) fácil de tratar ❷ (*Wäsche*) de fácil lavado; **Pflegemutter** *f* madre *f* tutelar

**pflegen** ['pfle:gən] **I.** *vt* ❶ (*Kranke*) cuidar, atender ❷ (*Garten, Körper*) cuidar; (*Gebäude*) conservar ❸ (*Beziehungen*) mantener; (*Freundschaft, Kunst*) cultivar **II.** *vi* soler *+inf;* **er pflegte zu sagen ...** solía decir...

**Pflegepersonal** *nt* personal *m* sanitario

**Pfleger(in)** *m(f)* <-s, -; -nen> ❶ (*Kranken~*) enfermero, -a *m, f* ❷ (*Tier~*) cuidador(a) *m(f)* de animales ❸ (JUR) tutor(a) *m(f)*

**Pflegesatz** *m* costo *m* diario por la asistencia del paciente; **Pflegespülung** *f* acondicionador *m;* **Pflegevater** *m* padre *m* tutelar; **Pflegeversicherung** *f seguro de enfermedad para casos de invalidez*

**pfleglich** ['pfle:klɪç] **I.** *adj* cuidadoso **II.** *adv* con cuidado; **etw ~ behandeln** tratar algo con cuidado

**Pflegschaft** *f* <-en> (JUR) curatela *f;* (*Vormundschaft*) tutela *f*

**Pflicht** [pflɪçt] *f* <-en> ❶ (*Notwendigkeit*) deber *m;* (*Verpflichtung*) obligación *f;* **ich halte es für meine ~ ihm zu helfen** considero que es mi obligación ayudarle; **Rechte und ~en** derechos y deberes; **seine ~en kennen/erfüllen** conocer sus/cumplir con sus deberes; **die ~ ruft** el deber llama; **ich tue nur meine ~** sólo cumplo con mi deber ❷ (SPORT) ejercicio *m* obligatorio; **pflichtbewusst** *adj* cumplidor; **Pflichtbewusstsein** *nt* sentido *m* del deber; **Pflichtfach** *nt* (UNIV, SCH) asignatura *f* obligatoria; (*im Grundstudium*) asignatura *f* común; **Pflichtgefühl** *nt ohne pl* sentido *m* del deber; **pflichtgemäß** **I.** *adj* debido **II.** *adv* conforme a su deber; **Pflichtübung** *f* (SPORT) ejercicio *m* obligatorio; **Pflichtverteidiger(in)** *m(f)* (JUR) defensor(a) *m(f)* de oficio

**Pflock** [pflɔk, *pl:* 'pflœkə] *m* <-(e)s, Pflöcke> estaca *f*

**pflücken** ['pflʏkən] *vt* coger

**Pflücker(in)** *m(f)* <-s, -; -nen> recolector(a) *m(f)*

**Pflug** [pflu:k, *pl:* 'pfly:gə] *m* <-(e)s, Pflüge> arado *m*

**pflügen** ['pfly:gən] *vi, vt* arar

**Pflümli** ['pfly:mli] *nt* <-, -s> (*Schweiz*) aguardiente *m* de ciruela

**Pforte** ['pfɔrtə] *f* <-n> puerta *f*

**Pförtner(in)** ['pfœrtnɐ] *m(f)* <-s, -; -nen> portero, -a *m, f;* **Pförtnerloge** *f* portería *f*

**Pfosten** ['pfɔstən] *m* <-s, -> poste *m;* (*Tür~*) jamba *f*

**Pfote** ['pfo:tə] *f* <-n> ❶ (*von Tieren*) pata *f* ❷ (*fam: Hand*) pezuña *f,* pata *f;* **sich** *dat* **bei etw die ~n verbrennen** meter la pata

**pfropfen** ['pfrɔpfən] *vt* ❶ (*veredeln*) injertar ❷ (*fam: hineinstopfen*) meter a la fuerza; **mit etw voll gepfropft sein** estar repleto de algo

**Pfropfen** ['pfrɔpfən] *m* <-s, -> tapón *m*

**Pfründe** ['pfrʏndə] *f* <-n> (REL) prebenda *f*

**pfui** [pfʊɪ] *interj* puaj; **~ Teufel!** ¡qué asco!

**Pfund** [pfʊnt] *nt* <-(e)s, -e> ❶ (*Gewichtseinheit*) libra *f,* medio kilo *m;* **einige ~e abnehmen** adelgazar unos kilos ❷ (*Währungseinheit*) libra *f;* **~ Sterling** libra esterlina

**pfundig** ['pfʊndɪç] *adj* (*fam*) fenomenal

**Pfundskerl** *m* (*fam*) tío, -a *m, f* estupendo, -a

**Pfusch** [pfʊʃ] *m* <-(e)s, *ohne pl*> (*fam abw*), **Pfuscharbeit** *f ohne pl* (*fam abw*) chapuza *f,* bodoque *m Mex*

**pfuschen** ['pfʊʃən] *vi* ❶ (*fam abw: schludern*) chapucear ❷ (*reg: schummeln*) timar, hacer trampas

**Pfuscher(in)** *m(f)* <-s, -; -nen> (*fam abw*) chapucero, -a *m, f*

**Pfuscherei** *f* <-en> (*fam abw*) chapucería *f*

**Pfuscherin** *f* <-nen> *s.* **Pfuscher**

**Pfütze** ['pfʏtsə] *f* <-n> charco *m*

**Phallus** ['falʊs] *m* <-, -se *o* Phalli *o* Phallen> falo *m*

**Phänomen** [fɛno'me:n] *nt* <-s, -e> fenómeno *m*

**phänomenal** [fɛnome'na:l] **I.** *adj* fenomenal **II.** *adv* (*fam*) fenómeno, fenomenal

**Phantasie** [fanta'zi:] *f* <-n> *s.* **Fantasie**; **Phantasiegebilde** *nt s.* **Fantasiege-**

bilde

**phantasielos** *adj s.* **fantasielos**

**Phantasielosigkeit** *f ohne pl s.* **Fantasielosigkeit**

**phantasieren*** [fanta'zi:rən] *vi s.* **fantasieren**

**phantasievoll** *adj s.* **fantasievoll**

**Phantast(in)** [fan'tast] *m(f)* <-en, -en; -nen> *s.* **Fantast**

**Phantasterei** *f* <-en> *s.* **Fantasterei**

**Phantastin** *f* <-nen> *s.* **Phantast**

**phantastisch** *adj s.* **fantastisch**

**Phantom** [fan'to:m] *nt* <-s, -e> fantasma *m;* **Phantombild** *nt* retrato *m* robot; **Phantomschmerz** *m* (MED) dolor *m* imaginario

**Pharao** ['fa:rao, *pl:* fara'o:nən] *m* <-s, -nen> faraón *m*

**Pharisäer** [fari'zɛ:ɐ] *m* <-s, -> ❶ (REL) fariseo *m* ❷ (*Getränk*) café *m* con ron y crema

**Pharmaindustrie** *f ohne pl* industria *f* farmacéutica

**Pharmakologe, -in** [farmako'lo:gə] *m, f* <-n, -n; -nen> farmacólogo, -a *m, f*

**Pharmakologie** [farmakolo'gi:] *f ohne pl* farmacología *f*

**Pharmakologin** *f* <-nen> *s.* **Pharmakologe**

**pharmakologisch** *adj* farmacológico

**Pharmazeut(in)** [farma'tsɔɪt] *m(f)* <-en, -en; -nen> farmacéutico, -a *m, f*

**Pharmazeutik** [farma'tsɔɪtɪk] *f ohne pl* ciencia *f* farmacéutica

**Pharmazeutin** *f* <-nen> *s.* **Pharmazeut**

**pharmazeutisch** *adj* farmacéutico

**Pharmazie** [farma'tsi:] *f ohne pl* farmacia *f*

**Phase** ['fa:zə] *f* <-n> ❶ (*Zeitstufe*) fase *f,* ráfaga *f And, CSur* ❷ (CHEM, PHYS, ELEK, ASTR) fase *f*

**Philharmonie** [fɪlharmo'ni:] *f* <-n> ❶ (*Orchester*) orquesta *f* filarmónica ❷ (*Gebäude*) auditorio *m;* (*Konzertsaal*) sala *f* de conciertos

**Philharmoniker(in)** [fɪlhar'mo:nikɐ] *m(f)* <-s, -; -nen> filarmónico, -a *m, f*

**Philippinen** [fɪlɪ'pi:nən] *pl* Filipinas *fpl*

**Philippiner(in)** [fɪlɪ'pi:nɐ] *m(f)* <-s, -; -nen> filipino, -a *m, f*

**philippinisch** [fɪlɪ'pi:nɪʃ] *adj* filipino

**Philologe, -in** [filo'lo:gə] *m, f* <-n, -n; -nen> filólogo, -a *m, f*

**Philologie** [filolo'gi:] *f* <-n> filología *f*

**Philologin** *f* <-nen> *s.* **Philologe**

**philologisch** *adj* filológico

**Philosoph(in)** [filo'zo:f] *m(f)* <-en, -en; -nen> filósofo, -a *m, f*

**Philosophie** [filozo'fi:] *f* <-n> filosofía *f*

**philosophieren*** [filozo'fi:rən] *vi* filosofar (*über* sobre)

**Philosophin** *f* <-nen> *s.* **Philosoph**

**philosophisch** [filo'zo:fɪʃ] *adj* filosófico

**phlegmatisch** *adj* flemático

**Phobie** [fo'bi:] *f* <-n> (MED) fobia *f* (*vor* a)

**Phon** [fo:n] *nt* <-s, -s> fon *m*

**Phonetik** [fo'ne:tɪk] *f ohne pl* (LING) fonética *f*

**phonetisch** *adj* (LING) fonético

**Phönix** ['fø:nɪks] *m* <-(es), -e> fénix *m*

**Phönizier(in)** [fø'ni:tsiɐ] *m(f)* <-s, -; -nen> fenicio, -a *m, f*

**Phonotypist(in)** [fonoty'pɪst] *m(f)* <-en, -en; -nen> fonotipista *mf*

**Phosphat** [fɔs'fa:t] *nt* <-(e)s, -e> fosfato *m*

**Phosphor** ['fɔsfo:ɐ] *m* <-s, -e> (CHEM) fósforo *m*

**phosphoreszieren*** [fɔsforɛs'tsi:rən] *vi* fosforecer

**Photo** ['fo:to] *m o nt* <-s, -s> *s.* **Foto**; **Photoapparat** *m s.* **Fotoapparat**

**photogen** [foto'ge:n] *adj s.* **fotogen**

**Photographie** [fotogra'fi:] *f* <-n> *s.* **Fotografie**

**Photosynthese** [foto-] *f ohne pl s.* **Fotosynthese**

**Phrase** ['fra:zə] *f* <-n> ❶ (LING) giro *m* ❷ (*abw: inhaltsleere Formel*) frase *f;* ~**n dreschen** (*fam*) hablar con clichés ❸ (MUS) frase *f*

**pH-Wert** *m* (CHEM) (valor *m*) PH *m*

**Physik** [fy'zi:k] *f ohne pl* física *f*

**physikalisch** [fyzi'ka:lɪʃ] *adj* físico

**Physiker(in)** ['fy:zikɐ] *m(f)* <-s, -; -nen> físico *mf*

**Physiognomie** [fyziogno'mi:] *f* <-n> (*geh*) fisonomía *f*

**Physiologie** [fyziolo'gi:] *f ohne pl* fisiología *f*

**physiologisch** [fyzio'lo:gɪʃ] *adj* fisiológico

**Physiotherapeut(in)** [fyzio-] *m(f)* fisioterapeuta *mf*

**Physiotherapie** [fyzio-] *f ohne pl* fisioterapia *f*

**physisch** ['fy:zɪʃ] *adj* físico

**Pi** [pi:] *nt* <-(s), *ohne pl*> (MATH) pi *f;* ~ **mal Daumen** (*fam*) a ojo

**Pianist(in)** [pja'nɪst] *m(f)* <-en, -en; -nen> pianista *mf*

**Piano** ['pja:no] *nt* <-s, -s> piano *m* vertical

**picheln** ['pɪçəln] *vi* (*fam*) copear

**Pickel** ['pɪkəl] *m* <-s, -> ❶ (*Spitzhacke*) pico *m;* (*Eis~*) piolet *m* ❷ (*auf der Haut*) espinilla *f*

**pickelig** ['pɪk(e)lɪç] *adj* lleno de espinillas

**picken** ['pɪkən] *vt, vi* ❶ (*Vogel*) picotear (*nach*) ❷ (*heraussuchen*) escoger (*aus* entre)

**Picknick** ['pɪknɪk] *nt* <-s, -s *o* -e> picnic *m*
**picknicken** *vi* hacer pic-nic, ir de pic-nic
**picobello** ['pi:ko'bɛlo] *adj inv* (*fam*) impecable
**piekfein** ['pi:k'faɪn] *adj* (*fam*) elegante; **pieksauber** ['-'--] *adj* (*fam*) impecable
**piep** [pi:p] *interj* pío; **er konnte nicht mehr ~ sagen** (*fam*) ya no pudo decir ni pío
**Piep** [pi:p] *m* <-s, -e> (*fam*) pío *m;* **sie sagte keinen ~** (*fam*) no dijo ni pío; **der sagt keinen ~ mehr** (*fam*) este está tieso
**piepegal** ['--'-] *adj* (*fam*): **das ist mir ~** me importa un comino
**piepen** ['pi:pən] *vi* (*Vogel*) piar; (*Maus*) chillar; (*Funkgerät*) hacer ruidos; **bei der piept's wohl!** (*fam*) ¡está tocada (del ala)!; **das ist ja zum P~!** (*fam*) ¡es para morirse de risa!
**Piepen** *pl* (*fam*) pelas *fpl*
**piepsen** ['pi:psən] *vi* ❶ *s.* **piepen** ❷ (*sprechen*) hablar a voz aguda
**Piepser** *m* <-s, -> ❶ (*Piep*) pío *m* ❷ (*fam: Empfänger*) busca *m*
**piepsig** *adj* (*Stimme*) agudo
**Pier** [pi:ɐ] *m* <-s, -e *o* -s> muelle *m*
**Piercing** ['pi:ɐsɪŋ] *nt* <-s, -s> piercing *m*
**piesacken** ['pi:zakən] *vt* (*fam*) molestar, jorobar
**pieseln** ['pi:zəln] *vi* (*fam*) ❶ (*nieseln*) lloviznar ❷ (*urinieren*) orinar
**Pietät** [pie'tɛ:t] *f ohne pl* (*geh*) piedad *f;* (*Respekt*) respeto *m;* **pietätlos** *adj* (*geh*) irreverente
**pietistisch** [pie'tɪstɪʃ] *adj* pietista
**Pigment** [pɪ'gmɛnt] *nt* <-(e)s, -e> pigmento *m*
**Pik** [pi:k] *nt* <-s, *ohne pl*> (*französische Karten*) pica *f;* (*spanische Karten*) espadas *fpl*
**pikant** [pi'kant] *adj* picante
**Pike** ['pi:kə] *f* (*fam*): **etw von der ~ auf lernen** aprender algo desde abajo
**piken** ['pi:kən] **I.** *vi* (*fam*) picar **II.** *vt* (*fam*) pinchar
**pikiert** [pi'ki:ɐt] *adj* mosqueado
**Pikkolo** ['pɪkolo] *m* <-s, -s> ❶ (*Kellnerlehrling*) aprendiz *m* de camarero ❷ (*fam: Sektflasche*) benjamín *m*
**Pikkoloflöte** *f* flautín *m*
**piksen** ['pi:ksən] *vi, vt s.* **piken**
**Pilger(in)** ['pɪlgɐ] *m(f)* <-s, -; -nen> peregrino, -a *m, f;* **Pilgerfahrt** *f* peregrinación *f*
**Pilgerin** *f* <-nen> *s.* **Pilger**
**pilgern** ['pɪlgɐn] *vi sein* peregrinar (*nach* a)
**Pille** ['pɪlə] *f* <-n> ❶ (*Tablette*) pastilla *f;* **eine ~ nehmen** tomar una pastilla; **eine bittere ~** (*fam*) un trago amargo ❷ (*fam: Antibaby~*) píldora *f* (anticonceptiva); **die ~ danach** la píldora del día después; **Pillenknick** *m* descenso *m* de la natalidad (*a causa de la píldora anticonceptiva*)
**Pilot(in)** [pi'lo:t] *m(f)* <-en, -en; -nen> piloto *mf*
**Pilotfilm** *m* (TV) episodio *m* piloto
**Pilotin** *f* <-nen> *s.* **Pilot**
**Pilotprojekt** *nt*, **Pilotversuch** *m* proyecto *m* piloto
**Pils** [pɪls] *nt* <-, ->, **Pils(e)ner** *nt* <-s, -> cerveza *f* tipo Pilsen
**Pilz** [pɪlts] *m* <-es, -e> (BOT, MED) hongo *m;* (*mit Hut*) seta *f,* nanacate *m Mex;* **wie ~e aus dem Boden schießen** brotar como los hongos; **Pilzerkrankung** *f* micosis *f inv*
**Pimmel** ['pɪməl] *m* <-s, -> (*fam*) pito *m,* pichula *f Chil*
**Pimpf** [pɪmpf] *m* <-(e)s, -e> (*fam: Knirps*) crío *m;* (*abw*) renacuajo *m*
**PIN** *f* <-s, -s> *Abk. von* **personal identification number** pin *m*
**pingelig** ['pɪŋəlɪç] *adj* (*fam*) tiquismiquis
**Pingpong** ['pɪŋpɔŋ] *nt* <-s, *ohne pl*> pingpong *m*
**Pinguin** ['pɪŋgui:n] *m* <-s, -e> pingüino *m*
**Pinie** ['pi:niə] *f* <-n> pino *m* piñonero
**pink** [pɪŋk] *adj* (rosa) fucsia
**Pinkel** ['pɪŋkəl] *m* <-s, -(s)> (*fam abw*) don *m* nadie; **ein feiner ~** un petimetre
**pinkeln** ['pɪŋkəln] *vi* (*fam*) mear
**Pinnwand** ['pɪn-] *f* tablón *m* de notas
**Pinscher** ['pɪnʃɐ] *m* <-s, -> (perro *m*) grifón *m*
**Pinsel** ['pɪnzəl] *m* <-s, -> ❶ (*des Malers: fein*) pincel *m;* (*dick*) brocha *f* ❷ (*fam: Dummkopf*) bobo, -a *m, f*
**pinseln** *vi, vt* ❶ (*fam: malen*) pintar ❷ (*fam: schreiben*) escribir ❸ (MED: *Rachen, Zahnfleisch*) tocar
**Pinte** ['pɪntə] *f* <-n> (*fam*) tasca *f*
**Pinzette** [pɪn'tsɛtə] *f* <-n> pinza(s) *f(pl)*
**Pionier(in)** [pio'ni:ɐ] *m(f)* <-s, -e; -nen> ❶ (MIL) gastador(a) *m(f)* ❷ (*Wegbereiter*) pionero, -a *m, f;* **Pionierarbeit** *f ohne pl* labor *m* de pionero; **~ leisten** abrir nuevos caminos
**Pionierin** *f* <-nen> *s.* **Pionier**
**Pipapo** ['pi:'pa:'po:] *nt ohne pl* (*fam*): **mit allem ~** con todos sus requisitos
**Pipeline** ['paɪplaɪn] *f* <-s> (*für Gas*) gasoducto *m;* (*für Öl*) oleoducto *m*
**Pipette** [pi'pɛtə] *f* <-n> pipeta *f*
**Pipi** ['pɪpi, pi'pi:] *nt* <-s, *ohne pl*> (*fam*) pis *m inv,* pichi *m CSur;* **~ machen** hacer pis
**Pipifax** ['pɪpifaks] *m* <-, *ohne pl*> (*fam*

P

*abw: Unsinn*) disparates *mpl;* (*Nichtigkeiten*) bagatela *f*

**Piranha** [pi'ranja] *m* <-(s), -s> (ZOOL) piraña *f*, caribe *m Ven*

**Pirat(in)** [pi'ra:t] *m(f)* <-en, -en; -nen> pirata *mf;* **Piratensender** *m* emisora *f* pirata

**Piratin** *f* <-nen> *s.* **Pirat**

**Pirouette** [piru'ɛtə] *f* <-n> pirueta *f*

**Pirsch** [pɪrʃ] *f ohne pl* caza *f* (al acecho); **auf (die) ~ gehen** ir a cazar

**Pisse** ['pɪsə] *f ohne pl* (*vulg*) meada *f*

**pissen** ['pɪsən] *vi* ❶ (*vulg: urinieren*) mear ❷ (*fam: regnen*) llover

**Pissoir** [pɪ'soa:ɐ, *pl:* -ɐs, -rə] *nt* <-s, -s *o* -e> urinario *m*

**Pistazie** [pɪs'ta:tsiə] *f* <-n> pistacho *m*

**Piste** ['pɪstə] *f* <-n> (SPORT, AERO) pista *f*

**Pistole** [pɪs'to:lə] *f* <-n> pistola *f*, cachimba *f Chil;* **jdm die ~ auf die Brust setzen** (*fam fig*) poner a alguien la pistola al pecho; **wie aus der ~ geschossen** (*fam fig*) como una bala

**pittoresk** [pɪto'rɛsk] *adj* (*geh*) pintoresco

**Pixelgrafik** *f* (INFOR) gráfico *m* pixelado [*o* de pixel], gráfica *f* de píxeles

**Pizza** ['pɪtsa] *f* <-s *o* Pizzen> pizza *f*

**Pkw** *m* <-(s), -(s)> *Abk. von* **Personenkraftwagen** automóvil *m*

**Plackerei** *f* <-en> (*fam*) trabajo *m* pesado

**plädieren*** [plɛ'di:rən] *vi* ❶ (JUR) abogar (*auf/für* por) ❷ (*sich einsetzen*) abogar (*für* por), interceder (*für* por); **ich plädiere dafür, dass ...** estoy a favor de que... +*subj*

**Plädoyer** [plɛdoa'je:] *nt* <-s, -s> (*a.* JUR) alegato *m* (*für* en favor de)

**Plage** ['pla:gə] *f* <-n> plaga *f;* **zu einer ~ werden** convertirse en una plaga; **Plagegeist** *m* (*fam*) pesado, -a *m, f*

**plagen** ['pla:gən] **I.** *vt* ❶ (*belästigen*) fastidiar ❷ (*Schmerzen, Zweifel*) atormentar, julepear *Am* **II.** *vr:* **sich ~** matarse trabajando

**Plagiat** [pla'gja:t] *nt* <-(e)s, -e> plagio *m*

**Plakat** [pla'ka:t] *nt* <-(e)s, -e> cartel *m*, afiche *m CSur;* (*Werbe~*) anuncio *m*

**plakatieren*** [plaka'ti:rən] **I.** *vi* fijar carteles, pegar afiches *Am* **II.** *vt* anunciar en carteles

**plakativ** [plaka'ti:f] *adj* llamativo

**Plakatträger** *m* <-s, -> (*Person*) hombre-anuncio *m;* **Plakatwand** *f* valla *f* publicitaria

**Plakette** [pla'kɛtə] *f* <-n> placa *f*

**plan** [pla:n] *adj* llano, plano

**Plan** [pla:n, *pl:* 'plɛ:nə] *m* <-(e)s, Pläne> ❶ (*Vorhaben*) plan *m;* (*Projekt*) proyecto *m;* (*Absicht*) intención *f;* **es verläuft alles nach ~** todo se desarrolla según lo previsto; **Pläne machen/schmieden** hacer/forjar planes; **einen ~ fassen** concebir un plan; **auf dem ~ stehen** estar planeado ❷ (*Entwurf, Karte*) plano *m;* **jdn/etw auf den ~ rufen** hacer aparecer a alguien/algo

**Plane** ['pla:nə] *f* <-n> lona *f*

**planen** ['pla:nən] *vt* ❶ (*entwerfen*) proyectar ❷ (*vorhaben*) tener la intención (*zu* de); (*Ausflug, Essen*) planear; (*Wirtschaft, Entwicklung*) planificar; **es lief alles wie geplant** todo transcurrió como estaba previsto

**Planer(in)** *m(f)* <-s, -; -nen> planificador(a) *m(f);* (*beim Hausbau*) proyectista *mf*

**Planet** [pla'ne:t] *m* <-en, -en> (ASTR) planeta *m*

**Planetarium** [plane'ta:riʊm] *nt* <-s, Planetarien> planetario *m*

**Planetensystem** *nt* (ASTR) sistema *m* planetario

**planieren*** [pla'ni:rən] *vt* allanar, aplanar

**Planierraupe** *f* aplanadora *f*

**Planke** ['plaŋkə] *f* <-n> tablón *m*

**Plankton** ['plaŋktɔn] *nt* <-s, *ohne pl*> (BIOL) plancton *m*

**planlos** *adj* sin método

**planmäßig** **I.** *adj* ❶ (*wie vorgesehen*) previsto ❷ (*nach Plan*) sistemático **II.** *adv* ❶ (*wie vorgesehen*) como estaba previsto ❷ (*nach Plan*) sistemáticamente

**Planschbecken** *nt* (pequeña) piscina *f* para niños

**planschen** ['planʃən] *vi* chapotear (*in* en)

**Planstelle** *f* puesto *m* de plantilla, plaza *f* de número

**Plantage** [plan'ta:ʒə] *f* <-n> plantación *f*

**Planung** *f* <-en> planificación *f;* **in der ~ befindlich** en la fase de proyección

**Planwagen** *m* coche *m* con toldo

**Planwirtschaft** *f ohne pl* economía *f* planificada

**Plappermaul** *nt* (*fam abw*) cotorra *f*

**plappern** ['plapɐn] **I.** *vi* (*fam*) cotorrear **II.** *vt* (*fam*) decir

**plärren** ['plɛrən] *vi* (*abw*) ❶ (*weinen*) lloriquear ❷ (*schreien*) berrear ❸ (*Radio, Lautsprecher*) estar a tope (de volumen)

**Plasma** ['plasma] *nt* <-s, Plasmen> (BIOL, MED, PHYS) plasma *m*

**Plastik**[1] ['plastɪk] *nt* <-s, *ohne pl*> (*Kunststoff*) plástico *m*

**Plastik**[2] ['plastɪk] *f* <-en> ❶ (KUNST) escultura *f* ❷ (MED) plastia *f;* **Plastikbecher** *m* vaso *m* de plástico; **Plastikbeutel** *m* bolsa *f* de plástico; **Plastikfolie** *f* membrana *f* de plástico; **Plastikgeld** *nt* (*fam*) dinero *m* (de) plástico, tarjeta *f* de crédito; **Plastiktüte** *f* bolsa *f* de plástico

**plastisch** ['plastɪʃ] *adj* ① (*formbar*) plástico; ~**e Chirurgie** cirugía plástica ② (*anschaulich*) plástico

**Platane** [pla'ta:nə] *f* <-n> (BOT) plátano *m*

**Plateau** [pla'to:] *nt* <-s, -s> meseta *f*, altiplanicie *f*, altiplano *m Am*

**Platin** ['pla:ti:n] *nt* <-s, *ohne pl*> (CHEM) platino *m*

**Platine** [pla'ti:nə] *f* <-n> (ELEK) placa *f* de circuitos impresos

**Platitude** [plati'ty:də] *f* <-n> (*geh*) trivialidad *f*

**platonisch** [pla'to:nɪʃ] *adj* platónico

**platsch** [platʃ] *interj* zas

**plätschern** ['plɛtʃɐn] *vi* (*fam*) murmurar

**platt** [plat] *adj* ① (*flach*) llano, plano; (~ *gedrückt*) aplastado; **etw ~ drücken** aplastar algo; ~ **sein** (*fam*) estar sorprendido; **da bin ich aber ~** (*fam*) me dejas de piedra ② (*abw: geistlos*) trivial

**Platt** [plat] *nt* <-(s), *ohne pl*> ① (*Plattdeutsch*) bajo alemán *m* ② (*reg: Dialekt*) dialecto *m*; **Plattdeutsch** *nt* bajo alemán *m*

**Platte** ['platə] *f* <-n> ① (*Stein~*) losa *f*; (*Holz~*) tabla *f*; (*Metall~*) plancha *f* ② (*Schall~*) disco *m*; **die ~ kenn' ich schon!** (*fam*) ¡me conozco el rollo de memoria! ③ (*Herd~*) fogón *m* ④ (*Teller*) bandeja *f*; **kalte ~** (GASTR) fiambres *mpl* ⑤ (*fam: Glatze*) calva *f*

**Plätteisen** ['plɛtʔaɪzən] *nt* (*nordd*) plancha *f*

**Platten**: **einen ~ haben** tener un pinchazo

**plätten** ['plɛtən] *vt* (*reg*) planchar

**Plattencover** ['platənkavɐ] *nt* cubierta *f* de disco; **Plattenfirma** *f* casa *f* productora de discos; **Plattenlaufwerk** *nt* (INFOR) unidad *f* de disco; **Plattenspieler** *m* <-s, -> tocadiscos *m inv*; **Plattenteller** *m* plato *m* giratorio

**Plattform** *f* <-en> plataforma *f*

**Plattfuß** *m* ① (MED) pie *m* plano ② (*fam: am Reifen*) pinchazo *m*

**Plattitüde** [plati'ty:də] *f* <-n> (*geh*) trivialidad *f*

**Platz**[1] [plats, *pl:* 'plɛtsə] *m* <-es, Plätze> ① (*Ort, Stelle*) sitio *m*, lugar *m*; **das ist fehl am ~** eso está fuera de lugar; **auf die Plätze, fertig, los!** ¡preparados, listos, ya! ② (*öffentlicher ~*) plaza *f* ③ (*Sport~*) campo *m*; (*Tennis~*) pista *f*; **auf eigenem ~** en propio campo; **auf gegnerischem ~** en campo contrario ④ (*Sitz~*) sitio *m*, asiento *m*; **bitte, nehmen Sie ~!** ¡tome asiento, por favor!; **ist noch ein ~ frei?** ¿queda algún sitio libre?; **dieser ~ ist besetzt** este asiento está ocupado; **~!** (*zum Hund*) ¡siéntate! ⑤ (*Teilnahme~*) plaza *f*; **es sind noch Plätze frei** todavía quedan plazas libres; **ein Saal mit 500 Plätzen** una sala de 500 plazas ⑥ (*Rang*) lugar *m*, puesto *m*; **sie belegte den dritten ~** ocupó el tercer lugar; **seinen ~ behaupten** reafirmar su posición

**Platz**[2] *m* <-es, *ohne pl*> (*Raum*) sitio *m*; ~ **sparend** que no ocupa mucho espacio; ~ **da!** ¡hagan sitio!; ~ **für jdn/etw schaffen** hacer sitio para alguien/algo; **jdm ~ machen** hacer(le) sitio a alguien

**Platzangst** *f* ① (*fam: Beklemmungszustand*) claustrofobia *f* ② (PSYCH) agorafobia *f*

**Platzanweiser(in)** *m(f)* <-s, -; -nen> acomodador(a) *m(f)*

**Plätzchen** ['plɛtsçən] *nt* <-s, -> (*Gebäck*) galleta *f*

**platzen** ['platsən] *vi sein* ① (*Bombe, Mine*) estallar; (*Rohr, Luftballon*) reventar; (*Naht*) romperse; **vor Wut/-rger ~** (*fig*) reventar de rabia/de furia ② (*fam: scheitern*) fracasar; (*Termin*) anularse, cancelarse; **etw ~ lassen** hacer fracasar algo ③ (*fam: hineinstürmen*) irrumpir (*in* en)

**Platzhalter**[1] *m* <-s, -> (INFOR) fijador *m* de posiciones

**Platzhalter(in)**[2] *m(f)* <-s, -; -nen> (*Person*) *persona que reserva un sitio libre para otra en un lugar público*

**platzieren*** [pla'tsi:rən] **I.** *vt* colocar, ubicar *Am* **II.** *vr:* **sich ~** (SPORT) clasificarse

**Platzierung** *f* <-en> ① (*örtlich*) colocación *f*, ubicación *f Am* ② (SPORT) clasificación *f*

**Platzkarte** *f* reserva *f* (de asiento); **Platzmangel** *m* falta *f* de sitio

**Platzpatrone** *f* cartucho *m* de salvas; **Platzregen** *m* chaparrón *m*, invierno *m AmC, Ant*

**Platzreservierung** *f* reserva *f* (de asiento); **platzsparend** *adj s.* **Platz**[2]; **Platzverweis** *m* (SPORT) expulsión *f* del campo

**Platzwunde** *f* herida *f* abierta

**Plauderei** [plaʊdə'raɪ] *f* <-en> charla *f*

**plaudern** ['plaʊdɐn] *vi* charlar (*über* sobre/de), tertuliar (*über* sobre) *Am*

**Plauderstündchen** *nt* (rato *m* de) palique *m*; **Plauderton** *m ohne pl* tono *m* de charla; **im ~** en tono distendido

**Plausch** [plaʊʃ] *m* <-(e)s, -e> ① (*südd, Österr: Plauderei*) charla *f*; **einen ~ halten** estar de cháchara ② (*Schweiz: fam*) diversión *f*, placer *m*

**plauschen** *vi s.* **plaudern**

P

**plausibel** [plaʊ'ziːbəl] *adj* plausible; (*verständlich*) inteligible; **jdm etw ~ machen** hacer(le) algo inteligible a alguien

**Plausibilität** [plaʊzibili'tɛːt] *f ohne pl* plausibilidad *f*

**Playback** [plɛɪ'bɛk] *nt* <-, -s>, **Play-back** *nt* <-, -s> play-back *m*

**Playboy** ['plɛɪbɔɪ] *m* <-s, -s> play-boy *m*

**Plazenta** [pla'tsɛnta] *f* <-s *o* Plazenten> (MED) placenta *f*

**pleite** ['plaɪtə] *adj* (*fam*): **~ sein** estar en quiebra

**Pleite** ['plaɪtə] *f* <-n> (*fam*) ① (*Bankrott*) quiebra *f;* **~ gehen** quebrar ② (*Misserfolg*) fracaso *m;* **mit jdm/etw** *dat* **eine ~ erleben** llevarse un chasco con alguien/algo

**plemplem** [plɛm'plɛm] *adj inv* (*fam*) chalado

**Plenarsaal** [ple'naːɐ-] *m* (POL) sala *f* plenaria; **Plenarsitzung** *f* (POL) reunión *f* plenaria

**Plenum** ['pleːnʊm] *nt* <-s, Plenen> pleno *m*

**Pleuelstange** ['plɔɪəl-] *f* (TECH) biela *f*

**Plexiglas®** ['plɛksi-] *nt ohne pl* plexiglás® *m*

**Plissee** [plɪ'seː] *nt* <-s, -s> plisado *m*

**PLO** [peːʔɛl'ʔoː] *f ohne pl Abk. von* **Palestine Liberation Organization** OLP *f*

**Plombe** ['plɔmbə] *f* <-n> ① (*Verschluss*) precinto *m* ② (*Zahnfüllung*) empaste *m*

**plombieren*** [plɔm'biːrən] *vt* ① (*versiegeln*) precintar ② (*Zahn*) empastar

**Plotter** ['plɔtɐ] *m* <-s, -> (INFOR) graficador *m*

**plötzlich** ['plœtslɪç] **I.** *adj* repentino, sorpresivo *Am* **II.** *adv* de repente; **das kommt alles so ~** es todo tan repentino; **jetzt aber ein bisschen ~!** ¡ahora deprisa!

**Plug-In** *m* <-s, -s> (INFOR) plug-in *m*

**plump** [plʊmp] *adj* ① (*unförmig*) tosco ② (*ungelenk*) torpe; (*schwerfällig*) pesado, mazacotudo *Am* ③ (*abw: dreist*) grosero; (*Annäherung*) torpe; (*Lüge, Schmeichelei*) barato

**plumps** [plʊmps] *interj* paf, pataplaf

**Plumps** [plʊmps] *m* <-es, -e> (*fam*) batacazo *m*

**plumpsen** ['plʊmpsən] *vi sein* (*fam*) caer (pesadamente)

**Plumpsklo(sett)** *nt* (*fam*) *retrete desprovisto de inodoro y agua corriente*

**Plunder** ['plʊndɐ] *m* <-s, *ohne pl*> (*fam abw*) trastos *mpl*

**plündern** ['plʏndɐn] *vt* saquear

**Plünderung** *f* <-en> saqueo *m*

**Plural** ['pluːraːl] *m* <-s, -e> (LING) plural *m*

**pluralistisch** *adj* pluralista

**plus** [plʊs] **I.** *konj* (MATH) más; **drei ~ drei** tres más tres **II.** *präp +gen* más; **~ der Zinsen** más los intereses **III.** *adv* ① (MATH) más ② (METEO) sobre cero ③ (ELEK): **der Strom fließt von ~ nach minus** la corriente pasa del polo positivo al negativo

**Plus** [plʊs] *nt* <-, *ohne pl*> ① (*Überschuss*) excedente *m;* (COM) superávit *m;* **ein ~ in der Kasse haben** tener un superávit en la caja; **ein ~ erwirtschaften** registrar ganancias; **im ~ sein** tener saldo ② (*Vorzug*) ventaja *f*

**Plüsch** [plʏʃ] *m* <-(e)s, -e> peluche *m*

**plüschig** *adj* afelpado

**Plüschtier** *nt* muñeco *m* de peluche

**Pluspol** *m* (ELEK, PHYS) polo *m* positivo; **Pluspunkt** *m* lado *m* positivo; (*Vorteil*) ventaja *f*

**Plusquamperfekt** ['plʊskvampɛrfɛkt] *nt* (LING) pluscuamperfecto *m*

**Pluszeichen** *nt* signo *m* de adición

**Pluto** ['pluːto] *m* <-, *ohne pl*> (ASTR) plutón *m*

**Plutonium** [plu'toːniʊm] *nt* <-s, *ohne pl*> (CHEM) plutonio *m*

**PLZ** *Abk. von* **Postleitzahl** C.P.

**pneumatisch** [pnɔɪ'maːtɪʃ] *adj* (TECH) neumático

**Po** [poː] *m* <-s, -s> (*fam*) culete *m*

**Pöbel** ['pøːbəl] *m* <-s, *ohne pl*> (*abw*) plebe *f,* pacotilla *f Am*

**Pöbelei** [pøːbə'laɪ] *f* <-en> (*fam*) plebeyada *f*

**pöbelhaft** *adj* vulgar

**pöbeln** ['pøːbəln] *vi* (*fam*) chinchar

**pochen** ['pɔxən] *vi* ① (*klopfen*) golpear (*an/gegen* en) ② (*geh: Herz*) latir ③ (*geh: bestehen*): **auf etw ~** insistir en algo; **auf sein Recht ~** reclamar sus derechos

**Pocken** ['pɔkən] *fpl* viruela *f;* **pockennarbig** *adj* picoso, picado de viruelas; **Pocken(schutz)impfung** *f* vacunación *f* antivariólica

**Podest** [po'dɛst] *m o nt* <-(e)s, -e> ① (*Podium*) podio *m* ② (*reg: Treppenabsatz*) descansillo *m*

**Podex** ['poːdɛks] *m* <-(es), -e> (*fam*) pompis *m inv*

**Podium** ['poːdiʊm] *nt* <-s, Podien> estrado *m;* **Podiumsdiskussion** *f* mesa *f* redonda

**Poesie** [poe'ziː] *f ohne pl* poesía *f*

**Poet(in)** [po'eːt] *m(f)* <-en, -en; -nen> poeta, -isa *m, f*

**poetisch** [po'eːtɪʃ] *adj* poético

**pofen** *vi* (*fam*) ① (*schlafen*) sobar *argot;* **wo ist denn Christoph? – der poft schon** ¿dónde está Christoph? – se ha quedado frito ② (*unaufmerksam sein*) estar en

Babia

**Pogrom** [po'gro:m] *m o nt* <-s, -e> pogromo *m*

**Pointe** ['poɛ̃:tə] *f* <-n> punto *m* culminante; (*beim Witz*) gracia *f*

**pointieren*** [poɛ̃'ti:rən] *vt* (*geh: hervorheben*) realzar; **er pointierte bewusst die Tatsache, dass ...** hizo conscientemente hincapié en que...

**pointiert** [poɛ̃'ti:ɐt] **I.** *adj* agudo **II.** *adv* con agudeza

**Pokal** [po'ka:l] *m* <-s, -e> (*a.* SPORT) copa *f*; **Pokalsieger(in)** *m(f)* (SPORT) ganador(a) *m(f)* de la copa; **Pokalspiel** *nt* (SPORT) partido *m* de copa

**Pökelfleisch** ['pø:kəl-] *nt* carne *f* salada

**pökeln** ['pø:kəln] *vt* salar

**Poker** ['po:kɐ] *m o nt* <-s, *ohne pl*> póquer *m*; **Pokerface** [-fɛɪs] *nt* <-, -s>, **Pokergesicht** *nt* cara *f* de póker

**pokern** ['po:kɐn] *vi* ❶ (*Poker spielen*) jugar al póquer ❷ (*ein Risiko eingehen*) jugar(se) (*um*); **hoch ~** arriesgarse

**Pol** [po:l] *m* <-s, -e> (*a.* PHYS, ELEK, ASTR, GEO) polo *m*; **der ruhende ~** el remanso de tranquilidad

**polar** [po'la:ɐ] *adj* polar; **Polarforscher(in)** *m(f)* explorador(a) *m(f)* de las regiones polares

**polarisieren*** [polari'zi:rən] **I.** *vt* (*a.* CHEM, PHYS, POL) polarizar **II.** *vr*: **sich ~** polarizarse

**Polarität** [polari'tɛ:t] *f* <-en> (*a.* CHEM, PHYS) polaridad *f*

**Polarkreis** *m* círculo *m* polar; **nördlicher/südlicher ~** círculo polar ártico/antártico; **Polarlicht** *nt* luz *f* polar; **Polarstern** *m ohne pl* estrella *f* polar

**Pole, -in** ['po:lə] *m, f* <-n, -n; -nen> polaco, -a *m, f*

**Polemik** [po'le:mɪk] *f* <-en> polémica *f*

**polemisch** *adj* polémico

**polemisieren*** [polemi'zi:rən] *vi* polemizar (*gegen* contra)

**Polen** ['po:lən] *nt* <-s> Polonia *f*

**Police** [po'li:s(ə)] *f* <-n> póliza *f* (del seguro)

**polieren*** [po'li:rən] *vt* pulir; (*Schuhe, Möbel*) sacar brillo (a), abrillantar; (*Metall*) bruñir; (*Stil, Ausdruck*) pulir; **jdm die Fresse ~** (*fam*) romperle los morros a alguien

**Poliklinik** ['po:likli:nɪk] *f* policlínica *f*

**Polin** ['po:lɪn] *f* <-nen> *s.* **Pole**

**Politbüro** [po'li:t-] *nt* politburó *m*

**Politesse** [poli'tɛsə] *f* <-n> mujer *f* policía

**Political Correctness** [pɔʊ'lɪtɪkəl kə'rɛktnɪs] *f ohne pl* rectitud *f* política

**Politik** [poli'ti:k, poli'tɪk] *f ohne pl* política *f*; **in die ~ gehen** entrar en la política

**Politika** *pl von* **Politikum**

**Politiker(in)** [po'li:tikɐ] *m(f)* <-s, -; -nen> político, -a *m, f*

**Politikum** [po'li:tikʊm, *pl:* po'li:tika] *nt* <-s, Politika> cuestión *f* política

**Politikverdrossenheit** *f* desgana *f* política

**politisch** [po'li:tɪʃ, po'lɪtɪʃ] *adj* político; **sich ~ engagieren** comprometerse políticamente; **jdn ~ unterstützen** apoyar la política de alguien

**politisieren*** [politi'zi:rən] **I.** *vi* politiquear **II.** *vt* politizar

**Politologe, -in** [polito'lo:gə] *m, f* <-n, -n; -nen> politólogo, -a *m, f*, cientista *mf* político, -a *Am*

**Politologie** [politolo'gi:] *f ohne pl* ciencias *fpl* políticas

**Politologin** *f* <-nen> *s.* **Politologe**

**Politur** [poli'tu:ɐ] *f* <-en> ❶ (*~schicht*) capa *f* de pulimento ❷ (*Mittel*) abrillantador *m*

**Polizei** [poli'tsaɪ] *f* <-en> policía *f*; **er ist bei der ~** es policía; **der ist dümmer als die ~ erlaubt!** (*fam*) ¡es más tonto que donde los hacen!; **Polizeiaufgebot** *nt* despliegue *m* policial; **Polizeiaufsicht** *f ohne pl* vigilancia *f* policial; **Polizeibeamte(r)** *mf*, **-beamtin** *f* funcionario, -a *m, f* de policía; **Polizeidienststelle** *f* comisaría *f* de policía; **Polizeifunk** *m* emisora *f* de la policía; **Polizeihund** *m* perro *m* policía

**polizeilich** **I.** *adj* policial **II.** *adv* por la policía; **das ist ~ verboten** está prohibido por la policía

**Polizeipräsident(in)** *m(f)* jefe, -a *m, f* superior de la Policía; **Polizeipräsidium** *nt* Jefatura *f* Superior de Policía; **Polizeirevier** *nt* comisaría *f* (de policía), delegación *f Mex*; **Polizeischutz** *m* protección *f* policial; **unter ~ stehen** encontrarse bajo protección policial; **Polizeistaat** *m* estado *m* de régimen policial; **Polizeistreife** *f* patrulla *f* de policía; **Polizeiwache** *f* comisaría *f* (de policía)

**Polizist(in)** [poli'tsɪst] *m(f)* <-en, -en; -nen> policía *mf*, vigilante *mf CSur*

**Polka** ['pɔlka] *f* <-s> (MUS) polca *f*

**Pollen** ['pɔlən] *m* <-s, -> (BOT) polen *m*; **Pollenallergie** *f* (MED) alergia *f* al polen; **Pollenflug** *m ohne pl* concentración *f* de polen en el aire; **Pollenflugvorhersage** *f* pronóstico *m* de la concentración de polen en el aire

**polnisch** ['pɔlnɪʃ] *adj* polaco

**Polo** ['po:lo] *nt* <-s, *ohne pl*> (SPORT) polo *m*; **Polohemd** *nt* polo *m*

P

**Polonaise** *f* <-n>, **Polonäse** [polo'nɛːzə] *f* <-n> polonesa *f* (*baile o juego en el que, con las manos en la cintura o encima de los hombros de la persona de delante, se forma una fila que recorre la casa*)

**Polster** ['pɔlstɐ] *nt* <-s, -> ① (*Kissen*) colchón *m* ② (*in Kleidung*) hombrera *f* ③ (*Rücklage*) reserva *f*; **ein finanzielles ~** ahorros *mpl*; **Polstergarnitur** *f* tresillo *m*; **Polstermöbel** *nt* mueble *m* tapizado

**polstern** ['pɔlstɐn] *vt* ① (*beziehen*) tapizar ② (*ausstopfen*) acolchar

**Polsterung** *f* <-en> ① (*das Polstern*) acolchado *m* ② (*Polster*) colchón *m*

**Polterabend** *m* ≈despedida *f* de solteros

**i Land & Leute**

Con el nombre de **Polterabend** se designa la tarde anterior al día de la boda de una pareja de novios. Ésta se suele celebrar con amigos y familiares. Durante la celebración es costumbre romper piezas de vajilla para que los novios las barran, pues se supone que este ritual les traerá suerte.

**poltern** ['pɔltɐn] *vi* ① (*lärmen*) hacer ruido ② *sein* (*sich bewegen*) moverse con ruido; (*fallen*) caerse con estrépito ③ (*schimpfen*) gritar ④ (*fam: Polterabend feiern*) celebrar la despedida de solteros

**Polyester** [poly'ɛstɐ] *m* <-s, -> (CHEM, TECH) poliéster *m*

**polygam** [poly'gaːm] *adj* (*a.* BOT) polígamo

**Polygamie** [polyga'miː] *f ohne pl* (*a.* BOT) poligamia *f*

**polyglott** [poly'glɔt] *adj* políglota

**Polyp** [po'lyːp] *m* <-en, -en> ① (BIOL, MED) pólipo *m* ② (*fam: Polizist*) polizonte *mf*

**Polytechnikum** [poly'tɛçnikʊm, *pl:* poly'tɛçnika] *nt* Escuela *f* Superior de Ingeniería

**Polytheismus** [polyte'ɪsmʊs] *m* <-, *ohne pl*> (REL) politeísmo *m*

**Pomade** [po'maːdə] *f* <-n> pomada *f* para el pelo

**Pommern** ['pɔmɐn] *nt* <-s> Pomerania *f*

**Pommes** ['pɔməs] *pl* (*fam*), **Pommes frites** [pɔm'frɪt] *pl* patatas *fpl* fritas

**Pomp** [pɔmp] *m* <-(e)s, *ohne pl*> pompa *f*

**pompös** [pɔm'pøːs] *adj* pomposo

**Poncho** ['pɔntʃo] *m* <-s, -s> poncho *m*, sarape *m Mex*

**Pony**[1] ['pɔni] *nt* <-s, -s> (*Pferd*) poney *m*

**Pony**[2] ['pɔni] *m* <-s, -s> (*Frisur*) flequillo *m*

**Pool** [puːl] *m* <-s, -s> ① (*Schwimmbad*) piscina *f* ② (WIRTSCH) pool *m*, grupo *m*; **Poolbillard** *nt* billar *m*

**Pop** [pɔp] *m* <-(s), *ohne pl*> (música *f*) pop *m*

**Popcorn** ['pɔpkɔrn] *nt* <-s, *ohne pl*> palomitas *fpl* (de maíz), pororó *m CSur*

**Popel** ['poːpəl] *m* <-s, -> (*fam*) moco *m* (seco)

**popelig** *adj* (*fam*) ① (*armselig*) mísero, pobre ② (*gewöhnlich*) normal y corriente

**popeln** ['poːpəln] *vi* (*fam*) hurgarse; **in der Nase ~** hurgarse en la nariz

**Popfan** *m* popero *m fam*

**poplig** *adj s.* **popelig**

**Popmusik** ['pɔpmuziːk] *f ohne pl* música *f* pop

**Popo** [po'poː, '--] *m* <-s, -s> (*fam*) trasero *m*

**poppig** ['pɔpɪç] *adj* (*fam*) pop

**populär** [popu'lɛːɐ] *adj* popular

**popularisieren*** [populari'ziːrən] *vt* popularizar

**Popularität** [populari'tɛːt] *f ohne pl* popularidad *f*

**populärwissenschaftlich** *adj* pseudocientífico

**Population** [popula'tsjoːn] *f* <-en> (BIOL) población *f*

**Pore** ['poːrə] *f* <-n> poro *m*

**Porno** ['pɔrno] *m* <-s, -s> (*fam:* **~*film***) película *f* porno; (**~*roman***) novela *f* porno; **Pornofilm** *m* película *f* porno(gráfica)

**Pornografie** [pɔrnogra'fiː] *f ohne pl* pornografía *f*

**pornografisch** [pɔrno'graːfɪʃ] *adj* pornográfico

**Pornographie** *f ohne pl s.* **Pornografie**

**pornographisch** *adj s.* **pornografisch**

**porös** [po'røːs] *adj* poroso

**Porree** ['pɔre] *m* <-s, -s> puerro *m*

**Portal** [pɔr'taːl] *nt* <-s, -e> portal *m*

**Portemonnaie** [pɔrtmɔ'neː] *nt* <-s, -s> *s.* **Portmonee**

**Portfolio** *nt* <-s, -s> (FIN) cartera *f* (de valores)

**Porti** ['pɔrti] *pl von* **Porto**

**Portier** [pɔr'tjeː] *m* <-s, -s> portero *m*

**Portion** [pɔr'tsjoːn] *f* <-en> ración *f*, porción *f*; (*Neugier*) dosis *f inv*; **eine halbe ~** (*fam*) poquita cosa

**Portmonee** [pɔrtmɔ'neː] *nt* <-s, -s> monedero *m*, portamonedas *m inv Chil, Ven*

**Porto** ['pɔrto] *nt* <-s, -s *o* Porti> franqueo *m*; (*Versandkosten*) gastos *mpl* de envío; **portofrei** *adj* exento de franqueo; **portopflichtig** *adj* sujeto a franqueo

**Porträt** [pɔr'trɛː] *nt* <-s, -s> retrato *m*

**porträtieren*** [pɔrtrɛ'tiːrən] *vt* retratar

**Portugal** ['pɔrtugal] *nt* <-s> Portugal *m*

**Portugiese**, **-in** [pɔrtu'gi:zə] *m, f* <-n, -n; -nen> portugués, -esa *m, f*

**portugiesisch** *adj* portugués

**Portwein** ['pɔrtvaɪn] *m* (vino *m* de) Oporto *m*

**Porzellan** [pɔrtsɛ'la:n] *nt* <-s, -e> porcelana *f*; **Porzellangeschirr** *nt* vajilla *f* de porcelana; **Porzellanladen** *m* tienda *f* de porcelana; **er benimmt sich wie ein Elefant im ~** (*fam*) se comporta como un elefante en una cacharrería

**Posaune** [po'zaʊnə] *f* <-n> trombón *m*

**Posaunist(in)** [pozaʊ'nɪst] *m(f)* <-en, -en; -nen> trombón *mf*

**Pose** ['po:zə] *f* <-n> pose *f*; **sich in ~ werfen** ponerse en pose

**posieren*** [po'zi:rən] *vi* posar

**Position** [pozi'tsjo:n] *f* <-en> ① (*Standpunkt, Lage*) posición *f*; **eine bestimmte ~ vertreten/beziehen** defender/tomar una determinada posición ② (*im Beruf*) puesto *m* ③ (WIRTSCH) partida *f*

**positionieren*** *vt* (*geh a.* INFOR, WIRTSCH) posicionar

**Positionslicht** *nt* (AERO, NAUT) luz *f* de posición

**positiv** ['po:ziti:f] *adj* (*a.* PHYS, MATH, FOTO) positivo; **~ zu etw stehen** tener una actitud positiva con respecto a algo; **sich auf etw ~ auswirken** tener efectos positivos sobre algo

**Positiv** ['po:ziti:f] *nt* <-s, -e> (FOTO) positivo *m*

**Posse** ['pɔsə] *f* <-n> farsa *f*

**possenhaft** *adj* cómico

**Possessivpronomen** ['pɔsɛsi:f-, pɔsɛ'si:f-] *nt* (LING) pronombre *m* posesivo

**possierlich** [pɔ'si:ɐlɪç] *adj* gracioso

**Post** [pɔst] *f ohne pl* ① (*Institution*) Correos *mpl*; (*Postamt*) (oficina *f* de) Correos *mpl*; **einen Brief auf die ~ bringen** echar una carta en Correos; **Geld auf der ~ einzahlen** hacer un pago en Correos; **Pakete bei der ~ abholen** recoger paquetes en Correos; **ich muss noch zur ~** aún tengo que ir a Correos; **etw mit der ~ verschicken** mandar algo por correo ② (*Sendung*) correo *m*; **elektronische ~** correo electrónico; **die ~ erledigen/beantworten** despachar/contestar el correo; **war die ~ schon da?** (*fam*) ¿ya ha llegado el correo?; **mit gleicher ~** con el mismo envío; **hier geht die ~ ab** (*fam*) esto es de locura

**postalisch** [pɔs'ta:lɪʃ] *adj* postal

**Postamt** *nt* (oficina *f* de) Correos *mpl*; **Postanweisung** *f* ① (*Geldsendung*) giro *m* postal ② (*Formular*) formulario *m* para un giro postal; **Postauto** *nt* coche *m* de correos; **Postbank** *f* ≈Caja *f* Postal; **Postbeamte(r)** *mf*, **-beamtin** *f* funcionario, -a *m, f* postal; **Postbote**, **-in** *m, f* cartero, -a *m, f*

**Posten** ['pɔstən] *m* <-s, -> ① (*Stellung*) puesto *m*, empleo *m*; (*Amt*) cargo *m* ② (MIL) puesto *m*; **nicht auf dem ~ sein** (*fam*) no estar bien de salud; **auf verlorenem ~ stehen** luchar por una causa perdida ③ (*Person*) guardia *mf*; (MIL) centinela *f* ④ (*Warenmenge*) lote *m* ⑤ (*Einzel~*) partida *f*

**Poster** ['po:stɐ] *nt* <-s, -(s)> póster *m*

**Postfach** *nt* apartado *m* de Correos, casilla *f* (de correo) *Am*, box *m AmC*; **Postgeheimnis** *nt* (JUR) secreto *m* postal

**Postgiroamt** *nt* oficina *f* de cuentas corrientes postales; **Postgirokonto** *nt* cuenta *f* corriente postal

**posthum** [pɔst'hu:m] *adj* póstumo; **etw ~ veröffentlichen** publicar algo póstumamente

**postieren*** [pɔs'ti:rən] *vt* colocar; (MIL) apostar

**Postkarte** *f* (tarjeta *f*) postal *f*; **Postkutsche** *f* diligencia *f*; **postlagernd** *adj* en lista de Correos; **Postleitzahl** *f* código *m* postal

**i Land & Leute**

Tras la reunificación alemana se hizo necesaria la introducción de un nuevo sistema de códigos postales. Desde el 1 de junio de 1993 el **Postleitzahl** consta de cinco cifras y debe acompañar necesariamente a la dirección postal. Las dos primeras cifras hacen referencia a la región y las tres restantes indican la localidad, el apartado de correos o identifican a un usuario con gran volumen de correo. En Austria y Suiza el código postal consta, por el momento, de cuatro cifras, que sirven para identificar las distintas localidades. Concretamente, en el caso de Suiza, las dos primeras cifras indican la localidad y las dos últimas, la calle.

**postmodern** [pɔstmo'dɛrn] *adj* posmoderno; **Postmoderne** [pɔstmo'dɛrnə] *f* posmodernidad *f*

**Postscheck** *m* cheque *m* postal

**Postscriptfile** ['pɔʊsskrɪptfaɪl] *nt* <-s, -s> (INFOR) archivo *m* post scriptum

**Postsendung** *f* envío *m* postal

**Postskript** [pɔst'skrɪpt] *nt* <-(e)s, -e> pos(t)data *f*

**Postsparkasse** *f* Caja *f* Postal de Ahorros; **Poststempel** *m* matasellos *m inv;* **Postüberweisung** *f* giro *m* postal

**postulieren*** [pɔstu'li:rən] *vt* postular

**postum** [pɔs'tu:m] *adj s.* **posthum**

**Postweg** *m ohne pl* transporte *m* por correo; **etw auf dem ~ verschicken** enviar algo por correo

**postwendend** *adv* a vuelta de correo

**Postwertzeichen** *nt* sello *m* (de Correos), estampilla *f Am;* **Postwurfsendung** *f* envío *m* colectivo

**potent** [po'tɛnt] *adj* potente

**Potential** [potɛn'tsja:l] *nt* <-s, -e> *s.* **Potenzial**

**potentiell** [potɛn'tsjɛl] *adj s.* **potenziell**

**Potenz¹** [po'tɛnts] *f ohne pl* (*Zeugungsfähigkeit*) facultad *f* procreadora

**Potenz²** *f* <-en> ❶ (*Stärke*) potencia *f* ❷ (MATH) potencia *f;* **eine Zahl in die zweite ~ erheben** elevar un número a la segunda potencia

**Potenzial** [potɛn'tsja:l] *nt* <-s, -e> (*a.* PHYS) potencial *m*

**potenziell** [potɛn'tsjɛl] *adj* potencial; **der ist ~ gefährlich** puede ser peligroso

**potenzieren*** [potɛn'tsi:rən] *vt* ❶ (*steigern*) multiplicar ❷ (MATH) elevar a una potencia

**Potenzstörung** *f* (MED) fallo *m* de la potencia

**Potpourri** ['pɔtpʊri] *nt* <-s, -s> popurrí *m*

**Potsdam** ['pɔtsdam] *nt* <-s> Potsdam *m*

**Pott** [pɔt, *pl:* 'pœtə] *m* <-(e)s, Pötte> (*nordd: fam*) ❶ (*Topf*) olla *f* ❷ (*Schiff*) vapor *m*

**potthässlich** ['pɔt'hɛslɪç] *adj* (*fam*) más feo que el diablo

**Pottwal** ['pɔtva:l] *m* cachalote *m*

**Power** ['paʊɐ] *f ohne pl* (*fam*) potencia *f,* fuerza *f*

**powern** ['paʊɐn] **I.** *vi* (*fam: Stärke entfalten*) dar gas **II.** *vt* (*fam: fördern*) apoyar

**Präambel** [prɛ'ambəl] *f* <-n> preámbulo *m* (*zu* a)

**PR-Abteilung** *f* departamento *m* de relaciones públicas

**Pracht** [praxt] *f ohne pl* (*Glanz*) esplendor *m;* (*Prunk*) pompa *f;* (*Luxus*) lujo *m;* **das ist eine wahre ~** (*fam*) es excelente; **Prachtexemplar** *nt* (*fam: Tier, Gegenstand*) magnífico ejemplar *m;* (*Mensch*) buen mozo *m,* buena moza *f*

**prächtig** ['prɛçtɪç] *adj* ❶ (*prunkvoll*) ostentoso; (*luxuriös*) lujoso ❷ (*großartig*) maravilloso

**Prachtkerl** *m* (*fam*) tío *m* estupendo; **Prachtstück** *nt* (*fam*) ejemplar *m* magnífico; **prachtvoll** *adj* ostentoso; (*luxuriös*) lujoso

**prädestinieren*** [prɛdɛsti'ni:rən] *vt* (*geh*) predestinar (*zu* a, *für* para)

**Prädikat** [prɛdi'ka:t] *nt* <-(e)s, -e> ❶ (*Bewertung*) calificación *f;* **die Arbeit wurde mit dem ~ „sehr gut" beurteilt** el trabajo fue calificado con la nota de "sobresaliente" ❷ (LING, PHILOS) predicado *m*

**Präferenz** [prɛfe'rɛnts] *f* <-en> preferencia *f* (*für* por)

**Präfix** ['prɛ:fɪks, prɛ'fɪks] *nt* <-es, -e> (LING) prefijo *m*

**Prag** [pra:k] *nt* <-s> Praga *f*

**prägen** ['prɛ:gən] *vt* ❶ (*Münzen, Begriff*) acuñar ❷ (*Metall, Leder*) repujar; (*Papier*) gofrar; **etw prägt sich jdm ins Gedächtnis** algo se le graba a alguien en la memoria ❸ (*beeinflussen*) caracterizar

**pragmatisch** *adj* (*a.* LING) pragmático

**prägnant** [prɛ'gnant] *adj* (*knapp*) conciso; (*genau*) preciso

**Prägnanz** [prɛ'gnants] *f ohne pl* (*Knappheit*) concisión *f;* (*Genauigkeit*) precisión *f*

**Prägung** *f* <-en> ❶ (*von Münzen*) acuñación *f;* (*von Leder, Metall*) repujado *m* ❷ (*eingeprägtes Bild*) relieve *m;* (*Stempel*) sello *m* en seco ❸ (*Art*) carácter *m*

**prähistorisch** ['prɛ:hɪsto:rɪʃ, prɛhɪs'to:rɪʃ] *adj* prehistórico

**prahlen** ['pra:lən] *vi* jactarse (*mit* de), palanganear *Am: fam*

**Prahler(in)** *m(f)* <-s, -; -nen> fanfarrón, -ona *m, f,* chévere *mf Am*

**Prahlerei** *f* <-en> (*abw*) ❶ (*das Prahlen*) jactancia *f* ❷ (*Äußerung*) fanfarronada *f,* bluff *m Am,* echada *f Mex*

**Prahlerin** *f* <-nen> *s.* **Prahler**

**prahlerisch** *adj* fanfarrón

**Prahlhans** ['pra:lhans, *pl:* -hɛnzə] *m* <-es, -hänse> (*fam*) fanfarrón *m,* farolero *m*

**Praktik** ['praktɪk] *f* <-en> práctica *f;* (*Verfahren*) método *m*

**Praktika** *pl von* **Praktikum**

**praktikabel** [prakti'ka:bəl] *adj* factible, practicable

**Praktikant(in)** [prakti'kant] *m(f)* <-en, -en; -nen> persona *f* en período de prácticas

**Praktiker(in)** ['praktikɐ] *m(f)* <-s, -; -nen> persona *f* práctica

**Praktikum** ['praktikʊm, *pl:* 'praktika] *nt* <-s, Praktika> (período *m* de) prácticas *fpl;* **ein ~ absolvieren** hacer unas prácticas

**praktisch** ['praktɪʃ] *adj* práctico; **er ist ~**

**veranlagt** tiene un carácter muy práctico
**praktizieren*** [prakti'tsi:rən] **I.** *vi* trabajar (*als* como); ~ **der Arzt** médico en ejercicio **II.** *vt* ❶ (*durchführen*) poner en práctica ❷ (*fam: irgendwohin bringen*) llevar
**Praline** [pra'li:nə] *f* <-n>, **Pralinee** [prali'ne:] *nt* <-s, -s> (*Österr, Schweiz*) bombón *m*
**prall** [pral] *adj* (*voll*) repleto; (*Ballon*) henchido; (*Körperteil*) fuerte, gordito; **in der ~en Sonne** a pleno sol
**prallen** ['pralən] *vi* ❶ *sein* (*anstoßen*) chocar (*gegen/an/auf* contra) ❷ (*Sonne*) pegar
**prallvoll** ['-'-] *adj* (*fam*) rebosante
**Prämie** ['prɛ:mjə] *f* <-n> ❶ (*Vergütung*) premio *m;* (*Belohnung*) recompensa *f* ❷ (*bei Banken*) prima *f* ❸ (*Versicherungsbeitrag*) cuota *f*
**präm(i)ieren*** *vt* premiar
**Prämisse** [prɛ'mɪsə] *f* <-n> premisa *f;* **nur unter der ~, dass ...** sólo con la condición de que... +*subj*
**pränatal** [prɛna'ta:l] *adj* (MED) prenatal
**prangen** ['praŋən] *vi* llamar la atención
**Pranger** ['praŋɐ] *m* <-s, -> picota *f;* **jdn an den ~ stellen** poner a alguien en la picota
**Pranke** ['praŋkə] *f* <-n> (*a. Hand*) garra *f*
**Präparat** [prɛpa'ra:t] *nt* <-(e)s, -e> ❶ (*Substanz, Arznei*) preparado *m* ❷ (BIOL, MED) preparación *f*
**präparieren*** [prɛpa'ri:rən] *vt* ❶ (MED, BIOL) disecar ❷ (*vorbereiten*) preparar
**Präposition** [prɛpozi'tsjo:n] *f* <-en> (LING) preposición *f*
**Prärie** [prɛ'ri:] *f* <-n> pradera *f*
**Präsens** ['prɛ:zɛns] *nt* <-, Präsentia *o* Präsenzien> (LING) presente *m*
**präsent** [prɛ'zɛnt] *adj* (*geh*) presente
**Präsent** [prɛ'zɛnt] *nt* <-(e)s, -e> (*geh*) regalo *m;* **jdm ein ~ mitbringen** traer(le) a alguien un regalo
**Präsentation** [prɛzɛnta'tsjo:n] *f* <-en> presentación *f*
**Präsentia** *pl von* **Präsens**
**präsentieren*** [prɛzɛn'ti:rən] *vt* presentar
**Präsentierteller** *m:* (**wie**) **auf dem ~** (*fam*) a la vista de todos
**Präsentkorb** *m* cesta *f* surtida; (*zu Weihnachten*) cesta *f* de Navidad
**Präsenz** [prɛ'zɛnts] *f ohne pl* presencia *f;* **Präsenzbibliothek** *f* biblioteca *f* de (libre) consulta
**Präsenzien** *pl von* **Präsens**
**Präser** ['prɛ:zɐ] *m* <-s, -> (*fam*), **Präservativ** [prɛzɛrva'ti:f] *nt* <-s, -e> preservativo *m*
**Präsident(in)** [prɛzi'dɛnt] *m(f)* <-en, -en; -nen> presidente, -a *m, f*
**Präsidentschaft** *f* <-en> presidencia *f;* **Präsidentschaftskandidat(in)** *m(f)* candidato, -a *m, f* a la presidencia
**Präsidien** *pl von* **Präsidium**
**präsidieren*** [prɛzi'di:rən] *vi* presidir
**Präsidium** [prɛ'zi:diʊm] *nt* <-s, Präsidien> presidencia *f*
**prasseln** ['prasəln] *vi* ❶ *sein* (*Regen*) golpear (*auf/gegen/an*), pegar (*auf/gegen/an* contra); (*Vorwürfe*) llover ❷ (*Feuer*) crepitar
**prassen** ['prasən] *vi* pegarse la vida padre
**Präteritum** [prɛ'te:ritʊm, prɛ'tɛritʊm, *pl:* -rita] *nt* <-s, Präterita> (LING) pretérito *m*
**Prävention** [prɛvɛn'tsjo:n] *f* <-en> prevención *f*
**präventiv** [prɛvɛn'ti:f] *adj* preventivo
**Praxis**[1] ['praksɪs] *f* <Praxen> (*Arzt*) consultorio *m;* (*Rechtsanwalt*) bufete *m*
**Praxis**[2] *f ohne pl* (*Anwendung, Erfahrung*) práctica *f;* **langjährige ~** años de práctica; **eine Idee in die ~ umsetzen** poner una idea en práctica
**Praxisbezug** *m* orientación *f* práctica; **praxisfern** *adj* alejado de la práctica; **praxisnah** *adj* práctico
**Präzedenzfall** *m* precedente *m;* **einen ~ schaffen** sentar precedente
**präzis(e)** *adj* preciso
**präzisieren*** [prɛtsi'zi:rən] *vt* precisar
**Präzision** [prɛtsi'zjo:n] *f ohne pl* precisión *f*
**predigen** ['pre:dɪgən] **I.** *vi* (*Predigt halten*) predicar **II.** *vt* ❶ (*verkünden*) predicar ❷ (*fam: mahnen*): **jdm etw ~** echar un sermón a alguien
**Prediger(in)** *m(f)* <-s, -; -nen> predicador(a) *m(f)*
**Predigt** ['pre:dɪçt] *f* <-en> sermón *m;* **eine ~ halten** pronunciar un sermón; (*fam*) echar un sermón
**Preis** [praɪs] *m* <-es, -e> ❶ (*Kauf~*) precio *m;* **zum halben ~** a mitad de precio; **um keinen ~** de ninguna manera; **um jeden ~** cueste lo que cueste; **einen hohen ~ zahlen müssen** tener que pagar un precio muy alto ❷ (*Auszeichnung*) premio *m;* (*Belohnung*) recompensa *f;* **Preisanstieg** *m* (WIRTSCH) subida *f* de precios; **Preisaufschlag** *m* (WIRTSCH) sobreprecio *m*
**Preisausschreiben** *nt* concurso *m*
**Preisauszeichnung** *f* indicación *f* del precio; **Preiseinbruch** *m* (WIRTSCH) derrumbamiento *m* de los precios
**Preiselbeere** ['praɪzəlbe:rə] *f* arándano *m* rojo
**Preisempfehlung** *f* precio *m* recomendado; **unverbindliche ~** precio recomendado (no obligatorio)

P

**preisen** ['praɪzən] <preist, pries, gepriesen> *vt* (*geh*) alabar; **sich glücklich ~ (können)** (poder) considerarse dichoso

**Preiserhöhung** *f* (WIRTSCH) subida *f* de precios; **Preisermäßigung** *f* (WIRTSCH) reducción *f* de precios, descuento *m*

**Preisfrage** *f* ① (*bei Preisausschreiben*) pregunta *f* de concurso ② (*eine Frage des Preises*) cuestión *f* de precio ③ (*fam: schwierige Frage*) cuestión *f* difícil

**Preisgabe** *f ohne pl* ① (*Aufgabe*) abandono *m;* (*Verzicht*) renuncia *f* ② (*eines Geheimnisses*) revelación *f*

**preis|geben** *irr vt* (*geh*) ① (*ausliefern*) exponer; **jdn der Lächerlichkeit ~** poner a alguien en ridículo ② (*aufgeben*) abandonar ③ (*verraten*) revelar

**preisgekrönt** *adj* premiado; **Preisgeld** *nt* premio *m* en metálico; **Preisgericht** *nt* jurado *m*

**preisgünstig** **I.** *adj* de buen precio; (*billig*) barato **II.** *adv* a buen precio; **Preisklasse** *f* clase *f* de precios; **Preislage** *f* precio *m;* **in allen ~n** de todos los precios

**Preis-Leistungs-Verhältnis** *nt* relación *f* precio-prestaciones; (*Qualität*) relación *f* calidad-precio

**preislich** *adj* respecto al precio; **~e Unterschiede** diferencias de precio

**Preisliste** *f* lista *f* de precios; **Preisnachlass** *m* (WIRTSCH) rebaja *f,* descuento *m*

**Preisrätsel** *nt* pasatiempo *m* de concurso; **Preisrichter(in)** *m(f)* (miembro *m* del) jurado *m*

**Preisrückgang** *m* (WIRTSCH) disminución *f* de precios; **Preisschild** *nt* etiqueta *f* del precio; **Preisschwankungen** *fpl* (WIRTSCH) oscilación *f* de precios, fluctuación *f* de precios; **Preissenkung** *f* (WIRTSCH) reducción *f* de precios; **Preissteigerung** *f* (WIRTSCH) subida *f* de precios

**Preisträger(in)** *m(f)* premiado, -a *m, f*

**Preisunterschied** *m* diferencia *f* de precios; **Preisvergleich** *m* comparación *f* de precios; **einen ~ machen** comparar precios

**Preisverleihung** *f* entrega *f* de premios, premiación *f And*

**preiswert** **I.** *adj* de buen precio; (*billig*) barato **II.** *adv* a buen precio

**prekär** [pre'kɛːɐ] *adj* precario

**Prellbock** ['prɛlbɔk] *m* (EISENB) tope *m* fijo

**prellen** ['prɛlən] **I.** *vt* ① (*betrügen*) estafar; **er prellte ihn um seinen Lohn** le estafó su salario ② (*stoßen*): **sich** *dat* **etw ~** contusionarse algo ③ (SPORT) hacer botar **II.** *vr:* **sich ~** contusionarse (*an* en)

**Prellung** *f* <-en> contusión *f*

**Premiere** [prə'mjeːrə] *f* <-n> estreno *m*

**Premierminister(in)** *m(f)* primer ministro *m,* primera ministra *f*

**Presse**[1] ['prɛsə] *f* <-n> ① (TECH) prensa *f* ② (*Saft~*) exprimidor *m*

**Presse**[2] *f ohne pl* (*Medien*) prensa *f;* **eine gute ~ haben** tener buenas críticas

**Presseagentur** *f* agencia *f* de prensa; **Presseamt** *nt* oficina *f* de prensa; **Presseausweis** *m* carnet *m* de prensa; **Pressechef(in)** *m(f)* jefe, -a *m, f* de prensa; **Pressedienst** *m* servicio *m* de prensa; **Presseerklärung** *f* declaración *f* de prensa; **eine ~ abgeben** hacer una declaración de prensa; **Pressefotograf(in)** *m(f)* fotógrafo, -a *m, f* de prensa; **Pressefreiheit** *f ohne pl* libertad *f* de prensa; **Pressekonferenz** *f* conferencia *f* de prensa; **eine ~ abhalten** celebrar una conferencia de prensa; **Pressemeldung** *f,* **Pressemitteilung** *f* noticia *f* de prensa; **Pressemitteilung** *f* noticia *f* de prensa

**pressen** ['prɛsən] **I.** *vt* ① (*in einer Presse*) prensar; (*Blumen*) secar; **Wein ~** prensar la uva ② (*aus~*) exprimir ③ (*drücken*) apretar (*gegen/an* contra); **die Nase gegen die Scheibe ~** apretar la nariz contra el cristal; **etw durch ein Sieb ~** pasar algo por un colador **II.** *vi* (*Gebärende*) empujar

**Presseschau** *f* revista *f* de prensa; **Pressespiegel** *m* resumen *m* de prensa; **Pressesprecher(in)** *m(f)* portavoz *mf* de prensa; **Pressestelle** *f* oficina *f* de prensa; **Pressestimmen** *fpl* comentarios *mpl* de prensa; **Pressewesen** *nt* <-s, *ohne pl*> prensa *f;* **Pressezensur** *f ohne pl* censura *f* de prensa

**pressieren*** [prɛ'siːrən] *vi* (*südd, Österr, Schweiz*) correr prisa; **mir pressiert es** tengo prisa

**Pressluftbohrer** *m* taladro *m* neumático; **Presslufthammer** *m* martillo *m* neumático; **Presswehen** *fpl* (MED) contracciones *fpl* del parto

**Prestige** [prɛs'tiːʒ] *nt* <-s, *ohne pl*> prestigio *m;* **Prestigedenken** *nt* valoración *f* (exagerada) de la posición social; **Prestigeobjekt** *nt* objeto *m* de prestigio

**Preuße, -in** ['prɔɪsə] *m, f* <-n, -n; -nen> prusiano, -a *m, f*

**Preußen** ['prɔɪsən] *nt* <-s> Prusia *f*

**Preußin** *f* <-nen> *s.* **Preuße**

**preußisch** *adj* prusiano

**prickeln** ['prɪkəln] *vi* ① (*kribbeln*) sentir (un) hormigueo (en) ② (*kitzeln*) hacer cosquillas (*auf* en); **ein angenehmes P~ auf der Haut** un agradable cosquilleo en la piel

❸ (*Getränk*) burbujear

**prickelnd** *adj* (*erregend*) excitante

**Priel** [priːl] *m* <-(e)s, -e> canal *m*

**pries** [priːs] *3. imp von* **preisen**

**Priester(in)** [ˈpriːstɐ] *m(f)* <-s, -; -nen> (REL) sacerdote, -isa *m, f;* **Priesteramt** *nt* (REL) sacerdocio *m;* **Priestergewand** *nt* (REL) sotana *f*

**Priesterin** *f* <-nen> *s.* **Priester**

**Priestertum** *nt* <-s, *ohne pl*> (REL) sacerdocio *m*

**Priesterweihe** *f* (REL) ordenación *f* sacerdotal

**prima** [ˈpriːma] **I.** *adj inv* (*fam*) estupendo, fain *Am* **II.** *adv* (*fam*) muy bien; **du hast uns ~ geholfen** nos has sido de gran ayuda

**Primaballerina** [primabaleˈriːna] *f* (*Ballet*) primera bailarina *f;* **Primadonna** [primaˈdɔna] *f* <-donnen> (*Oper*) prima donna *f*

**primär** [priˈmɛːɐ] **I.** *adj* ❶ (*ursprünglich*) primario ❷ (*grundlegend*) elemental **II.** *adv* en primer lugar

**Primarschule** [priˈmaːɐ-] *f* (*Schweiz*) *escuela primaria en Suiza*

**i Land & Leute**

A los seis años acceden los niños suizos de forma obligatoria y gratuita a la **Primarschule**. La escuela básica es el primer eslabón dentro del sistema educativo obligatorio. Esta etapa dura, dependiendo de los cantones, entre cuatro y seis años.

**Primat**[1] [priˈmaːt] *m* <-en, -en> (ZOOL) primate *m*

**Primat**[2] *m o nt* <-(e)s, -e> (*a.* REL) primacía *f* (*vor/über* sobre)

**Primel** [ˈpriːməl] *f* <-n> prímula *f*

**primitiv** [primiˈtiːf] *adj* primitivo

**Primitivität** [primitiviˈtɛːt] *f ohne pl* primitivismo *m*

**Primitivling** [primiˈtiːflɪŋ] *m* <-s, -e> (*abw*) cateto, -a *m, f*

**Primzahl** [ˈpriːm-] *f* (MATH) número *m* primo

**Printmedien** [ˈprɪnt-] *ntpl* medios *mpl* escritos; **Printout** [prɪntˈʔaʊt] *nt* <-s, -s> (INFOR) impresión *f*

**Prinz** [prɪnts] *m,* **Prinzessin** *f* <-en, -en; -nen> príncipe *m,* princesa *f*

**Prinzip** [prɪnˈtsiːp, *pl:* prɪnˈtsiːpiən, prɪnˈtsiːpə] *nt* <-s, -ien *o* -e> principio *m;* **im ~** en principio; **gegen seine ~ien verstoßen** infringir sus principios; **aus ~** por principio; **es geht ums ~** es una cuestión de principios

**prinzipiell** [prɪntsiˈpjɛl] **I.** *adj* de principio; (*grundlegend*) fundamental **II.** *adv* por principio

**Prinzipien** *pl von* **Prinzip**; **Prinzipienreiter(in)** *m(f)* (*abw*) doctrinario, -a *m, f*

**Priorität** [prioriˈtɛːt] *f* <-en> prioridad *f;* **~en setzen** establecer prioridades

**Prise** [ˈpriːzə] *f* <-n> ❶ (*Gewürz, Tabak*) pizca *f;* **eine ~ Salz** una pizca de sal ❷ (NAUT) presa *f*

**Prisma** [ˈprɪsma] *nt* <-s, Prismen> (MATH, PHYS) prisma *m*

**Pritsche** [ˈprɪtʃə] *f* <-n> ❶ (*Liege*) catre *m* ❷ (*beim Lastwagen*) plataforma *f*

**privat** [priˈvaːt] **I.** *adj* (*nicht öffentlich*) privado; (*nicht offiziell*) particular **II.** *adv* en privado; **ich möchte ihn ~ sprechen** le quisiera hablar en privado; **sie ist ~ hier** ha venido por motivos personales; **ich bin ~ krankenversichert** estoy afiliado a un seguro de enfermedad privado; **Privatangelegenheit** *f* asunto *m* personal; **Privatbesitz** *m* propiedad *f* privada; **Privatdetektiv(in)** *m(f)* detective *mf* privado, -a; **Privateigentum** *nt* propiedad *f* privada; **Privatfernsehen** *nt* (*fam*) emisora *f* de televisión privada; **Privatgespräch** *nt* conversación *f* privada; (TEL) llamada *f* privada; **Privatgrundstück** *nt* terreno *m* particular; **Privatinitiative** *f* iniciativa *f* privada

**privatisieren*** [privatiˈziːrən] *vt* (WIRTSCH) privatizar

**Privatisierung** *f* <-en> (WIRTSCH) privatización *f*

**Privatleben** *nt ohne pl* vida *f* privada; **Privatlehrer(in)** *m(f)* profesor(a) *m(f)* particular; **Privatmann** *m* <-(e)s, -leute> ❶ *s.* **Privatperson** ❷ (*Mann ohne festen Beruf*) rentista *m;* **Privatnummer** *f* (número *m* de) teléfono *m* particular; **Privatpatient(in)** *m(f)* paciente *mf* particular; **Privatperson** *f* particular *mf;* **Privatsache** *f* asunto *m* personal; **Privatschule** *f* colegio *m* privado; **Privatsekretär(in)** *m(f)* secretario, -a *m, f* particular; **Privatsphäre** *f* esfera *f* privada; **Privatunterricht** *m* clase *f* particular; **Privatvergnügen** *nt* (*fam*) asunto *m* personal; **ich mache das nicht zu meinem ~** no lo hago por diversión; **Privatvermögen** *nt* bienes *mpl* particulares; **Privatwirtschaft** *f ohne pl* economía *f* privada

**Privileg** [priviˈleːk, *pl:* priviˈleːgiən] *nt* <-(e)s, -ien> privilegio *m*

**privilegieren*** [privile'gi:rən] *vt* privilegiar

**pro** [pro:] **I.** *präp +akk* por; ~ **Kopf** por cabeza, per cápita; ~ **Person** por persona; **einmal** ~ **Monat/Tag** una vez al mes/al día; ~ **Stück** por pieza; **80 km** ~ **Stunde** 80 km por hora **II.** *adv:* **bist du** ~ **oder kontra** (**eingestellt**)? ¿estás a favor o en contra?

**Pro** [pro:] *nt* <-, *ohne pl*> pro *m;* ~ **und Kontra** pro y contra

**probat** [pro'ba:t] *adj* (*geh*) ❶ (*bewährt*) probado ❷ (*tauglich*) eficaz; **ein** ~**es Mittel** un método eficaz

**Probe** ['pro:bə] *f* <-n> ❶ (*Versuch*) prueba *f;* **auf** ~ a prueba; **die** ~ **bestehen** pasar la prueba; **jds Geduld auf die** ~ **stellen** poner a prueba la paciencia de alguien ❷ (THEAT) ensayo *m* ❸ (*Prüfungsstück*) muestra *f;* **eine** ~ **entnehmen** tomar una muestra; **Probeabzug** *m* ❶ (TYPO) (primera) prueba *f* ❷ (FOTO) copia *f* de prueba; **Probealarm** *m* verificación *f* del sistema de alarma; **Probeentnahme** *f* toma *f* de muestras; **Probefahrt** *f* recorrido *m* de prueba; **Probelauf** *m* (TECH) prueba *f* de funcionamiento

**proben** ['pro:bən] *vi, vt* ensayar

**probeweise** *adv* a modo de prueba

**Probezeit** *f* ❶ (*Testzeit*) período *m* de prueba ❷ (*Schweiz:* JUR: *Bewährungsfrist*) plazo *m* de prueba

**probieren*** [pro'bi:rən] *vt* ❶ (*versuchen*) probar; **lass** (**es**) **mich mal** ~**!** ¡déjame probar a mí!; **P~ geht über Studieren** (*prov*) ≈nadie nace sabiendo ❷ (*Speise, Getränk*) probar; (*kosten*) degustar

**Problem** [pro'ble:m] *nt* <-s, -e> problema *m;* **vor einem** ~ **stehen** encontrarse ante un problema; **etw wird für jdn zum** ~ algo se convierte en (un) problema para alguien; **kein** ~**!** (*fam*) ¡no hay problema!

**Problematik** [proble'ma:tɪk] *f ohne pl* problemática *f*

**problematisch** *adj* problemático

**Problembereich** *m* (*Gebiet*) zona *f* problemática; (*Sachgebiet*) terreno *m* problemático; **Problemfall** *m* caso *m* problemático; **problemlos** *adj* sin problemas

**Procedere** [pro'tse:dərə] *nt* <-, -> (*geh*) (modo *m* de) proceder *m*

**Produkt** [pro'dʊkt] *nt* <-(e)s, -e> (*a.* MATH) producto *m;* **Produkthaftung** *f* responsabilidad *f* sobre el producto

**Produktion** [produk'tsjo:n] *f* <-en> producción *f;* **Produktionskosten** *pl* costes *mpl* de producción; **Produktionsmittel** *ntpl* medios *mpl* de producción; **Produktionsrückgang** *m* disminución *f* de la producción; **Produktionssteigerung** *f* aumento *m* de (la) producción

**produktiv** [produk'ti:f] *adj* ❶ (*ergiebig*) productivo ❷ (*schöpferisch*) creativo

**Produktivität** [produktivi'tɛ:t] *f ohne pl* ❶ (*Ergiebigkeit*) productividad *f* ❷ (*Schaffenskraft*) creatividad *f*

**Produktpalette** *f* gama *f* de productos; **Produktpiraterie** *f* (WIRTSCH) piratería *f* de productos

**Produzent(in)** [produ'tsɛnt] *m(f)* <-en, -en; -nen> productor(a) *m(f)*

**produzieren*** [produ'tsi:rən] **I.** *vt* producir **II.** *vr:* **sich** ~ (*fam*) darse tono

**Prof.** *Abk. von* **Professor** Prof.

**profan** [pro'fa:n] *adj* profano

**Professionalität** [profɛsjonali'tɛ:t] *f ohne pl* profesionalidad *f*

**professionell** [profɛsjo'nɛl] *adj* profesional; **sie arbeiten sehr** ~ trabajan con gran profesionalidad

**Professor(in)** [pro'fɛso:ɐ, *pl:* profɛ'so:rən] *m(f)* <-s, -en; -nen> ❶ (*akademischer Titel, Universitäts~*) ≈profesor(a) *m(f)* numerario, -a; (*Ordinarius*) catedrático, -a *m, f;* ~ **X** el profesor X ❷ (*Österr: Gymnasiallehrer*) profesor(a) *m(f)* de enseñanza media

**Professur** [profɛ'su:ɐ] *f* <-en> cátedra *f* (*für* de)

**Profi** ['pro:fi] *m* <-s, -s> profesional *mf*

**Profil** [pro'fi:l] *nt* <-s, -e> ❶ (*des Kopfes*) perfil *m;* **im** ~ de perfil ❷ (TECH, ARCHIT) perfil *m;* (*Reifen~*) ranuras *fpl* ❸ (*Persönlichkeit*) personalidad *f;* (*Image*) imagen *f* (pública); **an** ~ **gewinnen/verlieren** mejorar/dañar su imagen pública

**profilieren*** [profi'li:rən] **I.** *vt* ranurar **II.** *vr:* **sich** ~ distinguirse

**Profilneurose** *f* (PSYCH) ansiedad *f* constante de destacar

**Profit** [pro'fi:t] *m* <-(e)s, -e> ❶ (*Nutzen*) provecho *m;* ~ **aus etw schlagen/ziehen** obtener/sacar provecho de algo ❷ (WIRTSCH) beneficio *m*

**profitabel** [profi'ta:bəl] *adj* lucrativo

**Profitgier** *f* (*abw*) afán *m* de lucro

**profitieren*** [profi'ti:rən] *vi* sacar provecho (*von/bei* de)

**pro forma** [pro: 'fɔrma] *adv* (*der Form halber*) proforma; **eine Rechnung** ~ **ausstellen** expedir una factura proforma

**Prognose** [pro'gno:zə] *f* <-n> pronóstico *m*

**prognostizieren*** [prognɔsti'tsi:rən] *vt* pronosticar

**Programm** [pro'gram] *nt* <-s, -e> ❶ (*Planung, Ablauf*) programa *m;* **auf dem** ~ **stehen** figurar en el programa; **ein volles**

~ **haben** estar ocupado ② (INFOR) programa *m;* **ein ~ schreiben/entwickeln** escribir/crear un programa ③ (RADIO, TV) cadena *f;* **Programmabbruch** *m* (INFOR) interrupción *f* del programa

**programmatisch** [progra'ma:tɪʃ] *adj* programático

**Programmfehler** *m* (INFOR) error *m* del programa; **programmgemäß** *adj* de acuerdo con el programa; **alles verlief ~** todo transcurrió conforme al plan; **Programmheft** *nt* programa *m*

**programmieren*** [progra'mi:rən] **I.** *vi* (*a.* INFOR) programar **II.** *vt* planear; (*a.* INFOR) programar

**Programmierer(in)** *m(f)* <-s, -; -nen> (INFOR) programador(a) *m(f)*

**Programmiersprache** *f* (INFOR) lenguaje *m* de programación

**Programmierung** *f* <-en> (INFOR) programación *f*

**Programmkino** *nt* cineclub *m;* **Programmlauf** *m* (INFOR) ejecución *f* del programa; **Programmpunkt** *m* punto *m* en el programa; **Programmsteuerung** *f ohne pl* (INFOR) control *m* de programa; **Programmvorschau** *f* avance *m* del programa; **Programmzeitschrift** *f* revista *f* con la programación de radio y televisión

**progressiv** [progrɛ'si:f] *adj* ① (*fortschrittlich*) progresista ② (*allmählich steigend*) progresivo

**Projekt** [pro'jɛkt] *nt* <-(e)s, -e> proyecto *m*

**projektieren*** [projɛk'ti:rən] *vt* proyectar

**Projektil** [projɛk'ti:l] *nt* <-s, -e> proyectil *m*

**Projektion** [projɛk'tsjo:n] *f* <-en> (*a.* MATH, FILM) proyección *f*

**Projektleiter(in)** *m(f)* director(a) *m(f)* de(l) proyecto

**Projektor** [pro'jɛkto:ɐ] *m* <-s, -en> proyector *m*

**projizieren*** [proji'tsi:rən] *vt* (*geh a.* FILM, MATH) proyectar

**proklamieren*** [prokla'mi:rən] *vt* proclamar

**Pro-Kopf-Einkommen** *nt* renta *f* per cápita

**Prokurist(in)** [proku'rɪst] *m(f)* <-en, -en; -nen> procurador(a) *m(f)*

**Prolet(in)** [pro'le:t] *m(f)* <-en, -en; -nen> (*abw*) persona *f* vulgar, roto, -a *m, f Chil*

**Proletariat** [proletari'a:t] *nt* <-(e)s, -e> proletariado *m*

**Proletarier(in)** [prole'ta:riɐ] *m(f)* <-s, -; -nen> proletario, -a *m, f,* roto, -a *m, f Chil*

**proletarisch** [prole'ta:rɪʃ] *adj* proletario

**Proletin** *f* <-nen> *s.* **Prolet**

**Proll** *m* <-s, -s> (*abw sl*) proleta *mf*

**Prolo** *m* <-s, -s> (*abw sl: Prolet*) proleta *mf*

**Prolog** [pro'lo:k] *m* <-(e)s, -e> prólogo *m*

**Promenade** [promə'na:də] *f* <-n> paseo *m;* **Promenadenmischung** *f* (*fam*) *ejemplar canino resultante de una mezcla de razas*

**promenieren*** [promə'ni:rən] *vi sein* (*geh*) pasearse

**Promi** ['prɔmi] *m* <-s, -s> (*fam*) famoso, -a *m, f*

**Promille** [pro'mɪlə] *nt* <-(s), -> ① (*Tausendstel*) tanto *m* por mil, por mil *m* ② *pl* (*fam: Alkoholgehalt im Blut*) grado *m* de alcoholemia; **er hatte 1,2 ~** tenía un grado de alcoholemia de 1,2; **Promillegrenze** *f* grado *m* máximo de alcoholemia

**prominent** [promi'nɛnt] *adj* prominente; (*berühmt*) famoso

**Prominenz** [promi'nɛnts] *f ohne pl* personalidades *fpl,* galaxia *f AmC*

**promoten*** [prə'mɔʊtən] *vt* promover, fomentar

**Promotion** [promo'tsjo:n] *f* <-en> ① (*Verleihung des Doktorgrades*) doctorado *m* ② (*Schweiz:* SCH: *Versetzung*) traslado *m* ③ (*Schweiz:* SPORT: *Aufstieg*) ascenso *m*

**promovieren*** [promo'vi:rən] **I.** *vi* ① (*Dissertation schreiben*) escribir una tesis doctoral (*in* en, *über* sobre) ② (*Doktorwürde erlangen*) doctorarse (*in* en) **II.** *vt* (*Schweiz:* SCH: *versetzen*) trasladar

**prompt** [prɔmpt] **I.** *adj* inmediato **II.** *adv* en el acto, al tiro *Am;* **er ist ~ darauf/auf sie hereingefallen** (*fam*) picó enseguida con eso/con ella

**Pronomen** [pro'no:mən] *nt* <-s, - *o* Pronomina> (LING) pronombre *m*

**Propaganda** [propa'ganda] *f ohne pl* (POL, WIRTSCH) propaganda *f;* **~ für etw machen** hacer propaganda para algo

**propagandistisch** *adj* propagandístico

**propagieren*** [propa'gi:rən] *vt* propagar

**Propan** [pro'pa:n] *nt* <-s, *ohne pl*> propano *m;* **Propangas** *nt* gas *m* propano

**Propeller** [pro'pɛlɐ] *m* <-s, -> (AERO, NAUT) hélice *f*

**Prophet(in)** [pro'fe:t] *m(f)* <-en, -en; -nen> profeta, -isa *m, f*

**prophetisch** *adj* profético

**prophezeien*** [profe'tsaɪən] *vt* pronosticar; (REL) profetizar

**Prophezeiung** *f* <-en> pronóstico *m;* (REL) profecía *f*

**prophylaktisch** [profy'laktɪʃ] *adj* preventivo; (MED) profiláctico

**Prophylaxe** [profy'laksə] *f* <-n> (MED) profilaxis *f inv*

**Proportion** [propɔr'tsjo:n] *f* <-en> (*a.*

P

MATH) proporción *f*
**proportional** [proportsjo'na:l] *adj* proporcional (*zu* a)
**proportioniert** [proportsjo'ni:ɐt] *adj* proporcionado
**proppenvoll** ['prɔpənfɔl] *adj* (*fam*) lleno a reventar; **der Zug war** ~ el tren iba a tope
**Prosa** ['pro:za] *f ohne pl* prosa *f*
**prosaisch** [pro'za:ɪʃ] *adj* (*geh*) prosaico
**prosit** ['pro:zɪt] *interj* (*fam*) salud, chinchín
**Prospekt** [pro'spɛkt] *m* <-(e)s, -e> folleto *m*, prospecto *m*
**prost** [pro:st] *interj* (*fam*) salud, chinchín
**Prostata** ['prɔstata] *f* <Prostatae> (ANAT) próstata *f*
**prosten** *vi* ❶ (*Prost rufen*) brindar ❷ (*ein Prosit ausbringen*) pronunciar un brindis
**prostituieren*** [prostitu'i:rən] *vr:* **sich** ~ prostituirse
**Prostituierte(r)** *mf* <-n, -n; -n> prostituto, -a *m, f*, pípila *f Mex*
**Prostitution** [prostitu'tsjo:n] *f ohne pl* prostitución *f*
**Protagonist(in)** [protago'nɪst] *m(f)* <-en, -en; -nen> protagonista *mf*
**Protegé** [prote'ʒe:] *m* <-s, -s> protegido, -a *m, f*
**protegieren*** [prote'ʒi:rən] *vt* proteger
**Protein** [prote'i:n] *nt* <-s, -e> proteína *f*
**Protektionismus** [protɛktsjo'nɪsmʊs] *m* <-, *ohne pl*> (WIRTSCH) proteccionismo *m*
**Protest** [pro'tɛst] *m* <-(e)s, -e> protesta *f*, planteo *m Arg;* **etw aus** ~ **tun** hacer algo en señal de protesta; **unter** ~ bajo protesta
**Protestant(in)** [protɛs'tant] *m(f)* <-en, -en; -nen> protestante *mf*
**protestantisch** *adj* protestante
**Protestantismus** *m* <-, *ohne pl*> protestantismo *m*
**Protestbewegung** *f* movimiento *m* de protesta
**protestieren*** [protɛs'ti:rən] *vi* protestar
**Protestkundgebung** *f* manifestación *f* de protesta; **Protestmarsch** *m* marcha *f* de protesta; **Protestwähler(in)** *m(f)* (POL) *elector(a) descontento, -a que vota por un partido distinto a su partido habitual*
**Prothese** [pro'te:zə] *f* <-n> (MED, LING) prótesis *f inv*
**Protokoll**[1] [proto'kɔl] *nt* <-s, -e> ❶ (*Niederschrift*) protocolo *m*, acta *f;* ~ **führen** redactar el acta; **etw zu** ~ **geben** hacer constar algo en acta; **etw zu** ~ **nehmen** protocolar algo ❷ (*reg: Strafmandat*) multa *f*
**Protokoll**[2] *nt* <-s, *ohne pl*> (*Zeremoniell*) protocolo *m;* **gegen das** ~ **verstoßen** infringir el protocolo
**protokollarisch** [protokɔ'la:rɪʃ] *adj* protocolario; **etw** ~ **festhalten** levantar acta de algo
**Protokollführer(in)** *m(f)* secretario, -a *m, f* de actas; (*bei Gericht*) actuario, -a *m, f*
**protokollieren*** [protokɔ'li:rən] **I.** *vt* ❶ (*bei einer Sitzung, der Polizei*) hacer constar en acta ❷ (*in der Schule, Universität*) tomar nota (de) **II.** *vi* redactar el acta
**Proton** [pro'to:n] *nt* <-s, -en> (PHYS) protón *m*
**Prototyp** ['pro:toty:p] *m* (*a.* TECH) prototipo *m*
**protzen** *vi* (*fam*) presumir (*mit* de); (*mit Mut*) chulear (*mit* de)
**protzig** **I.** *adj* (*fam*) ❶ (*angeberisch*) fanfarrón ❷ (*luxuriös*) ostentoso **II.** *adv* (*fam*) con aires de fanfarrón
**Proviant** [provi'ant] *m* <-s, -e> víveres *mpl*
**Provider** [pro'vaɪdɐ] *m* <-s, -> provider *m*, proveedor *m*
**Provinz** [pro'vɪnts] *f* <-en> provincia *f*
**provinziell** [provɪn'tsjɛl] *adj* provinciano
**Provinzler(in)** [pro'vɪntslɐ] *m(f)* <-s, -; -nen> (*fam abw*) provinciano, -a *m, f*
**Provinzstadt** *f* ciudad *f* de provincias
**Provision** [provi'zjo:n] *f* <-en> (WIRTSCH) comisión *f;* **auf** [*o* **gegen**] ~ **arbeiten** trabajar a comisión
**Provisorien** *pl von* **Provisorium**
**provisorisch** [provi'zo:rɪʃ] *adj* provisional
**Provisorium** [provi'zo:riʊm] *nt* <-s, Provisorien> solución *f* provisional
**provokant** [provo'kant] *adj* provocador
**Provokation** [provoka'tsjo:n] *f* <-en> provocación *f*
**provokativ** [provoka'ti:f] *adj* provocador, provocativo; **sich** ~ **verhalten** comportarse de manera provocativa
**provozieren*** [provo'tsi:rən] *vt* provocar, torear *Arg, Chil*
**provozierend** *adj s.* **provokant**
**Prozedere** *nt* <-, -> (*geh*) (modo *m* de) proceder *m*
**Prozedur** [protse'du:ɐ] *f* <-en> procedimiento *m*
**Prozent** [pro'tsɛnt] *nt* <-(e)s, -e> ❶ (*Hundertstel*) tanto *m* por ciento; (*bei Alkoholgehalt*) grado *m;* **etw in** ~ **ausdrücken** expresar algo en tantos por ciento; **50** ~ **der Bevölkerung** el 50 por ciento de la población ❷ *pl* (*fam: Rabatt*) rebaja *f;* ~**e bekommen** recibir una rebaja; **Prozentsatz** *m* porcentaje *m*
**prozentual** [protsɛntu'a:l] *adj* porcentual
**Prozess** [pro'tsɛs] *m* <-es, -e> ❶ (JUR: *Zivil~*) pleito *m;* (*Straf~*) proceso *m;* **gegen jdn einen** ~ **führen** litigar contra alguien;

**mit jdm/etw kurzen ~ machen** (*fam*) cortar por lo sano con alguien/algo ② (*Vorgang*) proceso *m*; **Prozessgegner(in)** *m(f)* (JUR) parte *f* contraria

**prozessieren*** [prɔtsɛˈsiːrən] *vi* pleitear (*gegen* contra)

**Prozession** [prɔtsɛˈsjoːn] *f* <-en> procesión *f*

**Prozesskosten** *pl* (JUR) costas *fpl* procesales

**Prozessor** [proˈtsɛsoːɐ] *m* <-s, -en> (INFOR) procesador *m*

**Prozessordnung** *f* (JUR) código *m* procesal

**prüde** [ˈpryːdə] *adj* pudibundo

**prüfen** [ˈpryːfən] *vt* ① (*untersuchen, abfragen*) examinar; (*über~, nach~*) comprobar, verificar, chequear *Am*; **jdn in Biologie ~** examinar a alguien de biología; **staatlich geprüft** con diploma oficial; **mit ~den Blicken** con una mirada escrutadora ② (*geh: heimsuchen*) castigar; **ein schwer geprüfter Vater** un padre duramente castigado por el destino

**Prüfer(in)** *m(f)* <-s, -; -nen> (*Beruf*) inspector(a) *m(f)*; (*Schule, Universität*) examinador(a) *m(f)*

**Prüfling** *m* <-s, -e> examinando, -a *m, f*

**Prüfstand** *m* (TECH) instalación *f* de pruebas; **auf dem ~ stehen** (*fig*) tener que demostrar su eficacia; **Prüfstein** *m* piedra *f* de toque; **ein ~ für etw sein** ser una garantía de algo

**Prüfung** *f* <-en> ① (*Untersuchung, Schul~*) examen *m*; (*Über~*) inspección *f*; **sich einer ~ unterziehen** examinarse; **etw einer ~ unterziehen** someter algo a prueba; **nach ~ Ihrer Beschwerde** después de haber comprobado su queja; **die mündliche/schriftliche ~ in Biologie** el examen oral/escrito de biología ② (*geh: Heimsuchung*) revés *m* (de la fortuna); **Prüfungsangst** *f* miedo *m* a los exámenes; **Prüfungsaufgabe** *f* tema *m* de examen, pregunta *f* de examen; **Prüfungskommission** *f* comisión *f* examinadora; **Prüfungszeugnis** *nt* diploma *m*

**Prüfverfahren** *nt* procedimiento *m* de prueba; (TECH) método *m* de ensayo

**Prügel** [ˈpryːgəl] *m* <-s, -> ① (*Knüppel*) palo *m* ② *pl* (*Schläge*) tunda *f*, batida *f Peru, PRico*; **~ beziehen** recibir una paliza

**Prügelei** *f* <-en> pelea *f*

**Prügelknabe** *m* (*fam*) cabeza *f* de turco

**prügeln** [ˈpryːgəln] **I.** *vt* golpear; (*mit einem Stock*) apalear **II.** *vr:* **sich ~** pegarse, faitear; **sich um etw ~** pelearse por algo

**Prügelstrafe** *f ohne pl* castigo *m* corporal

**Prunk** [prʊŋk] *m* <-(e)s, *ohne pl*> suntuosidad *f*, pompa *f*

**prunkvoll** *adj* ostentoso, suntuoso

**prusten** [ˈpruːstən] *vi* resoplar; **vor Lachen ~** partirse de risa

**PS** [peːˈʔɛs] ① *Abk. von* **Pferdestärke** CV ② *Abk. von* **Postskript(um)** P.D.

**Psalm** [psalm] *m* <-s, -en> salmo *m*

**Pseudonym** [psɔɪdoˈnyːm] *nt* <-s, -e> (p)seudónimo *m*

**pst** [pst] *interj* pss

**Psyche** [ˈpsyːçə] *f* <-n> (p)sique *f*

**Psychiater(in)** [psyˈç(j)aːtɐ] *m(f)* <-s, -; -nen> (p)siquiatra *mf*

**Psychiatrie¹** [psyç(j)aˈtriː] *f ohne pl* (*Gebiet der Medizin*) (p)siquiatría *f*

**Psychiatrie²** *f* <-n> (*sl: psychiatrische Abteilung*) departamento *m* de (p)siquiatría

**psychiatrisch** [psyˈç(j)aːtrɪʃ] *adj* (MED) (p)siquiátrico; **in ~er Behandlung sein** estar en tratamiento (p)siquiátrico

**psychisch** [ˈpsyːçɪʃ] *adj* (p)síquico; **~ krank** enfermo mental

**Psychoanalyse** [----ˈ--] *f ohne pl* (PSYCH) (p)sicoanálisis *m inv*; **Psychoanalytiker(in)** [----ˈ---] *m(f)* (PSYCH) (p)sicoanalista *mf*

**Psychologe, -in** [psyçoˈloːgə] *m, f* <-n, -n; -nen> (p)sicólogo, -a *m, f*

**Psychologie** [psyçoloˈgiː] *f ohne pl* (p)sicología *f*

**Psychologin** *f* <-nen> *s.* **Psychologe**

**psychologisch** *adj* (p)sicológico

**Psychopath(in)** [psyçoˈpaːt] *m(f)* <-en, -en; -nen> (PSYCH) (p)sicópata *mf*

**Psychopharmakon** [psyçoˈfarmakɔn, *pl:* -ˈfarmaka] *nt* <-s, -pharmaka> (MED, PSYCH) (p)sicofármaco *m*

**Psychose** [psyˈçoːzə] *f* <-n> (MED, PSYCH) (p)sicosis *f inv*

**psychosomatisch** [psyçozoˈmaːtɪʃ] *adj* (MED) (p)sicosomático

**Psychoterror** [ˈpsyːçotɛroːɐ] *m* terror *m* (p)sicológico

**Psychotherapeut(in)** [psyçoteraˈpɔɪt, ˈpsyːço-] *m(f)* (MED, PSYCH) (p)sicoterapeuta *mf*; **Psychotherapie** [----ˈ-, ˈ-----] *f* (MED, PSYCH) (p)sicoterapia *f*

**PTT** [peːteːˈteː] (*Schweiz*) *Abk. von* **Post-, Telefon- und Telegrafenbetrieb** *Correos, Telégrafos y Compañía de Teléfonos*

**pubertär** [pubɛrˈtɛːɐ] *adj* ① (*in der Pubertät*) adolescente ② (*die Pubertät betreffend*) de la pubertad

**Pubertät** [pubɛrˈtɛːt] *f ohne pl* pubertad *f*, edad *f* de la punzada *AmC, Cuba*

**pubertieren*** [pubɛrˈtiːrən] *vi* (*geh*) estar en la pubertad

**Publicity** [pa'blɪsiti] *f ohne pl* publicidad *f;* **negative** ~ mala publicidad; **Publicrelations** *pl,* **Public Relations** ['pablɪkri'lɛɪʃəns] *pl* relaciones *fpl* públicas

**publik** [pu'bli:k] *adj:* ~ **werden** salir a la luz; **etw** ~ **machen** dar a conocer algo

**Publikation** [publika'tsjo:n] *f* <-en> publicación *f*

**Publikum** ['pu:blikʊm] *nt* <-s, *ohne pl*> público *m;* **Publikumsandrang** *m* afluencia *f* del público; **Publikumserfolg** *m* éxito *m* de público; **Publikumsliebling** *m* favorito, -a *m, f* del público; **Publikumsmagnet** *m* gran atracción *f;* **Publikumsverkehr** *m* despacho *m* al público; **für den** ~ **geöffnet** abierto al público; **publikumswirksam** *adj* que causa gran efecto en el público

**publizieren*** [publi'tsi:rən] *vt* publicar

**Publizist(in)** [publi'tsɪst] *m(f)* <-en, -en; -nen> periodista *mf*

**Publizistik** [publi'tsɪstɪk] *f ohne pl* periodismo *m*

**Publizistin** *f* <-nen> *s.* **Publizist**

**Puck** [pʊk] *m* <-s, -s> (SPORT) disco *m*

**Pudding** ['pʊdɪŋ] *m* <-s, -e *o* -s> budín *m*

**Pudel** ['pu:dəl] *m* <-s, -> caniche *m;* **wie ein begossener** ~ **dastehen** (*fam*) estar como tonto en vísperas; **Pudelmütze** *f* gorra *f* de lana; **pudelnass** ['--'-] *adj* (*fam*) calado hasta los huesos; **pudelwohl** ['--'-] *adv* (*fam*): **sich** ~ **fühlen** estar como el pez en el agua

**Puder** ['pu:dɐ] *m o nt* <-s, -> polvos *mpl* (de tocador); (*Talkum*) (polvos *mpl* de) talco *m;* **Puderdose** *f* polvera *f*

**pudern** ['pu:dɐn] *vt* empolvar

**Puderzucker** *m* azúcar *m* en polvo

**Puertoricaner(in)** [puɛrtori'ka:nɐ] *m(f)* <-s, -; -nen> puertorriqueño, -a *m, f*

**puertoricanisch** *adj* puertorriqueño

**Puerto Rico** [puɛrto 'ri:ko] *nt* <- -s> Puerto Rico *m*

**Puff¹** [pʊf, *pl:* 'pyfə, 'pʊfə] *m* <-(e)s, Püffe *o* -e> (*fam: Stoß*) empujón *m*

**Puff²** *m* <-(e)s, -e *o* -s> ❶ (*Wäschekorb*) cesto *m* para la ropa sucia ❷ (*Sitzkissen*) puf *m*

**Puff³** *m o nt* <-s, -s> (*fam: Bordell*) casa *f* de putas, quilombo *m Chil*

**Puffer** ['pʊfɐ] *m* <-s, -> ❶ (*am Zug*) tope *m* ❷ (INFOR) *s.* **Pufferspeicher** ❸ (*Reibekuchen*) *fritura de patatas crudas ralladas*

**puffern** *vt* (TECH) amortiguar; **Reibung** ~ reducir la fricción

**Pufferspeicher** *m* (INFOR) memoria *f* intermedia; **Pufferzone** *f* zona *f* tapón

**pulen** ['pu:lən] **I.** *vi* (*nordd: fam*) escarbar (*an/in* +*dat* en) **II.** *vt* (*nordd: fam: Krabben*) pelar; (*Erbsen*) desvainar

**Pulle** ['pʊlə] *f* <-n> (*fam*) botella *f;* **volle** ~ (**fahren**) (*fam*) (ir) a toda pastilla

**Pulli** ['pʊli] *m* <-s, -s> (*fam*), **Pullover** [pʊ'lo:vɐ] *m* <-s, -> jersey *m,* pul(l)óver *m Am*

**Pullunder** [pʊ'lʊndɐ] *m* <-s, -> chaleco *m* de punto, pul(l)óver *m* (sin mangas) *Am*

**Puls** [pʊls] *m* <-es, -e> pulso *m;* **den** ~ **fühlen** tomar el pulso; **Pulsader** *f* arteria *f*

**pulsieren*** [pʊl'zi:rən] *vi* latir

**Pulsschlag** *m* pulsación *f*

**Pult** [pʊlt] *nt* <-(e)s, -e> ❶ (*Schreib~*) pupitre *m* ❷ (*Noten~*) atril *m*

**Pulver** ['pʊlvɐ] *nt* <-s, -> polvo *m;* (*Schieß~*) pólvora *f;* **sein** ~ **verschossen haben** (*fam*) llegar al final de sus fuerzas; **Pulverfass** *nt* barril *m* de pólvora; **das Land gleicht einem** ~ el país parece un barril de pólvora

**pulverig** *adj* pulverulento

**Pulverkaffee** *m* café *m* en polvo; **Pulverschnee** *m* nieve *f* polvo

**pulvrig** *adj s.* **pulverig**

**Puma** ['pu:ma] *m* <-s, -s> puma *m,* león *m Am*

**pummelig** ['pʊməlɪç] *adj* (*fam*) gordito, petacón *Am*

**Pump** [pʊmp] *m* <-s, *ohne pl*> (*fam*) préstamo *m;* **etw auf** ~ **kaufen** comprar algo al fiado

**Pumpe** ['pʊmpə] *f* <-n> ❶ (*Vorrichtung zum Pumpen*) bomba *f* ❷ (*fam: Herz*) corazón *m*

**pumpen** *vt* ❶ (*heraus~*) sacar con una bomba, bombear; **Luft in die Reifen** ~ inflar los neumáticos; **etw mit Wasser/Luft voll** ~ llenar algo de agua/aire; **sich voll** ~ (*fam: mit Rauschgift, Alkohol*) colocarse ❷ (*fam: leihen*): **jdm etw** ~ dejar algo a alguien; **sich** *dat* **etw** ~ tomar algo prestado

**Pumphose** ['pʊmp-] *f* pantalones *mpl* bombachos

**Pumps** [pœmps] *m* <-, -> chancla *f* de tacón

**Punk¹** [paŋk] *m* <-(s), *ohne pl*> (*Musik, Stil*) punk *m*

**Punk²** *m* <-(s), -s>, **Punker(in)** ['paŋkɐ] *m(f)* <-s, -; -nen> punk *mf,* punky *mf*

**Punkt** [pʊŋkt] *m* <-(e)s, -e> ❶ (*allgemein*) punto *m;* **um** ~ **sechs Uhr** a las seis en punto; ~ **eins** (*bei einer Aufzählung*) primero; **bis zu einem gewissen** ~ hasta cierto punto; **der springende** ~ el punto decisivo; **der strittige** ~ el punto en litigio; **wunder** ~ punto flaco; **toter** ~ punto muerto; ~ **für** ~ punto por punto; **ein dunkler ~ in seiner Vergangenheit** una mancha en su pasado; **er hat es auf den ~ gebracht** ha dado en el clavo; **nun mach mal einen ~!** (*fam*) ¡basta ya!; **ohne ~ und Komma reden** (*fam*) hablar sin parar ❷ (MATH) punto *m* ❸ (*Ort*) punto *m,* lugar *m* ❹ (SPORT) punto *m;* **nach ~en führen/siegen** estar en cabeza/ganar por puntos ❺ (MUS) puntillo *m*

**Punktgewinn** *m* (SPORT) victoria *f* por puntos; **punktgleich** *adj* (SPORT) empatado

**pünktlich** ['pʏŋktlɪç] *adj* puntual

**Pünktlichkeit** *f ohne pl* puntualidad *f*

**Punktsieger(in)** *m(f)* (SPORT) ganador(a) *m(f)* por puntos

**punktuell** [pʊŋktu'ɛl] **I.** *adj* parcial **II.** *adv* en (algunas) partes; ~ **vorgehen** proceder por partes

**Punktzahl** *f* puntuación *f*

**Punsch** [pʊnʃ] *m* <-(e)s, -e *o* Pünsche> ponche *m*

**Pupille** [pu'pɪlə] *f* <-n> pupila *f*

**Puppe** ['pʊpə] *f* <-n> ❶ (*Spielzeug*) muñeca *f* ❷ (*Marionette*) títere *m;* **die ~n tanzen lassen** (*fam: feiern*) correrse una juerga; (*durchgreifen*) poner los enchufes en funcionamiento; **bis in die ~n feiern/schlafen** (*fam*) festejar/dormir hasta las tantas ❸ (*Schaufenster~*) maniquí *m* ❹ (ZOOL) crisálida *f;* **Puppenhaus** *nt* casa *f* de muñecas; **Puppentheater** *nt* teatro *m* de guiñol; (*mit Marionetten*) teatro *m* de títeres; **Puppenwagen** *m* cochecito *m* de muñecas

**Pups** [pu:ps] *m* <-es, -e> (*fam*) pedo *m*

**pupsen** *vi* (*fam*) soltar pedos

**pur** [pu:ɐ] *adj* ❶ (*rein*) puro; **den Whisky ~ trinken** beber el whisky solo ❷ (*fam: bloß*) puro, mero; **~er Wahnsinn** pura locura; **~er Zufall** mera coincidencia

**Püree** [py're:] *nt* <-s, -s> (GASTR) puré *m*

**pürieren*** [py'ri:rən] *vt* (GASTR) hacer puré (de), pasar por el pasapuré

**Pürierstab** [py'ri:ɐʃta:p] *m* minipimer® *m*

**Puritaner(in)** [puri'ta:nɐ] *m(f)* <-s, -; -nen> puritano, -a *m, f*

**puritanisch** *adj* puritano

**Purpur** ['pu:ɐpu:ɐ] *m* <-s, *ohne pl*> púrpura *f*

**purpurfarben** ['pʊrpʊr-] *adj* púrpura

**Purzelbaum** ['pʊrtsəl-] *m* (*fam*) voltereta *f;* **einen ~ schlagen** dar una voltereta

**purzeln** ['pʊrtsəln] *vi sein* (*fam*) caer(se) (rodando) (*über* sobre, *von* de)

**Puste** ['pu:stə] *f ohne pl* (*fam*) aliento *m;* **außer ~ sein** estar sin aliento; **aus der ~ kommen** quedarse sin aliento; **Pusteblume** *f* diente *m* de león; **Pustekuchen** *interj* (*fam*): (**ja**) **~!** ¡y un cuerno!

**Pustel** ['pʊstəl] *f* <-n> pústula *f*

**pusten** ['pu:stən] *vi* (*fam*) soplar

**put** [pʊt] *interj:* **~, ~, ~!** ¡pío, pío, pío!

**Pute** ['pu:tə] *f* <-n> (*a. fig*) pava *f;* **Putenfleisch** *nt* (carne *f* de) pavo *m*

**Puter** ['pu:tɐ] *m* <-s, -> pavo *m;* **puterrot** ['--'-] *adj* rojo como un tomate

**Putsch** [pʊtʃ] *m* <-(e)s, -e> golpe *m* de estado

**Putschist(in)** [pʊ'tʃɪst] *m(f)* <-en, -en; -nen> golpista *mf*

**Putte** ['pʊtə] *f* <-n> angelote *m*

**Putz** [pʊts] *m* <-es, *ohne pl*> revoque *m;* **unter ~** enyesado; **auf den ~ hauen** (*fam: feiern*) montar una juerga a lo grande; (*prahlen*) tirarse pegotes

**putzen** ['pʊtsən] *vt* limpiar; (*scheuern*) fregar; **sich** *dat* **die Nase ~** limpiarse la nariz; **sich** *dat* **die Zähne ~** lavarse los dientes

**Putzfimmel** *m* (*abw*) manía *f* de limpiar; **Putzfrau** *f* mujer *f* de la limpieza; (*in einem Privathaushalt*) asistenta *f*

**putzig** ['pʊtsɪç] *adj* (*fam*) ❶ (*niedlich*) mono ❷ (*seltsam*) raro

**Putzkolonne** *f* equipo *m* de encargados de la limpieza; **Putzlappen** *m* trapo *m;* (*Scheuerlappen*) bayeta *f;* **Putzmittel** *nt* producto *m* de limpieza, detergente *m*

**putzmunter** ['-'--] *adj* (*fam*) muy despabilado

**Putzteufel** *m* (*fam*) obsesionado, -a *m, f* con la limpieza; **Putztuch** *nt* trapo *m* (para limpiar); **Putzwolle** *f* estopa *f;* **putzwütig** *adj* maniático de la limpieza; **Putzzeug** *nt* utensilios *mpl* de limpieza

**Puzzle** ['pazəl] *nt* <-s, -s> puzzle *m,* rompecabezas *m inv*

**PVC** [pe:faʊ'tse:] *nt* <-(s), -s> *Abk. von* **Polyvinylchlorid** PVC *m*

**Pygmäe, -in** [py'gmɛ:ə] *m, f* <-n, -n; -nen> pigmeo, -a *m, f*

**Pyjama** [py'(d)ʒa:ma] *m* <-s, -s> pijama *m,* piyama *m Am*

**Pyramide** [pyra'mi:də] *f* <-n> pirámide *f;* **pyramidenförmig** *adj* piramidal

**Pyrenäen** [pyre'nɛ:ən] *pl* Pirineos *mpl*

**Pyromane, -in** [pyro'ma:nə] *m, f* <-n, -n; -nen> (MED, PSYCH) pirómano, -a *m, f*

**Python** ['py:tɔn] *m* <-s, -s *o* -en> pitón *m*

# Qq

**Q, q** [kuː] *nt* <-, -> Q, q *f;* ~ **wie Quelle** Q de Quebec

**q** (*Österr*) *Abk. von* **Meterzentner** dos quintales *mpl*

**Quacksalber(in)** ['kvakzalbɐ] *m(f)* <-s, -; -nen> (*abw*) curandero, -a *m, f*

**Quader** ['kvaːdɐ] *m* <-s, -> ❶ (*Stein*) sillar *m* ❷ (MATH) paralelepípedo *m* rectangular

**Quadrant** [kva'drant] *m* <-en, -en> (ASTR, MATH) cuadrante *m*

**Quadrat** [kva'draːt] *nt* <-(e)s, -e> (*a.* MATH) cuadrado *m;* **fünf zum** ~ cinco elevado al cuadrado

**quadratisch** *adj* ❶ (*Form*) cuadrado ❷ (MATH) de segundo grado; ~**e Gleichung** ecuación de segundo grado

**Quadratkilometer** *m* kilómetro *m* cuadrado; **Quadratlatschen** *mpl* (*fam*) ❶ (*Schuhe*) zapatones *mpl* ❷ (*Füße*) pies *mpl* enormes; **Quadratmeter** *m o nt* metro *m* cuadrado; **Quadratschädel** *m* (*fam*) cabeza *f* cuadrada

**Quadratur** [kvadra'tuːɐ] *f ohne pl* (MATH, ASTR) cuadratura *f;* **die** ~ **des Kreises** la cuadratura del círculo

**Quadratwurzel** *f* (MATH) raíz *f* cuadrada; **Quadratzahl** *f* (MATH) número *m* cuadrado; **Quadratzentimeter** *m o nt* centímetro *m* cuadrado

**quadrieren*** [kva'driːrən] *vt* (MATH) elevar al cuadrado

**Quadrofonie** *f ohne pl,* **Quadrophonie** [kvadrofo'niː] *f ohne pl* cuadrofonía *f*

**Quai** [kɛː, keː] *m o nt* <-s, -s> ❶ (*Kai*) muelle *m* ❷ (*Schweiz: Uferstraße*) ribera *f*

**quaken** ['kvaːkən] *vi* ❶ (*Frosch*) croar; (*Ente*) graznar ❷ (*fam abw: reden*) soltar el rollo

**Quäker(in)** *m(f)* <-s, -; -nen> cuáquero, -a *m, f*

**Qual** [kvaːl] *f* <-en> (*a. fig: Quälerei*) tortura *f;* (*Leiden*) suplicio *m;* (*Mühe*) pena *f;* **unter großen** ~**en** con grandes penas; **die** ~ **der Wahl haben** no saber cómo decidirse

**quälen** ['kvɛːlən] **I.** *vt* ❶ (*foltern*) torturar; (*misshandeln*) maltratar; (*seelisch*) atormentar; ~**der Durst** sed espantosa ❷ (*lästig fallen*) molestar **II.** *vr:* **sich** ~ (*mit Arbeit*) ajetrearse

**Quälerei** *f* <-en> tortura *f*

**Quälgeist** *m* (*fam*) pelmazo, -a *m, f*

**Qualifikation** [kvalifika'tsjoːn] *f* <-en> ❶ (*Zeugnis*) calificación *f* (*für* para) ❷ (*Befähigung*) capacidad *f* ❸ (SPORT) clasificación *f*

**qualifizieren*** [kvalifi'tsiːrən] **I.** *vt* ❶ (*befähigen*) capacitar (*für* para); **hoch qualifiziert** altamente cualificado ❷ (*klassifizieren*) clasificar (*als* como) **II.** *vr:* **sich** ~ (*a.* SPORT) calificarse (*für* para)

**Qualifizierung** *f* <-en> cualificación *f*

**Qualität** [kvali'tɛːt] *f* <-en> (*Eigenschaft*) cualidad *f;* (*Beschaffenheit, Waren~*) calidad *f*

**qualitativ** [kvalita'tiːf, '----] **I.** *adj* cualitativo **II.** *adv* en cuanto a la calidad; ~ **besser** de mejor calidad

**Qualitätsarbeit** *f ohne pl* trabajo *m* de (alta) calidad; **Qualitätserzeugnis** *nt* producto *m* de (alta) calidad; **Qualitätskontrolle** *f* control *m* de calidad; **Qualitätsmerkmal** *nt* señal *f* de calidad, distintivo *m* de calidad; **Qualitätssicherung** *f* garantía *f* de calidad; **Qualitätssiegel** *nt* sello *m* de calidad; **Qualitätsware** *f* artículo *m* de (alta) calidad

**Qualle** ['kvalə] *f* <-n> medusa *f*

**Qualm** [kvalm] *m* <-(e)s, *ohne pl*> humareda *f*

**qualmen** *vi* ❶ (*Schornstein*) humear, echar humo ❷ (*fam: Mensch*) fumar como una chimenea

**Qualmerei** *f ohne pl* (*fam*) humareda *f*

**qualmig** *adj* lleno de humo

**qualvoll** ['kvaːlfɔl] *adj* ❶ (*mit Qualen*) lastimoso; (*schmerzlich*) doloroso; ~ **sterben** tener una muerte muy dolorosa ❷ (*bedrückend*) atormentador

**Quant** [kvant] *nt* <-s, -en> (PHYS) cuanto *m*

**Quäntchen** ['kvɛntçən] *nt* <-s, -> poquito *m;* **das letzte** ~ **Hoffnung** la última pizca de esperanza

**Quanten** ['kvantən] *pl* ❶ *pl von* **Quant, Quantum** ❷ (*sl: Füße*) pezuña *f;* **Quantentheorie** *f ohne pl* (PHYS) teoría *f* cuántica

**Quantität** [kvanti'tɛːt] *f ohne pl* cantidad *f*

**quantitativ** [kvantita'tiːf, '----] **I.** *adj* cuantitativo **II.** *adv* en cuanto a la cantidad

**Quantum** ['kvantʊm] *nt* <-s, Quanten> (*Menge*) cantidad *f;* (*Anteil*) parte *f*

**Quarantäne** [karan'tɛːnə] *f* <-n> cuarentena *f;* **unter** ~ **stehen/stellen** estar bajo/poner en cuarentena

**Quark** [kvark] *m* <-s, *ohne pl*> ❶ (*Lebensmittel*) ≈requesón *m,* quesillo *m Am* ❷ (*fam abw: Unsinn*) tontería(s) *f(pl)*

**Quartal** [kvar'taːl] *nt* <-s, -e> trimestre *m;* **Quartalssäufer(in)** *m(f)* (*fam*) borrachín, -ina *m, f* periódico, -a

**Quarte** ['kvartə] *f* <-n> (MUS) cuarta *f*
**Quartett** [kvar'tɛt] *nt* <-(e)s, -e> ❶ (*Kartenspiel*) ≈juego *m* de las familias ❷ (MUS) cuarteto *m*
**Quartier** [kvar'tiːɐ] *nt* <-s, -e> ❶ (*Unterkunft*) alojamiento *m* ❷ (*Schweiz: Stadtviertel*) barrio *m*
**Quarz** [kvaːɐts] *m* <-es, -e> cuarzo *m*; **Quarzuhr** *f* reloj *m* de cuarzo
**quasi** ['kvaːzi] *adv* (*sozusagen*) por así decirlo; (*gewissermaßen*) en cierto sentido
**Quasselei** *f* <-en> (*fam*) parloteo *m* (molesto); **seid ruhig, ich habe genug von eurer ~!** ¡callaos ya, estoy harto de oíros parlotear!
**quasseln** ['kvasəln] **I.** *vi* (*fam*) darle al pico; **mit jdm ~** charlar con alguien **II.** *vt* (*fam*) decir
**Quasselstrippe** *f* (*fam abw*) cotorra *f*
**Quaste** ['kvastə] *f* <-n> borla *f*
**Quatsch** [kvatʃ] *m* <-(e)s, *ohne pl*> (*fam abw*) tonterías *fpl*, bolazo *m RíoPl*; **red keinen ~!** ¡no digas tonterías!; **so ein ~!** ¡menuda tontería!; **was soll der ~?** ¿pero qué significa esto?
**quatschen** **I.** *vi* (*fam*) ❶ (*abw: quasseln*) darle al pico; **mit jdm ~** charlar con alguien ❷ (*abw: tratschen*) cotillear ❸ (*sich unterhalten*) charlar ❹ (*verraten*) decir, contar; **wer hat gequatscht?** ¿quién se ha ido de la lengua? **II.** *vt* (*fam*) decir
**Quatschkopf** *m* (*fam abw*) imbécil *mf*
**Quecksilber** ['kvɛk-] *nt* mercurio *m*; **Quecksilberthermometer** *nt* termómetro *m* de mercurio
**Quell** [kvɛl] *m* <-(e)s, *ohne pl*> (*geh*) origen *m*
**Quelle** ['kvɛlə] *f* <-n> ❶ (*eines Gewässers*) fuente *f*, naciente *f Arg, Par*; (*Öl~*) pozo *m*; **heiße ~n** fuentes termales ❷ (*Ursache*) origen *m* ❸ (*Text, Person*) fuente *f*; **aus zuverlässiger ~** de fuente segura; **an der ~ sitzen** (*fam*) tener buenos contactos (*para conseguir algo*)
**quellen** ['kvɛlən] <quillt, quoll, gequollen> *vi sein* ❶ (*Holz*) hincharse; **~ lassen** (*Hülsenfrüchte*) poner a remojo ❷ (*heraus~*) brotar (*aus* de)
**Quellenangabe** *f* indicación *f* de las fuentes; **Quellenforschung** *f ohne pl* investigación *f* de las fuentes; **Quellensteuer** *f* (FIN) impuesto *m* en origen; **Quellentext** *m* fuente *f*
**Quellgebiet** *nt* (GEO) fuentes *fpl*; **Quellwasser** *nt ohne pl* agua *f* de manantial
**Quengelei** [kvɛŋə'laɪ] *f* <-en> (*fam*) quejas *fpl*; (*weinerlich*) lloriqueo *m*
**quengelig** *adj* (*fam*) refunfuñón, llorón
**quengeln** ['kvɛŋəln] *vi* (*fam*) dar la lata; (*stärker*) dar el coñazo; (*weinerlich*) lloriquear
**quenglig** *adj s.* **quengelig**
**quer** [kveːɐ] *adv* ❶ (*rechtwinklig*) en sentido transversal, atravesado; **~ gestreift** de rayas horizontales; **die Straße verläuft ~ zur Hauptstraße** es una calle transversal a la calle principal; **das Auto stand ~ auf der Straße** el coche estaba atravesado en la calle ❷ (*schräg*): **~ über** [*o* **durch**] **...** a través de...; **~ über die Straße gehen** cruzar la calle ❸ (*dagegen*): **sich ~ legen** [*o* **stellen**] (*fam*) oponerse; **Querachse** *f* eje *m* transversal; **Querbalken** *m* (*a.* SPORT) travesaño *m*
**querbeet** [kveːɐ'beːt] *adj* (*fam*) sin rumbo fijo
**Querdenker(in)** *m(f)* inconformista *mf*
**querdurch** *adv* atravesando; **sollen wir außen herum gehen oder ~?** ¿vamos rodeando o atravesando?
**Quere** ['kveːrə] *f ohne pl* (*fam*): **jdm in die ~ kommen** (*stören*) contrariar los proyectos de alguien; (*treffen*) cruzarse con alguien
**Querele** [kve'reːlə] *f* <-n> querella *f*
**querfeldein** [kveːɐfɛlt'ʔaɪn] *adv* campo a través, a campo traviesa
**Querflöte** *f* flauta *f* traversa; **Querformat** *nt* formato *m* oblongo; **im ~** oblongo; **Querkopf** *m* (*fam abw*) cabezudo, -a *m, f*; **Querleiste** *f* listón *m* transversal; **Querschiff** *nt* (ARCHIT) nave *f* transversal; **Querschläger** *m* ❶ (*Geschoss*) impacto *m* de través ❷ (*fam: Person*) alborotador(a) *m(f)*; **Querschnitt** *m* ❶ (*Schnitt*) sección *f* transversal, corte *m* transversal ❷ (*Überblick*) muestra *f* representativa
**querschnitt(s)gelähmt** *adj* (MED) parapléjico (por corte medular); **Querschnitt(s)lähmung** *f ohne pl* (MED) paraplejia *f*
**Querstraße** *f* calle *f* transversal; **Querstrich** *m* raya *f* transversal; **Quersumme** *f* (MATH) suma *f* de las cifras de un número; **Quertreiber(in)** *m(f)* <-s, -; -nen> (*fam abw*) intrigante *mf*
**Querulant(in)** [kveru'lant] *m(f)* <-en, -en; -nen> (*abw*) pleitista *mf*
**Querverbindung** *f* conexión *f* transversal; **Querverweis** *m* referencia *f* cruzada
**quetschen** ['kvɛtʃən] **I.** *vt* ❶ (*drücken*) apretar (*gegen/an* contra), trincar (*gegen/an* contra) *Am* ❷ (*in einen Koffer*) apretujar ❸ (*verletzen*): **sich** *dat* **etw ~** pillarse algo **II.** *vr*: **sich ~** (*sich zwängen*) apretujarse

Q

**Quetschung** *f* <-en> contusión *f*
**Queue** [kø:] *m o nt* <-s, -s> (*Billard*) taco *m*
**Quickie** ['kwɪki] *m* <-, -s> (*sl*) polvete *m*
**quicklebendig** ['kvɪkle'bɛndɪç] *adj* vivo, avispado
**quieken** ['kvi:kən] *vi* chillar
**quietschen** ['kvi:tʃən] *vi* ❶ (*Tür, Reifen*) chirriar; **mit ~den Reifen** con las ruedas rechinando ❷ (*fam: Mensch*) chillar; **sie quietschte vor Vergnügen** chillaba de gusto
**quietschfidel** ['kvi:tʃfi'de:l] *adj* (*fam*) alegre como castañuelas; **quietschvergnügt** ['--'-] *adj* (*fam*) (contento) como un niño con zapatos nuevos
**quillt** [kvɪlt] *3. präs von* **quellen**
**Quinte** ['kvɪntə] *f* <-n> (MUS) ❶ (*Ton*) dominante *m* ❷ (*Intervall*) quinta *f*
**Quintessenz** ['kvɪntɛsɛnts] *f* quintaesencia *f*
**Quintett** [kvɪn'tɛt] *nt* <-(e)s, -e> (MUS) quinteto *m*
**Quirl** [kvɪrl] *m* <-(e)s, -e> ❶ (*Küchengerät*) molinillo *m* ❷ (*fam: Mensch*) torbellino *m*
**quirlen** *vt* (GASTR) batir
**quirlig** *adj* vivaracho, despabilado
**quitt** [kvɪt] *adj inv* (*fam*): **mit jdm ~ sein** (*abgerechnet haben*) estar en paz con alguien; (*nichts mehr zu tun haben wollen*) no querer saber nada más de alguien
**Quitte** ['kvɪtə] *f* <-n> membrillo *m*
**quittieren*** [kvɪ'ti:rən] *vt* ❶ (*Empfang*) acusar recibo (de); (*Betrag*) extender un recibo (por) ❷ (*reagieren*) contestar ❸ (*aufgeben*): **den Dienst ~** presentar su dimisión
**Quittung** *f* <-en> ❶ (*Empfangsbescheinigung*) recibo *m;* **jdm eine ~ (über 200 Euro) ausstellen** extender a alguien un recibo (por 200 euros); **gegen ~** contra recibo ❷ (*Folgen*) consecuencias *fpl*
**Quiz** [kvɪs] *nt* <-, -> concurso *m* de preguntas y respuestas; **Quizmaster(in)** ['kvɪsma:stɐ] *m(f)* <-s, -; -nen> presentador(a) *m(f)* de concursos
**quoll** [kvɔl] *3. imp von* **quellen**
**Quorum** ['kvo:rʊm] *nt* <-s, *ohne pl*> quórum *m*
**Quote** ['kvo:tə] *f* <-n> cuota *f;* **Quotenfrau** *f* mujer *f* de cuota; **Quotenregelung** *f* normativa *f* de cuotas
**Quotient** [kvo'tsjɛnt] *m* <-en, -en> (MATH) cociente *m*
**Quotierung** *f* <-en> (WIRTSCH) cotización *f*

# R r

**R, r** [ɛr] *nt* <-, -> R, r *f;* **~ wie Richard** R de Ramón
**Rabatt** [ra'bat] *m* <-(e)s, -e> rebaja *f;* **auf etw ~ geben** hacer una rebaja en algo
**Rabatz** [ra'bats] *m* <-es, *ohne pl*> (*fam*) jaleo *m;* **~ machen** armar jaleo
**Rabauke** [ra'baʊkə] *m* <-n, -n> (*fam*) gamberro, -a *m, f*
**Rabbi** ['rabi, *pl:* 'rabi:s] *m* <-(s), -s *o* Rabbinen> rabí *m*
**Rabbiner** [ra'bi:nɐ] *m* <-s, -> rabino *m*
**Rabe** ['ra:bə] *m* <-n, -n> cuervo *m;* **Rabeneltern** *pl* (*fam abw*) padres *mpl* desnaturalizados; **Rabenmutter** *f* (*fam abw*) mala madre *f;* **rabenschwarz** ['--'-] *adj* negro como el azabache; **Rabenvater** *m* (*fam abw*) padre *m* desnaturalizado
**rabiat** [rabi'a:t] *adj* ❶ (*gewalttätig*) violento ❷ (*Methode*) riguroso
**Rache** ['raxə] *f ohne pl* venganza *f* (*für* por); **(an jdm) ~ üben** vengarse (de alguien); **aus ~ für etw** en venganza por algo; **~ ist süß** dulce es la venganza; **Racheakt** *m* (*geh*) acto *m* de venganza
**Rachen** ['raxən] *m* <-s, -> (*des Menschen*) faringe *f;* (*bei Tieren*) fauces *fpl;* **er kann den ~ nicht voll kriegen** (*fam*) nunca se cansa; **sie hat das in den falschen ~ gekriegt** (*fam*) se lo ha tomado a mal
**rächen** ['rɛçən] **I.** *vt* vengar (*an* en) **II.** *vr:* **sich ~** vengarse (*an* de, *für* por); **sich an jdm für etw ~** vengarse de alguien por algo
**Racheplan** *m* plan *m* de venganza; **Rachepläne schmieden** tramar planes de venganza
**Rächer(in)** *m(f)* <-s, -; -nen> (*geh*) vengador(a) *m(f)*
**Rachitis** [ra'xi:tɪs, *pl:* raxi'ti:dən] *f* <Rachitiden> (MED) raquitis *f inv*
**Rachsucht** *f ohne pl* (*geh*) sed *f* de venganza; **rachsüchtig** *adj* (*geh*) vengativo
**Rackerei** *f ohne pl* (*fam*) curro *m*
**rackern** ['rakɐn] *vi* (*fam*) currar, dar el callo
**Rad** [ra:t, *pl:* 'rɛ:dɐ] *nt* <-(e)s, Räder> ❶ (*a.* TECH: *an Fahrzeug*) rueda *f;* **ein ~ wechseln** cambiar una rueda; **der hat ein ~ ab** (*sl*) le falta un tornillo; **ein ~ schlagen** (*Mensch*) dar una voltereta; (*Pfau*) hacer la rueda ❷ (*fam: Fahr~*) bici *f;* **~ fahren** ir en bici; **Radachse** *f* eje *m* de rueda
**Radar** [ra'da:ɐ] *m o nt* <-s, -e> (TECH) radar *m;* **Radargerät** *nt* equipo *m* de radar;

**Radarkontrolle** *f* control *m* (de velocidad) por radar; **Radarschirm** *m* pantalla *f* de radar

**Radau** [ra'daʊ] *m* <-s, *ohne pl*> (*fam*) jaleo *m*, mitote *m Mex;* ~ **machen** armar jaleo; **Radaubruder** *m* (*fam*) alborotador *m*

**Radaufhängung** *f ohne pl* (AUTO) suspensión *f* de la(s) rueda(s); **Raddampfer** *m* (NAUT) vapor *m* de ruedas

**radebrechen** ['ra:dəbrɛçən] *vi, vt* chapurrear (*in* en)

**radeln** ['ra:dəln] *vi sein* (*fam*) ir en bici (*nach/zu* a)

**Rädelsführer(in)** ['rɛ:dəls-] *m(f)* (*abw*) cabecilla *mf*

**Radfahrer(in)** *m(f)* ciclista *mf;* **Radfahrweg** *m* carril *m* para bicicletas, carril-bici *m fam*

**Radfelge** *f* (AUTO) llanta *f*

**radial** [radi'a:l] *adj* radial

**Radiator** [radi'a:to:ɐ] *m* <-s, -en> radiador *m*

**Radien** *pl von* **Radius**

**radieren*** [ra'di:rən] *vi, vt* ❶ (*aus~*) borrar ❷ (KUNST) grabar (al agua fuerte)

**Radierer** *m* <-s, -> (*fam*) goma *f* (de borrar)

**Radiergummi** *m* goma *f* de borrar

**Radierung** *f* <-en> (*Kunstwerk*) aguafuerte *m*

**Radieschen** [ra'di:sçən] *nt* <-s, -> rabanito *m*

**radikal** [radi'ka:l] *adj* ❶ (*vollständig, rücksichtslos*) radical; **etw** ~ **ändern** dar un cambio radical a algo ❷ (POL) extremista, radical

**Radikale(r)** *mf* <-n, -n; -n> radical *mf,* extremista *mf*

**Radikalkur** [--'--] *f* cura *f* radical

**Radio** ['ra:dio] *nt* <-s, -s> radio *f;* **das** ~ **einschalten** poner la radio; ~ **hören** escuchar la radio

**radioaktiv** [----'-] *adj* radi(o)activo; **Radioaktivität** [radioʔaktivi'tɛ:t] *f ohne pl* radi(o)actividad *f*

**Radioapparat** ['ra:dio-] *m* (aparato *m* de) radio *f*

**Radiologe, -in** [radio'lo:gə] *m, f* <-n, -n; -nen> (MED) radiólogo, -a *m, f*

**Radiologie** *f ohne pl* (MED) radiología *f*

**Radiologin** *f* <-nen> *s.* **Radiologe**

**Radiorekorder** ['ra:diorekɔrdɐ] *m* radiocas(s)et(t)e *m;* **Radiosender** *m* emisora *f* de radio; **Radiowecker** *m* (*fam*) radiodespertador *m;* **Radiowelle** *f* (PHYS) onda *f* radioeléctrica

**Radium** ['ra:diʊm] *nt* <-s, *ohne pl*> (CHEM) radio *m*

**Radius** ['ra:diʊs] *m* <-, Radien> ❶ (MATH) radio *m* ❷ (*Reichweite*) radio *m* de acción; (*geistig*) horizonte *m*

**Radkappe** *f* (AUTO) tapacubos *m inv;* **Radlager** *nt* cojinete *m* de la rueda

**Radler**[1] *m* <-s, -> (*reg*) *bebida a base de cerveza y limonada*

**i Land & Leute**

**Radler** designa una bebida que en principio era consumida precisamente por los ciclistas (de ahí deriva la raíz de la palabra) y otros aficionados al deporte. Típica del sur de Alemania, se trata de una mezcla de cerveza y limonada. Con los adjetivos *sauer* y *süß* se diferencian las dos variedades posibles: con limonada de limón o con limonada de naranja respectivamente.

**Radler(in)**[2] ['ra:dlɐ] *m(f)* <-s, -; -nen> ciclista *mf*

**Radlerhose** *f* pantalón *m* de ciclista

**Radlerin** *f* <-nen> *s.* **Radler**[2]

**Radrennbahn** *f* velódromo *m;* **Radrennen** *nt* carrera *f* ciclista; **Radrennfahrer(in)** *m(f)* ciclista *mf* de carreras

**Radscha** ['ra:dʒa, 'radʒa] *m* <-s, -s> rajá *m*

**Radsport** *m* ciclismo *m;* **Radtour** *f* excursión *f* en bicicleta; **Radwandern** *nt* cicloturismo *m;* **Radwanderung** *f* excursión *f* en bicicleta (*de varios días*)*;* **Radwechsel** *m* cambio *m* de neumático(s); **Radweg** *m s.* **Radfahrweg**

**RAF** [ɛrʔa:'ʔɛf] *f Abk. von* **Rote-Armee-Fraktion** Fracción *f* del Ejército Rojo (*grupo terrorista alemán de ultraizquierda*)

**raffen** ['rafən] *vt* ❶ (*abw: gierig ergreifen*) acaparar; **etw an sich** ~ apoderarse de algo ❷ (*in Falten legen*) plisar ❸ (*Abhandlung*) abreviar; **etw gerafft wiedergeben** resumir algo ❹ (*fam: verstehen*) coger; **hast du's nun endlich gerafft?** ¿te has enterado de una vez?

**Raffgier** *f* avaricia *f;* **raffgierig** *adj* avaricioso

**Raffinerie** [rafinə'ri:] *f* <-n> refinería *f*

**Raffinesse**[1] [rafi'nɛsə] *f* <-n> (*Feinheit*) refinamiento *m;* **mit technischen** ~**n ausgestattet** provisto de refinamientos técnicos

**Raffinesse**[2] *f ohne pl* (*Schlauheit*) astucia *f*

**raffinieren*** [rafi'ni:rən] *vt* refinar

**raffiniert** [rafi'ni:ɐt] *adj* ❶ (*schlau*) astuto ❷ (*ausgeklügelt*) sofisticado ❸ (*verfeinert*) refinado

**Rage** ['ra:ʒə] *f ohne pl* (*fam*) rabia *f*, furia *f*; **in ~ sein/kommen** estar/ponerse furioso

**ragen** ['ra:gən] *vi* sobresalir (*aus* de); (*sich erheben*) elevarse (*aus* por encima de); **die Berge ragten in der Ferne/in den Himmel empor** los montes se elevaban a lo lejos/hasta el cielo; **Steine ~ aus dem Sand** sobresalen piedras de la arena

**Ragout** [ra'gu:] *nt* <-s, -s> (GASTR) ragú *m*

**Rahm** [ra:m] *m* <-(e)s, *ohne pl*> (*Schweiz, Österr, südd*) nata *f*; **süßer/saurer ~** nata dulce/agria

**rahmen** ['ra:mən] *vt* enmarcar

**Rahmen¹** ['ra:mən] *m* <-s, -> ❶ (*Bilder~, Tür~*) marco *m* ❷ (*Fahrrad~, Motorrad~*) cuadro *m*; (AUTO) armazón *m o f*

**Rahmen²** *m* <-s, *ohne pl*> marco *m*; (*Bereich*) ámbito *m*; (*Gegebenheit*) ambiente *m*; **der äußere ~ der Veranstaltung** el ambiente del acto; **im kleineren ~** a escala reducida; **im ~ des Möglichen** dentro de lo posible; **im ~ der geltenden Gesetze** en el marco de la legalidad vigente; **aus dem ~ fallen** salirse de lo común; **den ~ sprengen** rebasar los límites; **sich im ~ halten** (*fam*) no pasarse de rosca

**Rahmenbedingung** *f* condición *f* (previa); **die ~en für etw schaffen** sentar las bases necesarias para algo; **Rahmenhandlung** *f* (LIT) trama *f* que sirve de marco

**Rahmsoße** *f* salsa *f* con crema

**Rain** [raɪn] *m* <-(e)s, -e> ❶ (*Streifen Land*) linde *m o f*, lindero *m* ❷ (*südd, Schweiz: Abhang*) cuesta *f*

**räkeln** ['rɛ:kəln] *vr*: **sich ~** *s.* **rekeln**

**Rakete** [ra'ke:tə] *f* <-n> ❶ (MIL) misil *m* ❷ (*Raumfahrt, Feuerwerks~*) cohete *m*; **Raketenabschussrampe** *f* (MIL) rampa *f* lanzacohetes; **Raketenabwehrsystem** *nt* (MIL) sistema *m* antimisil; **Raketenflugzeug** *nt* (MIL) avión *m* cohete; **Raketenstützpunkt** *m* (MIL) base *f* de cohetes

**Rallye** ['rɛli] *f* <-s> rally *m*

**RAM** [ram] *nt* <-(s), -(s)> (INFOR) *Abk. von* **random access memory** RAM *m*

**Rambazamba** ['ramba'tsamba] *nt* <-s, *ohne pl*> (*fam*) ❶ (*gute Stimmung*) juerga *f*; **~ machen** ir de juerga ❷ (*Randale*) follón *m*; **~ machen** armar un follón

**Rambo** ['rambo] *m* <-s, -s> (*fam*) Rambo *m*

**rammdösig** ['ramdø:zɪç] *adj* (*sl*) entontecido

**rammeln** ['raməln] **I.** *vi* ❶ (*Tiere*) aparearse; (*vulg: Menschen*) follar ❷ (*fam: stoßend drängen*) empujar; **gerammelt voll** lleno hasta los topes **II.** *vr*: **sich ~** (*fam*) ❶ (*sich balgen*) pelearse ❷ (*sich stoßen*) golpearse

**rammen** ['ramən] *vt* ❶ (*in den Boden*) clavar (*in* en) ❷ (*stoßen*) chocar (*gegen* contra); (*Schiff*) abordar ❸ (*beschädigen*) dañar

**Rammler** ['ramlɐ] *m* <-s, -> (ZOOL) conejo *m* macho

**Rampe** ['rampə] *f* <-n> ❶ (*Auffahrt*) rampa *f* ❷ (*zum Be- und Entladen*) muelle *m* de carga; **Rampenlicht** *nt* (THEAT) candilejas *fpl*; **im ~ stehen** estar en primera plana

**ramponieren*** [rampo'ni:rən] *vt* (*fam*) estropear, romper

**Ramsch** [ramʃ] *m* <-(e)s, -e> (*fam abw: Ausschussware*) baratillo *m*; (*Kram*) cachivaches *mpl*; **Ramschladen** *m* (*fam abw*) baratillo *m*

**RAM-Speicher** *m* (INFOR) RAM *m*, memoria *f* RAM

**ran** [ran] *adv* (*fam*) por aquí

**Rand** [rant, *pl:* 'rɛndɐ] *m* <-(e)s, Ränder> ❶ (*an Gefäß, Straße, Abgrund, a. fig*) borde *m*; (*Tisch~*) canto *m*; (*Stadt~*) periferia *f*; **bis zum ~ voll** lleno hasta el borde; **am ~(e) des Ruins** al borde de la ruina; **dunkle Ränder um die Augen haben** tener ojeras; **etw am ~e bemerken** decir algo de paso ❷ (*Schmuck~*) orla *f* ❸ (TYPO) margen *m* ❹ (*Wend*): **außer ~ und Band sein** (*fam*) estar fuera de quicio; **mit jdm/mit etw** *dat* **nicht zu ~e kommen** (*fam*) no poder con alguien/con algo

**Randale** [ran'da:lə] *f ohne pl* jaleo *m*; **~ machen** armar jaleo

**randalieren*** [randa'li:rən] *vi* alborotar, hacer escándalo

**Randalierer(in)** *m(f)* <-s, -; -nen> vándalo, -a *m, f*

**Randbemerkung** *f* ❶ (*schriftlich*) nota *f* marginal ❷ (*mündlich*) comentario *m* dicho de paso; **Randerscheinung** *f* fenómeno *m* secundario; **Randfigur** *f* personaje *m* secundario; **Randgebiet** *nt* ❶ (*einer Stadt*) periferia *f*; (*eines Territoriums*) zona *f* periférica ❷ (*einer Disziplin*) campo *m* interdisciplinar; **Randgruppe** *f* grupo *m* marginal

**randlos** *adj* (*Brille*) sin montura

**Randphänomen** *nt* fenómeno *m* marginal; **Randproblem** *nt* problema *m* marginal; **Randstein** *m* bordillo *m*; **Randstreifen** *m* arcén *m*; **Randzone** *f* zona *f* periférica

**rang** [raŋ] *3. imp von* **ringen**

**Rang¹** [raŋ, *pl:* 'rɛŋə] *m* <-(e)s, Ränge>

❶ (*Grad*) rango *m;* (MIL) grado *m;* (*Stellung*) posición *f;* **einen hohen ~ bekleiden** ocupar un alto rango ❷ (THEAT) palco *m;* **im ersten ~** en el palco principal ❸ (SPORT) lugar *m*

**Rang²** *m* <-(e)s, *ohne pl*> (*Stellenwert*) importancia *f;* (*Güte*) calidad *f;* **alles, was ~ und Namen hat** la alta sociedad

**Rangabzeichen** *nt* (MIL) insignia *f* de rango

**ran|gehen** ['ran-] *irr vi sein* (*fam*) poner manos a la obra; **der geht aber ran!** ¡así se hace!

**Rangelei** [raŋə'laɪ] *f* <-en> (*fam*) pelea *f*

**rangeln** ['raŋəln] *vi* (*fam*) pelearse (*um* por)

**Rangfolge** *f* jerarquía *f*

**Rangierbahnhof** [rã'ʒiːɐ-, raŋ'ʒiːɐ-] *m* (EISENB) estación *f* de maniobras

**rangieren*** [rã'ʒiːrən, raŋ'ʒiːrən] **I.** *vi* (*Rang einnehmen*) figurar (*an* en); **sie rangiert an letzter Stelle** ocupa el último puesto **II.** *vt* (*Waggons*) cambiar de vía

**Rangliste** *f* (SPORT) clasificación *f;* **Rangordnung** *f* jerarquía *f*

**ran|halten** *irr vr:* **sich ~** (*fam*) ❶ (*sich beeilen*) darse prisa ❷ (*rasch zugreifen*) reaccionar rápidamente

**rank** [raŋk] *adj* (*geh*): **~ und schlank sein** ser delgado y esbelto

**Ranke** ['raŋkə] *f* <-n> (BOT) zarcillo *m*

**Ränke** ['rɛŋkə] *mpl* (*geh*): **~ schmieden** intrigar

**ranken** ['raŋkən] *vr:* **sich ~** ❶ (*Pflanze*) trepar ❷ (*Erzählung*): **um die Ruine ~ sich viele Legenden** la ruina es centro de muchas leyendas

**ran|klotzen** *vi* (*fam*) deslomarse

**ran|kommen** *irr vi sein* (*fam*) ❶ (*sich nähern*) acercarse (*an* a) ❷ (*heranreichen*) alcanzar (*an*) ❸ (*Zugang haben*) tener acceso (*an* a); (*kaufen*) poder adquirir (*an*)

**ran|kriegen** *vt* (*fam*): **jdn ~** apretar las clavijas a alguien; (*bei Arbeit*) endosar trabajo a alguien

**ran|lassen** *irr vt* (*fam*) ❶ (*näher kommen lassen*) dejar acercarse; **das Reh ließ mich ganz nahe (an sich) ran** el corzo dejó que me le acercara mucho ❷ (*versuchen lassen*) dejar intentar; **lass mich doch mal ran!** ¡déjame a mí!

**ran|machen** *vr:* **sich ~** (*fam*) ❶ (*beginnen*) ponerse (*an* a +*inf*) ❷ (*an Person*) rondar (*an* a)

**rann** [ran] *3. imp von* **rinnen**

**rannte** ['rantə] *3. imp von* **rennen**

**ran|schmeißen** *irr vr* (*fam*): **sich an jdn ~** (*sich anbiedern*) arremeter contra alguien; (*anmachen*) tirar los tejos a alguien

**Ranzen** ['rantsən] *m* <-s, -> ❶ (*Schultasche*) cartera *f* del colegio (*para llevar a la espalda*) ❷ (*fam: Bauch*) barriga *f*

**ranzig** ['rantsɪç] *adj* rancio

**rapid(e)** [ra'piːt, ra'piːdə] *adj* pronto

**Rappe** ['rapə] *m* <-n, -n> caballo *m* negro

**Rappel** ['rapəl] *m* <-s, -> (*fam abw*) vena *f;* **einen ~ kriegen** darle la vena

**rappelig** *adj* (*fam*) ❶ (*verrückt*) loco; **~ werden** volverse loco ❷ (*nervös*) inquieto, nervioso

**rappeln** ['rapəln] *vi* (*fam*) golpetear; **gerappelt voll sein** estar a tope

**rappen** ['rɛpən] *vi* (MUS) rapear

**Rappen** ['rapən] *m* <-s, -> céntimo *m* suizo

**Rapport** [ra'pɔrt] *m* <-(e)s, -e> informe *m*

**Raps** [raps] *m* <-es, -e> colza *f*

**rar** [raːɐ] *adj* (*selten*) raro; (*knapp vorhanden*) escaso; **~ sein** escasear; **sich ~ machen** (*fam*) no dejarse ver el pelo

**Rarität** [rari'tɛːt] *f* <-en> rareza *f*

**rasant** [ra'zant] **I.** *adj* ❶ (*fam: Fahrt, Entwicklung*) rapidísimo; (*Tempo*) tremendo ❷ (*fam: schnittig*) aerodinámico ❸ (*Ballistik*) rasante **II.** *adv* (*fam: schnell*) como un rayo

**rasch** [raʃ] **I.** *adj* rápido **II.** *adv* de prisa

**rascheln** ['raʃəln] *vi* (*Seide, Laub, Stroh*) crujir; (*Maus, Papier*) hacer ruido

**rasen** ['raːzən] *vi* ❶ *sein* (*fam: Person, Fahrzeug*) ir a toda mecha; **mein Puls rast** tengo el pulso a cien; **die Zeit rast** el tiempo pasa volando ❷ (*toben*) enfurecerse (*vor* de); **du machst mich ~d** me vuelves loco

**Rasen** ['raːzən] *m* <-s, -> césped *m*

**rasend** **I.** *adj* ❶ (*Geschwindigkeit*) vertiginoso ❷ (*Beifall*) frenético; (*Schmerzen*) atroz **II.** *adv* (*fam: sehr*) muy; **ich würde es ~ gern probieren** me gustaría muchísimo intentarlo

**Rasenmäher** *m* <-s, -> cortacésped *m o f;* **Rasensprenger** *m* <-s, -> aspersor *m* para césped

**Raser(in)** *m(f)* <-s, -; -nen> (*fam abw*) loco, -a *m, f* de la carretera [*o* del volante]

**Raserei** *f* <-en> ❶ (*das Wüten*) rabia *f,* furia *f;* **jdn zur ~ bringen** poner furioso a alguien ❷ (*fam: schnelles Fahren*) velocidad *f* vertiginosa

**Raserin** *f* <-nen> *s.* **Raser**

**Rasierapparat** *m* maquinilla *f* de afeitar; (*elektrisch*) máquina *f* de afeitar

**rasieren*** [ra'ziːrən] **I.** *vt* afeitar; **glatt rasiert** bien afeitado; **ich möchte mich ~ lassen** quiero que me afeiten **II.** *vr:* **sich ~**

afeitarse; **er rasiert sich nass/trocken** se afeita a navaja/con la maquinilla
**Rasierer** *m* <-s, -> (*fam*) maquinilla *f* de afeitar; (*elektrisch*) afeitadora *f*
**Rasierklinge** *f* hoja *f* de afeitar; **Rasiermesser** *nt* navaja *f* de afeitar; **Rasierpinsel** *m* brocha *f* de afeitar; **Rasierschaum** *m* espuma *f* de afeitar; **Rasierwasser** *nt* loción *f* para después del afeitado
**Raspel** ['raspəl] *f* <-n> ❶ (*Feile*) lima *f* gruesa ❷ (*Küchengerät*) rallador *m*
**raspeln** ['raspəln] *vt* ❶ (*Holz*) raspar ❷ (*Nüsse, Schokolade*) rallar
**Rasse** ['rasə] *f* <-n> (BIOL) raza *f*; **Rassehund** *m* perro *m* de raza
**Rassel** ['rasəl] *f* <-n> ❶ (MUS) matraca *f* ❷ (*Kinderspielzeug*) sonajero *m*
**rasseln** ['rasəln] *vi* ❶ (*Wecker*) sonar con ruido metálico; (*Kette*) hacer un ruido metálico ❷ *sein* (*fam*): **durch ein Examen** ~ catear un examen
**Rassendiskriminierung** *f* discriminación *f* racial; **Rassentrennung** *f ohne pl* segregación *f* racial
**rasserein** ['rasəraɪn] *adj* de pura raza
**rassig** *adj* racial; (*feurig*) fogoso
**rassisch** *adj* racial
**Rassismus** [ra'sɪsmʊs] *m* <-, *ohne pl*> racismo *m*
**Rassist(in)** [ra'sɪst] *m(f)* <-en, -en; -nen> racista *mf*
**rassistisch** *adj* racista
**Rast** [rast] *f* <-en> descanso *m;* (MIL) alto *m;* ~ **machen** descansar
**rasten** ['rastən] *vi* descansar
**Raster¹** ['rastɐ] *m* <-s, -> (TYPO) ❶ (*zur Zerlegung einer Bildfläche*) reticulador *m* ❷ (*Liniennetz*) retícula *f*
**Raster²** *nt* <-s, -> ❶ (TV) trama *f* ❷ (*System*) sistema *m;* **etw in ein ~ einordnen** clasificar algo
**Rasterfahndung** *f control computerizado de ciertos datos de un amplio grupo de personas con fines criminológicos;* **Rastermikroskop** *nt* (TECH) microscopio *m* de retícula
**Rasthaus** *nt* área *f* de servicio con restaurante; **Rasthof** *m* área *f* de servicio; **rastlos** *adj* ❶ (*ununterbrochen*) incesante, continuo; (*unermüdlich*) incansable ❷ (*unstet*) inconstante; (*unruhig*) inquieto; **Rastplatz** *m* área *f* de descanso; **Raststätte** *f* restaurante *m* de autopista
**Rasur** [ra'zuːɐ] *f* <-en> afeitado *m*
**rät** [rɛːt] *3. präs von* **raten**
**Rat¹** [raːt, *pl:* 'rɛːtə] *m* <-(e)s, Räte> (*Gremium*) consejo *m;* (*kommunal*) concejo *m;* **Großer** ~ (*Schweiz*) parlamento cantonal suizo
**Rat²** *m* <-(e)s, *ohne pl*> (*Empfehlung*) consejo *m;* **jdm den ~ geben etw zu tun** aconsejar a alguien hacer algo; **ein Buch/seinen Arzt zu ~e ziehen** consultar un libro/a su médico; **sich** *dat* **keinen ~ mehr wissen** no saber ya qué hacer
**Rat³** *m*, **Rätin** *f* <-(e)s, Räte; -nen> consejero, -a *m, f*
**Rate** ['raːtə] *f* <-n> ❶ (*bei Kauf*) plazo *m;* **etw auf ~n kaufen** comprar algo a plazos; **in ~n zahlen** pagar a plazos ❷ (*Verhältniszahl, Preis*) tasa *f*
**raten** ['raːtən] <rät, riet, geraten> *vi, vt* ❶ (*empfehlen*) aconsejar; **jdm zu etw** *dat* ~ aconsejar algo a alguien ❷ (*erraten*) adivinar; **falsch** ~ no adivinar; **richtig** ~ acertar; **dreimal darfst du ~!** (*fam*) ¡adivina, adivinanza!
**Ratenkauf** *m* compra *f* a plazos; **Ratenzahlung** *f* pago *m* a plazos
**Ratgeber¹** *m* <-s, -> (*Buch*) guía *f*
**Ratgeber(in)²** *m(f)* <-s, -; -nen> consejero, -a *m, f*
**Rathaus** *nt* ayuntamiento *m,* municipalidad *f Am,* diputación *f Mex*
**ratifizieren*** [ratifi'tsiːrən] *vt* (JUR) ratificar
**Ratifizierung** *f* <-en> (JUR) ratificación *f*
**Rätin** *f* <-nen> *s.* **Rat³**
**Ratio** ['raːtsjo] *f ohne pl* razón *f*
**Ration** [ra'tsjoːn] *f* <-en> ración *f*
**rational** [ratsjo'naːl] *adj* (*a.* MATH) racional
**rationalisieren*** [ratsjonali'ziːrən] *vi, vt* racionalizar
**Rationalisierung** *f* <-en> racionalización *f*
**rationell** [ratsjo'nɛl] *adj* racional; (*sparsam*) económico
**rationieren*** [ratsjo'niːrən] *vt* racionar
**Rationierung** *f* <-en> racionamiento *m*
**ratlos** *adj* desorientado; (*verwirrt*) desconcertado, confuso; ~ **sein** no saber qué hacer
**Ratlosigkeit** *f ohne pl* desorientación *f;* (*Verwirrung*) desconcierto *m,* confusión *f*
**Rätoromane**, **-in** [rɛtoro'maːnə] *m, f* retorromano, -a *m, f*
**rätoromanisch** [rɛtoro'maːnɪʃ] *adj* retorrománico
**ratsam** ['raːtzaːm] *adj* aconsejable; (*passend*) conveniente
**Ratsche** ['raːtʃə] *f* <-n> (*südd, Österr*) matraca *f*
**Ratschlag** *m* consejo *m;* (**jdm**) **Ratschläge erteilen** dar consejos (a alguien)
**Rätsel** ['rɛːtsəl] *nt* <-s, -> ❶ (*Denkaufgabe*) adivinanza *f;* (*Bilder~*) jeroglífico *m;* (*Kreuzwort~*) crucigrama *m;* (*Silben~*)

charada *f;* ~ **raten** jugar a las adivinanzas; **ein ~ aufgeben** proponer una adivinanza ❷ (*Geheimnis*) enigma *m;* **das ist des ~s Lösung** ahí está el quid de la cuestión; **es ist mir ein ~, warum sie nicht früher kam** no acierto a entender por qué no vino antes

**rätselhaft** *adj* enigmático, misterioso; **das ist mir ~** no me lo explico

**rätseln** *vi* especular (*über* sobre)

**Rätselraten** *nt* ❶ (*das Lösen von Rätseln*) (re)solución *f* de pasatiempos ❷ (*das Mutmaßen*) hacer *m* suposiciones; **ich habe keine Lust zum ~!** ¡no tengo ninguna gana de hacer suposiciones!

**Ratsherr(in)** *m(f)* concejal(a) *m(f);* **Ratssitzung** *f* sesión *f* del concejo

**Rattan** ['ratan] *nt* <-s, -e> rota *f,* junco *m* de Indias

**Ratte** ['ratə] *f* <-n> rata *f;* **Rattenfalle** *f* ratonera *f;* **Rattengift** *nt* raticida *m;* **Rattenschwanz** *m* ❶ (*Schwanz einer Ratte*) rabo *m* de rata ❷ (*Serie*) sinfín *m*

**rattern** ['ratɐn] *vi* ❶ (*Zug*) traquetear; (*Maschinengewehr*) tabletear ❷ *sein* (*fortbewegen*) traquetear (*über/durch* por)

**ratzekahl** ['ratsə'ka:l] *adv* (*fam*) completamente vacío; **alles ~ aufessen** no dejar ni una miga

**ratzen** ['ratsən] *vi* (*fam*) dormir a pierna suelta

**ratzeputz** ['ratsə'pʊts] *adv* (*südd: fam*) *s.* **ratzekahl**

**rau** [raʊ] *adj* ❶ (*Papier, Haut*) áspero ❷ (*Stimme*) ronco; (*Hals*) inflamado ❸ (*Klima*) duro; (*Luft*) frío; (*Gegend*) salvaje ❹ (*Mensch*) rudo ❺ (*Wend*): **in ~en Mengen** (*fam*) en masas

**Raub** [raʊp] *m* <-(e)s, -e> ❶ (*das Rauben*) robo *m;* (*Überfall*) asalto *m;* (*Entführung*) secuestro *m* ❷ (*Beute*) presa *f;* **Raubbau** *m ohne pl* (AGR) cultivo *m* exhaustivo; (BERGB) explotación *f* abusiva; **ökologischen ~ treiben** agotar los recursos naturales; **Raubdruck** *m* edición *f* pirata

**Raubein** *nt* (*fam*) patán, -ana *m, f*

**raubeinig** *adj* (*fam*) tosco pero majo

**rauben** ['raʊbən] *vi, vt* robar; (*entführen*) secuestrar; **das raubt mir den Schlaf** (*geh*) esto me quita el sueño

**Räuber(in)** ['rɔɪbɐ] *m(f)* <-s, -; -nen> ladrón, -ona *m, f;* **Räuberbande** *f* pandilla *f* de ladrones; **Räuberhöhle** *f* cueva *f* de ladrones

**Räuberin** *f* <-nen> *s.* **Räuber**

**räuberisch** *adj* de ladrones; **~e Erpressung** extorsión *f*

**Raubkatze** *f* felino *m;* **Raubkopie** *f* copia *f* pirata; **Raubmord** *m* robo *m* con homicidio; **Raubmörder(in)** *m(f)* ladrón, -ona *m, f* asesino, -a; **Raubritter** *m* (HIST) caballero *m* bandido; **Raubtier** *nt* (animal *m*) carnívoro *m;* **Raubüberfall** *m* asalto *m;* **einen ~ auf jdn begehen** asaltar a alguien; **Raubvogel** *m* ave *f* de rapiña

**Rauch** [raʊx] *m* <-(e)s, *ohne pl*> humo *m;* **sich in ~ auflösen** (*fig*) desvanecerse; **Rauchabzug** *m* conducto *m* de humo

**rauchen** **I.** *vi* ❶ (*Person*) fumar, pitar *AmS;* **„R~ verboten"** "prohibido fumar" ❷ (*Feuer*) humear, echar humo; **mir raucht der Kopf vom vielen Lernen** (*fam fig*) me echa humo la cabeza de tanto estudiar **II.** *vt* fumar

**Raucher(in)** *m(f)* <-s, -; -nen> fumador(a) *m(f)*

**Raucherabteil** *nt* (EISENB) compartimento *m* de fumadores; **Raucherbein** *nt* vasoconstricción *f* en las piernas (a causa del tabaco)

**Räucherfisch** *m* pescado *m* ahumado

**Raucherhusten** *m* tos *f* de fumador

**Raucherin** *f* <-nen> *s.* **Raucher**

**Räucherlachs** *m* salmón *m* ahumado

**räuchern** ['rɔɪçɐn] *vt* ahumar

**Räucherspeck** *m* tocino *m* ahumado; **Räucherstäbchen** *nt* pebete *m*

**Raucherzone** *f* zona *f* para fumadores

**Rauchfang** *m* <-(e)s, -fänge> campana *f* de la chimenea; **Rauchfleisch** *nt* carne *f* ahumada

**rauchig** *adj* ❶ (*raucherfüllt*) lleno de humo ❷ (*Stimme*) ronco ❸ (*Geschmack*) ahumado

**Rauchmelder** *m* detector *m* de humos; **Rauchschwaden** *m* nube *f* de humo; **Rauchsignal** *nt* señal *f* de humo; **Rauchverbot** *nt* prohibición *f* de fumar; **hier herrscht ~** aquí no se puede fumar; **Rauchvergiftung** *f* intoxicación *f* por (el) humo; **Rauchwolke** *f* nube *f* de humo

**Räude** ['rɔɪdə] *f* <-n> sarna *f*

**räudig** *adj* sarnoso

**rauf** [raʊf] *adv* (*fam*) hacia arriba; *s. a.* **hinauf, herauf**

**Raufasertapete** *f* papel *m* de fibra gruesa

**Raufbold** *m* <-(e)s, -e> (*abw*) camorrista *mf*

**raufen** ['raʊfən] *vi, vr:* **sich ~** pelearse (*mit* con, *um* por)

**Rauferei** *f* <-en> (*fam*) pelea *f*

**Rauheit** *f ohne pl* ❶ (*von Material*) aspereza *f* ❷ (*von Stimme*) ronquedad *f* ❸ (*des Klimas*) destemplanza *f* ❹ (*im Benehmen*) rudeza *f*

R

**Raum**[1] [raʊm, *pl:* 'rɔɪmə] *m* <-(e)s, Räume> ① (*a.* PHILOS, MATH) espacio *m* ② (*Zimmer*) habitación *f*, pieza *f Am;* (*Räumlichkeit*) local *m;* **eine Frage steht im ~** una cuestión está pendiente; **eine These in den ~ stellen** exponer una tesis ③ (*Gebiet*) zona *f;* **im ~ Frankfurt** en la zona de Francfort

**Raum**[2] *m* <-(e)s, *ohne pl*> ① (*a.* ASTR, PHYS) espacio *m;* **luftleerer ~** (PHYS) vacío *m* ② (*Platz*) sitio *m;* **zu viel ~ einnehmen** ocupar demasiado sitio

**Raumanzug** *m* traje *m* espacial

**räumen** ['rɔɪmən] *vt* ① (*weg~*) retirar (*von* de); (*Schnee*) quitar; (*ein~*) poner (*in* en); (*aus~*) sacar (*aus* de) ② (*Gebäude*) desalojar; (*Straße*) desocupar; (*durch die Polizei*) efectuar el desalojo (de); **das Lager ~** liquidar las existencias

**Raumfähre** *f* nave *f* espacial; **Raumfahrer(in)** *m(f)* astronauta *mf*

**Raumfahrt** *f ohne pl* astronáutica *f;* **bemannte ~** astronáutica tripulada; **Raumfahrtbehörde** *f* agencia *f* espacial

**Räumfahrzeug** *nt* quitanieves *m inv*

**Raumflug** *m* vuelo *m* espacial; **Raumforschung** *f ohne pl* investigación *f* espacial; **Raumgestaltung** *f* decoración *f* de interiores; **Rauminhalt** *m* (MATH) volumen *m;* **Raumkapsel** *f* cápsula *f* espacial

**räumlich** ['rɔɪmlɪç] *adj* ① (*den Raum betreffend*) espacial ② (*dreidimensional*) tridimensional

**Räumlichkeiten** *fpl* (*Gebäude*) edificio *m;* (*innen*) salas *fpl*

**Raumpfleger(in)** *m(f)* encargado, -a *m, f* de la limpieza; **Raumschiff** *nt* nave *f* espacial; **Raumsonde** *f* sonda *f* espacial; **Raumstation** *f* estación *f* espacial

**Räumung** ['rɔɪmʊŋ] *f* <-en> ① (*einer Wohnung*) desalojo *m;* (*durch Polizei*) despejo *m* ② (*eines Lagers*) liquidación *f* de existencias; **Räumungsarbeiten** *fpl* labores *mpl* de desescombro; **Räumungsbefehl** *m* orden *f* de desalojo; **Räumungsklage** *f* (JUR) demanda *f* de desahucio; **Räumungsverkauf** *m* (WIRTSCH) liquidación *f*

**raunen** ['raʊnən] *vi, vt* (*geh*) murmurar; **ein R~ ging durch das Publikum** un murmullo se extendió por entre el público

**Raupe** ['raʊpə] *f* <-n> ① (*Schmetterlingslarve*) oruga *f* ② (*Planier~*) aplanadora *f* ③ (*~nkette*) oruga *f;* **Raupenfahrzeug** *nt* vehículo *m* oruga

**Raureif** *m* <-(e)s, *ohne pl*> escarcha *f*

**raus** [raʊs] *adv* (*fam*) (hacia) fuera, afuera; **~ da!** ¡fuera de ahí!; *s. a.* **heraus, hinaus;**

**rausbekommen*** *irr vt* (*fam*) ① (*Wechselgeld*) recibir de vuelta ② (*Aufgabe*) resolver; (*Geheimnis*) descubrir ③ (MATH) sacar ④ (*Fleck*) poder quitar; (*Nagel*) poder sacar ⑤ (*erfahren*) llegar a saber; **rausbringen** *irr vt* (*fam: nach draußen bringen*) sacar, llevar afuera; *s. a.* **herausbringen**

**Rausch** [raʊʃ, *pl:* 'rɔɪʃə] *m* <-(e)s, Räusche> ① (*Trunkenheit*) embriaguez *f;* **sich** *dat* **einen ~ antrinken** coger(se) una trompa; **seinen ~ ausschlafen** (*fam*) dormir la mona ② (*Ekstase*) éxtasis *m inv*

**rauscharm** *adj* (TEL, RADIO) de pocas interferencias

**rauschen** ['raʊʃən] *vi* ① (*Baum, Wind, Bach*) murmurar; (*Meer*) bramar; (*Telefon*) haber interferencias; (*Seide*) crujir; **~der Beifall** aplauso tempestuoso; **ein ~des Fest** una fiesta a lo grande ② *sein* (*sich irgendwohin begeben*) dirigirse (*in/zu* a); **aus dem/durch das Zimmer ~** abandonar/cruzar la habitación

**rauschfrei** *adj* (*a.* TEL, RADIO) sin interferencias

**Rauschgift** *nt* droga *f*, estupefaciente *m;* **Rauschgifthandel** *m* narcotráfico *m;* **Rauschgifthändler(in)** *m(f)* narcotraficante *mf;* **Rauschgiftsucht** *f ohne pl* toxicomanía *f;* **rauschgiftsüchtig** *adj* toxicómano; **Rauschgiftsüchtige(r)** *mf* toxicómano, -a *m, f*

**rausekeln** *vt* (*fam*): **jdn ~** hacer la vida imposible a alguien (hasta que se va);

**rausfliegen** *irr vi sein* (*fam*) ① (*Vogel*) salir volando (*aus* de) ② (*Person*) ser echado (*aus* de); **rausgeben** *irr vt* (*fam*) ① (*herausreichen*) entregar, dar ② (*aushändigen*) entregar ③ (*Wechselgeld*) dar de vuelta; **sie haben mir falsch rausgegeben** me han dado mal la vuelta ④ (*Buch*) editar; **rausgehen** *irr vi sein* (*fam*) salir; *s. a.* **herausgehen, hinausgehen; rauskommen** *irr vi sein* (*fam*) salir; *s. a.* **herauskommen; rauskriegen** *vt* (*fam*) *s.* **rausbekommen; rausnehmen** *irr vt* (*fam*) sacar; *s. a.* **herausnehmen**

**räuspern** ['rɔɪspɐn] *vr:* **sich ~** carraspear

**rausrücken I.** *vi sein* (*fam: zugeben*) soltar; **rück mit der Wahrheit raus!** ¡desembucha ya! **II.** *vt* (*fam: hergeben*) soltar; **rück mal etwas Geld raus!** ¡suelta un par de duros!

**rausschmeißen** *irr vt* (*fam*) ① (*nach draußen werfen, wegschmeißen*) tirar (*aus* de/por, *zu* por); **das ist rausgeschmissenes Geld** esto es dinero perdido ② (*entlassen*) echar (*aus* de); **sie hat ihn**

**rausgeschmissen** le puso de patitas en la calle

**Rausschmeißer(in)** *m(f)* <-s, -; -nen> (*fam*) gorila *mf,* matón, -ona *m, f*

**Rausschmiss** *m* <-es, -e> (*fam*) despido *m*

**Raute** ['raʊtə] *f* <-n> ❶ (BOT) ruda *f* ❷ (MATH) rombo *m*

**Rave** [rɛɪv] *m o nt* <-(s), -s> (MUS) rave *m;* ~ **Musik** música rave

**Razzia** ['ratsja, *pl:* 'ratsjən] *f* <Razzien> redada *f,* razia *f*

**Reagenzglas** [rea'gɛnts-] *nt* (CHEM) tubo *m* de ensayo

**reagieren*** [rea'gi:rən] *vi* ❶ (*Person*) reaccionar (*auf* a/ante) ❷ (CHEM) producir una reacción

**Reaktion¹** [reak'tsjo:n] *f* <-en> (*das Reagieren, a.* CHEM) reacción *f* (*auf* a/ante/frente a)

**Reaktion²** *f ohne pl* (POL) reacción *f*

**reaktionär** [reaktsjo'nɛ:ɐ] *adj* (*abw*) reaccionario

**Reaktionsvermögen** *nt ohne pl* capacidad *f* de reacción; **Reaktionszeit** *f* tiempo *m* de reacción

**reaktivieren*** [reakti'vi:rən] *vt* ❶ (*Verfahren*) reactivar ❷ (*Person*) reincorporar al servicio activo

**Reaktor** [re'akto:ɐ] *m* <-s, -en> (PHYS) reactor *m;* **Reaktorkern** *m* (PHYS) núcleo *m* de un reactor nuclear; **Reaktorsicherheit** *f ohne pl* seguridad *f* de reactores nucleares; **Reaktorunglück** *nt* accidente *m* en un reactor nuclear

**real** [re'a:l] *adj* (*a.* WIRTSCH) real

**Realeinkommen** *nt* (WIRTSCH) ingreso *m* real

**realisierbar** *adj* realizable

**realisieren*** [reali'zi:rən] *vt* realizar; (*durchführen*) llevar a cabo

**Realisierung** *f* <-en> realización *f*

**Realismus** [rea'lɪsmʊs] *m* <-, *ohne pl*> (PHILOS, LIT, KUNST) realismo *m*

**Realist(in)** [rea'lɪst] *m(f)* <-en, -en; -nen> realista *mf*

**realistisch** *adj* realista; ~ **betrachtet** visto con realismo

**Realität** [reali'tɛ:t] *f* <-en> ❶ (*Wirklichkeit*) realidad *f;* **virtuelle** ~ realidad virtual; **in (der)** ~ en (la) realidad ❷ *pl* (*Österr: Immobilien*) inmuebles *mpl;* **realitätsfern** *adj* alejado de la realidad; **realitätsnah** *adj* realista; **Realitätssinn** *m ohne pl* sentido *m* de la realidad

**Reality-TV** *nt* <-(s), *ohne pl*> (TV) reality televisión *f*

**Reallohn** *m* salario *m* real

**Realschule** *f* ≈instituto *m* de enseñanza media (*escuela secundaria – de los 10 a los 16 años – de grado inferior al Gymnasium*)

**i Land & Leute**

En Alemania al llegar a los diez años, aproximadamente, el alumno accede bien a la *Hauptschule – escuela de secundaria de grado inferior,* bien a la **Realschule** – *escuela de secundaria de grado intermedio* o bien al *Gymnasium – escuela de secundaria de grado superior.* Al finalizar los estudios en la **Realschule** el alumno obtiene un certificado que se llama *Mittlere Reife.* Generalmente al término de estos estudios el alumno comienza un periodo de tres años de formación profesional.

**Reanimation** [reʔanima'tsjo:n] *f* <-en> (MED) reanimación *f*

**reanimieren*** *vt* (MED) reanimar

**Rebe** ['re:bə] *f* <-n> vid *f*

**Rebell(in)** [re'bɛl] *m(f)* <-en, -en; -nen> rebelde *mf*

**rebellieren*** [rebɛ'li:rən] *vi* rebelarse (*gegen* contra)

**Rebellin** *f* <-nen> *s.* **Rebell**

**Rebellion** [rebɛ'ljo:n] *f* <-en> rebelión *f*

**rebellisch** [re'bɛlɪʃ] *adj* rebelde

**Rebhuhn** ['re:p-] *nt* perdiz *f*

**Rebsorte** ['re:p-] *f* tipo *m* de uva; **Rebstock** *m* cepa *f*

**rechen** ['rɛçən] *vt* (*Schweiz, Österr, reg*) rastrillar

**Rechen** ['rɛçən] *m* <-s, -> (*Schweiz, Österr, reg*) rastrillo *m*

**Rechenart** ['rɛçən-] *f* método *m* de cálculo; **die vier** ~**en** las cuatro reglas; **Rechenaufgabe** *f* problema *m* de aritmética; **Rechenbuch** *nt* libro *m* de matemáticas; **Rechenfehler** *m* error *m* de cálculo; **Rechenmaschine** *f* calculadora *f*

**Rechenschaft** *f ohne pl* cuentas *fpl;* **jdm über etw** ~ **schuldig sein** deber a alguien una explicación acerca de algo; **jdn für etw zur** ~ **ziehen** hacer a alguien responsable de algo

**Rechenschieber** *m* <-s, -> regla *f* de cálculo; **Rechenzentrum** *nt* (INFOR) centro *m* de cálculo

**Recherche** [re'ʃɛrʃə, rə'ʃɛrʃə] *f* <-n> pesquisa *f;* **über jdn/etw** ~**n anstellen** hacer investigaciones sobre alguien/algo

**recherchieren*** [reʃɛr'ʃi:rən, rəʃɛr'ʃi:rən] *vi,*

R

*vt* investigar

**rechnen** ['rɛçnən] **I.** *vi* ① (MATH) calcular; **im Kopf** ~ calcular mentalmente ② (*sich verlassen*) contar (*mit/auf* con); **damit ~, dass ...** contar con que... +*subj;* **damit hatte ich nicht gerechnet** no había contado con eso ③ (*haushalten*) economizar; **wir müssen mit jedem Pfennig** ~ hay que ahorrar hasta la última peseta **II.** *vt* ① (*Aufgabe*) hacer, calcular ② (*zählen*) contar (*zu/unter* entre); (*einbeziehen*) incluir (*zu/unter* entre); **man rechnet ihn zu den Experten auf diesem Gebiet** se le incluye entre los expertos en este campo ③ (*veranschlagen*) calcular (*für* para) **III.** *vr:* **sich** ~ ser rentable

**Rechner[1]** *m* <-s, -> calculadora *f;* (INFOR: *Computer*) ordenador *m,* computadora *f Am*

**Rechner(in)[2]** *m(f)* <-s, -; -nen> contador(a) *m(f);* **ein kühler ~ sein** ser muy calculador

**rechnergesteuert** *adj* (INFOR) dirigido por ordenador; **rechnergestützt** *adj* (INFOR) asistido por ordenador

**Rechnerin** *f* <-nen> *s.* **Rechner[2]**

**rechnerisch** *adj* aritmético; **rein** ~ ateniéndose a las cifras

**Rechnersimulation** *f* (INFOR) simulación *f* mediante computadora

**Rechnung** *f* <-en> ① (*das Rechnen*) cálculo *m* ② (*Ab~*) cuenta *f;* (*Waren~*) factura *f;* **eine ~ über 1000 Euro** una cuenta de 1000 euros; **die ~, bitte!** ¡la cuenta, por favor!; **jdm etw in ~ stellen** cargar algo en la cuenta de alguien; **auf eigene ~** por cuenta propia; **das geht auf meine ~** esto va de mi cuenta; **etw** *dat* **~ tragen** considerar algo; **er hatte die ~ ohne den Wirt gemacht** (*fig*) había puesto el carro delante del buey; **mit jdm eine alte ~ begleichen** (*fig*) saldar una vieja cuenta con alguien; **Rechnungsbuch** *nt* ① (COM) libro *m* de cuentas ② (*Schweiz: Rechenbuch*) libro *m* de matemáticas; **Rechnungsführer(in)** *m(f)* contable *mf;* **Rechnungsprüfer(in)** *m(f)* (WIRTSCH) revisor(a) *m(f)* de cuentas

**recht** [rɛçt] **I.** *adj* ① (*zutreffend*) justo; (*geeignet*) adecuado; (*passend*) oportuno; **der ~e Augenblick** el momento oportuno ② (*wirklich*) verdadero; **ich habe keine ~e Lust** no me apetece mucho ③ (*richtig*) correcto; **nach dem R~en sehen** controlar si todo está en orden; **hier geht es nicht mit ~en Dingen zu** aquí hay gato encerrado; **es ist nur ~ und billig** no es sino lo justo; **alles, was ~ ist, aber ...** todo lo que quiera(s), pero... **II.** *adv* ① (*sehr*) muy; **~ tief** muy profundo; **~ herzlichen Dank** muchísimas gracias ② (*ziemlich*) bastante; **~ viel/oft** bastante/bastante a menudo ③ (*richtig, genehm*) bien; **ganz ~!** ¡eso es!; **jetzt erst ~!** ¡sobre todo ahora!; **jetzt erst ~ nicht!** ¡ahora menos que nunca!; **wenn ich es ~ überlege ...** si lo pienso bien...; **~ daran tun sich zu entschuldigen** hacer bien en pedir excusas; **ist es dir ~ wenn ...?** ¿te parece bien si...?; **das soll mir ~ sein** me parece bien; **das geschieht ihm ~** (*fam*) le está bien (empleado); **ich seh' wohl nicht ~!** (*fam*) ¡no me lo puedo creer!; **wenn ich Sie ~ verstehe** si le entiendo bien; **ich weiß nicht ~** no sé bien; **du kommst mir gerade ~** (*iron*) eres lo que me faltaba; **man kann ihm nichts ~ machen** no se conforma con nada

**Recht[1]** [rɛçt] *nt* <-(e)s, -e> (*Anspruch*) derecho *m* (*auf* a); (*Gerechtigkeit*) justicia *f;* **staatsbürgerliche ~e** derechos cívicos; **mit welchem ~ behaupten Sie das?** ¿con qué derecho afirma eso?; **sein ~ fordern** reclamar sus derechos; **jdm ~ geben** dar(le) a alguien la razón; **zu seinem ~ kommen** hacer valer sus derechos; **das ~ des Stärkeren** la ley del más fuerte; **zu ~** con razón; **~ haben, im ~ sein** tener razón; **es ist unser gutes ~ uns zu beschweren** tenemos perfecto derecho a quejarnos; **gleiches ~ für alle!** ¡igualdad de derechos!; **du hast das ~ auf einen Anwalt** tienes derecho a un abogado; **dazu haben Sie kein ~!** ¡no tiene ningún derecho!

**Recht[2]** *nt* <-s, *ohne pl*> (*Rechtsordnung*) derecho *m;* (*Gesetze*) legislación *f,* leyes *fpl;* **bürgerliches ~** derecho civil; **gegen das ~ verstoßen** infringir las leyes; **~ sprechen** hacer justicia

**rechte(r, s)** *adj* ① (*Seite*) derecho; **~r Hand** a mano derecha; **auf der ~n Seite** a la derecha; **jds ~ Hand sein** ser la mano derecha de alguien ② (POL) de derecha(s) ③ (MATH) recto; **ein ~r Winkel** un ángulo recto

**Rechte** ['rɛçtə] *f* <-n, -n> (*a.* POL) derecha *f;* **zu ihrer ~n** a su derecha; **die ~ zog ins Parlament ein** la derecha entró en el parlamento

**Rechteck** *nt* rectángulo *m;* **rechteckig** *adj* rectangular

**rechtens** ['rɛçtəns] *adv:* **~ sein** ser legítimo; **für ~ halten** considerar legítimo

**rechtfertigen** ['----] **I.** *vt* justificar **II.** *vr:* **sich ~** justificarse (*für* por, *vor* ante)

**Rechtfertigung** *f* <-en> justificación *f* (*für* para); **was sagt er zu seiner ~?** ¿y él qué alega?
**rechtgläubig** *adj* ortodoxo
**rechthaberisch** *adj* (*abw*) ergotista; **~ sein** querer tener siempre la razón
**rechtlich** *adj* legal; (*gesetzlich*) jurídico; **das ist ~ nicht zulässig** es legalmente inadmisible
**rechtlos** *adj* sin derechos, privado de derechos
**rechtmäßig** *adj* legítimo, legal; **der ~e Besitzer** el propietario legítimo; **etw für ~ erklären** declarar algo legal
**Rechtmäßigkeit** *f ohne pl* legalidad *f*, legitimidad *f*
**rechts** [rɛçts] **I.** *adv* (a) la derecha; **~ davon** a la derecha (de esto); **~ von mir** a mi derecha; **nach ~** hacia la derecha; **von ~ kommen** venir por la derecha; **oben/unten ~** arriba/abajo a la derecha; **von ~ nach links** de derecha a izquierda; **~ vor links** la derecha tiene preferencia; **sich ~ halten** mantenerse a su derecha; **sich ~ einordnen** situarse en el carril derecho; **~ um!** (MIL) ¡derecha!; **~ stricken** hacer punto del derecho; **~ stehen** (POL) ser de derechas; **~ wählen** (POL) votar a la derecha; **mit ~ schreiben** escribir con la (mano) derecha; **ich weiß nicht mehr, wo ~ und links ist** (*fam fig*) no sé ya dónde tengo la cabeza **II.** *präp +gen* a la derecha
**Rechtsabteilung** *f* (JUR) sección *f* jurídica; **Rechtsanwalt, -wältin** *m, f* (JUR) abogado, -a *m, f*; **sich** *dat* **einen ~ nehmen** contratar a un abogado
**Rechtsaußen** [rɛçts'ʔaʊsən] *m* <-, -> (SPORT) extremo *m* derecha
**Rechtsberatung** *f* (JUR) asesoramiento *m* jurídico; **Rechtsbruch** *m* (JUR) violación *f* de la ley; **einen ~ begehen** infringir la ley
**rechtsbündig** *adj* (TYPO, INFOR) fijo a la derecha
**rechtschaffen** ['rɛçtʃafən] *adj* ❶ (*anständig*) honrado, recto ❷ (*groß*) mucho; **~ Hunger haben** (*fam*) tener mucha hambre
**Rechtschreibfehler** *m* falta *f* de ortografía; **Rechtschreibreform** *f* reforma *f* de (la) ortografía
**Rechtschreibung** *f* ortografía *f*

**i Land & Leute**

El 1 de julio de 1996 se acuerda en Viena la reforma de la **Rechtschreibung** del alemán. Las nuevas reglas entraron en vigor el 1 de agosto de 1998. Sin embargo, el acuerdo contempla una fase de transición, según la cual hasta el 2005 tienen validez las antiguas y las nuevas reglas simultáneamente.

**Rechtsempfinden** *nt* sentido *m* de la justicia; **rechtsextrem** *adj s.* **rechtsextremistisch**; **Rechtsextremismus** ['rɛçtsʔɛkstremɪsmʊs] *m* (POL) extrema derecha *f*, ultraderecha *f*; **Rechtsextremist(in)** *m(f)* (POL) ultraderechista *mf*; **rechtsextremistisch** *adj* (POL) de extrema derecha, de ultraderecha
**rechtsfähig** *adj* (JUR) con capacidad jurídica
**Rechtsfrage** *f* (JUR) cuestión *f* jurídica
**rechtsgerichtet** *adj* (POL) derechista, de derecha(s)
**Rechtsgrundlage** *f* (JUR) base *f* jurídica
**rechtsgültig** *adj* (JUR) jurídicamente válido; **etw für ~ erklären** legalizar algo
**Rechtshänder(in)** ['-hɛndɐ] *m(f)* <-s, -; -nen> diestro, -a *m, f*
**rechtshändig** **I.** *adj* diestro **II.** *adv* con la mano derecha
**rechtsherum** ['rɛçtshɛrʊm] *adv* (dando vueltas) a la derecha
**rechtskräftig** *adj* (JUR) (jurídicamente) válido; **~ werden** entrar en vigor
**Rechtskurve** *f* curva *f* a la derecha
**Rechtslage** *f ohne pl* (JUR) situación *f* legal
**Rechtsmittel** *nt* (JUR) recurso *m* legal; **Rechtsmittelbelehrung** *f* (JUR) información *f* sobre recursos
**Rechtsnachfolge** *f* (JUR) sucesión *f* en el derecho; **die ~ von jdm antreten** suceder a alguien; **Rechtsordnung** *f* (JUR) orden(amiento) *m* jurídico; **Rechtspflege** *f* (JUR) (administración *f* de) justicia *f*
**Rechtsprechung** *f* <-en> (JUR) jurisprudencia *f*
**rechtsradikal** *adj* (POL) de extrema derecha, ultraderechista
**rechtsrum** ['rɛçtsrʊm] *adv* (*fam*) *s.* **rechtsherum**
**Rechtsschutz** *m* (JUR) protección *f* jurídica; **Rechtsschutzversicherung** *f* seguro *m* de protección jurídica
**rechtsseitig** *adj* del lado derecho; **~ gelähmt** paralizado del lado derecho
**Rechtssicherheit** *f ohne pl* (JUR) seguridad *f* jurídica; **Rechtsstaat** *m* Estado *m* de derecho; **rechtsstaatlich** *adj* jurídico-estatal; **Rechtsstreit** *m* (JUR) pleito *m*; **einen ~ beilegen** dirimir un pleito;

R

**Rechtsverdreher(in)** *m(f)* <-s, -; -nen> (*abw*) picapleitos *mf inv*

**Rechtsverkehr** *m* ① (AUTO) circulación *f* por la derecha ② (JUR) relaciones *fpl* jurídicas

**Rechtsverletzung** *f* (JUR) violación *f* del derecho; **Rechtsverordnung** *f* (JUR) decreto-ley *m;* **eine ~ erlassen** dictar un decreto; **Rechtsweg** *m* (JUR) vía *f* judicial; **auf dem ~** por la vía judicial; **der ~ ist ausgeschlossen** la vía judicial queda excluida; **rechtswidrig** *adj* ilegal, ilegítimo; **Rechtswissenschaft** *f ohne pl* (JUR) jurisprudencia *f*

**rechtwink(e)lig** *adj* rectangular

**rechtzeitig** **I.** *adj* puntual **II.** *adv* ① (*pünktlich*) a tiempo ② (*früh genug*) con (la debida) antelación

**Reck** [rɛk] *nt* <-(e)s, -e *o* -s> barra *f* fija

**recken** ['rɛkən] **I.** *vt* alargar; **den Kopf ~** alargar el cuello **II.** *vr:* **sich ~** estirarse

**Recorder** *m* <-s, -> *s.* **Rekorder**

**recyceln*** [ri'saɪkəln] *vt* reciclar

**recyclebar** *adj* reciclable

**Recycling** [ri'saɪklɪŋ] *nt* <-s, *ohne pl*> reciclaje *m,* reciclado *m;* **Recyclingpapier** *nt ohne pl* papel *m* reciclado

**Redakteur(in)** [redak'tøːɐ] *m(f)* <-s, -e; -nen> redactor(a) *m(f)*

**Redaktion** [redak'tsjoːn] *f* <-en> redacción *f*

**redaktionell** [redaktsjo'nɛl] *adj* ① (*bezogen auf Redigieren*) de redacción ② (*bezogen auf Redaktion*) de la redacción

**Redaktionsschluss** *m ohne pl* (PUBL) cierre *m* de redacción

**Redaktor(in)** [re'daktoːɐ] *m(f)* <-s, -en; -nen> (*Schweiz*) redactor(a) *m(f)*

**Rede** ['reːdə] *f* <-n> ① (*Ansprache*) discurso *m;* (*Gespräch*) conversación *f;* **eine ~ halten** pronunciar un discurso; **das ist nicht der ~ wert** no merece la pena comentarlo; **es ist die ~ von ...** se habla de...; **davon kann nicht die ~ sein** no se trata de eso; **wovon ist die ~?** ¿de qué va (el asunto)?; **jdn zur ~ stellen** pedir cuentas a alguien; **jdm ~ und Antwort stehen** dar cuentas a alguien; **der langen ~ kurzer Sinn** resumiendo ② (LING) estilo *m;* **direkte/indirekte ~** estilo directo/indirecto; **Redefluss** *m* verborrea *f;* **jdn in seinem ~ unterbrechen** interrumpir la verborrea de alguien; **Redefreiheit** *f ohne pl* libertad *f* de expresión; **redegewandt** *adj* elocuente; **Redegewandtheit** *f* elocuencia *f;* **Redekunst** *f ohne pl* retórica *f*

**reden** ['reːdən] **I.** *vi* ① (*sprechen*) hablar (*mit* con, *über* sobre, *von* de); **mit Händen und Füßen ~** hablar con pies y manos; **(viel) von sich** *dat* **~ machen** dar mucho que hablar; **du hast gut ~!** ¡es muy fácil decirlo!; **darüber lasse ich nicht mit mir ~** no pienso cambiar de opinión en esto; **darüber lässt sich ~** se puede hablar de ello; **~ wir nicht mehr darüber** no hablemos más de ello; **so lasse ich nicht mit mir ~** no consiento que me hablen así; **nicht zu ~ von ...** por no hablar de...; **schlecht von jdm ~** hablar mal de alguien ② (*Rede halten*) pronunciar un discurso (*über* sobre) **II.** *vt* hablar; **Unsinn ~** decir tonterías; **ich muss ein ernstes Wort mit ihm ~** tengo que hablar en serio con él **III.** *vr:* **sich heiser ~** quedarse ronco de (tanto) hablar; **sich in Rage/Begeisterung ~** hablar lleno de furia/entusiasmo

**Redensart** *f* locución *f*

**Rederecht** *nt ohne pl* derecho *m* a tomar la palabra; **Redeschwall** *m* (*abw*) torrente *m* de palabras; **Redeverbot** *nt* prohibición *f* de hablar; **jdm ~ erteilen** prohibir a alguien hablar; **Redeweise** *f* manera *f* de hablar; **Redewendung** *f* (LING) giro *m*

**redigieren*** [redi'giːrən] *vt* corregir; (*Zeitschrift*) redactar

**redlich** ['reːtlɪç] *adj* ① (*aufrichtig*) honrado; **~ handeln** obrar honradamente ② (*groß*) grande; **er hat sich** *dat* **~e Mühe gegeben** ha hecho un gran esfuerzo

**Redlichkeit** *f ohne pl* honradez *f*

**Redner(in)** ['reːdnɐ] *m(f)* <-s, -; -nen> orador(a) *m(f)*

**Rednerpult** *nt* púlpito *m*

**redselig** *adj* locuaz; **Redseligkeit** *f ohne pl* locuacidad *f*

**Reduktion** [redʊk'tsjoːn] *f* <-en> (*a.* CHEM, PHYS, MATH) reducción *f*

**redundant** [redʊn'dant] *adj* redundante

**Redundanz** [redʊn'dants] *f* <-en> redundancia *f*

**reduzierbar** *adj* reducible

**reduzieren*** [redu'tsiːrən] **I.** *vt* (*a.* CHEM, PHYS, MATH) reducir (*auf* a) **II.** *vr:* **sich ~** reducirse (*auf* a)

**Reduzierung** *f* <-en> reducción *f,* recorte *m*

**Reederei** *f* <-en> compañía *f* naviera

**reell** [re'ɛl] *adj* ① (*ehrlich*) honesto ② (*fam: Portion, Ware*) bueno; (*Preis*) razonable ③ (*wirklich, a.* MATH) real

**Referat** [refe'raːt] *nt* <-(e)s, -e> ① (*Vortrag*) ponencia *f;* **ein ~ halten** exponer una ponencia ② (*Abteilung*) sección *f*

**Referenda** *pl von* **Referendum**

**Referendar(in)** [referɛn'daːɐ] *m(f)* <-s, -e; -nen> ① (JUR) licenciado, -a *m, f* en dere-

cho ❷ (SCH) profesor(a) *m(f)* en prácticas
**Referendariat** [referɛndari'aːt] *nt* <-(e)s, -e> ❶ (JUR) período *m* de prácticas para licenciados de derecho ❷ (SCH) período *m* de prácticas de profesorado
**Referendarin** *f* <-nen> *s.* **Referendar**
**Referendum** [refe'rɛndʊm] *nt* <-s, Referenden *o* Referenda> referéndum *m*
**Referent(in)** [refe'rɛnt] *m(f)* <-en, -en; -nen> ❶ (*eines Vortrages*) conferenciante *mf;* (*eines Referats*) ponente *mf* ❷ (*Referatsleiter*) jefe, -a *m, f* de negociado
**Referenzen** *fpl* referencias *fpl*
**referieren*** [refe'riːrən] **I.** *vi* ❶ (*Referat halten*) exponer (una ponencia) (*über* sobre) ❷ (*berichten*) hablar (*über* sobre/de) **II.** *vt* (*berichten*) presentar
**reflektieren*** [reflɛk'tiːrən] **I.** *vi* ❶ (*nachdenken*) reflexionar (*über* sobre) ❷ (*zurückstrahlen*) reflejar ❸ (*interessiert sein*) tener interés (*auf* en) **II.** *vt* (*Licht*) reflejar
**Reflektor** [re'flɛktoːɐ] *m* <-s, -en> reflector *m*
**Reflex** [re'flɛks] *m* <-es, -e> reflejo *m;* **Reflexbewegung** *f* movimiento *m* reflejo; **Reflexhandlung** *f* acto *m* reflejo
**Reflexion** [reflɛ'ksjoːn] *f* <-en> (*a.* PHYS) reflexión *f* (*über* sobre)
**reflexiv** [reflɛ'ksiːf] *adj* (*a.* LING) reflexivo; **Reflexivpronomen** *nt* (LING) pronombre *m* reflexivo; **Reflexivverb** *nt* (LING) verbo *m* reflexivo
**Reform** [re'fɔrm] *f* <-en> reforma *f*
**Reformation** [refɔrma'tsjoːn] *f ohne pl* Reforma *f*
**reformatorisch** [refɔrma'toːrɪʃ] *adj* reformatorio
**reformbedürftig** *adj* que necesita reformas
**Reformer(in)** [re'fɔrmɐ] *m(f)* <-s, -; -nen> reformista *mf*
**reformerisch** *adj* reformativo
**Reformhaus** *nt* tienda *f* de productos dietéticos y biológicos
**reformieren*** [refɔr'miːrən] *vt* reformar
**reformistisch** *adj* (POL) reformista
**Reformkost** *f* productos *mpl* dietéticos y biológicos
**Refrain** [rə'frɛ̃ː] *m* <-s, -s> estribillo *m*
**Regal** [re'gaːl] *nt* <-s, -e> ❶ (*Ablage, Gestell*) estantería *f;* (*Bücher~*) librería *f* ❷ (MUS) órgano *m* portátil
**Regatta** [re'gata] *f* <Regatten> (SPORT) regata *f*
**rege** ['reːgə] *adj* ❶ (*Verkehr, Briefwechsel, Betrieb*) intenso; (*Nachfrage, Interesse*) grande; (*Handel*) floreciente; **~ Beteiligung** participación activa ❷ (*Unterhaltung*) animado; (*Fantasie*) vivo; **körperlich und geistig ~ sein** mantenerse física y mentalmente activo
**Regel** ['reːgəl] *f* <-n> ❶ (*Vorschrift, a.* LING) regla *f;* (*Norm*) norma *f;* **in der ~** por regla general; **nach allen ~n der Kunst** como es debido; **sich** *dat* **etw zur ~ machen** tomar algo por costumbre ❷ (*Menstruation*) regla *f;* **Regelarbeitszeit** *f* horario *m* de trabajo regular; **Regelblutung** *f* regla *f;* **Regelfall** *m ohne pl* caso *m* normal
**regelmäßig** **I.** *adj* regular; **sie ist eine ~e Besucherin** viene regularmente **II.** *adv* con regularidad, regularmente; **er kommt ~ zu spät** llega siempre tarde
**Regelmäßigkeit** *f* <-en> regularidad *f*
**regeln** ['reːgəln] **I.** *vt* regular; (*durch Verordnung*) reglamentar; (*in Ordnung bringen*) arreglar; **etw vertraglich ~** fijar algo mediante un contrato; **das lässt sich ~** esto se puede arreglar **II.** *vr:* **sich ~** ❶ (*vor sich gehen*) efectuarse ❷ (*in Ordnung kommen*) arreglarse, solucionarse
**regelrecht** **I.** *adj* ❶ (*vorschriftsmäßig*) correcto ❷ (*fam: richtiggehend*) verdadero **II.** *adv* (*fam*) de verdad; **er war ~ unverschämt** fue descarado de verdad
**Regelung** *f* <-en> ❶ (*das Festlegen*) reglamentación *f;* (*Erledigung*) tramitación *f* ❷ (*der Temperatur*) regulación *f* ❸ (*Abmachung*) acuerdo *m;* (*Vorschrift*) reglamentación *f*
**Regelwerk** *nt* código *m;* **regelwidrig** *adj* contrario a las reglas
**regen** ['reːgən] **I.** *vt* (*geh*) mover **II.** *vr:* **sich ~** ❶ (*sich bewegen*) moverse; **kein Lüftchen regte sich** no corría ni una brisa ❷ (*geh: entstehen*) surgir; **es regten sich Zweifel** surgieron dudas
**Regen** ['reːgən] *m* <-s, -> lluvia *f;* (*feiner*) llovizna *f;* **saurer ~** (ÖKOL) lluvia ácida; **im strömenden ~ musste ich nach Hause laufen** lloviendo a cántaros como estaba tuve que ir a pie a casa; **ich bin gestern in den ~ gekommen** ayer me pilló la lluvia; **vom ~ in die Traufe kommen** (*fam fig*) salir de Guatemala y entrar en Guatepeor; **jdn im ~ stehen lassen** (*fam*) dejar a alguien plantado; **Regenbö(e)** *f* <-böen> turbión *m*
**Regenbogen** *m* arco *m* iris; **Regenbogenpresse** *f ohne pl* prensa *f* amarilla
**regenerieren*** [regene'riːrən] **I.** *vt* (TECH) regenerar **II.** *vr:* **sich ~** (BIOL, MED) regenerarse
**Regenfälle** *mpl* lluvias *fpl;* **starke/anhaltende ~** lluvias fuertes/persistentes;

R

**Regenfront** *f* (METEO) frente *m* de lluvias; **Regenmantel** *m* gabardina *f;* (*Cape*) impermeable *m,* perramus *m inv CSur;* **Regenrinne** *f* canalón *m;* **Regenschauer** *m* chubasco *m;* **Regenschirm** *m* paraguas *m inv*

**Regent(in)** [re'gɛnt] *m(f)* <-en, -en; -nen> regente *mf*

**Regentropfen** *m* gota *f* de lluvia

**Regentschaft** *f* <-en> regencia *f*

**Regenwald** *m* selva *f* tropical; **Regenwetter** *nt* tiempo *m* lluvioso; **bei ~** cuando llueve; **Regenwurm** *m* (ZOOL) lombriz *f* de tierra; **Regenzeit** *f* época *f* de las lluvias

**Regie** [re'ʒiː] *f ohne pl* ① (FILM, THEAT) dirección *f;* **unter der ~ von ...** bajo la dirección de... ② (*Leitung*) administración *f;* (*Führung*) dirección *f;* **etw in eigener ~ tun** (*fam*) hacer algo por cuenta propia; **Regieanweisung** *f* indicación *f* del director; **Regieassistent(in)** *m(f)* ayudante *mf* de dirección

**regieren*** [re'giːrən] **I.** *vi* gobernar (über); (*herrschen*) reinar (*über* sobre) **II.** *vt* ① (*Land, Staat*) gobernar ② (LING) regir

**Regierung** *f* <-en> gobierno *m;* **eine (neue) ~ bilden** formar un (nuevo) gobierno; **die ~ stürzen** hacer caer el gobierno; **der ~ angehören** ser miembro del gobierno; **an der ~ sein** estar en el poder; **an die ~ kommen** acceder al poder; **Regierungsabkommen** *nt* acuerdo *m* intergubernamental; **Regierungsbezirk** *m* distrito *m* administrativo; **Regierungschef(in)** *m(f)* jefe, -a *m, f* de gobierno; **Regierungserklärung** *f* declaración *f* gubernamental; **Regierungsform** *f* forma *f* de gobierno, régimen *m;* **Regierungskoalition** *f* coalición *f* de gobierno; **Regierungskrise** *f* crisis *f inv* gubernamental; **Regierungspartei** *f* partido *m* gubernamental

**Regierungsrat**[1] *m ohne pl* (*Schweiz*) *Gobierno Cantonal de Suiza*

**Regierungsrat, -rätin**[2] *m, f* ① (*Titel*) *funcionario, -a de alto cargo en la administración de autoridades superiores federales y del land* ② (*Schweiz: Mitglied der Kantonsregierung*) miembro *m* del gobierno cantonal

**Regierungssprecher(in)** *m(f)* portavoz *mf* del gobierno; **Regierungswechsel** *m* cambio *m* de gobierno; **Regierungszeit** *f* (*einer Regierung, eines Präsidenten*) mandato *m;* (*eines Königs*) reinado *m*

**Regime** [re'ʒiːm] *nt* <-s, -(s)> régimen *m;* **Regimekritiker(in)** *m(f)* disidente *mf*

**Regiment**[1] [regi'mɛnt] *nt* <-(e)s, -e> (*Leitung*) mando *m;* **das ~ führen** tener el mando

**Regiment**[2] *nt* <-(e)s, -er> (MIL) regimiento *m*

**Region** [re'gjoːn] *f* <-en> región *f;* **in höheren ~en schweben** (*geh fig*) estar en las nubes

**regional** [regjo'naːl] *adj* regional

**Regisseur(in)** [reʒɪ'søːɐ] *m(f)* <-s, -e; -nen> (THEAT, FILM) director(a) *m(f)*

**Register** [re'gɪstɐ] *nt* <-s, -> (*a.* MUS, INFOR) registro *m;* **alle ~ ziehen** (*fig*) tocar todos los registros

**Registratur** [regɪstra'tuːɐ] *f* <-en> ① (*das Registrieren*) registro *m* ② (*Büro*) (oficina *f* de) registro *m*

**registrieren*** [regɪs'triːrən] *vt* registrar; (*bemerken*) apercibirse (de)

**Registrierkasse** *f* caja *f* registradora

**Reglement** [reglə'mãː] *nt* <-s, -s> reglamento *m*

**reglementieren*** [reglemɛn'tiːrən] *vt* reglamentar

**Regler** ['reːglɐ] *m* <-s, -> (TECH) regulador *m;* (*Temperatur~*) termostato *m*

**reglos** ['reːkloːs] *adj* inmóvil

**regnen** ['reːgnən] *vunpers* llover; **es regnet in Strömen** llueve a cántaros

**regnerisch** *adj* lluvioso

**Regress** [re'grɛs] *m* <-es, -e> (JUR) recurso *m;* **jdn für etw in ~ nehmen** hacer a alguien responsable de algo

**Regression** [regrɛ'sjoːn] *f* <-en> (*a.* MATH, PSYCH, GEO, BIOL) regresión *f*

**regressiv** [regrɛ'siːf] *adj* (*a.* PSYCH, PHILOS, JUR) regresivo

**regresspflichtig** *adj* (JUR) responsable (civilmente); **jdn ~ machen** recurrir contra alguien

**regulär** [regu'lɛːɐ] *adj* regular

**regulierbar** *adj* regulable

**regulieren*** [regu'liːrən] *vt* ① (*Lautstärke, Temperatur*) regular; (*einstellen*) ajustar ② (*Fluss*) encauzar ③ (*regeln*) regular; (*durch Verordnung*) reglamentar; **einen Schaden ~** regular la indemnización

**Regulierung** *f* <-en> ① (*der Temperatur, Lautstärke*) regulación *f;* (TECH) ajuste *m* ② (*eines Flusses*) encauzamiento *m* ③ (*Regelung*) regulación *f;* (*eines Schadens*) liquidación *f;* (*durch Verordnung*) reglamentación *f*

**Regung** ['reːgʊŋ] *f* <-en> (*geh*) ① (*Bewegung*) movimiento *m* ② (*Gefühls~*) emoción *f*

**regungslos** *adj* inmóvil

**Reh** [reː] *nt* <-(e)s, -e> corzo *m*

**Rehabilitation** [rehabilita'tsjo:n] *f* <-en> rehabilitación *f*; **Rehabilitationszentrum** *nt* centro *m* de rehabilitación

**rehabilitieren*** [rehabili'ti:rən] *vt* ❶ (*jds Ansehen, a.* MED) rehabilitar ❷ (*wieder eingliedern*) reintegrar

**Rehbock** *m* corzo *m* macho; **Rehkitz** *nt* corcino *m*; **Rehkuh** *f* corza *f*; **Rehrücken** *m* ❶ (*des Rehs*) lomo *m* de corzo ❷ (*Kuchen*) *pastel de chocolate guarnecido con almendras*

**Reibach** ['raɪbax] *m* <-s, *ohne pl*> (*fam*) alta ganancia *f*; **einen guten ~ machen** hacer su agosto

**Reibe** ['raɪbə] *f* <-n> rallador *m*

**Reibekuchen** *m* (*reg*) *fritura de patatas crudas ralladas y huevos batidos*

**reiben** ['raɪbən] <reibt, rieb, gerieben> **I.** *vt* ❶ (*aneinander ~*) frotar; **etw blank ~** sacar brillo a algo; **sich** *dat* **die Hände ~** (*a. fig*) frotarse las manos ❷ (*zerkleinern*) rallar **II.** *vr*: **sich ~** reñir (*an* por, *mit* con)

**Reibereien** *fpl* peleas *fpl*

**Reibfläche** *f* raspador *m*

**Reibung** *f* <-en> ❶ (*das Reiben*) frotamiento *m* ❷ (PHYS) fricción *f*; **Reibungsfläche** *f* (PHYS) superficie *f* de fricción; **reibungslos** *adj* sin dificultades; **etw verläuft ~** algo va de maravilla

**reich** [raɪç] *adj* ❶ (*wohlhabend*) rico (*an* en); **~ heiraten** hacer una boda ventajosa; **~ machen** enriquecer; **~ werden** enriquecerse ❷ (*prächtig*) suntuoso, lujoso; **~ geschmückt** lujosamente adornado ❸ (*groß*) grande; (*ergiebig*) abundante; **in ~em Maße** en abundancia ❹ (*vielfältig*) amplio

**Reich** [raɪç] *nt* <-(e)s, -e> imperio *m*; (*König~, a. fig*) reino *m*; **das Deutsche/Römische ~** el Imperio Alemán/Romano; **das Dritte ~** el Tercer Reich; **das ~ Gottes** el reino de Dios; **das ~ der Tiere** el reino animal

**Reiche(r)** *mf* <-n, -n; -n, -n> (hombre *m*) rico *m*, (mujer *f*) rica *f*

**reichen** ['raɪçən] **I.** *vi* ❶ (*aus~*) bastar, ser suficiente; **es reicht hinten und vorne nicht** (*fam*) falta por todas partes; **mir reicht's!** (*fam*) ¡estoy harto!; **jetzt reicht's aber!** (*fam*) ¡ya vale! ❷ (*sich erstrecken*) llegar (*bis* a); (*nach oben*) elevarse (*bis* hasta); **weit ~d** (*für große Entfernung*) de gran alcance; (*umfassend*) extenso, amplio; **so weit das Auge reicht** lo que alcanza la vista **II.** *vt* ❶ (*anbieten*) servir ❷ (*geben*): **jdm etw ~** pasar algo a alguien; **sich** *dat* **die Hand ~** tenderse la mano

**reichhaltig** *adj* abundante; (*umfangreich*) amplio

**reichlich** **I.** *adj* abundante; (*umfangreich*) amplio **II.** *adv* ❶ (*ausreichend*) en abundancia; **alles ist ~ vorhanden** hay de todo en abundancia ❷ (*fam: ziemlich*) bastante

**Reichstag** *m ohne pl* ❶ (*Parlament*) parlamento *m* ❷ (*Gebäude*) *palacio que alberga el Parlamento de la RFA*

> **i Land & Leute**
>
> El **Reichstag**, creado durante el Imperio Alemán, acogió, durante la República de Weimar, a diputados que eran elegidos por un mandato de cuatro años, de acuerdo con la constitución. Desde 1994 el antiguo edificio del **Reichstag** se utiliza como nueva sede del gobierno federal, al trasladarse la misma desde Bonn a Berlín tras la reunificación. Históricamente el **Reichstag** era el órgano en el que se reunían los representantes de la nobleza a petición del rey o emperador. A partir del año 1663 el **Reichstag** continuó celebrando sus reuniones en Regensburg.

**Reichstagsbrand** *m ohne pl* (HIST) incendio *m* del Reichstag

**Reichtum¹** *m* <-s, -tümer> (*Besitz*) riqueza *f* (*an* en); **zu ~ gelangen** conseguir riquezas

**Reichtum²** *m* <-s, *ohne pl*> (*Reichhaltigkeit*) abundancia *f* (*an* de); (*große Vielfalt*) gran variedad *f* (*an* de); **der ~ an Arten** la gran variedad de especies

**Reichweite** *f* alcance *m*; **außer ~ sein** estar fuera de alcance; **etw liegt in ~** algo está al alcance de la mano

**reif** [raɪf] *adj* maduro; **~ werden** madurar; **die Zeit ist ~** (**für etwas**) ha llegado el momento (de algo); **eine ~e Leistung** (*fam*) un trabajo bien hecho

**Reif¹** [raɪf] *m* <-(e)s, -e> (*geh: Arm~*) brazalete *m*

**Reif²** [raɪf] *m* <-(e)s, *ohne pl*> (*Rau~*) escarcha *f*

**Reife** [raɪfə] *f ohne pl* ❶ (*das Reifen*) maduración *f* ❷ (*das Reifsein*) madurez *f*; **mittlere ~** (SCH) ≈título *m* de bachiller (*grado de enseñanza media obtenido en la Realschule*)

**reifen** ['raɪfən] *vi sein* madurar

**Reifen** ['raɪfən] *m* <-s, -> ❶ (*Auto~, Fahrrad~*) neumático *m* ❷ (*Spielzeug, Fass~*)

aro *m;* **Reifendruck** *m* presión *f* del neumático; **Reifenpanne** *f* pinchazo *m;* **Reifenwechsel** *m* cambio *m* de neumático(s)

**Reifeprüfung** *f* (SCH) ≈examen *m* de bachillerato

**reiflich** I. *adj* detenido II. *adv* detenidamente; **das habe ich mir ~ überlegt** he considerado esto detenidamente

**Reigen** ['raɪgən] *m* <-s, -> danza *f* en corro; **den ~ eröffnen/beschließen** (*geh a. fig*) abrir/cerrar el baile

**Reihe**[1] ['raɪə] *f* <-n> ❶ (*allgemein*) fila *f;* (*Baum~*) hilera *f;* **sie sitzen in der dritten ~** están en la tercera fila; **sich in einer ~ aufstellen** ponerse en fila; **aus der ~ tanzen** (*fam fig*) hacer rancho aparte; **in Reih und Glied stehen** estar en formación ❷ (*Anzahl*) serie *f;* (*Buch~*) colección *f;* **er kaufte eine ganze ~ Bücher** compró una serie de libros ❸ (MATH) progresión *f* ❹ *pl* (*Gemeinschaft*) filas *fpl;* **aus den ~n der Konservativen** de las filas de los conservadores

**Reihe**[2] *f ohne pl* (*Reihenfolge*) turno *m;* **du bist an der ~** (*fam*) te toca (a ti); **der ~ nach eintreten** entrar por turno; **immer der ~ nach!** ¡por orden!; **außer der ~ kommen** llegar fuera de turno; **etw auf die ~ kriegen** (*fam*) apañárselas para hacer algo

**reihen** ['raɪən] I. *vt* (*geh*): **etw an etw ~** poner algo en fila con algo; **Perlen auf eine Schnur ~** ensartar perlas en un hilo II. *vr:* **sich ~** (*geh: zeitlich*) sucederse

**Reihenfolge** *f* orden *m;* **der ~ nach** por orden; **in alphabetischer ~** por orden alfabético

**Reihenhaus** *nt* chalé *m* adosado

**reihenweise** *adv* ❶ (*fam: viele*) en serie ❷ (*in Reihen*) en filas

**Reiher** ['raɪɐ] *m* <-s, -> garza *f*

**reihern** ['raɪɐn] *vi* (*fam*) ❶ (*erbrechen*) vomitar ❷ (*reg: Durchfall haben*) estar con diarrea

**reihum** [raɪ'ʔʊm] *adv* por turno; **~ gehen** pasar de mano en mano

**Reim** [raɪm] *m* <-(e)s, -e> rima *f;* **ich kann mir keinen ~ darauf machen** no me lo explico

**reimen** I. *vt* rimar (*auf* con) II. *vr:* **sich ~** rimar (*auf* con)

**reimportieren*** *vt* (WIRTSCH) reimportar

**rein** [raɪn] I. *adj* ❶ (*unvermischt, pur*) puro; (*Freude*) verdadero; **~e Theorie** pura teoría ❷ (*sauber*) limpio; **etw ~ halten** mantener algo limpio; **etw ins R~e schreiben** pasar algo a limpio; **mit sich** *dat* **selbst ins R~e kommen** sincerarse consigo mismo; **etw ins R~e bringen** aclarar algo; **ein ~es Gewissen haben** tener la conciencia tranquila ❸ (*ohne Ausnahme*) neto; **eine ~e Industriestadt** una ciudad netamente industrial ❹ (*fam: völlig*) verdadero; **sie ist das ~ste Genie** es un verdadero genio II. *adv* ❶ (*ausschließlich*) netamente; **aus ~ privaten Gründen** por razones estrictamente privadas ❷ (*fam: völlig*) absolutamente; **das ist ~ unmöglich** es absolutamente imposible; **~ gar nichts** nada de nada ❸ (*fam: herein, hinein*) adentro, hacia dentro

**Reinemachefrau** *f* mujer *f* de la limpieza

**Reinerlös** *m* beneficio *m* neto

**Reinfall** *m* (*fam*) chasco *m;* **einen ~ erleben** sufrir un chasco; **der neue Torwart ist ein ziemlicher ~** vaya chasco el nuevo portero

**rein|fallen** *irr vi sein* (*fam*) ❶ (*in Loch*) caer (*in* en); (*Licht*) entrar (*in* en/a) ❷ (*sich täuschen lassen*) dejarse engañar (*auf* por) ❸ (*erfolglos sein*) llevarse un chasco (*mit* con)

**Reingewinn** *m* beneficio *m* neto

**Reinhaltung** *f ohne pl* limpieza *f*

**rein|hauen** <haut rein, haute rein, reingehauen> I. *vi* (*fam*) ❶ (*viel essen*) hincharse de comer; **er hat beim Mittagessen ordentlich** [*o* **mächtig**] **reingehauen** a mediodía se hinchó bien de comer ❷ (*hart arbeiten*) matarse a trabajar II. *vt* (*fam: schlagen*): **jdm eine ~** pegarle a alguien un puñetazo en la cara

**Reinheit** *f ohne pl* ❶ (*Unverfälschtheit*) pureza *f* ❷ (*Sauberkeit*) limpieza *f*

> **i Land & Leute**
>
> La **Reinheitsgebot** alemana es una de las leyes de alimentación más antiguas de Alemania. Entró en vigor en 1516 y establece los únicos ingredientes que se pueden utilizar en la producción de cerveza: malta extraída de la cebada , lúpulo, agua y recientemente también levadura.

**reinigen** ['raɪnɪgən] *vt* limpiar; (*Abwässer*) depurar; (*Kleidung*) lavar en seco

**Reiniger** *m* <-s, -> detergente *m*

**Reinigung** *f* <-en> ❶ (*Unternehmen*) tintorería *f* ❷ (*das Reinigen*) limpieza *f;* (*von Abwässern*) depuración *f;* (*von Kleidung*) lavado *m* en seco; **Reinigungsmilch** *f* leche *f* desmaquilladora; **Reinigungsmittel** *nt* detergente *m*

**Reinkarnation** [reʔɪnkarna'tsjoːn] *f* <-en> reencarnación *f*

**Reinkultur** *f*: **Kitsch/Diktatur in ~** cursilería/dictadura pura

**rein|legen** *vt* (*fam*) meter; *s. a.* **hereinlegen, hineinlegen**

**reinlich** *adj* limpio

**Reinmachefrau** *f* mujer *f* de la limpieza

**reinrassig** *adj* de pura raza

**rein|reiten** *irr vt* (*fam*) meter (*in* en); **jdn in die Scheiße ~** (*vulg*) meter a alguien en un buen lío

**rein|schneien** I. *vi sein* (*fam: Besuch*) venir de rondón; (*Brief*) llegar de sorpresa II. *vunpers haben* (*fam*): **es schneit rein** la nieve entra por la ventana

**rein|würgen** *vt* (*sl*): **jdm eine ~** jugarle una mala pasada a alguien

**rein|ziehen** *irr vt* (*fam*) ❶ (*Dinge*) tirar [*o* arrastrar] hacia dentro ❷ (*verschlingen*) tragar; **sich** *dat* **ein Bier/einen Film ~** tragarse una cerveza/una película ❸ (*in Verbrechen*) implicar (*in* en)

**Reis** [raɪs] *m* <-es, -e> arroz *m*

**Reise** ['raɪzə] *f* <-n> viaje *m* (*nach/in* a); **eine ~ machen** hacer un viaje; **auf ~n sein** estar de viaje; **Gute ~!** ¡buen viaje!; **Reiseandenken** *nt* recuerdo *m* (de viaje); **Reiseapotheke** *f* botiquín *m* de viaje; **Reisebüro** *nt* agencia *f* de viajes; **Reisebus** *m* autocar *m*; **reisefertig** *adj* listo para partir; **Reisefieber** *nt* (*fam*) nerviosismo *m* ante un viaje

**Reiseführer**[1] *m* (*Buch*) guía *f* turística

**Reiseführer(in)**[2] *m(f)* (*Person*) guía *mf* turístico, -a

**Reisegepäck** *nt* equipaje *m*

**Reisegesellschaft**[1] *f* (*Reisegruppe*) grupo *m* turístico

**Reisegesellschaft**[2] *f ohne pl* (*Begleitung*) compañía *f*

**Reisegruppe** *f* grupo *m* turístico; **Reisekosten** *pl* gastos *mpl* de viaje; **Reisekrankheit** *f ohne pl* mareo *m*; **Reiseland** *nt* país *m* turístico; **Reiseleiter(in)** *m(f)* guía *mf* turístico, -a

**reisen** ['raɪzən] *vi sein* viajar (*nach/in* a)

**Reisende(r)** *mf* <-n, -n; -n> viajero, -a *m, f*

**Reisepass** *m* pasaporte *m*, pase *m Am*; **Reiseprospekt** *m* prospecto *m* de viaje; **Reiseruf** *m* mensaje *m* personal urgente (*emitido por radio para que el interesado se ponga inmediatamente en contacto con su familia*); **Reisescheck** *m* cheque *m* de viaje; **Reisetasche** *f* bolsa *f* de viaje; **Reiseveranstalter** *m* agente *m* de viajes

**Reiseverkehr** *m* tráfico *m* de viajeros, turismo *m*; **Reiseverkehrskauffrau** *f* agente *f* de viajes; **Reiseverkehrskaufmann** *m* agente *m* de viajes

**Reiseversicherung** *f* seguro *m* de viaje; **Reisewelle** *f* ola *f* de viajeros; **Reisewetterbericht** *m* parte *m* metereológico para viajeros; **Reisezeit** *f* temporada *f* de vacaciones; **Reiseziel** *nt* punto *m* de destino

**Reisfeld** *nt* arrozal *m*

**Reisig** ['raɪzɪç] *nt* <-s, *ohne pl*> ramas *fpl* secas

**Reißaus** [raɪs'ʔaʊs] *m* (*fam*): **~ nehmen** poner pies en polvorosa

**Reißbrett** *nt* tablero *m* de dibujo

**reißen** ['raɪsən] <reißt, riss, gerissen> I. *vi* ❶ *sein* (*zer~*) romperse; (*in Fetzen*) desgarrarse ❷ (*zerren*) tirar (*an* de) II. *vt* ❶ (*zer~*) romper; (*in Fetzen*) desgarrar; **er riss den Brief in Stücke** rompió la carta en pedazos ❷ (*weg~, aus~*) arrancar (*aus* de); (*herausholen*) sacar (*aus* de); **er wurde aus dem Schlaf gerissen** le sacaron del sueño ❸ (*ziehen*) tirar; (*mit sich ~*) arrastrar; **sie riss ihn zu Boden** le tiró al suelo; **jdm etw aus der Hand ~** arrancar algo a alguien de la mano; **ich bin hin und her gerissen** no sé qué hacer; **etw an sich ~** hacerse con algo; **das Gespräch an sich ~** monologar ❹ (SPORT) derribar ❺ (*töten*) matar III. *vr*: **sich ~** ❶ (*fam*): **sich um etw/um jdn ~** pegarse por algo/por estar con alguien ❷ (*sich befreien*) desprenderse, deshacerse; **sie riss sich aus seiner Umarmung** se deshizo de su abrazo

**reißend** *adj* fuerte; **~en Absatz finden** tener muy buena acogida

**Reißer** *m* <-s, -> (*fam: Buch, Film*) exitazo *m*

**reißerisch** *adj* (*abw*) sensacionalista

**reißfest** *adj* resistente; **Reißleine** *f* (AERO: *am Fallschirm*) cuerda *f* de desgarro

**Reißverschluss** *m* cremallera *f*; **Reißverschlussprinzip** *nt* sistema *m* de cremallera

**Reißwolf** *m* desfibradora *f*; **Reißzwecke** *f* chincheta *f*

**Reitbahn** *f* picadero *m*

**reiten** ['raɪtən] <reitet, ritt, geritten> I. *vi sein* cabalgar; (*auf einem Pferd*) montar a caballo; (*als Sport*) practicar equitación; **auf einem Esel/Besen ~** cabalgar en un burro/sobre una escoba; **auf einer Stute ~** montar una yegua; **im Schritt/Trab/Galopp ~** ir al paso/al trote/al galope II. *vt* montar

**Reiter(in)** *m(f)* <-s, -; -nen> jinete *m*, amazona *f*

**Reiterstandbild** *nt* estatua *f* ecuestre

**Reithose** *f* pantalón *m* de montar, zamarros *mpl Am;* **Reitpeitsche** *f* fusta *f;* **Reitpferd** *nt* caballo *m* de silla; **Reitschule** *f* escuela *f* de equitación; **Reitstiefel** *m* bota *f* de montar; **Reittier** *nt* montura *f*

**Reiz** [raɪts] *m* <-es, -e> ① (*physiologisch*) estímulo *m* ② (*Verlockung*) atractivo *m;* **der ~ des Neuen** el atractivo de lo nuevo; **einen ~ auf jdn ausüben** fascinar a alguien ③ (*Schönheit*) encanto *m*

**reizbar** *adj* irritable; **er ist leicht ~** se irrita fácilmente

**Reizbarkeit** *f ohne pl* irritabilidad *f*

**reizen** ['raɪtsən] **I.** *vt* ① (*provozieren*) provocar; **jdn bis zur Weißglut ~** (*fam*) sacar a alguien de quicio ② (MED) irritar ③ (*anziehen*) atraer; (*verlocken*) seducir **II.** *vi* (*beim Kartenspiel*) pujar

**reizend** *adj* precioso; (*Mensch*) encantador

**Reizklima** *nt clima que estimula el organismo debido a oscilaciones de temperatura y presión atmosférica, fuertes vientos y abundante radiación solar*

**reizlos** *adj* ① (*Essen*) soso ② (*langweilig*) sin gracia

**Reizthema** *nt* tema *m* delicado; **Reizüberflutung** *f* (PSYCH) estimulación *f* exagerada

**Reizung** *f* <-en> (MED) irritación *f*

**reizvoll** *adj* ① (*schön*) encantador ② (*verlockend*) tentador; **Reizwäsche** *f* ropa *f* (interior) sexy; **Reizwort** *nt:* **Atomenergie ist zum ~ geworden** la energía atómica se ha convertido en una causa de polémicas

**rekapitulieren*** [rekapitu'li:rən] *vt* recapitular

**rekeln** ['re:kəln] *vr:* **sich ~** (*fam*) estirarse

**Reklamation** [reklama'tsjo:n] *f* <-en> reclamación *f*

**Reklame** [re'kla:mə] *f* <-n> publicidad *f;* **für jdn/etw ~ machen** hacer publicidad por alguien/para algo; **Reklameschild** *nt,* **Reklametafel** *f* cartelera *f* publicitaria

**reklamieren*** [rekla'mi:rən] *vi, vt* reclamar (*gegen* contra)

**rekonstruieren*** [rekɔnstru'i:rən] *vt* reconstruir (*aus* con)

**Rekonstruktion** [rekɔnstrʊk'tsjo:n] *f* <-en> reconstrucción *f*

**Rekonvaleszenz** [rekɔnvalɛs'tsɛnts] *f ohne pl* (MED) convalecencia *f*

**Rekord** [re'kɔrt] *m* <-(e)s, -e> récord *m;* **einen ~ einstellen/aufstellen/brechen** igualar/establecer/batir un récord

**Rekorder** [re'kɔrdɐ] *m* <-s, -> magnetofón *m,* grabadora *f Am*

**Rekordhalter(in)** *m(f)* plusmarquista *mf*

**Rekordzeit** *f* tiempo *m* récord; **in ~** en tiempo récord

**Rekrut(in)** [re'kru:t] *m(f)* <-en, -en; -nen> (MIL) recluta *mf*

**rekrutieren*** [rekru'ti:rən] **I.** *vt* reclutar **II.** *vr:* **sich ~** componerse (*aus* de)

**Rekrutin** *f* <-nen> *s.* **Rekrut**

**Rektor(in)** ['rɛkto:ɐ] *m(f)* <-s, -en; -nen> ① (SCH) director(a) *m(f)* ② (UNIV) rector(a) *m(f)*

**Rektorat** [rɛkto'ra:t] *nt* <-(e)s, -e> ① (SCH) dirección *f* ② (UNIV) rectorado *m*

**Rektorin** *f* <-nen> *s.* **Rektor**

**Rekultivierung** [re-] *f* <-en> (ÖKOL) nueva puesta *f* en cultivo

**Relation** [rela'tsjo:n] *f* <-en> relación *f;* **Preis und Leistung stehen in keiner ~ zueinander** no hay ninguna relación entre precio y prestaciones

**relativ** [rela'ti:f, 're:lati:f, 'rɛlati:f] *adj* relativo; **~ oft** bastante a menudo; **ein ~ kalter Sommer** un verano relativamente frío

**relativieren*** [relati'vi:rən] *vt* relativizar

**Relativität** [relativi'tɛ:t] *f* <-en> (*a.* PHYS) relatividad *f;* **Relativitätstheorie** *f ohne pl* (PHYS) teoría *f* de la relatividad

**Relativpronomen** *nt* (LING) pronombre *m* relativo; **Relativsatz** *m* (LING) oración *f* relativa

**relaxen*** [ri'lɛksən] *vi* (*entspannen*) relajar; (*ausruhen*) descansar

**relevant** [rele'vant] *adj* relevante

**Relevanz** [rele'vants] *f ohne pl* relevancia *f*

**Relief** [re'ljɛf] *nt* <-s, -s *o* -e> (KUNST, GEO) relieve *m*

**Religion** [reli'gjo:n] *f* <-en> religión *f;* **Religionsfreiheit** *f ohne pl* libertad *f* de culto; **Religionsgemeinschaft** *f* comunidad *f* religiosa; **religionslos** *adj* sin religión; **Religionszugehörigkeit** *f* (*formal*) confesión *f*

**religiös** [reli'gjø:s] *adj* ① (*zur Religion gehörend*) religioso ② (*fromm*) devoto, religioso; **~ erzogen** educado en la religiosidad

**Religiosität** [religjozi'tɛ:t] *f ohne pl* religiosidad *f*

**Relikt** [re'lɪkt] *nt* <-(e)s, -e> reliquia *f;* (*Spur*) vestigio *m*

**Reling** ['re:lɪŋ] *f* <-s *o* -e> (NAUT) borda *f*

**Reliquie** [re'li:kviə] *f* <-n> (REL) reliquia *f*

**Rem** *nt* <-s, -s> *Abk. von* **Roentgen equivalent man** rem *m*

**Remake** [ri'meɪk] *nt* <-s, -s> (FILM) remake *m;* **das ~ eines Schwarzweißklassikers** la nueva versión de un clásico en blanco y negro

**remis** [rəˈmiː] **I.** *adj inv* tablas; **diese Partie ist** ~ esta partida es tablas **II.** *adv* (en) tablas; ~ **spielen/ausgehen** hacer tablas/quedar en tablas

**Remmidemmi** [ˈrɛmiˈdɛmi] *nt* <-s, *ohne pl*> (*fam*) alboroto *m*, jolgorio *m*; ~ **machen** armar la gorda

**Remoulade** [remuˈlaːdə] *f* <-n> salsa *f* tártara

**rempeln** [ˈrɛmpəln] *vt* (*fam*) empujar

**Ren** [rɛn, reːn] *nt* <-s, -s *o* -e> (ZOOL) reno *m*

**Renaissance** [rənɛˈsãːs] *f ohne pl* (HIST, KUNST) Renacimiento *m*

**Rendezvous** [rãdeˈvuː] *nt* <-, -> cita *f*

**Rendite** [rɛnˈdiːtə] *f* <-n> (WIRTSCH) rédito *m*

**renitent** [reniˈtɛnt] *adj* renitente

**Rennbahn** *f* pista *f* de carreras; (*Pferde~*) hipódromo *m*

**rennen** [ˈrɛnən] <rennt, rannte, gerannt> **I.** *vi sein* correr; **um die Wette** ~ echar una carrera; **gegen etw** ~ estrellarse contra algo **II.** *vt:* **jdn zu Boden** ~ atropellar a alguien; **jdm ein Messer in den Bauch** ~ (*fam*) dar una puñalada en el vientre a alguien

**Rennen** *nt* <-s, -> carrera *f*; **das** ~ **machen** (*fam*) salir vencedor; **gut im** ~ **liegen** ir a buen ritmo; **das** ~ **ist gelaufen** (*fam*) ya no hay nada que hacer; **einen Kandidaten ins** ~ **schicken** presentar un candidato

**Renner** *m* <-s, -> (*fam*) superventas *m inv*

**Rennfahrer(in)** *m(f)* corredor(a) *m(f)*; (*mit Auto*) piloto *mf* de carreras; (*mit Motorrad*) motociclista *mf* de carreras; **Rennpferd** *nt* caballo *m* de carreras; **Rennrad** *nt* bicicleta *f* de carreras; **Rennsport** *m* carreras *fpl*; **Rennstrecke** *f* (pista *f*) recorrido *m*; **Rennwagen** *m* coche *m* de carreras

**Renommee** [renɔˈmeː] *nt* <-s, -s> (*geh*) fama *f*

**renommiert** [renɔˈmiːɐt] *adj* prestigioso, afamado

**renovieren*** [renoˈviːrən] *vt* renovar, refaccionar *Am*

**Renovierung** *f* <-en> renovación *f*

**rentabel** [rɛnˈtaːbəl] *adj* rentable

**Rentabilität** [rɛntabiliˈtɛːt] *f ohne pl* (WIRTSCH) rentabilidad *f*

**Rente** [ˈrɛntə] *f* <-n> pensión *f*; **in** ~ **gehen** (*fam*) jubilarse; **in** ~ **sein** (*fam*) estar jubilado; **Rentenalter** *nt* edad *f* de jubilación; **Rentenanspruch** *m* derecho *m* a pensión; **Rentenbeitrag** *m* aportación *f* para la jubilación; **Rentenversicherung** *f* seguro *m* de pensiones

**Rentier** [ˈrɛntiːɐ] *nt* <-(e)s, -e> (ZOOL) reno *m*

**rentieren*** [rɛnˈtiːrən] *vr:* **sich** ~ valer la pena; (*finanziell*) ser rentable

**Rentner(in)** [ˈrɛntnɐ] *m(f)* <-s, -; -nen> pensionista *mf*

**Rep** [rɛp] *m* <-s, -s> *Abk. von* **Republikaner** miembro *m* del partido ultraderechista alemán

**reparabel** [repaˈraːbəl] *adj* reparable

**Reparationen** [reparaˈtsjoːnən] *fpl* (POL) pagos *mpl* de reparación

**Reparatur** [reparaˈtuːɐ] *f* <-en> (*Gerät*) arreglo *m*; (*Auto*) reparación *f*; **etw in** ~ **geben** mandar algo a arreglar; **reparaturanfällig** *adj* que es propenso a estropearse, delicado; **reparaturbedürftig** *adj* que necesita ser reparado; **Reparaturkosten** *pl* gastos *mpl* de reparación; **Reparaturwerkstatt** *f* taller *m* de reparaciones

**reparieren*** [repaˈriːrən] *vt* arreglar, reparar

**Repertoire** [repɛrˈtoaːɐ] *nt* <-s, -s> repertorio *m*

**Report** [reˈpɔrt] *m* <-(e)s, -e> informe *m*

**Reportage** [repɔrˈtaːʒə] *f* <-n> reportaje *m* (*über* sobre)

**Reporter(in)** [reˈpɔrtɐ] *m(f)* <-s, -; -nen> reportero, -a *m, f*

**Repräsentant(in)** [reprɛzɛnˈtant] *m(f)* <-en, -en; -nen> representante *mf*

**Repräsentation** [reprɛzɛntaˈtsjoːn] *f* <-en> representación *f*

**repräsentativ** [reprɛzɛntaˈtiːf] *adj* representativo (*für* de); **Repräsentativumfrage** *f* encuesta *f* representativa

**repräsentieren*** [reprɛzɛnˈtiːrən] *vi, vt* representar

**Repressalie** [reprɛˈsaːliə] *f* <-n> represalia *f*

**repressiv** [reprɛˈsiːf] *adj* represivo

**Reproduktion** *f* <-en> reproducción *f*

**reproduzieren*** *vt* reproducir

**Reptil** [rɛpˈtiːl, *pl:* rɛpˈtiːliən] *nt* <-s, -ien> reptil *m*

**Republik** [repuˈbliːk] *f* <-en> república *f*

**Republikaner(in)** [republiˈkaːnɐ] *m(f)* <-s, -; -nen> (POL) republicano, -a *m, f*; (*in Deutschland*) miembro *m* del partido ultraderechista alemán

**republikanisch** [republiˈkaːnɪʃ] *adj* republicano

**Requiem** [ˈreːkviɛm] *nt* <-s, -s> ❶ (REL) misa *f* de difuntos ❷ (MUS) réquiem *m*

**Requisit** [rekviˈziːt] *nt* <-(e)s, -en> ❶ *pl* (THEAT) atrez(z)o *m* ❷ (*Zubehör*) requisito *m*

**Requisiteur(in)** [rekviziˈtøːɐ] *m(f)* <-s, -e; -nen> (THEAT) atrezzista *mf*

R

**Reservat** [rezɛr'va:t] *nt* <-(e)s, -e> reserva *f*

**Reserve** [re'zɛrvə] *f* <-n> (*a.* MIL, SPORT) reserva *f*; **jdn/etw in ~ haben** tener a alguien/algo en reserva; **jdn aus der ~ locken** intentar sacar a alguien de su cascarón; **Reservekanister** *m* bidón *m* de reserva; **Reserverad** *nt* rueda *f* de repuesto; **Reservereifen** *m* rueda *f* de recambio; **Reservespieler(in)** *m(f)* (SPORT) reserva *mf*

**reservieren*** [rezɛr'vi:rən] *vt* reservar

**Reservierung** *f* <-en> reservación *f*

**Reservist(in)** [rezɛr'vɪst] *m(f)* <-en, -en; -nen> ① (MIL) reservista *mf* ② (SPORT) reserva *mf*

**Reservoir** [rezɛr'voa:ɐ] *nt* <-s, -e> depósito *m*

**Reset-Taste** *f* (INFOR) tecla *f* de reposición al estado inicial

**Residenz** [rezi'dɛnts] *f* <-en> residencia *f*

**residieren*** [rezi'di:rən] *vi* residir

**Resignation** [rezɪgna'tsjo:n] *f* <-en> resignación *f*

**resignieren*** [rezɪ'gni:rən] *vi* resignarse

**resistent** [rezɪs'tɛnt] *adj* (BIOL, MED) resistente (*gegen* a)

**resolut** [rezo'lu:t] *adj* resuelto

**Resolution** [rezolu'tsjo:n] *f* <-en> resolución *f*

**Resonanz** [rezo'nants] *f* <-en> (*a.* PHYS, MUS) resonancia *f*; **große/wenig/keine ~ finden** tener gran/tener poca/no tener ninguna resonancia

**resozialisieren*** [rezotsiali'zi:rən] *vt* reinsertar (en la sociedad)

**Resozialisierung** *f* <-en> reinserción *f* social

**Respekt** [re'spɛkt, rɛs'pɛkt] *m* <-(e)s, *ohne pl*> respeto *m* (*vor* a); **sich** *dat* **~ verschaffen** hacerse respetar; **vor jdm/etw** *dat* **~ haben** tener respeto a alguien/a algo; **bei allem ~** con todo respeto

**respektabel** [respɛk'ta:bəl, rɛspɛk'ta:bəl] *adj* respetable

**respektieren*** [respɛk'ti:rən, rɛspɛk'ti:rən] *vt* respetar

**respektive** [respɛk'ti:və, rɛspɛk'ti:və] *konj* (*geh*) respectivamente, respective

**respektlos** *adj* irrespetuoso (*gegenüber* (para) con)

**Respektlosigkeit**[1] *f ohne pl* (*respektlose Art*) falta *f* de respeto

**Respektlosigkeit**[2] *f* <-en> (*respektlose Handlung*) desacato *m*

**Respektsperson** *f* persona *f* a la que se debe respeto

**respektvoll** *adj* respetuoso (*gegenüber* (para) con)

**Ressentiment** [rɛsãti'mã:] *nt* <-s, -s> resentimiento *m*; **~s hegen (gegen jdn)** albergar resentimiento (contra alguien)

**Ressort** [rɛ'so:ɐ] *nt* <-s, -s> ① (*Zuständigkeitsbereich*) competencia *f*; **das fällt nicht in mein ~** eso no pertenece al ámbito de mis competencias ② (*Abteilung*) sección *f*

**Ressourcen** [rɛ'sʊrsən] *fpl* recursos *mpl*

**Rest** [rɛst] *m* <-(e)s, -e> resto *m*, concho *m CSur;* (*Stoff~*) retal *m;* **ein kleiner ~** un poquito; **der letzte ~** lo último que queda; **das hat ihm den ~ gegeben** (*fam*) esto le arruinó definitivamente

**Restaurant** [rɛsto'rã:] *nt* <-s, -s> restaurante *m*, restorán *m*

**Restauration** [restaʊra'tsjo:n, rɛstaʊra'tsjo:n] *f* <-en> ① (POL) restauración *f* ② (*Österr: Restaurant*) restaurante *m*

**Restaurator(in)** [restaʊ'ra:to:ɐ, rɛstaʊ'ra:to:ɐ, *pl:* -ra'to:rən] *m(f)* <-s, -en; -nen> restaurador(a) *m(f)*

**restaurieren*** [restaʊ'ri:rən, rɛstaʊ'ri:rən] *vt* restaurar, refaccionar *Am*

**restlich** *adj* ① (*noch ausstehend*) restante; **die ~en Jahre** los años restantes ② (*nach Verbrauch*) sobrante

**restlos** **I.** *adj* total, completo **II.** *adv* en su totalidad, por completo

**Restposten** *m* remanente *m*

**restriktiv** [restrɪk'ti:f, rɛstrɪk'ti:f] *adj* (*geh*) restrictivo

**Restrisiko** *nt* <-s, -risiken> riesgo *m* (que permanece)

**Resultat** [rezʊl'ta:t] *nt* <-(e)s, -e> resultado *m*

**resultieren*** [rezʊl'ti:rən] *vi* resultar (*aus* de)

**Resümee** [rezy'me:] *nt* <-s, -s> resumen *m;* **aus etw** *dat* **das ~ ziehen** sacar la conclusión de algo

**resümieren*** [rezy'mi:rən] *vi, vt* (*geh*) resumir

**Retorte** [re'tɔrtə] *f* <-n> retorta *f*; **aus der ~** (*fam*) artificial; **Retortenbaby** *nt* (*fam*) bebé-probeta *m*

**retour** [re'tu:ɐ] *adv* (*reg, Schweiz, Österr*) de vuelta; **jdm etw ~ geben** devolver algo a alguien; **etw ~ gehen lassen** mandar algo de vuelta; **Retourbillett** *nt* (*Schweiz*) billete *m* de vuelta; **Retourgeld** *nt* (*Schweiz*) (dinero *m* de) vuelta *f*; **Retourkutsche** *f* (*fam*): **mit einer ~ reagieren** devolver la pelota

**Retrospektive** [retrospɛk'ti:və] *f* <-n> retrospección *f*

**retten** ['rɛtən] **I.** *vt* ① (*aus Notlage*) salvar (*vor* de); (*befreien*) liberar (*aus* de); (*ber-*

*gen*) rescatar (*aus* de); **bist du noch zu ~?** (*fam*) ¿te falta un tornillo? ❷ (*Denkmal*) salvar (*vor* de), proteger (*vor* de/contra) **II.** *vr:* **sich ~** salvarse (*vor* de); **sie konnte sich vor Arbeit nicht mehr ~** estaba con el agua al cuello de tanto trabajo; **rette sich, wer kann!** ¡sálvese quien pueda!

**Retter(in)** *m(f)* <-s, -; -nen> salvador(a) *m(f)*

**Rettich** ['rɛtɪç] *m* <-s, -e> rábano *m* largo

**Rettung** *f* <-en> ❶ (*aus Gefahr*) salvación *f;* (*Bergung*) rescate *m;* (*Befreiung*) liberación *f;* **du bist meine letzte ~!** (*fam*) ¡eres mi última esperanza!; **für ihn kam jede ~ zu spät** fue demasiado tarde para él ❷ (*von Denkmälern*) protección *f;* **Rettungsaktion** *f* operación *f* de rescate; **Rettungsanker** *m* (*fig*) áncora *f;* **Rettungsboot** *nt* ❶ (*des Rettungsdienstes*) barco *m* de salvamento ❷ (*Beiboot*) bote *m* salvavidas; **Rettungsdienst** *m* servicio *m* de socorro; **Rettungshubschrauber** *m* helicóptero *m* de salvamento

**rettungslos** *adj* sin remedio, irremediable; **~ verloren** irremediablemente perdido

**Rettungsmannschaft** *f* equipo *m* de rescate; **Rettungsring** *m* salvavidas *m inv;* (*fam: Fettwulst*) michelín *m;* **Rettungsschwimmer(in)** *m(f)* socorrista *mf;* **Rettungswagen** *m* ambulancia *f;* **Rettungsweste** *f* chaleco *m* salvavidas

**retuschieren*** [retʊ'ʃiːrən] *vt* retocar

**Reue** ['rɔɪə] *f ohne pl* arrepentimiento *m* (*über* de)

**reuig** *adj* pesaroso, arrepentido

**reumütig** ['rɔɪmyːtɪç] **I.** *adj* arrepentido **II.** *adv* lleno de arrepentimiento; **~ sein** arrepentirse

**Revanche** [re'vãːʃ(ə)] *f* <-n> ❶ (*Rache*) revancha *f;* (*bei einem Spiel*) desquite *m;* **jdm ~ geben** dar(le) revancha a alguien ❷ (*Gegendienst*) correspondencia *f*

**revanchieren*** [revã'ʃiːrən] *vr:* **sich ~** ❶ (*sich rächen*) vengarse (*für/bei* de) ❷ (*sich erkenntlich zeigen*) corresponder (*für* a)

**Revers** [re'veːɐ, re'vɛːɐ] *nt, Österr: m* <-, -> (*Kragen*) solapa *f*

**revidieren*** [revi'diːrən] *vt* ❶ (*rückgängig machen*) revisar ❷ (*Schweiz: überholen*) inspeccionar

**Revier** [re'viːɐ] *nt* <-s, -e> ❶ (*Aufgabenbereich*) incumbencia *f* ❷ (*Polizei~*) comisaría *f* ❸ (ZOOL) territorio *m* ❹ (*Jagd~*) coto *m* de caza ❺ (BERGB) región *f* minera

**Revision** [revi'zjoːn] *f* <-en> ❶ (*Kontrolle*) revisión *f;* (*von Gepäck*) registro *m* ❷ (TYPO) contraprueba *f* ❸ (*Änderung*) modificación *f* ❹ (JUR) recurso *m* de casación; **in die ~ gehen** interponer recurso de casación

**Revolte** [re'vɔltə] *f* <-n> revuelta *f;* (*Auflehnung*) sublevación *f*

**revoltieren*** [revɔl'tiːrən] *vi* alzarse (*gegen* contra); (*sich auflehnen*) sublevarse (*gegen* contra)

**Revolution** [revolu'tsjoːn] *f* <-en> revolución *f*

**revolutionär** [revolutsjo'nɛːɐ] *adj* revolucionario

**Revolutionär(in)** *m(f)* <-s, -e; -nen> revolucionario, -a *m, f*

**revolutionieren*** [revolutsjo'niːrən] *vt* revolucionar

**Revolver** [re'vɔlvɐ] *m* <-s, -> revólver *m;* **Revolverheld** *m* (*abw*) matón *m*

**Revue** [rə'vyː] *f* <-n> (THEAT, PUBL) revista *f;* **etw ~ passieren lassen** (*fig*) pasar revista a algo

**Rezensent(in)** [retsɛn'zɛnt] *m(f)* <-en, -en; -nen> crítico, -a *m, f*

**rezensieren*** [retsɛn'ziːrən] *vt* hacer una reseña (de), reseñar

**Rezension** [retsɛn'zjoːn] *f* <-en> reseña *f*

**Rezept** [re'tsɛpt] *nt* <-(e)s, -e> (MED, GASTR) receta *f;* **etw auf ~ bekommen** recibir algo con receta; **rezeptfrei** *adj* de venta libre

**Rezeption** [retsɛp'tsjoːn] *f* <-en> ❶ (LIT, KUNST) acogida *f* ❷ (*Hotel~*) recepción *f*

**rezeptpflichtig** *adj* de prescripción (médica) obligatoria; (*auf Packung*) con receta médica

**Rezession** [retsɛ'sjoːn] *f* <-en> (WIRTSCH) recesión *f*

**Rezipient(in)** [retsi'pjɛnt] *m(f)* <-en, -en; -nen> recipiente *mf*

**rezitieren*** [retsi'tiːrən] *vt* recitar

**R-Gespräch** *nt* (TEL) llamada *f* a cobro revertido

**Rhabarber** [ra'barbɐ] *m* <-s, *ohne pl*> ruibarbo *m*

**Rhein** [raɪn] *m* <-s> Rin *m*

**Rheinland** *nt* <-(e)s> Renania *f*

**Rheinländer(in)** *m(f)* <-s, -; -nen> renano, -a *m, f*

**Rheinland-Pfalz** *nt* Renania *f* Palatinado

**Rhesusfaktor** *m ohne pl* (MED) factor *m* Rhesus; **~ positiv/negativ** Rh positivo/negativo

**Rhetorik** [re'toːrɪk] *f ohne pl* retórica *f*

**rhetorisch** *adj* retórico

**Rheuma** ['rɔɪma] *nt* <-s, *ohne pl*> (*fam*) reuma *m o f;* **an ~ leiden** padecer reuma; **Rheumamittel** *nt* (MED) antirreumático *m*

R

**rheumatisch** *adj* (MED) reumático

**Rheumatismus** [rɔɪma'tɪsmʊs] *m* <-, Rheumatismen> (MED) reumatismo *m*

**Rhinozeros** [ri'no:tserɔs] *nt* <-(ses), -se> ① (ZOOL) rinoceronte *m* ② (*fam: Trottel*) tonto, -a *m, f*

**Rhombus** ['rɔmbʊs] *m* <-, Rhomben> (MATH) rombo *m*

**Rhythmen** *pl von* **Rhythmus**

**rhythmisch** ['rʏtmɪʃ] *adj* rítmico

**Rhythmus** ['rʏtmʊs] *m* <-, Rhythmen> (*a.* MUS, LING) ritmo *m*

**richten** ['rɪçtən] **I.** *vt* ① (*lenken, wenden*) dirigir (*an/auf* a, *gegen* contra); (*Waffe*) apuntar (*auf* a); (*Aufmerksamkeit, Hass*) concentrar (*auf* en); (*Blick*) fijar (*auf* en); **das Wort an jdn ~** dirigir la palabra a alguien ② (*reg: reparieren*) arreglar ③ (*reg: vorbereiten*) preparar **II.** *vr:* **sich ~** ① (*sich anpassen*): **sich nach etw** *dat* **~** seguir algo; **richte dich danach!** ¡atente a ello! ② (*abhängen*) depender (*nach* de); **sich nach jdm ~** orientarse por alguien ③ (*sich wenden*) dirigirse (*gegen* contra) **III.** *vi* (JUR) dictar sentencia (*über* acerca de)

**Richter(in)** *m(f)* <-s, -; -nen> juez(a) *m(f)*; **jdn vor den ~ bringen** llevar a alguien ante el juez

**richterlich** *adj* judicial

**Richterskala** *f ohne pl:* **die ~** la escala de Richter

**Richtfest** *nt* fiesta *f* de cubrir aguas

**Richtgeschwindigkeit** *f* velocidad *f* (máxima) aconsejada

**richtig** ['rɪçtɪç] **I.** *adj* ① (*zutreffend*) justo, exacto; (*korrekt*) correcto; **ich halte es für ~, dass ...** lo veo bien que... +*subj* ② (*echt, regelrecht*) verdadero; (*wirklich*) auténtico; **es war ein ~es Durcheinander** fue un verdadero caos ③ (*geeignet*) justo, oportuno; **zur ~en Zeit** en el momento oportuno ④ (*fam: in Ordnung*) correcto; **der ist nicht ganz ~ (im Kopf)** no está muy bien (de la cabeza) **II.** *adv* ① (*korrekt*) bien; **das hat er ~ gemacht** lo ha hecho bien; **geht die Uhr ~?** ¿va bien el reloj?; **du kommst gerade ~** llegas en buen momento ② (*in der Tat*) efectivamente ③ (*~gehend*) verdaderamente; (*gehörig*) como es debido; **er war ~ nett** fue verdaderamente amable

**richtiggehend** *adj* (*wirklich*) verdadero; **jdn ~ betrügen** (*fam*) estafar a alguien en toda regla

**Richtigkeit** *f ohne pl* exactitud *f;* **das wird schon seine ~ haben** tendrá su razón de ser

**Richtlinie** *f* norma *f,* pauta *f;* (*Anweisungen*) instrucciones *fpl;* **Richtpreis** *m* (WIRTSCH) precio *m* orientativo; **Richtschnur** *f* ① (ARCHIT) tendel *m* ② (*Grundsatz*) pauta *f,* regla *f* de conducta

**Richtung** *f* <-en> ① (*Verlauf*) dirección *f,* rumbo *m;* **in ~ auf** en dirección a; **in südlicher ~** en dirección sur; **in die entgegengesetzte ~ fahren** ir en sentido contrario; **der Zug ~ Vigo** el tren con destino a Vigo; **die Leute kommen aus allen ~en** la gente viene de todas partes; **sie gab dem Gespräch eine andere ~** cambió el rumbo de la conversación; **in dieser ~ habe ich nichts unternommen** no tomé medidas al respecto ② (*Strömung*) tendencia *f;* (*literarisch*) corriente *f*

**richtungweisend** *adj* orientador, que sirve de modelo

**Richtwert** *m* valor *m* indicativo

**rieb** [ri:p] *3. imp von* **reiben**

**riechen** ['ri:çən] <riecht, roch, gerochen> *vi, vt* oler (*nach* a); **übel ~d** hediondo, maloliente; **an einem Gewürz ~** oler una especia; **es riecht angebrannt** huele a quemado; **aus dem Mund ~** tener mal aliento; **jdn nicht ~ können** (*fam fig*) no tragar a alguien; **das konnte ich doch nicht ~!** (*fam*) ¡cómo iba a saber yo!; **ich glaube, sie hat was gerochen** (*fig fam*) creo que se lo ha olido

**Riecher** *m* <-s, -> (*fam: Nase*) nariz *f;* (*Geruchssinn*) olfato *m;* **den richtigen ~ für etw haben** tener muy buen olfato para algo

**Riechkolben** *m* (*fam hum*) napia(s) *f* (*inv*); **hast du einen großen ~!** ¡vaya narizota que tienes!

**Ried** [ri:t] *nt* <-(e)s, -e> ① (BOT) caña *f* ② (*südd, Schweiz: Moor*) ciénaga *f,* cañada *f CSur, USA;* **Rieddach** *nt tejado de cañas típico del norte de Alemania*

**rief** [ri:f] *3. imp von* **rufen**

**Riege** ['ri:gə] *f* <-n> (SPORT) equipo *m*

**Riegel** ['ri:gəl] *m* <-s, -> ① (*Tür~*) cerrojo *m,* pestillo *m;* (*im Türschloss*) pestillo *m;* **etw** *dat* **einen ~ vorschieben** poner freno a algo ② (*Schokoladen~*) barrita *f*

**Riemen** ['ri:mən] *m* <-s, -> ① (*Band*) correa *f,* tiento *m Am;* **sich am ~ reißen** (*fam*) hacer un esfuerzo; **den ~ enger schnallen** (*fam*) apretarse el cinturón ② (*Ruder*) remo *m*

**Riese, -in** ['ri:zə] *m, f* <-n, -n; -nen> (*Gestalt*) gigante, -a *m, f*

**rieseln** ['ri:zəln] *vi sein* (*Schnee, Sand*) caer; (*Wasser*) correr

**riesengroß** ['--'-] *adj* (*fam*) gigante, gigantesco; **Riesenhunger** *m* (*fam*) hambre *f* terrible; **ich habe einen ~** me muero de hambre; **Riesenrad** *nt* noria *f;* **Riesenschritt** *m* (*fam*) paso *m* gigantesco; **mit ~en** a paso de gigante; **Riesenslalom** *m* (SPORT) eslalon *m* gigante

**riesig** **I.** *adj* gigante, gigantesco; (*gewaltig*) enorme **II.** *adv* (*fam: sehr*) enormemente

**Riesin** *f* <-nen> *s.* **Riese**

**Riesling** ['ri:slɪŋ] *m* <-s, -e> (vino *m* de) Riesling *m*

**riet** [ri:t] *3. imp von* **raten**

**Riff** [rɪf] *nt* <-(e)s, -e> arrecife *m*

**rigoros** [rigo'ro:s] *adj* riguroso

**Rille** ['rɪlə] *f* <-n> ranura *f;* (*Schallplatten~*) surco *m*

**Rind**[1] [rɪnt] *nt* <-(e)s, -er> ① (*Tier*) vacuno *m,* res *f Am;* (*bei Tierhaltung*) ganado *m* vacuno ② (ZOOL) bóvidos *mpl*

**Rind**[2] *nt* <-(e)s, *ohne pl*> (*fam: ~fleisch*) carne *f* de vaca

**Rinde** ['rɪndə] *f* <-n> corteza *f*

**Rinderbraten** *m* asado *m* de vacuno; **Rinderfilet** *nt* filete *m* de vaca; **Rinderwahnsinn** *m* encefalopatía *f* espongiforme bovina

**Rindfleisch** *nt* carne *f* de vaca

**Rindvieh**[1] *nt* <-(e)s, *ohne pl*> (AGR) ganado *m* vacuno

**Rindvieh**[2] *nt* <-(e)s, -viecher> (*fam abw: Mensch*) pedazo *m* de bruto, animal *m*

**Ring** [rɪŋ] *m* <-(e)s, -e> ① (*allgemein*) aro *m;* (*Finger~*) anillo *m,* argolla *f Am: argot;* **~e unter den Augen haben** tener ojeras ② *pl* (*Turngerät*) anillas *fpl* ③ (*Box~*) ring *m* ④ (*Menschengruppe*) agrupación *f;* (*Verbrecher~*) red *f*

**Ringbuch** *nt* cuaderno *m* de anillas

**Ringelblume** *f* caléndula *f*

**ringeln** ['rɪŋəln] **I.** *vt* ensortijar (*um* alrededor de) **II.** *vr:* **sich ~** ensortijarse

**Ringelnatter** *f* serpiente *f* de collar; **Ringelreihen** *m* <-s, -> rueda *f*

**ringen** ['rɪŋən] <ringt, rang, gerungen> **I.** *vi* (*a.* SPORT) luchar (*mit* con, *um/nach* por); **nach Luft ~** jadear; **mit dem Tod ~** agonizar **II.** *vt* (*geh*): **die Hände ~** retorcerse las manos

**Ringer(in)** *m(f)* <-s, -; -nen> luchador(a) *m(f)*

**Ringfahndung** *f* redada *f;* **Ringfinger** *m* (dedo *m*) anular *m*

**ringförmig** [-fœrmɪç] *adj* anular, circular

**Ringkampf** *m* (*a.* SPORT) lucha *f;* **Ringkämpfer(in)** *m(f)* (SPORT) luchador(a) *m(f)*

**Ringordner** *m* archivador *m* de anillas

**Ringrichter(in)** *m(f)* (SPORT) árbitro, -a *m, f* del ring de boxeo

**rings** [rɪŋs] *adv* alrededor (*an/um* de); **ringsherum** ['rɪŋshɛ'rʊm] *adv* alrededor (*um* de); (*überall*) por todas partes

**Ringstraße** *f* avenida *f* de circunvalación; (*kleiner*) (camino *m* de) ronda *f*

**ringsum** ['rɪŋs'ʔʊm] *adv,* **ringsumher** ['rɪŋsʔʊm'he:ɐ] *adv s.* **ringsherum**

**Rinne** ['rɪnə] *f* <-n> ① (*im Boden*) cauce *m;* (*Bewässerungs~*) acequia *f* ② (*Dach~*) canalón *m*

**rinnen** ['rɪnən] <rinnt, rann, geronnen> *vi sein* manar, correr

**Rinnsal** ['rɪnza:l] *nt* <-(e)s, -e> (*geh*) ① (*Gewässer*) riachuelo *m* ② (*Blut~*) reguero *m*

**Rinnstein** *m* ① (*Gosse*) cuneta *f* ② (*Bordstein*) bordillo *m*

**Rippchen** ['rɪpçən] *nt* <-s, -> (GASTR) costilla *f*

**Rippe** ['rɪpə] *f* <-n> ① (MED) costilla *f* ② (*von Heizkörper*) aleta *f* ③ (BOT) nervio *m*

**Rippenfell** *nt* pleura *f;* **Rippenfellentzündung** *f* pleuresía *f*

**Rippli** ['rɪpli] *nt* <-s, -> (*Schweiz:* GASTR) costilla *f*

**Risiko** ['ri:ziko] *nt* <-s, -s *o* Risiken> riesgo *m;* **auf eigenes ~** por propio riesgo; **kein/ein ~ eingehen** no correr riesgo/correr un riesgo; **risikobereit** *adj* dispuesto a correr un riesgo; **Risikobereitschaft** *f* (pre)disposición *f* a correr riesgos; **Risikofaktor** *m* (factor *m* de) riesgo *m;* **risikofreudig** *adj* que ama el riesgo; **Risikogruppe** *f* (MED) grupo *m* con elevado riesgo de infección; **Risikokapital** *nt* (FIN) capital-riesgo *m;* **Risikosport** *m ohne pl* deporte *m* de alto riesgo

**riskant** [rɪs'kant] *adj* arriesgado; **das ist mir zu ~** me resulta demasiado arriesgado

**riskieren*** [rɪs'ki:rən] *vt* arriesgar

**riss** [rɪs] *3. imp von* **reißen**

**Riss** [rɪs] *m* <-es, -e> ① (*Ein~*) desgarro *m;* (*in Stoff, Papier*) rasgadura *f;* (*in Wand, Erde, Haut*) grieta *f;* (*in Porzellan*) resquebrajadura *f;* (*Spalt*) hendidura *f* ② (TECH) plano *m*

**rissig** ['rɪsɪç] *adj* (*Wand, Haut*) agrietado; (*Stoff*) rasgado; (*Porzellan*) resquebrajado

**Riten** ['ri:tən] *pl von* **Ritus**

**ritt** [rɪt] *3. imp von* **reiten**

**Ritt** [rɪt] *m* <-(e)s, -e> cabalgada *f*

**Ritter** ['rɪtɐ] *m* <-s, -> caballero *m;* **Ritterburg** *f* castillo *m* feudal

**ritterlich** *adj* caballeresco

**Ritterlichkeit** *f ohne pl* caballerosidad *f*

**Ritterroman** *m* novela *f* de caballerías; **Ritterrüstung** *f* (HIST) armadura *f*

R

**rittlings** ['rɪtlɪŋs] *adv* a horcajadas
**Ritual** [ritu'a:l] *nt* <-s, -e *o* -ien> ritual *m*
**rituell** [ritu'ɛl] *adj* ritual
**Ritus** ['ri:tʊs] *m* <-, Riten> rito *m*
**Ritz** [rɪts] *m* <-es, -e> ① (*in Haut*) rasguño *m;* (*auf Möbeln*) raspadura *f* ② (*Spalte*) grieta *f*
**Ritze** ['rɪtsə] *f* <-n> ranura *f;* (*im Boden*) hendidura *f*
**ritzen** ['rɪtsən] **I.** *vt* ① (*Glas, Kupfer*) tallar ② (*eingravieren*) grabar (*in* en); **das ist geritzt** (*fam*) todo está arreglado **II.** *vr:* **sich** ~ arañarse
**Rivale, -in** [ri'va:lə] *m, f* <-n, -n; -nen> rival *mf*
**rivalisieren*** [rivali'zi:rən] *vi* rivalizar (*mit* con, *um* por)
**Rivalität** [rivali'tɛ:t] *f* <-en> rivalidad *f*
**Riviera** [ri'vje:ra] *f* Riviera *f*
**Rizinus** ['ri:tsinʊs] *m* <-, -(se)> (*Pflanze*) ricino *m;* **Rizinusöl** *nt* aceite *m* de ricino
**RNS** [ɛrʔɛn'ʔɛs] *f ohne pl* (BIOL, CHEM) *Abk. von* **Ribonukleinsäure** ARN *m*
**Roastbeef** ['ro:stbi:f] *nt* <-s, -s> (GASTR) rosbif *m*
**Robbe** ['rɔbə] *f* <-n> foca *f*
**robben** ['rɔbən] *vi sein* arrastrarse; (MIL) avanzar cuerpo a tierra
**Robe** ['ro:bə] *f* <-n> ① (*geh: Kleid*) vestido *m* de gala ② (*Talar*) toga *f*
**Roboter** ['rɔbɔtɐ] *m* <-s, -> robot *m*
**robust** [ro'bʊst] *adj* robusto
**Robustheit** *f ohne pl* robustez(a) *f*
**roch** [rɔx] *3. imp von* **riechen**
**röcheln** ['rœçəln] *vi* resollar; (*Sterbender*) estar en los estertores de la agonía
**Rochen** ['rɔxən] *m* <-s, -> (ZOOL) raya *f*
**Rock**[1] [rɔk, *pl:* 'rœkə] *m* <-(e)s, Röcke> ① (*Kleidungsstück*) falda *f,* pollera *f Am* ② (*Schweiz: Kleid*) vestido *m* ③ (*reg: Jackett*) chaqueta *f*
**Rock**[2] [rɔk] *m* <-(s), *ohne pl*> (MUS) rock *m*
**rocken** ['rɔkən] *vi* ① (*Musik machen*) hacer (música) rock ② (*tanzen*) bailar (música) rock, rockanrolear
**Rocker(in)** ['rɔkɐ] *m(f)* <-s, -; -nen> rockero, -a *m, f*
**Rockgruppe** *f* grupo *m* de rock
**rockig** *adj* (*fam*) rockero
**Rodelbahn** *f* pista *f* para trineos
**rodeln** ['ro:dəln] *vi haben o sein* (*reg*) ir en trineo
**roden** ['ro:dən] *vt* ① (*Gebiet*) desmontar, tumbar *Am* ② (*Baum*) talar
**Rodung** *f* <-en> desmonte *m*
**Rogen** ['ro:gən] *m* <-s, -> (ZOOL) huevas *fpl* de pescado
**Roggen** ['rɔgən] *m* <-s, -> centeno *m;* **Roggenbrot** *nt* pan *m* de centeno; **Roggenmehl** *nt* harina *f* de centeno
**roh** [ro:] *adj* ① (*ungekocht*) crudo ② (*unbearbeitet*) sin labrar ③ (*grob*) bruto; **Rohbau** *m* armadura *f* (de un edificio)
**Rohgewicht** *nt* (WIRTSCH) medida *f,* balanza *f*
**Rohheit**[1] ['ro:haɪt] *f* <-en> (*Handlung*) brutalidad *f;* (*Äußerung*) grosería *f*
**Rohheit**[2] *f ohne pl* (*Wesensart*) rudeza *f*
**Rohkost** *f* verdura *f* cruda
**Rohling** *m* <-s, -e> ① (*Mensch*) bruto, -a *m, f* ② (TECH) pieza *f* bruta
**Rohmaterial** *nt* materia *f* prima; **Rohöl** *nt* (petróleo *m*) crudo *m*
**Rohr**[1] [ro:ɐ] *nt* <-(e)s, -e> ① (*Wasser~*) tubo *m;* **volles** ~ (*fam*) a todo gas ② (*reg: Backröhre*) horno *m*
**Rohr**[2] *nt* <-(e)s, *ohne pl*> (BOT) caña *f*
**Rohrbruch** *m* rotura *f* de la cañería
**Röhre** ['rø:rə] *f* <-n> ① (TV, ELEK) tubo *m* ② (*Back~*) horno *m* ③ (*fam: Fernseher*) tele *f;* **in die** ~ **gucken** (*fernsehen*) ver la tele; (*das Nachsehen haben*) quedarse con las ganas
**röhren** ['rø:rən] *vi* (*Hirsch, Motor*) bramar
**Rohrleitung** *f* tubería *f*
**Rohrmatte** *f* estera *f* (de junco)
**Rohrnetz** *nt* (sistema *m* de) tuberías *fpl*
**Rohrspatz** *m* (ZOOL) escribano *m* palustre; **schimpfen wie ein** ~ (*fam*) rezongar a voz en cuello
**Rohrstock** *m* caña *f* de bambú
**Rohrzange** *f* alicates *mpl* para montar tubos
**Rohrzucker** *m* azúcar *m* de caña
**Rohseide** *f* seda *f* sin tratar
**Rohstoff** *m* materia *f* prima; **Rohstoffverknappung** *f* disminución *f* de materias primas
**Rohzucker** *m* (CHEM: *nicht raffiniert*) azúcar *m* quebrado; (*braun*) azúcar *m* moreno; **Rohzustand** *m ohne pl:* **im** ~ en bruto
**Rokoko** ['rɔkoko] *nt* <-(s), *ohne pl*> (KUNST) Rococó *m*
**Rollbahn** *f* (AERO) pista *f* de rodaje; **Rollbraten** *m* arrollado *m*
**Rolle** ['rɔlə] *f* <-n> ① (*Gerolltes*) rollo *m;* (*um etw darauf zu wickeln*) bobina *f;* (*Geld~*) cartucho *m;* (*Garn~*) carrete *m* ② (*an Möbeln*) rueda *f;* (*am Flaschenzug*) polea *f* ③ (SPORT) voltereta *f* ④ (THEAT, FILM: *a. fig*) papel *m;* **sie spielte die** ~ **der Königin** representó el papel de la reina; **es spielt keine** ~**, ob ...** no importa si...; **bei ihm spielt Geld keine** ~ el dinero no le importa; **er spielt bei der Sache eine**

**wichtige** ~ tiene un papel muy importante en este asunto; **versetz dich mal in meine ~!** ¡ponte en mi lugar!; **aus der ~ fallen** (*fig*) salirse de tono

**rollen** ['rɔlən] **I.** *vi* ① *sein* (*Ball, Auto*) rodar; (*Tränen*) correr; **etw kommt ins R~** (*fam*) algo empieza a funcionar ② (*Donner, Echo*) retumbar **II.** *vt* ① (*bewegen*) hacer rodar ② (*auf~*) enrollar ③ (*Teig*) extender **III.** *vr:* **sich ~** enrollarse

**Rollenspiel** *nt* (SOZIOL) juego *m* de roles; **Rollentausch** *m* (*a.* SOZIOL) cambio *m* de roles; **der ~ zwischen Mann und Frau** el cambio de roles entre el hombre y la mujer; **Rollenverhalten** *nt* (SOZIOL) conducta *f* de rol

**Roller** *m* <-s, -> ① (*für Kinder*) patinete *m* ② (*Motor~*) vespa® *f* ③ (*Österr*) persiana *f* enrollable

**Rollfeld** *nt* (AERO) pista *f* de rodaje

**Rollkragen** *m* cuello *m* alto; **Rollkragenpullover** *m* jersey *m* de cuello alto

**Rollladen** *m* <-s, -läden> persiana *f* enrollable

**Rollmops** *m arenque enrollado con pepinillo y cebolla*

**Rollo** ['rɔlo] *nt* <-s, -s> persiana *f*

**Rollschuh** *m* patín *m* sobre ruedas; **~ laufen** patinar (sobre ruedas)

**Rollstuhl** *m* silla *f* de ruedas; **Rollstuhlfahrer(in)** *m(f)* persona *f* que anda en silla de ruedas; **rollstuhlgerecht** *adj* apropiado para sillas de ruedas

**Rolltreppe** *f* escalera *f* mecánica

**Rom** [ro:m] *nt* <-s> Roma *f*

**ROM** [rɔm] *nt* <-(s), -(s)> (INFOR) *Abk. von* **Read Only Memory** ROM *m*

**Roma** ['ro:ma] *mpl* romaníes *mpl*

**Roman** [ro'ma:n] *m* <-s, -e> novela *f*

**Romancier** [romã'sje:] *m* <-s, -s> novelero *m*

**Romane, -in** [ro'ma:nə] *m, f* <-n, -n; -nen> latino, -a *m, f*

**Romanik** [ro'ma:nɪk] *f ohne pl* (KUNST) estilo *m* románico

**Romanin** *f* <-nen> *s.* **Romane**

**romanisch** *adj* ① (LING, KUNST) románico ② (*Schweiz: räto~*) retorromano

**Romanist(in)** [roma'nɪst] *m(f)* <-n, -n; -nen> romanista *mf*

**Romanistik** [roma'nɪstɪk] *f ohne pl* filología *f* románica

**Romanistin** *f* <-nen> *s.* **Romanist**

**Romanschriftsteller(in)** *m(f)* novelista *mf*

**Romantik** [ro'mantɪk] *f ohne pl* romanticismo *m;* (LIT, KUNST) Romanticismo *m*

**Romantiker(in)** [ro'mantikɐ] *m(f)* <-s, -; -nen> (*a.* KUNST) romántico, -a *m, f*

**romantisch** *adj* romántico

**Romanze** [ro'mantsə] *f* <-n> romance *m*

**Römer(in)** ['rø:mɐ] *m(f)* <-s, -; -nen> romano, -a *m, f*

**römisch** *adj* romano

**ROM-Speicher** *m* (INFOR) ROM *m,* memoria *f* ROM

**röntgen** ['rœntgən] *vt* hacer una radiografía (de); **Röntgenaufnahme** *f* radiografía *f;* **Röntgengerät** *nt* aparato *m* de rayos X; **Röntgenstrahlen** *mpl* (PHYS) rayos *mpl* X; **Röntgenuntersuchung** *f* (MED) reconocimiento *m* radioscópico

**rosa** ['ro:za] *adj inv* rosa, rosado

> **? Grammatik**
>
> El adjetivo **rosa** no se declina, es invariable: *Sie trägt einen rosa Wollpullover. – Lleva un jersey de lana rosa.* Ocurre lo mismo con el color **lila**: *Der lila Rock passt aber nicht dazu. – Pero la falda lila no pega (con el jersey).*

**rosarot** ['--'-] *adj* (de color de) rosa; **die Welt durch eine ~e Brille sehen** (*fig*) ver el mundo de color de rosa

**Rose** ['ro:zə] *f* <-n> (BOT) rosa *f*

**Rosé** [ro'ze:] *m* <-s, -s> (vino *m*) rosado *m*

**Rosenkohl** *m* col *f* de Bruselas; **Rosenkranz** *m* (REL) rosario *m;* **Rosenmontag** [(')--'--] *m* lunes *m* de Carnaval; **Rosenstock** *m* rosal *m*

**Rosette** [ro'zɛtə] *f* <-n> (ARCHIT) rosetón *m*

**rosig** **I.** *adj* ① (*rosa*) rosado; (*Haut*) sonrosado ② (*erfreulich*) de color de rosa; **etw in den ~sten Farben darstellen** (*fig*) pintar algo de color de rosa **II.** *adv* bien

**Rosine** [ro'zi:nə] *f* <-n> (uva *f*) pasa *f;* **~n im Kopf haben** (*fig fam*) picar muy alto

**Rosmarin** ['ro:smari:n] *m* <-s, *ohne pl*> romero *m*

**Ross**[1] [rɔs] *nt* <-es, -e> (*geh: edles Pferd*) corcel *m;* **hoch zu ~** a caballo; **auf dem hohen ~ sitzen** tener muchos humos

**Ross**[2] [rɔs] *nt* <-es, Rösser> (*südd, Österr, Schweiz: Pferd*) caballo *m*

**Rosshaar** *nt ohne pl* crin *m;* **Rosskastanie** *f* ① (*Baum*) castaño *m* de Indias ② (*Frucht*) castaña *f* de Indias; **Rosskur** *f* (*fam*) cura *f* de caballo

**Rost**[1] [rɔst] *m* <-(e)s, *ohne pl*> (CHEM) herrumbre *m,* orín *m;* **~ ansetzen** oxidarse

**Rost**[2] [rɔst] *m* <-(e)s, -e> ① (*für Grill*) parrilla *f;* (*Gitter~*) rejilla *f;* (*Latten~*) somier *m;* **vom ~** (GASTR) a la parrilla ② (BOT) roya *f*

**Rostbraten** *m* (*Österr, südd*) asado *m* a la parrilla

**rostbraun** ['-'-] *adj* marrón rojizo

**rosten** ['rɔstən] *vi sein* oxidarse; **nicht ~d** inoxidable

**rösten** ['rœstən] *vt* (*Kaffee, Brot*) tostar; (*auf Rost*) asar (a la parrilla)

**rostfrei** *adj* inoxidable

**Rösti** ['rœsti] *f ohne pl* (GASTR) *patatas cocidas, ralladas y salteadas* (*con tocino*) *típicas suizas*

**i Land & Leute**

Con el nombre de **Rösti** se conoce una especialidad gastronómica suiza consistente en finas láminas de patata cruda o cocida, acompañadas de cebollas y hierbas, salteadas por ambos lados en la sartén.

**rostig** *adj* oxidado, herrumbroso

**Röstkartoffeln** *fpl* (*reg*) patatas *fpl* salteadas

**Rostlaube** *f* (*fam hum*) tartana *f*

**Rostschutzfarbe** *f* pintura *f* anticorrosiva; **Rostschutzmittel** *nt* antioxidante *m*, anticorrosivo *m*

**rot** [ro:t] *adj* <röter, am rötesten> rojo; (POL) socialista; **bei ~** (con el semáforo) en rojo; **eine ~e Ampel** un semáforo en rojo; **~ werden** enrojecer; **in den ~en Zahlen stecken** estar en números rojos; **sich** *dat* **etw ~ im Kalender anstreichen** marcar algo en rojo en el calendario

**Rotation** [rota'tsjo:n] *f* <-en> rotación *f*; **Rotationsachse** *f* (PHYS, TECH) eje *m* de rotación

**Rotbarsch** *m* (ZOOL) raño *m*; **rotblond** ['-'-] *adj* rubio rojizo; **rotbraun** ['-'-] *adj* castaño, caoba; **Rotbuche** *f* (BOT) haya *f* roja

**Röte** ['rø:tə] *f ohne pl* color *m* rojo; (*von Himmel, Haut*) arrebol *m*; (*Schames~*) rubor *m*; **die ~ stieg ihr ins Gesicht** se puso colorada

**Rote-Armee-Fraktion** *f ohne pl* Fracción *f* del Ejército Rojo (*grupo terrorista alemán de ultraizquierda*)

**Rötel** ['rø:təl] *m* <-s, *ohne pl*> almagre *m*

**Röteln** ['rø:təln] *pl* rubeola *f*

**röten** ['rø:tən] **I.** *vt* (*geh*) enrojecer **II.** *vr*: **sich ~** ponerse rojo; (*Himmel*) teñirse de rojo; (*vor Scham*) sonrojarse

**röter** *adj kompar von* **rot**

**röteste(r, s)** *adj superl von* **rot**

**Rotfuchs** *m* ❶ (*Fuchs*) zorro *m* rojo ❷ (*Pferd*) alazán *m*; **rothaarig** *adj* pelirrojo; **Rothaut** *f* (*fam*) piel *mf* roja

**rotieren*** [ro'ti:rən] *vi* ❶ (*sich drehen*) girar (*um* alrededor de) ❷ (*fam: hektisch sein*) estar a cien

**Rotkäppchen** ['ro:tkɛpçən] *nt* <-s> Caperucita *f* Roja; **Rotkehlchen** ['ro:tke:lçən] *nt* <-s, -> petirrojo *m*; **Rotkohl** *m* (col *f*) lombarda *f*

**rötlich** ['rø:tlɪç] *adj* rojizo, paco *Am*

**Rotlichtmilieu** *nt* (*fam*) mundo *m* de la prostitución; **Rotlichtviertel** *nt* (*fam*) barrio *m* chino

**rot|sehen** *irr vi* (*fam*) perder el control; **Rotstift** *m* lápiz *m* rojo; **den ~ ansetzen** economizar

**Rötung** *f* <-en> enrojecimiento *m*

**Rotwein** *m* vino *m* tinto

**Rotwild** *nt* venado *m*

**Rotz** [rɔts] *m* <-es, *ohne pl*> (*vulg*) moco *m*; **~ und Wasser heulen** (*fam*) llorar a moco tendido; **Rotzfahne** *f* (*vulg*) moquero *m*; **rotzfrech** ['-'-] *adj* (*fam*) descarado

**rotzig** *adj* ❶ (*vulg: voller Rotz*) mocoso ❷ (*fam: frech, unverschämt*) fresco, descarado

**Rotzjunge** *m* (*fam abw*), **Rotzlümmel** *m* (*fam abw*) mocoso *m*; **Rotznase** *f* ❶ (*vulg abw*) mocoso *m* ❷ (*fam: schleimige Nase*) nariz *f* llena de mocos

**Rouge** [ru:ʒ] *nt* <-s, -s> colorete *m*

**Roulade** [ru'la:də] *f* <-n> (GASTR) *filete de carne relleno con pepinillo, cebolla, mostaza etc.*

**Roulette** [ru'lɛt] *nt* <-s, -s> ruleta *f*; **russisches ~ spielen** jugar a la ruleta rusa

**Route** ['ru:tə] *f* <-n> ruta *f*

**Routine** [ru'ti:nə] *f ohne pl* ❶ (*Erfahrung*) experiencia *f*; (*Praxis*) práctica *f* ❷ (*Gewohnheit*) rutina *f*; **Routinearbeit** *f* trabajo *m* rutinario

**routinemäßig** *adj* rutinario; **etw ~ überprüfen** hacer un control rutinario de algo

**Routineuntersuchung** *f* revisión *f* periódica

**Routinier** [ruti'nje:] *m* <-s, -s> experto, -a *m, f*

**routiniert** [ruti'ni:ɐt] *adj* experimentado, experto

**Rowdy** ['raʊdi] *m* <-s, -s> (*abw*) gamberro *m*

**Royalist(in)** [rɔɪa'lɪst] *m(f)* <-en, -en; -nen> monárquico, -a *m, f*

**rubbeln** ['rʊbəln] *vi, vt* frotar

**Rübe** ['ry:bə] *f* <-n> ❶ (BOT) nabo *m*, betabel *f Mex* (*diversos tipos de raíces comestibles*); **Gelbe ~n** (*reg*) zanahorias *fpl*; **Rote ~** remolacha *f* ❷ (*fam: Kopf*) coco *m*;

**eins auf die ~ kriegen** recibir una bronca
**Rubel** ['ru:bəl] *m* <-s, -> rublo *m*
**rüber** ['ry:bɐ] *adv* (*fam*) ❶ (*herüber*) hacia aquí, hacia acá ❷ (*hinüber*) hacia allá; **da ~!** ¡(por) allí enfrente!
**rüber|bringen** *irr vt* (*fam: vermitteln*) hacer llegar; **wir haben den Wählern unsere Meinung rübergebracht** hemos hecho llegar nuestra opinión a los electores
**rüber|kommen** *irr vi sein* (*fam: deutlich werden*) llegar a entenderse
**rüber|schieben** *vt* (*sl*): **jdm Geld ~** pasarle pasta a alguien
**Rubin** [ru'bi:n] *m* <-s, -e> rubí *m*
**Rubrik** [ru'bri:k] *f* <-en> ❶ (*Kategorie*) categoría *f* ❷ (*in Tabelle, Zeitung*) columna *f*
**ruchlos** ['ru:xlo:s] *adj* (*geh*) bajo, vil
**Ruck** [rʊk] *m* <-(e)s, -e> tirón *m*; **mit einem ~** de un tirón; **sich** *dat* **einen ~ geben** (*fam*) hacer un esfuerzo
**ruckartig I.** *adj* brusco **II.** *adv* de golpe
**Rückbesinnung** *f* regreso *m* (*auf* a); **Rückbildung** *f* involución *f*, retroceso *m*; **Rückblende** *f* (FILM) retrospectiva *f*; **Rückblick** *m* mirada *f* retrospectiva (*auf* a), retrospección *f*; **rückblickend** *adj* retrospectivo; **~ lässt sich sagen, dass ...** retrospectivamente se puede decir que...
**ruckeln** ['rʊkəln] *vi:* **an etw** *dat* **~** dar pequeños tirones a algo
**rucken** ['rʊkən] *vi* (*Fahrzeug*) dar un tirón
**rücken** ['rʏkən] **I.** *vi sein* (*Platz machen*) correrse; (*näher~*) acercarse (*an* a); **rück mal (ein Stückchen)!** ¡córrete un poquito!; **in den Mittelpunkt des Interesses ~** convertirse en el centro de interés **II.** *vt* mover (*nach* hacia), correr (*nach* hacia); (*weg~*) apartar (*von* de); (*näher~*) acercar (*an* a)
**Rücken** ['rʏkən] *m* <-s, -> ❶ (ANAT) espalda *f*; **~ an ~** espalda con espalda; **jdm den ~ zukehren/zuwenden** volver/dar a alguien la espalda; **auf dem ~ liegen** estar tumbado de espaldas; **mir lief es eiskalt über den ~** sentí un escalofrío recorriéndome la espalda; **jdm den ~ stärken** respaldar a alguien; **jdm/sich** *dat* **den ~ freihalten** cubrir a alguien/cubrirse las espaldas; **jdm in den ~ fallen** dejar a alguien en la estacada; **hinter jds ~** a espaldas de alguien; **mit dem ~ zur Wand stehen** estar entre la espada y la pared ❷ (*Buch~*) lomo *m*; (*Hand~*) dorso *m* de la mano; (*Fuß~*) empeine *m* ❸ (*Tier~*) lomo *m*; **Rückendeckung** *f* ❶ (MIL) protección *f* de la retaguardia ❷ (*gegen Kritik*) respaldo *m*; **Rückenlehne** *f* respaldo *m*; **Rückenmark** *nt* médula *f* espinal; **Rückenschmerzen** *mpl* dolores *mpl* de espalda; **Rückenschwimmen** *nt* natación *f* de espalda; **Rückenwind** *m ohne pl* viento *m* a favor; (NAUT) viento *m* de popa
**rückerstatten*** *vt* (FIN) devolver; **Rückerstattung** *f* reintegro *m*; (FIN) devolución *f*
**Rückfahrkarte** *f* billete *m* de ida y vuelta; **Rückfahrt** *f* (viaje *m* de) vuelta *f*; **auf der ~** a la vuelta; **Rückfall** *m* ❶ (MED) recaída *f*; **einen ~ erleiden** tener una recaída ❷ (JUR) reincidencia *f* ❸ (*geh: Wiederkehr*) regreso *m*; **rückfällig** *adj* ❶ (*a.* MED): **~ werden** recaer ❷ (JUR) reincidente
**Rückflug** *m* vuelo *m* de regreso; **auf dem ~** durante el vuelo de vuelta; **Rückflugticket** *nt* billete *m* (de avión) de vuelta, pasaje *m* de vuelta *Am*
**Rückfrage** *f* pregunta *f*, duda *f*; **für ~n wenden Sie sich bitte an ...** en caso de duda diríjase a...; **Rückgabe** *f* devolución *f* (*an* a); **Rückgang** *m* descenso *m*; (*Verminderung*) disminución *f*; **im ~ begriffen sein** estar en descenso
**rückgängig** [-gɛŋɪç] *adj:* **~ machen** (*Vertrag*) anular; (*Verabredung*) cancelar
**Rückgewinnung** *f* recuperación *f*
**Rückgrat** ['rʏkgra:t] *nt* <-(e)s, -e> ❶ (MED) espina *f* dorsal; **ohne ~** (*fig*) cobarde; **jdm das ~ brechen** (*fam*) doblegar a alguien ❷ (*Stütze*) puntal *m*
**Rückgriff** *m* (*a.* JUR) recurso (*auf* a)
**Rückhalt** *m* respaldo *m*; **jdm ~ geben** respaldar a alguien
**rückhaltlos I.** *adj* incondicional **II.** *adv* sin reservas
**Rückhand** *f ohne pl* (SPORT) revés *m*
**Rückkehr** *f ohne pl* regreso *m*; **Rückkopp(e)lung** *f* acoplamiento *m* retroactivo; **Rücklage** *f* ❶ (*Erspartes*) ahorros *mpl* ❷ (WIRTSCH) reserva *f*; **Rücklauf** *m* ❶ (*Wasser*) reflujo *m* ❷ (TECH) retroceso *m*
**rückläufig** *adj* decreciente, descendente; **~e Tendenz** tendencia regresiva
**Rücklicht** *nt* luz *f* trasera
**rücklings** ['rʏklɪŋs] *adv* ❶ (*mit dem Rücken*) con la espalda ❷ (*nach hinten*) hacia atrás ❸ (*von hinten, auf dem Rücken*) de espaldas
**Rückmarsch** *m* (MIL) retirada *f*; **Rückmeldefrist** *f* (UNIV) plazo *m* para renovar la matrícula; **rück|melden** *vr:* **sich ~** (UNIV) matricularse para el próximo semestre; **Rücknahme** [-na:mə] *f* <-n> (*von Versprechen, Klage*) retirada *f*; **Rückporto** *nt* franqueo *m* para la respuesta
**Rückreise** *f* (viaje *m* de) regreso *m*, vuelta *f*; **auf der ~** a la vuelta; **Rückreisever-**

**kehr** *m* tráfico *m* de retorno (de las vacaciones)

**Rückruf** *m* ❶ (TEL) llamada *f* de contestación ❷ (JUR, WIRTSCH) revocación *f* del derecho de usufructo

**Rucksack** ['rʊk-] *m* mochila *f;* **Rucksacktourist(in)** *m(f)* mochilero, -a *m, f*

**Rückschau** *f* retrospección *f;* **Rückschlag** *m* contratiempo *m,* revés *m;* **Rückschluss** *m* conclusión *f;* **Rückschlüsse aus etw** *dat* **ziehen** sacar conclusiones de algo; **Rückschritt** *m* paso *m* atrás

**rückschrittlich** *adj* retrógrado

**Rückseite** *f* (*eines Gebäudes*) parte *f* posterior; (*eines Blattes*) dorso *m;* (*einer Münze*) reverso *m;* (*eines Stoffes*) revés *m;* **auf der ~ von ...** en la parte posterior de...; **siehe ~** véase al dorso

**Rücksicht**[1] *f* <-en> (*Nachsicht*) consideración *f;* **mit ~ auf ...** teniendo en cuenta...; **auf jdn ~ nehmen** tener consideración con alguien; **auf etw ~ nehmen** respetar algo

**Rücksicht**[2] *f ohne pl* (*Sicht nach hinten*) visión *f* por la ventanilla trasera

**Rücksichtnahme** *f ohne pl* respeto *m*

**rücksichtslos** **I.** *adj* desconsiderado; (*unbarmherzig*) despiadado **II.** *adv* sin consideración, a lo bestia *fam*

**Rücksichtslosigkeit** *f* <-en> desconsideración *f;* (*Respektlosigkeit*) falta *f* de respeto

**rücksichtsvoll** *adj* atento, considerado

**Rücksitz** *m* asiento *m* trasero; **Rückspiegel** *m* (espejo *m*) retrovisor *m*

**Rückspiel** *nt* (SPORT) partido *m* de vuelta; **Rücksprache** *f ohne pl* consulta *f;* **mit jdm ~ halten** consultar algo con alguien; **Rückstand** *m* ❶ (*Rest*) residuo *m* ❷ *pl* (*bei Zahlung*) atrasos *mpl* ❸ (*Verzug*) retraso *m;* **mit der Lieferung im ~ sein** retrasarse en la entrega; **mit 0 zu 2 im ~ liegen** (SPORT) ir perdiendo 0 a 2

**rückständig** *adj* ❶ (*rückschrittlich*) anticuado ❷ (*unterentwickelt*) subdesarrollado ❸ (WIRTSCH: *überfällig*) vencido

**Rückständigkeit** *f ohne pl* ❶ (*von Person*) mentalidad *f* atrasada ❷ (*Unterentwicklung*) subdesarrollo *m*

**Rückstrahler** *m* reflector *m*

**Rücktritt** *m* ❶ (*von Amt*) dimisión *f;* **seinen ~ erklären** presentar su dimisión ❷ (*am Fahrrad*) freno *m* de pedal; **Rücktrittbremse** *f* freno *m* de pedal; **Rücktrittsrecht** *nt ohne pl* (JUR) (derecho *m* de) retracto *m*

**rückvergüten*** *vt* (WIRTSCH) reembolsar; **rückversichern*** *vr:* **sich ~** reasegurarse

**Rückwand** *f* parte *f* posterior

**rückwärtig** [-vɛrtɪç] *adj* trasero, de atrás

**rückwärts** [-vɛrts] *adv* ❶ (*mit dem Rücken voran*) hacia atrás, de espaldas; **~ einparken** aparcar marcha atrás ❷ (*südd, Österr: hinten*) por atrás; **Rückwärtsgang** *m* (TECH) marcha *f* atrás

**Rückweg** *m* (camino *m* de) vuelta *f;* **auf dem ~** a la vuelta

**ruckweise** *adv* a trompicones, a golpes

**rückwirkend** **I.** *adj* retroactivo **II.** *adv* con efecto retroactivo; **das Gesetz tritt ~ vom 1. Januar in Kraft** la ley entra en vigor con efectos retroactivos a partir del 1 de enero; **Rückwirkung** *f* ❶ (*von Gesetz*) retroactividad *f* ❷ (*Nachwirkung*) consecuencia *f*

**Rückzahlung** *f* reembolso *m*

**Rückzieher** *m* <-s, -> (*fam*) paso *m* atrás, rajada *f Mex;* **einen ~ machen** dar marcha atrás

**ruck, zuck** *adv* (*fam*) en un abrir y cerrar de ojos

**Rückzug** *m* (MIL) retirada *f;* **den ~ antreten** emprender la retirada; **Rückzugsgebiet** *nt* (ÖKOL) zona *f* de refugio

**rüde** ['ry:də] *adj* rudo, grosero

**Rüde** ['ry:də] *m* <-n, -n> macho *m* (de perro)

**Rudel** ['ru:dəl] *nt* <-s, -> manada *f*

**Ruder** ['ru:dɐ] *nt* <-s, -> ❶ (*von ~boot*) remo *m;* **sich in die ~ legen** remar con fuerza; (*fig*) poner manos al trabajo ❷ (*Steuer~*) timón *m;* **Ruderboot** *nt* bote *m* de remos

**Ruderer, -in** *m, f* <-s, -; -nen> remero, -a *m, f*

**rudern** ['ru:dɐn] *vi* ❶ (*Ruder bewegen*) remar, bogar; **mit den Armen ~** (*fam*) bracear ❷ *sein* (*im Ruderboot fahren*) ir a remo

**Ruderregatta** *f* regata *f* de remo

**rudimentär** [rudimɛn'tɛ:ɐ] *adj* rudimentario

**Rudrer(in)** *m(f)* <s, -; -nen> remero, -a *m, f*

**Rüebli** ['ry:ɛbli] *nt* <-s, -> (*Schweiz*) zanahoria *f*

**Ruf**[1] [ru:f] *m* <-(e)s, -e> (*Aus~, Schrei*) grito *m*

**Ruf**[2] *m* <-(e)s, *ohne pl*> ❶ (*Auf~*) llamada *f;* **sie erhielt einen ~** (UNIV) le ofrecieron una cátedra ❷ (*Ansehen*) reputación *f;* (*Ruhm*) fama *f;* **einen guten ~ haben** tener una buena reputación; **in dem ~ stehen zu ...** tener fama de...; **jdn in schlechten ~ bringen** desacreditar a alguien; **etw/jd ist besser als sein ~** algo/alguien vale más de lo que parece

**rufen** ['ru:fən] <ruft, rief, gerufen> **I.** *vi* llamar; **laut ~** gritar; **nach jdm ~** llamar a alguien; **nach härteren Strafen ~** exigir castigos más severos; **um Hilfe ~** dar voces de socorro **II.** *vt* llamar; **jdn ~** llamar a alguien; **etw ~** gritar algo; **jdn ~ lassen** hacer venir a alguien; **das kommt mir wie ge~** (*fam*) esto me viene de maravilla

**Rüffel** ['rʏfəl] *m* <-s, -> (*fam*) bronca *f;* **einen ~ bekommen** llevarse una bronca

**Rufmord** *m* difamación *f;* **Rufname** *m* nombre *m* de pila; **Rufnummer** *f* número *m* de teléfono; **Rufschädigung** *f* descrédito *m;* **Rufweite** *f ohne pl* alcance *m* de la voz; **in ~** en las cercanías; **Rufzeichen** *nt* ① (TEL) señal *f* (de llamada) ② (*reg: Ausrufezeichen*) signo *m* de exclamación

**Rugby** ['rakbi] *nt* <-(s), *ohne pl*> (SPORT) rugby *m*

**Rüge** ['ry:gə] *f* <-n> reprimenda *f;* **jdm eine ~ erteilen** reprender a alguien

**rügen** ['ry:gən] *vt:* **jdn ~** reprender a alguien; **etw ~** criticar algo

**Ruhe** ['ru:ə] *f ohne pl* ① (*Unbewegtheit*) calma *f;* (*Stille, Gelassenheit*) tranquilidad *f;* **die ~ vor dem Sturm** la calma que precede a la tormenta ② (*Schweigen*) silencio *m;* **~ bitte!** ¡silencio, por favor! ③ (*Entspannung*) descanso *m;* (*Bett~*) reposo *m;* **sich** *dat* **keine ~ gönnen, bis ...** no descansar hasta que... *+subj;* **sich zur ~ begeben** (*geh*) retirarse (a descansar), recogerse; **angenehme ~!** ¡que descanse(s)!; **sich zur ~ setzen** jubilarse; **jdn zur letzten ~ betten** (*geh*) dar sepultura a alguien ④ (*Frieden*) paz *f;* (*innere ~*) serenidad *f;* **vor jdm ~ haben** no ser molestado por alguien; **jdn nicht zur ~ kommen lassen** (*fam*) no dejar a alguien en paz; **keine ~ geben** (*fam*) no dar tregua; **lass mich in ~!** (*fam*) ¡déjame en paz!; **das lässt ihm keine ~** eso le inquieta; **in aller ~** con toda calma; **sich durch nichts aus der ~ bringen lassen** no alterarse por nada; **~ bewahren** conservar la calma; **immer mit der ~!** ¡calma, calma!; **die hat die ~ weg!** (*fam*) ¡qué calma gasta!

**ruhebedürftig** *adj* que necesita descansar; **~ sein** necesitar calma

**ruhelos** *adj* inquieto; (*rastlos*) desasosegado

**Ruhelosigkeit** *f ohne pl* inquietud *f;* (*Rastlosigkeit*) desasosiego *m*

**ruhen** ['ru:ən] *vi* ① (*aus~*) descansar (*auf* en); **ich werde nicht eher ~, bis ...** no descansaré antes de que... *+subj;* **der Teig muss ~** la masa tiene que reposar; **„ruhe in Frieden!"** "¡descanse en paz!" ② (*Arbeit*) estar suspendido; (*Verkehr*) estar paralizado; (*Angelegenheit*) quedar postergado; **etw ~ lassen** posponer algo ③ (*Blick*) estar fijado (*auf* en); (*Verantwortung*) recaer (*auf* sobre) ④ (*sich stützen*) apoyarse (*auf* en)

**Ruhepause** *f* descanso *m;* **Ruhestand** *m ohne pl* jubilación *f;* (MIL) retiro *m;* **im ~ sein** estar jubilado

**Ruheständler(in)** [-ʃtɛntlɐ] *m(f)* <-s, -; -nen> jubilado, -a *m, f*

**Ruhestätte** *f* sepultura *f;* **die letzte ~** (*geh*) la última morada; **Ruhestellung** *f* ① (*eines Körpers*) posición *f* de reposo ② (MIL) acantonamiento *m;* **Ruhestörung** *f* disturbio *m;* **Ruhetag** *m* día *m* de descanso; (*von Gaststätten*) descanso *m* semanal

**ruhig** ['ru:ɪç] *adj* ① (*bewegungslos, leise*) quieto; **sitz doch ~!** ¡estate quieto!; **ihr sollt ~ sein!** ¡que os estéis quietos!; **eine ~e Hand haben** tener un pulso seguro ② (*geräuschlos*) tranquilo; (*schweigsam*) callado; **gegen 19 Uhr wird es ~er** hacia las siete esto se queda más tranquilo ③ (*gelassen*) tranquilo; **nur ~ Blut!** ¡tranquilo!; **ein ~es Gewissen haben** tener la conciencia tranquila; **~ bleiben** permanecer tranquilo; **~ verlaufen** transcurrir sin incidentes; **etw ~ mitansehen** observar algo tranquilamente

**Ruhm** [ru:m] *m* <-(e)s, *ohne pl*> gloria *f*

**rühmen** ['ry:mən] **I.** *vt* alabar, elogiar **II.** *vr:* **sich etw** *gen* **~** gloriarse de algo; (*prahlend*) vanagloriarse de algo

**Ruhmesblatt** *nt:* **etw ist für jdn kein ~** algo no es un mérito para alguien

**rühmlich** *adj* glorioso

**ruhmlos** *adj* sin gloria; (*beschämend*) vergonzoso

**ruhmreich** *adj* glorioso; **ruhmvoll** *adj s.* **ruhmreich**

**Ruhr** [ru:ɐ] *f* <-en> (MED) disentería *f*

**Rührei** ['ry:ɐʔaɪ] *nt* huevos *mpl* revueltos

**rühren** ['ry:rən] **I.** *vt* ① (*um~*) remover; (*mischen*) mezclar; **die Eier in den Teig ~** mezclar los huevos con la masa ② (*bewegen*) mover; **keinen Finger ~** no mover ni un dedo ③ (*emotional*) conmover **II.** *vi* ① (*um~*) remover; **im Tee ~** remover el té ② (*geh: her~*) deberse (*von* a); **das rührt daher, dass ...** esto se debe a que... **III.** *vr:* **sich ~** moverse; **sich nicht vom Fleck ~** no moverse del sitio; **ich klingelte, aber es rührte sich nichts** toqué el timbre, pero no pasó nada; **endlich rührte sich sein Gewissen** por fin le dio cargo de conciencia; **rührt euch!** (MIL)

¡descansen!

**rührend** *adj* conmovedor, emocionante; **das ist wirklich ~ von Ihnen** es todo un detalle por su parte

**Ruhrgebiet** *nt* Cuenca *f* del Ruhr

**Rührmichnichtan** ['ry:ɐmɪçnɪçtʔan] *nt* <-, -> (BOT) sensitiva *f*

**rührselig** *adj* sentimental

**Rührteig** *m* masa *f* de bizcocho

**Rührung** *f ohne pl* emoción *f*

**Ruin** [ru'i:n] *m* <-s, *ohne pl*> ruina *f;* **vor dem ~ stehen** estar al borde de la ruina

**Ruine** [ru'i:nə] *f* <-n> ruina *f*

**ruinieren*** [rui'ni:rən] *vt* ① (*vernichten*) arruinar ② (*beschädigen*) estropear

**rülpsen** ['rʏlpsən] *vi* (*fam*) eructar

**Rülpser** *m* <-s, -> (*fam*) eructo *m*

**rum** [rʊm] *adv* (*fam*) *s.* **herum**

**Rum** [rʊm] *m* <-s, -s, *Österr, Schweiz:* -e> ron *m*

**Rumäne**, **-in** [ru'mɛ:nə] *m, f* <-n, -n; -nen> rumano, -a *m, f*

**Rumänien** [ru'mɛ:niən] *nt* <-s> Rumania *f,* Rumanía *f*

**Rumänin** *f* <-nen> *s.* **Rumäne**

**rumänisch** *adj* rumano

**Rumba** ['rʊmba] *f* <-s> rumba *f*

**rum|kriegen** ['rʊm-] *vt* (*fam*) ① (*Zeit*) pasar ② (*überreden*) convencer ③ (*verführen*) seducir

**Rummel** ['rʊməl] *m* <-s, *ohne pl*> (*fam*) ① (*Betriebsamkeit*) ajetreo *m;* **großen ~ um etw/jdn machen** armar un escándalo por algo/alguien ② (*Jahrmarkt*) feria *f;* **Rummelplatz** *m* (*fam*) feria *f*

**rumoren*** [ru'mo:ren] *vi* (*fam*) hacer ruido; **es rumort in ihrem Bauch** le suenan las tripas

**Rumpelkammer** ['rʊmpəl-] *f* (*fam*) (cuarto *m*) trastero *m*

**rumpeln** ['rʊmpəln] *vi* (*fam*) ① *sein* (*Fahrzeug*) traquetear ② (*poltern*) hacer ruido

**Rumpf** [rʊmpf, *pl:* 'rʏmpfə] *m* <-(e)s, Rümpfe> ① (*des Menschen*) tronco *m;* (*einer Statue*) torso *m* ② (NAUT) casco *m* ③ (AERO) fuselaje *m*

**rümpfen** ['rʏmpfən] *vi:* **die Nase über etw ~** mirar algo con desprecio

**Rumpsteak** ['rʊmpste:k] *nt* filete *m* de culata

**Rumtopf** *m* conserva *f* de fruta en ron

**rum|treiben** *irr vr:* **sich ~** (*fam abw*) vagabundear (*auf/in* por); (*auf der Straße*) callejear (*auf/in* por); **wo hast du dich wieder rumgetrieben?** ¿por dónde te has metido?

**Rumtreiber(in)** *m(f)* <-s, -; -nen> (*fam*) merodeador(a) *m(f);* (*Landstreicher*) vagabundo, -a *m, f*

**Run** [ran] *m* <-s, -s> gran demanda *f* (*auf* de)

**rund** [rʊnt] **I.** *adj* ① (*Form*) redondo; **das ist eine ~e Sache** esto nos salió redondo; **ein ~es Dutzend Leute** (*fam*) aproximadamente una docena de personas ② (*Mensch*) regordete **II.** *adv* (*fam: ungefähr*) aproximadamente; **~ um** alrededor de; **~ um die Uhr** las 24 horas del día

**Rundbau** *m* edificio *m* circular; **Rundblick** *m* vista *f* panorámica; **Rundbrief** *m* circular *f*

**Runde** ['rʊndə] *f* <-n> ① (*Gesellschaft*) tertulia *f,* reunión *f;* **in die ~ blicken** mirar alrededor ② (*Rundgang*) vuelta *f;* (*von Polizei*) ronda *f;* **seine ~ machen** hacer la ronda ③ (SPORT) vuelta *f;* (*Boxen*) asalto *m;* **über die ~n kommen** (*fam*) ir tirando ④ (*Getränke~*) ronda *f;* **eine ~ schmeißen** pagar una ronda

**runden** ['rʊndən] *vt* (MATH) redondear

**Rundfahrt** *f* vuelta *f;* **Rundflug** *m* vuelta *f* en avión; **Rundfrage** *f* encuesta *f*

**Rundfunk** *m* radiodifusión *f,* radio *f;* **im ~** en la radio; **Rundfunkanstalt** *f* centro *m* de radiodifusión, radiodifusora *f Arg;* **Rundfunkgebühr** *f* derechos *mpl* de radiodifusión; **Rundfunkgerät** *nt* aparato *m* de radio; **Rundfunksender** *m* emisora *f* de radio, radiodifusora *f Arg;* **Rundfunksendung** *f* programa *m* de radio

**Rundgang** *m* vuelta *f;* (*Strecke*) circuito *m;* **einen ~ machen** dar una vuelta

**rund|gehen** *irr vi sein* ① (*herumgereicht werden*) pasar de mano en mano; (*erzählt werden*) ir de boca en boca ② (*fam: turbulent werden*) haber jaleo; **jetzt geht's rund** ahora empieza lo bueno

**rundheraus** ['--'-] *adv* francamente, sin rodeos; **~ gesagt** dicho francamente; **rundherum** ['--'-] *adv* ① (*räumlich*) alrededor (*um* de) ② (*völlig*) completamente

**rundlich** *adj* ① (*annähernd rund*) redondeado ② (*dicklich*) rechoncho

**Rundreise** *f* gira *f;* **Rundschreiben** *nt* circular *f*

**rundum** ['-'-] *adv s.* **rundherum**; **Rundumschlag** ['-'--] *m* crítica *f* general

**Rundung** *f* <-en> curvatura *f*

**Rundwanderweg** *m* camino *m* circular

**rundweg** ['rʊnt'vɛk] *adv* rotundamente

**Runkel** ['rʊŋkəl] *f* <-n> (*Österr, Schweiz*), **Runkelrübe** *f* (AGR) remolacha *f* forrajera

**runter** ['rʊntɐ] *adv* (*fam*) (hacia) abajo

**runter|hauen** <haut runter, haute *o* hieb runter, runtergehauen> *vt* (*fam*): **jdm eine/ein paar ~** darle una bofetada/unas bofetadas a alguien

**runter|holen** *vt* ❶ (*fam: herunternehmen*) bajar (*von* de) ❷ (*Wend*): **jdm/sich** *dat* **einen ~** (*vulg*) hacerle a alguien/hacerse una paja

**runter|kommen** *irr vi sein* (*fam*) ❶ (*nach unten kommen*) bajar ❷ (*verwahrlosen*) venir a menos; (*Person*) envilecerse; (*Gesundheit*) deteriorarse

**Runzel** ['rʊntsəl] *f* <-n> arruga *f*

**runzelig** *adj* arrugado

**runzeln** ['rʊntsəln] **I.** *vt* arrugar **II.** *vr:* **sich ~** arrugarse

**runzlig** *adj* arrugado

**Rüpel** ['ry:pəl] *m* <-s, -> (*abw*) maleducado, -a *m, f*

**rüpelhaft** *adj* (*abw*) grosero, descarado

**rupfen** ['rʊpfən] *vt* ❶ (*Geflügel, a. fig*) desplumar ❷ (*Gras, Unkraut*) arrancar

**ruppig** ['rʊpɪç] *adj* ❶ (*abw: unfreundlich, grob*) grosero, mal educado ❷ (*ungepflegt*) desaseado

**Rüsche** ['ry:ʃə] *f* <-n> volante *m*

**Ruß** [ru:s] *m* <-es, -e> hollín *m*

**Russe, -in** ['rʊsə] *m, f* <-n, -n; -nen> ruso, -a *m, f*

**Rüssel** ['rʏsəl] *m* <-s, -> (*von Insekt, Elefant*) trompa *f;* (*von Schwein*) hocico *m*

**rußen** ['ru:sən] **I.** *vi* (*Kerze, Feuer*) producir hollín **II.** *vt* (*südd, Schweiz: ent~*) deshollinar

**rußig** *adj* lleno de hollín

**Russin** *f* <-nen> *s.* **Russe**

**russisch** *adj* ruso

**Russland** ['rʊslant] *nt* <-s> Rusia *f;* **Russlanddeutsche(r)** *mf* ruso, -a *m, f* de ascendencia alemana

**rüsten** ['rʏstən] **I.** *vi* ❶ (MIL) armar, hacer preparativos de guerra ❷ (*Schweiz: sich vorbereiten*) prepararse (*zu/für* a/para), hacer preparativos (*zu* para) **II.** *vr:* **sich ~** (*geh*) prepararse (*zu/für* a/para) **III.** *vt* (*Schweiz*) preparar

**rüstig** ['rʏstɪç] *adj* vigoroso, ágil

**rustikal** [rʊsti'ka:l] *adj* rústico

**Rüstung** *f* <-en> ❶ (*Ritter~*) armadura *f* ❷ (MIL) armamento *m;* **Rüstungsindustrie** *f* industria *f* de armamento; **Rüstungsmüll** *m* desechos *mpl* de la industria de armamento; **Rüstungsunternehmen** *nt* empresa *f* productora de armamentos

**Rüstzeug** *nt* (*Werkzeuge*) herramientas *fpl;* (*Kenntnisse*) requisitos *mpl*

**Rute** ['ru:tə] *f* <-n> ❶ (*Stock*) vara *f* ❷ (*Rutenbündel*) férula *f* ❸ (*Angel~*) caña *f* de pescar ❹ (*Schwanz*) cola *f* ❺ (*vulg: Penis*) rabo *m*

**Rutengänger(in)** *m(f)* <-s, -; -nen> zahorí *mf*

**Rutsch** [rʊtʃ] *m* <-(e)s, -e> (*fam: bei Wahlen*) giro *m* (*nach* a); **in einem ~** (*fam*) de un golpe; **guten ~ ins neue Jahr!** (*fam*) ¡Feliz Año Nuevo!; **Rutschbahn** *f* ❶ (*Spielgerät*) tobogán *m* ❷ (*fam: auf Schnee, Eis*) pista *f* deslizante

**Rutsche** ['rʊtʃə] *f* <-n> tobogán *m*

**rutschen** ['rʊtʃən] *vi sein* ❶ (*gleiten*) resbalar; (*Auto*) patinar ❷ (*fam: rücken*) correrse; **rutsch doch mal ein Stückchen!** ¡córrete un poquito!; **sie rutschte auf ihrem Stuhl hin und her** no paraba de moverse en su silla ❸ (*herunter~*) caerse; (*Erdmassen*) desprenderse; **ins R~ kommen** pegar un resbalón; (*Auto*) patinar

**rutschfest** *adj* antideslizante; **Rutschgefahr** *f ohne pl* peligro *m* de patinar

**rutschig** *adj* resbaladizo, resbaloso

**rütteln** ['rʏtəln] **I.** *vi* (*an Türklinke, Gitter*) dar sacudidas (*an* a); **daran gibt es nichts zu ~** (*fam*) es así, y punto **II.** *vt* sacudir

# Ss

**S, s** [ɛs] *nt* <-, -> S, s *f;* **~ wie Siegfried** S de Soria

**s.** *Abk. von* **siehe** v.

**S** *Abk. von* **Süden** S

**S.** *Abk. von* **Seite** pág.

**Saal** [za:l, *pl:* 'zɛ:lə] *m* <-(e)s, Säle> sala *f,* salón *m*

**Saar** [za:ɐ] *f* Sarre *m;* **Saarland** *nt* <-(e)s> (territorio *m* del) Sarre *m*

**Saat** [za:t] *f ohne pl* ❶ (*das Aussäen*) siembra *f* ❷ (*~gut*) simientes *fpl;* **Saatgut** *nt* <-(e)s, *ohne pl*> simientes *fpl*

**Saatkorn**[1] *nt* <-(e)s, -körner> (BOT) semilla *f,* grano *m*

**Saatkorn**[2] *nt ohne pl* (AGR: *zum Aussäen*) simiente *f*

**Sabbat** ['zabat] *m* <-s, -e> sab(b)ath *m*

**sabbern** ['zabɐn] *vi* (*fam*) ❶ (*Speichel*) babear ❷ (*schwatzen*) charlotear

**Säbel** ['zɛ:bəl] *m* <-s, -> sable *m*

**Sabotage** [zabo'ta:ʒə] *f* <-n> sabotaje *m*

**Saboteur(in)** [zabo'tø:ɐ] *m(f)* <-s, -e; -nen> saboteador(a) *m(f)*

**sabotieren*** [zabo'ti:rən] *vt* sabotear

**Sa(c)charin** [zaxa'ri:n] *nt* <-s, *ohne pl*> sacarina *f*

**Sa(c)charose** *f ohne pl* (CHEM) sacarosa *f*
**Sachbearbeiter(in)** *m(f)* oficial(a) *m(f)* encargado, -a; **Sachbeschädigung** *f* (JUR) daños *mpl* materiales; **Sachbuch** *nt* libro *m* de divulgación; **sachdienlich** *adj* conducente; (*nützlich*) útil; **~e Hinweise** informaciones al respecto
**Sache** ['zaxə] *f* <-n> ① (*Ding*) cosa *f;* (*Gegenstand*) objeto *m;* **seine sieben ~n packen** (*fig*) empaquetar sus cuatro cosas ② (*Angelegenheit, Handlung, Situation, Ereignis*) asunto *m;* **das ist eine ~ des Glaubens/des Geschmacks** es una cuestión de fe/de gustos; **die ~ ist die, dass ...** la cosa es que...; **er macht seine ~ gut/schlecht** hace su trabajo bien/mal; **das ist eine ~ für sich** es cosa aparte; **das ist deine ~!** ¡es tu problema!; **dieses Buch ist nicht jedermanns ~** este libro no es para todos los gustos; **in eigener ~** por propio interés; **er ist sich seiner ~ sicher** está muy seguro (respecto a ella); **mit jdm gemeinsame ~ machen** hacer causa común con alguien; **keine halben ~n machen** no hacer las cosas a medias; **bei der ~ sein** concentrarse; (**kommen Sie**) **zur ~!** ¡vaya Ud. al grano!; **das tut nichts zur ~** eso no viene al caso; **sagen, was ~ ist** (*fam*) llamar a las cosas por su nombre ③ (JUR: *Fall*) caso *m* ④ (*fam: Stundenkilometer*): **das Auto fährt 180 ~n** el coche corre a 180
**Sachgebiet** *nt* materia *f,* campo *m;* **sachgemäß** *adj* adecuado; **Sachkenntnis** *f* conocimientos *mpl* en la materia; **Sachkunde** *f ohne pl* ① (*geh*) *s.* **Sachkenntnis** ② (SCH) *s.* **Sachkundeunterricht**; **sachkundig** *adj* experto; **sich ~ machen** hacerse experto en la materia; **Sachlage** *f ohne pl* estado *m* de cosas; **Sachleistung** *f* prestación *f* en especie
**sachlich** *adj* ① (*sachbezogen*) pertinente ② (*objektiv*) objetivo; (*nüchtern*) realista
**sächlich** ['zɛçlɪç] *adj* (LING) neutro
**Sachlichkeit** *f ohne pl* objetividad *f,* realismo *m*
**Sachregister** *nt* índice *m* de materias; **Sachschaden** *m* daño *m* material
**Sachse** ['zaksə] *m,* **Sächsin** *f* <-n, -n; -nen> sajón, -ona *m, f*
**Sachsen** ['zaksən] *nt* <-s> Sajonia *f;* **Sachsen-Anhalt** *nt* <-s> Sajonia-Anhalt *f*
**Sächsin** ['zɛksɪn] *f* <-nen> *s.* **Sachse**
**sächsisch** ['zɛksɪʃ] *adj* sajón
**sacht(e)** ['zaxt(ə)] *adj* suave; (*unmerklich*) imperceptible
**sachte** **I.** *adj s.* **sacht(e)** **II.** *adv* (*fam*) ① (*behutsam*) suavemente; (*vorsichtig*) con cuidado ② (*unmerklich*) imperceptiblemente ③ (*langsam*) despacio ④ (*allmählich*) poco a poco
**Sachverhalt** ['zaxvɛɐhalt] *m* <-(e)s, -e> circunstancias *fpl;* **sachverständig** *adj* experto; **Sachverständige(r)** *mf* <-n, -n; -n> perito, -a *m, f,* experto, -a *m, f;* **Sachwert** *m* ① (*Wert*) valor *m* real ② *pl* (*Wertobjekt*) bienes *mpl* reales
**Sack** [zak, *pl:* 'zɛkə] *m* <-(e)s, Säcke> ① (*Behälter*) saco *m;* **Gelber ~** *saco de basura amarillo en el sistema dual de separación de basuras;* **mit ~ und Pack** con todo lo que tiene; **etw** (**schon**) **im ~ haben** (*fam*) tener algo (ya) en el saco ② (*vulg: Hoden~*) cojones *mpl;* **der/das geht mir auf den ~** estoy hasta los cojones ③ (*vulg abw: Mensch*) granuja *m;* **Sackbahnhof** *m* estación *f* sin salida
**sacken** ['zakən] *vi sein* desplomarse; **zur Seite ~** caerse hacia el lado
**Sackgasse** *f* callejón *m* sin salida; **Sackhüpfen** *nt* carrera *f* de sacos; **Sackmesser** *nt* (*Schweiz*) navaja *f;* **Sacktuch** *nt* (*südd, Österr, Schweiz*) pañuelo *m* (de bolsillo)
**Sadismus** [za'dɪsmʊs] *m* <-, *ohne pl*> sadismo *m*
**Sadist(in)** [za'dɪst] *m(f)* <-en, -en; -nen> sádico, -a *m, f*
**sadistisch** *adj* sádico
**säen** ['zɛːən] *vt* sembrar; **Hass/Zwietracht ~** sembrar el odio/la discordia; **dünn gesät sein** ser escaso
**Safari** [za'faːri] *f* <-s> safari *m;* **auf ~ gehen** ir de safari
**Safe** [sɛɪf] *m o nt* <-s, -s> caja *f* fuerte
**Safran** ['zafra(ː)n] *m* <-s, -e> azafrán *m*
**Saft** [zaft, *pl:* 'zɛftə] *m* <-(e)s, Säfte> ① (*Frucht~*) zumo *m,* jugo *m Am;* (*Braten~, Pflanzen~*) jugo *m* ② (*fam: Strom*) corriente *f*
**saftig** *adj* ① (*Obst*) jugoso ② (*fam: Preis, Ohrfeige*) de aúpa
**Saftladen** *m* (*fam abw*) tugurio *m;* **Saftpresse** *f* exprimidor *m*
**Sage** ['zaːgə] *f* <-n> leyenda *f;* (*Götter~, Helden~*) mito *m*
**Säge** ['zɛːgə] *f* <-n> ① (*Werkzeug*) sierra *f* ② (*Österr: Sägewerk*) aserradero *m;* **Sägeblatt** *nt* hoja *f* de (la) sierra; **Sägemehl** *nt* serrín *m*
**sagen** ['zaːgən] *vt* decir (*zu* acerca de/sobre, *von* de); (*ausdrücken*) expresar; (*mitteilen*) comunicar; (*meinen*) opinar (*zu* de/sobre); (*ergänzen*) añadir (*zu* a); **wie sagt man auf Spanisch?** ¿cómo se dice en español?; **Gute Nacht ~** dar las

buenas noches; **Auf Wiedersehen** ~ decir adiós; **Ja/Nein** ~ decir que sí/no; **dagegen ist nichts zu** ~ no se puede decir nada en contra; **kein Wort** ~ no decir ni (una) palabra; **was ich noch** ~ **wollte, ...** lo que iba a decir...; ~ **wir mal ...** digamos...; **sagt dir der Name etwas?** ¿te suena el nombre?; **nichts** ~**d** (*Rede, Argument*) insustancial; (*Worte, Sätze*) vacío; (*Gespräch*) vacuo; (*Thema*) trivial; (*Ausdruck*) inexpresivo; **das hätte ich dir gleich** ~ **können** podría habértelo dicho desde el principio; **was wollen Sie damit** ~**?** ¿qué quiere decir con esto?; **wie man so schön sagt** como suele decirse; **genauer gesagt** mejor dicho; **auf gut Deutsch gesagt** dicho claramente; **offen gesagt** a decir verdad; **das oben Gesagte** lo susodicho; **sie haben sich nichts mehr zu** ~ ya no tienen nada que decirse; **das hat nichts zu** ~ eso no quiere decir nada; **ich habe mir** ~ **lassen,** (**dass**) ... me dijeron (que)...; **sag mal, ...** di(me)...; **um nicht zu** ~ **...** por no decir...; **von dir lasse ich mir überhaupt nichts** ~ no te creas que te voy a hacer caso; **das S**~ **haben** (*fam*) mandar; **das kannst du aber laut** ~ (*fam*) eso sí que es verdad; **gesagt, getan** dicho y hecho; **das ist leichter gesagt, als getan** del dicho al hecho hay mucho trecho *prov;* **das ist schnell gesagt** se dice muy pronto; **das ist nicht gesagt** eso está por ver todavía; **unter uns gesagt** entre nosotros; **du sagst es!** ¡tú lo has dicho!; **ich muss schon** ~**, ...** tengo que decir que...; **was ich noch** ~ **wollte, ...** otra cosa, ...; **wem sagst du das!** (*fam*) ¡ya lo sé!; **sage und schreibe** (*fam*) tal como lo digo; **was Sie nicht** ~**!** (*fam*) ¡no me diga!; **das eine sage ich dir, ...** (*fam*) te advierto una cosa...; **lass dir das gesagt sein!** (*fam*) ¡hazme caso!; **du kannst von Glück** ~**, dass ...** has tenido suerte en lo de... +*inf;* **das kann jeder** ~**!** ¡eso puede decirlo cualquiera!; **sag das nicht!** ¡no te creas!; **sag bloß!** (*fam*) ¡no me digas!; **das kann man nicht so ohne weiteres** ~ tan fácil no es; **viel** ~**d** significativo; **na, wer sagt's denn!** (*fam*) ¡lo ves!; **hab' ich's nicht gesagt?** (*fam*) ¿no lo había dicho yo?; **was soll man dazu** ~**?** (*fam*) ¿qué quieres que te diga?

**sägen** ['zɛːgən] **I.** *vt* serrar **II.** *vi* (*fam: schnarchen*) roncar

**sagenhaft** *adj* ❶ (*legendär*) legendario ❷ (*erstaunlich*) asombroso; **das war** ~ **billig** (*fam*) era baratísimo

**Sägespäne** ['zɛːgəʃpɛːnə] *mpl* virutas *fpl;* **Sägewerk** *nt* aserradero *m*

**sah** [zaː] *3. imp von* **sehen**

**Sahara** [za'haːra] *f* Sáhara *m*

**Sahne** ['zaːnə] *f ohne pl* nata *f;* **süße** ~ nata líquida; ~ **steif schlagen** montar la nata; **Sahnetorte** *f* tarta *f* de nata

**sahnig** *adj* cremoso

**Saison** [zɛ'zõː, zɛ'zɔŋ] *f* <-s, *Österr:* -en> temporada *f;* **außerhalb der** ~ fuera de temporada; **Saisonarbeit** *f* trabajo *m* estacional; **Saisonarbeiter(in)** *m(f)* temporero, -a *m, f;* **saisonbedingt** *adj* estacional

**Saite** ['zaɪtə] *f* <-n> cuerda *f;* **andere** ~**n aufziehen** (*fig*) apretar las tuercas

**Saiteninstrument** *nt* instrumento *m* de cuerda

**Sakko** ['zako] *m o nt* <-s, -s> americana *f,* saco *m Am*

**sakral** [za'kraːl] *adj* ❶ (*heilig*) sacro, sagrado ❷ (ANAT) sacro

**Sakrament** [zakra'mɛnt] *nt* <-(e)s, -e> sacramento *m*

**Sakrileg** [zakri'leːk] *nt* <-s, -e> sacrilegio *m*

**Sakristei** [zakrɪs'taɪ] *f* <-en> sacristía *f*

**Salamander** [zala'mandɐ] *m* <-s, -> salamandra *f*

**Salami** [za'laːmi] *f* <-(s)> salami *m;* (*luftgetrocknet*) ≈salchichón *m*

**Salat** [za'laːt] *m* <-(e)s, -e> ❶ (*Blatt~, Kopf~*) lechuga *f* ❷ (*Speise*) ensalada *f* ❸ (*fam: Durcheinander*) lío *m;* **da haben wir den** ~**!** ¡ahora estamos frescos!; **Salatbesteck** *nt* cubierto *m* para servir ensalada; **Salatgurke** *f* pepino *m* (para ensalada); **Salatschleuder** *f* centrifugadora *f* de ensalada; **Salatschüssel** *f* ensaladera *f;* **Salatsoße** *f* aliño *m,* salsa *f* para la ensalada

**Salbe** ['zalbə] *f* <-n> pomada *f*

**Salbei** ['zalbaɪ, -'-] *m* <-s, *ohne pl*> salvia *f*

**Salbung** *f* <-en> (*a.* REL) unción *f*

**salbungsvoll** *adj* (*abw*) con unción, patético

**Saldo** ['zaldo] *m* <-s, Salden *o* -s *o* Saldi> ❶ (FIN) saldo *m* ❷ (COM) deuda *f* líquida

**Säle** ['zɛːlə] *pl von* **Saal**

**Saline** [za'liːnə] *f* <-n> salinas *fpl*

**Salm** [zalm] *m* <-(e)s, -e> (ZOOL) salmón *m*

**Salmiak** [zal'mjak, '--] *m o nt* <-s, *ohne pl*> sal *f* amoníaca

**Salmonelle** [zalmo'nɛlə] *f* <-n> salmonela *f*

**Salmonellenvergiftung** *f* salmonelosis *f inv*

**salomonisch** [zalo'moːnɪʃ] *adj* salomónico

**Salon** [za'lõː, za'lɔŋ] *m* <-s, -s> salón *m;* **salonfähig** *adj* presentable (en sociedad);

**etw ~ machen** dar el visto bueno a algo

**salopp** [za'lɔp] *adj* (*Sprache*) coloquial; (*Verhalten, Kleidung*) informal; (*nachlässig*) descuidado

**Salpetersäure** *f ohne pl* ácido *m* nítrico

**Salto** ['zalto] *m* <-s, -s *o* Salti> (SPORT) salto *m*; **einen ~ rückwärts machen** dar una voltereta hacia atrás

**salü** *interj* (*Schweiz: fam*) ❶ (*hallo*) hola ❷ (*tschüs*) adiós, hasta luego

**Salvadorianer(in)** [zalvadori'a:nɐ] *m(f)* <-s, -; -nen> salvadoreño, -a *m, f*

**salvadorianisch** [zalvadori'a:nɪʃ] *adj* salvadoreño

**Salz** [zalts] *nt* <-es, -e> (*a.* CHEM) sal *f*

**i Land & Leute**

Los **Salzburger Festspiele** comenzaron su andadura en agosto de 1920. De sus comienzos destaca, entre otros muchos, el éxito de Max Reinhardt con sus representaciones de Shakespeare. Las representaciones de la obra *Jedermann* que tienen lugar cada año en la escalinata de la catedral de Salzburgo son también mundialmente famosas.

**salzen** ['zaltsən] *vt* salar

**salzhaltig** *adj* salino, salobre

**salzig** *adj* salado; (*Geschmack*) salobre

**Salzkartoffeln** *fpl* patatas *fpl* cocidas sin piel; **Salzsäure** *f ohne pl* ácido *m* clorhídrico; **Salzstange** *f* palito *m* salado; **Salzstreuer** *m* <-s, -> salero *m*; **Salzwasser** *nt ohne pl* agua *f* salada; (*Meerwasser*) agua *f* de mar

**Samariter(in)** [zama'ri:tɐ] *m(f)* <-s, -; -nen> samaritano, -a *m, f*

**Samba** ['zamba] *f* <-s>, *m* <-s, -s> samba *f*

**Samen**¹ ['za:mən] *m* <-s, -> (*Samenkorn*) semilla *f*

**Samen**² *m* <-s, *ohne pl*> ❶ (*Saat*) simiente *f* ❷ (*Sperma*) semen *m*

**Samenbank** *f* (MED) banco *m* de esperma; **Samenerguss** *m* eyaculación *f*; **Samenflüssigkeit** *f* (BIOL) esperma *m o f*; **Samenspender** *m* donante *m* de semen

**Sammelband** *m* antología *f*; **Sammelbecken** *nt* receptáculo *m*; **Sammelbegriff** *m* concepto *m* genérico; **Sammelbehälter** *m* depósito *m*; **Sammelbestellung** *f* pedido *m* colectivo; **Sammelbüchse** *f* hucha *f*; **Sammellager** *nt* centro *m* de acogida, campo *m* de acogida [*o* provisional de refugiados]

**sammeln** ['zaməln] **I.** *vt* ❶ (*zusammentragen*) recoger; (*Beeren*) recolectar; (*Geld*) recaudar; (*Unterschriften*) reunir; **Erfahrungen ~** reunir experiencias ❷ (*aus Liebhaberei*) coleccionar ❸ (*ver~*) reunir **II.** *vr*: **sich ~** ❶ (*Menschen*) reunirse; (*Dinge*) acumularse ❷ (*sich konzentrieren*) concentrarse **III.** *vi* (*Geld*): **für etw ~** recaudar dinero para algo

**Sammelsurium** [-'zu:riʊm] *nt* <-s, -surien> (*abw*) revoltijo *m*

**Sammeltaxi** *nt* taxi *m* colectivo

**Sammler(in)** ['zamlɐ] *m(f)* <-s, -; -nen> coleccionista *mf*; **Sammlerstück** *nt* objeto *m* de colección

**Sammlung** *f* <-en> ❶ (*von Geld*) recaudación *f* ❷ (*Kunst~*) colección *f*; (*Gedicht~*) antología *f* ❸ (*innere ~*) recogimiento *m*

**Samstag** ['zamsta:k] *m* <-(e)s, -e> sábado *m*; *s. a.* **Montag**; **Samstagabend** *m* noche *f* del sábado; *s. a.* **Montagabend**

**samstagabends** *adv* los sábados por la noche; *s. a.* **montagabends**

**samstags** ['zamsta:ks] *adv* los sábados

**samt** [zamt] **I.** *präp + dat* (junto) con **II.** *adv*: **~ und sonders** todos sin excepción

**Samt** [zamt] *m* <-(e)s, -e> terciopelo *m*; **samtartig** *adj* aterciopelado; **~er Stoff** tejido aterciopelado; **Samthandschuh** *m*: **jdn mit ~en anfassen** (*fig*) tratar a alguien con guante de seda

**samtig** *adj* aterciopelado

**sämtlich** ['zɛmtlɪç] *pron indef* todo; **~e Unterlagen waren verschwunden** todos los documentos habían desaparecido

**Sanatorium** [zana'to:riʊm] *nt* <-s, Sanatorien> sanatorio *m*

**Sand** [zant] *m* <-(e)s, *ohne pl*> arena *f*; **wie ~ am Meer** (*fam*) a mares; **die Sache ist im ~ verlaufen** la cosa se fue a pique; **etw in den ~ setzen** (*fam fig*) malograr algo

**Sandale** [zan'da:lə] *f* <-n> sandalia *f*, ojota *f Am*, quimba *f Am*

**Sandalette** [zanda'lɛtə] *f* <-n> sandalia *f* (de tacón)

**Sandbank** *f* banco *m* de arena

**Sanddorn** *m* <-(e)s, -e> espino *m* falso

**Sandelholz** ['zandəl-] *nt* <-es, *ohne pl*> madera *f* de sándalo

**sandfarben** *adj* (de color) beige; **Sandgrube** *f* cantera *f* de arena, gravera *f* de arena; **Sandhaufen** *m* montón *m* de arena

**sandig** *adj* arenoso

**Sandkasten** *m* cajón *m* de arena; **Sandkorn** *nt* grano *m* de arena; **Sandmännchen** [-mɛnçən] *nt ohne pl figura de* *cuento que arroja arena a los ojos de los niños para que éstos se duerman;* **Sandsack** *m* saco *m* de arena; **Sandstein** *m ohne pl* arenisca *f;* **Sandstrand** *m* playa *f* de arena; **Sandsturm** *m* tormenta *f* de arena

**sandte** ['zantə] *3. imp von* **senden**

**Sanduhr** *f* reloj *m* de arena

**Sandwich** ['sɛntvɪtʃ] *m o nt* <-(e)s, -(e)s *o* -e> sandwich *m,* chacarero *m CSur*

**sanft** [zanft] *adj* ① (*friedfertig*) suave, dulce; (*Tier*) manso ② (*zart, sacht*) suave; (*freundlich*) amable; (*leicht*) ligero

**Sänfte** ['zɛnftə] *f* <-n> litera *f*

**sanftmütig** [-my:tɪç] *adj* apacible, pacífico

**sang** [zaŋ] *3. imp von* **singen**

**Sänger(in)** ['zɛŋɐ] *m(f)* <-s, -; -nen> cantante *mf*

**Sangria** [saŋ'gri:a] *f* <-s> sangría *f*

**sang- und klanglos** *adv* (*fam*) sin ceremonias

**sanieren*** [za'ni:rən] *vt* ① (ARCHIT) rehabilitar ② (ÖKOL, WIRTSCH) sanear

**Sanierung** *f* <-en> ① (ARCHIT) rehabilitación *f* ② (ÖKOL, WIRTSCH) saneamiento *m;* **Sanierungsplan** *m* ① (ÖKOL, WIRTSCH) plan *m* de saneamiento ② (ARCHIT) plan *m* de rehabilitación

**sanitär** [zani'tɛ:ɐ] *adj* sanitario

**Sanität** [zani'tɛ:t] *f ohne pl* ① (*Österr: Gesundheitsdienst*) sanidad *f* ② (*Schweiz: Ambulanz*) ambulancia *f* ③ (*Österr, Schweiz: Sanitätstruppe*) tropa *f* sanitaria

**Sanitäter(in)** [zani'tɛ:tɐ] *m(f)* <-s, -; -nen> sanitario, -a *m, f,* barchilón, -ona *m, f Peru*

**Sanitätsdienst** *m* (MIL) servicio *m* sanitario, enfermería *f;* **Sanitätswesen** *nt* <-s, *ohne pl*> sanidad *f* (militar)

**sank** [zaŋk] *3. imp von* **sinken**

**Sankt** [zaŋkt] *adj inv* San

**Sanktion** [zaŋk'tsjo:n] *f* <-en> ① (*Zustimmung*) sanción *f* ② *pl* (*Strafmaßnahmen*) sanciones *fpl;* ~ **en gegen jdn verhängen** imponer sanciones a alguien

**sanktionieren*** [zaŋktsjo'ni:rən] *vt* ① (*gutheißen*) sancionar ② (*mit Sanktionen belegen*) imponer sanciones (a), sancionar

**sann** [zan] *3. imp von* **sinnen**

**Saphir** [za'fi:ɐ] *m* <-s, -e> zafiro *m*

**Sarde, -in** ['zardə] *m, f* <-n, -n; -nen> sardo, -a *m, f*

**Sardelle** [zar'dɛlə] *f* <-n> boquerón *m,* anchoa *f reg*

**Sardine** [zar'di:nə] *f* <-n> sardina *f*

**Sardinien** [zar'di:niən] *nt* <-s> Cerdeña *f*

**sardisch** ['zardɪʃ] *adj* sardo

**Sarg** [zark, *pl:* 'zɛrgə] *m* <-(e)s, Särge> ataúd *m,* cajón *m CSur*

**Sarkasmus** [zar'kasmʊs] *m* <-, Sarkasmen> sarcasmo *m*

**sarkastisch** [zar'kastɪʃ] *adj* sarcástico

**Sarkophag** [zarko'fa:k] *m* <-s, -e> sarcófago *m*

**saß** [za:s] *3. imp von* **sitzen**

**Satan** ['za:tan] *m* <-s, *ohne pl*> (*Teufel*) Satanás *m*

**satanisch** [za'ta:nɪʃ] *adj* satánico

**Satellit** [zatɛ'li:t] *m* <-en, -en> (*a.* ASTR) satélite *m*

**Satellitenfernsehen** *nt* televisión *f* vía satélite; **Satellitenfoto** *nt* foto *f* vía satélite; **Satellitenschüssel** *f* (*fam*) antena *f* parabólica; **Satellitenstadt** *f* ciudad *f* satélite

**Satin** [za'tɛ̃:] *m* <-s, -s> raso *m,* (tela *f* de) satén *m*

**Satire** [za'ti:rə] *f* <-n> sátira *f*

**satirisch** *adj* satírico

**satt** [zat] *adj* ① (*nicht hungrig*) satisfecho; (*a. fig*) harto; **sich** (**an etw** *dat*) ~ **essen** hartarse (de algo); **sich an etw** *dat* **nicht** ~ **sehen können** no cansarse de ver algo; **jdn/etw** ~ **haben** (*fam*) estar harto de alguien/algo ② (*Farbe*) fuerte, intenso ③ (*fam: eindrucksvoll*) impresionante

**Sattel** ['zatəl, *pl:* 'zɛtəl] *m* <-s, Sättel> (*Reit~*) silla *f* de montar; (*Fahrrad~*) sillín *m;* **sattelfest** *adj:* **in etw** ~ **sein** ser versado en algo

**satteln** *vt* ensillar

**Sattelschlepper** *m* camión *m* trailer

**Satteltasche** *f* ① (*am Reitsattel*) alforjas *fpl* ② (*am Fahrrad: für Werkzeug*) cartera *f* de herramientas; (*für Gepäck*) bolsa *f* (para bicicletas)

**sättigen** ['zɛtɪgən] **I.** *vi* saciar **II.** *vt* ① (*geh: satt machen*) satisfacer ② (*Markt, a.* CHEM) saturar

**sättigend** *adj* que sacia; (*gehaltvoll*) sustancioso

**Sättigung** *f ohne pl* ① (*des Hungers*) saciedad *f* ② (CHEM) saturación *f*

**Sattler(in)** ['zatlɐ] *m(f)* <-s, -; -nen> guarnicionero, -a *m, f*

**Saturn** [za'tʊrn] *m* <-s> Saturno *m*

**Satz**[1] [zats, *pl:* 'zɛtsə] *m* <-es, Sätze> ① (LING) frase *f,* oración *f* ② (*Lehr~*) teorema *m* ③ (MUS) parte *f* ④ (*Quote*) tasa *f;* (*Tarif*) tarifa *f* ⑤ (*zusammengehörige Dinge*) juego *m* ⑥ (*Kaffee~*) poso *m* ⑦ (*Tennis*) set *m* ⑧ (*Sprung*) salto *m;* **einen großen** ~ **machen** dar un gran salto

**Satz**[2] *m* <-es, *ohne pl*> (TYPO) composición *f;* **im** ~ **sein** estar en composición

**Satzbau** *m ohne pl* (LING) construcción *f* de

una oración; **Satzlehre** *f ohne pl* (LING) sintaxis *f;* **Satzteil** *m* parte *f* de la oración

**Satzung** *f* <-en> (JUR) estatutos *mpl*

**Satzzeichen** *nt* (LING) signo *m* de puntuación

**Sau** [zaʊ, *pl:* 'zɔɪə] *f* <Säue> ❶ (*Tier*) cerda *f;* **die ~ rauslassen** (*fam*) pasárselo bomba; **jdn zur ~ machen** (*fam*) poner a alguien como un trapo; **unter aller ~** (*fam abw*) fatal ❷ (*fam abw: Mensch*) cochino, -a *m, f*

**sauber** ['zaʊbɐ] **I.** *adj* ❶ (*rein*) limpio; (*stubenrein*) aseado; **etw ~ machen** limpiar algo ❷ (*sorgfältig*) esmerado; (*genau*) exacto ❸ (*anständig*) decente, íntegro; **bleib ~!** (*fam*) ¡que te vaya bien! ❹ (*fam: nicht anständig*) buen ❺ (*fam: vernünftig*) bien de la cabeza; **du bist wohl nicht ganz ~!** ¡tú no estás bien de la cabeza! **II.** *adv* (*sorgfältig*) con esmero; **etw ~ voneinander trennen** separar algo limpiamente

**Sauberkeit** *f ohne pl* ❶ (*Reinlichkeit*) limpieza *f* ❷ (*Anständigkeit*) integridad *f*

**säuberlich** ['zɔɪbɐlɪç] **I.** *adj* limpio; (*sorgfältig*) esmerado **II.** *adv* con esmero

**säubern** ['zɔɪbɐn] *vt* ❶ (*reinigen*) limpiar; (*Wunde*) absterger ❷ (*Partei*) purgar

**Säuberung** *f* <-en> ❶ (*das Reinigen*) limpieza *f* ❷ (*einer Partei*) purga *f*

**Sauce** ['zo:sə] *f* <-n> salsa *f*

**Saudi-Arabien** *nt* Arabia *f* Saudita

**saudumm** ['-'-] *adj* (*fam*) tonto de capirote

**sauer** ['zaʊɐ] *adj* ❶ (*Obst, Bonbons, a.* CHEM) ácido; **etw ~ einlegen** poner algo en conserva ❷ (*dickflüssige Milch*) cuajado; (*verdorbene Milch*) agrio; **~ werden** (*Milch*) agriarse ❸ (*fam: verärgert*) de mala uva, tibio *Am;* **ich bin ~ auf ihn** me cabreó; **Sauerampfer** *m* <-s, -> (BOT) acedera *f;* **Sauerbraten** *m asado de buey adobado en vinagre y especias*

**Sauerei** [zaʊə'raɪ] *f* <-en> (*fam abw*) porquería *f*

**Sauerkirsche** *f* ❶ (*Frucht*) guinda *f* ❷ (*Baum*) guindo *m;* **Sauerkraut** *nt ohne pl* col *f* agria, choucroute *f*

**säuerlich** ['zɔɪɐlɪç] *adj* ❶ (*Speisen, Getränke*) un poco ácido ❷ (*Milch*) un poco agrio ❸ (*Miene*) avinagrado

**Sauerrahm** *m* (GASTR) nata *f* agria

**Sauerstoff** *m ohne pl* oxígeno *m;* **Sauerstoffflasche** *f* botella *f* de oxígeno; **Sauerstoffgerät** *nt* aparato *m* de oxígeno; **Sauerstoffmangel** *m* falta *f* de oxígeno; **Sauerstoffmaske** *f* máscara *f* de oxígeno

**Sauerteig** *m* levadura *f*

**Saufbold** [-bɔlt] *m* <-(e)s, -e> (*fam abw*) borrachín, -ina *m, f*

**saufen** ['zaʊfən] <säuft, soff, gesoffen> **I.** *vi* ❶ (*Tier*) beber ❷ (*fam: Alkohol trinken*) empinar el codo ❸ (*alkoholsüchtig sein*) beber, ser alcohólico **II.** *vt* ❶ (*Tier*) beber ❷ (*fam: Mensch*) tomar (con exceso); **einen ~ gehen** irse de copas

**Säufer(in)** ['zɔɪfɐ] *m(f)* <-s, -; -nen> (*fam abw*) bebedor(a) *m(f);* (*stärker*) borracho, -a *m, f,* mamón, -ona *m, f Am*

**Sauferei** *f* <-en> (*fam*) ❶ (*Trunksucht*) alcoholismo *m* ❷ (*Gelage*) francachela *f*

**Saufkumpan(in)** *m(f)* (*fam*) compañero, -a *m, f* de copas

**säuft** [zɔɪft] *3. präs von* **saufen**

**saugen**[1] ['zaʊgən] <saugt, sog *o* saugte, gesogen *o* gesaugt> **I.** *vi* (*an einer Pfeife*) chupar (*an*); (*an der Brust*) mamar (*an*) **II.** *vt* ❶ (*ein~*) chupar (*aus* de) ❷ (*auf~*) absorber **III.** *vr:* **sich ~** ❶ (*eingesaugt werden*) empapar; **der Wein saugt sich in den Stoff** el vino empapa la tela ❷ (*in sich aufnehmen*) absorber; **sich mit etw voll ~** absorber algo

**saugen**[2] *vi, vt* (*staub~*) pasar la aspiradora (a)

**säugen** ['zɔɪgən] *vt* amamantar, dar de mamar (a)

**Sauger** *m* <-s, -> ❶ (*auf einer Flasche*) tetilla *f,* tetera *f Am* ❷ (*fam: Staub~*) aspiradora *f*

**Säugetier** *nt* mamífero *m*

**saugfähig** *adj* absorbente

**Säugling** ['zɔɪklɪŋ] *m* <-s, -e> lactante *mf,* baby *mf Am,* tierno, -a *m, f Guat, Nic;* **Säuglingsnahrung** *f* alimento *m* para lactantes; **Säuglingsschwester** *f* puericultora *f*

**saukalt** ['-'-] *adj* (*fam*) muy frío; **es ist ~** hace un frío que pela; **Saukerl** *m* (*vulg*) cabrito *m*

**Säule** ['zɔɪlə] *f* <-n> columna *f*

**Säulengang** *m* arcada *f*

**Saum** [zaʊm, *pl:* 'zɔɪmə] *m* <-(e)s, Säume> ❶ (*umgenähter Rand*) dobladillo *m,* basta *f Am* ❷ (*geh: Rand, Rain*) linde *m o f*

**saumäßig** **I.** *adj* (*fam*) ❶ (*viel*) enorme ❷ (*sehr schlecht*) muy malo **II.** *adv* (*fam: sehr*) terriblemente

**säumen** ['zɔɪmən] *vt* coser un dobladillo (en)

**säumig** *adj* retrasado; (*Schuldner*) moroso

**Säumnis** ['zɔɪmnɪs] *f* <-se>, *nt* <-ses, -se> (*geh*) demora *f;* (JUR) morosidad *f*

**Sauna** ['zaʊna] *f* <Saunen> sauna *f*

**saunieren*** [zaʊ'ni:rən] *vi* ir a la sauna

**Säure**[1] ['zɔɪrə] *f ohne pl* (*saurer Geschmack*) acidez *f*

**Säure²** *f* <-n> (CHEM) ácido *m*
**Saurier** ['zaʊriɐ] *m* <-s, -> saurio *m*
**Saus** [zaʊs] *m:* **in ~ und Braus leben** vivir a pata ancha
**säuseln** ['zɔɪzəln] *vi, vt* susurrar
**sausen** ['zaʊzən] *vi sein* (*Geschoss*) silbar; (*Mensch*) ir pitando; (*Fahrzeug*) ir a toda mecha; **etw ~ lassen** (*fam*) abandonar algo
**Saustall** *m* (*a. fig, abw*) pocilga *f;* **saustark** ['-(')-] *adj* (*fam: sehr stark*) muy fuerte; (*großartig*) genial; **Sauwetter** *nt* (*fam*) tiempo *m* de perros; **sauwohl** ['-'-] *adv* (*fam*): **sich ~ fühlen** sentirse de puta madre
**Savanne** [za'vanə] *f* <-n> sabana *f*
**Saxofon** *nt* <-s, -e> *s.* **Saxophon**
**Saxofonist(in)** *m(f)* <-en, -en; -nen> *s.* **Saxophonist**
**Saxophon** [zakso'fo:n, '---] *nt* <-s, -e> saxofón *m*
**Saxophonist(in)** [zaksofo'nɪst] *m(f)* <-en, -en; -nen> saxofonista *mf*
**SB** [ɛs'be:] *Abk. von* **Selbstbedienung** autoservicio *m*
**S-Bahn** *f* ≈suburbano *m;* **S-Bahnhof** ['ɛsba:nho:f] *m* estación *f* de trenes rápidos (urbanos)
**SBB** [ɛsbe:'be:] *f Abk. von* **Schweizerische Bundesbahn** compañía *f* de ferrocarriles suiza
**SB-Tankstelle** *f* gasolinera *f* autoservicio
**scannen** ['skɛnən] *vt* (INFOR) escanear, explorar
**Scanner** ['skɛnɐ] *m* <-s, -> (INFOR, MED) escáner *m;* **Scannerkasse** *f* caja *f* registradora con escáner
**Schabe** ['ʃa:bə] *f* <-n> cucaracha *f*
**schaben** ['ʃa:bən] *vt* raspar
**Schabernack** ['ʃa:bɐnak] *m* <-(e)s, -e> travesura *f;* **~ treiben** hacer travesuras
**schäbig** ['ʃɛ:bɪç] *adj* (*abw*) ❶ (*unansehnlich*) deslucido; (*abgenutzt*) gastado ❷ (*armselig, gemein*) miserable
**Schablone** [ʃa'blo:nə] *f* <-n> patrón *m,* plantilla *f*
**Schach¹** [ʃax] *nt* <-s, *ohne pl*> (*Spiel*) ajedrez *m;* **~ spielen** jugar al ajedrez
**Schach²** *nt* <-s, -s> (*Spielstellung*) jaque *m*
**Schachbrett** *nt* tablero *m* de ajedrez; **schachbrettartig** *adj* ajedrezado
**schachern** ['ʃaxɐn] *vi* (*abw*) usurar
**Schachfigur** *f* pieza *f* de ajedrez; **schachmatt** ['-'-] *adj* ❶ (*beim Schachspiel*) jaque mate; **jdn ~ setzen** dar jaque mate a alguien ❷ (*fam: erschöpft*) hecho polvo
**Schachspiel¹** *nt* (*Brett und Figuren*) (juego *m* de) ajedrez *m*
**Schachspiel²** *nt ohne pl* (*das Schachspielen*) ajedrez *m*
**Schachspieler(in)** *m(f)* jugador(a) *m(f)* de ajedrez
**Schacht** [ʃaxt, *pl:* 'ʃɛçtə] *m* <-(e)s, Schächte> pozo *m*
**Schachtel** ['ʃaxtəl] *f* <-n> caja *f;* (*größer*) cajón *m;* (*Zigaretten~*) paquete *m;* **eine ~ Pralinen** una caja de bombones
**Schachzug** *m* <-(e)s, -züge> jugada *f*
**schade** ['ʃa:də] *adj inv:* **es ist ~, dass ...** es una lástima que... +*subj;* **das ist aber ~!** ¡qué lástima!; **es ist ~ um jdn/etw** alguien/algo (me) da pena; **sich** *dat* **für etw (nicht) zu ~ sein** (no) creerse demasiado para algo
**Schädel** ['ʃɛ:dəl] *m* <-s, -> cráneo *m;* **Schädelbruch** *m* fractura *f* de cráneo
**schaden** ['ʃa:dən] *vi:* **jdm/etw** *dat* **~** dañar a alguien/algo, perjudicar a alguien/algo; **du schadest dir nur selbst damit** sólo te perjudicas a ti mismo; **das schadet nichts** (*fam*) no es grave
**Schaden** ['ʃa:dən] *m* <-s, Schäden> ❶ (*Beschädigung*) daño *m* (*an* de), perjuicio *m* (*an* de); **es entstand ein ~ von 300 Euro** se produjo un daño de 300 euros; **jdm ~ zufügen** hacer daño a alguien; **zu ~ kommen** sufrir perjuicios; **durch ~ wird man klug** (*prov*) se aprende a base de errores ❷ (*Nachteil*) desventaja *f;* (*Verlust*) pérdida *f* ❸ (*gesundheitlich*) defecto *m;* **Schadenersatz** *m* (JUR) indemnización *f* por daños y perjuicios; **~ leisten** pagar una indemnización; **Schadenersatzanspruch** *m* (JUR) derecho *m* de pago de indemnización; **Schadenfreude** *f* alegría *f* del mal ajeno; **schadenfroh** *adj* malicioso
**Schadensersatz** *m* (JUR) *s.* **Schadenersatz**
**schadhaft** *adj* defectuoso
**schädigen** ['ʃɛ:dɪgən] *vt* dañar, perjudicar
**Schädigung** *f* <-en> daño *m,* perjuicio *m*
**schädlich** ['ʃɛ:tlɪç] *adj* perjudicial (*für* para); (*gesundheitlich*) nocivo (*für* para)
**Schädling** ['ʃɛ:tlɪŋ] *m* <-s, -e> parásito *m;* **Schädlingsbekämpfung** *f ohne pl* lucha *f* antiparasitaria; **Schädlingsbekämpfungsmittel** *nt* pesticida *m*
**Schadstoff** *m* <-(e)s, -e> sustancia *f* nociva; **schadstoffarm** *adj* poco contaminante; **Schadstoffausstoß** *m* emisión *f* contaminante; **Schadstoffbelastung** *f* contaminación *f;* **schadstoffhaltig** *adj* con sustancias nocivas; **Schadstoffkonzentration** *f* concentración *f* de sustancias contaminantes

S

**Schaf** [ʃa:f] *nt* <-(e)s, -e> ❶ (*Tier*) oveja *f;* **schwarzes ~** (*fig*) oveja negra ❷ (*fam: Dummkopf*) borrico, -a *m, f;* **Schafbock** *m* carnero *m*

**Schäfchen** ['ʃɛ:fçən] *nt* <-s, -> ❶ (*junges Schaf*) corderito *m;* **~ zählen** (*fam fig*) contar ovejitas; **sein ~ ins Trockene bringen** (*fam fig*) hacer su agosto ❷ (*Gemeindemitglied*) miembro *m* de una congregación religiosa; **Schäfchenwolken** *fpl* cirrocúmulos *mpl*

**Schäfer(in)** ['ʃɛ:fɐ] *m(f)* <-s, -; -nen> pastor(a) *m(f);* **Schäferhund** *m* perro *m* pastor, ovejero *m Am;* (*Deutscher ~*) pastor *m* alemán

**Schäferstündchen** [-ʃtʏntçən] *nt* momentos *mpl* amorosos

**Schaffell** ['ʃa:ffɛl] *nt* piel *f* de oveja [*o* de carnero]

**schaffen¹** ['ʃafən] <schafft, schuf, geschaffen> *vt* ❶ (*er~*) crear; (*gründen*) fundar; **dafür ist sie wie ge~** está hecha para esto ❷ (*Voraussetzungen*) crear; (*Platz, Ordnung*) hacer; (*Unruhe*) causar

**schaffen²** **I.** *vt* ❶ (*bewältigen*) hacer; (*fertig bringen*) acabar; (*erreichen*) lograr; **eine Prüfung ~** aprobar un examen; **so, das hätten wir geschafft** bueno, ya está ❷ (*fam: erschöpfen*) agotar, hacer polvo; **die Kinder haben mich geschafft** los niños me han hecho polvo; **jdm zu ~ machen** (*erschöpfen*) agotar a alguien; (*bekümmern*) dar quebraderos de cabeza a alguien ❸ (*weg~*) llevar; (*herbei~*) traer **II.** *vi* (*südd, reg: arbeiten*) trabajar, currar *fam;* **damit habe ich nichts zu ~** no tengo nada que ver con eso

**Schaffenskraft** *f ohne pl* fuerza *f* creadora

**Schaffner(in)** ['ʃafnɐ] *m(f)* <-s, -; -nen> (*Fahrscheinverkäufer*) cobrador(a) *m(f);* (*Kontrolleur*) revisor(a) *m(f)*

**Schaffung** *f ohne pl* creación *f*

**Schafherde** *f* rebaño *m* de ovejas

**Schafott** [ʃa'fɔt] *nt* <-(e)s, -e> patíbulo *m*

**Schafskäse** *m* queso *m* de oveja

**Schaft** [ʃaft, *pl:* 'ʃɛftə] *m* <-(e)s, Schäfte> ❶ (*Stiefel~*) caña *f* de la bota ❷ (*Gewehr~*) caja *f* del fusil ❸ (BOT) tallo *m* ❹ (*für Messer, Schwert*) mango *m* ❺ (*Schweiz: Schrank*) armario *m;* (*Regal*) estantería *f;* **Schaftstiefel** *m* bota *f* alta

**Schafwolle** *f* lana *f* de oveja

**Schah** [ʃa:] *m* <-s, -s> sha *m* (de Persia)

**Schakal** [ʃa'ka:l] *m* <-s, -e> chacal *m*

**schäkern** ['ʃɛ:kɐn] *vi* (*fam*) ❶ (*scherzen*) bromear ❷ (*flirten*) ligar

**schal** [ʃa:l] *adj* insípido

**Schal** [ʃa:l] *m* <-s, -s *o* -e> bufanda *f*

**Schale** ['ʃa:lə] *f* <-n> ❶ (*Obst~, Kartoffel~*) piel *f;* (*Nuss~, Eier~*) cáscara *f;* (*Muschel~*) concha *f;* (*von Hülsenfrüchten*) vaina *f* ❷ (*Gefäß*) fuente *f* ❸ (*Waag~*) platillo *m* ❹ (*fam: Kleidung*): **sich in ~ werfen** ponerse de punta en blanco

**schälen** ['ʃɛ:lən] **I.** *vt* (*Obst, Kartoffel*) pelar; (*Ei, Nuss*) quitar la cáscara (a); (*Baum*) descortezar **II.** *vr:* **sich ~** (*Haut*) pelarse

**Schalentier** *nt* crustáceo *m*

**Schalk** [ʃalk] *m* <-(e)s, -e *o* Schälke> granuja *mf;* **jdm sitzt der ~ im Nacken** alguien es un diablillo

**Schall** [ʃal] *m* <-(e)s, *ohne pl*> (*geh: Geräusch, Laut*) sonido *m;* (PHYS) resonancia *f;* (*Widerhall*) eco *m;* **~ und Rauch sein** ser una nimiedad; **Schalldämmung** *f ohne pl* insonorización *f;* **Schalldämpfer** *m* ❶ (TECH) silenciador *m* ❷ (MUS) sordina *f;* **schalldicht** *adj* insonoro

**schallen** ['ʃalən] *vi* resonar; **~des Gelächter** risas atronadoras

**Schallgeschwindigkeit** *f ohne pl* velocidad *f* del sonido; **Schallgrenze** *f ohne pl s.* **Schallmauer**; **Schallisolierung** *f ohne pl* aislamiento *m* acústico; **Schallmauer** *f ohne pl* barrera *f* del sonido; **die ~ durchbrechen** traspasar la barrera del sonido

**Schallplatte** *f* disco *m;* **Schallplattensammlung** *f* discoteca *f,* colección *f* de discos

**Schallwelle** *f* (PHYS) onda *f* sonora

**Schalotte** [ʃa'lɔtə] *f* <-n> (ajo *m*) chalote *m*

**schalt** [ʃalt] *3. imp von* **schelten**

**Schaltanlage** *f* (ELEK) instalación *f* de mando

**schalten** ['ʃaltən] **I.** *vi* ❶ (AUTO) cambiar de marcha; **in den dritten Gang ~** cambiar a tercera ❷ (*um~*) ponerse; (RADIO, TV) conectar (*zu* con) ❸ (*handeln*): **er schaltet und waltet, wie es ihm gefällt** hace y deshace (como le viene en gana) ❹ (*fam: begreifen*) caer (en la cuenta); (*reagieren*) reaccionar **II.** *vt* ❶ (TECH: *verbinden*) conectar; (*ein~*) encender; (*aus~*) apagar ❷ (*einschieben*) intercalar ❸ (*inserieren*): **eine Anzeige ~** poner un anuncio publicitario

**Schalter** *m* <-s, -> ❶ (TECH) interruptor *m* ❷ (*Post~*) ventanilla *f;* (*Fahrkarten~*) taquilla *f,* boletería *f Am;* **Schalterbeamte(r)** *mf,* **-beamtin** *f* funcionario, -a *m, f* de ventanilla; **Schalterhalle** *f,* **Schalterraum** *m* sala *f* de ventanillas; **Schalterstunden** *fpl* horario *m* de ventanilla

**Schalthebel** *m* palanca *f* de mando; **Schaltjahr** *nt* año *m* bisiesto; **Schaltknüppel** *m* palanca *f* de cambio; **Schalt-**

**kreis** *m* (ELEK) circuito *m;* **Schaltplan** *m* (ELEK) diagrama *m* de circuito; **Schalttafel** *f* (ELEK) panel *m* de control; **Schalttag** *m* día *m* del año bisiesto

**Schaltung** *f* <-en> ① (ELEK) circuito *m* ② (TEL) conexión *f* ③ (AUTO) caja *f* de cambios

**Schalung** ['ʃaːlʊŋ] *f* <-en> (TECH) encofrado *m*

**Schaluppe** [ʃa'lʊpə] *f* <-n> (NAUT) chalupa *f*

**Scham** [ʃaːm] *f ohne pl* ① (*das Sichschämen*) vergüenza *f,* pena *f Am;* **vor ~ vergehen** morirse de vergüenza ② (*~gefühl*) pudor *m* ③ (ANAT) pubis *m inv*

**Schamane** [ʃa'maːnə] *m* <-n, -n> chamán *m*

**Schambein** *nt* (ANAT) (hueso *m* del) pubis *m inv*

**schämen** ['ʃɛːmən] *vr:* **sich ~** avergonzarse (*wegen/für* de, *vor* ante), tener vergüenza (*wegen/für* de), apenarse (*wegen/für* por) *Am;* **er schämt sich für sein Verhalten** su comportamiento le da vergüenza; **du solltest dich ~!** ¡deberías avergonzarte!

**Schamgefühl** *nt ohne pl* pudor *m,* vergüenza *f*

**Schamgegend** *f ohne pl* zona *f* púbica; **Schamhaar** *nt* vello *m* púbico

**schamhaft** *adj* pudoroso; (*scheu*) avergonzado

**Schamlippe** *f* (ANAT) labio *m* de la vulva

**schamlos** *adj* ① (*unanständig*) impúdico ② (*dreist*) descarado, desvergonzado

**Schamröte** *f* rubor *m;* **mir stieg die ~ ins Gesicht** me puse colorado de vergüenza

**Schande** ['ʃandə] *f ohne pl* (*Beschämung*) vergüenza *f;* (*Schmach*) infamia *f;* (*für die Ehre*) deshonra *f;* **sie hat ~ über uns gebracht** ha manchado nuestro nombre; **zu meiner ~ muss ich gestehen, dass ...** para mi vergüenza tengo que reconocer que...; **das ist eine ~!** ¡es una vergüenza!; **mach mir keine ~!** ¡no me dejes mal!; **das ist doch keine ~** no es ninguna deshonra

**schänden** ['ʃɛndən] *vt* ① (*entehren*) deshonrar, embarrar *Am;* (*sexuell*) abusar (de) ② (*entweihen*) profanar

**Schandfleck** *m* mancha *f;* (*für die Ehre*) deshonra *f*

**schändlich** ['ʃɛntlɪç] *adj* vergonzoso, infame

**Schandtat** *f* vileza *f,* infamia *f;* **zu jeder ~ bereit sein** (*fam iron*) estar dispuesto a cualquier broma

**Schändung** *f* <-en> (*Grab, Kirche*) profanación *f;* (*Ehre*) difamación *f*

**Schänke** ['ʃɛŋkə] *f* <-n> *s.* **Schenke**

**Schanze** ['ʃantsə] *f* <-n> (SPORT) trampolín *m*

**Schar** [ʃaːɐ] *f* <-en> ① (*Menge*) multitud *f;* (*Gruppe*) grupo *m,* tropilla *f CSur;* (*Vogel~*) bandada *f;* **in (hellen) ~en** en masas ② (AGR: *Pflug~*) reja *f* del arado

**scharen** ['ʃaːrən] **I.** *vr* (*geh*): **sich um jdn/etw ~** arremolinarse en torno a alguien/a algo **II.** *vt* (*geh*): **... um sich ~** formar un grupo de...

**scharenweise** *adv* a manadas, en masa

**scharf** [ʃarf] *adj* <schärfer, am schärfsten> ① (*Messer, Kralle, Zähne*) afilado, filoso *Am;* (*schneidend*) cortante; (*Kante*) vivo ② (*Speise*) picante; (*Getränk*) fuerte; (*Geruch*) acre; (CHEM) corrosivo ③ (*Wind*) cortante ④ (*Ton*) estridente ⑤ (FOTO) nítido; (*Umrisse*) (bien) marcado; **~ eingestellt** enfocado con precisión ⑥ (*Gehör*) fino; (*Verstand*) agudo; **~e Augen haben** tener una vista aguda; **~ nachdenken** hacer memoria ⑦ (*Kurve*) cerrado; **~ bremsen** dar un frenazo; **~ abbiegen** hacer un giro brusco ⑧ (*Kritik*) mordaz; (*Antwort*) tajante; (*Protest*) enérgico; **jdn ~ kritisieren** criticar duramente a alguien ⑨ (*Disziplin*) riguroso; (*Bewachung*) estrecho ⑩ (*Auseinandersetzung*) reñido ⑪ (*Hund*) mordedor ⑫ (*fam: toll*) chulo ⑬ (*fam: geil*) cachondo (*auf* por) ⑭ (MIL: *Munition*) explosivo, con carga explosiva ⑮ (*fam: versessen*): **~ darauf sein etw zu tun** morirse por hacer algo

**Scharfblick** *m ohne pl* perspicacia *f*

**Schärfe** ['ʃɛrfə] *f ohne pl* ① (*Messer, Kante*) agudeza *f* ② (*Speise*) (sabor *m*) picante *m;* (*Geruch*) acritud *f;* (CHEM) causticidad *f* ③ (*Foto, Umriss*) nitidez *f* ④ (*Sinnesorgan*) agudeza *f;* (*Verstandes~*) perspicacia *f* ⑤ (*Worte*) rudeza *f;* (*von Kritik*) mordacidad *f* ⑥ (*Härte, Strenge*) rigor *m,* dureza *f*

**schärfen** *vt* ① (*Messer*) afilar ② (*Verstand, Gehör*) aguzar

**scharfkantig** *adj* afilado, cortante; **scharf|machen** *vt* (*fam*) instigar

**Scharfrichter(in)** *m(f)* verdugo *mf*

**Scharfschütze, -in** *m, f* (MIL) tirador(a) *m(f)* de alta precisión; **scharfsichtig** *adj* de vista aguda; **Scharfsinn** *m ohne pl* perspicacia *f,* sagacidad *f;* **scharfsinnig** *adj* perspicaz, sagaz

**Scharlach** ['ʃarlax] *m* <-s, *ohne pl*> (MED) escarlatina *f*

**Scharlatan** ['ʃarlatan] *m* <-s, -e> (*abw*) charlatán, -ana *m, f*

**Scharnier** [ʃar'niːɐ] *nt* <-s, -e> bisagra *f*

**Schärpe** ['ʃɛrpə] *f* <-n> banda *f;* (*um die Hüfte*) faja *f*

**scharren** ['ʃarən] **I.** *vi* (*in der Erde*) escarbar; (*an einen Gegenstand*) arañar **II.** *vt* ❶ (*Loch*) cavar ❷ (*zusammen~*) amontonar

**Scharte** ['ʃartə] *f* <-n> ❶ (*Kerbe*) mella *f* ❷ (*Schieß~*) tronera *f*

**scharwenzeln*** [ʃar'vɛntsəln] *vi haben o sein* (*fam abw*): **um jdn ~** hacer(le) la pelota a alguien

**Schaschlik** ['ʃaʃlɪk] *m o nt* <-s, -s> pincho *m* de carne

**Schatten** ['ʃatən] *m* <-s, -> sombra *f;* **35 Grad im ~** 35 grados a la sombra; **~ werfen/spenden** hacer/dar sombra; **nur noch ein ~ seiner selbst sein** no ser ni la sombra de lo que se era; **in jds ~ stehen** estar a la sombra de alguien; **jdn/etw in den ~ stellen** dar cien (mil) vueltas a alguien/a algo; **über seinen ~ springen** superarse (a sí mismo); **Schattenseite** *f* ❶ (*Seite im Schatten*) lado *m* de la sombra ❷ (*Nachteil*) inconveniente *m;* **Schattenspiel** *nt* sombras *fpl* chinescas

**schattieren*** [ʃa'ti:rən] *vt* sombrear

**Schattierung** *f* <-en> ❶ (KUNST) sombreado *m,* sombras *fpl* ❷ (*Variante*) matiz *m*

**schattig** *adj* sombrío

**Schatulle** [ʃa'tʊlə] *f* <-n> cofre *m*

**Schatz** [ʃats, *pl:* 'ʃɛtsə] *m* <-es, Schätze> (*a. fig*) tesoro *m*

**Schätzchen** ['ʃɛtsçən] *nt* <-s, -> cariño *m,* cielo *m*

**schätzen** ['ʃɛtsən] *vt* ❶ (*Wert*) valorar (*auf* en); (*Größe, Alter*) calcular; **wie alt ~ Sie ihn?** ¿cuántos años calcula que tiene? ❷ (*fam: annehmen*) suponer; **ich schätze, dass ...** supongo que... ❸ (*würdigen*) apreciar; **ich weiß das zu ~** sé apreciarlo; **wir können uns glücklich ~** podemos dar gracias (a Dios)

**Schatzkammer** *f* cámara *f* del tesoro, tesorería *f;* **Schatzmeister(in)** *m(f)* tesorero, -a *m, f*

**Schätzung** *f* <-en> cálculo *m;* (*des Wertes*) valoración *f;* **nach meiner ~** según mis cálculos

**schätzungsweise** *adv* aproximadamente, más o menos

**Schätzwert** *m* valor *m* estimado

**Schau** [ʃaʊ] *f* <-en> exposición *f;* **etw zur ~ stellen** exponer algo; **eine große ~ abziehen** (*fam: angeben*) dárselas de importante; **jdm die ~ stehlen** robar el protagonismo a alguien; **Schaubild** *nt* diagrama *m;* **Schaubude** *f* caseta *f*

**Schauder** ['ʃaʊdɐ] *m* <-s, -> (*geh*) escalofrío *m;* **ihm lief ein ~ über den Rücken** le dio un escalofrío

**schauderhaft** *adj* horrible, horroroso

**schaudern** ['ʃaʊdɐn] **I.** *vi* estremecerse (*bei/vor* ante) **II.** *vunpers* sobrecoger; **es schauderte mich beim Anblick** me sobrecogió la escena

**schauen** ['ʃaʊən] *vi* ❶ (*blicken*) mirar; **auf die Uhr ~** mirar el reloj; **schau mal!** ¡mira!; **traurig ~** poner cara triste ❷ (*Österr, Schweiz, südd: sich kümmern*) atender (*nach* a), mirar (*nach* por) ❸ (*achten*): **(sehr) darauf ~, dass ...** tener (muy) en cuenta, que... *+subj;* (*Wert legen*) dar (gran) importancia a que... *+subj*

**Schauer** ['ʃaʊɐ] *m* <-s, -> ❶ (METEO) chubasco *m* ❷ (*geh: Schauder*) escalofrío *m;* **Schauergeschichte** *f* cuento *m* horripilante

**schauerlich** *adj* ❶ (*gruselig*) horripilante, escalofriante ❷ (*fam: grässlich*) horrible

**Schauermärchen** *nt* cuento *m* horripilante

**Schaufel** ['ʃaʊfəl] *f* <-n> ❶ (*Schippe*) pala *f* ❷ (*Schweiz: Pik*) pica *f*

**schaufeln** **I.** *vi* palear **II.** *vt* ❶ (*Sand, Schnee*) quitar con la pala ❷ (*Loch*) cavar (con la pala)

**Schaufenster** *nt* escaparate *m,* vitrina *f Am;* **Schaufensterbummel** *m:* **einen ~ machen** ir a mirar escaparates; **Schaufensterpuppe** *f* maniquí *m*

**Schaukampf** *m* (SPORT) combate *m* de boxeo de exhibición; **Schaukasten** *m* vitrina *f*

**Schaukel** ['ʃaʊkəl] *f* <-n> columpio *m,* bamba *f reg*

**schaukeln** **I.** *vi* ❶ (*schwingen*) balancearse; (*im Wind*) bambolearse; **auf/mit dem Stuhl ~** balancearse en/con la silla ❷ (*auf einer Schaukel*) columpiarse **II.** *vt* (*wiegen*) mecer

**Schaukelpferd** *nt* caballo *m* de balancín; **Schaukelstuhl** *m* mecedora *f,* columpio *m Am*

**schaulustig** *adj* curioso

**Schaum** [ʃaʊm, *pl:* 'ʃɔɪmə] *m* <-(e)s, Schäume> espuma *f;* **Schaumbad** *nt* baño *m* de espuma

**schäumen** ['ʃɔɪmən] *vi* ❶ (*Flüssigkeit*) producir espuma ❷ (*geh: toben*) echar espuma de rabia

**Schaumfestiger** *m* espuma *f* fijadora; **Schaumgummi** *m* gomaespuma *f*

**schaumig** *adj* espumoso

**Schaumkrone** *f* ❶ (*Welle*) cresta *f* (de la ola) ❷ (*Flüssigkeiten*) espuma *f;* **Schaumstoff** *m* gomaespuma *f;* **Schaumwein** *m* vino *m* espumoso

**Schauplatz** *m* escenario *m*

**schaurig** ['ʃaʊrɪç] *adj* ❶ (*gruselig*) horripilante, escalofriante ❷ (*fam: schlecht*) horrible

**Schauspiel** *nt* ❶ (THEAT) función *f* ❷ (*geh: Vorgang*) espectáculo *m*

**Schauspieler(in)** *m(f)* actor *m*, actriz *f*

**schauspielern** ['---] *vi* ❶ (*fam: als Schauspieler arbeiten*) trabajar como actor ❷ (*abw: vortäuschen*) simular, fingir

**Schauspielhaus** *nt* teatro *m*; **Schauspielschule** *f* escuela *f* de arte dramático; **Schauspielunterricht** *m* clases *fpl* de interpretación; (~*sstunde*) clase *f* de interpretación

**Schausteller(in)** *m(f)* <-s, -; -nen> feriante *mf*

**Schautafel** *f* cuadro *m* explicativo

**Scheck** [ʃɛk] *m* <-s, -s> cheque *m*; **einen ~ einlösen** cobrar un cheque; **einen ~ über 100 Euro ausstellen** extender un cheque por valor de 100 euros; **Scheckbuch** *nt* (FIN) talonario *m* de cheques

**scheckig** ['ʃɛkɪç] *adj* ❶ (*Pferd, Rind*) pío; (*Hund*) con manchas ❷ (*fleckig*) manchado

**Scheckkarte** *f* tarjeta *f* bancaria

**scheffeln** ['ʃɛfəln] *vt* (*fam abw*) acaparar; **Geld ~** forrarse

**Scheibe** ['ʃaɪbə] *f* <-n> ❶ (*allgemein*) disco *m*; (*Töpfer~*) torno *m* ❷ (*Brot~*) rebanada *f*; (*Wurst~*) rodaja *f*; (*Schinken~, Käse~*) loncha *f*; (*Melonen~*) raja *f*; **etw in ~n schneiden** cortar algo en rodajas ❸ (*Glas~*) cristal *m*; (*Schaufenster~*) luna *f* ❹ (SPORT, MIL: *Schieß~*) blanco *m* ❺ (*fam: Schallplatte*) disco *m*

**Scheibenbremse** *f* (AUTO) freno *m* de disco(s); **Scheibenheber** *m* <-s, -> (AUTO) elevalunas *m inv*; **Scheibenwaschanlage** *f* (AUTO) lavaparabrisas *m inv*, lavalimpia luneta *m*; **Scheibenwischer** *m* <-s, -> limpiaparabrisas *m inv*

**Scheich** [ʃaɪç] *m* <-(e)s, -e *o* -s> jeque *m*

**Scheide** ['ʃaɪdə] *f* <-n> ❶ (*Vagina*) vagina *f*, cachimba *f Mex* ❷ (*für Degen, Schwert*) vaina *f*

**scheiden** ['ʃaɪdən] <scheidet, schied, geschieden> **I.** *vt* ❶ (*Ehe*) divorciar; **sich (von jdm) ~ lassen** divorciarse (de alguien), federarse (de alguien) *Col* ❷ (*trennen*) separar **II.** *vr*: **sich ~** (*Auffassungen*) diferir; **hier ~ sich die Geister** aquí difieren las opiniones **III.** *vi sein* ❶ (*aufgeben*): **aus dem Amt ~** jubilarse ❷ (*sich trennen*) separarse

**Scheidenzäpfchen** *nt* supositorio *m* vaginal

**Scheidewand** *f* pared *f* divisoria; **Scheideweg** *m*: **am ~ stehen** estar en una encrucijada

**Scheidung** *f* <-en> divorcio *m*; **die ~ einreichen** presentar la demanda de divorcio; **Scheidungsgrund** *m* causa *f* de(l) divorcio

**Schein**[1] [ʃaɪn] *m* <-(e)s, *ohne pl*> ❶ (*von Licht*) luz *f*; (*Glanz*) brillo *m* ❷ (*An~*) apariencia *f*; **der ~ trügt** las apariencias engañan; **den ~ wahren** guardar las apariencias; **etw nur zum ~ tun** hacer algo por las apariencias

**Schein**[2] [ʃaɪn] *m* <-(e)s, -e> ❶ (*Bescheinigung*) certificado *m*; (*Beleg*) resguardo *m*; (UNIV) papeleta *f* ❷ (*Geld~*) billete *m*

> **i Land & Leute**
>
> En la universidad alemana, un **Schein** funciona como documento acreditativo del trabajo realizado por el estudiante en un seminario. Una vez que el alumno ha conseguido un número determinado de estas certificaciones de los tipos establecidos por cada universidad, se puede presentar al *Zwischenprüfung – examen intermedio que se suele realizar en torno al ecuador de la carrera* o al *Examensprüfung – examen de final de carrera.*

**scheinbar** **I.** *adj* aparente **II.** *adv* (*fam*) por lo visto, al parecer

**scheinen** ['ʃaɪnən] <scheint, schien, geschienen> *vi* ❶ (*glänzen*) brillar; (*Licht*) alumbrar; **die Sonne/der Mond scheint** hace sol/hay luna; **uns schien die Sonne ins Gesicht** el sol nos dio en la cara ❷ (*den Anschein haben*) parecer; **es scheint, dass/als ob ...** parece que/como si...

**Scheinfirma** *f* empresa *f* fantasma; **scheinheilig** *adj* (*fam abw*) hipócrita, falluto *Arg, Urug*; **tu nicht so ~!** ¡no te hagas el inocente!; **Scheinschwangerschaft** *f* (MED) embarazo *m* psicológico; **scheintot** *adj* ❶ (MED) aparentemente muerto ❷ (*fam: uralt*) más muerto que vivo

**Scheinwerfer** *m* <-s, -> (AUTO) faro *m*, foco *m Chil, Pan*; (THEAT) foco *m*; **Scheinwerferlicht** *nt ohne pl* alumbrado *m* por proyección; **Scheinwerferscheibenwischer** *m* (AUTO) lavafaros *m inv*

**Scheiß** [ʃaɪs] *m* <-, *ohne pl*> (*fam abw*) chorrada *f*; **ohne ~!** ¡sin coña!; **Scheißdreck** *m* (*vulg abw*) mierda *f*; **einen ~**

**werde ich tun!** ¡(y) una mierda!

**Scheiße** ['ʃaɪsə] *f ohne pl* (*vulg*) mierda *f*, cerote *m AmC, Mex;* **~!** ¡mierda!; **~ bauen** meter la pata; **~ reden** decir chorradas; **in der ~ sitzen** estar jodido; **das Buch ist s~** este libro es una mierda

**scheißegal** ['--'-] *adj* (*vulg*): **das ist mir ~** me importa un huevo

**scheißen** <scheißt, schiss, geschissen> *vi* (*vulg*) cagar; **auf etw ~** cagarse en algo

**scheißfreundlich** ['-'--] *adj* (*fam abw*) hipócrita, lameculos *vulg;* **Scheißhaus** *nt* (*vulg*) cagadero *m;* **Scheißkerl** *m* (*vulg*) hijo *m* de puta

**Scheit** [ʃaɪt] *nt* <-(e)s, -e(r)> (*südd, Schweiz, Österr*) leño *m*

**Scheitel** ['ʃaɪtəl] *m* <-s, -> ① (*im Haar*) raya *f*, partido *m Am;* **vom ~ bis zur Sohle** de pies a cabeza ② (MATH) vértice *m*

**scheiteln** *vt:* **das Haar ~** hacer la raya

**Scheiterhaufen** ['ʃaɪtɐ-] *m* hoguera *f*

**scheitern** ['ʃaɪtɐn] *vi sein* fracasar (*an* a causa de); **zum S~ verurteilt sein** estar condenado al fracaso; **etw zum S~ bringen** llevar algo al fracaso

**Schelle** ['ʃɛlə] *f* <-n> ① (TECH) abrazadera *f* ② (*Glöckchen*) cascabel *m* ③ (*reg: Klingel*) timbre *m*

**schellen** ['ʃɛlən] **I.** *vi* (*reg*) ① (*Telefon, Klingel*) sonar ② (*Person*) tocar el timbre **II.** *vunpers:* **es hat geschellt** ha sonado el timbre de la puerta

**Schellfisch** ['ʃɛl-] *m* eglefino *m*

**Schelm** [ʃɛlm] *m* <-(e)s, -e> ① (*Schalk*) pícaro, -a *m, f*, pillo, -a *m, f* ② (*Schweiz: Dieb*) ladrón, -ona *m, f*

**Schelmenroman** *m* novela *f* picaresca

**schelmisch** *adj* pícaro

**Schelte** ['ʃɛltə] *f ohne pl* (*geh*) reprimenda *f;* **~ bekommen** sufrir una reprimenda

**schelten** ['ʃɛltən] <schilt, schalt, gescholten> *vt* (*geh: schimpfen*) reprender; (*nennen*) tachar (de)

**Schema** ['ʃe:ma] *nt* <-s, Schemata *o* Schemen> ① (*Konzept*) esquema *m* ② (*Schaubild*) diagrama *m*

**schematisch** [ʃe'ma:tɪʃ] *adj* esquemático

**schematisieren*** [ʃemati'zi:rən] *vt* ① (*darstellen*) esquematizar ② (*vereinfachen*) simplificar

**Schemel** ['ʃe:məl] *m* <-s, -> taburete *m*

**Schemen**[1] *pl von* **Schema**

**Schemen**[2] ['ʃe:mən] *m o nt* <-s, -> (*geh: Umriss*) contorno *m*

**schemenhaft** ['ʃe:mənhaft] *adj* (*geh*) vago, borroso

**Schenke** ['ʃɛŋkə] *f* <-n> tasca *f*, cantina *f CSur, Mex*

**Schenkel** ['ʃɛŋkəl] *m* <-s, -> ① (ANAT) muslo *m* ② (MATH) lado *m*

**schenken** ['ʃɛŋkən] *vt* ① (*Geschenk*) regalar, obsequiar *Am;* **etw geschenkt bekommen** recibir algo como regalo; **jdm etw ~** regalar algo a alguien; **einem Kind das Leben ~** (*geh*) dar la vida a un niño ② (*erlassen*): **jdm etw ~** dispensar a alguien de algo; **sich** *dat* **etw ~** (*nicht tun*) ahorrarse algo; **geschenkt!** ¡olvídalo! ③ (*widmen*) dedicar; **jdm Aufmerksamkeit/Liebe/Zeit ~** dedicar atención/cariño/tiempo a alguien

**Schenkung** *f* <-en> (JUR) donación *f*

**scheppern** ['ʃɛpɐn] *vi* (*fam*) meter ruido

**Scherbe** ['ʃɛrbə] *f* <-n> pedazo *m;* (*Glas~*) pedazo *m* de vidrio; **in ~n gehen** hacerse añicos; **~n bringen Glück** (*prov*) los vidrios rotos traen suerte

**Schere** ['ʃe:rə] *f* <-n> ① (*Werkzeug*) tijera(s) *f(pl)* ② (*von Krebsen*) pinza *f* ③ (SPORT) tijera *f*

**scheren**[1] ['ʃe:rən] <schert, schor, geschoren> *vt* ① (*Mensch*) rapar, pelar; (*Schaf*) esquilar ② (*Rasen*) cortar

**scheren**[2] ['ʃe:rən] *vr:* **sich nicht um etw ~** importar(le) algo a alguien un comino; **scher dich zum Teufel!** ¡vete al diablo!; **was schert mich das?** ¿a mí qué (me importa)?

**Scherenschleifer(in)** *m(f)* <-s, -; -nen> afilador(a) *m(f);* **Scherenschnitt** *m* silueta *f* (en papel)

**Schererei** [ʃe:rə'raɪ] *f* <-en> (*fam*) molestia *f*, fastidio *m;* **mit jdm ~en bekommen (wegen etw)** tener un disgusto con alguien (por algo)

**Scherz** [ʃɛrts] *m* <-es, -e> broma *f*, chanza *f Am*, changa *f AmS, Cuba;* **im ~** en broma; **einen ~ machen** gastar una broma; **sich** *dat* **mit jdm einen ~ erlauben** gastarle una broma a alguien; **Scherzartikel** *m* artículo *m* de broma

**scherzen** ['ʃɛrtsən] *vi* bromear, chancear *Am;* **damit ist nicht zu ~** no es cosa de broma

**Scherzfrage** *f* adivinanza *f*

**scherzhaft** *adj* chistoso, gracioso

**Scherzkeks** *m* (*fam*) gracioso, -a *m, f*

**scheu** [ʃɔɪ] *adj* ① (*schüchtern*) tímido, penoso *Am;* (*zurückhaltend*) reservado ② (*Tier*) espantadizo; **~ werden** (*Pferd*) desbocarse

**Scheu** [ʃɔɪ] *f ohne pl* timidez *f*

**scheuchen** ['ʃɔɪçən] *vt* espantar

**scheuen** ['ʃɔɪən] **I.** *vi* (*Pferd*) desbocarse (*vor* ante) **II.** *vt* (*Verantwortung*) huir (de); **keine Ausgaben ~** no reparar en gastos

**III.** *vr:* **sich** ~ tener miedo (*vor* de)

**Scheuerlappen** *m* bayeta *f*

**scheuern** ['ʃɔɪɐn] **I.** *vt* fregar; **etw sauber/blank** ~ frotar algo hasta dejarlo limpio/reluciente; **jdm eine** ~ (*fam*) darle una bofetada a alguien **II.** *vi* (*Schuhe, Kleidung*) rozar

**Scheuklappe** ['ʃɔɪ-] *f* anteojera *f;* ~**n haben** (*fig*) ser estrecho de miras

**Scheune** ['ʃɔɪnə] *f* <-n> granero *m*

**Scheusal** ['ʃɔɪza:l] *nt* <-s, -e> (*abw*) monstruo *m*

**scheußlich** ['ʃɔɪslɪç] *adj* horrible; (*abstoßend*) asqueroso; (*Verbrechen*) atroz

**Schi** [ʃi:] *m* <-s, -(er)> *s.* **Ski**

**Schicht** [ʃɪçt] *f* <-en> ❶ (*Luft~, Farb~*) capa *f;* (GEO) estrato *m* ❷ (*Gesellschafts~*) clase *f* ❸ (*Arbeits~*) turno *m;* **er arbeitet** ~ trabaja por turnos; **Schichtarbeit** *f ohne pl* trabajo *m* por turnos; **Schichtarbeiter(in)** *m(f)* trabajador(a) *m(f)* de turno

**schichten** ['ʃɪçtən] *vt* apilar (*auf* en)

**Schichtwechsel** *m* cambio *m* de turno

**schichtweise** *adv* ❶ (*in Schichten*) por capas ❷ (*in Gruppen*) por grupos

**schick** [ʃɪk] *adj* elegante, chic, paquete *Arg;* **sich** ~ **machen** vestirse elegantemente

**schicken** ['ʃɪkən] **I.** *vt* mandar; (*mit der Post*) enviar; **nach jdm** ~ (*geh*) mandar llamar a alguien **II.** *vr:* **sich** ~ ❶ (*sich gehören*): **das schickt sich nicht** esto no se hace ❷ (*sich abfinden*) conformarse (*in* con)

**Schickeria** [ʃɪkə'ri:a] *f ohne pl* gente *f* guapa

**Schickimicki** [ʃɪki'mɪki] *m* <-s, -s> (*fam*) pijo, -a *m, f*

**schicklich** ['ʃɪklɪç] *adj* (*geh: angemessen*) conveniente, adecuado; (*anständig*) de buena educación

**Schicksal** ['ʃɪkza:l] *nt* <-s, -e> destino *m;* (*persönliches Geschick*) suerte *f;* **das** ~ **wollte es, dass ...** quiso el destino que... +*subj;* **jdn seinem** ~ **überlassen** abandonar a alguien a su suerte; **das ist** ~**!** ¡así es la vida!

**schicksalhaft** *adj* ❶ (*unabwendbar*) fatal ❷ (*ausschlaggebend*) decisivo

**Schicksalsschlag** *m* golpe *m* del destino

**Schiebedach** *nt* techo *m* corredizo; **Schiebefenster** *nt* ventana *f* corrediza

**schieben** ['ʃi:bən] <schiebt, schob, geschoben> **I.** *vt* ❶ (*bewegen*) empujar; **etw zur Seite** ~ apartar algo; **die Schuld auf jdn** ~ echarle la culpa a alguien; **etw von sich** *dat* ~ (*fig*) rechazar algo; **etw vor sich** *dat* **her** ~ (*fig*) aplazar algo continuamente ❷ (*stecken*) meter (*in* en) ❸ (*fam: handeln*) traficar (con) ❹ (*sl: ableisten*): **Dienst/Wache** ~ estar de servicio/de guardia **II.** *vi* (*fam*) traficar (con) **III.** *vr:* **sich** ~ pasar (*durch* por, *auf/an* a); (*überqueren*) atravesar (*durch/über*)

**Schieber**[1] *m* <-s, -> (TECH) corredera *f;* (*Riegel*) cerrojo *m*

**Schieber(in)**[2] *m(f)* <-s, -; -nen> (*fam abw: Händler*) traficante *mf*

**Schiebetür** *f* (puerta *f*) corredera *f*

**Schiebung** *f* <-en> (*fam abw*) ❶ (*Schiebergeschäft*) chanchullo *m* ❷ (*Bevorzugung*) enchufe *m;* (SPORT) tongo *m;* **das ist ja** ~**!** ¡esto es un tongo!

**schied** [ʃi:t] *3. imp von* **scheiden**

**Schiedsgericht** ['ʃi:ts-] *nt* ❶ (JUR) tribunal *m* arbitral ❷ (SPORT) jurado *m;* **Schiedsrichter(in)** *m(f)* árbitro *mf,* colegiado, -a *m, f Am;* **Schiedsspruch** *m* (JUR) sentencia *f* arbitral

**schief** [ʃi:f] *adj* ❶ (*krumm*) torcido; (*nicht senkrecht*) inclinado; **das Bild hängt** ~ el cuadro está torcido; **auf die** ~**e Bahn geraten** ir por mal camino; **jdn** ~ **ansehen** (*fam*) mirar a alguien de reojo ❷ (*falsch*) falso, equívoco; **in ein** ~**es Licht geraten** dar una impresión equívoca

**Schiefer** ['ʃi:fɐ] *m* <-s, -> esquisto *m,* pizarra *f;* **Schieferdach** *nt* tejado *m* de pizarra

**schief|lachen** *vr:* **sich** ~ (*fam*) desternillarse de risa

**schielen** ['ʃi:lən] *vi* tener estrabismo, ser bizco *fam;* **sie schielt auf dem linken Auge** tuerce el ojo izquierdo; **er schielt nach etw/jdm** (*fam: begehrlich*) se le van los ojos detrás de algo/alguien; (*heimlich*) mira algo/a alguien de reojo

**schien** [ʃi:n] *3. imp von* **scheinen**

**Schienbein** *nt* tibia *f,* espinilla *f fam*

**Schiene** ['ʃi:nə] *f* <-n> ❶ (*Eisenbahn~*) carril *m,* rail *m* ❷ (MED) tablilla *f*

**schienen** ['ʃi:nən] *vt* entablillar

**Schienenausbau** *m* ampliación *f* de la red ferroviaria; **Schienenbus** *m* ferrobús *m;* **Schienenfahrzeug** *nt* vehículo *m* sobre carriles; **Schienennetz** *nt* red *f* ferroviaria; **Schienenverkehr** *m* transporte *m* por ferrocarril

**schier** [ʃi:ɐ] **I.** *adj* (*reg*) puro **II.** *adv* casi

**Schießbefehl** *m* orden *f* de disparar; **Schießbude** *f* barraca *f* de tiro (al blanco)

**schießen** ['ʃi:sən] <schießt, schoss, geschossen> **I.** *vi* ❶ (*Schütze*) disparar (*auf* a/contra); (SPORT) tirar ❷ *sein* (*sich schnell bewegen*) moverse como un rayo; **sie schoss herein** entró como un rayo;

S

**etw ist zum S~** (*fam*) algo es para morirse de la risa ③ *sein* (*schnell wachsen*): **in die Höhe ~** crecer rápidamente; **der Junge ist in die Höhe geschossen** el chico pegó un gran estirón ④ *sein* (*herausquellen*) brotar (*aus* de); **die Röte schoss ihm ins Gesicht** se puso colorado **II.** *vt* ① (*Geschoss*) disparar, balacear *Am* ② (*Satellit, Rakete, Ball*) lanzar; **ein Tor ~** meter un gol ③ (*Wild*) matar (de un tiro) ④ (*Foto*) hacer, sacar

**Schießerei** *f* <-en> tiroteo *m*

**Schießplatz** *m* campo *m* de tiro; **Schießpulver** *nt* pólvora *f;* **Schießscharte** *f* tronera *f,* barbacana *f,* mampuesto *m Am;* **Schießscheibe** *f* blanco *m*

**Schiff** [ʃɪf] *nt* <-(e)s, -e> ① (*Wasserfahrzeug*) barco *m,* buque *m;* **mit dem ~ fahren** viajar en barco ② (ARCHIT) nave *f*

**schiffbar** *adj* navegable

**Schiffbau** *m ohne pl* construcción *f* naval; **Schiffbruch** *m* naufragio *m;* **~ erleiden** naufragar; (*fig*) fracasar; **schiffbrüchig** *adj* náufrago; **Schiffbrüchige(r)** *mf* <-n, -n; -n> náufrago, -a *m, f*

**Schiffchen** [ˈʃɪfçən] *nt* <-s, -> ① (*kleines Schiff*) barquito *m* ② (*fam: Kopfbedeckung*) gorro *m* ③ (*Weber~*) lanzadera *f*

**schiffen** **I.** *vi* (*fam: urinieren*) mear **II.** *vunpers* (*fam: Platzregen*) caer un chaparrón; **es schifft den ganzen Tag** (*heftig regnen*) lleva todo el día lloviendo a cántaros

**Schiffer(in)** *m(f)* <-s, -; -nen> navegante *mf*

**Schifffahrt** *f ohne pl* navegación *f;* **Schifffahrtsgesellschaft** *f* compañía *f* naviera

**Schiffschaukel** *f* góndola *f*

**Schiffsjunge** *m* grumete *m;* **Schiffsladung** *f* cargamento *m* (de un barco); **Schiffsschraube** *f* hélice *f* de un barco; **Schiffsverkehr** *m* tráfico *m* marítimo

**Schiit(in)** [ʃiˈiːt] *m(f)* <-en, -en; -nen> chiíta *mf*

**schiitisch** *adj* chiíta

**Schikane** [ʃiˈkaːnə] *f* <-n> traba *f;* **mit allen ~n** (*fam*) por todo lo alto

**schikanieren*** [ʃikaˈniːrən] *vt* fastidiar; (*quälen*) hacer la vida imposible (a), putear *argot;* (*behindern*) poner trabas (a)

**Schikoree** *m* <-s, *ohne pl*>, *f ohne pl* achicoria *f* (amarga)

**Schild¹** [ʃɪlt] *m* <-(e)s, -e> ① (*Schutz~*) escudo *m;* **etw im ~e führen** tramar algo ② (*Mützenschirm*) visera *f*

**Schild²** [ʃɪlt] *nt* <-(e)s, -er> (*Verkehrs~*) señal *f* (de tráfico); (*Tür~, Hinweis~*) letrero *m;* (*Preis~*) etiqueta *f*

**Schilddrüse** *f* (glándula *f*) tiroides *m inv*

**schildern** [ˈʃɪldɐn] *vt* (*erzählen*) narrar; (*darlegen*) exponer; (*beschreiben*) describir

**Schilderung** *f* <-en> (*Beschreibung*) descripción *f;* (*Erzählung*) relato *m*

**Schildkröte** *f* <-n> tortuga *f;* **Schildlaus** *f* cochinilla *f*

**Schilf** [ʃɪlf] *nt* <-(e)s, -e> ① (*Pflanze*) caña *f* ② (*Röhricht*) cañaveral *m;* **Schilfgras** *nt* junco *m;* **Schilfrohr** *nt* junco *m*

**schillern** [ˈʃɪlɐn] *vi* irisar

**schillernd** *adj* ① (*Farbe*) irisado ② (*Charakter*) ambiguo

**Schilling** [ˈʃɪlɪŋ] *m* <-s, -e> chelín *m*

**schilt** [ʃɪlt] *3. präs von* **schelten**

**Schimmel¹** [ˈʃɪməl] *m* <-s, -> (*Tier*) caballo *m* blanco

**Schimmel²** [ˈʃɪməl] *m* <-s, *ohne pl*> (*~pilz*) moho *m*

**schimmelig** *adj* enmohecido, mohoso

**schimm(e)lig** *adj* enmohecido, mohoso; **~ werden** criar moho

**schimmeln** *vi haben o sein* enmohecer(se), criar moho

**Schimmelpilz** *m* moho *m*

**Schimmer** [ˈʃɪmɐ] *m* <-s, -> (*Glanz*) brillo *m,* resplandor *m;* (*Anflug*) atisbo *m;* **keinen (blassen) ~ von etw haben** (*fam*) no tener ni (la más remota) idea de algo

**schimmern** [ˈʃɪmɐn] *vi* (*Licht*) lucir (tenuemente); (*glänzen*) brillar, relucir

**schimmlig** *adj s.* **schimmelig**

**Schimpanse** [ʃɪmˈpanzə] *m* <-n, -n> chimpancé *m*

**schimpfen** [ˈʃɪmpfən] *vi* ① (*tadeln*) reñir (*mit* a), reprender (*mit* a), echar una bronca (*mit* a) *fam* ② (*verfluchen*) echar pestes (*auf/über* contra); (*kritisieren*) criticar (*auf/über* a)

**Schimpfwort** *nt* palabrota *f,* taco *m fam*

**Schindel** [ˈʃɪndəl] *f* <-n> ripia *f*

**schinden** [ˈʃɪndən] <schindet, schindete *o* schund, geschunden> **I.** *vt* (*quälen*) maltratar; **Zeit ~** ganar tiempo; **Eindruck bei jdm ~** causar una buena impresión a alguien **II.** *vr:* **sich ~** (*fam*) afanarse (*um zu* por)

**Schinderei** *f* <-en> (*abw*) ① (*Strapaze*) paliza *f* ② (*Plackerei*) ajetreo *m*

**Schindluder** [ˈʃɪntluːdɐ] *nt* (*fam*): **mit jdm ~ treiben** abusar de alguien

**Schinken** [ˈʃɪŋkən] *m* <-s, -> ① (*Fleisch*) jamón *m* ② (*fam abw: Buch*) mamotreto *m;* (*Gemälde*) mamarracho *m;* (*Film*) peliculón *m;* **Schinkenspeck** *m* jamón *m* con tocino; **Schinkenwurst** *f* fiambre *m* de jamón

**Schippe** [ˈʃɪpə] *f* <-n> (*nordd, reg*) pala *f;*

**jdn auf die ~ nehmen** (*fam fig*) tomar el pelo a alguien

**Schirm** [ʃɪrm] *m* <-(e)s, -e> ❶ (*Regen~*) paraguas *m inv;* (*Sonnen~*) sombrilla *f* ❷ (*Fall~*) paracaídas *m inv* ❸ (*Mützen~*) visera *f* ❹ (*Lampen~*) pantalla *f* ❺ (BOT: *von Pilzen*) sombrerete *m*

**Schirmherr(in)** *m(f)* <-(e)n, -en; -nen> patrocinador(a) *m(f);* **Schirmherrschaft** *f ohne pl* patrocinio *m*

**Schirmmütze** *f* gorra *f* de visera

**Schirmständer** *m* paragüero *m*

**Schirokko** [ʃi'rɔko] *m* <-s, -s> (METEO) siroco *m*

**schiss** [ʃɪs] *3. imp von* **scheißen**

**Schiss** [ʃɪs] *m* <-es, *ohne pl*> ❶ (*vulg: Kot*) cagada *f* ❷ (*fam: Angst*) cagalera *f;* **~ haben** cagarse de miedo

**schizophren** [ʃitso'fre:n] *adj* (MED, PSYCH) esquizofrénico

**Schizophrenie** [ʃitsofre'ni:] *f ohne pl* (MED, PSYCH) esquizofrenia *f*

**schlabbern** ['ʃlabɐn] **I.** *vi* (*fam*) ❶ (*abw: kleckern*) pringarse (al comer) ❷ (*Kleidung*) colgar (por todos los sitios) **II.** *vt* (*fam: auflecken*) sorber (con ruido)

**Schlacht** [ʃlaxt] *f* <-en> (*a. fig*) batalla *f*

**Schlachtbank** *f* matadero *m*

**schlachten** ['ʃlaxtən] *vt* matar, carnear *CSur*

**Schlachtenbummler(in)** *m(f)* <-s, -; -nen> hincha *mf* (*que viaja a todos los lugares donde juega su equipo*)

**Schlachter(in)** ['ʃlaxtɐ] *m(f)* <-s, -; -nen> carnicero, -a *m, f*

**Schlachterei** [ʃlaxtə'raɪ] *f* <-en> ❶ (*nordd: Metzgerei*) carnicería *f* ❷ (*abw: Niedermetzeln*) matanza *f*

**Schlachtfeld** *nt* campo *m* de batalla

**Schlachthaus** *nt* matadero *m;* **Schlachthof** *m* matadero *m;* **Schlachtplan** *m* (*fam a.* MIL) plan *m* de acción; **Schlachtvieh** *nt* reses *fpl* de matadero

**Schlacke** ['ʃlakə] *f* <-n> ❶ (TECH) escoria *f* ❷ *pl* (*Ballaststoffe*) fibras *fpl*

**Schlaf** [ʃla:f] *m* <-(e)s, *ohne pl*> sueño *m*, apolillo *m Arg: argot;* **keinen ~ finden** (*geh*) no conciliar el sueño; **im ~ sprechen** hablar en sueños; **in tiefen ~ fallen** caer en un sueño profundo; **jdn aus dem ~ reißen** despertar a alguien (bruscamente); **den ~ des Gerechten schlafen** (*fam*) dormir el sueño de los justos; **etw im ~ können** (*fig*) saberse algo al dedillo; **Schlafanzug** *m* pijama *m*, piyama *m Am;* **Schlafcouch** *f* sofá *m* cama

**Schläfe** ['ʃlɛ:fə] *f* <-n> sien *f;* **graue ~n** sienes plateadas

**schlafen** ['ʃlafən] <schläft, schlief, geschlafen> *vi* ❶ (*im Schlaf liegen*) dormir, apolillar *Arg: argot;* **noch halb ~** estar medio dormido; **er schläft tief und fest** duerme a pierna suelta; **schlaf gut!** ¡que duermas bien!; **sich ~ legen** irse a dormir; **darüber muss ich erst noch mal ~** lo tengo que consultar con la almohada; **bei jdm ~** dormir en casa de alguien; **mit jdm ~** acostarse con alguien ❷ (*fam: nicht aufpassen*) dormirse

**Schläfer(in)** ['ʃlɛ:fɐ] *m(f)* <-s, -; -nen> ❶ (*Schlafender*) durmiente *mf* ❷ (*Nagetier*) lirón *m*

**schlaff** [ʃlaf] *adj* ❶ (*Seil, Disziplin*) flojo; (*Haut*) flá(c)cido ❷ (*nicht prall*) blando, fofo ❸ (*kraftlos*) débil; (*träge*) aplatanado

**Schlaffheit** *f ohne pl* ❶ (*ohne Straffheit*) flojedad *f;* (*der Haut*) flac(c)idez *f* ❷ (*Weichheit*) blandura *f* ❸ (*Kraftlosigkeit*) debilidad *f;* (*Trägheit*) flojera *f fam*

**Schlafgelegenheit** *f* lugar *m* para dormir; **Schlaflied** *nt* nana *f*, arrorró *m AmS*

**schlaflos** *adj* (*Person*) insomne; (*Nacht*) en vela

**Schlaflosigkeit** *f ohne pl* insomnio *m*

**Schlafmittel** *nt* somnífero *m;* **Schlafmütze** *f* (*fam*) ❶ (*Langschläfer*) dormilón, -ona *m, f* ❷ (*abw: träger Mensch*) plasta *mf*

**schläfrig** ['ʃlɛ:frɪç] *adj* (*müde*) soñoliento; (*fast schlafend*) adormitado; (*träge*) lento

**Schlafsaal** *m* dormitorio *m;* **Schlafsack** *m* saco *m* de dormir; **Schlafstörung** *f* (MED) insomnio *m*

**schläft** [ʃlɛ:ft] *3. präs von* **schlafen**

**Schlaftablette** *f* somnífero *m;* **schlaftrunken** ['ʃla:ftrʊŋkən] *adj* (*geh*) soñoliento

**Schlafwagen** *m* coche-cama *m*

**schlafwandeln** *vi haben o sein* padecer sonambulismo

**Schlafwandler(in)** *m(f)* <-s, -; -nen> sonámbulo, -a *m, f*

**Schlafzimmer** *nt* dormitorio *m*, recámara *f AmC*

**Schlag** [ʃla:k, *pl:* 'ʃlɛ:gə] *m* <-(e)s, Schläge> ❶ (*allgemein, Schicksals~*) golpe *m;* (*mit der Faust*) puñetazo *m*, impacto *m Am;* (*mit der Hand*) manotazo *m;* (*mit einem Stock*) porrazo *m;* (*mit einer Peitsche*) latigazo *m;* **ein ~ ins Gesicht** un golpe en la cara; **das war ein schwerer ~ für ihn** fue un golpe duro para él; **~ auf ~** ininterrumpidamente; **keinen ~ tun** (*fam fig*) no dar ni golpe; **mit einem ~** (*fam*) de golpe ❷ *pl* (*Prügel*) paliza *f* ❸ (*einer Uhr, Glocke*) campanada *f;* (*Herz~*) latido *m;* (*Puls~*) pulsación *f;* **~ sechs Uhr** a las seis

S

en punto ❹ (*Stromstoß*) calambre *m;* **einen ~ bekommen** darse un calambre ❺ (*fam: ~anfall*) ataque *m* de apoplejía; (*fig*) se quedó de piedra; **ich glaube, mich trifft der ~** creo que me va a dar algo ❻ (*Tauben~*) palomar *m* ❼ (*fam: Portion*) ración *f* ❽ (*Menschen~*) tipo *m*

**Schlagabtausch** *m* <-(e)s, *ohne pl*> ❶ (*beim Boxen*) intercambio *m* de golpes ❷ (*Auseinandersetzung*) disputa *f*

**Schlagader** *f* arteria *f;* **Schlaganfall** *m* ataque *m* de apoplejía

**schlagartig** **I.** *adj* brusco, repentino **II.** *adv* de un golpe

**Schlagbaum** *m* barrera *f*

**Schlagbohrmaschine** *f* taladradora *f* (eléctrica) con percutor

**Schlägel** *m* <-s, -> ❶ (*Werkzeug*) mazo *m,* golpe *m Mex* ❷ (MUS) palillo *m*

**schlagen** [ˈʃlaːgən] <schlägt, schlug, geschlagen> **I.** *vt* ❶ (*hauen*) pegar, fajar *Am,* virar *AmC, Ant;* (*klopfen*) golpear; **er schlug sie zu Boden** la tiró al suelo de un golpe; **jdm etw aus der Hand ~** arrancarle algo a alguien de la mano; **die Hände vors Gesicht ~** taparse la cara con las manos; **alles kurz und klein ~** hacer todo trizas; **etw zu Scherben ~** hacer algo añicos ❷ (*Gegner*) ganar (a); (*Schachfigur, Spielstein*) comer; (*Rekord*) batir; **er gab sich ge~** se dio por vencido; **sie schlugen die deutsche Mannschaft mit 3:1** ganaron al equipo alemán por 3 a 1 ❸ (*befestigen*) clavar; **einen Nagel in die Wand ~** clavar un clavo en la pared ❹ (*Loch, Kerbe*) hacer; **einen Bogen um jdn/etw ~** evitar a alguien/algo; **einen Kreis ~** trazar un círculo ❺ (*Eiweiß, Sahne*) batir ❻ (*fällen*) cortar, tumbar *Am* ❼ (*Trommel*) tocar; (*Uhrzeit*) dar; **die Uhr hat 12 ge~** el reloj dio las 12; **eine ge~e Stunde** una hora entera ❽ (*Greifvogel*) capturar **II.** *vi* ❶ (*hauen*) pegar; (*klopfen*) golpear; **sie schlug an die Tür** golpeó la puerta; **nach jdm ~** dar un golpe a alguien; **um sich ~** golpear a diestro y siniestro ❷ *sein* (*aufprallen*) darse (*auf/gegen* con/contra/en); **mit dem Kopf gegen die Tischkante ~** darse con la cabeza contra el canto de la mesa ❸ (*Herz*) latir; (*Uhr, Glocke*) tocar ❹ *haben o sein* (*Regen*) golpear (*an/gegen* en/contra); (*Flammen*) salir (*aus* por) ❺ (*Nachtigall, Fink*) cantar ❻ *sein* (*fam: ähneln*) parecerse (*nach* a) ❼ *sein* (*in Mitleidenschaft ziehen*): **die Nachricht ist ihm auf den Magen ge~** la noticia le ha sentado como una patada en el estómago **III.** *vr:* **sich ~** (*sich prügeln*) pegarse, fajarse *Am;* **sich um etw ~** pegarse por algo; **sich auf jds Seite ~** tomar partido por alguien; **ihr habt euch tapfer ge~!** ¡os habéis portado muy bien!

**Schlager** [ˈʃlaːgɐ] *m* <-s, -> ❶ (*Lied*) canción *f* de moda ❷ (*Verkaufs~*) artículo *m* de gran éxito

**Schläger** [ˈʃlɛːgɐ] *m* <-s, -> ❶ (*Tennis~*) raqueta *f;* (*Golf~, Hockey~*) stick *m* ❷ (*abw: Mensch*) matón *m*

**Schlägerei** *f* <-en> pelea *f,* bulla *f AmS*

**Schlagersänger(in)** *m(f)* intérprete *mf* de canciones de moda

**schlagfertig** *adj* agudo, sagaz

**Schlagfertigkeit** *f ohne pl* capacidad *f* de réplica

**Schlagholz** *nt* (SPORT) bate *m;* **Schlaginstrument** *nt* instrumento *m* de percusión; **Schlagkraft** *f ohne pl* ❶ (*Wucht*) fuerza *f* ❷ (*Kampfkraft*) fuerza *f* de combate ❸ (*Wirkungskraft*) eficacia *f;* **schlagkräftig** *adj* ❶ (*Person*) fuerte; (*Armee*) combativo ❷ (*Argument*) contundente; **Schlaglicht** *nt* rayo *m* de luz; **Schlagloch** *nt* bache *m,* pozo *m AmS;* **Schlagring** *m* llave *f* estrella de golpe; **Schlagsahne** *f ohne pl* (*flüssig*) nata *f* líquida; (*geschlagen*) nata *f* montada, crema *f Am;* **Schlagseite** *f ohne pl* (NAUT) escora *f;* **~ haben** escorar; **Schlagstock** *m* porra *f,* bolillo *m Col*

**schlägt** [ʃlɛːkt] *3. präs von* **schlagen**

**Schlagwort[1]** *nt* <-(e)s, -e *o* -wörter> ❶ (*Parole*) (e)slogan *m* ❷ (*Gemeinplatz*) tópico *m*

**Schlagwort[2]** *nt* <-(e)s, -wörter> (*Stichwort*) palabra *f* clave

**Schlagzeile** *f* titular *m,* encabezado *m Guat, Mex*

**Schlagzeug** *nt* <-(e)s, -e> (MUS) percusión *f;* (*einer Rockband*) batería *f*

**Schlagzeuger(in)** *m(f)* <-s, -; -nen> batería *mf;* **Schlagzeugspieler(in)** *m(f)* batería *mf*

**schlaksig** [ˈʃlaksɪç] *adj* (*fam*) larguirucho

**Schlamassel** [ʃlaˈmasəl] *m o nt* <-s, *ohne pl*> (*fam*) lío *m;* **da haben wir den ~!** ¡ya se armó la marimorena!

**Schlamm** [ʃlam, *pl:* (ˈʃlɛmə)] *m* <-(e)s, Schlämme *o* -e> lodo *m,* barro *m*

**schlammig** *adj* lodoso

**Schlammschlacht** *f* (*fam*) ❶ (*Fußballspiel*) partido *m* en campo lodoso ❷ (*Streit*) pelea *f* (con golpes bajos)

**Schlampe** [ˈʃlampə] *f* <-n> (*fam abw*) dejada *f,* cachimba *f Cuba*

**Schlamperei[1]** *f* <-en> (*fam abw: schlechte Arbeit*) chapuza *f*

**Schlamperei²** *f ohne pl* (*fam: Unordnung*) desorden *m*

**schlampig** *adj* (*fam abw*) ① (*unordentlich*) desordenado; (*Aussehen*) descuidado ② (*Arbeit*) chapucero

**schlang** [ʃlaŋ] *3. imp von* **schlingen**

**Schlange** [ˈʃlaŋə] *f* <-n> ① (*Tier*) serpiente *f* ② (*abw: Person*) víbora *f* ③ (*Menschen~*) cola *f*; (*Fahrzeug~*) caravana *f* (de coches); ~ **stehen** hacer cola

**schlängeln** [ˈʃlɛŋəln] *vr:* **sich** ~ ① (*Schlange, Weg*) serpentear ② (*Mensch*) abrirse camino (*durch* por entre)

**Schlangenbiss** *m* picadura *f* de serpiente; **Schlangengift** *nt* veneno *m* de serpiente; **Schlangenleder** *nt* piel *f* de serpiente; **Schlangenlinie** *f* línea *f* sinuosa; (**in**) ~**n fahren** ir haciendo eses

**schlank** [ʃlaŋk] *adj* delgado

**Schlankheit** *f ohne pl* delgadez *f*

**Schlankheitskur** *f* cura *f* para adelgazar

**schlapp** [ʃlap] *adj* ① (*nicht straff*) flojo ② (*ohne Kraft*) flojo, débil; (*erschöpft*) agotado ③ (*fam abw: träge*) soso ④ (*fam*): **für** ~**e 10 Euro** por la miseria de 10 euros

**Schlappe** [ˈʃlapə] *f* <-n> derrota *f*; **eine** ~ **erleiden** sufrir una derrota

**Schlapphut** *m* chambergo *m*; **schlapp|machen** *vi* (*fam*) tirar la toalla; **Schlappschwanz** *m* (*fam abw*) calzonazos *m inv*

**Schlaraffenland** [ʃlaˈrafən-] *nt ohne pl* (país *m* de) Jauja *f*

**schlau** [ʃlaʊ] *adj* ① (*listig*) astuto, gaucho *AmS* ② (*fam: klug*) listo; **aus jdm/etw** *dat* **nicht** ~ **werden** no entender a alguien/algo

**Schlauberger** [-bɛrgɐ] *m* <-s, -> (*fam*) cuco, -a *m, f*

**Schlauch** [ʃlaʊx, *pl:* ˈʃlɔɪçə] *m* <-(e)s, Schläuche> ① (*Wasser~*) manguera *f*; (*Gas~*) tubo *m* flexible; **auf dem** ~ **stehen** (*fam fig*) estar desorientado ② (*Reifen~*) cámara *f* de aire; **Schlauchboot** *nt* bote *m* neumático

**schlauchen** **I.** *vi* (*fam*) cansar **II.** *vt* (*fam*) ① (*Arbeit*) agotar ② (*Vorgesetzter*) hacer sudar (a)

**Schlaufe** [ˈʃlaʊfə] *f* <-n> ① (*zum Tragen*) lazo *m* ② (*am Gürtel*) pasador *m*

**Schlauheit** *f ohne pl* astucia *f*, ingenio *m*

**Schlaumeier** *m* <-s, -> (*fam*) vivo, -a *m, f*

**Schlawiner** [ʃlaˈviːnɐ] *m* <-s, -> (*fam abw*) pillo, -a *m, f*

**schlecht** [ʃlɛçt] **I.** *adj* ① (*nicht gut*) mal(o); **etw S~es über jdn sagen** hablar mal de alguien; **mir ist** ~ me siento mal ② (*verdorben*) malo; (*verfault*) podrido; (*Luft*) viciado; ~ **werden** echarse a perder ③ (*gemein*) malo; (*boshaft*) malicioso **II.** *adv* mal; **auf jdn** ~ **zu sprechen sein** no sentir simpatía por alguien; **er ist** ~ **zu verstehen** es difícil entenderlo; **das kann ich** ~ **sagen** no sabría decirlo exactamente; **mehr** ~ **als recht** con más pena que gloria; **nicht** ~**!** ¡no está mal!

**schlechthin** [ˈ-ˈ-] *adv* ① (*an sich*) por antonomasia ② (*geradezu*) simplemente, sin más ③ (*absolut*) totalmente

**schlecken** [ˈʃlɛkən] **I.** *vi, vt* (*lecken*) lamer (*an*) **II.** *vi* (*naschen*) comer golosinas

**Schleckermaul** *nt* (*fam*) goloso, -a *m, f*

**Schlegel** [ˈʃleːgəl] *m* <-s, -> (*südd, Österr, Schweiz: Geflügelkeule*) muslo *m*

**Schlehe** [ˈʃleːə] *f* <-n> ① (*Strauch*) endrino *m* ② (*Frucht*) endrina *f*

**schleichen** [ˈʃlaɪçən] <schleicht, schlich, geschlichen> **I.** *vi sein* ① (*leise*) avanzar a hurtadillas ② (*langsam*) ir a paso lento; **die Zeit schleicht** el tiempo pasa lentamente **II.** *vr:* **sich** ~ (*hinein~*) entrar a hurtadillas (*in* en/a); (*hinaus~*) salir a hurtadillas (*aus* de)

**schleichend** *adj* (*Krankheit*) lento; (*Inflation*) latente

**Schleichweg** [-veːk] *m* camino *m* secreto; **Schleichwerbung** *f ohne pl* publicidad *f* encubierta

**Schleie** [ˈʃlaɪə] *f* <-n> (ZOOL) tenca *f*

**Schleier** [ˈʃlaɪɐ] *m* <-s, -> ① (*für Gesicht, Kopf, a.* FOTO) velo *m*; **den** ~ **von etw lüften** (*geh*) descorrer el velo de algo ② (*Dunst*) cortina *f*

**Schleiereule** *f* lechuza *f*

**schleierhaft** *adj:* **es ist mir** ~**, wie ...** no me explico cómo...

**Schleife** [ˈʃlaɪfə] *f* <-n> ① (*Schlinge*) lazo *m*; (*beim Schuhebinden*) nudo *m*; (*Haar~*) lazo *m*, cinta *f* ② (*Kurve*) curva *f*

**schleifen¹** [ˈʃlaɪfən] *vt* ① (*ziehen*) arrastrar; **etw** ~ **lassen** (*fam*) no ocuparse de algo ② (*niederreißen*) arrasar

**schleifen²** <schleift, schliff, geschliffen> *vt* ① (*Messer, Schere*) afilar ② (*Glas*) esmerilar; (*Edelstein*) tallar; **geschliffene Reden** discursos muy esmerados ③ (*fam: hart drillen*) hacer sudar (la gota gorda) (a)

**Schleifmaschine** *f* lijadora *f*; **Schleifpapier** *nt* papel *m* de lija

**Schleim** [ʃlaɪm] *m* <-(e)s, -e> ① (*Sekret*) moco *m*, flema *f*; (*einer Pflanze*) mucílago *m* ② (*Brei*) papilla *f*

**schleimen** *vi* (*fam abw: schmeicheln*) hacer la pelota

**Schleimer**(**in**) [ˈʃlaɪmɐ] *m(f)* <-s, -; -nen>

(*abw*) pelota *mf*
**Schleimhaut** *f* (MED) (membrana *f*) mucosa *f*
**schleimig** *adj* ① (*Absonderung*) mucoso; (*klebrig*) viscoso ② (*abw: kriecherisch*) zalamero
**Schleimscheißer(in)** *m(f)* <-s, -; -nen> (*vulg abw*) lameculos *mf inv*
**schlemmen** ['ʃlɛmən] *vi, vt* comer opíparamente
**Schlemmer(in)** *m(f)* <-s, -; -nen> gourmet *mf*
**Schlemmerei** *f* <-en> (*Gelage*) comilona *f*, empipada *f Am*
**schlendern** ['ʃlɛndɐn] *vi sein* deambular (*durch* por)
**schlenkern** ['ʃlɛŋkɐn] *vi, vt* balancear, bambolear
**Schleppe** ['ʃlɛpə] *f* <-n> cola *f* (del vestido)
**schleppen** ['ʃlɛpən] **I.** *vt* ① (*ziehen*) arrastrar; (*ab~*) remolcar ② (*tragen*) cargar (con) ③ (*transportieren*) llevar **II.** *vr:* **sich ~** ① (*sich fortbewegen*) andar a trancas y barrancas (*über* por, *in/(bis) zu* hasta) ② (*sich hinziehen*) durar (mucho tiempo)
**schleppend** *adj* lento; (*Unterhaltung*) pesado, difícil; (*Nachfrage*) poco
**Schlepper** *m* <-s, -> ① (*Schleppschiff*) remolcador *m* ② (*Traktor*) tractor *m* ③ (*fam abw: Person*) gancho *m*
**Schleppkahn** *m* lancha *f* de remolque, bongo *m Am;* **Schlepplift** *m* telesquí *m;* **Schleppnetz** *nt* traína *f*, red *f* barredera [*o* de arrastre]; **Schlepptau** *nt* cable *m* de remolque; **jdn ins ~ nehmen** (*fam fig*) llevar a alguien (consigo) a todas partes
**Schlesien** ['ʃleːziən] *nt* <-s> Silesia *f*
**Schlesier(in)** *m(f)* <-s, -; -nen> silesio, -a *m, f*
**schlesisch** *adj* silesio
**Schleswig-Holstein** *nt* <-s> Schleswig-Holstein *m*
**Schleuder** ['ʃlɔɪdɐ] *f* <-n> ① (*für Geschosse*) honda *f* ② (*Wäsche~*) centrifugadora *f* ③ (*Zentrifuge*) centrífuga *f*
**Schleudergefahr** *f* peligro *m* de deslizamiento
**schleudern** ['ʃlɔɪdɐn] **I.** *vi sein* (*Auto*) patinar, colear *AmC, Ant;* **ins S~ kommen** patinar, colear *AmC, Ant;* (*fam: etwas nicht gewachsen sein*) verse en apuros **II.** *vt* ① (*werfen*) lanzar, arrojar ② (*Wäsche*) centrifugar
**Schleuderpreis** *m* (*fam*) precio *m* tirado; **Schleudersitz** *m* (AERO) asiento *m* proyectable
**schleunigst** ['ʃlɔɪnɪçst] *adv* ahora mismo, al tiro *Am*
**Schleuse** ['ʃlɔɪzə] *f* <-n> esclusa *f*
**schleusen** *vt* ① (*Schiff*) hacer pasar por la esclusa ② (*geleiten*) conducir ③ (*illegal*) hacer pasar (*durch* por, *in* a); **jdn über die grüne Grenze ~** ayudar a alguien a pasar la frontera (ilegalmente)
**Schleuserbande** *f* banda *f* clandestina de tráfico de mano de obra
**schlich** [ʃlɪç] *3. imp von* **schleichen**
**Schlich** *m* <-(e)s, -e> truco *m;* **jdm auf die ~e kommen** ver(le) a alguien el juego
**schlicht** [ʃlɪçt] *adj* ① (*einfach*) simple, sencillo; **~ und einfach** (*fam*) sencillamente ② (*bescheiden*) modesto
**schlichten** ['ʃlɪçtən] *vt* ① (*Streit*) mediar (en), intervenir como mediador (en) ② (TECH: *Oberfläche*) alisar
**Schlichtung** *f* <-en> conciliación *f*
**Schlick** [ʃlɪk] *m* <-(e)s, -e> cieno *m*
**schliddern** ['ʃlɪdɐn] *vi sein* (*nordd*) *s.* **schlittern**
**schlief** [ʃliːf] *3. imp von* **schlafen**
**Schliere** ['ʃliːrə] *f* <-n> estría *f*
**schließen** ['ʃliːsən] <schließt, schloss, geschlossen> **I.** *vt* ① (*zumachen*) cerrar; **eine Lücke ~** tapar un hueco ② (*beenden*) terminar, concluir; (*Kongress*) clausurar; **eine Sitzung ~** levantar la sesión ③ (*Bündnis, Vertrag*) firmar; (*Ehe*) contraer; **jdn in die Arme ~** abrazar a alguien ④ (ELEK: *an~*) conectar (*an* a/con) **II.** *vi* ① (*zugehen, Geschäft*) cerrar ② (*aufhören*) terminar ③ (*ab~*) cerrar ④ (*folgern*) deducir (*aus* de) **III.** *vr:* **sich ~** (*zugehen*) cerrarse
**Schließfach** *nt* ① (*bei der Post*) apartado *m* de correos, casilla *f Am;* (*bei einer Bank*) caja *f* fuerte ② (*für Gepäck*) consigna *f* automática
**schließlich** *adv* ① (*am Ende*) finalmente, después de todo ② (*im Grunde*) al fin y al cabo
**Schließmuskel** *m* esfínter *m*
**Schließung** *f* <-en> cierre *m;* (*Beendigung*) conclusión *f;* (*Sitzung, Kongress*) clausura *f*
**schliff** [ʃlɪf] *3. imp von* **schleifen**[2]
**Schliff** [ʃlɪf] *m* <-(e)s, *ohne pl*> (*Glas~*) esmerilado *m;* (*Edelstein~*) tallado *m;* **etw** *dat* **den letzten ~ verleihen** dar los últimos toques a algo
**schlimm** [ʃlɪm] **I.** *adj* ① (*unangenehm, schlecht*) mal(o); (*schrecklich*) terrible; **es gibt S~eres** hay cosas peores; **umso ~er** todavía peor ② (*schwerwiegend*) grave; **es ist nicht weiter ~** (*fam*) no pasa nada ③ (*fam: entzündet*) irritado **II.** *adv* mal; **~ enden** acabar mal; **es steht ~ um ihn**

está en muy mala situación
**schlimmstenfalls** ['ʃlɪmstənfals] *adv* en el peor de los casos
**Schlinge** ['ʃlɪŋə] *f* <-n> (*allgemein, Falle*) lazo *m;* (*Schlaufe*) nudo *m* corredizo; (*Arm~*) cabestrillo *m;* **den Kopf aus der ~ ziehen** (*fig*) (saber) salir del apuro
**Schlingel** ['ʃlɪŋəl] *m* <-s, -> (*fam*) pillo, -a *m, f*
**schlingen** ['ʃlɪŋən] <schlingt, schlang, geschlungen> **I.** *vi* (*beim Essen*) tragar, zampar **II.** *vt* (*binden*) atar (*um* alrededor de) **III.** *vr:* **sich ~** (*Pflanze*) trepar (*um* por)
**schlingern** ['ʃlɪŋɐn] *vi* dar bandazos
**Schlingpflanze** *f* (planta *f*) trepadora *f*
**Schlips** [ʃlɪps] *m* <-es, -e> (*fam*) corbata *f;* **in** [*o* **mit**] **~ und Kragen** de etiqueta
**Schlitten** ['ʃlɪtən] *m* <-s, -> ❶ (*Rodel~*) trineo *m* ❷ (*an der Schreibmaschine*) carro *m* ❸ (*fam: Auto*) coche *m,* auto *m Am;* **Schlittenfahrt** *f* paseo *m* en trineo
**schlittern** ['ʃlɪtɐn] *vi sein* ❶ (*Wagen, Person, Eisstock*) patinar (*auf* sobre, *über* por) ❷ (*hineingeraten*) verse implicado (*in* en)
**Schlittschuh** *m* patín *m* para hielo; **~ laufen** patinar (sobre hielo); **Schlittschuhbahn** *f* pista *f* de hielo; **Schlittschuhläufer(in)** *m(f)* patinador(a) *m(f)* sobre hielo
**Schlitz** [ʃlɪts] *m* <-es, -e> ❶ (*an Automaten, Briefkasten*) ranura *f;* (*Spalt*) hendidura *f* ❷ (*an Kleidung*) raja *f;* **Schlitzaugen** *ntpl* ojos *mpl* rasgados
**schlitzen** ['ʃlɪtsən] *vt* rajar
**Schlitzohr** *nt* (*fam*) zorro, -a *m, f*
**schloss** [ʃlɔs] *3. imp von* **schließen**
**Schloss** [ʃlɔs, *pl:* 'ʃlœsɐ] *nt* <-es, Schlösser> ❶ (*Burg*) castillo *m;* (*Palast*) palacio *m* ❷ (*Tür~*) cerradura *f,* chapa *f Am;* (*an Schmuck, Koffer*) cierre *m;* (*Vorhänge~*) cerrojo *m;* **ins ~ fallen** cerrarse; **hinter ~ und Riegel** (*fam*) a buen recaudo
**Schlosser(in)** ['ʃlɔsɐ] *m(f)* <-s, -; -nen> cerrajero, -a *m, f*
**Schlosserei** *f* <-en> cerrajería *f*
**Schlossherr(in)** *m(f)* señor(a) *m(f)* del castillo; (*im Mittelalter*) castellano, -a *m, f;* **Schlosspark** *m* jardines *mpl* del palacio
**Schlot** [ʃloːt] *m* <-(e)s, -e> (*reg*) chimenea *f;* **rauchen wie ein ~** (*fam fig*) fumar como un carretero
**schlotterig** *adj* ❶ (*zitternd*) tembloroso ❷ (*Kleidung*) holgado
**schlottern** ['ʃlɔtɐn] *vi* ❶ (*Person*) temblar ❷ (*Kleidung*) colgar (por todos los sitios)
**schlottrig** *adj s.* **schlotterig**
**Schlucht** [ʃlʊxt] *f* <-en> quebrada *f*
**schluchzen** ['ʃlʊxtsən] *vi* sollozar, chillar *Am*
**Schluchzer** *m* <-s, -> sollozo *m*
**Schluck** [ʃlʊk] *m* <-(e)s, -e> trago *m,* sorbo *m,* golpe *m Mex;* **einen ~ nehmen** dar un sorbo; **etw in einem ~ austrinken** beberse algo de un trago
**Schluckauf** [ʃlʊk'ʔaʊf] *m* <-s, *ohne pl*> hipo *m*
**schlucken** ['ʃlʊkən] **I.** *vi* tragar **II.** *vt* ❶ (*Speise*) tragar ❷ (*fam: hinnehmen*) aguantar, tragarse ❸ (*fam: verbrauchen*) gastar, tragar ❹ (*fam abw: übernehmen*) absorber, tragar(se) *fam*
**Schlucker** *m* <-s, -> (*fam*): **armer ~** pobre diablo
**Schluckimpfung** *f* vacuna(ción) *f* por vía oral
**schluckweise** *adj* a tragos
**schlud(e)rig** ['ʃluːd(ə)rɪç] *adj* (*fam abw*) ❶ (*Kleidung*) descuidado ❷ (*Arbeit*) chapucero
**schludern** ['ʃluːdɐn] *vi* (*fam abw*) hacer una chapuza
**schlug** [ʃluːk] *3. imp von* **schlagen**
**Schlummer** ['ʃlʊmɐ] *m* <-s, *ohne pl*> (*geh*) sueño *m* ligero
**schlummern** ['ʃlʊmɐn] *vi* ❶ (*geh: schlafen*) dormitar ❷ (*Talent*) estar oculto
**Schlund** [ʃlʊnt, *pl:* 'ʃlʏndə] *m* <-(e)s, Schlünde> garganta *f;* (*eines Tieres*) fauces *fpl*
**schlüpfen** ['ʃlʏpfən] *vi sein* ❶ (*hinein~, hindurch~*) pasar (*in* a, *durch* por); (*hinaus~*) salir (*aus* de); (*in Kleidung*) ponerse (*in*) ❷ (*Küken*): (**aus dem Ei**) **~** salir (del huevo)
**Schlüpfer** *m* <-s, -> braga *f*
**Schlupfloch** *nt* (*Versteck*) escondrijo *m;* (*Zuflucht*) refugio *m*
**schlüpfrig** ['ʃlʏpfrɪç] *adj* ❶ (*rutschig*) resbaladizo ❷ (*abw: anstößig*) obsceno, verde *fam*
**Schlupfwinkel** *m* escondrijo *m,* cucho *m Ecua, Peru*
**schlurfen** ['ʃlʊrfən] *vi sein* arrastrar los pies
**schlürfen** ['ʃlʏrfən] *vi, vt* sorber con ruido
**Schluss** [ʃlʊs, *pl:* 'ʃlʏsə] *m* <-es, Schlüsse> ❶ (*Ende*) fin *m,* final *m;* **~ für heute!** ¡basta por hoy!; **zum ~** al final; **bis zum ~ bleiben** quedarse hasta el final; **mit jdm ~ machen** romper con alguien ❷ (*Folgerung*) conclusión *f;* **zu dem ~ kommen, dass ...** llegar a la conclusión de que...; **Schlussbemerkung** *f* observación *f* final
**Schlüssel** ['ʃlʏsəl] *m* <-s, -> ❶ (*Tür~, Schrauben~*) llave *f* ❷ (*Noten-, Lösungs~*) clave *f* ❸ (*Schema*) esquema *m;* **Schlüsselanhänger** *m* llavero *m;* **Schlüsselbein** *nt* clavícula *f;* **Schlüsselblume** *f*

S

primavera *f;* **Schlüsselbund** *m o nt* manojo *m* de llaves; **Schlüsseldienst** *m* (*für Duplikate*) servicio *m* de copia de llaves; (*zum Aufschließen*) servicio *m* de cerrajería; **Schlüsselerlebnis** *nt* (PSYCH) experiencia *f* clave; **schlüsselfertig** *adj* de llave en mano; **Schlüsselloch** *nt* ojo *m* de la cerradura

**Schlüsselqualifikation** *f* (WIRTSCH) cualificación *f* básica

**schlussfolgern** *vt* concluir (*aus* de); **Schlussfolgerung** *f* conclusión *f;* **aus etw ~en ziehen** sacar conclusiones de algo

**schlüssig** [ˈʃlʏsɪç] *adj* concluyente; **sich** *dat* **(über etw) ~ werden** tomar una resolución (respecto a algo)

**Schlusslicht** *nt* ❶ (AUTO) luz *f* trasera ❷ (*fam: Person*) colista *mf;* **Schlusspfiff** *m* (SPORT) pitido *m* final; **Schlussstrich** *m* punto *m* final; **einen ~ ziehen** hacer borrón y cuenta nueva; **Schlussverkauf** *m* rebajas *fpl* de fin de temporada; **Schlusswort** *nt* comentario *m* final

**Schmach** [ʃmaːx] *f ohne pl* (*geh: Schande*) vergüenza *f;* (*Kränkung*) ofensa *f;* (*Demütigung*) humillación *f*

**schmachten** [ˈʃmaxtən] *vi* (*geh*): **nach etw ~** ansiar algo; **nach jdm ~** añorar a alguien; **vor Durst ~** morirse de sed

**schmachtend** *adj* ❶ (*sehnsüchtig*) lleno de añoranza ❷ (*sentimental*) sentimental

**schmächtig** [ˈʃmɛçtɪç] *adj* flaco

**schmackhaft** [ˈʃmakhaft] *adj* sabroso; **jdm etw ~ machen** (*fam*) hacer a alguien la boca agua con algo

**schmal** [ʃmaːl] *adj* (*schlank*) delgado; (*eng*) estrecho; (*gering*) escaso

**schmälern** [ˈʃmɛːlɐn] *vt* reducir, disminuir

**Schmalspur** *f ohne pl* (EISENB) vía *f* estrecha

**Schmalz**[1] [ʃmalts] *nt* <-es, -e> (*Fett*) manteca *f*

**Schmalz**[2] *m* <-es, *ohne pl*> (*fam abw: Sentimentalität*) sentimentalismo *m*

**schmalzig** *adj* (*abw*) sentimental, empalagoso

**schmarotzen*** [ʃmaˈrɔtsən] *vi* ❶ (BIOL) vivir como parásito (*auf/in* en) ❷ (*abw: Mensch*) vivir de gorra (*bei* a costa de)

**Schmarotzer**[1] *m* <-s, -> (BIOL) parásito *m*

**Schmarotzer(in)**[2] *m(f)* <-s, -; -nen> (*abw: Person*) gorrón, -ona *m, f,* pepenche *m Mex*

**Schmarren** [ˈʃmarən] *m* <-s, -> ❶ (*Österr, südd: Mehlspeise*) *tortilla dulce hecha a base de harina, huevos, leche y pasas* ❷ (*fam abw: Unsinn*) chorrada *f*

**schmatzen** [ˈʃmatsən] *vi* hacer ruido al comer

**schmausen** [ˈʃmaʊzən] *vi* comer con placer

**schmecken** [ˈʃmɛkən] **I.** *vi* ❶ (*Geschmack haben*) saber (*nach* a) ❷ (*gut ~*) gustar; **schmeckt dir die Suppe?** ¿te gusta la sopa?; **es hat gut geschmeckt** estaba rico; **es sich** *dat* **~ lassen** comer con ganas; **lass es dir ~!** ¡que aproveches! **II.** *vt* (*kosten*) probar; (*heraus~*) sacar el gusto (de)

**Schmeichelei** [ʃmaɪçəˈlaɪ] *f* <-en> lisonja *f,* caravana *f Mex*

**schmeichelhaft** *adj* lisonjero; **das ist wenig ~ für ihn** no le va a gustar nada

**schmeicheln** [ˈʃmaɪçəln] *vi* ❶ (*loben, gefallen*) halagar, lisonjear; (*abw*) adular, barbear *Guat, Mex* ❷ (*vorteilhaft aussehen lassen*) favorecer

**Schmeichler(in)** *m(f)* <-s, -; -nen> lisonjeador(a) *m(f);* (*abw*) zalamero, -a *m, f*

**schmeichlerisch** *adj* lisonjero; (*abw*) zalamero

**schmeißen** [ˈʃmaɪsən] <schmeißt, schmiss, geschmissen> *vt* (*fam*) ❶ (*werfen*) tirar, lanzar; **jdn aus dem Haus ~** echar a alguien de la casa ❷ (*abbrechen*) abandonar ❸ (*bewältigen*) poner a flote, encargarse (de)

**Schmeißfliege** *f* moscarda *f*

**Schmelz** [ʃmɛlts] *m* <-es, -e> (*Zahn~*) esmalte *m* (dental)

**Schmelze** [ˈʃmɛltsə] *f* <-n> ❶ (*allgemein*) derretimiento *m;* (*Schnee~*) deshielo *m* ❷ (TECH) fundición *f*

**schmelzen** [ˈʃmɛltsən] <schmilzt, schmolz, geschmolzen> **I.** *vi sein* (*Butter, Eis, Schnee*) derretirse; (*Käse, Glas, Metall*) fundirse **II.** *vt* (*Butter, Schnee*) derretir; (*Metall, Glas*) fundir

**Schmelzhütte** *f* (TECH) fundición *f;* **Schmelzkäse** *m* (GASTR) queso *m* fundido; **Schmelzofen** *m* (TECH) horno *m* de fusión; **Schmelzpunkt** *m* (PHYS) punto *m* de fusión; **Schmelztiegel** *m* (TECH) crisol *m;* (*fig*) crisol *m* de las razas; **Schmelzwasser** *nt* agua *f* de deshielo

**Schmerz** [ʃmɛrts] *m* <-es, -en> dolor *m;* (*Kummer*) pena *f;* **schmerzempfindlich** *adj* sensible al dolor

**schmerzen** [ˈʃmɛrtsən] **I.** *vi* doler (a) **II.** *vt* doler; (*betrüben*) afligir

**Schmerzensgeld** *nt* (JUR) indemnización *f* por daño personal

**Schmerzgrenze** *f* (*fig*) límite *m* (máximo); **die ~ überschreiten** pasarse de la raya

**schmerzhaft** *adj* doloroso

**schmerzlich** *adj* doloroso, penoso

**schmerzlindernd** *adj* analgésico, calmante; **schmerzlos** *adj* sin dolores; **kurz und** ~ rápidamente; **Schmerzmittel** *nt* analgésico *m;* **schmerzstillend** *adj* analgésico, calmante; **Schmerztablette** *f* analgésico *m;* **schmerzvoll** *adj s.* **schmerzlich**

**Schmetterling** [ˈʃmɛtɐlɪŋ] *m* <-s, -e> (ZOOL, SPORT) mariposa *f*

**schmettern** [ˈʃmɛtɐn] **I.** *vt* ❶ (*werfen*) arrojar, lanzar; (*Tennis*) dar un smash (a) ❷ (*Lied*) cantar con brío **II.** *vi* ❶ (*erklingen*) (re)sonar ❷ (*aufprallen*) chocar ❸ (*Tennis*) dar un smash

**Schmied** [ʃmiːt] *m* <-(e)s, -e> herrero *m;* (*Huf~*) herrador *m*

**Schmiede** [ˈʃmiːdə] *f* <-n> fragua *f*

**schmiedeeisern** *adj* de hierro forjado

**schmieden** [ˈʃmiːdən] *vt* ❶ (*Eisen*) forjar ❷ (*Pläne*) urdir

**schmiegen** [ˈʃmiːgən] *vr:* **sich** ~ (*Kleidung*) ajustarse (*an* a); (*Mensch*) arrimarse cariñosamente (*an* a)

**Schmiere** [ˈʃmiːrə] *f* <-n> ❶ (*Fett*) untura *f,* grasa *f* ❷ (*Schmutz*) mugre *f* ❸ (*fam abw: Theater*) farándula *f* ❹ (*fam*): ~ **stehen** hacer de espía

**schmieren** [ˈʃmiːrən] **I.** *vt* ❶ (*mit Fett*) engrasar, lubri(fi)car; (*mit Öl*) enaceitar; **es läuft wie geschmiert** (*fam*) marcha como la seda; **jdm eine** ~ (*fam*) darle un bofetón a alguien ❷ (*Brötchen*) untar; (*auftragen*) poner; (*Aufstrich, Butter*) untar, poner ❸ (*fam abw: bestechen*) untar, sobornar ❹ (*fam abw: beschmutzen*) garabatear **II.** *vi* (*fam*) ❶ (*Stift*) manchar ❷ (*abw: beim Schreiben*) hacer garabatos

**Schmiererei** *f* <-en> (*fam abw: Gemaltes*) mamarrachada *f;* (*Geschriebenes*) garabatos *mpl*

**Schmierfink** *m* (*fam abw*) cochino, -a *m, f*

**Schmiergeld** *nt* (*fam abw*) unto *m,* soborno *m;* **Schmiergeldzahlung** *f* (pago *m* de un) soborno *m*

**schmierig** *adj* ❶ (*feuchtklebrig*) resbaladizo ❷ (*schmutzig*) mugriento; (*fettig*) pringoso ❸ (*abw: schmeichlerisch*) zalamero ❹ (*abw: obszön*) obsceno

**Schmieröl** *nt* aceite *m* lubri(fi)cante; **Schmierpapier** *nt* (*fam*) (papel *m* de) borrador *m;* **Schmierseife** *f* jabón *m* verde; **Schmierstoff** *m* lubricante *m;* **Schmierzettel** *m* borrador *m*

**schmilzt** [ʃmɪltst] *3. präs von* **schmelzen**

**Schminke** [ˈʃmɪŋkə] *f* <-n> maquillaje *m*

**schminken** [ˈʃmɪŋkən] **I.** *vt* maquillar **II.** *vr:* **sich** ~ maquillarse

**Schminkkoffer** *m* neceser *m* de belleza

**schmirgeln** [ˈʃmɪrgəln] *vt* lijar

**Schmirgelpapier** *nt* papel *m* de lija

**schmiss** [ʃmɪs] *3. imp von* **schmeißen**

**Schmöker** [ˈʃmøːkɐ] *m* <-s, -> (*fam*) novelón *m*

**schmökern** [ˈʃmøːkɐn] *vi* (*fam*) enfrascarse en la lectura; **in einem Buch** ~ leer un libro

**schmollen** [ˈʃmɔlən] *vi* estar de morros

**Schmollmund** *m* morro *m*

**schmolz** [ʃmɔlts] *3. imp von* **schmelzen**

**Schmorbraten** [ˈʃmoːɐ-] *m* estofado *m*

**schmoren** [ˈʃmɔːrən] **I.** *vi* (*Fleisch*) cocerse (a fuego lento) **II.** *vt* estofar, cocer a fuego lento; **sie schmorte stundenlang in der Sonne** (*fam*) estuvo horas tostándose al sol; **jdn** ~ **lassen** (*fam*) tener a alguien en ascuas

**Schmuck** [ʃmʊk] *m* <-(e)s, *ohne pl*> ❶ (*Juwelen*) joyas *fpl;* (*Mode~*) bisutería *f* ❷ (*Verzierung*) adorno *m*

**schmücken** [ˈʃmʏkən] *vt* adornar

**Schmuckkästchen** [-kɛstçən] *nt* joyero *m,* alhajera *f Arg, Chil;* **schmucklos** *adj* sin adorno; (*Raum*) austero; **Schmucksachen** *fpl* joyas *fpl,* alhajas *fpl;* **Schmuckstück** *nt* alhaja *f,* joya *f*

**schmudd(e)lig** *adj* (*fam abw: Person*) desaliñado; (*Ding*) sucio, mugriento

**Schmuggel** [ˈʃmʊgəl] *m* <-s, *ohne pl*> contrabando *m,* facuya *f Mex*

**schmuggeln** **I.** *vi* hacer contrabando **II.** *vt* pasar de contrabando; **jdn außer Landes** ~ ayudar a alguien a salir del país ilegalmente

**Schmuggelware** *f* mercancía *f* de contrabando

**Schmuggler(in)** *m(f)* <-s, -; -nen> contrabandista *mf*

**schmunzeln** [ˈʃmʊntsəln] *vi* sonreírse (satisfecho) (*über* de)

**schmusen** [ˈʃmuːzən] *vi* (*fam*) besuquearse, acariciarse

**Schmutz** [ʃmʊts] *m* <-es, *ohne pl*> ❶ (*Zustand*) suciedad *f* ❷ (*herumliegender*) basura *f;* (*Staub*) polvo *m;* (*Lehm*) barro *m;* **etw/jdn in** [*o* **durch**] **den** ~ **ziehen** (*fig*) arrastrar algo/a alguien por el fango; **Schmutzfink** *m* <-en *o* -s, -en> (*fam*) cochino, -a *m, f;* **Schmutzfleck** *m* mancha *f*

**schmutzig** *adj* ❶ (*dreckig, unlauter*) sucio; (*beschmiert*) embadurnado, pringado *fam;* **sich** *dat* **nicht die Finger** ~ **machen** (*fig*) no ensuciarse las manos ❷ (*unanständig*) obsceno; (*Fantasie*) sucio; (*Witz*) verde

**Schmutzkampagne** *f* (POL) campaña *f* de acoso y derribo, campaña *f* desleal

S

**Schnabel** ['ʃna:bəl, *pl:* 'ʃnɛ:bəl] *m* <-s, Schnäbel> ① (*eines Vogels*) pico *m* ② (*an einer Kanne*) pitorro *m* ③ (*fam: Mund*) pico *m;* **halt den ~!** ¡cierra el pico!; **sie redet, wie ihr der ~ gewachsen ist** habla porque tiene boca

**Schnake** ['ʃna:kə] *f* <-n> ① (*Wiesen~*) moscardón *m* ② (*reg: Stechmücke*) mosquito *m,* zancudo *m Am*

**Schnalle** ['ʃnalə] *f* <-n> hebilla *f*

**schnallen** *vt* ① (*fest~*) atar (*auf* a); (*los~*) soltar; **etw enger/weiter ~** ceñir/aflojar algo; **den Gürtel enger ~** (*fam fig*) apretarse el cinturón ② (*fam: begreifen*) captar, coger

**schnalzen** ['ʃnaltsən] *vi* (*mit der Zunge*) chasquear; (*mit den Fingern*) castañetear

**Schnäppchen** ['ʃnɛpçən] *nt* <-s, -> (*reg: fam*) ganga *f,* pichincha *f Arg;* **ein ~ machen** hacer un buen negocio; **Schnäppchenjagd** *f* (*fam*) búsqueda *f* de gangas

**schnappen** ['ʃnapən] **I.** *vi* ① (*Hund*) (intentar) pillar (*nach*); **nach Luft ~** (*fam*) jadear ② *sein* (*Bewegung*): **die Tür schnappt ins Schloss** la puerta se cierra **II.** *vt* (*packen*) coger, pescar *fam;* (*Dieb*) pillar

**Schnappmesser** *nt* navaja *f* de muelles, charrasca *f;* **Schnappschuss** *m* instantánea *f*

**Schnaps** [ʃnaps, *pl:* 'ʃnɛpsə] *m* <-es, Schnäpse> aguardiente *m;* (**kräftiger**) **Schluck ~** farolazo *m Mex;* **Schnapsflasche** *f* botella *f* de aguardiente; **Schnapsidee** *f* (*fam*) idea *f* descabellada

**schnarchen** ['ʃnarçən] *vi* roncar

**schnattern** ['ʃnatɐn] *vi* ① (*Gans, Ente*) graznar ② (*fam: schwatzen*) hablar por los codos

**schnauben** ['ʃnaʊbən] **I.** *vi* (*Mensch*) resoplar; (*Tier*) bufar; **vor Wut ~** bufar de ira **II.** *vr:* **sich ~** (*reg: sich scnäuzen*) sonarse

**schnaufen** ['ʃnaʊfən] *vi* ① (*keuchen*) resollar, jadear ② (*reg: atmen*) respirar

**Schnauzbart** *m* bigote *m*

**Schnauze** ['ʃnaʊtsə] *f* <-n> ① (*vom Tier*) hocico *m* ② (*fam abw: Mund*) bocaza *f,* morro *m;* **eine große ~ haben** ser un bocazas; **die ~ voll haben** estar hasta el gorro; (**halt die**) **~!** ¡cierra el pico!; **mit etw auf die ~ fallen** (*fig*) llevarse un chasco con algo

**schnauzen** ['ʃnaʊtsən] *vi* (*fam*) berrear

**schnäuzen** ['ʃnɔɪtsən] *vr:* **sich ~** sonarse

**Schnauzer** *m* <-s, -> ① (*Hunderasse*) grifón *m* ② (*fam: Schnauzbart*) bigote *m*

**Schnecke** ['ʃnɛkə] *f* <-n> ① (*Tier*) caracol *m;* (*Meeres~*) caracola *f;* **jdn zur ~ machen** (*fam*) cantar(le) las cuarenta a alguien ② (*Gebäck*) caracola *f* ③ (TECH: *~ngewinde*) tornillo *m* sin fin

**Schneckengehäuse** *nt* concha *f* del caracol, casita *f* del caracol; **Schneckenhaus** *nt* concha *f* del caracol; **Schneckentempo** *nt* (*fam*): **im ~** a paso de tortuga

**Schnee** [ʃne:] *m* <-s, *ohne pl*> ① (*Niederschlag*) nieve *f;* **das ist ~ von gestern** (*fam fig*) eso ya pasó a la historia ② (*Ei~*) clara *f* (de huevo) batida; **Eiweiß zu ~ schlagen** batir las claras a punto de nieve ③ (*sl: Kokain*) nieve *f;* **Schneeball** *m* ① (*aus Schnee*) bola *f* de nieve ② (*Pflanze*) viburno *m;* **Schneeballeffekt** *m ohne pl* efecto *m* multiplicador; **Schneeballschlacht** *f* batalla *f* con bolas de nieve; **Schneeballsystem** *nt* (*Warenabsatz*) sistema *m* de venta en pirámide

**schneebedeckt** *adj* cubierto de nieve; **Schneebesen** *m* varillas *fpl;* **Schneedecke** *f* capa *f* de nieve; **Schneefall** *m* <-(e)s, -fälle> nevada *f;* **Schneeflocke** *f* copo *m* de nieve; **Schneegestöber** *nt* ventisca *f;* **Schneeglöckchen** [-glœkçən] *nt* (BOT) campanilla *f* blanca; **Schneegrenze** *f* límite *m* de las nieves; **Schneeketten** *fpl* (AUTO) cadenas *fpl* antideslizantes; **Schneemann** *m* muñeco *m* de nieve; **Schneematsch** *m* nieve *f* medio derretida; **Schneepflug** *m* (máquina *f*) quitanieve(s) *m(pl);* **Schneeregen** *m* aguanieve *f;* **Schneeschaufel** *f* pala *f* para recoger la nieve; **Schneeschmelze** *f* deshielo *m;* **Schneesturm** *m* temporal *m* de nieve; **Schneetreiben** *nt* ventisca *f;* **schneeweiß** ['-'-] *adj* blanco como la nieve

**Schneewittchen** [ʃne:'vɪtçən] *nt* <-s> Blancanieves *f*

**Schneid** [ʃnaɪt] *m* <-(e)s, *ohne pl*> (*fam*) agallas *fpl,* coraje *m;* **jdm den ~ abkaufen** desanimar a alguien

**Schneide** [ʃnaɪdə] *f* <-n> filo *m;* (*Klinge*) cuchilla *f*

**schneiden** ['ʃnaɪdən] <schneidet, schnitt, geschnitten> **I.** *vt* ① (*allgemein*) cortar; **etw klein ~** cortar algo (en trozos pequeños); **das Hemd ist eng geschnitten** la camisa tiene un corte estrecho; **die Luft ist hier zum S~** aquí el aire está muy cargado ② (*eingravieren*) grabar, tallar ③ (FILM, TV, RADIO) montar ④ (*kreuzen*) cruzar ⑤ (*meiden*) ignorar **II.** *vr:* **sich ~** ① (*verletzen*) cortarse (*an* con) ② (*sich kreuzen*) cruzarse ③ (*reg: irren*) equivocarse **III.** *vi* (*Kälte, Strick*) cortar

**schneidend** *adj* cortante; (*Schmerz*) agudo; (*Kälte*) penetrante

**Schneider(in)** *m(f)* <-s, -; -nen> (*Beruf*) sastre, -a *m, f;* (*Damen~*) modisto, -a *m, f*

**Schneiderei** *f* <-en> sastrería *f*

**Schneiderin** *f* <-en> *s.* **Schneider**

**schneidern** ['ʃnaɪdɐn] *vt* coser, confeccionar

**Schneidersitz** *m ohne pl:* **im ~ sitzen** estar sentado con las piernas cruzadas

**Schneidezahn** *m* (diente *m*) incisivo *m*

**schneidig** *adj* gallardo

**schneien** ['ʃnaɪən] *vunpers* nevar; **es schneit** está nevando

**Schneise** ['ʃnaɪzə] *f* <-n> (*Feuer~*) cortafuego *m;* (*Flug~*) pasillo *m* aéreo

**schnell** [ʃnɛl] **I.** *adj* rápido; **auf die S~e** (*fam*) deprisa y corriendo **II.** *adv* de prisa, rápidamente; **mach ~!** (*fam*) ¡date prisa!; **Schnellboot** *nt* lancha *f* torpedera

**schnellen** ['ʃnɛlən] *vi sein* saltar; **die Preise schnellten in die Höhe** los precios se dispararon

**Schnellhefter** *m* carpeta *f*

**Schnelligkeit** *f ohne pl* rapidez *f;* (*Geschwindigkeit*) velocidad *f*

**Schnellimbiss** *m* snack-bar *m;* **Schnellkochtopf** *m* olla *f* a presión; **Schnellkurs** *m* curso *m* acelerado; **schnelllebig** *adj* (*hektisch*) agitado; (*kurzlebig*) efímero

**schnellstens** ['ʃnɛlstəns] *adv* lo más rápido posible

**Schnellstraße** *f* autovía *f;* **Schnellsuchlauf** *m* (función *f* de) búsqueda *f* rápida; **Schnellverfahren** *nt* ❶ (TECH) método *m* rápido ❷ (JUR) juicio *m* sumario; **etw im ~ erledigen** (*fam fig*) hacer algo corre que te corre; **Schnellzug** *m* (tren *m*) expreso *m*

**Schnepfe** ['ʃnɛpfə] *f* <-n> (ZOOL) becada *f*

**Schnickschnack** ['ʃnɪkʃnak] *m* <-(e)s, *ohne pl*> (*fam*) ❶ (*wertloses Zeug*) cachivaches *mpl;* (*Beiwerk*) accesorios *mpl* (innecesarios) ❷ (*Gerede*) necedades *fpl*

**schniefen** ['ʃniːfən] *vi* (*reg*) sorberse los mocos

**schnippeln** ['ʃnɪpəln] *vi, vt* (*fam*) cortar (*an*); (*in kleine Stücke*) picar

**schnippen** ['ʃnɪpən] **I.** *vt* lanzar (con un golpe del dedo) **II.** *vi:* **mit den Fingern ~** castañetear los dedos

**schnippisch** ['ʃnɪpɪʃ] *adj* (*abw*) respondón

**Schnipsel** ['ʃnɪpsəl] *m o nt* <-s, -> recorte *m*

**schnitt** [ʃnɪt] *3. imp von* **schneiden**

**Schnitt** [ʃnɪt] *m* <-(e)s, -e> ❶ (*das Schneiden, Einschnitt, Haar~, von Kleidung*) corte *m;* (*~muster*) patrón *m;* **der goldene ~** (MATH) la sección áurea ❷ (FILM) montaje *m* ❸ (*fam: Durch~*) término *m* medio; **im ~** por término medio

**Schnitte** ['ʃnɪtə] *f* <-n> (*reg*) ❶ (*Scheibe*) rebanada *f;* (*Wurst, Käse*) loncha *f;* (*Blechkuchen*) trozo *f* ❷ (*belegtes Brot*) rebanada *f* de pan (con embutido o queso)

**Schnittfläche** *f* superficie *f* de corte

**schnittig** *adj* de línea elegante

**Schnittlauch** *m* <-(e)s, *ohne pl*> cebollino *m;* **Schnittmenge** *f* (MATH) intersección *f* de los conjuntos; **Schnittmuster** *nt* patrón *m;* **Schnittpunkt** *m* (*a.* MATH) (punto *m* de) intersección *f;* **Schnittstelle** *f* (INFOR) interfaz *m;* **Schnittverletzung** *f* herida *f* de incisión, cortadura *f;* **Schnittwunde** *f* cortadura *f,* corte *m*

**Schnitzel**[1] ['ʃnɪtsəl] *nt* <-s, -> (*Fleischstück*) escalope *m;* **paniertes ~** escalope rebozado, milanesa *f Am*

**Schnitzel**[2] *m o nt* <-s, -> (*Papier~*) pedacito *m* (de papel)

**schnitzen** ['ʃnɪtsən] *vi, vt* tallar (en madera) (*aus* de, *in* en)

**Schnitzer**[1] *m* <-s, -> (*fam: Fehler*) error *m*

**Schnitzer(in)**[2] *m(f)* <-s, -; -nen> escultor(a) *m(f)* en madera

**Schnitzerei** [ʃnɪtsə'raɪ] *f* <-en> talla *f* (en especial de madera)

**schnöde** ['ʃnøːdə] *adj* (*abw*) ❶ (*verachtenswert*) desdeñable; (*erbärmlich*) mezquino, vil ❷ (*geringschätzig*) desdeñoso

**Schnorchel** ['ʃnɔrçəl] *m* <-s, -> tubo *m* de respiración

**schnorcheln** *vi* bucear con ayuda de un respirador

**Schnörkel** ['ʃnœrkəl] *m* <-s, -> (*an Möbeln*) voluta *f;* (*bei der Unterschrift*) rúbrica *f*

**schnorren** ['ʃnɔrən] **I.** *vt* (*fam*) gorronear, pechar *Arg* **II.** *vi* ❶ (*fam: erbetteln*) pedir ❷ (*Schweiz: abw: daherreden*) hablar sin ton ni son

**Schnorrer(in)** *m(f)* <-s, -; -nen> (*fam*) gorrón, -ona *m, f,* pechador(a) *m(f) Arg*

**Schnösel** ['ʃnøːzəl] *m* <-s, -> (*fam abw*) impertinente *mf*

**schnuck(e)lig** ['ʃnʊk(ə)lɪç] *adj* (*fam*) mono, lindo *Am*

**schnüffeln** ['ʃnʏfəln] **I.** *vi* ❶ (*schnuppern*) olisquear (*an*), olfatear (*an*) ❷ (*fam abw: spionieren*) husmear (*in* en), fisgar (*in* en) ❸ (*fam: Klebstoff*) esnifar **II.** *vt* (*fam*) esnifar, inhalar

**Schnüffler(in)** *m(f)* <-s, -; -nen> (*abw*) ❶ (*Spion*) espía *mf,* rana *mf Am* ❷ (*Neugieriger*) fisgón, -ona *m, f,* averigüetas *mf inv Mex*

**Schnuller** ['ʃnʊlɐ] *m* <-s, -> chupete *m*

**Schnulze** ['ʃnʊltsə] *f* <-n> (*Lied*) canción *f* sentimental; (*Film*) película *f* sentimental
**schnulzig** *adj* (*fam abw*) sentimental(oide), empachoso
**schnupfen** ['ʃnʊpfən] *vi, vt* (*Tabak*) tomar rapé; (*Kokain*) esnifar
**Schnupfen** ['ʃnʊpfən] *m* <-s, -> constipado *m;* ~ **haben** estar resfriado; ~ **bekommen** coger un constipado
**Schnupftabak** *m* rapé *m*
**schnuppe** ['ʃnʊpə] *adj* (*fam*): **das ist mir** ~ me importa un rábano
**schnuppern** ['ʃnʊpɐn] *vi* olfatear (*an*)
**Schnur** [ʃnuːɐ, *pl:* 'ʃnyːrə] *f* <Schnüre> cuerda *f;* (*dünn*) cordel *m,* piola *f AmS;* (*Kabel*) cable *m*
**Schnürband** *nt* cordón *m*
**Schnürchen** ['ʃnyːɐçən] *nt* (*fam*): **wie am** ~ a las mil maravillas; **etw wie am** ~ **können** saber algo de carrerilla
**schnüren** ['ʃnyːrən] *vt* atar
**schnurgerade** ['--'--] *adj* (*fam*) (todo) derecho, en línea recta
**schnurlos** *adj* (*Telefon*) inalámbrico
**Schnurrbart** ['ʃnʊrbaːɐt] *m* bigote *m*
**schnurren** ['ʃnʊrən] *vi* (*Katze*) ronronear; (*Nähmaschine, Ventilator, Kameras*) zumbar
**Schnurrhaare** *ntpl* vibrisas *fpl,* bigotes *mpl*
**Schnürschuh** *m* zapato *m* de cordones
**Schnürsenkel** ['ʃnyːɐzɛŋkəl] *m* <-s, -> (*nordd, reg*) cordón *m* para zapatos; **Schnürstiefel** *m* bota *f* de cordones
**schnurstracks** ['ʃnuːɐ'ʃtraks] *adv* (*fam*) directamente, sin rodeos; (*sofort*) en el acto
**Schnute** ['ʃnuːtə] *f* <-n> (*nordd: fam*) boquita *f,* morritos *mpl;* **eine** ~ **ziehen** (*vor Ärger*) poner morros; (*vor Enttäuschung*) hacer pucheros
**schob** [ʃoːp] *3. imp von* **schieben**
**Schober** ['ʃoːbɐ] *m* <-s, -> pajar *m*
**Schock** [ʃɔk] *m* <-(e)s, -s> shock *m,* choque *m;* **unter** ~ **stehen** estar bajo (los efectos de un) shock; **einen** ~ **bekommen** sufrir un shock
**schocken** ['ʃɔkən] *vt* (*fam*) chocar, causar un shock (a)
**schockieren*** [ʃɔ'kiːrən] *vt* causar un shock (a), chocar; (*moralisch*) escandalizar
**Schocktherapie** *f* terapia *f* de choque
**Schöffe, -in** ['ʃœfə] *m, f* <-n, -n; -nen> jurado, -a *m, f*
**Schokolade** [ʃoko'laːdə] *f* <-n> chocolate *m*
**Schokoriegel** *m* chocolatina *f*
**Scholastik** [ʃo'lastɪk] *f ohne pl* (PHILOS) escolástica *f*
**Scholle** ['ʃɔlə] *f* <-n> ❶ (*Fisch*) platija *f* ❷ (*Eis~*) témpano *m* ❸ (*Erd~*) terrón *m*
**schon** [ʃoːn] *adv* ❶ (*zeitlich*) ya; ~ **oft** varias veces ya; ~ **wieder** otra vez; ~ **bald darauf** poco después; **das war** ~ **immer so** siempre ha sido así; **nun mach** ~**!** (*fam: beeil dich*) ¡apúrate ya! ❷ (*allein*) (tan) sólo; **wenn ich das** ~ **sehe!** ¡tan sólo (con) verlo! ❸ (*tatsächlich*) de hecho; **das ist** ~ **möglich** de hecho es posible; **was heißt das** ~**?** eso no quiere decir nada; **na, wenn** ~**!** ¿y qué más da?; **wer fragt** ~ **danach, ob ...?** ¿quién demonios pregunta si...?; **du wirst** ~ **sehen** ya verás; **ich bin** ~ **froh, dass ...** ya me contento con que... +*subj* ❹ (*doch, ja*) sí; **ich denke** ~ supongo que sí; **sie ist nicht zufrieden, aber ich** ~ ella no está contenta pero yo sí
**schön** [ʃøːn] **I.** *adj* bonito, lindo *Am;* **das Wetter ist** ~ hace buen tiempo; **nichts als** ~**e Worte** tan sólo palabras bonitas; ~**e Ferien!** ¡que lo pases bien en las vacaciones!; ~**es Wochenende!** ¡buen fin de semana!; **das war nicht** ~ **von dir** eso no fue un detalle bonito por tu parte; **das wäre ja noch** ~**er!** (*fam*) ¡no faltaba más!; **das S~ste kommt erst noch: ...** (*iron*) y ahora viene lo mejor: ...; **das sind ja** ~**e Aussichten!** (*fam*) ¡menudas perspectivas!; **na** ~**!** ¡bueno!; **das ist gut und** ~**, aber ...** (*fam*) todo esto suena muy bien, pero...; **zu** ~**, um wahr zu sein** (*fam*) demasiado bonito para ser cierto **II.** *adv* bien; (*ziemlich*) bastante; (*fam*) de lo lindo; **sie singt** ~ canta bien; **das hat ja ganz** ~ **weh getan** esto me ha dolido de lo lindo; **ihr habt es** ~ **bei euch** se está muy bien en vuestra casa; **sei** ~ **brav!** (*fam*) ¡pórtate bien!; **danke** ~ muchas gracias; **bitte** ~ de nada; **wie man so** ~ **sagt** como se suele decir
**schonen** ['ʃoːnən] **I.** *vt* (*Person*) ser benévolo (con); (*Gegenstand*) tratar con cuidado; (*schützen*) proteger; (*Kräfte*) ahorrar; **seine Gesundheit** ~ cuidarse **II.** *vr:* **sich** ~ cuidarse
**schonend** *adj* (*behutsam*) cauteloso; (*vorsichtig*) prudente; (*rücksichtsvoll*) considerado; (*nachsichtig*) indulgente; **du musst es ihr** ~ **beibringen** debes decírselo con mucha precaución
**Schönfärberei** [---'-] *f* idealización *f*
**Schonfrist** *f* plazo *m* de gracia
**schöngeistig** *adj* erudito, intelectual
**Schönheit** *f* <-en> belleza *f,* bonitura *f Am;* **Schönheitschirurgie** *f* cirugía *f* plástica; **Schönheitsfehler** *m* imperfección *f;* **Schönheitsoperation** *f* operación

*f* de cirugía estética

**Schonkost** *f* dieta *f*, comida *f* de régimen

**Schonung**[1] *f ohne pl* (*Sorgfalt*) cuidado *m;* (*Nachsicht*) indulgencia *f;* (*Schutz*) protección *f*

**Schonung**[2] *f* <-en> (*im Wald*) coto *m* de bosque recién plantado

**schonungslos** **I.** *adj* despiadado **II.** *adv* sin piedad

**Schonzeit** *f* (tiempo *m* de) veda *f*

**Schopf** [ʃɔpf, *pl:* 'ʃœpfə] *m* <-(e)s, Schöpfe> ① (*Haar~*) cabellera *f*, moño *m Chil;* **die Gelegenheit beim ~e packen** no dejar escapar la ocasión ② (*eines Vogels*) copete *m* ③ (*Schweiz: Schuppen*) cobertizo *m*

**schöpfen** ['ʃœpfən] *vt* ① (*Flüssigkeit*) sacar (*aus* de) ② (*Mut, Vertrauen*) cobrar; (*Hoffnung*) concebir ③ (*geh: Atem*) respirar

**Schöpfer**[1] *m* <-s> (*Gott*) Creador *m*

**Schöpfer(in)**[2] *m(f)* <-s, -; -nen> creador(a) *m(f)*

**schöpferisch** *adj* creador; (*kreativ*) creativo

**Schöpfkelle** *f* cazo *m;* **Schöpflöffel** *m* cucharón *m*, bombilla *f Mex*

**Schöpfung**[1] *f* <-en> (*geh: Kunstwerk*) creación *f*

**Schöpfung**[2] *f ohne pl* (REL) creación *f*, génesis *f inv*

**Schöpfungsgeschichte** *f ohne pl* (REL) (libro *m* del) Génesis *m*

**Schoppen** ['ʃɔpən] *m* <-s, -> ① (*Viertelliter*) cuarto *m* de litro; (*halber Liter*) medio litro *m* ② (*südd, Schweiz: Babyfläschchen*) biberón *m*

**schor** [ʃoːɐ] *3. imp von* **scheren**

**Schorf** [ʃɔrf] *m* <-(e)s, -e> costra *f*, postilla *f*

**Schorle** *f* <-n> (GASTR: *Weinschorle*) *vino blanco con agua mineral;* (*Apfelsaftschorle*) *zumo de manzana con agua mineral*

**i Land & Leute**

Para preparar una **Schorle**, se mezcla una parte de agua mineral con gas con otra de vino o zumo. Una de las variedades de **Schorle** más apreciadas es la de zumo de manzana, es decir, la *Apfelsaftschorle*. Se toma sobre todo en el sur de Alemania, por ejemplo en los tan típicos *Biergärten – cervecerías al aire libre.*

**Schornstein** ['ʃɔrnʃtaɪn] *m* chimenea *f*, tronera *f Mex;* **Schornsteinfeger(in)** *m(f)* <-s, -; -nen> deshollinador(a) *m(f)*

**schoss** [ʃɔs] *3. imp von* **schießen**

**Schoß** [ʃoːs, *pl:* 'ʃøːsə] *m* <-es, Schöße> ① (*Körpermitte*) regazo *m;* **jdn auf den ~ nehmen** tomar a alguien en el regazo; **das ist ihr nicht in den ~ gefallen** (*fam fig*) no le ha llovido del cielo ② (*geh: Mutterleib, a. fig*) seno *m;* **Schoßhund** ['ʃoːs-] *m* perro *m* faldero

**Schössling** ['ʃœslɪŋ] *m* <-s, -e> retoño *m*, vástago *m*

**Schote** ['ʃoːtə] *f* <-n> vaina *f*

**Schotte, -in** ['ʃɔtə] *m, f* <-n, -n; -nen> escocés, -esa *m, f*

**Schottenrock** *m* falda *f* escocesa

**Schotter** ['ʃɔtɐ] *m* <-s, -> ① (*Straßen~*) grava *f*, ripio *m Am;* (*für Gleisbau*) balasto *m* ② (*Flussgeröll*) guijas *fpl* ③ (*fam: Geld*) pasta *f*

**schottisch** *adj* escocés

**Schottland** *nt* <-s> Escocia *f*

**schraffieren*** [ʃra'fiːrən] *vt* sombrear, rayar

**Schraffierung** *f* <-en> ① (*das Schraffieren*) sombreado *m* ② *s.* **Schraffur**

**Schraffur** [ʃra'fuːɐ] *f* <-en> rayado *m*

**schräg** [ʃrɛːk] **I.** *adj* ① (*nicht gerade*) oblicuo; (*geneigt*) inclinado; (*diagonal*) diagonal ② (*fam: unüblich*) estrafalario, estrambótico **II.** *adv* al sesgo; **jdn ~ ansehen** (*fam*) mirar a alguien de reojo; **~ gegenüber** casi enfrente

**Schräge** ['ʃrɛːgə] *f* <-n> superficie *f* inclinada

**Schrägstrich** *m* barra *f*

**schrak** [ʃraːk] *3. imp von* **schrecken**[2]

**Schramme** ['ʃramə] *f* <-n> rasguño *m*

**schrammen** ['ʃramən] *vt* rasguñar

**Schrank** [ʃraŋk, *pl:* 'ʃrɛŋkə] *m* <-(e)s, Schränke> armario *m*, escaparate *m Am;* (*Kleider~*) ropero *m*

**Schranke** ['ʃraŋkə] *f* <-n>, **Schranken** ['ʃraŋkən] *m* <-s, -> (*Österr*) barrera *f;* (*gesetzte Grenze*) límite *m;* **jdn in seine ~n weisen** parar los pies a alguien

**schrankenlos** *adj* ① (*grenzenlos*) ilimitado, sin límites ② (*maßlos*) desmesurado

**Schrankwand** *f* pared *f* estantería

**Schraubdeckel** *m* tapón *m* de rosca

**Schraube** ['ʃraʊbə] *f* <-n> ① (*Bolzen*) tornillo *m;* **bei ihm ist eine ~ locker** (*fam fig*) le falta un tornillo ② (*Schiffs~*) hélice *f*

**schrauben** ['ʃraʊbən] *vt* ① (*an~*) atornillar (*an* a/en); (*ab~*) desatornillar; **fester ~** apretar el tornillo ② (*festdrehen*) enroscar; (*abdrehen*) desenroscar

**Schraubendreher** *m* <-s, -> *s.* **Schraubenzieher;** **Schraubenschlüssel** *m* llave *f* de tuercas; **Schraubenzieher** *m* <-s, -> destornillador *m*, desatornillador *m Am*

S

**Schraubstock** *m* tornillo *m* de banco, taquilla *f Am;* **Schraubverschluss** *m* cierre *m* de rosca

**Schrebergarten** ['ʃre:bɐ-] *m* huerto *m* familiar

**i Land & Leute**

Se trata de pequeñas parcelas baldías a las afueras de las ciudades, que los **Schrebergärtner** transforman en cuidadas huertas y bonitos jardines. Los **Schrebergärten** rebosan de vida, especialmente los fines de semana de verano. Allí acude toda la familia en busca de tranquilidad, para disfrutar de una barbacoa o descansar en sus pequeñas casitas o cobertizos de madera.

**Schreck** [ʃrɛk] *m* <-(e)s, -e> susto *m,* jabón *m Arg, PRico,* naco *m Arg;* **einen ~ bekommen** llevarse un susto; **jdm einen ~ einjagen** asustar a alguien; **~, lass nach!** (*fam*) ¡cielos!

**schrecken**[1] ['ʃrɛkən] *vt* ❶ (*geh: ängstigen*) asustar ❷ (*abschrecken: Eier, Nudeln*) meter en agua fría después de cocer

**schrecken**[2] <schreckt *o* schrickt, schreckte *o* schrak, geschreckt> *vi sein* (*auf~*) sobresaltarse; **aus dem Schlaf ~** despertarse sobresaltado

**Schrecken** ['ʃrɛkən] *m* <-s, -> ❶ (*Schreck*) susto *m,* batata *f CSur;* (*Entsetzen*) espanto *m;* **~ erregend** espantoso; **mit dem ~ davonkommen** no sufrir más que el susto consiguiente ❷ *pl* (*des Krieges*) horrores *mpl;* **schreckenerregend** *adj s.* **Schrecken**[1].

**Schreckensherrschaft** *f* régimen *m* de terror

**Schreckgespenst** *nt* espectro *m*

**schreckhaft** *adj* asustadizo

**schrecklich** *adj* ❶ (*furchtbar*) horrible ❷ (*fam: groß, sehr*) tremendo, enorme

**Schreckschraube** *f* (*fam abw*) cardo *m,* bruja *f;* **Schreckschuss** *m* tiro *m* al aire; **Schreckschusspistole** *f* pistola *f* de fogueo; **Schrecksekunde** *f* segundo *m* de reacción

**Schrei** [ʃraɪ] *m* <-(e)s, -e> grito *m;* (*schrill*) chillido *m;* (*abw*) berrido *m;* **einen ~ ausstoßen** lanzar un grito; **der letzte ~** (*fam*) el último grito

**Schreibblock** *m* bloc *m* (de notas)

**schreiben** ['ʃraɪbən] <schreibt, schrieb, geschrieben> **I.** *vi, vt* escribir (*auf*en), plumear (*auf*en) *AmC, Mex;* (*notieren*) apuntar; **mit links ~** ser zurdo (para escribir); **jdm/an jdn (einen Brief) ~** escribir (una carta) a alguien; **hast du was zum S~?** ¿tienes algo que escriba? **II.** *vr:* **sich ~** ❶ (*Briefe*) escribirse, cartearse ❷ (*fam: geschrieben werden*) escribirse

**Schreiben** ['ʃraɪbən] *nt* <-s, -> escrito *m;* (*Brief*) carta *f;* **Ihr ~ vom ...** su carta del...

**Schreiber(in)** *m(f)* <-s, -; -nen> (*Roman*) escritor(a) *m(f);* (*Brief*) autor(a) *m(f)*

**Schreiberling** *m* <-s, -e> (*abw*) autorzuelo *m,* manchapapeles *m inv,* plumario *m AmC, Mex*

**schreibfaul** *adj* vago para escribir; **Schreibfehler** *m* falta *f* de ortografía; **Schreibheft** *nt* cuaderno *m;* **Schreibkraft** *f* mecanógrafo, -a *m, f;* **Schreibmappe** *f* carpeta *f,* portafolios *m inv;* **Schreibmaschine** *f* máquina *f* de escribir; **~ schreiben** escribir a máquina; **Schreibpapier** *nt* papel *m* de escribir; **Schreibpult** *nt* pupitre *m;* **Schreibschrift** *f ohne pl* letra *f;* **schreibschützen** *vt* (INFOR) proteger contra sobreescritura; **Schreibtisch** *m* escritorio *m,* carpeta *f Peru;* **Schreibtischlampe** *f,* **Schreibtischleuchte** *f* lámpara *f* de escritorio; (*beweglich*) flexo *m*

**Schreibung** *f* <-en> (modo *m* de) escritura *f*

**Schreibunterlage** *f* vade *m*

**Schreibwaren** *fpl* artículos *mpl* de papelería; **Schreibwarengeschäft** *nt s.* **Schreibwarenhandlung**; **Schreibwarenhändler(in)** *m(f)* papelero, -a *m, f;* **Schreibwarenhandlung** *f* papelería *f*

**Schreibweise** *f* ❶ (*Orthographie*) grafía *f* ❷ (*Schreibstil*) estilo *m;* **Schreibzeug** *nt* utensilios *mpl* para escribir

**schreien** ['ʃraɪən] <schreit, schrie, geschrie(e)n> *vi, vt* ❶ (*Mensch*) gritar; (*schrill*) chillar; (*wütend*) vociferar; (*abw*) berrear; **nach etw** *dat*/**jdm ~** pedir algo/llamar a alguien a gritos; **er schrie vor Angst** gritó de miedo; **sie schrie sich heiser** gritó hasta quedarse afónica; **es war zum S~** (*fam*) era para morirse ❷ (*Esel*) rebuznar; (*Vogel*) chillar; (*Stier*) bramar; (*Kalb*) berrear

**schreiend** *adj* ❶ (*Farbe*) chillón ❷ (*Unrecht*) manifiesto

**Schreierei** *f* <-en> (*abw*) griterío *m*

**Schreihals** *m* (*fam*) gritón, -ona *m, f*

**Schrein** [ʃraɪn] *m* <-(e)s, -e> (*geh*) cofre *m;* (*für Reliquien*) relicario *m*

**Schreiner(in)** ['ʃraɪnɐ] *m(f)* <-s, -; -nen> carpintero, -a *m, f*

**Schreinerei** *f* <-en> carpintería *f*

**schreinern** ['ʃraɪnɐn] **I.** *vi* hacer trabajos de carpintería **II.** *vt* hacer

**schreiten** ['ʃraɪtən] <schreitet, schritt, geschritten> *vi sein* (*geh*) ① (*gehen*) caminar (solemnemente) ② (*beginnen*): **zu etw** *dat* ~ pasar a algo

**schrickt** [ʃrɪkt] *3. präs von* **schrecken**[2]

**schrie** [ʃriː] *3. imp von* **schreien**

**schrieb** [ʃriːp] *3. imp von* **schreiben**

**Schrieb** [ʃriːp] *m* <-(e)s, -e> (*fam*) carta *f*

**Schrift** [ʃrɪft] *f* <-en> ① (*~system*) escritura *f;* (*~zeichen*) caracteres *mpl* ② (*Hand~*) letra *f* ③ (*Text*) escrito *m;* (*Abhandlung*) tratado *m;* **die Heilige ~** las Sagradas Escrituras ④ *pl* (*Schweiz: Papiere*) documentos *mpl;* **Schriftart** *f* (TYPO) tipo *m* de imprenta; **Schriftdeutsch** *nt* <-en, *ohne pl*> alemán *m* estándar; (*Papierdeutsch*) lenguaje *m* administrativo; **Schriftführer(in)** *m(f)* secretario, -a *m, f;* **Schriftgröße** *f* (INFOR) tamaño *m* de la fuente

**schriftlich** *adj* por escrito; **das kann ich dir ~ geben** (*fam*) eso te lo garantizo

**Schriftsatz** *m* ① (TYPO) composición *f* ② (JUR) alegaciones *fpl;* **Schriftsprache** *f* lenguaje *m* literario; (*Hochdeutsch*) alemán *m* estándar; **Schriftsteller(in)** *m(f)* <-s, -; -nen> escritor(a) *m(f);* **Schriftstück** *nt* documento *m;* **Schriftwechsel** *m* correspondencia *f;* **Schriftzeichen** *nt* carácter *m* (gráfico)

**schrill** [ʃrɪl] *adj* (*Ton*) estridente; (*fam: Aufmachung*) estrafalario

**schritt** [ʃrɪt] *3. imp von* **schreiten**

**Schritt** [ʃrɪt] *m* <-(e)s, -e> ① (*beim Gehen*) paso *m;* **mit schnellen ~en** a paso ligero; **auf ~ und Tritt** a cada paso; **nur ein paar ~e von hier** a un par de pasos de aquí; **mit jdm ~ halten** seguir la marcha de alguien; **mit etw ~ halten** (*fig*) estar al tanto de algo; **~ für ~** paso a paso ② (*einer Hose*) entrepierna *f* ③ (*Handlung*) paso *m;* (*Maßnahme*) medida *f;* (*amtlich*) trámite *m;* **den ersten ~ tun** dar el primer paso; **~e in die Wege leiten** iniciar trámites; **gegen jdn ~e unternehmen** tomar medidas contra alguien; **Schrittgeschwindigkeit** *f ohne pl* velocidad *f* de paso; **Schrittmacher** *m* <-s, -> ① (SPORT) liebre *f* ② (*Herz~*) marcapasos *m inv;* **Schritttempo** *nt:* (**im**) **~ fahren** avanzar al paso; **schrittweise** *adv* paso a paso

**schroff** [ʃrɔf] *adj* ① (*Abhang*) escarpado; (*jäh abfallend*) abrupto ② (*Mensch*) rudo; **etw ~ ablehnen** rechazar algo categóricamente

**schröpfen** ['ʃrœpfən] *vt* ① (MED) sangrar ② (*fam: Person*) desplumar

**Schrot** [ʃroːt] *m o nt* <-(e)s, -e> ① (*Getreide~*) grano *m* partido; **von altem ~ und Korn** de buena cepa ② (*Munition*) perdigones *mpl;* (*größer*) postas *fpl;* **Schrotbrot** *nt* ≈pan *m* integral; **Schrotflinte** *f* escopeta *f* de perdigones

**Schrott** [ʃrɔt] *m* <-(e)s, *ohne pl*> ① (*Altmetall*) chatarra *f;* **ein Auto zu ~ fahren** destrozar un coche ② (*fam: Unbrauchbares*) cachivaches *mpl;* **Schrotthalde** *f* depósito *m* de chatarra; **Schrotthändler(in)** *m(f)* chatarrero, -a *m, f;* **Schrotthaufen** *m* ① (*Ansammlung*) montón *m* de chatarra ② (*fam: altes Auto*) cacharro *m;* **Schrottplatz** *m* depósito *m* de chatarra; **schrottreif** *adj* para el desguace

**schrubben** ['ʃrʊbən] *vt* (*Ding*) fregar; (*Person, Körperteil*) frotar

**Schrubber** *m* <-s, -> (*fam*) escobillón *m,* cepillo *m* con palo

**schrumpelig** *adj* (*fam*) arrugado, lleno de arrugas

**schrumpfen** ['ʃrʊmpfən] *vi sein* ① (*Gewebe*) encoger ② (*Vorräte, Interesse*) disminuir

**schrumplig** *adj s.* **schrumpelig**

**Schub** [ʃuːp, *pl:* 'ʃyːbə] *m* <-(e)s, Schübe> ① (*Stoß*) empujón *m* ② (PHYS, TECH) empuje *m* ③ (*Gruppe*) grupo *m;* **Schubkarre** *f,* **Schubkarren** *m* carretilla *f;* **Schubkraft** *f* (PHYS, TECH) (fuerza *f* de) empuje *m;* **Schublade** *f* <-n> cajón *m*

**Schubs** [ʃʊps] *m* <-es, -e> (*fam*) empujón *m*

**schubsen** ['ʃʊpsən] *vt* (*fam*) empujar, quiñar *Am*

**schubweise** ['ʃuːpvaɪzə] *adv* por partes

**schüchtern** ['ʃʏçtɐn] *adj* tímido, penoso *Am*

**Schüchternheit** *f ohne pl* timidez *f*

**schuf** [ʃuːf] *3. imp von* **schaffen**

**Schuft** [ʃʊft] *m* <-(e)s, -e> (*abw*) canalla *mf*

**schuften** ['ʃʊftən] *vi* (*fam*) currar

**Schufterei** *f* <-en> (*fam abw: Tätigkeit*) trabajo *m* pesado

**Schuh** [ʃuː] *m* <-(e)s, -e> zapato *m;* **ein Paar ~e** un par de zapatos; **ich weiß, wo ihn der ~ drückt** (*fam fig*) yo sé donde le aprieta el zapato; **jdm etw in die ~e schieben** (*fam*) echar a alguien la culpa de algo; **Schuhbändel** ['ʃuːbɛndəl] *nt* <-s, -> (*südd, Schweiz*) cordón *m* (del zapato); **Schuhbürste** *f* cepillo *m* para el calzado; **Schuhcreme** *f* betún *m,* unto *m Chil;* **Schuhgeschäft** *nt* zapatería *f,* peletería *f*

S

*AmC, Ant;* **Schuhgröße** *f* número *m* del calzado; **Schuhlöffel** *m* calzador *m;* **Schuhmacher(in)** *m(f)* <-s, -; -nen> zapatero, -a *m, f;* **Schuhputzer(in)** *m(f)* <-s, -; -nen> limpiabotas *mf inv,* lustrabotas *mf inv Am;* **Schuhputzmittel** *nt* crema *f* para el calzado; **Schuhsohle** *f* suela *f;* **Schuhspanner** *m* horma *f;* **Schuhwerk** *nt* <-(e)s, *ohne pl*> calzado *m*

**Schulabbrecher(in)** *m(f)* <-s, -; -nen> escolar *mf* que abandona los estudios; **Schularbeiten** *fpl,* **Schulaufgaben** *fpl* deberes *mpl;* **Schulbank** *f* banco *m* de escuela; **die ~ drücken** (*fam*) ir a la escuela; **Schulbildung** *f* formación *f* escolar; **Schulbuch** *nt* libro *m* de texto; **Schulbus** *m* autobús *m* escolar

**schuld** [ʃʊlt] *adj:* **an etw ~ sein** tener la culpa de algo

**Schuld**[1] [ʃʊlt] *f ohne pl* (*Verantwortung*) culpa *f* (*an* de); (JUR) culpabilidad *f;* **es ist meine ~** es culpa mía; **die ~ an etw haben** tener la culpa de algo; **sich** *dat* **etw zu ~en kommen lassen** cometer un error; **jdm ~ geben** echar la culpa a alguien; **sich** *dat* **keiner ~ bewusst sein** no sentirse culpable; **die ~ auf sich nehmen** declararse culpable

**Schuld**[2] *f* <-en> ❶ (*Geldbetrag*) deuda *f,* golilla *f Cuba;* **ich habe 500 Euro ~en** tengo 500 euros de deudas ❷ (*geh*): **ich stehe in deiner ~** estoy en deuda contigo

**schuldbewusst** *adj* consciente de su culpabilidad; **Schuldbewusstsein** *nt* conciencia *f* de culpa(bilidad)

**schulden** [ˈʃʊldən] *vt* deber, debitar *Am;* **jdm etw ~** deber algo a alguien

**Schuldenerlass** *m* condonación *f* de la deuda; **schuldenfrei** *adj* libre de deudas

**Schuldfrage** *f* cuestión *f* de culpabilidad; **Schuldgefühl** *nt* sentimiento *m* de culpa

**schuldhaft** *adj* culpable

**schuldig** [ˈʃʊldɪç] *adj* ❶ (*a.* JUR: *verantwortlich*) culpable (*an* de); **wer ist ~?** ¿quién tiene la culpa?; **jdn ~ sprechen** declarar culpable a alguien; **sich ~ bekennen** declararse culpable; **sich einer Tat ~ machen** ser culpable de un crimen ❷ (*Geld*): **jdm etw ~ sein** deber algo a alguien; **die Antwort ~ bleiben** no contestar

**Schuldige(r)** *mf* <-n, -n; -n> culpable *mf*

**Schuldigkeit** *f:* **seine ~ tun** cumplir con su deber

**schuldlos** *adj:* **~ sein** no tener la culpa (*an* de)

**Schuldner(in)** [ˈʃʊldnɐ] *m(f)* <-s, -; -nen> deudor(a) *m(f)*

**Schuldschein** *m* pagaré *m;* **Schuldzuweisung** *f* (*a.* JUR) acusación *f*

**Schule**[1] [ˈʃuːlə] *f* <-n> ❶ (*Institution, Gebäude*) colegio *m,* escuela *f;* **in die ~ kommen** ser escolarizado; **in die** [*o* **zur**] **~ gehen** ir a la escuela ❷ (*Richtung*) escuela *f;* **ein Richter der alten ~** un juez de la vieja escuela; **~ machen** hacer escuela

**Schule**[2] *f ohne pl* ❶ (*Unterricht*) clase *f;* **~ haben** tener clase ❷ (*Wend*): **die hohe ~ der Kunst** el gran conocimiento del arte

**schulen** *vt* ❶ (*Mitarbeiter*) formar, capacitar ❷ (*Auge, Gedächtnis*) entrenar; **mit geschultem Blick** con ojo experto

**Schüler(in)** [ˈʃyːlɐ] *m(f)* <-s, -; -nen> ❶ (*in der Schule*) alumno, -a *m, f* ❷ (*Anhänger*) discípulo, -a *m, f;* **Schüleraustausch** *m* intercambio *m* de alumnos; **Schülerausweis** *m* carné *m* de estudiante

**Schülerin** *f* <-nen> *s.* **Schüler**

**Schülerlotse, -in** *m, f escolar que detiene el tráfico para que otros colegiales puedan cruzar la calle;* **Schülerschaft** *f* <-en> alumnado *m;* **Schülerzeitung** *f* periódico *m* escolar

**Schulfach** *nt* asignatura *f* escolar; **Schulferien** *pl* vacaciones *fpl* escolares; **schulfrei** *adj* libre; **Schulfreund(in)** *m(f)* compañero, -a *m, f* de clase; **Schulgebäude** *nt* edificio *m* escolar; **Schulgeld** *nt* cuota *f* escolar; **Schulheft** *nt* cuaderno *m* escolar; **Schulhof** *m* patio *m* de la escuela

**schulisch** *adj* escolar

**Schuljahr** *nt* ❶ (*Zeitraum*) año *m* escolar ❷ (*Klasse*) curso *m;* **im achten ~ sein** estar en octavo; **Schulkamerad(in)** *m(f)* compañero, -a *m, f* de clase; **Schulkind** *nt* escolar *mf;* **Schulklasse** *f* (*Schülergruppe*) clase *f;* (*Klassenstufe*) curso *m;* **Schulleiter(in)** *m(f)* director(a) *m(f)* de escuela; **Schulmedizin** *f ohne pl* medicina *f* convencional; **Schulpflicht** *f ohne pl* enseñanza *f* obligatoria; **schulpflichtig** *adj* en edad escolar; **Schulranzen** *m* cartera *f* (para llevar a la espalda); **Schulrat, -rätin** *m, f* inspector(a) *m(f)* de enseñanza; **Schulschiff** *nt* buque *m* escuela; **Schulschluss** *m ohne pl* salida *f* de clase; **Schulsprecher(in)** *m(f)* portavoz *mf* del alumnado; **Schulstunde** *f* clase *f;* **Schultasche** *f* cartera *f*

**Schulter** [ˈʃʊltɐ] *f* <-n> hombro *m;* (GASTR) paletilla *f;* **~ an ~** hombro con hombro; **jdm auf die ~ klopfen** dar(le) a alguien una palmada en el hombro; **jdm über die ~ gucken** mirar a alguien por encima del hombro; **mit den ~n zucken** encogerse de hombros; **etw auf die leichte ~ nehmen** tomar algo a la ligera; **jdm die kalte ~ zeigen** dar la espalda a alguien; **Schulterblatt** *nt* omoplato *m;* **schulterfrei** *adj* que deja los hombros descubiertos; **Schultergelenk** *nt* articulación *f* del húmero; **schulterlang** *adj* hasta los hombros

**schultern** *vt* echar al hombro

**Schulterpolster** *nt* hombrera *f*

**i Land & Leute**

Para endulzarles el primer día de colegio, en Alemania los padres regalan a sus hijos recién escolarizados una **Schultüte** repleta de golosinas y pequeños regalos (pueden ser juguetes o utensilios escolares como lápices, rotuladores, etc.). La **Schultüte** tiene forma de cono y normalmente va decorada con algún héroe infantil o personajes de los cuentos.

**Schulung** [ˈʃuːlʊŋ] *f* <-en> ❶ (*von Personal*) formación *f;* (*der Stimme*) entrenamiento *m* ❷ (*Lehrgang*) cursillo *m*

**Schulunterricht** *m* clases *fpl* escolares; **Schulweg** *m* camino *m* a la escuela; **Schulweisheit** *f* sabiduría *f* escolar; **Schulwesen** *nt ohne pl* enseñanza *f;* **Schulzeit** *f* años *mpl* escolares; **Schulzeugnis** *nt* notas *fpl*

**schummeln** [ˈʃʊməln] **I.** *vi* (*fam: beim Spiel*) hacer trampas; (*in der Schule*) copiar **II.** *vt* (*fam*) pasar sin ser visto

**schumm(e)rig** *adj* (*fam*) poco iluminado; (*dämmerig*) crepuscular

**Schund** [ʃʊnt] *m* <-(e)s, *ohne pl*> (*fam abw*) baratija *f;* **Schundroman** *m* (*fam*) novelón *m*

**schunkeln** [ˈʃʊŋkəln] *vi* balancearse rítmicamente cogidos del brazo

**Schuppe** [ˈʃʊpə] *f* <-n> ❶ (*bei Tieren*) escama *f* ❷ *pl* (*beim Menschen*) caspa *f;* **mir fiel es wie ~n von den Augen** (*fig*) se me cayó la venda de los ojos

**schuppen** **I.** *vt* escamar **II.** *vr:* **sich ~** (d)escamarse

**Schuppen** [ˈʃʊpən] *m* <-s, -> (*Bau*) cobertizo *m,* galpón *m Am*

**Schuppenflechte** *f* (MED) psoriasis *f inv;* **Schuppentier** *nt* pangolín *m*

**schuppig** *adj* ❶ (*Fisch, Haut*) escamoso ❷ (*Kopfhaut*) con caspa; **~es Haar haben** tener caspa

**schüren** [ˈʃyːrən] *vt* ❶ (*Feuer*) atizar ❷ (*Hass, Eifersucht*) alimentar

**schürfen** [ˈʃʏrfən] **I.** *vt* ❶ (*Haut*) excoriar, levantar *fam* ❷ (BERGB) extraer **II.** *vr:* **sich ~** excoriarse (*an* en); (*sich kratzen*) arañarse (*an*) **III.** *vi:* **tief ~d** profundo; **nach etw ~** buscar algo

**Schürfwunde** *f* excoriación *f*

**Schürhaken** *m* atizador *m*

**Schurke, -in** [ˈʃʊrkə] *m, f* <-n, -n; -nen> (*abw*) bellaco, -a *m, f*

**schurkisch** *adj* vil, infame

**Schurwolle** *f ohne pl* lana *f* virgen

**Schürze** [ˈʃʏrtsə] *f* <-n> delantal *m*

**Schürzenjäger** *m* (*fam abw*) mujeriego *m*

**Schuss** [ʃʊs, *pl:* ˈʃʏsə] *m* <-es, Schüsse> ❶ (*aus einer Waffe*) tiro *m,* disparo *m,* chumbo *m Arg;* **einen ~ abgeben** disparar (un tiro); **der ~ ging nach hinten los** (*fam*) salió el tiro por la culata; **weit vom ~ sein** (*fam*) estar en el quinto pino; **in ~ sein** (*fam*) estar a punto; **etw in ~ bringen** (*fam*) poner algo a punto; **etw in ~ halten** (*fam*) mantener algo en buen estado ❷ (*Spritzer*) chorrito *m* ❸ (SPORT: *Fußball*) tiro *m;* (*Ski*) schuss *m* ❹ (*beim Weben*) trama *f* ❺ (*sl: Drogeninjektion*) chute *m;* **sich** *dat* **einen ~ setzen** chutarse

**Schüssel** [ˈʃʏsəl] *f* <-n> ❶ (*Servier~*) fuente *f,* platón *m Am;* (*Salat~*) ensaladera *f;* (*Suppen~*) sopera *f;* (*Wasch~*) palangana *f* ❷ (*fam: WC-Becken*) inodoro *m,* taza *f fam* ❸ (*fam: Satelliten~*) antena *f* parabólica

**schusselig** *adj,* **schusslig** *adj* (*fam abw*) distraído, despistado

**Schusslinie** *f* línea *f* de fuego; (*einer Kugel*) trayectoria *f* de la bala; **in die ~ geraten** (*fig*) estar en la línea de fuego; **Schussverletzung** *f* herida *f* de bala; **Schusswaffe** *f* arma *f* de fuego; **Schusswechsel** *m* tiroteo *m;* **Schussweite** *f ohne pl* alcance *m* de tiro; **außer ~** fuera de alcance; **in ~** a tiro; **Schusswunde** *f* herida *f* de bala

**Schuster(in)** [ˈʃuːstɐ] *m(f)* <-s, -; -nen> zapatero, -a *m, f*

**Schutt** [ʃʊt] *m* <-(e)s, *ohne pl*> escombros *mpl;* **eine Stadt in ~ und Asche legen** reducir una ciudad a cenizas

**Schüttelfrost** *m* escalofríos *mpl,* chucho *m Am*

**schütteln** [ˈʃʏtəln] **I.** *vt* (*Baum, Kissen*) sacudir; (*Gefäß*) agitar; (*Kopf*) mover; **verneinend den Kopf ~** negar con la cabeza; **von einem Fieberanfall geschüttelt werden** sufrir un ataque de fiebre; **„vor Gebrauch ~"** "agítese antes de usar" **II.** *vr:* **sich ~** sacudirse; **sich vor Ekel ~**

S

estremecerse de asco; **er schüttelte sich vor Lachen** se desternilló de risa

**Schüttelreim** *m* (LIT) rima *f* con metátesis entre vocablos

**schütten** ['ʃʏtən] **I.** *vt* (*gießen*) verter (*in* en); (*ver~*) derramar **II.** *vunpers* (*fam*) llover a cántaros

**schütter** ['ʃʏtɐ] *adj* ralo, poco espeso

**Schutthalde** *f* escombrera *f;* **Schutthaufen** *m* montón *m* de escombros

**Schutz** [ʃʊts] *m* <-es, *ohne pl*> protección *f* (*vor/gegen* contra), amparo *m;* (*Verteidigung*) defensa *f* (*vor/gegen* contra); **im ~e der Dunkelheit** al amparo de la oscuridad; **sich in jds ~ begeben** acogerse al amparo de alguien; **unter jds ~ stehen** estar bajo la protección de alguien; **in einem Haus ~ suchen** refugiarse en una casa; **jdn in ~ nehmen** defender a alguien; **Schutzanzug** *m* traje *m* protector; **schutzbedürftig** *adj* que necesita protección; **Schutzbehauptung** *f* declaración *f* encubridora; **Schutzblech** *nt* ❶ (*am Fahrrad*) guardabarros *m inv* ❷ (*an Maschinen*) chapa *f* de protección; **Schutzbrief** *m* ❶ (POL) salvoconducto *m* ❷ (*einer Versicherung*) seguro *m* de protección durante viajes; **Schutzbrille** *f* gafas *fpl* protectoras

**Schütze**[1] *m* <-n, -n> (ASTR) Sagitario *m*

**Schütze, -in**[2] ['ʃʏtsə] *m, f* <-n, -n; -nen> ❶ (*mit einer Waffe*) tirador(a) *m(f)* ❷ (*Tor~*) goleador(a) *m(f)* ❸ (*Soldat*) soldado *m* raso

**schützen** ['ʃʏtsən] **I.** *vt* proteger (*vor/gegen* de/contra); (*bewahren*) guardar (*vor* de); (*verteidigen*) defender (*vor/gegen* contra); **gesetzlich geschützt** protegido por la ley **II.** *vr:* **sich ~** protegerse (*vor/gegen* de/contra); (*gegen Schaden*) asegurarse (*gegen* contra)

**schützend** *adj* protector

**Schützenfest** *nt* fiesta *f* acompañada de una competición de tiro

**i Land & Leute**

Las sociedades de tiro suelen celebrar en otoño una fiesta cuyo objetivo consiste en darse a conocer a la sociedad. En la **Schützenfest** se abren al público las instalaciones para la práctica del tiro y se celebra una competición abierta a todos aquellos que quieran participar aunque no pertenezcan a la sociedad.

**Schutzengel** *m* ángel *m* de la guarda [*o* custodio]

**Schützengraben** *m* trinchera *f;* **Schützenhaus** *nt* local *m* de una sociedad de tiro; **Schützenpanzer** *m* carro *m* de combate; **Schützenverein** *m* sociedad *f* de tiro

**Schutzfaktor** *m* factor *m* de protección; **Schutzgebiet** *nt* reserva *f* natural; **Schutzgebühr** *f* tasa *f* de apoyo; **Schutzgeld** *nt* cuota *f* de protección; **~er erpressen** extorsionar cuotas de protección; **Schutzhaft** *f* (JUR) prisión *f* preventiva; **jdn in ~ nehmen** tomar a alguien en arresto preventivo; **Schutzhelm** *m* casco *m* protector; **Schutzhülle** *f* funda *f* protectora; **Schutzimpfung** *f* vacuna(ción) *f* preventiva

**Schützling** ['ʃʏtslɪŋ] *m* <-s, -e> protegido, -a *m, f*

**schutzlos** *adj* indefenso, sin amparo; **jdm/etw** *dat* **~ ausgeliefert sein** estar indefenso ante alguien/algo

**Schutzmarke** *f* marca *f* registrada; **Schutzmaske** *f* máscara *f* protectora; **Schutzmaßnahme** *f* medida *f* de protección; **gegen etw ~n treffen** tomar medidas preventivas contra algo; **Schutzpatron(in)** *m(f)* (santo, -a *m, f*) patrono, -a *m, f;* **Schutzraum** *m* refugio *m;* **Schutzschicht** *f* capa *f* protectora; **Schutzumschlag** *m* sobrecubierta *f;* **Schutzvorrichtung** *f* dispositivo *m* de protección

**schwabb(e)lig** *adj* (*fam*) fofo

**Schwabe** ['ʃva:bə] *m*, **Schwäbin** *f* <-n, -n; -nen> suabo, -a *m, f*

**Schwaben** ['ʃva:bən] *nt* <-s> (*Region*) Suabia *f*

**Schwäbin** ['ʃvɛ:bɪn] *f* <-nen> *s.* **Schwabe**

**schwäbisch** ['ʃvɛ:bɪʃ] *adj* suabo

**schwach** [ʃvax] *adj* <schwächer, am schwächsten> débil; (*Getränk, Argument, Börse*) flojo; (*Nachfrage, Leistung, Beteiligung*) escaso; (*Gesundheit*) frágil; (*Hoffnung*) vago; (*Licht*) tenue; **~er Punkt** punto débil; **ein ~er Redner** un orador mediocre; **sich ~ fühlen** sentirse débil; **er ist ~ in Physik** está flojo en física; **bei Torten wird sie immer ~** las tartas son su debilidad

**Schwäche** ['ʃvɛçə] *f* <-n> debilidad *f;* (*Gebrechlichkeit*) fragilidad *f;* **eine ~ für etw haben** tener debilidad por algo; **Schwächeanfall** *m* desvanecimiento *m*

**schwächen** ['ʃvɛçən] *vt* debilitar, aguadar *Guat*

**Schwachkopf** *m* (*abw*) imbécil *mf*

**schwächlich** ['ʃvɛçlɪç] *adj* débil; (*kränklich*) enfermizo

**Schwächling** ['ʃvɛçlɪŋ] *m* <-s, -e> (*abw*) persona *f* débil, carnero *m CSur,* chota *mf PRico*

**Schwachpunkt** *m* punto *m* débil

**Schwachsinn** *m* <-(e)s, *ohne pl*> ❶ (MED) demencia *f* ❷ (*fam abw: Blödsinn*) imbecilidad *f*

**schwachsinnig** *adj* ❶ (MED) deficiente mental ❷ (*fam abw: blödsinnig*) imbécil

**Schwachstelle** *f* punto *m* débil; **Schwachstrom** *m* (ELEK) corriente *f* de baja intensidad

**Schwächung** *f* <-en> debilitación *f*

**Schwaden** ['ʃva:dən] *m* <-s, -> ❶ (*in der Luft*) mofeta *f* ❷ (BERGB) vapores *mpl*

**schwafeln** ['ʃva:fəln] *vi* (*fam abw*) hablar a tontas y a locas (*über* sobre)

**Schwager** ['ʃva:gɐ] *m,* **Schwägerin** *f* <-s, Schwäger; -nen> cuñado, -a *m, f*

**Schwalbe** ['ʃvalbə] *f* <-n> golondrina *f*

**Schwalbennest** *nt* nido *m* de golondrina

**Schwall** [ʃval] *m* <-(e)s, -e> (*Wasser~, Menschen~*) aluvión *m;* (*Geruchs~*) nube *f*

**schwamm** [ʃvam] *3. imp von* **schwimmen**

**Schwamm** [ʃvam, *pl:* 'ʃvɛmə] *m* <-(e)s, Schwämme> ❶ (*Putz~, Tier*) esponja *f;* **Schwamm drüber!** (*fam*) ¡borrón y cuenta nueva! ❷ (*Österr, südd: Pilz*) hongo *m,* callampa *f Am* ❸ (*Haus~*) moho *m*

**schwammig** *adj* (*abw*) ❶ (*Gesicht, Körper*) fofo ❷ (*Begriff*) vago, poco claro

**Schwan** [ʃva:n, *pl:* 'ʃvɛ:nə] *m* <-(e)s, Schwäne> cisne *m*

**schwand** [ʃvant] *3. imp von* **schwinden**

**schwang** [ʃvaŋ] *3. imp von* **schwingen**

**schwanger** ['ʃvaŋɐ] *adj* embarazada; **~ sein/werden** estar/quedar embarazada

**Schwangere** ['ʃvaŋərə] *f* <-n> (mujer *f*) embarazada *f,* gruesa *f CRi*

**schwängern** ['ʃvɛŋɐn] *vt* dejar embarazada; **mit Rauch geschwängerte Luft** aire cargado de humo

**Schwangerschaft** *f* <-en> embarazo *m;* **Schwangerschaftsabbruch** *m* interrupción *f* del embarazo; **Schwangerschaftsfrühtest** *m* test *m* del embarazo, diagnóstico *m* precoz del embarazo; **Schwangerschaftstest** *m* prueba *f* de embarazo; **Schwangerschaftsverhütung** *f ohne pl* contracepción *f*

**Schwank** [ʃvaŋk, *pl:* 'ʃvɛŋkə] *m* <-(e)s, Schwänke> ❶ (LIT) farsa *f* ❷ (*Anekdote*) anécdota *f* divertida

**schwanken** ['ʃvaŋkən] *vi* ❶ (*wanken*) temblar; (*hin und her*) balancear ❷ *sein* (*torkeln*) ir haciendo eses; (*heraus~*) salir tambaleando (*aus* de) ❸ (*Preise, Temperatur*) oscilar ❹ (*zögern*) vacilar, dudar

**schwankend** *adj* (*Bewegung, Charakter*) vacilante; (*Preise*) fluctuante, oscilante; (*zögernd*) vacilante, titubeante

**Schwankung** *f* <-en> oscilación *f,* vacilación *f*

**Schwanz** [ʃvants, *pl:* 'ʃvɛntsə] *m* <-es, Schwänze> ❶ (*eines Tieres*) cola *f,* rabo *m;* **den ~ einziehen** (*fam fig*) irse con el rabo entre las piernas; **es war kein ~ da!** (*fam*) no había ni un gato ❷ (*fam: Penis*) picha *f,* polla *f,* pico *m Am*

**schwänzeln** ['ʃvɛntsəln] *vi* (*Hund*) mover la cola

**schwänzen** ['ʃvɛntsən] **I.** *vi* (*fam*) hacer novillos, jubilarse *AmC* **II.** *vt* (*fam*) fumarse, pavear *And;* **Biologie ~** fumarse la clase de biología

**Schwanzflosse** *f* aleta *f* caudal, cola *f* del pez *fam*

**schwappen** ['ʃvapən] *vi* ❶ *sein* (*irgendwohin ~*) derramarse (*auf* sobre); (*heraus~*) salirse (*aus* de) ❷ (*sich hin und her bewegen*): **das Badewasser schwappt in der Wanne** el agua hace olas en la bañera

**Schwarm** [ʃvarm, *pl:* 'ʃvɛrmə] *m* <-(e)s, Schwärme> ❶ (*Bienen~, Menschen~*) enjambre *m;* (*Vogel~, Sardinen~*) bandada *f,* parvada *f Am* ❷ (*Mensch*) persona *f* adorada

**schwärmen** ['ʃvɛrmən] *vi* ❶ *sein* (*Insekten*) zumbar; (*Menschen*) ir en masa (*zu/in* a) ❷ (*begeistert sein*) entusiasmarse (*für* por), morirse (*für* por) *fam;* **ins S~ kommen** apasionarse; **über etw ins S~ geraten** deshacerse en elogios sobre algo

**Schwärmer**[1] *m* <-s, -> (*Schmetterling*) esfinge *f*

**Schwärmer(in)**[2] *m(f)* <-s, -; -nen> idealista *mf;* (*Träumer*) soñador(a) *m(f)*

**Schwärmerei** *f* <-en> entusiasmo *m* (*für* por)

**schwärmerisch** *adj* (*begeistert*) entusiasta; (*träumerisch*) soñador

**Schwarte** ['ʃvartə] *f* <-n> ❶ (*Speck~*) corteza *f* de cerdo ❷ (*fam: Buch*) mamotreto *m*

**schwarz** [ʃvarts] *adj* <schwärzer, am schwärzesten> ❶ (*Farbe*) negro; **alles ~ sehen** (*fam*) verlo todo negro; **das kann ich dir ~ auf weiß geben** (*fam*) te lo puedo dar por escrito; **da kannst du warten, bis du ~ wirst** (*fam*) puedes esperar hasta que las ranas críen pelo; **er hat sich ~ geärgert** (*fam*) se ha puesto negro; **auf der ~en Liste stehen** estar fichado ❷ (*fam: konservativ*) conservador ❸ (*fam: illegal*) clandestino ❹ (*unglücklich*) desdichado; **ein ~er Tag** un día desastroso ❺ (*makaber*) lúgubre, macabro

**Schwarz** *nt* <-(es), -> negro *m;* ~ **tragen** ir de negro; (*Trauer*) ir de [*o* llevar] luto; **ins S~e treffen** dar en el blanco; **mit etw ins S~e treffen** (*fam*) dar (justo) en el clavo con algo

**Schwarzafrika** *nt* África *f* Negra; **Schwarzafrikaner(in)** *m(f)* negroafricano, -a *m, f;* **schwarzafrikanisch** *adj* negroafricano

**Schwarzarbeit** *f ohne pl* trabajo *m* clandestino; **schwarz|arbeiten** *vi* trabajar clandestinamente; **Schwarzarbeiter(in)** *m(f)* trabajador(a) *m(f)* clandestino, -a; **Schwarzbrot** *nt* pan *m* negro

**Schwarze(r)** *mf* <-n, -n; -n> negro, -a *m, f*

**Schwärze** ['ʃvɛrtsə] *f ohne pl* ❶ (*Färbung*) negrura *f* ❷ (*Drucker~*) tinta *f* de imprenta

**schwärzen** ['ʃvɛrtsən] *vt* ennegrecer; (*färben*) teñir de negro

**schwarz|fahren** *irr vi sein* (*ohne Fahrkarte*) viajar sin billete; (*ohne Führerschein*) conducir sin tener carnet de conducir; **Schwarzfahrer(in)** *m(f)* (*ohne Fahrkarte*) viajero, -a *m, f* sin billete

**schwarzhaarig** *adj* moreno

**Schwarzhandel** *m* mercado *m* negro, estraperlo *m;* **mit etw ~ treiben** negociar de estraperlo con algo; **schwarz|hören** *vi en Alemania, escuchar la radio sin haber declarado el aparato y pagado las cuotas correspondientes;* **Schwarzmarkt** *m* mercado *m* negro, bolsa *f* negra *Am;* **schwarz|sehen** *irr vi en Alemania, usar un televisor sin haber declarado el aparato y pagado las cuotas correspondientes*

**Schwarztee** *m* té *m* negro

**Schwärzung** *f* <-en> ennegrecimiento *m*

**Schwarzwald** *m* <-(e)s> Selva *f* Negra

**schwarzweiß** [-'-] *adj,* **schwarz-weiß** *adj* (en) blanco y negro; **Schwarzweißfernseher** [-'----] *m* televisor *m* en blanco y negro; **Schwarzweißfoto** *nt* (FOTO) foto(grafía) *f* en blanco y negro

**Schwarzwurzel** *f* escorzonera *f*

**Schwatz** [ʃvats] *m* <-es, -e> (*fam*) cháchara *f;* **einen kleinen ~ mit jdm halten** estar de cháchara con alguien

**schwatzen** *vi, vt,* **schwätzen** ['ʃvɛtsən] *vi, vt* (*reg*) charlar (*über* de)

**Schwätzer(in)** *m(f)* <-s, -; -nen> (*abw: gesprächig, klatschhaft*) charlatán, -ana *m, f;* (*Angeber*) bocazas *mf inv*

**schwatzhaft** *adj* (*abw*) parlanchín, cotorra

**Schwatzhaftigkeit** *f ohne pl* (*Gesprächigkeit*) locuacidad *f*

**Schwebe** ['ʃve:bə] *f:* **in der ~** pendiente;

**Schwebebahn** *f* (*an einer Schiene*) aerotrén *m;* (*an Seilen*) teleférico *m;* **Schwebebalken** *m* (SPORT) barra *f* de equilibrios

**schweben** ['ʃve:bən] *vi* ❶ *sein* (*Vogel, Ballon*) flotar; (*Flugzeug*) planear ❷ (*an einem Seil*) colgar (*an* de), pender (*an* de) ❸ (*in Gang sein*) estar en trámite, estar pendiente

**Schwede, -in** *m, f* <-n, -n; -nen> sueco, -a *m, f*

**Schweden** ['ʃve:dən] *nt* <-s> Suecia *f*

**schwedisch** *adj* sueco

**Schwefel** ['ʃve:fəl] *m* <-s, *ohne pl*> (CHEM) azufre *m;* **Schwefeldioxid** [--'---] *nt* <-s, -e> (CHEM) dióxido *m* de azufre; **schwefelhaltig** *adj* sulfuroso

**Schwefelsäure** *f ohne pl* ácido *m* sulfúrico

**Schweif** [ʃvaɪf] *m* <-(e)s, -e> (*geh*) cola *f,* golilla *f Cuba*

**schweifen** *vi sein* (*geh*) vagar (*durch* por); **seine Gedanken ~ lassen** dar rienda suelta a sus pensamientos; **den Blick ~ lassen** dejar vagar la mirada

**Schweigegeld** *nt ohne pl* soborno *m;* **~ fordern** exigir dinero por su silencio; **Schweigemarsch** *m* marcha *f* silenciosa; **Schweigeminute** *f* minuto *m* de silencio

**schweigen** ['ʃvaɪgən] <schweigt, schwieg, geschwiegen> *vi* callar(se) (*zu/über* ante, *vor/aus* de/por), guardar silencio (*zu/über* sobre/ante); **ganz zu ~ von ...** sin mencionar...

**Schweigen** *nt* <-s, *ohne pl*> silencio *m;* **jdn zum ~ bringen** hacer callar a alguien; **das ~ brechen** romper el silencio; **sich in ~ hüllen** permanecer en silencio

**Schweigepflicht** *f ohne pl* secreto *m* profesional; **der ~ unterliegen** estar obligado al secreto profesional

**schweigsam** *adj* callado, remachado *Col*

**Schweigsamkeit** *f ohne pl* taciturnidad *f*

**Schwein** [ʃvaɪn] *nt* <-(e)s, -e> ❶ (*Tier*) cerdo *m,* chancho *m Am,* tocino *m Arg* ❷ (*fam: Mensch*) cochino, -a *m, f,* marrano, -a *m, f And;* **ein armes ~** un pobre diablo; **kein ~** nadie ❸ (*fam: Glück*): **~ haben** tener suerte

**Schweinebraten** *m* asado *m* de cerdo; **Schweinefleisch** *nt* carne *f* de cerdo; **Schweinehund** *m* (*vulg*) hijo *m* de puta, vergajo *m And;* **seinen inneren ~ überwinden** dominar los bajos instintos; **Schweinekotelett** *nt* chuleta *f* de cerdo; **Schweinepest** *f ohne pl* peste *f* porcina

**Schweinerei** *f* <-en> (*fam*) ❶ (*Schmutz*) porquería *f* ❷ (*Ärgernis*) guarrada *f,* canana *f Am* ❸ (*Unanständiges*) guarrería *f*

**Schweinestall** *m* (*a. fig*) pocilga *f*
**schweinisch** *adj* (*fam*) guarro
**Schweinkram** *m* (*fam*) guarrada *f*, guarrería *f*
**Schweinshaxe** *f* (*südd, Österr*) pierna *f* de cerdo
**Schweiß** [ʃvaɪs] *m* <-es, *ohne pl*> sudor *m*; **in ~ gebadet** empapado de sudor; **mir brach der ~ aus** empecé a sudar; **im ~e meines Angesichts** con el sudor de mi frente; **Schweißausbruch** *m* sudoración *f*
**Schweißbrenner** *m* soplete *m* para soldar
**Schweißdrüse** *f* glándula *f* sudorípara
**schweißen** [ˈʃvaɪsən] *vt* soldar
**Schweißen** *nt* <-s, *ohne pl*> soldadura *f*
**Schweißfüße** *mpl* pies *mpl* sudorosos; **schweißgebadet** [ˈ--ˈ--] *adj* bañado en sudor
**Schweißnaht** *f* (costura *f* de) soldadura *f*
**schweißnass** [ˈ-ˈ-] *adj* empapado en sudor; **schweißtreibend** *adj* sudorífico; **Schweißtropfen** *m* gota *f* de sudor
**Schweiz** [ʃvaɪts] *f* Suiza *f*; **in die ~ fahren** ir a Suiza; **die französische/italienische ~** la Suiza francesa/italiana
**Schweizer(in)** *m(f)* <-s, -; -nen> suizo, -a *m, f*; **schweizerdeutsch** *adj* del [*o* en] alemán de Suiza; **Schweizerdeutsch** *nt* suizo-alemán *m*
**Schweizerin** *f* <-nen> *s.* **Schweizer**
**schweizerisch** [ˈʃvaɪtsərɪʃ] *adj* suizo
**schwelgen** [ˈʃvɛlgən] *vi* ❶ (*gut essen*) banquetear ❷ (*in Gedanken, Gefühlen*) deleitarse (*in* en/con); **im Überfluss ~** nadar en la abundancia
**schwelgerisch** *adj* ❶ (*fasziniert*) exaltado; (*ausschweifend*) lujurioso ❷ (*Mahl*) opíparo
**Schwelle** [ˈʃvɛlə] *f* <-n> ❶ (*Tür~*) umbral *m*; **keinen Fuß mehr über jds ~ setzen** (*geh*) no poner un pie en la casa de alguien; **an der ~ zum 21. Jahrhundert** en el umbral del siglo XXI ❷ (*Bahn~*) traviesa *f* ❸ (GEO) elevación *f*
**schwellen**[1] [ˈʃvɛlən] <schwillt, schwoll, geschwollen> *vi sein* hincharse
**schwellen**[2] *vt* ❶ (*geh: blähen*) hinchar, inflar ❷ (*Schweiz: weich kochen*) cocer
**Schwellenangst** *f ohne pl* (PSYCH) miedo *m* ante situaciones nuevas; **Schwellenland** *nt* país *m* emergente
**Schwellkörper** *m* (ANAT) cuerpo *m* cavernoso, tejido *m* eréctil
**Schwellung** *f* <-en> hinchazón *f*
**Schwemme** [ˈʃvɛmə] *f* <-n> (WIRTSCH) oferta *f* excesiva
**schwemmen** [ˈʃvɛmən] *vt* ❶ (*schwimmen lassen*) arrastrar ❷ (*Österr: spülen*) aclarar ❸ (*einweichen, wässern*) remojar ❹ (*Österr: flößen*) acarrear, aguar
**Schwengel** [ˈʃvɛŋəl] *m* <-s, -> ❶ (*Glocken~*) badajo *m* ❷ (*Pumpen~*) palanca *f*
**Schwenk** [ʃvɛŋk] *m* <-(e)s, -s *o* -e> ❶ (FILM, TV) toma *f* panorámica ❷ (*Drehung*) giro *m*
**schwenkbar** *adj* giratorio, orientable
**schwenken** [ˈʃvɛŋkən] **I.** *vi sein* girar **II.** *vt* ❶ (*drehen*) virar, girar ❷ (*ausspülen*) aclarar ❸ (*hin und her bewegen*) agitar; (*Arme*) mover; (*Fahne*) (hacer) ondear ❹ (GASTR) saltear
**schwer** [ʃveːɐ] **I.** *adj* ❶ (*Gewicht*) pesado; **ein drei Kilo ~es Paket** un paquete de tres kilos de peso; **wie ~ ist das?** ¿cuánto pesa? ❷ (*ernst, schlimm*) grave; (*Enttäuschung*) grande; (*Strafe*) severo; (*Gewitter*) fuerte; **ein ~er Irrtum** un error grave ❸ (*Tag, Arbeit*) pesado, duro; **ein ~es Leben haben** tener una vida dura ❹ (*schwierig*) difícil; **das ist ~ zu sagen** es difícil decirlo; **sie hat es ~ mit ihm** pasa lo suyo con él ❺ (*Duft*) pesado; (*Essen*) fuerte, pesado **II.** *adv* (*sehr:* + *Adjektiv*) muy; (+ *Verb*) mucho; **ich bin ~ enttäuscht** estoy muy decepcionado; **~ erkrankt/verletzt sein** estar gravemente enfermo/herido; **~ atmen** respirar con dificultad; **~ bewaffnet** fuertemente armado; **~ bestrafen** castigar severamente; **sich ~ täuschen** equivocarse totalmente; **sie ist ~ gestürzt** ha sufrido una grave caída
**Schwerarbeit** *f ohne pl* trabajo *m* pesado; **Schwerbehinderte(r)** *mf* minusválido, -a *m, f* grave; **Schwerbeschädigte(r)** *mf* <-n, -n; -n> mutilado, -a *m, f*
**Schwere** [ˈʃveːrə] *f ohne pl* (*geh*) ❶ (*Gewicht*) peso *m* ❷ (*Schwierigkeit*) dificultad *f* ❸ (*Ernsthaftigkeit*) gravedad *f* ❹ (*Ausmaß*) dimensión *f*; (*einer Strafe*) severidad *f*
**schwerelos** *adj* ingrávido
**Schwerelosigkeit** *f ohne pl* ingravidez *f*
**Schwerenöter** [-nøːtɐ] *m* <-s, -> (*fam*) castigador *m*
**schwerfällig** [-fɛlɪç] *adj* lento; (*Bewegung*) torpe, petacón *Col*; (*Stil*) pesado
**Schwerfälligkeit** *f ohne pl* lentitud *f*; (*Bewegung*) torpeza *f*
**Schwergewicht**[1] *nt* <-(e)s, -e> (SPORT: *Sportler*) peso *m* pesado
**Schwergewicht**[2] *nt* <-(e)s, *ohne pl*> ❶ (*Nachdruck*): **das ~ auf etw legen** centrar su atención en algo; **das ~ liegt auf ...** ... es lo que tiene mayor importancia

S

❷ (SPORT: *Gewichtsklasse*) peso *m* pesado

**schwergewichtig** *adj* obeso, de mucho peso; **schwerhörig** *adj* (algo) sordo, duro de oído; **Schwerhörigkeit** *f ohne pl* sordera *f*; **Schwerindustrie** *f ohne pl* industria *f* pesada; **Schwerkraft** *f ohne pl* (PHYS, ASTR) fuerza *f* de gravedad, gravitación *f*

**schwerlich** *adv* difícilmente, adifés *Guat*

**Schwermetall** *nt* metal *m* pesado

**Schwermut** *f ohne pl* melancolía *f*, flato *m* *Am*

**schwermütig** *adj* melancólico

**Schwerpunkt** *m* ❶ (PHYS) centro *m* de gravedad ❷ (*fig*) centro *m*; **den ~ auf etw setzen** conceder prioridad a algo; **schwerpunktmäßig** *adv* con especial intensidad, especialmente; **etw ~ abhandeln** tratar algo de manera especial

**schwerreich** ['-'-] *adj* (*fam*) muy rico

**Schwert** [ʃveːɐt] *nt* <-(e)s, -er> ❶ (*Waffe*) espada *f* ❷ (NAUT) orza *f*; **Schwertfisch** *m* pez *m* espada; (GASTR) emperador *m*; **Schwertlilie** *f* lirio *m*

**Schwertransport** *m* transporte *m* de mercancías pesadas

**Schwertwal** *m* (ZOOL) orca *f*

**Schwerverbrecher(in)** *m(f)* criminal *mf* peligroso, -a

**Schwerverletzte(r)** *mf* herido, -a *m, f* grave

**schwerwiegend** *adj* grave

**Schwester** ['ʃvɛstɐ] *f* <-n> ❶ (*Verwandte*) hermana *f* ❷ (*Kranken~*) enfermera *f* ❸ (*Nonne*) hermana *f*; (*in der Anrede*) sor *f*; **Schwestergesellschaft** *f* (WIRTSCH) compañía *f* asociada; **schwesterlich** *adj* fraternal, como hermanas

**Schwesternhelferin** *f* <-nen> enfermera *f* auxiliar

**schwieg** [ʃviːk] *3. imp von* **schweigen**

**Schwiegereltern** ['ʃviːgɐ-] *pl* suegros *mpl*; **Schwiegermutter** *f* suegra *f*; **Schwiegersohn** *m* yerno *m*; **Schwiegertochter** *f* nuera *f*; **Schwiegervater** *m* suegro *m*

**Schwiele** ['ʃviːlə] *f* <-n> callo *m*

**schwielig** *adj* calloso

**schwierig** ['ʃviːrɪç] *adj* difícil; (*kompliziert*) complicado; (*heikel*) delicado

**Schwierigkeit** *f* <-en> dificultad *f*; **in ~en geraten** verse en dificultades; **jdn in ~en bringen** meter a alguien en líos; **Schwierigkeitsgrad** *m* grado *m* de dificultad

**schwillt** [ʃvɪlt] *3. präs von* **schwellen**

**Schwimmbad** *nt* piscina *f*, pileta *f* *RíoPl*; **Schwimmbecken** *nt* piscina *f*, pileta *f* *Am*

**schwimmen** ['ʃvɪmən] <schwimmt, schwamm, geschwommen> **I.** *vi haben o sein* ❶ (*Person, Fisch*) nadar; **wir gehen ~** vamos a bañarnos; **er kann nicht ~** no sabe nadar; **auf dem Rücken ~** nadar de espaldas; **über den See ~** cruzar el lago a nado; **ins S~ geraten** encasquillarse ❷ (*Ding*) flotar (*auf* en) **II.** *vt sein:* **einen Rekord ~** establecer un récord en natación

**Schwimmer**[1] *m* <-s, -> ❶ (TECH) flotador *m* ❷ (*an einer Angel*) veleta *f*

**Schwimmer(in)**[2] *m(f)* <-s, -; -nen> nadador(a) *m(f)*

**Schwimmflosse** *f* aleta *f*; **Schwimmflügel** *m* flotador *m* para el brazo; **Schwimmhalle** *f* piscina *f* cubierta; **Schwimmlehrer(in)** *m(f)* profesor(a) *m(f)* de natación; **Schwimmsport** *m* natación *f*; **Schwimmweste** *f* chaleco *m* salvavidas

**Schwindel** ['ʃvɪndəl] *m* <-s, *ohne pl*> ❶ (*~gefühl*) mareo *m*; (*vor einem Abgrund*) vértigo *m*; **~ erregend** vertiginoso ❷ (*fam abw: Betrug*) timo *m*; (*Lüge*) embuste *m*, milonga *f And, CSur*; **Schwindelanfall** *m* vértigo *m*, mareo *m*; **einen ~ bekommen** marearse

**Schwindelei** *f* <-en> (*abw*) ❶ (*Betrug*) estafa *f* ❷ (*Lüge*) mentirijilla *f*

**schwindelerregend** *adj s.* **Schwindel 1.**; **schwindelfrei** *adj:* **~ sein** no tener vértigo

**schwind(e)lig** *adj* mareado; **mir ist ~** estoy mareado, tengo vértigo; **mir wird ~** me mareo

**schwindeln** ['ʃvɪndəln] **I.** *vi* (*fam: lügen*) mentir, macanear *CSur* **II.** *vunpers* (*sich schwindlig fühlen*): **mir schwindelt** me mareo

**schwinden** ['ʃvɪndən] <schwindet, schwand, geschwunden> *vi sein* (*geh*) ❶ (*abnehmen*) disminuir; **im S~ begriffen sein** estar en vías de acabarse ❷ (*ver~*) desaparecer

**Schwindler(in)** ['ʃvɪndlɐ] *m(f)* <-s, -; -nen> (*abw: Lügner*) embustero, -a *m, f*, mulero, -a *m, f* *RíoPl*; (*Betrüger*) estafador(a) *m(f)*

**schwindlig** ['ʃvɪndlɪç] *adj s.* **schwind(e)lig**

**Schwindsucht** ['ʃvɪnt-] *f* tisis *f inv*

**schwindsüchtig** *adj* tísico

**Schwinge** ['ʃvɪŋə] *f* <-n> ❶ (*geh: Flügel*) ala *f* ❷ (TECH) biela *f* oscilante

**schwingen** ['ʃvɪŋən] <schwingt, schwang, geschwungen> **I.** *vi* ❶ *haben o sein* (*Schaukel, Person*) bambolearse; (*Pendel*) oscilar ❷ (*vibrieren*) vibrar; **in seinen Worten schwang Ärger** el tono de su voz indicaba su enfado; **schön geschwungene Augenbrauen** cejas hermosamente arqueadas **II.** *vt* mover; (*Fahne*) (hacer) ondear; (*Axt, Peitsche, Stock*) agitar; **große Reden** ~ pronunciar discursos **III.** *vr:* **sich auf etw** ~ montar(se) en algo; **sich über etw** ~ saltar algo; **sich in die Lüfte** ~ remontar el vuelo

**Schwingung** *f* <-en> (*a.* PHYS) oscilación *f;* (*Vibration*) vibración *f;* **etw in** ~ **versetzen** hacer que algo vibre

**Schwips** [ʃvɪps] *m* <-es, -e> (*fam*) chispa *f;* **sich** *dat* **einen** ~ **antrinken** coger una mona

**schwirren** ['ʃvɪrən] *vi sein* (*Mücken, Gedanken*) zumbar; (*Pfeil, Kugel*) silbar; (*Gerüchte*) correr

**Schwitzbad** *nt* baño *m* turco

**schwitzen** ['ʃvɪtsən] *vi, vt* sudar; **ins S~ kommen** empezar a sudar

**Schwitzkasten** *m* (SPORT) llave *f* (de estrangulamiento); **jdn in den** ~ **nehmen** inmovilizar a alguien con una llave

**schwofen** ['ʃvo:fən] *vi* (*fam*) (salir a) bailar

**schwoll** [ʃvɔl] *3. imp von* **schwellen**[1]

**schwor** [ʃvo:ɐ] *3. imp von* **schwören**

**schwören** ['ʃvø:rən] <schwört, schwor, geschworen> *vi, vt* jurar (*auf/bei* por); **ich hätte** ~ **können, dass...** (*fam*) juraría que...; **auf etw/jdn** ~ (*vertrauen*) confiar ciegamente en algo/alguien

**schwul** [ʃvu:l] *adj* (*fam*) marica, maricón *pey*

**schwül** [ʃvy:l] *adj* sofocante, bochornoso; **es ist** ~ hace un calor sofocante

**Schwule(r)** *m* <-n, -n> (*fam*) marica *m,* gay *m,* naco *m AmC*

**Schwüle** ['ʃvy:lə] *f ohne pl* bochorno *m,* calor *m* sofocante

**schwulstig** ['ʃvʊlstɪç] *adj* (*Österr: abw*), **schwülstig** ['ʃvʏlstɪç] *adj* (*abw*) pomposo

**Schwund** [ʃvʊnt] *m* <-(e)s, *ohne pl*> ❶ (*Abnahme*) merma *f;* (MED) atrofia *f* ❷ (*Verlust*) pérdida *f*

**Schwung**[1] [ʃvʊŋ, *pl:* 'ʃvʏŋə] *m* <-(e)s, Schwünge> (*Drehung*) curva *f,* giro *m*

**Schwung**[2] *m* <-(e)s, *ohne pl*> ❶ (*Antrieb*) impulso *m,* empuje *m;* ~ **holen** coger impulso; **in** ~ **kommen** (*fam: Person*) animarse; **richtig in** ~ **sein** (*fam: Person*) estar bien ❷ (*Elan*) ímpetu *m,* entusiasmo *m* ❸ (*fam: Menge*) montón *m*

**Schwungfeder** *f* (ZOOL) remera *f*

**schwunghaft** *adj* próspero

**schwungvoll** *adj* dinámico

**Schwur** [ʃvu:ɐ, *pl:* 'ʃvy:rə] *m* <-(e)s, Schwüre> juramento *m;* **einen** ~ **leisten** hacer juramento

**Schwurgericht** *nt* jurado *m*

**Sciencefiction** [saɪns'fɪktʃən] *f ohne pl* ciencia ficción *f;* **Sciencefictionfilm** *m* película *f* de ciencia ficción

**sec** *Abk. von* **Sekunde** s.

**sechs** [zɛks] *adj inv* seis; *s. a.* **acht**[1]

**Sechs** *f* <-en> seis *m;* (*Schulnote*) insuficiente *m*

**Sechseck** *nt* hexágono *m*

**sechseckig** *adj* hexagonal

**sechserlei** ['zɛksɐ'laɪ] *adj inv* de seis clases diferentes, seis clases (diferentes) de; *s. a.* **achterlei**

**Sechserpack** *m* paquete *m* de seis (unidades)

**sechsfach** **I.** *adj* séxtuplo, seis veces **II.** *adv* seis veces; *s. a.* **achtfach**

**sechshundert** ['-'--] *adj inv* seiscientos; *s. a.* **achthundert**

**sechsmal** *adv* seis veces; *s. a.* **achtmal**

**Sechstagerennen** [-'----] *nt* (SPORT) carrera *f* (ciclista) de los seis días

**sechstausend** ['-'--] *adj inv* seis mil; *s. a.* **achttausend**

**sechste(r, s)** *adj* sexto; *s. a.* **achte(r, s)**

**sechstel** ['zɛkstəl] *adj inv* sexto; *s. a.* **achtel**

**Sechstel** ['zɛkstəl] *nt* <-s, -> sexto, -a *m, f,* sexta parte *f; s. a.* **Achtel**

**sechstens** ['zɛkstəns] *adv* en sexto lugar; (*bei einer Aufzählung*) sexto; *s. a.* **achtens**

**sechzehn** ['zɛçtse:n] *adj inv* dieciséis; *s. a.* **acht**[1]

**sechzehnte(r, s)** *adj* decimosexto; *s. a.* **achte(r, s)**

**sechzig** ['zɛçtsɪç] *adj inv* sesenta; *s. a.* **achtzig**

**Sechziger** ['zɛçtsɪgɐ] *f* <-> (*fam*) sello *m* de sesenta pfennigs

**Sechzigerjahre** ['---'--] *ntpl* (años *mpl*) sesenta *mpl*

**sechzigste(r, s)** *adj* sexagésimo; *s. a.* **achtzigste(r, s)**

**Secondhandladen** [sɛkənt'hɛ(:)ntla:dən] *m* tienda *f* de segunda mano

**SED** [ɛsʔe:'de:] *f* (HIST, POL) *Abk. von* **Sozialistische Einheitspartei Deutschlands** Partido *m* Socialista Unificado Alemán (*partido del gobierno en la ex-RDA*)

**Sedimentgestein** *nt* (GEO) petrificación *f* de sedimento

**See**[1] [ze:, *pl:* 'ze:ən] *m* <-s, -n> (*Binnengewässer*) lago *m;* **der Genfer** ~ el Lago Leman

**See**[2] *f ohne pl* (*Meer*) mar *m o f;* **die offene** ~ el mar abierto; **auf** ~ en el mar; **auf hoher** ~ en alta mar; **an die** ~ **fahren** ir a la costa; **zur** ~ **fahren** ser marino; **in** ~

**stechen** hacerse a la mar

**Seeadler** *m* águila *f* marina; **Seebad** *nt* balneario *m* a orillas del mar; **Seebär** *m* ❶ (*Tier*) oso *m* marino ❷ (*fam: Seemann*) (viejo) lobo *m* de mar; **Seeelefant** *m*, **See-Elefant** *m* (ZOOL) elefante *m* marino; **Seefahrer** *m* navegante *m*

**Seefahrt¹** *f ohne pl* (*Schifffahrt*) navegación *f*

**Seefahrt²** *f* <-en> (*Schiffsreise*) viaje *m* en barco (por el mar); (*Kreuzfahrt*) crucero *m*

**Seefisch** *m* pez *m* marino; (*als Gericht*) pescado *m* de mar; **Seegang** *m* <-(e)s, *ohne pl*> marejada *f;* **starker** ~ fuerte marejada; **Seegras** *nt* zostera *f;* **Seehafen** *m* puerto *m* marítimo; **Seehecht** *m* merluza *f;* **Seehund** *m* foca *f;* **Seeigel** *m* erizo *m* de mar; **Seekarte** *f* mapa *m* marítimo; **Seeklima** *nt* clima *m* marítimo; **seekrank** *adj* mareado; **Seekrankheit** *f ohne pl* mareo *m* de mar; **Seelachs** *m* abadejo *m*

**Seele** ['ze:lə] *f* <-n> alma *f;* **ein Herz und eine** ~ **sein** (*fig*) ser uña y carne; **es liegt mir auf der** ~ es muy importante para mí; **sich** *dat* **etw von der** ~ **reden** desahogarse de algo contándolo; **jdm aus der** ~ **sprechen** (*fam*) decir exactamente lo que otro piensa; **mit ganzer** ~ con toda el alma; **eine** ~ **von Mensch** un alma de Dios

**Seelenfriede(n)** *m* paz *f* interior; **Seelenheil** *nt* (REL) salvación *f* (eterna); **Seelenleben** *nt ohne pl* (*geh*) vida *f* interior; **Seelenruhe** ['----, '--'--] *f* tranquilidad *f* interior; **in aller** ~ con toda tranquilidad; **seelenruhig** ['--'--] *adv* con mucha calma; **seelenverwandt** *adj* espiritualmente afín; (**mit jdm**) ~ **sein** ser el alma gemela (de alguien); **Seelenwanderung** *f* (REL) reencarnación *f*

**Seeleute** *pl* marineros *mpl*

**seelisch** *adj* mental; ~ **bedingt** psicogénico

**Seelöwe** *m* león *m* marino

**Seelsorge** *f ohne pl* (REL) cuidado *m* de almas

**Seelsorger** *m* <-s, -> (REL) padre *m* espiritual

**Seeluft** *f ohne pl* aire *m* de mar; **Seemacht** *f* potencia *f* naval; **Seemann** *m* <-(e)s, -leute> marinero *m;* **Seemannslied** *nt* canción *f* marinera; **Seemeile** *f* milla *f* marítima; **Seenot** *f ohne pl* peligro *m* marítimo; **in** ~ **geraten** estar en peligro de zozobrar; **Seepferdchen** *nt* (ZOOL) caballito *m* de mar; **Seeräuber(in)** *m(f)* pirata *mf;* **Seereise** *f* viaje *m* marítimo; (*Kreuzfahrt*) crucero *m;* **Seerose** *f* (BOT) nenúfar *m;* **Seeschifffahrt** *f* navegación *f* marítima; **Seeschlacht** *f* batalla *f* naval; **Seeschlange** *f* (ZOOL) serpiente *f* de mar; **Seestern** *m* (ZOOL) estrella *f* marina; **Seetang** *m* algas *fpl* marinas; **Seeteufel** *m* (ZOOL) rape *m;* **seetüchtig** *adj* en buen estado para la navegación; **Seeufer** *nt* orilla *f* del lago; **Seevogel** *m* (ZOOL) ave *f* marina; **Seeweg** *m* vía *f* marítima; **auf dem** ~ **reisen** viajar por mar; **Seezunge** *f* (ZOOL) lenguado *m*

**Segel** ['ze:gəl] *nt* <-s, -> vela *f;* **die** ~ **setzen** poner velas; **die** ~ **einholen** recoger las velas; **Segelboot** *nt* velero *m;* (*Einmaster*) balandro *m;* **Segelflieger(in)** *m(f)* piloto *mf* de planeador; **Segelflug** *m* planeo *m;* **Segelflugzeug** *nt* planeador *m;* **Segeljacht** *f* yate *m* de vela; **Segelklub** *m* club *m* náutico

**segeln** ['ze:gəln] *vi sein* navegar a vela; (*als Sport*) practicar el deporte de la vela; (*Vogel, Segelflugzeug*) planear; ~ **gehen** salir a navegar

**Segeln** *nt* <-s, *ohne pl*> navegación *f* a vela

**Segelohren** *ntpl* (*fam*) orejas *fpl* de soplillo

**Segelschiff** *nt s.* **Segelboot**; **Segeltörn** *m*, **Segeltour** *f* excursión *f* en un barco a vela; **Segeltuch** *nt* <-(e)s, -e> lona *f*

**Segen** ['ze:gən] *m* <-s, *ohne pl*> ❶ (*Einwilligung, a.* REL) bendición *f;* **seinen** ~ **zu etw geben** (*fam*) dar su bendición a algo ❷ (*göttlicher* ~) gracia *f* de Dios ❸ (*Glück*) suerte *f;* (*Wohltat*) bendición *f;* **es ist ein** ~**, dass ...** es una bendición que... +*subj;* **segensreich** *adj* beneficioso

**Segler(in)** *m(f)* <-s, -; -nen> balandrista *mf*

**Segment** [zɛ'gmɛnt] *nt* <-(e)s, -e> (*a.* LING, MATH) segmento *m*

**segnen** ['ze:gnən] *vt* bendecir

**Segnung** *f* <-en> ❶ (REL: *das Segnen*) bendición *f* ❷ *pl* (*Vorzüge*) ventajes *fpl* (+*gen* de), efectos *mpl* beneficiosos (+*gen* de)

**sehbehindert** *adj* que ve mal; **leicht/stark** ~ **sein** tener una deficiencia óptica leve/grave; **Sehbehinderte(r)** *mf* persona *f* con deficencia visual

**sehen** ['ze:ən] <sieht, sah, gesehen> **I.** *vt* ver; (*betrachten*) mirar; (*hervor~*) asomar; (*bemerken*) notar; **wir** ~ **uns morgen** nos vemos mañana; **jdn wieder** ~ volver a ver a alguien; **ich sehe das anders** yo lo veo de otro modo; **sich bei jdm** ~ **lassen** (*fam*) visitar a alguien; **nicht gern ge~ sein** no estar bien visto; **lass dich ja nicht mehr hier** ~ (*fam*) no vengas nunca más por aquí; **kann ich mich so** ~ **lassen?** ¿puedo salir así a la calle?; **so ge~ hast du**

**natürlich Recht** visto de ese modo por supuesto que tienes razón; **die Gefahr kommen** ~ ver venir el peligro; **sich gezwungen** ~ **zu ...** verse obligado a...; **ich sehe es nicht gern, wenn ...** no me gusta que... *+subj;* **ich kann so etwas nicht** ~ (*ertragen*) no lo soporto; **etw nicht mehr** ~ **können** (*fam: satt haben*) estar harto de algo; **hat man so was schon ge~!** (*fam*) ¡habráse visto (semejante cosa)! **II.** *vi* ver; (*blicken*) mirar (*auf*); **gut/schlecht** ~ ver bien/mal; **du musst** ~**, dass du fertig wirst** (*fam*) tienes que ver de acabarlo; **sie sieht sehr auf Äußerlichkeiten** da mucha importancia al aspecto; **nach jdm** ~ cuidar a alguien; **nach dem Rechten** ~ ver si todo está en orden; **wir kennen uns vom S~** nos conocemos de vista; **sieh mal!** ¡mira!; **mal** ~**, ob das stimmt** (*fam*) ya veremos si es verdad; **du wirst schon** ~ (*fam*) ya verás; **siehe oben** véase arriba; **lass mal** ~**, was du da hast** a ver qué tienes ahí; **siehste!** (*fam*) ¡ves!

**sehenswert** *adj* digno de verse

**Sehenswürdigkeit** *f* <-en> monumento *m*

**Seher(in)** *m(f)* <-s, -; -nen> vidente *mf*

**seherisch** *adj* visionario

**Sehfehler** *m* defecto *m* visual; **Sehkraft** *f ohne pl* vista *f*

**Sehne** ['ze:nə] *f* <-n> ❶ (MED) tendón *m* ❷ (MATH) cuerda *f*

**sehnen** ['ze:nən] *vr:* **sich nach etw** *dat*/**jdm** ~ añorar algo/a alguien; **er sehnte sich danach, wieder zu Hause zu sein** ansiaba volver a casa

**Sehnenscheidenentzündung** *f* (MED) tendovaginitis *f inv*

**Sehnerv** *m* nervio *m* óptico

**sehnig** *adj* ❶ (*Körper*) musculoso, nervudo ❷ (*Fleisch*) tendinoso

**sehnlich** *adj* ardiente, vehemente

**Sehnsucht** *f* <-süchte> ansiedad *f* (*nach* de); (*nach Vergangenem*) nostalgia *f* (*nach* de); ~ **nach jdm/etw** *dat* **haben** tener añoranza de alguien/algo; **sich vor** ~ **verzehren** consumirse de nostalgia

**sehnsüchtig** *adj*, **sehnsuchtsvoll** *adj* (*geh*) ansioso; (*Wunsch*) ardiente; (*ungeduldig*) impaciente

**sehr** [ze:ɐ] <mehr, am meisten> *adv* (*mit Adjektiv*) muy; (*mit Verb*) mucho; ~ **freundlich!** ¡muy amable!; ~ **viel** muchísimo; ~ **sogar!** ¡mucho incluso!; **nicht** ~ no mucho; ~ **erfreut!** ¡encantado!; **so** ~ **sie sich auch bemühte ...** por mucho que se esforzó...; **zu** ~ demasiado; ~ **oft** muy a menudo; **so** ~ tanto

**Sehschärfe** *f* agudeza *f* visual; **Sehstörung** *f* trastorno *m* visual; **Sehtest** *m* test *m* visual; **Sehvermögen** *nt* vista *f;* **Sehweise** *f* modo *m* de ver

**seicht** [zaɪçt] *adj* ❶ (*Gewässer*) poco profundo, vadeable ❷ (*abw: banal*) trivial

**seid** [zaɪt] *2. pl präs von* **sein**

**Seide** ['zaɪdə] *f* <-n> seda *f*

**seiden** ['zaɪdən] *adj* ❶ (*aus Seide*) de seda ❷ (*wie Seide*) sedoso

**Seidenmalerei** *f* pintura *f* sobre seda; **Seidenpapier** *nt* papel *m* de seda; **Seidenraupe** *f* gusano *m* de seda; **Seidenstrumpf** *m* media *f* de seda

**seidig** *adj* sedoso

**Seife** ['zaɪfə] *f* <-n> jabón *m;* **ein Stück** ~ una pastilla de jabón

**Seifenblase** *f* pompa *f* de jabón; **zerplatzen wie eine** ~ desvanecerse; **Seifenoper** *f* serial *m;* **Seifenschale** *f* jabonera *f;* **Seifenspender** *m* distribuidor *m* de jabón

**seifig** *adj* jabonoso

**Seil** [zaɪl] *nt* <-(e)s, -e> cuerda *f;* (*für Seiltanz*) cuerda *f* floja; **auf dem** ~ **tanzen** hacer equilibrios en la cuerda floja; **Seilbahn** *f* funicular *m,* teleférico *m*

**seil|hüpfen** *vi sein* saltar a la comba

**Seilschaft** *f* <-en> ❶ (*Bergsteiger*) cordada *f* ❷ (*in der Politik*) enchufistas *mfpl*

**seil|springen** *irr vi sein* saltar a la comba; **Seiltänzer(in)** *m(f)* funámbulo, -a *m, f*

**sein** [zaɪn] <ist, war, gewesen> *vi sein* ❶ (*Identität, Eigenschaften, Herkunft, Beruf*) ser; (*Alter*) tener; **mir ist kalt** tengo frío; **bist du's?** ¿eres tú?; **wir sind Freunde** somos amigos; **sie ist Türkin** es turca; **ich bin aus Dortmund** soy de Dortmund; **ich bin 25** tengo 25 años; **zwei und zwei ist vier** dos y dos son cuatro; **sie ist Polizistin** es policía; **seien Sie (mir) nicht böse, aber ...** no se enfade (conmigo) pero...; **seien Sie so freundlich, und ...** sea tan amable y...; **das wäre ja noch schöner!** ¡no faltaría más (que eso)!; **es wäre besser gewesen, ...** habría sido mejor...; **wie wäre es mit einem Bier?** ¿qué tal una cerveza?; **nun sei doch nicht so!** ¡no te pongas así!; **ist es nicht so?** ¿no es así?; **es ist nichts** no es nada; **das war's** se acabó; **mir ist heute nicht nach Kuchen** (*fam*) hoy no me apetece comer tarta; **mir ist schlecht** no me encuentro bien; **mir ist schwindlig** me mareo; **mir ist, als hätte ich Stimmen gehört** tengo la impresión de haber oído voces; **lass es** ~**!** ¡déjalo!; **es wäre schön,**

S

**wenn ...** sería bonito si... *+subj;* **es sei denn, dass ...** a no ser que... *+subj;* **wie dem auch sei** sea como sea ❷ (*Zustand*) estar; **sie ist verheiratet** está casada, es casada *Am* ❸ (*vorhanden* ~) haber; **was nicht ist, kann noch werden** mientras hay vida, hay esperanza; **ist da jemand?** ¿hay alguien allí?; **es waren viele Leute da** había mucha gente; **es war einmal...** érase una vez ❹ (*sich befinden*) estar; **sie sind in Chile** están en Chile; **wo warst du so lange?** ¿dónde estuviste durante tanto tiempo? ❺ (*mit Zeitangabe*) ser; (*stattfinden*) tener lugar, ser; (*Wetter*) hacer; **es ist 14.30 Uhr** son las dos y media; **heute ist Montag** hoy es lunes; **es ist Juni** es junio; **es ist sonnig/heiß/schlechtes Wetter** hace sol/calor/mal tiempo; **das ist über 10 Jahre her** esto fue hace más de 10 años; **morgen sind es 10 Jahre, dass wir uns kennen** mañana hace 10 años que nos conocemos ❻ (*geschehen*) ocurrir, suceder; **muss das ~?** ¿tiene que ser?; **kann ~!** ¡puede ser!; **was ist?** ¿qué pasa?; **ist was?** ¿sucede algo?; **sei's drum!** ¡que así sea! ❼ (*Hilfsverb*) haber; **sie sind schwimmen** (**gegangen**) han ido a nadar; **ich bin krank gewesen** he estado enfermo; **er ist bewusstlos geworden** ha perdido el conocimiento; **sie ist verurteilt worden** ha sido juzgada; **wenn er nicht gewesen wäre** si no hubiera sido por él

**Sein** [zaɪn] *nt* <-s, *ohne pl*> (PHILOS) ser *m;* (*Da~*) existencia *f*

**sein**, **seine**, **sein** [zaɪn, 'zaɪnə, zaɪn] *pron poss* (*adjektivisch*) su, sus *pl;* ~ **Sohn/Auto** su hijo/coche; ~**e Freundin/Kinder** su novia/sus hijos

**seine**(**r**, **s**) *pron poss* (el) suyo *m,* (la) suya *f,* (los) suyos *mpl,* (las) suyas *fpl;* **der schwarze Mantel ist ~r** el abrigo negro es (el) suyo; *s. a.* **sein, seine, sein**

**seiner** *pron pers gen von* **er, es** de él

**seinerseits** *adv* por su parte

**seinerzeit** *adv* entonces, en aquel tiempo

**seinesgleichen** ['--'--] *pron indef inv* sus semejantes, de su condición; **er behandelte ihn wie ~** lo trataba como si fuera de su condición

**seinetwegen** ['zaɪnət've:gən] *adv* por él; (*negativ*) por su culpa

**seinetwillen** ['zaɪnət'vɪlən] *adv:* **um ~** por él

**seinige** ['zaɪnɪgə] *pron poss geh für* **seine**(**r, s**): **der/die/das ~/S~** el suyo/la suya; **die ~n/S~n** los suyos/las suyas

**seins** [zaɪns] *pron poss s.* **seine**(**r, s**)

**Seismograf** *m* <-en, -en>, **Seismograph** [zaɪsmo'gra:f] *m* <-en, -en> sismógrafo *m*

**seismologisch** *adj* sismológico

**seit** [zaɪt] **I.** *präp +dat* (*Zeitpunkt*) desde; (*Zeitraum*) desde hace; **~ wann ...?** ¿desde cuándo...?; **~ kurzem/langem** desde hace poco/mucho **II.** *konj* desde que

**? Grammatik**

La preposición **seit** – *desde (hace)* expresa el comienzo o la duración de una acción que llega hasta el presente: *Seit einem Monat arbeitet sie als Dolmetscherin. – Desde hace un mes trabaja como intérprete. Sie liebt ihn seit ihrer Jugend. – Ella lo ama desde su adolescencia.*

**vor** – *hace* indica un acontecimiento o una situación que ha tenido lugar en el pasado y lo importante es el principio de la acción: *Vor fünf Jahren hat sie angefangen Deutsch zu lernen. – Ha empezado a estudiar alemán hace cinco años.* (Aunque ella continúe estudiando alemán en el presente, se pone de relieve el comienzo de la acción en el pasado.) *Vor einem Jahr war sie noch in ihn verliebt. – Hace un año todavía estaba enamorada de él.*

**seitdem** [-'-] **I.** *adv* desde entonces **II.** *konj* desde que

**Seite** ['zaɪtə] *f* <-n> ❶ (*allgemein*) lado *m;* (*Stoff~, Schallplatten~*) cara *f;* **~ an ~** codo con codo; **auf beiden ~n** a ambos lados; **nach allen ~n offen sein** (**für Vorschläge**) estar abierto a todo tipo de propuestas; **von allen ~n** de todas partes; **zur ~ gehen** apartarse; **jdn von der ~ ansehen** mirar a alguien de reojo; **er weicht nicht von ihrer ~** (*fam*) no se aparta de su lado; **etw zur ~ legen** (*weglegen*) apartar algo; **etw auf die ~ legen** (*fam: sparen*) ahorrar algo; **jdn auf seiner ~ haben** tener a alguien de su parte; **jdm zur ~ stehen** apoyar a alguien; **jdn zur ~ nehmen um ihm etw zu sagen** apartar a alguien para decirle algo ❷ (*Hinsicht, Aspekt*) parte *f,* lado *m;* (*Charakterzug*) lado *m;* **alles hat zwei ~n** todas las cosas tienen su contra; **das Recht ist auf ihrer ~** la razón está de su parte; **auf der einen ~ ..., auf der anderen ...** por una parte..., por otra...; **von dieser ~ kenne ich ihn gar nicht** no lo conozco así; **sich von seiner**

**besten ~ zeigen** mostrar su mejor cara; **das ist ihre schwache ~** (*fam*) esto es su punto débil; **das ist ihre starke ~** (*fam*) esto es su fuerte ❸ (*Buch~*) página *f*; **siehe ~ 15** véase página 15; **die gelben ~n** las páginas amarillas ❹ (*Verhandlungspartner*) parte *f* ❺ (*Interessensgruppe*): **von kirchlicher ~** de parte de la Iglesia; **wie von offizieller ~ verlautete, ...** como indicaron fuentes oficiales...

**Seitenangabe** *f* indicación *f* de la página; **Seitenansicht** *f* vista *f* lateral

**Seitenaufprallschutz** *m* (AUTO) barra *f* de protección lateral; **Seitenausgang** *m* puerta *f* lateral; **Seitenblick** *m* mirada *f* de reojo; **jdm einen ~ zuwerfen** mirar a alguien de reojo; **Seiteneingang** *m* entrada *f* lateral; **Seitenflügel** *m* ala *f* lateral; **Seitengang** *m* pasaje *m* lateral; (*im Zug*) pasillo *m* (lateral); **Seitenhieb** *m* (*fam: Kritik*) indirecta *f*; **Seitenlage** *f* posición *f* de lado; **stabile ~** posición lateral de seguridad; **seitenlang** I. *adj* de varias páginas II. *adv* en páginas enteras; **Seitenlinie** *f* ❶ (SPORT) línea *f* de banda ❷ (*Genealogie*) línea *f* lateral

**seitens** ['zaɪtəns] *präp +gen* de parte de, por parte de

**Seitenscheitel** *m* raya *f* a un [*o* de un] lado; **Seitenschiff** *nt* (ARCHIT) nave *f* lateral; **Seitensprung** *m* (*fig*): **einen ~ machen** ser infiel; (*Verheiratete*) cometer adulterio; **Seitenstechen** *nt* <-s, *ohne pl*> punzadas *fpl* en el costado; **Seitenstraße** *f* calle *f* lateral; **Seitenstreifen** *m* arcén *m*, berma *f Am*; **seitenverkehrt** *adj* invertido lateralmente; **Seitenwind** *m* viento *m* lateral; **Seitenzahl** *f* ❶ (*Gesamtzahl*) número *m* de páginas ❷ (*auf einer Seite*) número *m* de página

**seither** [-'-] *adv* desde entonces

**seitlich** I. *adj* lateral, al lado; **~ von ...** al lado de... II. *adv* de lado; **~ abfallen** descender lateralmente III. *präp +gen* al lado de, a un lado de

**seitwärts** ['zaɪtvɛrts] *adv* hacia un lado

**sek.**, **Sek.** *Abk. von* **Sekunde** s

**Sekante** [ze'kantə] *f* <-n> (MATH) secante *f*

**Sekret** [ze'kre:t] *nt* <-(e)s, -e> (MED, BIOL) secreción *f*

**Sekretär**[1] *m* <-s, -e> (*Möbelstück*) escritorio *m*, secreter *m*

**Sekretär(in)**[2] [zekre'tɛ:ɐ] *m(f)* <-s, -e; -nen> (*Angestellter*) secretario, -a *m, f*

**Sekretariat** [zekretari'a:t] *nt* <-(e)s, -e> secretaría *f*, secretariado *m*

**Sekretärin** *f* <-nen> *s.* **Sekretär**[2]

**Sekt** [zɛkt] *m* <-(e)s, -e> cava *m*

**Sekte** ['zɛktə] *f* <-n> secta *f*

**Sektglas** *nt* copa *f* de champaña [*o* de champán]

**Sektor** ['zɛkto:ɐ] *m* <-s, -en> (*a.* MATH) sector *m*

**sekundär** [zekʊn'dɛ:ɐ] *adj* secundario; **Sekundärliteratur** *f ohne pl* literatura *f* secundaria

**Sekundarschule** *f* (*Schweiz*) *escuela del segundo ciclo en el sistema de enseñanza suizo;* **Sekundarstufe** *f* (SCH) nivel *m* de educación secundaria (en Alemania); **~ I** (*5.-10. Schuljahr*) nivel I de educación secundaria (*equivalente al tercer ciclo de primaria y al segundo de secundaria españoles*); **~ II** (*11.-13. Schuljahr*) nivel II de educación secundaria (*equivalente al bachillerato o a la F.P. de grado medio españoles*)

**i Land & Leute**

En Suiza, al terminar la escuela primaria, la educación obligatoria continúa con el **Sekundarstufe I** que abarca entre tres y cinco cursos, dependiendo de cada cantón. Después el alumno accede al **Sekundarstufe II** donde puede comenzar el aprendizaje de una profesión, acudir a una escuela de formación profesional, a una escuela de secundaria de grado medio o formarse como profesor para el primer ciclo de secundaria. Otra opción es acudir a una escuela de secundaria de grado superior para acceder a la universidad.

**Sekunde** [ze'kʊndə] *f* <-n> segundo *m*; **auf die ~ genau** al segundo; **eine ~ bitte!** (*fam*) ¡un segundo, por favor!

**Sekundenkleber** *m* pegamento *m* rápido; **Sekundenzeiger** *m* segundero *m*

**selbe(r, s)** *adj* mismo; **im ~n Haus** en la misma casa

**selber** ['zɛlbɐ] *pron dem inv* (*fam*) *s.* **selbst**

**selbst** [zɛlpst] I. *pron dem inv* mismo; **ich/sie/wir ~** yo mismo/ella misma/nosotros mismos; **Fritz hat es ~ gesagt** Fritz mismo lo ha dicho; **das versteht sich von ~** esto se entiende por sí solo; **sie denkt nur an sich ~** sólo piensa en sí misma; **er kam ganz von ~** vino por sí mismo; **eine Sache um ihrer ~ willen tun** hacer algo por la cosa misma; **er ist die Ruhe ~** es la calma en persona II. *adv* (*sogar*) incluso, hasta; **~ wenn** incluso si *+subj*

S

**Selbstachtung** *f* autoestima *f*
**selbständig** ['zɛlpʃtɛndɪç] *adj o adv s.* **selbstständig**
**Selbständigkeit** *f ohne pl s.* **Selbstständigkeit**
**Selbstauslöser** *m* (FOTO) disparador *m* automático; **Selbstbedienung** *f ohne pl* autoservicio *m;* **Selbstbedienungsladen** *m* (tienda *f* de) autoservicio *m;* **Selbstbefriedigung** *f* masturbación *f;* **Selbstbeherrschung** *f* autodominio *m,* autocontrol *m;* **Selbstbestätigung** *f ohne pl* (PSYCH) autoconfirmación *f;* **Selbstbestimmung** *f ohne pl* (POL) autodeterminación *f;* **Selbstbestimmungsrecht** *nt ohne pl* (JUR) derecho *m* de autodeterminación; **Selbstbetrug** *m* autoengaño *m;* **selbstbewusst** *adj* ❶ (*selbstsicher*) seguro de sí mismo ❷ (PHILOS) consciente de sí mismo; **Selbstbewusstsein** *nt* ❶ (*Selbstsicherheit*) seguridad *f* en sí mismo ❷ (PHILOS) conciencia *f* de sí mismo; **Selbstbräunungscreme** *f* crema *f* autobronceadora; **Selbstdarsteller(in)** *m(f)* persona *f* propensa a figurar
**Selbsterfahrung** *f ohne pl* (PSYCH) autognosis *f inv;* **Selbsterfahrungsgruppe** *f* (PSYCH) grupo *m* de autognosis
**Selbsterhaltungstrieb** *m* instinto *m* de autoconservación; **Selbsterkenntnis** *f ohne pl* autoconocimiento *m;* **selbstgefällig** I. *adj* (*abw*) autocomplaciente, autosuficiente II. *adv* (*abw*) con autosuficiencia; **selbstgerecht** *adj* ególatra; (*eingebildet*) engreído, vanidoso; **Selbstgespräch** *nt* monólogo *m;* **~e führen** monologar; **selbstherrlich** *adj* autoritario, despótico
**Selbsthilfe** *f ohne pl* autoayuda *f;* **zur ~ greifen** tomarse la justicia por su mano; **Selbsthilfegruppe** *f* grupo *m* de ayuda mutua
**Selbstjustiz** *f* (JUR): **~ üben** tomarse la justicia por su mano; **selbstklebend** *adj* autoadhesivo; **Selbstkostenpreis** *m* (WIRTSCH) precio *m* de coste; **Selbstkritik** *f ohne pl* autocrítica *f;* **selbstkritisch** *adj* autocrítico; **Selbstlaut** *m* vocal *f*
**selbstlos** *adj* desinteresado, altruista
**Selbstmitleid** *nt* (*abw*) autocompasión *f;* **Selbstmord** *m* suicidio *m;* **~ begehen** suicidarse; **Selbstmörder(in)** *m(f)* suicida *mf;* **selbstmörderisch** *adj* suicida; **Selbstmordkandidat(in)** *m(f)* suicida *mf* potencial, persona *f* con tendencias suicidas; **Selbstmordversuch** *m* intento *m* de suicidio; **einen ~ machen** intentar suicidarse; **Selbstschutz** *m* autoprotección *f;* **selbstsicher** *adj* seguro de sí mismo; **Selbstsicherheit** *f ohne pl* seguridad *f* en uno mismo
**selbstständig** I. *adj* ❶ (*unabhängig*) independiente ❷ (*beruflich*) por su propia cuenta; **sich ~ machen** establecerse por su cuenta II. *adv* por sí solo; (WIRTSCH) por su propia cuenta
**Selbstständige(r)** *mf* <-n, -n; -n, -n> trabajador(a) *m(f)* autónomo, -a
**Selbstständigkeit** *f ohne pl* independencia *f*
**selbstsüchtig** *adj* egoísta; **selbsttätig** *adj* ❶ (*automatisch*) automático ❷ (*aktiv*) activo; **Selbsttäuschung** *f ohne pl* autoengaño *m;* **Selbstüberschätzung** *f ohne pl* presunción *f,* aprecio *m* excesivo de las propias facultades; **er leidet an ~** se lo tiene muy creído; **Selbstüberwindung** *f* fuerza *f* de voluntad; **Selbstverleugnung** *f ohne pl* autonegación *f;* (*Selbstlosigkeit*) abnegación *f;* **selbstverschuldet** *adj* por culpa propia; **Selbstversorger(in)** *m(f)* auto-abastecedor(a) *m(f)*
**selbstverständlich** ['--(')--] I. *adj* natural, evidente; **das ist doch ~!** ¡esto se sobreentiende!; **etw für ~ halten** dar algo por hecho II. *adv* por supuesto, desde luego; **~ (nicht)!** ¡por supuesto (que no)!; **das tue ich ~ gern** por supuesto, lo hago con gusto
**Selbstverständlichkeit** ['--(')---] *f* <-en> (*Unbefangenheit*) naturalidad *f;* (*Offensichtlichkeit*) evidencia *f;* **das war doch eine ~** no faltaba más; **etw für eine ~ halten** considerar algo como lo más natural del mundo
**Selbstverteidigung** *f ohne pl* autodefensa *f;* **Selbstvertrauen** *nt* confianza *f* en sí mismo, autoconfianza *f;* **Selbstverwaltung** *f* autogestión *f;* **Selbstverwirklichung** *f ohne pl* (PHILOS, PSYCH) autorrealización *f;* **Selbstwahrnehmung** *f* (PSYCH) percepción *f* de uno mismo, opinión *f* sobre uno mismo; **Selbstwertgefühl** *nt ohne pl* (PSYCH) autoestima *f;* **selbstzerstörerisch** *adj* autodestructivo; **Selbstzweck** *m ohne pl* fin *m* absoluto
**selektieren*** [zelɛk'ti:rən] *vt* seleccionar
**Selektion** [zelɛk'tsjo:n] *f* <-en> (BIOL) selección *f*
**Selen** [ze'le:n] *nt* <-s, *ohne pl*> (CHEM) selenio *m*
**selig** ['ze:lɪç] *adj* ❶ (*glücklich*) feliz, en las nubes *fam* ❷ (REL) bienaventurado; (~ *gesprochen*) beato; (*verstorben*) difunto; **Gott hab ihn ~!** ¡Dios lo tenga en su gloria!; **ihr ~er Vater** su padre que en paz descanse; **wer's glaubt, wird ~** (*fam iron*)

más tonto aquel que se lo crea

**Seligkeit** *f ohne pl* ① (REL) bienaventuranza *f* (eterna) ② (*Glück*) felicidad *f*

**Sellerie** ['zɛləri] *m* <-s, -(s)>, *f* <-> apio *m*

**selten** ['zɛltən] **I.** *adj* ① (*nicht häufig*) raro ② (*außergewöhnlich*) extraordinario; (*merkwürdig*) curioso **II.** *adv* ① (*nicht häufig*) raras veces ② (*außergewöhnlich*) extraordinariamente

**Seltenheit**[1] *f ohne pl* (*Vorkommen*) rareza *f*; **es ist eine ~, dass ...** ocurre raras veces que... +*subj*

**Seltenheit**[2] *f* <-en> (*Stück*) curiosidad *f*

**Seltenheitswert** *m ohne pl* valor *m* de pieza rara

**Selters** ['zɛltɐs] *nt* <-, -> (*fam*) agua *f* mineral

**seltsam** ['zɛltza:m] *adj* extraño, singular; **er kam ihr ~ bekannt vor** le pareció particularmente conocido

**seltsamerweise** ['zɛltza:mɐ'vaɪzə] *adv* curiosamente, extrañamente

**Seltsamkeit**[1] *f ohne pl* (*seltsame Art*) extrañeza *f*

**Seltsamkeit**[2] *f* <-en> (*seltsame Erscheinung, Vorfall*) rareza *f*, curiosidad *f*

**Semester** [ze'mɛstɐ] *nt* <-s, -> semestre *m*; **Semesterferien** *pl* (UNIV) vacaciones *fpl* semestrales (*en primavera y verano*)

**Semifinale** *nt* (SPORT) semifinal *f*

**Semikolon** [zemi'ko:lɔn] *nt* <-s, -s *o* Semikola> punto *m* y coma

**Seminar** [zemi'na:ɐ] *nt* <-s, -e> ① (*Lehrveranstaltung, Priester~*) seminario *m* ② (*Institut*) departamento *m*; **Seminararbeit** *f* (UNIV) trabajo *m* escrito

**Semit(in)** [ze'mi:t] *m(f)* <-en, -en; -nen> semita *mf*

**semitisch** *adj* semítico, semita

**Semmel** ['zɛməl] *f* <-n> (*Österr, südd, reg*) panecillo *m*; **weggehen wie warme ~n** (*fam*) venderse como rosquillas

**sen.** *Abk. von* **senior** padre

**Senat** [ze'na:t] *m* <-(e)s, -e> ① (HIST, POL) senado *m* ② (UNIV) claustro *m* ③ (JUR) consejo *m* judicial

**Senator(in)** [ze'na:to:ɐ] *m(f)* <-s, -en; -nen> senador(a) *m(f)*

**Sendeanstalt** *f* (RADIO, TV) cadena *f* de radiotelevisión; **Sendegebiet** *nt* (RADIO, TV) zona *f* de emisión

**senden** ['zɛndən] <sendet, sandte *o* sendete, gesandt *o* gesendet> *vt* ① (*geh: schicken*) enviar (*nach/zu* a) ② (*ausstrahlen*) emitir

**Sendepause** *f* (RADIO, TV) pausa *f*; **Sendeplatz** *m* (TV, RADIO) espacio *m* de emisión

**Sender** *m* <-s, -> (RADIO, TV) (estación *f*) emisora *f*

**Senderaum** *m* (RADIO, TV) estudio *m*; **Sendereihe** *f* (RADIO, TV) serial *m*; **Sendeschluss** *m ohne pl* (RADIO, TV) cierre *m* de la emisión; **Sendezeit** *f* (RADIO, TV) tiempo *m* de emisión

**Sendung** *f* <-en> ① (*Waren~*) envío *m* ② (RADIO, TV: *das Senden*) emisión *f*; **auf ~ gehen** comenzar a emitir; **auf ~ sein** estar en el aire ③ (RADIO, TV: *einzelne ~*) programa *m*

**Senegal** ['ze:negal] *m* <-s> Senegal *m*

**Senegalese, -in** [zenega'le:zə] *m, f* <-n, -n; -nen> senegalés, -esa *m, f*

**senegalesisch** *adj* senegalés

**Senf** [zɛnf] *m* <-(e)s, -e> mostaza *f*; **Senfgurke** *f* pepinillo *m* en vinagre y mostaza

**sengen** ['zɛŋən] *vt* chamuscar; **in der ~den Sonne** bajo el sol abrasador

**senil** [ze'ni:l] *adj* senil

**senior** ['ze:njo:ɐ] *adj*: **Karl Meyer ~** Karl Meyer (padre)

**Senior(in)** ['ze:njo:ɐ, *pl:* ze'njo:rən] *m(f)* <-s, -en; -nen> ① (*Rentner*) persona *f* de la tercera edad ② (SPORT) sénior *mf*; **Seniorchef(in)** *m(f)* jefe, -a *m, f*

**Seniorenheim** *nt* residencia *f* para la tercera edad

**Senke** ['zɛŋkə] *f* <-n> depresión *f* en un terreno

**senken** ['zɛŋkən] **I.** *vt* ① (*allgemein*) bajar; (*Kopf*) inclinar; **die Stimme ~** bajar la voz ② (*Kosten*) reducir; (*Preise*) rebajar **II.** *vr*: **sich ~** ① (*herunterkommen*) bajar; (*absinken*) hundirse ② (*geh: Abend, Nacht*) caer

**Senkfuß** *m* (MED) pie *m* plano; **Senkgrube** *f* pozo *m* negro

**senkrecht** *adj* vertical; (MATH) perpendicular (*zu* a)

**Senkrechte** *f* <-n> (recta *f*) vertical *f*; (MATH) (línea *f*) perpendicular *f*

**Senkrechtstarter**[1] *m* <-s, -> ① (AERO) avión *m* de despegue y aterrizaje vertical ② (*fam: Buch, Film*) éxito *m* rotundo

**Senkrechtstarter(in)**[2] *m(f)* <-s, -; -nen> (*fam: Person*) joven *mf* prometedor(a)

**Senkung**[1] *f ohne pl* ① (*des Kopfes*) inclinación *f* ② (*Verringerung*) reducción *f* (*um* en, *auf* a)

**Senkung**[2] *f* <-en> (GEO) depresión *f* (de un terreno)

**Sensation** [zɛnza'tsjo:n] *f* <-en> sensación *f*

**sensationell** [zɛnzatsjo'nɛl] *adj* sensacional

**Sensationsblatt** *nt* (*abw*) periódico *m* sensacionalista; **Sensationsgier** *f* (*abw*) sensacionalismo *m*; **Sensationslust** *f* (*abw*) sensacionalismo *m*; **Sensations-**

S

**mache** *f ohne pl* (PUBL) amarillismo *m*

**Sense** ['zɛnzə] *f* <-n> guadaña *f;* **jetzt ist ~!** (*fam*) ¡y sanseacabó!

**Sensenmann** *m* (*euph: Tod*) (muerte *f* de la) guadaña *f*

**sensibel** [zɛn'ziːbəl] *adj* sensible

**Sensibelchen** *nt* <-s, -> (*iron, abw*) sensiblero *m*

**sensibilisieren*** [zɛnzibili'ziːrən] *vt* (*a.* FOTO) sensibilizar

**Sensibilität** [zɛnzibili'tɛːt] *f ohne pl* (*a.* FOTO) sensibilidad *f*

**Sensor** ['zɛnzoːɐ] *m* <-s, -en> (TECH) sensor *m*

**sentimental** [zɛntimɛn'taːl] *adj* sentimental

**Sentimentalität** [zɛntimɛntali'tɛːt] *f ohne pl* sentimentalismo *m*

**separat** [zepa'raːt] **I.** *adj* separado; (*Eingang*) independiente **II.** *adv* aparte

**Separatismus** [zepara'tɪsmʊs] *m* <-, *ohne pl*> separatismo *m*

**Separatist(in)** [zepara'tɪst] *m(f)* <-en, -en; -nen> separatista *mf*

**separatistisch** *adj* separatista

**Separee** *nt* <-s, -s>, **Séparée** [zepa'reː] *nt* <-s, -s> reservado *m*

**September** [zɛp'tɛmbɐ] *m* <-(s), -> se(p)tiembre *m; s. a.* **März**

**sequentiell** [zekvɛn'tsjɛl] *adj s.* **sequenziell**

**Sequenz** [ze'kvɛnts] *f* <-en> (*a.* FILM, MUS) secuencia *f*

**sequenziell** [zekvɛn'tsjɛl] *adj* (INFOR) secuencial

**Sera** *pl von* **Serum**

**Serbe, -in** ['zɛrbə] *m, f* <-n, -n; -nen> serbio, -a *m, f*

**Serbien** ['zɛrbiən] *nt* <-s> Serbia *f*

**Serbin** *f* <-nen> *s.* **Serbe**

**serbisch** *adj* serbio

**serbokroatisch** [zɛrbokro'aːtɪʃ] *adj* serbocroata

**Seren** *pl von* **Serum**

**Serenade** [zere'naːdə] *f* <-n> (MUS) serenata *f,* albazo *m Peru,* alborada *f PRico*

**Serie** ['zeːriə] *f* <-n> (*a.* TV) serie *f;* **in ~ herstellen** producir en serie

**seriell** [zeri'ɛl] *adj* en serie; **~e Schnittstelle** (INFOR) interfaz serie, puerto serie

**Serienausstattung** *f* (*a.* AUTO) equipamiento *m* de serie; **serienmäßig I.** *adj* ❶ (*Herstellung*) en serie ❷ (AUTO: *Ausstattung*) de serie **II.** *adv* en serie; **Seriennummer** *f* número *m* de serie; **Serienproduktion** *f* producción *f* en serie; **Serienschaltung** *f* (ELEK) conexión *f* en serie; **serienweise** *adv* en serie

**seriös** [zeri'øːs] *adj* serio; (*gediegen*) formal

**Serpentine** [zɛrpɛn'tiːnə] *f* <-n> serpentina *f*

**Serum** ['zeːrʊm] *nt* <-s, Seren *o* Sera> suero *m*

**Server** ['sœːvɐ] *m* <-s, -> (INFOR) server *m,* servidor *m*

**Service**[1] [zɛr'viːs] *nt* <-(s), -> (*Geschirr*) juego *m* de café

**Service**[2] ['sœːvɪs] *m* <-, *ohne pl*> ❶ (*Bedienung*) servicio *m;* (*Kundendienst*) asistencia *f* técnica ❷ (SPORT) saque *m,* servicio *m*

**Servicecenter** ['sœːvɪssɛntɐ] *nt* centro *m* de servicios; **Service-Provider** *m* (TEL) proveedor *m* de servicios

**servieren*** [zɛr'viːrən] *vt, vi* servir

**Serviererin** [zɛr'viːrərɪn] *f* <-nen> camarera *f*

**Serviette** [zɛr'vjɛtə, zɛrvi'ɛtə] *f* <-n> servilleta *f*

**Serviettenring** *m* servilletero *m*

**Servobremse** ['zɛrvo-] *f* (TECH) servofreno *m;* **Servolenkung** *f* (TECH) dirección *f* asistida, servodirección *f*

**Servus** ['sɛrvʊs] *interj* (*Österr, südd*) adiós

**Sesam** ['zeːzam] *m* <-s, -s> sésamo *m;* **~, öffne dich!** ¡ábrete, sésamo!

**Sessel** ['zɛsəl] *m* <-s, -> sillón *m;* (*im Kino*) butaca *f;* **Sessellift** *m* telesilla *f*

**sesshaft** ['zɛshaft] *adj* sedentario; **in einem Ort ~ werden** asentarse en un lugar

**Set** [sɛt] *m o nt* <-(s), -s> (*zusammengehörige Dinge*) conjunto *m,* set *m*

**Setup** *nt* <-(s), -s> (INFOR) setup *m,* programa *m* de ajuste

**setzen** ['zɛtsən] **I.** *vt* ❶ (*allgemein*) poner (*auf* en/sobre); (*stellen*) colocar (*auf* en/sobre); (*Kind*) sentar; **er setzte seine Unterschrift darunter** lo firmó; **etw auf die Tagesordnung/in die Zeitung ~** poner algo en el orden del día/en el periódico; **etw an den Mund ~** llevar(se) algo a la boca; **ein Kind in die Welt ~** (*fam*) traer un hijo al mundo ❷ (*Pflanze*) plantar ❸ (*Ofen*) instalar; (*Denkmal*) erigir; (*Segel*) izar ❹ (*Norm*) fijar, establecer; (*Frist, Termin*) fijar, señalar; (*Hoffnung, Vertrauen*) poner; **etw** *dat* **ein Ende/Grenzen ~** poner fin/límites a algo; **sich** *dat* **ein Ziel ~** ponerse una meta ❺ (TYPO) componer ❻ (*Geld*) apostar (*auf* por) ❼ (*fam: injizieren*): **sich** *dat* **eine Spritze ~** ponerse una inyección ❽ (*Wend*): **gesetzt den Fall, er kommt** supongamos que venga; **gleich setzt es was!** (*fam*) ¡que te doy! **II.** *vr:* **sich ~** ❶ (*Person*) sentarse; **bitte, ~ Sie sich!** ¡siéntese, por favor! ❷ (*Flüssigkeit*) depositarse, posarse; (*Staub, Geruch*) pegarse (*in/auf* a) ❸ (*be-

*ginnen*): **sich an etw** ~ ponerse a hacer algo **III.** *vi* ❶ (*im Spiel*) jugar ❷ (*überqueren*): **über etw** ~ cruzar algo

**Setzer(in)** *m(f)* <-s, -; -nen> (TYPO) cajista *mf*

**Setzerei** *f* <-en> (TYPO) taller *m* de composición

**Setzkasten** *m* (TYPO) cajón *m* de imprenta

**Setzling** *m* <-s, -e> ❶ (*Pflanze*) plantón *m* ❷ (*Fisch*) alevín *m*

**Seuche** ['zɔɪçə] *f* <-n> epidemia *f;* (*fig*) peste *f*

**Seuchenbekämpfung** *f ohne pl* lucha *f* contra las epidemias; **Seuchengebiet** *nt* zona *f* contaminada; **Seuchenherd** *m* foco *m* de la epidemia

**seufzen** ['zɔɪftsən] *vi* suspirar

**Seufzer** *m* <-s, -> suspiro *m*

**Sex** [sɛks] *m* <-(es), *ohne pl*> (*fam*) sexo *m;* **Sexfilm** *m* película *f* pornográfica

**Sexismus** [sɛ'ksɪsmʊs, zɛ'ksɪsmʊs] *m* <-, *ohne pl*> sexismo *m*

**sexistisch** *adj* sexista

**Sexshop** *m* <-s, -s> sex-shop *m*

**Sextant** [zɛks'tant] *m* <-en, -en> (NAUT) sextante *m*

**Sextelefon** *nt* línea *f* erótica

**Sextett** [zɛks'tɛt] *nt* <-(e)s, -e> (MUS) sexteto *m*

**Sextourismus** *m* turismo *m* sexual

**Sexualforschung** *f ohne pl* sexología *f*

**Sexualität** [sɛksuali'tɛːt, zɛksuali'tɛːt] *f ohne pl* sexualidad *f*

**Sexualkunde** *f ohne pl* educación *f* sexual; **Sexualkundeunterricht** *m* (SCH) clase *f* de educación sexual; **Sexualleben** *nt ohne pl* vida *f* sexual; **Sexualverbrechen** *nt* delito *m* sexual

**sexuell** [sɛksu'ɛl, zɛksu'ɛl] *adj* sexual; **jdn** ~ **missbrauchen** abusar sexualmente de alguien

**sexy** ['sɛksi, 'zɛksi] *adj inv* (*fam*) sexy

**sezieren*** [ze'tsiːrən] *vt* diseccionar

**Shampoo** ['ʃampu] *nt* <-s, -s> champú *m*

**Sheriff** ['ʃɛrɪf] *m* <-s, -s> sheriff *m*

**Sherry** ['ʃɛri] *m* <-s, -s> jerez *m*

**Shifttaste** *f* (INFOR) tecla *f* de mayúsculas (en el ordenador)

**Shorts** [ʃɔːts, ʃɔrts] *pl* pantalones *mpl* cortos

**Show** [ʃɔʊ] *f* <-s> espectáculo *m*, show *m;* **Showbusiness** *nt* mundo *m* del espectáculo; **Showgeschäft** *nt ohne pl* mundo *m* del espectáculo; **Showmaster(in)** [-maːstɐ] *m(f)* <-s, -; -nen> presentador(a) *m(f)*

**siamesisch** [zia'meːzɪʃ] *adj* siamés; ~**e Zwillinge** hermanos siameses

**Siamkatze** *f* gato *m* siamés

**Sibirer(in)** [zi'biːrɐ] *m(f)* <-s, -; -nen> siberiano, -a *m, f*

**Sibirien** [zi'biːriən] *nt* <-s> Siberia *f*

**sibirisch** *adj* siberiano

**sich** [zɪç] *pron refl akk/dat von* **er, sie, es, Sie** *akk/dat von pl* **sie, Sie** se; (*betont*) a sí... (se); (*mit Präposition*) sí; **sie wäscht** ~ se lava; **sie wäscht** ~ *dat* **die Haare** se lava el pelo; **er denkt nur an** ~ sólo piensa en sí (mismo); **hier sitzt es** ~ **gut** aquí se está cómodo; **sie hat kein Geld bei** ~ no lleva dinero consigo; **er lud ihn zu** ~ **nach Hause ein** lo invitó a su casa; **jeder für** ~ cada cual por su cuenta; **das ist eine Sache für** ~ es una cosa aparte

**Sichel** ['zɪçəl] *f* <-n> hoz *f*

**sicher** ['zɪçɐ] **I.** *adj* (*ungefährdert, ungefährlich*) seguro; (*gewiss*) seguro, cierto; (*erfahren*) experto; (*zuverlässig*) fidedigno; ~ **ist** ~ por si acaso; **sich** ~ **fühlen** sentirse seguro; **bist du dir** ~**?** ¿estás seguro?; **er ist sich seiner Sache sehr** ~ está muy seguro de sí mismo; **langsam aber** ~ (*fam*) despacio pero seguro **II.** *adv* ❶ (*wahrscheinlich*) seguramente; **er kommt** ~ **bald** seguramente vendrá pronto ❷ (*gewiss*) con seguridad; **ja,** ~ (**doch**)! (*fam*) ¡pues claro!; **etw** ~ **aufbewahren** mantener algo en sitio seguro ❸ (*ungefährdet, ungefährlich*): **sie fährt sehr** ~ conduce de una forma muy segura

**sicher|gehen** *irr vi sein* ir sobre seguro, estar seguro; **er will ganz** ~**, dass ...** quiere estar seguro de que... +*subj*

**Sicherheit**[1] *f ohne pl* ❶ (*allgemein*) seguridad *f;* **jdn/etw in** ~ **bringen** salvar a alguien/algo; **sich in** ~ **befinden** estar a salvo; **sich in** ~ **wiegen** creer uno (equivocadamente) que ha pasado el peligro ❷ (*im Auftreten*) aplomo *m* ❸ (*Gewissheit*) certeza *f*, seguridad *f*

**Sicherheit**[2] *f* <-en> (WIRTSCH) garantía *f;* ~ **leisten** prestar caución, otorgar garantía

**Sicherheitsabstand** *m* distancia *f* de seguridad; **Sicherheitsbeamte(r)** *mf*, **-beamtin** *f* guardia *mf* de seguridad; **Sicherheitsbindung** *f* (SPORT) fijación *f* de seguridad; **Sicherheitsgurt** *m* cinturón *m* de seguridad; **den** ~ **anlegen** abrocharse el cinturón de seguridad; **sicherheitshalber** [-halbɐ] *adv* para estar seguro, para mayor seguridad; **Sicherheitskopie** *f* (INFOR) copia *f* de seguridad; **Sicherheitsnadel** *f* imperdible *m*, alfiler *m* de gancho *Arg;* **Sicherheitsrat** *m ohne pl* Consejo *m* de Seguridad; **Sicherheitsschloss** *nt* cerradura *f* de seguridad; **Sicherheitsstandard** *m* estándar *m* de seguridad; **Sicherheitsvorkehrung** *f* medida *f* de seguridad; **~en treffen** tomar precauciones

**sicherlich** *adv* seguramente

**sichern** ['zɪçɐn] **I.** *vt* ❶ (*schützen*) proteger (*gegen/vor* contra); (*sicherstellen*) asegurar; **sich** *dat* **etw ~** reservarse algo; **Spuren ~** levantar la evidencia física ❷ (*Tür*) cerrar firmemente; (*Gewehr*) asegurar ❸ (*befestigen*) consolidar ❹ (INFOR: *speichern*) almacenar; **vor Zugriff ~** proteger del acceso **II.** *vr:* **sich ~** (*beim Bergsteigen*) asegurarse

**sicher|stellen** *vt* ❶ (*beschlagnahmen*) intervenir ❷ (*gewährleisten*) asegurar

**Sicherstellung** *f* <-en> aseguramiento *m*

**Sicherung**[1] *f ohne pl* ❶ (*Schutz*) protección *f* (*gegen* contra); (*Sicherstellen*) aseguramiento *m* ❷ (INFOR: *Speicherung*) almacenamiento *m*

**Sicherung**[2] *f* <-en> ❶ (ELEK) fusible *m,* plomo *m;* (*bei Waffen*) seguro *m* ❷ (*Befestigung*) consolidación *f*

**Sicherungskasten** *m* (ELEK) caja *f* de fusibles; **Sicherungskopie** *f* (INFOR) copia *f* de seguridad

**Sicht** [zɪçt] *f ohne pl* ❶ (*~verhältnisse*) visibilidad *f;* (*Ausblick*) vista *f;* **klare ~** buena visibilidad; **jdm die ~ versperren** tapar a alguien la vista; **auf lange ~** a largo plazo ❷ (*~weise*) (punto *m* de) vista *f;* **aus heutiger ~** desde el punto de vista actual

**sichtbar** *adj* ❶ (*zu sehen*) visible; (*wahrnehmbar*) perceptible ❷ (*offensichtlich*) manifiesto; **~ werden** manifestarse

**sichten** ['zɪçtən] *vt* ❶ (*erblicken*) avistar ❷ (*durchsehen*) revisar; (*ordnen*) ordenar, clasificar

**Sichtgerät** *nt* monitor *m;* **Sichtgrenze** *f* límite *m* de visibilidad; **Sichthülle** *f* funda *f* transparente

**sichtlich** *adj* visible; (*offenkundig*) evidente; **er hat sich ~ gefreut** se alegró visiblemente

**Sichtung**[1] *f ohne pl* (*das Erspähen*) distinción *f*

**Sichtung**[2] *f* <-en> (*das Durchsehen*) examen *m;* (*das Ordnen, Sortieren*) clasificación *f*

**Sichtverhältnisse** *ntpl* (condiciones *fpl* de) visibilidad *f;* **Sichtvermerk** *m* visado *m,* visa *f Am;* **Sichtweite** *f* visibilidad *f;* **außer/in ~ sein** estar fuera del/al alcance de la vista

**sickern** ['zɪkɐn] *vi sein* (*durch~*) colarse (*durch* por), filtrarse (*durch* por); (*hinein~*) infiltrarse (*in* en), ser absorbido (*in* por); **von diesem Plan darf auf keinen Fall etwas nach draußen ~** nadie debe enterarse de algo relacionado con este plan

**Sideboard** ['saɪtbɔːt] *nt* <-s, -s> aparador *m*

**sie** [ziː] *pron pers* ❶ *nom 3. sg f* ella; **wenn ich ~ wäre** si yo fuera ella; **du bist größer als ~** eres más alta que ella ❷ *nom 3. pl m o f* ellos *mpl,* ellas *fpl;* **~ sind Lehrerinnen** (ellas) son maestras ❸ *akk von sg* **sie** la; (*betont*) a ella (la); (*mit Präposition*) ella; **ich treffe ~ heute Abend** la veo esta noche; **~ kenne ich noch nicht** a ella todavía no la conozco; **die Bücher sind für ~** los libros son para ella ❹ *akk von pl* **sie** (*auf Menschen bezogen*) los *mpl;* (*nur auf Frauen bezogen*) las *fpl;* (*auf Sachen bezogen*) los *mpl,* las *fpl;* (*betont: Menschen*) a ellos (los) *mpl,* a ellas (las) *fpl;* (*mit Präposition: Menschen*) ellos *mpl,* ellas *fpl;* **ich habe ~ lange nicht gesehen** hace mucho que no los veo; **wir machen alles nur für ~** lo hacemos todo por ellos

**Sie** [ziː] *pron pers* (*Höflichkeitsform*) ❶ *nom* (*eine Person*) usted, Ud.; (*mehrere Personen*) ustedes, Uds.; **wenn ich ~ wäre** si yo fuera usted; **hallo, ~!** ¡eh, usted!; **jdn mit ~ anreden** tratar a alguien de usted ❷ *akk von* **Sie** (*einen Mann*) lo; (*eine Frau*) la; (*mehrere Personen*) los *mpl;* (*mehrere Frauen*) las *fpl;* (*betont*) a usted (lo) *m,* a usted (la) *f,* a ustedes (los) *mpl,* a ustedes (las) *fpl;* (*mit Präposition: einer Person*) usted, Ud.; (*mehrere Personen*) ustedes, Uds..; **darf ich ~ mal stören?** ¿puedo molestarle(s)/molestarla(s) un momento?; **ich meine ~!** ¡me refiero a usted/ustedes!

**Sieb** [ziːp] *nt* <-(e)s, -e> (*Sand~, Getreide~*) criba *f;* (*Mehl~*) cedazo *m;* (*feines ~*) tamiz *m;* (*für Flüssigkeiten*) colador *m;* (*für Nudeln*) escurridor *m;* **etw durch ein ~ gießen** colar algo; **er hat ein Gedächtnis wie ein ~** (*fam*) tiene muy mala memoria; **Siebdruck** *m* serigrafía *f*

**sieben**[1] ['ziːbən] **I.** *vt* ❶ (*Sand*) cribar; (*Mehl*) tamizar ❷ (*auswählen*) seleccionar **II.** *vi* seleccionar

**sieben**[2] ['ziːbən] *adj inv* siete; *s. a.* **acht**[1]

**siebenerlei** ['ziːbənɐ'laɪ] *adj inv* de siete clases diferentes, siete clases (diferentes) de; *s. a.* **achterlei**

**siebenfach** **I.** *adj* séptuplo, siete veces **II.** *adv* siete veces; *s. a.* **achtfach**

**Siebengebirge** ['ziːbəngəbɪrgə] *nt* "Siebengebirge" *m,* Siete Montañas *fpl*

**siebenhundert** ['--'--] *adj inv* setecientos; *s. a.* **achthundert**

**siebenmal** *adv* siete veces; *s. a.* **achtmal**

**Siebensachen** ['--'--] *fpl* (*fam*) trastos *mpl;*
**Siebenschläfer** [-ʃlɛːfɐ] *m* <-s, -> lirón *m*

**siebentägig** [-tɛːgɪç] *adj* de ocho días

**siebentausend** ['--'--] *adj inv* siete mil; *s. a.* **achttausend**

**siebte(r, s)** *adj* séptimo; *s. a.* **achte(r, s)**

**siebtel** ['ziːptəl] *adj inv* séptimo; *s. a.* **achtel**

**siebtens** ['ziːptəns] *adv* en séptimo lugar; (*bei einer Aufzählung*) séptimo; *s. a.* **achtens**

**siebzehn** ['ziːptseːn] *adj inv* diecisiete; *s. a.* **acht**[1]

**siebzehnte(r, s)** *adj* decimoséptimo; *s. a.* **achte(r, s)**

**siebzig** ['ziːptsɪç] *adj inv* setenta; *s. a.* **achtzig**

**Siebzigerjahre** *mpl:* **die** ~ los años setenta

**siebzigjährig** *adj* de setenta años

**siebzigste(r, s)** *adj* septuagésimo; *s. a.* **achtzigste(r, s)**

**siedeln** ['ziːdəln] *vi* asentarse

**sieden** ['ziːdən] <siedet, sott *o* siedete, gesotten *o* gesiedet> *vi* hervir

**Siedepunkt** *m* (PHYS) punto *m* de ebullición

**Siedler(in)** ['ziːdlɐ] *m(f)* <-s, -; -nen> colono, -a *m, f*

**Siedlung** ['ziːdlʊŋ] *f* <-en> ❶ (*Wohn~*) urbanización *f* ❷ (HIST) población *f;* (*Kolonie*) colonia *f*

**Sieg** [ziːk] *m* <-(e)s, -e> victoria *f* (*über* sobre), triunfo *m* (*über* sobre); **den** ~ **davontragen** conseguir la victoria

**Siegel** ['ziːgəl] *nt* <-s, -> sello *m;* **unter dem** ~ **der Verschwiegenheit** bajo la condición de guardar el secreto; **Siegellack** *m* lacre *m*

**siegeln** ['ziːgəln] *vt* sellar

**Siegelring** *m* anillo *m* de sello

**siegen** ['ziːgən] *vi* ganar (*über* a); **mit 1:3** ~ ganar por 1:3

**Sieger(in)** *m(f)* <-s, -; -nen> vencedor(a) *m(f);* (*im Sport*) campeón, -ona *m, f;* **die dreimalige** ~**in** la tres veces campeona; **als** ~ **aus etw hervorgehen** salir vencedor de algo; **Siegerehrung** *f* ceremonia *f* de entrega de (los) premios

**Siegerin** *f* <-nen> *s.* **Sieger; Siegerpodest** *nt* podio *m* (de vencedores), podium *m* de vencedores; **Siegerpose** *f* pose *f* de vencedor; **Siegerurkunde** *f* certificado *m* de vencedor

**siegesbewusst** *adj* seguro del triunfo; **siegessicher** *adj* seguro de triunfar; **Siegeszug** *m* cortejo *m* triunfal

**siegreich** *adj* victorioso; (SPORT) ganador; **aus etw** ~ **hervorgehen** salir vencedor de algo

**sieht** [ziːt] *3. präs von* **sehen**

**siezen** ['ziːtsən] *vt* tratar de usted

**Sightseeing** ['saɪtsiːɪŋ] *nt* <-(s), *ohne pl*> visita *f* turística, recorrido *m* turístico

**Signal** [zɪ'gnaːl] *nt* <-s, -e> señal *f;* ~**e geben** hacer señales; **ein** ~ **setzen** poner una señal

**signalisieren*** [zɪgnali'ziːrən] *vt* ❶ (*andeuten*) señalar ❷ (*Schweiz: ausschildern*) señalizar

**Signallampe** *f* ❶ (*Licht*) lámpara *f* de señalización ❷ (EISENB) indicador *m* luminoso; **Signalwirkung** *f:* ~ **haben** marcar la pauta; **von etw geht eine** ~ **aus** algo sirve de modelo

**Signatur** [zɪgna'tuːɐ] *f* <-en> ❶ (*eines Buchs, a.* TYPO) signatura *f* ❷ (*auf Landkarten*) signos *mpl* convencionales

**signieren*** [zɪ'gniːrən] *vt* firmar

**Silbe** ['zɪlbə] *f* <-n> sílaba *f*

**Silben(kreuzwort)rätsel** *nt* crucigrama *m* silábico; **Silbentrennung** *f* separación *f* silábica

**Silber** ['zɪlbɐ] *nt* <-s, *ohne pl*> ❶ (*Metall, a.* CHEM) plata *f* ❷ (*Tafel~*) (cubiertos *mpl* de) plata *f;* **Silberbesteck** *nt* cubertería *f* de plata; **Silberblick** *m ohne pl* (*fam*) estrabismo *m;* **silberfarben** *adj*, **Silbergehalt** *m* ley *f* de plata; **Silberhochzeit** *f* bodas *fpl* de plata; **Silbermedaille** *f* medalla *f* de plata

**silbern** ['zɪlbɐn] *adj* ❶ (*aus Silber*) de plata ❷ (*Farbton*) plateado

**Silberstreifen** *m* raya *f* plateada; **es zeichnet sich ein** ~ **am Horizont ab** se vislumbra un rayo de esperanza

**silbrig** ['zɪlbrɪç] *adj* ❶ (*silbern*) plateado ❷ (*wohltönend*) armonioso; (*Stimme*) argentino

**Silhouette** [zilu'ɛtə] *f* <-n> silueta *f*

**Silikon** [zili'koːn] *nt* <-s, -e> (CHEM) silicona *f*

**Silizium** [zi'liːtsiʊm] *nt* <-s, *ohne pl*> (CHEM) silicio *m*

**Silo** ['ziːlo] *m o nt* <-s, -s> silo *m,* cía *f Arg*

**Silvester** [zɪl'vɛstɐ] *m o nt* <-s, -> Nochevieja *f;* **Silvesterfeier** *f*, **Silvesterparty** *f* fiesta *f* de Nochevieja

**simpel** ['zɪmpəl] *adj* simple

**Sims** [zɪms] *m o nt* <-es, -e> (*Kamin~*) repisa *f;* (*Fenster~*) moldura *f*

**simsen** ['zɪmzən] *vi, vt* (TEL: *fam*): (**jdm etw**) ~ enviar (a alguien) un mensaje textual por móvil

**Simulant(in)** [zimu'lant] *m(f)* <-en, -en; -nen> simulador(a) *m(f)*

**Simulation** *f* <-en> simulación *f*

**Simulator** [zimu'laːtoːɐ] *m* <-s, -en> simu-

lador *m*
**simulieren*** [zimu'li:rən] *vi, vt* simular
**simultan** [zimʊl'ta:n] *adj* simultáneo; **Simultandolmetscher(in)** *m(f)* traductor(a) *m(f)* simultáneo, -a
**sind** [zɪnt] *1. o 3. pl präs von* **sein**
**Sinfonie** [zɪnfo'ni:] *f* <-n> sinfonía *f;* **Sinfoniekonzert** *nt* concierto *m* sinfónico; **Sinfonieorchester** *nt* orquesta *f* sinfónica
**Singapur** ['zɪŋgapu:ɐ] *nt* <-s> Singapur *m*
**singen** ['zɪŋən] <singt, sang, gesungen> *vi, vt* cantar; **falsch ~** desafinar
**Singhalese, -in** [zɪŋga'le:zə] *m, f* <-n, -n; -nen> cingalés, -esa *m, f*
**Single[1]** ['sɪŋ(g)əl] *f* <-(s)> (*Schallplatte*) (disco *m*) sencillo *m*
**Single[2]** ['sɪŋ(g)əl] *m* <-(s), -s> (*Person*) soltero, -a *m, f* (y sin pareja)
**Singsang** ['zɪŋzaŋ] *m* <-s, *ohne pl*> canto *m* monótono
**Singspiel** *nt* (MUS) opereta *f*
**Singular** ['zɪŋgula:ɐ] *m* <-s, -e> (LING) singular *m*
**Singvogel** *m* pájaro *m* cantor
**sinken** ['zɪŋkən] <sinkt, sank, gesunken> *vi sein* ① (*nieder~*) descender; (*Schiff*) hundirse; **auf die Knie ~** arrodillarse; **auf einen Stuhl ~** dejarse caer en una silla ② (*sich senken, abnehmen*) bajar; (*Vertrauen, Einfluss, Hoffnung*) disminuir; **er sank in meiner Achtung** disminuyó en mi estima; **alle Hoffnungen ~** perder toda esperanza
**Sinn[1]** [zɪn] *m* <-(e)s, -e> (*Wahrnehmungs~*) sentido *m;* **die fünf ~e** los cinco sentidos; **von ~en sein** no estar en su sano juicio
**Sinn[2]** *m* <-(e)s, *ohne pl*> ① (*Verständnis*) sentido *m* (*für* de); **~ für Humor haben** tener sentido del humor ② (*Zweck*) objetivo *m,* sentido *m;* **das ist nicht der ~ der Sache** no se trata de eso; **das hat keinen ~** eso no tiene sentido; **ohne ~ und Verstand** sin pies ni cabeza ③ (*Bedeutung*) significado *m,* sentido *m;* **im wörtlichen/übertragenen ~** en el sentido literal/figurado; **in wahrsten ~e des Wortes** en el más amplio sentido de la palabra; **in gewissem ~** en cierto sentido; **in diesem ~e** en este sentido ④ (*geh: das Denken*): **etw kommt ihm in den ~** algo se le viene a la cabeza; **etw im ~ haben** tener la intención de hacer algo; **in jds ~ handeln** obrar como alguien lo hubiera hecho; **das ist nicht in seinem ~** no es de su gusto; **mir steht der ~ nicht nach Fernsehen** no tengo ganas de ver la televisión; **schlag dir das aus dem ~!** ¡quítatelo de la cabeza!
**Sinnbild** *nt* símbolo *m* (*für* de)
**sinnbildlich** *adj* simbólico
**sinnen** ['zɪnən] <sinnt, sann, gesonnen> *vi* (*geh*) ① (*nachdenken*) recapacitar (*über* sobre) ② (*trachten*) aspirar (*auf* a)
**sinnentstellend** *adj* que desfigura el sentido
**Sinneseindruck** *m* impresión *f;* **Sinnesorgan** *nt* órgano *m* sensorial; **Sinnestäuschung** *f* alucinación *f;* **Sinneswahrnehmung** *f* percepción *f* sensorial; **Sinneswandel** *m* cambio *m* de opinión
**sinnfällig** *adj* evidente, manifiesto; **sinngemäß** *adj* conforme al sentido
**sinnieren*** [zɪ'ni:rən] *vi* (*geh*) meditar (*über* sobre); (*grübeln*) cavilar (*über* sobre)
**sinnig** *adj* sensato, bien pensado
**sinnlich** *adj* ① (*auf Sinnesorgane bezogen*) sensorial ② (*Mensch, Genuss*) sensual
**Sinnlichkeit** *f ohne pl* sensualidad *f*
**sinnlos** *adj* (*unsinnig*) sin sentido, insensato; (*zwecklos*) inútil; (*widersinnig*) absurdo; **das ist völlig ~** esto no tiene ningún sentido; **sich ~ betrinken** ahogar sus penas en alcohol
**Sinnlosigkeit** *f ohne pl* falta *f* de sentido, absurdidad *f*
**sinnreich** *adj* ingenioso; **sinnverwandt** *adj* (LING) sinónimo; **sinnvoll** *adj* ① (*vernünftig*) sensato ② (*nützlich*) útil, práctico ③ (*Satz*) con sentido; **sinnwidrig** *adj* (*geh*) absurdo
**Sintflut** ['zɪntflu:t] *f ohne pl* (*Überschwemmung*) diluvio *m;* (*große Menge*) avalancha *f;* **nach mir die ~** y luego que caiga quien caiga
**Sinti** ['zɪnti] *pl* gitanos, -as *m, f pl*
**Sippe** ['zɪpə] *f* <-n> clan *m;* (*Verwandtschaft*) parentela *f*
**Sippschaft** *f* <-en> (*abw*) chusma *f*
**Sirene** [zi're:nə] *f* <-n> sirena *f*
**Sirenengeheul** *nt ohne pl* ulular *m* de las sirenas
**sirren** ['zɪrən] *vi* zumbar
**Sirup** ['zi:rʊp] *m* <-s, -e> jarabe *m*
**Sitte** ['zɪtə] *f* <-n> ① (*Brauch*) costumbre *f;* **es ist ~, dass ...** es costumbre que... +*subj* ② *pl* (*Sittlichkeit*) moral *f;* **ein Verstoß gegen die guten ~n** un agravio a las buenas costumbres ③ *pl* (*Manieren*) modales *mpl*
**Sittenlehre** *f* moral *f,* ética *f;* **sittenlos** *adj* inmoral; **Sittenstrolch** *m* delincuente *m* sexual; **Sittenverfall** *m* corrupción *f* moral; **sittenwidrig** *adj* (JUR) inmoral, contrario a la moral

**sittlich** *adj* moral, ético

**Sittlichkeit** *f ohne pl* moral *f;* **Sittlichkeitsverbrechen** *nt* delito *m* sexual

**Situation** [zitua'tsjo:n] *f* <-en> situación *f;* **eine ausweglose** ~ un callejón sin salida; **der** ~ **gewachsen sein** dominar la situación

**situieren*** *vt* situar; **gut situiert sein** (*finanziell*) estar acomodado

**Sitz** [zɪts] *m* <-es, -e> ❶ (~*gelegenheit*) asiento *m;* (*im Kino*) butaca *f* ❷ (POL) escaño *m* ❸ (*einer Firma*) sede *f;* **Sitzbad** *nt* baño *m* de asiento; **Sitzbank** *f* banco *m* (para sentarse); **Sitzblockade** *f* sentada *f;* **Sitzecke** *f* tresillo *m*

**sitzen** ['zɪtsən] <sitzt, saß, gesessen> *vi haben o südd, Österr, Schweiz: sein* ❶ (*Person*) estar sentado (*auf* en, *an* en/al lado de); (*Vogel*) estar posado (*auf* en); ~ **Sie bequem?** ¿está cómodo?; **am Tisch** ~ estar sentado a la mesa; **vor dem Fernseher** ~ mirar la tele; (**jdm**) **Modell** ~ posar (para alguien); **sie saßen beim Essen** estaban comiendo; **im S~ arbeiten** trabajar sentado; **er hat lange an dieser Arbeit gesessen** ha estado ocupado mucho tiempo con este trabajo; ~ **bleiben** (*fam: in der Schule*) repetir curso; **auf einer Ware** ~ **bleiben** (*fam*) no poder vender una mercancía; **jdn** ~ **lassen** (*fam: Familie*) dejar plantado a alguien; (*bei einer Verabredung*) dar un plantón a alguien; **auf seinem Geld** ~ (*fam*) ser tacaño ❷ (*sich befinden*) estar, hallarse; (*Firma*) tener su sede (*in* en) ❸ (*Kleidung*) quedar (bien); **der Hut sitzt schief** el sombrero está ladeado ❹ (*fam: Schuss*) dar en el punto adecuado; (*Bemerkung*) hacer efecto; **das saß** (*Wirkung erzielen*) fue muy oportuno; **die Grammatik sitzt jetzt endlich** por fin tengo la gramática bien asentada ❺ (*fam: im Gefängnis*) estar en chirona ❻ (*Wend*): **einen** ~ **haben** (*fam*) tener una trompa

**Sitzgelegenheit** *f* asiento *m;* **Sitzordnung** *f* distribución *f* de los asientos; **die** ~ **festlegen** distribuir los asientos; **Sitzplatz** *m* asiento *m;* **Sitzreihe** *f* fila *f* de asientos; **Sitzstreik** *m* huelga *f* (sentada)

**Sitzung** *f* <-en> sesión *f;* (*Versammlung*) reunión *f;* **die** ~ **ist geschlossen** se levanta la sesión; **Sitzungssaal** *m* sala *f* de sesiones

**Sitzverteilung** *f* (POL) distribución *f* de los escaños

**Sixpack** ['sɪkspak] *m* lote *m* de seis, "pack" *m* de seis

**Sizilianer(in)** *m(f)* <-s, -; -nen> siciliano, -a *m, f*

**Sizilien** [zi'tsi:liən] *nt* <-s> Sicilia *f*

**Skala** ['ska:la] *f* <-s *o* Skalen> escala *f*

**Skalp** [skalp] *m* <-s, -e> cabellera *f* (arrancada con la piel)

**Skalpell** [skal'pɛl] *nt* <-s, -e> escalpelo *m*

**skalpieren*** [skal'pi:rən] *vt* arrancar el cuero cabelludo (a)

**Skandal** [skan'da:l] *m* <-s, -e> escándalo *m*

**skandalös** [skanda'lø:s] *adj* escandaloso

**Skandinavien** [skandi'na:viən] *nt* <-s> Escandinavia *f*

**Skandinavier(in)** [skandi'na:viɐ] *m(f)* <-s, -; -nen> escandinavo, -a *m, f*

**skandinavisch** *adj* escandinavo

**Skat** [ska:t] *m* <-(e)s, -e *o* -s> skat *m*

**Skateboard** ['skɛɪtbɔ:t] *nt* <-s, -s> monopatín *m;* ~ **fahren** patinar

**skaten**[1] ['ska:tən] *vi* (*fam*) jugar a skat

**skaten**[2] ['skɛɪtən] *vi* (*Rollschuh laufen*) patinar

**Skatspiel** *nt* baraja *f* de cartas para jugar al "skat"

**Skelett** [ske'lɛt] *nt* <-(e)s, -e> esqueleto *m,* cacastle *m AmC, Mex*

**Skepsis** ['skɛpsɪs] *f ohne pl* escepticismo *m*

**skeptisch** ['skɛptɪʃ] *adj* escéptico

**Skeptizismus** [skɛpti'tsɪsmʊs] *m* <-, *ohne pl*> escepticismo *m*

**Sketch** *m* <-(es), -e(s) *o* -s>, **Sketsch** [skɛtʃ] *m* <-(e)s, -e> sketch *m*

**Ski** [ʃi:] *m* <-s, -(er)> esquí *m;* ~ **laufen** [*o* **fahren**] esquiar; **Skianzug** *m* traje *m* de esquiador

**Skier** ['ʃi:ɐ] *pl von* **Ski**; **Skifahrer(in)** *m(f)* esquiador(a) *m(f);* **Skihose** *f* pantalón *m* de esquiar; **Skilaufen** *nt ohne pl* (deporte *m* del) esquí *m;* **Skiläufer(in)** *m(f)* esquiador(a) *m(f);* **Skilehrer(in)** *m(f)* profesor(a) *m(f)* de esquí; **Skilift** *m* telesquí *m*

**Skinhead** ['skɪnhɛt] *m* <-s, -s> cabeza *m* rapada

**Skipiste** *f* pista *f* de esquí; **Skispringen** *nt ohne pl* saltos *mpl* de esquí; **Skispringer(in)** *m(f)* saltador(a) *m(f)* de esquí; **Skistiefel** *m* bota *f* de esquiar; **Skistock** *m* bastón *m* de esquí

**Skizze** ['skɪtsə] *f* <-n> ❶ (*Zeichnung*) boceto *m* ❷ (*Entwurf*) esbozo *m*

**skizzenhaft** *adj* a manera de esbozo

**skizzieren*** [skɪ'tsi:rən] *vt* esbozar

**Sklave, -in** ['skla:və] *m, f* <-n, -n; -nen> esclavo, -a *m, f*

**Sklavenhalter(in)** *m(f)* (*a. fig*) negrero, -a *m, f;* **Sklavenhandel** *m* tráfico *m* de esclavos

**Sklaverei** *f ohne pl* ❶ (HIST) esclavitud *f*

❷ (*abw: Arbeit*) trabajo *m* de negros

**Sklavin** *f* <-nen> *s.* **Sklave**

**sklavisch** *adj* (*abw*) ❶ (*unterwürfig*) servil ❷ (*Nachahmung*) meticuloso

**Sklerose** [skle'ro:zə] *f* <-n> (MED) esclerosis *f inv;* **multiple ~** esclerosis múltiple

**Skonto** ['skɔnto] *m o nt* <-s, -s *o* Skonti> (WIRTSCH) descuento *m*

**Skorpion** [skɔr'pjo:n] *m* <-s, -e> ❶ (ZOOL) escorpión *m* ❷ (ASTR) Escorpio *m*

**Skript** [skrɪpt] *nt* <-(e)s, -en *o* -s> ❶ (*Manuskript*) manuscrito *m* ❷ (*einer Vorlesung*) apuntes *mpl* ❸ (FILM) guión *m*

**Skrupel** ['skru:pəl] *m* <-s, -> escrúpulo *m*

**skrupellos** *adj* sin escrúpulos

**Skrupellosigkeit** *f ohne pl* falta *f* de escrúpulos

**Skulptur** [skʊlp'tu:ɐ] *f* <-en> escultura *f*

**skurril** [skʊ'ri:l] *adj* (*geh*) grotesco, extravagante

**Skysurfing** ['skaɪsœ:fɪŋ] *nt* (SPORT) esquí *m* surfing

**Slalom** ['sla:lɔm] *m* <-s, -s> eslálom *m,* slalom *m*

**Slang** [slɛŋ] *m* <-s, *ohne pl*> ❶ (*saloppe Sprache*) lenguaje *m* coloquial ❷ (*Jargon*) jerga *f*

**Slawe, -in** ['sla:və] *m, f* <-n, -n; -nen> eslavo, -a *m, f*

**slawisch** *adj* eslavo

**Slawistik** [sla'vɪstɪk] *f ohne pl* eslavística *f,* filología *f* eslava

**Slip** [slɪp] *m* <-s, -s> slip *m,* braga *f;* **Slipeinlage** *f* protegeslip *m*

**Slogan** ['slɔʊgən] *m* <-s, -s> eslogan *m*

**Slowake, -in** [slo'va:kə] *m, f* <-n, -n; -nen> eslovaco, -a *m, f*

**Slowakei** [slova'kaɪ] *f* Eslovaquia *f*

**slowakisch** *adj* eslovaco; **S~e Republik** República Eslovaca

**Slowene, -in** [slo've:nə] *m, f* <-n, -n; -nen> esloveno, -a *m, f*

**Slowenien** [slo've:niən] *nt* <-s> Eslovenia *f*

**Slowenin** *f* <-nen> *s.* **Slowene**

**slowenisch** *adj* esloveno

**Slum** [slam] *m* <-s, -s> barrio *m* de chabolas, barriada *f* de chabolas

**Smalltalk** *m* <-s, -s>, **Small Talk** *m* <-s, -s> charloteo *m*

**Smaragd** [sma'rakt] *m* <-(e)s, -e> esmeralda *f;* **smaragdgrün** [-'-'-] *adj* verde esmeralda

**Smog** [smɔk] *m* <-(s), -s> smog *m;* **Smogalarm** *m* alarma *f* de smog

**Smoking** ['smo:kɪŋ] *m* <-s, -s> esmoquin *m*

**Snob** [snɔp] *m* <-s, -s> (*abw*) (e)snob *mf*

**snobistisch** [sno'bɪstɪʃ] *adj* (*abw*) (e)snob

**Snowboard** ['snɔʊbɔ:t] *nt* <-s, -s> snowboard *m*

**so** **I.** *adv* ❶ (*auf diese Weise*) así, de esta manera; **~ macht man das** así se hace; **stell dich nicht ~ an!** ¡no te pongas así!; **~ ist es nun mal** así son las cosas; **~ gesehen, hast du Recht** visto de esta manera tienes razón; **gut ~!** ¡bien hecho!; **ach, ~ ist das!** ¡ah, es así!; **~ oder ~** (*unterschiedlich*) de una manera o de otra; (*auf jeden Fall*) de todas maneras; **mir ist ~, als ob ...** tengo la impresión de que...; **nur ~ tun, als ob ...** hacer como que...; **und ~ weiter** etcétera ❷ (*Zustand, Maß, Eigenschaft: bei Adjektiv + Adverb*) tan; (*bei Verb*) tanto; **sie tut mir ~ Leid** me da tanta pena; **~ sehr/viel** tanto; **~ früh wie möglich** tan pronto como sea posible; **lass es ~, wie es ist** déjalo (tal) como está; **ich mache das ~ wie du** lo hago igual que tú; **der Fisch war ~ groß** el pez era así de grande; **wie ~ oft** como tantas veces ❸ (*fam: solch*) semejante, tal; **bei ~ einem Wetter** con semejante tiempo; **~ ein Zufall!** ¡qué coincidencia!; **~ (et)was Blödes!** ¡vaya tontería!; **~ (et)was** una cosa así; **na ~ was!** ¡mira qué cosa!; **... und ~ ...** y tal ❹ (*fam: ungefähr*) más o menos, aproximadamente; **er heißt Traugott oder ~** se llama Traugott o algo parecido; **ich komme ~ gegen acht** vengo a las ocho más o menos; **es war nur ~ eine Idee** sólo era una idea; **er sagt das nur ~** lo dice así, sin más **II.** *konj* ❶ **~ dass ...** de modo que..., de manera que... ❷ **~ ..., dass ...** tan(to)... que... **III.** (*Partikel*) bueno; **~, das war's für heute** bueno, eso es todo por hoy; **~, ~** vaya, vaya; **ach ~!** ¡(ah) ya!; **wie geht's denn ~?** ¿cómo te va?

**s.o.** *Abk. von* **siehe oben** véase arriba

**SO** *Abk. von* **Südosten** SE

**sobald** [zo'balt] *konj* tan pronto como *+subj,* en cuanto *+subj*

**Socke** ['zɔkə] *f* <-n> calcetín *m,* media *f Am;* **sich auf die ~n machen** (*fam*) marcharse, empuntárselas *Col*

**Sockel** ['zɔkəl] *m* <-s, -> zócalo *m*

**Soda** ['zo:da] *nt* <-, *ohne pl*> (*~wasser*) soda *f*

**sodass** [zo'das] *konj* de modo que, de manera que

**Sodawasser** *nt* soda *f*

**Sodbrennen** ['zo:t-] *nt* <-s, *ohne pl*> acidez *f* de estómago, vinagrera *f Am*

**Sodomie** [zodo'mi:] *f ohne pl* sodomía *f*

**soeben** [zo'ʔe:bən] *adv* en este momento, ahora mismo; **~ etw getan haben** acabar de hacer algo

**Sofa** ['zo:fa] *nt* <-s, -s> sofá *m;* **Sofakissen** *nt* cojín *m* (de sofá)

**sofern** [zo'fɛrn] *konj* si, siempre y cuando +*subj;* ~ **nicht** a no ser que +*subj*

**soff** [zɔf] *3. imp von* **saufen**

**sofort** [zo'fɔrt] *adv* ❶ (*unverzüglich*) enseguida, ahora mismo, al tiro *Am* ❷ (*unmittelbar*) en el acto

**Sofortbildkamera** *f* cámara *f* de fotos al instante

**sofortige(r, s)** *adj* inmediato; **mit ~r Wirkung** con efecto inmediato

**Sofortmaßnahme** *f* medida *f* inmediata

**Softdrink** *m* (GASTR) bebida *f* no alcohólica, refresco *m* sin alcohol

**Softie** ['sɔfti] *m* <-s, -s> (*fam*) hombre *m* de carácter dulce

**Softporno** ['sɔft-] *m* blandiporno *m*

**Software** ['sɔftwɛ:ɐ] *f* <-s> software *m;* **Softwarepaket** *nt* paquete *m* de software

**sog** [zo:k] *3. imp von* **saugen**

**sog.** *Abk. von* **so genannt** así llamado

**Sog** [zo:k] *m* <-(e)s, -e> remolino *m*

**sogar** [zo'ga:ɐ] *adv* incluso

**sogleich** [zo'glaɪç] *adv s.* **sofort**

**Sohle** ['zo:lə] *f* <-n> ❶ (*Fuß~*) planta *f* ❷ (*Schuh~*) suela *f;* (*Einlege~*) plantilla *f;* **auf leisen ~n** a la chita callando ❸ (*Tal~*) fondo *m*

**Sohn** [zo:n, *pl:* 'zø:nə] *m* <-(e)s, Söhne> hijo *m;* **der verlorene ~** (REL) el hijo pródigo

**Soja** ['zo:ja] *f* <Sojen> soja *f;* **Sojabohne** *f* soja *f;* **Sojaöl** *nt* aceite *m* de soja; **Sojasoße** *f* salsa *f* de soja; **Sojaspross** *m* brote *m* de soja

**solang(e)** **I.** *adv* entretanto **II.** *konj* mientras (que) +*subj;* ~ **bis ...** hasta que... +*subj;* ~ **du willst** todo el tiempo que quieras

**solar** [zo'la:ɐ] *adj* (ASTR, METEO, PHYS) solar; **Solarenergie** *f ohne pl* (PHYS) energía *f* solar

**Solarium** [zo'la:riʊm] *nt* <-s, Solarien> solárium *m*

**Solarkraftwerk** *nt* central *f* solar; **Solartechnik** *f ohne pl* tecnología *f* solar; **Solarzelle** *f* (PHYS, ELEK) célula *f* solar

**solch** [zɔlç] *adj inv* (*geh*) tal; *s. a.* **solche(r, s)**

**solche(r, s)** *adj* ❶ (*so beschaffen*) tal, semejante; **ein ~r Mensch** semejante persona ❷ (*Intensität: adjektivisch*) tanto; (*adverbiell*) tan; **ich habe ~n Durst** tengo tanta sed; **das macht ~n Spaß!** ¡es tan divertido! ❸ (*allein stehend*) tal; **die Natur als ~** la naturaleza como tal; **es gibt ~ und ~** (*fam*) hay de todo

**solcherlei** ['zɔlçɐ'laɪ] *adj inv* (*geh*) de este tipo, tales

**Sold** [zɔlt] *m* <-(e)s, -e> paga *f*

**Soldat(in)** [zɔl'da:t] *m(f)* <-en, -en; -nen> soldado *mf*

**Söldner(in)** ['zœldnɐ] *m(f)* <-s, -; -nen> mercenario, -a *m, f*

**Soli** *pl von* **Solo**

**solid(e)** [zo'li:də] *adj* ❶ (*Bauweise, Kenntnisse*) sólido ❷ (*Leben*) ordenado; (*Person*) serio

**Solidarbeitrag** *m* cuota *f* de solidaridad

**solidarisch** *adj* solidario

**solidarisieren*** *vr:* **sich ~** soldarizarse

**Solidarität** *f ohne pl* solidaridad *f;* **aus ~** en solidaridad; **Solidaritätszuschlag** *m* (FIN, POL) tasa *f* complementaria de solidaridad (*impuesto en la RFA para apoyar económicamente a la* (*antigua*) *RDA*)

**solide** *adj s.* **solid(e)**

**Solist(in)** [zo'lɪst] *m(f)* <-en, -en; -nen> solista *mf*

**Soll** [zɔl] *nt* <-(s), -(s)> ❶ (FIN) debe *m;* ~ **und Haben** debe y haber ❷ (*Plan~*) norma *f* de producción; **sein ~ erfüllen** alcanzar la norma de producción

**sollen**[1] ['zɔlən] <soll, sollte, sollen> *Modalverb* ❶ (*müssen*) deber; **was soll ich tun?** ¿qué debo hacer?; **ich soll Ihnen sagen, dass ...** debo decirle que...; **das hättest du nicht tun ~** no deberías haber hecho eso ❷ (*Befehl*): **du sollst leise sein!** ¡que te calles!; **du sollst nicht töten** (REL) no matarás ❸ (*Notwendigkeit*) deber, haber que; **man sollte mehr sparen** habría que ahorrar más ❹ (*Wunsch*) querer que +*subj;* **soll ich auf dich warten?** ¿quieres que te espere?; **sie ~ wissen ...** (quiero que) sepan...; **was soll ich (dir) dazu sagen?** ¿qué quieres que te diga?; **das soll sie haben** esto es para ella; **hoch soll er leben!** ¡que viva muchos años!; **du solltest dich was schämen!** ¡debería darte vergüenza!; **das sollst du mir büßen** me lo pagarás ❺ (*Vermutung*) dicen que, parece que; **es soll morgen schneien** parece que mañana va a nevar; **das soll ich sein?** ¿éste se supone que soy yo?; **so etwas soll es geben** hay de todo en este mundo ❻ (*Ungewissheit*): **man sollte glauben, dass ...** uno pensaría que...; **er sollte sie nie wieder sehen** no volvería a verla nunca más; **sollte es möglich sein, dass ...?** ¿será posible que...?; **was soll das heißen?** ¿qué quiere decir eso?; **soll das alles sein?** ¿eso es todo?; **wer soll das sein?** ¿(y) ése quién es?; **es hat nicht**

S

**sein** ~ no ha podido ser; **solltest du ihn sehen, sag ihm ...** si le ves, dile que...; **es sollte nicht lange dauern, bis ...** no pasó mucho tiempo hasta que...; **mir soll es gleich sein** me da lo mismo

**sollen²** *vi:* **was soll's?** ¿qué más da?; **was soll der Mist?** ¿qué significa esta tontería?

**Sollseite** *f* (FIN, WIRTSCH) debe *m*

**Solo** ['zo:lo] *nt* <-s, -s *o* Soli> solo *m*

**Somalia** [zo'ma:lia] *nt* <-s> Somalia *f*

**Somalier(in)** [zo'ma:liɐ] *m(f)* <-s, -; -nen> somalí *mf*

**somalisch** *adj* somalí

**somit** ['zo:mɪt, zo'mɪt] *adv* por consiguiente, por lo tanto

**Sommer** ['zɔmɐ] *m* <-s, -> verano *m;* **den ~ über** durante el verano; **im ~** en verano; **Sommerferien** *pl* vacaciones *fpl* de verano; **Sommerkleidung** *f* ropa *f* de verano

**sommerlich** *adj* veraniego, de verano

**Sommerloch** *nt ohne pl* (*fam*) época *f* veraniega (de pocas actividades); **Sommerpause** *f* descanso *m* veraniego; (*des Parlaments*) período *m* de clausura; **Sommerreifen** *m* neumático *m* de verano; **Sommerschlussverkauf** *m* rebajas *fpl* de verano; **Sommersemester** *nt* semestre *m* de verano; **Sommersprosse** *f* peca *f;* **Sommerurlaub** *m* vacaciones *fpl* de verano

**Sommerzeit¹** *f ohne pl* (*Jahreszeit*) (temporada *f* de) verano *m*

**Sommerzeit²** *f* (*Uhrzeit*) horario *m* de verano

**Sonate** [zo'na:tə] *f* <-n> (MUS) sonata *f*

**Sonde** ['zɔndə] *f* <-n> (MED, AERO, TECH) sonda *f*

**Sonderangebot** *nt* oferta *f* especial; **im ~ sein** estar de oferta; **Sonderausgabe** *f* (*eines Werkes*) edición *f* especial

**sonderbar** *adj* raro, extraño

**Sonderermittler(in)** *m(f)* agente, -a *m, f* especial; **Sonderfall** *m* caso *m* particular; (*Ausnahme*) excepción *f;* **Sondergenehmigung** *f* autorización *f* especial

**sondergleichen** ['--'--] *adv* sin igual

**sonderlich** *adj* ❶ (*sonderbar*) raro, extraño ❷ (*groß*) especial

**Sonderling** ['zɔndɐlɪŋ] *m* <-s, -e> tipo *m* raro

**Sondermarke** *f* sello *m* de colección; **Sondermüll** *m* residuos *mpl* tóxicos

**sondern¹** ['zɔndɐn] *konj* sino; **nicht nur ..., ~ auch ...** no sólo... sino también...

**sondern²** ['zɔndɐn] *vt* (*geh*) separar (*von* de), apartar (*von* de)

**Sonderpreis** *m* precio *m* de oferta; **Sonderrecht** *nt* privilegio *m;* **Sonderregelung** *f* reglamentación *f* especial; **Sonderschule** *f* escuela *f* de educación especial

**i Land & Leute**

La **Sonderschule** es un centro de enseñanza pensado para personas con necesidades educativas especiales, bien por tener minusvalías físicas o psíquicas, o bien por tener problemas de tipo social. Este tipo de escuela pertenece al sistema educativo público y sus profesores poseen una formación pedagógica especial.

**Sonderschullehrer(in)** *m(f)* profesor(a) *m(f)* de educación especial; **Sonderstellung** *f* posición *f* privilegiada; **eine ~ einnehmen** tener una posición privilegiada; **Sonderzug** *m* tren *m* especial

**sondieren*** [zɔn'di:rən] *vt* ❶ (*Lage, Markt*) sondear, tantear ❷ (MED, TECH) sondar

**Sonett** [zo'nɛt] *nt* <-(e)s, -e> (LIT) soneto *m*

**Song** [sɔŋ] *m* <-s, -s> ❶ (*fam: Pop~*) canción *f* ❷ (*Lied mit zeitkritischem Inhalt*) canción *f* protesta

**Sonnabend** ['zɔnʔa:bənt] *m* (*nordd, reg*) sábado *m; s. a.* **Montag**

**sonnabends** ['zɔnʔa:bənts] *adv* (*nordd, reg*) los sábados; *s. a.* **montags**

**Sonne** ['zɔnə] *f* <-n> sol *m;* **die ~ geht auf/unter** el sol sale/se pone; **die ~ scheint** hace sol

**sonnen** *vr:* **sich ~** tomar el sol; **sich in seinem Ruhm ~** recrearse en su fama

**Sonnenaufgang** *m* salida *f* del sol; **Sonnenbad** *nt* baño *m* de sol; **Sonnenblume** *f* girasol *m,* maravilla *f Am,* gigantón *m Mex;* **Sonnenbrand** *m* quemadura *f* del sol; **Sonnenbrille** *f* gafas *fpl* de sol; **Sonnencreme** *f* crema *f* solar; **eine ~ mit hohem/niedrigem Schutzfaktor** una crema solar con un factor de protección alto/bajo; **Sonnendach** *nt* toldo *m;* **Sonneneinstrahlung** *f ohne pl* radiación *f* solar; **Sonnenenergie** *f ohne pl* (PHYS) energía *f* solar; **Sonnenfinsternis** *f* (ASTR) eclipse *m* solar; **sonnenklar** *adj* (*fam*) ❶ (*hell und sonnig*) claro y soleado ❷ (*eindeutig*) claro como el agua; **Sonnenkollektor** *m* colector *m* solar; **Sonnenkraftwerk** *nt* central *f* solar; **Sonnenlicht** *nt ohne pl* luz *f* del sol; **Sonnenmilch** *f* leche *f* solar; **Sonnenöl** *nt* aceite *m* solar; **Sonnenschein** *m* luz *f* del sol; **bei strahlendem** ~ con sol; **Sonnenschirm** *m* sombrilla *f;* **Sonnenseite** *f* lado *m* expuesto al sol; **die** ~ **des Lebens** el lado alegre de la vida; **Sonnenstich** *m* (MED) insolación *f;* **Sonnenstrahl** *m* rayo *m* de sol; **Sonnensystem** *nt* (ASTR) sistema *m* solar; **Sonnenuhr** *f* reloj *m* de sol; **Sonnenuntergang** *m* puesta *f* del sol; **Sonnenwende** *f* solsticio *m*

**sonnig** *adj* ① (*Wetter, Tag*) soleado; **hier ist es zu** ~ aquí hace demasiado sol ② (*Gemüt*) alegre

**Sonntag** ['zɔnta:k] *m* <-(e)s, -e> domingo *m;* **Sonn- und Feiertage** domingos y festivos; *s. a.* **Montag**

**sonntäglich** *adj* dominical

**Sonntagnachmittag** *m* domingo *m* por la tarde; *s. a.* **Montagnachmittag**

**sonntags** ['zɔnta:ks] *adv* los domingos; **sonn- und feiertags** domingos y festivos

**Sonntagsarbeit** *f ohne pl* trabajo *m* dominical; **Sonntagsdienst** *m* servicio *m* dominical

**sonst** [zɔnst] *adv* ① (*außerdem*) más; (*im Übrigen*) por lo demás; **war** ~ **noch jemand da?** ¿había alguien más?; ~ **nichts** nada más; ~ **noch Fragen?** ¿alguna pregunta más?; ~ **geht's dir gut?** (*fam iron*) ¿y por lo demás todo en orden? ② (*für gewöhnlich*) normalmente; (*immer*) siempre; **du bist doch** ~ **nicht so** normalmente no eres así; **es war genau wie** ~ fue igual que siempre; **mehr als** ~ más que normalmente ③ (*ehemals*) antes; (*in anderen Fällen*) en ocasiones anteriores ④ (*andernfalls*) si no; **was/wer/wie denn** ~**?** (*fam*) ¿qué/quién/cómo si no? ⑤ (*unbestimmt*): ~ **wer** (*fam*) cualquiera; **er bildet sich ein,** ~ **wer zu sein** (*etwas Besonderes*) se cree que es alguien; ~ **was** (*fam*) cualquier cosa

**sonstige(r, s)** *adj* otro; **ihr** ~**s Verhalten war recht gut** por lo demás se comportó bastante bien; **S**~**s** varios

**sooft** [zo'ʔɔft] *konj* cada vez que, siempre que; ~ **ich auch darüber nachdenke, ich sehe keine Lösung** por más que lo pienso, no encuentro una solución

**Sopran** [zo'pra:n] *m* <-s, -e> (MUS) soprano *m*

**Sopranistin** *f* <-nen> (MUS) soprano *f*

**Sorbet** ['zɔrbɛt, zɔr'be:] *m o nt* <-s, -s>, **Sorbett** *m o nt* <-(e)s, -e> (GASTR) sorbete *m*

**Sorge**[1] ['zɔrgə] *f* <-n> (*Angst, Problem*) preocupación *f* (*um* por); (*innere Unruhe*) inquietud *f* (*um* por); (*Kummer*) pena *f;* **es macht mir** ~**, dass ...** me preocupa que... +*subj;* **sich** *dat* **um jdn** ~**n machen** estar preocupado por alguien; **keine** ~**!** ¡no te preocupes!

**Sorge**[2] *f ohne pl* (*Für*~) cuidado *m;* **lass das nur meine** ~ **sein** yo me encargaré de eso; **dafür** ~ **tragen, dass ...** (*geh*) ocuparse de que... +*subj*

**sorgen** ['zɔrgən] **I.** *vi* ① (*sich kümmern*) preocuparse (*für* de), ocuparse (*für* de); **für jdn** ~ cuidar a alguien; **dafür** ~**, dass ...** ocuparse de que +*subj* ② (*beschaffen*) proporcionar (*für*) **II.** *vr:* **sich** ~ preocuparse (*um* por)

**sorgenfrei** *adj* sin preocupaciones; **Sorgenkind** *nt* niño, -a *m, f* problemático, -a; **sorgenvoll** *adj* lleno de preocupaciones

**Sorgerecht** *nt ohne pl* (JUR) custodia *f* (*für* de)

**Sorgfalt** ['zɔrkfalt] *f ohne pl* cuidado *m,* esmero *m*

**sorgfältig** [-fɛltɪç] *adj* cuidadoso, esmerado

**sorglos** *adj* ① (*unachtsam*) despreocupado; (*nachlässig*) negligente ② (*sorgenfrei*) sin preocupaciones

**Sorglosigkeit** *f ohne pl* despreocupación *f*

**sorgsam** *adj* cuidadoso, diligente

**Sorte** ['zɔrtə] *f* <-n> ① (*Art*) tipo *m,* clase *f;* (*Marke*) marca *f;* **eine bestimmte** ~ **von ...** un determinado tipo de... ② *pl* (*Devisen*) moneda *f* extranjera

**sortieren*** [zɔr'ti:rən] *vt* clasificar (*nach* por), ordenar (*nach* por)

**Sortiment** [zɔrti'mɛnt] *nt* <-(e)s, -e> ① (*Warenangebot*) surtido *m* ② (~*sbuchhandel*) librería *f* general

**SOS** [ɛsʔo:'ʔɛs] *nt* <-, *ohne pl*> *Abk. von* **save our souls** S.O.S. *m;* ~ **funken** mandar un S.O.S.

**sosehr** [zo'ze:ɐ] *konj* por mucho que (+*subj*)

**Soße** ['zo:sə] *f* <-n> salsa *f*

**Soßenlöffel** *m* cuchara *f* para la salsa

**sott** [zɔt] *3. imp von* **sieden**

**Soufflé** [zu'fle:] *nt* <-s, -s>, **Soufflee** *nt* <-s, -s> (GASTR) soufflé *m*

**Souffleur, -euse** [zu'flø:ɐ] *m, f* <-s, -e; -n> (THEAT) apuntador(a) *m(f)*

**soufflieren*** [zu'fli:rən] *vi, vt* (THEAT) apuntar

**Sound** [saʊnd] *m* <-s, -s> (MUS) sonido *m;* **Soundkarte** *f* (INFOR) ficha *f* de sonido, tarjeta *f* de sonido [*o* de audio]

**soundso** ['zo:ʔʊntso:] **I.** *adj* (*fam*) tal y tal; **auf Seite** ~ en la página tal y tal **II.** *adv* (*fam*) tal y tal, tan y tan; ~ **groß** de tal y tal tamaño; ~ **oft** tantas y tantas veces

**soundsovielte(r, s)** *adj* (*fam*) el no sé cuántos; **das** ~ **Mal** la no sé qué vez

**Souterrain** [zutɛ'rɛ̃:] *nt* <-s, -s> sótano *m*

S

**Souvenir** [zuvəˈniːɐ] *nt* <-s, -s> recuerdo *m;* **Souvenirladen** *m* tienda *f* de recuerdos

**souverän** [zuvəˈrɛːn] **I.** *adj* ❶ (POL) soberano ❷ (*geh: überlegen*) superior **II.** *adv* con superioridad

**Souveränität** [zuvərɛniˈtɛːt] *f ohne pl* ❶ (*von Staaten*) soberanía *f* ❷ (*geh: Überlegenheit*) superioridad *f*

**soviel** [zoˈfiːl] **I.** *adv s.* **viel I.2.** **II.** *konj* ❶ (*soweit*) por lo que; ~ **ich weiß ...** por lo que yo sé... ❷ (*sosehr*) por mucho que

**soweit** [zoˈvaɪt] **I.** *adv s.* **weit I.5.** **II.** *konj* por lo que; ~ **ich sehen kann, ...** por lo que puedo observar...

**sowenig** [zoˈveːnɪç] **I.** *adv s.* **wenig 3.** **II.** *konj* por poco que +*subj*

**sowie** [zoˈviː] *konj* ❶ (*sobald*) en cuanto +*subj* ❷ (*außerdem*) así como, además de

**sowieso** [zoviˈzoː, ˈzoːvizo] *adv* ❶ (*ohnehin*) de todas maneras; **das ~!** (*fam*) ¡de todas todas! ❷ (*Schweiz: selbstverständlich*) por supuesto

**Sowjet** [zɔˈvjɛt, ˈzɔvjɛt] *m* <-s, -s> (HIST) soviet *m;* **Sowjetbürger(in)** *m(f)* (ciudadano, -a *m, f*) soviético, -a *m, f;* **sowjetisch** [zɔˈvjɛtɪʃ] *adj* soviético; **Sowjetunion** [zɔˈvjɛt-, ˈzɔvjɛt-] *f* (HIST) Unión *f* Soviética

**sowohl** [zoˈvoːl] *konj:* ~ **... als auch ...** tanto... como...

**Sozi** [ˈzoːtsi] *m* <-s, -s> (*fam a. abw*) socialdemócrata *mf,* sociata *mf argot*

**sozial** [zoˈtsjaːl] *adj* social; ~ **eingestellt sein** interesarse por los temas sociales; **Sozialabbau** *m* reducción *f* de los servicios sociales; **Sozialabgaben** *fpl* cuotas *fpl* sociales; **Sozialamt** *nt* departamento *m* de asistencia social; **Sozialarbeiter(in)** *m(f)* asistente *mf* social; **Sozialdemokrat(in)** *m(f)* socialdemócrata *mf;* **Sozialdemokratie** *f ohne pl* socialdemocracia *f;* **sozialdemokratisch** *adj* socialdemócrata; **Sozialfall** *m* receptor(a) *m(f)* de asistencia social

**Sozialhilfe** *f ohne pl* ayuda *f* social; **Sozialhilfeempfänger(in)** *m(f)* receptor(a) *m(f)* de asistencia social

**sozialisieren*** [zotsjaliˈziːrən] *vt* (WIRTSCH, PSYCH) socializar

**Sozialismus** [zotsjaˈlɪsmʊs] *m* <-, *ohne pl*> socialismo *m*

**Sozialist(in)** [zotsjaˈlɪst] *m(f)* <-en, -en; -nen> socialista *mf*

**sozialistisch** *adj* socialista

**Sozialleistung** *f* prestación *f* social; **Sozialpädagogik** *f* pedagogía *f* social; **Sozialplan** *m* (POL) plan *m* social; **Sozialpolitik** *f* política *f* social; **Sozialprodukt** *nt* (WIRTSCH) producto *m* nacional; **sozialschwach** *adj* menesteroso, necesitado; **Sozialstaat** *m* Estado *m* social; **Sozialversicherung** *f* seguro *m* social, mutual *f CSur;* **Sozialversicherungsausweis** *m* tarjeta *f* de la seguridad social; **Sozialwissenschaften** *fpl* ciencias *fpl* sociales; **Sozialwohnung** *f* vivienda *f* de protección social

**Soziologe, -in** [zotsjoˈloːgə] *m, f* <-n, -n; -nen> sociólogo, -a *m, f*

**Soziologie** [zotsjoloˈgiː] *f ohne pl* sociología *f*

**soziologisch** *adj* sociológico

**Sozius** [ˈzoːtsiʊs] *m* <-, -se *o* Sozii> ❶ (WIRTSCH) socio, -a *m, f* ❷ (*Beifahrer*) acompañante *mf* ❸ (*fam: Genosse*) socio, -a *m, f,* compañero, -a *m, f*

**sozusagen** [zoːtsuˈzaːgən, ˈ----] *adv* por así decir

**Spachtel** [ˈʃpaxtəl] *m* <-s, -> espátula *f*

**spachteln** **I.** *vt* (*glätten*) alisar; (*Loch, Ritze*) tapar **II.** *vi* (*fam: essen*) devorar, tragar

**Spagat**[1] *m o nt* <-(e)s, -e> (*Ballet*) figura *f* con piernas abiertas; **einen ~ machen, in den ~ gehen** hacer una caída de piernas abiertas

**Spagat**[2] *m* <-(e)s, -e> (*Österr: Schnur*) bramante *m*

**Spagetti** *pl,* **Spaghetti** [ʃpaˈgɛti] *pl* espaguetis *mpl*

**spähen** [ˈʃpɛːən] *vi* (*beobachten*) otear (*auf*), acechar (*auf*); **auf die Straße ~** otear la calle; **durch einen Spalt ~** mirar por un hueco; **nach jdm/etw ~** buscar a alguien/algo con la vista

**Späher(in)** *m(f)* <-s, -; -nen> (HIST) vigía *mf;* (*Kundschafter*) explorador(a) *m(f);* (*abw: Spitzel*) espía *mf*

**Spähtrupp** *m* (MIL) patrulla *f*

**Spalier** [ʃpaˈliːɐ] *nt* <-s, -e> ❶ (*für Pflanzen*) espaldera *f* ❷ (*Menschengasse*) calle *f;* ~ **stehen** formar calle

**Spalt** [ʃpalt] *m* <-(e)s, -e> rendija *f;* (*Riss*) grieta *f,* hendidura *f;* **die Tür/Augen einen ~ öffnen** entreabrir la puerta/los ojos

**spaltbar** *adj* (PHYS) fisible

**Spalte** [ˈʃpaltə] *f* <-n> ❶ (*Öffnung*) hendidura *f,* raja *f;* (*Riss*) grieta *f* ❷ (TYPO) columna *f*

**spalten** [ˈʃpaltən] <spaltet, spaltete, gespalten *o* gespaltet> *vt* ❶ (*teilen*) dividir, partir; (*Partei*) escindir ❷ (*der Länge nach*) hender, rajar; (*Holz*) partir ❸ (CHEM) descomponer, disociar; (PHYS) desintegrar

**Spaltung** *f* <-en> ❶ (*eines Landes, einer Gruppe*) división *f;* (*einer Partei*) escisión *f* ❷ (CHEM) descomposición *f;* (PHYS) fisión *f* ❸ (PSYCH) disociación *f*

**Span** [ʃpaːn, *pl:* 'ʃpɛːnə] *m* <-(e)s, Späne> astilla *f*

**Spanferkel** *nt* cochinillo *m*

**Spange** ['ʃpaŋə] *f* <-n> ❶ (*Haar~*) horquilla *f* ❷ (*Zahn~*) aparato *m* de ortodoncia

**Spanglish** ['spɛŋlɪʃ] *nt* <-(s), *ohne pl*> espanglis *m*

**Spanien** ['ʃpaːniən] *nt* <-s> España *f*

**Spanier(in)** ['ʃpaːniɐ] *m(f)* <-s, -; -nen> español(a) *m(f)*

**spanisch** *adj* español; (*Sprache*) español, castellano; **das kommt mir ~ vor** (*fam fig*) esto me suena a chino

**Spanisch** *nt* <-(s), *ohne pl*>, **Spanische** *nt* <-n, *ohne pl*> español *m,* castellano *m;* **~ sprechen/lernen** hablar (en)/aprender español; **spanischsprachig** *adj* hispanohablante; **~e Länder** países de habla hispana

**spann** [ʃpan] *3. imp von* **spinnen**

**Spann** [ʃpan] *m* <-(e)s, -e> empeine *m*

**Spannbetttuch** *nt* sábana *f* con cuatro puntos de ajuste

**Spannbreite** *f* espectro *m*

**Spanne** ['ʃpanə] *f* <-n> ❶ (*Zeit~*) intervalo *m,* espacio *m* de tiempo ❷ (*Handels~*) margen *m*

**spannen** ['spanən] **I.** *vt* ❶ (*dehnen*) estirar; (*Seil, Muskeln*) tensar; (*Bogen*) flechar ❷ (*Leine, Netz*) tender ❸ (*in die Schreibmaschine*) meter ❹ (*Gewehr*) amartillar ❺ (*fam: merken*) percibir; **ich hoffe, er hat's gespannt** espero que haya caído en la cuenta **II.** *vi* (*Kleidung*) quedar estrecho; (*Haut*) tirar **III.** *vr:* **sich ~** ❶ (*straff/fest werden*) ponerse tenso ❷ (*sich wölben*) arquearse (*über* sobre)

**spannend** *adj* (*fesselnd*) cautivador; (*interessant*) muy interesante; (*Buch, Film*) de suspense; **mach's nicht so ~!** (*fam*) ¡no te hagas tanto de rogar!

**Spanner** *m* <-s, -> ❶ (*Spannvorrichtung*) tensor *m* ❷ (*Schmetterling*) geométrido *m* ❸ (*fam: Voyeur*) mirón *m*

**Spannkraft** *f ohne pl* elasticidad *f*

**Spannung[1]** *f ohne pl* ❶ (*Erwartung, innere ~, a.* PHYS) tensión *f;* **etw mit ~ erwarten** esperar algo con impaciencia ❷ (*eines Films*) suspense *m,* suspenso *m Am*

**Spannung[2]** *f* <-en> ❶ (*Feindseligkeit*) tirantez *f* ❷ (*Stromstärke*) voltaje *m*

**Spannungsgebiet** *nt* región *f* de tensiones

**Spannweite** *f* ❶ (*Vogel, Flugzeug*) envergadura *f* ❷ (ARCHIT) luz *f*

**Sparbuch** *nt* libreta *f* de ahorro; **Sparbüchse** *f* hucha *f*

**sparen** ['ʃpaːrən] **I.** *vt* ahorrar **II.** *vi* ❶ (*Geld*) ahorrar ❷ (*zurückhalten*) escatimar (*an/mit* en)

**Sparer(in)** *m(f)* <-s, -; -nen> ahorrador(a) *m(f)*

**Sparflamme** *f ohne pl* llama *f* pequeña; **auf ~** (*a. fig*) a medio gas

**Spargel** ['ʃpargəl] *m* <-s, -> espárrago *m*

**Sparguthaben** *nt* ahorros *mpl;* **Sparkasse** *f* caja *f* de ahorros; **Sparkonto** *nt* cuenta *f* de ahorro

**spärlich** ['ʃpɛːɐlɪç] *adj* escaso; (*ärmlich*) pobre; **~ bekleidet sein** llevar poca ropa encima

**Sparmaßnahme** *f* medida *f* de ahorro; **Sparpackung** *f* tamaño *m* económico; **Sparpreis** *m* precio *m* económico

**sparsam** *adj* económico; (*Person*) poco gastador; **~ mit etw umgehen** ser ahorrativo con algo

**Sparsamkeit** *f ohne pl* economía *f;* **aus ~** por razones de economía

**Sparschwein** *nt* hucha *f* (en forma de cerdo)

**Sparte** ['ʃpartə] *f* <-n> ❶ (*Gebiet*) rama *f;* (*Abteilung*) sector *m* ❷ (*Rubrik*) sección *f*

**Sparvertrag** *m* (FIN) contrato *m* de ahorro

**Spaß[1]** [ʃpaːs, *pl:* 'ʃpɛːsə] *m* <-es, Späße> (*Scherz*) broma *f;* **~ machen** bromear; **(keinen) ~ verstehen** tener (poca) correa; **~ beiseite!** ¡bromas aparte!; **aus** [*o* **im**] **~** de broma; **da hört bei mir der ~ auf** (*fam*) eso ya pasa de castaño oscuro

**Spaß[2]** *m* <-es, *ohne pl*> (*Vergnügen*) diversión *f,* gusto *m;* **~ muss sein** hay que divertirse; **~ machen** gustar; **sich** *dat* **aus etw einen ~ machen** hacer algo de cachondeo; **jdm den ~ verderben** aguar(le) la fiesta a alguien; **viel ~!** ¡que te diviertas!; **das war ein teurer ~** (*fam*) costó un riñón

**spaßen** ['ʃpaːsən] *vi* bromear; **damit ist nicht zu ~** no es cosa de broma; **sie lässt nicht mit sich ~** no está para bromas

**spaßeshalber** ['ʃpaːsəshalbɐ] *adv* (*fam*) en broma

**spaßhaft** *adj* gracioso

**spaßig** *adj* divertido

**Spaßverderber(in)** *m(f)* <-s, -; -nen> aguafiestas *mf inv;* **Spaßvogel** *m* bromista *mf*

**Spastiker(in)** ['ʃpastikɐ, 'spastikɐ] *m(f)* <-s, -; -nen> (MED) espástico, -a *m, f*

S

**spastisch** ['ʃpastɪʃ, 'spastɪʃ] *adj* (MED) espástico

**spät** [ʃpɛ:t] **I.** *adj* tardío; **am ~en Vormittag** a última hora de la mañana; **von früh bis ~** desde la mañana hasta la noche **II.** *adv* tarde; **wie ~ ist es?** ¿qué hora es?; **es wird heute ~(er)** se va a hacer tarde hoy; **besser ~ als nie** (*prov*) más vale tarde que nunca; **spätabends** [ʃpɛ:tʔa:bənts] *adv* a última hora de la tarde, entrada la noche; **Spätaussiedler(in)** *m(f) emigrante de origen alemán de los estados de Europa del Este;* **Spätbucher(in)** *m(f)* <-s, -; -nen> *persona que efectúa una reserva tarde/a última hora;* **Spätdienst** *m ohne pl* turno *m* de tarde

**Spaten** ['ʃpa:tən] *m* <-s, -> laya *f*

**später** ['ʃpɛ:tɐ] **I.** *adj* posterior; (*künftig*) futuro **II.** *adv* más tarde, más adelante; **bis ~!** ¡hasta luego!; **einige Stunden ~** unas horas después; **früher oder ~** tarde o temprano

**spätestens** ['ʃpɛ:təstəns] *adv* lo más tarde; **~ in einer Stunde** a más tardar dentro de una hora

**Spätfolge** *f* efecto *m* tardío; **Spätgotik** *f* gótico *m* tardío; **Spätlese** *f* cosecha *f* tardía; **Spätschicht** *f* turno *m* de tarde; **Spätsommer** *m* estío *m* tardío; **Spätvorstellung** *f* sesión *f* de noche

**Spatz** [ʃpats] *m* <-en *o* -es, -en> ❶ (*Vogel*) gorrión *m;* **das pfeifen die ~en von den Dächern** (*fam*) es (ya) un secreto a voces; **besser ein ~ in der Hand als eine Taube auf dem Dach** (*prov*) más vale pájaro en mano que ciento volando ❷ (*fam: Schatz*) tesoro *m*

**Spätzle** ['ʃpɛtslə] *pl* (*südd*) *pasta de huevo típica de Suabia*

**i Land & Leute**

Los **Spätzle** son una especialidad gastronómica de Suabia y Algoia: Se corta la pasta recién hecha en finas tiras sobre una tabla de madera. A medida que se van cortando se van introduciendo en agua con sal hirviendo; se cuecen hasta que estén listas.

**Spätzündung** *f* (TECH) encendido *m* retardado

**spazieren*** [ʃpa'tsi:rən] *vi sein* pasear (*durch* por); (**im Auto**) **~ fahren** dar una vuelta (en coche); **jdn** (**im Auto**) **~ fahren** pasear a alguien (en coche); **im Wald ~ gehen** pasear(se) por el bosque

**Spazierfahrt** *f* paseo *m* en coche; **Spaziergang** *m* <-(e)s, -gänge> paseo *m;* **einen ~ machen** dar un paseo; **Spaziergänger(in)** [-gɛŋɐ] *m(f)* <-s, -; -nen> paseante *mf;* **Spazierstock** *m* bastón *m*

**SPD** [ɛspe:'de:] *f Abk. von* **Sozialdemokratische Partei Deutschlands** Partido *m* Socialdemócrata Alemán

**Specht** [ʃpɛçt] *m* <-(e)s, -e> (ZOOL) pájaro *m* carpintero

**Speck** [ʃpɛk] *m* <-(e)s, -e> ❶ (*Nahrungsmittel*) tocino *m;* (*geräuchert*) bacon *m* ❷ (*fam: bei Menschen*) grasa *f;* (*~ bauch*) panza *f;* **~ ansetzen** echar carnes

**speckig** *adj* ❶ (*schmierig*) pringoso; (*schmutzig*) mugriento ❷ (*fam abw: dick*) gordo

**Speckschwarte** *f* corteza *f* de tocino, piel *f* de tocino

**Spediteur(in)** [ʃpedi'tø:ɐ] *m(f)* <-(e)s, -e; -nen> transportista *mf*

**Spedition** [ʃpedi'tsjo:n] *f* <-en> empresa *f* de transportes

**Speed** [spi:t] *nt* <-s, -s> (*sl: Droge*) espid *m*

**Speer** [ʃpe:ɐ] *m* <-(e)s, -e> lanza *f;* (SPORT) jabalina *f;* **Speerwerfen** *nt* <-s, *ohne pl*> (SPORT) lanzamiento *m* de jabalina; **Speerwerfer(in)** *m(f)* (SPORT) lanzador(a) *m(f)* de jabalina

**Speiche** ['ʃpaɪçə] *f* <-n> (*a.* MED) radio *m*

**Speichel** ['ʃpaɪçəl] *m* <-s, *ohne pl*> saliva *f;* **Speicheldrüse** *f* glándula *f* salival

**Speicher** ['ʃpaɪçɐ] *m* <-s, -> ❶ (*Lager*) almacén *m;* (*Getreide~*) granero *m* ❷ (*Dachboden*) desván *m* ❸ (TECH: *Wasser~*) depósito *m* ❹ (INFOR) memoria *f;* **Speicherfunktion** *f* (INFOR) función *f* de memoria; **Speicherkapazität** *f* (INFOR) capacidad *f* de almacenamiento

**speichern** ['ʃpaɪçɐn] *vi, vt* (*a.* INFOR) almacenar; **Daten auf Diskette ~** almacenar datos en un disquete

**Speicherplatz** *m ohne pl* (INFOR) espacio *m* de memoria; **Speicherschutz** *m* (INFOR) protección *f* de memoria

**Speicherung** *f* <-en> almacenamiento *m*

**speien** ['ʃpaɪən] <speit, spie, gespie(e)n> **I.** *vi* (*geh*) ❶ (*spucken*) escupir ❷ (*sich übergeben*) vomitar **II.** *vt* (*geh*) escupir

**Speise** ['ʃpaɪzə] *f* <-n> comida *f;* (*Gericht*) plato *m;* **kalte ~n** (*Gerichte*) fiambres *mpl;* **Speisekammer** *f* despensa *f;* **Speisekarte** *f* carta *f* (del menú)

**speisen** ['ʃpaɪzən] **I.** *vi* (*geh*) comer **II.** *vt* ❶ (*geh: ernähren*) dar de comer (a) ❷ (TECH) alimentar

**Speiseöl** *nt* aceite *m* de mesa; **Speise-**

**röhre** *f* esófago *m;* **Speisesaal** *m* comedor *m;* **Speisewagen** *m* coche *m* restaurante

**Spektakel**[1] [ʃpɛk'ta:kəl] *m* <-s, -> (*fam: Lärm*) jaleo *m*

**Spektakel**[2] *nt* <-s, -> (*Vorgang*) espectáculo *m*

**spektakulär** [ʃpɛktaku'lɛ:ɐ] *adj* espectacular

**Spektra** ['ʃpɛktra] *pl von* **Spektrum**

**Spektralfarbe** *f* (PHYS) color *m* del espectro (solar)

**Spektrum** ['ʃpɛktrʊm] *nt* <-s, Spektren *o* Spektra> (*fig a.* PHYS) espectro *m*

**Spekulant(in)** [ʃpeku'lant] *m(f)* <-en, -en; -nen> especulador(a) *m(f)*

**Spekulation** [ʃpekula'tsjo:n] *f* <-en> (*a.* WIRTSCH, PHILOS) especulación *f;* **über etw ~en anstellen** especular acerca de algo

**spekulieren*** [ʃpeku'li:rən] *vi* (*a.* WIRTSCH) especular (*mit* con, *in* en, *über* sobre); **auf etw ~** (*fam*) contar con algo

**Spelunke** [ʃpe'lʊŋkə] *f* <-n> (*abw*) ❶ (*Kneipe*) tabernucho *m* ❷ (*Unterkunft*) cuchitril *m*

**spendabel** [ʃpɛn'da:bəl] *adj* (*fam*) rumboso

**Spende** ['ʃpɛndə] *f* <-n> (*Geld~*) donativo *m;* (*Schenkung*) donación *f;* (*Almosen*) limosna *f*

**spenden** *vt* ❶ (*Geld, Blut*) donar ❷ (*geh: Wärme, Schatten*) dar

**Spendenaffäre** *f* (POL) *escándalo relacionado con las donaciones ilegales recibidas por la CDU alemana;* **Spendenkonto** *nt* cuenta *f* para donativos

**Spender**[1] *m* <-s, -> (*Gerät*) distribuidor *m*

**Spender(in)**[2] *m(f)* <-s, -; -nen> (*Person*) donador(a) *m(f)*

**Spenderausweis** *m* carnet *m* de donante, credencial *f* de donante

**spendieren*** [ʃpɛn'di:rən] *vt* (*fam*) pagar; **jdm ein Eis ~** invitar a alguien a tomar un helado

**Sperber** ['ʃpɛrbɐ] *m* <-s, -> gavilán *m*

**Sperling** ['ʃpɛrlɪŋ] *m* <-s, -e> gorrión *m*

**Sperma** ['ʃpɛrma] *nt* <-s, Spermen *o* -ta> (BIOL) esperma *m o f*

**sperrangelweit** ['-'--'-] *adv:* **~ offen** abierto de par en par

**Sperrbezirk** *m* zona *f* prohibida

**Sperre** ['ʃpɛrə] *f* <-n> ❶ (*Schranke*) barrera *f;* (*Straßen~*) barricada *f* ❷ (*Embargo*) bloqueo *m;* (*Nachrichten~*) censura *f;* **eine ~ verhängen** (*Embargo*) declarar un bloqueo; (*Nachrichten~*) ejercer la censura ❸ (SPORT) suspensión *f*

**sperren** ['ʃpɛrən] **I.** *vt* ❶ (*für den Verkehr*) cerrar ❷ (*verbieten*) bloquear; (*Urlaub*) aplazar ❸ (*Telefon, Strom*) cortar; (*Konto, Kredit*) bloquear; (*Daten*) inhibir ❹ (SPORT) suspender ❺ (TYPO) espaciar ❻ (*ein~*): **jdn in etw ~** encerrar a alguien en algo **II.** *vr:* **sich ~** oponerse (*gegen* a)

**Sperrgebiet** *nt* zona *f* prohibida; **Sperrholz** *nt* <-es, *ohne pl*> contrachapado *m*

**sperrig** *adj* voluminoso

**Sperrmüll** *m* basura *f* voluminosa; **Sperrsitz** *m* (*im Kino*) butaca *f* en las últimas filas; (*im Zirkus, Theater*) butaca *f* en las primeras filas; **Sperrstunde** *f* hora *f* de cierre

**Sperrung** *f* <-en> ❶ (*einer Straße*) cierre *m* ❷ (*Verbot*) bloqueo *m,* prohibición *f* ❸ (*des Stroms, Telefons*) corte *m;* (*von Geldern, Konten*) bloqueo *m* ❹ (SPORT) suspensión *f*

**Sperrvermerk** *m* nota *f* de no negociabilidad

**Spesen** ['ʃpe:zən] *pl* dietas *fpl,* gastos *mpl* (reembolsados por la empresa)

**Spezi**[1] ['ʃpe:tsi] *m* <-s, -(s)> (*südd: fam: Kumpel*) coleguilla *mf*

**Spezi**[2] *m o nt* <-s, -(s)> (*fam: Getränk*) *refresco a base de limonada y coca-cola*

**Spezialeffekt** *m* (FILM) efecto *m* especial; **Spezialgebiet** *nt* especialidad *f*

**spezialisieren*** [ʃpetsjali'zi:rən] *vr:* **sich ~** especializarse (*auf* en)

**Spezialisierung** *f* <-en> especialización *f*

**Spezialist(in)** [ʃpetsja'lɪst] *m(f)* <-en, -en; -nen> especialista *mf* (*für* en)

**Spezialität** [ʃpetsjali'tɛ:t] *f* <-en> especialidad *f*

**speziell** [ʃpe'tsjɛl] *adj* especial, particular

**Spezies** ['ʃpe:tsjɛs, *pl:* 'ʃpe:tsje:s] *f* <-> (BIOL) especie *f*

**spezifisch** [ʃpe'tsi:fɪʃ] *adj* específico

**spezifizieren*** [ʃpetsifi'tsi:rən] *vt* especificar

**Sphäre** ['sfɛ:rə] *f* <-n> esfera *f;* **in höheren ~n schweben** (*fam*) vivir en las nubes

**sphärisch** *adj* esférico

**Sphinx** [sfɪŋks] *f* <-e> esfinge *f*

**spicken** ['ʃpɪkən] **I.** *vt* ❶ (GASTR) mechar ❷ (*fam: reichlich versehen*) llenar (*mit* de) **II.** *vi* (*reg: fam: abschreiben*) chuletear; **bei** [*o* **von**] **jdm ~** copiar de alguien

**Spickzettel** *m* (*reg: fam*) chuleta *f,* machete *m Arg*

**spie** [ʃpi:] *3. imp von* **speien**

**Spiegel** ['ʃpi:gəl] *m* <-s, -> ❶ (*allgemein*) espejo *m;* **in den ~ sehen** mirarse en el espejo; **jdm den ~ vorhalten** (*fig*) adoptar una postura crítica frente a alguien ❷ (MED) espéculo *m* ❸ (*Wasser~, Alkohol~*) nivel *m;* **Spiegelbild** *nt* imagen *f* reflejada; (*fig*) reflejo *m;* **spiegelblank** ['--'-] *adj* limpio como un espejo; (*glänzend*) brillante; **Spiegelei** *nt* (GASTR) huevo *m* frito; **spiegelglatt** ['--'-] *adj* ❶ (*rutschig*) muy resbaladizo ❷ (*eben*) liso como un espejo

**spiegeln** **I.** *vi* ❶ (*glänzen*) brillar ❷ (*blenden*) reflejar **II.** *vt* reflejar **III.** *vr:* **sich** ~ reflejarse (*in* en)

**Spiegelreflexkamera** [---'----] *f* (FOTO) cámara *f* de espejo; **Spiegelschrift** *f* escritura *f* invertida

**Spiegelung** *f* <-en> reflejo *m*

**spiegelverkehrt** *adj* invertido lateralmente

**Spiel** [ʃpiːl] *nt* <-(e)s, -e> ❶ (*Glücks~, Vergnügen*) juego *m;* **einen neuen Gesichtspunkt (mit) ins ~ bringen** aportar otro punto de vista; **jdm das ~ verderben** (*fig*) aguar la fiesta a alguien; **ein doppeltes ~ treiben** (*fig*) hacer juego doble; **ein abgekartetes ~** (*fam*) una confabulación; **leichtes ~ mit jdm haben** (*fam*) vencer a alguien fácilmente; **auf dem ~ stehen** (*fig*) estar en juego; **etw aufs ~ setzen** (*fig*) jugarse algo; **im ~ sein** (*fig*) estar en juego; **jdn/etw aus dem ~ lassen** (*fig*) dejar a alguien/algo fuera de juego ❷ (SPORT) partido *m* ❸ (TECH) juego *m,* holgura *f;* **Spielautomat** *m* (máquina *f*) tragaperras *f inv;* **Spielball** *m* ❶ (*Ball*) pelota *f* ❷ (*Person*) juguete *m;* **Spielbank** *f* <-en> casino *m;* **Spielbrett** *nt* tablero *m* (de juego); **Spielcomputer** *m* ordenador *m* de juegos, computadora *f* de juegos *Am*

**spielen** ['ʃpiːlən] **I.** *vt* ❶ (*Spiel*) jugar ❷ (*Instrument*) tocar; **eine Platte ~** (*fam*) poner un disco ❸ (*aufführen*) dar ❹ (*Rolle*) interpretar ❺ (*vortäuschen*) hacerse; **er spielt den Unschuldigen** se hace el inocente **II.** *vi* ❶ (*Spiel, a.* SPORT) jugar; **um hohe Summen ~** jugar grandes sumas; **1:1 ~** empatar 1 a 1; **mit dem Feuer ~** (*a. fig*) jugar con fuego ❷ (*herum~*) juguetear (*mit/an* con) ❸ (*sich zutragen*) tener lugar (*in* en) ❹ (*Radio*) estar sonando

**spielend** *adv* (*problemlos*) fácilmente, con facilidad

**Spieler(in)** *m(f)* <-s, -; -nen> jugador(a) *m(f)*

**Spielerei** *f ohne pl* (*abw: dauerndes Spielen*) jugueteo *m*

**Spielerin** *f* <-nen> *s.* **Spieler**

**spielerisch** *adj* ❶ (*verspielt*) juguetón ❷ (*mit Leichtigkeit*) como jugando ❸ (SPORT): **die ~e Leistung** la actuación de los jugadores

**Spielfeld** *nt* terreno *m* de juego; (*Tennis*) pista *f;* **Spielfilm** *m* largometraje *m;* **Spielhalle** *f* salón *m* recreativo; **Spielhölle** *f* (*abw*) salón *m* de juego; **Spielkamerad(in)** *m(f)* compañero, -a *m, f* de juego; **Spielkarte** *f* naipe *m;* **Spielkasino** *nt* casino *m* de juego

**Spielothek** [ʃpiːlo'teːk] *f* <-en> *s.* **Spielhalle;** **Spielplan** *m* (THEAT) programa *m,* cartelera *f;* **auf dem ~ stehen** estar en cartel; **Spielplatz** *m* parque *m* infantil; **Spielraum** *m ohne pl* espacio *m;* (*Bewegungs~*) libertad *f* de movimiento; (*fig*) margen *m;* **Spielregel** *f* regla *f* de juego; **Spielsachen** *fpl* juguetes *mpl;* **Spielsucht** *f ohne pl* ludopatía *f;* **Spielsüchtige(r)** *mf* ludópata *mf;* **Spieluhr** *f* reloj *m* de música; **Spielverderber(in)** *m(f)* <-s, -; -nen> aguafiestas *mf inv;* **Spielwaren** *fpl* juguetes *mpl;* **Spielwarengeschäft** *nt* juguetería *f,* tienda *f* de juguetes; **Spielzeit** *f* ❶ (THEAT) temporada *f* (de teatro); (FILM) *período en el cual una película está en cartelera* ❷ (SPORT) duración *f* del partido; **Spielzeug** *nt* <-(e)s, -e> juguete *m*

**Spieß** [ʃpiːs] *m* <-es, -e> ❶ (*Waffe*) pica *f;* **den ~ umdrehen** (*fam fig*) volver la tortilla; **wie am ~ schreien** (*fam*) gritar como un poseso ❷ (*Brat~*) asador *m* ❸ (*Speise*) pincho *m*

**Spießbürger(in)** *m(f)* (*abw*) burgués, -esa *m, f;* **spießbürgerlich** *adj* (*abw*) burgués

**spießen** ['ʃpiːsən] *vt* clavar (*auf* en); (*auf eine Gabel*) pinchar (*auf* con)

**Spießer(in)** *m(f)* <-s, -; -nen> (*fam abw*) burgués, -esa *m, f*

**spießig** *adj* (*fam abw*) burgués

**Spießrute** *f* <-n>: **~n laufen** (MIL) pasar por la baqueta; (*fig*) verse expuesto a la vergüenza pública

**Spikes** ['ʃpaɪks] *mpl* ❶ (*Metalldornen, -stifte*) clavos *mpl,* púas *fpl* ❷ (*Sportschuhe*) zapatillas *fpl* con clavos ❸ (*Reifen*) neumáticos *m* claveteados *pl*

**Spinat** [ʃpi'naːt] *m* <-(e)s, -e> espinaca *f*

**Spind** [ʃpɪnt] *m o nt* <-(e)s, -e> armarito *m*

**Spindel** ['ʃpɪndəl] *f* <-n> ❶ (*am Spinnrad*) huso *m* ❷ (ARCHIT) eje *m;* **spindeldürr** ['--'-] *adj* flaco

**Spinett** [ʃpi'nɛt] *nt* <-(e)s, -e> espineta *f*

**Spinne** ['ʃpɪnə] *f* <-n> araña *f*

**spinnen** ['ʃpɪnən] <spinnt, spann, gesponnen> **I.** *vi* ❶ (*Garn*) hilar ❷ (*fam abw: verrückt sein*) estar loco **II.** *vt* ❶ (*Garn*) hilar ❷ (*Spinne*) tejer

**Spinnennetz** *nt* telaraña *f*

**Spinner(in)** *m(f)* <-s, -; -nen> ❶ (*Beruf*)

hilandero, -a *m, f* ❷ (*fam abw: Verrückter*) loco, -a *m, f,* chiflado, -a *m, f*

**Spinnerei**[1] *f ohne pl* (*das Spinnen*) hilado *m*

**Spinnerei**[2] *f* <-en> ❶ (*Betrieb*) hilandería *f* ❷ (*fam abw: Unsinn*) locura *f,* chifladura *f*

**Spinnrad** *nt* rueca *f;* **Spinnwebe** *f* <-n> telaraña *f*

**Spion**[1] *m* <-s, -e> (*Guckloch*) mirilla *f*

**Spion(in)**[2] [ʃpi'o:n] *m(f)* <-s, -e; -nen> (*Agent*) espía *mf*

**Spionage** [ʃpio'na:ʒə] *f ohne pl* espionaje *m;* **Spionageabwehr** *f* contraespionaje *m*

**spionieren*** [ʃpio'ni:rən] *vi* espiar

**Spionin** *f* <-nen> *s.* **Spion**[2]

**Spiralblock** *m* bloc *m* (de notas) con espiral

**Spirale** [ʃpi'ra:lə] *f* <-n> ❶ (*Linie*) espiral *f* ❷ (*fam: zur Empfängnisverhütung*) DIU *m*

**Spiritismus** [ʃpiri'tɪsmʊs, spiri-] *m* <-, *ohne pl*> espiritismo *m*

**spiritistisch** *adj* espiritista

**spirituell** [ʃpiritu'ɛl, spiri-] *adj* espiritual

**Spirituose** *f* <-n> bebida *f* alcohólica

**Spiritus** ['ʃpi:ritʊs] *m* <-, -se> alcohol *m* (de quemar); **Spirituskocher** *m* infiernillo *m* de alcohol, reverbero *m Am*

**Spital** [ʃpi'ta:l, *pl:* ʃpi'tɛ:lɐ] *nt* <-s, Spitäler> (*Schweiz*) hospital *m*

**spitz** [ʃpɪts] *adj* ❶ (*Gegenstand, a.* MATH) (punti)agudo; (*Nase, Kinn*) afilado ❷ (*Geräusch*) agudo ❸ (*spöttisch*) mordaz ❹ (*fam: scharf*) deseoso (*auf* de)

**Spitz** [ʃpɪts] *m* <-es, -e> (ZOOL) lulú *m*

**Spitzbart** *m* perilla *f;* **Spitzbogen** *m* (ARCHIT) ojiva *f;* **Spitzbube, -bübin** *m, f* <-n, -n; -nen> ❶ (*abw: Betrüger*) ladrón, -ona *m, f* ❷ (*fam: Schelm*) pillo, -a *m, f;* **spitzbübisch** [-by:bɪʃ] *adj* pillo

**Spitze** ['ʃpɪtsə] *f* <-n> ❶ (*eines Gegenstandes*) punta *f;* **etw auf die ~ treiben** llevar algo al extremo ❷ (*Berg~*) cima *f,* cumbre *f* ❸ (*Führung*) cabeza *f;* (*von Unternehmen*) dirección *f;* **an der ~ stehen/liegen** estar a la cabeza ❹ (*Gewebe*) encaje *m* ❺ (*Stichelei*) indirecta *f* ❻ (*Höchstwert, das Höchste*) máximo *m;* **der Wagen fährt 200 ~** (*fam*) este coche alcanza una velocidad punta de 200 kms/h; **~!** (*fam*) ¡estupendo! ❼ (*Zigaretten~*) boquilla *f*

**Spitzel** ['ʃpɪtsəl] *m* <-s, -> (*abw*) espía *mf*

**spitzeln** *vi* (*abw*) espiar

**spitzen** ['ʃpɪtsən] *vt* afilar, sacar punta (a); **die Ohren ~** aguzar el oído

**Spitzengeschwindigkeit** *f* velocidad *f* máxima; **Spitzenklasse** *f* primera categoría *f;* **Spitzenleistung** *f* ❶ (*Leistung*) rendimiento *m* máximo ❷ (SPORT: *Rekord*) récord *m;* **spitzenmäßig** *adj* (*fam*) guay; **Spitzenreiter** *m* (*Ware, Schlager*) éxito *m;* (SPORT) líder *m;* **Spitzensportler(in)** *m(f)* deportista *mf* de gran clase; **Spitzentechnologie** *f ohne pl* última tecnología *f*

**Spitzer** *m* <-s, -> (*fam*) sacapuntas *m inv*

**spitzfindig** *adj* (*abw*) sutil

**Spitzfindigkeit** *f* <-en> sutileza *f*

**spitz|kriegen** *vt* (*fam*) enterarse (de)

**Spitzmaus** *f* musaraña *f*

**Spitzname** *m* apodo *m*

**spitzwink(e)lig** *adj* de ángulo agudo

**Spleen** [ʃpli:n] *m* <-s, -e *o* -s> manía *f*

**Splitter** ['ʃplɪtɐ] *m* <-s, -> (*Holz~*) astilla *f;* (*Glas-/Knochen~*) esquirla *f;* (*Granaten~*) metralla *f*

**splittern** ['ʃplɪtɐn] *vi sein* ❶ (*zerbrechen*) hacerse pedazos ❷ (*Holz*) astillarse

**splitternackt** *adj* (*fam*) en pelota(s)

**Splitterpartei** *f* partido *m* minúsculo

**Splitting** ['ʃplɪtɪŋ, 'splɪtɪŋ] *nt* <-s, -s> ❶ (FIN) partición *f* ❷ (POL) segregación *f*

**SPÖ** [ɛspe:'ʔø:] *f Abk. von* **Sozialistische Partei Österreichs** Partido *m* Socialista Austriaco

**Spoiler** ['ʃpɔɪlɐ] *m* <-s, -> (AUTO) alerón *m*

**sponsern** ['ʃpɔnzɐn] *vt* patrocinar, esponsorizar

**i Land & Leute**

La obtención del título de *Magister* se celebra en Austria con una fiesta que se conoce con el nombre de **Sponsion**.

**Sponsor(in)** ['ʃpɔnzɐ, 'ʃpɔnzo:ɐ] *m(f)* <-s, -en; -nen> patrocinador(a) *m(f),* propiciador(a) *m(f) Am*

**Sponsoring** ['ʃpɔnzorɪŋ, 'spɔnzorɪŋ] *nt* <-s, *ohne pl*> patrocinamiento *m,* sponsoring *m*

**spontan** [ʃpɔn'ta:n] *adj* espontáneo

**Spontaneität** [ʃpɔntanei'tɛ:t] *f ohne pl* espontaneidad *f*

**sporadisch** [ʃpo'ra:dɪʃ] **I.** *adj* esporádico **II.** *adv* de vez en cuando

**Spore** ['ʃpo:rə] *f* <-n> (BOT) espora *f*

**Sport** [ʃpɔrt] *m* <-(e)s, *ohne pl*> deporte *m;* (*als Schulfach*) educación *f* física; **~ treiben** practicar deporte; **Sportabzeichen** *nt* insignia *f* deportiva; **Sportanzug** *m* chandal *m;* **Sportart** *f* disciplina *f* (deportiva); **Sportbericht** *m* crónica *f* deportiva; **Sportgeschäft** *nt* tienda *f* de artículos de deporte; **Sporthalle** *f* gimna-

S

sio *m;* **Sportlehrer(in)** *m(f)* profesor(a) *m(f)* de educación física

**Sportler(in)** ['ʃpɔrtlɐ] *m(f)* <-s, -; -nen> deportista *mf*

**sportlich** ['ʃpɔrtlɪç] *adj* deportivo; (*fair*) justo

**Sportplatz** *m* campo *m* de deportes; **Sportunfall** *m* accidente *m* deportivo; **Sportveranstaltung** *f* acto *m* deportivo; **Sportverein** *m* club *m* deportivo; **Sportwagen** *m* ❶ (*Auto*) coche *m* deportivo ❷ (*Kinderwagen*) cochecito *m,* carrito *m Am*

**Spot** [spɔt] *m* <-s, -s> anuncio *m,* aviso *m Am*

**Spott** [ʃpɔt] *m* <-(e)s, *ohne pl*> burla *f;* **mit jdm seinen ~ treiben** burlarse de alguien

**spottbillig** ['-'--] **I.** *adj* (*fam*) tirado, regalado **II.** *adv* (*fam*) a precio tirado

**Spöttelei** [ʃpœtə'laɪ] *f* <-en> burla *f,* guasa *f*

**spötteln** ['ʃpœtəln] *vi* burlarse (*über* de)

**spotten** ['ʃpɔtən] *vi* mofarse (*über* de), burlarse (*über* de)

**Spötter(in)** ['ʃpœtɐ] *m(f)* <-s, -; -nen> burlón, -ona *m, f*

**spöttisch** *adj* burlón

**Spottpreis** *m* (*fam*) precio *m* tirado; **zu einem ~** a precio tirado

**sprach** [ʃpra:x] *3. imp von* **sprechen**

**sprachbegabt** *adj* que tiene facilidad para los idiomas; **Sprachcomputer** *m* ordenador *m* de lenguas

**Sprache¹** ['ʃpra:xə] *f* <-n> (*Sprachsystem*) lengua *f,* idioma *m;* **lebende/tote ~** lengua viva/muerta

**Sprache²** *f ohne pl* (*Ausdrucksweise*) lenguaje *m;* (*Sprechfähigkeit*) habla *f;* **etw zur ~ bringen** poner algo sobre la mesa; **jdm bleibt die ~ weg** alguien se queda sin habla; **heraus mit der ~!** (*fam*) ¡desembucha ya!

**Spracherkennung** *f ohne pl* (INFOR) reconocimiento *m* de la palabra; **Sprachfehler** *m* defecto *m* de articulación; **Sprachführer** *m* manual *m* de conversación; **Sprachgebrauch** *m* uso *m* del idioma; **Sprachgefühl** *nt ohne pl* intuición *f* lingüística; **Sprachkenntnisse** *fpl* conocimientos *mpl* de idioma; **mit spanischen ~n** con conocimientos de español; **Sprachkurs** *m* curso *m* de idioma; **Sprachlabor** *nt* laboratorio *m* de idiomas; **Sprachlehre** *f* gramática *f;* **Sprachlehrer(in)** *m(f)* profesor(a) *m(f)* de idiomas

**sprachlich** *adj* lingüístico

**sprachlos** *adj:* **~ sein** quedarse sin habla

**Sprachraum** *m* área *f* lingüística; **im deutschen ~** en los países de habla alemana; **Sprachrohr** *nt* megáfono *m;* (*fig*) portavoz *mf;* **Sprachschule** *f* escuela *f* de idiomas, academia *f* de idiomas; **Sprachstörung** *f* trastorno *m* de fonación; **Sprachstudium** *nt ohne pl* (*akademische Ausbildung*) carrera *f* de filología; **Sprachtherapeut(in)** *m(f)* (MED) logopeda *mf;* **Sprachtherapie** *f* (MED) logopedia *f;* **Sprachurlaub** *m* vacaciones *fpl* para aprender un idioma; **Sprachwissenschaft** *f ohne pl* lingüística *f;* **Sprachwissenschaftler(in)** *m(f)* lingüista *mf;* **Sprachwitz** *m* gracia *f;* **Sprachzentrum** *nt ohne pl* (ANAT) centro *m* del lenguaje

**sprang** [ʃpraŋ] *3. imp von* **springen**

**Spray** [ʃpre:, ʃprɛɪ, sprɛɪ] *m o nt* <-s, -s> (e)spray *m;* **Spraydose** *f* pulverizador *m*

**sprayen** ['ʃprɛɪən, 'sprɛɪən] **I.** *vi* echar (e)spray (*gegen* contra) **II.** *vt* echar (e)spray (en)

**Sprechanlage** *f* intercomunicador *m;* (*an der Haustür*) portero *m* automático

**sprechen** ['ʃprɛçən] <spricht, sprach, gesprochen> **I.** *vi* hablar (*von/über* de/sobre); (*sich unterhalten*) conversar (*von/über* de/sobre); **mit jdm ~** hablar con alguien; **davon ~ etw zu tun** hablar de hacer algo; **frei ~** improvisar; **Spanisch** [*o* **spanisch**] **~** hablar español; **jdn zum S~ bringen** hacer hablar a alguien; **ich bin (für ihn) nicht zu ~** no estoy (para él); **das spricht für ihre Intelligenz** es una prueba de su inteligencia; **es sprach alles gegen ihn** todo estaba en su contra; **nicht gut auf jdn zu ~ zu sein** no querer oír hablar de alguien; **wir ~ uns noch!** (*fam*) ¡ya nos hablaremos! **II.** *vt* hablar; (*sagen*) decir; **jdn ~** hablar con alguien

**Sprecher(in)** *m(f)* <-s, -; -nen> (*Redner*) orador(a) *m(f);* (TV, RADIO) locutor(a) *m(f);* (*Wortführer, Presse~*) portavoz *mf,* vocero *mf Am*

**Sprechstunde** *f* ❶ (*Öffnungszeit*) horario *m* de atención ❷ (*Arzt*) (hora *f* de) consulta *f;* (SCH, UNIV) hora *f* de tutoría; **~ haben** pasar consulta; **Sprechstundenhilfe** *f* auxiliar *mf* de médico

**Sprechübung** *f* ejercicio *m* de articulación; **Sprechweise** *f* manera *f* de hablar; **Sprechzimmer** *nt* despacho *m;* (*Arzt*) consultorio *m*

**spreizen** ['ʃpraɪtsən] **I.** *vt* (*Beine, Finger*) abrir; (*Flügel*) desplegar **II.** *vr:* **sich ~** (*sich sträuben*) oponerse (*gegen* a)

**Spreizfuß** *m* (MED) pie *m* con los dedos abiertos

**Sprengbombe** *f* bomba *f* explosiva

**sprengen** ['ʃprɛŋən] **I.** *vt* ❶ (*mit Spreng-*

*stoff*) volar ❷ (*Schloss, Tür*) forzar; (*Versammlung*) disolver; (*Spielbank*) desbancar ❸ (*Rasen*) regar; (*Straße, Wäsche*) rociar **II.** *vi sein* (*geh*) galopar (*über* por)

**Sprengkopf** *m* (MIL) cabeza *f* (explosiva); **nuklearer ~** cabeza nuclear; **Sprengkörper** *m* artefacto *m* explosivo; **Sprengkraft** *f ohne pl* fuerza *f* explosiva; **Sprengladung** *f* carga *f* explosiva; **Sprengsatz** *m* carga *f* explosiva, artefacto *m* explosivo

**Sprengstoff** *m* explosivo *m;* **Sprengstoffanschlag** *m* atentado *m* con explosivos

**Sprengung** *f* <-en> ❶ (*Gebäude*) voladura *f* ❷ (*Versammlung*) disolución *f*

**Spreu** [ʃprɔɪ] *f ohne pl* granzas *fpl;* **die ~ vom Weizen trennen** (*geh*) separar el grano de la paja

**spricht** [ʃprɪçt] *3. präs von* **sprechen**

**Sprichwort** ['ʃprɪç-] *nt* refrán *m*

**sprichwörtlich** *adj* proverbial

**sprießen** ['ʃpriːsən] <sprießt, spross, gesprossen> *vi sein* (*geh*) brotar

**Springbrunnen** *m* fuente *f*

**springen** ['ʃprɪŋən] <springt, sprang, gesprungen> *vi sein* ❶ (*Mensch, Tier*) saltar; (*hüpfen*) brincar; **in die Höhe/zur Seite ~** dar un salto/saltar a un lado; **über ein Hindernis ~** saltar un obstáculo ❷ (*Funken, Ball, a.* SPORT) saltar; **die Ampel springt auf Grün** el semáforo cambia a verde; **der ~de Punkt dabei ist, dass ...** el quid de la cuestión es que...; **ins Auge ~** (*fig*) saltar a la vista; **eine Runde Bier ~ lassen** (*fam*) invitar a una ronda de cerveza ❸ (*Glas*) rajarse ❹ (*Schweiz, südd: laufen*) correr

**Springer**[1] *m* <-s, -> (*beim Schach*) caballo *m*

**Springer(in)**[2] *m(f)* <-s, -; -nen> ❶ (SPORT) saltador(a) *m(f)* ❷ (*im Betrieb*) sustituto, -a *m, f*

**Springflut** *f* marea *f* viva; **Springreiten** *nt* concurso *m* de saltos

**Sprit** [ʃprɪt] *m* <-s, *ohne pl*> ❶ (*fam: Benzin*) gasolina *f* ❷ (*fam: Schnaps*) aguardiente *m* ❸ (*Äthylalkohol*) etanol *m*

**Spritze** ['ʃprɪtsə] *f* <-n> ❶ (MED: *Gerät*) jeringa *f;* (*Injektion*) inyección *f;* **eine ~ geben** poner una inyección ❷ (*Feuer~*) bomba *f* de incendios ❸ (*fam: Geld~*) subvención *f* (financiera)

**spritzen** ['ʃprɪtsə] **I.** *vt* ❶ (*Flüssigkeit*) salpicar; **jdn nass ~** salpicar a alguien ❷ (*Straße, Rasen*) regar ❸ (*mit Pflanzenschutzmitteln*) tratar con pesticida ❹ (*lackieren*) barnizar con pistola ❺ (*Schmerzmittel*) inyectar **II.** *vi* ❶ (*Fett, Mensch*) salpicar; (*aus der Pfanne*) saltar ❷ *sein* (*heraus~*) salir a chorro (*aus* de) ❸ (*fam: Drogen*) pincharse

**Spritzer** *m* <-s, -> ❶ (*Tropfen*) chispa *f* ❷ (*Fleck*) salpicadura *f*

**spritzig** *adj* ❶ (*Auto*) rápido ❷ (*lebhaft*) con chispa ❸ (*Wein*) burbujeante

**Spritzkuchen** *m* buñuelo *m;* **Spritzpistole** *f* pistola *f* (de pintor); **Spritztour** *f* (*fam*) escapada *f*

**spröde** ['ʃprøːdə] *adj* ❶ (*Material*) quebradizo ❷ (*Haar, Haut*) seco ❸ (*Stimme*) ronco ❹ (*Thema*) seco ❺ (*Person*) reservado

**spross** [ʃprɔs] *3. imp von* **sprießen**

**Spross** [ʃprɔs] *m* <-es, -e> ❶ (*junger Trieb*) renuevo *m* ❷ (*geh: Nachkomme*) retoño *m*

**Sprosse** ['ʃprɔsə] *f* <-n> (*Leiter~, Fenster~*) travesaño *m*

**Sprossenwand** *f* (SPORT) espaldera *f*

**Sprössling** ['ʃprœslɪŋ] *m* <-s, -e> (*fam*) retoño *m*

**Spruch** [ʃprʊx, *pl:* 'ʃprʏçə] *m* <-(e)s, Sprüche> ❶ (*Aus~*) dicho *m;* (*Sinn~*) sentencia *f;* (*Motto*) lema *m;* **Sprüche klopfen** (*fam abw: angeben*) fanfarronear ❷ (*Bibel~*) versículo *m* ❸ (*Schieds~*) fallo *m* arbitral; (*Urteils~*) sentencia *f;* **Spruchband** *nt* pancarta *f;* **spruchreif** *adj* ❶ (JUR) listo para sentencia ❷ (*zu entscheiden*) a punto de decidirse; (*endgültig*) definitivo; (*anhängig*) pendiente

**Sprudel** ['ʃpruːdəl] *m* <-s, -> agua *f* mineral con gas

**sprudeln** *vi* ❶ *sein* (*hervorquellen*) salir a borbotones (*aus* de); (*Quelle*) brotar (*aus* de) ❷ (*Limonade*) burbujear; (*durch Kochen*) hervir ❸ (*vor Freude*) rebosar (*vor* de)

**Sprühdose** *f* (e)spray *m,* atomizador *m*

**sprühen** ['ʃpryːən] **I.** *vi* ❶ (*Funken*) saltar; (*Wasser*) salpicar ❷ (*überquellen*) rebosar (*vor* de) **II.** *vt* echar; (*zerstäuben*) pulverizar; (*Wasser*) rociar

**sprühend** *adj* (*Temperament*) vivo

**Sprühregen** *m* llovizna *f,* brizna *f Am*

**Sprung** [ʃprʊŋ, *pl:* 'ʃprʏŋə] *m* <-(e)s, Sprünge> ❶ (*Bewegung, a.* SPORT) salto *m;* (*Hüpfer*) brinco *m;* (*ins Wasser*) zambullida *f;* **auf dem ~ sein** (*fam*) estar con prisa; **keine großen Sprünge machen können** (*fam fig*) andar apretado de dinero; **jdm auf die Sprünge helfen** (*fam*) dar(le) a alguien una indicación; **auf einen ~ bei jdm vorbeischauen** (*fam*) pasar un rato por (la) casa de alguien ❷ (*Riss*) raja *f*

S

**Sprungbrett** *nt* trampolín *m;* **Sprungfeder** *f* (TECH) muelle *m* (elástico)

**sprunghaft** *adj* ❶ (*unstet*) versátil ❷ (*abrupt*) repentino; (*unerwartet*) inesperado

**Sprungschanze** *f* trampolín *m* de saltos de esquí; **Sprungtuch** *nt* ❶ (*der Feuerwehr*) lona *f* de bomberos ❷ (SPORT) lona *f* de saltos

**Spucke** [ˈʃpʊkə] *f ohne pl* (*fam*) saliva *f;* **da bleibt mir die ~ weg** ahí me quedo pasmado

**spucken** [ˈʃpʊkən] **I.** *vi* ❶ (*aus~*) escupir ❷ (*fam: zurückweisen*): **auf etw/jdn ~** despreciar algo/a alguien ❸ (*reg: sich übergeben*) vomitar **II.** *vt* escupir

**Spucknapf** *m* escupidera *f*

**Spuk** [ʃpuːk] *m* <-(e)s, *ohne pl*> aparición *f* (de fantasmas)

**spuken** [ˈʃpuːkən] *vi* trasguear; **hier spukt es** aquí hay fantasmas

**Spukgeschichte** *f* cuento *m* de fantasmas [*o* de terror]

**Spülbecken** *nt* fregadero *m*, pileta *f RíoPl*

**Spule** [ˈʃpuːlə] *f* <-n> ❶ (*Film~*) bobina *f;* (*Garn~*) carrete *m* ❷ (ELEK) bobina *f*

**Spüle** [ˈʃpyːlə] *f* <-n> fregadero *m*

**spulen** [ˈʃpuːlən] *vt* bobinar

**spülen** [ˈʃpyːlən] **I.** *vi* ❶ (*Geschirr*) fregar; (*Waschmaschine*) enjuagar ❷ (*Toilette*) tirar de la cadena **II.** *vt* ❶ (*Geschirr*) fregar ❷ (*Wäsche*) aclarar; (*Mund*) enjuagar; (*Wunde*) lavar ❸ (*anschwemmen*) arrastrar a la orilla

**Spülmaschine** *f* lavavajillas *m inv;* **spülmaschinenfest** *adj* apto para lavavajillas

**Spülmittel** *nt* (líquido *m*) lavavajillas *m inv;* **Spülstein** *m*, **Spültrog** *m* (*Schweiz*) fregadero *m*

**Spülung** *f* <-en> ❶ (MED) lavado *m;* (*Darm~*) irrigación *f* ❷ (*Toiletten~*) descarga *f* de agua; **die ~ betätigen** tirar de la cadena

**Spulwurm** *m* ascáride *f*, lombriz *f fam*

**Spur** [ʃpuːɐ] *f* <-en> ❶ (*Abdruck*) huella *f;* (*Anzeichen*) rastro *m;* (*Fährte*) pista *f;* **eine heiße ~** una pista caliente; **von den Tätern fehlt jede ~** no hay ni rastro de los delincuentes; **jdm auf der ~ sein** seguir la pista de alguien; **jdm auf die ~ kommen** descubrir a alguien; **~en hinterlassen** dejar huellas ❷ (*Fahr~*) carril *m*, pista *f Am;* **die ~ wechseln** cambiar de carril ❸ (TECH) distancia *f* entre ejes ❹ (*eines Tonbandes*) pista *f* ❺ (*Menge*) pizca *f;* **eine ~ zu laut** demasiado alto; **nicht die ~** ni rastro

**spürbar** *adj* palpable; (*offensichtlich*) patente; **~ werden** hacerse sentir

**spüren** [ˈʃpyːrən] *vt* (*wahrnehmen*) sentir; (*erfahren*) experimentar; (*merken*) notar

**Spurenelement** *nt* oligoelemento *m;* **Spurensicherung** *f ohne pl* levantamiento *m* de la evidencia, aseguramiento *m* de las huellas

**Spürhund** *m* perro *m* rastreador

**spurlos** *adv* sin dejar huella; **~ verschwinden** desaparecer sin dejar rastro

**Spürnase** *f ohne pl* (*fam: Spürsinn*) (buen) olfato *m;* **Spürsinn** *m ohne pl* (*a. fig*) olfato *m;* **einen feinen ~ für etw haben** tener buen olfato para algo

**Spurt** [ʃpʊrt] *m* <-s, -s> (SPORT) esprint *m;* **zum ~ ansetzen** hacer un esprint

**spurten** [ˈʃpʊrtən] *vi haben o sein* (SPORT) esprintar

**Spurweite** *f* ❶ (AUTO) distancia *f* entre ejes ❷ (EISENB) ancho *m* de la vía, trocha *f Am*

**Squash** [ˈskvɔʃ, ˈskwɔʃ] *nt* <-, *ohne pl*> (SPORT) squash *m*

**Sri Lanka** [ˈsriː ˈlaŋka] *nt* <-s> Sri Lanka *m*

**Sri-Lanker(in)** *m(f)* <-s, -; -nen> (e)srilanqués, -esa *m, f*

**sri-lankisch** *adj* (e)srilanqués

**SSV** *Abk. von* **Sommerschlussverkauf** rebajas *fpl* de verano

**St.** ❶ *Abk. von* **Stunde** h ❷ *Abk. von* **Sankt** S.

**Staat** [ʃtaːt] *m* <-(e)s, -en> ❶ (POL) Estado *m* ❷ (ZOOL) colonia *f*

**Staatenbund** *m* confederación *f* (de Estados); **staatenlos** *adj* apátrida; **Staatenlose(r)** *mf* <-n, -n; -n> apátrida *mf*

**staatlich** **I.** *adj* estatal, del Estado; (*von der Regierung*) gubernamental; (*national*) nacional; (*öffentlich*) público **II.** *adv* por el Estado; **~ anerkannt** reconocido oficialmente

**Staatsakt** *m* ceremonia *f* oficial; **Staatsangehörige(r)** *mf* ciudadano, -a *m, f;* **Staatsangehörigkeit** *f* nacionalidad *f;* **doppelte ~** doble nacionalidad; **Staatsanwalt, -anwältin** *m, f* fiscal *mf;* **Staatsanwaltschaft** *f* fiscalía *f;* **Staatsausgaben** *fpl* gasto *m* público; **Staatsbeamte(r)** *mf*, **-beamtin** *f* funcionario, -a *m, f* público, -a; **Staatsbegräbnis** *nt* entierro *m* oficial; **Staatsbesuch** *m* visita *f* oficial; **Staatsbürger(in)** *m(f)* ciudadano, -a *m, f;* **staatsbürgerlich** *adj* cívico; **Staatsbürgerschaft** *f* ciudadanía *f*, nacionalidad *f;* **Staatschef(in)** *m(f)* jefe, -a *m, f* de Estado; **Staatsdienst** *m ohne pl* servicio *m* público; **im ~ stehen** trabajar en el servicio público; **Staatseigentum** *nt* bienes *mpl* nacionales; **Staatsexamen** *nt* examen *m* de estado (*requisito para el* *reconocimiento oficial de diversos estudios y profesiones*)

**i Land & Leute**

En Alemania las carreras universitarias terminan con un examen final. Existen varios tipos de examen que reciben distintos nombres. Algunas carreras como Medicina, Derecho o Magisterio terminan con uno o dos **Staatsexamen**. Lo característico de este examen es que es llevado a cabo por examinadores del estado.

**Staatsfeind(in)** *m(f)* enemigo, -a *m, f* público, -a; **Staatsfinanzen** *pl* Hacienda *f* pública; **Staatsflagge** *f* bandera *f* nacional; **Staatsform** *f* forma *f* de Estado; **Staatsgebiet** *nt* territorio *m* nacional; **Staatsgeheimnis** *nt* secreto *m* de Estado; **Staatsgewalt** *f* poder *m* estatal; **richterliche/gesetzgebende/vollziehende ~** poder judicial/legislativo/ejecutivo; **Staatsgrenze** *f* frontera *f* nacional; **Staatshaushalt** *m* presupuesto *m* nacional; **Staatskosten** *pl:* **auf ~** a expensas del Estado; **Staatsmann** *m* (*geh*) hombre *m* de Estado

**staatsmännisch** ['ʃta:tsmɛnɪʃ] *adj* político

**Staatsminister(in)** *m(f)* ministro, -a *m, f* de gobierno; (*ohne Ministeramt*) ministro, -a *m, f* sin cartera; **Staatsoberhaupt** *nt* jefe, -a *m, f* de Estado; **Staatspräsident(in)** *m(f)* presidente, -a *m, f* de la república; **staatsrechtlich** *adj* jurídico-interno; **Staatssekretär(in)** *m(f)* secretario, -a *m, f* de Estado; **Staatsstreich** *m* golpe *m* de Estado; **Staatstheater** *nt* teatro *m* nacional; **Staatsverschuldung** *f* endeudamiento *m* del Estado

**Stab** [ʃta:p, *pl:* 'ʃtɛ:bə] *m* <-(e)s, Stäbe> ① (*Stock*) palo *m;* (*Spazier~*) bastón *m;* (*Mess~*) varilla *f;* (*Bischofs~*) báculo *m;* (*Zauber~*) varita *f;* **den ~ über jdn brechen** (*geh*) condenar a alguien ② (SPORT: *für ~hochsprung*) pértiga *f;* (*für Staffellauf*) testigo *m* ③ (*Mitarbeiter~*) plantilla *f* ④ (MIL) Estado *m* Mayor

**Stäbchen** ['ʃtɛ:pçən] *nt* <-s, -> ① *pl* (*Ess~*) palillos *mpl* ② (*fam: Zigarette*) pitillo *m*

**Stabhochsprung** *m* (SPORT) salto *m* con pértiga

**stabil** [ʃta'bi:l] *adj* ① (*Material*) sólido ② (*Währung, Preise*) estable ③ (*Gesundheit*) robusto

**stabilisieren*** [ʃtabili'zi:rən] **I.** *vt* estabilizar **II.** *vr:* **sich ~** estabilizarse

**Stabilisierung** *f* <-en> estabilización *f*

**Stabilität** [ʃtabili'tɛ:t] *f ohne pl* estabilidad *f;* **Stabilitätspakt** *m* (WIRTSCH) pacto *m* de estabilidad

**Stabmixer** *m* batidor *m,* minipimer *m fam*

**Stabreim** *m* (LIT) aliteración *f*

**Stabschef** *m* jefe *m* del Estado Mayor

**stach** [ʃta:x] *3. imp von* **stechen**

**Stachel** ['ʃtaxəl] *m* <-s, -> ① (*einer Pflanze*) espina *f* ② (*eines Igels*) púa *f;* (*von Insekten*) aguijón *m;* **Stachelbeere** *f* uva *f* espinosa; **Stacheldraht** *m* alambre *m* de espino; **Stacheldrahtzaun** *m* cerca *f* de alambre de espino, alambrada *f* de espino

**stach(e)lig** *adj* espinoso

**Stachelschwein** *nt* puercoespín *m*

**stachlig** *adj* espinoso

**Stadien** *pl von* **Stadion, Stadium**

**Stadion** ['ʃta:diɔn] *nt* <-s, Stadien> (SPORT) estadio *m*

**Stadium** ['ʃta:diʊm] *nt* <-s, Stadien> etapa *f,* estadio *m*

**Stadt** [ʃtat, *pl:* 'ʃtɛ(:)tə] *f* <Städte> ① (*Ort*) ciudad *f;* **die ~ Sevilla** la ciudad de Sevilla; **in die ~ gehen** ir al centro; **in ~ und Land** en la ciudad y en el campo ② (*~verwaltung*) municipio *m;* **stadtbekannt** ['--'-] *adj* conocido en toda la ciudad; **Stadtbezirk** *m* distrito *m* municipal; **Stadtbibliothek** *f* biblioteca *f* municipal

**Städtchen** ['ʃtɛ(:)tçən] *nt* <-s, -> pequeña ciudad *f*

**Städtebau** *m ohne pl* urbanismo *m;* **städtebaulich** *adj* urbanístico; **Städtepartnerschaft** *f* hermanamiento *m* de ciudades

**Städter(in)** ['ʃtɛ(:)tɐ] *m(f)* <-s, -; -nen> habitante *mf* de una ciudad

**Stadtgebiet** *nt* término *m* municipal; **Stadthalle** *f* auditorio *m* municipal, sala *f* de congresos

**städtisch** ['ʃtɛ(:)tɪʃ] *adj* (*kommunal*) municipal; (*urban*) urbano

**Stadtkern** *m* centro *m* urbano; **Stadtmauer** *f* muralla *f* de la ciudad; **Stadtmitte** *f ohne pl* centro *m* (de la) ciudad; **Stadtplan** *m* plano *m* de la ciudad; **Stadtrand** *m* periferia *f,* afueras *fpl,* orillas *fpl Am*

**Stadtrat**[1] *m* <-(e)s, -räte> (*Gremium*) consejo *m* municipal

**Stadtrat, -rätin**[2] *m, f* <-(e)s, -räte; -nen> (*Mitglied*) miembro *mf* del consejo municipal

**Stadtrundfahrt** *f* vuelta *f* por la ciudad; **Stadtstaat** *m* ciudad-Estado *f;* **Stadt-**

**streicher(in)** *m(f)* <-s, -; -nen> vagabundo, -a *m, f* urbano, -a; **Stadtteil** *m* barrio *m;* **Stadtväter** *mpl* (*fam*) concejales *mpl;* **Stadtverwaltung** *f* (*Institution*) administración *f* municipal; **Stadtviertel** *nt* barrio *m;* **Stadtwerke** *ntpl* compañía *f* (municipal) de electricidad, gas, agua y transportes públicos; **Stadtzentrum** *nt* centro *m* (de la ciudad)

**Staffel** [ˈʃtafəl] *f* <-n> ① (MIL, AERO) escuadrilla *f* ② (SPORT) relevo *m*

**Staffelei** *f* <-en> (KUNST) caballete *m*

**Staffellauf** *m* (SPORT) carrera *f* de relevos

**staffeln** [ˈʃtafəln] *vt* ① (*anordnen*) escalonar ② (*abstufen*) graduar

**Staffelung** *f* <-en> ① (*Aufstellen, Anordnen*) escalonamiento *m* ② (*Einteilung, Abstufung*) graduación *f*

**Stagnation** [ʃtagnaˈtsjoːn] *f* <-en> estancamiento *m*

**stagnieren*** [ʃtaˈgniːrən] *vi* estancarse

**stahl** [ʃtaːl] *3. imp von* **stehlen**

**Stahl** [ʃtaːl, *pl:* ˈʃtɛːlə] *m* <-(e)s, Stähle> acero *m*

**Stahlbeton** *m* (ARCHIT) hormigón *m* armado; **Stahlblech** *nt* chapa *f* de acero

**stählern** [ˈʃtɛːlɐn] *adj* de acero

**Stahlfeder** *f* ① (*zum Schreiben*) pluma *f* de acero ② (TECH) resorte *m* de acero; **Stahlgerüst** *nt* armazón *m o f* de acero; **Stahlhelm** *m* casco *m* de acero; **Stahlindustrie** *f* industria *f* del acero; **Stahlträger** *m* viga *f* de acero; **Stahlwerk** *nt* fábrica *f* de acero, acería *f*

**stak** [ʃtaːk] *3. imp von* **stecken²**

**Stalagmit** [ʃtalaˈgmiːt] *m* <-s *o* -en, -e(n)> (GEO) estalagmita *f*

**Stalinismus** [ʃtaliˈnɪsmʊs] *m* <-, *ohne pl*> estalinismo *m*

**stalinistisch** [ʃtaliˈnɪstɪʃ] *adj* estalinista

**Stall** [ʃtal, *pl:* ˈʃtɛlə] *m* <-(e)s, Ställe> establo *m;* (*Hühner~*) gallinero *m;* (*Kuh~*) vaqueriza *f;* (*Pferde~*) cuadra *f,* ensenada *f Arg;* (*Schweine~*) pocilga *f;* (*Renn~*) cuadra *f* de caballos de carreras; **Stallbursche** *m* mozo *m* de cuadra

**Stallung** *f* <-en> establo *m*

**Stamm¹** [ʃtam, *pl:* ˈʃtɛmə] *m* <-(e)s, Stämme> ① (*Baum~*) tronco *m* ② (*Volks~*) tribu *f* ③ (BIOL) filo *m* ④ (LING) radical *m*

**Stamm²** *m* <-(e)s, *ohne pl*> (*Kunden~*) clientela *f* fija; (*der Belegschaft*) plantilla *f*

**Stammaktie** *f* (FIN, WIRTSCH) acción *f* ordinaria [*o* común]; **Stammbaum** *m* árbol *m* genealógico; (*eines Tieres*) pedigrí *m;* **Stammbuch** *nt* libro *m* de familia

**stammeln** [ˈʃtaməln] *vi, vt* balbucear

**stammen** [ˈʃtamən] *vi* provenir (*aus/von* de); (*örtlich*) ser (natural) (*aus/von* de)

**Stammform** *f* (LING) forma *f* radical; **Stammgast** *m* cliente, -a *m, f* habitual; **Stammhalter** *m* <-s, -> (hijo *m*) primogénito *m;* **Stammhaus** *nt* casa *f* central [*o* matriz]

**stämmig** [ˈʃtɛmɪç] *adj* fornido

**Stammkneipe** *f* (*fam*) bar *m* habitual; **Stammkunde, -in** *m, f* cliente, -a *m, f* fijo, -a; **Stammlokal** *nt* bar *m* habitual; **Stammplatz** *m* sitio *m* habitual; **Stammtisch** *m* ① (*Tisch*) mesa *f* reservada para la clientela habitual ② (*Personen*) tertulia *f*

**i Land & Leute**

Casi en cualquier cafetería o restaurante se puede encontrar una **Stammtisch**. Está señalizada con un letrero y casi siempre está reservada para la clientela habitual del local.

**Stammwähler(in)** *m(f)* votante *mf* fijo, -a

**stampfen** [ˈʃtampfən] **I.** *vi* ① (*vor Wut, zum Protest*) patalear; (*Pferd*) piafar ② (*Schiff*) cabecear ③ *sein* (*stapfen*) caminar pesadamente **II.** *vt* ① (*zerkleinern*) machacar; (*Trauben*) pisar ② (*festtreten*) pisotear

**stand** [ʃtant] *3. imp von* **stehen**

**Stand¹** [ʃtant] *m* <-(e)s, *ohne pl*> ① (*Stehen*) posición *f* vertical; **aus dem ~** sin tomar impulso; (*fam: aus dem Stegreif*) sin pensarlo; **einen schweren ~ haben** (*fam*) estar en una posición difícil; **etw zu ~e bringen** lograr algo; **zu ~e kommen** llevarse a cabo; **nicht zu ~e kommen** malograrse ② (*Entwicklungs~*) nivel *m;* (*Zu~*) situación *f;* (*Stadium*) fase *f;* **im ~e sein etw zu tun** ser capaz de hacer algo; **etw auf den neuesten ~ bringen** actualizar algo; **etw in ~ setzen/halten** arreglar/conservar algo; **gut in ~ sein** estar en buen estado; **der ~ der Ermittlungen** el estado de la instrucción

**Stand²** [ʃtant, *pl:* ˈʃtɛndə] *m* <-(e)s, Stände> ① (*Verkaufs~*) puesto *m;* (*Informations~, Messe~*) (e)stand *m;* (*Taxi~*) parada *f* ② (*Konto~*) estado *m;* (*Öl~, Wasser~*) nivel *m;* (*Sonnen~*) posición *f;* (*Spiel~*) tanteo *m* ③ (FIN) cotización *f* ④ (*soziale Stellung*) clase *f*

**Standard** [ˈʃtandart] *m* <-s, -s> ① (*Maßstab*) estándar *m* ② (*Niveau*) nivel *m;* **Standardausführung** *f* modelo *m* estándar, versión *f* estándar

**standardisieren*** [ʃtandardiˈziːrən] *vt*

estandarizar
**Standardisierung** *f* <-en> estandarización *f*
**Standbild** *nt* estatua *f*
**Ständchen** ['ʃtɛntçən] *nt* <-s, -> serenata *f;* **jdm ein ~ bringen** dar(le) una serenata a alguien
**Ständer** ['ʃtɛndɐ] *m* <-s, -> ❶ (*Gestell*) caballete *m;* (*Schirm~*) paragüero *m;* (*Kleider~*) perchero *m;* (*Noten~*) latril *m* ❷ (*vulg: erigierter Penis*) estaca *f*
**Ständerat**[1] *m* <-(e)s, *ohne pl*> (*Schweiz: Organ*) *cámara de los representantes cantonales suizos*
**Ständerat, -rätin**[2] ['ʃtɛndəra:t] *m, f* <-(e)s, -räte; -nen> (*Schweiz: Ratsmitglied*) *miembro de la cámara de representantes cantonales suizos*
**Standesamt** *nt* registro *m* civil; **standesamtlich** I. *adj:* **~e Trauung** matrimonio civil II. *adv:* **~ heiraten** casarse por lo civil; **Standesbeamte(r)** *mf,* **-beamtin** *f* empleado, -a *m, f* del registro civil; **standesgemäß** *adj* conforme al nivel social
**standfest** *adj* ❶ (*sicher stehend*) estable ❷ (*standhaft*) firme; **Standfestigkeit** *f* ❶ (*sicherer Stand*) estabilidad *f* ❷ (*Standhaftigkeit*) firmeza *f*
**standhaft** I. *adj* firme II. *adv* con firmeza; **~ bleiben** permanecer firme
**Standhaftigkeit** *f ohne pl* firmeza *f*
**stand|halten** *irr vi* resistir
**Standheizung** *f* (AUTO) calefacción *f* de estacionamiento
**ständig** ['ʃtɛndɪç] *adj* (*Ärger, Lärm*) continuo; (*Mitarbeiter*) permanente; (*Wohnsitz*) fijo
**Standlicht** *nt ohne pl* (AUTO) luz *f* de cruce
**Standort** *m* ❶ (*Ort*) sitio *m,* lugar *m,* ubicación *f Am* ❷ (*Industrie*) emplazamiento *m* ❸ (MIL) guarnición *f;* **Standortfaktor** *m* (WIRTSCH) factor *m* del hábitat; **Standortsicherung** *f ohne pl* seguridad *f* de la sede
**Standpauke** *f* (*fam*) sermón *m;* **jdm eine ~ halten** echar(le) un sermón a alguien; **Standpunkt** *m* punto *m* de vista; (*Meinung*) opinión *f;* **einen eigenen ~ vertreten** defender un punto de vista propio; **ich stehe auf dem ~, dass ...** yo opino que...; **Standrecht** *nt ohne pl* (MIL) ley *f* marcial; **standrechtlich** *adj* por aplicación de la ley marcial; **jdn ~ erschießen** fusilar a alguien según la ley marcial; **Standspur** *f* arcén *m;* **Standuhr** *f* reloj *m* de pie
**Stange** ['ʃtaŋə] *f* <-n> ❶ (*Stab*) vara *f;* (*Fahnen~*) asta *f;* (*Hühner~*) percha *f* (del gallinero); (*Gardinen~, Kleider~*) barra *f;* (*Zimt~*) rama *f;* **etw von der ~ kaufen** (*fam*) comprar algo de confección; **bei der ~ bleiben** (*fam fig*) seguir haciendo algo; **jdn bei der ~ halten** (*fam fig*) apoyar a alguien (hasta que acabe) ❷ (*Zigaretten~*) cartón *m* ❸ (*Wend*): **eine ~ Geld** (*fam*) un dineral
**Stängel** ['ʃtɛŋəl] *m* <-s, -> tallo *m*
**Stangenbrot** *nt* pan *m* en barra, barra *f* de pan
**stank** [ʃtaŋk] *3. imp von* **stinken**
**stänkern** ['ʃtɛŋkɐn] *vi* (*fam abw*) conspirar, intrigar
**Stanniol** [ʃta'njo:l] *nt* <-s, -e>, **Stanniolpapier** *nt* papel *m* de aluminio [*o* de plata]
**stanzen** ['ʃtantsən] *vt* (*prägen*) estampar; (*Loch*) punzonar
**Stapel** ['ʃta:pəl] *m* <-s, -> ❶ (*Haufen*) montón *m,* pila *f* ❷ (NAUT) grada *f;* **vom ~ lassen** lanzar al agua; **eine Rede vom ~ lassen** (*fam abw*) pronunciar un discurso; **Stapellauf** *m* (NAUT) botadura *f*
**stapeln** ['ʃta:pəln] I. *vt* amontonar II. *vr:* **sich ~** amontonarse
**stapfen** ['ʃtapfən] *vi sein* caminar a paso cargado
**Star**[1] [ʃta:ɐ] *m* <-(e)s, -e> ❶ (*Tier*) estornino *m* ❷ (*Augenerkrankung*): **grüner ~** glaucoma *m;* **grauer ~** catarata *f*
**Star**[2] [sta:ɐ] *m* <-s, -s> (*Person*) estrella *f*
**starb** [ʃtarp] *3. imp von* **sterben**
**stark** [ʃtark] <stärker, am stärksten> I. *adj* ❶ (*allgemein*) fuerte; (*kräftig*) robusto; **~e Medikamente/Zigaretten** medicamentos/cigarrillos fuertes; **sich für jdn/etw ~ machen** (*fam*) apoyar a alguien/algo; **das ist ein ~es Stück!** (*fam*) ¡qué fuerte! ❷ (*dick, stabil*) grueso; **ein hundert Seiten ~es Buch** un libro de cien páginas ❸ (*beträchtlich*) considerable; **~e Schmerzen haben** tener dolores fuertes ❹ (*leistungs~*) potente; (*mächtig*) poderoso; (*Brille*) de cristales gruesos ❺ (*Verkehr, Hitze, Schneefall*) intenso; (*Raucher, Trinker*) empedernido; (*Nachfrage*) grande ❻ (*fam: hervorragend*) guay; **das find ich echt ~** me parece genial II. *adv* (+ *Adjektiv*) muy; (+ *Verb*) mucho; **~ erkältet sein** tener un fuerte resfriado; **~ schneien** nevar mucho
**Stärke** ['ʃtɛrkə] *f* <-n> ❶ (*allgemein*) fuerza *f;* (*Leistung*) potencia *f* ❷ (*Dicke*) grueso *m;* (*Festigkeit*) solidez *f* ❸ (*Anzahl*) tamaño *m* ❹ (*Intensität*) intensidad *f;* (*von Erdbeben*) magnitud *f* ❺ (*Fähigkeit*) (punto *m*) fuerte *m* ❻ (*Substanz*) fécula *f;* (*Wäsche~*) almidón *m*
**stärken** ['ʃtɛrkən] I. *vt* ❶ (*Körper, Position*)

S

fortalecer ❷ (*Wäsche*) almidonar **II.** *vr:* **sich** ~ fortalecerse

**stärkste(r, s)** *adj superl von* **stark**

**Starkstrom** *m* (ELEK) corriente *f* de alta intensidad; **Starkstromleitung** *f* línea *f* de alta tensión

**Stärkung** *f* <-en> ❶ (*Erfrischung*) refresco *m;* (*Imbiss*) tentempié *m* ❷ *ohne pl* (*das Kräftigen*) fortalecimiento *m;* **Stärkungsmittel** *nt* (MED) tónico *m*

**starr** [ʃtar] *adj* ❶ (*allgemein, a.* TECH) rígido; (*steif*) tieso; (*Glieder*) entumecido ❷ (*Blick*) fijo; (*vor Schreck*) aterrado (*vor* de); (*vor Staunen*) atónito (*vor* de/ante); ~ **vor Entsetzen** paralizado de terror ❸ (*unbeugsam*) inflexible

**Starre** [ˈʃtarə] *f ohne pl* ❶ (*Steifheit*) rigidez *f* ❷ (*Feststehen*) inmovilidad *f;* (MED) entumecimiento *m* ❸ (*Strenge*) rigidez *f*

**starren** [ˈʃtarən] *vi* ❶ (*blicken*) clavar los ojos (*auf* en) ❷ (*strotzen*) estar lleno (*vor* de)

**Starrheit** *f ohne pl* ❶ (*von Material, Achse*) rigidez *f;* (*der Glieder*) entumecimiento *m* ❷ (*Starrköpfigkeit*) testarudez *f*

**Starrsinn** *m* <-(e)s, *ohne pl*> (*abw*) terquedad *f,* cabezonería *f fam;* **starrsinnig** *adj* (*abw*) terco

**Start** [ʃtart] *m* <-(e)s, -s> ❶ (SPORT: *Beginn*) salida *f;* (~*ort*) punto *m* de salida ❷ (*Flugzeug*~) despegue *m;* (*Auto*) arranque *m;* (*Raketen*~) lanzamiento *m* ❸ (*Beginn*) comienzo *m;* **Startbahn** *f* pista *f* de despegue; **startbereit** *adj* (*um aufzubrechen*) preparado para ponerse en marcha; (*um anzufangen*) listo para empezar; (*Flugzeug*) listo para despegar

**starten** [ˈʃtartən] **I.** *vi sein* ❶ (*allgemein*) partir (*nach* hacia/para); (*beginnen*) comenzar ❷ (SPORT: *loslaufen/-fahren*) tomar salida; (*teilnehmen*) participar ❸ (*Auto*) arrancar ❹ (*Flugzeug*) despegar **II.** *vt* ❶ (*Auto, Motor*) arrancar ❷ (*Rakete*) lanzar ❸ (*Kampagne*) comenzar ❹ (*Computer*) poner en marcha; (*Programm*) iniciar

**Starterlaubnis** *f* ❶ (SPORT) permiso *m* de salida ❷ (AERO) permiso *m* de despegue; **Starthilfe** *f* ❶ (FIN) ayuda *f* inicial ❷ (AUTO: *Vorrichtung*) estárter *m;* **Startkapital** *nt* (FIN) capital *m* inicial; **startklar** *adj s.* **startbereit**; **Startlinie** *f* línea *f* de salida; (*bei Rennen*) arrancadero *m;* **Startnummer** *f* (SPORT) dorsal *m,* número *m* (de inscripción); **Startphase** *f* fase *f* inicial; **Startschuss** *m* señal *f* de salida

**Stasi** [ˈʃtaːzi] *f ohne pl* (HIST: *fam*) *Abk. von* **Staatssicherheitsdienst** Servicio *m* (Secreto) de Seguridad del Estado (*policía política de la ex-RDA*)

**Statik** [ˈʃtaːtɪk] *f ohne pl* (PHYS) estática *f*

**Station** [ʃtaˈtsjoːn] *f* <-en> ❶ (*Bahnhof, Radio*~, *Wetter*~) estación *f;* (*Haltestelle*) parada *f;* ~ **machen** detenerse ❷ (*Krankenhaus*~) unidad *f*

**stationär** [ʃtatsjoˈnɛːɐ] *adj* ❶ (*an einen Standort gebunden*) fijo ❷ (MED): ~**e Behandlung** tratamiento clínico

**stationieren*** [ʃtatsjoˈniːrən] *vt* estacionar

**Stationierung** *f* <-en> estacionamiento *m*

**Stationsarzt, -ärztin** *m, f* médico, -a *m, f* jefe de sección; **Stationsschwester** *f* enfermera *f* jefe de sección

**statisch** [ˈʃtaːtɪʃ] *adj* (*a.* PHYS) estático

**Statist(in)** [ʃtaˈtɪst] *m(f)* <-en, -en; -nen> comparsa *mf*

**Statistik** [ʃtaˈtɪstɪk] *f* <-en> estadística *f*

**Statistiker(in)** [ʃtaˈtɪstikɐ] *m(f)* <-s, -; -nen> estadista *mf,* estadístico, -a *m, f*

**statistisch** [ʃtaˈtɪstɪʃ] *adj* estadístico

**Stativ** [ʃtaˈtiːf] *nt* <-(e)s, -e> (FOTO, FILM) trípode *m*

**statt** [ʃtat] **I.** *präp +gen* en lugar de, en vez de **II.** *konj:* ~ **zu ...** en lugar de...

**Statt** [ʃtat] *f ohne pl* (*geh*) lugar *m;* **an meiner/deiner** ~ en mi/tu lugar

**stattdessen** *adv* en lugar de eso

**Stätte** [ˈʃtɛtə] *f* <-n> (*geh*) lugar *m,* sitio *m*

**statt|finden** *irr vi* tener lugar; **statt|geben** *irr vi* (*Bitte, Wunsch*) acceder (a); (*Gesuch*) atender

**Statthalter(in)** *m(f)* ❶ (HIST) gobernador(a) *m(f)* ❷ (*Schweiz: Bürgermeister*) alcalde(sa) *m(f)*

**stattlich** [ˈʃtatlɪç] *adj* ❶ (*beeindruckend*) imponente; (*hoch gewachsen*) alto ❷ (*Betrag*) considerable

**Statue** [ˈʃtaːtuə] *f* <-n> estatua *f*

**Statur** [ʃtaˈtuːɐ] *f* <-en> estatura *f*

**Status** [ˈʃtaːtʊs] *m* <-, -> ❶ (*Lage*) situación *f;* ~ **quo** statu quo *m* ❷ (*Soziologie*) categoría *f* social, estatus *m inv* ❸ (MED) estado *m;* **Statussymbol** *nt* símbolo *m* de categoría social; **Statuszeile** *f* (INFOR) línea *f* de estado

**Statut** [ʃtaˈtuːt] *nt* <-(e)s, -en> estatuto *m*

**Stau** [ʃtaʊ] *m* <-(e)s, -s *o* -e> ❶ (*Verkehrs*~) atasco *m,* taco *m Am* ❷ (*im Wasser*) estancamiento *m*

**Staub** [ʃtaʊp] *m* <-(e)s, -e *o* Stäube> polvo *m;* ~ **wischen** limpiar el polvo; **sich aus dem** ~ **machen** (*fam fig*) poner pies en polvorosa; ~ **aufwirbeln** (*fam fig*) causar alboroto

**Staubecken** *nt* embalse *m*

**stauben** [ˈʃtaʊbən] *vi* soltar polvo

**Staubfänger** ['ʃtaʊpfɛŋɐ] *m* <-s, -> (*abw*) nido *m* de polvo; **Staubgefäß** *nt* (BOT) estambre *m*

**staubig** *adj* polvoriento

**Staubkorn** *nt* mota *f* de polvo; **Staubpartikel** *nt o f* partícula *f* de polvo; **staub|saugen** ['---] *vi, vt* pasar la aspiradora (a); **Staubsauger** *m* aspiradora *f;* **Staubtuch** *nt* trapo *m* del polvo; **Staubwolke** *f* nube *f* de polvo, terral *m PRico, Peru*

**Staudamm** *m* presa *f*

**Staude** ['ʃtaʊdə] *f* <-n> (BOT) planta *f* vivaz

**Staudensellerie** *m* apio *m* en rama

**stauen** ['ʃtaʊən] **I.** *vt* embalsar **II.** *vr:* **sich ~** (*Wasser*) embalsarse; (*Verkehr*) atascarse; (*Ärger*) acumularse; (*Menschen*) agolparse

**Staumeldung** *f* información *f* sobre el estado de las carreteras

**staunen** ['ʃtaʊnən] *vi* ❶ (*sich wundern*) asombrarse (*über* de/por); (*verwundert sein*) estar asombrado (*über* de/por), abismarse *Am;* **da staunst du, was?** ¿qué, te quedas con la boca abierta? ❷ (*Schweiz: in Gedanken sein*) estar absorto

**Stauraum** *m ohne pl* (*Schiff*) bodega *f;* (*LKW*) superficie *f* de carga; **Stausee** *m* embalse *m*

**Stauung** *f* <-en> ❶ (*von Gewässern*) estancamiento *m;* (*von Blut*) hemostasia *f* ❷ (*Verkehrsstau*) atasco *m,* taco *m Am*

**Steak** [ste:k] *nt* <-s, -s> bistec *m,* bife *m Am*

**stechen** ['ʃtɛçən] <sticht, stach, gestochen> **I.** *vt* ❶ (*allgemein*) pinchar; (*Insekt*) picar; (*mit einem Messer*) acuchillar ❷ (*Torf, Spargel*) extraer ❸ (*beim Kartenspiel*) cortar ❹ (*in Kupfer*) grabar (*in* en) **II.** *vi* ❶ (*allgemein, Insekt, Sonne*) picar; **ins Auge ~** saltar a la vista; **der scharfe Gestank sticht in der Nase** la peste se mete en la nariz; **die Farbe sticht ins Rötliche** el color tiene un matiz rojizo ❷ (*beim Kartenspiel*) hacer baza **III.** *vr:* **sich ~** pincharse (*an* con, *in* en)

**stechend** *adj* (*Blick, Geruch*) penetrante; (*Schmerz*) punzante

**Stechkarte** *f* ficha *f* (de control); **Stechmücke** *f* mosquito *m,* zancudo *m Am;* **Stechpalme** *f* acebo *m;* **Stechuhr** *f* reloj *m* para fichar

**Steckbrief** *m* (JUR) (carta *f*) requisitoria *f;* **Steckdose** *f* enchufe *m,* tomacorriente *m Arg, Peru*

**stecken¹** ['ʃtɛkən] *vt* ❶ (*hinein~*) meter (*in* en); (*investieren*) invertir (*in* en) ❷ (*auf~*) poner (*auf/an* en); (*fest~, an~*) fijar (*an* a/en); (*mit Nadeln*) prender (*an* en); **jdm etw ~** (*fam*) indicar algo a alguien

**stecken²** <steckt, steckte, *geh:* stak, gesteckt> *vi* ❶ (*sich befinden*) estar metido (*in* en), estar (*in* en); **ich stecke mitten in der Arbeit** estoy metido de lleno en el trabajo; **du musst zeigen, was in dir steckt** tienes que mostrar lo que hay en ti; **wo steckt er?** (*fam: Person*) ¿dónde se ha metido? ❷ (*festsitzen*) quedar fijo

**Steckenpferd** *nt* ❶ (*für Kinder*) caballito *m* (de juguete) ❷ (*Hobby*) afición *f*

**Stecker** *m* <-s, -> enchufe *m*

**Steckling** ['ʃtɛklɪŋ] *m* <-s, -e> estaca *f*

**Stecknadel** *f* alfiler *m;* **eine ~ im Heuhaufen suchen** (*fig*) buscar una aguja en un pajar; **Steckrübe** *f* (*reg*) nabo *m*

**Steg** [ʃte:k] *m* <-(e)s, -e> ❶ (*Brücke*) pasarela *f* ❷ (*Boots~*) (des)embarcadero *m* ❸ (*bei Saiteninstrumenten*) puente *m* ❹ (*an einer Hose*) trabilla *f*

**Stegreif** ['ʃte:kraɪf] *m:* **aus dem ~** improvisando

**Stehaufmännchen** ['ʃte:ʔaʊfmɛnçən] *nt* tentempié *m;* **ein ~ sein** (*fam*) no darse nunca por vencido

**Stehcafé** ['ʃte:kafe:] *nt* ≈bar *m fam*

**stehen** ['ʃte:ən] <steht, stand, gestanden> *haben o südd, Österr, Schweiz: sein* **I.** *vi* ❶ (*aufrecht: Mensch*) estar de pie; (*Gegenstand*) estar derecho; **ich kann nicht mehr ~** ya no puedo estar más tiempo de pie; **im S~** de pie; **unser Projekt steht und fällt mit dir** (*fig*) tú eres el alma de nuestro proyecto; **der Plan steht jetzt!** (*fam*) ¡el plano está listo! ❷ (*sein*) estar; (*sich befinden*) encontrarse; **an der Tür ~** estar junto a la puerta; **sie steht an der Spitze des Unternehmens** está al frente de la empresa; **so wahr ich hier stehe** tan cierto como que estoy aquí; **der Schweiß stand ihr auf der Stirn** tenía la frente perlada de sudor; **wir ~ kurz vor einem Krieg** estamos a punto de entrar en guerra; **wir ~ vor der Schwierigkeit, dass ...** nos encontramos ante la dificultad de que...; **auf welcher Seite stehst du?** ¿de qué lado estás?; **die Sache steht schlecht** el asunto está mal; **das Frühstück ~ lassen** no tocar el desayuno; **einen Stuhl ~ lassen** dejar una silla (en su sitio); **offen ~** (*Tür, Fenster*) estar abierto; (*Rechnung*) estar pendiente; (*zugänglich sein*) estar abierto; **die ganze Welt steht dir offen** tienes todo por delante; **unter Alkohol/Drogen ~** estar bajo los efectos del alcohol/de las drogas; **die Sache steht mir bis hier** (*fam*) estoy harto del asunto; **jdm nahe ~** tener una relación estrecha con alguien; **einer Sache nahe** ~ estar vinculado a algo ❸ (*geschrieben sein*) estar (escrito) (*auf/in* en); (*in einer Liste*) figurar (*auf/in* en); **hier steht geschrieben, dass ...** aquí dice que...; **das Wort steht im Imperfekt** la palabra está en imperfecto ❹ (*still~*) estar parado; (*Verkehr*) estar paralizado; **die Uhr steht** el reloj se ha (quedado) parado; **zum S~ bringen/kommen** parar/pararse; **etw zum S~ bringen** parar algo ❺ (*anzeigen*) marcar; **das Thermometer steht auf 30 Grad** el termómetro marca 30 grados; **die Ampel steht auf Rot** el semáforo está en rojo; **es steht 3:1** están a 3 a 1 ❻ (*kleiden*) sentar; **der Bart steht dir gut/schlecht** la barba te queda bien/mal ❼ (JUR): **auf etw steht Gefängnis** algo tiene una pena de prisión; **auf seine Ergreifung steht eine Belohnung** por su captura está establecida una recompensa ❽ (*Standpunkt, Untersützung, Bekenntnis*): **wie stehst du zu dem Plan?** ¿qué te parece el plan?; **ich stehe fest zu dir** estoy totalmente de tu parte; **zu seinem Versprechen** ~ cumplir con lo prometido; **zu seinen Fehlern** ~ reconocer sus errores; **hinter jdm** ~ apoyar a alguien ❾ (*Wend*): **auf jdn/etw** ~ (*fam*) irle alguien/algo a alguien **II.** *vt:* **Wache** ~ estar de guardia; **Modell** ~ posar **III.** *vr:* **sich gut/schlecht mit jdm** ~ (*fam*) llevarse bien/mal con alguien; **jd steht sich besser/schlechter, wenn ...** (*fam*) a alguien le va mejor/peor, cuando... **IV.** *vunpers:* **es steht schlimm um sie** está muy mal; **es steht zu befürchten, dass ...** es de temer que... +*subj;* **es steht dir offen zu ...** tienes la posibilidad de...

**stehend** *adj* ❶ (*aufrecht*) en pie, de pie ❷ (*nicht in Bewegung*) parado; (*Gewässer*) estancado ❸ (*Wend*): **ein leer ~es Haus** una casa deshabitada

**Stehkragen** *m* cuello *m* alzado; **Stehlampe** *f* lámpara *f* de pie

**stehlen** ['ʃteːlən] <stiehlt, stahl, gestohlen> **I.** *vt, vi* robar; **er kann mir gestohlen bleiben** (*fam*) por mí, que se pierda; **du sollst nicht** ~ (*Bibel*) no robarás **II.** *vr:* **sich** ~ ❶ (*schleichen*): **sich nach Hause** ~ irse a casa a hurtadillas ❷ (*sich drücken vor*) escaparse (*aus* de)

**Stehvermögen** *nt* ❶ (*Ausdauer*) aguante *m* ❷ (*Durchhaltevermögen*) firmeza *f*

**Steiermark** ['ʃtaɪɐmark] *f* Estiria *f*

**steif** [ʃtaɪf] *adj* ❶ (*starr*) tieso; ~ **und fest behaupten** (*fam*) sostener firmemente ❷ (*Gliedmaßen*) anquilosado; (*Glied*) erecto; **~er Hals** tortícolis *m inv* ❸ (*unelastisch*) inflexible; (*ungelenk*) torpe ❹ (*förmlich*) formal ❺ (*Pudding*) consistente; (*Eiweiß*) a punto de nieve

**Steifheit** *f ohne pl* ❶ (*Festigkeit, Starre*) tiesura *f*, rigidez *f* ❷ (*eines Körperteils, Gelenks*) anquilosamiento *m* ❸ (*im Benehmen*) envaramiento *m*

**Steigbügel** *m* (*a.* ANAT) estribo *m*

**Steige** ['ʃtaɪgə] *f* <-n> (*Österr, südd*) ❶ (*steile Straße*) cuesta *f* ❷ (*Treppe*) escalera *f*

**steigen** ['ʃtaɪgən] <steigt, stieg, gestiegen> *vi sein* ❶ (*hinauf~*) subir (*auf/in* a); (*hinunter~*) bajar (*von/aus* de); (*klettern*) trepar (*auf* a); **in den/aus dem Bus** ~ subir al/bajar del autobús; **aufs Fahrrad/vom Fahrrad** ~ montarse en/bajarse de la bicicleta; **aus dem Bett** ~ levantarse de la cama; **einen Drachen** ~ **lassen** hacer subir una cometa; **die Tränen stiegen ihr in die Augen** le brotaron las lágrimas; **zu Kopf** ~ subir a la cabeza ❷ (*zunehmen*) aumentar (*um* en, *in* de); (*Aktie, Fieber, Flut*) subir; **im Preis/im Wert** ~ subir de precio/de valor ❸ (*fam: stattfinden*) ser

**steigend** *adj* (*zunehmend*) creciente; (*Preise*) en aumento; **~e Tendenz** tendencia alcista

**steigern** ['ʃtaɪgɐn] **I.** *vt* ❶ (*erhöhen*) aumentar (*um* en); (*verstärken*) intensificar ❷ (LING) establecer los grados (del adjetivo) **II.** *vr:* **sich** ~ ❶ (*zunehmen*) aumentar (*um* en), crecer (*um* en) ❷ (*sich verbessern*) mejorar ❸ (*sich hinein~*) enzarzarse (*in* en), engolfarse (*in* en)

**Steigerung** *f* <-en> ❶ (*Zunahme*) aumento *m* (*um* de); (*der Leistung*) mejora *f* ❷ (LING) comparación *f* ❸ (*Schweiz: Ver~*) subasta *f*

**Steigung** *f* <-en> ❶ (*im Gelände*) elevación *f*; (*einer Straße*) cuesta *f* ❷ (TECH) paso *m*

**steil** [ʃtaɪl] *adj* ❶ (*Treppe*) empinado; (*Gelände*) escarpado; (*Küste*) acantilado ❷ (*Karriere*) rápido; **Steilhang** *m* pendiente *f* escarpada; **Steilküste** *f* acantilado *m*

**Stein** [ʃtaɪn] *m* <-(e)s, -e> ❶ (*allgemein*) piedra *f*; (*Edel~*) piedra *f* preciosa; **aus** ~ de piedra; **jdm ~e in den Weg legen** poner(le) a alguien piedras en el camino; **jdm alle ~e aus dem Weg räumen** prepararle el camino a alguien; **den ~ ins Rollen bringen** (*fam fig*) desencadenar algo; **schlafen wie ein** ~ (*fam fig*) dormir como un tronco; **der ~ der Weisen** (*geh*) la piedra filosofal ❷ (MED) cálculo *m* ❸ (*einer*

*Frucht*) hueso *m*, carozo *m CSur, Bol, Mex* ④ (*Spiel~*) ficha *f;* (*bei Brettspielen*) pieza *f;* **bei jdm einen ~ im Brett haben** (*fam fig*) hacer buenas migas con alguien; **Steinadler** *m* (ZOOL) águila *f* real; **steinalt** ['-'-] *adj* más viejo que Matusalén; **Steinbock** *m* ① (ZOOL) cabra *f* montés ② (ASTR) Capricornio *m;* **Steinbruch** *m* cantera *f;* **Steinbutt** *m* (ZOOL) rodaballo *m;* **Steineiche** *f* (BOT) encina *f*

**steinern** ['ʃtaɪnɐn] *adj* (*a. fig*) de piedra

**Steinfrucht** *f* fruta *f* de hueso; **Steinfußboden** *m* suelo *m* de piedra; **Steingut** *nt* <-(e)s, *ohne pl*> (objetos *mpl* de) gres *m;* **steinhart** ['-'-] *adj* duro como una piedra

**steinig** *adj* pedregoso

**steinigen** ['ʃtaɪnɪgən] *vt* apredrear

**Steinkohle** *f* hulla *f;* **Steinkohlenbergwerk** *nt* mina *f* de carbón [*o* de hulla]

**Steinmarder** *m* (ZOOL) garduña *f;* **Steinmetz(in)** ['ʃtaɪnmɛts] *m(f)* <-en, -en; -nen> cantero *mf;* **Steinobst** *nt* fruta *f* con hueso; **Steinpilz** *m* boleto *m;* **steinreich** ['-'-] *adj* ① (*sehr reich*) riquísimo ② (*steinig*) pedregoso; **Steinschlag** *m* (*Herabstürzen*) desprendimiento *m* de piedras; **Steinzeit** *f ohne pl* Edad *f* de Piedra

**Steiß** [ʃtaɪs] *m* <-es, -e> ① (*~ bein*) coxis *m inv* ② (*Gesäß*) trasero *m;* **Steißbein** *nt* coxis *m inv*

**Stelldichein** ['ʃtɛldɪçʔaɪn] *nt* <-(s), -(s)> cita *f;* **sich ein ~ geben** concertar una cita

**Stelle** ['ʃtɛlə] *f* <-n> ① (*Platz, Ort*) lugar *m*, sitio *m;* **an erster ~** en primer lugar; **an ~ von etw** en vez de algo; **(ich) an deiner ~ ...** (yo) en tu lugar...; **an jds ~ treten** presentarse en lugar de alguien; **an dieser ~** (*örtlich*) en este lugar; (*zeitlich*) aquí; **an späterer ~** más tarde; **auf der ~ treten** (*fam*) no avanzar; **auf der ~** (*sofort*) inmediatamente, al tiro *Am;* **etw nicht von der ~ bekommen** no poder mover algo de su sitio; **sich nicht von der ~ rühren** no moverse de su sitio; **zur ~ sein** estar presente ② (*Bereich*) parte *f;* (*Punkt*) punto *m* ③ (*Text~*) parte *f;* (*Abschnitt*) pasaje *m* ④ (*Arbeits~*) puesto *m* (de trabajo), plaza *f;* **freie ~** vacante *f;* **eine ~ antreten** empezar a trabajar ⑤ (*Dienst~*) autoridad *f;* **sich an höherer ~ beschweren** quejarse a instancias superiores ⑥ (MATH) decimal *m*, cifra *f*

**stellen** ['ʃtɛlən] **I.** *vt* ① (*hin~*) poner (*auf* en); (*auf~*) colocar (*auf* en); (*hinein~*) meter (*in* en); **etw an die Wand ~** adosar algo a la pared; **die Szene wirkt gestellt** la escena ha salido muy poco natural ② (*regulieren*) regular; (*lauter, höher*) subir; (*leiser, kleiner*) bajar; **stell das Radio leiser/lauter** baja/sube la radio; **die Uhr ~** poner el reloj en hora; **etw ruhig ~** (MED: *Arm, Bein*) inmovilizar algo; **jdn ruhig ~** (MED) administrar tranquilizantes a alguien ③ (*bereit~*) poner a disposición ④ (*Verbrecher*) capturar ⑤ (*Frage*) hacer; (*Aufgabe*) poner; (*Antrag*) presentar; **eine Sache über eine andere ~** dar más importancia a una cosa que a otra; **jdn vor Gericht ~** llevar a alguien a los tribunales; **etw in Frage ~** poner algo en duda; **etw richtig ~** rectificar algo; **auf sich selbst gestellt sein** tener que arreglárselo uno solo **II.** *vr:* **sich ~** ① (*sich hin~*) ponerse (de pie) (*auf* en); **sich auf Zehenspitzen ~** ponerse de puntillas; **sich gut ~** llevarse bien ② (*vortäuschen*) fingir; **sich taub/dumm ~** hacerse el sordo/el tonto ③ (*der Polizei*) entregarse ④ (*nicht ausweichen*): **sich etw** *dat* **~** enfrentarse a algo ⑤ (*Frage*) surgir; (*Aufgabe*) plantearse ⑥ (*Standpunkt, Untersützung*): **sich gegen etw ~** oponerse a algo; **sich hinter jdn ~** apoyar a alguien

**Stellenangebot** *nt* oferta *f* de empleo; **Stellenanzeige** *f* anuncio *m* de oferta de empleo; **„~n“** ofertas de empleo; **Stellenausschreibung** *f* anuncio *m* de empleo; **Stellengesuch** *nt* demanda *f* de empleo; **Stellenvermittlung** *f* (*Einrichtung*) agencia *f* de empleo, bolsa *f* de empleo; **stellenweise** *adv* (*an manchen Punkten*) en algunos puntos; (*an manchen Orten*) en algunas partes; **Stellenwert** *m* valor *m;* (*Bedeutung*) importancia *f*

**Stellplatz** *m* (*für Autos*) aparcamiento *m*

**Stellung** *f* <-en> ① (*Körperhaltung*) postura *f;* **in liegender/kniender ~** tumbado/de rodillas ② (*Anordnung*) posición *f* ③ (*beruflich*) puesto *m;* (*Amt*) cargo *m;* **in meiner ~ als Minister** como ministro ④ (*sozial*) posición *f* (social), condición *f* ⑤ (*Ein~*) opinión *f;* **zu etw ~ nehmen** tomar cartas en un asunto ⑥ (MIL) posición *f;* **die ~ halten** mantener la posición; **Stellungnahme** *f* <-n> toma *f* de posición; **eine ~ zu etw abgeben** opinar respecto a algo

**stellvertretend** *adj* suplente; **~e Vorsitzende** vicepresidenta en funciones; **~ für jdn sprechen** hablar representando a alguien

**Stellvertreter(in)** *m(f)* suplente *mf;* (ADMIN) interino, -a *m, f*

**Stellvertretung** *f* su(b)stitución *f;* (ADMIN) interinidad *f;* **in ~ von jdm** sustituyendo a alguien

**Stellwerk** *nt* (EISENB) puesto *m* de enclavamiento

**Stelze** ['ʃtɛltsə] *f* <-n> ❶ (*Holzgestell*) zanco *m* ❷ (*Vogel*) lavandera *f* ❸ (*fam: Bein*) zanca *f* ❹ (*Österr: Schweinsfuß*) mano *f* de cerdo

**stelzen** *vi sein* ❶ (*auf Stelzen*) andar con zancos ❷ (*mit steifen Schritten*) dar zancadas; **eine gestelzte Sprache** un lenguaje rebuscado

**Stelzvogel** *m* ave *f* zancuda

**Stemmeisen** *nt* formón *m*

**stemmen** ['ʃtɛmən] **I.** *vt* (*Gewichte*) levantar; **die Arme in die Hüften** ~ estar puesto en jarras **II.** *vr:* **sich** ~ ❶ (*drücken*) apoyarse (pesadamente) (*gegen* contra) ❷ (*widersetzen*) oponerse (*gegen* a) **III.** *vi* (*Ski*) pararse en cuña

**Stempel** ['ʃtɛmpəl] *m* <-s, -> ❶ (*Gerät, Abdruck*) sello *m;* (*Post~*) matasellos *m inv;* **etw** *dat* **seinen** ~ **aufdrücken** (*fig*) dar(le) a algo un toque personal; **der Plan trägt seinen** ~ el plan lleva su firma ❷ (BOT) pistilo *m* ❸ (TECH) punzón *m;* **Stempelfarbe** *f* tinta *f* de timbrar; **Stempelkissen** *nt* almohadilla *f,* tampón *m* de tinta

**stempeln** *vt* sellar; (*postalisch*) matasellar; **jdn zu etw** ~ tachar a alguien de algo

**Stempeluhr** *f* reloj *m* de control de asistencia [*o* para fichar]

**Steno** ['ʃte:no] *f ohne pl* taquigrafía *f;* **Stenograf(in)** [ʃteno'gra:f] *m(f)* <-en, -en; -nen> taquígrafo, -a *m, f;* **Stenografie** [ʃtenogra'fi:] *f* <-n> taquigrafía *f;* **stenografieren*** [ʃtenogra'fi:rən] *vi, vt* taquigrafiar; **Stenogramm** [ʃteno'gram] *nt* <-s, -e> estenograma *m;* **Stenograph(in)** [ʃteno'gra:f] *m(f)* <-en, -en; -nen> *s.* **Stenograf**; **Stenographie** [ʃtenogra'fi:] *f* <-n> *s.* **Stenografie**; **stenographieren*** [ʃtenogra'fi:rən] *vi, vt s.* **stenografieren**; **Stenotypist(in)** [ʃtenoty'pɪst] *m(f)* <-en, -en; -nen> taquimecanógrafo, -a *m, f*

**Stepp** [ʃtɛp, stɛp] *m* <-s, -s> claqué *m;* ~ **tanzen** bailar claqué

**Steppdecke** *f* edredón *m*

**Steppe** ['ʃtɛpə] *f* <-n> estepa *f*

**steppen** ['ʃtɛpən] **I.** *vi* bailar claqué **II.** *vt* pespuntear

**Stepptanz** ['ʃtɛp-] *m* claqué *m*

**Sterbebegleiter(in)** *m(f)* acompañante *mf* en la agonía; **Sterbebett** *nt* lecho *m* de muerte; **Sterbefall** *m* fallecimiento *m,* obituario *m Am;* **Sterbehilfe** *f ohne pl* ❶ (*Euthanasie*) eutanasia *f* ❷ (*Sterbegeld*) indemnización *f* por defunción

**sterben** ['ʃtɛrbən] <stirbt, starb, gestorben> *vi* morir (*an* de), morirse (*an/vor* de, *für* por) *fam,* fallecer *elev,* petatearse *Mex;* **im S~ liegen** estar agonizando; **er ist für mich gestorben** (*fam fig*) para mí ya no cuenta; **das Projekt ist gestorben** (*fam*) el proyecto ha sido suspendido

**Sterbenswörtchen** ['--'vœrtçən] *nt:* **kein** ~ **sagen** no decir ni pío

**Sterberate** *f* tasa *f* de mortalidad; **Sterbeurkunde** *f* certificado *m* de defunción

**sterblich** *adj* mortal

**Sterblichkeit** *f ohne pl* mortalidad *f;* **Sterblichkeitsrate** *f,* **Sterblichkeitsziffer** *f* (tasa *f* de) mortalidad *f*

**Stereo** ['ʃte:reo] *nt* <-s, *ohne pl*> estéreo *m;* **Stereoanlage** *f* equipo *m* estereofónico

**Stereoskop** [ʃtereo'sko:p] *nt* <-s, -e> estereoscopio *m*

**stereotyp** [ʃtereo'ty:p] *adj* estereotipado

**Stereotyp** [ʃtereo'ty:p] *nt* <-s, -e> estereotipo *m*

**steril** [ʃte'ri:l] *adj* (*a.* BIOL, MED) estéril

**Sterilisation** [ʃteriliza'tsjo:n] *f* <-en> (*a.* MED) esterilización *f*

**sterilisieren*** [ʃterili'zi:rən] *vt* (*a.* MED) esterilizar

**Sterilität** [ʃterili'tɛ:t] *f ohne pl* (*a.* BIOL, MED) esterilidad *f*

**Stern** [ʃtɛrn] *m* <-(e)s, -e> estrella *f;* (*Gestirn*) astro *m;* **das steht noch in den** ~**en** eso todavía está por verse; **unter einem glücklichen** ~ **stehen** (*geh*) tener buena estrella; **ein Hotel mit fünf** ~**en** un hotel de cinco estrellas; **Sternbild** *nt* constelación *f*

**Sternenhimmel** *m* (*geh*) cielo *m* estrellado; **sternenklar** *adj* estrellado

**Sternfrucht** *f* carambola *f;* **sternhagelvoll** ['---'-] *adj* (*fam*) borracho como una cuba; **sternklar** *adj* estrellado; **Sternschnuppe** *f* <-n> estrella *f* fugaz; **Sternsinger(in)** *m(f) niño, -a que el día de Reyes va cantando de puerta en puerta;* **Sternstunde** *f* (*geh*) momento *m* estelar; **Sternwarte** *f* observatorio *m* astronómico; **Sternzeichen** *nt* (ASTR) signo *m* astrológico; **was bist du für ein** ~**?** ¿de qué signo eres?

**stet** [ʃte:t] *adj* (*geh*) *s.* **stetig**

**Stethoskop** [ʃteto'sko:p, steto'sko:p] *nt* <-s, -e> (MED) estetoscopio *m*

**stetig** *adj* continuo

**Stetigkeit** *f ohne pl* (*Beständigkeit*) constancia *f;* (*Kontinuität*) continuidad *f*

**stets** [ʃte:ts] *adv* siempre

**Steuer**[1] ['ʃtɔɪɐ] *nt* <-s, -> (*Auto, Flugzeug*) volante *m;* (*Schiff*) timón *m;* **am** ~ **sitzen**

ir al volante; **das ~ fest in der Hand haben** dirigir con mano segura

**Steuer²** *f* <-n> (*Abgaben*) impuesto *m;* **~n hinterziehen/zahlen** defraudar/pagar impuestos; **etw von der ~ absetzen** deducir algo de los impuestos

**steuerbegünstigt** *adj* (*niedriger besteuert*) con privilegio fiscal; (*absetzbar*) deducible; **Steuerbelastung** *f* cargas *fpl* fiscales; **Steuerberater(in)** *m(f)* asesor(a) *m(f)* fiscal; **Steuerbescheid** *m* liquidación *f* de impuestos; **Steuerbetrug** *m* fraude *m* fiscal

**steuerbord(s)** ['ʃtɔɪɐbɔrt(s)] *adv* (AERO, NAUT) a estribor

**Steuerbord** ['ʃtɔɪɐbɔrt] *nt* (AERO, NAUT) estribor *m*

**Steuererhöhung** *f* aumento *m* de (los) impuestos; **Steuererklärung** *f* declaración *f* de la renta; **Steuererlass** *m* desgravación *f* (fiscal); **Steuerermäßigung** *f* reducción *f* de impuestos; **Steuerflüchtling** *m* evasor *m;* **steuerfrei** *adj* libre de impuestos; **Steuergelder** *ntpl* fondos *mpl* recaudados; **Steuerhinterziehung** *f* fraude *m* fiscal; **Steuerkarte** *f* tarjeta *f* para la declaración del impuesto sobre la renta; **Steuerklasse** *f* categoría *f* fiscal

**Steuerknüppel** *m* palanca *f* de mando

**steuerlich** *adj* fiscal; **~ begünstigt sein** gozar de privilegios fiscales

**Steuermann** *m* <-(e)s, -leute *o* -männer> (NAUT, SPORT) timonel *m*

**Steuermarke** *f* timbre *m* fiscal

**steuern** ['ʃtɔɪɐn] **I.** *vi* ❶ (*am Steuer sitzen: Auto*) conducir, manejar *Am;* (*Schiff*) timonear ❷ *sein* (*Richtung einschlagen*) dirigirse (*nach* a) **II.** *vt* ❶ (*Auto*) conducir, manejar *Am;* (*Schiff, Flugzeug*) pilotar ❷ (TECH) controlar ❸ (*beeinflussen*) influir

**steuerpflichtig** *adj* sujeto a impuesto; **Steuerprüfer(in)** *m(f)* inspector(a) *m(f)* fiscal; **Steuerprüfung** *f* inspección *f* fiscal

**Steuerrad** *nt* (AUTO) volante *m;* (NAUT) rueda *f* del timón; (TECH) palanca *f* de mando

**Steuerreform** *f* reforma *f* fiscal

**Steuerruder** *nt* (NAUT) timón *m*

**Steuersatz** *m* tasa *f* de impuesto; **Steuerschuld** *f* deuda *f* fiscal; **Steuersenkung** *f* *ohne pl* reducción *f* de impuestos; **Steuersünder(in)** *m(f)* defraudador(a) *m(f)* fiscal; **Steuersystem** *nt* ❶ (TECH) sistema *m* de dirección ❷ (*Besteuerung*) sistema *m* tributario

**Steuerung¹** *f ohne pl* (*das Steuern*) pilotaje *m;* (TECH) control *m*

**Steuerung²** *f* <-en> (TECH, AUTO) dirección *f;* (NAUT, AERO) timón *m;* (ELEK) mando *m*

**Steuerungssystem** *nt* (TECH) sistema *m* de dirección

**Steuervergünstigung** *f* ventaja *f* fiscal; **Steuerzahler(in)** *m(f)* contribuyente *mf,* rentero, -a *m, f Arg*

**Steuerzeichen** *nt* (INFOR) carácter *m* de mando

**Steward** ['stju:ɐt] *m* <-s, -s> (AERO) auxiliar *m* de vuelo; (NAUT) camarero *m*

**Stewardess** ['stju:ɐdɛs] *f* <-en> (AERO) azafata *f;* (NAUT) camarera *f*

**StGB** [ɛste:ge:'be:] *nt* <-(s)> *Abk. von* **Strafgesetzbuch** ≈CP *m*

**stibitzen*** [ʃti'bɪtsən] *vt* (*fam*) birlar

**Stich¹** [ʃtɪç] *m* <-(e)s, -e> ❶ (*Dorn, Stachel, Nadel*) pinchazo *m;* (*Insekten~*) picadura *f;* (*Messer~*) cuchillada *f* ❷ (*Näh~*) puntada *f;* (MED) punto *m* de sutura ❸ (KUNST) grabado *m* ❹ (*beim Kartenspiel*) baza *f;* **einen ~ machen/bekommen** hacer baza/recibir una baza ❺ (*Schmerz*) punzada *f*

**Stich²** *m* <-(e)s, *ohne pl*> ❶ (*Farbschimmer*): **einen ~ ins Gelbe haben** tirar a amarillo ❷ (*Wend*): **jdn im ~ lassen** dejar a alguien en la estacada; **einen ~ haben** (*fam: Person*) estar chiflado; (*Lebensmittel*) estar picado; (*Milch*) estar pasado

**Stichelei** *f* <-en> (*fam abw: Bemerkung*) pulla *f,* pullazo *m,* puntada *f*

**sticheln** ['ʃtɪçəln] *vi* ❶ (*gehässig reden*) dar pullazos (*gegen* a) ❷ (*nähen*) dar puntadas

**Stichflamme** *f* llama *f*

**stichhaltig** *adj* sólido; (*überzeugend*) convincente

**Stichling** ['ʃtɪçlɪŋ] *m* <-s, -e> (ZOOL) espinoso *m*

**Stichprobe** *f* prueba *f* al azar; **Stichpunkt** *m* punto *m*

**sticht** [ʃtɪçt] *3. präs von* **stechen**

**Stichtag** *m* día *m* fijado; (*letzter ~*) plazo *m* límite; **Stichwaffe** *f* arma *f* punzante; **Stichwahl** *f* segunda vuelta *f* (electoral)

**Stichwort¹** *nt* <-(e)s, -wörter> (*im Wörterbuch*) entrada *f;* (*im ~register*) voz *f* guía; **unter einem ~ nachschlagen** buscar una palabra

**Stichwort²** *nt* <-(e)s, -e> ❶ (THEAT) entrada *f* ❷ (*Schlüsselwort*) palabra *f* clave ❸ (*Gedächtnisstütze*) apunte *m*

**stichwortartig** *adj* por puntos; (*bündig*) breve; **~ zusammenfassen** resumir brevemente

**Stichwortkatalog** *m* (*in Bibliothek*) catálogo *m* por secciones

**Stichwunde** *f* (*Messer*) cuchillada *f;*

S

(*Dolch*) puñalada *f*

**sticken** [ˈʃtɪkən] *vi, vt* bordar

**Stickerei** *f* <-en> bordado *m*

**stickig** [ˈʃtɪkɪç] *adj* sofocante

**Sticknadel** *f* aguja *f* de bordar

**Stickstoff** *m ohne pl* (CHEM) nitrógeno *m*

**stieben** [ˈʃtiːbən] <stiebt, stob *o* stiebte, gestoben *o* gestiebt> *vi* ❶ *haben o sein* (*Funken*) saltar; (*Staub*) volar ❷ *sein* (*Menge*) disiparse

**Stiefbruder** [ˈʃtiːf-] *m* hermanastro *m*

**Stiefel** [ˈʃtiːfəl] *m* <-s, -> bota *f*

**Stiefelette** *f* <-n> botín *m*

**Stiefeltern** *pl* padrastros *mpl;* **Stiefkind** *nt* hijastro, -a *m, f;* **Stiefmutter** *f* madrastra *f*

**Stiefmütterchen** *nt* <-s, -> (BOT) pensamiento *m*

**stiefmütterlich** *adj:* **jdn ~ behandeln** tratar a alguien con desprecio; **Stiefschwester** *f* hermanastra *f;* **Stiefsohn** *m* hijastro *m;* **Stieftochter** *f* hijastra *f;* **Stiefvater** *m* padrastro *m*

**stieg** [ʃtiːk] *3. imp von* **steigen**

**Stiege** [ˈʃtiːgə] *f* <-n> escalera *f* (estrecha y empinada)

**Stieglitz** [ˈʃtiːglɪts] *m* <-es, -e> (ZOOL) jilguero *m*

**stiehlt** [ʃtiːlt] *3. präs von* **stehlen**

**Stiel** [ʃtiːl] *m* <-(e)s, -e> ❶ (*Griff*) mango *m;* (*Besen~*) palo *m;* (*am Weinglas*) pie *m* ❷ (*Blumen~*) tallo *m;* (*Blatt~*) pecíolo *m;* (*an einer Frucht*) rabillo *m;* **Stielaugen** *ntpl* (*fam*): **er bekam/machte ~** se le pusieron/puso los ojos como platos

**stier** [ʃtiːɐ] *adj* fijo; **mit ~em Blick vor sich hinstarren** tener la mirada perdida

**Stier** *m* <-(e)s, -e> ❶ (*Tier*) toro *m* ❷ (ASTR) Tauro *m*

**stieren** [ˈʃtiːrən] *vi* mirar fijamente (*auf*)

**Stierkampf** *m* ❶ (*~kunst*) tauromaquia *f* ❷ (*Veranstaltung*) corrida *f* (de toros); **Stierkampfarena** *f* ruedo *m,* arena *f;* **Stierkämpfer(in)** *m(f)* torero, -a *m, f*

**stieß** [ʃtiːs] *3. imp von* **stoßen**

**Stift**[1] [ʃtɪft] *m* <-(e)s, -e> ❶ (*Blei~*) lápiz *m;* (*Bunt~*) lápiz *m* de color ❷ (*Metall~, Holz~*) espiga *f* ❸ (*fam: Lehrling*) aprendiz(a) *m(f)*

**Stift**[2] *nt* <-(e)s, -e> convento *m*

**stiften** [ˈʃtɪftən] *vt* ❶ (*spenden*) donar; (*einrichten*) fundar ❷ (*spendieren*) regalar ❸ (*bewirken*) causar

**Stifter(in)** *m(f)* <-s, -; -nen> ❶ (*Spender*) donador(a) *m(f)* ❷ (*Gründer*) fundador(a) *m(f)*

**Stiftskirche** *f* colegiata *f*

**Stiftung** *f* <-en> ❶ (*Institution*) fundación *f* ❷ (JUR: *Spende*) donación *f*

**Stiftzahn** *m* diente *m* de espiga

**Stil** [ʃtiːl] *m* <-(e)s, -e> estilo *m;* **im großen ~** en gran escala; **Stilbruch** *m* ruptura *f* de(l) estilo; **stilecht** *adj* (de estilo) auténtico

**stilisieren*** [ʃtiliˈziːrən] *vt* estilizar

**Stilistik** [ʃtiˈlɪstɪk] *f ohne pl* estilística *f*

**stilistisch** [ʃtiˈlɪstɪʃ] *adj* estilístico

**still** [ʃtɪl] *adj* ❶ (*lautlos*) silencioso; (*ruhig*) tranquilo; (**sei**) **~!** ¡calla!; **es ist ~ um sie geworden** no se oye nada de ella; **~ und heimlich** a la chita callando; **im S~en** para sus adentros ❷ (*reglos*) quieto; **der S~ Ozean** el Océano Pacífico; **~er Teilhaber** (WIRTSCH) socio comanditario ❸ (*Person*) silencioso

**Stille** [ˈʃtɪlə] *f ohne pl* ❶ (*Schweigen*) silencio *m;* (*Ruhe*) tranquilidad *f* ❷ (*Unbewegtheit*) quietud *f* ❸ (*Wend*): **in aller ~** (*im engsten Kreis*) en la intimidad

**stillen** [ˈʃtɪlən] **I.** *vi* dar de mamar **II.** *vt* ❶ (*Säugling*) dar el pecho (a) ❷ (*Blutung*) cortar; (*Schmerz*) mitigar ❸ (*Hunger, Durst*) saciar; (*Neugier*) satisfacer

**still|halten** *irr vi* ❶ (*sich nicht bewegen*) quedarse quieto ❷ (*sich nicht wehren*) aguantar

**Stillleben** *nt* bodegón *m*

**still|legen** *vt* (*Betrieb, Strecke*) cerrar; (*Fahrzeug*) retirar del servicio

**Stilllegung** *f* <-en> cierre *m*

**still|liegen** *irr vi* (*Betrieb*) estar cerrado

**stillos** [ˈʃtiːlloːs] *adj* sin estilo

**Stillschweigen** *nt* silencio *m;* **über etw ~ bewahren** guardar silencio respecto a algo

**stillschweigend** *adj* tácito; **etw ~ akzeptieren** aceptar algo tácitamente

**still|sitzen** *irr vi* estar(se) quieto

**Stillstand** *m* <-(e)s, *ohne pl*> (*Verhandlung, Entwicklung*) estancamiento *m;* (*Gerät, Produktion*) paralización *f;* (*Verkehr*) detención *f;* **zum ~ bringen/kommen** detener/detenerse

**still|stehen** *irr vi* (*Mensch, Maschine*) estar parado; (*Entwicklung, Produktion, Verkehr*) estar paralizado; **stillgestanden!** (MIL) ¡firmes!

**Stilmöbel** *nt* mueble *m* de época; **stilvoll** *adj* con gusto

**Stimmabgabe** *f ohne pl* (*a.* POL) votación *f;* **Stimmband** *nt* (*Organ*) cuerda *f* vocal; **stimmberechtigt** *adj* con derecho a voto; **Stimmberechtigte(r)** *mf* <-n, -n; -n> persona *f* con derecho a voto; **Stimmbruch** *m* <-(e)s, *ohne pl*> muda *f;* **im ~ sein** estar de muda

**Stimme** [ˈʃtɪmə] *f* <-n> ❶ (*menschliche ~*)

voz *f;* **mit lauter/leiser ~ sprechen** hablar en voz alta/baja; **kritische ~n** opiniones críticas; **der inneren ~ folgen** seguir la voz interior ② (*bei einer Wahl*) voto *m;* **sich der ~ enthalten** abstenerse del voto; **jdm seine ~ geben** votar por alguien ③ (MUS: *Stimmlage, Orgelregister*) registro *m;* (*Part*) voz *f*

**stimmen** ['ʃtɪmən] **I.** *vi* ① (*richtig sein*) ser correcto; (*wahr sein*) ser verdad; **stimmt!** ¡exacto!; **stimmt es, dass ...?** ¿es verdad que...?; **irgendetwas stimmt nicht mit ihr** algo le pasa ② (*wählen*): **für/gegen jdn/etw ~** votar por/contra alguien/algo **II.** *vt* (*Instrument*) afinar; **jdn versöhnlich/traurig ~** conciliar/entristecer a alguien

**Stimmenauszählung** *f* escrutinio *m,* balotaje *m Mex;* **Stimmengewirr** *nt* <-(e)s, *ohne pl*> vocerío *m,* griterío *m;* **Stimmengleichheit** *f* igualdad *f* de votos; **Stimmenmehrheit** *f ohne pl* mayoría *f* de votos

**Stimmenthaltung** *f* abstención *f* de(l) voto

**Stimmgabel** *f* (MUS) diapasón *m*

**stimmhaft** *adj* (LING) sonoro

**stimmig** *adj* armónico

**Stimmlage** *f* (MUS) registro *m*

**stimmlos** *adj* ① (*tonlos*) afónico ② (LING) sordo

**Stimmrecht** *nt ohne pl* (*a.* POL) derecho *m* de voto; (**kein**) **~ haben** (no) tener derecho a voto

**Stimmung** *f* <-en> ① (*Gemütsverfassung*) estado *m* de ánimo; (*Laune*) humor *m;* **in guter/schlechter ~** de buen/mal humor; **nicht in der ~ sein etw zu tun** no estar de vena para hacer algo; **in ~ kommen** (*fam*) animarse ② (*einer Gesellschaft*) ambiente *m;* **~ in etw bringen** animar algo ③ (*öffentliche Meinung*) opinión *f* pública; **für/gegen jdn/etw ~ machen** hacer campaña a favor/en contra de alguien/algo ④ (MUS) afinación *f;* **Stimmungslage** *f* (*allgemeine ~*) atmósfera *f;* (*eines Einzelnen*) estado *m* de ánimo; **Stimmungsumschwung** *m* ① (*Person*) cambio *m* de humor ② (FIN, WIRTSCH) cambio *m* de tendencia; **stimmungsvoll** *adj* muy expresivo

**Stimmzettel** *m* (*a.* POL) (papeleta *f* de) voto *m,* boleta *f Mex, Peru, PRico*

**Stimulation** [ʃtimula'tsjo:n] *f* <-en> estímulo *m,* estimulación *f*

**stimulieren*** [ʃtimu'li:rən] *vt* estimular

**Stinkbombe** *f* bomba *f* fétida

**Stinkefinger** *m ohne pl* (*fam*) dedo *m* (asqueroso)

**stinken** ['ʃtɪŋkən] <stinkt, stank, gestunken> *vi* oler mal, apestar (*nach* a), bufar *Am;* **das stinkt nach Verrat** (*fam*) huele a traición; **das stinkt ja zum Himmel** (*fam*) esto clama al cielo; **mir stinkt's!** (*fam*) ¡estoy harto!

**stinkfaul** ['-'-] *adj* (*fam*) muy vago; **stinklangweilig** ['-'---] *adj* (*fam*) aburridísimo; **stinksauer** ['-'--] *adj* (*fam*) de un humor de perros; **sie ist ~ auf dich** está enfadadísima contigo; **Stinktier** *nt* mofeta *f,* yaguré *m Am;* **Stinkwut** ['-'-] *f ohne pl* (*fam*) rabia *f* tremenda

**Stipendiat(in)** [ʃtipɛn'dja:t] *m(f)* <-en, -en; -nen> becario, -a *m, f*

**Stipendium** [ʃti'pɛndiʊm] *nt* <-s, Stipendien> beca *f*

**Stippvisite** ['ʃtɪp-] *f* (*fam*) visita *f* corta

**stirbt** [ʃtɪrpt] *3. präs von* **sterben**

**Stirn** [ʃtɪrn] *f* <-en> frente *f;* **eine hohe/niedrige ~** una frente alta/estrecha; **die ~ runzeln** fruncir las cejas; **jdm die ~ bieten** hacer frente a alguien; **die ~ besitzen etw zu tun** tener la poca vergüenza de hacer algo; **Stirnband** *nt* cinta *f* (para poner en la frente)

**Stirnhöhle** *f* (ANAT) seno *m* frontal; **Stirnhöhlenentzündung** *f* (MED) sinusitis *f inv*

**Stirnrunzeln** *nt* ceño *m* (fruncido); **Stirnseite** *f* frente *m*

**stob** [ʃto:p] *3. imp von* **stieben**

**stöbern** ['ʃtø:bɐn] *vi* (*fam*) revolver (*in* en); (*neugierig*) hurgar (*in* en)

**stochern** ['ʃtɔxɐn] *vi* hurgar (*in* en); **im Essen ~** comer sin apetito; **in den Zähnen ~** hurgarse los dientes con un palillo

**Stock**[1] [ʃtɔk, *pl:* 'ʃtœkə] *m* <-(e)s, Stöcke> ① (*Stab*) palo *m;* (*Spazier~, Ski~*) bastón *m;* (*Takt~*) batuta *f;* (*Billard~*) taco *m;* **am ~ gehen** (*fig fam*) estar hecho polvo ② (*Pflanze*) planta *f;* (*Baumstumpf*) tocón *m*

**Stock**[2] *m* <-(e)s, -> (*~werk*) piso *m*

**Stock**[3] *m* <-s, *ohne pl*> (*Schweiz*) ① (GASTR) puré *m* de patatas ② (*Unterkunft*) *en Suiza, casa situada al lado de la granja donde viven los padres de los granjeros*

**stockbesoffen** ['--'--] *adj* (*fam*) borracho como una cuba; **stockdunkel** ['-'--] *adj* (*fam*) oscuro como la boca del lobo

**Stöckelabsatz** *m* tacón *m* alto [*o* (de) aguja]; **Stöckelschuh** *m* zapato *m* de tacón alto

**stocken** ['ʃtɔkən] *vi* ① (*stillstehen*) pararse; (*Atmung*) cortarse ② (*nicht vorangehen*)

S

interrumpirse; (*Verkehr, beim Sprechen*) atascarse; (*Verhandlungen*) estar paralizado; **ins S~ geraten** no adelantar ❸ (*reg: gerinnen*) cuajar

**stockend** *adj* (*Sprechweise*) entrecortado; **~er Verkehr** atasco *m*

**stockfinster** ['-'--] *adj* (*fam*) oscuro como la boca de lobo; **~e Nacht** noche cerrada

**Stockfisch** *m* ❶ (*Fisch*) bacalao *m* (salado) ❷ (*fam: Person*) persona *f* sosa

**Stockholm** ['ʃtɔkhɔlm, -'-] *nt* <-s> Estocolmo *m*

**stockkonservativ** ['-'----] *adj* (*fam*) ultraconservador, momio *Am;* **stocksauer** ['-'--] *adj* (*fam*) de un humor de perros; **stocksteif** ['-'-] *adj* (*fam*) tieso como una tabla

**Stockung** *f* <-en> ❶ (*Verlangsamung*) paralización *f;* (*Unterbrechung*) interrupción *f* ❷ (*Verkehrs~*) atasco *m*

**Stockwerk** *nt* piso *m*

**Stoff**[1] [ʃtɔf] *m* <-(e)s, *ohne pl*> ❶ (PHILOS) materia *f* ❷ (*fam: Drogen*) polvo *m*

**Stoff**[2] *m* <-(e)s, -e> ❶ (*Gewebe*) tejido *m,* tela *f* ❷ (*Substanz*) su(b)stancia *f,* material *m;* **wieder verwertbare ~e** materiales recuperables ❸ (*Unterrichts~*) materia *f*

**Stofffetzen** *m* trozo *m* de tela; **Stofftier** *nt* animal *m* de trapo; (*Plüschtier*) animal *m* de peluche

**Stoffwechsel** *m* metabolismo *m*

**stöhnen** ['ʃtøːnən] *vi* gemir (*vor* a causa de); (*klagen*) quejarse (*über* de)

**stoisch** ['ʃtoːɪʃ, 'stoːɪʃ] *adj* estoico

**Stola** ['ʃtoːla, 'stoːla] *f* <Stolen> estola *f*

**Stollen** ['ʃtɔlən] *m* <-s, -> ❶ (BERGB) galería *f* ❷ (GASTR) *pastel navideño de pasas, almendras y especias*

**stolpern** ['ʃtɔlpen] *vi sein* tropezar (*über* con); **zufällig über etw ~** (*fam*) toparse por casualidad con algo

**stolz** [ʃtɔlts] *adj* ❶ (*auf einen Erfolg*) orgulloso (*auf* de) ❷ (*hochmütig*) orgulloso ❸ (*imposant*) imponente ❹ (*fam: Summe*) considerable

**Stolz** *m* <-es, *ohne pl*> orgullo *m;* (*Hochmut*) altanería *f;* **seinen ~ haben** tener su orgullo

**stolzieren*** [ʃtɔl'tsiːrən] *vi sein* pavonearse (*durch/über* por)

**stop** [ʃtɔp] *interj* alto; **Stop-and-go-Verkehr** *m* tráfico que comienza a circular y se detiene repetidamente

**stopfen** ['ʃtɔpfən] **I.** *vt* ❶ (*Kleidung*) zurcir ❷ (*Loch*) tapar ❸ (*hinein~*) meter (a la fuerza) (*in* en) ❹ (*füllen*) llenar (*mit* de/con); **etw voll ~** atiborrar algo **II.** *vi* ❶ (*fam: schlingen*) zampar ❷ (*fam: sättigen*) llenar ❸ (*die Verdauung hemmen*) estreñir

**Stopfnadel** *f* aguja *f* de zurcir

**stopp** [ʃtɔp] *interj* alto

**Stopp** [ʃtɔp] *m* <-s, -s> ❶ (*Auto*) parada *f;* (*Flugzeug*) escala *f* ❷ (*Import, Export, Löhne*) congelación *f*

**Stoppel**[1] ['ʃtɔpəl] *f* <-n> ❶ (*Getreide~*) rastrojo *m* ❷ (*fam: Bart~*) cañón *m*

**Stoppel**[2] *m* <-s, -(n)> (*Österr: Pfropfen*) tapón *m*

**Stoppelbart** *m* (*fam*) barba *f* de tres días; **Stoppelfeld** *nt* (campo *m* de) rastrojo *m*

**stopp(e)lig** *adj* (*unrasiert*) mal afeitado

**stoppen** ['ʃtɔpən] **I.** *vi* parar(se) **II.** *vt* ❶ (*anhalten*) parar ❷ (*Zeit, Geschwindigkeit*) cronometrar

**stopplig** *adj* (*unrasiert*) mal afeitado

**Stoppschild** *nt* señal *f* de stop; **Stoppuhr** *f* cronómetro *m*

**Stöpsel** ['ʃtœpsəl] *m* <-s, -> ❶ (*Pfropfen*) tapón *m* ❷ (*fam: Junge*) muchachito *m*

**Stör** [ʃtøːɐ] *m* <-s, -e> (ZOOL) esturión *m*

**Storch** [ʃtɔrç, *pl:* 'ʃtœrçə] *m* <-(e)s, Störche> (ZOOL) cigüeña *f*

**Storchennest** *nt* nido *m* de cigüeña

**Störchin** ['ʃtœrçɪn] *f* <-nen> (ZOOL) cigüeña *f* (hembra)

**stören** ['ʃtøːrən] **I.** *vt* ❶ (*belästigen*) estorbar, molestar; **lassen Sie sich durch mich nicht ~** no se moleste por mí ❷ (*Frieden, Verkehr*) perturbar; (*Ordnung*) alterar; (*Gespräch*) interrumpir **II.** *vi* molestar; **störe ich?** ¿molesto?; **bitte nicht ~!** ¡no molestar, por favor!; **etw als ~d empfinden** sentir algo como molesto **III.** *vr:* **sich ~** (*fam*) escandalizarse (*an* por), amolarse (*an* por) *Am*

**Störenfried** [-friːt] *m* <-(e)s, -e> buscapleitos *mf inv*

**Störfall** *m* incidente *m;* **Störgeräusch** *nt* (RADIO) interferencia *f*

**Storni** *pl von* **Storno**

**stornieren*** [ʃtɔr'niːrən, stɔr'niːrən] *vt* ❶ (*Auftrag*) anular ❷ (FIN) rescontrar

**Storno** ['ʃtɔrno, 'stɔrno, *pl:* 'ʃtɔrni, 'stɔrni] *m o nt* <-s, Storni> asiento *m* cancelatorio

**störrisch** ['ʃtœrɪʃ] *adj* terco

**Störung** *f* <-en> ❶ (*Belästigung*) estorbo *m,* molestia *f* ❷ (*der Ordnung*) alteración *f;* (*eines Gesprächs*) interrupción *f;* (*Verkehrs~, a.* RADIO) perturbación *f* ❸ (*technische ~*) avería *f* ❹ (*gesundheitliche ~*) irregularidad *f;* **Störungsdienst** *m* servicio *m* de averías; **Störungsstelle** *f* servicio *m* de reparaciones

**Story** ['stɔri] *f* <-s> ❶ (*fam: Geschichte*) historia *f,* cuento *m;* **die ~ kaufe ich dir nicht ab!** ¡no me lo creo! ❷ (*Bericht,*

*Report*) informe *m* ❸ (*Inhalt eines Films, Romans*) trama *f*

**Stoß** [ʃtoːs, *pl:* 'ʃtøːsə] *m* <-es, Stöße> ❶ (*Schubs*) empujón *m;* (*Schlag*) golpe *m;* (*mit dem Ellbogen*) codazo *m;* (*mit der Faust*) puñetazo *m,* impacto *m Am;* **sich** *dat* **einen ~ geben** hacer de tripas corazón ❷ (*Erd~*) temblor *m* ❸ (*Stapel*) montón *m* (de)

**Stoßdämpfer** *m* (AUTO) amortiguador *m*

**Stößel** ['ʃtøːsəl] *m* <-s, -> majadero *m*

**stoßen** ['ʃtoːsən] <stößt, stieß, gestoßen> **I.** *vt* ❶ (*schubsen*) empujar, quiñar *Am;* (*mit dem Fuß*) dar un puntapié (a); **jdn vor den Kopf ~** (*fam fig*) ofender a alguien ❷ (*hinein~*) clavar ❸ (*hinaus~*) arrojar ❹ (*zerkleinern*) machacar ❺ (*Schweiz: schieben*) empujar **II.** *vi* ❶ *sein* (*prallen*) chocar (*an/gegen* contra/con/en), darse (*gegen* con) ❷ (*schlagen*) dar un golpe (*gegen* contra) ❸ *sein* (*treffen*) encontrar (*auf*), dar (*auf* con); **auf Erdöl ~** dar con petróleo; **zu jdm ~** unirse a alguien ❹ (*angrenzen*) limitar (*an* con) ❺ (*Schweiz: schieben, drücken*) empujar **III.** *vr:* **sich ~** ❶ (*anprallen*) darse; **sich am Schrank ~** darse contra el armario ❷ (*Anstoß nehmen*): **sich an etw** *dat* **~** ofenderse por algo

**Stoßgebet** *nt* jaculatoria *f;* **Stoßseufzer** *m* suspiro *m* hondo; **Stoßstange** *f* (AUTO) parachoques *m inv,* bómper *m Am*

**stößt** [ʃtøːst] *3. präs von* **stoßen**

**Stoßverkehr** *m* tráfico *m* de las horas (de) punta

**stoßweise** *adv* (*ruckartig*) esporádicamente; **es kamen ~ Bewerbungen** las solicitudes llegaron a empujones

**Stoßzahn** *m* colmillo *m;* **Stoßzeit** *f* hora *f* punta

**Stotterer, -in** ['ʃtɔtərɐ] *m, f* <-s, -; -nen> tartamudo, -a *m, f*

**stottern** ['ʃtɔtɐn] **I.** *vi* ❶ (*Mensch*) tartamudear ❷ (*Wagen, Motor*) traquetear **II.** *vt* balbucear

**Stövchen** ['ʃtøːfçən] *nt* <-s, -> calientaplatos *m inv* (*generalmente para teteras*)

**Str.** *Abk. von* **Straße** C/

**stracks** [ʃtraks] *adv* ❶ (*direkt*) directamente ❷ (*sofort*) inmediatamente

**Strafanstalt** *f* penitenciaría *f;* **Strafantrag** *m* querella *f* (penal); **Strafanzeige** *f* denuncia *f;* **~ gegen jdn erstatten** presentar una denuncia contra alguien; **Strafarbeit** *f* castigo *m;* **Strafbank** *f* (SPORT) banquillo *m,* banco *m* de penalti; **strafbar** *adj* punible; **sich ~ machen** incurrir en un delito; **Strafbefehl** *m* (JUR) orden *f* penal

**Strafe** ['ʃtraːfə] *f* <-n> ❶ (*allgemein*) castigo *m;* **seine gerechte ~ bekommen** recibir merecido castigo; **etw unter ~ stellen** poner algo bajo pena; **zur ~** como castigo ❷ (*Geld~*) multa *f* ❸ (*Freiheits~*) pena *f;* **eine ~ absitzen** cumplir una pena; **eine ~ zur Bewährung aussetzen** conceder remisión condicional

**strafen** ['ʃtraːfən] *vt* castigar (*für* por); (*mit einer Geldstrafe*) multar

**Straferlass** *m* condonación *f;* (*Amnestie*) amnistía *f*

**straff** [ʃtraf] *adj* (*gespannt*) tenso; (*Haut*) sin arrugas; (*Stil*) conciso; (*Disziplin*) riguroso; **etw ~ ziehen** tensar algo

**straffällig** ['ʃtraːffɛlɪç] *adj* criminal; **~ werden** incurrir en un delito

**straffen** ['ʃtrafən] **I.** *vt* ❶ (*Seil*) tensar; (*Haut*) estirar ❷ (*Text*) condensar **II.** *vr:* **sich ~** estirarse

**Straffheit** *f ohne pl* ❶ (*Organisation, System*) rigidez *f,* rigurosidad *f* ❷ (*Glattheit*) tersura *f*

**straffrei** *adj* impune; **der Angeklagte ging ~ aus** el acusado fue declarado libre; **Straffreiheit** *f ohne pl* impunidad *f;* **Strafgefangene(r)** *mf* preso, -a *m, f;* **Strafgericht** *nt* ❶ (JUR) tribunal *m* (de lo) penal ❷ (*Bestrafung*) castigo *m;* **Strafgesetz** *nt* ley *f* penal; **Strafgesetzbuch** *nt* código *m* penal; **Strafjustiz** *f* justicia *f* penal

**sträflich** ['ʃtrɛːflɪç] *adj* censurable

**Sträfling** ['ʃtrɛːflɪŋ] *m* <-s, -e> preso, -a *m, f*

**straflos** *adj* impune; **~ ausgehen** quedar impune

**Strafmaß** *nt* <-es, -e> pena *f;* **strafmildernd** ['-'--] *adj* atenuante sobre la pena; **strafmündig** *adj* (JUR) en edad penal; **Strafporto** *nt* recargo *m* de franqueo; **Strafpredigt** *f* (*fam*) sermón *m;* **jdm eine ~ halten** echar(le) un sermón a alguien

**Strafprozess** *m* proceso *m* penal; **Strafprozessordnung** *f* (JUR) código *m* de procedimiento penal

**Strafpunkt** *m* (SPORT) punto *m* de penalización; **Strafraum** *m ohne pl* (SPORT) área *f* de penalti; **Strafrecht** *nt ohne pl* derecho *m* penal; **strafrechtlich** *adj* jurídico-penal; **Strafregister** *nt* registro *m* de antecedentes penales; **Strafsanktionen** *fpl* sanciones *fpl* penales; **Strafstoß** *m* (SPORT) penalti *m;* **Straftat** *f* delito *m;* **eine ~ begehen** cometer un delito; **Straftäter(in)** *m(f)* delincuente *mf;* **Strafverfahren** *nt* procedimiento *m* penal [*o* criminal]; **Strafverfolger(in)** *m(f)* (JUR) fis-

S

cal *mf;* **Strafversetzung** *f* traslado *m* forzoso; **Strafverteidiger(in)** *m(f)* (JUR) abogado, -a *m, f* defensor(a)

**Strafvollzug** *m* ejecución *f* de la pena; **offener ~** régimen de puerta abierta; **Strafvollzugsanstalt** *f* (JUR) penitenciaría *f*

**Strafzettel** *m* (*fam*) multa *f*

**Strahl** [ʃtraːl] *m* <-(e)s, -en> ① (*Licht~, Sonnen~, a.* PHYS) rayo *m* ② (*Wasser~*) chorro *m*

**strahlen** [ˈʃtraːlən] *vi* ① (*Licht, Sonne*) brillar; (*glänzen*) brillar; (*funkeln*) destellar; (*radioaktiv*) despedir rayos radiactivos; **auf etw ~** iluminar algo; **~des Wetter** un sol radiante; **ein ~des Weiß** un blanco radiante ② (*Mensch*) estar radiante (*vor* de)

**Strahlenbehandlung** *f* (MED) radioterapia *f;* **Strahlenbelastung** *f* (MED) carga *f* de radiación; **Strahlendosis** *f* (MED) dosis *f inv* de radiación; **strahlengeschädigt** *adj* (MED) contaminado por radiación; **Strahlenschutz** *m* protección *f* contra radiaciones; **Strahlentherapie** *f* (MED) radioterapia *f;* **strahlenverseucht** *adj* contaminado por radiación

**Strahler** *m* <-s, -> ① (*Heiz~*) radiador *m* ② (*Licht~*) reflector *m*

**Strahlung** *f* <-en> (PHYS) (ir)radiación *f*

**Strähnchen** [ˈʃtrɛːnçən] *ntpl* mechas *fpl*

**Strähne** [ˈʃtrɛːnə] *f* <-n> ① (*Haar~*) greña *f pey;* (*graue ~*) mechón *m* ② (*Phase*) fase *f*

**strähnig** *adj* greñudo *pey*

**stramm** [ʃtram] *adj* ① (*straff*) tenso; **~ sitzen** venir justo; **~ ziehen** estirar ② (*kräftig*) robusto ③ (*gerade aufgerichtet*) derecho ④ (*streng*) rígido; **stramm|stehen** *irr vi* cuadrarse

**Strampelanzug** *m* pelele *m,* mameluco *m Am;* **Strampelhöschen** [-ˈhøːsçən] *nt* pelele *m*

**strampeln** [ˈʃtrampəln] *vi* ① (*Baby*) patalear ② *sein* (*fam: Rad fahren*) ir en bici

**Strand** [ʃtrant, *pl:* ˈʃtrɛndə] *m* <-(e)s, Strände> playa *f;* **an den** [*o* **zum**] **~ gehen** ir a la playa; **am ~ liegen** estar en la playa; **Strandbad** *nt* playa *f*

**stranden** [ˈʃtrandən] *vi sein* ① (*Schiff*) encallar ② (*geh: scheitern*) fracasar

**Strandgut** *nt* <-(e)s, *ohne pl*> objetos *mpl* arrojados por el mar; **Strandkorb** *m* sillón *m* de playa

**i Land & Leute**

Los **Strandkörbe**, cómodos y estables sillones de mimbre de dos plazas, son característicos del paisaje de las playas del Mar del Norte y del Mar Báltico. Su función es proteger a sus ocupantes del frío, la ventisca, la lluvia e incluso, en ocasiones, de las fuertes radiaciones solares.

**Strandpromenade** *f* paseo *m* marítimo

**Strang** [ʃtraŋ, *pl:* ˈʃtrɛŋə] *m* <-(e)s, Stränge> ① (*Seil*) cuerda *f,* soga *f;* **am gleichen ~ ziehen** (*fig*) tirar de la misma cuerda; **über die Stränge schlagen** (*fam fig*) pasarse de rosca ② (*Woll~*) madeja *f* ③ (*Nerven~*) cordón *m*

**strangulieren*** [ʃtraŋguˈliːrən] *vt* estrangular

**Strapaze** [ʃtraˈpaːtsə] *f* <-n> esfuerzo *m* (enorme), agobio *m*

**strapazieren*** [ʃtrapaˈtsiːrən] *vt* ① (*Material*) gastar ② (*Person*) agotar; (*Augen*) cansar (mucho); (*Geduld*) poner a prueba

**strapazierfähig** *adj* resistente

**strapaziös** [ʃtrapaˈtsjøːs] *adj* agotador

**Straps** [ʃtraps] *m* <-es, -e> liguero *m*

**Straßburg** [ˈʃtraːsbʊrk] *nt* <-s> Estrasburgo *m*

**Straße** [ˈʃtraːsə] *f* <-n> ① (*in einer Ortschaft*) calle *f;* (*große*) avenida *f;* (*Land~*) carretera *f;* **auf der ~** en la calle; **auf offener ~** en plena calle; **auf die ~ gehen** salir a la calle; **jdn auf die ~ setzen** (*fam*) poner a alguien de patitas en la calle ② (*Meeresenge*) estrecho *m*

**Straßenarbeiter** *m* peón *m* caminero

**Straßenbahn** *f* tranvía *m;* **Straßenbahnhaltestelle** *f* parada *f* de tranvía; **Straßenbahnlinie** *f* línea *f* de tranvía

**Straßenbau** *m ohne pl* construcción *f* de carreteras; **Straßenbelag** *m* firme *m;* **Straßenfeger(in)** *m(f)* <-s, -; -nen> barrendero, -a *m, f;* **Straßenfest** *nt* fiesta *f* en la calle; **Straßenführung** *f ohne pl* trazado *m* (de una carretera); **Straßengraben** *m* cuneta *f;* **Straßenjunge** *m* (*a. abw*) golfo *m;* **Straßenkarte** *f* mapa *m* de carreteras; **Straßenkehrer(in)** *m(f)* (*reg*) barrendero, -a *m, f;* **Straßenkreuzer** *m* (*fam*) cochazo *m;* **Straßenkreuzung** *f* cruce *m;* **Straßenlaterne** *f* farol *m;* **Straßenmusikant(in)** *m(f)* músico, -a *m, f* ambulante; **Straßenrand** *m* margen *m* de la calle; **Straßenschild** *nt* letrero *m;* (*Verkehrsschild*) señal *f* indicadora; **Straßenschlucht** *f* (*fam*) *calle situada entre rascacielos;* **Straßenseite** *f* lado *m* de la calle; **Straßensperre** *f* barrera *f;* **Straßenstrich** *m ohne pl* prostitución *f* callejera; **Straßenüberführung** *f* paso *m* elevado; **Straßenunterführung** *f* paso *m* subterráneo; **Straßenverhältnisse** *ntpl* estado *m* de las carreteras

**Straßenverkehr** *m* tráfico *m* (rodado); **Straßenverkehrsordnung** ['---'---] *f* código *m* de circulación

**Stratege, -in** [ʃtra'te:gə] *m, f* <-n, -n; -nen> estratega *mf*

**Strategie** [ʃtrate'gi:] *f* <-n> estrategia *f*

**strategisch** *adj* estratégico

**Stratosphäre** [ʃtrato'sfɛ:rə, strato-] *f ohne pl* (METEO) estratosfera *f*

**sträuben** ['ʃtrɔɪbən] **I.** *vr:* **sich** ~ ❶ (*Haare, Fell*) ponerse de punta ❷ (*sich wehren*) oponerse (*gegen* a) **II.** *vt* erizar; (*Gefieder*) hinchar; (*Fell*) poner de punta

**Strauch** [ʃtraʊx, *pl:* 'ʃtrɔɪçɐ] *m* <-(e)s, Sträucher> arbusto *m*, mata *f*

**straucheln** ['ʃtraʊxəln] *vi sein* ❶ (*geh: stolpern*) tropezar (*über* con) ❷ (*scheitern*) fracasar

**Strauß[1]** [ʃtraʊs] *m* <-es, -e> (*Vogel*) avestruz *m*

**Strauß[2]** [ʃtraʊs, *pl:* 'ʃtrɔɪsə] *m* <-es, Sträuße> (*Blumen~*) ramo *m* (de flores)

**Strebe** ['ʃtre:bə] *f* <-n> (ARCHIT) puntal *m*

**streben** ['ʃtre:bən] *vi* ❶ *sein* (*sich bewegen*) dirigirse (*zu/nach* hacia) ❷ (*sich bemühen*): **nach etw** ~ aspirar a algo

**Streben** ['ʃtre:bən] *nt* <-s, *ohne pl*> ambición *f* (*nach* de)

**Strebepfeiler** *m* (ARCHIT) contrafuerte *m*

**Streber(in)** *m(f)* <-s, -; -nen> (*abw*) arribista *mf*, olfa *mf RíoPl: fam;* (*in der Schule*) empollón, -ona *m, f*

**strebsam** *adj* aplicado; (*ehrgeizig*) ambicioso

**Strebsamkeit** *f ohne pl* aplicación *f;* (*Ehrgeiz*) ambición *f*

**Strecke** ['ʃtrɛkə] *f* <-n> ❶ (*Wegabschnitt*) trayecto *m;* (*Eisenbahn~*) línea *f;* (SPORT) recorrido *m;* **auf freier/halber** ~ durante el recorrido; **über weite ~n** (*größtenteils*) en grandes partes; **auf der ~ bleiben** (*fam fig*) quedarse en la estacada ❷ (*Entfernung*) distancia *f* ❸ (*Weg, Route*) ruta *f* ❹ (BERGB) galería *f* ❺ (MATH) segmento *m* rectilíneo ❻ (*Wend*): **jdn zur ~ bringen** (*verhaften*) echarle el guante a alguien; (*töten*) cargarse a alguien

**strecken** ['ʃtrɛkən] **I.** *vt* ❶ (*Körperteil*) estirar; **lang gestreckt** alargado; (**den Finger**) ~ (*fam*) levantar la mano; **jdn zu Boden** ~ derribar a alguien de un golpe; **den Kopf aus dem Fenster** ~ asomar la cabeza por la ventana ❷ (*Metall*) laminar ❸ (*Vorräte, Geld*) hacer rendir; (*verdünnen*) aguar **II.** *vr:* **sich** ~ ❶ (*sich aus~*) estirarse ❷ (*sich recken*) desperezarse ❸ (*sich hinziehen*): **der Weg streckt sich** (*fam*) el camino se hace largo

**Streckenabschnitt** *m* tramo *m;* **Streckennetz** *nt* red *f* de líneas; **streckenweise** *adv* (*a. fig*) en (algunas) partes

**Streetworker(in)** ['stri:twœ:kɐ] *m(f)* <-s, -; -nen> educador(a) *m(f)* de calle

**Streich** [ʃtraɪç] *m* <-(e)s, -e> ❶ (*geh: Schlag*) golpe *m* ❷ (*Schabernack*) jugarreta *f*, ganga *f Mex*, cargada *f Arg;* **jdm einen ~ spielen** hacer(le) una jugarreta a alguien; **da hat mir mein Gedächtnis einen ~ gespielt** mi memoria me ha gastado una mala pasada

**Streicheleinheiten** *fpl* (*fam a.* PSYCH) caricias *fpl*, papachos *mpl Mex*

**streicheln** ['ʃtraɪçəln] *vt* acariciar

**streichen** ['ʃtraɪçən] <streicht, strich, gestrichen> **I.** *vt* ❶ (*an~*) pintar; **frisch gestrichen!** ¡recién pintado! ❷ (*durch~*) tachar, radiar *Am;* (*Zuschuss*) suprimir; (*Plan, Auftrag*) anular; **„Nichtzutreffendes ~"** "táchese lo que no corresponda" ❸ (*Butter*) untar; (*Brötchen*) preparar ❹ (*entfernen*) quitar ❺ (*Stoff, Haare*): **glatt** ~ alisar; **etw** (**mit der Hand**) **glatt** ~ pasar la mano por algo **II.** *vi* ❶ *sein* (*umherstreifen*) vagar (*durch* por) ❷ (*darüber ~*) pasar (la mano) (*durch/über* por); (*zärtlich*) acariciar (*durch/über*); **ein gestrichener Esslöffel Mehl** una cuchara rasa de harina

**Streicher** *pl* (MUS: *Orchesterteil*) instrumentos *mpl* de arco

**Streichholz** *nt* cerilla *f*, cerillo *m Mex;* **Streichholzschachtel** *f* caja *f* de cerillas, cerillero *m Am*

**Streichinstrument** *nt* instrumento *m* de cuerda; **Streichkäse** *m* queso *m* para untar; **Streichmusik** *f* música *f* de arco; **Streichorchester** *nt* orquesta *f* de cuerda

**Streichung** *f* <-en> ❶ (*Abschaffung*) anulación *f;* (*von Stellen, im Etat*) recorte *m* ❷ (*im Text*) tachadura *f*

**Streichwurst** *f* embutido *m* para untar

**Streife** ['ʃtraɪfə] *f* <-n> patrulla *f;* **auf ~ gehen/sein** andar/estar de patrulla

**streifen** ['ʃtraɪfən] **I.** *vt* ❶ (*berühren*) rozar; (*Frage, Problem*) tocar de pasada ❷ (*abziehen*) sacar (*von* de); (*überziehen*) poner (*auf* a) **II.** *vi sein:* **durch ein Gebiet** ~ recorrer una región

**Streifen** ['ʃtraɪfən] *m* <-s, -> ❶ (*Linie*) línea *f* ❷ (*aus Stoff, Papier*) tira *f* ❸ (*fam: Film*) peli *f*

**Streifenpolizist(in)** *m(f)* policía *mf* de patrulla; **Streifenwagen** *m* coche *m*

S

patrulla

**Streifschuss** *m* disparo *m* que pasa rozando; **Streifzug** *m* ❶ (*Erkundungszug*) excursión *f* (*durch* por/en) ❷ (*kurzer Überblick*) panorama *m* (*durch* de)

**Streik** [ʃtraɪk] *m* <-(e)s, -s> huelga *f*; **in (den) ~ treten** declararse en huelga; **zum ~ aufrufen** convocar una huelga

**Streikbrecher(in)** *m(f)* <-s, -; -nen> esquirol *mf*

**streiken** ['ʃtraɪkən] *vi* ❶ (*Arbeiter*) estar en huelga (*für* para) ❷ (*fam: sich weigern*) pasar; (*Motor*) no funcionar

**Streikende(r)** *mf* <-n, -n; -n> huelgista *mf*

**Streikposten** *m* piquete *m* (de huelga); **Streikrecht** *nt ohne pl* derecho *m* de huelga

**Streit** [ʃtraɪt] *m* <-(e)s, -e> disputa *f* (*um* por, *über* sobre), pelea *f* (*um* por); (*Rechts~*) litigio *m*; **wir haben ~** estamos peleados; **wegen etw mit jdm ~ bekommen** pelearse con alguien por algo; **sich im ~ trennen** acabar peleados

**streiten** ['ʃtraɪtən] <streitet, stritt, gestritten> **I.** *vi* ❶ (*zanken*) pelear (*um* por) ❷ (*mit Worten*) discutir (*über* sobre); **darüber lässt sich ~** esto es discutible **II.** *vr:* **sich ~** pelearse (*um/wegen* por)

**Streiterei** *f* <-en> (*abw*) querellas *fpl*; (*mit Worten*) disputas *fpl*

**Streitfall** *m* conflicto *m*; (JUR) litigio *m*; (POL) contencioso *m*; **im ~** en caso de litigio; **Streitgespräch** *nt* disputa *f*

**streitig** *adj* ❶ (JUR) litigioso ❷ (*strittig*) controvertido; **jdm etw ~ machen** disputar algo a alguien

**Streitigkeit** *f* <-en> riña *f*, contienda *f*

**Streitkräfte** *fpl* fuerzas *fpl* armadas; **streitlustig** *adj* disputador; (*aggressiv*) agresivo; **Streitpunkt** *m* punto *m* de discordia; **streitsüchtig** *adj* pendenciero

**streng** [ʃtrɛŋ] *adj* ❶ (*allgemein*) severo; (*hart*) duro; (*genau*) estricto; **~ genommen** en rigor; **jdn ~ ansehen** mirar a alguien severamente; **das ist ~ verboten!** ¡eso está terminantemente prohibido! ❷ (*Stillschweigen, Diskretion*) absoluto; **~ geheim** bajo absoluta discreción; **~ vertraulich** absolutamente confidencial ❸ (*Geruch*) acre ❹ (*schmucklos*) austero ❺ (*Kälte*) intenso; (*Winter*) duro ❻ (*konsequent*) consecuente ❼ (*Schweiz: anstrengend*) duro

**Strenge** ['ʃtrɛŋə] *f ohne pl* ❶ (*Striktheit*) severidad *f*; (*Exaktheit*) exactitud *f* ❷ (*Schmucklosigkeit*) austeridad *f* ❸ (*eines Geruchs, Geschmacks*) acritud *f* ❹ (*des Winters*) rigor *m*

**strenggläubig** *adj* (muy) creyente

**Stress** [ʃtrɛs] *m* <-es, *ohne pl*> estrés *m*; **unter ~ stehen** estar bajo estrés

**stressen** ['ʃtrɛsən] *vi, vt* (*fam*) estresar

**stressfrei** *adj* sin estrés

**stressig** *adj* (*fam*) estresante

**Stressor** ['ʃtrɛsoːɐ] *m* <-s, -en> (PSYCH) estresor *m*

**Stresssituation** *f* situación *f* de estrés

**Stretching** ['strɛtʃɪŋ] *nt* <-s, *ohne pl*> estiramiento *m*

**Streu** [ʃtrɔɪ] *f ohne pl* paja *f* (*como lecho*)

**streuen** ['ʃtrɔɪən] **I.** *vt* ❶ (*verteilen*) esparcir (*durch/auf* por); (*Pulver*) espolvorear; **Gerüchte ~** levantar rumores ❷ (*Straße*) echar arenilla (a) (*contra el hielo*) **II.** *vi* ❶ (*Straße*) echar arenilla ❷ (PHYS) dispersar

**Streufahrzeug** *nt* camión *m* esparcidor de arenilla; **Streugut** *nt* <-s, *ohne pl*> *sal o arenilla que se esparce para evitar hielos*

**streunen** ['ʃtrɔɪnən] *vi sein* vagabundear (*durch* por); **durch die Stadt ~** callejear

**Streusel** ['ʃtrɔɪzəl] *m o nt* <-s, -> *bolita de mantequilla, azúcar y harina para cubrir pasteles*; **Streuselkuchen** *m pastel cubierto con bolitas de mantequilla, azúcar y harina*

**Streuung** *f* <-en> (*a.* PHYS) dispersión *f*

**strich** [ʃtrɪç] *3. imp von* **streichen**

**Strich[1]** [ʃtrɪç] *m* <-(e)s, -e> (*Linie*) raya *f*; (*auf Skalen*) marca *f*; (*Pinsel~*) pincelada *f*; **jdm einen ~ durch die Rechnung machen** (*fam fig*) desbaratar los proyectos de alguien; **einen ~ unter etw ziehen** (*fig*) poner punto final a algo; **unter dem ~** (*als Ergebnis*) a fin de cuentas

**Strich[2]** *m* <-(e)s, *ohne pl*> ❶ (*der Haare, des Fells*) sentido *m*; **das geht mir gegen den ~** (*fam*) eso me viene a contrapelo; **jdn nach ~ und Faden verprügeln** (*fam*) dar(le) una buena paliza a alguien ❷ (*fam: Prostitution*) prostitución *f* callejera; **auf den ~ gehen** hacer la carrera

**Strichcode** *m s.* **Strichkode**

**stricheln** ['ʃtrɪçəln] *vt* ❶ (*zeichnen*) trazar a rayas; **eine gestrichelte Linie** una línea discontinua ❷ (*schraffieren*) rayar

**Stricher(in)** *m(f)* <-s, -; -nen> (*fam*) puto, -a *m, f* callejero, -a

**Strichkode** *m* código *m* de barras; **Strichliste** *f* lista *f* a rayas

**Strichmädchen** *nt* (*fam*) puta *f* callejera

**Strichmännchen** *nt* monigote *m*; **Strichpunkt** *m* punto *m* y coma; **strichweise** *adv* en algunas partes; **~ Schneefall** nevadas locales

**Strick** [ʃtrɪk] *m* <-(e)s, -e> ❶ (*Seil*) cuerda

*f*, soga *f*; **wenn alle ~e reißen** (*fam*) en el peor de los casos; **jdm aus etw einen ~ drehen** (*fig*) utilizar algo en contra de alguien ❷ (*fam: Schlingel*) bribón, -ona *m, f*

**stricken** ['ʃtrɪkən] *vi, vt* hacer punto; **einen Pullover ~** hacer un jersey de punto

**Strickgarn** *nt* hilo *m* para labores de punto; **Strickjacke** *f* chaqueta *f* de punto; **Strickleiter** *f* escala *f* de cuerda; **Stricknadel** *f* aguja *f* para hacer punto; **Strickwaren** *fpl* géneros *mpl* de punto; **Strickweste** *f* chaqueta *f* de punto; **Strickzeug** *nt* (*Handarbeit*) labor *m* de punto

**striegeln** *vt* (*Pferd*) almohazar; (*bürsten*) cepillar

**Strieme** ['ʃtri:mə] *f* <-n>, **Striemen** ['ʃtri:mən] *m* <-s, -> verdugón *m*

**strikt** [ʃtrɪkt] *adj* estricto

**Strip** [strɪp] *m* <-s, -s> strip-tease *m*

**Strippe** ['ʃtrɪpə] *f* <-n> (*fam*) cordón *m*; **jdn an der ~ haben** tener a alguien al teléfono

**strippen** ['strɪpən] *vi* (*fam: sich ausziehen*) hacer un strip-tease

**Strippenzieher(in)** *m(f)* <-s, -; -nen> (*abw fam*) maquinador(a) *m(f)*

**Striptease** ['ʃtrɪpti:s, 'strɪpti:s] *m o nt* <-, *ohne pl*> estriptis *m inv*, striptease *m inv*, strip-tease *m inv*

**stritt** [ʃtrɪt] *3. imp von* **streiten**

**strittig** ['ʃtrɪtɪç] *adj* disputable; (*umstritten*) discutido

**Stroh** [ʃtro:] *nt* <-(e)s, *ohne pl*> paja *f*; **strohblond** ['-'-] *adj* rubio pajizo; **Strohblume** *f* siempreviva *f*; **strohdumm** ['-'-] *adj* (*fam*) tonto; **Strohfeuer** *nt* fuego *m* de paja; **es war nur ein ~** (*fam*) ha sido sólo la emoción del primer momento; **Strohhalm** *m* ❶ (*Halm*) tallo *m* de paja ❷ (*Trinkhalm*) pajita *f*, popote *m Mex*; **Strohhut** *m* sombrero *m* de paja; **Strohmann** *m* testaferro *m*, palo *m* blanco *Am*; **Strohwitwe** *f* (*fam*): **~ sein** estar sin marido; **Strohwitwer** *m* (*fam*): **~ sein** estar de Rodríguez

**Strolch** [ʃtrɔlç] *m* <-(e)s, -e> ❶ (*abw: Gauner*) golfo, -a *m, f* ❷ (*fam: Kind*) golfillo, -a *m, f*

**Strom** [ʃtro:m] *m* <-(e)s, Ströme> ❶ (*Fluss, Strömung*) corriente *f*; (*a. fig*) río *m*; **der Wein floss in Strömen** el vino corría a raudales; **gegen den ~ schwimmen** (*fig*) nadar contra la corriente; **mit dem ~ schwimmen** (*fig*) dejarse llevar por la corriente ❷ (ELEK) corriente *f*; **unter ~ stehen** (*Kabel, Zaun*) estar conectado a la corriente (eléctrica); (*fam: Mensch*) echar humo por las orejas de tanto trabajo ❸ (*Menschen~*) oleada *f*

**stromabwärts** [-'--] *adv* río abajo; **stromaufwärts** [-'--] *adv* río arriba

**Stromausfall** *m* apagón *m*

**strömen** ['ʃtrø:mən] *vi sein* ❶ (*Fluss*) fluir ❷ (*Blut, Wasser*) correr ❸ (*Menschen*) acudir en masa (*zu/nach* a)

**Stromerzeugung** *f* generación *f* de corriente; **Stromkabel** *nt* línea *f* eléctrica; **Stromkreis** *m* circuito *m* (eléctrico); **Stromleitung** *f* conducción *f* de corriente (eléctrica)

**stromlinienförmig** *adj* aerodinámico

**Strommast** *m* poste *m* de la electricidad; **Stromnetz** *nt* red *f* eléctrica; **Stromrechnung** *f* cuenta *f* de electricidad

**Stromschnelle** *f* <-n> rápido *m*, corredera *f CSur*

**Stromstärke** *f* intensidad *f* de la corriente; **Stromstoß** *m* impulso *m* de corriente

**Strömung** *f* <-en> corriente *f*

**Stromverbrauch** *m* consumo *m* de electricidad; **Stromversorgung** *f* suministro *m* de corriente; **Stromzähler** *m* <-s, -> contador *m* eléctrico

**Strophe** ['ʃtro:fə] *f* <-n> estrofa *f*

**strotzen** ['ʃtrɔtsən] *vi* (*vor Freude, Gesundheit*) rebosar (*von/vor* de); (*voll sein*) estar lleno (*von/vor* de)

**strubb(e)lig** ['ʃtrʊbəlɪç] *adj* desgreñado

**Strudel** ['ʃtru:dəl] *m* <-s, -> ❶ (*im Wasser*) remolino *m* ❷ (*Speise*) *rollo de hojaldre relleno*, strudel *m Am*

**Struktur** [ʃtrʊk'tu:ɐ] *f* <-en> estructura *f*

**strukturell** [ʃtrʊktu'rɛl] *adj* estructural

**strukturieren*** [ʃtrʊktu'ri:rən] *vt* estructurar

**Strukturierung** *f* <-en> estructuración *f*

**strukturschwach** *adj* (WIRTSCH) poco desarrollado; **Strukturwandel** *m* cambio *m* de estructura

**Strumpf** [ʃtrʊmpf, *pl:* 'ʃtrʏmpfə] *m* <-(e)s, Strümpfe> media *f*; (*kurzer*) calcetín *m*; **Strumpfband** *nt* liga *f*; **Strumpfhalter** *m* <-s, -> liguero *m*, portaligas *m inv Am*; **Strumpfhose** *f* panty *m*, pantimedia(s) *f(pl) Mex*

**struppig** ['ʃtrʊpɪç] *adj* hirsuto

**Stube** ['ʃtu:bə] *f* <-n> cuarto *m*, habitación *f*; **die gute ~** el salón

**Stubenarrest** *m* (*fam*): **~ haben/bekommen** no poder salir (*un niño, como castigo, de casa o de su habitación*); **Stubenfliege** *f* mosca *f* (doméstica); **Stubenhocker(in)** *m(f)* (*fam abw*) persona *f* casera; **stubenrein** *adj* (*Tier*) aseado; (*Witz*) decoroso

**Stuck** [ʃtʊk] *m* <-(e)s, *ohne pl*> ❶ (*Mate-

*rial*) estuco *m* ② (*~ arbeit*) estucado *m*

**Stück** [ʃtʏk] *nt* <-(e)s, -e> ① (*allgemein*) pieza *f;* (*Vieh*) cabeza *f;* **sechs ~ Eier** seis huevos; **drei Euro das ~** tres euros cada uno; **~ Land** parcela *f;* **ein ~ spazieren gehen** pasear un rato; **das ist ein starkes ~!** (*fam*) ¡qué barbaridad! ② (*Teil*) trozo *m,* pedazo *m,* troncho *m CSur;* **~ für ~** pieza por pieza; (*fig*) poco a poco; **etw in ~e schlagen** romper algo en trozos; **große ~e auf jdn halten** (*fam*) estimar mucho a alguien; **ein schweres ~ Arbeit** mucho trabajo; **aus freien ~en** voluntariamente ③ (*Theater~, Musik~*) pieza *f* ④ (*fam abw: Person*): **du gemeines ~!** ¡hijo de perra!

**Stuckateur(in)** [ʃtʊka'tøːɐ] *m(f)* <-s, -e; -nen> estucador(a) *m(f)*

**stückeln** ['ʃtʏkəln] *vt* fraccionar

**Stückgut** *nt* bulto *m* suelto; **Stückpreis** *m* precio *m* por unidad; **stückweise** *adv* por piezas; **Stückzahl** *f* (WIRTSCH) número *m* de piezas

**Student(in)** [ʃtu'dɛnt] *m(f)* <-en, -en; -nen> estudiante *mf*

**Studentenausweis** *m* carné *m* de estudiante; **Studentenverbindung** *f* (UNIV) *asociación estudiantil jerarquizada, con uniforme y reglas propias más o menos estrictas que ofrece a sus miembros alojamiento, apoyo profesional, etc.;* **Studentenwerk** *nt en Alemania, institución universitaria para la asistencia social de los estudiantes;* **Studentenwohnheim** *nt* residencia *f* estudiantil

**Studentin** *f* <-nen> *s.* **Student**

**studentisch** *adj* estudiantil

**Studie** ['ʃtuːdiə] *f* <-n> ① (*Entwurf*) esbozo *m* ② (*Untersuchung*) estudio *m*

**Studien** *pl von* **Studie, Studium[2]**

**Studienabbrecher(in)** *m(f)* <-s, -; -nen> estudiante *mf* que abandona la carrera universitaria; **Studienabschluss** *m* (*Grad*) título *m* (universitario); **Studienberatung** *f* servicio *m* de asesoramiento para estudiantes; **Studienfach** *nt* asignatura *f;* **Studiengang** *m* <-(e)s, -gänge> carrera *f;* **Studiengebühr** *f* (derechos *mpl* de) matrícula *f;* **Studienplatz** *m* plaza *f* (universitaria); **Studienrat, -rätin** *m, f* catedrático, -a *m, f* de Instituto; **Studienreise** *f* viaje *m* de estudios

**studieren*** [ʃtu'diːrən] *vi, vt* estudiar (*an/in* en)

**studiert** [ʃtu'diːɐt] *adj* (*fam*) que ha estudiado; (*gebildet*) culto

**Studio** ['ʃtuːdio] *nt* <-s, -s> estudio *m*

**Studium[1]** ['ʃtuːdiʊm] *nt* <-s, *ohne pl*> (*akademische Ausbildung*) carrera *f*

**Studium[2]** *nt* <-s, Studien> (*Erforschung*) estudio *m*

**Stufe** ['ʃtuːfə] *f* <-n> ① (*Treppen~*) peldaño *m,* escalón *m;* **Vorsicht, ~!** ¡Cuidado con el escalón! ② (*Ebene*) nivel *m;* (*Rang*) grado *m;* **sich mit jdm auf eine ~ stellen** equipararse con alguien ③ (*Abschnitt*) fase *f*

**Stufenbarren** *m* (SPORT) paralelas *fpl* asimétricas; **stufenförmig** [-fœrmɪç] *adj* escalonado; **stufenlos** *adj* (TECH) sin fases, sin etapas; **Stufenschnitt** *m* corte *m* escalonado

**stufenweise** *adj* gradual

**stufig** *adj* ① (*Land*) escalonado ② (*Haar*) en capas

**Stuhl** [ʃtuːl, *pl:* 'ʃtyːlə] *m* <-(e)s, Stühle> ① (*Möbel*) silla *f;* **elektrischer ~** silla eléctrica; **jdm einen ~ anbieten** ofrecer(le) una silla a alguien; **zwischen zwei Stühlen sitzen** (*fig*) nadar entre dos aguas; **das reißt mich nicht vom ~** (*fam*) esto no me maravilla ② (REL) sede *f;* **der Heilige ~** la Santa Sede ③ (MED: *~gang*) defecación *f;* (*Kot*) restos *mpl* fecales

**Stuhlbein** *nt* pata *f* de la silla

**Stuhlgang** *m* <-(e)s, *ohne pl*> defecación *f;* **~ haben** defecar

**Stuhllehne** *f* respaldo *m* (de una silla)

**Stulle** ['ʃtʊlə] *f* <-n> (*nordd*) bocadillo *m,* bocata *m fam*

**stülpen** ['ʃtʏlpən] *vt:* **etw auf/über etw ~** tapar algo con algo; **etw nach außen ~** volver algo (al revés)

**stumm** [ʃtʊm] *adj* ① (*sprechunfähig, a.* LING) mudo; **~ werden** enmudecer ② (*schweigsam*) callado; **jdn ~ ansehen** mirar a alguien sin decir palabra

**Stummel** ['ʃtʊməl] *m* <-s, -> (*Bleistift~*) pedazo *m;* (*Kerzen~*) cabo *m;* (*Zigaretten~*) colilla *f*

**Stummfilm** *m* película *f* muda

**Stümper(in)** ['ʃtʏmpɐ] *m(f)* <-s, -; -nen> (*abw*) chapucero, -a *m, f*

**stümperhaft** *adj* (*abw*) chapucero

**stumpf** [ʃtʊmpf] *adj* ① (*nicht scharf*) desafilado; (*nicht spitz*) romo ② (*rau*) tosco ③ (*glanzlos*) opaco ④ (MATH: *Winkel*) obtuso ⑤ (*teilnahmslos*) apático; (*gleichgültig*) indiferente

**Stumpf** [ʃtʊmpf, *pl:* 'ʃtʏmpfə] *m* <-(e)s, Stümpfe> (*Baum~*) tocón *m;* (*Kerzen~*) cabo *m;* (*von Gliedmaßen*) muñón *m*

**Stumpfheit** *f ohne pl* ① (*eines Messers*) embotamiento *m* ② (*Rauheit*) tosquedad *f* ③ (*Glanzlosigkeit*) opacidad *f* ④ (*Teilnahmslosigkeit*) apatía *f;* (*Gleichgültig-*

*keit*) indiferencia *f*

**Stumpfsinn** *m* <-(e)s, *ohne pl*> ① (*Teilnahmslosigkeit*) apatía *f* ② (*Monotonie*) monotonía *f*

**stumpfsinnig** *adj* ① (*teilnahmslos*) apático ② (*monoton*) monótono

**Stunde** ['ʃtʊndə] *f* <-n> hora *f;* (*Unterrichts~*) clase *f;* **drei viertel ~n** tres cuartos de hora; **in einer ~** dentro de una hora; **vor einer halben ~** hace media hora; **alle halbe ~** cada media hora; **bis zur ~** hasta ahora; **zu später ~** muy tarde; **25 DM pro ~** 25 marcos la hora; **~n nehmen/geben** tomar/dar clases; **in einer schwachen ~** en un momento de debilidad; **seine letzte ~ ist gekommen** le ha llegado la hora; **sie weiß, was die ~ geschlagen hat** (*fig*) sabe cómo están las cosas

**stunden** ['ʃtʊndən] *vt:* **jdm etw ~** conceder a alguien una prórroga para algo

**Stundengeschwindigkeit** *f* velocidad *f* por hora; **Stundenhotel** *nt* casa *f* de citas; **Stundenkilometer** *m* (*fam*) kilómetro *m* por hora; **stundenlang I.** *adj* de varias horas **II.** *adv* horas y horas; **Stundenlohn** *m* salario *m* por hora; **Stundenplan** *m* horario *m;* **Stundentakt** *m ohne pl:* **im ~** cada hora

**stundenweise** *adv* por horas

**stündlich** ['ʃtʏntlɪç] **I.** *adj* horario **II.** *adv* cada hora; **dreimal ~** tres veces por hora

**Stunk** [ʃtʊŋk] *m* <-s, *ohne pl*> (*fam abw*) bronca *f,* camorra *f;* **~ machen** armar camorra

**Stuntman** ['stantmən] *m* <-s, Stuntmen> (FILM) especialista *m*

**stupend** [ʃtu'pɛnt] *adj* (*geh*) sorprendente

**stupid(e)** *adj* (*abw*) ① (*Person*) estúpido ② (*Tätigkeit*) monótono

**Stups** [ʃtʊps] *m* <-es, -e> (*fam*) empujón *m*

**stupsen** ['ʃtʊpsən] *vt* (*fam*) empujar

**Stupsnase** *f* nariz *f* respingona

**stur** [ʃtuːɐ] *adj* testarudo; **bei etw auf ~ schalten** (*fam*) encabezonarse en algo

**Sturheit** *f ohne pl* (*fam abw*) terquedad *f*

**Sturm** [ʃtʊrm, *pl:* 'ʃtʏrmə] *m* <-(e)s, Stürme> ① (*Unwetter*) tormenta *f;* (*Wind*) tempestad *f;* **ein ~ der Begeisterung** una tempestad de entusiasmo; **~ klingeln** (*fam*) tocar a rebato ② (*Angriff*) asalto *m* (*auf* a); **gegen etw ~ laufen** protestar contra algo; **die Herzen im ~ erobern** conquistar (todos) los corazones en seguida ③ (SPORT) delantera *f;* **er spielt im ~** juega en la delantera

**Sturmbö** *f* ráfaga *f,* bocanada *f* (de viento)

**stürmen** ['ʃtʏrmən] **I.** *vi* ① *sein* (*rennen*) precipitarse (*zu/nach* hacia) ② (SPORT) atacar **II.** *vt* tomar por asalto; (*Bank, Geschäfte*) asaltar **III.** *vunpers:* **es stürmt** hay temporal

**Stürmer(in)** *m(f)* <-s, -; -nen> (SPORT) delantero *mf*

**Sturmflut** *f* marea *f* muy alta

**stürmisch** *adj* ① (*Wetter*) tempestuoso; (*Meer*) agitado ② (*ungestüm*) impetuoso; (*heftig*) violento; (*Liebhaber*) apasionado; (*Entwicklung*) rápido; (*Beifall*) frenético; **nicht so ~!** ¡no tan rápido!

**Sturmtief** *nt* (METEO) borrasca *f;* **Sturmwarnung** *f* aviso *m* de tempestad

**Sturz** [ʃtʊrts, *pl:* 'ʃtʏrtsə] *m* <-es, Stürze> ① (*Fall*) caída *f* (*von* de, *aus* por) ② (*Rückgang*) bajón *m* ③ (*einer Regierung*) derrocamiento *m* ④ (*oberer Abschlussbalken*) dintel *m* ⑤ (*Achs~*) inclinación *f*

**sturzbetrunken** *adj* (*fam*) (borracho) como una cuba

**stürzen** ['ʃtʏrtsən] **I.** *vi sein* ① (*fallen*) caer(se); (*Temperatur, Währung*) bajar; **sie ist schwer gestürzt** se hizo mucho daño al caerse; **zu Boden ~** caer al suelo ② (*in die Tiefe*) despeñarse ③ (*rennen*) precipitarse (*zu/an* hacia, *in* a); **ins Zimmer gestürzt kommen** entrar de golpe en la habitación **II.** *vt* ① (*um~*) derribar; (*umkippen*) volcar; (*Regierung*) derrocar ② (*hinunter~*) arrojar; (*von einem Felsen*) despeñar ③ (*Kuchen-, Puddingform*) desprender **III.** *vr:* **sich ~** (*hinunterspringen*) precipitarse (*in* a, *von* desde), arrojarse (*aus* por); **sich auf jdn ~** abalanzarse sobre alguien; **sich auf/in etw ~** lanzarse sobre/a algo; **sich in die Arbeit ~** lanzarse al trabajo

**Sturzflug** *m* vuelo *m* en picado; **im ~** en picado; **Sturzhelm** *m* casco *m* (protector)

**Stuss** [ʃtʊs] *m* <-es, *ohne pl*> (*fam abw*) disparates *mpl*

**Stute** *f* <-n> yegua *f*

**Stütze** ['ʃtʏtsə] *f* <-n> (*a. fig*) sostén *m,* apoyo *m;* (ARCHIT) soporte *m;* **eine ~ für jdn sein** ser el sostén de alguien

**stutzen** ['ʃtʊtsən] **I.** *vi* (*innehalten*) interrumpirse; (*erstaunt*) sorprenderse **II.** *vt* cortar; (*Baum*) podar; (*Flügel, Schwanz*) recortar

**stützen** ['ʃtʏtsən] **I.** *vt* apoyar; **den Kopf auf die Hände ~** apoyar la cabeza en las manos **II.** *vr:* **sich ~** ① (*sich auf~*) apoyarse (*auf* en) ② (*beruhen*) basarse (*auf* en)

**stutzig** *adj:* **~ werden** sorprenderse; **~ machen** (*argwöhnisch machen*) hacer sospechar; (*verwirren*) desconcertar

**Stützpfeiler** *m* (ARCHIT) pilar *m* (de apoyo);
**Stützpunkt** *m* ① (*einer Last*) punto *m* de

S

apoyo ❷ (MIL) base *f*
**stylen** ['staɪlən] **I.** *vt* (*gestalten*) diseñar; **sich** *dat* **die Haare** ~ arreglarse el pelo **II.** *vr:* **sich** ~ (*fam*) ponerse (guapo)
**Styling** ['staɪlɪŋ] *nt* <-s, *ohne pl*> diseño *m*, estilo *m*
**Styropor®** [ʃtyro'poːɐ, styro-] *nt* <-s, *ohne pl*> poliestireno *m*, plumavit® *m Am*
**s.u.** *Abk. von* **siehe unten** véase abajo
**Subjekt** [zʊp'jɛkt] *nt* <-(e)s, -e> (*a.* LING) sujeto *m*
**subjektiv** [zʊpjɛk'tiːf] *adj* subjetivo
**Subjektivität** [zʊpjɛktivi'tɛːt] *f ohne pl* subjetividad *f*
**Subkultur** ['zʊpkʊltuːɐ] *f* subcultura *f*
**Substantiv** ['zʊpstantiːf] *nt* <-s, -e> (LING) sustantivo *m*
**Substanz** [zʊp'stants] *f* <-en> sustancia *f*; **das geht an die** ~ (*fam*) esto llega al alma
**substituieren*** [zʊpstitu'iːrən] *vt* sustituir (*durch* por)
**Substitut(in)** [zʊpsti'tuːt] *m(f)* <-en, -en; -nen> (*Schweiz*) sustituto, -a *m, f*
**subtil** [zʊp'tiːl] *adj* sutil
**subtrahieren*** [zʊptra'hiːrən] *vt* (MATH) restar (*von* a)
**Subtraktion** [zʊptrak'tsjoːn] *f* <-en> (MATH) sustracción *f*, resta *f*
**Subtropen** ['zʊptroːpən] *pl* (GEO) regiones *fpl* subtropicales
**subtropisch** *adj* (GEO) subtropical
**Subunternehmer(in)** ['zʊp-] *m(f)* (WIRTSCH) subcontratista *mf*
**Subvention** [zʊpvɛn'tsjoːn] *f* <-n> (WIRTSCH) subvención *f*
**subventionieren*** [zʊpvɛntsjo'niːrən] *vt* (WIRTSCH) subvencionar
**subversiv** [zʊpvɛr'ziːf] *adj* subversivo
**Suchaktion** *f* operación *f* de búsqueda; **Suchbegriff** *m* (INFOR) concepto *m* de búsqueda; **Suchdienst** *m* servicio *m* de búsqueda
**Suche** ['zuːxə] *f* <-n> busca *f*, búsqueda *f*; **sich auf die** ~ **nach jdm/etw** *dat* **machen** salir en busca de alguien/algo
**suchen** ['zuːxən] *vi, vt* buscar; **nach etw** *dat*/**jdm** ~ buscar algo/a alguien; **da kannst du lange** ~ (*fam*) buscas en vano; **du hast hier nichts zu** ~**!** (*fam*) ¡a ti no te ha dado nadie vela en este entierro!
**Sucher** *m* <-s, -> (FOTO) visor *m*
**Suchfunktion** *f* (INFOR) función *f* de búsqueda; **Suchlauf** *m* (RADIO, TV) búsqueda *f* automática; **Suchmannschaft** *f* equipo *m* de rastreo [*o* de búsqueda]; **Suchmaschine** *f* motor *m* de busqueda, buscador *m*
**Sucht** [zʊxt] *f* <-en *o* Süchte> ❶ (*Abhängigkeit*) adicción *f* (*nach* a) ❷ (*Verlangen*) manía *f* (*nach* de); **Suchtgefahr** *f ohne pl* peligro *m* de adicción
**süchtig** ['zʏçtɪç] *adj* ❶ (*alkohol~, tabletten~*) adicto (*nach* a); (*drogen~*) toxicómano; ~ **machen** producir adicción ❷ (*begierig*) ávido (*nach* de)
**Süchtige(r)** *mf* <-n, -n; -n> adicto, -a *m, f*; (*Drogen~*) toxicómano, -a *m, f*
**Suchtkranke(r)** *mf* adicto, -a *m, f*; (*durch Drogen*) toxicómano, -a *m, f*
**Sud** [zuːt] *m* <-(e)s, -e> decocción *f*
**Süd** [zyːt] *m* <-(e)s, *ohne pl*> (*a.* NAUT, METEO) sur *m*; **Südafrika** ['-'---] *nt* ❶ (*Republik*) Sudáfrica *f* ❷ (*Teil des Kontinents*) África *f* del Sur; **Südafrikaner(in)** ['---'--] *m(f)* sudafricano, -a *m, f*; **südafrikanisch** ['---'--] *adj* sudafricano; **Südamerika** ['--'---] *nt* América *f* del Sur, Sudamérica *f*; **Südamerikaner(in)** ['----'--] *m(f)* sudamericano, -a *m, f*, latino, -a *m, f fam*; **südamerikanisch** ['----'--] *adj* sudamericano, latino *fam*
**Sudan** [zu'daːn] *m* <-s> Sudán *m*
**Sudanese, -in** [zuda'neːzə] *m, f* <-n, -n; -nen> sudanés, -esa *m, f*
**sudanesisch** *adj* sudanés
**süddeutsch** *adj* de Alemania del Sur; **Süddeutsche(r)** *mf* alemán, -ana *m, f* del Sur; **Süddeutschland** *nt* Alemania *f* del Sur
**Sudelei** [zuːdə'laɪ] *f* <-en> (*fam*) ❶ (*Schmiererei*) embadurnamiento *m*; (*beim Schreiben*) garabatos *mpl* ❷ (*Schlamperei*) chapucería *f*
**sudeln** ['zuːdəln] *vi, vt* (*fam abw: beim Schreiben*) garabatear; (*beim Zeichnen*) pintarrajear; (*mit Matsch schmieren*) embardurnar
**Süden** ['zyːdən] *m* <-s, *ohne pl*> sur *m*; **im** ~ en el sur; **im** ~ **von ...** (*südlich von*) al sur de...; (*im südlichen Teil von*) en el sur de; **von** ~ del sur; **nach/in den** ~ hacia el sur
**Südeuropa** ['--'--] *nt* (*Region*) Europa *f* del Sur; (*südlicher Teil*) sur *m* de Europa; **Südfrankreich** *nt* sur *m* de Francia, Francia *f* meridional; **Südfrucht** *f* fruta *f* tropical; **Südhalbkugel** *f ohne pl* hemisferio *m* sur; **Südkorea** *nt* Corea *f* del Sur; **Südküste** *f* costa *f* (del) Sur; **Südländer(in)** [-lɛndɐ] *m(f)* <-s, -; -nen> *habitante de un país mediterráneo;* **südländisch** *adj* del sur de Europa; ~**es Temperament** temperamento latino
**südlich** ['zyːtlɪç] **I.** *adj* del sur, meridional; **in** ~**er Richtung** en dirección sur; **52 Grad** ~**e Breite** 52 grados latitud sur **II.** *präp +gen* al sur de; ~ **von Granada** al sur de Granada

**Südostasien** *nt* sureste *m* asiático; **Südosten** [-ˈ--] *m* sudeste *m;* **südöstlich** [-ˈ--] **I.** *adj* del sudeste **II.** *präp +gen* al sudeste de; **Südpol** *m ohne pl* polo *m* sur; **Südsee** *f* Pacífico *m* meridional; **Südspanien** [ˈ-ˈ---] *nt* sur *m* de España; **Südstaaten** *mpl* Estados *mpl* del sur; **Südstaatler(in)** [-ʃtaːtlɐ] *m(f)* <-s, -; -nen> habitante *mf* de los Estados del sur

**Südwesten** [-ˈ--] *m* sudoeste *m;* **südwestlich** [-ˈ--] **I.** *adj* del sudoeste **II.** *präp +gen* al sudoeste de; **Südwind** *m* viento *m* del sur

**Sueskanal** [ˈzuːɛs-] *m* Canal *m* de Suez

**Suff** [zʊf] *m* <-(e)s, *ohne pl*> (*fam*) borrachera *f,* trinca *f Am;* **im** ~ borracho

**süffeln** [ˈzʏfəln] *vt* (*fam*) saborear (*una bebida alcohólica*)

**süffig** [ˈzʏfɪç] *adj* (*fam*) suave y ligero

**Suffix** [ˈzʊfɪks, -ˈ-] *nt* <-es, -e> (LING) sufijo *m*

**suggerieren*** [zʊgeˈriːrən] *vt* ① (*einreden*) sugerir ② (*Eindruck erwecken*) aparentar

**Suggestion** [zʊgɛsˈtjoːn] *f* <-en> sugestión *f*

**suggestiv** [zʊgɛsˈtiːf] *adj* sugestivo

**suhlen** [ˈzuːlən] *vr:* **sich** ~ revolcarse (*in* en)

**Sühne** [ˈzyːnə] *f ohne pl* (*geh*) expiación *f*

**sühnen** [ˈzyːnən] *vt* (*geh*) expiar

**Suite** [ˈsviːtə, zuˈiːtə] *f* <-n> (*a.* MUS) suite *f*

**Sujet** [zyˈʒeː] *nt* <-s, -s> (*geh*) tema *m*

**sukzessiv** [zʊktsɛˈsiːf] *adj* sucesivo

**Sulfat** [zʊlˈfaːt] *nt* <-(e)s, -e> (CHEM) sulfato *m*

**Sultan(in)** [ˈzʊltaːn] *m(f)* <-s, -e; -nen> sultán, -ana *m, f*

**Sülze** [ˈzʏltsə] *f* <-n> (*Fleisch~*) carne *f* en gelatina; (*Fisch~*) pescado *m* en gelatina

**sülzen** [ˈzʏltsən] *vi, vt* (*fam*) parlotear

**summa cum laude** [ˈzʊma kʊm ˈlaʊdə] *adv* (UNIV) con un sobresaliente cum laude

**summarisch** [zʊˈmaːrɪʃ] *adj* sumario

**Summe** [ˈzʊmə] *f* <-n> ① (MATH) suma *f* ② (*Geldbetrag*) importe *m,* suma *f;* **eine runde** ~ una suma redonda

**summen** [ˈzʊmən] **I.** *vi* ① (*Insekten, Motor*) zumbar ② (*Mensch*) tararear una melodía **II.** *vt* (*Melodie*) tararear

**summieren*** [zʊˈmiːrən] **I.** *vt* sumar **II.** *vr:* **sich** ~ acumularse

**Sumpf** [zʊmpf, *pl:* ˈzʏmpfə] *m* <-(e)s, Sümpfe> pantano *m,* moca *m Ecua;* **Sumpffieber** *nt* paludismo *m;* **Sumpfgebiet** *nt* región *f* pantanosa, zona *f* pantanosa

**sumpfig** *adj* pantanoso

**Sünde** [ˈzʏndə] *f* <-n> pecado *m;* **eine** ~ **begehen** cometer un pecado

**Sündenbock** *m* (*fam*) cabeza *f* de turco; **jdn zum** ~ **machen** convertir a alguien en cabeza de turco; **Sündenfall** *m ohne pl* (REL) pecado *m* original

**Sünder(in)** *m(f)* <-s, -; -nen> pecador(a) *m(f)*

**sündhaft** *adj* pecaminoso; ~ **teuer** carísimo

**sündig** *adj* pecador; (*lasterhaft*) vicioso

**sündigen** [ˈzʏndɪgən] *vi* pecar

**super** [ˈzuːpɐ] **I.** *adj inv* (*fam*) fantástico, de putamadre *fam* **II.** *adv* de maravilla, de putamadre *fam*

**Super-8-Film** *m* película *f* de súper 8

**Superbenzin** *nt* gasolina *f* súper; **Superchip** *m* (INFOR) superchip *m*

**Super-GAU** *m* (*fam*) super GAU *m*

**Superlativ** [ˈzuːpɐlatiːf] *m* <-s, -e> (LING) superlativo *m*

**Supermacht** *f* (*fam*) superpotencia *f;* **Supermann** *m* (*fam*) supermán *m;* **Supermarkt** *m* supermercado *m;* **Superstar** *m* superestrella *f*

**Suppe** [ˈzʊpə] *f* <-n> sopa *f;* (*klare* ~) consomé *m;* **die** ~ **hast du dir selbst eingebrockt** (*fam*) en esto te has metido tú solito; **die** ~ **auslöffeln müssen** (*fam fig*) pagar el pato

**Suppengemüse** *nt* surtido *m* de verduras (para hacer sopa); **Suppengrün** *nt* <-s, *ohne pl*> verdura *f* de sopa; **Suppenhuhn** *nt* pollo *m* para hacer sopa; **Suppenlöffel** *m* cuchara *f* para sopa; **Suppenschüssel** *f* sopera *f;* **Suppenteller** *m* plato *m* sopero; **Suppenwürfel** *m* pastilla *f* de caldo

**Supraleiter** *m* (ELEK) superconductor *m*

**Surfbrett** [ˈsœːf-] *nt* tabla *f* de surf

**surfen** [ˈsœːfən] *vi* ① (SPORT) practicar el surf, hacer surf ② (INFOR) navegar, surfear; **im Web/Internet** ~ navegar en [*o* por] la web/en internet

**Surfer(in)** [ˈsœːfɐ] *m(f)* <-s, -; -nen> ① (SPORT) surfista *mf* ② (INFOR) internauta *mf,* navegante *mf*

**Surrealismus** [zʊreaˈlɪsmʊs] *m* <-, *ohne pl*> (KUNST, LIT) surrealismo *m*

**surrealistisch** *adj* (KUNST, LIT) surrealista

**surren** [ˈzʊrən] *vi* zumbar

**suspekt** [zʊsˈpɛkt] *adj* sospechoso; **das ist mir** ~ esto me parece sospechoso

**suspendieren*** [zʊspɛnˈdiːrən] *vt* suspender (*von* de); **er wurde vom Dienst suspendiert** lo suspendieron de sus funciones

**süß** [zyːs] *adj* ① (*Geschmack*) dulce; (*gesüßt*) azucarado; (*Duft*) fragante ② (*lieblich*) dulce ③ (*niedlich*) mono

**süßen** ['zy:sən] *vt* endulzar; (*mit Zucker*) azucarar
**Süßholz** *nt ohne pl* regaliz *m;* ~ **raspeln** (*fam*) echar piropos
**Süßigkeit** *f* <-en> dulce *m*
**süßlich** *adj* dulzón
**süßsauer** ['-'--] *adj* agridulce; **Süßspeise** *f* plato *m* dulce; **Süßstoff** *m* edulcorante *m*
**Süßwaren** *fpl* dulces *mpl;* **Süßwarengeschäft** *nt* (*Laden*) bombonería *f*
**Süßwasser** *nt* agua *f* dulce
**SW** *Abk. von* **Südwesten** SO
**Sweatshirt** ['swɛtʃœ:t] *nt* <-s, -s> suéter *m,* sudadera *f*
**Swimmingpool** ['swɪmɪŋpu:l, 'svɪmɪŋ-] *m* piscina *f,* pileta *f Am*
**Symbiose** [zymbi'o:zə] *f* <-n> (BIOL) simbiosis *f inv*
**Symbol** [zym'bo:l] *nt* <-s, -e> símbolo *m* (*für* de); **Symbolfigur** *f* símbolo *m* (*für* de), figura *f* simbólica (*für* de)
**symbolisch** *adj* simbólico (*für* de)
**symbolisieren*** [zymboli'zi:rən] *vt* simbolizar
**Symbolleiste** *f* (INFOR) barra *f* de trabajo
**Symmetrie** [zyme'tri:] *f* <-n> simetría *f*
**symmetrisch** [zy'me:trɪʃ] *adj* simétrico
**Sympathie** [zympa'ti:] *f* <-n> simpatía *f* (*für* por); ~ **für jdn empfinden** sentir simpatía por alguien
**Sympathisant(in)** [zympati'zant] *m(f)* <-en, -en; -nen> simpatizante *mf*
**sympathisch** [zym'pa:tɪʃ] *adj* simpático; **er ist mir** ~ me es simpático, me cae bien *fam*
**sympathisieren*** [zympati'zi:rən] *vi* simpatizar
**Symphonie** [zymfo'ni:] *f* <-n> sinfonía *f*
**Symposium** [zym'po:ziʊm] *nt* <-s, Symposien> simposio *m*
**Symptom** [zymp'to:m] *nt* <-s, -e> (*a.* MED) síntoma *m* (*für* de)
**symptomatisch** [zympto'ma:tɪʃ] *adj* (*a.* MED) sintomático (*für* de)
**Synagoge** [zyna'go:gə] *f* <-n> sinagoga *f*
**synchron** [zyn'kro:n] *adj* (*a.* LING) sincrónico
**Synchronisation** [zynkroniza'tsjo:n] *f* <-en> ① (TECH) sincronización *f* ② (FILM) doblaje *m*
**synchronisieren*** [zynkroni'zi:rən] *vt* ① (TECH) sincronizar ② (FILM) doblar
**Syndikat** [zyndi'ka:t] *nt* <-(e)s, -e> (WIRTSCH) consorcio *m*
**Syndrom** [zyn'dro:m] *nt* <-s, -e> (MED) síndrome *m* (*für* de)
**Synode** [zy'no:də] *f* <-n> (REL) sínodo *m*
**synonym** [zyno'ny:m] *adj* (LING) sinónimo (*zu* de)
**Synonym** [zyno'ny:m] *nt* <-s, -e *o* -a> (LING) sinónimo *m* (*zu* de)
**syntaktisch** [zyn'taktɪʃ] *adj* (LING) sintáctico
**Syntax** ['zyntaks] *f* <-en> (LING) sintaxis *f inv*
**Synthese** [zyn'te:zə] *f* <-n> (*a.* PHILOS, CHEM) síntesis *f inv*
**Synthesizer** ['syntəsaɪzɐ] *m* <-s, -> sintetizador *m*
**Synthetik** [zyn'te:tɪk] *nt* <-s, *ohne pl*> (*Gewebe*) tejido *m* sintético
**synthetisch** [zyn'te:tɪʃ] *adj* (*a.* CHEM) sintético
**synthetisieren*** [zynteti'zi:rən] *vt* (CHEM) sintetizar
**Syphilis** ['zy:filɪs] *f ohne pl* sífilis *f*
**Syrer(in)** ['zy:rɐ] *m(f)* <-s, -; -nen> sirio, -a *m, f*
**Syrien** ['zy:riən] *nt* <-s> Siria *f*
**Syrier(in)** ['zy:riɐ] *m(f)* <-s, -; -nen> *s.* **Syrer**
**syrisch** ['zy:rɪʃ] *adj* sirio
**System** [zys'te:m] *nt* <-s, -e> sistema *m;* **duales** ~ (ÖKOL) sistema dual
**Systematik** [zyste'ma:tɪk] *f* <-en> ① (*Ordnung*) orden *m* ② (BIOL) sistemática *f*
**systematisch** [zyste'ma:tɪʃ] *adj* sistemático
**systematisieren*** [zystemati'zi:rən] *vt* sistematizar
**Systemfehler** *m* (INFOR) error *m* del sistema; **Systemkritiker(in)** *m(f)* (*a.* POL, WIRTSCH) disidente *mf*
**Szenarium** [stse'na:riʊm] *nt* <-s, Szenarien> (*a.* THEAT, FILM) escenario *m*
**Szene** ['stse:nə] *f* <-n> ① (THEAT) escena *f;* **ein Stück in** ~ **setzen** poner una obra en escena; **sich in** ~ **setzen** lucirse; **jdm eine** ~ **machen** montar(le) a alguien una escena ② (*fam: Milieu*) ambiente *m;* **sich in der** ~ **auskennen** (*fam: im Nachtleben/kulturellen Leben*) conocer la movida
**Szenenwechsel** *m* (THEAT) cambio *m* de escena
**Szenerie** [stsenə'ri:] *f* <-n> (*a.* THEAT) escenario *m*

# T t

**T, t** [te:] *nt* <-, -> T, t *f;* ~ **wie Theodor** T de Tarragona
**t** *Abk. von* **Tonne** t
**Tabak** ['tabak] *m* <-s, -e> tabaco *m;* **Tabak-**

**industrie** *f* industria *f* de tabaco; **Tabakladen** *m* estanco *m,* tabaquería *f*

**Tabaksdose** *f* tabaquera *f*

**Tabaksteuer** *f* impuesto *m* sobre el tabaco; **Tabakwaren** *fpl* tabacos *mpl*

**tabellarisch** [tabɛ'la:rɪʃ] *adj* en forma de cuadro

**Tabelle** [ta'bɛlə] *f* <-n> cuadro *m;* **Tabellenführer** *m* (SPORT) líder *m;* **Tabellenkalkulation** *f* (INFOR, MATH) hoja *f* de cálculo

**Tablett** [ta'blɛt] *nt* <-(e)s, -s *o* -e> bandeja *f,* azafata *f Chil*

**Tablette** [ta'blɛtə] *f* <-n> pastilla *f;* **Tablettensucht** *f* fármacodependencia *f;* **tablettensüchtig** *adj* fármacodependiente; ~ **sein** ser adicto a las pastillas

**tabu** [ta'bu:] *adj inv:* ~ **sein** ser un tabú

**Tabu** [ta'bu:] *nt* <-s, -s> tabú *m*

**tabuisieren*** [tabui'zi:rən] *vt* convertir en tabú

**Tabula rasa** ['ta:bula 'ra:za] *f:* ~ **machen** (*geh*) hacer tabla rasa

**Tabulator** [tabu'la:to:ɐ] *m* <-s, -en> tabulador *m*

**Tacheles** ['taxələs]: (**mit jdm**) ~ **reden** (*fam*) hablar sin rodeos (con alguien)

**Tacho** ['taxo] *m* <-s, -s> (*fam*), **Tachometer** [taxo'me:tɐ] *m o nt* <-s, -> ① (*Geschwindigkeitsmesser*) velocímetro *m* ② (*Drehzahlmesser*) tacómetro *m*

**Tadel** ['ta:dəl] *m* <-s, -> ① (*Kritik*) crítica *f;* (*Rüge*) reprimenda *f* ② (*geh: Mangel*) defecto *m*

**tadellos** *adj* impecable; (*vollkommen*) perfecto

**tadeln** ['ta:dəln] *vt* (*rügen*) reprender (*wegen* por); (*kritisieren*) criticar (*wegen* por)

**tadelnswert** *adj* reprochable

**Tadschikistan** [ta'dʒi:kista(:)n] *nt* <-s> Tayikistán *m*

**Tafel** ['ta:fəl] *f* <-n> ① (*Brett, Anzeige~*) tabla *f;* (*Gedenk~*) placa *f* (conmemorativa) ② (*in der Schule*) pizarra *f* ③ (*für Vertäfelung*) panel *m* ④ (*Schokoladen~*) tableta *f* ⑤ (*Tabelle*) cuadro *m* ⑥ (*Illustration*) lámina *f* ⑦ (*geh: Esstisch*) mesa *f*

**Tafelberg** *m* (GEO) meseta *f*

**tafeln** *vi* (*geh*) yantar

**täfeln** ['tɛ:fəln] *vt* revestir (de madera)

**Täfelung** *f* <-en> revestimiento *m* (de madera)

**Tafelwasser** *nt* agua *f* mineral; **Tafelwein** *m* vino *m* de mesa

**Taft** [taft] *m* <-(e)s, -e> tafetán *m*

**Tag** [ta:k] *m* <-(e)s, -e> ① (*allgemein*) día *m;* (*im Verlauf*) jornada *f;* **es wird** ~ amanece; **jeden** ~ todos los días; **jeden dritten** ~ cada tres días; **zweimal am** ~ dos veces al día; **am folgenden** ~ al día siguiente; **den ganzen** ~ **lang** durante todo el día; **vor 5** ~**en** hace 5 días; **in 8** ~**en** dentro de 8 días; ~ **für** ~ día tras día; **von einem** ~ **auf den anderen** de un día para otro; **guten** ~**!** ¡buenos días!; **eines** (**schönen**) ~**es** un (buen) día; ~ **der offenen Tür** día de puertas abiertas; **der** ~ **X** el día X; **etw kommt an den** ~ algo sale a la luz; **ein Unterschied wie** ~ **und Nacht** una diferencia como del día a la noche; **einen guten/schlechten** ~ **haben** estar de buen/de mal humor; **in den** ~ **hinein leben** vivir al día; **etw zu** ~**e fördern** sacar algo a la luz; **es ist noch nicht aller** ~**e Abend** todavía no está todo perdido; **man soll den** ~ **nicht vor dem Abend loben** (*prov*) no hay que echar las campanas al vuelo antes de tiempo ② (BERGB): **unter/über** ~**e arbeiten** trabajar en la mina/a cielo abierto ③ *pl* (*fam: Menstruation*) regla *f*

**tagaus** [-'-] *adv:* ~**, tagein** todos los días

**Tagebau** *m* <-(e)s, *ohne pl*> (BERGB) explotación *f* (minera) a cielo abierto; **Tagebuch** *nt* diario *m;* **Tagedieb**(**in**) *m(f)* (*abw*) gandul(a) *m(f);* **Tagegeld** *nt* ① (*bei einer Dienstreise*) dietas *fpl* ② (*bei Krankenhausaufenthalt*) gastos *mpl* de hospital a cargo de la Seguridad Social

**tagein** [-'-] *adv s.* **tagaus**

**tagelang** **I.** *adj* de varios días **II.** *adv* durante días enteros; **Tagelöhner**(**in**) *m(f)* <-s, -; -nen> jornalero, -a *m, f*

**tagen** ['ta:gən] **I.** *vi* (*konferieren*) reunirse (en sesión) **II.** *vunpers* (*geh: Tag werden*) amanecer; **es tagt** amanece

**Tagesablauf** *m* tra(n)scurso *m* del día; **Tagesanbruch** *m* amanecer *m,* amanezquera *f Mex, PRico;* **bei** ~ al alba; **Tagescreme** *f* crema *f* de día; **Tageseinnahme** *f* (COM) ingresos *mpl* del día, caja *f* del día; **Tagesfahrt** *f* viaje *m* de un día; **Tagesgericht** *nt* (GASTR) plato *m* del día; **Tagesgeschäft** *nt* tareas *fpl* habituales; **Tagesgeschehen** *nt* acontecimientos *mpl* del día; **Tagesgespräch** *nt* tema *m* del día; **Tageskarte** *f* ① (*Speisekarte*) menú *m* del día ② (*Fahrkarte*) billete *m* que vale un solo día

**Tageslicht** *nt ohne pl* luz *f* del día; **bei** ~ de día; **ans** ~ **bringen/kommen** sacar/salir a la luz; **Tageslichtprojektor** *m* retroproyector *m*

**Tagesmutter** *f* niñera *f* (*que cuida a niños en su propia casa*); **Tagesordnung** *f*

orden *m* del día; **auf der ~ stehen** figurar en el orden del día; **an der ~ sein** ser el pan de cada día; **zur ~ übergehen** volver a la actividad diaria; **Tagesschau** *f* (TV) telediario *m;* **Tagesumsatz** *m* caja *f* del día; **Tageszeit** *f* hora *f* del día; **zu jeder Tages- und Nachtzeit** día y noche; **Tageszeitung** *f* diario *m*

**tageweise** ['ta:gəvaɪzə] *adv* por días

**taghell** ['-'-] *adj* claro como el día; **es ist schon ~** ya es (de) día

**täglich** ['tɛ:klɪç] **I.** *adj* cotidiano, diario **II.** *adv* todos los días, cada día; **dreimal ~** tres veces al día

**Tagschicht** *f* turno *m* de día

**tagsüber** ['---] *adv* durante el día, de día

**tagtäglich** ['-'--] **I.** *adj* diario, de todos los días **II.** *adv* todos los días, a diario

**Tagung** ['ta:gʊŋ] *f* <-en> congreso *m;* **Tagungsteilnehmer(in)** *m(f)* congresista *mf*

**Taifun** [taɪ'fu:n] *m* <-s, -e> tifón *m*

**Taiga** ['taɪga] *f ohne pl* taiga *f*

**Taille** ['taljə] *f* <-n> cintura *f*

**tailliert** [ta'ji:ɐt] *adj* entallado

**Taiwan** ['taɪvan, taɪ'va(:)n] *nt* <-s> Taiwan *m*

**Taiwaner(in)** [taɪ'va:nɐ] *m(f)* <-s, -; -nen> taiwanés, -esa *m, f*

**taiwanisch** *adj* taiwanés

**Takt**[1] [takt] *m* <-(e)s, -e> (MUS) compás *m;* **im ~ der Musik** al compás de la música; **den ~ schlagen** marcar el compás; **im ~ bleiben** llevar el compás; **aus dem ~ kommen** perder el compás

**Takt**[2] *m* <-(e)s, *ohne pl*> (*~gefühl*) tacto *m,* discreción *f*

**Taktgefühl** *nt ohne pl* tacto *m,* discreción *f;* **(kein) ~ haben** (no) tener tacto

**taktieren*** [tak'ti:rən] *vi* (*in Verhandlungen*) emplear una táctica

**Taktik** ['taktɪk] *f* <-en> táctica *f*

**Taktiker(in)** ['taktikɐ] *m(f)* <-s, -; -nen> táctico, -a *m, f*

**taktisch** *adj* táctico; **~ klug/falsch** tácticamente inteligente/equivocado

**taktlos** *adj* indiscreto

**Taktlosigkeit** *f* <-en> falta *f* de tacto

**Taktstock** *m* (MUS) batuta *f*

**taktvoll** *adj* con (mucho) tacto

**Tal** [ta:l, *pl:* 'tɛ:lɐ] *nt* <-(e)s, Täler> valle *m*

**Talar** [ta'la:ɐ] *m* <-s, -e> ❶ (*von Geistlichen*) sotana *f* ❷ (*von Richtern*) toga *f*

**Talent** [ta'lɛnt] *nt* <-(e)s, -e> talento *m* (*für/zu* para)

**talentiert** [talɛn'ti:ɐt] *adj* dotado

**Taler** ['ta:lɐ] *m* <-s, -> (HIST) tálero *m*

**Talg** [talk] *m* <-(e)s, -e> sebo *m;* **Talgdrüse** *f* glándula *f* sebácea

**Talisman** ['ta:lɪsman] *m* <-s, -e> talismán *m*

**Talkessel** *m* (GEO) circo *m*

**Talkmaster(in)** [to:k'ma:stɐ] *m(f)* <-s, -; -nen> (TV) presentador(a) *m(f);* **Talkshow** ['tɔ:kʃɔʊ] *f* (TV) talk show *m*

**Talsperre** *f* presa *f;* **Talstation** *f* estación *f* (funicular) de abajo

**Tamburin** ['tamburi:n] *nt* <-s, -e> pandereta *f*

**Tampon** ['tampɔn] *m* <-s, -s> tampón *m;* (*für Wunden*) tapón *m*

**Tandem** ['tandɛm] *nt* <-s, -s> tándem *m*

**Tang** [taŋ] *m* <-(e)s, -e> algas *fpl* marinas

**Tanga** ['taŋga] *m* <-s, -s> tanga *m*

**Tangens** ['taŋgɛns] *m* <-, -> (MATH) tangente *f*

**Tangente** [taŋ'gɛntə] *f* <-n> (MATH) tangente *f*

**tangieren*** [taŋ'gi:rən] *vt* ❶ (*geh: berühren*) afectar ❷ (MATH) tocar tangencialmente

**Tango** ['taŋgo] *m* <-s, -s> tango *m*

**Tank** [taŋk] *m* <-s, -s *o* -e> depósito *m,* tanque *m*

**tanken** *vi, vt* echar gasolina; **10 Liter ~** echar 10 litros (de gasolina); **voll ~** llenar el depósito (del todo); **frische Luft ~** (*fam*) respirar aire fresco; **er hat ordentlich getankt** (*fam*) ha bebido de lo lindo

**Tanker** *m* <-s, -> buque *m* cisterna

**Tankfüllung** *f* (AUTO) depósito *m* (lleno); **Tanklastzug** *m* camión *m* cisterna; **Tanksäule** *f* surtidor *m* de gasolina; **Tankstelle** *f* gasolinera *f;* **Tankwart(in)** ['-vart] *m(f)* <-(e)s, -e; -nen> empleado, -a *m, f* de una gasolinera

**Tanne** ['tanə] *f* <-n> (BOT) abeto *m*

**Tannenbaum** *m* ❶ (*Tanne*) abeto *m* ❷ (*fam: Weihnachtsbaum*) árbol *m* de Navidad; **Tannennadel** *f* aguja *f* de abeto; **Tannenwald** *m* bosque *m* de abetos; **Tannenzapfen** *m* piña *f* de abeto

**Tante** ['tantə] *f* <-n> tía *f*

**Tante-Emma-Laden** *m* (*fam*) tienda *f* de la esquina

**i Land & Leute**

Se designa **Tante-Emma-Laden** a las pequeñas tiendas de ultramarinos de barrio. A duras penas han logrado sobrevivir algunos de estos negocios familiares frente a la competencia de los hipermercados y las grandes superficies comerciales.

**Tantieme** [tã'tje:mə] *f* <-n> ① (*Gewinnbeteiligung*) participación *f* en los beneficios ② *pl* (*von Autoren*) derechos *mpl* de autor

**Tanz** [tants, *pl:* 'tɛntsə] *m* <-es, Tänze> (MUS) baile *m,* dancing *m Am;* **jdn zum ~ auffordern** sacar a alguien a bailar; **darf ich Sie um den nächsten ~ bitten?** ¿me concede el próximo baile?; **Tanzbein** *nt:* **das ~ schwingen** (*fam*) mover el esqueleto

**tänzeln** ['tɛntsəln] *vi* ① *haben o sein* (*Mensch*) andar con paso ligero; (*hüpfen*) brincar ② (*Pferd*) dar escarceos

**tanzen** **I.** *vi* ① (*Mensch*) bailar; **~ gehen** ir a bailar ② (*Boot*) balancearse (*auf* en) ③ (*Mücken*) volar ④ *sein* (*tänzeln*) andar con paso ligero **II.** *vt* bailar; **Tango ~** bailar tango

**Tänzer(in)** ['tɛntsɐ] *m(f)* <-s, -; -nen> bailador(a) *m(f);* (*professionell*) bailarín, -ina *m, f;* (*Flamenco~*) bailaor(a) *m(f)*

**tänzerisch** *adj* en cuanto al baile

**Tanzfläche** *f* pista *f* de baile; **Tanzkurs** *m* curso *m* de baile; **Tanzlehrer(in)** *m(f)* profesor(a) *m(f)* de baile; **Tanzlokal** *nt* sala *f* de baile, dancing *m Am;* **Tanzmusik** *f* música *f* bailable [*o* para bailar]; **Tanzpartner(in)** *m(f)* pareja *f* (de baile); **Tanzschule** *f* escuela *f* de baile; **Tanzstunde** *f* clase *f* de baile; **Tanzturnier** *nt* concurso *m* de baile

**Tapete** [ta'pe:tə] *f* <-n> papel *m* pintado

**Tapetenwechsel** *m* (*fam fig*) cambio *m* de aires

**tapezieren*** [tape'tsi:rən] *vi, vt* empapelar

**Tapezierer(in)** *m(f)* <-s, -; -nen> empapelador(a) *m(f)*

**Tapeziertisch** *m* mesa *f* de caballete

**tapfer** ['tapfɐ] *adj* valiente; **sich ~ schlagen** defenderse con bravura

**Tapferkeit** *f ohne pl* valentía *f*

**Tapir** ['ta:pi:ɐ] *m* <-s, -e> (ZOOL) tapir *m,* danta *f Ven*

**tappen** ['tapən] *vi sein* andar (a tientas)

**tapsen** ['tapsən] *vi sein* (*fam*) caminar silenciosamente

**Tarantel** [ta'rantəl] *f* <-n> (ZOOL) tarántula *f;* **wie von der ~ gestochen** (*fam*) como si le hubiera picado un bicho

**Tarif** [ta'ri:f] *m* <-s, -e> tarifa *f;* **nach/über/unter ~ bezahlt werden** ser pagado según la/sobre la/por debajo de la tarifa; **Tarifabschluss** *m* (firma *f* del) convenio *m* colectivo; **Tarifgruppe** *f* categoría *f* de tarifas

**tariflich** *adj* de la tarifa; (*Bezahlung*) según la tarifa

**Tariflohn** *m* salario *m* según el convenio colectivo; **Tarifpartner** *m* interlocutor *m* social; **Tarifrunde** *f* negociaciones *fpl* colectivas; **Tarifverhandlungen** *fpl* negociaciones *fpl* de los convenios colectivos; **Tarifvertrag** *m* convenio *m* colectivo

**tarnen** ['tarnən] **I.** *vt* camuflar (*mit* con, *gegen* contra) **II.** *vr:* **sich ~** camuflarse (*als* de)

**Tarnfarbe** ['tarn-] *f* color *m* de camuflaje; **Tarnname** *m* nombre *m* falso

**Tarnung** *f* <-en> camuflaje *m*

**Tasche** ['taʃə] *f* <-n> ① (*an Kleidung*) bolsillo *m* ② (*Hand~*) bolso *m,* busaca *f Col, Ven;* (*Reise~*) bolsa *f* (de viaje); (*Akten~, Schul~*) cartera *f;* **in die eigene ~ wirtschaften** (*fam*) llenarse los bolsillos (de modo fraudulento); **etw aus der eigenen ~ bezahlen** (*fam*) pagar algo del propio bolsillo; **jdm auf der ~ liegen** (*fam*) vivir a costa de alguien; **tief in die ~ greifen** (*fam fig*) aflojar la mosca; **jdn in der ~ haben** (*fam fig*) tener a alguien en el bolsillo

**Taschenausgabe** *f* edición *f* de bolsillo; **Taschenbuch** *nt* libro *m* de bolsillo; **Taschenbuchausgabe** *f* edición *f* de bolsillo; **Taschencomputer** *m* ordenador *m* de bolsillo; **Taschendieb(in)** *m(f)* carterista *mf,* bolsista *mf AmC, Mex;* **Taschengeld** *nt* dinero *m* para (pequeños) gastos personales; **Taschenkrebs** *m* (ZOOL) buey *m;* **Taschenlampe** *f* linterna *f;* **Taschenmesser** *nt* navaja *f;* **Taschenrechner** *m* calculadora *f* (de bolsillo); **Taschentuch** *nt* pañuelo *m;* **Taschenuhr** *f* reloj *m* de bolsillo; **Taschenwörterbuch** *nt* diccionario *m* de bolsillo

**Tasse** ['tasə] *f* <-n> taza *f;* **eine ~ Kaffee** una taza de café; **er hat nicht alle ~n im Schrank** (*fam*) le falta un tornillo; **das ist eine trübe ~** (*fam*) ese es un muermo

**Tastatur** [tasta'tu:ɐ] *f* <-en> teclado *m*

**Taste** ['tastə] *f* <-n> tecla *f;* **eine ~ drücken** apretar una tecla

**tasten** ['tastən] **I.** *vi:* **nach etw** *dat* **~** buscar algo a tientas **II.** *vt* (*er~*) palpar **III.** *vr:* **sich ~** andar a tientas (*über/durch* por)

**Tasteninstrument** *nt* instrumento *m* de teclados

**Tastsinn** *m ohne pl* (sentido *m* del) tacto

**tat** [ta:t] *3. imp von* **tun**

**Tat** [ta:t] *f* <-en> (*das Handeln*) acción *f;* (*Handlung*) acto *m;* (*Straf~*) delito *m;* **etw in die ~ umsetzen** poner algo en práctica; **zur ~ schreiten** pasar a los hechos; **jdn auf frischer ~ ertappen** coger a alguien con las manos en la masa; **in der ~!** ¡en efecto!

**Tatbestand** *m* (*a.* JUR) estado *m* de cosas

**Tatendrang** *m* dinamismo *m*

**tatenlos** **I.** *adj* inactivo **II.** *adv* de brazos cruzados

**Täter(in)** ['tɛːtɐ] *m(f)* <-s, -; -nen> autor(a) *m(f)* de un delito

**tätig** ['tɛːtɪç] *adj* activo (*für* para, *bei* en); ~ **sein** (*Person*) trabajar (*für* para, *bei* en, *als* de), dedicarse (*als* a); (*Vulkan*) estar activo; **in einer Sache ~ werden** intervenir en un asunto

**tätigen** ['tɛːtɪgən] *vt* realizar

**Tätigkeit**[1] *f* <-en> ① (*Beschäftigung*) actividad *f* (*als* como) ② (*Arbeit*) trabajo *m*

**Tätigkeit**[2] *f ohne pl* (*Funktionieren*) funcionamiento *m*; **außer ~ sein** estar parado; **in ~ treten** entrar en funcionamiento

**Tätigkeitsbereich** *m* campo *m* de acción

**Tatkraft** *f ohne pl* energía *f*, dinamismo *m*

**tatkräftig** *adj* enérgico; **jdn ~ unterstützen** apoyar a alguien enérgicamente

**tätlich** ['tɛːtlɪç] *adj* de hecho; **gegen jdn ~ werden** hacer uso de la violencia física contra alguien

**Tatmotiv** *nt* móvil *m* del crimen; **Tatort** *m* lugar *m* de los hechos

**tätowieren*** [tɛto'viːrən] *vt* tatuar; **sich ~ lassen** hacerse un tatuaje

**Tätowierung** *f* <-en> tatuaje *m*

**Tatsache** *f* <-n> hecho *m*; **~ ist, dass ...** es un hecho que...; **~!** (*fam*) ¡de verdad!; **vor vollendeten ~n stehen** enfrentarse a hechos consumados

**tatsächlich** ['---, -'--] **I.** *adj* real, verdadero **II.** *adv* de hecho, realmente; **er ist es ~** efectivamente es él

**tätscheln** ['tɛtʃəln] *vt* dar palmaditas (a); (*streicheln*) acariciar

**Tattergreis(in)** ['tatɐ-] *m(f)* (*fam abw*) viejo, -a *m, f* decrépito, -a

**Tatverdacht** *m* (JUR) sospecha *f*; **unter ~ stehen** estar bajo sospecha; **tatverdächtig** *adj* (JUR) sospechoso; **Tatverdächtige(r)** *mf* (JUR) sospechoso, -a *m, f*; **Tatwaffe** *f* (JUR) arma *f* del crimen

**Tatze** ['tatsə] *f* <-n> ① (*von Tieren*) zarpa *f* ② (*fam: Hand*) zampa *f*

**Tatzeit** *f* (JUR) hora *f* del crimen; **Tatzeuge, -in** *m, f* (JUR) testigo *mf* presencial

**Tau**[1] [taʊ] *m* <-(e)s, *ohne pl*> (*Niederschlag*) rocío *m*

**Tau**[2] *nt* <-(e)s, -e> (NAUT) cabo *m*

**taub** [taʊp] *adj* ① (*gehörlos*) sordo; **sich ~ stellen** hacerse el sordo; **auf einem Ohr ~ sein** ser sordo de un oído; **bist du ~?** (*fam*) ¿estás sordo o qué? ② (*Körperteil*) entumecido ③ (*Nuss*) vacío ④ (*Gestein*) estéril

**Taube** ['taʊbə] *f* <-n> (ZOOL) paloma *f*

**Taubenschlag** *m* palomar *m*

**Täuberich** *m* <-s, -e> palomo *m*

**Taubheit** *f ohne pl* ① (*Gehörlosigkeit*) sordera *f* ② (*der Glieder*) entumecimiento *m*

**taubstumm** ['--] *adj* sordomudo; **Taubstumme(r)** *mf* <-n, -n; -n> sordomudo, -a *m, f*

**Taubstummensprache** *f ohne pl* lenguaje *m* de los sordomudos

**tauchen** ['taʊxən] **I.** *vi haben o sein* (*Mensch*) bucear; (*Ente, U-Boot*) sumergirse (*in* en); **nach jdm/etw** *dat* **~** buscar (buceando) a alguien/algo **II.** *vt* sumergir (*in* en); (*hineinhalten*) mojar (*in* en)

**Tauchen** *nt* <-s, *ohne pl*> submarinismo *m*, deporte *m* de inmersión

**Taucher(in)** *m(f)* <-s, -; -nen> buceador(a) *m(f)*; (*Berufs~*) buzo *mf*; **Taucheranzug** *m* traje *m* de buzo; **Taucherausrüstung** *f* equipo *m* de buceo; **Taucherbrille** *f* gafas *fpl* de bucear; **Tauchermaske** *f* gafas *fpl* de buceador

**Tauchsieder** ['-ziːdɐ] *m* <-s, -> calentador *m* de líquidos (por inmersión); **Tauchstation** *f*: **auf ~ gehen** (*fam*) esfumarse

**tauen** ['taʊən] **I.** *vi sein* (*Schnee, Eis*) derretirse; (*Fluss*) deshelarse **II.** *vunpers*: **es taut** (*es ist Tauwetter*) se está derritiendo la nieve; (*Tau schlägt sich nieder*) está cayendo rocío

**Taufbecken** *nt* pila *f* bautismal

**Taufe** ['taʊfə] *f* <-n> bautizo *m*; **etw aus der ~ heben** (*fam*) fundar algo

**taufen** ['taʊfən] *vt* bautizar; **sich ~ lassen** bautizarse; **sie tauften ihn auf den Namen Paul** le bautizaron con el nombre de Paul

**Täufling** ['tɔɪflɪŋ] *m* <-s, -e> niño, -a *m, f* bautizado, -a

**Taufname** *m* nombre *m* de pila

**Taufpate, -in** *m, f* padrino *m* de bautismo, madrina *f* de bautismo

**taufrisch** ['taʊ'frɪʃ] *adj* ① (*feucht*) húmedo de rocío ② (*frisch*) muy fresco

**taugen** [taʊgən] *vi* servir (*für/zu* para); **wenig/etwas ~** (*Gegenstand*) servir poco/bastante; (*Film*) no ser muy bueno/ser bastante bueno; **der Kerl taugt nichts** el chico no sirve para nada

**Taugenichts** ['taʊgənɪçts] *m* <-(es), -e> (*abw*) inútil *mf*

**tauglich** *adj* (*geeignet*) apropiado (*für* para); (*brauchbar*) útil; (MIL) apto (para el servicio militar)

**Tauglichkeit** *f ohne pl* aptitud *f* (*für* para);

(MIL) aptitud *f* para el servicio militar

**Taumel** ['taʊməl] *m* <-s, -> ① (*Schwindel*) vértigo *m* ② (*Rausch*) delirio *m;* **im ~ der Begeisterung** en el éxtasis de la emoción

**taumeln** ['taʊməln] *vi haben o sein* tambalearse

**Tausch** [taʊʃ] *m* <-(e)s, -e> cambio *m,* trueque *m;* **etw zum ~ anbieten** ofrecer algo para cambiar; **im ~ gegen etw** a cambio de algo; **Tauschbörse** *f* (INFOR) servicio *m* de intercambio por Internet

**tauschen** ['taʊʃən] *vi, vt* cambiar (*für/gegen* por); **ich möchte nicht mit ihm ~** no quisiera estar en su lugar; **Blicke ~** cruzar las miradas

**täuschen** ['tɔɪʃən] **I.** *vi* engañar; **das täuscht** esto engaña **II.** *vt* engañar; **wenn mich nicht alles täuscht ...** si no me equivoco...; **sich von jdm ~ lassen** dejarse engañar por alguien **III.** *vr:* **sich ~** equivocarse; **ich habe mich in dir getäuscht** me equivoqué contigo

**täuschend** *adj* engañoso, que engaña; **sie sehen sich** *dat* **~ ähnlich** se parecen tanto que engaña

**Tauschgeschäft** *nt* (operación *f* de) trueque *m;* **Tauschobjekt** *nt* objeto *m* de canje

**Täuschung** *f* <-en> ① (*das Täuschen*) engaño *m;* (*Betrug*) fraude *m* ② (*Irrtum*) error *m;* **optische ~** ilusión óptica; **Täuschungsmanöver** *nt* truco *m*

**Tauschwert** *m ohne pl* valor *m* de cambio

**tausend** ['taʊzənt] *adj inv* mil; **~ Dank** un millón de gracias; *s. a.* **achttausend**

**Tausend** *nt* <-s, -e> millar *m;* **~e von ...** miles de...; **die Ausgaben gehen in die ~e** (*fam*) los gastos se elevan a unos cuantos miles

**Tausender** ['taʊzəndɐ] *m* <-s, -> ① (MATH) millar *m* ② (*fam: Geldschein*) billete *m* de mil

**tausendfach** **I.** *adj* multiplicado por mil **II.** *adv* mil veces; *s. a.* **achtfach**

**Tausendfüßler** ['--fy:slɐ] *m* <-s, -> (ZOOL) ciempiés *m inv*

**tausendjährig** *adj* milenario

**tausendmal** *adv* mil veces

**Tausendstel** *nt* <-s, -> milésimo *m,* milésima parte *f*

**Tautropfen** ['taʊ-] *m* gota *f* de rocío; **Tauwasser** *nt* agua *f* de deshielo; **Tauwetter** *nt* deshielo *m*

**Tauziehen** *nt* ① (*Spiel*) juego *m* de la cuerda ② (*Hin und Her*) lucha *f*

**Taxameter** [taksa'me:tɐ] *m o nt* <-s, -> taxímetro *m*

**Taxe** ['taksə] *f* <-n> ① (*Gebühr*) tasa *f* ② (*Taxi*) taxi *m* ③ (*Schätzung*) tasación

**Taxi** ['taksi] *nt* <-s, -s> taxi *m;* **Taxifahrer(in)** *m(f)* taxista *mf;* **Taxifahrt** *f* viaje *m* en taxi; **Taxistand** *m* parada *f* de taxis

**Tb(c)** [te:be:'tse:] *f* <-s> (MED) *Abk. von* **Tuberkulose** tuberculosis *f inv*

**Team** [ti:m] *nt* <-s, -s> equipo *m;* **im ~ arbeiten** trabajar en equipo; **Teamarbeit** *f ohne pl* trabajo *m* en equipo; **teamfähig** *adj* (PSYCH) apto para el trabajo en equipo; **Teamgeist** *m ohne pl* espíritu *m* de equipo; **Teamwork** ['ti:mwœ:k] *nt* <-s, *ohne pl*> *s.* **Teamarbeit**

**Technik¹** ['tɛçnɪk] *f ohne pl* ① (*Technologie*) tecnología *f;* (*Ausstattung*) instalaciones *fpl* técnicas; **der neueste Stand der ~** lo último en tecnología ② (*Abteilung*) (sección *f*) técnica *f*

**Technik²** *f* <-en> (*Arbeitsweise*) técnica *f;* (*Methode*) método *m*

**Technika** *pl von* **Technikum**

**Techniken** *pl von* **Technik²**, **Technikum**

**Techniker(in)** ['tɛçnikɐ] *m(f)* <-s, -; -nen> técnico, -a *m, f*

**Technikum** ['tɛçnikʊm] *nt* <-s, Technika *o* Techniken> escuela *f* (poli)técnica

**technisch** *adj* técnico; **T~e Hochschule** Escuela Superior Técnica; **~er Leiter** ingeniero jefe; **das ist ~ unmöglich** esto es técnicamente imposible

**technisieren*** [teçni'zi:rən] *vt* mecanizar

**Technisierung** *f* <-en> automatización *f,* mecanización *f*

**Techno** ['tɛkno] *m o nt* <-(s), *ohne pl*> (MUS) bakalao *m,* bacalao *m*

**Technologie** *f* <-n> tecnología *f;* **Technologiepark** *m* parque *m* tecnológico; **Technologiezentrum** *nt* centro *m* de tecnología

**technologisch** *adj* tecnológico

**Techtelmechtel** [tɛçtəl'mɛçtəl] *nt* <-s, -> flirt *m;* **mit jdm ein ~ haben** tener una aventura con alguien

**Teddybär** ['tɛdibɛ:ɐ] *m* osito *m* de peluche

**Tee** [te:] *m* <-s, -s> té *m;* (*Kräuter~*) infusión *f;* **schwarzer ~** té negro; **~ trinken/kochen** tomar/hacer té; **abwarten und ~ trinken!** (*fam*) ¡paciencia!; **Teebeutel** *m* bolsita *f* de té; **Teeei** *nt*, **Tee-Ei** *nt* bola *f* de té; **Teefilter** *m* filtro *m* de té; **Teekanne** *f* tetera *f;* **Teelicht** *nt* lamparilla *f* (mariposa); **Teelöffel** *m* cucharilla *f* de té

**Teenager** ['ti:nɛɪdʒɐ] *m* <-s, -> adolescente *mf,* joven *mf*

**Teenie** ['ti:ni] *m* <-s, -s> (*fam*), **Teeny** *m* <-s, -s> (*fam*) quinceañero, -a *m, f*

**Teer** [te:ɐ] *m* <-(e)s, -e> alquitrán *m*

**teeren** ['te:rən] *vt* alquitranar; (*Straße*) asfaltar

**Teeservice** *nt* juego *m* de té; **Teestube** *f* salón *m* de té; **Teewurst** *f embutido ahumado parecido a la butifarra*

**Teflon®** [tɛfloːn] *nt* <-s, *ohne pl*> teflón® *m*

**Teich** [taɪç] *m* <-(e)s, -e> estanque *m,* tanque *m Am*

**Teig** [taɪk] *m* <-(e)s, -e> masa *f*

**teigig** [ˈtaɪgɪç] *adj* ① (*wie Teig*) pastoso ② (*schwammig*) fláccido

**Teigwaren** *fpl* pastas *fpl*

**Teil¹** [taɪl] *m* <-(e)s, -e> (*a.* JUR) parte *f;* (*Bestand~*) componente *m;* **weite ~e des Landes** amplias partes del país; **zum ~** en parte; **ich habe es zum größten ~ gemacht** he hecho la mayor parte

**Teil²** *nt* <-(e)s, -e> (*einzelnes Stück*) pieza *f;* (*Ersatz~*) recambio *m*

**Teil³** *m o nt* <-(e)s, -e> (*Anteil, Beitrag*) parte *f;* **ich für mein(en) ~** yo, por mi parte; **sich** *dat* **sein(en) ~ denken** pensarse lo suyo; **zu gleichen ~en** a partes iguales

**Teilansicht** *f* vista *f* parcial

**teilbar** [ˈ-baːɐ] *adj* divisible (*durch* por)

**Teilbereich** *m* parte *f,* sector *m;* **Teilbetrag** *m* suma *f* parcial, parte *f*

**Teilchen** [ˈtaɪlçən] *nt* <-s, -> ① (PHYS) partícula *f* ② (*reg: Gebäck*) dulce *m*

**teilen** **I.** *vt* ① (*zer~*) partir (*in* en); (*in mehrere Teile*) dividir (*in* en) ② (*auf~*) repartir (*unter* entre); **sich** *dat* **etw (mit jdm) ~** compartir algo (con alguien); **die Meinungen waren geteilt** las opiniones estaban divididas ③ (MATH) dividir (*durch* por) **II.** *vr:* **sich ~** ① (*auseinander gehen*) dividirse (*in* en); (*Partei*) escindirse ② (*Straße, Fluss*) bifurcarse

**teil|haben** *irr vi* participar (*an* en); **Teilhaber(in)** *m(f)* <-s, -; -nen> (WIRTSCH) socio, -a *m, f;* **Teilkaskoversicherung** *f seguro contra robo, incendio y daños causados por fuerza mayor*

**Teilnahme** [ˈ-naːmə] *f ohne pl* ① (*allgemein*) participación *f* (*an* en); (*Mitarbeit*) colaboración *f* (*an* en); (*an einem Kurs*) asistencia *f* (*an* a) ② (*Interesse*) interés *m* ③ (*geh: Mitgefühl*) simpatía *f;* (*Beileid*) pésame *m;* **seine ~ aussprechen** dar el pésame

**teilnahmslos** [ˈtaɪlnaːmsloːs] *adj* indiferente

**Teilnahmslosigkeit** [ˈ--loːzɪçkaɪt] *f ohne pl* falta *f* de interés, apatía *f*

**teil|nehmen** *irr vi* participar (*an* en); (*an einem Kurs*) asistir (*an* a)

**Teilnehmer(in)** *m(f)* <-s, -; -nen> participante *mf;* (*Kurs~*) cursillista *mf;* (TEL) abonado, -a *m, f;* **Teilnehmergebühr** *f* (TEL) cuota *f* (telefónica) de abono; **Teilnehmerwährung** *f* (FIN) moneda *f* de los países participantes; **die bilateralen Kurse zwischen den ~en** los tipos de cambio bilaterales de las respectivas monedas de los países participantes

**teils** [taɪls] *adv* en parte; **~ ..., ~ ...** por un lado... por otro...

**Teilstück** *nt* parte *f*

**Teilung** *f* <-en> ① (*allgemein*) división *f;* (*einer Partei*) escisión *f;* (*Ver~*) reparto *m* ② (*eines Wegs*) bifurcación *f*

**teilweise** [ˈ-vaɪzə] **I.** *adj* parcial **II.** *adv* en parte

**Teilzahlung** *f* pago *m* a plazos; **etw auf ~ kaufen** comprar algo a plazos; **bei ~** pagando a plazos

**Teilzeitarbeit** *f* trabajo *m* de jornada reducida; **teilzeitbeschäftigt** *adj* empleado a tiempo parcial; **Teilzeitbeschäftigung** *f* trabajo *m* a tiempo parcial [*o* por horas]

**Teint** [tɛ̃ː] *m* <-s, -s> tez *f,* complexión *f Am*

**Telearbeit** [ˈteːle-] *f* teletrabajo *m;* **Telebanking** *nt* <-, *ohne pl*> (INFOR) telebanca *f;* **Telebrief** *m* telecarta *f;* **Telefax** [ˈteːlefaks] *nt* telefax *m inv;* **telefaxen** [ˈ----] *vt* mandar por fax

**Telefon** [ˈteːlefoːn, teleˈfoːn] *nt* <-s, -e> teléfono *m;* **schnurloses ~** teléfono inalámbrico; **ans ~ gehen** coger el teléfono, atender al teléfono *Am;* **Telefonanruf** *m* llamada *f* telefónica; **Telefonanschluss** *m* conexión *f* a la red telefónica

**Telefonat** [telefoˈnaːt] *nt* <-(e)s, -e> llamada *f* telefónica

**Telefonauskunft** *f ohne pl* información *f* (telefónica); **Telefonbuch** *nt* guía *f* telefónica; **Telefongebühren** *fpl* tasas *fpl* por la conexión y el equipo; **Telefongesellschaft** *f* compañía *f* telefónica; **Telefongespräch** [--ˈ---] *nt* llamada *f* telefónica; (*Ferngespräch*) conferencia *f* teléfonica; **ein ~ führen** hablar por teléfono; **Telefonhörer** *m* auricular *m,* audífono *m Am*

**telefonieren*** [telefoˈniːrən] *vi* ① (*sprechen*) hablar por teléfono ② (*anrufen*) llamar por teléfono; **kann ich bei Ihnen mal ~?** ¿puedo utilizar su teléfono?; **nach München/Amerika ~** llamar a Múnich/América

**telefonisch** [teleˈfoːnɪʃ] **I.** *adj* telefónico **II.** *adv* por teléfono

**Telefonkarte** *f* tarjeta *f* telefónica; **Telefonkette** *f* cadena *f* telefónica; **Telefonleitung** *f* línea *f* telefónica; **Telefonmarketing** *nt* venta *f* por teléfono; **Telefon-**

**netz** *nt* red *f* telefónica; **Telefonnummer** *f* (número *m* de) teléfono *m;* **Telefonrechnung** *f* factura *f* del teléfono; **Telefonseelsorge** *f* teléfono *m* de la esperanza; **Telefonsex** *m* (*fam*) sexo *m* telefónico; **Telefonverbindung** *f* conexión *f* telefónica; **Telefonzelle** *f* cabina *f* telefónica; **Telefonzentrale** *f* central *f* telefónica, conmutador *m AmC, Arg, Col*

**Telegraf** [tele'gra:f] *m* <-en, -en> telégrafo *m;* **Telegrafenamt** *nt* oficina *f* de telégrafos; **Telegrafenmast** *m* poste *m* telegráfico

**telegrafieren*** [telegra'fi:rən] *vi, vt* telegrafiar

**telegrafisch** [tele'gra:fɪʃ] **I.** *adj* telegráfico **II.** *adv* por telégrafo

**Telegramm** [tele'gram] *nt* <-s, -e> telegrama *m;* **ein ~ aufgeben** enviar un telegrama; **Telegrammstil** *m* estilo *m* telegráfico

**Teleheimarbeit** *f ohne pl* (TEL) teletrabajo *m* domiciliario

**Telekolleg** ['te:lekɔle:k] *nt* <-s, -s> curso *m* a distancia (emitido por televisión)

**Telekom** *f ohne pl* Telekom *f* (*compañía de teléfonos alemana*)

**Telekommunikation** *f* telecomunicación *f;* **Telemarketing** *nt* telemarketing *m;* **Teleobjektiv** *nt* (FOTO) teleobjetivo *m*

**Telepathie** [telepa'ti:] *f ohne pl* telepatía *f*

**Teleprompter®** *m* <-s, -> (TV) teleprompter® *m;* **Teleshopping** *nt* <-s, *ohne pl*> teletienda *f,* telecompra *f*

**Teleskop** [tele'sko:p] *nt* <-s, -e> telescopio *m*

**Telespiel** *nt* videojuego *m*

**Teletex** ['te:letɛks] *nt* <-, *ohne pl*> teletex *m inv*

**Telex** ['te:lɛks] *nt* <-, -(e)> télex *m inv*

**telexen** ['te:lɛksən] *vt* mandar por télex

**Teller** ['tɛlɐ] *m* <-s, -> plato *m;* **ein flacher/tiefer ~** un plato llano/hondo; **ein ~ Suppe** un plato de sopa; **Tellergericht** *nt* plato *m* combinado; **Tellerrand** *m* (*fig fam*): **über den ~ hinausschauen** tener amplitud de horizontes; **über den ~ nicht hinausschauen** ser de horizontes limitados; **Tellerwäscher(in)** *m(f)* <-s, -; -nen> friegaplatos *mf inv*

**Tempel** ['tɛmpəl] *m* <-s, -> templo *m*

**Temperafarbe** *f* pintura *f* al temple, témpera *f*

**Temperament** [tɛmp(ə)ra'mɛnt] *nt* <-(e)s, -e> temperamento *m;* (*Lebhaftigkeit*) vivacidad *f*

**temperamentvoll** *adj* (*lebhaft*) vivo; (*ungestüm*) temperamental

**Temperatur** [tɛmpəra'tu:ɐ] *f* <-en> temperatura *f;* (*Fieber*) fiebre *f;* **die ~ steigt/fällt** la temperatura sube/baja; **(erhöhte) ~ haben** tener fiebre; **Temperaturanstieg** *m* subida *f* de la(s) temperatura(s); **Temperaturrückgang** *m* descenso *m* de la(s) temperatura(s); **Temperaturschwankung** *f* oscilación *f* de la(s) temperatura(s); **Temperatursturz** *m* descenso *m* brusco de la(s) temperatura(s), caída *f* de la(s) temperatura(s)

**Tempi** *pl von* **Tempo²**

**Tempo¹** ['tɛmpo] *nt* <-s, -s> (*Geschwindigkeit*) velocidad *f;* **~!** (*fam*) ¡deprisa!; **mit hohem ~** a gran velocidad

**Tempo²** *nt* <-s, Tempi> (MUS) ritmo *m;* **das ~ angeben** marcar el ritmo

**Tempo®³** *nt* <-s, -s> (*fam*) pañuelo *m* de papel, kleenex® *m*

**Tempolimit** *nt* límite *m* de velocidad

**Tendenz** [tɛn'dɛnts] *f* <-en> tendencia *f* (*zu* a); **die ~ geht zu ...** se observa una tendencia a...; **steigende ~** tendencia al alza

**tendenziell** [tɛndɛn'tsjɛl] *adj* según la tendencia

**tendenziös** [tɛndɛn'tsjø:s] *adj* (*abw*) tendencioso

**tendieren*** [tɛn'di:rən] *vi* tender (*zu/nach* a)

**Teneriffa** [tene'rɪfa] *nt* <-s> Tenerife *m;* **aus ~** tinerfeño

**Tennis** ['tɛnɪs] *nt* <-, *ohne pl*> tenis *m;* **Tennisball** *m* pelota *f* de tenis; **Tennisklub** *m* club *m* de tenis; **Tennisplatz** *m* pista *f* de tenis; **Tennisschläger** *m* raqueta *f* (de tenis); **Tennisspiel** *nt* partido *m* de tenis; **Tennisspieler(in)** *m(f)* tenista *mf;* **Tennisturnier** *nt* torneo *m* de tenis

**Tenor¹** ['te:no:ɐ] *m* <-s, *ohne pl*> (*Sinn*) tenor *m;* **in diesem ~** a este tenor

**Tenor²** [te'no:ɐ, *pl:* te'nø:rə] *m* <-s, Tenöre> (MUS) tenor *m*

**Tentakel** [tɛn'ta:kəl] *m o nt* <-s, -> (ZOOL) tentáculo *m*

**Teppich** ['tɛpɪç] *m* <-s, -e> alfombra *f;* **etw unter den ~ kehren** (*fig*) disimular algo; **auf dem ~ bleiben** (*fig*) mantener los pies en tierra; **Teppichboden** *m* moqueta *f,* alfombrado *m Am;* **Teppichklopfer** *m* <-s, -> sacudidor *m* de alfombra; **Teppichreiniger** *m* limpiaalfombras *m inv*

**Termin** [tɛr'mi:n] *m* <-(e)s, -e> ❶ (*Frist*) plazo *m;* **einen ~ einhalten** cumplir un plazo ❷ (*Zeitpunkt*) fecha *f* ❸ (*beim Arzt*) cita *f;* **einen ~ vereinbaren** fijar una fecha; **einen ~ beim Zahnarzt haben** tener hora en el dentista; **er gab uns**

T

**einen ~ um neun Uhr** nos dio cita para las nueve

**Terminal**[1] ['tœ:minəl] *m o nt* <-s, -s> (*Flughafen, Bahnhof*) terminal *f*

**Terminal**[2] ['tœ:minəl] *nt* <-s, -s> (INFOR) terminal *m*

**Termindruck** *m* <-(e)s, *ohne pl*> agobio *m* de tiempo; **termingerecht** *adj* en el plazo fijado

**Termini** ['tɛrmini] *pl von* **Terminus**

**Terminkalender** *m* agenda *f*

**Terminologie** [tɛrminolo'gi:] *f* <-n> terminología *f*

**Terminplaner** *m* <-s, -> agenda *f*

**Terminus** ['tɛrminʊs, *pl:* 'tɛrmini] *m* <-, Termini> término *m;* ~ **technicus** término técnico

**Termite** [tɛr'mi:tə] *f* <-n> (ZOOL) termita *f,* comején *m Am*

**Terpentin** [tɛrpɛn'ti:n, tɛrpən'ti:n] *nt* <-s, -e> trementina *f*

**Terrain** [tɛ'rɛ̃:] *nt* <-s, -s> terreno *m*

**Terrarium** [tɛ'ra:riʊm] *nt* <-s, Terrarien> terrario *m*

**Terrasse** [tɛ'rasə] *f* <-n> terraza *f*

**terrassenförmig** *adj* en bancales

**Terrier** ['tɛriɐ] *m* <-s, -> (perro *m*) terrier *m*

**Terrine** [tɛ'ri:nə] *f* <-n> sopera *f*

**territorial** [tɛritori'a:l] *adj* territorial

**Territorium** [tɛri'to:riʊm] *nt* <-s, Territorien> territorio *m*

**Terror** ['tɛro:ɐ] *m* <-s, *ohne pl*> terror *m;* **Terrorakt** *m* acto *m* terrorista; **Terroranschlag** *m* atentado *m* terrorista

**terrorisieren*** [tɛrori'zi:rən] *vt* aterrorizar

**Terrorismus** [tɛro'rɪsmʊs] *m* <-, *ohne pl*> terrorismo *m;* **Terrorismusbekämpfung** *f* lucha *f* contra el terrorismo

**Terrorist(in)** [tɛro'rɪst] *m(f)* <-en, -en; -nen> terrorista *mf*

**terroristisch** *adj* terrorista

**i Land & Leute**

Con el término **Tertiärstufe** se hace referencia a distintas ramas del sistema educativo suizo, como son las que siguen a continuación: la formación universitaria en general, las carreras técnicas, los estudios adecuados para obtener la capacitación como profesor de secundaria, así como la formación profesional de grado superior.

**Terz** [tɛrts] *f* <-en> (MUS) tercera *f*

**Terzett** [tɛr'tsɛt] *nt* <-(e)s, -e> (MUS) terceto *m*

**Tesafilm®** ['te:za-] *m* cinta *f* adhesiva, tesafilm® *m*

**Tessin** [tɛ'si:n] *nt* <-s> Tesino *m*

**Test** [tɛst] *m* <-(e)s, -s *o* -e> prueba *f,* test *m*

**Testament** [tɛsta'mɛnt] *nt* <-(e)s, -e> testamento *m;* **das ~ eröffnen** abrir el testamento; **Altes/Neues ~** (REL) Viejo/Nuevo Testamento

**testamentarisch** [tɛstamɛn'ta:rɪʃ] **I.** *adj* testamentario **II.** *adv* por testamento

**Testamentseröffnung** *f* (JUR) apertura *f* del testamento; **Testamentsvollstrecker(in)** *m(f)* (JUR) albacea *mf*

**Testbild** *nt* (TV) carta *f* de ajuste

**testen** ['tɛstən] *vt* examinar; (*überprüfen*) comprobar

**Testergebnis** *nt* resultado *m* de una prueba; **Testperson** *f* persona *f* objeto de pruebas; **Testreihe** *f* serie *f* de tests

**Tetanus** ['tɛtanʊs, 'te:tanʊs] *m* <-, *ohne pl*> (MED) tétano(s) *m inv;* **Tetanusschutzimpfung** *f* vacuna *f* antitetánica

**Tete-a-tete** *nt* <-, -s>, **Tête-à-tête** *nt* <-, -s> cita *f* amorosa

**Tetraeder** [tetra'ʔe:dɐ] *nt* <-s, -> (MATH) tetraedro *m*

**teuer** ['tɔɪɐ] *adj* ❶ (*kostspielig*) caro; (*wertvoll*) valioso; **etw ~ kaufen/verkaufen** comprar/vender algo caro; **wie ~ ist das?** ¿cuánto vale?; **teurer werden** subir de precio; **etw kommt jdn ~ zu stehen** algo le resulta caro a alguien; **den Verrat wird er ~ bezahlen müssen** pagará cara la traición; **ein ~ erkaufter Sieg** una victoria pagada a un precio muy alto ❷ (*geh: geschätzt*) querido; **bei allem, was mir lieb und ~ ist** por lo que más quiero

**? Grammatik**

El adjetivo **teuer** pierde la 'e' de la sílaba final cuando se declina para facilitar la pronunciación: *Die kleinere Dose Erbsen ist teurer (als die größere). – La lata pequeña de guisantes sale más cara (que la grande).* Ocurre lo mismo con el adjetivo **sauer**: *Ich will saure Gurken essen. – Quiero comer pepinillos en vinagre.*

**Teuerungsrate** *f* inflación *f*

**Teufel** ['tɔɪfəl] *m* <-s, -> diablo *m,* demonio *m,* mandinga *m Am,* pillán *m Chil;* **wie/was zum ~ ...?** (*fam*) ¿cómo/qué diablos...?; **weiß der ~!** (*fam*) ¡yo qué sé!; **scher dich zum ~!** (*fam*) ¡vete al demonio!; **den soll der ~ holen!** (*fam*) ¡al diablo con él!; **den ~ an die Wand malen** (*fam*) imaginarse lo peor; **du kommst in ~s Küche** (*fam*) las vas a pasar moradas; **auf ~ komm raus** (*fam*) cueste lo que cueste; **da ist der ~ los!** (*fam*) ¡menudo jaleo que hay ahí!; **den ~ werde ich tun!** (*fam*) ¡y un cuerno!; **wenn man vom ~ spricht(, kommt er)** (*fam*) hablando del ruin de Roma (por la puerta asoma); **Teufelskreis** *m* círculo *m* vicioso; **Teufelszeug** *nt* (*abw fam*) cosa *f* diabólica

**teuflisch** *adj* ① (*bösartig*) diabólico ② (*fam: groß*) tremendo; **das schmeckt ~ gut** esto sabe a gloria

**Text** [tɛkst] *m* <-(e)s, -e> ① (*allgemein*) texto *m;* **weiter im ~!** (*fam*) ¡sigue! ② (*Lied~*) letra *f* ③ (*unter einer Abbildung*) leyenda *f;* **Textaufgabe** *f* (SCH) problema *m;* **Textbaustein** *m* componente *m;* **Textbuch** *nt* libreto *m*

**texten** ['tɛkstən] *vt* redactar

**Texter(in)** *m(f)* <-s, -; -nen> (*von Liedern*) autor(a) *m(f)* de la letra; (*von Werbetexten*) redactor(a) *m(f)* de textos (publicitarios)

**Textilfabrik** *f* fábrica *f* textil

**Textilien** [tɛks'tiːliən] *pl* (productos *mpl*) textiles *mpl;* (*Stoffe*) tejidos *mpl;* (*Kleidung*) ropa *f*

**Textilindustrie** *f* industria *f* textil

**Textmarker** ['-markɐ] *m* rotulador *m* fluorescente; **Textstelle** *f* pasaje *m* (en un texto); **Textverarbeitung** *f* (INFOR) tratamiento *m* de textos; **Textverarbeitungsprogramm** *nt* (INFOR) (programa *m* de) tratamiento *m* de textos; **Textverarbeitungssystem** *nt* (INFOR) sistema *m* de tratamiento [*o* de procesamiento] de textos

**TH** [teː'haː] *f* <-s> *Abk. von* **Technische Hochschule** Escuela *f* Superior Técnica

**Thai**[1] [taɪ] *mf* <-(s), -(s); -(s)> tailandés, -esa *m, f*

**Thai**[2] *nt* <-, *ohne pl*> (*Sprache*) tailandés *m*

**Thailand** ['taɪlant] *nt* <-s> Tailandia *f*

**Thailänder(in)** ['taɪlɛndɐ] *m(f)* <-s, -; -nen> tailandés, -esa *m, f*

**thailändisch** *adj* tailandés

**Theater** [te'aːtɐ] *nt* <-s, -> teatro *m;* (*Aufführung*) representación *f;* **ins ~ gehen** ir al teatro; **zum ~ gehen** hacerse actriz de teatro; **ein furchtbares ~ wegen etw** *gen/dat* **machen** (*fam*) armar un escándalo tremendo por algo; **das ist doch nur ~** (*fam*) eso es sólo teatro; **Theateraufführung** *f* representación *f* teatral; **Theaterbesuch** *m* asistencia *f* a una representación teatral; **Theaterbesucher(in)** *m(f)* espectador(a) *m(f);* **Theaterkarte** *f* entrada *f* para el teatro; **Theaterkasse** *f* taquilla *f;* **Theaterstück** *nt* obra *f* de teatro; **Theatervorstellung** *f* representación *f* teatral, función *f* de teatro

**theatralisch** [tea'traːlɪʃ] *adj* teatral

**Theke** ['teːkə] *f* <-n> ① (*in einer Gaststätte*) barra *f* ② (*Ladentisch*) mostrador *m*

**Thema** ['teːma, *pl:* 'teːmən] *nt* <-s, Themen> (*a.* MUS) tema *m;* (*Angelegenheit*) asunto *m;* **vom ~ abschweifen** desviarse del tema; **das ~ ist für mich erledigt** para mí el asunto está concluido; **das ist (doch) kein ~!** (*fam: spielt keine Rolle*) eso no es importante; (*steht nicht zur Debatte*) ese asunto no está sobre la mesa

**Thematik** [te'maːtɪk] *f* <-en> temática *f*

**thematisieren*** [temati'ziːrən] *vt* tematizar

**Themen** ['teːmən] *pl von* **Thema**

**Theologe, -in** [teo'loːgə] *m, f* <-n, -n; -nen> teólogo, -a *m, f*

**Theologie** [teolo'giː] *f ohne pl* teología *f*

**theologisch** *adj* teológico

**Theoretiker(in)** [teo'reːtikɐ] *m(f)* <-s, -; -nen> teórico, -a *m, f*

**theoretisch** *adj* teórico

**theoretisieren*** [teoreti'ziːrən] *vi* teorizar

**Theorie** [teo'riː] *f* <-n> teoría *f*

**Therapeut(in)** [tera'pɔɪt] *m(f)* <-en, -en; -nen> (MED, PSYCH) terapeuta *mf*

**therapeutisch** *adj* terapéutico

**Therapie** [tera'piː] *f* <-n> (MED, PSYCH) terapia *f*

**therapieren*** *vt* dar un tratamiento médico

**Thermalbad** [tɛr'maːl-] *nt* ① (*Kurort*) centro *m* termal ② (*Bad*) baño *m* termal; **Thermalquelle** *f* aguas *fpl* termales

**Thermometer** [tɛrmo'meːtɐ] *nt* termómetro *m;* **Thermometerstand** *m ohne pl* altura *f* del termómetro

**Thermosflasche** ['tɛrmɔs-] *f* termo *m;* **Thermoskanne** *f* termo *m*

**Thermostat** [tɛrmo'staːt] *m* <-(e)s *o* -en, -e(n)> termostato *m*

**These** ['teːzə] *f* <-n> tesis *f inv;* **eine ~ aufstellen** formular una tesis; **Thesenpapier** *nt* guión *m* (de un trabajo escrito)

**Thriller** ['θrɪlɐ] *m* <-s, -> (*Film*) película *f* de suspense; (*Buch*) novela *f* de suspense

**Thrombose** [trɔm'boːzə] *f* <-n> (MED) trombosis *f inv*

**Thron** [troːn] *m* <-(e)s, -e> trono *m;* **den ~ besteigen** subir al trono

**thronen** ['troːnən] *vi* dominar (*über*)

**Thronfolge** *f ohne pl* sucesión *f* al trono;

**die ~ antreten** suceder en el trono; **Thronfolger(in)** *m(f)* <-s, -; -nen> sucesor(a) *m(f)* al trono

**Thunfisch** ['tu:n-] *m* (ZOOL) atún *m*, bonito *m*

**Thüringen** ['ty:rɪŋən] *nt* <-s> Turingia *f*

**Thüringer(in)** *m(f)* <-s, -; -nen> turingio, -a *m, f*

**thüringisch** *adj* turingio

**THW** [te:ha:'ve:] *nt* <-, -s> *Abk. von* **Technisches Hilfswerk** organización *f* de asistencia técnica en situaciones de crisis

**Thymian** ['ty:mia:n] *m* <-s, -e> (BOT) tomillo *m*

**Tibet** ['ti:bɛt] *nt* <-s> Tíbet *m*

**Tick** [tɪk] *m* <-(e)s, -s> ① (MED) tic *m* ② (*fam: Eigenart*) manía *f*; **einen ~ haben** estar tocado

**ticken** ['tɪkən] *vi* (*Uhr*) hacer tictac; **bei dir tickt's ja nicht richtig!** (*fam*) ¡no estás bien de la cabeza!

**Tiebreak** *m o nt* <-s, -s>, **Tie-Break** *m o nt* <-s, -s> (SPORT) tie break *m*

**tief** [ti:f] **I.** *adj* ① (*nicht flach*) profundo, hondo; (*fig*) profundo; **fünf Meter ~ fallen** caer desde una altura de cinco metros; **ein zwei Meter ~es Loch** un agujero de dos metros de profundidad; **wie ~ ist das?** ¿qué profundidad tiene?; **~er Schnee** nieve alta; **im ~sten Afrika** en lo más profundo de África; **aus ~stem Herzen** de todo corazón; **~ in Gedanken versunken sein** estar ensimismado; **~es Schweigen** silencio profundo; **im ~sten Winter** en pleno invierno ② (*niedrig*) bajo; **~e Temperaturen** temperturas bajas ③ (*Ton*) bajo; (*Stimme*) grave ④ (*Farbe*) intenso **II.** *adv* ① (*nach unten*) profundamente; (*niedrig*) bajo; **sich ~ bücken** inclinarse profundamente; **die Sonne steht schon ~** el sol ya está bajo; **zehn Meter ~ tauchen** bajar (buceando) diez metros; **sie wohnt ~ in den Bergen** vive montañas adentro ② (*stark*) mucho, profundamente; **jdm ~ in die Augen sehen** mirar a alguien profundamente a los ojos; **er ist ~ gesunken** ha degenerado mucho; **~ ausgeschnitten** (*Kleidung*) muy escotado; **bis ~ in die Nacht hinein** hasta bien entrada la noche; **das lässt ja ~ blicken!** (*fam*) ¡eso da que pensar!

**Tief** [ti:f] *nt* <-s, -s> ① (METEO) depresión *f* atmosférica ② (PSYCH) depresión *f*

**Tiefbau** *m ohne pl* ingeniería *f* de caminos

**Tiefdruck** *m* <-(e)s, *ohne pl*> ① (METEO) baja presión *f* ② (TYPO) huecograbado *m*; **Tiefdruckgebiet** *nt* (METEO) zona *f* de baja presión, ciclón *m*

**Tiefe**[1] ['ti:fə] *f* <-n> profundidad *f*

**Tiefe**[2] *f ohne pl* ① (*einer Farbe*) intensidad *f* ② (*der Stimme*) gravedad *f*

**Tiefebene** *f* (GEO) llanura *f*

**Tiefenpsychologie** *f* (p)sicología *f* profunda; **Tiefenschärfe** *f* (FOTO) profundidad *f* de campo; **Tiefenwirkung** *f* efecto *m* en profundidad

**Tiefflieger** *m* <-s, -> avión *m* en vuelo a baja cota; **Tiefgang** *m* <-(e)s, *ohne pl*> ① (NAUT) calado *m* ② (*geistiger Gehalt*) fondo *m*; **Tiefgarage** *f* aparcamiento *m* subterráneo; **tiefgefroren** *adj* congelado; **tiefgekühlt** *adj* congelado

**tiefgründig** ['ti:fgrʏndɪç] *adj* profundo

**Tiefkühlkost** *f* alimentos *mpl* congelados; **Tiefkühlschrank** *m* congelador *m*; **Tiefkühltruhe** *f* congelador *m*

**Tiefland** *nt* <-(e)s, -länder *o* -e> (GEO) tierra *f* baja, bajío *m Am*; **Tiefpunkt** *m* punto *m* más bajo; **Tiefschlaf** *m* sueño *m* profundo; **Tiefschlag** *m* (SPORT) golpe *m* bajo; **tiefschwarz** ['-'-] *adj* negro profundo

**Tiefsee** *f ohne pl* (GEO) aguas *fpl* abisales

**Tiefsinn** *m* <-(e)s, *ohne pl*> ① (*Gedankentiefe*) sentido *m* ② (*Schwermut*) melancolía *f*; **tiefsinnig** *adj* profundo; **Tiefstand** *m ohne pl* nivel *m* más bajo; **tief|stapeln** *vi* infravalorar (los propios méritos)

**Tiefsttemperatur** *f* temperatura *f* mínima

**Tiegel** ['ti:gəl] *m* <-s, -> ① (*zum Kochen*) cacerola *f* ② (*Schmelz~*) crisol *m*

**Tier** [ti:ɐ] *nt* <-(e)s, -e> animal *m*; (*Raub~*) fiera *f*; **ein hohes ~** (*fam fig*) un pez gordo; **Tierart** *f* especie *f* animal; **Tierarzt, -ärztin** *m, f* veterinario, -a *m, f*

**Tierchen** ['ti:ɐçən] *nt* <-s, -> animalito *m*

**Tiergarten** *m* parque *m* zoológico; **Tierhandlung** *f* tienda *f* de animales domésticos, pajarería *f*

**tierisch** ['ti:rɪʃ] *adj* ① (*Tiere betreffend*) animal ② (*abw: roh*) animal; (*grausam*) brutal ③ (*fam: sehr*) bestial; **ich habe ~en Durst** tengo una sed bestial; **das schmeckt ~ gut** esto sabe divino

**Tierklinik** *f* clínica *f* veterinaria; **Tierkreiszeichen** *nt* (ASTR) signo *m* del zodíaco; **tierlieb** *adj* amante de los animales; **sehr ~ sein** amar a los animales; **Tiermehl** *nt* (AGR) harina *f* animal; **Tierpfleger(in)** *m(f)* cuidador(a) *m(f)* de animales; **Tierquäler(in)** *m(f)* persona *f* cruel con los animales [*o* que maltrata a los animales]; **Tierquälerei** ['---'-] *f* maltrato *m* de animales; **Tierreich** *nt ohne pl* reino *m* animal; **Tierschutz** *m* protección *f* de animales; **Tierschützer(in)** *m(f)* protector(a) *m(f)* de animales; **Tierschutzverein** *m* asociación *f* protectora de animales; **Tierversuch** *m* experimento *m* en animales; **Tierwelt** *f ohne pl* fauna *f*

**Tiger** ['ti:gɐ] *m* <-s, -> tigre *m*

**tigern** ['ti:gɐn] *vi sein* (*fam*) andar; **durch die Stadt ~** recorrer la ciudad

**Tilde** ['tɪldə] *f* <-n> ① (*über Buchstaben*) tilde *f* ② (*in Wörterbüchern*) signo *m* de repetición

**tilgen** ['tɪlgən] *vt* ① (FIN, WIRTSCH) amortizar; (*Schulden*) liquidar ② (*geh: beseitigen*) eliminar (*aus* de)

**Tilgung** *f* <-en> (FIN, WIRTSCH) amortización *f*; (*der Schuld*) liquidación *f*

**timen** ['taɪmən] *vt* calcular el tiempo (para); (*festsetzen*) fijar la hora (de)

**Timesharing** ['taɪmʃɛ:rɪŋ] *nt* <-s, -s> (*a.* INFOR) time-sharing *m*

**Timing** ['taɪmɪŋ] *nt* <-s, -s> cálculo *m* del tiempo; (*Koordination*) coordinación *f*; **das war perfektes ~!** ¡la coordinación ha sido perfecta!

**Tinktur** [tɪŋk'tu:ɐ] *f* <-en> tintura *f*

**Tinte** ['tɪntə] *f* <-n> tinta *f*; **in der ~ sitzen** (*fam*) verse en apuros

**Tintenfass** *nt* tintero *m*; **Tintenfisch** *m* (ZOOL) sepia *f*; (*kleiner*) chipirón *m*; **Tintenfleck** *m* mancha *f* de tinta; **Tintenstrahldrucker** *m* impresora *f* de inyección de tinta

**Tipp** [tɪp] *m* <-s, -s> ① (*fam: Rat*) consejo *m* ② (SPORT) pronóstico *m*

**tippen** ['tɪpən] **I.** *vi* ① (*berühren*) tocar (ligeramente) (*auf/an*) ② (*fam: Maschine schreiben*) escribir a máquina ③ (*fam: wetten*) apostar (*auf* por); **ich tippe (darauf), dass ...** apuesto que... ④ (*Lotto spielen*) jugar a la lotería primitiva **II.** *vt* ① (*fam: Text*) pasar a máquina ② (*im Lotto*) apostar (por)

**Tipp-Ex®** *nt* <-, *ohne pl*> Tipp-Ex® *m*, líquido *m* corrector

**Tippfehler** *m* errata *f*

**Tippschein** *m* boleto *m* de quiniela

**Tippse** ['tɪpsə] *f* <-n> (*fam abw*) mecanógrafa *f*

**tipptopp** ['tɪp'tɔp] *adj* (*fam*) impecable, perfecto

**Tirol** [ti'ro:l] *nt* <-s> Tirol *m*

**Tiroler(in)** *m(f)* <-s, -; -nen> tirolés, -esa *m, f*

**Tisch** [tɪʃ] *m* <-(e)s, -e> mesa *f*; **den ~ decken** poner la mesa; **am ~ sitzen** estar sentados a la mesa; **am runden ~** en una mesa redonda; **sich an den gedeckten ~ setzen** (*fig*) vivir a cuerpo de rey; **etw unter den ~ fallen lassen** (*fam*) pasar algo por alto; **jdn unter den ~ trinken** (*fam*) aguantar más que otro bebiendo; **etw ist vom ~** (*fam*) algo está solucionado; **reinen ~ machen** (*fam*) hacer tabla rasa; **Einwände vom ~ wischen** no dar importancia a las objeciones; **jdn über den ~ ziehen** (*fam fig*) dar a alguien gato por liebre; **Tischbein** *nt* pata *f* de la mesa; **Tischdecke** *f* mantel *m*; **Tischfußball** *m ohne pl* futbolín *m*; **Tischgesellschaft** *f* comensales *mpl*; **Tischgespräch** *nt* conversación *f* de mesa; (*nach dem Essen*) sobremesa *f*; **Tischkante** *f* borde *m* de la mesa; **Tischlampe** *f* lámpara *f* de mesa

**Tischler(in)** *m(f)* <-s, -; -nen> carpintero, -a *m, f*

**Tischlerei** *f* <-en> carpintería *f*

**tischlern** ['tɪʃlɐn] **I.** *vi* (*fam*) carpintear, hacer trabajos de carpintería [*o* de bricolaje con madera] **II.** *vt* (*fam*) hacer; **einen Schrank/ein Regal ~** hacer un armario/una estantería

**Tischmanieren** *pl* modales *mpl* en la mesa; **Tischnachbar(in)** *m(f)* compañero, -a *m, f* de mesa; **Tischrede** *f* discurso *m* de sobremesa

**Tischtennis** *nt* tenis *m* de mesa, ping-pong *m*, microtenis *m Am*; **Tischtennisball** *m* pelota *f* de ping-pong, bola *f* de ping-pong; **Tischtennisplatte** *f* mesa *f* de ping-pong; **Tischtennisschläger** *m* pala *f* de ping-pong

**Titel** ['ti:təl] *m* <-s, -> (*a.* SPORT, JUR, PUBL) título *m*; **akademischer ~** título académico; **um den ~ spielen** (SPORT) competir por el título; **Titelanwärter(in)** *m(f)* (*a.* SPORT) aspirante *mf* al título; **Titelbild** *nt* portada *f*; **Titelblatt** *nt* portada *f*

**titeln** *vt* titular

**Titelrolle** *f* (FILM, THEAT) papel *m* principal; **Titelverteidiger(in)** *m(f)* (SPORT) defensor(a) *m(f)* del título

**Titte** ['tɪtə] *f* <-n> (*vulg*) teta *f*

**titulieren*** [titu'li:rən] *vt* llamar, calificar (*als* de)

**tja** [tja] *interj* (*fam*) bueno

**TNT** [te:ʔɛn'te:] *nt* <-, *ohne pl*> *Abk. von* **Trinitrotoluol** TNT *m*

**Toast** [to:st] *m* <-(e)s, -e *o* -s> ① (*~scheibe*) tostada *f*; (*~brot*) pan *m* para tostar ② (*Trinkspruch*) brindis *m inv*; **einen ~ auf jdn ausbringen** brindar por alguien; **Toastbrot** *nt* pan *m* para tostar, pan *m* bimbo®; (*Scheibe*) tostada *f*

**toasten** ['to:stən] *vt* (*Brot*) tostar

**Toaster** *m* <-s, -> tostadora *f*

**toben** ['to:bən] *vi* ① (*vor Wut*) rabiar; (*vor Begeisterung*) estar entusiasmado ② (*Kin-*

T

*der*) alborotar ③ (*Sturm*) bramar; (*Meer*) embravecerse

**Tobsucht** *f ohne pl* furia *f*

**tobsüchtig** *adj* furioso

**Tobsuchtsanfall** *m* ataque *m* de rabia

**Tochter** ['tɔxtɐ, *pl:* 'tœçtɐ] *f* <Töchter> ① (*Kind*) hija *f* ② (*Schweiz: Bedienung*) camarera *f;* (*Haushaltshilfe*) mujer *f* de la limpieza; **Tochterfirma** *f* (WIRTSCH) filial *f;* **Tochtergesellschaft** *f* (WIRTSCH) (sociedad *f*) filial *f*

**Tod** [to:t] *m* <-(e)s, -e> muerte *f,* petateada *f Mex;* **eines gewaltsamen/natürlichen ~es sterben** morir de muerte violenta/natural; **jdn zum ~e verurteilen** condenar a alguien a muerte; **etw mit dem ~ bezahlen** pagar algo con la muerte; **sich zu ~e langweilen** (*fam*) aburrirse como una ostra; **sich zu ~e schämen** (*fam*) morirse de vergüenza; **zu ~e betrübt sein** (*fam*) estar muerto de tristeza; **jdn zu ~e erschrecken** (*fam*) asustar de muerte a alguien; **du holst dir noch den ~** (*fam*) vas a pillar un resfriado; **jdn auf den ~ nicht leiden können** (*fam*) odiar a alguien a muerte

**todernst** ['-'-] *adj* (*fam*) más serio que un poste

**Todesangst** *f* miedo *m* de muerte; **Todesanzeige** *f* esquela *f* (mortuaria), obituario *m Am;* **Todesfall** *m* defunción *f;* **Todesfolge** *f ohne pl* (JUR) resultado *m* letal; **Todesgefahr** *f* peligro *m* de muerte; **Todeskampf** *m ohne pl* agonía *f;* **Todeskandidat(in)** *m(f)* (*durch Krankheit*) moribundo, -a *m, f;* (*durch Todesurteil*) condenado, -a *m, f* a muerte; **todesmutig** *adj* temerario; **Todesopfer** *nt* víctima *f* (mortal); **Todesschuss** *m* tiro *m* mortal; **Todesschütze, -in** *m, f* persona *f* que mata a alguien de un tiro, asesino, -a *m, f;* **Todesstoß** *m* golpe *m* mortal; **jdm/etw** *dat* **den ~ versetzen** darle la puntilla a alguien/a algo; **Todesstrafe** *f* pena *f* de muerte; **bei ~** bajo pena de muerte; **Todesstreifen** *m* franja *f* de la muerte; **Todestag** *m* día *m* de la muerte; (*Jahrestag*) aniversario *m* de la muerte; **Todesursache** *f* causa *f* de la muerte; **Todesurteil** *nt* sentencia *f* de muerte; **Todeszelle** *f* celda *f* de un condenado a muerte

**Todfeind(in)** *m(f)* enemigo, -a *m, f* mortal; **todkrank** ['-'-] *adj* enfermo de muerte; **todlangweilig** ['-'---] *adj* aburridísimo

**tödlich** ['tø:tlɪç] **I.** *adj* mortal; **Unfall mit ~em Ausgang** accidente con desenlace fatal; **das war absolut ~** (*fam*) eso fue absolutamente fatal **II.** *adv* a muerte, mortalmente; **~ verletzt** herido mortalmente; **~ verunglücken** morir en un accidente; **sich ~ langweilen** morirse de aburrimiento

**todmüde** ['-'--] *adj* (*fam*) muerto de sueño; **todschick** ['-'-] *adj* (*fam*) elegantísimo; **todsicher** ['-'--] **I.** *adj* (*fam*) segurísimo **II.** *adv* (*fam: auf jeden Fall*) sin falta; (*zweifellos*) indudablemente; **Todsünde** *f* (REL) pecado *m* mortal; **todunglücklich** ['-'---] *adj* (*fam*) muy infeliz

**Tohuwabohu** [to:huva'bo:hu] *nt* <-(s), -s> caos *m inv,* bayoya *f PRico, RDom*

**toi** [tɔɪ] *interj* (*fam*): **~, ~, ~!** ¡suerte!

**Toilette**[1] [toa'lɛtə] *f ohne pl* (*geh: Körperpflege*) aseo *m*

**Toilette**[2] *f* <-n> (*WC*) servicio *m,* baño *m;* **öffentliche ~n** servicios públicos; **auf die ~ gehen** ir al baño

**Toilettenartikel** *m* artículo *m* de tocador; **Toilettenfrau** *f* encargada *f* de los lavabos; **Toilettenpapier** *nt* papel *m* higiénico, papel *m* confort® *Am*

**Tokio** ['to:kio] *nt* <-s> Tokio *m*

**tolerant** [tole'rant] *adj* tolerante

**Toleranz** [tole'rants] *f* <-en> (*a.* TECH, MED) tolerancia *f;* **Toleranzbereich** *m* (*a.* TECH) margen *m* de tolerancia

**tolerieren*** [tole'ri:rən] *vt* (*a.* TECH) tolerar; (*dulden*) consentir

**toll** [tɔl] *adj* (*fam*) ① (*unglaublich*) increíble ② (*großartig*) genial, achalay *Arg, Peru,* achachay *Col, Ecua,* piocha *Mex* ③ (*schlimm*) terrible; **es zu ~ treiben** pasarse

**Tolle** ['tɔlə] *f* <-n> copete *m*

**tollen** ['tɔlən] *vi* ① (*toben*) alborotar ② *sein* (*laufen*) correr (*durch* por)

**Tollkirsche** *f* (BOT) belladona *f*

**tollkühn** *adj* audaz; **Tollkühnheit** *f* <-en> audacia *f,* osadía *f*

**Tollpatsch** ['tɔlpatʃ] *m* <-(e)s, -e> torpe *mf*

**tollpatschig** *adj* torpe

**Tollwut** *f* (MED) rabia *f*

**tollwütig** *adj* rabioso

**Tölpel** ['tœlpəl] *m* <-s, -> (*abw*) cateto, -a *m, f,* naco *m Mex*

**Tomate** [to'ma:tə] *f* <-n> tomate *m;* **treulose ~** (*fam*) amigo infiel; **hast du ~n auf den Augen?** (*fam*) ¿pero tú estás ciego o qué?

**Tomatenketchup** *m o nt,* **Tomatenketschup** *m o nt* ketchup *m;* **Tomatenmark** *nt ohne pl* concentrado *m* de tomate; **Tomatensoße** *f* salsa *f* de tomate; **Tomatensuppe** *f* sopa *f* de tomate

**Tombola** ['tɔmbola] *f* <-s> tómbola *f*

**Tomografie** *f* <-n>, **Tomographie**

[tomogra'fiː] *f* <-n> (MED) tomografía *f*

**Ton**[1] [toːn] *m* <-(e)s, -e> (*Erde*) arcilla *f;* (*zum Töpfern*) barro *m,* greda *f Am*

**Ton**[2] [toːn, *pl:* 'tøːnə] *m* <-(e)s, Töne> ① (*Klang, a.* RADIO, TV) sonido *m* ② (*Farb~, Sprechweise, a.* MUS) tono *m;* **der gute ~** las buenas formas; **den ~ angeben** llevar la voz cantante; **sich im ~ vergreifen** salirse de tono; **ich verbitte mir diesen ~** no tolero que me hablen en ese tono; **einen anderen ~ anschlagen** cambiar de tono; **jdn in den höchsten Tönen loben** poner a alguien por las nubes; **der ~ macht die Musik** (*fam*) lo que cuenta no es lo que dices sino cómo lo dices ③ (*Betonung*) acento *m* ④ (*fam: Äußerung*) palabra *f;* **große Töne spucken** (*fam abw*) darse importancia; **hast du Töne!** (*fam*) ¡habráse visto!

**tonangebend** *adj* (*fig*) que lleva la batuta

**Tonarm** *m* brazo *m* de la aguja; **Tonart** *f* ① (MUS) tonalidad *f* ② (*Tonfall*) tono *m;* **Tonaufnahme** *f* grabación *f* de sonido, registro *m* de sonido

**Tonband** *nt* ① (*Tonträger*) cinta *f* magnetofónica ② (*fam: Gerät*) magnetófono *m;* **Tonbandaufnahme** *f* grabación *f* magnetofónica; **Tonbandgerät** *nt* magnetófono *m,* casete *m o f*

**tönen** ['tøːnən] **I.** *vi* ① (*er~*) sonar; (*dumpf*) retumbar ② (*fam abw: angeben*) fanfarronear **II.** *vt* (*Farbton verleihen*) matizar; (*färben*) color(e)ar

**Tonerde** *f ohne pl* ① (*Ton*) tierra *f* arcillosa ② (CHEM) alúmina *f*

**tönern** ['tøːnɐn] *adj* de barro, de greda *Am*

**Tonfall** *m* ① (*Sprachmelodie*) acento *m,* tonada *f Am* ② (*Art des Sprechens*) tono *m;* **Tonfilm** *m* película *f* sonora

**Tongefäß** *nt* vasija *f* de barro

**Tonhöhe** *f* altura *f* del tono

**Tonic** *nt* <-, -(s)> (agua *f*) tónica *f*

**Toningenieur(in)** *m(f)* ingeniero, -a *m, f* de sonido; **Tonkopf** *m* cabeza *f* sonora

**Tonkrug** *m* jarro *m* de barro

**Tonlage** *f* (MUS) registro *m;* **Tonleiter** *f* (MUS) escala *f* musical; **tonlos** *adj* (*unbetont*) átono; (*Stimme*) apagado

**Tonnage** [tɔ'naːʒə] *f* <-n> (NAUT) tonelaje *m*

**Tonne** ['tɔnə] *f* <-n> ① (*Behälter*) tonel *m;* (*Regen~*) bidón *m;* (*Müll~*) cubo *m* (de la basura); **grüne ~** *contenedor verde en el sistema dual de separación de basuras* ② (*Maßeinheit*) tonelada *f* ③ (NAUT) boya *f* ④ (*fam: Mensch*) tonel *m*

**Tonnengewölbe** *nt* (ARCHIT) bóveda *f* de cañón

**tonnenweise** *adv* por toneladas

**Tonspur** *f* (FILM) pista *f* sonora; **Tonstörung** *f* (RADIO, FILM, TV) interferencias *fpl;* **Tonstudio** *nt* estudio *m* de grabación

**Tontaube** *f* (SPORT) plato *m* de tiro; **Tontaubenschießen** *nt* <-s, *ohne pl*> (SPORT) tiro *m* al plato

**Tontechniker(in)** *m(f)* técnico, -a *m, f* de sonido; **Tonträger** *m* <-s, -> soporte *m* del sonido

**Tönung** ['tøːnʊŋ] *f* <-en> ① (*das Tönen*) tinte *m* ② (*Farbton*) tono *m*

**Tool** [tuːl] *nt* <-s, -s> (INFOR) herramienta *f;* **Toolbox** *f* <-en> (INFOR) caja *f* de herramientas

**Top** [tɔp] *nt* <-s, -s> top *m*

**Topas** [to'paːs] *m* <-es, -e> topacio *m*

**Topf** [tɔpf, *pl:* 'tœpfə] *m* <-(e)s, Töpfe> ① (*Koch~*) olla *f,* cazuela *f;* **alles in einen ~ werfen** (*fam fig*) meter todo en el mismo saco ② (*Nacht~*) orinal *m;* (*fam: Toilette*) lavabo *m* ③ (*Blumen~*) maceta *f* ④ (FIN) fondo *m*

**Töpfer(in)** ['tœpfɐ] *m(f)* <-s, -; -nen> alfarero, -a *m, f*

**Töpferei** [tœpfə'raɪ] *f* <-en> alfarería *f,* locería *f Am*

**töpfern** ['tœpfɐn] *vt, vi* hacer vasijas de barro; (*Kunst*) hacer cerámica

**Töpferscheibe** *f* torno *m* (de alfarero); **Töpferwaren** *fpl* loza *f*

**topfit** ['tɔp'fɪt] *adj* (*fam*) a tope

**Topflappen** *m* agarrador *m;* **Topfpflanze** *f* planta *f* de maceta

**Topmodel** *nt* "top model" *f*

**Topografie** *f* <-n> *s.* **Topographie**

**topografisch** *adj s.* **topographisch**

**Topographie** [topogra'fiː] *f* <-n> (GEO) topografía *f*

**topographisch** [topo'graːfɪʃ] *adj* (GEO) topográfico

**Tor**[1] [toːɐ] *m* <-en, -en> (*geh: Person*) necio *m*

**Tor**[2] [toːɐ] *nt* <-(e)s, -e> ① (*große Tür*) portal *m* ② (*Monument*) puerta *f* ③ (SPORT: *Gehäuse*) portería *f;* (*Treffer*) gol *m;* **im ~ stehen** estar en la portería; **ein ~ schießen** marcar un gol

**Torbogen** *m* arco *m* (de un portal)

**Torero** [to'reːro] *m* <-s, -s> torero *m*

**Torf** [tɔrf] *m* <-(e)s, -e> turba *f*

**Torfrau** *f s.* **Torwart**

**Torheit** *f* <-en> (*geh*) necedad *f,* majadería *f*

**Torhüter(in)** *m(f)* (SPORT) portero, -a *m, f*

**töricht** ['tøːrɪçt] *adj* (*abw*) ① (*unvernünftig*) insensato ② (*einfältig*) corto ③ (*unsinnig*) estúpido

**torkeln** ['tɔrkəln] *vi sein* tambalearse

**Torlinie** *f* (SPORT) línea *f* de portería

**Törn** [tœrn] *m* <-s, -s> ① (*Segel~*) viaje *m* en velero ② (*Turnus*) turno *m*

**Tornado** [tɔr'na:do] *m* <-s, -s> (METEO) tornado *m*

**Tornister** [tɔr'nɪstɐ] *m* <-s, -> ① (*der Soldaten*) mochila *f* ② (*reg: der Schüler*) cartera *f*

**torpedieren*** [tɔrpe'di:rən] *vt* (MIL) torpedear

**Torpedo** [tɔr'pe:do] *m* <-s, -s> (MIL) torpedo *m*

**Torpfosten** *m* (SPORT) poste *m* (de la portería)

**Torschlusspanik** *f miedo a perderse algo importante en la vida*

**Torschütze, -in** *m, f* (SPORT) goleador(a) *m(f)*; **Torschützenkönig** *m* (SPORT) pichichi *m*

**Torso** ['tɔrzo] *m* <-s, -s *o* Torsi> (KUNST) torso *m*

**Torte** ['tɔrtə] *f* <-n> tarta *f*

**Tortenboden** *m* base *f* de masa (para las tartas); **Tortenheber** *m* <-s, -> paleta *f* para tartas

**Tortur** [tɔr'tu:ɐ] *f* <-en> tortura *f*

**Torwart, -frau** ['to:ɐvart] *m, f* <-(e)s, -e; -en> (SPORT) portero, -a *m, f*, arquero, -a *m, f Am*

**tosen** ['to:zən] *vi* (*Meer, Sturm*) rugir; **~der Beifall** aplauso frenético

**tot** [to:t] *adj* muerto; (*verstorben*) fallecido; (*leblos*) inánime; **das T~e Meer** el Mar Muerto; **halb ~** medio muerto; **klinisch ~** clínicamente muerto; **er war auf der Stelle ~** falleció en el acto; **jdn für ~ erklären** declarar muerto a alguien; **sich ~ stellen** hacerse el muerto; **den ~en Mann machen** hacer el muerto; **mehr ~ als lebendig** más muerto que vivo

**total** [to'ta:l] **I.** *adj* ① (*vollständig*) total ② (*fam: völlig*) completo; **das ist ja ~er Wahnsinn** esto es una verdadera locura **II.** *adv* por completo

**Totalausverkauf** *m* liquidación *f* total

**totalitär** [totali'tɛ:ɐ] *adj* totalitario

**Totalität** [totali'tɛ:t] *f ohne pl* totalidad *f*

**Totalschaden** *m* siniestro *m* total

**tot|arbeiten** *vr:* **sich ~** (*fam*) matarse a trabajar; **tot|ärgern** *vr:* **sich ~** (*fam*) reventar de rabia

**Tote(r)** *mf* <-n, -n; -n> muerto, -a *m, f*, difunto, -a *m, f elev*

**töten** ['tø:tən] *vt* matar; (*ermorden*) asesinar, victimar *Am*

**Totenbett** *nt* lecho *m* mortuorio; **totenblass** ['--'-] *adj* blanco como la cera; **Totenglocke** *f* toque *m* de difuntos; **die ~n läuten** tocar a muertos; **Totengräber** ['--grɛ:bɐ] *m* <-s, -> enterrador *m*; **Totenkopf** *m* calavera *f*; **Totenmaske** *f* mascarilla *f*; **Totenmesse** *f* misa *f* de réquiem; **Totenschädel** *m* calavera *f*; **Totenschein** *m* certificado *m* de defunción; **Totensonntag** *m* (REL) día *m* de (los) difuntos; **Totenstarre** *f* rigidez *f* cadavérica; **totenstill** ['--'-] *adj:* **es war ~** (*fam*) reinaba un silencio sepulcral; **Totenstille** ['--'--] *f* silencio *m* sepulcral; **Totentanz** *m* danza *f* macabra; **Totenwache** *f* velatorio *m*; **die ~ halten** velar a un difunto

**tot|fahren** *irr vt* matar por atropello; **Totgeburt** *f* ① (*Geburt*) nacimiento *m* de un niño muerto ② (*Kind*) mortinato, -a *m, f*

**tot|kriegen** *vt* (*fam*) acabar (con); **diese Mode ist nicht totzukriegen** no hay quien acabe con esta moda; **tot|lachen** *vr:* **sich ~** (*fam*) morirse de (la) risa

**Toto** ['to:to] *m o nt* <-s, -s> quiniela *f*; **Totoschein** *m* boleto *m* de las quinielas

**tot|sagen** *vt* declarar muerto; **tot|schießen** *irr vt* (*fam*) matar de un tiro

**Totschlag** *m* <-(e)s, *ohne pl*> (JUR) homicidio *m*; **Totschlagargument** *nt* (*abw fam*) argumento *m* impepinable

**tot|schlagen** *irr vt* matar (a palos); **die Zeit ~** (*fam*) matar el tiempo

**Totschläger**[1] *m* <-s, -> (*Waffe*) rompecabezas *m inv*

**Totschläger(in)**[2] *m(f)* <-s, -; -nen> (*abw: Person*) homicida *mf*

**tot|schweigen** *irr vt* silenciar

**Tötung** *f* <-en> matanza *f*; (*Totschlag*) homicidio *m*; **fahrlässige ~** homicidio involuntario; **Tötungsversuch** *m* (JUR) intento *m* de homicidio

**Touchscreen** ['tatʃskri:n] *m* <-s, -s> (INFOR) pantalla *f* táctil

**Toupet** [tu'pe:] *nt* <-s, -s> ① (*Haarteil*) bisoñé *m* ② (*Schweiz: Frechheit*) insolencia *f*

**toupieren*** [tu'pi:rən] *vt* cardar

**Tour** [tu:ɐ] *f* <-en> ① (*Ausflug*) excursión *f* (*in* a); (*Rundfahrt*) vuelta *f* (*durch* por) ② (*Strecke*) recorrido *m* ③ (*fam: Trick*) truco *m*; **immer die gleiche ~!** ¡siempre el mismo cuento! ④ (*fam: Vorhaben*) plan *m*; **jdm die ~ vermasseln** echarle a alguien su plan por los suelos ⑤ (TECH: *Umdrehung*) revolución *f*; **auf vollen ~en arbeiten** trabajar a toda máquina; **in einer ~** (*fam*) continuamente ⑥ (*Wend*): **mach keine krummen ~en!** (*fam*) ¡no hagas tonterías!

**touren** ['tu:rən] *vi* estar de gira

**Tourenzahl** *f* (TECH) número *m* de revoluciones

**Touri** *m* <-s, -s> (*fam*) turista *m* (típico)

**Tourismus** [tu'rɪsmʊs] *m* <-, *ohne pl*> turismo *m;* **sanfter ~** turismo moderado [*o* verde]

**Tourist(in)** [tu'rɪst] *m(f)* <-en, -en; -nen> turista *mf*

**Touristenklasse** *f ohne pl* clase *f* turista; **Touristennepper(in)** *m(f)* <-s, -; -nen> cazaturistas *mf inv;* **Touristenzentrum** *nt* centro *m* turístico

**Touristik** [tu'rɪstɪk] *f ohne pl* turismo *m*

**Touristin** *f* <-nen> *s.* **Tourist**

**touristisch** *adj* turístico

**Tournee** [tʊr'ne:] *f* <-s *o* -n> gira *f;* **auf ~ sein/gehen** estar/salir de gira

**Tower** ['taʊɐ] *m* <-s, -> (AERO) torre *f* de control

**toxisch** ['tɔksɪʃ] *adj* tóxico

**Trab** [tra:p] *m* <-(e)s, *ohne pl*> trote *m;* **im ~** al trote; **jdn auf ~ bringen** (*fam*) meter prisa a alguien; **jdn in ~ halten** (*fam*) mantener a alguien ocupado

**Trabant** [tra'bant] *m* <-en, -en> (ASTR, AERO) satélite *m*

**i Land & Leute**

El **Trabant** o **Trabbi** era el modelo de coche más extendido en la antigua RDA. El modelo típico, el P601, constaba de un motor de dos tiempos, y fue producido desde 1964 hasta 1989. Su inferioridad con respecto a los vehículos modernos lo convirtió en objeto fácil de múltiples chistes.

**Trabantenstadt** *f* ciudad *f* satélite

**traben** ['tra:bən] *vi haben o sein* ir al trote, trotar

**Trabrennbahn** *f* pista *f* para carreras al trote

**Tracht** [traxt] *f* <-en> ❶ (*von Berufsgruppen*) uniforme *m;* (*bei Volksgruppen*) traje *m* regional ❷ (*Wend*): **eine ~ Prügel** (*fam*) una tunda, una zumba *Am*

**trachten** ['traxtən] *vi* (*geh*): **nach etw** *dat* **~** anhelar algo; **jdm nach dem Leben ~** atentar contra la vida de alguien

**trächtig** ['trɛçtɪç] *adj* preñado

**Tradition** [tradi'tsjo:n] *f* <-en> tradición *f;* **aus ~** por tradición

**traditionell** [traditsjo'nɛl] *adj* tradicional

**traditionsbewusst** *adj* tradicionalista

**traf** [tra:f] *3. imp von* **treffen**

**Trafo** ['trafo] *m* <-(s), -s> transformador *m*

**Tragbahre** *f* camilla *f*

**tragbar** *adj* ❶ (*Geräte*) portátil ❷ (*Kleidung*) que se puede llevar ❸ (*erträglich*) soportable; (*Entwicklung*) sostenible

**träge** ['trɛ:gə] *adj* ❶ (*langsam*) lento; (*lustlos*) apático; (*faul*) perezoso, poncho *Am* ❷ (PHYS) inerte

**tragen** ['tra:gən] <trägt, trug, getragen> **I.** *vt* ❶ (*Last, Kleidung, Aufschrift, Brille*) llevar; **etw bei sich** *dat* **~** llevar algo consigo; **auf dem Arm/auf dem Rücken ~** llevar en brazos/a cuestas; **das trägt man nicht mehr** eso ya no se lleva; **das Haar lang/kurz ~** llevar el pelo largo/corto ❷ (*stützen*) sostener ❸ (*er~*) llevar; (*Verantwortung*) asumir; (*Verlust*) responder (de); (*Kosten*) hacerse cargo (de) **II.** *vi* ❶ (*Eis*) resistir ❷ (*Baum, Acker*) dar frutos ❸ (*Tier*) estar preñado ❹ (*Kleidung, Mode*) llevarse ❺ (*an Verantwortung*) tener **III.** *vr:* **sich ~** ❶ (*sich finanzieren*): **sich selbst ~** autofinanciarse ❷ (*in Erwägung ziehen*): **sich mit dem Gedanken ~ etw zu tun** tener la intención de hacer algo ❸ (*Kleidung*) vestirse; **der Stoff trägt sich angenehm** este tejido es cómodo de llevar

**Tragen** *nt:* **zum ~ kommen** surtir efecto

**Träger**[1] *m* <-s, -> ❶ (ARCHIT) viga *f* ❷ (*an Kleidung*) tirante *m* ❸ (*Institution*) entidad *f* responsable

**Träger(in)**[2] ['trɛgɐ] *m(f)* <-s, -; -nen> ❶ (*Gepäck~*) mozo, -a *m, f* ❷ (*Preis~*) titular *mf* ❸ (*einer Entwicklung*) representante *mf* ❹ (*einer Krankheit*) portador(a) *m(f)*

**Trägerkleid** *nt* vestido *m* de [*o* con] tirantes; **Trägerrakete** *f* cohete *m* portador

**Tragetasche** *f* ❶ (*Einkaufstasche*) bolsa *f* de la compra ❷ (*Plastiktüte*) bolsa *f* de plástico

**tragfähig** *adj* sólido, firme

**Tragfläche** *f* (AERO) plano *m* de sustentación

**Trägheit** ['trɛ:khaɪt] *f ohne pl* ❶ (*Faulheit*) pereza *f;* (*Langsamkeit*) lentitud *f;* (*Lustlosigkeit*) apatía *f* ❷ (PHYS) inercia *f*

**Tragik** ['tra:gɪk] *f ohne pl* tragedia *f;* (*a.* LIT, THEAT) lo trágico

**tragikomisch** [tra:gi'ko:mɪʃ, '----] *adj* (*a.* LIT, THEAT) tragicómico

**Tragikomödie** [tragiko'mø:djə, '-----] *f* (*a.* LIT, THEAT) tragicomedia *f*

**tragisch** ['tra:gɪʃ] *adj* (*a.* LIT, THEAT) trágico; **nimm's nicht so ~** (*fam*) no te lo tomes tan a la tremenda

**Tragkraft** *f ohne pl* (TECH, ARCHIT) capacidad *f* de carga; **Traglast** *f* carga *f*

**Tragödie** [tra'gø:djə] *f* <-n> (*a.* LIT, THEAT)

tragedia *f*

**trägt** *3. präs von* **tragen**

**Tragweite** *f* alcance *m*

**Trailer** ['treɪlə] *m* <-s, -> (*a.* FILM) tráiler *m*

**Trainer**[1] ['trɛ:nɐ] *m* <-s, -> (*Schweiz: Trainingsanzug*) chándal *m*

**Trainer(in)**[2] ['trɛ:nɐ] *m(f)* <-s, -; -nen> entrenador(a) *m(f)*

**trainieren*** [trɛ'ni:rən, tre'ni:rən] **I.** *vi* entrenarse **II.** *vt* entrenar

**Training** ['trɛ:nɪŋ] *nt* <-s, -s> entrenamiento *m;* **autogenes ~** entrenamiento autógeno; **Trainingsanzug** *m* chándal *m;* **Trainingshose** *f* pantalón *m* de(l) chándal

**Trakt** [trakt] *m* <-(e)s, -e> (ARCHIT) ala *f*

**Traktor** ['trakto:ɐ] *m* <-s, -en> tractor *m*

**trällern** ['trɛlɐn] **I.** *vi* tararear una melodía **II.** *vt* tararear

**Tram** [tram] *f* <-s> (*reg*) tranvía *m;* **Trambahn** *f* (*südd*) tranvía *m*

**Trampel** ['trampəl] *m o nt* <-s, -> (*fam abw*) patán, -ana *m, f*

**trampeln** ['trampəln] **I.** *vi* patear **II.** *vt:* **etw platt ~** pisotear algo

**Trampelpfad** *m* sendero *m* trillado; **Trampeltier** *nt* ① (*Kamel*) camello *m* ② (*fam: Trampel*) patán, -ana *m, f*

**trampen** ['trɛmpən] *vi sein* hacer autostop

**Tramper(in)** *m(f)* <-s, -; -nen> autoestopista *mf*

**Trampolin** ['trampoli:n, --'-] *nt* <-s, -e> trampolín *m*

**Tramway** ['tramvaɪ] *f* <-s> (*Österr*) tranvía *m*

**Tran** [tra:n] *m* <-(e)s, -e> (*vom Wal*) aceite *m* de ballena; (*vom Fisch*) aceite *m* de hígado de bacalao; **wie im ~** (*fam: benommen*) confuso; (*zerstreut*) despistado

**Trance** ['trã:s(ə)] *f* <-n> trance *m*

**tranchieren*** [trã'ʃi:rən] *vt s.* **transchieren**

**Tranchiermesser** [trã'ʃi:r-] *nt s.* **Transchiermesser**

**Träne** ['trɛ:nə] *f* <-n> lágrima *f;* **den ~n nahe sein** estar a punto de romper a llorar; **~n lachen** llorar de risa; **zu ~n gerührt sein** estar muy conmovido; **in ~n aufgelöst** hecho un mar de lágrimas; **mir kommen die ~n!** (*iron*) ¡huy, qué pena me das!

**tränen** *vi* lagrimear, llorar *fam;* **mir ~ die Augen** me lloran los ojos

**Tränendrüse** *f* glándula *f* lagrimal; **Tränengas** *nt ohne pl* gas *m* lacrimógeno; **Tränensack** *m* (ANAT) saco *m* lagrimal

**tranig** ['tra:nɪç] *adj* ① (*nach Tran schmeckend*) aceitoso ② (*fam: träge*) pesado

**trank** [traŋk] *3. imp von* **trinken**

**Tränke** ['trɛŋkə] *f* <-n> abrevadero *m,* pileta *f RíoPl*

**tränken** ['trɛŋkən] *vt* ① (*Tiere*) abrevar ② (*durchnässen*) empapar (*in* en, *mit* de)

**Transaktion** [trans?ak'tsjo:n] *f* <-en> transacción *f;* **Transaktionskosten** *pl* (WIRTSCH) costes *m* de transacción *pl*

**transchieren*** [tran'ʃi:rən] *vt* (GASTR) trinchar

**Transchiermesser** [tran'ʃi:r-] *nt* (GASTR) cuchillo *m* de trinchar

**Transfer** [trans'fe:ɐ] *m* <-s, -s> ① (WIRTSCH, PSYCH) tra(n)sferencia *f* ② (*auf Reisen*) traslado *m* ③ (SPORT) traspaso *m*

**Transformator** [transfɔr'ma:to:ɐ] *m* <-s, -en> tra(n)sformador *m*

**Transfusion** [transfu'zjo:n] *f* <-en> (MED) tra(n)sfusión *f* (de sangre)

**Transistor** [tran'zɪsto:ɐ] *m* <-s, -en> transistor *m;* **Transistorradio** *nt* transistor *m*

**Transit** [tran'zi:t, tran'zɪt] *m* <-s, -e> tránsito *m*

**transitiv** ['tranziti:f, --'-] *adj* (LING) transitivo

**Transitreisende(r)** *mf* viajero, -a *m, f* en tránsito; **Transitverkehr** *m* tráfico *m* de tránsito

**Transkription** [transkrɪp'tsjo:n] *f* <-en> (LING, MUS) tra(n)scripción *f*

**transparent** [transpa'rɛnt] *adj* tra(n)sparente

**Transparent** [transpa'rɛnt] *nt* <-(e)s, -e> (*Spruchband*) pancarta *f*

**Transparenz** [transpa'rɛnts] *f ohne pl* tra(n)sparencia *f*

**transpirieren*** [transpi'ri:rən] *vi* tra(n)spirar

**Transplantation** [transplanta'tsjo:n] *f* <-en> (MED, BOT) tra(n)splante *m*

**transplantieren*** [transplan'ti:rən] *vt* (MED) tra(n)splantar

**Transport** [trans'pɔrt] *m* <-(e)s, -e> tra(n)sporte *m*

**Transportband** *nt* cinta *f* tra(n)sportadora

**Transporter** *m* <-s, -> vehículo *m* de tra(n)sporte

**transportfähig** *adj* (*Person*) en condiciones de ser trasladado; **Transportflugzeug** *nt* avión *m* de tra(n)sporte

**transportieren*** [transpɔr'ti:rən] *vt* ① (*Waren*) tra(n)sportar ② (*Personen*) trasladar ③ (*Ideen, Werte*) trasladar

**Transportmittel** *nt* medio *m* de tra(n)sporte; **Transportunternehmen** *nt* empresa *f* de tra(n)sportes

**transsexuell** [transzɛksu'ɛl] *adj* transexual

**Transsexuelle(r)** *mf* <-n, -n; -n> transexual *mf*

**Transvestit** [transvɛs'ti:t] *m* <-en, -en> travestí *m*

**transzendental** [transtsɛndɛn'ta:l] *adj* (PHILOS) tra(n)scendental

**Trapez** [tra'pe:ts] *nt* <-es, -e> (*Turngerät, a.* MATH) trapecio *m*

**Trasse** ['trasə] *f* <-n> trazado *m*

**trat** [tra:t] *3. imp von* **treten**

**Tratsch** [tra:tʃ] *m* <-(e)s, *ohne pl*> (*fam abw*) cotilleo *m*

**tratschen** ['tra:tʃən] *vi* (*fam abw*) cotillear (*über* sobre)

**Traualtar** ['traʊʔalta:ɐ] *m* altar *m* nupcial; **jdn zum ~ führen** llevar a alguien al altar

**Traube** ['traʊbə] *f* <-n> ① (*Wein~*) uva *f;* **blaue/grüne ~n** uvas negras/blancas ② (BOT) racimo *m* ③ (*Menschen~*) grupo *m*

**Traubensaft** *m* zumo *m* de uva, jugo *m* de uva *Am,* baya *f Chil;* **Traubenzucker** *m* glucosa *f*

**trauen** ['traʊən] **I.** *vi* confiar; **jdm/etw** *dat* **~** confiar en alguien/algo; **ich traute meinen Augen/Ohren nicht** no podía dar crédito a mis ojos/oídos **II.** *vt* casar; **sich ~ lassen** casarse **III.** *vr:* **sich ~** atreverse; **sich ~ etw zu tun** atreverse a hacer algo

**Trauer** ['traʊɐ] *f ohne pl* tristeza *f;* (*um Tote*) luto *m;* **~ tragen** llevar luto; **Trauerfall** *m* defunción *f;* **Trauerfeier** *f* funeral *m;* **Trauergottesdienst** *m* funeral *m;* **Trauerkleidung** *f* luto *m;* **~ tragen** llevar luto; **Trauerkloß** *m* (*fam*) soso, -a *m, f;* **Trauermiene** *f* (*fam*) cara *f* de circunstancias

**trauern** ['traʊɐn] *vi* llevar luto; **um jdn ~** llorar la muerte de alguien

**Trauerspiel** *nt* (*a. fig*) tragedia *f;* **Trauerweide** *f* (BOT) sauce *m* llorón

**Traufe** ['traʊfə] *f* <-n> canalón *m*

**träufeln** ['trɔɪfəln] *vt* verter gota a gota (*in* en)

**Traum** [traʊm, *pl:* 'trɔɪmə] *m* <-(e)s, Träume> sueño *m;* **im ~ reden** hablar en sueños; **das fällt mir nicht im ~ ein** (*fam*) eso no se me ocurre ni en sueños; **das war schon immer mein ~** siempre soñé con eso; **aus der ~!** (*fam*) ¡vuelta a la realidad!

**Trauma** ['traʊma] *nt* <-s, Traumen *o* Traumata> (MED, PSYCH) trauma *m*

**traumatisch** [traʊ'ma:tɪʃ] *adj* (MED, PSYCH) traumático

**Traumberuf** *m* trabajo *m* ideal, oficio *m* soñado

**Traumen** ['traʊmən] *pl von* **Trauma**

**träumen** ['trɔɪmən] *vi* soñar (*von* con); **von jdm/etw ~** soñar con alguien/algo; **er träumt mit offenen Augen** sueña despierto; **das hätte ich mir nicht ~ lassen** nunca hubiese soñado con ello

**Träumer(in)** *m(f)* <-s, -; -nen> soñador(a) *m(f)*

**Träumerei** *f* <-en> sueños *mpl,* fantasías *fpl*

**träumerisch** *adj* soñador

**traumhaft** *adj* ① (*wie im Traum*) de ensueño ② (*fam: wunderbar*) maravilloso

**Traumpaar** *nt* pareja *f* ideal

**traurig** ['traʊrɪç] *adj* ① (*bekümmert*) triste; **über etw ~ sein** estar triste por algo; **jdn ~ machen** entristecer a alguien; **~ werden** ponerse triste ② (*beklagenswert*) triste ③ (*erbärmlich*) deplorable

**Traurigkeit** *f ohne pl* tristeza *f*

**Trauring** *m* alianza *f;* **Trauschein** *m* acta *f* de matrimonio

**Trauung** ['traʊʊŋ] *f* <-en> boda *f,* casamiento *m;* **kirchliche/standesamtliche ~** casamiento por la iglesia/por lo civil

**Trauzeuge, -in** *m, f* testigo *mf* de matrimonio

**Trecking** ['trɛkɪŋ] *nt* <-s, -s> *s.* **Trekking**

**Treff** [trɛf] *m* <-s, -s> (*fam*) ① (*das Treffen*) encuentro *m* ② (*Treffpunkt*) lugar *m* de encuentro

**treffen** ['trɛfən] <trifft, traf, getroffen> **I.** *vi* (*Ziel*) acertar **II.** *vt* ① (*begegnen*) encontrar; (*zufällig*) encontrarse (con), dar (con) ② (*erreichen*) alcanzar, dar; **das Ziel ~** dar en el blanco; **mit deinem Job hast du es ja gut getroffen** acertaste con tu trabajo ③ (*kränken*) ofender ④ (*be~*) afectar; **das trifft dich** eso se refiere a ti; **mich trifft keine Schuld** yo no tengo la culpa ⑤ (*ergreifen*): **Maßnahmen gegen etw ~** adoptar medidas contra algo; **eine Vereinbarung ~** llegar a un acuerdo **III.** *vr:* **sich ~** ① (*zusammenkommen*) encontrarse; (*sich versammeln*) reunirse ② (*geschehen*) ocurrir; **das trifft sich gut!** ¡eso me viene como anillo al dedo!

**Treffen** ['trɛfən] *nt* <-s, -> (*a.* SPORT) encuentro *m*

**treffend** **I.** *adj* (*richtig*) justo; (*angemessen*) adecuado **II.** *adv* con exactitud

**Treffer** *m* <-s, -> ① (*Schießen*) tiro *m* certero; (*Ballspiele*) gol *m;* (*Boxen*) golpe *m* certero; (*Einschuss*) impacto *m* ② (*in einer Lotterie*) premio *m* ③ (*Erfolg*) exitazo *m;* **Trefferquote** *f* número *m* de aciertos [*o* dianas] [*o* goles]

**trefflich** **I.** *adj* excelente **II.** *adv* muy bien

**Treffpunkt** *m* lugar *m* de encuentro; **treffsicher** *adj* certero

**Treibeis** ['traɪp-] *nt* témpano *m*

**treiben** ['traɪbən] <treibt, trieb, getrie-

T

ben> **I.** *vt* ① (*hinbringen*) llevar; (*schieben*) empujar; (*mit Zwang*) hacer avanzar; **sich** (**von der Strömung**) ~ **lassen** dejarse llevar (por la corriente); **die Preise in die Höhe** ~ hacer subir los precios ② (*an~*) apremiar (*zu* a); (TECH) hacer funcionar; **jdn zur Eile** ~ meterle prisa a alguien; **jdn zum Wahnsinn** ~ volver loco a alguien ③ (*hineinschlagen*) clavar (*in* en); (*Tunnel*) cavar ④ (*be~, tun*) dedicarse (a); (SPORT) practicar; **Missbrauch mit etw** *dat* ~ abusar de algo; **dummes Zeug** ~ (*fam*) hacer tonterías; **es zu toll** ~ ir demasiado lejos; **es mit jdm** ~ (*fam*) tener relaciones sexuales con alguien ⑤ (*Knospen*) echar **II.** *vi* ① *sein* (*fortbewegt werden*) ser llevado; (*von der Strömung*) ser arrastrado (por la corriente); (*auf Wasser*) flotar (*auf/in* en) ② (*Pflanze*) brotar ③ (*fam: Bier, Kaffee*) ser diurético

**Treiben** *nt* <-s, *ohne pl*> ① (*auf der Straße*) movimiento *m;* (*Belebtheit*) animación *f* ② (*Handeln*) actividad *f*

**treibend** *adj:* **die ~e Kraft** la fuerza motriz

**Treibgas** *nt* gas *m* propulsor

**Treibhaus** *nt* invernadero *m;* **Treibhauseffekt** *m ohne pl* efecto *m* invernadero

**Treibholz** *nt ohne pl* madera *f* flotante; **Treibjagd** *f* batida *f;* **Treibnetz** *nt* red *f* de arrastre; **Treibstoff** *m* combustible *m*

**Trekking** ['trɛkɪŋ] *nt* <-s, -s> trekking *m*

**Trenchcoat** ['trɛntʃkɔʊt] *m* <-(s), -s> gabardina *f*

**Trend** [trɛnt] *m* <-s, -s> tendencia *f* (*zu* a); **modischer** ~ moda *f;* **mit etw** *dat* **voll im** ~ **liegen** (*fam*) ir con algo completamente a la moda; **Trendsetter(in)** ['trɛntsɛtɐ] *m(f)* <-s, -; -nen> iniciador(a) *m(f)* de una moda; **Trendwende** *f* cambio *m* de tendencia

**trendy** ['trɛndi] *adj* (*fam*) de moda, moderno

**trennbar** *adj* separable

**trennen** ['trɛnən] **I.** *vt* separar (*von* de); (*absondern*) apartar; (*Begriffe*) distinguir; (*Silben*) dividir **II.** *vr:* **sich** ~ ① (*auseinandergehen*) separarse (*von* de); **hier** ~ **sich unsere Wege** aquí se separan nuestros caminos; **sie haben sich getrennt** se separaron ② (*weggeben*) desprenderse (*von* de)

**Trennlinie** *f* línea *f* divisoria

**Trennung** *f* <-en> separación *f;* (*Teilung*) división *f;* (*Absonderung*) aislamiento *m;* **sie stehen kurz vor der** ~ están a punto de separarse

**Trennungsstrich** *m* (LING) guión *m*

**Trennwand** *f* pared *f* divisoria

**treppab** [trɛp'ʔap] *adv* escaleras abajo

**treppauf** [trɛp'ʔaʊf] *adv* escaleras arriba

**Treppe** ['trɛpə] *f* <-n> escalera *f;* **die** ~ **hinauf-/hinuntergehen** subir/bajar la(s) escalera(s)

**Treppenabsatz** *m* descansillo *m;* **Treppengeländer** *nt* barandilla *f;* **Treppenhaus** *nt* (caja *f* de la) escalera *f;* **Treppenstufe** *f* peldaño *m*

**Tresen** ['tre:zən] *m* <-s, -> (*nordd*) ① (*in einer Gaststätte*) barra *f* ② (*Ladentisch*) mostrador *m*

**Tresor** [tre'zo:ɐ] *m* <-s, -e> ① (*Schrank*) caja *f* fuerte ② (*~raum*) cámara *f* acorazada

**Tretboot** *nt* patín *m* a pedales

**treten** ['tre:tən] <tritt, trat, getreten> **I.** *vi* ① *sein* (*hinaus~*) salir (*auf* a); (*ein~*) entrar (*in* a/en); (*sich stellen*) ponerse (*vor* delante de, *hinter* detrás de, *neben* al lado de); **in Aktion** ~ entrar en acción; **auf die Bremse** ~ pisar el freno; **ans Fenster** ~ asomarse a la ventana; **in jds Leben** ~ entrar en la vida de alguien; **in den Ruhestand** ~ jubilarse; **zur Seite** ~ apartarse; **an jds Stelle** ~ sustituir a alguien; **über die Ufer** ~ (*Fluss*) desbordarse; ~ **Sie näher!** ¡acérquese! ② *sein* (*mit dem Fuß*) pisar; (*absichtlich*) pisotear ③ (*Tritt versetzen*) dar una patada (*gegen* contra, *nach* a) ④ (*beim Radfahren*) pedalear **II.** *vt* (*Person, Tier, Pedal*) pisar; (*Tritt geben*) dar una patada

**Tretmine** *f* (MIL) mina *f;* **~n legen** sembrar de minas, minar; **Tretmühle** *f* (*fam abw*) rutina *f* diaria

**treu** [trɔɪ] *adj* fiel; (*loyal*) leal; (*zuverlässig*) de confianza; **sich** *dat* **selbst** ~ **bleiben** ser fiel a uno mismo; **jdm** ~ **sein** ser fiel a alguien

**Treue** ['trɔɪə] *f ohne pl* ① (*Treusein*) fidelidad *f;* (*Loyalität*) lealtad *f;* **jdm die** ~ **halten** ser fiel a alguien ② (*Genauigkeit*) precisión *f;* **Treueprämie** *f* prima *f* por fidelidad; **Treueschwur** *m* ① (*von Geliebten*) promesa *f* (solemne) de fidelidad ② (HIST: *Eid*) juramento *m* de fidelidad [*o* de lealtad]; **einen** ~ **leisten/ablegen** jurar lealtad [*o* fidelidad]

**Treuhänder(in)** [-hɛndɐ] *m(f)* <-s, -; -nen> (JUR) fiduciario, -a *m, f*

**Treuhandgesellschaft** *f* (JUR) sociedad *f* fiduciaria

**treuherzig** *adj* ingenuo

**Treuherzigkeit** *f ohne pl* candor *m,* sinceridad *f*

**treulos** *adj* infiel; (*verräterisch*) traidor

**Treulosigkeit** *f ohne pl* infidelidad *f,* deslealtad *f;* (*Verrat*) traición *f*

**Triangel** ['tri:aŋəl, -'--] *m, Österr: nt* <-s, -> triángulo *m*

**Triathlon** ['tri:atlɔn] *nt* <-s, -s> (SPORT) triatlón *m*

**Tribunal** [tribu'na:l] *nt* <-s, -e> tribunal *m*

**Tribüne** [tri'by:nə] *f* <-n> tribuna *f,* palco *m Am*

**Tribut** [tri'bu:t] *m* <-(e)s, -e> tributo *m;* **jdm/etw** *dat* ~ **zollen** elogiar a alguien/algo; **tributpflichtig** *adj* sujeto a tributo

**Trichter** ['trɪçtɐ] *m* <-s, -> ❶ (*zum Einfüllen*) embudo *m* ❷ (*Schall~*) bocina *f;* (*an Musikinstrumenten*) pabellón *m* ❸ (*Bomben~, a.* GEO) cráter *m;* **trichterförmig** *adj* en forma de embudo

**Trick** [trɪk] *m* <-s, -s> truco *m,* manganeta *f Hond;* **sie hat den ~ raus** (*fam*) ha pillado el truco; **~ siebzehn!** (*fam*) ¡magia potagia!; **Trickaufnahme** *f* trucaje *m;* **Trickbetrug** *m* timo *m;* **Trickbetrüger(in)** *m(f)* timador(a) *m(f);* **Trickfilm** *m* dibujos *mpl* animados; **trickreich** *adj* que sabe muchos trucos

**tricksen** ['trɪksən] **I.** *vi* (*fam*) hacer trucos; (*betrügen*) engañar **II.** *vt* (*fam*) arreglar; **wir werden das schon ~** ya lo arreglaremos

**trieb** [tri:p] *3. imp von* **treiben**

**Trieb** [tri:p] *m* <-(e)s, -e> ❶ (PSYCH, BIOL) impulsión *f;* (*Instinkt*) instinto *m;* (*Neigung*) inclinación *f* (*zu* a) ❷ (BOT) brote *m;* **Triebfeder** *f* ❶ (TECH) resorte *m* ❷ (*Beweggrund*) móvil *m*

**triebhaft** *adj* instintivo

**Triebkraft** *f* (*a.* TECH, PSYCH) fuerza *f* motriz; **Triebtäter** *m* delincuente *m* sexual; **Triebverbrechen** *nt* delito *m* de motivación instintiva; (*Sexualverbrechen*) delito *m* sexual; **Triebwagen** *m* automotor *m;* **Triebwerk** *nt* (*a.* AERO) motores *mpl*

**triefen** ['tri:fən] <trieft, triefte *o* troff, getrieft *o* getroffen> *vi* ❶ *sein* (*rinnen*) chorrear (*aus/von* por/de) ❷ (*nass sein*) estar empapado (*von/vor* de/por); **sie war ~d nass** estaba calada hasta los huesos

**triezen** ['tri:tsən] *vt* (*fam*) fastidiar, dar la lata

**trifft** [trɪft] *3. präs von* **treffen**

**triftig** ['trɪftɪç] *adj* (*überzeugend*) convincente; (*begründet*) bien fundado

**Trigonometrie** [trigonome'tri:] *f ohne pl* (MATH) trigonometría *f*

**Trikot** [tri'ko:] *nt* <-s, -s> camiseta *f*

**trillern** ['trɪlɐn] *vi* (*Vogel*) trinar; (*Mensch*) tararear

**Trillerpfeife** *f* pito *m,* silbato *m*

**Trilogie** [trilo'gi:] *f* <-n> trilogía *f*

**trimmen** ['trɪmən] **I.** *vt* ❶ (*durch Sport*) entrenar ❷ (NAUT, AERO) equilibrar; (*verstauen*) arrumar ❸ (*Hund, Rasen: scheren*) esquilar **II.** *vr:* **sich ~** mantenerse en forma

**Trimmpfad** *m* circuito *m* gimnástico (en el bosque)

**trinkbar** *adj* bebedero; (*Wasser*) potable

**trinken** ['trɪŋkən] <trinkt, trank, getrunken> *vi, vt* beber (*aus* de/por, *auf* a); (*Kaffee, Tee*) tomar; **aus der Flasche/aus dem Glas ~** beber de la botella/del vaso; **gibst du mir bitte etwas zu ~?** ¿me das algo de beber, por favor?; **sie hat die Flasche leer getrunken** se ha bebido toda la botella; **einen ~ gehen** (*fam*) ir a tomar una copa; **auf jds Wohl ~** beber a la salud de alguien; **darauf müssen wir einen ~** (*fam*) hay que brindar por ello

**Trinker(in)** *m(f)* <-s, -; -nen> bebedor(a) *m(f);* **Trinkerheilanstalt** *f* centro *m* de desintoxicación

**Trinkerin** *f* <-nen> *s.* **Trinker**

**trinkfest** *adj* que tiene aguante para la bebida; **Trinkgefäß** *nt* recipiente *m* para beber; **Trinkgeld** *nt* propina *f,* gato *m Mex,* feria *f CRi, ElSal*

**i Land & Leute**

Dado que en el sector servicios los salarios de los empleados son con frecuencia bastante bajos, dejar **Trinkgeld**, si se está contento con el servicio recibido, es normal y esperado, aunque no obligatorio. En cafeterías o restaurantes la propina suele alcanzar del 5 al 10% del total de la cuenta, en Austria hasta un 15%.

**Trinkglas** *nt* vaso *m* para beber; **Trinkhalm** *m* pajita *f;* **Trinkspruch** *m* brindis *m inv;* **einen ~ auf jdn ausbringen** brindar por alguien

**Trinkwasser** *nt* agua *f* potable; **kein ~!** ¡no potable!; **Trinkwasseraufbereitung** *f* depuración *f* de aguas; **Trinkwasseraufbereitungsanlage** *f* planta *f* potabilizadora

**Trio** ['tri:o] *nt* <-s, -s> (MUS) trío *m*

**Trip** [trɪp] *m* <-s, -s> (*fam*) ❶ (*Reise*) excursión *f* ❷ (*durch Drogen*) pedal *m;* **auf einem ~ sein** flipar

**trippeln** ['trɪpəln] *vi sein* andar a pasos cortos

**Tripper** ['trɪpɐ] *m* <-s, -> gonorrea *f*

**tritt** [trɪt] *3. präs von* **treten**

**Tritt** [trɪt] *m* <-(e)s, -e> ① (*Schritt, Gang*) paso *m* ② (*Fuß~*) puntapié *m;* **jdm einen ~ versetzen** dar un puntapié a alguien

**Trittbrett** *nt* estribo *m;* **Trittbrettfahrer(in)** *m(f)* (*abw*) aprovechado, -a *m, f*

**Triumph** [tri'ʊmf] *m* <-(e)s, -e> triunfo *m;* **einen ~ erringen** triunfar

**Triumphbogen** *m* arco *m* de triunfo

**triumphieren*** [triʊm'fi:rən] *vi* triunfar (*über* sobre)

**triumphierend** *adj* triunfante

**Triumphzug** *m* marcha *f* triunfal

**trivial** [tri'vja:l] *adj* trivial

**Trivialliteratur** *f* literatura *f* trivial [*o* de pacotilla]

**trocken** ['trɔkən] *adj* seco; (*langweilig*) aburrido; **auf dem T~en sitzen** (*fam: keine Lösung finden*) no salir adelante; (*aus finanziellen Gründen*) estar en un aprieto económico; (*nichts zu trinken haben*) no tener para beber

**? Grammatik**

En el adjetivo **trocken** se puede omitir la 'e' de la sílaba final cuando se declina para facilitar la pronunciación: *Ich habe trock(e)ne Haut, deshalb muss ich mich nach dem Duschen immer eincremen. – Tengo la piel seca, por eso me tengo que dar siempre crema después de ducharme.*

**Trockeneis** *nt* hielo *m* seco; **Trockenhaube** *f* secador *m* (del pelo)

**Trockenheit** *f* <-en> sequedad *f,* aridez *f;* (*Dürrezeit*) sequía *f*

**trocken|legen** *vt* ① (*Kind*) cambiar los pañales ② (*Sumpf*) drenar; **Trockenmilch** *f* leche *f* en polvo; **Trockenobst** *nt* frutos *mpl* secos; **Trockenrasur** *f* afeitado *m* en seco; **trocken|reiben** *irr vt* secar frotando; **sich** *dat* **die Haare ~** secarse el cabello frotando (con la toalla); **Trockenzeit** *f* (temporada *f* de) sequía *f*

**trocknen** ['trɔknən] **I.** *vi sein* secarse **II.** *vt* secar

**Trockner** *m* <-s, -> secadora *f*

**Trödel** ['trø:dəl] *m* <-s, *ohne pl*> ① (*fam: Dinge*) cachivaches *mpl* ② (*Markt*) mercadillo *m*

**Trödelei** *f* <-en> (*fam abw*) pérdida *f* de tiempo

**Trödelmarkt** *m* mercadillo *m*

**trödeln** ['trø:dəln] *vi* (*fam a. abw*) perder el tiempo, demorarse (mucho) *Am*

**Trödler(in)** ['trø:dlɐ] *m(f)* <-s, -; -nen> ① (*abw: Bummler*) tortuga *f* ② (*Altwarenhändler*) prendero, -a *m, f,* cambalachero, -a *m, f Arg, Urug*

**troff** [trɔf] *3. imp von* **triefen**

**trog** [tro:k] *3. imp von* **trügen**

**Trog** [tro:k, *pl:* 'trø:gə] *m* <-(e)s, Tröge> artesa *f,* canoa *f Am*

**Troll** [trɔl] *m* <-(e)s, -e> (MYTH) trol(l) *m,* espíritu *m* maligno

**Trolleybus** ['trɔlibʊs] *m* (*Schweiz*) trolebús *m*

**Trommel** ['trɔməl] *f* <-n> (MUS, TECH) tambor *m;* (*Revolver~*) barrilete *m;* (*Kabel~*) tambor *m;* **Trommelfell** *nt* (ANAT) tímpano *m*

**trommeln** **I.** *vi* (MUS) tocar el tambor; (*mit den Fingern*) tamborilear (*auf* sobre) **II.** *vt* tocar en el tambor

**Trommelwirbel** *m* redoble *m* (del tambor)

**Trommler(in)** ['trɔmlɐ] *m(f)* <-s, -; -nen> tamborilero, -a *m, f*

**Trompete** [trɔm'pe:tə] *f* <-n> trompeta *f*

**trompeten*** [trɔm'pe:tən] *vi* ① (MUS) tocar la trompeta ② (*Elefant*) barritar ③ (*lautstark äußern*) anunciar en voz alta; (*sich laut schnäuzen*) sonarse con fuerza

**Trompeter(in)** *m(f)* <-s, -; -nen> trompetista *mf*

**Tropen** ['tro:pən] *pl* trópicos *mpl,* zona *f* tropical; **Tropenhelm** *m* salacot *m;* **Tropenholz** *nt* madera *f* tropical; **Tropenkrankheit** *f* enfermedad *f* tropical; **Tropenwald** *m* selva *f* tropical

**Tropf** [trɔpf] *m* <-(e)s, -e> (MED) gotero *m* intravenoso; **am ~ hängen** (*fam*) tener el gotero puesto

**tröpfeln** ['trœpfəln] **I.** *vi sein* (*herunter~*) gotear **II.** *vt* verter gota a gota (*auf/in* sobre/en) **III.** *vunpers* (*fam: regnen*) gotear

**tropfen** ['trɔpfən] *vi* gotear

**Tropfen** *m* <-s, -> gota *f;* **bis auf den letzten ~** hasta la última gota; **ein guter ~** un vino excelente; **das ist (nur) ein ~ auf den heißen Stein** (*fam*) (sólo) es una gota en medio del océano

**tropfenweise** *adv* gota a gota

**tropfnass** ['-'-] *adj* sin exprimir, chorreando *fam*

**Tropfstein** *m* (*hängend*) estalactita *f;* (*aufsteigend*) estalagmita *f;* **Tropfsteinhöhle** *f* cueva *f* de estalactitas y estalagmitas

**Trophäe** [tro'fɛ:ə] *f* <-n> trofeo *m*

**tropisch** ['tro:pɪʃ] *adj* tropical

**Trost** [tro:st] *m* <-(e)s, *ohne pl*> consuelo *m;* **als ~** de consuelo; **das ist ein schwacher ~** eso no me consuela mucho; **zum ~**

**kann ich sagen, dass ...** como consuelo puedo decir que...; **du bist wohl nicht ganz bei ~!** (*fam*) ¡debes estar loco!

**trösten** ['trø:stən] **I.** *vt* consolar **II.** *vr:* **sich** ~ consolarse

**tröstlich** ['trø:stlɪç] *adj* consolador; **das ist ja sehr ~!** (*iron*) ¡vaya consuelo!

**trostlos** *adj* ❶ (*Person*) desconsolado ❷ (*Ding, Zustand*) desesperante

**Trostlosigkeit** *f ohne pl* desolación *f*, desesperación *f*

**Trostpflaster** *nt* (pequeño) consuelo *m;* **Trostpreis** *m* accésit *m*

**Trott** [trɔt] *m* <-(e)s, -e> ❶ (*Gangart*) trote *m* ❷ (*Routine*) rutina *f;* (**wieder**) **in den alten ~ verfallen** caer (de nuevo) en la vieja rutina

**Trottel** ['trɔtəl] *m* <-s, -> (*fam abw*) imbécil *mf*, zorzal *m Am*, babasfrías *m inv Kol: fam*

**trottelig** *adj* (*fam abw*) estúpido

**trotten** ['trɔtən] *vi sein* trotar

**trotz** *präp +gen/dat* a pesar de; ~ **alle**(**de**)**m** a pesar de todo

**Trotz** *m* <-es, *ohne pl*> obstinación *f;* **aus ~** por despecho; **allen Warnungen zum ~ etw tun** hacer algo a pesar de todas las advertencias; **Trotzalter** *nt* edad *f* del pavo

**trotzdem** ['--, -'-] *konj* no obstante, sin embargo

**trotzen** ['trɔtsən] *vi* ❶ (*Kind*) emperrarse, estar de morros *fam* ❷ (*geh: widerstehen*) hacer frente (a)

**trotzig** *adj* obstinado, terco

**Trotzkopf** *m* cabezota *mf;* **seinen ~ durchsetzen** (*fam*) imponerse con testarudez; **Trotzreaktion** *f* obstinación *f* por despecho

**trüb**(**e**) *adj* ❶ (*Flüssigkeit*) turbio; (*Glas, Licht*) opaco; (*Farbe*) apagado ❷ (*Tag*) nublado; (*Himmel*) cubierto; (*Wetter*) nuboso ❸ (*Stimmung*) melancólico; **im T~en fischen** (*fam*) pescar en río revuelto

**Trubel** ['tru:bəl] *m* <-s, *ohne pl*> barullo *m*, bulla *f*

**trüben** ['try:bən] **I.** *vt* ❶ (*Flüssigkeit*) enturbiar; (*Glas*) empañar; **kein Wässerchen ~ können** (*fam*) no haber roto nunca un plato ❷ (*Freude, Erinnerung*) nublar **II.** *vr:* **sich ~** ❶ (*Flüssigkeit*) enturbiarse; (*Glas*) empañarse ❷ (*Himmel*) oscurecerse ❸ (*Stimmung, Beziehung*) enturbiarse; (*Bewusstsein*) nublarse

**Trübsal[1]** ['try:pza:l] *f* <-e> (*geh: Leid*) aflicción *f*

**Trübsal[2]** *f ohne pl* (*geh: Schwermut*) melancolía *f;* ~ **blasen** (*fam*) estar triste

**trübselig** *adj* melancólico; (*düster*) lóbrego

**Trübsinn** *m* <-(e)s, *ohne pl*> melancolía *f*

**trübsinnig** *adj* melancólico; (*bekümmert*) afligido

**Trübung** *f* <-en> ❶ (*das Trübwerden, Beeinträchtigung*) enturbiamiento *m* ❷ (*des Bewusstseins*) ofuscación *f*

**trudeln** ['tru:dəln] *vi sein* (*Ball*) rodar despacio (dando tumbos); **das Flugzeug geriet ins T~** el avión entró en barrena

**Trüffel** ['trʏfəl] *f* <-n> trufa *f*

**trug** [tru:k] *3. imp von* **tragen**

**Trug** [tru:k] *m* <-(e)s, *ohne pl*> (*geh*) ❶ (*Täuschung*) engaño *m;* **Lug und ~** patrañas *fpl* ❷ (*Schein*) ilusión *f;* **Trugbild** *nt* espejismo *m*

**trügen** ['try:gən] <trügt, trog, getrogen> *vi, vt* engañar; **wenn mich nicht alles trügt** si no me equivoco

**trügerisch** ['try:gərɪʃ] *adj* engañoso

**Trugschluss** *m* conclusión *f* errónea

**Truhe** ['tru:ə] *f* <-n> arca *f*

**Trümmer** ['trʏmɐ] *pl* ruinas *fpl;* (*Schutt*) escombros *mpl;* **etw liegt in ~n** algo está en ruinas; **Trümmerfeld** *nt* campo *m* de ruinas; **Trümmerfrauen** *fpl* (HIST) *mujeres que limpiaron de escombros las ciudades alemanas después de la II Guerra Mundial*

**i Land & Leute**

Nada más terminar la Segunda Guerra Mundial (SGM), Alemania era una nación en ruinas. Muchos hombres habían fallecido durante las contiendas militares, y fueron las mujeres las que tuvieron que ponerse manos a la obra para ocuparse de la reconstrucción no sólo de sus hogares, sino de todo el país. La prensa entonces inventó, con acierto, esta expresión tan gráfica – **Trümmerfrauen** – para referirse a ellas.

**Trümmerhaufen** *m* escombrera *f*

**Trumpf** [trʊmpf, *pl:* 'trʏmpfə] *m* <-(e)s, Trümpfe> triunfo *m;* **seinen letzten ~ ausspielen** (*fig*) quemar el último cartucho; **einen ~ in der Hand haben** (*fig*) tener un as en la manga

**Trunk** [trʊŋk] *m* <-(e)s, Trünke> (*geh*) ❶ (*Getränk*) bebida *f* ❷ (*~sucht*) alcoholismo *m*

**trunken** ['trʊŋkən] *adj* (*geh*) ebrio (*vor* de); ~ **machen** embriagar

**Trunkenbold** [-bɔlt] *m* <-(e)s, -e> (*abw*) borracho, -a *m, f*
**Trunkenheit** *f ohne pl* embriaguez *f*, bimba *f Am;* **bei ~ am Steuer** al conducir en estado de embriaguez
**Trunksucht** *f ohne pl* alcoholismo *m*
**trunksüchtig** *adj* alcohólico
**Truppe** ['trʊpə] *f* <-n> ❶ (MIL) tropa *f* ❷ (*Schauspiel~*) compañía *f*
**Truppenabbau** *m* reducción *f* de las tropas; **Truppenabzug** *m* <-(e)s, *ohne pl*> retirada *f* de las tropas
**Truppenübung** *f* maniobras *fpl;* **Truppenübungsplatz** *m* campo *m* de maniobras
**Truthahn, -henne** ['tru:t-] *m, f* (ZOOL) pavo, -a *m, f*, guajalote *m Mex*, pisco *m Col, Ven*
**Tschad** [tʃat] *m* <-s> Chad *m*
**Tscheche, -in** ['tʃɛçə] *m, f* <-n, -n; -nen> checo, -a *m, f*
**Tschechien** ['tʃɛçiən] *nt* <-s> Chequia *f*
**Tschechin** *f* <-nen> *s.* **Tscheche**
**tschechisch** *adj* checo; **T~e Republik** República Checa
**Tschechoslowake, -in** [tʃɛçoslo'va:kə] *m, f* <-n, -n; -nen> checoslovaco, -a *m, f*
**Tschechoslowakei** [-slova'kaɪ] *f* Checoslovaquia *f*
**tschechoslowakisch** *adj* checoslovaco
**tschüs** *interj*, **tschüss** [tʃʏs] *interj* hasta luego, chau *Am*
**T-Shirt** *nt* <-s, -s> camiseta *f*, polera *f Am*, playera *f Guat, Mex*
**TU** [te:'ʔu:] *f* <-s> *Abk. von* **Technische Universität** Universidad *f* Técnica
**Tuba** ['tu:ba] *f* <Tuben> ❶ (MUS) tuba *f* ❷ (MED) trompa *f* de Eustaquio
**Tube** ['tu:bə] *f* <-n> ❶ (*Behälter*) tubo *m;* **auf die ~ drücken** (*fam*) darle al acelerador ❷ (MED) trompa *f* de Eustaquio
**Tuben** *pl von* **Tuba, Tube**
**Tuberkulose** [tubɛrku'lo:zə] *f* <-n> (MED) tuberculosis *f inv*
**Tübingen** ['ty:bɪŋən] *nt* <-s> Tubinga *f*
**Tuch¹** [tu:x] *nt* <-(e)s, -e> (*Stoff*) género *m*, paño *m*
**Tuch²** [tu:x, *pl:* 'ty:çɐ] *nt* <-(e)s, Tücher> ❶ (*Hals~, Kopf~*) pañuelo *m* ❷ (*Wisch~*) trapo *m* ❸ (*für Stierkampf*) capote *m*
**Tuchfühlung** *f ohne pl* (*fam*) contacto *m;* **mit jdm auf ~ gehen** aproximarse (físicamente) a alguien
**tüchtig** ['tʏçtɪç] **I.** *adj* ❶ (*fähig*) hábil, capaz; (*erfahren*) versado; (*fleißig*) aplicado; (*gut*) bueno ❷ (*fam: groß*) grande; (*beachtlich*) considerable **II.** *adv* (*sehr*) mucho; (*ziemlich viel*) bastante
**Tüchtigkeit** *f ohne pl* (*Fähigkeit*) habilidad *f*, capacidad *f;* (*Fleiß*) aplicación *f*
**Tücke¹** ['tʏkə] *f* <-n> (*Mangel*) defecto *m*
**Tücke²** *f ohne pl* (*Bosheit*) maldad *f*, malicia *f;* **das ist die ~ des Objekts** esto es lo malo de la cosa
**tuckern** ['tʊkɐn] *vi* hacer ruidos explosivos
**tückisch** ['tʏkɪʃ] *adj* ❶ (*boshaft*) malicioso ❷ (*unberechenbar*) imprevisible ❸ (*gefährlich*) peligroso
**tüfteln** ['tʏftəln] *vi* romperse la cabeza (*an* con), sutilizar
**Tugend** ['tu:gənt] *f* <-en> virtud *f*
**tugendhaft** *adj* virtuoso
**Tüll** [tʏl] *m* <-s, -e> tul *m*
**Tulpe** ['tʊlpə] *f* <-n> tulipán *m*
**tummeln** ['tʊməln] *vr:* **sich ~** ❶ (*herumtollen*) corretear ❷ (*reg: sich beeilen*) darse prisa, apurarse *Am*
**Tumor** [tu'mo:ɐ] *m* <-s, -en> (MED) tumor *m*
**Tümpel** ['tʏmpəl] *m* <-s, -> charca *f*
**Tumult** [tu'mʊlt] *m* <-(e)s, -e> tumulto *m*, batifondo *m CSur*, bola *f Mex*
**tun** [tu:n] <tut, tat, getan> **I.** *vi, vt* hacer; **gut ~** sentar bien; **wohl ~** (*geh*) hacer bien; **etw aus Liebe/aus Neid ~** hacer algo por amor/por envidia; **wichtigeres zu ~ haben, als ...** tener cosas más importantes que hacer que...; **ich habe mein Bestes getan** hice todo lo que pude; **ich habe noch zu ~** todavía tengo que hacer; **damit ist es nicht getan** con esto no basta; **das ist leichter gesagt als getan** es más fácil decirlo que hacerlo; **sie hat nichts zu ~** no tiene nada que hacer; **du kannst ~ und lassen, was du willst** puedes hacer lo que quieras; **was kann ich für Sie ~?** ¿en qué puedo ayudarle?; **wir haben getan, was wir konnten** hicimos lo que pudimos; **so etwas tut man nicht!** ¡eso no se hace!; **tu, was du nicht lassen kannst!** (*fam*) ¡haz lo que creas que tengas que hacer!; **das tut nichts zur Sache** (*fam*) esto no tiene nada que ver; **meine Uhr tut (es) nicht mehr** (*fam*) mi reloj ya no funciona; **hat er dir was getan?** ¿te hizo algo?; **der Hund tut nichts** (*fam*) el perro no hace nada; **tu mir doch den Gefallen und ...** hazme el favor y...; **wir haben es hier mit einem Mörder zu ~** nos las tenemos que ver con un asesino; **er bekam es mit der Angst zu ~** le entró miedo; **nach getaner Arbeit** después del trabajo; **damit habe ich nichts zu ~** no tengo nada que ver con ello; **ich will mit ihm nichts mehr zu ~ haben** no quiero tener más trato(s) con él; **so ~, als ob ...**

hacer como si... +*subj;* **tu doch nicht so!** (*fam*) ¡deja de fingir!; **tu nicht so schlau!** (*fam*) ¡no te hagas el listo!; **du tätest gut daran, zu schweigen** harías bien en callarte; **wenn das noch mal passiert, kriegt er es mit mir zu ~** (*fam*) si vuelve a ocurrir se las verá conmigo **II.** *vt* (*fam: setzen, stellen, legen*) poner; **tu es in den Schrank** ponlo en el armario **III.** *vr:* **sich ~: es tut sich etwas** (*fam*) la cosa avanza; **sich schwer mit/bei etw** *dat* **~** (*fam*) tener dificultades con algo

**Tun** *nt* <-s, *ohne pl*> ❶ (*Beschäftigung*) actividades *fpl* ❷ (*Verhalten*) conducta *f*

**Tünche** ['tʏnçə] *f* <-n> jalbegue *m*

**tünchen** *vt* encalar

**Tundra** ['tʊndra] *f* <Tundren> tundra *f*

**tunen** ['tju:nən] *vt* (AUTO) trucar

**Tuner** ['tju:nɐ] *m* <-s, -> (ELEK) sintonizador *m*

**Tunesien** [tu'ne:ziən] *nt* <-s> Túnez *m*

**Tunesier(in)** *m(f)* <-s, -; -nen> tunecino, -a *m, f*

**tunesisch** *adj* tunecino

**Tunfisch** *m s.* **Thunfisch**

**Tunke** ['tʊŋkə] *f* <-n> (GASTR) salsa *f* (fría)

**tunken** *vt* (*reg*) mojar

**tunlichst** ['tu:nlɪçst] *adv* ❶ (*möglichst*) a ser posible ❷ (*auf jeden Fall*) en cualquier caso

**Tunnel** ['tʊnəl] *m* <-s, -(s)> túnel *m*

**Tunte** ['tʊntə] *f* <-n> (*fam abw*) ❶ (*Frau*) bruja *f* ❷ (*Homosexueller*) marica *m*

**tuntig** *adj* (*abw fam*) amariconado

**Tüpfelchen** ['tʏpfəlçən] *nt* <-s, -> puntito *m;* **das ~ auf dem i** el punto sobre la i

**tupfen** ['tʊpfən] *vt* ❶ (*auftragen*) aplicar unas gotas (de) ❷ (*ab~*) quitar

**Tupfen** ['tʊpfən] *m* <-s, -> (*Fleck*) mancha *f;* (*Punkt*) punto *m;* (*auf Stoff*) lunar *m*

**Tupfer** *m* <-s, -> ❶ (*fam: Punkt*) punto *m;* (*auf Stoff*) lunar *m* ❷ (*Wattebausch*) torunda *f*

**Tür** [ty:ɐ] *f* <-en> puerta *f;* **in der ~ stehen** estar en la puerta; **~ an ~ mit jdm wohnen** vivir puerta a puerta con alguien; **hinter verschlossenen ~en** a puerta cerrada; **Weihnachten steht kurz vor der ~** (*fig*) las Navidades están a la vuelta de la esquina; **jdn vor die ~ setzen** (*fam*) poner a alguien de patitas en la calle; **jdm die ~ vor der Nase zuschlagen** (*fam*) dar(le) a alguien con la puerta en las narices; **ihr stehen alle ~en offen** tiene todas las puertas abiertas; **bei jdm mit etw** *dat* **offene ~en einrennen** (*fam*) hacer una propuesta a alguien de algo que no (le) es nuevo; **mit der ~ ins Haus fallen** (*fam*) ir directamente al grano; **zwischen ~ und Angel** (*fam*) a toda prisa; **jdm die ~ einrennen** (*fig*) tirar(le) la puerta abajo a alguien

**Turban** ['tʊrba:n] *m* <-s, -e> turbante *m*

**Turbine** [tʊr'bi:nə] *f* <-n> (TECH) turbina *f*

**Turbo** ['tʊrbo] *m* <-s, -s> (AUTO) ❶ (*Turbolader*) "turbo" *m,* turboalimentador *m* ❷ (*Auto*) (coche *m*) "turbo" *m*

**turbulent** [tʊrbu'lɛnt] *adj* turbulento

**Turbulenz** [tʊrbu'lɛnts] *f* <-en> (*a.* PHYS, ASTR, METEO) turbulencia *f*

**Türflügel** *m* hoja *f* de la puerta; **Türgriff** *m* manilla *f* de la puerta

**Türke, -in** ['tʏrkə] *m, f* <-n, -n; -nen> turco, -a *m, f*

**Türkei** [-'-] *f* Turquía *f*

**türken** *vt* (*fam: Interview*) manipular; (*Angaben, Papiere*) falsificar; (*Filmszene*) trucar

**Türkin** *f* <-nen> *s.* **Türke**

**türkis** *adj inv* (de color) turquesa

**Türkis** [tʏr'ki:s] *m* <-es, -e> turquesa *f*

**türkisch** *adj* turco

**türkisfarben** *adj* (de color) turquesa

**Türklinke** *f* pestillo *m* de la puerta; **Türknauf** *m* pomo *m*

**Turm** [tʊrm, *pl:* 'tʏrmə] *m* <-(e)s, Türme> ❶ (*Bauwerk, Schachfigur*) torre *f;* (*Glocken~*) campanario *m* ❷ (SPORT: *Sprung~*) palanca *f* ❸ (*eines U-Boots*) torreta *f*

**türmen** ['tʏrmən] **I.** *vt* amontonar; (*stapeln*) apilar **II.** *vi sein* (*fam*) poner pies en polvorosa **III.** *vr:* **sich ~** acumularse

**Turmspringen** *nt* <-s, *ohne pl*> (SPORT) salto *m* de palanca; **Turmuhr** *f* reloj *m* de torre

**Turnanzug** *m* traje *m* de gimnasia, chándal *m*

**turnen** *vi, vt* hacer (ejercicios de) gimnasia

**Turnen** ['tʊrnən] *nt* <-s, *ohne pl*> gimnasia *f;* (*Turnunterricht*) clase *f* de educación física

**Turner(in)** *m(f)* <-s, -; -nen> gimnasta *mf*

**Turngerät** *nt* aparato *m* de gimnasia; **Turnhalle** *f* gimnasio *m;* **Turnhose** *f* pantalón *m* de gimnasia

**Turnier** [tʊr'ni:ɐ] *nt* <-s, -e> torneo *m;* (*Wettkampf*) competición *f*

**Turnschuh** *m* tenis *m inv;* (*für Gymnastik*) zapatilla *f* de deporte; **Turnübung** *f* ejercicio *m* de gimnasia; **Turnunterricht** *m* clase *f* de gimnasia

**Turnus** ['tʊrnʊs] *m* <-, -se> turno *m;* **im ~ von drei Jahren** cada tres años

**Turnverein** *m* club *m* de gimnasia

**Türöffner** *m* portero *m* automático; **Türpfosten** *m* jamba *f;* **Türrahmen** *m* marco *m* de la puerta; **Türschild** *nt* placa *f* (en la puerta); **Türschloss** *nt* cerradura *f* de la puerta, chapa *f Am;* **Türschwelle** *f* umbral *m;* **Türspalt** *m* resquicio *m;* **Türsteher(in)** *m(f)* <-s, -; -nen> portero, -a *m, f*

**turteln** ['tʊrtəln] *vi* amartelarse

**Tusch** [tʊʃ] *m* <-(e)s, -e> toque *m*

**Tusche** ['tʊʃə] *f* <-n> tinta *f* china

**tuscheln** ['tʊʃəln] *vi, vt* (*fam a. abw*) cuchichear

**Tuschzeichnung** *f* dibujo *m* a pluma

**Tussi** ['tʊsi] *f* <-s> (*fam abw*) tía *f* exagerada

**tut** [tu:t] *3. präs von* **tun**

**Tüte** ['ty:tə] *f* <-n> bolsa *f;* **Suppe aus der ~** sopa de sobre; **das kommt nicht in die ~!** (*fam*) ¡ni hablar del peluquín!

**tuten** ['tu:tən] *vi* tocar la bocina, pitar *Am;* **von T~ und Blasen keine Ahnung haben** (*fam*) no saber ni jota

**Tutor(in)** ['tu:to:ɐ] *m(f)* <-s, -en; -nen> tutor(a) *m(f)*

**TÜV** [tʏf] *m* <-, *ohne pl*> *Abk. von* **Technischer Überwachungs-Verein** ≈ ITV *f*

**i Land & Leute**

Las siglas **TÜV** se corresponden con la expresión *Technischer Überwachungs-Verein.* Cualquier vehículo que quiere ser autorizado a circular por la vía pública tiene que pasar por la ITV. Si en el control técnico se comprueba que el vehículo está en buenas condiciones y no tiene nada defectuoso, se le entrega la etiqueta de la ITV que tiene una validez de dos años y debe ser colocada en la matrícula trasera.

**TV** [te:'faʊ] ❶ *Abk. von* **Television** televisión *f* ❷ *Abk. von* **Turnverein** club *m* de gimnasia

**TV-Moderator(in)** *m(f)* presentador(a) *m(f)* de televisión

**Twist** [tvɪst] *m* <-s, -s> (*Tanz*) twist *m*

**Typ** [ty:p] *m* <-s, -en> ❶ (*Art*) tipo *m;* **er ist nicht mein ~** (*fam*) no es mi tipo ❷ (*fam: Mann*) tío *m,* gallo *m Am*

**Type** ['ty:pə] *f* <-n> ❶ (TYPO) letra *f* de molde ❷ (*fam: Mensch*) tipejo, -a *m, f*

**Typen** ['ty:pən] *pl von* **Typ**, **Type**, **Typus**

**Typenbezeichnung** *f* (TECH) denominación *f* de modelo

**Typhus** ['ty:fʊs] *m* <-, *ohne pl*> tifus *m inv* (vulgar), fiebre *f* tifoidea

**typisch** ['ty:pɪʃ] *adj* típico (*für* de); **~ Mann** típico de los hombres

**Typografie** [typogra'fi:] *f* <-n> tipografía *f*

**typografisch** [typo'gra:fɪʃ] *adj* tipográfico

**Typographie** [typogra'fi:] *f* <-n> *s.* **Typografie**

**typographisch** [typo'gra:fɪʃ] *adj s.* **typografisch**

**Typologie** [typolo'gi:] *f* <-n> tipología *f*

**typologisch** [typo'lo:gɪʃ] *adj* tipológico

**Typus** ['ty:pʊs] *m* <-, Typen> tipo *m*

**Tyrann(in)** [ty'ran] *m(f)* <-en, -en; -nen> tirano, -a *m, f*

**Tyrannei** [tyra'naɪ] *f ohne pl* tiranía *f*

**tyrannisch** *adj* tiránico

**tyrannisieren*** [tyrani'zi:rən] *vt* tiranizar

# U u

**U, u** [u:] *nt* <-, -> U, u *f;* **~ wie Ulrich** U de Uruguay

**u.** *Abk. von* **und** y

**u.a.** ❶ *Abk. von* **und andere(s)** y más ❷ *Abk. von* **unter anderem/anderen** entre otros

**U-Bahn** *f* metro *m;* **U-Bahnhof** ['u:ba:nho:f] *m* estación *f* de metro; **U-Bahn-Station** *f* estación *f* del metro

**übel** ['y:bəl] **I.** *adj* <übler, am übelsten> (*schlimm, schlecht*) mal(o); (*unangenehm*) desagradable; **mir ist/mir wird ~** me siento mal/me dan náuseas; **da kann es einem ja ~ werden** esto le pone malo a cualquiera; **er ist ein übler Bursche** es un tipo de cuidado; **nicht ~** (*fam*) bastante bien; **das ist gar nicht (so) ~** (*fam*) esto no está nada mal **II.** *adv* mal; **~ dran sein** estar en una situación difícil; **jdm ~ mitspielen** jugarle una mala pasada a alguien

**Übel** *nt* <-s, -> mal *m;* (*Unglück*) desgracia *f;* **ein notwendiges ~** un mal necesario; **das kleinere ~** el mal menor; **zu allem ~ ...** para colmo de males...

**Übelkeit** *f ohne pl* (*Gefühl*) náuseas *fpl;* **~ erregend** nauseabundo

**Übeltat** *f* (*geh*) fechoría *f;* (*gesetzeswidrig*) delito *m;* **Übeltäter(in)** *m(f)* malhechor(a) *m(f)*

**üben** ['y:bən] **I.** *vi* (*allgemein*) practicar; (SPORT) entrenarse; **auf dem Klavier ~** practicar piano **II.** *vt* practicar; (THEAT) ensayar; (*Finger*) ejercitar; **mit geübtem Auge** con ojo experto; **sich in etw** *dat* **~** iniciarse en algo

**über** ['y:bɐ] **I.** *präp +dat* ❶ (*oberhalb*) sobre, (por) encima de; (*darauf*) en, sobre; (*auf der anderen Seite*) al otro lado de; (*weiter als*) más allá de; ~ **der Straße wohnen** vivir al otro lado de la calle ❷ (*während, bei*) durante; ~ **der Arbeit einschlafen** quedarse adormecido durante el trabajo ❸ (*Grenze*) por encima de, sobre; **zwei Grad ~ Null** dos grados sobre cero ❹ (*Überlegenheit, Überordnung*) por encima de; ~ **jdm stehen** estar por encima de alguien ❺ (*kausal*) a causa de, debido a; ~ **all der Aufregung habe ich ganz vergessen, dass ...** debido a todo el jaleo olvidé por completo que... **II.** *präp +akk* ❶ (*Richtung: durch*) por; (*auf dem Weg ~*) vía, pasando por; (~ *hinweg*) por, sobre; **nach Münster ~ Dortmund** a Münster vía Dortmund; **er fuhr sich** *dat* ~ **die Stirn** se pasó la mano por la frente; ~ **die Straße gehen** cruzar la calle; ~ **die Grenze fahren** pasar la frontera; ~ **eine Mauer springen** saltar un muro; **bis ~ beide Ohren verliebt sein/in Arbeit stecken** estar enamorado hasta la médula/lleno de trabajo ❷ (*zeitlich*): ~ **Ostern/Nacht** durante la Semana Santa/la noche; **das ist schon ~ 3 Jahre her** esto pasó hace ya más de 3 años; ~ **... hinaus** más allá de ❸ (*von, betreffend*) sobre, acerca de; **was wissen Sie ~ ihn?** ¿qué sabe Ud. sobre él? ❹ (*in Höhe von*) por, de; **ein Scheck ~ 2000 Euro** un cheque por valor de 2000 euros; **ein Rennen ~ 2000 Meter** una carrera de 2000 metros ❺ (*von mehr als*) de más de; **Kinder ~ 12 Jahre** niños de más de 12 años ❻ (*mehr und mehr*): **Autos ~ Autos** coche tras coche ❼ (*mittels*) por medio de; ~ **ein Inserat** por medio de un anuncio ❽ (*Überordnung*): ~ **jdn herrschen/Macht haben** reinar/tener poder sobre alguien ❾ (*vor, wichtiger als*): **es geht nichts ~ Fußball** no hay nada mejor que el fútbol; **jdn/etw ~ alles lieben** querer a alguien/algo más que a nadie/nada **III.** *adv* ❶ (*mehr als*) (de) más de; ~ **zwei Meter lang/breit** de más de dos metros de largo/ancho; **sind Sie ~ 30?** ¿pasa Ud. de 30 años? ❷ (*völlig*): ~ **und ~** completamente ❸ (*Zeitraum*): **die ganze Zeit ~** durante todo el tiempo **IV.** *adj* (*fam*) ❶ (*übrig*) sobrante; **da ist noch Kuchen ~** ahí queda todavía pastel ❷ (*überlegen*) superior (*in* en); **geistig ist sie mir ~** intelectualmente me supera

**überall** ['y:bɐ'ʔal] *adv* por todas partes; ~ **in Deutschland** en toda Alemania; **überallher** ['---'-] *adv* de todas partes; **überallhin** ['---'-] *adv* a todas partes

**Überalterung** [--'---] *f ohne pl* envejecimiento *m*

**Überangebot** *nt* oferta *f* excesiva; **überanstrengen*** **I.** *vt* cansar excesivamente **II.** *vr:* **sich ~** hacer un esfuerzo excesivo; **überanstreng dich nicht!** ¡no hagas excesos!; **Überanstrengung** [--'---] *f* esfuerzo *m* excesivo

**überarbeiten*** **I.** *vt* corregir, revisar **II.** *vr:* **sich ~** trabajar en exceso

**überaus** ['---, --'-] *adv* sumamente; (*äußerst*) extremadamente

**überbacken*** *irr vt* gratinar

**Überbau** *m* <-(e)s, -e> (*Marxismus*) superestructura *f*

**überbelasten*** ['-----] *vt* sobrecargar; **Überbelegung** *f* <-en> (*eines Hotels*) overbooking *m*; **überbelichten*** ['-----] *vt* (FOTO) sobreexponer; **überbetonen*** ['-----] *vt* dar demasiada importancia (a); **überbevölkert** ['-----] *adj* superpoblado; **Überbevölkerung** *f ohne pl* superpoblación *f*; **überbewerten*** ['-----] *vt* sobrevalorar; **überbezahlen*** *vt* pagar demasiado [*o* en exceso]; **er wird überbezahlt** se le está pagando más de lo que le corresponde

**überbieten*** *irr* **I.** *vt* ❶ (*übertreffen*) sobrepujar (*an/um* en); (*Rekord*) batir; **der Film ist an Brutalität nicht mehr zu ~** el grado de brutalidad de la película es insuperable ❷ (*bei einer Auktion*) sobrepujar (*um* en) **II.** *vr:* **sich ~** superarse (*an* en)

**Überbleibsel** ['y:bɐblaɪpsəl] *nt* <-s, -> (*fam*) resto *m*

**Überblick** ['---] *m* <-(e)s, -e> ❶ (*Aussicht*) vista *f* panorámica (*über* de) ❷ (*über Zusammenhänge*) visión *f* de conjunto; **den ~ verlieren** perder la orientación; **sich** *dat* **einen ~ über etw verschaffen** hacerse una idea general de algo ❸ (*Zusammenfassung*) resumen *m*

**überblicken*** *vt* ❶ (*sehen*) abarcar con la vista ❷ (*Zusammenhänge*) comprender; (*Situation*) controlar

**überboten** *pp von* **überbieten**

**überbracht** *pp von* **überbringen**

**überbringen*** *irr vt* (*geh*) entregar; (*Nachricht*) transmitir

**überbrücken*** *vt* ❶ (*Frist, Zeitraum*) franquear ❷ (*Gegensätze*) superar ❸ (ELEK) puentear

**Überbrückung** *f* <-en> ❶ (*eines Zeitraums*) superación *f* ❷ (*von Gegensätzen*) conciliación *f*, acercamiento *m* ❸ (ELEK) puenteo *m*

**überdachen*** *vt* construir un tejadillo

(para), techar
**überdacht** *pp von* **überdachen, überdenken**
**überdauern*** *vt* perdurar
**überdecken*** *vt* ① (*bedecken*) cubrir (*mit* de) ② (*verdecken*) ocultar
**überdenken*** *irr vt* reflexionar (sobre)
**überdies** [--'-] *adv* aparte de eso, además
**überdimensional** *adj* enorme, gigantesco
**Überdosis** *f* sobredosis *f inv* (*an* de)
**überdreht** *adj* (*fam*) sobreexcitado
**Überdruck** *m* <-(e)s, -drücke> (PHYS) exceso *m* de presión
**Überdruss** ['y:bɐdrʊs] *m* <-es, *ohne pl*> tedio *m* (*an* por); **bis zum ~** hasta la saciedad
**überdrüssig** ['y:bɐdrʏsɪç] *adj*: **jds/etw** *gen* **~ werden** hartarse de alguien/algo
**überdurchschnittlich** *adj* superior al promedio
**übereifrig** *adj* demasiado solícito
**übereilen*** *vt* precipitar; **~ Sie nichts!** ¡no precipite nada!
**übereilt** *adj* (*Aufbruch*) precipitado; (*Entschluss*) irreflexivo
**übereinander** [---'--] *adv* ① (*räumlich*) uno encima del otro; **~ legen** poner encima de otro; **~ schlagen** (*Arme, Beine*) cruzar ② (*von sich*) uno del otro
**überein|kommen** [y:bɐ'ʔaɪn-] *irr vi sein* (*geh*) convenir (*zu* en)
**Übereinkommen** *nt* <-s, -> acuerdo *m;* **ein ~ erzielen** llegar a un acuerdo
**überein|stimmen** [y:bɐ'ʔaɪn-] *vi* ① (*einer Meinung sein*) estar de acuerdo (*in* sobre), abundar (*in* en) *Chil, PRico* ② (*gleich sein*) coincidir (*in* en); (*passen*) armonizar (*mit* con)
**übereinstimmend** *adj* (*einhellig*) unánime; (*gleich*) idéntico; **sie erklärten ~, dass ...** declararon unánimemente que...
**Übereinstimmung** *f* <-en> coincidencia *f;* (*Einklang*) armonía *f;* (*von Meinungen*) consenso *m;* **in ~ mit ...** acorde con...; **~ erzielen** lograr un consenso
**überempfindlich** *adj* hipersensible
**überfahren*** *irr vt* ① (*Person, Tier*) atropellar ② (*Ampel*) pasar, saltar(se) ③ (*fam: überrumpeln*) coger de sorpresa
**Überfahrt** ['---] *f* pasaje *m*
**Überfall** ['---] *m* <-(e)s, -fälle> asalto *m* (*auf* a); (*Raub~*) atraco *m* (*auf* a); (MIL) ataque *m* (por sorpresa)
**überfallen*** *irr vt* ① (*angreifen*) atacar; (*Bank, Person*) asaltar; (*bewaffnet*) atracar; **jdn mit Fragen ~** acosar a alguien con preguntas ② (*Müdigkeit, Gefühle*) acometer; (*überraschend*) coger desprevenido
**überfällig** *adj* ① (*Verkehrsmittel*) retrasado, con retraso ② (*Rate*) vencido; (*Entschuldigung*) tardío
**Überfallkommando** *nt* (*fam*) brigada *f* antidisturbios
**überfliegen*** *irr vt* ① (*mit dem Flugzeug*) sobrevolar ② (*Text*) echar una ojeada (a)
**über|fließen** *irr vi sein* ① (*Gefäß*) rebosar ② (*Flüssigkeit*) derramarse ③ (*Farben*): **ineinander ~** mezclarse
**überflogen** *pp von* **überfliegen**
**Überfluss** *m* <-es, *ohne pl*> (super)abundancia *f* (*an* de); **im ~ leben** vivir en la abundancia; **zu allem ~** para colmo; **Überflussgesellschaft** *f* sociedad *f* opulenta
**überflüssig** *adj* superfluo; (*unnötig*) innecesario; **sich** *dat* **~ vorkommen** sentirse de más
**überfluten*** *vt* inundar
**Überflutung** *f* <-en> ① (*über die Ufer*) desbordamiento *m* ② (*Überschwemmen, a. fig*) inundación *f*
**überfordern*** *vt* exigir demasiado (de); **ich bin mit dieser Arbeit überfordert** este trabajo me exige demasiado
**überfragen*** *vt* pedir demasiada información; **da bin ich überfragt** no lo sé
**Überfremdung** [--'--] *f* <-en> extranjerización *f*
**überführen*** *vt* ① (*Schuld nachweisen*) declarar culpable; **jdn eines Verbrechens ~** declarar a alguien culpable de un delito ② (*transportieren*) trasladar (*in/zu/nach* a) ③ (*Zustand verändern*) convertir
**überfüllt** [--'-] *adj* abarrotado, repleto
**Überfunktion** *f* <-en> (MED) hiperfunción *f*
**Übergabe** ['----] *f* <-n> entrega *f;* (*eines Bauwerks*) inauguración *f;* (*Kapitulation*) rendición *f*
**Übergang** ['---] *m* <-(e)s, -gänge> ① (*das Überqueren*) paso *m,* cruce *m* ② (*über einen Fluss*) puente *m;* (*über ein Bahngleis*) paso *m* a nivel; (*über einen Berg*) paso *m* ③ (*von Besitz*) traspaso *m* (*zu* a)
**übergangen** *pp von* **übergehen**[1]
**Übergangsfrist** *f* (ADMIN, POL) periodo *m* de transición; **Übergangsgeld** *nt* (ADMIN) subsidio *m* temporal; **übergangslos** *adv* sin transición; **Übergangslösung** *f* solución *f* transitoria; **Übergangsphase** *f* transición *f;* **Übergangsstadium** *nt* estado *m* transitorio; **Übergangszeit** *f* período *m* transitorio
**übergeben*** *irr* **I.** *vt* entregar; (*Angelegenheit*) poner en manos (de); (*Bauwerk*) inaugurar; (*Amt*) transferir; (*Geschäft*)

traspasar **II.** *vr:* **sich** ~ vomitar

**übergehen***[1] *irr vt* ❶ (*nicht wahrnehmen*) pasar por alto; **sich übergangen fühlen** sentirse ignorado ❷ (*überspringen*) saltar(se)

**über|gehen**[2] *irr vi sein* ❶ (*Besitzer wechseln*) pasar (*auf* a); **in die Hände des Staates** ~ pasar a ser propiedad del estado ❷ (*bei einer Tätigkeit*) pasar (*zu* a) ❸ (*sich verwandeln*) convertirse (*in* en); **die Farben gehen ineinander über** los colores se esfuman uno en el otro

**übergeordnet** *adj* de mayor importancia

**Übergepäck** *nt* exceso *m* de equipaje

**übergeschnappt** ['y:bɐgəʃnapt] *adj* (*fam*) chiflado

**Übergewicht** *nt* <-(e)s, *ohne pl*> ❶ (*von Menschen, Sachen*) exceso *m* de peso ❷ (*Bedeutung*) preponderancia *f*, mayor importancia *f*

**übergewichtig** *adj* de peso excesivo; ~ **sein** pesar demasiado

**überglücklich** *adj* loco de alegría

**über|greifen** *irr vi* extenderse (*auf* a); (*Feuer*) propagarse (*auf* a)

**Übergriff** *m* <-(e)s, -e> intrusión *f* (*auf* en)

**Übergröße** *f* <-n> talla *f* especial

**überhand** [y:bɐ'hant] *adv:* ~ **nehmen** aumentar excesivamente, llegar a ser excesivo

**über|hängen**[1] *irr vi* (*a.* ARCHIT) sobresalir; (*Zweige*) colgar

**über|hängen**[2] *vt:* **sich** *dat* **etw** ~ ponerse algo por encima

**überhäufen*** *vt* colmar (*mit* de), llenar (*mit* de); **jdn mit Vorwürfen** ~ abrumar a alguien con reproches

**überhaupt** [y:bɐ'haʊpt, '---] *adv* ❶ (*im Allgemeinen*) en general ❷ (*eigentlich*) en realidad; **wer hat dir das** ~ **gesagt?** ¿en realidad quién te lo ha dicho? ❸ (*bei Verneinung*): ~ **nicht** en absoluto; **ich denke** ~ **nicht daran!** ¡ni hablar!; ~ **nichts** nada de nada; ~ **keine Möglichkeit** ninguna posibilidad ❹ (*schließlich*) después de todo; **und** ~, **...** (*abgesehen davon*) aparte; (*überdies*) además; **wenn** ~, **dann ...** dado el caso, entonces...

**überheblich** [y:bɐ'he:plɪç] *adj* presuntuoso

**Überheblichkeit** *f ohne pl* presunción *f*, arrogancia *f*

**überhöht** [--'-] *adj* excesivo

**überholen***[1] *vt* ❶ (*Fahrzeug*) adelantar ❷ (*durch Leistung*) superar ❸ (*überprüfen*) revisar, chequear *Am*

**über|holen**[2] **I.** *vt* (*befördern*) llevar a la otra orilla **II.** *vi* (NAUT: *sich neigen*) escorarse

**Überholen** *nt* <-s, *ohne pl*> adelantamiento *m*

**Überholspur** *f* carril *m* de adelantamiento

**überholt** [--'-] *adj* anticuado

**Überholverbot** [--'---] *nt* prohibición *f* de adelantar

**überhören*** *vt* no oír; (*absichtlich*) pasar por alto; **das möchte ich überhört haben** prefiero pasarlo por alto

**Überich** ['y:bɐʔɪç] *nt* (PSYCH) superyó *m*

**überinterpretieren*** *vt* interpretar (más de lo necesario)

**überirdisch** *adj* sobrenatural

**über|kochen** *vi sein* salirse (al hervir); **die Milch ist übergekocht** se me rebasó la leche

**überkommen**[1] *adj* tradicional

**überkommen***[2] *irr vt* (*Gefühl*) invadir; (*Schlaf*) vencer; **es überkam ihn plötzlich, und er zog sie an sich** una extraña sensación lo invadió y la atrajo hacia sí

**überkreuzen*** *vr:* **sich** ~ cruzarse

**überladen**[1] *adj* (*Stil, Fassade*) recargado

**überladen***[2] *irr vt* sobrecargar (*mit* de)

**Überlandbus** *m* autobús *m* interurbano, autocar *m*

**Überlänge** *f* <-n> exceso *m* de longitud; (*Kleider*) largo *m* especial; (*Zeit*) larga duración *f*; **Film mit** ~ película de duración extraordinaria

**überlappen*** [y:bɐ'lapən] *vr:* **sich** ~ (*Gegenstände*) solaparse; (*Aussagen*) coincidir parcialmente

**überlassen*** *irr vt* ❶ (*abgeben*): **jdm etw** ~ dejar algo a alguien ❷ (*anheim stellen*): **es ist dir** ~, **das zu entscheiden** es cosa tuya decidirlo; **überlass das bitte mir!** ¡déjamelo a mí! ❸ (*anvertrauen*): **jdm etw** ~ confiarle algo a alguien; **jdn sich** *dat* **selbst** ~ abandonar a alguien

**überlasten*** *vt* sobrecargar; **sie ist überlastet** está agobiada de trabajo

**Überlastung** *f* <-en> (*durch Gewicht, Überanspruchung*) sobrecarga *f*; (*durch Arbeit*) exceso *m* de trabajo

**überlaufen**[1] [--'--] *adj* muy frecuentado

**überlaufen***[2] *irr vt* ❶ (*Gefühl*) sentir; (*Angst*) invadir; **es überlief ihn** (**heiß und**) **kalt** le dieron escalofríos ❷ (SPORT) pasar

**über|laufen***[3] *irr vi sein* ❶ (*Flüssigkeit*) desbordarse; **ineinander** ~ (*Farben*) mezclarse ❷ (*die Seiten wechseln*) pasarse (*zu* a); **zum Feind** ~ pasarse a las filas enemigas

**Überläufer(in)** *m(f)* <-s, -; -nen> ❶ (MIL) desertor(a) *m(f)* ❷ (POL) trá(n)sfuga *mf*

**überleben*** **I.** *vi* sobrevivir; (*Dinge*) perdurar **II.** *vt* sobrevivir (a); **das wirst du schon ~!** (*fam*) ¡ya lo sobrevivirás! **III.** *vr:* **sich ~** pasar de moda

**Überlebende(r)** *mf* <-n, -n; -n> superviviente *mf*

**Überlebenschance** [--'----] *f* posibilidad *f* de supervivencia; **überlebensgroß** ['--'---] *adj* de tamaño más que natural; **Überlebenskünstler(in)** *m(f)* (*fam*) *persona que sabe salir adelante en situaciones difíciles*

**überlegen¹** **I.** *adj* ❶ (*besser*) superior; **jdm (in/an etw** *dat*) **~ sein** ser superior a alguien (en algo) ❷ (*hochmütig*) arrogante **II.** *adv* con aire de superioridad

**überlegen*²** **I.** *vi* pensar, reflexionar; **ich habe hin und her überlegt** lo he pensado una y otra vez; **wohl überlegt** (*geh*) bien pensado; **wohl überlegt handeln** obrar con mesura **II.** *vt* (*nachdenken*) reflexionar (sobre), pensar; (*erwägen*) considerar; **ich habe es mir anders überlegt** he cambiado de opinión; **ich werde es mir ~** me lo pensaré; **wenn man's sich** *dat* **recht überlegt, ...** pensándolo bien...

**über|legen³** **I.** *vt* echar por encima **II.** *vr:* **sich ~** inclinarse

**Überlegenheit** *f ohne pl* superioridad *f* (*in* en)

**überlegt** **I.** *adj* ponderado **II.** *adv* con ponderación

**Überlegung** [--'--] *f* <-en> reflexión *f;* (*Erwägung*) consideración *f;* **~en zu etw** *dat* **anstellen** reflexionar sobre algo; **nach reiflicher ~** tras madura reflexión

**über|leiten** *vi* pasar (*von* de, *zu* a)

**Überleitung** *f* <-en> (*Übergang*) transición *f;* (*Verbindung*) conexión *f*

**überliefern*** *vt* transmitir; **etw ist nur als Fragment überliefert** algo ha llegado a nuestros días sólo en forma fragmentaria

**Überlieferung** [--'---] *f* <-en> (*Tradition*) tradición *f*

**überlisten*** *vt* engañar

**überm** ['y:bɐm] (*fam*) = **über dem** *s.* **über**

**Übermacht** *f ohne pl* (*Überlegenheit*) superioridad *f;* (*Vorherrschaft*) predominio *m;* **in der ~ sein** tener más poder; **übermächtig** *adj* ❶ (*Institution*) prepotente; (*Gegner*) superior ❷ (*Gefühl*) fuerte; (*Verlangen*) irresistible

**übermalen*** *vt* ❶ (*um zu verdecken*) pintar por encima (de) ❷ (*für zweiten Anstrich*) repintar, dar otra mano de pintura

**Übermaß** *nt* <-es, *ohne pl*> exceso *m* (*an/von* de); **etw im ~ haben** tener algo en abundancia; **im ~** excesivamente

**übermäßig** **I.** *adj* excesivo; (*maßlos*) desmesurado; (*übertrieben*) exagerado **II.** *adv* ❶ (*zu viel*) demasiado ❷ (*überaus*) excesivamente

**Übermensch** *m* <-en, -en> superhombre *m*

**übermenschlich** *adj* sobrehumano

**übermitteln*** *vt* transmitir, comunicar

**übermorgen** ['----] *adv* pasado mañana

**übermüdet** [--'--] *adj* agotado, hecho polvo *fam*

**Übermüdung** [--'--] *f* <-en> cansancio *m* excesivo

**Übermut** *m* <-(e)s, *ohne pl*> ❶ (*Fröhlichkeit*) alegría *f* desbordante; (*Mutwille*) travesura *f* ❷ (*Selbstüberschätzung*) desatino *m* ❸ (*Überheblichkeit*) arrogancia *f*

**übermütig** *adj* (*fröhlich*) loco de alegría; (*mutwillig*) travieso

**übern** ['y:bɐn] (*fam*) = **über den** *s.* **über**

**übernächste(r, s)** *adj* subsiguiente; **in der ~n Woche** dentro de dos semanas; **~n Sonntag** el domingo de la semana que viene; **du bist als Ü~r dran** te toca después del siguiente

**übernachten*** *vi* pernoctar (*bei* en casa de, *in* en), pasar la noche (*in* en, *bei* en casa de) *fam*

**übernächtigt** [y:bɐ'nɛçtɪçt, y:bɐ'nɛçtɪkt] *adj* trasnochado

**Übernachtung** [y:bɐ'naxtʊŋ] *f* <-en> pernoctación *f;* **~ mit Frühstück** habitación con desayuno

**Übernahme** ['----] *f ohne pl* toma *f;* (*eines Amts*) toma *f* de posesión; (*einer Methode, Meinung, Sitte*) adopción *f;* (*von Verantwortung*) asunción *f;* **die ~ der Kosten zusichern** garantizar el pago de los costes

**übernatürlich** ['-----] *adj* sobrenatural

**übernehmen*** *irr* **I.** *vt* ❶ (*allgemein*) tomar; (*Geschäft, Aufgabe*) encargarse (de); (*Amt*) tomar posesión (de); (*Kosten*) correr (con); (*Methode*) adoptar; (*Verantwortung*) asumir ❷ (*entgegennehmen*) recibir; (*annehmen*) aceptar **II.** *vr:* **sich ~** excederse; **er hat sich bei der Tour übernommen** se ha esforzado demasiado en la excursión

**übernommen** *pp von* **übernehmen**

**über|ordnen** *vt:* **die Karriere der Familie ~** anteponer la carrera a la familia

**überparteilich** *adj* imparcial, suprapartidista

**überprüfbar** [--'--] *adj* revisable; **kaum/leicht/schwer ~** apenas/fácilmente/difícilmente revisable

**überprüfen*** *vt* ❶ (*kontrollieren*) revisar,

chequear *Am;* (*amtlich*) controlar ② (INFOR) chequear
**Überprüfung** [-'--] *f* <-en> examen *m,* revisión *f;* (*amtlich*) control *m,* inspección *f;* **gerichtliche** ~ inspección (judicial)
**überqueren*** *vt* cruzar, atravesar
**überragen*¹** *vt* ① (*an Größe*) descollar (por encima de); (*Person*) superar en altura (*um*); **er überragt uns alle mindestens um einen Kopf** nos lleva a todos por lo menos una cabeza ② (*übertreffen*) superar (*an* en)
**über|ragen²** *vi* (*überstehen*) descollar, sobresalir
**überragend** [-'--] *adj* extraordinario
**überraschen*** [y:bɐ'raʃən] *vt* sorprender; **jdn dabei ~, wie ...** sorprender a alguien mientras...; **lassen wir uns** ~ dejémonos sorprender
**überraschend** [-'--] **I.** *adj* sorprendente, sorpresivo *Am;* (*unerwartet*) inesperado **II.** *adv* inesperadamente; **das kam für mich völlig** ~ me cogió totalmente de sorpresa
**überraschenderweise** *adv* de forma sorprendente [*o* inesperada]
**Überraschung** [y:bɐ'raʃʊŋ] *f* <-en> sorpresa *f;* **zu meiner großen ~ kam er nicht** para mi gran sorpresa no vino; **das ist aber eine ~!** ¡qué sorpresa!; **Überraschungseffekt** *m* factor *m* sorpresa
**Überreaktion** *f* <-en> reacción *f* exagerada
**überreden*** *vt* persuadir; (*überzeugen*) convencer; **jdn zu etw** *dat* ~ persuadir a alguien para que haga algo; **sich ~ lassen** dejarse convencer
**überregional** *adj* supraregional
**überreichen*** *vt* entregar; **überreicht von ...** cortesía de...
**Überreste** *mpl* ① (*Zurückgebliebenes*) restos *mpl;* **die sterblichen** ~ los restos mortales ② (*Ruinen*) ruinas *fpl* ③ (CHEM) residuos *mpl*
**überrumpeln*** *vt* coger de sorpresa, sorprender
**überrunden*** *vt* ① (SPORT) sacar una vuelta de ventaja, adelantar; **jdn überrundet haben** llevar una vuelta de ventaja a alguien ② (*übertreffen*) superar, aventajar
**übers** ['y:bɐs] (*fam*) = **über das** *s.* **über**
**übersät** [--'-] *adj* lleno (*von/mit* de)
**Überschallflugzeug** *nt* avión *m* supersónico
**überschatten*** *vt* ① (*Schatten spenden*) ensombrecer ② (*trüben*) empañar
**überschätzen*** *vt* sobrevalorar
**überschaubar** *adj* (*Kosten, Risiko*) apreciable; (*Firma*) abarcable
**Überschaubarkeit** *f ohne pl* (*Kosten, Risiko*) apreciación *f;* (*Firma*) visión *f* de conjunto
**überschauen*** *vt s.* **überblicken**
**über|schäumen** *vi sein* ① (*Flüssigkeit*) rebosar, salirse; (*Gefäß*) estar a rebosar ② (*vor Wut, Freude*) rebosar (*vor* de)
**überschlafen*** *irr vt* consultar con la almohada *fam*
**Überschlag** *m* <-(e)s, -schläge> ① (*Schätzung*) cálculo *m* aproximativo ② (SPORT) voltereta *f,* volantín *m Am;* (*Looping*) rizo *m*
**überschlagen*¹** *irr* **I.** *vt* ① (*auslassen*) saltar ② (*schätzen*) calcular aproximadamente **II.** *vr:* **sich** ~ ① (*Fahrzeug*) volcar, voltearse *Am;* **ihre Stimme überschlug sich** soltó un gallo ② (*fam: vor Höflichkeit*) volcarse (*vor* con/en) ③ (*Ereignisse*) precipitarse
**über|schlagen²** *irr* **I.** *vi sein* ① (*Funken*) saltar ② (*übergehen*) convertirse (*in* en) **II.** *vt* (*Beine*) cruzar
**über|schnappen** *vi sein* (*fam*) ① (*verrückt werden*) volverse loco ② (*sich überschlagen*): **seine Stimme schnappt über** da gallos al hablar
**überschneiden*** *irr vr:* **sich** ~ ① (*Linien*) (entre)cruzarse ② (*Termine*) coincidir; (*Themen*) coincidir en parte
**überschnitten** *pp von* **überschneiden**
**überschreiben*** *irr vt* ① (*übertragen*) transferir (*auf* a); (*Geschäft*) traspasar (*auf* a) ② (*betiteln*) titular ③ (INFOR: *Datei*) sobreescribir
**überschreiten*** *irr vt* ① (*übertreten*) pasar; (*Anzahl*) pasar (de); (*Mittel, Kräfte, Fähigkeiten*) superar; (*überqueren*) atravesar ② (*Befugnisse*) abusar (de); (*Geschwindigkeit*) rebasar; **das überschreitet die Grenze des Erlaubten** esto rebasa el límite de lo permitido
**Überschreitung** *f* <-en>: ~ **des Liefertermins** rebasamiento *m* del plazo de entrega
**überschrieben** *pp von* **überschreiben**
**Überschrift** *f* <-en> título *m,* encabezado *m Guat, Mex*
**überschritten** *pp von* **überschreiten**
**Überschuss** *m* <-es, -schüsse> excedente *m;* (*finanziell*) superávit *m inv*
**überschüssig** ['y:bɐʃʏsɪç] *adj* excedente
**überschütten*¹** *vt* ① (*bedecken*) cubrir (*mit* con/de) ② (*überhäufen*) colmar (*mit* de); **jdn mit Fragen** ~ acosar a alguien a preguntas
**über|schütten²** *vt* derramar

Ü

**überschwänglich** ['y:bɐʃvɛŋlɪç] *adj* exuberante, exaltado
**überschwemmen*** *vt* (*a. fig*) inundar (*mit* de)
**Überschwemmung** [--'--] *f* <-en> inundación *f*, aniegue *m Mex;* **Überschwemmungsgebiet** *nt* zona *f* de inundación; **Überschwemmungskatastrophe** *f* catástrofe *f* por inundación
**Übersee** ['---] *f:* **in/nach/aus** ~ en/a/de ultramar
**übersehbar** [--'--] *adj* ❶ (*Gelände*) que se puede abarcar con la vista ❷ (*absehbar*) calculable
**übersehen*** *irr vt* ❶ (*Gegend*) abarcar con la vista ❷ (*Zusammenhänge sehen*) entender; (*Folgen*) calcular; **soweit ich die Angelegenheit übersehe, ...** según tengo entendido... ❸ (*nicht sehen*) no ver; (*absichtlich*) pasar por alto; **etw stillschweigend** ~ hacer caso omiso de algo
**übersetzen***[1] *vt* traducir (*von/aus* de, *in* a)
**über|setzen**[2] **I.** *vi haben o sein* pasar (a la otra orilla); **über den Fluss** ~ cruzar el río **II.** *vt* llevar a la otra orilla
**Übersetzer(in)** [--'--] *m(f)* <-s, -; -nen> traductor(a) *m(f)*
**Übersetzung** [--'--] *f* <-en> ❶ (*Text*) traducción *f* ❷ (TECH) transmisión *f;* **Übersetzungsbüro** *nt* agencia *f* de traducciones
**Übersicht** ['---] *f* <-en> ❶ (*Überblick*) visión *f* general (*über* de); (*über Zusammenhänge*) visión *f* de conjunto (*über* de) ❷ (*Resümee*) resumen *m* (*über* de); (*Darstellung*) cuadro *m* de conjunto (*über* de)
**übersichtlich** *adj* ❶ (*räumlich*) fácil de abarcar (con la vista); (*Gelände*) abierto ❷ (*deutlich*) claro
**Übersichtlichkeit** *f ohne pl* disposición *f* clara
**über|siedeln** *vi sein* ❶ (*umziehen*) mudarse (*nach/in* a), trasladarse (*nach/in* a) ❷ (*emigrieren*) emigrar; (*ins Land kommen*) inmigrar
**Übersiedler(in)** *m(f)* <-s, -; -nen> (*Ausreisender*) emigrante *mf;* (*Einreisender*) inmigrante *mf*
**übersinnlich** *adj* tra(n)scendental
**überspannt** [--'-] *adj* ❶ (*übertrieben*) exagerado ❷ (*verschroben*) extravagante
**überspielen*** *vt* ❶ (RADIO, TV) grabar (*auf* en) ❷ (*verstecken*) disimular
**überspitzt** [--'-] *adj* exagerado
**überspringen***[1] *irr vt* ❶ (*Hindernis*) saltar; **eine Pfütze** ~ saltar un charco ❷ (*auslassen*) saltarse
**über|springen**[2] *irr vi sein* (*übergehen*) saltar (*auf* a); (*Feuer*) pasar (*auf* a); (*Begeisterung*) transmitirse (*auf* a); (*Infektion*) extenderse (*auf* a)
**übersprungen** *pp von* **überspringen**[1]
**überstanden** *pp von* **überstehen**[1]
**überstehen***[1] *irr vt* (*hinter sich bringen*) pasar, superar; (*überleben*) sobrevivir; (*ertragen*) soportar; **das Schlimmste ist jetzt überstanden** lo peor ya pasó
**über|stehen**[2] *irr vi* sobresalir (*über* de), descollar
**übersteigen*** *irr vt* ❶ (*Zaun, Mauer*) pasar por encima (de) ❷ (*übertreffen*) exceder; **das überstieg alle unsere Erwartungen** superó todas nuestras expectativas
**überstiegen** *pp von* **übersteigen**
**überstimmen*** *vt* ❶ (*besiegen*) vencer por mayoría de votos ❷ (*ablehnen*) rechazar por mayoría de votos
**überstrapazieren*** *vt* desgastar en exceso; **ich möchte ihre Geduld nicht** ~ no quiero acabar con su paciencia
**über|stülpen** *vt* poner por encima
**Überstunde** *f* <-n> hora *f* extra; ~**n machen** hacer horas extraordinarias
**überstürzen*** **I.** *vt* precipitar; **nur nichts** ~ no hay que precipitarse **II.** *vr:* **sich** ~ precipitarse
**übertariflich** *adj* (WIRTSCH) extratarifario
**überteuert** [--'--] *adj* ❶ (*übermässig teuer*) demasiado caro, prohibitivo ❷ (*teurer gemacht*) encarecido
**übertönen*** *vt* acallar
**Übertopf** *m* maceta *f* exterior, cubretiesto *m*
**Übertrag** ['y:bɐtra:k, *pl:* 'y:bɐtrɛ:gə] *m* <-(e)s, -träge> traslado *m* a cuenta nueva
**übertragbar** [--'--] *adj* transferible (*auf* a); (*Krankheit*) contagioso; **nicht** ~ intransferible
**übertragen**[1] *adj* (*Österr: gebraucht*) usado
**übertragen***[2] *irr* **I.** *vt* ❶ (RADIO, TV, TECH) transmitir ❷ (*anwenden*) aplicar (*auf* a); **in ~er Bedeutung** en sentido figurado ❸ (*Begeisterung, Krankheit*) transmitir (*auf* a) ❹ (*Besitz, Rechte*) transferir; (*Verantwortung*) conferir; (*Aufgabe*) encargar, asignar ❺ (*abschreiben*) copiar ❻ (*geh: übersetzen*) trasladar (*aus* de, *in* a) ❼ (TECH: *weiterleiten*) transmitir **II.** *vr:* **sich** ~ transmitirse (*auf* a)
**Übertragung** [--'--] *f* <-en> ❶ (RADIO, TV, TECH) transmisión *f* ❷ (*Anwendung*) aplicación *f* ❸ (*einer Krankheit*) transmisión *f* ❹ (*von Rechten, Besitz*) transferencia *f* (*auf* a); (*Amt*) asignación *f* ❺ (*Übersetzung*) traducción *f*

**übertreffen*** *irr* **I.** *vt* superar (*an* en); **das übertrifft alle meine Erwartungen** esto supera todas mis expectativas **II.** *vr:* **sich ~** superarse; **sich selbst mit etw** *dat* **~** superarse a sí mismo con algo

**übertreiben*** *irr vi, vt* exagerar

**Übertreibung** [--'--] *f* <-en> exageración *f*

**übertreten*¹** *irr vt* ❶ (*Grenze*) pasar ❷ (*Gesetz, Verbot*) transgredir

**über|treten²** *irr vi sein* ❶ *sein* (*Gewässer*) desbordarse ❷ *sein* (*zu einer Religion*) convertirse (*zu* a); (*zu einer Partei*) pasarse (*zu* a); **zum Islam ~** convertirse al islam ❸ *sein* (*übergehen*) pasar (*in* a) ❹ *haben o sein* (SPORT) pisar la línea

**Übertretung** [--'--] *f* <-en> transgresión *f*

**übertrieben** [y:bɐ'tri:bən] **I.** *pp von* **übertreiben II.** *adj* exagerado; (*Preise*) exorbitante **III.** *adv* en exceso

**übertroffen** *pp von* **übertreffen**

**übertrumpfen*** *vt* ❶ (*beim Kartenspiel*) contrafallar ❷ (*übertreffen*) superar con holgura

**übervorsichtig** *adj* exageradamente cuidadoso

**überwachen*** *vt* (*beobachten*) vigilar; (*kontrollieren*) controlar; (*mit Monitor*) monitorizar

**Überwachung** [--'--] *f* <-en> vigilancia *f;* (*Kontrolle*) control *m;* (*mit Monitor*) monitorización *f;* **Überwachungskamera** *f* cámara *f* de seguridad; **Überwachungsstaat** *m* estado *m* policial; **Überwachungssystem** *nt* sistema *m* de vigilancia

**überwältigen*** [y:bɐ'vɛltɪgən] *vt* ❶ (*bezwingen*) vencer ❷ (*beeindrucken*) impresionar; (*Angst*) apoderarse (de)

**überwältigend** [--'---] *adj* impresionante; (*großartig*) grandioso; (*Mehrheit*) abrumador

**über|wechseln** *vi sein* cambiar (*von* de), pasarse (*zu* a); **ins feindliche Lager/auf die andere Seite ~** pasarse al lado enemigo/al otro bando

**überweisen*** *irr vt* (*Geld*) transferir; (*Patient*) mandar (*zu* a)

**Überweisung** [--'--] *f* <-en> (*von Geld*) transferencia *f;* (*vom Arzt*) volante *m* médico; **Überweisungsauftrag** *m* (FIN) orden *f* de transferencia; **Überweisungsformular** *nt* formulario *m* para transferencias

**überwiegen*** *irr vi* predominar

**überwiegend** *adv* en su mayoría, principalmente

**überwiesen** *pp von* **überweisen**

**überwinden*** *irr* **I.** *vt* (*Misstrauen, Bedenken, Hindernis*) superar; (*Gegner*) vencer **II.** *vr:* **sich ~ etw zu tun** hacer un esfuerzo para hacer algo

**Überwindung** [--'--] *f ohne pl* ❶ (*einer Schwierigkeit*) superación *f* ❷ (*Selbst~*) esfuerzo *m;* **es kostete ihn große ~, dorthin zu gehen** tuvo que hacer un gran esfuerzo para ir allí

**überwintern*** *vi* pasar el invierno (*in* en); (*Vögel*) invernar (*in* en)

**überwogen** *pp von* **überwiegen**

**überwunden** *pp von* **überwinden**

**Überzahl** *f ohne pl* mayoría *f;* **in der ~ sein** tener (una) mayoría

**überzählig** ['y:bɐtsɛ:lɪç] *adj* excedente, sobrante; **~ sein** sobrar

**überzeichnen*** *vt* (FIN) girar en descubierto

**überzeugen*** **I.** *vt* convencer (*von* de); (*überreden*) persuadir (*von* de); **ich bin (davon) überzeugt, dass ...** estoy convencido de que...; **er war sehr von sich** *dat* **überzeugt** estaba muy seguro de sí mismo; **ich lasse mich (von Ihnen) gern vom Gegenteil ~** demuéstreme lo contrario **II.** *vr:* **sich ~** convencerse (*von* de)

**überzeugend** *adj* convincente; (*Beweis*) contundente

**überzeugt** *adj* convencido

**Überzeugung** [--'--] *f* <-en> convencimiento *m;* (*fester Glaube*) convicción *f;* **politische ~** convicciones políticas; **ich bin der festen ~, dass ...** estoy plenamente convencido de que...; **zu der ~ gelangen, dass ...** llegar al convencimiento de que...; **meiner ~ nach** a mi juicio; **Überzeugungskraft** *f* fuerza *f* persuasiva

**überziehen*¹** *irr vt* ❶ (*bedecken*) cubrir (*mit* de); (*mit Stoff*) revestir (*mit* de); (*mit Schokolade*) bañar (*mit* con); **das Bett frisch ~** cambiar la ropa de la cama ❷ (*Konto*) dejar al descubierto; **er hat sein Konto um 2.000 DM überzogen** tiene una deuda de 2.000 marcos en el banco ❸ (*Zeit*) rebasar (la hora) (*um* por) ❹ (*mit Forderungen, Prozessen*) exagerar; (*mit Krieg*) invadir

**über|ziehen²** *irr vt* (*Kleidungsstück*) ponerse; **jdm eins ~** pegar una torta a alguien

**Überziehung** [--'--] *f* <-en> (FIN) giro *m* en descubierto; **Überziehungskredit** *m* (FIN) crédito *m* en descubierto

**überzogen** *pp von* **überziehen¹**

**überzüchtet** *adj* (*Pflanze*) hipertrófico; (*Tier*) debilitado por cría excesiva; (*Motor*) desarrollado en exceso

**Überzug** *m* <-(e)s, -züge> ❶ (*Schicht*) capa *f;* (*Glasur*) baño *m* ❷ (*Bezug*) funda *f;* (*Verkleidung*) revestimiento *m*

**übler** *adj kompar von* **übel**

**üblich** ['y:plɪç] *adj* usual, habitual; (*herkömmlich*) tradicional; **wie ~** como siempre; **das ist hier so ~** esta es la costumbre aquí; **es ist bei uns ~, dass ...** acostumbramos a... +*inf*

**üblicherweise** ['y:plɪçe'vaɪzə] *adv:* **~ essen wir hier nicht** no acostumbramos [*o* no solemos] comer aquí

**U-Boot** *nt* <-(e)s, -e> submarino *m*

**übrig** ['y:brɪç] *adj* restante; **der/die/das Ü~e** el resto (*von* de); **die ~en Bücher** el resto de los libros; **~ sein** [*o* **bleiben**] sobrar; **ihm bleibt nichts anderes ~, als ...** no tiene más remedio que...; **was bleibt mir anderes ~?** ¿qué remedio me queda?; **~ lassen** dejar; **etw lässt nichts/einiges zu wünschen ~** algo no deja nada/deja que desear; **ein Ü~es tun** hacer lo que queda por hacer; **für jdn/etw nichts ~ haben** no querer tener nada que ver con alguien/algo; **im Ü~en** por lo demás; **die Ü~en** los demás; **ich habe noch 20 Euro ~** todavía me quedan 20 euros; **alles Ü~e** todo lo demás

**übrigens** ['y:brɪgəns] *adv* por cierto; (*beiläufig*) dicho sea de paso; **er kommt ~ erst morgen** por cierto, no viene hasta mañana; **~, weißt du schon, ...?** por cierto, ¿sabes ya...?

**Übung**[1] ['y:bʊŋ] *f ohne pl* (*Erfahrung*) práctica *f;* **aus der ~ kommen** perder la práctica; **in ~ bleiben** no perder la práctica; **~ macht den Meister** (*prov*) la práctica hace al maestro

**Übung**[2] *f* <-en> ❶ (*allgemein, a.* SPORT, MUS) ejercicio *m* ❷ (MIL) ejercicios *mpl*

**Übungsaufgabe** *f* (SCH) ejercicio *m;* **Übungsbuch** *nt* libro *m* de ejercicios

**UdSSR** [u:de:ʔɛsʔɛs'ʔɛr] *f* (HIST) *Abk. von* **Union der Sozialistischen Sowjetrepubliken** URSS *f*

**UEFA-Cup** *m* Copa *f* de la UEFA

**Ufer** ['u:fɐ] *nt* <-s, -> orilla *f;* **am ~** en la orilla; **über die ~ treten** desbordarse; **uferlos** *adj* desmesurado; (*grenzenlos*) ilimitado; **ins U~e gehen** no llevar a ninguna parte; **Uferpromenade** *f* paseo *m* marítimo

**Ufo** ['u:fo] *nt* <-s, -s> *Abk. von* **Unbekanntes Flugobjekt** ovni *m*

**Uganda** [u'ganda] *nt* <-s> Uganda *f*

**Ugander(in)** [u'gandɐ] *m(f)* <-s, -; -nen> ugandés, -esa *m, f*

**ugandisch** *adj* ugandés

**U-Haft** *f* detención *f* preventiva

**Uhr** [u:ɐ] *f* <-en> ❶ (*Gerät*) reloj *m;* **die ~ aufziehen** dar cuerda al reloj; **die ~ stellen** poner el reloj en hora; **auf die ~ sehen** mirar el reloj; **die ~ geht vor/nach** el reloj va adelantado/atrasado; **rund um die ~** (*fam*) las 24 horas al día ❷ (*bei Zeitangabe*) hora *f;* **wie viel ~ ist es?** ¿qué hora es?; **um wie viel ~?** ¿a qué hora?; **es ist genau acht ~** son las ocho en punto; **um elf ~** a las once (horas); **neun ~ drei** las nueve y tres minutos; **Uhrmacher(in)** *m(f)* <-s, -; -nen> relojero, -a *m, f;* **Uhrwerk** *nt* mecanismo *m* del reloj; **Uhrzeiger** *m* aguja *f* de(l) reloj; **Uhrzeigersinn** *m ohne pl:* **im ~** en el sentido de las agujas del reloj; **gegen den ~** en sentido contrario a las agujas del reloj; **Uhrzeit** *f* hora *f*

**Uhu** ['u:hu] *m* <-s, -s> (ZOOL) búho *m*

**Ukraine** [ukra'i:nə, u'kraɪnə] *f* Ucrania *f*

**Ukrainer(in)** [ukra'i:nɐ, u'kraɪnɐ] *m(f)* <-s, -; -nen> ucranio, -a *m, f*

**ukrainisch** [ukra'i:nɪʃ, u'kraɪnɪʃ] *adj* ucranio

**UKW** [u:ka:'ve:] (RADIO, PHYS) *Abk. von* **Ultrakurzwelle** onda *f* ultracorta; **auf ~** en la onda ultracorta

**Ulk** [ʊlk] *m* <-(e)s, -e> broma *f;* **aus ~** de broma

**ulkig** *adj* (*fam*) ❶ (*lustig*) gracioso ❷ (*seltsam*) extraño

**Ulme** ['ʊlmə] *f* <-n> (BOT) olmo *m*

**Ultimaten** *pl von* **Ultimatum**

**ultimativ** [ʊltima'ti:f] *adj* amenazador; **jdn ~ auffordern etw zu tun** exigir de alguien a modo de ultimátum que haga algo

**Ultimatum** [ʊltɪ'ma:tʊm] *nt* <-s, -s *o* Ultimaten> ultimátum *m;* **jdm ein ~ stellen** dar a alguien un ultimátum

**Ultrakurzwelle** [ʊltra'kʊrtsvɛlə] *f* (RADIO, PHYS) onda *f* ultracorta

**Ultraschall** *m ohne pl* (PHYS) ultrasonido *m;* **Ultraschallbild** *nt* ecografía *f;* **Ultraschallgerät** *nt* aparato *m* de ecografía; **Ultraschalluntersuchung** *f* ecografía *f*

**ultraviolett** ['----'-] *adj* (PHYS) ultravioleta

**um** [ʊm] **I.** *präp +akk* ❶ (*räumlich*): **~ ...** (**herum**) alrededor de; (*in der Nähe*) cerca de; **sie ging ~ den Tisch** (**herum**) dio una vuelta a la mesa; **er hat gern Freunde ~ sich** le gusta tener amigos a su alrededor; **~ die Ecke** a la vuelta de la esquina; **sie legte den Arm ~ ihn** le pasó el brazo por encima del hombro; **die Gegend ~ Freiburg** los alrededores de Friburgo; **sie schlug ~ sich** se puso a dar puñetazos a diestro y siniestro ❷ (*bei Uhrzeit*) a; **~ drei Uhr** a las tres ❸ (*ungefähr*) sobre, hacia; **sie kommt so ~ den Fünfzehnten** viene sobre el quince ❹ (*Wiederholung*) tras; **es verging Woche ~ Woche** pasó semana tras semana ❺ (*Differenz*) en; **sie ist ~ ein Jahr älter/~ einiges überlegen** es un año mayor/bastante superior; **die Ausgaben ~ 10% senken** reducir los gastos en un 10% ❻ (*über, bezüglich*) de; **es geht ~s Geld** se trata del dinero ❼ (*wegen*) por; **~ keinen Preis** por nada del mundo; **sich ~ etw streiten** discutir por algo; **sich ~ jdn kümmern** cuidar de alguien **II.** *präp +gen:* **~ ... willen** por...; **~ Himmels willen!** ¡cielos!; **~ Gottes willen!** ¡por amor de Dios! **III.** *konj* ❶ (*final*): **~ ... zu** para *+inf,* con el fin de *+inf* ❷ (*konsekutiv*): **~ ... zu** como para *+inf;* **er ist klug genug, ~ seinen Fehler zuzugeben** es lo suficientemente inteligente como para admitir su error **IV.** *adv* (*ungefähr*) alrededor (de), aproximadamente

**um|ändern** *vt* cambiar, modificar; (*Kleidung*) arreglar

**umarmen*** **I.** *vt* abrazar **II.** *vr:* **sich ~** abrazarse

**Umarmung** [-ˈ--] *f* <-en> abrazo *m*

**Umbau** *m* <-(e)s, -ten> reformas *fpl,* reconstrucción *f;* **wegen ~ geschlossen** cerrado por reformas

**umbauen*¹** *vt* rodear (de edificios)

**um|bauen²** *vt* (*Gebäude*) reformar, reconstruir; (*Bühnenbild*) cambiar; **eine Wohnung zu einem Büro ~** transformar una vivienda en una oficina

**um|benennen*** *irr vt* cambiar de nombre

**Umbenennung** *f* <-en> cambio *m* de nombre

**um|besetzen*** *vt* ❶ (POL) reorganizar ❷ (THEAT) cambiar el reparto (de) ❸ (SPORT) cambiar la alineación (de)

**um|bestellen*** *vt* ❶ (*Patient*) cambiar la hora (*auf* a) ❷ (*Bestellung*) hacer cambios; **wir müssen die Lieferung ~** tenemos que hacer cambios en el pedido

**um|biegen** *irr vt* doblar

**um|bilden** *vt* transformar; (*Kabinett*) reorganizar

**Umbildung** *f* <-en> remodelación *f,* reestructuración *f*

**um|binden** *irr vt:* **sich** *dat* **etw ~** ponerse algo

**um|blättern** *vi* volver la hoja

**um|blicken** *vr:* **sich ~** ❶ (*rundherum*) mirar (a su) alrededor ❷ (*nach hinten*) mirar hacia atrás

**um|bringen** *irr* **I.** *vt* matar (*durch/mit* a/con), ultimar *Am* **II.** *vr:* **sich ~** ❶ (*Selbstmord begehen*) suicidarse ❷ (*übereifrig sein*) volcarse (*vor* en), matarse (*vor* por)

**Umbruch¹** *m* <-(e)s, -brüche> (*Wandel*) cambio *m* (radical); **etw ist im ~** algo está cambiando

**Umbruch²** *m* <-(e)s, *ohne pl*> (TYPO) compaginación *f,* ajuste *m*

**um|buchen** *vt* ❶ (WIRTSCH) transferir ❷ (*Reise*) cambiar la reserva (de)

**um|denken** *irr vi* cambiar su modo de pensar, reorientarse

**um|disponieren*** *vi* reorganizar

**um|drehen** **I.** *vt* volver, voltear *Am;* (*Schlüssel*) dar vuelta (a); **jdm den Hals ~** retorcerle el cuello a alguien **II.** *vi haben o sein* volver, dar la vuelta **III.** *vr:* **sich ~** volverse (*nach* hacia), volver la cabeza (*nach* hacia), voltearse *Am;* **mir dreht sich der Magen um** se me revuelve el estómago

**Umdrehung** [-ˈ--] *f* <-en> vuelta *f;* (*um eine Achse*) rotación *f;* (*eines Motors*) revolución *f;* **Umdrehungszahl** *f* número *m* de revoluciones

**umeinander** [--ˈ--] *adv* ❶ (*räumlich*) uno alrededor del otro ❷ (*gegenseitig*) uno del otro

**um|erziehen*** *irr vt* reeducar

**umfahren*¹** *irr vt* ❶ (*umkreisen*) dar la vuelta (a) ❷ (*ausweichen*) esquivar

**um|fahren²** *irr vt* derribar; (*Person*) atropellar, evitar

**Umfahrung** [-ˈ--] *f* <-en> (*Schweiz*) carretera *f* de circunvalación

**um|fallen** *irr vi sein* ❶ (*allgemein*) caerse ❷ (*ohnmächtig werden*) desplomarse; **ich bin zum U~ müde** me caigo de cansancio; **tot ~** caerse muerto ❸ (*fam abw: Gesinnung wechseln*) rajarse; (*nachgeben*) darse por vencido

**Umfang** *m* <-(e)s, -fänge> ❶ (*Ausdehnung*) extensión *f;* (*Dicke*) volumen *m;* (*Größe*) tamaño *m* ❷ (*Kreis~*) circunferencia *f* ❸ (*Ausmaß*) dimensiones *fpl;* **in großem ~** a gran escala

**umfangreich** *adj* amplio, extenso

**umfassen*** *vt* ❶ (*mit den Armen*) rodear (con los brazos); (*umarmen*) abrazar ❷ (*bestehen aus*) comprender, abarcar

**umfassend** *adj* amplio; (*vollständig*) completo

**Umfeld** *nt* <-(e)s, -er> entorno *m*

**um|formen** *vt* ❶ (*umändern*) modificar, transformar ❷ (ELEK) convertir

**Umfrage** *f* <-n> encuesta *f;* **eine ~ machen** hacer una encuesta

**um|funktionieren*** *vt* transformar (*zu/in* en)

**Umgang** *m* <-(e)s, *ohne pl*> ❶ (*Beziehun-*

U

*gen*) relaciones *fpl;* (*Gesellschaft*) compañía *f;* **sie ist kein ~ für dich** (*fam*) es mala compañía para ti; **mit jdm ~ haben/pflegen** tener/mantener relaciones con alguien ❷ (*das Umgehen mit Personen*) trato *m;* (*mit Dingen*) manejo *m;* **im ~ mit Kindern** en el trato con niños

**umgangen** *pp von* **umgehen**[1]

**umgänglich** ['ʊmgɛŋlɪç] *adj* afable, sociable

**Umgangsformen** *fpl* modales *mpl;* **Umgangssprache** *f* (LING) lenguaje *m* familiar; **umgangssprachlich** *adj* coloquial; **Umgangston** *m* trato *m*

**umgarnen*** *vt* embaucar; **umgeben*** *irr vt* rodear; (*mit Zaun*) cercar

**Umgebung** [-'--] *f* <-en> ❶ (*Gebiet*) alrededores *mpl;* (*Nachbarschaft*) vecindad *f;* **in der näheren ~ Münchens** en los alrededores de Múnich; **ist hier in der ~ ein Campingplatz?** ¿hay un camping por aquí cerca? ❷ (*Milieu*) ambiente *m,* entorno *m*

**umgehen***[1] *irr vt* ❶ (*herumgehen*) pasar alrededor (de) ❷ (*vermeiden*) evitar ❸ (*nicht beachten*) eludir

**um|gehen**[2] *irr vi sein* ❶ (*Gerücht*) correr; (*Gespenst*) andar ❷ (*mit Personen*) tratar (*mit* a); (*mit Dingen*) manejar (*mit*); **sparsam mit etw** *dat* **~** economizar algo; **gleichgültig/vorsichtig mit etw** *dat* **~** tratar algo con indiferencia/con cuidado

**umgehend** ['---] **I.** *adj* inmediato **II.** *adv* de inmediato

**Umgehung** [-'--] *f* <-en> ❶ (*das Vermeiden*) evitación *f* ❷ (*~straße*) circunvalación *f;* **Umgehungsstraße** *f* carretera *f* de circunvalación

**umgekehrt I.** *adj* ❶ (*umgedreht*) invertido ❷ (*entgegengesetzt*) contrario; **in ~er Richtung** en sentido contrario; **die Sache ist genau ~** es justo lo contrario **II.** *adv* ❶ (*umgedreht*) a la inversa ❷ (*entgegengesetzt*) al revés, al contrario

**Umgestaltung** *f* <-en> remodelación *f,* modificación *f;* (*eines Systems*) reforma *f*

**um|gewöhnen*** *vr:* **sich ~** acostumbrarse a algo nuevo

**um|graben** *irr vt* cavar

**Umhang** *m* <-(e)s, -hänge> capa *f*

**um|hängen** *vt* ❶ (*an andere Stelle*) colgar en otro sitio ❷ (*Tasche*): **sich** *dat* **die Tasche ~** colgarse el bolso al hombro ❸ (*Decke, Mantel*): **sich** *dat* **einen Mantel ~** ponerse un abrigo por encima

**Umhängetasche** *f* bolso *m* de bandolera

**um|hauen**[1] <haut um, haute *o* hieb um, umgehauen> *vt* (*fällen*) cortar, talar

**um|hauen**[2] <haut um, haute um, umgehauen> *vt* (*fam*) ❶ (*niederschlagen*) derribar (de un golpe) ❷ (*verblüffen*) dejar boquiabierto

**umher** [ʊm'heːɐ] *adv* (*hier und da*) por aquí, por allá; (*überall*) por todas partes; **umher|blicken** *vi* mirar (a su) alrededor; **fragend ~** mirar alrededor sin comprender; **umher|gehen** *irr vi sein* ir de un lado para otro; (*ziellos herumgehen*) deambular; (*spazieren gehen*) pasear (*in* por); **umher|irren** *vi sein* vagar (*in* por), errar (*in* por); **umher|laufen** *irr vi sein* (*ziellos herumlaufen*) andar de un lado para otro; (*spazieren gehen*) pasear (*in* por)

**umhin|können** *irr vi:* **nicht ~ etw zu tun** no poder evitar hacer algo

**um|hören** *vr:* **sich ~** informarse; **ich werde mich danach ~** voy a ver si me entero de algo al respecto

**umkämpft** [ʊm'kɛmpft] *adj* reñido

**Umkehr** *f ohne pl* vuelta *f,* regreso *m*

**umkehrbar** *adj* reversible; **nicht ~** irreversible

**um|kehren I.** *vi sein* volver, regresar **II.** *vt* ❶ (*umdrehen*) dar vuelta (a) ❷ (*ins Gegenteil verkehren*) invertir **III.** *vr:* **sich ~: dabei kehrt sich mir der Magen um** esto me revuelve el estómago

**um|kippen I.** *vi sein* ❶ (*umfallen*) caerse; (*Wagen*) volcar, voltear *Am;* (*Boot*) zozobrar ❷ (*fam: ohnmächtig werden*) desmayarse ❸ (*fam abw: Gesinnung wechseln*) cambiar de chaqueta ❹ (*fam: Gewässer*) contaminarse; (*Wein*) volverse **II.** *vt* derribar

**umklammern*** *vt* agarrar; (*umarmen*) abrazar (fuertemente)

**Umklammerung** [-'---] *f* <-en> agarrón *m;* (*Umarmung*) abrazo *m* (fuerte)

**um|klappen** *vt* plegar

**Umkleidekabine** ['ʊmklaɪdə-] *f* caseta *f,* desvestidora *f AmS*

**Umkleideraum** ['----] *m* vestuario *m,* desvestidora *f Am*

**um|knicken I.** *vi sein* ❶ (*Mast, Baum*) doblarse ❷ (*Fuß*) torcerse el pie; **ich bin (mit dem Fuß) umgeknickt** me he torcido el pie **II.** *vt* doblar; (*brechen*) partir

**um|kommen** *irr vi sein* ❶ (*sterben*) morir (*vor* de) ❷ (*Lebensmittel*) echarse a perder

**Umkreis** *m* <-es, *ohne pl*> alrededores *mpl;* **im ~ von fünf Kilometern** en un radio de cinco kilómetros

**umkreisen*** *vt* girar alrededor de

**um|krempeln** ['ʊmkrɛmpəln] *vt* ❶ (*Kleidung*) subirse; (*Ärmel*) (ar)remangarse ❷ (*durchwühlen*) poner patas arriba, revolver ❸ (*fam: vollständig ändern*) cam-

biar por completo
**um|laden** *irr vt* tra(n)sbordar
**umlagern*** *vt* rodear
**Umland** *nt* <-(e)s, *ohne pl*> alrededores *mpl*
**Umlauf¹** *m* <-(e)s, *ohne pl*> ❶ (*von Geld, Blut*) circulación *f;* **im ~ sein** estar en circulación; **in ~ bringen** poner en circulación ❷ (*Umkreisen*) revolución *f*
**Umlauf²** *m* <-(e)s, -läufe> ❶ (*Rundschreiben*) circular *f* ❷ (*einzelne Kreisbewegung*) vuelta *f*
**Umlaufbahn** *f* (ASTR) órbita *f*
**Umlaut** *m* <-(e)s, -e> (LING) vocal *f* modificada
**um|legen** *vt* ❶ (*in die waagerechte Lage bringen: Mast, Bäume*) derribar; (*Hebel, Schalter*) cambiar de posición; (*Lehne*) plegar; (*Bäume fällen*) talar ❷ (*um den Körper: Kleidungsstücke*) poner por encima; (*Halskette, Verband*) poner ❸ (*fam: erschießen*) cargarse, tronar *Mex* ❹ (*Termin*) cambiar; (*auf später*) aplazar (*auf* a); (*vorverlegen*) adelantar (*auf* a) ❺ (*örtlich*) cambiar de sitio ❻ (*Ausgaben*) repartir (*auf* entre)
**um|leiten** *vt* desviar
**Umleitung** *f* <-en> desvío *m*
**umliegend** *adj* vecino, de los alrededores
**um|melden** *vt* cambiar de registro
**umnachtet** [-'--] *adj:* **geistig ~** demente
**um|organisieren*** *vt* reorganizar
**um|pflügen** *vt* arar
**umrahmen*** *vt:* **etw musikalisch ~** acompañar algo con música
**umranden*** *vt* bordear, rodear; **etw rot ~** encuadrar algo de rojo
**um|räumen** *vt* (*anders anordnen*) disponer de otra manera
**um|rechnen** *vt* (*Maßeinheiten*) convertir (*in* en); (*Währungen*) calcular en otra moneda
**Umrechnung** *f* <-en> cambio *m,* conversión *f;* **Umrechnungskurs** *m* cotización *f,* tipo *m* de cambio
**umreißen*¹** *irr vt* esbozar; **ein Problem kurz ~** exponer un problema a grandes rasgos
**um|reißen²** *irr vt* ❶ (*umwerfen*) echar al suelo ❷ (*Mauer*) derribar, demoler
**um|rennen** *irr vt* atropellar corriendo
**Umriss** ['--] *m* <-es, -e> contorno *m,* silueta *f;* **etw in groben Umrissen darstellen** exponer algo a grandes rasgos
**umrissen** [ʊm'rɪsən] **I.** *pp von* **umreißen¹** **II.** *adj:* **scharf ~** claramente definido
**um|rühren** *vt* remover
**ums** [ʊms] = **um das** *s.* **um**

**um|satteln** *vi* (*fam: beruflich*) cambiar de profesión; (*im Studium*) cambiar de carrera; **von Kellner auf Koch ~** cambiar de camarero para cocinero
**Umsatz** *m* <-es, -sätze> volumen *m* de ventas; **Umsatzsteigerung** *f* (FIN, WIRTSCH) aumento *m* de los beneficios; **Umsatzsteuer** *f* impuesto *m* sobre el volumen de ventas
**um|schalten** **I.** *vi* ❶ (*Einstellung ändern*) cambiar ❷ (RADIO, TV: *Programm*) cambiar de canal; (*verbinden*) conectar (*in/nach* con); **auf das zweite Programm ~** cambiar a la segunda cadena ❸ (*fam: sich umstellen*) reorientarse **II.** *vt* (ELEK) conmutar
**Umschau** *f ohne pl* ❶ (*Rundblick*) vista *f* ❷ (*das Sichumsehen*) visita *f;* **nach etw** *dat*/**jdm ~ halten** buscar algo/a alguien (con la vista)
**um|schauen** *vr:* **sich ~** (*reg*) *s.* **umsehen**
**Umschlag¹** *m* <-(e)s, -schläge> ❶ (*Buch~*) cubierta *f* ❷ (*Brief~*) sobre *m* ❸ (MED) compresa *f;* (*heiß*) cataplasma *m*
**Umschlag²** *m* <-(e)s, *ohne pl*> ❶ (*Veränderung*) cambio *m* (brusco) ❷ (WIRTSCH: *Umladung*) tra(n)sbordo *m*
**um|schlagen** *irr* **I.** *vt* ❶ (*Ärmel*) arremangar; (*Buchseite*) volver ❷ (*Güter*) tra(n)sbordar; (*Ladung*) operar **II.** *vi sein* ❶ (*Wetter, Stimmung*) cambiar repentinamente; (*Stimme*) transformarse repentinamente; **ins Gegenteil ~** caer en el otro extremo ❷ (*Boot*) zozobrar; (*Fahrzeug*) volcar
**Umschlagplatz** *m* lugar *m* de tra(n)sbordo
**umschließen*** *irr vt* ❶ (*umgeben*) cercar, rodear ❷ (*umzingeln*) poner cerco (a) ❸ (*einschließen*) encerrar, encercar
**umschlingen*** *irr vt* (*mit den Armen*) abrazar; **jdn eng umschlungen halten** mantener a alguien estrechamente abrazado
**umschlossen** *pp von* **umschließen**
**umschlungen** *pp von* **umschlingen**
**um|schnallen** *vt* (*Gürtel*) ponerse
**umschreiben*¹** *irr vt* ❶ (*festlegen*) delimitar ❷ (*mit anderen Worten*) parafrasear ❸ (MATH) circunscribir
**um|schreiben²** *irr vt* ❶ (*Text*) refundir; (*ändern*) cambiar ❷ (*Hypothek*) transferir (*auf* a) ❸ (*transkribieren*) transcribir
**umschrieben** *pp von* **umschreiben¹**
**um|schulen** *vt* ❶ (*Kind*) cambiar de colegio ❷ (*beruflich*) readaptar (profesionalmente); **er lässt sich zum Programmierer ~** hace un curso (del INEM) para programador

**Umschulung** *f* <-en> ❶ (*Kind*) cambio *m* de escuela ❷ (*beruflich*) readaptación *f* profesional; **eine ~ machen** hacer un curso de readaptación profesional

**um|schütten** *vt* ❶ (*umfüllen*) trasegar ❷ (*umwerfen*) derramar

**umschwärmen*** *vt* ❶ (*umfliegen*) revolotear alrededor (de) ❷ (*verehren*) idolatrar

**Umschweife** *mpl* rodeos *mpl;* **ohne ~** sin rodeos

**Umschwung** *m* <-(e)s, -schwünge> ❶ (*Veränderung*) cambio *m* (brusco) ❷ (*Schweiz: umgebendes Gelände*) tierra *f* circundante

**umsegeln*** *vt* circunnavegar

**um|sehen** *irr vr:* **sich ~** ❶ (*zurückblicken*) mirar hacia atrás; **sich nach jdm ~** seguir a alguien con la mirada ❷ (*herumsehen*) mirar alrededor; **ich sehe mich nur mal um** voy a echar solamente un vistazo; **ich sehe mich etwas im Dorf um** voy a dar una vuelta por el pueblo; **du wirst dich noch ~!** (*fam*) ¡ya verás lo que es bueno! ❸ (*suchen*) buscar (*nach*)

**umseitig** ['ʊmzaɪtɪç] *adj* al dorso

**um|setzen** **I.** *vt* ❶ (*anders setzen*) poner en otro sitio; (*Pflanzen*) trasplantar ❷ (*verkaufen*) vender ❸ (*umwandeln*) transformar (*in* en); **ein Theaterstück filmisch ~** plasmar una obra de teatro cinematográficamente; **sein Geld in Schallplatten ~** invertir su dinero en discos ❹ (*anwenden*) realizar; **etw in die Tat ~** llevar algo a la práctica **II.** *vr:* **sich ~** sentarse en otro sitio

**Umsicht** *f ohne pl* cautela *f;* **mit viel ~ handeln** actuar con mucha cautela

**umsichtig** *adj* cauteloso

**um|siedeln** **I.** *vi sein* trasladarse (*nach/in* a) **II.** *vt* trasladar

**umso** ['ʊmzo] *konj* tanto más

**umsonst** [ʊm'zɔnst] *adv* ❶ (*unentgeltlich*) gratis, de coca *Mex* ❷ (*vergeblich*) en vano ❸ (*grundlos*) sin motivo; **das hat er nicht ~ getan** por algo lo hizo

**umsorgen*** *vt:* **jdn ~** cuidar de alguien

**um|springen** *irr vi sein* ❶ (*Ampel*) cambiar (*von* de, *auf* a); (*Wind*) cambiar (bruscamente) de dirección ❷ (*abw: behandeln*) tratar (mal) (*mit* a); **so kannst du nicht mit ihr ~** no puedes tratarla así

**umspülen*** *vt* bañar, regar

**Umstand** *m* <-(e)s, -stände> ❶ (*Tatsache*) hecho *m;* (*Einzelheit*) detalle *m* ❷ (JUR) circunstancia *f;* **mildernde Umstände** circunstancias atenuantes ❸ *pl* (*Verhältnisse*) circunstancias *fpl;* (*Lage*) situación *f;* **unter Umständen** tal vez; **unter keinen Umständen** de ningún modo; **unter diesen Umständen** dadas las circunstancias; **unter allen Umständen** cueste lo que cueste; **den Umständen entsprechend** de acuerdo a las circunstancias; **in anderen Umständen sein** estar encinta ❹ *pl* (*Mühe, Aufwand*) molestia *f;* **das macht gar keine Umstände** no es ninguna molestia; **machen Sie sich keine Umstände!** ¡no se moleste!

**umständehalber** *adv* por circunstancias particulares

**umständlich** *adj* ❶ (*ausführlich*) detallado; (*weitschweifig*) prolijo ❷ (*verwickelt*) complicado ❸ (*beschwerlich*) molesto; (*lästig*) pesado; **das ist mir zu ~** me resulta demasiado molesto ❹ (*förmlich*) ceremonioso ❺ (*übergenau*) minucioso

**Umstandskleid** *nt* vestido *m* (de) premamá; **Umstandswort** *nt* (LING) adverbio *m*

**umstehend** *adj* ❶ (*ringsum stehend*) presente ❷ (*umseitig*) al dorso

**um|steigen** *irr vi sein* ❶ (*Fahrzeug wechseln*) hacer tra(n)sbordo; **in den Intercity ~** coger el intercity ❷ (*fam: überwechseln*) pasar (*auf* a)

**umstellen***[1] *vt* rodear, cercar

**um|stellen**[2] **I.** *vt* ❶ (*Dinge*) poner en otro sitio; (*Reihenfolge*) invertir ❷ (*Uhr*) cambiar; **die Uhr ~** cambiar la hora ❸ (*Betrieb*) reorganizar; (*Ernährung*) cambiar (*auf* a); **etw auf Maschinenbetrieb/auf Computer ~** mecanizar/computerizar algo ❹ (*ändern*) modificar **II.** *vr:* **sich ~** adaptarse (*auf* a)

**Umstellung** ['---] *f* <-en> ❶ (*von Dingen*) cambio *m* de lugar; (*der Reihenfolge*) inversión *f* del orden ❷ (*Anpassung*) adaptación *f* (*auf* a); (*eines Betriebs*) reorganización *f;* **~ auf Computer** computarización *f* ❸ (*Veränderung*) cambio *m,* modificación *f*

**um|stimmen** *vt* ❶ (*Instrument*) cambiar la afinación (de) ❷ (*Person*) persuadir

**um|stoßen** *irr vt* ❶ (*Gegenstand*) tirar ❷ (*Plan*) echar por tierra

**umstritten** [-'--] *adj* controvertido, discutido

**um|strukturieren*** *vt* reestructurar

**Umstrukturierung** *f* reestructuración *f*

**um|stülpen** ['ʊmʃtʏlpən] *vt* ❶ (*Behälter*) volcar; (*Tasche*) volver (al revés) ❷ (*ändern*) cambiar a fondo

**Umsturz** *m* <-es, -stürze> revolución *f*

**um|stürzen** **I.** *vi sein* (*umfallen*) caerse; (*einstürzen*) derribarse; (*Wagen*) volcar **II.** *vt* ❶ (*umstoßen*) volcar; (*Regierung*) derrocar ② (*ändern*) cambiar; (*grundlegend*) revolucionar

**Umtausch** *m* <-(e)s, -e> cambio *m;* **die Waren sind vom ~ ausgeschlossen** las mercancías no se pueden cambiar

**um|tauschen** *vt* cambiar (*gegen* por)

**um|topfen** *vt* cambiar de maceta

**Umwälzung** *f* <-en> ① (TECH) circulación *f* ② (*gesellschaftlich*) cambio *m* profundo

**um|wandeln** *vt* transformar (*in* en); (*Strafe*) conmutar (*in* por); **Sie sind wie umgewandelt** Ud. parece otro

**Umwandlung** *f* <-en> transformación *f* (*in* en); (*einer Strafe*) conmutación *f* (*in* por)

**Umweg** *m* <-(e)s, -e> rodeo *m;* **einen ~ machen** dar un rodeo; **auf ~en** por vía indirecta

**Umwelt** *f ohne pl* entorno *m;* (ÖKOL) medio *m* ambiente; **umweltbelastend** *adj* contaminante; **Umweltbelastung** *f* contaminación *f* del medio ambiente; **umweltbewusst** *adj* concienciado ecológicamente; **Umweltbewusstsein** *nt* conciencia *f* ecológica; **Umwelteinfluss** *m* influencia *f* ambiental; **Umwelterziehung** *f ohne pl* educación *f* medioambiental; **Umweltfaktor** *m* factor *m* ecológico; **umweltfeindlich** *adj* contaminante, nocivo para el medio ambiente; **umweltfreundlich** *adj* no contaminante; **Umweltgefahr** *f* peligro *m* ambiental; **Umweltgefährdung** *f* amenaza *f* ambiental; **umweltgerecht** *adj* acorde con el medio ambiente; **Umweltgift** *nt* (sustancia *f*) contaminante *m;* **Umweltkatastrophe** *f* desastre *m* ecológico; **Umweltkriminalität** *f* delincuencia *f* ambiental; **Umweltminister(in)** *m(f)* ministro, -a *m, f* del Medio Ambiente; **Umweltpolitik** *f* política *f* del medio ambiente; **Umweltschäden** *mpl* daños *mpl* ecológicos

**Umweltschutz** *m* protección *f* del medio ambiente; **Umweltschützer(in)** *m(f)* <-s, -; -nen> defensor(a) *m(f)* del medio ambiente, ecologista *mf;* **Umweltschutzpapier** *nt* papel *m* reciclado; **Umweltschutztechnik** *f ohne pl* ingeniería *f* ambiental; **Umweltsteuer** *f* impuesto *m* ecológico; **Umweltsünder(in)** *m(f)* (*fam*) contaminador(a) *m(f)* del medio ambiente; **Umweltvergiftung** *f* contaminación *f* ambiental; **Umweltverschmutzer(in)** *m(f)* <-s, -; -nen> contaminador(a) *m(f)* del medio ambiente; **Umweltverschmutzung** *f* contaminación *f* del medio ambiente; **umweltverträglich** *adj* compatible con el medio ambiente; **Umweltverträglichkeit** *f* impacto *m* ambiental; **Umweltverträglichkeitsprüfung** *f* análisis *m inv* del impacto ambiental; **Umweltzerstörung** *f* destrucción *f* del medio ambiente

**umwerben*** *irr vt* cortejar, pastorear *Arg, Urug*

**um|werfen** *irr vt* ① (*Gegenstand*) volcar, tirar ② (*fam: Plan*) echar por tierra ③ (*fam: aus der Fassung bringen*) dejar con la boca abierta

**umwerfend** *adj* impresionante

**umwickeln*** *vt* envolver

**umworben** *pp von* **umwerben**

**umzäunen*** [ʊmˈtsɔɪnən] *vt* cercar

**um|ziehen** *irr* **I.** *vi sein* mudarse (*nach* a) **II.** *vr:* **sich ~** cambiarse (de ropa)

**umzingeln*** *vt* rodear

**Umzug** *m* <-(e)s, -züge> ① (*Wohnungswechsel*) mudanza *f* ② (*Festzug*) desfile *m;* **Umzugskarton** *m* caja *f* de embalaje

**UN** [uːˈʔɛn] *f Abk. von* **United Nations** NU *fpl*

**unabhängig** *adj* independiente (*von* de); (*Staat*) autónomo; **sich von jdm/etw** *dat* **~ machen** independizarse de alguien/algo; **das ist ~ davon, ob ...** esto es independiente de que si...

**Unabhängigkeit** *f ohne pl* independencia *f* (*von* de); (*wirtschaftlich*) autarquía *f;* **Unabhängigkeitserklärung** *f* proclamación *f* de la independencia

**unabkömmlich** [ˈ--ˈ--] *adj* ① (*sehr beschäftigt*) ocupado ② (*unersetzlich*) insustituible

**unablässig** [ˈ--ˈ--] **I.** *adj* incesante, constante **II.** *adv* sin cesar

**unabsehbar** [ˈ--ˈ--] *adj* ① (*Folgen*) incalculable; **auf ~e Zeit** por tiempo indefinido ② (*räumlich*) vasto

**unabsichtlich** **I.** *adj* involuntario **II.** *adv* sin querer

**unachtsam** *adj* (*unaufmerksam*) desatento; (*nachlässig*) descuidado

**Unachtsamkeit** *f ohne pl* (*Unaufmerksamkeit*) falta *f* de atención; (*Nachlässigkeit*) descuido *m*

**unanfechtbar** [ˈ--ˈ--] *adj* indiscutible; (*Urteil*) inapelable; (*Argument*) inatacable

**unangebracht** *adj* inoportuno; **ich halte es für ~ ...** me parece inoportuno...

**unangefochten** *adj* indiscutido

**unangemeldet** **I.** *adj* no anunciado **II.** *adv* sin previo aviso

**unangemessen** *adj* inadecuado

**unangenehm** *adj* desagradable; (*lästig*) molesto, odioso *Am;* (*unsympathisch*) antipático; **~ auffallen** causar una mala

impresión; **es ist mir sehr ~, dass ...** me da mucha vergüenza que... *+subj;* ~ **werden** volverse desagradable
**unangetastet** *adj* intacto
**Unannehmlichkeit** *f* <-en> (*Mühe*) molestia *f,* odiosidad *f Am;* (*Ärger*) disgusto *m;* **jdm ~en bereiten** causar molestias a alguien
**unansehnlich** *adj* de aspecto desagradable
**unanständig** *adj* indecente, verde *fam;* (*obszön*) obsceno
**unantastbar** ['--'--] *adj* intangible; (JUR) inviolable; (REL) sagrado
**unappetitlich** *adj* ❶ (*Essen*) poco apetitoso ❷ (*abstoßend*) asqueroso
**Unart** ['ʊnʔaːɐt] *f* <-en> ❶ (*Angewohnheit*) mala costumbre *f* ❷ (*eines Kindes*) travesura *f*
**unartig** *adj* travieso, malo
**unästhetisch** *adj* poco estético; (*abstoßend*) de mal gusto
**unaufdringlich** *adj* ❶ (*Parfüm*) discreto ❷ (*Mensch*) agradable
**unauffällig** *adj* ❶ (*Kleidung, Verhalten*) discreto ❷ (*unbemerkt*) disimulado; **folgen Sie mir ~!** ¡sígame con discreción!
**unauffindbar** ['--'--] *adj* ilocalizable
**unaufgefordert** *adj* (*freiwillig*) voluntario; (*spontan*) espontáneo
**unaufhaltsam** ['--'--] *adj* incontenible, imparable
**unaufhörlich** ['--'--] **I.** *adj* incesante, continuo **II.** *adv* sin cesar
**unauflöslich** ['--'--] *adj* (*a.* CHEM, JUR) indisoluble
**unaufmerksam** *adj* ❶ (*nicht aufmerksam*) desatento; (*zerstreut*) despistado ❷ (*nicht zuvorkommend*) descortés
**Unaufmerksamkeit** *f ohne pl* ❶ (*Verhalten*) falta *f* de atención; (*Zerstreutheit*) distracción *f* ❷ (*Unhöflichkeit*) descortesía *f*
**unaufrichtig** *adj* insincero
**unaufschiebbar** ['--'--] *adj* inaplazable
**unausgefüllt** *adj* ❶ (*Formular*) en blanco; ~ **lassen** dejar en blanco ❷ (*Person*) insatisfecho; (*Leben*) vacío
**unausgeglichen** *adj* ❶ (*ungleichmäßig*) desequilibrado ❷ (*wechselhaft*) inestable
**Unausgeglichenheit** *f ohne pl* ❶ (*Ungleichmäßigkeit*) falta *f* de equilibrio ❷ (*Wechselhaftigkeit*) inestabilidad *f*
**unausgeschlafen** *adj* medio dormido
**unausgesprochen** *adj* no pronunciada, no formulada; **in ihrem Blick las er einen ~en Vorwurf** en su mirada leyó un reproche silencioso
**unausgewogen** *adj* desequilibrado
**unauslöschlich** ['--'--] *adj* (*geh*) imborrable, duradero
**unaussprechlich** ['--'--] *adj* (*Gefühl*) inefable; (*Elend, Freude*) increíble
**unausstehlich** ['--'--] *adj* insoportable
**unausweichlich** ['--'--] *adj* inevitable
**unbändig** ['ʊnbɛndɪç] *adj* ❶ (*wild*) desenfrenado ❷ (*heftig*) incontenible; **sich ~ auf etw freuen** sentir una alegría incontenible por algo
**unbarmherzig** *adj* despiadado
**Unbarmherzigkeit** *f ohne pl* inhumanidad *f;* (*Härte*) dureza *f*
**unbeabsichtigt** **I.** *adj* impremeditado **II.** *adv* sin querer
**unbeachtet** *adj* inadvertido; **das darf man nicht ~ lassen** esto no puede pasar inadvertido
**unbeaufsichtigt** *adj* no vigilado
**unbedarft** *adj* ingenuo
**unbedenklich** **I.** *adj* inofensivo **II.** *adv* sin reparo
**unbedeutend** *adj* ❶ (*unwichtig*) insignificante ❷ (*geringfügig*) mínimo
**unbedingt** ['---, '-'-] **I.** *adj* absoluto; (*bedingungslos*) incondicional **II.** *adv* sin falta, absolutamente; **ist das ~ nötig?** ¿es realmente indispensable?; **das will ich ~ wissen** tengo que saberlo sin falta; **nicht ~** no necesariamente; **nicht länger als ~ nötig** nada más de lo absolutamente necesario
**unbefangen** *adj* ❶ (*ungehemmt*) despreocupado; (*natürlich*) natural ❷ (*unvoreingenommen*) imparcial
**Unbefangenheit** *f ohne pl* ❶ (*Ungehemmtheit*) ingenuidad *f,* naturalidad *f* ❷ (*Unvoreingenommenheit*) imparcialidad *f*
**unbefriedigend** *adj* poco satisfactorio; (*stärker*) no satisfactorio
**unbefriedigt** *adj* insatisfecho
**unbefristet** *adj* ilimitado
**unbefugt** *adj* no autorizado
**Unbefugte(r)** *mf* <-n, -n; -n> persona *f* no autorizada; **~n ist das Betreten verboten** entrada prohibida a personas ajenas al servicio
**unbegabt** *adj* poco talentoso (*für* para); **musikalisch ~ sein** no tener talento para la música
**unbegreiflich** ['--'--] *adj* (*unverständlich*) inconcebible, incomprensible; (*unerklärlich*) inexplicable; **es ist mir ~, wie das passieren konnte** no me explico cómo pudo ocurrir esto
**unbegrenzt** *adj* ilimitado
**unbegründet** *adj* injustificado, sin motivo; (JUR) improcedente
**unbehaart** *adj* (*ohne Haare*) sin pelo;

| | | |
|---|---|---|
| 1 | der Fußball | el balón/la pelota de fútbol |
| 2 | der Football | el balón de fútbol americano |
| 3 | die Kegel | los bolos |
| 4 | die Tauchermaske | las gafas de bucear |
| 5 | der Tennisschläger | la raqueta de tenis |
| 6 | der Tennisball | la pelota de tenis |
| 7 | der Federball | el volante, la plumilla (*Am*) |
| 8 | der Badmintonschläger | la raqueta de badminton |
| 9 | der Squashball | la pelota de squash |
| 10 | der Squashschläger | la raqueta de squash |
| 11 | der Taucheranzug | el traje de buzo |
| 12 | das Querholz | el travesaño, el bail |
| 13 | der Stab | el palo del portillo |
| 14 | das Schlagholz | el bate |
| 15 | der Hockeyschläger | el palo de hockey, el stick |
| 16 | die Inlineskates | los patines en línea |
| 17 | die Schlittschuhe | los patines para hielo |
| 18 | die Taucherflossen | las aletas de buceador, las gualetas (*Am*) |
| 19 | die Schwimmbrille | las gafas de nadar |
| 20 | der Kricketball | la pelota de cricket |
| 21 | der Tischtennisschläger | la pala/paleta de ping-pong/de tenis de mesa |
| 22 | der Tischtennisball | la pelota de ping-pong/de tenis de mesa |
| 23 | die Boulekugeln | las bolas de la petanca |

| | | |
|---|---|---|
| 1 | die Gleisnummer | el número de vía |
| 2 | die Gleisanzeige | el indicador de vía |
| 3 | der Wagen | el vagón |
| 4 | der (Fahrkarten)kontrolleur | el revisor, el guarda (*Am*) |
| 5 | der große Reisekoffer | la maleta grande, la valija grande (*Am*) |
| 6 | der Rucksack | la mochila |
| 7 | die Aktentasche | el portafolios, la cartera |
| 8 | der Kleidersack | la bolsa portatrajes |
| 9 | der Kofferkuli | el carrito portaequipajes |
| 10 | die Umhängetasche | el bolso para llevar al hombro o en bandolera |
| 11 | die Handtasche | el bolso de mano |
| 12 | der Kosmetikkoffer | el estuche de cosméticos |
| 13 | der Koffer | la maleta, la valija (*Am*) |
| 14 | die Rollen | las ruedas |
| 15 | die Reisetasche | el bolso de viaje |
| 16 | der Aktenkoffer | el maletín |
| 17 | der kleine (Reise)koffer | la maleta pequeña, la valija pequeña (*Am*) |
| 18 | die Flugtasche | el bolso para el avión |

(*ohne Kopfhaar*) calvo

**Unbehagen** ['ʊnbəhaːgən] *nt* <-s, *ohne pl*> malestar *m*

**unbehaglich** *adj* desagradable; **sich ~ fühlen** no estar a gusto

**unbeherrscht** **I.** *adj* desenfrenado; (*Person*) que no sabe dominarse **II.** *adv* desmesuradamente

**unbeholfen** ['ʊnbəhɔlfən] *adj* torpe, bota *Mex*

**Unbeholfenheit** *f ohne pl* torpeza *f*

**unbeirrbar** ['--'--] *adj*, **unbeirrt** *adj* imperturbable, inalterable

**unbekannt** *adj* desconocido; **~ verzogen** (domicilio) desconocido; **es ist mir nicht ~, dass ...** no ignoro que... +*subj*

**Unbekannte(r)** *mf* <-n, -n; -n> (*Person*) desconocido, -a *m, f*

**unbekleidet** *adj* desnudo

**unbekümmert** *adj* despreocupado; **seien Sie ganz ~!** ¡no se preocupe usted en absoluto!

**unbelastet** *adj* ① (*frei*) libre (*von* de); (*ohne Sorgen*) despreocupado ② (*ohne Hypotheken*) sin cargos hipotecarios

**unbelehrbar** ['--'--] *adj* incorregible; (*halsstarrig*) obstinado

**unbeliebt** *adj* que goza de pocas simpatías (*bei* entre); **sich ~ machen** hacerse impopular; **er ist bei allen ~** le cae mal a todos

**Unbeliebtheit** *f ohne pl* impopularidad *f*

**unbemannt** *adj* sin tripulación

**unbemerkt** *adj* inadvertido, desapercibido; **~ bleiben** pasar desapercibido

**unbenommen** ['--'--] *adj:* **etw bleibt jdm ~** alguien es (muy) libre de hacer algo

**unbenutzt** *adj* no usado; **etw ~ zurückgeben** devolver algo sin haberlo usado

**unbeobachtet** *adj* no observado; **in einem ~en Augenblick** en un momento de descuido

**unbequem** *adj* ① (*Sessel*) incómodo ② (*Frage, Person*) molesto, amargo *Ven*

**unberechenbar** ['--'---] *adj* incalculable; **er ist ~** es imprevisible

**Unberechenbarkeit** *f ohne pl* imprevisión *f*, veleidad *f*, volubilidad *f*

**unberechtigt** *adj* injusto, no autorizado

**unberücksichtigt** *adj* desatendido; **~ bleiben/lassen** quedar/dejar desatendido

**unberührt** *adj* intacto; (*Frau*) virgen

**unbeschadet** **I.** *präp* +*gen* ① (*trotz*) a pesar de ② (*ohne Schaden für*) sin perjuicio de **II.** *adv:* **etw ~ überstehen** (*Person*) salir ileso de algo; (*Sache*) quedar sin daños en algo

**unbeschädigt** *adj* no dañado, indemne

**unbescholten** ['ʊnbəʃɔltən] *adj* ① (*integer*) de buena reputación, sin tacha ② (JUR) sin antecedentes penales

**unbeschrankt** ['ʊnbəʃraŋkt] *adj* sin barrera

**unbeschränkt** *adj* ilimitado; (*Macht*) absoluto

**unbeschreiblich** ['-'--] **I.** *adj* indescriptible **II.** *adv* extremamente

**unbeschrieben** *adj* (*Blatt*) en blanco

**unbeschwert** *adj* libre de toda preocupación; (*Kindheit*) despreocupado; (*Gewissen*) limpio

**unbesiegbar** ['--'--] *adj* invencible, imbatible

**unbesonnen** *adj* (*unüberlegt*) irreflexivo; (*unvorsichtig*) imprudente

**unbesorgt** *adj* despreocupado, tranquilo; **sei ~** ¡no te preocupes!

**unbeständig** *adj* ① (*Person*) inconstante ② (*wechselhaft*) inestable; (*Wetter*) variable

**unbestechlich** *adj* incorruptible

**Unbestechlichkeit** *f ohne pl* incorruptibilidad *f*, insobornabilidad *f*

**unbestimmt** *adj* ① (*unklar*) vago; (*ungenau*) impreciso ② (*nicht festgelegt*) indefinido, indeterminado; (*unsicher*) incierto; **auf ~e Zeit** por tiempo indefinido ③ (LING) indefinido

**unbestreitbar** ['--'--] *adj* innegable

**unbestritten** ['--(')--] **I.** *adj* indiscutido, indiscutible; **es ist ~, dass ...** es indiscutible que... +*subj* **II.** *adv* sin duda (alguna)

**unbeteiligt** *adj* ① (*desinteressiert*) indiferente ② (*nicht teilnehmend*) ajeno; **an etw** *dat* **~ sein** no haber participado en algo

**unbetont** *adj* átono

**unbeträchtlich** *adj* insignificante

**unbewaffnet** *adj* desarmado, no armado

**unbeweglich** *adj* ① (*bewegungslos*) inmóvil ② (*nicht zu bewegen*) inmovible, fijo ③ (*geistig*) inflexible; (*Blick*) fijo; (*Gesichtsausdruck*) impasible

**unbewohnbar** ['--'--] *adj* inhabitable

**unbewohnt** *adj* (*Gegend*) despoblado, desierto; (*Haus*) deshabitado

**unbewusst** *adj* inconsciente; (*instinktiv*) instintivo

**Unbewusste(s)** *nt* <-n, *ohne pl*> (PSYCH) subconsciente *m*

**unbezahlbar** ['--'--] *adj* ① (*teuer*) impagable ② (*wertvoll*) valioso; (*unersetzlich*) inapreciable

**unbezwingbar** ['--'--] *adj* ① (*Gegner*) invencible; (*Festung*) inexpugnable ② (*Drang*) incontrolable

**unblutig** **I.** *adj* incruento **II.** *adv* sin derramamiento de sangre

**unbrauchbar** ['---] *adj* inutilizable, inoperante *Am;* (*ungeeignet*) no apropiado; (*Person*) inútil

**unbürokratisch** *adj* poco burocrático; ~**e Hilfe** ayuda espontánea

**und** [ʊnt] *konj* y; (*vor* (*h*)*i*) e; (MATH) más; (*Steigerung*) más y más; ~ **so weiter** etcétera; **na** ~**?** ¿y qué?; ~ **wenn schon!** ¡y aunque así sea!; **der Wagen wurde schneller** ~ **schneller** el coche iba cada vez más rápido; **wir redeten** ~ **redeten** hablamos y hablamos

**Undank** *m* <-(e)s, *ohne pl*> (*geh*) ingratitud *f;* ~ **ernten** recibir sólo ingratitud; **undankbar** *adj* ① (*Mensch*) desagradecido ② (*Aufgabe*) ingrato

**undatiert** *adj* sin fecha

**undefinierbar** ['---'--] *adj* indefinible

**undemokratisch** *adj* poco democrático

**undenkbar** ['--'--] *adj* impensable, inimaginable

**undenklich** [(')-'--] *adj:* **seit/vor** ~**en Zeiten** desde/hace tiempos inmemoriales

**undeutlich** *adj* ① (*ungenau*) vago, impreciso ② (*Umrisse*) indistinto; (FOTO) borroso; (*Schrift*) ilegible; ~ **sprechen** no vocalizar al hablar

**undicht** *adj* permeable; (*Fenster*) que no cierra herméticamente; ~ **sein** tener escape; ~**e Stelle** fuga *f*

**Unding** *nt:* **das ist ein** ~**!** ¡eso es absurdo!

**undiszipliniert** *adj* indisciplinado

**undurchdringlich** ['--'--] *adj* (*a. fig*) impenetrable

**undurchlässig** *adj* impermeable, hermético

**undurchschaubar** ['--'--] *adj* impenetrable

**undurchsichtig** *adj* ① (*Glas, Stoff*) opaco, no transparente ② (*Mensch*) impenetrable; (*Methoden, Geschäfte*) turbio; (*Verhalten*) ambiguo

**uneben** *adj* (*Oberfläche, Straße*) desigual; (*Gelände*) accidentado

**Unebenheit**[1] *f ohne pl* (*Unebensein*) irregularidad *f,* desigualdad *f*

**Unebenheit**[2] *f* <-en> (*Erhebung*) irregularidad *f*

**unecht** *adj* falso; (*nachgemacht*) de imitación

**unehelich** *adj* ilegítimo, natural

**unehrenhaft** *adj* deshonroso

**unehrlich** *adj* falso, deshonesto

**Unehrlichkeit** *f ohne pl* falta *f* de sinceridad, deshonestidad *f*

**uneigennützig** *adj* desinteresado

**uneingeschränkt** *adj* ilimitado, absoluto; **wir stimmen** ~ **zu** estamos absolutamente de acuerdo

**uneinheitlich** *adj* irregular

**uneinig** *adj* desavenido; **mit jdm über etw** ~ **sein** no estar de acuerdo con alguien en algo

**Uneinigkeit** *f* <-en> desacuerdo *m;* **es besteht** ~ **über ...** no hay acuerdo sobre...

**uneins** ['ʊnʔaɪns] *adj s.* **uneinig**

**uneinsichtig** *adj* obstinado, terco

**unempfänglich** *adj* insensible (*für* a); **unempfindlich** *adj* ① (*unsensibel*) insensible (*gegen* a) ② (*widerstandsfähig*) robusto; (*gegen Krankheit*) inmune

**unendlich** [-'--] **I.** *adj* ① (*zeitlich, räumlich, a.* MATH) infinito ② (*groß*) inmenso, infinito **II.** *adv* tremendamente; ~ **viel** un sinfín de

**Unendlichkeit** [-'---] *f ohne pl* infinidad *f*

**unentbehrlich** ['--'--] *adj* imprescindible; **sich** ~ **machen** hacerse imprescindible

**unentgeltlich** ['--'--] **I.** *adj* gratuito **II.** *adv* gratis

**unentschieden** *adj* ① (*Angelegenheit*) pendiente; ~ **sein** quedar pendiente ② (*Person*) indeciso ③ (SPORT) empatado; **sie spielten 0:0** ~ empataron a cero

**Unentschieden** *nt* <-s, -> (SPORT) empate *m*

**unentschlossen** *adj* indeciso

**Unentschlossenheit** *f ohne pl* indecisión *f*

**unentschuldigt** **I.** *adj* injustificado **II.** *adv* sin excusa; ~ **fehlen** faltar sin (haber aportado una) excusa

**unentwegt** ['--'-] **I.** *adj* constante **II.** *adv* sin parar, constantemente

**unerbittlich** ['--'--] *adj* inexorable; (*gnadenlos*) sin piedad

**unerfahren** *adj* inexperto (*in* en), novato (*in* en) *fam*

**Unerfahrenheit** *f ohne pl* falta *f* de experiencia (*in* en)

**unerfindlich** ['--'--] *adj* (*geh*) inconcebible; **aus** ~**en Gründen** por razones inconcebibles

**unerfreulich** *adj* desagradable

**unergründlich** ['--'--] *adj* insondable; (*geheimnisvoll*) misterioso

**unerheblich** *adj* (*geringfügig*) insignificante; (*unwichtig*) irrelevante

**unerhört** ['--'-] **I.** *adj* ① (*gewaltig*) tremendo, enorme ② (*abw: empörend*) escandaloso; **das ist ja** ~**!** ¡habráse visto! ③ (*geh: Bitte*) desatendido **II.** *adv* extremamente; ~ **viel** muchísimo

**unerkannt** *adv* sin ser reconocido

**unerklärlich** ['--'--] *adj* inexplicable; **es ist mir** ~**, warum ...** no me explico por qué...

**unerlässlich** ['--'--] *adj* imprescindible

**unerlaubt** *adj* ① (*nicht zulässig*) prohibido

❷ (*gesetzwidrig*) ilícito ❸ (*ohne Erlaubnis*) sin permiso

**unerledigt** *adj* sin hacer, por hacer; (*Post*) sin contestar; (*schwebend*) pendiente

**unermesslich** ['--'--] *adj* ❶ (*unüberschaubar*) inconmensurable; (*unendlich*) infinito; ~ **wertvoll** de un valor infinito ❷ (*groß*) enorme, inmenso

**unermüdlich** ['--'--] *adj* incansable

**unerreichbar** ['--'--] *adj* inalcanzable

**unersättlich** ['--'--] *adj* insaciable

**unerschöpflich** ['--'--] *adj* inagotable

**unerschrocken** *adj* intrépido

**unerschütterlich** ['--'---] *adj* inquebrantable, firme; ~ **für etw eintreten** intervenir firmemente en favor de algo

**unerschwinglich** ['--'--] *adj* (*Preis*) desorbitado, excesivo; (*Ware*) inasequible

**unersetzlich** ['--'--] *adj* (*Person*) irreemplazable; (*Schaden*) irreparable

**unerträglich** ['--'--] *adj* insoportable

**unerwartet** I. *adj* inesperado; (*unvorhergesehen*) imprevisto II. *adv* de improviso

**unerwünscht** *adj* indeseado, no deseado

**unerzogen** *adj* mal educado

**UNESCO** [u'nɛsko] *f Akr. von* **United Nations Educational, Scientific and Cultural Organization** UNESCO *f*

**unfähig** *adj* (*nicht imstande*) incapaz (*zu* de); (*beruflich*) incompetente

**Unfähigkeit** *f ohne pl* incapacidad *f* (*zu* de); (*beruflich*) incompetencia *f*

**unfair** *adj* injusto; (SPORT) sucio

**Unfall** *m* <-(e)s, -fälle> accidente *m*; **einen ~ haben** tener un accidente; **einen tödlichen ~ haben** morir en un accidente; **Unfallarzt, -ärztin** *m, f* médico, -a *m, f* del servicio de emergencias; **Unfallbeteiligte(r)** *mf* implicado, -a *m, f* en el accidente; **Unfallchirurgie** *f* cirugía *f* traumática, traumatología *f*; **Unfallflucht** *f ohne pl* fuga *f* en caso de accidente; ~ **begehen** darse a la fuga (después de provocar un accidente); **Unfallopfer** *nt* víctima *f* de (un) accidente; **Unfallort** *m* lugar *m* del accidente; **Unfallquote** *f*, **Unfallrate** *f* siniestralidad *f* (en carretera), número *m* de accidentes; ~ **am Arbeitsplatz** siniestralidad laboral; **Unfallschaden** *m* daño *m* resultante de un accidente; **Unfallschutz** *m* protección *f* contra accidentes; **Unfallstation** *f* puesto *m* de socorro; **Unfallstelle** *f* lugar *m* del accidente; **Unfallursache** *f* causa *f* del accidente; **Unfallversicherung** *f* ❶ (*Versicherungspolice*) seguro *m* de accidentes ❷ (*Unternehmen*) empresa *f* de seguros de accidentes; **Unfallwagen** *m* ❶ (*am Unfall beteiligter Wagen*) coche *m* accidentado ❷ (*Rettungswagen*) ambulancia *f*

**unfassbar** ['-'--] *adj* inconcebible; (*unglaublich*) increíble

**unfehlbar** ['-'--] I. *adj* infalible II. *adv* (*sicher*) seguramente

**Unfehlbarkeit** [-'---] *f ohne pl* infalibilidad *f*

**unfein** *adj* poco delicado, grosero

**unförmig** ['ʊnfœrmɪç] *adj* deforme

**unfrankiert** *adj* sin franqueo

**unfreiwillig** *adj* involuntario

**unfreundlich** *adj* ❶ (*Person*) poco amable ❷ (*Wetter*) desapacible

**Unfriede** *m* <-ns, *ohne pl*> discordia *f*

**unfruchtbar** *adj* ❶ (*Boden*) estéril ❷ (*Tier, Person*) estéril, infecundo

**Unfruchtbarkeit** *f ohne pl* ❶ (*Boden*) esterilidad *f* ❷ (*Mensch, Tier*) infecundidad *f*

**Unfug** ['ʊnfu:k] *m* <-(e)s, *ohne pl*> ❶ (*Handlung*) bobada *f*, tontería *f*; ~ **treiben** hacer bobadas ❷ (*Äußerung*) disparate *m*

**Ungar(in)** ['ʊŋga:ɐ] *m(f)* <-n, -n; -nen> húngaro, -a *m, f*

**ungarisch** ['ʊŋgarɪʃ] *adj* húngaro

**Ungarn** ['ʊŋgarn] *nt* <-s> Hungría *f*

**ungeachtet** ['--'--] *präp +gen* (*geh*) a pesar de; ~ **dessen** no obstante

**ungeahnt** ['--'-] *adj* inesperado

**ungebeten** I. *adj* no invitado II. *adv* sin ser invitado

**ungebildet** *adj* inculto

**ungeboren** *adj* por nacer, aún no nacido

**ungebräuchlich** *adj* poco corriente

**ungebunden** *adj* ❶ (*Buch*) sin encuadernar ❷ (*frei*) libre

**ungedeckt** *adj* ❶ (*schutzlos*) indefenso; (*Spieler*) descubierto ❷ (FIN) al descubierto ❸ (*Tisch*) sin poner

**Ungeduld** *f ohne pl* impaciencia *f*

**ungeduldig** *adj* impaciente; ~ **warten** esperar con impaciencia; ~ **werden** perder la paciencia

**ungeeignet** *adj* inadecuado (*für* para); (*Person*) incompetente (*für* para); (*Moment*) inoportuno

**ungefähr** ['ʊngəfɛ:ɐ, '--'-] I. *adj* aproximado, aproximativo II. *adv* aproximadamente, más o menos; ~ **100 Euro** unos 100 euros; **nicht von ~** por una buena razón; **so ~ habe ich mir das vorgestellt** más o menos así me lo he imaginado

**ungefährlich** *adj* no peligroso; (*harmlos*) inofensivo

**ungehalten** *adj* (*geh*) incomodado (*über/wegen* por), disgustado (*über/wegen* por);

U

~ **auf etw reagieren** expresar su disgusto por algo

**ungehemmt** *adj* desenvuelto

**ungeheuer** ['----, '--'--] **I.** *adj* enorme **II.** *adv* enormemente

**Ungeheuer** *nt* <-s, -> monstruo *m*

**ungeheuerlich** ['--'---] *adj* (*abw*) escandaloso; (*schrecklich*) atroz; (*unerhört*) inaudito

**ungehindert** *adj* libre

**Ungehörigkeit** *f* <-en> insolencia *f;* (*Frechheit*) impertinencia *f*

**ungehorsam** *adj* desobediente; **jdm gegenüber ~ sein** ser desobediente con alguien

**Ungehorsam** *m* <-s, *ohne pl*> desobediencia *f*

**ungeklärt** *adj* ❶ (*Frage, Verbrechen*) no aclarado ❷ (*Abwasser*) no filtrado

**ungekündigt** *adj* (*Person*) no despedido; **~er Arbeitsvertrag** contrato de trabajo vigente

**ungekürzt** *adj* (*Buch, Film*) íntegro

**ungeladen** *adj* ❶ (*Person*) no invitado ❷ (*Waffe*) no cargado

**ungelegen** **I.** *adj* inoportuno **II.** *adv* a deshora; **komme ich ~?** ¿llego en mal momento?; **das kommt mir sehr ~** me coge en muy mal momento

**ungelenkig** *adj* poco ágil

**ungelernt** *adj* que no ha cursado estudios; **~e Arbeitskräfte** mano de obra no cualificada

**ungelöst** *adj* sin resolver

**ungemein** ['--'-] **I.** *adj* extraordinario **II.** *adv* muy, sobremanera

**ungemütlich** *adj* ❶ (*Stuhl*) incómodo ❷ (*Mensch, Atmosphäre*) desagradable; (*Wetter*) desapacible; **er kann manchmal ~ werden** (*fam*) puede ser muy desagradable a veces

**ungenannt** *adj* anónimo

**ungenau** *adj* impreciso; **sich ~ ausdrücken** expresarse sin precisión

**Ungenauigkeit** *f* <-en> inexactitud *f,* imprecisión *f*

**ungeniert** ['ʊnʒe(')niːɐt] *adj* desenvuelto; **ganz ~ reden** hablar sin inhibiciones

**ungenießbar** ['--'--] *adj* ❶ (*Speise*) incomible; (*Getränk*) no bebible ❷ (*fam: Person*) insoportable

**ungenügend** *adj* (*a. Note*) insuficiente

**ungenutzt** *adj* desaprovechado; **eine Chance ~ verstreichen lassen** desaprovechar una ocasión

**ungepflegt** *adj* descuidado; (*Person*) desaseado

**ungerade** *adj* (MATH) impar

**ungerecht** *adj* injusto

**ungerechterweise** *adv* injustamente, de manera injusta; **Maria wurde ~ bestraft** castigaron injustamente a María

**ungerechtfertigt** *adj* injustificado

**Ungerechtigkeit** *f* <-en> injusticia *f*

**ungeregelt** *adj* ❶ (*ungeordnet*) desordenado; (*unregelmäßig*) irregular ❷ (*offen*) pendiente

**ungern** *adv* de mala gana

**ungerührt** ['ʊngəryːɐt] *adj* imperturbable; **~ zusehen** mirar impasible

**ungesalzen** *adj* no salado, sin sal

**ungeschehen** *adj:* **etw ~ machen** deshacer lo hecho

**Ungeschick** *nt* <-(e)s, *ohne pl*> torpeza *f*

**ungeschickt** *adj* torpe; **stell dich nicht so ~ an!** ¡no seas tan torpe!

**ungeschlechtlich** *adj* (BIOL) asexual

**ungeschliffen** *adj* ❶ (*Diamant, Glas*) no tallado; (*Klinge*) no afilado ❷ (*Manieren*) grosero

**ungeschminkt** *adj* ❶ (*Person*) sin maquillar ❷ (*Wahrheit*) crudo

**ungeschoren** *adj* (*Tier*) sin esquilar; **~ davonkommen** salir sin que le hubieran tocado un pelo

**ungesehen** *adj* inadvertido

**ungesellig** *adj* insociable

**ungesetzlich** *adj* ilegal

**ungestört** **I.** *adj* tranquilo; (*Unterhaltung*) ininterrumpido **II.** *adv* en paz

**ungestraft** **I.** *adj* impune **II.** *adv* sin castigo

**ungestüm** ['ʊngəʃtyːm] **I.** *adj* (*geh*) impetuoso **II.** *adv* (*geh*) con ímpetu

**ungesund** *adj* ❶ (*kränklich*) enfermizo ❷ (*Speise, Lebensweise*) poco sano; (*schädlich*) perjudicial (para la salud)

**ungeteilt** *adj* no dividido; (*ganz*) entero; **mit ~er Aufmerksamkeit** con todo cuidado

**ungetrübt** *adj* no turbado; **eine ~e Harmonie** una harmonía perfecta

**Ungetüm** ['ʊngətyːm] *nt* <-(e)s, -e> monstruo *m*

**ungeübt** *adj* no ejercitado (*in* en); (*unerfahren*) sin experiencia (*in* en); **in etw** *dat* **~ sein** no tener práctica en algo

**ungewiss** *adj* ❶ (*fraglich*) incierto ❷ (*unentschieden*) indeciso; **jdn über etw im U~en lassen** dejar a alguien en la incertidumbre respecto a algo

**Ungewissheit** *f* <-en> incertidumbre *f;* (*Unsicherheit*) inseguridad *f*

**ungewöhnlich** *adj* ❶ (*außergewöhnlich*) insólito ❷ (*außerordentlich*) extraordinario

**ungewohnt** *adj* ❶ (*fremd*) extraño

❷ (*neu*) nuevo ❸ (*unüblich*) poco habitual

**ungewollt** *adj* sin querer; **~e Schwangerschaft** embarazo no deseado

**Ungeziefer** ['ʊngətsiːfɐ] *nt* <-s, *ohne pl*> bichos *mpl*

**ungezogen** *adj* maleducado, boga *Col;* (*frech*) impertinente

**ungezügelt** *adj* desenfrenado

**ungezwungen** I. *adj* natural; (*ohne Hemmungen*) desenvuelto II. *adv* con naturalidad

**Unglaube** *m* <-ns, *ohne pl*> ❶ (*Zweifel*) incredulidad *f* ❷ (REL) falta *f* de fe

**unglaubhaft** *adj* inverosímil

**ungläubig** *adj* ❶ (*zweifelnd*) incrédulo ❷ (REL) infiel, no creyente

**unglaublich** [-'--, '-'--] *adj* ❶ (*unwahrscheinlich, empörend*) increíble ❷ (*fam: groß*) tremendo

**unglaubwürdig** *adj* ❶ (*Person*) de poco crédito ❷ (*Dokument, Aussage*) inverosímil

**ungleich** I. *adj* desigual; (*verschieden*) diferente II. *adv* (*weitaus*) mucho más

**Ungleichgewicht** *nt* desequilibrio *m*

**Ungleichheit** *f* <-en> desigualdad *f*

**ungleichmäßig** *adj* ❶ (*nicht gleich*) desigual ❷ (*nicht regelmäßig*) irregular

**Unglück** *nt* <-(e)s, -e> ❶ (*Unheil*) desgracia *f;* **Glück im ~ haben** tener suerte en la desgracia; **jd/etw bringt jdm ~** alguien/algo trae mala suerte a alguien; **ein ~ kommt selten allein** (*prov*) a perro flaco todo son pulgas ❷ (*Pech*) mala suerte *f;* (*Missgeschick*) desdicha *f;* **zu allem ~ ...** para colmo (de las desdichas)... ❸ (*Unfall*) accidente *m;* (*Katastrophe*) catástrofe *f* ❹ (*Elend*) miseria *f;* (*Verderben*) ruina *f;* **jdn ins ~ stürzen** hundir a alguien en la miseria

**unglücklich** *adj* ❶ (*traurig*) infeliz; **~ verliebt sein** estar enamorado y no ser correspondido; **Sie machen sich ~!** ¡se está arruinando la vida! ❷ (*unheilvoll*) desdichado, salado *Am;* (*widrig*) adverso; **~ ausgehen** acabar mal ❸ (*ungeschickt*) torpe; **~ stürzen** caerse con torpeza

**unglücklicherweise** ['----'--] *adv* desgraciadamente

**Unglücksfall** *m* siniestro *m,* catástrofe *f;* **Unglücksrabe** *m* (*fam*) ave *f* de mal agüero

**Ungnade** *f:* **bei jdm in ~ fallen** provocar la ira de alguien

**ungnädig** *adj* poco complaciente, de mal humor

**ungültig** *adj* no válido; (*Pass*) caducado; (*Stimmzettel*) nulo; **etw für ~ erklären** anular algo

**Ungültigkeit** *f ohne pl* invalidez *f*

**Ungunst** *f* <-en> (*geh*) disfavor *m;* **zu jds ~en** en perjuicio de alguien

**ungünstig** *adj* desfavorable; (*nachteilig*) desventajoso; (*Aussichten*) poco propicio; (*Moment*) inoportuno

**ungut** *adj* (*unbehaglich*) desagradable; (*schlecht*) mal(o); **ein ~es Gefühl haben** tener un mal presentimiento; **nichts für ~!** ¡no te enfades!

**unhaltbar** [-'--, '-'--] *adj* ❶ (*Zustand, Behauptung, a.* MIL) insostenible; (*unerträglich*) inaguantable ❷ (SPORT) imparable

**unhandlich** *adj* poco práctico

**Unheil** *nt* <-s, *ohne pl*> (*geh*) desgracia *f;* (*Katastrophe*) desastre *m;* **~ anrichten** causar una desgracia

**unheilbar** ['---, '-'--] *adj* incurable; **~ krank sein** tener una enfermedad incurable

**unheilvoll** *adj* funesto

**unheimlich** I. *adj* ❶ (*beängstigend*) inquietante; (*düster*) lúgubre; **mir wurde ~ (zumute) bei dem Gedanken** esa idea me inquietó ❷ (*fam: groß*) enorme II. *adv* (*sehr*) muy; **~ viel** un montón (de)

**unhöflich** *adj* mal educado, guaso *AmS,* faíno *Cuba*

**unhygienisch** *adj* antihigiénico

**uni** ['ʊni] *adj inv* de un solo color

**Uni** ['ʊni] *f* <-s> (*fam*) uni *f,* universidad *f*

**UNICEF** ['uːnitsɛf] *f Akr. von* **United Nations International Children's Emergency Fund** UNICEF *f*

**unifarben** [uni'farbən] *adj* de un solo color, monocolor

**Uniform** [uni'fɔrm, 'ʊnifɔrm] *f* <-en> uniforme *m*

**uniformiert** [unifɔr'miːɐt] *adj* (*gekleidet*) uniformado; (*eintönig*) uniforme

**Unikat** [uni'kaːt] *nt* <-(e)s, -e> ejemplar *m* único

**uninteressant** *adj* poco interesante

**Union** [u'njoːn] *f* <-en> unión *f;* **die ~** (POL) la unión

**universal** [univɛr'zaːl] *adj* universal; **Universalerbe, -in** *m, f* heredero, -a *m, f* universal

**universell** [univɛr'zɛl] *adj* universal

**Universität** [univɛrzi'tɛːt] *f* <-en> universidad *f;* **Universitätsbibliothek** *f* (UNIV) biblioteca *f* universitaria; **Universitätsstadt** *f* ciudad *f* universitaria

**Universum** [uni'vɛrzʊm] *nt* <-s, *ohne pl*> universo *m*

**Unke** ['ʊŋkə] *f* <-n> ❶ (*Tier*) sapo *m* ❷ (*Schwarzseher*) ave *f* de mal agüero

U

**unkenntlich** ['ʊnkɛntlɪç] *adj* desfigurado; (*Inschrift*) no descifrable

**Unkenntlichkeit** *f ohne pl:* **bis zur ~ entstellt sein** estar totalmente desfigurado

**Unkenntnis** *f ohne pl* (*in einem Wissensgebiet*) ignorancia *f;* (*von Tatsachen*) desconocimiento *m;* **aus ~** por ignorancia; **jdn in ~ über etw lassen** dejar a alguien a oscuras sobre algo

**unklar** *adj* ❶ (*undeutlich*) poco claro; (*verschwommen*) borroso; (*Umrisse*) indistinto ❷ (*unbestimmt*) vago ❸ (*unverständlich*) incomprensible ❹ (*ungewiss*) incierto; (*fraglich*) dudoso; **sich** *dat* **über etw im U~en sein** tener dudas sobre algo; **jdn im U~en über etw lassen/halten** dejar/tener a alguien a oscuras respecto a algo

**Unklarheit** *f* <-en> falta *f* de claridad; (*Unbestimmtheit*) vaguedad *f;* (*Verwirrung*) confusión *f;* **darüber herrscht noch ~** el asunto todavía no está claro

**unklug** *adj* poco inteligente; **sich ~ verhalten** tener un comportamiento poco táctico

**unkompliziert** *adj* sencillo

**unkontrollierbar** ['---'--] *adj* incontrolable

**unkonventionell** *adj* extraordinario; (*ungewöhnlich*) inusual

**unkonzentriert** *adj* distraído (*bei* en)

**Unkosten** *pl* gastos *mpl;* **sich in ~ stürzen** gastar un dineral; **die ~ belaufen sich auf ...** los gastos ascienden a...; **Unkostenbeitrag** *m* contribución *f* a los gastos

**Unkraut** *nt* <-(e)s, -kräuter> mala hierba *f,* yuyo *m CSur;* **~ vergeht nicht** (*prov*) hierba mala nunca muere; **Unkrautvertilgungsmittel** *nt* herbicida *m*

**unkritisch** *adj* falto de crítica, poco crítico

**unkündbar** ['---, '-'--] *adj* (*Stellung*) perpetuo; (*Vertrag*) irrevocable; **sie ist ~** no se la puede echar

**unlängst** *adv* hace poco, recientemente, recién *Am*

**unlauter** ['ʊnlaʊtɐ] *adj* (*geh*) ❶ (*unehrlich*) deshonesto ❷ (*unfair*) desleal; **~er Wettbewerb** competencia desleal

**unleserlich** *adj* ilegible

**unliebsam** *adj* desagradable

**unlogisch** *adj* ilógico

**unlösbar** ['---, '-'--] *adj* ❶ (*nicht trennbar*) inseparable; (*Knoten*) imposible de desatar ❷ (*Aufgabe*) insoluble ❸ (*Substanz*) indisoluble

**unlöslich** ['---, '-'--] *adj* ❶ (*nicht trennbar*) indisoluble ❷ (*Substanz*) insoluble

**Unlust** *f ohne pl* desgana *f;* (*Abneigung*) aversión *f;* **mit ~** a disgusto

**unmäßig** *adj* desmesurado, excesivo

**Unmenge** *f* <-n> gran cantidad *f* (*an/von* de)

**Unmensch** *m* <-en, -en> (*abw*) bestia *f,* monstruo *m*

**unmenschlich** *adj* ❶ (*Person, Verhalten*) inhumano; (*grausam*) cruel ❷ (*menschenunwürdig*) indigno de un ser humano ❸ (*unerträglich*) atroz, monstruoso

**Unmenschlichkeit**[1] *f ohne pl* (*das Unmenschliche*) inhumanidad *f*

**Unmenschlichkeit**[2] *f* (*Handlung*) atrocidad *f,* barbaridad *f*

**unmerklich** ['---, '-'--] *adj* imperceptible; **es ist ~ dunkler geworden** se ha hecho imperceptiblemente de noche

**unmissverständlich** **I.** *adj* inequívoco, claro **II.** *adv* rotundamente

**unmittelbar** *adj* ❶ (*direkt*) directo ❷ (*zeitlich*) inmediato; **~ danach** inmediatamente después; **~ bevorstehen** ser inminente

**unmodern** *adj* pasado de moda

**unmöglich** ['-'--] **I.** *adj* imposible; (*nicht tragbar*) inadmisible; (*ausgefallen*) raro; **er benimmt sich ~** su comportamiento es inadmisible **II.** *adv* (*fam: auf keinen Fall*) de ninguna manera

**Unmöglichkeit** ['----, '-'---] *f ohne pl* imposibilidad *f;* **ein Ding der ~** algo imposible

**unmoralisch** *adj* inmoral

**unmotiviert** *adj* ❶ (*grundlos*) sin motivo, injustificado ❷ (*nicht motiviert*) falto de motivación

**unmündig** *adj* ❶ (*minderjährig*) menor de edad ❷ (*unselbständig*) inmaduro

**unmusikalisch** *adj* que no tiene talento musical

**Unmut** *m* <-(e)s, *ohne pl*> (*geh*) ❶ (*Missfallen*) descontento *m* ❷ (*Ärger*) disgusto *m*

**unnachahmlich** ['--'--] *adj* inimitable; (*einzigartig*) único

**unnachgiebig** *adj* (*Person*) intransigente; (*Material*) inflexible

**unnahbar** ['-'--] *adj* (*Person*) inaccesible

**unnatürlich** *adj* ❶ (*nicht natürlich*) poco natural; (*künstlich*) artificial ❷ (*gekünstelt*) afectado

**unnormal** *adj* anormal

**unnötig** **I.** *adj* innecesario **II.** *adv* sin necesidad

**unnötigerweise** ['----'--] *adv* innecesariamente

**unnütz** *adj* inútil

**UNO** ['u:no] *f Akr. von* **United Nations Organization** ONU *f;* **UNO-Friedenstruppen** *fpl* tropas *fpl* de la ONU para misiones de paz [*o* para el mantenimiento de la paz]

**unordentlich** *adj* desordenado; (*Kleidung*) descuidado, chasco *Am*

**Unordnung** *f ohne pl* desorden *m;* (*Durcheinander*) confusión *f;* **etw in ~ bringen** poner algo en desorden, desacomodar algo *Arg*

**unparteiisch** *adj* imparcial

**unpassend** *adj* (*Zeitpunkt*) inoportuno; (*Bemerkung*) inconveniente

**unpassierbar** ['--'--] *adj* intransitable

**unpersönlich** *adj* (*a.* LING) impersonal

**unpolitisch** *adj* apolítico

**unpopulär** *adj* impopular

**unpraktisch** *adj* poco práctico

**unproblematisch** *adj* poco problemático

**unproduktiv** *adj* improductivo

**unpünktlich** *adj* impuntual

**Unpünktlichkeit** *f* ① (*unpünktliche Art*) falta *f* de puntualidad, impuntualidad *f* ② (*verspätetes Eintreffen*) retraso *m*

**unrasiert** *adj* sin afeitar

**Unrat** *m* <-(e)s, *ohne pl*> (*geh*) inmundicias *fpl*

**unrealistisch** *adj* no realista

**unrecht** *adj* ① (*geh: falsch*) equivocado; (*verwerflich*) reprochable ② (*unpassend*) inoportuno ③ (*Wend*): **jdm ~ tun** ser injusto con alguien

**Unrecht** *nt* <-(e)s, *ohne pl*> injusticia *f;* **zu ~** injustamente; **jdm ~ geben** descalificar la opinión de alguien; **im ~ sein** (*sich irren*) estar equivocado; (*im Rechtsstreit*) no tener razón; **unrechtmäßig** *adj* ilegal; (*illegitim*) ilegítimo

**unregelmäßig** *adj* irregular

**Unregelmäßigkeit** *f* irregularidad *f*

**unreif** *adj* (*Person*) inmaduro; (*Obst*) verde

**unrein** *adj* (*a.* REL) impuro; (*schmutzig*) sucio

**unrentabel** *adj* poco rentable

**unrichtig** *adj* incorrecto; (*falsch*) falso

**Unruhe** *f ohne pl* ① (*mangelnde Ruhe*) inquietud *f;* (*Lärm*) alboroto *m;* **~ stiften** causar alboroto ② (*ständige Bewegung*) agitación *f* ③ (*Besorgnis*) preocupación *f;* (*innere ~*) desasosiego *m* ④ *pl* (*Krawalle*) disturbios *mpl*

**Unruhen** *fpl* (*Krawalle*) enfrentamientos *mpl,* disturbios *mpl*

**Unruhestifter(in)** *m(f)* (*abw*) pendenciero, -a *m, f,* buscapleitos *mf inv Am*

**unruhig** *adj* ① (*nicht ruhig*) inquieto; (*Meer*) agitado ② (*laut*) ruidoso ③ (*nicht gleichmäßig*) irregular; (*Zeiten*) turbulento ④ (*besorgt*) preocupado; (*innerlich*) desasosegado; **~ auf und ab gehen** caminar ansiosamente de aquí para allá

**uns** [ʊns] **I.** *pron pers dat/akk von s.* **wir** nos; (*betont*) a nosotros/nosotras ... (nos); (*mit Präposition*) nosotros/nosotras; **wie lange haben wir ~ nicht gesehen?** ¿cuánto hace que no nos hemos visto?; **~ ist es egal** a nosotros/nosotras nos da igual; **ist das für ~?** ¿es para nosotros?; **ein Freund von ~** un amigo nuestro; **~ gehört das nicht** esto no es nuestro; **an ~ soll es nicht liegen** por nosotros que no quede; **unter ~ gesagt ...** que quede entre nosotros... **II.** *pron refl dat/akk von s.* **wir** nos; **wir kümmern ~ schon darum** nos ocuparemos de ello

**unsachgemäß** *adj* inadecuado; **etw ~ behandeln** usar algo inadecuadamente

**unsachlich** *adj* subjetivo; **werden Sie nicht ~!** ¡aténgase a los hechos!

**unsagbar** ['---, '-'--] *adj* indecible; (*unbeschreiblich*) indescriptible; (*Schmerzen*) atroz

**unsanft** *adj* rudo

**unsauber** *adj* ① (*schmutzig*) sucio ② (*nachlässig*) inexacto; **~ arbeiten** hacer chapuzas ③ (*Geschäfte*) turbio

**unschädlich** *adj* inofensivo; (*für den Menschen*) no dañino; **etw ~ machen** hacer algo inofensivo; **jdn ~ machen** (*fam*) eliminar a alguien del mapa

**unscharf** *adj* ① (FOTO) borroso ② (*ungenau*) impreciso; (*Erinnerung*) borroso

**unschätzbar** ['---, '-'--] *adj* incalculable

**unscheinbar** *adj* ① (*unwichtig*) insignificante ② (*unauffällig*) poco llamativo ③ (*bescheiden*) modesto

**unschlagbar** ['-'--] *adj* invencible, imbatible

**unschlüssig** *adj* indeciso; **sich** *dat* **über etw ~ sein** no poder tomar una decisión respecto a algo

**Unschuld** *f ohne pl* ① (*a.* JUR) inocencia *f;* **jds ~ beweisen** probar la inocencia de alguien; **die ~ vom Lande sein** ser la inocencia en persona; **in aller ~ etw sagen** decir algo con la mayor inocencia ② (*Jungfräulichkeit*) virginidad *f*

**unschuldig** *adj* ① (*a.* JUR) inocente (*an* de); **für ~ erklären** declarar inocente ② (*jungfräulich*) virgen

**Unschuldsmiene** *f* cara *f* de inocente

**unselbständig** *adj,* **unselbstständig** *adj* dependiente; **~e Arbeit** trabajo asalariado; **er ist so ~** no puede hacer nada solo

**unselig** *adj* (*geh*) desdichado

**unser** ['ʊnzɐ] *pron pers gen von* **wir** de nosotros/nosotras

**unser, unsere, unser** *pron poss* (*adjektivisch*) nuestro *m,* nuestra *f,* nuestros *mpl,* nuestras *fpl;* ~ **Leben** nuestra vida; **uns(e)re Zeit/Verwandten/Briefe** nuestro tiempo/nuestros parientes/nuestras cartas

**unsere(r, s)** *pron poss* (*substantivisch*) (el) nuestro *m,* (la) nuestra *f,* (los) nuestros *mpl,* (las) nuestras *fpl;* **der rote Koffer ist ~r** la maleta roja es (la) nuestra; **wir tun das U~** hacemos lo nuestro; *s. a.* **unser, unsere, unser**

**uns(e)re(r, s)** ['ʊnz(ə)rə, -rɐ, -rəs] *pron poss* (*substantivisch*) (el) nuestro *m,* (la) nuestra *f,* (los) nuestros *mpl,* (las) nuestras *fpl;* **der rote Koffer ist ~r** la maleta roja es (la) nuestra; **seine Tochter heißt genauso wie** ~ su hija se llama igual que la nuestra; **wir tun das U~** hacemos lo nuestro; *s. a.* **unser, unsere, unser**

**unsereiner** ['ʊnzɐʔaɪnɐ] *pron indef* uno, (personas como) nosotros; ~ **hat es nicht leicht** uno no lo tiene fácil

**unsereins** ['ʊnzɐʔaɪns] *pron indef* (*fam*) *s.* **unsereiner**

**unsererseits** *adv* de nuestra parte

**unseresgleichen** *pron indef* de nuestra condición

**unseretwegen** *adv* por nosotros; (*negativ*) por nuestra culpa

**unser(e)twegen** ['ʊnzərət've:gən, 'ʊnzɐt've:gən] *adv* por nosotros; (*negativ*) por nuestra culpa; **unseretwillen** *adv:* **um** ~ por nosotros

**unseriös** *adj* ❶ (*Geschäfte*) dudoso ❷ (*Person*) poco cabal ❸ (*Studie*) poco serio

**unsertwegen** *adv s.* **unseretwegen**

**unsertwillen** *adv s.* **unseretwillen**

**unsicher** *adj* ❶ (*gefährlich*) inseguro, peligroso ❷ (*ungewiss*) incierto; (*zweifelhaft*) dudoso ❸ (*nicht selbstbewusst, ungeübt*) inseguro; **du machst mich ganz** ~ me pones nervioso ❹ (*gefährdet*) inestable

**Unsicherheit** *f* <-en> inseguridad *f;* (*Ungewissheit*) incertidumbre *f;* **Unsicherheitsfaktor** *m* factor *m* de inseguridad

**unsichtbar** *adj* invisible (*für* a)

**Unsinn** *m* <-(e)s, *ohne pl*> ❶ (*fehlender Sinn*) absurdo *m* ❷ (*Unfug*) tonterías *fpl,* macana *f Am;* **red/mach keinen** ~ no digas/hagas tonterías

**unsinnig** *adj* absurdo

**Unsitte** *f* <-n> mala costumbre *f*

**unsittlich** *adj* deshonesto; (*unmoralisch*) inmoral; **jdn** ~ **berühren** manosear a alguien

**unsolide** *adj* ❶ (*Angebot, Person*) poco serio; (*Lebensweise*) inconstante ❷ (*Möbel*) poco estable

**unsozial** *adj* antisocial

**unsportlich** *adj* ❶ (*Person*) poco deportivo ❷ (*unfair*) antideportivo

**unsre(r, s)** *pron poss s.* **unser, unsere(r, s)**

**unsrerseits** *adv s.* **unsererseits**

**unsresgleichen** *pron indef s.* **unseresgleichen**

**unsrige** *pron poss geh für* **unsere(r, s): der/die/das** ~ el nuestro/la nuestra; **die ~n** los nuestros/las nuestras

**unsterblich** [(')-'--] *adj* inmortal; ~ **verliebt** locamente enamorado

**Unsterblichkeit** [-'---] *f ohne pl* inmortalidad *f*

**Unstimmigkeit** *f* <-en> ❶ (*Ungenauigkeit*) imprecisión *f* ❷ (*Meinungsverschiedenheit*) divergencias *fpl*

**Unsumme** *f* <-n> dineral *m fam*

**unsymmetrisch** *adj* asimétrico

**unsympathisch** *adj* antipático; **er ist mir** ~ me resulta antipático

**untad(e)lig** *adj* impecable

**Untat** *f* <-en> hecho *m* atroz; (*Verbrechen*) crimen *m*

**untätig** *adj* inactivo; ~ **zusehen** mirar pasivamente

**untauglich** *adj* (*Gerät*) no apto (*für* para); (*Person*) inepto (*für* para); (*für den Militärdienst*) inútil

**Untauglichkeit** *f* inutilidad *f*

**unteilbar** ['-'--, '---] *adj* indivisible

**unten** ['ʊntən] *adv* ❶ (*tief*) abajo; **dort/da** ~ allí/allá abajo; **nach** ~ hacia abajo; **von** ~ de abajo; **von oben bis** ~ de arriba a abajo; **rechts** ~ abajo a la derecha ❷ (*Ende, Unterseite*) en la parte de abajo; **mit dem Gesicht nach** ~ boca abajo ❸ (*im Text*): **siehe** ~ véase abajo; **weiter** ~ más adelante ❹ (*Hierarchie*): **sie hat ganz** ~ **angefangen** empezó abajo de todo ❺ (*fam: im Süden*) en el sur ❻ (*Wend*): **wir sind bei ihm** ~ **durch** (*fam*) ya no quiere saber nada más de nosotros

**unter** ['ʊntɐ] **I.** *präp* +*dat* ❶ (*unterhalb*) debajo de, bajo ❷ (*inmitten*) entre; **er ist einer** ~ **vielen** es uno entre muchos; ~ **anderem** entre otras cosas; ~ **Freunden** entre amigos; **wir sind hier ganz** ~ **uns** aquí estamos completamente solos; **das bleibt** ~ **uns** esto queda entre nosotros; ~ **uns gesagt** dicho en confianza ❸ (*weniger als*) menos de; **Kinder** ~ **12 Jahren** niños menores de 12 años; ~ **dem Durchschnitt** por debajo del promedio ❹ (*Art und Weise*): ~ **Tränen** llorando; ~ **der Bedingung, dass ...** a condición de que...

+*subj;* ~ **allen Umständen** en todo caso; ~ **Vorbehalt** con reservas; ~ **falschem Namen** con nombre falso ❺ (*Zustand*) bajo; ~ **Strom** bajo corriente; **das Haus steht** ~ **Denkmalschutz** la casa es patrimonio nacional ❻ (*Unterordnung*) bajo; **sie hat mehrere Mitarbeiter** ~ **sich** *dat* tiene a varios colaboradores a su cargo; ~ **seiner Leitung** bajo su dirección ❼ (*Zuordnung*) bajo; ~ **dem Motto ...** bajo el lema...; **was verstehen Sie** ~ **...?** ¿qué entiende Ud. por...? **II.** *präp* +*akk* (*Richtung*): **er nahm das Paket** ~ **den Arm** tomó el paquete bajo el brazo; **die Temperaturen sinken** ~ **Null** las temperaturas bajan por debajo de cero grados

**Unterarm** *m* antebrazo *m*

**unterbelichten*** ['-----] *vt* (FOTO) subexponer; **unterbewerten*** ['-----] *vt* infravalorar; **unterbewusst** *adj* subconsciente; **etw** ~ **ahnen** intuir algo; **Unterbewusstsein** *nt* (PSYCH) subconsciente *m;* **unterbezahlen*** *vt* pagar de menos; **sie wird unterbezahlt** a ella se le está pagando menos [*o* por debajo] de lo que le corresponde; **unterbezahlt** *adj* insuficientemente retribuido; **unterbieten*** *irr vt* ❶ (*Konkurrenten*) ofrecer a precio más bajo; (*Preis*) rebajar más que los demás (*um* por) ❷ (*Rekord*) batir (*um* por); **die Aufführung ist nicht zu** ~ la función no podía ser peor

**unterbinden*** *irr vt* impedir; (*verhindern*) prevenir

**unterbleiben*** *irr vi sein* (*nicht geschehen*) no suceder; (*aufhören*) acabar; (*sich nicht wiederholen*) no repetirse; **das wäre besser unterblieben** mejor que no hubiese sucedido

**unterblieben** *pp von* **unterbleiben**

**unterboten** *pp von* **unterbieten**

**unterbrechen*** *irr vt* interrumpir; (*Stromzufuhr*) cortar

**Unterbrechung** [--'--] *f* <-en> interrupción *f;* (*der Stromversorgung*) corte *m;* **ohne** ~ sin interrupción

**unterbreiten*** *vt* (*geh*): **jdm etw** ~ presentar algo a alguien

**unter|bringen** *irr vt* ❶ (*verstauen*) meter ❷ (*einquartieren*) alojar ❸ (*fam: Stellung beschaffen*) acomodar

**Unterbringung** *f* <-en> alojamiento *m*

**unterbrochen** *pp von* **unterbrechen**

**unterbunden** *pp von* **unterbinden**

**unterdessen** [--'--] *adv* mientras tanto

**Unterdruck[1]** *m* <-(e)s, -drücke> (PHYS, TECH) presión *f* hipoatmosférica

**Unterdruck[2]** *m* <-(e)s, *ohne pl*> (MED) baja presión *f*

**unterdrücken*** *vt* ❶ (*Gefühle, Aufstand*) reprimir; (*Seufzer, Tränen*) contener ❷ (*Information*) ocultar ❸ (*Menschen*) oprimir

**Unterdrückung** [--'--] *f* <-en> ❶ (*von Gefühlen, Aufstand*) represión *f* ❷ (*von Informationen*) supresión *f* ❸ (*von Menschen*) opresión *f*

**untere(r, s)** *adj* inferior, bajo

**untereinander** [---'--] *adv* ❶ (*räumlich*) uno debajo del otro ❷ (*miteinander*) entre sí; (*gegenseitig*) mutuamente; **das können wir** ~ **ausmachen** esto lo podemos fijar entre nosotros

**unterentwickelt** *adj* ❶ (*geistig und körperlich*) atrasado ❷ (POL) subdesarrollado; **unterernährt** *adj* desnutrido; **Unterernährung** *f ohne pl* desnutrición *f*

**Unterführung** [--'--] *f* <-en> paso *m* subterráneo

**Unterfunktion** *f* (MED) hipofunción *f*

**Untergang** *m* <-(e)s, -gänge> ❶ (*von Schiffen*) naufragio *m* ❷ (*von Gestirnen*) puesta *f* ❸ (*Verderb*) ruina *f;* (*von Kulturen*) extinción *f;* (*von Reichen*) caída *f*

**Untergebene(r)** *mf* <-n, -n; -n> subalterno, -a *m, f*

**unter|gehen** *irr vi sein* ❶ (*Schiff*) naufragar ❷ (*Gestirn*) ponerse ❸ (*zugrunde gehen*) desmoronarse; (*Kultur*) extinguirse; (*Reich*) caer ❹ (*Ruf*) perderse (*in* en)

**untergeordnet** *adj* subordinado; (*zweitrangig*) secundario; **Untergeschoss** *nt* piso *m* bajo; **Untergewicht** *nt* falta *f* de peso; **untergewichtig** *adj* falto de peso; **untergliedern*** *vt* (sub)dividir (*in* en)

**Untergrund** *m* ❶ (AGR) subsuelo *m* ❷ (*Hintergrund*) fondo *m* ❸ (POL) clandestinidad *f;* **in den** ~ **gehen** pasar a la clandestinidad; **Untergrundbahn** *f* metro *m;* **Untergrundorganisation** *f* (POL) organización *f* clandestina

**unterhalb** *präp* +*gen* por debajo de

**Unterhalt** *m* <-(e)s, *ohne pl*> ❶ (*Lebens~*) sustento *m;* **für jds** ~ **aufkommen** mantener a alguien ❷ (*~szahlungen*) alimentos *mpl* ❸ (*Instandhaltung*) manutención *f*

**unterhalten*** *irr* **I.** *vt* ❶ (*versorgen*) mantener ❷ (*Bauwerk*) conservar ❸ (*Pension*) llevar ❹ (*Kontakte*) mantener ❺ (*vergnügen*) entretener **II.** *vr:* **sich** ~ (*sprechen*) hablar (*über* sobre/de), versar (*über* sobre/acerca de) *AmC, Ant*

**unterhaltend** [--'--] *adj* entretenido

**unterhaltsam** [--'--] *adj* entretenido

U

**Unterhaltsanspruch** *m* (JUR) derecho *m* a alimentos; **unterhaltsberechtigt** *adj* con derecho a alimentos; **jdm gegenüber ~ sein** tener derecho a manutención por parte de alguien; **Unterhaltsberechtigte(r)** *mf* alimentista *mf;* **Unterhaltskosten** *pl* ❶ (*für Unterhaltsberechtigte*) costes *mpl* de manutención ❷ (*für Gebäude, Anlagen*) costes *mpl* de conservación ❸ (*für Fahrzeuge*) costes *mpl* de mantenimiento; **Unterhaltspflicht** *f ohne pl* deber *m* de manutención; **unterhaltspflichtig** *adj* (JUR) deudor de manutención; **jdm gegenüber ~ sein** deber pagar la manutención de alguien; **Unterhaltszahlung** *f* pago *m* de alimentos

**Unterhaltung**[1] [--'--] *f ohne pl* (*das Instandhalten*) mantenimiento *m*

**Unterhaltung**[2] *f* <-en> ❶ (*Gespräch*) conversación *f* (*über* sobre/de); **eine ~ mit jdm führen** conversar con alguien ❷ (*Vergnügen*) entretenimiento *m;* **wir wünschen angenehme ~** esperamos que lo pasen bien

**Unterhaltungsindustrie** *f* industria *f* de productos recreativos

**Unterhändler(in)** ['----] *m(f)* (POL) negociador(a) *m(f)*

**Unterhaus** *nt* (POL) cámara *f* baja

**Unterhemd** *nt* camiseta *f*

**Unterholz** *nt ohne pl* mata *f*

**Unterhose** *f* (*für Herren*) calzoncillos *mpl,* bombacha *f CSur;* (*für Damen*) bragas *fpl*

**unterirdisch** *adj* subterráneo

**unter|jubeln** *vt* (*fam*): **jdm etw ~** encajarle algo a alguien

**Unterkiefer** *m* mandíbula *f* inferior

**unter|kommen** *irr vi sein* ❶ (*Unterkunft finden*) alojarse (*bei/in* en) ❷ (*fam: Arbeit finden*) colocarse (*bei/in* en) ❸ (*reg: begegnen*) pasar

**Unterkörper** *m* ❶ (*Taille bis Füße*) parte *f* inferior del cuerpo ❷ (*unterer Rumpf*) bajo vientre *m*

**unter|kriegen** *vt* (*fam*) doblegar; **lass dich nicht ~** no te dejes doblegar

**unterkühlen*** **I.** *vt* ❶ (*Temperatur senken*) congelar ❷ (TECH) sobreenfriar **II.** *vr:* **sich ~** (*fam*) congelarse

**unterkühlt** *adj* ❶ (*durchgefroren*) congelado ❷ (*betont kühl*) refrigerado en exceso

**Unterkühlung** [--'--] *f* ❶ (MED) enfriamiento *m* ❷ (TECH) sobrefusión *f*

**Unterkunft** ['ʊntɐkʊnft, *pl:* -kʏnftə] *f* <-künfte> alojamiento *m;* **~ und Verpflegung** casa y comida

**Unterlage** *f* ❶ (*Schreib~*) carpeta *f;* (*Kissen*) cojín *m* ❷ *pl* (*Dokumente*) documentos *mpl* ❸ (*Grundlage*) base *f*

**Unterlass** ['ʊntɐlas] *m:* **ohne ~** sin parar

**unterlassen*** *irr vt* ❶ (*absichtlich nicht tun*) dejar, abstenerse (de); **~e Hilfeleistung** denegación de auxilio ❷ (*versäumen*) omitir

**unterlaufen**[1] *adj:* **mit Blut ~** inyectado de sangre

**unterlaufen***[2] *irr* **I.** *vi sein:* **jdm unterläuft ein Fehler/ein Irrtum** alguien comete una falta/un error **II.** *vt* (*Hindernis*) esquivar; (*Zensur*) burlar; (*Gesetz*) infringir

**unterlegen**[1] [--'--] *adj* inferior; **jdm (zahlenmäßig) ~ sein** ser inferior a alguien (en número)

**unterlegen***[2] **I.** *pp von* **unterliegen II.** *vt* (*mit Musik*) acompañar (*mit* de)

**unter|legen**[3] *vt* ❶ (*unterschieben*) poner [*o* colocar] algo por debajo ❷ (*verdrehen*) atribuir; **jdm etw ~** atribuir algo a alguien

**Unterlegenheit** *f ohne pl* inferioridad *f* (*gegenüber* respecto a)

**Unterleib** *m* bajo vientre *m*

**unterliegen*** *irr vi* ❶ *sein* (*verlieren*) perder (contra); (*Versuchung, Krankheit*) sucumbir (a) ❷ (*unterworfen sein*) estar sujeto (+*dat* a)

**Unterlippe** *f* labio *m* inferior

**unterm** ['ʊntɐm] (*fam*) = **unter dem** *s.* **unter**

**untermauern*** *vt* (*Gebäude, Behauptung*) fundamentar

**Untermenü** *nt* (INFOR) submenú *m*

**Untermiete** *f ohne pl* subarriendo *m;* **bei jdm zur ~ wohnen** ser subinquilino de alguien

**Untermieter(in)** *m(f)* subinquilino, -a *m, f*

**unter|mischen** *vt* añadir, mezclar (con)

**untern** ['ʊntɐn] (*fam*) = **unter den** *s.* **unter**

**unternehmen*** *irr vt* hacer; (*Reise*) emprender; **etw zusammen ~** salir y hacer algo juntos; **gegen jdn/etw Schritte ~** hacer las gestiones convenientes contra alguien/algo

**Unternehmen** [--'--] *nt* <-s, -> ❶ (*Vorhaben*) proyecto *m* ❷ (*Firma*) empresa *f;* **Unternehmensberater(in)** *m(f)* asesor(a) *m(f)* de empresas; **Unternehmensspitze** *f* altos directivos *mpl*

**Unternehmer(in)** [--'--] *m(f)* <-s, -; -nen> empresario, -a *m, f*

**Unternehmung** *f* <-en> empresa *f,* proyecto *m;* **Unternehmungsgeist** *m ohne pl* iniciativa *f;* **unternehmungslustig** *adj* emprendedor, vivo

**unternommen** *pp von* **unternehmen**

**Unteroffizier** *m* (MIL) suboficial *m*
**unter|ordnen** **I.** *vt* someter **II.** *vr:* **sich ~** someterse
**Unterpunkt** *m* (*untergeordnet*) subnota *f;* (*nachfolgend*) nota *f* subsiguiente
**Unterredung** [--'--] *f* <-en> entrevista *f;* **eine ~ mit jdm haben** entrevistarse con alguien
**unterrepräsentiert** *adj* representado en minoría
**Unterricht** ['ʊntərɪçt] *m* <-(e)s, -e> (*das Unterrichten*) enseñanza *f;* (*~sstunde*) clase *f;* **jdm ~ geben** dar clases a alguien; **~ haben** tener clases
**unterrichten*** *vt* ❶ (*Fach*) dar clase(s) (de); (*Schüler*) dar clase(s) (a); **Deutsch ~** dar clases de alemán ❷ (*informieren*) informar (*über* sobre, *von* de)
**Unterrichtsfach** *nt* asignatura *f;* **Unterrichtsstunde** *f* clase *f;* (*Universität*) hora *f* lectiva
**Unterrock** *m* enaguas *fpl*
**unters** ['ʊntɐs] (*fam*) = **unter das** *s.* **unter**
**untersagen*** *vt* prohibir
**Untersatz** *m* platillo *m;* (*für Gläser*) posavasos *m inv;* **ein fahrbarer ~** (*fam*) *coche, bicicleta u otro vehículo*
**unterschätzen*** *vt* subestimar
**unterscheiden*** *irr* **I.** *vt* distinguir (*von* de); **woran kann man sie ~?** ¿cómo se les puede diferenciar? **II.** *vi* hacer una distinción (*zwischen* entre) **III.** *vr:* **sich ~** distinguirse (*von* de)
**Unterscheidung** [--'--] *f* <-en> distinción *f*
**Unterschenkel** *m* pantorrilla *f*
**Unterschicht** *f* capa *f* inferior
**Unterschied** ['ʊntɐʃiːt] *m* <-(e)s, -e> diferencia *f* (*zwischen* entre); (*Unterscheidung*) distinción *f* (*zwischen* entre); **einen ~ machen** hacer una distinción; **das macht keinen ~** esto no cambia nada; **im ~ zu etw** *dat*/**jdm** a diferencia de algo/alguien; **mit dem ~, dass ...** con la diferencia de que...; **das ist ein gewaltiger ~** hay una gran diferencia
**unterschieden** *pp von* **unterscheiden**
**unterschiedlich** *adj* distinto, diferente; **~ groß sein** ser de distinto tamaño; **~ reagieren** reaccionar de diferente manera
**unterschlagen*¹** *irr vt* ❶ (*Geld*) malversar; (*Brief*) interceptar ❷ (*verschweigen*) ocultar
**unter|schlagen²** *irr vt* (*Arme, Beine*) cruzar
**Unterschlagung** [--'--] *f* <-en> ❶ (*von Geld*) malversación *f* (de fondos) ❷ (*von Informationen*) supresión *f*
**Unterschlupf** ['ʊntɐʃlʊpf] *m* <-(e)s, -e> refugio *m;* (*Versteck*) guarida *f*
**unterschreiben*** *irr vt* firmar
**unterschrieben** *pp von* **unterschreiben**
**Unterschrift** ['---] *f* firma *f;* **~en sammeln** recoger firmas; **Unterschriftenliste** *f* lista *f* de firmantes; **Unterschriftensammlung** *f* recogida *f* de firmas
**unterschwellig** ['ʊntɐʃvɛlɪç] *adj* subliminal
**Unterseeboot** *nt* (*a.* MIL) submarino *m*
**Unterseite** *f* parte *f* inferior
**Untersetzer** *m* <-s, -> platillo *m;* (*für Gläser*) posavasos *m inv*
**untersetzt** [--'-] *adj* robusto
**unterstanden** *pp von* **unterstehen**
**unterste(r, s)** *adj superl von* **untere(r, s)**
**unterstehen*** *irr* **I.** *vi* (*unterliegen*) estar sujeto (a); **jdm ~** estar subordinado a alguien; (MIL) estar bajo las órdenes de alguien **II.** *vr:* **sich ~ etw zu tun** atreverse a hacer algo
**unterstellen*¹** *vt* ❶ (*annehmen*) suponer; **wir wollen einmal ~, dass ...** supongamos que... ❷ (*unterordnen*) subordinar (a), poner bajo el mando (de) ❸ (*unterschieben*) atribuir (falsamente)
**unter|stellen²** **I.** *vt* (*abstellen*) dejar (*in* en), poner (*in* en) **II.** *vr:* **sich ~** refugiarse (*in* en)
**Unterstellung** *f* <-en> ❶ (*Unterordnung*) subordinación *f* ❷ (*falsche Behauptung*) imputación *f*
**unterstreichen*** *irr vt* ❶ (*Strich ziehen*) subrayar ❷ (*betonen*) poner de relieve
**unterstrichen** *pp von* **unterstreichen**
**Unterstufe** *f* (SCH) *cursos de 5º a 8º de EGB*
**unterstützen*** *vt* ❶ (*Beistand leisten*) apoyar (*bei/in* en); (*helfen*) ayudar (*bei* en) ❷ (*fördern*) fomentar (*bei* en); (*mit Geld*) subvencionar
**Unterstützung** [--'--] *f* <-en> apoyo *m;* (*Hilfe*) ayuda *f;* (*finanziell*) subvención *f*
**untersuchen*** *vt* ❶ (*analysieren*) analizar; (*wissenschaftlich*) investigar ❷ (*prüfen*) controlar; (*Gelände, Gepäck*) inspeccionar ❸ (*Kranke*) examinar (*auf* de), chequear *Am;* **sich ärztlich ~ lassen** someterse a un examen médico
**Untersuchung** [--'--] *f* <-en> ❶ (*Analyse*) análisis *m inv;* (*a.* JUR) investigación *f* ❷ (*Überprüfung*) inspección *f* ❸ (MED) examen *m* (médico); **sich einer ~ unterziehen** someterse a un examen médico; **Untersuchungsausschuss** *m* comisión *f* investigadora; **Untersuchungsergebnis** *nt* resultado *m* de la investigación [*o* de las investigaciones]; **Untersuchungshaft** *f* prisión *f* preventiva; **in ~ sitzen** estar en

prisión preventiva; **Untersuchungsrichter(in)** *m(f)* juez(a) *m(f)* instructor(a)
**Untertan(in)** ['ʊntɐta:n] *m(f)* <-s *o* -en, -en; -nen> súbdito, -a *m, f*
**untertänig** ['ʊntɐtɛ:nɪç] *adj* (*abw*) sumiso
**Untertasse** *f* platillo *m;* **fliegende** ~ (*tellerförmiges Ufo*) platillo volante
**unter|tauchen** **I.** *vi sein* ❶ (*Schwimmer, Vogel*) sumergirse ❷ (*verschwinden*) desaparecer; (POL) pasar a la clandestinidad; **bei Freunden** ~ esconderse en casa de amigos **II.** *vt* sumergir
**Unterteil** *nt* parte *f* inferior
**unterteilen*** *vt* subdividir (*in* en)
**Unterteilung** [--'--] *f* subdivisión *f* (*in* en)
**Unterteller** *m* (*Schweiz, südd*) platillo *m;* **Untertitel** *m* subtítulo *m;* **Unterton** *m* ❶ (MUS) semitono *m* ❷ (*Beiklang*) matiz *m*
**untertreiben*** *irr vt* quitar importancia (a)
**untertrieben** *pp von* **untertreiben**
**untervermieten*** ['-----] *vt* subarrendar
**Unterwalden** ['ʊntɐvaldən] *nt* <-s> Unterwalden *m*
**Unterwäsche** *f ohne pl* ropa *f* interior
**unterwegs** [ʊntɐ've:ks] *adv* ❶ (*auf dem Weg*) en camino; (*auf Reisen*) de viaje; ~ **nach ...** camino de ...; **ich bin** ~ **zu dir** voy hacia tu casa; **bei ihr ist ein Kind** ~ (*fam*) está embarazada ❷ (*während der Reise*) en el camino; **für** ~ para el camino
**unterweisen*** *irr vt* (*geh*) instruir (*in* en)
**Unterwelt** *f ohne pl* mundo *m* del hampa
**unterwerfen*** *irr* **I.** *vt* ❶ (*Volk, Gebiet*) someter ❷ (*einer Kontrolle*) someter; **etw** *dat* **unterworfen sein** estar sujeto a algo **II.** *vr:* **sich** ~ someterse
**Unterwerfung** [--'--] *f* <-en> sumisión *f*
**unterwiesen** *pp von* **unterweisen**
**unterworfen** *pp von* **unterwerfen**
**unterwürfig** ['ʊntɐvʏrfɪç, --'--] *adj* (*abw*) sumiso
**unterzeichnen*** *vt* firmar
**Unterzeichner(in)** [--'--] *m(f)* (*Dokument*) firmante *mf;* (*Vertrag*) (parte *f*) contratante *mf*
**unterziehen*[1]** *irr* **I.** *vt* someter a; **etw einer Qualitätskontrolle** ~ someter algo a un control de calidad; **etw einer Prüfung** ~ examinar algo **II.** *vr:* **sich** ~ someterse (+*dat* a)
**unter|ziehen[2]** *irr vt* ❶ (*Kleidung*) poner(se) por debajo (*unter* de) ❷ (GASTR) incorporar
**unterzogen** *pp von* **unterziehen[1]**
**Untiefe** *f* ❶ (*seichte Stelle*) bajío *m* ❷ (*Tiefe*) abismo *m*
**Untier** *nt* bestia *f*
**untragbar** ['-'--] *adj* ❶ (*nicht finanzierbar*) incosteable ❷ (*unerträglich*) insostenible
**untrennbar** ['-'--] *adj* inseparable
**untreu** *adj* infiel; **jdm** ~ **werden** ser infiel a alguien; **sich** *dat* **selbst** ~ **werden** apartarse de sus principios
**Untreue** *f ohne pl* ❶ (*gegenüber Menschen*) infidelidad *f* ❷ (JUR) desfalco *m*
**untröstlich** ['---, -'--] *adj* desconsolado (*über* por); **ich bin** ~ estoy profundamente desconsolado
**Untugend** *f* mala costumbre *f*
**untypisch** *adj* atípico
**unüberlegt** *adj* imprudente; ~ **handeln** actuar sin pensar
**unübersehbar** ['---'--] *adj* ❶ (*groß*) inmenso; (*nicht zu übersehen*) que salta a la vista ❷ (*nicht abschätzbar*) incalculable
**unübersichtlich** *adj* poco claro; (*komplex*) complejo
**unübertrefflich** ['---'--] *adj* insuperable
**unübertroffen** ['---'--] *adj* sin par
**unüberwindlich** ['---'--] *adj* (*Gegner*) invencible; (*Gegensätze, Probleme*) insuperable
**unüblich** *adj* poco común; (*stärker*) fuera de lo común
**unumgänglich** ['--'--] *adj* indispensable
**unumschränkt** ['--'-] *adj* ilimitado; (*Macht*) absoluto
**unumstößlich** ['--'--] *adj* irrevocable; ~ **feststehen** ser irrevocable
**unumstritten** ['--'--] *adj* indiscutido
**ununterbrochen** ['---'--] **I.** *adj* ininterrumpido; (*durchgehend*) continuo **II.** *adv* sin parar
**unveränderlich** ['-----, '--'---] *adj* invariable
**unverändert** ['--'-] **I.** *adj* inalterado; (*beständig*) estable **II.** *adv* como siempre
**unverantwortlich** ['-----, '--'---] *adj* irresponsable
**unverbesserlich** ['--'---] *adj* incorregible
**unverbindlich** *adj* ❶ (*nicht bindend*) sin compromiso; **etw** ~ **anfordern** pedir algo sin ningún compromiso ❷ (*reserviert*) reservado
**unverbleit** *adj* sin plomo
**unverblümt** **I.** *adj* franco **II.** *adv* sin rodeos
**unverdaulich** *adj* indigesto
**unverdorben** ['----] *adj* ❶ (*Ware*) en buen estado; (*Speise*) fresco ❷ (*sittlich*) incorrupto
**unverdrossen** *adj* incansable
**unverdünnt** *adj* no diluido, sin diluir
**unvereinbar** ['--'--] *adj* incompatible
**unverfälscht** *adj* auténtico
**unverfänglich** *adj* inofensivo
**unverfroren** *adj* descarado
**unvergänglich** *adj* eterno

**unvergesslich** ['--'--] *adj* inolvidable
**unvergleichlich** ['--'--] *adj* incomparable; (*einzigartig*) único
**unverhältnismäßig** *adj* desproporcionado; (*maßlos*) desmesurado
**unverheiratet** *adj* soltero
**unverhofft** ['--'-] *adj* inesperado; (*zufällig*) casual
**unverhüllt** *adj* ❶ (*offensichtlich*) evidente; (*Wahrheit*) escueto ❷ (*offen*) abierto
**unverkäuflich** *adj* ❶ (*nicht zum Verkauf bestimmt*) fuera de venta ❷ (*nicht zum Verkauf geeignet*) invendible
**unverkennbar** ['--'--] *adj* (*eindeutig*) evidente; (*nicht zu verwechseln*) inconfundible; **es ist ~, dass ...** es obvio que... +*subj*
**unverletzt** *adj* ileso, sano y salvo; **bei etw** *dat* ~ **bleiben** salir ileso de algo
**unvermeidbar** ['--'--] *adj*, **unvermeidlich** ['--'--] *adj* inevitable
**unvermindert** *adj* constante; ~ **anhalten** seguir; **mit ~er Härte** con la misma dureza
**unvermittelt** **I.** *adj* súbito **II.** *adv* de repente
**Unvermögen** *nt ohne pl* incapacidad *f*; (*fachlich*) incompetencia *f*
**unvermutet** *adj* imprevisto
**Unvernunft** *f ohne pl* falta *f* de juicio
**unvernünftig** *adj* insensato
**unveröffentlicht** *adj* inédito
**unverrichteterdinge** ['-----'--] *adv* sin haber logrado nada
**unverschämt** ['ʊnfɐʃɛːmt, '--'-] *adj* ❶ (*Benehmen, Mensch*) desvergonzado, pechugón *Am* ❷ (*fam: außerordentlich*) extraordinario; (*Preis*) exorbitante
**Unverschämtheit** ['----, '--'--] *f* <-en> desfachatez *f*, pechuga *f Am*; **die ~ besitzen etw zu tun** tener la desfachatez de hacer algo
**unverschuldet** *adj* ❶ (*Unfall*) no causado por uno mismo ❷ (FIN) libre de deudas
**unversehens** *adv* de repente
**unversehrt** *adj* ❶ (*Person*) sano y salvo ❷ (*Ding*) intacto
**unversöhnlich** ['--'--] *adj* irreconciliable
**unverständlich** ['----, '--'--] *adj* ❶ (*nicht hörbar*) inaudible ❷ (*nicht begreifbar*) incomprensible
**Unverständnis** *nt ohne pl* falta *f* de comprensión
**unversucht** *adj*: **nichts ~ lassen** no omitir esfuerzos (*um* para)
**unverträglich** *adj* ❶ (*streitsüchtig*) pleitista ❷ (*unverdaulich*) indigesto ❸ (*unvereinbar*) incompatible
**Unverträglichkeit** *f* intolerancia *f*
**unverwechselbar** ['--'---] *adj* inconfundible
**unverwundbar** ['--'--] *adj* invulnerable
**unverwüstlich** ['--'--] *adj* ❶ (*Dinge*) indestructible ❷ (*Mensch*) inquebrantable
**unverzeihlich** ['--'--] *adj* imperdonable
**unverzollt** **I.** *adj* libre de derechos (arancelarios) **II.** *adv* sin pagar derechos (arancelarios)
**unverzüglich** ['--'--] **I.** *adj* inmediato **II.** *adv* de inmediato
**unvollendet** *adj* inacabado
**unvollkommen** *adj* ❶ (*mit Schwächen*) imperfecto ❷ (*unvollständig*) incompleto
**Unvollkommenheit** *f* imperfección *f*
**unvollständig** *adj* incompleto; (*bruchstückhaft*) fragmentario
**Unvollständigkeit** *f* estado *m* incompleto
**unvorbereitet** *adj* no preparado (*auf* para); (*Rede*) improvisado; (*unversehens*) desprevenido
**unvoreingenommen** *adj* objetivo
**Unvoreingenommenheit** *f* imparcialidad *f*
**unvorhergesehen** ['--'----] *adj* imprevisto
**unvorsichtig** *adj* imprudente
**unvorsichtigerweise** ['-----'--] *adv* por falta de cuidado
**Unvorsichtigkeit** *f* imprudencia *f*
**unvorstellbar** ['--'--] *adj* inimaginable; (*unbegreiflich*) inconcebible
**unvorteilhaft** *adj* ❶ (*Kleidung*) poco favorecedor; ~ **aussehen** lucir poco atractivo ❷ (*Geschäft*) poco ventajoso
**Unwägbarkeit** *f* <-en> imponderabilidad *f*
**unwahr** *adj* falso
**unwahrscheinlich** ['----, '--'--] *adj* ❶ (*kaum möglich*) improbable; **es ist ~, dass ...** es improbable que... +*subj* ❷ (*unglaubhaft*) inverosímil ❸ (*fam: groß, viel*) increíble
**Unwahrscheinlichkeit** *f* improbabilidad *f*
**unwegsam** *adj* intransitable
**unweigerlich** *adv* sin falta
**unweit** *präp* +*gen* no lejos de
**Unwesen** *nt ohne pl* (*geh*) excesos *mpl*; **sein ~ treiben** cometer excesos
**unwesentlich** *adj* irrelevante; (*unbedeutend*) insignificante; **er ist nur ~ dicker als du** es sólo un poco más gordo que tú
**Unwetter** *nt* temporal *m*
**unwichtig** *adj* sin importancia; **das ist ~** eso no tiene importancia
**unwiderruflich** ['---'--] *adj* irrevocable; **es steht ~ fest, dass ...** es irrevocable que... +*subj*
**unwiderstehlich** ['---'--] *adj* irresistible
**unwiederbringlich** ['---'--] *adj* (*geh*) irrecuperable; (*Verlust*) irreparable

U

**Unwille(n)** *m* <-(n)s, *ohne pl*> (*geh*) indignación *f;* (*Ärger*) enojo *m;* **jds ~n erregen** provocar la indignación de alguien

**unwillig** **I.** *adj* indignado; (*ärgerlich*) enojado **II.** *adv* (*widerwillig*) de mala gana

**unwillkommen** *adj* inoportuno; **wir sind dort ~** ahí nos reciben de mala gana

**unwillkürlich** *adj* involuntario; (*instinktiv*) instintivo; (*automatisch*) automático

**unwirklich** *adj* (*geh*) irreal

**unwirksam** *adj* inefectivo, ineficaz

**unwirsch** ['ʊnvɪrʃ] *adj* malhumorado; (*unfreundlich*) descortés

**unwirtschaftlich** *adj* no rentable

**Unwissen** *nt* ignorancia *f*

**unwissend** *adj* ignorante; (*unerfahren*) inexperto; (*Kind*) naiv

**Unwissenheit** *f ohne pl* ignorancia *f*

**unwissentlich** **I.** *adj* inconsciente **II.** *adv* sin querer

**unwohl** *adj* ❶ (*gesundheitlich*) indispuesto ❷ (*unbehaglich*) mal; **sich ~ fühlen** no estar a gusto

**Unwohlsein** *nt* <-s, *ohne pl*> malestar *m*

**unwürdig** *adj* indigno

**Unzahl** *f ohne pl* sinnúmero *m* (de), montón *m* (de) *fam*

**unzählig** *adj* innumerable; **~e Mal** infinitas veces

**Unze** ['ʊntsə] *f* <-n> onza *f*

**unzeitgemäß** *adj* anacrónico

**unzerbrechlich** ['--'--] *adj* irrompible

**unzertrennlich** ['--'--] *adj* inseparable

**Unzucht** *f ohne pl* (JUR) abusos *mpl* deshonestos; **~ mit Kindern** abuso de menores

**unzüchtig** *adj* impúdico; (*obszön*) obsceno; (*pornografisch*) pornográfico

**unzufrieden** *adj* descontento (*mit* de/con/por)

**Unzufriedenheit** *f ohne pl* descontento *m* (*mit* de/con/por)

**unzugänglich** *adj* inaccesible; **~ für etw sein** ser insensible a algo

**unzulänglich** *adj* (*geh*) insuficiente

**unzulässig** *adj* inadmisible

**unzumutbar** *adj* inaceptable; (*übertrieben*) desmedido

**unzurechnungsfähig** *adj* incapacitado mental; **jdn für ~ erklären** (JUR) declarar a alguien incapacitado mental

**unzusammenhängend** *adj* incoherente

**unzustellbar** *adj* de destinatario ignoto

**unzutreffend** *adj* falso; **U~es bitte streichen!** ¡táchese lo que no corresponda!

**unzuverlässig** *adj* (*Person*) de poca confianza; (*Wetter*) inestable; **~ sein** no ser de fiar

**Unzuverlässigkeit** *f ohne pl* falta *f* de seriedad; (*Nachlässigkeit*) negligencia *f*

**unzweideutig** *adj* inequívoco

**Update** ['apdɛɪt] *nt* <-s, -s> (INFOR) ❶ (*Updaten*) actualización *f* ❷ (*aktualisierte Version*) versión *f* actualizada

**Updaten** ['apdɛɪtən] *nt* <-s, *ohne pl*> (INFOR) actualización *f*

**üppig** ['ʏpɪç] *adj* (*Vegetation*) exuberante; (*Essen*) abundante; **eine ~e Figur haben** ser gordito

**Urabstimmung** ['u:ɐ-] *f* referéndum *m* (de huelga); **Urahn(e)** *m(f)* (*Vorfahr*) antepasado *m;* **uralt** ['u:ɐ'alt] *adj* vetusto; (*Person*) viejísimo

**Uran** [u'ra:n] *nt* <-s, *ohne pl*> (CHEM) uranio *m*

**Uranus** ['u:ranʊs] *m* <-> (ASTR) Urano *m*

**urauf|führen** ['u:ɐʔaʊffy:rən] *vt* estrenar

**Uraufführung** *f* estreno *m*

**Urbild** *nt* ❶ (*Ursprung*) modelo *m* ❷ (*Ideal*) prototipo *m*

**ureigen** ['u:ɐ'ʔaɪgən] *adj* propio

**Ureinwohner(in)** *m(f)* indígena *mf;* **Urenkel(in)** *m(f)* bisnieto, -a *m, f;* **Urgeschichte** *f ohne pl* prehistoria *f;* **Urgroßeltern** *pl* bisabuelos *mpl;* **Urgroßmutter** *f* bisabuela *f;* **Urgroßvater** *m* bisabuelo *m*

**Urheber(in)** *m(f)* <-s, -; -nen> autor(a) *m(f);* **Urheberrecht** *nt* (JUR) derechos *mpl* de autor (*an* sobre); **urheberrechtlich** *adj* (JUR) concerniente a los derechos de autor; **~ geschützt** reservados los derechos de autor

**Uri** ['u:ri] *nt* <-s> (GEO) Uri *m*

**urig** ['u:rɪç] *adj* (*Mensch*) singular; (*urwüchsig*) castizo

**Urin** [u'ri:n] *m* <-s, -e> orina *f*

**urinieren*** [uri'ni:rən] *vi* orinar

**Urinprobe** *f* prueba *f* de orina

**Urknall** *m* big bang *m*

**urkomisch** ['-'--] *adj* graciosísimo

**Urkunde** ['u:ɐkʊndə] *f* <-n> documento *m,* boleta *f AmS;* (*Bescheinigung*) certificado *m;* (*Akte*) acta *f;* **Urkundenfälschung** *f* falsificación *f* de documentos

**urkundlich** *adj* auténtico

**URL** *m* (INFOR) *Abk. von* **Uniform Resource Locator** URL *m*

**Urlaub** ['u:ɐlaʊp] *m* <-(e)s, -e> vacaciones *fpl;* (MIL) licencia *f;* **bezahlter/unbezahlter ~** vacaciones remuneradas/no remuneradas; **~ haben** tener vacaciones; **im ~ sein** estar de vacaciones; **er macht in Portugal ~** está de vacaciones en Portugal

**Urlauber(in)** *m(f)* <-s, -; -nen> turista *mf;* (*Sommer~*) veraneante *mf*

**Urlaubsgeld** *nt* paga *f* (extra) de vacaciones; **urlaubsreif** *adj* (*fam*): **~ sein** nece-

sitar unas vacaciones; **Urlaubsreise** *f* viaje *m* (de vacaciones)
**Urne** ['ʊrnə] *f* <-n> urna *f*
**Urnengang** *m* elección *f*
**Urologie** [urolo'gi:] *f ohne pl* (MED) urología *f*
**Uroma** ['u:ɐ-] *f* <-s> (*fam*) bisabuela *f*; **Uropa** ['u:ɐ-] *m* <-s, -s> (*fam*) bisabuelo *m*
**urplötzlich** ['-'--] **I.** *adj* repentino **II.** *adv* de repente
**Ursache** *f* <-n> causa *f*; (*Beweggrund*) motivo *m*; (*Grund*) razón *f*; **keine ~!** ¡no hay de qué!
**ursächlich** *adj* causal
**Ursprung** *m* <-(e)s, -sprünge> origen *m*; (*Herkunft*) procedencia *f*; (*Anfang*) principio *m*; **seinen ~ in etw** *dat* **haben** tener su origen en algo
**ursprünglich** ['u:ɐʃprʏŋlɪç] **I.** *adj* ❶ (*anfänglich*) inicial ❷ (*unverfälscht*) original; (*natürlich*) natural **II.** *adv* al principio
**Urteil** ['ʊrtaɪl] *nt* <-s, -e> ❶ (*Meinung*) opinión *f*; (*Beurteilung*) juicio *m*; **nach meinem ~** en mi opinión; **sich** *dat* **ein ~ über etw erlauben** permitirse opinar sobre algo; **ein ~ über jdn fällen** emitir un juicio sobre alguien; **sich** *dat* **ein ~ über jdn/etw bilden** formarse una idea de alguien/algo ❷ (JUR) sentencia *f*, fallo *m*; **das ~ über jdn sprechen** dictar sentencia sobre alguien
**urteilen** ['ʊrtaɪlən] *vi* juzgar; (*meinen*) opinar; **nach seinem Aussehen zu ~ ...** a juzgar por su aspecto exterior...
**Urteilsbegründung** *f* considerandos *mpl*; **Urteilskraft** *f ohne pl* juicio *m*; **Urteilsspruch** *m* sentencia *f*
**urtümlich** ['u:ɐty:mlɪç] *adj* primitivo
**Uruguay** [uru'guaɪ] *nt* <-s> Uruguay *m*
**Uruguayer(in)** [uru'gua:jɐ] *m(f)* <-s, -; -nen> uruguayo, -a *m, f*
**uruguayisch** [uru'gua:jɪʃ] *adj* uruguayo
**Ururenkel(in)** ['u:ɐʔu:ɐ-] *m(f)* tataranieto, -a *m, f*; **Ururgroßmutter** *f* tatarabuela *f*; **Ururgroßvater** *m* tatarabuelo *m*
**Urwald** ['u:ɐvalt, *pl:* 'u:ɐvɛldɐ] *m* selva *f*; **urwüchsig** ['u:ɐvy:ksɪç] *adj* de pura cepa, castizo; (*natürlich*) natural; **Urzeit** *f* tiempos *mpl* primitivos; (HIST) prehistoria *f*; **vor ~en** hace un montón de tiempo *fam*; **seit ~en** desde que el mundo existe; **urzeitlich** *adj* prehistórico; **Urzustand** *m* estado *m* primitivo
**USA** [u:ʔɛs'ʔa:] *pl Abk. von* **United States of America** EE.UU. *mpl*; **US-amerikanisch** *adj* estadounidense
**Usbeke, -in** [ʊs'be:kə] *m, f* <-n, -n; -nen> uzbeko, -a *m, f*
**usbekisch** *adj* uzbeko
**Usbekistan** [ʊs'be:kista:n] *nt* <-s> Uzbekistán *m*
**User** ['ju:zɐ] *m* <-s, -> (INFOR) usuario *m*
**usw.** *Abk. von* **und so weiter** etc.
**Utensil** *nt* <-s, -ien> utensilio *m*
**Uterus** ['u:terʊs, *pl:* 'u:teri] *m* <-s, Uteri> (MED) útero *m*
**Utopie** [uto'pi:] *f* <-n> utopía *f*
**utopisch** [u'to:pɪʃ] *adj* utópico
**u. U.** *Abk. von* **unter Umständen** dado el caso
**u.v.a.(m.)** *Abk. von* **und viele(s) andere (mehr)** y mucho(s) más
**UV-Strahlen** *mpl* radiaciones *fpl* ultravioletas
**Ü-Wagen** *m* (RADIO, TV) coche *m* tra(n)smisor

# V v

**V, v** [faʊ] *nt* <-, -> V, v *f*; **~ wie Viktor** V de Valencia
**v.** *Abk. von* **von** de
**V** ❶ *Abk. von* **Volt** V ❷ *Abk. von* **Volumen** vol.
**Vagabund(in)** [vaga'bʊnt] *m(f)* <-en, -en; -nen> vagabundo, -a *m, f*, bagamán *m Col, DomR*
**vage** [va:gə] *adj* vago, impreciso
**Vagina** [va'gi:na] *f* <Vaginen> (ANAT) vagina *f*
**vaginal** [vagi'na:l] *adj* vaginal
**Vaginen** *pl von* **Vagina**
**Vakuum** ['va:kuʊm, *pl:* 'va:kuʊms, 'va:kua] *nt* <-s, Vakua *o* Vakuen> vacío *m*; **vakuumverpackt** *adj* envasado al vacío
**Valuta** [va'lu:ta] *f* <Valuten> (WIRTSCH, FIN) ❶ (*Währung*) moneda *f* extranjera ❷ (*Wertstellung*) (fijación *f* del) valor *m*
**Vamp** [vɛ(:)mp] *m* <-s, -s> vampiresa *f*
**Vampir** [vam'pi:ɐ] *m* <-s, -e> vampiro *m*
**Vandale, -in** [van'da:lə] *m, f* <-n, -n; -nen> (*a.* HIST) vándalo, -a *m, f*
**Vandalismus** [vanda'lɪsmʊs] *m* <-, *ohne pl*> vandalismo *m*
**Vanille** [va'nɪl(j)ə] *f ohne pl* vainilla *f*; **Vanilleeis** *nt* helado *m* de vainilla; **Vanillepudding** *m* (GASTR) budín *m* de vainilla, pudding *m* de vainilla (*similar a las natillas*); **Vanillezucker** *m* vainilla *f* azucarada

**variabel** [vari'a:bəl] *adj* variable

**Variable** [vari'a:blə] *f* <-n> (MATH, PHYS) variable *f*

**Variante** [vari'antə] *f* <-n> (*a.* LIT) variante *f*

**Variation** [varia'tsjo:n] *f* <-en> (*a.* MUS, MATH, BIOL) variación *f*

**Varieté** *nt* <-s, -s>, **Varietee** [varie'te:] *nt* <-s, -s> (espectáculo *m* de) variedades *fpl*

**variieren*** [vari'i:rən] *vt, vi* variar

**Vasall** [va'zal] *m* <-en, -en> (*a. fig* HIST) vasallo, -a *m, f*

**Vase** ['va:zə] *f* <-n> jarrón *m;* (*Blumen~*) florero *m*

**Vater** ['fa:tɐ, *pl:* 'fɛ:tɐ] *m* <-s, Väter> padre *m;* **der Heilige** ~ el Santo Padre; **Vaterland** *nt* (*geh*) patria *f*

**väterlich** ['fɛ:tɐlɪç] *adj* ① (*vom Vater*) paterno ② (*wie ein Vater*) paternal

**väterlicherseits** [-zaɪts] *adv* por parte del padre; **meine Großeltern** ~ mis abuelos paternos

**Vatermord** *m* parricidio *m*

**Vaterschaft** *f* <-en> paternidad *f;* **Vaterschaftsklage** *f* (JUR) acción *f* de filiación

**Vatertag** *m* día *m* del padre

**Vaterunser** ['--'--, --'--] *nt* <-s, -> padrenuestro *m*

**Vati** ['fa:ti] *m* <-s, -s> (*fam*) papi *m,* tata *m Am*

**Vatikan** [vati'ka:n] *m* <-s> Vaticano *m*

**V-Ausschnitt** *m* <-(e)s, -e> escote *m* de pico

**v. Chr.** *Abk. von* **vor Christus** a.C., a. de C.

**Vegetarier(in)** [vege'ta:riɐ] *m(f)* <-s, -; -nen> vegetariano, -a *m, f*

**vegetarisch** *adj* vegetariano

**Vegetation** [vegeta'tsjo:n] *f* <-en> vegetación *f*

**vegetativ** [vegeta'ti:f] *adj* (MED, BIOL) vegetativo

**vegetieren*** [vege'ti:rən] *vi* ① (BOT) vegetar ② (*abw: Mensch*) vivir miserablemente

**Vehikel** [ve'hi:kəl] *nt* <-s, -> ① (*fam: Auto*) cacharro *m* ② (*Hilfsmittel, a.* MED) vehículo *m*

**Veilchen** ['faɪlçən] *nt* <-s, -> ① (BOT) violeta *f* ② (*fam: blaues Auge*) ojo *m* morado

**Vektor** ['vɛkto:ɐ] *m* <-s, -en> (MATH, PHYS) vector *m*

**Velo** ['ve:lo] *nt* <-s, -s> (*Schweiz*) bicicleta *f*

**Velours** [ve'lu:ɐ] *m* <-, -> terciopelo *m;* **Veloursleder** *nt* terciopelo *m*

**Vene** ['ve:nə] *f* <-n> (ANAT) vena *f*

**Venedig** [ve'ne:dɪç] *nt* <-s> Venecia *f*

**Venenentzündung** *f* flebitis *f inv*

**venezianisch** [vene'tsja:nɪʃ] *adj* veneciano

**Venezolaner(in)** [venetso'la:nɐ] *m(f)* <-s, -; -nen> venezolano, -a *m, f*

**venezolanisch** *adj* venezolano

**Venezuela** [venetsu'e:la] *nt* <-s> Venezuela *f*

**Ventil** [vɛn'ti:l] *nt* <-s, -e> ① (TECH) válvula *f* ② (*an Musikinstrument*) pistón *m*

**Ventilator** [vɛnti'la:to:ɐ] *m* <-s, -en> ventilador *m*

**Venus** ['ve:nʊs] *f* ① (ASTR) Venus *m* ② (*Göttin*) Venus *f*

**verabreden*** [fɛɐ'ʔapre:dən] **I.** *vt* convenir; (*Zeit, Ort*) fijar; **wir haben verabredet, dass ...** quedamos en que...; **mit jdm verabredet sein** tener una cita con alguien **II.** *vr:* **sich** ~ citarse, quedar *fam;* **sich um acht/am Bahnhof** ~ quedar a las ocho/en la estación

**Verabredung** *f* <-en> ① (*Treffen*) cita *f* ② (*Vereinbarung*) acuerdo *m;* **mit jdm eine** ~ **treffen** llegar a un acuerdo con alguien

**verabreichen*** *vt* (*Medizin*) administrar

**verabscheuen*** *vt* detestar, aborrecer

**verabschieden*** [fɛɐ'ʔapʃi:dən] **I.** *vt* ① (*Person*) despedir ② (*Gesetz, Haushalt*) aprobar **II.** *vr:* **sich** ~ despedirse (*von* de)

**verachten*** *vt* despreciar

**verächtlich** [fɛɐ'ʔɛçtlɪç] **I.** *adj* ① (*mit Verachtung*) despectivo ② (*abw: verachtenswert*) despreciable, pinche *Mex* **II.** *adv* con desprecio

**Verachtung** *f ohne pl* desprecio *m*

**verallgemeinern*** [---'--] *vt* generalizar

**Verallgemeinerung** *f* <-en> generalización *f*

**veralten*** [fɛɐ'ʔaltən] *vi sein* (*Geräte*) anticuarse; (*Ansichten*) pasar de moda; (*Wort, Methode*) caer en desuso

**veraltet** [fɛɐ'ʔaltət] *adj* (*Gerät*) anticuado; (*Ansichten*) pasado de moda

**Veranda** [ve'randa] *f* <Veranden> terraza *f* acristalada

**veränderlich** [fɛɐ'ʔɛndɐlɪç] *adj* variable; (*Wesen*) versátil

**verändern*** **I.** *vt* cambiar; (*verwandeln*) transformar **II.** *vr:* **sich** ~ cambiar; (*beruflich*) cambiar de trabajo; **sich zu seinem Nachteil** ~ cambiar para peor

**Veränderung** *f* <-en> cambio *m;* (*Abänderung*) modificación *f;* (*Verwandlung*) transformación *f*

**verängstigen*** *vt* intimidar

**verankern*** *vt* ① (*Schiff*) fondear ② (*Säule*) sujetar; **etw in der Verfassung** ~ establecer algo en la constitución

**veranlagt** [fɛɐ'ʔanla:kt] *adj:* **für etw** ~ **sein** tener predisposición para algo; **künstlerisch** ~ **sein** tener talento artístico; **prak-**

**tisch ~ sein** ser un manitas

**Veranlagung** *f* <-en> ① (*Neigung*) predisposición (*zu* para/a) ② (FIN) tasación *f* de los impuestos

**veranlassen*** *vt* ① (*anordnen*) disponer; **bitte ~ Sie, dass ...** por favor disponga que... +*subj* ② (*bewirken*) motivar; (*bewegen*) llevar; **sich zu etw** *dat* **veranlasst sehen** verse obligado a hacer algo

**Veranlassung** *f* <-en> ① (*Grund*) motivo *m;* **keine(rlei) ~ haben etw zu tun** no tener (ningun) motivo para hacer algo ② (*Anordnung*) orden *f;* (*Anregung*) iniciativa *f*

**veranschaulichen*** *vt* ilustrar; (INFOR) visualizar

**veranschlagen*** *vt* (*Zeit*) calcular (*für* para); (*Kosten*) evaluar (*mit/auf* en)

**veranstalten*** *vt* (*planen*) organizar; (*durchführen*) realizar, hacer

**Veranstalter(in)** *m(f)* <-s, -; -nen> organizador(a) *m(f)*

**Veranstaltung** *f* <-en> acto *m;* **Veranstaltungskalender** *m* cartelera *f* de espectáculos; **Veranstaltungsort** *m* lugar *m* del acto

**verantworten*** **I.** *vt* responder (de); **das kann ich nicht ~** no asumo la responsabilidad; **es ist nicht zu ~, dass ...** es irresponsable que... +*subj* **II.** *vr:* **sich ~** justificarse (*für/wegen* por)

**verantwortlich** *adj* ① (*Person*) responsable (*für* de); **jdn für etw ~ machen** responsabilizar a alguien de algo ② (*Tätigkeit*) de responsabilidad

**Verantwortliche(r)** *mf* <-n, -n; -n, -n> responsable *mf*

**Verantwortung** *f* <-en> responsabilidad *f* (*für* de); **jdn für etw zur ~ ziehen** hacer a alguien responsable de algo; **die ~ für etw übernehmen** asumir la responsabilidad de algo; **auf eigene ~** bajo propia responsabilidad; **die ~ für jdn/etw tragen** ser responsable de alguien/algo; **sich aus der ~ stehlen** lavarse las manos

**verantwortungsbewusst** *adj* consciente de su responsabilidad; **verantwortungslos** *adj* irresponsable; **sich ~ verhalten** comportarse de manera irresponsable; **verantwortungsvoll** *adj* ① (*Aufgabe, Tat*) de gran responsabilidad ② (*Person*) muy responsable

**verarbeiten*** *vt* ① (*Material*) utilizar ② (*bearbeiten*) trabajar, manufacturar; (*umwandeln*) transformar (*in* en) ③ (*verbrauchen*) gastar ④ (*Eindrücke*) digerir; (*psychisch bewältigen*) asimilar

**Verarbeitung** *f* <-en> ① (*Bearbeitung*) trabajo *m;* (*von Daten*) tratamiento *m,* procesamiento *m;* (*Umwandlung*) transformación *f* ② (*Verdauung*) digestión *f* ③ (*Aussehen, Ausführung*) acabado *m*

**verärgern*** *vt* enfadar

**Verärgerung** *f* <-en> enfado *m,* contrariedad *f,* disgusto *m;* **seine ~ war ihm anzumerken** se le notaba el enfado [*o* que estaba contrariado]

**verarmen*** *vi sein* empobrecer; **eine Bevölkerung ~ lassen** pauperizar una población

**Verarmung** *f ohne pl* empobrecimiento *m*

**verarschen*** *vt* (*vulg*) tomar el pelo (a), cachondearse (de) *vulg*

**verarzten*** *vt* (*fam*) tratar

**Verästelung** *f* <-en> ramificación *f*

**verausgaben*** [-ˈ---] *vr:* **sich ~** agotar sus fuerzas

**veräußern*** *vt* ① (*übereignen*) transferir (*an* a); (*verkaufen*) vender (*an* a) ② (JUR: *abtreten*) ceder (*an* a)

**Verb** [vɛrp] *nt* <-s, -en> (LING) verbo *m*

**verbal** [vɛrˈbaːl] *adj* (*a.* LING) verbal

**Verband** *m* <-(e)s, -bände> ① (MED) vendaje *m* ② (*Vereinigung*) asociación *f* ③ (MIL) unidad *f;* **Verband(s)kasten** *m* botiquín *m* de emergencia; **Verband(s)zeug** *nt* vendajes *mpl*

**verbannen*** [fɛɐ̯ˈbanən] *vt* desterrar (*aus* de)

**Verbannung** *f* <-en> destierro *m*

**verbarrikadieren*** [fɛɐ̯barikaˈdiːrən] **I.** *vt* levantar barricadas (en); (*Eingang*) bloquear (*mit* con) **II.** *vr:* **sich ~** montar una barricada

**verbauen*** *vt* ① (*versperren*) obstruir (con edificios); (*Aussicht*) quitar; **sich alle Chancen ~** cerrarse el camino ② (*Material*) emplear en la construcción; (*Geld*) gastar en la construcción ③ (*abw: schlecht bauen*) construir mal

**Verben** *pl von* **Verb**

**verbergen*** *irr* **I.** *vt* ① (*verstecken*) esconder (*vor* ante) ② (*verheimlichen*) ocultar; **ich habe nichts zu ~** no tengo nada que ocultar **II.** *vr:* **sich ~** esconderse

**verbessern*** **I.** *vt* ① (*besser machen*) mejorar; (*Rekord*) batir ② (*berichtigen*) corregir **II.** *vr:* **sich ~** ① (*Lage*) mejorar; **sich finanziell ~** mejorar su situación financiera ② (*beim Sprechen*) corregirse

**Verbesserung** *f* <-en> ① (*Änderung*) mejora *f* ② (*Korrektur*) corrección *f;* **Verbesserungsvorschlag** *m* propuesta *f* de mejora

**verbeten** *pp von* **verbitten**

**verbeugen*** *vr:* **sich ~** hacer una reverencia (*vor* ante)

**Verbeugung** *f* <-en> reverencia *f*

**verbiegen*** *irr* **I.** *vt* torcer **II.** *vr:* **sich** ~ torcerse

**verbieten*** *irr vt* prohibir; **jdm etw** ~ prohibir algo a alguien

**verbildlichen*** *vt* ilustrar; (*durch ein Beispiel*) ejemplificar

**verbilligen*** **I.** *vt* rebajar (el precio de); **verbilligter Eintritt für Senioren** entrada reducida para la tercera edad **II.** *vr:* **sich** ~ abaratarse

**verbinden*** *irr* **I.** *vt* ① (*zusammenfügen*) unir (*mit* con); **mit ihm verbindet mich nichts mehr** ya no me une nada a él; **das Angenehme mit dem Nützlichen** ~ unir lo agradable con lo práctico ② (*mit sich bringen*) conllevar; **die damit verbundenen Kosten** los gastos ocasionados ③ (*geh: zur Dankbarkeit verpflichten*) obligar; **ich wäre Ihnen sehr verbunden, wenn ...** le quedaría muy agradecido si... +*subj* ④ (*Holz*) ensamblar; (*Kabel*) empalmar, empatar *Am;* (*koppeln*) enganchar ⑤ (TEL) comunicar (*mit* con); ~ **Sie mich bitte mit Zimmer 44** póngame con la habitación 44, por favor; **Sie sind falsch verbunden** (*am Telefon*) se ha equivocado de número ⑥ (*assoziieren*) asociar (*mit* con) ⑦ (MED) vendar **II.** *vr:* **sich** ~ unirse (*mit* con); (CHEM) combinarse

**verbindlich** *adj* ① (*liebenswürdig*) amable; ~**sten Dank!** ¡muchísimas gracias! ② (*bindend*) vinculante; (*verpflichtend*) obligatorio

**Verbindung** *f* <-en> ① (*Zusammenhang, Beziehung*) relación *f* (*zwischen* entre, *mit* con); **in** ~ **mit** junto con; **etw/jdn mit etw** *dat* **in** ~ **bringen** relacionar algo/a alguien con algo ② (*Kontakt*) contacto *m;* **mit jdm in** ~ **stehen** estar en contacto con alguien; **sich mit jdm in** ~ **setzen** ponerse en contacto con alguien; **seine** ~**en spielen lassen** (*fam*) hacer valer sus influencias ③ (TECH) conexión *f;* (*Kopplung*) enganche *m* ④ (*Verkehrsweg, a.* TEL) comunicación *f* ⑤ (*Vereinigung*) asociación *f;* (UNIV) corporación *f* estudiantil ⑥ (CHEM) compuesto *m;* **eine** ~ **eingehen** formar un compuesto

**Verbindungsmann, -frau** *m, f* <-(e)s, -männer *o* -leute; -en> (*der Polizei*) (agente *mf* de) enlace *m;* (*Mittelsmann, -frau*) mediador(a) *m(f),* intermediario, -a *m, f;* **Verbindungsstück** *nt* pieza *f* de unión; **Verbindungstür** *f* puerta *f* de comunicación

**verbissen** [fɛɐ'bɪsən] **I.** *pp von* **verbeißen** **II.** *adj* ① (*hartnäckig*) obstinado ② (*Gesichtsausdruck*) avinagrado **III.** *adv* con obstinación; **man darf das nicht so** ~ **sehen** (*fam*) no hay que tomarlo tan al pie de la letra

**Verbissenheit** *f ohne pl* obstinación *f,* encarnizamiento *m*

**verbitten** *irr vt:* **sich** *dat* **etw** ~ no tolerar algo

**verbittern*** *vt* amargar

**Verbitterung** *f* <-en> amargura *f*

**verblassen*** *vi sein* ① (*Stoff, Foto*) perder (el) color; (*Farbe*) apagarse ② (*geh: Eindrücke*) desvanecerse

**Verbleib** [fɛɐ'blaɪp] *m* <-(e)s, *ohne pl*> (*geh*) ① (*Ort*) paradero *m* ② (*Verbleiben*) permanencia *f*

**verbleiben*** *irr vi sein* ① (*übereinkommen*) quedar en; **wir sind so verblieben, dass ...** hemos quedado en que... ② (*geh: übrig sein*) quedar; **in Erwartung Ihrer Antwort verbleibe ich ...** quedo en espera de su respuesta...

**verbleichen** <verbleicht, verblich *o* verbleichte, verblichen *o* verbleicht> *vi sein* (*Farbe*) apagarse; (*Stoff*) perder (el) color

**verbleit** [fɛɐ'blaɪt] *adj* con plomo

**verblenden*** *vt* ① (*Person*) deslumbrar ② (*Wand, Fassade*) revestir (*mit* de)

**Verblendung** *f* <-en> ① (*einer Person*) deslumbramiento *m* ② (*von Wand, Fassade*) revestimiento *m* (*mit* de)

**verblichen** [fɛɐ'blɪçən] **I.** *pp von* **verbleichen** **II.** *adj* ① (*Farbe*) apagado; (*Stoff*) descolorido ② (*Ruhm*) desvanecido

**verblieben** *pp von* **verbleiben**

**verblöden*** [fɛɐ'bløːdən] **I.** *vi sein* (*fam*) atontarse **II.** *vt* (*fam*) atontar

**verblüffen*** [fɛɐ'blʏfən] *vt* dejar perplejo

**verblühen*** *vi sein* marchitarse

**verbluten*** *vi sein* desangrarse

**verbogen** *pp von* **verbiegen**

**verbohrt** [fɛɐ'boːɐt] *adj* (*fam abw*) terco (como una mula)

**Verbohrtheit** *f ohne pl* terquedad *f*

**verborgen** [fɛɐ'bɔrgən] **I.** *pp von* **verbergen** **II.** *adj* oculto; (*versteckt*) escondido; **etw** ~ **halten** tener algo oculto; **das ist mir nicht** ~ **geblieben** ya me he enterado; **im V~en bleiben** permanecer oculto

**Verborgenheit** *f ohne pl* clandestinidad *f*

**Verbot** [fɛɐ'boːt] *nt* <-(e)s, -e> prohibición *f*

**verboten** [fɛɐ'boːtən] **I.** *pp von* **verbieten** **II.** *adj* ① (*untersagt*) prohibido ② (*fam: unmöglich*) fatal

**Verbotsschild** *nt* señal *f* de prohibición

**verbracht** *pp von* **verbringen**
**verbrannt** *pp von* **verbrennen**
**verbraten*** *irr vt* (*fam: Geld*) gastar(se)
**Verbrauch** *m* <-(e)s, *ohne pl*> consumo *m* (*an* de); **der Wagen ist sparsam im ~** el coche tiene un consumo muy bajo
**verbrauchen*** *vt* (*verwenden, ausgeben*) gastar; (*konsumieren*) consumir; (*aufbrauchen*) agotar; **verbrauchte Luft** aire viciado
**Verbraucher(in)** *m(f)* <-s, -; -nen> consumidor(a) *m(f)*; **verbraucherfeindlich** *adj* anti-consumidor; **verbraucherfreundlich** *adj* pro-consumidor; **Verbraucherschutz** *m* protección *f* al consumidor; **Verbraucherzentrale** *f* asociación *f* de consumidores
**verbraucht** *adj* gastado; (*Luft*) viciado; (*Mensch*) agotado
**verbrechen*** *irr vt* (*fam*): **was habe ich denn jetzt schon wieder verbrochen?** ¿qué mal he hecho esta vez?
**Verbrechen** *nt* <-s, -> delito *m*; **ein ~ begehen** cometer un delito; **Verbrechensbekämpfung** *f* lucha *f* contra el crimen
**Verbrecher(in)** *m(f)* <-s, -; -nen> delincuente *mf*
**verbrecherisch** [fɛɐ'brɛçərɪʃ] *adj* criminal
**verbreiten*** **I.** *vt* ① (*Neuigkeit*) difundir ② (*Licht, Wärme, Ruhe*) irradiar; (*Geruch*) despedir; (*Stimmung, Gefühl*) sembrar ③ (*Krankheit*) transmitir **II.** *vr:* **sich ~** ① (*Nachricht*) difundirse ② (*Krankheit*) transmitirse ③ (*Duft*) extenderse ④ (*sich auslassen*) explayarse (*über* acerca de)
**verbreitern*** **I.** *vt* ensanchar, ampliar (*um* en, *auf* a) **II.** *vr:* **sich ~** ensancharse, ampliarse
**verbreitet** *adj* extendido; (*Krankheit, Meinung*) común
**Verbreitung** *f ohne pl* ① (*von Nachrichten*) difusión *f*; **weite ~ finden** tener gran aceptación ② (*von Krankheiten*) propagación *f*; **Verbreitungsgebiet** *nt* (*einer Ware*) área *f* de distribución; (*einer Krankheit*) área *f* afectada
**verbrennen*** *irr* **I.** *vt* (*Holz, Mensch, Papier*) quemar; (*Leiche, Müll*) incinerar; **sich** *dat* **die Zunge ~** (*fam fig*) meter la pata **II.** *vi sein* (*Haus, Braten*) quemarse; (*Person*) morir abrasado **III.** *vr:* **sich ~** quemarse (*an* con)
**Verbrennung** *f* <-en> ① (*das Verbrennen*) combustión *f*; (*Leichen~, Müll~*) incineración *f* ② (MED) quemadura *f*; **~en zweiten Grades** quemaduras de segundo grado; **Verbrennungsmotor** *m* motor *m* de combustión interna; **Verbrennungsofen** *m* horno *m* de combustión; (*für Müll*) incineradora *f*
**verbringen*** *irr vt* ① (*zubringen*) pasar (*mit* con); **den Tag mit Lesen ~** pasar(se) el día leyendo ② (*transportieren*) transportar
**verbrochen** [fɛɐ'brɔxən] *pp von* **verbrechen**
**verbrüdern*** [fɛɐ'bry:dɐn] *vr:* **sich ~** hermanarse
**Verbrüderung** [fɛɐ'bry:dərʊŋ] *f* <-en> hermanamiento *m*
**verbrühen*** **I.** *vt* escaldar **II.** *vr:* **sich ~** escaldarse
**verbuchen*** *vt* (FIN) contabilizar; **einen Erfolg für sich ~** (*fam*) apuntarse un éxito
**verbummeln*** *vt* (*fam*) ① (*Zeit*) perder ② (*vergessen*) olvidar
**Verbund** [fɛɐ'bʊnt] *m* <-(e)s, -e> ① (WIRTSCH) unión *f*; **im ~ arbeiten** cooperar ② (TECH) ensambladura *f*
**verbunden** [fɛɐ'bʊndən] **I.** *pp von* **verbinden** **II.** *adj* ① (*verknüpft*) unido (*mit* a); (*gekoppelt*) acoplado (*mit* a); **damit sind Probleme ~** esto supone problemas ② (*dankbar*): **ich bin Ihnen sehr ~** le estoy muy agradecido
**verbünden*** [fɛɐ'bʏndən] *vr:* **sich ~** aliarse (*mit* con)
**Verbundenheit** *f ohne pl* (*zwischen Personen*) apego *m* (*mit* a); (*zu Heimat, Sitten*) lazo *m* (*mit* con)
**Verbündete(r)** *mf* <-n, -n; -n> aliado, -a *m, f*
**Verbundnetz** *nt* (ELEK) red *f* de distribución; **Verbundsystem** *nt* sistema *m* de billetes combinados
**verbürgen*** **I.** *vt* garantizar **II.** *vr:* **sich ~** responder (*für* de)
**verbüßen*** *vt* purgar; (JUR) cumplir
**verchromt** *adj* cromado
**verdacht** *pp von* **verdenken**
**Verdacht** [fɛɐ'daxt] *m* <-(e)s, -e> sospecha *f* (*auf* de); **~ erregen** despertar sospechas; **jdn in ~ bringen** hacer recaer las sospechas sobre alguien; **in ~ geraten** estar bajo sospecha; **jdn in ~ haben** sospechar de alguien; **im ~ stehen etw getan zu haben** ser sospechoso de haber hecho algo; **gegen jdn ~ schöpfen** concebir sospechas contra alguien; **über jeden ~ erhaben sein** estar fuera de toda sospecha
**verdächtig** [fɛɐ'dɛçtɪç] *adj* sospechoso; **er ist der Tat ~** es sospechoso del delito; **sich ~ machen** hacerse sospechoso; **die Sache ist mir ~** el asunto me da mala espina; **es war ~ still** había un silencio sospechoso

**Verdächtige(r)** *mf* <-n, -n; -n> sospechoso, -a *m, f*
**verdächtigen*** *vt* sospechar (de); **er wird des Diebstahls verdächtigt** es sospechoso del robo
**Verdachtsmoment** *nt* (JUR) indicio *m*
**verdammen*** [fɛɐ'damən] *vt* condenar (*zu* a); (REL) anatematizar
**verdammt** I. *adj* (*fam abw*) maldito; ~ **noch mal!** ¡maldita sea!, ¡concho! *Am;* ~**e Scheiße!** (*vulg*) ¡me cago en la mierda! II. *adv* (*fam abw*) terriblemente; ~ **gut** de putamadre *vulg*
**verdampfen*** *vi sein* evaporarse
**verdanken*** *vt* ❶ (*dankbar sein*): **jdm etw** ~ deber algo a alguien; **das ist ihm zu** ~ eso hay que agradecérselo a él ❷ (*Schweiz: Dank aussprechen*) agradecer
**verdarb** [fɛɐ'darp] *3. imp von* **verderben**
**verdauen*** [fɛɐ'daʊən] *vt* ❶ (*Nahrung*) digerir ❷ (*fam: Nachricht*) asimilar, digerir
**verdaulich** *adj:* **leicht/schwer** ~ fácil/difícil de digerir
**Verdauung** *f ohne pl* digestión *f;* **Verdauungsapparat** *m* (ANAT) aparato *m* digestivo; **Verdauungsmittel** *nt* (MED) digestivo *m;* **Verdauungsstörungen** *fpl* trastornos *mpl* digestivos
**Verdeck** [fɛɐ'dɛk] *nt* <-(e)s, -e> ❶ (AUTO) capota *f;* **mit aufklappbarem** ~ descapotable ❷ (NAUT) cubierta *f*
**verdecken*** *vt* ❶ (*bedecken*) tapar; **die Aussicht** ~ tapar la vista ❷ (*verheimlichen*) ocultar
**verdeckt** *adj* ❶ (*nicht sichtbar*) tapado ❷ (*verborgen*) oculto; ~**e Ermittlungen** pesquisas encubiertas
**verdenken*** *irr vt* (*geh*): **jdm etw** ~ tomar a mal algo a alguien
**verderben** [fɛɐ'dɛrbən] <verdirbt, verdarb, verdorben> I. *vi sein* (*Lebensmittel*) estropearse, abombarse *Am;* (*Person*) echarse a perder II. *vt* estropear; (*moralisch*) corromper; **sich** *dat* **die Augen** ~ estropearse la vista; **du hast es dir mit mir verdorben** conmigo ya te has cerrado todas las puertas; **es sich mit niemandem** ~ **wollen** querer estar a bien con todos
**Verderben** *nt* <-s, *ohne pl*> ruina *f;* **in sein** ~ **rennen** arruinarse; **jdn ins** ~ **stürzen** arruinar a alguien
**verderblich** [fɛɐ'dɛrplɪç] *adj* ❶ (*Lebensmittel*) perecedero ❷ (*schädlich*) nocivo, dañino
**verdeutlichen*** *vt* aclarar
**verdichten*** I. *vt* ❶ (PHYS, TECH) condensar ❷ (*Straßennetz*) ampliar II. *vr:* **sich** ~ (*Nebel*) volverse más denso; (*Gerücht, Verdacht*) aumentar
**Verdichtung** *f* <-en> ❶ (*Kondensation*) condensación *f;* (*Kompression*) compresión *f* ❷ (*des Straßennetzes*) ampliación *f;* **Verdichtungsraum** *m* (ÖKOL) aglomeración *f* urbana
**verdienen*** *vt* ❶ (*Lohn*) ganar; **seine Brötchen** ~ (*fam*) ganarse el pan; **leicht verdientes Geld** dinero fácil ❷ (*Lob, Vertrauen, Strafe*) merecer; **sie hat nichts Besseres verdient** no se merece nada mejor
**Verdienst**[1] *nt* <-(e)s, -e> mérito *m;* **es war einzig und allein sein** ~ el mérito fue todo suyo
**Verdienst**[2] *m* <-(e)s, -e> (*Einkommen*) sueldo *m;* (*Gewinn*) ganancias *fpl*
**Verdienstausfall** *m* pérdida *f* de ganancias; **Verdienstspanne** *f* (WIRTSCH) margen *m* de beneficio
**verdienstvoll** *adj* ❶ (*Tat*) meritorio ❷ (*Person*) de gran mérito
**verdient** *adj* ❶ (*Person*) de gran mérito ❷ (*Sieg, Lohn, Strafe*) merecido; **sich um etw** ~ **machen** comprometerse con algo
**verdirbt** [fɛɐ'dɪrpt] *3. präs von* **verderben**
**verdonnern*** *vt* (*fam*) condenar (*zu* a)
**verdoppeln*** I. *vt* duplicar (*auf* a) II. *vr:* **sich** ~ duplicarse
**Verdopp(e)lung** *f* <-en> duplicación *f*
**verdorben** [fɛɐ'dɔrbən] I. *pp von* **verderben** II. *adj* ❶ (*Fest, Lebensmittel*) estropeado ❷ (*moralisch*) depravado
**verdorren*** [fɛɐ'dɔrən] *vi sein* secarse
**verdrahten*** *vt* ❶ (*verschließen*) alambrar ❷ (ELEK) conectar
**verdrängen*** *vt* ❶ (*wegdrängen*) echar (*aus* de); (*aus Amt*) suplantar (*aus* de) ❷ (*ersetzen*) sustituir ❸ (NAUT) desplazar ❹ (PSYCH) reprimir
**Verdrängung** *f* <-en> ❶ (*von Person*) expulsión *f* (*aus* de); (*aus Amt*) suplantación *f* ❷ (*Ersetzung*) sustitución *f* ❸ (NAUT) desplazamiento *m* ❹ (PSYCH) represión *f*
**verdrecken*** I. *vi sein* (*fam abw*) ensuciarse II. *vt* (*fam abw*) ensuciar
**verdrehen*** *vt* ❶ (*Glieder*) (re)torcer; **die Augen** ~ torcer los ojos ❷ (*fam abw: falsch darstellen*) tergiversar
**verdreifachen*** *vt* triplicar
**verdreschen*** *irr vt* (*fam*) propinar una paliza, trillar *Am*
**verdrießlich** *adj* (*Miene*) avinagrado; ~ **sein** estar de mal humor
**verdroschen** *pp von* **verdreschen**
**verdrossen** [fɛɐ'drɔsən] I. *adj* malhumorado; (*unzufrieden*) descontento II. *adv* con disgusto

**Verdrossenheit** *f ohne pl* (*Verdrießlichkeit*) mal humor *m;* (*Lustlosigkeit*) desgana *f*
**verdrücken*** I. *vt* (*fam: essen*) tragar II. *vr:* **sich** ~ (*fam: verschwinden*) largarse
**Verdruss** [fɛɐ'drʊs] *m* <-es, -e> disgusto *m;* (*Ärger*) fastidio *m;* **zu meinem** ~ para mi disgusto
**verduften*** *vi sein* (*fam*) pirarse, alcanforarse *Col, Ven*
**Verdummung** *f ohne pl* atontamiento *m,* entontecimiento *m*
**verdunkeln*** I. *vt* ❶ (*Raum*) oscurecer ❷ (JUR) ocultar II. *vr:* **sich** ~ (*Himmel*) oscurecerse; **seine Miene verdunkelte sich** frunció el ceño
**Verdunk(e)lung** *f ohne pl* oscurecimiento *m;* (JUR) entorpecimiento *m* de la acción judicial; **Verdunk(e)lungsgefahr** *f ohne pl* (JUR) peligro *m* de entorpecimiento de la acción judicial
**verdünnen*** *vt* diluir, desparramar *Arg;* (*Sauce*) rebajar; (*Wein*) aguar
**Verdünner** *m* <-s, -> diluyente *m,* diluente *m*
**Verdünnungsmittel** *nt* diluyente *m*
**verdunsten*** *vi sein* evaporarse
**Verdunstung** *f ohne pl* evaporación *f,* volatilización *f*
**verdursten*** *vi sein* morir(se) de sed
**verdutzt** [fɛɐ'dʊtst] *adj* perplejo
**veredeln*** *vt* perfeccionar; (*Metalle, Erdöl*) refinar; (AGR: *Pflanzen*) injertar
**Vered(e)lung** *f* <-en> (AGR) injerto *m*
**verehren*** *vt* ❶ (*a.* REL) venerar; (*anbeten*) adorar; **verehrte Anwesende!** ¡señoras y señores! ❷ (*schenken*) regalar
**Verehrer(in)** *m(f)* <-s, -; -nen> admirador(a) *m(f)*
**Verehrung** *f ohne pl* (*a.* REL) veneración *f;* (*Anbetung*) adoración *f*
**vereidigen*** [fɛɐ'ʔaɪdɪgən] *vt* juramentar; **er wurde auf die Verfassung vereidigt** juró la constitución
**vereidigt** *adj* jurado
**Vereidigung** *f* <-en> prestación *f* de juramento; (*auf ein Amt*) jura *f* de un cargo
**Verein** [fɛɐ'ʔaɪn] *m* <-(e)s, -e> asociación *f;* (*Sport~, Fußball~*) club *m* deportivo; **eingetragener/gemeinnütziger** ~ asociación registrada/no lucrativa
**vereinbar** *adj* compatible (*mit* con)
**vereinbaren*** *vt* ❶ (*verabreden*) acordar; (*festlegen*) fijar; **wir haben vereinbart, dass ...** hemos acordado que... ❷ (*in Einklang bringen*) conciliar (*mit* con); **das kann ich nicht mit meinem Gewissen** ~ no puedo conciliarlo con mi conciencia
**Vereinbarung** *f* <-en> acuerdo *m;* (*schriftlich*) convenio *m;* **laut** ~ según (lo establecido en el) acuerdo; **Sprechstunde nach** ~ consulta previa cita
**vereinen*** I. *vt* (*geh*) unir; (*zusammenführen*) reunir; (*in Einklang bringen*) conciliar; **sie vereint alle notwendigen Eigenschaften** reúne todas las características necesarias; **mit vereinten Kräften** todos juntos II. *vr:* **sich** ~ (*geh*) reunirse
**vereinfachen*** *vt* simplificar
**Vereinfachung** *f* <-en> simplificación *f*
**vereinheitlichen*** *vt* uniformar; (*normierend*) estandarizar
**vereinigen*** I. *vt* unir; (*zusammenführen*) reunir; (*Firmen*) fusionar; **wieder** ~ reunificar; **alle Stimmen auf sich** ~ obtener todos los votos II. *vr:* **sich** ~ unirse, juntarse; (*zusammenkommen*) reunirse; **sich wieder** ~ reunificarse
**vereinigt** *adj* unido; **V~e Staaten** (**von Nordamerika**) Estados Unidos (de Norteamérica); **V~es Königreich** Reino Unido
**Vereinigung** *f* <-en> ❶ (*das Vereinigen*) (re)unión *f;* (*von Firmen*) fusión *f;* (POL) unificación *f* ❷ (JUR: *Organisation*) asociación *f*
**vereinnahmen*** [fɛɐ'ʔaɪnna:mən] *vt* ❶ (*Geld, Zinsen*) cobrar ❷ (*Beruf, Person*) acaparar
**vereinsamen*** *vi sein* ir quedándose solo
**vereinsamt** *adj* aislado, solitario
**Vereinsamung** *f ohne pl* aislamiento *m*
**Vereinslokal** *nt* club *m,* local *m* social
**vereinzelt** [fɛɐ'ʔaɪntsəlt] *adj* aislado; (*Schauer*) ocasional; **es regnet** ~ hay lluvias aisladas
**vereisen*** [fɛɐ'aɪzən] I. *vi sein* (*Straße*) cubrirse de hielo II. *vt* (MED) anestesiar (con frío)
**vereiteln*** [fɛɐ'aɪtəln] *vt* frustrar
**vereitern*** *vi sein* supurar
**verenden*** *vi sein* morir
**verengen*** I. *vt* estrechar II. *vr:* **sich** ~ (*Straße*) estrecharse; (*Pupille*) contraerse
**vererben*** I. *vt* ❶ (*hinterlassen*) dejar (en herencia) ❷ (BIOL, MED) transmitir por herencia (*auf* a) II. *vr:* **sich** ~ (BIOL, MED) transmitirse por herencia
**vererblich** *adj* hereditario
**Vererbung** *f* <-en> (BIOL, MED) transmisión *f* por herencia
**verewigen*** [fɛɐ'ʔe:vɪgən] *vt* perpetuar (*auf* a)
**verfahren**[1] *adj* sin salida
**verfahren***[2] *irr* I. *vi sein* ❶ (*vorgehen*) proceder (*nach* según); **wie sollen wir**

V

**weiter ~?** ¿cómo hemos de proceder? ❷ (*behandeln*) tratar (*mit* a); **streng mit jdm ~** tratar a alguien severamente **II.** *vt* (*Geld*) gastar (en dinero); (*Benzin*) gastar (en gasolina) **III.** *vr:* **sich ~** perderse

**Verfahren** *nt* <-s, -> ❶ (*Vorgehen*) procedimiento *m;* (*Methode*) método *m* ❷ (JUR: *Prozess*) causa *f;* **ein ~ gegen jdn einleiten** instruir una causa contra alguien; **Verfahrenstechnik** *f ohne pl* ingeniería *f* de procesos

**Verfall** *m* <-(e)s, *ohne pl*> ❶ (*von Gebäude*) desmoronamiento *m* ❷ (*geistig, gesundheitlich*) decaimiento *m* ❸ (*Niedergang*) decadencia *f* ❹ (*Eintrittskarte*) caducidad *f;* **Verfalldatum** *nt s.* **Verfallsdatum**

**verfallen*** *irr vi sein* ❶ (*Gebäude*) desmoronarse ❷ (*körperlich, geistig, kulturell*) decaer ❸ (*ungültig werden*) caducar; (*ablaufen*) vencer ❹ (*abhängig werden*) depender (+*dat* de); **in alte Fehler ~** recaer en viejos errores ❺ (*kommen auf*) caer en la cuenta (*auf* de); **sie verfiel auf die Idee, ...** se le ocurrió...

**Verfallsdatum** *nt* fecha *f* de caducidad

**verfälschen*** *vt* ❶ (*Lebensmittel, Wein*) adulterar ❷ (*Wahrheit, Daten*) falsificar

**Verfälschung** *f* <-en> ❶ (*von Lebensmitteln*) adulteración *f* ❷ (*von Bericht, Daten*) falsificación *f,* falseamiento *m*

**verfangen*** *irr* **I.** *vi* surtir efecto **II.** *vr:* **sich ~** enredarse; **sich in Widersprüchen ~** contradecirse

**verfänglich** [fɛɐ'fɛŋlɪç] *adj* (*Frage*) capcioso; (*Situation*) embarazoso

**verfärben*** *vr:* **sich ~** cambiar de color; (*Kleidung*) desteñirse

**Verfärbung** *f* <-en> ❶ (*Verlust der Farbe*) decoloración *f,* pérdida *f* del color ❷ (*Annahme anderer Farbe*) tinte *m* ❸ (*abweichende Färbung*) (de)coloración *f*

**verfassen*** *vt* redactar

**Verfasser(in)** *m(f)* <-s, -; -nen> autor(a) *m(f)*

**Verfassung** *f* <-en> ❶ (POL) constitución *f* ❷ (*Zustand*) condición *f;* (*seelisch*) estado *m* de ánimo; **in guter/schlechter ~ sein** estar en buenas/malas condiciones

**verfassunggebend** *adj* constituyente

**Verfassungsbeschwerde** *f* (JUR) recurso de amparo (constitucional) *m;* **Verfassungsgericht** *nt* tribunal *m* constitucional; **Verfassungsklage** *f* (JUR) recurso *m* de inconstitucionalidad; **Verfassungsschutz** *m* Oficina *f* Federal de Protección de la Constitución; **verfassungswidrig** *adj* anticonstitucional

**verfaulen*** *vi sein* pudrirse

**verfechten*** *irr vt* defender

**Verfechter(in)** *m(f)* <-s, -; -nen> defensor(a) *m(f)*

**verfehlen*** *vt* ❶ (*Zug*) perder; (*Person*) no encontrar ❷ (*Ziel, Zweck*) no conseguir; (*Schütze*) fallar (el blanco); **ich halte es für verfehlt, das zu tun** me parece equivocado hacer eso; **seine Wirkung ~** no surtir efecto; **das Thema ~** no acertar el tema

**verfehlt** *adj* (*nicht angebracht*) inadecuado; (*falsch*) falso

**verfeinden*** [fɛɐ'faɪndən] *vr:* **sich ~** enemistarse, contrapuntearse *Am*

**verfeinern*** [fɛɐ'faɪnɐn] *vt* (*Geschmack*) refinar; (*Methode*) perfeccionar

**Verfeinerung** *f* <-en> ❶ (*eines Gerichts*) mejoramiento *m* ❷ (*einer Methode*) refinamiento *m*

**verfilmen*** *vt* llevar a la pantalla

**Verfilmung** *f* <-en> adaptación *f* cinematográfica

**verfilzen*** *vi sein* (*Haare*) enredarse; (*Wolle, Pullover*) apelmazarse

**verfinstern*** *vr:* **sich ~** oscurecerse

**Verflechtung** *f* <-en> ❶ (*Verbindung*) entrelazamiento *m* ❷ (*Zusammenhang*) interdependencia *f*

**verfliegen*** *irr* **I.** *vi sein* ❶ (*Duft, Alkohol*) evaporarse ❷ (*Ärger, Begeisterung*) desvanecerse; (*Zeit*) pasar volando **II.** *vr:* **sich ~** perderse

**verflixt** [fɛɐ'flɪkst] *adj* (*fam*) endemoniado; **~ und zugenäht!** ¡maldito sea!

**verflogen** *pp von* **verfliegen**

**verfluchen*** *vt* maldecir

**verflucht** *adj* (*fam*) maldito; **~ noch mal!** ¡joder!

**verflüchtigen*** *vr:* **sich ~** ❶ (*Duft, Alkohol*) evaporarse ❷ (*Ärger, Hoffnung*) desvanecerse; (*Bedenken*) disiparse ❸ (*fam: Person*) perderse (del mapa)

**verflüssigen*** **I.** *vt* (*Luft*) licuar **II.** *vr:* **sich ~** licuarse

**verfochten** *pp von* **verfechten**

**verfolgen*** *vt* ❶ (*allgemein*) perseguir; **etw gerichtlich ~** perseguir algo judicialmente; **vom Unglück verfolgt** perseguido por la desgracia; **welche Absicht verfolgt er?** ¿qué intención persigue? ❷ (*Spur*) seguir, bandear *AmC* ❸ (*Handlung*) observar; (*Unterricht*) seguir

**Verfolger(in)** *m(f)* <-s, -; -nen> perseguidor(a) *m(f)*

**Verfolgte(r)** *mf* <-n, -n; -n> perseguido, -a *m, f;* **politisch ~** perseguidos políticos

**Verfolgung** *f* <-en> persecución *f,* siga *f*

*Chil;* **Verfolgungsjagd** *f* persecución *f;* **Verfolgungswahn** *m* (PSYCH) manía *f* persecutoria

**verformen*** **I.** *vt* deformar **II.** *vr:* **sich** ~ deformarse

**verfrachten*** *vt* expedir; (*mit Schiff*) fletar; **jdn in das Auto** ~ (*fam*) meter a alguien en el coche

**verfremden*** *vt* distanciar

**Verfremdung** *f* <-en> distanciamiento *m*

**verfressen**[1] *adj* (*fam abw*) tragón, glotón

**verfressen***[2] *irr vt* (*fam*) gastar en comida

**verfrühen*** *vr:* **sich** ~ llegar demasiado temprano

**verfrüht** *adj* prematuro

**verfügbar** *adj* disponible

**verfügen*** **I.** *vi* (*Zeit, Besitz*) disponer (*über* de); (*ausgestattet sein*) estar provisto (*über* de); **über Erfahrung** ~ tener experiencia **II.** *vt* ordenar

**Verfügung** *f* <-en> ❶ (*Anordnung*) orden *f;* **einstweilige** ~ medida provisional cautelar; **eine** ~ **erlassen** decretar una orden ❷ (*Disposition*) disposición *f;* **etw zu seiner/zur** ~ **haben** tener algo a su disposición; **jdm etw zur** ~ **stellen** poner algo a disposición de alguien; **sich zur** ~ **halten** mantenerse a disposición

**verführen*** *vt* ❶ (*anstiften*) inducir (*zu* a) ❷ (*sexuell*) seducir

**Verführer(in)** *m(f)* <-s, -; -nen> seductor(a) *m(f)*

**verführerisch** *adj* seductor; (*reizvoll*) tentador

**Verführung** *f* <-en> seducción *f;* ~ **Minderjähriger** corrupción de menores

**verfüttern*** *vt* dar de comer

**Vergabe** *f* <-n> adjudicación *f*

**vergammeln*** **I.** *vi sein* (*fam: verfaulen*) pudrirse **II.** *vt* (*fam: Zeit*) perder

**vergammelt** *adj* (*fam*) ❶ (*Nahrung*) podrido ❷ (*abw: Aussehen*) miserable, cutre

**vergangen** [fɛɐ'gaŋən] *pp von* **vergehen**

**Vergangenheit** *f ohne pl* ❶ (*Zurückliegendes*) pasado *m;* **das gehört der** ~ **an** esto pertenece al pasado; **in der jüngsten** ~ recientemente ❷ (LING) pretérito *m;* **Vergangenheitsbewältigung** *f ohne pl* enfrentamiento *m* crítico con el pasado

**vergänglich** [fɛɐ'gɛŋlɪç] *adj* pasajero; (*flüchtig*) efímero

**Vergänglichkeit** *f ohne pl* carácter *m* transitorio [*o* efímero]

**vergasen*** [fɛɐ'ga:zən] *vt* ❶ (*Kohle, Koks*) gasificar ❷ (*Menschen*) asfixiar con gas

**Vergaser** *m* <-s, -> (AUTO) carburador *m*

**vergaß** [fɛɐ'ga:s] *3. imp von* **vergessen**

**vergeben*** *irr vt* ❶ (*allgemein*) dar; (*zuweisen*) adjudicar; (*verteilen*) distribuir; (*Stipendium, Preis*) conceder; **einen Auftrag an jdn** ~ adjudicar un encargo a alguien; **er/sie ist schon** ~ él/ella tiene compromiso ❷ (*Chance, Möglichkeit*) desperdiciar, no aprovechar; **du wirst dir nichts** ~**, wenn ...** no vas a perder tu nombre por... +*inf* ❸ (*zuteilen*) distribuir ❹ (*geh: verzeihen*) perdonar; **die Sache ist** ~ **und vergessen** el asunto está perdonado y olvidado

**vergebens** [fɛɐ'ge:bəns] *adv* en vano, ñudo *Am: fam*

**vergeblich** **I.** *adj* inútil **II.** *adv* en vano

**Vergebung** *f* <-en> (*geh*) perdón *m;* (*von Sünden*) remisión *f;* **jdn für etw um** ~ **bitten** pedir perdón a alguien por algo

**vergegenwärtigen*** [---'---] *vt:* **sich** *dat* **etw** ~ (*vor Augen rufen*) tener algo presente; (*sich vorstellen*) imaginarse algo; (*sich erinnern*) acordarse de algo

**vergehen*** *irr* **I.** *vi sein* ❶ (*Zeit*) pasar; **wie die Zeit vergeht!** ¡cómo pasa el tiempo!; **vergangene Woche** la semana pasada ❷ (*aufhören*) pasar(se), quitarse; (*verschwinden*) desaparecer; (*nachlassen*) disminuir; **mir ist der Appetit vergangen** se me ha quitado el apetito ❸ (*schmachten*) morirse (*vor* de) **II.** *vr:* **sich** ~ infringir (*gegen*); **sich an jdm** ~ abusar de alguien

**Vergehen** *nt* <-s, -> infracción *f* (*gegen* de)

**vergelten*** *irr vt:* **jdm etw** ~ devolver algo a alguien; (*rächen*) desquitarse de algo con alguien; **Gleiches mit Gleichem** ~ pagar algo con la misma moneda

**Vergeltung** *f* <-en> ❶ (*Belohnung*) recompensa *f* ❷ (*Rache*) desquite *m;* ~ **für etw üben** desquitarse de algo; **Vergeltungsmaßnahme** *f* represalia *f;* ~**n durchführen** tomar represalias; **Vergeltungsschlag** *m* acto *m* de represalia

**vergessen** [fɛɐ'gɛsən] <vergisst, vergaß, vergessen> **I.** *vt* olvidar; **ehe ich es vergesse** antes de que se me olvide...; **nicht zu** ~ **...** no olvide...; **das kannst du** ~**!** (*fam*) ¡olvídate de eso! **II.** *vr:* **sich** ~ propasarse

**Vergessenheit** *f ohne pl* olvido *m;* **in** ~ **geraten** caer en el olvido

**vergesslich** *adj* olvidadizo, despistado *fam*

**Vergesslichkeit** *f ohne pl* falta *f* de memoria

**vergeuden*** [fɛɐ'gɔɪdən] *vt* desperdiciar; (*Geld*) despilfarrar

**vergewaltigen*** [fɛɐgə'valtɪgən] *vt* violar

**Vergewaltigung** *f* <-en> violación *f*

**vergewissern*** [fɛɐgə'vɪsɐn] *vr:* **sich** ~ cerciorarse (*über* de)

**vergießen*** *irr vt* derramar

**vergiften*** **I.** *vt* intoxicar; (*tödlich*) envenenar **II.** *vr:* **sich ~** intoxicarse; (*tödlich*) envenenarse

**Vergiftung** *f* <-en> envenenamiento *m;* (MED) intoxicación *f*

**vergilbt** *adj* amarillento

**Vergissmeinnicht** [fɛɐ'gɪsmaɪnɪçt] *nt* <-(e)s, -(e)> (BOT) nomeolvides *m inv*

**vergisst** [fɛɐ'gɪst] *3. präs von* **vergessen**

**verglasen*** [fɛɐ'gla:zən] *vt* acristalar, poner cristales (a)

**Vergleich** *m* <-(e)s, -e> ① (*das Vergleichen*) comparación *f;* **~e ziehen** establecer una comparación; **in keinem ~ zu etw** *dat* **stehen** no tener comparación con algo; **im ~ zu jdm/etw** *dat* en comparación con alguien/algo ② (JUR) acuerdo *m;* **einen ~ schließen** llegar a un acuerdo

**vergleichbar** *adj* comparable (*mit* a)

**vergleichen*** *irr* **I.** *vt* comparar; **das kann man nicht ~** (*fam*) esto no se puede comparar; **verglichen mit ...** comparado con... **II.** *vr:* **sich ~** (JUR) llegar a un acuerdo

**vergleichsweise** *adv* en comparación

**verglichen** *pp von* **vergleichen**

**verglühen*** *vi sein* irse extinguiendo, apagarse lentamente

**vergnügen*** [fɛɐ'gny:gən] **I.** *vr:* **sich ~** divertirse **II.** *vt* divertir

**Vergnügen**[1] [fɛɐ'gny:gən] *nt* <-s, *ohne pl*> (*Gefallen*) gusto *m;* (*Freude*) placer *m;* **es ist ein ~ ihm zuzusehen** da gusto verle; **es ist mir ein ~** encantado; **an etw** *dat* **~ finden** tener placer con algo; **das bereitet mir ~** eso me encanta; **mit wem habe ich das ~?** ¿con quién tengo el gusto de hablar?; **viel ~!** ¡que lo pase(s) bien!; **mit ~** con mucho gusto

**Vergnügen**[2] *nt* <-s, -> (*Zeitvertreib*) diversión *f;* **ein teures ~** una diversión muy cara; **sich ins ~ stürzen** (*fam*) entregarse de lleno al placer; (*iron*) poner manos a la obra

**vergnügt** *adj* alegre (*über* por)

**Vergnügung** *f* <-en> entretenimiento *m;* (*Spaß*) diversión *f;* **Vergnügungspark** *m* parque *m* de atracciones; **Vergnügungsviertel** *nt* barrio *m* de entretenimiento

**vergolden*** *vt* dorar

**vergolten** *pp von* **vergelten**

**vergossen** *pp von* **vergießen**

**vergöttern*** [fɛɐ'gœtɐn] *vt* adorar

**vergraben*** *irr* **I.** *vt* enterrar **II.** *vr:* **sich ~** (*sich zurückziehen*) encerrarse (*in* en), retirarse (*in* a)

**vergrämt** [fɛɐ'grɛ:mt] *adj* acongojado

**vergrätzen*** [fɛɐ'grɛtsən] *vt* (*fam*) enfadar, irritar

**vergraulen*** [fɛɐ'graʊlən] *vt* (*fam*) ahuyentar

**vergreifen*** *irr vr:* **sich ~** ① (*danebengreifen*) equivocarse ② (*angreifen*): **sich an jdm ~** atacar a alguien; (*sexuell*) abusar de alguien; **sich an etw** *dat* **~** usurpar algo ③ (*sich unpassend ausdrücken*) equivocarse (*in* con)

**vergreisen*** [fɛɐ'graɪzən] *vi sein* ① (*senil werden*) volverse senil ② (*Bevölkerung*) envejecer

**vergriffen** [fɛɐ'grɪfən] **I.** *pp von* **vergreifen** **II.** *adj* (*Ware*) agotado

**vergrößern*** [fɛɐ'grø:sɐn] **I.** *vt* ① (*räumlich*) agrandar; (*erweitern*) ampliar ② (*Lupe, Linse*) aumentar; (FOTO) ampliar ③ (*vermehren*) aumentar, acrecentar; (*Wissen*) ampliar ④ (*verschlimmern*) agravar **II.** *vr:* **sich ~** ① (*sich erweitern*) ampliarse; (*Pupille, Organ*) dilatarse ② (*zunehmen*) aumentar

**Vergrößerung** *f* <-en> ① (*räumlich*) agrandamiento *m;* (*Erweiterung*) ampliación *f* ② (FOTO) ampliación *f;* (*Optik*) aumento *m;* **in 500facher ~** ampliado en una escala de 500:1 ③ (*Zunahme*) incremento *m* ④ (*Verschlimmerung*) agravación *f;* **Vergrößerungsglas** *nt* cristal *m* de aumento

**vergucken*** *vr:* **sich ~** (*fam*) ① (*irren*) equivocarse ② (*verlieben*) enamorarse (*in* de)

**vergünstigt** *adj* (*Preis*) rebajado

**Vergünstigung** *f* <-en> ventaja *f;* (*bei Preis*) rebaja *f*

**vergüten*** [fɛɐ'gy:tən] *vt* ① (*Arbeit*) remunerar; **jdm etw ~** (*entschädigen*) indemnizar a alguien por algo; (*erstatten*) reembolsar algo a alguien ② (*Metall*) templar ③ (*Linse, Objektiv*) proveer de una capa antireflectora

**Vergütung** *f* <-en> ① (*für Arbeit*) remuneración *f* ② (*Rückerstattung*) reembolso *m* ③ (TECH) temple *m*

**verhaften*** [fɛɐ'haftən] *vt* detener; **Sie sind verhaftet!** ¡está Ud. detenido!

**Verhaftete(r)** *mf* <-n, -n; -n, -n> preso, -a *m, f,* recluso, -a *m, f*

**Verhaftung** *f* <-en> detención *f,* arresto *m*

**verhallen*** *vi sein* ① (*Ton*) extinguirse ② (*Bitten*) no ser escuchado

**verhalten**[1] *adj* reservado; **die ~e Wut** la rabia contenida

**verhalten***[2] *irr vr:* **sich ~** ① (*sich benehmen*) comportarse; **sich jdm gegenüber unverschämt ~** comportarse desvergonzadamente con alguien ② (*Sache, a.* MATH) ser (*zu* a); **wie verhält es sich mit ...?** ¿qué pasa con...?; **in Wirklichkeit verhält es sich ganz anders** la realidad es muy distinta

**Verhalten** *nt* <-s, *ohne pl*> ① (*Benehmen*) comportamiento *m;* (*Haltung*) actitud *f* ② (CHEM) reacción *f;* **Verhaltensforschung** *f ohne pl* etología *f;* **verhaltensgestört** *adj* trastornado; **Verhaltensstörung** *f* (MED, PSYCH) trastorno *m* en el comportamiento; **Verhaltensweise** *f* comportamiento *m*

**Verhältnis** [fɛɐ̯ˈhɛltnɪs] *nt* <-ses, -se> ① (*Relation*) relación *f;* **im ~ zu** en relación a; **ein ~ von fünf zu eins** una relación de cinco por uno; **die Kosten stehen in keinem ~ zum Erfolg** los gastos no están en relación ninguna con el éxito ② (*persönliches ~*) relación *f;* **ein freundschaftliches ~** una relación amistosa; **ein gestörtes ~ zu jdm/etw** *dat* **haben** tener una relación difícil con alguien/algo ③ (*fam: Liebes~*) relaciones *fpl,* lío *m fam;* **ein ~ mit jdm haben** tener un lío con alguien ④ *pl* (*Umstände*) condiciones *fpl;* **sie lebt über ihre ~se** vive por encima de sus posibilidades; **in bescheidenen ~sen leben** vivir modestamente; **klare ~se schaffen** poner las cosas en claro

**verhältnismäßig** *adv* ① (*relativ*) relativamente ② (*proportional*) proporcionalmente

**Verhältniswort** *nt* (LING) preposición *f*

**verhandeln*** **I.** *vi* negociar (*über*) **II.** *vt* (JUR) debatir

**Verhandlung** *f* <-en> ① (*das Verhandeln*) negociación *f;* **~en führen** negociar; **mit jdm in ~en treten** entrar en negociaciones con alguien ② (JUR) juicio *m;* **Verhandlungsbasis** *f* base *f* de negociación; **verhandlungsfähig** *adj* (JUR) capaz de litigar; **Verhandlungspartner(in)** *m(f)* (JUR, WIRTSCH) negociador(a) *m(f);* (*Prozesspartei*) litigante *mf;* (*Vertrag*) contratante *mf;* **Verhandlungssache** *f* tema *m* de negociación; **der Preis ist ~** precio a convenir; **Verhandlungstisch** *m* mesa *f* de negociaciones

**verhangen** [fɛɐ̯ˈhaŋən] *adj* cubierto (*mit* de)

**verhängen*** *vt* ① (*zuhängen*) cubrir ② (JUR: *Strafe*) imponer (*über* a); (*Embargo*) ordenar (*über* para); (*Ausnahmezustand*) proclamar (*über* en)

**Verhängnis** *nt* <-ses, -se> perdición *f;* (*Katastrophe*) desastre *m;* **das wurde ihr zum ~** eso fue su perdición; **verhängnisvoll** *adj* fatal

**verharmlosen*** *vt* minimizar

**Verharmlosung** *f* <-en> minimización *f*

**verharren*** *vi* (*geh*) ① (*beharrlich sein*): **auf etw** *dat* **~** perseverar en algo ② (*bleiben, innehalten*): **in einer Stellung ~** perseverar en una posición

**verhärten*** **I.** *vt* endurecer **II.** *vr:* **sich ~** endurecerse

**Verhärtung** *f* <-en> ① (*Verhärten*) endurecimiento *m* ② (*Schwiele*) callo *m*

**verhaspeln*** [fɛɐ̯ˈhaspəln] *vr:* **sich ~** (*fam*) ① (*beim Sprechen*) atascarse ② (*in Fäden*) enredarse

**verhasst** [fɛɐ̯ˈhast] *adj* odiado; **sich bei jdm ~ machen** atraerse los odios de alguien; **diese Arbeit ist mir ~** odio este trabajo

**verhätscheln*** [fɛɐ̯ˈhɛtʃəln] *vt* malcriar, engreír *Am*

**Verhau** [fɛɐ̯ˈhaʊ] *m o nt* <-(e)s, -e> empalizada *f*

**verhauen** <verhaut, verhaute, verhauen> **I.** *vt* (*fam*) ① (*prügeln*) dar una paliza ② (*schlecht machen*): **die Klausur hab' ich ~!** (*fam*) ¡el examen me salió de pena! **II.** *vr:* **sich ~** (*fam*) meter la pata

**verheddern*** [fɛɐ̯ˈhɛdɐn] *vr:* **sich ~** (*fam*) ① (*Fäden*) enredarse (*in* en) ② (*sich versprechen*) atascarse

**verheerend** *adj* ① (*furchtbar*) desastroso ② (*fam: scheußlich*) espantoso

**verhehlen*** [fɛɐ̯ˈheːlən] *vt* (*geh*) ocultar; **jdm etw ~** ocultar algo a alguien

**verheilen*** *vi sein* (*Wunde*) cerrarse; (*vernarben*) cicatrizar

**verheimlichen*** *vt* ocultar; **ich habe nichts zu ~** no tengo nada que ocultar

**verheiraten*** **I.** *vr:* **sich ~** casarse; **jung/glücklich verheiratet** recién/felizmente casado **II.** *vt* casar

**verheißen*** *irr vt* (*geh*) prometer

**Verheißung** *f* <-en> (*geh*) promesa *f;* **verheißungsvoll** *adj* prometedor

**verhelfen*** *irr vi:* **jdm zu etw** *dat* **~** ayudar a alguien a conseguir algo; **jdm zur Flucht ~** ayudar a alguien a fugarse

**verherrlichen*** *vt* glorificar

**Verherrlichung** *f* <-en> glorificación *f*

**verheult** [fɛɐ̯ˈhɔɪlt] *adj* (*fam*) lloroso; **~e Augen haben** tener los ojos hinchados de haber llorado

**verhexen*** *vt* embrujar, embichar *Arg;* **das ist wie verhext!** (*fam*) ¡esto está embrujado!

**verhindern*** *vt* impedir, barajar *Chil, Mex;* (*vermeiden*) evitar; **das lässt sich leider nicht ~** desgraciadamente esto no se puede evitar; **ich war gestern dienstlich verhindert** ayer no pude venir por cuestión de negocios

**verhindert** *adj* (*mit verborgener Begabung*) frustrado

**verhöhnen*** *vt* burlarse (de), mofarse (de), pifiar *Arg, And*

**verhökern*** [fɛɐ̯ˈhøːkɐn] *vt* (*fam*) vender barato

**verholfen** *pp von* **verhelfen**

**Verhör** [fɛɐ̯ˈhøːɐ̯] *nt* <-(e)s, -e> interrogatorio *m*; **jdn ins ~ nehmen** (*fam*) pedir(le) cuentas a alguien

**verhören*** **I.** *vt* interrogar **II.** *vr:* **sich ~** entender mal

**verhüllen*** *vt* ❶ (*bedecken*) cubrir ❷ (*verbergen*) ocultar; (*beschönigen*) disimular; **eine verhüllte Morddrohung** una amenaza de muerte disimulada

**verhungern*** *vi sein* morir de hambre

**verhüten*** *vt* (*Schaden, Krankheit*) prevenir; (*verhindern*) impedir; **die Empfängnis ~** usar métodos anticonceptivos

**Verhütung** *f* <-en> prevención *f*; (*Empfängnis~*) contracepción *f*; **Verhütungsmittel** *nt* anticonceptivo *m*

**verifizieren*** [verifiˈtsiːrən] *vt* verificar

**verinnerlichen*** *vt* interiorizar

**verirren*** *vr:* **sich ~** perderse

**verjagen*** *vt* ahuyentar, echar *fam*

**verjähren*** [fɛɐ̯ˈjɛːrən] *vi sein* prescribir

**Verjährung** *f* <-en> prescripción *f*; **Verjährungsfrist** *f* (JUR) plazo *m* prescriptivo

**verjubeln*** *vt* (*fam*) despilfarrar, derrochar

**verjüngen*** [fɛɐ̯ˈjʏŋən] **I.** *vt* ❶ (*Aussehen*) rejuvenecer ❷ (*Belegschaft*) renovar **II.** *vr:* **sich ~** ❶ (*schmaler, enger werden*) estrecharse ❷ (*jüngeres Aussehen bekommen*) rejuvenecerse

**Verjüngung** *f* <-en> ❶ (*des Aussehens*) rejuvenecimiento *m* ❷ (*des Personals*) renovación *f*

**verkabeln*** *vt* tender cables

**Verkabelung** *f* <-en> cableado *m*

**verkalken*** *vi sein* ❶ (*Maschine*) cubrirse de cal ❷ (MED) calcificarse ❸ (*fam: Person*) volverse chocho

**verkalkulieren*** *vr:* **sich ~** equivocarse en el cálculo (*bei/in* de)

**Verkalkung** *f* <-en> ❶ (*Kalkablagerung*) calcificación *f* ❷ (*der Arterien*) esclerosis *f inv* ❸ (*fam: Vergreisung*) senilidad *f*

**verkannt** [fɛɐ̯ˈkant] **I.** *pp von* **verkennen** **II.** *adj* no apreciado

**verkappt** [fɛɐ̯ˈkapt] *adj* disfrazado

**verkatert** [fɛɐ̯ˈkaːtɐt] *adj* (*fam*) trasnochado; **ich bin ~** tengo resaca

**Verkauf**[1] *m* <-(e)s, -käufe> (*das Verkaufen*) venta *f*; **zum ~ stehen** estar en venta

**Verkauf**[2] *m* <-(e)s, *ohne pl*> (*~sabteilung*) departamento *m* de ventas

**verkaufen*** **I.** *vt* ❶ (*veräußern*) vender (*an* a, *für* por), trocar *CSur;* **zu ~** se vende; **jdn für dumm ~** tomar a alguien por tonto ❷ (*fam: glauben machen*) hacer creer; **jdm etw als große Leistung ~** hacer creer a alguien que algo es una cosa del otro mundo **II.** *vr:* **sich ~** venderse; **sich teuer ~** venderse caro; **sich gut/schlecht ~** venderse bien/mal

**Verkäufer(in)** *m(f)* <-s, -; -nen> vendedor(a) *m(f)*; (*in Geschäft*) dependiente, -a *m, f*

**verkäuflich** *adj* en venta; **nicht ~ sein** no estar en venta; **schwer ~ sein** venderse mal

**verkaufsoffen** *adj:* **~er Samstag** *sábado en el que las tiendas están abiertas durante todo el día;* **Verkaufspreis** *m* precio *m* de venta; **Verkaufsschlager** *m* éxito *m* de ventas; **Verkaufszahlen** *fpl* cifras *fpl* de venta

**Verkehr** [fɛɐ̯ˈkeːɐ̯] *m* <-(e)s, *ohne pl*> ❶ (*Fahrzeug~, Güter~*) tráfico *m*; (*Umlauf, Straßen~*) circulación *f*; **etw aus dem ~ ziehen** retirar algo de la circulación; (*Fahrzeug*) retirar del servicio; **jdn aus dem ~ ziehen** (*fam*) quitar de en medio a alguien ❷ (*Umgang*) contacto *m*; **in regem ~ mit jdm stehen** tener mucho contacto con alguien ❸ (*Geschlechts~*) relaciones *fpl* sexuales

**verkehren*** **I.** *vi* ❶ *haben o sein* (*auf Strecke*) cubrir el recorrido (*zwischen ... und* de... a); (*Verkehrsmittel*) circular ❷ (*sich aufhalten*) frecuentar; **in dem Lokal verkehre ich nicht** no frecuento este local; **mit jdm ~** tener trato con alguien; (*brieflich*) estar en correspondencia con alguien; (*Geschlechtsverkehr haben*) mantener relaciones sexuales con alguien **II.** *vt:* **etw ins Gegenteil ~** tergiversar algo hasta obtener lo contrario

**Verkehrsampel** *f* semáforo *m*; **Verkehrsamt** *nt* oficina *f* de turismo; **Verkehrsanbindung** *f* enlace *m* a la vía pública [*o* férrea]; **Verkehrsaufkommen** *nt ohne pl* volumen *m* de tráfico; **verkehrsberuhigt** *adj:* **~e Zone** zona *f* de tráfico reducido; **Verkehrschaos** *nt* caos *m inv* en la circulación; (*außerhalb von Ortschaften*) caos *m inv* en la carretera; **Verkehrsdichte** *f* densidad *f* del tráfico; **Verkehrsdurchsage** *f* información *f* de tráfico; **Verkehrserziehung** *f* educación *f* vial; **Verkehrsflugzeug** *nt* avión *m* de línea; **Verkehrs-**

**funk** *m* servicio *m* radiofónico de información sobre el estado de las carreteras; **verkehrsgefährdend** *adj* que pone en peligro la circulación [*o* el tráfico]; **verkehrsgünstig** *adj* bien situado (en relación a la infraestructura y medios de transporte), bien ubicado *Am;* **Verkehrshindernis** *nt* obstáculo *m* para la circulación [*o* para el tráfico]; **ein ~ sein** ser un obstáculo para la circulación; **Verkehrshinweis** *m* información *f* sobre el estado de las carreteras; **Verkehrsinsel** *f* isleta *f;* **Verkehrsknotenpunkt** *m* nudo *m* de comunicaciones; **Verkehrskontrolle** *f* control *m* de la circulación; **Verkehrslage** *f* situación *f* de tráfico; **Verkehrsmittel** *nt* medio *m* de transporte; **die öffentlichen ~** los medios de transporte públicos; **Verkehrsnetz** *nt* red *f* viaria [*o* de comunicaciones]; **Verkehrsordnung** *f* (ADMIN) código *m* de la circulación; **Verkehrsplanung** *f* planificación *f* de la infraestructura vial; **Verkehrspolizei** *f ohne pl* policía *f* de tráfico; **Verkehrsregel** *f* regla *f* de tráfico; **Verkehrsregelung** *f* (*durch Polizei*) regulación *f* del tráfico; (*durch Verkehrszeichen*) señalización *f;* **Verkehrsschild** *nt* señal *f* de tráfico; **verkehrssicher** *adj* apto para la circulación; **Verkehrssicherheit** *f ohne pl* seguridad *f* vial; **Verkehrsstraße** *f* carretera *f;* **Verkehrssünder(in)** *m(f)* infractor(a) *m(f)* de las reglas de tráfico; **Verkehrsteilnehmer(in)** *m(f)* usuario, -a *m, f* de la vía pública; **Verkehrstote(r)** *mf* muerto, -a *m, f* en accidente de tráfico; **Verkehrsunfall** *m* accidente *m* de tráfico; **Verkehrsverbund** *m* asociación *f* de empresas de transporte público; **Verkehrsverein** *m* oficina *f* de turismo; **Verkehrsweg** *m* vía *f* de comunicación; **Verkehrswesen** *nt ohne pl* servicio *m* de transportes y comunicaciones; **verkehrswidrig** *adj* contrario a las reglas de tráfico; **sich ~ verhalten** infringir las reglas de tráfico; **Verkehrszeichen** *nt* señal *f* de tráfico

**verkehrt** [fɛɐ'keːɐt] **I.** *adj* equivocado; (*falsch*) erróneo; **das ist total ~** esto es completamente erróneo; **das ist gar nicht so ~** esto no está del todo mal; (**mit etw** *dat*) **an den V~en geraten** (*fam*) dirigirse (con algo) a la persona errónea; **ich will nichts V~es sagen** no quiero decir algo equivocado **II.** *adv* (*umgekehrt*) al revés, a la inversa; (*falsch*) mal; **~ herum** al revés, a la inversa; **etw ~ herum anhaben** llevar algo (puesto) del revés; **etw ~ machen** hacer algo mal

**verkeilen*** **I.** *vt* (*Fahrzeug usw.*) acuñar **II.** *vr:* **sich ~** agarrotarse

**verkeilt** *adj:* (**ineinander**) **~** incrustados

**verkennen*** *irr vt* (*falsch beurteilen*) juzgar mal; (*unterschätzen*) subestimar; **es ist nicht zu ~, dass ...** no se puede negar que...; **du verkennst den Ernst der Lage** no te das cuenta de lo grave de la situación

**verketten*** **I.** *vt* encadenar **II.** *vr:* **sich ~** juntarse

**verklagen*** *vt:* **jdn ~** entablar un pleito contra alguien (*auf/wegen* por)

**verklappen*** *vt* verter al mar

**verklärt** *adj* transfigurado

**verkleiden*** **I.** *vt* ❶ (*Wand*) revestir (*mit* de) ❷ (*kostümieren*) disfrazar (*als* de) **II.** *vr:* **sich ~** disfrazarse (*als* de)

**Verkleidung** *f* <-en> ❶ (*von Person*) disfraz *m* ❷ (*von Wand*) revestimiento *m* (*mit* de)

**verkleinern*** [fɛɐ'klaɪnɐn] **I.** *vt* (*allgemein*) reducir (en tamaño); (*vermindern*) disminuir; (*Firma*) reducir la plantilla; **etw um die Hälfte ~** reducir algo a la mitad **II.** *vr:* **sich ~** (*allgemein*) reducirse; (*abnehmen*) disminuir (*um* en)

**verkleinert** *adj* reducido; **in ~em Maßstab** de escala reducida

**Verkleinerung** *f* <-en> reducción *f* (*auf* a); (*Verminderung*) disminución *f;* **Verkleinerungsform** *f* (LING) diminutivo *m*

**verklemmen*** *vr:* **sich ~** atascarse

**verklemmt** *adj* ❶ (*Tür*) atascado ❷ (*Person*) cohibido, cortado *fam*

**verklingen*** *irr vi sein* ir terminando; (*sich verlieren*) perderse

**verklungen** *pp von* **verklingen**

**verknacken*** *vt* (*fam*) condenar (*zu* a)

**verknacksen*** *vt:* **sich** *dat* **etw ~** (*fam*) torcerse algo

**verknallen*** **I.** *vt* (*fam: Knallkörper*) lanzar; (*Geld*) gastar en cohetes **II.** *vr:* **sich ~** (*fam*) enamorarse locamente (*in* de)

**Verknappung** [fɛɐ'knapʊŋ] *f* <-en> escasez *f*

**verkneifen*** *irr vr* (*fam*): **sich** *dat* **etw ~** (*verzichten*) renunciar a algo; (*unterdrücken*) contener algo

**verkniffen** [fɛɐ'knɪfən] **I.** *pp von* **verkneifen II.** *adj* (*abw*) amargado; **du siehst das zu ~** (*fam*) te lo tomas demasiado a pecho

**verknittern*** *vt* estrujar, arrugar

**verknoten*** **I.** *vt* anudar **II.** *vr:* **sich ~** anudarse

**verknüpfen*** *vt* ❶ (*verknoten*) enlazar ❷ (*in Beziehung setzen*) relacionar ❸ (*verbinden*) combinar; **er verknüpfte den Ausflug mit einem Museumsbe-**

V

**such** combinó la excursión con la visita a un museo ④ (INFOR: *Programme*) ligar

**Verknüpfung** *f* <-en> (INFOR: *von Programmen*) ligado *m*

**verkochen*** *vi sein* ① (*verdampfen*) evaporarse ② (*breiig werden*) cocer (demasiado); (*Reis*) pasarse

**verkohlen*** **I.** *vi sein* (*Holz*) carbonizarse **II.** *vt* (*fam: Person*) tomar el pelo

**verkommen**[1] *adj* ① (*Gebäude*) desmoronado; (*Sachen*) en mal estado; (*Sitten*) decaído ② (*Person*) venido a menos

**verkommen***[2] *irr vi sein* ① (*verderben*) corromperse ② (*Gebäude*) desmoronarse; (*Sachen*) echarse a perder; (*Sitten*) decaer ③ (*Person: moralisch*) pervertirse, abarrajarse *Peru;* (*äußerlich*) descuidar (su aspecto); (*soziale Stellung*) venir a menos; **zum Säufer** ~ convertirse en un borracho

**verkorksen*** [fɛɐ'kɔrksən] *vt* (*fam*) estropear

**verkorkst** *adj* (*fam*) estropeado; **ein total ~er Abend** una tarde desastrosa

**verkörpern*** *vt* ① (*symbolisieren*) encarnar ② (THEAT, FILM) representar

**Verkörperung** *f* <-en> ① (*Personifizierung*) encarnación *f* ② (THEAT, FILM) representación *f*

**verköstigen*** [fɛɐ'kœstɪgən] *vt* dar de comer

**verkrachen*** *vr:* **sich** ~ (*fam*) romper, enemistarse

**verkracht** *adj* (*fam: gescheitert*) fracasado; (*ruiniert*) arruinado; **eine ~e Existenz** un fracasado

**verkraften*** *vt* (*Arbeit*) poder (con); (*Schock*) resistir; (*Belastung*) soportar

**verkrampfen*** *vr:* **sich** ~ ① (*Muskel*) contraerse ② (*Mensch*) ponerse tenso

**verkrampft** *adj* contraído; (*Lächeln*) forzado; (*Haltung*) tenso

**verkriechen*** *irr vr:* **sich** ~ (*verstecken*) esconderse; (*isolieren*) encerrarse

**verkrochen** *pp von* **verkriechen**

**verkrümmen*** *vr:* **sich** ~ encorvarse; (*Holz*) alabearse

**verkrüppeln*** **I.** *vt* lisiar, tullir **II.** *vi sein* echarse a perder, achaparrarse

**verkrüppelt** *adj* (*Arm, Fuß*) tullido, tronchado *And;* (*Baum, Strauch*) achaparrado

**verkrustet** *adj* ① (*Wunde*) costroso ② (*Strukturen*) sin espíritu innovador

**verkühlen*** *vr:* **sich** ~ (*reg*) resfriarse

**verkümmern*** *vi sein* ① (*Glied, Organ*) atrofiarse; (*Pflanze*) marchitarse ② (*Talent*) venir a menos

**verkünden*** *vt* (*geh*), **verkündigen*** *vt* (*geh*) ① (*ankündigen*) anunciar; (*vorhersagen*) predecir ② (*bekannt machen*) dar a conocer; (*Urteil*) pronunciar; (*Gesetz*) promulgar ③ (*erklären*) declarar

**Verkündigung** *f* <-en> ① (*Ankündigung*) anunciación *f* ② (*Bekanntmachung*) publicación *f;* (*Urteil*) pronunciación *f;* (*Gesetz*) promulgación *f*

**Verkündung** *f* <-en> (JUR) proclamación *f;* (*Gesetz*) promulgación *f,* publicación *f*

**verkuppeln*** *vt* emparejar (*mit/an* con)

**verkürzen*** **I.** *vt* acortar; (*Zeit, Weg, Text*) abreviar; (*verringern*) reducir (*um* en, *auf* a) **II.** *vr:* **sich** ~ acortarse

**Verkürzung** *f* <-en> acortamiento *m;* (*Verringerung*) reducción *f* (*um* en, *auf* a)

**verladen*** *irr vt* ① (*aufladen*) cargar (*auf* en); (*auf Schiffe*) embarcar; (*umladen*) transbordar ② (*fam: hintergehen*) embaucar, dar gato por liebre; **sich von jdm ~ lassen** dejarse engañar por alguien

**Verladerampe** *f* rampa *f* de carga

**Verladung** *f* <-en> carga *f;* (*auf Schiff*) embarque *m;* (*Umladen*) transbordo *m*

**Verlag** [fɛɐ'la:k] *m* <-(e)s, -e> editorial *f*

**verlagern*** **I.** *vt* cambiar; (*Waren*) almacenar en otro lugar; (*örtlich*) trasladar (*auf* a); **seine Interessen** ~ cambiar de intereses **II.** *vr:* **sich** ~ desplazarse; (METEO) moverse; **das Problem verlagert sich auf ...** el problema recae sobre...

**Verlagerung** *f* <-en> ① (*von Interessen, Arbeitsgebiet*) cambio *m;* (*örtlich*) traslado *m* (*nach* a) ② (METEO) movimiento *m*

**Verlagsbuchhandlung** *f* librería *f* editorial; **Verlagshaus** *nt* casa *f* editora; **Verlagskauffrau** *f* comercial *f* del ramo editorial; **Verlagskaufmann** *m* comercial *m* del ramo editorial; **Verlagsredakteur(in)** *m(f)* redactor(a) *m(f)* editorial; **Verlagswesen** *nt* industria *f* editorial

**verlangen*** [fɛɐ'laŋən] **I.** *vt* ① (*fordern*) exigir; (*bitten, bei Bezahlung*) pedir; **ich verlange von dir, dass du ...** te exijo que... +*subj;* **ist das nicht ein bisschen viel verlangt?** ¿no es pedir demasiado?; **Sie werden am Telefon verlangt** le llaman por teléfono ② (*erfordern*) requerir **II.** *vi:* **nach etw** *dat* ~ pedir algo; (*sich sehnen*) anhelar algo

**Verlangen** *nt* <-s, -> (*geh*) ① (*Wunsch*) deseo *m;* (*Bedürfnis*) ansia *f;* **ich habe kein ~ danach** eso no me apetece ② (*Forderung*) petición *f;* **auf** ~ cuando se requiere

**verlängern*** [fɛɐ'lɛŋɐn] **I.** *vi* (SPORT) establecer una prórroga **II.** *vt* ① (*räumlich*) alargar; (*zeitlich*) prolongar (*um*); (*Vertrag, Pass*) renovar; (*Frist*) prorrogar (*um*); **ein**

**verlängertes Wochenende** un (fin de semana con) puente ② (*Suppe*) rebajar **III.** *vr:* **sich ~** ① (*räumlich*) alargarse (*um*) ② (*zeitlich*) prolongar (*um*)

**Verlängerung** *f* <-en> alargamiento *m;* (*zeitlich*) prolongación *f;* (SPORT) prórroga *f;*

**Verlängerungskabel** *nt*, **Verlängerungsschnur** *f* (ELEK) cable *m* alargador [*o* de empalme]

**verlangsamen*** **I.** *vt* (*Geschwindigkeit*) reducir; (*Entwicklung, Fortschritt*) retardar **II.** *vr:* **sich ~** (*Geschwindigkeit*) reducirse; (*Entwicklung*) retardarse

**Verlass** [fɛɐ'las] *m:* **auf jdn/etw ist (kein) ~** (no) se puede contar con alguien/algo

**verlassen¹** *adj* ① (*einsam*) solitario; (*öde*) desierto ② (*zurückgelassen*) abandonado

**verlassen*²** *irr* **I.** *vt* abandonar; (*hinausgehen, -fahren*) salir de; **die Hoffnung hatte ihn ~** ya no tenía esperanzas; **sie hat ihren Mann ~** ha dejado a su marido **II.** *vr:* **sich ~** confiar (*auf* en); **darauf können Sie sich ~** puede estar seguro de ello

**verlässlich** [fɛɐ'lɛslɪç] *adj* (*Auskunft*) seguro; (*Person*) fiable

**Verlässlichkeit** *f ohne pl* fiabilidad *f*

**Verlaub** [fɛɐ'laʊp] *m* (*geh*): **mit ~** con (su) permiso

**Verlauf** *m* <-(e)s, -läufe> ① (*zeitlich*) (trans)curso *m;* (*Entwicklung*) desarrollo *m;* (*von Krankheit*) curso *m;* **im ~ der letzten Monate** en el transcurso de los últimos meses; **im weiteren ~** a continuación; **einen guten/unerwarteten ~ nehmen** tomar un rumbo favorable/imprevisto ② (*von Straße, Grenze*) trazado *m;* (*von Fluss*) curso *m*

**verlaufen*** *irr* **I.** *vi sein* ① (*ablaufen*) desarrollarse; (*Zeitraum, Untersuchung*) transcurrir ② (*Grenze, Weg*) pasar (*durch* por) ③ (*sich verlieren*) perderse; **im Sand ~** (*fam*) quedar sin efecto ④ (*Butter*) derretirse; (*Farbe*) correrse **II.** *vr:* **sich ~** ① (*sich verirren*) perderse ② (*Menschenmenge*) dispersarse; (*Wasser*) decrecer

**Verlaufsform** *f* (LING) gerundio *m*

**verlautbaren*** [fɛɐ'laʊtbaːrən] *vt* comunicar

**verlauten*** *vi sein:* **etwas/nichts ~ lassen** decir algo/no decir nada

**verleben*** *vt* ① (*verbringen*) pasar, vivir ② (*fam: verbrauchen*) gastar

**verlebt** *adj* ajado

**verlegen¹** *adj* avergonzado; (*verklemmt*) cortado; (*schüchtern*) apocado; **nie um eine Ausrede ~ sein** tener siempre una excusa

**verlegen*²** **I.** *vt* ① (*örtlich*) cambiar de lugar; (*Geschäft, Patient*) trasladar ② (*Termin*) aplazar (*von* de, *auf* para) ③ (*an falsche Stelle*) no encontrar ④ (*Kabel*) tender; (*Teppichboden*) colocar ⑤ (*herausgeben*) editar **II.** *vr:* **sich ~** dedicarse (*auf* a)

**Verlegenheit¹** *f ohne pl* bochorno *m;* (*Befangenheit*) timidez *f;* **jdn in ~ bringen** abochornar a alguien

**Verlegenheit²** *f* <-en> (*unangenehme Lage*) apuro *m;* **jdm aus einer ~ helfen** sacar a alguien de un apuro

**Verleger(in)** *m(f)* <-s, -; -nen> editor(a) *m(f)*

**Verlegung** *f* <-en> ① (*zeitlich*) aplazamiento *m* (*von* de, *auf* para) ② (*örtlich*) traslado *m* (*von* de, *nach* a); (*von Truppen*) desplazamiento *m* (*von* de, *nach* a) ③ (*von Leitungen*) tendido *m;* (*von Rohren*) montaje *m;* (*von Teppichboden*) colocación *f*

**Verleih** [fɛɐ'laɪ] *m* <-(e)s, -e> ① (*das Verleihen*) (servicio *m* de) préstamo *m* ② (*Firma*) empresa *f* de alquiler; (*Film~*) distribuidora *f* de cine

**verleihen*** *irr vt* ① (*ausleihen*) prestar (*an* a); (*gegen Gebühr*) alquilar (*an* a) ② (*Preis*) conceder (*an* a); (*Titel*) conferir (*an* a); **etw** *dat* **Nachdruck ~** poner énfasis en algo; **seiner Empörung Ausdruck ~** dar rienda suelta a su enfado

**Verleihung** *f* <-en> ① (*von Geld, Buch*) préstamo *m;* (*gegen Gebühr*) alquiler *m* ② (*von Auszeichnung*) concesión *f* (*an* a); (*Übergabe*) entrega *f* (*an* a)

**verleiten*** *vt* inducir (*zu* a)

**verlernen*** *vt* perder la práctica (de); (*völlig*) olvidar

**verlesen*** *irr* **I.** *vt* ① (*Text*) leer ② (*Gemüse*) limpiar; (*Körner*) seleccionar **II.** *vr:* **sich ~** equivocarse al leer

**verletzbar** *adj* vulnerable

**verletzen*** [fɛɐ'lɛtsən] **I.** *vt* ① (*verwunden*) herir (*an* en); **leicht/schwer verletzt** levemente/gravemente herido ② (*beleidigen*) ofender ③ (*Gesetz*) infringir, violar; (*Sitten, Recht*) atentar (contra) **II.** *vr:* **sich ~** herirse (*an* en)

**verletzend** *adj* ofensivo

**verletzlich** *adj* vulnerable

**Verletzte(r)** *mf* <-n, -n; -n> herido, -a *m, f*

**Verletzung** *f* <-en> ① (*Wunde*) herida *f;* **innere ~en** contusiones internas; **er ist seinen schweren ~en erlegen** murió a causa de las graves heridas ② (*Beleidigung*) ofensa *f* ③ (*von Gesetz*) infracción *f*

**verleugnen*** *vt* negar; **er ließ sich ~** mandó decir que no estaba en casa; **es lässt sich nicht ~, dass ...** no se puede negar que...

**verleumden*** [fɛɐ'lɔɪmdən] *vt* difamar

**Verleumdung** *f* <-en> difamación *f;* (JUR) libelo *m;* **Verleumdungskampagne** *f* campaña *f* difamatoria

**verlieben*** *vr:* **sich** ~ enamorarse (*in* de), templarse *Am*

**verliebt** *adj* enamorado

**verliehen** *pp von* **verleihen**

**verlieren** [fɛɐ'li:rən] <verliert, verlor, verloren> **I.** *vt* perder; **die Beherrschung** ~ perder la serenidad; **was hast du hier verloren?** (*fam*) ¿qué se te ha perdido (por) aquí?; **so etwas hat hier nichts verloren** (*fam*) aquí no hay sitio para algo semejante; **kein Wort darüber** ~ no decir nada al respecto **II.** *vr:* **sich** ~ perderse (*in* en) **III.** *vi* perder (*an*)

**Verlierer(in)** *m(f)* <-s, -; -nen> perdedor(a) *m(f)*

**Verlies** [fɛɐ'li:s] *nt* <-es, -e> calabozo *m,* mazmorra *f*

**verloben*** *vr:* **sich** ~ prometerse (*mit* con)

**Verlobte(r)** *mf* <-n, -n; -n> prometido, -a *m, f*

**Verlobung** *f* <-en> compromiso *m* matrimonial

**verlocken*** *vt* (*geh*) tentar (*zu* a); (*verführen*) seducir (*zu* a); **ein ~des Angebot** una oferta tentadora

**verlockend** *adj* tentador; (*verführend*) seductor; **das klingt** ~ suena tentador

**Verlockung** *f* <-en> tentación *f;* (*Verführung*) seducción *f*

**verlogen** [fɛɐ'lo:gən] *adj* (*abw: Person*) mentiroso; (*Aussage*) falaz

**verlor** [fɛɐ'lo:ɐ] *3. imp von* **verlieren**

**verloren** [fɛɐ'lo:rən] **I.** *pp von* **verlieren** **II.** *adj* perdido; **jdn/etw ~ geben** dar a alguien/algo por perdido

**verlosen*** [fɛɐ'lo:zən] *vt* sortear

**Verlosung** *f* <-en> sorteo *m*

**verludern*** (*fam*) **I.** *vt* (*Geld*) despilfarrar **II.** *vi* echarse a perder

**Verlust** [fɛɐ'lʊst] *m* <-(e)s, -e> pérdida *f;* (*Schaden*) daño *m;* ~ **bringend** deficitario; **ohne Rücksicht auf ~e** sin miramientos; **Verlustmeldung** *f* parte *m* de pérdida; **eine ~ machen** dar parte de la pérdida; **verlustreich** *adj* ❶ (*Geschäft*) deficitario ❷ (*Kampf*) sangriento

**vermachen*** *vt:* **jdm etw** ~ (*vererben*) legar algo a alguien; (*schenken*) regalar algo a alguien

**Vermächtnis** [fɛɐ'mɛçtnɪs] *nt* <-ses, -se> legado *m*

**vermählen*** [fer'mɛ:lən] *vr:* **sich** ~ (*geh*) desposarse

**Vermählung** *f* <-en> (*geh*) enlace *m* matrimonial

**vermarkten*** *vt* comercializar; **sich gut/schwer ~ lassen** comercializarse bien/mal

**Vermarktung** *f* <-en> comercialización *f*

**vermasseln*** [fɛɐ'masəln] *vt* (*fam*) estropear; **eine Prüfung** ~ hacer un examen de pena; **er hat mir alles vermasselt** me ha estropeado todos los planes

**vermehren*** **I.** *vt* acrecentar; (*zahlenmäßig*) multiplicar (*um* por) **II.** *vr:* **sich** ~ ❶ (*zunehmen*) incrementar (*um, auf* a) ❷ (*sich fortpflanzen*) reproducirse

**Vermehrung** *f* <-en> ❶ (*Zunahme*) incremento *m;* (*Vervielfachung*) multiplicación *f* ❷ (*Fortpflanzung*) reproducción *f;* (*von Pflanzen*) propagación *f*

**vermeidbar** *adj* evitable, eludible

**vermeiden*** *irr vt* evitar; (*umgehen*) eludir; **es lässt sich nicht ~, dass ...** es inevitable que... +*subj*

**vermeintlich** [fɛɐ'maɪntlɪç] *adj* presunto

**vermelden*** *vt* comunicar

**Vermerk** *m* <-(e)s, -e> nota *f*

**vermerken*** *vt* ❶ (*notieren*) anotar ❷ (*zur Kenntnis nehmen*) tomar en consideración

**vermessen**[1] *adj* (*geh: anmaßend*) presuntuoso; (*tollkühn*) osado

**vermessen***[2] *irr* **I.** *vt* medir; (*Gelände*) hacer el catastro (de) **II.** *vr:* **sich** ~ ❶ (*falsch messen*) equivocarse (al medir) ❷ (*geh: sich anmaßen*) tener la osadía (de)

**Vermessenheit** *f* <-en> (*Anmaßung*) presunción *f;* (*Tollkühnheit*) osadía *f*

**Vermessung** *f* <-en> medición *f;* (*Land~*) agrimensura *f;* (*Tiefen~*) sondeo *m;* **Vermessungsingenieur(in)** *m(f)* agrimensor(a) *m(f)*

**vermieden** *pp von* **vermeiden**

**vermiesen*** [fɛɐ'mi:zən] *vt* (*fam*): **jdm etw** ~ estropear(le) algo a alguien

**vermieten*** *vt* alquilar (*an* a), arrendar (*an* a) *Am;* **Zimmer zu** ~ se alquilan habitaciones

**Vermieter(in)** *m(f)* <-s, -; -nen> casero, -a *m, f;* (*von Haus*) dueño, -a *m, f* de la casa; (*von Wohnung*) dueño, -a *m, f* del piso

**vermindern*** **I.** *vt* reducir; (*Schmerzen*) aliviar **II.** *vr:* **sich** ~ ❶ (*geringer werden*) reducirse (*um, auf* a) ❷ (*sich abschwächen*) decrecer; (*Schmerzen*) aliviarse

**Verminderung** *f* <-en> (*Rückgang*) disminución *f;* (*eines Wachstums*) decrecimiento *m;* (*von Schmerzen*) alivio *m*

**vermischen*** **I.** *vt* mezclar **II.** *vr:* **sich** ~ mezclarse

**Vermischung** *f* <-en> mezcla *f*

**vermissen*** [fɛɐ'mɪsən] *vt* echar de menos, extrañar *Am;* **jdn als vermisst melden** dar a alguien por desaparecido; **er vermisst seine Schlüssel** no encuentra sus llaves

**Vermisste(r)** *mf* <-n, -n; -n> desaparecido, -a *m, f*

**Vermisstenanzeige** *f* parte *m* de desaparición

**vermittelbar** *adj* ❶ (*Arbeitslose*): **gut/schwer ~ sein** encontrar trabajo con facilidad/con dificultad ❷ (*Idee, Gefühl*) comunicable

**vermitteln*** **I.** *vt* ❶ (*beschaffen*) proporcionar ❷ (*Treffen, Ehe*) arreglar; (*amtlich*) gestionar; **ein Gespräch ~** (TEL) poner línea ❸ (*aushandeln*) negociar ❹ (*Eindruck*) ofrecer ❺ (*Wissen*) transmitir **II.** *vi* mediar (*zwischen* entre); **~de Worte** palabras conciliadoras; **~d eingreifen** intervenir como intermediario

**Vermittler(in)** *m(f)* <-s, -; -nen> ❶ (POL) mediador(a) *m(f)* ❷ (WIRTSCH) intermediario, -a *m, f*

**Vermittlung** *f* <-en> ❶ (*bei Streit*) mediación *f* (*zwischen* entre) ❷ (*von Treffen*) arreglo *m;* (*amtlich*) gestión *f* ❸ (*Beschaffung*) facilitación *f* ❹ (TEL) centralita *f;* **Vermittlungsagentur** *f* correduría *f;* **Vermittlungsgebühr** *f* (WIRTSCH) comisión *f*

**vermöbeln*** [fɛɐ'mø:bəln] *vt* (*fam*) zurrar

**vermocht** *pp von* **vermögen**

**vermodern*** [fɛɐ'mo:dɐn] *vi sein* pudrirse

**vermögen*** *irr vt* (*geh*) ❶ (*imstande sein*): **~ etw zu tun** ser capaz de hacer algo ❷ (*ausrichten*) conseguir; **sie vermag bei ihm viel/wenig** tiene mucha/poca influencia sobre él ❸ (*Schweiz: sich leisten können*) poder costearse

**Vermögen¹** [fɛɐ'mø:gən] *nt* <-s, -> (*Besitz*) bienes *mpl;* (*Reichtum*) fortuna *f,* platal *m Am;* **das kostet ein ~** esto cuesta una fortuna

**Vermögen²** *nt* <-s, *ohne pl*> (*geh: Fähigkeit*) capacidad *f*

**vermögend** *adj* adinerado, fondeado *Am*

**Vermögen(s)steuer** *f* impuesto *m* sobre el patrimonio; **vermögenswirksam** *adj* que fomenta la formación de capital

**vermummen*** [fɛɐ'mʊmən] **I.** *vt* (*einhüllen*) encapuchar; (*warm*) abrigar **II.** *vr:* **sich ~** (*sich verkleiden*) encapucharse

**vermummt** *adj* ❶ (*Demonstrant*) encapuchado ❷ (*warm angezogen*) bien abrigado

**Vermummungsverbot** *nt* prohibición *f* de ir encapuchado (en manifestaciones)

**vermuten*** [fɛɐ'mu:tən] *vt* suponer; (*erwarten*) esperar; **es ist zu ~, dass ...** es de suponer que... +*subj;* **das hatte ich nicht vermutet** no me lo había esperado

**vermutlich I.** *adj* presunto **II.** *adv* presumiblemente; (*wahrscheinlich*) probablemente

**Vermutung** *f* <-en> suposición *f;* (*Mutmaßung*) conjetura *f;* **~en (über etw) anstellen** hacer suposiciones (sobre algo)

**vernachlässigen*** [fɛɐ'na:xlɛsɪgən] *vt* descuidar; (*außer Acht lassen*) dejar de lado; **sie fühlt sich von ihm etwas vernachlässigt** se siente un poco abandonada por él

**Vernachlässigung** *f* <-en> descuido *m,* negligencia *f*

**vernageln*** *vt* cerrar con clavos

**vernagelt** *adj* (*fam abw*) corto de entendederas; **er ist wie/völlig ~** está como/completamente atontado

**vernähen*** *vt* ❶ (*nähen*) coser ❷ (*verbrauchen*) gastar; **viel Garn ~** gastar mucho hilo

**vernarben*** *vi sein* cicatrizar

**vernarren*** [fɛɐ'narən] *vr:* **sich in jdn ~** estar loco por alguien

**vernaschen*** *vt* ❶ (*Geld*) gastar en golosinas ❷ (*fam: Person*) tirarse

**vernehmen*** *irr vt* ❶ (*geh: hören*) oír; (*wahrnehmen*) percibir ❷ (*geh: erfahren*) (llegar a) saber ❸ (JUR: *verhören*) interrogar (*zu* sobre)

**Vernehmen** *nt:* **dem ~ nach** según dicen

**vernehmlich** *adj* perceptible; (*deutlich*) claro

**Vernehmung** *f* <-en> (JUR) interrogatorio *m;* **vernehmungsfähig** *adj* (JUR) apto para ser interrogado, capaz de prestar declaración

**verneigen*** *vr:* **sich ~** inclinarse (*vor* ante)

**Verneigung** *f* <-en> (*geh*) inclinación *f* (*vor* ante)

**verneinen*** [fɛɐ'naɪnən] *vt* ❶ (*Frage*) contestar negativamente; **eine ~de Antwort** una respuesta negativa ❷ (*leugnen*) negar

**Verneinung** *f* <-en> negación *f;* (*einer Frage*) respuesta *f* negativa

**vernetzen*** *vt* ❶ (*verbinden*) conectar (*mit* con) ❷ (INFOR) integrar en la red

**Vernetzung** *f* <-en> conexión *f;* (INFOR) integración *f* en la red

**vernichten*** [fɛɐ'nɪçtən] *vt* aniquilar; (*zerstören*) destruir; (*ausrotten*) exterminar

**vernichtend** *adj* ❶ (*zerstörerisch*) destructor ❷ (*Kritik, Niederlage*) abrumador; (*Blick*) fulminante

**Vernichtung** *f* <-en> aniquilamiento *m;* (*Zerstörung*) destrucción *f;* (*Ausrottung*) exterminio *m;* (*Dezimierung*) estragos *mpl;* **Vernichtungslager** *nt* campo *m* de exterminio

**verniedlichen*** *vt* minimizar, quitar importancia (a)

**vernieten*** *vt* remachar

**Vernissage** [vɛrnɪ'sa:ʒə] *f* <-n> inauguración *f*

**vernommen** *pp von* **vernehmen**

**Vernunft** [fɛɐ'nʊnft] *f ohne pl* razón *f;* (*gesunder Menschenverstand*) sentido *m* común; **zur ~ kommen** recobrar la razón; **jdn zur ~ bringen** hacer entrar a alguien en razón

**vernünftig** [fɛɐ'nʏnftɪç] **I.** *adj* ① (*Vernunft besitzend*) razonable; (*überlegt*) sensato; **sei doch ~!** ¡sé razonable!; **mit ihm kann man kein ~es Wort reden** con él no se puede hablar sensatamente ② (*fam: ordentlich*) decente **II.** *adv* (*fam*) como es debido

**veröffentlichen*** *vt* publicar

**Veröffentlichung** *f* <-en> publicación *f*

**verordnen*** *vt* ① (*Arzt*) prescribir; (*auf Rezept*) recetar ② (*anordnen*) decretar

**Verordnung** *f* <-en> ① (*von Arzt*) prescripción *f;* **nach ärztlicher ~** según prescripción médica ② (*Anordung*) decreto *m*

**verpachten*** *vt* arrendar (*an* a)

**Verpachtung** *f* <-en> arrendamiento *m,* arriendo *m*

**verpacken*** *vt* embalar; (*in Pakete*) empaquetar; (*in Dosen*) envasar

**Verpackung** *f* <-en> embalaje *m;* **Verpackungsmaterial** *nt* material *m* de embalar [*o* de embalaje]; **Verpackungsmüll** *m* embalajes *mpl* desechados

**verpassen*** *vt* ① (*Zug*) perder; (*Person*) no encontrar ② (*Gelegenheit*) desaprovechar, dejar escapar ③ (*fam*): **jdm etw ~** dar(le) algo a alguien; (*aufzwingen*) plantar(le) algo a alguien

**verpatzen*** [fɛɐ'patsən] *vt* (*fam*) estropear, echar a perder

**verpennen*** **I.** *vi* (*fam*) quedarse dormido **II.** *vt* (*fam: verpassen*) perder; (*vergessen*) olvidar

**verpesten*** *vt* (*abw*) apestar; (*Abgase*) contaminar

**verpetzen*** *vt* (*abw*) chivarse; **jdn (beim Lehrer) ~** chivarse a alguien (al profesor)

**verpfänden*** *vt* empeñar

**verpfeifen*** *irr vt* (*fam abw: anzeigen*) denunciar (*bei* a); (*Person*) soplar (*bei* a); (*Plan*) revelar

**verpfiffen** *pp von* **verpfeifen**

**verpflanzen*** *vt* (BOT, MED) trasplantar

**verpflegen*** *vt* alimentar

**Verpflegung**[1] *f ohne pl* (*das Verpflegen*) alimentación *f*

**Verpflegung**[2] *f* <-en> (*Essen*) manutención *f;* **mit voller ~** en pensión completa

**verpflichten*** **I.** *vt* ① (*binden*) obligar, comprometer; **das verpflichtet zu nichts** eso no compromete a nada; **ich bin ihm sehr verpflichtet** le estoy muy obligado ② (*Schauspieler*) firmar un contrato; (*Sportler*) fichar (*für* por) **II.** *vr:* **sich ~** ① (*sich bereit erklären*) comprometerse (*zu* a); (*Sportler*) fichar ② (MIL): **sich für zwei Jahre ~** alistarse por dos años

**Verpflichtung** *f* <-en> ① (*Bindung*) compromiso *m;* (*Pflicht*) deber *m,* obligación *f;* **finanzielle ~en** deudas *fpl* ② (*von Künstler*) contratación *f;* (*von Sportler*) fichaje *m*

**verpfuschen*** *vt* (*fam*) estropear; (*Arbeit*) chapucear; (*Leben*) destrozar

**verpissen*** *vr:* **sich ~** (*vulg*) ① (*verunreinigen*) mearse ② (*fig: verschwinden*) irse al cuerno

**verplanen*** *vt* ① (*falsch planen*) planificar mal ② (*Geld*) incluir en la planificación; (*Zeit*) hacer planes; **für morgen bin ich schon verplant** mañana tengo todo el día ocupado

**verplappern*** *vr:* **sich ~** (*fam*) irse de la lengua

**verplempern*** [fɛɐ'plɛmpɐn] *vt* (*fam*) ① (*Geld*) malgastar; (*Zeit*) perder ② (*reg: verschütten*) derramar

**verpönt** [fɛɐ'pø:nt] *adj:* **~ sein** ser mal visto (*bei* por)

**verprassen*** [fɛɐ'prasən] *vt* despilfarrar, derrochar

**verprügeln*** *vt* zurrar, pelar *Am,* dar la biaba *Arg, Urug*

**verpuffen*** *vi sein* ① (*explodieren*) explotar, detonar ② (*Freude*) perderse; (*Maßnahme*) fracasar; (*Elan*) ser en vano

**Verputz** *m* <-es, *ohne pl*> revoque *m*

**verputzen*** *vt* ① (*Wand*) revocar ② (*fam: essen*) soplar(se) ③ (*fam: vergeuden*) despilfarrar

**verqualmt** *adj* lleno de humo

**verquatschen*** **I.** *vt* (*fam*) pasar charlando; **wir haben die ganze Zeit verquatscht** pasamos todo el tiempo charlando **II.** *vr:* **sich ~** (*fam*) irse de la lengua

**verquollen** [fɛɐ'kvɔlən] *adj* hinchado

**verramschen*** *vt* (*fam*) malvender

**verrannt** *pp von* **verrennen**

**Verrat** [fɛɐ'ra:t] *m* <-(e)s, *ohne pl*> traición *f;* **~ an jdm begehen** traicionar a alguien; **~ üben** cometer traición

**verraten*** *irr* **I.** *vt* ① (*preisgeben*) revelar; **soll ich Ihnen was ~?** (*fam*) ¿quiere que le diga una cosa? ② (*Treue brechen*) traicionar; ~ **und verkauft sein** estar perdido; **seine Ideale** ~ ser infiel a sus ideales ❸ (*zu erkennen geben*) delatar **II.** *vr:* **sich** ~ ❶ (*durch Geste, Sprache*) delatarse ❷ (*sich zeigen*) revelarse

**Verräter(in)** [fɛɐ'rɛːtɐ] *m(f)* <-s, -; -nen> traidor(a) *m(f),* batidor(a) *m(f) Arg*

**verräterisch** *adj* ❶ (*Person*) traidor ❷ (*Geste*) delator

**verrechnen*** **I.** *vt* compensar; (*gutschreiben*) abonar en cuenta; **die Gewinne mit den Verlusten** ~ compensar las ganancias con las pérdidas **II.** *vr:* **sich** ~ ❶ (*falsch rechnen*) equivocarse en el cálculo; **sich um drei Euro** ~ equivocarse en tres euros ❷ (*sich täuschen*) equivocarse

**Verrechnung** *f* <-en> compensación *f;* **nur zur** ~ (FIN) sólo para abono en cuenta; **Verrechnungsscheck** *m* (FIN) cheque *m* cruzado

**verrecken*** [fɛɐ'rɛkən] *vi sein* (*fam*) ❶ (*Tier, Mensch*) estirar la pata; **verreck doch!** (*abw*) ¡muérete!; **ums V~ nicht** ni a tiros ❷ (*kaputtgehen*) echarse a perder

**verregnet** *adj* lluvioso

**verreiben*** *irr vt* extender (frotando) (*in/auf* sobre)

**verreisen*** *vi sein* irse de viaje (*nach* a)

**verreißen*** *irr vt* ❶ (*hart kritisieren*) criticar duramente, poner verde *fam* ❷ (*reg: fam: zerreißen*): **mich verreißt's vor Freude** estoy loco de alegría

**verrenken*** [fɛɐ'rɛŋkən] **I.** *vt* torcer; **sich** *dat* **den Knöchel** ~ torcerse el tobillo **II.** *vr:* **sich** ~ retorcerse

**Verrenkung** *f* <-en> ❶ (*Verletzung*) torcedura *f* ❷ (*unnatürliche Stellung*) contorsión *f*

**verrennen*** *irr vr:* **sich** ~ meterse en un callejón sin salida; **er hat sich völlig in seine Vorstellungen verrannt** se aferra totalmente a sus ideas

**verrichten*** *vt* efectuar; **seine Notdurft** ~ hacer sus necesidades

**verriegeln*** *vt* cerrar con cerrojo

**verringern*** [fɛɐ'rɪŋɐn] **I.** *vt* reducir (*um* en); (*Preis*) rebajar; (*Abstand*) acortar **II.** *vr:* **sich** ~ disminuir

**Verringerung** *f* <-en> reducción *f;* (*Abnahme*) disminución *f*

**Verriss** *m* <-es, -e> (*fam*) dura crítica *f*

**verrissen** *pp von* **verreißen**

**verrosten*** *vi sein* oxidarse

**verrotten*** [fɛɐ'rɔtən] *vi sein* ❶ (*faulen*) pudrirse ❷ (*zerfallen*) desmoronarse

**verrucht** [fɛɐ'ruːxt] *adj* (*Ort*) de mala fama; (*Blick*) malvado; (*Schurke*) vil

**verrücken*** *vt* desplazar, cambiar de sitio

**verrückt** *adj* (*geistesgestört*) loco, chalado *fam;* **du machst mich noch** ~ me vas a volver loco; **ich werd' ~!** (*fam*) ¡qué locura!; **wie** ~ (*fam*) de locura, como loco; ~ **spielen** (*fam*) estar fuera de quicio; **auf etw/jdn** ~ **sein** (*fam*) estar loco por algo/alguien

**Verrückte(r)** *mf* <-n, -n; -n> loco, -a *m, f,* chalado, -a *m, f fam*

**Verruf** *m:* **in** ~ **geraten** caer en descrédito; **etw/jdn in** ~ **bringen** desacreditar algo/a alguien

**verrufen** *adj* de mala fama; ~ **sein** tener mala fama

**verrühren*** *vt* mezclar

**verrutschen*** *vi sein* correrse

**Vers** [fɛrs] *m* <-es, -e> ❶ (*Gedichtzeile*) verso *m;* (*Strophe*) estrofa *f* ❷ (*Bibel~*) versículo *m*

**versachlichen*** *vt* objetivar

**versagen*** **I.** *vi* ❶ (*Maschine, Gedächtnis, Stimme*) fallar ❷ (*Mensch*) fracasar; **er hat bei der Prüfung versagt** fracasó en el examen **II.** *vt:* **jdm etw** ~ negar algo a alguien; **sich** *dat* **etw** ~ renunciar a algo; **das ist uns leider versagt geblieben** desgraciadamente no pudimos conseguirlo

**Versagen** *nt* <-s, *ohne pl*> (*von Maschine*) avería *f;* (*von Mensch*) fracaso *m;* (*von Organ*) deficiencia *f;* **menschliches** ~ error humano

**Versager(in)** *m(f)* <-s, -; -nen> fracasado, -a *m, f*

**versalzen*** *irr vt* (*Essen*) salar demasiado; **jdm etw** ~ (*fig fam*) fastidiar algo a alguien

**versammeln*** **I.** *vt* reunir; **vor versammelter Mannschaft** delante de todo el equipo **II.** *vr:* **sich** ~ reunirse

**Versammlung** *f* <-en> reunión *f;* **eine** ~ **einberufen** convocar una reunión

**Versand** [fɛɐ'zant] *m* <-(e)s, *ohne pl*> ❶ (*das Versenden*) envío *m* ❷ (*~abteilung*) departamento *m* de expedición; **Versandhandel** *m* venta *f* por correspondencia; **Versandhaus** *nt* empresa *f* de venta por correspondencia [*o* catálogo]; **Versandhauskatalog** *m* catálogo *m* de ventas por correspondencia; **Versandkosten** *pl* (COM, WIRTSCH) gastos *mpl* de envío; **zuzüglich Porto und** ~ más franqueo y gastos de envío

**versandt** *pp von* **versenden**

**Versandtasche** *f* sobre *m;* (*wattiert*) sobre *m* acolchado

**versauen*** [fɛɐ'zaʊən] *vt* (*sl*) ❶ (*beschmutzen*) ensuciar ❷ (*verderben*) fastidiar

**versäumen*** [fɛɐ'zɔɪmən] *vt* ❶ (*Gelegenheit, Zug*) perder; **da haben Sie wirklich**

**nichts versäumt** la verdad es que no se perdió Ud. nada ② (*Pflicht, Unterricht*) faltar (a); **das Versäumte nachholen** recuperar lo perdido; **es nicht ~ sich zu bedanken** no omitir dar las gracias

**Versäumnis** *nt* <-ses, -se> omisión *f;* (*Vernachlässigung*) descuido *m*

**verschachern*** [fɛɐ'ʃaxɐn] *vt* (*abw*) trapichear (con), pichulear *CSur*

**verschaffen*** *vt* procurar, proporcionar; **sich** *dat* **etw** ~ conseguir algo; **sich** *dat* **Respekt** ~ hacerse respetar

**verschämt** [fɛɐ'ʃɛːmt] *adj* avergonzado; (*schüchtern*) tímido

**verschandeln*** [fɛɐ'ʃandəln] *vt* (*fam*) estropear, afear

**Verschand(e)lung** *f* <-en> deformación *f*, desfiguración *f*

**verschanzen*** [fɛɐ'ʃantsən] *vr:* **sich** ~ ① (MIL) atrincherarse (*hinter* detrás de) ② (*Vorwand suchen*) escudarse (*hinter* en)

**verschärfen*** **I.** *vt* intensificar; (*verschlimmern*) agravar; (*Spannung*) aumentar; **verschärfte Vorschriften** órdenes más severas **II.** *vr:* **sich** ~ intensificarse; (*sich verschlimmern*) agravarse; (*Lage*) agudizarse; (*Spannung*) aumentar

**Verschärfung** *f* <-en> (*Spannung*) aumento *m;* (*Tempo*) aceleración *f;* (*Lage*) empeoramiento *m*, agudización *f*, agravamiento *m*

**verschätzen*** *vr:* **sich** ~ equivocarse (*um* en, *in* con)

**verschaukeln*** *vt* (*fam*) estafar

**verschenken*** *vt* ① (*schenken*) regalar (*an* a) ② (*ungenutzt lassen*) desaprovechar

**verscherbeln*** [fɛɐ'ʃɛrbəln] *vt* (*fam*) vender por un real

**verscherzen*** *vr:* **sich** *dat* **etw** ~ perder algo por una tontería; **es sich** *dat* **mit jdm** ~ perder las simpatías de alguien

**verscheuchen*** [fɛɐ'ʃɔɪçən] *vt* espantar

**verschicken*** *vt* mandar; (*mit der Post*) enviar; (*Sträflinge*) deportar

**verschieben*** *irr* **I.** *vt* ① (*verrücken*) desplazar; (*verrutschen*) correr; **etw um ein paar Meter** ~ correr algo un par de metros ② (*verlegen*) aplazar (*auf* para) ③ (*fam: Waren*) traficar (con) **II.** *vr:* **sich** ~ ① (*verrutschen*) correrse ② (*zeitlich*) aplazarse (*um*); (*sich verspäten*) retrasarse (*um*)

**Verschiebung** *f* <-en> ① (*örtlich*) desplazamiento *m* ② (*zeitlich*) aplazamiento *m* (*auf* para) ③ (*fam: von Waren*) venta *f* clandestina

**verschieden** [fɛɐ'ʃiːdən] *adj* ① (*unterschiedlich*) distinto, diferente; (*~artig*) diverso; **auf ~e Weise** de distinta manera; **das ist von Fall zu Fall ~** esto es en cada caso distinto; **sie sind ~ groß** son de distinto tamaño ② *pl* (*mehrere, manche*) diversos; **~e Leute meldeten sich** llamaron varias personas

**verschiedenartig** *adj* ① (*verschieden*) distinto ② (*mannigfaltig*) diverso

**Verschiedenheit** *f* <-en> ① (*Unterschied*) diferencia *f;* (*Unähnlichkeit*) desigualdad *f* ② (*Mannigfaltigkeit*) variedad *f*

**verschiedentlich** *adv* varias veces; (*immer wieder*) repetidamente

**verschiffen*** *vt* embarcar

**verschimmeln*** *vi sein* enmohecer(se)

**verschissen** [fɛɐ'ʃɪsən] *pp von* **verscheißen**

**verschlafen**[1] *adj* (medio) dormido; (*Städtchen*) aburrido

**verschlafen***[2] *irr* **I.** *vi* quedarse dormido **II.** *vt* ① (*Tag*) pasar durmiendo ② (*fam: versäumen*) perder; (*Termin*) olvidar

**Verschlag** *m* <-(e)s, -schläge> cobertizo *m*

**verschlagen**[1] *adj* (*abw*) astuto, pícaro

**verschlagen***[2] *irr vt* ① (*nehmen*) quitar; **das hat mir fast die Sprache ~** eso me dejó de piedra ② (*an einen Ort*) ir a parar (*nach* en) ③ (SPORT) no transformar ④ (*verblättern*) perder la página ⑤ (*reg: verprügeln*) dar una paliza

**verschlampen*** *vt* (*fam*) ① (*verlieren*) perder ② (*vergessen*) olvidar

**verschlechtern*** [fɛɐ'ʃlɛçtɐn] **I.** *vt* empeorar; (*verschlimmern*) agravar **II.** *vr:* **sich** ~ (*schlechter werden*) empeorar; (*Zustand*) agravarse; (*Leistung*) bajar; **sie hat sich finanziell verschlechtert** económicamente le va peor

**Verschlechterung** *f* <-en> empeoramiento *m;* (*Verschlimmerung*) agravación *f;* (*beruflich*) degradación *f*

**verschleiern*** **I.** *vt* ① (*Gesicht*) cubrir con un velo ② (*Skandal*) encubrir **II.** *vr:* **sich** ~ (*Frau*) cubrirse (con un velo); (*a. fig*) cubrirse

**verschleiert** *adj* ① (*Gesicht*) cubierto con un velo ② (*Himmel*) cubierto

**Verschleiß** [fɛɐ'ʃlaɪs] *m* <-es, *ohne pl*> ① (*Abnutzung*) desgaste *m;* **einem ständigen ~ unterliegen** estar sometido a un desgaste continuo ② (*Österr: Verkauf*) venta *f* (al por menor)

**verschleißen** [fɛɐ'ʃlaɪsən] <verschleißt, verschliss, verschlissen> **I.** *vt* (des)gastar **II.** *vi sein* (des)gastarse

**Verschleißerscheinung** *f* (MED, TECH) manifestación *f* de desgaste; **Verschleißteil** *nt* pieza *f* de desgaste

**verschleppen*** *vt* ❶ (*Personen*) deportar; (*entführen*) secuestrar ❷ (*Krankheit*) curar mal, arrastrar ❸ (*weiterverbreiten*) transmitir ❹ (*hinauszögern*) retrasar

**Verschleppung** *f* <-en> ❶ (*von Personen*) deportación *f;* (*Entführung*) secuestro *m* ❷ (*von Krankheit*) curación *f* insuficiente ❸ (*Weiterverbreitung*) transmisión *f* ❹ (*Verzögerung*) retraso *m*

**verschleudern*** *vt* ❶ (*abw: Geld*) despilfarrar ❷ (*Waren*) vender a precio tirado

**verschließen*** *irr* **I.** *vt* ❶ (*Tür, Behälter*) cerrar; **hinter verschlossenen Türen** a puerta cerrada ❷ (*einschließen*) encerrar **II.** *vr:* **sich (gegen) etw** ~ cerrarse a algo; **sich (vor) jdm** ~ no abrirse a alguien

**verschlimmern*** [fɛɐ̯ˈʃlɪmɐn] **I.** *vt* agravar **II.** *vr:* **sich** ~ agravarse, acentuarse *Am*

**Verschlimmerung** *f* <-en> empeoramiento *m,* agravamiento *m*

**verschlingen*** *irr* **I.** *vt* (*a. fig*) devorar **II.** *vr:* **sich** ~ liarse

**verschliss** [fɛɐ̯ˈʃlɪs] *3. imp von* **verschleißen**

**verschlissen** [fɛɐ̯ˈʃlɪsən] **I.** *pp von* **verschleißen II.** *adj* desgastado

**verschlossen** [fɛɐ̯ˈʃlɔsən] **I.** *pp von* **verschließen II.** *adj* (*Person*) reservado

**verschlucken*** **I.** *vt* ❶ (*Speisen*) tragar(se); (*Silben*) comerse ❷ (*Bemerkung*) callarse **II.** *vr:* **sich** ~ atragantarse (*an* con)

**verschlungen** [fɛɐ̯ˈʃlʊŋən] **I.** *pp von* **verschlingen II.** *adj* (*Weg*) sinuoso

**Verschluss** [fɛɐ̯ˈʃlʊs] *m* <-es, -schlüsse> ❶ (*Vorrichtung*) cierre *m;* (*Stöpsel*) tapón *m;* **etw unter** ~ **halten** tener algo bajo llave; **etw unter** ~ **nehmen** guardar algo ❷ (MED) oclusión *f*

**verschlüsseln*** *vt* codificar; **verschlüsselte Daten** (INFOR) datos codificados

**Verschlüsselungstechnik** *f* (INFOR) tecnología *f* de la encriptación

**Verschlusskappe** *f* capuchón *m*

**verschmähen*** [fɛɐ̯ˈʃmɛːən] *vt* (*geh: ablehnen*) rechazar; (*verachten*) despreciar, ajotar *Cuba*

**verschmelzen*** *irr* **I.** *vi sein* (*Metall*) fundirse; (*fig*) fusionarse **II.** *vt* (*Metall*) fundir; (*fig*) fusionar

**Verschmelzung** *f* <-en> ❶ (*das Verschmelzen*) fundición *f* ❷ (WIRTSCH) fusión *f*

**verschmerzen*** *vt* reponerse (de); (*vergessen*) olvidar

**verschmieren*** *vt* ❶ (*Loch, Riss*) tapar; (*verputzen*) revocar ❷ (*beschmutzen*) embadurnar ❸ (*Farbe, Lippenstift*) correr; (*Blatt Papier*) emborronar

**verschmolzen** *pp von* **verschmelzen**

**verschmoren*** *vi sein* (ELEK) fundirse

**verschmutzen*** **I.** *vi sein* ensuciar(se) **II.** *vt* ensuciar; (*Umwelt*) contaminar

**Verschmutzung** *f* <-en> ensuciamiento *m;* (*der Umwelt*) contaminación *f*

**verschnaufen*** *vi* tomar aliento

**Verschnaufpause** *f* respiro *m*

**verschneit** [fɛɐ̯ˈʃnaɪt] *adj* cubierto de nieve

**verschnörkelt** *adj* con arabescos

**verschnupft** [fɛɐ̯ˈʃnʊpft] *adj* resfriado

**verschnüren*** [fɛɐ̯ˈʃnyːrən] *vt* atar (con una cuerda)

**verschoben** *pp von* **verschieben**

**verschollen** [fɛɐ̯ˈʃɔlən] *adj* desaparecido

**verschonen*** *vt* (*Sturm*) no afectar; **verschont werden (von etw** *dat*) librarse (de algo); **jdn mit etw** *dat* ~ dejar a alguien en paz con algo

**verschönern*** [fɛɐ̯ˈʃøːnɐn] *vt* embellecer

**Verschönerung** *f* <-en> embellecimiento *m*

**verschränken*** [fɛɐ̯ˈʃrɛŋkən] *vt* (*Beine, Arme*) cruzar

**verschreiben*** *irr* **I.** *vt* ❶ (*verordnen*) prescribir; (*Medikament*) recetar ❷ (*Papier, Stift*) gastar **II.** *vr:* **sich** ~ equivocarse al escribir; **sich einer Tätigkeit** ~ dedicarse plenamente a una actividad

**verschreibungspflichtig** *adj* de prescripción obligatoria

**verschrieben** *pp von* **verschreiben**

**verschrie(e)n** *adj* mal visto; ~ **sein als ...** tener (la mala) fama de...

**verschrotten*** *vt* aprovechar como chatarra, desguazar

**Verschrottung** *f* <-en> desguace *m*

**verschrumpelt** *adj* (*fam*) arrugado

**verschüchtert** [fɛɐ̯ˈʃʏçtɐt] *adj* intimidado; (*schüchtern*) tímido

**verschulden*** **I.** *vt* causar, tener la culpa (de) **II.** *vr:* **sich** ~ endeudarse **III.** *vi sein* endeudarse; **hoch verschuldet sein** estar cargado de deudas

**Verschulden** *nt* <-s, *ohne pl*> culpa *f;* **durch eigenes** ~ por propia culpa; **es ist ohne mein** ~ **passiert** yo no tengo culpa de eso

**Verschuldung** *f* <-en> endeudamiento *m*

**verschütten*** *vt* ❶ (*Flüssigkeit*) derramar ❷ (*unter sich begraben*) enterrar ❸ (*zuschütten*) llenar

**verschwägert** [fɛɐ̯ˈʃvɛːgɐt] *adj* emparentado (por matrimonio)

**verschweigen*** *irr vt* callar; **jdm etw** ~ callar algo a alguien

**verschwenden*** [fɛɐ̯ˈʃvɛndən] *vt* (*Geld*) derrochar; (*Zeit*) perder; (*Energie, Wasser*) despilfarrar

**Verschwender(in)** *m(f)* <-s, -; -nen> derrochador(a) *m(f)*, botarate *m Am*

**verschwenderisch** *adj* ① (*großzügig*) derrochador, botador *Am;* **mit etw** *dat* ~ **umgehen** derrochar algo ② (*üppig*) lujoso, opulento

**Verschwendung** *f* <-en> derroche *m*, despilfarro *m*

**verschwiegen** [fɛɐ̯ˈʃviːgən] **I.** *pp von* **verschweigen** **II.** *adj* ① (*Person*) discreto ② (*still, einsam*) retirado

**verschwimmen*** *irr vi sein* (*Umrisse*) desdibujarse; **mir verschwimmt alles vor den Augen** se me nublan los ojos

**verschwinden*** *irr vi sein* desaparecer, fletarse *Cuba, Mex;* **etw ~ lassen** (*wegzaubern*) hacer desaparecer algo; **verschwinde!** (*fam*) ¡lárgate!

**Verschwinden** *nt* <-s, *ohne pl*> desaparición *f*

**verschwitzen*** *vt* ① (*Kleidung*) empapar de sudor ② (*fam: vergessen*) olvidarse (de)

**verschwitzt** *adj* empapado en sudor

**verschwommen** [fɛɐ̯ˈʃvɔmən] *adj* (*Aussage*) impreciso; (*Licht*) difuso; (*Foto, Erinnerung*) borroso; **ohne Brille sehe ich alles** ~ sin gafas lo veo todo borroso

**verschworen** [fɛɐ̯ˈʃvoːrən] **I.** *pp von* **verschwören** **II.** *adj* conspirador; **ein ~er Haufen** (*fam*) una peña muy unida

**verschwören*** *irr vr:* **sich** ~ conspirar (*gegen* contra); **alles hat sich gegen mich verschworen** todo se ha vuelto en mi contra

**Verschwörer(in)** *m(f)* <-s, -; -nen> conjurado, -a *m, f*, conspirador(a) *m(f)*

**Verschwörung** *f* <-en> conspiración *f*

**verschwunden** *pp von* **verschwinden**

**versehen*** *irr* **I.** *vt* ① (*ausstatten*) proveer (*mit* de), munir (*mit* de) *CSur;* **etw mit seiner Unterschrift/einem Stempel** ~ firmar/sellar algo ② (*Dienst, Amt*) desempeñar **II.** *vr:* **sich** ~ ① (*irren*) equivocarse ② (*sich gefasst machen*): **ehe man sich's versieht(, ist es passiert)** (*fam*) cuando uno menos lo espera (salta la liebre) ③ (*sich versorgen*): **sich mit etw** *dat* ~ proveerse de algo

**Versehen** *nt* <-s, -> (*Fehler*) error *m;* (*Nachlässigkeit*) descuido *m;* **etw aus ~ tun** hacer algo sin querer

**versehentlich** *adv* por descuido

**verselbständigen*** *vr,* **verselbstständigen*** *vr:* **sich** ~ independizarse

**versenden*** *irr vt* enviar, remitir

**versengen*** [fɛɐ̯ˈzɛŋən] *vt* chamuscar

**versenken*** **I.** *vt* ① (*Schiff*) hundir ② (*in Flüssigkeit*) sumergir (*in* en) **II.** *vr:* **sich** ~ sumergirse (*in* en)

**Versenkung** *f* <-en> ① (*von Schiffen*) hundimiento *m* ② (*Meditation*) ensimismamiento *m;* **in der ~ verschwinden** (*fam*) caer en el olvido; **aus der ~ auftauchen** (*fam*) aparecer como por arte de magia

**versessen** [fɛɐ̯ˈzɛsən] *adj:* **auf etw ~ sein** estar obsesionado por algo

**versetzen*** **I.** *vt* ① (*umsetzen*) desplazar; (*Pflanzen*) trasplantar ② (*beruflich*) trasladar ③ (SCH) hacer pasar al curso siguiente; **sie ist in die fünfte Klasse versetzt worden** pasó al quinto curso; **er wird nicht versetzt** tiene que repetir el curso ④ (*verpfänden*) empeñar ⑤ (*vermischen*) mezclar; **etw mit Alkohol/Wasser** ~ añadir alcohol a algo/aguar algo ⑥ (*Schlag*) asestar, fletar *Chil, Peru;* **jdm einen Schrecken** ~ asustar a alguien ⑦ (*antworten*) replicar ⑧ (*fam: warten lassen*) dar un plantón ⑨ (*in Zustand bringen*): **jdn in Zorn/in Angst** ~ enfurecer/causarle miedo a alguien; **jdn in die Lage ~ etw zu tun** permitir algo a alguien ⑩ (*zurück~*) llevar de vuelta **II.** *vr:* **sich in jds Lage** ~ ponerse en la situación de alguien

**Versetzung** *f* <-en> ① (*örtlich*) desplazamiento *m* ② (*beruflich*) traslado *m* ③ (SCH) paso *m* al curso siguiente; **deine ~ ist gefährdet** está en juego el que apruebes el curso ④ (*Verpfändung*) empeño *m*

**Versetzungszeugnis** *nt* calificaciones *fpl* finales

**verseuchen*** [fɛɐ̯ˈzɔɪçən] *vt* contaminar

**Verseuchung** *f* <-en> contaminación *f*

**versichern*** **I.** *vt* ① (*bestätigen*) asegurar; **jdm etw** ~ asegurar algo a alguien ② (*Versicherung abschließen*) asegurar (*gegen* contra) **II.** *vr:* **sich** ~ ① (*sich vergewissern*) asegurarse (+*gen* de) ② (*Versicherung abschließen*) asegurarse (*gegen* contra)

**Versicherte(r)** *mf* <-n, -n; -n, -n> asegurado, -a *m, f*

**Versichertenkarte** *f* tarjeta *f* (de la caja) del seguro

**Versicherung** *f* <-en> ① (*Vertrag*) seguro *m* (*gegen* contra); **eine ~ abschließen/kündigen** hacerse/cancelar un seguro ② (*~sgesellschaft*) compañía *f* de seguros ③ (*Versprechen*) promesa *f;* (*Behauptung*) afirmación *f;* **Versicherungsanspruch** *m* derecho *m* a indemnización por parte del seguro; **Versicherungsbetrug** *m* estafa *f* de seguros; **Versicherungsfall** *m* contingencia *f* asegurada; **Versicherungsgesellschaft** *f* compañía *f* de seguros; **Versicherungskauffrau** *f* corredora *f* de seguros; **Versicherungskaufmann** *m* corredor *m* de seguros; **versicherungspflichtig** *adj* sujeto (obligadamente) al seguro; **Versicherungsschutz** *m* protección *f* de seguro; **Versicherungsvertreter(in)** *m(f)* agente *mf* de seguros

**versickern*** *vi sein* ser absorbido por el suelo

**versiegeln*** *vt* (*Brief, Boden*) sellar; (*Fußboden*) vitrificar

**versiegen*** *vi sein* (*Quelle*) secarse; (*Kräfte*) agotarse; (*Gespräch*) terminarse

**versiert** [vɛrˈziːɐt] *adj* versado; **in etw** *dat* **~ sein** ser versado en algo

**versilbern*** *vt* ① (*mit Silber überziehen*) platear (a) ② (*fam: verkaufen*) vender

**versinken*** *irr vi sein* ① (*in Flüssigkeit*) sumergirse (*in* en); (*in Schnee, Schlamm; Schiff*) hundirse (*in* en); **ich hätte vor Scham im Boden ~ mögen!** ¡ojalá me hubiera tragado la tierra! ② (*sich hingeben*) perderse (*in* en); **in Gedanken versunken** absorto en sus pensamientos

**versinnbildlichen*** [fɛɐˈzɪnbɪltlɪçən] *vt* simbolizar

**Version** [vɛrˈzjoːn] *f* <-en> versión *f*

**Versklavung** *f* <-en> esclavización *f*

**Versmaß** *nt* <-es, -e> (LIT) metro *m*

**versöhnen*** [fɛɐˈzøːnən] **I.** *vt* ① (*Streitende*) reconciliar ② (*versöhnlich stimmen*) apaciguar **II.** *vr:* **sich ~** reconciliarse

**versöhnlich** *adj* conciliador; **jdn ~ stimmen** apaciguar a alguien

**Versöhnung** *f* <-en> reconciliación *f*

**versorgen*** **I.** *vt* ① (*verschaffen, beliefern*) proveer (*mit* de), premunir (*mit* de) *Am* ② (*unterhalten*) mantener ③ (*betreuen*) cuidar (de) **II.** *vr:* **sich ~** abastecerse (*mit* de); **sich selbst ~** autoabastecerse

**Versorgung** *f ohne pl* ① (*Belieferung*) aprovisionamiento *m* (*mit* de) ② (*Unterhalt*) manutención *f;* (*Rente*) pensión *f* ③ (*Betreuung*) cuidados *mpl;* **ärztliche ~** asistencia médica; **versorgungsberechtigt** *adj* que tiene derecho a una pensión; **Versorgungslücke** *f* déficit *m inv* de abastecimiento

**verspäten*** *vr:* **sich ~** retrasarse; **sich um eine Stunde ~** llegar con una hora de retraso

**verspätet** **I.** *adj* atrasado **II.** *adv* con retraso

**Verspätung** *f* <-en> retraso *m;* **zehn Minuten ~ haben** tener diez minutos de retraso

**verspeisen*** *vt* (*geh*) comer

**versperren*** *vt* ① (*blockieren*) obstruir; **die Durchfahrt/die Sicht ~** cerrar el paso/quitar la vista ② (*Österr, reg: zuschließen*) cerrar

**verspielen*** **I.** *vi* perder; **er hat bei ihr verspielt** (*fam*) ella no quiere saber nada más de él; **du hast verspielt** has agotado tus posibilidades **II.** *vt* ① (*Geld*) perder en el juego ② (*Chance*) perder **III.** *vr:* **sich ~** (MUS) equivocarse al tocar

**verspielt** *adj* ① (*Kind, Tier*) juguetón ② (*Muster*) alegre

**verspotten*** *vt* burlarse (de)

**versprechen*** *irr* **I.** *vt* prometer; **viel ~d** (muy) prometedor; **ich kann dir nichts ~** no te puedo prometer nada; **sich** *dat* **etwas ~** esperar algo (*von* de); **das Wetter verspricht heute gut zu werden** hoy el tiempo promete ser bueno **II.** *vr:* **sich ~** (*falsch aussprechen*) equivocarse al hablar

**Versprechen** *nt* <-s, -> promesa *f;* **jdm ein ~ geben** prometer(le) algo a alguien; **ein ~ einhalten** cumplir una promesa

**Versprecher** *m* <-s, -> lapsus *m inv* linguae

**Versprechung** *f* <-en> promesa *f;* **leere ~en machen** hacer falsas promesas

**verspritzen*** *vt* ① (*verteilen*) esparcir ② (*bespritzen*) salpicar ③ (*voll spritzen*) rociar

**versprochen** *pp von* **versprechen**

**versprühen*** *vt* pulverizar

**verspüren*** *vt* sentir

**verstaatlichen*** *vt* nacionalizar

**Verstaatlichung** *f* <-en> nacionalización *f*

**verstand** [fɛɐˈʃtant] *3. imp von* **verstehen**

**Verstand** [fɛɐˈʃtant] *m* <-(e)s, *ohne pl*> (*Denkfähigkeit*) inteligencia *f;* (*Urteilskraft*) juicio *m;* (*Vernunft*) razón *f;* **den ~ verlieren** perder la razón; **bei klarem ~ sein** estar en pleno juicio; **du bist wohl nicht ganz bei ~!** (*fam*) ¡estás chiflado!; **das geht über meinen ~** (*fam*) eso no me entra

**verstanden** [fɛɐˈʃtandən] *pp von* **verstehen**

**verständig** [fɛɐˈʃtɛndɪç] *adj* (*vernünftig*) razonable; (*klug*) inteligente

**verständigen*** [fɛɐˈʃtɛndɪgən] **I.** *vt* (*benachrichtigen*) informar (*von* de/sobre) **II.** *vr:* **sich ~** ① (*kommunizieren*) entenderse ② (*sich einigen*) llegar a un acuerdo (*über* sobre)

**Verständigung** *f* <-en> ① (*Benachrichtigung*) información *f* ② (*Kommunikation*) comunicación *f* ③ (*Einigung*) acuerdo *m;* **Verständigungsschwierigkeiten** *fpl* dificultades *fpl* de entendimiento

**verständlich** [fɛɐˈʃtɛntlɪç] *adj* inteligible;

(*begreiflich*) comprensible; (*deutlich*) claro; **leicht/schwer** ~ fácil/difícil de comprender; **sich ~ machen** explicarse; **sich ~ ausdrücken** expresarse claramente

**verständlicherweise** [-ˈ---ˈ--] *adv* con razón

**Verständlichkeit** *f ohne pl* comprensibilidad *f*; (*Deutlichkeit*) claridad *f*

**Verständnis** [fɛɐˈʃtɛntnɪs] *nt* <-ses, *ohne pl*> ❶ (*Begreifen, Mitgefühl*) comprensión *f*; **für jdn/etw kein ~ haben** no tener comprensión con alguien/para algo; **dafür hast du mein vollstes ~** tienes todas mis simpatías con respecto a eso; **wir bitten um Ihr ~** rogamos su comprensión ❷ (*Sinn, Gefühl*) sensibilidad *f* (*für* para)

**verständnislos** *adj* incomprensivo

**verständnisvoll** *adj* comprensivo

**verstärken*** I. *vt* ❶ (*stabiler machen*) reforzar ❷ (*vergrößern*) aumentar ❸ (*Lautstärke, Instrumente*) amplificar II. *vr:* **sich ~** intensificarse, aumentar

**Verstärker** *m* <-s, -> (TECH, ELEK) amplificador *m*

**Verstärkung** *f* <-en> ❶ (*der Stabilität*) refuerzo *m* ❷ (*Vergrößerung*) aumento *m* ❸ (*der Lautstärke*) amplificación *f* ❹ (*a.* MIL: *Personengruppe*) refuerzos *mpl*

**verstauben*** [fɛɐˈʃtaʊbən] *vi sein* llenarse de polvo

**verstaubt** [fɛɐˈʃtaʊpt] *adj* ❶ (*schmutzig*) lleno de polvo ❷ (*veraltet*) anticuado, pasado de moda

**verstauchen*** [fɛɐˈʃtaʊxən] *vt:* **sich** *dat* **etw ~** torcerse algo

**Verstauchung** *f* <-en> esguince *m*, torcedura *f*, gambeta *f AmS*

**verstauen*** *vt* guardar (*in* en)

**Versteck** [fɛɐˈʃtɛk] *nt* <-(e)s, -e> escondite *m*; **~ spielen** jugar al escondite

**verstecken*** I. *vt* esconder (*vor* de); (*verbergen*) ocultar (*vor* de) II. *vr:* **sich ~** esconderse (*vor* de), escorarse *Cuba, Hond*

**Versteckspiel** *nt* juego *m* del escondite, escondido(s) *m(pl) Am;* **lass das ~!** (*fig*) ¡déjate de jueguecitos!

**versteckt** *adj* ❶ (*verborgen*) escondido, oculto ❷ (*Anspielung*) indirecto; (*heimlich*) secreto

**verstehen** <versteht, verstand, verstanden> I. *vt* ❶ (*hören*) entender; (*begreifen*) comprender; **er gab mir zu ~, dass ...** me dio a entender que...; **verstanden?** ¿entendido?; **das hast du falsch verstanden** eso lo has entendido mal; **versteh mich recht** no me malinterpretes; **wie soll ich das ~?** ¿qué quieres decir con eso? ❷ (*meinen*) entender (*unter* por); **was verstehst du unter diesem Begriff?** ¿qué entiendes por este término? ❸ (*können*) saber; **er versteht es, mit Kindern umzugehen** sabe cómo tratar a los niños ❹ (*Verständnis haben*) comprender; **ich verstehe deinen Ärger** puedo comprender tu rabia II. *vr:* **sich ~** ❶ (*auskommen*) llevarse bien; **ich verstehe mich gut mit ihr** me llevo bien con ella ❷ (*sich einschätzen*): **sich ~ als** tenerse por ❸ (*beherrschen*): **sich auf etw ~** ser experto en algo ❹ (*zu verstehen sein*): **die Preise ~ sich zuzüglich Mehrwertsteuer** se sobreentiende que el IVA será sumado a los precios; **das versteht sich doch von selbst** eso es evidente; **versteht sich!** ¡por supuesto!, ¿cómo no? *Am*

**versteifen*** *vr:* **sich ~** obstinarse (*auf* en)

**versteigern*** *vt* subastar, rematar *Am*

**Versteigerung** *f* <-en> subasta *f*, remate *m Am*

**Versteinerung** *f* <-en> ❶ (*das Versteinern*) petrificación *f* ❷ (*Objekt*) fósil *m*

**verstellbar** *adj* graduable; **in der Höhe ~** de altura graduable

**verstellen*** I. *vt* ❶ (*örtlich*) cambiar (de sitio); (*falsch stellen*) poner mal ❷ (*einstellen*) ajustar; (*regulieren*) regular ❸ (*versperren*) bloquear; **jdm den Weg ~** atajar el paso a alguien ❹ (*Stimme, Handschrift*) disimular II. *vr:* **sich ~** ❶ (*Person*) fingir, disimular ❷ (TECH) desajustarse

**Verstellung**[1] *f* <-en> ❶ (*örtlich*) cambio *m* de sitio ❷ (*Einstellung*) ajuste *m;* (*Regulierung*) regulación *f*; (*nach Skala*) graduación *f*

**Verstellung**[2] *f ohne pl* (*Täuschung*) fingimiento *m*

**versteuern*** *vt* pagar impuestos (por)

**Versteuerung** *f* <-en> pago *m* de impuestos

**verstimmen*** *vt* ❶ (*Instrument*) desafinar ❷ (*verärgern*) poner de mal humor

**verstimmt** *adj* ❶ (*Instrument*) desafinado ❷ (*Person*) enfadado; **einen ~en Magen haben** tener una indigestión

**verstockt** [fɛɐˈʃtɔkt] *adj* (*abw*) obstinado, porfiado

**verstohlen** [fɛɐˈʃtoːlən] *adj* disimulado

**verstopfen*** I. *vi sein* obstruirse, tupirse *Am* II. *vt* ❶ (*Loch*) obturar ❷ (*Abfluss*) atascar

**verstopft** *adj* (*Abfluss*) obstruido, tupido *Am;* (*Nase*) tapado; (*Ohren*) taponado; (*Mensch*) estreñido; **~e Straßen** atascos de tráfico

**Verstopfung** *f* <-en> ❶ (*eines Lochs*)

obstrucción *f;* (*von Abfluss*) atasco *m* ❷ (MED) estreñimiento *m* ❸ (*Stau*) atasco *m,* taco *m Am*

**verstorben** [fɛɐ̯'ʃtɔrbən] *adj* fallecido, extinto *AmS, Mex*

**Verstorbene(r)** *mf* <-n, -n; -n> difunto, -a *m, f,* extinto, -a *m, f AmS, Mex*

**verstört** [fɛɐ̯'ʃtøːɐ̯t] *adj* aturdido; (MED) trastornado

**Verstoß** *m* <-es, -stöße> infracción *f* (*gegen* contra); **einen ~ begehen** cometer una infracción

**verstoßen*** *irr* **I.** *vi* faltar (*gegen* a); (*gegen Gesetz*) infringir **II.** *vt* expulsar; (*Frau*) repudiar

**verstrahlen*** *vt* contaminar con radiactividad; **verstrahlt sein** estar contaminado con radiactividad

**verstrahlt** *adj* contaminado por radioactividad

**verstreichen*** *irr* **I.** *vi sein* (*geh: Zeit*) pasar; (*Frist*) vencer **II.** *vt* ❶ (*Farbe, Butter*) extender (*auf* en) ❷ (*Ritz, Spalt*) tapar

**verstreut** [fɛɐ̯'ʃtrɔɪt] *adj* (*Gehöfte, Ortschaften*) diseminado, disperso, desperdigado

**verstrichen** *pp von* **verstreichen**

**verstricken*** **I.** *vt* ❶ (*Wolle*) gastar haciendo punto ❷ (*verwickeln*) implicar (*in* en) **II.** *vr:* **sich ~** ❶ (*Personen*) liarse (*in* en) ❷ (*Strickarbeit*) equivocarse al hacer punto

**verstümmeln*** [fɛɐ̯'ʃtʏməln] *vt* mutilar

**Verstümmelung** *f* <-en> mutilación *f*

**verstummen*** *vi sein* (*geh: Person*) callar(se); (*Geräusch*) cesar

**Versuch** [fɛɐ̯'zuːx] *m* <-(e)s, -e> ❶ (*Handlung, a.* SPORT) intento *m;* **das käme auf einen ~ an** debería intentarse ❷ (*Experiment*) experimento *m;* (*Test*) prueba *f*

**versuchen*** **I.** *vt* ❶ (*ausprobieren*) intentar; **~ Sie keine Tricks!** ¡no intente ningún truco! ❷ (*kosten*) probar ❸ (*geh: erproben*) tentar; **ich bin versucht es mal auszuprobieren** estoy tentado de probarlo **II.** *vr:* **sich in etw** *dat* **~** intentar algo

**Versuchsanlage** *f* ❶ (*Forschungsanstalt*) planta *f* de pruebas ❷ (*neue Anlage*) instalación *f* piloto; **Versuchskaninchen** *nt* (*fam abw*) conejillo *m* de Indias; **Versuchsperson** *f* (MED, PSYCH) sujeto *m* de experimentación; **Versuchsreihe** *f* serie *f* de ensayos; **Versuchstier** *nt* animal *m* de laboratorio; **versuchsweise** [-vaɪzə] *adv* a modo de prueba; **Versuchszweck** *m* objeto *m* de la experimentación; **zu ~en** para fines de experimentación

**Versuchung** *f* <-en> tentación *f;* **jdn in ~ führen** tentar a alguien; **in ~ kommen** caer en la tentación

**versunken** [fɛɐ̯'zʊŋkən] **I.** *pp von* **versinken** **II.** *adj* ❶ (*Kultur*) desaparecido ❷ (*vertieft*) absorto (*in* en); **in Gedanken ~** absorto en sus pensamientos

**versüßen*** *vt* endulzar

**Vertäfelung** [fɛɐ̯'tɛːfəlʊŋ] *f* <-en> (*der Wand*) revestimiento *m* (de madera); (*der Decke*) artesonado *m*

**vertagen*** [fɛɐ̯'taːgən] **I.** *vt* aplazar (*auf* para) **II.** *vr:* **sich ~** aplazar la reunión (*auf* para)

**Vertagung** *f* <-en> aplazamiento *m* (*auf* para)

**vertan** *pp von* **vertun**

**vertauschen*** *vt* ❶ (*verwechseln*) confundir (*mit* con) ❷ (*austauschen*) cambiar (*gegen/mit* por)

**verteidigen*** [fɛɐ̯'taɪdɪgən] **I.** *vt* (*a.* SPORT, JUR) defender (*gegen* de/contra) **II.** *vr:* **sich ~** defenderse (*mit* con, *gegen* de/contra); (*sich rechtfertigen*) justificarse

**Verteidiger(in)** *m(f)* <-s, -; -nen> ❶ (SPORT) defensa *mf* ❷ (JUR) abogado, -a *m, f* defensor(a)

**Verteidigung** *f* <-en> (*a.* JUR, SPORT, MIL) defensa *f* (*gegen* contra/de); **was können Sie zu Ihrer ~ vorbringen?** ¿qué puede alegar en su defensa?; **Verteidigungsministerium** *nt* Ministerio *m* de Defensa; **Verteidigungszweck** *m:* **für ~e, zu ~en** para fines defensivos

**verteilen*** **I.** *vt* ❶ (*austeilen*) repartir (*unter/an* entre); (*zuteilen*) asignar ❷ (*aufteilen*) repartir (*auf* entre); **übers ganze Land verteilt** repartido por todo el país ❸ (*ausbreiten*) extender ❹ (*verstreichen*) untar **II.** *vr:* **sich ~** extenderse (*auf* en/sobre)

**Verteiler** *m* <-s, -> (*a.* WIRTSCH) distribuidor *m;* **Verteilerkasten** *m* (ELEK) distribuidor *m* de corriente

**Verteilung** *f* <-en> ❶ (*Austeilung*) reparto *m* (*an/unter* entre); (*Zuteilung*) asignación *f* ❷ (*Aufteilung*) repartición *f* ❸ (WIRTSCH) distribución *f;* **Verteilungskampf** *m:* **~ auf dem Arbeitsmarkt** lucha por un empleo en el mercado laboral; **einen ~ um etw** *akk* **führen** luchar por obtener una (buena) parte de algo (que se reparte)

**verteuern*** **I.** *vt* encarecer (*um, auf* a) **II.** *vr:* **sich ~** subir de precio (*um, auf* a)

**Verteuerung** *f* <-en> encarecimiento *m* (*um* en)

**verteufeln*** *vt* (*abw*) condenar

**vertiefen*** **I.** *vt* profundizar **II.** *vr:* **sich ~**

(*tiefer werden*) hacerse más profundo; **sich in etw** ~ sumergirse en algo; **in etw vertieft sein** estar absorto en algo
**Vertiefung** *f* <-en> ❶ (*von Graben, Thema*) profundización *f;* (*im Gelände*) depresión *f* ❷ (*von Person*) ensimismamiento *m*
**vertikal** [vɛrti'ka:l, '---] *adj* vertical
**Vertikale** [vɛrti'ka:lə] *f* <-n> vertical *f;* **in der** ~**n** en la vertical
**vertilgen*** *vt* ❶ (*Ungeziefer, Unkraut*) exterminar ❷ (*fam: essen*) zampar
**Vertilgungsmittel** *nt* (*gegen Ungeziefer*) insecticida *m;* (*gegen Unkraut*) pesticida *m*
**vertippen*** *vr:* **sich** ~ (*fam*) equivocarse al escribir a máquina
**vertonen*** [fɛɐ'to:nən] *vt* poner música (a)
**vertrackt** [fɛɐ'trakt] *adj* (*fam*) complicado, liado
**Vertrag** [fɛɐ'tra:k, *pl:* fɛɐ'trɛ:gə] *m* <-(e)s, -träge> contrato *m;* (POL) tratado *m;* **einen** ~ **schließen** firmar un contrato; **jdn unter** ~ **nehmen** contratar a alguien; **unter** ~ **stehen** estar bajo contrato
**vertragen*** *irr* **I.** *vt* ❶ (*Klima, Aufregung*) soportar ❷ (*Speisen, Medikamente*) tolerar; **ich vertrage keine Milch** la leche me sienta mal; **ich könnte noch ein Bier** ~ (*fam*) no me importaría tomar otra cerveza ❸ (*Schweiz: austragen*) repartir **II.** *vr:* **sich** ~ ❶ (*Personen*) llevarse bien; **wir haben uns wieder** ~ hemos hecho las paces ❷ (*vereinbar sein*) ser compatible, pegar *fam*
**vertraglich** **I.** *adj* contractual **II.** *adv* por contrato; ~ **gebunden sein** estar sujeto a un contrato
**verträglich** [fɛɐ'trɛ:klɪç] *adj* ❶ (*Speisen*) digerible; **gut/schlecht** ~ de fácil digestión/no digestible ❷ (*Personen*) tratable, sociable
**Verträglichkeit** *f ohne pl* ❶ (*von Speisen*) digestibilidad *f,* digeribilidad *f* ❷ (*von Personen*) tolerancia *f*
**Vertragsabschluss** *m* cierre *m* del contrato; (POL) cierre *m* del tratado; **Vertragsbruch** *m* ruptura *f* de(l) contrato; **vertragsbrüchig** *adj* refractario; ~ **werden** romper un contrato
**vertragschließend** *adj* contratante; ~**e Partei** parte contratante
**Vertragspartner(in)** *m(f)* (parte *f*) contratante *mf;* **Vertragsvereinbarung** *f* acuerdo *m* contractual; **ausdrückliche** ~ convenio (contractual) expreso; **Vertragswerkstatt** *f* taller *m* de reparación autorizado por el fabricante; **vertragswidrig** *adj* contrario al contrato
**vertrauen*** *vi:* **jdm/etw** *dat* ~ confiar en alguien/de algo
**Vertrauen** *nt* <-s, *ohne pl*> confianza *f* (*auf/in/zu* en); **im** ~ (**gesagt**) (dicho sea) entre nosotros; **jdn ins** ~ **ziehen** confiarse a alguien; ~ **zu jdm haben** tener confianza en alguien; **sie besitzt mein volles** ~ goza de mi plena confianza; **zu jdm** ~ **fassen** adquirir confianza con alguien
**vertrauenerweckend** *adj s.* **erwecken 2.**
**Vertrauensarzt, -ärztin** *m, f* inspector(a) *m(f)* médico, -a; **Vertrauensbasis** *f ohne pl:* **Geschäft/Rechnungsstellung auf** ~ negocio/facturación sobre la base de mutua confianza; **Vertrauensbruch** *m* abuso *m* de confianza; **Vertrauensfrage** *f* (*a.* POL) cuestión *f* de confianza; **die** ~ **stellen** plantear la cuestión de confianza; **Vertrauenskrise** *f* (*a.* POL) crisis *f inv* de confianza
**Vertrauenssache**[1] *f ohne pl* (*Frage des Vertrauens*) cuestión *f* de confianza
**Vertrauenssache**[2] *f* (*zur vertraulichen Behandlung*) asunto *m* confidencial
**vertrauensselig** *adj* (demasiado) confiado
**Vertrauensverhältnis** *nt* relación *f* de confianza; **ein gutes** ~ **zu jdm haben/unterhalten** tener/mantener una relación de confianza con alguien; **vertrauensvoll** **I.** *adj* confiado **II.** *adv* con toda confianza; **Vertrauensvotum** *nt* (POL) voto *m* de confianza; **vertrauenswürdig** *adj* fiable
**vertraulich** *adj* ❶ (*geheim*) confidencial; ~**e Mitteilung** confidencia *f;* **streng** ~ de alto secreto ❷ (*persönlich*) íntimo; ~ **werden** confraternizar
**Vertraulichkeit**[1] *f ohne pl* (*Eigenschaft*) carácter *m* confidencial; **es wird absolute** ~ **zugesagt** se garantiza absoluta discreción
**Vertraulichkeit**[2] *f* <-en> (*Aufdringlichkeit*) indiscreción *f;* **plumpe** ~**en** excesiva confianza
**verträumt** [fɛɐ'trɔɪmt] *adj* ❶ (*Person*) soñador ❷ (*Ort*) romántico
**vertraut** [fɛɐ'traʊt] *adj* ❶ (*eng verbunden*) familiarizado; (*Freund*) íntimo; ~ **miteinander sein** tenerse confianza ❷ (*bekannt*) familiar; **sich mit etw** *dat* ~ **machen** familiarizarse con algo
**Vertraute(r)** *mf* <-n, -n; -n> confidente *mf*
**Vertrautheit** *f ohne pl* ❶ (*enge Verbundenheit*) intimidad *f* ❷ (*Bekanntheit*) familiaridad *f*
**vertreiben*** *irr vt* ❶ (*Personen*) echar (*aus* de) ❷ (*Mücken*) ahuyentar; (*Müdigkeit*) hacer desaparecer; **sich** *dat* **die Zeit** ~

entretenerse; **jdm die Langeweile ~** entretener a alguien ③ (*verkaufen*) vender

**Vertreibung** *f* <-en> expulsión *f* (*aus* de)

**vertretbar** *adj* ① (*Maßnahme*) justificable ② (JUR) fungible

**vertreten*** *irr vt* ① (*ersetzen*) sustituir ② (*als Beauftragter*) representar; (*als Anwalt*) defender (la causa de) ③ (*Interessen*) velar (por); (*Ansicht, These*) sostener; (*verantworten*) responsabilizarse (de); (**nicht**) **~ sein** (no) figurar (*unter* entre); **stark/schwach ~ sein** tener mucha/poca representación ④ (*verstauchen*) torcerse; **sich** *dat* **die Füße ~** estirar las piernas

**Vertreter(in)** *m(f)* <-s, -; -nen> ① (*Stell~*) sustituto, -a *m, f* ② (*Beauftragter*) representante *mf,* personero, -a *m, f Am* ③ (*Handlungsreisender*) agente *mf,* agenciero, -a *m, f Arg* ④ (*Verfechter*) defensor(a) *m(f)*

**Vertretung** *f* <-en> ① (*Stell~*) su(b)stitución *f;* (*Person*) su(b)stituto, -a *m, f;* **in ~ von jdm handeln** actuar en representación de alguien ② (*Delegation*) representación *f;* **die diplomatische ~** (POL) la misión diplomática ③ (*Niederlassung*) agencia *f;* (*Filiale*) sucursal *f*

**Vertrieb** [fɛɐ'triːp] *m* <-(e)s, *ohne pl*> ① (*von Waren*) venta *f;* **den ~ für etw haben** ser distribuidor de algo ② (*Abteilung*) departamento *m* de venta(s)

**vertrieben** *pp von* **vertreiben**

**Vertriebene(r)** *mf* <-n, -n; -n> expulsado, -a *m, f*

**Vertriebsgesellschaft** *f* sociedad *f* distribuidora; **Vertriebsleiter(in)** *m(f)* jefe, -a *m, f* de ventas

**vertrocknen*** *vi sein* secarse

**vertrocknet** [fɛɐ'trɔknət] *adj* seco

**vertrödeln*** *vt* (*fam abw: Zeit*) perder; (*Termin*) olvidarse (de)

**vertrösten*** *vt:* **jdn ~** hacer esperar a alguien

**vertun*** *irr* **I.** *vt* desperdiciar, malgastar; **eine vertane Gelegenheit** una oportunidad desaprovechada **II.** *vr:* **sich ~** (*fam*) equivocarse

**vertuschen*** [fɛɐ'tʊʃən] *vt* ocultar

**verübeln*** [fɛɐ'ʔyːbəln] *vt:* **jdm etw ~** tomar a mal algo a alguien

**verüben*** *vt* cometer; **Selbstmord ~** suicidarse

**verunglimpfen*** [fɛɐ'ʔʊnglɪmpfən] *vt* (*geh*) difamar, denigrar

**verunglücken*** *vi sein* ① (*Unfall haben*) tener un accidente; **tödlich ~** morir en un accidente ② (*misslingen*) salir mal

**verunreinigen*** [fɛɐ'ʔʊnraɪnɪgən] *vt* ensuciar; (*Umwelt*) contaminar

**verunsichern*** *vt* confundir

**verunsichert** [fɛɐ'ʔʊnzɪçət] *adj* (*verwirrt*) confundido; (*unsicher*) inseguro

**Verunsicherung** *f* <-en> (*Verwirrung*) confusión *f;* (*Zweifel*) duda *f*

**verunstalten*** [fɛɐ'ʔʊnʃtaltən] *vt* desfigurar

**Verunstaltung** *f* <-en> deformación *f,* desfiguración *f*

**veruntreuen*** [fɛɐ'ʔʊntrɔɪən] *vt* (JUR) desfalcar

**Veruntreuung** *f* <-en> (JUR) desfalco *m;* (*öffentlicher Mittel*) malversación *f*

**verursachen*** [fɛɐ'ʔuːɐzaxən] *vt* causar, comportar *CSur*

**Verursacher(in)** *m(f)* <-s, -; -nen> causante *mf*

**verurteilen*** [fɛɐ'ʔʊrtaɪlən] *vt* (*a.* JUR) condenar (*zu* a); **er wurde zum Tode verurteilt** fue condenado a muerte; **zum Scheitern verurteilt sein** estar condenado al fracaso

**Verurteilte(r)** *mf* <-n, -n; -n> (JUR) condenado, -a *m, f*

**Verurteilung** *f* <-en> (*a.* JUR) condena *f*

**vervielfachen*** [fɛɐ'fiːlfaxən] *vt* multiplicar

**vervielfältigen*** [fɛɐ'fiːlfɛltɪgən] *vt* (TYPO) reproducir; (*fotokopieren*) fotocopiar, mimeografiar *Am*

**Vervielfältigung** *f* <-en> ① (TYPO) reproducción *f* ② (*Kopie*) copia *f*

**vervierfachen*** [fɛɐ'fiːɐfaxən] *vt* cuadruplicar

**vervollkommnen*** [fɛɐ'fɔlkɔmnən] **I.** *vt* perfeccionar **II.** *vr:* **sich ~** perfeccionar (*auf/in*)

**vervollständigen*** *vt* completar

**verwählen*** *vr:* **sich ~** (*fam*) marcar mal

**verwahren*** [fɛɐ'vaːrən] **I.** *vt* (*aufbewahren*) guardar, custodiar **II.** *vr:* **sich ~** protestar (*gegen* contra)

**verwahrlosen*** [fɛɐ'vaːɐloːzən] *vi sein* venir a menos; **jdn/etw ~ lassen** dejar que alguien/algo se arruine

**verwahrlost** [fɛɐ'vaːɐloːst] *adj* ① (*vernachlässigt*) abandonado; (*ungepflegt*) descuidado ② (*moralisch*) depravado

**Verwahrung** *f ohne pl* custodia *f;* (*zwangsweise Unterbringung*) internamiento *m;* **jdn/etw in ~ nehmen** tomar a alguien/algo bajo custodia

**verwaisen*** *vi sein* ① (*zur Waise werden*) quedarse huérfano; **ein verwaistes Mädchen** una niña huérfana; **sie sind verwaist** son huérfanos ② (*verlassen werden*) quedar desierto [*o* abandonado]; **verwaist sein** estar desierto

**verwalten*** *vt* administrar; (*Amt*) desempeñar; (INFOR) actualizar

**Verwalter(in)** *m(f)* <-s, -; -nen> administrador(a) *m(f)*, hacedor(a) *m(f) Am*

**Verwaltung** *f* <-en> administración *f*; (INFOR) actualización *f*; **Verwaltungsapparat** *m* aparato *m* administrativo; **Verwaltungsbeamte(r)** *mf*, **-beamtin** *f* funcionario, -a *m, f* administrativo, -a; **Verwaltungsbezirk** *m* distrito *m* administrativo; **Verwaltungsgericht** *nt* Tribunal *m* (Contencioso-)Administrativo

**verwandeln*** **I.** *vt* ❶ (*allgemein*) cambiar; (*verhexen*) convertir (*in* en); **er ist wie verwandelt** parece otro ❷ (CHEM, PHYS) transformar (*in* en) **II.** *vr:* **sich ~** transformarse (*in* en)

**Verwandlung** *f* <-en> transformación *f* (*in* en), cambio *m*

**verwandt** [fɛɐ'vant] **I.** *pp von* **verwenden** **II.** *adj* (*ähnlich*) similar (*mit* a); **mit jdm ~ sein** ser pariente de alguien; **sie sind (miteinander) ~** son parientes

**verwandte** [fɛɐ'vantə] *3. imp von* **verwenden**

**Verwandte(r)** *mf* <-n, -n; -n> pariente *mf*; **ein naher/entfernter ~r** un pariente cercano/lejano

**Verwandtschaft**[1] *f* <-en> ❶ (*das Verwandtsein*) parentesco *m* ❷ (*Ähnlichkeit*) semejanza *f*

**Verwandtschaft**[2] *f ohne pl* (*Angehörige*) parientes *mpl*

**verwandtschaftlich** *adj* de parentesco; **~ verbunden** emparentados

**verwarnen*** *vt* advertir; **jdn gebührenpflichtig ~** multar a alguien

**Verwarnung** *f* <-en> advertencia *f*; **gebührenpflichtige ~** multa *f*; **Verwarnungsgeld** *nt* multa *f*

**verwaschen** *adj* (*Stoff*) descolorido; (*Farbe*) pálido; (*Inschrift*) borroso

**verwechseln*** *vt* confundir; **sie hat ihn mit dir verwechselt** lo ha confundido contigo; **sie sehen sich** *dat* **zum V~ ähnlich** se parecen como dos gotas de agua

**Verwechs(e)lung** *f* <-en> confusión *f*; (*Irrtum*) error *m*

**verwegen** [fɛɐ'veːgən] *adj* osado

**verwehen*** **I.** *vt* ❶ (*auseinander treiben*) diseminar, dispersar ❷ (*verwischen*) borrar **II.** *vi sein* (*sich verlieren*) disiparse

**verwehren*** *vt:* **jdm etw ~** prohibir algo a alguien

**Verwehung** *f* <-en> (*Schnee~*) nieve *f* arremolinada; (*Sand~*) arena *f* arremolinada

**verweichlicht** *adj* (*körperlich*) débil; (*charakterlich*) afeminado

**Verweigerer, -in** *m, f* <-s, -; -nen> pasota *mf*; (*des Militärdienstes*) objetor(a) *m(f)* (de conciencia)

**verweigern*** *vt* rehusar; **jdm etw ~** negar algo a alguien; **den Kriegsdienst ~** ser objetor de conciencia, objetar *fam*

**Verweigerung** *f* <-en> (*Ablehnung*) rechazo *m*; (*Absage*) negativa *f*; (*Verbot*) prohibición *f*

**verweilen*** *vi* (*geh*) permanecer; (*stehen bleiben*) detenerse

**verweint** [fɛɐ'vaɪnt] *adj* lloroso; (*Augen*) lacrimoso

**Verweis** [fɛɐ'vaɪs] *m* <-es, -e> ❶ (*Rüge*) reprimenda *f*; **jdm einen ~ erteilen** reprender a alguien ❷ (*Hinweis*) referencia *f* (*auf* a)

**verweisen*** *irr* **I.** *vt* ❶ (*hinweisen*) remitir (*auf/an* a) ❷ (*ausweisen*) expulsar (*aus* de) ❸ (*geh: rügen*) reprender ❹ (JUR: *überweisen*) remitir (*an* a) **II.** *vi* indicar (*auf*)

**verwelken*** *vi sein* marchitarse

**verwendbar** *adj* utilizable (*zu/für* para); **mehrfach ~** de uso múltiple; **wieder ~** reutilizable

**verwenden** <verwendet, verwendete *o* verwandte, verwendet *o* verwandt> **I.** *vt* usar (*zu/für* para, *bei* en); (*Methode, Mittel*) emplear (*zu/für* para, *bei* en) **II.** *vr:* **sich ~** (*geh*) interceder (*für* por, *bei* ante)

**Verwendung** *f* <-en> empleo *m*, uso *m*; **~ finden** ser utilizado; **ich habe dafür keine ~** no sé qué hacer con eso; **Verwendungsmöglichkeit** *f* (*eines Menschen*) (posible) función *f*; (*eines Gerätes*) (posible) función *f*, (posible) uso *m*; **Verwendungszweck** *m* uso *m* previsto

**verwerfen*** *irr* **I.** *vt* ❶ (*ablehnen*) rechazar; (*aufgeben*) desechar ❷ (JUR: *zurückweisen*) reprobar **II.** *vr:* **sich ~** ❶ (*Holz, Tür*) alabearse ❷ (GEO) formarse una falla

**verwerflich** *adj* reprobable, reprochable

**verwertbar** *adj* utilizable, aprovechable

**verwerten*** *vt* utilizar, aprovechar

**Verwertung** *f* <-en> utilización *f*, aprovechamiento *m*; **Verwertungsgesellschaft** *f* ❶ (ÖKOL) empresa *f* de reciclaje ❷ (JUR) sociedad *f* de autores

**verwesen*** [fɛɐ'veːzən] *vi sein* descomponerse

**Verwesung** *f* <-en> descomposición *f*

**verwetten*** *vt* apostar; **ein Vermögen verwettet haben** haber perdido una fortuna en apuestas

**verwickeln*** **I.** *vt:* **jdn in etw ~** envolver a alguien en algo **II.** *vr:* **sich ~** (*a. fig*) enredarse; **sich in Widersprüche ~** incurrir

en contradicciones
**verwickelt** *adj* complicado
**Verwicklung** *f* <-en> ❶ (*in Skandal*) implicación *f* (*in* en) ❷ (*Schwierigkeit*) complicación *f*
**verwiesen** *pp von* **verweisen**
**verwildern*** [fɛɐˈvɪldɐn] *vi sein* ❶ (*Park, Garten*) estar abandonado ❷ (*Haustier*) volverse salvaje ❸ (*Sitten*) degenerar
**verwildert** *adj* ❶ (*Garten*) abandonado ❷ (*Tier*) salvaje ❸ (*Aussehen*) descuidado; (*Kind*) indisciplinado, malcriado
**verwinkelt** [fɛɐˈvɪŋkəlt] *adj* de muchos rincones
**verwirklichen*** **I.** *vt* realizar, hacer realidad **II.** *vr:* **sich ~** ❶ (*Wirklichkeit werden*) hacerse realidad ❷ (*Mensch*) realizarse
**Verwirklichung** *f* <-en> realización *f*
**verwirren*** [fɛɐˈvɪrən] **I.** *vt* ❶ (*Fäden*) enredar; (*Haare*) enmarañar ❷ (*verunsichern*) confundir, historiar *Am* **II.** *vr:* **sich ~** ❶ (*Fäden*) enredarse; (*Haare*) enmarañarse ❷ (*Sinne*) turbarse
**verwirrend** *adj* confuso
**verwirrt** *adj* ❶ (*Fäden, Angelegenheit*) enredado ❷ (*Person*) confuso, giro *Cuba*
**Verwirrung** *f* <-en> ❶ (*Durcheinander*) confusión *f* ❷ (*Verstörtheit*) turbación *f*
**verwischen*** **I.** *vt* ❶ (*Schrift*) emborronar; (*beim Malen*) difuminar ❷ (*beseitigen*) borrar **II.** *vr:* **sich ~** (*Erinnerung, Umrisse*) desdibujarse; (*Grenzen*) borrarse
**verwittern*** [fɛɐˈvɪtɐn] *vi sein* desmoronarse
**verwittert** *adj* (*Gebäude, Gestein*) desmoronado; (*Gesicht*) curtido
**verwitwet** [fɛɐˈvɪtvət] *adj* viudo
**verwöhnen*** [fɛɐˈvøːnən] *vt* mimar, pastorear *AmC*
**verwöhnt** [fɛɐˈvøːnt] *adj* ❶ (*Kind*) mimado, engreído *Am* ❷ (*anspruchsvoll*) exigente; (*Geschmack*) refinado
**verworfen** [fɛɐˈvɔrfən] **I.** *pp von* **verwerfen** **II.** *adj* (*geh*) vil
**verworren** [fɛɐˈvɔrən] *adj* confuso
**verwundbar** *adj* vulnerable
**verwunden*** [fɛɐˈvʊndən] *vt* herir, victimar *Am*
**verwunderlich** [fɛɐˈvʊndɐlɪç] *adj* (*erstaunlich*) sorprendente; (*sonderbar*) raro; **was ist daran ~?** ¿qué hay de raro en ello?
**verwundern*** *vt* sorprender; **es hat mich sehr verwundert, dass ...** me ha sorprendido mucho que... *+subj*
**verwundert** *adj* asombrado, sorprendido; **~ gucken** mirar extrañado
**Verwunderung** *f ohne pl* asombro *m;* **zu meiner ~** para mi sorpresa
**verwundet** *adj* herido
**Verwundete(r)** *mf* <-n, -n; -n> herido, -a *m, f*
**Verwundung** *f* <-en> herida *f*
**verwunschen** [fɛɐˈvʊnʃən] *adj* encantado
**verwünschen*** *vt* maldecir
**Verwünschung** *f* <-en> maldición *f;* **~en ausstoßen** soltar maldiciones
**verwurzelt** *adj* enraizado (*in/mit* en)
**verwüsten*** [fɛɐˈvyːstən] *vt* devastar
**Verwüstung** *f* <-en> devastación *f;* **~en anrichten** devastar
**verzählen*** *vr:* **sich ~** equivocarse al contar
**verzahnt** [fɛɐˈtsaːnt] *adj* ❶ (TECH) engranado ❷ (*zusammenhängend*) encajado
**Verzahnung** [fɛɐˈtsaːnʊŋ] *f* <-en> engranaje *m*
**verzaubern*** *vt* encantar; **jdn in etw ~** transformar a alguien en algo
**Verzauberung** *f* <-en> encantamiento *m,* transformación *f* (por arte de magia)
**verzehnfachen*** [fɛɐˈtseːnfaxən] *vt* decupl(ic)ar
**Verzehr** [fɛɐˈtseːɐ] *m* <-(e)s, *ohne pl*> ❶ (*das Verzehren*) consumo *m* ❷ (*das Verzehrte*) consumición *f*
**verzehren*** **I.** *vt* consumir **II.** *vr* (*geh*): **sich nach etw** *dat* **~** suspirar por algo; **sich vor Sehnsucht nach etw** *dat* **~** consumirse en deseos de algo
**verzeichnen*** *vt* ❶ (*vermerken*) anotar; (*aufzeichnen*) registrar; **große Erfolge ~** registrar grandes éxitos ❷ (*falsch zeichnen*) dibujar mal
**Verzeichnis** *nt* <-ses, -se> lista *f;* (*im Buch*) índice *m*
**verzeihen** [fɛɐˈtsaɪən] <verzeiht, verzieh, verziehen> *vt* perdonar; **jdm etw ~** perdonar algo a alguien; **~ Sie!** ¡perdone!
**verzeihlich** *adj* perdonable
**Verzeihung** *f ohne pl* perdón *m;* **jdn um ~ bitten** pedir(le) perdón a alguien
**verzerren*** **I.** *vt* ❶ (*Gesicht*) desfigurar ❷ (*Sehne, Lautsprecher*) distorsionar ❸ (*Spiegel*) desfigurar ❹ (*Ereignisse, Bericht*) tergiversar; (*Wettbewerb*) trucar; **etw verzerrt wiedergeben** contar algo trastocándolo **II.** *vr:* **sich ~** desfigurarse
**Verzerrung** *f* <-en> ❶ (*des Gesichts, der Tatsachen*) desfiguración *f* ❷ (*von Sehne, Ton*) distorsión *f* ❸ (*im Spiegel*) deformación *f*
**verzetteln*** [fɛɐˈtsɛtəln] **I.** *vt* escribir en fichas **II.** *vr:* **sich ~** perderse en detalles
**Verzicht** [fɛɐˈtsɪçt] *m* <-(e)s, -e> renuncia *f* (*auf* a)
**verzichten*** *vi* renunciar (*auf* a); (*auf ein Recht*) desistir (*auf* de)

V

**verzieh** [fɛɐ'tsiː] *3. imp von* **verzeihen**
**verziehen**[1] *pp von* **verzeihen**
**verziehen***[2] *irr* **I.** *vi sein* (*umziehen*) mudarse (*nach* a) **II.** *vt* ① (*Kind*) malcriar ② (*Mund, Züge*) torcer **III.** *vr:* **sich ~** ① (*Holz, Tür*) alabearse; (*Stoff*) dar de sí ② (*Gesicht*) desfigurarse ③ (*Nebel, Wolken*) disiparse; (*Gewitter*) pasar ④ (*fam: weggehen*) largarse; (*heimlich*) esfumarse; **los, verzieh dich!** ¡lárgate!
**verzieren*** *vt* adornar
**Verzierung** *f* <-en> adorno *m*
**verzinsen*** [fɛɐ'tsɪnzən] **I.** *vt* pagar intereses (*mit* de); **etw mit fünf Prozent ~** pagar intereses del cinco por ciento por algo **II.** *vr:* **sich ~** producir intereses (*mit* de)
**verzocken*** *vt* (*sl: beim Karten spielen*) perder
**verzogen** [fɛɐ'tsoːgən] **I.** *pp von* **verziehen**[2] **II.** *adj* ① (*Holz, Tür*) alabeado ② (*Kind*) malcriado ③ (*umgezogen*): **~ sein** haber cambiado de domicilio; **unbekannt ~** destinatario desconocido
**verzögern*** **I.** *vt* (*hinausziehen*) aplazar; (*verspäten*) retrasar (*um*) **II.** *vr:* **sich ~** retrasarse (*um*)
**Verzögerung** *f* <-en> retraso *m* (*von* de); **Verzögerungstaktik** *f* táctica *f* dilatoria
**verzollen*** [fɛɐ'tsɔlən] *vt* pagar aduana (por); **haben Sie etwas zu ~?** ¿tiene algo que declarar?
**Verzug** [fɛɐ'tsuːk] *m* <-(e)s, *ohne pl*> (*bei Lieferung*) demora *f;* (*bei Zahlung*) retraso *m;* **in ~ geraten** retrasarse; **es ist Gefahr im ~** se avecina un peligro
**verzweifeln*** *vi sein* desesperar; **an etw** *dat* **~** desesperarse a causa de algo; **es ist zum V~** es para desesperarse
**verzweifelt** *adj* desesperado
**Verzweiflung** *f* <-en> desesperación *f;* **etw aus ~ tun** hacer algo por desesperación; **in seiner ~** en su desesperación; **jdn zur ~ treiben** llevar a alguien a la desesperación; **Verzweiflungstat** *f* acto *m* de desesperación
**verzweigen*** [fɛɐ'tsvaɪgən] *vr:* **sich ~** ramificarse; (*in zwei Richtungen*) bifurcarse
**Verzweigung** *f* <-en> ① (*in mehrere Richtungen*) ramificación *f;* (*in zwei Richtungen*) bifurcación *f* ② (*Schweiz: Kreuzung*) cruce *m*
**verzwickt** [fɛɐ'tsvɪkt] *adj* (*fam*) lioso
**Vesper**[1] ['fɛspɐ] *f* <-n> (REL) vísperas *fpl*
**Vesper**[2] *f* <-n>, *südd: nt* <-s, -> tentempié *m;* (*nachmittags*) merienda *f*
**Vesperbrot**[1] *nt ohne pl s.* **Vesper**[2]
**Vesperbrot**[2] *nt* (*Brot*) (rebanada *f* de) pan *m* (*que se toma como tentempié o merienda*)
**Vesuv** [ve'zuːf] *m* <-s> Vesuvio *m*
**Veteran** [vete'raːn] *m* <-en, -en> veterano *m*
**Veterinär(in)** [veteri'nɛːɐ] *m(f)* <-s, -e; -nen> veterinario, -a *m*
**Veto** ['veːto] *nt* <-s, -s> (POL) veto *m;* **sein ~ gegen etw einlegen** poner el veto a algo; **Vetorecht** *nt* <-(e)s, *ohne pl*> derecho *m* de veto
**Vetter** ['fɛtɐ] *m* <-s, -n> primo *m*
**Vetternwirtschaft** *f ohne pl* (*abw*) nepotismo *m*
**V-Frau** *f* (*Verbindungsfrau*) enlace *m;* (*Agentin*) informante *f;* (*Vermittlerin*) intermediaria *f*
**vgl.** *Abk. von* **vergleiche** cf.
**VHS** [faʊhaː'ʔɛs] *f ohne pl Abk. von* **Volkshochschule** universidad *f* popular
**via** [viːa] *präp +akk* vía
**Viadukt** [via'dʊkt] *m o nt* <-(e)s, -e> viaducto *m*
**Vibration** [vibra'tsjoːn] *f* <-en> vibración *f*
**Vibrator** [vi'braːtoːɐ] *m* <-s, -en> vibrador *m*
**vibrieren*** [vi'briːrən] *vi* vibrar
**Video** ['viːdeo] *nt* <-s, -s> vídeo *m,* video *m Am;* **etw auf ~ haben** tener algo en vídeo; **Videoaufzeichnung** ['viːdeo-] *f* grabación *f* en vídeo; **Videoclip** *m* videoclip *m;* **Videofilm** *m* película *f* de vídeo; **Videokamera** *f* cámara *f* de vídeo
**Videokassette** *f* videocas(s)et(t)e *f;* **Videokassettenrecorder** *m* (aparato *m* de) vídeo *m*
**Videokonferenz** *f* conferencia *f* por vídeo; **Videorecorder** *m* (aparato *m* de) vídeo *m;* **Videospiel** *nt* videojuego *m;* **Videotext** *m* videotexto *m;* **Videothek** [video'teːk] *f* <-en> videoteca *f;* **Videoüberwachung** *f* vigilancia *f* por (cámara de) vídeo; **Videoverleih** *m* videoclub *m*
**Viech** [fiːç] *nt* <-(e)s, -er> (*fam*) ① (*Tier*) bicho *m;* (*größer*) bestia *f* ② (*Mensch*) bestia *mf,* bruto, -a *m, f*
**Vieh** [fiː] *nt* <-(e)s, *ohne pl*> ① (*Rinder*) ganado *m;* (*einzelnes*) res *f;* **zehn Stück ~** diez reses ② (*fam abw: Tier, Mensch*) bestia *f;* **Viehbestand** *m* número *m* de reses; **Viehhalter(in)** *m(f)* ganadero, -a *m, f;* **Viehhaltung** *f* <-en> ganadería *f;* **artgerechte ~** ganadería biológica; **Viehherde** *f* rebaño *m* (de ganado); **Viehmarkt** *m* feria *f* de ganado; **Viehzucht** *f ohne pl* ganadería *f;* **Viehzüchter(in)** *m(f)* ganadero, -a *m, f,* hacendado, -a *m, f Arg, Chil*

**viel** [fi:l] **I.** *adj o pron indef* <mehr, am meisten> ❶ (*eine Menge*) mucho; **es gibt ~ Arbeit** hay mucho trabajo; **~ Spaß!** ¡que lo pases bien!; **mit ~ Mühe** con mucho esfuerzo; **~/nicht ~ von etw** *dat* **halten** tener algo en gran/poca consideración; **er weiß ~** sabe mucho; **~e Menschen/Dinge** mucha gente/muchas cosas; **~e kamen** vino bastante gente; **sie gleichen sich in ~em** se parecen en muchas cosas; **sie ist um ~es jünger** ella es mucho más joven ❷ **so ~** tanto; **so ~ wollte ich gar nicht** no quería tanto; **nimm, so ~ du willst** coge lo que quieras; **das ist so ~ wie ein Geständnis** esto es prácticamente una confesión; **das ist so ~ wie gar nichts** eso y nada es lo mismo; **noch mal so ~** otro tanto; **halb/doppelt so ~ Arbeit** la mitad/el doble de trabajo ❸ **wie ~?** ¿cuánto?; **wie ~ kostet das?** ¿cuánto vale eso?; **wie ~ Uhr ist es?** ¿qué hora es?; **um wie ~ größer ... ?** ¿cuánto más grande...?; **wie ~ das wieder gekostet hat!** ¡qué caro!; **wie ~e Leute waren da?** ¿cuántas personas había? ❹ **zu ~** demasiado; **eine zu ~** una de más; **das wäre zu ~ verlangt** esto sería pedir demasiado; **mir ist das alles zu ~** todo esto es demasiado para mí; **ich krieg' zu ~** (*fam*) me va a dar un ataque; **was zu ~ ist, ist zu ~** para todo hay un límite; **sie hat einen zu ~ getrunken** (*fam*) ha bebido una copa de más **II.** *adv* ❶ (*häufig*) mucho, (muy) a menudo ❷ (*wesentlich*) considerablemente; **~ teurer** mucho más caro; **~ zu kurz** demasiado corto; **~ zu ~** demasiado

**vieldeutig** ['fi:ldɔɪtɪç] *adj* ambiguo; (LING) polisémico

**Vieleck** ['fi:lʔɛk] *nt* <-(e)s, -e> polígono *m*

**vielerlei** ['fi:lɐ'laɪ] *adj inv* ❶ (*attributiv*) mucho, diverso ❷ (*allein stehend*) mucho, muchas cosas; **~ gesehen haben** haber visto mucho

**vielerorts** ['fi:lɐ'ʔɔrts] *adv* en muchos sitios

**vielfach** ['fi:lfax] **I.** *adj* ❶ (*viele Male*) múltiple; (*wiederholt*) reiterado; **auf ~en Wunsch** a petición general ❷ (*vielfältig*) diverso, vario **II.** *adv* con frecuencia, a menudo; **größer als ~ angenommen** mayor de lo que a menudo se piensa

**Vielfache(s)** *nt* <-n, *ohne pl*> múltiplo *m* (*von* de); **um ein ~s** mucho más

**Vielfalt** ['fi:lfalt] *f ohne pl* variedad *f* (*von/an* de)

**vielfältig** ['fi:lfɛltɪç] *adj* variado; (*Mensch*) polifacético

**Vielfraß** ['fi:lfra:s] *m* <-es, -e> (ZOOL) glotón *m*; (*fam: Person*) tragón, -ona *m, f*

**vielleicht** [fi'laɪçt] *adv* ❶ (*möglicherweise*) quizá(s), tal vez, capaz *Am*; **~ sagst du mir mal, warum ...** quizá te dignes a decirme por qué... ❷ (*etwa*) por casualidad, acaso; **hast du ~ meinen Schlüssel gesehen?** ¿has visto por casualidad mi llave?; **soll ich ~ alles alleine machen ?** ¿acaso tengo que hacerlo todo yo solo? ❸ (*ungefähr*) más o menos; **es waren ~ 500 Leute dort** habría más o menos 500 personas allí; **ich war ~ aufgeregt** no te puedes imaginar qué excitado estaba

**vielmals** ['-ma:ls] *adv*: **ich bitte ~ um Entschuldigung** mil perdones; **danke ~!** ¡mil gracias!

**vielmehr** ['--] *adv* ❶ (*richtig, besser*) mejor dicho ❷ (*im Gegenteil*) más bien; **ich glaube ~, dass ...** creo más bien que...

**vielseitig** *adj* ❶ (*umfassend*) amplio; (*abwechslungsreich*) variado; **~ anwendbar** de uso múltiple; **~ interessiert** con intereses variados ❷ (*Mensch*) polifacético

**vielsprachig** *adj* políglota

**Vielzahl** *f ohne pl* multitud *f* (*an/von* de), sinnúmero *m* (*an/von* de)

**vier** [fi:ɐ] *adj inv* cuatro; **jdn unter ~ Augen sprechen** hablar con alguien a solas; **sich auf seine ~ Buchstaben setzen** (*fam*) sentarse sobre donde la espalda pierde su digno nombre; **auf allen ~en** (*fam*) a gatas; **alle ~e von sich** *dat* **strecken** (*fam*) desperezarse; *s. a.* **acht**[1]

**Vier** *f* <-en> cuatro *m*; (*Schulnote*) suficiente *m*; **vierbändig** ['fi:ɐbɛndɪç] *adj* de cuatro tomos; **Vierbeiner** *m* <-s, -> cuadrúpedo *m*; **vierblätt(e)rig** *adj* cuadrifolio; **Viereck** ['fi:ɐʔɛk] *nt* <-(e)s, -e> cuadrilátero *m*; (*Quadrat*) cuadrado *m*; **viereckig** *adj* cuadrangular; (*quadratisch*) cuadrado; **viereinhalb** ['--'-] *adj inv* cuatro y medio

**Viererbob** *m* (SPORT) bobsleigh *m* de cuatro

**viererlei** ['fi:rɐ'laɪ] *adj* de cuatro clases diferentes, cuatro clases (diferentes) de; *s. a.* **achterlei**

**vierfach** ['fi:ɐfax] **I.** *adj* cuádruple; **~ vorhanden sein** estar disponible cuatro veces **II.** *adv* cuatro veces; *s. a.* **achtfach**

**vierhändig** ['fi:ɐhɛndɪç] *adj* (MUS) a cuatro manos

**vierhundert** ['-'--] *adj inv* cuatrocientos; *s. a.* **achthundert**

**vierjährig** ['-jɛ:rɪç] *adj* (*vier Jahre alt*) de cuatro años; (*vier Jahre dauernd*) de cuatro años de duración

**vierkantig** *adj* cuadrangular; **Vierkantschlüssel** *m* (TECH) llave *f* para tornillos de cabeza cuadrada; **vierköpfig** *adj* de cua-

V

tro cabezas; (*Familie*) de cuatro personas

**Vierlinge** ['fiːɐlɪŋə] *mpl* cuatrillizos *mpl*

**viermal** *adv* cuatro veces; *s. a.* **achtmal**

**viermalig** *adj* cuatro veces; **die ~e Olympiasiegerin** la cuatro veces campeona olímpica

**viermotorig** *adj* cuatrimotor; **Vierradantrieb** *m* (AUTO) tracción *f* a las cuatro ruedas; **vierspurig** ['-ʃpuːrɪç] *adj* de cuatro carriles; **vierstellig** *adj* de cuatro cifras; **vierstöckig** ['-ʃtœkɪç] *adj* de cuatro pisos

**viert**: **zu ~** de a cuatro

**Viertaktmotor** *m* (AUTO) motor *m* de cuatro tiempos

**viertausend** ['-'--] *adj inv* cuatro mil; *s. a.* **achttausend**

**vierte(r, s)** *adj* cuarto; *s. a.* **achte(r, s)**

**vierteilen** *vt* ❶ (*Menschen*) descuartizar ❷ (*Gegenstände*) dividir en cuatro partes, partir en cuartos

**vierteilig** *adj* de cuatro partes

**viertel** ['fɪrtəl] *adj inv* cuarto; *s. a.* **achtel**

**Viertel** ['fɪrtəl] *nt* <-s, -> ❶ (*Maß*) cuarto *m;* **ein ~ Wein** un cuartillo ❷ (*Teil*) cuarto *m,* cuarta parte *f;* **drei ~ der Bevölkerung** tres cuartas partes de la población; **~ nach/vor drei** las tres y/menos cuarto ❸ (*Stadt~*) barrio *m;* **Viertelfinale** *nt* (SPORT) cuarto *m* de final; **Vierteljahr** ['--'-] *nt* trimestre *m;* **vierteljährig** ['fɪrtəljɛːrɪç, fɪrtəl'jɛːrɪç] *adj* de tres meses, trimestral; **vierteljährlich** **I.** *adj* trimestral **II.** *adv* cada tres meses; **Viertelliter** ['--'--] *m o nt* cuarto *m* de litro

**vierteln** *vt* dividir en cuatro partes

**Viertelnote** *f* (MUS) corchea *f;* **Viertelstunde** ['--'--] *f* cuarto *m* de hora; **viertelstündig** [-ʃtʏndɪç] *adj* de un cuarto de hora; **viertelstündlich** **I.** *adj* de un cuarto de hora **II.** *adv* cada cuarto de hora

**viertens** ['fiːɐtəns] *adv* en cuarto lugar; (*bei Aufzählung*) cuarto; *s. a.* **achtens**

**Viertürer** [-tyːrɐ] *m* <-s, -> (AUTO) coche *m* de cuatro puertas

**Viervierteltakt** [-'---] *m* (MUS) compás *m* de compasillo

**vierzehn** ['fɪrtseːn] *adj inv* catorce; **in ~ Tagen** en quince días; *s. a.* **acht**[1]

**vierzehntägig** [-tɛːgɪç] *adj* de quince días

**vierzehntäglich** *adj* cada quince días

**vierzehnte(r, s)** *adj* decimocuarto; *s. a.* **achte(r, s)**

**vierzig** ['fɪrtsɪç] *adj inv* cuarenta; *s. a.* **achtzig**

**vierziger** ['fɪrtsɪgɐ] *adj:* **die ~ Jahre** los años cuarenta

**vierzigste(r, s)** *adj* cuadragésimo; *s. a.* **achtzigste(r, s)**

**Vierzigstundenwoche** *f* semana *f* laboral de 40 horas

**Vierzimmerwohnung** ['-'----] *f* piso *m* de cuatro habitaciones

**Vietnam** [viɛt'nam] *nt* <-s> Vietnam *m*

**Vietnamese**, **-in** [viɛtna'meːzə] *m, f* <-n, -n; -nen> vietnamita *mf*

**vietnamesisch** *adj* vietnamita

**Vignette** [vɪn'jɛtə] *f* <-n> viñeta *f*

**Vikar(in)** [vi'kaːɐ] *m(f)* <-s, -e; -nen> (REL) vicario, -a *m, f*

**Villa** ['vɪla] *f* <Villen> villa *f*

**Villenviertel** *nt* barrio *m* residencial de lujo

**violett** [vio'lɛt] *adj* violeta, morado

**Violine** [vio'liːnə] *f* <-n> (MUS) violín *m*

**Violinist(in)** [violi'nɪst] *m(f)* <-en, -en; -nen> (MUS) violinista *mf*

**Violinschlüssel** *m* (MUS) clave *f* de sol

**Violoncello** [vjolɔn'tʃɛlo] *nt* <-s, -celli *o* -s> (MUS) violonc(h)elo *m*

**VIP**, **V.I.P.** [vɪp] *mf* <-s, -s; -s> *Abk. von* **Very Important Person** vip *mf*

**Viper** ['viːpɐ] *f* <-n> (ZOOL) víbora *f*

**Viren** ['viːrən] *pl von* **Virus**; **Virensuchprogramm** *nt* (INFOR) programa *m* cazavirus

**virtuell** [vɪrtu'ɛl] *adj* (INFOR) virtual; **~er Raum** espacio virtual

**virtuos** [vɪrtu'oːs] *adj* virtuoso

**Virus** ['viːrʊs] *m o nt* <-, Viren> (*a.* INFOR) virus *m inv;* **Virusgrippe** *f* (MED) gripe *f* vírica; **Virusinfektion** *f* (MED) infección *f* vírica; **Viruskrankheit** *f* enfermedad *f* vírica

**Visa** ['viːza] *pl von* **Visum**

**Visagist(in)** [viza'ʒɪst] *m(f)* <-en, -en; -nen> técnico, -a *m, f* facial

**vis-a-vis** *präp*, **vis-à-vis** *präp +dat* enfrente de, frente a

**Visen** ['viːzən] *pl von* **Visum**

**Visier** [vi'ziːɐ] *nt* <-s, -e> ❶ (*am Helm*) visera *f* ❷ (*am Gewehr*) (punto *m* de) mira *f;* **jdn/etw ins ~ nehmen** fijar su atención en alguien/algo

**Vision** [vi'zjoːn] *f* <-en> visión *f*

**Visit** ['vɪzɪt] *m* <-s, -s> (INFOR) visita *f*

**Visite** [vi'ziːtə] *f* <-n> (MED) visita *f;* **~ machen** pasar visita

**Visitenkarte** *f* tarjeta *f* de visita

**Viskose** [vɪs'koːzə] *f ohne pl* (CHEM) viscosa *f*

**visuell** [vizu'ɛl] *adj* visual

**Visum** ['viːzʊm] *nt* <-s, Visa *o* Visen> ❶ (*Sichtvermerk*) visado *m,* visa *f Am* ❷ (*Schweiz: Namenskürzel*) firma *f*

**vital** [vi'taːl] *adj* vital

**Vitalität** *f ohne pl* vitalidad *f*

**Vitamin** [vita'miːn] *nt* <-s, -e> vitamina *f;* ~

**B haben** *(fam fig)* tener enchufe; **Vitaminmangel** *m ohne pl* carencia *f* de vitaminas; **Vitaminpräparat** *nt* complejo *m* vitamínico; **Vitamintablette** *f* pastilla *f* de vitaminas

**Vitrine** [vi'tri:nə] *f* <-n> vitrina *f*

**Vizekanzler(in)** *m(f)* vicecanciller *mf;* **Vizepräsident(in)** *m(f)* vicepresidente, -a *m, f*

**Vlies** [fli:s] *nt* <-es, -e> ❶ *(Schafwolle)* vellocino *m* ❷ *(Fasermaterial)* fieltro *m*

**V-Mann** *m* <-(e)s, -Männer *o* -Leute> *(Verbindungsmann)* enlace *m; (Agent)* informante *m; (Vermittler)* intermediario *m*

**Vogel** ['fo:gəl, *pl:* 'fø:gəl] *m* <-s, Vögel> ❶ *(Tier)* pájaro *m;* **einen ~ haben** *(fam)* estar chiflado; **jdm einen ~ zeigen** *(fam)* ≈dar(le) a alguien un corte de mangas; **den ~ abschießen** *(fam)* llevarse la palma ❷ *(fam: Mensch)* tipo *m* raro; **ein komischer ~** un tipo extraño

**Vogelbeerbaum** *m* (BOT) serbal *m;* **Vogelbeere** *f* (BOT) serba *f*

**vogelfrei** *adj* fuera de la ley; **jdn für ~ erklären** declarar a alguien fuera de la ley; **Vogelfutter** *nt* comida *f* para pájaros; **Vogelhaus** *nt* pajarera *f;* **Vogelkäfig** *m* jaula *f;* **Vogelkirsche** *f* (BOT) cereza *f* silvestre

**vögeln** ['fø:gəln] *vi, vt (vulg)* follar, coger *Am*

**Vogelnest** *nt* nido *m* de pájaro; **Vogelperspektive** *f* vista *f* de pájaro; **aus der ~** a vista de pájaro; **Vogelscheuche** *f* <-n> espantapájaros *m inv;* **Vogelschutzgebiet** *nt* reserva *f* ornitológica

**Vogel-Strauß-Politik** *f (fam)* comportamiento *m* del avestruz

**Vogesen** [vo'ge:zən] *pl* (GEO): **die ~** los Vosgos *mpl*

**Vokabel** [vo'ka:bəl] *f* <-n> vocablo *m*

**Vokabular** [vokabu'la:ɐ] *nt* <-s, -e> vocabulario *m*

**Vokal** [vo'ka:l] *m* <-s, -e> (LING) vocal *f*

**Volk**[1] [fɔlk, *pl:* 'fœlkɐ] *nt* <-(e)s, Völker> ❶ *(allgemein)* pueblo *m; (Nation)* nación *f* ❷ (ZOOL) colonia *f*

**Volk**[2] *nt* <-(e)s, *ohne pl*> ❶ *(Bevölkerung)* población *f;* **der Mann aus dem ~** el hombre de la calle ❷ *(Leute)* gente *f; (Menschenmenge)* multitud *f;* **etw unters ~ bringen** divulgar algo; **sich unters ~ mischen** mezclarse con la gente

**Völkerball** *m* <-(e)s, *ohne pl*> (SPORT) coma *m;* **Völkerbund** *m ohne pl* Sociedad *f* de Naciones; **Völkergemeinschaft** *f ohne pl* comunidad *f* de naciones; **Völkerkunde** *f ohne pl* etnología *f;* **Völkerkundemuseum** *nt* museo *m* etnológico; **Völkermord** *m* genocidio *m;* **Völkerrecht** *nt ohne pl* derecho *m* internacional; **völkerrechtlich** *adj* de derecho internacional; **Völkerverständigung** *f* entendimiento *m* entre los pueblos; **Völkerwanderung** *f* ❶ (SOZIOL) migración *f* de los pueblos ❷ *(fam: Menschenstrom)* afluencia *f* masiva

**Volksabstimmung** *f* (POL) referéndum *m;* **Volksbank** *f* (FIN) banco *m* popular; **Volksbefragung** *f* (POL) consulta *f* popular; **Volksbegehren** *nt* <-s, -> (POL) petición *f* de referéndum; **volkseigen** *adj* nacionalizado; **Volksentscheid** *m* (POL) plebiscito *m;* **Volksfest** *nt* fiesta *f* popular; **Volksfront** *f* (POL) frente *m* popular; **Volksheld(in)** *m(f)* héroe, heroína *m, f* nacional; **Volkshochschule** *f* universidad *f* popular, ≈centro *m* de formación de adultos

**i Land & Leute**

La **Volkshochschule** alemana es un centro público y autónomo de formación continua. Su oferta va desde cursos de informática, pasando por cursos de idiomas, hasta cursos de danza o de filosofía. Estos cursos están pensados para todos los segmentos sociales y para todas las edades. Es cada vez más frecuente el reconocimiento de estos cursos como formación continua de profesionales de los más diversos sectores.

**Volksinitiative** *f (Schweiz) s.* **Volksbegehren**; **Volkskrankheit** *f* enfermedad *f* muy extendida

**volkskundlich** *adj* folklórico

**Volkslied** *nt* canción *f* popular; **Volksmärchen** *nt* cuento *m* popular; **Volksmund** *m ohne pl* lenguaje *m* popular; **Volksmusik** *f* música *f* folklórica; **Volksrepublik** *f* república *f* popular; **Volksschule** *f* escuela *f* de enseñanza primaria; **Volkssport** *m* deporte *m* popular; **Volksstamm** *m* tribu *f;* **Volkstanz** *m* baile *m* folklórico

**volkstümlich** ['fɔlksty:mlɪç] *adj* popular

**Volksverdummung** *f (fam abw)* engaño *m* del pueblo; **Volksverhetzung** *f* instigación *f* del pueblo; **Volksvertreter(in)** *m(f)* representante *mf* del pueblo; *(Abgeordneter)* diputado, -a *m, f;* **Volkswirt(in)** *m(f)* economista *mf;* **Volkswirtschaft** *f* economía *f* política; **volkswirtschaftlich**

*adj* económico-nacional; **Volkswirtschaftslehre** *f ohne pl* economía *f* política; **Volkszählung** *f* censo *m* nacional

**voll** [fɔl] **I.** *adj* ❶ (*gefüllt*) lleno (*von/mit* de); (*besetzt*) ocupado; **brechend ~** a tope *argot;* **halb ~** medio lleno; **mit ~em Mund** con la boca llena; **ich bin ~** (**bis oben hin**) (*fam*) estoy (absolutamente) lleno; **einen Teller ~ essen** comer un plato (de algo); **aus dem V~en schöpfen** gastar a manos llenas ❷ (*erfüllt*) rebosante (de); **~(er) Freude** rebosante de alegría ❸ (*fam: betrunken*) borracho ❹ (*rundlich*) regordete ❺ (*Geschmack*) intenso; (*Stimme*) sonoro; (*Farbton*) intenso; **~es Haar haben** tener mucho pelo ❻ (*vollständig*) entero, completo; **eine ~e Stunde warten** esperar una hora entera; **in ~er Größe** de cuerpo entero; **das ~e Ausmaß der Katastrophe** el alcance total de la catástrofe; **in ~er Fahrt** en plena marcha; **die ~e Verantwortung tragen** cargar con toda la responsabilidad; **in ~em Ernst** completamente en serio; **~e Kanne** (*sl*) a toda pastilla; **in ~er Schönheit** (*a. iron*) en toda su belleza; **der ~e Kaufpreis** el importe íntegro; **jdn nicht für ~ nehmen** no tomar a alguien en serio **II.** *adv* ❶ (*vollkommen, vollständig*) completamente, plenamente; **~ bezahlen** pagar a precio regular; **~ und ganz** completamente; **~ dahinter stehen** dar la cara enteramente ❷ (*mit aller Wucht*) con toda (su) fuerza ❸ (*sl: total*) total; **~ gut** guay

**vollauf** ['-'-] *adv* absolutamente

**vollautomatisch** ['---'--] *adj* completamente automático; **Vollbad** *nt* baño *m* (de cuerpo) entero; **Vollbart** *m* barba *f* cerrada; **Vollbeschäftigung** *f ohne pl* (WIRTSCH) pleno empleo *m;* **Vollbesitz** *m:* **im ~ (seiner geistigen Kräfte)** en plena posesión (de sus facultades mentales); **Vollblut** *nt*, **Vollblüter** *m* <-s, -> (ZOOL) caballo *m* de pura sangre

**vollbracht** *pp von* **vollbringen**

**Vollbremsung** *f* frenazo *m* en seco; **eine ~ machen** frenar en seco

**vollbringen*** [-'--] *irr vt* (*geh*) realizar, llevar a cabo

**vollbusig** *adj* de pechos turgentes, tetuda *fam,* tetona *fam*

**Volldampf** *m ohne pl:* (**mit**) **~ voraus** a toda máquina; **mit ~** (*fam*) a toda pastilla

**Völlegefühl** ['fœlə-] *nt ohne pl* sensación *f* de pesadez

**vollelektronisch** ['---'--] *adj* completamente electrónico

**vollenden*** *vt* ❶ (*abschließen*) concluir; (*Lebensalter*) cumplir; **jdn vor vollendete Tatsachen stellen** presentar(le) a alguien un hecho consumado ❷ (*vervollständigen*) completar

**vollendet** [fɔl'ʔɛndət] *adj* perfecto

**vollends** ['fɔlɛnts] *adv* completamente

**Vollendung**[1] *f* <-en> (*Beendung*) terminación *f;* **mit** [*o* **nach**] **~ des 18. Lebensjahres** con 18 años cumplidos

**Vollendung**[2] *f ohne pl* (*Vollkommenheit*) perfección *f*

**voller** ['fɔlɐ] *adj inv* ❶ (*gefüllt, bedeckt*) lleno (de) ❷ (*erfüllt*) rebosante (de)

**Völlerei** [fœlə'raɪ] *f* <-en> (*abw*) gula *f*

**Volleyball**[1] ['vɔlibal] *m* <-(e)s, *ohne pl*> (SPORT) voleibol *m*

**Volleyball**[2] *m* <-(e)s, -bälle> (*Ball*) pelota *f* de voleibol

**vollführen*** *vt* llevar a cabo; (*verwirklichen*) realizar

**Vollgas** *nt ohne pl:* **mit ~ fahren** ir a toda velocidad; **~ geben** pisar el acelerador a fondo; **Vollidiot(in)** *m(f)* (*fam abw*) idiota *mf* completo, -a

**völlig** ['fœlɪç] **I.** *adj* completo; **das ist mein ~er Ernst** hablo completamente en serio **II.** *adv* completamente; **er hat ~ Recht** tiene toda la razón

**volljährig** ['-jɛːrɪç] *adj* (JUR) mayor de edad

**i Land & Leute**

En Alemania se dice que un joven es **volljährig** y responsable legalmente a los 18 años, mientras que en Austria la mayoría de edad se alcanza a los 19 y en Suiza a los 20.

**Volljährigkeit** *f ohne pl* mayoría *f* de edad; **die ~ erreichen** alcanzar la mayoría de edad

**Volljurist(in)** *m(f) jurista que, tras aprobar dos exámenes de estado, está facultado para acceder a la judicatura;* **vollkaskoversichert** *adj* asegurado contra todo riesgo; **Vollkaskoversicherung** *f* seguro *m* a todo riesgo; **vollklimatisiert** ['----'-] *adj* plenamente climatizado

**vollkommen** [-'--] *adj* ❶ (*unübertrefflich*) perfecto; (*vollständig*) completo ❷ (*völlig*) absoluto, total; **ich bin ~ deiner Meinung** estoy absolutamente de acuerdo contigo

**Vollkornbrot** *nt* pan *m* integral

**Vollmacht** *f* <-en> autorización *f;* **jdm eine ~ erteilen** otorgar a alguien plenos poderes

**Vollmilch** *f* leche *f* entera; **Vollmilchschokolade** *f* chocolate *m* con leche; **Vollmitglied** *nt* (JUR) miembro *m* de pleno derecho; **Vollmond** *m* luna *f* llena; **bei** ~ con luna llena; **Vollnarkose** *f* (MED) anestesia *f* total; **Vollpension** *f ohne pl* pensión *f* completa

**Vollrausch** *m* embriaguez *f* absoluta, ciego *m argot*

**vollschlank** *adj* metido en carnes

**vollständig** *adj* ❶ (*komplett*) completo ❷ (*gänzlich*) total, absoluto

**Vollständigkeit** *f ohne pl* integridad *f;* **der ~ halber** para completar

**vollstrecken*** *vt* ❶ (JUR) ejecutar; (*Urteil*) llevar a efecto; **die Todesstrafe an jdm ~** ejecutar a alguien ❷ (SPORT) ejecutar

**Vollstreckung** [-'--] *f* <-en> (JUR) ejecución *f;* **Vollstreckungsbefehl** *m* (JUR) orden *f* de ejecución

**Volltreffer** *m* impacto *m* total; (*beim Schießen*) impacto *m* en la diana; **Vollversammlung** *f* pleno *m;* **Vollwaise** *f* huérfano, -a *m, f* de padre y madre; **Vollwaschmittel** *nt* detergente *m*

**vollwertig** *adj:* **~er Ersatz** sustituto de igual valía

**Vollwertkost** *f* alimentos *mpl* integrales

**vollzählig** ['fɔltsɛːlɪç] *adj* completo

**vollziehen*** *irr* **I.** *vt* ❶ (*ausführen*) llevar a cabo, efectuar ❷ (JUR) ejecutar **II.** *vr:* **sich ~** efectuarse

**vollzogen** *pp von* **vollziehen**

**Vollzug** [-'-] *m* <-(e)s, *ohne pl*> ❶ (*das Vollziehen*) realización *f;* (JUR) ejecución *f* ❷ (*Straf~*) ejecución *f* de la pena; **Vollzugsanstalt** *f* centro *m* penitenciario; **Vollzugsbeamte(r)** *mf*, **-beamtin** *f* funcionario, -a *m, f* ejecutivo, -a

**Volontär(in)** [volɔn'tɛːɐ] *m(f)* <-s, -e; -nen> practicante *mf*

**Volontariat** [volɔntari'aːt] *nt* <-(e)s, -e> voluntariado *m*

**Volontärin** *f* <-nen> *s.* **Volontär**

**Volt** [vɔlt] *nt* <- *o* -(e)s, -> (PHYS, ELEK) voltio *m*

**Volumen** [vo'luːmən] *nt* <-s, -> (*Ausdehnung, Umfang*) volumen *m*

**voluminös** [volumi'nøːs] *adj* voluminoso

**vom** [fɔm] = **von dem** *s.* **von**

**von** [fɔn] *präp +dat* ❶ (*allgemein, räumlich*) de; **~ Münster nach Leipzig** de Münster a Leipzig; **~ oben nach unten** de arriba abajo; **~ weit her** de muy lejos; **~ hier aus** desde aquí; **die Königin ~ England** la Reina de Inglaterra; **ein Gedicht ~ Neruda** un poema de Neruda; **das Kind ist ~ ihm** el niño es suyo; **das war ein Fehler ~ dir** fue un error por tu parte; **~ allein** por sí solo; **ein Freund ~ mir** un amigo mío; **einer ~ euch** uno de vosotros; **Tausende ~ Menschen** miles de personas; **im Alter ~ 40 Jahren** a la edad de 40 años; **ein Betrag ~ 100 Euro** un importe de 100 euros; **er ist Linguist ~ Beruf** de profesión es lingüista; **~ Seiten** de parte de; **~ Berufs wegen** por causa del trabajo ❷ (*zeitlich*) desde, de, a partir de; **~ nun an** de ahora en adelante; **~ diesem Tag an** desde ese día; **~ vorn anfangen** empezar desde el principio; **~ morgens bis abends** de la mañana a la noche; **~ Zeit zu Zeit** de tiempo en tiempo ❸ (*beim Passiv*) por; **der Kurs wird ~ Johannes geleitet** el curso es dirigido por Johannes

**voneinander** [--'--] *adv* el uno del otro

**vonseiten** [fɔn'zaɪtən] por parte de; **~ der Regierung** por parte del gobierno

**vonstatten** [fɔn'ʃtatən] *adv:* **~ gehen** tener lugar, desarrollarse

**vor** [foːɐ] **I.** *präp +dat* ❶ (*räumlich*) delante de; **sie ging ~ ihm her** iba delante de él; **zehn Kilometer ~ Münster** diez kilómetros antes de llegar a Münster ❷ (*zeitlich*) antes de; (*Zeitraum*) hace; (*bei Uhrzeit*) menos; (*zukünftig*) por delante; **sie wird ~ fünf Uhr nicht zurück sein** no estará de vuelta antes de las cinco; **es ist fünf (Minuten) ~ drei** son las tres menos cinco; **~ kurzem/Jahren** hace poco/años; **~ ein paar Tagen** hace unos días; **~ Christi Geburt** antes de Jesucristo; **~ unserer Zeit** antes de nuestra era; **ich bin ~ Ihnen dran** me toca antes que a Ud.; **wir haben die ganze Arbeit noch ~ uns** tenemos todo el trabajo por delante ❸ (*über*) sobre; **Vorrang ~ anderen Dingen haben** tener preferencia sobre otras cosas; **~ allem** sobre todo ❹ (*gegen, gegenüber*) a, ante; **Angst ~ jdm haben** tener(le) miedo a alguien; **Schutz ~ etw** *dat* **suchen** buscar protección contra algo ❺ (*bedingt durch*): **~ Kälte/Freude** de frío/alegría; **~ lauter Arbeit** de tanto trabajo **II.** *präp +akk* (*Richtung*): **etw ~ das Haus stellen** poner algo delante de la casa; **~ eine Mauer prallen** estrellarse contra un muro; **~ sich hin pfeifen** silbar para sí **III.** *adv* adelante; **~ und zurück** adelante y atrás; **zwei Schritte ~!** ¡dos pasos al frente!; **Freiwillige ~!** ¿quién se ofrece voluntario?

**vorab** [foːɐ'ʔap] *adv* (*zuerst*) ante todo; (*im Voraus*) de antemano

**Vorabend** *m* víspera *f;* **am ~ der Uraufführung** en vísperas del estreno; **Vorah-**

**nung** *f* presentimiento *m*

**voran** [fo'ran] *adv* ① (*vorn*) adelante, delante; **mit dem Kopf** ~ con la cabeza por delante ② (*vorwärts*) hacia delante; **voran|bringen** *irr vt* llevar adelante; (*fördern*) fomentar; **voran|gehen** *irr vi sein* ① (*vorne gehen*) ir delante, ir en cabeza ② (*zeitlich*) preceder ③ (*Fortschritte machen*) avanzar; **voran|kommen** *irr vi sein* ① (*räumlich*) avanzar ② (*Fortschritte machen*) avanzar (*mit* en)

**Vorankündigung** *f* <-en> ① (*Ankündigen*) notificación *f* previa, aviso *m* previo; **nach** ~ previo aviso ② (*Notiz, Mitteilung*) anuncio *m* previo; **Voranmeldung** ['fo:ɐʔan-] *f* (*Termin*) cita *f* previa; (*Mitteilung*) previo aviso *m;* **Voranschlag** ['fo:ɐʔan-] *m* <-(e)s, -schläge> (WIRTSCH) presupuesto *m*

**voran|treiben** *irr vt* propulsar, impulsar

**Vorarbeiter(in)** *m(f)* capataz *mf*

**Vorarlberg** ['fo:ɐʔarlbɛrk] *nt* <-s> (GEO) Vorarlberg *m*

**voraus** [fo'raʊs] *adv* (*vorne*) delante; (*an der Spitze*) a la cabeza; **er war uns schon weit** ~ nos llevaba una gran ventaja; **im V~** de antemano; **voraus|fahren** *irr vi sein* salir antes (con el coche); **voraus|gehen** *irr vi sein* ① (*vorne gehen*) ir delante; (*früher gehen*) salir primero; **sie ist schon vorausgegangen** ya salió; **ihm geht der Ruf voraus, dass ...** tiene fama de... +*inf* ② (*früher geschehen*) preceder; **vorausgesetzt** [fo'raʊsgəzɛtst] *adj:* ~, **dass ...** siempre que... +*subj;* **voraus|haben** *irr vt:* **jdm etw** ~ aventajar a alguien en algo; **sie hat mir viel an Erfahrung voraus** me aventaja mucho en experiencia; **Voraussage** *f* pronóstico *m;* **eine** ~ **machen** realizar un pronóstico; **voraus|sagen** *vt* pronosticar

**vorausschauend** [-'---] *adj* previsor

**voraus|schicken** *vt* ① (*Paket*) mandar con anticipación ② (*Bemerkung*) anticipar; **etwas** ~ hacer una observación previa; **voraus|sehen** *irr vt* prever; **das war ja vorauszusehen** esto se veía venir; **voraus|setzen** *vt* (*annehmen*) presuponer, suponer; (*verlangen*) requerir; **ich setze voraus, dass ...** presupongo que... +*subj;* **das setze ich als bekannt voraus** esto lo doy por sabido; **vorausgesetzt, dass ...** siempre que... +*subj;* **Voraussetzung** *f* <-en> ① (*Annahme*) suposición *f;* (*Hypothese*) hipótesis *f inv* ② (*Vorbedingung*) condición *f* previa; **unter der** ~, **dass ...** bajo la condición de que... +*subj* ③ (*Anforderung*) requisito *m;* **die** ~**en erfüllen** cumplir los requisitos; **Voraussicht** [-'--] *f ohne pl* previsión *f;* **aller** ~ **nach** según todos los indicios; **voraussichtlich** **I.** *adj* previsto **II.** *adv* probablemente; **voraus|zahlen** *vt* pagar por adelantado; **Vorauszahlung** [-'---] *f* pago *m* anticipado [*o* por adelantado]

**Vorbau** *m* <-(e)s, -ten> ① (ARCHIT) voladizo *m* ② (*sl: Busen*) delantera *f*

**Vorbedacht** ['-bədaxt] *m:* **mit/ohne** ~ con/sin premeditación

**Vorbehalt** ['-bəhalt] *m* <-(e)s, -e> reserva *f;* **einen** ~ **gegen etw haben** abrigar reservas respecto a algo; **unter dem** ~, **dass ...** con la salvedad de que... +*subj;* **ohne/unter** ~ sin/con reservas

**vor|behalten*** *irr vt:* **sich** *dat* **etw** ~ reservarse (el derecho de hacer) algo; **Änderungen** ~ excepto [*o* salvo] (posibles) modificaciones; **jdm** ~ **sein** quedar reservado para alguien

**vorbehaltlich** **I.** *präp* +*gen* salvo, a reserva de **II.** *adj* con reserva

**vorbehaltlos** **I.** *adj* incondicional **II.** *adv* incondicionalmente

**vorbei** [fo:ɐ'baɪ, fɔr'baɪ] *adv* ① (*räumlich*) pasado; (*entlang*) por delante (*an* de); **sie möchte hier** ~ quiere pasar por aquí ② (*zeitlich*) pasado; (*zu Ende*) acabado; **es ist drei Uhr** ~ son las tres pasadas; **aus und** ~ acabado y más que acabado; **vorbei|bringen** *irr vt* (*fam*) traer, acercar; **vorbei|fahren** *irr vi sein* ① (*entlangfahren*) pasar (en coche) (*an* por (delante de)) ② (*nicht anhalten*) pasar de largo; **im V~** al pasar (en coche) ③ (*fam: aufsuchen*) pasar (*bei* por casa de); **vorbei|führen** *vi* pasar (*an* por (delante de)); **vorbei|gehen** *irr vi sein* ① (*entlanggehen*) pasar (*an* por (delante de)); **im V~** de pasada; **bei jdm** ~ (*fam*) pasar por casa de alguien ② (*Schuss*) errar ③ (*vergehen*) pasar; **vorbei|kommen** *irr vi sein* ① (*entlangkommen*) pasar (*an* por) ② (*an Hindernis*) poder pasar (*an* por) ③ (*fam: besuchen*) pasar (*bei* por casa de); **vorbei|lassen** *irr vt* (*fam*) dejar pasar; **vorbei|reden** *vi:* **an etw** *dat* ~ irse por las ramas; **wir haben aneinander vorbeigeredet** hablamos sin entendernos

**vorbelastet** *adj* con antecedentes; **erheblich** ~ **sein** tener muchos antecedentes; **erblich** ~ **sein** llevar una tara hereditaria

**Vorbemerkung** *f* advertencia *f* preliminar

**vor|bereiten*** **I.** *vt* preparar; **darauf war ich nicht vorbereitet** no estaba preparado para eso **II.** *vr:* **sich** ~ prepararse (*auf* para)

**Vorbereitung** *f* <-en> (*Tätigkeit*) prepara-

ción *f*, apronte *m Am;* (*Maßnahme*) preparativo *m;* ~**en für etw treffen** hacer preparativos para algo
**Vorbesitzer(in)** *m(f)* propietario, -a *m, f* anterior
**vor|bestellen*** *vt* reservar
**Vorbestellung** *f* reserva *f*
**Vorbestimmung** *f* (REL) predestinación *f*
**vorbestraft** *adj* con antecedentes penales
**Vorbestrafte(r)** *mf* persona *f* con antecedentes penales
**vor|beugen** **I.** *vi* (*a.* MED) prevenir **II.** *vt* inclinar hacia delante **III.** *vr:* **sich** ~ inclinarse hacia delante
**vorbeugend** *adj* preventivo
**Vorbeugung** *f ohne pl* prevención *f* (*gegen* de); (MED) profilaxis *f inv;* **zur** ~ **gegen etw** como profilaxis contra algo
**Vorbild** *nt* (*Beispiel*) ejemplo *m;* (*Muster*) modelo *m;* **sich** *dat* **jdn zum** ~ **nehmen** tomar a alguien como ejemplo; **als** ~ **dienen** servir de modelo
**vorbildlich** *adj* (*beispielhaft*) ejemplar; (*musterhaft*) modelo; **sich** ~ **benehmen** tener un comportamiento ejemplar
**Vorbildung** *f ohne pl* formación *f* previa
**Vorbote** *m* indicio *m*
**vor|bringen** *irr vt* ❶ (*Wunsch, Einwand*) manifestar; (*Gründe*) aducir; **was hast du zu deiner Entschuldigung vorzubringen?** ¿qué aduces en tu defensa? ❷ (*fam: nach vorn bringen*) llevar hacia delante
**vorchristlich** *adj* precristiano
**Vordach** *nt* (ARCHIT) colgadizo *m*
**vor|datieren*** *vt* antedatar
**Vordenker(in)** *m(f)* <-s, -; -nen> precursor(a) *m(f)*
**Vorderachse** ['fɔrdɐ-] *f* eje *m* delantero; **Vorderasien** ['--'--] *nt* Oriente *m* Próximo
**vordere(r, s)** *adj* delantero, de delante
**Vordergrund** *m* primer plano *m;* **im** ~ **stehen** tener prioridad; **sich in den** ~ **drängen** estar siempre en primera fila; **in den** ~ **treten** ganar importancia; **vordergründig** ['fɔrdɐgrʏndɪç] *adj* superficial; **Vordermann** *m* persona *f* que precede a otra; **mein** ~ el que me precede; **jdn/etw auf** ~ **bringen** (*fam*) dar(le) caña a alguien/poner algo a flote; **Vorderrad** *nt* rueda *f* delantera; **Vorderradantrieb** *m* tracción *f* delantera; **Vorderschinken** *m* jamón *m* de paletilla; **Vorderseite** *f* parte *f* delantera; **Vordersitz** *m* asiento *m* delantero
**vorderste(r, s)** *adj superl von* **vordere(r, s)** primero
**Vorderteil** *nt* parte *f* delantera
**Vordiplom** *nt* (UNIV) examen *m* intermedio (*de diplomatura, que permite el acceso al segundo ciclo*); **vor|drängeln** *vr:* **sich** ~ (*fam*) colarse; **vor|drängen** *vr:* **sich** ~ abrirse paso a codazos; **vor|dringen** *irr vi sein* ❶ (*sich ausbreiten*) avanzar ❷ (*eindringen*) penetrar (*in* en); (**bis**) **zu jdm** ~ llegar hasta alguien; **Vordruck** *m* formulario *m;* **vorehelich** *adj* prematrimonial; **voreilig** *adj* precipitado; (*unüberlegt*) irreflexivo; **nicht so** ~**!** ¡no tan deprisa!
**voreinander** [foːɐʔaɪ'nandɐ] *adv* el uno delante del otro
**voreingenommen** *adj* lleno de prejuicios
**Voreinstellung** *f* (INFOR) preajuste *m*
**vor|enthalten*** *irr vt* retener; **jdm etw** ~ (*Information*) ocultar algo a alguien; (*Rechte*) privar a alguien de algo
**Vorentscheidung** *f* decisión *f* previa
**vorerst** ['foːɐʔeːɐst, -'-] *adv* por el momento, de momento
**Vorfahr(in)** ['foːɐfaːɐ] *m(f)* <-en, -en; -nen> antepasado, -a *m, f*
**vor|fahren** *irr sein* **I.** *vi* ❶ (*ankommen*) llegar (*mit/in* en); **vor etw** *dat* ~ parar delante de algo; **mit dem Taxi** ~ llegar en taxi ❷ (*vorne fahren*) ir delante; (*vorausfahren*) adelantarse ❸ (*nach vorne fahren*) avanzar **II.** *vt* (*vorrücken*) avanzar
**Vorfahrt** *f ohne pl* prioridad *f* (de paso); **die** ~ **beachten** ceder el paso; ~ **haben** tener preferencia; **Vorfahrt(s)schild** *nt* señal *f* de prioridad de paso; **Vorfahrt(s)straße** *f* (*im Ort*) calle *f* prioritaria; (*auf Landstraße*) carretera *f* prioritaria
**Vorfall** *m* ❶ (*Ereignis*) suceso *m* ❷ (MED) prolapso *m*
**vor|fallen** *irr vi sein* ❶ (*geschehen*) suceder ❷ (*nach vorne fallen*) caer hacia delante
**Vorfeld** *nt* preludio *m;* **im** ~ **von etw** como preludio de algo; **im** ~ **der Veranstaltung** antes de dar comienzo al acto
**vor|finden** *irr vt* encontrarse (con)
**Vorfreude** *f* alegría *f* previa
**vor|fühlen** *vi* tantear el terreno; **vor|führen** *vt* ❶ (*Person*) llevar; **dem Richter** ~ llevar ante el juez ❷ (*zeigen*) enseñar; (*Mode*) presentar; (*Versuch, Gerät*) demostrar ❸ (FILM) proyectar, poner *fam;* (*Kunststück*) presentar ❹ (*fam: bloßstellen*) desenmascarar
**Vorführung** *f* <-en> ❶ (*Vorstellung*) representación *f* ❷ (*von Mode*) presentación *f;* (*von Gerät*) demostración *f* ❸ (*von Film*) proyección *f;* (*von Kunststück*) presentación *f*
**Vorgabe** *f* <-n> ❶ (SPORT) ventaja *f* ❷ (*Richtlinie*) norma *f*
**Vorgang** *m* <-(e)s, -gänge> ❶ (*Ereignis*)

suceso *m;* (*Ablauf, a.* CHEM, TECH) proceso *m* ② (ADMIN: *Akten*) expediente *m*

**Vorgänger(in)** ['-gɛŋɐ] *m(f)* <-s, -; -nen> predecesor(a) *m(f)*

**Vorgarten** *m* jardín *m* delante de la casa

**vor|gaukeln** ['-gaʊkəln] *vt:* **jdm etw** ~ hacer creer algo a alguien; **vor|geben** *irr vt* ① (*behaupten*) poner como pretexto; (*vortäuschen*) fingir; **sie gab vor, müde zu sein** puso como pretexto que estaba cansada ② (*fam: nach vorn geben*) pasar hacia delante (*zu* a) ③ (*festsetzen*) fijar

**Vorgebirge** *nt* (GEO) cordillera *f* secundaria; (*Ausläufer*) estribaciones *fpl*

**vorgefasst** ['-gəfast] *adj* preconcebido; ~**e Meinungen** opiniones preconcebidas;

**vorgefertigt** ['-gəfɛrtɪçt] *adj* prefabricado

**vor|gehen** *irr vi sein* ① (*nach vorne gehen*) pasar adelante; (*vorrücken*) avanzar; (*vorne gehen*) ir delante ② (*vorausgehen*) adelantarse ③ (*Uhr*) adelantar ④ (*handeln*) obrar; (*verfahren*) proceder; **gegen etw** ~ adoptar medidas contra algo ⑤ (*geschehen*) suceder; **was geht (nur) in dir vor?** ¿en qué piensas? ⑥ (*Vorrang haben*) tener prioridad

**Vorgehensweise** *f* manera *f* de proceder

**vorgelagert** *adj* situado delante (+*dat* de)

**Vorgeschmack** *m* <-(e)s, *ohne pl*> prueba *f;* **das gibt uns einen** ~ **von dem, was uns bevorsteht** esto nos da una idea de lo que nos espera

**Vorgesetzte(r)** *mf* <-n, -n; -n> superior *mf*

**Vorgespräch** *nt* conversación *f* previa

**vorgestern** *adv* anteayer; ~ **Abend/Morgen/Mittag** anteayer por la tarde/por la mañana/al mediodía

**vor|greifen** *irr vi* actuar prematuramente; **jdm** ~ anticiparse a alguien; **einer Entscheidung** ~ adelantarse a una decisión

**vor|haben** *irr vt* ① (*beabsichtigen*) tener la intención (*zu* de) ② (*geplant haben*) pensar hacer; **hast du heute Abend schon etwas vor?** ¿tienes algún plan para esta noche?

**Vorhaben** *nt* <-s, -> ① (*Absicht*) intención *f* ② (*Plan*) plan *m,* proyecto *m*

**Vorhalle** *f* ① (*außen*) pórtico *m,* pretil *m Am* ② (*innen*) vestíbulo *m*

**vor|halten** *irr* **I.** *vt* ① (*davor halten*) poner delante ② (*vorwerfen*): **jdm etw** ~ reprochar algo a alguien **II.** *vi* (*fam*) durar

**Vorhaltung** *f* <-en> reproche *m;* **jdm (wegen etw** *gen/dat*) ~**en machen** hacer(le) reproches a alguien (por algo)

**Vorhand** *f ohne pl* ① (SPORT) (golpe *m*) derecho *m* ② (*vom Pferd*) mano *f* delantera

**vorhanden** [foːɐ'handən] *adj* (*existierend*) existente; (*verfügbar*) disponible; **Vorhandensein** [-'---] *nt* <-s, *ohne pl*> existencia *f;* (*Verfügbarkeit*) disponibilidad *f*

**Vorhang** *m* <-(e)s, -hänge> ① (*an Fenster*) cortina *f* ② (THEAT) telón *m*

**Vorhängeschloss** *nt* candado *m*

**Vorhaut** *f* (ANAT) prepucio *m*

**vorher** [foːɐ'heːɐ, '--] *adv* antes; (*im Voraus*) de antemano; **kurz** ~ poco antes; **am Tag** ~ el día anterior; **vorher|bestimmen*** [foːɐ'heːɐ-] *vt* predestinar; **vorhergehend** *adj* anterior

**vorherige(r, s)** *adj* anterior, previo; **nach** ~**r Vereinbarung** después de haber llegado a un acuerdo previo

**Vorherrschaft** *f ohne pl* predominio *m;* (*Hegemonie*) hegemonía *f*

**vor|herrschen** *vi* predominar; **die** ~**de Meinung** la opinión predominante

**Vorhersage** *f* <-n> pronóstico *m;* (*Wetter~*) previsión *f;* **vorher|sagen** [-'---] *vt* pronosticar; (*Wetter*) predecir; **vorhersehbar** *adj* previsible; **vorher|sehen** [-'---] *irr vt* prever

**vorhin** [foːɐ'hɪn, '--] *adv* antes, hace un momento

**Vorhof** *m* ① (ANAT) aurícula *f* ② (*Vestibulum*) vestíbulo *m*

**Vorhut** ['foːɐhuːt] *f* <-en> (MIL) vanguardia *f*

**vorige(r, s)** *adj* anterior; (*vergangen*) pasado; ~ **Woche** la semana pasada; **das** ~ **Mal** la otra vez

**Vorjahr** *nt* año *m* pasado; **im** ~ el año pasado

**vor|jammern** *vt* (*fam*): **jdm etwas** ~ molestar a alguien con sus lamentos [*o* penas y desgracias]

**Vorkämpfer(in)** *m(f)* pionero, -a *m, f*

**Vorkaufsrecht** *nt* (JUR) derecho *m* de preferencia

**Vorkehrung** ['foːɐkeːrʊŋ] *f* <-en> precaución *f;* ~**en treffen** tomar precauciones

**Vorkenntnis** *f* <-se> conocimiento(s) *m(pl)* previo(s)

**vor|knöpfen** *vr* (*fam*): **sich** *dat* **jdn** ~ cantarle las cuarenta a alguien

**vor|kommen** *irr vi sein* ① (*nach vorne kommen*) venir hacia delante ② (*sich ereignen*) pasar, ocurrir; **das kommt schon mal vor** son cosas que pasan; **das wird nicht wieder** ~ esto no volverá a repetirse ③ (*vorhanden sein*) existir; **oft** ~ ser frecuente ④ (*erscheinen*) aparecer; (*in Liste*) figurar (*in* en); **hinter etw** *dat* ~ salir detrás de algo ⑤ (*scheinen*) parecer; **das kommt mir seltsam vor** esto me parece raro; **sie kommt mir bekannt vor** me parece que la conozco; **ich komme mir vor wie ein Idiot** me siento como un idiota; **du kommst dir wohl sehr schlau vor?** ¿te crees muy listo, verdad?

**Vorkommen**[1] *nt* <-s, *ohne pl*> (*Vorhandensein*) existencia *f*

**Vorkommen**[2] *nt* <-s, -> (*von Rohstoffen*) yacimiento *m*

**Vorkommnis** *nt* <-ses, -se> suceso *m*, acontecimiento *m*

**Vorkriegszeit** *f* (época *f* de la) anteguerra *f*

**vor|laden** *irr vt* citar

**Vorladung** *f* <-en> citación *f*

**Vorlage**[1] *f ohne pl* (*das Vorlegen*) presentación *f*; **gegen ~ einer Bescheinigung** previa presentación de un certificado

**Vorlage**[2] *f* <-n> ❶ (*Gesetzes~*) proyecto *m* (de ley) ❷ (*Muster*) modelo *m*; (*für Handarbeit*) patrón *m* ❸ (TYPO) original *m* ❹ (SPORT) pase *m* ❺ (*Schweiz: Vorleger*) felpudo *m*

**vor|lassen** *irr vt* ❶ (*fam: nach vorne lassen*) dejar pasar ❷ (*empfangen*) ser recibido (*zu* por)

**Vorläufer(in)** *m(f)* <-s, -; -nen> precursor(a) *m(f)*

**vorläufig** I. *adj* provisional; (*kurzfristig*) temporal II. *adv* provisionalmente; (*kurzfristig*) temporalmente; (*fürs Erste*) por el momento

**vorlaut** *adj* impertinente

**Vorleben** *nt* <-s, *ohne pl*> pasado *m*

**vor|legen** *vt* ❶ (*zeigen*) enseñar; (*Ausweis, Gesetzentwurf*) presentar; (*Speise*) servir ❷ (*Kette*) poner; (*Riegel*) correr ❸ (SPORT) hacer un pase adelantado

**vor|lehnen** *vr*: **sich ~** inclinarse hacia delante

**vor|lesen** *irr vt* leer en voz alta; **jdm etw ~** leer algo a alguien

**Vorlesung** *f* <-en> (*Universität*) clase *f*; (*Vortrag*) conferencia *f*; (*~sreihe*) curso *m*; **Vorlesungsverzeichnis** *nt* programa *m* de cursos y asignaturas de la universidad

**vorletzte(r, s)** *adj* penúltimo; (*zeitlich*) anterior; **~ Woche** la semana anterior

**vorlieb** [foːɐ'liːp] *adv*: **mit jdm/etw** *dat* **~ nehmen** contentarse con alguien/algo

**Vorliebe** *f* <-n> preferencia *f* (*für* por); **eine ~ für etw/jdn haben** tener una preferencia por algo/alguien; **etw mit ~ tun** hacer algo con muchísimo gusto

**vor|liegen** *irr vi* ❶ (*vorhanden sein*) haber; **es liegt nichts gegen ihn vor** no se le acusa de nada; **hier muss ein Irrtum ~** debe de haber un error ❷ (*zur Begutachtung*) haber sido presentado; **im ~den Fall** en el presente caso ❸ (*fam: Kette*) estar echado

**vor|lügen** *irr vt* (*fam*): **jdm etwas ~** mentir a alguien

**vor|machen** *vt* (*fam*) ❶ (*zeigen*) mostrar ❷ (*täuschen*) engañar; **er macht sich** *dat* **selbst was vor** se engaña a sí mismo

**Vormachtstellung** *f* supremacía *f*; **gegenüber jdm eine ~ innehaben** gozar de la supremacía frente a alguien

**vormalige(r, s)** *adj* anterior, antiguo

**Vormarsch** *m* avance *m*; **auf dem ~ sein** avanzar; (*fig*) extenderse

**vor|merken** *vt* apuntar; (*reservieren*) reservar (*für* para); **sich** *dat* **etw ~** apuntarse algo; **sich für etw ~ lassen** apuntarse para algo

**Vormittag** *m* <-(e)s, -e> mañana *f*; **am ~** por la mañana; **gestern/heute/morgen ~** ayer/hoy/mañana por la mañana

**vormittags** *adv* por la mañana

**Vormund** *m* <-(e)s, -e *o* -münder> tutor(a) *m(f)*

**Vormundschaft** *f* <-en> tutela *f*; **jdn unter ~ stellen** poner a alguien bajo tutela

**vorn** [fɔrn] *adv* ❶ (*an vorderer Stelle*) delante; (*am vorderen Ende*) en la parte delantera; (*im Vordergrund*) en el primer plano; (*auf der Vorderseite*) por delante; **wir saßen ganz ~** estábamos sentados delante del todo; **von/nach ~** de/hacia delante; **weiter ~** más adelante; **von ~ bis hinten** de delante atrás; (*fam*) completamente; **das Zimmer liegt nach ~** (*fam*) el cuarto da a la calle ❷ (*an der Spitze*) a la cabeza (de); **~ liegen** estar a la cabeza ❸ (*am Anfang*) al principio; **von ~** de nuevo; **weiter ~** (*im Text*) más arriba

**Vorname** *m* nombre *m* de pila

**vorne** *adv s.* **vorn**

**vornehm** ['foːɐneːm] *adj* ❶ (*fein*) distinguido, aseñorado *Am* ❷ (*edel, adlig*) noble; **sich** *dat* **zu ~ für etw sein** ser demasiado (fino) para algo ❸ (*elegant*) elegante

**vor|nehmen** *irr vt* ❶ (*ausführen*) hacer ❷ **sich** *dat* **etw ~** (*vorhaben*) proponerse algo; (*planen*) planear algo; (*in Angriff nehmen*) ponerse a hacer algo ❸ (*fam: ermahnen*): **sich** *dat* **jdn ~** echar una bronca a alguien ❹ (*fam: bevorzugt abfertigen*) atender primero

**vornehmlich** *adv* (*geh*) principalmente

**vor|neigen** I. *vt* inclinar II. *vr*: **sich ~** inclinarse

**vornherein** ['--'-] *adv*: **von ~** desde el principio

**vornüber** ['-'--] *adv* hacia delante

**Vorort** *m* suburbio *m*
**Vorplatz** *m* explanada *f*
**vorprogrammiert** *adj* programado
**Vorrang** ['foːɐraŋ] *m* <-(e)s, *ohne pl*> ① (*Priorität*) primacía *f* (*vor* sobre), prioridad *f* (*vor* sobre); **den ~ vor etw** *dat* **haben** tener primacía sobre algo; **jdm/etw** *dat* **den ~ geben** dar trato preferente a alguien/algo ② (*Österr: Vorfahrt*) prioridad *f*
**vorrangig** *adj* prioritario; **~ sein** tener prioridad
**Vorrangstellung** *f ohne pl* primacía *f;* **eine ~ einnehmen** gozar de supremacía (*vor* sobre)
**Vorrat** ['foːraːt, *pl:* 'foːrɛːtə] *m* <-(e)s, -räte> provisión *f* (*an* de); (WIRTSCH) existencias *fpl* (*an* de); **etw auf ~ kaufen** comprar grandes cantidades de algo (para almacenarlo); **solange der ~ reicht** hasta que se agoten las existencias
**vorrätig** ['foːɐrɛːtɪç] *adj* (*auf Lager*) en almacén; (*verfügbar*) disponible; **etw ~ haben** tener algo en almacén
**Vorratskammer** *f* despensa *f;* **Vorratsraum** *m* almacén *m*
**Vorraum** *m* antecámara *f*
**vor|rechnen** *vt:* **jdm etw ~** hacer el cálculo de algo a alguien
**Vorrecht** *nt* privilegio *m*
**Vorreiter(in)** *m(f)* (*fam*) precursor(a) *m(f)*
**Vorrichtung** *f* <-en> dispositivo *m*
**vor|rücken** **I.** *vi sein* ① (*aufsteigen*) subir; **zu vorgerückter Stunde** (*geh*) a altas horas de la madrugada ② (*a.* MIL) avanzar (*nach/gegen* a/hacia, *bis zu/nach* hasta) **II.** *vt* mover (hacia delante); (*nähern*) acercar
**Vorruhestand** *m* jubilación *f* anticipada
**Vorrunde** *f* <-n> (SPORT) (prueba *f*) eliminatoria *f*
**vor|sagen** *vt* ① (*vorsprechen*) decir; (*zum Mitschreiben*) dictar; (*Gedicht*) recitar ② (*in Prüfung*) soplar
**Vorsaison** *f* temporada *f* baja
**Vorsatz** *m* ① (*Absicht*) intención *f;* (*Entschluss*) decisión *f;* (JUR) dolo *m;* **den ~ haben etw zu tun** tener la intención de hacer algo; **einen ~ fassen** tomar una decisión ② (*in Buchbinderei*) guardas *fpl*
**vorsätzlich** ['foːɐzɛtslɪç] **I.** *adj* premeditado; (JUR) doloso **II.** *adv* a propósito; (JUR) con premeditación
**Vorschau** *f* <-en> avance *m* informativo (*auf* acerca de)
**Vorschein** *m:* **zum ~ kommen/bringen** salir/sacar a la luz
**vor|schieben** *irr vt* ① (*nach vorn schieben*) empujar hacia delante ② (*Riegel*) correr ③ (*zur Entschuldigung*) poner como pretexto
**vor|schießen** *irr* **I.** *vi sein* (*fam*) correr rápidamente hacia delante **II.** *vt* (*fam*) anticipar
**Vorschlag** *m* <-(e)s, -schläge> propuesta *f;* (*Empfehlung*) recomendación *f;* **einen ~ machen/annehmen** hacer/aceptar una propuesta; **auf ~ von ...** a propuesta de...
**vor|schlagen** *irr vt* proponer (*für* para, *als* como); (*empfehlen*) recomendar; **ich schlage vor, wir gehen jetzt** propongo que nos vayamos ahora
**Vorschlaghammer** *m* martillo *m* a dos manos
**vorschnell** *adj* precipitado
**vor|schreiben** *irr vt* ① (*Text*) escribir en borrador ② (*anordnen*) prescribir; **jdm ~, was er/sie zu tun hat** ordenar a alguien lo que tiene que hacer
**Vorschrift** *f* <-en> prescripción *f;* (*Anweisung*) instrucciones *fpl;* (*Bestimmung*) reglamento *m;* **sich an die ~en halten** atenerse a las instrucciones; **das verstößt gegen die ~** esto va en contra del reglamento
**vorschriftsmäßig** **I.** *adj* reglamentario **II.** *adv* conforme a las ordenanzas
**vorschriftswidrig** *adj* contrario a las ordenanzas
**Vorschub** *m:* **etw** *dat* **~ leisten** apoyar algo
**Vorschulalter** *nt* edad *f* preescolar
**Vorschule** *f* centro *m* de educación preescolar

**i Land & Leute**

En Suiza todos los niños tienen derecho al menos a uno o dos años de **Vorschule**. Este derecho es libre y gratuito. En la mayoría de los cantones los niños pasan entre cuatro y cinco horas en los centros de educación preescolar donde se preparan para acceder a la escuela.

**Vorschuss** *m* <-es, -schüsse> anticipo *m;* **auf etw einen ~ leisten** pagar un anticipo de algo
**vor|schützen** *vt* poner como pretexto; **nur keine Müdigkeit ~!** ¡no hay cansancio que valga!
**vor|schweben** *vi:* **jdm schwebt etw vor** alguien se imagina algo
**vor|sehen** *irr* **I.** *vt* ① (*planen*) prever (*für*

para); **wie vorgesehen** según lo previsto; **es ist vorgesehen, dass ...** está previsto que... +*subj* ❷ (*bestimmen*) destinar (*für* a); **die Gelder sind für die Forschung vorgesehen** el dinero está destinado a la investigación **II.** *vr:* **sich** ~ precaverse (*vor* de); (*aufpassen*) tener cuidado (*vor* con) **III.** *vi* mirar (*hinter* detrás de)

**Vorsehung** *f ohne pl* providencia *f*

**vor|setzen** *vt* ❶ (*nach vorne setzen*) poner (*vor* delante de) ❷ (*Speisen*) servir; (*Programm, Lügen*) presentar, echar *fam*

**Vorsicht** *f ohne pl* precaución *f,* cuidado *m;* ~ **Glas!** ¡frágil!; **hier ist** ~ **geboten** aquí hay que andar con cuidado; **er ist mit** ~ **zu genießen** hay que tener cuidado con él; ~ **ist besser als Nachsicht** (*prov*) más vale prevenir que curar

**vorsichtig I.** *adj* prudente; **sehr** ~ **sein** tener mucho cuidado **II.** *adv* con cuidado

**vorsichtshalber** [-halbɐ] *adv* por si acaso

**Vorsichtsmaßnahme** *f* medida *f* de precaución; ~**n treffen** tomar medidas preventivas

**Vorsilbe** *f* (LING) prefijo *m*

**vor|singen** *irr* **I.** *vi* (*als Prüfung*) dar una audición **II.** *vt* cantar; **jdm etw** ~ cantar algo a alguien

**vorsintflutlich** *adj* (*fam*) antediluviano

**Vorsitz** *m* presidencia *f;* **unter dem** ~ **von jdm** bajo la presidencia de alguien; **den** ~ **haben** presidir; **den** ~ **übernehmen/abgeben** hacerse cargo de/renunciar a la presidencia

**Vorsitzende(r)** *mf* <-n, -n; -n> presidente, -a *m, f*

**Vorsorge** *f ohne pl* previsión *f;* (*Maßnahme*) precaución *f;* ~ **treffen** tomar precauciones

**vor|sorgen** *vi* tomar precauciones (*für* para)

**Vorsorgeuntersuchung** *f* chequeo *m* preventivo

**vorsorglich I.** *adj* preventivo **II.** *adv* por precaución

**Vorspann** ['fo:ɐʃpan] *m* <-(e)s, -e> ❶ (*von Text*) introducción *f* ❷ (FILM) avance *m*

**Vorspeise** *f* (GASTR) entrada *f*

**Vorspiegelung** *f* <-en> simulación *f;* **unter** ~ **falscher Tatsachen** bajo falsas apariencias

**Vorspiel** *nt* ❶ (MUS) preludio *m;* (THEAT) prólogo *m* ❷ (*sexuell*) juegos *mpl* eróticos previos

**vor|spielen** *vt* ❶ (*Lied*) tocar; **jdm etw** ~ tocar algo para alguien ❷ (*Sketch*) representar ❸ (*vortäuschen*) fingir; **jdm etw** ~ hacer creer algo a alguien; **vor|sprechen** *irr* **I.** *vi:* **bei jdm** (**wegen etw** *gen/dat*) ~ ir a hablar con alguien (sobre algo) **II.** *vt* ❶ (*zum Nachsprechen*) decir para que otro lo repita ❷ (THEAT) recitar; **vor|springen** *irr vi sein* ❶ (*nach vorn springen*) lanzarse hacia adelante ❷ (*hervorragen*) resaltar

**Vorsprung** *m* <-(e)s, -sprünge> ❶ (*Mauer~, Fels~*) saliente *m* ❷ (*Abstand*) ventaja *f* (*vor* sobre, *von* de); ~ **haben** llevar ventaja

**Vorstadium** *nt* fase *f* previa; (MED) período *m* prodrómico; **Vorstadt** *f* suburbio *m,* arrabal *m*

**Vorstand** *m* ❶ (*Gremium*) (junta *f*) directiva *f* ❷ (*~smitglied*) miembro *mf* de la junta directiva

**vor|stehen** *irr vi* ❶ (*hervorragen*) resaltar ❷ (*geh: leiten*): **etw** *dat* ~ dirigir algo; (*Vorsitz haben*) presidir algo

**Vorsteher(in)** *m(f)* <-s, -; -nen> responsable *mf;* (*Chef*) jefe, -a *m, f,* director(a) *m(f)*

**vorstellbar** *adj* imaginable, concebible; **das ist schwer** ~ esto es inimaginable

**vor|stellen I.** *vt* ❶ (*nach vorn, davor stellen*) poner delante (*vor* de) ❷ (*Uhr*) adelantar ❸ (*vorführen, bekannt machen*) presentar; **darf ich Ihnen Frau Müller** ~**?** permítame presentarle a la Sra. Müller ❹ (*bedeuten*) significar; **was soll das** ~**?** ¿qué significa esto? ❺ (*darstellen*) representar ❻ (*ausmalen*): **sich** *dat* **etw** ~ imaginarse algo; **das kann ich mir gut** ~ me lo puedo imaginar muy bien; **darunter kann ich mir nichts** ~ eso no me dice nada; **stell dir mal vor!** (*fam*) ¡imagínate! ❼ (*Konditionen, Preis*): **sich** *dat* **etw** ~ tener pensado algo ❽ (*mit etw verbinden*): **sich** *dat* **etwas/nichts unter etw** *dat* ~ tener una idea/no tener ni idea de qué puede ser algo **II.** *vr:* **sich** ~ (*sich bekannt machen*) presentarse; **sich bei einem Unternehmen** ~ presentarse en una empresa

**Vorstellung**[1] *f* <-en> ❶ (*Bekanntmachung, das Sichvorstellen*) presentación *f* ❷ (*Bild*) idea *f;* **sich** *dat* **eine falsche** ~ **von etw** *dat* **machen** formarse una idea equivocada de algo; **du machst dir keine** ~**en davon** no te lo puedes imaginar ❸ (THEAT) función *f,* sección *f Arg;* (FILM) sesión *f*

**Vorstellung**[2] *f ohne pl* (*Fantasie*) imaginación *f*

**Vorstellungsgespräch** *nt* entrevista *f* de trabajo; **Vorstellungsvermögen** *nt ohne pl* imaginación *f*

**vor|stoßen** *irr* **I.** *vi sein* penetrar (*in* en) **II.** *vt* empujar hacia delante

V

**Vorstrafe** *f* (JUR) antecedente *m* penal

**Vorstrafenregister** *nt* (JUR) registro *m* de antecedentes penales

**vor|strecken** *vt* ❶ (*Arme*) (ex)tender hacia delante ❷ (*Geld*) anticipar; **jdm etw ~** conceder un anticipo a alguien

**Vorstufe** *f* fase *f* previa

**Vortag** *m* día *m* anterior; **am ~ des Festes** la víspera de la fiesta

**vor|täuschen** *vt* simular; **jdm etw ~** aparentar algo ante alguien; **Vortäuschung** *f* <-en> simulación *f;* **unter ~ falscher Tatsachen** con falsificación de los hechos

**Vorteil** ['fɔrtaɪl] *m* ventaja *f;* (*Nutzen*) provecho *m;* **die Vor- und Nachteile von ...** los pros y los contras de...; **die Sache hat den ~, dass ...** esto tiene la ventaja de que...; **auf seinen ~ bedacht sein** pensar en el propio provecho; **einen ~ aus etw** *dat* **ziehen** sacar provecho de algo; **das ist für dich von ~** a ti te conviene; **gegenüber jdm im ~ sein** llevar ventaja sobre alguien; **sich zu seinem ~ verändern** cambiar para mejor

**vorteilhaft** *adj* ventajoso; (*Geschäft*) provechoso; (*Kleidung*) favorecedor; **in etw** *dat* **sehr/wenig ~ aussehen** sentarle a uno muy bien/mal algo

**Vortrag** ['fo:ɐtra:k, *pl:* 'fo:ɐtrɛ:gə] *m* <-(e)s, -träge> ❶ (*Rede*) conferencia *f;* **einen ~ halten** dar una conferencia (*über* acerca de/sobre) ❷ (*von Lied*) interpretación *f;* (*von Musikstück*) ejecución *f;* (*von Gedicht*) recitación *f*

**vor|tragen** *irr vt* ❶ (*Gedicht*) recitar; (*Lied*) cantar; (*Kunststück*) presentar ❷ (*darlegen*) exponer ❸ (*fam: nach vorne tragen*) llevar hacia delante

**Vortragsreihe** *f* ciclo *m* de conferencias

**vortrefflich** [fo:ɐ'trɛflɪç] *adj* excelente

**vor|treten** *irr vi sein* ❶ (*nach vorne treten*) adelantarse; (*aus Reihe*) salir de la fila ❷ (*fam: hervorragen*) sobresalir

**Vortritt** *m* <-(e)s, *ohne pl*> ❶ (*Vorrang, Vorzug*) precedencia *f;* **jdm den ~ lassen** ceder(le) a alguien el paso ❷ (*Schweiz: Vorfahrt*) preferencia *f*

**vorüber** [vo'ry:bɐ] *adv* ❶ (*räumlich*) pasado; (*entlang*) a lo largo ❷ (*zeitlich*) pasado

**vorüber|gehen** *irr vi sein* ❶ (*aufhören*) cesar ❷ (*örtlich*) pasar (*an* por (delante de)); **im V~** de pasada

**vorübergehend** *adj* pasajero

**Vor- und Zuname** *m* nombre *m* y apellido

**Voruntersuchung** *f* inspección *f* previa

**Vorurteil** *nt* prejuicio *m* (*gegen* contra)

**vorurteilslos** *adj* sin prejuicios

**Vorvergangenheit** *f* (LING) pluscuamperfecto *m*

**Vorverkauf** *m* <-(e)s, *ohne pl*> venta *f* anticipada; **Vorverkaufsstelle** *f* despacho *m* de venta anticipada

**vor|verlegen*** *vt* (*Termin*) adelantar (*auf* a)

**vorvorgestern** ['----] *adv* hace tres días

**vorvorletzte(r, s)** *adj* antepenúltimo

**Vorwahl** *f* ❶ (TEL) prefijo *m* ❷ (POL) elecciones *fpl* preliminares

**vor|wählen** *vt* (TEL) marcar primero [*o* de prefijo]

**Vorwand** *m* <-(e)s, -wände> pretexto *m;* **unter dem ~, dass ...** con el pretexto de que... +*subj*

**vor|warnen** *vt* advertir, prevenir, alertar

**Vorwarnung** *f* advertencia *f,* prevención *f;* **ohne ~** sin aviso previo

**vorwärts** ['fo:ɐvɛrts, 'fɔrvɛrts] *adv* hacia adelante; **~!** ¡adelante!; **~ kommen** avanzar; **Vorwärtsgang** *m* (TECH) marcha *f* adelante

**Vorwäsche** *f* <-n> prelavado *m*

**vor|waschen** *irr vt* prelavar

**vorweg** [fo:ɐ'vɛk] *adv* ❶ (*vorher*) primero ❷ (*im Voraus*) por adelantado ❸ (*an der Spitze*) a la cabeza ❹ (*fam: von vorneherein*) de antemano ❺ (*vor allem*) sobre todo; **Vorwegnahme** *f* <-n> anticipación *f;* **vorweg|nehmen** *irr vt* anticipar

**vor|weisen** *irr vt* (*Pass*) enseñar; (*Kenntnisse*) mostrar; **etw ~ können** tener algo

**vor|werfen** *irr vt* ❶ (*tadeln*): **jdm etw ~** reprochar algo a alguien ❷ (*hinwerfen*): **jdm/einem Tier etw ~** echar algo (de comer) a alguien/a un animal

**vorwiegend** *adv* principalmente

**vorwitzig** *adj* ❶ (*neugierig*) curioso ❷ (*vorlaut*) cargante

**Vorwort** *nt* <-(e)s, -e> prólogo *m*

**Vorwurf** *m* <-(e)s, -würfe> reproche *m;* **jdm etw zum ~ machen** echar en cara algo a alguien; **jdm wegen etw** *gen/dat* **Vorwürfe machen** hacer reproches a alguien por algo; **vorwurfsvoll** *adj* lleno de reproche

**Vorzeichen** *nt* ❶ (*Omen*) presagio *m* ❷ (MUS) accidente *m* ❸ (MATH) signo *m*

**vorzeigbar** *adj* (*fam*) presentable

**Vorzeigefrau** *f* (*fam*) orgullo *m;* (*abw*) mujer-objeto *f*

**vor|zeigen** *vt* enseñar; (*Pass etc.*) presentar

**Vorzeigeobjekt** *nt* objeto *m* de muestra

**Vorzeit** *f* <-en> tiempo(s) *m(pl)* prehistórico(s); **in/aus grauer ~** en/de tiempos remotos

**vorzeitig** **I.** *adj* anticipado **II.** *adv* con anticipación
**vorzeitlich** *adj* de tiempos remotos
**vor|ziehen** *irr vt* ❶ (*nach vorne ziehen*) tirar hacia adelante; (*Gardine*) correr ❷ (*fam: hervorziehen*) sacar (*vor* de) ❸ (*vorverlegen*) adelantar, anticipar; **vorgezogene Wahlen** elecciones anticipadas ❹ (*bevorzugen*) preferir; (*Person*) dar trato preferente; **ich ziehe Bier dem Wein vor** prefiero la cerveza al vino
**Vorzimmer** *nt* ❶ (*Sekretariat*) antecámara *f* ❷ (*Österr: Diele*) vestíbulo *m;* **Vorzimmerdame** *f* (*fam*) secretaria *f* de recepción
**Vorzug**[1] *m* <-(e)s, *ohne pl*> (*Vorrang*) prioridad *f;* (*Vorliebe*) preferencia *f;* **etw** *dat*/**jdm den ~ geben** preferir algo/a alguien
**Vorzug**[2] *m* <-(e)s, -züge> ❶ (*Vorrecht*) privilegio *m* ❷ (*Vorteil*) ventaja *f;* **den ~ haben, dass ...** tener la ventaja de que...
**vorzüglich** [foːɐˈtsyːklɪç] *adj* excelente; (*Speisen*) exquisito
**Vorzugspreis** *m* precio *m* rebajado
**vorzugsweise** *adv* preferentemente
**Votum** [ˈvoːtʊm] *nt* <-s, Voten *o* Vota> voto *m*
**Voyeur(in)** [voaˈjøːɐ] *m(f)* mirón, -ona *m, f*
**Voyeurismus** [vo̯ajøˈrɪsmʊs] *m* <-, *ohne pl*> voyeurismo *m*
**voyeuristisch** *adj* voyeurista
**vulgär** [vʊlˈgɛːɐ] *adj* vulgar
**Vulkan** [vʊlˈkaːn] *m* <-s, -e> volcán *m;* **Vulkanausbruch** *m* erupción *f* volcánica
**vulkanisch** *adj* volcánico

# W w

**W, w** [veː] *nt* <-, -> W, w *f;* **~ wie Wilhelm** W de Washington
**W** *Abk. von* **Westen** O
**Waadt** [va(ː)t] *f* (GEO) Waadt *m*
**Waage** [ˈvaːgə] *f* <-n> ❶ (*Gerät*) balanza *f;* **die Vor- und Nachteile hielten sich** *dat* **die ~** los pros y los contras eran proporcionales ❷ (ASTR) Libra *f*
**waagerecht** *adj* horizontal
**Waagerechte** *f* <-n, -n, *nach Zahlen:* -(n)> horizontal *f;* **in der ~n** en posición horizontal
**Waagschale** *f* platillo *m* de la balanza; **jedes Wort auf die ~ legen** (*fam*) tomar algo al pie de la letra
**wabb(e)lig** *adj* (*fam*) fofo, flácido
**Wabe** [ˈvaːbə] *f* <-n> panal *m*
**wach** [vax] *adj* ❶ (*nicht schlafend*) despierto; **~ werden** despertarse ❷ (*lebhaft*) espabilado
**Wache** [ˈvaxə] *f* <-n> ❶ (*Wachdienst*) guardia *f;* (*Kranken~*) vela *f;* **(auf) ~ stehen** estar de guardia ❷ (*Person*) guardia *mf;* (*Gruppe*) (cuerpo *m* de) guardia *f* ❸ (*Gebäude*) (puesto *m* de) guardia *f;* (*Polizei~*) comisaría *f*
**wachen** [ˈvaxən] *vi* ❶ (*Wache halten*) velar; **bei jdm ~** velar a alguien ❷ (*aufpassen*) velar (*über* por) ❸ (*geh: wach sein*) estar despierto
**wach|halten** *irr vt* (*fortdauern lassen*) conservar vivo
**Wachhund** *m* perro *m* guardián
**wach|küssen** *vt* (*iron*) reavivar
**Wachmann** *m* <-(e)s, -männer *o* -leute> ❶ (*Wächter*) guarda *m* ❷ (*Österr: Polizist*) policía *m*
**Wacholder** [vaˈxɔldɐ] *m* <-s, -> ❶ (BOT) enebro *m* ❷ (*~schnaps*) ginebra *f;* **Wacholderbeere** *f* (BOT) enebrina *f*
**Wachposten** *m* centinela *m*
**wach|rufen** *irr vt* despertar; (*Erinnerungen*) evocar
**Wachs** [vaks] *nt* <-es, -e> cera *f;* **~ in jds Händen sein** (*fig*) ser la marioneta de alguien
**wachsam** [ˈ-zaːm] *adj* vigilante; (*aufmerksam*) atento
**Wachsamkeit** *f ohne pl* vigilancia *f;* (*Aufmerksamkeit*) atención *f*
**wachsen**[1] [ˈvaksən] <wächst, wuchs, gewachsen> *vi sein* (*allgemein*) crecer; (*zunehmen*) aumentar; **in die Breite/Länge/Höhe ~** crecer a lo ancho/a lo largo/en altura; **sich** *dat* **einen Bart ~ lassen** dejarse crecer la barba; **mit ~der Begeisterung** con creciente entusiasmo; **jdm ge~ sein** poder con alguien; **etw** *dat* **ge~ sein** ser capaz de cumplir con algo
**wachsen**[2] *vt* (*Fußboden, Ski*) encerar
**wächsern** [ˈvɛksɐn] *adj* céreo, de cera
**Wachsfigur** *f* figura *f* de cera; **Wachsfigurenkabinett** *nt* museo *m* de cera, gabinete *m* de figuras de cera
**Wachsmalkreide** *f* lápiz *m* de cera
**wächst** [vɛkst] *3. präs von* **wachsen**[1]
**Wachstuch** *nt* <-(e)s, -e> (*Gewebe*) hule *m*
**Wachstum** [ˈvakstuːm] *nt* <-s, *ohne pl*> crecimiento *m;* (*Zunahme*) aumento *m;* (*Entwicklung*) desarrollo *m*

**wachstumsfördernd** *adj* que estimula el crecimiento; **wachstumshemmend** *adj* que inhibe el crecimiento; **Wachstumshormon** *nt* hormona *f* del crecimiento; **Wachstumsmarkt** *m* mercado *m* en crecimiento; **Wachstumsrate** *f* (WIRTSCH) índice *m* de crecimiento

**Wachtel** ['vaxtəl] *f* <-n> (ZOOL) codorniz *f*

**Wächter(in)** ['vɛçtɐ] *m(f)* <-s, -; -nen> guarda *mf;* (*Nacht~*) guardia *mf*

**Wachtmeister(in)** *m(f)* guardia *mf;* **Wachtposten** *m* centinela *m;* **Wach(t)turm** *m* atalaya *f*

**Wach- und Schließgesellschaft** *f* compañía *f* de seguridad

**Wachzustand** *m ohne pl:* **im ~** (estando) despierto

**wackelig** ['vak(ə)lɪç] *adj* (*Person*) tambaleante; (*Tisch*) cojo; (*Zahn*) flojo; **er ist noch ~ auf den Beinen** anda todavía con paso vacilante

**Wackelkontakt** *m* contacto *m* flojo

**wackeln** ['vakəln] *vi* ❶ (*durch Erschütterung*) tambalearse; (*Möbel*) cojear; (*Zahn*) moverse ❷ (*fam: Position, Disziplin*) vacilar; **an/mit etw** *dat* **~** (*fam*) menear algo

**Wackelpudding** *m* (*fam*) flan *m*

**wacklig** *adj s.* **wackelig**

**Wade** ['va:də] *f* <-n> pantorrilla *f,* canilla *f Col, Peru;* **Wadenbein** *nt* peroné *m*

**Waffe** ['vafə] *f* <-n> arma *f;* **eine ~ tragen** portar un arma; **die ~n ruhen** hay tregua; **jdn mit seinen eigenen ~n schlagen** derrotar a alguien con sus propias armas; **zu den ~n greifen** tomar las armas

**Waffel** ['vafəl] *f* <-n> (*Eistüte*) barquillo *m;* (*Gebäck*) gofre *m;* **Waffeleisen** *nt* (*für Eistüten*) barquillero *m* eléctrico; (*für Gebäck*) molde *m* para hacer gofres

**Waffenbesitz** *m* tenencia *f* de armas; **unerlaubter ~** tenencia ilícita de armas; **Waffenembargo** *nt* embargo *m* de armas; **Waffenhandel** *m* comercio *m* de armas, tráfico *m* de armas; **~ betreiben** traficar con armas; **Waffenhändler(in)** *m(f)* traficante *mf* de armas; **Waffenlager** *nt* arsenal *m;* **Waffenlieferung** *f* suministro *m* de armas; **Waffenruhe** *f* tregua *f;* **die ~ einhalten/brechen** mantener/romper la tregua; **Waffenschein** *m* licencia *f* de armas; **Waffenstillstand** *m* armisticio *m*

**Wagemut** ['va:gəmu:t] *m* osadía *f,* atrevimiento *m*

**wagemutig** *adj* osado, atrevido

**wagen** ['va:gən] **I.** *vt* ❶ (*riskieren*) arriesgar; **einen Versuch ~** intentarlo; **wer nicht wagt, der nicht gewinnt** (*prov*) quien no se arriesga, no pasa el río ❷ (*sich getrauen*) atreverse (*zu* a *+inf*) **II.** *vr:* **sich ~** atreverse (a); **sich an etw ~** (atreverse a) emprender algo

**Wagen** ['va:gən] *m* <-s, -> ❶ (*PKW*) coche *m,* carro *m Am;* (*LKW*) camión *m;* (*Liefer~*) furgoneta *f* ❷ (*Eisenbahn~, Straßenbahn~*) vagón *m;* (*Pferde~*) carruaje *m;* (*Plan~*) carromato *m* ❸ (*Kinder~, Einkaufs~*) carrito *m* ❹ (*an der Schreibmaschine*) carro *m* ❺ (ASTR): **der Kleine/Große ~** la Osa Menor/Mayor; **Wagenführer(in)** *m(f)* <-s, -; -nen> conductor(a) *m(f);* **Wagenheber** *m* <-s, -> gato *m,* gata *f Chil;* **Wagenrennen** *nt* (HIST) carrera *f* de carros

**Waggon** [va'gɔŋ, va'gõ:] *m* <-s, -s> vagón *m*

**waghalsig** ['va:khalzɪç] *adj* ❶ (*Mensch*) temerario, atrevido ❷ (*Unternehmen*) arriesgado

**Wagnis** ['va:knɪs] *nt* <-ses, -se> ❶ (*Vorhaben*) empresa *f* arriesgada ❷ (*Risiko*) riesgo *m;* **sich auf kein ~ einlassen** no exponerse a ningún riesgo

**Wagon** *m* <-s, -s> *s.* **Waggon**

**Wahl** [va:l] *f* <-en> ❶ (*Aus~*) elección *f;* (*zwischen zwei Möglichkeiten*) opción *f;* **seine ~ treffen** elegir; **die ~ fiel auf ihn** fue elegido él; **ich habe keine andere ~** no tengo otra alternativa; **in die engere ~ kommen** pasar a la fase siguiente; **erste ~** (WIRTSCH) primera calidad; **wer die ~ hat, hat die Qual** (*prov*) elegir es sufrir ❷ (POL) elección *f;* **geheime/freie ~en** elecciones secretas/libres; **direkte/indirekte ~en** elecciones directas/indirectas; **zur ~ gehen** ir a votar; **sich zur ~ stellen** presentarse como candidato

**Wählautomatik** *f* marcado *m* automático, discado *m* automático *Am*

**wählbar** ['vɛ:lba:ɐ] *adj* elegible

**Wahlbenachrichtigung** *f* (*formal*) aviso *m* sobre fecha y lugar de elecciones; **wahlberechtigt** *adj* con derecho a voto; **er/sie ist ~** tiene derecho a voto; **Wahlberechtigte(r)** *mf* <-n, -n; -n> persona *f* con derecho a voto; **Wahlbeteiligung** *f* participación *f* electoral; **Wahlbezirk** *m* distrito *m* electoral

**wählen** ['vɛ:lən] **I.** *vi* ❶ (*Wahlen abhalten*) celebrar elecciones; (*Stimme abgeben*) votar ❷ (*aussuchen*) elegir ❸ (*am Telefon*) marcar **II.** *vt* ❶ (POL) votar; **jdn ~** votar a alguien; (*bei einer Abstimmung*) votar por alguien; **sie wurde zur Präsidentin gewählt** fue elegida presidenta ❷ (*aus~*) elegir ❸ (*Telefonnummer*) marcar

**Wähler(in)** *m(f)* <-s, -; -nen> elector(a) *m(f)*

**Wahlergebnis** *nt* resultado *m* electoral

**Wählerin** *f* <-nen> *s.* **Wähler**

**wählerisch** *adj* exigente

**Wählerschaft** *f* <-en> electorado *m*

**Wählerstimme** *f* voto *m*

**Wahlfach** *nt* asignatura *f* optativa; **wahlfrei** *adj* (INFOR) opcional; **~er Zugriff** acceso opcional; **Wahlgang** *m* <-(e)s, -gänge> votación *f*; **im ersten ~** en la primera vuelta electoral; **Wahlgeheimnis** *nt ohne pl* secreto *m* de voto; **Wahlkabine** *f* cabina *f* electoral; **Wahlkampf** *m* campaña *f* electoral; **einen ~ führen** llevar a cabo una campaña electoral; **Wahlkreis** *m* (*formal*) distrito *m* electoral; **Wahllokal** *nt* colegio *m* electoral

**wahllos** *adv* sin orden ni concierto

**Wahlniederlage** *f* derrota *f* electoral; **Wahlparole** *f* lema *m* electoral; **Wahlplakat** *nt* cartel *m* de propaganda electoral; **Wahlrecht** *nt ohne pl* ❶ (*des Einzelnen*) derecho *m* de voto; **aktives/passives ~** derecho de voto activo/pasivo; **allgemeines ~** sufragio universal ❷ (*Gesetz*) derecho *m* electoral

**Wählscheibe** *f* dial *m*

**Wahlschein** *m* papeleta *f* de votación; **Wahlsieg** *m* victoria *f* electoral; **Wahlspruch** *m* lema *m*; (*Divise*) divisa *f*; **Wahlsystem** *nt* sistema *m* electoral

**Wählton** *m* señal *f* (para marcar)

**Wahlurne** *f* urna *f* electoral, ánfora *f Mex*

**wahlweise** *adv* alternativamente

**Wahlwiederholung** *f* (TEL) rellamada *f*

**Wahlzettel** *m* papeleta *f* de votación

**Wahn** [vaːn] *m* <-(e)s, *ohne pl*> ❶ (*geh: Einbildung*) ilusión *f* ❷ (MED) manía *f*

**Wahnsinn** ['vaːnzɪn] *m* <-(e)s, *ohne pl*> ❶ (*Geistesgestörtheit*) demencia *f* ❷ (*fam: Unvernunft*) locura *f*, loquera *f Am*; **das ist doch ~** es una locura

**wahnsinnig** **I.** *adj* ❶ (*geistesgestört*) maníaco, loco *fam*; (MED) demente; **du bist ja ~** (*fam*) estás como una cabra; **das macht mich ~** (*fam*) esto me vuelve loco ❷ (*fam: groß*) tremendo **II.** *adv* (*fam: sehr*) tremendamente; **ich habe mich ~ gefreut** me he alegrado tremendamente

**Wahnsinnige(r)** *mf* <-n, -n; -n> maníaco, -a *m, f*, loco, -a *m, f fam*; (MED) demente *mf*

**Wahnvorstellung** *f* alucinación *f*

**wahr** [vaːɐ] *adj* ❶ (*der Wahrheit entsprechend*) verdadero; (*wahrheitsgetreu*) verídico; **nicht ~?** ¿verdad?, ¿no es cierto? *Am*; **da ist was W~ es dran** (*fam*) algo de verdad hay en ello ❷ (*wirklich*) real; **etw ~ machen** realizar algo; **so ~ ich hier stehe** tan cierto como que estoy aquí; **er ist ein ~er Freund** es un amigo de verdad; **das darf doch nicht ~ sein** (*fam*) no puede ser; **im ~sten Sinne des Wortes** en toda la extensión de la palabra ❸ (*geh: echt*) auténtico ❹ (*fam: ausgesprochen*) verdadero

**wahren** ['vaːrən] *vt* (*geh*) ❶ (*be~*) guardar; **den Schein ~** guardar las apariencias ❷ (*Rechte*) defender

**während** ['vɛːrənt] **I.** *präp +gen; fam: +dat* durante **II.** *konj* ❶ (*zeitlich*) mientras ❷ (*wohingegen*) mientras que

**währenddessen** [vɛːrənt'dɛsən] *adv* entretanto, mientras tanto

**wahrhaben** ['---] *vt*: **etw nicht ~ wollen** no querer admitir algo

**wahrhaft** ['vaːɐhaft] **I.** *adj* (*geh: wirklich*) verdadero; (*echt*) auténtico **II.** *adv* (*geh*) realmente

**wahrhaftig** [-'--] **I.** *adj* (*geh*) verdadero; (*aufrichtig*) sincero **II.** *adv* (*geh: tatsächlich*) realmente; (*allerdings*) efectivamente

**Wahrheit** *f* <-en> (*Tatbestand*) verdad *f*; **die halbe/volle ~** la verdad a medias/toda la verdad; **die volle ~** toda la verdad; **die ~ sagen** decir la verdad; **in ~** en realidad; **bei der ~ bleiben** no alterar la verdad; **um die ~ zu sagen ...** a decir verdad...

**Wahrheitsgehalt** *m* (*einer Behauptung*) parte *f* de veracidad; **wahrheitsgetreu** **I.** *adj* verídico **II.** *adv* conforme a la verdad

**wahrlich** *adv* (*geh*) realmente

**wahrnehmbar** *adj* perceptible

**wahr|nehmen** *irr vt* ❶ (*bemerken*) notar, darse cuenta (de); (*Sinneseindrücke*) percibir ❷ (*Gelegenheit*) aprovechar ❸ (*Interessen*) defender; **einen Termin ~** acudir a una cita

**Wahrnehmung** *f* <-en> ❶ (*Sinnes~*) percepción *f* ❷ (*von Interessen*) salvaguardia *f*; (*eines Termins*) asistencia *f* (a); (*einer Frist*) observación *f*

**wahrsagen**, **wahr|sagen** **I.** *vi* decir la buenaventura; **sich** *dat* **~ lassen** hacerse decir la buenaventura **II.** *vt*: **jdm etw ~** profetizar algo a alguien

**Wahrsager(in)** *m(f)* <-s, -; -nen> adivino, -a *m, f*

**Wahrsagung**[1] *f ohne pl* (*das Wahrsagen*) adivinación *f*

**Wahrsagung**[2] *f* <-en> (*das Prophezeite*) predicción *f*

**wahrscheinlich** [vaːɐ'ʃaɪnlɪç] **I.** *adj* probable; **es ist ~, dass ...** es probable que... +*subj* **II.** *adv* probablemente

**Wahrscheinlichkeit** *f* <-en> probabilidad *f;* **aller ~ nach** según toda probabilidad

**Wahrung** ['va:rʊŋ] *f ohne pl* ❶ (*Be~*) salvaguardia *f* ❷ (*von Rechten*) defensa *f*

**Währung** ['vɛ:rʊŋ] *f* <-en> moneda *f*

**Währungsbuchhaltung** *f* contabilidad *f* plurimonetaria; **doppelte ~** doble contabilidad de caja; **Währungseinheit** *f* unidad *f* monetaria; **Währungsfonds** *m* fondo *m* monetario; **Internationaler ~** Fondo Monetario Internacional; **Währungspolitik** *f* política *f* monetaria; **Währungsreform** *f* reforma *f* monetaria; **Währungssystem** *nt* sistema *m* monetario; **Währungsunion** *f* unión *f* monetaria; **Europäische ~** Unión Monetaria Europea

**Wahrzeichen** *nt* (*einer Stadt*) monumento *m* característico

**Waise** ['vaɪzə] *f* <-n> huérfano, -a *m, f;* **Waisenhaus** *nt* orfanato *m;* **Waisenkind** *nt* huérfano, -a *m, f;* **Waisenrente** *f* (pensión *f* de) orfandad *f*

**Wal** [va:l] *m* <-(e)s, -e> (ZOOL) ballena *f*

**Wald** [valt, *pl:* 'vɛldɐ] *m* <-(e)s, Wälder> bosque *m;* **der Bayerische ~** la selva bávara; **ein ganzer ~ von ...** (*fam*) una gran cantidad de...; **wie man in den ~ hineinruft, so schallt es heraus** (*prov*) el que siembra recoge; **Waldbrand** *m* incendio *m* forestal; **Waldlauf** *m* carrera *f* por el bosque; **Waldmeister** *m ohne pl* (BOT) galio *m* oloroso

**Waldorfschule** ['valdɔrf-] *f* escuela *f* Waldorf [*o* Rudolf-Steiner]

**Waldrand** *m* borde *m* del bosque; **Waldschaden** *m* daños *mpl* forestales; **Waldsterben** *nt ohne pl* muerte *f* de los bosques (a causa de la polución del medio ambiente), muerte *f* forestal; **Waldweg** *m* camino *m* forestal

**Wales** [wɛɪls] *nt* <-> (país *m* de) Gales *m*

**Walfang** *m* pesca *f* de la ballena

**Walfänger** *m* <-s, -> (*Schiff*) ballenero *m*

**Waliser(in)** [va'li:zɐ] *m(f)* <-s, -; -nen> galés, -esa *m, f*

**walisisch** *adj* galés

**Walkie-Talkie** *nt* <-(s), -s> walkie-talkie *m*

**Walkman®** ['wɔ:kmɛ(:)n] *m* <-s, -men> walkman® *m*

**Wall** [val, *pl:* 'vɛlə] *m* <-(e)s, Wälle> (*Erd~*) terraplén *m,* albardón *m CSur;* (*Schutz~*) muralla *f*

**Wallach** ['valax] *m* <-(e)s, -e> (ZOOL) caballo *m* castrado

**wallen** ['valən] *vi* ❶ (*Flüssigkeit*) borbotar ❷ *sein* (*geh: Haar, Gewänder*) ondear

**Wallfahrer(in)** *m(f)* peregrino, -a *m, f;* **Wallfahrt** *f* peregrinación *f;* **Wallfahrtsort** *m* lugar *m* de peregrinación

**Wallis** ['valɪs] *nt* <-> (GEO) Valais *m*

**Walliser(in)** ['valizɐ] *m(f)* <-s, -; -nen> habitante *m* del Valais

**Wallung** ['valʊŋ] *f* <-en> ebullición *f;* **in ~ geraten** acalorarse

**Walnuss** ['va:l-] *f* <-nüsse> ❶ (*Frucht*) nuez *f* ❷ (*Baum*) nogal *m;* **Walnussbaum** *m* nogal *m;* **Walnussholz** *nt* madera *f* de nogal

**Walpurgisnacht** [val'pʊrgɪs-] *f* noche *f* de los Walpurgis

**i Land & Leute**

La noche del 1 de mayo es el momento en el que, según la tradición popular, las brujas hacen sus rituales. Para ello se reúnen en *Blocksberg*, una montaña situada en la cordillera llamada *Harz*, y que se conoce también como *Brocken*. Actualmente son los jóvenes y los niños los que principalmente celebran la **Walpurgisnacht** haciendo alguna trastada al vecino.

**Walross** ['va:l-] *nt* <-es, -e> ❶ (*Tier*) morsa *f* ❷ (*fam: Mensch*) cachazudo, -a *m, f*

**walten** ['valtən] *vi* (*geh*) reinar; **seines Amtes ~** ejercer su cargo

**Walze** ['valtsə] *f* <-n> ❶ (MATH) cilindro *m* ❷ (*an Maschinen*) rodillo *m* ❸ (*Straßen~*) apisonadora *f*

**walzen** ['valtsən] *vt* ❶ (*Metall*) laminar ❷ (*Straße*) apisonar

**wälzen** ['vɛltsən] **I.** *vt* ❶ (*rollen*) hacer rodar; **die Schuld auf jdn ~** echar la culpa a alguien ❷ (GASTR): **etw in etw** *dat* **~** cubrir algo de algo; (*in Paniermehl*) empanar algo ❸ (*fam: Bücher*) consultar; (*Probleme*) dar vueltas (a) **II.** *vr:* **sich ~** ❶ (*Lawine*) rodar ❷ (*Tier, Person*) revolcarse (*in* en); **sie wälzte sich von einer Seite auf die andere** dio vueltas de un lado a otro

**walzenförmig** *adj* cilíndrico

**Walzer** ['valtsɐ] *m* <-s, -> vals *m;* **langsamer ~** vals lento; **Wiener ~** vals vienés

**Wampe** ['vampə] *f* <-n> (*fam abw*) panza *f*

**wand** [vant] *3. imp von* **winden**

**Wand** [vant, *pl:* 'vɛndə] *f* <Wände> pared *f;* **~ an ~** con una pared en medio; **spanische ~** biombo *m;* **in seinen (eigenen) vier Wänden** (*fam*) en casa; **die Wände hochgehen** (*fam*) subirse por las paredes; **jdn an die ~ spielen** superar a alguien en algo; (THEAT) eclipsar a alguien; **mit dem Kopf durch die ~ wollen** querer lo imposible

**Wandalismus** [vanda'lɪsmʊs] *m* <-, *ohne pl*> vandalismo *m*

**Wandel** ['vandəl] *m* <-s, *ohne pl*> cambio *m;* **im ~ der Zeit** en el transcurso del tiempo; **einem ~ unterliegen** estar sujeto a un cambio

**wandeln** ['vandəln] **I.** *vi sein* (*geh*) caminar, andar **II.** *vt* cambiar **III.** *vr:* **sich ~** (*geh*) cambiar

**Wanderausstellung** *f* exposición *f* itinerante; **Wanderbühne** *f* teatro *m* ambulante

**Wanderer, -in** *m, f* <-s, -; -nen> excursionista *mf*

**Wanderkarte** *f* mapa *m* para excursiones

**wandern** ['vandɐn] *vi sein* ❶ (*gehen*) caminar; (*Wanderung machen*) hacer una excursión (a pie); (*Völker*) migrar; (*Gletscher, Düne*) ser movedizo ❷ (*herumgehen*) caminar (*in/durch* por); (*Blick*) vagar (*in* por); **ruhelos im Zimmer auf und ab ~** caminar inquieto por la habitación ❸ (*fam: hinkommen*) acabar (*in* en), ir a parar (*in* a); **ins Gefängnis/ins Feuer ~** acabar en la cárcel/en el fuego

**Wandern** *nt* <-s, *ohne pl*> senderismo *m*

**Wanderpokal** *m* copa *f* ambulante

**Wanderschaft** *f* <-en>: **auf ~ gehen** ir a correr mundo; **auf ~ sein** correr mundo

**Wandersmann** *m* (*alt*) excursionista *mf*

**Wanderung** *f* <-en> ❶ (*Ausflug*) excursión *f* (a pie), caminata *f;* **eine ~ machen** salir de excursión ❷ (*von Tieren, Völkern*) migración *f*

**Wandervogel** *m* (*fam*) ❶ (*Wanderer*) excursionista *mf* ❷ (*unsteter Mensch*) ave *f* de paso; **Wanderweg** *m* camino *m*, sendero; **Wanderzirkus** *m* circo *m* ambulante

**Wandgemälde** *nt* (pintura *f*) mural *m*

**Wandlung** ['vandlʊŋ] *f* <-en> ❶ (*Veränderung*) cambio *m;* (*Verwandlung*) transformación *f* ❷ (REL) transubstanciación *f;* **wandlungsfähig** *adj* cambiable, transformable

**Wandschrank** *m* armario *m* empotrado

**wandte** ['vantə] *3. imp von* **wenden²**

**Wandteppich** *m* tapiz *m;* **Wanduhr** *f* reloj *m* de pared

**Wange** ['vaŋə] *f* <-n> (*geh*) mejilla *f;* **~ an ~** muy apretados

**wankelmütig** *adj* (*geh abw*) versátil

**wanken** ['vaŋkən] *vi* ❶ (*schwanken*) vacilar; (*Macht*) tambalearse; **ins W~ geraten** empezar a tambalearse ❷ *sein* (*schwankend gehen*) tambalearse

**wann** [van] *adv* ❶ (*interrogativ*) ¿cuándo?; **seit ~?** ¿desde cuándo?; **bis ~?** ¿hasta cuándo?; **von ~ bis ~?** ¿desde cuándo y hasta cuándo?; **ab ~?** ¿a partir de cuándo? ❷ (*Wend*): **~ (auch) immer** cuando sea; **dann und ~** de vez en cuando

**Wanne** ['vanə] *f* <-n> tina *f;* (*Bade~*) bañera *f;* **in der ~ liegen** (*fam*) estar en la bañera

**Wanst** [vanst, *pl:* 'vɛnstə] *m* <-(e)s, Wänste> (*fam abw*) barriga *f;* **sich** *dat* **den ~ voll schlagen** llenarse la barriga

**Wanze** ['vantsə] *f* <-n> ❶ (ZOOL) chinche *f* ❷ (*sl: Abhör~*) micrófono *m* oculto

**WAP-Handy** *nt* móvil *m* WAP

**Wappen** ['vapən] *nt* <-s, -> escudo *m* (de armas); **Wappenschild** *m o nt* escudo *m*

**wappnen** ['vapnən] *vr:* **sich ~** (*geh*): **sich gegen etw ~** prepararse para algo; **sich mit etw** *dat* **~** armarse de algo

**war** [vaːɐ] *3. imp von* **sein**

**warb** [varp] *3. imp von* **werben**

**Ware** ['vaːrə] *f* <-n> mercancía *f;* (*Artikel*) artículo *m;* **heiße ~** (*sl*) artículo ilegal

**Warenangebot** *nt* oferta *f* de mercancías; **Warenautomat** *m* vendedor *m* automático; **Warenbestand** *m* existencias *fpl;* **Warenbörse** *f* (WIRTSCH) bolsa *f* de mercancías; **Warenhaus** *nt* grandes almacenes *mpl*, emporio *m AmC;* **Warenlager** *nt* almacén *m;* **Warenverkehr** *m* transacción *f* de mercancías; **Warenzeichen** *nt* marca *f* de fábrica; **eingetragenes ~** marca registrada

**warf** [varf] *3. imp von* **werfen**

**warm** [varm] *adj* <wärmer, am wärmsten> ❶ (*allgemein*) caliente; (*Farbe, Ton, Klima*) cálido; (*Wetter*) caluroso; (*Kleidung*) que abriga, abrigador *Am;* **etw ~ machen** calentar algo; **es ist (sehr) ~** hace (mucho) calor; **mir ist ~** tengo calor; **sich ~ anziehen** abrigarse; **~ duschen** tomar una ducha caliente; **sich ~ laufen** hacer el calentamiento; **das Zimmer kostet 300 DM ~** (*fam*) la habitación cuesta, gastos (de calefacción) incluidos, 300 marcos ❷ (*~ herzig*) cálido, caluroso; **jdm etw wärmstens empfehlen** recomendar algo a alguien de corazón; **mit jdm/etw** *dat* **~ werden** (*fam*) hacerse amigo de alguien/familiarizarse con algo

**Warmblüter** ['-blyːtɐ] *m* <-s, -> (ZOOL) animal *m* de sangre caliente; **Warmduscher** *m* <-s, -> (*sl*) mojigato *m*

**Wärme** ['vɛrmə] *f ohne pl* (*a.* PHYS) calor *m;* **Wärmeaustausch** *m* (TECH) (inter)cambio *m* de calor; **Wärmebelastung** *f*

(ÖKOL) impacto *m* de la contaminación térmica; **wärmebeständig** *adj* (TECH) resistente al calor; **Wärmedämmung** *f* aislamiento *m* térmico; **Wärmeenergie** *f* energía *f* térmica; **Wärmehaushalt** *m* *ohne pl* equilibrio *m* térmico; **Wärmeisolierung** *f* aislamiento *m* térmico; **Wärmekraftwerk** *nt* central *f* térmica; **Wärmelehre** *f ohne pl* (PHYS) termología *f*

**wärmen** ['vɛrmən] **I.** *vi* (*Ofen*) calentar; (*Kleidung*) abrigar **II.** *vr:* **sich ~** calentarse

**Wärmeregler** *m* termostato *m;* **Wärmespeicher** *m* acumulador *m* de calor; **Wärmestrahlung** *f ohne pl* (PHYS) radiación *f* térmica; **Wärmetechnik** *f ohne pl* termotecnia *f*

**Wärmflasche** *f* calentador *m*

**Warmfront** *f* (METEO) frente *m* cálido; **Warmhaltekanne** *f* (cafetera *f*) termo® *m;* **warm|halten** *irr vt:* **sich** *dat* **jdn ~** conservar las simpatías de alguien; **Warmhalteplatte** *f* calientaplatos *m inv;* **warmherzig** *adj* cariñoso; **Warmluft** *f ohne pl* (TECH, METEO) aire *m* caliente; **Warmmiete** *f* (*fam*) alquiler *m* con los gastos de calefacción incluidos; **Warmstart** *m* (INFOR) reinicio *m*

**Warmwasserbereiter** [-'-----] *m* <-s, -> (TECH) calentador *m* de agua, termo *m Am;* **Warmwasserspeicher** [-'----] *m* depósito *m* de agua caliente; **Warmwasserversorgung** [-'-----] *f* abastecimiento *m* de agua caliente

**Warnblinkanlage** *f* (AUTO) dispositivo *m* de luces de aviso intermitentes; **Warndreieck** *nt* (AUTO) triángulo *m* de emergencia

**warnen** ['varnən] *vt* avisar (*vor* de que), advertir (*vor* de); **die Polizei warnt vor Schneeglätte** la policía avisa que hay peligro de deslizamiento; **ich warne dich!** ¡te lo advierto!; **vor ... wird gewarnt!** ¡cuidado con...!

**Warnkreuz** *nt* cruz *f* de advertencia; **Warnlicht** *nt* luz *f* de advertencia; **Warnschild** *nt* señal *f* de aviso; (*Verkehrsschild*) señal *m* de peligro; **Warnschuss** *m* tiro *m* al aire; **Warnsignal** *nt* señal *f* de aviso; **Warnstreik** *m* huelga *f* de advertencia

**Warnung** *f* <-en> aviso *m* (*vor* de), advertencia *f* (*vor* de); **ohne vorherige ~** sin previo aviso; **lass dir das eine ~ sein!** ¡que te sirva de lección!

**Warnzeichen** *nt* ❶ (*Warnsignal*) señal *f* de aviso ❷ (*Verkehrszeichen*) señal *f* de peligro

**Warschau** ['varʃaʊ] *nt* <-s> Varsovia *f*

**Wartehalle** *f* sala *f* de espera; **Warteliste** *f* lista *f* de espera; **sich auf die ~ setzen lassen** inscribirse en la lista de espera

**warten** ['vartən] **I.** *vi* esperar; **auf etw/jdn ~** esperar algo/a alguien; **warte mal!** ¡espera un momento!; **etw lässt nicht lange auf sich ~** algo no tarda mucho en llegar; **worauf wartest du?** ¿a qué esperas?; **er lässt (heute) lange auf sich ~** (hoy) se hace esperar; **auf dich habe ich gerade noch gewartet** (*iron*) tú eres lo que me faltaba; **da kannst du lange ~** (*fam*) puedes esperar sentado; **na, warte!** (*fam*) ¡espera! **II.** *vt* (TECH) inspeccionar

**Wärter(in)** ['vɛrtɐ] *m(f)* <-s, -; -nen> guardián, -ana *m, f*

**Warteraum** *m* sala *f* de espera; **Wartesaal** *m* sala *f* de espera; **Warteschlange** *f* (*a.* INFOR) cola *f* (de espera); (INFOR: *beim Drucken*) cola *f* de impresión; **Wartezeit** *f* tiempo *m* de espera; **Wartezimmer** *nt* sala *f* de espera

**Wartung** *f* <-en> inspección *f*

**warum** [va'rʊm] *adv* por qué; **~ nicht?** ¿por qué no?; **~ nicht gleich so?** (*fam*) ¿por qué no lo has hecho así desde el principio?

**Warze** ['vartsə] *f* <-n> ❶ (*Haut~*) verruga *f* ❷ (*Brust~*) pezón *m*

**was** [vas] **I.** *pron inter* qué; **~ kostet das?** ¿qué cuesta?; **~ heißt „Haus" auf Spanisch?** ¿cómo se dice "Haus" en castellano?; **~ denkst du?** ¿tú qué piensas?; **~ hast du denn bloß?** ¿pero qué demonios te pasa?; **~ weiß ich!** (*fam*) ¡qué sé yo!; **~ soll das?** ¿a qué viene esto?; **~ ist schon dabei?** ¿qué tiene de extraño?; **~ für ein Wagen ist das?** ¿qué coche es?; **~ für eine Hitze/ein Glück!** ¡qué calor/suerte!; **~ ist der Kerl für ein Schwein!** ¡será puerco el tío ese!; **nicht schlecht, ~?** (*fam*) no está mal, ¿eh?; **um ~ geht es?** ¿de qué se trata?; **~ ist, hast du Lust?** (*fam*) ¿qué, tienes ganas?; **ach ~!** (*fam*) ¡qué va! **II.** *pron rel* (lo) que; **das Beste, ~ du tun kannst** lo mejor que puedes hacer; (**das**), **~ sie sagt ...** lo que dice...; **alles, ~ du willst** todo lo que quieras **III.** *pron indef* (*fam: etwas*) algo; **hast du ~?** ¿te pasa algo?; **das ist immerhin ~** ya es algo; **das ist ~ anderes** eso es otra cosa; **nein, so ~!** (*fam*) ¡no me digas!; **so ~ Blödes!** (*fam*) ¡pero qué cosa más tonta!

**? Grammatik**

Con **was für ein** (singular) y **was für** (para sustantivos incontables o plural) se pregunta por una cualidad de una persona o cosa: *Was für einen Rock möchten Sie? Einen Minirock. – ¿Qué tipo de falda desea? Una minifalda. Was für Wein möchten Sie? Rotwein, Weißwein oder Rosé? – ¿Qué (tipo de) vino desea? ¿Vino tinto, blanco o rosado? Was für Leute sind das? Ganz nette. – ¿Qué tipo de personas son? Gente muy maja.*

**was für welche** se usa con sustantivos sin artículo y en plural: *Wir suchen Briefmarken. Was für welche? Sonderbriefmarken von der Olympiade 1992. – Estamos buscando sellos. ¿Qué tipo (de sellos)? Sellos de colección de la olimpíada de 1992.*

Por el contrario, se utiliza **welch-** cuando se tiene que escoger entre varias cosas o personas: *Welches Hemd soll ich für die Geburtstagparty anziehen, das himmelblaue oder das weiße? – ¿Qué camisa me pongo para la fiesta de cumpleaños, la azul cielo o la blanca?*

**Waschanlage** *f* ❶ (*Auto~*) lavado *m* de coches ❷ (TECH) lavadero *m;* **Waschanleitung** *f* instrucciones *fpl* para el lavado

**waschbar** *adj* lavable

**Waschbär** *m* (ZOOL) mapache *m;* **Waschbecken** *nt* lavabo *m*

**Wäsche¹** ['vɛʃə] *f* <-n> (*das Waschen*) lavado *m;* **etw in die ~ geben** dar algo a lavar

**Wäsche²** *f ohne pl* ❶ (*zu waschende Textilien*) ropa *f* sucia; **~ waschen** lavar la ropa; **seine schmutzige ~ (vor anderen Leuten) waschen** (*fig*) sacar los trapos sucios a relucir (delante de otros) ❷ (*Unter~, Bett~*) ropa *f;* **die ~ wechseln** cambiar la ropa; **dumm aus der ~ gucken** (*fam*) mirar atontado

**waschecht** *adj* ❶ (*Kleidung*) resistente al lavado; (*Farbe*) sólido ❷ (*fam: typisch*) de pura cepa

**Wäscheklammer** *f* pinza *f* para la ropa; **Wäschekorb** *m* cesta *f* para la ropa; **Wäscheleine** *f* cuerda *f* de la ropa

**waschen** ['vaʃən] <wäscht, wusch, gewaschen> **I.** *vt* ❶ (*reinigen*) lavar; **sich** *dat* **die Hände/Haare ~** lavarse las manos/el pelo ❷ (*fam: Geld*) blanquear **II.** *vr:* **sich ~** lavarse; **sich warm/kalt ~** lavarse con agua caliente/fría; **eine Prüfung, die sich gewaschen hat** (*fam*) un examen de padre y muy señor mío

**Wäscherei** [vɛʃə'raɪ] *f* <-en> lavandería *f*

**Wäscheschleuder** *f* centrifugadora *f* (para ropa); **Wäscheschrank** *m* ropero *m;* **Wäscheständer** *m* tendedero *m;* **Wäschetrockner** *m* ❶ (*elektrisch*) secadora *f* para ropa ❷ (*Wäscheständer*) tendedero *m*

**Waschgang** *m* <-(e)s, -gänge> fase *f* de lavado; **Waschküche** *f* ❶ (*Raum*) lavadero *m* ❷ (*fam: Nebel*) niebla *f* densa; **Waschlappen** *m* ❶ (*zum Waschen*) manopla *f* para baño ❷ (*fam abw: Mensch*) cobarde *mf,* mangajo, -a *m, f Ecua, Peru;* **Waschmaschine** *f* lavadora *f;* **Waschmittel** *nt* detergente *m;* **Waschpulver** *nt* detergente *m* en polvo; **Waschraum** *m* lavabo *m;* **Waschsalon** *m* lavandería *f;* **Waschschüssel** *f* palangana *f;* **Waschstraße** *f* (AUTO) tren *m* de lavado

**wäscht** [vɛʃt] *3. präs von* **waschen**

**Waschung** *f* <-en> (*geh*) lavado *m*

**Waschweib** *nt* (*fam abw*) cotilla *mf;* **Waschzeug** *nt* utensilios *mpl* de aseo (personal)

**Wasser** ['vasɐ] *nt* <-s, -> agua *f;* **kölnisch ~** (agua de) Colonia; **stilles ~** agua sin gas; **~ lassen** orinar; **sich über ~ halten** (*fam*) mantenerse a flote; **etw unter ~ setzen** inundar algo; **ins ~ fallen** (*fam*) no tener lugar; **er ist ein stilles ~** (*fam*) es una persona tranquila; **nahe am ~ gebaut haben** (*fam*) ser un(a) llorica; **er kann ihr nicht das ~ reichen** (*fig*) no le llega ni a la suela del zapato; **ihr steht das ~ bis zum Hals** (*fig fam*) está con el agua al cuello; **mit allen ~n gewaschen sein** (*fam*) tener mucha mili; **da fließt noch viel ~ den Rhein hinunter** (*fam*) aún ha de llover mucho hasta entonces; **da wird auch nur mit ~ gekocht** (*fam fig*) en todas partes cuecen habas; **bei ~ und Brot** (*a. fig*) a pan y agua; **das ist ~ auf ihrer Mühle** (*fam*) le viene de perlas; **das ~ läuft mir im Mund zusammen** (*fam*) se me hace la boca agua; **Wasserader** *f* vena *f* de agua; **Wasseranschluss** *m* toma *f* de agua

**Wasseraufbereitung** *f* tratamiento *m* del agua; **Wasseraufbereitungsanlage** *f* instalación *f* de tratamiento del agua

**Wasserbad** *nt* (GASTR) baño *m* María; **etw im ~ erhitzen** calentar algo al baño María

**Wasserball¹** *m ohne pl* (SPORT) waterpolo *m*

**Wasserball²** *m* (*Ball*) pelota *f* de waterpolo; (*aufblasbar*) balón *m* inflable

**Wasserbehälter** *m* depósito *m* de agua, tanque *m* de agua; **Wasserbett** *nt* cama *f* de agua; **Wasserdampf** *m* vapor *m* de agua; **wasserdicht** *adj* ❶ (*Uhr*) resistente al agua; (*Kleidung*) impermeable ❷ (*fam: Alibi*) perfecto; **Wasserfall** *m* cascada *f;* (*größer*) catarata *f;* **wie ein ~ reden** (*fam*) ser una cotorra; **Wasserfarbe** *f* color *m* de acuarela; **wasserfest** *adj* resistente al agua; **Wasserfloh** *m* pulga *f* de agua; **Wasserflugzeug** *nt* hidroavión *m;* **Wasserglas** *nt* ❶ (*Gefäß*) vaso *m* para agua ❷ (CHEM: *Natron~*) silicato *m* de sodio; (*Kali~*) silicato *m* de potasio; **Wassergraben** *m* ❶ (*um eine Burg*) foso *m* de agua ❷ (SPORT) ría *f;* **Wasserhahn** *m* grifo *m,* llave *f* del agua, canilla *f CSur;* **Wasserhärte** *f* dureza *f* del agua; **Wasserhaushalt** *m* (MED, BIOL) equilibrio *m* hídrico

**wässerig** ['vɛsərɪç] *adj* (*verdünnt*) aguado; (*Wasser enthaltend*) acuoso; (*fade*) insípido

**Wasserkessel** *m* hervidor *m;* **Wasserkopf** *m* ❶ (MED) hidrocefalia *f* ❷ (*fig: überproportionales Gebilde*) monstruo *m;* **Wasserkraft** *f* fuerza *f* hidráulica; **Wasserkraftwerk** *nt* central *f* hidroeléctrica; **Wasserlauf** *m* corriente *f* de agua; **Wasserleiche** *f* (*fam*) cadáver *m* de un ahogado; **Wasserleitung** *f* cañería *f* de agua; **Wasserlilie** *f* (BOT) lirio *m* de agua; **wasserlöslich** *adj* soluble; **Wassermangel** *m* escasez *f* de agua, falta *f* de agua; **Wassermann** *m* (ASTR) Acuario *m;* **Wassermelone** *f* sandía *f;* **Wassermühle** *f* molino *m* de agua

**wässern** ['vɛsɐn] *vt* ❶ (GASTR) poner en remojo ❷ (*gießen*) regar

**Wasserpfeife** *f* narguile *m;* **Wasserpflanze** *f* planta *f* acuática; **Wasserpistole** *f* pistola *f* de agua; **Wasserrad** *nt* rodezno *m;* **Wasserratte** *f* ❶ (ZOOL) rata *f* de agua ❷ (*fam: Mensch*) *persona a la que le gusta estar en el agua;* **Wasserrohr** *nt* tubería *f* de(l) agua; **Wasserschaden** *m* daño *m* causado por el agua; **wasserscheu** *adj* que tiene miedo al agua

**Wasserschutzgebiet** *nt* reserva *f* ecológica; **Wasserschutzpolizei** *f* policía *f* fluvial

**Wasserski** *nt ohne pl* esquí *m* acuático; **Wasserspeier** *m* <-s, -> gárgola *f;* **Wasserspiegel** *m* ❶ (*Wasseroberfläche*) superficie *f* del agua ❷ (*Wasserstand*) nivel *m* del agua; **Wassersport** *m* deporte *m* acuático; **Wassersportler(in)** *m(f)* deportista *mf* náutico; **Wasserspülung** *f* cisterna *f;* **Wasserstand** *m* nivel *m* del agua

**Wasserstoff** *m ohne pl* (CHEM) hidrógeno *m;* **Wasserstoffbombe** *f* bomba *f* de hidrógeno; **Wasserstoffperoxyd** ['---'---] *nt* (CHEM) peróxido *m* de hidrógeno, agua *f* oxigenada

**Wasserstrahl** *m* chorro *m* de agua; **Wasserstraße** *f* vía *f* fluvial; **Wassertemperatur** *f* temperatura *f* del agua; **Wassertropfen** *m* gota *f* de agua; **Wasserverbrauch** *m* consumo *m* de agua; **Wasserverschmutzung** *f* contaminación *f* del agua; **Wasserversorgung** *f* abastecimiento *m* de agua; **Wasservogel** *m* (ZOOL) ave *f* acuática; **Wasserwaage** *f* (TECH) nivel *m* de agua; **Wasserweg** *m* vía *f* fluvial; **auf dem ~** por vía fluvial; **Wasserwelle** *f* marcado *m;* **Wasserwerfer** *m* <-s, -> camión *m* cisterna; **Wasserwerk** *nt* central *f* de abastecimiento de aguas; **Wasserzähler** *m* contador *m* de(l) agua; **Wasserzeichen** *nt* marca *f* de agua

**wässrig** ['vɛsrɪç] *adj s.* **wässerig**

**waten** ['va:tən] *vi sein* caminar (*durch* por)

**Watsche** ['vatʃə] *f* <-n> (*südd, Österr: fam*) bofetada *f*

**watscheln** ['vatʃəln] *vi sein* andar como un pato

**Watt¹** [vat] *nt* <-(e)s, -en> (*am Meer*) marisma *f*

**i Land & Leute**

Con el nombre de **Watt** se alude a un accidente geográfico característico del paisaje costero del Mar del Norte. Se trata de un espacio de costa dominado por la bajamar y la pleamar. Cuando la marea está baja la arena queda al descubierto y se puede pasear por ella. Por el contrario, cuando sube la marea, todo ese espacio queda cubierto por metros de agua marina, por donde incluso navegan barcos costeros de quilla plana.

**Watt²** *nt* <-s, -> (PHYS, TECH) vatio *m*

**Watte** ['vatə] *f* <-n> algodón *m;* **Wattebausch** *m* tapón *m* de algodón

**Wattenmeer** *nt* marismas *fpl* (*en las aguas bajas del Mar del Norte*)

**Wattestäbchen** [-ʃtɛ:pçən] *nt* bastoncillo *m* de algodón

**wattieren*** *vt* enguatar

**wau (wau)** [vaʊ] *interj* (*Kind*) ¡guau!

**WC** *nt* <-(s), -(s)> WC *m*

**weben** ['ve:bən] <webt, wob, gewoben> *vt, vi* (*a. fig*) tejer

**Weber(in)** *m(f)* <-s, -; -nen> tejedor(a) *m(f)*

**Weberei** *f* <-en> (*Betrieb*) tejeduría *f*
**Weberknecht** *m* (ZOOL) araña *f* zancuda
**Webseite** ['wɛbzaɪtə] *f* (INFOR) página *f* web; **Webserver** ['wɛbsœːvɐ] *m* (INFOR) servidor *m;* **Website** ['wɛbsaɪt] *f* <-s> (INFOR) espacio *m* web
**Webstuhl** *m* telar *m*
**Wechsel** ['vɛksəl] *m* <-s, -> ❶ (*das Wechseln, Veränderung*) cambio *m;* **im ~ mit ...** alternando con... ❷ (FIN) letra *f* de cambio; **Wechselbad** *nt* baño *m* alterno caliente y frío; **jdn einem ~ der Gefühle aussetzen** tratar a alguien según la vena que le dé; **Wechselbeziehung** *f* correlación *f* (*zwischen* entre); **die Probleme stehen in ~ zueinander** los problemas están correlacionados; **Wechselfälle** *mpl* vicisitudes *fpl;* **die ~ des Lebens** los altibajos de la vida; **Wechselgeld** *nt* vuelta *f,* vuelto *m Am,* feria *f EE.UU., Mex;* (*Kleingeld*) cambio *m*
**wechselhaft** *adj* inestable; (*Wetter*) variable; (*Person*) inconstante
**Wechseljahre** *ntpl* climaterio *m;* (*der Frau*) menopausia *f*
**Wechselkurs** *m* (FIN) tipo *m* de cambio; **Wechselkursmechanismus** *m* mecanismo *m* de los tipos de cambio; **Wechselkursrisiko** *nt* riesgo *m* cambiario [*o* de cambio]; **Wechselkursschwankung** *f* variación *f* de los tipos de cambio; **Wechselkurssystem** *nt* sistema *m* monetario [*o* de los tipos de cambio]
**wechseln** ['vɛksəln] **I.** *vi* cambiar; **zu einer anderen Firma ~** cambiar de empresa **II.** *vt* cambiar (*in* en); (*austauschen*) intercambiar; **200 Euro in Dollar ~** cambiar 200 euros en dólares
**wechselnd** *adj* ❶ (*im Wechsel*) cambiante; (*ab~*) alterno; (*Stimmung, Charakter*) variable ❷ (*unterschiedlich*) diferente
**wechselseitig** *adj* recíproco, mutuo
**Wechselspiel** *nt* interacción *f* (*zwischen* entre); **Wechselstrom** *m* (ELEK) corriente *f* alterna; **Wechselstube** *f* oficina *f* de cambio; **Wechselwähler(in)** *m(f)* votante *mf* que no vota siempre al mismo partido
**wechselweise** *adv* alternativamente, por turnos
**Wechselwirkung** *f* interacción *f;* **in ~ zueinander stehen** estar interaccionado
**wecken** ['vɛkən] *vt* (*a. fig*) despertar; **jds Interesse ~** despertar el interés de alguien
**Wecken** ['vɛkən] *m* <-s, -> (*Österr, südd*) panecillo *m*
**Wecker** *m* <-s, -> despertador *m;* **jdm auf den ~ gehen** (*fam*) dar(le) la lata a alguien
**wedeln** ['veːdəln] *vi:* **mit etw** *dat* **~** mover algo; **mit dem Schwanz ~** menear la cola
**weder** ['veːdɐ] *konj:* **~ ... noch ...** ni... ni...; **er ist ~ schön, noch hat er Verstand** ni es guapo ni inteligente
**weg** [vɛk] *adv* ❶ (*abwesend*) ausente; (*verloren*) perdido; (*verschwunden*) desaparecido; **ich müsste schon längst ~ sein** me tendría que haber ido hace tiempo; **weit ~ von hier** muy lejos de aquí; **meine Brille ist ~** he perdido mis gafas; **drüber ~ sein** (*fam*) haberlo superado; **hin und ~ sein** (*fam*) estar completamente entusiasmado ❷ (*bei Aufforderung*) fuera; **~ mit dir!** ¡fuera contigo!; **~ da!** ¡fuera de allí!; **nichts wie ~ hier** (*fam*) nada como irse de aquí; **Finger ~!** ¡fuera los dedos!
**Weg** [veːk] *m* <-(e)s, -e> ❶ (*allgemein*) camino *m;* (*Pfad*) sendero *m;* (*Durchgang*) paso *m;* **am ~e** en el camino; **jdm den ~ ebnen** allanar(le) el camino a alguien; **jdm über den ~ laufen** tropezar con alguien; **jdn/etw aus dem ~ räumen** (*fam*) quitar a alguien/algo de en medio; **etw/jdm aus dem ~ gehen** evitar algo/a alguien; **jdm im ~ stehen** estorbar a alguien; **sich jdm in den ~ stellen** cruzarse [*o* atravesarse] en el camino de alguien; **steh hier nicht im ~ rum!** ¡quítate de en medio!; **dem steht nichts im ~e** no hay inconvenientes; **jdm nicht über den ~ trauen** no fiarse en absoluto de alguien; **die Post liegt auf meinem ~** la oficina de Correos está de camino ❷ (*Strecke*) trayecto *m;* (*Reise~*) ruta *f;* **auf halbem ~ stehen bleiben/umkehren** quedarse/volverse en mitad del camino; **etw zu ~e bringen** conseguir algo; **etw in die ~e leiten** poner algo en marcha; **sich auf den ~ machen** ponerse en camino; **vom rechten ~ abkommen** desviarse del buen camino; **daran führt kein ~ vorbei** no hay más remedio que afrontarlo; **auf dem besten ~ sein etw zu tun** estar a punto de hacer algo ❸ (*Mittel*) vía *f;* (*Art und Weise*) modo *m,* manera *f;* (*Methode*) método *m;* **auf legalem ~** por vía legal; **auf schriftlichem ~e** por escrito
**weg|bekommen*** ['vɛk-] *irr vt* (*fam*) ❶ (*entfernen können*) conseguir quitar ❷ (*tragen können*) conseguir llevar; (*bewegen können*) conseguir mover
**Wegbereiter(in)** ['veːk-] *m(f)* <-s, -; -nen> precursor(a) *m(f)*
**weg|bleiben** *irr vi sein* (*fam*) ❶ (*nicht kommen*) no venir (más); (*Strom*) cortarse; **lange ~** tardar en venir; **mir blieb die Spucke weg** se me cortó el aliento

❷ (*ausgelassen werden*) omitirse; **weg|bringen** *irr vt* ❶ (*an einen anderen Ort*) llevar ❷ (*fam*) *s.* **wegbekommen**; **weg|denken** *irr vt:* **sich** *dat* **etw** ~ imaginarse algo sin algo; **der Computer ist aus unserem Leben nicht mehr wegzudenken** ya no nos es posible imaginarnos una vida sin ordenadores; **weg|drehen** I. *vt* apartar; **das Gesicht** ~ apartar la vista II. *vr:* **sich** ~ apartarse; **weg|dürfen** *irr vi* (*fam: ausgehen dürfen*) poder salir

**wegen** ['ve:gən] *präp +gen/dat* ❶ (*aufgrund von*) a causa de, debido a; ~ **des schlechten Wetters** debido al mal tiempo ❷ (*bezüglich*) respecto a; **von ~!** (*fam*) ¡ni hablar! ❸ (*um ... willen*) por, a causa de; ~ **dir** por ti

**weg|fahren** *irr* I. *vi sein* partir (*nach* para); **der Bus fuhr ihr vor der Nase weg** perdió el autobús por un pelo II. *vt* llevar; **weg|fallen** *irr vi sein* (*ausgelassen werden*) omitirse; (*abgeschafft werden*) suprimirse; **etw** ~ **lassen** omitir algo; **weg|fliegen** *irr vi sein* (*Vogel*) salir volando; (*Passagier*) irse en avión; (*Flugzeug*) salir; (*Dinge*) volar; **weg|führen** I. *vi:* **von etw** *dat* ~ no conducir a algo II. *vt* llevar; **weg|geben** *irr vt* dar; **etw zur Reparatur** ~ llevar algo a reparar

**Weggefährte**, **-in** *m, f* compañero, -a *m, f* de camino

**weg|gehen** *irr vi sein* ❶ (*Person*) irse, marcharse; **geh weg!** ¡lárgate! ❷ (*fam: verschwinden*) desaparecer; (*Fleck*) salir ❸ (*fam: sich verkaufen*) venderse ❹ (*fam: ignorieren*): **über etw** ~ ignorar algo; **weg|gießen** *irr vt* tirar, botar *Am;* **weg|gucken** *vi* (*fam*) *s.* **wegsehen**; **weg|holen** *vt* ir a buscar; **sich** *dat* **etw** ~ (*fam*) pillar algo; **weg|hören** *vi* hacerse el sordo; **weg|jagen** *vt* ahuyentar, espantar; **weg|kommen** *irr vi sein* (*fam*) ❶ (*abhanden kommen*) perderse ❷ (*sich entfernen*) irse (*von* de); **mach, dass du wegkommst!** (*fam*) ¡lárgate!; **über etw** ~ superar algo ❸ (*loskommen*) abandonar; **gut/schlecht bei etw** *dat* ~ salir bien/mal librado de algo

**Wegkreuzung** *f* cruce *m* de caminos

**weg|kriegen** *vt* (*fam*) *s.* **wegbekommen**; **weg|lassen** *irr vt* ❶ (*gehen lassen*) dejar ir(se) ❷ (*fam: auslassen*) omitir; (*Zutaten*) no poner; **weg|laufen** *irr vi sein* ❶ (*fortlaufen*) echar a correr; **das läuft mir nicht weg** eso no corre prisa; **vor einem Hund** ~ huir de un perro ❷ (*fam: ausreißen*) escaparse; **weg|legen** *vt* poner aparte; **weg|machen** I. *vt* (*fam*) quitar II. *vr:* **sich** ~ (*fam*) largarse; **weg|müssen** *irr vi* (*fam*) tener que irse; **die Kiste muss hier weg** hay que quitar la caja de en medio; **weg|nehmen** *irr vt* ❶ (*fortnehmen, entwenden*) quitar; **jdm etw** ~ quitar algo a alguien ❷ (*Platz*) ocupar; (*Zeit, Licht*) quitar

**Wegrand** *m* margen *m o f* de un camino

**weg|rationalisieren*** *vt* quitar racionalizando; **Arbeitsplätze** ~ eliminar puestos de trabajo; **weg|räumen** *vt* ❶ (*aufräumen*) recoger ❷ (*Hindernisse*) quitar; **weg|rennen** *irr vi sein s.* **weglaufen**; **weg|rutschen** *vi sein* ❶ (*ausrutschen*) resbalar, patinar ❷ (*wegrücken*) correr, apartar; (*Person*) correrse, apartarse; **weg|schaffen** *vt* quitar (de en medio), apartar; **weg|schauen** *vi s.* **wegsehen**; **weg|schicken** *vt* ❶ (*Person*) mandar fuera ❷ (*Brief*) enviar; **weg|schieben** *irr vt* correr; **weg|schleppen** I. *vt* (*fam*) llevar arrastrando II. *vr:* **sich** ~ (*fam*) ir a rastras, ir a trancas y barrancas; **weg|schließen** *irr vt* guardar bajo llave; **weg|schmeißen** *irr vt* (*fam*) tirar, botar *Am;* **weg|schnappen** *vt* (*fam*) quitar; **weg|schütten** *vt* tirar, botar *Am;* **weg|sehen** *irr vi* ❶ (*wegblicken*) apartar la vista ❷ (*fam*): **über etw** ~ hacer la vista gorda a algo; **weg|setzen** I. *vt* cambiar de sitio II. *vr:* **sich** ~ ❶ (*umsetzen*) sentarse en otro lugar ❷ (*fam: ignorieren*): **sich über etw** ~ no hacer caso de algo; **weg|stecken** *vt* (*fam*) ❶ (*aufbewahren*) guardar; (*heimlich*) esconder ❷ (*hinnehmen*) tragar, asimilar; **weg|stehlen** *irr vr:* **sich** ~ escabullirse; **weg|stellen** *vt* quitar, poner en otro lugar; (*aufräumen*) guardar; **weg|stoßen** *irr vt* apartar empujando; (*mit dem Fuß*) apartar con una patada

**Wegstrecke** ['ve:k-] *f* trayecto *m*

**weg|tragen** *irr vt* llevarse; **weg|treten** *irr* I. *vi sein* ❶ (*beiseite treten*) apartarse ❷ (MIL) romper filas; **weggetreten sein** (*fam*) estar en las nubes II. *vt* dar una patada (a); **weg|tun** *irr vt* ❶ (*wegräumen*) recoger; (*wegnehmen*) quitar ❷ (*wegschmeißen*) tirar, botar *Am*

**wegweisend** ['ve:kvaɪzənt] *adj* que abre nuevos horizontes

**Wegweiser** ['ve:k-] *m* <-s, -> indicador *m* de camino

**weg|werfen** *irr vt* tirar, botar *Am*

**Wegwerfgesellschaft** *f* (*abw*) sociedad *f* de consumo; **Wegwerfpackung** *f* caja *f* desechable

**weg|wischen** *vt* (*Staub*) quitar (con un trapo); (*an der Tafel*) borrar; **weg|ziehen**

*irr* **I.** *vi sein* ❶ (*Wohnort wechseln*) cambiar de domicilio ❷ (*Zugvögel*) migrar **II.** *vt* apartar tirando, quitar

**weh** [veː] **I.** *interj:* **o ~!** ¡ay, Dios mío! **II.** *adj* (*fam*): **~ sein** doler

**wehe** [ˈveːə] *interj* cuidad(it)o; **~, wenn du das tust!** ¡cuidadito con hacerlo!

**Wehe** [ˈveːə] *f* <-n> ❶ *pl* (*bei einer Geburt*) dolores *mpl* de parto; **in den ~n liegen** tener contracciones ❷ (*Schnee~*) nevisca *f*

**wehen** [ˈveːən] **I.** *vi* ❶ (*Wind*) soplar ❷ (*Fahne*) ondear; **mit ~den Fahnen** con banderas ondeantes **II.** *vt* soplar, hacer volar

**Wehenmittel** *nt* (MED) remedio *m* contra las contracciones del parto

**wehklagen** [ˈ---] *vi* (*geh*) lamentarse (*über* de)

**wehleidig** *adj* (*abw: Person*) quejica; (*Stimme*) quejicoso

**Wehmut** *f ohne pl* (*geh*) melancolía *f*

**wehmütig** *adj* melancólico

**Wehr**[1] [veːɐ] *f ohne pl:* **sich zur ~ setzen** defenderse

**Wehr**[2] *nt* <-(e)s, -e> (*Stau~*) presa *f*

**Wehrbeauftragte(r)** *mf comisario, -a* (*parlamentario, -a*) *de las Fuerzas Armadas* (*de la ex-RFA*); **Wehrdienst** *m ohne pl* servicio *m* militar (en la ex-RFA); **wehrdiensttauglich** *adj* apto para el servicio militar; **Wehrdienstverweigerer** *m* objetor *m* de conciencia; **Wehrdienstverweigerung** *f* objeción *f* de conciencia

**wehren** [ˈveːrən] **I.** *vr:* **sich ~** ❶ (*sich verteidigen*) defenderse (*gegen* contra) ❷ (*sich sträuben*) oponer resistencia (*gegen* a) **II.** *vi:* **etw** *dat* **~** oponerse a algo

**Wehrersatzdienst** *m* prestación *f* (social) sustitutoria

**wehrlos** *adj* indefenso; **jdm ~ ausgeliefert sein** no poder defenderse contra alguien

**Wehrmacht** *f ohne pl* (HIST) *Ejército alemán de la época de 1921 a 1945;* **Wehrpflicht** *f ohne pl* servicio *m* militar obligatorio

**wehrpflichtig** *adj* sujeto al servicio militar obligatorio

**Wehrpflichtige(r)** *m* <-n, -n> recluta *m*, quinto *m*

**wehrtauglich** *adj* apto para el servicio militar

**weh|tun** *vi* doler; **sich** *dat* **~** hacerse daño

**Weib** [vaɪp] *nt* <-(e)s, -er> mujer *f*

**Weibchen** [ˈvaɪpçən] *nt* <-s, -> (ZOOL) hembra *f*

**Weiberheld** *m* (*abw*) tenorio *m*

**weibisch** *adj* afeminado

**weiblich** *adj* (*a.* LING) femenino

**Weiblichkeit** *f ohne pl* feminidad *f*

**weich** [vaɪç] *adj* ❶ (*nicht hart, Drogen, Charakter*) blando; (*formbar*) flexible; (*nicht zäh*) tierno; (*Ei*) pasado por agua; **da wird er ~** empieza a ceder ❷ (*zart, wollig, Klang, Landung*) suave ❸ (*Währung*) débil

**Weiche** [ˈvaɪçə] *f* <-n> ❶ (*an Schienen*) aguja *f;* **die ~n für etw stellen** encauzar algo ❷ (*Flanke*) agujas *fpl,* verija *f Am*

**weichen** [ˈvaɪçən] <weicht, wich, gewichen> *vi sein* ❶ (*sich bewegen*) moverse; (*sich entfernen*) alejarse ❷ (*zurück~*) retroceder (*vor* frente a); (*Platz machen*) hacer sitio ❸ (*nachlassen*) cesar

**Weichheit** *f ohne pl* blandura *f;* (*Zartheit*) suavidad *f*

**weichherzig** *adj* blando de corazón; (*mitfühlend*) compasivo

**Weichkäse** *m* queso *m* blando

**weichlich** *adj* (*abw*) ❶ (*Material*) blando ❷ (*schwächlich*) flojo ❸ (*nachgiebig*) blandengue

**Weichling** *m* <-s, -e> (*abw*) blandengue *m*

**Weichspüler** *m* <-s, -> suavizante *m*

**Weichteile** *ntpl* partes *fpl* blandas; **Weichtiere** *ntpl* (ZOOL) moluscos *mpl*

**Weide** [ˈvaɪdə] *f* <-n> ❶ (*Vieh~*) pasto *m* ❷ (*Baum*) sauce *m;* **Weideland** *nt ohne pl* pastos *mpl*

**weiden** [ˈvaɪdən] **I.** *vi* pastar **II.** *vt* (*Vieh*) apacentar, pastar **III.** *vr:* **sich an etw** *dat* **~** recrearse con algo; (*schadenfroh*) regodearse con algo

**Weidenkätzchen** [-kɛtsçən] *nt* (BOT) flor *f* del sauce; **Weidenrute** *f* varilla *f* de mimbre, otate *m Mex*

**weigern** [ˈvaɪgɐn] *vr:* **sich ~** negarse (*zu* a)

**Weigerung** *f* <-en> negativa *f*

**Weihbischof** *m* (REL) obispo *m* sufragáneo

**Weihe** [ˈvaɪə] *f* <-n> consagración *f;* (*Priester~*) ordenación *f*

**weihen** [ˈvaɪən] *vt* (REL) consagrar

**Weiher** [ˈvaɪɐ] *m* <-s, -> (*reg, südd*) estanque *m*

**Weihnachten** [ˈvaɪnaxtən] *nt* <-, -> Navidad(es) *f(pl);* **fröhliche ~** feliz Navidad; **zu** [*o* **an**] **~** en Navidades

**weihnachtlich** *adj* navideño

**Weihnachtsabend** *m* Nochebuena *f;* **Weihnachtsbaum** *m* árbol *m* de Navidad; **Weihnachtsfeier** *f* fiesta *f* de Navidad; **Weihnachtsfest** *nt* (fiesta *f* de) Navidad *f;* **Weihnachtsgeld** *nt* paga *f* extra de Navidad, aguinaldo *m Arg;* **Weihnachtsgeschenk** *nt* regalo *m* de Navidad; **Weihnachtslied** *nt* villancico *m;*

**Weihnachtsmann** *m* Papá *m* Noel, Viejo Pascuero *m Am;* **Weihnachtsmarkt** *m* mercado *m* navideño

**i Land & Leute**

El **Weihnachstmarkt** más famoso de Alemania es el de *Nürnberg – Nuremberg.* Sin embargo estos mercadillos navideños se pueden encontrar en muchas otras ciudades alemanas. Dependiendo de los lugares funcionan durante unos días determinados o durante todo el Adviento. En ellos se pueden adquirir desde todo tipo de regalos de Navidad y objetos para la decoración navideña de las casas, hasta artículos de menaje y otras cosas. Es muy típica además la venta de *Glühwein – vino tinto caliente aromatizado* y *Maronen – castañas asadas.*

**Weihrauch** *m* incienso *m;* **Weihwasser** *nt ohne pl* agua *f* bendita

**weil** [vaɪl] *konj* porque; (*aufgrund von*) debido a que

**Weilchen** ['vaɪlçən] *nt* <-s, *ohne pl*> momentito *m*

**Weile** ['vaɪlə] *f ohne pl* rato *m;* **es dauerte eine** ~ duró un rato; **vor einer** ~ hace un rato

**Weiler** ['vaɪlɐ] *m* <-s, -> cortijo *m*

**Wein**[1] [vaɪn] *m* <-(e)s, -e> (*Getränk*) vino *m;* **roter/weißer** ~ vino tinto/blanco; **lieblicher/trockener** ~ vino dulce/seco; **jdm reinen** ~ **einschenken** (*fig*) hablar en cristiano con alguien

**Wein**[2] *m* <-(e)s, *ohne pl*> ① (~*trauben*) uvas *fpl;* ~ **lesen** vendimiar ② (*Pflanze*) vid *f;* ~ **anbauen** cultivar vino; **wilder** ~ cepa virgen

**Weinbau** *m ohne pl* viticultura *f;* **Weinbauer** *m* viticultor *m,* viñador *m*

**Weinbaugebiet** *nt* región *f* vinícola; **Weinbeere** *f* ① (*Traube*) uva *f* ② (*Österr, Schweiz, südd: Rosine*) pasa *f;* **Weinberg** *m* viña *f;* **Weinbergschnecke** *f* caracol *m* de viñedo; **Weinbrand** *m* brandi *m*

**weinen** ['vaɪnən] **I.** *vi* llorar (*vor/aus* de); **es ist zum W**~ es para llorar **II.** *vt* llorar; **bittere Tränen** ~ llorar amargamente

**weinerlich** *adj* (*Person*) llorón; (*Stimme*) lloroso

**Weinernte** *f* vendimia *f;* **Weinessig** *m* vinagre *m* de vino; **Weinfass** *nt* tonel *m* de vino; **Weinflasche** *f* botella *f* de vino; **Weingeist** *m ohne pl* alcohol *m* etílico; **Weinglas** *nt* copa *f* para vino; **Weingut** *nt* explotación *f* vinícola; **Weinjahr** *nt:* **ein gutes** ~ un año abundante en vinos; **ein schlechtes** ~ un año malo para el vino; **Weinkarte** *f* carta *f* de vinos; **Weinkeller** *m* bodega *f*

**Weinkrampf** *m* llanto *m* convulsivo

**Weinlese** *f* vendimia *f;* **Weinprobe** *f* cata *f* de vinos; **Weinrebe** *f* vid *f;* **weinrot** ['-'-] *adj* burdeos; **Weinsorte** *f* clase *f* de vino; **Weinstube** *f* taberna *f;* **Weintraube** *f* uva *f;* **blaue/grüne** ~**n** uvas negras/blancas

**weise** ['vaɪzə] *adj* sabio

**Weise** *f* <-n> ① (*Art*) manera *f,* modo *m;* (*Methode*) método *m;* **in gewisser** ~ en cierto modo; **auf diese/auf meine** ~ de esta/de mi manera; **in der** ~**, dass ...** de modo que... +*subj* ② (*Melodie*) melodía *f*

**Weise(r)** *mf* <-n, -n; -n> sabio, -a *m, f;* **die (drei)** ~**n aus dem Morgenland** los Reyes Magos de Oriente

**weisen** ['vaɪzən] <weist, wies, gewiesen> **I.** *vi:* **auf etw** ~ señalar algo **II.** *vt:* **jdm etw** ~ indicar(le) algo a alguien; **etw von sich** *dat* ~ rechazar algo; **jdn aus dem Saal** ~ expulsar a alguien de la sala

**Weisheit**[1] *f ohne pl* sabiduría *f;* (*Wissen*) saber *m;* **mit seiner** ~ **am Ende sein** ya no saber qué hacer; **er glaubt, er habe die** ~ **mit Löffeln gefressen** (*fam*) se cree más sabio que el Lepe; **der** ~ **letzter Schluss** la solución ideal

**Weisheit**[2] *f* <-en> (*Spruch*) sentencia *f;* (*Rat*) consejo *m*

**Weisheitszahn** *m* muela *f* del juicio

**weis|machen** *vt* (*fam*): **jdm etw** ~ hacer creer algo a alguien

**weiß**[1] [vaɪs] *3. präs von* **wissen**

**weiß**[2] [vaɪs] *adj* blanco; **ihr Gesicht wurde** ~ se volvió pálida

**Weiß** *nt* <-(es), -> (color *m*) blanco *m*

**weissagen** ['---] *vt* (*voraussagen*) predecir; (*prophezeien*) profetizar

**Weissagung** *f* <-en> profecía *f*

**Weißbier** *nt* cerveza *f* blanca; **Weißblech** *nt* hojalata *f;* **Weißbrot** *nt* pan *m* blanco, birote *m AmC;* **Weißdorn** *m* <-(e)s, -e> (BOT) espino *m* albar

**Weiße(r)** *mf* <-n, -n; -n> (*Rasse*) blanco, -a *m, f*

**weißen** ['vaɪsən] *vt* blanquear

**Weißglut** *f ohne pl* (TECH) incandescencia *f;* **jdn zur** ~ **bringen** (*fam*) poner a alguien al rojo vivo; **Weißgold** *nt* oro *m* blanco

**weißhaarig** *adj* cano, de pelo blanco

**Weißkohl** *m* repollo *m;* **Weißkraut** *nt*

repollo *m* blanco
**Weißrussland** *nt* Bielorusia *f*
**Weißwein** *m* vino *m* blanco; **Weißwurst** *f* Weißwurst *m* (*salchicha blanca*)

**i Land & Leute**

Con el nombre de **Weißwurstäquator** se alude de forma humorística a una línea fronteriza que trazan los ríos *Main – Meno* y *Donau – Danubio* y que separa *Bayern – Baviera* y el dialecto bávaro, del espacio de habla prusiana y por tanto, de los dialectos no bávaros. Pero además, este término sirve para delimitar el espacio donde se produce y consume la típica salchicha bávara blanca, hecha de carne de ternera y especias.

**Weisung** ['vaɪzʊŋ] *f* <-en> ❶ (*Befehl*) orden *f* ❷ (*geh: An~*) instrucción *f;* **weisungsberechtigt** *adj* que tiene poder directivo
**weit** [vaɪt] **I.** *adj* ❶ (*räumlich ausgedehnt*) extenso; (*breit*) amplio; (*groß*) grande; **~e Kreise der Bevölkerung** amplios sectores de la población; **das ist ein ~es Feld** éste es un campo amplio; **3,50 m ~ springen** saltar 3 metros 50; **etw ~ öffnen** abrir algo de par en par; **~ herumkommen** correr mundo; **das W~e suchen** (*geh*) esfumarse ❷ (*geräumig*) espacioso; (*Kleidung*) ancho ❸ (*entfernt*) lejano; (*Reise, Weg*) largo; **in ~er Ferne** a lo lejos; **wie ~ ist es nach ...?** ¿a qué distancia está...?; **ist es noch ~?** ¿falta mucho todavía?; **von ~em** de lejos; **~ entfernt** remoto; **das ist ~ weg** (*fam*) eso queda muy lejos; **ich habe es nicht ~** no me queda mucho ❹ (*zeitlich*) largo; **bis Ostern ist es noch ~** aún falta mucho para Pascua; **das liegt ~ zurück** de esto hace mucho tiempo; **bis ~ in den Morgen** hasta bien entrada la mañana ❺ (*Wend*): **bei ~em besser** mejor con distancia; **bei ~em nicht alles** no todo (ni) con mucho; **es ist ~ und breit niemand zu sehen** no se ve a nadie en varias millas a la redonda; **so ~** (*im allgemeinen*) en general; (*bis jetzt*) por ahora; **so ~, so gut** hasta el momento sin problemas; **es ist so ~** ya está; **es ist noch nicht so ~** todavía no está; **bist du so ~?** (*fam*) ¿estás listo?; **sie wird es noch ~ bringen** hará carrera; **das geht (entschieden) zu ~!** ¡esto ya pasa de la raya!; **wie ~ bist du mit der Arbeit?** ¿qué tal el trabajo?; **das ist ~ hergeholt** esto está cogido de los pelos; **so ~ kommt's noch!** (*fam*) ¡hasta ahí podíamos llegar! **II.** *adv* (*sehr, erheblich*) mucho; **~ besser** mucho mejor; **etw ~ übertreffen** superar algo en mucho; **er ist ~ über sechzig** tiene bastante más de sesenta años; **~ gefehlt!** ¡está Ud. completamente equivocado!; **das ist ~ verbreitet** eso está muy extendido
**weitab** ['vaɪt'ʔap] *adv* muy lejos (*von* de)
**weitaus** ['-'-] *adv* mucho
**Weitblick** *m* <-(e)s, *ohne pl*> visión *f* de futuro; (*Scharfsinn*) perspicacia *f*
**weitblickend** *adj* previsor; (*scharfsinnig*) clarividente
**Weite** ['vaɪtə] *f* <-n> ❶ (*Ausdehnung*) extensión *f* ❷ (*Entfernung*) distancia *f* ❸ (*Durchmesser*) diámetro *m;* (*Größe*) tamaño *m* ❹ (*bei Kleidung*) ancho *m*
**weiten** ['vaɪtən] **I.** *vt* ensanchar **II.** *vr:* **sich ~** ensancharse; (*Gefäß, Pupille*) dilatarse
**weiter** ['vaɪtɐ] *adv* ❶ (*im Anschluss*) a continuación; (*danach*) después ❷ (*außerdem*) además; (*sonst*) más; (*verneint*) nada más; **das ist nicht ~ schlimm** (*fam*) eso no tiene la menor importancia; **wenn's ~ nichts ist** (*fam*) si no hay nada más; **und so ~** etcétera; **~!** ¡adelante!
**weiter|arbeiten** *vi* seguir trabajando (*an* en); **weiter|bilden** **I.** *vt* perfeccionar **II.** *vr:* **sich ~** ampliar sus conocimientos; (*in einem Kurs*) hacer un curso de perfeccionamiento; **Weiterbildung** *f ohne pl* ampliación *f* de estudios; (*als Kurs*) cursos *mpl* de perfeccionamiento; **weiter|bringen** *irr vt* llevar adelante; **das bringt uns auch nicht weiter** con eso no ganamos nada
**weitere(r, s)** *adj* (*zusätzlich*) más, otro; (*zeitlich*) posterior, ulterior; **~ Kapitel folgen** seguirán más capítulos; **~ fünf Jahre** otros cinco años; **die ~ Entwicklung** el desarrollo posterior; **alles W~** todo lo demás; **bis auf ~s** hasta nuevo aviso; **ohne ~s** sin más
**weiter|empfehlen*** *irr vt* recomendar (a otros); **weiter|entwickeln*** **I.** *vt* perfeccionar **II.** *vr:* **sich ~** hacer progresos, desarrollarse; **Weiterentwicklung** *f* (TECH) perfeccionamiento *m;* **weiter|erzählen*** *vt* contar (a otros); **weiter|fahren** *irr vi sein* seguir; **Sie können hier nicht ~** no puede seguir adelante; **Weiterfahrt** *f ohne pl* continuación *f* del viaje; **weiter|führen** **I.** *vi* seguir, continuar **II.** *vt* ❶ (*fortsetzen*) continuar ❷ (*weiterbringen*) llevar adelante; **die Diskussion führt uns nicht weiter** la discusión no

W

nos lleva a ninguna parte; **Weitergabe** *f ohne pl* (*von Informationen*) transmisión *f;* (*von Dingen*) entrega *f;* **weiter|geben** *irr vt* dar (*an* a); (*Erfahrungen*) transmitir (*an* a); **weiter|gehen** *irr vi sein* ❶ (*seinen Weg*) seguir (andando) ❷ (*andauern*) seguir, continuar; **so kann es nicht ~!** ¡esto no puede continuar así!; **weiter|helfen** *irr vi:* **jdm** ~ ayudar a alguien (*in/bei* en/a)

**weiterhin** *adv* ❶ (*künftig*) en adelante ❷ (*außerdem*) además ❸ (*immer noch*) todavía

**weiter|kommen** *irr vi sein* ❶ (*räumlich*) avanzar ❷ (*Fortschritte machen*) salir adelante, avanzar; **so kommen wir nicht weiter** así no llegamos a ninguna parte; **weiter|leben** *vi* seguir viviendo; **weiter|leiten** *vt* transmitir (*an* a); **weiter|machen** *vi* (*fam*) continuar, seguir; **mach nur so weiter!** ¡sigue así!; **so können wir nicht** ~ no podemos seguir así; **weiter|sagen** *vt* decir a otros; (*verbreiten*) divulgar; **weiter|verarbeiten*** *vt* tratar, elaborar

**weitestgehend** *adj o adv superl von* **weitgehend**

**weitgehend** <weiter gehend *o* weitgehender, *Schweiz:* weitergehend, am weitestgehenden *o* am weitgehendsten> **I.** *adj* amplio, extenso **II.** *adv* en gran parte

**weitgereist** *adj* que ha viajado mucho

**weitherzig** ['vaɪthɛrtsɪç] *adj* liberal; (*tolerant*) tolerante

**weitläufig** **I.** *adj* ❶ (*ausgedehnt*) vasto, extenso ❷ (*weitschweifend*) prolijo; (*ausführlich*) detallado ❸ (*Verwandter*) lejano **II.** *adv* con todo detalle; **mit jdm ~ verwandt sein** ser pariente lejano de alguien

**weiträumig** *adj* espacioso, extenso

**weitreichend** *adj* ❶ (*für große Entfernung*) de gran alcance ❷ (*umfassend*) amplio

**weitschweifig** *adj* prolijo, difuso

**Weitsicht** *f ohne pl s.* **Weitblick**; **weitsichtig** *adj* ❶ (MED) hipermétrope ❷ (*umsichtig*) previsor; **Weitsichtigkeit** *f ohne pl* ❶ (MED) hipermetropía *f* ❷ (*im Handeln*) visión *f* de futuro; (*Umsicht*) previsión *f;* **Weitspringer(in)** *m(f)* <-s, -; -nen> (SPORT) saltador(a) *m(f)* de longitud; **Weitsprung** *m* <-(e)s, *ohne pl*> (SPORT) salto *m* de longitud; **weitverbreitet** ['--'--] *adj* muy frecuente; (*Meinung*) muy divulgado; **Weitwinkelobjektiv** *nt* (FOTO) objetivo *m* gran angular

**Weizen** ['vaɪtsən] *m* <-s, -> trigo *m;* **Weizenbier** *nt* cerveza *f* de trigo; **Weizenkeimöl** *nt* aceite *m* de germen de trigo; **Weizenmehl** *nt* harina *f* de trigo

**welch** *pron inter:* ~ **eine(r, s)** qué; ~ **eine Freude!** ¡qué alegría!; *s. a.* **welche(r, s)**

**welche(r, s)** **I.** *pron inter* (*adjektivisch*) qué; (*substantivisch*) cuál; (*in Ausrufen*) qué, vaya; ~ **Tasche?** ¿qué bolso?; ~**r von den beiden?** ¿cuál de los dos?; ~ **Freude!** ¡qué alegría!; **aus ~m Grund?** ¿por qué motivo?; **ich weiß nicht, ~n du meinst** no sé a cuál te refieres **II.** *pron rel* que; (*in weiterführenden Relativsätzen*) el/la/lo cual, los/las cuales *pl* **III.** *pron indef* algunos; **es gibt ~, die glauben, dass ...** hay algunos que piensan que...; **ich habe kein Papier dabei, hast du ~s?** no tengo papel, ¿tienes tú alguno?

**welk** [vɛlk] *adj* (*a. fig*) lacio; (*verwelkt*) marchito

**welken** ['vɛlkən] *vi sein* (*a. fig*) marchitarse

**Wellblech** ['vɛl-] *nt* chapa *f* ondulada

**Welle** ['vɛlə] *f* <-n> ❶ (*im Wasser, Protest~*) ola *f;* **hohe ~n schlagen** causar sensación ❷ (*Aktualität*): **die neue** ~ la nueva ola ❸ (*im Haar*) ondulación *f* ❹ (PHYS, RADIO) onda *f* ❺ (TECH) eje *m*

**wellen** ['vɛlən] **I.** *vt* ondular **II.** *vr:* **sich** ~ ondularse

**Wellenbad** *nt* piscina *f* de olas; **Wellenbrecher** *m* rompeolas *m inv;* **Wellengang** *m* <-(e)s, *ohne pl*> oleaje *m;* **Wellenlänge** *f* (PHYS) longitud *f* de onda; **sie haben die gleiche** ~ (*fam*) están en la misma onda; **Wellenlinie** *f* línea *f* ondulada; **Wellenreiten** *nt* (SPORT) surf *m;* **Wellensittich** *m* <-s, -e> (ZOOL) perico *m,* periquito *m*

**wellig** *adj* ondulado

**Wellpappe** *f* cartón *m* ondulado

**Welpe** ['vɛlpə] *m* <-n, -n> (ZOOL) cachorro *m*

**Wels** [vɛls] *m* <-es, -e> (ZOOL) siluro *m*

**Welt** [vɛlt] *f* <-en> mundo *m;* (*Erde*) tierra *f;* **auf der** ~ en el mundo; **auf die ~ kommen** venir al mundo; **aus aller** ~ de todo el mundo; **die Alte/Neue/Dritte** ~ el Viejo/Nuevo/Tercer Mundo; **die heile** ~ el mundo ideal; **alle ~ spricht davon** (*fam*) todo el mundo habla de esto; **vor aller** ~ (*fam*) delante de todo el mundo; **uns trennen ~en** (*fam*) entre nosotros hay un mundo; **eine ~ brach für ihn zusammen** (*fam*) se le hundió el mundo; **mit sich** *dat* **und der ~ zufrieden sein** (*fam*) estar contento con uno mismo y con el mundo; **um nichts in der** ~ (*fam*) por nada del mundo; **die ~ nicht mehr verstehen** (*fam*) ya no entender nada de nada; **das ist nicht aus der ~** (*fam*) no está lejos; **das kostet nicht die ~** (*fam*) eso no cuesta demasiado; **was in aller ~ hast du dir denn dabei gedacht?** (*fam*) ¿en qué diablos estabas pensando al hacer esto?; **davon geht die ~ nicht unter** (*fam*) no se acaba el mundo por eso; **ein Gerücht in die ~ setzen** (*fam*) hacer correr un rumor; **das hat die ~ noch nicht gesehen!** (*fam*) ¡es una cosa nunca vista!; **Weltall** *nt* universo *m;* **Weltanschauung** *f* ideología *f;* **Weltausstellung** *f* exposición *f* universal; **weltberühmt** ['--'-] *adj* famoso en el mundo entero; **Weltbevölkerung** *f ohne pl* población *f* mundial; **weltbewegend** *adj* revolucionario; **Weltbild** *nt* concepto *m* del mundo; **Weltbürger(in)** *m(f)* cosmopolita *mf;* **Weltcup** [-kap] *m* (SPORT) copa *f* del mundo

**Weltenbummler(in)** [-bʊmlɐ] *m(f)* <-s, -; -nen> trotamundos *mf inv*

**Welterfolg** *m* éxito *m* mundial; **weltfremd** *adj* ajeno al mundo; (*naiv*) ingenuo; **Weltgeschichte** *f ohne pl* historia *f* universal; **in der ~ herumfahren** (*fam*) recorrer mundo; **weltgeschichtlich** *adj* histórico; **Welthandel** *m* comercio *m* internacional [*o* mundial]; **Weltkarte** *f* mapamundi *m;* **Weltkrieg** *m* guerra *f* mundial; **Erster/Zweiter ~** primera/segunda guerra mundial; **Weltkugel** *f* globo *m* terráqueo

**weltlich** *adj* 1 (*irdisch*) mundano 2 (*nicht kirchlich*) laico, secular

**Weltmacht** *f* potencia *f* mundial; **weltmännisch** ['vɛltmɛnɪʃ] *adj* de hombre de mundo; (*überlegen*) sofisticado

**Weltmarkt** *m ohne pl* (WIRTSCH) mercado *m* mundial; **Weltmarktpreis** *m* (WIRTSCH) precio *m* en el mercado internacional

**Weltmeer** *nt* océano *m;* **Weltmeister(in)** *m(f)* campeón, -ona *m, f* del mundo; **Weltmeisterschaft** *f* 1 (*Wettkampf*) campeonato *m* mundial, mundial(es) *m(pl) fam* 2 (*Titel*) copa *f* del mundo; **Weltmusik** *f* música *f* internacional; **weltoffen** *adj* abierto; **Weltordnung** *f* (PHILOS) orden *m* mundial [*o* del mundo]; **Weltrangliste** *f* (SPORT) clasificación *f* mundial

**Weltraum** *m ohne pl* espacio *m* sideral; **Weltraumbehörde** *f* agencia *f* espacial; **Weltraumfähre** *f* nave *f* espacial; **Weltraumforschung** *f ohne pl* investigación *f* espacial; **Weltraummüll** *m* basura *f* espacial; **Weltraumstation** *f* estación *f* espacial [*o* orbital]

**Weltreich** *nt* imperio *m;* **Weltreise** *f* viaje *m* alrededor del mundo

**Weltrekord** *m* récord *m* mundial

**Weltreligion** *f* religión *f* mundial; **Weltruhm** *m* fama *f* mundial; **Weltschmerz** *m* melancolía *f;* **Weltsicherheitsrat** [-'----] *m* Consejo *m* de Seguridad de las Naciones Unidas; **Weltsprache** *f* idioma *m* universal; **Weltstadt** *f* metrópoli *f;* **Weltstar** *m* estrella *f* mundial

**Weltuntergang** *m* fin *m* del mundo; **Weltuntergangsstimmung** *f* catastrofismo *m*

**Weltverbesserer, -in** *m, f* <-s, -; -nen> idealista *mf;* **weltweit** ['-'-, '--] **I.** *adj* mundial **II.** *adv* a escala mundial

**Weltwirtschaft** *f ohne pl* economía *f* mundial

**Weltwirtschaftsgipfel** *m* cumbre *f* económica mundial [*o* internacional]; **Weltwirtschaftskrise** *f* crisis *f inv* económica mundial

**Weltwunder** *nt* maravilla *f* del mundo; **die sieben ~** las siete maravillas del mundo

**wem** [ve:m] **I.** *pron inter dat von* **wer** a quién, a quiénes *pl;* **mit/von ~?** ¿con/de quién?; **bei/zu ~?** ¿en casa/a casa de quién? **II.** *pron rel dat von* **wer** a quien, al que, a quienes, a los que *pl*

**wen** [ve:n] **I.** *pron inter akk von* **wer** a quién, a quiénes *pl;* **an/für ~?** ¿a/para quién?; **~ meinst du?** ¿a quién te refieres? **II.** *pron rel akk von* **wer** a quien, al que, a quienes, a los que *pl*

**Wende** ['vɛndə] *f* <-n> 1 (*Veränderung*) cambio *m;* **eine ~ zum Guten/Schlechten** un cambio para mejor/peor 2 (*Schwimmen, Segeln*) viraje *m;* (*Turnen, Eiskunstlauf*) vuelta *f*

**i Land & Leute**

La expresión coloquial alemana **Wendehals** es comparable a la española “cambiarse de chaqueta”. Tiene asimismo un valor peyorativo y se emplea para designar a aquellas personas que cambian de ideas políticas o morales, de ideología, únicamente por interés. Después de la reunificación, la emplearon especialmente los alemanes orientales para censurar las actuaciones de sus compatriotas “prooccidentales”.

**Wendekreis** *m* 1 (GEO) trópico *m;* **der ~ des Krebses/Steinbocks** el trópico de Cáncer/de Capricornio 2 (TECH) radio *m* de giro

**Wendeltreppe** ['vɛndəl-] *f* escalera *f* de caracol

**wenden**[1] ['vɛndən] **I.** *vi* (*Auto*) girar; (NAUT) virar **II.** *vt* (*Braten, Blatt, Kleidung, Fahrzeug*) dar la vuelta (a); **bitte ~!** ¡véase al dorso!; **man kann die Sache drehen und ~, wie man will** (*fam*) mírese como se mire

**wenden**[2] <wendet, wendete *o* wandte, gewendet *o* gewandt> **I.** *vt* ① (*Kopf*) volver ② (*Blick, Schritte*) dirigir; **den Blick nicht von etw** *dat* **~** no apartar la vista de algo ③ (*auf~*) invertir (*an/auf* en) **II.** *vr:* **sich ~** (*Richtung einschlagen*) dirigirse (*zu* a); (*von jdm weg*) apartarse (*von* de); **sich zum Gehen ~** disponerse a irse; **sich zum Ausgang ~** dirigirse a la salida; **es wird sich alles zum Guten ~** todo saldrá bien; **seine gute Laune wandte sich ins Gegenteil** se le agrió el humor; **sich an jdn ~** dirigirse a alguien; **sich gegen etw ~** oponerse a algo; **sich gegen jdn ~** volverse en contra de alguien

**Wendeplatz** *m* lugar *m* para girar (el coche); **Wendepunkt** *m* ① (*Zeitpunkt*) momento *m* decisivo ② (ASTR) punto *m* solsticial; (MATH) punto *m* de inflexión

**wendig** *adj* ① (*Auto*) manejable ② (*Person*) ágil

**Wendung** *f* <-en> ① (*Drehung*) vuelta *f* ② (*Kurve*) curva *f* ③ (*Veränderung*) cambio *m*, giro *m*; **eine ~ zum Guten nehmen** tomar un giro favorable; **eine ~ zum Schlechten nehmen** tomar mal cariz; **eine unerwartete ~ nehmen** tomar un giro inesperado ④ (*Rede~*) modismo *m*

**wenig** ['ve:nɪç] *adj o adv o pron indef* ① (*kleine Menge*) poco; (**nur**) **~e** (sólo) pocos; **ein ~** un poco; **ein klein ~** un poquito; **sehr ~** poquísimo; **ein ~ Geduld** un poco de paciencia; **mit ~en Ausnahmen** salvo pocas excepciones; **in ~en Wochen** dentro de pocas semanas; **einige ~e** unos pocos; **eine ~ bekannte Künstlerin** una artista poco conocida; **sie war nicht ~ überrascht, als ...** su sorpresa no fue poca cuando...; **es fehlte** (**nur**) **~, und sie hätte gewonnen** faltó poco para ganar ② **zu ~** muy poco; **11 DM zu ~** faltan 11 marcos; **zu ~ essen/trinken** no comer/beber suficiente ③ **so ~** tan poco; **so ~ wie möglich** lo menos posible; **du sprichst so ~** estás tan callado

**weniger** ['ve:nɪgɐ] **I.** *adj o adv o pron indef kompar von* **wenig** menos; **~ als** menos que; (*bei Zahlen*) menos de; (*vor Verben*) menos de lo que; **es kamen ~ als gestern** vinieron menos que ayer; **immer ~** cada vez menos; **viel ~** mucho menos; **~ werden** disminuir; **nicht mehr und nicht ~ als ...** ni más ni menos que...; **mehr oder ~** más o menos; **das finde ich ~ schön!** ¡esto no me gusta tanto!; **um so ~** tanto menos; **je ~, desto besser** cuanto menos mejor; **je mehr ..., desto ~ ...** cuanto más..., menos... **II.** *konj* menos; **zehn ~ drei ist sieben** diez menos tres son siete

**wenigste** ['ve:nɪçstə, 've:nɪkstə] *pron indef superl von* **wenig** ① (*kleinste Anzahl*): **die ~n** los menos, la menor parte; (*die Minderheit*) la minoría ② (*kleinste Menge*): **das ~** lo menos; **das ~ wäre, ihn einmal anzurufen** lo menos sería llamarle una vez; **er hat das ~ Geld** es el que menos dinero tiene; **das ist ja noch das ~!** (*fam*) ¡es lo mínimo!

**wenigsten** ['ve:nɪçstən, 've:nɪkstən] *superl von* **wenig**: **am ~** lo (que) menos

**wenigstens** ['ve:nɪçstəns, 've:nɪkstəns] *adv* ① (*zumindest*) por lo menos ② (*mindestens*) por lo menos, como mínimo; **ich habe ~ viermal angerufen** he llamado cuatro veces por lo menos

**wenn** [vɛn] *konj* ① (*zeitlich*) cuando; **jedesmal, ~ ...** cada vez que... ② (*konditional*) si; (*falls*) en caso de que *+subj;* **~ nicht** si no; **~ nur** con tal que *+subj;* **außer ~** excepto si; **~ er nicht gewesen wäre, hätte es nie geklappt** si no hubiese estado él, no lo hubiéramos podido hacer nunca ③ (*konzessiv*): **~ auch** si bien, aunque *+subj;* **es ging, ~ auch mit einiger Mühe** funcionó, si bien nos costó bastante trabajo; **~ er auch nett ist, mag ich ihn nicht** no termina de caerme bien aunque sea majo ④ (*Wunsch*): **~ ... nur** si *+subj,* ojalá *+subj;* **~ ich nur schon in Berlin wäre** si estuviera de una vez en Berlín

### ? Grammatik

**wenn** – *cuando* describe un hecho único o repetido en el presente o futuro, o bien, un hecho repetido en el pasado: *Wenn ich arbeite, brauche ich Ruhe. – Cuando trabajo, necesito tranquilidad. (Immer) wenn sie nicht einschlafen konnte, nahm sie eine Schlaftablette. – (Siempre que/Cada vez que/) Cuando no podía dormirse, tomaba un somnífero.*

**als** – *cuando* describe un hecho que ha tenido lugar una sola vez en el pasado: *Als sie heiratete, war sie erst 19 Jahre alt. – Cuando se casó, tenía solamente 19 años.*

**wenngleich** [-ˈ-] *konj* aunque, si bien

**wennschon** [ˈ--] *konj* aunque; **und ~!** (*fam*) ¡qué más da!; **~, dennschon!** (*fam*) ¡de hacerlo, hacerlo bien!

**wer** [veːɐ] **I.** *pron inter* quién, quiénes *pl;* **~ von euch beiden?** ¿quién de vosotros? **II.** *pron rel* quien, el que, quienes, los que *pl;* **~ auch immer** quienquiera que sea **III.** *pron indef* (*fam*) alguien; **ist da ~?** ¿hay alguien ahí?

**Werbeabteilung** *f* sección *f* de publicidad; **Werbeagentur** *f* agencia *f* de publicidad; **Werbeanzeige** *f* anuncio *m* publicitario; **Werbebanner** *nt* (INFOR) anuncio *m* en Internet; **Werbeblock** *m* bloque *m* de anuncios; **Werbebranche** *f* sector *m* publicitario; **Werbebroschüre** *f* folleto *m* publicitario; **Werbefachmann, -frau** *m, f* experto, -a *m, f* publicitario, -a; **Werbefernsehen** *nt* publicidad *f* televisada; **Werbefilm** *m* película *f* publicitaria; **Werbegeschenk** *nt* regalo *m* de promoción; **Werbekampagne** *f* campaña *f* publicitaria

**werben** [ˈvɛrbən] <wirbt, warb, geworben> **I.** *vi* (*für eine Ware*) hacer publicidad (*für* para); (*für eine Partei*) hacer propaganda (*für* para); **um etw ~** (*geh*) tratar de ganarse algo **II.** *vt* (*Arbeitskräfte*) contratar; (*Mitglieder*) afiliar; (*Kunden*) atraer

**Werbeprospekt** *m* (COM, WIRTSCH) folleto *m* publicitario; **Werbeslogan** *m* eslogan *m* publicitario; **Werbespot** [ˈvɛrbespɔt] *m* anuncio *m* publicitario, comercial *m Am;* **Werbetext** *m* texto *m* publicitario; **Werbeträger** *m* <-s, -> soporte *m* publicitario; **Werbetrommel** *f* (*fam*): **die ~ für etw rühren** hacer propaganda para algo; **Werbeunterbrechung** *f* (RADIO, TV) interrupción *f* para publicidad; **werbewirksam** *adj* de gran efecto publicitario

**Werbung**[1] *f ohne pl* (*Reklame*) publicidad *f*, aviso *m Am;* **~ für etw machen** hacer publicidad para algo

**Werbung**[2] *f* <-en> (*das Anwerben*) reclutamiento *m*

**Werdegang** *m* <-(e)s, -gänge> desarrollo *m;* **der berufliche ~** la carrera profesional

**werden**[1] [ˈveːɐdən] <wird, wurde, geworden> *vi sein* ❶ (*Zustandsveränderung*) ponerse, volverse; (*allmählich*) hacerse; **alt ~** hacerse viejo; **krank ~** ponerse enfermo; **kalt ~** enfriar(se); **mir wird schlecht** me estoy mareando; **ich werde noch verrückt** me voy a volver loco; **es wird schon dunkel** ya se hace de noche; **es wird Frühling** llega la primavera ❷ (*Entwicklung*) llegar a ser, devenir; **~ de Mutter** futura madre; **es wird ein Junge** será un niño; **besser/schlechter ~** mejorar/empeorar; **was willst du einmal ~?** ¿qué quieres ser de mayor?; **was nicht ist, kann ja noch ~** todo es posible; **was soll nun (aus uns) ~?** ¿qué será de nosotros? ❸ (*Verwandlung*) convertirse (*zu* en), volverse; **zum Verräter ~** convertirse en traidor ❹ (*Resultat*) salir; **das ist nichts geworden** (*fam*) no salió; **die Fotos sind gut geworden** las fotos salieron bien; **er ist 40 geworden** cumplió 40 años; **daraus wird nichts** de ahí no va a resultar nada ❺ (*mit Zeitangabe*): **in einer halben Stunde wird es 12 Uhr** dentro de media hora serán las doce; **sie wird bald 12** va a cumplir 12 años; **es wird Zeit, dass wir gehen** es hora de que nos vayamos ❻ (*Wend*): **wird's bald?** (*fam*) ¡date prisa!; **ich werd' nicht mehr!** (*fam*) ¡no puede ser!

**werden**[2] <wird, wurde, *ohne pp*:> *aux* ❶ (*zur Bildung des Futurs*): **ich werde es tun** lo haré; **es wird schon ~** saldrá bien; **es wird gleich regnen** va a empezar a llover ❷ (*zur Bildung des Konjunktivs II*): **würden Sie bitte mal kommen?** ¿podría venir un momento, por favor? ❸ (*Vermutung*): **es wird schon stimmen** será correcto; **er wird wohl ausgegangen sein** habrá salido

**werden**[3] <wird, wurde, worden> *aux* (*zur Bildung des Passivs*) ser; **sie ist entführt worden** ha sido secuestrada; **das Zimmer wird gerade gestrichen** están pintando la habitación; **hier wird nicht geraucht!** ¡aquí no se fuma!; **mir wurde gesagt, dass ...** me han dicho que...

**Werden** *nt* <-s, *ohne pl*> ❶ (*Entwicklung*) desarrollo *m;* **noch im ~ sein** estar en pleno desarrollo; **der Kuchen ist schon im ~** el bizcocho está a medio hacer ❷ (*Bildung*) formación *f* ❸ (PHILOS) devenir *m*

**werfen** [ˈvɛrfən] <wirft, warf, geworfen> **I.** *vt* ❶ (*allgemein*) echar, tirar; (*schleudern*) lanzar, arrojar; **nicht ~!** ¡frágil!; **jdn zu Boden ~** tirar a alguien al suelo; **die Tür ins Schloss ~** dar un portazo; **etw auf den Markt ~** lanzar algo al mercado; **eine Münze ~** echar a suertes; **jdn ins Gefängnis ~** meter a alguien en la cárcel; **er hatte ein Auge auf sie geworfen** (*fig*) le tenía echado el ojo; **jdn aus etw** *dat* **~**

echar a alguien de algo ❷ (*bilden*) formar; **die Flüssigkeit wirft Blasen** el líquido burbujea ❸ (*Tierjunge*) parir **II.** *vr:* **sich** ~ ❶ (*sich stürzen*) lanzarse (*auf* sobre); (*fig*) volcarse (*auf* en) ❷ (*sich fallen lassen*) echarse (*auf* sobre); **sie warf sich aufs Bett** se echó sobre la cama ❸ (*sich verziehen*) alabearse **III.** *vi* ❶ (*a.* SPORT) lanzar; **wie weit wirfst du?** ¿cuánto lanzas?; **mit Geld um sich** ~ tirar el dinero por la ventana ❷ (*Tier*) parir

**Werft** [vɛrft] *f* <-en> (NAUT) astillero *m;* (AERO) hangar *m;* **Werftarbeiter(in)** *m(f)* (NAUT) obrero, -a *m, f* del astillero; (AERO) obrero, -a *m, f* del hangar

**Werk** [vɛrk] *nt* <-(e)s, -e> ❶ (*Geschaffenes, Handlung*) obra *f;* (*Arbeit*) trabajo *m;* **sämtliche/ausgewählte** ~**e** obras completas/escogidas; **das ist sein** ~ es obra suya; **ein gutes** ~ **(an jdm) tun** hacer una buena obra (para alguien); **sich ans** ~ **machen** ponerse a trabajar; **da sind üble Kräfte am** ~ hay algo sucio detrás de todo esto ❷ (*Fabrik*) fábrica *f;* (*Unternehmen*) empresa *f;* **Lieferung ab** ~ entrega en fábrica ❸ (*Mechanismus*) mecanismo *m;* **Werkbank** *f* <-bänke> banco *m* de trabajo; **werkgetreu** *adj* fiel al original; **Werkhalle** *f* nave *f* industrial; **Werkmeister(in)** *m(f)* contramaestre, -a *m, f;* **Werksangehörige(r)** *mf* empleado, -a *m, f* de la empresa; **Werkschutz** *m* servicio *m* de seguridad de la empresa; **Werksgelände** *nt* terreno *m* de la empresa; **Werk(s)spionage** *f* espionaje *m* industrial

**Werkstatt** ['-ʃtat] *f* <-stätten> taller *m*

**Werkstoff** *m* material *m* de trabajo; **Werkstück** *nt* pieza *f* de trabajo; **Werksvertrag** *m* contrato *m* de obra

**Werktag** *m* día *m* laborable; **werktags** *adv* los días laborales; **werktätig** *adj* trabajador; **die** ~**e Bevölkerung** la población activa; **Werktätige(r)** *mf* <-n, -n; -n> obrero, -a *m, f;* **die** ~**n** la población activa; **Werkunterricht** *m* (clase *f* de) trabajos *mpl* manuales; **Werkvertrag** *m* contrato *m* de obra

**Werkzeug** *nt* <-(e)s, -e> herramienta *f;* (*Instrument*) instrumento *m;* **Werkzeugkasten** *m* caja *f* de herramientas; **Werkzeugschrank** *m* armario *m* de herramientas

**Wermut** ['ve:ɐmu:t] *m* <-(e)s, *ohne pl*> ❶ (*Pflanze*) ajenjo *m* ❷ (*Getränk*) vermú *m;* **Wermut(s)tropfen** *m* (*geh*) amargura *f*

**wert** [ve:ɐt] *adj:* **etwas** ~ **sein** valer algo; **nichts** ~ **sein** no valer nada; **das ist mir viel** ~ esto significa mucho para mí; **wie viel ist das** ~**?** ¿cuánto vale?; **einer Sache** ~ **sein** merecer algo

**Wert** [ve:ɐt] *m* <-(e)s, -e> ❶ (*a. fig*) valor *m;* (*Preis*) precio *m;* **einen** ~ **von 50 Euro haben** tener un valor de 50 euros; **an** ~ **verlieren/zunehmen** disminuir/aumentar de valor; **das sind bleibende** ~**e** son valores permanentes; **großen/keinen** ~ **auf etw legen** dar mucha/no dar importancia a algo; **das hat keinen** ~ no merece la pena; **etw** *dat* **einen besonderen** ~ **beimessen** atribuir un valor especial a algo ❷ (*Ergebnis*) resultado *m;* (TECH) datos *mpl;* **Wertarbeit** *f* trabajo *m* de calidad; **wertbeständig** *adj* de valor fijo; **Wertbrief** *m* carta *f* con valor declarado

**Wertegemeinschaft** *f* (POL) comunidad *f* de valores

**werten** ['ve:ɐtən] *vt* valorar; (*einschätzen*) calificar (*als* de/como); (SPORT) dar como válido

**Wertesystem** *nt* sistema *m* de valores; **Wertewandel** *m* cambio *m* de valores

**wertfrei** *adj* imparcial; **Wertgegenstand** *m* objeto *m* de valor

**Wertigkeit** *f* <-en> (CHEM, LING) valencia *f*

**wertlos** *adj* sin valor, de agache *Ecua,* pinche *Mex;* **Wertmaßstab** *m* criterio *m;* **einen** ~ **anlegen** establecer un criterio

**Wertpapier** *nt* (FIN) valor *m,* efecto *m;* **Wertpapiermarkt** *m* (FIN) mercado *m* de valores

**Wertsache** *f* objeto *m* de valor; **Wertschätzung** *f ohne pl* (*geh*) aprecio *m*

**Wertstoff** *m* desecho *m* reciclable; **Wertstoffcontainer** *m* contenedor *m* para desechos reciclables

**Wertung** *f* <-en> valoración *f;* (SPORT) puntuación *f*

**Wertverlust** *m* pérdida *f* de valor, depreciación *f;* **wertvoll** *adj* valioso; **Wertvorstellung** *f* concepto *m* de valores; **Wertzeichen** *nt* sello *m*

**Werwolf** ['ve:ɐ-] *m* ogro *m*

**Wesen**[1] ['ve:zən] *nt* <-s, *ohne pl*> ❶ (*Grundeigenschaft*) esencia *f;* (PHILOS) ente *m;* **das liegt im** ~ **der Sache** es propio del asunto mismo ❷ (*Charakter*) naturaleza *f;* **sein wahres** ~ **zeigen** quitarse la máscara

**Wesen**[2] *nt* <-s, -> (*Lebe~*) ser *m;* (*Mensch*) persona *f;* **ein menschliches** ~ un ser humano

**wesenhaft** *adj* ❶ (*im Wesen begründet*) esencial ❷ (*real existent*) real

**Wesensart** *f ohne pl* manera *f* de ser;

**Wesenszug** *m* <-(e)s, -züge> rasgo *m* característico

**wesentlich** ['ve:zəntlɪç] **I.** *adj* esencial; (*grundlegend*) fundamental; (*bedeutend*) importante; **das ist im W~en nichts Neues** en esencia no es nada nuevo; **nichts W~es** nada de importancia **II.** *adv* (*sehr, viel*) mucho; **es wäre mir ~ lieber, wenn ...** preferiría mucho más que... +*subj*

**Weser** ['ve:zɐ] *f* <-> Weser *m*

**weshalb** [vɛs'halp, '--] *adv* ❶ (*fragend*) por qué ❷ (*relativisch*) por lo que, por lo cual; **der Grund ~ ...** la razón por la cual...

**Wespe** ['vɛspə] *f* <-n> (ZOOL) avispa *f*

**Wespennest** *nt* (ZOOL) nido *m* de avispas; **Wespenstich** *m* picadura *f* de avispa

**wessen** ['vɛsən] **I.** *pron inter* ❶ *gen von* **wer** de quién; **~ Auto ist das?** ¿de quién es el coche? ❷ *gen von* **was** de qué; **~ wird sie beschuldigt?** ¿de qué se la acusa? **II.** *pron rel* de quien, del que, de quienes, de los que *pl;* **~ Schuld es ist, (der) soll es gestehen** aquel de quien sea la culpa, debe confesarlo

**Wessi** ['vɛsi] *mf* <-s, -s; -s> (*fam*) *habitante de los estados federados del oeste de Alemania*

**i Land & Leute**

Paralelamente al término *Ossi*, surgió, tras la apertura de la antigua RDA, el término **Wessi**. Se suele utilizar para hacer referencia, de forma despectiva, a los ciudadanos de los antiguos estados federales, es decir, para designar a los ciudadanos de la RFA antes de la reunificación.

**West** [vɛst] *m* <-, *ohne pl*> (NAUT, METEO) oeste *m;* **westdeutsch** *adj* del oeste de Alemania; **Westdeutschland** *nt* Oeste *m* de Alemania

**Weste** ['vɛstə] *f* <-n> chaleco *m;* **eine reine ~ haben** (*fam fig*) tener las manos limpias

**Westen** ['vɛstən] *m* <-s, *ohne pl*> oeste *m,* occidente *m;* **im ~** en el oeste; **von ~** del oeste; **in den ~** al oeste; **der Wilde ~** el Salvaje Oeste

**Westentasche** *f* bolsillo *m* del chaleco; **etw wie seine ~ kennen** (*fam*) conocer algo como la palma de la mano

**Western** ['vɛstɐn] *m* <-s, -> película *f* del Oeste

**Westeuropa** ['--'--] *nt* Europa *f* Occidental

**westeuropäisch** *adj* de la Europa Occidental

**Westfale, -fälin** *m, f* <-n, -n; -nen> westfaliano, -a *m, f*

**Westfalen** [vɛst'fa:lən] *nt* <-s> Westfalia *f*

**Westfälin** [-'fɛ:lɪn] *f* <-nen> *s.* **Westfale**

**westfälisch** *adj* westfaliano

**Westküste** *f* costa *f* occidental

**westlich** **I.** *adj* del oeste; **~ von Berlin** al oeste de Berlín; **in ~er Richtung** en dirección oeste; **52 Grad ~er Länge** 52 grados longitud oeste **II.** *präp* +*gen* al oeste de

**Westmächte** ['vɛstmɛçtə] *fpl* (POL) potencias *fpl* occidentales; **Westwind** *m* viento *m* del Oeste

**weswegen** [vɛs've:gən] *adv s.* **weshalb**

**Wettbewerb**[1] ['vɛtbəvɛrp] *m* <-(e)s, -e> (*Veranstaltung*) concurso *m;* (SPORT) competición *f*

**Wettbewerb**[2] *m* <-(e)s, *ohne pl*> (WIRTSCH) competencia *f;* **mit jdm in ~ stehen** competir con alguien

**Wettbewerber(in)** *m(f)* <-s, -; -nen> (*a.* WIRTSCH) concursante *mf,* competidor(a) *m(f)*

**wettbewerbsfähig** *adj* competitivo

**Wettbüro** *nt* despacho *m* de apuestas mutuas

**Wette** ['vɛtə] *f* <-n> apuesta *f;* **eine ~ mit jdm abschließen** hacer una apuesta con alguien; **ich gehe jede ~ ein, dass ...** apuesto el cuello a que...; **die ~ gilt!** ¡hecho!; **um die ~** (*fam*) a porfía

**Wetteifer** *m* espíritu *m* de competencia

**wetteifern** ['---] *vi:* **mit jdm um etw ~** competir con alguien por algo

**wetten** ['vɛtən] *vi, vt* apostar (*auf* por, *um*); **(mit jdm) um etw ~** apostar algo (con alguien); **ich wette mit dir um zwei Euro, dass ...** te apuesto dos euros a que...; **(wollen wir) ~?** ¿apostamos?; **~, dass ich schneller bin?** (*fam*) ¿qué te apuestas a que soy más rápido?; **worum ~ wir?** ¿qué apuestas?

**Wetter** ['vɛtɐ] *nt* <-s, *ohne pl*> (METEO) tiempo *m;* **es ist schönes/schlechtes ~** hace buen/mal tiempo; **Wetteramt** *nt* instituto *m* meteorológico; **Wetteraussichten** *fpl* pronóstico *m* del tiempo; **Wetterbericht** *m* parte *m* meteorológico; **Wetterdienst** *m* servicio *m* meteorológico; **Wetterfahne** *f* veleta *f;* **wetterfest** *adj* resistente a la intemperie; (*wasserundurchlässig*) impermeable; **Wetterfrosch** *m* ❶ (*fam: Laubfrosch*) *rana colocada en un recipiente de cristal con una escalerita que, según creencia popular, anuncia el buen tiempo cuando trepa por ella*

W

② (*hum: Meteorologe*) metereólogo, -a *m, f*, hombre *m* del tiempo, mujer *f* del tiempo; **wetterfühlig** *adj* sensible a los cambios de tiempo; **Wetterhahn** *m* veleta *f;* **Wetterkarte** *f* mapa *m* meteorológico; **Wetterlage** *f* (METEO) situación *f* meteorológica; **Wetterleuchten** *nt* <-s, *ohne pl*> relampagueo *m*

**wettern** ['vɛtɐn] *vi* (*fam*) echar pestes; **gegen etw** ~ maldecir algo

**Wetterprognose** *f* previsión *f* meteorológica; **Wettersatellit** *m* satélite *m* meteorológico; **Wetterstation** *f* estación *f* meteorológica; **Wetterumschwung** *m* cambio *m* brusco del tiempo; **Wettervoraussage** *f*, **Wettervorhersage** *f* pronóstico *m* del tiempo, previsión *f* del tiempo; **Wettervorhersage** *f* pronóstico *m* del tiempo

**Wettkampf** *m* (SPORT) competición *f;* **Wettkämpfer(in)** *m(f)* (SPORT) competidor(a) *m(f);* **Wettlauf** *m* carrera *f* de velocidad; ~ **mit der Zeit** maratón contrarreloj; **es war ein** ~ **mit der** [*o* **gegen die**] **Zeit** lo hicimos a contrarreloj; **Wettläufer(in)** *m(f)* corredor(a) *m(f)*

**wett|machen** ['vɛt-] *vt* (*fam*) compensar; (*Fehler*) corregir; (*Rückstand*) recuperar

**Wettrennen** *nt* carrera *f* de velocidad; **Wettrüsten** *nt* <-s, *ohne pl*> carrera *f* de armamentos; **Wettstreit** *m* competición *f;* **mit jdm in** ~ **treten** competir con alguien

**wetzen** ['vɛtsən] **I.** *vi sein* (*fam*) correr **II.** *vt* afilar

**Wetzstein** *m* piedra *f* de afilar

**WG** [veːˈgeː] *f* <-s> *Abk. von* **Wohngemeinschaft** comuna *f*

**Whirlpool®** ['wœː(ɐ)lpuːl] *m* (baño *m*) jacuzzi *m*

**Whisky** ['wɪski] *m* <-s, -s> whisky *m*, güisqui *m*

**wich** [vɪç] *3. imp von* **weichen**

**Wichse** ['vɪksə] *f* <-n> (*fam: Schuhcreme*) betún *m*

**wichsen** ['vɪksən] **I.** *vt* ① (*fam: polieren*) pulir; (*Boden*) encerar; (*Schuhe*) lustrar ② (*reg: verprügeln*) dar una paliza **II.** *vi* (*vulg*) cascársela

**Wichser** *m* <-s, -> (*vulg*) pajero *m*

**Wicht** [vɪçt] *m* <-(e)s, -e>, **Wichtelmännchen** ['vɪçtəlmɛnçən] *nt* <-s, -> duende *m*

**wichtig** ['vɪçtɪç] *adj* importante; **sich** ~ **machen** hacerse el importante; ~ **tun** (*fam*) ser engreído; **sich** ~ **nehmen** hacerse el importante; **etw** ~ **nehmen** dar importancia a algo

**Wichtigkeit** *f ohne pl* importancia *f;* **eine Sache von großer/höchster** ~ un asunto de mucha/suma importancia

**Wichtigtuer(in)** [-tuːɐ] *m(f)* <-s, -; -nen> (*fam a. abw*) farolero, -a *m, f*

**Wickel** ['vɪkəl] *m* <-s, -> ① (MED) compresa *f* ② (*Locken~*) rulo *m* ③ (*Spule*) bobina *f* ④ (*Wend*): **jdn am** ~ **haben** (*fam*) llamar a alguien a capítulo; **Wickelkommode** *f* envolvedor *m*

**wickeln** ['vɪkəln] *vt* ① (*auf~*) arrollar; (*auf eine Spule, Rolle*) bobinar; (*zu einem Knäuel*) ovillar ② (*ein~*) envolver (*in* en); (*aus~*) desenvolver; (*ab~*) desenrollar; **sich** *dat* **einen Schal um den Hals** ~ ponerse un pañuelo alrededor del cuello ③ (*Säugling*) cambiar los pañales (a); **da bist du schief gewickelt** (*fam*) estás equivocado

**Widder** ['vɪdɐ] *m* <-s, -> ① (ZOOL) carnero *m* ② (ASTR) Aries *m*

**wider** ['viːdɐ] *präp +akk* (*geh*) contra; ~ **Erwarten** contra lo que era de esperar

**widerborstig** ['----] *adj* ① (*Person*) terco ② (*Haar*) rebelde

**widerfahren*** [--'--] *irr vi sein* (*geh*) ocurrir

**Widerhaken** ['----] *m* garfio *m;* (*an einer Angel*) púa *f*

**Widerhall** *m* resonancia *f;* ~ **finden** tener eco; **bei jdm keinen** ~ **finden** no encontrar la aprobación de alguien

**widerlegen*** *vt* rebatir

**widerlich** ['viːdɐlɪç] *adj* (*abw*) ① (*Ekel erregend*) asqueroso; (*abstoßend*) repugnante ② (*unangenehm*) desagradable

**widernatürlich** *adj* (*abw*) contranatural; **widerrechtlich** *adj* ilegal, ilícito; **sich** *dat* **etw** ~ **aneignen** apropiarse de algo ilícitamente

**Widerrede** *f* protesta *f;* **sie duldet keine** ~ no admite protesta

**Widerruf** *m* (*einer Anordnung*) revocación *f;* (*einer Aussage*) retractación *f;* **bis auf** ~ hasta nuevo aviso; **widerrufen*** *irr vt* (*Gesetz, Urteil*) revocar; (*Aussage*) retractarse (de); (*Nachricht*) desmentir; (*Auftrag*) anular

**Widersacher(in)** *m(f)* <-s, -; -nen> adversario, -a *m, f*

**widersetzen*** *vr:* **sich** ~ oponerse (a)

**widerspenstig** ['viːdɐʃpɛnstɪç] *adj* rebelde; (*trotzig*) terco

**wider|spiegeln** **I.** *vt* reflejar **II.** *vr:* **sich** ~ reflejarse

**widersprechen*** *irr vi:* **jdm** ~ contradecir a alguien; **etw** *dat* ~ ir en contra de algo; **sich** *dat* ~ contradecirse; **sich** ~**de Angaben** indicaciones contradictorias

**widersprochen** *pp von* **widersprechen**

**Widerspruch**[1] *m* <-(e)s, *ohne pl*> (*Wider-

*rede*) réplica *f;* (*Protest*) protesta *f;* **ohne ~** sin protestar; **seine Äußerungen stießen auf ~** hubo protestas a causa de sus declaraciones; **~ einlegen** (JUR) interponer recurso

**Widerspruch²** *m* <-(e)s, -sprüche> (*Gegensätzlichkeit*) contradicción *f* (*zu* con); **in ~ zu jdm/etw** *dat* **geraten** estar en contradicción con alguien/algo; **sich in Widersprüche verwickeln** incurrir en contradicciones

**widersprüchlich** [-ʃprʏçlɪç] *adj* contradictorio

**widerspruchslos** *adj* sin objeción alguna, sin protestar

**Widerstand** *m* <-(e)s, -stände> (*a.* PHYS, ELEK) resistencia *f* (*gegen* a); **~ leisten** oponer resistencia; **auf ~ stoßen** encontrar resistencia

**widerstanden** *pp von* **widerstehen**

**Widerstandsbewegung** *f* (movimiento *m* de) resistencia *f;* **widerstandsfähig** *adj* resistente (*gegen* a); (*stabil*) sólido; **Widerstandsfähigkeit** *f ohne pl* (capacidad *f* de) resistencia *f* (*gegen* a); (*Stabilität*) solidez *f;* **Widerstandskämpfer(in)** *m(f)* guerillero, -a *m, f;* **Widerstandskraft** *f* (fuerza *f* de) resistencia *f*

**widerstandslos** *adv* ❶ (*ohne Widerstand zu leisten*) sin oponer resistencia ❷ (*ohne auf Widerstand zu stoßen*) sin encontrar resistencia

**widerstehen*** *irr vi* resistir (+*dat* a)

**widerstreben*** *vi* ❶ (*zuwider sein*) repugnar; **es widerstrebt mir, das zu tun** me repugna hacerlo ❷ (*geh: sich widersetzen*): **jdm/etw** *dat* **~** oponerse a alguien/algo

**Widerstreben** [--'--] *nt* <-s, *ohne pl*> ❶ (*Widerstand*) oposición *f* ❷ (*Abneigung*) repugnancia *f*

**widerwärtig** ['vi:dɐvɛrtɪç] *adj* ❶ (*widrig*) fastidioso ❷ (*ekelhaft*) asqueroso; (*unangenehm*) desagradable

**Widerwille** *m* <-ns, *ohne pl*> (*Abneigung*) aversión *f* (*gegen* a); (*Ekel*) asco *m;* **etw mit größtem ~n tun** hacer algo de muy mala gana; **widerwillig I.** *adj* indignado **II.** *adv* de mala gana

**widmen** ['vɪtmən] **I.** *vt* ❶ (*zueignen*) dedicar; **jdm etw ~** dedicar algo a alguien ❷ (*bestimmen*) consagrar; **er widmete sein Leben der Wissenschaft** consagró su vida a la ciencia **II.** *vr:* **sich jdm ~** atender a alguien; **sich etw** *dat* **~** dedicarse a algo

**Widmung** *f* <-en> dedicatoria *f*

**widrig** ['vi:drɪç] *adj* desfavorable

**wie** [vi:] **I.** *adv* ❶ (*interrogativ: auf welche Art*) ¿cómo?; (*mit welchen Merkmalen, in welchem Grad*) ¿qué?; (*in welcher Weise*) ¿de qué manera?; **~ geht das?** ¿cómo se hace?; **~ heißt das?** ¿cómo se llama esto?; **~ bitte?** ¿cómo (dice)?; **~ das?** ¡cómo!; **~ kommt es, dass ...?** ¿cómo es que...?; **~ geht's?** ¿qué tal?; **~ oft?** ¿cuántas veces?; **~ viel?** ¿cuánto?; **~ alt bist du?** ¿cuántos años tienes?; **~ groß ist es?** ¿qué tamaño tiene?; **~ teuer ist das?** ¿cuánto vale?; **~ spät ist es?** ¿qué hora es?; **~ gefällt es dir?** ¿qué te parece?; **~ war's im Urlaub?** ¿qué tal fueron las vacaciones?; **~ wäre es, wenn ...?** ¿qué tal si...(+*subj*)?; **gewusst ~!** (*fam*) ¡hay que saber (cómo)!; **~ klug du auch immer sein magst** por más inteligente que seas; **~ auch immer** sea como sea; **~ dem auch sei** sea como fuere ❷ (*relativisch: auf welche Art*) como; (*in welchem Grad*) que; **die Art, ~ sie spricht** la manera como habla; **in dem Maße, ~ ...** en la medida que... ❸ (*Ausruf*) ¡cómo!, ¡qué!; **~ schade!** ¡qué lástima!; **und ~!** (*fam*) ¡y cómo! ❹ (*fam: nicht wahr*) ¿verdad?, ¿o no?; **das macht dir Spaß, ~?** esto te divierte, ¿o no? **II.** *konj* ❶ (*Vergleich*) como; **weiß ~ Schnee** blanco como la nieve; **ich bin genauso groß ~ du** soy tan alto como tú; **das weißt du genauso gut ~ ich** lo sabes tan bien como yo; **er ist so gut ~ blind** está poco menos que ciego; **~ immer** como siempre; **~ zum Beispiel** como por ejemplo ❷ (*südd: als*): **das ist besser ~ das andere** esto es mejor que lo otro ❸ (*sowie*): **einer ~ der andere** uno igual que el otro; **Frauen ~ Männer** (tanto) las mujeres como los hombres ❹ (*gleichzeitig*) cuando, según; **~ er sich umdreht, sieht er den Dieb losrennen** al darse la vuelta ve al ladrón echar a correr ❺ (*mit Objektsatz*) cómo; **ich sah, ~ er das Fenster öffnete** vi cómo abría la ventana

**Wiedehopf** ['vi:dəhɔpf] *m* <-(e)s, -e> (ZOOL) abubilla *f* común

**wieder** ['vi:dɐ] *adv* ❶ (*nochmals*) otra vez, de nuevo; **immer ~** una y otra vez; **nie ~** nunca más; **schon ~** otra vez; **~ mal** de nuevo; **~ anfangen** recomenzar; **etw immer ~ machen** volver a hacer algo; **gib ihm das ~ zurück** devuélveselo; **da bin ich ~** aquí estoy de nuevo ❷ (*andererseits*) por otra parte; **das ist auch ~ wahr** por otra parte esto también es cierto

**Wiederaufbau** [--'--] *m* reconstrucción *f*

**Wiederaufbereitung** [--'----] *f* reprocesamiento *m;* **Wiederaufbereitungsan-**

**lage** [--ˈ-------] *f* planta *f* de reprocesamiento

**Wiederaufnahme** [--ˈ---] *f* (*einer Tätigkeit*) reanudación *f;* (*eines Gerichtsverfahrens*) revisión *f;* (*eines Theaterstücks*) reestreno *m;* (*in eine Gruppe*) readmisión *f*

**wieder|bekommen*** *irr vt* recuperar, recobrar

**Wiederbelebung** *f* (*Person*) reanimación *f;* (*Wirtschaft*) reactivación *f;* **Wiederbelebungsversuch** *m* intento *m* de reanimación

**Wiederbeschaffung** *f* recuperación *f;* **wiederbeschreibbar** *adj* (*CD*) regrabable

**wieder|bringen** *irr vt* devolver

**Wiedereröffnung** *f* reapertura *f*

**wieder|erstatten*** *vt* reembolsar

**wieder|finden** *irr* **I.** *vt s.* **finden I.1. II.** *vr:* **sich ~** encontrarse; **er fand sich plötzlich im Gefängnis wieder** de repente se encontró en la cárcel

**Wiedergabe** *f* <-n> ❶ (*einer Rede, eines Ereignisses*) relato *m;* (*einer Äußerung*) repetición *f;* (*Schilderung*) descripción *f* ❷ (*Aufführung*) representación *f;* (*eines Musikstücks*) ejecución *f* ❸ (*in Bild, Ton, a.* TYPO) reproducción *f*

**wieder|geben** *irr vt* ❶ (*zurückgeben*) devolver ❷ (*schildern*) describir; (*erzählen*) relatar ❸ (*ausdrücken*) expresar ❹ (*wiederholen*) repetir; (*zitieren*) citar ❺ (*darstellen, a.* TYPO) reproducir

**Wiedergeburt** *f* (REL) renacimiento *m*

**wieder|gewinnen*** *irr vt* recuperar; **Wiedergewinnung** *f* (*a.* ÖKOL) recuperación *f*

**Wiedergutmachung** [--ˈ---] *f* <-en> ❶ (*eines Schadens*) reparación *f* ❷ (*Entschädigung*) resarcimiento *m*

**wieder|her|stellen** [--ˈ---] *vt* ❶ (*Ordnung*) restablecer ❷ (*reparieren*) restaurar

**Wiederherstellung** [--ˈ---] *f* ❶ (*der Ordnung, Ruhe*) restablecimiento *m* ❷ (*Reparatur*) reparación *f,* reconstrucción *f*

**wiederholen*¹** **I.** *vt* repetir; (*Lernstoff*) repasar; **ich muss die Klasse ~** tengo que repetir el curso **II.** *vr:* **sich ~** repetirse

**wieder|holen²** *vt* (*zurückholen*) ir a buscar otra vez

**wiederholt** [--ˈ-] **I.** *adj* repetido; **zum ~en Male** por milésima vez **II.** *adv* en reiteradas ocasiones

**Wiederholung** [--ˈ--] *f* <-en> repetición *f;* (*von Lernstoff*) repaso *m;* **Wiederholungstäter(in)** *m(f)* (JUR) reincidente *mf*

**Wiederhören** *nt:* **auf ~!** ¡hasta luego!

**wieder|käuen** [ˈviːdɐkɔɪən] *vt* ❶ (*Tier*) rumiar ❷ (*abw: ständig wiederholen*) repetir por milésima vez

**Wiederkäuer** *m* <-s, -> (ZOOL) rumiante *m*

**wieder|kehren** *vi sein* (*geh*) ❶ (*zurückkommen*) regresar (*von/aus* de) ❷ (*sich wiederholen*) repetirse; **wieder|kommen** *irr vi sein* ❶ (*zurückkommen*) volver (*von* de) ❷ (*sich wiederholen*) repetirse

**Wiedersehen** *nt* <-s, -> reencuentro *m;* **auf ~!** ¡hasta luego!

**wiederum** [ˈviːdərʊm] *adv* ❶ (*nochmals*) de nuevo ❷ (*andererseits*) por el contrario

**Wiedervereinigung** *f* reunificación *f;* **Wiederverwendung** *f* reutilización *f;* **Wiederverwertung** *f* reciclaje *m;* **Wiederwahl** *f* reelección *f*

**Wiege** [ˈviːgə] *f* <-n> cuna *f*

**Wiegemesser** *nt* tajadera *f*

**wiegen¹** [ˈviːgən] **I.** *vt* ❶ (*bewegen*) mover; (*Kind*) mecer ❷ (*zerkleinern*) picar **II.** *vr:* **sich ~** balancearse

**wiegen²** <wiegt, wog, gewogen> **I.** *vi* (*Gewicht haben*) pesar; **das Argument wiegt schwer** (*fig*) es un argumento de peso **II.** *vt* pesar

**Wiegenlied** *nt* nana *f*

**wiehern** [ˈviːɐn] *vi* ❶ (*Pferd*) relinchar ❷ (*fam: lachen*) carcajearse

**Wien** [viːn] *nt* <-s> Viena *f*

**Wiener(in)** *m(f)* <-s, -; -nen> vienés, -esa *m, f*

**wienern** *vt* (*fam*) sacar brillo (a)

**wies** [viːs] *3. imp von* **weisen**

**Wiese** [ˈviːzə] *f* <-n> prado *m*

**Wiesel** [ˈviːzəl] *nt* <-s, -> (ZOOL) comadreja *f;* **er ist flink wie ein ~** corre como una gacela

**wieso** [viˈzoː] *adv* por qué

**wievielmal** [viˈfiːlmaːl, ˈviːfiːlmaːl] *adv* cuántas veces

**wievielte(r, s)** *adj:* **zum ~n Mal bist du schon in Spanien?** ¿cuántas veces has estado ya en España?; **den W~n haben wir heute?** ¿a qué día estamos hoy?; **die W~ bist du?** ¿en qué lugar estás?

**Wikinger(in)** [ˈvɪkɪŋɐ, ˈviːkɪŋɐ] *m(f)* <-s, -; -nen> vikingo, -a *m*

**wild** [vɪlt] *adj* ❶ (*Tier, Volk, Landschaft*) salvaje; (*Pflanze*) silvestre; **~er Wein** viña virgen; **~ wachsend** silvestre ❷ (*heftig*) impetuoso; (*wütend*) furioso; **ein ~es Durcheinander** un caos terrible; **in ~er Leidenschaft** con una pasión loca; **~ entschlossen** (*fam*) totalmente decidido; **~ werden** ponerse furioso; **~ auf etw sein** (*fam*) estar loco por algo; **wie ~** (*fam*) como loco; **das ist halb so ~** (*fam*) no es para tanto ❸ (*unkontrolliert*) incontrolado; (*illegal*) ilícito; **~ zelten** acampar ilegalmente ④ (*lebhaft*) turbulento; (*Kinder*) travieso; **ein ~er Haufen** una pandilla de incontrolados ⑤ (*übertrieben*) fantástico; **~e Vermutungen** suposiciones fantásticas

**Wild** *nt* <-(e)s, *ohne pl*> caza *f*

**Wildbahn** *f*: **in freier ~** en libertad

**Wilde(r)** *mf* <-n, -n; -n> (*abw*) salvaje *mf*

**Wilderer, -in** *m, f* <-s, -; -nen> cazador(a) *m(f)* furtivo, -a

**wildern** ['vɪldɐn] *vi* cazar furtivamente

**wildfremd** ['-'-] *adj* totalmente desconocido

**Wildheit** *f ohne pl* carácter *m* salvaje; (*Ungestüm*) impetuosidad *f*; (*von Tieren*) ferocidad *f*

**Wildhüter(in)** *m(f)* guardabosque(s) *mf inv*; **Wildkatze** *f* (ZOOL) gato *m* montés; **Wildleder** *nt* ante *m*

**Wildnis** *f ohne pl* lugar *m* salvaje; (*Urwald*) selva *f*

**Wildpark** *m* reserva *f* de caza; **Wildsau** *f* ① (ZOOL) jabalina *f* ② (*fam abw: Schimpfwort*) imbécil *mf*; **Wildschwein** *nt* (ZOOL) jabalí *m*, verraco *m AmC, Ant*

**Wildwestfilm** [-'--] *m* western *m*, película *f* del Oeste

**Wildwuchs** *m* crecimiento *m* silvestre

**will** [vɪl] *3. präs von* **wollen**

**Wille** ['vɪlə] *m* <-ns, -n> voluntad *f*; (*Wollen*) querer *m*; (*Absicht*) intención *f*; (*Entschlossenheit*) decisión *f*; **seinen eigenen ~n haben** saber lo que se quiere; **seinen ~n durchsetzen (wollen)** (querer) imponer su voluntad; **wenn es nach meinem ~n ginge** si por mí fuera; **es geschah gegen meinen ~n** ocurrió contra mi voluntad; **jdm seinen ~n lassen** dejar que alguien actúe según su voluntad; **das hätte ich beim besten ~n nicht machen können** no hubiera podido hacerlo por más que hubiese querido; **es war dein freier ~, das zu tun** fue tu propia decisión de hacerlo; **es war kein böser ~** no fue con mala voluntad; **der gute ~** la buena voluntad; **der letzte ~** (*Testament*) la última voluntad; **wider ~n** de mala gana; **wo ein ~ ist, ist auch ein Weg** (*prov*) querer es poder

**willen** ['vɪlən] *präp +gen*: **um jds/etw** *gen* **~** por alguien/algo

**willenlos** *adj* sin voluntad (propia); **etw ~ über sich ergehen lassen** soportar algo sin rechistar

**willens** ['vɪləns] *adj inv* (*geh*): **~ sein etw zu tun** estar dispuesto a hacer algo

**Willenskraft** *f ohne pl* fuerza *f* de voluntad; **willensstark** *adj* enérgico, voluntarioso

**willentlich** ['vɪləntlɪç] **I.** *adj* (*geh*) intencionado **II.** *adv* (*geh*) a propósito, intencionadamente

**willig** **I.** *adj* servicial; (*gehorsam*) obediente **II.** *adv* de buena voluntad

**willkommen** [-'--] *adj* (*Person*) bienvenido; (*Sache*) oportuno; **herzlich ~ zu Hause!** ¡bienvenido a casa!; **jdn ~ heißen** dar la bienvenida a alguien; **du bist (mir) immer ~** eres siempre bienvenido

**Willkommen** *nt* <-s, -> bienvenida *f*

**Willkür** ['vɪlky:ɐ] *f ohne pl* arbitrariedad *f*; **sie sind seiner ~ ausgeliefert** están a su merced

**willkürlich** *adj* ① (*Maßnahme*) arbitrario ② (*zufällig*) casual ③ (*gewollt*) voluntario

**wimmeln** ['vɪməln] *vi* pulular (*von*), bullir; **das Buch wimmelt von Fehlern** (*fam*) el libro está lleno de errores

**wimmern** ['vɪmɐn] *vi* gemir

**Wimpel** ['vɪmpəl] *m* <-s, -> gallardete *m*

**Wimper** ['vɪmpɐ] *f* <-n> ① (*des Menschen*) pestaña *f*; **sich die ~n tuschen** dar rímel; **ohne mit der ~ zu zucken** (*fig*) a sangre fría ② (BIOL) cilio *m*; **Wimperntusche** *f* rímel® *m*

**Wind** [vɪnt] *m* <-(e)s, -e> viento *m*; **bei ~ und Wetter** por mal tiempo que haga; **~ und Wetter ausgesetzt sein** estar a la intemperie; **jdm den ~ aus den Segeln nehmen** (*fam*) tomar la delantera a alguien; **wissen, woher der ~ weht** (*fam*) saber por dónde vienen los tiros; **~ von etw** *dat* **bekommen** (*fam*) enterarse de algo; **in den ~ reden** hablar con la pared; **viel ~ (um etw) machen** (*fam*) armar mucho escándalo (a propósito de algo); **hier weht ein frischer ~** (*fam*) aquí soplan nuevos vientos; **in alle (vier) ~e** a los cuatro vientos; **Windbeutel** *m* buñuelo *m*; **Windbö(e)** *f* ráfaga *f* de viento

**Winde** ['vɪndə] *f* <-n> ① (TECH) cabrestante *m* ② (BOT) enredadera *f*

**Windel** ['vɪndəl] *f* <-n> pañal *m*; **noch in den ~n stecken** (*fig*) estar todavía en pañales; **Windelhöschen** ['vɪndəlhø:sçən] *nt*, **Windelhose** *f* bragapañal *m*; **windelweich** ['--'-] *adj* (*fam*): **jdn ~ schlagen** moler a alguien a palos

**winden**[1] ['vɪndən] <windet, wand, gewunden> **I.** *vt* ① (*geh: Kranz*) hacer; **etw um etw ~** poner algo alrededor de algo ② (*wegnehmen*) quitar; **jdm etw aus der Hand ~** arrancarle a alguien algo de las manos **II.** *vr*: **sich ~** ① (*Pflanze*) enredarse (*um* por) ② (*Schlange*) deslizarse (*in* por) ③ (*sich krümmen*) retorcerse ④ (*sich* *schlängeln*) serpentear (*durch* entre) ❺ (*Ausflüchte suchen*) buscar pretextos

**winden²** *vunpers:* **es windet** hace viento

**Windenergie** *f ohne pl* energía *f* eólica; **Windenergieanlage** *f* parque *m* eólico; **windgeschützt** *adj* protegido del viento; **Windgeschwindigkeit** *f* velocidad *f* del viento; **Windhauch** *m* soplo *m* de viento; **Windhose** *f* (METEO) torbellino *m;* **Windhund** *m* ❶ (ZOOL) lebrel *m* ❷ (*fam abw: Mensch*) calavera *m*

**windig** *adj* ❶ (*Wetter, Tag*) ventoso; (*Ort*) expuesto al viento; **es ist ~** hace viento ❷ (*fam abw: Sache*) dudoso; (*Person*) pícaro

**Windjacke** *f* cazadora *f;* **Windkraftwerk** *nt* central *f* eólica; **Windmühle** *f* molino *m* de viento; **Windpark** *m* parque *m* eólico

**Windpocken** *fpl* (MED) varicela *f*

**Windrad** *nt* ❶ (TECH) rueda *f* de paletas ❷ (*Spielzeug*) molinillo *m;* **Windrichtung** *f* dirección *f* del viento; **Windrose** *f* rosa *f* de los vientos; **Windschatten** *m* <-s, *ohne pl*> lado *m* protegido del viento; (NAUT) sotavento *m;* **im ~ eines Fahrzeugs fahren** ir protegido del viento por un vehículo; **windschief** *adj* ladeado

**Windschutzscheibe** *f* (AUTO) parabrisas *m inv*

**Windseite** *f* lado *m* expuesto al viento; (NAUT) barlovento *m;* **Windstärke** *f* fuerza *f* del viento; **windstill** *adj:* **es ist ~** no hace viento; **Windstille** *f* calma *f;* **Windstoß** *m* golpe *m* de viento; **windsurfen** ['vɪntzøːɐfən] *vi* practicar el windsurf; **Windsurfen** *nt* windsurf *m;* **Windsurfer(in)** *m(f)* surfista *mf;* **Windsurfing** ['vɪntzøːɐfɪŋ] *nt* <-s, *ohne pl*> windsurf *m*

**Windung** *f* <-en> ❶ (*allgemein*) sinuosidad *f;* (*Kurve*) curva *f;* (*Fluss~*) meandro *m* ❷ (*einer Spule*) espira *f;* (*einer Schraube*) paso *m*

**Wink** [vɪŋk] *m* <-(e)s, -e> ❶ (*Zeichen*) seña *f* ❷ (*Äußerung*) indicación *f;* (*Rat*) consejo *m;* (*Warnung*) advertencia *f;* **jdm einen ~ geben** hacer(le) una indicación a alguien; **ein ~ mit dem Zaunpfahl** una indirecta

**Winkel** ['vɪŋkəl] *m* <-s, -> ❶ (MATH) ángulo *m;* **spitzer/stumpfer/rechter ~** ángulo agudo/obtuso/recto; **toter ~** ángulo muerto ❷ (*~maß*) regla *f* de ángulos ❸ (*Ecke*) rincón *m;* **Winkeladvokat(in)** *m(f)* (*abw*) picapleitos *mf inv*

**winkelig** *adj* (*Gasse*) torcido; (*Haus, Stadt*) de muchos rincones

**Winkelmesser** *m* <-s, -> goniómetro *m*

**winken** ['vɪŋkən] <winkt, winkte, gewinkt, *reg:* gewunken> **I.** *vi* ❶ (*Zeichen geben*) hacer señas ❷ (*erwarten*): **jdm winkt etw** algo le espera a alguien **II.** *vt:* **jdn zu sich** *dat* **~** llamar a alguien

**winklig** *adj s.* **winkelig**

**winseln** ['vɪnzəln] *vi* gemir

**Winter** ['vɪntɐ] *m* <-s, -> invierno *m;* **Winteranfang** *m* comienzo *m* del invierno; **Wintereinbruch** *m* comienzo *m* brusco del invierno; **Winterfell** *nt* pelo *m* de invierno; **Winterferien** *pl* vacaciones *fpl* de invierno; **winterfest** *adj* resistente al frío (invernal); **Wintergarten** *m* invernadero *m;* **Winterkleidung** *f* ropa *f* de invierno; **Winterlandschaft** *f* paisaje *m* invernal

**winterlich** *adj* invernal, de invierno

**Wintermantel** *m* abrigo *m* de invierno; **Winterreifen** *m* neumático *m* de invierno; **Wintersaison** *f* temporada *f* de invierno; **Winterschlaf** *m* (ZOOL) hibernación *f;* **~ halten** hibernar; **Winterschlussverkauf** *m* rebajas *fpl* de enero; **Wintersemester** *nt* semestre *m* de invierno; **Winterspeck** *m* (*fam*) quilos *mpl* de más adquiridos en invierno; **Wintersport** *m* deporte *m* de invierno; **Winterszeit** *f ohne pl s.* **Winterzeit**; **Winterurlaub** *m* vacaciones *fpl* de invierno; **Winterzeit** *f ohne pl* temporada *f* de invierno

**Winzer(in)** ['vɪntsɐ] *m(f)* <-s, -; -nen> viticultor(a) *m(f),* vitivinicultor(a) *m(f)*

**winzig** ['vɪntsɪç] *adj* minúsculo, chiquitito *fam*

**Winzling** ['vɪntslɪŋ] *m* <-s, -e> (*fam*) chiquillo, -a *m, f*

**Wipfel** ['vɪpfəl] *m* <-s, -> cima *f,* copo *m And*

**Wippe** ['vɪpə] *f* <-n> balancín *m*

**wippen** ['vɪpən] *vi* ❶ (*auf und ab*) balancearse; (*hin und her*) oscilar ❷ (*auf einer Wippe*) balancearse

**wir** [viːɐ] *pron pers 1. pl* nosotros *mpl,* nosotras *fpl;* **~ beiden/drei** nosotros/nosotras dos/tres

**Wirbel** ['vɪrbəl] *m* <-s, -> ❶ (*Wasser~, Luft~, Haar~*) remolino *m* ❷ (*Trubel*) torbellino *m,* jaleo *m fam;* (*Aufsehen*) escándalo *m;* **~ um etw machen** armar un escándalo a propósito de algo ❸ (*Knochen*) vértebra *f* ❹ (*an Saiteninstrumenten*) clavija *f* ❺ (*Trommel~*) redoble *m*

**wirbeln** ['vɪrbəln] **I.** *vi sein* ❶ (*Staub*) arremolinarse; **durch die Luft ~** revolotear por el aire ❷ (*fam: geschäftig sein*) estar atareado **II.** *vt* (*in die Luft*) revolotear

**Wirbelsäule** *f* columna *f* vertebral

**Wirbelsturm** *m* ciclón *m*

**Wirbeltier** *nt* (ZOOL) vertebrado *m*

**Wirbelwind** *m* (*Wind, fig: Mensch*) torbellino *m*

**wirbt** [vɪrpt] *3. präs von* **werben**

**wird** [vɪrt] *3. präs von* **werden**

**wirft** [vɪrft] *3. präs von* **werfen**

**wirken** ['vɪrkən] **I.** *vi* ❶ (*Wirkung haben*) surtir efecto (*bei* con, *auf* en); **beruhigend** ~ tener un efecto calmante; **gut** ~ surtir buen efecto; **gegen etw** ~ surtir efecto contra algo ❷ (*Eindruck machen*) parecer; **lächerlich** ~ ser ridículo; **jugendlich** ~ verse joven ❸ (*zur Geltung kommen*) destacar, resaltar; **ihre Brille wirkt sehr vorteilhaft** las gafas le favorecen mucho; **etw auf sich** ~ **lassen** degustar algo ❹ (*tätig sein*) trabajar (*als* de, *für* para) **II.** *vt* ❶ (*hervorbringen*): **Wunder** ~ (*fam*) surtir efectos maravillosos ❷ (*Textilien*) tejer

**wirklich** ['vɪrklɪç] **I.** *adj* real; (*echt*) verdadero; **im ~en Leben** en la vida real **II.** *adv* de verdad; **das ist ~ nett von Ihnen** es realmente muy amable de su parte; **~?** ¿de verdad?; **ich war es ~ nicht** yo no lo hice, de verdad; **er hat es nicht ~ gesagt, aber ...** en realidad no lo ha dicho, pero...

**Wirklichkeit** *f* <-en> realidad *f*; **die raue ~ (des Alltags)** la dura realidad (de la vida cotidiana); **in ~** en realidad

**wirklichkeitsgetreu** *adj* realístico, realista; **etw ~ schildern** hacer una descripción realista de algo

**wirksam** *adj* eficaz; **~ sein** (*formal: gültig*) ser vigente; **~ werden** (*formal: gültig*) entrar en vigor

**Wirksamkeit** *f ohne pl* eficacia *f*; (*Gültigkeit*) vigencia *f*

**Wirkstoff** *m* su(b)stancia *f* activa

**Wirkung** *f* <-en> efecto *m*; (*Ergebnis*) resultado *m*; (*Folge*) consecuencia *f*; (*Reaktion*) reacción *f*; (*Wirksamkeit*) eficacia *f*; (*Einfluss*) influencia *f*; **eine durchschlagende/lindernde ~ haben** tener un efecto radical/calmante; **seine ~ entfalten/verfehlen** surtir efecto/no surtir el efecto deseado; **mit ~ vom ersten April** con efecto a partir del uno de abril; **Wirkungsgrad** *m* eficiencia *f*; **Wirkungskreis** *m* campo *m* de acción

**wirkungslos** *adj* ineficaz; **~ bleiben** no surtir efecto

**wirkungsvoll** *adj* eficaz; **~ sein** surtir efecto

**wirr** [vɪr] *adj* ❶ (*ungeordnet*) desordenado; (*durcheinander*) revuelto ❷ (*verworren*) confuso; **~es Zeug reden** decir disparates

**Wirren** ['vɪrən] *pl* tiempos *mpl* revueltos; (*Unruhen*) tumultos *mpl*

**Wirrkopf** *m* (*abw*) despistado, -a *m, f*

**Wirrwarr** ['vɪrvar] *m* <-s, *ohne pl*> caos *m inv*, follón *m fam*

**Wirsing** ['vɪrzɪŋ] *m* <-s, *ohne pl*> col *f* de Milán

**Wirt(in)** [vɪrt] *m(f)* <-(e)s, -e; -nen> ❶ (*Gast~*) dueño, -a *m, f* de un restaurante; **Herr ~, noch zwei Bier!** ¡camarero, dos cervezas más! ❷ (*Haus~*) dueño, -a *m, f* de una casa ❸ (BIOL) huésped *m*

**Wirtschaft** ['vɪrtʃaft] *f* <-en> ❶ (*Volks~*) economía *f*; **freie ~** economía liberal; **er ist in der ~ tätig** trabaja en la industria ❷ (*Gast~*) restaurante *m*

**wirtschaften I.** *vi* administrar; (*sparsam ~*) ahorrar; **mit Gewinn ~** sacar beneficios **II.** *vt*: **etw zugrunde ~** llevar algo a la ruina

**Wirtschafter(in)** *m(f)* <-s, -; -nen> ❶ (WIRTSCH) empresario, -a *m, f* ❷ (*Verwalter*) administrador(a) *m(f)*; (*in der Landwirtschaft*) mayordomo *m*

**wirtschaftlich** *adj* económico; **aus ~en Gründen** por razones económicas

**Wirtschaftlichkeit** *f ohne pl* rentabilidad *f*

**Wirtschaftsabkommen** *nt* acuerdo *m* económico; **Wirtschaftsaufschwung** *m* auge *m* de la economía; **Wirtschaftsembargo** *nt* embargo *m* económico; **Wirtschaftsexperte, -in** *m, f* (WIRTSCH) experto, -a *m, f* en economía; **Wirtschaftsfaktor** *m* factor *m* económico; **Wirtschaftsflüchtling** *m* refugiado, -a *m, f* económico, -a; **Wirtschaftsgeld** *nt* dinero *m* para (los) gastos domésticos; **Wirtschaftshilfe** *f* ayuda *f* económica; **Wirtschaftskriminalität** *f* delincuencia *f* económica; **Wirtschaftskrise** *f* (WIRTSCH) crisis *f inv* económica; **Wirtschaftslage** *f ohne pl* situación *f* económica; **Wirtschaftsmacht** *f* ❶ (*bedeutendes Land*) potencia *f* económica ❷ (*eines Landes*) poder *m* económico; **Wirtschaftsminister(in)** *m(f)* ministro, -a *m, f* de Economía; **Wirtschaftsministerium** *nt* Ministerio *m* de Economía; **Wirtschaftspolitik** *f* política *f* económica; **Wirtschaftsprüfer(in)** *m(f)* revisor(a) *m(f)* de cuentas, interventor(a) *m(f)*; **Wirtschaftssanktionen** *fpl* sanciones *fpl* económicas; **Wirtschafts- und Währungsunion** *f* (EU) Unión *f* Económica y Monetaria; **Wirtschaftswachstum** *nt* crecimiento *m* económico; **Wirtschaftswissenschaft** *f* ciencias *fpl* económicas; **Wirtschaftswissenschaftler(in)** *m(f)* economista *mf;* **Wirtschaftswunder** *nt* (*fam*) milagro *m* económico

**i Land & Leute**

La fulminante recuperación económica de la Alemania Occidental después de la Segunda Guerra Mundial (SGM) se denomina **das deutsche Wirtschaftswunder**. Con ayuda del archiconocido *Marshallplan*, además del reconocimiento del marco alemán – *Deutsche Mark* como divisa internacional a partir de 1948, los alemanes emplearon todas sus fuerzas en la reconstrucción de un país en ruinas.

**Wirtschaftszweig** *m* sector *m* económico

**Wirtshaus** ['vɪrts-] *nt* restaurante *m* (en el campo), cantina *f Arg;* **Wirtsleute** *pl* dueños *mpl*

**Wisch** [vɪʃ] *m* <-(e)s, -e> (*fam abw*) papelucho *m*

**wischen** ['vɪʃən] **I.** *vi* ① **über etw ~** (*putzen*) limpiar algo; (*darüber streichen*) pasar la mano por algo ② (*Schweiz: fegen*) barrer **II.** *vt* ① (*reinigen*) limpiar; (*Boden*) fregar (el suelo), trapear *Am* ② (*weg~*) quitar (*von* de); (*trocknen*) secar ③ (*Ohrfeige*): **jdm eine ~** (*fam*) dar una bofetada a alguien ④ (*Schweiz: fegen*) barrer

**Wischiwaschi** ['vɪʃi'vaʃi] *nt* <-s, *ohne pl*> (*fam abw*) cháchara *f*

**Wischlappen** *m* (*reg*) trapo *m*

**Wisent** ['vi:zɛnt] *m* <-s, -e> (ZOOL) bisonte *m*

**Wismut** ['vɪsmu:t] *nt* <-(e)s, *ohne pl*> (CHEM) bismuto *m*

**wispern** ['vɪspɐn] *vi, vt* susurrar

**Wissbegier(de)** *f ohne pl* deseo *m* de saber; (*Neugierde*) curiosidad *f* intelectual; **wissbegierig** *adj* ávido de saber; (*neugierig*) curioso

**wissen** ['vɪsən] <weiß, wusste, gewusst> **I.** *vt* ① (*können*) saber; **nicht mehr ein noch aus ~** no saber cómo seguir; **mit jdm umzugehen ~** saber como tratar a alguien ② (*die Kenntnis besitzen*): **ich weiß nicht, wo er ist** no sé dónde está; **wusstest du, dass ...?** ¿sabías que...?; **woher soll ich das ~?** ¿cómo quiere(s) que lo sepa?; **woher weißt du das?** ¿cómo lo sabes?; **soviel ich weiß, ist er noch da** por lo que yo sé, sigue estando allí; **er weiß immer alles besser** siempre lo sabe todo mejor; **das musst du selbst ~** tú sabrás; **wenn ich das gewusst hätte ...** si lo hubiera sabido...; **sie weiß, was sie will** sabe lo que quiere; **ich wüsste nicht, was ich lieber täte** no hay nada que me gustaría más; **das ist wer weiß wie teuer** (*fam*) esto quién sabe lo que costará; **... und was weiß ich noch alles** (*fam*) ... y no sé cuántas cosas más; **weißt du was?** ¿sabes qué?; **gewusst, wie!** (*fam*) ¡a saber! ③ (*sich erinnern*) acordarse; **weißt du noch, wie schön es war?** ¿te acuerdas de lo bonito que era? ④ (*erfahren*): **lassen Sie mich ~, wenn/ob ...** hágame saber si...; **sie will nichts mehr von mir ~** no quiere saber nada más de mí ⑤ (*die Sicherheit haben*): **ich weiß sie in guten Händen** (*geh*) sé que está en buenas manos ⑥ (*kennen*) conocer, saber (de); **weißt du einen guten Arzt?** ¿sabes de un buen médico? **II.** *vi* (*informiert sein*) estar al corriente; **um** [*o* **von**] **etw** *dat* **~** estar al corriente de algo; **ich weiß von nichts** no sé de nada; **man kann nie ~** (*fam*) nunca se sabe; **nicht, dass ich wüsste** no que yo sepa; **wer weiß?** ¿quién sabe?; **was weiß ich** (*fam*) yo qué sé

**Wissen** *nt* <-s, *ohne pl*> saber *m;* (*Kenntnisse*) conocimientos *mpl;* **meines ~s** que yo sepa; **etw nach bestem ~ und Gewissen tun** hacer algo de buena fe; **wider besseres ~** contra su propia convicción

**Wissenschaft** *f* <-en> ciencia *f*

**Wissenschaftler(in)** *m(f)* <-s, -; -nen> científico, -a *m, f*

**wissenschaftlich** *adj* científico

**Wissensdrang** *m,* **Wissensdurst** *m* afán *m* de saber; **Wissensgebiet** *nt* campo *m* del saber; (*Disziplin*) disciplina *f;* **Wissenslücke** *f* laguna *f* del saber; **wissenswert** *adj* interesante

**wissentlich** ['vɪsəntlɪç] **I.** *adj* premeditado; (*absichtlich*) intencionado **II.** *adv* (*bewusst*) a sabiendas; (*absichtlich*) intencionadamente

**wittern** ['vɪtɐn] **I.** *vi* ventear **II.** *vt* ① (*Wild*) ventear ② (*ahnen*) sospechar; **Verrat ~** sospechar la traición

**Witterung** *f* <-en> ① (*Wetter*) tiempo *m* ② (*Geruchssinn*) olfato *m;* (*Geruch*) viento *m;* **die ~ aufnehmen** tomar el viento; **Witterungsverhältnisse** *ntpl* condiciones *fpl* meteorológicas

**Witwe** ['vɪtvə] *f* <-n> viuda *f*

**Witwer** ['vɪtvɐ] *m* <-s, -> viudo *m*

**Witz**[1] [vɪts] *m* <-es, -e> (*mit Pointe*) chiste *m;* (*Scherz*) broma *f,* trisca *f AmC, Ant;* **einen ~ erzählen** contar un chiste; **~e machen** bromear; **das soll doch wohl**

**ein ~ sein!** esto es una broma, ¿no?; **der ~ bei der Sache ist, dass ...** (*fam*) lo gracioso del asunto es que...; **das ist der ganze ~** (*fam*) eso es todo

**Witz²** *m* <-es, *ohne pl*> (*Geist*) gracia *f*; **sie hat (viel) ~** tiene (mucha) gracia

**Witzbold** ['vɪtsbɔlt] *m* <-(e)s, -e> (*fam*) gracioso, -a *m, f*

**witzeln** ['vɪtsəln] *vi* bromear, versar *Mex;* **über jdn/etw ~** burlarse de alguien/algo

**Witzfigur** *f* hazmerreír *m*

**witzig** *adj* gracioso; **sehr ~!** (*fam iron*) ¡muy gracioso!

**witzlos** *adj* ❶ (*ohne Witz*) soso, sin gracia ❷ (*fam: sinnlos*) sin sentido, inútil

**WM** [veː'ʔɛm] *f* <-s> *Abk. von* **Weltmeisterschaft** campeonato *m* mundial

**wo** [voː] **I.** *adv* ❶ (*interrogativ*) dónde; **~ gibt's denn so was!** (*fam*) ¿dónde se ha visto algo parecido? ❷ (*relativisch*) donde; (*zeitlich*) cuando, que; **überall, ~ ...** en todas partes donde...; **~ auch immer** donde sea *+subj;* **sie ist wer weiß ~** (*fam*) sabe Dios donde estará; **jetzt, ~ ich Zeit habe** ahora que tengo tiempo; **ach ~!** (*fam*) ¡qué va! **II.** *konj* ❶ (*da*) ya que ❷ (*obwohl*) aún cuando, aunque

**woanders** [-'--] *adv* en otra parte

**woandershin** *adv* (*Ort*) a otro lugar, a otro sitio

**wob** [voːp] *3. imp von* **weben²**

**wobei** [vo'baɪ] *adv* ❶ (*interrogativ*) ¿cómo?; **~ ist das passiert?** ¿cómo ha pasado eso?; **~ bist du gerade?** ¿qué estás haciendo? ❷ (*relativisch*) a lo cual; **~ mir gerade einfällt ...** lo que me hace venir a la mente...

**Woche** ['vɔxə] *f* <-n> semana *f*; **zweimal in der ~** dos veces a la semana; **unter der ~** durante la semana; **in drei ~n** dentro de tres semanas; **Wochenbett** *nt* (MED) sobreparto *m;* **Wochenblatt** *nt* semanario *m*

**Wochenendbeziehung** *f* relación *f* de fin de semana

**Wochenende** *nt* fin *m* de semana; **ein langes ~ haben** tener un puente de fin de semana; **schönes ~!** ¡buen fin de semana!; **Wochenendhaus** *nt* casa *f* para (pasar) el fin de semana; **Wochenendticket** *nt* (EISENB) *billete de fin de semana con tarifa especial - reducida - para viajar por toda Alemania*

**Wochenkarte** *f* billete *m* semanal, abono *m* semanal

**wochenlang** **I.** *adj* que dura semanas **II.** *adv* semanas enteras, durante semanas

**Wochenlohn** *m* salario *m* semanal; **Wochenmarkt** *m* mercado *m* semanal; **Wochentag** *m* día *m* de la semana; (*Werktag*) día *m* laborable

**wochentags** *adv* los días laborables

**wöchentlich** ['vœçəntlɪç] **I.** *adj* semanal **II.** *adv* cada semana; **zweimal ~** dos veces la semana

**Wochenzeitung** *f* semanario *m*

**Wöchnerin** ['vœçnərɪn] *f* <-nen> parturienta *f*

**Wodka** ['vɔtka] *m* <-s, -s> vodka *m*

**wodurch** [vo'dʊrç] *adv* ❶ (*interrogativ*) ¿cómo? ❷ (*relativisch*) por lo cual, por el cual

**wofür** [vo'fyːɐ] *adv* ❶ (*interrogativ*) ¿para qué?; **~ ist das gut?** ¿para qué sirve esto?; **~ hältst du mich?** ¿por quién me tomas? ❷ (*relativisch*) por lo cual, para lo cual

**wog** [voːk] *3. imp von* **wiegen²**

**Woge** ['voːgə] *f* <-n> (*geh*) ola *f;* **die ~n der Begeisterung schlugen hoch** hubo olas de entusiasmo; **wenn sich die ~n geglättet haben** en cuanto los ánimos se hayan calmado

**wogegen** [vo'geːgən] **I.** *adv* ❶ (*interrogativ*) ¿contra qué?; **~ hilft das?** ¿contra qué sirve? ❷ (*relativisch*) contra lo cual **II.** *konj* mientras que

**wogen** ['voːgən] *vi* (*geh: Wasser, Ähren*) ondular; (*Kampf, Schlacht*) desencadenarse

**woher** [vo'heːɐ] *adv* ❶ (*interrogativ*) ¿de dónde?; (*auf welche Weise*) ¿cómo?; **~ sind Sie?** ¿de dónde es Ud.?; **~ kommt es eigentlich, dass ...?** ¿cómo es que...? ❷ (*relativisch*) del cual; **ach, ~ (denn)!** (*fam*) ¡seguro que no!

**wohin** [vo'hɪn] *adv* ❶ (*interrogativ*) ¿adónde?; **~ so eilig?** ¿adónde (vas) con tanta prisa?; **~ damit?** (*fam*) ¿dónde lo pongo? ❷ (*relativisch*) adonde; **~ man auch sieht** se mire por donde se mire

**wohingegen** [vohɪn'geːgən] *konj* mientras que

**wohl** [voːl] *adv* ❶ (*gesund, gut*) bien; (*angenehm*) a gusto; **sich ~ fühlen** encontrarse a gusto; (*gesundheitlich*) sentirse bien; **bei dem Gedanken ist mir nicht ganz ~** la idea me desagrada; **~ oder übel** por las buenas o por las malas; **~ bekomm's!** ¡a vuestra salud!; **leb ~!/leben Sie ~!** ¡que te vaya/le vaya bien! ❷ (*durchaus*) perfectamente; **doch, das glaube ich ~** (*fam*) sí, yo sí lo creo; **das weiß ich sehr ~** lo sé perfectamente; **~ kaum** difícilmente; **siehst du ~!** (*fam*) ¡ves!; **willst du ~ aufhören!** ¡quieres parar de una vez! ❸ (*etwa*) cerca de

❹ (*zwar*) a decir verdad; **er hat es ~ versprochen, aber ...** a decir verdad lo ha prometido, pero... ❺ (*wahrscheinlich*) probablemente; **das wird ~ das Beste sein** eso será probablemente lo mejor; **du bist ~ verrückt geworden!** ¡parece que te has vuelto loco!; **das ist doch ~ nicht dein Ernst!** ¡no lo dirás en serio!; **das mag ~ sein** puede ser; **man wird doch ~ noch fragen dürfen?** (*fam*) ¿se podrá preguntar por lo menos?

**Wohl** *nt* <-(e)s, *ohne pl*> bien *m;* (*~ ergehen*) bienestar *m;* **auf jds ~ trinken** brindar por la salud de alguien; **auf dein ~!** ¡a tu salud!; **zum ~!** ¡salud!

**wohlauf** [voːlˈʔaʊf, voˈlaʊf] *adv* (*geh*): **~ sein** estar bien

**Wohlbefinden** *nt* bienestar *m;* (*Gesundheit*) salud *f;* **Wohlbehagen** *nt* bienestar *m,* comodidad *f;* **wohlbehalten** [ˈ--ˈ--] *adj* ❶ (*unverletzt*) sano y salvo ❷ (*unbeschädigt*) intacto; **wohlerzogen** *adj* (*geh*) bien educado

**Wohlfahrt** *f ohne pl* servicio *m* de beneficencia pública; **Wohlfahrtsstaat** *m* estado *m* del bienestar

**Wohlgefallen** *nt* <-s, *ohne pl*> (*Gefallen*) agrado *m;* (*Vergnügen*) placer *m;* (*Zufriedenheit*) complacencia *f;* **mit ~** con agrado; **~ an etw** *dat* **finden** complacerse en algo; **sich in ~ auflösen** (*fam: zufrieden stellend ausgehen*) quedar en agua de borrajas

**wohlgeformt** *adj* bien formado; (*Körper*) bien proporcionado

**wohlgemerkt** *adv* a saber; **wohlgeraten** *adj* (*geh*) ❶ (*gut gelungen*) bien hecho ❷ (*gut erzogen*) bien educado

**wohlgesinnt** *adj* bienintencionado; **er ist mir ~** tiene buenas intenciones para conmigo

**wohlhabend** *adj* acomodado, fondeado *Am*

**wohlig** *adj* agradable

**wohlklingend** *adj* (*geh*) melodioso; **wohlmeinend** *adj* (*geh*) bienintencionado; **wohlriechend** *adj* (*geh*) aromático; **wohlschmeckend** *adj* (*geh*) sabroso

**Wohlstand** *m* <-(e)s, *ohne pl*> bienestar *m;* **Wohlstandsgesellschaft** *f* (*abw*) sociedad *f* del bienestar; **Wohlstandsmüll** *m* (*abw*) basura *f* de la sociedad del bienestar

**Wohltat¹** *f* (*gute Tat*) buena obra *f;* (*Gefallen*) favor *m;* **jdm eine ~ erweisen** hacer(le) un favor a alguien

**Wohltat²** *f ohne pl* (*Genuss*) placer *m;* (*Erleichterung*) alivio *m*

**Wohltäter(in)** *m(f)* bienhechor(a) *m(f)*

**wohltätig** *adj* benéfico, caritativo; **für ~e Zwecke** para fines caritativos

**Wohltätigkeit** *f ohne pl* beneficencia *f,* caridad *f;* **Wohltätigkeitsveranstaltung** *f* fiesta *f* benéfica; **Wohltätigkeitsverein** *m* sociedad *f* benéfica

**wohltuend** *adj* agradable

**wohlverdient** [ˈ--ˈ-] *adj* bien merecido

**wohlweislich** *adv* con buen motivo, prudentemente

**Wohlwollen** *nt* <-s, *ohne pl*> benevolencia *f;* (*Geneigtheit*) simpatía *f;* **bei allem ~** con la mejor voluntad

**wohlwollend** *adj* benévolo; **jdm/etw** *dat* **~ gegenüberstehen** ver a alguien/algo con buenos ojos

**Wohnanlage** *f* urbanización *f;* **Wohnbezirk** *m* área *f* residencial; **Wohnblock** *m* bloque *m* de pisos; **Wohncontainer** *m* contenedor *m* habitable

**wohnen** [ˈvoːnən] *vi* vivir (*in* en, *bei* en casa de); (*vorübergehend*) estar alojado (*in* en, *bei* en casa de)

**Wohnfläche** *f* superficie *f* habitable; **Wohngebiet** *nt* zona *f* residencial; **Wohngegend** *f* zona *f* residencial; **Wohngeld** *nt* subsidio *m* de vivienda; **Wohngemeinschaft** *f* comuna *f;* **in einer ~ leben** compartir un piso

**wohnhaft** *adj* (*formal*) residente (*in* en)

**Wohnhaus** *nt* edificio *m* de viviendas; **Wohnheim** *nt* residencia *f;* **Wohnküche** *f* cocina-comedor *f;* **Wohnlage** *f*: **eine gute/teure ~** una zona (residencial) buena/cara

**wohnlich** *adj* cómodo; **es sich** *dat* **~ machen** acomodarse a su gusto

**Wohnmobil** *nt* <-s, -e> coche *m* caravana [*o* vivienda]; **Wohnort** *m* domicilio *m*

**Wohnraum¹** *m* <-(e)s, -räume> (*Raum*) habitación *f*

**Wohnraum²** *m* <-(e)s, *ohne pl*> (*Wohnungen*) viviendas *fpl*

**Wohnsilo** *m o nt* (*fam abw*) conejera *f;* **Wohnsitz** *m* domicilio *m;* **ohne festen ~** sin domicilio fijo

**Wohnung** *f* <-en> piso *m,* departamento *m Am*

**Wohnungsbau** *m ohne pl* construcción *f* de viviendas; **sozialer ~** construcción de viviendas sociales; **Wohnungsbesetzer(in)** *m(f)* <-s, -; -nen> okupa *mf fam;* **Wohnungseigentümer(in)** *m(f)* propietario, -a *m, f* (del apartamento); **Wohnungseinrichtung** *f* mobiliario *m,* moblaje *m;* **Wohnungsmarkt** *m* mercado *m* de viviendas [*o* inmobiliario]; **der**

**freie** ~ el mercado libre de viviendas; **Wohnungsnot** *f ohne pl* escasez *f* de viviendas; **Wohnungsschlüssel** *m* llave *f* del apartamento; **Wohnungssuche** *f* búsqueda *f* de piso; **auf** ~ **sein** buscar piso; **Wohnungstür** *f* puerta *f* del piso

**Wohnviertel** *nt* barrio *m* residencial; **Wohnwagen** *m* caravana *f;* **Wohnzimmer** *nt* cuarto *m* de estar, living *m Am*

**Wok** [vɔk] *m* <-, -s> wok *m* (*cazuela china de base redonda*)

**wölben** ['vœlbən] **I.** *vt* arquear **II.** *vr:* **sich** ~ arquearse

**Wölbung** *f* <-en> curvatura *f;* (*Bogen*) arco *m*

**Wolf** [vɔlf, *pl:* 'vœlfə] *m* <-(e)s, Wölfe> ① (ZOOL) lobo *m;* **mit den Wölfen heulen** (*fam*) bailar al son que le tocan; **ein** ~ **im Schafspelz** (*fig*) cara de beato y uñas de gato ② (*Fleisch~*) picadora *f* de carne; **Fleisch durch den** ~ **drehen** picar carne

**Wölfin** ['vœlfɪn] *f* <-nen> (ZOOL) loba *f*

**Wolfram** ['vɔlfram] *nt* <-s, *ohne pl*> (CHEM) wolframio *m*

**Wolfshunger** ['-'--] *m* (*fam*) hambre *f* canina; **einen** ~ **haben** tener un hambre canina

**Wolke** ['vɔlkə] *f* <-n> nube *f;* **in den ~n schweben** (*fig*) andar en las nubes; **aus allen ~n fallen** (*fam*) quedarse de una pieza; **Wolkenbruch** *m* chaparrón *m;* **Wolkendecke** *f ohne pl* capa *f* de nubes; **Wolkenkratzer** *m* rascacielos *m inv*

**wolkenlos** *adj* sin nubes, despejado

**wolkig** *adj* nuboso

**Wolldecke** *f* manta *f* de lana, frazada *f* de lana *Am*

**Wolle** ['vɔlə] *f* <-n> lana *f;* **sich mit jdm in die** ~ **kriegen** (*fam*) pelearse con alguien

**wollen**[1] ['vɔlən] <will, wollte, wollen> (*Modalverb*) ① (*mögen*) querer; **etw machen** ~ querer hacer algo; **komme, was wolle** pase lo que pase ② (*beabsichtigen*) tener la intención de, querer; **ich wollte gerade gehen** estaba a punto de irme; **was ich dir noch sagen wollte ...** lo que aún te quería decir... ③ (*behaupten*) decir; **er will dich gestern gesehen haben** dice haberte visto ayer; **das will ich meinen** eso digo; **und so jemand will Lehrer sein** y alguien como él pretende ser profesor ④ (*auffordern*): **wenn Sie bitte Platz nehmen** ~ siéntese, por favor; **willst du wohl still sein?** ¿te quieres callar? ⑤ (*erfordern*) requerir; **das will gelernt sein** esto requiere experiencia ⑥ (*Passiv: müssen*): **der Müll will runtergetragen werden** (*geh*) hay que bajar la basura ⑦ (*Wend*): **na gut, ich will mal nicht so sein** bueno, no voy a oponerme; **das will etwas heißen** lo cual ya quiere decir algo; **das will ich nicht gehört haben** lo doy por no oído; **ich will ja nichts gesagt haben, aber ...** no quiero intervenir pero...; **was will man da machen?** ¿qué se le va a hacer?; **es wollte und wollte nicht gelingen** por más que lo intentamos, no lo logramos

**wollen**[2] ['vɔlən] <will, wollte, gewollt> **I.** *vi* ① (*den Willen haben*) querer; **lieber** ~ preferir; **ich will jetzt nach Hause** quiero irme a casa; **zu wem** ~ **Sie?** ¿a quién busca?; **du musst nur** ~ sólo tienes que querer; **meine Beine** ~ **nicht mehr** (*fam*) me fallan las piernas; **wer nicht will, der hat schon** quien no quiere por algo será ② (*wünschen*) desear, querer; **jdm wohl** ~ querer el bien de alguien; **ich wollte, er würde endlich kommen** quisiera que viniera de una vez; **ganz wie du willst** como quieras; **ob du willst oder nicht** quieras o no (quieras) ③ (*Wend*): **dann** ~ **wir mal!** (*fam*) ¡empezamos entonces! **II.** *vt* ① (*haben* ~): **wir** ~ **keine Kinder** no queremos tener hijos ② (*durchsetzen* ~): **er will (von mir), dass ich mich entschuldige** quiere que me disculpe ③ (*beabsichtigen*): **ich weiß gar nicht, was du willst, das sieht doch gut aus** (*fam*) no sé qué quieres, tiene buena pinta; **das habe ich nicht gewollt** no era mi intención; **ohne es zu** ~ sin querer ④ (*Wend*): **da ist nichts (mehr) zu** ~ (*fam*) ahí no hay nada que hacer; **du hast hier nichts zu** ~ (tú) no pintas nada aquí

**wollen**[3] *adj* de lana

**Wolljacke** *f* chaqueta *f* de lana; **Wollknäuel** *nt* ovillo *m* de lana; **Wollsiegel** *nt* certificado *m* de calidad para géneros de pura lana

**Wollust** ['vɔlʊst] *f ohne pl* (*geh*) voluptuosidad *f*

**wollüstig** ['vɔlʏstɪç] *adj* voluptuoso

**womit** [vo'mɪt] *adv* ① (*interrogativ*) ¿con qué?, ¿en qué?; ~ **kann ich dienen?** ¿en qué puedo servirle?; ~ **habe ich das verdient?** ¿qué he hecho yo para merecer esto? ② (*relativisch*) con lo cual, con lo que

**womöglich** [vo'mø:klɪç] *adv* quizás +*subj,* posiblemente

**wonach** [vo'na:x] *adv* ① (*interrogativ*) ¿qué?, ¿a qué?; ~ **riecht das?** ¿a qué huele esto? ② (*relativisch*) por lo que; (*gemäß*) según lo cual; ~ **es hier riecht, weiß ich auch nicht** yo tampoco sé a qué huele aquí

**Wonne** ['vɔnə] *f* <-n> delicia *f;* (*Freude*) placer *m*

**woran** [vo'ran] *adv* ❶ (*interrogativ*) ¿en qué?, ¿a qué?; ~ **denkst du?** ¿en qué piensas?; ~ **liegt es?** ¿a qué se debe?; ~ **sind sie gestorben?** ¿de qué murieron? ❷ (*relativisch*) a que, en el cual; **wenn ich nur wüsste,** ~ **das liegt** si supiera a que se debe; **ich weiß nicht,** ~ **ich bin** no sé a que atenerme

**worauf** [vo'raʊf] *adv* ❶ (*interrogativ*) ¿a qué?; (*räumlich*) ¿sobre qué? ❷ (*relativisch*) sobre el cual; (*zeitlich*) después de lo cual; ~ **du dich verlassen kannst** de eso puedes estar seguro

**woraufhin** [voraʊf'hɪn] *adv* ❶ (*interrogativ*) ¿por qué razón? ❷ (*relativisch*) con lo cual

**woraus** [vo'raʊs] *adv* ❶ (*interrogativ*) ¿de qué?; ~ **schließt du das?** ¿de qué lo deduces? ❷ (*relativisch*) del cual, de lo cual

**worden** ['vɔrdən] *pp von* **werden**[3]

**worin** [vo'rɪn] *adv* ❶ (*interrogativ*) ¿en qué?, ¿dónde?; ~ **besteht der Nachteil?** ¿dónde está la desventaja? ❷ (*relativisch*) en el cual, en lo que

**Workaholic** [wœːkə'hɔlɪk] *m* <-s, -s> (*sl*) esclavo *m* del trabajo

**Workshop** ['wɔːkʃɔp] *m* <-s, -s> taller *m*

**World Wide Web** *nt* <-, *ohne pl*> (INFOR) WorldWideWeb *f*

**Wort** [vɔrt, *pl:* 'vɔrtə, 'vœrtɐ] *nt* <-(e)s, -e *o* Wörter> palabra *f;* (*Ausdruck*) expresión *f;* (*Begriff*) término *m;* ~ **für** ~ palabra por palabra; **im wahrsten Sinne des** ~**es** literalmente; **in** ~**en** en letra; **mir fehlen die** ~**e** no tengo palabras; **davon ist kein** ~ **wahr** ni una palabra de esto es verdad; **ein paar** ~**e wechseln** intercambiar cuatro palabras; **ein offenes/ernstes** ~ **mit jdm reden** hablar claramente/en serio con alguien; **ohne ein** ~ **des Bedauerns** sin decir ni un "lo siento"; **das** ~ **an jdn richten** dirigir la palabra a alguien; **nicht viele** ~**e machen** ir al grano; **in** ~ **und Schrift** en forma hablada y escrita; **in** ~ **und Bild** con texto e ilustraciones; **jdn mit leeren** ~**en abspeisen** despachar a alguien con buenas palabras; **etw mit keinem** ~ **erwähnen** no mencionar algo para nada; **mit anderen** ~**en** en otras palabras; **jdn (nicht) zu** ~ **kommen lassen** (no) dejar hablar a alguien; **ein** ~ **gab das andere** se desencadenó una fuerte discusión; **hast du** ~**e?** (*fam*) ¿habráse visto?; **das letzte** ~ **haben** tener la última palabra; **dein** ~ **in Gottes Ohr** (*fam*) que Dios te oiga; **das** ~ **hat Herr García** el señor García tiene la palabra; **das** ~ **ergreifen** tomar la palabra; **für jdn ein gutes** ~ **einlegen** interceder por alguien; **du nimmst mir das** ~ **aus dem Munde** me quitas la palabra de la boca; **jdm das** ~ **im Munde herumdrehen** malinterpretar las palabras de alguien; **jdm ins** ~ **fallen** interrumpir a alguien; **etw in** ~**e fassen** formular algo con palabras; **das glaube ich dir aufs** ~ te lo creo a pies juntillas; **dabei habe ich auch noch ein** ~ **mitzureden** en esto también tengo que opinar yo; **das geschriebene/gesprochene** ~ la palabra escrita/hablada; **jdm sein** ~ **geben** prometer algo a alguien; **sein** ~ **halten** cumplir su palabra; **sein** ~ **brechen** faltar a su palabra; **jdn beim** ~ **nehmen** tomar la palabra a alguien; **über jdn/etw kein** ~ **verlieren** no gastar ni una palabra sobre alguien/algo; **Wortart** *f* (LING) parte *f* de la oración; **wortbrüchig** *adj:* ~ **werden** faltar a su palabra

**Wörtchen** ['vœrtçən] *nt* <-s, -> (*fam*): **ein** ~ **mitzureden haben** poder intervenir en un asunto

**Wörterbuch** *nt* diccionario *m;* **Wörterbuchcomputer** *m* diccionario *m* electrónico

**Worterkennung** *f* (INFOR) reconocimiento *m* de palabras

**Wörterverzeichnis** *nt* glosario *m*

**Wortfetzen** *mpl* retazos *mpl* de conversación; **Wortführer(in)** *m(f)* <-s, -; -nen> portavoz *mf,* vocero *mf Am;* **Wortgefecht** *nt* disputa *f;* **wortgetreu** *adj* literal, textual; **wortgewandt** *adj* elocuente; **wortkarg** *adj* ❶ (*Person*) de pocas palabras, remachado *Col* ❷ (*Äußerung*) lacónico; **Wortklauberei** [vɔrtklaʊbə'raɪ] *f* <-en> (*abw*) verbalismo *m;* **Wortlaut** *m* <-(e)s, *ohne pl*> texto *m;* **der genaue** ~ **einer Rede** el texto literal de un discurso; **etw im** ~ **veröffentlichen** publicar algo textualmente; **... hat folgenden** ~**: ...** ... dice así: ...

**wörtlich** ['vœrtlɪç] **I.** *adj* literal **II.** *adv* ❶ (*dem Text entsprechend*) literalmente; ~ **zitieren** citar textualmente ❷ (*in der eigentlichen Bedeutung*) al pie de la letra; **etw** ~ **nehmen** tomar algo al pie de la letra

**wortlos** **I.** *adj* silencioso **II.** *adv* sin decir nada

**Wortmeldung** *f* intervención *f;* **ich bitte um** ~**en** tienen Uds. la palabra; **keine** ~**en mehr?** ¿nadie más quiere decir alguna cosa?; **Wortschatz** *m* vocabulario *m;* (*Lexik*) léxico *m;* **Wortschwall** *m* (*abw*) verborrea *f;* **jdn mit einem ~ überschütten** echarle un torrente de palabras a alguien; **Wortspiel** *nt* juego *m* de palabras, albur *m Mex;* **Wortstamm** *m* (LING) radical *m;* **Wortstellung** *f ohne pl* (LING) orden *m* de (las) palabras; **Wortwechsel** *m* disputa *f,* argumento *m Am;* **wortwörtlich** ['-'--] *adj o adv s.* **wörtlich**

**worüber** [vo'ry:bɐ] *adv* ① (*interrogativ*) ¿de qué?, ¿sobre qué? ② (*relativisch*) sobre el cual, sobre el que; **das Thema, ~ ich sprechen werde** el tema sobre el que hablaré

**worum** [vo'rʊm] *adv* ① (*interrogativ*) ¿de qué?, ¿sobre qué?; **~ handelt es sich?** ¿de qué se trata? ② (*relativisch*) de que, sobre el cual

**worunter** [vo'rʊntɐ] *adv* ① (*interrogativ*) ¿debajo de qué? ② (*relativisch*) debajo del cual; (*dazwischen*) entre los que

**wovon** [vo'fɔn] *adv* ① (*interrogativ*) ¿de qué? ② (*relativisch*) de lo cual

**wovor** [vo'fo:ɐ] *adv* ① (*interrogativ*) ¿de qué?; (*räumlich*) ¿delante de qué? ② (*relativisch*) ante el cual, delante del cual; **das einzige, ~ ich mich fürchte, ...** lo único de lo que tengo miedo...

**wozu** [vo'tsu:] *adv* ① (*interrogativ*) ¿para qué?; **~ soll das gut sein?** ¿para qué sirve esto? ② (*relativisch*) a lo cual, al que; (*Zweck*) para lo cual; **das, ~ ich am meisten Lust hätte, ...** aquello de lo que más ganas tengo...

**Wrack** [vrak] *nt* <-(e)s, -s *o* -e> (*Schiff*) barco *m* naufragado; (*Auto*) coche *m* de desguace; (*Flugzeug*) avión *m* de desguace; **ein menschliches ~** una piltrafa (humana)

**wrang** [vraŋ] *3. imp von* **wringen**

**wringen** ['vrɪŋən] <wringt, wrang, gewrungen> *vt* escurrir

**Wucher** ['vu:xɐ] *m* <-s, *ohne pl*> (*abw*) usura *f;* **~ treiben** usurar

**Wucherer, -in** ['vu:xərɐ] *m, f* <-s, -; -nen> (*abw*) usurero, -a *m, f;* (*mit Zinsen*) logrero, -a *m, f*

**wucherisch** *adj* (*abw*) usurero; (*Preise*) abusivo

**wuchern** ['vu:xɐn] *vi* ① *haben o sein* (*Pflanzen*) crecer excesivamente; (MED) proliferar ② (*Wucher treiben*) usurar

**Wucherpreis** *m* (*abw*) precio *m* abusivo

**Wucherung** *f* <-en> (*Gebilde*) excrecencia *f*

**wuchs** [vu:ks] *3. imp von* **wachsen**[1]

**Wuchs** [vu:ks] *m* <-es, *ohne pl*> ① (*Wachstum*) crecimiento *m* ② (*Gestalt*) estatura *f*

**Wucht** [vʊxt] *f ohne pl* ① (*Heftigkeit*) fuerza *f;* (*Schwung*) ímpetu *m;* **mit voller ~** con toda fuerza; **das ist eine ~** (*fam*) es fenomenal ② (*reg: fam: Prügel*) paliza *f*

**wuchtig** *adj* ① (*kräftig*) fuerte ② (*groß*) grande; (*Statur*) macizo

**wühlen** ['vy:lən] **I.** *vi* ① (*allgemein*) hurgar (*in* en); (*graben*) cavar; (*mit der Schnauze*) hozar (*nach*) ② (*fam: suchen*) rebuscar (*nach*) **II.** *vr:* **sich durch etw ~** abrirse camino a través de algo

**Wühlmaus** *f* (ZOOL) campañol *m;* **Wühltisch** *m* (*fam*) mesa *f* con géneros rebajados

**Wulst** [vʊlst, *pl:* 'vʏlstə] *m* <-(e)s, Wülste>, *f* <Wülste> ① (*Verdickung*) bulto *m;* (MED) protuberancia *f* ② (ARCHIT) bocel *m*

**wulstig** *adj* abultado

**wummern** *vi* retumbar

**wund** [vʊnt] *adj* escocido; **ich habe mir die Füße ~ gelaufen** se me llagaron los pies de tanto andar; **sich ~ liegen** llagarse

**Wundbrand** *m* (MED) gangrena *f*

**Wunde** ['vʊndə] *f* <-n> (*a. fig*) herida *f;* **alte ~n wieder aufreißen** abrir viejas heridas

**Wunder** ['vʊndɐ] *nt* <-s, -> ① (*außergewöhnliches Ereignis*) maravilla *f;* (*übernatürlich*) milagro *m;* **an ~ glauben** creer en milagros; **das grenzt an ein ~** esto parece un milagro; **etw wirkt ~** (*fam*) algo obra milagros; **es ist kein ~, dass ...** (*fam*) no es ningún milagro que... *+subj;* **wie durch ein ~** como por arte de magia; **der wird noch sein blaues ~ erleben!** (*fam*) ¡aún no sabe qué sorpresa le espera! ② (*Wend*): **~ was denken** imaginarse algo extraordinario

**wunderbar** **I.** *adj* ① (*wie ein Wunder*) milagroso ② (*schön*) maravilloso **II.** *adv* (*sehr*) a las mil maravillas; **etw ist ~ bequem** algo es supercómodo

**Wunderheiler(in)** *m(f)* curador(a) *m(f)* milagroso, -a; **Wunderkerze** *f* bengala *f;* **Wunderkind** *nt* niño, -a *m, f* prodigio

**wunderlich** *adj* raro

**Wundermittel** *nt* remedio *m* milagroso

**wundern** ['vʊndɐn] **I.** *vt* sorprender; **es wundert mich, dass ...** me sorprende que... *+subj;* **das würde mich überhaupt nicht ~** no me sorprendería nada; **wundert dich das (etwa)?** ¿(acaso) te sorprende? **II.** *vr:* **sich ~** sorprenderse (*über* de); **ich muss mich doch sehr ~!** ¡no lo hubiera esperado!

**wunderschön** ['--(')-] *adj* hermosísimo; **wundervoll** *adj* maravilloso

**Wundsalbe** *f* ungüento *m* vulnerario

**Wundstarrkrampf** *m ohne pl* (MED) tétano(s) *m inv*

**Wunsch** [vʊnʃ, *pl:* 'vʏnʃə] *m* <-(e)s, Wünsche> deseo *m* (*nach* de); (*Verlangen*) anhelo *m* (*nach* por); (*Bitte*) petición *f;* (*Glück~*) felicidades *fpl;* **auf ~** a petición; (**ganz**) **nach ~** (totalmente) a su gusto; **jdm jeden ~ von den Augen ablesen** satisfacer todos los deseos de alguien; **dein ~ ist mir Befehl** tus deseos son órdenes; **jdm einen ~ erfüllen** satisfacer a alguien un deseo; **haben Sie sonst noch einen ~?** ¿desea algo más?; **auf eigenen ~** por propio deseo; **es ging alles nach ~** todo salió a pedir de boca; **mit den besten Wünschen** con los mejores deseos; **Wunschbild** *nt* ideal *m;* **Wunschdenken** *nt* sueño *m*

**Wünschelrute** ['vʏnʃəlruːtə] *f* varilla *f* de zahorí

**wünschen** [vʏnʃən] *vt* desear; (*wollen*) querer; (*bitten*) pedir; **jdm etw ~** desear algo a alguien; (**ganz**) **wie Sie ~** como Ud. quiera; **ich wünsche, dass das sofort gemacht wird** deseo que esto se haga en seguida; **Sie ~?** ¿en qué puedo servirle?; **wen ~ Sie zu sprechen?** ¿con quién desea hablar?; **ich wünsche Ihnen gute Besserung/eine gute Reise** le deseo que se mejore/un buen viaje; **sie wünschte, sie hätte das nie gesagt** querría no haberlo dicho nunca; **sich** *dat* **etw von jdm ~** pedir algo a alguien; **ich wünsche mir, dass ...** deseo que... *+subj;* **ich wünsche mich auf eine einsame Insel** quisiera estar en una isla desierta; **sein Benehmen lässt viel zu ~ übrig** su comportamiento deja mucho que desear; **wünschenswert** *adj* deseable; **es ist ~** es de desear

**Wunschkind** *nt* hijo, -a *m, f* deseado, -a; **Wunschkonzert** *nt* (RADIO) programa *m* de discos solicitados por los radioyentes

**wunschlos** *adj:* **~ glücklich sein** ser totalmente feliz

**Wunschtraum** *m* ilusión *f;* **Wunschzettel** *m* carta *f* a los Reyes Magos; **auf unserem ~ steht jetzt noch ein Sofa** (*fig*) ahora nos gustaría tener un sofá

**wurde** ['vʊrdə] *3. imp von* **werden**

**Würde**[1] ['vʏrdə] *f ohne pl* (*Wert, Haltung*) dignidad *f;* **etw mit ~ tragen** soportar algo con dignidad; **unter aller ~** malísimo; **das ist unter meiner ~** lo considero indigno para mí

**Würde**[2] *f* <-n> (*Rang*) categoría *f*

**würdelos** *adj* sin dignidad, indigno

**Würdenträger(in)** *m(f)* <-s, -; -nen> dignatario, -a *m, f*

**würdevoll I.** *adj* digno **II.** *adv* con dignidad

**würdig** *adj* ① (*ehrbar*) respetable ② (*wert*) digno; **sich jds/etw** *gen* **~ erweisen** ser digno de alguien/algo

**würdigen** ['vʏrdɪgən] *vt* ① (*anerkennen*) apreciar, valorar; (*Verdienste*) reconocer ② (*für wert halten*) considerar digno (de)

**Würdigung** *f* <-en> ① (*einer Arbeit*) apreciación *f;* (*Anerkennung*) reconocimiento *m;* **in ~ ihres Einsatzes** en reconocimiento a sus esfuerzos ② (*einer Persönlichkeit*) homenaje *m;* **in ~ Federico García Lorcas** en homenaje a Federico García Lorca

**Wurf** [vʊrf, *pl:* 'vʏrfə] *m* <-(e)s, Würfe> ① (*das Werfen*) tiro *m;* (SPORT) lanzamiento *m;* (*beim Würfeln*) jugada *f* ② (*Erfolg*) éxito *m* ③ (ZOOL) camada *f*

**Würfel** ['vʏrfəl] *m* <-s, -> ① (MATH) cubo *m* ② (*Spiel~*) dado *m;* **~ spielen** jugar a los dados; **die ~ sind gefallen** la suerte está echada ③ (*Käse~*) taco *m;* (*Eis~*) cubo *m;* **Würfelbecher** *m* cubilete *m* de los dados

**würfeln I.** *vi* jugar a los dados **II.** *vt* ① (*in Würfel schneiden*) cortar en cuadraditos ② (*eine Zahl*) tirar

**Würfelspiel** *nt* juego *m* de dados; **Würfelzucker** *m* azúcar *m* en terrones

**Wurfgeschoss** *nt* proyectil *m;* **Wurfsendung** *f* impresos *mpl* distribuidos por correo; **Wurfspieß** *m* (SPORT) jabalina *f*

**würgen** ['vʏrgən] **I.** *vt* estrangular **II.** *vi* (*Brechreiz haben*) tener náuseas; **an etw** *dat* **~** intentar tragar algo

**Wurm** [vʊrm, *pl:* 'vʏrmɐ] *m* <-(e)s, Würmer> gusano *m;* **Würmer haben** tener lombrices; **da steckt der ~ drin** (*fam*) ahí hay gato encerrado

**wurmen** ['vʊrmən] *vt* (*fam*) dar rabia, reconcomerse; **es wurmt mich, dass ...** me da rabia que... *+subj*

**Wurmfortsatz** *m* (MED) apéndice *m*

**wurmstichig** *adj* ① (*Obst*) agusanado ② (*Holz*) carcomido

**Wurst** [vʊrst, *pl:* 'vʏrstə] *f* <Würste> embutido *m;* (*Würstchen*) salchicha *f;* **das ist mir ~** (*fam*) me importa un pepino; **es geht um die ~** (*fam*) ha llegado el momento de la verdad; **Wurstbrot** *nt* bocadillo *m* de embutido

**Würstchen** ['vʏrstçən] *nt* <-s, -> ① (GASTR) salchicha *f;* **Frankfurter ~** salchicha tipo Francfort; **heiße ~** perritos calientes ② (*fam: Mensch*) pobre diablo *m;* **Würstchenbude** *f,* **Würstchenstand** *m* puesto *m* de salchichas asadas

**Wurstsalat** *m* ensalada *f* de fiambre; **Wurstwaren** *fpl* embutidos *mpl*

**Würzburg** ['vʏrtsbʊrk] *nt* <-s> Wurtzburgo *m*
**Würze** ['vʏrtsə] *f* <-n> ❶ (*Substanz*) condimento *m* ❷ (*Aroma*) aroma *m*
**Wurzel** ['vʊrtsəl] *f* <-n> ❶ (*von Pflanze, Haar, Zahn, a.* MATH) raíz *f;* **~n schlagen** echar raíces; **die ~ ziehen** (*a.* MATH) extraer la raíz (*aus* de) ❷ (*Ursprung*) origen *m;* (*Ursache*) causa *f;* **das Übel an der ~ packen** cortar el mal de raíz ❸ (*reg: Karotte*) zanahoria *f;* **Wurzelbehandlung** *f* tratamiento *m* de la raíz; **Wurzelgemüse** *nt* tubérculo *m*
**wurzeln** *vi* (*a. fig*) arraigar (*in* en)
**Wurzelzeichen** *nt* (MATH) signo *m* de extracción de raíces
**würzen** ['vʏrtsən] *vt* condimentar
**würzig** *adj* bien condimentado, sabroso
**Würzstoff** *m* condimento *m*
**wusch** [vuːʃ] *3. imp von* **waschen**
**wuschelig** *adj* (*fam: Haar*) abundante y muy rizado; **~es Haar haben** tener una pelambrera
**Wuschelkopf** *m* (*fam*) pelambrera *f*
**wuseln** *vi* (*reg*) trajinar
**wusste** ['vʊstə] *3. imp von* **wissen**
**Wust** [vuːst] *m* <-(e)s, *ohne pl*> (*abw: Durcheinander*) lío *m;* (*Menge*) montón *m*
**wüst** [vyːst] *adj* ❶ (*öde*) desierto; (*unbebaut*) yermo ❷ (*unordentlich*) desordenado; (*wirr*) confuso; **hier sieht es ja ~ aus!** ¡qué desorden! ❸ (*abw: ausschweifend*) disipado ❹ (*abw: rüde*) grosero, vulgar; (*gemein*) vil ❺ (*schlimm*) terrible, horrible ❻ (*abstoßend*) repugnante
**Wüste** ['vyːstə] *f* <-n> desierto *m;* **jdn in die ~ schicken** (*fam*) poner a alguien de patitas en la calle
**Wüstenklima** *nt* clima *m* desértico
**Wüstling** ['vyːstlɪŋ] *m* <-s, -e> (*abw*) libertino *m*
**Wut** [vuːt] *f ohne pl* rabia *f;* **ich habe eine ~ auf ihn!** ¡le tengo una rabia!; **seine ~ an jdm/etw** *dat* **auslassen** desahogar su rabia en alguien/algo; **jdn in ~ bringen** poner furioso a alguien; **in ~ geraten** enfurecerse; **vor ~ kochen** rabiar; **Wutanfall** *m* ataque *m* de rabia; **Wutausbruch** *m* acceso *m* de rabia
**wüten** ['vyːtən] *vi* (*Krieg, Sturm, Seuche*) hacer estragos; **gegen etw ~** rabiar contra algo
**wütend** *adj* furioso (*über* por, *auf* con/contra), alebrestado *Col, Ven;* **auf jdn ~ sein** tener rabia a alguien; **~ werden** enfurecerse (*auf* contra)
**wutentbrannt** ['vuːtʔɛnt'brant] *adj* furibundo
**wutschnaubend** *adj* echando espumarajos por la boca
**WWF** *m* <-> *Abk. von* **World Wildlife Fund for Nature** WWF *m*
**WWU** [veːveː'ʔuː] *f Abk. von* **Wirtschafts- und Währungsunion** UEM *f*
**WWW** [veːveː'veː] *nt* <-(s), *ohne pl*> (INFOR) *Abk. von* **World Wide Web** WWW *f*
**WWW-Client** *m* <-, -s> (INFOR) cliente *m* de WWW
**WWW-Server** *m* <-s, -> (INFOR) servidor *m* de WWW
**Wz** *Abk. von* **Warenzeichen** marca *f* registrada

# Xx

**X, x** [ɪks] *nt* <-, -> X, x *f;* **~ wie Xanthippe** X de xilófono
**x-Achse** *f* (MATH) eje *m* de abscisas
**Xanthippe** [ksan'tɪpə] *f* <-n> (*abw*) arpía *f*
**X-Beine** *ntpl* piernas *fpl* zambas
**x-beinig** *adj*, **X-beinig** *adj* zambo
**x-beliebig** *adj* (*fam*) cualquiera
**x-Beliebige(r)** *mf* <-n, -n; -n, -n>: **jeder ~** cualquiera
**xenophob** [kseno'foːp] *adj* xenófobo
**Xenophobie** [ksenofo'biː] *f ohne pl* xenofobia *f*
**x-fach** *adj* (*fam*) múltiple
**x-förmig** *adj*, **X-förmig** *adj* en forma de equis
**x-mal** *adv* (*fam*) mil veces
**x-te(r, s)** *adj* (*fam a.* MATH) enésimo; **das ~ Mal** la enésima vez
**x-tenmal** *adv:* **zum ~** por enésima vez
**Xylofon** *nt* <-s, -e>, **Xylophon** [ksylo'foːn] *nt* <-s, -e> xilófono *m*

# Yy

**Y, y** ['ʏpsilɔn] *nt* <-, -> Y, y *f;* **~ wie Ypsilon** Y de Yucatán
**y-Achse** *f* <-n> (MATH) eje *m* de las ordenadas
**Yacht** [jaxt] *f* <-en> yate *m*

**Yak** [jak] *m* <-s, -s> (ZOOL) yac *m*
**Yankee** *m* <-s, -s> yanqui *mf*
**Yen** [jɛn] *m* <-(s), -(s)> yen *m*
**Yeti** ['je:ti] *m* <-s, -s> yeti *m*
**Yoga** ['jo:ga] *m o nt* <-(s), *ohne pl*> yoga *m;* **Yogasitz** *m* <-es, *ohne pl*> posición *f* de loto
**Yoghurt** ['jo:gʊrt] *m* <-s, -s> *s.* **Joghurt**
**Yorkshireterrier** ['jɔ:kʃə-] *m* terrier *m* de Yorkshire
**Yo-Yo** *nt* <-s, -s> yoyó *m*
**Ypsilon** ['ʏpsilɔn] *nt* <-(s), -s> ❶ (*lateinisches Alphabet*) i *f* griega ❷ (*griechisches Alphabet*) ípsilon *f*
**Yucca** ['jʊka] *f* <-s> (BOT) yuca *f;* (*als Zierpflanze*) tronco *m* del Brasil
**Yuppie** ['jʊpi] *m* <-s, -s> yuppie *mf*

# Z z

**Z, z** [tsɛt] *nt* <-, -> Z, z *f;* ~ **wie Zeppelin** Z de Zaragoza
**zack** *interj* (*fam*) zas; ~, ~**!** ¡rápido, rápido!
**Zacke** ['tsakə] *f* <-n> diente *m;* (*Bergkamm*) punta *f;* (*Gabel, Rechen*) púa *f*
**Zacken** ['tsakən] *m* <-s, -> (*reg*) *s.* **Zacke: sich** *dat* **keinen ~ aus der Krone brechen** (*fam*) no caérsele a alguien los anillos
**zackig** ['tsakɪç] *adj* ❶ (*gezackt*) dentado ❷ (*fam: Bewegung, Auftreten*) brioso; (*Person*) resoluto
**zaghaft** *adj* vacilante; (*furchtsam*) temeroso; (*schüchtern*) tímido
**Zaghaftigkeit** *f ohne pl* pusilanimidad *f;* (*Schüchternheit*) timidez *f*
**zäh** [tsɛ:] *adj* ❶ (*Leder*) duro; (*Fleisch*) correoso ❷ (*~flüssig*) viscoso ❸ (*schleppend*) lento ❹ (*beharrlich*) tenaz; (*widerstandsfähig*) resistente; **zähflüssig** *adj* viscoso; (*Verkehr*) denso
**Zähigkeit** *f ohne pl* ❶ (*Widerstandsfähigkeit*) resistencia *f* ❷ (*Ausdauer*) tenacidad *f*
**Zahl** [tsa:l] *f* <-en> (*a.* MATH, LING) número *m;* (*Ziffer*) cifra *f;* **eine dreistellige** ~ un número de tres cifras; **gerade/ungerade/ganze ~en** números pares/impares/enteros; **rote ~en schreiben** (*fig*) estar en números rojos; **in großer** ~ en gran número; **fünf an der** ~ (en número de) cinco
**zahlbar** *adj* pagadero; ~ **bei Lieferung** pagadero a la entrega
**zählbar** *adj* contable
**zahlen** ['tsa:lən] *vi, vt* pagar; (*Schuld*) liquidar; **Herr Ober, bitte ~!** camarero, ¡la cuenta, por favor!; **bar/mit einem Scheck** ~ pagar al contado/con cheque
**zählen** ['tsɛ:lən] **I.** *vi* contar; **bis zehn** ~ contar hasta diez; **das zählt nicht** eso no cuenta; **auf jdn/etw** ~ contar con alguien/algo; **zu etw** *dat* ~ figurar entre algo; **ich zähle mich zu seinen Freunden** me considero uno de sus amigos **II.** *vt* contar; (*Bevölkerung*) hacer el censo; (*Stimmen bei Wahlen*) escrutar; **seine Tage sind gezählt** sus días están contados
**Zahlenfolge** *f* serie *f* de números; **Zahlenkombination** *f* combinación *f;* **zahlenmäßig** *adj* numérico; ~ **überlegen** superior en número; **Zahlenschloss** *nt* cerradura *f* de combinación
**Zahler(in)** *m(f)* <-s, -; -nen> pagador(a) *m(f)*
**Zähler¹** *m* <-s, -> ❶ (*Zählwerk*) contador *m;* **den ~ ablesen** leer el contador ❷ (MATH) numerador *m*
**Zähler(in)²** *m(f)* <-s, -; -nen> contador(a) *m(f)*
**Zählerstand** *m* nivel *m* del contador
**Zahlkarte** *f* impreso *m* para giro postal
**zahllos** *adj* innumerable
**zahlreich** **I.** *adj* numeroso; (*häufig*) frecuente **II.** *adv* en gran número
**Zahltag** *m* día *m* de pago
**Zahlung** *f* <-en> pago *m;* (*Betrag*) importe *m;* **etw in ~ nehmen/geben** tomar/ofrecer algo como pago parcial; **eine ~ leisten** efectuar un pago
**Zählung** *f* <-en> recuento *m;* (*Volks~*) censo *m*
**Zahlungsanweisung** *f* (FIN) orden *f* de pago; **Zahlungsaufforderung** *f* requerimiento *m* de pago; **Zahlungsbefehl** *m* (JUR) mandamiento *m* de pago; **zahlungsfähig** *adj* solvente; **zahlungskräftig** *adj* (*fam*) adinerado; **Zahlungsmittel** *nt* medio *m* de pago; **Zahlungsmoral** *f* (WIRTSCH) fiabilidad *f* en el cumplimiento de los pagos; **zahlungsunfähig** *adj* insolvente; **Zahlungsverkehr** *m* servicio *m* de pagos; **bargeldloser** ~ servicio de pagos sin efectivo
**Zahlwort** *nt* <-(e)s, -wörter> (LING) numeral *m*
**zahm** [tsa:m] *adj* ❶ (*Tier*) manso; (*gezähmt*) domesticado ❷ (*fam: brav*) bueno; (*mild*) suave
**zähmen** ['tsɛ:mən] *vt* ❶ (*Tier*) amansar;

(*zum Haustier*) domesticar ❷ (*geh: Ungeduld*) refrenar

**Zähmung** *f* <-en> ❶ (*eines Tieres*) doma *f*; (*zum Haustier*) domesticación *f* ❷ (*geh: der Ungeduld*) refrenamiento *m*

**Zahn** [tsa:n, *pl:* 'tsɛ:nə] *m* <-(e)s, Zähne> diente *m*; (*Backen~*) muela *f*; **die dritten Zähne** la dentadura postiza; **sich** *dat* **die Zähne putzen** cepillarse los dientes; **mit den Zähnen klappern/knirschen** castañetear/rechinar los dientes; **sie bekommt Zähne** le están saliendo los dientes; **der ~ der Zeit** (*fam*) los estragos del tiempo; **ein steiler ~** (*fam*) una buena moza; **jdm die Zähne zeigen** (*fam*) enseñar los dientes a alguien; **jdm auf den ~ fühlen** (*fam*) tomar el pulso a alguien; **sich** *dat* **die Zähne an etw** *fam* **ausbeißen** dejarse la piel en algo; **einen ~ zulegen** (*fam: schneller fahren*) conducir más rápido; (*sich beeilen*) darse prisa; **Zahnarzt, -ärztin** *m, f* dentista *mf*; **Zahnarztbesuch** *m* visita *f* al dentista; **Zahnärztin** *f s.* **Zahnarzt**; **zahnärztlich** *adj* odontológico; **sich ~ behandeln lassen** ponerse en tratamiento odontológico; **Zahnbehandlung** *f* tratamiento *m* odontológico; **Zahnbelag** *m* (MED) sarro *m*, tártaro *m*; **Zahnbürste** *f* cepillo *m* de dientes; **Zahncreme** *f s.* **Zahnpasta**

**Zähneknirschen** *nt* crujir *m* de dientes, rechinar *m* de dientes; **unter ~** (*fig*) de mala gana; **zähneknirschend** *adv* rechinando los dientes; (*unwillig*) a regañadientes; **sich ~ fügen** obedecer a regañadientes

**zahnen** ['tsa:nən] *vi* echar los dientes

**Zahnersatz** *m* diente *m* postizo; (*Gebiss*) dentadura *f* postiza; **Zahnfäule** *f* caries *f inv*; **Zahnfleisch** *nt* encía(s) *f(pl)*; **Zahnfleischbluten** *nt* <-s, *ohne pl*>: **ich habe ~** me sangran las encías

**Zahnfüllung** *f* (MED) empaste *m*; **Zahngold** *nt* (MED) oro *m* dentario; **Zahnklinik** *f* clínica *f* dental; **Zahnlücke** *f* mella *f* en la dentadura; **Zahnpasta** ['tsa:npasta] *f* pasta *f* dentífrica; **Zahnpflege** *f* higiene *f* dental; **Zahnprothese** *f* dentadura *f* postiza; **Zahnputzglas** *nt* vaso *m* para el cepillo de dientes

**Zahnrad** *nt* (TECH) rueda *f* dentada; **Zahnradbahn** *f* (TECH) ferrocarril *m* de cremallera

**Zahnschmelz** *m* (MED) esmalte *m* dental; **Zahnschmerz** *m* dolor *m* de muelas; **Zahnseide** *f* seda *f* dental; **Zahnspange** *f* aparato *m* ortodóncico; **Zahnstein** *m* <-(e)s, *ohne pl*> placa *f* (bacteriana); **Zahnstocher** [-ʃtɔxɐ] *m* <-s, -> palillo *m*, pajuela *f Bol, Col*; **Zahntechniker(in)** *m(f)* mecánico, -a *m, f* dentista; **Zahnweh** *nt* <-s, *ohne pl*> (*fam*) dolor *m* de muelas

**Zaire** [za'i:ɐ] *nt* <-s> Zaire *m*

**Zander** ['tsandɐ] *m* <-s, -> (ZOOL) lucio *m*

**Zange** ['tsaŋə] *f* <-n> ❶ (*Werkzeug*) tenaza(s) *f(pl)*; (*Geburts~*) fórceps *m inv*; **jdn in die ~ nehmen** (*fam fig*) apretar las clavijas a alguien ❷ (*fam: von Tieren*) pinzas *fpl*; **Zangengeburt** *f* parto *m* con fórceps

**Zank** [tsaŋk] *m* <-(e)s, *ohne pl*> disputa *f*; (*Streit*) riña *f*

**zanken** ['tsaŋkən] *vi, vr* pelearse; **sich mit jdm um etw ~** pelearse con alguien por algo

**zänkisch** ['tsɛŋkɪʃ] *adj* pendenciero, camorrista

**Zäpfchen** ['tsɛpfçən] *nt* <-s, -> ❶ (ANAT) úvula *f* ❷ (*Medikament*) supositorio *m*

**zapfen** ['tsapfən] *vt* sacar (del tonel o barril); **gezapftes Bier** cerveza de barril

**Zapfen** ['tsapfən] *m* <-s, -> ❶ (BOT) piña *f* ❷ (*Stöpsel*) tapón *m* ❸ (TECH: *in der Holzverarbeitung*) mecha *f*; (*an einer Welle, Achse*) perno *m*

**Zapfenstreich** *m* (MIL) toque *m* de retreta

**Zapfhahn** *m* espita *f*; **Zapfsäule** *f* surtidor *m* de gasolina

**zapp(e)lig** ['tsap(ə)lɪç] *adj* (*fam*) inquieto, nervioso; **vor Neugier ganz ~ sein** estar muerto de curiosidad

**zappeln** ['tsapəln] *vi* moverse; (*mit den Beinen*) patalear (*mit*); (*unruhig sein*) no parar quieto; **jdn ~ lassen** (*fam*) tener a alguien en vilo

**Zappelphilipp** ['tsapəlfɪlɪp] *m* <-s, -s *o* -e> (*fam abw*) zarandillo *m*

**zappen** ['tsapən, 'zɛpən] *vi* (*sl* TV) hacer zap(p)ing, zap(e)ar

**Zapping** ['tsapɪŋ] *nt* <-s, *ohne pl*> (TV: *sl*) zapping *m*, zapeo *m*

**zapplig** *adj* (*fam*) *s.* **zapp(e)lig**

**Zar(in)** [tsa:ɐ] *m(f)* <-en, -en; -nen> zar *m*, zarina *f*

**zart** [tsa:ɐt] *adj* ❶ (*Fleisch, Gemüse*) tierno; **im ~en Alter von ...** (*geh*) en la tierna edad de... ❷ (*fein*) fino; (*zerbrechlich*) frágil; (*empfindlich*) sensible; (*Haut, Gesundheit*) delicado ❸ (*Farbe, Klang, Berührung*) suave; **zartbesaitet** ['-'--] *adj* sensible; **zartbitter** ['-'--] *adj*: **~e Schokolade** chocolate sin leche extrafino; **Zartgefühl** *nt* <-(e)s, *ohne pl*> delicadeza *f*; (*Taktgefühl*) tacto *m* (fino); **zartglied(e)rig** *adj* (*fein*) grácil; (*zerbrechlich*) delicado

**zärtlich** ['tsɛ:ɐtlɪç] **I.** *adj* cariñoso; (*liebe-*

*voll*) afectuoso **II.** *adv* con cariño
**Zärtlichkeit**[1] *f ohne pl* (*Zuneigung*) ternura *f*, cariño *m*
**Zärtlichkeit**[2] *f* <-en> (*Liebkosung*) caricia *f*; ~**en austauschen** acariciarse
**Zaster** ['tsastɐ] *m* <-s, *ohne pl*> (*fam*) pasta *f* (gansa)
**Zäsur** [tsɛ'zuːɐ] *f* <-en> (*geh a.* LIT, MUS) cesura *f*
**Zauber** ['tsaʊbɐ] *m* <-s, *ohne pl*> ① (~*handlung*, ~*bann*) hechizo *m*; **fauler** ~ (*fam abw*) embuste *m*; **schließlich flog der ganze** ~ **auf** (*fam*) al final se descubrió el pastel ② (~*kraft*) magia *f* ③ (*Faszination, Reiz*) encanto *m*
**Zauberei**[1] [tsaʊbə'raɪ] *f ohne pl* (*Magie*) magia *f*; **an** ~ **grenzen** parecer cosa de brujería
**Zauberei**[2] *f* <-en> (*Kunststück*) hechicería *f*
**Zauberer, -in** ['tsaʊbərɐ] *m, f* <-s, -; -nen> hechicero, -a *m, f*; (*Zauberkünstler*) mago, -a *m, f*
**Zauberformel** *f* conjuro *m*, fórmula *f* mágica
**zauberhaft** *adj* encantador
**Zauberkünstler(in)** *m(f)* mago, -a *m, f*; (*Illusionist*) ilusionista *mf*; **Zauberkunststück** *nt* juego *m* de manos
**zaubern** ['tsaʊbɐn] **I.** *vi* ① (*Magie betreiben*) practicar la magia; **ich kann doch nicht** ~ (*fam*) no puedo hacer milagros ② (*als Zauberkünstler*) hacer juegos de prestidigitación **II.** *vt* ① (*herbei*~) hacer aparecer por arte de magia ② (*kunstvoll herstellen*) hacer algo con mucho primor; **ein wundervolles Gericht** ~ cocinar un plato extraordinario
**Zauberspruch** *m* dicho *m* mágico, payé *m CSur*; **Zauberstab** *m* varita *f* mágica; **Zaubertrank** *m* filtro *m* mágico; **Zaubertrick** *m* obra *f* de magia; **Zauberwort** *nt* <-(e)s, -e> palabra *f* mágica
**zaudern** ['tsaʊdɐn] *vi* vacilar, trepidar *Am*
**Zaum** [tsaʊm, *pl:* 'tsɔɪmə] *m* <-(e)s, Zäume> brida *f*; **jdn im** ~ **halten** (*fig*) atar corto a alguien; **sich im** ~ **halten** (*fig*) contenerse
**zäumen** ['tsɔɪmən] *vt* embridar
**Zaun** [tsaʊn, *pl:* 'tsɔɪnə] *m* <-(e)s, Zäune> cerca *f*, valla *f*; **einen Streit vom** ~ **brechen** buscar camorra; **Zaungast** *m* mirón, -ona *m, f*, mosquetero, -a *m, f Arg, Bol*; **ich war nur** ~ estuve sólo de mirón; **Zaunkönig** *m* (ZOOL) reyezuelo *m*; **Zaunpfahl** *m* estaca *f*
**zausen** ['tsaʊzən] **I.** *vi* tirar levemente (*an/in* de) **II.** *vt* (*Haare, Fell*) desgreñar
**z.B.** *Abk. von* **zum Beispiel** p.ej.
**Zebra** ['tseːbra] *nt* <-s, -s> (ZOOL) cebra *f*; **Zebrastreifen** *m* paso *m* (de) cebra
**Zeche** ['tsɛçə] *f* <-n> ① (*Bergwerk*) mina *f* ② (*Rechnung*) cuenta *f*; **die** ~ **prellen** (*fam*) irse sin pagar
**zechen** ['tsɛçən] *vi* (*fam*) empinar el codo
**Zechkumpan(in)** *m(f)* (*fam*) compañero, -a *m, f* de copeo; **Zechpreller(in)** *m(f)* cliente *mf* que se marcha de un local sin pagar; **Zechtour** *f* ronda *f* de bares
**Zecke** ['tsɛkə] *f* <-n> (ZOOL) garrapata *f*; **Zeckenbiss** *m* picadura *f* de garrapata
**Zedernholz** *nt* <-es, *ohne pl*> (madera *f* de) cedro *m*
**Zeh** [tseː] *m* <-s, -en> dedo *m* del pie
**Zehe** ['tseːə] *f* <-n> ① (*Körperteil*) dedo *m* del pie; **die große** ~ el dedo gordo del pie ② (*Knoblauch*~) diente *m*; **eine** ~ **Knoblauch** un diente de ajo; **Zehennagel** *m* uña *f* (del dedo) del pie; **Zehenspitze** *f* punta *f* del pie; **auf** ~**n gehen** ir de puntillas; **sich auf die** ~**n stellen** ponerse de puntillas
**zehn** [tseːn] *adj inv* diez; *s. a.* **acht**[1]
**Zehn** *f* <-en> diez *m*
**Zehner** *m* <-s, -> ① (*fam: Münze*) moneda *f* de diez pfennig; (*Geldschein*) billete *m* de diez marcos ② (*einer mehrstelligen Zahl*) decena *f*
**Zehnerkarte** *f* (*Bus, Bahn*) bono *m* de diez viajes; (*Schwimmbad*) abono *m* para diez visitas
**zehnerlei** ['--'-] *adj inv* de diez clases diferentes, diez clases (diferentes) de; *s. a.* **achterlei**
**zehnfach** **I.** *adj* diez veces más, por diez **II.** *adv* diez veces; *s. a.* **achtfach**
**Zehnkampf** *m* (SPORT) decatlón *m*; **Zehnkämpfer(in)** *m(f)* (SPORT) atleta *mf* de decatlón, decatleta *mf*
**zehnmal** *adv* diez veces; *s. a.* **achtmal**
**Zehnmarkschein** ['-'--] *m* billete *m* de diez marcos
**zehnt**: **zu** ~ (a) diez
**zehntausend** *adj inv* diez mil; **die oberen** ~ la flor y nata de la sociedad
**zehnte(r, s)** *adj* décimo; *s. a.* **achte(r, s)**
**zehntel** ['tseːntəl] *adj inv* décimo; *s. a.* **achtel**
**Zehntel** ['tseːntəl] *nt* <-s, -> décimo, -a *m, f*, décima parte *f*; *s. a.* **Achtel**
**zehntens** ['tseːntəns] *adv* en décimo lugar; (*bei einer Aufzählung*) décimo; *s. a.* **achtens**
**zehren** ['tseːrən] *vi* consumir (*an*); (*schwächen*) debilitar; **von etw** *dat* ~ alimentarse de algo

**Zeichen** ['tsaɪçən] *nt* <-s, -> ❶ (*a.* ASTR, LING, MUS) signo *m;* (*Symbol*) símbolo *m;* (*Ab~*) distintivo *m;* (*Akten~*) referencia *f;* (*Waren~*) marca *f;* **die ~ der Zeit erkennen** reconocer los signos de la época; **unser/Ihr ~** nuestra/su referencia; **sie ist im ~ des Löwen geboren** nació bajo el signo de Leo ❷ (*Signal*) señal *f;* (*mit der Hand*) seña *f;* (*Beweis*) prueba *f;* **jdm ein ~ geben** hacer una seña a alguien; **ein ~ setzen** sentar un precedente; **zum ~, dass ...** en señal de...; **das ist kein gutes ~** ésa no es buena señal; **zum ~ der Versöhnung** como prueba de reconciliación ❸ (*An~*) indicio *m;* (MED) síntoma *m;* **es geschehen noch ~ und Wunder!** ¡todavía se producen milagros!

**Zeichenblock** *m* bloc *m* de dibujo; **Zeichenbrett** *nt* tablero *m* de dibujo

**Zeichenerklärung** *f* leyenda *f*

**Zeichenkunst** *f* arte *m* de dibujar; **seine Zeichenkünste lassen zu wünschen übrig** sus dibujos dejan bastante que desear

**Zeichensetzung** *f ohne pl* puntuación *f;* **Zeichensprache** *f* lenguaje *m* por señas

**Zeichenstunde** *f* clase *f* de dibujo; **Zeichentrickfilm** *m* (película *f* de) dibujos *mpl* animados, caricaturas *fpl Mex*

**zeichnen** ['tsaɪçnən] **I.** *vt* ❶ (*malen*) dibujar; (*skizzieren*) esbozar; **technisches Z~** dibujo técnico ❷ (*kenn~*) marcar ❸ (*unterschreiben*) firmar; **Aktien ~** su(b)scribir acciones **II.** *vi* dibujar (*an*); **für etw ~** asumir la responsabilidad de algo; **gezeichnet Müller** firmado Müller

**Zeichner(in)** *m(f)* <-s, -; -nen> ❶ (*Maler*) dibujante *mf;* **technischer ~/technische ~in** delineante *mf* ❷ (WIRTSCH) su(b)scriptor(a) *m(f)*

**zeichnerisch** *adj* gráfico; **etw ~ darstellen** representar algo gráficamente

**Zeichnung** *f* <-en> ❶ (*Darstellung*) dibujo *m* ❷ (COM) su(b)scripción *f*

**Zeigefinger** *m* (dedo *m*) índice *m;* **mit dem ~ auf jdn deuten** señalar a alguien con el dedo

**zeigen** ['tsaɪgən] **I.** *vt* ❶ (*allgemein*) mostrar, enseñar; (*vorführen*) exhibir; (*Film*) poner, echar *fam;* **jdm etw ~** mostrar algo a alguien; (*beibringen*) enseñar algo a alguien; **dir werd' ich's ~!** (*fam*) ¡ya te enseñaré (yo)!; **dem hab ich's gezeigt!** (*fam*) ¡le he dado una buena lección! ❷ (*an~*) indicar, marcar; **das Thermometer zeigt zwei Grad** el termómetro marca dos grados ❸ (*an den Tag legen*) mostrar; **sie zeigte ihm, was sie von ihm hielt** no le ocultó lo que pensaba de él ❹ (*beweisen*) demostrar; **nun zeig mal, was du kannst!** (*fam*) ¡demuestra de lo que eres capaz! **II.** *vi* señalar (*nach* hacia); **auf etw/jdn ~** señalar algo/a alguien; **sie zeigt nach rechts** señala hacia la derecha; **die Leute ~ schon mit dem Finger auf dich** la gente ya te señala con el dedo; **zeig mal!** ¡déjame ver! **III.** *vr:* **sich ~** ❶ (*allgemein*) mostrarse; (*sich sehen lassen*) dejarse ver; **sich besorgt ~** mostrarse preocupado; **wie kann ich mich Ihnen erkenntlich ~?** ¿cómo puedo mostrarle mi agradecimiento?; **er zeigt sich heute von seiner besten Seite** hoy muestra su lado bueno; **mit ihm kann man sich überall ~** se puede ir con él a todos los sitios ❷ (*sich herausstellen*) verse, demostrarse; (*zum Vorschein kommen*) aparecer; **das wird sich ~** eso ya se verá

**Zeiger** *m* <-s, -> indicador *m;* (*Uhr~*) aguja *f;* **der große/kleine ~** la aguja de las horas/los minutos

**Zeigestock** *m* puntero *m*

**Zeile** ['tsaɪlə] *f* <-n> ❶ (*Text~*) línea *f,* renglón *m;* **jdm ein paar ~n schreiben** poner(le) a alguien unas letras; **neue ~** (*beim Diktat*) punto y aparte; **er hat das mit keiner ~ angedeutet** no ha dado a entender eso para nada; **zwischen den ~n lesen** leer entre líneas ❷ (*Reihe*) fila *f;* **Zeilenabstand** *m* interlínea *f*

**Zeisig** ['tsaɪzɪç] *m* <-s, -e> (ZOOL) chamariz *m*

**zeit** [tsaɪt] *präp +gen:* **~ meines/seines Lebens** durante toda mi/su vida

**Zeit** [tsaɪt] *f* <-en> (*a.* LING, SPORT) tiempo *m;* (*~punkt*) momento *m;* (*~raum*) período *m;* (*~alter*) época *f;* (*Uhr~*) hora *f;* (*Jahres~*) estación *f;* **seit einiger/geraumer ~** desde hace algún/bastante tiempo; **zu jeder ~** a cualquier hora; **zu keiner ~** en ningún momento; **zur ~ Napoleons** en la época/los tiempos de Napoleón; **eine ~ lang** durante algún tiempo; (*eine Weile*) un rato; **seit dieser ~** desde entonces; **nach kurzer ~** después de unos minutos; **(keine) ~ haben** (no) tener tiempo (*für* para); **wir wollen keine ~ verlieren** no queremos perder tiempo; **wir haben noch fünf Minuten ~** aún tenemos cinco minutos; **wo warst du denn die ganze ~?** ¿dónde has estado todo el tiempo?; **die ~ wurde mir zu lang** el tiempo se me hizo muy largo; **die ~ arbeitet für uns** el tiempo está de nuestra parte; **die ~ drängt** no hay tiempo que perder; **~ gewinnen** ganar tiempo; **sich** *dat* **(mit etw** *dat***) ~**

**lassen** tomarse el tiempo necesario (para algo); **jdm die ~ stehlen** (*fam*) robarle el tiempo a alguien; **jdm/sich** *dat* **mit etw** *dat* **die ~ vertreiben** entretener a alguien/entretenerse con algo; **das hat ~** eso no corre prisa; **auf ~** a plazo; **es wird** (**allmählich**) ~ (ya) va siendo hora; **es ist an der ~** (**zu gehen**) ha llegado la hora (de ir); **es ist höchste ~** (**, etw zu tun**) ya va siendo hora (de hacer algo); **morgen um diese ~** mañana a esta hora; **hast du die genaue ~?** ¿tienes la hora exacta?; **um 12 Uhr mitteleuropäischer ~** a las doce horas, hora europea; **seiner ~ voraus sein** estar por delante de su época; **der größte Schwindler aller ~en** el mayor estafador de todos los tiempos; **es ist nur eine Frage der ~** es sólo cuestión de tiempo; **zur rechten ~** en el momento oportuno; **alles zu seiner ~!** ¡cada cosa a su tiempo!; **von ~ zu ~** de vez en cuando; **eine gute ~ laufen** (SPORT) conseguir un buen tiempo; **auf bestimmte ~** por cierto tiempo; **auf unbestimmte ~** por tiempo indefinido; **im Laufe der ~** en el transcurso del tiempo; **die heutige ~** los tiempos actuales; **die gute alte ~** los (buenos) viejos tiempos; **das waren noch ~en!** ¡qué tiempos aquellos!; **zur ~, als ...** en tiempos de...; **in letzter ~** últimamente; **in nächster ~** en un futuro próximo; **für alle ~en** para siempre; **auf unabsehbare ~** por un período de tiempo indefinido; **die ~en ändern sich** los tiempos cambian; **das ist vor meiner ~ geschehen** eso sucedió antes de mi época; **zu meiner ~** en mis tiempos; **hier bin ich die längste ~ gewesen** (*fam*) ya me cansé de estar aquí; **kommt ~, kommt Rat** (*prov*) con el tiempo maduran las uvas; **die ~ heilt alle Wunden** el tiempo todo lo cura; **du liebe ~!** ¡Dios mío!; **~ ist Geld** (*prov*) el tiempo es oro; **Zeitabschnitt** *m* espacio *m* de tiempo; (*länger*) época *f;* **Zeitalter** *nt* <-s, -> era *f;* (*Jahrhundert*) siglo *m;* **Zeitangabe** *f* ❶ (*Uhrzeit*) hora *f;* (*Datum*) fecha *f* ❷ (LING) complemento *m* temporal; **Zeitansage** *f* información *f* horaria; **Zeitarbeit** *f ohne pl* (WIRTSCH) trabajo *m* temporal; **Zeitarbeitsfirma** *f* (WIRTSCH) empresa *f* de trabajo temporal; **Zeitaufwand** *m* inversión *f* de tiempo; **mit möglichst geringem ~** en el menor tiempo posible; **zeitaufwändig** *adj*, **zeitaufwendig** *adj* que requiere mucho tiempo; **Zeitbombe** *f* bomba *f* con detonador de tiempo; **Zeitdruck** *m* <-(e)s, *ohne pl*> premura *f* de tiempo; **unter ~ stehen** estar corto de tiempo; **jdn unter ~ setzen** apremiar a alguien; **Zeiteinteilung** *f* distribución *f* del tiempo; **Zeitfrage** *f ohne pl* cuestión *f* de tiempo; **Zeitgefühl** *nt* <-(e)s, *ohne pl*> sentido *m* del tiempo; **Zeitgeist** *m* <-(e)s, *ohne pl*> espíritu *m* de la época

**zeitgemäß** *adj* conforme a la época, actual; **Zeitgenosse**, **-in** *m, f* contemporáneo, -a *m, f;* **zeitgenössisch** *adj* contemporáneo; **Zeitgeschehen** *nt* actualidad *f;* **Zeitgeschichte** *f ohne pl* historia *f* contemporánea; **Zeitgeschmack** *m* <-(e)s, *ohne pl*> gusto *m* actual; **Zeitgewinn** *m* <-(e)s, *ohne pl*> ganancia *f* de tiempo; **zeitgleich** *adj* simultáneo; **~ durchs Ziel gehen** cruzar la meta al mismo tiempo

**zeitig I.** *adj* temprano **II.** *adv* a tiempo; **wir müssen ~ los** tenemos que salir a tiempo

**Zeitkarte** *f* abono *m*

**zeitlebens** [tsaɪt'leːbəns] *adv* durante toda la vida

**zeitlich** *adj* temporal; (*vergänglich*) pasajero; **~ zusammenfallen** coincidir; **das passt ihr ~ nicht** no le viene bien esa hora; **etw ist ~ begrenzt** hay un plazo limitado para algo; **das Z~e segnen** (*Personen*) fallecer; (*fam: Sachen*) tocar a su fin

**zeitlos** *adj* intemporal

**Zeitlupe** *f ohne pl* (FILM) cámara *f* lenta; **in ~** a cámara lenta; **Zeitlupentempo** *nt:* **im ~** a paso de tortuga

**Zeitmangel** *m* <-s, *ohne pl*> falta *f* de tiempo; **aus ~** por falta de tiempo; **Zeitnot** *f ohne pl* premura *f* de tiempo; **in ~ sein** estar corto de tiempo; **Zeitplan** *m* horario *m;* **einen ~ einhalten/aufstellen** atenerse a/fijar un horario; **Zeitpunkt** *m* momento *m;* (*Datum*) fecha *f;* **zu diesem ~** en este momento; **Zeitraffer** [-rafɐ] *m* <-s, *ohne pl*> (FILM) cámara *f* rápida; **im ~** a cámara rápida

**zeitraubend** *adj* que exige mucho tiempo; **Zeitraum** *m* espacio *m* de tiempo, período *m;* **in einem ~ von mehreren Monaten** en un espacio de tiempo de varios meses; **Zeitrechnung** *f* cronología *f*, era *f;* **nach christlicher/jüdischer ~** según la cronología cristiana/el calendario judío; **vor unserer ~** antes de nuestra era; **Zeitreise** *f* viaje por el *m* tiempo

**Zeitschrift** *f* revista *f*

**Zeitspanne** *f* lapso *m* de tiempo, período *m;* **zeitsparend** *adj* que ahorra tiempo; **~ arbeiten** trabajar ahorrando tiempo; **Zeittafel** *f* tabla *f* cronológica; **Zeittakt** *m* (TEL) duración *f* del paso (de contador); **Zeitumstellung** *f* cambio *m* de horario

**Zeitung** ['tsaɪtʊŋ] *f* <-en> periódico *m;* (*Tages~*) diario *m*

**Zeitungsabonnement** *nt* su(b)scripción *f* a un periódico; **Zeitungsannonce** *f* anuncio *m* (en un periódico); **Zeitungsanzeige** *f* anuncio *m* (en un periódico); **Zeitungsartikel** *m* artículo *m* de periódico; **Zeitungsausschnitt** *m* recorte *m* de(l) periódico; **Zeitungsausträger(in)** *m(f)* <-s, -; -nen> repartidor(a) *m(f)* de periódicos; **Zeitungsbericht** *m* reportaje *m* periodístico; **Zeitungsmeldung** *f* noticia *f* de prensa; **Zeitungspapier** *nt* <-s, *ohne pl*> papel *m* de periódico; **Zeitungsverkäufer(in)** *m(f)* vendedor(a) *m(f)* de periódicos, voceador(a) *m(f) Am*

**Zeitverlust** *m ohne pl* pérdida *f* de tiempo; **Zeitverschiebung** *f* diferencia *f* horaria; **Zeitverschwendung** *f* pérdida *f* de tiempo; **reine ~** sólo tiempo perdido; **Zeitvertrag** *m* contrato *m* temporal; **Zeitvertreib** *m* <-(e)s, -e> pasatiempo *m;* **etw zum ~ tun** hacer algo como pasatiempo; **Zeitverzögerung** *f* retraso *m*

**zeitweilig** ['tsaɪtvaɪlɪç] **I.** *adj* momentáneo, temporal **II.** *adv* ① (*vorübergehend*) durante algún tiempo ② (*manchmal*) a veces

**zeitweise** ['tsaɪtvaɪzə] *adv* ① (*manchmal*) a veces ② (*vorübergehend*) por momentos

**Zeitwort** *nt* <-(e)s, -wörter> (LING) verbo *m;* **Zeitzeuge, -in** *m, f* testigo *mf* de su época; (*Zeitgenosse*) contemporáneo, -a *m, f;* **Zeitzone** *f* huso *m* horario; **Zeitzünder** *m* espoleta *f* retardada

**zelebrieren*** [tsele'bri:rən] *vt* celebrar

**Zelle** ['tsɛlə] *f* <-n> ① (*einer Organisation, a.* BIOL, ELEK) célula *f;* **die (kleinen) grauen ~n** (*fam*) la sustancia gris ② (*Telefon~*) cabina *f* telefónica ③ (*Gefängnis~, Kloster~*) celda *f*

**Zellgewebe** *nt* (BIOL) tejido *m* celular; **Zellkern** *m* (BIOL) núcleo *m* celular; **Zellkultur** *f* (BIOL, MED) cultivo *m* celular

**Zellophan** [tsɛlo'fa:n] *nt* <-s, *ohne pl*> celofán® *m*

**Zellstoff** *m* celulosa *f;* **Zellteilung** *f* (BIOL) división *f* celular

**Zellulitis** [tsɛlu'li:tɪs, *pl:* tsɛluli'ti:dən] *f* <Zellulitiden> (MED) celulitis *f inv*

**Zelluloid** [tsɛlu'lɔɪt] *nt* <-s, *ohne pl*> (*a.* CHEM) celuloide *m*

**Zellulose** [tsɛlu'lo:zə] *f* <-n> celulosa *f*

**Zellwucherung** *f* (MED): **bösartige ~** excrecencia *f* celular maligna

**Zelt** [tsɛlt] *nt* <-(e)s, -e> tienda *f* de campaña; (*Zirkus~*) carpa *f;* **seine ~e aufschlagen/abbrechen** (*fam*) establecerse/marcharse

**zelten** ['tsɛltən] *vi* acampar, campear *Am*

**Zeltlager** *nt* campamento *m;* **Zeltpflock** *m* estaquilla *f;* **Zeltplane** *f* toldo *m;* **Zeltplatz** *m* lugar *m* de acampada; (*Campingplatz*) camping *m;* **Zeltstange** *f* palo *m* de la tienda

**Zement** [tse'mɛnt] *m* <-(e)s, -e> cemento *m*

**zementieren*** [tsemɛn'ti:rən] *vt* ① (*Wege*) cubrir de cemento ② (*festsetzen*) consolidar ③ (*Stahl*) cementar

**Zenit** [tse'ni:t] *m* <-(e)s, *ohne pl*> (*a. fig*) cenit *m;* **im ~ stehen** estar en el cenit; (*Mensch*) estar en el apogeo

**zensieren*** [tsɛn'zi:rən] *vt* ① (*der Zensur unterwerfen*) censurar ② (*benoten*) calificar

**Zensor(in)** ['tsɛnzo:ɐ] *m(f)* <-s, -en; -nen> censor(a) *m(f)*

**Zensur**[1] [tsɛn'zu:ɐ] *f ohne pl* (*Kontrolle*) censura *f;* **der ~ unterliegen** estar sometido a censura

**Zensur**[2] *f* <-en> (*Note*) nota *f*

**zensurieren*** [tsɛnzu'ri:rən] *vt* (*Schweiz, Österr*) censurar, someter a censura

**Zentiliter** [tsɛnti'li:tɐ, 'tsɛntili:tɐ] *m o nt* centilitro *m;* **Zentimeter** [tsɛnti-, 'tsɛnti-] *m o nt* centímetro *m;* **Zentimetermaß** *nt* cinta *f* métrica

**Zentner** ['tsɛntnɐ] *m* <-s, -> ① (*50 kg*) quintal *m* ② (*Österr, Schweiz: 100 kg*) quintal *m* métrico

**zentral** [tsɛn'tra:l] *adj* central; **~ gelegen** céntrico; **in ~er Lage** en zona céntrica; **ich wohne hier ziemlich ~** aquí vivo a un paso del centro; **Zentralafrika** [-'-'---] *nt* África *f* Central; **Zentralamerika** [-'--'---] *nt* América *f* Central

**Zentralbankpräsident(in)** *m(f)* (FIN) presidente *m, f* del Banco Central; **Zentralbankstatut** *nt* (FIN) estatuto *m* del Banco Central

**Zentrale** [tsɛn'tra:lə] *f* <-n> central *f;* (*Telefon~*) centralita *f*

**Zentralheizung** *f* calefacción *f* central

**zentralisieren*** [tsɛntrali'zi:rən] *vt* centralizar

**Zentralismus** [tsɛntra'lɪsmʊs] *m* <-, *ohne pl*> centralismo *m*

**Zentralkomitee** *nt* comité *m* central; **Zentralnervensystem** *nt* (ZOOL, MED) sistema *m* nervioso central; **Zentralrat** *m* consejo *m* central; **Zentralrechner** *m* (INFOR) calculadora *f* central; **Zentralstelle** *f* (oficina *f*) central *f;* **Zentralverriegelung** *f* (AUTO) cierre *m* centralizado

**Zentren** ['tsɛntrən] *pl von* **Zentrum**

**zentrieren*** [tsɛn'tri:rən] *vt* (*a.* TECH) centrar

**Zentrifugalkraft** *f* (PHYS) fuerza *f* centrífuga

**Zentrifuge** [tsɛntri'fu:gə] *f* <-n> centrifugadora *f;* **Zentripetalkraft** *f* (PHYS) fuerza *f* centrípeta

**zentrisch** ['tsɛntrɪʃ] *adj* céntrico

**Zentrum** ['tsɛntrʊm] *nt* <-s, Zentren> centro *m;* **im ~ des öffentlichen Interesses stehen** estar en el centro del interés público; **sie wohnt im ~** vive en el centro

**Zeppelin** ['tsɛpəli:n] *m* <-s, -e> zepelín *m*

**Zepter** ['tsɛptɐ] *m o nt* <-s, -> cetro *m;* **das ~ schwingen** (*fam*) llevar la voz cantante

**zerbeißen*** [tsɛɐ-] *irr vt* romper con los dientes [*o* a mordiscos]

**zerbeulen*** *vt* abollar

**zerbissen** *pp von* **zerbeißen**

**zerbomben*** *vt* bombardear

**zerbrechen*** *irr* **I.** *vt* (*zerstören*) romper **II.** *vi sein* ❶ (*entzweibrechen*) romper(se) ❷ (*scheitern*) fracasar

**zerbrechlich** *adj* frágil

**zerbrochen** *pp von* **zerbrechen**

**zerbröckeln*** **I.** *vi sein* (*Mauer, Gestein*) desmoronarse; (*Brot*) desmigajarse **II.** *vt* desmenuzar; (*Brot*) desmigajar

**zerdrücken*** *vt* ❶ (*zerquetschen*) aplastar; (*Knoblauch*) machacar ❷ (*fam: zerknittern*) arrugar

**Zeremonie** [tseremo'ni:, tsere'mo:niə] *f* <-n> ceremonia *f*

**zeremoniell** [tseremo'njɛl] *adj* ceremonioso

**Zeremoniell** [tseremo'njɛl] *nt* <-s, -e> ceremonial *m*

**Zerfall** *m* <-(e)s, *ohne pl*> ruina *f;* (*von Gebäuden*) desmoronamiento *m;* (CHEM) descomposición *f;* (PHYS) desintegración *f*

**zerfallen*** *irr vi sein* ❶ (*Gebäude*) desmoronarse; **zu Staub ~** convertirse en polvo ❷ (*Reich, Kultur*) hundirse ❸ (CHEM) descomponerse; (PHYS) desintegrarse ❹ (*sich gliedern*): **in etw ~** dividirse en algo

**Zerfallsprozess** *m* proceso *m* de descomposición

**zerfetzen*** *vt* (des)garrar; (*Körper*) despedazar

**zerfleddern*** [tsɛɐ'flɛdɐn] *vt,* **zerfledern*** [tsɛɐ'fle:dɐn] *vt* estropear; (*zerreißen*) destrozar, hacer trizas

**zerfleischen*** *vt* despedazar

**zerfließen*** *irr vi sein* ❶ (*schmelzen*) fundirse; **vor Freundlichkeit ~** (*iron*) deshacerse en amabilidades ❷ (*Farbe*) correrse

**zerflossen** *pp von* **zerfließen**

**zerfranst** [tsɛɐ'franst] *adj* deshilachado

**zerfressen*** *irr vt* ❶ (*Würmer*) carcomer; (*Motten*) comerse; (*Krebs, Lepra*) consumir ❷ (*Rost*) corroer

**zergangen** *pp von* **zergehen**

**zergehen*** *irr vi sein* deshacerse; **auf der Zunge ~** deshacerse en la lengua

**zergliedern*** *vt* ❶ (*Pflanze*) descomponer; (*Tier*) desmembrar ❷ (*analysieren*) analizar

**zerkauen*** *vt* masticar

**zerkleinern*** *vt* desmenuzar; (*in Stücke*) trocear; (*zermahlen*) triturar; (*Holz*) partir

**zerknirscht** *adj* compungido; (*reuig*) arrepentido

**zerknittern*** *vt* (*Papier*) estrujar; (*Kleid*) arrugar

**zerknüllen*** *vt* estrujar

**zerkochen*** **I.** *vi sein* cocer demasiado **II.** *vt* cocer demasiado

**zerkratzen*** *vt* (*Dinge*) rascar; (*Haut*) arañar

**zerkrümeln*** **I.** *vi sein* desmigajarse **II.** *vt* desmigajar

**zerlassen*** *irr vt* (GASTR) derretir

**zerlaufen*** *irr vi sein* derretirse

**zerlegbar** *adj* desmontable

**zerlegen*** *vt* ❶ (*Maschine, Möbel*) desmontar; **etw in seine Einzelteile ~** desmontar algo ❷ (*Wild*) descuartizar; (*Fleisch*) cortar ❸ (CHEM) descomponer ❹ (LING) analizar

**Zerlegung** *f* <-en> ❶ (*von Maschinen, Möbeln*) desarme *m;* (*zur Verschrottung*) desmantelamiento *m* ❷ (*von Fleisch*) descuartizamiento *m* ❸ (CHEM) descomposición *f* ❹ (LING) análisis *m inv*

**zerlumpt** *adj* andrajoso, distraído *Chil, Mex*

**zermalmen*** [tsɛɐ'malmən] *vt* aplastar, triturar

**zermürben*** *vt* (*körperlich*) cansar; (*seelisch*) desmoralizar

**zerquetschen*** *vt* aplastar

**Zerrbild** ['tsɛrbɪlt] *nt* caricatura *f*

**zerreden*** *vt* tratar demasiado

**zerreiben*** *irr vt* triturar, moler; (*fein*) pulverizar

**zerreißen*** *irr* **I.** *vi sein* romperse **II.** *vt* romper; (*in Stücke*) hacer pedazos; **ich könnte ihn in der Luft ~** (*fam*) podría hacerle pedazos; **es hat uns fast zerrissen** (*fam*) casi nos morimos de la risa

**Zerreißprobe** *f* (TECH) prueba *f* de rotura; (*fig*) prueba *f* de nervios

**zerren** ['tsɛrən] **I.** *vi* tirar violentamente (*an* de); **das zerrt an meinen Nerven** esto me destroza los nervios **II.** *vt* ❶ (*schleppen*) arrastrar ❷ (*überdehnen*): **sich** *dat*

**etw** ~ distenderse algo

**zerrieben** *pp von* **zerreiben**

**zerrinnen*** *irr vi sein* (*geh*) ❶ (*Schnee*) derretirse ❷ (*Traum, Hoffnung*) desvanecerse; (*Zeit*) pasar volando

**zerrissen** [tsɛɐ'rɪsən] **I.** *pp von* **zerreißen** **II.** *adj* roto; (*Menschen*) dividido

**zerronnen** *pp von* **zerrinnen**

**Zerrung** ['tsɛrʊŋ] *f* <-en> distensión *f,* tirón *m fam*

**zerrütten*** [tsɛɐ'rʏtən] *vt* (*Gesundheit*) quebrantar; (*Finanzen, Ordnung*) arruinar; (*Nerven*) destrozar

**zersägen*** *vt* serrar, cortar con la sierra

**zerschellen*** [tsɛɐ'ʃɛlən] *vi sein* estrellarse (*an* contra)

**zerschlagen**[1] **I.** *pp von* **zerschlagen**[2] **II.** *adj* agotado, hecho polvo *fam*

**zerschlagen***[2] *irr* **I.** *vt* ❶ (*zerbrechen*) romper; (*zerstören*) destrozar ❷ (*Organisation*) desintegrar **II.** *vr:* **sich** ~ quedar en nada

**zerschlissen** [tsɛɐ'ʃlɪsən] *adj* desgastado

**zerschmettern*** *vt* romper (con violencia); (*Körperteil*) desmembrar

**zerschneiden*** *irr vt* cortar

**zerschnitten** *pp von* **zerschneiden**

**zersetzen*** **I.** *vt* ❶ (*auflösen*) descomponer ❷ (*untergraben*) minar; (*sittlich*) desmoralizar **II.** *vr:* **sich** ~ descomponerse

**zerspalten*** *irr vt* partir; (*Partei*) escindir

**zersplittern*** **I.** *vi sein* (*Fensterscheibe*) hacerse añicos; (*Knochen, Holz*) hacerse astillas; (*Partei*) dividirse **II.** *vt* hacer pedazos; (*Holz*) hacer astillas

**zerspringen*** *irr vi sein* romperse; (*in einzelne Stücke*) hacerse añicos

**zersprungen** *pp von* **zerspringen**

**zerstampfen*** *vt* ❶ (*zerkleinern*) machacar ❷ (*zertreten*) pisotear

**zerstäuben*** [tsɛɐ'ʃtɔɪbən] *vt* pulverizar; (*Flüssigkeit*) atomizar

**Zerstäuber** *m* <-s, -> pulverizador *m;* (*von Flüssigkeit*) atomizador *m*

**zerstechen*** *irr vt* ❶ (*Insekten*) picar ❷ (*Reifen*) pinchar

**zerstochen** *pp von* **zerstechen**

**zerstören*** *vt* destruir

**zerstörerisch** *adj* destructivo

**Zerstörung** *f* <-en> destrucción *f;* **Zerstörungswut** *f* vandalismo *m*

**zerstreuen*** **I.** *vt* ❶ (*auseinander treiben*) dispersar; (*Bedenken*) disipar ❷ (*verstreuen*) esparcir **II.** *vr:* **sich** ~ ❶ (*Menschenmenge*) dispersarse; (*Bedenken*) disiparse ❷ (*sich unterhalten*) distraerse

**zerstreut** [tsɛɐ'ʃtrɔɪt] *adj* (*Person*) distraído

**Zerstreutheit** *f ohne pl* distracción *f*

**Zerstreuung**[1] *f ohne pl* ❶ (*einer Menschenmenge*) dispersión *f;* (*eines Verdachts*) disipación *f* ❷ (*Zerstreutheit*) distracción *f*

**Zerstreuung**[2] *f* <-en> (*Unterhaltung*) entretenimiento *m*

**zerstückeln*** [tsɛɐ'ʃtʏkəln] *vt* despedazar

**Zerstückelung** *f* <-en> despedazamiento *m,* troceo *m*

**zerteilen*** *vt* dividir (*in* en); (*in Stücke*) trocear

**Zertifikat** [tsɛrtifi'ka:t] *nt* <-(e)s, -e> certificado *m*

**zertreten*** *irr vt* pisar

**zertrümmern*** *vt* destrozar, destruir

**zerwühlen*** *vt* (*Bett*) revolver; (*Boden*) remover

**zerzausen*** [tsɛɐ'tsaʊzən] *vt* desgreñar

**zetern** ['tse:tɐn] *vi* (*abw*) armar la marimorena

**Zettel** ['tsɛtəl] *m* <-s, -> papel *m;* (*Notiz*) nota *f;* (*Kassen~*) tique *m;* **Zettelkasten** *m* fichero *m*

**Zeug** [tsɔɪk] *nt* <-(e)s, *ohne pl*> (*fam: Sachen*) cosas *fpl;* (*wertlose Dinge*) trastos *mpl;* **red kein dummes ~!** (*fam*) ¡no digas tonterías!; **das ~ zu etw** *dat* **haben** (*fam*) tener madera de algo; **was das ~ hält** (*fam*) a más no poder; **sich für jdn ins ~ legen** (*fam*) defender a alguien contra viento y marea

**Zeuge, -in** ['tsɔɪgə] *m, f* <-n, -n; -nen> testigo *mf;* **vor ~n** ante testigos

**zeugen** ['tsɔɪgən] **I.** *vi* ❶ (*erkennen lassen*): **von etw** *dat* ~ demostrar algo ❷ (*als Zeuge aussagen*) testificar (*für* a favor de, *gegen* contra/en contra de) **II.** *vt* (*Kind*) engendrar; (*verursachen*) producir

**Zeugenaussage** *f* declaración *f* del testigo; **seine ~ machen** prestar declaración testimonial; **Zeugenstand** *m* <-(e)s, *ohne pl*> estrado *m* de testigos; **in den ~ treten** subir al estrado; **Zeugenvernehmung** *f* audición *f* de los testigos

**Zeugin** *f* <-nen> *s.* **Zeuge**

**Zeugnis** ['tsɔɪknɪs] *nt* <-ses, -se> ❶ (*Schul~*) notas *fpl;* (*Arbeits~*) certificado *m;* **jdm ein ~ ausstellen/schreiben** extender(le)/escribir(le) a alguien un certificado ❷ (*Gutachten*) dictamen *m,* certificado *m;* **ein amtliches/ärztliches ~** un dictamen oficial/un certificado médico ❸ (*geh: Zeichen*) testimonio *m;* (*Beweis*) prueba *f*

**Zeugung** *f* <-en> engendramiento *m;* **zeugungsfähig** *adj* capaz de engendrar; **zeugungsunfähig** *adj* incapaz de engendrar

**z.H(d).** *Abk. von* **zu Händen von** a la atención de

**Zicke** ['tsɪkə] *f* <-n> ① (*weibliche Ziege*) cabra *f* ② (*Frau*) pava *f* ③ *pl* (*fam: Dummheiten*) tonterías *fpl;* **~n machen** crear problemas

**zickig** *adj* (*fam abw*) caprichoso

**zickzack** ['tsɪktsak] *adv* en zigzag; **~ fahren** ir en zigzag

**Zickzack** ['tsɪktsak] *m* <-(e)s, -e> zigzag *m,* eses *fpl;* **(im) ~ laufen** hacer eses

**Ziege** ['tsi:gə] *f* <-n> ① (*Tier*) cabra *f* ② (*fam abw: Frau*) bruja *f;* **du dumme ~!** ¡tía idiota!

**Ziegel** ['tsi:gəl] *m* <-s, -> ① (*Backstein*) ladrillo *m* ② (*Dach~*) teja *f;* **Ziegeldach** *nt* tejado *m* de tejas

**Ziegelei** [tsi:gə'laɪ] *f* <-en> fábrica *f* de tejas y ladrillos, galpón *m* *Col*

**Ziegelstein** *m* ladrillo *m*

**Ziegenbart** *m* ① (*Bart des Ziegenbockes*) barba *f* del macho cabrío; (*fam: Spitzbart*) barba *f* de chivo ② (*Pilz*) ramaria *f;* **Ziegenbock** *m* macho *m* cabrío; **Ziegenkäse** *m* queso *m* de (leche de) cabra; **Ziegenleder** *nt* cabritilla *f;* **Ziegenmilch** *f* leche *f* de cabra; **Ziegenpeter** [-pe:tɐ] *m* <-s, -> (*fam*) paperas *fpl*

**ziehen** ['tsi:ən] <zieht, zog, gezogen> **I.** *vt* ① (*allgemein*) tirar (*an* de); (*zerren*) arrastrar; (*Anhänger*) remolcar; (*dehnen*) estirar; **jdn am Ärmel ~** tirar a alguien de la manga; **jdn auf seine Seite ~** conquistar a alguien para sus fines; **etw nach sich** *dat* **~** (*fig*) acarrear algo; **alle Blicke/die Aufmerksamkeit auf sich ~** atraer sobre sí todas las miradas/la atención; **etw ins Komische ~** ridiculizar algo; **Saiten auf ein Instrument ~** poner cuerdas a un instrumento; **der Honig zieht Fäden** la miel hace hebras ② (*heraus~*) sacar (*aus* de); (*Wurzeln*) arrancar (*aus* de); **Zigaretten ~** sacar cigarrillos; **Fäden ~** quitar los puntos; **aus dem Verkehr ~** (*Auto*) retirar del servicio; (*Geld*) retirar de la circulación; **einen Vorteil aus etw ~** *dat* sacar una ventaja de algo ③ (*heran~*) acercar (tirando) (*an/auf* a); **das Boot ans Ufer ~** acercar el barco a la orilla; **mich zieht überhaupt nichts nach Schweden** en Suecia no hay nada que me atraiga; **es zieht mich nach Hause/in die Ferne** tengo ganas de irme a casa/lejos ④ (*Linie*) trazar; **sich** *dat* **einen Scheitel ~** hacerse una raya ⑤ (*Graben*) abrir; (*Grenze*) establecer; (*Mauer, Zaun*) levantar ⑥ (*Pflanzen*) cultivar; (*Tiere*) criar; (*Kerzen*) hacer ⑦ (MATH) extraer; **die Wurzel aus einer Zahl ~** extraer la raíz de un número ⑧ (*im Kartenspiel*) tomar una carta **II.** *vi* ① (*a.* AUTO) tirar; **an etw** *dat* **~** tirar de algo; **das Auto/der Kamin zieht gut** (*fam*) el coche/la chimenea tira bien; **er zog an seiner Pfeife** dio una chupada a la pipa; **lass mich mal ~** (*an der Zigarette*) déjame dar una calada ② *sein* (*um~*) mudarse (*nach/in/auf* a); (*zu jdm*) irse a vivir (*zu* con); **ich ziehe nach Aachen** me mudo a Aquisgrán; **sie ~ aufs Land** se van a vivir al campo ③ *sein* (*gehen, wandern*) caminar (*zu/nach* a); (*hinein~*) entrar (*in* a/en); (*durchqueren*) atravesar, pasar (*durch* por); (*Vögel*) migrar; **in den Krieg ~** ir a la guerra; **die Jahre zogen ins Land** pasaron los años; **einen ~ lassen** (*fam: furzen*) tirarse un pedo ④ (*im Spiel*) mover; **mit dem Turm ~** mover la torre ⑤ (*Tee, Kaffee*) reposar ⑥ (*Wirkung haben*) tener éxito; **das zieht bei mir nicht** eso no vale conmigo; **dieser Trick zieht immer** este truco siempre tiene éxito ⑦ (*schmerzen*) doler **III.** *vr:* **sich ~** ① (*sich erstrecken*) extenderse; (*vorhanden sein*) estar presente; **dieses Thema zieht sich durch das ganze Buch** este tema está presente en todo el libro ② (*sich ver~*) alabearse ③ (*fam: dauern*) durar **IV.** *vunpers* (*Luftzug*) haber corriente; **es zieht!** ¡que hay corriente!

**Ziehen** *nt* <-s, *ohne pl*> ① (*eines Wagens, Anhängers*) tracción *f* ② (*eines Zahnes*) extracción *f* ③ (*von Pflanzen*) cultivo *m* ④ (*Schmerz*) dolor *m* tirante

**Ziehharmonika** *f* acordeón *m*

**Ziehung** *f* <-en> sorteo *m*

**Ziel** [tsi:l] *nt* <-(e)s, -e> ① (*Reise~*) destino *m;* **mit unbekanntem ~** con destino desconocido; **am ~ seiner Träume sein** haber conseguido todo lo que se quería ② (SPORT) meta *f;* **ins ~ kommen** cruzar la meta ③ (*beim Schießen*) blanco *m;* **ins ~ treffen** dar en el blanco; **über das ~ hinausschießen** (*fam*) pasarse ④ (*Zweck*) fin *m;* (*Absicht*) propósito *m;* **erklärtes ~ ist es, ...** el objetivo que se ha fijado es...; **ein klares ~ vor Augen haben** perseguir una meta fija; **sich** *dat* **ein ~ setzen** proponerse una meta; **mit dem ~ zu ...** con el fin de...; **Zielbahnhof** *m* (EISENB) estación *f* de destino; **zielbewusst** *adj* decidido

**zielen** *vi* ① (*Mensch*) apuntar (*auf* a) ② (*Bemerkung*) referirse (*auf* a); **ihre Kritik zielt auf ...** su crítica se refiere a... ③ (*zum Ziel haben*) tener como objetivo (*auf*)

**Zielfernrohr** *nt* mira *f* telescópica; **Zielge-**

rade *f* (SPORT) recta *f* final; **Zielgruppe** *f* grupo *m* destinatario; **Ziellinie** *f* (SPORT) línea *f* de llegada; **ziellos** *adj* sin propósito fijo; (*orientierungslos*) sin rumbo fijo; **Zielort** *m* (punto *m* de) destino *m*, lugar *m* de destino *m*

**Zielperson** *f* persona *f* destinataria; **Zielscheibe** *f* blanco *m*; **Zielsetzung** *f* <-en> objetivo *m*; **zielsicher** *adj* firme, seguro; **Zielsprache** *f* (LING) lengua *f* de destino; **zielstrebig** **I.** *adj* perseverante; (*ausdauernd*) constante **II.** *adv* con determinación; **Zielstrebigkeit** *f ohne pl* perseverancia *f*

**ziemlich** ['tsi:mlɪç] **I.** *adj* bastante; (*beträchtlich*) considerable; **mit ~er Sicherheit** con bastante seguridad **II.** *adv* ❶ (*recht viel*) bastante; **~ gut/lange** bastante bien/tiempo; **~ viel** bastante (cantidad) ❷ (*fam: beinahe*) casi; **so ~ alles** casi todo

**Zierde** ['tsi:ɐdə] *f* <-n> adorno *m*; **als ~ dienen** servir de adorno

**zieren** ['tsi:rən] **I.** *vt* (*geh*) adornar **II.** *vr*: **sich ~** (*abw*) hacerse de rogar; **er zierte sich nicht lange** no se hizo de rogar demasiado

**Zierfisch** ['tsi:ɐ-] *m* pez *m* decorativo; **Ziergarten** *m* jardín *m* de plantas ornamentales; **Zierleiste** *f* ❶ (*an Möbeln*) moldura *f* decorativa ❷ (TYPO) viñeta *f*

**zierlich** *adj* grácil; (*fein*) fino

**Ziernaht** *f* puntadas *fpl* de adorno; **Zierpflanze** *f* planta *f* ornamental; **Ziervogel** *m* pájaro *m* decorativo

**Ziffer** ['tsɪfɐ] *f* <-n> cifra *f*; (*Zahl*) número *m*; **römische/arabische ~n** números romanos/arábigos; **Zifferblatt** *nt* esfera *f*

**zig** [tsɪç] *adj inv* (*fam*) un montón (de)

**Zigarette** [tsiga'rɛtə] *f* <-n> cigarrillo *m*, pitillo *m fam*; **sich** *dat* **eine ~ drehen** liar un cigarrillo; **Zigarettenautomat** *m* máquina *f* expendedora de cigarrillos; **Zigarettenetui** *nt* pitillera *f*; **Zigarettenpackung** *f s.* **Zigarettenschachtel**; **Zigarettenpapier** *nt* papel *m* de liar, mortaja *f Am*; **Zigarettenpause** *f* (*fam*) pausa *f* para fumar un cigarrillo; **Zigarettenschachtel** *f* cajetilla *f*, atado *m CSur*; **Zigarettenspitze** *f* boquilla *f*; **Zigarettenstummel** *m* colilla *f*

**Zigarillo** [tsiga'rɪlo] *m o nt* <-s, -s> purito *m*

**Zigarre** [tsi'garə] *f* <-n> puro *m*

**Zigeuner(in)** [tsi'gɔɪnɐ] *m(f)* <-s, -; -nen> gitano, -a *m, f*; **Zigeunermusik** *f* música *f* gitana; **Zigeunerschnitzel** *nt* (GASTR) *filete de cerdo o ternera en una salsa con tomate, cebolla y tiras de pimiento rojo*

**zigmal** ['tsɪçma:l] *adv* (*fam*) mil veces

**zigste(r, s)** *adj* (*fam*) enésimo; **zum ~n Mal** por enésima vez

**Zikade** [tsi'ka:də] *f* <-n> (ZOOL) cigarra *f*

**Zimbabwe** [zɪm'bapve] *nt* <-s> Zimbabwe *m*, Zimbabue *m*

**Zimmer** ['tsɪmɐ] *nt* <-s, -> habitación *f*, pieza *f Am*; **~ frei** habitación libre; **~ zu vermieten** se alquila habitación; **~ mit Frühstück** habitación con desayuno; **Zimmerantenne** *f* antena *f* interior; **Zimmerdecke** *f* techo *m*

**Zimmerkellner(in)** *m(f)* camarero, -a *m, f* de habitación; **Zimmerlautstärke** *f ohne pl*: **das Radio auf ~ stellen** poner la radio a un volumen medio; **Zimmermädchen** *nt* camarera *f*

**Zimmermann** *m* <-(e)s, -leute> carpintero *m* de obra

**zimmern** ['tsɪmɐn] **I.** *vi*: **an etw** *dat* **~** construir algo **II.** *vt* hacer, construir

**Zimmerpflanze** *f* planta *f* de interior; **Zimmerservice** *m* servicio *m* de habitaciones; **Zimmertemperatur** *f* temperatura *f* ambiente; **Zimmervermittlung** *f* servicio *m* de alquiler de habitaciones

**zimperlich** ['tsɪmpɐlɪç] *adj* (*abw: überempfindlich*) hipersensible; (*geziert*) remilgado; (*Kind*) ñoño

**Zimt** [tsɪmt] *m* <-(e)s, -e> canela *f*; **Zimtstange** *f* palo *m* de canela, canela *f* en rama

**Zink** [tsɪŋk] *nt* <-(e)s, *ohne pl*> (CHEM) cinc *m*

**Zinke** ['tsɪŋkə] *f* <-n> púa *f*

**zinken** *vt* (*sl*) marcar

**Zinn** [tsɪn] *nt* <-(e)s, *ohne pl*> ❶ (CHEM) estaño *m* ❷ (*~geschirr*) vajilla *f* de estaño

**zinne(r)n** *adj* de estaño

**Zinnober**[1] [tsɪ'no:bɐ] *m* <-s, *ohne pl*> (*fam abw: Unsinn*) tontería *f*; (*Zeug*) chismes *mpl*

**Zinnober**[2] *m* <-s, -> ❶ (*Mineral*) cinabrio *m* ❷ (*Farbe*) bermellón *m*; **zinnoberrot** *adj* bermejo

**Zinnsoldat** *m* soldado *m* de plomo

**Zins** [tsɪns] *m* <-es, -en> ❶ (*Verzinsung*) interés *m*; **~en bringen** producir intereses; **jdm etw mit ~ und Zinseszins zurückzahlen** devolver algo a alguien hasta el último céntimo; (*fig*) pagar algo a alguien con la misma moneda ❷ (*südd, Schweiz, Österr: Miete*) alquiler *m*; **Zinsabschlagsteuer** *f* impuesto *m* por deducción de intereses; **Zinserhöhung** *f* aumento *m* de los tipos de interés, subida *f* de los intereses; **Zinsertrag** *m* rédito *m*

**Zinseszins** ['tsɪnzəs-] *m* interés *m* com-

puesto
**zinslos** *adj* libre de interés; **Zinssatz** *m* tipo *m* de interés
**Zipfel** ['tsɪpfəl] *m* <-s, -> punta *f;* **Zipfelmütze** *f* gorro *m* con borla
**Zipperlein** *nt* <-s, -> (*fam: Wehwehchen*) achaque *m,* alifafe *m*
**zirka** ['tsɪrka] *adv* cerca de, aproximadamente; ~ **ein km** cerca de un km; **in ~ zwei Wochen** en dos semanas aproximadamente
**Zirkel** ['tsɪrkəl] *m* <-s, -> ① (*Gerät*) compás *m* ② (*Kreis, Gruppe*) círculo *m*
**Zirkulation** [tsɪrkula'tsjo:n] *f* <-en> circulación *f*
**zirkulieren*** [tsɪrku'li:rən] *vi haben o sein* circular
**Zirkus**[1] ['tsɪrkʊs] *m* <-, -se> circo *m*
**Zirkus**[2] *m* <-, *ohne pl*> (*fam abw: Getue*) teatro *m;* (*Durcheinander*) follón *m;* **mach doch nicht solchen ~!** ¡no hagas tanto teatro!; **Zirkuszelt** *nt* carpa *f* de un circo
**zirpen** ['tsɪrpən] *vi* (*Grillen*) cantar
**zisch** [tsɪʃ] *interj* chis, pss
**zischen** ['tsɪʃən] *vi* (*Schlange, Mensch*) silbar; **heute Abend ~ wir (uns) einen** (*fam*) esta noche nos vamos de copas
**Zischlaut** *m* (LING) (sonido *m*) sibilante *f*
**Zisterne** [tsɪs'tɛrnə] *f* <-n> cisterna *f*
**Zitadelle** [tsita'dɛlə] *f* <-n> ciudadela *f*
**Zitat** [tsi'ta:t] *nt* <-(e)s, -e> cita *f*
**Zither** ['tsɪtɐ] *f* <-n> (MUS) cítara *f*
**zitieren*** [tsi'ti:rən] *vt* citar (*aus* de); **jdn zu sich** *dat* ~ llamar a alguien
**Zitrone** [tsi'tro:nə] *f* <-n> limón *m;* **heiße ~** zumo de limón caliente; **jdn wie eine ~ ausquetschen** (*fam*) exprimir a alguien como un limón; **Zitronenbaum** *m* limonero *m;* **Zitronenfalter** *m* (ZOOL) cleopatra *f;* **zitronengelb** *adj* (de color) amarillo limón; **Zitronenlimonade** *f* limonada *f;* **Zitronensaft** *m* zumo *m* de limón, jugo *m* de limón *Am;* **Zitronensäure** *f ohne pl* ácido *m* cítrico; **Zitronenschale** *f* cáscara *f* de limón
**Zitrusfrucht** ['tsi:trʊs-] *f* fruto *m* cítrico
**Zitteraal** *m* (ZOOL) anguila *f* eléctrica
**zitt(e)rig** ['tsɪt(ə)rɪç] *adj* tembloroso
**zittern** ['tsɪtɐn] *vi* temblar (*vor* de); (*vibrieren*) vibrar; **vor Kälte/Angst ~** temblar de frío/miedo
**Zitterpappel** *f* (BOT) álamo *m* temblón
**zittrig** *adj* tembloroso
**Zitze** ['tsɪtsə] *f* <-n> teta *f,* tetilla *f*
**Zivi** ['tsi:vi] *m* <-(s), -s> (*fam*) ① *Abk. von* **Zivildienstleistende(r)** objetor *m* de conciencia (*prestando su servicio social*) ② *Abk. von* **Zivilpolizist(in)** policía *mf* de paisano
**zivil** [tsi'vi:l] *adj* ① (*nicht militärisch*) civil ② (*gemäßigt*) moderado; (*Preis*) módico
**Zivil** [tsi'vi:l] *nt* <-s, *ohne pl*>: **in ~** (vestido) de paisano; **Zivilbevölkerung** *f* población *f* civil; **Zivilcourage** *f* valor *m* cívico; **Zivildienst** *m* <-(e)s, *ohne pl*> prestación *f* social sustitutoria

**i Land & Leute**

En Alemania, los objetores de conciencia, en lugar del servicio militar, realizan el **Zivildienst** que dura trece meses. Las tareas en las que suele trabajar el objetor alemán van desde el cuidado de ancianos, la asistencia a minusválidos o la colaboración en albergues juveniles. Este servicio social sustitutorio se introdujo en Suiza en 1997, donde se realiza, la mayoría de las veces, en el sector sanitario. La duración de este servicio en Austria y Suiza es de doce meses.

**Zivildienstleistende(r)** *m* <-n, -n> objetor *m* de conciencia (*prestando su servicio social*); **Zivilfahnder(in)** *m(f)* investigador(a) *m(f)* (en) civil; **Zivilgericht** *nt* tribunal *m* civil; **Zivilgesellschaft** *f* sociedad *f* civil; **Zivilgesetzbuch** *nt* (*Schweiz*) Código *m* Civil Suizo
**Zivilisation** [tsiviliza'tsjo:n] *f* <-en> civilización *f;* **Zivilisationskrankheit** *f* enfermedad *f* de (la) civilización; **zivilisationsmüde** *adj* hastiado de la sociedad moderna
**zivilisatorisch** [tsiviliza'to:rɪʃ] *adj* civilizador
**zivilisieren*** [tsivili'zi:rən] *vt* civilizar
**zivilisiert** [tsivili'zi:ɐt] *adj* civilizado; **sich ~ benehmen** portarse civilizadamente
**Zivilist(in)** [tsivi'lɪst] *m(f)* <-en, -en; -nen> civil *mf,* paisano, -a *m, f*
**Zivilkleidung** *f* traje *m* de paisano; **Zivilperson** *f* civil *mf,* paisano, -a *m, f;* **Zivilprozess** *m* (JUR) causa *f* civil; **Zivilrecht** *nt* <-(e)s, *ohne pl*> (JUR) derecho *m* civil; **Zivilschutz** *m* protección *f* civil
**Zobel** ['tso:bəl] *m* <-s, -> (ZOOL) marta *f* cebellina
**zocken** ['tsɔkən] *vi* (*fam*) jugar (juegos de azar)
**Zofe** ['tso:fə] *f* <-n> doncella *f*
**Zoff** ['tsɔf] *m* <-s, *ohne pl*> (*fam*) pelea *f;* **~ haben** haberse peleado

**zog** [tso:k] *3. imp von* **ziehen**

**zögerlich** ['tsø:gɐlɪç] *adj* dudoso, vacilante, titubeante

**zögern** ['tsø:gɐn] *vi* dudar (*zu* en), vacilar (*zu* en); **ohne zu** ~ sin vacilar

**Zögling** ['tsø:klɪŋ] *m* <-s, -e> pupilo, -a *m, f*

**Zölibat** [tsøli'ba:t] *m o nt* <-(e)s, *ohne pl*> celibato *m*

**Zoll¹** [tsɔl, *pl:* 'tsœlə] *m* <-(e)s, Zölle> (*Abgabe*) derechos *mpl* de aduana; **für etw** ~ **bezahlen** pagar derechos de aduana por algo

**Zoll²** *m* <-(e)s, *ohne pl*> (*Behörde*) aduana *f;* **durch den** ~ **kommen** pasar la aduana

**Zoll³** *m* <-(e)s, -> (*Längenmaß*) pulgada *f*

**Zollabfertigung** *f* trámites *mpl* aduaneros; **Zollamt** *nt* (oficina *f* de) aduana *f;* **Zollbeamte(r)** *mf*, **-beamtin** *f* funcionario, -a *m, f* de aduanas

**zollen** ['tsɔlən] *vt* (*geh*) tributar; **jdm Respekt** ~ tributar respeto a alguien

**Zollfahnder(in)** *m(f)* policía *mf* de aduanas; **Zollfahndung** *f* policía *f* de aduanas; **zollfrei** *adj* libre de derechos de aduana; **Zollgebühren** *fpl* aranceles *mpl;* **Zollgrenze** *f* frontera *f* aduanera; **Zollkontrolle** *f* control *m* aduanero

**Zöllner(in)** ['tsœlnɐ] *m(f)* <-s, -; -nen> (*fam*) aduanero, -a *m, f*

**zollpflichtig** *adj* sujeto a derechos de aduana; **Zollschranke** *f* barrera *f* aduanera

**Zollstock** *m* metro *m* plegable

**Zombie** ['tsɔmbi] *m* <-(s), -s> zombi(e) *m*

**Zone** ['tso:nə] *f* <-n> zona *f;* **Zonengrenze** *f* ❶ (*zwischen Besatzungszonen*) frontera *f* entre zonas de ocupación ❷ (HIST: *zur Ex-DDR*) frontera *f* interalemana ❸ (AUTO: *Zahlgrenze*) límite *m* de tarifa

**Zoo** [tso:] *m* <-s, -s> zoo *m,* parque *m* zoológico

**Zoologie** [tsoolo'gi:] *f ohne pl* zoología *f*

**zoologisch** *adj* zoológico

**Zoom** [zu:m] *nt* <-s, -s> (FILM, FOTO) zoom *m*

**zoomen** ['zu:mən] *vt* (FILM, FOTO) enfocar con el zoom

**Zopf** [tsɔpf, *pl:* 'tsœpfə] *m* <-(e)s, Zöpfe> trenza *f;* **ein alter** ~ (*fam*) una costumbre anticuada

**Zorn** [tsɔrn] *m* <-(e)s, *ohne pl*> ira *f,* cólera *f;* **im** ~ enfurecido; **in** ~ **geraten** ponerse furioso; **jdn in** ~ **bringen** enfurecer a alguien; **auf jdn einen** ~ **haben** estar furioso con alguien

**zornig** **I.** *adj* colérico, caribe *Ant;* ~ **werden** encolerizarse (*auf* con); **auf jdn** ~ **sein** estar furioso con alguien **II.** *adv* con ira

**Zote** ['tso:tə] *f* <-n> (*abw*) chiste *m* verde

**zott(e)lig** ['tsɔt(ə)lɪç] *adj s.* **zottig**

**Zotteln** *fpl* (*fam*) ❶ (*Haarbüschel*) mechón *m,* greña *f* ❷ (*Troddel*) borla *f*

**zottig** ['tsɔtɪç] *adj* ❶ (*Fell*) hirsuto, chasco *Am* ❷ (*abw: Haare*) desgreñado

**z.T.** *Abk. von* **zum Teil** en parte

**zu** [tsu:] **I.** *präp +dat* ❶ (*Richtung, Lage, Verhältnis*) a; (*in*) en; ~ **Hause** en casa; **das Museum** ~ **Speyer** el Museo de Espira; **Herzog** ~ **X** el Duque de X; ~ **beiden Seiten** a ambos lados; ~ **seiner Rechten** a su derecha; **sie kommt** ~ **mir** viene a mi casa; **er geht** ~**m Bahnhof/**~**r Post** va a la estación/a Correos; **es fiel** ~ **Boden** cayó al suelo; ~ **jdm hinsehen** mirar a alguien; **das Zimmer liegt** ~**r Straße hin** la habitación da a la calle ❷ (*hin~, da~*) con; **er setzte sich** ~ **den anderen** se sentó con los demás; **nehmen Sie Wein** ~**m Essen?** ¿toma Ud. vino con la comida? ❸ (*zeitlich*): ~ **jener Zeit** en aquel tiempo; **ich kündige** ~**m 1. Mai** rescindo mi contrato el primero de mayo; ~ **Anfang** al principio; ~ **Ostern/Weihnachten** en Semana Santa/por Navidades; ~**m ersten Mal** por primera vez; ~ **Mittag/Abend essen** almorzar/cenar ❹ (*Preis, Menge, Häufigkeit*): ~**m Teil** en parte; **in Kisten** ~ **(je) hundert Stück** en cajas de a cien; ~**m halben Preis** a mitad de precio; **Briefmarken** ~ **60 Cent** sellos de 60 céntimos; **das Kilo** ~ **zwei Euro** a dos euros el kilo ❺ (*Art und Weise*): ~ **Recht** con razón; ~ **Fuß** a pie ❻ (*Zweck, Ziel*) para, por; ~**m Glück** por suerte; ~ **allem Unglück** para colmo de desgracias; ~ **deiner Beruhigung kann ich sagen, dass ...** para tu tranquilidad puedo decir que...; **ein Stift** ~**m Schreiben** un lápiz para escribir; ~**r Unterhaltung** por diversión; **es ist** ~**m Weinen** es para llorar; **etwas** ~**m Essen/Lesen mitnehmen** llevarse algo para comer/leer; **kommst du** ~**m Frühstück/Abendessen?** ¿vienes a desayunar/cenar?; **jdm** ~**m Geburtstag gratulieren** felicitar a alguien por el cumpleaños ❼ (*Verhältnis*) a, contra; **die Chancen stehen eins** ~ **zehn** hay una posibilidad contra diez; **eins** ~ **null für Real Madrid** uno a cero para el Real Madrid ❽ (*in Bezug auf*) (con) respecto a; ~ **dieser Frage möchte ich Folgendes sagen: ...** con respecto a esta pregunta quisiera decir lo siguiente: ... ❾ (*Verwand-*

*lung*) en; **das Wasser wurde ~ Eis** el agua se convirtió en hielo **II.** *adv* ① (*allzu*) demasiado; ~ **sehr/viel** demasiado; ~ **schnell** demasiado rápido ② (*Richtung*) hacia; **nach Süden** ~ hacia el sur; **nur ~!** (*fam*) ¡adelante! ③ (*fam: geschlossen*) cerrado; ~ **sein** (*ge-, verschlossen*) estar cerrado; (*betrunken*) estar colocado ④ (*zeitlich*): **ab und** ~ de vez en cuando; **von Zeit ~ Zeit** de tiempo en tiempo **III.** *konj* ① (*mit Infinitiv*): **es ist schön, neue Leute kennen ~ lernen** es bonito conocer gente nueva; **es ist leicht ~ finden** es fácil de encontrar ② (*mit Partizip Präsens*): **die ~ erledigende Post** el correo por despachar

**zuallererst** [-ˈ--ˈ-] *adv* ante todo, en primer lugar

**zuallerletzt** [-ˈ--ˈ-] *adv* por último, en último lugar

**zu|bauen** *vt* (*Lücke*) ocupar (con un edificio); (*Platz, Gelände*) llenar de edificios, construir por todos los lados

**Zubehör** [ˈtsu:bəhø:ɐ] *nt* <-(e)s, -e> accesorios *mpl,* implemento *m Am;* **Zubehörteil** *nt* accesorio *m*

**zu|beißen** *irr vi* morder

**zu|bereiten*** *vt* preparar

**Zubereitung** *f* <-en> preparación *f*

**zu|billigen** *vt:* **jdm etw ~** conceder algo a alguien

**zu|binden** *irr vt* (*Schuhe*) atar; (*Augen*) vendar

**zu|blinzeln** *vi:* **jdm ~** guiñar el ojo a alguien

**zu|bringen** *irr vt* ① (*verbringen*) pasar ② (*fam: schließen können*) lograr cerrar

**Zubringer** *m* <-s, -> (AUTO) ① (*Straße*) vía *f* de accceso ② (*Verkehrsmittel*) enlace *m;* **Zubringerdienst** *m* servicio *m* de enlace

**Zucchino** [tsʊˈki:no, *pl:* tsʊˈki:ni] *m* <-s, Zucchini> calabacín *m,* zapallo *m* italiano *Am*

**Zucht** [tsʊxt] *f* <-en> (*von Tieren*) cría *f;* (*von Pflanzen, Bakterien*) cultivo *m;* **hier herrscht ~ und Ordnung** aquí reina una disciplina severa; **Zuchtbulle** *m* toro *m* semental, padrote *m AmC, Mex*

**züchten** [ˈtsʏçtən] *vt* (*Tiere*) criar; (*Pflanzen, Bakterien*) cultivar

**Züchter(in)** *m(f)* <-s, -; -nen> (*von Tieren*) criador(a) *m(f);* (*von Pflanzen*) cultivador(a) *m(f)*

**Zuchthaus**[1] *nt* (*Gebäude*) penitenciaría *f*

**Zuchthaus**[2] *nt ohne pl* (*~strafe*) (pena *f* de) reclusión *f;* **er hat 3 Jahre ~ bekommen** le condenaron a 3 años de reclusión

**Zuchthengst** *m* caballo *m* semental, garañón *m Am*

**züchtigen** [ˈtsʏçtɪgən] *vt* (*geh*) castigar (con golpes), potrear *Guat, Peru*

**Züchtigung** *f* <-en> (*geh*) castigo *m;* **körperliche ~** castigo corporal

**Zuchtperle** *f* perla *f* cultivada; **Zuchttier** *nt* (*männlich*) semental *m;* (*weiblich*) res *f* de vientre

**Züchtung** *f* <-en> (*von Tieren*) cría *f;* (*von Pflanzen*) cultivo *m*

**zucken** [ˈtsʊkən] *vi* ① (*zusammenfahren*) trepidar; (*vor Schreck*) estremecerse; (*Muskel*) contraerse ② (*Blitz*) centellear

**zücken** [ˈtsʏkən] *vt* sacar

**Zucker**[1] [ˈtsʊkɐ] *m* <-s, -> (*Nahrungsmittel*) azúcar *m;* **ein Stück ~** un terrón de azúcar

**Zucker**[2] *m* <-s, *ohne pl*> (*fam: ~krankheit*) azúcar *m;* **~ haben** tener diabetes; **Zuckerbrot** *nt:* **mit ~ und Peitsche** (*fig*) una de cal y otra de arena; **Zuckerdose** *f* azucarero *m;* **Zuckerguss** *m* glaseado *m;* **zuckerhaltig** *adj* que contiene azúcar; **diese Frucht ist stark ~** esta fruta tiene un alto contenido en azúcar; **Zuckerhut** *m* (GASTR) pan *m* de azúcar

**zuckerig** *adj* ① (*mit Zucker bestreut*) azucarado ② (*aus Zucker*) de azúcar

**zuckerkrank** *adj* diabético; **Zuckerkranke(r)** *mf* diabético, -a *m, f;* **Zuckerkrankheit** *f ohne pl* diabetes *f inv*

**Zuckerlecken** *nt:* **etw ist kein ~** (*fam*) algo no es (precisamente) agradable

**zuckern** [ˈtsʊkɐn] *vt* azucarar

**Zuckerrohr** *nt* <-(e)s, *ohne pl*> caña *f* de azúcar; **Zuckerrübe** *f* remolacha *f* azucarera; **Zuckerstreuer** *m* <-s, -> azucarero *m;* **zuckersüß** [ˈ--ˈ-] *adj* muy dulce; (*abw*) dulzón; (*a. fig*) empalagoso; **Zuckerwatte** *f ohne pl* nube(s) *f(pl)* de azúcar

**zuckrig** *adj s.* **zuckerig**

**Zuckung** *f* <-en> contracción *f* (involuntaria); **nervöse ~en** tic nervioso

**Zudecke** [ˈtsu:dɛkə] *f* (*reg*) manta *f,* frazada *f Am*

**zu|decken** *vt* tapar; (*im Bett*) arropar

**zudem** [tsuˈde:m] *adv* (*geh*) además

**zu|drehen** *vt* ① (*Wasserhahn*) cerrar; (*Schraube*) apretar ② (*zuwenden*) volver; **sie drehte ihm den Rücken zu** le volvió la espalda

**zudringlich** [ˈtsu:drɪŋlɪç] *adj* impertinente, fregado *Am*

**Zudringlichkeit** *f* <-en> impertinencia *f*

**zu|dröhnen** *vr:* **sich ~** (*fam*) coger un ciego

**zu|drücken** *vt* cerrar (empujando); **ein Auge ~** (*fig*) hacer la vista gorda; **jdm die**

**Kehle** ~ estrangular a alguien

**zueinander** [tsuʔaɪ'nandɐ] *adv* el uno con el otro; **sie passen gut** ~ hacen buena pareja; **seid nett** ~ sed amables el uno con el otro

**zu|erkennen*** *irr vt* (*Preis*) conceder; (*Recht*) otorgar; (JUR) adjudicar

**zuerst** [-'-] *adv* ❶ (*als Erstes*) primero; (*vorrangig*) en primer lugar ❷ (*erst, als Erster*) primero; **ich war** ~ **da** yo llegué primero; **wer** ~ **kommt, mahlt** ~ (*prov*) primer venido, primer servido ❸ (*anfangs*) al principio ❹ (*erstmals*) por primera vez

**zu|fächeln** *vt:* **jdm Luft** ~ abanicar a alguien

**Zufahrt** *f* <-en> (*Weg, Straße*) vía *f* de acceso (*zu* a); **Zufahrtsstraße** *f* carretera *f* de acceso

**Zufall** *m* <-(e)s, -fälle> casualidad *f,* azar *m;* **das ist aber ein** ~**!** ¡esto sí que es una casualidad!; **etw dem** ~ **verdanken** agradecer algo al azar; **etw dem** ~ **überlassen** dejar algo al azar; **es war reiner** ~**, dass ...** fue pura casualidad que... +*subj;* **durch** ~ por casualidad; **der** ~ **wollte es, dass ...** dio la casualidad que...

**zu|fallen** *irr vi sein* ❶ (*Fenster, Tür*) cerrarse (de golpe); **ihm fallen vor Müdigkeit die Augen zu** se cae de sueño ❷ (*Vergünstigung, Aufgabe*) corresponder; **jdm etw** ~ ser adjudicado algo a alguien

**zufällig** **I.** *adj* ocasional, casual; **das war rein** ~ fue pura casualidad **II.** *adv* por casualidad; **jdn** ~ **treffen** encontrar a alguien por casualidad

**zufälligerweise** ['----'--] *adv* por casualidad

**Zufälligkeit[1]** *f ohne pl* (*das Zufälligsein*) carácter *m* fortuito

**Zufälligkeit[2]** *f* <-en> (*Zufall*) casualidad *f*

**Zufallstreffer** *m* golpe *m* de suerte; (*Ballspiele*) gol *m* de suerte

**Zuflucht** *f ohne pl* refugio *m* (*vor* de); ~ **suchen/finden** buscar/encontrar refugio; **jdm** ~ **gewähren** ofrecer refugio a alguien; **du bist meine letzte** ~**!** ¡tú eres mi última esperanza!; **zu etw** *dat* ~ **nehmen** recurrir a algo; **Zufluchtsort** *m* refugio *m*

**Zufluss** *m* <-es, -flüsse> afluente *m*

**zu|flüstern** *vt* decir al oído

**zufolge** [tsu'fɔlgə] *präp +gen* (*nachgestellt: +dat*) según, de acuerdo con; **dem Bericht** ~ de acuerdo con el informe

**zufrieden** [tsu'fri:dən] *adj* contento, satisfecho; **sich (mit wenig)** ~ **geben** contentarse (con poco); **jdn** ~ **lassen** dejar a alguien en paz; **jdn** ~ **stellen** contentar a alguien; ~ **stellend sein** ser satisfactorio

**Zufriedenheit** *f ohne pl* satisfacción *f;* **zu jds voller** ~ a plena satisfacción de alguien

**zu|frieren** *irr vi sein* helarse (por completo)

**zu|fügen** *vt* ❶ (*hinzutun*) añadir ❷ (*Schaden, Schmerz*) causar; (*Niederlage*) infligir; **jdm Leid** ~ hacer sufrir a alguien

**Zufuhr** ['tsu:fu:ɐ] *f ohne pl* (*Versorgung*) suministro *m;* (*Zustrom*) afluencia *f;* (*Zuleitung*) transporte *m*

**Zug[1]** [tsu:k, *pl:* 'tsy:gə] *m* <-(e)s, Züge> ❶ (*Eisenbahn*) tren *m;* **der** ~ **nach Madrid** el tren con destino a Madrid; **mit dem** ~ **fahren** ir en tren; **der** ~ **ist abgefahren** (*fam*) hemos perdido la ocasión; **im falschen** ~ **sitzen** (*fam*) haberse equivocado ❷ (*Tendenz*) tendencia *f;* (*Neigung*) inclinación *f;* **das ist der** ~ **der Zeit** ésta es la tendencia de la época; **im** ~**e der neuen Entwicklung** como consecuencia de los últimos desarrollos ❸ (*Geleit~*) séquito *m;* (*Um~*) desfile *m;* (*von Fahrzeugen*) convoy *m;* (*Fest~*) cortejo *m* ❹ (*Atem~*) respiración *f;* (*beim Rauchen*) calada *f;* (*Pfeife*) chupada *f;* (*Schluck*) trago *m;* **in einem** ~ (*ohne Unterbrechung*) de un tirón; **das Glas in einem** ~ **austrinken** vaciar la copa de un trago; **etw in vollen Zügen genießen** disfrutar plenamente de algo; **in den letzten Zügen liegen** (*fam*) estar en las últimas ❺ (*bei Brettspielen*) jugada *f;* **einen** ~ **machen** hacer una jugada; **du bist am** ~ te toca (a ti) ❻ (*beim Schwimmen*) brazada *f* ❼ (*Charakter~, Schrift~, Gesichts~*) rasgo *m;* **etw in groben Zügen umreißen** trazar algo a grandes rasgos; **das war kein schöner** ~ **von dir** eso no fue muy bonito de tu parte ❽ (*Krafteinwirkung*) tracción *f*

**Zug[2]** *m* <-(e)s, *ohne pl*> ❶ (*Luft~*) corriente *f* (de aire); **im** ~ **sitzen** estar en la corriente ❷ (*im Ofen*) tiro *m*

**Zug[3]** *m* <-s> (GEO) Zug *m*

**Zugabe** *f* <-n> ❶ (*Zusätzliches*) extra *m* ❷ (*bei einer Veranstaltung*) bis *m;* ~**,** ~**!** ¡otra, otra!

**Zugabteil** *nt* compartim(i)ento *m* (de tren)

**Zugang** *m* <-(e)s, -gänge> ❶ (*Zutritt, Zugriff*) acceso *m* (*zu* a); (*Eingang*) entrada *f* (*zu* a); ~ **verboten** paso prohibido ❷ (*von Waren*) llegada *f;* (*von Büchern*) adquisición *f;* (*von Schülern*) entrada *f;* (*von Patienten*) ingreso *m*

**zugange** [tsu'gaŋə]: **mit jdm/etw** *dat* ~ **sein** (*fam*) estar ocupado con alguien/algo

**zugänglich** ['tsu:gɛŋlɪç] *adj* ❶ (*erreichbar, aufgeschlossen*) accesible ❷ (*verfügbar*) disponible; **jdm etw** ~ **machen** poner algo al alcance de alguien

Z

**Zugbegleiter(in)** *m(f)* revisor(a) *m(f)*
**Zugbrücke** *f* puente *m* levadizo
**zu|geben** *irr vt* ❶ (*hinzufügen*) añadir ❷ (*einräumen*) admitir; (*gestehen*) reconocer; **ich muss ~, dass ...** tengo que admitir que...
**zugegen** [-'--] *adj* (*geh*): ~ **sein** estar presente (*bei* en)
**zu|gehen** *irr* **I.** *vi sein* ❶ (*hingehen*) dirigirse (*auf* a); **auf jdn ~** acercarse a alguien; **es geht auf den Winter zu** llega el invierno; **er geht schon auf die siebzig zu** ronda los setenta ❷ (*formal: zugestellt werden*) llegar ❸ (*fam: sich schließen lassen*) cerrar(se) **II.** *vunpers sein:* **bei der Diskussion ging es lebhaft zu** fue una discusión muy viva
**zu|gehören*** *vi* (*geh*) pertenecer (a)
**zugehörig** *adj* correspondiente
**Zugehörigkeit** *f ohne pl* pertenencia *f* (*zu* a); (*zu einem Verein, einer Partei*) afiliación *f* (*zu* a)
**zugekifft** *adj* (*sl*) emporrado
**zugeknöpft** *adj* (*fam*) poco comunicativo
**Zügel** ['tsy:gəl] *m* <-s, -> rienda *f;* **die ~ anziehen** tirar de las riendas; (*fig*) apretar las tuercas; **die ~ fest in der Hand haben** (*fig*) tener la sartén por el mango; **die ~ locker lassen** (*a. fig*) aflojar las riendas
**zügellos** **I.** *adj* desenfrenado; (*Lebenswandel*) disoluto **II.** *adv* a rienda suelta
**zügeln** **I.** *vt* ❶ (*Pferd*) refrenar ❷ (*Neugierde, Zorn*) contener **II.** *vr:* **sich ~** contenerse **III.** *vi* (*Schweiz: umziehen*) mudarse
**Zugeständnis** *nt* <-ses, -se> concesión *f* (*an* a); **jdm ein ~ machen** conceder algo a alguien
**zu|gestehen*** *irr vt* ❶ (*zugeben*) admitir ❷ (*bewilligen*) conceder, acordar *Arg, Chil;* **jdm etw ~** conceder algo a alguien
**zugetan** ['tsu:gəta:n] *adj:* **jdm ~ sein** sentir simpatía por alguien; **etw** *dat* **~ sein** tener apego a algo
**Zugfahrt** *f* (EISENB) viaje *m* en tren; **Zugführer(in)** *m(f)* <-s, -; -nen> jefe, -a *m, f* de tren
**zugig** *adj* expuesto a las corrientes de aire; **hier ist es ~** aquí hay mucha corriente
**zügig** ['tsy:gɪç] **I.** *adj* (*rasch*) rápido; (*ununterbrochen*) ininterrumpido **II.** *adv* a buen paso; (*ununterbrochen*) ininterrumpidamente
**Zugkraft**[1] *f* <-kräfte> (PHYS) fuerza *f* de tracción
**Zugkraft**[2] *f ohne pl* (*Anziehungskraft*) atractivo *m*
**zugkräftig** *adj* atractivo; (*Plakat, Titel*) llamativo; (*Ware*) de gran venta; (*Film, Schauspieler*) taquillero
**zugleich** [-'-] *adv* al mismo tiempo
**Zugluft** *f ohne pl* corriente *f* de aire
**Zugmaschine** *f* tractor *m*
**Zugpersonal** *nt* personal *m* de tren
**Zugpferd** *nt* ❶ (*Pferd*) caballo *m* de tiro ❷ (*Attraktion*) atracción *f*
**zu|greifen** *irr vi* coger; (*bei Tisch*) servirse; **greifen Sie zu!** ¡sírvase!; **bei solch einer Gelegenheit muss man ~** hay que aprovechar semejante ocasión
**Zugrestaurant** *nt* vagón *m* restaurante
**Zugriff** *m* <-(e)s, -e> ❶ (*das Zugreifen*) toma *f;* **sich dem ~ der Polizei entziehen** escapar a la detención de la policía ❷ (INFOR) acceso *m;* **Zugriffsberechtigung** *f* (INFOR) autorización *f* de acceso; **Zugriffsgeschwindigkeit** *f* (INFOR) velocidad *f* de acceso; **Zugriffsrecht** *nt* <-(e)s, -e> (INFOR) derecho *m* de acceso; **Zugriffszeit** *f* <-, -en> (INFOR) tiempo *m* de acceso; **durchschnittliche ~** tiempo de acceso por término medio
**zugrunde** [tsu'grʊndə] *adv:* **etw ~ legen** tomar algo por base; **~ liegen** basarse en; **~ gehen** irse a pique, fundirse *Am;* **jdn/etw ~ richten** arruinar a alguien/estropear algo
**Zugschaffner(in)** *m(f)* revisor(a) *m(f)*
**Zugtier** *nt* animal *m* de tiro
**zu|gucken** *vi* (*fam*) mirar; **mir wird schon vom Z~ schlecht** tan sólo con mirarlo me dan náuseas
**Zugunglück** *nt* accidente *m* ferroviario
**zugunsten** [-'--] *präp +gen* a favor de, en beneficio de
**zugute** [-'--] *adv* (*geh*): **~ halten** tener en consideración; **jdm/etw** *dat* **~ kommen** favorecer a alguien/algo
**Zugverbindung** *f* ❶ (*zwischen zwei Orten*) enlace *m* ferroviario ❷ (*Anschluss*) comunicación *f* ferroviaria; **Zugverkehr** *m* tráfico *m* ferroviario
**Zugvogel** *m* ave *f* migratoria
**Zugzwang** *m:* **jdn in ~ bringen** obligar a alguien a reaccionar; **in ~ geraten** verse obligado a actuar
**zu|haben** *irr* **I.** *vi* (*fam*) estar cerrado **II.** *vt* (*fam*) tener cerrado; **die Augen ~** tener los ojos cerrados
**zu|halten** *irr* **I.** *vi:* **auf etw ~** dirigirse a algo **II.** *vt* ❶ (*geschlossen halten*) mantener cerrado ❷ (*Augen, Ohren*) tapar
**Zuhälter** ['tsu:hɛltɐ] *m* <-s, -> chulo *m fam,* padrote *m AmC, Mex*
**Zuhälterei** *f ohne pl* rufianería *f*
**zuhause** *adv* (*Österr, Schweiz*) en casa

**Zuhause** [tsu'haʊzə] *nt* <-s, *ohne pl*> casa *f*
**Zuhilfenahme** [-'----] *f ohne pl:* **ohne/unter ~ von ...** sin/con ayuda de...
**zu|hören** *vi* escuchar; **jdm ~** escuchar a alguien
**Zuhörer(in)** *m(f)* <-s, -; -nen> oyente *mf;* (*am Radio*) radioyente *mf;* (*~schaft*) público *m*
**Zuhörerschaft** *f ohne pl* auditorio *m*
**zu|jubeln** *vi:* **jdm ~** aclamar a alguien
**zu|kehren** *vt* volver; **sie kehrte ihm das Gesicht zu** le miró de frente
**zu|klappen** **I.** *vi sein* cerrarse (de golpe) **II.** *vt* cerrar (de golpe); **zu|kleben** *vt* (*Loch*) tapar; (*Umschlag*) cerrar; **zu|knallen** **I.** *vt* (*fam*) cerrar de golpe; **die Tür ~** dar un portazo **II.** *vi sein* (*fam*) cerrarse de golpe; **zu|kneifen** *irr vt* atenazar; **die Augen ~** cerrar los ojos muy fuerte
**zu|knöpfen** *vt* abrochar
**zu|kommen** *irr vi sein* ❶ (*sich nähern*) acercarse (*auf* a); (*Aufgabe, Problem*) avecinarse ❷ (*gebühren*) corresponder; **dem kommt eine große Bedeutung zu** esto tiene mucha importancia ❸ (*geh: übermitteln, geben*) hacer llegar; **jdm etw ~ lassen** hacer llegar algo a alguien
**Zukunft** ['tsu:kʊnft] *f ohne pl* porvenir *m;* (*a.* LING) futuro *m;* **in ~** en el futuro; **in ferner/naher ~** en un futuro lejano/próximo; **das hat (keine) ~** eso (no) tiene futuro
**zukünftig** **I.** *adj* futuro **II.** *adv* en el futuro
**Zukunftsaussichten** *fpl* perspectivas *fpl* para el futuro; **Zukunftsbranche** *f* sector *m* (industrial) del futuro; **Zukunftsforschung** *f ohne pl* futurología *f;* **Zukunftsmusik** *f ohne pl* utopía *f;* **das ist noch ~** eso son castillos en el aire; **Zukunftsperspektive** *f* perspectiva *f* para el futuro; **Zukunftsplan** *m* plan *m* para el futuro; **Zukunftstechnologie** *f* tecnología *f* del futuro; **zukunftsträchtig** *adj* prometedor; **zukunftsweisend** *adj* progresista
**zu|lächeln** *vi:* **jdm ~** sonreír a alguien
**Zulage** *f* <-n> plus *m,* gratificación *f*
**zu|langen** *vi* ❶ (*fam: beim Essen*) servirse ❷ (*fam: bei der Arbeit*) meterse a fondo ❸ (*reg: ausreichen*) bastar
**zu|lassen** *irr vt* ❶ (*gestatten*) permitir; (*dulden*) consentir; **wie kannst du ~, dass ...?** ¿cómo puedes permitir que...(+*subj*)? ❷ (*Zugang gewähren, ermöglichen*) admitir; (*amtlich*) autorizar; (*Auto*) matricular; **ein Auto auf jdn ~** matricular un coche a nombre de alguien; **keinen Zweifel ~** no dejar lugar a dudas ❸ (*fam: geschlossen lassen*) dejar cerrado
**zulässig** ['tsu:lɛsɪç] *adj* admisible; (*erlaubt*) autorizado; **~e Höchstgeschwindigkeit** velocidad máxima autorizada
**Zulassung**[1] *f ohne pl* (*Gewährung von Zugang*) admisión *f;* (*amtlich*) autorización *f;* (*als Anwalt*) habilitación *f;* (*Auto*) matrícula *f*
**Zulassung**[2] *f* <-en> (*fam: KFZ-Schein*) documentación *f* del coche
**Zulassungsbeschränkung** *f* limitación *f* de plazas; **Zulassungspapiere** *ntpl* documentación *f* del coche; **zulassungspflichtig** *adj* (ADMIN) que necesita licencia
**Zulauf** *m* <-(e)s, *ohne pl*> ❶ (*Zuspruch*) concurrencia *f;* **großen ~ haben** ser muy concurrido ❷ (*von Wasser*) afluencia *f*
**zu|laufen** *irr vi sein* ❶ (*hinlaufen*) correr (*auf* hacia); (*auf den Sprecher*) venir corriendo; (*Weg*) conducir (*auf* a) ❷ (*fam: sich beeilen*) darse prisa; **lauf zu!** ¡date prisa! ❸ (*kommen*): **jdm ~** (*Tiere*) venir a casa de alguien; (*Kunden*) acudir en masa a alguien ❹ (*eine bestimmte Form haben*): **spitz ~** acabar en punta
**zu|legen** **I.** *vi, vt* (*fam*) darse prisa, apurarse *Am;* **einen Zahn ~** meter caña **II.** *vt* (*fam*) ❶ (*anschaffen*): **sich** *dat* **etw ~** comprar(se) algo; **sie hat sich einen Geliebten zugelegt** se ha buscado un amante ❷ (*dicker werden*) engordar ❸ (*reg: dazutun*) añadir
**zuleide** [-'--] *adv:* **jdm etwas ~ tun** causar daño a alguien
**zuletzt** [-'-] *adv* ❶ (*als Letztes*) por último; **ganz ~** a última hora; **wir blieben bis ~** nos quedamos hasta el final; **nicht ~ wegen ...** no sólo por... ❷ (*als Letzter*) el último ❸ (*fam: zum letzten Mal*) por última vez ❹ (*schließlich*) finalmente, después de todo
**zuliebe** [-'--] *präp +dat:* **jdm/etw** *dat* **~** por (amor a) alguien/algo
**Zulieferer** *m* <-s, -> proveedor *m*
**zu|liefern** *vt* suministrar
**zum** [tsʊm] = **zu dem** *s.* **zu**
**zu|machen** **I.** *vi* ❶ (*fam: schließen*) cerrar ❷ (*reg: sich beeilen*) darse prisa, apurarse *Am* **II.** *vt* (*fam*) cerrar; (*Loch*) tapar; (*Kleidung*) abrochar
**zumal** [-'-] **I.** *adv* especialmente, sobre todo **II.** *konj* especialmente porque, sobre todo porque
**zu|mauern** *vt* tapiar
**zumeist** [-'-] *adv* la mayoría de las veces
**zumindest** [-'--] *adv* ❶ (*auf jeden Fall*) por lo menos ❷ (*wenigstens*) como mínimo
**zumutbar** *adj* exigible, justo (*für* para)
**zumute** [-'--] *adv:* **mir ist dabei gar nicht**

**wohl** ~ no me gusta ni un pelo; **mir ist nicht zum Lachen** ~ no estoy para bromas

**zu|muten** ['tsu:mu:tən] *vt:* **jdm etw** ~ exigir algo a alguien; **jdm zu viel** ~ pedir demasiado a alguien

**Zumutung** *f* <-en> exigencia *f* exagerada; (*Unverschämtheit*) frescura *f;* **das ist eine ~!** ¡no hay derecho a que le pidan a uno algo así!

**zunächst** [-'-] *adv* ① (*anfangs*) al principio ② (*vorläufig*) de momento; ~ **einmal** en primer lugar

**zu|nageln** *vt* clavar; **zu|nähen** *vt* coser

**Zunahme** ['tsu:na:mə] *f* <-n> aumento *m* (*an* de); (*Zuwachs*) incremento *m* (*an* de); (*Anstieg*) subida *f* (*an* de); **eine ~ um 10%** un incremento del 10%

**Zuname** ['tsu:na:mə] *m* <-ns, -n> apellido *m*

**zündeln** ['tsʏndəln] *vi* jugar con fuego

**zünden** ['tsʏndən] **I.** *vi* (*Bombe*) hacer explosión; **bei ihm hat es gezündet** (*fam*) ha caído en la cuenta **II.** *vt* (*Sprengkörper*) activar; (*Rakete*) lanzar; (*Feuerwerk*) hacer estallar

**zündend** *adj* brillante

**Zunder** ['tsʊndɐ] *m* <-s, *ohne pl*> (TECH) escamas *fpl* de óxido; **wie ~ brennen** arder como (la) paja

**Zünder** ['tsʏndɐ] *m* <-s, -> detonador *m*

**Zündflamme** *f* piloto *m;* **Zündholz** *nt* <-es, -hölzer> (*südd, Österr*) cerilla *f,* pajuela *f Bol;* **Zündholzschachtel** *f* caja *f* de cerillas

**Zündkabel** *nt* (AUTO) cable *m* de encendido; **Zündkerze** *f* (AUTO) bujía *f;* **Zündschloss** *nt* (AUTO) contacto *m;* **Zündschlüssel** *m* (AUTO) llave *f* de contacto; **Zündschnur** *f* mecha *f;* **Zündstoff** *m* ① (*Sprengstoff*) materia *f* inflamable ② (*Konfliktstoff*) motivo *m* de conflicto

**Zündung** *f* <-en> (AUTO) encendido *m;* **Zündvorrichtung** *f* (TECH) dispositivo *m* de explosión [*o* explosivo]

**zu|nehmen** *irr* **I.** *vi* ① (*sich vergrößern, vermehren*) aumentar (*an* de); (*Mond*) crecer; (*Tag*) alargarse; **an Größe** ~ aumentar de tamaño ② (*sich verstärken*) intensificarse; (*steigen*) incrementarse; (*sich verschlimmern*) agravarse ③ (*schwerer, dicker werden*) engordar **II.** *vt* ① (*schwerer werden*) engordar ② (*bei Handarbeit*) aumentar

**zunehmend** **I.** *adj* creciente; **in ~em Maße** cada vez más; **mit ~em Alter** con los años **II.** *adv* (*sichtbar*) visiblemente; (*fortschreitend*) progresivamente

**zu|neigen** **I.** *vi* simpatizar (con); **jdm sehr zugeneigt sein** tener mucho cariño a alguien **II.** *vr:* **sich etw** *dat* ~ inclinarse hacia algo; **sich dem Ende** ~ ir terminando

**Zuneigung** *f* <-en> afecto *m* (*für* por), cariño *m* (*für* por)

**Zunft** [tsʊnft, *pl:* 'tsʏnftə] *f* <Zünfte> gremio *m*

**zünftig** ['tsʏnftɪç] *adj* como es debido

**Zunge** ['tsʊŋə] *f* <-n> ① (*Organ, Land~*) lengua *f;* **jdm die ~ herausstrecken** sacar(le) a alguien la lengua; **es liegt mir auf der** ~ (*fig*) lo tengo en la punta de la lengua; **sich** *dat* **auf die ~ beißen** morderse la lengua; **böse ~n behaupten, dass ...** (*fig*) las malas lenguas afirman que...; **sich** *dat* **die ~ verbrennen** irse de la lengua; **sie hat eine lose** ~ es una deslenguada; **seine ~ hüten** cuidar su lengua; **seine ~ im Zaum halten** tener cuidado con lo que se dice ② (*Lasche, a.* MUS) lengüeta *f* ③ (ZOOL: *See~*) lenguado *m*

**züngeln** ['tsʏŋəln] *vi* mover la lengua; (*Schlange*) silbar; (*Flammen*) echar llamaradas

**Zungenbrecher** *m* (*fam*) trabalenguas *m inv;* **Zungenkuss** *m* beso *m* de tornillo, lengüetazo *m fam;* **Zungenspitze** *f* punta *f* de la lengua

**Zünglein** ['tsʏŋlaɪn] *nt* <-s, ->: **das ~ an der Waage sein** (*fig*) ser el fiel de la balanza

**zunichte** [-'--] *adv:* **etw ~ machen** estropear algo; (*Hoffnungen*) frustar

**zu|nicken** *vi:* **jdm** ~ hacer a alguien una seña con la cabeza; (*zum Gruß*) saludar a alguien con la cabeza

**zunutze** [-'--] *adv:* **sich** *dat* **etw ~ machen** aprovechar algo

**zuoberst** [tsu'ʔo:bɐst] *adv* ① (*auf einem Stapel*) encima de todo ② (*am oberen Rand*) en la parte superior

**zu|ordnen** *vt* clasificar, encasillar

**Zuordnung** *f* <-en> clasificación *f;* (*zu einer Gruppe*) filiación *f*

**zu|packen** *vi* ① (*zugreifen*) coger ② (*kräftig arbeiten*) meterse a fondo

**zupfen** ['tsʊpfən] **I.** *vi* ① (*ziehen*) tirar (*an* de) ② (*Instrument*) puntear **II.** *vt* ① (*ziehen*) tirar (*an* de) ② (*Haar, Unkraut*) arrancar; **sich** *dat* **die Augenbrauen** ~ depilarse las cejas ③ (*Instrument*) puntear

**Zupfinstrument** *nt* instrumento *m* punteado

**zu|prosten** ['tsu:pro:stən] *vi* brindar

**zur** [tsu:ɐ] = **zu der** *s.* **zu**

**zurande** *adv:* **mit jdm/mit etw** *dat*

(**nicht**) ~ **kommen** (*fam*) (no) poder con alguien/algo

**zurate** *adv:* **etw/jdn ~ ziehen** consultar algo/a alguien

**Zürcher(in)** ['tsʏrçɐ] *m(f)* <-s, -; -nen> zuriguense *mf*

**zurechnungsfähig** *adj* en plena posesión de sus facultades mentales

**zurecht|biegen** [tsu'rɛçt-] *irr vt* ❶ (*Draht*) enderezar ❷ (*fam: Angelegenheit*) arreglar; **zurecht|finden** *irr vr:* **sich ~** (*in einer Stadt*) orientarse (*in* en); (*vertraut werden*) familiarizarse; **zurecht|kommen** *irr vi sein* (*mit einem Gerät*) apañarse *fam;* (*mit einer Person*) entenderse; (*finanziell*) arreglárselas; **sieh selbst zu, wie du zurechtkommst!** ¡apáñatelas como puedas!; **zurecht|legen** *vt* preparar; **sich** *dat* **eine Ausrede ~** tener preparada una excusa; **zurecht|machen** I. *vt* (*fam*) ❶ (*Essen*) preparar; (*Zimmer*) arreglar ❷ (*verschönen*) arreglar II. *vr:* **sich ~** (*fam*) arreglarse; **zurecht|weisen** *irr vt* reprender, retar *Am*

**zu|reden** *vi* instar; (*ermutigen*) animar; (*überreden*) persuadir; **jdm gut ~** animar a alguien

**zu|reiten** *irr* I. *vi sein* cabalgar (*auf* hacia) II. *vt* amaestrar, potrear *Am*

**Zürich** ['tsy:rɪç] *nt* <-s> Zurich *m*

**zu|richten** *vt* (*vorbereiten*) preparar; (TECH) trabajar; **jdn übel ~** maltratar a alguien; **etw übel ~** echar a perder algo

**Zurschaustellung** [-'---] *f* <-en> exhibición *f*

**zurück** [tsu'rʏk] *adv* ❶ (*wieder an den Ausgangspunkt*) de vuelta; **hin und ~** ida y vuelta; **es gibt kein Z~ mehr** ya no se puede dar marcha atrás; **ich bin gleich wieder ~** enseguida estoy de vuelta ❷ (*nach hinten*) (hacia) atrás; **zwei Schritte ~!** ¡dos pasos atrás! ❸ (*weiter hinten*) atrás ❹ (*fam: ~geblieben*) atrasado; **zurück|bekommen*** *irr vt* recobrar; (*Wechselgeld*) recibir de vuelta; **ich habe alles ~** me lo han devuelto todo; **zurück|beugen** I. *vt* doblar [*o* echar] hacia atrás II. *vr:* **sich ~** doblarse [*o* echarse] hacia atrás; **zurück|bezahlen*** *vt* devolver; (*erstatten*) reembolsar; **zurück|bilden** *vr:* **sich ~** retroceder; (*Organ*) atrofiarse; **zurück|bleiben** *vi sein* ❶ (*hinten bleiben*) quedarse atrás; (*Abstand halten*) mantenerse alejado (*von* de); **hinter den Erwartungen ~** no corresponder a las expectativas ❷ (*übrig bleiben*) quedar; **zurück|blicken** *vi* ❶ (*sich umsehen*) mirar (hacia) atrás ❷ (*auf Vergangenes*) pasar revista (*auf* a); **zurück|bringen** *irr vt* ❶ (*zurückgeben*) devolver ❷ (*zurückbegleiten*) llevar (a casa); **zurück|datieren** *vt* antedatar; **zurück|denken** *irr vi* recordar el pasado; **an etw ~** recordar algo; **zurück|drängen** *vt* ❶ (*Personen*) hacer retroceder ❷ (*eindämmen*) contener; **zurück|erhalten*** *irr vt s.* **zurückbekommen**; **zurück|erobern*** *vt* reconquistar; **zurück|erstatten*** *vt* reintegrar, reembolsar; **zurück|fahren** *irr* I. *vi sein* ❶ (*zurückkehren*) volver, regresar ❷ (*rückwärts fahren*) dar marcha atrás ❸ (*zurückschrecken*) retroceder (asustado) II. *vt* ❶ (*zurückbringen: Person*) llevar a casa; (*Dinge*) devolver ❷ (*reduzieren*) reducir; **zurück|fallen** *irr vi sein* ❶ (*fallen*) volver a caer; (*Person*) caer hacia atrás; **sich ~ lassen** dejarse caer (*in* en) ❷ (*in eine Gewohnheit*) recaer (*in* en) ❸ (SPORT) quedar(se) atrás ❹ (*Eigentum*) volver a pertenecer (*an* a) ❺ (*sich auswirken*) recaer (*auf* sobre); **zurück|finden** *irr vi* encontrar el camino de vuelta (*zu* a); **zurück|fordern** *vt* reclamar; (*Recht*) reivindicar; **zurück|führen** I. *vi* volver (*zu* a); **es führt kein Weg zurück** no hay camino de vuelta II. *vt* ❶ (*geleiten*) acompañar a la vuelta ❷ (*herleiten*) reducir (*auf* a) ❸ (*die Folge sein*) deberse (*auf* a); (*zuschreiben*) atribuir (*auf* a); **sein Verhalten ist darauf zurückzuführen, dass ...** su comportamiento se debe a que...; **zurück|geben** *irr vt* devolver, regresar *Mex;* (*Wechselgeld*) dar (la vuelta)

**zurückgeblieben** I. *pp von* **zurückbleiben** II. *adj* retrasado; **geistig ~** retrasado mental

**zurück|gehen** *irr vi sein* ❶ (*zurückkehren*) volver; **etw ~ lassen** devolver algo ❷ (*nach hinten*) ir hacia atrás; **zwei Schritte ~** dar dos pasos atrás; **auf etw ~** tener su origen en algo ❸ (*nachlassen*) disminuir; (*Preise*) bajar; **zurück|gewinnen*** *irr vt* recuperar

**zurückgezogen** I. *pp von* **zurückziehen** II. *adj* retirado; **~ leben** llevar una vida retirada

**zurück|greifen** *irr vi:* **auf etw ~** recurrir a algo; **zurück|halten** *irr* I. *vt* ❶ (*Person, Geld*) retener; (*Information*) ocultar; **etw für jdn ~** reservar algo para alguien; **jdn von etw** *dat* **~** hacer desistir a alguien de algo ❷ (*Gefühle*) reprimir; (*Tränen*) contener II. *vr:* **sich ~** ❶ (*sich beherrschen*) contenerse; **er hält sich mit Lob/Kritik zurück** no hace grandes elogios/críticas

❷ (*im Hintergrund bleiben*) mantenerse en un segundo plano **III.** *vi:* **mit etw** *dat* ~ abstenerse de hacer algo

**zurückhaltend** *adj* ❶ (*reserviert*) reservado ❷ (*unaufdringlich*) discreto; (*gemäßigt*) moderado

**Zurückhaltung** *f ohne pl* ❶ (*Reserviertheit*) reserva *f* ❷ (*Unaufdringlichkeit*) discreción *f;* (*Bescheidenheit*) moderación *f;* ~ **üben** moderarse

**zurück|holen** *vt* ir a buscar; **zurück|kehren** *vi sein* (*geh*) regresar (*aus/von* de, *nach/zu* a), regresarse (*aus/von* de, *nach/zu* a) *Am;* **zurück|kommen** *irr vi sein* volver (*aus/von* de, *nach/zu* a); **auf etw** ~ volver sobre algo; **um noch einmal darauf zurückzukommen** volviendo de nuevo sobre ello; **zurück|kriegen** *vt* (*fam*) *s.* **zurückbekommen**; **zurück|lassen** *irr vt* ❶ (*liegen lassen, hinterlassen*) dejar ❷ (*zurückkehren lassen*) dejar regresar; **zurück|legen** *vt* ❶ (*an seinen Platz*) volver a poner en su sitio ❷ (*Waren*) reservar; (*Geld*) ahorrar; **sich** *dat* **etwas Geld** ~ hacer unos ahorros ❸ (*Strecke*) recorrer; **zurück|lehnen** *vr:* **sich** ~ recostarse; **zurück|liegen** *irr vi* haber sucedido tiempo atrás; **der Vorfall liegt schon Jahre zurück** el incidente sucedió hace ya años; **in den** ~**den Jahren** en los últimos años; **zurück|melden** *vr:* **sich** ~ dar aviso de su regreso

**Zurücknahme** [-naːmə] *f* <-n> ❶ (*von Waren*) devolución *f* ❷ (*einer Bestellung*) anulación *f* del pedido; (*einer Aussage, Zustimmung*) retractación *f;* (*einer Klage*) desistimiento *m;* (*eines Gesetzes*) revocación *f*

**zurück|nehmen** *irr vt* ❶ (*Ware*) aceptar la devolución (de) ❷ (*Behauptung, Beleidigung*) retirar; (*Bestellung*) anular; (*Gesetz*) revocar; **nimm das sofort zurück!** ¡retira eso inmediatamente!; **zurück|prallen** *vi sein* ❶ (*Ball*) rebotar ❷ (*Person*) retroceder; **zurück|reichen** **I.** *vi* (*Erinnerung*) remontarse (*bis* a) **II.** *vt* devolver; **zurück|reisen** *vi sein* emprender el viaje de vuelta (*in/nach* a), regresar (*in/nach* a); **zurück|rufen** *irr* **I.** *vi, vt* volver a llamar **II.** *vt* ❶ (*zurückbeordern*) hacer volver ❷ (*antworten*) contestar; **sich** *dat* **etw ins Gedächtnis** ~ recordar algo; **zurück|schalten** *vi* (AUTO) cambiar a una marcha inferior; **zurück|schauen** *vi s.* **zurückblicken**; **zurück|schicken** *vt* mandar de vuelta; **zurück|schlagen** *irr* **I.** *vi* ❶ (*Armee*) contraatacar; (*Person*) devolver el golpe ❷ (*sich auswirken*) repercutir (*auf* en) **II.** *vt* ❶ (*Angriff*) rechazar ❷ (*Decke*) apartar; (*Schleier*) levantar ❸ (*Ball*) devolver; **zurück|schrauben** *vt* reducir; **zurück|schrecken** *irr vi sein* ❶ (*zurückweichen*) retroceder (espantado) ❷ (*zurückscheuen*): **vor etw** *dat* ~ arredrarse ante algo; **zurück|schreiben** *vt* (INFOR) restaurar; **zurück|sehnen** *vr:* **sich nach etw** *dat/***zu jdm** ~ echar algo/a alguien de menos; **zurück|setzen** **I.** *vi* ir (marcha) atrás **II.** *vt* ❶ (*an einen Platz*) volver a poner en su sitio ❷ (*nach hinten*) poner (hacia) atrás; (*verschieben*) correr hacia atrás ❸ (*benachteiligen*) postergar (a) ❹ (*Auto*) mover para atrás **III.** *vr:* **sich** ~ ❶ (*sich wieder setzen*) volver a sentarse ❷ (*nach hinten*) sentarse más atrás; **zurück|spulen** *vt* rebobinar; **zurück|stecken** **I.** *vi* ❶ (*mit Ansprüchen*) moderarse ❷ (*nachgeben*) transigir **II.** *vt* ❶ (*wieder einstecken*) volver a guardar ❷ (*versetzen*) colocar hacia atrás; **zurück|stehen** *irr vi* ❶ (*weiter hinten stehen*) quedar atrás ❷ (*schlechter sein*) quedarse atrás; **er wollte nicht hinter ihnen** ~ no quería quedarse atrás ❸ (*verzichten*) renunciar; **sie musste immer hinter den anderen** ~ siempre tuvo que desistir a favor de los demás; **zurück|stellen** *vt* ❶ (*an einen Platz*) volver a poner en su sitio ❷ (*nach hinten*) poner atrás; (*Uhr*) retrasar; (*Heizung*) bajar ❸ (*Waren*) reservar ❹ (*aufschieben*) aplazar ❺ (*Wünsche*) postergar; **seine Bedenken** ~ dejar atrás sus reparos; **zurück|stoßen** *irr vt* ❶ (*wegstoßen*) empujar hacia atrás ❷ (*ablehnen*) rechazar; **zurück|stufen** *vt* degradar; **zurück|treten** *irr* **I.** *vi sein* ❶ (*nach hinten*) retroceder; **bitte** ~**!** ¡retrocedan, por favor! ❷ (*weniger wichtig werden*) perder importancia; (*in den Hintergrund treten*) pasar al segundo plano ❸ (*von einem Amt*) dimitir (*von* de) ❹ (*von einem Vertrag, Vorhaben*) desistir (*von* de); (*von einem Recht*) renunciar (*von* a) **II.** *vt:* **jdn** ~ devolver el pisotón a alguien; **zurück|verfolgen*** *vt* buscar los orígenes (de); **zurück|versetzen*** *vr:* **sich** ~ recordar; **wir fühlten uns in eine andere Zeit zurückversetzt** nos sentimos trasladados a otra época; **zurück|weichen** *irr vi sein* ❶ (*Person*) retroceder; (*Hochwasser*) decrecer ❷ (*vor einer Aufgabe*) retroceder (*vor* ante); **zurück|weisen** *irr vt* (*Person, Anschuldigung*) rechazar; (*Einladung, Geschenk*) rehusar; (*mit Argumenten*) refutar; (*Klage*) recusar

**Zurückweisung** *f* <-en> rechazo *m;* (*ei-*

*ner Klage*) recusación *f*

**zurück|werfen** *irr vt* ❶ (*nach hinten*) echar (hacia) atrás ❷ (*Ball*) devolver ❸ (*Schall, Strahlen*) reflejar ❹ (*wirtschaftlich*) hacer retroceder (de); **das wirft uns um Jahre zurück** esto nos hace retroceder a la posición de hace años ❺ (*Feind*) rechazar; **zurück|wirken** *vi* repercutir (*auf* en); **zurück|wollen** *irr* **I.** *vi* querer volver (*nach* a) **II.** *vt* (*fam*) querer de vuelta; **ich will mein Geld zurück** quiero que me devuelvan mi dinero; **zurück|zahlen** *vt* devolver; (*Ausgaben*) reembolsar; **das werd' ich ihm ~!** (*fam*) ¡me lo pagará!; **zurück|ziehen** *irr* **I.** *vt* ❶ (*zum Ausgangspunkt*) volver (a poner en un lugar) ❷ (*nach hinten*) correr hacia atrás; (*Körperteil*) retirar; (*Vorhang, Riegel*) correr ❸ (*widerrufen*) retirar; (*Gesetz*) revocar; (*Ansprüche*) desistir (de); (*Bestellung*) anular ❹ (*aus dem Verkehr ziehen*) retirar ❺ (*bewirken*) ser el motivo de la vuelta (*nach* a); (*anziehen*) atraer **II.** *vr:* **sich ~** (*a.* MIL) retirarse (*von* de) **III.** *vi sein* volver a vivir (*nach* a)

**Zuruf** ['--] *m* <-(e)s, -e> grito *m*

**zu|rufen** *irr vt:* **jdm etw ~** gritar algo a alguien

**zurzeit** [tsuːɐ'tsaɪt] *adv* (*Österr, Schweiz*) de momento

**Zusage** ['---] *f* <-n> (*positive Antwort*) contestación *f* afirmativa; (*Bestätigung*) confirmación *f;* (*Versprechen*) promesa *f;* **eine ~ geben** contestar afirmativamente

**zu|sagen** **I.** *vi* ❶ (*Einverständnis erklären*) contestar afirmativamente; (*Einladung annehmen*) aceptar una invitación; (*sich verpflichten*) comprometerse ❷ (*gefallen*): **jdm ~** gustar a alguien; (*passen*) convenir a alguien **II.** *vt* prometer

**zusammen** [tsu'zamən] *adv* ❶ (*miteinander*) juntos; (*gleichzeitig*) al mismo tiempo; **~ mit** (junto) con; **~ sein** (*beieinander sein*) estar juntos; (*fest befreundet sein*) salir juntos; **alle ~** todos juntos ❷ (*insgesamt*) en total; **das macht ~ 14 Euro** son 14 euros en total

**Zusammenarbeit** *f ohne pl* colaboración *f,* cooperación *f;* **in ~ mit** en colaboración con; **zusammen|arbeiten** *vi* colaborar, cooperar; **zusammen|bauen** *vt* montar; **zusammen|beißen** *irr vt:* **die Zähne ~** apretar los dientes; **zusammen|binden** *irr vt* atar; **zusammen|bleiben** *irr vi sein* quedar juntos; (*weiterhin*) seguir juntos; **zusammen|brechen** *irr vi sein* ❶ (*einstürzen*) derrumbarse; **für ihn ist eine Welt zusammengebrochen** se le desmoronaron todas sus esperanzas ❷ (*Mensch*) sufrir un colapso; (*ohnmächtig*) desmayarse ❸ (*Wirtschaft*) quebrarse; (*Verkehr*) colapsarse; **zusammen|bringen** *irr vt* ❶ (*Geld, Personen*) juntar ❷ (*fam: sich erinnern*) recordar, acordarse (de); **Zusammenbruch** *m* derrumbamiento *m;* (*Bankrott*) quiebra *f;* (*gesundheitlich, des Verkehrs*) colapso *m;* **zusammen|drängen** **I.** *vt* ❶ (*Menschen*) apiñar ❷ (*zusammenfassen*) reducir (*auf* a) **II.** *vr:* **sich ~** ❶ (*Menschen*) apiñarse ❷ (*Ereignisse*) concentrarse; **zusammen|drücken** *vt* apretar, comprimir; (*flach*) aplastar; **zusammen|fahren** *irr* **I.** *vi sein* ❶ (*Fahrzeuge*) chocar ❷ (*erschrecken*) estremecerse **II.** *vt* (*Person, Tier*) atropellar; (*Fahrzeug*) destrozar; **zusammen|fallen** *irr vi sein* ❶ (*einstürzen*) hundirse ❷ (*an Volumen verlieren*) desinflarse ❸ (*Termine*) coincidir; **zusammen|falten** *vt* ❶ (*Papier, Stoff*) plegar, doblar ❷ (*Hände*) juntar; **zusammen|fassen** *vt* ❶ (*vereinigen*) reunir (*zu* en); (*in Gruppen*) agrupar ❷ (*Bericht*) resumir; **~d lässt sich sagen, dass ...** en resumen se puede decir que...

**Zusammenfassung** *f* <-en> ❶ (*Resümee*) resumen *m* ❷ (*Vereinigung*) unión *f;* (*in Gruppen*) agrupación *f*

**zusammen|fließen** *irr vi sein* confluir; **zusammen|fügen** *vt* (*geh*) unir, juntar; **zusammen|führen** *vt* reunir; (*nach Streit*) reconciliar; **zusammen|gehören*** *vi* (*fam*) ❶ (*Personen*) ser del mismo grupo ❷ (*Gegenstände*) hacer juego; (*paarweise*) hacer pareja

**zusammengehörig** *adj* correspondiente

**Zusammengehörigkeit** *f ohne pl* afinidad *f,* unión *f;* **Zusammengehörigkeitsgefühl** *nt* <-(e)s, *ohne pl*> solidaridad *f*

**zusammengesetzt** *adj* compuesto; **~ sein aus ...** componerse de...; **zusammengewürfelt** *adj* (*gemischt*) mezclado; (*verschiedenartig*) heterogéneo

**Zusammenhalt** *m* <-(e)s, *ohne pl*> ❶ (*von Teilen*) cohesión *f* ❷ (*Bindung*) solidaridad *f,* unión *f*

**zusammen|halten** *irr* **I.** *vi* ❶ (*Mannschaft*) ser solidario; (*in der Not*) ayudarse mutuamente ❷ (*Teile*) formar un cuerpo **II.** *vt* ❶ (*Gruppe*) mantener juntos; (*Geld*) ahorrar ❷ (*verbinden*) unir

**Zusammenhang** *m* <-(e)s, -hänge> (*Beziehung*) relación *f* (*zwischen/von* entre); (*innerer*) conexión *f;* (*im Text*) contexto *m;* **in ~ mit etw *dat* stehen** estar en relación con algo; **etw aus dem ~ reißen** sacar algo de contexto; **etw mit etw *dat* in**

~ **bringen** relacionar algo con algo

**zusammen|hängen** *irr vi* ❶ (*Gegenstände*) estar unido ❷ (*in Beziehung stehen*) estar relacionado; **das hängt damit zusammen, dass ...** esto está relacionado con...

**zusammenhängend** *adj* coherente; (*ununterbrochen*) continuo

**zusammenhang(s)los** *adj* incoherente

**zusammen|heften** *vt* encuadernar; **zusammen|klappen** I. *vi sein* (*Person*) sufrir un colapso II. *vt* (*Stuhl, Tisch*) plegar; (*Messer*) cerrar; **zusammen|knoten** *vt* anudar; **zusammen|kommen** *irr vi sein* ❶ (*sich treffen*) encontrarse; (*sich versammeln*) reunirse ❷ (*sich ansammeln*) acumularse; **zusammen|krachen** *vi sein* (*fam*) ❶ (*Stuhl, Tisch*) romperse ❷ (*Fahrzeuge*) chocar; **zusammen|kratzen** *vt* (*fam*) reunir penosamente

**Zusammenkunft** [tsu'zamənkʊnft, *pl:* -kʏnftə] *f* <-künfte> encuentro *m;* (*Versammlung*) reunión *f*

**zusammen|läppern** [-lɛpɐn] *vr:* **sich** ~ (*fam*) amontonarse, apiñarse; **zusammen|laufen** *irr vi sein* ❶ (*Menschen*) acudir (en masa) ❷ (*Flüsse*) confluir ❸ (*Linien*) juntarse; (MATH) converger; **zusammen|leben** *vi* convivir; **wir leben zusammen** vivimos juntos; **Zusammenleben** *nt* <-s, *ohne pl*> convivencia *f;* **zusammen|legen** I. *vt* ❶ (*falten*) doblar, plegar ❷ (*zueinander legen*) poner juntos ❸ (*vereinigen*) juntar; (*Firmen*) fusionar; (*Termine*) fijar a una misma hora; (*Personen*) agrupar II. *vi* juntar el dinero; **zusammen|nehmen** *irr* I. *vt* reunir, juntar; **alles zusammengenommen** en total; **er nahm seinen ganzen Mut zusammen** hizo acopio de todo su coraje II. *vr:* **sich** ~ controlarse; **zusammen|passen** *vi* (*Personen*) congeniar, hacer buenas migas *fam;* (*Paar*) hacer (una) buena pareja; (*Gegenstände*) encajar, hacer juego; (*Farben*) ir bien; **zusammen|pferchen** *vt* ❶ (*Vieh*) acorralar ❷ (*Menschen*) apiñar; **Zusammenprall** *m* <-(e)s, -e> colisión *f,* choque *m;* **zusammen|prallen** *vi sein* colisionar, chocar; **zusammen|pressen** *vt* apretar, prensar; **zusammen|raufen** *vr:* **sich** ~ (*fam*) ponerse de acuerdo; **zusammen|rechnen** *vt* sumar; **zusammen|reimen** I. *vt* (*fam*): **sich** *dat* **etw** ~ imaginarse algo II. *vr:* **sich** ~ (*fam*) explicarse; **zusammen|reißen** *irr vr:* **sich** ~ (*fam*) controlarse; **zusammen|rücken** I. *vi sein* juntarse II. *vt* acercar; **zusammen|rufen** *irr vt* convocar, reunir; **zusammen|sacken** *vi sein* (*fam*) ❶ (*Haus*) derrumbarse ❷ (*Person*) sufrir un colapso; **zusammen|scheißen** *irr vt* (*vulg*) poner a parir; **zusammen|schlagen** *irr vt* ❶ (*fam: zerstören*) destrozar ❷ (*fam: verprügeln*) moler a palos ❸ (*gegeneinander schlagen*): **sie schlug die Hände über dem Kopf zusammen** se llevó las manos a la cabeza; **zusammen|schließen** *irr vr:* **sich** ~ agruparse; (*Firmen*) fusionarse; **Zusammenschluss** *m* agrupación *f;* (*von Firmen*) fusión *f;* **zusammen|schrauben** *vt* atornillar; **zusammen|schreiben** *irr vt* ❶ (*Wörter*) escribir junto ❷ (*fam abw: verfassen*) borronear; **wer hat denn diesen Unsinn zusammengeschrieben?** ¿quién ha escrito este montón de tonterías?; **Zusammensein** *nt* <-s, *ohne pl*> ❶ (*Treffen*) reunión *f* ❷ (*Zusammenleben*) convivencia *f;* **zusammen|setzen** I. *vt* componer; (*montieren*) montar II. *vr:* **sich** ~ ❶ (*zusammenkommen*) reunirse; (*sich treffen*) encontrarse ❷ (*bestehen*) componerse (*aus* de)

**Zusammensetzung** *f* <-en> ❶ (*Struktur*) composición *f;* (*Mischung*) combinación *f;* **eine ~ aus ...** una combinación de... ❷ (LING) palabra *f* compuesta

**Zusammenspiel** *nt* <-(e)s, *ohne pl*> ❶ (*einer Mannschaft*) juego *m* del equipo ❷ (*von Kräften*) interacción *f*

**zusammen|stauchen** *vt* (*fam*) aplastar, (d)espachurrar; **zusammen|stecken** I. *vi* (*fam*) estar juntos II. *vt* juntar; (*Stoff*) fijar con alfileres; **die Köpfe** ~ andar con secretitos; **zusammen|stellen** *vt* ❶ (*nebeneinander stellen*) colocar juntos ❷ (*anordnen*) componer; (*in Gruppen*) agrupar; (*sortieren*) clasificar; (*kompilieren*) compilar; (*Farben, Menü*) combinar; (*Unterlagen*) reunir; (*Programm, Liste*) hacer

**Zusammenstellung** *f* <-en> ❶ (*Anordnung*) disposición *f* ❷ (*Zusammensetzung*) composición *f;* (*systematisch*) clasificación *f;* (*in Gruppen*) agrupación *f;* (*eines Buchs*) compilación *f* ❸ (*Übersicht*) cuadro *m* sinóptico; (*Liste*) lista *f*

**Zusammenstoß** *m* <-es, -stöße> ❶ (*von Fahrzeugen*) choque *m,* quiñazo *m Am* ❷ (*fam: Streit*) disputa *f;* (*Auseinandersetzung*) enfrentamiento *m*

**zusammen|stoßen** *irr vi sein* ❶ (*kollidieren*) chocar ❷ (*sich streiten*) pelearse; **zusammen|strömen** *vi sein* ❶ (*Flüsse*) confluir ❷ (*Menschen*) acudir en masa; **zusammen|stürzen** *vi sein* (*Gebäude*) derrumbarse; (*Plan*) venirse abajo;

**zusammen|tragen** *irr vt* reunir; (*ansammeln*) acumular; (*Fakten*) compilar; **zusammen|treffen** *irr vi sein* ❶ (*Menschen*) encontrarse ❷ (*Ereignisse, Umstände*) coincidir

**Zusammentreffen** *nt* ❶ (*Begegnung*) encuentro *m;* **bei unserem letzten ~** en nuestro último encuentro ❷ (*von Ereignissen*) coincidencia *f*

**zusammen|treiben** *irr vt* reunir, juntar; **zusammen|trommeln** *vt* (*fam*) convocar, llamar; **zusammen|tun** *irr* **I.** *vt* (*fam*) meter junto **II.** *vr:* **sich ~** (*fam*) unirse; (*sich verbünden*) aliarse; **zusammen|wachsen** *irr vi sein* ❶ (*verheilen*) cerrarse ❷ (*sich verbinden*) unirse; **zusammen|wirken** *vi* ❶ (*Faktoren*) actuar (simultáneamente) ❷ (*geh: zusammenarbeiten*) colaborar (*bei* en); **Zusammenwirken** *nt* <-s, *ohne pl*> interacción *f;* **zusammen|zählen** *vt* sumar; **zusammen|ziehen** *irr* **I.** *vt* ❶ (*enger machen*) estrechar; (*durch Säure*) astringir; (*Muskeln*) contraer ❷ (*Polizei, Truppen*) reunir, concentrar ❸ (*addieren*) sumar **II.** *vr:* **sich ~** ❶ (*kleiner werden*) contraerse ❷ (*Gewitter, Unheil*) cernirse **III.** *vi sein:* **mit jdm ~** ir a vivir con alguien; **zusammen|zucken** *vi sein* estremecerse (*vor* de)

**Zusatz** *m* <-es, -sätze> ❶ (*Substanz*) aditamento *m;* (*Lebensmittel~*) aditivo *m;* **ohne ~ von Konservierungsstoffen** sin conservantes ni colorantes ❷ (*zu einem Text*) apéndice *m;* **Zusatzgerät** *nt* aparato *m* suplementario

**zusätzlich** ['tsu:zɛtslɪç] **I.** *adj* adicional, suplementario **II.** *adv* más

**Zusatzstoff** *m* aditivo *m*

**zu|schauen** *vi s.* **zusehen**

**Zuschauer(in)** *m(f)* <-s, -; -nen> espectador(a) *m(f);* (*Fernseh~*) telespectador(a) *m(f);* **die ~ waren begeistert** el público estaba entusiasmado; **Zuschauerraum** *m* sala *f* de espectadores; **Zuschauertribüne** *f* tribuna *f* para el público; **Zuschauerzahl** *f* número *m* de espectadores

**zu|schicken** *vt* enviar, mandar

**Zuschlag** *m* <-(e)s, -schläge> ❶ (*auf einen Preis*) suplemento *m,* yapa *f Am;* **dieser Zug kostet (sechs DM) ~** para este tren hay que pagar un suplemento (de seis marcos) ❷ (*bei einer Versteigerung*) remate *m;* **den ~ erhalten** recibir el remate ❸ (*für einen Auftrag*) adjudicación *f;* **jdm den ~ für etw erteilen** adjudicar algo a alguien

**zu|schlagen** *irr* **I.** *vi* ❶ (*Person*) golpear ❷ *sein* (*Tür*) cerrarse de golpe ❸ (*fam: zugreifen*) aprovechar la oportunidad; **schlag zu!** ¡aprovéchalo! ❹ (*fam: beim Essen*) atiborrarse **II.** *vt* ❶ (*Tür, Buch*) cerrar (de golpe) ❷ (*Ball*) lanzar ❸ (*Auftrag, bei einer Versteigerung*): **jdm etw ~** adjudicar algo a alguien

**zu|schließen** *irr vt* cerrar (con llave)

**zu|schnappen** *vi* ❶ *sein* (*Schloss*) cerrarse de golpe; (*Falle*) caer ❷ (*Hund*) dar un mordisco

**zu|schneiden** *irr vt* cortar; **die Stelle war ganz auf ihn zugeschnitten** el puesto de trabajo estaba hecho a su medida

**zu|schnüren** *vt* atar; **die Angst schnürte ihm die Kehle zu** el miedo le oprimía la garganta

**zu|schrauben** *vt* ❶ (*mit Schrauben*) atornillar ❷ (*durch Drehen*) cerrar

**zu|schreiben** *irr vt* atribuir; (*Eigentum*) transferir; **das hast du dir selbst zuzuschreiben** es culpa tuya

**Zuschrift** *f* <-en> carta *f;* (*amtlich*) comunicación *f*

**zuschulden** [-'--] *adv:* **sich** *dat* **etwas ~ kommen lassen** cometer un error

**Zuschuss** *m* <-es, -schüsse> subsidio *m;* (*staatlich*) subvención *f*

**zu|schütten** **I.** *vt* ❶ (*mit Erde*) rellenar ❷ (*fam: dazugeben*) añadir **II.** *vr:* **sich ~** (*fam*) emborracharse

**zu|sehen** *irr vi* ❶ (*betrachten*) mirar ❷ (*dafür sorgen*): **~, dass ...** procurar que... +*subj;* **sieh mal zu, was du machen kannst!** ¡mira a ver qué puedes hacer!

**zusehends** ['tsu:ze:ənts] *adv* a ojos vista, visiblemente; **es geht ihm ~ besser** mejora ostensiblemente

**zu|senden** *irr vt s.* **zuschicken**

**zu|setzen** **I.** *vi* ❶ (*bedrängen*) atosigar; (*belästigen*) molestar, dar la lata *fam* ❷ (*verletzen*) herir ❸ (*Krankheit*) afectar **II.** *vt* ❶ (*hinzufügen*) añadir (*zu* a) ❷ (*Geld*) perder

**zu|sichern** *vt* asegurar; (*Versprechen*) prometer

**zu|sperren** *vt* (*Österr, südd*) cerrar con llave

**Zuspiel** *nt* (SPORT) pase *m*

**zu|spielen** *vt* (*a.* SPORT) pasar

**zu|spitzen** *vr:* **sich ~** (*Situation*) agudizarse; (*stärker*) agravarse

**zu|sprechen** *irr* **I.** *vi:* **jdm (gut) ~** tranquilizar a alguien; **dem Alkohol ~** tomar bebidas alcohólicas **II.** *vt* ❶ (*Preis*) otorgar; (*Erbe*) adjudicar; **das Kind wurde der Mutter zugesprochen** la custodia del niño fue otorgada a la madre ❷ (*zuschrei-*

*ben*) atribuir; **jdm Trost/Mut** ~ consolar/animar a alguien

**Zuspruch** *m* <-(e)s, *ohne pl*> (*geh*) ❶ (*Trost*) consuelo *m* ❷ (*Besuch*) concurrencia *f*; **die Veranstaltung erfreute sich großen** ~**s** el acto estuvo muy concurrido

**Zustand** ['--] *m* <-(e)s, -stände> estado *m*; (*Lage*) situación *f*; (*Beschaffenheit*) condición *f*; **Zustände kriegen** (*fam*) volverse loco; **das ist doch kein** ~**!** (*fam*) ¡eso no puede quedar así!

**zustande** [-'--] *adv*: **etw** ~ **bringen** lograr algo; ~ **kommen** llevarse a cabo; **Zustandekommen** *nt* <-s, *ohne pl*> (*eines Kongresses*) realización *f*; (*eines Vertrages*) conclusión *f*

**zuständig** *adj* competente (*für* para); (*verantwortlich*) responsable (*für* de)

**Zuständigkeit** *f* <-en> atribuciones *fpl*; (*Kompetenz*) competencia *f*; **das fällt nicht in meine** ~ eso no corresponde a mis atribuciones; **Zuständigkeitsbereich** *m* ámbito *m* de responsabilidad

**zu|stecken** *vt* ❶ (*schließen*) cerrar con alfileres ❷ (*geben*): **jdm etw** ~ pasar algo a alguien

**zu|stehen** *irr vi* corresponder

**zu|steigen** *irr vi sein* subir

**Zustellbezirk** *m* distrito *m* postal; **Zustelldienst** *m* servicio *m* de reparto (del correo)

**zu|stellen** *vt* ❶ (*versperren*) bloquear ❷ (*formal: schicken*) enviar; (*aushändigen*) entregar; (*Post*) repartir

**Zusteller(in)** *m(f)* <-s, -; -nen> (*formal*) repartidor(a) *m(f)*

**Zustellung** *f* <-en> (*formal*) entrega *f*

**zu|stimmen** *vi* estar de acuerdo (con); **etw** *dat* ~ aprobar algo

**zustimmend** *adj* aprobatorio, conforme; ~ **nicken** inclinar la cabeza en señal de asentimiento

**Zustimmung** *f* <-en> (*Billigung*) aprobación *f*; (*Einverständnis*) asentimiento *m*; **seine** ~ (**zu etw** *dat*) **geben/verweigern** dar/denegar su aprobación (a algo); ~ **finden** tener una buena acogida

**zustimmungspflichtig** *adj* (POL: *Gesetzesantrag, Reform*) que necesita la aprobación

**zu|stoßen** *irr* **I.** *vi* ❶ (*zustechen*) dar una puñalada; (*Stier, Schlange*) arremeter ❷ *sein* (*passieren*) ocurrir; **für den Fall, dass mir etwas zustößt** por si me ocurre algo **II.** *vt* (*Tür*) cerrar dando un golpe

**Zustrom** *m* <-(e)s, *ohne pl*> (*von Menschen*) afluencia *f*

**zutage** [-'--] *adv*: **etw** ~ **fördern** sacar algo a la luz; ~ **kommen** aparecer

**Zutat** *f* <-en> ❶ (*Bestandteil*) ingrediente *m* ❷ (*Beiwerk*) accesorio *m*

**zuteil** [-'-] *adv* (*geh*): **jdm wird etw** ~ algo se le dispensa a alguien; **jdm etw** ~ **werden lassen** conceder algo a alguien

**zu|teilen** *vt* ❶ (*austeilen*) repartir ❷ (*Rolle, Aufgabe*) destinar, asignar

**Zuteilung** *f* <-en> ❶ (*das Austeilen*) distribución *f*, reparto *m* ❷ (*einer Aufgabe*) asignación *f*

**zutiefst** [-'-] *adv* profundamente; **etw** ~ **bereuen** sentir algo de todo corazón

**zu|tragen** *irr* **I.** *vt* ❶ (*bringen*) llevar ❷ (*Nachricht*) informar (sobre) **II.** *vr*: **sich** ~ acontecer; **es trug sich zu, dass ...** aconteció que...

**zu|trauen** *vt*: **jdm etw** ~ creer a alguien capaz de algo; **jdm nicht viel** ~ desconfiar de la capacidad de alguien; **ihm ist alles zuzutrauen** de él se puede esperar cualquier cosa; **traust du dir das zu?** ¿crees que eres capaz?

**Zutrauen** *nt* <-s, *ohne pl*> confianza *f* (*zu* en)

**zutraulich** **I.** *adj* confiado; (*Tier*) manso **II.** *adv* con confianza

**zu|treffen** *irr vi* ❶ (*richtig sein*) ser correcto; (*wahr sein*) ser verdad ❷ (*passen*) ser aplicable (*auf* a); (*gelten*) valer (*für/auf* para)

**zutreffend** *adj* acertado; (*richtig*) justo; **Z~es bitte ankreuzen** (*formal*) márquese lo que corresponda

**Zutritt** *m* <-(e)s, *ohne pl*> (*Zugang*) acceso *m* (*zu* a); (*Eingang*) entrada *f* (*zu* a); **kein** ~**!** ¡prohibida la entrada!; (**freien**) ~ **haben** tener (libre) acceso; **sich** *dat* ~ **verschaffen** conseguir entrar

**zu|tun** *irr vt* (*fam*) ❶ (*hin~*) añadir ❷ (*zumachen*) cerrar; **ich habe die ganze Nacht kein Auge zugetan** no pegué ojo en toda la noche

**Zutun** *nt* <-s, *ohne pl*>: **ohne mein** ~ sin mi intervención

**zuungunsten** [tsu'ʔʊngʊnstən] *präp +gen* en perjuicio de

**zuunterst** [tsu'ʔʊntɐst] *adv* ❶ (*auf einem Stapel*) abajo ❷ (*am unteren Rand*) en la parte inferior

**zuverlässig** ['tsu:fɛɐlɛsɪç] *adj* ❶ (*Person*) de confianza; (*Mittel*) eficaz ❷ (*glaubwürdig*) fidedigno

**Zuverlässigkeit** *f ohne pl* ❶ (*einer Person*) fiabilidad *f*; (*eines Mittels*) eficacia *f* ❷ (*Glaubwürdigkeit*) seguridad *f*

**Zuversicht** ['tsu:fɛɐzɪçt] *f ohne pl* (absoluta) confianza *f*; **in der festen** ~**, dass ...** en la absoluta confianza de que...; **voller** ~ lleno de optimismo

**zuversichtlich** I. *adj* confiado; (*optimistisch*) optimista; **ich bin ~, dass ...** confío en que... +*subj* II. *adv* con toda confianza

**zuvor** [-'-] *adv* antes; **kurz** ~ poco antes; **am Tag** ~ el día anterior; **zuvor|kommen** *irr vi sein* adelantarse; **da bin ich ihm zuvorgekommen** me adelanté a él; **etw** *dat* ~ anticiparse a algo

**zuvorkommend** *adj* cortés

**Zuvorkommenheit** *f ohne pl* (*Höflichkeit*) cortesía *f;* (*Hilfsbereitschaft*) solicitud *f;* (*Aufmerksamkeit*) atención *f*

**Zuwachs** ['tsu:vaks] *m* <-es, -wächse> ❶ (*Wachstum*) crecimiento *m* ❷ (*Zunahme*) incremento *m* (*um/an* de); ~ **bekommen** (*fam*) estar esperando familia

**zu|wachsen** *irr vi sein* ❶ (*Wunde*) cerrarse ❷ (*mit Pflanzen*) cubrirse de vegetación ❸ (*geh: zuteil werden*): **jdm** ~ corresponder a alguien

**Zuwachsrate** *f* tasa *f* de incremento

**Zuwanderer, -in** *m, f* <-s, -; -nen> inmigrante *mf*

**zu|wandern** *vi sein* inmigrar

**Zuwanderung** *f* <-en> inmigración *f*

**zuwege** [-'--] *adv:* **etw ~ bringen** conseguir algo

**zuweilen** [-'--] *adv* (*geh*) de vez en cuando, en ocasiones

**zu|weisen** *irr vt* asignar

**Zuweisung** *f* <-en> asignación *f*

**zu|wenden** *irr* I. *vt* ❶ (*Gesicht, Rücken*) volver; **sie wandte ihm ihr Gesicht zu** volvió el rostro hacia él; **jdm seine Aufmerksamkeit** ~ prestar atención a alguien ❷ (*zukommen lassen*) donar II. *vr:* **sich jdm/etw** *dat* ~ dedicarse a alguien/algo

**Zuwendung[1]** *f ohne pl* (*Liebe*) cariño *m;* (*Aufmerksamkeit*) atención *f*

**Zuwendung[2]** *f* <-en> (*Geld*) subsidio *m;* (*Schenkung*) donación *f*

**zuwider** [-'--] *adv:* ~ **sein** repugnar; **zuwider|handeln** *vi* (*dem Gesetz*) infringir; (*einem Prinzip*) contravenir

**zu|winken** *irr vi:* **jdm** ~ saludar con la mano a alguien

**zu|ziehen** *irr* I. *vt* ❶ (*Tür*) cerrar; (*Vorhang*) correr; (*Knoten*) apretar ❷ (*um Rat fragen*) consultar ❸ (*bekommen*): **sich** *dat* **etw** ~ (*Krankheit*) contraer algo; (*Verletzung*) producirse; **sich** *dat* **jds Zorn** ~ atraerse las iras de alguien II. *vi sein* venirse a vivir aquí III. *vr:* **sich** ~ (*Himmel*) cubrirse

**zuzüglich** ['tsu:tsy:klɪç] *präp +gen* más, a lo que se suma

**zu|zwinkern** *vi* guiñar

**zwang** [tsvaŋ] *3. imp von* **zwingen**

**Zwang** [tsvaŋ, *pl:* 'tsvɛŋə] *m* <-(e)s, Zwänge> ❶ (*Gewalt*) violencia *f;* (*Druck*) presión *f;* ~ **auf jdn ausüben** presionar a alguien; **unter ~ stehen** estar bajo presión; **tu dir keinen ~ an** déjate de cumplidos; **gesellschaftliche Zwänge** presiones sociales; **einem inneren ~ folgen** seguir el propio impulso ❷ (*Nötigung*) coacción *f* ❸ (*Notwendigkeit*) necesidad *f*

**zwängen** ['tsvɛŋən] I. *vt* (*hinein~*) meter a presión (*in* en); (*hindurch~*) hacer pasar por la fuerza (*durch* por) II. *vr:* **sich** ~ (*hinein~*) meterse a presión (*in* en); (*hindurch~*) abrirse paso por la fuerza (*durch* por)

**zwanghaft** *adj* ❶ (*gezwungen*) forzoso ❷ (*erzwungen*) artificial

**zwanglos** I. *adj* desenvuelto II. *adv* sin ceremonias, con soltura

**Zwangsarbeit** *f ohne pl* trabajos *mpl* forzados; **Zwangseinweisung** *f* hospitalización *f* forzosa; **Zwangsernährung** *f ohne pl* alimentación *f* forzosa; **Zwangshandlung** *f* (PSYCH) acto *m* compulsivo; **Zwangsjacke** *f* camisa *f* de fuerza; **Zwangslage** *f* apuro *m;* **sich in einer ~ befinden** encontrarse en un apuro

**zwangsläufig** I. *adj* obligatorio; (*unvermeidbar*) inevitable; (*notwendig*) necesario II. *adv* de por sí, automáticamente

**Zwangsmaßnahme** *f* medida *f* coercitiva; (*Sanktion*) sanción *f;* **Zwangsräumung** *f* (JUR) desahucio *m;* **Zwangsversteigerung** *f* (JUR) subasta *f* forzosa; **Zwangsvorstellung** *f* (PSYCH) obsesión *f;* **unter ~en leiden** sufrir obsesiones

**zwangsweise** *adv* ❶ (*erzwungen*) a la fuerza; (JUR) por vía de apremio ❷ (*zwangsläufig*) inevitablemente

**zwanzig** ['tsvantsɪç] *adj inv* veinte; *s. a.* **achtzig**

**Zwanziger** ['tsvantsɪgɐ] *m* <-s, -> (*fam*) billete *m* de veinte marcos

**Zwanzigerjahre** *ntpl:* **die** ~ los años veinte

**Zwanzigmarkschein** ['--'--] *m* billete *m* de veinte marcos

**zwanzigste(r, s)** *adj* vigésimo; *s. a.* **achtzigste(r, s)**

**zwar** [tsva:ɐ] *adv* ❶ (*einräumend*): ~ **..., aber/doch ...** es cierto que... pero...; **das ist ~ wahr, aber ...** esto es cierto pero... ❷ (*erklärend*): **und** ~ a saber, o sea; **ich habe noch etwas mitzuteilen, und ~ ...** tengo algo más que decir, y es que...

**Zweck** ['tsvɛk] *m* <-(e)s, -e> fin *m;* (*Ziel*)

objetivo *m;* (*Sinn*) sentido *m;* (*Absicht*) propósito *m;* **einem guten ~ dienen** servir a un buen fin; **das erfüllt seinen ~** cumple su finalidad; **der ~ heiligt die Mittel** el fin justifica los medios; **es hat ja doch keinen ~ mehr** eso ya no tiene sentido; **zu welchem ~ geschieht das?** ¿qué propósito se persigue con esto?; **das war der ~ der Übung** (*fam*) ésta era la intención del ejercicio; **zweckdienlich** *adj* ① (*passend*) oportuno ② (*nützlich*) útil

**Zwecke** ['tsvɛkə] *f* <-n> (*reg*) tachuela *f*

**zweckentfremden*** ['----] *vt* utilizar para fines extraños; **Zweckgemeinschaft** *f* asociación *f* de conveniencia; **zwecklos** *adj* inútil; **es ist ~** no tiene sentido; **Zwecklosigkeit** *f ohne pl* inutilidad *f*, carencia *f* de objetivo [*o* de finalidad]

**zweckmäßig** *adj* adecuado, apropiado; (*nützlich*) útil

**Zweckmäßigkeit** *f ohne pl* conveniencia *f;* (*Nützlichkeit*) utilidad *f*

**zwecks** [tsvɛks] *präp +gen* (*formal*) con el fin de, con el objeto de

**zweckwidrig** *adj* inadecuado, inapropiado

**zwei** [tsvaɪ] *adj inv* dos; (*Schulnote*) notable; **wenn ~ sich streiten, freut sich der dritte** (*prov*) a río revuelto, ganancia de pescadores; *s. a.* **acht**[1]

**zweiarmig** *adj* de dos brazos; **zweibändig** ['-bɛndɪç] *adj* de dos tomos; **Zweibettzimmer** *nt* habitación *f* doble; **zweideutig** ['tsvaɪdɔɪtɪç] *adj* ① (*unklar*) ambiguo ② (*anstößig*) picante; **Zweideutigkeit**[1] *f ohne pl* (*Unklarheit*) ambigüedad *f;* **Zweideutigkeit**[2] *f* <-en> (*Äußerung*) observación *f* ambigua; (*anstößig*) observación *f* picante; **zweidimensional** ['tsvaɪdimɛnzjona:l] *adj* bidimensional; **Zweidrittelmehrheit** [-'----] *f* (POL) mayoría *f* de dos tercios; **zweieinhalb** [--'-] *adj inv* dos y medio

**Zweierbeziehung** *f* relación *f* de pareja; **Zweierbob** *m* (SPORT) bobsleigh *m* de dos

**zweierlei** ['tsvaɪe'laɪ] *adj inv* de dos clases diferentes, dos clases (diferentes) de; *s. a.* **achterlei**

**zweifach** **I.** *adj* doble; **in ~er Ausfertigung** por duplicado **II.** *adv* dos veces; *s. a.* **achtfach**

**Zweifamilienhaus** *nt* casa *f* de dos viviendas

**Zweifel** ['tsvaɪfəl] *m* <-s, -> duda *f;* **außer ~** fuera de toda duda; **ohne ~** sin duda; **etw in ~ ziehen** poner algo en duda; **über alle ~ erhaben sein** estar por encima de cualquier duda; **~ an etw** *dat* **haben** tener dudas sobre algo; **es steht für mich außer ~, dass ...** para mí está claro que...; **daran besteht kein ~** no cabe la menor duda

**zweifelhaft** *adj* dudoso; (*verdächtig*) sospechoso; **es ist ~, ob ...** es dudoso si...

**zweifellos** *adv* sin duda; **du hast ~ Recht** sin duda tienes razón

**zweifeln** ['tsvaɪfəln] *vi* dudar (*an* de)

**Zweifelsfall** *m* caso *m* de duda; **im ~** en caso de duda; **zweifelsfrei** **I.** *adj* incuestionable, indiscutible **II.** *adv* indudablemente; **zweifelsohne** ['--'--] *adv* sin duda alguna

**Zweig** [tsvaɪk] *m* <-(e)s, -e> ① (*Ast*) rama *f;* **auf keinen grünen ~ kommen** (*fam*) no tener éxito (en la vida) ② (*Sparte*) sector *m* ③ (SCH, UNIV: *Fachrichtung*) ramo *m*

**zweigleisig** *adj* de doble vía; **~ fahren** (*fam*) estar a dos bandas

**Zweigniederlassung** *f*, **Zweigstelle** *f* sucursal *f*, filial *f*

**zweihändig** ['tsvaɪhɛndɪç] *adj* de dos manos; **~ spielen** tocar a dos manos

**zweihundert** ['-'--] *adj inv* doscientos; *s. a.* **achthundert**

**zweijährig** ['tsvaɪjɛ:rɪç] *adj* (*zwei Jahre alt*) de dos años; (*zwei Jahre dauernd*) de dos años de duración, bienal

**Zweikammersystem** *nt* (POL) bicameralismo *m*, sistema *m* bicameral; **Zweikampf** *m* duelo *m;* **jdn zum ~ herausfordern** retar a alguien a un duelo

**zweimal** *adv* dos veces; **sich** *dat* **etwas nicht ~ sagen lassen** no hacerse de rogar; *s. a.* **achtmal**

**Zweimarkstück** ['-'--] *nt* moneda *f* de dos marcos; **zweimotorig** *adj* bimotor; **Zweiparteiensystem** [--'----] *nt* (POL) (sistema *m* de) bipartidismo *m;* **zweipolig** *adj* bipolar; **Zweirad** *nt* vehículo *m* de dos ruedas; (*Fahrrad*) bicicleta *f;* **zweireihig** **I.** *adj* ① (*in zwei Reihen*) de dos filas ② (*Anzug*) cruzado **II.** *adv* en dos filas; **Zweisamkeit** *f* <-en> vida *f* en pareja; **zweischneidig** *adj* de dos filos; **ein ~es Schwert** (*fig*) un arma de dos filos; **zweiseitig** *adj* ① (*vom Umfang*) de dos páginas ② (*zwischen zwei Parteien*) bilateral ③ (*Kleidung, Stoff*) reversible; **zweispaltig** *adj* a doble columna; **zweisprachig** *adj* bilingüe; **~ aufwachsen** educarse bilingüe; **Zweisprachigkeit** *f ohne pl* bilingüismo *m;* **zweispurig** *adj* (*Bahn*) de dos vías; (*Straße*) de dos carriles; **zweistellig** *adj* de dos cifras; **zweistimmig** *adj* a dos voces; **Zweistromland** *nt* (HIST) Mesopotamia *f;* **zweistündig** ['-ʃtʏndɪç]

*adj* de dos horas
**zweit** [tsvaɪt]: **zu** ~ (a) dos
**zweitägig** ['-tɛːgɪç] *adj* de dos días; *s. a.* **achttägig**
**Zweitaktmotor** *m* (AUTO, TECH) motor *m* de dos tiempos
**zweitälteste(r, s)** *adj* segundo en edad
**zweitausend** ['-'--] *adj inv* dos mil; *s. a.* **achttausend**
**Zweitausender** *m* cumbre *f* de dos mil metros
**Zweitausfertigung** *f* duplicado *m;* (*Kopie*) copia *f*
**zweitbeste(r, s)** *adj* segundo mejor; **sie wurde Z~** quedó segunda
**zweite(r, s)** *adj* segundo; **wie kein Z~r** como ningún otro; *s. a.* **achte(r, s)**
**Zweiteiler** *m* <-s, -> (*fam*) ❶ (*Bikini*) biquini *m* ❷ (*Kleid*) (vestido *m* de) dos piezas *m inv*
**zweiteilig** *adj* de dos partes; (*Kleid*) de dos piezas
**zweitens** ['tsvaɪtəns] *adv* en segundo lugar; (*bei einer Aufzählung*) segundo; *s. a.* **achtens**
**zweitgrößte(r, s)** *adj* ❶ (*menschliche Größe*) segundo más alto ❷ (*Umfang*) segundo mayor, segundo más grande *fam;* **zweitklassig** *adj* (*abw*) de segunda categoría; **zweitletzte(r, s)** *adj* penúltimo; **zweitrangig** *adj* ❶ (*weniger wichtig*) secundario ❷ (*abw: zweitklassig*) de segunda categoría; **Zweitschlüssel** *m* segunda llave *f;* **Zweitstimme** *f* (POL) segundo voto *m*
**Zweitürer** *m* <-s, -> coche *m* de dos puertas
**Zweitwagen** *m* segundo coche *m;* **Zweitwohnung** *f* segundo domicilio *m*
**zweiwöchig** ['-vœçɪç] *adj* de dos semanas; *s. a.* **achtwöchig**; **Zweizeiler** *m* <-s, -> (LIT) pareado *m;* **zweizeilig** *adj* de dos líneas; **Zweizimmerwohnung** [-'----] *f* apartamento *m* de dos habitaciones
**Zwerchfell** ['tsvɛrçfɛl] *nt* (ANAT) diafragma *m*
**Zwerg(in)** [tsvɛrk] *m(f)* <-(e)s, -e; -nen> enano, -a *m, f,* omoto *m Ecua*
**zwergenhaft** *adj* enano
**Zwerghuhn** *nt* gallina *f* enana
**Zwergwuchs** *m* <-es, *ohne pl*> (MED) enanismo *m*
**Zwetsch(g)e** *f* <-n> ciruela *f*
**Zwetsch(g)enmus** *nt* compota *f* de ciruela; **Zwetsch(g)enwasser** *nt* <-s, -wässer> aguardiente *m* de ciruelas
**Zwickel** ['tsvɪkəl] *m* <-s, -> ❶ (*an Hosen*) entrepierna *f* ❷ (ARCHIT) pechina *f*
**zwicken** ['tsvɪkən] **I.** *vi* (*Kleidung*) apretar **II.** *vt* pellizcar
**Zwicker** *m* <-s, -> (*reg, südd, Österr*) binóculo *m*
**Zwickmühle** *f* (*fam*) dilema *m;* **in der ~ sitzen** estar entre la espada y la pared
**Zwieback** ['tsviːbak] *m* <-(e)s, -bäcke *o* -e> pan *m* a la brasa
**Zwiebel** ['tsviːbəl] *f* <-n> ❶ (*als Gemüse, Gewürz*) cebolla *f* ❷ (*Knolle*) bulbo *m;* **zwiebelförmig** *adj* bulboso; **Zwiebelgewächs** *nt* planta *f* bulbosa; **Zwiebelkuchen** *m* pastel *m* de cebolla; **Zwiebelring** *m* aro *m* de cebolla; **Zwiebelsuppe** *f* sopa *f* de cebolla; **Zwiebelturm** *m* torre *f* con tejado imperial
**Zwiegespräch** ['tsviː-] *nt* (*geh*) diálogo *m;* **ein ~ halten** mantener un diálogo; **Zwielicht** *nt* <-(e)s, *ohne pl*> luz *f* crepuscular; **im ~** entre dos luces; **ins ~ geraten** estar en una situación embarazosa; **zwielichtig** *adj* sospechoso; **Zwiespalt** *m* <-(e)s, -e *o* -spälte> dilema *m;* **in einem ~ sein** estar ante un dilema; **zwiespältig** ['tsviːʃpɛltɪç] *adj* contradictorio
**Zwietracht** *f ohne pl* (*geh*) discordia *f;* **~ säen** sembrar la discordia, cismar *ElSal*
**Zwilling** ['tsvɪlɪŋ] *m* <-s, -e> ❶ (*Mensch*) gemelo, -a *m, f,* cuate, -a *m, f Mex;* **eineiige/zweieiige ~e** gemelos homocigóticos/heterocigóticos ❷ *pl* (ASTR) Géminis *m inv;* **Zwillingsbruder** *m* hermano *m* gemelo; **Zwillingspaar** *nt* mellizos *mpl;* **Zwillingsschwester** *f* hermana *f* gemela
**Zwinge** ['tsvɪŋə] *f* <-n> (TECH) ❶ (*zum Einspannen*) gato *m* ❷ (*zum Zusammenhalten*) abrazadera *f;* (*am Messer*) virola *f*
**zwingen** ['tsvɪŋən] <zwingt, zwang, gezwungen> **I.** *vt* obligar (*zu* a); **ich sehe mich gezwungen zu ...** me veo obligado a...; **jdn zu Boden ~** tumbar a alguien por la fuerza **II.** *vr:* **sich ~** obligarse (*zu* a)
**zwingend** *adj* (*unerlässlich*) ineludible; (*dringend*) apremiante, urgente; (*überzeugend*) concluyente; **ein ~er Schluss** una conclusión lógica
**Zwinger** *m* <-s, -> (*Hunde~*) perrera *f*
**zwinkern** ['tsvɪŋkɐn] *vi* guiñar; **mit den Augen ~** guiñar el ojo
**zwirbeln** ['tsvɪrbəln] *vt* retorcer
**Zwirn** [tsvɪrn] *m* <-(e)s, -e> hilo *m*
**zwischen** ['tsvɪʃən] **I.** *präp +dat* entre; (*in der Mitte*) en medio de; **~ dir und mir** entre tú y yo; **~ 200 und 300 Euro** entre 200 y 300 euros **II.** *präp +akk* (*Richtung*) entre; (*in die Mitte*) en medio de; **Zwischenaufenthalt** *m* parada *f;* (*mit dem Schiff, Flugzeug*) escala *f;* **einen ~ einle-**

**gen** hacer escala; **Zwischenbemerkung** *f* observación *f* entre paréntesis; **eine ~ machen** hacer una interrupción; **Zwischenbericht** *m* informe *m* parcial; **Zwischenbilanz** *f* balance *m* provisional; **Zwischendeck** *nt* entrepuente *m;* **Zwischending** *nt* (*fam*) cosa *f* intermedia (*zwischen* entre)

**zwischendrin** ['--'-] *adv* en medio

**zwischendurch** ['--'-] *adv* ❶ (*immer wieder*) entremedias; (*gleichzeitig*) a la vez ❷ (*in der Zwischenzeit*) entretanto ❸ (*räumlich*) en medio

**Zwischenfall** *m* ❶ (*Ereignis*) incidente *m* ❷ *pl* (*Unruhen*) tumulto *m;* **Zwischenfrage** *f* pregunta *f;* **jdm eine ~ stellen** interrumpir a alguien para hacer una pregunta; **Zwischengröße** *f* talla *f* intermedia; **Zwischenhändler(in)** *m(f)* (comerciante *mf*) intermediario, -a *m, f;* **Zwischenlager** *nt* almacén *m* provisional; **zwischen\|lagern** *vt* almacenar provisionalmente; **zwischen\|landen** *vi sein* hacer escala; **Zwischenlandung** *f* escala *f;* **zwischenmenschlich** *adj* interpersonal; **Zwischenprüfung** *f* examen *m* intermedio; **Zwischenraum** *m* ❶ (*zeitlich*) intervalo *m* ❷ (*räumlich*) espacio *m* intermedio; **einen ~ lassen** dejar un espacio (libre); **Zwischenruf** *m* <-(e)s, -e> interrupción *f;* **Zwischenrunde** *f* (SPORT) vuelta *f* intermedia; **zwischen\|speichern** *vt* (INFOR) guardar en la memoria intermedia; **Zwischenspiel** *nt* ❶ (MUS) interludio *m* ❷ (LIT) entremés *m;* **zwischenstaatlich** *adj* interestatal; **Zwischenstadium** *nt* fase *f* intermedia; **Zwischenstation** *f* ❶ (*Zwischenaufenthalt*) parada *f;* (*Schiff, Flugzeug*) escala *f* ❷ (*Ort*) paradero *m;* **Zwischenstecker** *m* (ELEK) adaptador *m;* **Zwischenstopp** *m* alto *m;* (AUTO) parada *f* (intermedia); (AERO) escala *f;* **Zwischenstück** *nt* pieza *f* intermedia; **Zwischensumme** *f* suma *f* parcial; **Zwischenwand** *f* tabique *m,* pared *f* divisoria; **Zwischenzeit** *f* ❶ (*Zeitraum*) intervalo *m;* **in der ~** entretanto ❷ (SPORT) tiempo *m* parcial;

**zwischenzeitlich** *adj* entretanto; **Zwischenzeugnis** *nt* calificaciones *fpl* parciales

**Zwist** [tsvɪst] *m* <-(e)s, -e> (*geh*) discordia *f*

**zwitschern** ['tsvɪtʃɐn] **I.** *vi* gorjear **II.** *vt* (*fam*): **einen ~** echar un trago

**Zwitter** ['tsvɪtɐ] *m* <-s, -> hermafrodita *mf*

**zwitterhaft** *adj* hermafrodita

**zwo** [tsvo:] *adj inv* (*fam*) dos

**zwölf** [tsvœlf] *adj inv* doce; *s. a.* **acht**[1]

**Zwölffingerdarm** [-'---] *m* (ANAT) duodeno *m*

**zwölfte(r, s)** *adj* duodécimo; *s. a.* **achte(r, s)**; **Zwölftonmusik** [-'---] *f* (MUS) música *f* dodecafónica

**Zyanid** [tsya'ni:t] *nt* <-s, -e> (CHEM) cianuro *m*

**Zyankali** [tsyan'ka:li] *nt* <-s, *ohne pl*> (CHEM) cianuro *m* potásico

**Zyklen** *pl von* **Zyklus**

**zyklisch** ['tsy:klɪʃ] *adj* cíclico

**Zyklon** [tsy'klo:n] *m* <-s, -e> (METEO) ciclón *m*

**Zyklop** [tsy'klo:p] *m* <-en, -en> cíclope *m*

**Zyklus** ['tsy:klʊs] *m* <-, Zyklen> (*a.* MED) ciclo *m*

**Zylinder** [tsi'lɪndɐ, tsy'lɪndɐ] *m* <-s, -> ❶ (MATH, TECH) cilindro *m* ❷ (*Hut*) sombrero *m* de copa, tarro *m Am;* **zylinderförmig** [-fœrmɪç] *adj* cilíndrico

**Zylinderkopf** *m* (TECH) culata *f;* **Zylinderkopfdichtung** *f* (TECH) junta *f* de culata

**zylindrisch** *adj* cilíndrico

**Zyniker(in)** ['tsy:nikɐ] *m(f)* <-s, -; -nen> cínico, -a *m, f*

**zynisch** ['tsy:nɪʃ] *adj* cínico

**Zynismus** [tsy'nɪsmʊs] *m* <-, *ohne pl*> cinismo *m*

**Zypern** ['tsy:pɐn] *nt* <-s> Chipre *m*

**Zyprer(in)** *m(f)* <-s, -; -nen> chipriota *mf*

**Zypresse** [tsy'prɛsə] *f* <-n> (BOT) ciprés *m*

**Zyprier(in)** *m(f)* <-s, -; -nen> chipriota *mf*

**zyprisch** ['tsy:prɪʃ] *adj* chipriota

**Zyste** ['tsʏstə] *f* <-n> (MED) quiste *m*

**z.Zt.** *Abk. von* **zur Zeit** por el momento

# Spanische Kurzgrammatik
# Gramática sucinta de la lengua española

## I. Artikel

Im Spanischen wird zwischen bestimmtem und unbestimmtem Artikel unterschieden:

| | | bestimmter Artikel | unbestimmter Artikel |
|---|---|---|---|
| Singular | Maskulinum | **el** amigo | **un** amigo |
| | Femininum | **la** rosa | **una** rosa |
| Plural | Maskulinum | **los** amigos | **unos** amigos |
| | Femininum | **las** rosas | **unas** rosas |

Feminine Substantive, die mit betontem *a* (oder *ha*) anfangen, haben im Singular den Artikel *el*, im Plural *las*.

| | |
|---|---|
| **el** alma | **las** almas |

Neutrum *lo* wird zur Substantivierung von Adjektiven, Partizipien, Possessivpronomen und manchmal auch von adverbialen Ausdrücken gebraucht.

| | | | |
|---|---|---|---|
| **lo** bueno | **lo** hablado | **lo** mío | **lo** maravillosamente |

## II. Substantiv

### Singular und Plural

Substantive, die im Singular auf einen Konsonanten oder auf die betonten Vokale *-í* oder *-ú* enden, bilden ihren Plural mit *-es*. Substantive, die im Singular auf einen unbetonten Vokal oder auf die betonten Vokale *-é* oder *-ó* enden, bilden ihren Plural mit *-s*. Substantive, die im Singular nach einem unbetonten Vokal auf *-s* enden, bleiben im Plural unverändert. Sowohl maskuline als auch feminine Substantive, die auf der letzten Silbe einen Akzent tragen, verlieren diesen im Plural.

### Maskulinum

| Singular | Plural | Singular | Plural |
|---|---|---|---|
| el lib**ro** | los lib**ros** | el po**eta** | los poe**tas** |
| el co**che** | los co**ches** | el ca**fé** | los ca**fés** |
| el domi**nó** | los domi**nós** | el ru**bí** | los ru**bíes** |
| el ta**bú** | los ta**búes** | el men**saje** | los men**sajes** |
| el **ár**bol | los **ár**boles | el pas**tor** | los pas**tores** |
| el bas**tón** | los bas**tones** | el cora**zón** | los cora**zones** |
| el ga**lán** | los ga**lanes** | el parlan**chín** | los parlan**chines** |
| el **mar**tes | los **mar**tes | el tu**rista** | los tu**ristas** |
| el ar**roz** | los ar**roces** | el fi**ambre** | los fi**ambres** |
| el ac**tor** | los ac**tores** | el a**vión** | los a**viones** |

**Femininum**

| Singular | Plural | Singular | Plural |
|---|---|---|---|
| la radi**o** | las radio**s** | la mes**a** | las mesa**s** |
| la lent**e** | las lente**s** | la na**ción** | las naci**ones** |
| la ver**dad** | las verdad**es** | la liber**tad** | las libertad**es** |
| la multi**tud** | las multitud**es** | la espec**ie** | las especi**es** |
| la ac**triz** | las actric**es** | la certid**umbre** | las certidumbre**s** |
| la parlanch**ina** | las parlanchina**s** | la burl**ona** | las burlona**s** |
| la trabajad**ora** | las trabajadora**s** | la cris**is** | las cris**is** |
| la tur**ista** | las turista**s** | la can**ción** | las canci**ones** |
| la lu**z** | las luc**es** | la ra**zón** | las raz**ones** |

**Besonderheiten**

Ferner gibt es solche Substantive, die im Plural eine zweite Bedeutung haben.

| 1. Bedeutung im Singular | 2. Bedeutung im Plural |
|---|---|
| el padre – der Vater | los padres – die Eltern |
| la letra – der Buchstabe | las Letras – die Geisteswissenschaften |

Darüber hinaus gibt es Substantive, die sowohl feminin als auch maskulin sein können, aber ganz verschiedene Bedeutungen haben.

| 1. Bedeutung im Maskulinum | 2. Bedeutung im Femininum |
|---|---|
| el capital – das Kapital | la capital – die Hauptstadt |
| el cura – der Priester | la cura – die Behandlung/Kur |

**Nominativ – Genitiv – Dativ – Akkusativ**

Die spanischen Substantive bilden – anders als im Deutschen – keine Deklinationsformen.

| | | | |
|---|---|---|---|
| Nominativ | **El coche** corre. | Genitiv | El piso **de María** es caro. |
| Dativ | Doy la mano **a mi amigo.** | Akkusativ | Juan compra **el coche.** |

Der **Genitiv** hat die Präposition *de* und der **Dativ** die Präposition *a* (oder *para*). Beide Präpositionen werden mit dem bestimmten Artikel des Singular Maskulinum zusammengezogen, so dass *a* + *el* zu *al* und *de* + *el* zu *del* wird.

| | |
|---|---|
| Voy **al** cine. | Viene **del** jardín. |

Im **Akkusativ** steht die Präposition *a* vor Namen von genau bestimmten Personen oder Lebewesen. Eine Ausnahme bilden hier die Verben *tener*, *necesitar*, *buscar* und *encontrar*, nach denen in der Regel keine Präposition *a* steht.

| | |
|---|---|
| Acompaño **a** Pilar. | ¿Entiendes **al** profesor? |
| Tengo muchos amigos. | Necesitamos un médico. |

### Die Präposition *de*

Die Präposition *de* steht im Spanischen
- für zusammengesetzte Substantive im Deutschen,

| | |
|---|---|
| mesa **de** mármol | máquina **de** escribir |

- nach Substantiven, die Menge, Maß oder Anzahl bezeichnen,

| | |
|---|---|
| dos kilos **de** manzanas | un litro **de** leche |

- für Bezeichnung der Herkunft, Ursache oder näheren Bestimmung.

| | |
|---|---|
| Soy **de** Valencia. | María tiembla **de** miedo. |

### Verkleinerungs- und Vergrößerungsformen

Die Endungen *-ito, -cito, -ico, -illo* bilden im Spanischen die Verkleinerungsformen.

| | |
|---|---|
| pajar**ito** | coche**cito** |
| pajar**ico** | pajar**illo** |

Diese können auch Ausdruck von Zärtlichkeit oder Sympathie sein.

| |
|---|
| ¡Hola, Pedr**ito**! |

Die Endungen *-ón, -tón, -azo, -ote* bilden im Spanischen die Vergrößerungsformen.

| | |
|---|---|
| hombr**ón** | hombr**ote** |

Die Endungen *-aco, -acho, -ucho* drücken Geringschätzung aus.

| | |
|---|---|
| libr**aco** | amig**acho** |

## III. Adjektiv

### Genus und Numerus des Adjektivs

Die Adjektive passen sich in **Genus** und **Numerus** dem Substantiv an.

| | |
|---|---|
| el muchach**o** hermos**o** | la muchach**a** hermos**a** |
| los muchach**os** rubi**os** | las muchach**as** rubi**as** |

Bei maskulinen Adjektiven auf *-or, -án, -ín, -ón* wird die feminine Form durch die Hinzufügung eines *a* gebildet. Bei Adjektiven mit einem Akzent auf der letzten Silbe fällt dieser bei der Bildung der femininen Form weg.

| | | | |
|---|---|---|---|
| trabajad**or** | trabajad**ora** | harag**án** | harag**ana** |
| parlanch**ín** | parlanch**ina** | burl**ón** | burl**ona** |

Bei Adjektiven, die eine Nationalität ausdrücken, bildet man die feminine Form auf *-a*. Unverändert bleiben hingegen Adjektive mit den Endungen *-í* und *-e*.

| | | | |
|---|---|---|---|
| españ**ol** | españ**ola** | alem**án** | alem**ana** |
| árab**e** | árab**e** | marroqu**í** | marroqu**í** |

Bei einigen Adjektiven gibt es für beide Geschlechter nur eine Form.

| | |
|---|---|
| el tiempo/la vida brev**e** | el traje/la camisa gri**s** |

Für die Pluralbildung des Adjektivs gelten dieselben Regeln wie für die Pluralbildung des Substantivs.

### Stellung des Adjektivs

Das Adjektiv steht im Allgemeinen hinter dem Substantiv.

| | |
|---|---|
| el traje **negro/azul/gris** | un abrigo **alemán/inglés** |

Die Bedeutung des Adjektivs kann durch seine Position im Satz bestimmt sein. Im Allgemeinen bewerten nachgestellte Adjektive das Substantiv objektiv und logisch. Vorangestellte Adjektive hingegen haben eine explikative Funktion, indem sie subjektiv und affektiv bewerten.

| | | |
|---|---|---|
| un hombre **pobre** | **aber** | un **pobre** hombre |
| *ein armer Mensch (ohne Geld)* | | *ein armer (bedauernswerter) Mensch* |

Stehen die Adjektive *bueno* und *malo* vor einem Substantiv, verlieren sie im Singular Maskulinum die Endung *-o.*

| | | |
|---|---|---|
| un **buen** comienzo | **aber** | un comienzo **bueno** |
| un **mal** día | **aber** | un día **malo** |

Steht das Adjektiv *grande* vor einem Substantiv, verliert es im Singular Maskulinum oder Femininum die Endung *-de.*

| | | |
|---|---|---|
| un **gran** hombre | **aber** | un hombre **grande** |
| una **gran** mujer | **aber** | una mujer **grande** |

Die Adjektive *mucho, poco* und *otro* werden dem Substantiv immer vorangestellt.

| | |
|---|---|
| **mucha** suerte | **poca** paciencia |
| **otro** vaso | |

## IV. Adverb

Das unveränderliche Adverb hilft, Adjektive, Verben und Adverbien näher zu bestimmen.

Neben ursprünglichen Adverbien wie *bien, mal, pronto* und *aquí* gibt es adverbiale Ausdrücke wie *sin embargo* und *de repente.*

| | |
|---|---|
| Juan llegará **pronto.** | **De repente** Juan se cayó. |

Adverbien können auch vom Adjektiv abgeleitet werden. Hierzu wird an die feminine Form Singular des Adjektivs die Endung *-mente* angehängt.

| | |
|---|---|
| Lo he hecho **rápidamente.** | Hace un día **terriblemente** frío. |

Während das Adverb *muy* vor Adjektiven oder Adverbien steht, können *mucho* und *poco* auch alleine beim Verb stehen.

| | |
|---|---|
| Es un vino **muy** bueno. | Hemos llegado **muy** tarde. |
| Juan escribe **muy** lentamente. | Los camareros ganan **poco.** |
| Esta película es **mucho** más interesante. | Marisa escribe **mucho.** |

## V. Steigerung und Vergleich

### Regelmäßige Steigerungsformen

Die regelmäßige Steigerung der Adjektive.

| | |
|---|---|
| **caro** | 1. Las rosas son **caras.** (Positiv) |
| | 2. Esas rosas son **más caras** que los claveles. (Komparativ) |
| | 3. Aquellas rosas son **las más caras.** (Superlativ) |
| | 4. Estas rosas son **carísimas.** (Elativ) |

Die regelmäßige Steigerung der Adverbien.

| | |
|---|---|
| **maravillosa-mente** | 1. María canta **maravillosamente.** (Positiv) |
| | 2. María canta **más maravillosamente** que Juana. (Komparativ) |
| | 3. María es **la que** canta **más maravillosamente.** (Superlativ) |
| | 4. María canta **lo más maravillosamente posible.** (Elativ) |

### Unregelmäßige Steigerungsformen

Die unregelmäßige Steigerung der Adjektive *bueno, malo, grande* und *pequeño.*

| | | | |
|---|---|---|---|
| **bueno** | mejor/más bueno | buenísimo | el mejor |
| **malo** | peor/más malo | malísimo | el peor |
| **grande** | mayor/más grande | grandísimo | el mayor |
| **pequeño** | menor/más pequeño | pequeñísimo | el menor |

Die unregelmäßige Steigerung der Adverbien *bien* und *mal.*

| | | |
|---|---|---|
| **bien** | mejor | el mejor |
| **mal** | peor | el peor |

Adjektive, die auf *-ble, -co, -guo, -go* enden, können im Superlativ orthographische und phonetische Veränderungen aufzeigen:

| | | | |
|---|---|---|---|
| ama**ble** | más amable | ama**bilísimo** | el más amble |
| rico | más rico | ri**quísimo** | el más rico |
| anti**guo** | más antiguo | anti**quísimo** | el más antiguo |
| amar**go** | más amargo | amar**guísimo** | el más amargo |

### Vergleichsformen

#### Gleichheit

Um Eigenschaften zu vergleichen, werden adjektivische bzw. adverbiale Konstruktionen von *tan ... como, tanto/tanta/tantos/tantas ... como* gebildet.

| | |
|---|---|
| Cose **tan** bien **como** tú. | Es **tan** alta **como** Juan. |
| ¿Quién tiene **tantos** amigos **como** Julia? | Gana **tanto como** él. |

#### Negative und positive Vergleiche

Für negative Konstruktionen des Vergleichs werden *menos ... que*, für positive Konstruktionen *más ... que* verwendet.

| | |
|---|---|
| **menos** tiempo **que** ayer | una casa **más** grande **que** la tuya |

# VI. Verb

## Regelmäßige Verben

Im Spanischen wird zwischen den Konjugationen des 'Indicativo' (Wirklichkeitsform) und des 'Subjuntivo' (Möglichkeitsform) unterschieden. In den Kapiteln VI.1.–5. wird die Bildung der verschiedenen Zeiten im 'Indicativo' dargestellt.

Generell werden die spanischen Verben nach drei verschiedenen Gruppen entsprechend ihrer Infinitivendungen unterschieden (*-ar, -er, -ir*). Verben, die bei der Konjugation Vokalveränderungen, orthographische Abweichungen, Betonungsverschiebungen oder die Auslassung des unbetonten *i* aufweisen, werden am Ende dieser Grammatik separat in einer Liste dargestellt.

## Unregelmäßige Verben

Auf die unregelmäßigen Verben wird hier nicht näher eingegangen, weil diese sehr ausführlich in einer Liste am Ende der Grammatik aufgeführt sind.

## 1. Präsens

| | -ar | -er | -ir |
|---|---|---|---|
| | **hablar** | **comprender** | **recibir** |
| yo | habl**o** | comprend**o** | recib**o** |
| tú | habl**as** | comprend**es** | recib**es** |
| él/ella/usted | habl**a** | comprend**e** | recib**e** |
| nosotros/nosotras | habl**amos** | comprend**emos** | recib**imos** |
| vosotros/vosotras | habl**áis** | comprend**éis** | recib**ís** |
| ellos/ellas/ustedes | habl**an** | comprend**en** | recib**en** |

Das Präsens beschreibt Zustände und Vorgänge in der Gegenwart sowie allgemeingültige Sachverhalte.

| | |
|---|---|
| En este momento **leo** un libro. | En julio **hace** mucho calor. |

## 2. Imperfekt – 'Indefinido' – Perfekt

### Imperfekt

| | hablar | comprender | recibir |
|---|---|---|---|
| yo | habl**aba** | comprend**ía** | recib**ía** |
| tú | habl**abas** | comprend**ías** | recib**ías** |
| él/ella/usted | habl**aba** | comprend**ía** | recib**ía** |
| nosotros/nosotras | habl**ábamos** | comprend**íamos** | recib**íamos** |
| vosotros/vosotras | habl**abais** | comprend**íais** | recib**íais** |
| ellos/ellas/ustedes | habl**aban** | comprend**ían** | recib**ían** |

**'Indefinido'**

| | hablar | comprender | recibir |
|---|---|---|---|
| yo | hablé | comprendí | recibí |
| tú | habl**aste** | comprend**iste** | recib**iste** |
| él/ella/usted | habl**ó** | comprend**ió** | recib**ió** |
| nosotros/nosotras | habl**amos** | comprend**imos** | recib**imos** |
| vosotros/vosotras | habl**asteis** | comprend**isteis** | recib**isteis** |
| ellos/ellas/ustedes | habl**aron** | comprend**ieron** | recib**ieron** |

**Perfekt**

| | hablar | comprender | recibir |
|---|---|---|---|
| yo | he habl**ado** | he comprend**ido** | he recib**ido** |

**'Indefinido' und Imperfekt im Vergleich**

Das **Imperfekt** wird hauptsächlich zur Beschreibung eines Zustandes verwendet, außerdem für wiederholte und zeitlich nicht deutlich begrenzte Vorgänge oder Handlungen in der Vergangenheit.

Der **'Indefinido'** wird für in der Vergangenheit abgeschlossene Handlungen benutzt, die zu einem bestimmten Zeitpunkt oder in einer bestimmten Zeitspanne erfolgt sind.

| Imperfekt | 'Indefinido' |
|---|---|
| Cuando **iba** a dormirme… | … **sonó** el teléfono. |
| **Quería** ser médico… | … pero no **terminó** la carrera. |
| **Sabías** mis señas… | … pero no **escribiste.** |
| Cuando **estábamos** durmiendo… | … **llamó** por teléfono. |

**'Indefinido' und Perfekt im Vergleich**

Das **Perfekt** (immer mit *haber* als Hilfsverb gebildet) wird für vergangene, abgeschlossene Handlungen gebraucht, wenn sie in Verbindung mit der Gegenwart stehen.

Der **'Indefinido'** dagegen wird für solche Handlungen gebraucht, die in Verbindung mit der Vergangenheit stehen.

Das **Perfekt** wird immer in Verbindung mit folgenden Temporalbestimmungen gebraucht: *hoy, esta semana/este mes/este año, nunca* usw.; der '**Indefinido**' hingegen mit: *ayer, anoche, la semana pasada, el mes pasado, el año pasado* usw.

| Perfekt | 'Indefinido' |
|---|---|
| Este año **he tenido** suerte. | Ayer **vi** a Juan en el concierto. |
| Nunca **he estado** en tu casa. | El sábado pasado **dormimos** hasta las 10. |

### 3. Futur

| | hablar | comprender | recibir |
|---|---|---|---|
| yo | hablar**é** | comprender**é** | recibir**é** |
| tú | hablar**ás** | comprender**ás** | recibir**ás** |
| él/ella/usted | hablar**á** | comprender**á** | recibir**á** |
| nosotros/nosotras | hablar**emos** | comprender**emos** | recibir**emos** |
| vosotros/vosotras | hablar**éis** | comprender**éis** | recibir**éis** |
| ellos/ellas/ustedes | hablar**án** | comprender**án** | recibir**án** |

Anstatt der Futurformen gebraucht man sehr oft für die nahe Zukunft das Präsens von *ir* + *a* + Infinitiv.

| | |
|---|---|
| **Voy a hablar** con Pedro. | ¿**Vas a leer** pronto el libro? |

### 4. Konditional

| | hablar | comprender | recibir |
|---|---|---|---|
| yo | hablar**ía** | comprender**ía** | recibir**ía** |
| tú | hablar**ías** | comprender**ías** | recibir**ías** |
| él/ella/usted | hablar**ía** | comprender**ía** | recibir**ía** |
| nosotros/nosotras | hablar**íamos** | comprender**íamos** | recibir**íamos** |
| vosotros/vosotras | hablar**íais** | comprender**íais** | recibir**íais** |
| ellos/ellas/ustedes | hablar**ían** | comprender**ían** | recibir**ían** |

Der Konditional wird oft in höflichen Wendungen gebraucht.

| | |
|---|---|
| ¿**Podría** usted ayudarme? | **Querría** pedirle algo. |
| Si lo tuviera, te lo **daría.** | |

### 5. Imperativ

#### Bejahte Formen

| | hablar | comprender | recibir |
|---|---|---|---|
| tú | habl**a** | comprend**e** | recib**e** |
| él/ella/usted | habl**e** | comprend**a** | recib**a** |
| nosotros/nosotras | habl**emos** | comprend**amos** | recib**amos** |
| vosotros/vosotras | habl**ad** | comprend**ed** | recib**id** |
| ellos/ellas/ustedes | habl**en** | comprend**an** | recib**an** |

In Lateinamerika wird in der Regel statt *vosotros* die *ustedes*-Form benutzt.

| |
|---|
| No **hablen** tan alto, niños. |

**Verneinte Formen**

| | hablar | comprender | recibir |
|---|---|---|---|
| tú | no hables | no comprendas | no recibas |
| él/ella/usted | no hable | no comprenda | no reciba |
| nosotros/nosotras | hablemos | no comprendamos | no recibamos |
| vosotros/vosotras | no habléis | no comprendáis | no recibáis |
| ellos/ellas/ustedes | no hablen | no comprendan | no reciban |

## 6. 'Subjuntivo'

Im Gegensatz zum 'Indicativo' (vgl. VI.1. – 5.) handelt es sich bei dem spanischen 'Subjuntivo' um eine Möglichkeitsform, die nicht mit dem deutschen Konjunktiv verwechselt werden darf. Genauso wie der 'Indicativo' kann auch der 'Subjuntivo' in verschiedenen Zeiten gebildet werden.

**Präsens**

| | hablar | comprender | recibir |
|---|---|---|---|
| yo | hable | comprenda | reciba |
| tu | hables | comprendas | recibas |
| él/ella/usted | hable | comprenda | reciba |
| nosotros/nosotras | hablemos | comprendamos | recibamos |
| vosotros/vosotras | habléis | comprendáis | recibáis |
| ellos/ellas/ustedes | hablen | comprendan | reciban |

**Imperfekt**

Das Imperfekt kann zwei verschiedene Formen haben, wobei die hier dargestellte die geläufigere Form ist. In der Verbliste auf S. 691 wird auf beide Formen eingegangen.

| | hablar | comprender | recibir |
|---|---|---|---|
| yo | hablara | comprendiera | recibiera |
| tu | hablaras | comprendieras | recibieras |
| él/ella/usted | hablara | comprendiera | recibiera |
| nosotros/nosotras | habláramos | comprendiéramos | recibiéramos |
| vosotros/vosotras | hablarais | comprendierais | recibierais |
| ellos/ellas/ustedes | hablaran | comprendieran | recibieran |

Die Perfekt- und Plusquamperfektformen des 'Subjuntivo' werden mit der entsprechenden Form des Hilfsverbs *haber* und dem jeweiligen Partizip gebildet.

| | | | |
|---|---|---|---|
| Perfekt | haya | hayamos | hablado |
| | hayas | hayáis | comprendido |
| | haya | hayan | recibido |
| Plusquamperfekt | hubiera | hubiéramos | hablado |
| | hubieras | hubierais | comprendido |
| | hubiera | hubieran | recibido |

Der 'Subjuntivo' wird im Hauptsatz verwendet, wenn er einen Wunsch oder eine Wahrscheinlichkeit ausdrückt.

| | |
|---|---|
| Ojalá **llueva** pronto. | Quizás **venga** mañana mi abuela. |

Der 'Subjuntivo' wird ebenfalls in Relativsätzen gebraucht, wenn er Wünsche oder Bedingungen ausdrücken soll.

| |
|---|
| Busco una casa que **tenga** un jardín grande. |

Nach einleitendem **que** steht der 'Subjuntivo' im Nebensatz, wenn er bestimmte Sachverhalte ausdrückt.

| | |
|---|---|
| 1. Wunsch, Verlangen | Quiero que **salga** el sol. |
| 2. Befehl, Rat, Erlaubnis, Bitte | Te aconsejo que **escribas** la carta. |
| 3. Zweifel, Verneinung | Dudo que **haya dicho** la verdad. |
| 4. Unpersönliche Redewendungen | Es necesario que **comprenda** esto. |

## 7. Partizip

Das Partizip ist unveränderlich.

| | | |
|---|---|---|
| habl**ado** | comprend**ido** | recib**ido** |

Das Partizip bildet in Verbindung mit *ser* und *estar* das Vorgangs- und Zustandspassiv.

| | |
|---|---|
| La carta **fue escrita** por mi padre. | **Soy invitado** por mi novia. |
| La carta **está escrita** por mi padre. | **Estoy invitado** por mi novia. |

Das Partizip bildet in Verbindung mit dem Hilfsverb *haber* die zusammengesetzten Zeiten.

| | |
|---|---|
| El estreno no me **ha gustado**. | **Había llovido** mucho. |

Das Partizip nach *estar* bezieht sich auf einen abgeschlossenen Vorgang mit Bezug zur Gegenwart.

| | |
|---|---|
| Concha **está sentada** en una butaca. | El reloj **está roto**. |

## 8. Gerundium

| | | |
|---|---|---|
| cantar – cant**ando** | comer – com**iendo** | escribir – escrib**iendo** |
| reír – **riendo** | leer – le**yendo** | oír – o**yendo** |
| pedir – p**idiendo** | sentir – s**intiendo** | dormir – d**urmiendo** |

Das Gerundium wird mit den Verben *estar, ir oder seguir* gebildet. Es wird für Handlungen verwendet, die gerade stattfinden.

| | |
|---|---|
| Siempre **está cantando**. | ¿Todavía **estás comiendo**? |
| **Voy organizando** mi viaje a Sudamérica. | ¡**Siga** usted **leyendo**! |
| **Seguimos preparando** la comida. | **Leyendo** se aprende mucho. |

## 9. *Ser* und *Estar*

### Das Verb *ser*

- benennt wesentliche, dauerhafte, charakteristische Eigenschaften
- wird vor Substantiven gebraucht
- wird verwendet für die Angabe der Uhrzeit, des Tages, des Berufs, der Verwandtschaft, der Staatsangehörigkeit oder der Religion

| | |
|---|---|
| Juan **es inteligente.** | La puerta **es de madera.** |
| Vámonos, ya **es la una.** | Mañana **es domingo,** ¡qué bien! |
| Carmen **es médica.** | ¿Tú **eres español** o argentino? |

### Das Verb *estar*

- bedeutet „irgendwo sein", „liegen" oder „stehen"
- drückt die Bedeutung von „sich befinden", „sich fühlen" aus
- drückt vor einem Adjektiv oder einem Partizip eine vorübergehende Eigenschaft, einen Zustand oder eine bereits stattgefundene Veränderung aus

| | |
|---|---|
| Fernando **está en Berlin.** | Segovia **está en España.** |
| Marisa **está** hoy **mejor.** | ¿Por qué **está** Luisa **triste?** |
| La puerta **está abierta.** | La sopa **está** muy **salada.** |

### *Ser* und *estar* im Vergleich

| | |
|---|---|
| **ser** = an sich sein, so sein | **estar** = vorübergehend sein, so aussehen |
| Luis **es un hombre enfermo.**<br>*Luis ist ein kranker Mensch.* | Maria **está enferma.**<br>*Maria ist krank.* |
| Luis **es generoso.**<br>*Luis ist großzügig.* | María **está** muy **generosa.**<br>*Maria ist (heute) sehr großzügig.* |
| Luis **es joven.**<br>*Luis ist jung.* | María **está joven.**<br>*Maria sieht jung aus.* |

# VII. Pronomen

## 1. Personalpronomen

| Dativ | Akkusativ | nach Präposition |
|---|---|---|
| me | me | sobre **mí** |
| te | te | sobre **ti** |
| le | le/la/lo | sobre **él/ella/usted** |
| nos | nos | sobre **nosotros** |
| os | os | sobre **vosotros** |
| les | les/las/los | sobre **ellos/ellas/ustedes** |

Dativ- und Akkusativpronomen ohne Präposition stehen immer unmittelbar vor dem Verb, wobei der Akkusativ immer dem Dativ folgt.

| | |
|---|---|
| ¿Quién **me** llama? | Siempre **me lo** dice. |

Steht ein Substantiv als direktes oder indirektes Objekt vor dem Verb, so muss auch noch das entsprechende Pronomen verwendet werden.

| | |
|---|---|
| La maleta **la** lleva Pedro. | A Juan no **le** he dado dinero. |

Das Personalpronomen kann an den Infinitiv und an das Gerundium angehängt werden oder vorangestellt werden. An den bejahten Imperativ muss das Personalpronomen immer angehängt werden.

| | |
|---|---|
| ¿Quieres ver**lo**? | ¿**Lo** quieres ver? |
| Está haciéndo**lo.** | **Lo** está haciendo. |
| ¡Dáme**lo**, por favor! | |

Der Dativ *le, les* vor dem Akkusativ *lo, los, la, las* wird zu *se.*

| | |
|---|---|
| ¿La llave? **Se** la he dado a tu hermano. | ¿El libro? Mañana **se** lo doy. |

## 2. Reflexivpronomen und reflexive Verben

| | | **acostumbrarse** |
|---|---|---|
| yo | me | acostumbro |
| tú | te | acostumbras |
| él/ella/usted | se | acostumbra |
| nosotros/nosotras | nos | acostumbramos |
| vosotros/vosotras | os | acostumbráis |
| ellos/ellas/ustedes | se | acostumbran |

Das Reflexivpronomen steht vor dem Haupt- oder Hilfsverb und hinter der Verneinung. Es kann an den Infinitiv und an das Gerundium angehängt oder vorangestellt werden. An den bejahten Imperativ muss es immer angehängt werden.

| | |
|---|---|
| Pedro no **se** quiere peinar. | ¿**Se** ha levantado ya Luis? |
| ¿No quieres afeitar**te**? | ¿No **te** quieres afeitar? |
| Isabel está levantándo**se.** | Isabel **se** está levantando. |
| ¡Tranquilíza**te**, hombre! | |

Bei der 2. Person Plural des bejahten Imperativs wird beim reflexiven Verb das *-d-* eliminiert.

| | | |
|---|---|---|
| ¡March**ad!** | **aber** | ¡March**aos!** |

Die unpersönliche Form wird bei nicht reflexiven Verben in der 3. Person mit *se* gebildet, bei reflexiven Verben in der 3. Person mit *uno se.* Es handelt sich hierbei um eine Umschreibung des Passivs.

| | |
|---|---|
| Aquí **se respira** mucho mejor. | **Uno se siente** cansado. |
| **Se alquilan** coches. | |

Es gibt Verben im Spanischen, die **reflexiv** und **nicht reflexiv** gebraucht werden können. Bei einigen von ihnen wird durch die reflexive Form eine stärkere gefühlsmäßige Anteilnahme des Sprechers ausgedrückt.

| | |
|---|---|
| El general **murió** en 1975. | Esta mañana **se ha muerto.** |
| *Der General starb 1975.* | *Er/Sie ist heute Morgen gestorben.* |

Bei anderen Verben kommt es zu einer Bedeutungsveränderung.

| | | | |
|---|---|---|---|
| cambiar | *(sich) ändern, wechseln* | cambiarse | *sich umziehen* |
| dormir | *schlafen* | dormirse | *einschlafen* |
| ir | *gehen, fahren* | irse | *weggehen* |
| parecer | *scheinen* | parecerse | *sich ähneln* |
| quedar | *übrigbleiben* | quedarse | *bleiben* |

## 3. Possessivpronomen

| unbetonte Formen | | betonte Formen |
|---|---|---|
| **mi** | trabajo | **mío(s), mía(s)** |
| **tu** | amigo | **tuyo(s), tuya(s)** |
| **su** | jardín | **suyo(s), suya(s)** |
| **nuestro** | padre | **nuestro(s), nuestra(s)** |
| **vuestro** | tren | **vuestro(s), vuestra(s)** |
| **su** | coche | **suyo(s), suya(s)** |

Die betonte Form des Possessivpronomens steht nach einem Substantiv, nach dem Verb *ser* oder nach dem bestimmten Artikel.

| | |
|---|---|
| Tengo unas cartas **tuyas**. | Ese diccionario es **mío**. |
| Estas son las **suyas**. | Los libros son **nuestros**. |

## 4. Relativpronomen

*Que*, das häufigste Relativpronomen, ist unveränderlich. Nach einer Präposition steht oft vor *que* der bestimmte Artikel.

| |
|---|
| Tengo el libro **que** buscas. |
| El diccionario **con el que** traduzco. |

*Quien, quienes* wird ausschließlich für Personen gebraucht und steht fast nur nach Präpositionen. *El cual, la cual, los cuales, las cuales* bezieht sich auf Personen oder Sachen und wird seltener verwendet.

| |
|---|
| El amigo **con quien** viajo. |
| Tengo la cadena **la cual** me regalaste. |

*Cuyo, cuya, cuyos, cuyas* richtet sich im Gegensatz zum Deutschen in Geschlecht und Numerus nicht nach dem vorangehenden, sondern nach dem folgenden Substantiv.

| |
|---|
| La escritora **cuyo libro** apareció ayer es muy famosa. |
| El escritor **cuya novela** apareció el año pasado no es famoso. |

Die präpositionale Ergänzung des Verbs steht jeweils vor den Relativpronomen.

| |
|---|
| Mi amigo, **en cuya casa** estuve ayer, es médico. |
| La señora, **a cuyos padres** te presenté, es la mujer de Juan. |

Die Adverbien *donde, como, cuando, cuanto* können ein Relativpronomen ersetzen.

| |
|---|
| La casa **en la que/en la cual/donde** vivo. |
| No me gusta el modo **con que/como** te mira. |
| Todo **lo que/cuanto** decía era divertido. |
| Recordaba los años **en que/cuando** íbamos juntos a la escuela. |

## 5. Demonstrativpronomen

| | | |
|---|---|---|
| **éste** | **ése** | **aquél** |
| **ésta** | **ésa** | **aquélla** |
| **éstos** | **ésos** | **aquéllos** |
| **éstas** | **ésas** | **aquéllas** |
| **esto** | **eso** | **aquello** |

*Éste, ésta, éstos, éstas* und *esto* weisen auf alles hin, was im Bereich und in greifbarer Nähe des Sprechers liegt.

*Ése, ésa, ésos, ésas* und *eso* weisen auf alles hin, was in der Nähe des Sprechers liegt, aber nicht greifbar ist.

*Aquél, aquélla, aquéllos, aquéllas* und *aquello* weisen auf alles hin, was weder in der Nähe des Sprechers noch des Angesprochenen liegt:

| | |
|---|---|
| **Ésta** es una silla nueva. | ¿Cuándo dijiste **aquello**? |
| ¿Son **ésos** los señores que llamaron? | ¿Qué es **eso**? |

Demonstrativpronomen können auch adjektivisch gebraucht werden.

| | |
|---|---|
| **Aquel** día ocurrió el accidente. | Me gusta **esa** flor. |
| **Este** libro es caro. | **Aquellas** casas son caras. |

## 6. Fragepronomen und Fragewörter

Alle Fragepronomen, Fragewörter und auch Ausrufewörter tragen einen Akzent.

| | | | |
|---|---|---|---|
| **quién** | ¿**Quién** ha llamado?<br>¿A **quién** esperas? | **qué** | ¿**Qué** has dicho?<br>¿De **qué** se trata? |
| **cuánto** | ¿**Cuánto** dinero necesitas?<br>¿**Cuántas** chaquetas tienes? | **dónde** | ¿**Dónde** estudias español?<br>¿**Dónde** está la parada? |
| **adónde** | ¿**Adónde** quieren ir ustedes?<br>¿**Adónde** vas tan pronto? | **de dónde** | ¿**De dónde** vienes?<br>¿**De dónde** es esa muchacha? |
| **cuál** | ¿**Cuál** es la capital?<br>¿**Cuál** de las dos quieres? | **cómo** | ¿**Cómo** te llamas?<br>¿**Cómo** está su señora? |
| **por qué** | ¿**Por qué** os vais ya?<br>No sé **por qué** está tan triste. | | |

## 7. Indefinite Pronomen

Bei den indefiniten Pronomen ist zu beachten, dass *alguno* und *ninguno* vor maskulinen Substantiven im Singular zu *algún* und *ningún* werden. Die Wortstellung von *nada, nadie, ninguno* wird auch in Kapitel VIII behandelt.

Steht *todo* vor einem Substantiv, so muss meistens der bestimmte Artikel zwischen *todo* und dem Substantiv gebraucht werden. Der Artikel kann entfallen, wenn es sich um eine Verallgemeinerung handelt.

| | | | |
|---|---|---|---|
| **algo** | Mejor es **algo** que nada. | **nada** | ¿Por qué no dices **nada**? |
| **alguien** | ¿Ha llamado **alguien**? | **nadie** | No ha llamdo **nadie**. |
| **alguno** | ¿**Alguno** de vosotros lo sabe?<br>¿Vive aquí **algún** médico? | **ninguno** | No he visto **ninguno**.<br>Aquí no hay **ningún** libro. |
| **todo** | Aquí **todo** está limpio.<br>Inés limpia **toda** la casa.<br>**Todo** hombre es mortal. | | |

# VIII. Verneinung

*No* steht vor dem Verb und dem mit ihm verbundenen Personal- und Reflexivpronomen. *Nada* steht in der Regel hinter dem Verb während *nadie, ninguno, nunca* vor oder nach dem Verb stehen können.
Auch wenn die Verneinung durch *nada, nadie, ninguno,* oder *nunca* ausgedrückt wird, muss *no* vor dem Verb stehen.

| | |
|---|---|
| Pablo **no** volverá hoy. | Este chico **no** aprende **nada**. |
| Laura **no** volverá **nunca** más. | **Nunca** más volverá Laura. |
| Mi hija **no** me lo ha dado. | ¿**No** tienes **ninguna** foto de él? |

# Die regelmäßigen und unregelmäßigen spanischen Verben

# Los verbos regulares e irregulares españoles

Folgende Abkürzungen werden in der Verbtabelle verwendet:

| | |
|---|---|
| pret. ind. | pretérito indefinido |
| subj. fut. | subjuntivo futuro |
| subj. imp. | subjuntivo imperfecto |
| subj. pres. | subjuntivo presente |

## Die regelmäßigen Verben auf *-ar, -er* und *-ir*

### hablar

| presente | imperfecto | pret. ind. | futuro | |
|---|---|---|---|---|
| hablo | hablaba | hablé | hablaré | **gerundio** |
| hablas | hablabas | hablaste | hablarás | hablando |
| habla | hablaba | habló | hablará | |
| hablamos | hablábamos | hablamos | hablaremos | **participio** |
| habláis | hablabais | hablasteis | hablaréis | hablado |
| hablan | hablaban | hablaron | hablarán | |

| condicional | subj. pres. | subj. imp. | subj. fut. | imperativo |
|---|---|---|---|---|
| hablaría | hable | hablara/-ase | hablare | |
| hablarías | hables | hablaras/-ases | hablares | habla |
| hablaría | hable | hablara/-ase | hablare | hable |
| hablaríamos | hablemos | habláramos/-ásemos | habláremos | hablemos |
| hablaríais | habléis | hablarais/-aseis | hablareis | hablad |
| hablarían | hablen | hablaran/-asen | hablaren | hablen |

### comprender

| presente | imperfecto | pret. ind. | futuro | |
|---|---|---|---|---|
| comprendo | comprendía | comprendí | comprenderé | **gerundio** |
| comprendes | comprendías | comprendiste | comprenderás | comprendiendo |
| comprende | comprendía | comprendió | comprenderá | |
| comprendemos | comprendíamos | comprendimos | comprenderemos | **participio** |
| comprendéis | comprendíais | comprendisteis | comprenderéis | comprendido |
| comprenden | comprendían | comprendieron | comprenderán | |

| condicional | subj. pres. | subj. imp. | subj. fut. | imperativo |
|---|---|---|---|---|
| comprendería | comprenda | comprendiera/ -iese | comprendiere | |
| comprenderías | comprendas | comprendieras/ -ieses | comprendieres | comprende |
| comprendería | comprenda | comprendiera/ -iese | comprendiere | comprenda |
| comprendería-mos | comprenda-mos | comprendiéra-mos/-iésemos | comprendiére-mos | comprendamos |
| comprenderíais | comprendáis | comprendierais/ -ieseis | comprendiereis | comprended |
| comprenderían | comprendan | comprendiera/ -iesen | comprendieren | comprendan |

**recibir**

| presente | imperfecto | pret. ind. | futuro | |
|---|---|---|---|---|
| recibo | recibía | recibí | recibiré | **gerundio** |
| recibes | recibías | recibiste | recibirás | recibiendo |
| recibe | recibía | recibió | recibirá | |
| recibimos | recibíamos | recibimos | recibiremos | **participio** |
| recibís | recibíais | recibisteis | recibiréis | recibido |
| reciben | recibían | recibieron | recibirán | |

| condicional | subj. pres. | subj. imp. | subj. fut. | imperativo |
|---|---|---|---|---|
| recibiría | reciba | recibiera/-iese | recibiere | |
| recibirías | recibas | recibieras/-ieses | recibieres | recibe |
| recibiría | reciba | recibiera/-iese | recibiere | reciba |
| recibiríamos | recibamos | recibiéramos/-ié-semos | recibiéremos | recibamos |
| recibiríais | recibáis | reciebierais/ -ieseis | recibiereis | recibid |
| recibirían | reciban | recibieran/-iesen | recibieren | reciban |

## Verben mit Vokalveränderung

**<e → ie>** **pensar**

| presente | imperfecto | pret. ind. | futuro | |
|---|---|---|---|---|
| pienso | pensaba | pensé | pensaré | **gerundio** |
| piensas | pensabas | pensaste | pensarás | pensando |
| piensa | pensaba | pensó | pensará | |
| pensamos | pensábamos | pensamos | pensaremos | **participio** |
| pensáis | pensabais | pensasteis | pensaréis | pensado |
| piensan | pensaban | pensaron | pensarán | |

| condicional | subj. pres. | subj. imp. | subj. fut. | imperativo |
|---|---|---|---|---|
| pensaría | piense | pensara/-ase | pensare | |
| pensarías | pienses | pensaras/-ases | pensares | piensa |
| pensaría | piense | pensara/-ase | pensare | piense |
| pensaríamos | pensemos | pensáramos/-ásemos | pensáremos | pensemos |
| pensaríais | penséis | pensarais/-aseis | pensareis | pensad |
| pensarían | piensen | pensaran/-asen | pensaren | piensen |

**<o → ue> contar**

| presente | imperfecto | pret. ind. | futuro | |
|---|---|---|---|---|
| cuento | contaba | conté | contaré | **gerundio** |
| cuentas | contabas | contaste | contarás | contando |
| cuenta | contaba | contó | contará | |
| contamos | contábamos | contamos | contaremos | **participio** |
| contáis | contabais | contasteis | contaréis | contado |
| cuentan | contaban | contaron | contaron | |

| condicional | subj. pres. | subj. imp. | subj. fut. | imperativo |
|---|---|---|---|---|
| contaría | cuente | contara/-ase | contare | |
| contarías | cuentes | contaras/-ases | contares | cuenta |
| contaría | cuente | contara/-ase | contare | cuente |
| contaríamos | contemos | contáramos/-ásemos | contáremos | contemos |
| contaríais | contéis | contarais/-aseis | contareis | contad |
| contarían | cuenten | contaran | contaren | cuenten |

**<e → i> pedir**

| presente | imperfecto | pret. ind. | futuro | |
|---|---|---|---|---|
| pido | pedía | pedí | pediré | **gerundio** |
| pides | pedías | pediste | pedirás | pidiendo |
| pide | pedía | pidió | pedirá | |
| pedimos | pedíamos | pedimos | pediremos | **participio** |
| pedís | pedíais | pedisteis | pediréis | pedido |
| piden | pedían | pidieron | pedirán | |

| condicional | subj. pres. | subj. imp. | subj. fut. | imperativo |
|---|---|---|---|---|
| pediría | pida | pidiera/-iese | pidiere | |
| pedirías | pidas | pidieras/-ieses | pidieres | pide |
| pediría | pida | pidiera/-iese | pidiere | pida |
| pediríamos | pidamos | pidiéramos/-iésemos | pidiéremos | pidamos |
| pediríais | pidáis | pidierais/-ieseis | pidiereis | pedid |
| pedirían | pidan | pidieran/-iesen | pidieren | pidan |

## Verben mit orthographischen Abweichungen

### <c → qu> atacar

| presente | imperfecto | pret. ind. | futuro | |
|---|---|---|---|---|
| ataco | atacaba | ataqué | atacaré | **gerundio** |
| atacas | atacabas | atacaste | atacarás | atacando |
| ataca | atacaba | atacó | atacará | |
| atacamos | atacábamos | atacamos | atacaremos | **participio** |
| atacáis | atacabais | atacasteis | atacaréis | atacado |
| atacan | atacaban | atacaron | atacarán | |

| condicional | subj. pres. | subj. imp. | subj. fut. | imperativo |
|---|---|---|---|---|
| atacaría | ataque | atacara/-ase | atacare | |
| atacarías | ataques | atacaras/-ases | atacares | ataca |
| atacaría | ataque | atacara/-ase | atacare | ataque |
| atacaríamos | ataquemos | atacáramos/ -ásemos | atacáremos | ataquemos |
| atacaríais | ataquéis | atacarais/-aseis | atacareis | atacad |
| atacarían | ataquen | atacaran/-asen | atacaren | ataquen |

### <g → gu> pagar

| presente | imperfecto | pret. ind. | futuro | |
|---|---|---|---|---|
| pago | pagaba | pagué | pagaré | **gerundio** |
| pagas | pagabas | pagaste | pagarás | pagando |
| paga | pagaba | pagó | pagará | |
| pagamos | pagábamos | pagamos | pagaremos | **participio** |
| pagáis | pagabais | pagasteis | pagaréis | pagado |
| pagan | pagaban | pagaron | pagarán | |

| condicional | subj. pres. | subj. imp. | subj. fut. | imperativo |
|---|---|---|---|---|
| pagaría | pague | pagara/-ase | pagare | |
| pagarías | pagues | pagaras/-ases | pagares | paga |
| pagaría | pague | pagara/-ase | pagare | pague |
| pagaríamos | paguemos | pagáramos/ -ásemos | pagáremos | paguemos |
| pagaríais | paguéis | pagarais/-aseis | pagareis | pagad |
| pagarían | paguen | pagaran/-asen | pagaren | paguen |

### <z → c> cazar

| presente | imperfecto | pret. ind. | futuro | |
|---|---|---|---|---|
| cazo | cazaba | cacé | cazaré | **gerundio** |
| cazas | cazabas | cazaste | cazarás | cazando |
| caza | cazaba | cazó | cazará | |
| cazamos | cazábamos | cazamos | cazaremos | **participio** |
| cazáis | cazabais | cazasteis | cazaréis | cazado |
| cazan | cazaban | cazaron | cazarán | |

| condicional | subj. pres. | subj. imp. | subj. fut. | imperativo |
|---|---|---|---|---|
| cazaría | cace | cazara/-ase | cazare | |
| cazarías | caces | cazaras/-ases | cazares | caza |
| cazaría | cace | cazara/-ase | cazare | cace |
| cazaríamos | cacemos | cazáramos/ -ásemos | cazáremos | cacemos |
| cazaríais | cacéis | cazarais/-aseis | cazareis | cazad |
| cazarían | cacen | cazaran/-asen | cazaren | cacen |

**<gu → gü> averiguar**

| presente | imperfecto | pret. ind. | futuro | |
|---|---|---|---|---|
| averiguo | averiguaba | averigüé | averiguaré | **gerundio** |
| averiguas | averiguabas | averiguaste | averiguarás | averiguando |
| averigua | averiguaba | averiguó | averiguará | |
| averiguamos | averiguábamos | averiguamos | averiguaremos | **participio** |
| averiguáis | averiguabais | averiguasteis | averiguaréis | averiguado |
| averiguan | averiguaban | averiguaron | averiguarán | |

| condicional | subj. pres. | subj. imp. | subj. fut. | imperativo |
|---|---|---|---|---|
| averiguaría | averigüe | averiguara/-ase | averiguare | |
| averiguarías | averigües | averiguaras/ -ases | averiguares | averigua |
| averiguaría | averigüe | averiguara/-ase | averiguare | averigüe |
| averiguaríamos | averigüemos | averiguáramos/ -ásemos | averiguáremos | averigüemos |
| averiguaríais | averigüéis | averiguarais/ -aseis | averiguareis | averiguad |
| averiguarían | averigüen | averiguaran/ -asen | averiguaren | averigüen |

**<c → z> vencer**

| presente | imperfecto | pret. ind. | futuro | |
|---|---|---|---|---|
| venzo | vencía | vencí | venceré | **gerundio** |
| vences | vencías | venciste | vencerás | venciendo |
| vence | vencía | venció | vencerá | |
| vencemos | vencíamos | vencimos | venceremos | **participio** |
| vencéis | vencíais | vencisteis | venceréis | vencido |
| vencen | vencían | vencieron | vencerán | |

| condicional | subj. pres. | subj. imp. | subj. fut. | imperativo |
|---|---|---|---|---|
| vencería | venza | venciera/-iese | venciere | |
| vencerías | venzas | vencieras/-ieses | vencieres | vence |
| vencería | venza | venciera/-iese | venciere | venza |
| venceríamos | venzamos | venciéramos/ -iésemos | venciéremos | venzamos |
| venceríais | venzáis | vencierais/ -ieseis | venciereis | venced |
| vencerían | venzan | vencieran/ -iesen | vencieren | venzan |

**<g → j> coger**

| presente | imperfecto | pret. ind. | futuro | |
|---|---|---|---|---|
| cojo | cogía | cogí | cogeré | **gerundio** |
| coges | cogías | cogiste | cogerás | cogiendo |
| coge | cogía | cogió | cogerá | |
| cogemos | cogíamos | cogimos | cogeremos | **participio** |
| cogéis | cogíais | cogisteis | cogeréis | cogido |
| cogen | cogían | cogieron | cogerán | |

| condicional | subj. pres. | subj. imp. | subj. fut. | imperativo |
|---|---|---|---|---|
| cogería | coja | cogiera/-iese | cogiere | |
| cogerías | cojas | cogieras/-ieses | cogieres | coge |
| cogería | coja | cogiera/-iese | cogiere | coja |
| cogeríamos | cojamos | cogiéramos/ -iésemos | cogiéremos | cojamos |
| cogeríais | cojáis | cogierais/-ieseis | cogiereis | coged |
| cogerían | cojan | cogieran/-iesen | cogieren | cojan |

**<gu → g> distinguir**

| presente | imperfecto | pret. ind. | futuro | |
|---|---|---|---|---|
| distingo | distinguía | distinguí | distinguiré | **gerundio** |
| distingues | distinguías | distinguiste | distinguirás | distinguiendo |
| distingue | distinguía | distinguió | distinguirá | |
| distinguimos | distinguíamos | distinguimos | distinguiremos | **participio** |
| distinguís | distinguíais | distinguisteis | distinguiréis | distinguido |
| distinguen | distinguían | distinguieron | distinguirán | |

| condicional | subj. pres. | subj. imp. | subj. fut. | imperativo |
|---|---|---|---|---|
| distinguiría | distinga | distinguiera/ -iese | distinguiere | |
| distinguirías | distingas | distinguieras/ -ieses | distinguieres | distingue |
| distinguiría | distinga | distinguiera/ -iese | distinguiere | distinga |
| distinguiríamos | distingamos | distinguiéra- mos/iésemos | distinguiéremos | distingamos |
| distinguiríais | distingáis | distinguierais/ -ieseis | distinguiereis | distinguid |
| distinguirían | distingan | distinguieran/ -iesen | distinguieren | distingan |

**<qu → c> delinquir**

| presente | imperfecto | pret. ind. | futuro | |
|---|---|---|---|---|
| delinco | delinquía | delinquí | delinquiré | **gerundio** |
| delinques | delinquías | delinquiste | delinquirás | delinquiendo |
| delinque | delinquía | delinquió | delinquirá | |
| delinquimos | delinquíamos | delinquimos | delinquiremos | **participio** |
| delinquís | delinquíais | delinquisteis | delinquiréis | delinquido |
| delinquen | delinquían | delinquieron | delinquirán | |

| condicional | subj. pres. | subj. imp. | subj. fut. | imperativo |
|---|---|---|---|---|
| delinquiría | delinca | delinquiera/ -iese | delinquiere | |
| delinquirías | delincas | delinquieras/ -ieses | delinquieres | delinque |
| delinquiría | delinca | delinquiera/ -iese | delinquiere | delinca |
| delinquiríamos | delincamos | delinquiéra- mos/-iésemos | delinquiéremos | delincamos |
| delinquiríais | delincáis | delinquierais/ -ieseis | delinquiereis | delinquid |
| delinquirían | delincan | delinquieran/ -iesen | delinquieren | delincan |

## Verben mit Betonungsverschiebung

**<1. pres: envío> enviar**

| presente | imperfecto | pret. ind. | futuro | |
|---|---|---|---|---|
| envío | enviaba | envié | enviaré | **gerundio** |
| envías | enviabas | enviaste | enviarás | enviando |
| envía | enviaba | envió | enviará | |
| enviamos | enviábamos | enviamos | enviaremos | **participio** |
| enviáis | enviabais | enviasteis | enviaréis | enviado |
| envían | enviaban | enviaron | enviarán | |

| condicional | subj. pres. | subj. imp. | subj. fut. | imperativo |
|---|---|---|---|---|
| enviaría | envíe | enviara/-iase | enviare | |
| enviarías | envíes | enviaras/-iases | enviares | envía |
| enviaría | envíe | enviara/-iase | enviare | envíe |
| enviaríamos | enviemos | enviáramos/-iásemos | enviáremos | enviemos |
| enviaríais | enviéis | enviarais/-iaseis | enviareis | enviad |
| enviarían | envíen | enviaran/-iasen | enviaren | envíen |

### <1. pres: continúo> continuar

| presente | imperfecto | pret. ind. | futuro | |
|---|---|---|---|---|
| continúo | continuaba | continué | continuaré | **gerundio** |
| continúas | continuabas | continuaste | continuarás | continuando |
| continúa | continuaba | continuó | continuará | |
| continuamos | continuábamos | continuamos | continuaremos | **participio** |
| continuáis | continuabais | continuasteis | continuaréis | continuado |
| continúan | continuaban | continuaron | continuarán | |

| condicional | subj. pres. | subj. imp. | subj. fut. | imperativo |
|---|---|---|---|---|
| continuaría | continúe | continuara/-ase | continuare | |
| continuarías | continúes | continuaras/-ases | continuares | continúa |
| continuaría | continúe | continuara/-ase | continuare | continúe |
| continuaríamos | continuemos | continuáramos/-ásemos | continuáremos | continuemos |
| continuaríais | continuéis | continuarais/-aseis | continuareis | continuad |
| continuarían | continúen | continuaran/-asen | continuaren | continúen |

## Verben, bei denen das unbetonte *i* wegfällt

### <3. pret: tañó> tañer

| presente | imperfecto | pret. ind. | futuro | |
|---|---|---|---|---|
| taño | tañía | tañí | tañeré | **gerundio** |
| tañes | tañías | tañiste | tañerás | tañendo |
| tañe | tañía | tañó | tañerá | |
| tañemos | tañíamos | tañimos | tañeremos | **participio** |
| tañéis | tañíais | tañisteis | tañeréis | tañido |
| tañen | tañían | tañeron | tañerán | |

| condicional | subj. pres. | subj. imp. | subj. fut. | imperativo |
|---|---|---|---|---|
| tañería | taña | tañera/-ese | tañere | |
| tañerías | tañas | tañeras/-eses | tañeres | tañe |
| tañería | taña | tañera/-ese | tañere | taña |
| tañeríamos | tañamos | tañéramos/-ésemos | tañéremos | tañamos |
| tañeríais | tañáis | tañerais/-eseis | tañereis | tañed |
| tañerían | tañan | tañeran/-esen | tañeren | tañan |

**<3. pret: gruñó> gruñir**

| presente | imperfecto | pret. ind. | futuro | |
|---|---|---|---|---|
| gruño | gruñía | gruñí | gruñiré | **gerundio** |
| gruñes | gruñías | gruñiste | gruñirás | gruñendo |
| gruñe | gruñía | gruñó | gruñirá | |
| gruñimos | gruñíamos | gruñimos | gruñiremos | **participio** |
| gruñís | gruñíais | gruñisteis | gruñiréis | gruñido |
| gruñen | gruñían | gruñeron | gruñirán | |

| condicional | subj. pres. | subj. imp. | subj. fut. | imperativo |
|---|---|---|---|---|
| gruñiría | gruña | gruñera/-ese | gruñere | |
| gruñirías | gruñas | gruñeras/-eses | gruñeres | gruñe |
| gruñiría | gruña | gruñera/-ese | gruñere | gruña |
| gruñiríamos | gruñamos | gruñéramos/-ésemos | gruñéremos | gruñamos |
| gruñiríais | gruñáis | gruñerais/-eseis | gruñereis | gruñid |
| gruñirían | gruñan | gruñeran/-esen | gruñeren | gruñan |

## Die unregelmäßigen Verben

### abolir

| presente | subj. pres. | imperativo | |
|---|---|---|---|
| – | – | | **gerundio** |
| – | – | – | aboliendo |
| – | – | – | |
| abolimos | – | – | **participio** |
| abolís | – | abolid | abolido |
| – | – | – | |

### abrir

| | |
|---|---|
| **participio :** | abierto |

**adquirir**

| presente | imperativo | |
|---|---|---|
| adquiero | | **gerundio** |
| adquieres | adquiere | adquiriendo |
| adquiere | adquiera | |
| adquirimos | adquiramos | **participio** |
| adquirís | adquirid | adquirido |
| adquieren | adquieran | |

**airar**

| presente | |
|---|---|
| aíro | **gerundio** |
| aíras | airando |
| aíra | |
| airamos | **participio** |
| airáis | airado |
| aíran | |

**andar**

| presente | pret. ind. | |
|---|---|---|
| ando | anduve | **gerundio** |
| andas | anduviste | andando |
| anda | anduvo | |
| andamos | anduvimos | **participio** |
| andáis | anduvisteis | andado |
| andan | anduvieron | |

**asir**

| presente | imperativo | |
|---|---|---|
| asgo | | **gerundio** |
| ases | ase | asiendo |
| ase | asga | |
| asimos | asgamos | **participio** |
| asís | asid | asido |
| asen | asgan | |

**aullar**

| presente | imperativo | |
|---|---|---|
| aúllo | | **gerundio** |
| aúllas | aúlla | aullando |
| aúlla | aúlle | |
| aullamos | aullemos | **participio** |
| aulláis | aullad | aullado |
| aúllan | aúllen | |

**avergonzar**

| presente | pret. ind. | imperativo | |
|---|---|---|---|
| avergüenzo | avergoncé | | **gerundio** |
| avergüenzas | avergonzaste | avergüenza | avergonzando |
| avergüenza | avergonzó | avergüence | |
| avergonzamos | avergonzamos | avergoncemos | **participio** |
| avergonzáis | avergonzasteis | avergonzad | avergonzado |
| avergüenzan | avergonzaron | avergüencen | |

**caber**

| presente | pret. ind. | futuro | condicional | |
|---|---|---|---|---|
| quepo | cupe | cabré | cabría | **gerundio** |
| cabes | cupiste | cabrás | cabrías | cabiendo |
| cabe | cupo | cabrá | cabría | |
| cabemos | cupimos | cabremos | cabríamos | **participio** |
| cabéis | cupisteis | cabréis | cabríais | cabido |
| caben | cupieron | cabrán | cabrían | |

**caer**

| presente | pret. ind. | |
|---|---|---|
| caigo | caí | **gerundio** |
| caes | caíste | cayendo |
| cae | cayó | |
| caemos | caímos | **participio** |
| caéis | caísteis | caído |
| caen | cayeron | |

**ceñir**

| presente | pret. ind. | imperativo | |
|---|---|---|---|
| ciño | ceñí | | **gerundio** |
| ciñes | ceñiste | ciñe | ciñendo |
| ciñe | ciñó | ciña | |
| ceñimos | ceñimos | ciñamos | **participio** |
| ceñís | ceñisteis | ceñid | ceñido |
| ciñen | ciñeron | ciñan | |

**cernir**

| presente | imperativo | |
|---|---|---|
| cierno | | **gerundio** |
| ciernes | cierne | cerniendo |
| cierne | cierna | |
| cernimos | cernamos | **participio** |
| cernís | cernid | cernido |
| ciernen | ciernan | |

**cocer**

| presente | imperativo | |
|---|---|---|
| cuezo | | **gerundio** |
| cueces | cuece | cociendo |
| cuece | cueza | |
| cocemos | cozamos | **participio** |
| cocéis | coced | cocido |
| cuecen | cuezan | |

**colgar**

| presente | pret. ind. | imperativo | |
|---|---|---|---|
| cuelgo | colgué | | **gerundio** |
| cuelgas | colgaste | cuelga | colgando |
| cuelga | colgó | cuelgue | |
| colgamos | colgamos | colgamos | **participio** |
| colgáis | colgasteis | colgad | colgado |
| cuelgan | colgaron | cuelguen | |

**crecer**

| presente | imperativo | |
|---|---|---|
| crezco | | **gerundio** |
| creces | crece | creciendo |
| crece | crezca | |
| crecemos | crezcamos | **participio** |
| crecéis | creced | crecido |
| crecen | crezcan | |

**dar**

| presente | pret. ind. | subj. pres. | subj. imp. | subj. fut. |
|---|---|---|---|---|
| doy | di | dé | diera/-ese | diere |
| das | diste | des | dieras/-eses | dieres |
| da | dio | dé | diera/-ese | diere |
| damos | dimos | demos | diéramos/ -ésemos | diéremos |
| dais | disteis | deis | dierais/-eseis | diereis |
| dan | dieron | den | dieran/-esen | dieren |

| imperativo | |
|---|---|
| | **gerundio** |
| da | dando |
| dé | |
| demos | **participio** |
| dad | dado |
| den | |

**decir**

| presente | imperfecto | pret. ind. | futuro | |
|---|---|---|---|---|
| digo | decía | dije | diré | **gerundio** |
| dices | decías | dijiste | dirás | diciendo |
| dice | decía | dijo | dirá | |
| decimos | decíamos | dijimos | diremos | **participio** |
| decís | decíais | dijisteis | diréis | dicho |
| dicen | decían | dijeron | dirán | |

| condicional | subj. pres. | subj. imp. | subj. fut. | imperativo |
|---|---|---|---|---|
| diría | diga | dijera/-ese | dijere | |
| dirías | digas | dijeras/-eses | dijeres | di |
| diría | diga | dijera/-ese | dijere | diga |
| diríamos | digamos | dijéramos/ -ésemos | dijéremos | digamos |
| diríais | digáis | dijerais/-eseis | dijereis | decid |
| dirían | digan | dijeran/-esen | dijeren | digan |

**dormir**

| presente | pret. ind. | imperativo | |
|---|---|---|---|
| duermo | dormí | | **gerundio** |
| duermes | dormiste | duerme | durmiendo |
| duerme | durmió | duerma | |
| dormimos | dormimos | durmamos | **participio** |
| dormís | dormisteis | dormid | dormido |
| duermen | durmieron | duerman | |

**elegir**

| presente | pret. ind. | imperativo | |
|---|---|---|---|
| elijo | elegí | | **gerundio** |
| eliges | elegiste | elige | eligiendo |
| elige | eligió | elija | |
| elegimos | elegimos | elijamos | **participio** |
| elegís | elegisteis | elegid | elegido |
| eligen | eligieron | elijan | |

**empezar**

| presente | pret. ind. | imperativo | |
|---|---|---|---|
| empiezo | empecé | | **gerundio** |
| empiezas | empezaste | empieza | empezando |
| empieza | empezó | empiece | |
| empezamos | empezamos | empecemos | **participio** |
| empezáis | empezasteis | empezad | empezado |
| empiezan | empezaron | empiecen | |

**enraizar**

| presente | pret. ind. | imperativo | |
|---|---|---|---|
| enraízo | enraicé | | **gerundio** |
| enraízas | enraizaste | enraíza | enraizando |
| enraíza | enraizó | enraíce | |
| enraizamos | enraizamos | enraicemos | **participio** |
| enraizáis | enraizasteis | enraizad | enraizado |
| enraízan | enraizaron | enraícen | |

**erguir**

| presente | pret. ind. | subj. pres | subj. imp. | subj. fut. |
|---|---|---|---|---|
| yergo | erguí | yerga | irguiera/-ese | irguiere |
| yergues | erguiste | yergas | irguieras/-eses | irguieres |
| yergue | irguió | yerga | irguiera/-ese | irguiere |
| erguimos | erguimos | yergamos | irguiéramos/ -ésemos | irguiéremos |
| erguís | erguisteis | yergáis | irguierais/-eseis | irguiereis |
| yerguen | irguieron | yergan | irguieran/-esen | irguieren |

| imperativo | |
|---|---|
| | **gerundio** |
| yergue | irguiendo |
| yerga | |
| yergamos | **participio** |
| erguid | erguido |
| yergan | |

**errar**

| presente | pret. ind. | imperativo | |
|---|---|---|---|
| yerro | erré | | **gerundio** |
| yerras | erraste | yerra | errando |
| yerra | erró | yerre | |
| erramos | erramos | erremos | **participio** |
| erráis | errasteis | errad | errado |
| yerran | erraron | yerren | |

**escribir**

| | |
|---|---|
| **participio :** | escrito |

**estar**

| presente | imperfecto | pret. ind. | futuro | |
|---|---|---|---|---|
| estoy | estaba | estuve | estaré | **gerundio** |
| estás | estabas | estuviste | estarás | estando |
| está | estaba | estuvo | estará | |
| estamos | estábamos | estuvimos | estaremos | **participio** |
| estáis | estabais | estuvisteis | estaréis | estado |
| están | estaban | estuvieron | estarán | |

| condicional | subj. pres. | subj. imp. | subj. fut. | imperativo |
|---|---|---|---|---|
| estaría | esté | estuviera/-ese | estuviere | |
| estarías | estés | estuvieras/-eses | estuvieres | está |
| estaría | esté | estuviera/-ese | estuviere | esté |
| estaríamos | estemos | estuviéramos/ -ésemos | estuviéremos | estemos |
| estaríais | estéis | estuvierais/ -eseis | estuviereis | estad |
| estarían | estén | estuvieran/ -esen | estuvieren | estén |

**forzar**

| presente | pret. ind. | imperativo | |
|---|---|---|---|
| fuerzo | forcé | | **gerundio** |
| fuerzas | forzaste | fuerza | forzando |
| fuerza | forzó | fuerce | |
| forzamos | forzamos | forcemos | **participio** |
| forzáis | forzasteis | forzad | forzado |
| fuerzan | forzaron | fuercen | |

**fregar**

| presente | pret. ind. | imperativo | |
|---|---|---|---|
| friego | fregué | | **gerundio** |
| friegas | fregaste | friega | fregando |
| friega | fregó | friegue | |
| fregamos | fregamos | freguemos | **participio** |
| fregáis | fregasteis | fregad | fregado |
| friegan | fregaron | frieguen | |

**freír**

| presente | pret. ind. | imperativo | |
|---|---|---|---|
| frío | freí | | **gerundio** |
| fríes | freíste | fríe | friendo |
| fríe | frió | fría | |
| freímos | freímos | friamos | **participio** |
| freís | freísteis | freíd | frito |
| fríen | frieron | frían | |

**haber**

| presente | imperfecto | pret. ind. | futuro | |
|---|---|---|---|---|
| he | había | hube | habré | **gerundio** |
| has | habías | hubiste | habrás | habiendo |
| ha | había | hubo | habrá | |
| hemos | habíamos | hubimos | habremos | **participio** |
| habéis | habíais | hubisteis | habréis | habido |
| han | habían | hubieron | habrán | |

| condicional | subj. pres. | subj. imp. | subj. fut. | imperativo |
|---|---|---|---|---|
| habría | haya | hubiera/-iese | hubiere | |
| habrías | hayas | hubieras/-ieses | hubieres | he |
| habría | haya | hubiera/-iese | hubiere | haya |
| habríamos | hayamos | hubiéramos/-iésemos | hubiéremos | hayamos |
| habríais | hayáis | hubierais/-ieseis | hubiereis | habed |
| habrían | hayan | hubieran/-iesen | hubieren | hayan |

**hacer**

| presente | imperfecto | pret. ind. | futuro | |
|---|---|---|---|---|
| hago | hacía | hice | haré | **gerundio** |
| haces | hacías | hiciste | harás | haciendo |
| hace | hacía | hizo | hará | |
| hacemos | hacíamos | hicimos | haremos | **participio** |
| hacéis | hacíais | hicisteis | haréis | hecho |
| hacen | hacían | hicieron | harán | |

| condicional | subj. pres. | subj. imp. | subj. fut. | imperativo |
|---|---|---|---|---|
| haría | haga | hiciera/-iese | hiciere | |
| harías | hagas | hicieras/-ieses | hicieres | haz |
| haría | haga | hiciera/-iese | hiciere | haga |
| haríamos | hagamos | hiciéramos/-iésemos | hiciéremos | hagamos |
| haríais | hagáis | hicierais/-ieseis | hiciereis | haced |
| harían | hagan | hicieran/-iesen | hicieren | hagan |

**hartar**

| | |
|---|---|
| **participio :** | hartado – *gesättigt*<br>harto (*nur attributiv*): estoy harto – *ich bin satt* |

**huir**

| presente | pret. ind. | imperativo | |
|---|---|---|---|
| huyo | huí | | **gerundio** |
| huyes | huiste | huye | huyendo |
| huye | huyó | huya | |
| huimos | huimos | huyamos | **participio** |
| huís | huisteis | huid | huido |
| huyen | huyeron | huyan | |

**imprimir**

| | |
|---|---|
| **participio :** | impreso |

**ir**

| presente | imperfecto | pret. ind. | subj. pres. | subj. imp. |
|---|---|---|---|---|
| voy | iba | fui | vaya | fuera/-ese |
| vas | ibas | fuiste | vayas | fueras/-eses |
| va | iba | fue | vaya | fuera/-ese |
| vamos | íbamos | fuimos | vayamos | fuéramos/ -ésemos |
| vais | ibais | fuisteis | vayáis | fuerais/-eseis |
| van | iban | fueron | vayan | fueran/-esen |

| subj. fut. | imperativo | |
|---|---|---|
| fuere | | **gerundio** |
| fueres | ve | yendo |
| fuere | vaya | |
| fuéremos | vayamos | **participio** |
| fuereis | id | ido |
| fueren | vayan | |

**jugar**

| presente | pret. ind. | subj. pres. | imperativo | |
|---|---|---|---|---|
| juego | jugué | juegue | | **gerundio** |
| juegas | jugaste | juegues | juega | jugando |
| juega | jugó | juegue | juegue | |
| jugamos | jugamos | juguemos | juguemos | **participio** |
| jugáis | jugasteis | juguéis | jugad | jugado |
| juegan | jugaron | jueguen | jueguen | |

**leer**

| presente | pret. ind. | |
|---|---|---|
| leo | leí | **gerundio** |
| lees | leíste | leyendo |
| lee | leyó | |
| leemos | leímos | **participio** |
| leéis | leísteis | leído |
| leen | leyeron | |

**lucir**

| presente | imperativo | |
|---|---|---|
| luzco | | **gerundio** |
| luces | luce | luciendo |
| luce | luzca | |
| lucimos | luzcamos | **participio** |
| lucís | lucid | lucido |
| lucen | luzcan | |

**maldecir**

| presente | pret. ind. | imperativo | | |
|---|---|---|---|---|
| maldigo | maldije | | **gerundio** | |
| maldices | maldijiste | maldice | maldiciendo | |
| maldice | maldijo | maldiga | | |
| maldecimos | maldijimos | maldigamos | **participio** | |
| maldecís | maldijisteis | maldecid | maldecido | verflucht |
| maldicen | maldijeron | maldigan | maldito | Substantiv, Adjektiv |

**morir**

| presente | pret. ind. | imperativo | |
|---|---|---|---|
| muero | morí | | **gerundio** |
| mueres | moriste | muere | muriendo |
| muere | murió | muera | |
| morimos | morimos | muramos | **participio** |
| morís | moristeis | morid | muerto |
| mueren | murieron | mueran | |

**oir, oír**

| presente | pret. ind. | imperativo | subj. imp. | subj. fut. |
|---|---|---|---|---|
| oigo | oí | | oyera/-ese | oyere |
| oyes | oiste | oye | oyeras/-eses | oyeres |
| oye | oyó | oiga | oyera/-ese | oyere |
| oímos | oímos | oigamos | oyéramos/-ésemos | oyéremos |
| oís | oísteis | oid | oyerais/-eseis | oyereis |
| oyen | oyeron | oigan | oyeran/-esen | oyeren |

| gerundio | participio |
|---|---|
| oyendo | oído |

**oler**

| presente | imperativo | |
|---|---|---|
| huelo | | **gerundio** |
| hueles | huele | oliendo |
| huele | huela | |
| olemos | olamos | **participio** |
| oléis | oled | olido |
| huelen | huelan | |

**pedir**

| presente | pret. ind. | imperativo | |
|---|---|---|---|
| pido | pedí | | **gerundio** |
| pides | pediste | pide | pidiendo |
| pide | pidió | pidas | |
| pedimos | pedimos | pidamos | **participio** |
| pedís | pedisteis | pedid | pedido |
| piden | pidieron | pidan | |

**poder**

| presente | pret. ind. | futuro | condicional | |
|---|---|---|---|---|
| puedo | pude | podré | podría | **gerundio** |
| puedes | pudiste | podrás | podrías | pudiendo |
| puede | pudo | podrá | podría | |
| podemos | pudimos | podremos | podríamos | **participio** |
| podéis | pudisteis | podréis | podríais | podido |
| pueden | pudieron | podrán | podrían | |

**podrir, pudrir**

| presente | imperfecto | pret. ind. | futuro | condicional |
|---|---|---|---|---|
| pudro | pudría | pudrí | pudriré | pudriría |
| pudres | pudrías | pudriste | pudrirás | pudrirías |
| pudre | pudría | pudrió | pudrirá | pudriría |
| pudrimos | pudríamos | pudrimos | pudriremos | pudriríamos |
| pudrís | pudríais | pudristeis | pudriréis | pudriríais |
| pudren | pudrían | pudrieron | pudrirán | pudrirían |

| imperativo | |
|---|---|
| | **gerundio** |
| pudre | pudriendo |
| pudra | |
| pudramos | **participio** |
| pudrid | podrido |
| pudran | |

**poner**

| presente | pret. ind. | futuro | condicional | imperativo |
|---|---|---|---|---|
| pongo | puse | pondré | pondría | |
| pones | pusiste | pondrás | pondrías | pon |
| pone | puso | pondrá | pondría | ponga |
| ponemos | pusimos | pondremos | pondríamos | pongamos |
| ponéis | pusisteis | pondréis | pondríais | poned |
| ponen | pusieron | pondrán | pondrían | pongan |

| gerundio | participio |
|---|---|
| poniendo | puesto |

**prohibir**

| presente | imperativo | |
|---|---|---|
| prohíbo | | **gerundio** |
| prohíbes | prohíbe | prohibiendo |
| prohíbe | prohíba | |
| prohibimos | prohibamos | **participio** |
| prohibís | prohibid | prohibido |
| prohíben | prohíban | |

**proveer**

| presente | pret. ind. | |
|---|---|---|
| proveo | proveí | **gerundio** |
| provees | proveíste | proveyendo |
| provee | proveyó | |
| proveemos | proveímos | **participio** |
| proveéis | proveísteis | provisto |
| proveen | proveyeron | |

**pudrir** *siehe* **podrir**

**querer**

| presente | pret. ind. | futuro | condicional | imperativo |
|---|---|---|---|---|
| quiero | quise | querré | querría | |
| quieres | quisiste | querrás | querrías | quiere |
| quiere | quiso | querrá | querría | quiera |
| queremos | quisimos | querremos | querríamos | queramos |
| queréis | quisisteis | querréis | querríais | quered |
| quieren | quisieron | querrán | querrían | quieran |

| gerundio | participio |
|---|---|
| queriendo | querido |

**raer**

| presente | pret. ind. | |
|---|---|---|
| raigo/rayo | raí | **gerundio** |
| raes | raíste | rayendo |
| rae | rayó | |
| raemos | raímos | **participio** |
| raéis | raísteis | raído |
| raen | rayeron | |

**reír**

| presente | pret. ind. | imperativo | |
|---|---|---|---|
| río | reí | | **gerundio** |
| ríes | reíste | ríe | riendo |
| ríe | rió | ría | |
| reímos | reímos | riamos | **participio** |
| reís | reísteis | reíd | reído |
| ríen | rieron | rían | |

**reunir**

| presente | imperativo | |
|---|---|---|
| reúno | | **gerundio** |
| reúnes | reúne | reuniendo |
| reúne | reúna | |
| reunimos | reunamos | **participio** |
| reunís | reunid | reunido |
| reúnen | reúnan | |

**roer**

| presente | pret. ind. | subj. pres. | subj. imp. | subj. fut. |
|---|---|---|---|---|
| roo/roigo/royo | roí | roa/roiga/roya | royera/-ese | royere |
| roes | roíste | roas/roigas/ royas | royeras/-eses | royeres |
| roe | royó | roa/roiga/roya | royera/-ese | royere |
| roemos | roímos | roamos/roiga- mos/royamos | royéramos/-ése- mos | royéremos |
| roéis | roísteis | roáis/roigáis/ royáis | royerais/-eseis | royereis |
| roen | royeron | roan/roigan/ royan | royeran/-esen | royeren |

| imperativo | | | | |
|---|---|---|---|---|
| | **gerundio** | | | |
| roe | royendo | | | |
| roa/roiga/roya | | | | |
| roamos/roiga-mos/royamos | **participio** | | | |
| roed | roído | | | |
| roan/roigan/royan | | | | |

**saber**

| presente | pret. ind. | futuro | condicional | subj. pres. |
|---|---|---|---|---|
| sé | supe | sabré | sabría | sepa |
| sabes | supiste | sabrás | sabrías | sepas |
| sabe | supo | sabrá | sabría | sepa |
| sabemos | supimos | sabremos | sabríamos | sepamos |
| sabéis | supisteis | sabréis | sabríais | sepáis |
| saben | supieron | sabrán | sabrían | sepan |

| imperativo | | | | |
|---|---|---|---|---|
| | **gerundio** | | | |
| sabe | sabiendo | | | |
| sepa | | | | |
| sepamos | **participio** | | | |
| sabed | sabido | | | |
| sepan | | | | |

**salir**

| presente | futuro | condicional | imperativo | |
|---|---|---|---|---|
| salgo | saldré | saldría | | **gerundio** |
| sales | saldrás | saldrías | sal | saliendo |
| sale | saldrá | saldría | salga | |
| salimos | saldremos | saldríamos | salgamos | **participio** |
| salís | saldréis | saldríais | salid | salido |
| salen | saldrán | saldrían | salgan | |

**seguir**

| presente | pret. ind. | subj. pres. | subj. imp. | subj. fut. |
|---|---|---|---|---|
| sigo | seguí | siga | siguiera/-ese | siguiere |
| sigues | seguiste | sigas | siguieras/-eses | siguieres |
| sigue | siguió | siga | siguiera/-ese | siguiere |
| seguimos | seguimos | sigamos | siguéramos/-ésemos | siguiéremos |
| seguís | seguisteis | sigáis | siguierais/-eseis | siguiereis |
| siguen | siguieron | sigan | siguieran/-esen | siguieren |

imperativo

| | |
|---|---|
| | **gerundio** |
| sigue | siguiendo |
| siga | |
| sigamos | **participio** |
| seguid | seguido |
| sigan | |

## sentir

| presente | pret. ind. | subj. pres. | subj. imp. | subj. fut. |
|---|---|---|---|---|
| siento | sentí | sienta | sintiera/-ese | sintiere |
| sientes | sentiste | sientas | sintieras/-eses | sintieres |
| siente | sintió | sienta | sintiera/-ese | sintiere |
| sentimos | sentimos | sintamos | sintiéramos/ -ésemos | sintiéremos |
| sentís | sentisteis | sintáis | sintierais/-eseis | sintiereis |
| sienten | sintieron | sientan | sintieran/-esen | sintieren |

imperativo

| | |
|---|---|
| | **gerundio** |
| siente | sintiendo |
| sienta | |
| sintamos | **participio** |
| sentid | sentido |
| sientan | |

## ser

| presente | imperfecto | pret. ind. | futuro | |
|---|---|---|---|---|
| soy | era | fui | seré | **gerundio** |
| eres | eras | fuiste | serás | siendo |
| es | era | fue | será | |
| somos | éramos | fuimos | seremos | **participio** |
| sois | erais | fuisteis | seréis | sido |
| son | eran | fueron | serán | |

| condicional | subj. pres. | subj. imp. | subj. fut. | imperativo |
|---|---|---|---|---|
| sería | sea | fuera/-ese | fuere | |
| serías | seas | fueras/-eses | fueres | sé |
| sería | sea | fuera/-ese | fuere | sea |
| seríamos | seamos | fuéramos/ -ésemos | fuéremos | seamos |
| seríais | seáis | fuerais/-eseis | fuereis | sed |
| serían | sean | fueran/-esen | fueren | sean |

**soltar**

| presente | imperativo | |
|---|---|---|
| suelto | | **gerundio** |
| sueltas | suelta | soltando |
| suelta | suelte | |
| soltamos | soltemos | **participio** |
| soltáis | soltad | soltado |
| sueltan | suelten | |

**tener**

| presente | pret. ind. | futuro | condicional | imperativo |
|---|---|---|---|---|
| tengo | tuve | tendré | tendría | |
| tienes | tuviste | tendrás | tendrías | ten |
| tiene | tuvo | tendrá | tendría | tenga |
| tenemos | tuvimos | tendremos | tendríamos | tengamos |
| tenéis | tuvisteis | tendréis | tendríais | tened |
| tienen | tuvieron | tendrán | tendrían | tengan |

| gerundio | participio |
|---|---|
| teniendo | tenido |

**traducir**

| presente | pret. ind. | imperativo | |
|---|---|---|---|
| traduzco | traduje | | **gerundio** |
| traduces | tradujiste | traduce | traduciendo |
| traduce | tradujo | traduzca | |
| traducimos | tradujimos | traduzcamos | **participio** |
| traducís | tradujisteis | traducid | traducido |
| traducen | tradujeron | traduzcan | |

**traer**

| presente | pret. ind. | imperativo | |
|---|---|---|---|
| traigo | traje | | **gerundio** |
| traes | trajiste | trae | trayendo |
| trae | trajo | traiga | |
| traemos | trajimos | traigamos | **participio** |
| traéis | trajisteis | traed | traído |
| traen | trajeron | traigan | |

**valer**

| presente | futuro | imperativo | |
|---|---|---|---|
| valgo | valdré | | **gerundio** |
| vales | valdrás | vale | valiendo |
| vale | valdrá | valga | |
| valemos | valdremos | valgamos | **participio** |
| valéis | valdréis | valed | valido |
| valen | valdrán | valgan | |

**venir**

| presente | pret. ind. | futuro | condicional | imperativo |
|---|---|---|---|---|
| vengo | vine | vendré | vendría | |
| vienes | viniste | vendrás | vendrías | ven |
| viene | vino | vendrá | vendría | venga |
| venimos | vinimos | vendremos | vendríamos | vengamos |
| venís | vinisteis | vendréis | vendríais | venid |
| vienen | vinieron | vendrán | vendrían | vengan |

| gerundio | participio |
|---|---|
| viniendo | venido |

**ver**

| presente | imperfecto | pret. ind. | subj. imp. | subj. fut. |
|---|---|---|---|---|
| veo | veía | vi | viera/-ese | viere |
| ves | veías | viste | vieras/-eses | vieres |
| ve | veía | vio | viera/-ese | viere |
| vemos | veíamos | vimos | viéramos/ -ésemos | viéremos |
| veis | veíais | visteis | vierais/-eseis | viereis |
| ven | veían | vieron | vieran/-esen | vieren |

| gerundio | participio |
|---|---|
| viendo | visto |

**volcar**

| presente | pret. ind. | imperativo | |
|---|---|---|---|
| vuelco | volqué | | **gerundio** |
| vuelcas | volcaste | vuelca | volcando |
| vuelca | volcó | vuelque | |
| volcamos | volcamos | volquemos | **participio** |
| volcáis | volcasteis | volcad | volcado |
| vuelcan | volcaron | vuelquen | |

**volver**

| presente | imperativo | |
|---|---|---|
| vuelvo | | **gerundio** |
| vuelves | vuelve | volviendo |
| vuelve | vuelva | |
| volvemos | volvamos | **participio** |
| volvéis | volved | vuelto |
| vuelven | vuelvan | |

**yacer**

| presente | subj. pres. | imperativo | |
|---|---|---|---|
| yazco/yazgo/ yago | yazca/yazga/ yaga | | **gerundio** yaciendo |
| yaces | yazcas/yazgas/ yagas | yace/yaz | |
| yace | yazca/yazga/ yaga | yazca/yazga/ yaga | |
| yacemos | yazcamos/ yazgamos/ yagamos | yazcamos/ yazgamos/ yagamos | **participio** yacido |
| yacéis | yazcáis/yazgáis yagáis | yaced | |
| yacen | yazcan/ yazgan/yagan | yazcan/ yazgan/yagan | |

# Deutsche Kurzgrammatik
# Gramática sucinta de la lengua alemana

## I. El artículo

Un sustantivo alemán puede ser **masculino, femenino** o **neutro.** El **género** del sustantivo se puede reconocer en los siguientes artículos: *der, die* o *das.*

| | **artículo determinado** | | | | **artículo indeterminado** | | | |
|---|---|---|---|---|---|---|---|---|
| | **m** | **f** | **nt** | **pl** | **m** | **f** | **nt** | **pl** |
| nom. | der | die | das | die | ein | eine | ein | *no hay* |
| gen. | des | der | des | der | eines | einer | eines | *en alemán* |
| dat. | dem | der | dem | den | einem | einer | einem | |
| acus. | den | die | das | die | einen | eine | ein | |

## II. El sustantivo

En alemán hay una **declinación** fuerte, una **débil** y una **mixta** del sustantivo (compárese también la declinación del adjetivo). Los sustantivos de la declinación mixta se declinan en singular como sustantivos fuertes y en plural como débiles.

### Declinación fuerte: masculino y neutro

| | **plural en ~e** | **plural en ¨~e** | **plural en ~er** | **plural en ¨~er** |
|---|---|---|---|---|
| **singular** | | | | |
| nom. | der Tag | der Traum | das Kind | das Dach |
| gen. | des Tag(e)s | des Traum(e)s | des Kind(e)s | des Dach(e)s |
| dat. | dem Tag(e) | dem Traum(e) | dem Kind(e) | dem Dach(e) |
| acus. | den Tag | den Traum | das Kind | das Dach |
| **plural** | | | | |
| nom. | die Tage | die Träume | die Kinder | die Dächer |
| gen. | der Tage | der Träume | der Kinder | der Dächer |
| dat. | den Tagen | den Träumen | den Kindern | den Dächern |
| acus. | die Tage | die Träume | die Kinder | die Dächer |

| | **plural en ~s** | **plural sin final ¨** | **plural sin final** | **plural sin final** |
|---|---|---|---|---|
| **singular** | | | | |
| **nom.** | das Auto | der Vogel | der Tischler | der Lappen |
| **gen.** | des Autos | des Vogels | des Tischlers | des Lappens |
| **dat.** | dem Auto | dem Vogel | dem Tischler | dem Lappen |
| **acus.** | das Auto | den Vogel | den Tischler | den Lappen |
| **plural** | | | | |
| nom. | die Autos | die Vögel | die Tischler | die Lappen |
| gen. | der Autos | der Vögel | der Tischler | der Lappen |
| dat. | den Autos | den Vögeln | den Tischlern | den Lappen |
| acus. | die Autos | die Vögel | die Tischler | die Lappen |

**Declinación fuerte: femenino**

| | plural en ¨e | plural sin final ¨ | plural en ~s |
|---|---|---|---|
| **singular** | | | |
| nom. | die Wand | die Mutter | die Bar |
| gen. | der Wand | der Mutter | der Bar |
| dat. | der Wand | der Mutter | der Bar |
| acus. | die Wand | die Mutter | die Bar |
| **plural** | | | |
| nom. | die Wände | die Mütter | die Bars |
| gen. | der Wände | der Mütter | der Bars |
| dat. | den Wänden | den Müttern | den Bars |
| acus. | die Wände | die Mütter | die Bars |

**Declinación débil: masculino**

| | plural en ~n | plural en ~en | plural en ~n |
|---|---|---|---|
| **singular** | | | |
| nom. | der Bauer | der Bär | der Hase |
| gen. | des Bauern | des Bären | des Hasen |
| dat. | dem Bauern | dem Bären | dem Hasen |
| acus. | den Bauern | den Bären | den Hasen |
| **plural** | | | |
| nom. | die Bauern | die Bären | die Hasen |
| gen. | der Bauern | der Bären | der Hasen |
| dat. | den Bauern | den Bären | den Hasen |
| acus. | die Bauern | die Bären | die Hasen |

**Declinación débil: femenino**

| | plural en ~en | plural en ~n | plural en ~n | plural en ~nen |
|---|---|---|---|---|
| **singular** | | | | |
| nom. | die Uhr | die Feder | die Gabe | die Ärztin |
| gen. | der Uhr | der Feder | der Gabe | der Ärztin |
| dat. | der Uhr | der Feder | der Gabe | der Ärztin |
| acus. | die Uhr | die Feder | die Gabe | die Ärztin |
| **plural** | | | | |
| nom. | die Uhren | die Federn | die Gaben | die Ärztinnen |
| gen. | der Uhren | der Federn | der Gaben | der Ärztinnen |
| dat. | den Uhren | den Federn | den Gaben | den Ärztinnen |
| acus. | die Uhren | die Federn | die Gaben | die Ärztinnen |

**Declinación mixta: masculino y femenino**

| | plural en ~n | plural en ~en | plural en ~n | plural en ~en |
|---|---|---|---|---|
| **singular** | | | | |
| nom. | das Auge | das Ohr | der Name | das Herz |
| gen. | des Auges | des Ohr(e)s | des Namens | des Herzens |
| dat. | dem Auge | dem Ohr(e) | dem Namen | dem Herzen |
| acus. | das Auge | das Ohr | den Namen | das Herz |
| **plural** | | | | |
| nom. | die Augen | die Ohren | die Namen | die Herzen |
| gen. | der Augen | der Ohren | der Namen | der Herzen |
| dat. | den Augen | den Ohren | den Namen | den Herzen |
| acus. | die Augen | die Ohren | die Namen | die Herzen |

**Declinación adjetiva**

| | masculino con artículo determinado | masculino con artículo indeterminado |
|---|---|---|
| **singular** | | |
| nom. | der Reisende | ein Reisender |
| gen. | des Reisenden | eines Reisenden |
| dat. | dem Reisenden | einem Reisenden |
| acus. | den Reisenden | einen Reisenden |
| **plural** | | |
| nom. | die Reisenden | Reisende |
| gen. | der Reisenden | Reisender |
| dat. | den Reisenden | Reisenden |
| acus. | die Reisenden | Reisende |

| | femenino con artículo determinado | femenino con artículo indeterminado |
|---|---|---|
| **singular** | | |
| nom. | die Reisende | eine Reisende |
| gen. | der Reisenden | einer Reisenden |
| dat. | der Reisenden | einer Reisenden |
| acus. | die Reisende | eine Reisende |
| **plural** | | |
| nom. | die Reisenden | Reisende |
| gen. | der Reisenden | Reisender |
| dat. | den Reisenden | Reisenden |
| acus. | die Reisenden | Reisende |

| | neutro<br>con artículo determinado | neutro<br>con artículo indeterminado |
|---|---|---|
| **singular** | | |
| nom. | das Neugeborene | ein Neugeborenes |
| gen. | des Neugeborenen | eines Neugeborenen |
| dat. | dem Neugeborenen | einem Neugeborenen |
| acus. | das Neugeborene | ein Neugeborenes |
| **plural** | | |
| nom. | die Neugeborenen | Neugeborene |
| gen. | der Neugeborenen | Neugeborener |
| dat. | den Neugeborenen | Neugeborenen |
| acus. | die Neugeborenen | Neugeborene |

**Declinación de los nombres propios**

El genitivo de los nombres propios sigue diversas reglas:

- El nombre propio con artículo no varía:
  der María, des (schönen) Berlin
- En el nombre propio sin artículo se añade una *s* final: Marias Auto, die Straßen Berlins
- En el nombre propio terminado en *-s, -ss, -ß, -x, -z* se añade un apóstrofo:
  Aristoteles' (Schriften), die Straßen Calais'
- Con varios nombres propios seguidos se añade una *s* al último nombre:
  Johann Sebastian Bachs (Musik)
- El nombre propio con aposición se declina como un sustantivo:
  nom. Karl der Große
  gen. Karls des Großen
  dat. Karl dem Großen
  acus. Karl den Großen
- Los nombres de familia tienen una *-s* en plural:
  die Schneiders
- Si el nombre de familia termina en *-s*, -ss, *-ß*, *-x* o *-z*, se añade un apóstrofo o se pone detrás una perífrasis en forma de *von* + dativo:
  die Schmitz'
  das Auto von Schmitz

## III. El adjetivo

Si un adjetivo se encuentra *delante* de un sustantivo, concordará con este en **género**, **caso** y **número**. Por lo tanto, se declina. Al igual que en los sustantivos se diferencia entre la **declinación fuerte**, la **débil** y la **mixta**.

### 1. La declinación regular

#### La declinación fuerte

Se aplica la declinación fuerte:

- cuando el adjetivo va unido a un sustantivo sin artículo
- si el adjetivo está precedido por una palabra que no indica el género
  mehrere liebe Kinder, manch guter Wein
- después de números cardinales y *ein paar, ein bisschen*
  Sie hörte zwei laute Schritte.
  Wir machen eine Reise mit ein paar guten Freunden.
  Mit einem bisschen guten Willen schaffst du das.

| | **masculino** | **femenino** | **neutro** |
|---|---|---|---|
| **singular** | | | |
| nom. | guter Wein | schöne Frau | liebes Kind |
| gen. | guten Wein(e)s | schöner Frau | lieben Kindes |
| dat. | gutem Wein | schönen Frau | liebem Kind |
| acus. | guten Wein | schöne Frau | liebes Kind |
| **plural** | | | |
| nom. | gute Weine | schöne Frauen | liebe Kinder |
| gen. | guter Weine | schöner Frauen | lieber Kinder |
| dat. | guten Weinen | schönen Frauen | lieben Kindern |
| acus. | gute Weine | schöne Frauen | liebe Kinder |

#### La declinación débil

Se aplica la declinación débil:

- cuando el adjetivo va unido a un sustantivo con artículo determinado: *der, die, das.*
- con pronombres que indican el género del sustantivo: *diese(r, s), folgende(r, s), jede(r, s), welche(r, s ).*

| | **masculino** | **femenino** | **neutro** |
|---|---|---|---|
| **singular** | | | |
| nom. | der gute Wein | die schöne Frau | das liebe Kind |
| gen. | des guten Wein(e)s | der schönen Frau | des lieben Kindes |
| dat. | dem guten Wein | der schönen Frau | dem lieben Kind |
| acus. | den guten Wein | die schöne Frau | das liebe Kind |
| **plural** | | | |
| nom. | die guten Weine | die schönen Frauen | die lieben Kinder |
| gen. | der guten Weine | der schönen Frauen | der lieben Kinder |
| dat. | den guten Weinen | den schönen Frauen | den lieben Kindern |
| acus. | die guten Weine | die schönen Frauen | die lieben Kinder |

### La declinación mixta

Se aplica la declinación mixta:

- cuando un adjetivo va unido a un sustantivo, masculino o neutro en singular, con el artículo indeterminado: *ein, kein*
- en los pronombres posesivos: *dein, sein, unser, euer, ihr*

| | masculino | neutro |
|---|---|---|
| **singular** | | |
| nom. | ein guter Wein | ein liebes Kind |
| gen. | eines guten Wein(e)s | eines lieben Kindes |
| dat. | einem guten Wein | einem lieben Kind |
| acus. | einen guten Wein | ein liebes Kind |

## 2. La declinación irregular

### Adjetivos terminados en *-abel, -ibel* y *-el*

Los adjetivos terminados en *-abel, -ibel* y *-el* pierden la *e* en la declinación.

| | miserabel | penibel | heikel |
|---|---|---|---|
| **singular** | | | |
| nom. | ein miserabler Stil | eine penible Frau | ein heikles Problem |
| gen. | eines miserablen Stils | einer peniblen Frau | eines heiklen Problems |
| dat. | einem miserablen Stil | einer peniblen Frau | einem heiklen Problem |
| acus. | einen miserablen Stil | eine penible Frau | ein heikles Problem |
| **plural** | | | |
| nom. | miserable Stile | penible Frauen | heikle Probleme |
| gen. | miserabler Stile | penibler Frauen | heikler Probleme |
| dat. | miserablen Stilen | peniblen Frauen | heiklen Problemen |
| acus. | miserable Stile | penible Frauen | heikle Probleme |

### Adjetivos terminados en *-er* y *-en*

Los adjetivos terminados en *-er* y *-en* conservan la *e* en la forma declinada salvo en los siguientes casos:

- en la lengua culta o en el estilo literario
  finster　seine finstren Züge
- con los adjetivos que no provienen del alemán
  makaber　eine makabre Geschichte
  integer　ein integrer Beamter

### Adjetivos terminados en *-auer, -euer*

Los adjetivos terminados en *-auer* y *-euer* pierden la *e* en la forma declinada:

teuer　ein teures Geschenk
sauer　saure Gurken

### 3. La gradación regular

Las cualidades pueden compararse entre sí. Hay tres grados de comparación:

| | m | f | nt |
|---|---|---|---|
| **positivo** | ein schöner Film | eine schöne Vase | ein schönes Haus |
| **comparativo** | ein schönerer Film | eine schönere Vase | ein schöneres Haus |
| **superlativo** | der schönste Film | die schönste Vase | das schönste Haus |

Para las formas comparativas o de gradación en genitivo, dativo y acusativo sirven las mismas reglas de declinación aplicadas a un adjetivo en grado positivo con un sustantivo:
der Garten mit den schönsten Blumen (*dativo, plural*)

### 4. La gradación irregular

A los adjetivos y adverbios se les añade una *e* delante de la terminación del superlativo:

- en los monosílabos
- si el acento recae en la última sílaba
- si terminan en *-s, -ss, -ß, -st, -x, -z* (siempre)
- si terminan en *-d, -t, -sch* (casi siempre)

| | | |
|---|---|---|
| spitz | adj. | spitzeste(r, s) |
| | adv. | am spitzesten |
| beliebt | adj. | beliebteste(r, s) |
| | adv. | am beliebtesten |

La misma regla se aplica a los adjetivos y adverbios compuestos y a los que tienen un prefijo, no importando donde recaiga el acento:

| | | |
|---|---|---|
| unsanft | adj. | unsanfteste(r, s) |
| | adv. | am unsanftesten |

Los adjetivos monosílabos con la vocal radical *a, o, u* llevan 'Umlaut' en el comparativo y en el superlativo:

| | | |
|---|---|---|
| arm | ärmer | ärmste(r, s) |
| groß | größer | größte(r, s) |
| klug | klüger | klügste(r, s) |

Las formas completamente irregulares de gradación de adjetivos y adverbios son las siguientes:

| | | |
|---|---|---|
| gut | besser | am besten |
| viel | mehr | am meisten |
| gern | lieber | am liebsten |
| bald | eher | am ehesten |

## IV. El adverbio

En su uso adverbial los adjetivos no sufren modificación:
Er singt gut.
Sie schreibt schön.
Er läuft schnell.

Para la gradación de los adverbios sirven las mismas reglas que para la de los adjetivos:
Er singt besser.
Sie schreibt schöner.
Er läuft schneller.

La mayoría de los adverbios forman el superlativo siguiendo la estructura *am ...sten*:
Er singt am besten.
Sie schreibt am schönsten.
Er läuft am schnellsten.

## V. El verbo

### 1. El presente

Con el presente se expresa en alemán una acción en el presente, un hecho generalmente aceptado o un suceso en el futuro:

Was machst du? Ich lese.
Die Erde dreht sich um die Sonne.
Morgen habe ich frei.

### Verbos regulares (conjugación débil)

| | **machen** | **legen** | **sagen** | **sammeln** |
|---|---|---|---|---|
| ich | mache | lege | sage | sammle |
| du | machst | legst | sagst | sammelst |
| er/sie/es | macht | legt | sagt | sammelt |
| wir | machen | legen | sagen | sammeln |
| ihr | macht | legt | sagt | sammelt |
| sie | machen | legen | sagen | sammeln |

Verbos cuya raíz termina en *s*, *ss*, *ß* y *z*:

| | **rasen** | **küssen** | **grüßen** | **reizen** |
|---|---|---|---|---|
| ich | rase | küsse | grüße | reize |
| du | rast | küsst | grüßt | reizt |
| er/sie/es | rast | küsst | grüßt | reizt |
| wir | rasen | küssen | grüßen | reizen |
| ihr | rast | küsst | grüßt | reizt |
| sie | rasen | küssen | grüßen | reizen |

En los verbos cuya raíz termina en *d* o *t*, con consonante +*m* o con consonante +*n*, se añade una *e* en la 2ª persona del singular:

| | **reden** | **wetten** | **atmen** | **trocknen** |
|---|---|---|---|---|
| ich | rede | wette | atme | trockne |
| du | redest | wettest | atmest | trocknest |
| er/sie/es | redet | wettet | atmet | trocknet |
| wir | reden | wetten | atmen | trocknen |
| ihr | redet | wettet | atmet | trocknet |
| sie | reden | wetten | atmen | trocknen |

Verbos cuya raíz termina en *el* o *er* átonas pierden la *e* en la 1ª persona del singular:

angeln → ich angle
zittern → ich zittre

### Verbos irregulares (conjugación fuerte)

En los verbos irregulares la vocal radical cambia en la mayoría de los casos:

| | tragen | blasen | laufen | essen |
|---|---|---|---|---|
| ich | trage | blase | laufe | esse |
| du | trägst | bläst | läufst | isst |
| er/sie/es | trägt | bläst | läuft | isst |
| wir | tragen | blasen | laufen | essen |
| ihr | tragt | blast | lauft | esst |
| sie | tragen | blasen | laufen | essen |

→Veáse también los verbos irregulares en el cuerpo del diccionario y en la lista de la página 820.

## 2. El pretérito

Con el pretérito se expresa en alemán un suceso pasado:
Letztes Jahr reisten wir nach Spanien.

### Verbos regulares

| | machen | sammeln | küssen | grüßen | reizen |
|---|---|---|---|---|---|
| ich | machte | sammelte | küsste | grüßte | reizte |
| du | machtest | sammeltest | küsstest | grüßtest | reiztest |
| er/sie/es | machte | sammelte | küsste | grüßte | reizte |
| wir | machten | sammelten | küssten | grüßten | reizten |
| ihr | machtet | sammeltet | küsstet | grüßtet | reiztet |
| sie | machten | sammelten | küssten | grüßten | reizten |

Verbos cuya raíz termina en *d*, *t*, con consonante + *m* o con consonante + *n:*

| | reden | wetten | atmen | trocknen |
|---|---|---|---|---|
| ich | redete | wettete | atmete | trocknete |
| du | redetest | wettetest | atmetest | trocknetest |
| er/sie/es | redete | wettete | atmete | trocknete |
| wir | redeten | wetteten | atmeten | trockneten |
| ihr | redetet | wettetet | atmetet | trocknetet |
| sie | redeten | wetteten | atmeten | trockneten |

### Verbos irregulares

| | tragen | blasen | laufen | essen |
|---|---|---|---|---|
| ich | trug | blies | lief | aß |
| du | trugst | bliest | liefst | aßt |
| er/sie/es | trug | blies | lief | aß |
| wir | trugen | bliesen | liefen | aßen |
| ihr | trugt | bliest | lieft | aßt |
| sie | trugen | bliesen | liefen | aßen |

→Veáse también los verbos irregulares en el cuerpo del diccionario y en la lista de la página 820.

## 3. El pretérito perfecto

Con el pretérito perfecto se expresa un suceso acabado o un estado. Se construye con las formas del presente de los verbos auxiliares *haben* o *sein* y el participio pasado.

Der Zug ist abgefahren.
Heute Nacht hat es geregnet.

### Verbos que expresan movimiento

Los verbos que expresan movimiento o un cambio de estado forman el pretérito con *sein*:

| | **radeln** | **fahren** | **verstummen** | **sterben** |
|---|---|---|---|---|
| ich | bin geradelt | bin gefahren | bin verstummt | bin gestorben |
| du | bist geradelt | bist gefahren | bist verstummt | bist gestorben |
| er/sie/es | ist geradelt | ist gefahren | ist verstummt | ist gestorben |
| wir | sind geradelt | sind gefahren | sind verstummt | sind gestorben |
| ihr | seid geradelt | seid gefahren | seid verstummt | seid gestorben |
| sie | sind geradelt | sind gefahren | sind verstummt | sind gestorben |

### Verbos transitivos, intransitivos, reflexivos e impersonales

Los verbos transitivos, reflexivos e impersonales, así como los verbos intransitivos que expresan un estado permanente, forman el pretérito perfecto con *haben:*

| | **legen** | **sich freuen** | **regnen** | **leben** |
|---|---|---|---|---|
| ich | habe gelegt | habe mich gefreut | | habe gelebt |
| du | hast gelegt | hast dich gefreut | | hast gelebt |
| er/sie/es | hat gelegt | hat sich gefreut | es hat geregnet | hat gelebt |
| wir | haben gelegt | haben uns gefreut | | haben gelebt |
| ihr | habt gelegt | habt euch gefreut | | habt gelebt |
| sie | haben gelegt | haben sich gefreut | | haben gelebt |

#### 4. El pluscuamperfecto

Con el pluscuamperfecto se expresa en alemán un suceso anterior a otro pasado. Se forma con las formas del pretérito de *haben* o *sein* y el *participio pasado*, aplicándose las mismas reglas para el uso de los auxiliares que para el pretérito perfecto:

Als er im Kino ankam, hatte der Film schon begonnen.

| | fahren | sterben | legen | leben |
|---|---|---|---|---|
| ich | war gefahren | war gestorben | hatte gelegt | hatte gelebt |
| du | warst gefahren | warst gestorben | hattest gelegt | hattest gelebt |
| er/sie/es | war gefahren | war gestorben | hatte gelegt | hatte gelebt |
| wir | waren gefahren | waren gestorben | hatten gelegt | hatten gelebt |
| ihr | wart gefahren | wart gestorben | hattet gelegt | hattet gelebt |
| sie | waren gefahren | waren gestorben | hatten gelegt | hatten gelebt |

#### 5. El futuro

Con el futuro se expresan circunstancias o hechos que se refieren al futuro (anuncios, intenciones, suposiciones, promesas etc.). Se forma con las formas del presente del auxiliar *werden* y el *infinitivo del verbo:*

Morgen wird es schneien. (*indicación temporal*)
Er wird noch im Urlaub sein. (*suposición*)
Ich werde dich immer lieben. (*promesa, intención*)

| | legen | fahren | sein | haben | können |
|---|---|---|---|---|---|
| ich | werde legen | werde fahren | werde sein | werde haben | werde können |
| du | wirst legen | wirst fahren | wirst sein | wirst haben | wirst können |
| er/sie/es | wird legen | wird fahren | wird sein | wird haben | wird können |
| wir | werden legen | werden fahren | werden sein | werden haben | werden können |
| ihr | werdet legen | werdet fahren | werdet sein | werdet haben | werdet können |
| sie | werden legen | werden fahren | werden sein | werden haben | werden können |

#### 6. El 'Konjunktiv I' y el 'Konjunktiv II'

##### El 'Konjunktiv I' (forma de posibilidad)

El 'Konjunktiv I' se forma con *la raíz del verbo en presente* a la que se añaden los finales *-e, -est, -e, -en, -et, -en.* Con el 'Konjunktiv I' se expresa el estilo indirecto:

Kannst du mir helfen? (*estilo directo*)
Er fragt sie, ob sie ihm helfen könne. (*estilo indirecto*)

Aunque en algunos verbos irregulares cambia en indicativo el 'Umlaut' o la vocal, esto no sucede en el 'Konjunktiv I':

| | infinitivo | presente indicativo | 'Konjunktiv I' |
|---|---|---|---|
| | fallen | du fällst | du fallest |
| | geben | du gibst | du gebest |

Además de en el estilo indirecto, el 'Konjunktiv I' se utiliza en algunas frases hechas:
Er lebe hoch!
Gott sei Dank!
Man nehme Salz, Mehl und Butter…

| | **legen** | **hassen** | **küssen** | **reden** |
|---|---|---|---|---|
| ich | lege | hasse | küsse | rede |
| du | legst | hassest | küssest | redest |
| er/sie/es | lege | hasse | küsse | rede |
| wir | legen | hassen | küssen | reden |
| ihr | leget | hasset | küsset | redet |
| sie | legen | hassen | küssen | reden |

El 'Konjunktiv I' de los verbos auxiliares *sein*, *haben* y *werden* se forma de la manera siguiente:

| | **sein** | **haben** | **werden** |
|---|---|---|---|
| ich | sei | habe | werde |
| du | seist | habest | werdest |
| er/sie/es | sei | habe | werde |
| wir | seien | haben | werden |
| ihr | seiet | habet | werdet |
| sie | seien | haben | werden |

### El 'Konjunktiv II'

### Verbos regulares

El 'Konjunktiv II' se forma con la raíz del pretérito a la que se añaden los finales *-e*, *-(e)st*, *-e*, *-en*, *-(e)t*, *-en*. En los verbos regulares, el 'Konjunktiv II' es igual que el pretérito de indicativo; en los irregulares con *i* o *ie* en las formas del pretérito, se conservan *i* e *ie* asimismo en el 'Konjunktiv II'. El 'Konjunktiv II' se utiliza en enunciados irreales, en comparaciones y en expresiones de cortesía:
Wenn ich Zeit hätte, ginge ich heute mit dir ins Kino. (irreal)
Die Leiter schwankte so, als fiele sie gleich um. (comparativo)
Können Sie uns bitte eine Auskunft geben? (cortés)

| | **gehen / ging** | **rufen / rief** | **greifen / griff** |
|---|---|---|---|
| ich | ginge | riefe | griffe |
| du | ging(e)st | rief(e)st | griff(e)st |
| er/sie/es | ginge | riefe | griffe |
| wir | gingen | riefen | griffen |
| ihr | ging(e)t | rief(e)t | griff(e)t |
| sie | gingen | riefen | griffen |

### Verbos con las vocales *a, o, u*

Los verbos con las vocales *a, o, u* en el pretérito indicativo tienen 'Umlaut' en el 'Konjunktiv II'.

| | **singen/ sang** | **fliegen/ flog** | **fahren/ fuhr** | **sein/war** | **haben/ hatte** | **werden/ wurde** |
|---|---|---|---|---|---|---|
| ich | sänge | flöge | führe | wäre | hätte | würde |
| du | säng(e)st | flög(e)st | führ(e)st | wär(e)st | hättest | würdest |
| er/sie/es | sänge | flöge | führe | wäre | hätte | würde |
| wir | sängen | flögen | führen | wären | hätten | würden |
| ihr | säng(e)t | flög(e)t | führ(e)t | wär(e)t | hättet | würdet |
| sie | sängen | flögen | führen | wären | hätten | würden |

### Lista de las formas más importantes del 'Konjunktiv II'

| | | |
|---|---|---|
| **befehlen** – beföhle | **graben** – grübe | **schwingen** – schwänge |
| **beginnen** – begänne | **haben** – hätte | **schwören** – schwüre |
| **bergen** – bärge | **heben** – höbe | **sehen** – sähe |
| **bersten** – bärste | **helfen** – hülfe | **sein** – wäre |
| **bewegen** – bewöge | **klingen** – klänge | **singen** – sänge |
| **biegen** – böge | **kommen** – käme | **sinken** – sänke |
| **bieten** – böte | **können** – könne | **sinnen** – sänne |
| **binden** – bände | **kriechen** – kröche | **sitzen** – säße |
| **bitten** – bäte | **laden** – lüde | **spinnen** – spänne |
| **brechen** – bräche | **lesen** – läse | **sprechen** – spräche |
| **brennen** – brennte | **liegen** – läge | **sprießen** – sprösse |
| **bringen** – brächte | **löschen** – lösche | **springen** – spränge |
| **denken** – dächte | **lügen** – löge | **stechen** – stäche |
| **dreschen** – drösche | **melken** – mölke | **stehen** – stünde/stände |
| **dringen** – dränge | **messen** – mäße | **stehlen** – stähle |
| **dürfen** – dürfte | **misslingen** – misslänge | **sterben** – stürbe |
| **empfehlen** – empföhle | **mögen** – möchte | **stinken** – stänke |
| **empfinden** – empfände | **müssen** – müsste | **tragen** – trüge |
| **essen** – äße | **nehmen** – nähme | **treffen** – träfe |
| **fahren** – führe | **quellen** – quölle | **treten** – träte |
| **finden** – fände | **riechen** – röche | **trinken** – tränke |
| **flechten** – flöchte | **ringen** – ränge | **trügen** – tröge |
| **fliegen** – flöge | **rinnen** – ränne | **tun** – täte |
| **fliehen** – flöhe | **saufen** – söffe | **verderben** – verdürbe |
| **fließen** – flösse | **schaffen** – schüfe | **vergessen** – vergäße |
| **fressen** – fräße | **schelten** – schölte | **verlieren** – verlöre |
| **frieren** – fröre | **scheren** – schöre | **wachsen** – wüchse |
| **gären** – gäre | **schieben** – schöbe | **wiegen** – wöge |
| **gebären** – gebäre | **schießen** – schösse | **waschen** – wüsche |
| **geben** – gäbe | **schinden** – schünde | **werben** – würbe |
| **gelingen** – gelänge | **schlagen** – schlüge | **werden** – würde |
| **gelten** – gälte | **schließen** – schlösse | **werfen** – würfe |
| **genießen** – genösse | **schlingen** – schlänge | **wiegen** – wöge |

| | | | | | |
|---|---|---|---|---|---|
| **geschehen** | – geschähe | **schmelzen** | – schmölze | **winden** | – wände |
| **gewinnen** | – gewönne | **schwellen** | – schwölle | **wissen** | – wüsste |
| **gießen** | – gösse | **schwimmen** | – schwömme | **ziehen** | – zöge |
| **glimmen** | – glömme | **schwinden** | – schwände | **zwingen** | – zwänge |

### La frase condicional

El 'Konjunktiv II' de *werden* expresa junto con el *infinitivo* circunstancias o hechos que están sujetos a determinadas condiciones y que no se han realizado todavía:

Wenn ihr uns einladen würdet, würden wir fahren.

Las formas poco usadas y las anticuadas del 'Konjunktiv II' se expresan actualmente con el 'Konjunktiv II' de *werden + infinitivo:*

Wenn Flugzeuge nicht umweltfreundlicher fliegen würden, würde es bald keine saubere Luft mehr geben.

| | **legen** | **fahren** |
|---|---|---|
| ich | würde legen | würde fahren |
| du | würdest legen | würdest fahren |
| er/sie/es | würde legen | würde fahren |
| wir | würden legen | würden fahren |
| ihr | würdet legen | würdet fahren |
| sie | würden legen | würden fahren |

## 7. El imperativo

El imperativo expresa una orden, una petición, una advertencia, etc. o una prohibición. Se usa en las formas la de 2ª persona del singular y del plural.

### Verbos regulares

En los verbos regulares se añade en singular una *e* y en plural una *t* a la raíz verbal. La forma de plural del imperativo es idéntica a la de la 2ª persona de plural del presente de indicativo. En la forma de cortesía con *Sie* se invierte el orden normal de las palabras (o sea, el predicado se pone delante del sujeto):

Sie schreiben einen Brief. (*una constatación / indicativo*)
Schreiben Sie einen Brief! (*una orden / imperativo*)

| **infinitivo** | **singular** | **plural** | **forma de cortesía** |
|---|---|---|---|
| schreiben | schreib | schreibt | schreiben Sie |
| singen | sing | singt | singen Sie |
| trinken | trink | trinkt | trinken Sie |
| atmen | atme | atmet | atmen Sie |
| reden | red | redet | reden Sie |

Los verbos que finalizan con *-eln, -ern* pueden perder la *e* en el singular:

| **infinitivo** | **singular** | **plural** | **forma de cortesía** |
|---|---|---|---|
| sammeln | samm(e)le | sammelt | sammeln Sie |
| fördern | förd(e)re | fördert | fördern Sie |
| handeln | hand(e)le | handelt | handeln Sie |

Si la raíz verbal termina en *-m* o *-n* precedida por *m, n, r, l, h,* puede perder la *e* en el singular:

| infinitivo | singular | plural | forma de cortesía |
|---|---|---|---|
| kämmen | kämm(e) | kämmt | kämmen Sie |
| rennen | renn(e) | rennt | rennen Sie |
| lernen | lern(e) | lernt | lernen Sie |
| qualmen | qualm(e) | qualmt | qualmen Sie |
| rühmen | rühm(e) | rühmt | rühmen Sie |

Si delante de *m* o *n* hay otra consonante, la desinencia *-e* debe conservarse:
atme, rechne

### Verbos irregulares

Los verbos irregulares sin cambio vocálico en *i* o *ie* en el presente forman el imperativo según las mismas reglas que los verbos regulares.

→ Las formas del imperativo se indican en la lista de los verbos irregulares en la página 744.

Cambio vocálico en *i* o *ie:*

| infinitivo | singular | plural | forma de cortesía |
|---|---|---|---|
| lesen | lies | lest | lesen Sie |
| werfen | wirf | werft | werfen Sie |
| sterben | stirb | sterbt | sterben Sie |
| essen | iss | esst | essen Sie |
| sehen | sieh | seht | sehen Sie |

Los verbos auxiliares *sein, haben* y *werden*:

| infinitivo | singular | plural | forma de cortesía |
|---|---|---|---|
| sein | sei | seid | seien Sie |
| haben | habe | habt | haben Sie |
| werden | werde | werdet | werden Sie |

## 8. Activa y pasiva

En *activa* una acción es contemplada por el sujeto que realiza la acción; en *pasiva* , en cambio, el suceso mismo está en un primer plano sin que el sujeto que realiza la acción tenga que ser siempre nombrado:

Die Parlamentarier wählen den Präsidenten. (*activa*)
Der Präsident wird von den Parlamentariern gewählt. (*pasiva*)

La pasiva se forma con *werden* y el participio pasado:

| presente | pretérito |
|---|---|
| ich werde geliebt | ich wurde geliebt |
| ich werde geschlagen | ich wurde geschlagen |

## 9. Los verbos auxiliares *haben, sein* y *werden*

Se denominan *verbos auxiliares* porque con su ayuda se forman determinados tiempos de los verbos (p. ej. el pretérito perfecto, pluscuamperfecto, futuro) y la pasiva.

El presente de los verbos auxiliares:

| | sein | haben | werden |
|---|---|---|---|
| ich | bin | habe | werde |
| du | bist | hast | wirst |
| er/sie/es | ist | hat | wird |
| wir | sind | haben | werden |
| ihr | seid | habt | werdet |
| sie | sind | haben | werden |

El pretérito y participio de los verbos auxiliares:

| | sein | haben | werden |
|---|---|---|---|
| ich | war | hatte | wurde |
| du | warst | hattest | wurdest |
| er/sie/es | war | hatte | wurde |
| wir | waren | hatten | wurden |
| ihr | wart | hattet | wurdet |
| sie | waren | hatten | wurden |
| participio | gewesen | gehabt | geworden |

## 10. El participio presente y pasado

### El participio presente ('Partizip I')

El participio presente se forma añadiendo *-d* al *infinitivo del verbo:*
singend, lachend

El participio presente expresa de manera abreviada una oración subordinada:
Er saß in der Badewanne und sang. – Er saß *singend* in der Badewanne.
Sie öffnete die Tür und lachte. – Sie öffnete *lachend* die Tür.

### El participio pasado ('Partizip II')

El participio pasado de los verbos regulares se forma según las siguientes reglas:

| | **prefijo** | **+ raíz** | **+ desinencia** |
|---|---|---|---|
| machen | **ge-** | **+ -mach-** | **+ -t** |

| | |
|---|---|
| legen | **ge**leg**t** |
| sagen | **ge**sag**t** |
| vierteln | **ge**viertel**t** |
| rasen | **ge**ras**t** |
| hassen | **ge**hass**t** |
| küssen | **ge**küss**t** |
| rußen | **ge**ruß**t** |
| reizen | **ge**reiz**t** |
| reden | **ge**rede**t** |
| trocknen | **ge**trockne**t** |
| wetten | **ge**wette**t** |

En los verbos terminados en *-ieren,* al igual que en los verbos con los prefijos *be-*, *em-*, *ent-*, er-, *ver-*, y *zer-*, se suprime el prefijo *ge-*. Estos verbos están señalados con * en el cuerpo del diccionario alemán-español. Las reglas válidas para los mismos son las siguientes:

| | **raíz** | **+ desinencia** |
|---|---|---|
| manövr*ieren** | **manövrier** | **+ t** |

| | |
|---|---|
| *em*pören* | empör**t** |
| *ent*giften* | entgifte**t** |
| *er*setzen* | ersetz**t** |
| *ver*trösten* | vertröste**t** |
| *zer*reden* | zerrede**t** |

La *ge-* se suprime igualmente en los verbos compuestos inseparables. Estos verbos están señalados asimismo con *:

| | |
|---|---|
| übersetzen* | übersetz**t** |
| unterlegen* | unterleg**t** |
| umarmen* | umarm**t** |

El participio pasado de los verbos compuestos separables (p. ej. *durchmachen*) se forma según las siguientes reglas:

| | **prefijo verbal** | **+ prefijo *ge-*** | **+ raíz verbal** | **+ desinencia *t*** |
|---|---|---|---|---|
| durchmachen | **durch** | **+ ge** | + mach | + t |

| | |
|---|---|
| anbeten | an**ge**bete**t** |
| überschnappen | über**ge**schnapp**t** |

→ Todos los verbos alemanes separables están señalados en el diccionario con '|'. Las formas irregulares siguen entre paréntesis triangulares a la entrada. Sin embargo no se da la indicación de las bases de las que derivan los verbos compuestos y prefijados. Estos se señalan con *irr*; los verbos irregulares más importantes están registrados en el diccionario en una lista en la página 744.

## VI. El pronombre

Los pronombres se declinan en alemán como los artículos, los sustantivos, los adjetivos y los adverbios.

### 1. El pronombre personal

Designa a la persona que habla o sobre la que se habla en la frase.

| **nominativo** | **genitivo** | **dativo** | **acusativo** |
|---|---|---|---|
| ich | meiner | mir | mich |
| du | deiner | dir | dich |
| er | seiner | ihm | ihn |
| sie | ihrer | ihr | sie |
| es | seiner | ihm | es |
| wir | unser | uns | uns |
| ihr | euer | euch | euch |
| sie | ihrer | ihnen | sie |

### 2. El pronombre reflexivo

Se refiere al sujeto de una frase y debe concordar en **persona** y **número** con éste:

ich wasche mich
du wäschst dich
er/sie/es wäscht sich
wir waschen uns
ihr wascht euch
sie waschen sich

### 3. El pronombre posesivo

Indica una relación de pertenencia o de posesión y concuerda en **caso, género** y **número** con el sustantivo al que se refiere. Puede aparecer como un adjetivo delante de un sustantivo o también sustituyendo a un sustantivo.

**El uso adjetivo del pronombre posesivo:**

| | m | f | nt | pl |
|---|---|---|---|---|
| **1. p. sing.** | | | | |
| nom. | mein | meine | mein | meine |
| gen. | meines | meiner | meines | meiner |
| dat. | meinem | meiner | meinem | meinen |
| acus. | meinen | meine | mein | meine |
| **2. p. sing.** | dein | deine<br>*se declina como* **mein** | dein | deine |
| **3. p. sing. (m)** | sein | seine<br>*se declina como* **mein** | sein | seine |
| **3. p. sing. (f)** | ihr | ihre<br>*se declina como* **mein** | ihr | ihre |
| **3. p. sing. (nt)** | sein | seine<br>*se declina como* **mein** | sein | seine |
| **1. p. pl.** | | | | |
| nom. | unser | uns(e)re | unser | uns(e)re |
| gen. | uns(e)res | uns(e)rer | uns(e)res | uns(e)rer |
| dat. | uns(e)rem | uns(e)rer<br>unserm | uns(e)rem | uns(e)ren<br>unserm |
| acus. | uns(e)ren | uns(e)re<br>unsern | unser | unsre |
| **2. p. pl.** | | | | |
| nom. | euer | eure | euer | eure |
| gen. | eures | eurer | eures | eurer |
| dat. | eurem | eurer | eurem | euren |
| acus. | euren | eure | euer | eure |
| **3. p. pl.** | | | | |
| nom. | ihr | ihre | ihr | ihre |
| gen. | ihres | ihrer | ihres | ihrer |
| dat. | ihrem | ihrer | ihrem | ihren |
| acus. | ihren | ihre | ihr | ihre |

**El uso sustantivo del pronombre posesivo:**

| | m | f | nt | pl |
|---|---|---|---|---|
| **1. p. sing.** | meiner | meine | mein(e)s | meine |
| **2. p. sing.** | deiner | deine | dein(e)s | deine |
| **3. p. sing. (m, nt)** | seiner | seine | sein(e)s | seine |
| **3. p. sing. (f)** | ihrer | ihre | ihr(e)s | ihre |
| **1. p. pl.** | uns(e)rer | uns(e)re | uns(e)res | uns(e)re |
| **2. p. pl.** | eurer | eure | eures, euers | eure |
| **3. p. pl.** | ihrer | ihre | ihr(e)s | ihre |

## 4. El pronombre demostrativo

Alude en la frase a algo de lo cual ya se ha hablado.

| | m | f | nt | Plural |
|---|---|---|---|---|
| nom. | dieser | diese | dieses | diese |
| gen. | dieses | dieser | dieses | dieser |
| dat. | diesem | dieser | diesem | diesen |
| acus. | diesen | diese | dieses | diese |
| | | | | |
| nom. | jener | jene | jenes | jene |
| gen. | jenes | jener | jenes | jener |
| dat. | jenem | jener | jenem | jenen |
| acus. | jenen | jene | jenes | jene |
| | | | | |
| nom. | derjenige | diejenige | dasjenige | diejenigen |
| gen. | desjenigen | derjenigen | desjenigen | derjenigen |
| dat. | demjenigen | derjenigen | demjenigen | denjenigen |
| acus. | denjenigen | diejenigen | dasjenige | diejenigen |
| | | | | |
| nom. | derselbe | dieselbe | dasselbe | dieselben |
| gen. | desselben | derselben | desselben | derselben |
| dat. | demselben | derselben | demselben | denselben |
| acus. | denselben | dieselbe | dasselbe | dieselben |

*Dieser* hace referencia a algo cercano; *jener* a algo más lejano.
El artículo determinado *der, die, das* también se utiliza como pronombre demostrativo.

### 5. El pronombre relativo

Las formas más usadas de pronombres relativos son *der*, *die*, *das*; menos usadas son *welcher*, *welche*, *welches*. Todas introducen una oración subordinada en la que se dice algo que completa la frase principal. El **género** y el **número** de los pronombres relativos concuerda con el de su antecedente:

Er putzt sein neues Auto, das/welches er sich gekauft hat.

| | m | f | nt | plural |
|---|---|---|---|---|
| nom. | welcher | welche | welches | welche |
| gen. | dessen | deren | dessen | deren |
| dat. | welchem | welcher | welchem | welchen |
| acus. | welchen | welche | welches | welche |

*Wer* y *was* se pueden emplear también como pronombres relativos:

Wer das behauptet, lügt.
Mach doch, was du willst!

### 6. El pronombre interrogativo

El pronombre interrogativo diferencia entre una persona (*wer*) y una cosa (w*as*). Sólo tiene formas de singular.

| | persona | cosa |
|---|---|---|
| nom. | Wer spielt mit? | Was ist das? |
| gen. | Wessen Haus ist das? | |
| dat. | Wem gehört das Haus? | |
| acus. | Wen liebst du? | Was höre ich da? |

El genitivo del pronombre interrogativo *wessen* se va sustituyendo cada vez más por el dativo *wem*:

Wem gehört das Haus?

Con *was für ein(er)* se pregunta por el tipo característico que una persona o cosa es:

Was für ein Mensch ist Peter eigentlich?
Was für einen Anzug möchten Sie?

Con el pronombre interrogativo *welcher*, *welche* y *welches* se pregunta por una persona o cosa concreta de un grupo:

Welche Schuhe soll ich nehmen? (Die braunen oder die schwarzen?)
Mit welchem Bus kommst du? (Mit dem um 16 oder um 17 Uhr?)
Welches Eis schmeckt dir besser? (Erdbeer- oder Schokoladeneis?)

| | m | f | nt | plural |
|---|---|---|---|---|
| nom. | welcher | welche | welches | welche |
| gen. | welches | welcher | welches | welcher |
| dat. | welchem | welcher | welchem | welchen |
| acus. | welchen | welche | welches | welche |

## VII. Las preposiciones

Las preposiciones se usan en dativo y/o en acusativo:

| | | |
|---|---|---|
| – en **dativo**: | ab | aus |
| | außer | bei |
| | binnen | entgegen |
| | entsprechend | gegenüber |
| | gemäß | mit |
| | nach | nächst |
| | nahe | nebst |
| | samt | seit |
| | von | zu |
| | zufolge | zuwider |
| – en **acusativo**: | bis | wider |
| | durch | für |
| | gegen | je |
| | ohne | pro |
| | um | |
| – en **acusativo/dativo***: | an | auf |
| | entlang | hinter |
| | in | neben |
| | über | unter |
| | vor | zwischen |

* Para movimiento o cambios de dirección se usa el acusativo (¿a dónde?); para indicaciones de lugar (¿dónde?) el dativo:

Er hängt die Uhr an die Wand. (Wohin?)
Die Uhr hängt an der Wand. (Wo?)

→ En el diccionario se indica tras cada preposición el caso correspondiente.

Algunas preposiciones se pueden contraer en una palabra con formas gramaticales del artículo:

| | | | |
|---|---|---|---|
| **an/in** | + **dem** | se convierte en | **am/im** |
| **bei** | + **dem** | | **beim** |
| **von** | + **dem** | | **vom** |
| **zu** | + **dem/der** | | **zum/zur** |
| **an/in** | + **das** | | **ans/ins** |

# Liste der wichtigsten unregelmäßigen Verben im Deutschen

# Lista de los principales verbos irregulares del alemán

Las formas de los verbos derivados con los prefijos *auf-, ab-, be-, er-, zer-,* etc. corresponden a las de sus respectivos verbos en forma no derivada. Se añade a la forma de infinitivo la 2ª persona del singular si hay 'Umlaut' o cambio vocálico *e/i*. Igualmente se indica en la forma del participio pasado ('Partizip II') el verbo auxiliar con que se forma.

| 1. Infinitivo | 2. Pretérito | 3. participio pasado ('Partizip II') | 4. Imperativo sing./pl. |
|---|---|---|---|
| **backen** bäckst, backst | backte | hat gebacken | back(e)/backt |
| **befehlen** befiehlst | befahl | hat befohlen | befiehl/befehlt |
| **beginnen** | begann | hat begonnen | beginn(e)/beginnt |
| **beißen** | biss | hat gebissen | beiß(e)/beißt |
| **bergen** birgst | barg | hat geborgen | birg/bergt |
| **bersten** birst | barst | ist geborsten | birst/berstet |
| **bewegen** | bewog | hat bewogen | beweg(e)/bewegt |
| **biegen** | bog | hat/ist gebogen | bieg(e)/bewegt |
| **bieten** | bot | hat geboten | biet(e)/bietet |
| **binden** | band | hat gebunden | bind(e)/bindet |
| **bitten** | bat | hat gebeten | bitt(e)/bittet |
| **blasen** bläst | blies | hat geblasen | blas(e)/blast |
| **bleiben** | blieb | ist geblieben | bleib(e)/bleibt |
| **braten** brätst | briet | hat gebraten | brat(e)/bratet |
| **brechen** brichst | brach | hat/ist gebrochen | brich/brecht |
| **brennen** | brannte | hat gebrannt | brenn(e)/brennt |
| **bringen** | brachte | hat gebracht | bring/bringt |
| **denken** | dachte | hat gedacht | denk(e)/denkt |
| **dreschen** drischst | drosch | hat/ist gedroschen | drisch/drescht |
| **dringen** | drang | ist gedrungen | dring(e)/dringt |
| **dürfen** darfst | durfte | hat gedurft | |
| **empfangen** empfängst | empfing | hat empfangen | empfang(e)/ empfangt |
| **empfehlen** empfiehlst | empfahl | hat empfohlen | empfiehl/empfehlt |
| **empfinden** | empfand | hat empfunden | empfind(e)/ empfindet |
| **erschrecken** erschrickst | erschrak | hat/ist erschrocken | erschrick/erschreckt |
| **essen** isst | aß | hat gegessen | iss/esst |
| **fahren** fährst | fuhr | hat/ist gefahren | fahr(e)/fahrt |

| | | | |
|---|---|---|---|
| **fallen** fällst | fiel | ist gefallen | fall(e)/fallt |
| **fangen** fängst | fing | hat gefangen | fang(e)/fangt |
| **fechten** fichst | focht | hat gefochten | ficht/fechtet |
| **finden** | fand | hat gefunden | find(e)/findet |
| **flechten** | flocht | hat geflochten | flicht/flechtet |
| **fliegen** | flog | hat/ist geflogen | flieg(e)/fliegt |
| **fliehen** | floh | ist geflohen | flieh(e)/flieht |
| **fließen** | floss | ist geflossen | fließ(e)/fließt |
| **fressen** frisst | fraß | hat gefressen | friss/fresst |
| **frieren** | fror | hat gefroren | frier(e)/friert |
| **gären** | gor/gärte | hat/ist gegoren/ gegärt | gär(e)/gärt |
| **gebären** gebierst | gebar | hat/ist geboren | gebier/gebärt |
| **geben** gibst | gab | hat gegeben | gib/gebt |
| **gedeihen** | gedieh | ist gediehen | gedeih(e)/gedeiht |
| **gehen** | ging | ist gegangen | geh(e)/geht |
| **gelingen** | gelang | ist gelungen | geling(e)/gelingt |
| **gelten** giltst | galt | hat gegolten | gilt/geltet |
| **genießen** | genoss | hat genossen | genieß(e)/genießt |
| **geschehen** geschieht | geschah | ist geschehen | geschieh/gescheht |
| **gewinnen** | gewann | hat gewonnen | gewinn(e)/gewinnt |
| **gießen** | goss | hat gegossen | gieß(e)/gießt |
| **gleichen** | glich | hat geglichen | gleich(e)/gleicht |
| **gleiten** | glitt | ist geglitten | gleit(e)/gleitet |
| **glimmen** | glomm | hat geglommen | glimm(e)/glimmt |
| **graben** gräbst | grub | hat gegraben | grab(e)/grabt |
| **greifen** | griff | hat gegriffen | greif(e)/greift |
| **haben** hast | hatte | hat gehabt | hab(e)/habt |
| **halten** hältst | hielt | hat gehalten | halt(e)/haltet |
| **hängen** | hing | hat gehangen | häng(e)/hängt |
| **hauen** | haute hieb | hat gehauen/gehaut | hau(e)/haut |
| **heben** | hob hub | hat gehoben | heb(e)/hebt |
| **heißen** | hieß | hat geheißen | heiß(e)/heißt |
| **helfen** hilfst | half | hat geholfen | hilf/helft |
| **kennen** | kannte | hat gekannt | kenn(e)/kennt |
| **klingen** | klang | hat geklungen | kling(e)/klingt |
| **kneifen** | kniff | hat gekniffen | kneif(e)/kneift |

| | | | |
|---|---|---|---|
| **kommen** | kam | ist gekommen | komm(e)/kommt |
| **können**<br>kannst | konnte | hat gekonnt | |
| **kriechen** | kroch | ist gekrochen | kriech(e)/kriecht |
| **küren** | kürte/kor | hat gekürt/gekoren | kür(e)/kürt |
| **laden**<br>lädst | lud | hat geladen | lad(e)/ladet |
| **lassen**<br>lässt | ließ | hat gelassen | lass/lasst |
| **laufen**<br>läuft | lief | ist gelaufen | lauf(e)/lauft |
| **leiden** | litt | hat gelitten | leid(e)/leidet |
| **leihen** | lieh | hat geliehen | leih(e)/leiht |
| **lesen**<br>liest | las | hat gelesen | lies/lest |
| **liegen** | lag | hat gelegen | lieg(e)/liegt |
| **löschen**<br>lischst | losch | hat gelöscht | lisch/löscht |
| **lügen** | log | hat gelogen | lüg(e)/lügt |
| **mahlen** | mahlte | hat gemahlen | mahl(e)/mahlt |
| **meiden** | mied | hat gemieden | meid(e)/meidet |
| **melken** | molk/melkte | hat gemolken/ gemelkt | melk(e), milk/melkt |
| **messen**<br>misst | maß | hat gemessen | miss/messt |
| **misslingen** | misslang | ist misslungen | |
| **mögen**<br>magst | mochte | hat gemocht | |
| **müssen**<br>musst | musste | hat gemusst | |
| **nehmen**<br>nimmst | nahm | hat genommen | nimm/nehmt |
| **nennen** | nannte | hat genannt | nenn(e)/nennt |
| **pfeifen** | pfiff | hat gepfiffen | pfeif(e)/pfeift |
| **preisen** | pries | hat gepriesen | preis(e)/preist |
| **quellen**<br>quillst | quoll | ist gequollen | quill/quellt |
| **raten**<br>rätst | riet | hat geraten | rat(e)/ratet |
| **reiben** | rieb | hat gerieben | reib(e)/reibt |
| **reißen** | riss | hat/ist gerissen | reiß/reißt |
| **reiten** | ritt | hat/ist geritten | reit(e)/reitet |
| **rennen** | rannte | ist gerannt | renn(e)/rennt |
| **riechen** | roch | hat gerochen | riech(e)/riecht |
| **ringen** | rang | hat gerungen | ring(e)/ringt |
| **rinnen** | rann | ist geronnen | rinn(e)/rinnt |
| **rufen** | rief | hat gerufen | ruf(e)/ruft |
| **saufen**<br>säufst | soff | hat gesoffen | sauf(e)/sauft |
| **schaffen** | schuf | hat geschaffen | schaff(e)/schafft |
| **scheiden** | schied | hat/ist geschieden | scheid(e)/scheidet |
| **scheinen** | schien | hat geschienen | schein(e)/scheinet |

| | | | |
|---|---|---|---|
| **scheißen** | schiss | hat geschissen | scheiß(e)/scheißt |
| **schelten** schiltst | schalt | hat gescholten | schilt/scheltet |
| **scheren** | schor | hat geschoren/ geschert | scher(e)/schert |
| **schieben** | schob | hat geschoben | schieb(e)/schiebt |
| **schießen** | schoss | hat/ist geschossen | schieß(e)/schießt |
| **schinden** | schindete | hat geschunden | schind(e)/schindet |
| **schlafen** schläfst | schlief | hat geschlafen | schlaf(e)/schlaft |
| **schlagen** schlägst | schlug | hat geschlagen | schlag(e)/schlagt |
| **schleichen** | schlich | ist geschlichen | schleich(e)/schleicht |
| **schleifen** | schliff | hat geschliffen | schleif(e)/schleift |
| **schließen** | schloss | hat geschlossen | schließ(e)/schließt |
| **schlingen** | schlang | hat geschlungen | schling(e)/schlingt |
| **schmeißen** | schmiss | hat geschmissen | schmeiß(e)/ schmeißt |
| **schmelzen** schmilzt | schmolz | ist geschmolzen | schmilz/schmelzt |
| **schneiden** | schnitt | hat geschnitten | schneid(e)/schneidet |
| **schrecken** schrickst | schreckte | hat geschreckt | schrick/schreckt |
| **schreiben** | schrieb | hat geschrieben | schreib(e)/schreibt |
| **schreien** | schrie | hat geschrie(e)n | schrei(e)/schreit |
| **schreiten** | schritt | ist geschritten | schreit(e)/schreitet |
| **schweigen** | schwieg | hat geschwiegen | schweig(e)/schweigt |
| **schwellen** schwillst | schwoll | ist geschwollen | schwill/schwellt |
| **schwimmen** | schwamm | hat/ist geschwom-men | schwimm(e)/ schwimmt |
| **schwinden** | schwand | ist geschwunden | schwind(e)/ schwindet |
| **schwingen** | schwang | hat geschwungen | schwing(e)/ schwingt |
| **schwören** | schwor | hat geschworen | schwör(e)/schwört |
| **sehen** siehst | sah | hat gesehen | sieh/seht |
| **sein** ist | war | ist gewesen | sei/seid |
| **senden** | sandte/sendete | hat gesandt/ gesendet | send(e)/sendet |
| **singen** | sang | hat gesungen | sing(e)/singt |
| **sinken** | sank | ist gesunken | sink(e)/sinkt |
| **sinnen** | sann | hat gesonnen | sinn(e)/sinnt |
| **sitzen** | saß | hat gesessen | sitz(e)/sitzt |
| **sollen** | sollte | hat gesollt | |
| **spalten** | spaltete | hat gespalten/gespal-tet | spalt(e)/spaltet |
| **speien** | spie | hat gespie(e)n | spei(e)/speit |
| **spinnen** | spann | hat gesponnen | spinn(e)/spinnt |

| | | | |
|---|---|---|---|
| **sprechen** sprichst | sprach | hat gesprochen | sprich/sprecht |
| **sprießen** | spross/sprießte | ist gesprossen/ gesprießt | sprieß(e)/sprießt |
| **springen** | sprang | ist gesprungen | spring(e)/springt |
| **stechen** stichst | stach | hat gestochen | stich/stecht |
| **stecken** | steckte/stak | hat gesteckt | steck(e)/steckt |
| **stehen** | stand | hat gestanden | steh(e)/steht |
| **stehlen** stiehlst | stahl | hat gestohlen | stiehl/stehlt |
| **steigen** | stieg | ist gestiegen | steig(e)/steigt |
| **sterben** stirbst | starb | ist gestorben | stirb/sterbt |
| **stinken** | stank | hat gestunken | stink(e)/stinkt |
| **stoßen** stößt | stieß | hat gestoßen | stoß(e)/stoßt |
| **streichen** | strich | hat gestrichen | streich(e)/streicht |
| **streiten** | stritt | hat gestritten | streit(e)/streitet |
| **tragen** trägst | trug | hat getragen | trag(e)/tragt |
| **treffen** triffst | traf | hat getroffen | triff/trefft |
| **treiben** | trieb | hat getrieben | treib(e)/treibt |
| **treten** trittst | trat | hat getreten | tritt/tretet |
| **triefen** | triefte | hat getrieft | trief(e)/trieft |
| **trinken** | trank | hat getrunken | trink(e)/trinkt |
| **trügen** | trog | hat getrogen | trüg(e)/trügt |
| **tun** | tat | hat getan | tu(e)/tut |
| **verderben** verdirbst | verdarb | hat/ist verdorben | verdirb/verderbt |
| **vergessen** vergisst | vergaß | hat vergessen | vergiss/vergesst |
| **verlieren** | verlor | hat verloren | verlier(e)/verliert |
| **verlöschen** verlischst | verlosch/ver-löschte | ist verloschen | verlisch/verlöscht |
| **verzeihen** | verzieh | hat verziehen | verzeih(e)/verzeiht |
| **wachsen** wächst | wuchs | ist gewachsen | wachs(e)/wachst |
| **wägen** | wog | hat gewogen | wäg(e)/wägt |
| **waschen** wäscht | wusch | hat gewaschen | wasch(e)/wascht |
| **weben** | wob | hat gewoben/ gewebt | web(e)/webt |
| **weichen** | wich | ist gewichen | weich(e)/weicht |
| **weisen** | wies | hat gewiesen | weis(e)/weist |
| **wenden** | wendete/wandte | hat gewendet/ gewandt | wend(e)/wendet |
| **werben** wirbst | warb | hat geworben | wirb/werbt |
| **werden** wirst | wurde/ward | ist geworden | werd(e)/werdet |

| | | | |
|---|---|---|---|
| **werfen** wirfst | warf | hat geworfen | wirf/werft |
| **wiegen** | wog | hat gewogen | wieg(e)/wiegt |
| **winden** | wand | hat gewunden | wind(e)/windet |
| **winken** | winkte | hat gewunken | wink(e)/winkt |
| **wissen** weißt | wusste | hat gewusst | wisse/wisset |
| **wollen** willst | wollte | hat gewollt | wolle/wollt |
| **ziehen** | zog | hat/ist gezogen | zieh(e)/zieht |
| **zwingen** | zwang | hat gezwungen | zwing(e)/zwingt |

## Falsche Freunde

Die falschen Freunde – d.h. Wörter oder Ausdrücke, die aufgrund ihrer ähnlichen Schreibung und/oder Aussprache in zwei Sprachen falsch interpretiert werden können – sind alphabetisch geordnet. Ausschlaggebend ist dabei die spanische Schreibung. In solchen Fällen, in denen das deutsche Äquivalent aufgrund einer divergierenden Schreibung diese Ordnung durchbricht, wird das Stichwort kursiv dargestellt.

## Falsos amigos

Los falsos amigos – es decir, palabras o expresiones que, debido a su similitud gráfica y/o fonética, pueden interpretarse incorrectamente en dos lenguas dadas – figuran en orden alfabético, partiendo siempre de las entradas españolas. En aquellos casos en que las entradas alemanas no siguen este mismo orden, se señalará en letra cursiva.

| **Bedeutung des spanischen Ausdrucks** | **Falsche Freunde / Falsos amigos** español | alemán | **Significado de la expresión alemana** |
|---|---|---|---|
| 1) bezahlen<br>2) düngen | **abonar** | **abonnieren** | suscribirse |
| 1) Zuneigung<br>2) Gemütsbewegung | **afecto** | **Affekt** | arrebato (pasional) |
| 1) Vertreter(in)<br>2) Polizist(in)<br>3) Spion(in) | **agente** | **Agent** | espía |
| Krankenwagen | **ambulancia** | **Ambulanz** | ambulatorio |
| 1) einzigartig<br>2) separat | **aparte** | **apart** | atractivo, atrayente |
| 1) Sand<br>2) Arena | **arena** | **Arena** | 1) arena, ruedo<br>2) plaza de toros |
| 1) Asyl<br>2) Altenheim<br>3) Waisenhaus | **asilo** | **Asyl** | asilo (político) |
| 1) Zuhörerschaft<br>2) Audienz<br>3) Gerichtssitzung | **audiencia** | **Audienz** | audiencia, auditorio |
| 1) Klassenzimmer<br>2) Hörsaal | **aula** | **Aula** | aula magna, salón de actos, paraninfo |
| 1) Helfer(in), Gehilfe, -in<br>2) Assistent(in) | **ayudante** | **Adjutant(in)** | oficial adjunto |
| 1) schaukeln<br>2) ins Gleichgewicht bringen | **balancear** | **balancieren** | hacer equilibrios |
| 1) Waage<br>2) Bilanz | **balanza** | **Balance** | equilibrio |
| (*Am*) Banane | **banana** | **Banane** | plátano |
| 1) Musikkapelle<br>2) Band, Streifen<br>3) Bande<br>4) casete | **banda** | **Band** | 1) conjunto musical<br>2) tomo, volumen<br>3) cinta, lazo |

| | | | |
|---|---|---|---|
| 1) (Auto)batterie<br>2) Schlagzeug<br>3) (Koch)topf-Set | **batería** | **Batterie** | 1) pila<br>2) batería (de coche) |
| 1) weiß<br>2) bleich<br>3) puro | **blanco** | **blank** | 1) reluciente, brillante<br>2) desnudo |
| 1) Praline<br>2) schönes Mädchen | **bombón** | **Bonbon** | caramelo |
| 1) Brief<br>2) Spielkarte<br>3) (Speise)karte | **carta** | **Karte** | 1) tarjeta<br>2) (tarjeta)postal<br>3) carta (del menú)<br>4) billete, entrada<br>5) naipe |
| Zigarette | **cigarro** | **Zigarre** | puro, habano |
| 1) Truhe<br>2) (*Méx*) Kofferraum | **cofre** | **Koffer** | maleta |
| 1) Konkurrenz<br>2) Kompetenz<br>3) Zuständigkeit | **competencia** | **Kompetenz** | acción de competir |
| 1) Zusammentreffen<br>2) Beteiligung<br>3) Publikum | **concurrencia** | **Konkurrenz** | 1) competencia<br>2) concurso |
| 1) Wettbewerb<br>2) öffentliche Ausschreibung<br>3) Zusammentreffen | **concurso** | **Konkurs** | quiebra |
| 1) Pfarrer, Priester<br>2) Heilung<br>3) Kur | **cura** | **Kur** | 1) cura, tratamiento<br>2) tratamiento balneoterapéutico |
| 1) Beweis(führung)<br>2) Vorführung | **demostración** | **Demonstration** | manifestación |
| 1) Schauspiel<br>2) Anblick<br>3) Spektakel, Szene | **espectáculo** | **Spektakel** | 1) alboroto, jaleo<br>2) espectáculo, suceso |
| Prüfung | **examen** | **Examen** | examen (final de carrera) |
| 1) Form-<br>2) seriös, vernünftig<br>3) förmlich | **formal** | **formell** | 1) relativo a la forma<br>2) oficial |
| 1) Garage<br>2) Autowerkstatt | **garaje** | **Garage** | garaje, cochera |
| 1) Gas<br>2) Kohlensäure<br>3) Blähungen | **gas** | **Gas** | gas (químico) |
| 1) Turnhalle<br>2) Fitnessstudio | **gimnasio** | **Gymnasium** | instituto (de Enseñanza Media) |
| 1) (Kräuter)tee<br>2) Infusion | **infusión** | **Infusion** | (MED) infusión |

| | | | |
|---|---|---|---|
| 1) Interpret(in)<br>2) Darsteller(in), Schauspieler(in)<br>3) Dolmetscher(in) | **intérprete** | **Interpret(in)** | (*artista*) intérprete |
| 1) (Honig)melone<br>2) Dummkopf | **melón** | **Melone** | 1) (*fruta*) melón<br>2) (*sombrero*) hongo |
| 1) ad(e)lig<br>2) edel<br>3) gutmütig | **noble** | **nobel** | 1) bondadoso<br>2) elegante<br>3) lujoso<br>4) generoso |
| 1) Widerstand<br>2) Opposition<br>3) Einwendung<br>4) Gegensatz<br>5) Auswahlprüfung für den öffentlichen Dienst | **oposición** | **Opposition** | oposición (política) |
| 1) Ordnung<br>2) Reihenfolge<br>3) Rang(ordnung)<br>4) (REL) Weihe<br>5) Befehl<br>6) Bestellung, Order, Auftrag<br>7) (REL) Orden<br>8) Auszeichnung | **orden** | **Orden** | 1) orden religiosa<br>2) condecoración |
| 1) Panda(bär)<br>2) Bande, Clique | **panda** | **Panda** | (oso) panda |
| 1) Park(anlage)<br>2) Lager<br>3) Bestand<br>4) Laufstall | **parque** | **Park** | 1) jardín<br>2) depósito |
| 1) (REL) Pastor(in), Seelsorger(in)<br>2) (Vieh)hirt(in), Schäfer(in) | **pastor(a)** | **Pastor(in)** | (REL) pastor(a) |
| 1) Parfüm<br>2) Duft | **perfume** | **Parfüm** | perfume, colonia |
| (ZOOL) Pony | **póney, poni** | **Pony** | 1) (ZOOL) póney<br>2) flequillo |
| Teil, Portion | **porción** | **Portion** | ración |
| 1) (Gymnasial)lehrer(in)<br>2) Dozent(in) | **profesor(a)** | **Professor(in)** | catedrático, -a |
| 1) (Be)förderung<br>2) Aufstieg<br>3) Jahrgang<br>4) Sonderangebot | **promoción** | **Promotion** | 1) doctorado<br>2) (*Schweiz*) traslado<br>3) (*Schweiz*) ascenso |

| | | | |
|---|---|---|---|
| 1) rein, sauber<br>2) echt<br>3) keusch, rein | **puro** | **pur** | 1) puro, limpio<br>2) puro, mero |
| 1) Schläger<br>2) Schneeschuh | **raqueta** | **Rakete** | 1) misil<br>2) cohete |
| 1) komisch, seltsam<br>2) selten<br>3) rar<br>4) sonderbar | **raro** | **rar** | raro, escaso |
| 1) wirklich, tatsächlich<br>2) königlich, Königs-<br>3) (PHILOS) real<br>4) (ECON) real, Real | **real** | **real** | (ökon) real |
| 1) Lineal<br>2) Regel, Vorschrift<br>3) Maß<br>4) Menstruation | **regla** | **Regel** | 1) regla, norma<br>2) menstruación |
| 1) Einkommen<br>2) Rente, Ruhegeld<br>3) Miete, Pacht | **renta** | **Rente** | 1) pensión<br>2) renta, rédito |
| 1) reparieren, ausbessern<br>2) ersetzen, wieder gutmachen<br>3) wahrnehmen, merken<br>4) wiederherstellen | **reparar** | **reparieren** | reparar, arreglar |
| (*Am*) Reporter(in) | **repórter** | **Reporter(in)** | periodista |
| 1) Wohnsitz<br>2) Aufenthalt(sort)<br>3) Residenz, Sitz<br>4) Heim, Internat<br>5) Pension, Gästehaus | **residencia** | **Residenz** | residencia, domicilio |
| Sack | **saco** | **Sakko** | americana |
| 1) Soße<br>2) Reiz<br>3) lateinamerikanischer Tanz | **salsa** | **Salsa** | baile latinoamericano |
| Sprung | **salto** | **Salto** | (sport) salto |
| 1) Aderlass<br>2) (INFOR) Einrücken<br>3) spanische Rotweinbowle | **sangría** | **Sangria** | (*bebida*) sangría |
| 1) Sinnspruch<br>2) Urteil | **sentencia** | **Sentenz** | proverbio |

| | | |
|---|---|---|
| 1) ernst(haft)<br>2) streng<br>3) seriös<br>4) verantwortungs-bewusst | **serio seriös** | serio, formal |
| 1) Dienst<br>2) Hauspersonal<br>3) Toilette<br>4) Aufschlag<br>5) Dienstleistung | **servicio Service** | 1) juego de café<br>2) asistencia técnica<br>3) saque |
| 1) Anfangsbuchstabe<br>2) Akronym | **sigla Siegel** | sello |
| 1) einfach<br>2) leicht<br>3) einfältig | **simple simpel** | simple, simplón |
| Gewerkschaft | **sindicato Syndikat** | consorcio |
| 1) Tabak<br>2) Zigaretten | **tabaco Tabak** | (planta del) tabaco |
| 1) Tablette<br>2) Tafel (Schokolade) | **tableta Tablette** | pastilla, comprimido |
| 1) Stempelkissen<br>2) Tampon | **tampón Tampon** | 1) tampón<br>2) tapón |
| 1) Panzer<br>2) Tank(wagen) | **tanque Tank** | depósito |
| Tischtuch | **tapete Tapete** | papel pintado |
| (schwarzer) Tee | **té Tee** | 1) té<br>2) infusión |
| 1) These<br>2) Doktorarbeit, Dissertation | **tesis These** | tesis, proposición |
| 1) Titel<br>2) Diplom<br>3) Wertpapier | **título Titel** | título |
| 1) Tonlage<br>2) Ton(art) | **tono Ton** | 1) arcilla, barro<br>2) sonido<br>3) tono |
| 1) Kuchen, Torte<br>2) Ohrfeige | **torta Torte** | tarta |
| Toast(brot) | **tostada Toast** | 1) tostada, pan para tostar<br>2) brindis |
| 1) Verkehr<br>2) (illegaler) Handel | **tráfico Trafik** | (*A*) estanco |
| 1) Dreieck<br>2) Triangel | **triángulo Triangel** | (mus) triángulo |
| 1) Triumph, Sieg<br>2) Trumpf | **triunfo Triumph** | triunfo, éxito |

| | | | |
|---|---|---|---|
| 1) Sicht<br>2) Sehvermögen<br>3) Vision, Erscheinung, Halluzination | **visión** | **Vision** | visión, aparición |
| 1) vital, Lebens-<br>2) lebensnotwendig<br>3) vital, lebhaft | **vital** | **vital** | vital, alegre |
| 1) gewöhnlich<br>2) ordinär<br>3) pöbelhaft<br>4) oberflächlich | **vulgar** | **vulgär** | vulgar, ordinario |

## Die Zahlwörter / Los numerales

### Die Grundzahlen / Los numerales cardinales

| | | |
|---|---|---|
| null | 0 | cero |
| einer, eine, eins;<br>ein, eine, ein | 1 | uno (*apócope* un), una |
| zwei | 2 | dos |
| drei | 3 | tres |
| vier | 4 | cuatro |
| fünf | 5 | cinco |
| sechs | 6 | seis |
| sieben | 7 | siete |
| acht | 8 | ocho |
| neun | 9 | nueve |
| zehn | 10 | diez |
| elf | 11 | once |
| zwölf | 12 | doce |
| dreizehn | 13 | trece |
| vierzehn | 14 | catorce |
| fünfzehn | 15 | quince |
| sechzehn | 16 | dieciséis |
| siebzehn | 17 | diecisiete |
| achtzehn | 18 | dieciocho |
| neunzehn | 19 | diecinueve |
| zwanzig | 20 | veinte |
| einundzwanzig | 21 | veintiuno (*apócope* veintiún), -a |
| zweiundzwanzig | 22 | veintidós |
| dreiundzwanzig | 23 | veintitrés |
| vierundzwanzig | 24 | veinticuatro |
| fünfundzwanzig | 25 | veinticinco |
| dreißig | 30 | treinta |
| einunddreißig | 31 | treinta y uno<br>(*apócope* treinta y un), -a |
| zweiunddreißig | 32 | treinta y dos |
| dreiunddreißig | 33 | treinta y tres |
| vierzig | 40 | cuarenta |
| einundvierzig | 41 | cuarenta y uno<br>(*apócope* cuarenta y un), -a |
| zweiundvierzig | 42 | cuarenta y dos |
| fünfzig | 50 | cincuenta |
| einundfünfzig | 51 | cincuenta y uno<br>(*apócope* cincuenta y un), -a |
| zweiundfünfzig | 52 | cincuenta y dos |
| sechzig | 60 | sesenta |
| einundsechzig | 61 | sesenta y uno<br>(*apócope* sesenta y un), -a |
| zweiundsechzig | 62 | sesenta y dos |
| siebzig | 70 | setenta |

| | | |
|---|---|---|
| einundsiebzig | 71 | setenta y uno (*apócope* setenta y un), -a |
| zweiundsiebzig | 72 | setenta y dos |
| fünfundsiebzig | 75 | setenta y cinco |
| neunundsiebzig | 79 | setenta y nueve |
| achtzig | 80 | ochenta |
| einundachtzig | 81 | ochenta y uno (*apócope* ochenta y un), -a |
| zweiundachtzig | 82 | ochenta y dos |
| fünfundachtzig | 85 | ochenta y cinco |
| neunzig | 90 | noventa |
| einundneunzig | 91 | noventa y uno (*apócope* noventa y un), -a |
| zweiundneunzig | 92 | noventa y dos |
| neunundneunzig | 99 | noventa y nueve |
| hundert | 100 | cien |
| hundert(und)eins | 101 | ciento uno (*apócope* ciento un), -a |
| hundert(und)zwei | 102 | ciento dos |
| hundert(und)zehn | 110 | ciento diez |
| hundert(und)zwanzig | 120 | ciento veinte |
| hundert(und)neunundneunzig | 199 | ciento noventa y nueve |
| zweihundert | 200 | doscientos, -as |
| zweihundert(und)eins | 201 | doscientos, -as uno (*apócope* doscientos un), -a |
| zweihundert(und)zweiund-zwanzig | 222 | doscientos, -as veintidós |
| dreihundert | 300 | trescientos, -as |
| vierhundert | 400 | cuatrocientos, -as |
| fünfhundert | 500 | quinientos, -as |
| sechshundert | 600 | seiscientos, -as |
| siebenhundert | 700 | setecientos, -as |
| achthundert | 800 | ochocientos, -as |
| neunhundert | 900 | novecientos, -as |
| tausend | 1 000 | mil |
| tausend(und)eins | 1 001 | mil uno (*apócope* mil un), -a |
| tausend(und)zehn | 1 010 | mil diez |
| tausend(und)einhundert | 1 100 | mil cien |
| zweitausend | 2 000 | dos mil |
| zehntausend | 10 000 | diez mil |
| hunderttausend | 100 000 | cien mil |
| eine Million | 1 000 000 | un millón |
| zwei Millionen | 2 000 000 | dos millones |
| zwei Millionen fünfhundert-tausend | 2 500 000 | dos millones quinientos, -as mil |
| eine Milliarde | 1 000 000 000 | mil millones |
| eine Billion | 1 000 000 000 000 | un billón |

**Die Ordnungszahlen** | **Los numerales ordinales**

| (der, die, das) | | | **(el, la)** |
|---|---|---|---|
| erste | 1. | 1°, 1ª | primero (*apócope* primer), -a |
| zweite | 2. | 2°, 2ª | segundo, -a |
| dritte | 3. | 3°, 3ª | tercero (*apócope* tercer), -a |
| vierte | 4. | 4°, 4ª | cuarto, -a |
| fünfte | 5. | 5°, 5ª | quinto, -a |
| sechste | 6. | 6°, 6ª | sexto, -a |
| siebte | 7. | 7°, 7ª | séptimo, -a |
| achte | 8. | 8°, 8ª | octavo, -a |
| neunte | 9. | 9°, 9ª | noveno, -a |
| zehnte | 10. | 10°, 10ª | décimo, -a |
| elfte | 11. | 11°, 11ª | undécimo, -a |
| zwölfte | 12. | 12°, 12ª | duodécimo, -a |
| dreizehnte | 13. | 13°, 13ª | decimotercero, -a |
| vierzehnte | 14. | 14°, 14ª | decimocuarto, -a |
| fünfzehnte | 15. | 15°, 15ª | decimoquinto, -a |
| sechzehnte | 16. | 16°, 16ª | decimosexto, -a |
| siebzehnte | 17. | 17°, 17ª | decimoséptimo, -a |
| achtzehnte | 18. | 18°, 18ª | decimoctavo, -a |
| neunzehnte | 19. | 19°, 19ª | decimonoveno, -a |
| zwanzigste | 20. | 20°, 20ª | vigésimo, -a |
| einundzwanzigste | 21. | 21°, 21ª | vigésimo, -a primero, -a (o vigesimoprimero, -a) |
| zweiundzwanzigste | 22. | 22°, 22ª | vigésimo, -a segundo, -a (o vigesimosegundo, -a) |
| dreiundzwanzigste | 23. | 23°, 23ª | vigésimo, -a tercero, -a (o vigesimotercero, -a) |
| dreißigste | 30. | 30°, 30ª | trigésimo, -a |
| einunddreißigste | 31. | 31°, 31ª | trigésimo, -a primero, -a |
| zweiunddreißigste | 32. | 32°, 32ª | trigésimo, -a segundo, -a |
| vierzigste | 40. | 40°, 40ª | cuadragésimo, -a |
| fünfzigste | 50. | 50°, 50ª | quincuagésimo, -a |
| sechzigste | 60. | 60°, 60ª | sexagésimo, -a |
| siebzigste | 70. | 70°, 70ª | septuagésimo, -a |
| einundsiebzigste | 71. | 71°, 71ª | septuagésimo, -a primero, -a |
| zweiundsiebzigste | 72. | 72°, 72ª | septuagésimo, -a segundo, -a |
| neunundsiebzigste | 79. | 79°, 79ª | septuagésimo, -a noveno, -a |
| achtzigste | 80. | 80°, 80ª | octogésimo, -a |
| einundachtzigste | 81. | 81°, 81ª | octogésimo, -a primero, -a |
| zweiundachtzigste | 82. | 82°, 82ª | octogésimo, -a segundo, -a |
| neunzigste | 90. | 90°, 90ª | nonagésimo, -a |
| einundneunzigste | 91. | 91°, 91ª | nonagésimo, -a primero, -a |
| neunundneunzigste | 99. | 99°, 99ª | nonagésimo, -a noveno, -a |
| hundertste | 100. | 100°, 100ª | centésimo, -a |
| hundertunderste | 101. | 101°, 101ª | centésimo, -a primero, -a |
| hundertundzehnte | 110. | 110°, 110ª | centésimo, -a décimo, -a |
| hundertundfünfund-neunzigste | 195. | 195°, 195ª | centésimo, -a nonagésimo, -a quinto, -a |

| | | | |
|---|---|---|---|
| zweihundertste | 200. | 200º, 200ª | ducentésimo, -a |
| dreihundertste | 300. | 300º, 300ª | tricentésimo, -a |
| fünfhundertste | 500. | 500º, 500ª | quingentésimo, -a |
| tausendste | 1 000. | 1 000º, 1 000ª | milésimo, -a |
| zweitausendste | 2 000. | 2 000º, 2 000ª | dosmilésimo, -a |
| millionste | 1 000 000. | 1 000 000º, 1 000 000ª | millonésimo, -a |
| zehnmillionste | 10 000 000. | 10 000 000º, 10 000 000ª | diezmillonésimo, -a |

| **Die Bruchzahlen** | | **Números fraccionarios (o quebrados)** |
|---|---|---|
| ein halb | $^{1}/_{2}$ | mitad; medio, -a |
| ein Drittel | $^{1}/_{3}$ | un tercio |
| ein Viertel | $^{1}/_{4}$ | un cuarto |
| ein Fünftel | $^{1}/_{5}$ | un quinto |
| ein Zehntel | $^{1}/_{10}$ | un décimo |
| ein Hundertstel | $^{1}/_{100}$ | un céntesimo |
| ein Tausendstel | $^{1}/_{1000}$ | un milésimo |
| ein Millionstel | $^{1}/_{1\,000\,000}$ | un millonésimo |
| zwei Drittel | $^{2}/_{3}$ | dos tercios |
| drei Viertel | $^{3}/_{4}$ | tres cuartos |
| zwei Fünftel | $^{2}/_{5}$ | dos quintos |
| drei Zehntel | $^{3}/_{10}$ | tres décimos |
| anderthalb, ein(und)einhalb | $1\,^{1}/_{2}$ | uno y medio |
| zwei(und)einhalb | $2\,^{1}/_{2}$ | dos y medio |
| fünf drei Achtel | $5\,^{3}/_{8}$ | cinco tres octavos |
| eins Komma eins | 1,1 | uno coma uno |

## Maße und Gewichte
## Medidas y pesos

### Dezimalsystem
### Sistema (de numeración) decimal

| | | | |
|---|---|---|---|
| Mega- | 1 000 000 | M | mega- |
| Hektokilo- | 100 000 | hk | hectokilo |
| Myria- | 10 000 | Ma | miria- |
| Kilo- | 1 000 | K | kilo |
| Hekto- | 100 | H | hecto- |
| Deka- | 10 | da | deca- (o decá-) |
| Dezi- | 0,1 | d | deci- (o decí-) |
| Zenti- | 0,01 | c | centi- (o centí-) |
| Milli- | 0,001 | m | mili- |
| Dezimilli- | 0,000 1 | dm | decimili- |
| Zentimilli- | 0,000 01 | cm | centimili- |
| Mikro- | 0,000 001 | µ | micro- |

### Längenmaße
### Medidas de longitud

| | | | |
|---|---|---|---|
| Seemeile | 1 852 m | - | milla marina |
| Kilometer | 1 000 m | km | kilómetro |
| Hektometer | 100 m | hm | hectómetro |
| Dekameter | 10 m | dam | decámetro |
| Meter | 1 m | m | metro |
| Dezimeter | 0,1 m | dm | decímetro |
| Zentimeter | 0,01 m | cm | centímetro |
| Millimeter | 0,001 m | mm | milímetro |
| Mikron, My | 0,000 001 m | µ | micrón, micra |
| Millimikron, -my | 0,000 000 001 m | mµ | milimicrón |
| Ångströmeinheit | 0,000 000 000 1 m | Å | ángstrom |

### Flächenmaße
### Medidas de superficie

| | | | |
|---|---|---|---|
| Quadratkilometer | 1 000 000 $m^2$ | $km^2$ | kilómetro cuadrado |
| Quadrathektometer | 10 000 $m^2$ | $hm^2$ | hectómetro cuadrado |
| Hektar | | ha | hectárea |
| Quadratdekameter | 100 $m^2$ | $dam^2$ | decámetro cuadrado |
| Ar | | a | área |
| Quadratmeter | 1 $m^2$ | $m^2$ | metro cuadrado |
| Quadratdezimeter | 0,01 $m^2$ | $dm^2$ | decímetro cuadrado |
| Quadratzentimeter | 0,000 1 $m^2$ | $cm^2$ | centímetro cuadrado |
| Quadratmillimeter | 0,000 001 $m^2$ | $mm^2$ | milímetro cuadrado |

## Kubik- und Hohlmaße

## Medidas de volumen y capacidad

| | | | |
|---|---|---|---|
| Kubikkilometer | 1 000 000 000 $m^3$ | $km^3$ | kilómetro cúbico |
| Kubikmeter<br>Ster | 1 $m^3$ | $m^3$<br>st | metro cúbico<br>estéreo |
| Hektoliter | 0,1 $m^3$ | hl | hectolitro |
| Dekaliter | 0,01 $m^3$ | dal | decalitro |
| Kubikdezimeter<br>Liter | 0,001 $m^3$ | $dm^3$<br>l | decímetro cúbico<br>litro |
| Deziliter | 0,000 1 $m^3$ | dl | decilitro |
| Zentiliter | 0,000 01 $m^3$ | cl | centilitro |
| Kubikzentimeter | 0,000 001 $m^3$ | $cm^3$ | centímetro cúbico |
| Milliliter | 0,000 001 $m^3$ | ml | mililitro |
| Kubikmillimeter | 0,000 000 001 $m^3$ | $mm^3$ | milímetro cúbico |

## Gewichte

## Pesos

| | | | |
|---|---|---|---|
| Tonne | 1 000 kg | t | tonelada |
| Doppelzentner | 100 kg | q | quintal métrico |
| Kilogramm | 1 000 g | kg | kilogramo |
| Hektogramm | 100 g | hg | hectogramo |
| Dekagramm | 10 g | dag | decagramo |
| Gramm | 1 g | g | gramo |
| Karat | 0,2 g | – | quilate |
| Dezigramm | 0,1 g | dg | decigramo<br>(o decagramo) |
| Zentigramm | 0,01 g | cg | centigramo |
| Milligramm | 0,001 g | mg | miligramo |
| Mikrogramm | 0,000 001 g | µg, g | microgramo |

## Deutschland / Alemania

| Länder (und Hauptstädte) | Länder (y capitales) |
|---|---|
| Baden-Württemberg (Stuttgart) | Baden-Wurtemberg (Stuttgart) |
| Bayern (München) | Baviera (Munich) |
| Berlin (Berlin) | Berlín (Berlín) |
| Brandenburg (Potsdam) | Brandeburgo (Potsdam) |
| Bremen (Bremen) | Brema (Brema) |
| Hamburg (Hamburg) | Hamburgo (Hamburgo) |
| Hessen (Wiesbaden) | Hesse (Wiesbaden) |
| Mecklenburg-Vorpommern (Schwerin) | Meclemburgo-Pomerania occidental (Schwerin) |
| Niedersachsen (Hannover) | Baja Sajonia (Hannóver) |
| Nordrhein-Westfalen (Düsseldorf) | Renania del Norte-Westfalia (Düsseldorf) |
| Rheinland-Pfalz (Mainz) | Renania-Palatinado (Maguncia) |
| Saarland (Saarbrücken) | Saarland/Sarre (Saarbrücken) |
| Sachsen (Dresden) | Sajonia (Dresde) |
| Sachsen-Anhalt (Magdeburg) | Sajonia-Anhalt (Magdeburgo) |
| Schleswig-Holstein (Kiel) | Schleswig-Holstein (Kiel) |
| Thüringen (Erfurt) | Turingia (Erfurt) |

## Österreich / Austria

| Bundesländer (und Hauptstädte) | Estados (y capitales) |
|---|---|
| Burgenland (Eisenstadt) | Burgenland (Eisenstadt) |
| Kärnten (Klagenfurt) | Carintia (Klagenfurt) |
| Niederösterreich (St. Pölten) | Baja Austria (Sankt Pölten) |
| Oberösterreich (Linz) | Alta Austria (Linz) |
| Salzburg (Salzburg) | Salzburgo (Salzburgo) |
| Steiermark (Graz) | Estiria (Graz) |
| Tirol (Innsbruck) | Tirolo (Innsbruck) |
| Vorarlberg (Bregenz) | Vorarlberg (Bregenz) |
| Wien (Wien) | Viena (Viena) |

## Die Schweiz / Suiza

| Kantone (und Hauptorte) | Cantones (y capitales) |
|---|---|
| Aargau (Aarau) | Argovia (Aarau) |
| Appenzell Ausser-Rhoden (Herisau) | Appenzell Rhodes Exterior (Herisau) |
| Appenzell Inner-Rhoden (Appenzell) | Appenzell Rhodes Interior (Appenzell) |
| Basel-Landschaft (Liestal) | Basilea-Campaña (Liestal) |
| Basel-Stadt (Basel) | Basilea-Ciudad (Basilea) |
| Bern (Bern) | Berna (Berna) |
| Freiburg (Freiburg) | Friburgo (Friburgo) |
| Genf (Genf) | Ginebra (Ginebra) |
| Glarus (Glarus) | Glarus (Glarus) |
| Graubünden (Chur) | Grisones (Coira) |
| Jura (Delémont) | Jura (Delémont) |
| Luzern (Luzern) | Lucerna (Lucerna) |
| Neuenburg (Neuenburg) | Neuchatel (Neuchatel) |

| | |
|---|---|
| Sankt Gallen (Sankt Gallen) | Sankt Gallen (Sankt Gallen) |
| Schaffhausen (Schaffhausen) | Schaffhausen (Schaffhausen) |
| Schwyz (Schwyz) | Schwyz (Schwyz) |
| Solothurn (Solothurn) | Solothurn (Solothurn) |
| Tessin (Bellinzona) | Tesino (Bellinzona) |
| Thurgau (Frauenfeld) | Turgovia (Frauenfeld) |
| Nidwalden (Stans) | Nidwalden (Stans) |
| Obwalden (Sarnen) | Obwalden (Sarnen) |
| Uri (Altdorf) | Uri (Altdorf) |
| Waadt (Lausanne) | Vaud (Lausana) |
| Wallis (Sitten) | Valais (Sion) |
| Zug (Zug) | Zug (Zug) |
| Zürich (Zürich) | Zurich (Zurich) |

## España | Spanien

| Comunidades Autónomas (y capitales) | Autonome Regionen (und Hauptstädte) |
|---|---|
| Andalucía (Sevilla) | Andalusien (Sevilla) |
| Aragón (Zaragoza) | Aragonien (Zaragoza) |
| Baleares (Palma de Mallorca) | Balearen (Palma de Mallorca) |
| Canarias (Santa Cruz de Tenerife) | Kanaren (Santa Cruz de Tenerife) |
| Cantabria (Santander) | Kantabrien (Santander) |
| Castilla-La Mancha (Toledo) | Südkastilien (Toledo) |
| Castilla y León (Valladolid) | Nordkastilien (Valladolid) |
| Cataluña (Barcelona) | Katalonien (Barcelona) |
| Comunidad de Madrid (Madrid) | Madrid (Madrid) |
| Comunidad Foral de Navarra (Pamplona) | Navarra (Pamplona) |
| Comunidad Valenciana (Valencia) | Valencia (Valencia) |
| Extremadura (Mérida) | Estremadura (Mérida) |
| Galicia (Santiago de Compostela) | Galicien (Santiago de Compostela) |
| La Rioja (Logroño) | La Rioja (Logroño) |
| País Vasco (Vitoria) | Baskenland (Vitoria) |
| Principado de Asturias (Oviedo) | Asturien (Oviedo) |
| Región de Murcia (Murcia) | Murcia (Murcia) |

## Hispanoamérica / Hispanoamerikanische Länder

| Países (y capitales) | Länder (und Hauptstädte) |
|---|---|
| Argentina (Buenos Aires) | Argentinien (Buenos Aires) |
| Bolivia (Sucre) | Bolivien (Sucre) |
| Chile (Santiago de Chile) | Chile (Santiago de Chile) |
| Colombia (Santa Fe de Bogotá) | Kolumbien (Bogotá) |
| Costa Rica (San José) | Costa Rica (San José) |
| Cuba (La Habana) | Kuba (Havanna) |
| Ecuador (Quito) | Ecuador (Quito) |
| El Salvador (San Salvador) | El Salvador (San Salvador) |
| Guatemala (Guatemala) | Guatemala (Guatemala) |
| Honduras (Tegucigalpa) | Honduras (Tegucigalpa) |
| México (México) | Mexiko (Mexiko) |
| Nicaragua (Managua) | Nicaragua (Managua) |
| Panamá (Panamá) | Panama (Panama) |
| Paraguay (Asunción) | Paraguay (Asunción) |
| Perú (Lima) | Peru (Lima) |
| Puerto Rico (San Juan) | Puerto Rico (San Juan) |
| República Dominicana (Santo Domingo) | Dominikanische Republik (Santo Domingo) |
| Uruguay (Montevideo) | Uruguay (Montevideo) |
| Venezuela (Caracas) | Venezuela (Caracas) |

# Nützliche Redewendungen
# Expresiones útiles

| **jemanden begrüßen** | **saludar a alguien** |
|---|---|
| Guten Morgen! | ¡Buenos días! |
| Guten Tag! | ¡Buenas tardes! |
| Grüß Gott! (*südd*) | ¡Buenos días!/¡Buenas tardes!/¡Buenas noches! |
| Guten Abend! | ¡Buenas noches! |
| Hallo! | ¡Hola! |
| Grüß dich! | ¡Hola!/¿Qué tal? |
| Mein Name ist Becker. | Me llamo Becker./Mi nombre es Becker. |
| Wie geht es Ihnen/dir? | ¿Cómo está (usted)/estás (tú)? |
| Wie geht's? | ¿Qué tal? |

| **sich verabschieden** | **despedirse** |
|---|---|
| Auf Wiedersehen! | ¡Adiós! |
| Tschüss! | ¡Hasta luego! |
| Ciao! | ¡Chao! |
| Bis morgen! | ¡Hasta mañana! |
| Bis später! | ¡Hasta luego! |
| Viel Vergnügen! | ¡Que lo pases/paséis bien!/¡Que te diviertas/os divirtáis! |
| Gute Nacht! | ¡Buenas noches! |
| Grüßen Sie/Grüß Marion von mir. | Salude a/Saluda a Marion de mi parte. |

| **um etwas bitten, sich bedanken** | **pedir o agradecer algo** |
|---|---|
| Ja, bitte. | Sí, por favor. |
| Nein, danke. | No, gracias. |
| Danke, sehr gern! | Gracias, con mucho gusto. |
| Danke, gleichfalls! | Gracias, ¡igualmente! |
| Könnten Sie mir bitte helfen? | Por favor, ¿podría (usted) ayudarme?/ ¿podría echarme una mano? |
| Bitte sehr./Gern geschehen. | De nada./¡No hay de qué! |
| Vielen Dank! | ¡Muchas gracias! |
| Das ist doch nicht der Rede wert. | No tiene importancia. |

| **sich entschuldigen** | **disculparse** |
|---|---|
| Entschuldigung! | ¡Perdón! |
| Ich möchte mich entschuldigen. | Mis disculpas. |
| Das tut mir (sehr) Leid! | Lo siento (mucho). |
| Es war nicht so gemeint. | No era (esa) mi intención. |
| Schade! | ¡Qué pena!/¡Qué lástima! |
| Das ist aber schade! | ¡Qué pena!/¡Qué lástima! |

| gute Wünsche aussprechen | expresar buenos deseos |
|---|---|
| Herzlichen Glückwunsch! | ¡Felicidades!/¡Enhorabuena! |
| Viel Erfolg! | ¡Le/Te deseo mucho éxito! |
| Viel Glück! | ¡Suerte!/¡Le/Te deseo mucha suerte! |
| Gute Besserung! | ¡Que se mejore/te mejores! |
| Schöne Ferien! | ¡Que lo pases/paséis bien en las vacaciones!/¡Que disfrutes/disfrutéis de las vacaciones! |
| Frohe Ostern! | ¡Felices Pascuas! |
| Frohe Weihnachten und ein gutes neues Jahr! | ¡Feliz Navidad y un próspero año nuevo! |
| Guten Rutsch! | ¡Feliz año nuevo!/¡Feliz salida y entrada (de año)! |
| Alles Gute zum Geburtstag! | ¡Feliz cumpleaños! |
| Meine besten Wünsche zum Geburtstag! | ¡Qué cumpla/cumplas muchos más! |
| Ich drücke dir die Daumen. | ¡Suerte! |

| sich vorstellen | presentarse |
|---|---|
| Ich heiße... | Me llamo... |
| Ich bin Deutscher/Deutsche. | Soy alemán/alemana. |
| Ich komme aus Deutschland. | Soy de Alemania. |
| Ich wohne in... . Das ist in der Nähe von.../nördlich/südlich/westlich/östlich von... | Vivo en... , cerca de.../al norte/sur/oeste/este de... |
| Ich mache hier Urlaub. | Estoy aquí de vacaciones. |
| Ich besuche hier einen Sprachkurs. | Estoy matriculado en un curso de idiomas. |
| Ich bin hier als Austauschschüler(in). | Estoy aquí como estudiante de intercambio. |
| Ich bin mit dem/meinem Fußballverein hier. | Estoy aquí con el/mi equipo de fútbol. |
| Ich bleibe einen Tag/drei Tage/eine Woche/zwei Wochen. | Me quedaré un día/tres días/una semana/dos semanas. |
| Hier/Während meines Aufenthalts wohne ich in/bei... | Aquí/Durante mi estancia vivo en/en casa de... |
| Mein Vater ist.../arbeitet als... bei... | Mi padre es.../trabaja como... en la empresa... |
| Meine Mutter ist... | Mi madre es... |
| Ich habe eine Schwester/zwei Schwestern und einen Bruder/zwei Brüder. | Tengo una hermana/dos hermanas y un hermano/dos hermanos. |
| Ich gehe in die Schule in... | Voy a la escuela en... |
| Ich bin in der... Klasse. | Estoy en... curso. |
| Ich bin... (Jahre alt). | Tengo... años. |
| Ich mag... | Me gusta... |
| Ich spiele gern Fußball. | Me gusta jugar al fútbol. |

| etwas über andere erfahren | averigüar algo acerca de otras personas |
|---|---|
| Wie heißt du? | ¿Cómo te llamas? |
| Woher kommst du? | ¿De dónde eres? |
| Wo wohnst du? | ¿Dónde vives? |
| Wo ist/liegt das? | ¿Dónde está (eso/esa ciudad)? |

| | |
|---|---|
| Was machst du hier? | ¿Qué estás haciendo aquí?/¿Qué haces aquí? |
| Wie lange bleibst du (hier)? | ¿Cuánto tiempo te vas a quedar (aquí)? |
| Wo wohnst du hier? | ¿Y aquí dónde vives? |
| Was macht dein Vater? | ¿En qué trabaja tu padre? |
| Wo arbeitet er? | ¿Dónde trabaja? |
| Was macht deine Mutter? | ¿En qué trabaja tu madre? |
| Hast du Geschwister? | ¿Tienes hermanos? |
| In der wievielten Klasse bist du? | ¿En qué curso estás? |
| Wie alt bist du? | ¿Cuántos años tienes? |
| Was machst du gerne? | ¿Qué (es lo que) te gusta hacer? |
| Was sind deine Hobbys? | ¿Cuáles son tus hobbys/aficiones? |

| **zustimmen** | **estar de acuerdo** |
|---|---|
| (Das) stimmt! | ¡(Eso es) cierto! |
| Genau! | ¡Exactamente! |
| Ich auch! | ¡Yo también! |
| Ich auch nicht! | ¡Yo tampoco! |
| Ja, das finde ich gut/toll/klasse/süß/spitze/super! | Sí, a mí me parece bien/fantástico(-a)/estupendo(-a)/guay/genial/magnífico(-a). |

| **widersprechen** | **contradecir** |
|---|---|
| Das stimmt doch gar nicht! | ¡Eso no es (en absoluto) así ! |
| Nein! | ¡(Que) no! |
| Doch! | ¡(Que) sí! |
| Nein, den/die/das finde ich blöd/doof/ätzend! | ¡No!, a mí me parece estúpido(-a)/tonto(-a)/horrible. |

| **Meinungen/Ansichten ausdrücken** | **expresar opiniones** |
|---|---|
| Ich glaube/denke/meine, dass... | Yo creo/pienso/opino que... |
| Ich finde, dass... | A mí me parece que... |
| Ich glaube/denke/meine nicht, dass... | Yo no creo/pienso/opino que... |
| Ich finde nicht, dass... | A mí no me parece que... |
| Meiner Meinung nach... | En mi opinión... |

| **Aufmerksamkeit signalisieren** | **indicar atención** |
|---|---|
| Echt? | ¿De verdad? |
| Ehrlich? | ¿De verdad?/¿Lo dices en serio? |
| Ach so! | ¡Ah!/¡No me digas! |

| **nach dem Weg fragen** | **preguntar por una dirección** |
|---|---|
| Wo ist der/die/das (nächste)...? | ¿Dónde está el/la... más próximo(-a)? |
| Wie komme ich zur/zum nächsten...? | ¿Por dónde se va al/a la... más próximo(-a)? |
| Können Sie mir sagen/erklären, wo der/die/das nächste... ist? | ¿Me podría decir/explicar dónde se encuentra/está el/la... más próximo(-a)? |

| Wohlbefinden ausdrücken | expresar bienestar |
|---|---|
| Mir geht's heute echt gut! | ¡Hoy me encuentro realmente bien! |
| Ich bin heute voll gut drauf! | ¡Hoy me encuentro fenomenal! |
| Ich fühle mich heute super/spitze! | ¡Hoy me siento estupendo/-a/fenomenal! |

| Unzufriedenheit ausdrücken | expresar descontento |
|---|---|
| Mir geht's heute nicht gut/echt schlecht! | ¡Hoy no me encuentro (demasiado) bien/fatal! |
| Ich bin heute voll mies drauf! | ¡Hoy estoy de un humor de perros! |
| Ich fühle mich heute echt mies/schlecht! | ¡Hoy (es que) me siento fatal/mal! |

| Begeisterung/Ärger ausdrücken | expresar entusiasmo/fastidio |
|---|---|
| Der/die/das ist wirklich/echt super/spitze/klasse/spannend/cool! | ¡Es realmente/La verdad es que es genial/guay(fantástico(-a)/intrigante/flipante! |
| Der/die/das ist wirklich/echt blöd/doof/langweilig/ätzend! | ¡Es realmente/La verdad es que es bobo(-a)/estúpido(-a)/aburrido(-a)/insoportable! |

| mit einem Freund/einer Freundin telefonieren | llamar a un amigo/una amiga por teléfono |
|---|---|
| Hallo, Nely, hier ist Anke/ich bin's, Anke. | Hola, Nely, soy Anke/soy yo, Anke. |
| Also dann bis um ... (Uhr)/später/morgen! | Bueno, entonces hasta la(s).../más tarde/mañana! |
| Tschüss! | ¡Hasta luego! |
| Ciao! | ¡Chao! |

| mit Erwachsenen telefonieren | hablar con personas adultas por teléfono |
|---|---|
| Guten Tag, Herr/Frau..., hier ist... | Buenas tardes, señor/señora..., soy... |
| Kann ich bitte (mit)... sprechen/Ist... da?/zu Hause? | Por favor, ¿podría hablar con...?/¿Está...?/¿Podría ponerse... ? |
| Soll ich ihr/ihm etwas ausrichten? | ¿Quiere(s) que le dé algún recado? |
| Nein, danke. Das ist nicht nötig. | No gracias. No es necesario. |
| Ich rufe später noch mal an. | Volveré a llamar más tarde. |
| Ja, könnten Sie ihm/ihr bitte sagen, dass...? | Sí, ¿podría decirle/comentarle que... ? |
| Vielen Dank! Auf Wiederhören! | ¡Muchas gracias! ¡Adiós! |

| auf einen Anrufbeantworter sprechen | dejar un mensaje en el contestador (automático) |
|---|---|
| Guten Tag/Hallo! Hier ist... | ¡Buenas tardes/Hola! Soy.... |
| Ich wollte (nur) fragen, ob.../sagen, dass... | (Sólo) llamaba para preguntar si.../para comentarte/comentaros/comentarle/comentarles que... |
| Ich bin (bis... Uhr) unter der Nummer... erreichbar. | Me puede(s) localizar (hasta la(s)...) en el número... |
| Danke und tschüss! | ¡Gracias y hasta pronto/hasta luego! |

| **jemandem die E-Mail-/Internetadresse geben** | **dar a alguien su dirección de correo electrónico/de Internet** |
|---|---|
| Meine E-Mail-Adresse ist: m.schmid@t-online.de.<br>*(sprich: m Punkt Schmid at t (Binde) strich online Punkt d e)* | Mi dirección de correo electrónico es (la siguiente): m.schmid@t-online.de.<br>*(es decir, m punto schmid arroba t guión online punto d e)* |
| Meine Homepage-Adresse ist: http://www.t-online.de/~schmid<br>(sprich: h t t p Doppelpunkt Doppelslash w w w Punkt t (Binde)strich online Punkt d e Slash Tilde Schmid) | Mi página web es: http://www.t-online.de/~schmid<br>*(es decir, h t t p dos puntos dos barras w w w punto t guión online punto d e barra tilde Schmid)* |

# Musterbriefe
# Cartas modelo

## einen Dankesbrief an seine Gastfamilie schreiben

Stuttgart, den 15.03.2003

Liebe Carmen, lieber José und lieber Luis,

ich möchte mich noch einmal recht herzlich für die schönen Tage bei euch bedanken. Ich bin ein bisschen traurig, dass die Zeit bei euch so schnell vergangen ist.

Mir hat unser gemeinsames Wochenende in eurem Ferienhaus besonders gut gefallen. Ein paar von den Fotos, die ich dort gemacht habe, schicke ich mit.

Meine Spanischlehrerin hat gesagt, ich hätte in den zwei Wochen wirklich große Fortschritte gemacht. Sie hat den anderen in der Klasse geraten, auch einmal an so einem Austausch teilzunehmen.

Jetzt freue ich mich schon auf April, wenn Luis nach Stuttgart kommt. Meine Eltern und ich haben schon Pläne gemacht, was wir mit ihm unternehmen wollen. Ich hoffe, dass es ihm hier genauso gut gefällt, wie mir bei euch.

Bitte grüßt auch besonders Ana und Isabel von mir. Ich hoffe, dass ich euch schon bald wieder sehe.

Viele liebe Grüße

Thomas

## escribir una carta de agradecimiento a su familia anfitriona

Stuttgart, 15 de marzo de 2003

Estimado José, estimada Carmen, querido Luis:

Quisiera agradeceros de nuevo la agradable estancia en vuestra casa. ¡Qué pena que el tiempo con vosotros se me haya hecho tan corto!

Especialmente bien me lo pasé el fin de semana pasado en vuestro refugio. Os envío algunas de las fotos que hice allí.

Mi profesora me ha comentado que mi español ha mejorado mucho después de haber pasado estas dos semanas con vosotros. Le ha recomendado a todos mis compañeros participar en el mismo programa de intercambio.

Tengo muchas ganas de que llegue abril y Luis venga a Stuttgart. Mis padres y yo ya hemos pensado en todo aquello que queremos enseñarle y hacer con él. Espero que se lo pase al menos tan bien como me lo he pasado yo con vosotros.

Saludos también para Ana e Isabel de mi parte. Espero poder volver a veros muy pronto.

Un fuerte abrazo,

Thomas

## eine Bewerbung für ein Praktikum schreiben

Paul Jansen
Stuttgarter Str. 9
71234 Stuttgart
Deutschland
Tel.: 0049 (0)711 2345678

IBERIA
Apartado de Correos 675
E-28080 Madrid

Stuttgart, den 23.05.2003

**Bewerbung um eine Praktikumsstelle**

Sehr geehrte Damen und Herren,

hiermit bewerbe ich mich um eine Stelle als Praktikant in Ihrem Werk in Madrid.

Ich besuche die 12. Klasse des Schiller-Gymnasiums in Stuttgart mit den Leistungskursen Englisch und Mathematik. Seit drei Jahren lerne ich auch Spanisch. Nach meinem Abitur möchte ich Maschinenbau studieren.

Die Sommerferien vom 20. Juli bis 30. August vor der 13. Klasse und den Abiturprüfungen möchte ich dazu nutzen, meine Spanischkenntnisse zu vertiefen und gleichzeitig die Arbeitswelt kennen zu lernen.

Im Falle Ihrer Zusage würde ich mich sehr freuen, wenn Sie mir bei der Wohnungssuche behilflich sein könnten.

Vielen Dank im Voraus für Ihre wohlwollende Prüfung meiner Bewerbung.

Mit freundlichen Grüßen

Paul Jansen

Anlagen: Lebenslauf
Beglaubigte Zeugniskopien

## solicitar un puesto en prácticas

Paul Jansen
Stuttgarter Str. 9
71234 Stuttgart
Alemania
Teléf.: +49 711 2345678

IBERIA
Apartado de Correos 675
E-28080 Madrid

Stuttgart, 23 de mayo de 2003

**Solicitud de un puesto en prácticas**

Estimados señores:

Con la presente quisiera solicitar un puesto en prácticas en su delegación en Madrid.

Estoy en el penúltimo curso de bachillerato, en el instituto Schiller de Stuttgart. Mis asignaturas principales son el inglés y las mátemáticas, y desde hace tres años estudio también español. Después del instituto y de realizar el examen de Selectividad correspondiente me gustaría estudiar Ingeniería mecánica.

Antes de empezar con mi último curso de bachillerato me gustaría aprovechar mis vacaciones de verano, del 20 de julio al 30 de agosto, para perfeccionar mis conocimientos de español y para poder conocer al mismo tiempo el mundo laboral.

En el caso de que ustedes acepten mi solicitud, les estaría muy agradecido si pudieran ayudarme a buscar alojamiento.

Les agradezco de antemano todo su interés.

Les saluda muy atentamente,

Paul Jansen

Anexos: Currículum vitae
Expedientes escolares compulsados

## Lebenslauf

### Lebenslauf

| | |
|---|---|
| Name: | Paul Jansen |
| Geburtstag: | 02.03.1985 |
| Geburtsort: | Stuttgart |
| Staatsangehörigkeit: | deutsch |
| Schulbildung: | Grundschule in Stuttgart von 1991–1995<br>Gymnasium in Stuttgart von 1995–2003<br>(Abitur voraussichtlich Juli 2004) |
| Fremdsprachen: | Englisch und Spanisch fließend in Wort und Schrift |
| Kenntnisse: | Computerkenntnisse MS Word, MS Excel<br>Programmiersprachen C, C++ |
| Interessen: | Fremdsprachen, Automobilsport |

Stuttgart, den 23.05.2003

Paul Jansen

## Currículum vitae

| | |
|---|---|
| Nombre y apellido: | Paul Jansen |
| Fecha de nacimiento: | 2 de marzo de 1985 |
| Lugar de nacimiento: | Stuttgart |
| nacionalidad: | alemán |
| Formación escolar: | |
| 1991–1995 | 1° a 4° de EGB, Stuttgart |
| 1995–2003 | Instituto, en Stuttgart (previsiblemente teminaré mis estudios de bachillerato, la Selectividad incluida, en julio del año 2004) |
| Idiomas | excelente dominio del inglés y del español (tanto a nivel escrito como oral) |
| Otros conocimientos: | conocimientos de Informática a nivel de usuario (MS Word, MS Excel; lenguajes de programación C, C++) |
| Aficiones: | idiomas, automovilismo |

Stuttgart, 23 de mayo de 2003

Paul Jansen

## sich als Aupairmädchen bewerben

Urte Shintani
Stuttgarter Str. 9
72367 Stuttgart
Alemania
Tel.: 0049 (0)711 2345678

Familia González
Avda. Mirat, 13–4°A
E- 37002 Salamanca

Stuttgart, den 08. 06. 3003

**Bewerbung als Aupairmädchen**

Sehr geehrte Familie González,

ich habe Ihre Anzeige in der Stuttgarter Zeitung vom 01.06 2003 gelesen und bewerbe mich hiermit um die Stelle als Aupairmädchen in Ihrem Hause.

Zur Zeit besuche ich die 10. Klasse der Schlossrealschule in Stuttgart und lerne seit vier Jahren Spanisch. Im Juli werde ich hoffentlich die Schule mit der Mittleren Reife abschließen. Deshalb würde ich mich freuen, wenn ich ab dem 1. August für einen Monat auf Ihre beiden Kinder aufpassen dürfte.

Ich habe zwei jüngere Geschwister, einen Bruder (10 Jahre), und eine Schwester (6 Jahre) auf die ich regelmäßig aufpassen muss, weil unsere Eltern beide berufstätig sind. Mein Vater ist Bankkaufmann und meine Mutter arbeitet als Teilzeitkraft in einer Boutique.

Ich würde mich sehr freuen, wenn ich auf Ihre Kinder aufpassen dürfte und dabei mehr über die spanische Lebensart, die mir wirklich sehr gefällt, lernen könnte.

Bitte schreiben Sie mir bald.

Mit freundlichen Grüßen

*Urte Shintani*

## solicitar un puesto de aupair

Urte Shintani
Stuttgarter Str. 9
72367 Stuttgart
Alemania
Teléf.: +49 711 2345678

Familia González
Avda. de Mirat, 13–4°A
E- 37002 Salamanca

Stuttgart, 8 de junio de 2003

**Puesto de aupair**

Estimada Familia González:

Con fecha del 1 de junio de 2003 he leído su anuncio en el periódico Stuttgarter Zeitung, en el que solicitan una chica aupair.

Actualmente curso la 10ª clase de la Schlossrealschule en Stuttgart. Estudio español desde hace cuatro años. En julio concluiré mis estudios. Por eso había pensado en un puesto de aupair. Me gustaría poder hacerme cargo de sus hijos a partir del día 1 de agosto, por un periodo de un mes.

Tengo dos hermanos más pequeños, un hermano (de 10 años) y una hermana (de 6), a los que estoy acostumbrada a cuidar, pues mis padres trabajan los dos. Mi padre trabaja en un banco y mi madre, a tiempo parcial, en una boutique.

Al mismo tiempo que cuidaría a sus hijos, me gustaría aprovechar mi estancia en su país para conocer aún más de cerca el estilo de vida latino, que, por cierto, me encanta.

Me gustaría que me diesen cuanto antes una respuesta.

Atentamente,

Urte Shintani

## Informationen über einen Feriensprachkurs einholen

Tabea Schulte
Stuttgarter Str. 9
71240 Stuttgart
Alemania
Tel.: 0049 (0)711 2345678

Stuttgart, den 14.07.2003

**Ihr Feriensprachkurs in Santander**

Sehr geehrte Damen und Herren,

von meinem Spanischlehrer habe ich Informationen über Ihr Institut erhalten und möchte nächstes Jahr im August gern an einem Sprachkurs in Santander teilnehmen.

Ich besuche die 9. Klasse des Gymnasiums und lerne seit drei Jahren Spanisch. Meine Noten in Spanisch sind jedoch nicht besonders gut.

Bitte senden Sie mir ausführliches Informationsmaterial über Ihre Kurse. Mich interessiert besonders, ob ich an einem Einstufungstest teilnehmen muss. Außerdem würde ich gerne wissen, wie lange der Unterricht jeden Tag dauert und wann er stattfindet. Mein Lehrer hat mir gesagt, dass Sie sich um die Unterbringung kümmern. Wäre es möglich, dass ich bei einer Familie wohne, die eine Tochter in meinem Alter hat?

Ich hoffe, schon bald von Ihnen zu hören.

Mit freundlichen Grüßen

Tabea Schulte

## solicitar información acerca de un curso de verano de idiomas

Tabea Schulte
Stuttgarter Str. 9
71240 Stuttgart
Alemania
Teléf.: +49 711 2345678

Stuttgart, 14 de julio de 2003

Cursos de Español Lengua extranjera

**Curso de Verano de Español en Santander**

Estimados señores:

Mi profesor de español me informó acerca de su Facultad. Me gustaría matricularme, para agosto del próximo año, de un curso de español en Santander.

Voy al instituto, al noveno curso. Desde hace tres años que estudio español, sin embargo, mis calificaciones en esta asignatura no son demasiado buenas.

¿Podrían hacerme llegar folletos informativos acerca de sus cursos? Lo que más me interesa saber es si tengo que realizar un examen de nivel. También me gustaría saber cuántas clases tendríamos a diario, y cuál es concretamente el horario de clases. Me ha comentado mi profesor que son ustedes los que se encargarían de mi alojamiento. ¿Sería posible vivir en casa de una familia que tuviera una hija de mi edad?

Me gustaría recibir pronto noticias suyas.

Saludos cordiales,

Tabea Schulte

**einer neuen Brieffreundin zum ersten Mal schreiben**

Jessica Pfeifer
Maierstr. 34
D-70012 Stuttgart
Deutschland

Stuttgart, den 11.08.2003

Liebe María,

ich heiße Jessica Pfeifer und bin 16 Jahre alt. Mein Spanischlehrer hat uns gestern im Unterricht eine Liste mit Jungs und Mädchen aus Mexiko gegeben, die eine Brieffreundin oder einen Brieffreund in Deutschland suchen. Ich habe dich ausgesucht, weil wir fast gleich alt sind und du die gleichen Hobbys wie ich hast.

Ich wohne mit meinen Eltern und meinem kleinen Bruder Markus in Stuttgart. Mein Vater ist Ingenieur bei Porsche. Er baut die coolen schnellen Autos, die du sicherlich auch kennst. Meine Mama ist Hausfrau. Mein Bruder Markus ist erst acht und geht noch in die Grundschule. Ich gehe in die 10. Klasse des Mörike-Gymnasiums und lerne seit dem 7. Schuljahr Spanisch. Meine Lieblingsfächer sind natürlich Spanisch, Sport und Mathe. In welche Klasse gehst du und was sind deine Lieblingsfächer? Hast du auch Geschwister und was machen deine Eltern beruflich? Meine Hobbys sind wie deine Lesen, Musik hören und Rad fahren, außerdem spiele ich seit sechs Jahren Klavier. Spielst du auch ein Instrument?

Ich hoffe du schreibst mir bald, denn ich will noch sooo viel über dich und Mexiko wissen, z. B. welche Musik du gern hörst und was du mit deinen Freundinnen so am Wochenende machst.

Viele liebe Grüße

Jessica

## escribir por primera vez a una amiga por correspondencia

Jessica Pfeifer
Maierstr. 34
D- 70012 Stuttgart
Alemania

Stuttgart, 25 de agosto de 2003

Querida María:

Me llamo Jessica Pfeifer y tengo 16 años. Ayer nuestro profesor de español nos entregó una lista en clase con nombres de chicos y chicas hispanohablantes que desean mantener correspondencia con chicos y chicas en Alemania. Yo te he escogido a ti, porque prácticamente somos de la misma edad y porque compartimos las mismas aficiones.

Vivo von mis padres y mi hermano pequeño Markus en Stuttgart. Mi padre es ingeniero y trabaja para la empresa Porsche. Construye esos coches tan rápidos y fascinantes que tú seguramente conocerás. Mi madre es ama de casa. Mi hermano Markus sólo tiene ocho años. Yo estoy ahora en mi décimo curso, en el instituto Mörike, y desde séptimo estudio español. Mis asignaturas preferidas son el español, naturalmente, la educación física y las matemáticas. ¿En qué curso estás tú, y cuáles son tus asignaturas preferidas? ¿También tienes hermanos, y en qué trabajan tus padres? Mis hobbys, igual que los tuyos, son leer, escuchar música y montar en bici, además toco el piano desde hace ya seis años. ¿Tú también tocas algún instrumento?

Espero recibir pronto noticias tuyas, pues me gustaría saber muchas más cosas acerca de ti y de Méjico, por ejemplo, qué música te gusta y qué sueles hacer con tus amigas los fines de semana.

Muchos saludos,

Jessica

**an einen Fanclub schreiben**

Melanie Gräter
Maierstr. 34
70012 Stuttgart
Deutschland

Manolo García Fanclub
Apartado de Corres 111
E-08080 Barcelona

Stuttgart, den 11.08.2003

Hallo Ihr!

Ich finde Manolo García total super und möchte unbedingt ein Autogramm von ihm haben. Ich habe alle seine CDs und sammle jeden Artikel und jedes Foto, das ich finde. Könnt Ihr mir bitte seine Adresse schicken, damit ich ihm direkt schreiben kann? Es wäre echt super, wenn Ihr mir bald antworten würdet.

Tschüss!

*Melanie*

**escribir a un club de fans**

Melanie Gräter
Maierstr. 34
70012 Stuttgart
Alemania

Stuttgart, 11 de agosto de 2003

Club de Fans Manolo García
Apartado de Correos 111
E-08080 Barcelona

¡Hola a todos!

Me encanta Manolo García y por eso me gustaría tener un autógrafo suyo. Tengo todos sus discos y voy guardando todos sus artículos y fotografías que caen en mis manos. ¿Me podríais enviar su dirección para que me pueda poner pesonalmente en contacto con él? Me contestaréis cuanto antes, ¿verdad?

Hasta pronto,

*Melanie*

## Anfang und Ende eines Briefes

## El encabezamiento y la despedida en una carta

| **An Freunde und Bekannte:** | **Dirigida a amigos o conocidos:** |
|---|---|
| Hallo…! | Hola…: |
| Liebe(r)…, | Querido(-a)…: |
| Vielen Dank für deinen Brief. | Gracias por tu carta. |
| Ich habe mich sehr gefreut von dir zu hören. | Me alegra saber que te encuentras bien. |
| Entschuldige/Es tut mir Leid, dass ich so lange nicht geschrieben habe. | Perdóname por/Siento no haberte escrito antes. |
| Viele herzliche Grüße an euch alle, auch von… | Muchos saludos para todos vosotros, también de parte de… |
| Bitte grüße auch… von mir. | Saluda también a… de mi parte. |
| Ich würde mich freuen bald wieder von dir zu hören. | Espero tener pronto noticias tuyas. |
| Grüß… von mir. | Saluda a… de mi parte. |
| Schreib doch mal wieder. | ¡Escríbeme! |
| Hoffentlich höre ich bald wieder etwas von dir. | Espero tener pronto noticias tuyas. |
| Dein(e)… | Tuyo(-a)… |
| Viele liebe Grüße… | Un fuerte abrazo…/Muchos saludos… |
| Bis bald!/Ciao! | ¡Hasta pronto!/¡Chao! |
| **An Firmen oder Organisationen:** | **Dirigida a una empresa o a instituciones:** |
| Sehr geehrte Damen und Herren, | Estimados señores:/Muy señores míos: |
| Sehr geehrte Frau…,/Sehr geehrter Herr…, | Estimada Sra.…:/Estimado Sr.…: |
| Ich möchte mich erkundigen, ob… | Me gustaría saber si… |
| Ich möchte nachfragen, ob… | Quisiera saber si… |
| Würden Sie mir bitte… schicken? | Por favor, ¿podría(n) enviarme…? |
| In Erwartung Ihrer Antwort verbleibe ich… | En espera de su respuesta me despido atentamente… |
| Mit freundlichen Grüßen… | Le(s) saluda atentamente… |

| **Die Anrede** | **El encabezamiento** |
|---|---|
| **Du schreibst:** | **Escribes:** |
| **an einen guten Bekannten oder Freund** | **a un conocido o a un amigo** |
| Liebe Daniela, | Querida Daniela: |
| Lieber Christian, | Querido Christian: |
| Hallo, Markus! | Hola Markus: |
| **an jemanden, den du gut kennst** | **a alguien a quien ya conoces** |
| Liebe Frau Mayer, | Estimada Sra. Mayer: |

| | |
|---|---|
| **an jemanden, den du persönlich oder geschäftlich kennst** | **a alguien a quien conoces a nivel personal o profesional** |
| Sehr geehrte Frau Meiser, | Estimada Sra. Meiser: |
| Sehr geehrter Herr Fischer, | Estimado Sr. Fischer: |
| **an eine Firma oder Person, deren Namen du nicht kennst** | **a una empresa o a una persona cuyo nombre desconoces** |
| Sehr geehrte Damen und Herren, | Muy señores míos: |
| **an eine Person, deren Titel du kennst** | **a una persona cuyo título o grado académico conoces** |
| Sehr geehrter Herr Dr. Meier, | Distinguido/Estimado Dr. Meier: |
| Sehr geehrte Frau Professor Schmidt, | Distinguida/Estimada Catedrática Dª Schmidt: |

| **Die Grussformel** | **La fórmula de despedida** |
|---|---|
| **Informell:** | **Menos formal o familiar:** |
| Mach's gut! | ¡Que te vaya bien! |
| Bis bald! | ¡Hasta pronto! |
| Viele liebe Grüße | Un fuerte abrazo, |
| Viele Grüße | Muchos saludos,/Un abrazo,/Besos, |
| Herzliche Grüße | Saludos cordiales,/Un cordial saludo, |
| Mit besten Grüßen | Mis mejores deseos, |
| Alles Liebe | ¡Te deseo lo mejor!/Mis mejores deseos, |
| Alles Gute, Dein(e) | Te deseo lo mejor, tuyo(-a) |
| Tschüss! | ¡Chao!/¡Hasta pronto! |
| **Formell:** | **Formal:** |
| Mit freundlichen Grüßen | Muy atentamente (le saluda), |
| verbleibe ich mit freundlichen Grüßen | en espera de su respuesta me despido atentamente, |
| **Sehr respektvoll:** | **Muy respetuoso:** |
| Hochachtungsvoll | Muy atentamente, |

## Das Buchstabieralphabet

## El alfabeto fonético

| Deutsch | | | Spanisch | | |
|---|---|---|---|---|---|
| **A** | wie | Anton | **A** | de | Antonio |
| **B** | wie | Berta | **B** | de | Barcelona |
| **C** | wie | Cäsar | **C** | de | Carmen |
| **Ch** | wie | Charlotte | **Ch** | de | Chocolate |
| **D** | wie | Dora | **D** | de | Dolores |
| **E** | wie | Emil | **E** | de | Enrique |
| **F** | wie | Friedrich | **F** | de | Francia |
| **G** | wie | Gustav | **G** | de | Gerona |
| **H** | wie | Heinrich | **H** | de | Historia |
| **I** | wie | Ida | **I** | de | Italia |
| **J** | wie | Julius | **J** | de | José |
| **K** | wie | Kaufmann | **K** | de | Kilo |
| **L** | wie | Ludwig | **L** | de | Lorenzo |
| | | | **Ll** | de | Llobregat |
| **M** | wie | Martha | **M** | de | Madrid |
| **N** | wie | Nordpol | **N** | de | Navarra |
| | | | **Ñ** | de | Ñoño |
| **O** | wie | Otto | **O** | de | Oviedo |
| **P** | wie | Paula | **P** | de | París |
| **Q** | wie | Quelle | **Q** | de | Querido |
| **R** | wie | Richard | **R** | de | Ramón |
| **S** | wie | Siegfried | **S** | de | Sábado |
| **T** | wie | Theodor | **T** | de | Tarragona |
| **U** | wie | Ulrich | **U** | de | Uruguay |
| **V** | wie | Viktor | **V** | de | Valencia |
| **W** | wie | Wilhelm | **W** | de | Washington |
| **X** | wie | Xanthippe | **X** | de | Xilófono |
| **Y** | wie | Ypsilon | **Y** | de | Yegua |
| **Z** | wie | Zeppelin | **Z** | de | Zaragoza |

# Die deutsche Phonetik

## Vokale/Vocales

| Laut | Beispiel |
|---|---|
| [a] | Mech**a**nik |
| [ɐ] | Partitu**r** |
| [e] | Gr**e**mium |
| [ɛ] | Abituri**e**nt |
| [ə] | Temp**e**l |
| [i] | v**i**tal |
| [ɪ] | B**i**rke |
| [o] | Ab**o** |
| [ɔ] | B**o**x |
| [ø] | eint**ö**nig |
| [œ] | er**ö**rtern |
| [u] | Bl**u**se |
| [ʊ] | Mamm**u**t |
| [y] | B**ü**ro |
| [ʏ] | H**ü**tte |

## Nasallaute/Sonidos nasales

| Laut | Beispiel |
|---|---|
| [ã] | **en**gagieren |
| [ɛ̃] | Bass**in** |
| [ɔ̃] | B**on** |

## Zeichen/Signos

| | |
|---|---|
| [ː] | Längenzeichen |
| [ˈ] | Betonungszeichen |
| [ʔ] | Knacklaut |

## Konsonanten/Consonantes

| Laut | Beispiel |
|---|---|
| [b] | Getrie**b**e |
| [ç] | Mäd**ch**en |
| [x] | Spra**ch**e |
| [d] | **D**ach |
| [dʒ] | **J**etset |
| [f] | Ha**f**en |
| [g] | Ha**g**el |
| [h] | **h**aben |
| [ʒ] | Mane**g**e |
| [j] | **J**ahr |
| [k] | **K**ind |
| [l] | **L**uft |
| [m] | **m**alen |
| [n] | **N**acht |
| [ŋ] | la**ng** |
| [p] | **P**aket |
| [r] | **R**eise |
| [s] | Ga**s**t |
| [ʃ] | Pa**sch** |
| [t] | **T**ier |
| [θ] | **Th**riller |
| [ʦ] | **Z**iel |
| [ʧ] | Ki**tsch** |
| [v] | **V**ase |
| [w] | **W**orld **W**ide **W**eb |
| [z] | Ro**s**e |